EUGÊNIO PACELLI

Doutor e Mestre em Direito pela Universidade Federal de Minas Gerais (UFMG).
Professor do Curso de Pós-graduação do Instituto Brasiliense de Direito Penal – IDP.
Ex-procurador Regional da República no Distrito Federal e Relator-geral da Comissão de Anteprojeto do Novo Código de Processo Penal, instituída pelo Senado da República.
Advogado.

DOUGLAS FISCHER

Mestre em Instituições de Direito e do Estado pela PUC-RS.
Professor de Direito Penal e Processo Penal.
Procurador Regional da República na 4ª Região.

Site do autor: www.temasjuridicospdf.com

Instagram: @professordouglasfischer

EDITORA *Jus*PODIVM
www.editorajuspodivm.com.br

Comentários ao CÓDIGO DE PROCESSO PENAL E SUA JURISPRUDÊNCIA

EUGÊNIO PACELLI
DOUGLAS FISCHER

Comentários ao CÓDIGO DE PROCESSO PENAL E SUA JURISPRUDÊNCIA

17ª edição
Revista, ampliada e atualizada

2025

EDITORA JusPODIVM
www.editorajuspodivm.com.br

EDITORA
*Jus*PODIVM
www.editorajuspodivm.com.br

Rua Canuto Saraiva, 131 – Mooca – CEP: 03113-010 – São Paulo – São Paulo
Tel: (11) 3582.5757
• Contato: https://www.editorajuspodivm.com.br/central-de-relacionamento

Diagramação: Equipe *Jus*PODIVM

Imagens de capa: www.shutterstock.com.br

O48c Oliveira, Eugenio Pacelli de
Comentários ao Código de Processo Penal e sua Jurisprudência/Eugenio Pacelli de Oliveira e Douglas Fischer – 17. ed., rev., atual. e ampl. – São Paulo: Editora JusPodivm, 2025.
2184 p.

Inclui Bibliografia
ISBN 978-85-442-5653-4.

1. Direito Processual Penal. I. Oliveira, Eugenio Pacelli de. II. Fischer, Douglas. III. Título.

CDD 341.43

BIBLIOTECÁRIA RESPONSÁVEL

Ana Carolina Ribeiro Mois – CRB7 – RJ 007348/0

Dedico este livro à memória de meu pai, José Sebastião de Oliveira, ilustre advogado das Geraes, e à minha Tia Jane (Marilda de Oliveira), que, desde há muito, assumiu, com louvor, minha maternidade precocemente (saudade inacabável) perdida.

Eugênio Pacelli

Dedico este livro ao meu filho Nicholas, razão de tudo, e, como ele diz desde pequeno, "amigo do peito para sempre". E para Rita, "she", por me fazer feliz e me inspirar pessoal e profissionalmente.

Douglas Fischer

SOBRE OS AUTORES

EUGÊNIO PACELLI

Doutor e Mestre em Direito pela Universidade Federal de Minas Gerais (UFMG). Professor do Curso de Pós-graduação do Instituto Brasiliense de Direito Penal – IDP. Ex-procurador Regional da República no Distrito Federal e Relator-geral da Comissão de Anteprojeto do Novo Código de Processo Penal, instituída pelo Senado da República. Advogado.

DOUGLAS FISCHER

Mestre em Instituições de Direito e do Estado pela PUC-RS. Professor de Direito Penal e Processo Penal. Procurador Regional da República na 4ª Região.

Site do autor: www.temasjuridicospdf.com/. Instagram: @professordouglasfischer

NOTA À 17ª EDIÇÃO

Nesta 17ª edição, como em todas as anteriores, foi realizada nova revisão em todos os comentários apresentados, além da inclusão de tópicos e ampliação dos já existentes. É um compromisso constante, nas pesquisas diárias e autônomas feitas pessoalmente.

Fizemos as devidas atualizações e comentários, todos com as remissões possíveis entre os dispositivos mais diversos, procurando manter a ideia originária da obra de apresentar informações completas e objetivas, dentro do espaço que é possível.

Várias decisões importantes e o julgamento pelo Supremo Tribunal Federal das ADIs que tratavam do juiz de garantias e questões correlatas estão aqui novamente analisadas com mais detalhes, muitas delas com conclusões que já tínhamos adiantado em edições anteriores.

Continuamos afirmando que, no decorrer do tempo, muitos ajustes deverão ainda ser feitos, inclusive a partir de algumas dúvidas que atualmente são levantadas pela comunidade jurídica a respeito do tema, em relação a muitas já lançamos nossas observações.

Também nessa edição fizemos novamente pequenas reorganizações topológicas dos comentários e dos respectivos precedentes jurisprudenciais para facilitar as pesquisas, bem assim acrescentamos novos itens.

De qualquer modo, o aprimoramento com base em críticas, em novas leis, em doutrinas, na jurisprudência mais atual possível do Supremo Tribunal Federal e do Superior Tribunal de Justiça, e o destaque dos posicionamentos doutrinários divergentes acerca de temas polêmicos são compromissos assumidos – e ora reafirmados – desde a primeira edição pelos autores para com os leitores.

Os Autores

SOBRE A OBRA

Insistimos dizendo em todas edições que o texto que segue é obra de seu tempo, padecendo, por essa razão, dos males da modernidade acadêmica. Não tem o fôlego dos clássicos, como se vê até mesmo antes de se examinar o seu conteúdo.

Mas, em compensação – se é que isso é possível –, mantém permanente diálogo com a jurisprudência dos Tribunais, facilitando o atendimento de pretensões eventualmente distintas entre os leitores, e, o mais importante, não se limita à tarefa de reprodução, nem de antigos e tampouco de novos saberes, mas pretende oferecer uma contribuição efetiva a quantos se habilitem a conhecer o processo penal brasileiro.

E mais. Trata-se de texto escrito a quatro mãos, presente, portanto, a singularidade inerente ao ser humano. Embora haja maioria esmagadora de convergências teóricas, há também inevitáveis dissensos. Estes, quando houver, serão devidamente registrados e esclarecidos.

Perdoe-nos o leitor acaso deixemos de fazê-lo, em algum ou mesmo em alguns pontos. Vai, também por isso, reconhecida nossa falibilidade.

Mas há na obra uma virtude que nos é cara: trata-se de edição efetivamente atualizada, e ao máximo que a produção editorial permite. O que, convenhamos, se não é tanto, pouco também não é, eis que cumprido o dever assumido.

Os Autores

SUMÁRIO

DECRETO-LEI Nº 3.689, DE 3 DE OUTUBRO DE 1941

CÓDIGO DE PROCESSO PENAL

LIVRO I
DO PROCESSO EM GERAL

TÍTULO I – DISPOSIÇÕES PRELIMINARES *(Arts. 1º a 3º-F)* 21

TÍTULO II – DO INQUÉRITO POLICIAL *(Arts. 4º a 23)* 57

TÍTULO III – DA AÇÃO PENAL *(Arts. 24 a 62)* 114

TÍTULO IV – DA AÇÃO CIVIL *(Arts. 63 a 68)* 234

TÍTULO V – DA COMPETÊNCIA *(Art. 69)* 243

Capítulo I – Da Competência pelo Lugar da Infração *(Arts. 70 e 71)* 293

Capítulo II – Da Competência pelo Domicílio ou Residência do Réu *(Arts. 72 e 73)* 298

Capítulo III – Da Competência pela Natureza da Infração *(Art. 74)* 300

Capítulo IV – Da Competência por Distribuição *(Art. 75)* 305

Capítulo V – Da Competência por Conexão ou Continência *(Arts. 76 a 82)* 307

Capítulo VI – Da Competência por Prevenção *(Art. 83)* 363

Capítulo VII – Da Competência pela Prerrogativa de Função *(Arts. 84 a 87)* 366

Capítulo VIII – Disposições Especiais *(Arts. 88 a 91)* 445

TÍTULO VI – DAS QUESTÕES E PROCESSOS INCIDENTES 453

Capítulo I – Das Questões Prejudiciais *(Arts. 92 a 94)* 453

Capítulo II – Das Exceções *(Arts. 95 a 111)* 460

Capítulo III – Das Incompatibilidades e Impedimentos *(Art. 112)* 485

Capítulo IV – Do Conflito de Jurisdição *(Arts. 113 a 117)* 487

Capítulo V – Da Restituição das Coisas Apreendidas *(Arts. 118 a 124-A)* 500

Capítulo VI – Das Medidas Assecuratórias *(Arts. 125 a 144-A)* 511

Capítulo VII – Do Incidente de Falsidade *(Arts. 145 a 148)* 552

Capítulo VIII – Da Insanidade Mental do Acusado *(Arts. 149 a 154)* 556

TÍTULO VII – DA PROVA 562

Capítulo I – Disposições Gerais *(Arts. 155 a 157)* 562

Capítulo II – Do Exame do Corpo de Delito, da Cadeia de Custódia e das Perícias em Geral – (Redação dada pela Lei nº 13.964, de 2019) *(Arts. 158 a 184)* 680

Capítulo III – Do Interrogatório do Acusado *(Arts. 185 a 196)* 730

Capítulo IV – Da Confissão *(Arts. 197 a 200)* 774

Capítulo V – Do Ofendido *(Art. 201)* 778

Capítulo VI – Das Testemunhas *(Arts. 202 a 225)* 782

Capítulo VII – Do Reconhecimento de Pessoas e Coisas *(Arts. 226 a 228)* 821

Capítulo VIII – Da Acareação *(Arts. 229 e 230)* 827

Capítulo IX – Dos Documentos *(Arts. 231 a 238)* 830

Capítulo X – Dos Indícios *(Art. 239)* 837

Capítulo XI – Da Busca e da Apreensão *(Arts. 240 a 250)* 839

TÍTULO VIII – DO JUIZ, DO MINISTÉRIO PÚBLICO, DO ACUSADO E DEFENSOR, DOS ASSISTENTES E AUXILIARES DA JUSTIÇA 886

Capítulo I – Do Juiz *(Arts. 251 a 256)* 886

Capítulo II – Do Ministério Público *(Arts. 257 e 258)* 905

Capítulo III – Do Acusado e seu Defensor *(Arts. 259 a 267)* 915

Capítulo IV – Dos Assistentes *(Arts. 268 a 273)* 935

Capítulo V – Dos Funcionários da Justiça *(Art. 274)* 953

Capítulo VI – Dos Peritos e Intérpretes *(Arts. 275 a 281)* 954

TÍTULO IX – DA PRISÃO, DAS MEDIDAS CAUTELARES E DA LIBERDADE PROVISÓRIA 959

Capítulo I – Disposições Gerais *(Arts. 282 a 300)* 959

Capítulo II – Da Prisão em Flagrante *(Arts. 301 a 310)* 1006

Capítulo III – Da Prisão Preventiva *(Arts. 311 a 316)* 1078

Capítulo IV – Da Prisão Domiciliar *(Arts. 317 a 318-B)* 1134

Capítulo V – Das Outras Medidas Cautelares *(Art. 319 e 320)* 1140

Capítulo VI – Da Liberdade Provisória, Com ou Sem Fiança *(Arts. 321 a 350)* 1158

TÍTULO X – DAS CITAÇÕES E INTIMAÇÕES 1183

Capítulo I – Das Citações *(Arts. 351 a 369)* 1183

Capítulo II – Das Intimações *(Arts. 370 a 372)* 1219

TÍTULO XI – DA APLICAÇÃO PROVISÓRIA DE INTERDIÇÕES DE DIREITOS E MEDIDAS DE SEGURANÇA *(Arts. 373 a 380)* 1226

TÍTULO XII – DA SENTENÇA *(Arts. 381 a 393)* 1228

LIVRO II
DOS PROCESSOS EM ESPÉCIE

TÍTULO I – DO PROCESSO COMUM 1303

Capítulo I – Da Instrução Criminal *(Arts. 394 a 405)* 1303

Capítulo II – Do Procedimento Relativo aos Processos da Competência do Tribunal do Júri (Redação dada pela Lei nº 11.689, de 2008) 1389

Seção I – Da Acusação e da Instrução Preliminar *(Arts. 406 a 412)* 1389

Seção II – Da Pronúncia, da Impronúncia e da Absolvição Sumária (Redação dada pela Lei nº 11.689, de 2008) *(Arts. 413 a 421)* 1399

Seção III – Da Preparação do Processo para Julgamento em Plenário (Redação dada pela Lei nº 11.689, de 2008) *(Arts. 422 a 424)* 1434

Seção IV – Do Alistamento dos Jurados (Redação dada pela Lei nº 11.689, de 2008) *(Arts. 425 e 426)* 1437

Seção V – Do Desaforamento (Redação dada pela Lei nº 11.689, de 2008) *(Arts. 427 e 428)* 1440

Seção VI – Da Organização da Pauta (Incluída pela Lei nº 11.689, de 2008) *(Arts. 429 a 431)* 1447

Seção VII – Do Sorteio e da Convocação dos Jurados (Incluída pela Lei nº 11.689, de 2008) *(Arts. 432 a 435)* 1449

Seção VIII – Da Função do Jurado (Incluída pela Lei nº 11.689, de 2008) *(Arts. 436 a 446)* 1452

Seção IX – Da Composição do Tribunal do Júri e da Formação do Conselho de Sentença (Incluída pela Lei nº 11.689, de 2008) *(Arts. 447 a 452)* 1459

Seção X – Da Reunião e das Sessões do Tribunal do Júri (Incluída pela Lei nº 11.689, de 2008) *(Arts. 453 a 472)* 1463

Seção XI – Da Instrução em Plenário (Incluída pela Lei nº 11.689, de 2008) *(Arts. 473 a 475)* 1475

Seção XII – Dos Debates (Incluída pela Lei nº 11.689, de 2008) *(Arts. 476 a 481)* 1483

Seção XIII – Do Questionário e sua Votação (Incluída pela Lei nº 11.689, de 2008) *(Arts. 482 a 491)* 1493

Seção XIV – Da Sentença (Incluída pela Lei nº 11.689, de 2008) *(Arts. 492 e 493)* .. 1508

Seção XV – Da Ata dos Trabalhos (Incluída pela Lei nº 11.689, de 2008) *(Arts. 494 a 496)* 1523

Seção XVI – Das Atribuições do Presidente do Tribunal do Júri (Incluída pela Lei nº 11.689, de 2008) *(Art. 497)* 1525

Capítulo III – Do Processo e do Julgamento dos Crimes da Competência do Juiz Singular *(Arts. 498 a 502)* 1530

TÍTULO II – DOS PROCESSOS ESPECIAIS 1531

Capítulo I – Do Processo e do Julgamento dos Crimes de Falência *(Arts. 503 a 512)* .. 1531

Capítulo II – Do Processo e do Julgamento dos Crimes de Responsabilidade dos Funcionários Públicos *(Arts. 513 a 518)* 1535

Capítulo III – Do Processo e do Julgamento dos Crimes de Calúnia e Injúria, de Competência do Juiz Singular *(Arts. 519 a 523)* 1540

Capítulo IV – Do Processo e do Julgamento dos Crimes Contra a Propriedade Imaterial *(Arts. 524 a 530-I)* 1542

Capítulo V – Do Processo Sumário *(Arts. 531 a 540)* 1550

Capítulo VI – Do Processo de Restauração de Autos Extraviados ou Destruídos *(Arts. 541 a 548)* 1557

Capítulo VII – Do Processo de Aplicação de Medida de Segurança por Fato Não Criminoso *(Arts. 549 a 555)* 1561

TÍTULO III – DOS PROCESSOS DE COMPETÊNCIA DO SUPREMO TRIBUNAL FEDERAL E DOS TRIBUNAIS DE APELAÇÃO 1563

Capítulo I – Da Instrução *(Arts. 556 a 560)* 1563

Capítulo II – Do Julgamento *(Arts. 561 e 562)* 1563

LIVRO III
DAS NULIDADES E DOS RECURSOS EM GERAL

TÍTULO I – DAS NULIDADES *(Arts. 563 a 573)* 1567

TÍTULO II – DOS RECURSOS EM GERAL 1646

Capítulo I – Disposições Gerais *(Arts. 574 a 580)* 1646

Capítulo II – Do Recurso em Sentido Estrito *(Arts. 581 a 592)* 1683

Capítulo III – Da Apelação *(Arts. 593 a 606)* 1735

Capítulo IV – Do Protesto por Novo Júri *(Arts. 607 e 608)* 1787

Capítulo V – Do Processo e do Julgamento dos Recursos em Sentido Estrito e das Apelações, nos Tribunais de Apelação *(Arts. 609 a 618)* 1793

Capítulo VI – Dos Embargos *(Arts. 619 e 620)* 1842

Capítulo VII – Da Revisão *(Arts. 621 a 631)* 1860

Capítulo VIII – Do Recurso Extraordinário *(Arts. 632 a 638)* 1892

Capítulo IX – Da Carta Testemunhável *(Arts. 639 a 646)* 2003

Capítulo X – Do *Habeas Corpus* e seu Processo *(Arts. 647 a 667)* 2006

LIVRO IV
DA EXECUÇÃO

LIVRO V
DAS RELAÇÕES JURISDICIONAIS COM AUTORIDADE ESTRANGEIRA

TÍTULO ÚNICO **2121**

Capítulo I – Disposições Gerais *(Arts. 780 a 782)* 2121

Capítulo II – Das Cartas Rogatórias *(Arts. 783 a 786)* 2123

Capítulo III – Da Homologação das Sentenças Estrangeiras *(Arts. 787 a 790)* 2127

LIVRO VI – DISPOSIÇÕES GERAIS *(Arts. 791 a 811)* 2143

DECRETO-LEI Nº 3.689,

de 3 de outubro de 1941

CÓDIGO DE PROCESSO PENAL

LIVRO I

DO PROCESSO EM GERAL

TÍTULO I
DISPOSIÇÕES PRELIMINARES

Art. 1º O processo penal reger-se-á, em todo o território brasileiro, por este Código, ressalvados:

I – os tratados, as convenções e regras de direito internacional;

II – as prerrogativas constitucionais do Presidente da República, dos ministros de Estado, nos crimes conexos com os do Presidente da República, e dos ministros do Supremo Tribunal Federal, nos crimes de responsabilidade (Constituição, arts. 86, 89, § 2º, e 100);

III – os processos da competência da Justiça Militar;

IV – os processos da competência do tribunal especial (Constituição, art. 122, nº 17);

V – os processos por crimes de imprensa.

Parágrafo único. Aplicar-se-á, entretanto, este Código aos processos referidos nos nºs IV e V, quando as leis especiais que os regulam não dispuserem de modo diverso.

1º.1. Já pelo início do livro terá saído alertado o leitor: há inúmeras disposições no Código de Processo Penal superadas no tempo, por força de leis e do próprio texto constitucional de 1988, no ponto em que estes cuidaram por completo de matéria então codificada. E outras que sequer oferecem qualquer dificuldade quanto ao sentido de seu conteúdo. Ora, por certo que o Código de Processo Penal se aplica no território brasileiro, em matéria criminal, e por certo também que (nas hipóteses específicas do dispositivo legal):

I – Não se aplica aos eventuais procedimentos previstos em tratados e convenções internacionais, pela simples razão de que essas normas, ou ostentam *status* constitucional, caso específico daquelas normas previstas em tratados e/ou convenções acerca de matéria atinente aos direitos humanos, quando aprovadas por três quintos dos votos em cada Casa do Congresso Nacional, em dois turnos, nos termos do disposto no art. 5º, § 3º, da Constituição da República (redação dada pela Emenda Constitucional nº 45), ou, de outro lado, somente pelo fato de se verem incluídos no ordenamento nacional, por meio do procedimento indicado no art. 84, VIII, da Constituição, constituiriam normas especiais em relação às demais. Resumindo: a norma processual penal prevista em Tratado e/ou Convenção internacionais cuja vigência tenha sido regularmente admitida no país tem aplicação independentemente do Código de Processo Penal.

II – Toda a matéria atinente aos foros privativos por prerrogativa de função encontra-se na atual Constituição da República, seja em relação aos crimes comuns, seja em relação aos chamados crimes de responsabilidade. Estes últimos se submetem à chamada *jurisdição política*, isto é, aquela exercida, em regra, por órgãos não integrantes do Judiciário, e sim do respectivo Poder Público a que se encontra vinculado o agente político sobre o qual recai a imputação (Senado, Assembleias, Câmaras Municipais etc.). Referido dispositivo codificado, então, não tem mais qualquer validade. A jurisprudência sobre o tema, bem como os comentários em maior extensão, serão expostos por ocasião da abordagem relativa ao Título V, Capítulo VII, intitulado "*Da competência por prerrogativa de função*";

III – não se aplica aos crimes militares, porquanto estes se encontram submetidos ao Código de Processo Penal Militar e respectiva legislação específica;

IV – não há tribunais especiais. A divisão do poder jurisdicional brasileiro se encontra inteiramente exposta na Constituição da República. A aludida norma (art. 1º, IV, CPP) não tem mais qualquer validade;

V – A Lei de Imprensa (Lei nº 5.250/67) prevê procedimento específico (art. 40 e art. 42 e seguintes). Mas não só ela; diversas outras que lhe seguiram também adotaram procedimentos específicos, como, por exemplo, a Lei dos Juizados Especiais Criminais (Lei nº 9.099/95), a Lei de Drogas (nº 11.343/06) etc. Portanto, tem-se que os procedimentos previstos no CPP constituem a regra; exceções, quando houver, desde que previstas em Lei, afastarão a aplicação do Código de Processo Penal. Ver, no ponto, a modificação geral de rito prevista no art. 394, § 4º, CPP, a incluir, mesmo nos ritos especiais (com a ressalva dos Juizados Especiais) determinadas fases procedimentais (rejeição e recebimento da peça acusatória, além das hipóteses da absolvição sumária).

Sobre a Lei de Imprensa, registre-se julgamento do STF, recusando validade às suas disposições:

Jurisprudência

1º.1. [...] 3. Ao sujeitar-se à jurisdição da Corte IDH, o País alarga o rol de direitos das pessoas e o espaço de diálogo com a comunidade internacional. Com isso, a jurisdição brasileira, ao basear-se na cooperação internacional, pode ampliar a efetividade dos direitos humanos.

4. A sentença da Corte IDH produz autoridade de coisa julgada internacional, com eficácia vinculante e direta às partes. Todos os órgãos e poderes internos do país encontram-se obrigados a cumprir a sentença. Na hipótese, as instâncias inferiores ao diferirem os efeitos da decisão para o momento em que o Estado Brasileiro tomou ciência da decisão proferida pela Corte Interamericana, deixando com isso de computar parte do período em que o recorrente teria cumprido pena em situação considerada degradante, deixaram de dar cumprimento a tal mandamento, levando em conta que as sentenças da Corte possuem eficácia imediata para os Estados Partes e efeito meramente declaratório.

5. Não se mostra possível que a determinação de cômputo em dobro tenha seus efeitos modulados como se o recorrente tivesse cumprido parte da pena em condições aceitáveis até a notificação e a partir de então tal estado de fato tivesse se modificado. Em realidade, o substrato fático que deu origem ao reconhecimento da situação degradante já perdurara anteriormente, até para que pudesse ser objeto de reconhecimento, devendo, por tal razão, incidir sobre todo o período de cumprimento da pena.

6. Por princípio interpretativo das convenções sobre direitos humanos, o Estado-parte da CIDH pode ampliar a proteção dos direitos humanos, por meio do princípio *pro personae*, interpretando a sentença da Corte IDH da maneira mais favorável possível aquele que vê seus direitos violados.

7. As autoridades públicas, judiciárias inclusive, devem exercer o controle de convencionalidade, observando os efeitos das disposições do diploma internacional e adequando sua estrutura interna para garantir o cumprimento total de suas obrigações frente a comunidade internacional, uma vez que os países signatários são guardiões da tutela dos direitos humanos, devendo empregar a

interpretação mais favorável ao ser humano. – Aliás, essa particular forma de parametrar a interpretação das normas jurídicas (internas ou internacionais) é a *que mais se aproxima da Constituição Federal, que faz da cidadania e da dignidade da pessoa humana dois de seus fundamentos, bem como tem por objetivos fundamentais erradicar a marginalização e construir uma sociedade livre, justa e solidária (incisos I, II e III do art. 3º). Tudo na perspectiva da construção do tipo ideal de sociedade que o preâmbulo da respectiva Carta Magna caracteriza como "fraterna"* (HC n. 94163, Relator Min. Carlos Britto, Primeira Turma do STF, julgado em 2/12/2008, DJe-200 divulg 22/10/2009 public 23/10/2009 ement vol l02379-04 PP-00851). O horizonte da fraternidade é, na verdade, o que mais se ajusta com a efetiva tutela dos direitos humanos fundamentais. A certeza de que o titular desses direitos é qualquer pessoa, deve sempre influenciar a interpretação das normas e a ação dos atores do Direito e do Sistema de Justiça. – Doutrina: Britto, Carlos Ayres. O Humanismo como categoria constitucional. Belo Horizonte: Forum, 2007; Machado, Carlos Augusto Alcântara. A Fraternidade como Categoria Jurídica: fundamentos e alcance (expressão do constitucionalismo fraternal). Curitiba: Appris, 2017; Machado, Clara. O Princípio Jurídico da Fraternidade. – um instrumento para proteção de direitos fundamentais transindividuais. Rio de Janeiro: Lumen Juris, 2017; Piovesan, Flávia. Direitos Humanos e o direito constitucional internacional. São Paulo: Saraiva, 2017; Veronese, Josiane Rose Petry; Oliveira, Olga Maria Boschi Aguiar de; Direito, Justiça e Fraternidade. Rio de Janeiro: Lumen Juris, 2017.

8. Os juízes nacionais devem agir como juízes interamericanos e estabelecer o diálogo entre o direito interno e o direito internacional dos direitos humanos, até mesmo para diminuir violações e abreviar as demandas internacionais. É com tal espírito hermenêutico que se dessume que, na hipótese, a melhor interpretação a ser dada, é pela aplicação a Resolução da Corte Interamericana de Direitos Humanos, de 22 de novembro de 2018 a todo o período em que o recorrente cumpriu pena no IPPSC.

9. A alegação inovadora, trazida em sede de agravo regimental, no sentido de que a determinação exarada pela Corte Interamericana de Direitos Humanos, por meio da Resolução de 22 de novembro de 2018 da CIDH, teria a natureza de medida cautelar provisória e que, ante tal circunstância, mencionada Resolução não poderia produzir efeitos retroativos, devendo produzir efeitos jurídicos *ex nunc*, não merece guarida. O caráter de urgência apontado pelo recorrente na medida provisória indicada não possui o condão de limitar os efeitos da obrigação decorrentes da Resolução de 22 de novembro de 2018 da CIDH para o futuro (*ex nunc*), mas sim de apontar para a necessidade de celeridade na adoção dos meios de seu cumprimento, tendo em vista, inclusive, a gravidade constatada nas peculiaridades do caso.

10. Por fim, de se apontar óbice de cunho processual ao provimento do recurso de agravo interposto, consistente no fato de que o recorrente se limitou a indicar eventuais efeitos futuros da multimencionada Resolução de 22 de novembro de 2018 da CIDH fulcrado em sua natureza de medida de urgência, sem, contudo, atacar os fundamentos da decisão agravada, circunstância apta a atrair o óbice contido no Verbete Sumular 182 do STJ, *in verbis:* "É inviável o agravo do art. 545 do CPC que deixa de atacar especificamente os fundamentos da decisão agravada."

11. Negativa de provimento ao agravo regimental interposto, mantendo, por consequência, a decisão que, dando provimento ao recurso ordinário em *habeas corpus*, determinou o cômputo em dobro de todo o período em que o paciente cumpriu pena no Instituto Penal Plácido de Sá Carvalho, de 09 de julho de 2017 a 24 de maio de 2019. *(Agravo Regimental no Recurso em Habeas Corpus nº 136.961/RJ, STJ, 5ª Turma, unânime, Rel. Min. Reynaldo Soares da Fonseca, julgado em 15.6.2021, publicado no DJ em 21.6.2021)*

1º.1. [...] 2. A Resolução da Corte Interamericana de Direitos Humanos (CIDH) de 22/11/2018 reconheceu como inadequado o Instituto Penal Plácido de Sá Carvalho para a execução de penas, sobretudo em relação aos reeducandos que se encontram em situação degradante e desumana, contudo, o estudo foi feito especificamente no referido instituto e não em relação ao sistema penitenciário brasileiro como um todo, o que, caso fosse feito, poderia ser, em tese, aplicado a qualquer unidade da Federação. [...] *(Agravo Regimental no Recurso em Habeas Corpus nº 159.604 – DF, STJ, 6ª Turma, Rel. Min. Olindo Menezes (Desembargador Convocado do TRF 1ª Região), julgado em 25.10.2022, publicado no DJ em 28.10.2022)*

1º.1. [...] O fato de a Secretaria de Estado de Administração Penitenciária ter expedido ofício, em 5/3/2020, informando que a taxa de ocupação do Instituto Penal Plácido de Sá Carvalho havia sido regularizada, por si só, não faz cessar o constrangimento ilegal imposto aos Apenados, pois a CIDH ao reconhecer a existência de violação dos direitos humanos dos encarcerados não se restringiu apenas à constatação da superlotação carcerária, mas abrangiam também as condições insalubres e degradantes do presídio, a deficiência em matéria de saúde, a falta de condições de segurança e o alto índice de mortes (AgRg no HC n. 837.607/RJ, Ministra Laurita Vaz, Sexta Turma, DJe 20/10/2023). *[...] (Agravo Regimental no HC nº 872.591-RJ, STJ, 6ª Turma, Rel. Min. Sebastião Reis Júnior, julgado em sessão virtual encerrada em 24.6.2024, publicado no DJ em 26.6.2024)*

1º.1. [...] A ADPF, fórmula processual subsidiária do controle concentrado de constitucionalidade, é via adequada à impugnação de norma pré-constitucional. Situação de concreta ambiência jurisdicional timbrada por decisões conflitantes. Atendimento das condições da ação. [...] Óbice lógico à confecção de uma lei de imprensa que se orne de compleição estatutária ou orgânica. A própria Constituição, quando o quis, convocou o legislador de segundo escalão para o aporte regratório da parte restante de seus dispositivos (art. 29, art. 93 e § 5º do art. 128). São irregulamentáveis os bens de personalidade que se põem como o próprio conteúdo ou substrato da liberdade de informação jornalística, por se tratar de bens jurídicos que têm na própria interdição da prévia interferência do Estado o seu modo natural, cabal e ininterrupto de incidir. Vontade normativa que, em tema elementarmente de imprensa, surge e se exaure no próprio texto da Lei Suprema. Incompatibilidade material insuperável entre a Lei nº 5.250/67 e a Constituição de 1988. Impossibilidade de conciliação que, sobre ser do tipo material ou de substância (vertical), contamina toda a Lei de Imprensa: a) quanto ao seu entrelace de comandos, a serviço da prestidigitadora lógica de que para cada regra geral afirmativa da liberdade é aberto um leque de exceções que praticamente tudo desfaz; b) quanto ao seu inescondível efeito prático de ir além de um simples projeto de governo para alcançar a realização de um projeto de poder, este a se eternizar no tempo e a sufocar todo pensamento crítico no País. São de todo imprestáveis as tentativas de conciliação hermenêutica da Lei nº 5.250/67 com a Constituição, seja mediante expurgo puro e simples de destacados dispositivos da lei, seja mediante o emprego dessa refinada técnica de controle de constitucionalidade que atende pelo nome de "interpretação conforme a Constituição". A técnica da interpretação conforme não pode artificializar ou forçar a descontaminação da parte restante do diploma legal interpretado, pena de descabido incursionamento do intérprete em legiferação por conta própria. Inapartabilidade de conteúdo, de fins e de viés semântico (linhas e entrelinhas) do texto interpretado. Caso-limite de interpretação necessariamente conglobante ou por arrastamento teleológico, a pré-excluir do intérprete/aplicador do Direito qualquer possibilidade da declaração de inconstitucionalidade apenas de determinados dispositivos da lei sindicada, mas permanecendo incólume uma parte sobejante que já não tem significado autônomo. Não se muda, a golpes de interpretação, nem a inextrincabilidade de comandos nem as finalidades da norma interpretada. Impossibilidade de se preservar, após artificiosa hermenêutica de depuração, a coerência ou o equilíbrio interno de uma lei (a Lei federal nº 5.250/67) que foi ideologicamente concebida e normativamente apetrechada para operar em bloco ou como um todo pro indiviso. Aplicam-se as normas da legislação comum, notadamente o Código Civil, o Código Penal, o Código de Processo Civil e o Código de Processo Penal às causas decorrentes das relações de imprensa. O direito de resposta, que se manifesta como ação de replicar ou de retificar matéria publicada é exercitável por parte daquele que se vê ofendido em sua honra objetiva, ou então subjetiva, conforme estampado no inciso V do art. 5º da Constituição Federal. Norma, essa, "de eficácia plena e de aplicabilidade imediata", conforme classificação de José Afonso da Silva. "Norma de pronta aplicação", na linguagem de Celso Ribeiro Bastos e Carlos Ayres Britto, em obra doutrinária conjunta. Total procedência da ADPF, para o efeito de declarar como não recepcionado pela Constituição de 1988 todo o conjunto de dispositivos da Lei federal nº 5.250, de 9 de fevereiro de 1967 (*ADPF nº 130-DF, STF, Plenário, Rel. Min. Ayres Britto, julgado em 30.4.2009, publicado no DJ em 6.11.2009*).

....

Por fim: em matéria de Lei, os critérios de interpretação mais adequados seguem sendo aqueles constantes do decantado tripé da *cronologia* (lei posterior revoga a anterior); da *especialidade* (lei especial afasta a aplicação da geral e vice-versa); e da *hierarquia* (supremacia da Constituição).

1º.2. Jurisdição dos Tribunais Penais Internacionais: Merecedor de registro também a nova regra constitucional constante da citada Emenda Constitucional nº 45, segundo a qual o Brasil se submeteria à jurisdição do Tribunal Penal Internacional a cuja criação tenha aderido (art. 5º, § 4º, CR).

Ver, então, o Estatuto de Roma do Tribunal Penal Internacional (TPI), aprovado em 17 de julho de 1998 e assinado pelo Brasil em 7 de fevereiro de 2000. Foi ele objeto de ratificação e de promulgação no Brasil por meio do Decreto Legislativo nº 112, de 6 de junho de 2002, e do Decreto (do Executivo) 4.388, em 2002. A adesão ao citado Tribunal, no entanto, é *subsidiária e complementar*, no sentido de ser aplicada apenas quando demonstrada a absoluta inviabilidade do regular exercício da jurisdição nacional, o que, em última análise, poderá depender da manifestação do Estado brasileiro.

1º.3. Extraterritorialidade: A competência do processo penal é e não poderia deixar de ser a explicitação do chamado princípio da territorialidade, relativamente ao alcance da legislação processual penal. A chamada extraterritorialidade tem seu campo de atuação na área do Direito Penal, fazendo com que, eventualmente, fatos praticados fora do território nacional possam ser objeto de persecução penal no Brasil (art. 7º, Código Penal).

Sobre o conceito de território, para fins de aplicação da Lei penal, veja-se o previsto nas Leis nos 7.565/86 e 8.617/93 (considera-se território em sentido estrito o *solo, o subsolo, as águas interiores, o mar territorial, a plataforma continental e o espaço aéreo acima de seu território e seu mar territorial*) e no art. 5º, § 1º, do Código Penal (o chamado território por extensão – embarcações e aeronaves brasileiras, de natureza pública ou a serviço do governo brasileiro, em qualquer lugar em que estiverem, bem como as embarcações e as aeronaves brasileiras, mercantes ou de propriedade privada, que estejam em alto-mar ou no espaço aéreo correspondente). *Vide anotações ao art. 88 do CPP.*

Art. 2º A lei processual penal aplicar-se-á desde logo, sem prejuízo da validade dos atos realizados sob a vigência da lei anterior.

2º.1. Considerações gerais: Enquanto em matéria estritamente penal o início de vigência das normas pode levantar algumas perplexidades, no campo processual penal a questão não oferece maiores dificuldades.

Em princípio, e exatamente porque se trata de legislação de conteúdo processual – e não incriminador –, a regra é a sua aplicabilidade imediata, respeitando sempre, como ocorre com qualquer situação jurídica, os efeitos já realizados ou em curso. E segue a mesma linha do disposto no art. 14 do CPC: "*A norma processual não retroagirá e será aplicável imediatamente aos processos em curso, respeitados os atos processuais praticados e as situações jurídicas consolidadas sob a vigência da norma revogada*". Se, por exemplo, houver prazo previsto para a prática de qualquer ato processual, e cuja contagem tenha início a partir da realização de outro ato, a aplicabilidade da nova lei processual terá que respeitar o marco anterior. O exemplo das regras recursais é bastante esclarecedor: uma vez proferida a sentença ou outro ato decisório do juiz, eventual impugnação (recurso) terá que obedecer ao prazo vigente na data do aludido ato judicial, ainda que outro tenha sido previsto na nova legislação. E assim será porque se cuidará de prazo recursal já em curso, com início a partir da decisão.

Do mesmo modo, e pelas mesmas razões, quando se tratar de modificação de todo o rito procedimental, dever-se-ão respeitar as regras anteriores, se já iniciado o processo, com o fim de se evitar a fragmentação da Lei. Tal ocorreria se, por exemplo, fossem aplicadas etapas distintas do novo e do velho procedimento, com ruptura da unidade procedimental, com possibilidade de prejuízo aos interessados. Imagine-se, por exemplo, um procedimento que previsse, na fase final, a possibilidade de renovação de determinados atos processuais, sendo revogado por outro que não reservasse tal oportunidade. A parte que não se dedicasse mais profundamente nas etapas anteriores, exatamente em razão de poder fazê-lo ao final, se veria prejudicada com a superveniência da nova Lei. Aliás, há previsão expressa nesse sentido, na chamada *Lei de introdução ao Código de Processo Penal* (DL nº 3.931/41), relativamente aos procedimentos (art. 6º). Embora não se dê muita importância à aludida legislação, em face de sua superação no tempo, a regra ali contida atende às exigências de uma racionalidade procedimental.

Observe-se, no entanto, que tais considerações levam em conta apenas a possibilidade de prejuízo às partes. Inocorrente esse, não haverá por que não se adotar o novo rito. Exemplo: a Lei nº 11.719/08 modificou inteiramente o rito comum (ordinário e sumário) no processo penal brasileiro. Se, antes de sua vigência, já houver se realizado o interrogatório do acusado, e, também, a inquirição das testemunhas de acusação, o juiz deverá designar audiência de instrução para ouvir as testemunhas de defesa, eventuais esclarecimentos de peritos (se requeridos com antecedência de dez dias, conforme art. 159, § 5º, I, CPP), e, ao final, dará oportunidade para o réu se manifestar mais uma vez sobre a instrução. Com isso, se estará adotando o novo rito, mas respeitando-se o direito à ampla defesa.

Jurisprudência

2º.1. [...] Conforme assentado pela Corte local, os institutos processuais são regidos pelo princípio *tempus regit actum*, nos termos do art. 2º do CPP, *in verbis*: "A lei processual penal aplicar-se-á desde logo, sem prejuízo da validade dos atos realizados sob a vigência da lei anterior". Nesse contexto, não é possível se falar em quebra da cadeia de custódia, por inobservância de dispositivos legais que não existiam à época. [...] *(RHC nº 141.981/RR, STJ, 5ª Turma, unânime, Rel. Min. Reynaldo Soares da Fonseca, julgado em 23.3.2021, publicado no DJ em 29.3.2021)*

2º.1. [...] A irresignação não merece prosperar quanto ao argumento de ultratividade de entendimento jurisprudencial mais benéfico. Com efeito, a irretroatividade figura como matéria atrelada à aplicação da lei no tempo, ato normativo idôneo a inovar a ordem jurídica. Não se nota, na espécie, sucessão de leis, de modo que a ofensa constitucional não se perfaz, descabendo atribuir ultratividade a atos interpretativos que, bem por isso, não se confundem com produções normativas submetidas ao Princípio da Legalidade. Assim, não reconheço aplicabilidade dos preceitos constitucionais que regem a aplicação benéfica retroativa da norma penal ao acusado e a irretroatividade da regra mais grave ao acusado (art. 5º, XL, da CR) aos precedentes jurisprudenciais. Entendo que tais regras se aplicam apenas às leis penais, mas não à jurisprudência. [...] *(Habeas Corpus n. 170.966-PR, STF, decisão monocrática, Rel. Min. Edson Fachin, julgado em 22.5.2020, publicado no* DJ *em 27.5.2020).*

2º.1. [...] O entendimento consolidado nesta Corte é de que os atos realizados na vigência da lei processual anterior não são prejudicados ou devem ser repetidos sobre as balizas da nova lei adjetiva, uma vez que no processo penal vige o princípio *tempus regit actum*, nos termos do art. 2º do CPP. [...] *(Agravo Regimental no Habeas Corpus n. 463.386-SP, STJ, 5ª Turma, unânime, Rel. Min. Felix Fischer, julgado em 18.10.2018, publicado no* DJ *em 23.10.2018).*

2º.2. Leis de natureza mista (penal e processual penal): Redobradas cautelas também devem ser tomadas quando se tratar de leis que venham a promover alterações tanto no âmbito do Direito Penal quanto no do Processo Penal.

Em princípio, as normas penais mais favoráveis reclamam aplicação imediata, do mesmo modo que aquelas outras, desfavoráveis – sobretudo quando incriminadoras –, não podem ser aplicadas aos fatos anteriores à sua vigência.

Mas pode ocorrer que a citada Lei, mais benéfica do ponto de vista do Direito Penal, contenha também disposições que modifiquem *para pior* os ritos (diminuição de prazos) ou o andamento (suspensão) do processo. Em tais situações, não falta que m sustente a possibilidade de se aproveitar o que cada Lei teria de mais favorável, ainda que dessa mistura resultasse uma terceira legislação.

Para nós, não só por isso semelhante proposta de interpretação não deve ser levada a cabo, embora tanto já bastaria, afinal não está autorizado o intérprete a legislar e sim a determinar o sentido daquilo já posto no texto legislativo, sob o compromisso mínimo de afastamento de eventuais contradições.

Com efeito, parece-nos impossível a união de leis no tempo, para fins da aplicação parcial de ambas. É que cada ordenação legal (Leis) tem pressupostos lógicos que determinam o seu conteúdo, de tal maneira que as premissas articuladas como base para a regulamentação da matéria recebam as consequências jurídicas segundo os fundamentos que justificaram a adoção da medida. Exemplo: no ano de 1996, a Lei nº 9.271 modificou o disposto no art. 366 do Código de Processo Penal, estabelecendo a suspensão do processo em razão da citação por edital do acusado. Em contrapartida, deixou assentado que o curso do prazo prescricional (matéria de conteúdo penal, portanto) seria também suspenso.

Fosse possível a mistura entre os diversos aspectos (processual e penal) de uma ou mais leis, ainda que dirigida pela perspectiva mais favorável, correr-se-ia o risco, no exemplo dado, de se suspender o curso da ação penal enquanto mantida a fluência do prazo prescricional, o que, evidentemente, redundaria em contradição lógica entre os fundamentos da Lei e suas consequências.

Em tais situações, deve ter primazia o aspecto penal mais favorável, ainda que, em consequência, se venha a aplicar a regra processual aparentemente menos benéfica. No caso de não se saber qual seria a interpretação mais favorável, em razão da divergência entre os aspectos penais e processuais penais, há de se aplicar a Lei mais antiga aos fatos já ocorridos e aos processos instaurados sob sua vigência, deixando a nova Lei para os fatos e processos futuros.

Isso é claro, como regra. Exceções, como em todo o Direito, poderão existir.

A propósito, vide anotações específicas sobre o Acordo de Não Persecução Penal (art. 28-A, CPP).

Art. 3º A lei processual penal admitirá interpretação extensiva e aplicação analógica, bem como o suplemento dos princípios gerais de direito.

A disposição contida no art. 3º do Código de Processo Penal parece das mais simples, até porque faz referência expressa a conceitos de uso frequente em todas as disciplinas jurídicas.

No que se refere aos métodos de interpretação das leis, ou seja, a interpretação *extensiva* e aplicação *analógica*, cumpre esclarecer que se trata, em quaisquer das situações, de processo de *autointegração* das normas. É dizer: na hipótese de eventual lacuna ou de não regramento específico de determinada matéria, o Código de Processo Penal prevê a possibilidade da aplicação de determinados critérios de interpretação que possam auxiliar na solução de questões mais complexas. De todo modo, e como se trata da aplicação de soluções jurídicas, a busca deve ser feita dentro do próprio ordenamento.

Fala-se em interpretação extensiva quando o intérprete está autorizado a estender o âmbito de aplicação previsto expressamente na norma, de tal maneira que o sentido nela explicitado seja ampliado para atingir situações não contempladas expressamente, por omissão do legislador, seja deliberada, seja inconsciente. Quando se quer, por exemplo, atribuir determinado direito ao *homem*, a interpretação deve também se estender à *mulher*, desde que, é claro, se trate de situações de igualdade entre ambos, e, mais, que não se trate de norma incriminadora (matéria penal).

Nesse passo, quando a Lei nº 11.340/06 se refere à violência praticada contra a mulher, não se dá ensejo à extensão da proteção também ao homem. A igualdade entre eles, homem e mulher, diz respeito ao conjunto de atribuição de direitos e obrigações em face da Lei, já que todos são iguais diante da Lei. No entanto, no que se refere ao objeto da proteção legal constante da Lei nº 11.340/06, há manifesta diferença entre ambos, conforme está a demonstrar a realidade do cotidiano nas relações domésticas; são frequentes os casos de violência à mulher, o que compreensivelmente justifica a distinção de tratamento legislativo.

De outro lado, costuma-se dizer que nos casos em que a Lei se reporta a expressões generalizantes ou genéricas, referindo-se a determinadas circunstâncias e/ou meios que podem ser encontrados em situações semelhantes, tais como qualquer meio, qualquer outro modo, de qualquer maneira etc., estar-se-ia diante da interpretação analógica.

Por seu turno, analogia é o meio de autointegração com o qual se aplica às situações não previstas na norma jurídica uma regra específica elaborada para outra hipótese fática. Na analogia, portanto, a solução é encontrada mediante a criação de outra norma – criada pelo intérprete –, inicialmente destinada a regular apenas as situações nela descritas, enquanto na interpretação extensiva a solução é dada na e pela mesma regra legal.

Pensamos que, a rigor, a distinção mais relevante ocorre apenas entre analogia e interpretação extensiva, na medida em que somente elas é que ostentam critérios efetivamente distintos para a solução dos problemas pendentes de regras específicas. Interpretação analógica não deixa de ser tanto um recurso típico da interpretação extensiva, no ponto em que oferece solução dentro do mesmo contexto legal, quanto também da própria analogia, já que a situação de fato por ela descoberta decorreria de um processo lógico típico da analogia (*qualquer, de outro modo* etc.).

Já em relação aos chamados *princípios gerais do direito*, a questão é um pouco mais complexa, se e quando examinada a questão no âmbito da teoria geral do direito.

A moderna hermenêutica constitucional tem dado extremado relevo a uma possível distinção entre *regras e princípios*, na medida em que tal distinção se revele necessária para resolver acerca da maior adequabilidade de determinada norma constitucional para a solução de conflitos, quando mais de uma delas estiver a reclamar aplicação.

Assim, corre-se o risco de se pretender uma equiparação de sentido entre a expressão "princípios gerais do direito" e os chamados princípios constitucionais ou fundamentais. E não se trata da mesma coisa.

É certo que, do ponto de vista da *filosofia kantiana do conhecimento* (isto é, acerca das condições e da validade do conhecimento humano), *princípio* quer significar a estrutura subordinante (sistema) de determinada ordenação, com a qual se quer, sob a perspectiva da unidade (possível), tornar mais acessível e compreensível aquilo que se quer apreender (conhecer).

Os princípios fundamentais do Direito, em uma ordem constitucional, na qual impera a supremacia da Constituição, prestam-se também a nortear quaisquer critérios de interpretação das Leis, cumprindo a função de fundamento de validade da ordem jurídica. Pode-se dizer, sem risco de errar em demasia, que a aplicação do Direito nos dias que correm se baseia na definição dos princípios constitucionais que decorreriam do modelo de Estado adotado na Constituição da República. Assim, e como já antecipamos, do Estado Democrático de Direito, fundado no reconhecimento e afirmação dos direitos fundamentais, há de se deduzirem princípios e/ou postulados de interpretação, orientados pela prévia definição daquele paradigma político.

É dali que se chega ao postulado da *máxima efetividade dos direitos fundamentais* (o Estado não se constituiria para a afirmação dos direitos fundamentais?) e ao da *proibição de excesso* (ora, se o Estado é para servir, qual a razão da intervenção excessiva?). Do primeiro se extrairia também a *vedação da proteção deficiente*; afinal, se o caminho escolhido foi o da máxima efetividade, como se chegaria a ela com uma ação (ou omissão) deficiente dos poderes públicos?

De todo modo, o que é mais importante destacar aqui, nessa altura de nossas reflexões, é que os princípios gerais a que se refere o art. 3º, do CPP, não são os princípios constitucionais positivados na Constituição da República. Basta ver que, ao tempo do Código, não se respirava ainda os ares da hermenêutica constitucional.

Assim, chega-se à conclusão de que tais princípios (os gerais) são aqueles que durante muito tempo mereceram a atenção da doutrina clássica, e que, embora também deduzíveis do ordenamento jurídico, não se põem como normatividade expressa, mas como abstrações do conjunto do sistema. Ouçamo-los: "Porque a ordem jurídica não é um amontoado casual de elementos, é iluminada por grandes coordenadas que lhe dão o travejamento básico. Esses princípios (gerais) não são normas, mas orientações de caráter mais flexivo" (ASCENÇÃO, José de Oliveira. *O direito*: introdução e teoria geral. 13. ed. refundida. Coimbra: Almedina, 2005, p. 419-420).

Exemplos de tais princípios: o princípio da boa-fé, do *pacta sunt servanda* – esses, como regra, atinentes ao direito privado –, e, mais, o princípio da *confiança,* de atualidade inconteste no Direito Penal; o princípio do *pas de nulitée sans grief*, no âmbito do Direito Processual, dentre outros. Enfim, os princípios gerais seriam deduzíveis da totalidade do ordenamento e não apenas das Leis e da Constituição, oferecendo orientações não escritas para a solução de casos nos quais a ausência de regulamentação, bem como os métodos de preenchimento das lacunas, reclamem soluções coerentes com a unidade do sistema jurídico.

Juiz das Garantias
(Incluído pela Lei nº 13.964, de 2019)

Art. 3º-A. O processo penal terá estrutura acusatória, vedadas a iniciativa do juiz na fase de investigação e a substituição da atuação probatória do órgão de acusação. (Incluído pela Lei nº 13.964, de 2019)

Art. 3º-B. O juiz das garantias é responsável pelo controle da legalidade da investigação criminal e pela salvaguarda dos direitos individuais cuja franquia tenha sido reservada à autorização prévia do Poder Judiciário, competindo-lhe especialmente: (Incluído pela Lei nº 13.964, de 2019)

I – receber a comunicação imediata da prisão, nos termos do inciso LXII do *caput* do art. 5º da Constituição Federal; (Incluído pela Lei nº 13.964, de 2019)

II – receber o auto da prisão em flagrante para o controle da legalidade da prisão, observado o disposto no art. 310 deste Código; (Incluído pela Lei nº 13.964, de 2019)

III – zelar pela observância dos direitos do preso, podendo determinar que este seja conduzido à sua presença, a qualquer tempo; (Incluído pela Lei nº 13.964, de 2019)

IV – ser informado sobre a instauração de qualquer investigação criminal; (Incluído pela Lei nº 13.964, de 2019)

V – decidir sobre o requerimento de prisão provisória ou outra medida cautelar, observado o disposto no § 1º deste artigo; (Incluído pela Lei nº 13.964, de 2019)

VI – prorrogar a prisão provisória ou outra medida cautelar, bem como substituí-las ou revogá-las, assegurado, no primeiro caso, o exercício do contraditório em audiência pública e oral, na forma do disposto neste Código ou em legislação especial pertinente; (Incluído pela Lei nº 13.964, de 2019)

VII – decidir sobre o requerimento de produção antecipada de provas consideradas urgentes e não repetíveis, assegurados o contraditório e a ampla defesa em audiência pública e oral; (Incluído pela Lei nº 13.964, de 2019)

VIII – prorrogar o prazo de duração do inquérito, estando o investigado preso, em vista das razões apresentadas pela autoridade policial e observado o disposto no § 2º deste artigo; (Incluído pela Lei nº 13.964, de 2019)

IX – determinar o trancamento do inquérito policial quando não houver fundamento razoável para sua instauração ou prosseguimento; (Incluído pela Lei nº 13.964, de 2019)

X – requisitar documentos, laudos e informações ao delegado de polícia sobre o andamento da investigação; (Incluído pela Lei nº 13.964, de 2019)

XI – decidir sobre os requerimentos de: (Incluído pela Lei nº 13.964, de 2019)

a) interceptação telefônica, do fluxo de comunicações em sistemas de informática e telemática ou de outras formas de comunicação; (Incluído pela Lei nº 13.964, de 2019)

b) afastamento dos sigilos fiscal, bancário, de dados e telefônico; (Incluído pela Lei nº 13.964, de 2019)

c) busca e apreensão domiciliar; (Incluído pela Lei nº 13.964, de 2019)

d) acesso a informações sigilosas; (Incluído pela Lei nº 13.964, de 2019)

e) outros meios de obtenção da prova que restrinjam direitos fundamentais do investigado; (Incluído pela Lei nº 13.964, de 2019)

XII – julgar o *habeas corpus* impetrado antes do oferecimento da denúncia; (Incluído pela Lei nº 13.964, de 2019)

XIII – determinar a instauração de incidente de insanidade mental; (Incluído pela Lei nº 13.964, de 2019)

XIV – decidir sobre o recebimento da denúncia ou queixa, nos termos do art. 399 deste Código; (Incluído pela Lei nº 13.964, de 2019)

XV – assegurar prontamente, quando se fizer necessário, o direito outorgado ao investigado e ao seu defensor de acesso a todos os elementos informativos e provas produzidos no âmbito da investigação criminal, salvo no que concerne, estritamente, às diligências em andamento; (Incluído pela Lei nº 13.964, de 2019)

XVI – deferir pedido de admissão de assistente técnico para acompanhar a produção da perícia; (Incluído pela Lei nº 13.964, de 2019)

XVII – decidir sobre a homologação de acordo de não persecução penal ou os de colaboração premiada, quando formalizados durante a investigação; (Incluído pela Lei nº 13.964, de 2019)

XVIII – outras matérias inerentes às atribuições definidas no *caput* deste artigo. (Incluído pela Lei nº 13.964, de 2019)

§ 1º O preso em flagrante ou por força de mandado de prisão provisória será encaminhado à presença do juiz de garantias no prazo de 24 (vinte e quatro) horas, momento em que se realizará audiência com a presença do Ministério Público e da Defensoria Pública ou de advogado constituído, vedado o emprego de videoconferência. (Incluído pela Lei nº 13.964, de 2019)

§ 2º Se o investigado estiver preso, o juiz das garantias poderá, mediante representação da autoridade policial e ouvido o Ministério Público, prorrogar, uma única vez, a duração do inquérito por até 15 (quinze) dias, após o que, se ainda assim a investigação não for concluída, a prisão será imediatamente relaxada. (Incluído pela Lei nº 13.964, de 2019)

Art. 3º-C. A competência do juiz das garantias abrange todas as infrações penais, exceto as de menor potencial ofensivo, e cessa com o recebimento da denúncia ou queixa na forma do art. 399 deste Código. (Incluído pela Lei nº 13.964, de 2019)

§ 1º Recebida a denúncia ou queixa, as questões pendentes serão decididas pelo juiz da instrução e julgamento. (Incluído pela Lei nº 13.964, de 2019)

§ 2º As decisões proferidas pelo juiz das garantias não vinculam o juiz da instrução e julgamento, que, após o recebimento da denúncia ou queixa, deverá reexaminar a necessidade das medidas cautelares em curso, no prazo máximo de 10 (dez) dias. (Incluído pela Lei nº 13.964, de 2019)

§ 3º Os autos que compõem as matérias de competência do juiz das garantias ficarão acautelados na secretaria desse juízo, à disposição do Ministério Público e da defesa, e não serão apensados aos autos do processo enviados ao juiz da instrução e julgamento, ressalvados os documentos relativos às provas irrepetíveis, medidas de obtenção de provas ou de antecipação de provas, que deverão ser remetidos para apensamento em apartado. (Incluído pela Lei nº 13.964, de 2019)

§ 4º Fica assegurado às partes o amplo acesso aos autos acautelados na secretaria do juízo das garantias. (Incluído pela Lei nº 13.964, de 2019)

Art. 3º-D. O juiz que, na fase de investigação, praticar qualquer ato incluído nas competências dos arts. 4º e 5º deste Código ficará impedido de funcionar no processo. (Incluído pela Lei nº 13.964, de 2019) – *regra declarada inconstitucional pelo STF no julgamento das ADIs nºs 6.298, 6.299, 6.300 e 6.305)*

Parágrafo único. Nas comarcas em que funcionar apenas um juiz, os tribunais criarão um sistema de rodízio de magistrados, a fim de atender às disposições deste Capítulo. (Incluído pela Lei nº 13.964, de 2019) – *regra declarada formalmente inconstitucional pelo STF no julgamento das ADIs nºs 6.298, 6.299, 6.300 e 6.305)*

Art. 3º-E. O juiz das garantias será designado conforme as normas de organização judiciária da União, dos Estados e do Distrito Federal, observando critérios objetivos a serem periodicamente divulgados pelo respectivo tribunal. (Incluído pela Lei nº 13.964, de 2019)

Art. 3º-F. O juiz das garantias deverá assegurar o cumprimento das regras para o tratamento dos presos, impedindo o acordo ou ajuste de qualquer autoridade com órgãos da imprensa para explorar a imagem da pessoa submetida à prisão, sob pena de responsabilidade civil, administrativa e penal. (Incluído pela Lei nº 13.964, de 2019) – *regra declarada inconstitucional pelo STF no julgamento das ADIs nºs 6.298, 6.299, 6.300 e 6.305)*

Parágrafo único. Por meio de regulamento, as autoridades deverão disciplinar, em 180 (cento e oitenta) dias, o modo pelo qual as informações sobre a realização da prisão e a identidade do preso serão, de modo padronizado e respeitada a programação normativa aludida no *caput* deste artigo, transmitidas à imprensa, assegurados a efetividade da persecução penal, o direito à informação e a dignidade da pessoa submetida à prisão. (Incluído pela Lei nº 13.964, de 2019)

Juiz de garantias. As mais importantes modificações trazidas pela Lei 13.964/19 para o processo penal brasileiro se originam do Projeto de Novo CPP (PL 8.045/10) ainda em tramitação na Câmara dos Deputados. Esse Projeto foi elaborado por uma Comissão de Juristas instituída pelo Senado da República em 2009, e a qual tivemos a honra de integrar, como Relator-Geral.

Embora a determinação de criação do *juiz de garantias* tenha ocupado a preferência nos debates, o grande passo dado pela Lei 13.964/19 foi na direção de um maior esclarecimento legislativo em torno da estrutura acusatória de processo. O novo art. 3º-A, ao estipular a vedação expressa da iniciativa judicial como *substitutiva* do ônus acusatório que recai no autor da ação penal, vem consagrar, em definitivo, o modelo acusatório no processo penal brasileiro (expressando haver uma *estrutura acusatória*), deixando claro que o juiz não é detentor de iniciativa probatória *autônoma*, mas apenas para fins de esclarecimento de dúvida surgida na instrução.

Tanto é assim (e reportamos também às anotações ao art. 156 do CPP) que destacamos também aqui que essas conclusões foram corroboradas pelo STF, que conferiu interpretação conforme a Constituição ao art. 3º-A do CPP (ADI's 6.298, 6.299, 6.300 e 6.305), reconhecendo que "*o juiz, pontualmente, nos limites legalmente autorizados, pode determinar a realização de diligências suplementares para o fim de dirimir dúvida sobre questão relevante para o julgamento do mérito*". Ou, noutras palavras, igualmente expressas no julgamento, o disposto no art. 3º-A do CPP "*deve ser interpretado de modo a vedar a substituição da atuação de qualquer das partes pelo juiz, sem impedir que o magistrado, pontualmente, nos limites legalmente autorizados, determine a realização de diligências voltadas a dirimir dúvida sobre ponto relevante*".

Com efeito, a despeito das limitações semânticas que o texto comporta, resta claro que a proibição da atuação probatória do juiz na fase de processo se refere àquela voltada para a produção de prova não requerida pelas partes, sendo-lhe vedado atuar *em substituição* ao órgão da acusação, que tem o ônus processual de provar tudo o quanto tenha alegado na denúncia. Assim não poderá o juiz determinar a produção de prova, ainda quando importante ou mesmo essencial à descoberta dos fatos, se tais elementos estavam à disposição da acusação ou eram acessíveis ao seu conhecimento, pela natureza dos fatos e dos meios e fontes de prova conhecidos e possíveis (vide comentários no item 156).

Naturalmente, toda alteração da *tradição* tem que suportar críticas e enfrentar resistências nos setores mais atingidos. Desde o velho Código de Processo Penal, de 1941, o juiz brasileiro se acostumou a tomar para si o *dever de persecução penal*, cuidando da investigação e, sobretudo, do processo, como verdadeiro *presidente* da construção da *verdade processual*. Aceitou, às vezes com gosto, o imenso peso que lhe pôs às costas a legislação codificada daqueles tempos, e agora parece enxergar no *juiz das garantias* um adversário de sua imparcialidade *pessoal* e de seu distanciamento funcional. O que é verdadeiramente equivocado.

O Ministério Público, pelo menos desde a Constituição da República, de 1988, tornou-se tão grande quanto o Poder Judiciário, no que toca às prerrogativas institucionais, inclusive remuneratórias. Por isso, além do fato de haver previsão constitucional nesse sentido, ele deve assumir a sua elevada missão de zelar pela aplicação da lei penal e cuidar da referida persecução. Essa não é a tarefa do Judiciário, mas do Ministério Público.

O Judiciário penal precisa reverenciar suas novas funções, as quais, aliás, já haviam sido antecipadas na Carta de 1988, e que em nada lhe diminuem a importância e a essencialidade de seus afazeres. O juiz é quem decide, e é o quanto basta para se saber de seu protagonismo.

Mas também é preciso que o juiz compreenda que sua missão, não sendo *acusatória*, deve ser exercida como a última e mais importante garantia individual dos jurisdicionados. O juiz penal é quem analisa a pertinência da acusação e aplica o direito cabível; a persecução penal, a produção da prova e a acusação são atribuições do Ministério Público (ou do querelante, em se tratando de ação penal privada). Nesse sentido, todo juiz é, essencialmente, um juiz de garantia do cidadão.

Em perspectiva dialética, o juiz deve sempre abrir a porta para a dúvida sobre a procedência acusatória, de modo a exigir que o órgão estatal acusatório comprove, para além de qualquer dúvida, a sua *tese* acusatória. A acusação, portanto, seria a *tese*; a defesa, a negação da tese, a constituir a *antítese*. A apreciação de todos esses esforços em um e outro sentido será a *síntese*, no julgamento final do processo, quando se tentará avaliar o desempenho processual das partes.

Assim, o juiz não deve se interessar mais pela acusação que pela defesa, a despeito de ser ela patrocinada por membro do Ministério Público, que, como ele, *presenta* (faz presente) o Estado, e que deve atuar com independência e sob as luzes da Lei. Essa sinceridade institucional do MP, por assim dizer, não pode, contudo, diminuir o senso crítico do magistrado, pois será ele, ao fim e ao cabo, a grande garantia de imparcialidade na solução dos casos penais. Afinal, nem tudo que reluz é ouro.

A iniciativa probatória do juiz no processo, portanto, veio a ser ainda mais reduzida, limitada que foi, de modo mais claro agora, ao esclarecimento de dúvidas que podem surgir quanto ao significado das provas produzidas. Esse é, sem dúvida, um dos pontos mais sensíveis da matéria. Releva destacar, porém, que a Lei 13.964/19 *não instituiu o modelo adversarial* entre nós. O objeto do processo penal, isto é, a acusação da prática de um crime, continua não sendo disponível às partes (ressalvados os casos de *transação, suspensão condicional, acordos de não persecução* e *de colaboração premiada*, nos limites legais) nem pode ser produto exclusivo da atuação das partes. Em nossa perspectiva, sendo o juiz sempre um garantidor do Direito, a ele caberá também esclarecer toda a prova a ser objeto de apreciação final, não se limitando às indagações feitas pelas partes, o que já ocorre na prova testemunhal, por exemplo.

Com efeito, ainda que as partes tenham se dado por satisfeitas com as inquirições, poderá o juiz também indagar sobre fatos às testemunhas, se alguma dúvida lhe restou na compreensão da prova produzida. Ele não é mero expectador das partes; embora não lhe caiba indicar provas, é-lhe evidentemente permitido explorar a prova trazida pela acusação e pela defesa, unicamente para o fim de escoimar a prova de eventuais contradições ou outros defeitos de linguagem e de sentido. Assim, e repisando o que anteriormente falado, sempre sustentamos e o STF, em 2023, no julgamento das ADIs 6.298, 6.299, 6.300 e 6.305, conferiu interpretação conforme a Constituição ao art. 3º-A, CPP, para assentar que "*o juiz, pontualmente, nos limites legalmente autorizados, pode determinar a realização de diligências suplementares para o fim de dirimir dúvida sobre questão relevante para o julgamento do mérito*", o que não significa – e nunca significou – se substituir à acusação na atividade probatória.

Do mesmo modo, se ele não pode determinar de ofício a produção de prova pericial, nas infrações que deixam vestígios ou naquelas em que o conhecimento técnico se mostra indispensável, poderá ele questionar o *expert* acerca de suas conclusões e também acerca das respostas oferecidas aos quesitos das partes.

Voltaremos a essas questões nos tópicos pertinentes, mas fica desde já assentada uma relevante distinção nessa atuação do juiz no modelo acusatório.

Já que entendemos que o juiz, da investigação e do processo, é sempre um juiz garantidor, seja ele o *das garantias* ou não, não temos qualquer receio em concluir que o juiz do processo é livre para explorar em maior extensão a atividade probatória da defesa, que nem sempre está tão bem aparelhada como a acusação. O custo social da condenação de um inocente é impagável, e, por isso, mais suportável que a absolvição de um culpado. Erro por erro, que se tutele, antes, a liberdade.

Nesse sentido, não vemos a *igualdade de partes* ou a *paridade de armas* como impedimento à atuação do juiz em favor da defesa, se e somente se for identificada no processo a desigualdade na produção da prova e na construção da defesa. Desde o CPP de 1941 se permitia ao juiz concluir pela ausência de defesa eficiente e pela possibilidade de nomeação de novo defensor. Não estamos a sustentar nenhuma novidade.

O juiz das garantias: considerações gerais

A Lei 13.964/19 foi buscar no Projeto de Novo CPP (PL 8.045/10) a criação do *juiz de garantias*, a quem caberá o controle de legalidade da investigação, bem como a adoção de medidas cautelares *pessoais*, *reais* ou *probatórias* na aludida fase, sempre a requerimento ou representação dos órgãos da persecução penal (Ministério Público e Polícia).

Ao dispor que cabe a ele a *salvaguarda dos direitos individuais cuja franquia tenha sido reservada à autorização prévia do Poder Judiciário*, a redação do art. 3º-B confirma aquilo que vimos de sustentar anteriormente: todo juiz é essencialmente um garantidor dos direitos individuais no processo penal, mesmo quando decreta a prisão preventiva ou determina o afastamento das liberdades públicas na fase de investigação (interceptação telefônica e de dados, gravações ambientais etc.).

O manejo das cláusulas da *reserva de jurisdição* constitui prerrogativa judicial, precisamente por implicar o atingimento de direitos e garantias individuais constitucionais, pelas quais a Constituição zela e protege em nível mais elevado, excluindo o acesso autônomo a tais fontes e meios de prova ao Ministério Público e à Polícia Judiciária. Deferir a *quebra* de garantia constitucional não faz do juiz um *auxiliar qualificado* da investigação. Pelo contrário, significa que tais afetações a direitos individuais dependerão de seu prudente exame e de decisão fundamentada (e agora já se sabe o significado de *motivação das decisões*, conforme consta do art. 315 e § 2º, CPP), na qual se afirme a indispensabilidade da medida.

Em várias Capitais do país já existe um juízo reservado ao controle de legalidade das investigações (*Varas de inquérito* etc.) e que não atuará na fase de processo. A criação do *juiz de garantias* tem por objetivo reforçar, ainda mais, a tutela das garantias individuais, otimizando a dimensão normativa do princípio do juiz natural, imparcial e distante dos fatos, independentemente de qualquer debate acerca de eventuais comprometimentos pessoais que decisões na fase de inquérito podem causar no juiz do processo. É bem-vinda a novidade, embora muitas críticas devam ser feitas à Lei 13.964/19, do ponto de vista da *operacionalização* da nova regra.

Ao contrário do que já se sustenta, a nova Lei não viola nem passa perto de atingir a garantia constitucional do *juiz natural*. Aliás, pesa-nos dizer que esse é, de longe, o argumento mais fraco e inconsistente sobre a nova legislação. Juiz natural não tem nome nem CPF; o que é garantido é o *juízo constitucional*, seja quanto à matéria (crimes federais, estaduais, eleitorais etc.), seja quanto à prerrogativa de foro nos Tribunais, nas ações penais originárias.

O *juiz de garantias* será o juiz federal, nos crimes federais, será o juiz eleitoral, nos crimes eleitorais e será o juiz estadual, nos crimes estaduais. Como sempre foi, desde 1988. E o juiz do *processo* será exatamente o mesmo juízo (federal, estadual ou eleitoral), ainda que outro o magistrado nele atuante, por substituição ou por outro critério. De lembrar-se que modificações de competência *territorial* não dizem respeito ao *juiz natural*, mas sim ao juiz *legal*. A distinção é relevante, pois o primeiro (*natural*) tem assento na Constituição, enquanto o segundo decorre de previsão legal, e por isso pode ser modificado também por Lei.

Nada há de inconstitucional na criação de um juiz para a fase de *investigação* e outro para a fase de *processo*. Trata-se de matéria de conformação legislativa, no âmbito da criação de normas processuais, de competência do Congresso Nacional. Do mesmo modo, nada tem de inconstitucional a norma contida no art. 3º-D, CPP, com a redação que lhe deu a Lei 13.964/19, que determina e cria regra processual de *impedimento* do magistrado para o processo, quando tiver ele atuado na fase de inquérito.

Pode-se criticar o legislador, pode-se não gostar da escolha e pode-se até demonstrar o inconveniente de algumas das novas regras sobre a matéria, mas daí à conclusão de sua inconstitucionalidade é distância muito longa (*nessa parte, Douglas Fischer registra dissídio parcial quanto à regra, na medida em que a "opção" do legislador contraria todos os precedentes, especialmente do Tribunal Europeu de Direitos Humanos, na medida em que se estabeleceu uma "presunção de parcialidade", quando a regra deve ser o contrário*).

Em 2023, no julgamento das ADIs 6.298, 6.299, 6.300 e 6.305, o STF reconheceu a constitucionalidade do dispositivo em voga, mas fixou um prazo de 12 meses (a contar da publicação do julgamento) para que sejam adotadas as medidas legislativas e administrativas necessárias à adequação das diferentes leis de organização judiciária, a efetiva implementação e o efetivo funcionamento do juiz das garantias em todo o país, tudo conforme as diretrizes do Conselho Nacional de Justiça e sob a supervisão dele. Esse prazo poderá ser prorrogado uma única vez, por, no máximo, 12 meses, devendo a devida justificativa ser apresentada em procedimento realizado junto ao Conselho Nacional de Justiça. Assim, igualmente declarou-se a inconstitucionalidade por arrastamento do disposto no art. 20 da Lei nº 13.964/2019, quanto à fixação do prazo de 30 dias para a instalação dos juízes de garantias.

Mas também a nós parece ter havido excesso legislativo, em um único ponto, com invasão de matéria reservada ao Poder Judiciário. É que a previsão de criação de *rodízio* para as comarcas em que funcionar apenas um juiz (parágrafo único, art. 3º-D) retira do Tribunal competente a escolha dos critérios mais adequados para a sua *organização judiciária*, e, em especial, para a substituição do *juiz impedido* por ter atuado na fase de investigação. Aí sim, parece-nos inconstitucional o citado parágrafo único.

No ponto, aliás, não há como não criticar a irresponsabilidade legislativa. Nas comarcas onde houver um só juiz, e não são poucas, não deveria valer a regra de impedimento. Do contrário, a paralisação da persecução penal será inevitável. Referida regra (do impedimento) somente deveria ser aplicada onde já houvesse sido criado o juiz das garantias, conforme as disponibilidades de cada Tribunal. Impor isso a todas as comarcas é contraproducente e somente causará tumulto processual.

Do mesmo modo, há comarcas em que há mais de um juiz, mas apenas um deles cuida da competência criminal. Assim, encerrada a fase de inquérito, a competência para o processo passaria a ser de outro juízo ou no mesmo juízo, mas de outro magistrado. E delegar a competência criminal a juízo que não a exerce parece temerário, ou, de novo, contraproducente.

O ideal – e sempre sustentamos isso na Comissão de Novo CPP – é que somente se impusesse a regra de impedimento nas comarcas com, no mínimo, dois juízes criminais, exercendo ambos as mesmas funções (na fase de investigação nos processos daquele juízo, e, na fase de processo em outro). Nas capitais e comarcas maiores a operacionalização do juiz das garantias não causará qualquer problema. Nesse ponto, embora válida a Lei, é fácil prever as imensas dificuldades por que passará a persecução penal. E que não se culpem os Tribunais, pois não depende deles a criação de cargos onde faltam juízes.

Mas, no mesmo julgamento das ADIs 6.298, 6.299, 6.300 e 6.305, o STF reconheceu a inconstitucionalidade formal do art 3º-D, do CPP. Além disso, e para além do erro técnico de remissão aos arts. 4º e 5º do CPP (que tratam das atribuições da autoridade do delegado de polícia), reconheceu expressamente que "*a presunção absoluta do viés de confirmação de decisões pretéritas, que inspirou o artigo 3º-D da Lei 13.964/2019, nutre-se de convicções opostas, admitindo, como regra, a irracionalidade do juiz e sua incapacidade para tomar decisões fundadas em dados e elementos objetivos de convicção, deixando-se guiar por heurísticas e vieses inconscientes de confirmação, sem quaisquer fundamentos*". Exatamente por isso assentou ainda de forma hialina a "*manifesta irrazoabilidade da norma de impedimento estabelecida no artigo 3º-D do Código de Processo Penal, incluída pela Lei 13.964/2019, deve ser declarada sua inconstitucionalidade material*". Ficou expressa no julgado a compreensão de ser "falsa e juridicamente incoerente a presunção absoluta de parcialidade do juiz que proferiu decisões no curso da investigação. Forçoso é reconhecer que a presunção absoluta imposta pela lei impugnada tornaria o sistema como um todo incoerente".

Reconhecemos como relevante ainda destacar que a presunção de parcialidade estabelecida pela lei contraria os precedentes do Tribunal Europeu dos Direitos Humanos.

É que, "*diversamente do que se afirma, o Tribunal Europeu afastou a presunção de parcialidade do juiz que atua na fase de investigação, tão insistentemente sustentada no Brasil, bem como refutou a ideia de uma pressuposta contaminação judicial pelas decisões ali proferidas. Segundo aquela Corte, a presunção atua pro judicato, ou seja, em favor da imparcialidade do juiz, exigindo-se das partes a prova em contrário – da ocorrência de suspeição –, sempre à luz do caso concreto*".

A criação *formal* do juiz das garantias foi reservada aos Tribunais, segundo dispuserem as normas de organização judiciária, o que está absolutamente correto (art. 3º-E).

Além do que mencionado acima quanto ao art. 3º-D, CPP, igualmente o STF atribuiu interpretação conforme o art. 3º-E, CPP, para assentar que "o juiz das garantias será investido, e não designado, conforme as normas de organização judiciária da União, dos Estados e do DF, observando critérios objetivos a serem periodicamente divulgados pelo respectivo Tribunal".

Cumpre também tentar minimizar as dificuldades operacionais que virão. Como a regra de impedimento tem em vista a ampliação da garantia do juiz imparcial, pensamos não incidir a norma do art. 3º-D nos casos em que nenhuma medida cautelar, de qualquer natureza, tiver sido decretada na fase de investigação. Nessa hipótese, o *fundamento* da vedação de atuação não corresponderia à necessidade de aplicação da norma.

Outra alternativa, e ainda mais relevante, seria a de somente aplicar a regra do impedimento nas comarcas e seções judiciárias em que já tiver sido implementado, *formalmente*, o juiz das garantias, pressupondo, então, a operacionalidade da jurisdição. Não se trataria de questionar a *validade* da regra (do impedimento), mas apenas de reduzir o seu impacto nos locais onde a sua aplicação puder contrariar os fundamentos e motivos de sua criação. O Supremo Tribunal Federal já teve oportunidade de se referir à hipótese de *(in)constitucionalidade progressiva*, a depender da implementação de determinadas circunstâncias para a aplicação de nova legislação. Pode ser uma alternativa para as pequenas comarcas.

Em complemento e malgrado tratando de outro tema, rememore-se que o STF já reconheceu a inconstitucionalidade de disposição que determina "mandato fixo" em titularidade de vara especializada em crimes organizados (com consequência *alternância* depois de determinado tempo), tanto por violar a regra da identidade física do juiz, como por atingir a própria garantia da inamovibilidade (vide ADI n. 4.414-AL, Rel. Ministro Luiz Fux, Plenário, julgado em 31.5.2012, publicado no DJ em 3.6.2019).

No julgamento das ADIs, já referidas, o STF conferiu interpretação conforme à primeira parte do caput do art. 3º-C ("*Art. 3º-C. A competência do juiz das garantias abrange todas as infrações penais, exceto as de menor potencial ofensivo, e cessa com o recebimento da denúncia ou queixa na forma do art. 399 deste Código*") para esclarecer que "*as normas relativas ao juiz das garantias não se aplicam às seguintes situações: a) processos de competência originaria dos Tribunais, os quais são regidos pela lei 8.038/90; b) processos de competência o Tribunal do Júri; c) casos de violência domestica e familiar; d) casos de menor potencial ofensivo*".

Mais que isso. Sobre o dispositivo do 2º do art. 3º-C (que dispunha que "*as decisões proferidas pelo juiz das garantias não vinculam o juiz da instrução e julgamento, que, após o recebimento da denúncia ou queixa, deverá reexaminar a necessidade das medidas cautelares em curso, no prazo máximo de 10 (dez) dias*"), declarou-se a inconstitucionalidade do termo "recebimento" (mantendo-se simetria com a análise do disposto no caput do art. 3º-C) e foi conferida interpretação conforme ao dispositivo para assentar que "*após o oferecimento da denúncia ou queixa, o juiz da instrução julgamento deverá reexaminar a necessidade das medidas cautelares em curso no prazo máximo de 10 dias".*

Competência do juiz das garantias

É longo o rol de competências do juiz das garantias. Aliás, desnecessariamente longo, pois a ele caberá a apreciação de todos os incidentes da fase de investigação. A rigor, nem seria preciso declinar uma a uma a matéria a ele reservada. Seguem as medidas, após as quais se analisarão apenas aquelas que importem novidade ou modificação de regras processuais. E elas existem (art. 3º-B):

> I – receber a comunicação imediata da prisão, nos termos do inciso LXII do *caput* do art. 5º da Constituição Federal;
>
> II – receber o auto da prisão em flagrante para o controle da legalidade da prisão, observado o disposto no art. 310 deste Código;
>
> III – zelar pela observância dos direitos do preso, podendo determinar que este seja conduzido à sua presença, a qualquer tempo;
>
> IV – ser informado sobre a instauração de qualquer investigação criminal;
>
> V – decidir sobre o requerimento de prisão provisória ou outra medida cautelar, observado o disposto no § 1º deste artigo;
>
> VI – prorrogar a prisão provisória ou outra medida cautelar, bem como substituí-las ou revogá-las, assegurado, no primeiro caso, o exercício do contraditório em audiência pública e oral, na forma do disposto neste Código ou em legislação especial pertinente;
>
> VII – decidir sobre o requerimento de produção antecipada de provas consideradas urgentes e não repetíveis, assegurados o contraditório e a ampla defesa em audiência pública e oral;
>
> VIII – prorrogar o prazo de duração do inquérito, estando o investigado preso, em vista das razões apresentadas pela autoridade policial e observado o disposto no § 2º deste artigo;
>
> IX – determinar o trancamento do inquérito policial quando não houver fundamento razoável para sua instauração ou prosseguimento;
>
> X – requisitar documentos, laudos e informações ao delegado de polícia sobre o andamento da investigação;
>
> XI – decidir sobre os requerimentos de:
>
> a) interceptação telefônica, do fluxo de comunicações em sistemas de informática e telemática ou de outras formas de comunicação;
>
> b) afastamento dos sigilos fiscal, bancário, de dados e telefônico;
>
> c) busca e apreensão domiciliar;
>
> d) acesso a informações sigilosas;
>
> e) outros meios de obtenção da prova que restrinjam direitos fundamentais do investigado;
>
> XII – julgar o *habeas corpus* impetrado antes do oferecimento da denúncia;
>
> XIII – determinar a instauração de incidente de insanidade mental;

XIV – decidir sobre o recebimento da denúncia ou queixa, nos termos do art. 399 deste Código;

XV – assegurar prontamente, quando se fizer necessário, o direito outorgado ao investigado e ao seu defensor de acesso a todos os elementos informativos e provas produzidos no âmbito da investigação criminal, salvo no que concerne, estritamente, às diligências em andamento;

XVI – deferir pedido de admissão de assistente técnico para acompanhar a produção da perícia;

XVII – decidir sobre a homologação de acordo de não persecução penal ou os de colaboração premiada, quando formalizados durante a investigação;

XVIII – outras matérias inerentes às atribuições definidas no *caput* deste artigo.

Vamos, então, às novidades que merecem ponderação e reflexão, para sabermos de seu alcance e de suas consequências.

a) IV – ser informado sobre a instauração de qualquer investigação criminal

Eis aí uma importante alteração. Como se sabe que todo inquérito policial já será objeto de tutela quanto à respectiva *legalidade*, há que se entender que a nova regra se referiria a *outras investigações* que não aquelas promovidas em inquéritos policiais.

E isso irá repercutir diretamente nos *procedimentos investigativos criminais – PIC's* –, levados a termo pelo Ministério Público, nas hipóteses até então reguladas internamente. Não que haja ilegalidades nas tramitações desses procedimentos internos; pelo contrário, a comunicação de sua instauração ao *juiz das garantias* conferirá maior legitimidade à atuação investigativa interna, que, assim, seguirá sendo uma alternativa ao Ministério Público, desde que respeitadas as normas de *autorregulação* e, por óbvio, as normas processuais a respeito das cláusulas de *reserva de jurisdição*, como ocorre na decretação de quaisquer medidas cautelares.

Contudo, embora se possa ver aí a legitimação dos PIC's, isso não significa a adesão à informalidade e à pluralidade de agentes de investigação. O Ministério Público é o titular da ação penal, não custa lembrar. Recusar-lhe *poderes investigatórios* vai na contramão da definição constitucional do *parquet*, desde que sejam devidamente normatizados. De outra parte, não há espaços, ao menos na nova Lei, para o agigantamento de órgãos públicos cujo *poder de polícia* não contém, expressa e essencialmente, a investigação criminal.

Mesmo a Receita Federal (e as estaduais, é claro) e o Banco Central, cujo exercício dos respectivos poderes de polícia podem tangenciar matéria penal, não estão autorizados a proceder a investigações autônomas de fatos definidos como crimes. Já tivemos oportunidade de ver alguns relatórios fiscais cujo objeto era exclusivamente a apuração de crimes tributários, mal se disfarçando a matéria tributária a ela subjacente.

b) VI – prorrogar a prisão provisória ou outra medida cautelar, bem como substituí-las ou revogá-las, assegurado, no primeiro caso, o exercício do contraditório em audiência pública e oral, na forma do disposto neste Código ou em legislação especial pertinente

De constitucionalidade inquestionável, a nova disposição associa-se a outra, contida no § 2º do mesmo art. 3º-B, tratando ambas do tempo máximo de prisão provisória e das circunstâncias de sua prorrogação. A determinação para o exercício do contraditório deve ser saudada, mas a exigência de audiência pública parece-nos uma demasia, do ponto de vista de quem (o preso) já teria se apresentado em audiência de custódia (após o flagrante ou em preventiva), precisamente para a decisão acerca da manutenção ou não da prisão. Tanto era demasiada, conforme sustentamos, que, em 2023, o STF conferiu interpretação conforme ao inciso VI do art. 3º-B do CPP para prever que "*o exercício do contraditório será, preferencialmente, em audiência pública e oral*".

Mas, na perspectiva da nova Lei, a tutela da liberdade foi efetivamente otimizada, o que explica a preocupação com a apresentação do preso para a prorrogação da prisão.

Isso explica também a primeira parte do *caput* do art. 316, CPP, cuja nova redação permite que o juiz, de ofício, seja na fase de investigação, seja na de processo, revogue a prisão preventiva, se constatada a falta de motivos para sua manutenção. No entanto, parece-nos parcialmente fora de sintonia com a *reforma* a norma que, na segunda parte do *caput*, permite que o juiz, também de ofício, possa determinar a prisão anteriormente revogada, se presentes novas razões que a justifiquem. Para que se faça uma *interpretação conforme*, então, será preciso que a decretação da prisão, de ofício, esteja relacionada com a insuficiência de outras cautelares anteriormente impostas, em substituição da prisão anterior. Na fase de processo estamos de acordo, mas na fase de investigação a providência dependerá, sempre, de requerimento do Ministério Público ou representação da autoridade policial. É nesse sentido a regra geral do art. 282, § 2º, CPP.

De outro lado, o parágrafo único do art. 316, CPP, com redação dada pela Lei 13.964/19, dispõe que o juiz ou tribunal (ou o Relator, nesse último caso) deverão *revisar a necessidade de sua manutenção a cada 90 (noventa) dias, mediante decisão fundamentada, de ofício, sob pena de tornar ilegal a prisão*. A fonte da mudança também se encontra no PL 8.045/10 (Projeto de Novo CPP).

Previsão semelhante se contém no § 2º do art. 3º-B, que determina o *relaxamento* (por ilegalidade superveniente) da prisão, nas hipóteses de excesso de prazo na conclusão do inquérito. Tratando-se de réu preso, regra geral, o inquérito deve ser concluído em dez dias (art. 10, CPP), podendo ser prorrogado por mais 15 dias, após os quais, se ainda não estiver concluída a investigação, a prisão será relaxada.

Importante destacar que se for cumprido o prazo máximo de encerramento das investigações (dez dias, somados aos 15 da prorrogação), ainda restará ao Ministério Público o prazo de cinco dias (art. 46, CPP) para o oferecimento da denúncia. Descumprido esse prazo, salvo nas hipóteses de complexidade devidamente justificada, pensamos ser aplicável também a regra do relaxamento por excesso de prazo.

Relembre-se que há prazo diferente para a *Lei de Drogas* (Lei 11.343/06). O prazo para conclusão do inquérito é de 30 dias para o investigado preso e é de dez dias o prazo para a denúncia (art. 54, Lei 11.343/06).

Por fim, se cumpridos efetivamente todos os prazos, para investigados presos, não haverá relaxamento da prisão, mas caberá à autoridade judiciária, de 90 em 90 dias reexaminar a necessidade da medida (art. 316, parágrafo único, CPP).

c) VII – decidir sobre o requerimento de produção antecipada de provas consideradas urgentes e não repetíveis, assegurados o contraditório e a ampla defesa em audiência pública e oral.

Tal como destacamos no comentário detalhado ao inciso XIV, aqui também há reflexos do (correto) reconhecimento pelo STF sobre o momento do recebimento da denúncia. Desse modo, não havia outra alternativa ao STF senão conferir interpretação conforme ao inciso VII para assentar que "*a competência do juiz das garantias cessa com o oferecimento da denúncia*". Ou seja, a decisão sobre esses requerimentos e produção de provas não mais poderá ser realizado pelo juiz de garantias se oferecida (e não recebida, atenção!) a denúncia. E igualmente declarou a inconstitucionalidade do termo "recebida", contido no § 1º do art. 3º-C do CPP, atribuindo interpretação conforme ao dispositivo para assentar que "*oferecida a denúncia ou queixa, as questões pendentes serão decididas pelo juiz da instrução e julgamento*".

d) art. 3º-B, § 2º. Se o investigado estiver preso, o juiz das garantias poderá, mediante representação da autoridade policial e ouvido o Ministério Público, prorrogar, uma única vez, a duração do inquérito por até 15 (quinze) dias, após o que, se ainda assim a investigação não for concluída, a prisão será imediatamente relaxada

Nesse dispositivo, a Lei 13.964/19 reafirma a competência do juiz das garantias para a prorrogação do prazo de inquérito, mas limitado aos casos de prisão dos investigados, o que faz supor, à ausência de regra expressa, a tramitação direta entre MP e Polícia nos casos de investigado solto. A nova Lei estabelece também que, em caso de descumprimento do prazo geral, de 10 (dez) dias para investigados presos (art. 10, CPP), poderá haver prorrogação por até 15 (quinze) dias – pode ser menos – para a conclusão do inquérito.

Note-se que há distinções entre a prorrogação do inquérito e a prorrogação da prisão. De ambas cuidará o juiz das garantias, mas é importante ressaltar que o descumprimento dos prazos máximos de duração do inquérito terá por consequência a ilegalidade da prisão, a impor o seu imediato relaxamento. Já a prorrogação das cautelares, dentre as quais a prisão preventiva, segue o quanto disposto no art. 316, parágrafo único, CPP, que prevê a revisão de necessidade da medida de 90 em 90 dias. Nessas hipóteses, o juízo a ser feito é unicamente quanto à necessidade e adequação da cautelar imposta. Havendo ilegalidade da prisão, será o relaxamento dela a solução.

O STF já havia concluído que superar o prazo previsto em lei não geraria automaticamente a nulidade da prisão (vide anotações ao art. 316, CPP). E veio a reafirmar essa compreensão ao conferir interpretação conforme a esse dispositivo para assentar que "*a) o juiz pode decidir de forma fundamentada, reconhecendo a necessidade de novas prorrogações no inquérito, diante de elementos concretos, e da complexidade da investigação; e b) a inobservância do prazo previsto em lei não implica na revogação automática da prisão preventiva, devendo o juiz competente ser instado a avaliar os motivos que a ensejaram, nos termos da ADI 6581*".

Pode-se incluir aí a prisão temporária, cuja prorrogação está prevista na Lei 7.960/89, sendo de cinco dias, prorrogáveis por mais cinco. Há lei com prazos diferentes. A Lei 11.343/06, que cuida do tráfico de drogas, prevê o prazo máximo de conclusão do inquérito em 30 dias, para réu preso, podendo ser duplicado (art. 51, parágrafo único). Também a Lei 8.072/90, a cuidar dos crimes hediondos, prevê disposição idêntica (30 dias, podendo ser prorrogado uma vez, conforme o art. 2º, § 4º, da referida legislação).

Diante desse regramento, preferimos não incluir como novidade o quanto previsto no inciso VIII do art. 3º-B, que cuida exatamente da competência do juiz das garantias para a prorrogação de inquéritos policiais.

e) IX – determinar o trancamento do inquérito policial, quando não houver fundamento razoável para sua instauração ou prosseguimento

Referida competência é mais que novidade no nosso processo penal, ressalvadas previsões semelhantes em normas regimentais de Tribunais Superiores. Constitui também perigosa inovação, na medida em que poderá esbarrar na atribuição *constitucional* do Ministério Público, titular da ação penal. Isso não significa que os atos do *parquet* estejam a salvo do controle de legalidade. É claro que estão.

Ocorre que a competência para a correição de atos de membros do Ministério Público segue a lógica dos *foros por prerrogativa de função*, de modo que o controle de atos investigativos do Ministério Público será feito pelos Tribunais e não em primeira instância.

Uma coisa é admitir-se o controle de legalidade do inquérito pelo juiz, no que toca aos atos praticados pela autoridade policial. Outra, muito diferente, é admitir que o juiz de primeiro grau possa coartar atos do membro do MP que atua naquela instância. É certo que o inquérito policial é conduzido por autoridade policial e não pelo Ministério Público. Ocorre, contudo, que, havendo a instauração de inquérito policial, não faz sentido o Ministério Público instaurar também investigação interna (PIC's) sobre os mesmos fatos. Assim, deve ele acompanhar o inquérito policial e requerer diligências probatórias de interesse da persecução.

Por isso, não deve e não poderá o juiz, de ofício, determinar o trancamento de inquérito policial, se a tanto se opuser o membro do Ministério Público ali atuante, por identificar a necessidade de prosseguimento da investigação. Nesse ponto, portanto, a *interpretação conforme* a Constituição indica que a norma poderá ser aplicada apenas quando o Ministério Público não se manifestar ou concordar com o trancamento. Em caso contrário, havendo oposição deste, não caberá ao juiz das garantias impedir o prosseguimento das investigações, até mesmo porque não cabe a ele imiscuir-se no mérito do fato em apuração. Juízos de conveniência e de oportunidade nessas situações não se põem no rol de competências da jurisdição, ao menos na fase de investigação.

Tais considerações valem também para a regra contida no inciso XII do mesmo art. 3º-B, CPP. O juiz das garantias não pode ter competência para julgar *habeas corpus* impetrado antes do oferecimento da denúncia, se e quando tiver por autoridade coatora o Ministério Público. Como a investigação constitui ato de constrangimento ilegal, segue sendo válida a jurisprudência que submete tais questões aos *foros privativos por prerrogativa de função*. Ato de MP praticado em primeira instância dever ser revisto judicialmente pelo Tribunal de segundo grau. E assim sucessivamente nas ações penais originárias.

É nesse sentido a previsão constitucional dos arts. 102, 105 e 109 da Constituição da República, além da norma disposta no art. 96, III, em relação à competência dos Tribunais de Justiça.

Em relação a esse inciso e também, concomitantemente analisados os incisos V e VIII, em 2023 o STF conferiu interpretação conforme para assentar que "*todos os atos praticados pelo Ministério Público como condutor de investigação penal se submetam ao controle judicial (HC 89.837, Rel. Min. Celso de Mello), e fixar o prazo de até 90 dias, contados da publicação da ata de julgamento, para os representantes do Ministério Público encaminharem, sob pena de nulidade, todos os PICs e outros procedimentos de investigação criminal, mesmo que tenham outra denominação, ao respectivo juiz natural, independentemente de o juiz da garantias ter sido implementado na respectiva jurisdição*" (ADIs 6.298, 6.299, 6.300 e 6.305) – sobre o poder investigatório do Ministério Público, remetemos às anotações do item 4º.4.

e.1) Duração razoável do processo. Sobre o tema relacionado à "duração razoável do processo", entendemos necessário fazer algumas considerações adicionais e mais detalhadas, especialmente à luz do necessário controle de convencionalidade e do entendimento da Corte IDH a respeito do tema.

Não há dúvidas de que há um direito à duração razoável do processo. A pergunta que se impõe fazer é: essa garantia é para a proteção dos interesses de quem?

Normalmente ouve-se referências em julgados e em algumas parcelas da doutrina que essa seria uma "garantia individual" do investigado ou processado. Há quem proponha atenuantes genéricas (art. 66, CP) ou até mesmo a extinção do processo, inclusive com condenação firmada, quando o processo "estiver demorando demais", pois tal circunstância seria um fator de "pena" para o próprio processado. Não vamos entrar discussão nesse espaço.

O fato é que muitos julgados (tanto do STF como do STJ) referem quase que somente a duração razoável do processo como uma garantia individual do investigado e/ou processado (v.g. Petição nº 8186, STF, 2ª Turma, Relator Min. Edson Fachin, Redator do acórdão Ministro Gilmar Mendes, publicado em 6.4.2021).

A EC nº 45 inseriu o inciso LXXVIII ao art. 5º da CF/88, deixando expresso que "a todos, no âmbito judicial e administrativo, são assegurados a razoável duração do processo e os meios que garantam a celeridade de sua tramitação".

Esse direito humano (convencionalmente tratado) até nem precisaria "normatização" interna, pois, pelo menos a partir de 2004, já integrava o ordenamento jurídico com status constitucional, por força do disposto no art. 5º, § 3º, da Constituição Federal: "Os tratados e convenções internacionais sobre direitos humanos que forem aprovados, em cada Casa do Congresso Nacional, em dois turnos, por três quintos dos votos dos respectivos membros, serão equivalentes às emendas constitucionais". (Incluído pela Emenda Constitucional nº 45, de 2004)

Muito antes dessas novéis disposições constitucionais, o Brasil já se obrigara, por sua adesão voluntária, a obedecer o que é previsto especialmente na Convenção Americana de Direitos Humanos, que garante em seu art. 7.5 que "toda pessoa detida ou retida deve ser conduzida, sem demora, à presença de um juiz ou outra autoridade autorizada pela lei a exercer funções judiciais e tem direito a ser julgada dentro de um prazo razoável ou a ser posta em liberdade, sem prejuízo de que prossiga o processo. Sua liberdade pode ser condicionada a garantias que assegurem o seu comparecimento em juízo".

Deixa-se claro desde já que a discussão aqui posta não abrangerá também o tema de liberdade x duração de prisões cautelares (vide anotações aos arts. 312 do CPP e correlatos).

O tema central é saber: quais são os requisitos para aferir a duração razoável do processo e para proteção de quem está(ão) direcionado esse princípio.

Embora encontremos em doutrinas e na jurisprudência a menção a três critérios para a aferição da duração razoável do processo, cremos que é preciso integralizar a argumentação exatamente com os utilizados pela Corte IDH.

Na 11ª condenação do Brasil na Corte IDH (Caso Sales Pimenta vs. Brasil, sentença de 30 de junho de 2022, divulgada em outubro de 2022), há referência expressa (§§ 106 e 107) que a Corte reconhece que o direito de acesso à justiça deve-se assegurar, em tempo razoável, o direito das possíveis vítimas ou seus familiares a que se faça todo o necessário para se saber a verdade do que ocorreu e investigar, julgar e, se for o caso, sancionar os eventuais responsáveis (a obrigação é de meio, não de resultado). Nesse caso ainda, ficou expresso que se deve analisar o prazo razoável a partir de quatro critérios: a) complexidade do assunto; b) a atividade processual do interessado; c) as condutas das autoridades judiciais; e d) a afetação gerada na situação da possível vítima.

Igualmente essas foram as conclusões na condenação no Caso Empregados da Fábrica de Fogos de Santo Antônio de Jesus e seus familiares (sentença de 15.7.2022), vide § 223 do julgado (https://www.corteidh.or.cr/docs/casos/articulos/seriec_407_por.pdf).

Outro exemplo que não envolve o Brasil é o Caso Digna Ochoa y Plácido vs México, deixando-se novamente expressa a exigência da análise desses quatro requisitos. O mesmo ocorreu no Caso Olivares Muñoz y outros vs Venezuela - https://www.corteidh.or.cr/docs/casos/articulos/seriec_415_esp.pdf.

O Tribunal de Direitos Humanos assenta recorrentemente que se deve apreciar a duração total do processo, desde o primeiro ato processual até que se profira uma sentença definitiva, incluindo os recursos que sejam admissíveis.

Uma informação essencial: esse quarto critério refere-se à afetação do interessado/vítima, que, dependendo do caso posto a julgamento, pode ser violação do direito da vítima do crime, violação do direito do processado ou mesmo do preso. No caso das 13 primeiras condenações do Brasil, todas foram por violações dos direitos das vítimas dos crimes, que estavam reclamando seus direitos perante a Corte IDH.

O fundamento central para tal entendimento é extraído do art. 25 da Convenção Americana de Direitos Humanos (ao tratar de "proteção judicial") dispõe que "toda pessoa" (e não apenas "todo investigado ou processado") "tem direito a um recurso simples e rápido ou a qualquer outro recurso efetivo, perante os juízes ou tribunais competentes, que a proteja contra atos que violem seus direitos fundamentais reconhecidos pela constituição, pela lei ou pela presente Convenção, mesmo quando tal violação seja cometida por pessoas que estejam atuando no exercício de suas funções oficiais.

Na mesma linha, o inciso LXXVIII do art. 5º da CF prevê que a garantia ali assegurada é a todos (não apenas processados ou investigados), no âmbito judicial e administrativo, à razoável duração do processo e os meios que garantam a sua celeridade na tramitação.

Portanto, é também por esse prisma do quarto requisito que se deva analisar o tema da duração razoável do processo.

Nunca tais julgados não retiram ou minimizam garantias individuais de primeira geração (investigados e/ou processados), mas unicamente impõem que sejam considerados os direitos e garantias de todos os que são protegidos pela Convenção Americana sobre Direitos Humanos e pela Constituição da República.

f) XII – julgar o habeas corpus *impetrado antes do oferecimento da denúncia*

Não há razão para repetição das considerações feitas no item anterior. Se a autoridade impetrada for a autoridade policial, deve-se ouvir o Ministério Público. Sem manifestação do *parquet* ou demonstrado o seu desinteresse na investigação, estará livre o caminho para o trancamento do inquérito. No inciso anterior, a previsão era de trancamento de ofício; aqui, por provocação do interessado.

g) XIV – decidir sobre o recebimento ou não da denúncia ou queixa, nos termos do art. 399 deste Código

A preocupação com a separação de atos decisórios do juiz das garantias e aqueles do juiz do processo (da ação penal) incluiu também o recebimento ou não da peça acusatória, para garantir o máximo distanciamento do julgador de mérito.

No entanto, e o mesmo ocorre em relação a todos os demais atos do juiz das garantias, o juiz do processo não estará vinculado às referidas decisões, podendo rever, inclusive, o ato de recebimento. O § 2º do art. 3º-C prevê que as *decisões do juiz das garantias não vinculam o juiz da instrução e julgamento, que, após o recebimento da denúncia ou da queixa, deverá reexaminar a necessidade das medidas cautelares em curso, no prazo máximo de 10 (dez) dias.*

Embora não explicitado, pode-se compreender que o reexame da necessidade de manutenção das cautelares é *obrigatória*, enquanto as demais decisões não, o que inclui a possibilidade de revisão do próprio ato de recebimento da peça acusatória.

A lei comete um equívoco imperdoável. Ao se referir a esta fase processual, de recebimento ou não da peça acusatória, o inciso XIV do art. 3º-B faz equivocada remissão ao art. 399, CPP, ignorando olimpicamente que o momento de recebimento da denúncia ou queixa ocorre na fase do art. 396, CPP, que prevê, aliás, a *citação* do acusado para a apresentação de resposta escrita. É dizer, é ali que efetivamente se completa a relação processual. A referência ao art. 399, CPP, além do equívoco técnico, pressuporia a superação da fase do art. 397, CPP, que contempla a *absolvição sumária*, relevantíssima para o prosseguimento do processo.

A procedência de nossa anotação foi confirmada pelo STF em 2023, que declarou a inconstitucionalidade da expressão "*recebimento da denúncia ou queixa na forma do art. 399 deste Código*", contida na segunda parte do caput do art. 3º-C, do CPP, e atribuir interpretação conforme para assentar que "*a competência do juiz das garantias cessa com o oferecimento da denúncia*". Aliás, a Suprema Corte reconheceu em várias oportunidades dos julgados que o procedimento de criação da lei foi absolutamente açodado, levando, inclusive, a erros evidentes e logístico, como também no caso, pois o tema do recebimento da denúncia não é tratado no art. 399 do CPP, e sim no art. 396 do CPP.

Também por essa razão, então, parece-nos que o juiz do processo poderá *retornar* à fase do art. 397, CPP, não se podendo aceitar a supressão de semelhante conteúdo decisório ao juiz do processo (da instrução e julgamento). E se assim é, como deve ser, pode-se também aceitar a revisão até mesmo do ato de recebimento da peça acusatória, sem maiores dificuldades dogmáticas.

De outro lado, em relação às cautelares, o que há de novidade é apenas a obrigatoriedade do reexame de sua necessidade, no prazo máximo de dez dias. Rever a decisão, quando constatada a sua desnecessidade, sempre esteve ao alcance do próprio juiz que impôs a cautelar, inexistindo qualquer razão para se impedisse o mesmo para o juiz da instrução e do julgamento.

h) XVII – decidir sobre a homologação de acordo de não persecução ou os de colaboração premiada, quando formalizados durante a investigação

Obviamente. A função do juiz das garantias é precisamente o exercício da função judicial na fase de *investigação*, daí por que seria absurda a previsão de competência do juiz da ação penal. Este último somente terá competência nas hipóteses em que a colaboração premiada for firmada na fase de processo. Se na execução da pena, ao respectivo juízo.

Já o acordo de *não persecução*, como o próprio nome está a indicar, somente tem cabimento na fase de investigação, pois pressupõe o *não oferecimento* da denúncia ou queixa, que somente ocorrerá em caso de descumprimento do acordo.

i) As decisões proferidas pelo juiz das garantias não vinculam o juiz da instrução e julgamento, que, após o recebimento da denúncia ou queixa, deverá reexaminar a necessidade das medidas cautelares em curso, no prazo máximo de 10 (dez) dias

Já analisado. Ver letra *g, supra*, sobre o inciso XIV.

Juiz das garantias e natureza da infração penal

Segundo a Lei 13.964/19, seriam apenas duas as ressalvas de jurisdição a serem excluídas da instituição do juiz das garantias – e, acrescentaríamos nós, da regra de impedimento contida no art. 3º-D, CPP – a saber, (a) a competência dos Juizados Especiais Criminais, consoante o disposto no art. 3º-C; e, (b) a competência de Varas Criminais Colegiadas, que poderão ser criadas pelos Tribunais de Justiça e Tribunais Regionais Federais, nos termos do art. 1º da Lei 12.694/12, para os crimes ali descritos (organizações criminosas armadas, organização paramilitar, milícia particular, grupo ou esquadrão organizado para a prática de delitos, bem como os crimes conexos a eles).

Convém, então, retomar questão merecedora de maiores cuidados. Uma coisa é a instituição *formal* do juiz das garantias, como órgão da Justiça criminal; outra, é a aplicação da regra de impedimento do juiz que determinou medidas cautelares na fase de investigação. Aquela depende da previsão e instalação pelos Tribunais de segundo grau; essa não, pode ser aplicada desde logo, ao menos em princípio.

E isso porque há algumas jurisdições que se submetem a procedimentos especiais e poderia gerar alguma perplexidade a separação das fases de investigação e de processo. A Lei 13.964/19, como visto, ressalvou expressamente apenas duas jurisdições específicas, valendo registrar que não temos notícia da criação de *Varas Criminais Colegiadas* (Lei 12.694/12), além da do Estado de Alagoas.

Nada obstante, pensamos que também o procedimento no Tribunal do Júri deve se manter separado da instituição do juiz das garantias, nos casos em que este juízo ainda não estiver formalmente instaurado pelos Tribunais. Nesse caso, de pequenas comarcas, onde atua apenas um juiz ou apenas um juiz criminal, não parece necessária a aplicação da regra de impedimento do juiz da investigação, dado que não caberá ao juiz togado a *decisão efetiva* sobre a condenação ou sobre a absolvição do acusado.

Perceba-se que em tais situações a eficácia da norma do impedimento não será afetada se não vier a ser aplicada, o que já justifica a sua desnecessidade. Nas capitais também já há previsão de juiz *sumariante* diferente do juiz do júri, o que tornaria desnecessária a inclusão dessa competência para o juiz das garantias.

Quanto ao mais, e ainda que não formalmente criado o juiz das garantias nas jurisdições comum e especial, deverá prevalecer a regra do impedimento, incluindo, portanto, a Justiça Eleitoral, a Federal e a Estadual. A Justiça Militar não foi alcançada pela regra, ao contrário das ações penais originárias nos Tribunais, que, em princípio, devem se submeter à regra do impedimento. Havendo exclusão do Relator, responsável pelas cautelares na fase de investigação, convoca-se outro, na forma regimental, para garantia do *quórum* legal e constitucional.

Há argumentos ponderáveis no sentido de que não se poderia aplicar a regra de impedimento nos Tribunais em relação ao Relator que tenha determinado medidas cautelares na fase de investigação. Sustenta-se que em se tratando de órgão colegiado, o risco de comprometimento da imparcialidade estaria reduzido. Outro (argumento) poderia ser o de que a própria Lei 13.964/19 ressalvou a competência das Varas Criminais Colegiadas (Lei 12.694/12).

Uma coisa é certa: não há previsão para a criação de Tribunais ou de Relatores das garantias! Restaria apenas examinar se a regra de impedimento se aplicaria ali também.

Em princípio, não haveria, necessariamente, redução do número de julgadores, dado ser possível a substituição de Ministros e Desembargadores impedidos. No entanto, como a regra de impedimento visa apenas a ampliar o rol de garantias individuais e não se presta a condenar o modelo anterior – do contrário se poderia pensar na anulação de todos os processos anteriores à Lei, o que seria rematado absurdo! – não vemos nenhum problema em não se aplicar essa regra (do impedimento) aos órgãos colegiados, que se veriam na contingência de criar modelos de substituição como *rotina* e não como exceção.

Mas, para além do argumento de conveniência, insistimos que a nova regra não implica juízo de certeza quanto ao comprometimento daquele que decreta medidas cautelares na fase de investigação. O risco, demasiado humano, pode ou não estar presente. Mas a garantia do Colegiado reduziria imensamente esse risco, valendo mais o proveito de se manter o órgão julgador completo que estabelecer escala permanente de substituição.

Já a Justiça Militar, em princípio, não teria sido atingida pela nova Lei, sobretudo pelas singularidades desse modelo de Justiça. Ao menos no que toca às determinações da Lei 13.964/19, que, por exemplo, fez alterações no Código de Processo Militar, criando rito processual específico na fase de investigação (em contraditório), mas se calou sobre a regra de impedimento. Nada obsta que também se lhe aplique, mas obrigatório não pode ser.

Apreciação da prova ilícita, elementos informativos e regra de impedimento

Se a instituição do juiz das garantias e a regra de impedimento em relação às decisões judiciais na fase de inquérito podem ser explicadas racionalmente, sobretudo a partir da ideia de que se trata de livre opção legislativa para a alteração do modelo processual anterior, sem afirmação quanto à existência de vícios insuperáveis na ordem jurídica alterada, a nova disposição do art. 157, § 5º, CPP, diferentemente, consagra ideia em outra direção, a entrar em terreno de saberes de natureza diversa.

Pressupor o comprometimento inevitável do juiz que tiver contato com a prova ilícita – apreciação e valoração de tal circunstância (ilicitude ou não da prova trazida aos autos) – é também reduzir a muito pouco as virtudes da dialética processual, do contraditório e da capacidade de eficácia da norma que determina e exige que *toda decisão seja fundamentada*. E, sobretudo, agora, a partir da nova redação do art. 315, § 2º, do CPP, aplicável a todas as modalidades de decisões no processo (e na investigação), em que se especifica, com clareza satisfatória, o que *não se considera decisão fundamentada*. A regra, aliás, alinha-se às disposições sobre a matéria no CPC.

Não se pode esquecer ainda que, ao contrário do que sustentado em alguns posicionamentos no Brasil, as decisões das Cortes de Direitos Humanos (especialmente O TEDH) é expresso no sentido de que a imparcialidade se presume e a parcialidade deve ser provada no caso concreto. Como bem pondera Mauro Fonseca Andrade, "*o TEDH nitidamente afastou o argumento, insistentemente sustentado no Brasil, de presunção de quebra da imparcialidade do juiz que atua na fase de investigação, em razão da suposta contaminação judicial. Segundo aquela Corte, a presunção, nesse aspecto, é pro judicato, daí advindo a necessidade de prova em sentido contrário, e exame do caso em concreto. Portanto, ao exigir esse exame para verificar se houve, ou não, a formação de algum prejulgamento, o TEDH foi em sentido diametralmente oposto ao que é alardeado no Brasil, a partir do uso indevido do nome daquela própria Corte. Mais que isso, a reforma de 2019, ao elencar as hipóteses de atuação judicial que importariam no impedimento do magistrado em atuar na fase de instrução e julgamento, utilizou-se de uma clara presunção de parcialidade, rechaçada igualmente pelo TEDH*" (Juiz das Garantias, Juruá, 3 ed., p. 30)

De outra parte, mas não menos relevante, também os julgadores de instâncias superiores poderiam se encontrar impedidos de apreciar o recurso de mérito de eventual condenação, sempre que a discussão acerca da ilicitude da prova tiver precedido (via *habeas corpus*) a via ordinária recursal (apelação, por exemplo). E assim em diante. Sem falar nas hipóteses em que o juiz recusar a ilicitude da prova e o Tribunal afirmá-la, em recurso da acusação. Nesse caso, o juiz poderia não estar impedido, mas o Tribunal sim.

Andou mal o legislador, além de especioso, ao se ancorar nas regras do juiz das garantias para dar passo tão desmedido. A perturbação processual da medida é evidente, quando se tratar, é claro, de decisão na fase de processo, pois o juiz da investigação (se lá fosse debatida a ilicitude da prova) já estaria impedido. A censura que fazemos, portanto, não é só de conveniência legislativa, mas de invalidade mesmo, por reduzir, injustificadamente, a competência jurisdicional do magistrado. Outra via seria a não aplicação da norma ao juiz do processo, limitando seu escopo apenas à explicitação de outra regra de impedimento do juiz da fase de investigação.

A mesma preocupação veio como substrato do dispositivo previsto no art. 3º-C, § 3º, no sentido de que "*os autos que compõem as matérias de competência do juiz das garantias ficarão acautelados na secretaria desse juízo, à disposição do Ministério Público e da defesa, e não serão apensados aos autos do processo enviados ao juiz da instrução e julgamento, ressalvados os documentos relativos às provas irrepetíveis, medidas de obtenção de provas ou de antecipação de provas, que deverão ser remetidos para apensamento em apartado*".

Ineficaz, ao que tudo indica, dado que as partes poderão juntar os documentos que entenderem pertinentes à prova de suas alegações, ainda quando se trate de depoimentos prestados na fase de inquérito. A norma determina que os documentos produzidos na fase de investigação ali permaneçam - podendo ser consultados pelas partes, como é óbvio! - exceção feita às provas irrepetíveis e às medidas de obtenção de provas ou de antecipação de provas, que acompanharão a peça acusatória.

Ou seja, ao que parece, apenas os testemunhos e depoimentos prestados na fase de inquérito não seriam apensados à denúncia, pois as *medidas de obtenção de prova* se referem àquelas que são objeto de decisão judicial (busca e apreensão, afastamentos de sigilos etc.), além das *irrepetíveis* (provas periciais, se perecido o vestígio, interceptações telefônicas, gravações ambientais, mensagens de aplicativos etc.). Parece haver aí uma superposição (repetição) normativa.

Não acreditamos que o legislador tenha se referido às *medidas de obtenção de prova* como as delações feitas em acordos de colaboração premiada. De fato, a colaboração constitui *meio de obtenção de prova*, mas não pode se qualificar como a única medida a tanto destinada. De todo modo, a defesa tem direito a conhecer tanto o acordo como os respectivos anexos e depoimentos dos colaboradores, ainda quando não tiverem acompanhado a denúncia, caso em que poderão extrair cópias e juntar no processo, para fins de formação do convencimento judicial. O mesmo ocorre em relação a *qualquer outro meio ou fonte de prova!*

Insensata a disposição legal. No mínimo.

Não apenas insensata. O STF declarou a inconstitucionalidade, com redução de texto, dos §§ 3º e 4º do art. 3º-C do CPP, atribuindo interpretação conforme, para "os autos que compõem as matérias do juiz das garantias serão remetidos ao juiz da instrução e julgamento".

Significa que não se pode excluir do conhecimento do juiz da causa todos os elementos de prova que tenham sido produzidos no bojo da investigação, sem olvidar, por evidente, que somente podem ser utilizados os elementos de prova colhidos nessa fase no máximo para corroborar aqueles colhidos sob o crivo do contraditório no bojo da ação penal (ressalvadas as provas irrepetíveis, cujo contraditório é diferido também para a ação penal).

Extensão da proteção da imagem do preso

Exemplo de texto legal rico em intenções e paupérrimo em prescrições se encontra no art. 3º-E e no art. 3º-F, como se vê:

> Art. 3º-E. O juiz das garantias será designado conforme as normas de organização judiciária da União, dos Estados e do Distrito Federal, observando critérios objetivos a serem periodicamente divulgados pelo respectivo tribunal.
>
> Art. 3º-F. O juiz das garantias deverá assegurar o cumprimento das regras para o tratamento dos presos, impedindo o acordo ou ajuste de qualquer autoridade com órgãos da imprensa para explorar a imagem da pessoa submetida à prisão, sob pena de responsabilidade civil, administrativa e penal.
>
> Parágrafo único. Por meio de regulamento, as autoridades deverão disciplinar, em 180 (cento e oitenta) dias, o modo pelo qual as informações sobre a realização da prisão e a identidade do preso serão, de modo padronizado e respeitada a programação normativa aludida no *caput* deste artigo, transmitidas à imprensa, assegurados a efetividade da persecução penal, o direito à informação e a dignidade da pessoa submetida à prisão.

Como se vê, nenhuma palavra sobre coletivas de imprensa *pós buscas e apreensões*, ou *após prisões em flagrante*, que, quando filmadas ou fotografadas, são aquelas que mais duramente atingem a imagem da pessoa investigada, tratada sempre, pela imprensa, como culpada em definitivo. Ressalvem-se, é claro, as autoridades policiais conscientes de seus deveres e dos direitos de qualquer pessoa investigada, de resto assegurado já em texto constitucional. Elas existem sim, e em número maior que se pensa.

Espera-se que a *regulamentação* anunciada considere exatamente tais circunstâncias e não o apelo burocrático contido na Lei.

Fica o registro que o *caput* do art. 3º-F foi declarado inconstitucional pelo STF, bem assim, sobre esse regulamento retromencionado no seu parágrafo único, foi assentado que "*a divulgação de informações sobre a realização da prisão e a identidade do preso pe-*

las autoridades policiais, Ministério Público e Magistratura, deve assegurar a efetividade da persecução penal, o direito à informação e a dignidade da pessoa submetida à prisão."

Jurisprudência

3-A [...] A Lei n. 13.964/2019 acrescentou os arts. 3º-A, 3º-B, 3º-C, 3º-D, 3º-E e 3º-F ao Código de Processo Penal, instituindo a figura do juiz das garantias, responsável pelo controle da legalidade da investigação criminal, cuja competência cessa com o oferecimento da denúncia. [...] A inovação legislativa teve por objetivo cindir a atuação jurisdicional no processo criminal, de modo que o exame de legalidade das medidas cautelares e invasivas na fase de investigação seja realizado por magistrado diverso daquele que instruirá e julgará a ação penal. [...] Em 24/8/2023, a Suprema Corte finalizou o julgamento conjunto das referidas ações diretas de inconstitucionalidade, momento em considerou constitucionais os dispositivos acima impugnados, mas modulou os efeitos da decisão, concedendo prazo de 12 meses, prorrogável por mais 12 meses, para a adoção das medidas legislativas e administrativas necessárias à efetiva implantação e funcionamento do juiz das garantias em todo o País. [...] Na mesma oportunidade, o Supremo Tribunal Federal decidiu que as normas em questão não se aplicam aos processos de competência originária do STF e do STJ, regidos pela Lei n. 8.038/1990, *e que a eficácia da lei não acarretará nenhuma modificação do juízo competente nas ações penais já instauradas no momento da efetiva implementação do juiz das garantias pelos tribunais.[...] (Inquérito nº 1.653-DF, STJ, Corte Especial, Rel. Min. Og Fernandes, julgado em 19.4.2024, publicado no DJ em 14.5.2024)*

3-A [...] (a) O artigo 3º-A, incluído no Código de Processo Penal pela Lei 13.964, estabeleceu que O processo penal terá estrutura acusatória, vedadas a iniciativa do juiz na fase de investigação e a substituição da atuação probatória do órgão de acusação.

(b) A estrutura acusatória do processo penal, prevista na primeira parte do dispositivo, apenas torna expresso, no texto do Código de Processo Penal, o princípio fundamental do processo penal brasileiro, extraído da sistemática constitucional, na esteira da doutrina e da jurisprudência pátrias.

(c) Deveras, na lição de Luigi Ferrajoli A separação de juiz e acusação é o mais importante de todos os elementos constitutivos do modelo teórico acusatório, como pressuposto estrutural e lógico de todos os demais (Derecho y Razón Teoría del Garantismo Penal. 3ª ed., Madrid: Trotta, 1998. p. 567, tradução nossa).

(d) Esta Corte assentou a compreensão de que O princípio fundante do sistema ora analisado, a toda evidência, é o princípio acusatório, norma decorrente do due process of law (art. 5º, LIV, CRFB) e prevista de forma marcante no art. 129, I, da CRFB, o qual exige que o processo penal seja marcado pela clara divisão entre as funções de acusar, defender e julgar, considerando-se o réu como sujeito, e não como objeto da persecução penal (ADI 4414, Tribunal Pleno, Rel. Min. Luiz Fux, j. 31/05/2012).

(e) Deriva do princípio acusatório a vedação, a priori, à iniciativa do juiz na fase de investigação e a substituição da atuação probatória das partes. A posição do juiz no processo é regida pelos princípios da imparcialidade e da equidistância, porquanto [...] A separação entre as funções de acusar defender e julgar é o signo essencial do sistema acusatório de processo penal (Art. 129, I, CRFB), tornando a atuação do Judiciário na fase pré-processual somente admissível com o propósito de proteger as garantias fundamentais dos investigados (ADI 4414, Relator Min. Luiz Fux, Tribunal Pleno, julgado em 31/05/2012).

(f) A legítima vedação à substituição da atuação probatória do órgão de acusação significa que o juiz não pode, em hipótese alguma, tornar-se protagonista do processo. Simultaneamente, remanesce a possibilidade de o juiz, de ofício: (a) determinar, no curso da instrução, ou antes de proferir sentença, a realização de diligências para dirimir dúvida sobre ponto relevante (artigo 156, II); (b) determinar a oitiva de uma testemunha (artigo 209); (c) complementar a sua inquirição (artigo 212) e (d) proferir sentença condenatória, ainda que o Ministério Público tenha opinado pela absolvição (artigo 385).

(g) Diante da obrigatoriedade e da indisponibilidade que caracterizam a ação penal pública no direito processual penal brasileiro, as manifestações do Ministério Público submetem-se ao controle judicial, no âmbito do qual compete aos juízes competentes para o julgamento da ação penal impedir que, direta ou indiretamente, aqueles princípios sejam violados nos autos. Deveras, os institutos da desistência ou da perempção são aplicáveis exclusivamente às ações penais privadas.

(h) Como registrado em sede jurisprudencial, A submissão do magistrado à manifestação final do Ministério Público, a pretexto de supostamente concretizar o princípio acusatório, implicaria, em verdade, subvertê-lo, transmutando o órgão acusador em julgador e solapando, além da independência funcional da magistratura, duas das basilares características da jurisdição: a indeclinabilidade e a indelegabilidade. (REsp n. 2.022.413/PA, relator Ministro Sebastião Reis Júnior, relator para acórdão Ministro Rogerio Schietti Cruz, Sexta Turma, julgado em 14/2/2023, DJe de 7/3/2023.)

(i) Nestes termos, o novo artigo 3º-A do Código de Processo Penal, na redação dada pela Lei 13.964/2019, deve ser interpretado de modo a vedar a substituição da atuação de qualquer das partes pelo juiz, sem impedir que o magistrado, pontualmente, nos limites legalmente autorizados, determine a realização de diligências voltadas a dirimir dúvida sobre ponto relevante. [...] *(ADIs 6.298, 6.299, 6.300 e 6.305, STF, Plenário, Rel. Min. Luiz Fux, por maioria, julgamento final em 24.8.2023, publicado no DJ em 19.12.2023)*

3-B [...] (a) O artigo 3º-B, em seus 18 incisos, elencou as competências do juiz na fase do inquérito, correspondendo, em linhas gerais, à mera explicitação das funções já exercidas pelos juízes brasileiros no controle da legalidade da fase de investigação.

(b) Além das competências dos juízes de garantias, foram estabelecidas regras processuais e disciplinados atos processuais específicos, pertinentes à fiscalização dos atos de instauração e de arquivamento de inquérito pelo Ministério Público, à obrigatoriedade de realizar audiência pública e oral anteriormente à prorrogação de medidas cautelares e à produção antecipada de provas urgentes, competência para o recebimento da denúncia e vedação absoluta ao emprego da tecnologia de videoconferência nas audiências de custódia, sob pena de imediato relaxamento da prisão em flagrante, todas a demandar interpretação conforme a Constituição.

(c) Os incisos IV, VIII e IX tratam da competência do juiz das garantias para a fiscalização de investigações criminais: IV – ser informado sobre a instauração de qualquer investigação criminal; [...] VIII – prorrogar o prazo de duração do inquérito, estando o investigado preso, em vista das razões apresentadas pela autoridade policial e observado o disposto no § 2º deste artigo; IX – determinar o trancamento do inquérito policial quando não houver fundamento razoável para sua instauração ou prosseguimento.

(d) Considerada a frequente instauração de investigações criminais, sob outros títulos que não o de inquérito, deve ser dada interpretação conforme à Constituição aos referidos incisos, de modo a determinar que que todos os atos praticados pelo Ministério Público como condutor de investigação penal se submetam ao controle judicial (HC 89.837/DF, Rel. Min. Celso de Mello) e fixar o prazo de até 90 (noventa) dias, contados da publicação da ata do julgamento, para os representantes do Ministério Público encaminharem, sob pena de nulidade, todos os PIC e outros procedimentos de investigação criminal, mesmo que tenham outra denominação, ao respectivo juiz natural, independentemente de o juiz das garantias já ter sido implementado na respectiva jurisdição.

(e) O artigo 3º-B, incisos VI e VII, estabelecem a obrigatoriedade da prévia realização de audiência pública e oral, para a prorrogação de medidas cautelares e a produção antecipada de provas urgentes e irrepetíveis, in verbis: VI – prorrogar a prisão provisória ou outra medida cautelar, bem como substituí-las ou revogá-las, assegurado, no primeiro caso, o exercício do contraditório em audiência pública e oral, na forma do disposto neste Código ou em legislação especial pertinente; VII – decidir sobre o requerimento de produção antecipada de provas consideradas urgentes e não repetíveis, assegurados o contraditório e a ampla defesa em audiência pública e oral.

(f) O disposto no inciso VI deve submeter-se à interpretação conforme a Constituição, para fins de prever que o exercício do contraditório será preferencialmente em audiência pública e oral.

(g) A previsão de audiência pública e oral previamente à produção antecipada de provas consideradas urgentes, contida no inciso VII, o dispositivo deve ser interpretado à luz da Constituição, para estabelecer que o juiz pode deixar de realizar a audiência quando houver risco para o processo, ou diferi-la em caso de necessidade.

(h) A competência do juiz das garantias, nos termos do inciso XIV do artigo 3º-B, estender-se-ia até a fase do artigo 399 do Código Penal. O texto do dispositivo prevê competir-lhe decidir sobre o recebimento da denúncia ou queixa, nos termos do art. 399 deste Código. Nada obstante, constata-se manifesto erro legístico, porquanto o artigo 399 do Código de Processo Penal estabelece que Recebida a denúncia ou queixa, o juiz designará dia e hora para a audiência, ordenando a intimação do acusado, de seu defensor, do Ministério Público e, se for o caso, do querelante e do assistente. Trata-se, portanto, de ato de designação da audiência de instrução e julgamento, típica função do juiz da instrução da ação penal.

(i) Reconhecido o erro legístico e submetido o inciso XIV à interpretação sistemática, considerada a principiologia inspiradora do instituto do juiz das garantias, a Corte conferiu-lhe interpretação conforme a Constituição, para assentar que a competência do juiz das garantias cessa com o oferecimento da denúncia.

(j) O artigo 3º-B, § 1º, do Código de Processo Penal previu vedação absoluta ao emprego de videoconferência nas audiências de custódia, nos seguintes termos: O preso em flagrante ou por força de mandado de prisão provisória será encaminhado à presença do juiz de garantias no prazo de 24 (vinte e quatro) horas, momento em que se realizará audiência com a presença do Ministério Público e da Defensoria Pública ou de advogado constituído, vedado o emprego de videoconferência.

(l) O dispositivo revela manifesta violação ao princípio da proporcionalidade, diante da vedação ex ante sem considerações de ordem concreta que possam impedir a realização da audiência presencial no exíguo prazo legal.

(m) Consectariamente, promove-se interpretação conforme a Constituição do § 1º do art. 3º-B do CPP, incluído pela Lei nº 13.964/2019, para estabelecer que o preso em flagrante ou por força de mandado de prisão provisória será encaminhado à presença do juiz das garantias, no prazo de 24 horas, salvo impossibilidade fática, momento em que se realizará a audiência com a presença do ministério pública e da defensoria pública ou de advogado constituído, cabendo, excepcionalmente, o emprego de videoconferência, mediante decisão da autoridade judiciária competente, desde que este meio seja apto à verificação da integridade do preso e à garantia de todos os seus direitos.

(n) O relaxamento automático da prisão cautelar ao fim do prazo legal para a conclusão das investigações, imposto pelo artigo 3º-B, § 2º, revela-se absolutamente desproporcional e em dissonância com a inafastabilidade da jurisdição. A jurisprudência desta Corte tradicionalmente submete ao princípio da razoabilidade todos os dispositivos de lei que estabelecem prazos peremptórios de duração de medidas cautelares processuais.

(o) Com efeito, o primado da realidade exige que se considerem razões concretas e imperiosas, fundadas na complexidade do caso e na periculosidade dos envolvidos, a demandar a prorrogação excepcional das investigações e a manutenção da custódia prisional, devidamente fundamentada pela autoridade judiciária competente.

(p) Nestes termos, é necessária a interpretação conforme a Constituição, para atribuir interpretação conforme ao § 2º do art. 3º-B, para assentar que: a) o juiz pode decidir de forma fundamentada, reconhecendo a necessidade de novas prorrogações do inquérito, diante de elementos concretos e da complexidade da investigação; e b) a inobservância do prazo previsto em lei não implica a revogação automática da prisão preventiva, devendo o juízo competente ser instado a avaliar os motivos que a ensejaram, nos termos da ADI nº 6.581. [...] (*ADIs 6.298, 6.299, 6.300 e 6.305, STF, Plenário, Rel. Min. Luiz Fux, por maioria, julgamento final em 24.8.2023, publicado no DJ em 19.12.2023*)

3-C [...] (a) O artigo 3º-C, caput, do Código de Processo Penal, incluído pela Lei 13.964/2019, delimitou a extensão da competência do juiz das garantias, nos seguintes termos: A competência do juiz das garantias abrange todas as infrações penais, exceto as de menor potencial ofensivo, e cessa com o recebimento da denúncia ou queixa na forma do art. 399 deste Código.

(b) As razões anteriormente expendidas revelam que o texto impugnado incorreu em erro legístico, do qual deriva a necessidade de restrição da competência para que cesse com o oferecimento da denúncia.

(c) Ademais, além das infrações penais de menor potencial ofensivo, de competência dos juizados especiais, a nova sistemática do juiz das garantias não se compatibiliza com o procedimento especial previsto na Lei 8.038/1990, que trata dos processos de competência originária dos tribunais; com o rito do tribunal do júri; com os casos de violência doméstica e familiar.

(d) Por tais motivos, deve ser atribuída interpretação conforme à primeira parte do caput do art. 3º-C do CPP, incluído pela Lei nº 13.964/2019, para esclarecer que as normas relativas ao juiz das garantias não se aplicam às seguintes situações: (1) processos de competência originária dos tribunais, os quais são regidos pela Lei nº 8.038/1990; (2) processos de competência do tribunal do júri; (3) casos de violência doméstica e familiar; e (4) infrações penais de menor potencial ofensivo.

(e) Ao mesmo tempo, as referências à competência do juiz das garantias para receber a denúncia, constantes do caput e dos §§ 1º e 2º, do artigo 3º-C, revelam-se inconstitucionais, atribuindo-se interpretação conforme a Constituição no sentido de fixar que a competência do juiz das garantias cessa com o oferecimento da denúncia e, por conseguinte, oferecida a denúncia ou queixa, as questões pendentes serão decididas pelo juiz da instrução e julgamento.

(f) A Lei 13.964/2019 estabeleceu, ainda, nos §§ 3º e 4º do artigo 3º-C, a vedação do conhecimento dos autos do inquérito pelo juiz da instrução e julgamento, impedindo sua remessa juntamente com a denúncia.

(g) Os textos dos dispositivos impugnados têm o seguinte teor: § 3º Os autos que compõem as matérias de competência do juiz das garantias ficarão acautelados na secretaria desse juízo, à disposição do Ministério Público e da defesa, e não serão apensados aos autos do processo enviados ao juiz da instrução e julgamento, ressalvados os documentos relativos às provas irrepetíveis, medidas de obtenção de provas ou de antecipação de provas, que deverão ser remetidos para apensamento em apartado. § 4º Fica assegurado às partes o amplo acesso aos autos acautelados na secretaria do juízo das garantias.

(h) Constata-se a manifesta irrazoabilidade do acautelamento dos autos do inquérito na secretaria do juízo das garantias, porquanto o fundamento da norma reside tão-somente na pressuposição de que o juiz da ação penal, ao tomar conhecimento dos autos da investigação, perderia sua imparcialidade para o julgamento do mérito. Ocorre que, sem tomar conhecimento dos elementos configuradores da justa causa para a ação penal (indícios de autoria e de materialidade), inviabiliza-se a prolação de decisões fundamentadas.

(i) Por conseguinte, declara-se a inconstitucionalidade, com redução de texto, dos §§ 3º e 4º do art. 3º-C do CPP, incluídos pela Lei nº 13.964/2019 e, mediante interpretação conforme, fixar que os autos que compõem as matérias de competência do juiz das garantias serão remetidos ao juiz da instrução e julgamento. [...] (*ADIs 6.298, 6.299, 6.300 e 6.305, STF, Plenário, Rel. Min. Luiz Fux, por maioria, julgamento final em 24.8.2023, publicado no DJ em 19.12.2023*)

3-D [...] (a) O artigo 3º-D, caput, estabeleceu a seguinte regra de impedimento: O juiz que, na fase de investigação, praticar qualquer ato incluído nas competências dos arts. 4º e 5º deste Código ficará impedido de funcionar no processo.

(b) Em primeiro lugar, observa-se que o texto, erroneamente, alude aos artigos 4º e 5º do Código de Processo Penal, que tratam de atribuições exclusivas da autoridade policial no inquérito. Deveras, o artigo 4º prevê, expressamente, que A polícia judiciária será exercida pelas autoridades policiais no território de suas respectivas circunscrições e terá por fim a apuração das infrações penais e da sua autoria. Por seu turno, o artigo 5º contém as regras de procedimento e os requisitos necessários para a regular instauração do inquérito policial.

(c) Constata-se que a regra do impedimento teve por fundamento a presunção absoluta de parcialidade do juiz que houvesse atuado no inquérito para processar e julgar a ação penal dele oriunda. Parte-se da premissa de que os juízes que acompanham investigações tendem a produzir vieses prejudiciais ao exercício imparcial da jurisdição, especialmente na fase processual penal.

(d) As contribuições da Análise Econômica do Direito e das ciências comportamentais (behavioral sciences) à seara jurídica, mormente quanto aos possíveis vieses cognitivos gerados pela atuação do julgador, revelam que essa presunção absoluta conduz a generalizações inadequadas.

(e) A base das ciências comportamentais é o caráter empírico de seus argumentos. A existência de estudos empíricos segundo os quais seres humanos desenvolvem vieses em seus processos decisórios não autoriza a presunção generalizada de que qualquer juiz criminal do país tem tendências comportamentais típicas de favorecimento à acusação.

(f) Conforme bem demonstra Pery Francisco Assis Shikida, pesquisador na área da Análise Econômica do Direito, a instituição do juiz das garantias, combinada com a morosidade atual de muitos juízos criminais do país em consequência do assolamento de processos, pode favorecer a impunidade e prejudicar a duração razoável do processo (SHIKIDA, Pery Francisco Assis. A economia e o juiz de garantias. Disponível em Portal Jota Info, 08.01.2020; Vide também: SCHAEFER, Gilberto José; SHIKIDA, Pery Francisco Assis. Economia do Crime: elementos teóricos e evidências empíricas. Revista Análise Econômica, Faculdade de Ciências Econômicas da UFRGS, Porto Alegre, v. 19, n. 36, 2001).

(g) A Lei 13.964/2019 estabeleceu, assim, uma presunção legal absoluta (juris et de jure, e não juris tantum) de parcialidade do juiz que, no exclusivo exercício da função jurisdicional, tenha proferido decisões na fase do inquérito.

(h) A articulação dos conceitos de imparcialidade objetiva ou aparência de imparcialidade, segundo os quais a lei deve evitar que uma causa seja julgada por magistrado de cuja imparcialidade se possa suspeitar, parte do pressuposto de que todos os indivíduos, em razão de suas próprias limitações, estão sujeitos a um viés de confirmação de suas decisões pretéritas. Consequentemente, segundo este entendimento, a lei deve considerar impedido de julgar um juiz que esteja comprometido com um conhecimento prévio dos fatos da investigação, para preservar a aparência de imparcialidade.

(i) Esta ordem de considerações não está em consonância com os pressupostos epistemológicos de criação e funcionamento das normas jurídicas, da justiça e dos regramentos necessários à organização da sociedade humana. Se, de um lado, a limitação do conhecimento e da própria racionalidade humana é um dos temas clássicos das reflexões filosóficas, que encontrou uma de suas primeiras e mais inspiradas expressões na Alegoria da Caverna, de Platão, por outro lado, a racionalidade limitada e os condicionamentos das heurísticas individuais não nos conduzem a pressupor que os seres humanos são irracionais e destituídos de livre-arbítrio. Ao contrário, a previsão de regras de comportamento e de sanção para sua violação, que caracteriza todo o sistema jurídico, erige-se sobre o pressuposto de que os indivíduos se comportam e decidem, em regra, como seres dotados de livre arbítrio e de racionalidade.

(j) A presunção absoluta do viés de confirmação de decisões pretéritas, que inspirou o artigo 3º-D da Lei 13.964/2019, nutre-se de convicções opostas, admitindo, como regra, a irracionalidade do juiz e sua incapacidade para tomar decisões fundadas em dados e elementos objetivos de convicção, deixando-se guiar por heurísticas e vieses inconscientes de confirmação, sem quaisquer fundamentos.

(l) Diante da manifesta irrazoabilidade da norma de impedimento estabelecida no artigo 3º-D do Código de Processo Penal, incluída pela Lei 13.964/2019, deve ser declarada sua inconstitucionalidade material.

(m) O artigo 3º-D, parágrafo único, por sua vez, implementa norma típica de organização judiciária, ao dispor que Nas comarcas em que funcionar apenas um juiz, os tribunais criarão um sistema de rodízio de magistrados, a fim de atender às disposições deste Capítulo.

(n) Trata-se de evidente invasão da competência legislativa das unidades federadas (Estados-membros), que são de iniciativa legislativa exclusiva do Poder Judiciário. Com efeito, é firme o entendimento desta Corte no sentido de que o tema é de organização judiciária, prevista em lei editada no âmbito da competência dos Estados-membros (art. 125 da CRFB) (ADI 1218, Relator Min. Maurício Corrêa, Tribunal Pleno, julgado em 05/09/2002, DJ 08-11-2002; HC 96104, Relator Min. Ricardo Lewandowski, Primeira Turma, julgado em 16/06/2010, Dje-145; HC 94146, Relatora Min. Ellen Gracie, Segunda Turma, julgado em 21/10/2008, Dje-211; HC 85060, Relator Min. Eros Grau, Primeira Turma, julgado em 23/09/2008, Dje-030; HC 91024, Relatora Min. Ellen Gracie, Segunda Turma, julgado em 05/08/2008, Dje-157.)

(o) Por conseguinte, a par da inconstitucionalidade material do artigo 3º-D, caput, deve ser declarada a inconstitucionalidade formal do respectivo parágrafo único. [...] (*ADIs 6.298, 6.299, 6.300 e 6.305, STF, Plenário, Rel. Min. Luiz Fux, por maioria, julgamento final em 24.8.2023, publicado no DJ em 19.12.2023*)

3-E [...] (a) O artigo 3º-E, incluído no Código de Processo Penal pela Lei 13.946/2019, consigna que O juiz das garantias será designado conforme as normas de organização judiciária da União, dos Estados e do Distrito Federal, observando critérios objetivos a serem periodicamente divulgados pelo respectivo tribunal.

(b) A designação caracteriza-se como ato administrativo de natureza discricionária e a título precário, incompatível com a garantia da magistratura pertinente à inamovibilidade, pressuposto da independência funcional.

(c) Por conseguinte, confere-se interpretação conforme a Constituição ao artigo 3º-E para assentar que o juiz das garantias será investido, e não designado, conforme as normas de organização judiciária da União, dos Estados e do Distrito Federal, observando critérios objetivos a serem periodicamente divulgados pelo respectivo tribunal. [...] [...] *(ADIs 6.298, 6.299, 6.300 e 6.305, STF, Plenário, Rel. Min. Luiz Fux, por maioria, julgamento final em 24.8.2023, publicado no DJ em 19.12.2023)*

3-F [...] [...] (b) O novel diploma acrescenta, entre as competências do juiz das garantias, a de impedir o acordo ou ajuste de qualquer autoridade com órgãos de imprensa, para explorar a imagem da pessoa submetida à prisão, sob pena de responsabilidade civil, administrativa e penal.

c) O artigo 3º-F, caput, impugnado nestas ADIs, revela-se em consonância com as preocupações contra a exploração da imagem da pessoa submetida à prisão, emanando do princípio da dignidade da pessoa humana, razão pela qual deve ser declarada sua constitucionalidade material.

(d) A determinação legal de edição de regulamento, pelas autoridades, no prazo de 180 dias, para dispor sobre a padronização das relações entre a imprensa e os órgãos de persecução penal, conquanto imbuída das mesmas preocupações protetivas da dignidade da pessoa presa, deve ser interpretada de modo a compatibilizá-la com a liberdade jornalística e de imprensa.

(e) De um lado, a restrição, ex ante, à obtenção e divulgação de fatos verdadeiros pela imprensa pode ter inequívoco efeito inibidor (chilling effect) sobre toda a mídia. De outro lado, eventual restrição, pelos regulamentos a serem expedidos, à veiculação de informações sobre pessoas encarceradas também poderá gerar proteção insuficiente aos próprios detentos: a limitação da reprodução de imagens de indivíduos presos impediria reportagens sobre situações de abuso (e.g. uso de força excessiva; encarceramento em condições degradantes etc.), reduzindo o âmbito da responsabilidade (accountability) do Estado no exercício das suas potestades punitivas.

(f) Por conseguinte, de modo a compatibilizar o artigo 3º-F, parágrafo único, com o artigo 220 da Constituição Federal, deve-se atribuir interpretação conforme ao dispositivo impugnado, para assentar que a divulgação de informações sobre a realização da prisão e a identidade do preso pelas autoridades policiais, ministério público e magistratura deve assegurar a efetividade da persecução penal, o direito à informação e a dignidade da pessoa submetida à prisão. [...] *(ADIs 6.298, 6.299, 6.300 e 6.305, STF, Plenário, Rel. Min. Luiz Fux, por maioria, julgamento final em 24.8.2023, publicado no DJ em 19.12.2023)*

3-A [...] A adoção agora expressa do sistema processual penal brasileiro pelo modelo acusatório (art. 3º-A do CPP) não altera o entendimento deste Tribunal Superior sobre a não vinculação do julgador ao parecer emitido pelo Ministério Público na qualidade de fiscal da lei ou da ordem jurídica, sobretudo porque, atuando nessa função, o Parquet sequer é parte da relação processual. Precedentes recentes. [...] (Agravo Regimental no Habeas Corpus nº 626.213/SP, STJ, 5ª Turma, unânime, Rel. Min. Ribeiro Dantas, julgado em 15.12.2020, publicado no DJ em 18.12.2020).

3-B [...] 1. A controvérsia constitucional veiculada na ADC é, a rigor, mais ampla do que a simples declaração de validade do uso das cartas rogatórias e dos acordos MLAT para fins de investigação criminal. O escopo da ação declaratória compreende não apenas o exame de constitucionalidade dos dispositivos invocados pelos requerentes, como também da norma prevista no art. 11 do Marco Civil da Internet e art. 18 da Convenção de Budapeste.

2. O art. 11 do Marco Civil da Internet, que encontra respaldo no art. 18 da Convenção de Budapeste, é norma específica em relação às regras gerais do MLAT. O referido dispositivo assegura a aplicação da legislação brasileira em relação a atividades de coleta, armazenamento, guarda e tratamento de registros, dados e comunicações eletrônicas ocorridas em território nacional, desde que pelo menos um dos atos ou terminais se encontrem em território nacional, mesmo que a pessoa jurídica portadora dessas informações esteja localizada ou armazene tais informações no exterior.

3. As hipóteses de requisição direta previstas no art. 11 do Marco Civil da Internet e no art. 18 da Convenção de Budapeste reafirmam os princípios da soberania e da independência nacional, concretizando o dever do Estado de proteger os direitos fundamentais e a segurança pública dos cidadãos brasileiros ou residentes no país.

4. Constitucionalidade dos dispositivos do MLAT, do CPC e do CPP que tratam da cooperação jurídica internacional e da emissão de cartas rogatórias, nos casos em que a atividade de comunicação ou a prestação de tais serviços não tenham ocorrido em território nacional.

5. Dispositivos que convivem com a possibilidade de solicitação direta de dados, registros e comunicações eletrônicas nas hipóteses do art. 11 do Marco Civil da Internet e do art. 18 da Convenção de Budapeste.

6. Pedido julgado parcialmente procedente para declarar a constitucionalidade dos dispositivos indicados e da possibilidade de solicitação direta de dados e comunicações eletrônicas das autoridades nacionais a empresas de tecnologia nos casos de atividades de coleta e tratamento de dados no país, de posse ou controle dos dados por empresa com representação no Brasil e de crimes cometidos por indivíduos localizados em território nacional.*(Ação Direta de Constitucionalidade nº 51-Mérito, STF, Plenário, Rel. Min. Gilmar Mendes, por maioria, julgamento final em 23.2.2023, publicado no DJ em 28.4.2023)*

....

TÍTULO II DO INQUÉRITO POLICIAL

Art. 4º A polícia judiciária será exercida pelas autoridades policiais no território de suas respectivas circunscrições e terá por fim a apuração das infrações penais e da sua autoria.

Parágrafo único. A competência definida neste artigo não excluirá a de autoridades administrativas, a quem por lei seja cometida a mesma função.

4º.1. Introdução: Os procedimentos de investigação de fatos alegadamente criminosos não são considerados, em linguagem técnica, fase processual. Daí falar-se na natureza administrativa do inquérito policial, que, mesmo após a Constituição da República, de 1988, é o meio com o qual o Estado busca o esclarecimento do caso penal, valendo-se, para tanto, dos ritos e formas legais previstas, por primeiro, no Código de Processo Penal, mas, também, em legislações esparsas.

No modelo brasileiro, no qual convivem pelo menos duas espécies de jurisdição criminal comum, quais sejam a Justiça Federal e a Justiça Estadual, a polícia judiciária também obedece a essa lógica, o mesmo ocorrendo em relação ao Ministério Público. Assim, há a polícia judiciária dos Estados e a polícia judiciária federal, bem como o Ministério Público dos Estados e o Ministério Público da União. Em matéria penal, há também a jurisdição militar, o Ministério Público Militar, tanto da União quanto dos Estados, e as respectivas polícias judiciárias. No âmbito da Justiça Militar da União, tal função é exercida, em regra, pelas Forças Armadas. Ver, no ponto, o disposto no art. 144, incisos e parágrafos, da Constituição da República.

O dado comum a todas elas é que a investigação preliminar, seja em inquérito policial (perante a Justiça comum) seja em outros procedimentos (Justiça Militar), destina-se à formação da *opinio delicto* daquele a quem a Lei atribui a função de formulação do juízo acusatório, que pode ser *positivo*, com o oferecimento da denúncia ou queixa, ou *negativo*, com o requerimento de arquivamento, no âmbito das ações penais públicas, e a não iniciativa (art. 19, CPP – por renúncia, decadência, perempção) no campo das ações penais privadas. Mais adiante as veremos (as ações penais).

O inquérito policial, então, é presidido pela autoridade policial – Delegados de Polícia e Delegados Federais – que, ao final do procedimento, lavra um relatório de todo o apurado (art. 10, CPP). A Lei nº 12.830/13 se refere também à possibilidade da condução de outros *procedimentos* pela autoridade policial, desde que assim previstos em Lei (art. 2º, § 1º). Mais, diz a citada legislação, que as funções de polícia judiciária e de apuração de infrações penais são de natureza essencial e privativas do Estado (art. 2º).

No entanto, embora seja assim, há que se assinalar que nem o inquérito policial e nem qualquer outro procedimento da mesma natureza são indispensáveis à propositura da ação penal, podendo, tanto o Ministério Público, nas ações penais públicas, quanto o particular, nas ações privadas, oferecerem denúncia ou queixa fundamentada em outros elementos de convicção, normalmente denominadas, no CPP.

De observar-se, ainda, que não mais vige na ordem jurídica brasileira a *investigação judicial*, como, por exemplo, previa a antiga legislação de falências. Atualmente, a Lei nº 11.101/05, que cuida da recuperação judicial, extrajudicial e falência do empresário e da sociedade empresária, não a prevê, aplicando-se as normas do CPP. Tudo dependerá da *qualidade* do material informativo disponível. Dependendo do crime e dos elementos disponíveis, poderá ser necessário o aprofundamento da investigação, caso em que a instauração do inquérito será de rigor. Quando, ao contrário, já estiverem bem esclarecidas a autoria e a materialidade, a ação poderá ser proposta sem o inquérito policial.

Refira-se também a Lei nº 13.432, de 11 de abril de 2017, que dispõe sobre o exercício de atividade de *detetive particular*. Em seu art. 2º, considera-se detetive particular "*o profissional que, habitualmente, por conta própria ou na forma de sociedade civil ou empresarial, planeje e execute coleta de dados e informações de natureza* ***não criminal****, com conhecimento técnico e utilizando recursos e meios tecnológicos permitidos, visando ao esclarecimento de assuntos de interesse privado do contratante*". Mas ressalva em seu art. 5º que "*o detetive particular pode* colaborar *com investigação policial em curso, desde que expressamente autorizado pelo contratante*", sendo que (parágrafo único do art. 5º) "*o aceite da colaboração ficará a critério do delegado de polícia, que poderá admiti-la ou rejeitá-la a qualquer tempo*", sendo-lhe vedado expressamente participar diretamente de diligências policiais (art. 10, IV).

4º.2. Delegado natural? Se é possível apontar-se excesso de preocupações corporativas na Lei nº 12.830/13, que cuida da investigação criminal pelo Delegado de Polícia, de outro lado, há disposições que devem ser aplaudidas.

A primeira, por certo, diz respeito à categórica afirmação no sentido de caber ao Delegado de Polícia, *no âmbito das instituições policiais*, a privatividade para a investigação de infrações criminais. Se ao leitor mais atento parecer desnecessária a observação, deve-se lembrar que outras autoridades policiais (Polícia Federal Rodoviária, por exemplo) já insinuaram a ausência dessa primazia... Nesse passo, o esclarecimento (óbvio, por certo!) legislativo é bem-vindo. Mas limitado ao âmbito das instituições policiais, conforme veremos.

A segunda, e mais importante, talvez, diz respeito ao impedimento de avocação ou de afastamento do Delegado de Polícia de determinada investigação, salvo quando a redistribuição for devidamente fundamentada em razões de interesse público, o que, à evidência, tem o objetivo de preservar a impessoalidade na prática de atos administrativos (art. 2º, § 4º). Por isso, com os mesmos objetivos, a vedação de remoção injustificada do Delegado de polícia é digna de aplausos.

Nada a dizer sobre o disposto no art. 3º da citada Lei nº 12.830/13, no ponto em que reserva ao Delegado de Polícia o mesmo tratamento protocolar destinado aos advogados, membros do Ministério Público e Juízes. Em *terrae brasilis* dá-se demasiada importância aos protocolos e às Excelências...

Jurisprudência

4º.2. [...] 2. Esta Corte Superior possui entendimento de que "as atribuições da Polícia Federal e a competência da Justiça Federal, ambas previstas na Constituição da República (arts. 108, 109 e 144, § 1º), não se confundem, razão pela qual não há falar que a investigação que deu origem à ação penal foi realizada por autoridade absolutamente incompetente" (RHC n. 50.011/PE, relator Ministro Sebastião Reis Júnior, Sexta Turma, DJe de 16/12/2014).

3. Inexiste ilegalidade na investigação/apuração pela Polícia Federal dos fatos imputados ao paciente, ressaltando-se que a Constituição Federal prevê, no art. 144, § 1º, II, que a Polícia Federal se destina a "prevenir e reprimir o tráfico ilícito de entorpecentes e drogas afins, o contrabando e o descaminho, sem prejuízo da ação fazendária e de outros órgãos públicos nas respectivas áreas de competência".

4. Considerando que não se constatou ilegalidade nas investigações, incabível o pedido de nulidade das provas e de medidas derivadas. [...] *(Agravo Regimental no Habeas Corpus nº 908.133-SP, STJ, 6ª Turma, Rel. Min. OG Fernandes, julgado em 30.09.2024, publicado no DJ em 3.10.2024)*

4º.2. [...] Denúncia ofertada pelo Ministério Público Estadual com base em elementos informativos colhidos pela Polícia Federal. Inexistência de óbice legal ou constitucional. [...] A jurisprudência do Supremo Tribunal Federal (STF) é firme no sentido de que eventuais vícios formais concernentes ao inquérito policial não têm o condão de infirmar a validade jurídica de eventual processo penal subsequente. Isso porque as nulidades processuais cingem-se, apenas, aos defeitos de ordem jurídica que afetam os atos praticados ao longo da ação penal condenatória, e não no curso do inquérito policial. [...] Nos termos da jurisprudência do Supremo Tribunal Federal e de doutrina especializada sobre o tema, não existe óbice legal ou constitucional para que os elementos informativos colhidos pela Polícia Federal possam ser utilizados para subsidiar a denúncia ofertada pelo Ministério Público do Estado, especialmente porque, no caso concreto, a investigação policial iniciou-se de forma legítima perante o órgão policial federal. [...] *(Agravo Regimental no Habeas Corpus nº 239.408, STF, 1ª Turma, Rel. Min. Cristiano Zanin, julgado em 23.9.2024, publicado no DJ em 2.10.2024)*

4º.2. [...] a legitimidade da ação empreendida pelos agentes policiais, que devem atuar sob o comando e presidência de um delegado de polícia de carreira, o qual é a autoridade policial competente (art. 4º do CPP) para tomar todas as providências necessárias a elucidação de um delito, resguardadas, evidentemente, todas as garantias legais e constitucionais dos envolvidos. [...] Não se pode confundir a justa causa, que é formada pelo binômio "indícios de autoria" e "prova da existência do crime" com o indício da prática de crime. Para a requisição ou instauração do inquérito policial, basta o indício de que um fato criminoso tenha ocorrido, sem a necessidade de que seja apontada a mera suspeita de quem tenha sido o seu autor. [...] *(Agravo Regimental no Habeas Corpus n. 190.873-PR, STF, 2ª Turma, unânime, Rel. Min. Ricardo Lewandowski, julgado em sessão virtual de 2.10.2020 a 9.10.2020, publicado no* DJ *em 22.10.2020).*

4º.2. [...] Inquérito policial: declinação da competência para a Justiça Estadual e condução pela Polícia Federal. [...] O inquérito policial constitui procedimento administrativo, de caráter meramente informativo e não obrigatório a regular instauração do processo-crime. Visa subsidiar eventual denúncia a ser apresentada, razão pela qual irregularidades ocorridas não implicam, de regra, nulidade de processo-crime. Uma vez supervisionados pelo juízo competente e por membro do Ministério Público revestido de atribuição, pouco importa que os procedimentos investigatórios atinentes à operação desencadeada tenham sido presididos por autoridade de Polícia Federal. O art. 5º, LIII, da Constituição da República, ao dispor que ninguém será processado nem sentenciado senão pela autoridade competente, contempla o princípio do juiz natural, não se estende às autoridades policiais, porquanto não investidas de competência para julgar. Surge inadequado pretender-se a anulação de provas ou de processos em tramitação com base na ausência de atribuição da Polícia Federal para conduzir os inquéritos. A desconformidade da atuação da Polícia Federal com as disposições da Lei 10.446/2002 e eventuais abusos cometidos por autoridade policial podem implicar responsabilidade no âmbito administrativo ou criminal dos agentes. No caso, por não apresentarem qualquer repercussão no tocante à validade jurídica das provas obtidas, não se mostram passíveis de caracterizar nulidade *(Habeas Corpus n. 169.348/RS, STF, 1ª Turma, Rel. Min. Marco Aurélio, julgado em 17.12.2019, publicado no* DJ *em 4.2.2020).*

4º.3. Investigações criminais administrativas: Embora reservada à autoridade policial a primazia na investigação criminal, agora realçada em cores mais vivas pela Lei nº 12.830/13, não só ela promove atividade de tal natureza, sobretudo nas hipóteses em que a ilicitude do fato não é exclusivamente penal. É que a Administração Pública, no exercício do poder de polícia, há de zelar pela regularidade e legalidade de diversos atos realizados pelo Poder Público, e, eventualmente, por particulares contra os interesses da Administração.

Assim, e, por exemplo, a Fazenda Pública, estadual e federal, cuida do acompanhamento e fiscalização dos recolhimentos dos tributos devidos, do mesmo modo que a Previdência e Seguridade Social zelam pela arrecadação das contribuições sociais. E nesse *mister* podem e devem realizar procedimentos investigativos sempre que houver risco de violação às exigências legais. Na mesma linha, o Banco Central em relação às suas atividades fiscalizadoras e todas as demais entidades da Administração Pública de cujo exercício das funções resulte atividade e/de poder de polícia. Assim, as empresas públicas, as sociedades de economia mista, as autarquias, enfim, podem e devem instaurar procedimentos investigativos para o fim de apurar a prática de ilegalidades, seja por particulares (contra os interesses da Administração de que cuidam), seja pelos próprios servidores, no que respeita, sobretudo, à responsabilidade administrativa.

E, evidentemente, tais procedimentos deverão ser encaminhados ao Ministério Público sempre que houver fundada suspeita de que os fatos então apurados possam se caracterizar também como ilicitude penal. Deixa-se aqui assentado, porém, o entendimento do Supremo Tribunal Federal, no sentido de que, em matéria dos crimes contra a ordem tributária cujo resultado dependa de comprovação fática, os chamados crimes materiais (Lei nº 8.137/90, art. 1º), o esgotamento da via administrativa, isto é, o trânsito em julgado para a Administração, constituiria *condição objetiva de punibilidade*, com o que não se poderia nem instaurar a ação penal, e, tampouco, o inquérito policial sobre os fatos. Confira-se, adiante, a referência jurisprudencial (vide também anotações críticas no item 395.3.4.1. Crimes tributários de natureza material e o problema do exaurimento da esfera administrativa).

4º.4. Investigação pelo Ministério Público: O que deveria ser uma cooperação para o mais adequado exercício de funções públicas, como se esperaria dos poderes constituídos, tornou-se um imenso *imbróglio*, no qual os argumentos nem sempre conseguem escamotear o fato de tratar-se de pendengas de interesses meramente institucionais/corporativos.

De há muito, no pós-Constituição de 1988, o Ministério Público adota procedimentos administrativos investigatórios, ao entendimento de que, entre suas funções constitucionais, se encontraria aquela atinente à fiscalização e controle externo da atividade policial. E sempre houve uma razão para isso: di-lo a própria Constituição, consoante o disposto no art. 129, VII (referência à LC nº 75/93, no âmbito federal, e Lei nº 8.625/93, no âmbito estadual – quanto a esta última, embora não se trate, formalmente, de lei complementar, é voz corrente a sua materialidade de legislação complementar), ao dispor sobre o citado controle externo da atividade policial.

Ora, e o que poderia significar esse controle senão a fiscalização quanto à investigação criminal? Afinal, por que razão pode o membro do Ministério Público requisitar à polícia judiciária – e não solicitar! – investigações e diligências para coleta de elementos de convicção (probatórios)? Sabendo-se que se trata de instituições distintas, sem qualquer subordinação hierárquica e/ou funcional entre elas, qual o fundamento legal para esse entendimento, que é absolutamente incontroverso (art. 13, II, CPP)?

E quem pode controlar, externamente – isso é, no curso da investigação e sobre o objeto dela – a atividade policial, por força de norma constitucional, exerce poder público inerente às investigações criminais. Admitido esse poder, fica fácil compreender a razão pela qual não há qualquer impedimento a que o Ministério Público promova atividades e diligências investigatórias, desde que previstas em Lei. De ver-se, então, que, a começar pelo CPP (art. 47 – poder de requisição de esclarecimentos, documentos complementares ou novos elementos de convicção), passando pelas leis orgânicas do Ministério Público (da União – LC nº 75/93, art. 7º, II, e art. 8º; dos Estados – Lei nº 8.625/93, art. 26), todas devidamente autorizadas pelo texto constitucional (art. 129, VI, VII, VIII), o Ministério Público tem *poderes investigatórios*, o que não significa e nem nunca significou o poder de presidir ou de instaurar inquéritos policiais.

Nesse passo, cumpre examinar o alcance da norma contida no art. 2º, § 1º, da Lei nº 12.830/13, a dispor *caber ao Delegado de Polícia a condução da investigação criminal*. Estaria vedada, então, qualquer iniciativa semelhante ao Ministério Público?

Pensamos que não.

É que, em relação ao *parquet*, há certas especificidades normativas. É dizer, os poderes de adoção de diligências investigativas pelo Ministério Público decorrem de Lei Complementar, na regulamentação de dispositivos constitucionais, de que é exemplo – e não o único! – a atividade de controle externo da atividade policial (art. 129, VII, CF). O *parquet*, segundo a Constituição, é o titular da ação penal pública (art. 129, I), o que, por si só, já lhe defere a capacidade de controle e seletividade do material investigativo. Como em qualquer país em que coexistem autoridades policiais de investigação e o Ministério Público.

É bem verdade que não há previsão legal de ritos administrativos próprios à atividade de investigação do *parquet*, ao menos nos mesmos moldes em que previsto o inquérito policial. A tal finalidade, por certo não bastaria regulamentação específica do respectivo Conselho (Conselho Nacional do Ministério Público), de que é exemplo a Resolução nº 181, de 7 de agosto de 2017 (anteriormente, a Resolução nº 13, de 2 de outubro de 2006), na medida em que *ninguém é obrigado a fazer ou deixar de fazer qualquer coisa senão em virtude de Lei*. Por isso, a participação compulsória em tais procedimentos não poderia se fundar em resoluções normativas, embora louvável a explicitação dos procedimentos em resolução desde que não conflitantes com os textos normativos e com os parâmetros fixados especialmente pelo STF no que se refere ao poder investigatório.

No entanto, e como se vê, nada impede a adoção de diligências investigatórias pelo Ministério Público, autorizado que está ele a *notificar e intimar testemunhas*, tomando-lhes o depoimento, inclusive coercitivamente (ver os dispositivos legais antes mencionados), bem como a *requisitar perícias e documentos* em poder dos poderes públicos e do particular, o que evidencia a natureza investigativa dos aludidos comportamentos. Indaga-se: a autorização para requisição de testemunhas, de perícia e de documentos não parece suficiente a caracterizar a existência de poderes investigatórios? O que estaria autorizado no procedimento de inquérito policial, à exceção da execução de mandados judiciais (de prisão e outros), que não esteja também ao alcance do *parquet?* Não pode ele, Ministério Público, representar à autoridade judiciária para fins de quebra de sigilo de correspondência, de comunicações telefônicas (e de dados), nos termos do disposto no art. 6º (LC nº 75/93) e art. 26 (Lei nº 8.625/93) do mesmo modo que a autoridade policial?

Refira-se, inclusive, o reconhecimento pelo STF da possibilidade de o Ministério Público realizar interceptações telefônicas (vide ADI 4.263, julgada em 25.4.2018, em que se reconheceu a constitucionalidade da Resolução 36/2009 do CNMP).

Assim, o fato de inexistir formalmente um rito procedimental para o exercício das funções legalmente atribuídas ao Ministério Público não pode implicar a sua inaplicabilidade (das regras legais), a não ser quando se cuidasse de investigado *preso*, quando, então, haveria previsão expressa de prazo para a conclusão de investigações, como veremos a seguir (art. 10, CPP). Note-se, porém, que, em tal situação, ou seja, na hipótese de prisão, ela mesma, por si só, já determinaria a instauração de inquérito policial, com o que a exigência de procedimento regular já estaria satisfeita. Fora dos casos de prisão, como teremos oportunidade de examinar, o procedimento do inquérito policial também não garante maior rigor de forma, na medida em que o prazo para a conclusão das investigações policiais pode ser prorrogado indefinidamente, consoante o disposto no art. 10, § 3º, CPP.

Argumenta-se, já ao nível constitucional e não por limitações constantes da Lei nº 12.830/13, que tais poderes seriam vedados ao Ministério Público, e aqui particularmente ao Ministério Público Federal, em razão do quanto disposto no art. 144, § 1º, IV, que tem a seguinte redação: art. 144, § 1º: "A polícia federal [...] destina-se a: [...] IV – exercer, com exclusividade, as funções de polícia judiciária da União."

Tanto seria suficiente, segundo o aludido argumento, para a vedação de poderes investigatórios ao Ministério Público Federal.

Para além do fato da manifesta irracionalidade de eventual tratamento desigual entre órgãos do Ministério Público – no caso, entre o Federal e o dos Estados –, já que não há previsão semelhante em relação às polícias civis (a tal exclusividade), é de se notar que o argumento não se sustenta também por outra e fundamental razão. E simples. A *exclusividade* mencionada no dispositivo constitucional aqui reproduzido é perfeitamente explicável. Não fosse a sua previsão, também a polícia rodoviária federal (art. 144, § 2º, CF) poderia se animar a empreender investigações criminais, e, assim, ao exercício de polícia judiciária, do mesmo modo que poderiam pretender fazê-lo a polícia ferroviária federal (art. 144, § 3º, CF), já que ambas também integram o quadro da segurança pública de que cuida o art. 144 da Constituição da República. É dizer: porque há mais de um órgão de polícia no âmbito federal, quais sejam, a polícia federal, a polícia rodoviária federal e a polícia ferroviária federal, se faz necessário esclarecer a quais delas seria atribuída a função de polícia judicial.

A jurisprudência sobre os poderes investigatórios do Ministério Público, há muito consolidada no Superior Tribunal de Justiça, encontrou eco no Supremo Tribunal Federal no RE 593.727, quando aquela Corte decidiu, em regime de Repercussão Geral, pela possibilidade das investigações ministeriais, ainda que com algumas ressalvas.

E mais. Há também outra perspectiva de fundo igualmente constitucional. A tutela dos direitos fundamentais, e, aqui, no caso, seria a tutela penal, não se compadece com a feudalização dos poderes da Administração Pública, sobretudo quando destinados ao esclarecimento de lesões a direitos fundamentais. À colação, nos valemos das percucientes observações do Min. Hamilton Carvalhido, no Superior Tribunal de Justiça (REsp 192.839/RJ), e do Min. Carlos Ayres Britto, no Supremo Tribunal Federal (HC 88.358 – MC/RJ), no ponto em que ambos afastam a pretendida exclusividade investigativa da autoridade policial.

Sobre o tema da tutela penal dos direitos fundamentais em matéria penal e processual penal na Constituição da República, consulte-se: PACELLI, Eugênio. *Processo e hermenêutica na tutela penal dos direitos fundamentais*. São Paulo: Atlas, 3. ed., 2012. FISCHER, Douglas. *Delinquência econômica e Estado Social e Democrático de Direito*. Porto Alegre: Verbo Jurídico, 2006. FELDENS, Luciano. *A Constituição penal*. A dupla face da proporcionalidade no controle de normas penais. Porto Alegre: Livraria do Advogado, 2005. ÁVILA. Thiago André Pierobom de. *Provas ilícitas e proporcionalidade*. Rio de Janeiro: Lumen Juris, 2007. E, especificamente sobre o tema: CALABRICH, Bruno. *A investigação criminal pelo Ministério Público.* São Paulo: Revista dos Tribunais, 2007.

De outro lado, pensamos que o Ministério Público, no curso de inquérito policial já em tramitação, não poderia adotar diligências investigatórias idênticas àquelas já realizadas pela autoridade policial, salvo quando fundamentadas exatamente na *inidoneidade e/ou insuficiência* da providência então adotada. E assim nos parece em razão de não se poder exigir do cidadão-administrado (pelo Poder Público) que preste contas a todas as autoridades públicas que se julguem investidas de poderes de investigação. A atividade do *parquet*, portanto, deve ser autônoma, quando inexistente inquérito policial, e complementar, quando em curso regular procedimento de inquérito.

Por fim, quanto às consequências de eventuais nulidades decorrentes da atividade de investigação pelo Ministério Público e seus efeitos para a ação penal, mais adiante se apreciará a questão, por ocasião do exame da prova e da teoria dos frutos da árvore envenenada (Título VII, Capítulo 1).

Jurisprudência

4º.4.[...] 1. Ações diretas de inconstitucionalidade em que se postula a declaração de inconstitucionalidade de dispositivos da Lei 8.625/1993, da Lei Complementar 75/1993, e da Lei Complementar 34/94 do Estado de Minas Gerais, alegando-se, em síntese, a ocorrência de ofensa material à Constituição Federal, por outorgarem ao Ministério Público poder de instrução penal incompatível com suas atribuições.

2. Saber se viola o princípio do devido processo legal, ato normativo que atribua a órgão do Ministério Público as funções de polícia judiciária e a investigação direta de infrações penais.

3. Perquirir, confirmada a presunção de constitucionalidade, quais os parâmetros e requisitos para instauração e condução de procedimentos investigatórios criminais por iniciativa própria do Ministério Público, tendo em vista os direitos que têm todo e qualquer investigado.

4. As presentes ações diretas devem ser examinadas à luz do precedente, firmado em sede de repercussão geral (Tema 184), em que esta Corte fixou a interpretação dos dispositivos impugnados nesta ação direta relativamente à atividade do membro do Ministério Público no âmbito dos processos penais preparatórios.

5. Tanto no que tange à ausência de monopólio para a investigação criminal quanto no que se refere ao reconhecimento dos poderes implícitos, é sólida a jurisprudência desta Corte. Precedentes.

6. Tendo sido reconhecido ao Ministério Público poder concorrente para realizar investigações, desde que respeitados os direitos e garantias que assistem a qualquer pessoa sob investigação do Estado, é preciso, por meio de um esforço interpretativo, explicitar suas premissas e conclusões.

7. Qualquer investigação conduzida pelo membro do Ministério Público, deve ser registrada perante o órgão do Poder Judiciário, a fim de submeter o controle do procedimento imediatamente à inafastável supervisão jurisdicional. Sem ela, a função de garantia da investigação preliminar se perde.

8. A comunicação imediata ao juízo competente da instauração de inquérito policial e procedimento investigatório criminal visa evitar, tanto quanto possível, a duplicidade de investigações.

9. O exercício do controle externo da atividade policial pelo Ministério Público, deflui não apenas de atribuição constitucional, mas também de exigência imposta pelo direito convencional, por força de sua competência material direta e de sua independência funcional.

10. A instauração de procedimento investigatório pelo Ministério Público deverá ser motivada sempre que houver suspeita de envolvimento de agentes dos órgãos de segurança pública na prática de infrações penais ou sempre que mortes ou ferimentos graves ocorram em virtude da utilização de armas de fogo por esses mesmos agentes. Havendo representação ao Ministério Público, a não instauração do procedimento investigatório deverá ser sempre motivada.

11. A garantia da autonomia técnica, funcional e científica das perícias, reconhecida no julgamento da ADI 6621, é condição essencial para que a investigação conduzida pelo Ministério Público possa ser levada a efeito.

12. A fim de preservar os atos que já tenham sido praticados, é necessária a modulação dos efeitos da decisão, a fim de dispensar o registro para as ações penais já iniciadas, assim como para as que já tiverem sido concluídas. No caso das investigações em curso, mas que ainda não tenha havido a denúncia, o registro deverá ser realizado no prazo de 60 (sessenta) dias, a contar da publicação da ata de julgamento. Feito o registro, torna-se obrigatória a observância dos prazos para a conclusão dos procedimentos investigatórios, assim como a exigência de pedido de prorrogação.

13. Pedidos de declaração de inconstitucionalidade julgados parcialmente procedentes, para, em interpretação conforme, nos exatos termos da tese proposta, declarar a constitucionalidade de inciso I do art. 26, assim como o art. 80, ambos da Lei n. 8.625, de 12 de fevereiro de 1993; das expressões e outros procedimentos administrativos correlatos contidas nos incisos I do art. 7º, I do art. 38 e I do art. 150; assim como as expressões e apresentar provas e e produzir provas constantes dos incisos II e III dos mesmos arts. 7º, 38 e 150 todos da Lei Complementar n. 75, de 20 de maio de 1993 (ADI 2943); dos incisos I, II, III, V, VII e IX, do artigo 8º, da Lei Complementar n. 75, de 20 de maio de 1993 (ADI 3309); e do inciso V, do art. 120 e o inciso II, alíneas b, c e g e o inciso III do art. 125, da Constituição do Estado de Minas Gerais; e o inciso I, alíneas a, b, c e d, da Lei Complementar Estadual n. 34, de 12.09.1994 (Lei Orgânica do Ministério Público do Estado de Minas Gerais) (ADI 3318).

14. Tese: 1. O Ministério Público dispõe de atribuição concorrente para promover, por autoridade própria, e por prazo razoável, investigações de natureza penal, desde que respeitados os direitos e garantias que assistem a qualquer indiciado ou a qualquer pessoa sob investigação do Estado. Devem ser observadas sempre, por seus agentes, as hipóteses de reserva constitucional de jurisdição e, também, as prerrogativas profissionais da advocacia, sem prejuízo da possibilidade do permanente controle jurisdicional dos atos, necessariamente documentados (Súmula Vinculante 14), praticados pelos membros dessa Instituição (tema 184); 2. A realização de investigações criminais pelo Ministério Público tem por exigência: (i) comunicação imediata ao juiz competente sobre a instauração e o encerramento de procedimento investigatório, com o devido registro e distribuição; (ii) observância dos mesmos prazos e regramentos previstos para conclusão de inquéritos policiais; (iii) necessidade de autorização judicial para eventuais prorrogações de prazo, sendo vedadas renovações desproporcionais ou imotivadas; iv) distribuição por dependência ao Juízo que primeiro conhecer de PIC ou inquérito policial a fim de buscar evitar, tanto quanto possível, a duplicidade de investigações; v) aplicação do artigo 18 do Código de Processo Penal ao PIC (Procedimento Investigatório Criminal) instaurado pelo Ministério Público; 3. Deve ser assegurado o cumprimento da determinação contida nos itens 18 e 189 da Sentença no Caso Honorato e Outros versus Brasil, de 27 de novembro de 2023, da Corte Interamericana de Direitos Humanos - CIDH, no sentido de reconhecer que o Estado deve garantir ao Ministério Público, para o fim de exercer a função de controle externo da polícia, recursos econômicos e humanos necessários para investigar as mortes de civis cometidas por policiais civis ou militares; 4. A instauração de procedimento investigatório pelo Ministério Público deverá ser motivada sempre que houver suspeita de envolvimento de agentes dos órgãos de segurança pública na prática de infrações penais ou sempre que mortes ou ferimentos graves ocorram em virtude da utilização de armas de fogo por esses mesmos agentes. Havendo representação ao Ministério Público, a não instauração do procedimento investigatório deverá ser sempre motivada; 5. Nas investigações de natureza penal, o Ministério Público pode requisitar a realização de perícias técnicas, cujos peritos deverão gozar de plena autonomia funcional, técnica e científica na realização dos laudos. *(Ação Direta de Inconstitucionalidade nº 3.318, STF, Plenário, Rel. Min. Edson Fachin, julgado em 2.5.2024, publicado no DJ em 10.9.2024)*

4º.4.[...] 2. A atribuição da função investigativa ao Ministério Público tem lastro constitucional e infraconstitucional, e a jurisprudência do Supremo Tribunal Federal já firmou a compreensão de admitir esses poderes, sob o fundamento, primordialmente, de que a promoção das diligências investigatórias e a instauração de inquérito policial refletem funções constitucionalmente atribuídas ao órgão ministerial.

3. A legitimação do poder investigatório do Ministério Público não significa imunidade a restrições ou controles. O órgão dispõe de competência concorrente para promover investigações de natureza criminal, podendo licitamente colaborar, no sistema acusatório, para a colheita do suporte probatório serviente a uma imputação penal, mas está proibido de assumir a presidência do inquérito, que configura atribuição privativa da polícia.

4. Os termos sumário e desburocratizado, constantes do art. 1º, caput, da Resolução n. 181/2017 do CNMP, padecem de manifesta inconstitucionalidade, por ofensa aos arts. 22, I, e 130 A, §2º, I, da Constituição Federal.

5. Os registros, prazos e regramentos previstos para instaurar e concluir inquéritos policiais constituem imposições extensíveis aos PICs. Inexiste autorização da Constituição Federal para a instauração de procedimentos investigativos de natureza abreviada, flexível ou excepcional.

6. Procedência parcial do pedido da ação direta, com a declaração de inconstitucionalidade das expressões sumário e desburocratizado constantes do art. 1º, caput, da Resolução n. 181/2017, do Conselho Nacional do Ministério Público, bem como com a declaração de constitucionalidade do art. 2º, V, do mesmo ato normativo, desde que interpretado conforme a Constituição e nos termos deste voto. Reiteração das mesmas teses de julgamento firmadas por este Plenário nas ADIs 2.943, 3.309 e 3.318. Modulação dos efeitos da decisão que também se determina, consoante exposto no voto. *(Ação Direta de Inconstitucionalidade 5.793, STF, Plenário, Rel. Min. Cristiano Zanin, julgado em 28.6.2024, publicado no DJ em 13.8.2024)*

4º.4. [...] [...] 1. A Constituição Federal de 1988 ampliou sobremaneira as funções do Ministério Público, transformando-o em um verdadeiro defensor da sociedade, tanto no campo penal, com a titularidade exclusiva da ação penal pública, quanto no campo cível, como fiscal dos demais Poderes Públicos e defensor da legalidade e moralidade administrativa, inclusive com a titularidade do inquérito civil e da ação civil pública.

2. O poder investigatório do Ministério Público não é sinônimo de "poder sem limites" ou "avesso a controles", mas sim derivado diretamente das suas funções constitucionais enumeradas no art. 129 de nossa Carta Magna e com plena possibilidade de responsabilização dos seus membros por eventuais abusos cometidos no exercício das suas funções, pois, em um regime republicano, todos devem fiel observância à Lei.

3. O que não se pode permitir é, sob falsos pretextos, o afastamento da independência funcional do Ministério Público e a diminuição das suas funções –expressas ou implícitas – sob pena de grave perigo de retrocesso no combate ao crime organizado e na fiscalização à corrupção na administração pública.

4. A solicitação, pelo Ministério Público Federal, de informações acerca do quantitativo discriminado de agentes e delegados por turno na Delegacia de Polícia Federal de Mossoró/RN insere-se no controle externo da atividade policial (art. 129, VII, da CF). [...] *(Agravo Regimental no Recurso Extraordinário com Agravo nº 1.477.981, STF, 1ª Turma, Rel. Min. Alexandre de Moraes, sessão virtual de 3.5.2024 a 10.5.2024, publicado no DJ em 20.5.2024)*

4º.4. [...] O reconhecimento da competência investigatória do Ministério Público, tal como fez este Tribunal quando do julgamento do RE 593.727, deflui da competência material direta do Ministério Público, consoante disposto no art. 129, I e IX, da Constituição Federal. O sentido da atribuição dada ao Ministério Público no texto constitucional coincide com o papel que se exige de uma instituição independente para a realização das atividades de responsabilização penal prevista nos Princípios das Nações Unidas sobre o Uso da Força e Armas de Fogo. O reconhecimento do poder do Ministério Público de realizar essa atividade não pode ser visto como faculdade, pois quem detém a competência para investigar não pode agir com discricionariedade sobre ela, sob pena de compactuar com a irregularidade que deveria ser cuidadosamente apurada. Ademais, não se pode alegar que a competência dos delegados de polícia para a realização de investigações de infrações que envolvam os seus próprios agentes atenda à exigência de imparcialidade, reclamada pelos tratados internacionais de direitos humanos. Sempre que houver suspeita de envolvimento de agentes dos órgãos de segurança pública na prática de infração penal, a investigação será atribuição do órgão do Ministério Público competente. O exercício dessa atribuição deve ser *ex officio* e prontamente desencadeada, o que em nada diminui os deveres da polícia de enviar os relatórios sobre a operação ao *parquet* e de investigar, no âmbito interno, eventuais violações.[...] *(Medida Cautelar na ADPF nº 635, STF, Plenário, Rel. Min. Edson Fachin, sessão virtual encerrada em 17.8.2022, publicado no DJ em 2.6.2022)*

4º.4. [...] Repercussão geral. Recurso extraordinário representativo da controvérsia. Constitucional. Separação dos poderes. Penal e processual penal. Poderes de investigação do Ministério Público. [...] 4. Questão constitucional com repercussão geral. Poderes de investigação do Ministério Público. Os artigos 5º, incisos LIV e LV, 129, incisos III e VIII, e 144, inciso IV, § 4º, da Constituição Federal, não tornam a investigação criminal exclusividade da polícia, nem afastam os poderes de investigação do Ministério Público. Fixada, em repercussão geral, tese assim sumulada: "*O Ministério Público dispõe de competência para promover, por autoridade própria, e por prazo razoável, investigações de natureza penal, desde que respeitados os direitos e garantias que assistem a qualquer indiciado ou a qualquer pessoa sob investigação do Estado, observadas, sempre, por seus agentes, as hipóteses de reserva constitucional de jurisdição e, também, as prerrogativas profissionais de que se acham investidos, em nosso País, os Advogados (Lei 8.906/94, artigo 7º, notadamente os incisos I, II, III, XI, XIII, XIV e XIX), sem prejuízo da possibilidade – sempre presente no Estado Democrático de Direito – do permanente controle jurisdicional dos atos, necessariamente documentados (Súmula Vinculante 14), praticados pelos membros dessa instituição*". Maioria. 5. Caso concreto. Crime de responsabilidade de prefeito. Deixar de cumprir ordem judicial (art. 1º, inciso XIV, do Decreto-Lei nº 201/67). Procedimento instaurado pelo Ministério Público a partir de documentos oriundos de autos de processo judicial e de precatório, para colher informações do próprio suspeito, eventualmente hábeis a justificar e legitimar o fato imputado. Ausência de vício. Negado provimento ao recurso extraordinário. Maioria (*Recurso Extraordinário nº 593.727-MG, Rel. Min. Cezar Peluso, Rel. para o acórdão Min. Gilmar Mendes, vencidos Ministros Cezar Peluso, Ricardo Lewandowski, Dias Toffoli e Marco Aurélio, julgado em 14.5.2015, publicado no DJ em 8.9.2015*).

4º.4. [...] O reconhecimento da competência investigatória do Ministério Público, tal como fez este Tribunal quando do julgamento do RE 593.727, deflui da competência material direta do Ministério Público, consoante disposto no art. 129, I e IX, da Constituição Federal. O sentido da atribuição dada ao Ministério Público no texto constitucional coincide com o papel que se exige de uma instituição independente para a realização das atividades de responsabilização penal prevista nos Princípios das Nações Unidas sobre o Uso da Força e Armas de Fogo. O reconhecimento do poder do Ministério Público de realizar essa atividade não pode ser visto como faculdade, pois quem detém a competência para investigar não pode agir com discricionariedade sobre ela, sob pena de compactuar com a irregularidade que deveria ser cuidadosamente apurada. Ademais, não se pode alegar que a competência dos delegados de polícia para a realização de investigações de infrações que envolvam os seus próprios agentes atenda à exigência de imparcialidade, reclamada pelos tratados internacionais de direitos humanos. Sempre que houver suspeita de envolvimento de agentes dos órgãos de segurança pública na prática de infração penal, a investigação será atribuição do órgão do Ministério Público competente. O exercício dessa atribuição deve ser *ex officio* e prontamente desencadeada, o que em nada diminui os deveres da polícia de enviar os relatórios sobre a operação ao *parquet* e de investigar, no âmbito interno, eventuais violações. [...] *(Medida Cautelar na Arguição de Descumprimento de Preceito Fundamental n. 635-RJ, STF, Plenário, por maioria, Rel. Min. Edson Fachin, julgado em sessão virtual de 7.8.2020 a 17.8.2020, publicado no DJ em 21.10.2020)*.

4º.4. [...] O Supremo Tribunal Federal (STF), após reconhecer a repercussão geral da matéria, entendeu que o Ministério Público dispõe de competência para promover investigações por autoridade própria (RE 593.727-RG/Tema 184). [...] *(Agravo Regimental no Recurso Extraordinário n. 1.275.110-DF, STF, 1ª Turma, unânime, Rel. Min. Roberto Barroso, julgado em sessão virtual de 18.9.2020 a 25.9.2020, publicado no DJ em 5.10.2020)*.

4º.4. [...] Ao concluir o julgamento do RE 593.727/MG, com repercussão geral reconhecida, o Plenário desta Corte assentou a seguinte tese: "o Ministério Público dispõe de competência para promover, por autoridade própria, e por prazo razoável, investigações de natureza penal, desde que respeitados os direitos e garantias que assistem a qualquer indiciado ou a qualquer pessoa sob investigação do Estado, observadas, sempre, por seus agentes, as hipóteses de reserva constitucional de jurisdição e, também, as prerrogativas profissionais de que se acham investidos, em nosso País, os Advogados (Lei nº 8.906/94, artigo 7º, notadamente os incisos I, II, III, XI, XIII, XIV e XIX), sem prejuízo da possibilidade – sempre presente no Estado democrático de Direito – do permanente controle jurisdicional dos atos, necessariamente documentados (Súmula Vinculante 14), praticados pelos membros dessa instituição". 2. A jurisprudência do STF é no sentido de que a participação de membro do Ministério Público na fase investigatória não acarreta, por si só, seu impedimento ou sua suspeição para o oferecimento da denúncia, e nem poderia ser diferente à luz da tese firmada pelo Plenário, mormente por ser ele o *dominus litis* e sua atuação estar voltada exatamente à formação de sua convicção. [...] (*Habeas Corpus nº 85.011-RS, STF, 1ª Turma, maioria, Rel. Min. Luiz Fux, julgado em 26.5.2015, publicado no* DJ *em 22.6.2015*).

4º.4. [...] É plena a legitimidade constitucional do poder de investigar do Ministério Público, pois os organismos policiais (embora detentores da função de polícia judiciária) não têm, no sistema jurídico brasileiro, o monopólio da competência penal investigatória. O poder de investigar compõe, em sede penal, o complexo de funções institucionais do Ministério Público, que dispõe, na condição de "dominus litis" e, também, como expressão de sua competência para exercer o controle externo da atividade policial, da atribuição de fazer instaurar, ainda que em caráter subsidiário, mas por autoridade própria e sob sua direção, procedimentos de investigação penal destinados a viabilizar a obtenção de dados informativos, de subsídios probatórios e de elementos de convicção que lhe permitam formar a "opinio delicti", em ordem a propiciar eventual ajuizamento da ação penal de iniciativa pública. Doutrina. Precedentes: HC 85.419/RJ, Rel. Min. Celso de Mello – HC 89.837/DF, Rel. Min. Celso de Mello – HC 91.613/MG, Rel. Min. Gilmar Mendes – HC 91.661/PE, Rel. Min. Ellen Gracie – HC 93.930/RJ, Rel. Min. Gilmar Mendes – HC 94.173/BA, Rel. Min. Celso de Mello – HC 97.969/RS, Rel. Min. Ayres Britto – RE 535.478/SC. Rel. Min. Ellen Gracie (*Agravo Regimental no Recurso Ordinário em Habeas Corpus nº 118.636-SP, STF, 2ª Turma, Min. Celso de Mello, julgado em 26.8.2014, publicado no* DJ *em 10.9.2014*).

4º.4. [...] A Constituição de 1988 fez uma opção inequívoca pelo sistema penal acusatório. Disso decorre uma separação rígida entre, de um lado, as tarefas de investigar e acusar e, de outro, a função propriamente jurisdicional. Além de preservar a imparcialidade do Judiciário, essa separação promove a paridade de armas entre acusação e defesa, em harmonia com os princípios da isonomia e do devido processo legal. Precedentes. [...] Forte plausibilidade na alegação de inconstitucionalidade do art. 8º, da Resolução nº 23.396/2013. Ao condicionar a instauração de inquérito policial eleitoral a uma autorização do Poder Judiciário, a Resolução questionada institui modalidade de controle judicial prévio sobre a condução das investigações, em aparente violação ao núcleo essencial do princípio acusatório. Medida cautelar parcialmente deferida para determinar a suspensão da eficácia do referido art. 8º, até o julgamento definitivo da ação direta de inconstitucionalidade. Indeferimento quanto aos demais dispositivos questionados, tendo em vista o fato de reproduzirem: (i) disposições legais, de modo que inexistiria *fumus boni juris*; ou (ii) previsões que já constaram de Resoluções anteriores do próprio TSE, aplicadas sem maior questionamento. Essa circunstância afastaria, quanto a esses pontos, a caracterização de *periculum in mora* (*Medida Cautelar na ADIN nº 5.104-DF, STF, Plenário, maioria, Rel. Min. Roberto Barroso, julgado em 21.5.2014, publicado no* DJ *em 30.10.2014*).

4º.4. [...] O sistema processual penal acusatório, mormente na fase pré-processual, reclama deva ser o juiz apenas um "magistrado de garantias", mercê da inércia que se exige do Judiciário enquanto ainda não formada a *opinio delicti* do Ministério Público. A doutrina do tema é uníssona no sentido de que, *in verbis*: *"Um processo penal justo (ou seja, um* due process of law *processual penal), instrumento garantístico que é, deve promover a separação entre as funções de acusar, defender e julgar, como forma de respeito à condição humana do sujeito passivo, e este mandado de otimização é não só o fator que dá unidade aos princípios hierarquicamente inferiores do microssistema (contraditório, isonomia, imparcialidade, inércia), como também informa e vincula a interpretação das regras infraconstitucionais"* (BODART, Bruno Vinícius da Rós. Inquérito policial, democracia e Constituição: modificando paradigmas. *Revista Eletrônica de Direito Processual*, v. 3, p. 125-136, 2009). Deveras, mesmo nos inquéritos relativos a autoridades com foro por prerrogativa de função, é do Ministério Público o mister de conduzir o procedimento preliminar, de modo a formar adequadamente o seu convencimento a respeito da autoria e materialidade do delito, atuando o Judiciário apenas quando provocado e limitando-se a coibir ilegalidades manifestas. *In casu*: (i) inquérito destinado a apurar a conduta de parlamentar, supostamente delituosa, foi arquivado de ofício pelo i. Relator, sem prévia audiência do Ministério Público; (ii) não se afigura atípica, em tese, a conduta de Deputado Federal que nomeia funcionário para cargo em comissão de natureza absolutamente distinta das funções efetivamente exercidas, havendo juízo de possibilidade da configuração do crime de peculato-desvio (art. 312, *caput*, do Código Penal). O trancamento do inquérito policial deve ser reservado apenas para situações excepcionalíssimas, nas quais não seja possível, sequer em tese, vislumbrar a ocorrência de delito a partir dos fatos investigados. Precedentes [...] Agravo Regimental conhecido e provido (*Agravo Regimental no Inquérito nº 2.913-MT, STF, Pleno, Rel. do acórdão Min. Dias Toffoli, julgado em 1.3.2012, publicado no* DJ *em 21.6.2012*).

....

4º.5. Comissões Parlamentares de Inquéritos: Não se poderia deixar passar sem registro o poder investigatório atribuído às Comissões Parlamentares de Inquérito pelo texto constitucional (art. 58, § 3º). Embora a Constituição da República não se tenha valido de boa técnica ao afirmar que a Comissão Parlamentar de Inquérito teria poderes investigatórios *próprios da autoridade judiciária*, que, como se sabe, não os tem, o fato é que se reservaram às aludidas comissões amplos poderes de investigação. A referência à autoridade judiciária precisa ser melhor esclarecida. O Poder Judiciário, em um sistema processual penal acusatório, isto é, em um sistema no qual as funções de acusar (daí acusatório) e de julgar são atribuídas a órgãos distintos, não tem poderes investigatórios. Esses, como vimos, são reservados às autoridades administrativas, à polícia judiciária e ao Ministério Público. No entanto, como juiz das garantias individuais (art. 5º, CF), cabe ao Poder Judiciário apreciar a pertinência de determinadas medidas investigativas, zelando pelas inviolabilidades pessoais (inviolabilidade de domicílio, de correspondência, de comunicações telefônicas, de liberdade de ir e vir etc.) previstas em Lei e na própria Constituição. É no exercício dessa competência que pode o Poder Judiciário autorizar, eventualmente, violação de direitos e garantias individuais, desde que absolutamente necessário, ou, numa palavra, indispensável.

Assim, nos procedimentos investigatórios instaurados no âmbito do Congresso Nacional, poderão as citadas Comissões Parlamentares de Inquérito adotar providências investigativas de largo alcance, já que suas atribuições têm fundamento na própria Carta Constitucional. Os limites das chamadas CPIs estão previstos ali também, no texto constitucional, constituindo as chamadas *cláusulas da reserva da jurisdição*. Essas cláusulas seriam encontradas nas normas constitucionais que condicionam a perda temporária da proteção de inviolabilidades pessoais ao mandamento judicial. Por isso, em razão da referência expressa ao Poder Judiciário, para fins de tangenciamento de determinadas liberdades públicas, não poderão as Comissões Parlamentares de Inquérito: (a) expedir mandados de prisão (art. 5º, LXI, CF); (b) determinar buscas e apreensões domiciliares (art. 5º, XI, CF), e (c) quebrar o sigilo das comunicações telefônicas (art. 5º, XII, CF). Note-se, no particular, a relevante distinção: uma coisa é a quebra do sigilo telefônico, relativamente aos registros de comunicação; outra, muito diferente, e, portanto, a salvo das CPIs, é a quebra da própria comunicação (e não de seus registros), o que ocorre nos chamados grampos telefônicos. Neste último caso, somente ordem judicial poderá fazê-lo.

O Supremo Tribunal Federal, de outro lado, reconheceu as Comissões Parlamentares de Inquérito das Assembleias Legislativas, no âmbito dos Estados, pois os mesmos poderes investigatórios reservados às CPIs do Congresso Nacional, ao menos para o fim de determinar a quebra de sigilo bancário (ACO 730/RJ, Rel. Min. Joaquim Barbosa, em 22.9.2004). A votação foi apertada: 6 × 5, ficando vencidos os Min. Eros Grau, Cezar Peluso, Ellen Gracie, Carlos Velloso e Nelson Jobim. Nesse caso, ficamos com os votos vencidos, por entender que a ausência de norma constitucional autorizativa de tais poderes às Comissões Parlamentares dos Estados deve ser entendida como *silêncio eloquente*, isto é, no sentido de se lhe negar tal possibilidade. Pensamos que a tanto não chegaria a extensão do disposto no art. 27, § 1º, da CF, quando ali se prevê tratamento equitativo (aos do Congresso Nacional) aos membros dos legislativos estaduais, sobretudo porque a regra federativa ali mencionada diz respeito, expressamente, às inviolabilidades, às imunidades, à remuneração, à perda de mandato, à licença e aos impedimentos, não abarcando os poderes de tangenciamento das liberdades e garantias individuais constitucionais.

No entanto, ao menos em relação às CPIs municipais, a Suprema Corte foi econômica, não se lhes reconhecendo poderes inerentes ao Poder Judiciário.

Jurisprudência

4º.5. [...] 2. As Comissões Parlamentares de Inquérito, em regra, terão os mesmos poderes instrutórios que os magistrados possuem durante a instrução processual penal, mas deverão exercê-los dentro dos mesmos limites constitucionais impostos ao Poder Judiciário, seja em relação ao respeito aos direitos fundamentais, seja em relação à necessária fundamentação e publicidade de seus atos, seja, ainda, na necessidade de resguardo de informações confidenciais, impedindo que as investigações sejam realizadas com a finalidade de perseguição política ou de aumentar o prestigio pessoal dos investigadores, humilhando os investigados e devassando desnecessária e arbitrariamente suas intimidades e vida privadas. *[...] (Petição nº 10.776-Mérito, STF, 1ª Turma, Rel. Min. Alexandre de Moraes, sessão virtual de 21.9.2023 a 21.9.2023, publicado no DJ em 24.10.2023)*

4º.5. [...] 1. O poder investigatório exercido pelas Comissões Parlamentares de Inquérito configura atribuição de natureza ancilar, destinada a auxiliar o Poder Legislativo no desempenho de suas funções de legislar e exercer o controle externo da Administração Pública, sujeito, ipso facto, às restrições e limites que conformam o princípio da separação dos poderes e o sistema de checks and balances.

2. O Chefe do Poder Executivo da União é titular de prerrogativas institucionais assecuratórias de sua autonomia e independência perante os demais Poderes. Além da imunidade formal (CF, art. 86, § 3º) e da irresponsabilidade penal temporária (CF, art. 86, § 4º), a Constituição Federal isenta-o da obrigatoriedade de depor ou prestar esclarecimentos perante as Casas Legislativas da União e suas comissões, como emerge da dicção dos arts. 50, caput e § 2º, e 58, § 2º, III, da Constituição Federal, aplicáveis, por extensão, aos Governadores de Estado.

3. O modelo federativo impõe a observância da ética da solidariedade e do dever de fidelidade com o pacto federativo. O espírito do federalismo orienta a atuação coordenada das pessoas estatais no sentido de fortalecer a autonomia de cada ente político e priorizar os interesses comuns a todos. Conflitos federativos hão de ser solucionados tendo como norte a colaboração recíproca para a superação de impasses, o primado da confiança e da lealdade entre as unidades federadas e a preferência às soluções consensuais e amistosas em respeito aos postulados da subsidiariedade e da não intervenção.

4. A competência para julgar as contas de gestores de verbas federais repassadas aos Estados e Municípios pela União cabe, a teor da Constituição Federal, ao Tribunal de Contas da União (CF, art. 71, II), e não ao Congresso Nacional. No âmbito dessa esfera de competência própria, o Tribunal de Contas da União realiza julgamento de perfil técnico, agindo com autonomia e independência, e profere decisões dotadas de executividade direta e imediata (CF, art. 73, § 3º), não se subordinando à revisão pelo Poder Legislativo. As investigações parlamentares devem visar à apuração de fatos vinculados ao exercício das competências do respectivo órgão legislativo. A fiscalização de verbas federais sujeitas ao controle de legalidade, legitimidade e economicidade desempenhado, com exclusividade, pelo Tribunal de Contas da União (CF, art. 71, II) traduz matéria estranha às atribuições parlamentares das CPI's.

5. Liminar deferida, ad referendum do Plenário desta Corte, suspendendo as convocações dos Governadores de Estado realizadas no âmbito da Comissão Parlamentar de Inquérito instaurada no Senado Federal (CPI da Pandemia), sem prejuízo da possibilidade do órgão parlamentar convidar essas mesmas autoridades estatais para comparecerem, voluntariamente, a Reunião da Comissão a ser agendada de comum acordo. 6. Medida liminar referendada. *(Referendo na Medida Cautelar na Arguição de Descumprimento de Preceito Fundamental nº 848/DF, STF, Plená-*

rio, unânime, Rela. Mina. Rosa Weber, julgado em sessão virtual extraordinária de 24.6.2021 a 25.6.2021, publicado no DJ em 21.10.2021)

4º.5. A quebra do sigilo fiscal, bancário e telefônico de qualquer pessoa sujeita a investigação legislativa pode ser legitimamente decretada pela Comissão Parlamentar de Inquérito, desde que esse órgão estatal o faça mediante deliberação adequadamente fundamentada e na qual indique a necessidade objetiva da adoção dessa medida extraordinária. Precedentes. O sigilo bancário, o sigilo fiscal e o sigilo telefônico (sigilo este que incide sobre os dados/registros telefônicos e que não se identifica com a inviolabilidade das comunicações telefônicas) – ainda que representem projeções específicas do direito à intimidade, fundado no art. 5º, X, da Carta Política – não se revelam oponíveis, em nosso sistema jurídico, às Comissões Parlamentares de Inquérito, eis que o ato que lhes decreta a quebra traduz natural derivação dos poderes de investigação que foram conferidos, pela própria Constituição da República, aos órgãos de investigação parlamentar. As Comissões Parlamentares de Inquérito, no entanto, para decretar, legitimamente, por autoridade própria, a quebra do sigilo bancário, do sigilo fiscal e/ou do sigilo telefônico, relativamente a pessoas por elas investigadas, devem demonstrar, a partir de meros indícios, a existência concreta de causa provável que legitime a medida excepcional (ruptura da esfera de intimidade de quem se acha sob investigação), justificando a necessidade de sua efetivação no procedimento de ampla investigação dos fatos determinados que deram causa à instauração do inquérito parlamentar, sem prejuízo de ulterior controle jurisdicional dos atos em referência (CF, art. 5º, XXXV) (*Mandado de Segurança nº 24.817, STF, Plenário, Rel. Min. Celso de Mello, julgado em 3.2.2005, publicado no* DJ *em 6.11.2009*).

4º.5. Poderes de CPI estadual: ainda que seja omissa a Lei Complementar 105/2001, podem essas comissões estaduais requerer quebra de sigilo de dados bancários, com base no art. 58, § 3º, da Constituição. Mandado de segurança conhecido e parcialmente provido (*Ação Cível Originária nº 730-RJ, STF, Plenário, Rel. Min. Joaquim Barbosa, julgado em 22.9.2004, publicado no DJ em 11.11.2005*).

4º.6. Magistrados e membros do Ministério Público: Como *sói* acontecer em países carentes de igualdade social, há, também aqui, previsão de tratamento especial para determinadas autoridades do Poder Público. Por isso, magistrados e membros do Ministério Público, cada um na respectiva legislação orgânica (LC nº 35/79, art. 33; LC nº 75/93, art. 18; e Lei nº 8.625/93, art. 41), foram contemplados com a previsão de investigação exclusiva pelos seus pares, em relação aos crimes a eles imputados.

E ainda que, na prática, os tribunais e o Ministério Público permaneçam aplicando os referidos dispositivos, pensamos que, desde 1988, nada impediria o regular desenvolvimento de atividade investigatória pelas polícias judiciárias, precisamente em razão da autorização constitucional nesse sentido. É dizer: não há como reconhecer a exclusividade da investigação *interna corporis*, já que a matéria diz respeito ao esclarecimento de possível infração penal.

Pode-se até admitir que as aludidas autoridades (Magistrados e membros do MP) continuem a promover a investigação dos fatos, mas, desde que se reconheça a mesma possibilidade às polícias, concorrentemente.

No âmbito do Poder Judiciário, então, e em face de nosso sistema processual penal acusatório, a investigação que ali houver de ter curso deverá ser justificada na possibilidade concreta de se reconhecer a prática de infração administrativa-disciplinar por parte de seu membro, já que os juízes não têm poder investigatório, conforme jurisprudência incontroversa.

E como referidas autoridades (Poder Judiciário e MP) têm foro privativo nos tribunais (de segundo grau ou nos Tribunais Superiores, a depender do membro sob acusação), quando estiver em curso inquérito policial, caberá ao Relator no respectivo Tribunal exercer as funções de garantia judiciária na tutela das inviolabilidades pessoais inerentes à fase de investigação criminal (quebra de sigilos e de comunicação telefônica, mandado de busca e apreensão domiciliar, ordem de prisão e demais medidas acautelatórias), bem como a determinação de prorrogação de prazos para a conclusão do inquérito.

O mesmo se diga, por fim, dos procedimentos atinentes a quaisquer autoridades que tenham foro privativo por prerrogativa de função. Em todos eles, porém, será vedado o indiciamento da autoridade investigada, preservando-se a sua incolumidade funcional, até que outras providências venham a ser tomadas pelo respectivo Tribunal processante. Sobre o tema, ver também os comentários aos arts. 84 e seguintes desse Código.

Jurisprudência

4º.6. [...] Não obstante a existência de discussão doutrinária e jurisprudencial a respeito do poder investigatório do Ministério Público, a Lei Orgânica Nacional do Parquet incumbe expressamente ao Procurador-Geral de Justiça a realização dessas investigações quando se trate de acusado membro da instituição. [...] (*Habeas Corpus nº 83.828-SP, STJ, 5ª Turma, Rel. Min. convocada Jane Silva, julgado em 4.10.2007, publicado no DJ em 22.10.2007*).

Art. 5º Nos crimes de ação pública o inquérito policial será iniciado:

I – de ofício;

II – mediante requisição da autoridade judiciária ou do Ministério Público, ou a requerimento do ofendido ou de quem tiver qualidade para representá-lo.

§ 1º O requerimento a que se refere o nº II conterá sempre que possível:

a) a narração do fato, com todas as circunstâncias;

b) a individualização do indiciado ou seus sinais característicos e as razões de convicção ou de presunção de ser ele o autor da infração, ou os motivos de impossibilidade de o fazer;

c) a nomeação das testemunhas, com indicação de sua profissão e residência.

§ 2º Do despacho que indeferir o requerimento de abertura de inquérito caberá recurso para o chefe de Polícia.

§ 3º Qualquer pessoa do povo que tiver conhecimento da existência de infração penal em que caiba ação pública poderá, verbalmente ou por escrito, comunicá-la à autoridade policial, e esta, verificada a procedência das informações, mandará instaurar inquérito.

§ 4º O inquérito, nos crimes em que a ação pública depender de representação, não poderá sem ela ser iniciado.

§ 5º Nos crimes de ação privada, a autoridade policial somente poderá proceder a inquérito a requerimento de quem tenha qualidade para intentá-la.

5º.1. Introdução: Evidentemente, as regras relativas aos procedimentos e diligências do inquérito policial devem obediência às diferentes determinações das também distintas ações penais. A ação penal pode ser *pública incondicionada*, isto é, de ofício, dispensando qualquer providência de quem quer que seja para a sua instauração; pode ser *pública condicionada à representação* do ofendido, do representante legal (no caso de menor e/ou incapaz), ou das pessoas que a Lei atribui capacidade para manifestação de vontade (art. 24 e art. 31, CPP), e também nos casos de delitos de estelionato, salvo se a vítima for a Administração Pública, direta ou indireta; criança ou adolescente; pessoa com deficiência mental; ou maior de 70 (setenta) anos de idade ou incapaz (nos termos das alterações do art. 2º da Lei nº 13.964/2019); ou, ainda, *condicionada à requisição* do Ministro da Justiça (ver art. 141 e art. 145, Código Penal); e pode ainda ser *privada*, a juízo e interesse do ofendido e/ou pessoas mencionadas no art. 31 e art. 33, CPP. Veremos ainda a ação penal *privada subsidiária da pública*, art. 29, CPP, que, não configurando ação penal essencialmente distinta das demais, em nada altera as ações já aqui mencionadas.

Sendo assim, a iniciativa para a instauração do inquérito policial também poderá estar condicionada à manifestação de vontade daquele a tanto indicado pela Lei (em regra, no CPP), caso específico das ações públicas condicionadas e das ações penais privadas, já que seria absolutamente inútil e dispendiosa a investigação de um fato criminoso que não pudesse ser submetido ao Poder Judiciário, por desinteresse ou por qualquer outra razão deixada à disponibilidade do ofendido (ver art. 24, art. 31 e art. 33, todos do CPP).

Quando pública e incondicionada a ação penal, o inquérito policial deve ser instaurado de ofício pela autoridade policial que tomar conhecimento do fato, observadas as regras de divisão territorial da atividade policial (circunscrições administrativas). A informação da existência de infração penal é usualmente denominada de *notitia criminis*, que, à evidência, não tem qualquer exigência de forma, senão a indicação de elementos mínimos para a constatação do fato. Normalmente, tais infrações são noticiadas pela própria vítima e/ou familiares, o que pode ocorrer tanto por meio de depoimentos verbais – que serão reduzidos a termo pela autoridade policial – quanto pela remessa de *peças de informação* (depoimento escrito, documentos, correspondências etc.) à autoridade policial ou ao Ministério Público, e, às vezes, ao próprio Poder Judiciário.

Assim: (a) se pública incondicionada a ação, a instauração do inquérito policial deve ser feita de ofício; (b) se condicionada a ação penal pública, aqueles autorizados a fazê-lo é que deverão responder pela *notitia criminis*, não se instaurando a investigação sem ela (art. 5º, § 4º, CPP); (c) se privada a ação, somente aqueles que detêm legitimidade ativa para a ação é que poderão autorizar a iniciativa investigatória (art. 5, § 5º, CPP).

Remetemos às anotações do item 84.3, parte final, em que destacamos que, por conta de entendimento do STF consolidado no ano de 2023, apurações que envolvam detentores de prerrogativa de foro (por crimes relacionados às suas funções e durante o mandato) necessitam de comunicação e supervisão do respectivo tribunal com competência para processamento.

Jurisprudência

5º.1 [...] Processo Penal. Modelo brasileiro. Código de 1941. Adoção de uma estrutura predominantemente acusatória. [...] 1. O Código de Processo Penal de 1941 adota um modelo no qual ao *juiz é reservado o papel de apenas julgar, e não o de também investigar*, o que, de certo modo, situou o Brasil em posição de vantagem – máxime após a Constituição de 1988 – com relação a povos de maior tradição jurídica, como a França, a Espanha e a Itália, que apenas no final do século passado se renderam a reformas tendentes a instituir uma estrutura mais acusatória a seus procedimentos penais. 2. *Continuam em vigor, porém, dispositivos do CPP, como o art. 5º, II (que permite ao juiz requisitar a instauração de inquérito policial), o art. 10, § 1º (que torna a autoridade judiciária a destinatária do inquérito policial), o art. 156, I* (que faculta ao juiz ordenar, de ofício, a produção antecipada de provas, mesmo durante o inquérito policial, se considerá-las "urgentes e relevantes"), bem como o art. 574, segunda parte (que determina ao juiz submeter sua decisão, mesmo sem recurso da parte, ao exame da jurisdição superior, nos casos ali indicados). [...] *(Habeas Corpus n. 583.995-MG, STJ, 6ª Turma, por maioria, Rel. Min. Nefi Cordeiro, Redator do acórdão Min. Rogerio Schietti Cruz, julgado em 15.9.2020, publicado no* DJ *em 7.10.2020).*

5º.1 [...]1. O poder de requisição constitui mecanismo fundamental para o desempenho da função constitucional da Defensoria Pública, que prestigia o aperfeiçoamento do sistema democrático, a concretização dos direitos fundamentais de amplo acesso à Justiça (CF, art. 5º, XXXV) e de prestação de assistência jurídica integral e gratuita aos hipossuficientes (CF, art. 5º, LXXIV). Precedentes.

2. Desproporcionalidade e ausência de adequação as atribuições constitucionais da Defensoria Pública na previsão do art. 45, XXI, da lei questionada que instituiu o poder de requisição à instauração de inquérito policial.

3. *A previsão de requisição de instauração de inquérito policial que é ordem à autoridade policial e não pedido é tema de direito processual, matéria de competência privativa da União* (art. 22, I, CF), sendo disciplinada no art. 5º do Código de Processo Penal. Inconstitucionalidade formal reconhecida.

4. Ação Direta conhecida em parte e julgada parcialmente procedente para declarar a inconstitucionalidade da previsão da possibilidade de requisição de inquérito policial pela Defensoria Pública. (*Ação Direta de Inconstitucionalidade nº 4346-Mérito, STF, Plenário, Rel. Min. Roberto Barroso, por maioria, sessão virtual final de 3.3.2023 a 10.3.2023, publicado no DJ em 10.4.2023*)

5º.1 [...] 2. A iniciativa acusatória ministerial é constitucional e seu controle é interno, nos termos do art. 28 do CPP, mas igual prerrogativa não se dá na fase investigatória, que pelo estado pode realizar-se na polícia judiciária – ou mesmo outros órgãos – e sempre possível será mesmo a produção de elementos investigatórios indiciários por particulares. Pode o Ministério Público decidir se denuncia, mas não impedir investigação. 3. A compreensão ministerial de obstáculo procedimental ao processamento da *notitia criminis* por tramitação judicial não impede ao magistrado seu encaminhamento à autoridade policial, nos exatos termos do art. 5º, II, do CPP. Precedente. 4. *Não poderá jamais o juiz forçar a propositura de ação penal, mas tampouco poderá o agente ministerial impedir sua investigação e, após, com olhos na obrigatoriedade da ação penal e na valoração da existência de justa causa, decidir pelo caminho de arquivamento ou de denúncia dos fatos investigados.* [...] *(Agravo Regimental no Recurso em Habeas Corpus n. 114.272-SE, STJ, 6ª Turma, unânime. Rel. Min. Néfi Cordeiro, julgado em 5.3.2020, publicado no* DJ *em 10.3.2020).*

5º.1. [...] Instauração de inquérito investigatório contra Prefeito. Ausência de autorização de Tribunal de Justiça. [...] É entendimento desta Corte Superior que, embora as autoridades com prerrogativa de foro devam ser processadas perante o Tribunal competente, a lei não excepciona a forma como devem ser investigadas, devendo ser aplicada, assim, a regra geral prevista no art. 5º do Código de Processo Penal. [...] *(Agravo Regimental no Recurso Especial n. 1.851.378-GO, STJ, 6ª Turma, unânime, Rel. Min. Sebastião Reis Júnior, julgado em 16.6.2020, publicado no* DJ *em 23.6.2020).*

5º.1 5. No que concerne às investigações relativas a pessoas com foro por prerrogativa de função, tem-se que, embora possuam a prerrogativa de serem processados perante o Tribunal, a lei não excepciona a forma como se procederá à investigação, devendo ser aplicada, assim, a regra trazida no art. 5º, inciso II, do Código de Processo Penal, a qual não requer prévia autorização do Judiciário. "A prerrogativa de foro do autor do fato delituoso é critério atinente, de modo exclusivo, à determinação da competência jurisdicional originária do tribunal respectivo, quando do oferecimento da denúncia ou, eventualmente, antes dela, se se fizer necessária diligência sujeita à prévia autorização judicial". (Pet 3825 QO, Relator p/ Acórdão: Min. Gilmar Mendes, Pleno, julgado em 10.10.2007). Precedentes do STF e do STJ. [...] (Habeas Corpus *nº 400.532/ PR, STJ, 5ª Turma, unânime, Rel. Min. Reynaldo Soares da Fonseca, julgado em 19.2.2019, publicado no* DJ *em 1º.3.2019).*

5º.2. Requisição do inquérito pelo juiz: Em um sistema acusatório, em que o juiz deve ficar afastado da fase pré-processual, ressalvada a tutela das garantias públicas (inviolabilidades pessoais – busca e apreensão domiciliar, prisão etc.), deve-se também evitar quaisquer manifestações judiciais que impliquem o exercício de atividade tipicamente investigatórias e/ou acusatórias.

E ainda que assim (investigatórias ou acusatórias) não se possa qualificar a requisição de instauração de inquérito policial, ao menos rigorosamente falando, é de se levar em consideração que semelhante atuação implica um exame – delibativo, mínimo que seja – dos aspectos penais eventualmente presentes no fato noticiado. A requisição de inquérito policial, além de configurar ato anterior à fase jurisdicional propriamente dita, daria início necessariamente à fase de investigação, independentemente da valoração da autoridade policial e do Ministério Público, órgãos responsáveis pela formação da *opinio delicto*, via da investigação e do juízo de propositura da ação penal pública.

De se notar, nesse passo, que a requisição, exatamente por se tratar de uma *requisição*, ou seja, de uma determinação a ser cumprida, não comporta recusa por parte da autoridade policial. Fosse ela possível, ou seja, a requisição de inquérito pela autoridade judicial, haveria a possibilidade de uma investigação criminal acerca de fato que o próprio órgão encarregado de submetê-lo à Justiça Criminal (pela denúncia), de antemão, poderia julgar atípico. E não prejudica o argumento o fato de que o juiz pode controlar o requerimento de arquivamento do Ministério Público, nos termos do art. 28 do CPP (segundo nossa interpretação, agora somente nos casos em que houver possibilidade de arquivamento com coisa julgada material). A propósito, a regra do art. 28 do CPP, ainda que não pudesse ser reputada inconstitucional, mostrava-se inadequada a um modelo acusatório melhor estruturado, como o que queremos ver construído no processo penal brasileiro. Nada obstante as modificações introduzidas pela Lei nº 13.964/2019, alterando a sistemática de aplicação do dispositivo, remete-se o leitor para as anotações dos itens 28.6 e 28.9, nos quais destacamos a interpretação conforme dada pelo STF ao dispositivo no ano de 2023.

Jurisprudência

5º.2. [...] *O art. 5º, II, do CPP, que continua em vigor permite ao magistrado o encaminhamento de cópias para averiguação em inquérito policial. [...] (Agravo Regimental nos Embargos de Declaração no Agravo em Recurso Especial nº 1.205.005/SP, STJ, 5ª Turma, unânime, Rel. Min. Joel Ilan Paciornik, julgado em 25.5.2021, publicado no DJ em 31.5.2021)*

5º.2. [...] A Constituição de 1988 fez uma opção inequívoca pelo sistema penal acusatório. Disso decorre uma separação rígida entre, de um lado, as tarefas de investigar e acusar e, de outro, a função propriamente jurisdicional. Além de preservar a imparcialidade do Judiciário, essa separação promove a paridade de armas entre acusação e defesa, em harmonia com os princípios da isonomia e do devido processo legal. Precedentes. [...] Forte plausibilidade na alegação de inconstitucionalidade do art. 8º, da Resolução nº 23.396/2013. Ao condicionar a instauração de inquérito policial eleitoral a uma autorização do Poder Judiciário, a Resolução questionada institui modalidade de controle judicial prévio sobre a condução das investigações, em aparente violação ao núcleo essencial do princípio acusatório. Medida cautelar parcialmente deferida para determinar a suspensão da eficácia do referido art. 8º, até o julgamento definitivo da ação direta de inconstitucionalidade. Indeferimento quanto aos demais dispositivos questionados, tendo em vista o fato de reproduzirem: (i) disposições legais, de modo que inexistiria *fumus boni juris*; ou (ii) previsões que já constaram de Resoluções anteriores do próprio TSE, aplicadas sem maior questionamento. Essa circunstância afastaria, quanto a esses pontos, a caracterização de *periculum in mora (Medida Cautelar na ADIN nº 5.104-DF, STF, Plenário, maioria, Rel. Min. Roberto Barroso, julgado em 21.5.2014, publicado no DJ em 30.10.2014).*

5º.3. Requisitos formais: Embora o CPP se refira a determinadas formalidades para o encaminhamento da *notitia* nas ações públicas condicionadas, de que são exemplos a narrativa do fato, com suas circunstâncias, a individualização do indiciado ou seus sinais característicos, motivos da suspeita da autoria (quando for o caso) e indicação de possíveis testemunhas (art. 5º, CPP), o fato é que tais informações não são rigorosamente indispensáveis, até mesmo porque o próprio Código reconhece a ressalva: sempre que possível (§ 1º). O que efetivamente importa é o fornecimento de elementos mínimos para a comprovação do fato, cabendo à autoridade policial sair em busca de material para a formação do convencimento daquele legitimado a agir ou a promover a respectiva ação penal.

Jurisprudência

5º.3. [...] O inquérito policial não é condição de procedibilidade da ação penal, mas acompanhará a denúncia sempre que servir de base a ela, como na hipótese, em que, por requisição do Ministério Público, foram investigados fatos relacionados a possíveis irregularidades em execução de obra pública no Município de Tupã. 2. Compete ao *Parquet*, titular da ação penal pública, avaliar a peça informativa e valer-se de outros elementos disponíveis para formar sua *opinio delicti*. Pode denunciar pessoa que não haja sido indiciada ou mesmo pedir o arquivamento do inquérito por falta de provas, sem nenhuma vinculação às conclusões das autoridades policiais. Constatadas evidências de que o recorrente, ouvido como testemunha durante as investigações, participou de infração penal, não há ilegalidade no oferecimento da denúncia ao órgão jurisdicional competente. [...] *(RHC n. 79.534-SP, STJ, 6ª Turma, unânime, Rel. Min. Rogerio Schietti Cruz, julgado em 4.4.2017, publicado no DJ em 17.4.2017)*

....

5º.4. Denúncia ou delação anônima: Poderá ocorrer também que eventual testemunha do fato ou qualquer pessoa que dele tenha conhecimento tenha também fundado receio de apresentar formalmente a *notitia criminis*, preferindo fazê-lo no anonimato. A questão ostenta inegável relevância jurídica, a partir da vedação constitucional do anonimato (art. 5º, IV, CF).

A Suprema Corte, por ocasião do julgamento do Inq. nº 1.957/PR, sendo Relator o Min. Carlos Velloso, deixou assentada a proibição de instauração de inquérito policial com base exclusivamente em *notitia criminis* apócrifa, salvo quando se tratar de documento que constitua o próprio corpo de delito ou quando tenha sido produzido pelo imputado autor (segundo a denúncia anônima).

Atualmente, a questão sequer é objeto de divergências naquela Corte: tratando-se de *notitia criminis* anônima, deverá a autoridade que realiza a investigação adotar diligências preliminares a fim de se constatar a idoneidade das informações. Tais providências, embora submetidas às exigências de formalização, não implicam o dever de instauração de inquérito policial. Feito isso, não mais se considerará a informação anônima como a *justa causa* para o início das investigações e sim aquelas obtidas nas diligências preliminares confirmatórias da notícia inicial.

A nosso aviso, duas exigências devem ser feitas para o fim de se iniciar a investigação a partir da chamada denúncia ou delação anônima, a saber: (a) em primeiro lugar, quando se tratar de informação de crime em curso – situação flagrancial – bem como de quaisquer hipóteses de emergência (socorro à vítima, por exemplo), a autoridade policial não só pode como também deve diligenciar no sentido do esclarecimento dos fatos; (b) quando se tratar de denúncia ou informação anônima na qual não só se aponta o fato mas, também, a existência de elementos de material comprobatório da notícia e/ou de pessoas que estejam em condições de atestar a sua veracidade, com a respectiva indicação de lugar e identificação, estará a autoridade policial em condições de avaliar a pertinência e relevância dos fatos para uma possível investigação criminal.

O que não se pode admitir, e só em semelhante situação o argumento da vedação do anonimato teria sentido, é a instauração de inquérito policial baseado unicamente em escritos difamantes, injuriosos ou caluniadores, endereçados à polícia com propósitos visivelmente *denuncistas* e objetivos inconfessáveis. Cartas apócrifas, por exemplo, são muito frequentes em períodos eleitorais, visando a desmoralização do(s) adversário(s) político(s). Mas não só. O cotidiano está a demonstrar que eventuais inimizades, por si só, têm bastado a fomentar suspeitas e denúncias desprovidas de quaisquer elementos de comprovação, cujo resultado, via de regra, é unicamente o desconforto espiritual e a perturbação social no convívio do desafeto. Devem, portanto, a autoridade policial e o membro do Ministério Público impedir que o já onerado sistema de persecução penal receba o acréscimo de condutas levianas e achacadoras da honra alheia. Vide anotações complementares no item 648.6.1.2.

Jurisprudência

5º.4. [...] A defesa se insurgiu contra a impossibilidade de acesso à gravação do disque denúncia, com o objetivo de aferir a espontaneidade da denúncia. Contudo, em nenhum momento se indicou qualquer circunstância que revele a necessidade da medida, não se podendo descurar que a transcrição da denúncia se encontra, na íntegra nos autos.- A alegação no sentido de que a providência requerida pela defesa prestigia a ampla defesa e o contraditório é trazida de forma vaga, não podendo, portanto, se sobrepor aos demais valores em jogo, consistentes na preservação da segurança dos informantes que colaboram com a justiça. É nesse sentido, inclusive, o art. 3º da Lei n. 13.608/2018, o qual assegura o sigilo dos dados do informante. – Deve prevalecer a preservação da identidade do "denunciante", à míngua de efetiva demonstração de prejuízo acarretado à defesa ou de eventual benefício com a oitiva da gravação, cuja transcrição integral consta dos autos, de modo que é perfeitamente possível exercer o contraditório e a ampla defesa. [...] *(Agravo Regimental no Habeas Corpus nº 680.474–SE, 5ª Turma, Rel. Min. Reynaldo Soares da Fonseca, julgado em 6.9.2022, publicado no DJ em 13.9.2022)*

5º.4. [...] Consoante entendimento do Supremo Tribunal Federal, a notícia anônima de crime, por si só, não é apta para instaurar inquérito policial; ela pode servir de base válida à investigação e à persecução criminal, desde que haja prévia verificação de sua credibilidade em apurações preliminares, ou seja, desde que haja investigações prévias para verificar a verossimilhança da noticia criminis anônima. Assim, com muito mais razão, não há como se admitir que denúncia anônima seja elemento válido para violar franquias constitucionais (à liberdade, ao domicílio, à intimidade). [...] *(Agravo Regimental no Habeas Corpus nº 644.350-RS, STJ, 6ª Turma, Rel. Min. Rogério Schietti Cruz, julgado em 9.8.2022, publicado no DJ em 18.8.2022)*

5º.4. [...] O STF "fixou entendimento no sentido de que é possível a deflagração da persecução penal pela chamada denúncia anônima, desde que esta seja seguida de diligências realizadas para averiguar os fatos nela noticiados antes da instauração do inquérito policial (HC 108.147, Rel. Min. Cármen Lúcia, Segunda Turma, DJe de 1º/2/2013)" (ARE 1.112.656, Rel. Min. Luiz Fux). Precedente. [...] *(Agravo Regimental nos Embargos de Declaração no Recurso Extraordinário com Agravo nº 1.317.660/PR, STF, 1ª Turma, unânime, Rel. Min. Roberto Barroso, julgado em sessão virtual de 20.8.2021 a 27.8.2021, publicado no DJ em 20.9.2021)*

5º.4. [...] 2. A delação anônima, embora não seja suficiente, por si só, para ensejar o início da persecução penal do fato nela narrado, não impede que a autoridade policial ou o Ministério Público realizem a) diligências complementares ou b) encontrem no conjunto dos outros fatos já em apuração elementos capazes de confirmar a plausibilidade e verossimilhança das informações nela constantes. [...] (*Ação Penal nº 923/DF, STJ, Corte Especial, unânime, Rel. Min. Nancy Andrighi, julgado em 23.9.2019, publicado no DJ em 26.9.2019*).

5º.5. Indeferimento do inquérito policial: À evidência, não poderia encontrar-se a autoridade policial à mercê das valorações pessoais de todo aquele que se acha vítima de alguma infração penal. Do mesmo modo, por exemplo, que a autoridade policial deve apreciar a juridicidade do fato (ser ou não típico) por ocasião da prisão em flagrante, art. 304, § 1º, CPP, deve ela também analisar se o fato noticiado é ou não típico, sobretudo porque a pessoa noticiante, ainda que agindo por meio de advogado, não está investida legalmente de autoridade para atestar a possibilidade da presença ou não de crime.

Indeferido o requerimento, pode o noticiante apresentar recurso ao órgão hierarquicamente superior da respectiva Polícia, segundo seja a distribuição interna de sua Administração. O CPP ainda utiliza expressão inteiramente superada no tempo: *chefe de polícia*; nada obstante, de fácil compreensão, no ponto em que se reporta a uma hierarquia funcional com atribuições específicas (Superintendências, Coordenadorias, Diretorias, enfim, quaisquer órgãos administrativamente autorizados a decidir no âmbito interno da Polícia Judiciária).

Questão complexa surge em relação à extensão da valoração reservada à autoridade policial. Uma coisa é indeferir a instauração de inquérito, sob o fundamento de *atipicidade* do fato, isto é, de não encontrar, o fato narrado, correspondência com nenhum tipo penal. Outra, bem mais complexa, é indeferir o inquérito ao fundamento de ação justificada (estado de necessidade, legítima defesa, exercício regular do direito) ou, ainda, exculpada (excludentes de culpabilidade). Pensamos que até aí não deverá chegar à valoração jurídico-penal da autoridade policial, reservando-se-lhe unicamente juízo acerca da tipicidade formal do fato.

Isso em relação à instauração do inquérito. Como ainda veremos no espaço adequado, já no que diz respeito à prisão, deve-se ampliar significativamente o campo de atuação da autoridade policial, na medida em que estará em risco a liberdade individual, dependente de ordem escrita e fundamentada da autoridade judiciária (art. 5º, LXI, CF). Naquelas situações, o reconhecimento, pela Polícia, da existência de causa de justificação da conduta (art. 23, CP), de excludente da culpabilidade (arts. 21, 22, CP), bem como o erro de tipo (art. 20, CP), e, acrescentaríamos, sob o risco de inquietação no âmbito do Ministério Público e do Judiciário, nos casos de manifesta atipicidade material (juízo acerca da relevância da efetiva lesão ao bem jurídico objeto de proteção penal), encontraria fundamento na própria ordem constitucional.

Já em relação à instauração do inquérito policial, nem as situações de fato e nem as questões de direito seriam as mesmas, devendo a autoridade policial instaurar o inquérito desde que *típico* o fato noticiado. Exatamente por isso, não está ela autorizada a determinar o *arquivamento* do inquérito, qualquer que seja o fundamento adotado (art. 17, CPP).

5º.6. A Lei nº 12.461/11, alterando a Lei nº 10.741/03 – Estatuto da Pessoa Idosa – impõe aos agentes de saúde a obrigação de notificação de atos de violência moral ou física contra a pessoa idosa, que tenham conhecimento em razão do exercício de suas funções. Assim, tem-se aqui uma regra de obrigatoriedade de oferecimento de *notitia criminis*. Enquanto qualquer pessoa do povo *pode* dar notícia de delitos de que tenham conhecimento, os agentes de saúde *deverão* fazê-lo, quando diante de infrações contra a pessoa idosa.

Também a Lei nº 12.845/13 contempla medidas de natureza semelhante, relativamente aos crimes de natureza sexual (art. 3º).

Art. 6º Logo que tiver conhecimento da prática da infração penal, a autoridade policial deverá:

I – dirigir-se ao local, providenciando para que não se alterem o estado e conservação das coisas, até a chegada dos peritos criminais; (Redação dada pela Lei nº 8.862, de 28.3.1994) (Vide Lei nº 5.970, de 1973)

II – apreender os objetos que tiverem relação com o fato, após liberados pelos peritos criminais; (Redação dada pela Lei nº 8.862, de 28.3.1994)

III – colher todas as provas que servirem para o esclarecimento do fato e suas circunstâncias;

IV – ouvir o ofendido;

V – ouvir o indiciado, com observância, no que for aplicável, do disposto no Capítulo III do Título VII, deste Livro, devendo o respectivo termo ser assinado por duas testemunhas que lhe tenham ouvido a leitura;

VI – proceder a reconhecimento de pessoas e coisas e a acareações;

VII – determinar, se for caso, que se proceda a exame de corpo de delito e a quaisquer outras perícias;

VIII – ordenar a identificação do indiciado pelo processo datiloscópico, se possível, e fazer juntar aos autos sua folha de antecedentes;

IX – averiguar a vida pregressa do indiciado, sob o ponto de vista individual, familiar e social, sua condição econômica, sua atitude e estado de ânimo antes e depois do crime e durante ele, e quaisquer outros elementos que contribuírem para a apreciação do seu temperamento e caráter;

X – colher informações sobre a existência de filhos, respectivas idades e se possuem alguma deficiência e o nome e o contato de eventual responsável pelos cuidados dos filhos, indicado pela pessoa presa. (Lei nº 13.257/2016)

6º.1. Introdução: Cumpridas as exigências previstas no artigo anterior, isto é, da manifestação de vontade daquele legalmente autorizado nas ações penais públicas condicionadas e nas ações penais privadas, ou, independentemente (de ofício, portanto) dela, nas hipóteses de ação pública incondicionada, a autoridade policial deverá iniciar a coleta de material comprobatório da prática de infração penal, cumprindo-lhe, então, ouvir as pessoas que tenham conhecimento dos fatos, apreender todo o material que tiver com eles qualquer conexão, bem como determinar a realização de perícia nos objetos e instrumentos utilizados e relacionados ao crime, desde que necessários para a constatação de quaisquer circunstâncias relevantes ao seu esclarecimento (perícias nos objetos utilizados na prática da infração, nos objetos materiais do crime).

A perícia é de suma importância nas infrações que deixam vestígios, podendo gerar a nulidade do processo a sua não realização (art. 564, III, *b*, CPP), quando não desaparecidos aqueles (vestígios). Prestam-se a demonstrar: (a) o meio de execução do crime, (b) a intensidade da ação desenvolvida pelo agente, nos casos, por exemplo, de lesões corporais (art. 129, CP), (c) a comprovação de eventual qualificadora e/ou causa de aumento, como, por exemplo, no crime de furto (art. 155, § 4º, CP), (d) a própria materialidade do fato, como nos crimes de falsidade documental, (e) a potencialidade lesiva de armas e instrumentos utilizados no crime.

De outro lado, ainda que a prova pericial não seja indispensável à comprovação do fato, a sua realização pode facilitar sobremaneira o esclarecimento de aspectos relevantes do crime, como ocorre em relação à perícia contábil em determinadas infrações penais.

Como ainda teremos oportunidade de ver, a exigência de prova pericial nas infrações que deixam vestígios não pode ser entendida como um apego excessivo ao desenvolvimento técnico e tecnológico, e, muito menos, uma subversão da regra segundo a qual não existiria hierarquia de provas no processo penal. Exigir a comprovação de determinado fato por meio da prova pericial pode significar um acréscimo eminentemente garantista ao processo, na medida em que se exigiria um conhecimento ainda mais amplo dos fatos para a legitimação da decisão judicial condenatória.

Nesse contexto, nada de novo trouxe a Lei nº 12.830/13, cuja *ementa* (Dispõe sobre a investigação criminal conduzida pelo delegado de polícia) parece dizer muito mais que seu conteúdo.

Jurisprudência

6º.1. [...] Quanto à alegação de nulidade no requerimento dos dados cadastrais diretamente à operadora de celulares pela autoridade policial, os artigos 6º, inciso III, e 13, I, ambos do Código de Processo Penal trazem as atribuições da autoridade policial: "Art. 6º Logo que tiver conhecimento da prática da infração penal, a autoridade policial deverá: [...] III – colher todas as provas que servirem para o esclarecimento do fato e suas circunstâncias; Art. 13. Incumbirá ainda à autoridade policial: I – fornecer às autoridades judiciárias as informações necessárias à instrução e julgamento dos processos", inexistindo portanto, violação legal. [...] *(Habeas Corpus n. 554.922-SP, STJ, 5ª Turma, Rel. Min. Leopoldo de Arruda Raposo, unânime, julgado em 10.3.2020, publicado no* DJ *em 24.3.2020).*

6º.1. [...] Não se confundem *comunicação telefônica* e *registros telefônicos*, que recebem, inclusive, proteção jurídica distinta. Não se pode interpretar a cláusula do artigo 5º, XII, da CF, no sentido de proteção aos dados enquanto registro, depósito registral. A proteção constitucional é *da comunicação de dados* e não *dos dados*. 2.3 Art. 6º do CPP: dever da autoridade policial de proceder à coleta do material comprobatório da prática da infração penal. Ao proceder à pesquisa na agenda eletrônica dos aparelhos devidamente apreendidos, meio material indireto de prova, a autoridade policial, cumprindo o seu mister, buscou, unicamente, colher elementos de informação hábeis a esclarecer a autoria e a materialidade do delito (dessa análise logrou encontrar ligações entre o executor do homicídio e o ora paciente). Verificação que permitiu a orientação inicial da linha investigatória a ser adotada, bem como possibilitou concluir que os aparelhos seriam relevantes para a investigação. [...] (*Habeas Corpus nº 91.867, STF, 2ª Turma, unânime, Rel. Min. Gilmar Mendes, julgado em 24.4.2012, publicado no* DJ *em 20.9.2012*).

6º.1. O exame de corpo de delito direto, por expressa determinação legal, é indispensável nas infrações que deixam vestígios, podendo apenas supletivamente ser suprido pela prova testemunhal quando tenham aqueles desaparecido, *ex vi* do art. 167 do Código de Processo Penal. [...] (*Habeas Corpus nº 89.356/SP, 5ª Turma, Rel. Min. Felix Fischer, julgado em 8.11.2007, publicado no* DJ *em 17.12.2007*).

6º.2. Exame de corpo de delito: Por exame de corpo de delito deve se entender a perícia realizada no objeto material do crime, isto é, aquele objeto que teria sofrido a ação do agente. Ao contrário das demais perícias, que podem recair sobre instrumentos e objetos que estejam relacionados com o crime, o exame de corpo de delito se realiza sobre o objeto material do crime.

6º.3. Direito ao silêncio: Ainda teremos oportunidade de examinar em maiores detalhes o denominado direito ao silêncio, que aparece como uma das perspectivas do princípio geral do *nemo tenetur se detegere* (ninguém é obrigado a se descobrir), conquista civilizatória do pós-absolutismo, de cujo manejo resultou profunda modificação do papel do acusado no processo penal, passando ele a ocupar a posição de sujeito de direitos e não mais de objeto de prova. No Brasil, o direito ao silêncio, também designado como um direito à *não autoincriminação*, tem fundo constitucional (art. 5º, LXIII, CF), do mesmo modo que a norma que garante ao investigado o direito de identificar os responsáveis, tanto por sua prisão quanto por seu interrogatório judicial (art. 5º, LXIV, CF). Assim, não está o aprisionado e nem o investigado obrigado a depor por ocasião de seu interrogatório. Mais ainda: estando em liberdade, sequer é obrigado a comparecer diante da autoridade policial, devendo fazê-lo, entretanto, quando se tratar de diligência destinada ao reconhecimento de pessoas (ver arts. 226 a 228, CPP). Neste último caso, a medida – exigência de submissão a determinado meio de prova – nada tem de inconstitucional, já que não implica qualquer violação a direito subjetivo do cidadão (honra, intimidade, privacidade, imagem – art. 5º, X, CF), não importando, também e muito menos, afetação ao direito ao silêncio.

Remetemos às anotações especialmente do item 186.1.

Jurisprudência

6º.3. [...] O acórdão impugnado encontra consonância com a jurisprudência desta Corte Superior, segundo a qual, "a legislação processual penal não exige que os policiais, no momento da abordagem, cientifiquem o abordado quanto ao seu direito em permanecer em silêncio (Aviso de Miranda), uma vez que tal prática somente é exigida nos interrogatórios policial e judicial" (AgRg no HC n. 809.283/GO, relator Ministro Reynaldo Soares da Fonseca, Quinta Turma, julgado em 22/5/2023, DJe de 24/5/2023). [...] *(Agravo Regimental no Agravo em Recurso Especial nº 2.451.366-RO, STJ, 5ª Turma, Rel. Min. Joel Ilan Paciornik, julgado em 30.09.2024, publicado no DJ em 3.10.2024)*

6º.3. [...] não há falar em nulidade da prisão em virtude do suposto descumprimento do "Aviso de Miranda" pois, como bem observado pela Corte de origem, *"também não se cogita de nulidade em razão da confissão informal mencionada pelos policiais. Afinal, a condenação não se fundamentou, exclusivamente, em tal confissão, sendo certo que o apelante foi devidamente advertido de seu direito ao silêncio nas fases do inquérito e da ação penal"* (fl. 44), ainda mais porque havia fundadas razões para o ingresso no domicílio, como já demonstrado. [...] *(Habeas Corpus nº 742.003-SP, STJ, 5ª Turma, Rel. Min. Jesuíno Rissato, julgado em 21.6.2022, publicado no DJ em 27.6.2022)*

6º.3. [...] Condenação baseada exclusivamente em supostas declarações firmadas perante policiais militares no local da prisão. Impossibilidade. Direito ao silêncio violado. 4. Aviso de Miranda. Direitos e garantias fundamentais. A Constituição Federal impõe ao Estado a obrigação de informar ao preso seu direito ao silêncio não apenas no interrogatório formal, mas logo no momento da abordagem, quando recebe voz de prisão por policial, em situação de flagrante delito. Precedentes. 5. Agravo a que se nega provimento. *(Agravo Regimental no RHC nº 170.843, STF, 1ª Turma, Rel. Min. Gilmar Mendes, julgado em 4.5.2021, publicado no DJ em 1º.9.2021)*

6º.4. Identificação datiloscópica e genética: A Lei nº 12.037/2009 prevê hipóteses de identificação datiloscópica e fotográfica, mesmo para aqueles que já tenham a identificação civil, nas situações excepcionais que arrola (art. 3º), quando:

a) o documento apresentar rasura ou tiver indício de falsificação (I);

b) o documento apresentado for insuficiente para identificar cabalmente o indiciado (II);

c) o indiciado portar documentos de identidade distintos, com informações conflitantes entre si (III);

d) a identificação criminal for essencial às investigações policiais, segundo despacho da autoridade judiciária competente, que decidirá de ofício ou mediante representação da autoridade policial, do Ministério Público ou da defesa (IV);

e) constar de registros policiais o uso de nomes ou diferentes qualificações (V);

f) o estado de conservação ou a distância temporal ou da localidade da expedição do documento apresentado impossibilite a completa identificação dos caracteres essenciais (VI).

Como se vê, a atual legislação modifica sensivelmente o tratamento do indiciado, somente admitindo a identificação criminal daquele civilmente identificado em situações em que se possa questionar a aludida identificação (art. 3º, I, II, III, V e VI) pelos aspectos intrínsecos dos documentos apresentados, ou, também, pela existência de anterior utilização de registros diferentes. Fora de tais hipóteses, somente por autorização judicial se determinará a medida (de identificação criminal do civilmente identificado).

Obviamente, a decisão judicial haverá que ser fundamentada, orientando-se por eventuais necessidades acautelatórias da investigação ou mesmo no interesse no indiciado. Não são raros os casos de homonímia e de dúvidas sobre a fotografia do documento e sua correspondência com a pessoa investigada. Note-se que no delito de uso de documento por terceiros, embora a documentação apresentada não seja materialmente falsa, a sua utilização o será, do ponto de vista ideológico, evidentemente. Toda cautela é pouco.

Além de vedar eventuais constrangimentos por ocasião da identificação (art. 4º), a Lei autoriza a retirada da identificação fotográfica do inquérito ou do processo, quando rejeitada ou não oferecida a denúncia ou em caso de absolvição do acusado, desde que comprovada a identidade civil (art. 7º).

E também dispõe ser vedada a referência da identificação criminal em atestados de antecedentes ou em informações não destinadas ao juízo criminal, antes do trânsito em julgado da sentença condenatória (art. 6º).

Mas que se esclareça: o que é proibido, sobretudo em relação ao atestado de antecedentes, é a remessa da identificação à autoridade que não seja o juiz criminal. É dizer: a regra é que a identificação criminal se destine apenas ao juiz criminal, se antes do trânsito em julgado.

No entanto, não há como negar que, em determinadas e excepcionais situações, a identificação criminal poderá ser requisitada por juiz cível, quando presente situação de risco à pessoa. Exemplos: em alguns casos de competência dos Juizados da Violência Doméstica, mesmo que ainda sem a ocorrência de violência real ou moral, pode se revelar indispensável a investigação sobre fatos anteriores (casamento etc.), a fim de se proteger a mulher contra situações de risco futuro. Do mesmo modo, no âmbito dos Juizados da Juventude e Adolescência, que, rigorosamente, não cuidam de matéria criminal. (PACELLI, Eugênio. *Curso de processo penal*. 28. ed. São Paulo: Juspodivm, 2024).

Quanto à identificação genética, ver nossos comentários ao art. 186, item 186.8.

6º.5. Acareação: Procedimento não só de duvidosa eficácia, do ponto de vista probatório, como também de mais duvidosa ainda validade jurídica, se e desde que se preste a dar lugar a toda sorte de constrangimentos para as testemunhas envolvidas. Fala-se em acareação quando, constatada a divergência entre depoimentos prestados sobre os mesmos fatos, os seus responsáveis (testemunhas) são colocados frente a frente para a manutenção ou alteração de suas versões (ver arts. 229, 230, CPP).

Observa-se, desde logo, a absoluta impossibilidade de se proceder à acareação entre testemunhas e o investigado, tal como ainda previsto no art. 229, do CPP. E porque previsto, *vigente*, mas, não obstante, *inválido*, porquanto desafinado com o texto constitucional e com o próprio Código de Processo Penal, a partir da alteração promovida pela Lei nº 10.792/03 nas regras do interrogatório judicial (arts. 185 a 196). A razão é das mais simples: apenas a testemunha tem o dever de dizer a verdade (art. 203 e art. 206, CPP); o investigado tem direito ao silêncio. Como, então, confrontar teses com motivação e de natureza essencialmente distintas?

Com tais considerações, e pelas mesmas razões, não nos parece cabível a acareação entre acusados: nenhum deles tem o dever de dizer a verdade.

6º.6. Indiciamento: Consoante se extrai do inciso V do artigo, o indiciamento de quem se julga, em princípio, o autor do fato, seria feito logo na oportunidade de sua inquirição. Em primeiro lugar, é de se observar que, a despeito de revelar apenas um juízo avaliativo da autoridade policial acerca da autoria do fato alegadamente criminoso, o citado indiciamento, na prática, tem efeitos bastante onerosos ao *status* social do investigado, na medida em que se insere nos registros de seus (dele) antecedentes criminais. Tanto bastaria para a adoção de maior prudência no agir da autoridade policial.

Jurisprudência

6º.6. [...] *"O ato de indiciamento é ato administrativo com efeitos processuais em que o Delegado de Polícia, com base nos elementos de informação reunidos no curso do inquérito policial, indica formalmente o indiciado como provável autor de infração penal em investigação."* (AgRg no HC 603.357/MS, Rel. Ministro Félix Fischer, Corte Especial, julgado em 23/3/2021, DJe 30/3/2021). É natural que o indiciamento nem sempre coincida com o ato de instauração do inquérito policial. [...] (*Embargos Declaratórios no Agravo Regimental no Recurso em Habeas Corpus nº 139.242/SP, STJ, 5ª Turma, unânime, Rel. Min. Reynaldo Soares da Fonseca, julgado em 26.10.2021, publicado no DJ em 3.11.2021*)

6º.6. [...] Indiciamento significa a imputação, no âmbito do inquérito, da prática de ilícito. No caso, não houve fato descrito como crime, o que impossibilita o indiciamento, sob pena de inversão odiosa da marcha persecutória. Não se pode indiciar alguém para, só depois, tentar descobrir algum fato típico que justifique esse indiciamento. Os inquéritos originários nas cortes superiores, diferentemente dos inquéritos comuns, sofrem filtro mais rigoroso no deferimento de sua instauração, a fim de não banalizar a persecução criminal. [...] (*AgRg no Inquérito nº 968-DF, STJ, Corte Especial, unânime, Rel. Min. João Otávio de Noronha, julgado em 15.10.2014, publicado no DJ em 2.2.2015*).

6º.6. [...] Indiciamento. Ato penalmente relevante. Lesividade teórica. Indeferimento. Inexistência de fatos capazes de justificar o registro. Constrangimento ilegal caracterizado. Liminar confirmada. Concessão parcial de *habeas corpus* para esse fim. Precedentes. Não havendo elementos que o justifiquem, constitui constrangimento ilegal o ato de indiciamento em inquérito policial (*Habeas Corpus nº 85.541, STF, 2ª Turma, Rel. Min. Cezar Peluso, julgado em 22.4.2008, publicado no DJ em 22.8.2008*).

6º.7. Disposições específicas sobre a proteção dos filhos dos presos: A Lei nº 13.257, de 8.3.2016, acrescentou o inciso X ao art. 6º do CPP, dispondo que a autoridade policial, assim que tiver o conhecimento da prática infracional, deverá "colher informações sobre a existência de filhos, respectivas idades e se possuem alguma deficiência e o nome e o contato de eventual responsável pelos cuidados dos filhos, indicado pela pessoa presa". A finalidade do dispositivo decorre da regra do art. 227 da Constituição Federal, que impõe vários deveres ao Estado, notadamente de proteção na maior medida possível à criança, ao jovem e ao adolescente. Assim, em caso de um preso (notadamente o preso em flagrante) possuir filhos com idade legal que sejam consideradas crianças, jovens ou adolescentes ou que possuam alguma deficiência, deverá haver a colheita dos dados de quem seriam os responsáveis indicados pelo preso, tudo como forma de que sejam adotadas providências mais rápidas e eficazes para a proteção dos menores ou incapazes enquanto durar a prisão daqueles que possuam o exercício do poder familiar (vide similares providências a serem adotadas nos termos dos arts. 185 e 304, CPP). Compreendemos que esta providência seja relevante mesmo que haja outro familiar que também exerça o poder familiar e não esteja presa.

Art. 7º Para verificar a possibilidade de haver a infração sido praticada de determinado modo, a autoridade policial poderá proceder à reprodução simulada dos fatos, desde que esta não contrarie a moralidade ou a ordem pública.

Eis aqui um procedimento cuja eficácia probante, ou demonstrativa da veracidade da proposição acusatória (se se quiser reservar a expressão *probatório* apenas para a fase judicial de produção de provas), é também bastante duvidosa, embora possa servir para o afastamento de determinadas especulações. A reprodução simulada permitiria um exame mais detalhado das circunstâncias de tempo e de espaço que cercam o fato, de modo a permitir uma análise mais completa sobre o fato em apuração e sobre a participação dos eventuais envolvidos.

A questão de maior relevo, porém, diz respeito às possíveis violações de garantias constitucionais durante a realização da diligência. Tal ocorreria, por exemplo, nas hipóteses em que os possíveis autores e/ou partícipes investigados fossem *obrigados* a encenar a prática de uma ação criminosa em ambiente aberto ao público ou de fácil acesso a este. Ora, em uma ordem jurídica pautada na inocência ou não culpabilidade daquele ainda não condenado e na dignidade social do ser humano, referido procedimento seria inevitavelmente abusivo, e, por isso, inaceitável.

Não se queira, entretanto, impugnar toda e qualquer diligência de natureza semelhante, ao argumento de tutela do direito ao silêncio ou da não autoincriminação (*nemo tenetur se detegere*). Não. Ninguém discute a validade, por exemplo, do reconhecimento de pessoas, diligência essa que, inclusive, pode ser adotada coercitivamente, estando autorizada a autoridade policial a conduzir o investigado para a prática do ato (art. 260, segunda parte, CPP).

Assim, parece-nos possível a adoção da providência, desde que os envolvidos não sejam *compelidos* à reprodução dos fatos.

Jurisprudência

7º. [...] O artigo 7º do CPP confere à autoridade policial a faculdade de proceder à reconstituição do crime ou reprodução simulada dos fatos. Nada impede que o juiz, no exercício dos poderes instrutórios, a determine se achar relevante para dirimir dúvidas (CPP, art. 156) [...] (*RHC nº 88.320-PI, STF, 2ª Turma, Rel. Min. Eros Grau, julgado em 25.4.2006, publicado no* DJ *em 26.5.2006*).

7º [...] A reconstituição do crime configura ato de caráter essencialmente probatório, pois destina-se – pela reprodução simulada dos fatos – a demonstrar o *modus faciendi* de prática delituosa (CPP, art. 7). O suposto autor do ilícito penal não pode ser compelido, sob pena de caracterização de injusto constrangimento, a participar da reprodução simulada do fato delituoso. O magistério doutrinário, atento ao princípio que concede a qualquer indiciado ou réu o privilégio contra a autoincriminação, ressalta a circunstância de que é essencialmente voluntária a participação do imputado no ato [...] (*Habeas Corpus nº 69.026, STF, 1ª Turma, Rel. Min. Celso de Mello, julgado em 10.12.1991, publicado no* DJ *em 4.9.1992*).

Art. 8º Havendo prisão em flagrante, será observado o disposto no Capítulo II do Título IX deste Livro.

As disposições atinentes ao procedimento a ser adotado por ocasião da prisão em flagrante encontram-se minudentemente expostas no Capítulo intitulado da prisão em flagrante, a partir do art. 301 do CPP, e estão inseridas no Título IX, que cuida das prisões cautelares e das liberdades, embora sob a rubrica da prisão e da *liberdade provisória*. Ora, evidentemente, o que é *provisória* é a prisão antes do trânsito em julgado e não a liberdade. Mais adiante se explicará a fundamentação das prisões previstas no CPP, bem como da terminologia então escolhida.

Art. 9º Todas as peças do inquérito policial serão, num só processado, reduzidas a escrito ou datilografadas e, neste caso, rubricadas pela autoridade.

Providência acautelatória de uma obviedade constrangedora. Trata-se de ato do Poder Público e manifestação de autoridade. A originalidade e idoneidade do procedimento, portanto, são de rigor. Nas hipóteses em que a *notitia criminis* é originariamente remetida ao Ministério Público por outros agentes da Administração Pública, constituindo as chamadas peças de informação, com as quais o *parquet* poderá ou não iniciar em persecução penal em juízo, não haverá semelhante exigência, presumindo-se a legitimidade dos atos cujas cópias tenham sido assim encaminhadas.

Art. 10. O inquérito deverá terminar no prazo de 10 dias, se o indiciado tiver sido preso em flagrante, ou estiver preso preventivamente, contado o prazo, nesta hipótese, a partir do dia em que se executar a ordem de prisão, ou no prazo de 30 dias, quando estiver solto, mediante fiança ou sem ela.

§ 1º A autoridade fará minucioso relatório do que tiver sido apurado e enviará os autos ao juiz competente.

§ 2º No relatório poderá a autoridade indicar testemunhas que não tiverem sido inquiridas, mencionando o lugar onde possam ser encontradas.

§ 3º Quando o fato for de difícil elucidação, e o indiciado estiver solto, a autoridade poderá requerer ao juiz a devolução dos autos, para ulteriores diligências, que serão realizadas no prazo marcado pelo juiz.

10.1. Considerações gerais: Ao tempo do ingresso do Código de Processo Penal na ordem jurídica nacional existiam, basicamente, três modalidades de prisão, antes do trânsito em julgado. A prisão em flagrante (art. 310 e seguintes, CPP); a prisão preventiva (arts. 311 e seguintes, CPP); e, por fim, a chamada prisão processual, prevista em duas oportunidades procedimentais: (a) por ocasião da decisão de pronúncia, nos procedimentos do Tribunal do Júri (art. 408, CPP), e (b) em decorrência de sentença penal condenatória submetida a recurso (art. 594, CPP). As primeiras tinham fundamentação cautelar e as demais, processuais, significavam, inevitavelmente, antecipação de juízos (ora de periculosidade ou de risco de fuga, ora de presunção de culpabilidade). Já as veremos no Capítulo próprio, incluindo a revogação das duas últimas (art. 408 e art. 594, CPP), pelas Leis nos 11.689 e 11.719, ambas de junho de 2008.

Mas, releva notar, já aqui, que o prazo de duração do procedimento de investigação preliminar se referia, e se refere ainda hoje, apenas às prisões em flagrante e a preventiva. Ocorre que, a partir da Lei nº 7.960/89, acrescentou-se outra modalidade de prisão cautelar na ordem processual penal brasileira, qual seja, a denominada *prisão temporária*. E, quando estivermos a vê-la, mais adiante, veremos que os prazos ali mencionados não substituem aqueles outros relativos à prisão em flagrante e à prisão preventiva. E assim é porque a própria e citada Lei (7.960/89) prevê a possibilidade de decretação da prisão preventiva tão logo esteja encerrado o prazo da prisão temporária (art. 2º, § 7º). Com isso, e quando houver a decretação da temporária antes da prisão preventiva, o prazo para conclusão das investigações somente terá início a partir da decretação desta última (preventiva). *(vide item 312.11, referência à ADI 4.109/DF)*

No caso de haver prisão em flagrante nos crimes para os quais seja cabível também a prisão temporária, cumpre distinguir: se a prisão em flagrante é mantida com fundamento na existência de motivos para a prisão preventiva (art. 310, § 1º, art. 312 e art. 313, CPP), o prazo tem início desde o flagrante; se, ao contrário, a prisão for mantida com fundamento na decretação da prisão temporária, deverão ser observadas as regras da Lei nº 7.960/89, seja quanto aos prazos máximos de prisão, seja quanto aos requisitos de manutenção da prisão (aplicação do art. 1º, Lei nº 7.960/89, e não do art. 312, CPP).

No âmbito da Justiça Federal, relativamente aos inquéritos da Polícia Federal (art. 66, Lei nº 5.010/66), portanto, a regra é outra: o prazo será de 15 dias, prorrogáveis por mais 15. Se solto o investigado, segue-se a regra do art. 10, CPP, com o prazo de 30 dias.

A regra geral, portanto: 10 dias, quando se tratar de réu preso, e 30 dias, quando solto o réu (investigado), nos inquéritos da Justiça dos Estados; 15 dias, prorrogáveis, fundamentadamente, por mais 15, no âmbito da Justiça Federal.

Jurisprudência

10.1. [...] 1. Hipótese na qual o inquérito policial foi instaurado em 26/07/2015 e relatado apenas em 22/03/2019. Embora não se discuta que de fato a investigação extrapolou em muito o interregno referido no art. 10 do Código de Processo Penal, a natureza desse prazo é imprópria, o que impede o reconhecimento apriorístico de ilegalidade, mormente no caso de reú solto. [...] *(Recurso em Habeas Corpus nº 129.365-SC, STJ, 6ª Turma, Rel. Min. Laurita Vaz, unânime, 29.3.2022, publicado no DJ em 4.4.2022)*

10.1. [...] Processo Penal. Modelo brasileiro. Código de 1941. Adoção de uma estrutura predominantemente acusatória. [...] 1. O Código de Processo Penal de 1941 adota um modelo no qual ao *juiz é reservado o papel de apenas julgar, e não o de também investigar*, o que, de certo modo, situou o Brasil em posição de vantagem – máxime após a Constituição de 1988 – com relação a povos de maior tradição jurídica, como a França, a Espanha e a Itália, que apenas no final do século passado se renderam a reformas tendentes a instituir uma estrutura mais acusatória a seus procedimentos penais. 2. Continuam em vigor, porém, dispositivos do CPP, como o art. 5º, II (que permite ao juiz requisitar a instauração de inquérito policial), o art. 10, § 1º (que torna a autoridade judiciária a destinatária do inquérito policial), o art. 156, I (que faculta ao juiz ordenar, de ofício, a produção antecipada de provas, mesmo durante o inquérito policial, se considerá-las "urgentes e relevantes"), bem como o art. 574, segunda parte (que determina ao juiz submeter sua decisão, mesmo sem recurso da parte, ao exame da jurisdição superior, nos casos ali indicados). [...] *(Habeas Corpus n. 583.995-MG, STJ, 6ª Turma, por maioria, Rel. Min. Nefi Cordeiro, Redator do acórdão Min. Rogerio Schietti Cruz, julgado em 15.9.2020, publicado no DJ em 7.10.2020).*

10.1. [...] Salvo quando o investigado estiver preso cautelarmente, a inobservância do lapso previsto no artigo 10 do Código de Processo Penal para a conclusão do inquérito não possui repercussão prática, estando-se diante de prazo impróprio. Doutrina. Precedentes. [...] *(Habeas Corpus nº 283.521-GO, STJ, 5ª Turma, unânime, Rel. Min. Jorge Mussi, julgado em 7.8.2014, publicado no DJ em 19.8.2014).*

10.1. [...] A legislação que disciplina o inquérito policial não se inclui no âmbito estrito do processo penal, cuja competência é privativa da União (art. 22, I, CF), pois o inquérito é procedimento subsumido nos limites da competência legislativa concorrente, a teor do art. 24, XI, da Constituição Federal de 1988, tal como já decidido reiteradamente pelo Supremo Tribunal Federal. O procedimento do inquérito policial, conforme previsto pelo Código de Processo Penal, torna desnecessária a intermediação judicial quando ausente a necessidade de adoção de medidas constritivas de direitos dos investigados, razão por que projetos de reforma do CPP propõem a remessa direta dos autos ao Ministério Público. No entanto, apesar de o disposto no inc. IV do art. 35 da LC 106/2003 se coadunar com a exigência de maior coerência no ordenamento jurídico, a sua inconstitucionalidade formal não está afastada, pois insuscetível de superação com base em avaliações pertinentes à preferência do julgador sobre a correção da opção feita pelo legislador dentro do espaço que lhe é dado para livre conformação. Assim, o art. 35, IV, da Lei Complementar Estadual nº 106/2003, é inconstitucional ante a existência de vício formal, pois extrapolada a competência suplementar delineada no art. 24, § 1º, da Constituição Federal de 1988. Já em relação ao inciso V, do art. 35, da Lei complementar estadual nº 106/2003, inexiste infração à competência para que o estado-membro legisle, de forma suplementar à União, pois o texto apenas reproduz norma sobre o trâmite [...] *(Ação Direta de Inconstitucionalidade nº 2.886-RJ, STF, Plenário, Rel. Min. Joaquim Barbosa, julgado em 3.4.2014, publicado no DJ em 5.8.2014).*

10.2. Exceções: Quando se tratar de crimes relativos ao tráfico de drogas, prevê a Lei nº 11.343/06 o prazo de 30 dias, se preso o investigado, e de 90 dias, quando solto (art. 51). Tais prazos poderão ser duplicados, a requerimento da autoridade policial (e do MP, acrescentamos nós) e desde que fundamentadamente (por ordem judicial, é claro!).

A Lei nº 1.521/51, que cuida dos crimes contra a economia popular, prevê o prazo de 10 dias, estando preso ou solto o investigado.

10.3. Indiciamento: O indiciamento nada mais é que o juízo positivo emanado da autoridade policial acerca da responsabilidade penal do investigado. Trata-se de valoração técnica emitida pelo Delegado de Polícia, e que, em regra, deveria vir ao final das investigações, quando já devidamente aportados aos autos todas as informações e elementos informativos relevantes sobre a autoria e a materialidade dos fatos. Segundo a Lei nº 12.830/13, e, mais especificamente, o seu art. 2º, § 6º, o ato de indiciamento deverá ser fundamentado, de modo a demonstrar a efetiva análise técnico-jurídica dos fatos e suas circunstâncias.

10.4. Relatório da autoridade policial: Embora previsto expressamente, cumpre observar que a citada regra atende mais às exigências de controle disciplinar da autoridade policial que propriamente aos fins da investigação criminal. Obviamente, um relatório cuidadoso e detalhado pode se revelar bastante útil, tanto para a formação do convencimento do Ministério Público (ou do querelante, na ação penal privada e na ação penal subsidiária da pública – art. 29, CPP) quanto para a elaboração da defesa, na medida em que a eventual complexidade dos fatos possa oferecer obstáculo de acesso à totalidade da atividade investigativa então realizada.

De todo modo, o que importa salientar é que o relatório conclusivo da autoridade policial não é peça indispensável, nem mesmo quando o inquérito policial for o único suporte a sustentar o juízo acusatório manifestado na ação penal.

10.5. Prorrogação do prazo: Tratando-se de réu (ou investigado) preso, o prazo para a conclusão do inquérito policial é *peremptório*, devendo ser cumprido à risca, sob pena de relaxamento da prisão. Excepcionalmente, e somente quando a situação concreta da complexidade do caso e das dificuldades de coleta de material probatório (ou indiciário) puder justificar a manutenção da prisão para além do prazo legal de conclusão das investigações, é que não se atribuirá efeitos peremptórios a tais prazos. Como ainda teremos oportunidade de examinar, por ocasião do estudo relativas às prisões, há doutrina e jurisprudência aceitando a contagem *global* dos prazos previstos ao longo do CPP (prazos para a investigação, para o oferecimento de denúncia, para a instrução criminal etc.), de tal maneira que o prazo superado em uma fase possa ser recuperado em outra.

Quando, de outro lado, se tratar de réu (investigado) solto, o prazo de investigação policial, na ordem jurídica atual, poderá ser prorrogado, tantas vezes quanto suficiente for para o cabal esclarecimento dos fatos. Pensamos, porém, que passa da hora uma modificação radical desse estado de coisas. Aceitar a eternização da investigação é ignorar os males – que não são poucos – que a só tramitação de um inquérito policial pode causar naquele apontado como autor da infração penal em investigação.

Aliás, é bem de ver que há norma prevista no texto constitucional (art. 5º, LXXVIII) e também em Tratado Internacional – o chamado Pacto de San José da Costa Rica – já em vigor na ordem jurídica nacional (Decreto nº 678/92), assegurando, primeiro, a duração razoável de todo processo judicial e administrativo, e, ainda, a garantia do acusado em ser ouvido pelo juiz em prazo razoável (art. 8º). Neste último caso, embora se cuide de norma atinente ao processo criminal e não à fase de investigação, a mensagem de seu conteúdo mais específico deveria merecer a atenção de nossos legisladores, ou, quando nada, e em casos excepcionalíssimos, dos membros do Poder Judiciário, nas hipóteses em que a demora excessiva e injustificada da finalização do procedimento investigatório estiver a reclamar providências necessárias à proteção mais efetiva dos envolvidos.

Aliás, é importante referir que a Lei nº 12.483, em vigor desde 9 de setembro de 2011, introduziu o art. 19-A à Lei nº 9.807/99 (*que, dentre outros, estabelece normas para a organização e a manutenção de programas especiais de proteção a vítimas e a testemunhas ameaçadas*), dispondo que (caput) "*terão prioridade na tramitação o inquérito e o processo criminal em que figure indiciado, acusado, vítima ou réu colaboradores, vítima ou testemunha protegidas pelos programas*" de que trata a lei.

Por ora, vige no país a regra segundo a qual somente se encerra a investigação criminal ainda em curso, isto é, ainda não concluída, quando presentes quaisquer das causas de extinção da punibilidade (art. 107, CP), sobretudo, no caso específico da morosidade investigativa, pela prescrição (art. 109, CP).

Art. 11. Os instrumentos do crime, bem como os objetos que interessarem à prova, acompanharão os autos do inquérito.

Providência salutar. Se (e sempre que) os objetos relacionados ao fato criminoso puderem, de alguma maneira, influenciar a formação do convencimento daqueles que detêm legitimidade para participar da investigação (autoridade policial e Ministério Público, como regra, e o ofendido e a defesa, em menor extensão) e da respectiva ação penal (Ministério Público, Defensores, Réus e Juiz), devem eles acompanhar os autos de um (inquérito) ou outra (ação penal).

Exatamente por isso, há procedimento específico prevendo a restituição da coisa apreendida (arts. 118, 119 e 120, CPP), condicionado, em geral, ao proveito que ainda possam oferecer ao processo penal.

No entanto, cumpre esclarecer que os objetos que devem acompanhar os autos do inquérito, e, assim, que podem e devem ser apreendidos, dizem respeito, ou aos instrumentos (isto é, nele utilizados) do crime, ou àqueles que tiverem aptidão para a comprovação de fatos e/ou circunstâncias relevantes (qualificadoras, causas de aumento e de diminuição, atenuantes, descriminantes – erro, de tipo e de proibição, causas de justificação – estado de necessidade, legítima defesa etc.). Não se deve apreender documentos só pelo fato de se encontrarem ao alcance da diligência policial, sobretudo quando da apreensão puder resultar prejuízo às regulares atividades desenvolvidas pelos investigados. O critério deve ser o mais objetivo possível, até porque nada impede, em tese, que, posteriormente, ordem judicial determine a apreensão de outros objetos não coletados por ocasião do flagrante.

E mais. Deve ser lembrado que determinadas inviolabilidades pessoais têm proteção constitucional, exigindo ordem judicial específica para o exame de seu conteúdo. É o caso da violação de correspondência, de comunicação telefônica, de dados, registros telefônicos, dados bancários e fiscais, e de domicílio (art. 5º, XI, XII, CF).

Com isso, ainda que em situação de flagrante delito, ou seja, por ocasião da prisão em flagrante, as correspondências e demais documentos cujo conteúdo diga respeito às inviolabilidades antes mencionadas poderão ser apreendidos, mas o exame de cada um deles poderá estar condicionado à autorização judicial. Relembre-se, ainda, dos amplos poderes investigatórios das Comissões Parlamentares de Inquérito, cujos limites estão encerrados na chamada cláusula da reserva da jurisdição, já aqui examinada (art. 4º, CPP).

Quando a apreensão de documentos e objetos decorrer do cumprimento de mandado judicial de busca e apreensão será imperativo, portanto, que a coleta do material (probatório) se limite aos fatos especificados na ordem judicial, e assim aos objetos e documentos a eles relacionados, sob pena de ilicitude na sua apreensão, com eventual risco de contaminação futura.

Art. 12. O inquérito policial acompanhará a denúncia ou queixa, sempre que servir de base a uma ou outra.

Repise-se: o inquérito policial não é indispensável à propositura da ação penal, desde que o órgão da acusação (Ministério Público ou o particular, nas ações privadas) disponha de outros elementos de convicção. O que não se pode aceitar é o oferecimento de denúncia ou de queixa que não se baseiem em algum elemento de prova, ou que, no futuro, possa ser objeto de instrução probatória. Exatamente por isso que a ação penal, pública ou privada, deve ostentar justa causa (art. 395, III, CPP), que seria, então, o suporte mínimo de prova, a evitar a instauração de ações penais arbitrárias, desacompanhadas de justificação racional. Cumpriria ela, a justa causa, uma missão de significativo relevo, permitindo que a defesa, desde logo, tenha conhecimento, senão completo, mas, pelo menos, parcial, da origem e das fontes que fundamentaram o juízo acusatório contra si.

De outro lado, a justa causa seria também uma exigência destinada ao controle da atuação dos membros do Ministério Público – nos casos de ação penal pública –, dado que, como todos os demais atos do Poder Público, também a ação penal deve revelar traços da impessoalidade, a ser aferida, assim, pela justificação da acusação em material previamente recolhido e analisado.

Art. 13. Incumbirá ainda à autoridade policial:

I – fornecer às autoridades judiciárias as informações necessárias à instrução e julgamento dos processos;

II – realizar as diligências requisitadas pelo juiz ou pelo Ministério Público;

III – cumprir os mandados de prisão expedidos pelas autoridades judiciárias;

IV – representar acerca da prisão preventiva.

Art. 13-A. Nos crimes previstos nos arts. 148, 149 e 149-A, no § 3º do art. 158 e no art. 159 do Decreto-Lei nº 2.848, de 7 de dezembro de 1940 (Código Penal), e no art. 239 da Lei nº 8.069, de 13 de julho de 1990 (Estatuto da Criança e do Adolescente), o membro do Ministério Público ou o delegado de polícia poderá requisitar, de quaisquer órgãos do poder público ou de empresas da iniciativa privada, dados e informações cadastrais da vítima ou de suspeitos. (Lei 13.344, de 2016)

Parágrafo único. A requisição, que será atendida no prazo de 24 (vinte e quatro) horas, conterá:

I – o nome da autoridade requisitante;

II – o número do inquérito policial; e

III – a identificação da unidade de polícia judiciária responsável pela investigação.

Art. 13-B. Se necessário à prevenção e à repressão dos crimes relacionados ao tráfico de pessoas, o membro do Ministério Público ou o delegado de polícia poderão requisitar, mediante autorização judicial, às empresas prestadoras de serviço de telecomunicações e/ou telemática que disponibilizem imediatamente os meios técnicos adequados – como sinais, informações e outros – que permitam a localização da vítima ou dos suspeitos do delito em curso.

§ 1º Para os efeitos deste artigo, sinal significa posicionamento da estação de cobertura, setorização e intensidade de radiofrequência.

§ 2º Na hipótese de que trata o caput, o sinal:

I – não permitirá acesso ao conteúdo da comunicação de qualquer natureza, que dependerá de autorização judicial, conforme disposto em lei;

II – deverá ser fornecido pela prestadora de telefonia móvel celular por período não superior a 30 (trinta) dias, renovável por uma única vez, por igual período;

III – para períodos superiores àquele de que trata o inciso II, será necessária a apresentação de ordem judicial.

§ 3º Na hipótese prevista neste artigo, o inquérito policial deverá ser instaurado no prazo máximo de 72 (setenta e duas) horas, contado do registro da respectiva ocorrência policial.

§ 4º Não havendo manifestação judicial no prazo de 12 (doze) horas, a autoridade competente requisitará às empresas prestadoras de serviço de telecomunicações e/ou telemática que disponibilizem imediatamente os meios técnicos adequados – como sinais, informações e outros – que permitam a localização da vítima ou dos suspeitos do delito em curso, com imediata comunicação ao juiz. (Lei 13.344, de 2016)

O dispositivo do art. 13, CPP, como logo se percebe, não é exaustivo, no que se refere ao conjunto de ações que podem ser realizadas pela autoridade policial. Com efeito, ali não consta sequer o cumprimento de mandados de busca e apreensão determinados pelo juiz, bem como a possibilidade de representação para a decretação de prisão temporária (art. 2º, Lei nº 7.960/89), funções absolutamente inerentes ao poder de investigação. Isso sem falar nas demais medidas relativas à quebra de inviolabilidades pessoais, a partir de autorização judicial (interceptação telefônica, de registros etc.).

Mas há no texto, inciso II, norma já incompatível com o sistema processual penal acusatório, não recepcionada pela Constituição da República.

Ora, não cabe à autoridade judiciária promover quaisquer diligências de conteúdo investigatório, no curso das atividades de investigação criminal. O exercício da jurisdição, como regra, tem início com o recebimento ou a apreciação da denúncia ou da queixa, se não for o caso de sua rejeição liminar, por inépcia, por ausência de condições da ação e/ou de pressupostos processuais, ou por ausência de justa causa (art. 395, CPP). Antes disso, a atuação do Poder Judiciário reside nas funções de garantia das liberdades públicas, isto é, na proteção das garantias e dos direitos individuais assegurados em Lei e na Constituição. Por isso, quando o juiz autoriza a quebra de sigilo telefônico ou de qualquer outra espécie de inviolabilidade, ele, na verdade, está tutelando, não a qualidade da investigação, mas o direito à intimidade e à privacidade, que somente podem ser flexibilizadas a juízo de ponderação do juiz, nos limites do respectivo texto normativo (Lei ou Constituição).

Por isso, não pode mais o juiz requisitar diligências investigativas à autoridade policial. E dizemos que ele não pode mais porque já houve tempo em que pôde. À época do Código de Processo Penal, na sua redação inicial, e cujo texto em parte ainda é vigente, mas inválido (por incompatibilidade ou não recepção pela Constituição), podia o juiz, inclusive, iniciar ação penal nas contravenções (ver art. 26, CPP). Sendo assim, não admira pudesse ele também participar das investigações, sob a perspectiva de um sistema de fundo inquisitório.

Na Suprema Corte, o reconhecimento da impossibilidade de tais poderes ao juiz veio afirmado no julgamento da ADIn 1.570-2, de 12 de fevereiro de 2004, com o que deve ser também reconhecida a invalidade do texto previsto no inciso II, no ponto em que permite requisições investigatórias por parte do juiz.

A Lei nº 12.683/12, que alterou a legislação de lavagem de dinheiro e ativos, trouxe também novidades na investigação criminal. Segundo dispõe o art. 17-B da citada Lei, a autoridade policial e o Ministério Público poderão ter acesso, *exclusivamente*, aos dados cadastrais do investigado, no que toca à respectiva qualificação pessoal, filiação e endereço, e que estejam em poder da Justiça Eleitoral, das empresas de telefonia, das instituições financeiras, dos provedores de internet e das administradoras de cartão de crédito. Isso tudo independentemente de autorização judicial.

Na mesma direção, a Lei nº 12.850/13, a cuidar dos procedimentos relativos às organizações criminosas, autoriza o Delegado de Polícia e o Ministério Público a terem acesso aos *dados cadastrais* que informem *exclusivamente* a qualificação pessoal, a filiação e o endereço mantidos pela Justiça Eleitoral, empresas telefônicas, instituições financeiras, provedores de internet e administradoras de cartão de crédito. Igual providência é prevista junto às empresas de transporte, no que toca aos registros de viagens (art. 15 e art. 16).

Posteriormente foram acrescidos os arts. 13-A e 13-B ao CPP pela Lei nº 13.344, de 6.10.2016 (em vigor 45 dias após sua publicação), regras similares às constantes da Lei nº 12.850/2013, sobre a requisição de *dados cadastrais* da vítima ou de suspeitos investigados.

Não vemos nenhuma inconstitucionalidade em tais regras.

Em primeiro lugar, trata-se apenas de procedimento de *identificação* do investigado, limitado ao esclarecimento de seus dados pessoais e endereço, o que não pode ser considerado como grave ou média afetação ao direito constitucional da intimidade. Observe-se que mesmo o direito ao silêncio não dispensa o dever de informação acerca da qualificação pessoal do investigado/processado. Ainda que se entenda que eventual *mendacidade* nas informações em tais situações não deveria implicar a responsabilidade penal de seu autor, o fato é que a *mentira* assim proferida jamais configuraria *direito subjetivo*. Poder-se-ia, quando muito, pensar-se em excludente de ilicitude, se e quando for o caso.

Em segundo lugar, a medida é também excepcional, restringindo-se à identificação nos casos de lavagem de dinheiro e de ativos, bem como àqueles praticados por organizações criminosas, infrações penais de grande relevância, portadoras de alto grau de censura legislativa. Não se tem aqui, portanto, a modificação do CPP, mas tão somente a instituição de norma específica e, por isso mesmo, de aplicabilidade restrita e limitada.

Já em relação à norma contida no art. 17 da Lei nº 12.850/13, pensamos não ser possível à autoridade policial o acesso aos registros telefônicos ali mencionados. Na verdade, não mais se trata de informações cadastrais, mas de investigação sobre as comunicações telefônicas, na medida em que se permitiria a identificação dos números dos terminais de origem e de destino das ligações nacionais e internacionais dos últimos cinco anos (art. 17). Aí, como se vê, viola-se o disposto no art. 5º, XII, da Constituição, dado que se trata, induvidosamente, de acesso aos registros telefônicos. E para isso, ressalvados os poderes das Comissões Parlamentares de Inquérito, dependerá o Delegado de Polícia de autorização judicial.

Uma grande novidade realmente foi trazida pelo art. 13-B.

No *caput* dispôs sobre a possibilidade de requisição, pelo Ministério Público ou pelo delegado de polícia, *mediante prévia autorização judicial*, às empresas prestadoras de serviço de telecomunicações e/ou telemática que disponibilizem imediatamente os meios técnicos adequados – como sinais, informações e outros – que permitam a localização da vítima ou dos suspeitos do delito em curso. A lei deixou bem claro que esse "sinal" tratado no *caput* (§ 2º do art. 13-B, CPP) a) não permitirá acesso ao conteúdo da comunicação de qualquer natureza, que dependerá de autorização judicial, conforme disposto em lei; b) deverá ser fornecido pela prestadora de telefonia móvel celular por período não superior a 30 (trinta) dias, renovável por uma única vez, por igual período; e c) para períodos superiores àquele de que trata o inciso II, será necessária a apresentação de ordem judicial.

Contudo, a mencionada novidade está no § 4º do art. 13-B, em que se previu a possibilidade - excepcional - de, ausente manifestação judicial no prazo de doze horas, a autoridade competente requisitar às empresas prestadoras de serviço de telecomunicações e/ou telemática que disponibilizem imediatamente os meios técnicos adequados – como sinais, informações e outros – que permitam a localização da vítima ou dos suspeitos do delito em curso, com imediata comunicação ao juiz.

A primeira questão que deve ser definida é se, à luz da Constituição da República, poderia haver a previsão em lei (infraconstitucional) de fornecimento desses *sinais e informações* para mera *localização das pessoas* sem prévia autorização judicial. A resposta é-nos afirmativa, pois, em nenhum momento, poderão ser fornecidas informações a respeito de conversas ou dados entre os investigados, fato que demanda necessariamente a *prévia e necessária autorização judicial*. Ou seja, não se afronta o dispositivo constitucional que trata do direito à intimidade.

Mesmo assim, o legislador foi precavido: estipulou que a regra deverá ser a autorização judicial (para além das hipóteses obrigatórias previstas na Constituição); se o pedido *comprovadamente* não for analisado pelo Poder Judiciário no prazo de 12 (horas) – é ínsita a urgência nesse tipo de investigação de tráfico de pessoas –, aí sim poderá a autoridade competente pela investigação (Ministério Público ou delegado de polícia) requisitar *diretamente* às autoridades administrativas as informações, submetendo esse *controle posterior* ao Poder Judiciário.

Jurisprudência

13. [...] Dados cadastrais. Autoridade policial. Requisição direta. Possibilidade. Art. 6º, III, e 13, I, do CPP. Art. 2º, § 2º, da lei nº 12.830/2013. [...] Marco Civil da Internet.

[...] 1. Nos termos da jurisprudência desta Corte Superior, "enquanto os 'dados' revelam aspectos da vida privada ou da intimidade do indivíduo e possuem proteção constitucional esculpida no art. 5º, incisos X e XII, da Constituição Federal, os 'dados cadastrais' se referem a informações de caráter objetivo que todos possuem, não permitindo a criação de qualquer juízo de valor sobre o indivíduo a partir de sua divulgação. São essencialmente um conjunto de informações objetivas fornecidas pelos consumidores/clientes/usuários sistematizadas em forma de registro de fácil acesso por meio de seu armazenamento em banco de dados de pessoas jurídicas de direito público ou privado, contendo informações como nome completo, CPF, RG, endereço, número de telefone etc." (REsp n. 1.561.191/SP, Relator Ministro HERMAN BENJAMIN, Segunda Turma, julgado em 19/4/2018, DJe de 26/11/2018).

- Mister distinguir o sigilo de dados da vida íntima e das comunicações, protegidos pelo art. 5º, incisos X e XII, da Constituição Federal, do simples acesso a dados cadastrais, que são livremente indicados pela própria pessoa, não se tratando, portanto, de sigilo constitucional. Assim, não se cuidando de informações que possuam reserva de jurisdição, não há óbice ao acesso direto pelos órgãos de investigação.

- O art. 6º, inciso III, e o art. 13, inciso I, ambos do Código de Processo Penal, por si sós, já embasam a solicitação de dados ora considerada ilegal pela defesa. Não se pode descurar também que o art. 2º, § 2º, da Lei n. 12.830/2013, dispõe que, "durante a investigação criminal, cabe ao delegado de polícia a requisição de perícia, informações, documentos e dados que interessem à apuração dos fatos".

2. Ainda que a Lei n. 12.965/2014 seja posterior à requisição dos dados cadastrais, ela apenas reflete a realidade jurídica de que "há diferenciação na proteção dada pela legislação ao conteúdo das comunicações mantidas entre indivíduos e às informações de conexão e de acesso a aplicações da internet. Ao tratar das informações de conexão e de acesso a aplicações de internet, encontram-se na Lei n. 12.965/2014 regras mais claras e menos rígidas, em que se estabelece, inclusive, a prescindibilidade de decisão judicial em hipóteses específicas" (AgRg no AREsp n. 1.789.994/GO, Relator Ministro JOEL ILAN PACIORNIK, Quinta Turma, julgado em 1º/6/2021, DJe de 7/6/2021).

3. Eventual indicação equivocada da Lei de Lavagem de Capitais como fundamento para requisitar os dados cadastrais não revela prejuízo à defesa, porquanto autorizada a requisição com fundamento em diversas outras leis e, em especial, no próprio Código de Processo Penal. De igual sorte, se trata de prova que poderia ser repetida a qualquer momento.[...] *(Agravo Regimental no Recurso Habeas Corpus nº 174.237-RS, STJ, 5ª Turma, Rel. Min. Reynaldo Soares da Fonseca, julgado em 27.4.2023, publicado no DJ em 3.5.2023)*

13. [...] Ademais, para a jurisprudência desta Corte Superior, *A tese de usurpação da competência da Polícia Civil pela Polícia Militar, no caso, não encontra respaldo jurídico, pois, diversamente das funções de polícia judiciária – exclusivas das polícias federal e civil –, as funções de polícia investigativa podem ser realizadas pela Polícia Militar (HC 476.482/SC, Rel. Ministra LAURITA VAZ, Sexta Turma, julgado em 21/2/2019, DJe de 11/3/2019) – (AgRg no RHC n. 109.770/SC, relator Ministro Reynaldo Soares da Fonseca, Quinta Turma, julgado em 14/5/2019, DJe de 23/5/2019) – (AgRg no HC n. 813.597/SP, Ministro Reynaldo Soares da Fonseca, Quinta Turma, DJe 3/5/2023). [...] (Recurso Especial nº 1.921.670-PR, STJ, 6ª Turma, Rel. Min. Sebastião Reis Júnior, julgado em 26.9.2023, publicado no DJ em 29.9.2023)*

13. [...] Nos termos da jurisprudência do Superior Tribunal de Justiça, a quebra de sigilo dos dados cadastrais dos usuários, relações de números de chamadas, horário, duração, dentre outros registros similares, que são informes externos à comunicação telemática, não se submetem a disciplina da Lei n.º 9.296/96, que trata da interceptação do que é transmitido pelo interlocutor ou do teor da comunicação telefônica. [...] V – Tem esta Corte compreendido que os dados cadastrais bancários (informações de seus correntistas como número da conta-corrente, nome completo, RG, CPF, número de telefone e endereço) não estão protegidos por sigilo bancário, que abrange tão somente as movimentações financeiras (aplicações, transferências, depósitos etc.). [...] *(Habeas Corpus n. 554.922-SP, STJ, 5ª Turma, Rel. Min. Leopoldo de Arruda Raposo, unânime, julgado em 10.3.2020, publicado no DJ em 24.3.2020).*

13. [...] 1. Conquanto não haja norma processual que permita expressamente a realização de novas diligências pela autoridade policial após a deflagração da ação penal, a conjugação dos artigos 6º, 9º, 10 e 13 do Código de Processo Penal revela a legalidade de tal procedimento.

[...] (*Recurso Ordinário em Habeas Corpus nº 36.109-SP, STJ, 5ª Turma, unânime, Rel. Min. Jorge Mussi, julgado em 12.2.2015, publicado no DJ em 25.2.2015*).

13. [...] Busca e apreensão de documentos relacionados ao pedido de quebra de sigilo realizadas pessoalmente pelo magistrado. Comprometimento do princípio da imparcialidade e consequente violação ao devido processo legal. Funções de investigador e inquisidor. Atribuições conferidas ao Ministério Público e às Polícias Federal e Civil (CF, artigo 129, I e VIII e § 2º; e 144, § 1º, I e IV, e § 4º). A realização de inquérito é função que a Constituição reserva à polícia. Precedentes. Ação julgada procedente, em parte (*ADI nº 1.570, STF, Plenário, Rel. Min. Maurício Correa, julgado em 12.2.2004, publicado no DJ em 22.10.2004*).

Art. 14. O ofendido, ou seu representante legal, e o indiciado poderão requerer qualquer diligência, que será realizada, ou não, a juízo da autoridade.

14.1. Introdução: Nos comentários ao art. 11, retro, dissemos que o ofendido e a defesa participariam em menor extensão da fase de investigação. Vejamos.

Como se sabe, é entendimento já consolidado aquele no sentido de inexistir o contraditório na fase de investigação criminal, com que se reconheceu a validade das disposições do CPP que deixam à autoridade policial, sob o controle externo do Ministério Público (art. 129, VII, CF), o juízo de conveniência e de oportunidade acerca da contribuição de ambos (ofendido e investigado-indiciado) nas investigações. No que se refere à ampla defesa, há sempre se observar o disposto na Súmula Vinculante nº 14, STF.

Pensamos que o problema relativo à possibilidade ou não de realização do contraditório nessa fase poderia ser superado por meio de uma interpretação mais adequada às finalidades do eventual sucesso da persecução criminal. Sucesso esse que, entretanto, não significa, necessariamente, um juízo acusatório, ao final das investigações. Também a decisão de arquivamento do inquérito policial, por quaisquer motivos, incluindo, no particular, a *atipicidade ou a extinção da punibilidade*, pode ser assim qualificada, dado que impediria a instauração de uma persecução inviável ou, o que seria mais trágico, infundada. Aos olhos do Estado, Poder Público organizado para a satisfação e realização dos direitos fundamentais, único fundamento legitimante de tal organização política, a condenação de um culpado ou a absolvição de um inocente devem ocupar o mesmo espaço de preocupação e de compromisso, no que respeita ao exercício do Poder Judiciário, isto é, ao poder de dizer o direito.

Assim, não vemos razão alguma para o indeferimento, de plano, sem qualquer reflexão desapaixonada, de medidas investigatórias apontadas, tanto pelo ofendido quanto pela defesa do investigado. O contraditório não pode ser entendido unicamente como um entrave ao bom andamento das investigações; ao contrário, conhecer-se, desde logo, um mais amplo arcabouço probatório, poderá facilitar sobremaneira o exercício da função estatal de persecução criminal.

Em tema de perícias, por exemplo, e, particularmente, naquelas infrações cujos vestígios a serem periciados não subsistem à ação de tempo, sendo, por isso, irrepetíveis, por que não permitir o acompanhamento dos exames por profissional indicado pela defesa (ou pelo ofendido), já na fase de investigação? Nesse ponto, a permissão de indicação de assistente técnico e de requerimento de esclarecimentos da prova pericial trazidos com a Lei nº 11.690/08, ainda que se reconheça seu propósito evolutivo, não satisfaz a possibilidade de participação da defesa, já que reservadas para a fase jurisdicional (art. 159, §§ 4º e 5º, CPP). Encerrada a investigação, nem a autoridade policial e nem o Ministério Público estão obrigados a fundamentar as razões que os levaram a concluir em um ou outro sentido, primeiro no relatório (policial), e depois, no oferecimento de denúncia (Ministério Público). Assim, eventuais laudos técnicos trazidos pela defesa em nada prejudicariam o andamento regular da persecuçao.

Em conclusão: embora, nos termos da Lei, caiba à autoridade policial deferir ou não a indicação de providências pela defesa e pelo ofendido, pensamos que o sistema de direitos fundamentais deduzido da Constituição da República autoriza entendimento em sentido contrário, desde que e sempre que a providência não causar tumulto ou embaraço às atividades de investigação.

Mas que fique claro: não há previsão legal do contraditório na fase de investigação, e sua inexistência não violaria a Constituição da República, segundo remansosa jurisprudência do Supremo Tribunal Federal.

Não se olvide, ainda, que mais atualmente a Corte IDH vem reconhecendo que às vítimas devem ser conferidas as maiores garantias possíveis de que as apurações criminais sejam as mais completas e eficazes possíveis, de modo que se possa responsabilizar os eventuais agentes que tenham cometidos os fatos em tese criminosos. Sobre o tema, remetemos às anotações na obra "*Obrigações Processuais Penais Positivas segundo as Cortes Europeia e Interamericana de Direitos Humanos*" (Pereira, Frederico Valdez; Fischer, Douglas. 3 ed. 2022). Como destaca Américo Bedê Júnior, "ampliar o processo penal para integrar a vítima é um direito fundamental. Nossa Constituição colocou como cláusula pétrea a ação privada subsidiária da pública, justamente para demonstrar esse caráter altaneiro da participação da vítima no processo" ("Contra o abolicionismo processual penal: a esperança de um processo penal justo", in Justiça Criminal na ótica dos juízes brasileiros, 2022, vol.1, RT, p. 24).

Jurisprudência

14.1. [...] O princípio do contraditório não se aplica ao inquérito policial, nos idênticos termos em que acolhido para o processo, resguardado, em qualquer caso, o acesso aos dados sigilosos ao advogado legalmente constituído, ao membro do Ministério Público e à autoridade judiciária competente. *(Ação Direta de Inconstitucionalidade n. 4.337 – SP, STF, Plenário, unânime, Rel. Min. Cármen Lúcia, julgado em Sessão Virtual de 6.9.2019 a 12.9.2019, publicado no DJ em 10.10.2019)*

14.1. [...] Embora seja o inquérito policial procedimento preparatório da ação penal (HCs 36.813, de 2005, e 44.305, de 2006), é ele garantia "contra apressados e errôneos juízos" (Exposição de motivos de 1941). Se bem que, tecnicamente, ainda que não haja processo – daí que não haveriam de vir a pelo princípios segundo os quais ninguém será privado de liberdade sem processo legal e a todos são assegurados o contraditório e a ampla defesa –, é lícito admitir possa haver, no curso do inquérito, momentos de violência ou de coação ilegal (HC-44.165, de 2007). A lei processual, aliás, permite o requerimento de diligências. Decerto fica a diligência a juízo da autoridade policial, mas isso, obviamente, não impede possa o indiciado bater a outras portas. Se, tecnicamente, inexiste processo, tal não haverá de constituir empeço a que se garantam direitos sensíveis – do ofendido, do indiciado, etc. Cabimento do habeas corpus (Constituição, art. 105, I, c). Ordem concedida a fim de se determinar à autoridade policial que atenda as diligências requeridas (*Habeas Corpus nº 69.405/SP, STJ, 6ª Turma, Rel. Min. Nilson Naves, julgado em 23.10.2007, publicado no* DJ *em 25.2.2008*).

14.2. Acesso aos autos do inquérito policial: Questão distinta da possibilidade ou não do contraditório no curso do inquérito policial diz respeito ao acesso, pelo advogado, aos autos da investigação, no curso dela. O tema, como se vê, se inseriria no alcance a ser dado ao princípio da ampla defesa.

Em princípio, a resposta haveria que ser positiva, já que, ainda que se admita a impossibilidade do contraditório, não se pode sustentar a sigilosidade absoluta das investigações, como se ainda vivêssemos na época medieval, sob o segredo e a inquisição das autoridades que se julgavam representantes terrenos da suprema luz divina. Pode ou não haver razão para o sigilo, tudo a depender do tipo de investigação que irá se realizar.

À evidência, o mandado de busca e apreensão domiciliar, as interceptações de telefones, as gravações ambientais e outras dessa natureza, caracterizam providência cuja urgência se mostra incompatível com a ciência dos atos à defesa. Mas, uma vez realizadas, não há por que fazer segredo delas, a menos que ainda se esteja no desenvolvimento das estratégias de investigação, a demandar outras e novas medidas, que poderiam ser antevistas, e assim frustradas, pela defesa, quando da ciência da prática de atos anteriores. Enfim, tudo dependerá do exame de cada caso concreto.

No entanto, a regra deve ser a do acesso aos autos, sempre que satisfeita a exigência de preservação dos interesses do procedimento de investigação. Nesse sentido: STF, HC 82.354/PR, 24.3.2003, Rel. Sepúlveda Pertence.

Jurisprudência

14.2. [...] 2. Não cabe à defesa controlar, *ex ante*, a investigação, de modo a restringir os poderes instrutórios do relator do feito para deferir, desde logo, as diligências requeridas pelo Ministério Público que entender pertinentes e relevantes para o esclarecimento dos fatos. 3. Assim, carece de fundamento a pretensão de que seja concedida à investigada a oportunidade de se manifestar previamente sobre relatório de análise de informações bancárias e requerimento de diligências com base nele formulado pelo Ministério Público Federal. 4. A Súmula Vinculante nº 14 do Supremo Tribunal Federal assegura ao defensor legalmente constituído do investigado o direito de pleno acesso ao inquérito, desde que se trate de provas já produzidas e formalmente incorporadas ao procedimento investigatório, excluídas, consequentemente, as informações e providências investigatórias ainda em curso de execução e, por isso mesmo, não documentadas no próprio inquérito (HC nº 93.767, Segunda Turma, Relator o Ministro Celso de Mello, *DJe* de 1º.4.14). [...] *(Agravo Regimental no Inquérito nº 3.387-CE, STF, 2ª Turma, Rel. Min. Dias Toffoli, julgado em 15.12.2015, publicado no* DJ *em 26.2.2016*).

14.2. [...] Como se sabe, não há contraditório na fase investigatória inquisitorial, notadamente porque não há acusação formulada, mas mera sucessão de atos com vista a levantar elementos de prova para futura e eventual ação penal. [...] (*Agravo Regimental na Petição nº 9.782-SP, STJ, Corte Especial, Rel. Min. Laurita Vaz, julgado em 21.5.2014, publicado no* DJ *em 28.5.2014*).

14.2. Supremo Tribunal Federal: Súmula Vinculante nº 14: *"É direito do defensor, no interesse do representado, ter acesso amplo aos elementos de prova que, já documentos em procedimento investigatório realizado por órgão com competência de polícia judiciária, digam respeito ao exercício do direito de defesa."* [...]

14.2. O cerceamento da atuação permitida à defesa do indiciado no inquérito policial poderá refletir-se em prejuízo de sua defesa no processo e, em tese, redundar em condenação a pena privativa de liberdade ou na mensuração desta: a circunstância é bastante para admitir-se o *habeas corpus* a fim de fazer respeitar as prerrogativas da defesa e, indiretamente, obviar prejuízo que, do cerceamento delas, possa advir indevidamente à liberdade de locomoção do paciente. Não importa que, neste caso, a impetração se dirija contra decisões que denegaram mandado de segurança requerido, com a mesma pretensão, não em favor do paciente, mas dos seus advogados constituídos: o mesmo constrangimento ao exercício da defesa pode substantivar violação à prerrogativa profissional do advogado – como tal, questionável mediante mandado de segurança – e ameaça, posto que mediata, à liberdade do indiciado – por isso legitimado a figurar como paciente no *habeas corpus* voltado a fazer cessar a restrição à atividade dos seus defensores. Inquérito policial: inoponibilidade ao advogado do indiciado do direito de vista dos autos do inquérito policial. Inaplicabilidade da garantia constitucional do contraditório e da ampla defesa ao inquérito policial, que não é processo, porque não destinado a decidir litígio algum, ainda que na esfera administrativa; existência, não obstante, de direitos fundamentais do indiciado no curso do inquérito, entre os quais o de fazer se assistir por advogado, o de não se incriminar e o de manter-se em silêncio. Do plexo de direitos dos quais é titular o indiciado – interessado primário no procedimento administrativo do inquérito policial –, é corolário e instrumento a prerrogativa do advogado de acesso aos autos respectivos, explicitamente outorgada pelo Estatuto da Advocacia (L. 8.906/94, art. 7º, XIV), da qual – ao contrário do que previu em hipóteses assemelhadas – não se excluíram os inquéritos que correm em sigilo: a irrestrita amplitude do preceito legal resolve em favor da prerrogativa do defensor o eventual conflito dela com os interesses do sigilo das investigações, de modo a fazer impertinente o apelo ao princípio da proporcionalidade. A oponibilidade ao defensor constituído esvaziaria uma garantia constitucional do indiciado (CF, art. 5º, LXIII), que lhe assegura, quando preso, e pelo menos lhe faculta, quando solto, a assistência técnica do advogado, que este não lhe poderá prestar se lhe é sonegado o acesso aos autos do inquérito sobre o objeto do qual haja o investigado de prestar declarações. O direito do indiciado, por seu advogado, tem por objeto as informações já introduzidas nos autos do inquérito, não as relativas à decretação e às vicissitudes da execução de diligências em curso (cf. L. 9296, atinente às interceptações telefônicas, de possível extensão a outras diligências); dispõe, em consequência a autoridade policial de meios legítimos para obviar inconvenientes que o conhecimento pelo indiciado e seu defensor dos autos do inquérito policial possa acarretar à eficácia do procedimento investigatório. *Habeas corpus* deferido para que aos advogados constituídos pelo paciente se faculte a consulta aos autos do inquérito policial, antes da data designada para a sua inquirição (Habeas Corpus *nº 82.354, STF, 1ª Turma, Rel. Min. Sepúlveda Pertence, julgado em 10.8.2004, publicado no* DJ *em 24.9.2004).*

....

Art. 14-A. Nos casos em que servidores vinculados às instituições dispostas no art. 144 da Constituição Federal figurarem como investigados em inquéritos policiais, inquéritos policiais militares e demais procedimentos extrajudiciais, cujo objeto for a investigação de fatos relacionados ao uso da força letal praticados no exercício profissional, de forma consumada ou tentada, incluindo as situações dispostas no art. 23 do Decreto-Lei nº 2.848, de 7 de dezembro de 1940 (Código Penal), o indiciado poderá constituir defensor. (Incluído pela Lei nº 13.964, de 2019)

§ 1º Para os casos previstos no *caput* deste artigo, o investigado deverá ser citado da instauração do procedimento investigatório, podendo constituir defensor no prazo de até 48 (quarenta e oito) horas a contar do recebimento da citação. (Incluído pela Lei nº 13.964, de 2019)

§ 2º Esgotado o prazo disposto no § 1º deste artigo com ausência de nomeação de defensor pelo investigado, a autoridade responsável pela investigação deverá intimar a instituição a que estava vinculado o investigado à época da ocorrência dos fatos, para que essa, no prazo de 48 (quarenta e oito) horas, indique defensor para a representação do investigado. (Incluído pela Lei nº 13.964, de 2019)

§ 3º Havendo necessidade de indicação de defensor nos termos do § 2º deste artigo, a defesa caberá preferencialmente à Defensoria Pública, e, nos locais em que ela não estiver instalada, a União ou a Unidade da Federação correspondente à respectiva competência territorial do procedimento instaurado deverá disponibilizar profissional para acompanhamento e realização de todos os atos relacionados à defesa administrativa do investigado. (Incluído pela Lei nº 13.964, de 2019)

§ 4º A indicação do profissional a que se refere o § 3º deste artigo deverá ser precedida de manifestação de que não existe defensor público lotado na área territorial onde tramita o inquérito e com atribuição para nele atuar, hipótese em que poderá ser indicado profissional que não integre os quadros próprios da Administração. (Incluído pela Lei nº 13.964, de 2019)

§ 5º Na hipótese de não atuação da Defensoria Pública, os custos com o patrocínio dos interesses dos investigados nos procedimentos de que trata este artigo correrão por conta do orçamento próprio da instituição a que este esteja vinculado à época da ocorrência dos fatos investigados. § 6º As disposições constantes deste artigo se aplicam aos servidores militares vinculados às instituições dispostas no art. 142 da Constituição Federal, desde que os fatos investigados digam respeito a missões para a Garantia da Lei e da Ordem. (Incluído pela Lei nº 13.964, de 2019)

Se lido apressadamente, o art. 14-A consagraria verdadeira violação ao princípio da *igualdade*, ao dispor sobre possível *contraditório* na fase de investigação, e que estaria limitado, porém, aos servidores da segurança pública mencionados no art. 144 da Constituição da República (policiais civis, militares e penais, federais e estaduais, bem como o corpo de bombeiros), extensivo aos integrantes das Forças Armadas, desde que sejam eles investigados por fatos relacionados ao uso de força letal (homicídio tentado ou consumado), conforme previsto no art. 23, CP. Em relação aos membros das Forças Armadas a inovação é vazia de conteúdo, referindo-se a Lei apenas aos *em missões para garantia da lei e da ordem* (art. 14-A, § 6º).

A bem da verdade, a lei não é clara em relação ao exercício do contraditório, mas, ao contrário de todos os outros investigados – o que bastaria para demonstrar a desigualdade de tratamento – determina a *citação* do investigado e a garantia de designação de defensor a ele.

Como quer que seja, à ausência de regra expressa, e à consideração de que inexiste ainda o contraditório na fase de investigação, melhor seguir a interpretação mais conservadora: não houve modificação nem há inconstitucionalidade. A designação de defensor a servidor público pode interessar também, é claro, à Administração Pública, daí por que aceitável o necessário acompanhamento de defensor.

Aliás, a lei deveria também determinar a mesma providência para os investigados pobres, carentes até de defensoria pública, quando não houver medidas constritivas pessoais.

Art. 15. Se o indiciado for menor, ser-lhe-á nomeado curador pela autoridade policial.

O indiciado menor aqui mencionado seria aquele com idade superior a 18 anos e inferior a 21 anos, já que o menor de 18 não comete crime (e nem contravenções), dada a sua inimputabilidade penal (art. 27, Código Penal).

Ocorre, no entanto, que tanto a nova legislação civil (Código Civil, art. 5º) quanto as alterações posteriores promovidas no Código de Processo Penal (Lei nº 10.792/03), e com a revogação do art. 194 do CPP, fizeram evaporar a necessidade de curatela (e de tutela) para o maior de 18 anos.

Assim, o mencionado dispositivo não tem mais qualquer eficácia, por incompatibilidade com as legislações que o sucederam, sobretudo a partir da revogação do art. 194, CPP, que previa a nomeação de curador ao menor (de 21 e maior de 18), cuidando-se, aqui, de norma implicitamente revogada.

Do mesmo modo, inaplicável também, por perda superveniente de eficácia, a Súmula 352, do Supremo Tribunal Federal, cujos termos são os seguintes: *Não é nulo o processo penal por falta de nomeação de curador ao réu menor que teve a assistência de defensor dativo.*

Jurisprudência

15. [...] "A Lei nº 10.792/2003, vigente à época dos fatos, em seu art. 2º, revogou o disposto no art. 194 do Código de Processo Penal, tornando desnecessária a nomeação de curador ao réu menor de 21 e maior de 18 anos de idade quando da realização do interrogatório judicial. Por consequência, não poderá persistir na fase inquisitorial, inexistindo, portanto, na hipótese, a alegada nulidade" (RHC 19.603/MA, Rel. Min. Laurita Vaz, Quinta Turma, DJ 11.9.2006). Ordem denegada (*Habeas Corpus nº 74.169-SP, STJ, 5ª Turma, Rel. Min. Arnaldo Esteves Lima, julgado em 25.10.2007, publicado no DJ em 17.12.2007*).

15. [...] A ausência de curador no interrogatório judicial configurava, no entendimento desta Corte, nulidade relativa, que só poderia ser reconhecida com a demonstração de efetivo prejuízo para a defesa (Precedentes). No entanto, o novo Código Civil estabeleceu que a maioridade é adquirida aos 18 (dezoito) anos. Assim, tendo em vista a inafastável repercussão desta alteração legislativa no processo penal, não há mais que se exigir a presença de curador no interrogatório de acusado menor de 21 (vinte e um) anos. Recurso especial provido (*Recurso Especial nº 799.493-SP, STJ, 5ª Turma, Rel. Min. Felix Fischer, julgado em 14.6.2007, publicado no DJ em 10.9.2007*).

Art. 16. O Ministério Público não poderá requerer a devolução do inquérito à autoridade policial, senão para novas diligências, imprescindíveis ao oferecimento da denúncia.

16.1. Considerações iniciais: Encerrado o inquérito policial, o Ministério Público, em tese, estaria apto a emitir juízo acerca do material recolhido, no sentido do oferecimento da denúncia ou do requerimento de arquivamento.

No entanto, pode ocorrer que entenda ele, o *presentante* (de ver-se que não se cuida de *representação*, uma vez que o membro do MP integra o órgão; assim, ele o *presenta*) do Ministério Público, pela necessidade de maiores esclarecimentos acerca dos fatos. Nessa situação, deverá requisitar novas diligências, no âmbito do controle externo da atividade policial, nos termos do disposto no art. 129, VII, da Constituição da República. Tratando-se, como se trata, de *requisição*, não se reserva à autoridade policial juízo de valoração sobre a pertinência ou correção da diligência pretendida, cumprindo-lhe realizá-la, aliás, nos termos do quanto previsto no art. 13, II, do CPP.

Evidentemente, as novas diligências somente devem ser requisitadas quando ainda não convencido o órgão do Ministério Público. Quando convencido, deve ele manifestar-se desde logo sobre a matéria, deixando para a fase de instrução criminal a produção de prova ainda não vislumbrada, se acusatório for o juízo, isto é, se entender que o caso é de oferecimento de denúncia.

Jurisprudência

16.1. [...] A Constituição Federal preceituou acerca do poder requisitório do Ministério Público para que pudesse exercer, da melhor forma possível, as suas atribuições de *dominus litis* e a defesa da ordem jurídica, do regime democrático e dos interesses sociais e individuais indisponíveis. Ressalte-se que o referido poder conferido ao *Parquet*, não impede o requerimento de diligências ao Poder Judiciário, desde que demonstre a incapacidade de sua realização por meios próprios. Precedente. Na hipótese vertente, o Ministério Público requereu ao Juízo, na fase do Inquérito Policial, a oitiva de três vítimas e a juntada de laudo pericial pela autoridade policial, sem sequer ter havido de sua parte qualquer ato para a sua realização ou ainda demonstrado existir empecilho ou dificuldade para tanto. Não se vislumbra, assim, a obrigatoriedade do deferimento de tais diligências pelo Magistrado, uma vez que poderiam ter sido requisitadas pelo próprio órgão ministerial, nos termos da atribuição que lhe é prevista pela própria legislação. Recurso especial desprovido (*Recurso Especial nº 664.984-RS, STJ, 5ª Turma, Rel. Min. Laurita Vaz, julgado em 21.10.2004, publicado no DJ em 29.11.2004*).

16.1. [...] Compete ao Ministério Público, no exercício de suas funções, em defesa do interesse público, requisitar diligências investigatórias e, ainda, a instauração de inquérito policial, indicados os fundamentos jurídicos de suas manifestações processuais (art. 129, inciso VIII, da Constituição Federal). [...] Ordem denegada (*Habeas Corpus nº 24.577/PE, STJ, 6ª Turma, julgado em 19.11.2003, publicado no DJ em 1.3.2004*).

16.2. Indeferimento de diligências pelo juiz: Poderia o juiz indeferir a diligência requisitada pelo Ministério Público?

Certamente que a resposta é negativa, a tanto bastando rápida olhadela sobre o sistema processual penal acusatório, segundo o qual ao juiz se reserva apenas o exercício de atos de jurisdição e não de investigação. Como já visto, mesmo nas hipóteses em que somente a autoridade judicial pode determinar a quebra de inviolabilidades pessoais (interceptações telefônicas, de dados, gravações ambientais – quando cabíveis etc.), na fase de investigação, ainda assim não se cuidará da prática de atos de investigação, mas da tutela das garantias constitucionais individuais, de natureza eminentemente jurisdicionais.

Por isso, e como o exame da pertinência das novas diligências requisitadas implicaria inevitavelmente um juízo acerca da idoneidade e da qualidade probatórias do material em coleta, não se pode admitir possa o juiz se imiscuir na relação entre a autoridade policial e o Ministério Público, no que se refere ao proveito dos procedimentos de investigação. À evidência, no caso de réu ainda preso, a requisição de novas diligências não será suficiente, por si só, para autorizar a manutenção da prisão para além do prazo legal de conclusão do inquérito policial. Sobre o tema, remetemos o leitor aos nossos comentários ao art. 10, CPP.

Art. 17. A autoridade policial não poderá mandar arquivar autos de inquérito.

Dispositivo cujo objetivo é apenas o esclarecimento do óbvio.

Ora, se o titular da ação penal pública é o Ministério Público (art. 129, I, CF), e o da ação penal privada é o particular (art. 129, I, CF, e art. 30 e art. 31, CPP) não se poderia imaginar a razão pela qual se reservaria à autoridade policial juízo acerca do não exercício da respectiva ação, o que, em última análise, ocorrerá a partir da decisão de arquivamento do inquérito policial e/ ou das peças de informação, ressalvada, é claro, a possibilidade do surgimento de novas provas, nos termos do art. 18, do CPP (ver, também, Súmula 524 do Supremo Tribunal Federal).

De todo modo, está cumprida a missão: não há mesmo espaço para qualquer dúvida quanto ao conteúdo do dispositivo.

Jurisprudência

17. [...] I – O arquivamento de inquérito policial não faz coisa julgada nem causa a preclusão. II – Contrariamente ao que ocorre quando o arquivamento se dá por atipicidade do fato, a superveniência de novas provas relativamente a alguma excludente de ilicitude admite o desencadeamento de novas investigações. [...] *(HC n. 87.395-PR, STF, Plenário, maioria, Rel. Min. Ricardo Lewandowski, julgado em 23.7.2014, publicado no DJ em 13.3.2018).*

Art. 18. Depois de ordenado o arquivamento do inquérito pela autoridade judiciária, por falta de base para a denúncia, a autoridade policial poderá proceder a novas pesquisas, se de outras provas tiver notícia.

18.1. Considerações iniciais: Em resumo de jurisprudência, veja-se o quanto contido na Súmula 524, do Supremo Tribunal Federal: *arquivado o inquérito policial, por despacho do juiz, a requerimento do promotor de justiça, não pode a ação penal ser iniciada sem novas provas.*

E por novas provas há que se entender aquelas até então desconhecidas e por isso ainda não examinadas pelo legitimado à respectiva ação penal (Ministério Público, na ação pública, e o ofendido, representante legal e sucessores – art. 31, CPP, na ação privada).

Importante referir, ainda, que o pedido de arquivamento formulado pelo titular da ação penal impede que eventual terceiro interessado impugne essa decisão.

Jurisprudência

18.1. [...] "A vítima de crime de ação penal pública incondicionada não tem direito líquido e certo de impedir o arquivamento do inquérito ou peças de informação." (MS n. 21.081/DF, relator Ministro Raul Araújo, Corte Especial, julgado em 17/6/2015, DJe 4/8/2015.) [...]Nos termos da jurisprudência da Corte, "permitir reexame judicial – seja por via recursal ou por ação autônoma de impugnação – quanto ao mérito do pedido de arquivamento do inquérito policial importa em violação, por via transversa, da prerrogativa do Ministério Público que, na condição de titular da ação penal, é quem deve se manifestar acerca da existência ou não de elementos capazes de sustentar a persecução penal" (RMS n. 56.432/SP, relator Ministro Jorge Mussi, Quinta Turma, julgado em 2/8/2018, Dje 22/8/2018). [...] (*Agravo Regimental no Recurso Ordinário em Mandado de Segurança nº 69.770 – DF, Rel. Min. convocado Jesuíno Rissato, 6ª Turma, julgado em 23.10.2023, publicado no DJ em 26.10.2023*)

18.1. [...] I – O arquivamento de inquérito policial não faz coisa julgada nem causa a preclusão. II – Contrariamente ao que ocorre quando o arquivamento se dá por atipicidade do fato, a superveniência de novas provas relativamente a alguma excludente de ilicitude admite o desencadeamento de novas investigações. [...] *(HC n. 87.395-PR, STF, Plenário, Rel. Min. Ricardo Lewandowski, julgado em 23.7.2014, publicado no DJ em 13.3.2018)*

18.1. [...] 1. A jurisprudência do Supremo Tribunal Federal é consolidada no sentido de que é irrecorrível a decisão judicial que, acolhendo parecer do Ministério Público no sentido de que não há elementos mínimos de prova de ocorrência dos crimes noticiados, determina arquivamento de notícia-crime. 2. Não se ignora, ademais, a flagrante ilegitimidade ativa *ad causam* do ora agravante, não havendo para ele interesse subjetivo a ser tutelado. Precedente do Plenário (Pet 4173 AgR, Relator(a): Menezes Direito, Tribunal Pleno, DJe de 29/8/2008). *(Agravo Regimental na Petição nº 8.755/DF, STF, 1ª Turma, por maioria, Rel. Min. Marco Aurélio, Redator do acórdão Min. Alexandre de Moraes, julgado em sessão virtual de 30.10.2020 a 10.11.2020).*

18.1. [...] 1. Nos crimes de ação penal pública incondicionada, quando o próprio Ministério Público promover o arquivamento do procedimento investigatório, como na hipótese dos autos, é irrecorrível a decisão do Juiz que acolhe a manifestação ministerial. 2. A ação privada subsidiária da pública só é possível quando o Órgão Ministerial se mostrar desidioso e não se manifestar no prazo previsto em lei. [...] *(Embargos de Declaração no Agravo Regimental em Recurso Especial nº 1.049.105/DF, STJ, 6ª Turma, unânime, Rel. Min. Rogério Schietti Cruz, julgado em 19.2.2019, publicado no DJ em 11.3.2019).*

18.1. [...] 2. Esta Corte entende ser incabível a impetração de mandado de segurança por parte da vítima contra decisão que determina o arquivamento de inquérito policial, seja por considerá-la desprovida de conteúdo jurisdicional, seja devido ao fato de que o titular da ação penal pública incondicionada é o Ministério Público, não sendo cabível o eventual oferecimento de ação penal privada subsidiária sem a prova de sua inércia. Precedentes. 4. Permitir reexame judicial quanto ao mérito do pedido de arquivamento do inquérito policial, por via recursal ou autônoma, importa em violação, por meio transverso, da prerrogativa do Ministério Público, o qual, na condição de titular da ação penal, é quem deve se manifestar acerca da existência ou não de elementos capazes de sustentar a persecução penal. [...] *(Agravo Regimental no Recurso em Mandado de Segurança no 51.404 – SP, STJ, 5ª Turma, unânime, Rel. Min. Jorge Mussi, julgado em 14.5.2019, publicado no DJ em 20.5.2019).*

18.1. [...] A irrecorribilidade da decisão que determina o arquivamento do inquérito policial foi apenas um dos fundamentos utilizados para demonstrar que, de acordo com a legislação processual penal vigente e o entendimento jurisprudencial a respeito da matéria, a vítima não dispõe de meios de impugnação da manifestação do Ministério Público pelo arquivamento de inquérito policial quando o pedido é acolhido pelo Juízo natural da causa. [...] *(Agravo Regimental na Reclamação nº 32.510-DF, STJ, 3ª Seção, unânime, Rel. Min. Rogerio Schietti Cruz, julgado em 28.9.2016, publicado pelo DJ em 5.10.2016).*

18.2. Arquivamento e coisa julgada: Se a decisão de arquivamento é por ausência de prova, a eficácia preclusiva da decisão, ou seja, a sua indiscutibilidade, limitar-se-á àquele conjunto de elementos probantes trazidos aos autos e analisados pelo *parquet* ou pelo particular (na ação privada). E embora o dispositivo se refira ao despacho judicial de arquivamento, é bem de ver que os efeitos desse despacho equivalerão àqueles (típicos de verdadeiras decisões) aptos à produção de coisa julgada formal, já que, enquanto não surgirem novas provas, não se poderá modificar o entendimento manifestado sobre o conjunto de material probatório recolhido e analisado.

De outro lado, se o arquivamento tiver por base a atipicidade do fato ou a extinção da punibilidade, não mais se discutirá a questão, não só em relação àquele material de prova já colhido, mas também em qualquer outro espaço ou processo, equivalendo, portanto, a uma verdadeira decisão, com eficácia preclusiva típica de coisa julgada material.

Jurisprudência

18.2. [...] 1. A decisão judicial que, acolhendo as razões invocadas pelo Ministério Público, arquiva o inquérito policial, não faz coisa julgada. Logo, a autoridade policial poderá "proceder a novas pesquisas, se de outras provas tiver notícia" (art. 18 do CPP); e o Ministério Público, promover a ação penal, desde que recolhidas provas substancialmente novas que deem lastro à imputação. 2. Ademais, no caso, o que ensejou o trancamento do inquérito policial não foi a ausência de provas, mas sim o excesso de prazo para sua conclusão. Posteriormente, o Ministério Público estadual, a partir do recebimento de nova representação e de documentos por parte da defesa da empresa vítima, com base no Procedimento Investigatório Criminal MPPR n. 0008.19.002176-9, ofereceu a denúncia contra os pacientes. [...] *(Agravo Regimental no Habeas Corpus nº 662.164-PR, STJ, 6ª Turma, Rel. Min. Antonio Saldanha Palheiro, julgado em 9.9.2024, publicado no DJ em 12.9.2024)*

18.2. [...] 3. O próprio Órgão acusatório reviu seu posicionamento anterior e se manifestou, fundamentadamente, pela rejeição da denúncia previamente ofertada, em razão de ausência de corroboração, por elementos externos às colaborações premiadas, do nexo entre a apreensão dos valores e a suposta mercancia da função pública pelo denunciado. 4. Desistência da acusação a qual deve ser analisada à luz do princípio acusatório, notadamente em razão do momento incipiente da persecução penal, uma vez que não estabilizada a decisão de recebimento da denúncia e ausente determinação formal de citação. Analogia com a irrecusabilidade da promoção de arquivamento de inquérito. Controle judicial que há de se limitar à verificação de teratologia, capricho, ausência de fundamentação ou interesse pessoal. Posição fundamentada do Órgão acusatório, titular da ação penal, que deve ser acolhida. *[...] (Embargos de Declaração no Inquérito nº 3.515, STF, 1ª Turma, Rel. Min. André Mendonça, julgamento final em 6.6.2023, publicado no DJ em 2.8.2023)*

18.2. [...] Promoção de arquivamento de investigação pelo Procurador-Geral da República. [...] Quando o Ministério Público Federal, por intermédio do Procurador-Geral da República ou por quem o represente, por delegação, nos casos de competência originária desta Corte Especial, promove o arquivamento de investigação policial, por não encontrar elementos suficientes à continuidade das apurações ou para a apresentação de denúncia, não há alternativa além do acolhimento de tal pleito, diante da inaplicabilidade da remessa prevista no art. 28 do Código de Processo Penal. [...] *(Inquérito nº 1.282-DF, STJ, Corte Especial, Rel. Min. Herman Benjamin, julgado em 17.8.2022, publicado no DJ em 12.9.2022)*

18.2. [...] 1. Excetuados os casos de extinção de punibilidade ou de atipicidade de conduta, não compete ao Judiciário sindicalizar o mérito do pedido de arquivamento formulado pelo Procurador-Geral da República nas causas de competência originária nos Tribunais Superiores (*a fortiori*, pelo Subprocurador-Geral que atue por delegação dele), porquanto inaplicável a regra de superposição do art. 28 do CPP em tais ocorrências. Precedentes. 2. Inexistência, no caso, de circunstância excepcional a justificar a sindicabilidade da *opinio delicti* do titular da ação penal. 3. Arquivamento acolhido, com as ressalvas do artigo 18 do CPP *(Inq. nº 1.198-DF, STJ, Corte Especial, unânime, Rel. Min. Maria Thereza de Assis Moura, julgado em 24.10.2018, publicado no* DJ *em 12.11.2018).*

18.2. [...] O pedido de arquivamento formulado pelo Procurador-Geral da República, via de regra, deve ser acolhido, ressalvadas as hipóteses de reconhecimento de atipicidade da conduta e prescrição. [...] A promoção de arquivamento do Procurador-Geral da República encerra a formulação de juízo negativo sobre a viabilidade da persecução penal por quem detém a titularidade da ação penal e, via de regra, deve ser acolhida sem outras digressões, ressalvadas as hipóteses de prescrição e atipicidade, que ensejam a formação de coisa julgada material. [...] *(AO n. 2.033-DF, STF, Rel. Min. Luís Roberto Barroso, julgado em 6.4.2017, publicado no DJ em 10.4.2017).*

18.2. [...] A reabertura das investigações penais é incabível quando ocorre o arquivamento regular do procedimento investigatório na hipótese de atipicidade da conduta, nos termos da jurisprudência firmada por esta Corte. Precedente: HC 100.161 /RJ, Rel. Min. Dias Toffoli, Primeira Turma, DJ 16/9/2011. [...] (*Ag. Reg. no Recurso Extraordinário com Agravo nº 776.034-DF, STF, 1ª Turma, unânime, Rel. Min. Luiz Fux, julgado em 12.5.2015, publicado no* DJ *em 28.5.2015*).

18.2. [...] Penal. Inquérito. Parlamentar. Deputado federal. Pedido de arquivamento fundado na atipicidade do fato. Necessidade de decisão jurisdicional a respeito: precedentes. Inquérito no qual se apura a eventual prática da infração prevista no inciso II do § 5º do art. 39 da Lei nº 9.504/97. Atipicidade do fato. Arquivamento determinado. Firmou-se a jurisprudência deste Supremo Tribunal no sentido de que, quando fundado – como na espécie vertente – na atipicidade do fato, o pedido de arquivamento do inquérito exige "*decisão jurisdicional a respeito, dada a eficácia de coisa julgada material que, nessa hipótese, cobre a decisão de arquivamento*" (*v. g.*, Inquéritos nos 2.004-QO, *DJ* de 28.10.2004, e 1.538-QO, *DJ* de 14.9.2001, Rel. Min. Sepúlveda Pertence; 2.591, Rel. Min. Menezes Direito, *DJ* de 13.6.2008; 2.341-QO, Rel. Min. Gilmar Mendes, *DJ* de 17.8.2007). [...] Arquivamento do inquérito, por atipicidade da conduta, ordenado (*In-*

quérito nº 3.061-MG, STF, Plenário, unânime, Rel. Min. Dias Toffoli, julgado em 24.2.2011, publicado no DJ em 25.5.2011).

18.3. Extinção da punibilidade: Antes da Lei nº 11.719/08, e, em qualquer hipótese de extinção da punibilidade, sejam aquelas previstas no Código Penal (arts. 107, 168-A, 337-A), sejam outras previstas nas demais legislações, não se dava o arquivamento do inquérito policial, ao menos do ponto de vista técnico-jurídico. E isso porque não se entendia que a perda da pretensão punitiva deveria ser objeto de reconhecimento judicial expresso, como se tratasse de verdadeira sentença.

No entanto, na nova ordem processual penal, como a extinção da punibilidade passou a ser fundamento para decisão de absolvição sumária (art. 397, IV, CPP), submetida, portanto, ao regime recursal da apelação (art. 416, CPP), prevista para fase posterior ao recebimento da denúncia, à citação do réu e à apresentação de sua defesa escrita (art. 396, CPP), pensamos que semelhante tramitação haverá que ser evitada, quando convencido o membro do Ministério Público acerca da presença de quaisquer das causas extintivas da punibilidade. Assim, deverá o *parquet* requerer, agora, o arquivamento do inquérito policial, cuja decisão, quando acolhida, terá a mesma eficácia de coisa julgada material, do mesmo modo que ocorre em relação ao arquivamento por atipicidade. Note-se que não poderia o juiz absolver sumariamente o investigado, já que somente se absolve aquele sobre o qual pesa alguma imputação. Requerido o arquivamento, a decisão será nesse sentido e não de absolvição.

De outro lado, se já em curso a ação penal, poderá e deverá o juiz, ao reconhecer a extinção da punibilidade, afirmá-la pela via da absolvição sumária (art. 397, IV, CPP), em qualquer fase, desde que haja já a acusação. E pensamos que sequer seria necessária a citação do réu para a apresentação da resposta escrita (art. 396, CPP), por força da vigência e validade, ainda, do quanto disposto no art. 61 do CPP, que permite o reconhecimento da extinção da punibilidade *a qualquer tempo*. Mais: exigir-se a citação e apresentação de defesa escrita teria o efeito único de onerar economicamente o acusado, salvo quando se dispuser de Defensoria Pública. E, nessa hipótese, se houver recurso do Ministério Público, contra a absolvição sumária, deverá o juiz intimá-lo para o oferecimento de contrarrazões (Súmula 707, STF).

Por fim, não confundir o despacho (ou decisão, ao menos quantos aos efeitos) de arquivamento, regularmente previsto no CPP, com a guarda dos autos em arquivo, que, na linguagem forense, também recebe o nome de arquivamento.

Jurisprudência

18.3. [...] Inquérito policial: arquivamento com base na atipicidade do fato: eficácia de coisa julgada material. A decisão que determina o arquivamento do inquérito policial, quando fundado o pedido do Ministério Público em que o fato nele apurado não constitui crime, mais que preclusão, produz coisa julgada material, que – ainda quando emanada a decisão de juiz absolutamente incompetente –, impede a instauração de processo que tenha por objeto o mesmo episódio. Precedentes: HC 80.560, 1ª T., 20.02.01, Pertence, *RTJ* 179/755; Inq. 1538, Pl., 08.08.01, Pertence, *RTJ* 178/1090; Inq-QO 2044, Pl., 29.09.04, Pertence, *DJ* 28.10.04; HC 75.907, 1ª T., 11.11.1997, Pertence, *DJ* 9.4.1999; HC 80.263, Pl., 20.2.2003, Galvão, *RTJ* 186/1040 (*Habeas Corpus nº 83.346, STF, 1ª Turma, Rel. Min. Sepúlveda Pertence, julgado em 17.5.2005, publicado no DJ em 19.8.2005).*

18.4. Arquivamento e incompetência do juiz: Questão das mais intrincadas poderá surgir quando o arquivamento do inquérito decorrer de decisão (ou despacho) de juiz incompetente. Tratando-se de juiz relativamente incompetente, nenhuma novidade: prevalecem os efeitos preclusivos, até que surjam novas provas, salvo se o arquivamento tiver por base a atipicidade, caso em que a coisa julgada será material, por se tratar de decisão relativa ao mérito do caso penal.

E se a decisão partir de juiz materialmente incompetente, isto é, com violação ao princípio do juiz natural (competência em razão da matéria e competência por prerrogativa de função)? Imagine-se, por exemplo, a hipótese de crime imputado àquele que tem foro privativo no Supremo Tribunal Federal. O inquérito, uma vez concluído, desavisadamente segue ao Ministério Público oficiante perante o Juiz de primeira instância, no qual recebe requerimento (pelo MP) e decide pelo arquivamento. Estariam, então, condicionadas a jurisdição do Supremo Tribunal Federal e a atribuição constitucional do Procurador-Geral da República, que atua perante aquela Corte, ao surgimento de novas provas?

Pensamos que não.

O princípio do juiz natural, garantia constitucional individual que assegura a todos o direito de ser julgado pelo órgão da jurisdição definido no próprio texto constitucional (competência material), daí por que vedado o tribunal de exceção (art. 5º, XXXVII), não limita o seu horizonte de aplicação aos interesses daquele que se acha submetido à persecução penal. Impõe-se, também, como efetiva tutela do interesse público, se e enquanto houver e se legitimar, de alguma maneira, a intervenção penal.

Assim, a subtração do juiz materialmente (isto é, constitucionalmente) competente somente poderá ser admitida em casos excepcionais, quando o afastamento da referida norma puder ser justificado pela aplicação de outra (norma) da mesma fonte normativa (Constituição da República).

O princípio da vedação da revisão *pro societate*, conforme o disposto no art. 8º, 4, do Pacto de San José da Costa Rica, Tratado Internacional já inserido entre nós por meio do Decreto nº 678/92, e segundo o qual ninguém poderá ser julgado por fato de que tenha sido já absolvido, qualquer que seja o fundamento da absolvição, não poderia impedir a prevalência do juiz natural em tais situações, dado que não se teria, na decisão de arquivamento, uma sentença absolutória propriamente dita. A justificação do citado tratado internacional repousa no controle mais rigoroso da atividade ligada à persecução penal, de modo a evitar o ajuizamento de ações penais temerárias e infundadas. Exatamente por isso, refere-se à absolvição, decisão judicial que, normalmente, pressupõe a superação de fase instrutória e ampla participação dos interessados.

De outro lado, pensamos nós que, quando a decisão de arquivamento tiver por objeto questões de mérito da infração penal, tal como ocorre em relação à decisão por atipicidade ou que, por qualquer motivo, reconheça a extinção da punibilidade, estará a salvo de novas investidas, ainda quando proferidas com violação ao princípio do juiz natural (exatamente por essas razões defendemos que, nesses casos, é necessário o controle jurisdicional em caso de arquivamento, mesmo com as alterações da redação do art. 28 do CPP pela Lei nº 13.964/2019). Nessas hipóteses, o julgamento (despacho ou decisão) seria de mérito, ainda que dispensando a produção de prova. Afinal, qual seria a diferença essencial entre uma decisão que absolve por atipicidade, após a instrução criminal, e aquela que arquiva o inquérito, sob o mesmo fundamento (atipicidade)? De lembrar-se, ainda, que o CPP contempla também outra modalidade de solução judicial, e com os mesmos efeitos, a saber: a decisão que absolve sumariamente o réu quando o fato narrado evidentemente não constituir crime (art. 397, III, CPP).

18.5. Arquivamento implícito: Impende registrar que, no ordenamento jurídico brasileiro, não há se falar em arquivamento implícito em se tratando de ação penal pública incondicionada. Significa que a eventual ausência de acusação em detrimento de determinada pessoa ou por determinado fato não implica seja tido o ato como implícito pleito de arquivamento, pois, em matéria de ação penal pública, reclama-se o expresso pedido formulado pelo titular da ação penal.

Jurisprudência

18.5. [...] Não há falar em arquivamento implícito, porquanto, na linha da jurisprudência desta Suprema Corte, a denúncia pode ser aditada a qualquer tempo antes da sentença final, assegurado o devido processo legal, o contraditório e a ampla defesa. Precedente. [...] *(Agravo Regimental no Habeas Corpus nº 202.728/SP, STF, 1ª Turma, unânime, Rel. Min. Rosa Weber, julgado em sessão virtual de 10.9.2021 a 17.9.2021, publicado no DJ em 23.9.2021)*

18.5. [...] I – O entendimento consolidado nesta Corte Superior de Justiça é que "em razão do princípio da indivisibilidade, não se admite arquivamento implícito em crimes de ação penal pública incondicionada." [...] (*Agravo Regimental no Agravo em Recurso Especial n. 1.495.795 – RO, STJ, 5ª Turma, unânime, Rel. Min. Leopoldo de Arruda Raposo (Desembargador Convocado do TJ/PE), julgado em 12.11.2019, publicado no* DJ *em 28.11.2019*).

18.5. [...] Doutrina e jurisprudência não admitem o chamado "arquivamento implícito" em sede de ação penal pública incondicionada, porquanto não vigora para o Ministério Público o princípio da indivisibilidade, não sendo o *Parquet* obrigado a denunciar todos os investigados em uma só oportunidade. [...] *(RHC n. 87.894-RN, STJ, 6ª Turma, unânime, Rel. Min. Maria Thereza De Assis Moura, julgado em 3.10.2017, publicado no DJ em 9.10.2017).*

18.5. [...] Nos termos da jurisprudência do STF, não há arquivamento implícito de ação penal pública. Precedentes. 4. Recurso ao qual se nega provimento (*RHC nº 116.052-BA, STF, 2ª Turma, Rel. Min. Gilmar Mendes, julgado em 15.10.2013, publicado no* DJ *em 13.11.2013*).

Art. 19. Nos crimes em que não couber ação pública, os autos do inquérito serão remetidos ao juízo competente, onde aguardarão a iniciativa do ofendido ou de seu representante legal, ou serão entregues ao requerente, se o pedir, mediante traslado.

Como vimos, quando o crime for de ação penal pública, os autos do inquérito são remetidos ao juiz competente, que, por sua vez, os encaminha ao Ministério Público que ali oficia.

E, como também vimos, há determinados crimes cuja persecução se dá pela via privada, isto é, por meio da ação penal privada, cuja iniciativa (legitimação ativa) é atribuída, no CPP, e como regra, ao ofendido, ao representante legal (art. 30), sendo ele menor ou incapaz, e aos sucessores arrolados no art. 31, no caso de morte ou ausência declarada judicialmente. Evidentemente, tratando-se de questão ligada apenas à legitimidade *ad causam*, e não à capacidade postulatória (de peticionar em juízo), o particular deverá se fazer representar por advogado, quando não for ele mesmo habilitado.

Encerradas as investigações, concluído o inquérito policial, os autos serão encaminhados ao juiz competente, permanecendo à disposição dos interessados (legitimados) até o final do prazo decadencial previsto para a respectiva ação penal (art. 38, CPP, como regra).

Art. 20. A autoridade assegurará no inquérito o sigilo necessário à elucidação do fato ou exigido pelo interesse da sociedade.

Parágrafo único. Nos atestados de antecedentes que lhe forem solicitados, a autoridade policial não poderá mencionar quaisquer anotações referentes a instauração de inquérito contra os requerentes.

20.1. Considerações iniciais: Se há uma regra legal que vem sendo sistematicamente descumprida no Brasil é aquela que assegura o sigilo nas investigações. Inúmeras prisões têm sido indevidamente alardeadas, não só pondo em risco eventuais elementos de prova a serem colhidos, mas atingindo de modo indelével a imagem daqueles a quem deve o Estado o tratamento de não culpado, ou de inocente, por maiores que sejam as evidências e mais graves as infrações a eles imputadas.

O dever de sigilo justifica-se inteiramente e sob as duas perspectivas antes mencionadas. Tanto interessa à investigação, na medida em que a sua divulgação pode colocar em risco o conjunto de elementos comprobatórios do fato em apuração, quanto à tutela da imagem do investigado, em homenagem ao princípio da não culpabilidade (inocência). Anote-se, ainda, que o sigilo aqui mencionado é regra geral, devendo ser adotado em quaisquer investigações.

Há outro sigilo, específico e de fundo constitucional, que também pode estar presente em determinadas investigações preliminares. Cuidam-se daquelas inviolabilidades pessoais previstas na Constituição da República, não só referentes à cláusula da reserva da jurisdição, que exigem ordem judicial para a respectiva franquia (abertura), como a qualquer outra cuja proteção esteja ali prevista ou delegada à legislação. Exemplos: o sigilo de dados, telefônicos, fiscais, bancários, das comunicações telefônicas, correspondências *(vide decisão do STF no tema de repercussão geral nº 1.041, em 21.8.2020: "sem autorização judicial ou fora das hipóteses legais, é ilícita a prova obtida mediante abertura de carta, telegrama, pacote ou meio análogo")*, domicílio etc. (art. 5º, X, XI e XII, CF).

Em tais situações, deverá o juiz determinar a tramitação sigilosa do feito, a fim de preservar, como visto, tanto a idoneidade e a qualidade da investigação quanto a imagem do(s) investigado(s).

De outro lado, como tivemos oportunidade de antecipar, a exigência de sigilo das investigações não pode impedir, de modo absoluto, o acesso aos autos pelo advogado devidamente habilitado. Não só porque há Lei autorizando (Lei nº 8.906/94 – Estatuto do Advogado, art. 7º), mas por exigência constitucional do direito à informação devida pelos poderes públicos, sempre que não houver risco ao bom andamento das investigações (atente-se para adequação legislativa à Súmula Vinculante do § 11 acrescido ao art. 7º da Lei nº 8.906/94 pela Lei nº 12.245/2016, dispondo que "no caso previsto no inciso XIV, a autoridade competente poderá delimitar o acesso do advogado aos elementos de prova relacionados a diligências em andamento e ainda não documentados nos autos, quando houver risco de comprometimento da eficiência, da eficácia ou da finalidade das diligências"). No âmbito de um Estado de Direito não se pode dar guarida pretensões radicalmente inquisitoriais que busquem proteção no segredo e no sigilo das atuações estatais. O Estado não é um fim em si mesmo, mas organização política gestada para tornar possível a coexistência humana, segundo as regras de um Direito que possa legitimar-se no interesse (possível) de todos. Nessa ordem de ideias, não se pode tolerar o exercício abusivo de qualquer função pública, risco sempre presente no âmbito de organizações cobertas pelo segredo e pela ausência de transparência.

Confiram-se, a propósito, e na linha do que já referido anteriormente, os termos da Súmula Vinculante 14, do STF: "*É direito do defensor, no interesse do representado, ter acesso amplo aos elementos de prova que, já documentados em procedimento investigatório realizado por órgão com competência de Polícia Judiciária, digam respeito ao exercício do direito de defesa.*"

Daí por que perfeitamente aplicável o disposto no art. 5º, XXXIII, da Constituição da República, que tem o seguinte teor: "todos têm o direito a receber dos órgãos públicos informações de seu interesse particular, ou de interesse coletivo ou geral [...] ressalvadas aquelas cujo sigilo seja imprescindível à segurança da sociedade e do Estado". Argumenta-se, aqui, naturalmente, pela via da analogia, já que a situação regulada na aludida norma constitucional nada tem que ver com a investigação policial. No entanto, o seu conteúdo garantista revela-se perfeitamente adequado à espécie.

Há outras – e recentes – modalidades de sigilo na fase de investigação.

Com efeito, a Lei nº 12.850/13, que trata das organizações criminosas, prevê o procedimento de *ação controlada* (art. 8º e art. 9º), em que as atividades de investigação serão comunicadas ao juiz e ao Ministério Público, para o fim de se justificar o retardamento da intervenção policial nos fatos criminosos em andamento, com o objetivo de formação mais completa da prova e de obtenção de informações mais qualificadas sobre as práticas delituosas em curso. Em tais situações, o sigilo da medida é de rigor (art. 8º, § 3º), limitando-se o acesso aos autos apenas ao Delegado de Polícia, ao Ministério Público e ao Juiz. Destaque-se que, na Lei nº 9.613/98, também se passou a prever a possibilidade de utilização da ação controlada, nos termos do § 6º do art. 1º, conforme acréscimo da Lei nº 13.964/19.

Nem é preciso dizer que a citada norma nada tem de inconstitucional e nem se encontra ao alcance da citada Súmula Vinculante nº 14. Evidentemente, já que o sigilo é o pressuposto lógico de justificação da medida.

Do mesmo modo, a Lei nº 12.850/13 prevê outra situação de sigilo na investigação. Trata-se da infiltração de agentes (igualmente agora prevista no § 1º do art. 6º da Lei nº 9.613/98), medida a ser objeto de muitas controvérsias doutrinárias e questionamentos judiciais. E como se trata de (auto) colocação em risco (de vida) do agente policial infiltrado, sequer se poderá recusar a validade do sigilo das diligências (art. 12). Mais a se diz acerca de alguns meios probatórios de colaboração premiada e infiltração de agentes conforme a Lei nº 12.850/13 nos tópicos 155.7 e 155.8. De qualquer modo, deixamos por aqui mesmo uma preciosa indicação de leitura e de pesquisa: *Agente encubierto y proceso penal garantista: limites y desafios*, tese de doutoramento de Flávio Cardoso Pereira na Universidade de Salamanca, publicada pela editora Lerner (Argentina), em que o autor esmiúça completamente o tema.

Igualmente a Lei nº 13.441/2017, que alterou a Lei nº 8.069/1990 (Estatuto da Criança e do Adolescente), passou a prever a infiltração de agentes na internet com o fim de investigar crimes contra a dignidade sexual de crianças e adolescentes (arts. 240, 241, 241-A, 241-B, 241-C e 241-D da Lei nº 8.069/1990, e dos arts. 154-A, 217-A, 218, 218-A e 218-B do Código Penal). Haverá sempre de ser precedida de autorização judicial e não poderá exceder 90 dias, permitidas prorrogações por até 720 dias no total, se necessário (art. 190-A, I e III, Lei nº 8.069), sempre sob sigilo (art. 190-B e parágrafo único, Lei nº 8.069/1990). Também importante registrar que a Lei nº 13.964/2019 inseriu na Lei nº

12.850/2013 os arts. 10-A, 10-B, 10-C e 10-D (com modificação da redação também do parágrafo único do art. 11), tratando especificamente da *infiltração virtual* de forma geral.

Importante, ainda, anotações em relação à Lei nº 13.245/2016, que trouxe as seguintes previsões à Lei nº 8.906/94 – Estatuto da OAB, mas com reflexos sobre o procedimento investigatório.

Dispôs a legislação que:

> Art. 1º *O art. 7º da Lei nº 8.906, de 4 de julho de 1994 (Estatuto da Ordem dos Advogados do Brasil), passa a vigorar com as seguintes alterações:*
>
> *"Art. 7º [...]*
>
> *XIV – examinar, em qualquer instituição responsável por conduzir investigação, mesmo sem procuração, autos de flagrante e de investigações de qualquer natureza, findos ou em andamento, ainda que conclusos à autoridade, podendo copiar peças e tomar apontamentos, em meio físico ou digital;*
>
> *[...]*
>
> *XXI – assistir a seus clientes investigados durante a apuração de infrações, sob pena de nulidade absoluta do respectivo interrogatório ou depoimento e, subsequentemente, de todos os elementos investigatórios e probatórios dele decorrentes ou derivados, direta ou indiretamente, podendo, inclusive, no curso da respectiva apuração:*
>
> *a) apresentar razões e quesitos;*
>
> *[...]*
>
> *§ 10. Nos autos sujeitos a sigilo, deve o advogado apresentar procuração para o exercício dos direitos de que trata o inciso XIV.*
>
> *§ 11. No caso previsto no inciso XIV, a autoridade competente poderá delimitar o acesso do advogado aos elementos de prova relacionados a diligências em andamento e ainda não documentados nos autos, quando houver risco de comprometimento da eficiência, da eficácia ou da finalidade das diligências.*
>
> *§ 12. A inobservância aos direitos estabelecidos no inciso XIV, o fornecimento incompleto de autos ou o fornecimento de autos em que houve a retirada de peças já incluídas no caderno investigativo implicará responsabilização criminal e funcional por abuso de autoridade do responsável que impedir o acesso do advogado com o intuito de prejudicar o exercício da defesa, sem prejuízo do direito subjetivo do advogado de requerer acesso aos autos ao juiz competente." (NR).*

Como já referido, as inclusões ao art. 7º da Lei nº 8.906/94 do inciso XIV e dos §§ 10 e 11 não trazem maiores novidades ao sistema atualmente, na medida em que assim já vinha sendo procedido nos termos da Súmula Vinculante nº 14/STF, corolário (correto, diga-se) da aplicação do princípio da ampla defesa, devidamente sopesado com as excepcionais situações de sigilo, em que o acesso aos autos é postergado com a finalidade de garantir eficiência e eficácia à investigação criminal.

Mas nesta lei, há, em nossa compreensão, parte de uma disposição que pode ser muito problemática. Trata-se daquela inserta no inciso XXI do art. 7º da Lei nº 8.906/94. Nenhuma objeção, muito antes pelo contrário, com a previsão de que o advogado deverá assistir a seus clientes investigados durante a apuração das infrações, de todos os elementos probatórios decorrentes ou derivados, direta ou indiretamente, podendo adotar providências que entender cabíveis. Trata-se, sem dúvidas, da inserção em lei de mais uma regra que trata da necessidade de observância do princípio da ampla defesa inclusive no âmbito de investigações criminais (ou seja, não apenas em inquéritos policiais), ressalvados, por evidente e com a devida vênia pela repetição, dos casos de acesso posterior para garantia e eficácia da investigação. Diz-se que a previsão pode trazer sérios problemas quando prevê que a inobservância deste procedimento poderá gerar "*nulidade absoluta do respectivo interrogatório ou do depoimento e, subsequentemente, de todos os elementos investigatórios dele decorrentes ou derivados, direta ou indiretamente*".

Em primeiro lugar, remetemos às anotações à compreensão que temos quanto ao tema das nulidades integralmente analisado no sistema vigente (vide especialmente itens 563.2 e 563.3 e respectivos desdobramentos).

Em segundo lugar, não vemos nesta disposição previsão da existência de um *contraditório* no inquérito ou em qualquer outra forma de investigação criminal. Não visualizamos sentido em garantia do contraditório (não estamos falando da ampla defesa, que deve existir, nos moldes já destacados) em investigação se, por necessidade sistêmica, toda a apuração das provas (salvo as denominadas irrepetíveis) deverão ser realizadas novamente sob a observância do contraditório, que é marca do processo judicializado (e não de investigação criminal). A não ser que, realizado o contraditório na fase investigativa e com as consequências previstas, possam estas provas ter, também, validade autônoma independentemente da repetição em sede judicial, o que não nos parece razoável. Nem para defesa, nem para a acusação (*par conditio*).

De fato, a grande discussão é a previsão de que a inobservância do procedimento nos termos ali previsto gerará nulidade dos atos procedimentais da investigação, com aplicação da denominada Teoria dos *fruits of the poisonous tree* (vide anotações especialmente nos itens 157.6 648.6.1.3). Ora, como as provas da investigação, de regra (ressalva anterior), continuam necessitando de nova produção perante o juiz competente, o conteúdo dos depoimentos prestados durante a investigação pode mesmo ser alterado em juízo (técnica e opção defensiva). Assim, entendemos que a referida norma que se reporta à teoria dos frutos da árvore envenenada *não poderá* ser aplicada sem os cuidados inerentes à teoria das nulidades (a que defendemos e explicitamos na presente obra), sob pena de se configurar hipótese de lei com previsão de "norma de classe", e não que, com o devido equilíbrio, considere também o necessário interesse público da investigação.

Por fim, nenhuma novidade, sob a ótica também sistêmica, na previsão do § 12 ao art. 7º da Lei nº 8.906/94. Impõe observar, é claro, a fundamental diferenciação entre eventual erro de procedimento e dolo do agente público. Mero erro não pode gerar, em tese, responsabilidade, e não se pode olvidar da hipótese (excludente de responsabilidade) da expressa ressalva do § 11 do art. 7º da Lei nº 8.906/94.

Jurisprudência

20.1. [...] Não há se falar em contraditório e ampla defesa em sede de inquérito policial, tendo em vista sua natureza inquisitorial. Com efeito, "não é assegurado ao investigado o exercício do contraditório no âmbito de inquérito policial ou de procedimento investigatório instaurado pelo Ministério Público" (HC 380.698/SP, Rel. Ministro Sebastião Reis júnior, sexta turma, julgado em 05/10/2017, DJe 27/10/2017). Referido entendimento em nada confronta com a Súmula Vinculante n. 14 do Supremo Tribunal Federal, a qual dispõe ser direito do defensor ter acesso aos elementos de prova já documentados em procedimento investigatório, não dizendo respeito, portanto, à possibilidade de a defesa participar da coleta de provas em si. [...] *(Agravo Regimental no Habeas Corpus nº 727.709–MG, STJ, 5ª Turma, Rel. Min. Reynaldo Soares da Fonseca, julgado em 16.8.2022 e publicado no DJ de 22.8.2022)*

20.1. Constitucional e Penal. Recurso extraordinário com repercussão geral. Prova obtida por meio de abertura de encomenda postada nos correios. Direito ao sigilo de correspondência. [...] 1. Além da reserva de jurisdição, é possível ao legislador definir as hipóteses fáticas em que a atuação das autoridades públicas não seriam equiparáveis a violação do sigilo a fim de assegurar o funcionamento regular dos correios. [...] Tese fixada: "sem autorização judicial ou fora das hipóteses legais, é ilícita a prova obtida mediante abertura de carta, telegrama, pacote ou meio análogo." [...] *(Recurso Extraordinário nº 1.116.949-PR, STF, Plenário, por maioria, Rel. Min. Marco Aurélio, Redator do Acórdão Min. Edson Fachin, julgado em sessão virtual de 7.8.2020 a 17.8.2020, publicado no* DJ *em 2.10.2020).*

20.1. [...] É firme a jurisprudência desta Corte no sentido de que, na fase de inquérito, não há propriamente contraditório, já que se trata de mera colheita de elementos necessários para formação da *opinio delicti* do titular da ação penal (*HC 83.233, Rel. Min. Nelson Jobim, Segunda Turma,* DJ *de 19.3.2004; RE 626.600-AgR, Rel. Min. Cármen Lúcia, Primeira Turma,* DJe *de 25.11.2010).*

20.1. [...] Advogado. Investigação sigilosa do Ministério Público Federal. Sigilo inoponível ao patrono do suspeito ou investigado. Intervenção nos autos. Elementos documentados. Acesso amplo. Assistência técnica ao cliente ou constituinte. Prerrogativa profissional garantida. Resguardo da eficácia das investigações em curso ou por fazer. Desnecessidade de constarem dos autos do procedimento investigatório. HC concedido. Inteligência do art. 5º, LXIII, da CF, art. 20 do CPP, art. 7º, XIV, da Lei nº 8.906/94, art. 16 do CPPM, e art. 26 da Lei nº 6.368/76 Precedentes. É direito do advogado, suscetível de ser garantido por *habeas corpus*, o de, em tutela ou no interesse do cliente envolvido nas investigações, ter acesso amplo aos elementos que, já documentados em procedimento investigatório realizado por órgão com competência de polícia judiciária ou por órgão do Ministério Público, digam respeito ao constituinte (*Habeas Corpus nº 88.190, STF, 2ª Turma, Rel. Min. Cezar Peluso, julgado em 29.8.2006, publicado no* DJ *em 6.10.2006).*

20.2. Atestado de bons antecedentes: Regulação inútil e para situações de raríssima ocorrência. Inútil, porque, ainda que a autoridade policial esteja impedida de registrar, em atestado, a existência de inquéritos policiais e de condenações criminais ainda não transitadas em julgado, o Poder Judiciário pode fazê-lo, no interesse da persecução penal.

E de rara ocorrência exatamente pela sua inutilidade.

Importante salientar, todavia, que, no âmbito da tramitação do inquérito policial, quando se tratar de informações cadastrais relevantes para a imputação ou para a aplicação da pena, a autoridade policial deverá informar quaisquer incidências envolvendo o investigado, desde que requisitadas pelo Ministério Público, pelo querelante (na ação privada) ou pelo Juiz, nos termos do art. 13, I e II, e art. 23, todos do CPP.

Não se olvide o disposto na Súmula 636 do STJ: "a folha de antecedentes criminais é documento suficiente a comprovar os maus antecedentes e a reincidência".

Importante anotar ainda que, no ano de 2020, o Supremo Tribunal Federal, apreciando o tema 150 em repercussão geral, fixou a tese e que *"Não se aplica para o reconhecimento dos maus antecedentes o prazo quinquenal de prescrição da reincidência, previsto no art. 64, I, do Código Penal"*, nos termos do voto do Relator, vencidos os Ministros Ricardo Lewandowski, Marco Aurélio, Gilmar Mendes e Dias Toffoli (Presidente). Não participou deste julgamento o Ministro Celso de Mello. Plenário, Sessão Virtual de 7.8.2020 a 17.8.2020.

Art. 21. A incomunicabilidade do indiciado dependerá sempre de despacho nos autos e somente será permitida quando o interesse da sociedade ou a conveniência da investigação o exigir.

Parágrafo único. A incomunicabilidade, que não excederá de três dias, será decretada por despacho fundamentado do Juiz, a requerimento da autoridade policial, ou do órgão do Ministério Público, respeitado, em qualquer hipótese, o disposto no artigo 89, inciso III, do Estatuto da Ordem dos Advogados do Brasil (Lei nº 4.215, de 27 de abril de 1963).

Trata-se, à evidência, de norma já banida da ordem processual penal brasileira. Quando nada, serve para demonstrar o espírito inquisitorial e autoritário que revestia a nossa legislação, atribuindo ultrapoderes ao sistema de investigação preliminar.

Para se ter uma dimensão mais exata do abismo ideológico existente entre a atual Constituição da República e o nosso Código de Processo Penal, basta que se atente para o disposto no art. 136, § 3º, IV, no ponto em que se proíbe a incomunicabilidade do preso, *mesmo durante o Estado de Defesa*, no curso do qual, como se sabe, se visualiza risco à ordem pública e à paz social, em razão de grave e iminente instabilidade institucional ou de calamidades de grandes proporções na natureza.

Na Constituição da República: "art. 5º, LXII – a prisão de qualquer pessoa e o local onde se encontre serão comunicados imediatamente ao juiz competente e à família do preso ou à pessoa por ele indicada; [...] LXIII – o preso será informado de seus direitos, entre os quais o de permanecer calado, sendo-lhe assegurada a assistência da família e de advogado."

De passagem: A Lei nº 8.906/94, art. 7º, do mesmo modo, garante ao advogado o direito de comunicação com o preso.

Art. 22. No Distrito Federal e nas comarcas em que houver mais de uma circunscrição policial, a autoridade com exercício em uma delas poderá, nos inquéritos a que esteja procedendo, ordenar diligências em circunscrição de outra, independentemente de precatórias ou requisições, e bem assim providenciará, até que compareça a autoridade competente, sobre qualquer fato que ocorra em sua presença, noutra circunscrição.

Regramento exclusivo da divisão operacional da polícia judiciária, permitindo a atuação mais ampla das respectivas autoridades. Fala-se em circunscrição policial quando se quer referir à zona territorial na qual a autoridade exerceria suas funções. Assim, a previsão legal, atributiva de competência administrativa para a atuação fora da circunscrição, milita em favor da celeridade das investigações, impedindo eventuais feudalizações de procedimentos, danosas ao inquérito policial e à própria comunidade atingida.

Art. 23. Ao fazer a remessa dos autos do inquérito ao juiz competente, a autoridade policial oficiará ao Instituto de Identificação e Estatística, ou repartição congênere, mencionando o juízo a que tiverem sido distribuídos, e os dados relativos à infração penal e à pessoa do indiciado.

Na linha do quanto dissemos em comentários ao art. 20, parágrafo único, CPP, embora a autoridade policial não esteja autorizada a anotar a existência de inquéritos ou ações penais em desfavor do requerente de atestado de antecedentes, salvo, quanto a estas últimas, quando passadas em julgado (sentença condenatória), o Código determina que, independentemente da requisição prevista no art. 13, I e II, do CPP, deve a autoridade policial apresentar ao juízo os chamados antecedentes criminais do indiciado, para fins de apreciação, pelo órgão da acusação, antes da ação penal, e pelo juiz, por ocasião do provimento final, das condições pessoais do agente ao tempo da infração penal.

TÍTULO III
DA AÇÃO PENAL

I. Teorias da ação: Os estudos sobre a ação e o processo, a configuração das teorias da ação como categoria jurídica situada no âmbito do direito processual, autônoma em relação ao direito material que constituiria o seu objeto (da ação), ultrapassam séculos, pelo menos desde a obra de *Oskar Von Bülow, Teoria das exceções processuais e dos pressupostos processuais*, no longínquo ano de 1868. Não é nossa intenção reviver tais problematizações. Os propósitos desses comentários são outros.

O que não impede a síntese que se segue.

Entre as mais relevantes teorias da ação, registramos: (a) a teoria *imanentista*, ainda pautada na subordinação do conceito de ação ao direito material, e segundo a qual a ação não seria outra coisa que a imanência daquele direito (material) discutido em juízo. A todo direito (material, pois) deveria corresponder uma ação (processual) que o assegurasse; (b) a teoria *abstrata do direito de ação*, a partir dos estudos de *Degenkolb* e *Plósz*, na Hungria, em fins do século XIX, que, em linhas gerais, afirmava a autonomia do direito processual em relação ao direito material, ainda que este último revelasse o objeto e conteúdo do primeiro, de tal modo que a ação era o direito público (exercido contra o Estado) de obter o pronunciamento da jurisdição, *qualquer que fosse ele* (daí, abstrato), com o que somente se admitia a procedência ou improcedência apenas do pedido deduzido e não da ação, já exercida; (c) a teoria do *direito concreto da ação*, que teve em *Adolph Wach*, na Alemanha, o seu articulador mais ilustre, e que concluía no sentido de somente reconhecer o direito de ação nos casos em que fosse procedente o julgamento da pretensão deduzida, distinguindo, portanto, o direito ao processo, esse sim existente independentemente da decisão judicial, e o direito de ação, direito reconhecido pela procedência dela (ação); (d) teoria do *direito potestativo* ou da potestade da ação, trazendo a contribuição do grande *Chiovenda*, nos idos de 1903, na Itália, segundo a qual a ação era o poder de submeter o réu à instância judiciária, a quem competia fazer valer a *vontade concreta da lei*, não como dever perante o jurisdicionado, conforme sustentavam os adeptos das teorias abstratas, mas como exercício da tutela que caracterizaria a função jurisdicional. O autor, assim, exerceria o *poder de submeter a juízo o réu*, devendo o Judiciário, no exercício da tutela jurisdicional, revelar a vontade concreta (para aquele caso) da lei.

Eis em síntese, mais que reduzida, um cenário das discussões acerca das teorias da ação no final do século XIX e início do século XX, todas elas situadas no âmbito de uma teoria geral do processo, aplicáveis ao processo civil, sobretudo porque fundadas em categorias processuais que não se mostravam e ainda não se mostram adequadas ao processo penal.

Veja-se, por exemplo, os conceitos de *lide* e do próprio *interesse*.

Certamente de conhecimento geral, a clássica concepção de *Carnelutti*, segundo a qual a lide seria um conflito de interesses qualificado por uma pretensão resistida, não consegue responder – e nem teve essa pretensão – às inúmeras questões surgidas no campo do processo penal, no qual não se pode visualizar sequer um conflito de interesses propriamente dito, na medida em que, por exemplo, a imposição de sanção privativa da liberdade não satisfaz nem interesses individuais ou de proveito coletivo ou difuso, e tampouco interesses exclusivamente das vítimas, a não ser que, adotando-se uma concepção preventivista positiva da pena, se queira afirmar que essa (a pena) satisfaria o interesse de todos na aplicação do Direito. Mas, se e quando aí se chegar já não restará muito do antigo conceito (de interesse), tradicionalmente entendido como necessidade ou utilidade, ou, ainda, como fruição de vantagem particularizável.

Há de se registrar, porém, e desde 1998, com a Lei nº 9.714, modificativa do art. 45 do Código Penal, a introdução de sanção penal com características próprias de Direito Civil, qual seja a prestação pecuniária, como modalidade daquelas restritivas de direito, e devida como antecipação do montante a ser apurado em ação civil reparatória ou de ressarcimento (indenização, enfim). No mesmo sentido, a norma do art. 387, IV, CPP, com redação dada pela Lei nº 11.719/08, que impõe ao juiz, na sentença condenatória, o dever de fixar valor mínimo para a recomposição de danos causados pela infração penal.

Observe-se, no entanto, que, embora incluída entre as sanções penais – restritiva de direitos – tanto a pena pecuniária quanto a verba pecuniária de recomposição vêm expressamente associadas à reparação civil, resultando, portanto, em obrigação de índole não penal.

A nosso aviso, e para simplificar a compreensão de tudo quanto se disse, *ação* é o comportamento *voluntário*, do mesmo modo que a omissão é manifestação da vontade da inação, isto é, do não agir.

Do ponto de vista processual, a ação é o *ato de ir a juízo*, submetendo ao Poder Judiciário uma dada *pretensão*, qualquer que seja ela. Uma vez que a tarefa de dizer o direito é atribuída aos órgãos do Estado, integrantes do Poder Judiciário, que, para isso, exercem a chamada função jurisdicional (de jurisdição), devem esses órgãos se manifestar sobre os pedidos a eles apresentados pelos jurisdicionados. E de tal *dever* resulta uma *obrigação*, qual seja a de prestar *jurisdição*, ou, da prestação jurisdicional. Note-se que a expressão "prestação" tem precisamente a finalidade de revelar uma *obrigação*, de tal maneira que, com ela, se consiga chegar sem maiores dificuldades à ideia de uma *relação jurídica*, na qual uma parte, o autor, pode exigir do Estado (Poder Judiciário) um pronunciamento sobre determinada questão. Nessa ordem de ideias, o autor exerceria um direito de ação em face do Estado, que, por sua vez, seria devedor de uma prestação jurisdicional.

Por seu turno, o réu de uma ação se encontraria em uma posição de submissão (à ação), no sentido de que não lhe seria cabível recusar a ação contra si proposta. Nesse aspecto, se, em relação ao Estado (Poder Judiciário), o autor da ação exerce direito, exigindo-lhe a obrigação da jurisdição devida, já em relação ao réu, a natureza dessa ação assemelha-se mais a um verdadeiro exercício de poder, ao qual este (réu) se acha submetido, já que não se lhe faculta a opção de ser ou não acionado.

No fim das contas, no que se refere ao exame da questão sob a perspectiva da chamada Teoria Geral do Processo, adequada ao processo civil mas *não ao processo penal* (exceção feita à ação penal privada), aquele que se julga em condições de exigir de outra pessoa um comportamento, uma omissão, ou ainda uma prestação de outra natureza, tem o direito de provocar a atuação do Poder Judiciário – direito de ação – que, por seu turno, deve necessariamente se manifestar sobre a pretensão deduzida, ainda que seja para repeli-la integralmente. Sob essa perspectiva, a ação é um *direito subjetivo público*, exercido contra o Estado, abstrato, porque independe da procedência ou não da pretensão. Esta é a concepção acolhida pela grande maioria da doutrina nacional.

II. Ministério Público, jurisdição e ação penal: Deixamos assentado que os conceitos de ação desenvolvidos ao longo de tantos anos sempre se ajustaram às categorias jurídicas próprias de uma teoria geral do processo, aplicada, porém, ao processo civil, e não ao processo de natureza penal.

E não nos parece possível unificar uma teoria do processo que abarcasse as grandes questões do processo penal em um mesmo ambiente epistemológico (isto é, no campo das investigações científicas) que orienta o processo civil. Essa impossibilidade decorre, sobretudo, do tipo de pretensão veiculada em um (processo penal) e outro (processo civil).

Enquanto no processo civil, a pretensão, traduzida no desejo de subordinação de um interesse alheio ao próprio, diz respeito, em regra, a questões econômicas, patrimoniais, ou, de todo modo, que permitam a individualização do interesse do autor (mesmo nas ações civis coletivas e/ou difusas o interesse pode ser individualizado), no processo penal a pretensão, do ponto de vista processual, isto é, da solução judicial requerida, é *punitiva*.

É claro que a expressão *pretensão punitiva* não tem, necessariamente, relação essencial com a justificativa ou com a finalidade da pena. Fala-se em pretensão punitiva para significar que a sentença penal condenatória, ao menos enquanto ato processual, abstraídas considerações de outra grandeza, tem feições punitivas, já que não determina (com a pena) nenhum proveito em favor da vítima do crime.

Com isso, não parece também adequado falar-se em *lide penal*, até porque o interesse do Ministério Público, por força da Constituição da República (art. 127), há de ser o da estrita observância da ordem jurídica, do regime democrático e dos interesses sociais e individuais indisponíveis, jamais o de *mera subordinação dos interesses do acusado.*

Desse modo, salientam-se aqui distinções essenciais entre o processo civil e o processo penal, bem como a incompatibilidade de uma teoria geral do processo ou de uma teoria do processo em geral, como preferimos, que possa reunir em uma *unidade de categorias* as aludidas técnicas (disciplinas) processuais.

E se, no âmbito do processo civil, discutiu-se por incontáveis décadas a natureza da ação, sob a perspectiva de seu enquadramento entre as categorias jurídicas (direito, concreto e abstrato, imanência do direito material, poder etc.), no processo penal o debate não pode ter o mesmo alcance. É que, como as ações penais são, em regra, de natureza pública, tendo por legitimado ativo um órgão de natureza igualmente pública (o Ministério Público), a uma conclusão imediata já se chega, sem maiores indagações: o exercício da ação penal (pública) não revela exercício de direito algum, mas de verdadeiro *dever*. Apenas à guisa de esclarecimento, para fins didáticos, portanto, a ação penal, em relação ao Ministério Público, assemelha-se à jurisdição, em relação ao Poder Judiciário, no que toca, então, com o exercício das respectivas funções públicas.

A partir do monopólio estatal da jurisdição, abstraindo-nos, nesse espaço, de outras instâncias de soluções de conflitos, de que são exemplos a arbitragem, algumas espécies de justiça restaurativa (esta última destinada a solucionar conflitos enfatizando o papel dos envolvidos, na busca da reparação dos danos), o Estado, via Poder Judiciário, tornou-se o devedor da intervenção jurisdicional, isto é, coube-lhe o dever de manifestar-se sobre quaisquer pretensões, individuais ou coletivas, que lhes endereçassem os jurisdicionados. É nesse sentido que a teoria do processo refere-se ao dever de prestação jurisdicional, ou ao dever de tutela jurisdicional. A distinção, entre prestação e tutela, depende da teoria que se queira adotar quando ao direito de ação. A teoria propugnada por *Chiovenda*, por exemplo, da ação como poder de sujeição de alguém (réu) em juízo (pelo autor), realçava a relevante função do Estado no processo público, cabendo-lhe (ao Judiciário) a atuação da então denominada *vontade concreta da Lei*, expressão que alcançou indiscutível notoriedade entre os processualistas. Por isso, não havia dever de prestação jurisdicional, mas dever de tutela da jurisdição.

Chiovenda foi um grande processualista. Não obstante, ao menos nos dias que correm, sob o influxo de novas e velhas, mas renovadas concepções, do papel do Direito na ordem social e política do ocidente, não se pode esperar de ninguém, incluindo o Judiciário, a revelação de uma vontade legislativa, ou, de uma vontade perfeitamente identificável em textos legais. O que se há de buscar na atividade de interpretação (hermenêutica) das normas jurídicas é a construção de um sentido contextual, isto é, que se mostre adequado, ao momento histórico de cada época, às necessidades de regulação do Direito (sentido da norma segundo o sistema jurídico), às necessidades de solução de conflitos, e adequado, em última instância, à reafirmação das funções estratégicas (no âmbito social, sobretudo) dos direitos fundamentais, salvaguarda positivada (levada ao mundo das normas jurídicas) dos direitos humanos. Essa a dura missão da aplicação do Direito, sob as vestes da democracia.

Ressaltado o aspecto do *dever da jurisdição*, não se pode chegar a outra conclusão senão àquela no sentido de que, também ao Ministério Público, se teriam reservado idênticas atribuições. Evidentemente, não quanto às funções de cada um, mas, sim, quanto ao dever dos respectivos exercícios.

Por isso, a ação penal pública é dever do Estado, como também o é a jurisdição. *Dever* este que vem expressamente afirmado em texto constitucional (art. 129, I), com a privatividade da ação penal pública.

Dir-se-á, ou, poder-se-á fazê-lo, que a reserva de privatividade da ação penal pública ao Ministério Público não garante que todas as intervenções penais tenham sido reservadas a esse órgão. Verdadeiro. E correto, já que a matéria criminal, diante da gravidade de suas consequências jurídicas e do imenso custo social dela decorrente, tanto mais impagável quanto mais forem descumpridas as condições de preservação da dignidade humana na imposição das penas (art. 1º, III, e art. 5º, XLIX, CF), deve estar sempre à disposição do Congresso Nacional, não só para evitar a fossilização dos instrumentos estatais responsáveis pela persecução penal, mas, sobretudo, para permanecer aberta às novas e alternativas formas de tratamento da questão penal, de modo a assegurar de maneira mais efetiva a realização dos direitos fundamentais.

Mas o que ali se garantiu é que as intervenções penais públicas teriam como titular o Ministério Público. E nem poderia ser diferente, já que a ele incumbe, no plano judicial, a legitimação ativa para a tutela dos direitos individuais e coletivos indisponíveis (art. 127, CF).

E mais. Garantiu-se também, agora já no art. 5º, LIX, significativamente arrolada em espaço reservado aos direitos e garantias individuais, a primazia da intervenção *pública*, quando destinada à proteção dos direitos fundamentais pelo Direito Penal. É dizer: a norma que prevê, no âmbito constitucional, junto aos demais direitos e garantias individuais, a conhecida ação penal privada subsidiária da pública (art. 29, CPP), quando o Ministério Público deixar de fazê-lo (propor a ação) no prazo legal, está a dizer que, nas hipóteses de graves violações aos direitos fundamentais, a tutela jurisdicional será pública, ainda que se reserve ao particular – outra vez, corretamente – a iniciativa de controle do exercício das atividades persecutórias do *parquet*. É, parece-nos, exatamente esse o significado da iniciativa privada, no caso de inércia dos Poderes Públicos.

Há, e não são poucos, aqueles que preferem se utilizar da expressão *poder-dever*. Assim, o Ministério Público exerceria, não exatamente um direito de ação, mas um *poder-dever* dela.

A nosso aviso, a distinção ou a escolha pela cumulação de expressões com sentido já esclarecido na ciência do Direito não consegue fugir à redundância.

Certamente aquele que tem o *dever* de realizar qualquer obrigação deve *poder* fazê-lo. Do contrário, estaria condenado a tornar-se eternamente – ou enquanto quisesse o credor – escravo da obrigação. Ora, o dever caracteriza-se essencialmente pelo vínculo de *exigibilidade*. Tal não ocorre, porém, como o poder. Em um sentido lato, mais conectado às categorias do Direito Privado, poder significa *faculdade*, cujo exercício, por isso mesmo, encontra-se disponibilizado ao seu titular. Em outro sentido, já com as feições do Direito Público, ou, de todo modo, envolvendo a atuação dos poderes públicos, a palavra *poder* vem acompanhada da definição de *autoridade*, e, mais especificamente, de *ato de autoridade*. O ato da autoridade pública, é, assim, manifestação do poder público. Quem assim age encontra-se investido de autoridade e competência legais (quando não constitucionais), ora devendo fazê-lo sem maiores indagações (atos vinculados), ora podendo escolher a opção que melhor consulte ao interesse público (atos discricionários).

Por isso, a atuação do Ministério Público é *devida*, por força de vínculo de exigibilidade decorrente do texto constitucional, caracterizando-se, à evidência, como dever. Dúvidas, então, não pode haver, quanto a se tratar de ato de autoridade e, assim, de manifestação de poder (ou do poder público). Mas, no âmbito de uma teoria do processo, a ação penal constitui dever, não se lhe facultando (ao MP) optar pela inação, quando estiver convencido da materialidade e autoria do crime, da presença das condições da ação, dos pressupostos processuais e da ausência de qualquer causa extintiva da punibilidade.

III. *Jus puniendi?*: Vistas assim as coisas, não há como acolher secular doutrina no sentido da existência de um *jus puniendi*, ou, no vernáculo, de um *direito de punir*. Ora, todo Estado politicamente organizado reivindica a si o exercício de uma soberania legiferante, no sentido de reservar-se competência e poderes para a regulamentação da vida social e coletiva. Dentro dessa competência é que se encontraria também a competência legislativa penal, de alta complexidade, porquanto submetida a princípios constitucionais específicos (*vedação de excesso*, como proibição da insignificância ou da bagatela; *legalidade*, e, em consequência, anterioridade da lei penal, *legalidade estrita*, não só como exigência de lei para a incriminação, mas de lei com descrição taxativa da matéria proibida etc.).

Então, o que se pode afirmar é a existência de um poder de incriminação ou de criminalização de condutas, desde que destinada à proteção contra graves violações aos direitos fundamentais (tutela da vida, da integridade física e psíquica, das liberdades pessoais – sexual, de locomoção, de religião, de opinião, da fé pública, da Administração Pública, do Erário etc.). Trata-se de *poder*, consectário da manifestação da soberania estatal em relação à ordem jurídica interna.

No plano da ação penal, portanto, o seu exercício implica atuação por dever de aplicação da lei penal e não por direito de punição.

IV. Ação privada e processo penal: Se em relação às ações penais públicas o respectivo exercício se caracteriza como dever de ação, no âmbito das ações penais privadas, e também da ação penal privada, subsidiária da pública (cuja natureza permanece pública, como veremos, embora de iniciativa privada), prevista no art. 29 do CPP, o exercício da ação penal apresenta uma significativa aproximação com a teoria geral do processo civil, na medida em que, como já veremos, a ação penal se encontrará à disposição do ofendido (o particular apontado na legislação brasileira como legitimado ativo foi o ofendido – e representante legal ou sucessores, e não qualquer pessoa do povo).

Sendo assim, disponível, o seu exercício configura *direito de ação*, sendo-lhe facultada a escolha da persecução penal.

No entanto, ainda que assim seja, a ideia de interesse processual, mesmo em se tratando de exercício de direito de ação, não será a mesma da teoria geral do processo civil. E pelas mesmas razões antes alinhadas: o provimento judicial penal, como regra (essencial) não é revertido em favor de interesses específicos e individuais do ofendido. Reitere-se, também aqui e mais uma vez, o disposto no art. 45, § 1º, do Código Penal, com a redação dada pela Lei nº 9.714/98, prevendo, no rol das penas privativas de direito, a prestação pecuniária, destinada ao ofendido, como antecipação da indenização (*lato sensu*) devida em ação civil reparatória. De ver-se, então, que a fonte de tal obrigação independe do Direito Penal, veiculando-se por meio dele mera antecipação. No mesmo sentido, a recomposição civil prevista no art. 387, IV, CPP, nas sentenças condenatórias, e o nosso Código de Trânsito Brasileiro (Lei nº 9.503/97, art. 297).

Adiante veremos em detalhes as características, as regras (e princípios, segundo tantos autores) e especificidades de cada modalidade das ações penais, bem como, também, as chamadas condições da ação e ligeiro traçado dos pressupostos processuais.

Art. 24. Nos crimes de ação pública, esta será promovida por denúncia do Ministério Público, mas dependerá, quando a lei o exigir, de requisição do Ministro da Justiça, ou de representação do ofendido ou de quem tiver qualidade para representá-lo.

§ 1º No caso de morte do ofendido ou quando declarado ausente por decisão judicial, o direito de representação passará ao cônjuge, ascendente, descendente ou irmão.

§ 2º Seja qual for o crime, quando praticado em detrimento do patrimônio ou interesse da União, Estado e Município, a ação penal será pública.

24.1. Introdução: As ações penais podem ser *públicas ou privadas*. Sendo públicas, são privativas do Ministério Público (art. 129, I, CF), podendo, ainda, depender ou não da satisfação de certa condição de procedibilidade (isto é, para o ajuizamento). São *públicas incondicionadas* aquelas que independem de qualquer condição para o seu ajuizamento, devendo o Ministério Público atuar de ofício. Nesse caso, há pelo menos duas ordens de considerações: (a) o crime é daqueles cuja persecução não diz respeito exatamente a um interesse individualizado da vítima, como ocorre, por exemplo, no tráfico de drogas; (b) o crime, por princípio, seria de interesse público geral, não dependendo da atuação ou da manifestação da vítima quanto à sua apuração.

De outro lado, considerando, sobretudo, a natureza da infração, a legislação reserva ao ofendido um certo poder discricionário de avaliar as repercussões resultantes da persecução penal. Em tais situações, a ação penal, embora de iniciativa do Ministério Público, ficará *condicionada* (daí dizer-se, ação pública condicionada) à autorização da vítima ou do ofendido.

24.2. Ação Penal Pública Incondicionada: Nos termos da Constituição da República, art. 129, I, compete ao Ministério Público promover privativamente a ação penal pública, nos termos da Lei. E a matéria, como se sabe, vem disciplinada, por primeiro, no Código Penal, cujo art. 100, dispõe expressamente: "*A ação penal é pública, salvo quando a lei expressamente a declara privativa do ofendido*", e, depois, nos dispositivos do Código de Processo Penal que a regulamentam detalhadamente.

Diz mais o Código Penal, em texto reproduzido também no art. 24, CPP, ora em comento: "*art. 100. [...] § 1º* A ação pública é promovida pelo Ministério Público, dependendo, quando a lei o exige, de representação do ofendido ou de requisição do Ministro da Justiça."

Tem-se, portanto, que a ação penal pública pode ser condicionada à manifestação daquele que a Lei atribui capacidade, ou, incondicionada, isto é, promovida *ex officio*, sem qualquer provocação.

E como ocorre na maioria esmagadora das categorias jurídicas, também a ação penal pública se submete a determinados princípios, aqui entendidos em sua concepção mais clássica, ou seja, como modelo de orientação para uma melhor compreensão da respectiva matéria, de seu conceito e de sua interpretação. *Princípio*, portanto, à maneira de Kant, como uma estrutura lógica que ordena do modo mais unitário (em unidade) possível um conjunto de conhecimentos sobre determinado objeto.

Em seguida, alinharemos o único princípio que efetivamente se revela como tal, no âmbito das ações penais públicas, sem deixar de nos referirmos também a algumas *regras* dele decorrentes. A doutrina, de modo geral, trata toda a matéria como *princípios*, que, em alguns casos, aliás, parecem *não ter fim*.

Jurisprudência

24.2. [...] O Supremo Tribunal Federal, no julgamento da ADIn nº 4.424/DF, deu interpretação conforme aos arts. 12, I, 16 e 41 da Lei nº 11.340/2006, estabelecendo que a ação penal nos crimes de lesão corporal em situação de violência doméstica e familiar contra a mulher, independentemente do grau da lesão, é sempre pública incondicionada; A retratação da representação pela vítima não tem o condão de impedir o prosseguimento da ação penal, conforme entendimento desta Corte, em harmonia com o Supremo Tribunal Federal, no julgamento da ADIn nº 4.424/DF. Agravo regimental desprovido (*Petição no RHC nº 44.798-RJ, STJ, 6ª Turma, unânime, Rel. Min. Ericson Maranho, julgado em 27.10.2015, publicado no DJ em 16.11.2015*).

24.2.1. Obrigatoriedade: Como visto, ao exame de um esboço de teoria do processo penal, nas ações penais públicas o Ministério Público não exerce *direito de ação,* mas *dever* dela. E exatamente porque se trata do exercício de um dever, diz-se que a ação penal pública encontra-se submetida ao princípio da *obrigatoriedade.* Isso significa que não se reserva a ele nenhum juízo discricionário sobre a conveniência e a oportunidade da ação penal. Convencido que esteja da existência do crime, bem como da autoria, e desde que julgue presentes as condições da ação penal, deve o Ministério Público submeter a questão penal ao exame do Judiciário.

E se o Ministério Público é *obrigado* à ação penal, certamente que não poderia ele escolher contra quem propor a ação. É dizer: se ele é obrigado, como de fato é, deve fazê-lo contra todos aqueles que, a seu juízo, estejam na condição de autores, coautores ou partícipes da infração penal. O registro que ora se faz, e que parece óbvio, somente tem por objetivo assinalar que, no âmbito das ações penais públicas não se aplica o princípio da *indivisibilidade*, inerente às ações penais privadas. Logo veremos o que vem a ser o mencionado princípio.

Jurisprudência

24.2.1. [...] 3. Na ação penal pública, tem-se a incidência do princípio da divisibilidade, sendo facultado ao Órgão acusatório, nos limites da razoabilidade, a apresentação dos fatos delitivos da melhor forma que entender cabível, inclusive facilitando a prestação jurisdicional. Eventual oferecimento de duas denúncias em relação aos fatos investigados, uma em relação à investigação do Ministério do Turismo e outra pertinente aos contratos do SESI, por si só, não afasta o cenário de conexão probatória ou instrumental evidenciado pelas instâncias ordinárias. [...] (*Agravo Regimental no Recurso em Habeas Corpus nº 126.071-PE, STJ, 5ª Turma, unânime, Rel. Min. Ribeiro Dantas, julgado em 6.10.2020, publicado no* DJ *em 15.10.2020).*

24.2.1. [...] Violação do princípio da indivisibilidade. Ação penal pública. Não incidência. Precedentes. Ordem negada. 1. Embora a ação penal pública seja pautada, como regra, pelo princípio da obrigatoriedade, "o Ministério Público, sob pena de abuso no exercício da prerrogativa extraordinária de acusar, não pode ser constrangido, diante da insuficiência dos elementos probatórios existentes, a denunciar pessoa contra quem não haja qualquer prova segura e idônea de haver cometido determinada infração penal" (HC 71429, Min. Celso de Mello, Primeira Turma, *DJ* 25.8.1995). Doutrina. Precedentes. Nesses casos, não se verifica inépcia da peça acusatória, tampouco renúncia ao direito à acusação. [...] (*Habeas Corpus nº 117.589, STF, 2ª Turma, Rel. Min. Teori Zavascki, julgado em 12.11.2013, publicado no* DJ *em 25.11.2013*).

24.2.2. Indisponibilidade e outras regras: Quando dissemos que o único princípio da ação pública merecedor de semelhante qualificação jurídica era o da *obrigatoriedade*, já chamávamos a atenção para as consequências que podem daí ser extraídas. E, com elas, deduzimos as demais regras da ação penal. Note-se: aqui já utilizamos a expressão *regra* e não *princípio*. E isso porque todas elas (regras) não possuem autonomia conceitual, sendo mera dedução, repetimos, do princípio da obrigatoriedade.

Exemplo: seria possível o Ministério Público *desistir* da ação penal proposta? Se a resposta fosse positiva, como conciliar essa *disponibilidade* com o princípio da obrigatoriedade? É dizer: é possível *ser obrigado* à ação e, depois, estar autorizado a dela dispor?

Firmemente convencidos que a única resposta possível à aludida indagação há de ser negativa, podemos também concluir que *a indisponibilidade* apontada pela doutrina, geralmente como princípio da ação penal, é mera consequência da obrigatoriedade, a ser obtida, portanto, por simples processo lógico dedutivo. Não bastasse, comprovando que o legislador também (mas nem sempre) conhece a lógica, há disposição expressa contendo a regra da indisponibilidade, a saber, o art. 42, CPP.

Fala-se, ainda, em *autoritariedade*, em *oficialidade*, em *oficiosidade* etc. Todos esses "princípios", rigorosamente falando, não passam também de mera dedução da obrigatoriedade. Se a ação penal é pública, há de ser um órgão do Estado (oficialidade) a responder por ela. E se o órgão é do Estado, a atuação há de ser também expressão da autoridade pública (autoritariedade), que, quando não condicionada a ação, deve agir *de ofício* (oficiosidade).

Cumpre anotar, no ponto, questionável tendência a uma certa "*principiologização geral*" no Direito, na maioria das vezes por meio de simples redução de textos legais à condição de princípio jurídico. Tais esforços, ainda que nobres os propósitos, prestam-se mais a confundir que propriamente a contribuir para o desenvolvimento epistemológico da matéria. Já tivemos oportunidade de registrar em outro espaço (PACELLI, Eugênio. *Curso de processo penal.* 28. ed. São Paulo: Juspodivm, 2024) que o texto previsto no art. 5º, XLV, da Constituição da República, no sentido de que *nenhuma pena passará da pessoa do condenado,* já chegou a receber o tratamento doutrinário de princípio da *intranscendência* da ação penal, o que, se, por um lado, é verdadeiro, de outro, não oferece qualquer acréscimo à compreensão da matéria, sem falar na inadequação de sua classificação conceitual (como princípio).

24.2.3. Juizados Especiais Criminais e processo conciliatório: Desde o ano de 1995, com a entrada em vigor da Lei nº 9.099, de 26 de setembro daquele ano, o processo penal brasileiro não é mais exclusivamente condenatório, isto é, voltado unicamente para a condenação do réu nas sanções penais previstas em Lei.

O ingresso dos Juizados Especiais Criminais na ordem jurídica nacional, e, fundamentado em texto constitucional (art. 98, I, CF), com competência para o processo e julgamento das infrações de menor potencial ofensivo, e, principalmente, para *a conciliação e a transação* nas hipóteses ali previstas, promoveu radical alteração no cenário processual penal brasileiro. Instituiu-se, primeiro na Lei nº 9.099/95 e, depois, na Lei nº 10.259/01, que criou os Juizados no âmbito da Justiça Federal, um novo modelo processual, com o objetivo declarado de se privilegiar a reparação dos danos sofridos pela vítima e a não imposição de pena privativa da liberdade (art. 62, Lei nº 9.099/95). Processo prioritariamente *conciliatório,* portanto.

Em consequência, e com olhos postos na possibilidade de transação, com o que não haveria o oferecimento de denúncia (mas, de transação, repita-se), boa parte da doutrina (ver, por exemplo, GRINOVER, Ada Pelegrini. *Juizados especiais criminais.* 4. ed. São Paulo: Revista dos Tribunais, 2002) passou a sustentar a mitigação do princípio da obrigatoriedade, que teria dado lugar, no âmbito dos Juizados, a um outro princípio, o da *discricionariedade regrada.*

Sem pretender ultrapassar os limites do rigor técnico, o fato é que não nos parece adequado falar-se em *discricionariedade regrada*, cujo conceito reúne duas expressões sensivelmente antagônicas. *Discricionário* é o ato administrativo no qual se reserva ao Administrador certa margem de liberdade de escolha na ação a ser encetada, opondo-se, no plano do Direito Administrativo, ao ato *vinculado,* hipótese em que não se reservaria qualquer opção àquele (administrador), cumprindo-lhe tão somente dar seguimento às determinações legais.

Aqui, a *discricionariedade* parece incompatível com a existência de regras já previamente fixadas em Lei, reduzindo a margem de opções deixadas ao Ministério Público e ao Juiz. Ao Ministério Público reservou-se um único juízo discricionário, a saber: cabe a ele, na transação penal, escolher a medida a ser transacionada, podendo optar pela pena de multa ou pela restritiva de direitos (art. 76, Lei nº 9.099/95). Quanto ao mais, ainda que se queira exigir a sua manifestação expressa, não se lhe reconhece ajuizar (no sentido de emitir juízo) acerca da conveniência ou não da oportunidade ou não da transação penal.

Nesse particular, a jurisprudência do Supremo Tribunal Federal, consolidada na Súmula 696, no sentido de exigir a presença e manifestação do Ministério Público tanto na transação penal (art. 76, Lei nº 9.099/95) quanto na suspensão condicional do processo (art. 89, Lei nº 9.099/95), e, mais, reconhecendo a ele a última palavra sobre a propositura de ambas (transação e suspensão condicional do processo), não autoriza a conclusão no sentido de tratar-se de poder discricionário (ressalvado, como vimos, a modalidade de sanção a ser aplicada na transação). Não há como negar, no entanto, que a solução ali preconizada cria enormes dificuldades para o reconhecimento da transação e da suspensão condicional do processo como *direito subjetivo* do autor do fato delituoso, posição que nos parece mais acertada (com a ressalva de entendimento de Douglas Fischer, que compreende não haver direito subjetivo à transação ou suspensão do processo).

Para nós, uma vez satisfeitas as condições expressamente previstas em Lei (e precisamente porque minudentemente ali estabelecidas), tanto para a transação quanto para a suspensão condicional do processo, devem, Ministério Público e Juiz, aplicar os respectivos modelos conciliatórios.

Se o Ministério Público entender que o caso não é de transação, deve-se remeter os autos à instância de revisão do *parquet* (art. 28, CPP, e art. 62, LC 75/93, no âmbito do Ministério Público Federal), consoante orientação da Suprema Corte na citada Súmula 696, entendimento esse que agora encontra reforço na sistemática introduzida com a nova redação do art. 28, CPP, pela Lei nº 13.964/2019.

Como reconhecer-se, então, o direito subjetivo do réu se o Ministério Público não oferecer a transação penal ou a suspensão condicional do processo?

No caso da suspensão condicional (art. 89, Lei nº 9.099/95) a solução seria a suspensão *de ofício*, alternativa essa não acolhida na jurisprudência, por força da citada Súmula 696.

Já na hipótese da recusa de transação penal, ato bilateral a exigir a presença de acusação e réu, nada impede que o juiz, se reconhecer que o caso é de afirmação do direito subjetivo ao processo conciliatório, rejeite a denúncia então oferecida, ao fundamento de *inexistência de interesse de agir,* tendo em vista a prevalência do processo conciliatório e a evitação da pena privativa da liberdade nas infrações penais de menor potencial ofensivo (art. 62, Lei nº 9.099/95).

Por fim, importante referir que ambos os institutos podem ser aplicados no âmbito da ação penal privada, cuja titularidade para a proposta será do querelante, não do Ministério Público. Segue-se o mesmo raciocínio desenvolvido para a ação penal pública. Entendemos que, no caso de haver proposta de transação penal ou suspensão processual pelo querelante, não aceitas as condições pelo querelado e não se estando diante de hipótese de ilegalidade, não caberá ao Ministério Público oferecer proposta substitutiva ou então o juiz deferir de ofício. E no caso de o querelante não propor a transação ou a suspensão processual, como se deveria proceder? Se o querelado nada arguir no primeiro momento que lhe couber, deverá o processo seguir seu rito normalmente, afastada a possibilidade de aplicação dos institutos. De outro lado, se o querelado arguir, na primeira oportunidade que falar nos autos, a ausência de proposta, e o querelante não propuser, ou a proposta for manifestamente ilegal, aí – de forma excepcional – entendemos que deverá o juiz aplicar o benefício que entenda cabível, sem qualquer intervenção do Ministério Público.

Registramos que, no ano de 2024, o STJ editou a Súmula **667 fixando entendimento de que** "eventual aceitação de proposta de suspensão condicional do processo não prejudica a análise do pedido de trancamento de ação penal."

Partimos da premissa de que não se revela mais adequada referida interpretação, pois estaria sendo violada a boa-fé objetiva, na medida em que o beneficiário primeiro aceita suspender o processo (mediante as condições estabelecidas em lei) e depois contesta o acordo que realizou, pugnando o trancamento da ação penal. Entendemos que o correto seria permitir sim a impugnação previamente, sem embargo de, posteriormente, em caso de insucesso, ser realizada a suspensão do processo.

Jurisprudência

24.2.3. [...] A Proposta de suspensão condicional do processo não se trata de direito subjetivo do réu, mas de poder-dever do titular da ação penal, a quem compete, com exclusividade, sopesar a possibilidade de aplicação do instituto consensual de processo, apresentando fundamentação para tanto. A iniciativa para propor a benesse é do *Parquet*; não pode, pois, o Judiciário substituir-se a este. [...] *(Agravo Regimental no Habeas Corpus nº 654.617/SP, STJ, 6ª Turma, unânime, Rel. Min. Rogério Schietti Cruz, julgado em 5.10.2021, publicado no DJ em 11.10.2021)*

24.2.3. [...] Na ação penal privada, cabível, em tese, é a suspensão condicional do processo, cumprindo ao querelado, ausente proposta do querelante, insurgir-se de forma oportuna. *(Recurso Extraordinário em Habeas Corpus nº 187.024/SP, STF, 1ª Turma, unânime, Rel. Min. Marco Aurélio, julgado em 24.11.2020, publicado no DJ em 12.3.2021)*

24.2.3. [...] a formalização da suspensão condicional do processo pressupõe o recebimento da denúncia. Ocorre que, ao contrário, o acórdão embargado afirmou, quanto ao procedimento insculpido no art. 89 da Lei n. 9.099/95, o seguinte: *"o Ministério Público, ao oferecer a denúncia, propõe a suspensão condicional do processo, e, aceita pelo acusado, na presença do juiz, este recebe a denúncia. Não foi o que se deu no presente caso, pois o juiz primeiro recebeu a denúncia e designou data para a realização da audiência de verificação dos termos da proposta (oferecida à fl. 126), e esta arguição/nulidade foi sustentada pela defesa desde a sua resposta à acusação (fl. 288)"*. Não se está a falar em recebimento da denúncia após a formalização da suspensão condicional do processo, mas de recebimento da denúncia e designação de data para audiência em que seriam verificados os termos da proposta ofertada. [...] *(Embargos Declaratórios no Recurso Especial nº 1.902.616/SP, STJ, 5ª Turma, unânime, Rel. Min. Joel Ilan Paciornik, julgado em 18.5.2021, publicado no DJ em 24.5.2021)*

24.2.3. [...] É firme a jurisprudência deste Supremo Tribunal Federal a respeito da impossibilidade de o Poder Judiciário conceder os benefícios previstos no art. 76 e 89 da Lei nº 9.099/95 sem que o titular da ação penal tenha oferecido a proposta. [...] (*Inquérito nº 3.438-SP, STF, 1ª Turma, maioria, Rel. Min. Rosa Weber, julgado em 11.11.2014, publicado no* DJ *em 10.2.2015)*.

24.2.3. [...] A suspensão condicional do processo não é direito subjetivo do réu. Precedentes. Foram apresentados elementos concretos idôneos para motivar a negativa de suspensão condicional do processo. 2. Recurso ao qual se nega provimento (*RHC nº 115.997/PA, STF, 2ª Turma, Rel. Min. Cármen Lúcia, julgado em 12.11.2013, publicado no* DJ *em 20.11.2013*).

24.2.3. [...] A transação penal, assim como a suspensão condicional do processo, não se trata de direito público subjetivo do acusado, mas sim de poder-dever do Ministério Público (Precedentes desta e. Corte e do c. Supremo Tribunal Federal). A jurisprudência dos Tribunais Superiores admite a aplicação da transação penal às ações penais privadas. Nesse caso, a legitimidade para formular a proposta é do ofendido, e o silêncio do querelante não constitui óbice ao prosseguimento da ação penal. Isso porque, a transação penal, quando aplicada nas ações penais privadas, assenta-se nos princípios da disponibilidade e da oportunidade, o que significa que o seu implemento requer o mútuo consentimento das partes. [...] (*Ação Penal nº 634-RJ, STJ, Corte Especial, Rel. Min. Félix Fischer, julgado em 21.3.2012, publicado no* DJ *em 3.4.2012*).

24.3. Ação Penal Pública Condicionada: Embora possa causar alguma estranheza o fato de uma ação penal depender da autorização da vítima (afinal, o Direito Penal não seria de interesse público, geral?), há que observar-se que a divulgação do fato criminoso, por si só, pode causar danos ou ampliar os danos já causados pela infração penal. Em determinados crimes contra a honra, por exemplo, quando a vítima é funcionário público e o fato se refira ao exercício de suas funções, a Lei (Código Penal, art. 145, parágrafo único), ao condicionar a ação penal à representação do ofendido, reconhece o interesse na proteção da honra atingida, ainda que se possa visualizar também um interesse da Administração Pública no esclarecimento da imputação (calúnia ou difamação). Seria essa a razão do condicionamento da ação à autorização do ofendido. Também não se olvide, exemplificativamente, e pelos mesmos fundamentos, da regra do art. 154-B (introduzido no Código Penal pela Lei nº 12.737, de 30 de novembro de 2012, que trata da "*invasão de dispositivo informático*"), na qual se dispôs que "*nos crimes definidos no art. 154-A, somente se procede mediante representação, salvo se o crime é cometido contra a administração pública direta ou indireta de qualquer dos Poderes da União, Estados, Distrito Federal ou Municípios ou contra empresas concessionárias de serviços públicos*".

E como se trata de simples autorização, não se há de exigir formalidade alguma, devendo-se apurar apenas a manifestação da vontade. Nesse sentido, bastaria o mero pedido de providências à autoridade policial, desde que se possa ali constatar a autorização para o esclarecimento dos fatos, isto é, a aceitação pelo ofendido da possível divulgação da infração, decorrentes da instauração de inquérito policial e posterior ajuizamento da ação penal.

De relevo apontar aqui que a Lei nº 13.964/2019 alterou a sistemática quanto aos delitos de estelionato, em que, como regra, doravante (sendo regra processual não se aplica retroativamente, presente o princípio *tempus regit actum*), somente se procederá mediante representação, excetuando-se unicamente as hipóteses em que a vítima for: a Administração Pública (direta ou indireta); criança ou adolescente; pessoa com deficiência mental; ou ainda maior de 70 anos ou incapaz.

Em nossa compreensão, se não *oferecida* a denúncia quando entrou em vigor a Lei nº 13.964/2019, o efeito é a retroação com esse *novo requisito* para a instauração penal. Mas nos casos que a denúncia tenha sido *oferecida* antes do advento da nova legislação, o procedimento foi regular, atendendo-se os requisitos exigidos na época do ato processual.

Veja-se que, nos termos do art. 25 do CPP, depois do oferecimento da denúncia a representação é irretratável. Ora, se mesmo nos casos em que, depois do ajuizamento da ação penal, a vítima se retratou e não implicou qualquer efeito jurídico sobre a denúncia já apresentada, com mais razão ainda nos casos em que uma lei posterior passou a exigir um requisito que não existia na época do início do processamento criminal. Atente-se que, sobretudo em 2021 e 2022, são encontradas decisões da 2ª Turma dando efeitos retroativos à norma, sem qualquer análise se, no caso concreto, houve manifestação da vítima (mesmo que sem maiores formalidades) para a apuração dos fatos e/ou processamento criminal. Na verdade, raros são os casos de estelionato que "começam" a ser apurados sem que haja uma "comunicação" feita pela vítima. Ou seja, essa condição agora exigida sempre foi, de certa forma, presente (regra geral) nas apurações dos delitos de estelionato.

Não isso, há um outro dado pouco observado. E para nós o mais importante, que deve ser "conjungado" com o pressuposto acima analisado (compreende-se na "representação" qualquer manifestação inequívoca da vítima).

É que, como frisado, o art. 25 do CPP dispõe expressamente que "a representação será irretratável, depois de oferecida a denúncia". Atente-se que a lei não fala "recebida", mas "oferecida". É dizer, para os casos que seria "exigível" a representação (mesmo que "informal"), qualquer manifestação da vítima posterior ao "oferecimento" da denúncia não teria qualquer feito jurídico.

Se uma nova lei passou a exigir a representação (o § 5º do art. 171 do CP), essa regra precisa ser compatibilizada com o próprio art. 25 do CPP.

Significa logicamente que, depois de oferecida a denúncia, não há sentido algum aplicar retroativamente uma nova lei que estipule esse requisito.

Essa é uma das razões pelas quais não há como se aplicar retroativamente a nova exigência da Lei nº 13.964/2019 se, quando ela entrou em vigor, a denúncia já tivesse sido "oferecida". Evidente que, se não oferecida, será possível a aplicabilidade de forma retroativa.

Claro que, se não oferecida a denúncia quando tenha entrado em vigor a Lei nº 13.964/2019, o efeito é retroagir a exigência desse novo requisito para a instauração da ação penal.

Mas não nos casos em que já foram regularmente instauradas as ações penais.

Importante visualizar que, a exemplo do que aventamos acima, no caso do HC nº 212.278 (publicado no DJ de 10.11.2022) houve retratação da vítima, mas não repercutiu em absolutamente nada no regular andamento do feito, pois aplicada a regra expressa do art. 25 do CPP.

Noutras palavras, é totalmente inconsistente a discussão teórica de "retroatividade" ou não do § 5º do art. 171 do CP se a denúncia já tenha sido oferecida (nem precisa recebimento) antes da Lei nº 13.964/2019 diante da expressa regra do art. 25 do CPP.

Jurisprudência

24.3 [...] **Súmula 670 do STJ:** "Nos casos de vulnerabilidade temporária, em que a vítima recupera suas capacidades físicas e mentais, e o pleno discernimento para decidir acerca da persecução penal de seu ofensor, a ação penal dos crimes sexuais é pública condicionada à representação."

24.3 [...] 3. A questão em discussão consiste em saber se a representação da vítima em crime de estelionato exige formalidades específicas e se a ausência de manifestação expressa inviabiliza a ação penal.

4. A jurisprudência desta Corte não exige formalidades específicas para a representação da vítima, sendo suficiente a demonstração inequívoca de interesse na persecução penal.

5. O registro de boletim de ocorrência e as declarações da vítima são suficientes para configurar a representação, conforme entendimento consolidado. [...] (*Agravo Regimental no Recurso em Habeas Corpus nº 201.195-SP, STJ, 5ª Turma, Rel. Min. Ribeiro Dantas, julgado em 14.11.2024, publicado no DJ em 18.11.2024*)

24.3. [...] 1. É cediço, por ambas Cortes de Superposição, que nos crimes de ação penal pública condicionada à representação da vítima, nos moldes dos art. 5º, § 4º, 24, caput (parte final), e 39, todos do CPP, tal condição de procedibilidade prescinde de maiores formalidades, sendo suficiente a demonstração inequívoca da vítima interessada ou de quem tenha qualidade para representá-la (feita oralmente ou por escrito, de forma expressa ou implicitamente) em dar início à persecução criminal, perante a autoridade policial, ao juiz ou perante o Parquet, para sucessiva apuração, eventual indiciamento, denúncia e (possível) condenação do acusado.

2. O Pretório Excelso já advertiu que, somente quando não houver inequívoca manifestação de vontade da vítima no sentido do interesse na persecução criminal, cumpre intimar a pessoa ofendida para oferecer representação (HC 207835 AgR, Relator(a): Edson Fachin, Segunda Turma, julgado em 22-08-2022, Processo Eletrônico, DJe- 175 Divulg. 01-09-2022, Public. 02-09-2022).

3. Na espécie, conforme consignado pelo Tribunal local, constatou-se inequívoca intensão da vítima para prosseguimento da persecução penal em relação aos crimes de injúria qualificada (art. 140, § 3º, do CP) – com redação vigente à época dos fatos – e de ameaça (art. 147 do CP), já que (ao noticiar os fatos no Boletim de Ocorrência, dando ensejo à abertura do inquérito policial, e ciente do indiciamento e denúncia do réu também com relação ao crime de injúria racial) não demonstrou em nenhum momento o intuito contrário, de não processar o réu, ratificando

todos os fatos em audiência de instrução, seguindo o processo todo seu curso. [...] *(Agravo Regimental no Agravo Regimental no Agravo em Recurso Especial nº 2.517.074-SE, STJ, 6ª Turma, Rel. Min. Otávio de Almeida Toledo, julgado em 10.9.2024, publicado no DJ em 13.9.2024)*

24.3. [...] No que diz respeito ao artigo 171, § 3º, do CP e à representação da vítima, o Supremo Tribunal Federal pacificou a divergência até então existente entre suas Turmas e, por maioria, proclamou a retroatividade da lei nova, mesmo após o recebimento da denúncia anterior à Lei n. 13.964/2019. Precedente: HC 208.817 AgRg, Relatora Ministra Cármen Lúcia, Tribunal Pleno, julgado em 13/4/2023, DJe 2/5/2023. Neste precedente restou assentado que a retroatividade da lei deve ser aplicada apenas àqueles casos em que não haja demonstração inequívoca do interesse da vítima na persecução penal. Ainda assim, se inexistentes elementos indicativos da vontade da vítima na persecução penal, deve o magistrado proceder à intimação dos ofendidos para que apresentem eventual representação (AgRg no AgRg no AREsp n. 2.468.274/GO, relator Ministro Ribeiro Dantas, Quinta Turma, julgado em 6/2/2024, DJe de 15/2/2024). [...] No caso dos autos, há manifestação da vítima no sentido de ver os acusados processados, tendo apresentado representação, conforme fls. 5/19, reiterando o pleito, em 9/3/2020 (fls. 888/898). [...] Os crimes de ação penal pública condicionada prescindem de formalidades. Dessa forma, pode ser depreendida do boletim de ocorrência e de declarações prestadas em juízo (AgRg no REsp 1.912.568/SP, Rel. Ministro ROGERIO SCHIETTI CRUZ, Sexta Turma, julgado em 20/4/2021, DJe 30/4/2021). [...] *(Agravo Regimental nos Embargos de Declaração no Agravo em Recurso Especial nº 2.455.999-SE, STJ, 5ª Turma, Rel. Min. Joel Ilan Paciornik, julgado em 9.9.2024, publicado no DJ em 11.9.2024)*

24.3 [...] 1. A representação, nos crimes de ação pública condicionada, dispensa qualquer formalidade. 2. A existência de manifestação inequívoca das vítimas no sentido de ver processado o envolvido torna irrelevante, na situação, o debate acerca da retroatividade do art. 171, § 5º, do Código Penal. [...] *(Agravo Regimental Recurso Ordinário em Habeas Corpus nº 237.562, STF, 2ª Turma, Rel. Min. Nunes Marques, sessão virtual de 22.3.2024 a 3.4.2024, publicado no DJ em 12.4.2024)*

24.3 [...] O Plenário do Supremo Tribunal Federal, no julgamento do HC 208.817-AgR, Relª. Minª. Cármen Lúcia, decidiu que a norma inserida no § 5º do art. 171 do CP pela Lei 13.964/2019 (necessidade de representação da pessoa ofendida no crime de estelionato) deve ser aplicada a processos em curso, ou seja, ainda não transitados em julgado quando da entrada em vigor da Lei 13.964/19. [...] (Agravo Regimental no Recurso Extraordinário com Agravo nº 1.430.217, STF, *1ª Turma, Rel. Min. Roberto Barroso, sessão virtual de 30.6.2023 a 7.8.2023, publicado no DJ em 14.8.2023)*

24.3. [...] 1. A jurisprudência da Terceira Seção desta Corte, na esteira da orientação sedimentada no âmbito do STF, firmou o entendimento de que a representação – nos crimes de ação penal pública condicionada -, prescinde de maiores formalidades, sendo suficiente a demonstração inequívoca de que a vítima tem interesse na persecução penal.

2. O mero comparecimento da vítima perante a autoridade policial só pode ser considerado como representação quando é espontâneo, tal como ocorre nas hipóteses em que comparece à Delegacia para fins de registrar ocorrência policial ou mesmo no Instituto Médico Legal para fins de submissão ao respectivo exame médico legal, pois, em tais casos, está implícita a vontade da vítima em dar início à persecução penal. Por outro lado, quando esse comparecimento não é espontâneo, ou seja, a vítima comparece em observância ao mandado de intimação previamente expedido pela autoridade policial, incumbe à autoridade colher a representação, ainda que circunstanciando esse fato no próprio termo de declaração.

3. Na hipótese sob exame, a partir da moldura fática estabelecida no acórdão atacado, verifica-se que três das quatro vítimas só compareceram mediante intimação da autoridade policial, sendo que, nas declarações obtidas, não há manifestação expressa do desejo de representar, circunstâncias que obstam tomar o mero comparecimento como representação para fins penais. [...] *(Recurso Especial nº 2.097.134-RJ, STJ, 6ª Turma, Rel. Min. Sebastião Reis Júnior, julgado em 23.11.2023, publicado no DJ em 28.11.2023)*

24.3. [...] 2. A nova redação do art. 171, § 5º, do Código Penal tornou o estelionato, em regra, crime de ação penal pública condicionada à representação. 3. No caso dos autos, não há necessidade de discussão sobre a retroatividade do art. 171, § 5º, da Lei nº 13.964/19. Isso porque, ao contrário do alegado pela defesa, a exigência da representação da vítima já se encontra plenamente satisfeita, uma vez que, conforme consignado pela Corte local, a ofendida registrou o boletim de ocorrência, reportando o ocorrido à autoridade policial (e-STJ fl. 140). Assim, não há se falar em ocorrência de causa extintiva da punibilidade (decadência). 4. Ademais, cabe ressaltar que A representação, nos crimes de ação penal pública condicionada, prescinde de formalidades. Dessa forma, pode ser depreendida do boletim de ocorrência e de declarações prestadas em juízo [...] *(Agravo Regimental no HC nº 728.184-RS, STJ, 5ª Turma, Rel. Min. Reynaldo Soares da Fonseca, julgado em 10.5.2022, publicado no DJ em 13.5.2022)*

...

24.3.1. Representação e requisição: Como visto, qualquer que seja o fundamento do condicionamento da ação, a natureza do ato é a mesma: trata-se de simples autorização para a movimentação pública da persecução penal.

Com o advento da Lei nº 13.964/2019, o § 5º do art. 171 do CP passou a ter a seguinte redação: "*§ 5º Somente se procede mediante representação, salvo se a vítima for: I – a Administração Pública, direta ou indireta; II – criança ou adolescente; III – pessoa com deficiência mental; ou (Incluído pela Lei nº 13.964, de 2019); IV – maior de 70 (setenta) anos de idade ou incapaz*".

A lei trouxe uma condição para a *instauração* da ação penal.

Se a ação penal foi, ao tempo passado, instaurada *sem a exigência legal*, essa nova disposição (embora "mais benéfica", para quem *somente* sob esse viés visualiza a norma) não pode retroagir por uma razão bastante simples: ela não existia quando recebida a denúncia. O ato procedimental foi correto e integralizado segundo as exigências da época. Há muito o entendimento (correto, diga-se) é no sentido de que uma regra dessa natureza não tem o condão de retroagir para desfazer o que já foi aperfeiçoado à luz do *momento processual*, que é regido pelo disposto no art. 2º do CPP (veremos a seguir o que já disse o STF em situações verdadeiramente análogas).

Alguns posicionamentos defendem que a regra poderia retroagir, mas sua aplicabilidade fica condicionada até o trânsito em julgado.

Compreendemos que não se pode falar em uma "espécie" de "meia retroatividade" penal mais benéfica: ou há retroação mais benéfica, incidindo sobre *todos os processos penais*, inclusive já julgados, ou não existe retroação.

A "escolha" do trânsito em julgado (como "limite de retroação") é um critério puramente "arbitrário" diante do que dispõe a regra da retroatividade penal mais benéfica (se esse for o fundamento a ser utilizado).

É verdade que se poderia argumentar que "não teria sentido" exigir-se uma "representação" da vítima depois de já transitado em julgado o feito. Isso também seria absolutamente verdadeiro. Mas essa circunstância só reforça a tese de que a interpretação conferida ao novo dispositivo está equivocada e é manifestamente arbitrária.

Veja-se que o STF entendeu (corretamente) que o art. 89 da Lei nº 9.099/95 (regra "mais benéfica" também) não poderia ser aplicado aos casos em que já houvesse sentença prolatada.

Qual a razão do STF para assim decidir?

Veja-se expressamente que, ao proferir seu voto no julgamento do HC nº 74.305-6 (Plenário, STF), o Ministro Sepúlveda Pertence explicitou que, "*no plano processual, o que se tem, indiscutivelmente, é a aplicação imediata da lei nova,* ***mas sem retroceder no tempo para alcançar fases superadas do procedimento em curso*** *[...] parece-me possível levar essa* *possibilidade [...] até a sentença. Por quê? Porque se trata, tipicamente [...], de um mecanismo de disposição da ação penal. Ora, o Ministério Público não tem, nem pode ter, disposição sobre uma sentença penal condenatória, mormente quando, para ele, já transitada em julgado".*

O caso aqui é similar: não se pode fazer retroceder a exigência da representação "no tempo para alcançar fases superadas do procedimento em curso".

Se assim fosse, se estaria conferindo efeito distinto ao estabelecido na lei, transformando a representação em "condição de perseguibilidade" e não de "procedibilidade".

O legislador escolheu um critério dizendo que, para o futuro, para ações penais *ainda não instauradas*, seria necessária a representação. Para as passadas, não há se exigir, na medida em que elas foram iniciadas segundo a lei vigente no tempo do recebimento da peça acusatória. A condição é de procedibilidade, que foi atendida!

Repetimos: a limitação imposta de retroatividade penal ao trânsito em julgado reflete na verdade a arbitrariedade das escolhas do julgado, pois não possui nenhuma lógica, contrariando a escolha política do legislador: criar uma condição de procedibilidade (e não de prosseguibilidade) para os casos em que *não instauradas* as ações penais.

Mais que isso. *Encontramos decisões e posicionamentos defendendo que a retroatividade se faria por aplicação do art. 91 da Lei nº 9.099/95 por analogia.* É preciso ver o que *efetivamente* decidiu o STF em relação ao (invocado) art. 91 da Lei nº 9.099/95, por "aplicação analógica".

Expliquemos, inclusive repristinando argumentos que trouxemos para reforçar as razões pelas quais as regras do ANPP (art. 28-A, CPP) não podem retroagir para os casos em que a denúncia já foi recebida anteriormente às alterações da Lei nº 13.964/2019 (embora não tenha sido essa a posição final do STF).

Há quem defenda que, a partir do julgamento plenário na Questão de Ordem no Inquérito 1.055, *em 26.4.1996*, o STF *teria* decidido que as regras da Lei nº 9.099/95 seriam (todas) retroativas por serem mais benéficas.

A leitura *exclusivamente* da ementa pode induzir a equívocos sérios. A questão é saber: o que decidiu o STF nesse julgado?

O primeiro ponto que fica bem claro é que estavam discutindo, primordialmente, sobre a necessidade (ou não) de *representação* do ofendido em crimes de lesões corporais em razão da norma mais benéfica que foi instituída pelo art. 91 da Lei nº 9.099/95 (*Nos casos em que esta Lei passa a exigir representação para a propositura da ação penal pública, o ofendido ou seu representante legal será intimado para oferecê-la no prazo de trinta dias, sob pena de decadência*).

Embora a parte final da *ementa* fale em *inquéritos e ações penais*, precisamos ver que o caso em que decidido o tema pelo Plenário do STF *não era ação penal*, mas um inquérito (ou seja, *não havia processo*).

A discussão era sobre a exigibilidade (ou não) da condição que passou a existir (a representação, tal como aqui) para os *inquéritos* em andamento. E corretamente o STF disse que seria exigível, pois não recebida ainda a denúncia.

O *leading case* do STF na Questão de Ordem no Inquérito nº 1.055 tratava de uma investigação criminal para apurar a prática do delito de lesões corporais previsto no art. 129, *caput*, do CP, fato ocorrido no dia 19.5.1993 (aproximadamente 3 anos antes da decisão).

Discutia-se, primordialmente, se, pela *nova regra* do art. 91 da Lei nº 9.099/95, dever-se-ia subordinar a perseguibilidade das infrações em questão (até então de ação penal pública) à *prévia* representação da vítima (similar mesmo ao caso em tela quanto ao estelionato na forma das alterações da Lei nº 13.964/2019).

O tema foi submetido ao plenário (por isso em *questão de ordem*) exatamente com a finalidade (única) de definir se os arts. 88 e 91 da Lei nº 9.099/95 se aplicariam aos casos originários do STF (porque se tratava de competência penal *originária*, sobre o que nada falava a nova lei, e estavam diante de *inquérito* em trâmite perante o STF).

No caso, o relator pontuou que a representação da vítima – até então inexigível para essa modalidade infracional – passou a constituir uma *delatio criminis* postulatória, *para que*, eventualmente, *fosse instaurada* uma ação penal.

Assim, disse o relator, o "*ato de delação postulatória tornou-se indispensável ao válido ajuizamento da própria ação penal e, também, à instauração do procedimento de investigação criminal*". Assim, complementou, "***tratando-se de persecutio criminis em sua fase pré-processual, o respectivo inquérito** – nos crimes em que a ação pública depender de representação – não poderá, sem esta, ser iniciado, consoante prescreve o ordenamento positivo. [...] De outro lado, e com maior razão, o próprio ajuizamento da ação penal, pelo Ministério Público condicionar-se-á à formalização, pelo ofendido, **em tempo oportuno**, do ato necessário de representação*" (grifamos para enfatizar que se tratava de inquérito, em fase pré-processual).

Na sequência, reconheceu que esses institutos seriam aplicáveis não apenas em primeiro grau, mas a todas e eventuais questões que envolvessem prerrogativa de foro.

Assentou que a Lei nº 9.099/95 criou instrumentos para viabilizar processos de despenalização (não se tratava de descriminalização), abrindo espaço para consenso.

Não olvidando – insistimos nisso – que estava resolvendo uma questão em que *não havia ação*, referiu que "*os institutos em questão – além de derivarem de típicas normas de caráter híbrido, pois revestem-se de projeção eficacial tanto sobre o plano formal, quanto sobre a esfera estritamente penal-material, gerando, quanto a esta, consequências jurídicas que extinguem a própria punibilidade do agente [...].*" Assim, "*as prescrições que consagram as medidas despenalizadoras em causa qualificam-se como normas penais benéficas, necessariamente impulsionadas, quanto à sua aplicabilidade, pelo princípio constitucional que impõe à* lex mitior *uma insuprimível carga de retroatividade virtual e, também, de incidência imediata*".

Dentro do *limite da discussão posta* (exigir-se ou não representação do ofendido e se incidia sobre casos com prerrogativa de foro, e não sobre a aplicabilidade da transação penal ou da suspensão processual), concluiu que, "*independentemente do órgão judiciário ou da instância jurisdicional perante os quais tenham curso ou hajam sido instaurados os procedimentos penais que se lhes aplicam, de imediato as normas materiais de conteúdo penalmente benéfico, como aquelas consubstanciadas nos arts. 88 e 91 da Lei nº 9.099/95, concernentes à necessidade de representação do ofendido nos delitos de lesões corporais leves ou de lesões corporais culposas*".

Veja-se que, no excerto acima, não se fala em ações penais, mas em *procedimentos penais*, que são coisas bem diversas (exatamente porque ali se tratava de um *procedimento de investigação penal*, não de ação penal). Também fala em normas de cunho estritamente material. Tanto é assim que, na sequência, novamente referiu que a "*possibilidade de estender os preceitos em causa a procedimentos penais instaurados perante outros órgãos judiciários [...] decorre [...] do fato de que as regras consubstanciadas nos arts. 88 e 91 da Lei nº 9.099/95 qualificam-se como prescrições de natureza penal e de conteúdo material, veiculadoras de uma específica modalidade de despenalização*".

A sua conclusão foi no sentido de, *unicamente*, determinar a suspensão "*desse procedimento penal*" (fala de novo em procedimento penal, o inquérito) "*para que se proce-*

da, no caso, nos termos do art. 91 da Lei nº 9.099/95, à intimação de [...], vítima do delito de lesões corporais leves [...] a fim de que, no prazo de 30 dias, querendo, ofereça, ou não, a necessária representação, sob pena de decadência".

A partir do que pontuado, o que se verifica que foi efetivamente decidido e quais conclusões nos importam aqui?

Em nenhum momento o STF assentou, nesse julgado, que as regras dos arts. 76 e 89 da Lei nº 9.099/95 se aplicariam às ações penais em andamento. Como visto, o tema central era outro (da exigibilidade ou não de representação o ofendido em caso que tramitava *sem ação penal*, era um inquérito, ou, na lítera do julgado, um *procedimento processual penal*).

O STF expressamente distinguiu hipóteses de *procedimento penal* (investigação) e *ação penal*.

Reconheceu-se (corretamente) que, de forma geral, as regras da Lei nº 9.099/95 possuem caráter mais benéfico sob o aspecto *penal*.

Em nenhum momento assentou que as regras referentes à *transação penal* seriam aplicadas de forma retroativa e de forma indistinta.

Outra decisão relevante do STF que merece análise é aquela tomada na ADI nº 1.719 (mérito decidido em 18.6.2007), que foi ajuizada em relação ao art. 90 da Lei nº 9.099/95, que dispunha que "*as disposições desta lei não se aplicam aos processos penais cuja instrução já tiver sido iniciada*".

Atente-se que essa é uma regra exclusivamente processual. Mas daí não se pode inferir (por dedução) que o STF teria permitido a incidência dos dispositivos de conteúdo penal, retroativamente, afastando a limitação temporal (processual) do disposto no art. 90.

Analisemos a fundamentação *novamente* do voto-condutor.

Disse que "*é importante observar, contudo, que a Lei 9.099/1995 tem natureza mista: é composta por normas de natureza processual e por normas de conteúdo material de direito penal. Portanto, para a concreta aplicação do princípio da retroatividade da norma penal benéfica (art. 5º, XL da CF/88), não poderia o legislador conferir o mesmo tratamento para todas as normas inseridas na lei dos juizados especiais*".

O voto se reportou ainda ao que decidido no Inquérito nº 1.055-DF, citando (apenas) a segunda parte da sua ementa, dizendo que o Tribunal assentou o entendimento de que "*as normas da Lei 9.099/1995 de natureza penal e conteúdo mais benéfico ao réu devem retroagir para alcançar os processos que já tiverem a instrução iniciada*".

Diante de uma regra exclusivamente processual, a decisão tomada foi para o fim de "*dar interpretação conforme ao art. 90 da Lei 9.099/1995 do caráter intertemporal do dispositivo ora atacado, voto pela confirmação da cautelar, para dar interpretação conforme ao art. 90 da Lei 9.099/1995, de modo a impedir que dele se extraiam conclusões conducentes a negar a aplicabilidade imediatamente e retroativa às normas de direito penal mais favoráveis aos réus contidas nessa lei*".

Alertamos ainda para o que disse o (então) relator da Medida Cautelar na ADI nº 1.719, Ministro Moreira Alves, em seu voto proferido em 3.12.1997: "*não há dúvida da relevância da fundamentação do pedido de liminar no tocante a que o disposto no artigo 90 da Lei 9.099, de 26.5.95, só se aplica às normas estritamente processuais desse diploma legal, não alcançando as de conteúdo penal, em virtude do princípio constitucional da retroatividade da lei penal mais benigna [...]*". E o Ministro Marco Aurélio, ao acompanhar o deferimento da liminar, bem destacou: "*A Lei nº 9.099/95 possui preceitos mistos, que têm car-*

ga material e instrumental. O voto do Ministro-Relator já explicita esse aspecto ao referir-se à aplicabilidade do disposto no art. 90 somente quanto às normas estritamente processuais".

Está bem claro que o STF examinou a limitação imposta pelo art. 90 da Lei nº 9.099/95 (norma estritamente processual) em relação às (autônomas) regras *exclusivamente penais* da Lei nº 9.099/95, excluindo a extensão da decisão (*não a aplicando*) para os casos de regras *híbridas*. Isso está hialino (e correto, segundo pensamos).

Ainda, é possível argumentar que o legislador foi expresso ao determinar a intimação do ofendido para fins de representação "nos casos que a Lei 9.099/95 exigir." Ora, a Lei 13.964/19 é *posterior* a essa norma, e se o legislador não fez menção expressa a essa possibilidade é porque não era sua intenção fazê-lo, tratando-se, portanto, de hipótese de "silêncio eloquente".

Portanto, de forma conclusiva, não há como se aplicar a (nova) exigência legal aos casos em que a ação penal foi instaurada segundo as regras anteriores à vigência da Lei nº 13.964/2019.

De qualquer modo, e na linha do que já destacamos quando tratamos da irretroatividade do ANPP para situações em que já recebida a denúncia, fazemos uma ressalva final (que respeitamos quem a adota, embora entendamos equivocada): se for aplicada de forma *isolada* a tese de que a representação da vítima para os delitos de estelionato é *unicamente mais benéfica sob o aspecto penal* (desvinculando-a da limitação temporal feita pelo legislador, pois criou uma condição de procedibilidade), essa retroatividade penal implica que essa exigência deva incidir, necessariamente, sobre todos os processos penais, inclusive com trânsito em julgado. Não há "meia retroatividade penal" mais benéfica.

Prosseguindo em relação ao tema do presente artigo, destaca-se que, apenas nas hipóteses de crimes contra a honra praticados contra o Presidente da República e contra Chefe de Governo estrangeiro (art. 141, I, e art. 145, parágrafo único, todos do Código Penal) é que a autorização passa a ser de responsabilidade do Ministro da Justiça. Nas duas hipóteses, o que se cogita é de imputação desferida contra autoridades em exercício da Chefia de Governo, nacional e estrangeiro, a demandar juízo de conveniência e oportunidade por agente público detentor de habilitação específica na área jurídica e política, caso, em tese, do Ministro da Justiça.

A distinção entre a *representação e a requisição*, com efeito, não é de forma, mas de substância. No caso de representação, a autoridade policial não se vê compelida a aderir ao juízo de valor – tratar-se ou não de crime – feito pelo ofendido, podendo, na hipótese de entender inexistente o crime, indeferir o requerimento de instauração de inquérito policial, em despacho sujeito a recurso ao órgão hierarquicamente superior, nos termos do art. 5º, § 2º, do CPP, já objeto de nossas considerações.

Já na *requisição*, não. Requisição é manifestação de autoridade, detentor de atribuição para o ato. Enquanto a autoridade policial pode discordar da valoração feita na representação, na requisição tal não ocorre, cumprindo-lhe atender a determinação, por força de exigência legal.

De outro lado, no que respeita especificamente à ação penal, e não mais à instauração de inquérito policial, é de se ver que o legitimado a agir é o Ministério Público, seja condicionada ou não a ação pública.

Por isso, se o membro do Ministério Público entender que o fato noticiado, ou apurado em inquérito policial ou quaisquer elementos indiciários (arts. 27 e 28, CPP), não constitui crime, *não estará ele obrigado* à propositura da ação. Não haverá, então, e no ponto, qualquer distinção quanto aos efeitos da representação e da requisição, no tocante à iniciativa para a ação penal. Não se pode pensar mais em qualquer poder do Ministro da Justiça *em* requisitar ação penal. O que ele pode fazer é autorizar o Ministério Público, o que será feito por meio do que se convencionou, em Lei, *de requisição*. Repita-se, no entanto, que, no pós-Constituição da República, sobretudo, o Ministério Público é inteiramente livre (independência funcional, art. 129 da Constituição da República) para apreciar (valorar) a existência ou não de fato criminoso, e, por isso, independentemente do juízo que dele fizer o Ministro da Justiça, bem como a autoridade estrangeira (art. 141, I, CP).

Jurisprudência

24.3.1. [...] O Plenário do Supremo Tribunal Federal, no julgamento do HC 208.817-AgR, Relª. Minª. Cármen Lúcia, decidiu que a norma inserida no § 5º do art. 171 do CP pela Lei 13.964/2019 (necessidade de representação da pessoa ofendida no crime de estelionato) deve ser aplicada a processos em curso, ou seja, ainda não transitados em julgado quando da entrada em vigor da Lei 13.964/19. [...] A moldura factual retratada no acórdão recorrido revela que houve a regular representação pelas vítimas, pois foram até a Delegacia de Polícia e realizaram manifestação expressa e inequívoca no sentido de ter início a respectiva persecução penal. Quadro esse que impossibilita o acolhimento da pretensão defensiva, tendo em vista a jurisprudência do Supremo Tribunal Federal no sentido de que o ato de representação do ofendido, para fins penais, prescinde de qualquer formalidade, bastando a inequívoca manifestação da vítima no sentido de processar o ofensor (RHC 123.086-AgR, Rel. Min. Gilmar Mendes). No mesmo sentido: ARE 1.289.175- AgR, Rel. Min. Edson Fachin. [...] *(Agravo Regimental no Recurso Extraordinário com Agravo nº 1.430.217, STF, 1ª Turma, Rel. Min. Roberto Barroso, sessão virtual de 30.06.2023 a 07.08.2023, publicado no DJ em 14.08.2023)*

24.3.1. [...] 1. O entendimento da Corte de origem está em consonância com a jurisprudência da Terceira Seção do Superior Tribunal de Justiça e da Primeira Turma do Supremo Tribunal Federal, sedimentada no sentido de que, em crime de estelionato, a necessidade de representação das vítimas, trazida ao mundo jurídico com a entrada em vigor da Lei n. 13.964/2019, não alcança o processo cuja denúncia tenha sido oferecida antes da vigência da citada norma, tal como ocorre na hipótese dos autos.

2. Ainda que fosse necessária a representação, não haveria alteração no deslinde do feito. Como se sabe, a representação do ofendido dispensa maiores formalidades, porque é "suficiente a demonstração do interesse da vítima em autorizar a persecução criminal" (STJ, AgRg no REsp n. 1.687.470/SC, relator Ministro Rogerio Schietti Cruz, Sexta Turma, julgado em 25/08/2020, DJe 1º/09/2020.). [...] *(Agravo Regimental no Recurso em Habeas Corpus nº 156.133-CE, STJ, 6ª Turma, Rel. Min. Laurita Vaz, sessão virtual de 21.3.2023 a 27.3.2023, publicado no DJ em 31.3.2023)*

24.3.1. [...] A Terceira Seção desta Corte, no julgamento do HC n. 610.201/SP, DJe 8/4/2021, por maioria de votos, pacificou o entendimento de que não retroage o art. 171, § 5º, do CP, às hipóteses de denúncia oferecida antes da vigência da Lei n. 13.964/2019. Trata-se de ato que não pode ser alcançado pela mudança, pois, naquele momento, a norma processual definia a ação penal para o crime de estelionato como pública incondicionada e a nova legislação não exigiu a manifestação da vítima como condição de sua prosseguibilidade. [...] *(Agravo Regimental no Recurso Especial nº 1.912.568/SP, STJ, 6ª Turma, unânime, Rel. Min. Rogerio Schietti Cruz, julgado em 20.4.2021, publicado no DJ em 30.4.2021)*

24.3.1. [...] Estelionato. Ação Penal. Lei nº 13.964/2019. Aplicação no tempo. A exigência de representação tem aplicação aos casos em que não tiver sido oferecida denúncia, independentemente do momento da prática do crime. [...] (Habeas Corpus *nº 190.683/ES, STF, 1ª Turma, unânime, Rel. Min. Marco Aurélio, julgado em sessão virtual de 27.11.2020 a 4.12.2020, publicado no* DJ *em 7.1.2021).*

24.3.1. [...] 2. Constitucional, Penal e Processo Penal. 3. Estelionato. Art. 171, *caput*, do Código Penal. 4. Não aplicação, no caso, do contido no § 5º do art. 171 do Código Penal, acrescentado pela Lei 13.964/2019. [...] *(Agravo Regimental no Recurso Extraordinário com Agravo nº 1.230.095-SP, STF, 2ª Turma, unânime, Rel. Min. Gilmar Mendes, julgado em sessão virtual de 14.8.2020 a 21.8.2020, publicado no* DJ *em 1º.9.2020).*

24.3.2. Capacidade para representar: Que se esclareça, desde logo: uma coisa é a capacidade para representar, isto é, capacidade (no sentido de habilitação, atribuição etc.) para autorizar o início da persecução penal – seja para a instauração do inquérito policial (art. 5º, § 4º, CPP), seja para a própria ação (art. 24, CPP) – e outra, inteiramente diferente, é a *legitimação*. Essa última se refere à pertinência subjetiva para a propositura da ação penal, instituindo-se como *condição da ação*. Já a *capacidade* de que cuidamos diz respeito apenas à identificação de determinadas pessoas que, em razão das especiais relações de afeto ou de responsabilidade com o menor e/ou incapaz, podem exercer uma certa parcela do poder familiar.

Sequer se trata, também, das conhecidas categorias jurídicas da teoria do processo, incluídas entre os pressupostos processuais, denominadas *capacidade processual e capacidade postulatória*. A primeira, *processual,* diz respeito à aptidão legal para *estar em juízo,* isto é, para exercitar a jurisdição, enquanto a segunda, a *postulatória,* reporta-se à habilitação técnica, de cunho profissional (advogado, regularmente inscrito no quadro da OAB, defensores públicos, membros do Ministério Público). Em tempo: capacidade processual é a capacidade de estar em juízo, em qualquer processo (maior de 18 anos, por exemplo), enquanto a *legitimação ad causam* refere-se à capacidade para determinada e específica causa (ação).

Assim, a capacidade para a *representação* aqui mencionada (no *caput* do artigo), em primeiro lugar, vem prevista em Lei, como ocorre frequentemente nas hipóteses típicas de *representação legal* previstas na legislação civil (ascendentes, curadores, detentores do poder familiar etc.). Mas não necessariamente. Em algumas situações, nas quais o exercício da representação legal civil esteja, por quaisquer razões, embaraçado, a representação poderá ser oferecida por outras pessoas, exigindo-se-lhes tão somente vínculos informais de responsabilidade sobre o menor, ainda que circunstanciais, e, por isso, precários. Incluem-se nessa definição, por exemplo, qualquer pessoa que esteja com a guarda provisória do menor (convivência temporária, intercâmbios culturais etc.), e, em determinadas situações, até mesmo o Conselho tutelar do menor.

Evidentemente, o único requisito imposto nesses casos há de ser a ausência de conflito de interesse entre tais pessoas e o representante legal. É dizer, se a hipótese for de urgência (caso típico da instauração de inquérito policial) e o representante legal (previsto em Lei) não estiver acessível, as pessoas aqui mencionadas poderão exercer a capacidade para o oferecimento da representação.

24.3.3. Conflito de interesses: Como veremos mais adiante, há previsão de nomeação de um curador especial, pelo juiz criminal, nas hipóteses em que houver conflito de interesses entre o menor e seu representante legal (art. 33, CPP). Abstraídas, por ora, as inúmeras dificuldades para a identificação de um efetivo conflito de interesses entre o menor – que, exatamente por ausência de capacidade civil, tem representação legal – e seu representante, deixa-se aqui assentada a impossibilidade de aplicação analógica do referido dispositivo legal (art. 33, CPP) aos casos de contradição entre a vontade do representante legal e a da pessoa detentora da guarda provisória. No primeiro caso, do art. 33, a identificação do conflito é reservada ao Ministério Público (que pode requerer a nomeação do curador especial) e do Juiz, a quem cabe decidir; no segundo, admitir-se o conflito implicaria opção de prevalência de uma *nova modalidade de curatela*, ainda mais especial, com manifesta violação à legislação civil.

24.3.4. Morte ou ausência do ofendido: Morto ou declarado judicialmente ausente o ofendido – aqui, cuida-se do ofendido maior –, poderão apresentar a representação o cônjuge, ascendente, descendente ou irmão, nessa ordem, sendo que deve ser observado tratamento isonômico para hipóteses de união estável. Valem aqui as mesmas observações feitas em relação a um possível conflito de interesses entre eles.

Jurisprudência

24.3.4. [...] 2. Por se tratar de crime de calúnia contra pessoa morta (art. 138, § 2°, do Código Penal), os Querelantes – mãe, pai, irmã e companheira em união estável da vítima falecida – são partes legítimas para ajuizar a ação penal privada, nos termos do art. 24, § 1°, do Código de Processo Penal ("*§ 1° No caso de morte do ofendido ou quando declarado ausente por decisão judicial, o direito de representação passará ao cônjuge, ascendente, descendente ou irmão*"). 3. A companheira, em união estável reconhecida, goza do mesmo *status* de cônjuge para o processo penal, podendo figurar como legítima representante da falecida. Vale ressaltar que a interpretação extensiva da norma processual penal tem autorização expressa no art. 3° do CPP ("*A lei processual penal admitirá interpretação extensiva e aplicação analógica, bem como o suplemento dos princípios gerais de direito*"). [...] *(Ação Penal no 912-RJ, STJ, Corte Especial, unânime, Rel. Min. Laurita Vaz, julgado em 7.8.2019, publicado no DJ em 22.8.2019).*

24.3.5. Representação e ação penal alternativa (concorrente?): Jurisprudência pacífica nos tribunais aponta a possibilidade de o ofendido, nos casos de crimes contra a honra de servidor público, ajuizar ação penal privada, ainda que o texto legal do parágrafo único, do art. 145, do Código Penal, afirme tratar-se de ação penal pública condicionada à representação. E, a nosso aviso, corretamente. Tão pacífica, que sobreveio a Súmula 714 do STF, nesses termos: "É concorrente a legitimidade do ofendido, mediante queixa, e do Ministério Público, condicionada à representação do ofendido, para a ação penal por crime contra a honra de servidor público em razão do exercício de suas funções."

No entanto, no julgamento do Inquérito n° 1.939/BA, Relator o eminente Ministro Sepúlveda Pertence, o Plenário da Suprema Corte decidiu que não se trataria, em verdade ou, rigorosamente, de legitimação concorrente, no sentido mais usual da palavra. E isso porque se deixou, então, assentado que, uma vez oferecida a representação (para fins de instauração de ação pública, condicionada), não seria mais cabível a ação penal privada. Sem adentrar o mérito da decisão, o fato é que, do ponto de vista de uma técnica mais apurada, parece-nos mais adequada a expressão *alternativa* que a outra, *concorrente*, na medida em que as ações, na realidade, não concorrem (exercício de uma, com a *representação, e* de outra, com a queixa, se o MP não a propuser), mas se excluem (uma *ou* outra).

Jurisprudência

24.3.5. [...] 1 – "*É concorrente a legitimidade do ofendido, mediante queixa, e do Ministério Público, condicionada à representação do ofendido, para a ação penal por crime contra a honra de servidor em razão do exercício de suas funções*" (Súmula 714 do STF). 2 – A eficácia objetiva da representação, interligada ao princípio da indivisibilidade que vige na ação penal pública, confere ao Ministério Público a possibilidade de atuar prontamente contra todos os envolvidos, ainda que a representação não tenha abrangido todos os autores da infração. Logo, admissível o aditamento à denúncia pelo *Parquet* para fins de inclusão de corréu não constante da representação do ofendido. [...] (*RHC n° 46.646-SP, STJ, 5ª Turma, unânime, Rel. Min. Reynaldo Soares da Fonseca, julgado em 7.4.2016, publicado no DJ em 15.4.2016*).

24.4. Natureza Pública ou Privada da Ação Penal: Não só o CPP, mas também em legislações específicas e especiais há também regulação acerca da natureza da ação penal. Serão públicas incondicionadas as ações penais cujas infrações tenham sido praticadas contra a União, Estados, Municípios e o Distrito Federal (inexistente à época do CPP), as ações penais relativas aos crimes previstos na Lei nº 8.069/90 (art. 227, Estatuto da Criança e do Adolescente), na Lei nº 11.101/05 (Lei de Falências), na Lei nº 10.741/03 (Estatuto da Pessoa Idosa), na Lei nº 8.137/90 (art. 15 – Crimes contra a ordem tributária). No entanto, não é preciso previsão expressa em Lei para que a ação penal seja pública incondicionada. A regra geral é que sejam. Tanto o condicionamento, na ação penal pública condicionada, quanto a privatividade, na ação privada, dependem de expressa previsão legal, nos termos do quanto previsto no art. 100 do Código Penal.

Jurisprudência

24.4. [...] A jurisprudência do Superior Tribunal de Justiça é firme no sentido de que a representação dispensa o rigor formal, bastando a demonstração da vontade do ofendido ou de seu representante legal para que se promova a responsabilização do autor do delito. Recurso especial conhecido e improvido (*Recurso Especial nº 1.137.250/SP, STJ, 5ª Turma, Rel. Min. Arnaldo Esteves Lima, julgado em 2.3.2010, publicado no DJ em 29.3.2010).*

24.5. Jurisdição Política e Crimes de Responsabilidade: Como se sabe, não só a Constituição da República, mas também a Lei – algumas delas – cuidam dos chamados crimes de responsabilidade, que, historicamente, têm merecido a inclusão entre as infrações penais, como se a matéria de Direito Penal mesmo se tratasse.

Não vemos como aderir à tese. Tal modalidade de infração tem natureza *política*, não sendo por outra razão que a jurisdição que dela cuida tem a mesma feição (política). Quem julga os tais crimes de responsabilidade, ainda quando sejam integrantes do Poder Judiciário, compõe a denominada jurisdição *política*, precisamente em razão do fato, relevantíssimo, de se examinar a ilicitude segundo definições de comportamentos e, assim, de violação de regras, próprios ao exercício das atividades dos agentes políticos.

No entanto, o Supremo Tribunal Federal tem jurisprudência pacífica em sentido contrário, isto é, do entendimento de que a matéria seria de Direito Penal, e não de Direito Administrativo-Constitucional. A consequência é de grande relevo: se se trata mesmo de *crime*, como quer crer a Suprema Corte, a iniciativa ou a legitimidade ativa para a persecução (que, então, seria penal) caberia unicamente ao Ministério Público, independentemente de representação (por ausência de previsão legal).

Com isso, não teria sido recepcionado pelo texto constitucional a norma prevista na Lei nº 1.079/50, que previa que todo cidadão teria legitimidade para oferecer denúncia no caso das infrações ali dispostas (art. 14 e art. 41), contra o Presidente da República, Ministros de Estado, Ministros do Supremo Tribunal Federal e Procurador-Geral da República.

Configuram órgãos da jurisdição política, com competência para o julgamento dos crimes de responsabilidade: (a) o Senado Federal, para julgar o Presidente da República, Ministros de Estado, Ministros do Supremo Tribunal Federal, Procurador-Geral da República, membros do Conselho Nacional de Justiça, do Conselho Nacional do Ministério Público e Advogado-Geral da União, devendo ser observada, em relação aos primeiros (Presidente da República e Ministros de Estado) a competência da Câmara dos Deputados para a admissibilidade e a formalização da acusação (art. 51, I, CF; art. 20 e seguintes da Lei nº 1.079/50); (b) as Assembleias Legislativas, no julgamento de Governadores de Estados e Secretários (art. 75, Lei nº 1.079/50); (c) a Câmara de Vereadores, para julgar os prefeitos, nas infrações político-administrativas (art. 4º, Decreto-lei nº 201/67).

Jurisprudência

24.6. [...] A expressão crime comum, na linguagem constitucional, é usada em contraposição aos impropriamente chamados crimes de responsabilidade, cuja sanção é política, e abrange, por conseguinte, todo e qualquer delito, entre outros, os crimes eleitorais. Jurisprudência antiga e harmônica do STF. Competência originária do Superior Tribunal de Justiça para processar e julgar Governador de Estado acusado da prática de crime comum, Constituição, art. 105, I, "a". Deslocamento da competência da Justiça estadual, afirmada desde a Constituição de 1891, para a Justiça federal. Conflito negativo conhecido e deferido (*Conflito de Jurisdição nº 6.971, STF, Plenário, Rel. Min. Paulo Brossard, julgado em 30.10.1991, publicado no* DJ *em 21.2.1992*).

Art. 25. A representação será irretratável, depois de oferecida a denúncia.

Vimos que a representação, do mesmo modo que a requisição do Ministro da Justiça (quando cabível), significa tão somente a autorização dada pelo interessado (o ofendido, seu representante legal, ou pessoa que esteja na guarda do menor, ascendente, descendente, cônjuge ou irmão do ofendido, quando morto ou ausente este), exigida, tanto para que se instaure o inquérito policial quanto para o ajuizamento da ação penal pública condicionada.

Uma vez apresentada a representação, o normal é que satisfeita estivesse a condição para a respectiva ação penal. No entanto, e possivelmente por razões de política criminal, fixa a Lei um prazo para que a pessoa interessada na persecução penal possa rever a citada autorização. Tal prazo se encerraria com o oferecimento da denúncia (note-se que não se fala em recebimento, mas no *oferecimento*), quando, então, a obrigatoriedade da ação penal já estaria em curso. E, se ainda não decaído o direito à representação – direito esse ainda a ser examinado adiante –, poderá, mais uma vez, representar. O que importa, como se vê, é a liberdade da manifestação de vontade, desde que respeitados os prazos fixados em Lei.

Embora o CPP não se refira à requisição do Ministro da Justiça, temos por perfeitamente aplicável à espécie a retratação, porquanto em uma e outra hipótese, de representação ou de requisição, o conteúdo de ambas (no sentido da *autorização*) é o mesmo, o que reclamaria identidade de tratamento. Cabível, portanto, a retratação também no caso de requisição do Ministro da Justiça. Há oscilação doutrinária sobre o tema, e que, a nosso aviso, não se justifica.

Jurisprudência

[...] O exercício do direito de representação é irretratável após o oferecimento da denúncia (art. 25 do CPP) e não cabe perdão em ação pública, ainda que condicionada (HC 45.417/SP, [...] 6ª Turma, *DJ* 25.9.2006; RHC 18.780/SC, Rel. Min. Gilson Dipp, 5ª Turma, *DJ* 1º.8.2006). Ordem denegada (*Habeas Corpus nº 81.079/MG, STJ, 5ª Turma, Rel. Min. Arnaldo Esteves Lima, julgado em 7.10.2008, publicado no* DJ *em 3.11.2008*).

Art. 26. A ação penal, nas contravenções, será iniciada com o auto de prisão em flagrante ou por meio de portaria expedida pela autoridade judiciária ou policial.

Dispositivo não recepcionado em face da nova ordem constitucional, que atribui ao Ministério Público – e apenas a ele – a legitimidade para a ação penal pública (da ação privada cuida o particular), consoante os termos do art. 129, I, CF.

Não bastasse, tem-se como exigência também do sistema acusatório brasileiro a impossibilidade de acusação (ou investigação) pela autoridade judiciária. A classificação jurídica de um sistema processual como *acusatório*, como vimos, fundamenta-se essencialmente na separação, para órgãos distintos, entre as funções judicantes e as funções de acusação (daí acusatório). Quando chegarmos aos estudos atinentes à prova, teremos oportunidade de examinar com mais vagar a natureza acusatória do processo penal brasileiro, tratando em maior extensão a problemática questão da iniciativa probatória do juiz criminal.

Jurisprudência

[...] A Constituição de 1988 inclui como função institucional do ministério público, promover, privativamente, a ação penal pública (art. 129, i). Restaram revogados a Lei nº 4.611 e o art. 26 do Código de Processo Penal. Afastou, assim, a chamada denúncia substitutiva, que não interrompia a prescrição. Dessa forma, o recebimento da denúncia, em processo que apura contravenção penal, segue a regra geral, ou seja, interrompe o prazo daquela causa extintiva da punibilidade (*RHC nº 1.791/SP, STJ, 6ª Turma, julgado em 5.5.1992, publicado no* DJ *em 25.5.1992*).

Art. 27. Qualquer pessoa do povo poderá provocar a iniciativa do Ministério Público, nos casos em que caiba a ação pública, fornecendo-lhe, por escrito, informações sobre o fato e a autoria e indicando o tempo, o lugar e os elementos de convicção.

Nas ações penais públicas incondicionadas não há qualquer exigência ou formalidade para o conhecimento da existência da ação delituosa, desde que lícita a origem da informação. Quando ilícita, a questão oferecerá grande complexidade, conforme veremos ao exame do princípio dos *frutos da árvore envenenada*, no Capítulo atinente à prova.

De outro lado, quando o CPP se refere aos *elementos de convicção*, quer-se, com isso, evitar o uso abusivo ou arbitrário da iniciativa acusatória, impondo-se uma análise, ainda que superficial, da viabilidade da eventual ação penal, pela apreciação da idoneidade do material encaminhado ao Ministério Público. Se entender *o parquet* (MP) que as informações a ele repassadas se mostram suficientes para o ajuizamento da ação, será dispensável a instauração de inquérito policial. Sobre a *notitia criminis* anônima, remetemos o leitor aos comentários alinhados ao art. 5º, CPP.

Quando o fato estiver submetido à ação penal pública, mas condicionada à representação ou à requisição do Ministro da Justiça, tanto a instauração do inquérito policial quanto da ação penal dependem da autorização do interessado (com capacidade para representar ou requisitar). Evidentemente, não serão necessárias duas manifestações de autorização (uma para o inquérito e outra para a ação). Nada disso. A mera informação levada ao conhecimento da autoridade policial, da qual se possa extrair o interesse do ofendido na movimentação da Justiça penal, é apta a revelar a autorização para todas as etapas da persecução.

Art. 28. Ordenado o arquivamento do inquérito policial ou de quaisquer elementos informativos da mesma natureza, o órgão do Ministério Público comunicará à vítima, ao investigado e à autoridade policial e encaminhará os autos para a instância de revisão ministerial para fins de homologação, na forma da lei. (Redação dada pela Lei nº 13.964, de 2019)

§ 1º Se a vítima, ou seu representante legal, não concordar com o arquivamento do inquérito policial, poderá, no prazo de 30 (trinta) dias do recebimento da comunicação, submeter a matéria à revisão da instância competente do órgão ministerial, conforme dispuser a respectiva lei orgânica. (Incluído pela Lei nº 13.964, de 2019)

§ 2º Nas ações penais relativas a crimes praticados em detrimento da União, Estados e Municípios, a revisão do arquivamento do inquérito policial poderá ser provocada pela chefia do órgão a quem couber a sua representação judicial. (Incluído pela Lei nº 13.964, de 2019)

28.1. Introdução: Uma vez encerrado o inquérito policial, e sabido que aquela autoridade não tem atribuição legal para determinar o seu arquivamento e nem para oferecer denúncia, os autos são encaminhados à Justiça Criminal, que os repassará ao Ministério Público. É claro que não há razão alguma para o trânsito do inquérito policial perante o Juízo, já que ali (no IP) se desenvolve atividade de investigação, a salvo, como vimos, do interesse jurisdicional. Ressalve-se a hipótese de se tratar de réu preso, quando a existência de prazo legal para a conclusão das diligências exigiria maiores cuidados na tramitação do inquérito, permitindo uma mais efetiva tutela judicial das liberdades públicas. Fora daí, não vemos razão alguma para a tramitação triangular (polícia – juiz – Ministério Público) das investigações.

Jurisprudência

28.1. [...] O inquérito policial, cuja instauração requereu o recorrente, foi arquivado por ausência de indícios de materialidade que possibilitem a propositura da competente ação penal. Cabe ao Ministério Público, como titular da ação penal, aferir a presença de justa causa, ressalvada a hipótese prevista pelo art. 28 do Código de Processo Penal, a qual apenas se aplica na hipótese de o Magistrado discordar do membro do parquet no tocante às razões da promoção de arquivamento, o que não é o caso dos autos. "Não há ilegalidade ou abuso de poder, passível de correção via mandado de segurança, na decisão judicial que, acolhendo manifestação do Ministério Público, ordena o arquivamento de inquérito policial" (RMS nº 13.717/PR, Relator Ministro Vicente Leal, *DJ* 7.4.2003). [...] (*Ag. Reg. no Recurso em Mandado de Segurança nº 48.260-SP, STJ, 5ª Turma, unânime, Rel. Min. Reynaldo Soares da Fonseca, julgado em 1º.9.2015, publicado no* DJ *em 8.9.2015*).

28.1. [...] Arquivamento promovido pelo membro do Ministério Público e determinado pela autoridade judiciária. Interesse da vítima na propositura da ação penal. [...] O Ministério Público é o titular da ação penal, cabendo a ele aferir a presença de justa causa, ressalvada a hipótese prevista pelo art. 28, do CPP. Na ação penal pública incondicionada, a vítima não tem direito líquido e certo de impedir o arquivamento do inquérito. [...] (*Recurso em Mandado de Segurança nº 44.025-DF, STJ, 5ª Turma, Rel. Min. Moura Ribeiro, julgado em 18.2.2014, publicado no* DJ *em 21.2.2014*).

28.1. [...] Cabe, privativamente, ao Ministério Público promover a ação penal pública, sendo o titular do *jus persequendi in judicio*. Dessa forma, não é possível ao Poder Judiciário, sem a utilização do que preconiza o art. 28 do Código de Processo Penal, obrigar membro do Ministério Público, no gozo de sua independência funcional, a aditar denúncia para incluir terceiro no polo passivo. [...] Recurso desprovido (*Recurso Especial nº 791.320-DF, STJ, 5ª Turma, Rel. Min. Laurita Vaz, julgado em 29.9.2009, publicado no* DJ *em 9.11.2009*).

28.2. Prorrogação do prazo do inquérito policial: Como logo veremos, o inquérito policial tem prazo certo para a sua conclusão, não só como garantia individual daquele eventualmente investigado, mas também como exigência de controle da atuação do Poder Público. Encerrado o prazo e (se) não concluídas as investigações, deve o juiz renovar o prazo legal, prorrogando-o até o seu termo, ou, no máximo, até a ocorrência de quaisquer das causas extintivas da punibilidade, e, no caso, particularmente, a prescrição da ação penal.

28.3. Novas diligências: Concluído o inquérito e quando encaminhado ao Ministério Público, pode ocorrer que entenda este que as investigações encetadas não esclareceram de modo suficiente o caso penal, isto é, a efetiva comprovação da existência do fato (materialidade) e respectiva autoria. Deve ele, então, determinar o retorno dos autos à autoridade policial, especificando as diligências necessárias a tais propósitos (tramitação direta entre Ministério Público e autoridade policial).

Note-se que o requerimento de novas diligências pelo Ministério Público há de ser traduzido como verdadeira *requisição*, e devidamente autorizada no texto constitucional, relativamente ao controle externo da atividade policial (art. 129, VII, CF). Não cabe nem à autoridade policial opor óbices à determinação ministerial, e, tampouco, ao juiz, cuja missão, na fase de inquérito, é, unicamente, zelar pela tutela das liberdades públicas (expedição de mandado de busca e apreensão, autorização judicial para interceptação telefônica etc.), o que, evidentemente, não inclui a avaliação acerca da pertinência ou não das diligências requisitadas pelo Ministério Público.

28.4. Arquivamento: Se, da análise do conjunto indiciário reunido pela polícia judiciária (ou das peças de informação recebidas que embasem alguma investigação, ou até mesmo em caso de PIC, cujo procedimento pode ser adotado da mesma maneira), não se visualiza a possibilidade de ajuizamento da ação penal, seja pela inexistência de material probatório convincente, seja pela inexistência de crime, por ausência de quaisquer de seus elementos analíticos (tipicidade, ilicitude, culpabilidade), ou da punibilidade do fato, deve o Ministério Público promover o arquivamento do inquérito policial ou então das peças de informação que tenha em mãos, até que surjam eventualmente novas provas que autorizem o prosseguimento das investigações (art. 18, CPP), se for o caso.

Com a Lei nº 13.964/2019, alterou-se o art. 28 do Código de Processo Penal para, pela redação originária, excluir a participação do magistrado no *arquivamento* de investigações. Entretanto, veremos que o Supremo Tribunal Federal deu interpretação conforme à Constituição para fixar outro procedimento, na verdade quase restabelecendo o que existia em relação à redação anterior, invocando a necessidade de se observar o princípio da inafastabilidade da jurisdição. Está expresso no julgado paradigmático das ADIs 6.298, 6.299, 6.300 e 6.305, p. 330, que "*o controle judicial do ato de arquivamento pode se revelar importante para a verificação de manifestas ilegalidades*".

Sempre defendemos que o controle da atuação ministerial, isto é, no sentido de avaliar a correção do juízo negativo de propositura da ação penal (materializado no pedido de arquivamento), não deveria ser da competência do juiz, até mesmo de maneira a preservar, o quanto e ao máximo possível, a imparcialidade do julgador, evitando-se o seu pronunciamento antecipado sobre o caráter *aparentemente* ilícito do fato. Nossa posição sempre foi de que melhor seria se o citado controle coubesse ao próprio Ministério Público, *de ofício*, ou por provocação do ofendido.

As alterações trazidas pela Lei nº 13.964/2019 foram substanciais, vedando expressamente a participação do juiz nesse controle de arquivamento (embora, como já dito, o STF tenha dado *interpretação conforme* e afastado a literalidade do dispositivo).

Pela novel redação, que é aplicável imediatamente por se tratar de regra procedimental (art. 3º, CPP), uma vez ordenado o arquivamento do inquérito ou da investigação de qualquer natureza pelo titular da ação penal, o Ministério Público (ressalvados os casos de titularidade privada), não mais caberia ao juiz a adoção de providências de envio de peças para revisão.

Agora, como regra (vide itens 28.6 e 28.9, adiante), a decisão de arquivamento seria encaminhada à instância superior do Ministério Público para fins de homologação ou não. Em outras palavras, o que só ocorria quando havia *discordância* do magistrado agora deve ser feito de forma automática, sem sua participação. No âmbito dos Ministérios Públicos Estaduais, há de se ver a estrutura de cada um de acordo com suas organizações. No Ministério Público Federal, harmonizando-se com o disposto no art. 62, IV, da Lei Complementar nº 75/93, essa atribuição é da 2ª Câmara de Coordenação e Revisão.

A lei dispõe ainda que há necessidade de comunicação do ato de arquivamento à vítima (se possível; eventualmente aos seus representantes legais), ao investigado e à autoridade policial. Cremos que o investigado e a autoridade policial não terão nenhuma possibilidade de apresentar insurgência ao arquivamento, tanto pela falta de interesse do investigado como pela falta de legitimidade da autoridade policial.

Porém a lei foi expressa em, corretamente, garantir a possibilidade de a vítima (ou seu representante legal), se não concordar com o arquivamento, apresentar um pedido, no prazo de até 30 dias do recebimento da comunicação, para revisão à instância superior, de acordo com cada organização (§ 1º). No caso de crimes que envolvam interesses da União, Estados e Municípios, a revisão do arquivamento do inquérito policial ou de qualquer outro meio de investigação poderá ser provocada pela chefia do órgão a quem couber a sua representação judicial (§ 2º do art. 28 do CPP).

Há ainda casos em que o Ministério Público oferece denúncia quanto a um fato e, nos termos agora previstos, determina o arquivamento (direto ou indireto, este na hipótese de declínio de competência) por um fato supostamente conexo. Era – e continua sendo assim – vedado ao Poder Judiciário determinar que o Ministério Público oferecesse a denúncia se discordasse do procedimento quanto ao arquivamento. A situação viola frontalmente o sistema acusatório. Se assim proceder, o ato do juízo poderá ser atacado mediante correição parcial, encaminhada ao Tribunal respectivo e observando-se as regras de competência previstas nos regimentos internos.

Em caso de remessa dos autos à instância revisora após o arquivamento, entendendo-se que o caso é de oferecimento da denúncia ou até de continuidade de investigações, deve ela designar outro membro para fazê-lo (observe-se que, como constou no acórdão das ADIs 6.298, 6.299, 6.300 e 6.305, p. 326, se extrai de estatísticas apresentadas pela CONAMP que é "irrisório o número de casos em que o juiz deixa de acolher o pedido de arquivamento formulado pelo Ministério Público").

Quanto aos *efeitos* deste arquivamento, é de se presumir que o quadro se manteve inalterado. É dizer, quando a decisão de arquivamento tiver por objeto questões de mérito da infração penal, tal como ocorre em relação à decisão por atipicidade ou que, por qualquer motivo, reconheça a extinção da punibilidade, estará a salvo de novas investidas, ainda quando proferidas com violação ao princípio do juiz natural. Nessas hipóteses, a decisão *seria de mérito*, ainda que dispensando a produção de prova. Afinal, qual seria a diferença essencial entre uma decisão que absolve por atipicidade, após a instrução criminal, e aquela que arquiva o inquérito, sob o mesmo fundamento (atipicidade)? De lembrar-se, ainda, que o CPP contempla também outra modalidade de solução judicial, e com os mesmos efeitos, a saber: a decisão que absolve sumariamente o réu quando o fato narrado evidentemente não constituir crime (art. 397, III, CPP).

Como já dito anteriormente, se o Ministério Público entender que o caso não é de transação penal (Lei 9.099/95), deve-se remeter os autos à instância de revisão do *parquet* (art. 28, CPP, e art. 62, IV, Lei Complementar nº 75/93, no âmbito do Ministério Público Federal), consoante orientação da Suprema Corte na citada Súmula 696. O mesmo raciocínio se aplica à suspensão condicional do processo, e também ao acordo de não persecução penal. Em caso de manutenção da negativa de proposta, mas sendo manifestamente ilegal o ato, cremos que a melhor solução é o juiz simplesmente rejeitar a denúncia, sob o fundamento de ausência de interesse processual (binômio utilidade – necessidade). Pela interpretação dada pelo STF no ano de 2024, não há óbice que o próprio juízo faça a análise de remessa à instância revisora se entender possível, em tese, a transação, a suspensão processual ou até mesmo o ANPP.

Outra questão digna de nota é a possibilidade de tramitação direta do inquérito policial entre o Ministério Público e a autoridade policial, frente à criação do juiz das garantias. Isto porque os atos que competem àquele magistrado estão enumerados no novo artigo 3º-B, e ali não se encontra, em princípio, a supervisão do inquérito (como prorrogar o seu prazo de duração) *quando não há réu preso* ou *medida cautelar em curso*, de modo que a regra agora de fato será a tramitação direta.

Por óbvio, em sendo o caso de réu preso ou medida cautelar em curso, o controle dos prazos deverá ser feito pelo juiz das garantias. Frise-se ainda que o juiz será informado da instauração de qualquer investigação criminal (art. 3º-B, inciso IV, do CPP), e poderá, se quiser, requisitar informações (art. 3º-B, inciso X) do delegado de polícia sobre o andamento da investigação, o que apenas reforça o raciocínio de que em princípio a tramitação é direta, ainda que haja possibilidade de acompanhamento judicial (por iniciativa do próprio juiz!).

Dúvida poderá surgir quanto ao procedimento a ser adotado em caso de *mutatio libelli*, frente à nova redação do art. 28 do CPP. *Pensamos, porém,* que a alteração da redação do dispositivo não altera a sistemática da *mutatio*, na medida em que o juiz poderá encaminhar os autos ao Ministério Público para que se proceda ao aditamento, se houver requerimento nesse sentido. Se não o fizer, o próprio *parquet* deverá remeter para a instância superior revisora, sem determinação judicial no caso, aplicando-se as consequências processuais idênticas ao que sustentamos acima. Se a posição for mantida, isso é, não for feito o aditamento, a solução será o juiz – se entender essencial a situação fática descrita para fins de condenação – proceder à absolvição.

Como anunciado, no ano de 2023 o Supremo Tribunal Federal alterou substancialmente o entendimento que decorria da literalidade da nova redação conferida ao art. 28 do CPP. Dos julgados das ADIs 6.298, 6.299, 6.300 e 6.305, extrai-se de forma expressa o entendimento do Supremo Tribunal Federal de que: "*(a) A nova sistemática do arquivamento de inquéritos, de maneira louvável, criou mecanismo de controle e transparência da investigação pelas vítimas de delitos de ação penal pública. Com efeito, a partir da redação dada ao artigo 28 do Código de Processo Penal pela Lei 13.964/2019, passa a ser obrigatória a comunicação da decisão de arquivamento à vítima (comunicação que, em caso de crimes vagos, será feita aos procuradores e representantes legais dos órgãos lesados), bem como ao investigado e à autoridade policial, antes do encaminhamento aos autos, para fins de homologação, para a instância de revisão ministerial. (b) Por outro lado, ao excluir qualquer possibilidade de controle judicial sobre o ato de arquivamento da in-*

vestigação, a nova redação violou o princípio da inafastabilidade da jurisdição, nos termos do artigo 5º, inciso XXXV, da Constituição". A comunicação à vítima é dever do Ministério Público quando encaminhar o arquivamento judicial. Se fizer o arquivamento interno, deve comunicar a vítima e aguardar sua manifestação. Havendo ou não, encaminha os autos para o órgão revisional, se exigível diante do caso concreto (em algumas circunstâncias, há entendimento no MPF, por exemplo, a partir de entendimento da 2ª CCR, que basta a comunicação ao órgão superior do arquivamento, em determinados casos mais pacificados quanto à solução de mérito conferida ao caso).

Um dos fundamentos utilizados pelo STF foi o de que "*o controle judicial do ato de arquivamento pode se revelar importante para a verificação de manifestas ilegalidades, sujeitas à decisão do juízo competente, refugindo à atribuição exclusiva do Parquet. Ao mesmo tempo, o arquivamento pode se dar por variadas razões, inclusive a atipicidade dos fatos investigados, hipótese em que somente uma decisão judicial permitiria a formação da coisa julgada, não apenas formal, de natureza endoprocessual, mas também material, projetando-se para fora do processo e produzindo verdadeira intangibilidade jurídica*" (p. 330 do acórdão). E houve reforço de argumentação no sentido de que a Suprema Corte compreende atualmente a necessidade de controle judicial dos arquivamentos, de forma a evitar teratologias, inclusive em sede de sua competência penal originária (vide Inquérito 4.781).

Em síntese, conferiu-se interpretação conforme ao art. 28 do CPP para assentar que, "*ao se manifestar pelo arquivamento do inquérito policial ou de quaisquer elementos informativos da mesma natureza, o órgão do Ministério Público submeterá sua manifestação ao juiz competente e comunicará à vítima, ao investigado e à autoridade policial, podendo encaminhar os autos para o Procurador-Geral ou para a instância de revisão ministerial, quando houver, para fins de homologação, na forma da lei*". Além disso, conferiu-se interpretação conforme ao art. 28, § 1º, CPP, para firmar que "*além da vítima ou de seu representante legal, a autoridade judicial competente também poderá submeter a matéria à revisão da instância competente do órgão ministerial, caso verifique patente ilegalidade ou teratologia no ato do arquivamento.* É dizer, nos termos do § 1º do art. 28 do CPP, "*deve-se permitir ao magistrado suscitar a revisão pelo órgão ministerial, quando verificar patente ilegalidade ou teratologia no ato de arquivamento*". Mas essa revisão não será feita por quem formulou o arquivamento, e sim pelo órgão revisional de acordo com a organização dos Ministérios Públicos.

Jurisprudência

28.4. [...] O Plenário do Supremo Tribunal, ao julgar o mérito das Ações Diretas de Inconstitucionalidade 6.298/DF, 6.299/DF, 6.300/DF e 6.305/DF, assentou a constitucionalidade da nova sistemática de arquivamento das investigações, especificamente no ponto em que a Lei n. 13.964/2019 estabeleceu a necessidade de que o órgão do Ministério Público comunique à vítima o pedido de arquivamento do inquérito policial ou de quaisquer elementos informativos da mesma natureza. [...] (Agravo Regimental no Agravo Regimental na Reclamação nº 54.852, STF, 1ª Turma, Rel. Min. Cristiano Zanin, sessão virtual de 26.4.2024 a 6.5.2024, publicado no DJ em 9.5.2024)

28.4. [...] . Nos termos das Súmulas n. 267 e 268 do STF, não cabe mandado de segurança contra ato judicial passível de recurso ou correição nem contra decisão judicial com trânsito em julgado. [...] O Plenário do Supremo Tribunal Federal decidiu que "o mandado de segurança somente é admitido em face de decisões jurisdicionais diante da presença concomitante das seguintes circunstâncias: (i) inexistência de meio recursal apto a reverter a decisão judicial desfavorável; (ii) ausência de trânsito em julgado, consoante art. 5º, inc. III, da Lei nº 12.016, de 2009, e (iii) comprovada inequívoca teratologia ou ilegalidade da decisão judicial" (AgR no MS 38.472/RS, relator Ministro André Mendonça, Tribunal Pleno, julgado em 5/6/2023, DJe 4/7/2023). Precedentes. [...] No caso, o mandado de segurança impetrado pela vítima era manifestamente incabível, pois havia o recurso próprio para impugnar a decisão do Juízo de primeiro grau, qual seja, a apelação, nos termos do art. 593, II, do CPP, que o Ministério Público estadual deixou de interpor, uma vez que pediu o reconhecimento da prescrição, e o decreto judicial favorável ao acusado transitou em julgado em 23/1/2023, com o arquivamento definitivo do processo em 28/6/2023. Ademais, a decisão de primeira instância que extinguiu a punibilidade do réu pela prescrição da pretensão punitiva estatal em relação ao crime de furto de coisa comum, embora comportasse interpretação divergente, não se revestiu de ilegalidade ou teratologia inequívocas. Assim, preserva-se o trânsito em julgado da decisão de primeiro grau. [...] Em hipóteses excepcionalíssimas, nas quais há flagrante ofensa a direito líquido e certo das vítimas, como o dever de protegê-las de possíveis violações de seus direitos humanos, esta Corte Superior tem admitido o manejo do mandado de segurança para atacar a decisão de arquivamento. Todavia, esse não é o caso dos autos, em que uma empresa é a vítima e se cuida de controvérsia a respeito da mera tipificação da conduta criminosa – arts. 155, § 4º, II (furto qualificado), ou 156, caput (furto de coisa comum), ambos do Código Penal – para fins de aferição da prescrição da pretensão punitiva. [...] *(Agravo Regimental no Habeas Corpus nº 848.278-PR, STJ, 6ª Turma, Rel. Min. Rogério Schietti Cruz, julgado em 2.9.2024, publicado no DJ em 4.9.2024)*

28.4. I Antes de manifestar-se sobre o pedido de arquivamento parcial formulado pelo Ministério Público Federal, o Magistrado de primeira instância determinou o retorno dos autos à Delegacia de Polícia para que os peritos tomassem conhecimento de declarações prestadas pelo paciente, bem como de documentos juntados em momento posterior à elaboração do primeiro laudo pericial.

II Somente após o término das investigações complementares realizadas pela Delegacia de Polícia a pedido do Ministério Público Federal, o referido órgão de acusação ofereceu denúncia contra o paciente pela suposta prática dos crimes previstos no art. 55 da Lei n. 9.605/1998 e no art. 2º, caput, da Lei n. 8.176/1991, retratando-se de sua manifestação inicial de arquivamento parcial. III Nesse contexto, vê-se que o Juiz Federal de primeira instância não discordou do pedido de arquivamento parcial formulado pelo MPF na verdade, nem mesmo chegou a manifestar-se sobre ele, de maneira que não seria necessária a manifestação da 2ª Câmara de Coordenação e Revisão do MPF.

IV Nesse caso, não se há falar em ofensa ao art. 28 do CPP (na redação anterior à Lei n. 13.964/2019) nem ao sistema acusatório ou em usurpação de atribuição exclusiva da 2ª Câmara de Coordenação e Revisão do MPF. [...] *(Agravo Regimental nos Embargos de Declaração no HC nº 236.304, STF, 1ª Turma, Rel. Min. Cristiano Zanin, julgado em sessão virtual encerrada em 21.6.2024, publicado no DJ em 28.6.2024)*

28.4. [...] 4. A questão sobre a atuação do Vice-Procurador-Geral da República por delegação do Procurador-Geral da República foi abordada na decisão agravada, a qual afirmou que os requerimentos formulados nem sequer deveriam ser conhecidos, porque a Lei Complementar 75/1993 dispõe que o Procurador-Geral da República é o Chefe do Ministério Público Federal (art. 45). A mesma Lei Orgânica prevê que *"os Subprocuradores-Gerais da República serão designados para oficiar junto ao Supremo Tribunal Federal, ao Superior Tribunal de Justiça, ao Tribunal Superior Eleitoral e nas Câmaras de Coordenação e Revisão" (art. 66), valendo mencionar que "cabe aos Subprocuradores-Gerais da República, privativamente, o exercício das funções de Coordenador de Câmara de Coordenação e Revisão"* (art. 67).

5. Ficou consignado que assiste razão ao Ministério Público Federal quando sustenta que, tendo a recusa sido subscrita por Vice-Procurador-Geral da República, agindo por delegação do Procurador-Geral da República, não é cabível a sua revisão pela Câmara de Coordenação e Revisão nem pelo Procurador-Geral da República.

6. A parte agravante faz a leitura do art. 62, IV, da Lei Complementar 75/1993 no sentido de que esse dispositivo não exclui da apreciação da Câmara de Revisão as hipóteses de Ações Penais originárias do Vice-Procurador-Geral da República.

7. No entanto, a atuação do Vice-Procurador-Geral da República em Ações Penais originárias no Superior Tribunal de Justiça tem previsão no art. 48, II, da Lei Complementar 75/1993 e no seu respectivo parágrafo único, cujo *caput* expressamente prevê que a proposição da demanda compete ao Procurador- Geral da República.

8. Esta, aliás, é a posição da Corte Especial sobre a leitura dessa lei federal, qual seja, de que Subprocuradores-Gerais da República atuam em Ações Penais originárias por delegação do Procurador-Geral da República, e que, devido a isso, os atos meritórios não são revistos pelo Poder Judiciário, conforme se depreende da jurisprudência bem consolidada (AgRg na NC 86/SP, Rel. p/ Acórdão Ministro José Arnaldo da Fonseca, Corte Especial, DJ 11.6.2001; AgRg na Sd 32/PB, Rel. Ministro Cesar Asfor Rocha, Corte Especial, DJ 5.9.2005; AgRg na Rp 328/MG, Rel. Ministro Paulo Gallotti, Corte Especial DJ 7.11.2005; Inq 967/DF, Rel. Ministro Humberto Martins, Corte Especial, DJe 30.3.2015; Sd 799/DF, Rel. Ministro Raul Araújo, Corte Especial, DJe 1.2.2022).[...] *(Agravo Regimental na Ação Penal nº 841-DF, STJ, Corte Especial, Rel. Min. Herman Benjamin, julgado em 17.4.2024, publicado no DJ em 30.4.2024)*

28.4. [...] (a) A nova sistemática do arquivamento de inquéritos, de maneira louvável, criou mecanismo de controle e transparência da investigação pelas vítimas de delitos de ação penal pública. Com efeito, a partir da redação dada ao artigo 28 do Código de Processo Penal pela Lei 13.964/2019, passa a ser obrigatória a comunicação da decisão de arquivamento à vítima (comunicação que, em caso de crimes vagos, será feita aos procuradores e representantes legais dos órgãos lesados), bem como ao investigado e à autoridade policial, antes do encaminhamento aos autos, para fins de homologação, para a instância de revisão ministerial.

(b) Por outro lado, ao excluir qualquer possibilidade de controle judicial sobre o ato de arquivamento da investigação, a nova redação violou o princípio da inafastabilidade da jurisdição, nos termos do artigo 5º, inciso XXXV, da Constituição.

(c) Há manifesta incoerência interna da lei, porquanto, no artigo 3º-B, determinou-se, expressamente, que o juízo competente seja informado da instauração de qualquer investigação criminal. Como consectário lógico, se a instauração do inquérito deve ser cientificada ao juízo competente, também o arquivamento dos autos precisa ser-lhe comunicado, não apenas para a conclusão das formalidades necessárias à baixa definitiva dos autos na secretaria do juízo, mas também para verificação de manifestas ilegalidades ou, ainda, de manifesta atipicidade do fato, a determinar decisão judicial com arquivamento definitivo da investigação.

(d) A jurisprudência do Supremo Tribunal Federal orienta-se no sentido da necessidade e legitimidade constitucional do controle judicial do ato de arquivamento, com o fito de evitar possíveis teratologias (Inquérito 4781, Rel. Min. Alexandre de Moraes).

(e) Em decorrência destas considerações, também o § 1º do artigo 28, ao dispor que Se a vítima, ou seu representante legal, não concordar com o arquivamento do inquérito policial, poderá, no prazo de 30 (trinta) dias do recebimento da comunicação, submeter a matéria à revisão da instância competente do órgão ministerial, conforme dispuser a respectiva lei orgânica, deve ser interpretado de modo a integrar a autoridade judiciária competente entre as habilitadas a submeter a matéria à revisão do arquivamento pela instância competente.

(f) Por todo o exposto, conferiu-se interpretação conforme a Constituição ao artigo 28, caput, para assentar que, ao se manifestar pelo arquivamento do inquérito policial ou de quaisquer elementos informativos da mesma natureza, o órgão do Ministério Público submeterá sua manifestação ao juiz competente e comunicará à vítima, ao investigado e à autoridade policial, podendo encaminhar os autos para o Procurador-Geral ou para a instância de revisão ministerial, quando houver, para fins de homologação, na forma da lei, vencido, em parte, o Ministro Alexandre de Moraes, que incluía a revisão automática em outras hipóteses.

(g) Ao mesmo tempo, assentou-se a interpretação conforme do artigo 28, § 1º, para assentar que, além da vítima ou de seu representante legal, a autoridade judicial competente também poderá submeter a matéria à revisão da instância competente do órgão ministerial, caso verifique patente ilegalidade ou teratologia no ato do arquivamento. [...] *(ADIs 6.298, 6.299, 6.300 e 6.305, STF, Plenário, Rel. Min. Luiz Fux, por maioria, julgamento final em 24.8.2023, publicado no DJ em 19.12.2023)*

28.4. [...] Inquérito policial arquivado a pedido do Ministério Público. Pretensão do ofendido de desarquivamento. Ausência de direito líquido e certo. [...] Conforme entendimento desta Corte, em se tratando do suposto cometimento de crime cuja ação penal é pública incondicionada, o destinatário das investigações é o Ministério Público, que possui a condição de titular da ação penal, de tal sorte que a vítima não possui o direito líquido e certo de impedir eventual pedido de arquivamento do inquérito ou das peças de informação" (AgRg no RMS n. 69.802/PR, relator Ministro Rogerio Schietti Cruz, Sexta Turma, julgado em 13/2/2023, DJe de 15/2/2023).

(Agravo RMS nº 70.520-RS, STJ, 6ª Turma, Rel. Min. Antonio Saldanha Palheiro, sessão virtual de 12.9.2023 a 18.9.2023, publicado no DJ em 20.9.2023)

28.4. [...] Inquérito policial. Arquivamento a pedido do Ministério Público. Pedido de desarquivamento pelo ofendido. Impossibilidade. [...]

1. A decisão do Tribunal de origem corrobora a jurisprudência do STJ, pois o arquivamento do inquérito policial é formulado pelo destinatário do resultado das investigações que, na hipótese de crimes de ação penal pública, é o Ministério Público, na condição de titular do direito de ação, não havendo direito líquido e certo de supostas vítimas na continuidade das investigações, desarquivamento, ou ainda propositura da ação penal.

2. O Supremo Tribunal Federal (STF), por meio das decisões proferidas nos autos das Ações Diretas de Inconstitucionalidade (ADI) n. 6.298, 6.299, 6.300 e 6.305, determinou a suspensão dos efeitos da alteração legal provida pela Lei n. 13.964/2019 no art. 28 do CPP, isto é, continua em vigor a redação antiga, segundo a qual, "se o órgão do Ministério Público, ao invés de apresentar a denúncia, requerer o arquivamento do inquérito policial ou de quaisquer peças de informação, o juiz, no caso de considerar improcedentes as razões invocadas, fará remessa do inquérito ou peças de informação ao procurador-geral, e este oferecerá a denúncia, designará outro órgão do Ministério Público para oferecê-la, ou insistirá no pedido de arquivamento, ao qual só então estará o juiz obrigado a atender". [...] *(Agravo Regimental no Recurso em Mandado de Segurança nº 69.828-SP, STJ, 6ª Turma, Rel. Min. convocado Jesuíno Rissato, sessão virtual 8.8.2023 a 14.8.2023, publicado no DJ em 17.8.2023)*

28.4. [...] Quando o Ministério Público Federal, por intermédio do Procurador-Geral da República ou por quem o represente, por delegação, nos casos de competência originária desta Corte Especial, promove o arquivamento de investigação policial, por não encontrar elementos suficientes à continuidade das apurações ou para a apresentação de denúncia, não há alternativa além do acolhimento de tal pleito, diante da inaplicabilidade da remessa prevista no art. 28 do Código de Processo Penal. [...] *(Inquérito nº 1.252-DF, STJ, Corte Especial, Rel. Min. Herman Benjamin, julgado em 1º.3.2023, publicado no DJ em 25.4.2023)*

28.4. [...] II – É firme a jurisprudência deste eg. Superior Tribunal de Justiça ao fixar a inadmissibilidade do manejo do mandado de segurança, ou de seu recurso ordinário, em face de decisão que determina o arquivamento de inquérito policial ou que indefere o desarquivamento, não sendo esta decisão ilegal ou teratológica, tendo em vista a titularidade da ação penal pública pertencer ao d. Ministério Público, o qual é o órgão estatal legitimado a realizar a avaliação sobre a existência ou não de justa causa para propositura da ação penal pública. [...] *(Agravo Regimental no Recurso em Mandado de Segurança nº 67.919–SP, STJ, 5ª Turma, Rel. Min. Messod Azulay Neto, julgado em 7.2.2023, publicado no DJ em 2.3.2023)*

28.4. [...] Conforme entendimento desta Corte, em se tratando do suposto cometimento de crime cuja ação penal é pública incondicionada, o destinatário das investigações é o Ministério Público, que possui a condição de titular da ação penal, de tal sorte que a vítima não possui o direito líquido e certo de impedir eventual pedido de arquivamento do inquérito ou das peças de informação. [...] *(Agravo Regimental no Recurso em Mandado de Segurança nº 69.802–PR, STJ, 6ª Turma, Rel. Min. Rogerio Schietti Cruz, sessão virtual de 7.2.2023 a 13.2.2023, publicado no DJ em 15.2.2023)*

28.4. [...] 1. O STJ entende ser irrecorrível a decisão que, em ação penal pública incondicionada, determina, a pedido do Ministério Público, o arquivamento do inquérito policial. Precedentes. 2. O agravante, então ofendido, interpôs recurso de apelação criminal contra a decisão do Magistrado de primeira instância que acolheu manifestação do Ministério Público pelo arquivamento do inquérito policial. Assim, está correto o julgado que não conheceu da apelação criminal. [...] *(Agravo Regimental no Agravo em Recurso Especial nº 2.067.461-MG, STJ, 6ª Turma, Rel. Min. Rogério Schietti Cruz, julgado em 9.8.2022, publicado no DJ em 18.8.2022)*

28.4. [...] É possível o desarquivamento de inquérito com o surgimento de novos elementos de prova. Matéria, ademais, que se encontra preclusa, uma vez que já decidida neste processo por decisão irrecorrida. Agravo regimental desprovido. Preliminar rejeitada. [...] *(Ação Penal nº 898, STF, 2ª Turma, unânime, Rel. Min. Dias Toffoli, julgado em 12.4.2016, publicado no DJ em 13.5.2016).*

28.4. [...] Tendo o *Parquet* expressamente se manifestado pela ausência de elementos para denunciar o ora recorrido por crime contra os costumes, restou superada a possibilidade de que outro membro do Ministério Público, com base nos mesmos elementos de prova, propusesse ação penal, sob pena de afronta aos princípios institucionais mencionados. De acordo com entendimento manifestado por este Superior Tribunal de Justiça e pelo Supremo Tribunal Federal, o pedido de arquivamento do inquérito não é passível de revisão ou reconsideração sem que comprovada a existência de novos elementos probatórios, sendo vedado o reconhecimento da retratação em virtude do oferecimento da denúncia. Divergindo da primeva manifestação do *Parquet* no sentido da ausência de elementos para a propositura da ação penal quanto ao delito contra os costumes, caberia ao juiz de primeiro grau remeter os autos ao Procurador-Geral, conforme determinação do artigo 28 do Código de Processo Penal. Recurso especial improvido (*Recurso Especial nº 1.543.202-SC, STJ, 6ª Turma, unânime, Rel. Min. Maria Thereza de Assis Moura, julgado em 27.10.2015, publicado no* DJ *em 16.11.2015*).

28.4. [...] 1. A titularidade da ação penal pública e a atribuição para requerer o arquivamento do inquérito policial (art. 28 do Código de Processo Penal) não significam que todo e qualquer requerimento de instauração de inquérito formulado pela Procuradoria-Geral da República deva ser incondicionalmente atendido pelo Supremo Tribunal Federal. 2. Ao Poder Judiciário, na sua precípua função de garantidor de direitos fundamentais, cabe exercer rígido controle de legalidade da persecução penal. 3. Assim como se admite o trancamento de inquérito policial, por falta de justa causa, diante da ausência de elementos indiciários mínimos demonstrativos da autoria e materialidade, há que se admitir – desde o seu nascedouro – seja coarctada a instauração de procedimento investigativo, uma vez inexistentes base empírica idônea para tanto e indicação plausível do fato delituoso a ser apurado. [...] (*Ag. Reg. no Inquérito nº 3.847-GO, STF, 1ª Turma, por maioria, Rel. Min. Dias Toffoli, julgado em 7.4.2015, publicado no* DJ *em 8.6.2015*).

28.4.1 Arquivamento em ação penal originária e o art. 28 do CPP. A jurisprudência do Supremo Tribunal Federal sempre foi reiterada no sentido de que, formulado o pedido de arquivamento pelo(a) Procurador-Geral da República, não caberia o exame do mérito pela Suprema Corte, cujo acolhimento deveria ser vinculativo, salvo quando tratasse de tipicidade ou extinção da punibilidade. Essa também é a compreensão do Superior Tribunal de Justiça. O mesmo raciocínio se aplica para os casos em que subprocuradores-gerais, atuando por designação também do(a) PGR, se manifestassem pelo arquivamento na competência penal originária perante a Corte Especial do STJ.

Entretanto, há notícias de vários casos mais modernos em que, promovido o arquivamento (inclusive por ausência de provas), houve a *rejeição* do pedido da PGR pelo STF, determinando-se o prosseguimento das investigações e até "desarquivamentos de ofício". Os feitos se encontram em segredo de justiça, sem possibilidade acesso para análise mais detalhada de cada um.

Mas é fundamental traçar algumas considerações teóricas sobre o tema.

Com efeito, no julgado da ADI nº 6.298 vê-se expressa referência ser entendimento do STF que, "*na presente hipótese, não se configura constitucional e legalmente lícito o pedido genérico de arquivamento da Procuradoria Geral da República, sob o argumento da titularidade da ação penal pública impedir qualquer investigação que não seja requisitada pelo Ministério Público, conforme reiterado recentemente pela Segunda Turma do STF (Inquérito 4696, Rel. Min. Gilmar Mendes), ao analisar idêntico pedido da PGR, em 14/08/2018*").

Outrossim, colhe-se de decisão monocrática proferida no bojo do Agravo Regimental no Inquérito 4.875 a síntese do entendimento do STF quando há pedido de arquivamento pelo(a) PGR: "*(i) um deles inafastável e de acatamento obrigatório, consoante a jurisprudência desta Suprema Corte – refiro-me, aqui, à promoção de arquivamento ancorada na ausência de justa causa, ou seja, na insuficiência dos elementos informativos dis-*

poníveis (v.g., Inq 4.134/DF, Rel. Min. Celso de Mello, DJe 13.06.2018) –; (ii) outros, porém, passíveis de controle por esta Casa, caso envolvessem juízo definitivo sobre o mérito da controvérsia penal, também segundo a jurisprudência do STF (Inq 1538 QO, Rel. Min. Sepúlveda Pertence, Pleno, DJ de 14.9.2001)".

Evidente que deve haver sempre um "controle jurisdicional" (inafastabilidade da jurisdição) dos atos do Ministério Público, mas tal compreensão não pode ser visualizada de forma absoluta. Se o titular da ação penal entende que não há elementos probatórios suficientes para oferecer denúncia (*que pressupõe o preenchimento dos requisitos e pressupostos dos arts. 41 e 395, ambos do CPP*), não é do Poder Judiciário a competência para determinar o prosseguimento da apuração. Inclusive são reiteradas decisões que são trancadas "de ofício" investigações que estão alongadas demais, presente hipótese de violação à duração razoável do processo pela perspectiva do investigado.

Para nós, tal compreensão de indeferir arquivamento nesses casos traz um descompasso com um modelo que se queira com mais "feições acusatórias".

Como se deveria proceder quando se discordar do arquivamento formulado nesses casos de competência penal originária?

Nos âmbitos estaduais, existe uma solução prevista no art. 12, XI, da Lei nº 8.625/1993 (Lei Orgânica Nacional do Ministério Público), dispondo que cabe ao denominado "Colégio de Procuradores de Justiça" a revisão de decisão de arquivamento de inquérito ou peças de informação determinada pelo PGJ, nos casos de sua atribuição originária. Aqui não há maiores problemas.

Já no âmbito da legislação quanto às manifestações do(a) PGR, de fato não há previsão "expressa" de como se deveria proceder no caso de "rejeição" de arquivamento formulado por quem ocupar as funções de Procurador(a)-Geral da República nos casos de competência penal originária ou de subprocuradores(as)-gerais atuando no STJ por delegação. Mas cremos ser possível uma interpretação a partir do disposto no art. 57, X, da LC nº 75/1993, que dispõe que compete ao Conselho Superior do MPF (CSMPF) "*designar o Subprocurador-Geral da República para conhecer de inquérito, peças de informação ou representação sobre crime comum atribuível ao Procurador-Geral da República e, sendo o caso, promover a ação penal*". Noutras palavras, a lei tem uma previsão de atuação "em nome" do Procurador-Geral da República por outros membros da cúpula da instituição.

Portanto, entendemos ser lícito aos tribunais rejeitarem arquivamentos formulados em competência penal originária, mas não podem olvidar de remeter os autos para a revisão interna da respectiva instituição ministerial.

Jurisprudência

28.4..1[...] Pedido de arquivamento fundado na atipicidade do fato. Necessidade de decisão jurisdicional a respeito: Precedentes. Inquérito no qual se apura a eventual prática do crime previsto no art. 349 do Código Eleitoral. Atipicidade do fato. Arquivamento determinado. 1. Firmou-se a jurisprudência deste Supremo Tribunal no sentido de que, quando fundado - como na espécie vertente - na atipicidade do fato, o pedido de arquivamento do inquérito exige "decisão jurisdicional a respeito, dada a eficácia de coisa julgada material que, nessa hipótese, cobre a decisão de arquivamento" (v.g., Inquéritos nº 2.004-QO, DJ de 28/10/04, e nº 1.538-QO, DJ de 14/9/01, Rel. Min. Sepúlveda Pertence; nº 2.591, Rel. Min. Menezes Direito, DJ de 13/6/08; nº 2.341-QO, Rel. Min. Gilmar Mendes, DJ de 17/8/07). 2. Comprovada a não ocorrência de qualquer falsidade, não se configura o crime previsto no art. 349 do Código Eleitoral. 3. Arquivamento do inquérito, por atipicidade da conduta, ordenado. *(Inq 3114, Relator Min. Dias Toffoli, Tribunal Pleno, julgado em 26/05/2011)*

28.4..1[...] No processo penal brasileiro, o motivo do *pedido de arquivamento* do inquérito policial condiciona o poder decisório do juiz, a quem couber determiná-lo, e a eficácia do provimento que exarar. 2. Se o *pedido* do Ministério Público se funda na extinção da punibilidade, há de o juiz proferir decisão a respeito, para declará-la ou para denegá-la, caso em que o julgado vinculará a acusação: há, então, julgamento definitivo. 3. Do mesmo modo, se o *pedido de arquivamento* - conforme a arguta distinção de Bento de Faria, acolhida por Frederico Marques -, traduz, na verdade, *recusa* de promover a ação penal, por entender que o fato, embora apurado, não constitui crime, há de o Juiz decidir a respeito e, se acolhe o fundamento do *pedido*, a decisão tem a mesma eficácia de coisa julgada da rejeição da denúncia por motivo idêntico (C.Pr. Pen., art. 43, I), impedindo denúncia posterior com base na imputação que se reputou não criminosa. 4. Diversamente ocorre se o *arquivamento* é requerido por falta de base empírica, no estado do inquérito, para o oferecimento da denúncia, de cuja suficiência é o Ministério Público o árbitro exclusivo. 5. Nessa hipótese, se o *arquivamento* é requerido por outro órgão do Ministério Público, o juiz, conforme o art. 28 C.Pr.Pen., pode submeter o caso ao chefe da instituição, o Procurador-Geral, que, no entanto, se insistir nele, fará o *arquivamento* irrecusável. 6. Por isso, se é o Procurador-Geral mesmo que requer o *arquivamento* - como é atribuição sua nas hipóteses de competência originária do Supremo Tribunal - a esse não restará alternativa que não o seu deferimento, por decisão de efeitos rebus sic stantibus, que apenas impede, sem provas novas, o oferecimento da denúncia (C.Pr.Pen., art. 18; Súmula 524). 7. O mesmo é de concluir, se - qual sucede no caso -, o Procurador-Geral, subscrevendo-o, aprova de antemão o *pedido de arquivamento* apresentado por outro órgão do Ministério Público. (*Questão de Ordem no Inquérito nº 1.604, STF, Plenário, Rel. Min. Sepúlveda Pertence, julgado em 13.11.2002, publicado no DJ em 13.12.2002)*

28.5. Limites da delegação no art. 28, CPP: Designado outro membro do Ministério Público para o oferecimento da denúncia, a sua atuação será *por delegação* da instância revisora, de tal maneira que os limites da delegação devem ser encontrados no âmbito da própria decisão que deu origem a ela (delegação).

Assim, se a decisão, rejeitando o arquivamento, foi no sentido da adoção de novas diligências investigatórias pela autoridade policial, o novo membro do *parquet* deverá apenas acompanhar o prosseguimento das investigações, ao final das quais se verá inteiramente livre para apreciar a matéria, sem qualquer violação ao que decidido pela instância de revisão do órgão.

Quando se decidir pelo oferecimento da denúncia, do mesmo modo deverá agir o membro designado, limitando-se ao ajuizamento da ação penal, nos termos do convencimento manifestado pela instância de revisão. E assim deve ser, repita-se, dada a natureza de sua atuação, limitada às atribuições delegadas (pelo PGJ ou pela Câmara do MPF).

No curso subsequente da ação penal, todavia, o órgão do Ministério Público então designado estará inteiramente livre para atuar no processo, incluindo o requerimento de absolvição por ocasião das alegações finais. É que, tal como ocorre em relação a quaisquer processos penais, o juízo de valoração jurídico-penal manifestado por ocasião do oferecimento da denúncia não vincula a atuação futura do *parquet*. Assim, o objeto da delegação já teria sido cumprido com o só oferecimento da denúncia.

Do mesmo modo, poderá o órgão designado incluir autores, coautores e partícipes não contemplados no pedido de arquivamento, desde que em relação ao fato mencionado na decisão de revisão (pelo oferecimento da denúncia). Também outros fatos que não estejam acobertados pela eficácia preclusiva do arquivamento, tal como requerido inicialmente, e que não tenham sido objeto de decisão na instância revisora, poderão ser trazidos pelo membro então designado pelo Ministério Público. Exemplo: Na origem, o MP requer arquivamento em relação ao fato A e ao fato B. Não concordando o juiz, os autos vão à revisão, que decide pelo oferecimento da denúncia em relação ao fato B. O órgão designado não pode denunciar o fato A, que estaria submetido à regra do art. 18, CPP, dependente do surgimento de novas provas.

Jurisprudência

28.5. [...] 1. São institutos diversos o conflito de atribuições entre membros do Ministério Público e a providência do artigo 28 do Código de Processo Penal. Pelo conflito de atribuições, dentre dois ou mais representantes do *Parquet*, um deles é escolhido para tomar prosseguir no feito, ao passo que, pelo artigo 28 do Código de Processo Penal, o Procurador-Geral reavalia a posição ministerial de arquivamento, e, discordando, per se, denuncia, ou designa representante da instituição para fazê-lo. 2. Na solução do conflito de atribuições, ao Chefe do Ministério Público incumbe designar o órgão de execução encarregado de conduzir os diversos procedimentos afetos à atuação institucional – artigo 10 da Lei 8.625/1993 e artigo 26, VII, da Lei Complementar 75/1993. Na espécie, tendo havido conflito de atribuições entre promotor de justiça que oficia perante a Vara do Júri e aquele que atua junto à Vara Comum, entendendo o Procurador-Geral que a um deles toca a responsabilidade pela condução de certo feito, não há ilegalidade, em nome do respeito à independência funcional, designar-se o substituto legal para funcionar no feito – solução que fez a solução do conflito de atribuições tangenciar a providência do artigo 28 do Código de Processo Penal. *In casu*, o promotor escolhido, em razão de critérios normativamente preestabelecidos, foi justamente aquele que suscitou o conflito, passando, então, a ter, excepcionalmente, atribuição para atuar perante o Tribunal do Júri. Por mais que seja inusitado, tal coincidência não tem ela o condão de revelar violação do princípio do promotor natural. 3. Ordem não conhecida (*Habeas Corpus nº 198.633-SP, STJ, 6ª Turma, Rel. Min. Matia Thereza de Assis Moura, julgado em 12.11.2013, publicado no DJ em 28.11.2013*).

28.6. Arquivamento por atipicidade, excludentes de ilicitude, de culpabilidade e extinção da punibilidade: Se é atribuição do Ministério Público, nas ações penais públicas, o juízo acerca da natureza criminal da infração, *para fins de propositura ou não da ação* (relembre-se de que o juiz também se manifesta sobre o caráter delituoso do fato, mas por ocasião da sentença), não seria o princípio da *obrigatoriedade* da ação penal que o impediria de promover o arquivamento do inquérito policial ou de investigação criminal, ainda que sob o fundamento da atipicidade e mesmo quando fundado em excludentes de ilicitude e de culpabilidade. Agora, em face do art. 397, IV, CPP, com redação dada pela Lei nº 11.719/08, que prevê a absolvição sumária no caso de extinção da punibilidade, caberá o arquivamento também para essas hipóteses. É que, como a absolvição pressupõe uma acusação, não se há de exigir que o Ministério Público, estando convencido da extinção da punibilidade, tenha que elaborar a denúncia, de modo a permitir a aplicação do art. 396 e art. 397, ambos do CPP. O referido órgão goza de independência funcional prevista na Constituição da República, como se sabe (art. 127).

Quanto à atipicidade, parece não haver maiores indagações a esse respeito, na medida em que a matéria *prescinde de qualquer instrução probatória*. Com efeito, o juízo acerca da atipicidade do fato é unicamente *de direito*, a partir da compreensão intelectual sobre a correspondência entre o fato praticado (na realidade) e o tipo penal estabelecido em Lei. E mais. Exatamente porque dizem respeito à questão de mérito, a conclusão judicial no sentido da atipicidade e o consequente arquivamento do inquérito policial ou investigação criminal implicam decisão submetida à coisa julgada *material*, tendo em vista a impossibilidade de modificação da definição típica por prova superveniente. Então, nessas circunstâncias, o arquivamento promovido pelo Ministério Público, mesmo após as alterações do art. 28 do CPP pela Lei nº 13.964/2019, deverá – por essas razões – ser submetido ao controle direto do Poder Judiciário. Certamente, novas provas poderão demonstrar *ser outro o fato*, mas *aquela conduta, tal como narrada* (pelo Ministério Público), objeto do arquivamento, não poderá mais ser discutida. O mesmo ocorrerá em relação ao arquivamento em casos de extinção da punibilidade.

De outro lado, a decisão acerca da presença de excludentes de ilicitude (estado de necessidade, legítima defesa etc. – art. 23, CP) e de culpabilidade (inexigibilidade de conduta diversa, coação irresistível etc. – art. 22, CP), incluindo os respectivos erros (erro de tipo e erro de proibição, além do erro na descriminante putativa – art. 20, art. 21, Código Penal) demanda a produção de provas. E, por isso, poder-se-ia exigir o ajuizamento da ação penal, para, com a abertura da fase instrutória, apurar-se em maior extensão a sua existência.

Evidentemente, quando sustentamos a possibilidade de o Ministério Público arquivar ou requerer o arquivamento em tais situações, estamos a nos referir àquelas hipóteses em que a visibilidade da excludente seja constatável *a olho nu*, ou a juízo superficial do intérprete.

De todo modo, e ao contrário do arquivamento por atipicidade, aquele (arquivamento) em razão das excludentes ou dos erros aqui mencionados não fazem coisa julgada material, abrindo-se, ao contrário, à revisão, com o surgimento de novas provas (aplicando-se, então, o disposto no art. 18 do CPP).

28.7. Arquivamento indireto: Além das manifestações antes mencionadas, no sentido: (a) do arquivamento do inquérito ou das peças de informação; (b) da baixa dos autos (à Polícia) para novas diligências; e (c) do oferecimento da denúncia, pode, ainda, o Ministério Público, independentemente de qualquer exame mais aprofundado da matéria, recusar atribuição para a causa, apontando, então, a incompetência jurisdicional do órgão do Poder Judiciário perante o qual ele oficia.

Como proceder agora diante da nova redação do art. 28 do CPP?

Até então, entendíamos que a melhor solução seria o ajuizamento da denúncia, acompanhada de exceção de incompetência (que, porém, não era obrigatória; mas permitia ao juiz declarar sua incompetência inclusive *ex officio* em se tratando de incompetência relativa – vide art. 109, CPP). Igualmente destacávamos que a solução encontrada pela jurisprudência seria a aplicação do art. 28 do CPP na redação anterior à conferida pela Lei nº 13.964/2019. Ou seja, o juiz, não concordando com a manifestação ministerial, deveria valer-se do disposto no art. 28 do CPP (art. 62, LC nº 75/93, no âmbito do Ministério Público Federal), submetendo a questão à instância de revisão do respectivo *parquet*. O entendimento ali adotado determinaria, então, ou a designação de outro membro para o oferecimento da denúncia, ou a remessa dos autos ao juiz cuja competência tenha sido apontada na manifestação do Ministério Público.

Cremos que, agora, há de se realizar o declínio de atribuições, com envio dos autos ao órgão revisor para chancela do procedimento adotado. Mantido o declínio, encaminha-se a quem se entenda de direito. Não acolhido, procede-se à designação de novo membro para atuar no feito, nos mesmos moldes em casos de arquivamento propriamente dito e antes analisado.

E como resolver a situação em que dois membros de Ministérios Públicos diversos (MPE e MPF, por exemplo) recusam suas atribuições para atuar em determinado caso? Havia entendimento vigorante até a Lei nº 13.964/2019 no sentido de que competiria a(o) PGR a decisão do conflito de atribuições (vide item subsequente, 28.8). Entretanto, como destacado a seguir, o STF tem decidido que a competência nos *conflitos de atribuição* seria do CNMP. Mas não descartamos que outra solução possível poderá passar eventualmente por denúncias com manifestações dos respectivos juízos para a solução do conflito de competência (aí com decisões jurisdicionais a respeito da própria competência, nos limites traçados constitucionalmente).

De qualquer modo, impende apenas reafirmar ao final do presente tópico que, por não se tratar propriamente de um arquivamento, já que não se alega a ausência de crime nem de provas de sua existência, cunhou-se a expressão *arquivamento indireto*, cujo maior mérito é, repetimos, apresentar uma solução para o então insuperável entrave na persecução penal.

Jurisprudência

28.7. [...] "A deliberação de encaminhamento do inquérito a outra jurisdição é compreendida como decisão de arquivamento indireto do inquérito naquele juízo, não podendo o agente ministerial do novo foro diretamente declinar da competência" (Terceira Seção, AgRg na CAt 187/SP, Min. Nefi Cordeiro, *DJe* 11.9.2014). [...] (*Conflito de Atribuição nº 273-RN, STJ, 3ª Seção, unânime, Rel. Min. Newton Trisotto, julgado em 10.12.2014, publicado no* DJ *em 18.12.2014*).

28.8. Conflito de atribuições no Ministério Público:

A divergência entre juízes que, em determinado processo, se julgam igualmente competentes (conflito positivo) ou igualmente incompetentes (conflito negativo) é denominada *conflito de jurisdição* ou *conflito de competência*, cujo procedimento e consequências ainda serão objeto de exame, a seu tempo (art. 113 e seguintes do CPP).

Pode acontecer também de haver divergência de idêntica natureza, quanto ao conteúdo, entre membros do Ministério Público que oficiam perante juízos diferentes, ou mesmo no âmbito interno de cada instituição ministerial. Nessa última hipótese, a divergência *interna* será resolvida no âmbito do próprio Ministério Público, cabendo, em regra, ao Procurador-Geral de Justiça a solução da questão, quando ocorrida no *parquet* de algum dos Estados, ou à Câmara de Coordenação e Revisão, se entre membros do Ministério Público Federal (art. 62, LC nº 75/93). Já em relação ao Ministério Público do Distrito Federal, compete ao Procurador-Geral de Justiça resolver o conflito (art. 159 – LC nº 75/93). Cabe ao Procurador-Geral da República resolver conflito entre membros do Ministério Público da União, quando integrantes de órgãos distintos (MPF, MPDF etc.), consoante o disposto no art. 26 (LC nº 75/93).

Questão de maior complexidade, porém, ocorrerá quando o dissenso ou divergência se fizer presente entre membros de Ministério Público diferentes (Ministério Público da União – Federal e Distrito Federal *x* Ministério Público do Estado; Ministério Público de Estados diferentes). Aí, de fato, teremos algumas dificuldades, sobretudo em face da casuística modificação da jurisprudência do STF sobre a matéria.

Como vimos, o conflito entre membros integrantes de um mesmo Ministério Público terá de ser resolvido internamente pelo órgão apontado na respectiva legislação.

Do mesmo modo, o conflito entre juízes – conflito de competência – será resolvido pelo órgão jurisdicional de maior hierarquia funcional, como ocorre entre juízes de direito vinculados ao mesmo Tribunal de Justiça.

No entanto, se o conflito se der entre juízes vinculados a tribunais diferentes, a solução terá que ser outra, recaindo em um tribunal que detenha hierarquia funcional sobre aqueles (tribunais). Como regra, caberá ao Superior Tribunal de Justiça, que ocupa posição de hierarquia funcional em relação aos tribunais de segunda instância da jurisdição ordinária (Tribunais de Justiça e Tribunais Regionais Federais), consoante se vê do art. 102 da Constituição da República.

Entretanto, *não há* disposição semelhante e expressa no âmbito do Ministério Público, não se podendo afirmar que o Procurador-Geral da República pudesse ocupar essa função, na medida em que ele integra apenas o Ministério Público da União, não detendo qualquer posição hierárquica em relação aos demais órgãos do Ministério Público estaduais.

Eis o problema.

Cuja solução vinha se consolidando na jurisprudência da Suprema Corte, no sentido de competir ao Superior Tribunal de Justiça a solução do dissenso, embora a jurisprudência desse último não se animasse a assumir sua competência. Solução perfeitamente compreensível em razão de seu caráter *sistematizante*, alinhado com as soluções previstas para os conflitos de jurisdição, perante os quais, em última análise, atuam os membros do Ministério Público em conflito. Com efeito, por que razão a solução de um conflito de jurisdição deveria ser diferente da solução de um conflito de atribuição, se ambos, Juízes e Ministério Público, respectivamente, exercem suas funções no mesmo nível de instâncias?

A jurisprudência da Suprema Corte propugnava até o ano de 2015 pela adoção de um juízo de analogia, de tal maneira que o conflito de atribuição no âmbito do Ministério Público deveria ser solucionado à maneira do conflito de jurisdição, *ainda que não houvesse este último.*

No entanto, como não restou explicitada na decisão paradigmática que orientava a jurisprudência do STF – e nem seria preciso – a aplicação da regra de analogia com o conflito de jurisdição, constando apenas o entendimento segundo o qual a solução deveria se basear em um *virtual conflito de jurisdição*, a questão veio a ser objeto de revisão, no julgamento de um processo no qual os juízes perante os quais oficiavam os membros do *parquet* em conflito estavam de acordo quanto à competência jurisdicional para o julgamento de eventual ação penal. Resumindo: os juízes *convergiam* quanto à competência e incompetência de cada um em relação à matéria discutida, enquanto os membros do Ministério Público *dissentiam* quanto à respectiva *atribuição* (aí implicando, obviamente, que ambos discordavam acerca da competência jurisdicional também!).

Tanto bastou para que a Suprema Corte revisitasse o tema, no julgamento da *Ação Cível Originária nº 1.179* (Plenário, Rel. Min. Ellen Gracie, julgado em 11.9.2008, publicado no *DJ* em 31.10.2008), já que não se tratava de *virtual conflito entre juízes* – na medida em que ambos (os juízes) estavam de acordo –, e acolhesse antiga doutrina do Prof. Paulo Cézar Pinheiro Carneiro, cujo entendimento era no sentido de que o conflito de atribuição entre membros de Ministério Público distintos (MP estadual e MP federal) deveria ser tratado como uma *causa* entre a União e o Estado, a ser resolvida pelo Supremo Tribunal Federal, nos termos do art. 102, I, *f*, da Constituição da República.

Com isso, a questão passou a ter a seguinte configuração:

- havendo dissenso entre membros do MP e silêncio dos juízes acerca da competência jurisdicional, o conflito deverá ser resolvido pelo Superior Tribunal de Justiça, como se se tratasse de *virtual conflito de jurisdição (nesse ponto registramos que Douglas Fischer, mesmo antes das alterações do art. 28 do CPP pela Lei nº 13.964/2019, entendia haver conflito de atribuições entre membros do MP)* –

vide também anotações ao final do tópico sobre novo entendimento do STF a respeito do tema;

- havendo dissenso entre membros do *parquet* e consenso entre os juízes, a solução seria dada pelo Supremo Tribunal Federal, que estaria julgando *causa* entre União e Estado, ou entre Estados-membros (se o conflito fosse entre Ministério Público de Estados diferentes);
- havendo divergência entre os juízes, o conflito será de jurisdição, cabendo ao Superior Tribunal de Justiça a solução da matéria (art. 105, I, *d*, CF);
- havendo conflito entre membros do *parquet* e a manifestação de apenas um dos juízes acerca da competência jurisdicional, a solução haverá de ser dada no Superior Tribunal de Justiça, seja por força de *virtual conflito de jurisdição*, seja por *real e concreto* conflito de jurisdição, na medida em que o silêncio de um dos juízes deverá ser interpretado como *encampamento* da posição do membro do Ministério Público ali oficiante.

Não há como recusar que o que houve então foi verdadeira mudança de orientação jurisprudencial.

Note-se, ainda, que também o entendimento anterior do Supremo Tribunal Federal, que atribuía ao Superior Tribunal de Justiça a solução de conflito de atribuição entre membros do Ministério Público, havia se detido cuidadosamente sobre a doutrina antes mencionada, terminando por rejeitá-la com ampla e sólida fundamentação. Repetindo: a anterior jurisprudência não se fundava na *virtualidade* do conflito de jurisdição, embora a reconhecesse, mas, essencialmente, na *analogia* entre situações em tudo semelhante (atribuição do *parquet* e competência jurisdicional), ainda que a aludida expressão (*virtual conflito*) tenha constado da ementa do julgado.

Entretanto, o tema relacionado ao conflito de atribuições quando apenas existente dissenso entre membros de ministérios públicos diferentes foi modificado pelo Supremo Tribunal Federal a partir de decisões tomadas – com conclusão de julgamento em 19.5.2016 – nas Ações Cíveis Originárias 924 e 1.394, reconhecendo-se a atribuição do Procurador-Geral da República a decisão acerca do conflito de atribuições. Extrai-se, dentre inúmeros feitos já julgados, excertos da fundamentação no sentido de que "*a partir do resultado da investigação é que o Ministério Público, no exercício da sua função institucional de* dominus litis, *tanto da ação penal, quanto da ação civil pública para tutela do patrimônio público (CF, art. 129, I e III), terá elementos probatórios que lhe permitirão avaliar se promove ou não alguma ação judicial, e em caso positivo, se ação penal ou ação civil, ou ambas, indicando e identificando, em cada caso, os termos da sua propositura, os demandados, os fundamentos da demanda e o pedido correspondente. Somente depois de efetivamente tomadas essas providências que, convém enfatizar, se inserem no âmbito exclusivo e indelegável do juízo e da iniciativa do Ministério Público é que será possível, se for o caso, identificar o órgão judiciário competente para processar e julgar eventual demanda, bem como avaliar se o representante do Ministério Público que a propôs está ou não investido de atribuições institucionais para oficiar perante esse órgão judiciário*", concluindo-se que "*resulta evidenciado, consequentemente, não ser apropriada a intervenção do Judiciário em controvérsia estabelecida entre dois órgãos do âmbito do Ministério Público para definir qual deles tem atribuição para investigar determinado fato. Não se trata, fique bem claro, de saber qual deles tem atribuição de promover uma determinada demanda judicial (que, como se disse, não se pode saber se existirá ou não, e qual será, pois isso depende do resultado do procedimen-*

to investigatório). Não se trata, menos ainda, de resolver conflito de competência entre órgão judiciário estadual ou federal para julgar essa futura causa, já que isso, além de ser atribuição do STJ (CF, art. 105, I, d*), vai depender da existência de uma causa efetivamente proposta e dos termos em que foi proposta, o que, também já foi afirmado, depende de um juízo de alçada exclusiva e indelegável do Ministério Público, insuscetível de prévio controle, muito menos de determinação ou mesmo de insinuação pelo Poder Judiciário, que, se o fizesse, estaria pondo em risco a sua própria imparcialidade. O que se tem aqui é mera divergência entre dois agentes do Ministério Público sobre a condução das investigações a serem promovidas ante a notícia de ocorrência de um determinado fato potencialmente ilícito*" (ACO nº 2.612, STF, Rel. Min. Rosa Weber, publicada no *DJ* em 10.6.2016).

Ocorre que esse entendimento acima foi *novamente modificado* pelo Plenário do STF no julgamento da Petição nº 4.902-MG (Plenário, por maioria, publicado no *DJ* em 27.10.2020). A partir desse julgado, entendeu-se (com apenas 5 votos nesse sentido, prevalecendo sobre as demais posições) que a competência para dirimir conflitos de atribuições entre membros de ramos diversos do Ministério Público seria do Conselho Nacional do Ministério Público, sendo inaplicável o art. 102, I, *f*, da Constituição Federal.

Jurisprudência

28.8. [...] Competência do Conselho Nacional do Ministério Público para dirimir conflitos de atribuição entre ministérios públicos diversos. [...]

1. Incompetência originária do Supremo Tribunal Federal para conhecer e dirimir conflito de atribuições entre membros de ramos diversos do Ministério Público. Inaplicabilidade do art. 102, I, *f*, da CF, por ausência de risco ao equilíbrio federativo.

2. Impossibilidade de encaminhamento do conflito de atribuição para o Procurador-Geral da República, enquanto autoridade competente, pois é parte interessada na solução da demanda administrativa, uma vez que acumula a Chefia do Ministério Público da União com a chefia de um de seus ramos, o Ministério Público Federal, nos termos da LC 75/1993.

3. Os membros do Ministério Público integram um só órgão sob a direção única de um só Procurador-Geral, ressalvando-se, porém, que só existem unidade e indivisibilidade dentro de cada Ministério Público, inexistindo qualquer relação de hierarquia entre o Ministério Público Federal e os dos Estados, entre o de um Estado e o de outro, ou entre os diversos ramos do Ministério Público da União.

4. EC 45/2004 e interpretação sistemática da Constituição Federal. A solução de conflitos de atribuições entre ramos diversos dos Ministérios Públicos pelo CNMP, nos termos do artigo 130-A, § 2º, e incisos I e II, da Constituição Federal e no exercício do controle da atuação administrativa do *Parquet*, e a mais adequada, pois reforça o mandamento constitucional que lhe atribuiu o controle da legalidade das ações administrativas dos membros e órgãos dos diversos ramos ministeriais, sem ingressar ou ferir a independência funcional.

5. Desprovimento do agravo regimental. Não conhecimento da Ação e encaminhamento dos autos ao Conselho Nacional do Ministério Público para, nos termos do artigo 130-A, incisos I e II, da Constituição Federal, dirimir o *conflito de atribuições (Agravo Regimental na Petição nº 5.756/SP, STF, Plenário, por maioria, Rel. Min. Marco Aurélio, Redator do Acórdão Min. Alexandre de Moraes, julgado em sessão virtual de 5.6.2020 a 15.6.2020, publicado no* DJ *em 16.12.2020).*

28.8. [...] 1. Incompetência originária do Supremo Tribunal Federal para conhecer e dirimir conflito de atribuições entre membros de ramos diversos do Ministério Público. Inaplicabilidade do art. 102, I, *f*, da CF, por ausência de risco ao equilíbrio federativo. 2. Impossibilidade de encaminhamento do conflito de atribuição para o Procurador-Geral da República, enquanto autoridade competente, pois é parte interessada na solução da demanda administrativa, uma vez que acumula a Chefia do Ministério Público da União com a chefia de um de seus ramos, o Ministério Público Federal, nos termos da LC 75/1993. 3. Os membros do Ministério Público integram um só órgão sob a direção única de um só Procurador-Geral, ressalvando-se, porém, que só existem unidade e indivisibilidade dentro de cada Ministério Público, inexistindo qualquer relação de hierarquia entre o Ministério Público Federal e os dos Estados, entre o de um Estado e o de outro, ou entre os diversos ramos do Ministério Público da União. 4. EC 45/2004 e interpretação sistemática da Constituição Federal. A solução de conflitos de atribuições entre ramos diversos dos Ministérios Públicos pelo CNMP, nos termos do artigo 130-A, § 2º, e incisos I e II, da Constituição Federal e no exercício do controle da atuação administrativa do *Parquet*, é a mais adequada, pois reforça o mandamento constitucional que lhe atribuiu o controle da legalidade das ações administrativas dos membros e órgãos dos diversos ramos ministeriais, sem ingressar ou ferir a independência funcional. Precedentes (PET 4.575, Relator para o Acórdão Min. Alexandre de Moraes, Plenário, Sessão Virtual de 29/05 a 05/06/2020; PET 5.756, Relator para o Acórdão Min. Alexandre de Moraes, Plenário, Sessão Virtual de 05 a 15/06/2020; PET 4.891, Relator para o Acórdão Min. Alexandre de Moraes, Plenário, *DJe* de 06/08/2020; e PET 5.091, Relator para o Acórdão Min. Alexandre de Moraes, Plenário, *DJe* de 06/08/2020). 5. Não conhecimento da Ação e encaminhamento dos autos ao Conselho Nacional do Ministério Público para, nos termos do artigo 130-A, incisos I e II, da Constituição Federal, dirimir o conflito de atribuições *(Petição nº 4.902-MG, STF, Plenário, por maioria, Rel. Min. Marco Aurélio, Redator do Acórdão Min. Alexandre de Moraes, julgado em sessão virtual de 11.9.2020 a 21.10.2020, publicado no* DJ *em 27.10.2020).*

28.8. [...] 1. São institutos diversos, o conflito de atribuições entre membros do Ministério Público e a providência do artigo 28 do Código de Processo Penal. Pelo conflito de atribuições, dentre dois ou mais representantes do *Parquet*, um deles é escolhido para tomar prosseguir no feito, ao passo que, pelo artigo 28 do Código de Processo Penal, o Procurador-Geral reavalia a posição ministerial de arquivamento, e, discordando, per se, denuncia, ou designa representante da instituição para fazê-lo. 2. Na solução do conflito de atribuições, ao Chefe do Ministério Público incumbe designar o órgão de execução encarregado de conduzir os diversos procedimentos afetos à atuação institucional – artigo 10 da Lei 8.625/1993 e artigo 26, VII, da Lei Complementar 75/1993. Na espécie, tendo havido conflito de atribuições entre promotor de justiça que oficia perante a Vara do Júri e aquele que atua junto à Vara Comum, entendendo o Procurador-Geral que a um deles toca a responsabilidade pela condução de certo feito, não há ilegalidade, em nome do respeito à independência funcional, designar-se o substituto legal para funcionar no feito – solução que fez a solução do conflito de atribuições tangenciar a providência do artigo 28 do Código de Processo Penal. *In casu*, o promotor escolhido, em razão de critérios normativamente preestabelecidos, foi justamente aquele que suscitou o conflito, passando, então, a ter, excepcionalmente, atribuição para atuar perante o Tribunal do Júri. Por mais que seja inusitado, tal coincidência não tem ela o condão de revelar violação do princípio do promotor natural. 3. Ordem não conhecida (*Habeas Corpus nº 198.633-SP, STJ, 6ª Turma, Rel. Min. Matia Thereza de Assis Moura, julgado em 12.11.2013, publicado no* DJ *em 28.11.2013*).

28.9. Extinção da punibilidade e arquivamento: No caso de se constatar a presença de quaisquer das causas extintivas da punibilidade (art. 107, CP – genéricas; art. 168-A, § 2º; art. 337-A, § 1º, ambos do CP – específicas de matéria previdenciária e tributária), deve o Ministério Público, a partir da Lei nº 11.719/08, agora promover o arquivamento do inquérito ou das peças de informação.

Nesses casos, como compatibilizar com a nova redação do art. 28 do CPP?

Cremos que, em situações desse jaez, a manifestação ministerial terá eficácia preclusiva de coisa julgada material, do mesmo modo que ocorre com aquela que determina o arquivamento por atipicidade. Assim, e na linha do que anteriormente destacado, a manifestação de arquivamento deverá ser submetida necessariamente ao juízo, para que delibere sobre esse fato.

A mudança se deve ao fato de ser prevista, agora, a absolvição sumária do acusado, com fundamento na extinção da punibilidade (art. 397, IV, CPP). Ocorre que a aludida absolvição está prevista para depois da citação do réu e da apresentação de resposta escrita (arts. 396 e 397, CPP). Ora, como exigir que o Ministério Público, convencido da extinção da punibilidade, tenha que oferecer denúncia para um fato não mais punível? Ou seja, oferecer denúncia apenas para que o acusado possa ser absolvido sumariamente?

Pensamos que não. E a independência funcional do Ministério Público, prevista em texto constitucional, aponta nesse sentido, como já aqui salientado. Por isso, conveniente – ainda que não exigido em Lei – que o Ministério Público especifique os fatos com clareza e exatidão, de modo a permitir que a decisão (ou despacho) sobre eles lançada não deixe margem a questionamentos futuros.

Uma distinção: uma coisa é o arquivamento *físico* dos autos, presente em todos os processos encerrados; outra, muito diferente, é o *arquivamento* enquanto *decisão judicial.*

Não falta quem diga que manifestação judicial que determina o arquivamento do inquérito policial ou das peças de informação sequer seria *decisão*, mas mero *despacho.* Se olharmos exclusivamente para a circunstância de se tratar – a tramitação de inquérito e das peças de informação – de fase pré-processual e não propriamente jurisdicional, aí, talvez, o aludido entendimento merecesse maiores considerações. Ora, como já vimos tantas vezes, como reconhecer eficácia preclusiva tão extensa em um mero despacho, como ocorre em relação à atipicidade e à extinção da punibilidade?

Art. 28-A. Não sendo caso de arquivamento e tendo o investigado confessado formal e circunstancialmente a prática de infração penal sem violência ou grave ameaça e com pena mínima inferior a 4 (quatro) anos, o Ministério Público poderá propor acordo de não persecução penal, desde que necessário e suficiente para reprovação e prevenção do crime, mediante as seguintes condições ajustadas cumulativa e alternativamente: (Incluído pela Lei nº 13.964, de 2019)

I – reparar o dano ou restituir a coisa à vítima, exceto na impossibilidade de fazê-lo; (Incluído pela Lei nº 13.964, de 2019)

II – renunciar voluntariamente a bens e direitos indicados pelo Ministério Público como instrumentos, produto ou proveito do crime; (Incluído pela Lei nº 13.964, de 2019)

III – prestar serviço à comunidade ou a entidades públicas por período correspondente à pena mínima cominada ao delito diminuída de um a dois terços, em local a ser indicado pelo juízo da execução, na forma do art. 46 do Decreto-Lei nº 2.848, de 7 de dezembro de 1940 (Código Penal); (Incluído pela Lei nº 13.964, de 2019)

IV – pagar prestação pecuniária, a ser estipulada nos termos do art. 45 do Decreto-Lei nº 2.848, de 7 de dezembro de 1940 (Código Penal), a entidade pública ou de interesse social, a ser indicada pelo juízo da execução, que tenha, preferencialmente, como função proteger bens jurídicos iguais ou semelhantes aos aparentemente lesados pelo delito; ou (Incluído pela Lei nº 13.964, de 2019)

V – cumprir, por prazo determinado, outra condição indicada pelo Ministério Público, desde que proporcional e compatível com a infração penal imputada. (Incluído pela Lei nº 13.964, de 2019)

§ 1º Para aferição da pena mínima cominada ao delito a que se refere o caput deste artigo, serão consideradas as causas de aumento e diminuição aplicáveis ao caso concreto. (Incluído pela Lei nº 13.964, de 2019)

§ 2º O disposto no caput deste artigo não se aplica nas seguintes hipóteses: (Incluído pela Lei nº 13.964, de 2019)

I – se for cabível transação penal de competência dos Juizados Especiais Criminais, nos termos da lei; (Incluído pela Lei nº 13.964, de 2019)

II – se o investigado for reincidente ou se houver elementos probatórios que indiquem conduta criminal habitual, reiterada ou profissional, exceto se insignificantes as infrações penais pretéritas; (Incluído pela Lei nº 13.964, de 2019)

III – ter sido o agente beneficiado nos 5 (cinco) anos anteriores ao cometimento da infração, em acordo de não persecução penal, transação penal ou suspensão condicional do processo; e (Incluído pela Lei nº 13.964, de 2019)

IV – nos crimes praticados no âmbito de violência doméstica ou familiar, ou praticados contra a mulher por razões da condição de sexo feminino, em favor do agressor. (Incluído pela Lei nº 13.964, de 2019)

§ 3º O acordo de não persecução penal será formalizado por escrito e será firmado pelo membro do Ministério Público, pelo investigado e por seu defensor. (Incluído pela Lei nº 13.964, de 2019)

§ 4º Para a homologação do acordo de não persecução penal, será realizada audiência na qual o juiz deverá verificar a sua voluntariedade, por meio da oitiva do investigado na presença do seu defensor, e sua legalidade. (Incluído pela Lei nº 13.964, de 2019)

§ 5º Se o juiz considerar inadequadas, insuficientes ou abusivas as condições dispostas no acordo de não persecução penal, devolverá os autos ao Ministério Público para que seja reformulada a proposta de acordo, com concordância do investigado e seu defensor. (Incluído pela Lei nº 13.964, de 2019)

§ 6º Homologado judicialmente o acordo de não persecução penal, o juiz devolverá os autos ao Ministério Público para que inicie sua execução perante o juízo de execução penal. (Incluído pela Lei nº 13.964, de 2019)

§ 7º O juiz poderá recusar homologação à proposta que não atender aos requisitos legais ou quando não for realizada a adequação a que se refere o § 5º deste artigo. (Incluído pela Lei nº 13.964, de 2019)

§ 8º Recusada a homologação, o juiz devolverá os autos ao Ministério Público para a análise da necessidade de complementação das investigações ou o oferecimento da denúncia. (Incluído pela Lei nº 13.964, de 2019)

§ 9º A vítima será intimada da homologação do acordo de não persecução penal e de seu descumprimento. (Incluído pela Lei nº 13.964, de 2019)

§ 10. Descumpridas quaisquer das condições estipuladas no acordo de não persecução penal, o Ministério Público deverá comunicar ao juízo, para fins de sua rescisão e posterior oferecimento de denúncia. (Incluído pela Lei nº 13.964, de 2019)

§ 11. O descumprimento do acordo de não persecução penal pelo investigado também poderá ser utilizado pelo Ministério Público como justificativa para o eventual não oferecimento de suspensão condicional do processo. (Incluído pela Lei nº 13.964, de 2019)

§ 12. A celebração e o cumprimento do acordo de não persecução penal não constarão de certidão de antecedentes criminais, exceto para os fins previstos no inciso III do § 2º deste artigo. (Incluído pela Lei nº 13.964, de 2019)

§ 13. Cumprido integralmente o acordo de não persecução penal, o juízo competente decretará a extinção de punibilidade. (Incluído pela Lei nº 13.964, de 2019)

§ 14. No caso de recusa, por parte do Ministério Público, em propor o acordo de não persecução penal, o investigado poderá requerer a remessa dos autos a órgão superior, na forma do art. 28 deste Código. (Incluído pela Lei nº 13.964, de 2019)

28-A. O acordo de não persecução penal: questões gerais: O acordo de não persecução penal se restringe aos crimes cometidos sem violência ou grave ameaça, com pena mínima inferior a 4 (quatro) anos e confessados pelo agente, e deverá ser proposto caso o Ministério Público entenda ser necessário e suficiente para a reprovação e prevenção do crime (art. 28-A). A respeito do tema, o HC 657.165/RJ dispôs: A mera ausência de confissão do autuado, durante o inquérito policial, não impede que o Ministério Público analise o oferecimento do acordo de não persecução penal.

Embora se veja certa margem de discricionariedade no juízo quanto ao ser *necessário e suficiente para a reprovação e prevenção do crime*, a legislação brasileira ainda não avançou para um modelo de *legalidade* na persecução penal. A Lei 13.964/19 tentou regulamentar as soluções de futuros dissensos, que até devem diminuir, diante do fim do controle judicial do arquivamento e do papel *legalista* a ele reservado nos acordos de colaboração premiada e agora no de *não persecução*, cuja iniciativa, claro, é unicamente do Ministério Público (e não da Polícia).

No entanto, reservou-se ao juiz o controle de *voluntariedade* do acordo, para o que deverá ser designada audiência específica para tal finalidade, e também quanto à *legalidade* do ajuste, conforme se verifica no art. 28-A, § 7º, do CPP. Esse campo oferece contornos mais seguros para a respectiva apreciação.

Não é o que ocorre, porém, com o disposto no mesmo art. 28-A, § 5º (reconhecido como constitucional pelo STF no julgamento das ADIs 6.298, 6.299, 6.300 e 6.305), que atribui ao juiz o poder de *rejeitar o acordo*, quando considerar *inadequadas, insuficientes ou abusivas* as condições impostas no ajuste. É claro que o problema não reside exatamente na *rejeição* do acordo, diante de tão contundentes justificativas. A verdadeira questão é a definição dos limites do que, afinal, poderia constituir *abuso, inadequação ou insuficiência* das condições.

Mas há uma explicação possível. Como o procedimento de acordo de não persecução implica a *aplicação de pena criminal*, a reserva da homologação das sanções impostas no acordo ao juiz implicaria também a competência para o exame das circunstâncias de dosimetria penal, em especial no ponto em que se exige que a imposição seja *necessária e suficiente para a reprovação e prevenção do crime*, tal como, aliás, disposto no art. 59, CP.

Como se vê, nosso modelo processual ainda se pauta no *legalismo* ou na *objetividade* da persecução penal, adotando-se dupla perspectiva no controle de regularidade do acordo. Primeiro, com o juiz, conforme vimos, e depois pelo investigado, que, na hipótese de recusa do MP na propositura do acordo, também ele, o investigado, poderá submeter a questão à revisão do órgão revisional do próprio MP (art. 28, § 14, CPP).

Quanto ao mérito do acordo, com o balizamento escolhido – pena mínima *inferior* a quatro anos, incluindo eventuais causas de aumento e de diminuição – nosso processo penal acaba de dar verdadeira guinada em seu modelo de justiça penal, optando, sempre que possível, pela não aplicação da pena privativa da liberdade, pelo procedimento do acordo de não persecução, que vem a instituir, com discutível amplitude, a justiça *negociada*. Discutível, do ponto de vista de política criminal, não quanto à respectiva validade da escolha.

O principal critério trazido pela nova lei, contudo, remete à circunstância já conhecida na modulação da aplicação da pena. Trata-se do condicionamento do juízo acerca da assunção do acordo segundo "*seja necessário e suficiente reprimir e prevenir o crime*" (art. 28-A). Aqui, como visto, importantíssimo papel foi reservado ao Ministério Público, em primeiro lugar, e, depois, ao juiz das garantias, responsável pela homologação do acordo.

Sempre estará presente o risco de excesso de *subjetivismo* na compreensão dessa circunstância nos casos concretos. Como o rol de crimes abrangidos pela possibilidade do acordo de não persecução é demasiado extenso, a Justiça Penal *negociada* poderá se tornar a principal alternativa para o *sistema*, desde que a aplicação das novas regras obedeça a critérios mais ou menos *objetivos*, e, de preferência, regulados normativamente no âmbito interno do Ministério Público.

Os delitos praticados por *organizações criminosas*, por exemplo, embora possam eventualmente se enquadrar no *acordo* (penas de até quatro anos e sem grave ameaça ou violência), não deveriam ser objeto do ajuste de não persecução, dado que as sanções previstas na lei não parecem suficientes para reprimir nem para prevenir delitos, dado que elas se organizam exatamente para a prática de crimes. Aliás, no ponto, pode-se argumentar até que já haveria vedação em relação aos membros de qualquer organização criminosa, na medida em que o acordo é vedado *para aqueles com conduta criminosa profissional* (art. 28-A, § 2º, II, CPP).

Haverá outros exemplos, é claro, mas o mais relevante é a abertura legislativa para a composição de crimes que, embora abstratamente (pela pena cominada e pelo bem jurídico atingido) mais graves, podem oferecer hipóteses de menor complexidade e de menor repercussão no âmbito da Administração Pública, por exemplo. Separar *o joio do trigo* em cada hipótese concreta poderá ser bastante proveitoso para os interesses da justiça penal.

Nesse ponto, será de fundamental importância o exame cuidadoso da culpabilidade do agente, as circunstâncias e a danosidade do fato, já a ser examinada concretamente. A reiteração de fatos da mesma natureza – ou até mesmo de outra – deverá ser levada em conta, bem como a primariedade e ausência de antecedentes do agente. Relembre-se que há previsão de impossibilidade do acordo para investigados *reincidentes ou em conduta criminal habitual, reiterada ou profissional* (art. 28-A, § 2º, II).

De fato, são inúmeros os crimes assim qualificados, incluindo simplesmente *todos* os crimes contra a Administração Pública, os de organização criminosa (integrar ou participar de *organização criminosa*) e os de *lavagem de dinheiro*, delitos portadores de maior censura pública.

Quanto aos crimes de organização criminosa convém lembrar que a Lei nº 13.964/19 dá tratamento ainda mais rigoroso às organizações armadas (já punidas com maior rigor na Lei nº 12.850/13) e aos crimes hediondos (Lei nº 8.072/90). Aí a não aplicação do acordo fica mais clara, diante do potencial de violência e de grave ameaça produzida pelo uso de armas, independentemente da pena mínima cominada. O crime de tráfico de drogas privilegiado, por exemplo, não pode mais ser considerado *hediondo*, por força da nova legislação, o que, à vista da causa de diminuição nele contido (art. 33, § 4º, Lei nº 11.343/06), permitirá o acordo de não persecução.

O curioso é que, lendo e revendo as críticas desferidas à Lei nº 13.964/19, o alvo principal é o *juiz das garantias*! Tempos estranhos...

Não temos dúvidas quanto aos questionamentos que ainda virão, depois que *passar* o rancor contra o *juiz das garantias*. Uma tese previsível a ser levantada será quanto à inconstitucionalidade da abrangência da citada Lei, e, em especial, no que diz respeito ao combate à corrupção, à criminalidade organizada *desarmada* e à lavagem de dinheiro, delitos cuja pena mínima prevista é de 2 (dois), 3 (três) e 3 (três) anos, respectivamente. Não faltará quem sustente a necessidade de aplicação do princípio da *proibição de proteção deficiente*, como ocorreu em conhecido episódio da suspensão do indulto presidencial (*Ação Direta de Inconstitucionalidade nº 5.874/DF, STF, Plenário, por maioria, Rel. Min. Roberto Barroso, Redator do acórdão Min. Alexandre de Moraes, julgado em 9.5.2019, publicado no* DJ *em 18.11.2020*), em que alguns Ministros da Suprema Corte restaram vencidos com argumentação nessa linha, hermeneuticamente discutível – embora, posteriormente, o STF tenha reconhecido que a competência do Presidente da República para edição do indulto não é absoluta, possibilitando o controle pelo Poder Judiciário (*Arguição de Descumprimento de Preceito Fundamental nº 964-Mérito, STF, Plenário, Rel. Min. Rosa Weber, por maioria, julgamento final em 10.5.2023, publicado no DJ em 17.8.2023*).

Cabe lembrar que o princípio da legalidade em matéria penal veio acolhido expressamente no texto de 1988, não só no que toca a que *não há crime sem lei anterior*, como no conjunto de normas de idêntico substrato ao longo do art. 5º da Constituição da República. Lei que preveja procedimento mais favorável aos investigados/réus, ou, mais que isso, *modalidade específica de pena a ser aplicada*, também se insere no âmbito da *legalidade penal*.

Já do ponto de vista de *política criminal*, a despeito de sermos amplamente favoráveis às alternativas ao cárcere, pensamos que os requisitos previstos na Lei, para a fruição do *acordo de não persecução*, podem se revelar tímidos, quando não subjetivos em demasia, para separar questões graves de outras, de menor impacto. Delitos como a *lavagem de dinheiro*, por exemplo, não podem ser dimensionados unicamente pelo valor lavado, a depender de como se entender sua *objetividade jurídica* (bem jurídico tutelado).

Enfim, nada como o tempo e a efetiva aplicação da Lei para se poder avaliar o acerto (ou não) legislativo. Sigamos.

Registramos que, no ano de 2024, a 5ª Turma do Superior Tribunal de Justiça entendeu inaplicável o ANPP para casos de "homofobia" (*Agravo Regimental no Agravo em Recurso Especial nº 2.607.962-GO, STJ, 5ª Turma, Rel. Min. Reynaldo Soares da Fonseca, julgado em 16.8.2024, publicado no DJ em 29.8.2024*).

A construção do STJ deu-se a partir de decisão da 2ª Turma do STF no RHC nº 222.599 (7.2.2023) sobre a vedação de acordos dessa natureza "nos crimes praticados no âmbito de violência doméstica ou familiar, ou praticados contra a mulher por razões da condição de sexo feminino, em favor do agressor".

A fundamentação passou também por ser necessária a compatibilização do julgado com os compromissos assumidos internacionalmente pelo Estado brasileiro, especialmente quanto à preservação do direito à não discriminação.

E concluiu pelo descabimento do ANPP a partir do que decidido pelo STF na ADO nº 26, na qual, dentre outras, foi conferida interpretação conforme à Constituição para enquadrar a homofobia e a transfobia, expressões de racismo em sua dimensão social, nos diversos tipos penais definidos na Lei n. 7.716/1989, atribuindo a essas condutas, até que sobrevenha legislação autônoma, o tratamento legal conferido ao crime de racismo.

As condições a serem ajustadas no acordo já constavam das práticas prevista nas *normativas* do Ministério Público. De forma cumulativa ou alternativa, o investigado deverá reparar o dano ou restituir a coisa à vítima, quando possível; renunciar a bens e direitos indicados pelo Ministério Público como instrumento, produto ou proveito de crime; prestar serviços à comunidade ou entidades públicas por período correspondente à pena mínima do delito, diminuído de um a dois terços; pagar prestação pecuniária a entidade pública ou de interesse social que tenha preferencialmente como função proteger bens jurídicos iguais ou semelhantes aos aparentemente lesados pelo delito; ou cumprir por prazo determinado outra condição indicada pelo Ministério Público, desde que compatível e proporcional ao crime praticado (art. 28-A, I, II, III, IV e V).

Aqui há novidade, pois a Resolução 181/2017 do CNMP dizia que era o *parquet* quem definiria as entidades públicas às quais haveria prestação de serviço, bem como quais deveriam ser as destinatárias da prestação pecuniária, ao passo que a nova Lei determina que a decisão será do *juízo da execução*, o que nos parece correto, já que ambas as condições se equivalem a penas restritivas de direito.

Conforme os incisos I, II, III e IV do § 2º do art. 28-A do CPP, o acordo *não* será admitido quando for cabível a transação penal (Lei nº 9.099/95); ou se o investigado for reincidente ou houver indícios de que pratique crimes de forma habitual ou profissional – exceto se insignificantes as infrações penais pretéritas; se o agente tiver sido beneficiado nos últimos cinco anos por transação, suspensão condicional do processo ou acordo de não persecução penal; ou, por fim, se o crime for praticado no âmbito de violência doméstica ou familiar, ou contra a mulher por razões da condição de sexo feminino.

Registre-se que a Resolução 181 não mencionava a criminalidade habitual/profissional, e criava outras exceções (como dano não superior a 20 salários mínimos), que não foram incorporadas pela legislação. A se censurar, no ponto, a expressão "*exceto se insignificantes as infrações penais pretéritas*", que é dotada de inequívoco subjetivismo. Talvez fosse preferível estabelecer um patamar objetivo de pena, para não deixar o investigado ao alvedrio da acusação e do juiz quanto à "insignificância" das condutas anteriores. Com o tempo, espera-se que a jurisprudência possa sedimentar algum parâmetro relativamente seguro para a aplicação da regra.

O acordo de não persecução penal será formalizado por escrito, e o investigado deverá estar acompanhado de advogado (art. 28-A, § 3º). Para que haja homologação do acordo será realizada uma audiência na qual o juiz verificará a sua voluntariedade e regularidade, tomando a oitiva do agente na presença de seu advogado (§ 4º).

Caso haja homologação pelo juiz das garantias, os autos serão devolvidos ao *parquet* para que se inicie a execução perante o juízo de execução penal (§ 6º), e, após o cumprimento integral dos termos do acordo, será declarada a extinção da punibilidade pelo juízo competente (art. 28-A, § 13, do CPP). A Resolução 181 mencionava *arquivamento da investigação*, o que só poderia soar correto caso se entendesse que o arquivamento era *material* e não somente formal. Seja como for, reputamos acertada a solução adotada pela lei).

Compreendemos que, diferentemente da suspensão do processo e da transação (arts. 89 e 76 da Lei nº 9.099/95), uma vez realizado o acordo, a sua homologação judicial confere validade e eficácia vinculante aos seus termos, fora do alcance de impugnações futuras. Com efeito, atestada a voluntariedade e a legalidade do ajuste, deve ele seguir à execução, com o cumprimento das obrigações ali assumidas.

Em um sistema de *justiça consensual* (que, evidentemente, será controlada pelo Poder Judiciário), as partes, dentro dos limites conferidos pela lei, concordam e demonstram *prévia* anuência que existem *todos os pressupostos* legais para o ajuste que está sendo entabulado: há indícios de autoria e prova da *materialidade*, bem assim ausência de qualquer fundamento que exclua a responsabilidade penal.

Ao propósito, relembre-se que a lei impõe a confissão da prática da infração penal, o que, por si só, já tornaria inviável o questionamento acerca da validade do acordo. De modo que, se existir questionamento judicial acerca de qualquer aspecto incriminador do tipo, a homologação da *não persecução* terá como efeito a perda superveniente do objeto da impugnação. Do mesmo modo, não terá lugar a mesma pretensão se e quando feita após o acordo, ainda que o investigado discorde da regra jurídica estabelecida como subsunção do fato confessado.

Nesse passo, pensamos ser possível a ressalva, no instrumento de acordo, quanto ao dissenso acerca do tipo penal aplicável ao fato, desde que este seja confessado sem reservas. A divergência, bem se vê, então, não poderá ser oposta à execução das cláusulas livremente ajustada.

Noutras palavras, a *sinceridade prévia* das partes é essencial como pressuposto de validação dos acordos na questão da *voluntariedade* no ajuste. Esse tipo de conduta é clara demonstração do brocardo *nemo auditur propriam turpitudinem allegans,* como inclusive vem sendo reconhecido pela jurisprudência há muito tempo, ao assentar que "*no sistema processual penal vigoram os princípios da lealdade, da boa-fé objetiva e da cooperação entre os sujeitos processuais, não sendo lícito à parte arguir vício para o qual concorreu em sua produção, sob pena de se violar o princípio de que ninguém pode se beneficiar da própria torpeza – nemo auditur propriam turpitudinem allegans*" (*Embargos Declaratórios no Recurso Ordinário em Habeas Corpus nº 187.927/SP, STF, 1ª Turma, por maioria, Rel. Min. Alexandre de Moraes, julgado em sessão virtual de 28.8.2020 a 4.9.2020, publicado no DJ em 5.10.2020).*

Hipótese diversa, todavia, ocorrerá nos casos de *abolitio criminis* legislativa, se ainda pendente de cumprimento qualquer das obrigações estipuladas no ANPP. Em hipóteses que tais, não será a validade intrínseca do ajuste a impedir a não punibilidade de fato cuja ilicitude penal tenha sido afastada.

Claro que não existe óbice para que, se frustrada qualquer tentativa de trancamento da apuração dos fatos, parte interessada possa, ulteriormente, realizar o acordo de não persecução penal, desde que observados os requisitos legais, notadamente a confissão circunstanciada como elemento corroborador somente para os fins do pacto aqui tratado.

Prosseguindo, destacamos que a lei não prevê, expressamente, a quem compete a *rescisão* eventual do ANPP em caso de descumprimento das condições. Mas, e como o que se impõe no acordo deve ser considerada *pena,* caberá ao Juízo da Execução penal – para quem transferido o processo depois de *homologado (o que reforça tratar-se de pena)* – a competência para *decidir* pendências e arguições de defeitos na execução do acordo (§ 10º do art. 28-A do CPP). Trata-se de um verdadeiro *incidente* a ser resolvido em sede de *execução penal,* uma vez que, para esse juízo, foram remetidos os autos do ANPP.

Aponte-se ainda que o § 12 determina que a celebração e o cumprimento do acordo de não persecução penal não constarão em certidão de antecedentes criminais (salvo registro para evitar que o mesmo agente seja beneficiado novamente pelo instituto em um prazo inferior a cinco anos).

Na hipótese de descumprimento do acordo, o Ministério Público deverá comunicar o fato ao juízo, para fins de rescisão e posterior oferecimento de denúncia (§ 8º). Além disso, o descumprimento pode ser utilizado como justificativa para eventual não oferecimento de suspensão condicional do processo (§ 11). Frise-se que, por força da nova Lei (que alterou o art. 116 do Código Penal, acrescentando os incisos III e IV), o prazo prescricional *não corre* enquanto não cumprido ou rescindido o acordo de não persecução penal, de forma que não há risco de ocorrer prescrição nestes casos, ao contrário do que ocorre na transação.

Já quando houver discordância do magistrado quanto aos termos do acordo, por entendê-lo abusivo, insuficiente ou inadequado, os autos serão devolvidos ao Ministério Público para que seja reformulada a proposta de acordo, com a concordância do investigado e de seu defensor (§ 5º).

E se o *parquet* não concordar com a revisão dos termos originais? Duas vias se abrem, então. A primeira é recorrer da decisão, através de Recurso em Sentido Estrito, como autorizado pela nova legislação (o recém-introduzido inciso XXV do art. 581). A segunda é simplesmente não proceder à alteração, quando então o magistrado recusará a homologação do acordo e devolverá os autos, para que o Ministério Público analise se há necessidade de complementação das investigações, ou, ainda, se é o caso de oferecimento de denúncia (§ 8º).

Acrescentaríamos, também, a possibilidade (conquanto remota) de o *parquet* requerer o arquivamento da investigação, na oportunidade, caso em que determinará as providências previstas no art. 28, CPP.

E o que deverá ser feito caso o investigado entenda que faz jus ao acordo de não persecução penal, embora a proposta não tenha sido feita pelo Ministério Público? O novo diploma se ocupou da questão, esclarecendo que poderá haver requerimento de remessa dos autos ao órgão superior, na forma do art. 28 do Código de Processo Penal (§ 14). Não há, todavia, uma solução clara para a situação em que o *juiz* entenda ser de fato o caso de se propor acordo de não persecução penal, apesar de o órgão superior interno do *parquet* discordar.

Pensamos que o melhor a se fazer seria *rejeitar* a denúncia, então, sob o prisma da *ausência de justa causa* (necessidade) para a persecução processual penal. Reconhecemos, porém, que o tema não é simples, sobretudo porque a nova legislação concede ao Ministério Público – e não ao juiz das garantias – a responsabilidade de gestão da persecução penal, ainda que sem lhe atribuir poderes discricionários para a respectiva atuação.

Por fim, há previsão de que a *vítima* será intimada da homologação do acordo de não persecução penal e de seu eventual descumprimento (§ 9º). Não se abre oportunidade, bem se vê, para o ingresso em juízo, com a ação penal subsidiária da pública.

28-A.1. O momento para a celebração do acordo de não persecução penal: Uma última questão a ser respondida diz respeito ao momento da celebração do acordo. A própria natureza do instituto parece sugerir que a proposta deverá ser feita na fase pré-processual, tanto pelo texto da lei ("*Não sendo o caso de arquivamento e tendo o investigado confessado...*") quanto pela consequência de seu descumprimento ou não homologação (possibilidade de *oferecimento de denúncia*). Contudo, a lei diz que cabe ao juiz das garantias decidir sobre a homologação de acordo de não persecução penal ou os de colaboração premiada, *quando formalizados durante a investigação* (art. 3º-B, XVII).

Se é certo que as colaborações premiadas podem ser formalizadas ao longo do processo (art. 4º, § 5º, da Lei nº 12.850/13), o mesmo não pode ser dito quanto ao acordo de não persecução penal, que deveria ser proposto em momento anterior. A única possibilidade que conseguimos visualizar de esta questão surgir durante o processo é a de o Ministério Público oferecer diretamente a denúncia sem ter proposto o acordo de não persecução, e após o recebimento da exordial, o réu se insurgir contra a ausência de possibilidade de formalizar o acordo. Assim, concordando o juiz com o pleito, o ideal seria *suspender* o processo até a questão ser solucionada (com remessa ao órgão superior interno do *parquet* em caso de discordância, nos termos do § 14 do art. 28-A do Código de Processo Penal).

Será possível também o acordo de não persecução no âmbito dos Tribunais, nas ações penais originárias, como resta claro do disposto no art. 16 da Lei 13.964/2019, que modificou, no ponto, o art. 1º da Lei nº 8.038/90.

Entendemos relevante ainda traçar algumas considerações mais detalhadas sobre a discussão referente à aplicabilidade "retroativa" do ANPP aos casos em que já recebida a denúncia quando entrou em vigor a Lei nº 13.964/2019, sobretudo diante de inúmeras discussões na doutrina e na jurisprudência.

Vamos a elas, embora, ao final, trataremos do entendimento consolidado na jurisprudência do STF e, depois, alterada pelo STJ para se conformar ao que decidido pela Corte Suprema.

Reafirmamos que o acordo de não persecução penal foi criado para as situações (futuras, a partir da vigência da lei) em que *não tenham sido ainda recebidas as denúncias.* O instituto pode (em tese) ser até mais benéfico em algumas situações (a depender de interesse sobretudo do – já – réu, que está sendo processado).

Cremos que não há se invocar eventual hipótese de "retroatividade mais benéfica".

Não se trata de regra puramente penal, mas também procedimental, sendo bem diversa da situação da suspensão condicional do *processo* (art. 89, Lei 9.099/95), em que há ajuste para a suspensão *do processo* (embora não se admita "culpa" para tais fins de *suspensão*, algo que deverá ser feito para fins do *acordo de não persecução penal* – o pretenso beneficiário precisa *confessar a prática da infração penal*).

Compreendemos que admitir a aplicação do acordo de não persecução penal em ações penais em andamento, sob o *escudo geral* (e até "genérico") de que consistiria em "providência mais benéfica ao infrator", configura uma criação sem base dogmática e sistemática legal, em desacordo também com a interpretação que entendemos correta e, segundo vemos, já conferida pelo STF em situações análogas, como foi em face de debates travados com a entrada em vigor da Lei nº 9.099/95.

Mais que isso: se a questão se limitasse a sustentar que a regra seria (só) *penalmente* mais benéfica, implicaria, necessariamente, que *se abrisse a possibilidade de acordo aos casos com sentença já transitada em julgado*, pois traria em seu bojo a possibilidade de ajuste de uma pena *mais favorável* à prevista em abstrato ou então aplicada pelo juízo criminal. Não esqueçamos que toda regra penal mais benéfica deve retroagir inclusive sobre casos já transitados em julgado. Assim, nessa linha de argumentação, ou ela retroage para todos os casos (absolutamente todos), ou ela é limitada por algum fator objetivo, que, no caso, tem natureza processual penal, que é o recebimento da denúncia.

Contrariando frontalmente a *opção* do legislador (de *verdadeira política criminal*), a "escolha" de outros marcos de incidência do ANPP como até o início da instrução, até a sentença, até a condenação em segundo grau, até o trânsito em julgado ou qualquer outro momento, decorreria de mero "ativismo" (para não dizer decisionismo) sem qualquer racionalidade à luz do ordenamento jurídico vigente. Aliás, falhou gravemente nesse ponto a 2ª Câmara de Coordenação e Revisão do MPF ao editar o Enunciado 98 (parcialmente revisado em 31.8.2020), com a seguinte redação: "*É cabível o oferecimento de acordo de não persecução penal no curso da ação penal, isto é, antes do trânsito em julgado, desde que preenchidos os requisitos legais, devendo o integrante do MPF oficiante assegurar seja oferecida ao acusado a oportunidade de confessar formal e circunstancialmente a prática da infração penal, nos termos do art. 28-A do CPP, quando se tratar de processos que estavam em curso quando da introdução da Lei nº 13.964/2019, conforme precedentes, podendo o membro oficiante analisar se eventual sentença ou acórdão proferido nos autos configura medida mais adequada e proporcional ao deslinde dos fatos do que a celebração do ANPP. Não é cabível o acordo para processos com sentença ou acórdão após a vigência da Lei nº 13.964/2019, uma vez oferecido o ANPP e recusado pela defesa, quando haverá preclusão".*

É preciso bem separar as coisas: fatos cometidos após a vigência da Lei nº 13.964/2019; fatos cometidos anteriormente, mas ainda não denunciados; e fatos cometidos anteriormente e com denúncias já recebidas.

Retroatividade é sobre o *fato penal*! Assim, resta induvidosa a possibilidade de retroatividade do ANPP sobre *fatos* ocorridos anteriormente à vigência da Lei nº 13.964/2019 (o art. 5º, XL, da CF é claro: a *lei penal* não retroagirá, *salvo* para beneficiar o réu; art. 2º, parágrafo único, do Código Penal, idem: lei posterior, que de qualquer modo favorecer o agente, aplica-se aos fatos anteriores, ainda que decididos por sentença condenatória transitada em julgado).

Não se pode esquecer de que a legislação *processual penal* prevê (também) o princípio do *tempus regit actum* (a lei processual penal aplicar-se-á desde logo, *sem prejuízo da validade dos atos realizados sob a vigência da lei anterior*), que precisa a devida contextualização e compatibilização com as regras eventualmente penais previstas *em mesmo dispositivo* eventualmente existente (híbrido), como é o caso do ANPP: o art. 28-A do CPP é, de forma indiscutível, de caráter híbrido. A situação do ANPP definitivamente não é de regra exclusivamente processual, que faria com que, em caso de colisão com regra de cunho penal mais benéfica, preponderasse a primeira premissa.

É verdade que a aplicabilidade das regras atinentes ao juiz de garantias encontra-se suspensa provisoriamente por decisão liminar em ADI perante o STF, mas em nada altera as premissas que estão *claras* na lei: o legislador previu o ANPP (e é até intuitivo que o seja) *exclusivamente para os casos que não sejam hipótese de arquivamento* e preencham os demais requisitos legais. Noutras palavras (e com a excepcionalidade que destacamos antes): recebida a denúncia, inviável, por questão *temporal*, falar em possibilidade de ANPP.

Recordemos ainda que o legislador estava analisando a hipótese *também* de aprovação do, assim denominado, "acordo de *não continuidade de persecução penal*" (independentemente da natureza ou nomenclatura que se pudesse conferir a esse *acordo*), que seria possível para as hipóteses (exclusivas) entre o recebimento da denúncia (aqui tratado) e o *início da instrução processual*: *"Após o recebimento da denúncia ou da queixa e até o início da instrução, o Ministério Público ou o querelante e o acusado, assistido por seu defensor, poderão requerer mediante acordo penal a aplicação imediata das penas".*

De fato, no documento datado de 19.2.2019 (vide tramitação eletrônica do projeto de lei), da lavra do Senhor Ministro da Justiça, extrai-se a justificativa da proposta de inserção do art. 395-A: *"**aumenta as hipóteses** e disciplina a prática **de acordos** que poderão ser requeridos pelo Ministério Público ou pelo querelante e o acusado, assistido por seu defensor. A situação aqui é diferente da justificada para o art. 28-A, porque pressupõe a existência de denúncia já recebida. No mérito, valem os argumentos lá mencionados, ressaltando-se que, homologada a concordância, a pena será aplicada de pronto".*

Alguns entendimentos doutrinários e jurisprudenciais têm-se reportado a "ementas" que trataram de temas correlatos quando entrou em vigor a Lei nº 9.099/95 (notadamente na parte que tratou da transação e da suspensão processual).

De antemão, fácil visualizar que o ANPP diverge substancialmente da suspensão processual prevista no art. 89 da Lei nº 9.099/95: mesmo que refira que, ao *oferecer a denúncia*, o Ministério Público poderá propor a suspensão do processo, resta indubitável que a norma pressupõe, para sua aplicação, que haja *processo instaurado* (tanto que a regra fala: "recebendo a denúncia, poderá suspender o processo"). Por isso, podia ser aplicado retroativamente aos casos com denúncia já recebida quando entrou em vigor a Lei nº 9.099/1995.

A transação penal (art. 76), de outro lado, pressupõe que *não exista* processo. Ou seja, não há nem oferecimento e recebimento de denúncia, o juiz aplica *desde logo* as penas restritivas de direitos ou multa. Tanto é assim que, se não cumpridas as condições no prazo estipulado, pode ser proposta *denúncia*, para o devido *processamento criminal.*

Observe-se que a redação da regra do ANPP encontra uma similitude incrível com a da transação penal (art. 76, Lei nº 9.099/95):

> *Art. 28-A. Não sendo caso de arquivamento e tendo o investigado confessado formal e circunstancialmente a prática de infração penal sem violência ou grave ameaça e com pena mínima inferior a 4 (quatro) anos, o Ministério Público poderá propor acordo de não persecução penal, desde que necessário e suficiente para reprovação e prevenção do crime, mediante as seguintes condições ajustadas cumulativa e alternativamente: [...]*
>
> *Art. 76. Havendo representação ou tratando-se de crime de ação penal pública incondicionada, não sendo caso de arquivamento, o Ministério Público poderá propor a aplicação imediata de pena restritiva de direitos ou multas, a ser especificada na proposta.*

Vejamos primeiro o que foi decidido pelo STF na Questão de Ordem no Inquérito 1.055, *em 26.4.1996*. Alguns sustentam que o STF *teria* decidido que as regras da Lei nº 9.099/95 seriam (todas) retroativas por serem mais benéficas; logo, o mesmo deveria ser feito com o ANPP.

A ementa diz o seguinte (e pode *induzir* realmente a tais interpretações pela leitura *exclusiva* dela):

> *EXIGÊNCIA SUPERVENIENTE DE REPRESENTAÇÃO DO OFENDIDO ESTABELECIDA PELA LEI N. 9.099/95 (ARTS. 88 E 91), QUE INSTITUIU OS JUIZADOS ESPECIAIS CRIMINAIS. AÇÃO PENAL PÚBLICA CONDICIONADA. NORMA PENAL BENÉFICA. APLICABILIDADE IMEDIATA DO ART. 91 DA LEI N. 9.099/95 AOS PROCEDIMENTOS PENAIS ORIGINÁRIOS INSTAURADOS PERANTE O SUPREMO TRIBUNAL FEDERAL. CRIME DE LESÕES CORPORAIS LEVES. NECESSIDADE DE REPRESENTAÇÃO DO OFENDIDO. AÇÃO PENAL PÚBLICA CONDICIONADA. – A Lei n. 9.099/95, que dispõe sobre os Juizados Especiais Cíveis e Criminais, subordinou a perseguibilidade estatal dos delitos de lesões corporais leves (e dos crimes de lesões culposas, também) ao oferecimento de representação pelo ofendido ou por seu representante legal (art. 88), condicionando, desse modo, a iniciativa oficial do Ministério Público a delação postulatória da vítima, mesmo naqueles procedimentos penais instaurados em momento anterior ao da vigência do diploma legislativo em questão (art. 91). – A lei nova, que transforma a*

ação pública incondicionada em ação penal condicionada a representação do ofendido, gera situação de inquestionável benefício em favor do réu, pois impede, quando ausente a delação postulatória da vítima, tanto a instauração da persecutio criminis in judicio *quanto o prosseguimento da ação penal anteriormente ajuizada. Doutrina. LEI N. 9.099/95. CONSAGRAÇÃO DE MEDIDAS DESPENALIZADORAS. NORMAS BENÉFICAS. RETROATIVIDADE VIRTUAL. Os processos técnicos de despenalização abrangem, no plano do direito positivo, tanto as medidas que permitem afastar a própria incidência da sanção penal quanto aquelas que, inspiradas no postulado da mínima intervenção penal, tem por objetivo evitar que a pena seja aplicada, como ocorre na hipótese de conversão da ação pública incondicionada em ação penal dependente de representação do ofendido (Lei n. 9.099/95, arts. 88 e 91). – A Lei n. 9.099/95, que constitui o estatuto disciplinador dos Juizados Especiais, mais do que a regulamentação normativa desses órgãos judiciários de primeira instância, importou em expressiva transformação do panorama penal vigente no Brasil, criando instrumentos destinados a viabilizar, juridicamente, processos de despenalização, com a inequívoca finalidade de forjar um novo modelo de Justiça fundadas na própria vontade dos sujeitos que integram a relação processual penal. Esse novíssimo estatuto normativo, ao conferir expressão formal e positiva às premissas ideológicas que dão suporte às medidas despenalizadoras previstas na Lei n. 9.099/95, atribui, de modo consequente, especial primazia aos institutos (a) da composição civil (art. 74, parágrafo único), (b) da transação penal (art. 76), (c) da representação nos delitos de lesões culposas ou dolosas de natureza leve (arts. 88 e 91) e (d) da suspensão condicional do processo (art. 89). As prescrições que consagram as medidas despenalizadoras em causa qualificam-se como normas penais benéficas, necessariamente impulsionadas, quanto a sua aplicabilidade, pelo princípio constitucional que impõe a* lex mitior *uma insuprimível carga de retroatividade virtual e, também, de incidência imediata.*

PROCEDIMENTOS PENAIS ORIGINÁRIOS (INQUÉRITOS E AÇÕES PENAIS) INSTAURADOS PERANTE O SUPREMO TRIBUNAL FEDERAL – CRIME DE LESÕES CORPORAIS LEVES E DE LESÕES CULPOSAS – APLICABILIDADE DA LEI N. 9.099/95 (ARTS. 88 E 91). – A exigência legal de representação do ofendido nas hipóteses de crimes de lesões corporais leves e de lesões culposas reveste-se de caráter penalmente benéfico e torna consequentemente extensíveis aos procedimentos penais originários instaurados perante o Supremo Tribunal Federal os preceitos inscritos nos arts. 88 e 91 da Lei n. 9.099/95. O âmbito de incidência das normas legais em referência – que consagram inequívoco programa estatal de despenalização, compatível com os fundamentos ético-jurídicos que informam os postulados do Direito penal mínimo, subjacentes a Lei n. 9.099/95 – ultrapassa os limites formais e orgânicos dos Juizados Especiais Criminais, projetando-se sobre procedimentos penais instaurados perante outros órgãos judiciários ou tribunais, eis que a ausência de representação do ofendido qualifica-se como causa extintiva da punibilidade, com consequente reflexo sobre a pretensão punitiva do Estado.

Para além de uma "interpretação da ementa", o que disse o STF nesse julgado?

A primeira questão que fica bem clara é que estavam discutindo, primordialmente, sobre a necessidade (ou não) de *representação* do ofendido em crimes de lesões corporais em razão da norma mais benéfica que foi instituída pelo art. 91 da Lei nº 9.099/95 (*Nos casos em que esta Lei passa a exigir representação para a propositura da ação penal pública, o ofendido ou seu representante legal será intimado para oferecê-la no prazo de trinta dias, sob pena de decadência).*

A segunda: a jurisprudência "invocada" por alguns para justificar a aplicação retroativa de *todos* os dispositivos mais benéficos basicamente se faz *sobre parte* do julgado, que está na segunda parte da ementa.

A terceira: embora a parte final da ementa fale em *inquéritos e ações penais*, precisamos ver o que efetivamente constou da fundamentação do julgado e sua extensão efetiva.

E a quarta: o caso em que decidido o tema pelo plenário *não era ação penal*, mas um inquérito (ou seja, *não havia processo*). Então, a discussão era sobre a exigibilidade (ou não) da condição que passou a existir (a representação) para os *inquéritos* em andamento. E corretamente o STF disse que seria exigível, pois não recebida ainda a denúncia.

O *leading case* do STF na Questão de Ordem no Inquérito nº 1.055 tratava de uma investigação criminal para apurar a prática do delito de lesões corporais previsto no art. 129, *caput*, do CP, fato ocorrido no dia 19.5.1993 (aproximadamente 3 anos antes da decisão). Discutia-se, primordialmente, se, pela *nova regra* do art. 91 da Lei nº 9.099/95, deveria subordinar-se a persecução das infrações em questão (até então de ação penal pública) à *prévia* representação da vítima. O tema foi submetido ao plenário (por isso em *questão de ordem*) exatamente com a finalidade (única) de definir se os arts. 88 e 91 da Lei nº 9.099/95 se aplicariam aos casos originários do STF (porque se tratava de competência penal *originária*, sobre o que nada falava a nova lei, e estavam diante de *inquérito* em trâmite perante o STF).

No caso, o relator pontuou que a representação da vítima – até então inexigível para essa modalidade infracional – passou a constituir uma *delatio criminis* postulatória, *para que*, eventualmente, *fosse instaurada* uma ação penal. Assim, disse o relator, o "*ato de delação postulatória tornou-se indispensável ao válido ajuizamento da própria ação penal e, também, à instauração do procedimento de investigação criminal*". Assim, complementou, "*tratando-se de* persecutio criminis *em sua fase pré-processual, o respectivo inquérito – nos crimes em que a ação pública depender de representação – não poderá, sem esta, ser iniciado, consoante prescreve o ordenamento positivo. [...] De outro lado, e com maior razão, o próprio ajuizamento da ação penal, pelo Ministério Público condicionar-se-á à formalização, pelo ofendido, em tempo oportuno, do ato necessário de representação*" (grifamos para enfatizar que se tratava de *inquérito*, em fase *pré-processual*). A situação é similar à (nova) disposição inserida também pela Lei nº 13.964/2019 às hipóteses de delito de estelionato no § 5º do art. 171 do CP.

Na sequência reconheceu que esses institutos seriam aplicáveis não apenas em primeiro grau, mas a todas e eventuais questões que envolvessem prerrogativa de foro. Assentou-se que a Lei nº 9.099/95 criou instrumentos para viabilizar processos de despenalização (não se tratava de descriminalização), abrindo espaço para consenso. De forma genérica argumentativa, disse (e com razão), reportando-se a doutrina, que "*as premissas ideológicas que dão suporte às medidas despenalizadoras previstas na Lei nº 9.099/95 confere especial primazia aos institutos (a) da composição civil (art. 74, parágrafo único), (b) da transação penal (art. 76), (c) da representação nos delitos de lesões culposas ou dolosas de natureza leve (arts. 88 e 91) e (d) da suspensão condicional do processo (art. 89), cabendo enfatizar, quanto a este instituto, que ele, na realidade, equivale a um verdadeiro* nolo contendere". Não olvidando que estava resolvendo uma questão em que não havia ação penal, referiu que "*os institutos em questão – além de derivarem de típicas normas de caráter híbrido, pois reves-*

tem-se de projeção eficacial tanto sobre o plano formal, quanto sobre a esfera estritamente penal-material, gerando, quanto a esta, consequências jurídicas que extinguem a própria punibilidade do agente [...]". Assim, "*as prescrições que consagram as medidas despenalizadoras em causa qualificam-se como normas penais benéficas, necessariamente impulsionadas, quanto à sua aplicabilidade, pelo princípio constitucional que impõe à* lex mitior *uma insuprimível carga de retroatividade virtual e, também, de incidência imediata*".

Dentro *do limite da discussão posta* (exigir-se ou não representação do ofendido e se incidia sobre casos com *prerrogativa de foro*, e não sobre a aplicabilidade da transação penal ou da suspensão processual), concluiu que, "*independentemente do órgão judiciário ou da instância jurisdicional perante os quais tenham curso ou hajam sido instaurados os procedimentos penais que se lhes aplicam, de imediato as normas materiais de conteúdo penalmente benéfico, como aquelas consubstanciadas nos arts. 88 e 91 da Lei nº 9.099/95, concernentes à necessidade de representação do ofendido nos delitos de lesões corporais leves ou de lesões corporais culposas*".

Veja-se que, no excerto anterior, não se fala em *ações penais*, mas em *procedimentos penais*, que são coisas bem diversas (exatamente porque ali se tratava de um *procedimento de investigação penal*, não de ação penal). Também fala em normas de cunho *estritamente material.* Tanto é assim que, na sequência, novamente referiu que a "*possibilidade de estender os preceitos em causa a procedimentos penais instaurados perante outros órgãos judiciários [...] decorre [...] do fato de que as regras consubstanciadas nos arts. 88 e 91 da Lei nº 9.099/95 qualificam-se como prescrições de natureza penal e de conteúdo material, veiculadoras de uma específica modalidade de despenalização*".

A sua conclusão foi no sentido de, unicamente, determinar a suspensão "*desse procedimento penal*" (veja-se novamente: fala em *procedimento penal*, o inquérito) "*para que se proceda, no caso, nos termos do art. 91 da Lei nº 9.099/95, à intimação de [...], vítima do delito de lesões corporais leves [...] a fim de que, no prazo de 30 dias, querendo, ofereça, ou não, a necessária representação, sob pena de decadência*".

A partir do que pontuado, fácil verificar que *em nenhum momento o STF assentou, nesse julgado*, que as regras dos arts. 76 e 89 da Lei nº 9.099/95 se aplicariam às ações penais em andamento, o tema central era outro (da exigibilidade ou não de representação do ofendido em caso que tramitava sem ação penal, era um inquérito, ou, na lítera do julgado, um procedimento processual penal).

De fato, reconheceu-se (corretamente) que, de forma geral, as regras da Lei nº 9.099/95 possuem caráter mais benéfico sob o aspecto *penal.* Mas, em nenhum momento, assentou que as regras referentes à *transação penal* seriam aplicadas de forma retroativa e de forma indistinta.

Prosseguindo, há de se ver outra decisão relevante do STF: a tomada na ADI nº 1.719 (mérito), de *18.6.2007*, cuja ementa tem o seguinte teor:

> *PENAL E PROCESSO PENAL. JUIZADOS ESPECIAIS. ART. 90 DA LEI 9.099/1995. APLICABILIDADE. INTERPRETAÇÃO CONFORME PARA EXCLUIR AS NORMAS DE DIREITO PENAL MAIS FAVORÁVEIS AO RÉU.*
>
> *O art. 90 da Lei 9.099/1995 determina que as disposições da lei dos Juizados Especiais não são aplicáveis aos processos nos quais a fase de instrução já tenha sido iniciada.*
>
> *Em se tratando de normas de natureza processual, a exceção estabelecida por lei à regra geral contida no art. 2º do CPP não padece de vício de inconstitucionalidade.*

> *Contudo, as normas de direito penal que tenham conteúdo mais benéfico aos réus devem retroagir para beneficiá-los, à luz do que determina o art. 5º, XL, da Constituição Federal.*
>
> *Interpretação conforme ao art. 90 da Lei 9.099/1995 para excluir de sua abrangência as normas de direito penal mais favoráveis aos réus contidas nessa lei.*

O art. 90 da Lei nº 9.099/95 refere que "as disposições *desta lei não se aplicam aos processos penais cuja instrução já tiver sido iniciada*". Essa é uma regra exclusivamente processual. Mas daí não se infere que o STF teria permitido a incidência dos dispositivos de conteúdo penal, retroativamente, afastando a limitação temporal (processual) do disposto no art. 90.

Colhe-se do voto-condutor do julgado (fundamentação) que "*é importante observar, contudo, que a Lei 9.099/1995 tem natureza mista: é composta por normas de natureza processual e por normas de conteúdo material de direito penal. Portanto, para a concreta aplicação do princípio da retroatividade da norma penal benéfica (art. 5º, XL, da CF/88), não poderia o legislador conferir o mesmo tratamento para todas as normas inseridas na lei dos juizados especiais*". O voto se reportou ainda ao que decidido no Inquérito nº 1.055-DF, citando (apenas) a segunda parte da sua ementa (antes vista, mas no *contexto geral, como demonstramos*), dizendo que o Tribunal assentou o entendimento de que "*as normas da Lei 9.099/1995 de natureza penal e conteúdo mais benéfico ao réu devem retroagir para alcançar os processos que já tiverem a instrução iniciada*".

Diante de uma regra *exclusivamente* processual, a decisão tomada foi para o fim de "*dar interpretação conforme ao art. 90 da Lei 9.099/1995 do caráter intertemporal do dispositivo ora atacado, voto pela confirmação da cautelar, para dar interpretação conforme ao art. 90 da Lei 9.099/1995, de modo a impedir que dele se extraiam conclusões conducentes a negar a aplicabilidade imediatamente e retroativa às normas de direito penal mais favoráveis aos réus contidas nessa lei*".

Alertamos ainda para o que disse o (então) relator da Medida Cautelar nessa ADI nº 1.719, Ministro Moreira Alves, em seu voto proferido (bem antes, em *3.12.1997*): "*não há dúvida da relevância da fundamentação do pedido de liminar no tocante a que o disposto no artigo 90 da Lei 9.099, de 26.5.95, só se aplica às normas estritamente processuais desse diploma legal, não alcançando as de conteúdo penal, em virtude do princípio constitucional da retroatividade da lei penal mais benigna [...]*".

Ao acompanhar o deferimento da liminar, o Ministro Marco Aurélio bem destacou: "*A Lei nº 9.099/95 possui preceitos mistos, que têm carga material e instrumental. O voto do Ministro-Relator já explicita esse aspecto ao referir-se à aplicabilidade do disposto no art. 90 somente quanto às normas 'estritamente' processuais*".

Está bem claro que o STF examinou a limitação imposta pelo art. 90 da Lei nº 9.099/95 (norma estritamente processual) em relação às (autônomas) regras *exclusivamente penais* da Lei nº 9.099/95, excluindo a extensão da decisão (*não a aplicando*) para os casos de regras *híbridas*. Isso está bem claro; e correto, segundo pensamos.

Portanto, fundamental acentuar que, em nossa compreensão, o que decidido na ADI nº 1.719 *não* atingiu a regra que seja *híbrida*, como aquela do art. 76 da Lei nº 9.099/95 (e que guarda similitude clara com o art. 28-A do CPP, ao tratar do ANPP).

Então, o que se decidiu é que dispositivos *exclusivamente penais* insertos na Lei nº 9.099/95 não poderiam deixar de ser aplicados aos processos já em andamento pela limitação temporal contida na regra estritamente processual (também geral) do art. 90

da mesma lei. Exatamente por isso é que a interpretação foi conforme à Constituição sem redução de texto.

Relevante focar em duas questões:

a) o STF reafirmou a constitucionalidade do disposto no art. 2º do CPP;

b) se fosse inconstitucional a regra híbrida do art. 76, esse tema seria objeto de deliberação (mas foi expressamente excluída, como visto), pois o foco era a limitação temporal (geral) da regra do art. 90 da Lei nº 9.099/95 a *todos* os processos já em andamento.

Então, é preciso novamente separar bem: regras *exclusivamente* de direito penal devem sempre retroagir (inclusive para os feitos com trânsito em julgado), de modo que uma regra (geral) de processo penal (como a do art. 90 da Lei nº 9.099/95) não poder(ia) limitar a aplicação dos preceitos (exclusivamente penais previstos pelo legislador) a *processos* penais em andamento. Já regras híbridas podem ter limitações temporais.

Eventualmente pode-se trazer o argumento no sentido de que uma regra mais benéfica (que possa até implicar a extinção da punibilidade) não pode(ria) ser limitada no tempo. Óbvio que pode, pois é afeita à política criminal (atribuição do legislador, não do julgador) e não fere nenhum princípio constitucional, muito menos da isonomia. É que a isonomia deixa de existir se houver o *recebimento da denúncia (marco escolhido pelo legislador)* para situações que não são idênticas. A relação processual penal trata de alguém que está sendo processado e outro que não está. Discrímen haveria, aí sim, em um caso com denúncia recebida e outro não, tendo ambos os crimes sido cometidos anteriormente à nova lei (e teriam, em tese, as mesmas situações e os mesmos pressupostos processuais exigidos pela lei) e em relação a (apenas) um deles não houvesse denúncia e, quanto a outro, já fora recebida, talvez por questões de "agilidade" processual.

De se realçar que, se o legislador aprovasse o acordo de não continuidade da ação penal (que pressuporia *processo, com denúncia recebida*), também haveria um limite temporal: o início da instrução processual (vide a referência feita anteriormente). O que não se pode é, por interpretações isoladas, ampliativas e sem visão sistemática, pretender aplicação *retroativa (exclusivamente) da parte penal* quando ela se revela absolutamente incompatível com outra exigência existente na mesma norma (que é igualmente constitucional), a não existência de *processo*, pois se trata de norma híbrida.

Rememore-se que o STF *limitou temporalmente a incidência* do art. 89 da Lei nº 9.099/95 (regra "mais benéfica"). Como dito anteriormente, a suspensão do processo foi admitida retroativamente porque pressupunha *processo* – "suspensão do *processo*" –, mas com limite temporal da sentença. Na linha do reconhecido pelo Ministro Sepúlveda Pertence no julgamento do HC nº 74.305-6 (Plenário, STF), "*no plano processual, o que se tem, indiscutivelmente, é a aplicação imediata da lei nova, mas sem retroceder no tempo para alcançar fases superadas do procedimento em curso [...] parece-me possível levar essa possibilidade [...] até a sentença. Por quê? Porque se trata, tipicamente [...], de um mecanismo de disposição da ação penal. Ora, o Ministério Público não tem, nem pode ter, disposição sobre uma sentença penal condenatória, mormente quando, para ele, já transitada em julgado*". Ou seja, nas palavras ainda do Ministro Sepúlveda Pertence (que se aplicam devidamente ao caso adaptado ao novo marco temporal), "*a situação de fato no momento em que essa lei entra em vigor não mais condiz com a natureza jurídica do instituto mais benéfico e, portanto, com a finalidade para o qual foi instituído*".

É isto: depois da entrada em vigor da Lei nº 13.964/2019, não cabe cogitar a aplicação do ANPP aos casos com denúncia já recebida, pois não mais condiz com a natureza do instituto mais benéfico e, portanto, com a sua finalidade (não haver "processo").

Assim, admitir sua incidência para depois da denúncia recebida não tem correspondência lógica ao tempo (não ter denúncia recebida). Se o Ministério Público tinha limitação da suspensão do processo até a sentença (porque não poderia *dispor da sentença proferida pelo Juiz*), o mesmo se deve reconhecer em relação ao ANPP: se a denúncia foi *recebida* (pelo juiz competente), o MP não pode *dispor* desse ato judicial já realizado, querendo fazer, agora, por regra híbrida nova, um *acordo* que pressupõe *não haver processo*.

Portanto, sustentar a aplicação *retroativa* do ANPP *a processos com denúncias recebidas*, além de contrariar a expressa norma legal, significa não seguir corretamente o entendimento sedimentado pelo STF há muito a respeito desse tipo de regras.

Em síntese conclusiva, à luz do entendimento do STF, compatibilizando os comandos legais à Constituição, pode-se concluir claramente que:

Aos fatos cometidos após a Lei nº 13.964/2019 cabe o ANPP se preenchidos os demais requisitos legais;

Aos fatos cometidos anteriormente, mas sem denúncia recebida, igualmente cabe o ANPP (retroatividade mais benéfica);

Aos fatos cometidos anteriormente (retroatividade), mas com denúncia recebida, não cabe o ANPP, pois processualmente há um óbice claro e expresso: somente pode ser aplicado desde que não recebida a denúncia, pois o momento de que trata a lei processual é o da fase do art. 28-A do CPP, quando, *não sendo o caso de arquivamento do inquérito*, estejam reunidas as condições para se evitar a ação penal, mediante acordo com o investigado.

Fazemos uma observação: se for aplicado isoladamente o raciocínio de que a regra do ANPP é "*mais benéfica sob o aspecto penal* (desvinculando-a da limitação temporal feita pelo legislador), essa retroatividade penal implica que o art. 28-A do CPP deva incidir, necessariamente, sobre todos os processos penais, inclusive com trânsito em julgado. Não há "meia retroatividade penal" mais benéfica.

28-A.1.1 – Entendimento final do STF a respeito da (ir)retroatividade do ANPP. Nada obstante todos os argumentos acima destacados – e que mantemos na íntegra –, há se mencionar que, em 18.8.2024, ao apreciar o HC nº 185.913, por apertada maioria de votos, o Plenário do STF decidiu que é possível a aplicação retroativa do ANPP para os casos ainda não transitados em julgado, divergindo frontalmente do que já tinha sido assentado pela 3ª Seção do STJ, conforme aqui destacado.

Eis como ficou sintetizada a tese do julgamento: "*Compete ao membro do Ministério Público oficiante, motivadamente o no exercício do seu poder dever, avaliar o preenchimento dos requisitos para negociação e celebração do ANPP, sem prejuízo do regular exercício dos controles jurisdicional e interno. É cabível a celebração do ANPP em casos de processo em andamento quando da entrada em vigência da Lei 13.964/2019, mesmo se ausente confissão do réu até aquele momento, desde que o pedido tenha sido feito antes do trânsito em julgado. Nos processos penais em andamento na data da proclamação do resultado deste julgamento, nos quais em tese seja cabível a negociação de ANPP, se este ainda não foi oferecido ou não houve motivação para o seu não oferecimento, o Ministério Público, agindo de ofício, a pedido da defesa ou mediante provocação do magistrado da causa deverá, na primeira oportunidade em que falar nos autos, após a publicação da ata deste julgamento, manifestar-se motivadamente acerca do cabimento ao não do acordo. Nas investigações ou ações penais iniciadas a partir da proclamação do resultado deste julgamento, a proposição de ANPP pelo Ministério Público, ou a motivação para o seu não oferecimento, devem ser apresentadas antes do recebimento da denúncia, ressalvada a possibilidade de propositura pelo órgão ministerial no curso da ação penal, se for o caso*".

Compreendemos que a atribuição para o oferecimento do ANPP é de quem detém a atribuição para denunciar (possui a *opinio delicti*). Assim, em razão do entendimento do STF, independentemente de onde se encontram, os autos deverão ser remetidos à competência originária para fins de análise da propositura ou não do acordo. Não proposta e resolvida a questão, os autos devem retornar ao estágio onde se encontravam até então. Entretanto, o Supremo Tribunal assentou que a atribuição para tanto é do integrante do *parquet* onde se encontram os autos, que pode ser em qualquer grau de jurisdição, até o trânsito em julgado do feito.

O STJ tinha entendimento consolidado em sentido oposto (ao que nos alinhamos, conforme demonstrado), porém, no julgamento dos Recursos Especiais nºs 1.890.343 e 1.890.344, se alinhou ao que assentado pelo STF.

Jurisprudência

[...] I. Caso em exame

1. Habeas corpus impetrado em face de acórdão da quinta turma do Superior Tribunal de Justiça em que se discute a possibilidade de aplicação retroativa do art. 28-A do Código de Processo Penal (CPP) a fatos ocorridos antes da sua entrada em vigência.

II. Questão em discussão

2. A questão em discussão consiste em saber se o Acordo de Não-Persecução Penal (ANPP) previsto no art. 28-A do CPP, introduzido pela Lei 13.964/2019 (Pacote Anticrime), pode ser aplicado a fatos anteriores à sua entrada em vigência (23.1.2020)

III. Razões de decidir

3. O ANPP, introduzido pelo Pacote Anticrime, é negócio jurídico processual que depende de manifestação positiva do legitimado ativo (Ministério Público), vinculada aos requisitos previstos no art. 28-A do CPP, de modo que a recusa deve ser motivada e fundamentada, autorizando o controle pelo órgão jurisdicional quanto às razões adotadas.

4. O art. 28-A do CPP, que prevê a possibilidade de celebração do ANPP, é norma de natureza híbrida (material processual), diante da consequente extinção da punibilidade, razão pela qual deve ser reconhecida a sua incidência imediata em todos os casos sem trânsito em julgado da sentença condenatória.

5. O acusado/investigado não tem o direito subjetivo ao ANPP, mas sim o direito subjetivo ao eventual oferecimento ou a devida motivação e fundamentação quanto à negativa. A recusa ao Acordo de Não Persecução Penal deve ser motivada concretamente, com a indicação tangível dos requisitos objetivos e subjetivos ausentes (ônus argumentativo do legitimado ativo da ação penal), especialmente as circunstâncias que tornam insuficientes à reprovação e prevenção do crime.

6. É indevida a exigência de prévia confissão durante a Etapa de Investigação Criminal. Dado o caráter negocial do ANPP, a confissão é circunstancial, relacionada à manifestação da autonomia privada para fins negociais, em que os cenários, os custos e benefícios são analisados, vedado, no caso de revogação do acordo, o reaproveitamento da confissão circunstancial (ad hoc) como prova desfavorável durante a Etapa do Procedimento Judicial.

7. O Órgão Judicial exerce controle quanto ao objeto e termos do acordo, mediante a verificação do preenchimento dos pressupostos de existência, dos requisitos de validade e das condições da eficácia, podendo decotar ou negar, de modo motivado e fundamentado, a respectiva homologação (CPP, art. 28-A, §§ 7º, 8º e 14)

8. Nas hipóteses de aplicabilidade do ANPP (CPP, art. 28-A) a casos já em andamento no momento da entrada em vigor da Lei 13.964/2019, a viabilidade do oferecimento do acordo deverá ser avaliada pelo órgão ministerial oficiante na instância e no estágio em que estiver o processo. *Se eventualmente celebrado o ANPP, será competente para acompanhar o seu fiel cumprimento o juízo da execução penal e, em caso de descumprimento, devem ser aproveitados todos os atos processuais anteriormente praticados, retomando-se o curso processual no estágio em que o feito se encontrava no momento da propositura do ANPP.*

IV. Dispositivo e tese

9. Concedida a ordem de habeas corpus para determinar a suspensão do processo e de eventual execução da pena até a manifestação motivada do órgão acusatório sobre a viabilidade de proposta do ANPP, conforme os requisitos previstos na legislação, passível de controle na forma do § 14 do art. 28-A do CPP. (*Agravo Regimental no Habeas Corpus n° 185.913, STF, Plenário, Rel. Min. Gilmar Mendes, julgado em 18.09.2024, publicado no DJ em 19.11.2024*)

28-A.1.2 – O não oferecimento de ANPP e a rejeição da denúncia como "penalidade": Em inúmeros julgados e passagens aqui destacadas, sempre foi reiterado que o ANPP é um acordo que pressupõe a participação de vontades de ambas as partes (bilateral), que é necessário que a recusa pelo proponente seja devidamente fundamentada (justificação) e que não há direito subjetivo a acordo.

Entretanto, há posicionamentos doutrinários e jurisprudenciais que, em nossa compreensão, estão ensejando a total desnaturação do ANPP.

Exemplificativamente, em julgado do ano de 2024, o STJ reconheceu que eventualmente uma "*recusa injustificada ou ilegalmente motivada do Parquet em oferecer o acordo deve levar à rejeição da denúncia, por falta de interesse de agir para o exercício da ação penal, nas modalidades necessidade e utilidade (art. 395, II, do CPP)*". No caso concreto *(Recurso Especial n° 2.038.947-SP, STJ, 6ª Turma, julgado em 17.9.2024, publicado no DJ em 23.9.2024)*. No caso, por discordar dos fundamentos do não oferecimento do ANPP, o STJ proveu o recurso especial para *anular o recebimento da denúncia* e determinar a remessa dos autos ao órgão superior do Ministério Público a fim de que avaliasse motivadamente, a recusa na oferta.

Respeitosamente, se o Ministério Público se negou a oferecer o ANPP e a justificativa não foi objeto de recurso, ou então de recurso interno desprovido pelo órgão de controle, não poderá jamais o Poder Judiciário desconstituir a decisão de recebimento da denúncia, pois estaria impondo uma "penalidade" porque ele, Poder Judiciário, estaria discordando da fundamentação adotada internamente.

Na prática, o controle da negativa dos acordos sairia da esfera de uma das partes (Ministério Público) e passaria para o Poder Judiciário, o qual, discordando das premissas e fundamentações pela não propositura, imporia uma "penalidade", que seria a rejeição da peça acusatória, com "efeitos pretéritos".

Se houver eventualmente uma hipótese do que se denomina de "overcharging", com a não propositura do ANPP pela ausência dos requisitos legais (notadamente o limite de pena), deveria ser buscado o trancamento da ação penal no que se refere ao eventual "excesso", mas não a rejeição integral da peça acusatória como forma de "obrigar" a análise do ANPP pelo prisma do Poder Judiciário. Verificado o eventual excesso acusatório, com seu expurgo (controle específico da ausência de base fática ou jurídica para tanto), e na linha do que já defendemos desde a origem da discussão, aí se poderia sempre analisar novamente a propositura do acordo de não persecução penal.

Jurisprudência

28-A [...] (a) Os dispositivos pertinentes à regulação do novel instituto do Acordo de Não Persecução Penal, inserido no artigo 28-A e parágrafos do Código de Processo Penal, pela Lei 13.964/2019, foram impugnados pela Associação Nacional dos Membros do Ministério Público (CONAMP), ao fundamento de que a escolha do legislador de conferir ao magistrado esse papel de controlador do acordo de não persecução penal, da forma como foi posta, é medida flagrantemente inconstitucional, por violar o sistema acusatório, a autonomia do membro do Ministério Público e a imparcialidade objetiva do magistrado.

(b) O Acordo de Não Persecução Penal possibilita a solução negocial do litígio de natureza penal, mediante confissão circunstanciada dos fatos criminosos praticados pelo investigado, respeitadas as condições e requisitos legais estabelecidos na lei.

(c) O legislador previu modalidades de controle judicial sobre o Acordo firmado entre o Ministério Público e o investigado, quais sejam: (1) artigo 28-A, incisos III (definição, pelo juízo da execução penal, do local de cumprimento da pena de prestação de serviço à comunidade ou a entidades públicas); (2) artigo 28-A, IV (definição pelo juízo da execução da entidade pública ou de interesse social a receber a prestação pecuniária imposta ao investigado); (3) artigo 28-A, § 5º (Se o juiz considerar inadequadas, insuficientes ou abusivas as condições dispostas no acordo de não persecução penal, devolverá os autos ao Ministério Público para que seja reformulada a proposta de acordo, com concordância do investigado e seu defensor); (4) artigo 28-A, § 6º (Homologado judicialmente o acordo de não persecução penal, o juiz devolverá os autos ao Ministério Público para que inicie sua execução perante o juízo de execução penal.); e (5) artigo 28-A, § 8º (Recusada a homologação, o juiz devolverá os autos ao Ministério Público para a análise da necessidade de complementação das investigações ou o oferecimento da denúncia.)

(d) As normas impugnadas revelam-se compatíveis, formal e materialmente, com a Constituição da República, porquanto, conforme assentado anteriormente, trata-se de medida que também prestigia o princípio da inafastabilidade da jurisdição e uma espécie de freios e contrapesos no processo penal (art. 28-A, § 5º). Constata-se que as alterações legislativas, ao delinearem o instituto da não-persecução penal, apenas positivaram o que já era consagrado pela jurisprudência do STF em relação ao acordo de colaboração premiada.

(e) Improcedente, portanto, o pleito de inconstitucionalidade no tocante ao artigo 28-A, incisos III e IV, e §§ 5º, 7º e 8º, do Código de Processo Penal, que devem ser declarados constitucionais. [...] *(ADIs 6.298, 6.299, 6.300 e 6.305, STF, Plenário, Rel. Min. Luiz Fux, por maioria, julgamento final em 24.8.2023, publicado no DJ em 19.12.2023)*

28-A [...] 1. A jurisprudência do Superior Tribunal de Justiça consolidou o entendimento de que "a competência para executar as condições estabelecidas em ANPP é do Juízo da execução, nos termos do art. 28-A, §6º do Código de Processo Penal c/c art. 65 da Lei de Execuções Penais. Eventual mudança de domicílio do executado não possui o condão de alterar o juízo competente para a fiscalização das condições firmadas" (CC n. 180.371/SC, relator Ministro João Otavio de Noronha, DJe de 13.09.2021).

2. Hipótese em que o acordo de não persecução penal foi homologado pelo Juízo da 5ª Vara Federal de Londrina-PR e a parte beneficiária possui domicílio em localidade diversa.

3. A mudança de domicílio do executado para local distinto do Juízo das Execuções Penais não implica deslocamento da competência, sendo possível a expedição de carta precatória ao juízo do domicílio do executado/beneficiário para o acompanhamento do cumprimento das condições do acordo, consoante o disposto no art. 66, V, g, da Lei de Execuções Penais, mantida a competência do Juízo da execução penal. Precedentes. [...] (*Conflito de Competência nº 208.902-PR, STJ, 3ª Seção, Rel. Min. Og Fernandes, julgado em 14.11.2024, publicado no DJ em 19.11.2024*)

28-A [...] 2. O agravante aceitou o ANPP, comprometendo-se a pagar prestação pecuniária e informar mudança de endereço. Não comprovou o pagamento e não atualizou o endereço, resultando na revogação do acordo.

3. A questão em discussão consiste em saber se a revogação do ANPP por descumprimento das condições impostas, sem intimação para justificativa, é válida.

4. A questão também envolve a validade da audiência de homologação do ANPP realizada de forma virtual.

III. Razões de decidir

5. O descumprimento das condições do ANPP, como a não comprovação do pagamento e a falta de atualização de endereço, justifica a revogação do acordo, conforme art. 28-A, §10, do CPP.

6. A audiência de homologação do ANPP realizada virtualmente é válida, desde que o acusado esteja acompanhado de defesa técnica e ciente das condições impostas.

7. Não há previsão legal para intimação do investigado para justificar o descumprimento das condições do ANPP, não se aplicando analogicamente o art. 118, §2°, da Lei de Execuções Penais.

8. Agravo regimental improvido. *(Agravo Regimental nos Embargos de Declaração no Habeas Corpus n° 925.840-SP, STJ, 5ª Turma, Rel. Min. Ribeiro Dantas, julgado em 14.11.2024, publicado no DJ em 18.11.2024)*

28-A [...] 1. Habeas corpus impetrado com a finalidade de obter a remessa dos autos ao Ministério Público para manifestação sobre a possibilidade de celebração de Acordo de Não Persecução Penal (ANPP), com fundamento na aplicação da minorante do tráfico privilegiado no curso da sentença condenatória. A defesa alega que essa nova realidade fático-jurídica enquadraria o recorrente nos termos do art. 28-A do Código de Processo Penal.[...]

3. O Ministério Público já se manifestou em duas oportunidades — antes do recebimento da denúncia e após a sentença condenatória — fundamentando a impossibilidade de celebração do ANPP, sendo a decisão discricionária do órgão acusador, que não está obrigado a oferecê-lo. [...] *(Recurso em Habeas Corpus n° 200.831-RS, STJ, 5ª Turma, Rel. Min. Daniela Teixeira, julgado em 24.10.2024, publicado no DJ em 12.11.2024)*

28-A [...] 3. Ação penal na origem condenou o requerente à pena de 4 anos e 4 meses de reclusão por corrupção passiva, art. 317, § 1°, do CP. [...] 5. Verificação dos requisitos legais para a celebração do ANPP, incluindo a ausência de violência ou grave ameaça, pena mínima inferior a 4 anos, e inexistência de reincidência em crime doloso. [...] IV. Dispositivo e tese 9. Determinada a remessa dos autos ao Ministério Público para manifestação sobre a possibilidade de oferecimento do ANPP. *Tese de julgamento:* "1. O Acordo de Não Persecução Penal pode ser aplicado retroativamente em processos em andamento na data da entrada em vigor da Lei 13.964/2019, desde que presentes os requisitos legais. 2. Compete ao Ministério Público avaliar o preenchimento dos requisitos para a celebração do ANPP, com controle jurisdicional." *Dispositivos relevantes citados:* CP, art. 317, § 1°; CPP, art. 28-A. *Jurisprudência relevante citada:* STF, HC 185.913/DF; STJ, EDcl no AgRg no AgRg no AREsp 1.635.787/SP; STJ, AgRg no REsp 1.886.717/PR. *(Petição no Agravo em Recurso Especial n° 2.601.262-BA, STJ, 6ª Turma, Rel. Min. Ribeiro Dantas, julgado em 08.11.2024, publicado no DJ em 12.11.2024)*

28-A [...] 3. O descumprimento das condições impostas no acordo de não persecução penal, sem justificativa plausível, é suficiente para sua rescisão, conforme dispõe o §10 do art. 28-A do Código de Processo Penal. 4. Não há previsão legal de que o beneficiário do ANPP deva ser intimado previamente para justificar o descumprimento das condições pactuadas, já que é previamente advertido sobre suas obrigações e as consequências de seu descumprimento na audiência de homologação do acordo. 5. A responsabilidade de manter o endereço atualizado é do beneficiário do acordo, sendo irrelevante o fato de o oficial de justiça não tê-lo encontrado em duas tentativas, uma vez que não foi demonstrado erro na comunicação do endereço ou outra justificativa válida. 6. A alegação de demora na execução do acordo não justifica a rescisão, pois o recorrente teve tempo hábil para atualizar seus dados e evitar o descumprimento das obrigações assumidas. Recurso em Habeas corpus desprovido. *(RHC n° 190.486-RO, STJ, 5ª Turma, Rel. Min. Daniela Teixeira, julgado em 24.10.2024, publicado no DJ em 11.11.2024)*

28-A [...] Não se mostra cabível a postulação de oferecimento de acordo de não persecução penal (ANPP), nos termos do entendimento preconizado pelo Supremo Tribunal Federal, pois realizada após o trânsito em julgado da condenação (HC n. 185.913, Tribunal Pleno, relator Ministro Gilmar Mendes, DJe de 18/9/2024). [...] *(Agravo Regimental no Recurso em Habeas Corpus n° 203.407-MG, STJ, 6ª Turma, Rel. Min. Og Fernandes, julgado em 4.11.2024, publicado no DJ em 7.11.2024)*

28-A [...] o Tribunal, por unanimidade, fixou a seguinte tese de julgamento: "1. Compete ao membro do Ministério Público oficiante, motivadamente e no exercício do seu poder-dever, avaliar o preenchimento dos requisitos para negociação e celebração do ANPP, sem prejuízo do regular exercício dos controles jurisdicional e interno; 2. É cabível a celebração de Acordo de Não Persecução Penal em casos de processos em andamento quando da entrada em vigência da Lei nº 13.964, de 2019, mesmo se ausente confissão do réu até aquele momento, desde que o pedido tenha sido feito antes do trânsito em julgado; 3. Nos processos penais em andamento na data da proclamação do resultado deste julgamento, nos quais, em tese, seja cabível a negociação de ANPP, se este ainda não foi oferecido ou não houve motivação para o seu não oferecimento, o Ministério Público, agindo de ofício, a pedido da defesa ou mediante provocação do magistrado da causa, deverá, na primeira oportunidade em que falar nos autos, após a publicação da ata deste julgamento, manifestar-se motivadamente acerca do cabimento ou não do acordo; 4. Nas investigações ou ações penais iniciadas a partir da proclamação do resultado deste julgamento, a proposição de ANPP pelo Ministério Público, ou a motivação para o seu não oferecimento, devem ser apresentadas antes do recebimento da denúncia, ressalvada a possibilidade de propositura, pelo órgão ministerial, no curso da ação penal, se for o caso". Por fim, o Tribunal definiu que este julgamento não afeta, em nenhuma medida, as decisões já proferidas e, ainda, que a deliberação sobre o cabimento, ou não, do ANPP deverá ocorrer na instância em que o processo se encontrar. *(HC nº 185.913, STF, Plenário, julgado em 18.9.2024)*

28-A [...] 1. Recurso representativo de controvérsia, para atender ao disposto no art. 1.036 e seguintes do CPC/2015 e na Resolução STJ n. 8/2008. 2. Delimitação da controvérsia: "(im)possibilidade de acordo de não persecução penal posteriormente ao recebimento da denúncia".

3. Tese:

3.1 – O Acordo de Não Persecução Penal constitui um negócio jurídico processual penal instituído por norma que possui natureza processual, no que diz respeito à possibilidade de composição entre as partes com o fim de evitar a instauração da ação penal, e, de outro lado, natureza material em razão da previsão de extinção da punibilidade de quem cumpre os deveres estabelecidos no acordo (art. 28-A, § 13, do Código de Processo Penal – CPP).

3.2 – Diante da natureza híbrida da norma, a ela deve se aplicar o princípio da retroatividade da norma penal benéfica (art. 5º, XL, da CF), pelo que é cabível a celebração de Acordo de Não Persecução Penal em casos de processos em andamento quando da entrada em vigor da Lei n. 13.964/2019, mesmo se ausente confissão do réu até aquele momento, desde que o pedido tenha sido feito antes do trânsito em julgado da condenação.

3.3 – Nos processos penais em andamento em 18/09/2024 (data do julgamento do HC n. 185.913/DF pelo Plenário do Supremo Tribunal Federal), nos quais seria cabível em tese o ANPP, mas ele não chegou a ser oferecido pelo Ministério Público ou não houve justificativa idônea para o seu não oferecimento, o Ministério Público, agindo de ofício, a pedido da defesa ou mediante provocação do magistrado da causa, deverá, na primeira oportunidade em que falar nos autos, manifestar-se motivadamente acerca do cabimento ou não do acordo no caso concreto.

3.4 – Nas investigações ou ações penais iniciadas a partir de 18/09/2024, será admissível a celebração de ANPP antes do recebimento da denúncia, ressalvada a possibilidade de propositura do acordo, no curso da ação penal, se for o caso. [...] *(Recurso Especial nº 1.890.343-SC, STJ, 3ª Seção, Rel. Min. Reynaldo Soares da Fonseca, julgado em 25.10.2024)*

28-A [...] conforme o § 2º, inciso II, do art. 28-A do Código de Processo Penal, a conduta criminal habitual, reiterada ou profissional é elemento impeditivo à incidência do ANPP e este colegiado tem decidido, por ambas as Turmas, que atos infracionais praticados pelo agente quando adolescente, embora não caracterizem reincidência ou maus antecedentes, podem denotar, na análise do caso concreto, dedicação a atividades criminosas e, por conseguinte, impedir a incidência do redutor previsto no § 4º do art. 33 da Lei n. 11.343/2006 (EDcl no HC n. 717.216/SP, relator Ministro Jesuíno Rissato (Desembargador Convocado do TJDFT), Sexta Turma, julgado em 23/05/2023, DJe de 26/05/2023). [...] *(Agravo Regimental no Recurso em Habeas Corpus nº 198.245-SP, STJ, 6ª Turma, Rel. Min. Otávio de Almeida Toledo, julgado em 7.10.2024, publicado no DJ em 9.10.2024)*

28-A [...] 4. A questão em debate consiste em saber se é possível aplicar retroativamente o acordo de não persecução penal em processos em andamento na data de vigência da Lei n. 13.964/2019, mesmo após o recebimento da denúncia. [...] 6. O Supremo Tribunal Federal firmou entendimento de que o acordo de não persecução penal pode ser aplicado retroativamente em processos em andamento, desde que o pedido seja feito antes do trânsito em julgado (Habeas Corpus n. 185.913/DF, Ministro Gilmar Mendes, Pleno, julgado em 18/9/2024). [...] Verificada a possibilidade de aplicação do instituto, a ordem deve ser concedida para desarquivar a ação penal e permitir que o Ministério Público local avalie a proposta do acordo. [...] Ordem concedida para desarquivar a ação penal e determinar que o Ministério Público local se manifeste sobre o acordo de não persecução penal. *(Habeas Corpus nº 845.533-SC, STJ, 6ª Turma, Rel. Min. Sebastião Reis Júnior, julgado em 8.10.2024, publicado no DJ em 14.10.2024)*

28-A [...] a orientação jurisprudencial desta Corte Superior de que a circunstância de o acusado responder a outra ação penal é motivo suficiente para a negativa do acordo de não persecução penal. [...] *(Embargos de Declaração nos Embargos de Declaração no Agravo Regimental no Agravo em Recurso Especial nº 2.601.491-DF, STJ, 6ª Turma, Rel. Min. Rogério Schietti Cruz, julgado em 24.9.2024, publicado no DJ em 9.10.2024)*

28-A [...] conforme o § 2º, inciso II, do art. 28-A do Código de Processo Penal, a conduta criminal habitual, reiterada ou profissional é elemento impeditivo à incidência do ANPP e este colegiado tem decidido, por ambas as Turmas, que atos infracionais praticados pelo agente quando adolescente, embora não caracterizem reincidência ou maus antecedentes, podem denotar, na análise do caso concreto, dedicação a atividades criminosas e, por conseguinte, impedir a incidência do redutor previsto no § 4º do art. 33 da Lei n. 11.343/2006 [...] *(Agravo Regimental no Recurso em Habeas Corpus nº 198.245-SP, STJ, 6ª Turma, Rel. Min. Otávio de Almeida Toledo, julgado em 7.10.2024, publicado no DJ em 9.10.2024)*

28-A [...] 1. Os mecanismos consensuais constituem maneiras de alcançar resposta penal mais célere ao comportamento criminoso com redução das demandas judiciais criminais. Entretanto, ao mesmo tempo que aliviam a sobrecarga dos escaninhos judiciais e permitem priorizar o processamento de delitos mais graves, as ferramentas negociais também atuam como instrumentos político-criminais de relegitimação, limitação e redução dos danos causados pelo direito penal.

2. A aplicação das ferramentas de barganha penal observa uma discricionariedade regrada ou juridicamente vinculada do Ministério Público em propor ao investigado ou denunciado uma alternativa consensual de solução do conflito. Não se pode confundir, porém, discricionariedade regrada com arbitrariedade, pois é sob o prisma do poder-dever (ou melhor, do dever-poder), e não da mera faculdade, que ela deve ser analisada.

3. Se a oferta de institutos despenalizadores é um dever-poder do Ministério Público e se tais institutos atuam como instrumentos político-criminais de otimização do sistema de justiça e, simultaneamente, de contenção do poder punitivo estatal, com diminuição das cerimônias degradantes do processo e da pena, não cabe ao Parquet escolher, com base em um juízo de mera conveniência e oportunidade, se vai ou não submeter o averiguado a uma ação penal.

4. A margem discricionária de atuação do Ministério Público quanto ao oferecimento de acordo diz respeito apenas à análise do preenchimento dos requisitos legais, sobretudo daqueles que envolvem conceitos jurídicos indeterminados. É o que ocorre, principalmente, com a exigência contida no art. 28-A, caput, do CPP, de que o acordo só poderá ser oferecido se for "necessário e suficiente para reprovação e prevenção do crime".

5. Vale dizer, não é dado ao Ministério Público, se presentes os requisitos legais, recusar-se a oferecer um acordo ao averiguado por critérios de conveniência e oportunidade. Na verdade, o que o Ministério Público pode fazer – de forma excepcional e concretamente fundamentada – é avaliar se o acordo é necessário e suficiente à prevenção e reprovação do crime, o que é, em si mesmo, um requisito legal.

6. O Ministério Público tem o dever legal (art. 43, III, da Lei Orgânica do Ministério Público – Lei n. 8.625/1993) e constitucional (art. 129, VIII, da CF) de fundamentar suas manifestações e, embora não haja direito subjetivo à entabulação de um acordo, há direito subjetivo a uma manifestação idoneamente fundamentada do Ministério Público. E cabe ao Judiciário, em sua indeclinável, indelegável e inafastável função de "dizer o direito" (juris dictio), decidir se os fundamentos empregados pelo Parquet se enquadram ou não nas balizas do ordenamento jurídico.

7. A negativa de oferecimento de mecanismo de justiça negocial por não ser necessário e suficiente à reprovação e à prevenção do crime deve sempre se fundar em elementos concretos do caso fático, os quais indiquem exacerbada gravidade concreta da conduta em tese praticada. Tal exigência não se satisfaz com a simples menção a qualquer circunstância judicial desfavorável, porquanto a existência de alguma gravidade concreta pode ser inicialmente contornada com reforço e incremento das condições a serem fixadas para o acordo e não justifica, de forma automática, sob a perspectiva do princípio da intervenção mínima – que confere natureza subsidiária à ação penal –, a recusa à solução alternativa.

8. Não cabe ao Ministério Público nem ao Poder Judiciário, salvo excepcionalmente em caso de inconstitucionalidade – como, por exemplo, reconheceu a Segunda Turma do STF em relação aos crimes raciais –, deixar de aplicar mecanismos consensuais legalmente previstos em favor do averiguado com base, apenas, na natureza abstrata do delito ou em seu caráter hediondo. Isso significaria criar, em prejuízo do investigado, novas vedações não previstas pelo legislador, o qual já fez a escolha das infrações incompatíveis com a formalização de acordo.

9. A modalidade privilegiada contida no art. 33, § 4º, da Lei n. 11.343/2006 tem o potencial de reduzir a pena mínima abaixo de 4 anos de reclusão, o que permite, em princípio, a aplicação do ANPP, segundo o art. 28-A, § 1º, do CPP, e ainda afasta a natureza hedionda do delito, conforme previsão legal do art. 112, § 5º, da Lei de Execução Penal e entendimento pacífico dos tribunais superiores. Nada impede, portanto, ao menos em abstrato, a aplicação de acordo de não persecução penal no crime de tráfico de drogas.

10. Isso não se altera pelo fato de a referida causa de diminuição ter frações variáveis e só ser aplicada na terceira fase da dosimetria da pena, pois não retira do Ministério Público o dever de analisar o seu potencial cabimento já no momento de oferecer denúncia, a teor do art. 28-A, § 1º, do CPP. Por se tratar o ANPP de instituto balizado pela pena mínima cominada ao delito, devem-se considerar as causas de diminuição aplicáveis na maior fração abstratamente possível para verificar se o referido requisito legal é preenchido.

11. A ação penal tem natureza sempre subsidiária e a pena é, nas palavras de Claus Roxin, a "ultima ratio da política social", de modo que não se pode inaugurar a via conflitiva da ação penal condenatória sem nem sequer tentar, anteriormente, uma solução consensual mais branda (prevista em lei). Falta, nesse caso, interesse de agir para a deflagração da ação penal, a qual, à vista do cabimento de um mecanismo consensual, ainda não seria necessária.

12. Eventualmente, o Ministério Público, ao oferecer a denúncia, pode acabar incorrendo em excesso de acusação, ora em relação à gravidade da capitulação, ora em relação à quantidade de fatos imputados. Essa prática, nos Estados Unidos, é chamada de *overcharging* e frequentemente faz com que o investigado opte por um acordo de plea bargain como meio de evitar o risco de um processo penal mais severo. No Brasil, onde há limites legais – relativos à quantidade da reprimenda – para a incidência do instituto despenalizador, nota-se a ocorrência de fenômeno similar, mas por vezes invertido, que se poderia chamar de "overcharging às avessas": o excesso de acusação não leva o imputado a aceitar um acordo, mas o impede de celebrar o acordo.

13. Isso faz com que, na sentença, o julgador acabe por desclassificar a conduta para um tipo penal menos grave ou por julgar apenas parcialmente procedente a pretensão punitiva. Nessas hipóteses, em razão da nova capitulação, passa a ser cabível o oferecimento de benefícios antes incompatíveis com os termos da denúncia, conforme o disposto na Súmula n. 337 deste Superior Tribunal.

14. Nesses casos, todo o aparato judicial é mobilizado, com dispêndio de recursos financeiros, dispêndio desnecessário de tempo e desgaste emocional excessivo de diversos atores do sistema de justiça criminal – inclusive vítima e testemunhas –, para que, ao final, seja aplicada uma solução que já era cabível desde o início da ação. Isso representa não apenas um desprestígio ao princípio da eficiência processual (art. 37, caput, da CF e art. 8º do CPC) e a imposição de um constrangimento evitável ao acusado, mas também expõe a falta de utilidade da pretensão condenatória inicialmente veiculada na denúncia.

15. Para oferecer denúncia, o Ministério Público deve justificar de maneira concreta e idônea o não cabimento do acordo de não persecução penal. No caso do tráfico de drogas, isso significa demonstrar, em juízo de probabilidade, com base nos elementos do inquérito e naquilo que se projeta para produzir na instrução, que o investigado não merecerá a aplicação da causa de di-

minuição de pena prevista no art. 33, § 4º, da Lei n. 11.343/2006 ou, pelo menos, que, mesmo se a merecer, a gravidade concreta do delito é tamanha que o acordo não é "necessário e suficiente para reprovação e prevenção do crime".

16. Caso contrário, a recusa injustificada ou ilegalmente motivada do Parquet em oferecer o acordo deve levar à rejeição da denúncia, por falta de interesse de agir para o exercício da ação penal, nas modalidades necessidade e utilidade (art. 395, II, do CPP).

17. Na espécie, o recorrente foi denunciado pela prática do crime previsto no art. 33, caput, da Lei n. 11.343/2006. O Ministério Público recusou-se a oferecer acordo de não persecução penal (ANPP) ao acusado, sob o único fundamento de que o tráfico de drogas era crime hediondo. Na primeira oportunidade que teve para se manifestar nos autos, a qual coincidiu com a audiência, a defesa impugnou a inidoneidade da fundamentação do Ministério Público e requereu a remessa dos autos à Procuradoria-Geral de Justiça, o que foi negado pelo Magistrado, com o argumento de que houve apreensão de dois tipos de drogas e de dinheiro.

18. No entanto, em alegações finais, o próprio Ministério Público requereu a aplicação da minorante prevista no art. 33, § 4º, da Lei n. 11.343/2006, o que foi acolhido na sentença, na fração máxima, sem recurso ministerial.

19. Assim, mostra-se configurada a violação do art. 28-A, caput e § 14, do CPP tanto pela inidoneidade da fundamentação usada pelo membro do Ministério Público para se recusar a oferecer o acordo quanto pela ausência de remessa dos autos pelo Magistrado à instância revisora do Parquet, a qual só pode ser negada se evidente a ausência de requisito objetivo, o que não era o caso.

20. Recurso especial provido para anular o recebimento da denúncia e determinar a remessa dos autos ao órgão superior do Ministério Público do Estado de São Paulo, a fim de que reavalie, motivadamente, a recusa em oferecer o acordo de não persecução ao recorrente. *(Recurso Especial nº 2.038.947-SP, STJ, 6ª Turma Rel. Min. Rogerio Schietti Cruz, julgado em 17.9.2024, publicado no DJ em 23.9.2024)*

28-A [...] 1. Nos termos da jurisprudência desta Corte Superior, "Inexiste nulidade na recusa do oferecimento de proposta de acordo de não persecução penal quando o representante do Ministério Público, de forma fundamentada, constata a ausência dos requisitos subjetivos legais necessários à elaboração do acordo, de modo que este não atenderia aos critérios de necessidade e suficiência em face do caso concreto." (HC 612.449/SP, relator Ministro Reynaldo Soares da Fonseca, Quinta Turma, julgado em 22/9/2020, DJe de 28/9/2020).

3. No caso, como asseverado pelo Ministério Público Estadual, "o paciente provocou não só violação à integridade física dos animais domésticos (cachorros), que estavam sob seus cuidados, mas causou também a morte de dois deles, circunstância que imprime contornos de maior gravidade a sua responsabilização". Portanto, a gravidade dos maus tratos, no caso concreto, evidencia, de fato, uma reprovação e necessidade de prevenção tão intensas a ponto das finalidades do ANPP não poderem ser alcançadas. [...] *(Agravo Regimental no Habeas Corpus nº 901.592-SE, STJ, 5ª Turma, Rel. Min. Ribeiro Dantas, julgado em 2.9.2024, publicado no DJ em 6.9.2024)*

28-A [...] 1. O art. 28-A do Código de Processo Penal, ao estabelecer as regras atinentes ao acordo de não persecução penal (ANPP), prevê que somente a vítima será intimada da homologação do acordo de não persecução penal e de seu descumprimento (§ 9º).

2. Descumpridas quaisquer das condições estipuladas no acordo, caberá sua rescisão e posterior oferecimento de denúncia. [...] (Agravo Regimental no Habeas Corpus nº 791.210-GO, STJ, 6ª Turma, Rel. Min. Antonio Saldanha Palheiro, julgado em 2.9.2024, publicado no DJ em 5.9.2024)

28-A [...] Imputada à ré a prática de nove condutas delituosas, em concurso material, deve ser considerada, para a oferta de ANPP, a pena mínima de todas as infrações somadas, não a pena mínima do único tipo penal. [...] *(Agravo Regimental no Recurso Ordinário em Habeas Corpus nº 243.813, STF, 2ª Turma, Rel. Min. Gilmar Mendes, julgado em 30.8.2024, publicado no DJ em 9.9.2024)*

28-A [...] A circunstância de o acusado responder à ação penal justifica, de forma idônea, o não oferecimento de acordo de não persecução penal. Na hipótese, o ANPP não foi oferecido ao acusado, pois ao tempo do pretendido acordo, respondia a outra ação penal. Incidência do disposto na Súmula n. 83 do STJ. [...] *(Agravo Regimental no Agravo em Recurso Especial nº 2.601.491-DF, STJ, 6ª Turma, Rel. Min. Rogério Schietti Cruz, julgado em 9.8.2024, publicado no DJ em 19.8.2024)*

28-A [...] Não há direito subjetivo do investigado ao ANPP. Cabe ao Ministério Público a opção de ofertá-lo ou não, conforme análise do caso concreto, se preenchidos os requisitos legais e se necessário e suficiente para reprovação e prevenção do crime. [...] *(Agravo Regimental no Agravo em Recurso Especial nº 2.517.746-GO, STJ, 6ª Turma, Rel. Min. convocado Otávio de Almeida Toledo, julgado em 2.9.2024, publicado no DJ em 4.9.2024)*

28-A [...] 1. O art. 28-A do Código de Processo Penal, redação da Lei 13.964/2019, congrega normas tanto processuais quanto materiais, justificando a classificação como norma de natureza híbrida. Em sendo norma de caráter híbrido, com perspectiva material, impõe-se a incidência retroativa em observância à regra do art. 5º, XL, da Constituição Federal, a lei penal não retroagirá, salvo para beneficiar o réu.

2. A incidência retrospectiva, entretanto, não se confunde com a existência de direito subjetivo ao benefício e sim à negativa motivada e fundamentada, sob controle jurisdicional quanto à validade dos argumentos, além de condicionar-se à observância da boa-fé objetiva dos envolvidos quanto à oferta. 6. Especificamente quanto à confissão, é inválida a negativa do ANPP por ter o investigado exercido regularmente direitos na Etapa de Investigação Criminal. Exaurida a Etapa de Investigação Criminal, rejeitada a hipótese de arquivamento, somente então surge a análise dos requisitos e condições do ANPP. O fato de o investigado ter confessado, ou não, a conduta apurada é independente da instauração da Etapa da Justiça Negocial, na qual a exigência é de confissão circunstancial.

3. A partir das premissas estabelecidas, com a entrada em vigor da Lei 13.964/2019, em 23.1.2020, a análise do cabimento do ANPP se refere exclusivamente à satisfação dos requisitos objetivos, independentemente da confissão do investigado na Etapa de Investigação Criminal, desde que uma das partes tenha formulado o pedido de análise do ANPP na primeira oportunidade de intervenção nos autos após a data de vigência do art. 28-A do CPP, sob pena de estabilização da controvérsia por meio dos efeitos preclusivos do comportamento omisso, em observância da boa-fé objetiva e do princípio da cooperação processual. Os termos do acordo dependem da análise das circunstâncias do caso penal.

4.No caso concreto, o pedido de aplicação do Acordo de Não Persecução Penal [ANPP] pela defesa se deu na primeira oportunidade de manifestar-se nos autos após a entrada em vigor do citado art. 28-A do CPP.

5. Agravo regimental não provido. *(Agravo Regimental no Recurso Extraordinário nº 1.438.511, STF, 2ª Turma, Rel. Min. Gilmar Mendes, julgado em 16.8.2024, publicado no DJ em 4.9.2024)*

28-A [...] Homofobia. Crime racional em sua dimensão social. [...] ANPP. Possibilidade de controle judicial sobre o ato negocial. Artigo 28-A, § 7º, do Código de Processo Penal. Pleito de homologação de acordo celebrado entre órgão ministerial e investigada. Impossibilidade. [...]

[...] 5. Na forma do art. 28-A, § 7º, do CPP, o juiz poderá recusar homologação à proposta que não atender aos requisitos legais, o que inclui a necessidade e suficiência do ANPP e de suas condições à reprovação e prevenção do crime (art. 28-A, *caput*, do CPP).

6. Nessa linha de intelecção, a Segunda Turma do Supremo Tribunal Federal, no julgamento do RHC n. 222.599, realizado em 7/2/2023, sob a relatoria do Ministro Edson Fachin, sedimentou o entendimento de que, seguindo a teleologia da excepcionalidade do inciso IV do § 2º do art. 28-A do CPP — que veda a aplicação do ANPP "nos crimes praticados no âmbito de violência doméstica ou familiar, ou praticados contra a mulher por razões da condição de sexo feminino, em favor do agressor" —, o alcance material para a aplicação do acordo "despenalizador" e a inibição da *persecutio criminis* exige conformidade com a Constituição Federal e com os compromissos assumidos internacionalmente pelo Estado brasileiro, com vistas à preservação do direito fundamental à não discriminação (art. 3º, inciso IV, da CF), não abrangendo, desse modo, os crimes raciais (nem a injúria racial, prevista no art. 140, § 3º, do CP, nem os delitos previstos na Lei n. 7.716/1989). - Descabe, com efeito, ao Tribunal da Cidadania ofertar, no ponto, outra hermenêutica constitucional.

7. O Supremo Tribunal Federal, na apreciação da ADO n. 26, de relatoria do Ministro Celso de Mello, reconhecendo o estado de mora inconstitucional do Congresso Nacional na implementação da prestação legislativa destinada a cumprir o mandado de incriminação a que se referem os incisos XLI e XLII do art. 5º da CF, deu interpretação conforme à Constituição, para enqua-

drar a homofobia e a transfobia, expressões de racismo em sua dimensão social, nos diversos tipos penais definidos na Lei n. 7.716/1989, atribuindo a essas condutas, até que sobrevenha legislação autônoma, o tratamento legal conferido ao crime de racismo.

8. Na espécie, o Tribunal de origem, na apreciação do recurso ministerial, manteve afastada a pretensão de homologação do ANPP celebrado entre o *Parquet* e a ora recorrida, envolvendo a suposta prática de atos homofóbicos, conduta que se enquadra, em tese, na Lei n. 7.716/1989 ou no art. 140, § 3º, do CP, com fundamento na insuficiência do ajuste proposto à reprovação e prevenção do crime, objeto de investigação, à luz do direito fundamental à não discriminação, entendimento que se coaduna com a jurisprudência do STF e deste Tribunal Superior. Agravo regimental não provido. (*Agravo Regimental no Agravo em Recurso Especial nº 2.607.962-GO, STJ, 5ª Turma, Rel. Min. Reynaldo Soares da Fonseca, julgado em 16.8.2024, publicado no DJ em 29.8.2024*)

28-A [...] A jurisprudência do STJ firmou entendimento segundo o qual não há direito subjetivo do réu à celebração do ANPP, cabendo ao órgão de acusação, exercendo sua discricionariedade de maneira motivada, optar pela oferta ou não da proposta do acordo, com possibilidade de controle pelo órgão superior do Ministério Público na forma do art. 28-A, § 14, do CPP. [...] *(Agravo Regimental no Agravo em Recurso Especial nº 2.545.491-TO, STJ, 5ª Turma, Rel. Min. Ribeiro Dantas, julgado em 15.8.2024, publicado no DJ em 20.8.2024)*

28-A [...] A circunstância de o acusado responder à ação penal justifica, deforma idônea, o não oferecimento de acordo de não persecução penal. Na hipótese, o ANPP não foi oferecido ao acusado, pois ao tempo do pretendido acordo, respondia a outra ação penal. Incidência do disposto na Súmula n. 83 do STJ. [...] *(Agravo Regimental no Agravo em Recurso Especial nº 2.601.491-DF, STJ, 6ª Turma, Rel. Min. Rogério Schietti Cruz, julgado em 9.8.2024, publicado no DJ em 19.8.2024)*

28-A [...] Inquéritos dos Atos do dia 8/1/2023. [...] Homologado o Acordo de Não Persecução Penal com o sobrestamento da ação penal, até integral cumprimento do acordo, e a imposição das seguintes condições, cujo descumprimento ensejará a continuidade do processo e a possibilidade de decretação imediata de prisão preventiva: (i) prestação de serviços à comunidade ou a entidades públicas, pelo total de 150h (cento e cinquenta horas), correspondente a um terço da pena mínima aplicável, em relação aos dois crimes objeto do acordo, observados os limites mensais de cumprimento no mínimo de 30h (trinta horas), em local a ser indicado pelo juízo de execução; (ii) prestação pecuniária, no valor de R$ 5.000,00 (cinco mil reais),cuja destinação deve observar a Resolução n. 154, de 13.7.2012, do CNJ; (iii) proibição de participação em redes sociais abertas, desde a celebração até a extinção da execução das condições referentes a este acordo de não persecução; (iv) participação presencial em curso com temática sobre Democracia, Estado de Direito e Golpe de Estado, com carga horária de 12h (doze horas), distribuída em 4 (quatro) módulos de 3h (três horas), a ser disponibilizado em formato audiovisual; (v) cessar todas as práticas delitivas objeto da ação penal em epígrafe e não ser processado por outro crime ou contravenção penal até a extinção da execução das condições referentes a este acordo de não persecução; (vi) declarar que não celebrou transação penal, acordo de não persecução penal ou suspensão condicional do processo, no quinquênio anterior aos fatos objeto deste acordo, e que não está sendo processado por outro crime ou em tratativas de celebração de outro acordo de não persecução penal. [...] *(1.026 RD no Inquérito nº 4.921, Rel. Min. Alexandre de Moraes, 1ª Turma, julgado em Sessão Virtual de 21.6.2024 a 28.6.2024, publicado no DJ em 10.7.2024)*

28-A [...] 1. A prestação pecuniária, espécie de pena restritiva de direitos, tem caráter penal e indenizatório à vítima ou a seus dependentes. O efeito pedagógico reside na perda do quantum arbitrado.

2. A destinação da prestação pecuniária, por si só, não pode ser interpretada como elemento essencial da negociação celebrada entre o Ministério Público e o acusado em potencial, de modo que não importa ou interessa a qualquer das partes.

3. A definição da entidade a beneficiar-se da prestação pecuniária encontra-se no âmbito da administração das medidas alternativas, a cargo do Poder Judiciário, tal como a da pena privativa de liberdade.

4. As Resoluções n. 154/2021 do Conselho Nacional de Justiça e 295/2014 do Conselho da Justiça Federal se limitam a regulamentar o exercício de uma competência própria do Poder Judiciário, objetivando sua uniformização nos tribunais pátrios. [...] *(ADI nº 5388, STF, Plenário, Rel.*

Min. Marco Aurélio, Red. Do acórdão Ministro Marques Nunes, julgado em Sessão Virtual de 10.5.2024 a 17.5.2024, publicado no DJ em 19.6.2024)

28-A Extradição. [...] *Distinguish* em relação ao disposto no Enunciado nº 421 da Súmula desta Corte. Delito praticado sem violência ou grave ameaça, e passível, no Brasil, a acordo de Não persecução penal. *[...]* Extradição negada.

1. O pedido de extradição atende aos requisitos formais previstos na Lei de Migração e no Tratado de Extradição entre o Governo da República Federativa do Brasil e o Governo da República da Coreia, promulgado pelo Decreto nº 4.152, de 2002.

2. Incidem, no caso, em tese, a dupla tipicidade e a dupla punibilidade, de acordo com as legislações brasileira e coreana.

3. O crime pelo qual se pretende a extradição não tem conotação política (art. 82, inc. VII, da Lei nº 13.445, de 2017) e suas apurações são de competência do estado requerente (art. 82, inc. III, da Lei nº 13.445, de 2017). As penas máximas são superiores a 2 anos (art. 82, inc. IV, da Lei nº 13.445, de 2017), e o extraditando não havia ainda se naturalizado quando da consumação inicial do suposto crime.

4. A presença de familiares no Brasil não impediria a extradição, de acordo com o enunciado nº 421 da Súmula do STF.

5. Situação do extraditando que difere, porém, daquela padrão prevista no referido enunciado da Súmula. O extraditando possui dois filhos menores de idade e a mãe das crianças não reside mais no território nacional, não tendo se mobilizado, após a prisão do extraditando, pai, a buscar os menores, tendo eles ficado a depender dos cuidados de amigos, ante à ausência de outros parentes.

6. O Tratado firmado livremente entre os dois países traz previsão específica e expressa quanto à possibilidade de se indeferir a extradição, sopesando-se as implicações humanitárias envolvidas e a gravidade do delito no caso específico.

7. O crime do qual o extraditando é acusado, resultaria, no Brasil, em oferecimento de acordo de não persecução penal. Independentemente do oferecimento de ANPP, mesmo em caso de eventual condenação, haveria a aplicação de regime aberto e substituição de pena privativa de liberdade por restritiva de direito.

8. Incidência dos princípios da proporcionalidade e da razoabilidade em prol dos menores, um deles nascido no Brasil, ambos aqui residentes há anos. Extradição indeferida. *(Extradição nº 1.784, Rel. Min. André Mendonça, STF, 2ª Turma, julgado em Sessão Virtual de 22.3.2024 a 3.4.2024, publicado no DJ em 5.6.2024)*

28-A [...] A interpretação sistemática dos art. 28-A, § 2º, do CPP e art. 3º do CPPM autoriza a aplicabilidade do Acordo de Não Persecução Penal no âmbito da Justiça Militar. [...] O art. 28-A, § 2º, do CPP comum nada opôs quanto a sua incidência no processo penal militar e, do mesmo modo, a legislação militar admite, em caso de omissão legislativa, a incidência direta da legislação processual comum (Art. 3º do CPPM). [...] A aplicação do art. 28-A do CPP à Justiça Castrense também coaduna-se com a jurisprudência desta Suprema Corte, que, em recentes julgados, compreendeu pela possibilidade de incidência da legislação comum a processos penais militares se verificada compatibilidade com princípios constitucionais. Precedentes. [...] Ausente proibição legal expressa, afronta a legalidade estrita vedar, em abstrato, a incidência do ANPP a toda gama de processos penais militares, como se denota do enunciado 18 da Súmula do STM ("Súmula 18 - O art. 28-A do Código de Processo Penal comum, que dispõe sobre o Acordo de Não Persecução Penal, não se aplica à Justiça Militar da União). [...] Ordem de habeas corpus concedida para reconhecer a possibilidade de incidência do art. 28-A do CPP a processos penais militares e determinar que o Juízo a quo abra vista ao Ministério Público, a fim de oportunizar--lhe a propositura do Acordo de Não Persecução Penal, se entender preenchidos os requisitos legais. *(Habeas Corpus nº 232.254-Mérito, STF, 2ª Turma, Rel. Min. Edson Fachin, sessão virtual de 19.4.2024 a 26.4.2024, publicado no DJ em 8.5.2024)*

28-A [...] 3. O oferecimento do ANPP, a aceitação da proposta pelo réu e a homologação pelo Juízo põem fim à ação penal, exceto nos casos de descumprimento das condições estipuladas no ANPP, pois, uma vez homologado o acordo, este não poderá ser alterado ou modificado.

4. Conforme prevê o § 6º do artigo 28-A do Código de Processo Penal, após a homologação do ANPP, o Ministério Público iniciará a sua execução perante o juízo da execução penal, não sendo possível a continuidade das alegações da defesa com a tentativa de absolver o réu, o qual, inclusive, confessou formal e circunstancialmente a prática da infração penal ao entabular o referido acordo. *[...] (Agravo Regimental no Habeas Corpus nº 836.668-SP, STJ, 5ª Turma, Rel. Min. Joel Ilan Paciornik, sessão virtual de 27.2.2024 a 4.3.2024, publicado no DJ em 6.3.2024)*

28-A [...] 1. O art. 28-A, *caput* e IV, do CPP estabelece que, em casos nos quais o investigado confesse formal e circunstancialmente a prática de infração penal sem violência ou grave ameaça, com pena mínima inferior a 4 anos e não havendo arquivamento do caso, o Ministério Público pode propor acordo de não persecução penal. Tal acordo pode incluir o pagamento de prestação pecuniária, cujo destino será determinado pelo juízo da execução penal, preferencialmente a uma entidade pública ou de interesse social que proteja bens jurídicos semelhantes aos lesados pelo delito.

2. A literalidade da norma de regência indica que, embora caiba ao Ministério Público a propositura do ANPP, a partir da ponderação da discricionariedade do *Parquet* como titular da ação penal, compete ao Juízo da Execução a escolha da instituição beneficiária dos valores, de modo que o acórdão combatido não viola o disposto no art. 28-A, IV, do CPP, mas com ele se conforma.

3. O Supremo Tribunal Federal recentemente abordou o assunto na ADI 6.305/DF, cujo registro de decisão foi divulgado em 31/8/2023. Na decisão unânime, a Corte Suprema declarou a constitucionalidade do art. 28-A, seus subitens III, IV, e os parágrafos 5º, 7º e 8º, todos do CPP, os quais foram adicionados pela Lei 13.964/2019. Agora, não há mais dúvidas quanto à necessidade de cumprimento dessas disposições legais. [...] *(Agravo em Recurso Especial nº 2.419.790-MG, STJ, 5ª Turma, Rel. Min. Ribeiro Dantas, julgado em 6.2.2024, publicado no DJ em 15.2.2024)*

28-A [...] Recusada pelo órgão acusatório a proposta de acordo de não persecução penal, cabe ao magistrado remeter os autos ao órgão de revisão do Ministério Público, nos termos do art. 28-A, § 14, do Código de Processo Penal.[...] *(Agravo Regimental no RHC n. 233.011, STF, 2ª Turma, Rel. Min. Nunes Marques, julgado em sessão virtual de 17.11.2023 a 24.11.2023, publicado no DJ em 7.12.2023)*

28-A [...] As condições descritas em lei são requisitos necessários para o oferecimento do Acordo de Não Persecução Penal (ANPP), importante instrumento de política criminal dentro da nova realidade do sistema acusatório brasileiro. Entretanto, não obriga o Ministério Público, nem tampouco garante ao acusado verdadeiro direito subjetivo em realizá-lo. Simplesmente, permite ao Parquet a opção, devidamente fundamentada, entre denunciar ou realizar o acordo, a partir da estratégia de política criminal adotada pela Instituição. [...] *(Agravo Regimental no Recurso Ordinário em Habeas Corpus nº 232.980, STF, 1ª Turma, Rel. Min. Alexandre de Moraes, sessão virtual de 20.10.2023 a 27.10.2023, publicado no DJ em 29.11.2023)*

28-A [...] O acordo de não persecução penal não constitui direito subjetivo do acusado. Diante da recusa expressa do órgão acusador em propô-lo, o Juiz deve prosseguir na análise da denúncia oferecida para que, caso haja o seu recebimento, o Réu seja citado e possa se insurgir contra a negativa de propositura perante o órgão superior do Ministério Público, ao qual compete examinar a correção ou não da negativa, nos termos do art. 28-A, § 14, do Código de Processo Penal. [...] *(Agravo Regimental no Recurso Especial nº 2.017.823-TO, STJ, 6ª Turma, Rel. Min. Laurita Vaz, sessão virtual de 8.8.2023 a 14.8.2023, publicado no DJ em 21.8.2023)*

28-A [...] Conforme consignado no decisum reprochado, a jurisprudência deste Superior Tribunal "*[...] não é obrigado a notificar o investigado acerca da proposta do acordo de não persecução penal, sendo que, ao se interpretar conjuntamente os artigos 28-A, § 14, e 28, caput, do CPP, a ciência da recusa ministerial deve ocorrer por ocasião da citação, podendo o acusado, na primeira oportunidade dada para manifestação nos autos, requerer a remessa dos autos ao órgão de revisão ministerial*" (AgRg no REsp n. 2.024.381/TO, Quinta Turma, Rel. Min. Jesuíno Rissato – Desembargador convocado do TJDFT, DJe de 10/03/2023, grifei). [...] *(Agravo Regimental no Recurso Especial nº 2.039.021-TO, STJ, 5ª Turma, Rel. Min. Messod Azulay Neto, julgado em 8.8.2023, publicado no DJ em 16.8.2023)*

28-A [...] 1. É descabida a rejeição da denúncia motivada no não oferecimento do Acordo de Não Persecução Penal pelo Ministério Público.

2. O instituto do ANPP não se consubstancia em um direito subjetivo do acusado, podendo o Ministério Público oferecê-lo, se presentes os requisitos legais, ou não, a partir de uma estratégia de política criminal adotada pela Instituição. Ademais, o oferecimento ou não do ANPP não é condição de procedibilidade da ação penal, motivo pelo qual a ausência de sua oferta pelo Parquet não é apta a ensejar a rejeição da peça acusatória, nos termos do art. 395, II, do Código de Processo Penal – CPP. [...] *(Agravo Regimental no Recurso Especial nº 2.025.524-TO, STJ, 5ª Turma, Rel. Min. Joel Ilan Paciornik, sessão virtual de 30.5.2023 a 5.6.2023, publicado no DJ em 9.6.2023)*

28-A [...] a delimitação do alcance material para a aplicação do acordo despenalizador e a inibição da persecutio criminis exige conformidade com o texto Constitucional e com os compromissos assumidos pelo Estado brasileiro internacionalmente, como limite necessário para a preservação do direito fundamental à não discriminação e à não submissão à tortura seja ela psicológica ou física, ao tratamento desumano ou degradante, operada pelo conjunto de sentidos estereotipados que circula e que atribui tanto às mulheres quanto às pessoas negras posição inferior, numa perversa hierarquia de humanidades. [...] Considerada, pois, a teleologia da excepcionalidade imposta na norma e a natureza do bem jurídico a que se busca tutelar, tal como os casos previstos no inciso IV do art. 28 do CPP, o Acordo de Não Persecução Penal (ANPP) não abarca os crimes raciais, assim também compreendidos aqueles previstos no art. 140, § 3º, do Código Penal (HC 154248). *Recurso ordinário em habeas corpus não provido.(Recurso Ordinário em Habeas Corpus nº 222.599-Mérito, STF, 2ª Turma, Rel. Min. Edson Fachin, por maioria, sessão virtual de 16.12.2022 a 6.2.2023, publicado no DJ em 23.3.2023)*

28-A [...] 1. O Superior Tribunal de Justiça possui entendimento no sentido de que compete ao Ministério Público avaliar, fundamentadamente, se é cabível, no caso concreto, propor o acordo de não persecução penal, razão por que o referido negócio jurídico pré-processual não constitui direito subjetivo do investigado.

2. O oferecimento ou não da proposta de ANPP não é condição de procedibilidade da ação penal, a ensejar a rejeição da denúncia, nos termos do art. 395, II, do CPP.

3. Hipótese em que, após o oferecimento da denúncia, o magistrado intimou o promotor de justiça para esclarecer o não oferecimento da ANPP, oportunidade em que, após a cota ministerial, concluiu pelo preenchimento dos requisitos legais pelo acusado, rejeitando a denúncia, e determinou a remessa dos autos ao órgão superior do Ministério Público, nos termos do art. 28-A, § 14, do CPP.

4. Não apresentada a proposta de ANPP, cabe ao magistrado tão somente apreciar a admissibilidade da denúncia e, caso recebida a peça acusatória e realizada a citação, o acusado terá ciência da recusa ministerial em propor o acordo, podendo, na primeira oportunidade, requerer ao juízo a remessa dos autos ao órgão de revisão do Ministério Público. [...] *(Agravo Regimental no Recurso Especial nº 2.047.673–TO, STJ, 5ª Turma, Rel. Min. Reynaldo Soares da Fonseca, julgado em 28.2.2023, publicado no DJ em 6.3.2023)*

28-A [...] Nos termos do art. 28-A, § 5º, do CPP, o juiz pode deixar de homologar o ANPP quando o acordo não contemplar condições obrigatórias (como, no caso dos autos, a reparação à vítima, exigida pelo art. 28-A, I, do CPP). [...] *(Agravo Regimental no Agravo em Recurso Especial nº 2.183.226– GO, STJ, 5ª Turma, Rel. Min. Ribeiro Dantas, julgado em 7.2.2023, publicado no DJ em 13.2.2023)*

28-A [...] 1. O art. 28-A, § 6.º, do Código de Processo Penal, ao determinar que o acordo de não persecução penal será executado no juízo da execução penal, implicitamente, estabeleceu que o cumprimento das condições impostas no referido acordo deverá observar, no que forem compatíveis, as regras pertinentes à execução das penas.

2. Segundo pacífica orientação desta Corte Superior, a competência para a execução das penas é do Juízo da condenação. No caso específico de execução de penas restritivas de direitos, em se tratando de condenado residente em jurisdição diversa do Juízo que o condenou, também é sedimentada a orientação de que a competência para a execução permanece com o Juízo da condenação, que deprecará ao Juízo da localidade em que reside o apenado tão-somente o acompanhamento e a fiscalização do cumprimento da reprimenda.

3. Em se tratando de cumprimento da condição de prestação de serviços à comunidade, imposta em acordo de não persecução penal, a competência para a sua execução é do Juízo que o homologou.

4. Nos termos do art. 149, incisos I e III, da Lei de Execução Penal, a competência para especificar a entidade em que será efetivada a prestação de serviços, bem assim as posteriores alterações, é do Juízo da Execução. No cumprimento de acordo de não persecução penal, o competente é o Juízo que o homologou e, por se tratar de competência jurisdicional, não pode ser delegada a outro Juízo.

5. No caso dos autos, o Juízo Suscitante deprecou ao Juízo Suscitado a designação do local em que seriam prestados os serviços, bem assim a apreciação de eventuais pedidos de alteração da entidade em que eles seriam prestados. A prática de tais atos, entretanto, ultrapassa a atividade de acompanhamento e fiscalização do cumprimento da prestação de serviços, pois demandam a prolação de atos jurisdicionais com cunho decisório acerca do cumprimento das condições impostas no acordo de não persecução, por parte do Juízo deprecado.

6. A carta precatória é tão-somente ato de comunicação e delegação do cumprimento da decisão judicial proferida pelo Juízo deprecante, ao Juízo com jurisdição no local onde deverá ser executada. Não se permite, em função do princípio do juízo natural, que seja delegada a própria atividade decisória ao Juízo deprecado. [...] *(Conflito de Competência nº 191.598-PR, STJ, 3ª Seção, Rel. Min. Laurita Vaz, julgado em 26.10.2022, publicado no DJ em 4.11.2022)*

28-A [...] 1. O acordo de não persecução penal, de modo semelhante ao que ocorre com a transação penal ou com a suspensão condicional do processo, introduziu, no sistema processual, mais uma forma de justiça penal negociada. Se, por um lado, não se trata de direito subjetivo do réu, por outro, também não é mera faculdade a ser exercida ao alvedrio do Parquet. O ANPP é um poder-dever do Ministério Público, negócio jurídico pré-processual entre o órgão (consoante sua discricionariedade regrada) e o averiguado, com o fim de evitar a judicialização criminal, e que culmina na assunção de obrigações por ajuste voluntário entre os envolvidos. Como poder-dever, portanto, observa o princípio da supremacia do interesse-público – consistente na criação de mais um instituto despenalizador em prol da otimização do sistema de justiça criminal – e não pode ser renunciado, tampouco deixar de ser exercido sem fundamentação idônea, pautada pelas balizas legais estabelecidas no art. 28-A do CPP. 2. A ausência de confissão, como requisito objetivo, ao menos em tese, pode ser aferida pelo Juiz de direito para negar a remessa dos autos à PGJ nos termos do art. 28, § 14, do CPP. Todavia, ao exigir a existência de confissão formal e circunstanciada do crime, o novel art. 28-A do CPP não impõe que tal ato ocorra necessariamente no inquérito, sobretudo quando não consta que o acusado – o qual estava desacompanhado de defesa técnica e ficou em silêncio ao ser interrogado perante a autoridade policial – haja sido informado sobre a possibilidade de celebrar a avença com o Parquet caso admitisse a prática da conduta apurada. 3. Não há como simplesmente considerar ausente o requisito objetivo da confissão sem que, no mínimo, o investigado tenha ciência sobre a existência do novo instituto legal (ANPP) e possa, uma vez equilibrada a assimetria técnico-informacional, refletir sobre o custo-benefício da proposta, razão pela qual "o fato de o investigado não ter confessado na fase investigatória, obviamente, não quer significar o descabimento do acordo de não persecução" (CABRAL, Rodrigo Leite Ferreira. Manual do Acordo de Não Persecução Penal à luz da Lei 13.963/2019 (Pacote Anticrime). Salvador: JusPodivm, 2020, p. 112). [...] 5. A exigência de que a confissão ocorra no inquérito para que o Ministério Público ofereça o acordo de não persecução penal traz, ainda, alguns inconvenientes que evidenciam a impossibilidade de se obrigar que ela aconteça necessariamente naquele momento. Deveras, além de, na enorme maioria dos casos, o investigado ser ouvido pela autoridade policial sem a presença de defesa técnica e sem que tenha conhecimento sobre a existência do benefício legal, não há como ele saber, já naquela oportunidade, se o representante do Ministério Público efetivamente oferecerá a proposta de ANPP ao receber o inquérito relatado. Isso poderia levar a uma autoincriminação antecipada realizada apenas com base na esperança de ser agraciado com o acordo, o qual poderá não ser oferecido pela ausência, por exemplo, de requisitos subjetivos a serem avaliados pelo membro do Parquet. [...] *(Habeas Corpus nº 657.165-RJ, STJ, 6ª Turma, Rel. Min. Rogério Schletti Cruz, julgado em 9.8.2022, publicado no DJ em 18.8.2022)*

28-A *[...].* Consoante jurisprudência do Supremo Tribunal Federal, não cabe ao Poder Judiciário impor ao Ministério Público obrigação de ofertar acordo em âmbito penal. 3. Se o investigado assim o requerer, o Juízo deverá remeter o caso ao órgão superior do Ministério Público, quando houver recusa por parte do representante no primeiro grau em propor o acordo de não persecução penal, salvo manifesta inadmissibilidade. Interpretação do art. 28-A, § 14, CPP a partir do sistema acusatório e da lógica negocial no processo penal. 4. No caso concreto, em alegações finais, o MP posicionou-se favoravelmente à aplicação do redutor de tráfico privilegiado. Assim, alterou-se o quadro fático, tornando-se potencialmente cabível o instituto negocial. 5. Ordem parcialmente concedida para determinar sejam os autos remetidos à Câmara de Revisão do Ministério Público Federal, a fim de que aprecie o ato do procurador da República que negou à paciente a oferta de acordo de não persecução penal. *(Habeas Corpus nº 194.677/SP, STF, 2ª Turma, unânime, Rel. Min. Gilmar Mendes, julgado em 11.5.2021, publicado no DJ em 13.8.2021)*

Art. 29. Será admitida ação privada nos crimes de ação pública, se esta não for intentada no prazo legal, cabendo ao Ministério Público aditar a queixa, repudiá-la e oferecer denúncia substitutiva, intervir em todos os termos do processo, fornecer elementos de prova, interpor recurso e, a todo tempo, no caso de negligência do querelante, retomar a ação como parte principal.

29.1. Ação penal subsidiária da pública: Como vimos, as ações penais podem ser públicas, condicionadas ou não, e também privadas, sendo que estas últimas fogem à regra geral da persecução penal estatal, atribuindo-se, nelas, legitimação ativa ao próprio ofendido ou à determinadas pessoas – sucessores processuais (cônjuge, ascendente, descendente ou irmão, art. 31, CPP) – conforme ainda teremos oportunidade de examinar.

No entanto, e porque todos os atos do Poder Público devem se submeter a instâncias de controle – público ou privado – também a ação penal pública está sujeita a uma certa fiscalização. A primeira delas ocorre com e pela *assistência,* verdadeiro litisconsórcio entre o ofendido e o Ministério Público, por meio da qual o primeiro exerce amplas faculdades processuais, produzindo provas e arrazoados, e até mesmo oferecendo recurso de determinadas decisões, consoante se vê dos arts. 268 e seguintes do CPP.

A segunda forma de controle é a ação penal subsidiária da pública, facultada também ao ofendido (e aos mesmos sucessores processuais previstos para a ação privada).

Requisito de cabimento de seu exercício é, então, a desídia ou a inação do Ministério Público, em relação aos prazos processuais previstos para a prática de atos relativos à persecução penal *in judicio.* Assim, se o membro do Ministério Público, nos prazos previstos no art. 46, CPP, deixar de oferecer denúncia, ou, no mesmo prazo, deixar de manifestar-se em quaisquer das direções já aqui estudadas (ver art. 28, CPP – promoção de arquivamento, ou, baixa dos autos em diligências, para prosseguimento das investigações, ou, ainda, requerer a declinação da competência, por ausência de atribuição para a causa), poderão os legitimados mencionados no art. 30 (o ofendido, ou, se incapaz, o seu representante legal), ou, na hipótese de morte ou ausência legal deste, as pessoas mencionadas no art. 31, CPP, ingressar em juízo com a ação penal, que, então, se denominará *privada subsidiária da pública.*

A ação subsidiária deverá ser intentada no prazo decadencial do art. 38, CPP, contados, então, da data em que se encerrar o prazo para a manifestação ministerial. Evidentemente, tal prazo somente será contado quando o legitimado privado puder conhecer a autoria do fato, e, como não poderia deixar de ser, se ainda não prescrito o crime.

No caso de manifestação tempestiva do Ministério Público, isto é, quando, no prazo legal, ele se posicionar sobre a matéria, não terá cabimento a ação subsidiária, que, cujo próprio nome indica, pressupõe ausência de atuação do titular. Assim, uma vez requerido, por exemplo, o arquivamento do inquérito ou das peças de informação, nada poderão fazer o ofendido e as demais pessoas do art. 31, CPP. Do mesmo modo, quando, no prazo, requerer a produção de novas diligências ou afirmar a ausência de atribuição para a causa, na hipótese de entender incompetente o juiz perante o qual ele oficia.

Registre-se, aqui, a não aplicabilidade do art. 36 do CPP, que prevê a possibilidade de substituição dos legitimados à ação penal privada, no caso de morte ou de ausência legal do ofendido, às hipóteses de ação privada subsidiária da pública. E assim é porque nessas ações, sempre que houver desistência ou abandono da ação por parte do querelante, o Ministério Público retomará a ação como parte principal. Aliás, isso evidencia que, na verdade, embora reservada a iniciativa ao particular – o que haverá que ser feito por meio de queixa –, a ação penal seguirá tendo a natureza essencialmente pública, já que absolutamente ineficazes e sem efeitos o perdão, a renúncia ou a decadência, bem como inexistente a perempção (art. 60, CPP). Todas essas modalidades de disponibilidade da ação penal (renúncia, perdão, decadência e perempção) serão ainda examinadas.

Importante registrar que a Lei nº 13.869/2019 (Lei de Abuso de Autoridade) expressamente reconheceu que os crimes previstos na lei são de ação penal pública incondicionada (art. 3º, caput), mas igualmente deixando claro que "*será admitida ação privada se a ação penal pública não for intentada no prazo legal, cabendo ao Ministério Público aditar a queixa, repudiá-la e oferecer denúncia substitutiva, intervir em todos os termos do processo, fornecer elementos de prova, interpor recurso e, a todo tempo, no caso de negligência do querelante, retomar a ação como parte principal*" (*§ 1º*) *e que a ação privada subsidiária "será exercida no prazo de 6 (seis) meses, contado da data em que se esgotar o prazo para oferecimento da denúncia" (§ 2º)*. Ou seja, o prazo decadencial da ação subsidiária da pública começa a correr no dia imediatamente seguinte ao esgotamento do prazo (do Ministério Público) para o oferecimento da denúncia. Nunca é demais ressaltar que a ação sempre terá natureza pública, de modo que, a qualquer tempo, o Ministério Público – como titular da ação – retomar o controle do processamento criminal.

Jurisprudência

29.1 [...] A legitimidade para o ajuizamento de ação penal privada subsidiária da pública está taxativamente prevista no Código de Processo Penal. Esse direito é titularizado apenas pelo ofendido, sujeito passivo do delito, ou, no caso de morte ou declaração judicial de ausência, seu cônjuge, ascendente, descendente ou irmão. Não há qualquer ilícito, entre os imputados ao querelado, em que a agravante figure em qualquer dessas condições. [...] *(Agravo Regimental na Petição nº 10.294, STF, Plenário, Rel. Min. Roberto Barroso, por maioria, sessão virtual de 3.3.2023 a 10.3.2023, publicado no DJ em 28.3.2023)*

29.1 [...] 1. A ação privada subsidiária da pública só é possível quando o Órgão Ministerial se mostrar desidioso e não se manifestar no prazo previsto em lei. Precedente.

2. A aplicação justa da lei penal não decorre do uso criativo das normas processuais de forma a tolher, indevidamente, o Parquet de exercer seu legítimo *munus* constitucional.

3. No caso, a não manifestação do Ministério Púbico no prazo legal não se deu por desídia, e sim por impedimento provocado pela própria agravante, que ajuizou incidentes processuais, inclusive de suspeição do promotor atuante no feito.

4. Na hipótese, não se pode avaliar apenas o critério objetivo (prazo de 15 dias) e desconsiderar as circunstâncias do evento, sob pena de se criar uma brecha legal para a usurpação da prerrogativa do órgão titular da ação penal.

5. A situação fática descrita nos autos é diversa daquela estabelecida no ARE n. 859.251RG/DF, pelo Supremo Tribunal Federal, haja vista as iniciativas incidentais encetadas pela agravante de forma a inviabilizar a manifestação do Parquet dentro do prazo legal de 15 dias. Não se trata, pois, de inércia qualificada, como sustentado pela agravante, mas sim de inércia provocada.

6. Agravo regimental não provido. *(Agravo Regimental no Agravo em Recurso Especial nº 1.564.712/SP, STJ, 6ª Turma, unânime, Rel. Min. Rogério Schietti Cruz, julgado em 9.11.2021, publicado no DJ em 23.11.2021)*

29.1. [...] O ajuizamento de ação penal privada subsidiária da pública pela alegada vítima do delito pressupõe, por expressa disposição constitucional, inércia do Ministério Público. A formação da opinião sobre o delito pelo ator estatal a tanto legitimado, ainda que para concluir pela inviabilidade da pretensão acusatória, não se equivale à inércia, para fins de instauração da via subsidiária da pública. [...] *(Embargos de Declaração na Petição nº 9.579/DF, STF, Plenário, unânime, Rel. Min. Rosa Weber, julgado em sessão virtual de 10.9.2021 a 17.9.2021, publicado no DJ em 27.9.2021)*

29.1. [...] 1. Nos crimes de ação penal pública incondicionada, quando o próprio Ministério Público promover o arquivamento do procedimento investigatório, como na hipótese dos autos, é irrecorrível a decisão do Juiz que acolhe a manifestação ministerial. 2. A ação privada subsidiária da pública só é possível quando o Órgão Ministerial se mostrar desidioso e não se manifestar no prazo previsto em lei. Se o Ministério Público promove o arquivamento do inquérito ou requer o seu retorno ao delegado de polícia para novas diligências, não cabe queixa subsidiária; se oferecida, a rejeição se impõe por ilegitimidade de parte, falta de pressuposto processual da ação. [...] (*Agravo Regimental no Agravo em Recurso Especial nº 1.049.105/DF, STJ, 6ª Turma, unânime, Rel. Min. Rogerio Schietti Cruz, julgado em 18.10.2018, publicado no DJ em 19.11.2018*).

29.1. [...] 2. Não se constata a inércia do órgão ministerial, justificadora da propositura da ação penal privada subsidiária da pública quando, em data anterior ao ajuizamento da presente queixa, já havia se manifestado contrariamente à pretensão de deflagração da ação penal, por não vislumbrar a ocorrência de crime nas condutas imputadas à Querelada. 3. Tendo a Acusação efetivamente expressado seu juízo de valor sobre os fatos objeto das duas representações, concluindo pela inexistência de justa causa para a ação penal, não há o que se falar na possibilidade de oferecimento de queixa-crime subsidiária, sob pena de usurpação da titularidade do principal e maior mister do Ministério Público. Exegese dos arts. 29 do CP e 100, § 3º, do CPP. 4. Queixa-crime subsidiária rejeitada (*Ação Penal nº 811-DF, STJ, Corte Especial, unânime, Rel. Min. Jorge Mussi, julgado em 4.11.2015, publicado no DJ em 18.11.2015*).

29.1. [...] Recurso extraordinário com agravo. Repercussão geral. Constitucional. Penal e processual penal. 2. *Habeas corpus*. Intervenção de terceiros. Os querelantes têm legitimidade e interesse para intervir em ação de habeas corpus buscando o trancamento da ação penal privada e recorrer da decisão que concede a ordem. 3. A promoção do Arquivamento do inquérito, posterior à propositura da ação penal privada, não afeta o andamento desta. 4. Os fatos, tal como admitidos na instância recorrida, são suficientes para análise da questão constitucional. Provimento do agravo de instrumento, para análise do recurso extraordinário. 5. Direito a mover ação penal privada subsidiária da pública. Art. 5º, LIX, da Constituição Federal. Direito da vítima e sua família à aplicação da lei penal, inclusive tomando as rédeas da ação criminal, se o Ministério Público não agir em tempo. Relevância jurídica. Repercussão geral reconhecida. 6. Inquérito policial relatado remetido ao Ministério Público. Ausência de movimentação externa ao *Parquet* por prazo superior ao legal (art. 46 do Código de Processo Penal). Surgimento do direito potestativo a propor ação penal privada. 7. Questão constitucional resolvida no sentido de que: (i) o ajuizamento da ação penal privada pode ocorrer após o decurso do prazo legal, sem que seja oferecida denúncia, ou promovido o arquivamento, ou requisitadas diligências externas ao Ministério Público. Diligências internas à instituição são irrelevantes; (ii) a conduta do Ministério Público posterior ao surgimento do direito de queixa não prejudica sua propositura. Assim, o oferecimento de denúncia, a promoção do arquivamento ou a requisição de diligências externas ao Ministério Público, posterior ao decurso do prazo legal para a propositura da ação penal, não afastam o direito de queixa. Nem mesmo a ciência da vítima ou da família quanto a tais diligências afasta esse direito, por não representar concordância com a falta de iniciativa da ação penal pública. 8. Reafirmação da jurisprudência do Supremo Tribunal Federal. 9. Recurso extraordinário provido, por maioria, para reformar o acórdão recorrido e denegar a ordem de *habeas corpus*, a fim de que a ação penal privada prossiga, em seus ulteriores *termos (Repercussão Geral no RE com Agravo nº 859.251-DF, Rel. Min. Gilmar Mendes, julgado em 16.4.2015). Obs.: O Tribunal, por maioria, reputou constitucional a questão, vencidos os Ministros Rosa Weber e Celso de Mello. Não se manifestou a Ministra Cármen Lúcia. Impedidos os Ministros Teori Zavascki, Marco Aurélio e Roberto Barroso. O Tribunal, por maioria, reconheceu a existência de repercussão geral da questão constitucional suscitada, vencidos os Ministros Rosa Weber e Celso de Mello. Não se manifestou a Min. Cármen Lúcia. Impedidos os Ministros Teori Zavascki, Marco Aurélio e Roberto Barroso. No mérito, por maioria, reafirmou a jurisprudência dominante sobre a matéria, e deu provimento ao recurso extraordinário, vencidos os Ministros Rosa Weber e Celso de Mello. Não se manifestou a Ministra Cármen Lúcia. Impedidos os Ministros Teori Zavascki, Marco Aurélio e Roberto Barroso.*

29.1. [...] Amparada pelo art. 5º, inciso LXI, da Constituição Federal e pelo art. 29 do Código de Processo Penal, a ação penal privada subsidiária é cabível na hipótese de a ação penal pública, condicionada ou incondicionada, não ser intentada no prazo legal, isto é, em caso de restar evidenciada a inércia do Ministério Público. O pedido de arquivamento não é hábil a configurar inércia do *Parquet*, afastando, portanto, a possibilidade de levar a efeito a ação penal privada subsidiária. Precedentes do STJ e do STF. Embargos acolhidos, tão somente para sanar a omissão, mantido o acórdão impugnado (*Embargos de Declaração no Agravo Regimental no Inquérito nº 528/MT, STJ, Corte Especial, Rel. Min. Gilson Dipp, julgado em 19.12.2007, publicado no* DJ *em 3.3.2008*).

29.2. Aditamento e denúncia substitutiva: Reafirmando o que dissemos sobre a natureza pública dessa ação, ainda quando promovida pelo particular, prevê o CPP que cabe ao Ministério Público aditar a queixa então oferecida, bem como repudiá-la e oferecer denúncia substitutiva. Autores há que veem em semelhante possibilidade o retorno triunfal do Ministério Público à ação, que, de *dormitus litis*, voltaria à condição de *dominus litis*, podendo, inclusive, requerer o arquivamento do inquérito ou a rejeição da queixa, ao entendimento de ausência dos elementos do crime e das condições da ação, respectivamente e por exemplo. O fundamento seria a titularidade originária prevista no texto constitucional (art. 129).

A insuperável objeção que fazemos a tal ponto de vista, e como não poderia deixar de ser, se encontra também na Constituição da República. Ali, nos termos do art. 5º, LIX, é *garantida a ação privada nos crimes de ação pública, se esta não for intentada no prazo legal.* Cuida-se de verdadeiro *direito de ação,* assegurado ao particular, seja ele quem assim o determinar o legislador. No atual CPP, a legitimação é do ofendido, seu representante legal, se incapaz, estendendo-se tal faculdade ao cônjuge, ascendente, descendente ou irmão, no caso de morte ou ausência daquele (art. 31, CPP). Mais que isso: *direito de ação instituído entre as garantias fundamentais constitucionais.* Para nós, é quanto basta.

Assim, se o Ministério Público entender que a queixa não atende às exigências legais de uma correta imputação penal, deve ele aditá-la; se entender que a peça é imprestável aos fins colimados (inépcia, por exemplo), deve, então, apresentar denúncia substitutiva. Em um e em outro caso, entretanto, não poderá ele afastar a imputação feita originariamente pelo querelante, isto é, *não poderá o Ministério Público retirar a acusação feita pelo particular.* E isso porque, repetimos, a atuação do particular em tais situações configura *direito constitucional* de ação penal.

No entanto, nada impedirá a sua manifestação no sentido da rejeição da queixa, por quaisquer das razões eventualmente cabíveis. A atuação nesse sentido, contudo, será *meramente opinativa,* na função de *custos legis*, podendo o juiz acolhê-la ou não, como se dá em qualquer processo que tenha por objeto os chamados direitos indisponíveis. É que, como visto, uma vez exercido o direito de ação pelo ofendido, terá ele o direito de exercer todas as faculdades processuais necessárias à satisfação de seu interesse na ação ajuizada. Nos termos da Lei (CPP), somente quando o querelante desistir ou abandonar a ação é que o Ministério Público *ressurgirá como a parte principal no processo* (redação expressa do art. 29, CPP).

No aditamento, então, mas, sobretudo, na denúncia substitutiva, deverá o Ministério Público manter a imputação trazida na queixa, podendo, se for o caso e inclusive, incluir novos réus e até mesmo novos fatos àqueles já narrados; os limites da ação, por força de sua natureza essencialmente pública, prosseguem em mãos do *parquet*, desde que respeitada a iniciativa (direito de ação) já exercida pelo particular, com autorização, repita-se, em texto constitucional.

Jurisprudência

29.2. [...] I. Ação penal: crime contra a honra do servidor público, *propter officium*: legitimação concorrente do MP, mediante representação do ofendido, ou deste, mediante queixa: se, no entanto, opta o ofendido pela representação ao MP, fica-lhe preclusa a ação penal privada: *electa una via...* II. Ação penal privada subsidiária: descabimento se, oferecida a representação pelo ofendido, o MP não se mantém inerte, mas requer diligências que reputa necessárias. III. Processo penal de competência originária do STF: irrecusabilidade do pedido de arquivamento formulado pelo Procurador-Geral da República, se fundado na falta de elementos informativos para a denúncia (*Inquérito nº 1.939, STF, Plenário, Rel. Min. Sepúlveda Pertence, julgado em 3.3.2004, publicado no DJ em 2.4.2004).*

Art. 30. Ao ofendido ou a quem tenha qualidade para representá-lo caberá intentar a ação privada.

30.1. Ação Penal Privada: Examinadas as principais características das ações penais públicas, condicionadas e incondicionadas, bem como da ação privada subsidiária da pública – que, embora de iniciativa do particular, tem natureza essencialmente pública – chega-se, agora, às ações penais privadas, suas regras e delimitações conceituais.

Conforme ainda veremos, mais adiante, as ações penais privadas se orientam por determinadas regras (tradicionalmente tratadas como princípios), que, além de permitirem uma compreensão mais ordenada do instituto, são deduzidas de texto expresso do Código de Processo Penal. Nesse sentido, a disponibilidade (arts. 38, 49, 50, 51, 52, 53, 54, 55, 56, 57, 58, 59, 60, CPP) e a indivisibilidade (art. 48, CPP) da ação penal privada surgem como as características marcantes de semelhante modalidade de ação penal. Cada uma das regras será objeto de considerações específicas, ao exame dos respectivos dispositivos legais.

30.2. Justificativa da ação privada: Tarefa das mais difíceis é encontrar a fundamentação de política criminal na justificativa da opção pelas ações penais privadas. O critério do *strepitus iudici*, frequentemente manejado pela doutrina brasileira, não convence. Se o risco de nova afetação aos interesses da vítima, que se veria importunada em sua tranquilidade e sossego pessoais, e obrigada ao confronto com seu algoz, é suficiente para justificar a ação penal pública condicionada à representação (autorização) do ofendido, para as ações privadas tal não ocorre. Ora, se é esse risco, por que não submeter a persecução ao condicionamento da ação pública (condicionada)?

Parece-nos que a única alternativa que se presta a justificar tal modalidade de ação penal, ao menos em uma ordem jurídica que se quer ver orientada pelo postulado da *vedação de excesso*, a fundamentar o princípio da *intervenção mínima* do Direito Penal (de *ultima ratio*, pois), há de ser a reserva da valoração jurídico-penal em mãos do ofendido. Explica-se: se a intervenção penal deve ser a última alternativa, dada a gravidade de suas consequências, não há razão alguma para se pretender distinguir entre infrações penais de interesse público e infrações de interesse prioritariamente privado. Se há crimes cujo alcance (de danos e da resposta penal) não parece ultrapassar o interesse dos envolvidos, de que são exemplo eloquente, a nosso aviso, os chamados crimes contra a honra, a melhor solução não é a privatização da persecução penal, mas, muito ao contrário, a descriminalização da matéria. Direito Penal de *intervenção mínima* se justifica apenas para fins de proteção dos direitos fundamentais, e assim mesmo contra as graves violações a eles desferidas. Não se pode transformá-lo em panaceia (remédio para todos os males).

Então, reservar-se a valoração jurídico-penal do fato ao ofendido poderia, em tese, justificar a ação privada se, e somente quando, se puder reconhecer, em tese, a maior eficiência na identificação do crime e, portanto, da proteção do direito atingido. De se lembrar, no ponto, que as infrações penais podem também configurar ilícitos de outra ordem, a gerar, por exemplo, responsabilização civil pelos danos e responsabilidade disciplinar pela falta. Nessa medida é que se justificaria a escolha da ação penal em mãos do ofendido. Quando a valoração do fato fica a cargo do Ministério Público, se este se convencer da inexistência de crime e assim se manifestar tempestivamente não restará alternativa alguma ao ofendido, no que respeita à intervenção penal, exclusivamente.

Outro aspecto que poderia ser abordado para o fim de legitimação da ação penal privada seria sob a perspectiva *restaurativa*, na medida em que, retirando-se o caráter *público* do conflito, se permitiria com maior facilidade a obtenção do consenso e da pacificação dos envolvidos. No entanto, para tal finalidade também seria muito mais útil a ação condicionada à representação, com a qual se manteria, de um lado, a participação discricionária do ofendido, e, do outro, a tutela pública da questão penal, se não realizado o consenso.

Jurisprudência

30.2. [...] O Ministério Público tem legitimidade ativa concorrente para propor ação penal pública condicionada à representação quando o crime contra a honra é praticado contra funcionário público em razão de suas funções. Nessa hipótese, para que se reconheça a legitimação do Ministério Público exige-se contemporaneidade entre as ofensas irrogadas e o exercício das funções, mas não contemporaneidade entre o exercício do cargo e a propositura da ação penal. [...] (*Inquérito nº 3.438-SP, STF, 1ª Turma, maioria, Rel. Min. Rosa Weber, julgado em 11.11.2014, publicado no DJ em 10.2.2015*).

30.2. [...] Preliminar de inépcia da petição inicial arguida pelo querelado afastada. É que resta assente na jurisprudência deste STJ que nos crimes contra a honra de funcionário público *propter officium*, a legitimidade para o início da persecução é tanto do ofendido, em ação penal privada, quanto do Ministério Público, em ação penal pública condicionada, a teor do disposto no parágrafo único, do artigo 145, do Código Penal (HC 33.544-MG, Rel. Min. Paulo Galloti, 6ª Turma, *DJ* de 29.4.2004). Deveras, a questão encontra-se sumulada no âmbito da Suprema Corte; *in verbis*: "É concorrente a legitimidade do ofendido, mediante queixa, e do ministério público, condicionada à representação do ofendido, para a ação penal por crime contra a honra de servidor público em razão do exercício de suas funções (Súmula 714)" (*Ação Penal nº 490/RS, STJ, Corte Especial, Rel. Min. Luiz Fux, julgado em 5.3.2008, publicado no* DJ *em 25.9.2008*).

30.3. Ação penal personalíssima: Como já adiantamos e ainda teremos oportunidade de rever mais detalhadamente, há previsão de sucessão processual nas ações penais privadas, incluindo a privada subsidiária da pública, de tal modo que, morto ou judicialmente reconhecida a ausência legal do ofendido, poderão determinadas pessoas (art. 31, CPP) ajuizar a persecução penal.

Há casos, no entanto, que, por razões de exclusiva política criminal, somente o ofendido detém legitimação ativa para a ação penal, como ocorre com o crime de induzimento a erro essencial ou ocultação de impedimento, tal como previsto no art. 236 e seu parágrafo único do CPP. Ali é instituída também uma condição de procedibilidade para o ajuizamento da demanda penal, com a exigência do trânsito em julgado da decisão anulatória do casamento. Naturalmente, enquanto isso, não terá início o prazo decadencial da ação penal (art. 38, CPP).

30.4. Legitimação: Dissemos, antes, que a Constituição da República assegura a ação privada substitutiva da pública, na hipótese de o Ministério Público não se manifestar tempestivamente acerca do material colhido na fase de investigação, isto é, ou no sentido do requerimento de: (a) novas diligências; (b) do arquivamento do inquérito e peças de informação; ou (c) da declinação de competência do Juízo, quando não for o caso de oferecimento da denúncia. Como vimos, a Constituição não identifica o legitimado ativo à propositura de tal modalidade de ação penal. Deixa a questão para legislação, o que, aliás, nos parece inteiramente adequado.

A regra atualmente em vigor, portanto, é a legitimação do ofendido ou seu representante legal, no caso de incapacidade dele (menor de 18 anos ou incapacidade decorrente de enfermidade).

Completados, então, 18 anos, adquire o ofendido plena capacidade para estar em Juízo, em nome próprio, não havendo que se falar em representação legal para aquele com idade inferior a 21 anos, sobretudo porque inexistente essa (representação prevista em Lei), nos termos do disposto no art. 5º do Código Civil. Embora alguns dispositivos legais ainda vigentes, tanto no processo penal (art. 34, CPP, por exemplo), quanto no direito penal (art. 115, CP, por exemplo), se refiram ao menor de 21 anos, há que se atentar para o fato da superveniência do atual Código Civil, trazendo, em consequência, modificações em relação à menoridade, particularmente no que diz respeito à legitimação ativa e capacidade processual no âmbito de Direito Processual Penal. Em matéria penal, porém, o princípio da reserva legal impede a retirada de efeitos benéficos destinados pela legislação (penal) aos menores de 21 anos, caso específico, por exemplo, da redução do prazo prescricional (art. 115, CP).

Art. 31. No caso de morte do ofendido ou quando declarado ausente por decisão judicial, o direito de oferecer queixa ou prosseguir na ação passará ao cônjuge, ascendente, descendente ou irmão.

O texto é de clareza solar: se menor ou incapaz o ofendido, será ele representado pela pessoa a quem a Lei assim o autorize (curatela e tutela, arts. 1.728 e seguintes; e poder familiar, arts. 1.630 e seguintes, todos do Código Civil).

Se morto ou judicialmente declarada a sua ausência, abre-se a sucessão processual, na ordem mencionada no texto: primeiro o cônjuge, depois os demais, consoante a regra estabelecida no art. 36, CPP. Trata-se de sucessão por ordem de preferência, o que implica o afastamento de um se exercido o direito por outro, na linha de preferência. Mais: o rol de legitimados é taxativo. Se, como vimos, a capacidade para oferecer representação nas ações penais públicas condicionadas é mais ampla, estendendo-se àqueles que, ainda que transitoriamente estejam com a guarda do menor, aqui, na ação privada, o que se cuida é de verdadeira *legitimatio ad causam*, matéria reservada à legislação, a salvo da utilização de qualquer regra de analogia.

Jurisprudência

31 [...] A Lei nº 6.640, de 8.5.1979, ao modificar o art. 40, I, *d*, da Lei de Imprensa, nele acrescentou a palavra descendente, com o declarado objetivo de conferir a esses parentes em linha reta qualidade para agir nos delitos cometidos contra a memória dos mortos. A Lei de Imprensa, ao dispor sobre a tutela penal da memória dos mortos – tenham sido estes agentes públicos, ou não – atribui, em norma autônoma e especial, a iniciativa da ação penal privada somente ao cônjuge, descendente, ascendente ou irmão da pessoa falecida. – Se as expressões alegadamente contumeliosas, proferidas contra a memória de pessoa falecida, podem configurar, em tese, delito contra a honra, nada justifica o trancamento sumário, em sede de *habeas corpus*, da ação penal condenatória (*Habeas Corpus nº 69.323, STF, 1ª Turma, Rel. Min. Celso de Mello, julgado em 12.5.1992, publicado no DJ em 26.3.1993) – Observação: No julgamento da ADPF nº 130-DF, em 30.4.2009, o Supremo Tribunal Federal declarou como não recepcionado pela Constituição Federal todo o conjunto de dispositivos da Lei nº 5.250/67.*

Art. 32. Nos crimes de ação privada, o juiz, a requerimento da parte que comprovar a sua pobreza, nomeará advogado para promover a ação penal.

§ 1º Considerar-se-á pobre a pessoa que não puder prover às despesas do processo, sem privar-se dos recursos indispensáveis ao próprio sustento ou da família.

§ 2º Será prova suficiente de pobreza o atestado da autoridade policial em cuja circunscrição residir o ofendido.

A se julgar pela renda *per capita* do brasileiro, aliada aos altos custos de uma demanda judicial, incluídos honorários advocatícios, o dispositivo em comento deveria ter larga aplicação. Não tem. Mas não por essas razões, e sim pelo fato de que as ações penais privadas raramente são ajuizadas na Justiça criminal brasileira. A regra geral é a ação penal de natureza pública.

De se ver que a Defensoria Pública dos Estados e da União têm por missão constitucional a defesa dos necessitados, nos termos do disposto no art. 134, da Constituição da República. E por *defesa dos necessitados* não se deve entender apenas a atuação processualmente defensiva daquele eventualmente já demandado. A expressão, aqui, tem o sentido de *proteção, tutela,* exigindo-se do aludido órgão toda e qualquer atuação que se alinhe com os interesses ou direitos subjetivos dos necessitados, aí incluída, por certo, o ajuizamento de ação penal privada. Por isso, a redação da Lei Complementar nº 80, de 12 de janeiro de 1994, cuidando da organização da Defensoria Pública, previu, expressamente (art. 4º, II), a legitimação da Defensoria, tanto para a ação penal privada quanto para a ação privada subsidiária da pública. Exatamente por isso é que o STF julgou improcedente a ADI nº 6.869 (DJ de 16.9.2022), reconhecendo expressamente que o poder concedido à Defensoria Pública de requisitar, de qualquer autoridade e de seus agentes, certidões, exames, perícias, vistorias, diligências, processos, documentos, informações, esclarecimentos e demais providências necessárias ao exercício de suas atribuições não gera desequilíbrio nas relações processuais, tratando-se, em verdade, de importante ferramenta para o exercício de suas atribuições constitucionais.

De outro lado, a comprovação de pobreza, para fins judiciais, não reclama prova contundente; pelo contrário, ela será presumida, a partir de simples afirmação de pobreza pelo interessado, na qual se declare a impossibilidade do pagamento de custas, despesas processuais e honorários advocatícios, sem prejuízo de sua subsistência e de seus familiares (Lei nº 1.060/50, art. 4º). Referida Lei é perfeitamente aplicável ao Processo Penal.

Em tempo: desde há muito, foi revogada a norma que previa a possibilidade de expedição de atestado de pobreza pela autoridade policial, consoante se vê do citado art. 4º, da Lei nº 1.060/50, com a redação dada pela Lei nº 7.510/86. O antigo § 1º do aludido dispositivo legal (art. 4º), já revogado, portanto, estendia semelhante faculdade ao prefeito. Coisas de antanho...

Por fim, é de se atentar para o disposto na Lei nº 12.015/2009, que, finalmente, rendeu-se ao óbvio: os crimes contra os costumes, em razão da afetação a direitos fundamentais, devem ter persecução pública. Assim, a redação do art. 225 do Código Penal estabeleceu que as ações relativas a tais delitos (Crimes contra a liberdade sexual e dos crimes sexuais contra vulneráveis – Capítulos I e II, do Título VI – Crimes contra os costumes) seriam de ação penal pública, condicionada à representação – a regra geral – e/ou pública incondicionada, quando se tratar de vítima menor de 18 anos ou de pessoa vulnerável (menor de 14 anos ou portador de incapacidade). Com isso, perderá qualquer importância a jurisprudência anterior sobre a matéria.

No entanto, é de observar uma regra de direito *transitório.*

As ações penais já instauradas não devem sofrer qualquer modificação, quanto à respectiva legitimação ativa, e, assim, quanto à alusiva disponibilidade, *para aqueles que entendiam aplicável a antiga redação do art. 225, CP.* Para nós, que sempre entendemos que se tratava de crime de ação pública, a questão não tem a mesma dimensão.

Aliás, em excelente hora sobreveio nova alteração do art. 225 do Código Penal pela Lei n. 13.718, estabelecendo que "nos crimes definidos nos Capítulos I e II deste Título, procede-se mediante ação penal pública incondicionada".

Por fim, registramos que, em 2024, o STJ editou a Súmula 670, fixando entendimento no sentido de que "nos casos de vulnerabilidade temporária, em que a vítima recupera suas capacidades físicas e mentais, e o pleno discernimento para decidir acerca da persecução penal de seu ofensor, a ação penal dos crimes sexuais é pública condicionada à representação".

Jurisprudência

32 [...] 1.As garantias institucionais da Defensoria Pública são instrumentos para a concretização dos direitos e liberdades de pessoas em situação de vulnerabilidade, e o seu fortalecimento contribui para a defesa de direitos fundamentais daqueles que mais precisam e que merecem especial atenção pelo Estado.

2.O Supremo Tribunal Federal firmou o entendimento de que o poder concedido à Defensoria Pública de requisitar, de qualquer autoridade e de seus agentes, certidões, exames, perícias, vistorias, diligências, processos, documentos, informações, esclarecimentos e demais providências necessárias ao exercício de suas atribuições não gera desequilíbrio nas relações processuais. Trata-se, em verdade, de importante ferramenta para o exercício de suas atribuições constitucionais. Precedentes.

3.Ação direta de inconstitucionalidade julgada improcedente. *(Ação Direta de Inconstitucionalidade nº 6.869, STF, Plenário, Rel. Min. Roberto Barroso, sessão virtual de 29.4.2022 a 6.5.2022, publicado no DJ em 16.9.2022)*

Art. 33. Se o ofendido for menor de 18 (dezoito) anos, ou mentalmente enfermo, ou retardado mental, e não tiver representante legal, ou colidirem os interesses deste com os daquele, o direito de queixa poderá ser exercido por curador especial, nomeado, de ofício ou a requerimento do Ministério Público, pelo juiz competente para o processo penal.

33.1. Considerações iniciais: Sendo capaz o ofendido, a legitimidade ativa da ação penal privada pertence a ele, ressalvadas as hipóteses de morte ou ausência judicialmente declarada, quando espaço haverá para a sucessão processual, consoante o disposto no art. 31, CPP.

Tratando-se de réu menor, ou portador de enfermidade ou doença mental, a capacidade processual é atribuída a seu representante legal, segundo as determinações da legislação civil.

Na inexistência deste (representante legal), por quaisquer motivos definitivos (morte, incapacidade superveniente, ausência etc.), deverá o Juiz designar curador especial, seja de ofício, seja a requerimento do Ministério Público. Curiosidade: tratando-se de ação penal privada, até mesmo a instauração de inquérito policial depende de autorização do ofendido (art. 5º, § 5º, CPP). Ora, e se ele – ofendido – já não tiver representante legal ao tempo do crime? Como o juiz terá conhecimento do fato?

Pensamos que em tais situações qualquer pessoa poderá *noticiar* o fato, encaminhando a informação da prática do crime tanto à autoridade policial quanto ao Ministério Público ou ao Juiz. Se a notícia for encaminhada à autoridade policial, deve ela, de imediato, apurar acerca da inexistência de representação legal, e, se confirmada, representar ao Juiz, para fins de designação de curador especial, aguardando a iniciativa deste para dar início a qualquer fase da persecução (no caso, a instauração de inquérito). Conhecendo o Ministério Público diretamente da notícia, a solução será a mesma, de modo que dificilmente o juiz designará a citada curadoria especial *de ofício*, como mencionado no texto.

33.2. Colidência de interesses do representante e do ofendido: Eis aqui um problema de grandes proporções, do ponto de vista de sua constatação prática. Ora, a representação legal somente existe na pressuposição de ser incapaz o menor ou enfermo e doente mental, de tal maneira que, por isso mesmo, se delega a ele, representante legal, a decisão sobre os interesses daqueles (incapazes). Assim, quem poderá afirmar a existência de colisão de interesses? Tratar-se-ia de decisão privativa do julgador?

A nosso aviso, a matéria há de ser resolvida no âmbito da normatização civil, e, mais especificamente, das normas atinentes ao *poder familiar* (arts. 1.630 e seguintes, Código Civil), *à tutela e à curatela* (arts. 1.728 e seguintes, Código Civil). Assim, somente se poderá afirmar-se a possibilidade de o juiz afastar o regular exercício do poder familiar, ou da curatela e tutela legais, nas hipóteses previstas na citada legislação (Código Civil, art. 1.637, art. 1.638, por exemplo). Evidentemente, não irá o juiz penal determinar a suspensão ou extinção de poder familiar, curatela ou tutela, mas apenas afirmar e declarar o conflito de interesses, para fins exclusivamente de iniciativa penal.

Por isso, no caso do menor que atingir 16, força é convir que ele mesmo, o menor, poderá apontar a divergência de interesses com seu representante legal, devendo o juiz criminal levar em consideração a manifestação de sua vontade, tudo em conformidade com o disposto no art. 1.634, V, do Código Civil.

Jurisprudência (*precedentes anteriores às alterações da Lei n. 13.718/2018*)

33.2. [...] Trata-se de crime de estupro cometido contra menor de quatorze anos de idade. A denúncia foi oferecida pelo *parquet* em razão do disposto no inciso I do § 1º do referido dispositivo legal, que autoriza a ação penal pública, mediante representação da vítima ou de seus representantes legais, nos casos em que estes não tenham condições financeiras de propor a ação penal privada. [...] O evidente conflito entre o interesse da menor incapaz e a disposição contrária de seu representante legal implica a nomeação de curador especial, nos termos do art. 33 do Código de Processo Penal e 142, parágrafo único, da Lei nº 8.069/90. Nomeado curador pelo juiz, o prazo decadencial tem curso a partir do dia em que tomar ciência da nomeação e não da data dos fatos, como afirmou o impetrante na exordial. De qualquer forma, não há nenhum elemento nos autos para aferir quando o curador foi intimado. Afirmando as instâncias ordinárias que a representação foi oferecida pelo curador especial, a condição de procedibilidade da ação penal foi suprida, permitindo o prosseguimento da persecução criminal, com fundamento no inciso I do § 1º do art. 225 do Código Penal. Dessa forma, a pretensão de trancar a ação penal ao argumento de inexistir conflito de interesses entre a vítima e a sua genitora, bem como por ausência de representação, implicaria, necessariamente, no reexame do conjunto fático-probatório, o que não se coaduna com a via eleita. Ordem denegada (*Habeas Corpus nº 52.089/SP, STJ, 6ª Turma, Rel. Min. Og Fernandes, julgado em 4.12.2008, publicado no DJ em 19.12.2008*).

Art. 34. Se o ofendido for menor de 21 (vinte e um) e maior de 18 (dezoito) anos, o direito de queixa poderá ser exercido por ele ou por seu representante legal.

Referido dispositivo não tem mais validade na ordem jurídica processual penal, tendo em vista a superveniência da Lei nº 10.792/2003, que revogou a necessidade de nomeação de curador ao réu menor de 21 e maior de 18 anos, por ocasião do interrogatório, então prevista no art. 194, CPP. Em consequência, a legislação processual, a partir dali, alinhou-se às determinações trazidas pela Lei nº 10.406, de 10 de janeiro de 2002 (Código Civil), relativamente à incapacidade relativa. Note-se que, antes da vigência da nova regra revogatória do art. 194, CPP, o processo penal brasileiro ainda resistia à mudança, no ponto em que o art. 2.043, do novo Código Civil, estabelecia a manutenção da legislação processual penal vigente à época.

Agora, e por força de inevitável revogação implícita, somente o ofendido maior de 18 anos é titular do direito de queixa. Não há previsão legal de representação de sua vontade.

Assim, em razão das considerações que vimos de fazer, perdeu completa eficácia a Súmula 594, do Supremo Tribunal Federal, vazada nesses termos: *Os direitos de queixa e de representação podem ser exercidos, independentemente, pelo ofendido ou por seu representante legal.* A aludida súmula de jurisprudência se referia ao menor de 21 anos e maior de 18, tendo em vista que somente ele, isto é, o maior de 18 anos, possui capacidade processual (capacidade para estar em juízo).

Como veremos adiante, ao exame do disposto no art. 50, CPP, há quem ainda sustente a existência de dois prazos distintos para o ajuizamento da ação penal privada, na hipótese do menor de 18 que atinge essa idade. Entende-se ali (BOSCHI, Marcus Vinicius et al. *Comentários ao Código de Processo Penal.* Porto Alegre: Livraria do Advogado, 2008, p. 48), que, quando o menor completa 18 anos, ter-se-ia o início do curso do prazo decadencial *para ele.* É dizer: o prazo não correria enquanto perdurasse a sua absoluta incapacidade (menor de 18 anos), existindo, portanto, dois prazos; um, para o representante legal, e, outro, para o menor, quando esse atingisse a maioridade.

Há antiga jurisprudência no Supremo Tribunal Federal acolhendo esse entendimento, consoante se vê no julgamento do HC 75.697-2-DF, 2ª Turma, Rel. Ministro Carlos Velloso, com voto vencido do Min. Marco Aurélio.

A nosso aviso, as aludidas decisões não têm consistência, com o devido respeito de seus prolatores. De se ver, antes, que a formação atual da Suprema Corte não inclui nenhum dos Ministros que caminhavam naquele sentido (votos vencedores).

Note-se que não há qualquer dispositivo em Direito Penal e Processual Penal que abrigue a regra do Código Civil, no que respeita à não contagem de prazo para o exercício de direitos do menor (art. 197, art. 198, Código Civil). Não há e não faz sentido haver, na medida em que a legislação civil cuida de direitos subjetivos essencialmente patrimoniais (em relação ao estado da pessoa e demais direitos indisponíveis, sequer seria necessário regra expressa), isto é, de direitos materiais, o que não ocorre em relação ao direito de ação.

Relativamente a estes últimos, a Lei prevê a representação legal do menor, de tal maneira que o seu exercício há de ser feito por aquele (representante), em face da incapacidade processual deste (menor).

Não bastasse, é de se ter em conta que a matéria cuida de causa *extintiva da punibilidade,* em cujo âmbito, como se sabe, é vedada a aplicação da analogia *in malam parte.* Ora, em Direito e Processo Penal, a prejudicialidade é examinada sob a perspectiva do réu e não da vítima.

Se houver omissão no ajuizamento da ação penal – e daí a decadência –, o que se poderia sustentar é o eventual conflito de interesses entre o menor e seu representante legal, a exigir a designação, pelo juiz, de um curador especial, nos termos do art. 33,

CPP. Jamais, porém, a existência de dois prazos decadenciais, sobretudo quando superpostos no tempo. Levado às últimas consequências, referido entendimento poderia permitir a existência de um prazo decadencial superior ao prazo prescricional, a depender do delito e da idade da vítima. Não pode haver, por isso, duas *extinções da punibilidade, pela mesma razão (decadência), em relação ao mesmo fato.*

Art. 35. (Revogado pela Lei nº 9.520, de 27.11.1997)

Art. 36. Se comparecer mais de uma pessoa com direito de queixa, terá preferência o cônjuge, e, em seguida, o parente mais próximo na ordem de enumeração constante do art. 31, podendo, entretanto, qualquer delas prosseguir na ação, caso o querelante desista da instância ou a abandone.

36.1. Considerações iniciais: Quando a ação penal privada é proposta pelo ofendido ou por seu representante legal, a desistência da ação ou abandono da instância (que vem a significar a mesma coisa, já que não há previsão expressa de desistência da ação penal), tem como consequência a perempção, nos termos do disposto no art. 60, CPP. No caso de morte (do ofendido), e quando já proposta a ação penal, poderão os sucessores aqui mencionados sucedê-lo na legitimação ativa, também nos termos e prazos fixados no citado art. 60, II, do CPP.

Já aqui se prevê outra hipótese. Cuida-se de ação penal a ser instaurada originariamente pelos sucessores arrolados no art. 31 do CPP. E a regra, então, deverá obedecer a ordem de preferência, iniciando-se com cônjuge, seguindo-se-lhe o ascendente, o descendente, e, por fim, o irmão.

No entanto, quando um deles, o que tiver proposto a ação, abandoná-la, deverá o juiz aguardar o prazo de 60 dias para o comparecimento de outro sucessor, já agora sem observância da ordem de preferência – podendo, inclusive, haver a formação de litisconsórcio entre eles –, consoante a previsão do art. 60, II, do CPP.

36.2. União estável e separação judicial: Dúvidas poderiam surgir acerca da possível aplicação da norma constitucional que assegura que "*para efeito da proteção do Estado, é reconhecida a união estável entre o homem e a mulher como entidade familiar, devendo a lei facilitar sua conversão em casamento (art. 226, § 3º, CF)*", para fins de legitimação ativa para a ação penal, em igualdade de tratamento com o cônjuge.

Parece-nos que o reconhecimento da união estável entre casais há de merecer a proteção do Estado apenas no que respeita às consequências jurídicas do casamento, já que esse (casamento) segue sendo uma instituição de grande significado na ordem jurídica, com aptidão para gerar efeitos de largo alcance na vida do casal, incluindo os de natureza patrimonial (acumulação e divisão de riqueza) e previdenciária (pensões, pecúlios), todos decorrentes da comunicação legal dos direitos e interesses subjetivos titularizados pelos consortes.

Pensamos, então, que o reconhecimento estatal da união estável se insere precisamente no âmbito de tais consequências, isto é, das estipulações legais que deferem direitos recíprocos aos cônjuges, no contexto de uma sociedade conjugal.

A legitimação para a ação penal, no caso de morte ou de ausência legal do ofendido, somente poderia ser estendida ao (à) companheiro (a) por aplicável de regra de analogia, em face dos termos expressos dos dispositivos legais do CPP, cuja redação, aliás, remonta à década de 40 do século passado, tempo em que, evidentemente, não se reconhecia qualquer efeito às uniões estáveis fora dos casamentos.

E, no ponto, acreditamos incabível o aludido critério (da analogia), ainda que, aparentemente, a questão da legitimidade ativa se apresente como norma de conteúdo processual. Sem negar a sua natureza, então, ainda assim recusamos a aplicação da analogia, por entendermos que a prejudicialidade das leis posteriores não pode ser compreendida unicamente ao exame de sua natureza jurídica formal. Certamente que se trata de norma processual, dado que atinente à pertinência subjetiva para o exercício de direito de ação.

No entanto, há de se considerar que, para além de tais considerações, a ampliação da legitimidade ativa processual implicaria, necessariamente, modificação das regras relativas à extinção da punibilidade, reduzindo a aplicabilidade do quanto previsto no art. 107, IV, do Código Penal, no que se refere à decadência e à perempção da ação penal privada. Aumentar o número de legitimados ativos funcionaria como um redutor da norma extintiva da punibilidade, gerando, portanto, efeitos, senão incriminadores, pelo menos punitivos, de maior alcance que aqueles previstos na legislação penal. Por essa razão, pensamos, não se pode cogitar da aplicação das normas constitucionais atinentes à união estável, para fins de proteção do Estado.

Vide anotações ao item 623.1 e, em decorrência, eventuais divergências quanto ao tema em se tratando de legitimidade para revisão criminal.

Art. 37. As fundações, associações ou sociedades legalmente constituídas poderão exercer a ação penal, devendo ser representadas por quem os respectivos contratos ou estatutos designarem ou, no silêncio destes, pelos seus diretores ou sócios-gerentes.

Como se sabe, também a pessoa jurídica pode ser vítima de crime, e, assim, tratando-se de crime de ação penal privada, não teria sentido recusar-lhe a legitimação para a causa.

Tem-se, aqui, portanto, regra de mera representação legal das pessoas jurídicas, para o fim de ajuizamento das ações penais, deixando às próprias entidades a escolha de seus gestores e, por isso, da representação perante a justiça criminal. Não há necessidade de previsão expressa, nos contratos e/ou estatutos sociais, de poderes para o ingresso no juízo criminal, bastando apenas a cláusula de representação geral da empresa, fundação ou associação.

Fica também esclarecido que a legitimação ativa das pessoas jurídicas para as ações penais é reservada apenas àquelas (pessoas jurídicas) regularmente constituídas, não se aplicando às empresas e sociedades desprovidas de registros oficiais, e, do mesmo modo, às denominadas sociedades de fato.

Em relação a estas últimas, aliás, valem os mesmos argumentos que utilizamos para rejeitar a legitimação ativa do(a) companheiro(a), ou seja, ainda que se reconheça a elas, sociedades de fato, determinadas consequências jurídicas semelhantes àquelas destinadas às entidades privadas oficiais ou legalmente constituídas, o mesmo não valerá para a defesa de interesses perante a justiça criminal.

Art. 38. Salvo disposição em contrário, o ofendido, ou seu representante legal, decairá no direito de queixa ou de representação, se não o exercer dentro do prazo de seis meses, contado do dia em que vier a saber quem é o autor do crime, ou, no caso do art. 29, do dia em que se esgotar o prazo para o oferecimento da denúncia.

Parágrafo único. Verificar-se-á a decadência do direito de queixa ou representação, dentro do mesmo prazo, nos casos dos arts. 24, parágrafo único, e 31.

38.1. Considerações iniciais: Tratando-se de ações penais privadas e de ações penais públicas condicionadas à representação, defere-se ao ofendido, em regra, a capacidade processual tanto para o oferecimento de queixa (nas ações privadas) quanto para a autorização informal (representação) das ações públicas, condicionadas à representação.

E porque se trata, então, da manifestação de vontade do particular, haveria que se fixar prazo para a respectiva oficialização, sob pena de deixar-se a persecução penal – e, via de consequência, aquele a quem se atribuísse a posição de réu – na dependência eterna e ilimitada do interesse do legitimado *ad causam*. Do mesmo modo que se institui prazo prescricional para a atuação dos Poderes Públicos nas ações penais públicas, institui-se, assim, prazo *decadencial* para o exercício do direito de ação (queixa, na ação privada) e da prerrogativa de autorização (representação, nas ações públicas condicionadas).

Como regra, o prazo será de seis meses, a contar da data em que se souber a autoria do fato, salvo previsão diversa na legislação. É o que ocorria, por exemplo, nos delitos previstos na Lei nº 5.250/67 (Lei de *Imprensa – não mais aplicável em face da decisão do STF na ADPF nº 130-DF, de 20.4.2009*), que previa prazos decadenciais de três meses, e no próprio Código de Processo Penal, quando se estabelece o prazo de 30 dias para o procedimento dos crimes contra a propriedade imaterial.

De se lembrar, ainda, que o prazo decadencial no crime de induzimento a erro essencial e ocultação de impedimento no casamento (art. 236, Código Penal) não corre enquanto não passada em julgado a sentença anulatória daquele (casamento). Há, ali, condição de procedibilidade para o exercício da ação penal.

Jurisprudência

38.1. [...] A imputação de termos pejorativos referentes à raça do ofendido, com o nítido intuito de lesão à honra deste, importa no crime de injúria qualificada pelo uso de elemento racial, e não de racismo. Não tendo sido oferecida a queixa-crime no prazo de seis meses, é de se reconhecer a decadência do direito de queixa pelo ofendido, extinguindo-se a punibilidade do recorrente. Recurso provido para desclassificar a conduta narrada na denúncia para o tipo penal previsto no § 3º do artigo 140 do Código Penal, e, em consequência, extinguir a punibilidade do recorrente, em razão da decadência, por força do artigo 107, IV, do Código Penal (*RHC nº 18.620-PR, STJ, 6ª Turma, Rel. Min. Maria Thereza de Assis Moura, julgado em 14.10.2008, publicado no DJ em 28.10.2008*).

38.2. Contagem do prazo: Embora se trate de prazo formalmente processual, é de se ver que tem ele consequência no âmbito da punibilidade, como sói ocorrer em relação a determinados ônus e faculdades processuais (perempção, renúncia, perdão, por exemplo). Aliás, valemo-nos aqui dos mesmos argumentos expostos por ocasião da apreciação que fizemos do art. 36, CPP. Assim, e tendo em vista as consequências da contagem do prazo decadencial no que toca à extinção da punibilidade com base nela (art. 107, IV, Código Penal), deve-se aplicar a norma contida no art. 10 do Código Penal, no sentido de também incluir o dia do começo (dia que se soube a autoria) na contagem do prazo. Revisando: o prazo começa a *correr* na data em que se conhece a autoria; na sua *contagem* se incluirá também o primeiro dia, ao contrário do que ocorre com os prazos processuais. De maneira geral, portanto, os prazos *correm* a partir de determinado fato; na sua *contagem*, porém, é que se poderá incluir (prazo de direito material) ou não (prazo processual) o dia de início.

Embora desnecessário o registro, o prazo decadencial nos crimes continuados e nos crimes permanentes, isto é, naquelas hipóteses em que a ação delituosa se prolonga no tempo, segue a regra geral, ou seja, começa a correr da data em que conhecida a autoria, renovando-se (a contagem) com a renovação da conduta delituosa, enquanto for a mesma – e também conhecida – a autoria. Esse entendimento, registre-se, alinha-se com aquele emanado da Súmula 711 do Supremo Tribunal Federal, cujos termos são os seguintes: "*A lei penal mais grave aplica-se ao crime continuado ou ao crime permanente, se a sua vigência é anterior à cessação da continuidade ou da permanência.*"

Jurisprudência

38.2. [...] O conhecimento pelo ofendido da autoria do fato criminoso dá início à contagem do prazo decadencial de 6 meses para a propositura da ação penal privada (art. 38 do CPP); contudo, iniciado procedimento judicial de apuração, em que se objetiva averiguar a autoria ou a materialidade do delito, o prazo decadencial a ser aplicado deve ser o de 30 dias, *ex vi* do art. 529 do CPP. Eventual defeito na representação processual do querelante só pode ser sanada dentro do prazo decadencial que, *in casu*, é de 30 dias a partir da homologação do laudo pericial. Precedentes do STJ e STF. [...] *Habeas Corpus* concedido para declarar a extinção da punibilidade do paciente pela ocorrência da decadência (art. 107, IV do CPB) e estendida aos demais querelados, em conformidade com o parecer ministerial (*Habeas Corpus nº 91.101/RJ, STJ, 5ª Turma, Rel. Min. Napoleão Nunes Maia Filho, julgado em 17.6.2008, publicado no* DJ *em 30.6.2008*).

38.3. Prazo decadencial, interrupção e prorrogação: A clássica distinção entre a possibilidade de interrupção do prazo prescricional e a impossibilidade em relação ao prazo decadencial permanecia no processo penal, ao menos como regra, excepcionada pela Lei de Imprensa (Lei nº 5.250/67, art. 41), enquanto vigorou (*é de se ver que, em face de superveniente decisão no julgamento da ADPF nº 130-DF, em 30.4.2009, o Supremo Tribunal Federal declarou como não recepcionado pela Constituição Federal todo o conjunto de dispositivos da Lei nº 5.250/67*). Desse modo, não há mais como se falar na aplicabilidade das regras retromencionadas). Não há interrupção do prazo decadencial processual penal nas férias, feriados, fins de semana e recessos judiciais. Entretanto, quando o prazo decadencial se encerrar no curso das aludidas paralisações (férias, feriados, recessos judiciais), e desde que não haja atividade judicial alguma no Juízo competente, haverá prorrogação do prazo para o primeiro dia útil subsequente.

Jurisprudência

38.3. [...] Sem a necessidade de dilação probatória, observa-se, na hipótese, que a queixa-crime oferecida em desfavor do paciente foi oferecida após o transcurso do prazo decadencial, previsto no art. 38, do Código de Processo Penal. A autoria da conversa, consistente apenas no recebimento e envio de arquivo de fotos, divulgado na rede mundial de computadores, foi inequivocamente conhecida por meio do termo de declaração prestado pelo corréu, perante a autoridade policial. Tem-se, assim, que a autoria delitiva imputada ao paciente, desde o oferecimento da queixa-crime contra o corréu, era conhecida pelos querelantes, todavia, a peça acusatória, em desfavor do paciente, somente foi oferecida um ano do conhecimento da autoria do fato, ora acoimado de injurioso e difamador. A queixa-crime oferecida em desfavor do paciente não demonstra, ainda, o dolo específico da conduta injuriosa e difamatória, uma vez que a participação do paciente se ateve, apenas, em repassar o arquivo de fotos recebido aos outros usuários do programa de conversa virtual. Ordem concedida para, reconhecendo a decadência do direito de queixa em face do paciente, determinar o trancamento da ação penal nº 1009886-9/2006, processada perante o Juízo de Direito da 10ª Vara Criminal da Comarca de Salvador, no Estado da Bahia, oferecida em desfavor do paciente (*Habeas Corpus nº 71.865-BA, STJ, 5ª Turma, Rel. Min. Laurita Vaz, julgado em 24.4.2007, publicado no DJ em 28.5.2007*).

38.3. [...] Lesão corporal culposa causada por médico. Vítima que compareceu à delegacia de polícia no dia seguinte ao fato supostamente delituoso para manifestar a intenção de responsabilizá-lo criminalmente, tão logo o identificasse. Data que não pode ser tida como termo inicial da representação, que foi oferecida no prazo decadencial, computado a partir da identificação superveniente da autoria, na forma do que prevê o artigo 38 do CPP. Ordem denegada (*Habeas Corpus nº 85.872, STF, 1ª Turma, Rel. Min. Eros Grau, julgado em 6.9.2005, publicado no DJ em 21.10.2005*).

38.4. Conhecimento da autoria: Não há, porém, circunstância legal definidora do conhecimento da autoria, a não ser em hipóteses evidentes, constatadas durante a prática do fato e indicada pelo ofendido logo nas informações para a instauração do inquérito policial.

Fora daí, o conhecimento da autoria dependerá da formação de convencimento das autoridades públicas, incluindo-se a (autoridade) policial, por ocasião do relatório conclusivo do inquérito e do respectivo indiciamento do investigado. A partir daí, em princípio, se não se puder demonstrar qualquer fato que comprovasse o prévio e anterior conhecimento pelo ofendido, terá início a contagem do prazo decadencial.

38.5. Juízo incompetente: Exercido o direito de ação no prazo decadencial, poder-se-ia questionar se a incompetência, absoluta ou relativa, do Juízo ao qual foi dirigida a queixa poderia ainda implicar a perda do aludido direito (pela decadência), se não encaminhada posteriormente e ainda no prazo ao juiz competente.

Pensamos que não. E não é porque o simples ajuizamento da ação interromperia o prazo decadencial, pois, como vimos, referido prazo não se submete à interrupção, salvo exceção expressamente prevista em Lei, como na Lei de Imprensa (enquanto foi aplicável), já aqui mencionada. Exceção, aliás, explicada pela conhecida ausência de técnica processual do legislador, o que infelizmente ocorre em larga escala.

A nosso aviso, o direito de ação, já por ser direito subjetivo, ou, com maior rigor técnico, por ser garantia constitucional, não pode se ver limitado pela exigência de amplo conhecimento da competência jurisdicional, tema sobre o qual, aliás, e em regra, sobretudo no que toca à jurisdição criminal federal e estadual, se encontra permanente divergência doutrinária e jurisprudencial. É dizer, não se pode impor ao particular, jurisdicionado, no caso, e para o exercício daquilo que o próprio texto constitucional instituiu como *garantia e direito individual* – fundamentais, portanto – o amplo conhecimento das regras jurídicas relativas ao exercício daqueles direitos e garantias, bem como da jurisprudência eventualmente majoritária sobre a matéria. Normas jurídicas que determinam proibições, sob sanção, devem ser obedecidas, e, por isso, de todos conhecidas; de outro lado, e ao contrário, regras que asseguram direitos e garantias devem merecer leitura mais flexível, sempre no sentido de permitir a sua efetivação o mais amplamente possível.

Por isso, e precisamente porque se trata de direito de ação, exercido pelo particular perante o Poder Público que monopoliza a jurisdição, o oferecimento de queixa no curso do prazo decadencial é o quanto basta para que se tenha por afastada a decadência, ainda que ajuizada a ação perante juiz incompetente. Relembre-se de que não há, em nenhuma situação, perda de ação ou extinção do processo nas hipóteses em que equivocado o endereçamento da pretensão (civil, criminal ou qualquer outra de natureza não penal); cabe à autoridade processante, apenas e tão somente, reencaminhar o processo ao juízo competente, para regular prosseguimento da ação.

Do mesmo modo, então, haverá de ocorrer com a jurisdição criminal, no âmbito da ação penal privada; reenvio dos autos ao juízo competente, para o regular processamento da pretensão punitiva.

E não prejudica esse entendimento o fato de doutrina e jurisprudência reconhecerem como insuficiente, para a interrupção da prescrição, o recebimento de denúncia por juiz incompetente. A distinção de tratamento para situações aparentemente idênticas explica-se. E até facilmente. É que, se não se pode exigir do particular amplo conhecimento sobre as especificidades dos serviços públicos, e especialmente sobre a questão da jurisdição competente, o mesmo não se dá em relação ao Poder Público. Enquanto o particular exerce *direito de ação*, direito esse que não deve ser limitado, a não ser por razões racionalmente justificadas, o Estado, ao contrário, atua *por dever de ação*, impondo-se-lhe o ônus de unificar o entendimento acerca da aplicação do Direito e da persecução penal. A jurisdição deve ser entendida, prioritariamente, como garantia do cidadão; havendo direito de ação, não se deve opor obstáculos ao exercício da atuação do Poder Judiciário.

Jurisprudência

38.5. [...] Ainda que a queixa-crime tenha sido apresentada perante juízo absolutamente incompetente, o seu ajuizamento interrompe a decadência. Precedentes. [...] (*Agravo Regimental no Recurso Especial nº 1.560.769-SP, STJ, 6ª Turma, unânime, Rel. Min. Sebastião Reis Júnior, julgado em 16.2.2016, publicado no DJ em 25.2.2016*).

Art. 39. O direito de representação poderá ser exercido, pessoalmente ou por procurador com poderes especiais, mediante declaração, escrita ou oral, feita ao juiz, ao órgão do Ministério Público, ou à autoridade policial.

§ 1º A representação feita oralmente ou por escrito, sem assinatura devidamente autenticada do ofendido, de seu representante legal ou procurador, será reduzida a termo, perante o juiz ou autoridade policial, presente o órgão do Ministério Público, quando a este houver sido dirigida.

§ 2º A representação conterá todas as informações que possam servir à apuração do fato e da autoria.

§ 3º Oferecida ou reduzida a termo a representação, a autoridade policial procederá a inquérito, ou, não sendo competente, remetê-lo-á à autoridade que o for.

§ 4º A representação, quando feita ao juiz ou perante este reduzida a termo, será remetida à autoridade policial para que esta proceda a inquérito.

§ 5º O órgão do Ministério Público dispensará o inquérito, se com a representação forem oferecidos elementos que o habilitem a promover a ação penal, e, neste caso, oferecerá a denúncia no prazo de quinze dias.

Embora longa a disposição do artigo, é de curto alcance o seu conteúdo. Não ultrapassa o estabelecimento de regras, óbvias, sobre a forma da representação, cuja essência, como vimos, tem natureza de autorização. E por isso, exatamente porque se trata de simples autorização, não poderiam ser exigidas formalidades que exorbitem a necessidade de sua constatação. Daí por que: (a) pode ser feita pessoalmente ou por procuração, com poderes especiais, é claro, já que se trata de mandato especificamente outorgado; (b) pode ser apresentada a quaisquer dos poderes públicos envolvidos na persecução penal (juiz, membro do Ministério Público ou autoridade policial), oralmente ou por escrito; quando feita oralmente, a autoridade pública que a presenciou fará a sua redução a termo; (c) embora a lei se refira à autenticação da assinatura na declaração prestada por escrito, pensamos desnecessária a medida, se e quando se puder constatar, por quaisquer meios, a idoneidade do escrito, relativamente à sua autoria.

A importância da observação que ora se faz diz respeito à hipótese de risco de decadência, se não apreciada a representação feita por escrito, sem a autenticação da assinatura. Deve-se, portanto, presumir a validade da manifestação da vontade, ainda que, posteriormente, se chegue à conclusão diversa.

Do mesmo modo, a exigência atinente aos esclarecimentos e informações acerca dos fatos não pode ser rigorosa. O que há de se exigir é a especificação do fato, ainda que indisponíveis elementos relativos à autoria. Delimitado o fato, deve a autoridade policial envidar esforços no seu esclarecimento, avançando sobre todas as circunstâncias e elementares que o constituam ou o circundem, ainda que inicialmente não vislumbradas pelo representante.

Se o representante dispuser também de elementos comprobatórios do fato, e que se mostrem suficientes também ao esclarecimento da autoria, nada impede a formação do convencimento do Ministério Público, independentemente da instauração de inquérito policial. Como já vimos, o inquérito não é indispensável à propositura da ação penal, destinando-se, precipuamente, à formação da *opinio delicto*, qualquer que seja a sua modalidade (ação pública ou privada) e seu autor (Ministério Público ou querelante).

Por fim, ainda que o inquérito tenha sido instaurado por autoridade policial que não detenha atribuição para o caso, segundo disponham as regras de distribuição da atividade policial, não se imporá qualquer nulidade aos atos já praticados. A atuação do Poder Público, como regra, se legitima no fato da investidura do agente no cargo; o equívoco na compreensão das regras de distribuição de tarefas é irregularidade sanável, não podendo macular a função pública enquanto exercício do Poder. Exceções, quando há, decorrem de garantias individuais bem delimitadas, tais as hipóteses de anulação de atos processuais nas hipóteses de violação ao juiz natural, e, em menor escala, do promotor natural. E mesmo ali, determinados atos, quando irrepetíveis, poderão ser convalidados, ou, quando nada, aproveitados.

Jurisprudência

39. [...] De acordo com entendimento já pacificado nesta Corte Superior de Justiça, a representação da vítima ou de seus representantes legais para a investigação ou deflagração de ação penal prescinde de qualquer rigor formal, bastando a demonstração inequívoca de que a vítima tem interesse na persecução penal, o que ocorreu na hipótese dos autos, visto que a ofendida, acompanhada de seus familiares, dirigiu-se até a Promotoria local para narrar o ocorrido, bem como ratificou suas declarações posteriormente perante a autoridade policial e se submeteu a exame pericial junto ao Serviço Médico Legal. [...] *(Habeas Corpus n. 466.047-SC, STJ, 5ª Turma, unânime, Rel. Min. Reynaldo Soares da Fonseca, julgado em 19.2.2019, publicado no* DJ *em 1º.3.2019).*

39. [...] Compete ao *Parquet*, titular da ação penal pública, avaliar a peça informativa e valer-se de outros elementos disponíveis para formar sua *opinio delicti*. Pode denunciar pessoa que não haja sido indiciada ou mesmo pedir o arquivamento do inquérito por falta de provas, sem nenhuma vinculação às conclusões das autoridades policiais. Constatadas evidências de que o recorrente, ouvido como testemunha durante as investigações, participou de infração penal, não há ilegalidade no oferecimento da denúncia ao órgão jurisdicional competente. [...] *(RHC n. 79.534-SP, STJ, 6ª Turma, unânime, Rel. Min. Rogerio Schietti Cruz, julgado em 4.4.2017, publicado no DJ em 17.4.2017).*

Art. 40. Quando, em autos ou papéis de que conhecerem, os juízes ou tribunais verificarem a existência de crime de ação pública, remeterão ao Ministério Público as cópias e os documentos necessários ao oferecimento da denúncia.

Por ocasião dos comentários ao art. 5º, dissemos que, *em um sistema acusatório, em que o juiz deve ficar afastado da fase pré-processual, ressalvada a tutela das garantias públicas (inviolabilidades pessoais – busca e apreensão domiciliar, prisão etc.), devem-se também evitar quaisquer manifestações judiciais que impliquem o exercício de atividade tipicamente investigatórias e/ou acusatórias.*

Entretanto, violação alguma haverá na hipótese de o juiz, ou o tribunal, deparando-se com elementos indicativos da *possibilidade* da ocorrência de infração penal, submeter o material ao órgão responsável pelo juízo de propositura da ação penal pública, que é justamente o Ministério Público.

Aliás, o referido dispositivo encontra-se na linha do modelo acusatório a que ali nos referíamos, no ponto em que sustentamos a contradição que haveria na determinação judicial de investigação de fato inicialmente não classificado como crime pelo Ministério Público.

De resto, reafirma-se a *dispensabilidade* do inquérito policial para a instauração de ação penal.

Jurisprudência

40. [...] 1. "A *mens legis* do art. 40 do CPP consiste em dar ciência ao Ministério Público da eventual existência de crime de ação pública. Logo, revela-se desnecessária a remessa de cópias dos autos ao Órgão Ministerial, que, atuando como *custos legis*, já teve conhecimento do crime." (REsp 1.317.676/RS, rel. Min. Arnaldo Esteves Lima, 1ª Turma, julgado em 25.2.2014, *DJe* 4.8.2014). Agravo regimental desprovido *(Agravo Interno no Recurso Especial n. 1.330.051-RS, STJ, 5ª Turma, unânime, Rel. Min. Ribeiro Dantas, julgado em 26.6.2018, publicado no* DJ *em 1º.8.2018).*

Art. 41. A denúncia ou queixa conterá a exposição do fato criminoso, com todas as suas circunstâncias, a qualificação do acusado ou esclarecimentos pelos quais se possa identificá-lo, a classificação do crime e, quando necessário, o rol das testemunhas.

41.1. Introdução: A denúncia ou queixa constituem a peça de ingresso, a petição inicial da ação penal. A ação pública se inicia com a denúncia, enquanto a ação privada com a queixa.

Embora o CPP não tenha descido a minúcias quanto aos requisitos de validade de uma peça acusatória, o sistema processual penal, ou, mais especificadamente, o devido processo legal, penal, não pode prescindir do atendimento de algumas exigências, inevitáveis por força da aplicação de alguns princípios.

Veja-se, por exemplo, que *a exposição do fato criminoso, com todas as suas circunstâncias*, tem por objetivo a satisfação do princípio da ampla defesa. A preocupação é com a descrição completa do fato, com a inclusão de todas as elementares do tipo, bem como de suas circunstâncias. É exatamente a descrição completa da imputação penal que permitirá o mais amplo exercício da defesa, a partir do conhecimento, particularmente pela defesa *técnica* – advogado regularmente inscrito nos quadros da Ordem dos Advogados do Brasil – das possíveis consequências criminais resultantes do eventual acolhimento da peça acusatória.

Nesse passo, a descrição fiel dos fatos, tal como os entende terem ocorrido o órgão da acusação (querelante ou Ministério Público), é de suma importância. Muito mais importante, aliás, que a correta classificação ou tipificação deles, também exigida pelo dispositivo em comento. E assim é porque o juiz não se encontra vinculado ou subordinado ao juízo de valor emitido pela acusação na tipificação do fato. Pode ele, à evidência, discordar da classificação dada na denúncia ou na queixa. Mais diremos sobre o tema por ocasião do estudo atinente à *emendatio libelli* (art. 383, CPP) e à *mutatio libelli* (art. 384, CPP).

De outro lado, a previsão de poder iniciar-se a ação sem que se tenha ainda identificado civilmente o acusado tem em vista a preocupação com o cumprimento dos prazos processuais e materiais (do Direito Penal) estabelecidos em Lei, de modo a evitar tanto a ocorrência da prescrição ou da decadência (na ação privada) quanto da superação, por exemplo, dos prazos eventualmente previstos para a legalidade da persecução penal (prazos de prisão provisória, por exemplo).

Jurisprudência

41.1 [...] A questão em discussão consiste em saber se a falta de assinatura do membro do Ministério Público na denúncia constitui nulidade ou mera irregularidade suprível. [...] A falta de assinatura do membro do Ministério Público na denúncia é considerada mera irregularidade, não acarretando nulidade, desde que não haja dúvida quanto à autenticidade da peça acusatória. [...] (*Agravo Regimental no Habeas Corpus nº 951.443-AP, STJ*, 5ª Turma, Rel. Min. Ribeiro Dantas, julgado em 21.11.2024, publicado no DJ em 25.11.2024)

41.1. [...] 1. Tendo em vista que a denúncia é uma peça processual por meio da qual o órgão acusador submete ao Poder Judiciário o exercício do jus puniendi, o legislador estabeleceu alguns requisitos essenciais para a formalização da imputação, a fim de que seja assegurado ao acusado o escorreito exercício do contraditório e da ampla defesa. Na verdade, a própria higidez da denúncia opera como uma garantia do acusado. Assim, só é legítima e idônea para consubstanciar a pretensão punitiva estatal a denúncia que, atenta aos requisitos previstos no art. 41 do CPP, descreve o fato criminoso imputado ao denunciado com todas as suas circunstâncias relevantes, de modo a permitir que ele compreenda os termos da acusação e dela se defenda, sob o contraditório judicial.

2. Nas palavras de Eugênio Pacelli e Douglas Fischer, "o essencial em qualquer peça acusatória, seja ela denúncia, seja queixa, é a imputação", que consiste na "precisa atribuição a alguém do cometimento ou da prática de um fato bem especificado. Esse, ou esses, os fatos, devem ser descritos com rigor de detalhes, para que sobre eles se desenvolva a atividade probatória. A exigência de delimitação precisa do fato imputado encontra-se na linha de aplicação do princípio constitucional da ampla defesa. Para que seja ampla a defesa é necessário, então, que se saiba, com precisão, qual o fato que se diz ser o réu o autor, para que ele possa, na maior medida possível, definir os meios de prova que se ajustarão à espécie, segundo os seus interesses, bem como possa também dar a ele (fato) a definição de direito que favoreça aos interesses defensivos" (Comentários ao Código de Processo Penal e sua jurisprudência. 5. ed., São Paulo: Atlas, 2013, p. 104).

3. A denúncia deve conter a exposição do fato criminoso e, sem incursão nas várias teorias que procuram conceituar analiticamente o delito, pode-se afirmar que sua estrutura compreende uma conduta típica, antijurídica e culpável. O dolo, desde o nascimento do finalismo, integra a própria conduta e passou a ser entendido como a consciência e a vontade de realizar os elementos do tipo, com o propósito de lesão ou perigo de lesão a bem jurídico. Como elemento subjetivo do tipo penal, compreende o conhecimento de todas circunstâncias do tipo e a vontade de realizá-lo. Não é aferível com base naquilo que se encontra instalado na mente do agente, mas sim nas suas ações e omissões, que repercutem no ambiente externo. [...] *(Habeas Corpus nº 722.148-PR, STJ, 6ª Turma, Rel. Min. Rogério Schietti Cruz, julgado em 9.8.2022, publicado no DJ em 18.8.2022)*

41.1. [...] Nos crimes de autoria coletiva, o preenchimento dos requisitos do art. 41 do Código de Processo Penal se dá com a descrição do liame existente entre o agir dos acusados e a suposta prática delituosa, ainda que a inicial acusatória não descreva, de forma minuciosa, as atuações individuais. [...] *(Agravo Regimental no Recurso Especial nº 1.463.883/PR, STJ, 5ª Turma, unânime, Rel. Min. João Otávio de Noronha, julgado em 17.8.2021, publicado no DJ em 20.8.2021)*

41.1. [...] O aditamento espontâneo próprio real material, no qual ocorre a inclusão de fatos novos não descritos inicialmente na peça acusatória, não se confunde com a *mutatio libelli* (art. 384 do CPP), em que o magistrado envia os autos para o Ministério Público, para eventual aditamento da denúncia, em razão da verificação de novo elemento ou circunstância da infração penal não contida na acusação. [...] *(Agravo Regimental no Recurso em Habeas Corpus nº 142.747/RS, STJ, 5ª Turma, unânime, Rel. Min. Reynaldo Soares da Fonseca, julgado em 13.4.2021, publicado no DJ em 19.4.2021)*

41.1. [...] Segundo entendimento jurisprudencial consolidado, a alegação de eventual inépcia só pode ser acolhida quando demonstrada inequívoca deficiência a impedir a compreensão da acusação que se imputa, em flagrante prejuízo à defesa ou na ocorrência de qualquer das situações apontadas no artigo 395 do CPP. Tal orientação é consentânea com os julgados do Superior Tribunal de Justiça (HC 52949, Quinta Turma, Rel. Ministro Gilson Dipp, *DJ* 1º/8/2006; REsp 623.519, Sexta Turma, Rel. Ministro Og Fernandes, *DJe* 7/12/2009; HC 173.212, Quinta Turma, Rel. Ministra Laurita Vaz, *DJe* 1º/12/2011). [...] *(Ação Penal n. 885-DF, STJ, Corte Especial, unânime, Rel. Min. Herman Benjamin, julgado em 5.12.2018, publicado no* DJ *em 10.12.2018).*

41.1. [...] Justa causa para a ação penal condenatória é o suporte probatório mínimo ou o conjunto de elementos de fato e de direito (*fumus comissi delicti*) que evidenciam a probabilidade de confirmar-se a hipótese acusatória deduzida em juízo. Constitui, assim, uma plausibilidade do direito de punir, extraída dos elementos objetivos coligidos nos autos, os quais devem demonstrar satisfatoriamente a prova de materialidade e os indícios de que o denunciado foi o autor de conduta típica, ilícita (antijurídica) e culpável. [...] *(Agravo Regimental no Recurso em Habeas Corpus nº 124.867-PR, STJ, 5ª Turma, unânime, Rel. Min. Felix Fischer, julgado em 18.8.2020,* DJ *de 4.9.2020).*

41.1. [...] Quando se trata de apreciar a alegação de inépcia da denúncia ou de sua esqualidez por qualquer outro motivo, dois são os parâmetros objetivos que orientam tal exame: os arts. 41 e 395 do Código de Processo Penal. O art. 41 indica um necessário conteúdo positivo para a denúncia, pois ela, denúncia, deve conter a exposição do fato criminoso, ou em tese criminoso, com todas as suas circunstâncias, de par com a qualificação do acusado, ou, de todo modo, conter esclarecimentos que possam viabilizar a defesa do acusado. Isso para que o contraditório se estabeleça nos devidos termos. Já o artigo 395, este impõe a peça de acusação um conteúdo negativo. Se no primeiro (art. 41) há uma obrigação de fazer por parte do Ministério Público, no segundo (art. 395) há uma obrigação de não fazer; ou seja, a denúncia não pode incorrer nas impropriedades indicadas no mencionado art. 395 do CPP. [...] Ordem indeferida (*Habeas Corpus nº 98.134, STF, 2ª Turma, unânime, Rel. Min. Ayres Britto, julgado em 30.11.2010, publicado no* DJ *em 4.3.2011).*

41.2. Denúncia genérica e denúncia geral: Temos sustentado em (PACELLI, Eugênio. *Curso de processo penal*. 28. ed. São Paulo: Juspodivm, 2024), a necessidade de se fazer uma distinção entre dois modelos diferentes de exposição dos fatos criminosos.

Em um deles, a denúncia ou queixa imputa a todos os réus, sem divergência quanto aos respectivos comportamentos, a realização dos mesmos atos. Em tais situações, e ainda que, no plano lógico, se possa supor a impossibilidade fática da realização das mesmas ações por todos os denunciados ou querelados, não se pode falar em *inépcia* da peça acusatória, na medida em que o suposto equívoco na acusação não teria prejudicado a articulação da defesa, já que todos estariam habilitados a compreender a imputação e, assim, a se defender dela. Nessa hipótese, o que poderá ocorrer é a absolvição de alguns réus e a eventual condenação de outros, se comprovado que não realizaram eles os mesmos atos. Assim, em um crime de homicídio, por exemplo, se a peça de acusação não diferenciar o comportamento do *partícipe*, em quaisquer de suas modalidades (que pode ser por determinação, por instigação e por quaisquer das demais classificações doutrinárias), deverá ele ser absolvido, precisamente por não ter *realizado os atos de execução do crime*. Deveria a denúncia ou queixa esclarecer que a atuação do partícipe seria outra. Denominamos semelhante modelo de denúncia ou queixa de denúncia (ou queixa) *geral*, caracterizada pela centralização dos fatos em todos os réus.

Outra solução se deve dar à acusação *genérica*, por meio da qual, dada à pluralidade e/ou complexidade dos atos imputados, não se possa atribuir com clareza a individualização dos comportamentos dos réus, comprometendo-se, por isso mesmo, a amplitude da defesa. Se a peça acusatória, cuidando, por exemplo, de crimes financeiros, não distingue, dentre vários comportamentos, quais seriam os atos imputados como *de gestão*, bem como não identifica quais seriam, especificamente, os responsáveis por eles, não só a instrução criminal terá significativos obstáculos, como também a própria defesa de cada acusado, se e na medida em que cada um deles exerça funções diferentes na cadeia de condutas e na organização do empreendimento delituoso. De maneira geral, tais problemas ocorrem nas hipóteses de pluralidade de ações e de réus, bem como naquelas em que a imputação recai sobre tipos penais de conduta complexa, seja no que se refere à distribuição de atuações no fato criminoso, seja no que diz com a estrutura organizacional dos envolvidos e responsabilizados.

Jurisprudência

41.2. [...] "a jurisprudência do Superior Tribunal de Justiça vem admitindo, excepcionalmente, em crimes de autoria coletiva, possa o titular da ação penal descrever os fatos de forma geral, tendo em vista a incapacidade de se mensurar, com precisão, em detalhes, o modo de participação de cada um dos acusados na empreitada criminosa. Portanto, será regular a peça acusatória quando, a despeito de não delinear as condutas individuais dos corréus, anunciar o liame entre a atuação do denunciado e a prática delituosa, demonstrando a plausibilidade da imputação e garantindo o pleno exercício do direito de defesa. [...] *(Agravo Regimental no Recurso em Habeas Corpus nº 181.331-RS, STJ, 6ª Turma, Rel. Min. convocado Jesuíno Rissato, sessão virtual de 5.3.2024 a 11.3.2024, publicado no DJ em 14.3.2024)*

41.2. [...] para ser tida como apta, a denúncia precisa elucidar os fatos delituosos, narrando-os em todas as suas circunstâncias, de modo a permitir o exercício das garantias constitucionais do contraditório e da ampla defesa. [...] Com efeito, há muito a jurisprudência do STJ sedimentou entendimento no sentido de que *a não indicação precisa da data em que ocorreram os fatos criminosos não gera, por si só, a inépcia da exordial acusatória, mormente in casu, quando a denúncia aponta o período em que os delitos teriam sido praticados - entre 1995 e 1999.* (AgRg no REsp n. 1.390.846/SP, relator Ministro Felix Fischer, Quinta Turma, julgado em 18/8/2016, DJe

26/8/2016). [...] *(Agravo Regimental no Agravo em Recurso Especial nº 2.439.859-PR, STJ, 5ª Turma, Rel. Min. Reynaldo Soares da Fonseca, julgado em 20.2.2024, publicado no DJ em 26.2.2024)*

41.2. [...] O Supremo Tribunal Federal possui entendimento no sentido de que, quando em jogo crimes societários, não se exige a individualização pormenorizada de condutas, mesmo porque normalmente a comunhão de desígnios e vontades quanto à divisão de tarefas e atos executórios para a prática do crime somente é conhecida pelos próprios sócios, e não por terceiros, como exatamente ocorre no caso em tela (HC nº 94.773/SP, Rel. Min. Ellen Gracie, Segunda Turma, j. 02/09/2008, p. 24/10/2008). [...] (Agravo Regimental no Recurso Ordinário em Habeas Corpus nº 229.956, STF, 2ª Turma, Rel. Min. André Mendonça, sessão virtual de 6.10.2023 a 17.10.2023, publicado no DJ em 3.11.2023)

41.2. [...] A jurisprudência do Supremo Tribunal Federal em matéria de crimes societários tem orientação consolidada no sentido de que não se faz necessária descrição minuciosa e pormenorizada da conduta de cada acusado, sendo suficiente que, demonstrado o vínculo dos indiciados com a sociedade comercial, narrem-se as condutas delituosas de forma a possibilitar o exercício da ampla defesa. [...] (Agravo Regimental no Habeas Corpus nº 228.951, STF, 2ª Turma, Rel. Min. Gilmar Mendes, sessão virtual de 15.9.2023 a 22.9.2023, publicado no DJ em 23.10.2023)

41.2. [...] Nos crimes contra a ordem tributária praticados em coautoria, a denúncia pode ser oferecida sem a atribuição pormenorizada e exauriente de cada ação delituosa, porém é imprescindível a demonstração, em linhas gerais, do vínculo entre a posição do agente na empresa e o crime imputado, de forma a propiciar o conhecimento da acusação e o exercício da ampla defesa. [...] (Agravo Regimental no Recurso em Habeas Corpus nº 179.201-RJ, STJ, 6ª Turma, Rel. Min. Rogério Schietti Cruz, sessão virtual de 22.8.2023 a 28.8.2023, publicado no DJ em 30.8.2023)

41.2. [...] A jurisprudência do Superior Tribunal de Justiça – STJ se orienta no sentido de que, nos crimes societários, o contrato social pode ser considerado indício de autoria naquelas situações em que a complexidade do delito impedir a identificação pormenorizada da conduta de cada agente. Entretanto, a denúncia deve estabelecer um liame mínimo que demonstre a plausibilidade da acusação. [...] (Agravo Regimental no Agravo Regimental no Recurso Especial nº 2.038.919-PR, STJ, 5ª Turma, Rel. Min. Joel Ilan Paciornik, sessão virtual de 8.8.2023 a 14.8.2023, publicado no DJ em 16.8.2023)

41.2. [...] não sendo o caso de grande pessoa jurídica, onde variados agentes poderiam praticar a conduta criminosa em favor da empresa, mas sim de pessoa jurídica de pequeno porte, em que as decisões são unificadas no gestor e vem o crime da pessoa jurídica em seu favor, pode então admitir-se o nexo causal entre o resultado da conduta constatado pela atividade da empresa e a responsabilidade pessoal, por culpa subjetiva, de seu gestor (RHC n. 118.497/CE, Ministro Nefi Cordeiro, Sexta Turma, DJe 9/12/2019) (AgRg no HC n. 607.229/RN, Ministro Nefi Cordeiro, Sexta Turma, DJe de 10/12/2020). [...] (Recurso Especial nº 1.874.525–SC, STJ, 6ª Turma, Rel. Min. Sebastião Reis Júnior, julgado em 7.2.2023, publicado no DJ em 13.2.2023)

41.3. Pedido e causa de pedir: Em processo civil, ou, mais amplamente, em processos de natureza não penal, o pedido pode ser encontrado no tipo de provimento judicial com o qual o autor (da ação) pretende (pretensão) ver satisfeito seu interesse (que o levou a agir). Nessa linha, a *causa petendi* seria o fato da realidade a partir do qual o autor fundamentaria a sua pretensão jurídica, isto é, o suporte *fático com o qual* se buscaria o reconhecimento de um direito então atingido.

Em matéria penal, a questão segue outros rumos, já que, como vimos, a decisão judicial condenatória não está vinculada à satisfação de um interesse individual da vítima, ainda que prevista, na sentença condenatória (art. 387, IV, CPP), a fixação de montante mínimo para a recomposição econômica do dano causado pela infração. A natureza civil da imposição bem demonstra o que vimos de afirmar. Tais consequências, evidentemente, inserem-se no âmbito de um modelo de processo penal de natureza condenatória e não *restaurativa*, como já ocorre em alguns ordenamentos.

Assim, o fato penal em si, ou seja, a prática da infração penal, é que delimitaria a *causa de pedir*, cujo objeto, nessa compreensão, seria a aplicação do Direito Penal, na extensão e nos limites fixados na respectiva legislação. E o *pedido*, então, seria apenas o provimento condenatório, ainda que equivocada a capitulação jurídica do fato ou o tipo de pena apontado na inicial. Em um processo condenatório, portanto, o pedido é simplesmente este: o de condenação, nos termos previstos em Lei (e não na denúncia ou queixa).

Mais se verá, a seguir, sobre o tema.

41.4. Inépcia da denúncia ou da queixa: O essencial em qualquer peça acusatória, seja ela *denúncia*, seja *queixa*, é a *imputação*, com a precisa atribuição a alguém do cometimento ou da prática de um fato bem especificado. Esse, ou esses, os fatos, devem ser descritos com rigor de detalhes, para que sobre eles se desenvolva a atividade probatória. A exigência de delimitação precisa do fato imputado encontra-se na linha de aplicação do princípio constitucional da ampla defesa. Para que seja ampla a defesa, é necessário, então, que se saiba, com precisão, qual o fato que se diz ser o réu o autor, para que ele possa, na maior medida possível, definir os meios de prova que se ajustarão à espécie, segundo os seus interesses, bem como possa também dar a ele (fato) a definição de direito que favoreça aos interesses defensivos.

Por isso, o CPP não desce a minúcias na regulação da peça inicial acusatória, exigindo apenas a exposição do fato e suas circunstâncias, a sua classificação (juízo de tipicidade) e a apresentação do rol de testemunhas a serem ouvidas, tudo a permitir, desde o início, o amplo exercício da atividade defensiva.

Não são causas de inépcia da denúncia ou queixa, portanto: (a) a ausência de identificação civil do acusado, quando for ela desconhecida; (b) o equívoco na capitulação (definição) jurídica do fato; e, ainda exemplificativamente, (c) o pedido expresso de condenação. No particular, de se ver que, nas ações penais privadas, a exigência de pedido expresso de condenação somente existe por ocasião das alegações finais (art. 60, III, CPP), o que se justificaria pelo fato de se tratar de fase final do processo judicial, quando então se analisaria, ainda mais uma vez, o interesse condenatório do querelante, em razão da disponibilidade da ação penal privada. Também, e por óbvio, não será caso de inépcia a ausência de rol de testemunhas, ainda que se trate de infração a ser comprovada por tal modalidade de prova. Como veremos, poderá faltar uma das condições da ação, mas não um pressuposto processual de validade do processo, que é o caso da inépcia.

De outro lado, o exemplo mais frequente de inépcia da acusação, e como não poderia deixar de ser, diz respeito à descrição dos fatos e suas circunstâncias. Nessa ordem de ideias, o que deve ser analisado é, por primeiro, a presença de elementos dificultadores da compreensão da imputação ali descrita, e, em um segundo momento, as consequências daí derivadas, relativamente ao amplo exercício da defesa. Se a peça de acusação, por exemplo, narra fatos cuja constatação no tempo e no espaço demonstra, desde logo, a incompatibilidade de sua ocorrência (ou de um deles); se a inicial narra fatos diversos, imputando-os a mais de um réu, sem esclarecer qual deles teria realizado um ou outro (fato); se a inicial, ainda por exemplo, na hipótese de pluralidade de réus, não imputa a um ou mais réus nenhum comportamento, apesar de ter feito a descrição precisa em relação aos demais; em todos essas situações, a inépcia da peça acusatória será uma exigência do princípio da ampla defesa.

Jurisprudência

41.4. "[...] O art. 225, § 3º, da Constituição Federal não condiciona a responsabilização penal da pessoa jurídica por crimes ambientais à simultânea persecução penal da pessoa física em tese responsável no âmbito da empresa. A norma constitucional não impõe a necessária dupla imputação". [...] Tem-se, assim, que é possível a responsabilização penal da pessoa jurídica por delitos ambientais independentemente da responsabilização concomitante da pessoa física que agia em seu nome. Precedentes desta Corte. [...] (*RMS nº 49.721-PA, STJ, 5ª Turma, unânime, Rel. Min. Reynaldo Soares da Fonseca, julgado em 10.5.2016, publicado no* DJ *em 27.5.2016*).

41.4. [...] Tendo em vista que a Primeira Turma do Supremo Tribunal Federal reconheceu que a necessidade de dupla imputação nos crimes ambientes é prescindível, uma vez que viola o disposto no art. 225, § 3º, da Constituição Federal (RE nº 548.181/PR, relatora Min. Rosa Weber, *DJe* 30.10.2014 – Informativo nº 714/STF), a ação penal deve prosseguir somente para a pessoa jurídica acusada. [...] (*Recurso em Habeas Corpus nº 50.470-ES, STJ, 5ª Turma, unânime, Rel. Min. Gurgel de Faria, julgado em 17.9.2015, publicado no DJ em 6.10.2015*).

41.4. [...] 1. O art. 225, § 3º, da Constituição Federal não condiciona a responsabilização penal da pessoa jurídica por crimes ambientais à simultânea persecução penal da pessoa física em tese responsável no âmbito da empresa. A norma constitucional não impõe a necessária dupla imputação. 2. As organizações corporativas complexas da atualidade se caracterizam pela descentralização e distribuição de atribuições e responsabilidades, sendo inerentes, a esta realidade, as dificuldades para imputar o fato ilícito a uma pessoa concreta. 3. Condicionar a aplicação do art. 225, § 3º, da Carta Política a uma concreta imputação também a pessoa física implica indevida restrição da norma constitucional, expressa a intenção do constituinte originário não apenas de ampliar o alcance das sanções penais, mas também de evitar a impunidade pelos crimes ambientais frente às imensas dificuldades de individualização dos responsáveis internamente às corporações, além de reforçar a tutela do bem jurídico ambiental. 4. A identificação dos setores e agentes internos da empresa determinantes da produção do fato ilícito tem relevância e deve ser buscada no caso concreto como forma de esclarecer se esses indivíduos ou órgãos atuaram ou deliberaram no exercício regular de suas atribuições internas à sociedade, e ainda para verificar se a atuação se deu no interesse ou em benefício da entidade coletiva. Tal esclarecimento, relevante para fins de imputar determinado delito à pessoa jurídica, não se confunde, todavia, com subordinar a responsabilização da pessoa jurídica à responsabilização conjunta e cumulativa das pessoas físicas envolvidas. Em não raras oportunidades, as responsabilidades internas pelo fato estarão diluídas ou parcializadas de tal modo que não permitirão a imputação de responsabilidade penal individual. [...] (*Recurso Extraordinário nº 548.181-PR, STF, 1ª Turma, Rel. Min. Rosa Weber, julgado em 6.8.2013, publicado no* DJ *em 30.10.2014*).

Art. 42. O Ministério Público não poderá desistir da ação penal.

Consectário lógico do princípio da obrigatoriedade da ação penal pública é a regra de sua indisponibilidade. Do contrário, a obrigatoriedade seria uma questão meramente procedimental, em que o Ministério Público se veria obrigado a propor a ação, para poder, logo após (isto, é, em fase procedimental posterior), dela dispor. A tanto não poderia chegar a inconsequência legislativa.

No entanto, embora seja assim, nada impedirá que o Ministério Público, em alegações finais, ou mesmo em outro momento procedimental, se se entender pela possibilidade de aplicação analógica do CPP, postule a absolvição do acusado, do mesmo modo que poderá, ainda, recorrer em favor do réu e até impetrar *habeas corpus* em favor dele.

É que, em tais situações, o órgão do Ministério Público que assim agir, ou estará autorizado pelo fato de ter modificado o seu entendimento sobre a matéria, depois da instrução criminal já realizada, ou estará autorizado pelo princípio da independência funcional de seus membros, a teor do disposto no art. 127, § 1º, da Constituição da República. A indisponibilidade da ação diz respeito à impossibilidade de juízo de discricionariedade acerca da *pertinência ou não da intervenção penal*, se e desde que convencido o *parquet* da existência do crime e da respectiva autoria.

Jurisprudência

42. [...] 1. A indisponibilidade da ação penal pública não proíbe que o Ministério Público possa opinar pela absolvição do réu, mas exclui a vinculação do juízo à manifestação do *Parquet*, tendo em vista a vedação inscrita nos artigos 42 e 576 do Código de Processo Penal, que impedem o Ministério Público de desistir da ação penal ou do recurso que haja interposto. 2. As razões finais da acusação, no processo de ação pública, são meras alegações, atos instrutórios, que tendem a convencer o juiz, sem, contudo, delimitar-lhe o âmbito de cognição ou o sentido de decisão da causa, de que não dispõe. Precedente: HC 68.316, Primeira Turma, Rel. Min. Sepúlveda Pertence, unânime, j. 27.11.1990; [...] *(Ação Penal 921-RS, STF, 1ª Turma, unânime, Rel. Min. Luiz Fux, julgado monocraticamente em 20.6.2017, publicado no DJ em 30.6.2017).*

42. [...] A limitação da irresignação nas razões de apelação, assim, traduz a hipótese de vedada desistência parcial do recurso interposto pelo *Parquet*, corolário da indisponibilidade da ação penal que informa o processo penal pátrio (art. 42 do CPP). Ordem denegada (*Habeas Corpus nº 40.144/RS, STJ, 5ª Turma, Rel. Min. Felix Fischer, julgado em 20.9.2007, publicado no* DJ *em 17.12.2007*).

Art. 43. Revogado pela Lei 11.719, de 20 de junho de 2008.

Art. 44. A queixa poderá ser dada por procurador com poderes especiais, devendo constar do instrumento do mandato o nome do querelante e a menção do fato criminoso, salvo quando tais esclarecimentos dependerem de diligências que devem ser previamente requeridas no juízo criminal.

Atente-se para o fato da existência, em tese, de duas modalidades específicas de representação. A primeira, como parece evidente, diz respeito à capacidade postulatória. É dizer, toda e qualquer queixa deverá ser subscrita por advogado regularmente inscrito nos quadros da Ordem dos Advogados do Brasil.

A segunda, perfeitamente possível, é de outra ordem. O ofendido, parte legitimada para a ação, poderá, por meio de instrumento de mandato, na forma da lei civil, designar representante para, em seu nome, constituir advogado e ingressar no juízo criminal com a queixa.

Em uma e outra hipótese, ou seja, tanto na constituição do representante-mandatário, com poderes para a nomeação de advogado, quanto para a *representação judicial*, deverá constar a atribuição de poderes especiais, para ambas as finalidades, a identificação precisa do nome do querelante (ofendido ou representante legal etc.), e, ainda, a referência expressa ao fato a ser imputado.

Havendo ainda dúvidas acerca da comprovação de quaisquer circunstâncias do fato, ou mesmo em relação à extensão completa das elementares do tipo penal, bem como em relação à autoria dele (fato), a queixa deve ser antecedida de pedido de instauração de inquérito policial.

Se as diligências dependerem de ordem judicial, como ocorre em relação às chamadas *inviolabilidades pessoais*, submetidas à *cláusula da reserva da jurisdição* (inviolabilidade de domicílio, de comunicação telefônica, de dados etc.), a providência não poderá ser encaminhada diretamente ao juiz. Deve-se, antes, iniciar formalmente o procedimento investigatório (inquérito policial).

Jurisprudência

44. [...] Procuração. Art. 44 do CPP. Nulidade. [...] Preliminar de nulidade da procuração acolhida, já que, embora seja possível superar o erro material referente ao ano em que proferidas as supostas ofensas por parte do querelado, não há indicação do artigo de lei relacionado ao crime de difamação, tampouco referência ao nomen juris do citado delito. [...] Preliminar de inépcia da inicial parcialmente acolhida, nos termos do art. 41 do CPP, já que o querelante sequer mencionou eventual fato que respaldasse a acusação da suposta prática do crime de injúria. [...] Preliminares acolhidas e queixa-crime rejeitada, nos termos do art. 395, I e II, do CPP. *(Ação Penal nº 1.053-DF, STJ, Corte Especial, Rel. Min. Nancy Andrighi, julgado em 17.5.2023, publicado no DJ em 24.5.2023)*

44. [...] Para a regular instrumentalização da pretensão punitiva, pela via da ação penal privada, é insuficiente a indicação, no instrumento de mandato, da figura típica correspondente à conduta alegadamente praticada, exigindo-se também a menção ao fato criminoso que dá ensejo à imputação. Precedentes: RHC no 105920, Rel. Celso de Mello, Segunda Turma, DJ 30.10.2014; Peticao 7872, Rel. Min. Marco Aurelio, Primeira Turma, DJe 12.3.2021; Peticao 9866, Rel. Min. Dias Toffoli, DJe no 200 de 06.10.2021; Inquerito 4348, Rel. Min. Edson Fachin, DJe no 171 de 03.08.2017; Peticao 6349, Rel. Min. Roberto Barroso, DJe 31.7.2017). [...] *(Agravo Regimental na Petição nº 9.725-DF, STF, 2ª Turma, Rel. Min. Rosa Weber, julgado em sessão virtual encerrada em 10.6.2022, publicado no Dj em 17.6.2022)*

44. [...] A falta de identificação, no instrumento de mandato – procuração –, dos fatos criminosos e a circunstância de a peça acusatória ser subscrita por profissional da advocacia, ausente aposição da assinatura de querelante, configuram vício na representação processual – inteligência do artigo 44 do Código de Processo Penal. [...] *(Petição nº 7.872/CE, STF, 1ª Turma, unânime, Rel. Min. Marco Aurélio, julgado em sessão virtual de 11.9.2020 a 21.9.2020, publicado no DJ em 12.3.2021)*

44. [...] O instrumento de mandato que se refere somente a "crime de injúria", sem especificar minimamente as circunstâncias do fato criminoso, não preenche os requisitos do art. 44 do CPP. [...] Diante da ausência de regularização do defeito do mandato dentro do prazo de seis meses, ocorreu a consumação do prazo decadencial, nos termos do art. 38 do CPP. [...] Declarada a extinção da punibilidade pela decadência (CP, art. 107, IV). [...] *(Ação Originária nº 2.483/PA, STF, 1ª Turma, unânime, Rel. Min. Roberto Barroso, julgado em sessão virtual de 12.3.2021 a 19.3.2021, publicado no DJ em 30.3.2021)*

Art. 45. A queixa, ainda quando a ação penal for privativa do ofendido, poderá ser aditada pelo Ministério Público, a quem caberá intervir em todos os termos subsequentes do processo.

45.1. Considerações iniciais: Normalmente, costuma-se diferenciar duas espécies de atuação do Ministério Público nos processos judiciais, e, particularmente, no processo penal.

Fala-se, então, em função *custos legis*, na qual o *parquet* seria o *fiscal da lei*, zelando pela correta aplicação do ordenamento jurídico, e na função *postulatória*, típica de *parte*, nas ações em que o Ministério Público seria o autor, no sentido processual do termo.

É de se ver, contudo, que o Ministério Público, seja parte, seja *custos legis*, qualquer que seja, enfim, a sua posição no processo, jamais terá qualquer vinculação prévia com este ou aquele resultado final ali obtido. É dizer, a sua atuação jamais será condicionada com determinado e prévio interesse processual, no sentido da procedência ou da improcedência da ação.

Mesmo quando o *parquet* ingressa com a ação penal, postulando a condenação do acusado, não estará ele vinculado a esse resultado *até o final do processo*. Ao contrário, poderá alterar o seu ponto de vista inicial e, assim, pleitear a *absolvição* do réu, podendo, inclusive, propor *meios de prova nesse sentido*, além de interpor *recurso* e ação de *habeas corpus* no interesse da defesa. Por isso, fundamentado na sua independência funcional, que tem foro na Constituição da República (art. 127), o Ministério Público será sempre um *custos legis* de qualquer processo judicial. Apenas quando a Lei reservar a iniciativa processual ao particular é que o *parquet* ocupará a *posição de fiscal da lei*, nada impedindo, todavia, que ele interponha recurso *em favor do réu*. E somente não poderá recorrer em favor do querelante – autor da ação – em razão da disponibilidade da ação penal privada. Não fosse disponível, poderia fazê-lo também.

45.2. Aditamento da queixa: Soa no mínimo curioso que, no âmbito de uma ação penal cuja iniciativa e, mais, cuja imposição da sanção sejam deixadas em mãos e no interesse do particular, possa o órgão público promover o aditamento da peça inicial. Pode. E por quê? Porque o Ministério Público deve zelar sempre pela correta aplicação da lei, sobretudo e particularmente da Lei penal, função que lhe é inerente, ao fundamento do interesse público, coletivo e difuso dali emergente.

Mas o importante é saber quais seriam os limites desse aditamento, na medida em que os acréscimos e reparos a um texto de imputação inicial podem não trazer consequências de maior relevo no processo penal (inclusão de datas, esclarecimento de tipificação etc.).

45.3. Inclusão de novos fatos e novos réus: Se a ação é privada, não poderia o Ministério Público acrescentar quaisquer fatos que sejam objeto de persecução privada. Evidentemente. Se ele não tem iniciativa para a ação, não teria para o aditamento da ação.

Se, ao contrário, houver fatos de ação penal pública, conexos e/ou continentes àqueles narrados na ação privada, nada impede a formação de litisconsórcio entre o Ministério Público e o particular, desde que não cause prejuízo à ação penal (ver art. 80, CPP). Nesse caso, não se cuidará, propriamente, de um aditamento, mas de uma nova imputação, sobretudo se houver a necessidade de inclusão de novos réus.

Aliás, é sobre a possibilidade de inclusão de novos réus em ação penal exclusivamente privada que reside o maior problema em relação a esse tipo de ação penal. Quando há litisconsórcio, isto é, crimes de ação pública e ação privada, não há qualquer dificuldade. Mas poderia o *parquet* aditar a queixa para incluir *novos réus* à ação privada? Não haveria violação à privatividade da ação privada?

A nosso aviso, é exatamente a função de *custos legis* do Ministério Público, a exigir-lhe a tutela penal como regra (ação pública), que responde positivamente à primeira pergunta. Mas não só. Como veremos, logo adiante, também o art. 48, CPP, a cuidar da indivisibilidade da ação penal privada, se põe como fundamento à possibilidade de inclusão de novos réus pelo Ministério Público, mesmo nas ações privadas.

Aqui, no art. 45, se prevê a possibilidade de *aditamento*. Ali, no art. 48, com a regra da *indivisibilidade*, amplia-se o leque da aludida faculdade processual, de modo *expresso e específico*.

Doutrina e jurisprudência majoritárias, porém, são em sentido contrário.

Jurisprudência

45.3. [...] I – A decisão impugnada está em sintonia com a jurisprudência do Supremo Tribunal Federal, firme no sentido de que, nas ações penais públicas iniciadas mediante representação, são dispensadas maiores formalidades para o início da persecução penal, bastando a inequívoca manifestação de vontade do ofendido para que o fato criminoso seja apurado, como ocorreu no caso sob exame, em que a vítima apresentou notícia crime (representação), tal como determinada o art. 186, IV, do Código Penal. II - No caso, é irrelevante que a procuração outorgada à advogada que subscreveu a notícia crime tenha sido juntada aos autos depois do prazo decadencial, uma vez que a referida peça processual foi apresentada ainda dentro do prazo, ou seja, enquanto a suposta prática delitiva ainda estava sendo cometida. Com efeito, eventual irregularidade na representação foi sanada posteriormente e a tempo de não macular a ação penal dela decorrente. [...] *(Agravo Regimental no HC nº 240.989, STF, 1ª Turma, Rel. Min. Cristiano Zanin, julgado em Sessão Virtual de 24.5.2024 a 4.6.2024, publicado no DJ em 7.6.2024)*

45.3. [...] Resta preclusa a alegação de inépcia da queixa, se a *quaestio* não foi suscitada antes da prolação da sentença (Precedentes do STF e STJ). Se a queixa vem subscrita pelas vítimas, além do respectivo advogado, fica suprida a necessidade de outorga de poderes específicos na procuração (Precedentes). Nos termos do artigo 45 do CPP, a queixa poderá ser aditada pelo Ministério Público, ainda que se trate de ação penal privativa do ofendido, desde que não proceda à inclusão de coautor ou partícipe, tampouco inove quanto aos fatos descritos, hipóteses, por sua vez, inocorrentes na espécie. Ordem denegada (*Habeas Corpus nº 85.039-SP, STJ, 5ª Turma, Rel. Min. Felix Fischer, julgado em 5.3.2009, publicado no* DJ *em 30.3.2009*).

Art. 46. O prazo para oferecimento da denúncia, estando o réu preso, será de 5 dias, contado da data em que o órgão do Ministério Público receber os autos do inquérito policial, e de 15 dias, se o réu estiver solto ou afiançado. No último caso, se houver devolução do inquérito à autoridade policial (art. 16), contar-se-á o prazo da data em que o órgão do Ministério Público receber novamente os autos.

§ 1º Quando o Ministério Público dispensar o inquérito policial, o prazo para o oferecimento da denúncia contar-se-á da data em que tiver recebido as peças de informações ou a representação.

§ 2º O prazo para o aditamento da queixa será de 3 dias, contado da data em que o órgão do Ministério Público receber os autos, e, se este não se pronunciar dentro do tríduo, entender-se-á que não tem o que aditar, prosseguindo-se nos demais termos do processo.

Não só para o encerramento das investigações é previsto prazo específico. Também para o oferecimento de denúncia ou queixa existe a previsão de prazo certo para a prática do ato. E, do mesmo modo, cuidando-se de réu preso, o tratamento em relação ao prazo é mais rigoroso.

Quando o réu estiver preso, o prazo será de cinco dias, ao contrário de quando estiver solto, quando será de 15.

A superação do prazo em relação ao réu preso poderá dar causa ao relaxamento da prisão, salvo casos excepcionais, de maior complexidade, nos quais a superação do prazo para o oferecimento da peça acusatória poderá ser *remediada* nos atos subsequentes, encurtando-se aqueles previstos para a formação do processo (citação), resposta do réu (art. 396, CPP) e realização da audiência de instrução e de julgamento, a serem concluídos em 60 dias, no rito ordinário (art. 4º), e em 30, no rito sumário (art. 4º). Na somatória geral, incluindo o prazo de investigação e aquele previsto para o oferecimento da denúncia, o prazo total será, em regra, no rito ordinário, de 86 dias, ao final dos quais, salvo hipóteses ainda mais excepcionais, o relaxamento da prisão será de rigor, se não concluída a instrução criminal.

Os prazos para o oferecimento da acusação contam-se: (a) do envio ao Ministério Público dos autos da investigação, no caso de réu preso; (b) da data de retorno do inquérito policial ao Ministério Público, quando forem requeridas novas diligências, estando solto o acusado; (c) da data em que o *parquet* receber as peças de informação e não requisitar a instauração de inquérito policial, estando solto o acusado.

Note-se que, quando estiver preso o suposto autor do fato, a instauração de inquérito policial será de rigor. Assim, a investigação nesses casos será considerada em relação à conclusão do inquérito policial, ainda que o Ministério Público tenha recebido material indiciário.

Nas ações penais privadas, o prazo para o aditamento da queixa será de três dias, contados da data de abertura de vista ao Ministério Público, o que deverá feito *antes* do recebimento da aludida peça acusatória (antes, portanto, das providências previstas no art. 396, CPP).

Jurisprudência

46. [...] A jurisprudência desta Corte já assentou ser o prazo previsto no art. 46 do Código de Processo Penal impróprio, o que significa dizer que, excepcionalmente, pode sofrer sensível dilação, se o atraso estiver devidamente justificado (HC n. 103.774/PB, Ministro Rogerio Schietti Cruz, Sexta Turma, DJe de 17/3/2016). [...] *(Recurso Especial nº 1.807.298–PB, STJ, 6ª Turma, Rel. Min. Sebastião Reis Júnior, julgado em 11.10.2022, publicado no DJ em 14.10.2022)*

46. [...] A inobservância do prazo previsto no artigo 46 do Código de Processo Penal é insuscetível, por si só, de repercutir na validade da prisão preventiva, uma vez atendidos os requisitos do artigo 312 do diploma legal. *(Habeas Corpus nº 197.242/PE, STF, 1ª Turma, unânime, Rel. Min. Marco Aurélio, julgado em sessão virtual de 5.3.3021 a 12.3.2021, publicado no DJ em 7.4.2021).*

Art. 47. Se o Ministério Público julgar necessários maiores esclarecimentos e documentos complementares ou novos elementos de convicção, deverá requisitá-los, diretamente, de quaisquer autoridades ou funcionários que devam ou possam fornecê-los.

Como se vê do dispositivo em comento, desde o longínquo 1941 já se admitia a iniciativa investigatória do Ministério Público. E embora a redação da lei se refira às *autoridades* e aos *funcionários*, a indicar órgãos do Poder Público, dúvidas não há quanto a ser possível a requisição de documentos também junto aos particulares, no âmbito privado. Houvesse dúvidas, não restariam mais com as disposições da Lei Complementar nº 75/93 (arts. 6º, 7º, 8º), e da Lei nº 8.625/93, que cuidam da organização dos Ministérios Públicos da União e dos Estados.

Apenas um reparo: não se trata mais de *dever*, em face da superveniência das legislações orgânicas a que acabamos de nos referir. Cuida-se de *poder*, o que não impede o Ministério Público de optar pela *requisição* da diligência à autoridade policial, seja para a instauração de inquérito policial, seja no curso de investigação já em curso.

Jurisprudência

47. [...] 1. O Ministério Público, por expressa previsão constitucional e legal (art. 129, VI e VIII, da Constituição Federal, art. 26, I, *b* e II, da Lei Complementar n. 75/90 e art. 47 do Código de Processo Penal), possui a prerrogativa de conduzir diligências investigatórias, podendo requisitar diretamente documentos e informações que julgar necessários ao exercício de suas atribuições de *dominus litis*. 2. A jurisprudência desta Corte Superior de Justiça firmou-se no sentido de que a requisição de folhas de antecedentes criminais dos réus pelo Ministério Público depende de demonstração de que o órgão ministerial não conseguiu ter acesso a tais dados por meios próprios. [...] 3. A restrição contida no art. 748 do CPP foi superada por leis posteriormente editadas que deram ao *Parquet* acesso irrestrito a qualquer certidão ou registro de antecedentes criminais, impondo-se-lhe apenas a necessária observância do sigilo legal. Precedentes desta Corte. Se restrição legal não há, não poderia um Provimento interno de Tribunal estabelecê-la. 4. Não demonstrada a real necessidade de intermediação do Poder Judiciário, não se vislumbra direito líquido e certo ao deferimento obrigatório das diligências requeridas pelo Ministério Público. [...] *(Agravo Regimental no RSM n. 55.946-SP, STJ, 5ª Turma, unânime, Rel. Min. Reynaldo Soares da Fonseca, julgado em 6.3.2018, publicado no* DJ *em 14.3.2018).*

....

Art. 48. A queixa contra qualquer dos autores do crime obrigará ao processo de todos, e o Ministério Público velará pela sua indivisibilidade.

O texto parece *claro*. No entanto, abriga pretensões *clarividentes*.

Afirma-se que a ação privada deve ser proposta contra *todos*. Certo. Mas indaga-se: *quem são todos*? Ou, melhor: a quem competiria a identificação de *todos* os autores do fato?

Se a expressão *todos* disser respeito às pessoas *indiciadas* pela autoridade policial, significa que caberia a essa autoridade a tutela da indivisibilidade da ação penal, o que não se compadeceria com o sistema processual penal, que reserva à polícia funções exclusivamente investigatórias.

Por outro lado, se coubesse ao próprio querelante dizer *quem seriam todos os autores do fato*, não haveria como evitar a *escolha* dos réus, tornando-se impossível o controle acerca da extensão da renúncia previsto no art. 49 do CPP.

Restaria, então, o Ministério Público. Aliás, não porque queiramos, mas porque está expressamente previsto no dispositivo em comento: *o Ministério Público velará por sua indivisibilidade*.

Eleito o órgão, cumpre saber os caminhos.

O primeiro, admitido pela doutrina e jurisprudência majoritárias, embora sob fundamentação de outra ordem, seria a extinção da punibilidade pela renúncia, extensiva a todos os imputados, na hipótese de o querelante não aditar a queixa para incluir as pessoas apontadas pelo Ministério Público. Assim, oferecida a queixa, ouvir-se-ia o *parquet*. Se este, velando pela *indivisibilidade* da ação, visualizasse a participação e/ou autoria de outras pessoas, se manifestaria pelo *aditamento* da queixa pelo querelante. Se este não concordasse com o Ministério Público, a solução seria a aplicação da renúncia (art. 49,

CPP) em relação àquelas pessoas, cuja consequência seria, inevitavelmente, a extensão em relação àqueles constantes da queixa. Extinção da punibilidade, pois.

O segundo caminho, que nos parece o mais ajustado ao sistema de tutela penal dos direitos fundamentais, seguiria outro rumo.

O Ministério Público, precisamente porque autorizado *não só* a velar pela indivisibilidade da ação penal (art. 48), mas, também e expressamente, *autorizado a aditar* a queixa (art. 45), deveria promover a inclusão das pessoas que entendesse autores do fato, via aditamento, ainda que dele discordasse o querelante, autor da ação.

Dessa maneira, preservar-se-ia a autonomia valorativa (definição acerca da autoria) do querelante, não o subordinando ao juízo do Ministério Público, preservando-se, de resto, a efetiva tutela penal, na medida em que a ação penal teria seu curso regular. Registre-se que, em semelhante situação, não se imporá a perempção prevista no art. 60, CPP, na hipótese de o querelante não requerer a condenação daqueles incluídos pelo Ministério Público. Desse modo, estaria preservada, efetivamente, a indivisibilidade da ação penal, sem perda de sua efetividade.

E mais. Como entender como renúncia a discordância entre o querelante e o membro do Ministério Público acerca da extensão da autoria do crime? Renúncia, nos termos do art. 104, Código Penal, é a prática de ato manifestamente (ainda que de forma tácita) contrário ao *exercício de uma faculdade*, ou contrário *ao direito a esse exercício*. Rigorosamente, não seria o caso.

Por fim, observa-se que a regra da indivisibilidade da ação penal aplica-se apenas às ações privadas. Nas ações públicas, o princípio da *obrigatoriedade* já impõe que a ação seja proposta contra todos, já que, estar obrigado à ação, é estar obrigado à ação *contra todos aqueles* que se acredita autores do fato.

Jurisprudência

48. [...] "o princípio da indivisibilidade da ação, expressamente previsto no art. 48 do Código de Processo Penal, prevendo a impossibilidade de fracionamento da ação penal, é restrito à ação penal privada" (RHC n. 111.211/STF, Relator Ministro Luiz Fux, Primeira Turma, *DJ* de 20/11/2012). [...] *(Agravo Regimental no Recurso em Habeas Corpus nº 104.363-SE, STJ, 5ª Turma, unânime, Rel. Min. Reynaldo Soares da Fonseca, julgado em 18.8.2020, publicado no DJ em 24.8.2020).*

48. [...] O Supremo Tribunal Federal possui clara orientação no sentido de que a regra da indivisibilidade da ação penal tem campo de incidência específico à ação penal privada (art. 48 do Código de Processo Penal). [...] *(Inq. 3.979-DF, STF, 2ª Turma, unânime, Rel. Min. Teori Zavascki, julgado em 27.9.2016, publicado no DJ em 16.12.2016).*

48. [...] Tratando-se de ação penal privada, o oferecimento de queixa-crime somente contra um ou alguns dos supostos autores ou partícipes da prática delituosa, com exclusão dos demais envolvidos, configura clara hipótese de violação ao princípio da indivisibilidade (CPP, art. 48), implicando, por isso mesmo, renúncia tácita ao direito de querela (CPP, art. 49), cuja eficácia extintiva da punibilidade estende-se a todos quantos alegadamente hajam intervindo no cometimento da infração penal (CP, art. 107, V, c/c o art. 104). Doutrina. Precedentes (*Agravo Regimental no Inquérito nº 2.139-3-RS, STF, Plenário, Rel. Min. Celso de Mello, julgado em 13.9.2006, publicado no DJ em 29.6.2007).*

Art. 49. A renúncia ao exercício do direito de queixa, em relação a um dos autores do crime, a todos se estenderá.

Consequência óbvia da indivisibilidade da ação privada.

Como não pode o querelante escolher os réus da ação, não dispondo até aí da punibilidade do fato, impõe a lei que a ação seja proposta contra todos. Se o ofendido renunciar em relação a qualquer um dos possíveis autores, a todos se estenderá a renúncia, cuja consequência será a extinção da punibilidade, nos termos do art. 107, V, Código Penal.

E, como vimos, por renúncia se deve entender a prática de qualquer ato contrário ao direito ou ao exercício ao direito de alguma faculdade processual (art. 104, CP), na hipótese, é claro, de renúncia tácita. Quando a renúncia for expressa, dúvidas não haverá quanto a sua ocorrência.

O princípio que rege a ação penal privada é o da *disponibilidade.*

Disponibilidade que se manifesta da seguinte maneira:

a) *renúncia:* manifestação da vontade do ofendido ou seu representante legal, que pode ser feita de modo *tácito ou expresso,* antes do ajuizamento da ação. Renuncia-se, na verdade, à ação penal;

b) *decadência*: ocorre também antes da ação penal. No entanto, e, ao contrário da renúncia, não contém qualquer manifestação da vontade. Dá-se a decadência pelo simples transcurso do prazo previsto para o exercício da ação penal privada (art. 38, CPP);

c) *perdão*: uma vez proposta a ação penal, pode o seu autor, no curso dela, perdoar o ofensor, querelado na ação. O perdão, que, do ponto de vista jurídico, vem a ser a *manifestação de vontade* no sentido da perda do interesse na punição do fato pela vítima – disposição da não punibilidade (art. 107, V, Código Penal) – tem, de outro lado, contornos de fundo essencialmente moral, ao abrigo também de determinadas opções religiosas. Com efeito, não só a pacificação entre vítima e agressor justificaria a extinção da punibilidade, embora seja essa uma razão ponderável para afastar a punição. A exigência do *perdão* e de *sua aceitação* pelo réu parece ultrapassar o aspecto da só pacificação dos espíritos envolvidos, para substituir, por assim dizer, a ação do Estado em relação a um fato em si punível e reprovável. O perdão, ao contrário da decadência e da perempção, que já veremos, não tem natureza processual e sim de direito material, impondo a extinção da punibilidade. E o perdão, que tem que ser aceito para ser válido, não implica, juridicamente, uma confissão de culpa. Somente no plano moral se pode pretender o reconhecimento do fato criminoso pelo perdoado;

d) *perempção*: se a decadência é a perda do direito de ação, pelo seu não exercício em determinado prazo, a perempção é a perda do direito de prosseguir na ação já proposta, pela perda superveniente do interesse de agir, a ser reconhecido pelo não atendimento de específicas exigências previstas em Lei (art. 60, CPP).

Assim, todas as manifestações de disponibilidade da ação penal privada serão extensivas a todos os réus (após a ação penal) e/ou responsáveis pelo fato (antes da ação penal). A única observação a ser feita, nesse campo, diz respeito ao perdão. Esse, para ser válido, deve ser aceito pelo réu. Se o querelado não o aceita, a ação, em tese, deve prosseguir. Assim, pode ocorrer que algum dos réus perdoados – se houver perdão a um, a todos se estenderá – resolva não aceitar o perdão. Nesse caso, a ação seguirá apenas contra ele, extinguindo-se a punibilidade em relação aos demais. De todo modo, o perdão *oferecido* a um dos réus terá se estendido a todos, ainda que o mesmo não ocorra em relação à *aceitação* dele.

Jurisprudência

49. [...] O princípio da indivisibilidade, insculpido no artigo 49 do Código de Processo Penal, tem espectro de atuação restrito às ações penais de natureza privada, e não se estende às ações penais públicas em sentido estrito. [...] *(Agravo Regimental no Recurso Especial nº 1.789.273-PR, STJ, 5ª Turma, unânime, Rel. Min. Felix Fischer, julgado em 25.8.2020, publicado no DJ em 8.9.2020).*

49. [...] A iniciativa da vítima deve direcionar-se à condenação dos envolvidos, estendendo-se a todos os autores do crime a renúncia ao exercício do direito de queixa em relação a um deles. A exigência de classificação do delito na queixa-crime não obstaculiza a incidência do disposto nos artigos 383 e 384 do Código de Processo Penal. O fato de o integrante do Ministério Público, em entrevista jornalística, informar o direcionamento de investigações, considerada suspeita de prática criminosa, cinge-se à narrativa de atuação em favor da sociedade, longe ficando de configurar o crime de calúnia (*RHC nº 83.091, STF, 1ª Turma, Rel. Min. Marco Aurélio, julgado em 5.8.2003, publicado no DJ em 26.9.2003*).

Art. 50. A renúncia expressa constará de declaração assinada pelo ofendido, por seu representante legal ou procurador com poderes especiais.

Parágrafo único. A renúncia do representante legal do menor que houver completado 18 (dezoito) anos não privará este do direito de queixa, nem a renúncia do último excluirá o direito do primeiro.

Como vimos, a renúncia é a manifestação da vontade, no sentido do não exercício de alguma faculdade processual, ou, no caso específico da ação penal privada, do não exercício do *direito de ação*.

Pode ser tácito ou expresso. Já analisamos a renúncia tácita. A expressa sequer necessita de explicação. Basta apenas lembrar que pode ser dada por procurador – mandatário – com delegação de poderes especiais para a renúncia.

Quando o ofendido for menor, apenas o seu representante legal terá capacidade *ad processum*, isto é, capacidade para *estar em juízo*, ainda que em nome daquele (ofendido). Apenas quando este atingir a idade de 18 anos é que adquirirá tal capacidade, podendo, então, agir em nome próprio.

O dispositivo em comento previa uma *autonomia* do direito de ação, envolvendo o maior de 18 anos e menor de 21 anos, e seu representante legal. É dizer: antes do atual Código Civil e de posteriores alterações no próprio Código de Processo Penal, havia uma incapacidade *relativa* do maior de 18 e menor de 21 anos. Veja-se, por exemplo, o quanto previsto no art. 260, CPP, que ainda se refere ao *menor* (de 21, maior de 18).

Em razão dessa incapacidade, esse menor (de 21, maior de 18) era também representado, nos termos da legislação civil. No entanto, uma vez atingida a idade de 18 anos, adquiria, junto com seu representante legal, a capacidade para *estar no juízo criminal*.

Resumo: ambos (representante legal e o menor) poderiam exercer o direito de ação (queixa), de tal maneira que a renúncia de qualquer um deles não valeria sem a concordância do outro, que, assim, mantinha incólume o seu direito de ação.

Com o advento do atual Código Civil, e com a superveniência da Lei nº 10.792/03, que revogou a exigência de nomeação de curador ao réu menor de 21 anos (maior de 18) por ocasião de seu interrogatório, conforme previsto no antigo art. 194, CPP, também a legislação processual penal se alinhou à nova ordem, reconhecendo no maior de dezoito anos a plena capacidade processual, e, ao lado dela, a inexistência de representação legal daquele que atingisse a idade de 18 anos. De fato, a representação *legal* decorre de *Lei,* daí chamar-se *legal.* E a legislação que cuida da representação do menor é a civil, e mais especificamente, o Código Civil. Então, como o atual Código Civil não contempla qualquer representação do maior de 18, por considerá-lo *maior e capaz,* não há que falar mais na figura do representante legal do maior de 18 e menor de 21 anos.

Portanto, quando o ofendido atinge a idade de 18 anos, apenas ele e somente ele poderá ingressar no juízo criminal (direito de ação), bem como renunciar ao exercício desse direito.

Mas os problemas não acabam aqui, como era de se esperar.

É que há ainda doutrina no sentido de que o menor de 18 anos, assim que atingisse essa idade, teria ainda o prazo decadencial (art. 38, CPP) para o exercício do direito de ação penal, independentemente de eventual renúncia apresentada por seu representante legal anteriormente à sua maioridade. Ou seja, argumenta-se, por primeiro, que não correria o prazo contra o menor, tal como ocorre em relação à legislação civil, e, em segundo lugar, que existiriam, então, dois prazos decadenciais em face do réu, autor do fato criminoso. Um, para o representante legal, enquanto ainda menor o ofendido; e outro, quando este alcançasse a maioridade.

Já antecipamos o equívoco de semelhante posicionamento, quando dos comentários ao art. 34, CPP, aos quais remetemos o leitor.

Mas renove-se apenas o seguinte: (a) uma interpretação dessa natureza, quando fundada em analogia (com a legislação civil) seria *in malam partem,* isto é, em prejuízo do réu, vedada no processo penal brasileiro; (b) e, quando não fundada em analogia, teria o grave inconveniente de ampliar desmedidamente o prazo decadencial para o exercício de ação penal, podendo, inclusive, superar o próprio prazo prescricional do delito, tudo a depender da idade do ofendido ao tempo do crime e da natureza deste (crime). Por isso, a renúncia apresentada pelo representante do menor de 18 anos, quando válida, terá o efeito de extinguir a punibilidade do crime, nos exatos termos do art. 107, V, do Código Penal.

Hipótese diferente, entretanto, poderá ocorrer quando o ofendido completar 18 anos e não tiver havido ainda nem a decadência nem a renúncia ao direito de ação penal. Nessa situação, e com o término da representação legal pela maioridade, terá ele o prazo restante, ainda não transcorrido. Exemplo: vítima com 17 anos e nove meses. Ao atingir a idade de 18 anos, e desde que não tenha ocorrido ainda a renúncia da ação por seu representante legal, poderá ele ajuizar a queixa no prazo de três meses. Relembre-se de que havia hipóteses em que o prazo decadencial era menor que aquele previsto no art. 38, CPP (ver art. 41 da Lei nº 5.250/67 – Lei de Imprensa. Registra-se novamente que, no julgamento da ADPF nº 130-DF, em 30.4.2009, o Supremo Tribunal Federal declarou como *não recepcionado* pela Constituição Federal *todo o conjunto de dispositivos* da Lei nº 5.250/67).

Jurisprudência

50. [...] Os prazos para o exercício do direito de queixa ou representação correm separadamente para o ofendido e seu representante legal (Súmula nº 594 do STF e Precedente). Assim, escoado o prazo para o representante, conserva-se o direito de representação do ofendido, contado a partir da sua maioridade (Precedente). *Habeas corpus* denegado (*Habeas Corpus nº 53.893-GO, STJ, 5ª Turma, Rel. Min. Felix Fischer, julgado em 21.11.2006, publicado no* DJ *em 12.2.2007*).

50. [...] O direito de queixa poderá ser exercido tanto pela ofendida como pelo seu representante legal. Na hipótese de omissão ou de renúncia deste, a ofendida, ao completar 18 (dezoito) anos, poderá exercer esse direito de queixa, sendo que, nesse caso, o prazo decadencial começará a fluir a partir da data em que ela atingir a maioridade penal. Precedente do STF. RECr 94.524-MS, Relator para o acórdão Min. Néri da Silveira. H.C. indeferido (*Habeas Corpus nº 75.697, STF, 2ª Turma, Rel. Min. Carlos Velloso, julgado em 3.2.1997, publicado no* DJ *em 19.9.2003*).

Art. 51. O perdão concedido a um dos querelados aproveitará a todos, sem que produza, todavia, efeito em relação ao que o recusar.

Do mesmo modo que ocorre em relação à renúncia, antes da ação penal, o perdão também se estenderá aos demais acusados, após o seu ajuizamento.

As semelhanças não param aí.

Também o perdão pode ser feito de modo tácito e de modo expresso, bastando que, no primeiro caso, se possa concluir, por atitudes e comportamentos do autor da ação, a efetiva conciliação entre os envolvidos (querelante e querelado). Malgrado a natureza moral do ato de perdoar, não se há de exigir, para o seu reconhecimento, investigações mais específicas que aquela suficiente para constatar a renúncia à ação penal. Ambos (perdão e renúncia) terão a mesma consequência jurídica, qual seja, a da extinção da punibilidade.

Proposta, então, a ação penal, a reconciliação do ofendido com o acusado, desde que efetivamente comprovada, a tanto não bastando o tratamento cordial eventualmente dispensado entre eles, deve ser entendida como o *perdão e sua aceitação, tácitos.*

Perdão e renúncia constituem, então, duas modalidades semelhantes de manifestação da disponibilidade da ação penal, podendo ambos ser realizados por procuração com poderes especiais.

A diferença essencial entre eles é que a renúncia é ato unilateral, enquanto o perdão depende de aceitação (ato bilateral, portanto).

Jurisprudência

51. [...] A reconciliação do casal e a ausência de vontade da vítima em ver o paciente processado não constituem óbice à persecução criminal, sob pena de desrespeito ao princípio da indisponibilidade da ação penal pública incondicionada, nos termos do enunciado n. 542 da Súmula desta Corte Superior. [...] (*Agravo Regimental no Habeas Corpus nº 674.738/SP, STJ, 6ª Turma, unânime, Rel. Min. Rogerio Schietti Cruz, julgado em 3.8.2021, publicado no DJ em 13.8.2021*)

51. [...] A desistência da ação penal privada pode ocorrer a qualquer momento, somente surgindo óbice intransponível quando já existente decisão condenatória transitada em julgado. A parte não responde por crime contra a honra consideradas peças caluniosas, difamatórias ou injuriosas apresentadas em juízo por advogado credenciado (*Habeas Corpus nº 83.228, STF, Plenário, Rel. Min. Marco Aurélio, julgado em 1.8.2005, publicado no* DJ *em 11.11.2005*).

Art. 52. Se o querelante for menor de 21 e maior de 18 anos, o direito de perdão poderá ser exercido por ele ou por seu representante legal, mas o perdão concedido por um, havendo oposição do outro, não produzirá efeito.

Tudo que se disse em comentários ao art. 50, parágrafo único, CPP, vale também para o dispositivo ora em exame.

Não havendo mais autonomia de direito de ação entre o ofendido menor de 21 anos, maior de 18, e seu representante legal, não há mais falar-se em dissenso ou discordância na concessão do perdão. Apenas o ofendido, quando maior de 18 anos, poderá perdoar. Não há mais representação legal daquele que atinge a idade de 18 anos, tanto na legislação civil (art. 5º, Código Civil) quanto na processual penal (ver revogação do art. 194, CPP).

Do mesmo modo, não haverá a possibilidade de eventual dissenso na *aceitação* do perdão. Apenas o maior de 18 poderá fazê-lo.

Se o ofendido for menor de 18 anos, não dispondo de capacidade de estar em juízo, será representado por aquele a quem a legislação civil atribui a representação legal (poder familiar, curatela, tutela etc.). Assim, oferecido e aceito o perdão durante a representação do menor, o efeito será a extinção da punibilidade (art. 107, CP), após o que nada poderá fazer o ofendido quando atingir a maioridade.

No entanto, se o perdão já oferecido pelo representante legal, antes da maioridade do ofendido, não tiver sido aceito quando este completar os 18 anos, pensamos que poderá haver a sua retratação, até porque a extinção da punibilidade pressupõe decisão judicial de absolvição sumária (art. 397, IV, CPP), quando já proposta a ação.

Art. 53. Se o querelado for mentalmente enfermo ou retardado mental e não tiver representante legal, ou colidirem os interesses deste com os do querelado, a aceitação do perdão caberá ao curador que o juiz lhe nomear.

É preciso fazer uma distinção: a enfermidade pode ter acometido o agente do crime (querelado) *antes* ou *depois* do fato. Se ocorrida *antes*, a inimputabilidade determinaria a prolação de sentença de *absolvição imprópria* (art. 386, parágrafo único, III, CPP). Ora, se o querelado, ao tempo do crime, era inimputável, por doença ou enfermidade, o que deveria ser perdoado? Quem não tem consciência do caráter ilícito do fato não pode ser reprovado nem perdoado por fazer o que não sabia. Nessa hipótese, parece-nos, ao se constatar a inimputabilidade ao tempo do fato, o caminho há de ser *o da imposição de medida de segurança*, em razão do risco então constatado.

Se, por outro lado, a enfermidade ou doença alcança o querelado após o fato criminoso, se aceita a extinção da punibilidade pelo perdão, independentemente da providência prevista no art. 149 e seguintes do CPP, que cuidam do incidente de insanidade. Aqui, o risco de reiteração de condutas lesivas não pode ser aferido, tendo em vista o cometimento do crime em data anterior à enfermidade.

Teria, então, aplicação, o contido no dispositivo em comento, cabendo ao juiz a designação de curador, se e somente se não já estiver legalmente representado o querelado ou se houver manifesta divergência entre os interesses de um (representado) e outro (representante), para a aceitação do perdão. Remete-se o leitor ao exame do art. 33, CPP, acerca do eventual conflito de interesses na representação do incapaz.

De se ver, ainda, que também a aceitação do perdão pode ser feita por meio de instrumento de mandato, com a delegação de poderes especiais.

Art. 54. Se o querelado for menor de 21 anos, observar-se-á, quanto à aceitação do perdão, o disposto no art. 52.

Como visto, não há mais a menoridade abaixo de 21 anos. Com 18 anos, a pessoa atinge a maioridade civil e, por força do alinhamento do Código de Processo Penal à legislação civil, com a Lei nº 10.792/03, que determinou a revogação do dispositivo legal que exigia a nomeação de curador ao maior de 18 e menor de 21 anos, passa a exercer plenamente a sua capacidade processual (de estar em juízo).

Assim, com 18 anos, somente ele poderá aceitar o perdão, não havendo mais qualquer representação legal na sua idade.

Observa-se, por último, que não haveria a possibilidade de contar o querelado com menos de 18 anos.

Em primeiro lugar, porque, sendo inimputável, não poderia ser responsabilizado criminalmente por suas ações.

Em segundo, porque somente aos 18 anos se adquire a capacidade processual, requisito de validade do processo.

Art. 55. O perdão poderá ser aceito por procurador com poderes especiais.

E tome redundâncias e repetições. Naturalmente, o perdão poderá ser aceito por procurador com poderes especiais, do mesmo modo que a sua concessão (do perdão) pode ser feita por essa via do mandato.

Tanto o *perdão* quanto a *renúncia* ou a *aceitação do perdão* constituem fatos jurídicos caracterizados pela manifestação da vontade. Assim, podem ser *tácitos ou expressos*, bem como ser objeto de delegação por mandato, desde que conste a referência aos poderes específicos no respectivo instrumento.

Art. 56. Aplicar-se-á ao perdão extraprocessual expresso o disposto no art. 50.

De novo: o perdão é manifestação da vontade, admitindo qualquer meio de prova. Por isso, pode ocorrer em juízo, diante do magistrado, ou pode também ocorrer fora dele, denominando-se, então, perdão *extraprocessual*.

Aplica-se, portanto, a mesma norma da renúncia, que, como visto, por ser anterior à ação penal, é também, como regra, *extraprocessual*, ou seja: declaração escrita, assinada por ele ou seu representante legal, ou, também, por seu procurador, com poderes especiais.

Note-se que não se exige profissional da advocacia para a renúncia ou para o perdão. O procurador mencionado no texto é aquele munido de poderes especiais objeto de delegação por parte daquele com atribuição para fazê-lo (ofendido ou representante legal, se menor ou incapaz). Pode ser qualquer pessoa no exercício de sua capacidade civil.

Art. 57. A renúncia tácita e o perdão tácito admitirão todos os meios de prova.

Nem poderia ser diferente. Em tema de manifestação da vontade, o que importa é a apuração de seu conteúdo e não a forma de sua veiculação. Daí a amplitude probatória.

A renúncia, como é feita antes da ação penal, somente será objeto de prova na hipótese do ajuizamento da ação penal, constituindo, à evidência, preliminar de defesa, no sentido da extinção da punibilidade.

Já o perdão, como é concedido *no curso da ação penal*, deverá ser ali mesmo demonstrado, sobretudo como matéria de defesa. Dizemos como *matéria de defesa* em razão da bilateralidade do ato. Com isso, dificilmente o querelante (autor da ação) se veria na necessidade de comprovar a *aceitação* do perdão, embora, eventualmente, e em tese, isso seja possível.

Como já veremos, quando o autor da ação privada quiser encerrar o processo, a não aceitação do perdão não o impedirá. Basta que ele, com seu comportamento, dê causa à perempção, nos exatos termos e nas hipóteses mencionadas no art. 60 do CPP.

Art. 58. Concedido o perdão, mediante declaração expressa nos autos, o querelado será intimado a dizer, dentro de três dias, se o aceita, devendo, ao mesmo tempo, ser cientificado de que o seu silêncio importará aceitação.
Parágrafo único. Aceito o perdão, o juiz julgará extinta a punibilidade.

Quando o perdão é *endo* ou *intraprocessual*, isto é, concedido *nos autos* da ação penal em curso, o querelado deverá ser intimado para dizer se o aceita ou não, já que é faculdade do querelante o seu oferecimento (do perdão). É por isso que, diz a Lei, o silêncio do querelado, no prazo de três dias, implicará a sua aceitação *tácita*.

Já no perdão *extraprocessual*, realizado fora dos autos, o que demonstrará a existência de sua concessão e de sua aceitação é o *comportamento* de ambos, querelante e querelado, relativamente à disposição de ânimo em face do conflito, quando não for o caso, evidentemente, de declaração escrita naquele sentido.

E, ainda mais uma vez, a concessão e a aceitação do perdão, nos autos do processo penal, poderão ser subscritas pelo advogado – com capacidade postulatória – desde que, para tanto, haja a delegação de poderes especiais para o ato.

A consequência *material* do perdão, e já aqui o antecipamos, será a extinção da punibilidade, nos termos do art. 107, V, Código Penal. No plano *processual*, o reconhecimento da extinção da punibilidade será feito por meio de sentença de *absolvição sumária*, consoante a regra do art. 397, IV, CPP.

Obviamente, não seria o caso, tecnicamente falando, de absolvição, já que essa, tradicionalmente, sempre esteve relacionada com o exame da materialidade e da autoria do fato imputado ao réu. Extinção da punibilidade, pois, não é o mesmo e nem deveria ser o mesmo que absolvição sumária.

No entanto, e provavelmente com os olhos postos na realidade de nossa prática processual penal judiciária, na qual os acusados condenados em primeira instância não conseguem ver apreciados os respectivos recursos, quando e por força do acolhimento de alguma preliminar de extinção da punibilidade, a Lei nº 11.719/08 cuidou de modificar a essência do aludido ato judicial. Assim, uma vez feita a acusação em juízo, toda e qualquer causa extintiva da punibilidade determinará a *absolvição sumária* do réu, com o objetivo de retirar dele, o quanto possível, os inevitáveis desconfortos sociais decorrentes da acusação da prática de um delito.

Art. 59. A aceitação do perdão fora do processo constará de declaração assinada pelo querelado, por seu representante legal ou procurador com poderes especiais.

Nada que não tenha sido dito em outros espaços, dispensando qualquer acréscimo.

Art. 60. Nos casos em que somente se procede mediante queixa, considerar-se-á perempta a ação penal:

I – quando, iniciada esta, o querelante deixar de promover o andamento do processo durante 30 dias seguidos;

II – quando, falecendo o querelante, ou sobrevindo sua incapacidade, não comparecer em juízo, para prosseguir no processo, dentro do prazo de 60 (sessenta) dias, qualquer das pessoas a quem couber fazê-lo, ressalvado o disposto no art. 36;

III – quando o querelante deixar de comparecer, sem motivo justificado, a qualquer ato do processo a que deva estar presente, ou deixar de formular o pedido de condenação nas alegações finais;

IV – quando, sendo o querelante pessoa jurídica, esta se extinguir sem deixar sucessor.

Dentre as diversas maneiras do exercício da disponibilidade da ação penal privada, a perempção é aquela que apresenta características essencialmente *processuais*.

Entende-se por perempção a perda do exercício do direito de ação, posteriormente ao seu ajuizamento, em razão de superveniente ausência de interesse de agir, configurado a partir de determinados comportamentos regularmente previstos em lei.

A lógica da ação penal privada, se é que existe, é a da *disponibilidade* do direito de ação. Antes dela (ação), pode o ofendido *renunciar* ou mesmo *decair* de seu direito pela inércia no tempo, com superação do prazo previsto em lei (decadência).

Em contrapartida, exige a legislação que o particular, isto é, o querelante, demonstre, a todo tempo, o seu interesse na persecução e na punição do fato. A ideia, muito mais visível que nas ações penais públicas, é não deixar o querelado, réu, à *mercê* do autor da ação. Daí as exigências de um comportamento permanentemente ativo por parte do querelante, como se ele estivesse no exercício de verdadeira função pública e não para a satisfação de qualquer interesse de natureza particular.

Na verdade, a justificação de uma ação penal privada é, em si mesma, problemática. Se o Direito Penal deve ser de intervenção mínima, sob a perspectiva da *vedação de excesso* no âmbito das sanções e das intervenções do Poder Público na vida privada, vocacionado para a proteção dos direitos fundamentais, contra ações efetivamente lesivas (princípio da *lesividade* no Direito Penal), torna-se um pouco complicado referendar a opção por um modelo de intervenção penal reservado à disponibilidade da vítima.

Obviamente, e fundamentado em considerações de ordem criminológica, a sopesar os danos causados e reproduzidos pelo próprio sistema penal, é perfeitamente possível o estabelecimento de modelos distintos de repressão e de prevenção às ações criminosas, a partir, sobretudo, da conciliação dos envolvidos e da restauração dos danos da melhor maneira possível, sem a imposição de pena.

O que, todavia, não nos parece aceitável é o estabelecimento de uma iniciativa exclusiva do particular em um sistema processual essencialmente punitivo, ou, quando nada, não conciliatório e não restaurativo, como é o nosso. Os Juizados Criminais, nesse passo, podem ser entendidos como um avanço, ainda que se possa criticar a sua configuração atual (Lei nº 9.099/95), relativamente à escolha dos tipos penais abrangidos pelo modelo consensual, centrado unicamente no grau abstrato de pena cominada.

Pois bem.

Dá-se a *perempção* sempre que realizadas algumas das hipóteses alinhadas no dispositivo legal em comento, todos a cuidar de comportamentos *passivos* do querelante, identificadores, aos olhos da lei, da perda superveniente do interesse de agir, sobretudo em razão da inércia do autor da ação.

E como na ação penal privada se exerce *direito* e não *dever* da ação, até mesmo o juízo de valor emitido pelo querelante acerca da autoria, da participação e mesmo da existência do crime poderá dar causa à perempção, como na hipótese do inciso III, *in fine*, que exige que o querelante requeira, em alegações finais, a condenação do réu.

Vamos às hipóteses legais:

I. Para que se tenha a perempção pelo *abandono* da ação penal, é preciso que o querelante não lhe dê andamento pelo prazo de 30 dias. Em semelhante modalidade, a inércia há de se caracterizar pela não adoção de quaisquer providências de impulso processual que sejam de responsabilidade exclusiva do autor da ação, tal como, por exemplo, diligenciar no sentido da citação do acusado, provendo eventuais despesas daí resultantes, bem como apontando o endereço em que deverá ser realizado o aludido ato.

Do mesmo modo, cabe-lhe providenciar a localização das testemunhas por ele arroladas e eventualmente não encontradas, diligenciando, ainda, a produção das provas de seu interesse.

Apenas a omissão ou a inércia do querelante no atendimento de providência de sua responsabilidade e para a qual tenha sido previamente intimado implicará a perempção pelo abandono da ação, por prazo igual ou superior a 30 dias.

II. Se, no curso da ação penal, vier a falecer o querelante ou sobrevier-lhe incapacidade, poderão sucedê-lo as pessoas arroladas no art. 31, CPP. Obviamente, não se pode exigir que o juiz criminal determine a intimação daquelas pessoas para, querendo, darem prosseguimento à ação, até porque não teria ele sequer como saber da *existência* e, muito menos, da *localização* delas. Assim, o prazo de 60 dias reservado à sucessão processual não é condicionado a qualquer providência do juízo, devendo os legitimados apresentarem-se espontaneamente ao polo ativo da ação penal.

E haverá que se observar a ordem de preferência prevista no art. 36, do CPP, aplicando-se, ainda, a parte final do referido dispositivo legal, no sentido da assunção da ação por qualquer um deles (art. 31, CPP), na hipótese de abandono ou desistência daquele que primeiro sucedeu o ofendido.

Não se aplicará a sucessão prevista nesse artigo na hipótese de ausência do ofendido, ainda que reconhecida judicialmente.

É que, embora seja essa uma possibilidade de sucessão processual, consoante se vê do art. 31 do CPP, no caso de substituição em ação penal *já proposta*, a omissão ou inércia por prazo igual ou superior a 30 dias implicará a perempção, nos termos do art. 60, I, CPP. Assim, dificilmente se apresentaria a possibilidade de reconhecimento judicial da ausência no aludido prazo, de modo a permitir o prosseguimento da ação. Isso, em tese, é claro.

III. Constitui também hipótese de perempção, por abandono ou desistência, o não comparecimento do querelante a qualquer ato processual em que sua presença seja necessária. Mas veja-se bem: não se pode exigir que o autor da ação privada, vítima do fato alegadamente criminoso, seja compelido a participar de todos os atos processuais. Por exemplo: nos crimes contra a honra, agora da competência dos Juizados Especiais Criminais, é sempre prevista a possibilidade de conciliação entre as partes. Ora, não se pode exigir que o querelante, absolutamente convencido da impossibilidade de conciliação, tenha que estar presente a esse ato, na hipótese.

A rigor, nem mesmo para a prática de atos instrutórios não deveria se exigir a presença do ofendido. No entanto, agora, sobretudo a partir da concentração da instrução em audiência una (art. 400 e art. 531, CPP), a inquirição do ofendido pode se revelar importante meio de prova, com o que se deve exigir mesmo a sua presença.

De outro lado, a exigência de requerimento de condenação em alegações finais há de ser vista com alguma reserva, *se e quando* houver mais de um acusado.

Nessa hipótese, se o querelante tiver se convencido da inocência de algum dos réus, não haverá perempção em relação aos demais. A extinção da punibilidade (art. 107, IV, CP) ocorrerá apenas em relação àquele. Não há e nem poderia haver previsão de extensão dos efeitos da perempção aos demais corréus, já que não se trataria de desistência ou abandono da instância.

Se for apenas um réu, a ausência de pedido de condenação nas alegações finais, por qualquer motivo, implicará a perempção da ação.

IV. A última hipótese de perempção prevista no art. 60, CPP, diz respeito ao querelante *pessoa jurídica*, que, como se sabe, pode também ser vítima de crime de ação penal privada (art. 163, IV, CP – crime de dano doloso, por exemplo). Havendo extinção dela, sem sucessores legais, estará também extinta a punibilidade.

Jurisprudência

60. [...] Ação penal privada: crime de calúnia (L. 5.250/67: decadência: C. Pr. Penal, art. 44. O defeito da procuração outorgada pelo querelante ao seu advogado, para propor queixa-crime, sem menção do fato criminoso, constitui hipótese de ilegitimidade do representante da parte, que, a teor do art. 568 C. Pr. Pen., "poderá ser a todo o tempo sanada, mediante ratificação dos atos processuais" (RHC 65.879, Célio Borja); A presença do querelante nas audiências que se seguiram ao recebimento da queixa basta a evidenciar o seu interesse na persecução criminal quanto ao fato objeto da ação penal e, em consequência, suprir o defeito da procuração. Precedentes. Crime contra a honra: calúnia (L. 5.250/67, art. 20): queixa: aptidão. Queixa que, após a narrativa dos fatos, pede a punição do querelado, o que traduz inequívoco pedido de condenação que, apesar de não repetido na parte final da queixa, não basta a torná-la inepta. Ademais, na ação penal privada, o momento em que se deve pedir a condenação – sob pena de perempção – é nas alegações finais (C. Pr. Penal, art. 60, III, parte final) (*Habeas Corpus nº 86.994, STF, 1ª Turma, Rel. Min. Sepúlveda Pertence, julgado em 14.3.2006, publicado no* DJ *em 31.3.2006*).

Art. 61. Em qualquer fase do processo, o juiz, se reconhecer extinta a punibilidade, deverá declará-lo de ofício.

Parágrafo único. No caso de requerimento do Ministério Público, do querelante ou do réu, o juiz mandará autuá-lo em apartado, ouvirá a parte contrária e, se o julgar conveniente, concederá o prazo de cinco dias para a prova, proferindo a decisão dentro de cinco dias ou reservando-se para apreciar a matéria na sentença final.

A extinção da punibilidade é o reconhecimento da ausência de interesse na efetivação da intervenção penal, em razão de determinada orientação de política criminal. Sendo assim, e qualquer que seja a sua causa, não haveria razão para o prosseguimento da ação penal.

Embora o CPP preveja a autuação em apartado do requerimento de causa extintiva feita pelo Ministério Público, pelo autor (querelante) ou réu (querelado), com a possibilidade de produção de provas, pensamos ser absolutamente dispensável a formação e autuação da questão como se de verdadeiro incidente se tratasse.

Por isso, parta de quem for a iniciativa do seu reconhecimento, pode e deve o juiz apreciar a matéria nos autos da ação penal, a não ser que o caso demande a produção de prova mais complexa, como, por exemplo, a comprovação da morte, se ainda não expedida a certidão de óbito, por eventuais dificuldades na identificação do cadáver.

A Lei nº 11.719/08 modificou inteiramente a questão atinente à decisão de extinção da punibilidade. Agora, a decisão será de *absolvição sumária* (art. 397, IV, CPP), ainda que não haja julgamento acerca da existência do fato e de sua autoria. E a absolvição poderá ser afirmada em qualquer fase da ação penal. Antes da ação, constatada a extinção da punibilidade, deverá o Ministério Público requerer o arquivamento do inquérito policial ou das peças de informação, como tivemos oportunidade de deixar assentado, ao exame do art. 18, CPP.

Pensamos, aliás, que, quando a hipótese for manifestamente de extinção da punibilidade, constatada a olho desarmado, sequer deverá o juiz determinar a citação do réu para a apresentação de resposta escrita (art. 396, CPP), cumprindo-lhe *receber* a acusação (denúncia ou queixa) e absolver sumariamente o réu.

Certamente que não são esses os termos da Lei (art. 396, CPP). No entanto, exigir-se a citação do acusado, quando patente alguma das causas da extinção da punibilidade – não percebido, porém, pelo órgão da acusação –, seria impor-lhe transtornos de toda ordem, incluindo a econômico-financeira, já que se veria na obrigação de constituir defensor.

E, como ele deverá ser intimado para, querendo, apresentar contrarrazões ao eventual recurso da decisão de absolvição sumária (Súmula 707 – STF), pensamos ser perfeitamente desnecessárias a citação e a apresentação de defesa escrita em tais situações.

Jurisprudência

61. [...] II – A decisão que julgou extinta a punibilidade do paciente, revogada posteriormente, baseou-se em um fato jurídico inexistente, qual seja, o cumprimento integral da pena. Constatado, antes do trânsito em julgado, o erro material havido, a decisão declaratória de extinção da punibilidade pode ser revista, de oficio, sem que isso caracterize ofensa a coisa julgada. [...] *(Agravo Regimental em Habeas Corpus nº 181.371, STF, 2ª Turma, Rel. Min. Ricardo*

Lewandowski, unânime, julgado em sessão virtual de 10.04.2020 a 17.04.2020, publicado no DJ em 27.04.2020).

61. [...] É de rigor, conforme previsão do art. 61 do CPP, o reconhecimento da prescrição, a qualquer tempo do processo, quando se observa que o prazo prescricional, contextualizado em quatro anos, já restou alcançado desde o ano de 2008. [...] (*Recurso Especial nº 804.999-SC, STJ, 6ª Turma, Rel. Min. Maria Thereza de Assis Moura, julgado em 10.11.2009, publicado no* DJ *em 1.2.2010).*

....

Art. 62. No caso de morte do acusado, o juiz somente à vista da certidão de óbito, e depois de ouvido o Ministério Público, declarará extinta a punibilidade.

62.1. Considerações iniciais: A morte, como regra, é aferida com base em documento técnico, no qual um profissional da área médica atesta o óbito, suas causas e circunstâncias de tempo e lugar. O texto do CPP tem pretensões definitivas, ao firmar que "somente à vista da certidão de óbito [...] se declarará a extinção da punibilidade".

Ora, haverá situações em que a certidão somente será expedida a partir de um laudo pericial afirmativo do óbito, com identificação genética, ou de outra natureza, da vítima (arcada dentária, exame de DNA etc.), fundamentado em análise de material, quando não for possível o exame diretamente no corpo. Em tais situações, a certidão teria a mesma validade do citado laudo pericial. O que é indispensável é o reconhecimento técnico e preciso, extreme de dúvidas, acerca da morte.

62.2. Certidão de óbito falsa: Guilherme NUCCI sustenta (*Código de Processo Penal comentado.* 2. ed. São Paulo: Revista dos Tribunais, 2003, p. 147) a impossibilidade de se retomar o curso de ação penal ou de inquérito quando reconhecida a extinção da punibilidade, ainda que fundada em certidão de óbito falsa.

Segundo o ilustre autor, haveria violação ao princípio da vedação da revisão *pro societate*.

Sem razão, contudo.

Referido princípio atua no controle da eficácia dos atos da persecução penal, impedindo o ajuizamento de ações penais destituídas ou desprovidas de material probatório, ou da possibilidade de sua produção em juízo. Do mesmo modo que ocorre em relação à previsão da *prescrição de fatos criminosos*, a proibição de novo julgamento daquele que tenha sido absolvido pelo mesmo fato cumpre a mesma missão: a de, primeiro, exercer um rígido controle sobre os órgãos responsáveis pelo sistema penal, incluindo juízes, promotores e autoridade policial, deles exigindo atuação sob os rigores da lei, de tal maneira que a ação penal somente seja instaurada se com ela se puder chegar a algum resultado; e, em segundo lugar, estabilizar as expectativas do ambiente social e profissional em que opera o suposto autor do fato.

A decisão de extinção da punibilidade, ainda que, por força da Lei nº 11.719/08, tenha se transformado em *absolvição sumária*, não tem a mesma natureza e essência jurídica daquela de absolvição definitiva, na qual se examina, efetivamente, a *autoria, a materialidade e a culpabilidade* (*lato sensu*) do agente.

Ora, como o juiz está autorizado a extinguir a punibilidade à vista da certidão de óbito, não haveria, nessa situação, qualquer *deficiência* do serviço público, a justificar a eficácia do princípio da vedação da revisão para a sociedade.

Essa é uma tese que sempre sustentamos (ver PACELLI, Eugênio. *Curso de processo penal*. 28. ed. São Paulo: Juspodivm, 2024), na boa companhia do Supremo Tribunal Federal.

Normas jurídicas têm lógica *interna*, no âmbito de suas justificações e finalidades, e também lógica *externa*, no ponto em que se encontram inseridas no contexto da ordenação (sistema jurídico).

Não se veda a revisão *pro societate* unicamente como superação de etapas para um mais adequado avanço civilizatório. Veda-se, e daí o avanço, como meio de contenção do poder público responsável pela gestão do sistema penal.

Fosse impossível a retomada da ação e do inquérito policial, os juízes teriam razão em exigir a apresentação do cadáver para a extinção da punibilidade. A *pilhéria*, aqui, procede: por que não se proíbe a revisão para o acusado? Responde-se: porque a *essência* (*conteúdo*) da inocência vale mil vezes mais que a *forma* da condenação. Daí exigir-se também a absolvição quanto ao *conteúdo da imputação* para impedir a revisão *pro societate*.

Jurisprudência

62.2. [...] A decisão que, com base em certidão de óbito falsa, julga extinta a punibilidade do réu pode ser revogada, dado que não gera coisa julgada em sentido estrito. [...] *Habeas corpus* denegado (*Habeas Corpus nº 104.998 – SP, STF, 1ª Turma, Rel. Min. Dias Toffoli, julgado em 14.12.2010, publicado no* DJ *em 9.5.2011*).

62.2. [...] A decisão que, com base em certidão de óbito falsa, julga extinta a punibilidade do réu pode ser revogada, dado que não gera coisa julgada em sentido estrito. Nos colegiados, os votos que acompanham o posicionamento do relator, sem tecer novas considerações, entendem-se terem adotado a mesma fundamentação. Acórdão devidamente fundamentado. H.C. indeferido (*Habeas Corpus nº 84.525, STF, 2ª Turma, Rel. Min. Carlos Velloso, julgado em 16.11.2004, publicado no* DJ *em 3.12.2004*).

62.2. [...] O desfazimento da decisão que, admitindo por equívoco a morte do agente, declarou a punibilidade, não constitui ofensa à coisa julgada (STF, HC 60095/RJ, Rel. Min. Rafael Mayer). Ordem denegada (*Habeas Corpus nº 31.234-MG, STJ, 5ª Turma, Rel. Min. Felix Fischer, julgado em 16.12.2003, publicado no* DJ *em 9.2.2004*).

TÍTULO IV
DA AÇÃO CIVIL

Art. 63. Transitada em julgado a sentença condenatória, poderão promover-lhe a execução, no juízo cível, para o efeito da reparação do dano, o ofendido, seu representante legal ou seus herdeiros.

Parágrafo único. Transitada em julgado a sentença condenatória, a execução poderá ser efetuada pelo valor fixado nos termos do inciso IV do *caput* do art. 387 deste Código sem prejuízo da liquidação para a apuração do dano efetivamente sofrido. (Lei nº 11.719, de 2008)

63.1. Ação civil *ex delicto*: Nem sempre o dano causado pela prática de uma infração penal terá por sujeito passivo, isto é, o ofendido, a coletividade ou interesses públicos partilhados difusamente, como ocorre, por exemplo, com o crime de tráfico de drogas.

Aliás, o que mais frequentemente acontece é o contrário, sendo possível identificar e particularizar a vítima do delito.

E quando isso ocorre, os danos causados pela infração penal, para além da sanção criminal específica, reclamam a incidência também de outra ordem normativa, surgindo, então, a recomposição *civil* (patrimonial) do delito, ou, noutros termos, da ação civil *ex delicto*.

Em doutrina, costuma-se distinguir determinadas espécies da aludida recomposição, cujo *objeto* variaria segundo a natureza do dano e da infração.

Em geral, a classificação seria a seguinte: (a) *a restituição*: como a palavra está a indicar, limitada à devolução do bem atingido pela infração; (b) *o ressarcimento*: pelo qual se buscaria a recomposição dos danos causados, bem como daquilo que o titular do bem jurídico atingido teria deixado de ganhar. Em suma: os *danos emergentes e os lucros cessantes*; (c) *a reparação*: reservada para a recomposição dos *danos morais*; e, finalmente, (d) *a indenização*: com a qual se recompõe o dano causado por ato lícito do Estado, de que é exemplo a desapropriação.

No entanto, é bem de ver que os textos legais ou mesmo a Constituição da República não adotam a aludida classificação teórica, prevendo, não raras vezes, a indenização, independentemente do dano e da natureza do ilícito. Nesse sentido, o art. 5º, V, a assegurar o direito de resposta e a *indenização* por dano material, moral ou à imagem. A classificação, já se vê, então, somente tem utilidade teórica. De qualquer modo, vide os termos da Lei n. 13.188, de 11.11.2015, que "dispõe sobre o direito de resposta ou retificação do ofendido em matéria divulgada, publicada ou transmitida por veículo de comunicação social".

Jurisprudência

63.1. [...] Decorre da interpretação do art. 63 do CPP que o trânsito em julgado da sentença penal condenatória é pressuposto, tão somente, para a sua execução no Juízo cível, não sendo, portanto, impedimento para que o ofendido proponha ação de conhecimento com o fim de obter a reparação dos danos causados, com amparo nos arts. 64 do CPP e 935 do CC [...] *(Agravo Interno no Agravo o Recurso Especial nº 1.333.528-SP, Rel. Min. Marco Aurélio Bellizze, julgado em 19.8.2019, publicado no DJ em 22.8.2019)*

63.1. [...] A jurisprudência desta Corte tem entendimento firmado no sentido de que em se tratando de ação civil *ex delicto*, com o objetivo de reparação de danos, o termo *a quo* para ajuizamento da ação somente começa a fluir a partir do trânsito em julgado da ação penal. Agravo regimental não provido (*Agravo Regimental no Agravo nº 951.232-RN, STJ, 2ª Turma, Rel. Min. Eliana Calmon, julgado em 22.4.2008, publicado no DJ em 5.9.2008*).

63.2. A condenação civil provisória: A Lei nº 11.719/08 trouxe novidades também em relação à ação civil *ex delicto*, ao incluir, na sentença condenatória, a exigência de fixação de valor mínimo para *reparação dos danos causados pela infração, considerando os prejuízos sofridos pelo ofendido* (art. 387, IV, CPP). Note-se, mais uma vez: o texto legal fala em *reparação*, para se referir, porém, aos danos emergentes e não aos danos morais, conforme classificação que acabamos de ver.

Assim, e logo veremos em maiores detalhes, como a sentença penal condenatória constitui título executivo no juízo cível (art. 91, I, CP c/c art. 515, VI, CPC/2015 ou art. 584, II, do CPC/1973), a parcela já fixada para a recomposição patrimonial dos prejuízos causados ao ofendido (art. 387, IV, CPP), poderá ser executada imediatamente, em razão de sua liquidez, sem prejuízo da liquidação da sentença em relação às demais recomposições devidas (lucros cessantes, danos morais etc.).

Art. 64. Sem prejuízo do disposto no artigo anterior, a ação para ressarcimento do dano poderá ser proposta no juízo cível, contra o autor do crime e, se for caso, contra o responsável civil. (*Vide Lei nº 5.970, de 1973*)
Parágrafo único. Intentada a ação penal, o juiz da ação civil poderá suspender o curso desta, até o julgamento definitivo daquela.

64.1. Processo de conhecimento e processo de execução: A sentença penal condenatória, como visto, constitui título executivo na instância cível (art. 584, II, CPP), dada a sua certeza, advinda do art. 91, I, do Código Penal. Agora, então, com a exigência de fixação de parcela mínima para a recomposição do prejuízo causado à vítima (art. 387, IV, CPP), a execução poderá ser feita, em parte, pelo valor líquido da condenação, e o restante conforme for apurado em liquidação de sentença.

No entanto, o processo de execução somente pode ser dirigido ao sujeito passivo do respectivo título, ou seja, o acusado no juízo criminal. Não há como se pretender a execução contra outra pessoa, ainda que civilmente responsável.

Precisamente por isso, à consideração de que nem sempre o réu teria condições de responder civilmente pela recomposição patrimonial, outra via processual pode ser utilizada pelo ofendido, quando prevista em Lei a responsabilidade civil de terceiros.

Para tanto, cabível seria o processo de conhecimento, a ser ajuizado diretamente no juízo cível, e no qual se poderá buscar a recomposição dos danos tanto contra o autor do fato quanto em face de seu responsável civil.

Jurisprudência

64.1. [...] A executoriedade da sentença penal condenatória (CPP, art. 63) ou seu aproveitamento em ação civil *ex delicto* (CPP, art. 64; CPC, arts. 110 e 265, IV) depende da definitividade da condenação, ou seja, da formação da coisa julgada criminal, até mesmo pela máxima constitucional de que ninguém poderá ser considerado culpado antes do trânsito em julgado de sentença penal condenatória (CF, art. 5º, LVII). [...]*(Recurso Especial nº 678.143-MG, STJ, Rel. Min. Raul Araújo, publicado no DJ em 30.4.2013)*

64.2. Responsabilidade civil de terceiros: O Código Civil prevê a responsabilidade civil dos pais, do tutor e do curador, do empregador ou comitente (que comete tarefas a outras pessoas), donos de hotéis ou casas que prestam idêntico serviço, mediante remuneração (art. 932, CC), pelos atos ilícitos praticados por seus dependentes (filhos menores, curatelados, empregados e serviçais etc.).

E o art. 935, do mesmo Código Civil, estabelece a independência entre a instância criminal e a civil, subordinando, porém, esta última (cível) àquela (criminal), quando estiver demonstrado, na sentença condenatória criminal, a existência do fato e a respectiva autoria. É dizer: não se poderá mais discutir essas questões – autoria e materialidade – no cível quando tiverem sido reconhecidas no juízo criminal.

Há quem sustente que o responsável civil, quando não autor ou partícipe do fato, é claro, não teria que suportar os efeitos e assim a eficácia preclusiva da decisão condenatória, relativamente à questão da autoria e da materialidade do fato. Segundo esse entendimento, a aplicação do art. 935, CC, violaria o princípio constitucional do contraditório.

A nosso aviso, a aludida doutrina peca na sua fundamentação, e, por certo, na sua conclusão.

O contraditório se estabelece apenas *entre as partes* em determinado processo judicial. Em uma ação penal, a parte passiva, isto é, o acusado, há de ser apenas aquele a quem se imputa o cometimento da infração penal e não o seu responsável civil. Este não tem por que ingressar no processo, até porque não há previsão legal do *assistente da defesa*, como ocorre com o assistente de acusação. Se o responsável civil pretende contribuir na defesa de seu filho, empregado ou curatelado, que designe defensor técnico a ele.

A aplicação do art. 935, CC, em tais situações, não viola o princípio do contraditório, do mesmo modo que ocorre no controle direto de constitucionalidade, no qual a maioria esmagadora dos atingidos pela decisão do Supremo Tribunal Federal não participa nem contribui para a formação do convencimento judicial.

Há de prevalecer, aqui, o princípio da coerência das decisões judiciais, ou da *unidade da jurisdição,* exigência lógica de qualquer sistema jurídico que se preze. Nem se exemplifique, em sentido contrário, com o sistema norte-americano, no qual é perfeitamente possível a condenação civil por um mesmo fato do qual tenha sido absolvido criminalmente o acusado. É que ali, malgrado diversas outras e possíveis objeções à qualidade intrínseca daquele sistema judiciário, exige-se a unanimidade dos jurados para a condenação criminal.

O que pode e deve ser discutido pelo responsável civil é exatamente o limite de sua responsabilidade. É dizer: o debate acerca da prática do ato ilícito – autoria e materialidade, pois –, embora constitua o pressuposto da responsabilização do terceiro, não é o seu fundamento jurídico direto. A responsabilidade decorre, muito antes, é das relações jurídicas de paternidade, de vínculo empregatício, da curatela e da tutela, e, enfim, do dever de vigilância e de cuidado atribuídas por lei a determinadas pessoas, em relação a outras. Por isso, a matéria a ser debatida por ele na ação de responsabilização civil há de se limitar às questões próprias da aludida responsabilidade.

64.3. Responsabilidade civil objetiva: Nos termos do disposto no art. 933 do Código Civil, a responsabilidade civil das pessoas mencionadas no art. 932 do mesmo Código (pais, empregadores, comitentes etc.) independe da culpa de qualquer um deles.

Assim, e quando se tratar de obrigação de reparação do dano em que não se exija em Lei a prova da culpa ou quando a atividade desenvolvida pelo autor do fato implicar risco a direitos de outrem (art. 927, parágrafo único, CC), a responsabilidade civil será *objetiva*, ou seja, decorrente apenas da comprovação do dano e de sua atribuição ao causador.

Naturalmente, o dispositivo tem em mira aquelas atividades inseridas no âmbito de uma *responsabilidade de risco*, nas quais os serviços prestados ou o próprio bem comercializado têm amplo acesso ao mercado de consumo e a respectiva utilização demanda o conhecimento de informações básicas, sempre a cargo do produtor. Essa responsabilização surge paralelamente ao crescimento do desenvolvimento tecnológico e da industrialização em massa de determinados bens e serviços, como meio de ampliar a proteção do mercado consumidor. É nesse sentido a norma do art. 931, do Código Civil, relativamente à responsabilidade sem culpa dos empresários individuais e empresas pelos danos causados por seus produtos.

64.4. Prejudicialidade: Nos casos em que a infração penal gera também a recomposição civil, patrimonial, dos danos, poderá ocorrer a tramitação simultânea da ação penal e da ação civil, se esta for a via escolhida pelo ofendido. Há como vimos duas vias procedimentais à sua disposição, a saber: (a) a execução da sentença penal condenatória, e (b) o ajuizamento de ação civil de recomposição dos danos (processo de conhecimento).

Se o ofendido não quiser aguardar o resultado da ação penal, pode ele, desde logo, propor a ação civil.

No entanto, e não só pela existência de uma certa subordinação da instância cível à instância criminal, relativamente a determinadas matérias, mas, sobretudo, em face do princípio da *unidade da jurisdição*, a impor decisões idênticas para um mesmo fato, a tramitação simultânea entre juízos distintos deve ser evitada ao máximo.

Por isso, prevê o art. 64, parágrafo único, CPP, que o juiz cível poderá suspender o curso da ação até a solução da questão no âmbito criminal. A *prejudicialidade* da matéria é evidente.

Pensamos, aliás, que a *faculdade*, e não *dever* ("poderá..."), atribuída ao juízo cível pode muito bem ser explicada em razão da necessidade de se apurar, em cada caso concreto, o desenvolvimento procedimental de um e outro processo. Não faz sentido algum, por exemplo, suspender o curso da ação cível, quando o procedimento ali em tramitação estiver em fase final, em muito adiantada em relação ao processo penal.

Na hipótese em que ambas as ações estiverem em um mesmo grau de desenvolvimento, pensamos que o juiz cível deverá suspender o curso do processo, sobretudo em atenção ao maior espaço probatório reservado ao juízo criminal. Com isso, e por que também há determinadas matérias que, uma vez decididas no juízo criminal, vinculam aquele juízo (cível), a aplicação do parágrafo único do art. 64, CPP, será de rigor.

Relembre-se, contudo, de que a suspensão do processo cível não ultrapassa o prazo de um ano (art. 313, V e § 4º, CPC/2015 ou art. 265, IV, § 5º, CPC/1973), quando, então, aquele juízo deverá retomar a sua jurisdição e decidir conforme melhor lhe convier. Nessa situação, eventuais contradições entre as instâncias somente poderão ser sanadas, se e quando for o caso, por meio de ação rescisória, nos termos do art. 966, CPC/2015 (art. 485, CPC de 1973).

Art. 65. Faz coisa julgada no cível a sentença penal que reconhecer ter sido o ato praticado em estado de necessidade, em legítima defesa, em estrito cumprimento de dever legal ou no exercício regular de direito.

Vimos que a decisão condenatória faz coisa julgada no cível em relação à definição quanto à existência do fato e quanto à respectiva autoria (art. 935, Código Civil).

Mas também a sentença absolutória terá efeitos em relação ao juízo cível. E a subordinação da instância cível, isto é, a prevalência do juízo criminal se justifica plenamente. É que o método ou critério de afirmação da certeza judicial criminal é muito mais rígido que aquele normalmente utilizado no juízo cível.

Enquanto ali, no cível, se aceita, por exemplo, um convencimento judicial fundado na ausência de impugnação dos fatos articulados na inicial, sem qualquer demonstração empírica deles, conforme o disposto no art. 341, CPC/2015 ou art. 301, CPC/1973 (com as exceções ali mencionadas), no juízo criminal isso jamais ocorrerá, cabendo à acusação provar todos os fatos por ela alegados. Mas não só por isso. Também os meios de prova do processo penal são mais amplos que aqueles do processo civil, a não ser em relação ao estado das pessoas, nos termos do art. 155, parágrafo único, CPP, o que já seria motivo suficiente para fazer prevalecer a decisão criminal, se e quando fundada em *juízos de certeza*.

Pois bem.

Sendo *absolutória* a decisão criminal, o reconhecimento da presença de quaisquer das causas de justificação da conduta (estado de necessidade, legítima defesa, estrito cumprimento do dever legal ou exercício regular do direito) levará seus efeitos preclusivos para a instância cível.

Nada obstante, nem sempre estará afastada a responsabilidade civil.

Veja-se, por exemplo, o quanto previsto no art. 929, do Código Civil, que mantém o dever de indenizar o dono da coisa, ainda que a sua destruição (da coisa) tenha ocorrido em estado de necessidade, isto é, para remover perigo iminente, desde que não se possa atribuir qualquer culpa àquele (dono da coisa) ou a terceiros. Nesse caso, o responsável pelo dano terá direito a ajuizar ação de regresso junto àquele que o provocou (art. 930, CC).

Jurisprudência

65. [...] Tendo-se que alegação de coisa julgada foi devidamente formulada desde os primórdios da ação cível, pelo réu, ora recorrente, e de ter-se como atendido o requisito do prequestionamento. Se é certo que a decisão criminal, transitada em julgado, deixou expresso que o então réu, e que é o ora recorrente, ao qual fora atribuído o crime de dano material, agiu, ao provocar o dano, no exercício regular de direito, destruindo canalização de esgoto que indevidamente passava por sua gleba, não pode ele ser responsabilizado civilmente pelos prejuízos daí decorrentes, tendo em vista encontrar-se amparado pela garantia da coisa julgada, ante o disposto no art. 65 do CP. Não é de identificar-se a hipótese com dano causado em decorrência do cumprimento de dever, hipótese em que surgem dúvidas doutrinárias (*Recurso Extraordinário nº 105.268, STF, 2ª Turma, Rel. Min. Aldir Passarinho, julgado em 16.4.1991, publicado no DJ em 24.5.1991*).

65. [...] Destarte, ainda que conhecível fosse a presente irresignação especial, no mérito, a pretensão do recorrente não lograria perspectiva de êxito, isto porque, a sentença penal absolutória faz coisa julgada no juízo cível, nos casos em que o juízo criminal afirma a inexistência material do fato típico ou exclui sua autoria, tornando preclusa a responsabilização civil, bem como na hipótese de reconhecida ocorrência de alguma das causas excludentes de antijuridicidade.

Interpretação dos arts. 65, 66 e 67, do Código de Processo Penal. [...] Recurso especial não conhecido (*Recurso Especial nº 645.496-RS, Rel. Min. Luiz Fux, 1ª Turma, unânime, julgado em 20.9.2005, publicado no DJ em 20.9.2005*).

65. [...] Dentro no sistema de direito positivo vigente, há independência entre as instâncias Cível e Penal, sendo letra expressa tão somente que as decisões criminais que declarem presentes causas de excludente de criminalidade ou inexistência de fato produzem coisa julgada no Cível (Código de Processo Penal, artigo 65 *usque* 67), como no comum e incontroverso da doutrina e jurisprudência pátrias. Ordem denegada (*Habeas Corpus nº 20.631-SP, STJ, 6ª Turma, Rel. Min. Hamilton Carvalhido, julgado em 17.12.2002, publicado no* DJ *em 4.8.2003*).

Art. 66. Não obstante a sentença absolutória no juízo criminal, a ação civil poderá ser proposta quando não tiver sido, categoricamente, reconhecida a inexistência material do fato.

66.1. Coisa julgada e inexistência do fato: No âmbito das decisões criminais absolutórias, não só o reconhecimento de causas de justificação da conduta produz eficácia preclusiva junto ao juízo cível. Também a absolvição pela inexistência do fato, prevista no art. 386, I, CPP, terá igual consequência. Como se vê, trata-se, nesse caso, de mais uma decisão na qual se emite juízo de *certeza* quanto à imputação.

Jurisprudência

66.1. [...] O art. 1.525 do Código Civil deve ser lido com temperamentos, porque foi derrogado em parte pelo art. 66 do Código de Processo Penal; só a inocência proclamada com base no art. 386, I, do Código de Processo Penal ("estar provada a inexistência do fato") repercute no juízo cível. Recurso especial não conhecido (*Recurso Especial nº 773.479-RJ, STJ, 3ª Turma, Rel. Min. Ari Pargendler, julgado em 15.8.2006, publicado no* DJ *em 5.3.2007*).

66.2. Negativa de autoria: Exatamente por isso, pela ausência de certeza quanto ao dispositivo da sentença absolutória, sempre sustentamos o não cabimento de decisão *negativa da autoria,* tendo em vista a ausência de previsão legal nesse sentido no citado art. 386, CPP.

Curiosamente, a jurisprudência parecia não atentar para esse detalhe, aceitando acriticamente a subordinação de instâncias no caso de negativa de autoria, sem explicar, contudo, em qual dispositivo se enquadra a absolvição. Exceção feita ao julgado abaixo, do STJ, ao tempo anterior à modificação legislativa que logo se dá notícia.

No entanto, a recente Lei nº 11.690/08, inovando na matéria, incluiu entre as hipóteses do art. 386, CPP, outra causa de absolvição, fundada no seguinte dispositivo: "Art. 386 [...] IV, *estar provado que o réu não concorreu para a infração penal.*"

Agora, então, parecem fora de dúvidas: (a) a existência de dispositivo legal afirmador da certeza quanto à negativa de autoria; e (b) a eficácia preclusiva de tal decisão também junto ao juízo cível, impedindo a reabertura da discussão acerca do tema, uma vez decidido no juízo criminal. E por uma razão muito simples e já aqui antecipada: toda decisão criminal fundada em *juízo de certeza* vincula a instância cível.

Jurisprudência

66.2. [...] Determinadas condutas podem ser classificadas, simultaneamente, como ilícito penal, civil e administrativo. Nesses casos, poderá haver condenações concomitantes em todas as esferas de apuração, valendo a regra da independência e autonomia entre as instâncias. Há, contudo, hipóteses em que haverá vinculação entre as instâncias, qual seja, a absolvição na esfera penal poderá impedir eventual condenação na esfera civil ou administrativa. Isso ocorrerá em dois casos: a) absolvição penal pela inexistência de fato; ou b) absolvição penal pela negativa de autoria (*CPP, Art. 386. O juiz absolverá o réu, mencionando a causa na parte dispositiva, desde que reconheça: I - estar provada a inexistência do fato; IV - estar provado que o réu não concorreu para a infração penal*).[...] (*Agravo Regimental na Reclamação nº 52.364-DF, STF, 1ª Turma, Rel. Min. Alexandre de Moraes, unânime, julgado na sessão virtual de 8.4.2022 a 20.4.2022, publicado no DJ em 27.4.2022)*

66.2. [...] Nos termos da orientação firmada nesta Corte, as esferas penal e administrativa são independentes, somente havendo repercussão da primeira na segunda nos casos de inexistência material do fato ou negativa de autoria. [...] (*Agravo Regimental no Agravo nº 856.126-AC, STF, Rel. Min. Joaquim Barbosa, 2ª Turma, julgado em 25.9.2012, publicado no DJ em 7.12.2012*).

Art. 67. Não impedirão igualmente a propositura da ação civil:

I – o despacho de arquivamento do inquérito ou das peças de informação;

II – a decisão que julgar extinta a punibilidade;

III – a sentença absolutória que decidir que o fato imputado não constitui crime.

Assentado que a vinculação da instância cível a algumas decisões criminais somente ocorre em relação aos juízos de *certeza* dali emanados (existência e inexistência do fato; prova da não participação, causas de justificação etc.), quaisquer outros tipos de decisão, no que diz respeito *aos fatos* (e não *ao direito*), não vincularão o juízo cível.

O despacho, ou decisão, de arquivamento de inquérito ou de peças de informação, jamais teriam ou terão qualquer consequência no cível, na medida em que nada se decide ali acerca dos fatos.

Mesmo em relação ao direito, tal o caso da decisão de arquivamento em razão da atipicidade, não há qualquer vinculação do juízo cível, até porque a inexistência de ilicitude penal não implica, obviamente, a inexistência de ilicitude civil.

Do mesmo modo, e pelas mesmas razões, a decisão acerca da extinção da punibilidade do crime não tem qualquer consequência sobre o dever de recomposição patrimonial resultante dos danos causados pela infração. A ausência de interesse na punição é matéria de política criminal, fundada em considerações que não podem atingir o direito subjetivo daquele que teve que suportar a ação delituosa. A sanção penal tem pressupostos e fundamentação totalmente distinta da sanção civil, que é essencialmente reparatória, malgrado algumas iniciativas intimidatórias (multa punitiva) que vêm surgindo no campo da responsabilidade civil.

De se ver, mais, que, a partir da Lei nº 11.719/08, a extinção da punibilidade será objeto de sentença de absolvição sumária (art. 397, IV, CPP), quando não for reconhecida em arquivamento de inquérito policial requerido pelo Ministério Público, com essa fundamentação. E, a qualquer tempo (art. 61, CPP).

Por fim, não terá nenhum efeito no cível a decisão de absolvição criminal fundada na atipicidade do fato. Aliás, cumpre esclarecer: a atipicidade do fato poderá ser motivo e fundamento para: (a) arquivamento do inquérito policial; (b) absolvição sumária (art. 397, III, CPP e art. 415, III, CPP); e, finalmente, (c) absolvição definitiva (art. 386, III, CPP).

E todas essas decisões terão eficácia preclusiva de coisa julgada material, no âmbito exclusivo do processo penal. Não vincularão, contudo, o juízo cível, já que a ilicitude civil não depende da penal.

Jurisprudência

67. Sentença criminal que, em face da insuficiência de prova da culpabilidade do réu, o absolve sem negar a autoria e a materialidade do fato, não implica na extinção da ação de indenização por ato ilícito, ajuizada contra a preponente do motorista absolvido. A absolvição no crime, por ausência de culpa, não veda a *actio civilis ex delicto*. O que o art. 1.525 do Código Civil obsta é que se debata no juízo cível, para efeito de responsabilidade civil, a existência do fato e a sua autoria quando tais questões tiverem sido decididas no juízo criminal (*Recurso Especial nº 257.827/SP, STJ, 4ª Turma, Rel. Min.* Sálvio de Figueiredo Teixeira, julgado em 13.9.2000, publicado no DJ *em 23.10.2000*).

Art. 68. Quando o titular do direito à reparação do dano for pobre (art. 32, §§ 1º e 2º), a execução da sentença condenatória (art. 63) ou a ação civil (art. 64) será promovida, a seu requerimento, pelo Ministério Público.

A partir da Constituição da República de 1988, o Ministério Público não mais poderá exercer atividade típica de advocacia e de consultoria (art. 128, § 5º, II, *b*, e art. 129, IX). Deve ele zelar pela ordem jurídica e dos interesses sociais, difusos e coletivos, e individuais indisponíveis (art. 127).

Não bastasse, a mesma Carta Política instituiu novo modelo de Defensoria Pública, reservando-lhe importantes missões, dentre as quais a promoção dos direitos e assistência jurídica e judiciária daqueles necessitados.

Desse modo, não se compreende mais a vigência do citado dispositivo legal.

A pobreza, trágica quando referente às condições de subsistência digna, e inaceitável, quando fruto de desigualdades sociais tão radicais como a nossa, não constitui, porém, interesse público particularizável ou indisponível. Cabe à Defensoria Pública a *orientação jurídica e a defesa, em todos os graus, dos necessitados* (art. 134, CF).

Trata-se, portanto, de dispositivo não recepcionado pela Constituição da República.

O Supremo Tribunal Federal, apesar de reconhecer a incompatibilidade da norma com a nova ordem constitucional, adotou solução no sentido de permitir a atuação do Ministério Público nas ações civis *ex delicto* até que sejam instauradas, no âmbito dos Estados e da União, as Defensorias Públicas. A não recepção do texto se daria, então, de forma *progressiva*.

Jurisprudência

68. [...] A teor do disposto no artigo 134 da Constituição Federal, cabe à Defensoria Pública, instituição essencial à função jurisdicional do Estado, a orientação e a defesa, em todos os graus, dos necessitados, na forma do artigo 5º, LXXIV, da Carta, estando restrita a atuação do Ministério Público, no campo dos interesses sociais e individuais, àqueles indisponíveis (parte final do artigo 127 da Constituição Federal). [...] Ao Estado, no que assegurado constitucionalmente certo direito, cumpre viabilizar o respectivo exercício. Enquanto não criada por lei, organizada – e, portanto, preenchidos os cargos próprios, na unidade da Federação – a Defensoria Pública, permanece em vigor o artigo 68 do Código de Processo Penal, estando o Ministério Público legitimado para a ação de ressarcimento nele prevista. Irrelevância de a assistência vir sendo prestada por órgão da Procuradoria-Geral do Estado, em face de não lhe competir, constitucionalmente, a defesa daqueles que não possam demandar, contratando diretamente profissional da advocacia, sem prejuízo do próprio sustento (*Recurso Extraordinário nº 135.328-SP, STF, Plenário, Rel. Min. Marco Aurélio, julgado em 29.6.1994, publicado no DJ em 20.4.2001*).

68. [...] Segundo entendimento majoritário da doutrina e da jurisprudência desta Corte, arrimada em julgado do STF, o Ministério Público somente tem legitimidade para propor ação civil *ex delicto*, em favor de pessoas pobres, se não houver ou for insuficiente o serviço da Defensoria Pública. Em sendo assim, o acordo celebrado no caso específico entre o réu e a mãe (representante legal) da criança, vítima de lesões corporais, com pleno atendimento das necessidades desta última, não há de ser nulo apenas porque o *Parquet*, autor da ação, com ele não concorda. As finalidades sociais e altruísticas que norteiam a questão sobrepõem-se aos rigores das formalidades processuais. Recurso especial não conhecido (*Recurso Especial nº 171.918-MG, STJ, 4ª Turma, Rel. Min. Fernando Gonçalves, julgado em 18.5.2004, publicado no* DJ *em 23.8.2004*).

....

TÍTULO V
DA COMPETÊNCIA

Art. 69. Determinará a competência jurisdicional:

I – o lugar da infração;

II – o domicílio ou residência do réu;

III – a natureza da infração;

IV – a distribuição;

V – a conexão ou continência;

VI – a prevenção;

VII – a prerrogativa de função.

69.1. Juiz natural: Embora não pareça, há uma certa confusão na aplicação do princípio do *juiz natural*, sobretudo no que respeita à respectiva fundamentação.

Muitas Constituições europeias estabelecem a garantia do juiz *legal*, de modo a impedir o juiz ou tribunal de exceção, na medida em que a exigência de *legalidade*, isto é, da previsão da competência jurisdicional em *Lei*, já é, em si, uma garantia contra a criação de órgãos para processos e julgamentos específicos.

O predicado *natural* que a doutrina faz acompanhar o vocábulo *juiz*, na conceituação do *juiz natural*, significa a *origem* do poder jurisdicional. Pode ser *na Lei*, como é o caso da maioria das Constituições que preveem a garantia mundo afora, ou pode ser no próprio texto constitucional, como é o nosso caso (brasileiro). Nesse passo, o juiz natural será o juiz *constitucional*.

A Constituição de 1988, então, desce às minúcias em relação à distribuição da competência jurisdicional, prevendo a instituição de jurisdições especiais, ao lado da jurisdição comum. Entende-se por jurisdição *comum* aquela na qual se aplica o direito ordinário, isto é, o direito que não tenha por objeto relações jurídicas específicas e especiais, como ocorre, por exemplo, com a Justiça do Trabalho, que cuida das relações de emprego, e, a partir da EC nº 45, das relações de trabalho. Incluem-se também na jurisdição *especial* a Justiça Militar e a Justiça Eleitoral, em cujo âmbito se discutem ordenamentos jurídicos dotados de boa margem de especificidades (Código Eleitoral, Código Penal Militar e Código de Processo Penal Militar). De outro lado, constituem a *jurisdição comum* a Justiça Federal e a Justiça Estadual, que cuidam da maioria esmagadora dos conflitos judiciais do Direito Público e do Direito Privado.

Ao lado da criação das jurisdições comum e especial, a Constituição da República cuidou também de vedar, expressamente, o que já era proibido implicitamente, ou seja: a instituição de *juiz ou tribunal de exceção* (art. 5º, XXXVII, CF).

Daí ser correto afirmar que o nosso juiz natural pode ser traduzido no conceito do juiz constitucional, cuja competência seja prevista no texto constitucional, anteriormente, portanto, à prática da infração penal, mantido o princípio geral da *impessoalidade* (vedação do juiz ou tribunal de exceção), inerente à atuação dos Poderes Públicos.

No entanto, e frequentemente, colhem-se julgados na jurisprudência nos quais se afirma a existência de supostas violações ao princípio do juiz natural, pela não observância dos critérios legais de competência *territorial*. Como já veremos, a competência territorial é aquela prevista *na Lei* e não na Constituição. A não observância de suas regras implicará *ilegalidade*, desde que, *e somente se*, causarem prejuízo relevante ao direito das partes. O juiz natural tem foro na Constituição; o juiz territorial, não. A competência territorial é a distribuição da função jurisdicional entre os juízos naturais já identificados na Constituição.

69.2. Competência constitucional e competência territorial: E por que se fala em competência territorial, como se de outra coisa se tratasse?

Na realidade, a única razão de se fazer distinções entre o juiz natural e o juiz territorial reside na opção política de nosso poder constituinte, que resolveu cuidar da mais importante distribuição da função jurisdicional no próprio texto constitucional. Não fosse assim, e se, por exemplo, a nossa garantia quanto ao exercício da jurisdição fosse a do juiz *legal* e não do juiz *constitucional*, não haveria por que excepcionar o critério do juiz natural, na medida em que toda a competência seria prevista em Lei.

O juiz natural, cuja competência, portanto, decorre de fonte constitucional, deve ser buscado na distribuição operada no texto de 1988. Ali se prevê a jurisdição (Justiça) *federal* para o processo e julgamento dos crimes *federais*; a *militar*, para os crimes *militares;* a *eleitoral* para os crimes *eleitorais*, e, finalmente, a (Justiça) *estadual* para os crimes *estaduais*.

Não só. Prevê também a competência originária dos tribunais por *prerrogativa de função*, em atenção à relevância de determinadas funções políticas e públicas, quando, então, não se privilegiará a *matéria*, mas, precisamente, a *função ou cargo* ocupado pelo acusado.

Assim, o juiz natural identifica o juiz competente em razão *da matéria* e em razão *da função* exercida pelo acusado.

No entanto, parece óbvio que a identificação do juiz natural ou do juiz constitucional nem sempre será suficiente para se saber com precisão qual será o órgão da jurisdição com competência para o processo e julgamento do caso penal. Saber, por exemplo, que o crime é federal, somente nos permite identificar a competência da Justiça Federal, mas não do juiz federal específico, já que muitos são os juízes que integram a Justiça Federal.

Mas disso não cuidou e nem deveria cuidar a Constituição. Feita ali a distribuição *por matéria* e por *prerrogativa de função*, reservou-se à Lei – Código de Processo Penal – a definição da competência *territorial* do juiz natural. Já veremos quais foram os critérios escolhidos no CPP para a aludida distribuição de competência.

Naturalmente, em se tratando de competência por prerrogativa de função, o problema é muitíssimo menor, restando apenas descobrir o tribunal definido na Constituição.

69.3. Competência absoluta e competência relativa: É bastante comum no Direito a adoção das expressões *absoluto e relativo*, geralmente com o objetivo de distinguir os defeitos e os efeitos ou consequências dos atos e fatos jurídicos.

No processo judicial, os termos são muito úteis no campo das nulidades, havendo umas que são *absolutas*, e outras, denominadas *relativas*.

Cumpre, então, entender a diferença, quanto à essência de uma e de outra, com o que estará enormemente facilitada a tarefa de sua aplicação.

Enquanto o vocábulo *relativo* dá sempre uma ideia de *flexibilização*, de *variação* e, enfim, de *relativização* do objeto a que se refere, segundo determinada hipótese concreta, o *absoluto* parece seguir por outra via semântica, não se abrindo, como regra, a exceções.

Juridicamente, podem-se submeter as aludidas expressões ao seguinte sentido: *absoluta* será a necessária incidência da regra jurídica prevista, em consideração aos interesses da aplicação do Direito, para além daqueles (interesses) dos litigantes; *relativa* será a possibilidade de incidência ou não da regra prevista, dado que o seu cumprimento dependerá do interesse das partes, cabendo a eles apontar a necessidade de sua aplicação, nos prazos a tanto reservado, sob pena de preclusão. Exemplo: uma nulidade absoluta diz respeito a uma irregularidade processual cujo desatendimento interessa, antes e essencialmente, ao próprio Estado, *enquanto função jurisdicional*. Não se pode, então, depender da manifestação dos litigantes para afirmar a nulidade. Por isso, e como regra (o Direito e os direitos devem sempre estar abertos a possíveis exceções!), as nulidades absolutas independem de arguição; não precluem e podem, portanto, ser reconhecidas de ofício pelo Judiciário.

Já as nulidades relativas, não. Dependem de manifestação do interessado, prejudicado pela inobservância da regra jurídica; submetem-se à preclusão, e, como regra, não podem ser reconhecidas de ofício pelo magistrado.

A competência jurisdicional segue a mesma linha de fundamentação.

Fala-se em competência absoluta quando se quer referir à *competência de jurisdição* (Justiça), isto é, à definição constitucional da competência das Justiças, comum e especial - competência por matéria - e dos tribunais - competência por prerrogativa de função. Obviamente, a violação à competência constitucional não pode ser admitida, a não ser de modo excepcional, *se e por força* da incidência de princípio igualmente constitucional, como ocorre no caso da *absolvição* passada em julgado por juiz constitucionalmente incompetente, fundada no princípio da vedação de revisão *pro societate*, cujo conceito já aqui antecipamos. E não pode ser admitida em razão da violação do devido processo legal, sistema de garantias individuais previsto na Constituição, cuja inobservância atinge o próprio exercício da função jurisdicional.

A competência será *relativa* quando o descumprimento da regra jurídica disser respeito prioritariamente aos interesses das partes, a quem compete, por primeiro, apontá-lo (interesse), e, depois, demonstrar que desatendimento teria lhe causado prejuízo relevante.

Exige-se que a parte atingida se manifeste a tempo e modo em razão de ser a competência territorial um conjunto de regras voltadas para os *processos judiciais concretamente considerados*. A competência relativa ocupa-se do *processo em curso*; a competência absoluta, da *jurisdição em exercício*. Exemplo: aos olhos do Estado (jurisdição) o crime federal deve ser julgado por um juiz federal, independentemente de ser o juiz federal desta ou daquela Seção Judiciária. Se a parte interessada na produção da prova não vê problemas em se ver processada em local distinto daquele onde teria sido praticado o crime, por entender que a única prova a ser produzida, por exemplo, seria a documental, por que razão modificar o Juízo?

Já veremos, contudo, que, no processo penal, o juiz ainda pode reconhecer de ofício a sua incompetência relativa, limitado, porém, e agora, pela aplicação do princípio da identidade física do juiz, trazido no bojo da Lei nº 11.719/08.

69.4. Competência em razão da matéria: (a) Justiça Eleitoral e (b) Justiça Militar: Dentre as jurisdições especiais, ressalta a competência da Justiça Eleitoral e da Justiça Militar. Em uma e outra se aplica um direito, se não *especial*, como é o caso da Justiça Eleitoral, pelo menos referente a um ordenamento jurídico específico, cujo objeto seja a regulação de relações jurídicas dotadas de certas peculiaridades (Código Eleitoral e legislação correlata).

No âmbito da Justiça Militar, então, a especialidade da jurisdição é ainda mais visível, dado que ali se aplica não o Direito Penal e o Processo Penal comuns, mas o Código Penal Militar e o Código de Processo Penal Militar.

Compete à Justiça Eleitoral o processo e julgamento dos crimes eleitorais, quando *em razão da matéria*. Se o acusado exercer cargo ou função para os quais seja previsto foro privativo por prerrogativa de função, a competência poderá ser retirada da Justiça Eleitoral, como ocorre, por exemplo, em relação aos Governadores dos Estados e do Distrito Federal e ao Presidente da República, que serão julgados no Superior Tribunal de Justiça e no Supremo Tribunal Federal, respectivamente.

A Justiça Eleitoral é composta pelo *juiz eleitoral*, em primeiro grau, função exercida pelos Juízes de Direito dos Estados; pelos *Tribunais Regionais Eleitorais*, em segundo, integrados por dois Desembargadores, dois Juízes de Direito, um Juiz Federal ou um Juiz (ou Desembargador) do Tribunal Regional Federal, onde houver, e dois advogados; e, por fim, pelo Tribunal Superior Eleitoral, composto por três Ministros do Supremo Tribunal Federal, dois Ministros do Superior Tribunal de Justiça e por dois advogados (art. 120, CF). Note-se que apenas os Tribunais Regionais Eleitorais têm competência penal *originária*, isto é, podem processar e julgar os ocupantes de determinados cargos e funções, em razão de prerrogativa de função. O Tribunal Superior Eleitoral somente detém competência penal *recursal*. A competência penal originária nos tribunais superiores foi constitucionalmente atribuída ao Superior Tribunal de Justiça (art. 105, CF) e ao Supremo Tribunal Federal (art. 102, CF).

Já a Justiça Militar pode ser Estadual ou da União.

A Justiça Militar dos Estados somente poderá julgar policiais militares e bombeiros, não lhes competindo julgar civis, ainda que estes tenham participado da infração penal militar. Nesse caso, se a conduta for tipificada no Direito Penal comum, lá deverão ser julgados os aludidos civis. A opção nesse sentido foi constitucional (art. 125, § 4º).

A Justiça Militar da União, ao contrário, julga também os civis, quando autores, partícipes e coautores de crimes militares.

Denominam-se crimes militares *próprios* aqueles que somente podem ser realizados pelo militar. E de *impróprios* aqueles que, ao contrário, podem também se praticados por civis. Nesses comentários não cuidaremos dos crimes militares, dado a sua manifesta especificidade.

A Lei nº 9.299/96, modificando o disposto no art. 9º do Código Penal Militar, previu ser crime *comum*, da competência do Tribunal do Júri, o crime doloso contra a vida de civis praticados por militares, estando ou não em serviço.

No entanto, posteriormente, a Lei nº 12.432/11 impôs uma ressalva a esta competência da jurisdição comum. Trata-se da hipótese em que o fato praticado puder ser caracterizado como *ação militar*, nos moldes em que previsto no art. 303 da Lei nº 7.565/86 – Código Brasileiro de Aeronáutica. Cuida-se, ali, de trânsito irregular de aeronaves em espaço brasileiro, sem observância das determinações legais e após descumprimento injustificado de advertência para pouso.

Por fim, há se referir que, por intermédio da Lei nº 13.491/2017, houve alteração parcial do art. 9º do CPM, dispondo-se (no, agora, § 2º do art. 9º) que os crimes tratados no *caput*, quando dolosos contra a vida e cometidos por *militares das Forças Armadas contra civil*, serão da competência da Justiça Militar da União, se praticados no contexto: I – do cumprimento de atribuições que lhes forem estabelecidas pelo Presidente da República ou pelo Ministro de Estado da Defesa; II – de ação que envolva a segurança de instituição militar ou de missão militar, mesmo que não beligerante; ou III – de atividade de natureza militar, de operação de paz, de garantia da lei e da ordem ou de atribuição subsidiária, realizadas em conformidade com o disposto no art. 142 da Constituição Federal e na forma dos seguintes diplomas legais: a) Lei nº 7.565, de 19 de dezembro de 1986 – Código Brasileiro de Aeronáutica; b) Lei Complementar nº 97, de 9 de junho de 1999; c) Decreto-Lei nº 1.002, de 21 de outubro de 1969 – Código de Processo Penal Militar; e d) Lei nº 4.737, de 15 de julho de 1965 – Código Eleitoral".

Em síntese, foram redefinidos os conceitos de alguns crimes militares em tempos de paz, alargando a matéria de competência da Justiça Militar dos Estados e da Justiça Militar da União. Pela legislação anterior, eram crimes militares (impróprios ou indiretos) apenas os crimes previstos no CPM que possuíssem idêntica definição na lei penal comum.

A legislação atual ***ampliou o conceito de crime militar*** para todas as figuras típicas delitivas previstas na legislação brasileira, independentemente de previsão correspondente na parte especial do CPM.

A alteração do inciso II repercute também na definição de crime militar do inciso III (são militares os delitos praticados por integrantes da reserva, ou reformados, ou civis, contra instituição militar, considerando-se como tais justamente os casos dos incisos I e II, sempre que presente uma das circunstâncias das alíneas do inciso III).

A Lei nº 13.491/2017 revogou o parágrafo único e inseriu os novos § 1º e § 2º no texto do art. 9º do CPM. Essa alteração *não* alterou a competência para julgar os crimes dolosos contra a vida praticados por policiais militares, bombeiros militares, membros da Marinha, Exército ou Aeronáutica, que continua com o Tribunal do Júri.

A novidade de fato foi a inserção de um § 2º ao art. 9º do CPM, excepcionando o julgamento dos crimes dolosos praticados por militares das Forças Armadas contra a vida de civis nas hipóteses definidas pelos incisos I, II e III do novel dispositivo, nas quais, à primeira impressão, a competência para julgar o crime doloso contra a vida de civil será da Justiça Militar da União e não da Justiça Federal (Tribunal do Júri).

Quanto à composição da Justiça Militar, obedece-se à seguinte disposição: (a) em primeira instância, Juízes de Direito e Conselhos de Justiça; (b) em segunda, os Tribunais de Justiça Militar, nos Estados em que o efetivo militar seja superior a 20 mil integrantes; (c) em instância superior, no âmbito da Justiça Militar da União, o Superior Tribunal Militar.

Jurisprudência

69.4. [...] *"Diante da constatação de que o denunciado se anunciou como policial militar no momento em que efetuou a abordagem e, portanto, atuava em razão da função, revela-se irrelevante que estivesse de folga, em trajes civis e usando armamento particular quando ocorreu o fato delituoso, pois sua conduta se amolda, em tese, à descrita na alínea "c" do inciso II do art. 9º do Código Penal Militar"* (CC n. 152.341/MG, relator Ministro Reynaldo Soares da Fonseca, Terceira Seção, DJe de 30/11/2017). No mesmo sentido: AgRg no RHC n. 150.008/MS, relator Ministro Jesuíno Rissato – Desembargador Convocado do TJDFT, Quinta Turma, DJe de 18/11/2022 e

AgRg no HC n. 700.150/RJ, relator Ministro Ribeiro Dantas, Quinta Turma, DJe de 14/3/2022. *[..] (Agravo Regimental no Recurso em Habeas Corpus nº 174.243-MG, STJ, 5ª Turma, Rel. Min. Joel Ilan Paciornik, sessão virtual de 27.2.2024 a 4.3.2024, publicado no DJ em 6.3.2024)*

69.4. [...] A ampliação da competência da Justiça Castrense efetuada pela Lei 13.941/2017, para abarcar crimes contra civis previstos na Legislação Penal Comum, abrange apenas os crimes praticados por militar em serviço ou no exercício da função, conforme art. 9º, II, do Código Penal Militar (Decreto-Lei n. 1001/1969). [...] Não induz à caracterização de crime militar o fato de o réu ter se identificado como policial se ele jamais chegou a afirmar que agia em razão da função, alegando, em juízo, que seu mote teria sido recuperar dinheiro emprestado a sua companheira por suposto agiota, tanto mais que não consta que as vítimas tivessem sido compelidas a fazer ou deixar de fazer algo com base em ordem de autoridade policial, mas sim em razão de coação por meio de arma de fogo. [...] Não se enquadra no conceito de crime militar previsto no art. 9º, I, alíneas "b" e "c", do Código Penal Militar o delito cometido por Policial Militar que, ainda que esteja na ativa, pratica a conduta ilícita fora do horário de serviço, em contexto dissociado do exercício regular de sua função e em lugar não vinculado à Administração Militar. [...] *(Agravo Regimental no Habeas Corpus nº 656.361/RJ, STJ, 5ª Turma, unânime, Rel. Min. Reynaldo Soares da Fonseca, julgado em 10.8.2021, publicado no DJ em 16.8.2021)*

69.4. *[...]* Compete à Justiça Militar julgar civil que pratica, no contexto de operação conjunta com Secretaria de Segurança Pública de estado, crime contra militar das Forças Armadas – artigos 15, § 7º, da Lei Complementar nº 97/1999 e 9º, inciso III, alínea "d", do Código Penal Militar. [...] Cabe ao Conselho Permanente de Justiça o julgamento de civil, por crime militar praticado antes da Lei nº 13.774/2018 – artigo 27, inciso II, da Lei nº 8.457/1992, com redação anterior à Lei nº 13.774, de 19 de dezembro de 2018. *(Habeas Corpus nº 150.292/MS, STF, 1ª Turma, unânime, Rel. Min. Marco Aurélio, julgado em sessão virtual de 26.2.2021 a 5.3.2021, publicado no DJ em 24.3.2021)*

69.4. [...] A competência da Justiça Militar não é firmada em razão de o crime haver sido praticado por militar, mas sim em função da natureza da infração, que deve se qualificar como militar própria ou imprópria, nos termos do artigo 124 da Constituição Federal e do artigo 9º do Código Penal Militar. [...] É pacífico nesta Corte Superior de Justiça o entendimento de que só há crime militar, na forma do artigo 9º, inciso II, alínea "a", do Código Penal Militar, aquele praticado por militar da ativa, em serviço ou quando faz uso de sua função para cometer o delito. [...] Na espécie, *o simples fato de o acusado e a vítima integrarem a Polícia Militar não atrai a competência da Justiça Castrense para processar e julgar os fatos em apreço, pois o latrocínio não guardou relação com as funções policiais por eles exercidas, mas sim com o trabalho de segurança de um estabelecimento comercial, que já havia sido exercido pelo paciente e, à época dos fatos, era desempenhado pelo ofendido, valendo destacar que nenhum deles estava em serviço na ocasião.* [...] *(Agravo Regimental no Habeas Corpus nº 580.803-RJ, STJ, 5ª Turma, unânime, Rel. Min. Jorge Mussi, julgado em 16.5.2020, publicado no DJ em 24.6.2020).*

69.4. [...] A Terceira Seção do Superior Tribunal de Justiça pacificou o entendimento de que a Lei n. 13.491/2017, que ampliou o conceito de crimes militares, pode ser aplicada imediatamente aos processos em curso, mesmo que o fato tenha ocorrido antes da vigência da nova lei, mediante observância da legislação penal (seja ela militar ou comum) mais benéfica ao tempo do crime. [...] A Justiça Militar estadual, cuja competência é definida na Constituição Federal de 1988, possui competência exclusiva para julgar os crimes militares praticados por policiais e bombeiros militares. Conforme a doutrina majoritária em matéria criminal, diante dessa restrição feita pelo constituinte, a Justiça Castrense dos Estados não julga crimes praticados por civil, ainda que este atente contra as instituições militares ou contra militares no exercício das suas funções. [...] Incidência, na hipótese, do Enunciado n. 53 da Súmula do Superior Tribunal de Justiça: *compete à justiça comum estadual processar e julgar civil acusado de prática de crime contra instituições militares estaduais.* [...] *Habeas corpus* não conhecido. Ordem concedida para declarar a incompetência da Justiça Militar estadual para processar e julgar os pacientes, declarando-se, ainda, a nulidade de todos os atos decisórios ali proferidos, determinando-se a remessa dos autos à Justiça comum *(Habeas Corpus nº 551.130-PR, STJ, 5ª Turma, unânime, Rel. Min. Reinaldo Soares da Fonseca, julgado em 10.3.2020, publicado no DJ em 25.3.2020).*

69.4. [...] 1. Situação em que policiais militares da ativa, no exercício de sua função, são acusados de disparar contra civil menor de idade que tentava evadir-se dirigindo veículo, assumindo o risco de matá-lo. São acusados também de, no mesmo contexto, "plantar" arma no local do delito, com o objetivo de fazer crer que apenas haviam revidado disparos contra si dirigidos pela vítima. Não se questiona a competência para o julgamento da tentativa de homicídio, mas apenas para o julgamento da fraude processual. 2. A conexão entre delitos não autoriza o julgamento conjunto de ambos os crimes por um mesmo Juízo, quando há concurso entre a jurisdição comum e a militar (art. 79, I, do Código de Processo Penal). Ainda que não trate especificamente de "conexão" ou "continência", o enunciado n. 90 da Súmula desta Corte reflete, também, a legislação que prevê o desmembramento do feito em que coexistem delitos de competência militar e da Justiça comum, quando dispõe que "Compete à Justiça Estadual Militar processar e julgar o policial militar pela prática do crime militar, e à Comum pela prática do crime comum simultâneo àquele". 3. A Lei 13.491/2017 (em vigor a partir de 16/10/2017) ampliou a competência da Justiça Militar, na medida em que doravante não são apenas os crimes que sejam concomitantemente previstos no Código Penal Militar e na legislação penal comum que, em virtude do princípio da prevalência da lei especial sobre a lei geral, atrairão a competência da Justiça Militar. Passa a deslocar-se para a Justiça castrense também qualquer crime contra civil previsto na Legislação Penal Comum (Código Penal e Leis Esparsas), desde que praticado por militar em serviço ou no exercício da função. Inteligência da alínea "c" do inciso II do art. 9º do CPM. 4. Muito embora o tipo do art. 347 do Código Penal proteja precipuamente o bem jurídico da administração da Justiça, tendo, por consequência, como sujeito passivo principal o Estado, a doutrina reconhece que o delito também tem como vítima, ainda que em segundo plano, a pessoa prejudicada pela inovação artificiosa, tanto mais em contexto no qual o prejuízo para a vítima é evidente na medida em que a fraude processual lhe imputaria o cometimento de crime (efetuar disparos de arma de fogo contra policiais militares) que jamais existiu. 5. Reconhecido que o crime descrito no art. 357 do CP tem como sujeito passivo secundário a pessoa física vítima da inovação artificiosa, não há como se negar que o delito em questão se amolda à descrição de crime militar prevista no art. 9º, II, "c", do Código Penal Militar (na redação da Lei 13.491/2017). 6. Conflito conhecido, para reconhecer a competência da Justiça Militar, a suscitante, para o julgamento do crime descrito no art. 347 do Código Penal *(Conflito de Competência n. 167.537- RS, STJ, 3ª Seção, unânime, Rel. Min. Reynaldo Soares da Fonseca, julgado em 27.11.2019, publicado no* DJ *em 4.12.2019).*

69.4. [...] Crime militar. Art. 9º do Código Penal Militar. [...] Sentença proferida antes da alteração legislativa. Princípio do tempus regit actum, nos termos do art. 2º do Código de Processo Penal – CPP. [...] 1. Tendo a sentença condenatória e o acórdão do recurso de apelação sido proferidos antes da entrada em vigor da Lei n. 13.491/2017, de 13/10/2017, não há que se falar em deslocamento de competência [...] *(Agravo Regimental na Petição no Agravo em Recurso Especial n. 923.584-SP, 5ª Turma, unânime, Rel. Min. Joel Ilan Paciornik, julgado em 5.9.2019, publicado no* DJ *em 17.9.2019).*

69.4. [...] Crime contra a Lei de Licitações praticado por militar em situação de atividade contra patrimônio sob a administração militar. Superveniência da Lei n. 13.491/2017. Ampliação da competência da Justiça Castrense. Aplicação da lei no tempo. Princípio do *tempus regit actum*. Sentença de mérito não proferida. Não aplicação do princípio da *perpetuatio jurisdictionis*. 1. Hipótese em que a controvérsia apresentada cinge-se à definição do Juízo competente para processar e julgar crime praticado, em tese, por militar em situação de atividade contra patrimônio sob a administração militar antes do advento da Lei n. 13.491/2017. 2. A Lei n. 13.491/2017 promoveu alteração na própria definição de crime militar, o que permite identificar a natureza material do regramento, mas também ampliou, por via reflexa, de modo substancial, a competência da Justiça Militar, o que constitui matéria de natureza processual. É importante registrar que, como a lei pode ter caráter híbrido em temas relativos ao aspecto penal, a aplicação para fatos praticados antes de sua vigência somente será cabível em benefício do réu, conforme o disposto no art. 2º, § 1º, do Código Penal Militar e no art. 5º, inciso XL, da Constituição da República. Por sua vez, no que concerne às questões de índole puramente processual – hipótese dos autos –, o novo regramento terá aplicação imediata, em observância ao princípio do *tempus regit actum*. 3. Tratando-se de competência absoluta em razão da matéria e considerando que ainda não foi proferida sentença de mérito, não se aplica a regra da perpetuação da jurisdição, prevista no art. 43 do Código de Processo Civil, aplicada subsidiariamente ao processo penal, de modo que os autos devem ser remetidos para a Justiça Militar. 4. Conflito conhecido para declarar competente o Juízo Auditor da 4ª Auditoria da 1ª Circunscrição Judiciária Militar do Estado do Rio de Janeiro, ora Suscitante *(Conflito de Competência n. 160.902-RJ, STJ, 3ª Seção, unânime, Rel. Min. Laurita Vaz, julgado em 12.12.2018, publicado no DJ em 18.12.2018).*

69.4. [...] 1. A competência constitucional do Tribunal do Júri, nos crimes dolosos contra a vida de civil praticado por militar, prevista no art. 125, § 4º, da Constituição Federal, possui caráter especial em relação à competência da Justiça castrense, de modo que, em tais hipóteses, caberá ao Juízo Militar encaminhar os autos do inquérito policial militar à Justiça comum, nos termos do art. 82, § 2º, do Código de Processo Penal Militar, Juízo este competente para, no exercício da sua Jurisdição, apreciar eventual existência de causa excludente de ilicitude. [...] *(Agravo Regimental no Recurso Extraordinário n. 1.224.733-SP, STF, 1ª Turma, unânime, Rel. Min. Alexandre de Moraes, julgado em Sessão Virtual de 6.9.2019 a 12.9.2019, publicado no DJ em 25.9.2019).*

69.4. [...] A competência penal da Justiça Militar da União não se limita, *apenas*, aos integrantes das Forças Armadas, nem se define, *por isso mesmo*, "*ratione personae*". É aferível, *objetivamente*, a partir da subsunção do comportamento do agente – *de qualquer agente*, mesmo o civil, ainda que em tempo de paz – ao preceito primário incriminador consubstanciado nos tipos penais definidos em lei (o Código Penal Militar). O foro especial da Justiça Militar da União não existe para os crimes *dos* militares, mas, *sim*, para os delitos militares, "*tout court*". E o crime militar, comissível por agente militar ou, *até mesmo*, por civil, só existe quando o autor procede e atua nas circunstâncias taxativamente referidas pelo art. 9º do Código Penal Militar, que prevê a possibilidade jurídica de configuração de delito castrense eventualmente praticado por civil, mesmo *em tempo de paz* (*Medida Cautelar no Habeas Corpus nº 109.544, STF, 2ª Turma, Rel. Min. Celso de Mello, julgado em 9.8.2011, publicado no DJ em 31.8.2011*).

...

69.5. Detalhamento da competência em razão da matéria: (c) Justiça Federal: Como ainda veremos, a distribuição de competência por jurisdição na Constituição da República seguiu duas espécies distintas de critérios: a primeira, por *prerrogativa de função*, atribuindo a determinados órgãos colegiados – os tribunais – a competência para o julgamento de ocupantes de determinadas funções e cargos cuja relevância, a juízo do constituinte, mereceria o julgamento originariamente na *segunda* (Tribunais de Justiça, Tribunais Regionais Federais e Tribunais Regionais Eleitorais) e nas *instâncias* superiores (Supremo Tribunal Federal e Superior Tribunal de Justiça); e, a segunda, *em razão da matéria*, tal como delimitado no próprio texto constitucional.

A primeira espécie de competência constitucional, os chamados *foros privativos por prerrogativa de função*, teve distribuição minudente na Constituição, não deixando espaço para a regulação no Código de Processo Penal. No entanto, como na sua redação originária previa-se a competência originária dos tribunais, no art. 84 do CPP, deixaremos o exame da matéria para aquela oportunidade.

Também a segunda espécie (de competência constitucional), fixada em *razão da matéria*, recebeu regramento detalhado na Carta de 1988. Primeiro, pela instituição de determinadas jurisdições, caso, por exemplo, da Justiça Eleitoral, cabendo-lhe julgar toda a matéria eleitoral, aí incluídos os crimes eleitorais. E, depois, por força de determinação expressa da matéria, como ocorreu em relação à competência da Justiça Federal, consoante o disposto no art. 109 da Constituição.

Veremos, aqui, então, a competência jurisdicional da Justiça Federal, seus critérios de distribuição e outras particularidades.

69.5.1. Regra geral: bens e serviços federais: Dispõe o citado art. 109, IV, CF, competir ao juiz federal o processo e julgamento dos crimes praticados em detrimento dos *bens, serviços e interesses* da União, autarquias e empresas públicas federais, excluídas as contravenções e os crimes falimentares, bem como ressalvada a competência da Justiça Eleitoral.

Como se vê, ainda que se trate de contravenção praticada contra a União e as demais entidades apontadas no inciso IV, a competência será da Justiça Estadual.

A Justiça Estadual e a Justiça Federal integram a chamada *jurisdição comum*, ao lado da *especial* (Justiça Militar e Justiça Eleitoral).

E, em relação à jurisdição comum, optou o constituinte pela definição expressa da competência federal, deixando as demais infrações penais para a Justiça dos Estados, que teria, portanto, uma competência constitucional *residual*.

Se a identificação da lesão aos bens da União não oferece qualquer dificuldade, já que se trata do patrimônio regularmente cadastrado ou cujo domínio seja atribuído em Lei ou na própria Constituição, a lesão aos serviços da União nem sempre determinará a competência federal, segundo entendimento professado pela jurisprudência de nossos tribunais.

A matéria oferece inúmeras dificuldades, sobretudo em razão da ausência de um critério coerente para a efetiva proteção dos serviços da União, autarquias e empresas públicas.

De modo geral, a mais adequada compreensão da lesão aos serviços que justifica a competência federal deve ser encontrada pelo exame do *resultado* da infração penal, relativamente à correspondente tipificação. É dizer, quando o sujeito passivo do crime for a União e/ou as pessoas mencionadas no art. 109, IV, da Constituição, a competência será da Justiça Federal. Exemplo: o falso praticado em documento particular ou mesmo público, ainda que municipal ou estadual, utilizado junto a repartições ou órgãos federais determinará o crime de falsidade documental praticado em detrimento do serviço da União e demais entidades federais, *se e desde que* destinado a produzir efeitos juridicamente relevantes perante aquelas autoridades públicas.

Já a falsificação de documentos emitidos por órgãos públicos federais poderá fixar a competência da Justiça dos Estados se o resultado a ser produzido, ou o bem jurídico atingido no tipo penal, for o particular ou órgãos estaduais, como é o caso de falsificação de guias de recolhimento de tributos federais para a obtenção de vantagens privadas ou junto a pessoas de direito público estaduais.

No entanto, quando a ação criminosa produzir dupla lesão, classificando-se como concurso formal de delitos, nos termos do art. 70, do Código Penal, e um dos bens atingidos for o serviço (e, é claro, o patrimônio) federal, a competência será federal (Súmula 122, STJ).

Em resumo: se o crime contra o serviço federal puder ser tipificado apenas como meio (crime-meio) de obtenção de um resultado (crime-fim) que não se dirija contra a União ou que não a tenha como sujeito passivo do crime consumado, a competência será estadual.

Esse parece ser um critério objetivo e aparentemente seguro.

A jurisprudência, todavia, e não poucas vezes, confunde-se na apreciação de casos de maior complexidade, impedindo a necessária uniformização da matéria, conforme se verá nas decisões colecionadas mais adiante.

Algumas exceções podem ser facilmente compreendidas. Exemplo: o eventual homicídio praticado contra servidor público, quando em razão de suas atividades ou de suas funções ou cargo público, será da competência do Tribunal do Júri Federal (se o autor do crime não tiver foro privativo em razão da função). Obviamente, o bem jurídico atingido – a vida – não é federal e nem estadual. Contudo, será precisamente a motivação do crime, *relacionada aos serviços federais*, que determinará a competência da Justiça Federal. Nesse caso, a aludida motivação do delito será objeto de consideração na dosimetria da pena, incluindo-se, portanto, se não na classificação do tipo penal, mas na sua aplicação concreta.

Nesse passo, afigura-nos incompreensível a decisão do E. Superior Tribunal de Justiça, que, no julgamento do Conflito de Competência nº 89.397/AC, Rel. Min. Napoleão Nunes Maia Filho, 3ª Seção, julgado em 28.3.2008, (*DJ* 10.6.2008), afirmou a competência da Justiça Federal pelo só fato de ter-se juiz federal na condição de vítima, sem qualquer relação com o exercício de suas funções.

De outro lado, não será a exigência de registro de armas ou mesmo da concessão de porte de armas por órgãos públicos federais (SINARM e Polícia Federal – Estatuto do Desarmamento – Lei nº 10.826/03) que determinará a competência federal.

O risco presente em crimes praticados com arma ultrapassa, e muito, as fronteiras do mero controle de registro e porte de arma. Numa palavra: a lesividade de tais delitos não se relaciona com a atividade fiscalizadora.

Além disso, tratando-se de uso ou posse de arma privativa das forças armadas ou cuja importação seja proibida, a competência será federal, por razões das mais simples: afetação aos serviços federais – forças armadas – e prática concomitante do delito de contrabando (art. 334, CP). Registra-se, por fim, que nos termos da Lei nº 13.964/2019 – que uma vez mais alterou o parágrafo único do art. 1º da Lei nº 8.072/90 –, são agora considerados hediondos: (a) o crime de posse ou porte ilegal de arma de fogo de uso proibido, previsto no art. 16 da Lei nº 10.826, de 22 de dezembro de 2003 (inciso II); (b) o crime de comércio ilegal de armas de fogo, previsto no art. 17 da Lei nº 10.826, de 22 de dezembro de 2003 (inciso III); (c) o crime de tráfico internacional de arma de fogo, acessório ou munição, previsto no art. 18 da Lei nº 10.826, de 22 de dezembro de 2003 (inciso IV); (d) V – o crime de organização criminosa, quando direcionado à prática de crime hediondo ou equiparado. (Incluído pela Lei nº 13.964, de 2019); (e) VI – os crimes previstos no Decreto-Lei nº 1.001, de 21 de outubro de 1969 (Código Penal Militar), que apresentem identidade com os crimes previstos no art. 1º desta Lei. (Incluído pela Lei nº 14.688, de 2023); e (f) VII – os crimes previstos no § 1º do art. 240 e no art. 241-B da Lei nº 8.069, de 13 de julho de 1990 (Estatuto da Criança e do Adolescente). (Incluído pela Lei 14.811, de 2024).

Jurisprudência

69.5.1. [...] É da competência da Justiça estadual o julgamento de contravenções penais, mesmo que conexas com delitos de competência da Justiça Federal. A Constituição Federal expressamente excluiu, em seu art. 109, IV, a competência da Justiça Federal para o julgamento das contravenções penais, ainda que praticadas em detrimento de bens, serviços ou interesse da União. Tal orientação está consolidada na Súm. n. 38/STJ. Precedentes citados: CC 20.454-RO, *DJ* 14.2.2000, e CC 117.220-BA, *DJe* 7.2.2011 (*Conflito de Competência nº 120.406-RJ, STJ, 3ª Seção, Rel. Min. Alderita Ramos de Oliveira, julgado em 12.12.2012, Informativo nº 511, de 6.2.2013*).

69.5.2. Ainda a regra geral: interesse federal e interesse nacional: Se a identificação da lesão aos bens e serviços federais permite o estabelecimento de critérios mais ou menos objetivos, o mesmo não se pode dizer em relação às infrações praticadas em detrimento dos *interesses* da União, autarquias e empresas públicas.

Nesse campo, a complexidade da realidade impede uma definição mais precisa do que, afinal, constituiria lesão ao *interesse* nacional.

Veja-se, por exemplo, que as normas atinentes às relações de consumo (Direito do Consumidor) têm dimensão nacional, na medida em que a sua aplicação interessa a todos, indistintamente. No entanto, tal conclusão não autoriza o entendimento de tratar-se de matéria de interesse nacional, *para fins de determinação de competência federal*, segundo jurisprudência incontroversa nos tribunais.

As dificuldades existem mesmo e não são poucas.

Exatamente por isso, a alternativa que melhor se abre à nossa compreensão é a busca pelo maior grau de objetividade possível, tarefa inerente à produção legislativa. Numa palavra: a *Lei*. Deve-se, então, reservar a ela (Lei) o juízo de conveniência acerca da definição do caráter nacional ou não do interesse tutelado pela norma penal.

É o caso, por exemplo, da Lei nº 7.492 de 16 de junho de 1986, que cuida dos crimes contra o sistema financeiro nacional. Percebe-se, nesse caso, o acerto da opção legislativa, na medida em que a higidez do sistema financeiro afeta não só o mercado financeiro, mas toda a economia nacional. Visualiza-se, aqui, um interesse marcadamente nacional. Mas, para que dúvidas não restassem, dispõe o art. 26 da citada Lei que os crimes ali definidos seriam da competência da Justiça Federal e, portanto, de atribuição (iniciativa) do Ministério Público Federal.

De outro lado, haverá situações outras em que, ainda que a Lei não tenha esclarecido definitivamente a questão, a regulação da matéria no texto constitucional poderá indicar a solução para inúmeros problemas.

Deve-se, assim, buscar na Constituição da República a titularidade do ente político para a legislação e regulamentação de determinadas matérias.

Exemplo: nos termos do disposto no art. 21 da Constituição da República, compete à União legislar e regular uma série de atividades do Poder Público, deduzindo-se dali a competência federal para o julgamento de diversos crimes a elas (atividades) relacionados, de que são exemplos os crimes de moeda falsa (art. 289, CP); os crimes contra os serviços postais, praticados contra jazidas e outros recursos minerais serviços de telecomunicações etc. (art. 21, VII, VIII, X, XI).

Havendo competência legislativa e regulativa concorrente, isto é, matéria reservada tanto à União quanto aos Estados, a questão pode se tornar mais complexa, devendo prevalecer a competência *estadual*, precisamente por ausência de definição expressa da competência federal.

Esse parece ser o caso, por exemplo, dos crimes contra a fauna.

Na antiga legislação, Lei nº 5.197/67, havia uma definição expressa no sentido de constituir a fauna propriedade (pertencer) do Estado, daí se concluindo tratar-se de competência da União. A partir da Lei nº 9.605/98, contudo, a ausência de especificação da mesma natureza produziu o entendimento jurisprudencial no sentido inverso, isto é, de que a competência para o processo e julgamento de tais crimes seria, como regra, da Justiça Estadual e não mais da Justiça Federal.

Nessa linha de entendimento, seriam da Justiça Federal apenas os crimes praticados em áreas de preservação permanente administradas pela União, suas autarquias e fundações.

E é em razão da atuação da Administração Federal que se revela e se descobre o interesse *federal* a que antes já aludimos, a determinar também a competência federal.

Nas hipóteses em que estiver presente o regular exercício de atividade administrativa por parte de órgão (Administração direta) ou entidade (Administração Indireta) da União, estará presente o interesse federal, e, em consequência, afirmada a competência jurisdicional da Justiça Federal. Como regra, então, sempre que houver repasse de verbas federais a entidades estaduais ou municipais, eventuais desvios ou modificação delituosa da destinação seriam da competência federal se houver convênio no qual se estabeleça o poder de fiscalização e de controle dos gastos por parte da Administração Federal.

Uma curiosidade: sabe-se que o IBAMA é uma autarquia federal cuja função é zelar pela proteção da flora e da fauna silvestre (meio ambiente). Relativamente à flora, os problemas seriam menores, dada a pluralidade de órgãos públicos, também estaduais, cuidando da matéria ambiental.

Mas, em relação especificamente à fauna silvestre, remanesce a dúvida: haveria, por acaso, outro órgão público exercendo idêntica e concorrente função administrativa? Questões atinentes, por exemplo, ao registro de atividade criatória (reprodução autorizada de espécies da fauna silvestre) não são de competência exclusiva do IBAMA. E, sendo assim, não estaria caracterizado o interesse federal, em razão da atividade prevalecente da Administração Pública Federal. Problema: no âmbito cível, a impetração de mandado de segurança envolvendo questão atinente à fauna silvestre deve se dirigir ao IBAMA; e o crime, tratando da mesma questão, da Justiça Estadual.

Tais são as razões pelas quais não aderimos à jurisprudência atual, relativamente aos crimes contra a fauna. Ainda que caiba a qualquer contingente policial (polícias militares dos Estados) a autuação acerca de crime contra a fauna (prisão em flagrante), a competência jurisdicional deveria caber, em qualquer hipótese, à Justiça Federal, em razão da regular e exclusiva atividade administrativa desenvolvida por órgão federal em relação à matéria.

De relevo acentuar que, em 2017, o Supremo Tribunal Federal reconheceu que "*A* ratio essendi *das normas consagradas no direito interno e no direito convencional conduz à conclusão de que a transnacionalidade do crime ambiental, voltado à exportação de animais silvestres, atinge interesse direto, específico e imediato da União, voltado à garantia da segurança ambiental no plano internacional, em atuação conjunta com a Comunidade das Nações*" de modo que "*(a) Atrai a competência da Justiça Federal a natureza transnacional do delito ambiental de exportação de animais silvestres, nos termos do art. 109, IV, da CF/88; (b)* In casu, *cuida-se de envio clandestino de animais silvestres ao exterior, a implicar interesse direto da União no controle de entrada e saída de animais do território nacional, bem como na observância dos compromissos do Estado brasileiro perante a Comunidade Internacional, para a garantia conjunta de concretização do que estabelecido nos acordos internacionais de proteção do direito fundamental à segurança ambiental*". Fixou-se a seguinte tese: "*Compete à Justiça Federal processar e julgar o crime ambiental de caráter transnacional que envolva animais silvestres, ameaçados de extinção e espécimes exóticas ou protegidas por Tratados e Convenções internacionais*". (*Recurso Extra-*

ordinário n. 835.558-SP, STF, Plenário, Rel. Min. Luiz Fux, julgado em 9.2.2017, publicado no DJ *em 8.8.2017)*

Jurisprudência

69.5.2 [...] 2. A questão em discussão consiste em determinar se os crimes ambientais imputados aos recorrentes, praticados em área de preservação permanente às margens do Rio Uruguai, configuram ofensa a interesse direto e específico da União, o que atrairia a competência da Justiça Federal.

3. A competência da Justiça Federal para processar e julgar crimes ambientais se estabelece quando a conduta ofensiva atinge bens, serviços ou interesses diretos da União, conforme o art. 109, IV, da Constituição Federal.

4. O Rio Uruguai é um bem federal, nos termos do art. 20, III, da Constituição, por banhar mais de um estado e servir de limite com outro país. As condutas imputadas aos recorrentes, relativas à destruição de floresta e outras infrações ambientais, ocorreram em área de preservação permanente localizada às margens desse rio, o que caracteriza ofensa a interesse direto da União.

5. Precedentes do STJ confirmam que a competência da Justiça Federal se justifica quando há impacto sobre áreas de interesse federal, como rios que atravessam mais de um estado ou fazem fronteira com outros países. (CC n. 178.198/SC, rel. Min. Sebastião Reis Júnior, Terceira Seção, julgado em 12/5/2021; CC n. 172.819/SC, rel. Min. Joel Ilan Paciornik, Terceira Seção, julgado em 26/8/2020). [...] *(Agravo Regimental em Recurso Especial nº 2.052.163-RS, STJ, 5ª Turma, Rel. Min. Daniela Teixeira, julgado em 30.9.2024, publicado no DJ em 2.10.2024)*

69.5.2 [...] No que se refere à competência, extrai-se dos autos que as condutas em apuração relacionavam-se à aplicação de recursos advindos do PNAE/FNDE, destinados ao pagamento de alimentos a serem utilizados na preparação de merenda escolar, com fiscalização do TCU, circunstância que, a princípio, atrai o interesse da União, nos termos da Súmula n. 208/STJ. Este Superior Tribunal de Justiça já vislumbrou exceções a regra, sendo necessária a análise das peculiaridades de cada caso concreto, *"pois nem todo numerário entregue aos Estados e Municípios, pela União, por meio do FNDE, conduz ao inequívoco interesse na sua correta aplicação, de maneira a atrair a competência da Justiça Federal". [...]* A conclusão do TCU quanto ao não superfaturamento ou sobrepreço na execução do contrato não retira a competência federal para julgamento, na esfera criminal, dos crimes que foram atribuídos na denúncia aos gestores do contrato, especialmente porque as instâncias administrativa e penal não se comunicam. [...] *(Agravo Regimental no Recurso Especial nº 2.000.925-RS, STJ, 5ª Turma, Rel. Min. Ilan Joel Paciornik, julgado em 9.4.2024 a 15.4.2024, publicado no DJ em 25.4.2024)*

69.5.2 [...] 1. A jurisprudência do Supremo Tribunal Federal admite, excepcionalmente, o reenquadramento jurídico realizado pelo magistrado dos fatos narrados na peça acusatória, sobretudo em caso de alteração de competência (HC 113.598, ministro Gilmar Mendes).

2. A denúncia narra evidente preocupação da União na consecução da Política Nacional de Segurança de Barragens, sobretudo após o desastre de Mariana/MG (caso Samarco), em contexto bastante similar ao dos presentes autos.

3. Ofensa direta e específica a serviço fiscalizatório prestado por autarquia federal *em virtude de falsificação e do uso de documentos que atestavam a estabilidade da barragem de Brumadinho/MG*.

4. O interesse da União em processar e julgar o feito em questão e o prejuízo ao exercício da fiscalização federal extraídos da própria denúncia possuem aptidão para atrair a competência da Justiça Federal (art. 109, IV, da CF/1988).

5. A conexão pode, excepcionalmente, ser aplicada como critério de modificação de competência. Precedentes. Doutrina.

6. Conflito de competência não conhecido pelo Superior Tribunal de Justiça com fundamento em questões formais por consequência lógica não fixa a competência. Precedente.

7. A tramitação de feito cível na Justiça estadual não é óbice ao reconhecimento da competência da Justiça Federal para processar e julgar os crimes conexos, em razão da independência das instâncias. Precedente.

8. O crime-meio ocorre quando praticado pelo agente como caminho necessário para atingir o fim (mais gravoso) almejado. No caso, os crimes de falso constituem parte significativa e essencial da imputação realizada na própria denúncia, cabendo ao juízo competente a decisão relativa à aplicação à espécie do princípio da consunção. Agravo interno provido para restabelecer-se o acórdão do Superior Tribunal de Justiça que declarou a competência do Juízo da 9ª Vara Federal da Seção Judiciária de Minas Gerais, para processar e julgar a ação penal n. 0003237-65.2019.8.13.0090, anulando o recebimento da denúncia e demais atos decisórios praticados na Justiça estadual de Minas Gerais. *(Agravo Regimental no Recurso Extraordinário nº 1.384.414, STF, 2ª Turma, Rel. Min. Edson Fachin, sessão virtual de 9.12.2022 a 16.12.2022, publicado no DJ em 7.3.2023)*

69.5.2 [...] 3. Pelos dizeres da denúncia, busca o MP a responsabilização penal do recorrente e dos corréus, porque não foi observada a Política Nacional de Segurança de Barragens, e, por isso, os réus não teriam garantido a observância de padrões de segurança de barragem de maneira a reduzir a possibilidade de acidentes e suas consequências, o que gerou o rompimento da barragem B1 da Mina do Córrego do Feijão em Brumadinho-MG, com a morte de 270 pessoas, além de outros eventos. 4. Hipótese que evidencia ofensa a bem e interesse direto e específico de órgão regulador federal e da União: as Declarações de Estabilidade da Barragem, apresentadas ao antigo DNPM (autarquia federal), seriam ideologicamente falsas; os acusados teriam omitido informações essenciais à fiscalização da segurança da barragem, ao não fazê-las constar do SIGBM, sistema de dados acessado pela Agência Nacional de Mineração – ANM; e danos a sítios arqueológicos, bem da União (art. 20, X – CF), dados como atingidos pelo rompimento da barragem. 5. Considerando a apuração de fatos correlatos em ambas as esferas – federal e estadual – e, ainda, os indícios de danos ambientais aos "sítios arqueológicos", é de aplicar-se o verbete n. 122 da Súmula desta Corte Superior, pelo qual, "compete à Justiça Federal o processo e julgamento unificado dos crimes conexos de competência federal e estadual, não se aplicando a regra do art. 78, II, a, do Código de Processo Penal". [...] 8. A competência deve ser aferida pelos fatos da causa de pedir narrados na denúncia com todas as suas circunstâncias, que devem ser analisados e julgados pelo Judiciário, e não pelo pedido ou pela capitulação do *dominis litis*, que é provisória, podendo ser mudada pela sentença (arts. 383 e 384 – CPP). [...] *(RHC nº 151.405/MG, STJ, 6ª Turma, unânime, Rel. Min. Olindo Menezes, julgamento em 19.10.2021, publicado no DJ em 12.11.2021)*

69.5.2 [...] "*O fato de a verba repassada ser proveniente de recursos federais fiscalizáveis pelo TCU basta para afirmar a existência de interesse da União e a consequente competência da Justiça Federal para apreciar os autos. Precedentes da Suprema Corte*" (EDcl no AgRg no Recurso Extraordinário 669.952/BA, Tribunal Pleno, Relator Min. Dias Toffoli, DJe de 24/11/2016). [...] *(Recurso em Habeas Corpus nº 119.446/SC, STJ, 5ª Turma, unânime, Rel. Min. Joel Ilan Paciornik, julgado em 21.9.2021, publicado no DJ em 28.9.2021)*

69.5.2 [...] É firme a jurisprudência deste Supremo Tribunal no sentido de que a competência da Justiça Federal para julgar o crime de falsificação de documentos somente será fixada nos casos em que comprovada a intenção do agente em causar lesão a bens, interesse ou patrimônio da União. Precedentes. 2. No caso dos autos, verifica-se que o entendimento prolatado pelo Tribunal a quo, ao fixar a competência do feito perante a Justiça Comum Estadual, não destoa da jurisprudência desta Corte Suprema, eis que deixou expressamente consignado que "a prática do ilícito penal, tinha como escopo falsificar Certidões de Quitação Eleitoral, para atender uma formalidade da FENASG (Federação Nacional das Empresas de Seguros Privados e de Capitalização) e, desta forma, inexiste qualquer lesão ao interesse da União". [...] (*Agravo Regimental nos Embargos Declaratórios no Recurso Extraordinário nº 1.231.125/PR, STF, 2ª Turma, unânime, Rel. Min. Edson Fachin, julgado em 20.9.2021, publicado no DJ em 28.9.2021)*

69.5.2 [...] 2. A atividade fiscalizatória exercida pela autarquia federal não é suficiente, por si só, para atrair a competência federal, sendo possível cogitar da competência federal apenas quando evidenciado interesse direto e específico do ente federal no crime sob apuração. 3. No caso, quanto ao crime tipificado no art. 56 da Lei n. 9.605/1998, há interesse direito e específico da autarquia federal (DNPM) na conduta tipificada, pois a peça acusatória descreveu o absoluto descumprimento de diversas exigências da autarquia reguladora, atinentes à atividade de exploração mineral, inclusive a falta de apresentação do devido plano de fechamento da mina e da barragem, além de outras exigências previstas em normas do órgão federal, a fim de impedir a contaminação da água subterrânea por óleos, combustíveis e outros produtos tóxicos, evitar o lançamento de efluentes e corrigir a instabilidade de taludes de barragens de depósito de rejeitos. [...] *(Conflito de Competência nº 178.198/SC, STJ, 3ª Seção, unânime, Rel. Min. Sebastião Reis Júnior, julgado em 12.5.2021, publicado no DJ em 14.5.2021)*

69.5.2 [...] 1. Se os crimes de falsidade ideológica e falsa identidade não resultaram em prejuízo efetivo a algum ente federal, tendo sido perpetrados perante autoridade policial estadual, não há falar em competência federal para o julgamento de tais ilícitos. 2. No que se refere à contravenção penal (exercício ilegal da profissão), a existência de interesse da Ordem dos Advogados do Brasil (autarquia federal) – extraída do fato de que o denunciado laborou como advogado, por dois anos, sem preencher as condições previstas em lei – é insuficiente para atrair a competência federal, pois a Constituição Federal (art. 109, IV), excluiu da competência da Justiça Federal o julgamento das contravenções penais, circunstância que rechaça a competência federal. 3. Conflito conhecido para declarar a competência do Juízo de Direito da comarca de Taiobeiras/MG, o suscitado. *(Conflito de Competência n. 167.929 – MG, STJ, 3ª Seção, unânime, Rel. Min. Sebastião Reis Júnior, julgado em 27.11.2019, publicado no DJ em 4.12.2019)*

69.5.2 [...] 1. A teor da Súmula n. 546 do STJ, a competência para processar e julgar o crime de uso de documento falso é firmada em razão da entidade ou do órgão ao qual foi apresentado o documento público, não importando a qualificação do órgão expedidor. 2. Se certidões falsas, originariamente emitidas pela Receita Federal, foram utilizadas perante pessoa jurídica de direito privado (SESC), não há falar em ofensa a interesses da União, a atrair a competência da Justiça Federal para processar e julgar o réu, acusado do crime do art. 304 do CP. Está correta a distribuição o feito à Justiça Estadual. 3. Agravo regimental não provido. *(Agravo Regimental no Recurso de Habeas Corpus nº 59.913/SE, STJ, 6ª Turma, unânime, Rel. Min. Rogério Schietti Cruz, julgado em 11.4.2019, publicado no DJ em 24.4.2019)*

69.5.2 [...] Falso testemunho. [...] *Distinguish* que impede a aplicação da premissa que importou na edição da Sumula nº 165 pelo Superior Tribunal de Justiça. [...] 1. Ao desenhar a partição de competências do Poder Judiciário da União, a Constituição da República dividiu-o em cinco ramos: 1) Justiça Comum Federal; 2) Justiça Eleitoral; 3) Justiça do Trabalho; 4) Justiça Militar; e 5) Justiça do Distrito Federal e dos Territórios. 2. É certo que a Terceira Seção do Superior Tribuna de Justiça, ao editar a Súmula n.º 165 (segundo a qual "*Compete à justiça federal processar e julgar crime de falso testemunho cometido no processo trabalhista*" – sem grifos no original), fundou-se em precedentes nos quais se afirmou que "*o crime de falso testemunho em depoimento prestado perante juiz do trabalho atenta contra a administração da justiça especializada da união*" (CC 14.508/SP, [...] julgado em 07/12/1995, *DJ* 11/03/1996 [...]). 3. Embora tanto a Justiça do Trabalho quanto a do Distrito Federal e dos Territórios constituam o Poder Judiciário da União, *há premissas diversas que impedem o reconhecimento da Justiça Comum Federal para julgar o crime de falso testemunho cometido em processo que tramitava no TJDFT*. 4. *O Supremo Tribunal Federal, no julgamento da ADI 3.684, ocorrido em 11/05/2020, concluiu, em definitivo, faltar à Justiça do Trabalho jurisdição penal* [...]. 5. A situação relativamente à Justiça Eleitoral também é diversa. É certo que, em 1992, a Terceira Seção do Superior Tribunal de Justiça proferiu acórdão no qual firmou a competência da Justiça Federal para julgar crime de falso testemunho praticado contra a administração daquela Justiça Especializada (CC 2.437/SP, Rel. Ministro José Dantas, julgado em 19/03/1992, *DJ* 06/04/1992 [...] Pela lógica da Jurisprudência do STJ, portanto, no caso de depoimento falso constatado em causa no âmbito do Tribunal Regional Eleitoral do Distrito Federal, é da Justiça Federal a competência para processar e julgar tal delito. [...] 7. *No âmbito da Justiça Militar ocorre igual dificuldade, pois o Superior Tribunal Militar também reconhece a atribuição da Justiça Castrense para o crime de falso testemunho* (art. 346 do Código Penal Militar) cometido em processos de sua jurisdição [...]. 8. *O Tribunal de Justiça do Distrito Federal e dos Territórios, ao contrário da Justiça Trabalhista, detém atribuições criminais (como também as Justiças Eleitoral e a Militar).* Todavia, diferentemente de todos outros braços do Poder Judiciário da União, *o TJDFT possui natureza híbrida, pois sua competência jurisdicional corresponde à dos Tribunais estaduais (ou seja, não se trata de Justi-*

ça especializada). Por isso, o Superior Tribunal de Justiça proferiu julgados nos quais consignou que outros crimes (diversos do falso testemunho) cometidos contra o MPDFT ou o TJDFT não são processados e julgados na Justiça Comum Federal. 9. Em conclusão, *não cabe a aplicação do entendimento que resultou na edição da Súmula n.º 165/STJ ao TJDFT em razão da índole sui generis da Justiça do Distrito Federal e dos Territórios, distinta por guardar competência criminal e por sua atribuição jurisdicional equivalente à dos Tribunais estaduais impedir o reconhecimento de interesse direto da União na causa.* 10. Conflito de competência conhecido para declarar a competência do Juízo de Direito da Vara Criminal e Tribunal do Júri do Recanto das Emas/DF, ora suscitado *(Conflito de Competência nº 165.781-MG, STJ, 3ª Seção, unânime, Rel. Min. Laurita Vaz, julgado em 14.10.2020, publicado no* DJ *em 21.10.2020).*

69.5.2 [...] 1 No que se refere ao crime tipificado no art. 54 da Lei n. 9.605/1998, não há interesse federal, pois a denúncia não descreve nenhum dano ambiental perpetrado contra bem da União. 2. A atividade fiscalizatória exercida pela autarquia federal não é suficiente, por si só, para atrair a competência federal, sendo possível cogitar da competência federal apenas quando evidenciado interesse direto e específico do ente federal no crime sob apuração. 3. No caso, quanto ao crime tipificado no art. 56 da Lei n. 9.605/1998, há interesse direito e específico da autarquia federal (DNPM) na conduta tipificada, pois a peça acusatória descreveu o absoluto descumprimento de diversas exigências da autarquia reguladora, atinentes à atividade de exploração mineral, inclusive a falta de apresentação do devido plano de fechamento da mina e da barragem, além de outras exigências previstas em normas do órgão federal, a fim de impedir a contaminação da água subterrânea por óleos, combustíveis e outros produtos tóxicos, evitar o lançamento de efluentes e corrigir a instabilidade de taludes de barragens de depósito de rejeitos. [...] 6. Conflito conhecido para declarar a competência do Juízo Federal da 1ª Vara de Criciúma – SJ/SC, o suscitado. *(Conflito de Competência nº 178.198/SC, STJ, 3ª Seção, unânime, Rel. Min. Sebastião Reis Júnior, julgado em 12.5.2021, publicado no DJ em 27.8.2021)*

69.5.2 [...] 1. A jurisprudência deste Sodalício é assente no sentido da competência da Justiça Federal para o julgamento de crimes ambientais ocorridos em área abrangida por unidade de conservação instituída por meio de ato normativo federal, já que, nesse caso, fica evidenciado o interesse da União na manutenção e na preservação da região, conforme a dicção do art. 109, inciso IV, da Constituição Federal. 2. Na hipótese, embora os delitos tenham supostamente ocorrido em unidade de conservação criada por decreto presidencial, a Lei Federal n. 9.262/1992 transferiu ao Distrito Federal a administração e a fiscalização da Área de Proteção Ambiental da Bacia dos Rios São Bartolomeu e Descoberto, o que denota a ausência de interesse direto da União na preservação do local, de modo que deve ser mantida a competência da Justiça do Distrito Federal e dos Territórios. 3. "No caso, embora o local do dano ambiental esteja inserido na Área de Proteção Ambiental da Bacia do Rio São Bartolomeu, criada pelo Decreto Federal n. 88.940/1993, não há falar em interesse da União no crime ambiental sob apuração, já que lei federal subsequente delegou a fiscalização e administração da APA para o Distrito Federal (art. 1º da Lei n. 9.262/1996 [...] *(Agravo de Instrumento no Conflito de Competência nº 163.409/DF, STJ, 3ª Seção, Rel. Min. Jorge Mussi, julgado em 28.8.2019, publicado no DJ em 6.9.2019)*

69.5.2 [...] 1. Tratando-se de matéria de competência comum, à União, aos Estados, ao Distrito Federal e aos Municípios, nos termos do art. 23, incisos VI e VII, da Constituição Federal, compete a preservação do meio ambiente. 2. Ressainda interesse direto da União, a competência para processar e julgar crime contra a fauna é da Justiça Federal. No caso, tal situação está caracterizada, pois a ave objeto da ação delitiva figura em lista de ameaça de extinção editada pelo Ministério do Meio Ambiente (Portaria n. 444/2014). *3. Agravo regimental desprovido. (AgRg no CC n. 151.367 – SC, STJ, 3ª Seção, unânime, Rel. Min. Antonio Saldanha Palheiro, julgado em 13.6.2018, publicado no DJ em 22.6.2018)*

69.5.2 [...] A *ratio essendi* das normas consagradas no direito interno e no direito convencional conduz à conclusão de que a transnacionalidade do crime ambiental, voltado à exportação de animais silvestres, atinge interesse direto, específico e imediato da União, voltado à garantia da segurança ambiental no plano internacional, em atuação conjunta com a Comunidade das Nações. (a) Atrai a competência da Justiça Federal a natureza transnacional do delito ambiental de exportação de animais silvestres , nos termos do art. 109, IV, da CF/88 ; (b) In casu, cuida-se de envio clandestino de animais silvestres ao exterior, a implicar interesse direto da União no controle de entrada e saída de animais do território nacional, bem como na observância dos compromissos do Estado brasileiro perante a Comunidade Internacional, para a garantia conjunta de concretização do que estabelecido nos acordos internacionais de proteção do direito fundamental à segurança ambiental. [...] Recurso extraordinário a que se dá provimento, com a fixação da seguinte tese: "Compete à Justiça Federal processar e julgar o crime ambiental de caráter transnacional que envolva animais silvestres, ameaçados de extinção e espécimes exóticas ou protegidas por Tratados e Convenções internacionais". *(RE n. 835.558 – SP, STF, Plenário, Rel. Min. Luiz Flux, julgado em 9.2.2017, publicado no DJ em 8.8.2017)*

69.5.2 [...] 1. O acórdão proferido pela Turma Recursal diverge da orientação desta Corte no sentido de que, nos termos do art. 109, IV, da Constituição Federal, compete à Justiça Federal o julgamento de crime ambiental praticado no âmbito de rio interestadual que, conforme previsto no art. 20, III, da Lei Maior, trata-se de bem da União (RE 1.377.232, Rel. Min. Ricardo Lewandowski). 2. Nessa mesma linha: RE 1.363.018, Relª. Minª. Rosa Weber; RE 1.152.289, Rel. Min. Celso de Mello; REs 1.259.098 e 1.181.354, Rel. Min. Edson Fachin; RE 1.146.353, Rel. Min. Luiz Fux; RE 1.176.156, Rel. Min. Luís Roberto Barroso; RE 1.275.440, Rel. Min. Ricardo Lewandowski; e, em caso análogo aos dos autos, o RE 1.362.909, Rel. Min. Gilmar Mendes. [...] *(Agravo Regimental em Recurso Extraordinário nº 1404594, STF, 1ª Turma, Rel. Min. Roberto Barroso, sessão virtual de 9.12.2022 a 16.12.2022, publicado no DJ em 9.2.2023)*

69.5.2 [...] 3. Assim sendo, para atrair a competência da Justiça Federal, o dano decorrente de pesca proibida em rio interestadual deveria gerar reflexos em âmbito regional ou nacional, afetando trecho do rio que se alongasse por mais de um Estado da Federação, como ocorreria se ficasse demonstrado que a atividade pesqueira ilegal teria o condão de repercutir negativamente sobre parte significativa da população de peixes ao longo do rio, por exemplo, impedindo ou prejudicando seu período de reprodução sazonal. 4. Situação em que os danos ambientais afetaram apenas a parte do rio próxima ao Município em que a infração foi verificada, visto que a denúncia informa que apenas dois espécimes, dentre os 85 Kg (oitenta e cinco quilos) de peixes capturados, tinham tamanho inferior ao mínimo permitido e os apetrechos de pesca apresentavam irregularidades como falta de plaquetas de identificação, prejuízos que não chegam a atingir a esfera de interesses da União. 5. Conflito conhecido, para declarar a competência do Juízo de Direito da Vara Única da Comarca de Coromandel/MG, o suscitado. *(Conflito de Competência n. 146.373-MG, STJ, 3ª Seção, unânime, Rel. Min. Reynaldo Soares da Fonseca, julgado em 11.05.2016, publicado no DJ em 17.05.2016)*

69.5.3. Casuística constitucional: (f) "Crimes políticos" e os "Crimes contra o Estado Democrático de Direito". Durante muito tempo, remanesceram dúvidas acerca do conceito ou significado dos chamados *crimes políticos*. Sempre dependeriam de lei específica ou teria sido recepcionado o texto da Lei nº 7.170/83 (revogada pela Lei nº 14.197/2021), que cuidava dos crimes *contra a ordem política e social.*

A nosso aviso, de modo geral, isto é, na maioria dos casos, toda produção normativa se orienta pela ordem jurídica em vigor, relativamente à terminologia e às matérias objeto de regulação. Há exceções, como não poderia deixar de ser. A Constituição da República, por exemplo, referiu-se (art. 5º, XLIII) à inafiançabilidade dos *crimes de tortura*, embora não houvesse, ainda, àquele tempo, previsão legislativa (atual Lei nº 9.455/97) de tais espécies de crimes.

Mas a regra não é essa.

Assim, pensamos que os crimes políticos eram aqueles definidos na citada Lei nº 7.170/83, particularmente aqueles que ainda mantinham validade, mesmo após o advento da nova ordem constitucional. De se ver, no ponto, a manifesta incompatibilidade entre a Carta de 1988 e alguns tipos penais ali previstos, de que são exemplos aqueles dispostos nos arts. 23 e 25.

Ocorre que, a partir da vigência da Lei nº 14.197/2021, foram revogados todos os tipos relacionados aos "crimes políticos" previstos na Lei nº 7.170/83, tendo sido inseridos no Código Penal os chamados "Crimes contra o Estado Democrático de Direito".

A Lei nº 14.197/2021 foi publicada no dia 2.9.2021. Nos termos do § 1º do art. 8º da LC nº 95/1998 c/c art. 5º da Lei nº 14.197/2021 (*vigência 90 dias*), ela entrou em vigor no dia 1º.12.2021.

Surge, então, a questão de se saber a quem competirá o julgamento desses novos delitos.

69.5.3.1 Crimes contra *a soberania nacional* (capítulo I). Três tipos foram inseridos no Código Penal no primeiro capítulo dos crimes *contra o estado democrático de direito:* atentado à soberania (art. 369-I*)*; atentado à integridade nacional (art. 359-J*)* e espionagem (art. 359-K).

O crime de *atentado à soberania* (*Negociar com governo ou grupo estrangeiro, ou seus agentes, com o fim de provocar atos típicos de guerra contra o País ou invadi-lo)*, com variação de redação, tem similitude com o disposto no revogado art. 8º da Lei nº 7.170/83 (*Entrar em entendimento ou negociação com governo ou grupo estrangeiro, ou seus agentes, para provocar guerra ou atos de hostilidade contra o Brasil)*. Embora existam posicionamentos defendendo que não mais existiriam "crimes políticos", cremos que há uma identidade muito grande entre os tipos penais.

Já o crime de *atentado à integridade nacional* (*Praticar violência ou grave ameaça com a finalidade de desmembrar parte do território nacional para constituir país independente) tem* identidade típica com o art. 11 da Lei nº 7.170/83 *(Tentar desmembrar parte do território nacional para constituir país independente*).

Por fim, o delito de *espionagem (Entregar a governo estrangeiro, a seus agentes, ou a organização criminosa estrangeira, em desacordo com determinação legal ou regulamentar, documento ou informação classificados como secretos ou ultrassecretos nos termos da lei, cuja revelação possa colocar em perigo a preservação da ordem constitucional ou a soberania nacional)* guarda compatibilidade com o então crime do art. 13 da Lei nº 7.170/83 (*Comunicar, entregar ou permitir a comunicação ou a entrega, a governo ou grupo estrangeiro, ou a organização ou grupo de existência ilegal, de dados, documentos ou cópias de documentos, planos, códigos, cifras ou assuntos que, no interesse do Estado brasileiro, são classificados como sigilosos)*.

Conforme interpretação conferida pelo STF, os crimes políticos, "*para os fins do artigo 102, II, b, da Constituição Federal, são aqueles dirigidos, subjetiva e objetivamente, de modo imediato, contra o Estado como unidade orgânica das instituições políticas e sociais e, por conseguinte, definidos na Lei de Segurança Nacional, presentes as disposições gerais estabelecidas nos artigos 1º e 2º do mesmo diploma legal. 2. "Da conjugação dos arts. 1º e 2º da Lei nº 7.170/83, extraem-se dois requisitos, de ordem subjetiva e objetiva: i) motivação e objetivos políticos do agente, e ii) lesão real ou potencial à integridade territorial, à soberania nacional, ao regime representativo e democrático, à Federação ou ao Estado de Direito. Precedentes" (RC 1472, Tribunal Pleno, Rel. Min. Dias Toffoli, Rev. Ministro Luiz Fux, unânime, j. 25/05/2016)" (RC n 1.473-SP, 1ª Turma, Rel. Min. Luiz Fux, julgado em 14.11.2017, publicado no DJ em 18.12.2017)*.

Urge fazer, então, relevante distinção conceitual. De um lado, haveria as chamadas *infrações políticas,* que sempre foram tratadas como *crimes de responsabilidade,* e, de outro, os *crimes políticos,* que recebem o predicado em razão do conteúdo da respectiva motivação e/ou da natureza dos resultados. Assim, esses novos tipos penais podem ser classificados como *crimes políticos,* pois se referem a condutas que, em abstrato, revelam motivações *políticas do agente* e que trazem lesão real ou potencial à integridade territorial, soberania, ao regime representativo e democrático, à Federação ou ao Estado de Direito. A competência seria federal por força do disposto no art. 109, IV, *primeira parte,* da CF/88.

Como estamos tratando do tema de *competência jurisdicional,* ainda que se queira entender que essas condutas não se amoldariam à definição de *crimes políticos* (e precisaremos aguardar uma posição definitiva da Suprema Corte Brasileira), configurando, apenas *crimes comuns,* não nos restam dúvidas que todos eles trazem em si também violação *direta* a bens, serviços ou interesses da União, especialmente aqueles decorrentes das obrigações *exclusivas* previstas no art. 21, I, II e III, da Constituição Federal (*art. 21. Compete à União: I – manter relações com Estados estrangeiros e participar de organizações internacionais; II – declarar a guerra e celebrar a paz; III – assegurar a defesa nacional*). Assim, incidiria também ao caso a regra geral do art. 109, IV, mas na *segunda parte,* CF/88, que dispõe ser competência da Justiça Federal *"as infrações penais praticadas em detrimento de bens, serviços ou interesses da União".*

A solução da questão, e isso resta claro, é de notável relevância para o fim de se saber se à tais infrações se aplicará, ou não, o quanto disposto no art. 102, II, *b,* da Constituição da República (recurso ordinário para o Supremo Tribunal Federal). Já o veremos.

69.5.3.2 Crimes contra as instituições democráticas *(capítulo II).* Dois tipos penais compõem esse segundo capítulo: art. 359-L (abolição violenta do Estado Democrático de Direito) e art. 359-M (golpe de Estado).

A *abolição violenta do Estado Democrático de Direito* ("*Tentar, com emprego de violência ou grave ameaça, abolir o Estado Democrático de Direito, impedindo ou restringindo o exercício dos poderes constitucionais*") guarda simetria com a ideia central do art. 17 da Lei nº 7.170/83 (*Tentar mudar, com emprego de violência ou grave ameaça, a ordem, o regime vigente ou o Estado de Direito*). Já o crime de *"golpe de Estado"* (*Tentar depor, por meio de violência ou grave ameaça, o governo legitimamente constituído*) interliga-se com a ideia da previsão abstrata então existente no art. 18 da LSN, embora os verbos nucleares não tenham uma total similitude.

Compreendemos que o raciocínio é o mesmo do item anterior: mesmo que não sejam *enquadrados como crimes políticos,* permanece caracterizada a competência federal por se tratar de condutas que atingem diretamente bens, serviços e interesses da União.

69.5.3.3 Crimes contra o funcionamento das instituições democráticas no processo eleitoral *(capítulo III).*

O art. 359-N trata do crime de *"interrupção do processo eleitoral",* consistente na conduta abstratamente prevista de *"Impedir ou perturbar a eleição ou a aferição de seu resultado, mediante violação indevida de mecanismos de segurança do sistema eletrônico de votação estabelecido pela Justiça Eleitoral".*

Esse crime aborda conduta que protege interesses do processo democrático eleitoral e bem poderia ter sido incluído não no Código Penal, mas no capítulo II do Código Eleitoral (Lei nº 4.737/65). Como de algum tempo as eleições são feitas pelo sistema *eletrônico,* o tipo penal inserido na legislação tem por finalidade a proteção de qualquer conduta que *impeça ou perturbe a eleição ou aferição do seu resultado* mediante violação dos mecanismos de segurança dos sistemas. Veja-se que não é necessário nenhum resultado efetivo de alteração dos dados para a tipificação da conduta.

Mas nessa parte, compreendemos que o tipo penal em voga é da competência da Justiça Eleitoral (especializada), presente a ressalva expressa da parte final do inciso IV do art. 109 da Constituição Federal.

No art. 359-P, temos o delito de "violência política", consistente em "*restringir, impedir ou dificultar, com emprego de violência física, sexual ou psicológica, o exercício de direitos políticos a qualquer pessoa em razão de seu sexo, raça, cor, etnia, religião ou procedência nacional*". Também aqui não há uma proteção ao *sistema como um todo*, mas de direitos de *qualquer pessoa* que estejam sendo restringidos, impedidos ou dificultados por alguma ação de emprego de violência física, sexual ou psicológica em razão de seu sexo, raça, cor, etnia, religião ou procedência nacional. O crime agora tipificado tem indiscutível proteção dos *direitos políticos de qualquer pessoa*, de modo que a razão anterior aqui também se faz presente: a competência é da Justiça Eleitoral.

Fosse preciso algum acréscimo, basta que se atente para a definição constitucional dos *direitos políticos*, cuja regulação se encontra no art. 14, art. 15 e art. 16, todos a cuidar do *direito ao sufrágio, pelo voto direto e secreto, do alistamento eleitoral e com remissão expressa ao processo eleitoral.*

69.5.3.4 Crimes contra o funcionamento dos serviços essenciais. *(capítulo IV)*. Aqui se trata de um único crime, de *sabotagem* (art. 359-R), que prevê como típica a conduta de "*Destruir ou inutilizar meios de comunicação ao público, estabelecimentos, instalações ou serviços destinados à defesa nacional, com o fim de abolir o Estado Democrático de Direito*".

Referida conduta tinha previsão similar no art. 15 da LSN, que dispunha ser crime "*praticar sabotagem contra instalações militares, meios de comunicações, meios e vias de transporte, estaleiros, portos, aeroportos, fábricas, usinas, barragem, depósitos e outras instalações congêneres*".

Ao nosso sentir, a solução da questão há de ser diversa das hipóteses anteriores, permitindo três enquadramentos (com alteração de competências). E para tanto partimos da premissa do julgado anteriormente mencionado (RC nº 1.473-SP, DJ 18.12.2017), que tratava de conduta tipificada no art. 15 da Lei nº 7.170/83. Naquele caso, restou comprovado que as razões da prática do *crime de sabotagem* não foram motivações *políticas*, e sim, ao que pareceu, de *vingança*. Como não havia motivação política, não estaria caracterizado o crime *político* previsto no art. 15, restando o réu absolvido.

Significa que, se a *motivação for política*, o delito do art. 359-I pode ser enquadrado como *crime político* (exatamente na delineação e requisitos conferidos pelo STF no precedente retromencionado), atraindo a competência da Justiça Federal por força do disposto na primeira parte do inciso IV do art. 109 da CF/88. Em tal hipótese se aplicaria o regime recursal ordinário para o Supremo Tribunal Federal.

De outro lado, se não houver a motivação política, mas a *sabotagem* atingir *diretamente* bens, serviços ou interesses da União, suas entidades autárquicas ou empresas públicas, a competência ainda será federal, mas pela segunda parte do inciso IV do art. 109 da CF/88.

Por fim, se a conduta não estiver enquadrada nessa competência federal, poderá sê-la da Justiça Estadual, de modo residual.

Jurisprudência

69.5.3.4 [...] 1. Recurso ordinário constitucional interposto em face de decisão que rejeitou a denúncia de imputação do crime político de sabotagem contra meios e vias de transporte (art. 15 da Lei nº 7.170/1983), em razão das condutas de liderar movimento de bloqueio de rodovias federais e constranger caminhoneiros a paralisarem o transporte de mercadorias.

2. Conforme jurisprudência consolidada no Supremo Tribunal Federal, da conjugação dos arts. 1º e 2º da Lei nº 7.170/1983, extraem-se dois requisitos para a configuração do delito ali tipificado, um de ordem subjetiva e um de ordem objetiva: (i) motivação e objetivos políticos do agente e (ii) lesão real ou potencial à integridade territorial, à soberania nacional, ao regime representativo e democrático, à Federação ou ao Estado de Direito (RC 1.472, Tribunal Pleno, Rel. Min. Dias Toffoli).

3. No caso concreto, as condutas imputadas ao acusado, embora potencialmente tenham causado transtornos à economia e à produção nacionais, bem como à circulação de pessoas e mercadorias, não chegaram a colocar em risco os bens jurídicos mencionados nos incisos do art. 1º da Lei nº 7.170/1983 (a integridade territorial e a soberania nacional; o regime representativo e democrático, a Federação e o Estado de Direito; a pessoa dos chefes dos Poderes da União).

4. Em 1º de setembro de 2021, foi publicada a Lei nº 14.197, que revogou a Lei nº 7.170/1983 e incluiu o Título XII na Parte Especial do Código Penal, com vigência prevista para 90 (noventa) dias após sua publicação oficial. Com a nova lei, algumas condutas foram efetivamente abolidas do nosso ordenamento jurídico, enquanto outras foram substancialmente mantidas, embora em outros dispositivos penais, ocorrendo a chamada continuidade normativo-típica.

5. Com o advento da Lei nº 14.197/2021 e a consequente revogação do art. 15 da Lei nº 7.170/1983, o crime de sabotagem passou a estar previsto no art. 359-R do Código Penal. O novo dispositivo, embora semelhante ao revogado art. 15 da Lei nº 7.170/1983, traz modificações importantes, que implicam apenas parcial continuidade normativo-típica em relação à revogada Lei de Segurança Nacional. A começar pelo núcleo do tipo, que agora prevê os verbos destruir ou inutilizar. Além disso, a configuração do delito requer que a conduta seja dirigida contra meios de comunicação ao público, estabelecimentos, instalações ou serviços destinados à defesa nacional, com a finalidade específica de abolir o Estado Democrático de Direito. A hipótese acusatória não imputa ao réu tais condutas.

6. Recurso a que se nega provimento. *(Recurso Crime nº 1.475, STF, Plenário, Rel. Min. Roberto Barroso, sessão virtual de 30.9.2022 a 7.10.2022, publicado no DJ em 18.10.2022)*

69.5.3.5 Crime de incitação de animosidade. A Lei nº 14.197/2021 incluiu ainda o parágrafo único ao art. 286 (*incitação ao crime*), prevendo aplicação da mesma pena (3 a 6 meses de detenção, ou multa) para quem "*incita, publicamente, animosidade entre as Forças Armadas, ou delas contra os poderes constitucionais, as instituições civis ou a sociedade*". A rigor, não parece claramente assentada a natureza do citado delito, se de conteúdo político, se comum. O limite entre eles haverá de ser encontrado em cada caso concreto, mas, em princípio, aquele que assim se conduz pode indicar forte motivação de ruptura política, possivelmente dirigida ao estado de conflagração, hipótese em que será irrecusável a sua definição como crime político.

Se, ao contrário, a conduta não ostentar potencialidade lesiva de tal elevação de censura, pensamos que o fato deverá ser tratado como crime comum, como tipificação agora específica, sem prejuízo da aplicação de regras concursais, se mais grave o resultado. De todo modo, a competência também será federal nesse caso específico, forte no art. 109, IV, CF/88.

Reiteramos destaque até então feito nessa obra que, em relação aos delitos que sejam enquadrados como *crimes políticos*, há uma particularidade. A competência será da

Justiça Federal, mas serão objeto de recurso ordinário ao STF (art. 102, II, *b*). Há dúvidas se haveria eventual supressão de instância (a do Tribunal Regional Federal) para tais delitos. Pensamos que não.

Nos termos do art. 108, da Constituição, cabe aos Tribunais Regionais Federais o julgamento, em grau de recurso, das decisões proferidas pelos juízes federais (art. 108, II), texto esse perfeitamente compatível com a previsão de cabimento de recurso ordinário para o Supremo Tribunal Federal. Assim, esse último recurso (o ordinário) será cabível apenas da decisão dos Tribunais Regionais Federais. Justificada a escolha do constituinte pela existência de três níveis de apreciação ordinária da matéria, exatamente em razão das particularidades que envolvem os crimes políticos.

Por fim, remetemos ao item 650.11, em que se aborda a competência para *habeas corpus* contra decisões de juízes para trancamento de ação penal por crimes, agora, inseridos pela Lei nº 14.197/2021, se caracterizados como crimes *políticos*.

69.5.4. Crimes contra a organização do trabalho, contra o sistema financeiro e contra a ordem econômico-financeira

A se interpretar o texto pela sua literalidade, seria da competência da Justiça Federal o julgamento da *totalidade* dos crimes contra a organização do trabalho, enquanto os demais, contra a ordem econômico-financeira, dependeriam de previsão expressa na Lei (veja-se: *e, nos termos da Lei...*).

No entanto, não é esse o posicionamento da jurisprudência nacional.

Entende-se, ao contrário, que apenas os delitos que tivessem dimensão nacional, isto é, que atingissem as instituições essenciais à organização do trabalho (questões envolvendo Sindicatos, Confederações etc., mas não só), seriam da competência federal.

Compreensível. Mas de dificílima aplicabilidade. Não se sabe exatamente quais seriam os delitos com capacidade para revelar semelhante potencialidade. Seria preferível buscar uma distinção, não na identificação de instituições envolvidas, mas na consequência difusa ou coletiva da ação delituosa, relativamente ao desenvolvimento regular das atividades setoriais do trabalho. Assim, percebe-se, por exemplo, que a lesão a trabalhadores em relação ao pagamento de horas extras (exigência de marcação de ponto de saída durante a atividade laboral), ainda que operada em relação à totalidade de uma grande empresa, envolvendo, portanto, um grande número de trabalhadores, não se prestaria a atingir *a organização do trabalho*.

Já o delito do art. 207 do Código Penal (arregimentação de trabalhadores de uma zona para outra) teria outra dimensão, na medida em que atingiria não só direitos trabalhistas, mas também o regular desenvolvimento das atividades de comércio e de indústria das respectivas regiões afetadas, alterando, nesse contexto, o próprio mercado de trabalho local. Em relação aos crimes contra a ordem econômico-financeira, é de se atentar para a legislação de regência da matéria, tal como ocorre, por exemplo, com a Lei nº 8.176/91, que cuida de crimes contra matéria-prima pertencente à União, na modalidade de usurpação, e de crime contra a ordem econômica. Quanto a estes últimos a Constituição remete expressamente à competência federal (art. 109, VI).

No que se refere aos crimes contra o sistema financeiro (mencionados também no item 78.6), há se ter o devido cuidado. É que o art. 26 da Lei nº 7.492/86 prevê que todas as condutas criminosas que se enquadrarem nessa legislação importarão automaticamente a competência da Justiça Federal (inclusive para os delitos conexos). Importante ver - e deixar bem expresso - que, diferentemente da regra geral do inciso IV do art. 109 da CF, aqui não se deve fazer uma avaliação se a conduta, no caso concreto, atingiu bens, serviços ou interesses da União Federal, empresas públicas ou autarquias. Desse modo, todos os tipos penais atraem automaticamente a competência da Justiça Federal. Se eventualmente uma conduta não se amoldar ao que previsto especificamente na lei, aí se pode cogitar a aplicação subsidiária da regra do art. 109, IV, CF. Assim, e por exemplo, se não houver fraude na obtenção de *financiamento* (art. 19, Lei nº 7.492/86, que tem *destinação específica de valores*), mas fraude na obtenção de *empréstimo bancário* (sem destinação específica), a competência *poderá ser federal* se preenchidos os requisitos do inciso IV do art. 109 da CF (não mais se aplicando automaticamente o disposto no art. 26 da Lei nº 7.492/86).

E dentro desse tema de competência para julgamento dos crimes contra o sistema financeiro nacional, exsurge um tema bastante complexo, que diz respeito aos crimes praticados mediante a utilização de *criptomoedas*.

Como se vê dos principais julgados do STJ até o presente momento (v.g. *CC nº 161.123-SP, STJ, 3ª Seção, julgado em 28.11.2018; CC n. 187.976-RS, STJ, 3ª Seção, Rel. Min. Laurita Vaz, julgado em 10.8.2022, publicado no DJ em 18.8.2022; Habeas Corpus nº 530.563-RS, STJ, 6ª Turma, Rel. Ministro Sebastião Reis Júnior, julgado em 5.3.2020, publicado no DJ em 12.3.2020)*, só o fato de serem utilizadas *criptomoedas* na prática de crimes não atrairia automaticamente hipótese de competência federal, na medida em que, quando proferidos os julgados, não havia qualquer regulamentação a respeito desse tipo de *"moeda"*.

Entretanto, em 11.10.2022, alguns criptoativos foram regulamentados pela Comissão de Valores Mobiliários.

A questão que nos interessa aqui é o questionamento: essa "nova regulamentação" altera a compreensão no sistema de competências (que já falamos anteriormente) para julgar crimes eventualmente cometidos utilizando criptoativos ?

De se ver que, de acordo com a atual regulamentação, nem todo criptoativo será considerado um valor mobiliário nos termos da Lei 6.385/1796 (para melhor compreensão, sugerimos a leitura do texto intitulado *"O avanço do marco regulatório da criptoeconomia e suas repercussões no campo penal"*, publicado em 12.11.2022 pelo Professor Vladimir Aras em https://vladimiraras.blog/2022/10/12/o-avanco-do-marco-regulatorio-da-criptoeconomia-e-suas-repercussoes-no-campo-penal/).

Ocorre que, partindo-se das premissas também do STJ, só fato de se utilizar um valor mobiliário não se tem, automaticamente, competência da Justiça Federal. Noutras palavras, a utilização de criptoativos merece uma interpretação também restritiva, no sentido de que nem toda utilização da moeda virtual atrairá a competência federal.

Noutras palavras, à luz desses precedentes, podemos deixar algumas conclusões: a) a utilização, por sí só, de criptomoedas na prática de crimes não configura competência federal (mesmo aqueles que sejam considerados *valores mobiliários*), salvo se atingir coletivamente o sistema financeiro nacional; b) Se a conduta com o uso de criptoativos agora regulamentados implicar a prática também de crime previsto na Lei nº 7.492/86, aí a competência será federal, inclusive para os crimes conexos.

Por fim, importante regulamentação sob o aspecto penal foi inserida no cenário nacional com a promulgação da Lei nº 14.478, de 21 de dezembro de 2022.

Duas relevantes alterações no âmbito penal.

A primeira é a criação do tipo penal de "fraude com a utilização de ativos virtuais, valores mobiliários ou ativos financeiros, agora no art. 171-A do CP: *"Organizar, gerir, ofertar ou distribuir carteiras ou intermediar operações que envolvam ativos virtuais, valores mobiliários ou quaisquer ativos financeiros com o fim de obter vantagem ilícita, em prejuízo alheio, induzindo ou mantendo alguém em erro, mediante artifício, ardil ou qualquer outro meio fraudulento. Pena – reclusão, de 4 (quatro) a 8 (oito) anos, e multa."*

A segunda, com alterações na Lei de Lavagem de Dinheiro (Lei nº 9.613/98), que passou a prever:

a) A causa de aumento do § 4º do art. 1º será de "1/3 (um terço) a 2/3 (dois terços) se os crimes definidos nesta Lei forem cometidos de forma reiterada, por intermédio de organização criminosa ou por meio da utilização de ativo virtual";

b) Que estão sujeitas às obrigações referidas nos arts. 10 e 11 da Lei de Lavagem de Dinheiro também as empresas prestadoras de serviços de ativos virtuais (novo inciso XIX do art. 9º);

c) No inciso II do art. 10 que deverão ser mantidos os registros de "toda transação em moeda nacional ou estrangeira, títulos e valores mobiliários, títulos de crédito, metais, ativos virtuais, ou qualquer ativo passível de ser convertido em dinheiro, que ultrapassar limite fixado pela autoridade competente e nos termos de instruções por esta expedidas"

Sob o aspecto processual, especificamente da competência, cremos que há uma substancial alteração.

É que o art. 11 da Lei nº 14.478/2022 inseriu o inciso I-A ao parágrafo único do art. 1º da Lei nº 7.492/86, dispondo, agora, de forma bem expressa, que é equiparada à instituição financeira a *"pessoa jurídica que ofereça serviços referentes a operações com ativos virtuais, inclusive intermediação, negociação ou custódia"*.

Nada obstante o disposto no art. 3° da Lei 14.478/2022 (*que, de certa forma, era um critério não explícito norteador do raciocínio a jurisprudência para a definição da competência, inclusive por nós destacado anteriormente quanto à regulamentação administrativa dos criptoativos*), o fato é que, a partir da vigência da nova legislação, todas pessoas jurídicas que ofereçam serviços com operações de ativos virtuais são consideradas instituições financeiras para fins legais. Não se olvide que, há bastante tempo, a jurisprudência tem reconhecido (para nós de forma correta) que a prática do crime do art. 16 da Lei nº 7.492/86 abrange as pessoas jurídicas regulares e também as "irregulares", que não têm autorização para funcionar no mercado financeiro.

Em síntese, a conclusão é que, a partir da vigência da Lei nº 14.478/2022, todas as negociações em que houver a prática de crimes por intermédio de instituições (regulares ou não !) envolvendo ativos virtuais serão de competência da Justiça Federal.

A Lei foi publicada no dia 22.12.2022. Nos termos do art. 8º, §1º da LC nº 95/98, tomando-se como base o disposto no art. 14 da Lei nº 14.478 (vacância de 180 dias), as novas disposições entrarão em vigor no dia 20.6.2023.

A alteração legal trará a consequência de modificar, a partir da vigência da lei, a competência dos processos que estão/estavam em trâmite na Justiça Estadual, preservados todos os atos processuais até então praticados, sendo desnecessária qualquer "ratificação" dos atos até então praticados, na medida que foram realizados pelo juízo competente.

Jurisprudência

69.5.4. [...] 1. A Terceira Seção firmou compreensão no sentido de que a oferta de serviços de compra e venda exclusivamente de criptomoedas ou moedas virtuais não se insere na competência da Justiça Federal, por não se cuidarem de ativos regulados pelo Banco Central do Brasil ou pela Comissão de Valores Mobiliários.

2. O caso dos autos, entretanto, possui nuances distintas, uma vez que a atividade exercida pelo investigado não se limitava à compra e venda de criptomoedas, mas incluía também atividades fiscalizadas pela União, tais como a operação de serviços de câmbio, bem assim a captação de recursos em moeda corrente com oferta de rendimentos.

3. Na situação concreta, eram ofertados à venda, por meio de página eletrônica na internet e em redes sociais, lotes de pedras preciosas, aos quais era atribuído um valor em dólares americanos (U$) e reais (R$), e que eram adquiridos pelo particular por meio de contrato de adesão e pagos em reais (R$), com a promessa de rendimentos em criptomoedas. Ao final do prazo contratado, haveria nova conversão em moeda corrente nacional (R$), espécie em que o adquirente receberia o valor investido e o respectivo lucro da aplicação financeira. Tal contexto configura a atuação irregular como instituição financeira, pela captação de recursos, em moeda nacional, com oferta de investimentos.

4. Caracterização da competência federal, nos termos do art. 109, inciso VI, da Constituição da República, a qual se estende aos demais delitos conexos, nos termos da Súmula n. 122 do Superior Tribunal de Justiça. Precedente da Sexta Turma.

5. Conflito conhecido para declarar competente o Juízo Federal da 22.ª Vara Federal de Porto Alegre - SJ/RS, o Suscitante. *(Conflito de Competência n. 187.976-RS, STJ, 3ª Seção, Rel. Min. Laurita Vaz, julgado em 10.8.2022, publicado no DJ em 18.8.2022)*

69.5.4. [...] 1. A decisão agravada foi clara no sentido de que a conduta investigada (obtenção de financiamento fraudulento para aquisição de veículo automotor) amolda-se ao tipo penal do art. 19 da Lei n.º 7.492/1986, ou seja, crime contra o Sistema Financeiro Nacional, cuja competência para julgamento é da Justiça Federal, segundo previsão expressa do art. 26 da referida Lei e do art. 109, inciso VI, da Constituição da República.

2. Ausência de omissões a serem sanadas.

3. Embargos de declaração rejeitados. *(Embargos de Declaração no Agravo Regimental no Conflito de Competência nº 167.330/SP, STJ, 3ª Seção, unânime, Rel. Min. Laurita Vaz, julgado em 12.2.2020, publicado no DJ em 3.3.2020)*

69.5.4. [...] Operação Egypto. Suposta incompetência da Justiça Federal. Manifesta improcedência. Caso que ostenta contornos distinto do CC nº 161.123-SP [...] Denúncia ofertada na qual é narrada a efetiva oferta de contrato coletivo de investimento atrelado à especulação no mercado de criptomoeda. [...] 1. A Terceira Seção desta Corte decidiu que a operação envolvendo compra ou venda de criptomoedas não encontra regulação no ordenamento jurídico pátrio, pois as moedas virtuais não são tidas pelo Banco Central do Brasil (BCB) como moeda, nem são consideradas como valor mobiliário pela Comissão de Valores Mobiliários (CVM), não caracterizando sua negociação, por si só, os crimes tipificados nos arts. 7.º, II, e 11, ambos da Lei n. 7.492/1986, nem mesmo o delito previsto no art. 27-E da Lei n. 6.385/1976 (CC n. 161.123/SP, *DJe* 5/12/2018). [...] 3. O caso dos autos não guarda similitude com o precedente, pois já há denúncia ofertada, na qual foi descrita e devidamente delineada a conduta do paciente e dos demais corréus no sentido de oferecer contrato de investimento coletivo, sem prévio registro de emissão na autoridade competente. 4. Se a denúncia imputa a efetiva oferta pública de contrato de investimento coletivo (sem prévio registro), não há dúvida de que incide as disposições contidas na Lei n. 7.492/1986, notadamente porque essa espécie de contrato consubstancia valor mobiliário, nos termos do art. 2.º, IX, da Lei n. 6.385/1976. [...] *(Habeas Corpus nº 530.563-RS, STJ, 6ª Turma, Rel. Min. Sebastião Reis Júnior, julgado em 5.3.2020, publicado no DJ em 12.3.2020).*

69.5.4. [...] Conflito negativo de competência. [...] Justiça estadual e Justiça federal. Investigado que atuava como *trader* de criptomoeda (*bitcoin*), oferecendo rentabilidade fixa aos investidores. [...] Operação que não está regulada pelo ordenamento jurídico pátrio. *Bitcoin* que não tem natureza de moeda nem valor mobiliário. [...] 1. A operação envolvendo compra ou venda de criptomoedas não encontra regulação no ordenamento jurídico pátrio, pois as moedas virtuais não são tidas pelo Banco Central do Brasil (BCB) como moeda, nem são consideradas como valor mobiliário pela Comissão de Valores Mobiliários (CVM), não caracterizando sua negociação, por si só, os crimes tipificados nos arts. 7.º, II, e 11, ambos da Lei n. 7.492/1986, nem mesmo o delito previsto no art. 27-E da Lei n. 6.385/1976. [...] 3. Em relação ao crime de evasão, é possível, em tese, que a negociação de criptomoeda seja utilizada como meio para a prática desse ilícito, desde que o agente adquira a moeda virtual como forma de efetivar operação de câmbio (conversão de real em moeda estrangeira), não autorizada, com o fim de promover a evasão de divisas do país. No caso, os elementos dos autos, por ora, não indicam tal circunstância, sendo inviável concluir pela prática desse crime apenas com base em uma suposta inclusão de pessoa jurídica estrangeira no quadro societário da empresa investigada. [...] 5. Inexistindo indícios, por ora, da prática de crime de competência federal, o procedimento inquisitivo deve prosseguir na Justiça estadual, a fim de que se investigue a prática de outros ilícitos, inclusive estelionato e crime contra a economia popular. [...] *(Conflito de Competência nº 161.123-SP, STJ, 3ª Seção, Rel. Min. Sebastião Reis Júnior, unânime, julgado em 28.11.2018, publicado no DJ em 5.12.2018).*

69.5.4. [...] Com base na orientação contida no verbete n. 115 da Súmula do extinto Tribunal Federal de Recursos, a jurisprudência deste Superior Tribunal de Justiça consagrou-se no sentido de que o julgamento pela prática do delito do art. 203 do Código Penal, consistente em frustração de direito assegurado por lei trabalhista, somente compete à Justiça Federal quando o interesse em questão afetar órgãos coletivos do trabalho ou a organização geral do trabalho. Precedentes. 2. Também o Supremo Tribunal Federal, em mais de uma ocasião, afirmou que somente se firmará a competência da Justiça Federal, prevista no art. 109, VI, da CF, quando houver ofensa ao sistema de órgãos e institutos destinados a preservar, coletivamente, os direitos e deveres dos trabalhadores. Precedentes: RE n. 398041 (Relator Min. Joaquim Barbosa, Tribunal Pleno, julgado em 30/11/2006 [...]), que examinava a competência para o julgamento do delito de redução de trabalhadores à condição análoga de escravo (art. 149, CP); e RE 449.848 (Relator Min. Gilmar Mendes, Segunda Turma, julgado em 30/10/2012 [...]) no qual se examinava a competência para o julgamento do delito descrito no art. 207, § 1º e 2º, do Código Penal (Aliciamento de trabalhadores de um local para outro do território nacional). [...] *(Conflito de Competência n. 137.045-SP, STJ, 3ª Seção, unânime, Rel. Min. Reynaldo Soares da Fonseca, julgado em 24.02.2016, publicado no DJ em 29.02.2016)*

69.5.5. Crimes previstos em tratados e convenções internacionais: Ora, tratando-se de delitos cuja repressão tenha sido objeto de subscrição nacional a tratado ou convenção nacional, não há de causar qualquer surpresa ou embaraço a jurisdição federal, já que se cuida da possível responsabilização da União ou do Governo brasileiro.

A primeira exigência, portanto, é que se trate de crimes de interesse da comunidade internacional, cuja reprovação seja compartilhada para além das fronteiras nacionais, e para os quais o Brasil tenha se comprometido a diligenciar no seu enfrentamento.

A segunda, na mesma linha de desdobramento lógico, é a *internacionalização* da conduta; isto é, é preciso que o início ou a consumação (incluindo o local onde *deveria* se consumar) seja em território nacional, e o outro (início ou consumação) em território estrangeiro.

Relativamente à tentativa, cabem algumas considerações.

No tráfico internacional de drogas, por exemplo, a totalidade da conduta poderá operar-se em território nacional, sem que se possa falar em tentativa. Basta que a droga apreendida se destine a qualquer local fora do território nacional para que se caracterize o tráfico internacional. Note-se que a *internacionalização* é que seria *tentada*. No entanto, ela não constitui elementar do tipo, mas elemento definidor de competência jurisdicional. Nada mais.

Outros tipos penais, contudo, permitirão a modalidade tentada; exige-se, então, que o envio ao exterior seja elementar do crime, como pode ocorrer com alguns crimes de lenocínio (arts. 227 e seguintes, CP).

São exemplos de tratados subscritos pelo Brasil: Pacto Internacional de Direitos Civis e Políticos (1966), na Convenção Americana de Direitos Humanos (Pacto de San José da Costa Rica, de 1969), na Convenção Internacional contra a Tortura e – outras Formas de Tratamento ou Punição Cruéis, Desumanos ou Degradantes (1984) e na Convenção Internacional dos Direitos da Criança (1989). Também sobre o tráfico de pessoas, nos termos do Protocolo de Palermo (vide igualmente o Decreto nº 5.017/2004, que promulga o Protocolo Adicional à Convenção das Nações Unidas contra o crime organizado transnacional relativo à prevenção, repressão e punição do tráfico de pessoas, em especial mulheres e crianças). Sobre esse último, remete-se às alterações promovidas pela Lei nº 13.344, de 6.10.2016 (em vigor 45 dias após sua publicação), que modificou a redação do art. 149-A e revogou os arts. 231 e 231-A, todos do Código Penal.

Jurisprudência

69.5.5 [...] Esta Corte possui o entendimento de que compete à Justiça Federal processar e julgar os crimes dos arts. 241, 241-A e 241-B da Lei n. 8.069/1990, quando praticados por meio da rede mundial de computadores. Ademais, prevalece a competência da Justiça Federal, caso o aludido material pornográfico tenha estado acessível por alguém no estrangeiro, ainda que não haja evidências de que esse acesso realmente ocorreu. [...] No caso dos autos, o programa P2P (*Peer-to-Peer*), utilizado pelo acusado, tem como uma das suas principais características o fato de que os arquivos existentes na pasta compartilhada do computador membro estarão 'visíveis' para os demais componentes da rede. Assim, estarão disponíveis a usuários indefinidos e ilimitados, inclusive no estrangeiro, bastando que instalem o aludido programa em seus dispositivos eletrônicos, para que possam obter acesso ao conteúdo pornográfico ilícito, o que caracteriza a competência da Justiça Federal. Precedente. [...] *(Agravo Regimental no Recurso Especial nº 2.090.231-SP, STJ, 5ª Turma, Rel. Min. Joel Ilan Paciornik, julgado em sessão virtual de 11.6.2024 a 17.6.2024, publicado no DJ em 17.6.2024)*

69.5.5 [...] 1. Compete à Justiça Federal processar e julgar os crimes consistentes em disponibilizar ou adquirir material pornográfico envolvendo criança ou adolescente quando praticados por meio da rede mundial de computadores. 1.1 O acórdão impugnado se harmoniza com a jurisprudência desta Corte Superior de Justiça no sentido de que a utilização do programa *eMule* tem o condão de possibilitar o acesso do material proibido para computadores localizados em diversas partes do mundo. Por derradeiro, ressalte-se que a perícia técnica realizada no caso concreto, a qual embasou o acórdão impugnado, foi clara ao afirmar que encontrou o *software* de compartilhamento P2P *eMule*. *[...] (Agravo Regimental no Recurso Especial nº 2.108.921-PR, STJ, 5ª Turma, Rel. Min. Joel Ilan Paciornik, sessão virtual de 12.3.2024 a 18.3.2024, publicado no DJ em 20.3.2024)*

69.5.5 [...] 1. A situação retratada nos autos diz respeito à prática conhecida como *ransomware* ou extorsão digital ou cibernética, e que consiste, em síntese, no procedimento em que terceiro, por meio da *internet*, entra ilegalmente nos sistemas de informações de uma instituição e bloqueia o acesso ao banco de dados, passando a exigir do proprietário o pagamento de determinada quantia para que este possa novamente acessar as informações que lhe pertencem.
2. O referido crime está entre aqueles que o Brasil se comprometeu a reprimir, ao firmar, em 2001, em Budapeste, a Convenção sobre o Crime Cibernético, que foi internalizada por meio do Decreto Legislativo n. 37/2021, e promulgada pelo Decreto n. 11.491/2023.
3. Em se tratando de crime previsto em tratado ou convenção internacional, a competência da Justiça Federal é firmada quando *"quando, iniciada a execução no País, o resultado tenha ou devesse ter ocorrido no estrangeiro, ou reciprocamente"* (art. 109, inciso V, da Constituição da República), ou se for praticado *"em detrimento de bens, serviços ou interesse da União ou de suas entidades autárquicas ou empresas públicas"*, nos termos do inciso IV, do mesmo dispositivo constitucional. Basta a presença de uma dessas hipóteses para que seja firmada a competência da Justiça Federal, não sendo necessária a presença concomitante de ambas, como entendeu o Juízo Suscitante. [...] *(Conflito de Competência nº 197.032-AM, STJ, 3ª Seção, Rel. Min. Laurita Vaz, julgado em 14.6.2023, publicado no DJ em 21.6.2023)*

69.5.55 [...] 2. Tendo sido firmado pelo Supremo Tribunal Federal o entendimento de que a homofobia traduz expressão de racismo, compreendido em sua dimensão social, caberá a casos de homofobia o tratamento legal conferido ao crime de racismo.
3. No caso, os fatos narrados pelo Ministério Público estadual indicam que a conduta do Investigado não se restringiu a uma pessoa determinada, ainda que tenha feito menção a ato atribuído a um professor da rede pública, mas diz respeito a uma coletividade de pessoas.
4. Demonstrado que as falas de suposto cunho homofóbico foram divulgadas pela *internet*, em perfis abertos da rede social *Facebook* e da plataforma de compartilhamento de vídeos *Youtube*, ambos de abrangência internacional, está configurada a competência da Justiça Federal para o processamento e julgamento do feito. [...] *(Conflito de Competência nº 191.970–RS, STJ, 3ª Seção, Rel. Min. Laurita Vaz, julgado em 14.12.2022, publicado no DJ em 19.12.2022)*

69.5.5 [...] Conforme a orientação firmada pelo Supremo Tribunal Federal, em repercussão geral, no julgamento do RE n. 628.624/MG, a internacionalidade do delito exige, primeiro, que a publicação do material pornográfico tenha sido em "ambiência virtual de sítios de amplo e fácil acesso a qualquer sujeito, em qualquer parte do planeta, que esteja conectado à internet". Mas não só isso; é preciso também que "o material pornográfico envolvendo crianças ou adolescentes tenha estado acessível por alguém no estrangeiro, ainda que não haja evidências de que esse acesso realmente ocorreu." (RE 628.624, Relator(a): Min. MARCO AURÉLIO, Relator(a) p/ Acórdão: Min. EDSON FACHIN, Tribunal Pleno, julgado em 29/10/2015, ACÓRDÃO ELETRÔNICO REPERCUSSÃO GERAL - MÉRITO DJe-062 DIVULG 05-04-2016 PUBLIC 06-04-2016). [...] *(Agravo Regimental no Agravo no Recurso Especial nº 2.009.824-SP, STJ, 5ª Turma, Rel. Min. Ribeiro Dantas, julgado em 17.5.2022, publicado no DJ em 31.5.2022)*

69.5.5 [...] A aferição da extraterritorialidade da jurisdição encontra respaldo no comando normativo penal (art. 7º, I, "b", e II, "a", do CP) e na Convenção das Nações Unidas contra o crime organizado transnacional (Decreto 5.015, de 2004, art. 6º da Convenção de Palermo). Remanesce a competência jurisdicional nacional, ainda que sobrevenha a comprovação de que todas as etapas do branqueamento tenham ocorrido no exterior, porquanto os atos de lavagem de capitais atentam contra o patrimônio de sociedade de economia mista nacional (Petrobras S.A) e também porque se trata de delito cuja prática o Brasil comprometeu-se a combater em convenção internacional. [...] *(Agravo Regimental no Habeas Corpus nº 185.223-PR, STF, 2ª Turma, Rel. Min. Edson Fachin, unânime, julgado em 8.3.2022, publicado no DJ em 20.4.2022)*

69.5.5 [...] 1. O Supremo Tribunal Federal, ao apreciar o *leading case* referente ao Tema n. 393 do regime da repercussão geral, firmou a tese de que *"compete à Justiça Federal processar e julgar os crimes consistentes em disponibilizar ou adquirir material pornográfico envolvendo criança ou adolescente (arts. 241, 241-A e 241-B da Lei nº 8.069/1990) quando praticados por meio da rede mundial de computadores"*. 2. De acordo com a orientação firmada pelo Pretório

Excelso, "*basta à configuração da competência da Justiça Federal que o material pornográfico envolvendo crianças ou adolescentes tenha estado acessível por alguém no estrangeiro, ainda que não haja evidências de que esse acesso realmente ocorreu*". 3. No caso concreto, segundo a denúncia, para compartilhar as fotos contendo o material pedopornográfico, o Acusado se utilizava do programa P2P (*Peer-to-Peer*), o qual, conforme a peça acusatória, tem como uma das principais características o fato de que "*todos os arquivos existentes na pasta compartilhada do computador membro estarão 'visíveis' para os demais componentes da rede*". [...] *(Conflito de Competência nº 173.960-MS, STJ, 3ª Seção, unânime, Rel. Min. Laurita Vaz, julgado em 14.10.2020, publicado no DJ em 21.10.2020).*

69.5.5 [...] Pornografia infantil na internet. Arts. 241-A e 241-B da Lei 8.069/1990. 4. Arguição de incompetência da Justiça Federal para o julgamento da matéria já repelida pelo Plenário do Supremo Tribunal Federal no julgamento do RE 628.624 ED/ MG, Rel. Min. Edson Fachin, DJe 11.9.2020. [...] *(Embargos de Declaração no Agravo Regimental no Recurso Extraordinário com Agravo nº 1.295.630/SP, STF, 2ª Turma, unânime, Rel. Min. Gilmar Mendes, julgado em sessão virtual de 30.4.2021 a 11.5.2021, publicado no DJ em 20.5.2021)*

69.5.5 [...] A Justiça Federal é competente, conforme disposição do inciso V do art. 109 da Constituição da República, quando se tratar de infrações previstas em tratados ou convenções internacionais, como é caso do racismo, previsto na Convenção Internacional sobre a Eliminação de todas as Formas de Discriminação Racial, da qual o Brasil é signatário, assim como nos crimes de guarda de moeda falsa, de tráfico internacional de entorpecentes, de tráfico de mulheres, de envio ilegal e tráfico de menores, de tortura, de pornografia infantil e pedofilia e corrupção ativa e tráfico de influência nas transações comerciais internacionais. *[...]* Tanto no aplicativo *WhatsApp* quanto nos diálogos (*chat*) estabelecido na rede social *Facebook*, a comunicação se dá entre destinatários escolhidos pelo emissor da mensagem. Trata-se de troca de informação privada que não está acessível a qualquer pessoa. [...] *(CC n. 150.564 – MG, STJ, 3ª Turma, unânime, Rel. Min. Reynaldo Soares da Fonseca, julgado em 26.4.2017, publicado no DJ em 2.5.2017).*

69.5.5 [...] Competência. Redução à condição análoga à de escravo. Conduta tipificada no art. 149 do Código Penal. Crime contra a organização do trabalho. Competência da Justiça Federal. Artigo 109, inciso VI, da Constituição Federal. Conhecimento e provimento do recurso. 1. O bem jurídico objeto de tutela pelo art. 149 do Código Penal vai além da liberdade individual, já que a prática da conduta em questão acaba por vilipendiar outros bens jurídicos protegidos constitucionalmente como a dignidade da pessoa humana, os direitos trabalhistas e previdenciários, indistintamente considerados. 2. A referida conduta acaba por frustrar os direitos assegurados pela lei trabalhista, atingindo, sobremodo, a organização do trabalho, que visa exatamente a consubstanciar o sistema social trazido pela Constituição Federal em seus arts. 7º e 8º, em conjunto com os postulados do art. 5º, cujo escopo, evidentemente, é proteger o trabalhador em todos os sentidos, evitando a usurpação de sua força de trabalho de forma vil. 3. É dever do Estado (*lato sensu*) proteger a atividade laboral do trabalhador por meio de sua organização social e trabalhista, bem como zelar pelo respeito à dignidade da pessoa humana (CF, art. 1º, inciso III). 4. A conjugação harmoniosa dessas circunstâncias se mostra hábil para atrair para a competência da Justiça Federal (CF, art. 109, inciso VI) o processamento e o julgamento do feito. 5. Recurso extraordinário do qual se conhece e ao qual se dá provimento (*Recurso Extraordinário nº 459.510-MT, STF, Plenário, por maioria, Rel. Min. Cezar Peluso, julgado em 26.11.2015, publicado no* DJ *em 12.4.2016*).

69.5.5 [...] Competência. Divulgação e publicação de imagens com conteúdo pornográfico envolvendo criança ou adolescente. Convenção sobre direitos da criança. Delito cometido por meio da rede mundial de computadores (internet). Internacionalidade. Art. 109, V, da Constituição Federal. [...] 1. À luz do preconizado no art. 109, V, da CF, a competência para processamento e julgamento de crime será da Justiça Federal quando preenchidos 3 (três) requisitos essenciais e cumulativos, quais sejam, que: a) o fato esteja previsto como crime no Brasil e no estrangeiro; b) o Brasil seja signatário de convenção ou tratado internacional por meio do qual assume o compromisso de reprimir criminalmente aquela espécie delitiva; e c) a conduta tenha ao menos se iniciado no Brasil e o resultado tenha ocorrido, ou devesse ter ocorrido no exterior, ou reciprocamente. 2. O Brasil pune a prática de divulgação e publicação de conteúdo pedófilo-pornográfico, conforme art. 241-A do Estatuto da Criança e do Adolescente. 3. Além de signatário da Convenção sobre Direitos da Criança, o Estado Brasileiro ratificou o respectivo Protocolo Facultativo. Em tais acordos internacionais se assentou a proteção à infância e se estabeleceu o compromisso de tipificação penal das condutas relacionadas a pornografia infantil. 4. Para fins de preenchimento do terceiro requisito, é necessário que, do exame entre a conduta praticada e o resultado produzido, ou que deveria ser produzido, se extraia o atributo de internacionalidade dessa relação. 5. Quando a publicação de material contendo pornografia infantojuvenil ocorre na ambiência virtual de sítios de amplo e fácil acesso a qualquer sujeito, em qualquer parte do planeta, que esteja conectado a internet, a constatação da internacionalidade se infere não apenas do fato de que a postagem se opera em cenário propício ao livre acesso, como também que, ao fazê-lo, o agente comete o delito justamente com o objetivo de atingir o maior número possível de pessoas, inclusive assumindo o risco de que indivíduos localizados no estrangeiro sejam, igualmente, destinatários do material. A potencialidade do dano não se extrai somente do resultado efetivamente produzido, mas também daquele que poderia ocorrer, conforme própria previsão constitucional. 6. Basta a configuração da competência da Justiça Federal que o material pornográfico envolvendo crianças ou adolescentes tenha estado acessível por alguém no estrangeiro, ainda que não haja evidências de que esse acesso realmente ocorreu. 7. A extração da potencial internacionalidade do resultado advém do nível de abrangência próprio de sítios virtuais de amplo acesso, bem como da reconhecida dispersão mundial preconizada no art. 2º, I, da Lei 12.965/14, que instituiu o Marco Civil da Internet no Brasil. 8. Não se constata o caráter de internacionalidade, ainda que potencial, quando o panorama fático envolve apenas a comunicação eletrônica havida entre particulares em canal de comunicação fechado, tal como ocorre na troca de e-mails ou conversas privadas entre pessoas situadas no Brasil. Evidenciado que o conteúdo permaneceu enclausurado entre os participantes da conversa virtual, bem como que os envolvidos se conectaram por meio de computadores instalados em território nacional, não há que se cogitar na internacionalidade do resultado. 9. Tese fixada: "Compete à Justiça Federal processar e julgar os crimes consistentes em disponibilizar ou adquirir material pornográfico envolvendo criança ou adolescente (arts. 241, 241-A e 241-B da Lei nº 8.069/1990) quando praticados por meio da rede mundial de computadores". 10. Recurso extraordinário desprovido (*Recurso Extraordinário nº 628.624-MG, STF, Plenário, por maioria, Rel. Min. Marco Aurélio, julgado em 29.10.2015, publicado no DJ em 6.4.2016*).

69.5.5 [...] Reconhecida a obscuridade apontada nos embargos, a tese referente ao Tema 393 da repercussão geral passa a ter a seguinte redação: "Compete à Justiça Federal processar e julgar os crimes consistentes em disponibilizar ou adquirir material pornográfico, acessível transnacionalmente, envolvendo criança ou adolescente, quando praticados por meio da rede mundial de computadores (arts. 241, 241-A e 241-B da Lei nº 8.069/1990)" *(Embargos de Declaração no Recurso Extraordinário nº 628.624-MG, STF, Plenário, julgado em 18.8.2020).*

69.5.5 [...] Ao teor do disposto no artigo 109, inciso V, da Constituição da República, a Justiça Federal é competente para o processo e o julgamento dos crimes previstos em tratado ou convenção internacional, como é o caso do tráfico de mulheres, artigo 231, CP ("tráfico de pessoas", depois da Lei 11.106/2005). Uma vez inexistente a conexão entre o tráfico de mulheres e outros delitos narrados na denúncia, quais sejam; extorsão, casa de prostituição e favorecimento da prostituição, tanto pela ausência de vínculo teleológico quanto pela não ocorrência de relação probatória, não há que se falar em unidade dos processos impondo-se, ao contrário, sua separação. Conflito conhecido para definição da competência do Juízo Estadual, da Comarca de Curitiba, Paraná, para o processo e o julgamento da Ação Penal em relação aos crimes de extorsão, favorecimento da prostituição e casa de prostituição (artigos 158, § 1º; 228, *caput*; e 229, CP) (*Conflito de Competência nº 47.634-PR, STJ, 3ª Seção, julgado em 11.5.2005, publicado no DJ em 27.8.2007*).

69.5.6. Crimes contra direitos humanos: Como se sabe, a Emenda Constitucional nº 45/04 trouxe inovações também no âmbito da competência jurisdicional.

A maior novidade foi a inserção do inciso V-A, art. 109, CF, atribuindo à Justiça Federal o julgamento de crimes previstos em tratados internacionais, e que, por sua natureza, se caracterizem como graves violações aos direitos humanos.

Certamente a questão não é tão simples.

Qualquer tortura ou a maioria dos homicídios qualificados, por exemplo, podem ser caracterizadas como graves violações a direitos humanos. E nem por isso serão da competência da Justiça Federal.

Para que tal ocorra e para que tal jurisdição se imponha, defendemos desde o início da primeira edição da presente obra, seria necessária a concorrência de outra circunstância: a assunção específica da responsabilidade da União em relação a determinadas questões, concretamente consideradas, como é o caso, por exemplo, dos crimes de redução à condição análoga a de escravo.

Importante registrar que, em 27.10.2010, em decisão inédita, a 3ª Seção do Superior Tribunal de Justiça, por maioria, julgou procedente o Incidente de Deslocamento de Competência nº 2, reconhecendo a competência da Justiça Federal no Estado da Paraíba para o processamento da Ação Penal nº 022.2009.000.127-8 (Caso Manoel Matos).

Os requisitos para o deslocamento de competência foram estabelecidos no Incidente de Deslocamento de Competência nº 1, envolvendo o conhecido caso da missionária Dorothy Stang.

Entende-se atualmente que a expressão "grave violação dos direitos humanos" deve ser compreendida como todo atentado de grande monta aos direitos humanos previstos em instrumentos normativos internacionais de proteção a cuja aplicabilidade o Brasil tenha formalmente aderido. Ou, como assentou o STF, a expressão "grave violação de direitos humanos, que faz parte do núcleo semântico do instituto do deslocamento, ora em análise, pode ser compreendida como todo atentado de grande monta aos direitos humanos previstos em instrumentos normativos internacionais de proteção a cuja aplicabilidade o Brasil tenha formalmente aderido. A título de exemplo, é possível citar como graves violações dos direitos humanos as práticas de tortura, genocídio, exploração de trabalho escravo, prostituição infantil, violência contra mulheres, indígenas e minorias em geral" (ADI nº 3.486, 2023).

Segundo consolidado na jurisprudência, especialmente do STJ, seria necessária a presença de três pressupostos principais para o acolhimento do IDC: (i) a constatação de grave violação efetiva e real de direitos humanos; (ii) a possibilidade de responsabilização internacional, decorrente do descumprimento de obrigações assumidas em tratados internacionais; e (iii) a evidência de que os órgãos do sistema estadual não mostram condições de seguir no desempenho da função de apuração, processamento e julgamento do caso com a devida isenção.

Embora não enfrentado explicitamente por esse prisma, a questão central que justifica o deslocamento de competência está intimamente atrelada às possibilidade de o Brasil ser condenado na Corte IDH por violação das denominadas obrigações processuais penais positivas no que se refere aos deveres de melhor investigar, apurar e, se for o caso (obrigação de meio), responsabilizar os eventuais responsáveis pelas práticas criminosas violadora dos direitos humanos. Atente-se que, pelo menos até a 13ª condenação do Brasil no ano de 2024, todas elas foram pelo reconhecimento de que o Estado brasileiro não foi efetivo na proteção dos direitos fundamentais das vítimas dos crimes cometidos (ou de seus familiares, conforme cada caso), bem assim não atentou para que os processos fossem resolvidos com observância de um prazo razoável (sobre o tema, remetemos ao item e.1 do juiz de garantias – art. 3º-A e seguintes do CPP, bem assim às considerações mais detalhadas por Frederico Valdez Pereira e Douglas Fischer na obra "Obrigações Processuais Penais Positivas segundo a jurisprudência da Corte IDH e do Tribunal Europeu de Direitos Humanos, Livraria do Advogado).

Entretanto, é importante atentar para o que decidido pelo STF nas ADIs nº 3.486 e 3.493 em 2023. Além de reconhecer como constitucional o IDC introduzido no ordenamento jurídico pela EC nº 45/2004 (vide ementa abaixo), importante destacar excerto do voto-condutor que, embora não excluindo os critérios estipulados pelo STJ para deferimento do deslocamento, na verdade deixou em aberto a possibilidade de incidentes que tenham natureza preventiva.

Importante transcrever a fundamentação adotada pelo STF nesses dois julgados a respeito dos requisitos para o IDC. Constou no voto-condutor (acolhido pelo Plenário, malgrado não referido na ementa do julgado:

> "Em meu sentir, o aspecto essencial a ser destacado acerca do instituto não é, como tem sido realçado por parte da teoria jurídica e pelo Superior Tribunal de Justiça, a suposta ineficiência ou a omissão das justiças estaduais na repressão às graves violações de direitos humanos, e sim o fato de a responsabilidade internacional do Brasil, nos casos de violações de direitos humanos previstos em tratados internacionais, recair sobre a União, e não sobre os estados-membros. Em razão disso, a EC nº 45/04 concedeu a ela também a responsabilidade nacional para investigar, processar e punir os casos de grave violação de direitos humanos em que haja risco de descumprimento de obrigações decorrentes de tratados internacionais de direitos humanos dos quais o Brasil seja signatário.
>
> [...] O Superior Tribunal de Justiça, ao apreciar os incidentes de deslocamento de competência levados a seu juízo, além dos dois requisitos prescritos pelo art. 109, § 5º, da Constituição – grave violação de direitos humanos e a finalidade de assegurar o cumprimento pelo Brasil de obrigações decorrentes de tratados internacionais –, tem exigido a presença de um terceiro requisito: a incapacidade das instâncias e autoridades locais em oferecer respostas efetivas.
>
> Com a devida vênia, ao contrário do que vem entendendo o STJ, em meu sentir, não se deve ter como pressuposto do IDC a suposta ineficiência ou a inação das autoridades estaduais.
>
> Como já antes asseverado, o incidente não deve ser visto como uma solução para os problemas da Justiça dos estados-membros e do Distrito Federal, como se, no âmbito federal, tais problemas não existissem.
>
> A meu ver, o texto constitucional é claro: o incidente tem a finalidade de assegurar o cumprimento de obrigações internacionais nos casos em que houver "grave violação de direitos humanos".
>
> A Constituição não especificou as hipóteses de incidência do deslocamento e não disse que somente deverá haver o deslocamento quando for constatada a incapacidade das instâncias e das autoridades locais de oferecer respostas efetivas.
>
> Os pressupostos constitucionais, em verdade, são apenas dois: a grave violação de direitos humanos e a finalidade de assegurar o cumprimento pelo Brasil de obri-

> gações decorrentes de tratados internacionais. Ou seja, além da identificação da grave violação de direitos humanos, necessária será, ainda, a demonstração de que, no campo internacional, poderá o Brasil vir a ser responsabilizado pela ofensa. Exige-se, portanto, demonstração de risco de descumprimento de obrigações decorrentes de tratados internacionais firmados pelo Brasil, não necessariamente resultante de inércia, negligência, falta de vontade política ou condições reais do estado-membro de, por suas instituições, proceder à devida persecução penal.
>
> Não há dúvida de que a lentidão e a ineficácia das investigações, ou, ainda, o prolongamento injustificado de ações penais são as causas mais frequentes de denúncias do Brasil nas cortes internacionais. É evidente que o risco de descumprimento das obrigações internacionais restará configurado se for constatado que as autoridades locais não estão agindo com eficiência e celeridade na persecução penal. Nesses casos, estaremos mais facilmente diante da finalidade de assegurar o cumprimento pelo Brasil de obrigações decorrentes de tratados internacionais.
>
> Contudo, nada impede que o risco de descumprimento seja fundamentado em outras hipóteses, pois o essencial é a demonstração concreta de risco de descumprimento de obrigações decorrentes de tratados internacionais firmados pelo Brasil, situação que pode resultar da inércia, da negligência, da falta de vontade política ou de condições reais do estado-membro, mas também de outras razões, tais como o fato de o Estado brasileiro já ter sido denunciado às cortes internacionais ou de estar em vias de sê-lo, ou, ainda, em virtude da extrema gravidade da violação de determinado direito humano, o que, por si só, pode configurar esse risco".

Portanto, como adiantado, da leitura do voto-condutor, extraímos três conclusões: a) embora tenha-se referido que o terceiro requisito (demonstração da ineficiência ou inação das autoridades estaduais) não estaria previsto em lei, ele, na verdade, decorre exatamente das obrigações internacionais assumidas pelo Brasil de "melhor apurar" os fatos, evitando-se uma nova condenação. Noutras palavras, o requisito mencionado pelo STJ desde o IDC nº 1 é uma mera decorrência das obrigações assumidas internacionalmente; b) o voto do Ministro Toffoli foi até mais amplo, admitindo esse controle para evitar condenações internacionais inclusive de forma "preventiva"; c) como a ação foi julgada improcedente, o STF acabou não deliberando de forma expressa sobre essa proposição do voto-condutor.

De qualquer forma, entendemos pertinente fazer a observação.

Jurisprudência

69.5.6 [...] 3. Nos termos da previsão expressa do art. 60, § 4º, da CF/88, não é vedado ao poder constituinte derivado toda e qualquer restrição às chamadas cláusulas pétreas, mas somente aquelas que atinjam núcleo essencial desses limites materiais "vedam-se as propostas de emendas tendentes a abolir as cláusulas pétreas.

4. A fórmula escolhida pelo poder reformador para o transporte à Justiça Federal dos feitos em que haja violação grave dos direitos humanos foi o incidente de deslocamento, e não a previsão de uma competência geral e aberta.

5. A criação do instituto representa a adoção de mecanismo de equacionamento jurídico da problemática da ineficiência do aparato estatal de repressão às graves violações dos direitos humanos, tendo presente, especialmente, o papel da União como garante, em nível interno e externo, dos compromissos internacionais firmados pelo Estado Brasileiro na seara dos direitos humanos (art. 21, inciso I; art. 49, inciso I; e art. 84, inciso VIII, da CF/88).

6. As disposições ora impugnadas buscam permitir que a União, além da responsabilidade internacional, passe a ter também a responsabilidade de agir internamente nos casos de grave violação de direitos humanos, em cumprimento ao disposto no art. 28 da Convenção Americana de Direitos Humanos.

7. A mera modificação das regras de competência jurisdicional não enseja ofensa ao pacto federativo ou a qualquer cláusula de autonomia dos órgãos judiciários locais, porquanto o Poder Judiciário é pautado, no desempenho de sua função precípua, pelo caráter nacional e de unidade, a despeito da diversidade de organização administrativa.

8. A competência da "justiça estadual" na feição dada pelo constituinte originário é residual. Nesse passo, a atribuição à Justiça Federal da tarefa de julgar os processos ligados a graves violações de direitos humanos, por meio do incidente de deslocamento, simplesmente retira parcela de jurisdição antes englobada residualmente ao corpo de competências da magistratura estadual.

9. A Justiça Federal, cujo plexo de competências jurisdicionais está definido na Carta de 1988 (art. 109), é, destarte, instância legitimada e regularmente estruturada em nível constitucional. Se é a própria Constituição que estabelece, expressamente, a competência da Justiça Federal, não há óbice de que emenda constitucional disponha sobre o deslocamento de competência em determinados casos.

10. A criação do incidente de deslocamento não agride o princípio do juiz natural sob a vertente de proibição de criação de juízo ex post facto ou direcionado a caso específico, já que se trata de regra abstrata de competência estabelecida previamente ao fato delituoso. As investigações e os processos versados sobre delitos cometidos anteriormente à edição da EC nº 45/04 não podem ser objeto do incidente de deslocamento de competência.

11. A intangibilidade das regras de competência não é parte da cláusula do juiz natural, sob pena de se inviabilizar o próprio exercício da jurisdição e se amesquinhar outras garantias, como a imparcialidade do juízo.

12. A fórmula estampada no texto questionado foi estabelecida de forma abstrata e prévia. O elemento variante é o suporte fático da regra, consistente na "grave violação de direitos humanos" e "[n]a finalidade de assegurar o cumprimento de obrigações decorrentes de tratados internacionais de direitos humanos dos quais o Brasil seja parte".

13. Sob o prisma da máxima legitimidade institucional, o Procurador-Geral da República, em consonância com sua importante missão constitucional, entre outras nobres atribuições, tem o dever-poder de suscitar o deslocamento quando preenchidos os requisitos estabelecidos constitucionalmente. Ademais, o juízo do Procurador-Geral da República, em última análise, submete-se ao crivo do colegiado do Superior Tribunal de Justiça, cuja apreciação se pauta por critérios jurídicos, e não políticos, o que afasta a alegação de que pode haver arbitrariedade em sua formulação.

14. A expressão "grave violação dos direitos humanos" pode ser compreendida como todo atentado de grande monta aos direitos humanos previstos em instrumentos normativos internacionais de proteção a cuja aplicabilidade o Brasil tenha formalmente aderido. Nesse sentido, o conceito em questão, embora não remeta a um rol taxativo e restritivo, é plenamente identificável, na medida em que o rol de direitos deve ser definido com fundamento nas normas consuetudinárias internacionais ou nos tratados e instrumentos normativos internacionais dos quais o Brasil seja signatário.

15. É legítima e imperiosa a aplicabilidade imediata da norma impugnada tão logo seja vigente, uma vez que possui todos os elementos qualificadores necessários a sua incidência. Em verdade, por se tratar de normas concernentes aos direitos humanos, nem sequer se pode esperar uma definição legal.

16. Quanto à observância das demais cláusulas do devido processo legal, do contraditório e da ampla defesa, ressalta-se que os investigados ou acusados participam do processamento do incidente, oferecendo suas razões. Além disso, gozam as partes de todas as prerrogativas processuais definidas nas normas constitucionais e processuais, independentemente de tramitar o processo na Justiça Estadual ou na Federal. A previsão do deslocamento também não agride a competência do tribunal do júri, já que, na Justiça Federal, também se observa a reserva de jurisdição da corte popular, como previsto no art. 4º do Decreto-Lei nº 253, de 28 de fevereiro de

1967. 17. Pedido julgado improcedente. *(ADI nº 3.486, STF, Plenário, Rel. Min. Dias Tóffoli, unânime, julgado em 12.9.2023, publicado no DJ em 14.11.2023)*

69.5.6 [...] 1. O Incidente de Deslocamento de Competência foi instituído pela Emenda Constitucional n. 45/2004, que inseriu um § 5º no art. 109 da Constituição Federal, atribuindo a esta Corte a competência para o seu julgamento. Na esteira do comando constitucional, a Resolução STJ n. 6, de 16/02/2005, promoveu a inserção de tal incidente no rol dos feitos submetidos a este Tribunal Superior, sem contudo, à míngua de norma legal que regulamente devidamente a previsão constitucional, dispor sobre regras que orientem o modo como deve ele tramitar e ser processado.

2. A jurisprudência consagrou três pressupostos principais que devem ser atendidos simultaneamente para o acolhimento do Incidente de Deslocamento de Competência: (i) a constatação de grave violação efetiva e real de direitos humanos; (ii) a possibilidade de responsabilização internacional, decorrente do descumprimento de obrigações assumidas em tratados internacionais; e (iii) a evidência de que os órgãos do sistema estadual não mostram condições de seguir no desempenho da função de apuração, processamento e julgamento do caso com a devida isenção.

3. No julgamento dos IDCs n. 3/GO e 5/PE, a Terceira Seção desta Corte ressaltou que o deslocamento de competência efetuado no incidente constitucional, por se tratar de exceção à regra geral da competência absoluta, somente deve ser efetuado em situações excepcionalíssimas, mediante a demonstração de sua necessidade e imprescindibilidade "ante provas que revelem descaso, desinteresse, ausência de vontade política, falta de condições pessoais e/ou materiais das instituições – ou de uma ou outra delas – responsáveis por investigar, processar e punir os responsáveis pela grave violação a direito humano, em levar a cabo a responsabilização dos envolvidos na conduta criminosa, até para não se esvaziar a competência da Justiça Estadual e inviabilizar o funcionamento da Justiça Federal" *(IDC 5/PE, Rel. Ministro ROGERIO SCHIETTI CRUZ, TERCEIRA SEÇÃO, julgado em 13/08/2014, DJe 01/09/2014)*. Desse raciocínio, revela-se o caráter de excepcionalidade da providência determinada no incidente.

4. Na ementa do IDC n. 1/PA, a Terceira Seção desta Corte consignou que "Todo homicídio doloso, independentemente da condição pessoal da vítima e/ou da repercussão do fato no cenário nacional ou internacional, representa grave violação ao maior e mais importante de todos os direitos do ser humano, que é o direito à vida, previsto no art. 4º, nº 1, da Convenção Americana sobre Direitos Humanos, da qual o Brasil é signatário por força do Decreto nº 678, de 6/11/1992" *(IDC n. 1/PA, relator Ministro Arnaldo Esteves Lima, Terceira Seção, julgado em 8/6/2005, DJ de 10/10/2005, p. 217)*.

[...] 6. Na situação em exame, a ineficácia do Poder estatal em apurar o cometimento de delito grave contra a vida pode vir a gerar responsabilização internacional do País, por desatenção aos arts. 1º, 4º, 5º, 8º, 11 e 25 da Convenção Americana de Direitos Humanos, que tutelam, respectivamente, a obrigação de respeitar os direitos estabelecidos na convenção, o direito à vida, o direito à integridade pessoal, o direito do cidadão a garantias judiciais de um devido processo legal dentro de um prazo razoável, o direito do cidadão à proteção da honra e dignidade e, por fim, o direito à proteção judicial. Tal potencialidade ganha corpo quando se vê que, em situações similares, a Corte Interamericana de Direitos Humanos condenou o Brasil diante da ineficácia estatal em investigar violações de direitos humanos ocorridas em conflitos de terras nos casos Garibaldi vs Brasil (2009), Sebastião Camargo Filho (2009) e Sales Pimenta vs Brasil (2022).

7. Constatada a ineficácia estatal dos agentes públicos na condução do inquérito, em razão da ausência de recursos da autoridade policial para promover a devida apuração dos fatos relacionados ao homicídio em questão, o que redundou na inércia estatal e na inconclusão do inquérito policial, aliada ao fato de que há risco de responsabilização internacional, fica demonstrada a situação de excepcionalidade indispensável ao acolhimento do pleito de deslocamento de competência.

8. Precedente do STJ: *IDC n. 22/RO, relator Ministro Messod Azulay Neto, Terceira Seção, julgado em 23/8/2023, DJe de 25/8/2023.*

9. Pedido de deslocamento de competência julgado procedente. *(IDC nº 32-AM, STJ, 3ª Seção, Rel. Min. Reynaldo Soares da Fonseca, julgado em 28.8.2024, publicado no DJ em 3.9.2024)*

69.5.6 [...] 3. Nos termos da previsão expressa do art. 60, § 4º, da CF/88, não é vedado ao poder constituinte derivado toda e qualquer restrição às chamadas cláusulas pétreas, mas somente aquelas que atinjam núcleo essencial desses limites materiais – vedam-se as propostas de emendas tendentes a abolir as cláusulas pétreas.

4. A fórmula escolhida pelo poder reformador para o transporte à Justiça Federal dos feitos em que haja violação grave dos direitos humanos foi o incidente de deslocamento, e não a previsão de uma competência geral e aberta.

5. A criação do instituto representa a adoção de mecanismo de equacionamento jurídico da problemática da ineficiência do aparato estatal de repressão às graves violações dos direitos humanos, tendo presente, especialmente, o papel da União como garante, em nível interno e externo, dos compromissos internacionais firmados pelo Estado Brasileiro na seara dos direitos humanos (art. 21, inciso I; art. 49, inciso I; e art. 84, inciso VIII, da CF/88).

6. As disposições ora impugnadas buscam permitir que a União, além da responsabilidade internacional, passe a ter também a responsabilidade de agir internamente nos casos de grave violação de direitos humanos, em cumprimento ao disposto no art. 28 da Convenção Americana de Direitos Humanos.

[...] A expressão "grave violação dos direitos humanos" pode ser compreendida como todo atentado de grande monta aos direitos humanos previstos em instrumentos normativos internacionais de proteção a cuja aplicabilidade o Brasil tenha formalmente aderido. Nesse sentido, o conceito em questão, embora não remeta a um rol taxativo e restritivo, é plenamente identificável, na medida em que o rol de direitos deve ser definido com fundamento nas normas consuetudinárias internacionais ou nos tratados e instrumentos normativos internacio [...] *(Ação Direta de Inconstitucionalidade nº 3.486-Mérito, STF, Plenário, Rel. Min. Dias Toffoli, sessão virtual de 1º.9.2023 a 11.9.2023, publicado no DJ em 14.11.2023)*

69.5.6 [...] A teor do § 5º do art. 109 da Constituição Federal, introduzido pela Emenda Constitucional nº 45/2004, o incidente de deslocamento de competência para a Justiça Federal fundamenta-se, essencialmente, em três pressupostos: a existência de grave violação a direitos humanos; o risco de responsabilização internacional decorrente do descumprimento de obrigações jurídicas assumidas em tratados internacionais; e a incapacidade das instâncias e autoridades locais em oferecer respostas efetivas. Fatos que motivaram o pedido de deslocamento deduzido pelo Procurador-Geral da República: o advogado e vereador pernambucano Manoel Bezerra de Mattos Neto foi assassinado em 24/01/2009, no Município de Pitimbu/PB, depois de sofrer diversas ameaças e vários atentados, em decorrência, ao que tudo leva a crer, de sua persistente e conhecida atuação contra grupos de extermínio que agem impunes há mais de uma década na divisa dos Estados da Paraíba e de Pernambuco, entre os Municípios de Pedras de Fogo e Itambé. A existência de grave violação a direitos humanos, primeiro pressuposto, está sobejamente demonstrado: esse tipo de assassinato, pelas circunstâncias e motivação até aqui reveladas, sem dúvida, expõe uma lesão que extrapola os limites de um crime de homicídio ordinário, na medida em que fere, além do precioso bem da vida, a própria base do Estado, que é desafiado por grupos de criminosos que chamam para si as prerrogativas exclusivas dos órgãos e entes públicos, abalando sobremaneira a ordem social. O risco de responsabilização internacional pelo descumprimento de obrigações derivadas de tratados internacionais aos quais o Brasil anuiu (dentre eles, vale destacar, a Convenção Americana de Direitos Humanos, mais conhecido como "Pacto de San José da Costa Rica") é bastante considerável, mormente pelo fato de já ter havido pronunciamentos da Comissão Interamericana de Direitos Humanos, com expressa recomendação ao Brasil para adoção de medidas cautelares de proteção a pessoas ameaçadas pelo tão propalado grupo de extermínio atuante na divisa dos Estados da Paraíba e Pernambuco, as quais, no entanto, ou deixaram de ser cumpridas ou não foram efetivas. Além do homicídio de Manoel Mattos, outras três testemunhas da CPI da Câmara dos Deputados foram mortas, dentre eles [...], ex-pistoleiro, que decidiu denunciar e testemunhar contra os outros delinquentes. Também [...], testemunha da CPI da Pistolagem e do Narcotráfico da Assembleia Legislativa do Estado da Paraíba, foi assassinado a tiros em Pedra de Fogo, Paraíba, quatro dias após ter prestado depoimento à Relatora Especial da ONU sobre Execuções Sumárias, Arbitrárias ou Extrajudiciais. E, mais recentemente, uma das testemunhas do caso Manoel Mattos, o [...], sofreu um atentado a bala no município de Itambé, Pernambuco, e escapou por pouco. Há conhecidas ameaças de morte contra Promotores e Juízes do Estado da Paraíba, que exercem suas funções no local do crime, bem assim contra a família da vítima Manoel Mattos e contra dois Deputados Federais. É notória a incapacidade das instâncias e autoridades locais em oferecer respostas efetivas, reconhecida a limitação e precariedade dos meios por elas próprias. Há quase um pronunciamento uníssono em favor do deslocamento da competência para a Justiça Federal, dentre eles, com especial relevo: o Ministro da Justiça; o Governador do Estado da Paraíba; o Governador de Pernambuco; a Secretaria Executiva de Justiça de Direitos Humanos; a Ordem dos Advogados do Brasil; a Procuradoria-Geral de Justiça do Ministério Público do Estado da Paraíba. As circunstâncias apontam para a necessidade de ações estatais firmes e eficientes, as quais, por muito tempo, as autoridades locais não foram capazes de adotar, até porque a zona limítrofe potencializa as dificuldades de coordenação entre os órgãos dos dois Estados. Mostra-se, portanto, oportuno e conveniente a imediata entrega das investigações e do processamento da ação penal em tela aos órgãos federais. Pedido ministerial parcialmente acolhido para deferir o deslocamento de competência para a Justiça Federal no Estado da Paraíba da ação penal no 022.2009.000.127-8, a ser distribuída para o Juízo Federal Criminal com jurisdição no local do fato principal; bem como da investigação de fatos diretamente relacionados ao crime em tela. Outras medidas determinadas, nos termos do voto da Relatora (*Incidente de Deslocamento de Competência nº 2-DF, 3ª Seção, Rel. Min. Laurita Vaz, julgado em 23.6.2010, publicado no* DJ *em 22.11.2010). "Caso Manoel Matos".*

69.5.6 [...] I. Incidente de deslocamento de competência – IDC, suscitado pelo ilustre Procurador-Geral da República, em 13/09/2019 (fl. 1), com base no §5º do art. 109 da Constituição Federal, com a redação dada pela Emenda Constitucional nº 45/2004, para que a investigação, o processamento e o julgamento dos mandantes, intermediários e executores dos assassinatos de vitimas, em sua maioria, lideranças de movimentos em prol dos trabalhadores rurais, e responsáveis por denúncias de grilagem de terras e de extração ilegal de madeira, ocorridos em contexto de grave conflito agrário instalado no Estado de Rondônia, sejam deslocados para o âmbito da Justiça Federal daquele Estado.

II. O art. 109, § 5º, da Constituição Federal, estabelece que, nas "hipóteses de grave violação de direitos humanos, o Procurador-Geral da República, com a finalidade de assegurar o cumprimento de obrigações decorrentes de tratados internacionais de direitos humanos dos quais o Brasil seja parte, poderá suscitar, perante o Superior Tribunal de Justiça, em qualquer fase do inquérito ou processo, incidente de deslocamento de competência para a Justiça Federal".

III. Conforme se extrai do IDC nº1, os requisitos do incidente de deslocamento de competência são: a) grave violação de direitos humanos; b) necessidade de assegurar o cumprimento, pelo Brasil, de obrigações decorrentes de tratados internacionais; c) incapacidade – oriunda de inércia, omissão, ineficácia, negligência, falta de vontade política, de condições pessoais e/ou materiais, etc. – de o Estado-Membro, por suas instituições e autoridades, levar a cabo, em toda a sua extensão, a persecução penal (IDC n. 1/PA, Terceira Seção do STJ).

IV. Colhe-se da doutrina relativa ao tema, bem como da análise dos casos de deslocamento de competência decididos neste Superior Tribunal de Justiça, que os requisitos são cumulativos, não bastando a constatação de ineficiência dos mecanismos existentes para apuração e punição por parte dos órgãos persecutórios estaduais. É imprescindível que se demonstrem a gravidade das violações aos direitos humanos, a incapacidade de o Estado-Membro atuar, bem como, o risco de responsabilização do país perante órgãos internacionais. Tudo isso emoldurado pela proporcionalidade, sob pena de se banalizar a medida constitucional e de se incorrer em risco de violar o princípio do juiz e do promotor natural, criando-se verdadeiros tribunais de exceção. Além de ferir o art. 34 da CRFB, por se proceder à intervenção da União nos Estados-Membros fora das situações previstas no mencionado dispositivo constitucional.

IV – Estão preenchidos todos os requisitos de ordem constitucional, legal e aqueles irradiados da jurisprudência deste STJ, que autorizam o deslocamento de competência da esfera estadual para a federal (relativamente a seis inquéritos não solucionados), eis que evidenciada a grave violação de direitos humanos, a possibilidade de responsabilização do Brasil em razão de descumprimento a obrigações contraídas em tratados internacionais e a incapacidade de órgão locais darem respostas efetivas às demandas.

Incidente de deslocamento de competência deferido em parte. *(Incidente de Deslocamento de Competência nº 22-RO, STJ, 3ª Seção, Rel. Min. Messod Azulay Neto, julgado em 23.8.2023, publicado no DJ em 25.8.2023)*

69.5.6 [...] Incidente de Deslocamento de Competência (IDC). [...] Ineficácia das instâncias locais e risco de responsabilização internacional. [...] Os requisitos do incidente de deslocamento de competência são: a) grave violação de direitos humanos; b) necessidade de assegurar o cumprimento, pelo Brasil, de obrigações decorrentes de tratados internacionais; c) incapacidade – oriunda de inércia, omissão, ineficácia, negligência, falta de vontade política, de condições pessoais e/ou materiais, etc. – de o Estado-Membro, por suas instituições e autoridades, levar a cabo, em toda a sua extensão, a persecução penal (IDC n. 1/PA, Terceira Seção do STJ). 3. Constatada a incapacidade dos agentes públicos na condução de investigações, seja por inércia, seja por falta de vontade de apurar os fatos, de identificar os autores dos homicídios relacionados ao chamado "Caso Lagosteiro", de buscar a respectiva responsabilização, aliada ao fato de que há risco de responsabilização internacional, fica demonstrada a situação de excepcionalidade indispensável ao acolhimento do pleito de deslocamento de competência. 4. Incidente de deslocamento de competência parcialmente deferido. *(IDC nº 15-DF, STJ, 3ª Seção, Rel. Min. João Otávio de Noronha, julgado em 10.8.2022, publicado no DJ em 16.8.2022)*

69.5.6 [...] 1. O Incidente de Deslocamento de Competência foi instituído pela Emenda Constitucional n. 45/2004, que inseriu um § 5º no art. 109 da Constituição Federal, atribuindo a esta Corte a competência para o seu julgamento. Na esteira do comando constitucional, a Resolução STJ n. 6, de 16/02/2005, promoveu a inserção de tal incidente no rol dos feitos submetidos a este Tribunal Superior, sem, contudo, à míngua de norma legal que regulamente devidamente a previsão constitucional, dispor sobre regras que orientem o modo como deve ele tramitar e ser processado.

2. A jurisprudência consagrou três pressupostos principais que devem ser atendidos simultaneamente para o acolhimento do Incidente de Deslocamento de Competência: (i) a constatação de grave violação efetiva e real de direitos humanos; (ii) a possibilidade de responsabilização internacional, decorrente do descumprimento de obrigações assumidas em tratados internacionais; e (iii) a evidência de que os órgãos do sistema estadual não mostram condições de seguir no desempenho da função de apuração, processamento e julgamento do caso com a devida isenção.

3. No julgamento dos IDCs n. 3/GO e 5/PE, a Terceira Seção desta Corte ressaltou que o deslocamento de competência efetuado no incidente constitucional, por se tratar de exceção à regra geral da competência absoluta, somente deve ser efetuado em situações excepcionalíssimas, mediante a demonstração de sua necessidade e imprescindibilidade "ante provas que revelem descaso, desinteresse, ausência de vontade política, falta de condições pessoais e/ou materiais das instituições – ou de uma ou outra delas – responsáveis por investigar, processar e punir os responsáveis pela grave violação a direito humano, em levar a cabo a responsabilização dos envolvidos na conduta criminosa, até para não se esvaziar a competência da Justiça Estadual e inviabilizar o funcionamento da Justiça Federal" (IDC 5/PE, Rel. Ministro Rogério Schietti Cruz, Terceira Seção, julgado em 13/08/2014, DJe 01/09/2014). Desse raciocínio, revela-se o caráter de excepcionalidade da providência determinada no incidente.

4. *In casu*, no que se refere às 13 lamentáveis mortes ocorridas após incursão policial na Favela Nova Brasília/RJ em 1994, a despeito de ter ocorrido uma patente omissão estatal na investigação durante mais de dez anos, foram apuradas provas suficientes para o oferecimento de denúncia e para a pronúncia dos investigados, cujo julgamento esteve marcado para o mês em curso, o que demonstra que a máquina estatal, por meio das instituições judiciárias estaduais, vem agindo, atualmente, a contento, no sentido de efetuar a devida persecução penal dos apontados como envolvidos nas mortes em questão. Júri realizado (16/08/2021). Sistema recursal pertinente. Não se evidenciando, na atualidade, incapacidade, ineficácia, omissão ou mesmo inércia das autoridades constituídas do Estado do Rio de Janeiro ou da Justiça estadual, no desempenho da função de apuração, processamento e julgamento do caso com a devida isenção, revela-se desnecessário o deslocamento de competência. Na mesma linha se orientaram o parecer final do Ministério Público Federal e a manifestação das entidades admitidas como *amicus curiae* (a Defensoria Pública da União e o Centro pela Justiça e o Direito Internacional – CEJIL). Cumprimento da decisão da Corte Interamericana de Direitos Humanos.

5. Da mesma forma, a constatação de que já foi oferecida e recebida denúncia contra os perpetradores dos abusos sexuais cometidos em 1994, estando a ação penal em curso normal, leva à conclusão de que, mesmo tendo ocorrido inegável desídia na investigação de tais delitos por mais de vinte anos, o desempenho atual do Ministério Público estadual e da Justiça Estadual não traduz nenhum tipo de vício apto a justificar o deslocamento da competência da ação penal em questão para a Justiça Federal. Também opinaram contra a federalização da referida ação penal o parecer final do Ministério Público Federal, assim como a Defensoria Pública da União e o CEJIL, tendo esses últimos ressaltado que, no último escrito encaminhado pelas vítimas à Corte Interamericana de Direitos Humanos, foi por elas manifestado o interesse de que as investigações da incursão da 1994 se mantivessem na esfera estadual. Observância da decisão da Corte Interamericana de Direitos Humanos.

6. Quanto aos eventos decorrentes da operação policial na Favela Nova Brasília/RJ, em maio/1995, ainda que patente o descaso estatal na condução de inquérito policial que perdurou, inicialmente, por 14 (quatorze) anos, culminando em sucessivos arquivamentos, não se justifica anular acórdão do Tribunal de Justiça que referendou o derradeiro arquivamento do inquérito, com o objetivo de encaminhá-lo à Justiça Federal para apuração de delito ocorrido há mais de 25 (vinte e cinco) anos e já acobertado pela prescrição, tanto mais quando, mesmo a mais recente tentativa do Ministério Público estadual de reabrir as investigações, após a condenação imposta pela Corte Interamericana de Direitos Humanos, se revelou infrutífera. De se ressaltar que o parecer final do Ministério Público Federal opinou no sentido de que "houve efetiva investigação policial suficiente para que o Ministério Público estadual analisasse a materialidade e autoria dos crimes objeto do Inquérito Policial, tendo concluído, na qualidade de titular da ação penal, pela ausência de lastro probatório suficiente ao oferecimento da denúncia, razão pela qual não se encontra caracterizada a incapacidade, ineficácia, omissão ou mesmo inércia das autoridades constituídas do Estado do Rio de Janeiro". Regularidade da atuação do *Parquet* estadual. Fiscalização do MPF, como fiscal da ordem jurídica no âmbito da instância especial. Manifestação do Vice-Procurador Geral, por delegação do Procurador-Geral da República. Argumentação de reforço. Interpretação da Terceira Seção do STJ, em consonância com a diretriz do Excelso Pretório.

7. No que concerne ao instituto da imprescritibilidade, a Constituição Federal dispõe serem imprescritíveis, nos termos do art. 5º, incisos XLII e XLIV, apenas a prática do racismo e a ação de grupos armados contra a ordem constitucional e o Estado Democrático.

8. O tratado internacional ratificado pelo Brasil, mas não internalizado nos termos do art. 5º, § 3º, da Constituição Federal, possui *status* de norma supralegal e deve ser compatibilizado com o princípio constitucional da legalidade.

9. O reconhecimento da prescrição de determinado delito pelo ordenamento jurídico nacional, ainda que reputado imprescritível em tratado internacional ratificado pelo Brasil, mas considerado norma supralegal no ordenamento jurídico interno (como é o caso do Pacto de San José da Costa Rica), não configura resistência ao cumprimento de decisões proferidas pela Corte Interamericana de Direitos Humanos, ou reticência em exercer o controle de convencionalidade, "porquanto a submissão à jurisdição da CIDH não prescinde da devida harmonização com o ordenamento pátrio, sob pena de se comprometer a própria soberania nacional. A soberania é fundamento da República Federativa do Brasil e justifica a Supremacia da CF na ordem interna. Dessa forma, o cumprimento das decisões proferidas pela CIDH não pode afrontar a CF, motivo pelo qual se faz mister sua harmonização, sob pena de se subverter nosso próprio ordenamento, negando validade às decisões do Supremo Tribunal Federal, em observância a decisões internacionais [...]
10. Incidente de Deslocamento de Competência julgado improcedente. *(IDC nº 21, STJ, 3ª Seção, REl. Min. Reynaldo Soares da Fonseca, julgado em 25.8.2021, publicado no DJ em 31.8.2021)*

69.5.7 Crimes envolvendo direitos indígenas: Não será somente a presença de uma lesão ao indígena ou mesmo o fato de ter ele praticado o delito que justificará a competência nacional.

Note-se que o inciso XI do art. 109 da Constituição se refere à *disputa sobre direitos indígenas*, o que nos remete a questões de maior complexidade. Não que se exija pluralidade de lesões ou mesmo de autores ou vítimas, embora, neste último caso, quase sempre se tangenciará a questão dos direitos indígenas.

O homicídio de um único indígena poderá implicar a competência federal, desde que a motivação do fato esteja relacionada com o exercício de direitos da vítima, o que ocorrerá, por exemplo, em conflitos envolvendo áreas de reservas indígenas, demarcadas ou não. Evidentemente, e de modo muito mais significativo que se dá em relação aos "brancos", a terra e suas riquezas naturais são indispensáveis à existência do indígena, pondo-se como verdadeiro e essencial direito dele, a ser efetivamente protegido pelo Estado brasileiro.

Mortes relacionadas com a condição de indígena – pelo *ser* intrínseco da diversidade – revelam, de igual modo, interesse da Justiça federal, na medida em que praticadas em detrimento ao direito à vida. No mesmo sentido, lesões de outra ordem, mas com a mesma e discriminatória motivação.

Jurisprudência

69.5.7 [...] 1. A jurisprudência deste Superior Tribunal de Justiça firmou-se em que, "ausente teratologia ou evidente ilegalidade na decisão impugnada capaz de justificar o processamento da presente ordem, pela mitigação da Súmula 691 do STF, deve-se resguardar a competência do Tribunal Estadual para análise do tema e evitar a indevida supressão de instância" (AgRg no HC 740.703/SP, relator Ministro Ribeiro Dantas, Quinta Turma, j. em 02/08/2022, DJe de 10/08/2022).

2. A hipótese do art. 109, XI da CRFB/88 inaugura competência material constitucionalmente definida, cuja "ratio" reside na delegação à Justiça Federal da discussão de matérias afetas a direitos coletivos dos povos indígenas.

3. Presente narrativa da ocorrência de crime conexo antecedente de caça e pesca em unidade de conservação criada pela União (art. 29 da Lei nº 9.605/98), há elemento indicativo de fixação da competência da Justiça Federal para conhecimento do delito ambiental e de seus conexos (CC 142.016/SP, Rel. Ministro REYNALDO SOARES DA FONSECA, TERCEIRA SEÇÃO, julgado em 26/08/2015, DJe 04/09/2015 e CC 158.747/DF, Rel. Ministro SEBASTIÃO REIS JÚNIOR, TERCEIRA SEÇÃO, julgado em 13/06/2018, DJe 19/06/2018).

4. A expressão "direitos dos povos indígenas" merece interpretação sistemática, norteada pelo teor do art. 231 da CRFB/88, que lista, exemplificativamente, a organização social, costumes, línguas, crenças e tradições, além dos direitos originários sobre as terras que tradicionalmente ocupam.

5. Não se pode pretender transportar o raciocínio emprestado à tutela do direito de propriedade pela legislação de Direito Privado à proteção que é deferida aos povos indígenas pela Carta Magna, uma vez que as relações havidas entre estes e a terra possui feição e conotação própria, divorciada do conceito de apropriação e exercício excludente típico do direito de propriedade de fundo liberal.[...] *(Agravo Regimental no Habeas Corpus nº 921.723-PA, STJ, 5ª Turma, Relatora Min. Daniela Teixeira, julgado em 3.9.2024, publicado no DJ em 6.9.2024)*

69.5.7 [...] I - Nos termos do art. 109, IX, da Constituição Federal, compete à Justiça Federal o processamento e julgamento das causas que envolvem a disputa de direitos indígenas, incluídos aqueles que dizem respeito a sua organização social, tradições, direitos originários sobre as terras, entre outros que evidenciem a proteção do referido grupo étnico.

II - No caso, os delitos supostamente cometidos pelos acusados ultrapassam a violação de direito individual de indígena, ameaçando a garantia das terras, das tradições e do modo de viver da comunidade étnica, nos termos do art. 231 da Constituição Federal, o que atrai a competência federal para processar o inquérito em questão. Ademais, a situação inclui não só a disputa de direitos indígenas, nos termos do art. 109 da Constituição Federal, mas também a usurpação de função pública de órgão federal de controle como o Ibama e Funai, o que, de qualquer forma, atrairia a competência federal para o processamento do feito.

III - O envolvimento de autoridades com prerrogativa de foro - Secretário de Estado e Segurança Pública e Comandante da Polícia Militar - redireciona o feito para o Tribunal Regional Federal da 1ª Região.

IV - É assente nesta Corte Superior que o agravo regimental deve trazer novos argumentos capazes de alterar o entendimento anteriormente firmado, sob pena de ser mantida a r. decisão vergastada pelos próprios fundamentos. Precedentes.(Agravo Regimental no Conflito de Competência nº 175.037-AM, STJ, 3ª Seção, Rel. Min. Jesuíno Rissato *(Desembargador Convocado do TJDFT), julgado em 26.10.2022, publicado no DJ em 7.11.2022)*

69.5.7 [...] Conflito de competência. [...] Ameaça, injúria e lesão corporal. Delito praticado por indígenas contra indígena da mesma etnia Delitos que teriam sido motivos pela forma de organização da sociedade indígena Kaingang. Motivo ligado à cultura indígena. [...] Competência federal. [...] [...] Se o motivo das práticas delitivas tem origem em questões que deitam raízes na forma em que está organizada a sociedade indígena – no caso, faccionalismo, transferências e expulsões -, conclui-se que está relacionado à cultura própria da etnia, o que firma a competência da Justiça Federal, nos termos do art. 109, inciso XI, da Constituição da República, não sendo caso de aplicação da Súmula n. 140 do Superior Tribunal de Justiça. [...] Conflito conhecido para declarar competente o Juízo Federal da 3.ª Vara de Passo Fundo, o Suscitante. *(Conflito de Competência n. 189.768-RS, STJ, 3ª Seção, Rel. Min. Laurita Vaz, julgado em 10.8.2022, publicado no DJ em 18.8.2022)*

69.5.7 [...]1. Da leitura conjunta e harmoniosa dos arts. 109, incisos IV e IX, e 231 da Constituição Federal, é possível concluir que um crime que envolva disputa sobre direito indígena atrai a competência da Justiça Federal haja vista o interesse direto da União. 2. No caso, o delito em apuração decorre de confronto decorrente da cobrança de pedágio por parte dos índios, o que caracteriza controvérsia sobre a extensão do direito sobre as terras indígenas, cuja competência para demarcar, proteger e fazer respeitar é da União, conforme disposto no art. 231 da CF. Assim, a discussão afeta o interesse de toda a coletividade indígena. [...] *(Conflito de Competência nº 144.894-MT, STJ, 3ª Seção, unânime, Rel. Min. Maria Thereza de Assis Moura, julgado em 24.2.2016, publicado no* DJ *em 3.3.2016).*

69.5.7 [...] Crime praticado por silvícolas, contra outro índio, no interior de reserva indígena. Disputa sobre direitos indígenas como motivação do delito. Inexistência. Feita da competência da Justiça Comum. [...] Inteligência do art. 109, incs. IV e XI, da CF. A competência penal da Justiça Federal, objeto do alcance do disposto no art. 109, XI, da Constituição da República, só se desata quando a acusação seja de genocídio, ou quando, na ocasião ou motivação de outro delito de que seja índio o agente ou a vítima, tenha havido disputa sobre direitos indígenas, não bastando seja aquele imputado a silvícola, nem que este lhe seja vítima e, tampouco, que haja sido praticado dentro de reserva indígena *(RE nº 419-528-3-PR, STF, Plenário, Rel. para o acórdão Min. Cezar Peluso, julgado em 3.8.2006, publicado no* DJ *em 9.3.2007).*

69.5.7 [...] Incidente de deslocamento de competência. Homicídio inserido em contexto de grupos de extermínio. Grave violação de direitos humanos. Configuração. Descumprimento de obrigações decorrentes de tratado internacional. Estado-membro. Ausência de condições de apurar violações e responsabilizar o(s) culpado(s). Excepcionalidade demonstrada. Deslocamento de competência que se mostra devido. [...] A Terceira Seção deste Superior Tribunal explicitou que os requisitos do incidente de deslocamento de competência são três: a) grave violação de direitos humanos; b) necessidade de assegurar o cumprimento, pelo Brasil, de obrigações decorrentes de tratados internacionais; c) incapacidade – oriunda de inércia, omissão, ineficácia, negligência, falta de vontade política, de condições pessoais e/ou materiais etc. – de o Estado-membro, por suas instituições e autoridades, levar a cabo, em toda a sua extensão, a persecução penal (IDC n. 1/PA, Relator Ministro Arnaldo Esteves Lima, julgado em 8.6.2005, DJ 10.10.2005). 3. A violação de direitos humanos que enseja o deslocamento de competência, além de grave, deve ser relacionada a obrigações decorrentes de tratados internacionais dos quais o Brasil seja parte. 4. Para o deslocamento da competência, deve haver demonstração inequívoca de que, no caso concreto, existe ameaça efetiva e real ao cumprimento de obrigações assumidas por meio de tratados internacionais de direitos humanos firmados pelo Brasil, resultante de inércia, negligência, falta de vontade política ou de condições reais de o Estado-membro, por suas instituições e autoridades, proceder à devida persecução penal. 5. A confiabilidade das instituições públicas envolvidas na persecução penal – Polícia, Ministério Público, Poder Judiciário –, constitucional e legalmente investidas de competência originária para atuar em casos como o presente, deve, como regra, prevalecer, ser apoiada e prestigiada. 6. O incidente de deslocamento de competência não pode ter o caráter de *prima ratio*, de primeira providência a ser tomada em relação a um fato (por mais grave que seja). Deve ser utilizado em situações excepcionalíssimas, em que efetivamente demonstrada a sua necessidade e a sua imprescindibilidade, ante provas que revelem descaso, desinteresse, ausência de vontade política, falta de condições pessoais e/ou materiais das instituições – ou de uma ou outra delas – responsáveis por investigar, processar e punir os responsáveis pela grave violação a direito humano, em levar a cabo a responsabilização dos envolvidos na conduta criminosa, até para não se esvaziar a competência da Justiça Estadual e inviabilizar o funcionamento da Justiça Federal. [...] 9. A falta de entendimento operacional entre a Polícia Civil e o Ministério Público estadual ensejou um conjunto de falhas na investigação criminal que arrisca comprometer o resultado final da persecução penal, com possibilidade, inclusive, de gerar a impunidade dos mandantes e dos executores do citado crime de homicídio. 10. O pedido de deslocamento de competência encontra-se fundamentado em afronta a tratado internacional de proteção a direitos humanos. O direito à vida, previsto na Convenção Americana de Direitos Humanos (Pacto de San Jose da Costa Rica), é a pedra basilar para o exercício dos demais direitos humanos. O julgamento justo, imparcial e em prazo razoável é, por seu turno, garantia fundamental do ser humano, previsto, entre outros, na referida Convenção, e dele é titular não somente o acusado em processo penal, mas também as vítimas do crime (e a sociedade em geral) objeto da persecução penal, dada a redação ampliativa dada ao inciso LXXVIII do artigo 5º da CF: "a todos, no âmbito judicial e administrativo, são assegurados a razoável duração do processo e os meios que garantam a celeridade de sua tramitação". Ademais, a Corte Interamericana de Direitos Humanos tem, reiteradamente, asseverado que a obrigação estatal de investigar e punir as violações de direitos humanos deve ser empreendida pelos Estados de maneira séria e efetiva, dentro de um prazo razoável. [...] Incidente de deslocamento de competência julgado procedente, para que seja determinada a imediata transferência do Inquérito Policial n. 07.019.0160.00158/2013-1.1 para a Polícia Federal, sob o acompanhamento e controle do Ministério Público Federal, e sob a jurisdição, no que depender de sua intervenção, da Justiça Federal, Seção Judiciária de Pernambuco. Ainda, determinação para que a tramitação do feito corra sob o regime de segredo de justiça, observada a Súmula Vinculante n. 14, do Supremo Tribunal Federal *(Incidente de Deslocamento de Competência nº 5-PE, STJ, 3ª Seção, unânime, Rel. Min. Rogério Schietti Cruz, julgado em 13.8.2014, publicado no* DJ *em 1º.9.2014)*.

69.5.7 [...] A jurisprudência dominante, conferindo interpretação extensiva ao art. 109, inciso XI, da CF, pacificou o entendimento de que os todos feitos que versem sobre a cultura indígena, bem como acerca de disputas de interesses da comunidade, competem à Justiça Federal. [...] Ausente o envolvimento de direitos indígenas, incide o enunciado 140 desta Corte, segundo o qual compete a Justiça Comum Estadual processar e julgar crime em que o indígena figure como autor ou vítima. Ordem denegada, em que pese o parecer ministerial (*Habeas Corpus nº 87.422-AC, STJ, 5ª Turma, Rel. Min. Napoleão Nunes Maia Filho, julgado em 24.11.2008, publicado no* DJ *em 19.12.2008*).

69.5.7 [...] Nos termos do enunciado nº 140/STJ, a mera participação de indígena em crime é insuficiente para atrair a competência da Justiça Federal. Na espécie, entretanto, a tentativa de homicídio praticada por silvícola contra advogado teve como motivação conflitos ligados à exploração de garimpos no interior de reserva indígena, o que caracteriza a hipótese do art. 109, XI, da Constituição da República. Conflito conhecido para declarar a competência da Justiça Federal, o suscitado, determinando-se a remessa do feito ao Tribunal Regional Federal da 1ª Região a fim de prosseguir no julgamento do recurso em sentido estrito (*Conflito de Competência nº 99.406-RO, 3ª Seção STJ, Rel. Min. Jorge Mussi, unânime, julgado em 13.10.2010, publicado no* DJ *em 20.10.2010*).

69.5.7 [...] Nos termos do art. 109, XI, da Constituição Federal, a competência para processar e julgar a "disputa sobre direitos indígenas" é da Justiça Federal. A referida competência não se deve restringir às hipóteses de "disputa de terras". Incide, também, aos direitos previstos no art. 231 da Constituição Federal, uma vez que os delitos praticados assumiram proporções de transindividualidade, atingindo diretamente a organização social da comunidade indígena Reserva do Guarita/RS, bem como os seus costumes e cultura. Inaplicabilidade do verbete sumular 140/STJ. [...] Ordem denegada (*Habeas Corpus nº 77.280/RS, STJ, 5ª Turma, Rel. Min. Arnaldo Esteves Lima, julgado em 11.12.2008, publicado no* DJ *em 9.3.2009*).

69.5.7 [...] A competência da justiça federal em relação aos direitos indígenas *não se restringe às hipóteses de disputa de terras*, eis que os direitos contemplados no art. 231, da Constituição da República, são muito mais extensos. *O fato dos acusados terem se utilizado da condição étnica das vítimas para a prática das condutas delituosas, o que representa afronta direta à cultura da comunidade indígena.* HC não conhecido (*Habeas Corpus nº 91.313-0/RS, STF, 2ª Turma, Rel. Min. Ellen Gracie, julgado em 2.9.2008, publicado no* DJ *em 26.9.2008*).

69.5.7 [...] Os crimes de homicídio pelos quais respondem os ora Pacientes tiveram como motivação a declarada defesa de suas terras, consoante se depreende dos termos dos interrogatórios dos acusados, o que é corroborado pelas circunstâncias de tempo, lugar e modo em que ocorreram, a evidenciar que a ação delituosa, perpetrada por um grupo significativo de índios, traduz aparente reunião de esforços para proteção de interesses indígenas. Sem embargo da evidente reprovabilidade das condutas dos réus, em especial pela sua brutalidade, foram elas praticadas em cenário que indica haver estreita ligação com disputa pela posse de terras entre índios e produtores rurais locais, na medida em que os policiais – que não estavam caracterizados – teriam sido confundidos com fazendeiros, com quem estavam em constante conflito. Competência para julgar e processar os indígenas, no caso, é da Justiça Federal, nos termos do art. 109, inciso XI, da Constituição Federal. Ordem concedida para declarar a incompetência do juízo de Direito da 1ª Vara Criminal da Comarca de Dourados/MS e, assim, anular o processo *ab initio*, com o aproveitamento dos atos não decisórios já praticados, determinando sejam os respectivos autos imediatamente encaminhados para o Juízo Federal da região, a quem competirá apreciar a necessidade da decretação da prisão preventiva dos Réus, atendidas as garantias legais acerca do local da eventual custódia (*Habeas Corpus nº 65.898-MS, STJ, 5ª Turma, Rel. Min. Laurita Vaz, julgado em 27.3.2007, publicado no* DJ *em 14.5.2007*).

69.5.7 [...] Genocídio. Definição legal. Bem jurídico protegido. Tutela penal da existência do grupo racial, étnico, nacional ou religioso, a que pertence a pessoa ou pessoas imediatamente lesionadas. Delito de caráter coletivo ou transindividual. Crime contra a diversidade humana como tal. Consumação mediante ações que, lesivas à vida, integridade física, liberdade de locomoção e a outros bens jurídicos individuais, constituem modalidade executórias. Inteligência do art. 1º da Lei nº 2.889/56, e do art. 2º da Convenção contra o Genocídio, ratificada pelo Decreto nº 30.822/52. O tipo penal do delito de genocídio protege, em todas as suas modalidades, bem jurídico coletivo ou transindividual, figurado na existência do grupo racial, étnico ou religioso, a qual é posta em risco por ações que podem também ser ofensivas a bens jurídicos individuais, como o direito à vida, a integridade física ou mental, a liberdade de locomoção etc. [...] Genocídio. Crime unitário. Delito praticado mediante execução de doze homicídios como crime continuado. Concurso aparente de normas. Não caracterização. Caso de concurso formal. Penas cumulativas. Ações criminosas resultantes de desígnios autônomos. Submissão teórica ao art. 70, *caput*, segunda parte, do Código Penal. Condenação dos réus apenas pelo delito de genocídio. Recurso exclusivo da defesa. Impossibilidade de *reformatio in peius*. Não podem os réus, que cometeram, em concurso formal, na execução do delito de genocídio, doze homicídios, receber a pena destes além da pena daquele, no âmbito de recurso exclusivo da defesa. [...] Ação penal. Conexão. Concurso formal entre genocídio e homicídios dolosos agravados. Feito da competência da Justiça Federal. Julgamento cometido, em tese, ao tribunal do júri. Inteligência do art. 5º, XXXVIII, da CF, e art. 78, I, cc. art. 74, § 1º, do Código de Processo Penal. Condenação exclusiva pelo delito de genocídio, no juízo federal monocrático. Recurso exclusivo da defesa. Improvimento. Compete ao tribunal do júri da Justiça Federal julgar os delitos de genocídio e de homicídio ou homicídios dolosos que constituíram modalidade de sua execução (*Recurso Extraordinário nº 351.487-RR, STF, Plenário, Rel. Min. Cezar Peluso, julgado em 3.8.2006, publicado no* DJ *em 10.11.2006*).

Observação: No caso concreto, se discutia a competência para processar e julgar os crimes cometidos por garimpeiros contra índios Ianomâmis, no chamado massacre de Haximu. Pretendia-se, na espécie, sob alegação de ofensa ao disposto no art. 5º, XXXVIII, d, *da CF, a reforma de acórdão do STJ que, dando provimento a recurso especial do Ministério Público Federal, entendera ser o juízo singular competente para processar e julgar os recorrentes, condenados pela prática do crime de genocídio (Lei nº 2.889/56, art. 1º,* a, b *e* c*) em concurso material com os crimes de lavra garimpeira, dano qualificado, ocultação de cadáver, contrabando e formação de quadrilha. No caso, o processo tramitara perante juízo monocrático federal e resultara em decreto condenatório, contra o qual fora interposto, exclusivamente pela defesa, recurso de apelação, provido para anular a sentença e determinar a adoção do procedimento do Tribunal do Júri, ao fundamento de que o genocídio praticado contra índio, com conexão com outros delitos, seria crime doloso contra a vida. Asseverou-se que o objeto jurídico tutelado imediatamente pelos crimes dolosos contra a vida difere-se do bem protegido pelo crime de genocídio, o qual consiste na existência de um grupo nacional, étnico, racial ou religioso. Assim, não obstante a lesão à vida, à integridade física, à liberdade de locomoção etc. serem meios de ataque a esse objeto jurídico, o direito* *positivo pátrio protege, de modo direto, bem jurídico supranacional ou coletivo. Logo, no genocídio, não se está diante de crime contra a vida e, por conseguinte, não é o Tribunal do Júri o órgão competente para o seu julgamento, mas sim o juízo singular. Desse modo, não se negou, no caso, ser a Justiça Federal competente para a causa. Considerou-se, ainda, incensurável o entendimento conferido pelas instâncias inferiores quanto ao fato de os diversos homicídios praticados pelos recorrentes reputarem-se uma unidade delitiva, com a consequente condenação por um só crime de genocídio. Esclareceu-se, no ponto, que, para a legislação pátria, a pena será única para quem pratica as diversas modalidades de execução do crime de genocídio, mediante repetições homogêneas ou não, haja vista serem consideradas como um só ataque ao bem jurídico coletivo. Ressaltou-se, ainda, que apesar da cominação diferenciada de penas (Lei nº 2.889/56, art. 1º), a hipótese é de tipo misto alternativo, no qual, cada uma das modalidades, incluídos seus resultados materiais, só significa distinto grau de desvalor da ação criminosa. Na sequência, entendeu-se que a questão recursal não se esgotaria no reconhecimento da prática do genocídio, devendo ser analisada a relação entre este e cada um dos 12 homicídios praticados. Nesse sentido, salientou-se que o genocídio corporifica crime autônomo contra bem jurídico coletivo, diverso dos ataques individuais que compõem as modalidades de sua execução. Caso contrário, ao crime mais grave, aplicar-se-ia pena mais branda, como ocorrera no caso. No ponto, afastou-se a possibilidade de aparente conflito de normas. Considerou-se que os critérios da especialidade (o tipo penal do genocídio não corresponderia à soma de um crime de homicídio mais um elemento especial); da subsidiariedade (não haveria identidade de bem jurídico entre os crimes de genocídio e de homicídio) e da consunção (o desvalor do homicídio não estaria absorvido pelo desvalor da conduta do crime de genocídio)* não solucionariam a questão, existindo, pois, entre os diversos crimes de homicídio continuidade delitiva, já que presentes os requisitos da identidade de crimes, bem como de condições de tempo, lugar e maneira de execução, cuja pena deve atender ao disposto no art. 71, parágrafo único, do CP. Derradeiramente, asseverou-se que entre esse crime continuado e o de genocídio há concurso formal *(CP, art. 70, parágrafo único), uma vez que, no contexto dessa relação, cada homicídio e o genocídio resultam de designios autônomos. Por conseguinte, ocorrendo concurso entre os crimes dolosos contra a vida (homicídios) e o crime de genocídio, a competência para julgá-los todos será, por conexão, do Tribunal do Júri (CF, art. 5º, XXXVIII, e CP, art. 78, I). Entretanto, tendo em conta que, na espécie, os recorrentes não foram condenados pelos delitos de homicídio, mas apenas pelo genocídio, e que o recurso é exclusivo da defesa, reconheceu-se incidente o princípio que veda a* reformatio in pejus. *Os Min. Ayres Britto, Marco Aurélio e Sepúlveda Pertence ressalvaram seu entendimento no tocante à adoção da tese de autonomia entre os crimes genocídio e homicídio quando este for meio de execução daquele.*

....

69.5.8. Crimes praticados a bordo de navios e aeronaves: Embora toda e qualquer embarcação deva ter registro na Capitania dos Portos, a atividade desenvolvida por esta última não é suficiente para determinar a competência federal, do mesmo modo que a exigência de registro de armas no SINARM também não é. A atividade de fiscalização relativa aos registros, de modo geral, não se relaciona com a lesividade eventualmente realizada pelos citados instrumentos e bens (armas e embarcações de pequeno porte).

De mais a mais, o texto é expresso ao se referir aos *navios*, devendo considerar-se como tais as embarcações de médio ou grande porte, com capacidade para viagens internacionais. A opção pela competência da Justiça Federal, portanto, parece ligar-se mais à *internacionalidade* da atividade da embarcação que propriamente aos serviços da Administração Pública.

Na mesma linha de raciocínio, embora a expressão utilizada – *aeronaves* – não permita a mesma facilidade para a distinção que vimos de fazer, pensamos que a lógica deve ser a mesma, com a ressalva de não se restringir as aeronaves àquelas com capacidade de voos internacionais.

Na hipótese de que se cuida, prevalece, a nosso juízo, a atividade fiscalizadora de órgãos da Administração Pública Federal – ANAC –, o que exigirá que a competência federal somente se imponha nos casos de delitos praticados no interior de aeronaves sob o regime de fiscalização aeroportuária, isto é, envolvendo aeronaves cujo percurso ou rota esteja sob controle da Aviação Civil.

Não nos parece o caso de competência federal, por exemplo, eventuais lesões corporais causadas no interior de pequena aeronave, cuja rota e plano de voo não incluam os serviços dos aeroportos fiscalizados pela ANAC.

No entanto, a jurisprudência nacional não parece animada a fazer tais distinções, como se verá a seguir.

Jurisprudência

69.5.8 [...] O fato criminoso ocorreu no aeroporto de Palmas, e não no interior da aeronave que transportava os valores subtraídos, afastando a competência do Justiça Federal estabelecida no art. 109, IX, da Constituição Federal. [...] *(RHC n. 119.590-TO, STF, 2ª Turma, unânime, Rel. Min. Teori Zavascki, julgado em 13.5.2014, publicado no DJ em 30.5.2014)*

69.5.8 [...] 1. A Justiça Federal não tem competência para julgar contravenção penal, ainda que praticada em detrimento de bens, serviços ou interesses da União, nos termos da Súmula nº 38 desta Corte. 2. O artigo 109, inciso IX, da Constituição Federal de 1988, utilizado pelo Juízo suscitado para embasar o declínio da competência para o Juízo Federal, refere-se tão somente aos crimes cometidos a bordo de navios e aeronaves, excluídas, portanto, as contravenções penais. 3. Conflito conhecido para declarar competente o Juízo de Direito do Segundo Juizado Especial Criminal de Itapuã/BA, o suscitado. *(Conflito de Competência nº 117.220 – BA, 3ª Seção, unânime, Relator Ministro Marco Aurélio Bellizze, julgado em 26.10.2011, publicado no DJ em 07.12.2011).*

69.5.8 "Aos juízes federais compete processar e julgar os crimes cometidos a bordo de navios ou aeronaves, ressalvada a competência da Justiça Militar" (art. 109, IX, da CF). O fato de encontrar-se a aeronave em terra não afeta a circunstância de a prática criminosa ter-se verificado no seu interior. É indiferente a qualidade das pessoas lesadas, constituindo razão suficiente e autônoma para a fixação da competência federal, a implementação da hipótese prevista no inciso IX, do art. 109, do Texto Maior. Ordem denegada (*Habeas Corpus nº 40.913-SP, STJ, 5ª Turma, Rel. Min. Arnaldo Esteves Lima, julgado em 19.5.2005, publicado no* DJ *em 15.8.2005*).

69.5.9. Lei de Migração e competência. Conforme previsto ainda no art. 109, X, CF (primeira parte), competiria aos juízes federais o julgamento dos "crimes de ingresso ou permanência irregular de estrangeiro", regulados então pela Lei nº 6.815/80 (Estatuto do Estrangeiro).

Em substituição ao tipo penal originário, agora temos regulado no art. 232-A do Código Penal o crime de "promoção de migração ilegal", que é de competência federal. Com efeito, essa nova regra é decorrente da implementação do disposto no art. 6º do primeiro Protocolo à Convenção de Palermo (vide Decreto nº 5.016/2004, destacando-se ainda que se cuida de delito transnacional ou, então, potencialmente transnacional. Assim estão previstas as condutas:

> *Art. 232-A. Promover, por qualquer meio, com o fim de obter vantagem econômica, a entrada ilegal de estrangeiro em território nacional ou de brasileiro em país estrangeiro: Pena –reclusão, de 2 (dois) a 5 (cinco) anos, e multa.*

§ 1º. Na mesma pena incorre quem promover, por qualquer meio, com o fim de obter vantagem econômica, a saída de estrangeiro do território nacional para ingressar ilegalmente em país estrangeiro.

§ 2º.A pena é aumentada de 1/6 (um sexto) a 1/3 (um terço) se:

I –o crime é cometido com violência; ou

II –a vítima é submetida a condição desumana ou degradante.

§ 3º. A pena prevista para o crime será aplicada sem prejuízo das correspondentes às infrações conexas.

Para além desse tipo penal, outras duas hipóteses passaram a ser obrigatoriamente de competência da Justiça Federal: a) transferência de execução de pena (art. 102, parágrafo único, Lei 13.445/2017); b) transferência de pessoa condenada (art. 105, § 1º, Lei 13.445/2017).

Jurisprudência

69.5.9 [...] II - A transferência da execução de pena não viola o núcleo do direito fundamental contido no art. 5º, LI, da CF, pois não há entrega de brasileiro nato condenado criminalmente para cumprimento de pena em outro país.

III - A Lei n. 13.445/2017, em seu art. 100, autoriza a transferência da execução da pena imposta no exterior tanto a brasileiros, natos ou naturalizados, quanto a estrangeiros que tiverem residência habitual ou vínculo pessoal no Brasil, a fim de evitar, com isso, a impunidade de brasileiros natos condenados no exterior, não sujeitos à extradição.

IV - O disposto no art. 100 da Lei n. 13.445/2017 aplica-se aos fatos anteriores a sua vigência por se tratar de norma de cooperação internacional em matéria penal. Precedentes do STF e STJ (HDE 2.093/PT, relator Ministro João Otávio de Noronha, 17/5/2019.)

V - O sistema de contenciosidade limitada adotado pelo Brasil em matéria de homologação de sentença penal estrangeira impede a rediscussão do mérito da ação penal que resultou na condenação do cidadão brasileiro.

VI - A Lei n. 13.445/2017, ao permitir a transferência de cumprimento de pena, representa uma maior efetividade dos princípios da razoável duração do processo, evitando a incidência do bis in idem internacional.

VII - Pedido de homologação de sentença estrangeira julgado procedente. Cumprimento imediato da condenação. *(Homologação de Decisão Estrangeira nº 7.986-EX, STJ, Corte Especial, Rel. Min. Francisco Falcão, por maioria, julgado em 20.3.2024, publicado no DJ em 22.3.2024)*

....

69.6. A competência para a execução penal: Se a Súmula 192 do STJ prevê (de forma geral) competir "*ao Juízo das Execuções Penais do Estado a execução das penas impostas a sentenciados pela Justiça Federal, Militar ou Eleitoral, quando recolhidos a estabelecimentos sujeitos a administração estadual*", é preciso anotar importante acréscimo (com respectiva distinção) feito pela Lei nº 13.964/2019, ao prever, no parágrafo único do art. 2º da Lei nº 11.671/2008 (que trata da *transferência e inclusão de presos em estabelecimentos penais federais de segurança máxima*), que compete ao juiz federal respectivo as ações de natureza penal que tenham por objeto fatos ou incidentes (quaisquer que sejam, portanto) relacionados à execução da pena ou infrações penais ocorridas (dentro) de estabelecimento penal federal.

Referimos também aqui que houve modificações importantes sobre o tema de quais serão as pessoas que incluídas em estabelecimentos penais federais de segurança máxima. Segundo a (nova) redação do art. 3º, serão aquelas "*para quem a medida se justifique no interesse da segurança pública ou do próprio preso, condenado ou provisório*", tendo-se estabelecido no § 1º do referido artigo que a inclusão será em regime fechado de segurança máxima com as seguintes características: (a) recolhimento em cela individual; (b) visita de cônjuge, companheiro, de parentes e de amigos somente em dias previamente determinados, por meio virtual ou parlatório, com máximo de duas pessoas por vez, além de eventualmente crianças, *necessariamente* separados por vidro e comunicação por meio de interfone, com filmagem e gravações; (c) banho de sol de *até* duas horas diárias; e (d) monitoramento de todos os meios de comunicação, inclusive de correspondência escrita.

Conforme o § 8º acrescido ao art. 2º da Lei nº 12.850/2013 também pela Lei nº 13.964/2019, todas as *lideranças* de organizações criminosas armadas ou que tenham armas à disposição deverão, necessariamente, iniciar o cumprimento da pena em estabelecimentos penais de *segurança máxima* (não necessariamente federais, que fique o devido registro).

A nova legislação determinou ainda (§ 2º do art. 3º da Lei nº 11.671/2008) que os estabelecimentos penais de segurança máxima deverão dispor de monitoramento de áudio e vídeo no parlatório e áreas comuns, sendo vedado o seu uso nas celas e no atendimento dos advogados, salvo expressa autorização judicial em contrário (*ou seja, poderá haver autorização judicial para, sempre a depender do caso concreto, evitar que o contato em celas ou com advogados sirvam de meios para eventuais trocas de informações relacionadas a práticas criminosas e não sirvam ao objetivo principal, que é a efetiva realização da defesa dos que estejam presos*). Essas gravações não poderão ser utilizadas como meio de provas de infrações penais *anteriores* ao ingresso do preso no estabelecimento (§ 3º), mas nenhuma ilegalidade poderá ser apontada se essas gravações (das quais todos estarão cientes *previamente*, até pela expressa norma ora tratada) forem utilizadas como provas de infrações (quaisquer que sejam) apuradas a partir desses contatos.

Até a entrada em vigor da Lei nº 13.964/2019, a previsão de permanência em estabelecimento federal de segurança máxima não poderia ser superior a 360 dias (renovável, excepcionalmente, desde que feita a devida solicitação e observados os demais requisitos legais). Houve alteração substancial dessa norma, prevendo agora a possibilidade de permanência do preso em estabelecimento prisional federal por "até três anos", renovável por "iguais períodos" (portanto, sem qualquer limitação), quando solicitado motivadamente pelo juízo de origem, desde que respeitados os requisitos de transferência e se persistirem os motivos que a determinaram. Nunca é demais relembrar que, nos termos da jurisprudência atual do Superior Tribunal de Justiça, "*acaso devidamente motivado pelo juízo estadual o pedido de manutenção do preso em presídio federal, não cabe ao magistrado federal exercer juízo de valor sobre a fundamentação apresentada, mas apenas aferir a legalidade da medida*" (Agravo Regimental no Conflito de Competência n.168.851-RJ, 3ª Seção, Rel. Min. Reynaldo Soares da Fonseca, julgado em 27.11.2019, publicado no *DJ* em 4.12.2019).

De modo similar ao que já existe na Lei nº 12.694, de 24 de julho de 2012 (*que dispõe sobre o processo e julgamento em primeiro grau de jurisdição de crimes praticados por organizações criminosas, dentre outras*), criou-se, pela inserção do art. 11-A à Lei nº 11.671/2008, a possibilidade de que as decisões relativas à *transferência* ou à *prorrogação da permanência do preso* em estabelecimento penal federal de segurança máxima, ou à concessão ou denegação de benefícios ou imposições de sanções ao preso poderão ser tomadas *por órgão colegiado de juízes*, tudo de acordo com normas de organização interna dos respectivos tribunais.

Tal como destacado mais adiante (vide item 581.19) e mesmo que sejam temas relacionados à execução penal, importante referir também aqui as disposições *mais rele-*

vantes inseridas na LEP acerca do chamado regime diferenciado, com as alterações ao art. 52 da Lei nº 7.210:

1) nos termos do inciso I do art. 52 (aplicável ao preso provisório ou condenado definitivamente), quando praticado crime doloso ou houver subversão da ordem ou disciplinas internas, há possibilidade de aplicação do denominado *regime disciplinar diferenciado* com duração máxima de até dois anos, sem prejuízo de repetição da sanção por nova falta grave da mesma espécie; além disso, as visitas (quinzenais), serão realizadas em instalações equipadas para impedir o contato físico e passagem de objetos (inciso III);

2) o regime disciplinar diferenciado também será aplicado aos presos (*provisórios ou definitivos*), *nacionais ou estrangeiros*, que: (a) apresentem alto risco para a ordem e a segurança do estabelecimento penal ou da sociedade; ou (b) sob os quais recaiam fundadas suspeitas de envolvimento ou participação em organização criminosa ou milícia privada, independentemente de falta grave;

3) nos termos do § 3º do art. 52 da LEP, existindo indícios (seguros, é claro) de que o preso exerce liderança em organização criminosa, associação criminosa ou milícia privada, ou que tenha atuação criminosa em dois ou mais estados da federação, o regime disciplinar diferenciado será *obrigatoriamente* cumprido em estabelecimento *prisional federal*.

4) em todas as hipóteses anteriores (conforme previsão do § 4º do art. 52 da LEP), o regime disciplinar diferenciado não mais contém limitações de prorrogações, podendo existir a cada ano, desde que demonstrados indícios de que o preso: I – continua apresentando alto risco para a ordem e a segurança do estabelecimento penal de origem ou da sociedade; II – mantém vínculos com organização criminosa, associação criminosa ou milícia privada, considerados também o perfil criminal e a função desempenhada por ele no grupo criminoso, a operação duradoura do grupo, a superveniência de novos processos criminais e os resultados do tratamento penitenciário.

Jurisprudência

69.6. [.... Execução de pena de multa fixada cumulativamente com pena privativa de liberdade. Sentença proferida por juízo federal. Pena privativa de liberdade executada por juízo estadual. [...] 2. O núcleo da controvérsia consiste em definir o juízo competente para a execução de pena de multa imposta cumulativamente com pena privativa de liberdade por sentença condenatória prolatada pelo Juízo da 3ª Vara Federal de Foz do Iguaçu – SJ/PR. 3. *"A execução da pena de multa deve seguir no Juízo das Execuções Penais, que é o Juízo Estadual, no caso de haver cumprimento de pena privativa de liberdade em presídio estadual aplicada cumulativamente com a multa. Além de a multa ter natureza de sanção penal, sendo racional a existência de execução penal una, ressalte-se que os valores recolhidos, quer por sentença condenatória proferida por Juízo Estadual ou por sentença condenatória proferida por Juízo Federal, têm o mesmo destino: o Fundo Penitenciário Nacional, nos termos do art. 2º, inciso V, da Lei Complementar nº 79/1994"* (CC 168.815/PR, de minha relatoria, Terceira Seção, DJe 16/6/2020). 4. *"O Ministério Público é o órgão legitimado para promover a execução da pena de multa, perante a Vara de Execução Criminal, observado o procedimento descrito pelos artigos 164 e seguintes da Lei de Execução Pena"* (ADI 3150 [...] Relator p/ Acórdão: Min. Roberto Barroso, Tribunal Pleno, DJe de 6/8/2019). 5. Diante da ausência de iniciativa da execução da pena de multa pelo Ministério Público Federal, titular da referida ação, é defeso aos Juízos envolvidos deflagrar a execução da sanção pecuniária. Em razão disso, o Juízo de Direito da Vara de Execuções Penais e a Corregedoria dos Presídios de Francisco Beltrão – PR deverão devolver os autos ao Juízo Federal da 4ª Vara de Foz do Iguaçu – SJ/PR a fim de que se cumpra a orientação do STF firmada na ADI 3.150/DF quanto ao órgão legitimado para promover a execução da pena de multa, respeitando-se o princípio da inércia jurisdicional. 6. Conflito conhecido para declarar que a execução da pena de multa fixada cumulativamente com a pena privativa de liberdade a ser cumprida em presídio estadual compete ao Juízo de Direito da Vara de Execuções Penais e Corregedoria dos Presídios de Francisco Beltrão – PR, o suscitado, somente após manifestação inequívoca do Ministério Público Federal perante o Juízo Federal para deflagrar a ação de execução da pena de multa. Após referida manifestação ministerial, o Juízo Federal poderá remeter os autos ao Juízo Estadual. *(Conflito de Competência nº 179.037/PR, STF, 3ª Seção, unânime, Rel. Min. Joel Ilan Paciornik, julgado em 22.9.2021, publicado no DJ em 27.9.2021)*

Vide também *(Conflito de Competência nº 168.815-PR, STJ, 3ª Seção, unânime, Rel. Min. Joel Ilan Paciornik, julgado em 10.6.2020, publicado no DJ em 17.6.2020).*

69.6.[...] A jurisprudência do Supremo Tribunal Federal é no sentido de que [o] período de permanência será de até 3 (três) anos, renovável por iguais períodos, desde que haja nova e fundamentada decisão pelo juiz competente, para cada renovação de prazo (art. 10, §1º) (HC 200.405-AgR, Rel. Min. Alexandre de Moraes). [...] *(Agravo Regimental no Habeas Corpus nº 226.639, STF, 1ª Turma, Rel. Min. Roberto Barroso, sessão virtual de 4.8.2023 a 14.8.2023, publicado no DJ em 18.8.2023)*

69.6. [...] Prorrogação de permanência de preso em presídio federal de segurança máxima. [...] A rejeição da renovação de permanência do apenado em presídio federal autoriza seja suscitado conflito de competência, nos termos do art. 10, § 5º, da Lei n. 11.671/2008. [...] Persistindo as razões que ensejaram a transferência do preso para o presídio federal de segurança máxima, a renovação da permanência do apenado é providência indeclinável, como medida excepcional e adequada para resguardar a ordem pública. Incidência do art. 3º do Decreto 6.877/2009, que regulamenta a Lei supramencionada. [...] "A Lei n. 11.671/2008 não estabeleceu qualquer limite temporal para a renovação de permanência do preso em estabelecimento penal federal de segurança máxima". [...] Prevalece no Superior Tribunal de Justiça o entendimento no sentido de que, acaso devidamente motivado pelo Juízo estadual o pedido de manutenção do preso em presídio federal, não cabe ao Magistrado Federal exercer juízo de valor sobre a fundamentação apresentada, mas apenas aferir a legalidade da medida. Ressalva do ponto de vista do Relator. [...] *(Agravo Regimental no Conflito de Competência nº 169.493-AM, STJ, 3ª Seção, unânime, Rel. Min. Reynaldo Soares da Fonseca, julgado em 24.6.2020, publicado no DJ em 30.6.2020).*

69.6. [...] A Terceira Seção do STJ tem firme entendimento de que *"não cabe ao Juízo Federal discutir as razões do Juízo Estadual, quando solicita a transferência de preso para estabelecimento prisional de segurança máxima, assim quando pede a renovação do prazo de permanência, porquanto este é o único habilitado a declarar a excepcionalidade da medida"* [...] *(Conflito de Competência nº 174.981/PR, STJ, 3ª Seção, unânime, Rel. Min. Joel Ilan Paciornik, julgado em 24.2.2021, publicado no DJ em 1º.3.2021)*

69.6. [...] Prorrogação de permanência de preso no sistema federal. [...] "A Lei n. 11.671/2008 não estabeleceu qualquer limite temporal para a renovação de permanência do preso em estabelecimento penal federal de segurança máxima" [...] Tal entendimento não foi alterado pela superveniência da Lei n. 13.964/2019, em vigor desde 23 de janeiro de 2020, na medida em que, ao modificar a redação do art. 10 da Lei 11.671/2008, estendeu o prazo inicial de permanência do preso em presídio federal de 360 (trezentos e sessenta) dias para 3 (três) anos, sem, contudo, estipular limite de renovação, pois fala em possibilidade de renovação "por iguais períodos", no plural. [...] *(Habeas Corpus nº 625.670/RSM STJ, 5ª Turma, unânime, Rel. Min. Reynaldo Soares da Fonseca, julgado em 9.12.2020, publicado no DJ em 14.12.2020).*

69.6. [...] 1. O artigo 10, § 1º, da Lei 11.671/08, recentemente alterado pelo advento da Lei nº 13.964/2019, estabelece que o período de permanência do custodiado nos estabelecimentos penais federais será de até 3 (três) anos, renovável por iguais períodos, admitindo-se prorrogações sucessivas, desde que presentes os requisitos legais. [...] *(Agravo de Execução Penal nº 5022904-28.2020.4.04.7000-PR, TRF-4, 7ª Turma, unânime, Rel. Des. Luiz Carlos Canalli, julgado em 1º.9.2020).*

....

69.7. Competência territorial: Se até aqui tratamos da competência constitucional, isto é, daquela distribuição de jurisdição feita pelo próprio poder constituinte – daí, juiz natural – o Código de Processo Penal regula outra modalidade de competência, a saber: a competência *territorial.*

Vimos que a competência constitucional tem por objetivo a otimização da função jurisdicional, cuidando de estabelecer jurisdições (Justiças) *especializadas* em determinadas matérias, ao lado da competência penal originária dos Tribunais, com foros privativos fixados em razão de prerrogativa de funções.

Quando nos referimos à jurisdição *especializada*, não estamos utilizando o sentido mais usual do termo, até porque ninguém duvida que a Justiça Federal e a Justiça Estadual se inserem no âmbito do que se convencionou denominar *Justiça comum*. A nossa pretensão é apenas deixar assentado que a repartição constitucional de matérias orienta-se por critérios *funcionais* ou de *funcionalidade*, de modo a oferecer ao jurisdicionado um juiz com atuação específica em cada matéria. Por isso, a violação às regras de competência constitucional constitui nulidade absoluta, não dependendo de qualquer comprovação de prejuízo, já que haveria subtração do juiz *especializado* na matéria penal.

Já a competência territorial não cuida de tais questões.

Definido o juiz constitucional, isto é, o juiz natural, segundo a matéria, restaria identificar qual, dentre aqueles igual e constitucionalmente competentes, seria o órgão da jurisdição mais adequado ao conhecimento da causa.

Por isso, os critérios de competência territorial se referem à qualidade da instrução probatória em cada caso concreto e não abstratamente, como ocorre com os critérios de definição do juiz natural. O juiz federal cuida dos crimes federais; o estadual, dos estaduais. Mas qual, dentre eles, julgariam os aludidos crimes?

Ora, se se trata de definir o juiz mais adequado ao conhecimento do fato delituoso, a primeira regra de competência haveria que ser a *do lugar da infração*, exatamente em razão de ser ali o local mais apropriado, como regra, para a realização da instrução criminal.

E também por isso é que a não observância das regras de competência territorial não gerará nulidade absoluta, e, sim, relativa.

É que, tratando-se de competência orientada por critérios de facilitação e operacionalização da instrução, não haverá qualquer prejuízo às partes na tramitação da ação penal na sede de outro juízo, se os atos probatórios ali puderem se desenvolver sem maiores transtornos.

Não por outra razão, a legislação processual penal faculta às partes a exceção de incompetência do juízo (art. 95, II, CPP), a ser oferecida junto com a resposta escrita (art. 396, CPP), sob pena de preclusão. É dizer: se as partes puderem realizar a instrução em local distinto daquele que se qualifica como *lugar da infração*, razão alguma justificaria a nulidade daqueles atos.

Ademais, é bem de ver que, no que se refere à facilitação da prova, a definição de lugar da infração no CPP não foi das mais felizes, no ponto em se acolheu a teoria do *resultado* e não a teoria da *ação*. É o que veremos a seguir.

Jurisprudência

69.7. [...] A competência de foro se firma, em regra, pelo lugar em que se consuma a infração, *ex vi* do art. 70 do CPP. *In casu*, não há dúvida de que a competência territorial seria do Juízo da Circunscrição Judiciária do Gama/DF. Tendo em vista o que preceitua o Código de Processo Penal, não há que se falar em conexão entre diferentes crimes de roubo praticados, todos pelos mesmos agentes, em circunstâncias diferentes de tempo e lugar, se inexiste liame teleológico ou consequencial entre os delitos. A prevenção constitui critério residual de fixação de competência (CPP, art. 69, VI), só se verificando em casos em que for possível a dois ou mais juízes conhecerem do mesmo caso, seja por dividirem a mesma competência de juízo (CPP, art. 83), seja pela incerteza da competência territorial (CPP, art. 70, § 3º), ou ainda, quando se tratar de crime continuado ou permanente (CPP, art. 71). Não é a hipótese dos autos. Ordem denegada. *Habeas corpus* concedido de ofício para excluir da ação penal nº 1.877/04, em trâmite na Comarca de Planaltina/GO, a conduta já apreciada na ação penal nº 13219-4/02, da Primeira Vara Criminal da Circunscrição Judiciária do Gama/DF (*Habeas Corpus nº 67.559-DF, STJ, 5ª Turma, Rel. Min. Felix Fischer, julgado em 22.5.2007, publicado no DJ em 18.6.2007*).

....

69.8. Competência relativa: Para que não fiquem dúvidas: a não observância da regra de competência territorial não gera nulidade absoluta, tendo em vista a sua natureza instrumental, isto é, de eficácia probatória.

No que diz respeito às partes, há prazo preclusivo para a sua arguição, consoante os termos do art. 396, combinado com o art. 95, II, ambos do CPP.

Diferentemente do que ocorre em relação ao processo civil, o juiz criminal está autorizado a reconhecer de ofício a sua incompetência relativa, conforme se vê do disposto no art. 109, CPP.

No entanto, em razão da instituição do princípio da identidade física do juiz no processo penal brasileiro pelas mãos da Lei nº 11.719/08 (art. 399, § 2º), deve-se limitar agora a liberdade judicial em relação à incompetência relativa, exigindo-se que o juiz decline sua jurisdição até o início da instrução criminal, sob pena de preclusão. É que como, agora, a instrução deve ser concentrada, o juiz que colheu a prova deve também sentenciar. E como se trata, em ambos os casos, de normas infraconstitucionais (art. 109 e art. 399), deve prevalecer a identidade física, não só por ser posterior, mas por não ser incompatível com o reconhecimento da incompetência relativa, de ofício.

CAPÍTULO I
Da Competência pelo Lugar da Infração

Art. 70. A competência será, de regra, determinada pelo lugar em que se consumar a infração, ou, no caso de tentativa, pelo lugar em que for praticado o último ato de execução.

§ 1º Se, iniciada a execução no território nacional, a infração se consumar fora dele, a competência será determinada pelo lugar em que tiver sido praticado, no Brasil, o último ato de execução.

§ 2º Quando o último ato de execução for praticado fora do território nacional, será competente o juiz do lugar em que o crime, embora parcialmente, tenha produzido ou devia produzir seu resultado.

§ 3º Quando incerto o limite territorial entre duas ou mais jurisdições, ou quando incerta a jurisdição por ter sido a infração consumada ou tentada nas divisas de duas ou mais jurisdições, a competência firmar-se-á pela prevenção.

§ 4º Nos crimes previstos no art. 171 do Decreto-Lei nº 2.848, de 7 de dezembro de 1940 (Código Penal), quando praticados mediante depósito, mediante emissão de cheques sem suficiente provisão de fundos em poder do sacado ou com o pagamento frustrado ou mediante transferência de valores, a competência será definida pelo local do domicílio da vítima, e, em caso de pluralidade de vítimas, a competência firmar-se-á pela prevenção.

70.1. Lugar e teoria do resultado: Adotando-se a teoria do resultado, *lugar* do crime será aquele onde se consumou a infração e não onde se realizou ou se realizaram os atos de execução, que vem a ser o local acolhido pela chamada *teoria da ação.* Diz-se, ainda, *teoria da ubiquidade* a concepção pela qual se considera lugar do crime tanto aquele onde se praticaram atos de execução – ação – quanto aquele onde se produziu ou se produziram os resultados – consumação.

A escolha pela teoria do resultado não é das mais felizes.

Com efeito, o local no qual se consuma o crime nem sempre é favorável à produção da prova, se outro tiver sido o lugar da ação ou dos atos de execução. A testemunha ocular da prática de um crime, de modo geral, reside ou tem domicílio naquele local. Assim, se a vítima for deslocada para outra cidade, a fim de receber cuidados médicos, não resta dúvida de que a instrução criminal, e, por isso, a ação penal, deveriam ter curso no local onde se praticou a ação e não onde ocorreu o resultado.

Certamente por isso, há sólida jurisprudência endossando a aplicação da teoria da ação, para justificar exceções à regra do resultado. Correto. Afinal, o lugar do crime não foi o critério escolhido exatamente em razão da facilitação da prova?

No caso de tentativa, isto é, nas hipóteses em que não tenha se consumado o resultado pretendido, será competente o do lugar em que se realizaram os últimos atos de execução. Conclusão inevitável, como se vê.

Jurisprudência

70.1. [...] 1. Há precedentes da Terceira Seção no sentido de que, na hipótese de tráfico interestadual de entorpecentes, o processo deve tramitar na comarca onde a droga foi remetida, nos termos do art. 70 do Código de Processo Penal.

2. Mais recentemente, no entanto, a Terceira Seção concluiu que, em situações envolvendo a remessa postal de drogas, deve prevalecer a competência do local que for mais conveniente para a instrução do processo.

3. No caso dos autos, em que se discute o tráfico interestadual por via postal, não é possível determinar, a priori, qual local é o mais proveitoso para a fase investigativa. Isso porque a apuração pode seguir duas linhas: rastrear o remetente da droga ou tentar localizar o destinatário.

4. Considerando a natureza permanente do crime em questão, a competência deve ser fixada pela prevenção, nos termos do art. 71 do Código de Processo Penal. Conflito conhecido para declarar a competência do Juízo de Direito da 2ª Vara Criminal de Porto Alegre - RS. *(Conflito de Competência nº 203.087-RJ, STJ, Terceira Seção, Rel. Min. Messod Azulay Neto, julgado em 14.8.2024, publicado no DJ em 19.8.2024)*

70.1. [...] A jurisprudência desta Corte firmou-se no sentido de que, independentemente de condicionantes extraterritoriais, à luz do princípio da territorialidade e da teoria da ubiquidade, adotados no ordenamento jurídico pátrio, é da justiça brasileira a competência para processar crimes consumados no território nacional, conforme inteligência dos arts. 5º e 6º do Código Penal. No caso, foi delineado no acórdão o fato incontroverso de que o crime de lavagem de dinheiro, embora iniciado no exterior, foi consumado no território brasileiro, concluindo a Corte de origem pela competência da Justiça Federal brasileira. Precedentes.

6. Agravo regimental provido para negar provimento ao recurso em *habeas corpus*, restabelecendo integralmente o acórdão proferido pelo Tribunal Regional da 2ª Região nos autos do HC n. 5007204- *80.2021.4.02.0000/RJ.(Agravo Regimental no Recurso em Habeas Corpus nº 167.277-RJ, STJ, 6ª Turma, Rel. Min. convocado Jesuíno Rissato, julgado em 10.10.2023, publicado no DJ em 18.10.2023)*

70.1. [...] 1. O presente conflito de competência deve ser conhecido, por se tratar de incidente instaurado entre juízos vinculados a Tribunais distintos, nos termos do art. 105, inciso I, alínea d da Constituição Federal – CF.

2. No caso dos autos, um ex-funcionário da empresa vítima, atuante no ramo de turismo, em associação com os outros dois agentes delituosos, teriam simulado contratos de parcerias com empresas terceiras, com a intenção de obter para si vantagens ilícitas, a saber: passagens aéreas e reserva de veículos e hotéis. De acordo com inquérito policial, o estelionatário fazia uso próprio de tais passagens, bem como as repassava para terceiros, obtendo o proveito do crime. A empresa vítima possui sede em Brasília/DF, contudo o ex-funcionário apontado como estelionatário trabalhava como representante comercial na filial localizada no município de São Paulo, onde os golpes teriam sido praticados em conluio com outros dois agentes, também residentes em municípios localizados no Estado de São Paulo.

3. O núcleo da controvérsia consiste em definir se o julgamento do delito de estelionato compete ao Juízo de Direito da 4ª Vara Criminal de Brasília/DF, considerando-se o local da sede da empresa vítima e de sua agência bancária; ou ao Juízo de Direito da Vara Criminal do Foro Central Barra Funda/SP, em razão do local onde o agente delituoso auferiu o proveito do crime.

4. O dissenso jurisprudencial retratado nos precedentes colacionados pelos Juízos envolvidos neste conflito deixou de existir com o advento da Lei 14.155/2021, que acrescentou o § 4º do art. 70 do Código de Processo Penal - CPP com o seguinte teor: “nos crimes previstos no art. 171 do Decreto-Lei nº 2.848, de 7 de dezembro de 1940 (Código Penal), quando praticados mediante depósito, mediante emissão de cheques sem suficiente provisão de fundos em poder do sacado ou com o pagamento frustrado ou mediante transferência de valores, a competência será definida pelo local do domicílio da vítima, e, em caso de pluralidade de vítimas, a competência firmar-se-á pela prevenção”. Todavia, a inovação legislativa disciplinou a competência do delito de estelionato em situações específicas descritas pelo legislador, as quais não ocorrem no caso concreto, porquanto os autos não noticiam a ocorrência transferências bancárias ou depósitos efetuados pela empresa vítima e tampouco de cheque emitido sem suficiente provisão de fundos.

5. No contexto dos autos, não identificadas as hipóteses descritas no § 4º do art. 70 do CPP deve incidir o teor do caput do mesmo dispositivo legal, segundo o qual “a competência será, de regra, determinada pelo lugar em que se consumar a infração, ou, no caso de tentativa, pelo lugar em que for praticado o último ato de execução”. Sobre o tema a Terceira Seção desta Corte Superior, recentemente, pronunciou-se no sentido de que nas situações não contempladas pela novatio legis, aplica-se o entendimento pela competência do Juízo do local do eventual prejuízo. Precedente: CC 182.977/PR, Rel. Ministra Laurita Vaz, Terceira Seção, DJe 14/3/2022.

6. Destarte, na espécie, a competência deve ser fixada no local onde o agente delituoso obteve, mediante fraude, em benefício próprio e de terceiros, os serviços custeados pela vítima.

7. Conflito conhecido para declarar competente o Juízo de Direito da Vara Criminal do Foro Central Barra Funda – DIPO 4 – SÃO PAULO – SP, o suscitado. *(Conflito de Competência nº 185.983-DF, STJ, 3ª Seção, julgado em 11.5.2022, publicado no DJ em 13.5.2022)*

70.1. [...] 1. O delito de estelionato, tipificado no art. 171, *caput*, do Código Penal, consuma-se no lugar onde aconteceu o efetivo prejuízo à vítima. Por essa razão, a Terceira Seção do Superior Tribunal de Justiça, no caso específico de estelionato praticado por meio de depósito em dinheiro ou transferência de valores, firmara a compreensão de que a competência seria do Juízo onde se auferiu a vantagem ilícita em prejuízo da vítima, ou seja, o local onde se situava a conta que recebeu os valores depositados. 2. A Lei n. 14.155, de 27 de maio de 2021, que incluiu o § 4.º no art. 70 do Código de Processo Penal, criou hipótese específica de competência no caso de crime de estelionato praticado mediante depósito, transferência de valores ou cheque sem provisão de fundos em poder do sacado ou com o pagamento frustrado. Diante da modificação legislativa, não mais subsiste o entendimento firmado por esta Corte Superior, devendo ser reconhecida a competência do Juízo do domicílio da vítima. 3. A lei processual penal tem aplicação imediata. Contudo, por se cuidar de competência em razão do lugar, de natureza relativa, incide a regra da *perpetuatio jurisdicionis*, quando já oferecida a denúncia nos termos do art. 43 do Código de Processo Civil, c.c. o art. 3.º do Código de Processo Penal. 4. No caso concreto, houve apenas a instauração de inquérito policial, o qual, por si só, não leva à incidência da regra da *perpetuatio jurisdicionis*. Além disso, o procedimento investigatório se iniciou no Juízo do domicílio da Vítima, na Comarca de Curitiba-PR, o qual, nos termos do art. 70, § 4.º, do Código de Processo Penal, com a redação atribuída pela Lei n. 14.155/2021, é competente para a ação penal. [...] *(Conflito de Competência nº 181.726/PR, STJ, 3ª Seção, unânime, Rel. Min. Laurita Vaz, julgado em 8.9.2021, publicado no DJ em 17.9.2021)*

70.1. Feita a necessária digressão sobre os julgados inspiradores da Súmula n. 528/STJ, constata-se que o ilustre Ministro Rogério Schietti Cruz, no julgamento do CC 134.421/TJ (DJe 4/12/2014), propôs a revisão do seu posicionamento para, exclusivamente no caso de importação de droga via correio (ou seja, quando conhecido o destinatário), reconhecer como competente o Juízo do local de destino da droga. Malgrado tenha vencido a tese pela competência do local da apreensão da droga, em nome da segurança jurídica, a dinâmica do tempo continua revelando as dificuldades investigativas no caso de importação via correios, quando a droga é apreendida em local distante do destino conhecido. [...] 6. Prestação jurisdicional efetiva depende de investigação policial eficiente. *Caso inicialmente o local da apreensão da droga possa apresentar-se como facilitador da colheita de provas no tocante à materialidade delitiva, em um segundo momento, a distância do local de destino da droga dificulta sobremaneira as investigações da autoria delitiva, sendo inegável que os autores do crime possuam alguma ligação com o endereço aposto na correspondência.* 7. A fixação da competência no local de destino da droga, quando houver postagem do exterior para o Brasil com o conhecimento do endereço designado para a entrega, proporcionará eficiência da colheita de provas relativamente à autoria e, consequentemente, também viabilizará o exercício da defesa de forma mais ampla. Em suma, deve ser estabelecida a competência no Juízo do local de destino do entorpecente, mediante flexibilização da Súmula n. 528/STJ, em favor da facilitação da fase investigativa, da busca da verdade e da duração razoável do processo. [...] *(Conflito de Competência nº 177.882/PR, STJ, 3ª Seção, unânime, Rel. Min. Joel Ilan Paciornik, julgado em 26.5.2021, publicado no DJ em 8.6.2021)*

70.1. [...] O Código Processual Penal adotou a teoria do resultado, ao dispor, em seu art. 70, que será competente para processar e julgar a infração o foro do lugar em que ocorreu a consumação do delito. O delito de roubo se consuma no momento em que o agente obtém a posse da coisa subtraída, ainda que temporariamente, desde que cessada a violência. Inocorre constrangimento ilegal quando se mostra inviável, por regras de organização judiciária estadual, reconhecer a competência do Juízo do local da consumação. [...] (*Habeas Corpus nº 91.007-RJ, STJ, 5ª Turma, Rel. Min. Jorge Mussi, julgado em 28.8.2008, publicado no* DJ *em 13.10.2008*).

70.1 [..] 3. A determinação da competência territorial para a apuração de crimes contra a honra praticados na internet relaciona-se ao local no qual as redes sociais são alimentadas, no qual ocorre a divulgação do conteúdo supostamente ofensivo. [...] *(Ação Penal n. 895-DF, STJ, Corte Especial, Rel. Min. Nancy Andrighi, julgado em 15.5.2019, publicado no* DJ *em 7.6.2019).*

....

70.2. Crimes à distância: Cuida o § 1º de hipótese de *internacionalização* do crime, ou seja, nos casos em que a execução do crime tenha se iniciado no país, enquanto a consumação tenha se dado no estrangeiro, caso em que a competência da Justiça brasileira será aferida pelo lugar em que tenha sido realizada ação delituosa.

Aqui, o decisivo será, então, a distinção entre atos de execução e a consumação do crime. Eventual crime de calúnia, por exemplo, somente se consuma quando o fato alardeado tenha chegado ao conhecimento de terceiros. Assim, uma correspondência contendo afirmações caluniosas poderá chegar ao local do destinatário, sem que ali se afirme o lugar do crime, se não houver, ali, a divulgação de seu conteúdo.

De outro lado, (§ 2º) se a execução for realizada fora do território nacional, competente será o juiz que atuar no local em que for consumada a infração, ou, na tentativa, no local em que deveria se produzir o resultado almejado. Aqui, importante salientar que a consumação do crime poderá não ocorrer por ato independente da vontade do agente (tentativa); e, mais, poderá ocorrer que a evitação da consumação seja em local diferente daquele em que se *deveria consumar a infração.* Prevalecerá, então, a regra legal: a do lugar em que o resultado do crime deveria ocorrer.

70.3. Crimes plurilocais: Como a própria expressão está a indicar, será ainda possível a ocorrência de crimes que tenham atos de execução e de consumação em diferentes locais do país. É o caso típico dos denominados crimes *permanentes*, em que a ação ou conduta típica se prolonga no tempo, caso, por exemplo, da extorsão mediante sequestro. Outro exemplo seria a hipótese de crimes que somente se realizam mediante pluralidade de condutas, tal como ocorre nas infrações que puderem caracterizar os tipos penais definidos como integrantes de organizações criminosas (Lei nº 12.850/13).

Nessas situações, como existirá mais de um local tanto da ação quanto da execução, a regra será a da prevenção, nos termos do art. 83 do CPP. *Prevento* será o juiz que, em concurso com outros juízes igualmente competentes, tiver antecedido o outro na prática de qualquer ato de conteúdo decisório. Note-se bem: ato de conteúdo decisório e não a prática de simples atos de movimentação de inquéritos policiais. No caso de início da ação penal, estará prevento o juiz que receber a denúncia, já que esse é um ato que deve ser considerado decisório, ainda que não se exija, nele, a declinação de motivação específica. É que, quando nada, o juiz que recebe uma denúncia afirma a sua competência para a causa, afasta questões relativas aos pressupostos processuais e às condições da ação (art. 395, CPP).

70.4. Incerteza quantos aos limites territoriais e quanto ao local do crime: Pode ser ainda que o fato tenha sido praticado ou se consumado na divisa de dois ou mais territórios limítrofes, ou que haja dúvida quanto aos limites de um e outro território.

Em tais situações, aplicar-se-á também a regra da prevenção, valendo aqui o quanto se disse logo acima: *prevento* é o juiz que, dentre aqueles igualmente competentes, tenha antecedido o outro na prática de um ato de conteúdo decisório. Haverá que ter conteúdo de natureza decisória o ato para que se tenha uma antecipação do conhecimento efetivo da matéria, aproveitando-se o quanto possível a atividade jurisdicional já empreendida.

Contudo, cumpre assinalar que não se trata de um *prejulgamento* da questão, mas de uma análise inicial acerca do fato e do direito, *ainda que relativo à matéria cautelar*, isto é, medidas acautelatórias adotadas antes da ação penal, tal a hipótese da concessão de interceptação telefônica, de busca e apreensão domiciliar, de prisões, liberdades etc.

Art. 71. Tratando-se de infração continuada ou permanente, praticada em território de duas ou mais jurisdições, a competência firmar-se-á pela prevenção.

Como já antecipamos, pode ocorrer que a execução do fato se prolongue no tempo, de tal maneira que o resultado lesivo da conduta se estenda também, na mesma medida cronológica do comportamento. São os chamados crimes *permanentes*. No sequestro, por exemplo, a consumação do crime – privação da liberdade individual – corresponde à conduta do agente, na medida em que a ação de *sequestrar* implica a de *privar a liberdade*, perdurando no tempo tanto a ação quanto o resultado.

Nessa hipótese, quaisquer das jurisdições que tenham conhecido da matéria, proferindo ato processual de conteúdo decisório, estarão preventas para o conhecimento da ação penal.

Do mesmo modo ocorrerá com a *continuidade delitiva*, que diz respeito a ações praticadas de tal maneira que, em razão do lugar, do tempo e dos meios de execução, umas devam ser consideradas uma *continuação* de outras, realizadas antes. Aquele que, no interior de um prédio fechado ao público, invade e subtrai bens de diversos e diferentes apartamentos e/ou salas, comete o crime de furto *em continuidade delitiva*, podendo-se considerar que as condutas subsequentes tenham sido realizadas como aproveitamento da situação de tempo e lugar que se apresentava ao agente.

E também a continuidade delitiva pode ocorrer em lugares diferentes, submetidos a jurisdições distintas. Nessa hipótese, a competência se determinará também pela prevenção.

Jurisprudência

71. [... Sendo igualmente competentes os mencionados Juízos paulistas, a competência é firmada pela prevenção, nos termos dos art. 71 e 83 do Código de Processo Penal que, no presente feito, é do Juízo campineiro, porque o único dos referidos Juízos do Estado de São Paulo que nele proferiu decisão. [...] *(Conflito de Competência nº 181.538/SP, STJ, 3ª Seção, unânime, Rel. Min. Laurita Vaz, julgado em 25.8.2021, publicado no DJ em 1º.9.2021)*

CAPÍTULO II
Da Competência pelo Domicílio ou Residência do Réu

Art. 72. Não sendo conhecido o lugar da infração, a competência regular-se-á pelo domicílio ou residência do réu.

§ 1º Se o réu tiver mais de uma residência, a competência firmar-se-á pela prevenção.

§ 2º Se o réu não tiver residência certa ou for ignorado o seu paradeiro, será competente o juiz que primeiro tomar conhecimento do fato.

Competência pelo domicílio ou residência do réu: A determinação de competência territorial inicia-se pelo *lugar da infração.* A segunda regra é a da *natureza da infração*, aplicável às jurisdições que tenham varas criminais especializadas. Já vimos que a competência do Tribunal do Júri é constitucional e não territorial. Assim, nos crimes dolosos contra a vida, o primeiro critério de descoberta da jurisdição será a natureza do crime, depois, o seu lugar. Note-se, contudo, que não há aqui uma exceção, pois a primeira etapa de definição da jurisdição competente é a identificação do *juiz natural*, que, nos crimes dolosos contra a vida, é o Tribunal do Júri.

A terceira regra seria a do *domicílio ou residência* do réu. E apenas nas hipóteses em que não se souber o lugar da infração penal.

No entanto, somente se aplicará semelhante critério de competência se não houver a prática de ato jurisdicional por um dos juízes que, igualmente competentes, se torne *prevento* para a causa.

Assim, ainda que o inquérito policial ou a ação penal ainda não recebida tenham sido distribuídos com antecedência, a competência jurisdicional poderá ser de outro juiz, se tiver este praticado qualquer ato de conteúdo decisório (prisão cautelar, interceptação telefônica, busca e apreensão) em inquérito ou ação penal posteriormente ajuizada. Mas veja-se bem: dissemos ação penal *não recebida*, pois o recebimento da denúncia já seria um ato decisório.

O critério do domicílio, portanto, é subsidiário, e somente terá aplicação se outros critérios não tiverem preferência.

Importante assinalar que o CPP parece não fazer qualquer distinção entre *domicílio* e *residência*, ao menos para fins de fixação da competência. Assim, havendo pluralidade de residências (ou domicílios), aplicar-se-á a regra da prevenção.

Já se não se souber a residência do agente, a competência será do juiz que primeiro tiver conhecimento do fato, independentemente da prática de qualquer ato, ou seja, pela simples distribuição. Nessa hipótese, repita-se, será necessária a inexistência do juiz prevento.

Por fim, de se relembrar: a competência pelo domicílio do réu depende do desconhecimento do local do crime.

Jurisprudência

72. [...] Em se tratando de queixa-crime formalizada contra agente público e não se conhecendo o local exato da consumação da infração penal, a competência é regida pelo artigo 72 do Código de Processo Penal, ou seja, fica ligada ao foro do domicílio ou da residência do réu (*Agravo Regimental no Inquérito nº 2.956-DF, STF, Plenário, unânime, Rel. Min. Marco Aurélio, julgado em 19.5.2011, publicado no* DJ *em 1.6.2011*).

72. [...] A competência pelo domicílio ou residência do réu constitui regra subsidiária que determina a competência jurisdicional. Na hipótese, pelas suas peculiaridades do caso, recomendou-se fosse a competência regulada pelo domicílio ou residência do réu. Precedente da Terceira Seção desta Corte. Conflito conhecido para declarar a competência do Juízo Federal da 11ª Vara Criminal da Seção Judiciária do Estado de Goiás, ora suscitante (*Conflito de Competência nº 55.685-GO, STJ, 3ª Seção, julgado em 13.9.2006, publicado no* DJ *em 3.9.2007*).

Art. 73. Nos casos de exclusiva ação privada, o querelante poderá preferir o foro de domicílio ou da residência do réu, ainda quando conhecido o lugar da infração.

A exceção, única, em relação à competência em razão do lugar, quando conhecido, vem prevista nas ações penais privadas, nas quais o legislador permitiu à vítima, isto é, ao querelante (autor da ação privada), a escolha entre o local do crime e o foro de domicílio ou residência do réu.

Essa é uma regra que deve ser recebida com certa reserva.

É que, embora a escolha do domicílio do réu possa ser vista como favorável e confortável a este, ao menos em princípio, o fato é que a regra do lugar do crime, no mais das vezes, é a mais adequada para a produção probatória. Por isso, não se pode afastar, no plano teórico, a possibilidade de uma escolha premeditada de foro, com o objetivo de enfraquecer a eventual necessidade de produção de prova (ou contraprova) por parte do réu. É dizer: se o réu apontar, em exceção de incompetência, a necessidade da realização da instrução probatória no local do crime, deve o Judiciário afastar a regra facultativa da ação penal privada. O princípio constitucional da ampla defesa o exigiria.

Jurisprudência

73 [...] Em se tratando de ação penal privada, o ofendido pode escolher o foro no qual será oferecida a queixa, se o do local da infração ou o domicílio ou residência do querelado. (Precedente). *Writ* parcialmente conhecido e, nesta parte, parcialmente deferido (*Habeas Corpus nº 25.204-SP, STJ, 5ª Turma, Rel. Min. Felix Fischer, julgado em 27.5.2003, publicado no* DJ *em 30.6.2003*).

73 [...] Nas hipóteses de exclusiva ação privada, faculta-se ao querelante propor a queixa-crime no foro do domicílio ou da residência do réu, ainda quando conhecido o lugar da infração, ut artigo 73 do Código Processo Penal. [...] *(CC nº 31.525-RJ, STJ, 3ª Seção, julgado em 10.4.2002, publicado no DJ em 29.4.2002)* CAPÍTULO III Da Competência pela Natureza da Infração

CAPÍTULO III
Da Competência pela Natureza da Infração

Art. 74. A competência pela natureza da infração será regulada pelas leis de organização judiciária, salvo a competência privativa do Tribunal do Júri.

§ 1º Compete ao Tribunal do Júri o julgamento dos crimes previstos nos arts. 121, § 1º e § 2º, parágrafo único, 123, 124, 125, 126 e 127 do Código Penal, consumados ou tentados. (Redação dada pela Lei nº 263, de 23.2.1948)

§ 2º Se, iniciado o processo perante um juiz, houver desclassificação para infração da competência de outro, a este será remetido o processo, salvo se mais graduada for a jurisdição do primeiro, que, em tal caso, terá sua competência prorrogada.

§ 3º Se o juiz da pronúncia desclassificar a infração para outra atribuída à competência de juiz singular, observar-se-á o disposto no art. 410; mas, se a desclassificação for feita pelo próprio Tribunal do Júri, a seu presidente caberá proferir a sentença (art. 492, § 2º).

74.1. Nesse dispositivo, cuida o CPP de definir as hipóteses de afirmação e de modificação de competência, eventualmente surgidas (quando de modificação) a partir da alteração da classificação da infração. O critério, portanto, é o da *natureza da infração*.

Já vimos que, quando a natureza da infração corresponder à competência em razão da *matéria*, a jurisdição se imporá por critérios constitucionais, como é o caso do Tribunal do Júri, nos crimes dolosos contra a vida.

De outro lado, sustenta-se que também a competência *por matéria* fixada nas leis de organização judiciária constituiria critério de competência *absoluta* e não relativa, daí por que também absoluta seria a nulidade de sua violação.

Embora nos pareça demasiado rigoroso semelhante raciocínio, dado que as competências previstas em leis de organização judiciária, quando em razão da matéria, constituiriam uma *especialização* da própria *especialização* já operada pela Constituição da República (Justiça Federal, Estadual, Militar, Eleitoral), não se instituindo, portanto, como *juiz natural* – ao menos do ponto de vista técnico e conceitual –, pode-se aceitar o aludido entendimento, como modo de se ampliarem as garantias individuais a um julgamento emanado de jurisdição "especializada". Para nós, que associamos o conceito de juiz natural àquele de juiz constitucional, atribuindo identidade de sentido entre as expressões *natural e origem*, para a identificação da *fonte normativa* originária da competência, o ideal seria manter a correlação entre competência absoluta e competência constitucional, reservando-se as consequências das nulidades absolutas apenas para as violações em tais níveis de competência de jurisdição. Mas, como parece ser essa a tendência doutrinária e jurisprudencial, não poderíamos deixar de levantar o problema, permanecendo, contudo, com nosso entendimento.

No entanto, e como não poderia deixar de ser, no concurso entre a competência especializada das leis de organização judiciária e aquela fixada na Constituição prevalecerá a dessa última. Exemplo: na conexão entre diversas infrações, incluindo crime doloso contra a vida, prevalecerá a competência do Júri.

E que fique registrado: na prática, havendo Varas Especializadas, jamais ocorrerá violação a essa regra, na medida em que os processos desaguarão sempre no foro especializado (Varas para crimes de trânsito, crimes de lavagem de dinheiro, crimes de tóxicos etc.).

Jurisprudência

74.2 [...] Crime previsto no § 4º do art. 14 da Lei nº 9.434/97 (remoção de tecidos, órgãos ou partes do corpo de pessoa viva, para fins de transplante e tratamento, em desacordo com as disposições legais e regulamentares, com resultado morte). Objeto jurídico: ética e moralidade no contexto da doação de tecidos, órgãos e partes do corpo humano, preservação da integridade física e da vida das pessoas e respeito à memória dos mortos. Delito qualificado pelo resultado. Competência do juízo criminal singular. Afastamento da competência do tribunal do júri (CF, art. 5º, inciso XXXVIII, alínea d). Recurso do qual se conhece e ao qual se dá provimento, sem fixação de tese de repercussão geral. *(Recurso Extraordinário nº 1.313.494/MG, STF, 1ª Turma, unânime, Rel. Min. Dias Toffoli, julgado em 14.9.2021, publicado no DJ em 6.12.2021)*

74.1. [...] A competência para o processamento e o julgamento de ações penais relativas aos crimes contra o sistema financeiro nacional e os crimes de "lavagem" ou ocultação de bens, direitos e valores, até 17/10/05, estava atribuída, no Estado de São Paulo, às varas federais especializadas nos termos do Provimento 238, de 27 de agosto de 2004, do Conselho da Justiça Federal da Terceira Região. Toda e qualquer prova obtida por meio da diligência determinada por juiz absolutamente incompetente, bem como todas as demais delas decorrentes, abrangidas em razão da "teoria dos frutos da árvore envenenada", adotada pelo STF (RHC 90.376/RJ, Min. Celso de Mello, DJ 18/5/07), são ilícitas e, conforme o disposto no art. 5º, inciso LVI, da Constituição Federal, inadmissíveis para embasar eventual juízo de condenação. Há de se ponderar que o Provimento 238/04 do CJF/3ª Região atribui às varas especializadas (2ª e 6ª Varas Federais Criminais de São Paulo) o processamento e o julgamento tão somente dos crimes neles especificados (sistema financeiro nacional e "lavagem" de dinheiro ou ocultação de bens, direitos e valores – art. 2º), uma vez que não determina o deslocamento de competência da ação penal relativa aos demais delitos de competência do juízo federal criminal comum. Ordem parcialmente concedida para declarar incompetente o 1º Juízo Federal Criminal da Subseção Judiciária de Ribeirão Preto para processar e julgar medida cautelar preparatória de busca e apreensão relativa a crimes contra o sistema financeiro nacional, privativos das varas federais especializadas preconizadas no Provimento 238 do CJF/3ª Região, e, por conseguinte, declarar ilícitas as provas eventualmente obtidas referentes, tão somente, a esses delitos, determinando a sua devolução. Preservada, todavia, a jurisdição do citado Juízo para processar e julgar os demais delitos comuns, mantendo a custódia dos documentos que tratem de tais infrações (*Habeas Corpus nº 61.271-SP, STJ, 5ª Turma, Rel. Min. Arnaldo Esteves Lima, julgado em 21.8.2008, publicado no DJ em 22.9.2008*).

74.2. Competência do Júri: Nos termos do art. 5º da Constituição da República, compete ao Tribunal do Júri o julgamento dos crimes dolosos contra a vida. E quais seriam eles? Os crimes de homicídio (art. 121); de infanticídio (art. 123); e de aborto (arts. 124, 125 e 126, CP), tentados ou consumados.

Nota-se que o crime de *latrocínio* (art. 157, § 3º, CP) não vem incluído como crime doloso contra a vida. A razão parece estar ligada ao sistema *finalista* da ação, dando-se primazia à finalidade dolosa dirigida diretamente contra a vida. No latrocínio, como se sabe, a conduta se dirigiria precipuamente ao patrimônio, surgindo o resultado morte como *inconveniente de percurso*. Vá que seja, mas o homicídio praticado como meio de obtenção de pagamento ou recompensa (art. 121, § 2º, I, CP) também não teria natureza semelhante?

E já veremos que a competência do Tribunal do Júri não poderá ser afastada nas hipóteses de conexão e de continência, tendo em vista tratar-se de competência constitucional.

Jurisprudência

74.2 [...] Crime previsto no § 4º do art. 14 da Lei nº 9.434/97 (remoção de tecidos, órgãos ou partes do corpo de pessoa viva, para fins de transplante e tratamento, em desacordo com as disposições legais e regulamentares, com resultado morte). Objeto jurídico: ética e moralidade no contexto da doação de tecidos, órgãos e partes do corpo humano, preservação da integridade física e da vida das pessoas e respeito à memória dos mortos. Delito qualificado pelo resultado. Competência do juízo criminal singular. Afastamento da competência do tribunal do júri (CF, art. 5º, inciso XXXVIII, alínea d). Recurso do qual se conhece e ao qual se dá provimento, sem fixação de tese de repercussão geral. *(Recurso Extraordinário nº 1.313.494/MG, STF, 1ª Turma, unânime, Rel. Min. Dias Toffoli, julgado em 14.9.2021, publicado no DJ em 6.12.2021)*

74.2. [...] 3. Possibilidade de se estender a competência constitucional do Júri aos agentes que não foram denunciados pelo crime doloso contra a vida. A conexão autoriza o julgamento pelo Tribunal do Júri de todos os delitos praticados nas mesmas circunstâncias de tempo e lugar, considerando-se que a tentativa de homicídio foi praticada com o intuito de ocultar outros delitos e garantir o proveito dos crimes. Ainda que a tentativa de homicídio tenha sido praticada apenas por um dos denunciados, o julgamento conjunto pelo Tribunal do Júri afasta a possibilidade de resultados díspares, sendo de todo recomendável o julgamento conjunto. 4. A redação do art. 76, II e 78 I do CPP permite a extensão da competência do Tribunal do Júri a delitos conexos ao crime contra a vida e não autoriza concluir que o Tribunal do Júri esteja proibido de julgar réu acusado de praticar crime conexo na hipótese de não ter sido também acusado pela prática do crime doloso contra a vida. [...] *(CC n. 147.222-CE, STJ, 3ª Seção, unânime, Rel. Min. Joel Ilan Paciornik, julgado em 24.5.2017, publicado no DJ em 31.5.2017)*

74.3. Tribunal do Júri Federal: Para aqueles com menor intimidade com a matéria processual penal poderá causar alguma surpresa a constatação da existência de um Tribunal do Júri organizado no âmbito da Justiça Federal, afinal, a vida não é nem federal e nem estadual.

Ocorre que o homicídio doloso praticado por servidor federal ou contra servidor federal em razão do exercício de suas funções atingirá também, como já vimos, os serviços da União, autarquias e empresas públicas federais (art. 109, IV, CF), cumprindo à Justiça Federal conhecer da motivação da conduta. Assim, e como se trata de crime doloso contra a vida, a competência será do Tribunal do Júri Federal.

74.4. Desclassificação: Cumpre ao autor de uma ação penal, pública ou privada, *classificar* a infração, apontando o tipo penal em que estaria incurso o réu, conforme se vê no art. 41 do CPP.

A providência se justifica para fins de facilitação da distribuição judiciária dos processos, e, de resto, amplia o espaço de ampla defesa, permitindo ao réu, desde logo, desenvolver sua argumentação sobre as questões *de direito*.

No entanto, não poderia o juiz, jamais, se submeter à escolha do tipo penal constante da peça acusatória, sobretudo porque o processo penal não viabiliza o reconhecimento de *quaisquer direitos subjetivos* das partes (seriam mesmo *partes?*), e, sim, a aplicação do Direito Penal, com imposição de sanções. Sanções essas que não estão na esfera de disponibilidade de quem quer que seja – vítima ou Estado – mas que decorrem de expressa previsão legal. Por isso, ainda que equivocadamente capitulado ou classificado o fato, deverá o juiz julgá-lo segundo sua compreensão do direito aplicável.

Ocorre que a modificação da capitulação feita na inicial tem prazo certo para a sua efetivação. E como se trata de regra de *aplicação do direito* e não de questão de fato, a regra é que a alteração se dê por ocasião do julgamento da causa, isto é, na fase de sentença (art. 383, CPP).

No entanto, poderá ocorrer que, ao exame de mérito, se constate que a modificação da classificação (desclassificação) implicará também a mudança da competência territorial do juízo. Nesses casos, a questão poderá receber tratamentos distintos, tudo a depender da natureza da infração, havendo ressalva legal quanto às modificações atinentes à competência do Tribunal do Júri.

Quando a desclassificação for feita pelo juiz singular, dispõe o § 2º do art. 74, CPP, que caberá a ele encaminhar os autos ao juiz territorialmente competente.

Aqui, deve-se atentar para uma questão da maior relevância, ao menos do ponto de vista teórico, malgrado a sua pouca importância prática.

É que, como se sabe, a Lei nº 11.719/08, além de outras tantas modificações no processo penal brasileiro, instituiu também o princípio da identidade física do juiz, determinando caber ao juiz que presidir a instrução a tarefa de sentenciar a causa (art. 399, § 2º, CPP).

Com isso, outras questões merecerão o cuidado do julgador.

Se a desclassificação importar a modificação de competência *em razão da matéria*, isto é, do *juiz natural ou constitucional*, os autos deverão ser encaminhados àquele juízo, sob pena de nulidade absoluta, advertindo-se também que deverá ser ouvido o órgão do Ministério Público com atribuição constitucional para a matéria, do que poderá resultar, inclusive a não propositura de ação penal.

O mesmo ocorrerá quando se tratar de desclassificação que implique a modificação da competência territorial *por matéria*, ou seja, a competência de Varas Especializadas fixadas em leis de organização judiciárias. Nessa situação, os autos deverão ser para lá encaminhados.

Questão mais complexa diz respeito aos Juizados Especiais. Se a desclassificação operada resultar no reconhecimento de infração de menor potencial ofensivo, os autos deverão ou não ser encaminhados aos respectivos Juizados?

Que os Juizados não detêm competência absoluta já sabemos todos, sobretudo a partir da Lei nº 11.313/06, que, alterando o art. 60 da Lei nº 9.099/95, ressalvou a competência do juízo comum nas hipóteses de conexão ou continência envolvendo infrações penais ordinárias e infrações de menor potencial ofensivo. Exatamente na linha do que sempre sustentamos foi o que o STF decidiu no ano de 2021, assentando ser *"relativa a competência dos Juizados Especiais Criminais, pela qual se admite o deslocamento da competência, por regras de conexão ou continência, para o Juízo Comum ou Tribunal do Juri, no concurso de infrações penais de menor potencial ofensivo e comum".(ADI nº 5.264/DF, STF, Plenário, unânime, Rel. Min. Cármen Lúcia, julgado em sessão virtual de 27.11.2020 a 4.12.2020, publicado no DJ em 4.2.2021)*

O que não pode ser afastado em tais situações é o *processo conciliatório* (transação penal), este sim, garantia constitucional do devido processo legal, tanto que, no mesmo julgado retromencionado, o STF reafirmou que *"os institutos despenalizadores previstos na Lei n. 9.099/1995 constituem garantia individual do acusado e tem de ser assegurados, quando cabíveis, independente do juízo no qual tramitam os processos"*.

Nesse passo, pensamos que o não envio dos autos ao Juizado Especial não traria prejuízo algum ao acusado, se para ele, a partir da desclassificação, fosse oferecido naquele mesmo Juízo o modelo conciliatório dos Juizados (transação penal etc.).

De outro lado, como a hipótese não seria de concurso de processos conexos ou continentes, pensamos que a melhor solução seria a remessa dos autos ao Juizado Especial para que ali se procedesse conforme o previsto na Lei nº 9.099/95, cumprindo-se na sua literalidade o dispositivo legal em comento (art. 74, § 2º, CPP).

Mas, fora dessas situações, isto é, tratando apenas de competência territorial, não envolvendo, então, competência *por matéria,* não vemos mais como sustentar a modificação da competência territorial do juízo, por força agora do princípio da identidade física (art. 399, § 2º, CPP). Assim, a nosso aviso, caberá ao juiz singular que operou a desclassificação e que instruiu a causa sentenciar o processo. Não há incompatibilidade entre as normas dos arts. 74 e 383, e seus parágrafos, todos do CPP, *desde que se faça a distinção entre a competência absoluta ou a competência por matéria, e, de outro lado, a competência territorial.* Esta última não pode se transformar em obstáculo à aplicação da identidade física do juiz, princípio de grande alcance no conhecimento do material probatório. Na prática, porém, a desclassificação com modificação de competência será, invariavelmente, *em razão de matéria especializada por força de leis de organização judiciária,* caso em que deverão ser para lá encaminhados os autos.

E há também outras possibilidades para a aplicação da regra da modificação de competência pela desclassificação (art. 74, § 2º).

74.5. Desclassificação no Tribunal do Júri: No procedimento do Tribunal do Júri há duas fases bem diferenciadas. Na primeira, caberá ao juiz *togado* a competência para avaliar a presença de elementos mínimos que possam configurar a existência de crime doloso contra a vida, cumprindo-lhe proferir decisão de *admissibilidade,* ou não, da competência do Júri. Mais adiante veremos que ele poderá seguir outros caminhos, *absolvendo sumariamente o réu* (art. 415, CPP) ou *impronunciando-o,* no caso de entender ausentes quaisquer provas acerca da existência de crime doloso contra a vida ou da respectiva autoria.

Esse juiz sempre recebeu a denominação de juiz *sumariante,* em razão de sua competência para a realização do antigo *sumário de culpa,* hoje (Lei nº 11.689/08) *da acusação e da instrução preliminar* (arts. 406 e seguintes, CPP).

No entanto, poderá ele, também, *desclassificar* a infração, de modo a afastar a competência do Júri. Nessa situação, então, deverá encaminhar os autos para o juízo que entender competente. Naturalmente, poderá ter lugar, aqui, eventual conflito de competência entre os juízos envolvidos.

Mas, ainda que o processo tenha sido encaminhado ao Tribunal do Júri, ou seja, ainda que não tenha havido desclassificação pelo juiz togado – sumariante ou da fase preliminar –, poderá o próprio Tribunal do Júri, na fase de julgamento, promover a desclassificação da infração, se entender não se tratar de crime doloso contra a vida e sim de outra infração.

Nessa hipótese, como não se terá mais crime doloso contra a vida, por força de decisão soberana do Tribunal do Júri, caberá ao juiz presidente (do Júri), órgão que presidiu a instrução, sentenciar o processo, não lhe sendo facultado, porém, discordar da decisão desclassificatória do Júri. Note-se, então, que não poderá haver conflito de jurisdição entre a decisão do Tribunal do Júri e o seu juiz presidente, em razão da soberania do júri popular (art. 5º, XXXVIII, *c*, CF).

Jurisprudência

74.5. [...] A competência do Tribunal do Júri encerra-se quando votado quesito que culmine em desclassificação imprópria, devendo o julgamento do feito ser atribuído ao Juiz Presidente. Constatada a desclassificação, a continuidade da votação implica nulidade apenas das respostas dadas pelo Conselho de Sentença para os demais quesitos, não se fazendo necessária a anulação de toda a sessão de julgamento, sob pena de violação do princípio da soberania dos veredictos, já que, em novo julgamento, o Conselho de Sentença poderia, em tese, modificar as respostas conferidas aos quesitos formulados anteriormente à nulidade. Ordem concedida para, mantida a anulação da sentença, determinar que outra seja proferida, levando em consideração as respostas dadas aos primeiro e segundo quesitos (*Habeas Corpus nº 49.494-RJ, STJ, 6ª Turma, Rel. Min. Maria Thereza de Assis Moura, julgado em 12.8.2008, publicado no* DJ *em 1.9.2008*).

74.6. Graduação da jurisdição e prorrogação da competência: Não há mais distinção de grau entre os juízes, cuidando o dispositivo do § 2º, art. 74, de mera reminiscência histórica.

Relativamente à competência jurisdicional, seja ela territorial ou constitucional, cabe à Lei e à Constituição da República disporem sobre a matéria.

Assim, a competência penal originária dos tribunais – que teriam *grau superior* à primeira instância – decorre de previsão constitucional, fixada em razão da prerrogativa de função. Eventual desclassificação operada nos Tribunais não implicará a prorrogação de sua competência *pela desclassificação*, e, sim, pelo fato de serem o foro privativo para o julgamento de determinadas autoridades.

De outro lado, e de modo geral, a competência por prerrogativa de função não se modifica por força de alteração da matéria criminal, até porque ela é prevista em razão da função e não desta última (matéria).

Mas há casos em que determinadas autoridades terão modificadas as respectivas jurisdições, como ocorre, por exemplo, com os crimes eleitorais e os foros privativos na segunda instância (Tribunais de Justiça e Tribunais Regionais Federais). Assim, a autoridade que tiver foro privativo naquelas Cortes será julgada nos Tribunais Regionais Eleitorais, quando houver desclassificação do crime para crime eleitoral. É de se ver, contudo, que a hipótese sequer é de prorrogação de competência, mas de modificação dela.

Se ali houver desclassificação do crime para outro que não seja de sua competência, a modificação de jurisdição, quando possível, será uma imposição constitucional, não havendo espaço para a prorrogação de competência, supostamente decorrente de maior graduação. Aliás, de se observar que os citados tribunais (TJ e TRF) se encontram no mesmo plano – grau – dos Tribunais Regionais Eleitorais.

CAPÍTULO IV
Da Competência por Distribuição

Art. 75. A precedência da distribuição fixará a competência quando, na mesma circunscrição judiciária, houver mais de um juiz igualmente competente.

Parágrafo único. A distribuição realizada para o efeito da concessão de fiança ou da decretação de prisão preventiva ou de qualquer diligência anterior à denúncia ou queixa prevenirá a da ação penal.

Competência por distribuição: Não há novidade na matéria, que já cuidamos de adiantar as suas premissas fundamentais por ocasião dos comentários ao art. 69, linhas atrás.

Havendo juízes igualmente competentes, aquele a quem for inicialmente distribuído o inquérito policial ou a ação penal será o competente.

Isso, se e somente se, não for a hipótese da *prevenção* prevista no art. 83 do CPP e também objeto de regulação no parágrafo único do dispositivo em comento.

Se um juiz tiver antecedido o outro na prática de ato de conteúdo decisório, tais as hipóteses de concessão de fiança ou de outra modalidade de liberdade, de decretação de prisão preventiva, de relaxamento da prisão em flagrante, da autorização para a interceptação telefônica ou outra medida de natureza acautelatória, estará ele prevento para a causa (ação penal), ainda que a distribuição do inquérito e mesmo da ação ainda não recebida (o recebimento de denúncia é ato decisório, sim) tenha sido encaminhada a outro (juiz).

Certamente que a antecedência na prática de atos ligados à investigação (interceptação telefônica, por exemplo) é problemática, na medida em que já permite uma antecipação do conhecimento da causa por aquele que irá julgá-la. O ideal, para uma completa preservação da imparcialidade do julgador, seria a instituição de um *juiz de garantias,* a quem caberia o exame apenas de questões anteriores à ação penal.

No entanto, não vemos por que inquinar de inconstitucional o atual modelo de definição de competência pela *prevenção.*

Em primeiro lugar, porque a justificativa do exercício da jurisdição em fase anterior à da ação penal, isto é, na fase de investigação criminal, somente é possível enquanto atividade de *tutela das liberdades públicas,* jamais como exclusiva proteção da investigação.

É dizer: quando concede a prisão preventiva, o juiz não está agindo prioritariamente no interesse da investigação, embora seja esse o fundamento *jurídico* para a decretação da custódia; na verdade, ele estará examinando – e, então, tutelando – os limites do direito de liberdade individual, circunstancialmente em tensão com outras necessidades públicas, tal a de acautelamento da efetividade da jurisdição criminal, eventual e concretamente em risco pelo irregular ou desbordante exercício daquela liberdade.

Em segundo lugar, porque, se é verdade que o contato prematuro do juiz com algumas das questões de fato e de direito a serem decididas ao final do processo penal poderá *antecipar convicções* e formar *pré-compreensões,* não menos verdadeira é a conclusão no sentido de ser tal fenômeno inerente a quaisquer possibilidades do conhecimento humano, não maculando de modo definitivo a imparcialidade quanto ao resultado final do percurso intelectual do juiz. *Compreensão* e *conhecimento* (do fato e do direito) configuram esforços – intelectuais e culturais – tipicamente judiciais, empreendidos em todos os momentos dos respectivos procedimentos. Naturalmente que a evidência de uma prova recolhida na fase de investigação, tal como a interceptação telefônica, *poderá* ser decisiva na formação do convencimento judicial, influenciando o juiz nas fases posteriores. Mas, parece-nos, tal decorrerá muito mais em função da *eventual evidência probatória* contida no material apreendido que propriamente em razão de ter o juiz antecipado o seu conhecimento acerca de matéria de fato.

O atual modelo não é o melhor e nem o ideal. Mas daí a afirmar sua incompatibilidade com o texto constitucional vai grande distância, até porque o sentido da *imparcialidade* do juiz apontada na Carta de 1988 não se afastava da ordem processual brasileira então em curso, incluindo o juiz do processo civil, pautada em hipóteses legais de *impedimento, suspeição e incompatibilidade* com a causa.

Jurisprudência

75. [...] 1. Como regra, a fixação da competência de foro ou territorial segue a teoria do resultado, sendo determinante o lugar da consumação da infração, ou do último ato da execução, nas hipóteses de tentativa (art. 70 do CPP), tendo como critério subsidiário o domicílio do réu (CPP, art. 72). A denominada competência por prevenção, que pressupõe distribuição (CPP, art. 75, parágrafo único), no geral, é utilizado como critério subsidiário de fixação da competência territorial, baseado na cronologia do exercício de atividade jurisdicional, mesmo que antes de oferecida denúncia ou queixa, necessariamente entre dois ou mais juízes igualmente competentes ou com competência cumulativa, consoante aponta o art. 83 do CPP. [...] *(RHC nº 86.888-SP, STJ, 5ª Turma, Rel. Min. Ribeiro Dantas, julgado em 21.9.2017, publicado no DJ em 27.9.2017)*

75. [...] Presidência de Inquérito. Impedimento do magistrado. Inocorrência. Art. 255 do CPP. Rol taxativo. [...] Juizado de Instrução. Inocorrência. Incompatibilidade do art. 75 do CPP com a Constituição. Inexistência. I – As hipóteses de impedimento elencadas no art. 252 do Código de Processo Penal constituem *numerus clausus*. II – Não é possível, pois, interpretar-se extensivamente os seus incisos I e II de modo a entender que o juiz que atua em fase pré-processual desempenha funções equivalentes ao de um delegado de polícia ou membro do Ministério Público. Precedentes. III – Não se adotou, no Brasil, o instituto acolhido por outros países do juizado de instrução, no qual o magistrado exerce, *grosso modo*, as competências de polícia judiciária. IV – O juiz, ao presidir o inquérito, apenas atua como um administrador, um supervisor, não exteriorizando qualquer juízo de valor sobre fatos ou questões de direito que o impeça de atuar com imparcialidade no curso a ação penal. V – O art. 75 do CPP, que adotou a regra da prevenção da ação penal do magistrado que tiver autorizado diligências antes da denúncia ou da queixa não viola nenhum dispositivo constitucional. VI – Ordem denegada *(Habeas Corpus nº 92.893-5-ES, STF, Plenário, unânime, julgado em 2.10.2008, DJ de 12.12.2008).*

75. [...] A regra do art. 75, parágrafo único, do Código de Processo Penal não é absoluta, restringindo-se a sua aplicação aos casos em que o Juízo prevento deixa de existir ou se dele for retirada a competência para o julgamento da causa. Ordem denegada (*Habeas Corpus nº 8.660-CE, STF, Plenário, Rel. Min. Carmen Lúcia, julgado em 15.5.2008, publicado no* DJ *em 6.8.2014*).

CAPÍTULO V
Da Competência por Conexão ou Continência

Art. 76. A competência será determinada pela conexão:

I – se, ocorrendo duas ou mais infrações, houverem sido praticadas, ao mesmo tempo, por várias pessoas reunidas, ou por várias pessoas em concurso, embora diverso o tempo e o lugar, ou por várias pessoas, umas contra as outras;

II – se, no mesmo caso, houverem sido umas praticadas para facilitar ou ocultar as outras, ou para conseguir impunidade ou vantagem em relação a qualquer delas;

III – quando a prova de uma infração ou de qualquer de suas circunstâncias elementares influir na prova de outra infração.

76.1. Modificação de competência: A regra deve ser sempre a *perpetuatio jurisdicionis,* por força do princípio da *identidade física* do juiz, instituído no art. 399, § 2º, CPP, com redação dada pela Lei nº 11.719/08. A justificativa é bem simples: o juiz que já exerceu atividade jurisdicional relevante do processo (atos de instrução, sobretudo) deve permanecer, em proveito da celeridade do processo, evitando-se a repetição de atos processuais.

No entanto, em algumas situações, a modificação da competência originária dos juízes (não estamos falando das ações penais originárias, que já iniciam nos tribunais) cumprirá a mesma missão, favorecendo os interesses da atividade jurisdicional.

Estamos nos referindo à modificação da competência *territorial* é claro. A competência constitucional não se modifica, nem mesmo para o melhor aproveitamento da instrução, mas apenas quando houver exceção no próprio texto constitucional. É que, como vimos, a *especialização* fixada na Constituição atende a interesse público de otimização da função jurisdicional, garantindo ao jurisdicionado o julgamento perante o juiz especializado na matéria criminal (crimes federais, estaduais, eleitorais etc.).

O fundamento, então, da modificação da competência territorial repousa na facilitação da apreciação de alguns casos, bem como na prevenção contra decisões judiciais conflitantes sobre uma mesma conduta. No primeiro caso, de facilitação da instrução, fala-se em *conexão;* no segundo, de *continência.*

Jurisprudência

76.1. *[...] as causas modificadoras da competência* – conexão e continência – se apresentam com o objetivo de melhor esclarecer os fatos, auxiliando o juiz a formar seu livre convencimento motivado. Dessarte, só se justifica a alteração da competência originária quando devidamente demonstrada a possibilidade de alcançar os benefícios visados pelos referidos institutos. [...] *(Agravo Regimental no Agravo em Recurso Especial nº 2.055.456-RJ, STJ, 5ª Turma, Rel. Min. Reynaldo Soares da Fonseca, unânime, julgado em 26.4.2022, publicado no DJ em 29.4.2022)*

76.1. [...] A remessa do processo ao juiz competente diante da criação de vara especializada em matéria criminal não implica ofensa ao princípio do juiz natural, não havendo falar em *perpetuatio jurisdictionis*, pois, nessa hipótese, a competência é absoluta. [...] *(Agravo Regimental no Habeas Corpus nº 624.543/GO, STJ, 5ª Turma, unânime, Rel. Min. João Otávio de Noronha, julgado em 21.9.2021, publicado no DJ em 24.9.2021)*

76.1. [...] Fatos imputados aos Pacientes praticados em conexão com o crime de contrabando. Havendo concurso de crimes, a competência da Justiça Federal para um deles atrai, por conexão instrumental, a competência para o julgamento dos demais. Alteração superveniente da competência pela extinção da punibilidade quanto ao crime de contrabando. Inexistência de nulidade dos atos processuais válidos quando praticados. [...] (*Habeas Corpus nº 122.202-GO, STF, 2ª Turma, unânime, Rel. Min. Cármen Lúcia, julgado em 28.10.2014, publicado no* DJ *em 7.11.2014*).

76.1. [...] A competência do Supremo, presente a prerrogativa de função, e de direito estrito. Não a alteram normas processuais comuns, como são as da continência e da conexão. Competência. Juízo Natural. O princípio do juiz natural surge com envergadura maior. O cidadão comum não pode ficar prejudicado pelo fato de haver corréu detentor da prerrogativa de ser julgado por este ou aquele Tribunal. [...] (*Agravo Regimental no Inquérito nº 3.014-PR, STF, Plenário, Rel. Min. Marco Aurélio, julgado em 13.12.2012, publicado no* DJ *em 23.9.2013*).

76.1. [...] A Constituição da República de 1988 exclui expressamente a competência da Justiça Federal para processar e julgar contravenção penal, ainda que praticada em detrimento de bens, serviços ou interesses da União (artigo 109, IV, da CF). Por se tratar de competência constitucional, não se aplicam as normas previstas no Código de Processo Penal acerca da competência por conexão ou continência, sendo correta a decisão que determinou o desmembramento do feito, devendo a Justiça Federal processar e julgar o crime de descaminho ou contrabando e a Justiça Estadual a contravenção penal (*Conflito de Competência nº 116.564-MG, STJ, 3ª Seção, Rel. Min. Marco Aurélio Bellizze, julgado em 9.5.2012, publicado no* DJ *em 6.6.2012*).

76.2. Conexão intersubjetiva: A conexão se faz presente entre situações da realidade abrangidas por um ou mais elementos comuns. Em matéria penal, conexo será o fato que, na sua ocorrência, ostente algum ponto de identidade ou afinidade com outro fato. Como a competência territorial é *relativa,* em razão de ser determinada com finalidade instrutória, ou seja, para fins de facilitação da produção da prova, a conexão implicará a modificação da competência (relativa) quando puder favorecer tais finalidades.

Os pontos de identidade, de afinidade, ou pontos em comum, enfim, entre dois ou mais fatos, podem estar relacionados com o *tempo,* com o *lugar,* com os *motivos do cri-*

me, com as *pessoas envolvidas*, e até mesmo com outras circunstâncias não especificadas em Lei, desde que possam favorecer a realização da instrução criminal.

A conexão *intersubjetiva*, como intuitivo, ocorre entre sujeitos, exigindo, portanto, pluralidade de pessoas, ligadas por quaisquer dos pontos de afinidade a que nos referimos.

Ter-se-á a conexão intersubjetiva por *simultaneidade*, quando duas ou mais infrações forem praticadas ao mesmo tempo e no mesmo lugar (pessoas reunidas *ocasionalmente*), conforme consta da primeira parte do inciso I, do art. 76, CPP. Crimes de danos dolosos (art. 163, CP), de ameaça (art. 147, CP) e de lesões corporais (art. 129, CP) podem ocorrer ao mesmo tempo e no mesmo lugar, como sucede, por exemplo, em estádios de futebol. O proveito: facilitar a produção da prova, em razão dos elementos *mesmo tempo* e *mesmo lugar*.

A segunda parte do inciso I do mesmo art. 76 prevê a conexão (intersubjetiva) *por concurso*, que ocorrerá quando, embora diversos o tempo e o lugar, as condutas tenham sido realizadas em concurso, isto é, em concurso de agentes, seja pela coautoria, seja pela participação. O que importa aqui é a unidade de desígnios ou a convergência das vontades para a realização de todas as condutas. Exemplo: grupo que se divide, com repartição de tarefas, de instrumentos e de logística, para a realização, em locais diferentes, de mais de um delito. Proveito: se não forem reunidos os processos pela conexão, os autores e partícipes somente responderão pela conduta que efetivamente tenham realizado em algum dos crimes. Com a reunião, a prova da unidade de desígnios e da colaboração ou da participação nos demais delitos poderá ampliar a responsabilidade dos agentes.

Outra hipótese seria a do crime continuado (art. 71, CP), no qual a infração ou infrações subsequentes devem ser entendidas como continuação da primeira. Se os atos forem praticados por uma única pessoa, o caso melhor se enquadrará no inciso III do art. 76 (conexão probatória).

Por fim, a última parte do inciso I, art. 76, CPP, contempla hipótese de conexão intersubjetiva por *reciprocidade*, a ser aferida pelo exame do histórico de fatos e de motivações entre pessoas que, entre si, praticam crimes umas contra as outras. O exemplo típico é o de crimes envolvendo famílias ou grupos antagônicos, cujas ações delituosas estejam relacionadas com suas condutas anteriores, de modo a permitir o exame da motivação de cada uma das infrações (atenção: não confundir com a hipótese de *rixa*, que é "crime único"). Como a reunião de processos somente ocorrerá até a sentença – a finalidade é o proveito probatório, como vimos –, será preciso certa contemporaneidade entre os fatos; do contrário, a motivação terá que ser analisada em cada processo isoladamente.

Jurisprudência

76.2. [...] Como já decidido pelo Supremo Tribunal Federal, "a conexão intersubjetiva ou instrumental decorrente do simples encontro fortuito de prova que nada tem a ver com o objeto da investigação principal não tem o condão de impor o *unum et idem judex*". Do mesmo modo, "o simples encontro fortuito de prova de infração que não possui relação com o objeto da investigação em andamento não enseja o *simultaneus processus*" (RHC nº 120.379/RO, Primeira Turma, Relator o Ministro Luiz Fux, *DJe* de 24.10.14) [...] (*Questão de Ordem no Inquérito nº 4.130-PR, STF, 2ª Turma, unânime, Rel. Min. Dias Toffoli, julgado em 22.9.2015, publicado no DJ em 3.2.2016*).

76.2. *Habeas corpus* substitutivo de recurso ordinário. Recebimento de denúncia. Nulidade. Competência. Conexão. Se ambas as denúncias reconhecem que os crimes de concussão visavam integrar o objetivo final de arrecadar determinada quantia mensal de dinheiro para ser utilizada em campanha eleitoral, admitindo o liame entre as condutas, bem como o ajuste prévio entre os acusados, é de ser reconhecida a conexão intersubjetiva, *ex vi* do art. 76, I, do CPP. Na determinação da competência por conexão, concorrendo jurisdições da mesma categoria, prevalecerá a competência daquela que conhecer em primeiro lugar da causa. Inteligência do art. 78, II, c, do CPP. Ordem concedida para declarar a competência do Juízo da 19ª Vara Criminal de São Paulo (*Habeas Corpus nº 18.247-SP, STJ, 5ª Turma, Rel. Min. José Arnaldo da Fonseca, julgado em 10.9.2002, publicado no DJ em 14.10.2002).*

76.3. Conexão teleológica ou objetiva: Cuida o art. 76, II, da chamada conexão *teleológica*, na qual o ponto de afinidade entre os atos é a finalidade da prática do (s) delito (s) posteriores, cujos motivos seriam, então, o de *asseguramento das vantagens do crime* (anterior) *ou para a garantia de sua impunidade*, ou, ainda, para a sua *facilitação ou ocultação.*

A reunião dos processos, isto é, das ações penais – ou mesmo dos inquéritos, que não são *processos,* tecnicamente falando – que estiverem cuidando de cada uma das condutas em separado, permitirá o exame dos fatos e da responsabilidade penal em maior extensão e profundidade.

Tal modalidade de conexão é de fácil apreensão, dispensando exemplificação. Registre-se, apenas, que nessa hipótese não se exigirá *pluralidade* de agentes, mas apenas de condutas, ao contrário da conexão intersubjetiva.

Jurisprudência

76.3. [...] 1. Nos termos do art. 76, II, do Código de Processo Penal, a conexão objetiva ocorre se, ocorrendo duas ou mais infrações, houverem sido umas praticadas para facilitar ou ocultar as outras, ou para conseguir impunidade ou vantagem em relação a qualquer delas. 2. A conexão objetiva que poderia se dar do branqueamento com o antecedente – para obter vantagem ou impunidade no crime prévio – somente ocorre durante o andamento do processo, antes da sentença, sempre se admitindo a facultativa separação dos processos. [...] *(Agravo Regimental no Recurso Especial n. 1754773-SP, STJ, 6ª Turma, unânime, Rel. Min. Nefi Cordeiro, julgado em 5.2.2019, publicado no DJ em 22.2.2019).*

76.4. Conexão instrumental ou probatória: Embora, no fundo, e como regra, todas as modalidades de conexão tenham em vista também a facilitação da atividade probatória, a conexão *instrumental* tem apenas essa finalidade, não exigindo outros elementos, subjetivos ou intersubjetivos, para a determinação da reunião de processos. Configura-se a conexão quando a prova de uma infração puder influir na de outra. Simples assim. E com uma observação complementar: não há se falar em conexão probatória por questões de mera conveniência instrutória ou ainda por circunstância meramente ocasional da apreensão de provas em relação a dois ou mais crimes no mesmo local se não houver relação entre as práticas criminosas.

Há que se lembrar, sempre, que a aplicação de uma norma legal em detrimento de outra, constitucional, isto é, de mais elevado conteúdo normativo, e tais são as hipóteses de definição do juiz *natural* (constitucional) reclamam justificativa mais sólida, fundada em interesse público de maior alcance. Reitere-se: questões de *conveniência, praticidade ou utilidade* não são hipóteses de *conexão*, o que demandará sempre a presença e demonstração da interligação entre os fatos. Em uma palavra: a conexão há de justificar a reunião dos processos para unidade de julgamento; assim, há de ser indispensável a tais finalidades.

Jurisprudência

76.4. [...] Em razão da garantia constitucional do juízo natural, a modificação da competência penal pelo instituto da conexão é medida excepcional que somente se admite nas hipóteses taxativamente previstas no art. 76 do Código de Processo Penal. Não é suficiente para este propósito o fato de as condutas delitivas terem sido praticadas no mesmo contexto, pois isso não significa que a prova de uma infração irá influenciar na prova de outra. [...] *(Conflito de Competência nº 199.191-RS, STJ, 3ª Seção, Rel. Min. Teodoro Silva Santos, julgado em 13.12.2023, publicado no DJ em 15.12.2023)*

76.4. [...] A verificação dos crimes no mesmo contexto fático configura mera descoberta fortuita e não implica, necessariamente, conexão probatória ou teleológica entre eles. Precedente do STJ: CC n. 149.304/SC, relator Ministro Reynaldo Soares da Fonseca, Terceira Seção, DJe de 2/3/2017. *[...] (Agravo Regimental no Recurso em Habeas Corpus nº 161.424-RS, STJ, 5ª Turma, Rel. Min. Joel Ilan Paciornik, sessão virtual de 19.9.2023 a 25.9.2023, publicado no DJ em 27.9.2023)*

76.4. [...] 1. Em razão da garantia constitucional do juízo natural, a modificação da competência penal pelo instituto da conexão é medida excepcional que somente se admite nas hipóteses taxativamente previstas no art. 76 do Código de Processo Penal. Não é suficiente para esta alteração o mero fato de as condutas delitivas terem sido praticadas no mesmo contexto.

2. Ocorre a conexão instrumental (ou ainda probatória) quando duas ou mais infrações compartilharem de nexo fático-jurídico que determine o julgamento pelo mesmo juízo. O instituto visa a conferir ao Magistrado a ideal visão da conjuntura dos fatos e das provas, para que seja proferida a correta prestação jurisdicional e minimizada a possibilidade de ocorrência de decisões conflitantes, em prejuízo do jurisdicionado e da própria atuação judicial. Todavia, nos termos do art. 76, inciso III, do Código de Processo Penal, para o reconhecimento da conexão probatória, a prova de uma infração ou de suas circunstâncias elementares deve influir na prova de outra infração. [...]

5. A mera e eventual comunhão probatória não induz a conexão quando a prova de um crime não influi na de outro, e, no caso, assim como concluiu a Terceira Seção do Superior Tribunal de Justiça no julgamento do CC 185.511/SP (Rel. Ministro Antônio Saldanha Palheiro, julgado em 26/4/2023, DJe de 2/5/2023), não há "*dinâmica delitiva diretamente interligada*", nem "*há a exposição de um liame circunstancial que demonstre a relação de interferência ou prejudicialidade entre as condutas*". Portanto, a despeito de perpetrados no mesmo contexto, e da identidade de ofendidos, não há conjuntura a indicar que há conexão probatória entre os ilícitos. Dessa forma, em conclusão, não há como compreender que, para julgar os crimes, o mesmo Juízo Federal necessite analisar os elementos de todas as outras condutas, nem há como reconhecer que as provas de uma infração influenciam as de outra, nos exatos termos do que prevê o inciso III do art. 76 do Código de Processo Penal. *[...] (Conflito de Competência nº 196.842-PR, STJ, 3ª Seção, Rel. Min. Laurita Vaz, julgado em 23.8.2023, publicado no DJ em 30.8.2023)*

76.4. [...] A alteração da competência originária só se justifica quando devidamente demonstrada a possibilidade de se alcançar os benefícios visados pelo instituto da conexão, sendo certo que não basta, para a verificação da regra modificadora da competência, o simples juízo de conveniência da reunião de processos sobre crimes distintos. [...] *(Conflito de Competência nº 185.511-SP, STJ, 3ª Seção, Rel. Min. Antonio Saldanha Palheiro, julgado em 26.4.2023, publicado no DJ em 2.5.2023)*

76.4. [...] Ocorre a conexão instrumental (ou ainda probatória) quando duas ou mais infrações tiverem o mesmo nexo fático, a justificar o julgamento pelo mesmo juízo. O instituto visa a conferir ao Magistrado a ideal visão da conjuntura fáticoprobatória, para que seja proferida a correta prestação jurisdicional e minimizada a possibilidade de ocorrência de decisões conflitantes, em prejuízo do jurisdicionado e da própria atuação judicial. [...] *(Conflito de Competência nº 193.065-SP, STJ, 3ª Seção, Rel. Min. Laurita Vaz, julgado em 12.4.2023, publicado no DJ em 19.4.2023)*

76.4. [...] 2. As instâncias ordinárias destacaram que os procedimentos investigativos tinham o desiderato de apurar a atuação de organização criminosa na cidade de Piracicaba e, não apenas, o homicídio consumado e o tentado praticados contra policiais militares, sendo que, no curso das investigações, sobreveio o encontro fortuito de provas acerca da ocorrência do crime objeto da presente ação penal. No contexto, depreende-se dos fundamentos adotados pelo Tribunal estadual que não há se falar em fishing expedition, pois, no caso dos autos, as provas foram descobertas de maneira inesperada, a partir de prévia investigação regularmente instaurada, cujos atos invasivos foram realizados e autorizados nos termos da legislação pertinente. Segundo a

Teoria do Encontro Fortuito de Provas (princípio da serendipidade), admitida pela jurisprudência desta Corte, independentemente da ocorrência da identidade de investigados ou réus, consideram-se válidas as provas encontradas casualmente pelos agentes da persecução penal, relativas à infração penal até então desconhecida, por ocasião do cumprimento de medidas de investigação de outro delito regularmente autorizadas, ainda que inexista conexão ou continência com o crime supervenientemente encontrado, desde que não haja desvio de finalidade na execução das diligências das quais se originaram os elementos probatórios. [...] *(Agravo Regimental nos Embargos de Declaração no Agravo em Recurso Especial nº 2.026.894–SP, STJ, 5ª Turma, Rel. Min. Reynaldo Soares da Fonseca, julgado em 13.9.2022, publicado no DJ em 19.9.2022)*

76.4. [...] O ordenamento jurídico brasileiro, todavia, admite que provas descobertas fortuitamente possam lastrear investigações diversas. "Os elementos de informação trazidos pelo colaborador a respeito de crimes que não sejam conexos ao objeto da investigação primária devem receber o mesmo tratamento conferido à descoberta fortuita ou ao encontro fortuito de provas" (STF, Pet 8090-AgR, Rel. Ministro Edson Fachin, Rel. p/ o acórdão Ministro Gilmar Mendes, Segunda Turma, julgado em 08/09/2020, DJe 10/12/2020). [...] *(Habeas Corpus nº582.678-RJ, STJ, 6ª Turma, Rel. Min. Laurita Vaz, julgado em 14.6.2022, publicado no DJ em 21.6.2022)*

76.4. [...] Durante a interceptação telefônica deferida para investigar crimes punidos com reclusão, se forem encontrados fortuitamente elementos comprobatórios da prática de delitos apenados com detenção, é válido o uso das provas na ação penal referente a estes últimos, ainda que não haja conexão entre os fatos. Inteligência do princípio da serendipidade. Precedente desta Quinta Turma.[...] *(Agravo Regimental no Agravo em Recurso Especial nº 2.035.619-SP, STJ, 5ª Turma, Rel. Min. Ribeiro Dantas, unânime, julgado em 26.4.2022, publicado no DJ em 29.4.2022)*

76.4. [...] 1. Ocorre a conexão instrumental (ou ainda probatória) quando duas ou mais infrações tiverem o mesmo nexo fático, a justificar o julgamento pelo mesmo juízo. O instituto visa a conferir ao Magistrado a ideal visão da conjuntura fático-probatória, para que seja proferida a correta prestação jurisdicional e minimizada a possibilidade de ocorrência de decisões conflitantes, em prejuízo do jurisdicionado e da própria atuação judicial.

2. A apreensão das armas, acessórios e munições, na casa do denunciado, ocorreu quando era cumprido mandado de busca e apreensão expedido pela Justiça Federal, em procedimento no qual era investigada organização criminosa dedicada ao tráfico internacional de armas e drogas, da qual ele seria integrante. Assim, não se mostra possível o afastamento da competência federal, também no tocante aos crimes tipificados nos arts. 12, caput, e 16, caput, e c.c o § 1.º, inciso IV Lei n. 10.826/2003, configurados em razão da posse dos aludidos artefatos, e que ensejaram a sua prisão em flagrante, no momento da busca e apreensão. A situação explicitada configura conexão processual, a atrair a incidência do art. 76, inciso III, do Código de Processo Penal.

3. Se a busca e apreensão determinada pela Justiça Federal ocorreu no contexto de investigação na qual se apurava exatamente a existência de organização criminosa dedicada ao tráfico internacional de armas e de drogas, e tinha, entre seus objetivos, a apreensão de objetos dessa natureza, não procede o argumento utilizado pelo Juízo Suscitado, para justificar a competência da Justiça Estadual, no sentido de que a descoberta de armas, munições e acessórios teria sido fortuita, caracterizando a serendipidade, bem assim de que não haveria nenhum indício de transnacionalidade nas condutas.

4. Conflito conhecido para declarar competente o Juízo Federal da 7.ª Vara Criminal do Rio de Janeiro - SJ/RJ, o Suscitado. *(Conflito de Competência nº 186.111-SP, STJ, 3ª Seção, Rel. Min. Laurita Vaz, unânime, julgado em 27.4.2022, publicado no DJ em 29.4.2022)*

76.4. [...] Segundo a jurisprudência desta Corte Superior, a verificação dos crimes no mesmo contexto fático não implica necessariamente conexão probatória ou teleológica entre eles, em outras palavras, a descoberta dos delitos na mesma circunstância, por si só, não é fundamento válido para justificar que a Justiça Federal julgue crimes de competência da Justiça Estadual. [...] *(Conflito de Competência nº 177.811/RO, STJ, 3ª Seção, unânime, Rel. Min. Joel Ilan Paciornik, julgado em 8.9.2021, publicado no DJ em 10.9.2021)*

76.4. [...] Como já decidido pelo Supremo Tribunal Federal, "a conexão intersubjetiva ou instrumental decorrente do simples encontro fortuito de prova que nada tem a ver com o objeto da investigação principal não tem o condão de impor o *unum et idem judex*". Do mesmo modo, "o simples encontro fortuito de prova de infração que não possui relação com o objeto da investigação em andamento não enseja o *simultaneus processus*" (RHC nº 120.379/RO, Primeira Turma, Relator o Ministro Luiz Fux, *DJe* de 24.10.14) [...] (*Questão de Ordem no Inquérito nº 4.130-PR, STF, 2ª Turma, unânime, Rel. Min. Dias Toffoli, julgado em 22.9.2015, publicado no* DJ *em 3.2.2016*).

76.4. [...] A jurisprudência do Supremo Tribunal Federal tem firmado o entendimento de que, para restar configurada a conexão instrumental, não bastam razões de mera conveniência no *simultaneus processus*, reclamando-se que haja vínculo objetivo entre os diversos fatos criminosos, o que se verifica na espécie. [...] *(RHC n. 80.772-SP, STJ, 5ª Turma, unânime, Rel. Min. Ribeiro Dantas, julgado em 22.5.2018, publicado no* DJ *em 30.5.2018)*

76.4. [...] 1. Embora os delitos de porte de substância entorpecente para uso próprio, de posse de arma de fogo e de obtenção, mediante fraude de financiamento em instituição financeira, tenham sido descobertos na mesma situação fática, não se constata a existência de conexão instrumental ou probatória que justifique a reunião dos feitos com o deslocamento da competência para a Justiça Federal. Isso porque não se percebe nenhuma relação entre as condutas, não se inserindo, portanto, nas hipóteses de conexão previstas no art. 76 do Código de Processo Penal. [...] *(CC n. 153.349-ES, STJ, 3ª Seção, unânime, Rel. Min. Joel Ilan Paciornik, julgado em 9.5.2018, publicado no* DJ *em 21.5.2018)*

76.4. [...] A colaboração premiada, como meio de obtenção de prova, não constitui critério de determinação, de modificação ou de concentração de competência. A competência para processar e julgar os crimes delatados pelo colaborador que não sejam conexos com os fatos objeto da investigação matriz dependerá do local em que consumados, de sua natureza e da condição das pessoas incriminadas (prerrogativa de foro). 5. Os elementos de informação trazidos pelo colaborador a respeito de crimes que não sejam conexos ao objeto da investigação primária devem receber o mesmo tratamento conferido à descoberta fortuita ou ao encontro fortuito de provas em outros meios de obtenção de prova, como a busca e apreensão e a interceptação telefônica. [...] (*Questão de Ordem no Inquérito nº 4.130-PR, STF, 2ª Turma, unânime, Rel. Min. Dias Toffoli, julgado em 22.9.2015, publicado no* DJ *em 3.2.2016*).

76.4. [...] O mero fato de os produtos descaminhados terem sido apreendidos no mesmo contexto em que também se verificou a configuração de elementos materiais referentes ao delito de posse irregular de arma de fogo de uso restrito não atrai, por si só, a competência da Justiça Comum Federal, pois não existem circunstâncias jurídicas que relacionem os delitos referidos. [...] (*Agravo Regimental no Conflito de Competência nº 132.393-PR, STJ, 3ª Seção, unânime, Rel. Min. Reynaldo Soares da Fonseca, julgado em 14.10.2015, publicado no* DJ *em 21.10.2015*).

....

Art. 77. A competência será determinada pela continência quando:

I – duas ou mais pessoas forem acusadas pela mesma infração;

II – no caso de infração cometida nas condições previstas nos arts. 51, § 1º, 53, segunda parte, e 54 do Código Penal.

Na teoria do processo não penal, a continência significa uma relação de conteúdo, de modo que um fato, por sua maior abrangência, *contenha* outro, existindo entre eles, então, uma relação de absorção fática.

Não é esse, porém, o sentido da continência no processo penal.

Aqui, considera-se *continente* a *unidade* de conduta, cuja ação tenha sido praticada por mais de uma pessoa, havendo, nesse caso, ampliação da responsabilidade pela autoria ou pela participação (I), ou cujo resultado produza mais de um dano (II – erro na execução, erro no crime ou concurso formal de delitos).

Naturalmente, o risco de instauração de dois ou mais processos (ou inquéritos) decorrerá da existência de duplo resultado delituoso, caso típico do concurso formal de crimes, do art. 70, do CPP.

No caso de erro de execução (*aberratio ictus*, art. 73, CP) e erro no crime (*aberractio delicto*, art. 74, CP), nem sempre se poderá falar em duplicidade de danos. No entanto, se houver a apuração de eventual tentativa, em relação ao alvo pretendido, a reunião de processos será de suma importância.

Jurisprudência

77. [...] A conexão/continência é a regra estabelecida na legislação processual (art. 79 do CPP) e tem por escopo garantir o julgamento conjunto dos fatos e também dos corréus que respondem pelo mesmo crime, permitindo ao juiz uma visão completa do quadro probatório e uma prestação jurisdicional uniforme. [...] Na forma do art. 78, III, do Código de Processo Penal, no concurso de jurisdições de diversas categorias, deve prevalecer a de maior graduação. Na espécie, a competência para processar e julgar os fatos é do Tribunal de Justiça do Estado do Amapá, tendo em vista que um dos acusados possui mandato de Deputado Estadual. Constitui *faculdade* do Juízo processante determinar o desmembramento de processos, competindo-lhe avaliar a conveniência da separação nas hipóteses em que aplicável a regra prevista no art. 80 do Código de Processo Penal. A decisão sobre o desmembramento das investigações e sobre o levantamento do sigilo compete ao Tribunal competente para julgar a autoridade com foro por prerrogativa de função. [...] (*Habeas Corpus nº 347.944-AP, STJ, 5ª Turma, unânime, Rel. Min. Reynaldo Soares da Fonseca, julgado em 17.5.2016, publicado no* DJ *em 24.5.2016*).

77. [...] Desmembramento da ação penal em relação aos corréus que não detêm foro por prerrogativa de função. Descabimento. Inexistência de ofensa ao duplo grau de jurisdição e ao juiz natural. Precedentes. Hipótese de continência por cumulação subjetiva (art. 77, I, Código de Processo Penal), em que duas ou mais pessoas são acusadas pela mesma infração. Condutas que se imbricam indissoluvelmente e devem ser analisadas em conjunto. Providência, ademais, não ordenada no primeiro momento em que o processo aqui aportou. Instrução do feito realizada perante o Supremo Tribunal Federal. Feito pronto para julgamento, cuja cisão, na presente fase processual, prejudicaria a compreensão global dos fatos e poderia levar ao pronunciamento de decisões contraditórias, o que deve ser evitado. [...] (*Ação Penal nº 560-SC, STF, 2ª Turma, unânime, Rel. Min. Dias Toffoli, julgado em 25.8.2015, publicado no* DJ *em 11.9.2015*).

77. [...] O foro por prerrogativa de função aos ocupantes de determinados cargos foi instituído pelo Poder Constituinte Originário em razão da relevância destes na consecução das suas finalidades intrínsecas na organização do Estado. Constatado o concurso de jurisdições de diversas categorias, prevalecerá a de maior graduação, de acordo com o disposto no artigo 78, inciso III, do Código de Processo Penal. Verificada, ainda, a existência de continência na ação penal submetida a julgamento perante o Poder Judiciário, também com relação aos corréus se imporá o deslocamento da competência para a jurisdição de maior graduação, sem que tal providência importe em ofensa ao princípio do devido processo legal ou do juiz natural. Aplicação do enunciado da Súmula nº 704 do STF. Na hipótese dos autos, na qual se atribui aos acusados a prática de crime contra o sistema financeiro nacional (gestão temerária de instituição financeira), no decorrer da instrução criminal, um dos corréus foi eleito para o cargo de prefeito municipal, tratando-se de circunstância superveniente capaz de alterar a competência constitucional para o julgamento da ação penal (artigo 29, inciso X, da Constituição Federal). Atribuindo-se a todos os réus a prática dos mesmos fatos, depara-se com nítida hipótese de continência, nos termos do artigo 77, inciso I, do CPP, razão pela qual o deslocamento da competência com relação a um deles atrai os demais para a jurisdição de maior categoria. Precedentes (*Habeas Corpus nº 95.332-SP, STJ, 5ª Turma, Rel. Min. Jorge Mussi, julgado em 23.3.2010, publicado no* DJ *em 5.4.2010*).

Art. 78. Na determinação da competência por conexão ou continência, serão observadas as seguintes regras:

I – no concurso entre a competência do júri e a de outro órgão da jurisdição comum, prevalecerá a competência do júri;

II – no concurso de jurisdições da mesma categoria:

a) preponderará a do lugar da infração, à qual for cominada a pena mais grave;

b) prevalecerá a do lugar em que houver ocorrido o maior número de infrações, se as respectivas penas forem de igual gravidade;

c) firmar-se-á a competência pela prevenção, nos outros casos;

III – no concurso de jurisdições de diversas categorias, predominará a de maior graduação;

IV – no concurso entre a jurisdição comum e a especial, prevalecerá esta.

78.1. Reunião de processos: Uma vez constatada a conexão ou a continência entre dois ou mais fatos, deve buscar-se, o quanto possível, a apreciação conjunta de todos, o que exigirá a reunião dos processos (ações penais) ou inquéritos policiais em andamento. O objetivo da reunião, portanto, é até intuitivo: a facilitação do exercício da função jurisdicional.

Em relação a fatos *conexos,* ela se justifica para o fim de aproveitar-se, senão as provas dos fatos em apuração, mas, quando nada, de circunstâncias, motivações e outros elementos, objetivos e subjetivos, que permitam uma visualização mais ampla da materialidade e das respectivas autorias dos delitos. Assim, na conexão *teleológica,* por exemplo, a reunião dos processos permitirá o exame da motivação e/ou finalidade das condutas subsequentes, do mesmo modo que na conexão por *concurso,* a justificativa está na ampliação da responsabilização penal por força exatamente do *concurso de agentes.*

Aliás, não é por outra razão que, na pluralidade de réus, havendo entre eles um que tenha foro privativo em razão de prerrogativa de função, o processo e julgamento do fato se dará no Tribunal do respectivo foro privativo, mantendo-se a *unidade da jurisdição.* Exceção, como veremos, ocorre apenas em relação aos crimes dolosos contra a vida.

Jurisprudência

78.1. [...] A conexão (art. 76 do CPP), e também a continência (art. 77 do CPP) são ordinariamente, consideradas formas de fixação da competência (para alguns regras de modificação ou alteração da competência). A união de processos em razão da conexão tem, entre outras, a finalidade de tornar melhor a apreciação da prova pelo juiz, evitando-se, por conseguinte, decisões conflitantes. Todavia, há casos em que essa reunião se torna inconveniente, razão pela qual faculta ao juiz o art. 80 do Código de Processo Penal a separação dos processos pelos motivos constantes neste dispositivo (*v. g.* circunstâncias de tempo e de lugar diferentes, excessivo número de acusados ou para não prolongar a prisão provisória) ou por outro motivo relevante. *In casu,* a unidade dos processos poderia eventualmente prejudicar o próprio paciente em termos de celeridade processual (que inclusive com a Emenda Constitucional nº 45 de 08 de dezembro de 2004 passou a constar no inciso LXXVIII da Constituição Federal como um direito e garantia fundamental) (*Habeas Corpus nº 46.633-PR, STJ, 5ª Turma, Rel. Min. Felix Fischer, julgado em 15.12.2005, publicado no* DJ *em 20.3.2006*).

78.2. Foro prevalecente: Estabelecida a necessidade da reunião dos processos em que haja conexão ou continência entre as infrações penais, restaria identificar o Juízo a quem deveriam ser encaminhados todos os autos, isto é, o foro prevalecente para o julgamento. Há, então, alguns critérios que determinariam a competência de um deles (juiz).

78.3. Concurso entre o Tribunal do Júri e a jurisdição comum: A disposição do art. 78, I, é até dispensável. Ora, se há distribuição de competência na Constituição, não poderia o CPP alterar a aludida regra, ainda quando fundada em bons propósitos. Assim, e como o critério de conexão decorre unicamente de norma infraconstitucional (CPP), a competência do Tribunal do Júri jamais poderia ser afastada. Com isso, haverá que prevalecer a competência constitucional.

Jurisprudência

78.3. [...] 3. Possibilidade de se estender a competência constitucional do Júri aos agentes que não foram denunciados pelo crime doloso contra a vida. A conexão autoriza o julgamento pelo Tribunal do Júri de todos os delitos praticados nas mesmas circunstâncias de tempo e lugar, considerando-se que a tentativa de homicídio foi praticada com o intuito de ocultar outros delitos e garantir o proveito dos crimes. Ainda que a tentativa de homicídio tenha sido praticada apenas por um dos denunciados, o julgamento conjunto pelo Tribunal do Júri afasta a possibilidade de resultados díspares, sendo de todo recomendável o julgamento conjunto. 4. A redação do art. 76, II e 78, I do CPP permite a extensão da competência do Tribunal do Júri a delitos conexos ao crime contra a vida e não autoriza concluir que o Tribunal do Júri esteja proibido de julgar réu acusado de praticar crime conexo na hipótese de não ter sido também acusado pela prática do crime doloso contra a vida. [...] *(CC n. 147.222-CE, STJ, 3ª Seção, unânime, Rel. Min. Joel Ilan Paciornik, julgado em 24.5.2017, publicado no DJ em 31.5.2017)*

78.3. [...] Inocorrente a tipificação do crime de contrabando ou descaminho, cabe à Justiça Estadual julgar o delito de receptação de arma de procedência estrangeira. (Precedentes) 2. O Tribunal do Júri atrai o julgamento da ação penal de crimes praticados em conexão com os de sua competência, sendo, no caso, o de homicídio tentado. Conflito conhecido para declarar a competência do Juízo do I Tribunal do Júri – da 1ª Vara Criminal da Capital do Rio de Janeiro, o suscitante (*Conflito de Competência nº 23.247-RJ, STJ, 3ª Seção, Rel. Min. Maria Thereza de Assis Moura, julgado em 14.3.2007, publicado no DJ em 26.3.2007*).

...

78.4. Concurso entre órgãos da mesma jurisdição: Se houver Vara Especializada, instituída em conformidade com as regras previstas em Leis de Organização Judiciária, prevalecerá o critério da especialização por matéria, aplicando-se, por analogia, o quanto previsto no art. 78, I.

Nas demais hipóteses de concurso entre jurisdições da mesma categoria, isto é, da jurisdição comum, os critérios serão os seguintes, a saber: (a) prevalecerá o juízo do lugar no qual for praticada a infração de maior gravidade (pena cominada ao tipo: considera-se primeiro a pena máxima; se ambas forem iguais, acorre-se à pena mínima); (b) se as penas forem iguais, prevalecerá a competência do juízo em cujo lugar tiver sido praticado o maior número de infrações; e (c) se nenhum destes critérios for suficiente, prevalecerá a regra da *prevenção*. Estará prevento o juiz quando, havendo outro ou outros (juízes) com igual competência, tiver um se antecipado aos demais na prática de ato processual de conteúdo decisório, aproveitando-se, então, a atividade jurisdicional já desenvolvida, caso da concessão de liberdade, decretação de prisão cautelar, autorização de busca e apreensão etc.

Jurisprudência

78.4. [...] Na hipótese, em que há concurso entre jurisdições de mesma categoria, discute-se o local do Juízo em que praticada a conduta mais grave. Em Porto Alegre/RS foi cometido o delito de extorsão (art. 158, do Estatuto Repressor), cuja pena cominada em abstrato é de 4 (quatro) a 10 (dez) anos de reclusão e, em Santa Maria/RS, os delitos de peculato desvio (art. 312, *caput*), corrupção passiva (art. 317, *caput*) e corrupção ativa (art. 333, *caput*), todos punidos com reclusão de 2 (dois) a 12 (doze) anos, conforme o Código Penal. 4. No concurso de jurisdições de mesma categoria, prevê o art. 78, inciso II, alínea *a*, do Código de Processo Penal, que "*preponderará a do lugar da infração, à qual for cominada a pena mais grave*". 5. A gravidade do delito, para fins penais, é estabelecida pelo Legislador. Por isso, tem-se por mais grave o delito para o qual está prevista a possibilidade de, abstratamente, ser conferida pena maior. Doutrina. [...] (*Habeas Corpus nº 190.756-RS, STJ, 5ª Turma, Rel. Min. Laurita Vaz, julgado em 23.10.2012, publicado no DJ em 31.10.2012).*

78.5. Concurso entre órgãos de jurisdição diferentes quanto ao grau: Atualmente, a única graduação que pode distinguir um órgão do outro, relativamente ao exercício da função judicante, diz respeito à diversidade de instâncias. Assim, não ocorrerá concurso entre juiz e Tribunal; havendo foro privativo, a competência jurisdicional vem prevista no texto constitucional, como já veremos em maior extensão.

O texto do CPP (jurisdição de maior categoria) encontra-se inteiramente superado nas regras (constitucionais e legais) de distribuição de competência.

78.6. Concurso entre jurisdição comum e jurisdição especial: A rigor, o cuidado que se deve com essa regra de definição de foro prevalecente é o mesmo que se tem em relação com os critérios do *juiz natural.* Ou seja, como o juiz natural tem assento na Constituição, não poderia o CPP e nenhuma legislação ordinária pretender modificar a competência ali fixada. De ver-se, mais, que a conexão vem a ser apenas uma regra de modificação da competência justificada apenas pelo favorecimento e facilitação da instrução criminal, característica, aliás, de toda e qualquer competência *territorial.*

No entanto, acostumou-se, em doutrina e jurisprudência (ver Súmula 122, do STJ), a aceitar o entendimento segundo o qual, no concurso entre a jurisdição federal e a jurisdição estadual, deveria prevalecer a da primeira. Ora, se ambas (jurisdições) foram fixadas na Constituição, como poderia o CPP modificá-las? Registre-se, contudo, que a citada jurisprudência (e doutrina) não se vale do art. 78, IV, CPP, até porque não se duvida que tanto a Justiça Federal quanto a Justiça Estadual integram o que se convencionou denominar Justiça ou jurisdição *comum.*

Mas quando há concurso entre a Justiça Eleitoral e a Justiça Estadual, por exemplo, não remanesce dúvida alguma quanto à prevalência da primeira, Justiça Eleitoral, como se a competência da Justiça Estadual não fosse também contemplada na Constituição (juiz natural, pois). O que dizer então de um eventual concurso entre crime federal e crime eleitoral? Qual a razão para se afastar uma competência constitucional *expressa* (art. 109, CF)?

Qualquer que seja a resposta, o fato é que a jurisprudência já parece ter se *acostumado* com a aplicação da norma do art. 78, IV, não se importando com a modificação de regras constitucionais pela via legislativa.

Mas veja-se bem: enquanto a conexão determina a reunião dos processos com o fim de facilitar a instrução criminal dos diversos fatos, bem como de apurar mais claramente as responsabilidades penais de cada um, a continência apresenta outra justificativa. E bem mais consistente. Caracterizando-se pela *unidade de conduta,* a reunião de processo pela continência passa a ser obrigatória, para o fim de se preservar a *unidade da jurisdição,* de modo a impedir decisões judiciais conflitantes sobre um único e mesmo comportamento.

Em resumo: embora a aplicação dessa regra possa modificar critérios de competência definidos no texto constitucional, o fato é que se aceita pacificamente a prevalência da jurisdição especial (Justiça Eleitoral) no concurso com a Justiça comum, e da Justiça Federal sobre a Justiça Estadual (Súmula 122/STJ), seja por força de conexão ou em razão de continência.

Há se observar, porém, que no art. 78, IV do CPP há previsão (anterior à criação da própria Justiça Federal) no sentido de que "no concurso entre a jurisdição comum e a especial, prevalecerá esta". Já a Constituição Federal (em redação posterior ao CPP) previu expressamente ser competência da Justiça Federal o julgamento dos crimes políticos e das infrações penais praticadas em detrimento de bens, serviços ou interesse da União ou de suas entidades autárquicas ou empresas públicas, excluídas as contravenções e ressalvada a competência da Justiça Militar *e da Justiça Eleitoral*" (art. 109, IV). A incompatibilidade dos textos é manifesta, de modo que deve prevalecer – como sempre o foi, inclusive para a Justiça Militar, igualmente de natureza *especial* – a interpretação e compatibilização das regras pela cisão processual, de modo que cada ramo da Justiça julgará os temas relativos às matérias a elas constitucionalmente atribuídas.

A nosso aviso, portanto, a solução que se vê em alguns precedentes jurisprudenciais, inclusive do STF, não é a melhor, pelas razões já aqui alinhadas (tema mais bem analisado no item a seguir). Para nós, no concurso entre a Justiça Eleitoral e quaisquer das Justiças comuns, nas *hipóteses de conexão*, não deveria haver a reunião de processos. Quando possível a *continência*, a reunião se imporia (nessa parte há pequeno dissenso de Douglas Fischer, para quem sempre deveria haver a cisão, inclusive nas hipóteses de continência).

No concurso entre a Justiça Federal e a Estadual, questão já até objeto de Súmula no Superior Tribunal de Justiça, como vimos, pode-se até aceitar a prevalência da Justiça Federal, em razão de ser residual a competência da jurisdição estadual, segundo as disposições do texto constitucional.

Anotamos ainda posição do STJ no sentido de que, presente hipótese da Súmula 122 do STJ, a extinção da punibilidade quanto ao crime federal (prevalente e atrativo) no curso do processo, *antes de encerrada a instrução*, implica a remessa dos autos para a Justiça Estadual para apreciação do crime remanescente *(Agravo Regimental no HC nº 741.358-MS, STJ, 5ª Turma, Rel. Min. Reynaldo Soares da Fonseca, julgado em 21.6.2022, publicado no DJ em 27.6.2022)*. Entretanto, no julgamento do Recurso Especial nº 1.889.204-MG, em 7.12.2021, a mesma Turma assentou-se expressamente competir "*à Justiça Eleitoral apurar e processar o crime eleitoral e os comuns a ele conexos descritos na denúncia ainda que ocorrida superveniente declaração de extinção da punibilidade decorrente do reconhecimento da prescrição do delito eleitoral*"." A única distinção que nos parece aceitável é a referente à fase do processo. Assim, se a extinção da punibilidade foi declarada *após o encerramento da instrução* (situação que difere do julgado anterior), o juízo eleitoral permanece competente para julgar os demais crimes, nos termos dos arts. 74 e 81 do CPP, até mesmo pela identidade física do juiz, que recomenda que o julgador seja aquele que instruiu. Porém, se a decisão foi proferida em momento anterior, não vemos como operar nenhuma distinção de tratamento entre a Justiça Federal e a Justiça Eleitoral, tendo em vista a natureza igualmente constitucional de ambas.

Jurisprudência

78.6. [...] 4. Havendo conexão entre os crimes de corrupção e os delitos de lavagem e evasão, o processo e julgamento unificado dos crimes caberá à Justiça Federal nos termos do enunciado da Súmula 122/STJ ("Compete a Justiça Federal o processo e julgamento unificado dos crimes conexos de competência Federal e Estadual, não se aplicando a regra do art. 78, II, "a", do Código de Processo Penal)". 5. Ressalva da possibilidade de o Juiz Federal competente para o processo e julgamento unificado dos crimes conexos determinar novo desmembramento do processo, se houver, a seu juízo, conveniência para a marcha processual, atendidas as circunstâncias previstas no art. 80 do CPP. [...] *(Agravo Regimental na Ação Penal nº 970-DF, STJ, Corte Especial, Rel. Ministra Maria Isabel Gallotti, julgado em 4.5.2022, publicado no DJ em 20.6.2022)*

78.6. [...] Existindo atração do processamento/julgamento para a Justiça Federal, em razão da conexão entre crime de natureza federal e estadual, e sobrevindo a extinção da punibilidade do fato antes de encerrada a instrução criminal, desaparece o interesse da União para examinar os demais delitos, devendo ser o feito deslocado para a Justiça estadual. [...] *(Agravo Regimental no HC nº 741.358-MS, STJ, 5ª Turma, Rel. Min. Reynaldo Soares da Fonseca, julgado em 21.6.2022, publicado no DJ em 27.6.2022)*

78.6. [...] Aplicação de entendimento jurisprudencial firmado pelo STF no Ina. 4.435/DF. Extinção da punibilidade pela prescrição do delito eleitoral não afasta a atração da competência absoluta da Justiça Eleitoral para o julgamento dos demais crimes a ele conexos. [...] Compete à Justiça Eleitoral apurar e processar o crime eleitoral e os comuns a ele conexos descritos na denúncia ainda que ocorrida superveniente declaração de extinção da punibilidade decorrente do reconhecimento da prescrição do delito eleitoral. [...] *(Agravo Regimental no Recurso Especial nº 1.889.204-MG, STJ, 5ª Turma, julgado em 7.12.2021)*

78.6. [...] Operação Egypto. Suposta incompetência da Justiça Federal. Manifesta improcedência. Caso que ostenta contornos distinto do CC nº 161.123-SP [...] Denúncia ofertada na qual é narrada a efetiva oferta de contrato coletivo de investimento atrelado à especulação no mercado de criptomoeda. [...] 1. A Terceira Seção desta Corte decidiu que a operação envolvendo compra ou venda de criptomoedas não encontra regulação no ordenamento jurídico pátrio, pois as moedas virtuais não são tidas pelo Banco Central do Brasil (BCB) como moeda, nem são consideradas como valor mobiliário pela Comissão de Valores Mobiliários (CVM), não caracterizando sua negociação, por si só, os crimes tipificados nos arts. 7.º, II, e 11, ambos da Lei n. 7.492/1986, nem mesmo o delito previsto no art. 27-E da Lei n. 6.385/1976 (CC n. 161.123/SP, *DJe* 5/12/2018). [...] 3. O caso dos autos não guarda similitude com o precedente, pois já há denúncia ofertada, na qual foi descrita e devidamente delineada a conduta do paciente e dos demais corréus no sentido de oferecer contrato de investimento coletivo, sem prévio registro de emissão na autoridade competente. 4. Se a denúncia imputa a efetiva oferta pública de contrato de investimento coletivo (sem prévio registro), não há dúvida de que incide as disposições contidas na Lei n. 7.492/1986, notadamente porque essa espécie de contrato consubstancia valor mobiliário, nos termos do art. 2.º, IX, da Lei n. 6.385/1976. [...] *(Habeas Corpus nº 530.563-RS, STJ, 6ª Turma, Rel. Min. Sebastião Reis Júnior, julgado em 5.3.2020, publicado no* DJ *em 12.3.2020).*

78.6. [...] Conflito negativo de competência. [...] Justiça estadual e Justiça federal. Investigado que atuava como *trader* de criptomoeda (*bitcoin*), oferecendo rentabilidade fixa aos investidores. [...] Operação que não está regulada pelo ordenamento jurídico pátrio. *Bitcoin* que não tem natureza de moeda nem valor mobiliário. [...] 1. A operação envolvendo compra ou venda de criptomoedas não encontra regulação no ordenamento jurídico pátrio, pois as moedas virtuais não são tidas pelo Banco Central do Brasil (BCB) como moeda, nem são consideradas como valor mobiliário pela Comissão de Valores Mobiliários (CVM), não caracterizando sua negociação, por si só, os crimes tipificados nos arts. 7.º, II, e 11, ambos da Lei n. 7.492/1986, nem mesmo o delito previsto no art. 27-E da Lei n. 6.385/1976. [...] 3. Em relação ao crime de evasão, é possível, em tese, que a negociação de criptomoeda seja utilizada como meio para a prática desse ilícito, desde que o agente adquira a moeda virtual como forma de efetivar operação de câmbio (conversão de real em moeda estrangeira), não autorizada, com o fim de promover a evasão de divisas do país. No caso, os elementos dos autos, por ora, não indicam tal circunstância, sendo inviável concluir pela prática desse crime apenas com base em uma suposta inclusão de pessoa jurídica estrangeira no quadro societário da empresa investigada. [...] 5. Inexistindo indícios, por ora, da prática de crime de competência federal, o procedimento inquisitivo deve prosseguir na Justiça estadual, a fim de que se investigue a prática de outros ilícitos, inclusive estelionato e crime contra a economia popular. [...] *(Conflito de Competência nº 161.123-SP, STJ, 3ª Seção, Rel. Min. Sebastião Reis Júnior, unânime, julgado em 28.11.2018, publicado no* DJ *em 5.12.2018).*

78.6. [...] 1. Agravo Regimental interposto pelo Ministério Público Federal contra a Decisão de fls. 673-677, que declinou a competência para processo e julgamento da integralidade da Ação Penal para a Justiça Eleitoral de Minas Gerais. [...] 3. Alegação do Ministério Público Federal de que a competência deve ser fatiada, desmembrando-se a parte que cabe à Justiça Eleitoral daquela pertinente à Justiça Federal. Afirmação de que a Justiça Eleitoral de Minas Gerais deve julgar o crime capitulado no artigo 350, *caput*, do Código Eleitoral, e de que à Justiça Federal de São Paulo deve competir o julgamento dos delitos de tráfico de influência e de lavagem de dinheiro. [...] 6. Ponto de dissenso que reside exclusivamente na vigência ou não do artigo 35, inciso II, do Código Eleitoral, e na incidência do artigo 78, inciso IV, do Código de Processo Penal. 7. Dispõe o artigo 35, incido II, do Código Eleitoral competir aos Juízes Eleitorais "processar e julgar os crimes eleitorais e os comuns que lhe forem conexos, ressalvada a competência originária do Tribunal Superior e dos Tribunais Regionais". Estipulação em consonância com o artigo 78, inciso IV, do Código de Processo Penal, que dita que, "no concurso entre a jurisdição comum e a especial, prevalecerá esta". 8. Argumento do Ministério Público Federal que é, em verdade, de *não recepção* dessas disposições legais, frente ao texto da Constituição Federal, que estipulou o âmbito de competência da Justiça Federal. [...] 10. Segundo a jurisprudência do STF, "(...) em se verificando (...) que há processo penal em andamento na Justiça Federal, por crimes eleitorais e crimes comuns conexos, é de se conceder *habeas corpus*, de ofício, para anulação, a partir da denúncia oferecida pelo Ministério Público Federal, e encaminhamento dos autos respectivos à Justiça Eleitoral de primeira instância" (CC 7033/SP, já citado); "nos casos de doações eleitorais por meio de caixa 2 – fatos que poderiam constituir o crime eleitoral de falsidade ideológica (art. 350, Código Eleitoral) –, a competência para processar e julgar os fatos é da Justiça Eleitoral", e "a existência de crimes conexos de competência da Justiça Comum, como corrupção passiva e lavagem de capitais, não afasta a competência da Justiça Eleitoral, por força do art. 35, II, do Código Eleitoral e do art. 78, IV, do Código de Processo Penal" (STF, AgReg na Pet 6.986, igualmente já acima citado). [...] 12. A mesma orientação se vê em outros julgados recentes do STF, a exemplo da Pet 5.700/DF, no qual se descrevia suposto pagamento de "Caixa 2" para as campanhas ao Senado, ambos por meio de recursos de origem afirmadamente ilícita, com consequente remessa dos alegados fatos típicos eleitorais conexos a comuns para a justiça especializada [...] 15. Entretanto, cumprirá ao Juízo Eleitoral, que fará o exame das provas de forma certamente mais aprofundada, aferir se existe, efetivamente, conexão que implique julgamento conjunto, podendo aquele magistrado concluir que, mesmo que presente o nexo, seja apropriado aplicar a regra do artigo 80 do Código de Processo Penal, a dispor que "Será facultativa a separação dos processos quando as infrações tiverem sido praticadas em circunstâncias de tempo ou de lugar diferentes, ou, quando pelo excessivo número de acusados e para não lhes prolongar a prisão provisória, ou por outro motivo relevante, o juiz reputar conveniente a separação". [...] (*Agravo Regimental na Ação Penal n. 865-DF, STJ, Corte Especial, unânime, Rel. Min. Herman Benjamin, julgado em 7.11.2018, publicado no DJ em 13.11.2018*).

78.6. [...] 1. A 2ª Turma do Supremo Tribunal Federal firmou o entendimento de que, nos casos de doações eleitorais por meio de caixa 2 – fatos que poderiam constituir o crime eleitoral de falsidade ideológica (art. 350, Código Eleitoral) –, a competência para processar e julgar os fatos é da Justiça Eleitoral (PET nº 6.820/DF-AgR-ED, Relator para o acórdão o Ministro Ricardo Lewandowski, *DJe* de 23.3.2018). 2. A existência de crimes conexos de competência da Justiça Comum, como corrupção passiva e lavagem de capitais, não afasta a competência da Justiça Eleitoral, por força do art. 35, II, do Código Eleitoral e do art. 78, IV, do Código de Processo Penal. [...] *Agravo Regimental no Agravo Regimental na Petição n. 6.694-DF, STF, 2ª Turma, unânime, Rel. Min. Edson Fachin, julgado em 3.4.2018, publicado no* DJ *em 28.5.2018).*

78.6 [...] Revogada a prisão preventiva do paciente, resta superada a alegação de inexistência dos requisitos autorizadores da custódia cautelar. Na determinação da competência por conexão/continência é a regra estabelecida na legislação processual (art. 79 do CPP) e tem por escopo garantir o julgamento conjunto dos fatos e também dos corréus que respondem pelo mesmo crime, permitindo ao juiz uma visão completa do quadro probatório e uma prestação jurisdicional uniforme. [...] Na forma do art. 78, III, do Código de Processo Penal, no concurso de jurisdições de diversas categorias, deve prevalecer a de maior graduação. Na espécie, a competência para processar e julgar os fatos é do Tribunal de Justiça do Estado do Amapá, tendo em vista que um dos acusados possui mandato de Deputado Estadual. Constitui *faculdade* do Juízo processante determinar o desmembramento de processos, competindo-lhe avaliar a conveniência da separação nas hipóteses em que aplicável a regra prevista no art. 80 do Código de Processo Penal. A decisão sobre o desmembramento das investigações e sobre o levantamento do sigilo compete ao Tribunal competente para julgar a autoridade com foro por prerrogativa de função. [...] (*Habeas Corpus nº 347.944-AP, STJ, 5ª Turma, unânime, Rel. Min. Reynaldo Soares da Fonseca, julgado em 17.5.2016, publicado no DJ em 24.5.2016*).

78.6.1. Crimes eleitorais e crimes conexos. Em 14.3.2019, o Plenário do Supremo Tribunal Federal decidiu que seria da Justiça Eleitoral a competência jurisdicional para o julgamento de crimes conexos àqueles de sua competência (Inquérito 4.435).

Como já ressaltamos em outras oportunidades, a questão atinente à modificação de competência por conexão não tem sido bem resolvida nos Tribunais. E isso porque as Cortes nacionais estão afastando competências expressamente definidas na Constituição da República, para fins de aplicação de normas evidentemente infraconstitucionais. Tanto as disposições do Código Eleitoral (art. 35, II) quanto aquelas do Código de Processo Penal (art. 78) não podem afastar determinações constitucionais acerca de competência jurisdicional.

Assim, e por exemplo, é a Constituição quem afirma que os crimes federais serão julgados pela Justiça Federal; os *estaduais* serão pela Justiça Estadual, os *eleitorais* pela Justiça Eleitoral e assim por diante.

A conexão, é bom que se ressalte, é critério de modificação de competência cuja finalidade é reunir processos com objetos distintos, mas com *específicas proximidades probatórias*, para o melhor aproveitamento da fase instrutória, de modo que a prova de um (processo) possa *facilitar* ou *esclarecer* outros fatos, objeto de outro (processo). Em uma palavra: a conexão tem por objetivo *otimizar* a produção de provas, pela unidade de processo e de julgamento de fatos com níveis distintos de inter-relacionamento (identidade de autoria, por motivação específica na prática dos delitos, influência de provas em processos separados etc.).

Pensamos que, a despeito desse *proveito probatório*, não se deve, como regra, afastar a competência do juiz *natural*, fixado na Constituição da República, sobretudo quando com fundamento em normas infraconstitucionais, de estatura normativa obviamente inferior. Aliás, foi por considerações dessa ordem que o Plenário da Suprema Corte, no julgamento do Agravo Regimental no Inquérito 3.515, decidiu pelo *desmembramento* de processos envolvendo pessoas com foro por prerrogativa de função, e outras, não detentoras dela.

A ressalva que se fez ali faremos também aqui.

Há situações em que a pluralidade de fatos imputados à pluralidade de autores poderá justificar, excepcionalmente, a reunião dos processos em uma única jurisdição, para afastar os riscos inerentes à separação de processos e, sobretudo, à separação da produção de provas em relação a fatos tão imbricadamente relacionados.

Sempre sustentamos, por exemplo, que em processos *continentes*, em que há a *unidade de conduta* e *pluralidade de agentes* – várias pessoas acusadas de *um mesmo fato* –, a reunião dos processos será de rigor, para evitar decisões diversas sobre o mesmo fato. A efetividade da Justiça, em casos que tais, assume valor tão relevante quanto o princípio do juiz natural.

E assim, excepcionalmente que seja, parece-nos justificada a decisão de reunião de processos em casos assemelhados, em que, ainda quando não se trate de continência, especificamente, a denúncia aponte a existência de *corresponsabilidade* de autores em *pluralidade de condutas* (concurso material de delitos), de tal modo que o imbricamento dos fatos satisfaça a exceção já reconhecida na Suprema Corte.

Nessas condições, e apenas nelas, presentes as circunstâncias excepcionais aqui apontadas em tese, havendo a prática de crime eleitoral, com autonomia em relação aos demais delitos, haverá de prevalecer a competência da Justiça Eleitoral, por força da aplicação dos dispositivos legais mencionados. Mas a regra, repita-se, deve ser a separação dos processos, até porque a maioria dos delitos eleitorais não guarda relação de intensa proximidade com os crimes comuns (da Justiça Federal e Estadual).

78.6.1.1 Considerações de Douglas Fischer. De fato, não se pode olvidar que as competências em razão da matéria e pela prerrogativa de foro (já bastante restritiva a partir da decisão proferida na AP no 937) são fixadas constitucionalmente e de forma expressa. São absolutas. Exatamente por isso que, há muito, o STF já assentou que "*a conexão e a continência – artigos 76 e 77 do Código de Processo Penal – não consubstanciam formas de fixação da competência, mas de alteração, sendo que nem sempre resultam na unidade de julgamentos – artigos 79, incisos I, II e §§ 1º e 2º e 80 do Código de Processo Penal*" (Habeas Corpus n. 69.325-3-GO, Redator p/ acórdão Min. Marco Aurélio Mello, Tribunal Pleno, julgado em 17.6.1992, publicado no *DJ* em 4.12.1992).

A competência da Justiça Eleitoral não está prevista na Constituição Federal, embora a remissão feita pelo art. 121: "*Lei complementar disporá sobre a organização e competência dos tribunais, dos juízes de direito e das juntas eleitorais*". Então há se ver que: a) o TSE não tem competência originária penal (matéria afeta ao STF); b) os Tribunais Regionais Eleitorais terão competência por prerrogativa de foro, observadas duas regras fundamentais: o disposto na Súmula 702 do STF (antes referida) conjugada com a restrição imposta pela decisão proferida na Questão de Ordem na Ação Penal n. 937 (em síntese, pouquíssimos casos); c) a competência dos juízes eleitorais se dará (na grande maioria dos casos), em razão da matéria, segundo previsto no Código Eleitoral.

Como referido anteriormente, entre os autores não há dissenso algum no sentido de que regras de conexão não deveriam modificar competência constitucional absoluta. Elas foram criadas (art. 76 CPP) para fins de modificação de competência territorial.

Antes, porém, é preciso compreender qual seria o crime (mais comum) que poderia ensejar o deslocamento para a justiça especializada.

Sendo, em tese, o mais plausível (e já recorrente) a ser invocado, dispõe o art. 350 do Código Eleitoral: "Art. 350. Omitir, em documento público ou particular, declaração que dele devia constar, ou nele inserir ou fazer inserir declaração falsa ou diversa da que devia ser escrita, para fins eleitorais: Pena – reclusão até cinco anos e pagamento de 5 a 15 dias-multa, se o documento é público, e reclusão até três anos e pagamento de 3 a 10 dias-multa, se o documento é particular".

O tipo penal nada mais é do que uma falsidade ideológica para fins eleitorais (hipótese bastante restrita, se bem compreendida historicamente a regra em tela). Conforme já reconheceu o STF, tratando do delito em voga, a desaprovação de contas por Corte Eleitoral é "*fato que não tipifica, por si só, o crime em questão*". É que a "simples presunção de omissão de despesas na prestação de contas" não caracteriza o crime se o parlamentar "se limitou a submeter aos órgãos de controle eleitoral a documentação de que dispunha, tal como entregue pelos emitentes" (Agravo Regimental na Petição n. 7.354 – DF, STF, 2ª Turma, Rel. Min. Dias Toffoli, julgado em 6.3.2018, publicado no DJ em 25.5.2018). Também já reconheceu que "o tipo penal do art. 350 do Código Eleitoral exige expressamente, para sua configuração, que a omissão de declaração que deva constar do documento público seja realizada com fins eleitorais". (Inquérito 4.146-DF, STF, Tribunal Pleno, Rel. Min. Teori Zavascki, julgado em 22.6.2016, publicado no *DJ* em 4.10.2016).

Mas então: em que circunstâncias pode-se cogitar o deslocamento da competência para a Justiça Eleitoral e qual deverá ser o procedimento a ser adotado? Acorramos aos próprios precedentes da jurisprudência, especialmente do STF.

Em primeiro lugar convém destacar que a grande maioria dos precedentes do Supremo Tribunal Federal a respeito do tema dizem com análises de reunião ou cisão processual envolvendo competência por prerrogativa de foro. E não haveria de ser de forma diversa, pois a competência constitucional do STF se dá exclusivamente nesses casos. Porém, e na linha do que destacado, o tratamento da competência por prerrogativa de foro e em razão da matéria deve ser exatamente o mesmo, na medida em que, em ambas as situações, está-se diante de competência constitucional absoluta.

Fixada essa premissa, há se formular outra pergunta: será qualquer fato ou arguição na justiça comum de possível crime eleitoral conexo que ensejará o deslocamento da competência? A resposta é seguramente não.

De forma absolutamente correta, o Supremo Tribunal Federal há muito vem entendendo que, para – em tema de competência por prerrogativa de foro – haver o deslocamento de um feito de instância inferior, é fundamental haver dados objetivos e concretos quanto a um fato em tese criminoso de sua competência. Veja-se exemplificativamente que "*a simples menção de nomes de parlamentares, por pessoas que estão sendo investigadas em inquérito policial, não tem o condão de ensejar a competência do Supremo Tribunal Federal para o processamento do inquérito, à revelia dos pressupostos necessários para tanto dispostos no art. 102, I, 'b', da Constituição*" (Agravo Regimental na Reclamação n. 2.101-DF, Rel. Min. Ellen Gracie, Plenário, julgado em 1º.7.2002, publicado no *DJ* em 20.9.2002). Ou então que a "*simples referência ao nome de três congressistas surgida no contexto de determinado procedimento penal instaurado em primeira instância.* [...] *Sem que se evidencie a presença, fundada em bases concretas, de indícios reveladores de autoria ou de participação ativa, em prática delituosa, de autoridade detentora de prerrogativa de foro, a simples referência ao seu nome, feita em sede de determinado procedimento penal, não basta, só por si, para legitimar o deslocamento, para o Supremo Tribunal Federal, da competência penal de que se acha investido órgão judiciário de inferior jurisdição*". [...] (Agravo Regimental na Medida Cautelar na Reclamação n. 26.574, STF, 2ª Turma, Rel. Min. Celso de Mello, julgado em 1º.6.2017, publicado no *DJ* em 5.6.2017).

Noutras palavras e de forma objetiva: não serão meras ilações ou possibilidades/probabilidades de ocorrência de fato criminoso eleitoral que ensejarão o deslocamento da competência: será fundamental a indicação de dados objetivos e concretos a respeito de que eles tenham ocorrido. Sem que tenha sido preenchido esse (primeiro) pressuposto não há se falar, em hipótese alguma, em pretensão a deslocamento da competência da Justiça comum (federal ou estadual) para a eleitoral, para a análise da possível manutenção dos feitos de forma unificada.

Antes de prosseguir, uma advertência fundamental: se já instaurada ação penal em determinado juízo com inquéritos possivelmente conexos também em andamento, o deslocamento desses inquéritos para a Justiça Eleitoral analisar eventual competência sua não deslocará a ação penal já em andamento em que não há qualquer imputação de crime eleitoral. Ou seja, e na linha do que já mencionado, a *mera possibilidade* da existência de fatos a *serem apurados* em inquéritos não implicará jamais o concomitante deslocamento de ação penal em tese conexa que já corre perante juízo (natural) competente (em razão dos fatos imputados, que delimitam a competência).

A pergunta a seguir seria: todo e qualquer crime em tese previsto no art. 350 do Código Eleitoral ensejará a possível conexão processual com outros crimes de competência da justiça *comum*?

Partindo-se do pressuposto de que existam *elementos efetivos e concretos* da ocorrência da prática de delito previsto no art. 350 do Código Eleitoral – a justificar o deslocamento da análise da reunião para a Justiça Eleitoral –, a questão a se saber é se esse dado, por si só, implicará aí não mais o deslocamento para análise de reunião processual, mas a *manutenção* de competência na Justiça Eleitoral para todos os fatos.

Há se verificar, inicialmente, se os valores *recebidos* foram efetivamente não declarados e se não são, em verdade, hipótese de *corrupção* relacionada *diretamente* a doações eleitorais de forma criminosa e em desconformidade com a legislação eleitoral. Ou seja, solicitar contribuição eleitoral clandestina ou recebê-la efetivamente e de fato empregá-la na campanha não é – em nossa compreensão, pelo menos *até o presente momento* – crime eleitoral – tipificado no art. 350 do Código Eleitoral. Possivelmente será crime de corrupção passiva, previsto no art. 317, CP.

De qualquer forma, sob a ótica *exclusivamente técnica*, mesmo a existência de "doações para fins eleitorais" não implicará *necessariamente* a possibilidade de denúncia pela prática do crime do art. 350 do Código Eleitoral, sobretudo porque nem sempre o agente que utiliza o valor espúrio originariamente sabe dessa circunstância (essa circunstância acerca da autoria, absolutamente inconsistente na maioria das vezes, é o que enseja a *impossibilidade* técnica de imputação do crime de falsidade ideológica eleitoral, exatamente para que não se cogite de inépcia da denúncia). Não esqueçamos que, limitada a afirmativa ao âmbito da Operação Lava Jato (em que houve a decisão paradigma ora analisada), os valores que foram utilizados em campanhas eram recebidos por alguns poucos *corrompidos* que, retirando do bolo suas quotas-partes, enviavam aos diretórios partidários esses valores, os quais, por sua vez, destinavam aos candidatos (que não necessariamente *sabiam* – dessa origem espúria).

De qualquer modo, nada obstante existam elementos do crime eleitoral previsto no art. 350 do CE, não haverá *necessariamente* conexão com eventuais crimes (*previamente existentes*) de corrupção e lavagem de dinheiro (para ficarmos em tipificações básicas e inerentes a esse tipo de conduta). Em verdade, o crime do art. 350 do Código Eleitoral não tem como finalidade ocultar crimes comuns (corrupção, lavagem etc.), mas sim, e eventualmente, *ocultar gastos clandestinos realizados durante campanhas eleitorais.* Assim, e noutras palavras, a *falsidade ideológica eleitoral* é praticada normalmente para ocultar um ilícito eleitoral (não necessariamente um crime), cuja revelação poderia ensejar consequências na seara eleitoral. Portanto, a falsidade eleitoral não é praticada para ocultar eventuais crimes comuns anteriores como a corrupção, pois *o produto dessa conduta normalmente é ocultado mediante outro fato autônomo e prévio também, a lavagem de dinheiro* (ambos os crimes ocorrem normalmente *muito antes* de eventual *falsidade ideológica eleitoral*).

Mais incisivamente: essa falsidade, em regra, nada tem a ver com facilitar ou ocultar infrações anteriores, muito menos assegurar a impunidade delas. Igualmente a prova daqueles crimes não influi – direta e objetivamente – na prova do eventual crime de falsidade. *Em princípio, poderá responder representação em face do disposto no art. 30-A da Lei n. 9.504 (gastos ilícitos), AIJE – Ação de Investigação Judicial Eleitoral – ou AIME – Ação de Impugnação a Mandato Eletivo –, sendo nessas duas últimas por abuso de poder econômico, tendo como consequências possíveis a cassação do registro, do diploma ou do mandato.*

Importante advertir ainda *que, novamente* de forma exclusivamente técnica, razões de *mera conveniência processual* não justificam a reunião processual. A simultaneidade processual reclama a demonstração de *imprescindibilidade* da reunião.

Não por outra razão que o STJ vem reafirmando que "*a interpretação das regras do Código de Processo Penal e demais diplomas legais não pode se submeter a critérios puramente práticos, em prejuízo das normas de competência funcional contidas na Lei Fundamental*". Igualmente a Corte Suprema brasileira tem destacado há muito tempo que, para se configurar "*a conexão instrumental (CprPen, art. 76, III), não bastam razões de mera conveniência no* simultaneus processus – *reclamando-se que haja vínculo objetivo entre os diversos fatos criminosos*". (Precedentes: Agravo Regimental na Ação Penal n. 804-DF, STJ, Corte Especial, unânime, Rel. Min. Og Fernandes, julgado em 20.5.2015, publicado no *DJ* em 5.6.2015. Habeas Corpus n. 81.811, Rel. Min. Sepúlveda Pertence, julgado em 22.10.2002, publicado no *DJ* em 22.11.2002).

Na sequência do raciocínio, há se ver que a reunião processual por conexão ou continência é exceção: a regra deverá ser a cisão processual.

Notadamente a partir da decisão plenária do STF no julgamento do Agravo Regimental no Inquérito n. 3.515, de 13.2.2014 (já referido anteriormente), os precedentes do Supremo Tribunal Federal são claros e expressos no sentido de que, havendo em tese conexão ou continência (subjetiva), a regra será a cisão processual (a ser realizada pelo "órgão jurisdicional prevalente"), mantendo-se a reunião processual apenas em situações absolutamente excepcionais.

Mais um dado empírico (que precisa ser agregado aos fundamentos jurídicos): salvo melhor juízo, após essa decisão paradigmática, o Supremo Tribunal Federal não manteve em sua competência nenhum caso envolvendo conexão probatória, apenas parcos casos de *continência subjetiva* (sob a justificativa de unidade na prestação jurisdicional).

Repetimos aqui que os precedentes do STF são claros no sentido de que o desmembramento deverá ser a regra, ressalvadas as hipóteses em que a separação possa causar prejuízo relevante à investigação.

Exatamente por isso que se assentou num caso concreto que "*além de inexistir demonstração objetiva de prejuízo concreto e real na cisão do processo, a análise do titular da ação penal foi conclusiva no sentido da autonomia entre as condutas em tese praticadas pelo denunciado e os demais investigados [...]*". Noutras palavras, mas assente também em precedentes do STF, "*a cisão processual deve ser a regra, afastada apenas nos casos em que a imbricação entre os fatos revelar intensidade tamanha a acarretar prejuízo ao des-*

linde processual". (Terceiro Agravo Regimental no Inquérito n. 4.146-DF, STF, Tribunal Pleno, Rel. Min. Teori Zavascki, julgado em 22.6.2016, publicado no *DJ* em 4.10.2016. Agravo Regimental na Petição n. 6.212-DF, STF, 2ª Turma, unânime, Rel. Min. Edson Fachin, julgado em 5.4.2018, publicado no *DJ* em 16.5.2018).

O Supremo Tribunal Federal tem – corretamente – assentado que a regra será a cisão processual, cabendo ao Ministério Público, como titular da ação penal, justificar, no primeiro momento possível e de forma detalhada, a necessidade e imprescindibilidade de reunião processual por conexão ou continência. Ou seja, se não demonstrar a necessidade, deve haver a cisão pelo órgão prevalente.

Outro argumento importante: a cisão processual como pressuposto de maximização das obrigações processuais penais positivas.

Na linha da argumentação encontrada mais detalhadamente por Fischer e Valdez Pereira (PEREIRA, Frederico Valdez; FISCHER, Douglas. *Obrigações processuais penais positivas*: segundo as cortes europeia e interamericana de direitos humanos. Porto Alegre: Livraria do Advogado, 3. ed. 2022), são inúmeros os precedentes das cortes supranacionais a respeito da garantia dos direitos humanos no sentido de existir uma obrigação de as autoridades públicas responsáveis pela investigação e/ou persecução penal conduzirem procedimentos adequados, *completos e eficazes*, na tentativa de responsabilização dos autores dos delitos. Deixamos bem expresso que essa perspectiva internacional gera efeitos significativos no quadro legal nacional ao ensejar preocupação com a eficácia da jurisdição penal.

É fundamental realçar ainda que ambas as convenções (Interamericana de Direitos Humanos e Europeia) possuem regras que *impõem* aos Estados signatários obrigações de respeitar e fazer valer os direitos e liberdades reconhecidos. São obrigações de dupla vinculação: negativas, vedando aos Estados a violação de Direitos Humanos; e positivas, pois exigem das partes a adoção de medidas necessárias para tutelar esses direitos, impedindo a violação deles por terceiros e reprimindo eficazmente eventuais lesões a esses direitos. Significa que, para cumprir com as exigências decorrentes da proteção de (todos) os direitos previstos convencionalmente, "*os sistemas jurídico-penais internos devem predispor estrutura de atuação e mecanismos adaptados a prevenir, coibir e sancionar efetiva e eficazmente as lesões verificadas*". Exatamente nessa linha pondera Américo Bedê Júnior, ao destacar que "respeitar os direitos fundamentais do réu no processo não significa, sic et simplicer, um passaporte legitimador para qualquer tese de defesa", de modo que se deve "estruturar um processo penal democrático e coerente que leve a sério os direitos fundamentais do réu, da vítima e as expectativas legítimas da sociedade". ("Contra o abolicionismo processual penal: a esperança de um processo penal justo", in Justiça Criminal na ótica dos juízes brasileiros, 2022, vol.1, RT, p. 25)

Nessa linha de argumentação, não se pode olvidar que, como regra (notadamente em casos complexos, envolvendo muitos fatos e autores), a cisão processual gera mais eficiência na persecução penal. Aliás, assim já decidiu a Corte Especial do STJ, reportando-se a inúmeros precedentes do STF: "*em observância à razoável duração do processo, é recomendável que a Ação Penal seja desmembrada, preservando-se os princípios do juiz natural e da razoável duração do processo. Nesse sentido, colhe-se do STF: AP 336-AgR/TO, Relator o Ministro Carlos Velloso, DJ de 10/12/2004; Inquérito 1.690, Plenário, relatado pelo Ministro Carlos Velloso; AP 351/SC, Relator o Ministro Marco Aurélio, DJ de 17/9/2004; PET nº 2.020-QO/MG, Relator o Ministro Néri da Silveira, DJ de 31/8/2001. No mesmo sentido: STF, Inq 3.842 (Segunda Turma) e Inq 4.130 (Plenário)*". (Agravo Regimental na Ação Penal n. 804-DF, STJ, Corte Especial, unânime, Rel. Min. Og Fernandes, julgado em 20.5.2015, publicado no *DJ* em 5.6.2015. Questão de Ordem na APn n. 885 – DF, STJ, Corte Especial, unânime, Rel. Min. Herman Benjamin, julgado em 15.8.2018, publicado no *DJ* em 28.8.2018).

Como defendemos na presente obra, não se trata de uma mera faculdade discricionária. É que "toda a questão gira em torno da preocupação com a efetividade da função jurisdicional, no sentido da duração razoável do processo, eventualmente ameaçada, seja por força da aplicação de determinadas regras procedimentais, como a conexão, por exemplo, seja pelas próprias circunstâncias judiciais do caso concreto". Desse modo, concluímos, "na conexão [...] quando a separação de processos se revelar mais conveniente que a reunião deles, prevista nos casos do art. 76, CPP, há que se dar primazia à regra do art. 80, CPP".

Tempo de avaliar o acerto ou não de recentes decisões dos Tribunais brasileiros, tendo à frente a Suprema Corte, determinando a anulação de julgamento fundados em regras de conexão, quando presente processo envolvendo crimes *eleitorais*.

Tal raciocínio está equivocado, *data venia*.

E a nosso aviso o erro está na incompreensão acerca da relevantíssima distinção entre a *conexão* e a *continência*, caracterizadas e justificadas, ambas, por critérios distintos. Basta ver que a regra de continência diz respeito à *unidade de conduta*, ou seja, a processos que estejam a cuidar de um único fato, eventualmente como resultados diversos, e, mais eventualmente ainda, com a instauração de processos diversos.

Já a conexão, não. Ela cuida de regras de modificação de competência para fins de maior proveito probatório, como regra. Por isso mesmo, a afetação do *juiz natural*, constitucional, deve ser sempre evitada, ao máximo. Naturalmente que haverá situações em que a pluralidade de agentes e a pluralidade de *atos* esteja a exigir a reunião dos processos, a fim de se evitar a perda *cognitiva* de aspectos relevantes da *materialidade* e, sobretudo, *da autoria* do crime ou dos crimes.

Há que ressaltar, então, e não só por relevante, mas por necessário, que, em se tratando de *jurisdição constitucional*, a regra deverá ser a separação de processos, em homenagem ao *juiz natural*.

Isso não quer dizer que a Súmula 122 do Superior Tribunal de Justiça deva ser desprezada ou revista. O que ocorre é que ela deveria ser aplicada com maior parcimônia. Nas situações em que, por exemplo, um dos delitos conexos é apontado como *meio* ou, mais que isso, como *fundamento da causalidade*, isto é, como umas das *causas* do resultado, seria evidentemente aplicável a citada Súmula, dado que a separação dos processos resultaria em prejuízo da descoberta de elementares do tipo apontado como realizado. Em tais situações, a reunião dos processos em uma única jurisdição (a federal, prevalecente) será de rigor. No ponto, merece registro recente decisão do STJ, no RHC 152.108-MG.

Há mais.

Relativamente a feitos já julgados, por exemplo, há que se recordar que a competência por conexão é *relativa* e não absoluta, o que significa dizer que não se deverá promover a reunião de processos já sentenciados (art. 82, CPP). Ou seja, não se poderá falar em nulidade absoluta de julgamentos, quando de incompetência *relativa* se cuidar, como é a hipótese da competência por conexão.

No ponto, cabe ressaltar que as regras de processo penal aplicam-se para o futuro, presente o princípio *tempus regit actum*, ou seja, se os atos foram praticados segundo a legislação (e sua interpretação) vigente, em determinado momento eles serão absolutamente hígidos. Esse pressuposto se aplica de forma idêntica à mudança de entendimento jurisprudencial acerca de determinada forma de procedimento. É que "a mudança de entendimento jurisprudencial (futuro) acerca de como deveria ser praticado determinado ato não pode retroagir para desfazer ou alterar o que (no passado) foi praticado segundo os ditames vigentes (mesmo que em decorrência de compreensão jurisprudencial, desde que pacificada".

Obviamente, nos casos de violação às normas constitucionais, como é a hipótese da incompetência *absoluta*, o trânsito em julgado não impede o reconhecimento da nulidade do processo.

Em situações similares de modificação de jurisprudência acerca de procedimentos, o Supremo Tribunal Federal reiteradamente tem reconhecido que devem permanecer hígidos os atos praticados anteriormente. É o que se vê, exemplificativamente, na decisão Plenária no HC n. 127.900-AM.

Ou seja, preservaram-se todos os atos já praticados frente ao princípio do *tempus regit actum*, exatamente o entendimento consolidado em reiterada jurisprudência do STJ e do STF.

Portanto, o novo entendimento do STF (de que havendo possível conexão deverá ela ser analisada pela Justiça Eleitoral, e dentro dos limites estritos do que já abordado aqui) não poderá implicar a nulidade das decisões relativas aos crimes federais ou estaduais já julgados, na medida em que eles teriam sido processados e sentenciados por juiz *constitucionalmente competentes*.

Pode-se, pelas mesmas razões, isto é, de que não se teria na hipótese a aplicação da modificação de competência por conexão em relação aos crimes eleitorais, reconhecer-se a nulidade absoluta do julgamento destes últimos (os eleitorais), porquanto julgados por jurisdição incompetente. Os outros, no entanto, deveriam permanecer hígidos (federais ou estaduais, comuns).

Além disso, há muito está corretamente sedimentado que a definição do juiz natural se dá pela imputação criminal. Se pelo que narrado na peça acusatória e a sentença condenatória e/ou absolutória for exarada pelo juízo (natural) competente (correlação), nada deve ser objeto de nulidade no futuro se os atos foram praticados de acordo com o juízo competente (natural).

Ademais, repise-se, é bastante comum a instauração de processos penais possivelmente conexos em juízos distintos.

Nesses casos, a solução é bastante simples, aplicando-se a regra do art. 82 do CPP, segundo a qual o juízo prevalente (no caso eleitoral) poderá "*avocar os processos que corram perante os outros juízes, salvo se já estiverem com sentença definitiva*", hipótese em que "*a unidade dos processos só se dará, ulteriormente, para o efeito de soma ou de unificação das penas*" (art. 82, CPP).

Não se olvide ainda e derradeiramente que a Súmula 235 do STJ é bastante clara: "*A conexão não determina a reunião dos processos se um deles já foi julgado*". Exatamente por isso é que o STF reconheceu que a "*competência da Justiça Eleitoral para o processo e julgamento de crimes comuns decorre de conexão, fenômeno processual que não determina a reunião de processos se um deles já foi sentenciado (art. 82 do CPP e Súmula 235/STJ)" (Agravo Regimental no Habeas Corpus nº 612.636/RS, STJ, 5ª Turma, unânime, Rel. Min. Felix Fischer, julgado em 13.4.2021, publicado no DJ em 5.5.2021)*

Destaca-se, então, decisão do ano de 2020 da 2ª Turma do STF (empate na votação) em que, máxima vênia, foram desconsideradas todas as premissas até hoje válidas (e aceitas) pelo STF no que se refere ao tema de perpetuação de jurisdição.

Tratava-se de um caso em que a investigação fora instaurada originariamente no STF a partir de dados de colaboração premiada (Inquérito nº 4.432). Como um dos investigados perdeu a prerrogativa de foro no STF (Petição nº 7.569), foi determinada a remessa dos autos à Justiça Eleitoral, por haver supostos indícios da prática (também) de crime eleitoral (até então a competência penal para os possíveis crimes eleitorais era do STF, sabido que o TSE não possui a competência criminal). Recebendo os autos, o Ministério Público Eleitoral determinou o arquivamento do inquérito quanto ao crime eleitoral (art. 350), por não haver qualquer elemento (justa causa) para o seu prosseguimento, determinando a devolução dos autos para a Justiça Federal para a análise de processamento dos delitos remanescentes (decisão que, já adiantamos, é absolutamente técnica e correta).Contra essa declinação, houve o ajuizamento da Reclamação nº 34.805-DF, negada monocraticamente pelo Relator, Ministro Edson Fachin, tendo-se interposto o agravo regimental, em que houve empate na votação. Os Ministros Gilmar Mendes e Ricardo Lewandowski proveram – de forma inédita, como se verá – a reclamação para determinar a devolução dos autos à Justiça Eleitoral, mesmo que arquivada a investigação quanto ao crime eleitoral, que atrairia a competência especializada (nos moldes do precedente tomado no Inquérito nº 4.435).

Segundo o entendimento do Ministro Gilmar Mendes, desrespeitou-se a decisão tomada pelo STF (daí a reclamação) ao determinar a remessa dos autos para a Justiça Eleitoral. Mais que isso, assentou que o MPE promoveu o arquivamento dos delitos previstos no art. 350 do CE imediatamente após o recebimento dos autos, "não tendo sequer empreendido qualquer diligência investigativa para apurar os indícios de tais crimes".

Ora, o equívoco dos dois votos prevalentes (por "empate") é manifesto, em nosso sentir.

Em primeiro lugar, reiteramos que, no *leading case*, o STF não decidiu que competiria à Justiça Eleitoral necessariamente *julgar* os fatos, mas apreciar se haveria a conexão probatória ou se realizaria a cisão processual (como acima explicado), o que, em si, já não se põe como a melhor compreensão, dado que a regra deveria ser a separação dos processos entre crimes comuns e crimes eleitorais, por força de determinação constitucional. Fora do alcance, como regra, da incidência de normas de menor hierarquia. Mas, ainda que assim não se entendesse, restaria a apreciação da conveniência processual da reunião (art. 80, *in fine*, CPP).

No caso em tela, quem tem a titularidade da *opinio delicti* disse não haver justa causa para o crime eleitoral, de modo que deveria ser *arquivado*, o que foi acolhido pelo Poder Judiciário Eleitoral. Essa decisão, aliás, é imutável (salvo se sobrevierem novos elementos de prova, art. 18, CPP). Nesse caso, então, é tecnicamente impossível haver a prorrogação da competência.

A conclusão tomada pelos dois votos apresenta-se dissociada da melhor técnica, notadamente porque não houve desrespeito ao que julgado no momento do declínio efetuado originariamente pelo STF. A propósito, remetemos às anotações aos arts. 80 e 81 do CPP, destacando que, por exemplo, se mantido o raciocínio dos dois votos prevalentes, se, doravante, o Tribunal do Júri "desclassificar" a conduta do delito doloso (disser que não há o crime de sua competência), dever-se-á prorrogar na competência para o próprio crime e inclusive os demais eventualmente conexos.

Há se atentar que, se houvesse denúncia pelo crime eleitoral (bem assim para alguns dos crimes conexos), devidamente recebida (ação penal instaurada), a eventual absolvição do crime eleitoral aí sim (e somente aqui) importaria em prorrogação de competência da Justiça Eleitoral para os demais casos.

No caso em tela houve expressa negativa da existência de justa causa, de modo que a *opinio delicti* foi "negativa", pela ausência de dados acerca do crime eleitoral (que faria a possível atração).

Atente-se ainda que, mesmo que se dissesse haver o crime eleitoral, seria absolutamente legal e constitucional ao juízo *prevalente* determinar a cisão processual quanto aos demais crimes, inclusive por questões de conveniência processual (art. 80, CPP), de modo que as conclusões estampadas nos votos prevalentes revelam-se integralmente equivocadas à luz do sistema jurídico, na medida em que não se pode obrigar o Juízo Eleitoral a processar outros crimes, sobretudo se assentada a inexistência de base suficiente (justa causa) do próprio crime prevalente.

Aliás, é absolutamente correta nesse sentido a decisão do STJ no sentido de que a competência do Juízo Eleitoral é "*para análise da existência ou não de conexão e eventual conveniência de reunião dos feitos, orientação essa que guarda perfeita harmonia com o entendimento firmado no âmbito da Suprema Corte" (Conflito de Competência nº 172.666-MG, STJ, 3ª Seção, unânime,* DJ *de 14.8.2020).* De modo mais objetivo até, esse entendimento foi corroborado pela 3ª Seção no CC nº 170.262-MG (*DJ* de 20.5.2020), em que, rechaçando a pretensão da defesa de que tudo fosse reunido na Justiça Eleitoral, assentou que "*a Justiça Eleitoral já reconheceu sua incompetência para conduzir o inquérito policial, quando afirmou que "'este inquérito está arquivado na Justiça Eleitoral, a pedido do Ministério Público Eleitoral, que manifestou a sua ciência, tendo a decisão de arquivamento e baixa na distribuição sido publicada no PJE* '". Assim, "*se, na hipótese vertente, a Justiça Eleitoral não vislumbrou indícios suficientes de ilícito penal eleitoral ou conexão, não há como entender correta a interpretação competencial dada pelo Juízo de Direito oficiante*". Desse modo, se "*nem a Justiça Eleitoral, nem o Ministério Público Eleitoral, nem o* Parquet *estadual, nem mesmo o MPF (como fiscal da ordem jurídica) reconheceram indícios de crime eleitoral, capazes de deslocar a competência da apuração em tela*", a conclusão é evidente no sentido de que não se poderia manter o feito na Justiça Especializada.

Em sentido manifestamente oposto àquele da reunião dos processos, foi o entendimento da 1.ª Turma do STF. No caso concreto, houve determinação de desmembramento (por força do decidido na AP 937, pelo STF) e remessa dos autos para o primeiro grau no Distrito Federal. Dentre outras pretensões, externadas por meio de agravo regimental, expressamente a defesa postulou a remessa dos autos – se não reconhecida a conexão com outro feito em trâmite perante a 2.ª Turma do STF – para a Justiça Eleitoral em Minas Gerais. Corretamente o aresto colegiado decidiu que, além de não haver nenhum elemento conectivo, a PGR já havia expressamente afastado a possibilidade (só agora em tese "admitida" pelo requerente) de que teria havido "suposto" crime eleitoral. Assim, e se reportando a outro julgado, assentou que não caberia ao Judiciário afirmar existir crime eleitoral, pois "*é da essência do sistema acusatório uma nítida separação das funções de acusar e julgar, voltada precipuamente à preservação da imparcialidade e do distanciamento do juiz em relação a atos pretéritos ao processo judicial contraditório. Nesse contexto, tenho por inviável ao Poder Judiciário auditar as hipóteses investigatórias e, em antecipação à própria acusação, proceder à glosa de linhas de investigação, em um juízo prematuro que, em última análise, influenciará na própria formação da* opinio delicti". Por essa razão, não existindo qualquer plausibilidade, mesmo em tese, da existência de qualquer crime eleitoral, não há se fazer o deslocamento, rechaçando-se a tese que, na verdade, pretendia "escolher" o juízo competente (Justiça Eleitoral) por um suposto crime que sequer existia no caso concreto *(Agravo Regimental na Petição nº 8.860-DF, STF, Rel. Min. Rosa Weber, publicado no* DJ *em 22.9.2020).*

No julgamento do RHC nº 177.243, a Segunda Turma do STF, apreciou questão emblemática do debate que ora se expõe. O caso tratava de ação penal proposta, originariamente, contra determinada pessoa (com prerrogativa de foro quando ajuizada a ação penal) e outras 14 pessoas perante o STF em razão da prática *exclusiva* de peculato e lavagem de dinheiro. Não havia crime eleitoral: em 4.11.2009, ao receber a denúncia, o STF (em *competência própria)* arquivou a discussão quanto ao suposto delito eleitoral por, já na época, estar prescrito.

Esse dado é relevantíssimo para que se avalie a discrepância do quanto decidido pelo órgão fracionário do STF. O Juiz Natural do caso era o próprio STF, que prestou a jurisdição quanto ao crime eleitoral, descabendo qualquer discussão de remessa para a Justiça Eleitoral.

Os fatos eram de 1988. A denúncia foi proposta perante o STF, porque um dos réus detinha prerrogativa de foro *(conforme entendimento anterior à compreensão firmada na Questão de Ordem na Ação Penal nº 937).* Mas a ação penal foi cindida, deixando o feito no STF exclusivamente quanto ao detentor de "foro privilegiado".

A denúncia foi recebida em 4.11.2009. O réu foi interrogado em 2.10.2010. Apresentadas as alegações finais pelo Ministério Público Federal no dia 6.2.2014, sobreveio notícia de que, no dia 19.2.2014, o réu renunciou ao seu mandato, quando em curso prazo para suas alegações finais. O STF acabou aceitando a "renúncia" nesse caso.

Ulteriormente, em 3.5.2018, fixou entendimento expresso na Questão de Ordem na Ação Penal nº 937 que: a) "o foro por prerrogativa de função aplica-se apenas aos crimes cometidos durante o exercício do cargo *E* relacionados às funções desempenhadas; b) após o final da instrução processual, com a publicação do despacho de intimação para apresentação de alegações finais, a competência para processar e julgar ações penais não será mais afetada em razão de o agente público vir a ocupar outro cargo ou deixar o cargo que ocupava, qualquer que seja o motivo".

Retomando o caso concreto, ao julgar então o pleito de "renúncia", o Plenário do STF decidiu que os autos deveriam ser remetidos para a *Justiça Estadual* em Minas Gerais.

Veja-se o que consta na certidão de julgamento: "*O Tribunal, por maioria de votos, vencido o Presidente, Ministro Joaquim Barbosa, declinou de sua competência para o Juízo de Direito da Comarca de Belo Horizonte-MG e, por não haver sido alcançada a maioria absoluta, não acolheu a proposta do Relator quanto à definição, para o futuro, de critério objetivo referente à preservação da competência penal originária da Corte na hipótese de renúncia do réu ao mandato parlamentar. Ausentes, justificadamente, o Ministro Ricardo Lewandowski, participando do 98° Encontro do Colégio Permanente de Presidentes dos Tribunais de Justiça do Brasil, na cidade de Palmas, Tocantins, e, neste julgamento, a Ministra Cármen Lúcia. Plenário, 27.03.2014*".

Os autos baixaram. O réu foi condenado em primeiro grau em 2015. Decisão mantida pelo TJMG em agosto de 2017. Penas parcialmente reduzidas no STJ: de mais de 20 anos para 15 anos, 7 meses e 20 dias.

Como sobreveio *nova interpretação* do STF no Inquérito 4.435, a defesa sustentou (inovando na discussão até então): o processo *deveria ir* também para a Justiça Eleitoral.

Ora, mesmo que se admitisse a argumentação do "precedente" do Inquérito 4.435, ele seria inaplicável ao caso por "inexistir crime eleitoral", e, sobretudo, porque o Juízo Natural da época, o Plenário do STF< disse que não havia como processar pelo crime e ele mesmo determinou a remessa dos autos (após a renúncia) à Justiça Estadual.

Não se pode esquecer que, mesmo que a competência fosse alterada por força de superveniente lei, as regras de processo penal aplicam-se *para o futuro*, presente o princípio *tempus regit actum*. Ou seja, se os atos foram praticados segundo a legislação (e sua interpretação) vigente em determinado momento eles serão absolutamente hígidos. Esse pressuposto se aplica de forma idêntica à *mudança* de entendimento jurisprudencial acerca de *determinada forma* de procedimento. É que, como defendemos na presente obra, *a mudança de entendimento jurisprudencial (futuro) acerca de como deveria ser praticado determinado ato não pode retroagir para desfazer ou alterar o que (no passado) foi praticado segundo os ditames vigentes (mesmo que em decorrência de compreensão jurisprudencial, desde que pacificada,* ressalvados, é claro, os casos de incompetência absoluta determinada pela Constituição da República.

Em situações similares de *modificação de jurisprudência acerca de procedimentos,* o Plenário do Supremo Tribunal Federal reiteradamente tem reconhecido que devem permanecer hígidos os atos praticados anteriormente. É o que se vê, exemplificativamente, na decisão Plenária no HC n. 127.900-AM, na qual foi fixada a orientação de que "*a norma inscrita no art. 400 do Código de Processo Penal comum aplica-se, a partir da publicação da ata do presente julgamento, aos processos penais militares, aos processos penais eleitorais e a todos os procedimentos penais regidos por legislação especial incidindo somente naquelas ações penais cuja instrução não se tenha encerrado*". Ou seja, preservaram-se todos os atos já praticados frente ao princípio do *tempus regit actum*, exatamente o entendimento consolidado em reiterada jurisprudência do STJ e do STF, como se vê também no próprio julgamento que implicou entendimento mais restritivo da prerrogativa de foro na Questão de Ordem na Ação Penal n. 937.

Encontra-se sedimentado o entendimento segundo o qual a definição do juiz natural se dá pela *imputação criminal*. Se pelo que *narrado* na peça acusatória e a sentença condenatória e/ou absolutória for exarada pelo juízo (natural) competente (*correlação*) nada deve ser objeto de *nulidade* no futuro se os atos foram praticados de acordo com o juízo competente (natural). Ademais, repise-se aqui, é bastante comum a instauração de processos penais possivelmente conexos em juízos distintos. Nesses casos, a solução é bastante simples, aplicando-se a regra do art. 82 do CPP, segundo a qual o juízo prevalente (no caso eleitoral) poderá "*avocar os processos que corram perante os outros juízes, salvo se já estiverem com sentença definitiva*", hipótese em que "*a unidade dos processos só se dará, ulteriormente, para o efeito de soma ou de unificação das penas*" (art. 82, CPP).

Há que se renovar, portanto, que a *eventual violação* da competência da Justiça Eleitoral (supostamente a *prevalente para reunião,* se presentes elementos de conexão) ocasionaria *exclusivamente* a nulidade dos processos em relação aos crimes de sua competência própria se não observado o devido processo legal, jamais aqueles que estariam afetos aos juízos (naturais) competentes, segundo as regras constitucionais de *fixação de competência* em razão da matéria.

Impende realçar que o enfrentamento dos temas relacionados à competência por prerrogativa de foro e em razão da matéria merecem tratamento idêntico na medida em que ambas são de natureza *absoluta*. Partindo dessa premissa, há se rememorar julgados *reiterados* do STF em que detentor de prerrogativa de foro foi investigado perante juízo manifestamente incompetente. *Em relação a ele*, reconheceu-se a violação da competência absoluta, invalidando-se as provas produzidas. Ocorre que terceiros envolvidos, em tese, com o parlamentar detentor da prerrogativa em fatos conexos sustentaram que também eles deveriam ter sido investigados e processados perante o "juízo prevalente" (*no caso o STF, presente a conexão e a continência subjetiva*). A pretensão era bem clara: teria havido "nulidade de todas as provas" produzidas em primeiro grau (*o juízo natural se não houvesse o envolvimento do parlamentar, único detentor da prerrogativa de foro no STF*). Solucionando a questão, o STF assentou expressamente que "*a usurpação da competência do STF traz como consequência a inviabilidade de tais elementos operarem na esfera penal do denunciado*". Assim, arrematou a Corte Suprema, a nulidade das provas reconhecida exclusivamente quanto ao parlamentar "*não alcança os acusados destituídos de foro por prerrogativa de foro*" *(Inquérito n. 2.842-DF, STF, Plenário, Rel. Min. Ricardo Lewandowski, julgado em 2.5.2013, publicado no DJ em 27.2.2014)*. Se nulidade houver, ela se apresenta *exclusivamente* em relação às provas produzidas quanto à não observância da competência por prerrogativa de foro ou em razão da matéria (*tratamento idêntico para ambos os casos de competência absoluta*). Esse tema veio a ser reforçado em 2022, quando a 1ª Turma do STF, reportando-se a esse julgado, reafirmou que "*a invalidação de elementos de prova, por usurpação de competência, "não alcança os acusados destituídos de foro por prerrogativa de função" (Inq no 2.842/DF, Pleno, Rel. Min. Ricardo Lewandowski). [...] (Segunda Extensão no Habeas Corpus nº 189.115, STF, Rel. Min. Dias Toffoli, sessão virtual de 26.8.2022 a 2.9.2022, publicado no DJ em 29.9.2022).*

Sobre esse ponto específico, pensamos equivocada a decisão, sobretudo quando se tratar de hipóteses em que se constata, clarificado, o abuso no procedimento, de modo a subtrair, deliberadamente, a competência originária de Tribunal. Infelizmente, tais situações ainda ocorrem, causando enormes prejuízos à prestação jurisdicional.

Parece-nos, no particular, que a presença evidenciada de pessoa com foro privativo no curso das investigações há de produzir a nulidade de todas as provas, sejam elas em relação a quem quer que seja. A nulidade não se pontifica segundo interesses de parte ou de investigados. Ela se impõe por afronta ao devido processo legal. Se o foro privativo constitui, como de fato constitui, escolha constitucional, caberia apenas ao Tribunal de competência originária determinar toda e qualquer medida cautelar probatória ou pessoal no âmbito daquela investigação. Não há e nem deveria haver nulidade *para um ou para outro*. Isso não depende da *causa* da nulidade: o erro é de violação ao juiz natural *(Douglas Fischer compreende que a nulidade da prova se dá exclusivamente quanto a quem violada a competência)*.

Emerge, assim, indevida e utilitarista a pretensão de preservar atos processuais decisórios – repita-se: decisórios! – proferidos por autoridade judiciária constitucionalmente incompetente, como se a nulidade a ser ali reconhecida pudesse ser *fracionada*, segundo o respectivo fundamento. O ponto é: se havia investigado com foro privativo, lá não poderia tramitar o procedimento! E lá, com maiores razões, não se poderia decretar medidas cautelares!

Hipótese diversa ocorreria, e sabemos todos, nas situações de *juízo aparente*, em que não se pode deixar de reconhecer a boa fé e mesmo as dificuldades *operacionais* na identificação da jurisdição competente. Nesses casos, e assim tem se comportado a jurisprudência, pode-se mesmo convalidar os atos processuais. Mas, note-se, a fundamentação é em tudo distinta.

Em finalização do exame do caso concreto antes mencionado, frise-se que a Lei resolve satisfatoriamente a questão, ao dispor que "*a unidade dos processos só se dará, ulteriormente, para o efeito de soma ou de unificação das penas*" (art. 82, CPP), circunstância que se coaduna com a Súmula 235 do STJ: "*A conexão não determina a reunião dos processos se um deles já foi julgado*".

Em complemento final: se já instaurada ação penal em determinado juízo com inquéritos possivelmente conexos também em andamento, o deslocamento desses inquéritos para a Justiça Eleitoral analisar eventual competência sua *não* deslocará a ação penal já em andamento em que não há qualquer imputação de crime eleitoral. Ou seja, a *mera possibilidade* da existência de fatos a *serem apurados* em inquéritos (especialmente quando *inexistentes*, pela prescrição) não implicará jamais o concomitante deslocamento de ação penal possivelmente conexa que já corre perante juízo (natural) competente (em razão dos fatos imputados, que delimitam a competência). O que poderá ocorrer, a se admitir a indispensabilidade da reunião de processos, é, no máximo, se devidamente comprovado ulteriormente o *crime eleitoral* num dos procedimentos investigatórios (com a respectiva denúncia recebida) é que o juízo prevalente poderá "*avocar os processos que corram perante os outros juízes, salvo se já estiverem com sentença definitiva*", hipótese em que "*a unidade dos processos só se dará, ulteriormente, para o efeito de soma ou de unificação das penas*" (art. 82, CPP).

Noutras palavras, se o caso em tela tivesse, mesmo que remotamente, a hipótese de crimes conexos, o art. 82 do CPP inviabilizaria esse deslocamento após anos e anos, sobretudo porque não estava apenas com sentença proferida, mas acórdão de tribunal e do STJ firmados.

De qualquer modo, parece-nos não haver nenhuma dúvida de que, promovido o arquivamento quanto ao crime eleitoral que supostamente seria a *vis atrativa*, não há se falar em prorrogação de competência da Justiça Eleitoral para os demais e eventuais crimes que seriam conexos.

Assim, e diante de todas as considerações específicas a respeito do tema, algumas conclusões podem ser assim sintetizadas:

1) Não será qualquer fato ou arguição na justiça comum de possível crime eleitoral conexo que ensejará o deslocamento da competência. Assim, não serão meras ilações ou possibilidades/probabilidades de ocorrência de fato criminoso eleitoral que ensejarão o deslocamento da competência: será fundamental a indicação de dados objetivos e concretos. Sem que tenha sido preenchido esse (primeiro) pressuposto não há se falar, em hipótese alguma, na pretensão a deslocamento da competência da Justiça comum (federal ou estadual) para a eleitoral para a análise da possível manutenção dos feitos de forma unificada;

2) Se já instaurada ação penal em determinado juízo com inquéritos possivelmente conexos também em andamento, o deslocamento desses inquéritos para a Justiça Eleitoral analisar eventual competência sua não deslocará a ação penal já em andamento em que não há qualquer imputação de crime eleitoral. Ou seja, a mera possibilidade da existência de fatos a serem apurados em inquéritos não implicará jamais o concomitante deslocamento de ação penal possivelmente conexa que já corre perante juízo (natu-

ral) competente (em razão dos fatos imputados, que delimitam a competência). O que poderá ocorrer é que, no máximo, se devidamente comprovado ulteriormente o crime eleitoral num dos procedimentos investigatórios (com a respectiva denúncia recebida), o juízo prevalente poderá "avocar os processos que corram perante os outros juízes, salvo se já estiverem com sentença definitiva", hipótese em que "a unidade dos processos só se dará, ulteriormente, para o efeito de soma ou de unificação das penas" (art. 82, CPP);

3) O crime tipificado no art. 350 do Código Eleitoral caracteriza-se como verdadeira hipótese de falsidade ideológica para fins eleitorais;

4) Além disso, doações eleitorais não declaradas não implicarão necessariamente a possibilidade de denúncia pela prática do crime do art. 350 do Código Eleitoral;

5) Mesmo que haja elementos objetivos acerca da existência do crime eleitoral previsto no art. 350 da legislação específica, não haverá necessariamente conexão com eventuais crimes (previamente existentes) de corrupção e lavagem de dinheiro. O delito eleitoral não tem como finalidade ocultar crimes comuns (corrupção, lavagem etc.), mas sim, e eventualmente, ocultar gastos clandestinos realizados durante campanhas eleitorais. A falsidade ideológica eleitoral é praticada normalmente para ocultar um ilícito eleitoral (não necessariamente um crime), e não para ocultar eventuais crimes comuns anteriores como a corrupção, pois o produto dessa conduta normalmente é ocultado mediante outro fato autônomo e prévio também, a lavagem de dinheiro (ambos os crimes ocorrem normalmente muito antes de eventual falsidade ideológica eleitoral). Essa falsidade, em regra, nada tem a ver com facilitar ou ocultar infrações anteriores, muito menos assegurar a impunidade delas. Igualmente a prova daqueles crimes não influi – direta e objetivamente – na prova do eventual crime de falsidade. Portanto, apenas em casos excepcionais poderá haver conexão objetiva ou instrumental;

6) Razões de mera conveniência processual não justificam a reunião processual: segundo precedentes do STF e do STJ, a simultaneidade processual reclama a demonstração de imprescindibilidade da reunião;

7) A reunião processual por conexão ou continência deverá ser exceção, enquanto a regra, a cisão;

8) Se não for demonstrado pelo Ministério Público que é imprescindível a apuração conjunta dos fatos, a cisão deverá ser realizada de forma obrigatória;

9) As obrigações processuais penais positivas podem ser caracterizadas como um dever imposto aos Estados Partes de conduzir procedimento investigativo eficiente e processo penal apto a assegurar o acertamento dos fatos ilícitos e a punição dos eventuais autores, sob pena de violação concreta dos dispositivos das convenções regionais de direitos humanos que estipulam a salvaguarda dos direitos fundamentais envolvidos nas práticas ilícitas;

10) A cisão processual é uma forma de maximização das obrigações processuais penais positivas: demonstra-se empírica e hialinamente que a separação de feitos confere como regra a melhor eficiência na apuração dos fatos e punição dos possíveis responsáveis por fatos criminosos;

11) A solução dos casos passará pela aplicação do art. 80 do CPP, segundo o qual "será facultativa a separação dos processos quando as infrações tiverem sido praticadas em circunstâncias de tempo ou de lugar diferentes, ou, quando pelo excessivo número de acusados e para não lhes prolongar a prisão provisória, ou por outro motivo relevante, o juiz reputar conveniente a separação". Dentro dessa ótica, quando a separação de

processos se revelar mais conveniente do que a reunião deles, prevista nos casos do art. 76, CPP, deve-se dar primazia à regra do art. 80, CPP; e

12) Não há nulidade alguma a ser declarada nos feitos já sentenciados em outros juízos para que se possa analisar eventual conexão com crimes eleitorais. Primeiro, porque a novel interpretação conferida pelo STF deve ser aplicada para o futuro, sem efeitos retroativos (regra processual: *tempus regit actum*), conforme já reconhecido em vários casos de alteração de procedimento por via de interpretação jurisprudencial. Depois porque a definição do juiz natural se dá pela imputação criminal. Se pelo que narrado na peça acusatória e a sentença condenatória e/ou absolutória for exarada pelo juízo (natural) competente (correlação) nada deve ser objeto de nulidade no futuro se os atos foram praticados de acordo com o juízo originariamente competente.

Jurisprudência

78.6.1 [...] 1. Agravo regimental interposto contra decisão que declarou a competência da Justiça Comum para julgar ação penal, após a Justiça Eleitoral concluir pela inexistência de crime eleitoral ou conexão de crime eleitoral com crime comum.

2. A questão em discussão consiste em verificar a competência da Justiça Eleitoral ou da Justiça Comum para processar e julgar a ação penal, considerando a ausência de indícios de crime eleitoral conforme se manifestou a Justiça Especializada.

3. A Justiça Eleitoral não encontrou indícios de crime eleitoral, o que afasta a competência dessa Justiça para o caso.

4. A jurisprudência do Supremo Tribunal Federal e do Superior Tribunal de Justiça reafirma que compete à Justiça Eleitoral analisar a ocorrência de crime eleitoral e a conexão com crimes comuns. [...] *(Agravo Regimental no Conflito de Competência n°203.616-GO, STJ, 3ª Seção, Rel. Joel Ilan Paciornik, julgado em 19.11.2024, publicado no DJ em 25.11.2024)*

78.6.1. [...] 2. O núcleo da controvérsia consiste em verificar a existência de crime eleitoral (ou crime comum conexo a crime eleitoral), a fim de se definir a competência da Justiça Especializada ou da Justiça Comum para análise da ação penal. Sobre o tema, *"o Plenário do col. Supremo Tribunal Federal, no julgamento do agravo regimental no Inquérito nº 4.435, decidiu, em 14/3/2019, pela reafirmação da orientação jurisprudencial no sentido da competência da Justiça Eleitoral para processar e julgar os crimes comuns conexos aos delitos eleitorais, como regra"* (AgRg no RHC n. 164.392/MT, relator Ministro Messod Azulay Neto, Quinta Turma, DJe de 26/6/2023). Na mesma oportunidade, a Suprema Corte firmou a compreensão de que compete à Justiça Especializada analisar a ocorrência de crime eleitoral, bem como a existência de conexão entre o crime eleitoral e comum. Tal orientação tem sido observada pela jurisprudência desta Corte Superior de Justiça. Nesse sentido: AgRg no HC n. 712.831/PB, relator Ministro Sebastião Reis Júnior, Sexta Turma, DJe de 27/6/2022 e CC n. 174.497/PA, relator Ministro Reynaldo Soares da Fonseca, Terceira Seção, De de 22/4/2021.

3. No caso concreto constata-se que a Justiça Especializada não encontrou indícios da prática de crime eleitoral, porquanto, no entendimento do Juízo Eleitoral atuante em Primeira Instância, *"in casu, o Ministério Público não conseguiu demonstrar, mesmo após a instrução do feito (inclusive com realização de audiência), qualquer indício de que os valores supostamente recebidos teriam sido utilizados para o pagamento de despesas de campanha eleitoral, tampouco que não foram declarados na prestação de contas eleitoral"*.

4. Nesse contexto, em que a Justiça Eleitoral concluiu inexistir crime eleitoral e consequentemente concluiu não haver crime comum conexo a crime eleitoral, deve ser fixada a competência da Justiça Comum. Precedente, em situação análoga, envolvendo os mesmos Juízos, no âmbito de ação penal originada na Operação Tarja Preta: AgRg no CC 199507/GO, de minha relatoria, Terceira Seção, Dje 20/8/2024. [...] *(Agravo Regimental no Conflito de Competência nº 203.749-GO, STJ, 3ª Seção, Rel. Min. Joel Paciornik, julgado em 1º.10.2024, publicado no DJ em 3.10.2024)*

78.6.1. [...] Competência da Justiça Eleitoral. Arquivamento promovido perante a Justiça Eleitoral. Inaplicabilidade da vis atrativa. Competência da Justiça Federal. [...] 1. O conhecimento matéria relativa à competência de maneira originária neste Superior Tribunal de Justiça implicaria em indevida violação ao feixe de competência constitucionalmente definido, em razão da ocorrência de supressão de instância.

2. Arguida a questão da aplicabilidade do art. 121, *caput*, da Constituição c.c. art. 35, II, art. 364, ambos do Código Eleitoral, e art. 78, IV, do Código de Processo Penal, há de se proceder conforme os ditames erigidos pelo Supremo Tribunal Federal no Inq. 4.435/DF, julgado em 14/03/2019, "firmando entendimento de que a Justiça Eleitoral é competente para o processo e julgamento dos crimes eleitorais e dos comuns que lhe sejam conexos."

3. A análise da conexão e a transferência efetiva da competência para a Justiça Eleitoral deve-se dar em atenção a um encadeamento lógico: primeiro se determina se o réu está de fato sendo acusado de crime eleitoral ou se houve a narrativa de conduta que indique sua ocorrência e, caso haja acusação de tal tipo de delito ou a existência de elementos que indiquem sua ocorrência, se investiga se há uma relação de conexão entre ele e o crime comum em questão, o que, em caso positivo, gerará a reunião dos feitos para julgamento.

4. Promovido o arquivamento do suposto delito eleitoral após regular envio à justiça especializada, não se mostra viável a revisão de tal entendimento em sede de "habeas corpus".

5. Posta a questão à baila perante a Justiça Federal, que houve por bem reconhecer sua incompetência, não se mostra viável o desfazimento, em via de "habeas corpus", do juízo relativo à incidência ou não do comando do art. 109, IV da CRFB/88 ao caso concreto, notadamente quando se tem em vista o teor da Súmula n.º 150 do STJ. [...] *(Agravo Regimental no Habeas Corpus nº 899.033-MS, STJ, 5ª Turma, Rel. Min. Daniela Teixeira, julgado em 21.5.2024, publicado no DJ em 28.5.2024)*

78.6.1. [...] I - A jurisprudência do Supremo Tribunal Federal é assente no sentido de que compete à Justiça Eleitoral julgar os crimes eleitorais e os comuns conexos. Entretanto, *se, após investigação, inexistir indícios mínimos de crime eleitoral, por certo, não haverá a inauguração da competência daquela Justiça especializada, pois a ela competirá o julgamento de crimes comuns somente em casos nos quais forem estes conexos a crimes eleitorais.*

II - No caso, efetivamente, da análise do Relatório 435/2021, resultante da investigação empreendida pela Polícia Civil do Distrito Federal e apoiado em farta documentação (documento eletrônico 42, pp. 13-90 e 1707-1723) e, ainda, da leitura da denúncia ofertada pelo Ministério Público do Distrito Federal e dos Territórios (documento eletrônico 42, pp. 2728-2782) é possível verificar que não há indícios mínimos de crime eleitoral que possam, assim, atrair a competência daquela Justiça especializada. [...] .*(Agravo Regimental no Habeas Corpus nº 232.595, STF, 1ª Turma, Rel. Min. Cristiano Zanin, sessão virtual de 8.12.2023 a 18.12.2023, publicado no DJ em 5.2.2024)*

78.6.1. [...] O arquivamento de inquérito relacionado a fatos delitivos supostamente praticados pelo único detentor de foro por prerrogativa de função perante o Superior Tribunal de Justiça gera, por consectário lógico, a impossibilidade do reconhecimento de conexão ou continência com as denúncias promovidas em desfavor de indivíduos sujeitos à jurisdição de primeiro grau, dada a inexistência do objeto capaz, em tese, de exercer a força atrativa. Sendo a incompetência reconhecida nos autos da ação penal mero desdobramento necessário do arquivamento promovido no inquérito, no qual vige o princípio da inquisitoriedade, desnecessária a oitiva dos denunciados/agravantes. [...] *(Agravo Regimental na Ação Penal nº 1.040-DF, STJ, Corte Especial, Rel. Min. Raul Araújo, julgado em 18.10.2023, publicado no DJ em 14.11.2023)*

78.6.1.[...] 1. Este Superior Tribunal vem decidindo, em consonância com a orientação sedimentada no Supremo Tribunal Federal, que, existindo indícios da prática de crime eleitoral, deve ser respeitada a competência da Justiça especializada para processar e julgar os crimes atribuídos, uma vez que essa prevalece sobre a comum, nos termos do art. 78, IV, do Código de Processo Penal.

2. No entanto, os elementos constantes dos autos não demonstram de forma contundente a existência de conexão dos crimes atribuídos na denúncia com eventual crime eleitoral, razão pela qual a questão deve ser analisada com cautelar, sob pena de indevida intervenção desnecessária e prematura deste Superior Tribunal na ação de conhecimento.

3. Após a instrução criminal, o Juízo de primeiro grau, respondendo alegação oral da defesa no sentido de incompetência do Juízo, consignou em decisão monocrática que existe controvérsia a respeito da existência da alegada conexão dos crimes apurados na instrução criminal com cri-

mes eleitorais, razão pela qual não há como este Superior Tribunal decidir que devem ser encaminhados os autos da ação penal para que a Justiça especializada decida a respeito da aventada conexão. [...] *(Habeas Corpus nº 671.214-AC, STJ, 6ª Turma, Rel. Min. Sebastião Reis Júnior, julgado em 16.5.2023, publicado no DJ em 19.5.2023)*

78.6.1. [...] Ausência de usurpação de competência do STJ e da Justiça Eleitoral. Inexistência de substrato probatório mínimo de eventual prática de delito eleitoral. [...] Não há dados objetivos (sequer início de prova documental) que apontem para o fato de que os delitos apurados nestes autos tenham qualquer conexão com crimes eleitorais.[...] *(Agravo Regimental na Petição nº 15.798-DF, STJ, Corte Especial, Rel. Min. Nancy Andrighi, julgado em 19.4.2023, publicado no DJ em 26.4.2023)*

78.6.1. [...] A mera declaração de colaborador premiado, isolada no vasto conjunto de provas reunidas nos autos, de que valores ilícitos teriam sido empregados para arrostar dívidas eleitorais não é suficiente para concluir haver a possibilidade, quando mesmo fugidia, de que se esteja diante de crime eleitoral. [...] A declaração de competência da Justiça Eleitoral com base somente em declarações de colaboradores premiados, testemunhas e investigados ou acusados, sem lastro probatório documental mínimo que as corroborem, sinaliza a relevante probabilidade de que as ações penais, uma vez anuladas e encaminhadas à Justiça Eleitoral, retornem posteriormente à Justiça Federal comum, com perda irreparável da atividade jurisdicional anterior e riscos significativos à legítima pretensão punitiva do Estado em virtude de prescrições. [...] Razões de ordem meramente pragmática ou consequencialista realmente não devem prevalecer sobre as regras constitucionais de fixação de competência material, as quais são de ordem pública e de natureza absoluta. [...] *(Agravo Regimental no Habeas Corpus nº 724.799-PR, STJ, 5ª Turma, Rel. Min. convocado Jesuíno Rissato, julgado em 14.2.2023, publicado no DJ em 21.3.2023)*

78.6.1. Competência – Justiça Eleitoral – Crimes conexos. [...] Compete à Justiça Eleitoral julgar os crimes eleitorais e os comuns que lhe forem conexos – inteligência dos artigos 109, inciso IV, e 121 da Constituição Federal, 35, inciso II, do Código Eleitoral e 78, inciso IV, do Código de Processo Penal. *(Quarto Agravo Regimental no Inquérito no 4.435-DF, Rel. Ministro Marco Aurélio, STF, Plenário, julgado em 14.3.2019, publicado no* DJ *em 21.8.2019).*

78.6.1. Agravo regimental em segundos embargos de declaração em recurso extraordinário. Apelo extremo provido e deferido pedido para conferir efeito suspensivo ativo a recurso extraordinário. Plausibilidade jurídica na tese. Competência para processar e julgar ação penal contra autoridade com prerrogativa de foro. Descontinuidade do mandato. Suposto crime cometido em mandato anterior e já encerrado. Instrução processual encerrada perante o Tribunal a Quo por ocasião do declínio da competência. Prorrogação da competência para prosseguir na persecução penal do agravante. Garantia da efetividade da jurisdição. Orientação firmada pelo Plenário do STF na Questão de Ordem na AP nº 937, Rel. Min. Roberto Barroso. Periculum in mora. Real risco da ocorrência da prescrição da pretensão punitiva estatal e de ineficácia do resultado útil do processo. Agravo regimental não provido. *(Agravo Regimental nos Segundos Embargos de Declaração no Recurso Extraordinário nº 1.377.934, STF, Rel. Min. Dias Toffoli, sessão virtual de 19.8.2022 a 26.8.2022, publicado no DJ em 27.9.2022)*

78.6.1. [...] 4. A leitura das decisões proferidas pelas instâncias ordinárias revela que não foram imputados crimes eleitorais ao paciente. A menção, na denúncia, ao propósito eleitoreiro é circunstância adjeta, caracterizadora de mero proveito da conduta típica. Elemento subjetivo do tipo penal do peculato-furto é o dolo, que se aperfeiçoa independente da finalidade específica ou do objetivo remoto da conduta. Dessa forma, em análise tipológica, os interesses politico-eleitorais envolvidos no peculato são írritos para fins de definição de competência da Justiça Eleitoral. 5. A jurisprudência do STJ, na linha da orientação firmada pelo Supremo Tribunal Federal – STF no julgamento do Inquérito 4.435/DF, tem reconhecido a competência da Justiça Eleitoral quando denúncias narram a utilização de dinheiro de origem criminosa em campanha, mediante falsidade ideológica eleitoral, conduta tipificada no art. 350 do Código Eleitoral. Contudo, na singularidade do caso concreto, não há notícias de que o ora paciente tenha utilizado qualquer numerário oriundo de fontes ilícitas para sua campanha eleitoral, tendo havido, somente, imputação e condenação pela prática de desvio de computadores doados para estudantes carentes, conduta que se amolda ao crime de peculato majorado, mas que não se encontra descrita como crime eleitoral. Além disso, não há notícias de qualquer delito eleitoral possivelmente conexo, em tese praticado pelo paciente, que pudesse justificar o deslocamento da competência para a Justiça Especializada.

6. Não tendo havido imputação de crime eleitoral ou a ocorrência de conexão do delito comum com delito eleitoral, não se justifica a anulação da ação penal e encaminhamento do feito à Justiça Eleitoral. Precedentes: STF - Rcl 42894 AgR, Relator Alexandre de Moares, Primeira Turma, DJe 7/2/2020; STJ Rcl n. 42.842/PR, Relator Ministro Ribeiro Dantas, Terceira Seção, DJe de 3/5/2022. [...] *(Habeas Corpus nº 746.737-DF, STJ, 5ª Turma, Rel. Min. Joel Ilan Paciornik, julgado em 6.9.2022, publicado no DJ em 12.9.2022)*

78.6.1. [...] A fixação de competência jurisdicional no direito processual penal deve ser feita com base no conjunto de fatos evidenciados pelos elementos de informação colhidos na fase inquisitorial e pela narrativa formulada na peça acusatória, *in statu assertionis*, isto é, à luz das afirmações do órgão acusatório. [...] Considerando que as instâncias ordinárias não reconheceram, a partir do conjunto dos fatos delineados na exordial, a existência de crime eleitoral no presente caso, e que tampouco a Defesa demonstrou, de maneira inequívoca, que as condutas apuradas se subsumem a algum tipo penal eleitoral, tem-se que o reconhecimento de eventual competência da Justiça Eleitoral para o presente efeito demandaria inevitável alargamento da moldura fática delineada no acórdão impugnado, para averiguar possível cenário de prática de crimes eleitorais, procedimento a toda evidência incompatível com a sumariedade e a estreiteza próprias ao âmbito de cognição do habeas corpus, que não admite revolvimento de fatos e provas [...] *(Agravo Regimental no Recurso em Habeas Corpus nº 129.867/PR, STJ, 5ª Turma, unânime, Rel. Min. Felix Fischer, julgado em 15.12.2020, publicado no DJ em 17.12.2020).*

78.6.1 [...] 1. A orientação jurisprudencial mais recente do Supremo Tribunal Federal indica que "*o foro por prerrogativa de função restringe-se apenas aos crimes cometidos durante o exercício do cargo e relacionados às funções desempenhadas.*" (STF, AP 937 QO, Rel. Ministro Roberto Barroso, Tribunal Pleno, julgado em 3/5/2018, DJe 10/12/2018). 2. Tendo o Tribunal local aplicado o entendimento da AP 937 QO STF e determinado a remessa dos autos da ação penal ao juízo de primeiro grau em razão do fim do mandato de Deputado Estadual, não há ilegalidade no julgado, pois, ainda que atualmente o imputado ocupe o cargo de Conselheiro do Tribunal de Contas do Estado de Mato Grosso, os fatos delitivos são anteriores ao exercício do atual cargo (do tempo em que era Vereador de Curitiba/PR, e estavam diretamente relacionados às funções desempenhadas) e com ele não guardam relação. [...] *(Agravo Regimental no Recurso Especial nº 1.905.551-MT, STJ, 6ª Turma, Rel. Min. Olindo Menezes, julgado em 14.10.2021, publicado no DJ em 4.11.2021)*

78.6.1. [...] Não há conexão entre crime eleitoral e crimes praticados em troca de apoio político para a eleição, *interna corporis*, ao cargo de Presidente da Câmara dos Deputados. A conexão probatória também não deriva da origem comum de fatos vindos à tona em acordos de colaboração premiada. [...]*A conduta tipificada no art. 350 do Código Eleitoral prescreve a omissão de declaração verdadeira ou a inserção de declaração falsa em documento público ou particular, exigindo, para sua perfectibilização, o especial intento do agente de alcançar finalidade eleitoral*. O bem jurídico tutelado, no caso, é a fé pública eleitoral, de natureza transindividual, voltada a proteger a confiança depositada nas informações documentadas para fins eleitorais. [...] *(Agravo Regimental na Petição nº 8.860/DF, STF, 1ª Turma, unânime, Rel. Min. Rosa Weber, julgado em sessão virtual de 4.9.2020 a 14.9.2020, publicado no DJ em 1.7.2021)*

78.6.1 [...] Não há como se reputar caracterizado o crime de falsidade ideológica eleitoral (art. 350 do Código Eleitoral), sem a constatação da existência de declaração falsa ou de omissão de informações relevantes em documento oficial encaminhado à Justiça Eleitoral, com a intenção de volatilizar a higidez do sistema eleitoral. [...] Se, na hipótese vertente, a Justiça Eleitoral não vislumbrou indícios suficientes de ilícito penal eleitoral ou conexão, não há como entender correta a interpretação competencial dada pelo Juízo Federal. – Aliás, no ponto, nem a Justiça Eleitoral, nem o Ministério Público Eleitoral, nem mesmo o MPF (como fiscal da ordem jurídica) reconheceram indícios de crime eleitoral, capazes de deslocar a competência da apuração em tela. [...] Conflito conhecido, para declarar a competência da Justiça Federal, a suscitada. *(Conflito de Competência nº 174.497/PA, STJ, 3ª Seção, unânime, Rel. Min. Reynaldo Soares da Fonseca, julgado em 14.4.2021, publicado no DJ em 22.4.2021)*

78.6.1. [...] Não demonstrada destinação ou emprego de valores em campanha eleitoral, inviável é assentar existente vínculo entre crimes comuns e eleitorais a caracterizar conexão instrumental apta a justificar a atuação da Justiça especializada. [...] *(Habeas Corpus nº 167.633/DF, STF, 1ª Turma, unânime, Rel. Min. Marco Aurélio, julgado em sessão virtual de 18.9.2020 a 25.9.2020, publicado no DJ em 15.12.2020) – Cabe destacar excepcionalmente aqui o que consta no voto-condutor: "No tocante ao alegado acerca da competência da Justiça Eleitoral, observem que o fato de a apreensão dos valores supostamente ilícitos haver ocorrido no período eleitoral de 2014 – setembro daquele ano –, bem assim ter sido a representação nº 0000023-14.2015.6.18.0000 julgada improcedente pelo Tribunal Regional Eleitoral do Estado do Piauí, não revela, por si só, repercussão eleitoral do episódio, uma vez não demonstrada a destinação ou emprego dos valores na campanha. Mostra-se inadequado assentar, a partir do que narrado pelo impetrante, o vínculo objetivo entre crimes comuns e eleitorais a caracterizar conexão instrumental apta a justificar a atuação da Justiça especializada".*

78.6.1. Competência. [...] Questão de ordem: alegada conexão de crimes comuns com crimes eleitorais. Pedido de remessa do feito à Justiça Eleitoral. Precedente firmado no Inq. 4435-Agr, Tribunal Pleno. Distinção do quadro fático-probatório dos presentes autos. Ausente cogitação de crime eleitoral. Inexistência de elementos aptos a autorizar a alteração da definição típica atribuída às condutas, em tese criminosas, a título precário, pela Procuradora-Geral da República. [...] 4. (a) A competência da Justiça Eleitoral para o processo e julgamento de crimes federais, conexos a crimes eleitorais, foi firmada pelo Plenário do Supremo Tribunal Federal no julgamento do Inq. 4435-AgR. (b) Os fatos apurados no Inq. 4435, objeto do referido precedente, envolviam, expressamente, crimes eleitorais, segundo a definição típica das condutas promovida pela Procuradoria-Geral da República. [...] (d) Inexistem, por ora, elementos aptos a autorizar que o Supremo Tribunal Federal afaste o enquadramento jurídico-penal das condutas, promovido pela Procuradoria-Geral da República, para, mediante presunção de que teria havido também possível prática do crime do art. 350 do Código Eleitoral, não cogitado pelo Parquet, determinar a remessa dos autos à Justiça Eleitoral, sob pena de violação do princípio da inércia, no curso do inquérito; [...] (f) Ex positis, ausente, até o presente momento, investigação de crimes eleitorais, rejeito a alegação de competência da Justiça Eleitoral para o processo e julgamento do presente feito, sem prejuízo de nova análise pelo juízo competente, em caso de reenquadramento típico das condutas por ocasião do oferecimento da denúncia. [...] *(Embargos de Declaração no Inquérito n. 4.596-DF, STF, 1ª Turma, unânime, Rel. Min. Luiz Fux, julgado em 25.6.2019, publicado no DJ em 24.10.2019).*

78.6.1. [...] Fixação de competência. [...] Tese de Incompetência da Justiça Federal. Operação Furna da Onça. [...] Tese de competência da Justiça Eleitoral. Imputação de crime eleitoral. Inexistente. [...] V – A fixação da competência jurisdicional no direito processual penal é feita com base no conjunto de fatos evidenciados pelos elementos de informação colhidos na fase inquisitorial e pela narrativa formulada na peça acusatória, *in statu assertionis*, ou seja, à luz das afirmações do órgão acusatório. VI – [...] Em tese subsidiária, alega-se a competência da Justiça Eleitoral, propondo-se que os fatos narrados na denúncia supostamente indicariam a prática do crime de falsidade ideológica eleitoral (art. 350 do Código Eleitoral). [...] IX – Os elementos de informação reunidos nos autos indicam que as verbas ilícitas recebidas por Deputados Estaduais e outros agentes tinham origem no "caixa único" e este, consoante apontam os indícios, era efetivamente alimentado por recursos advindos de sobrepreço em contratos estaduais e federais; logo, todas as condutas criminosas que, em tese, foram praticadas visando ao percebimento de vantagens indevidas oriundas dessa conta espúria devem ser processadas e julgadas perante a Justiça Federal. [...] XII – Não se vislumbra, nos limites da cognição própria ao *habeas corpus*, a imputação de conduta que, nem ao menos remotamente, subsuma-se ao crime tipificado no art. 350 do Código Eleitoral. Extrai-se dos elementos de cognição acostados aos autos e da narrativa acusatória, tão somente, que o recorrente teria atuado como intermediador de verbas ilícitas pagas por Sérgio Cabral ao Deputado Estadual André Corrêa, o qual, em contrapartida, teria orientado sua atuação parlamentar para garantir sustentação política aos projetos do Poder Executivo encaminhados à deliberação do Poder Legislativo. [...] *(Agravo Regimental no Recurso em Habeas Corpus nº 131.021-RJ, STJ, 5ª Turma, unânime, Rel. Min. Felix Fischer, julgado em 22.9.2020, publicado no DJ em 28.9.2020).*

78.6.1. [...] Conflito Negativo de Competência. Justiça Eleitoral e Justiça Federal. [...] Dissenso acerca da suposta conexão entre os crimes comuns delineados na peça acusatória e crimes eleitorais objeto de outra ação processada na Justiça Eleitoral de Belo Horizonte. [...] Competência do Juízo Eleitoral para decidir acerca da conexão e conveniência da reunião dos processos. Precedentes da Corte Especial e do STF. [...] 1. A circunstância, delineada na denúncia, no sentido de que a vantagem indevida, ao fim e ao cabo, financiou campanha eleitoral, não justifica a reunião dos processos, no Juízo Eleitoral, por força de conexão, notadamente porque não consta da peça acusatória nenhum elemento que indique que o crime de corrupção já visava, desde o início, o financiamento de campanha eleitoral, sendo que a indicação da destinação, nesse tópico da denúncia, ostenta um caráter nitidamente acessório ou persuasivo da acusação, cujo escopo foi apenas evidenciar o destino final da vantagem avençada, informação essa relevante, considerando o montante da vantagem tida como auferida. 2. A Corte Especial, na análise de outra ação penal derivada da mesma operação, decidiu no sentido da competência do Juízo Eleitoral para análise da existência ou não de conexão e eventual conveniência de reunião dos feitos, orientação essa que guarda perfeita harmonia com o entendimento firmado no âmbito da Suprema Corte (STF). 3. Considerando que a ação penal por crime eleitoral já foi julgada, também não há falar em possibilidade de reunião dos feitos por força de conexão, nos termos do entendimento firmado no enunciado sumular n. 235/STJ. 4. Conflito conhecido para declarar competente o Juízo Federal da 12ª Vara da Seção Judiciária do Distrito Federal, o suscitado *(Conflito de Competência nº 172.666-MG, STJ, 3ª Seção, unânime, Rel. Min. Sebastião Reis Júnior, julgado em 12.8.2020, publicado no DJ em 14.8.2020).*

78.6.1. [...] 2. Não há conexão entre crime eleitoral e crimes praticados em troca de apoio político para a eleição, *interna corporis*, ao cargo de Presidente da Câmara dos Deputados. A conexão probatória também não deriva da origem comum de fatos vindos à tona em acordos de colaboração premiada. Precedente. 3. A conduta tipificada no art. 350 do Código Eleitoral prescreve a omissão de declaração verdadeira ou a inserção de declaração falsa em documento público ou particular, exigindo, para sua perfectibilização, o especial intento do agente de alcançar finalidade eleitoral. O bem jurídico tutelado, no caso, é a fé pública eleitoral, de natureza transindividual, voltada a proteger a confiança depositada nas informações documentadas para fins eleitorais. 4. Por seu turno, a conduta tipificada no art. 299 do Código Eleitoral veda a dação, o oferecimento, a promessa, a solicitação ou mesmo o recebimento de vantagem para obter ou dar voto e para conseguir ou prometer abstenção. O bem jurídico protegido, no caso, é o livre exercício do voto, a lisura do processo de emissão do voto popular. 5. O cometimento de crimes em troca de apoio político para a eleição ao cargo de Presidente da Câmara dos Deputados, matéria *interna corporis* da Casa de Leis, nada se relaciona com o processo eleitoral tutelado pelas precitadas normas penais eleitorais. Não se está, na hipótese, a atentar contra o direito fundamental ao sufrágio universal, materializado no voto popular, pois a livre emissão de vontade pelo eleitor, no exercício de sua capacidade eleitoral ativa, nem em tese sofreu influência das condutas sob apuração. 6. Não se verifica *bis in idem* pela remessa dos autos desmembrados a juízos que processam ações judiciais interligadas entre si. Além disso, a definição da competência pela Suprema Corte, na etapa embrionária da investigação, tem natureza precária, podendo os atores processuais atuantes em primeira instância proceder à reclassificação das condutas à medida em que as hipóteses investigatórias se confirmem (ou não) e venham a alterar o enquadramento jurídico dos fatos. [...] *(Agravo Regimental na Petição nº 8.860-DF, STF, 1ª Turma, unânime, Rel. Min. Rosa Weber, julgado em sessão virtual de 4.9.2020 a 14.9.2020, publicado no DJ em 22.9.2020).*

78.6.1. [...] Não há como convalidar investigação policial que, apesar de ter o objetivo de apurar graves delitos praticados contra a administração pública, deixa de observar a regra do foro por prerrogativa de função insculpida no art. 105, inciso I, alínea "a", da Constituição Federal. [...] Precedentes deste Superior Tribunal de Justiça e do Supremo Tribunal Federal que determinam a nulidade das provas produzidas no processo investigativo, exclusivamente com relação ao agravante. [...] *(Agravo Regimental no Recurso em Habeas Corpus nº 119.456/SC, STJ, 5ª Turma, unânime, Rel. Min. Joel Ilan Paciornik, julgado em 9.11.2021, publicado no DJ em 12.11.2021)*

78.6.1. [...] 4. Ressalvados os casos de flagrante ilegalidade, não cabe ao Poder Judiciário auditar as hipóteses investigatórias e, em antecipação à própria acusação, proceder à glosa de linhas de investigação, em um juízo prematuro que, em última análise, poderá influenciar na própria formação da *opinio delicti*. 5. A definição da competência pela Suprema Corte, na etapa embrionária da investigação, tem natureza precária, podendo os atores processuais atuantes em primeira instância proceder à reclassificação das condutas à medida em que as hipóteses investigatórias se confirmem (ou não) e venham a alterar o enquadramento jurídico dos fatos. [...] *(Agravo Regimental na Petição nº 7.979-DF, STF, 1ª Turma, unânime, Rel. Min. Rosa Weber, julgado em sessão virtual de 4.9.2020 a 14.9.2020, publicado no DJ em 22.9.2020).*

78.6.1. [...] Conflito de Competência. [...] Justiça Comum Estadual x Justiça Eleitoral. Corrupção passiva e ativa, lavagem de dinheiro, cartel e fraude a licitações relacionadas à construção da cidade administrativa de Minas Gerais. Suposto pagamento de propina de 3% do valor das obras, que seria destinado a futuras campanhas eleitorais do então governador/MG. Ausência de evidências da destinação da suposta propina paga. Inviabilidade de reconhecimento de existência do crime de Caixa 2 (art. 350 do Código Eleitoral). Competência da Justiça Comum Estadual. [...] 1. Não há como se reconhecer a evidência de indícios suficientes da existência do crime eleitoral conhecido como "caixa 2" (art. 350 do Código Eleitoral) se a menção a tal delito consta apenas em depoimento de um colaborador premiado (à época executivo da Odebrecht), que afirma ter ouvido do então Presidente da Companhia de Desenvolvimento Econômico de Minas Gerais – CODEMIG – que os supostos pagamentos de propina – correspondentes a 3% do valor recebido pela Construtora por sua participação na obra da Cidade Administrativa de Minas Gerais – seriam destinados a futuras campanhas eleitorais do então Governador de Minas Gerais, mas o depoimento não é amparado por qualquer prova da destinação eleitoral da verba. 2. Corrobora a inverossimilhança da destinação eleitoral da noticiada propina o fato de que não existe congruência entre a época dos supostos pagamentos indevidos e a proximidade de eleições, já que os pagamentos ilícitos foram majoritariamente realizados nos anos de 2008 e 2009, períodos em que o investigado era Governador de Minas Gerais e não disputava qualquer eleição a cargo público. 3. De mais a mais, a Justiça Eleitoral já reconheceu sua incompetência para conduzir o inquérito policial, quando afirmou que "este inquérito está arquivado na Justiça Eleitoral, a pedido do Ministério Público Eleitoral, que manifestou a sua ciência, tendo a decisão de arquivamento e baixa na distribuição sido publicada no PJE" (e-STJ fl. 1.062). Nessa linha de raciocínio, em recente julgado, alicerçado na decisão plenária do Supremo Tribunal Federal no INQ n. 4.435-AgR/DF, Relator Ministro Marco Aurélio, o eminente Ministro Alexandre de Moraes julgou procedente o pedido ofertado na Reclamação n. 38.275-TO, apontando a Justiça Eleitoral como a competente para reconhecer o crime eleitoral ou eventual conexão existente (decisão de 18/2/2020). Logo, se, na hipótese vertente, a Justiça Eleitoral não vislumbrou indícios suficientes de ilícito penal eleitoral ou conexão, não há como entender correta a interpretação competencial dada pelo Juízo de Direito oficiante. – Aliás, no ponto, nem a Justiça Eleitoral, nem o Ministério Público Eleitoral, nem o *Parquet* estadual, nem mesmo o MPF (como fiscal da ordem jurídica) reconheceram indícios de crime eleitoral, capazes de deslocar a competência da apuração em tela. 4. A possibilidade de descoberta de outras provas e/ou evidências, no decorrer das investigações, levando a conclusões diferentes, demonstra não ser possível firmar peremptoriamente a competência definitiva para julgamento do presente inquérito policial. Não obstante, tendo em conta que a definição do Juízo competente em tais hipóteses se dá em razão dos indícios coletados até então, revela-se a competência da Justiça Estadual para condução do Inquérito Policial. 5. Conflito conhecido para declarar competente o Juízo de Direito da Vara de Inquéritos de Belo Horizonte/MG, o suscitante. *(Conflito de Competência n. 170.262-MG, STJ, 3ª Seção, unânime. Rel. Min. Reynaldo Soares da Fonseca, julgado em 13.5.2020, publicado no DJ em 20.5.2020).*

78.6.1. [...] Incompetência da justiça comum para processar e julgar a ação penal. Réu condenado pela prática de peculato e lavagem de dinheiro. Crime eleitoral. Desclassificação. Nova classificação jurídica dos fatos. [...] 4. A alegação de que os fatos imputados ao agravante se subsumiriam ao tipo previsto no artigo 350 do Código Eleitoral não foi sequer cogitada nas instâncias ordinárias, razão pela qual a alegação de incompetência da Justiça Comum para processá-lo e julgá-lo não foi alvo de deliberação pela autoridade impetrada nos acórdãos impugnados, circunstância que impede a manifestação deste Sodalício sobre o tópico, sob pena de se configurar a prestação jurisdicional em indevida supressão de instância. [...] *(Agravo Regimental no Habeas Corpus n. 498.992-MG, STJ, 5ª Turma, unânime, Rel. Min. Jorge Mussi, julgado em 5.9.2019, publicado no DJ em 17.9.2019).*

78.7. Concurso de crimes e lavagem de dinheiro: A Lei nº 12.683/12, que alterou a Lei nº 9.613/98, dispõe que caberá ao juiz competente para o julgamento do crime de lavagem a decisão acerca da reunião de processos (conexos e/ou continentes) para fins de unidade de (processo) e julgamento.

Trata-se de questão de índole legal, evidentemente. Havendo concurso entre a jurisdição federal e a estadual, como se sabe, não se poderá afastar a competência federal, segundo entendimento já consolidado na jurisprudência (Súmula 122 - STJ), não se aplicando a citada regra constante da Lei 9.613/98 (art. 2º, II, com redação dada pela Lei 12.683/12), sob pena de violação ao princípio do juiz natural.

Jurisprudência

78.7. [...] 1. Conforme dispõe o art. 2º, III, *a* e *b*, da Lei nº 9.613/98, o processo e o julgamento do crime de lavagem de dinheiro será da competência da Justiça Federal quando praticado contra o sistema financeiro e a ordem econômico-financeira ou em detrimento de bens, serviços ou interesses da União, de suas entidades autárquicas ou empresas públicas, ou ainda, quando a infração penal antecedente for de competência da Justiça Federal. [...] (*Conflito de Competência nº 113.359-RJ, STJ, 3ª Seção, Rel. Min. Marco Aurélio Bellizze, julgado em 22.5.2013, publicado no* DJ *em 5.6.2013*).

78.7. [...] Mesmo sendo o crime antecedente de tráfico nacional de entorpecentes, se este, por regras de competência (conexão com crime de falsidade de passaporte) foi julgado pelo juízo federal, é de se reconhecer a competência deste juízo também para o julgamento do crime de lavagem de dinheiro. Inteligência do artigo 2º, inciso III, alínea "b", da Lei 9.613/98. [...] (*Conflito de Competência nº 97.636/SP, STJ, 3ª Seção, Rel. Min. Maria Thereza de Assis Moura, julgado em 22.4.2009, publicado no* DJ *em 7.5.2009*).

78.7. [...] O delito de lavagem de dinheiro não é, por si só, afeto à Justiça Federal, se não sobressai a existência de crime antecedente de competência da Justiça Federal e se não se vislumbra, em princípio, qualquer lesão ao sistema financeiro nacional, à ordem econômica financeira, a bens, serviços ou interesses da União, de suas Autarquias ou Empresas Públicas. [...] (*HC nº 23.952-ES, STJ, 5ª Turma, Rel. Min. Gilson Dipp, julgado em 4.11.2003, publicado no* DJ *em 1º.12.2003*).

Art. 79. A conexão e a continência importarão unidade de processo e julgamento, salvo:

I – no concurso entre a jurisdição comum e a militar;

II – no concurso entre a jurisdição comum e a do juízo de menores.

§ 1º Cessará, em qualquer caso, a unidade do processo, se, em relação a algum corréu, sobrevier o caso previsto no art. 152.

§ 2º A unidade do processo não importará a do julgamento, se houver corréu foragido que não possa ser julgado à revelia, ou ocorrer a hipótese do art. 461.

79.1. Unidade de processo e de julgamento: A reunião de processos tem exatamente essa finalidade: permitir a unidade de processo e de julgamento. Por unidade se deve entender, por primeiro (a de *processo*), a da tramitação conjunta e simultânea dos processos reunidos, que devem permanecer apensados. Por unidade de julgamento, como intuitivo, compreende-se a prolação de uma única sentença, na qual se resolverão todas as questões de fato e de direito.

Jurisprudência

79.1. [...] A conexão/continência é a regra estabelecida na legislação processual (art. 79 do CPP) e tem por escopo garantir o julgamento conjunto dos fatos e também dos corréus que respondem pelo mesmo crime, permitindo ao juiz uma visão completa do quadro probatório e uma prestação jurisdicional uniforme. [...] Na forma do art. 78, III, do Código de Processo Penal, no concurso de jurisdições de diversas categorias, deve prevalecer a de maior graduação. Na espécie, a competência para processar e julgar os fatos é do Tribunal de Justiça do Estado do Amapá, tendo em vista que um dos acusados possui mandato de Deputado Estadual. Constitui *faculdade* do Juízo processante determinar o desmembramento de processos, competindo-lhe avaliar a conveniência da separação nas hipóteses em que aplicável a regra prevista no art. 80 do Código de Processo Penal. A decisão sobre o desmembramento das investigações e sobre o levantamento do sigilo compete ao Tribunal competente para julgar a autoridade com foro por prerrogativa de função. [...] (*Habeas Corpus nº 347.944-AP, STJ, 5ª Turma, unânime, Rel. Min. Reynaldo Soares da Fonseca, julgado em 17.5.2016, publicado no* DJ *em 24.5.2016*).

79.1. [...] Não obstante seja imputado ao paciente a prática do delito de associação para o tráfico, previsto no art. 14 da Lei 6.368/76 (antiga Lei de tóxicos), o que justificaria, a princípio, a adoção do rito previsto na Lei 10.409/02, trata, a hipótese, entretanto, de crime conexo aos de quadrilha e lavagem de dinheiro, atribuídos aos demais corréus, o que importa, inegavelmente, em unidade de processo e julgamento, nos termos do art. 79 do CPP. Assim, tratando-se de ação penal referente a processo de crimes diversos, afetos a ritos distintos, porém de apuração conexa, a adoção, *in casu*, do rito ordinário, revela-se em consonância com o princípio da ampla defesa, porquanto o procedimento nele inserto afigura-se mais amplo aos acusados (Precedente desta Corte). [...] *Habeas Corpus* conhecido em parte, e nesta, denegado. Cassada a liminar e, por conseguinte, a extensão do benefício concedida a corréus (*Habeas Corpus nº 85.432-SP, STJ, 5ª Turma, Rel. Min. Felix Fischer, julgado em 7.8.2008, publicado no* DJ *em 6.10.2008*).

79.2. Unidade de processo e ritos diferentes: Havendo a reunião de processos nos quais os ritos previstos para os diferentes crimes sejam diversos (rito ordinário, sumário e sumaríssimo – art. 394, CPP), nem sempre será possível ou recomendável a adoção do rito mais amplo, como estará a exigir, por óbvio, o princípio da ampla defesa. Exemplo: nos termos do art. 61 da Lei nº 9.099/95, a competência dos Juizados Especiais Criminais cederá nas hipóteses de conexão ou continência com infrações da jurisdição comum. Todavia, como o processo conciliatório das infrações de menor potencial ofensivo exige a oportunidade de *transação penal,* com amplas repercussões de natureza cível e criminal, deverá ser mantida, nessa situação, a unidade *do juízo* e não a do *processo*, cumprindo-se em sua inteireza a regra de tratamento constitucional para as infrações de menor potencial ofensivo (art. 98, I, CF).

Contudo, em regra, deve-se observar a adoção de um rito único, da maneira que melhor se exerça a ampla defesa, realizando-se a instrução una de todos os processos.

Há agora um problema novo.

A Lei nº 11.719/08 dispõe sobre a concentração dos atos processuais de instrução criminal (art. 400 e art. 531, CPP) em uma única assentada, na qual se produziria toda a prova criminal. Se já será muito difícil a aludida concentração, em razão da possível pluralidade excessiva de réus e testemunhas, o que dizer da reunião de processos por força de conexão e de continência, quando maior ainda será o número de pessoas envolvidas na instrução?

Exatamente por isso, dependendo do caso concreto, o juiz deverá determinar a *separação dos processos,* por conveniência da instrução (art. 80, CPP), mantendo a unidade do juízo (isto é, do foro), e, se possível, a de julgamento, mas não a de processo.

79.3 Jurisdição militar: A diversidade intrínseca entre a jurisdição comum e a jurisdição militar já seria suficiente para a separação obrigatória entre os processos. Não bastasse, como a Constituição da República trata também da Justiça Militar, competente para o processo e julgamento dos crimes militares, valem as mesmas observações que já fizemos: tratando-se de regra alusiva ao juiz natural, não poderia a legislação modificar tal competência. Mas, para que não restassem dúvidas, o próprio CPP cuidou de explicitar a separação obrigatória entre os processos.

Jurisprudência

79.3.[...] tanto o crime de homicídio praticado por militar contra civil quanto o crime militar, possuem a competência regrada pelo art. 125, § 4º, da Constituição Federal – CF, razão pela qual não há qualquer incongruência na cisão do feito para julgamento dos referidos delitos por Juízos diversos, ainda que configurada a conexão. [...] *"Nos termos do art. 102, alínea "a", do Código de Processo Penal Militar, e do art. 79, inciso I, do Codex Processual Criminal, não há que se falar em unidade de julgamento de crime comum e militar, mesmo presente a conexão probatória. Precedentes da Terceira Seção do STJ [...] (Agravo Regimental no Recurso em Habeas Corpus nº 174.110-SP, STJ, 5ª Turma, Rel. Min. Joel Ilan Paciornik, sessão virtual de 11.4.2023 a 17.4.2023, publicado no DJ em 19.4.2023)*

79.3. [...] 1. Situação em que policiais militares da ativa, no exercício de sua função, foram acusados do homicídio de civil no curso de perseguição a veículo ocupado por 5 civis suspeitos de atuação em roubos. O recorrente é acusado, ainda, do suposto cometimento do delito previsto no artigo 347, parágrafo único, do Código Penal, pois teria concorrido para que outro policial inovasse artificiosamente o estado de coisa, com o fim de induzir a erro o juiz, ao colocar sobre o cadáver arma que estaria na posse de outro dos civis perseguidos, no momento da abordagem. Não se questiona a competência para o julgamento do homicídio, mas apenas para o julgamento da fraude processual.

2. A conexão entre delitos não autoriza o julgamento conjunto de ambos os crimes por um mesmo Juízo, quando há concurso entre a jurisdição comum e a militar (art. 79, I, do Código de Processo Penal). Ainda que não trate especificamente de "conexão" ou "continência", o enunciado n. 90 da Súmula desta Corte reflete, também, a legislação que prevê o desmembramento do feito em que coexistem delitos de competência militar e da Justiça comum, quando dispõe que "Compete à Justiça Estadual Militar processar e julgar o policial militar pela prática do crime militar, e à Comum pela prática do crime comum simultâneo àquele".

3. A Lei 13.491/2017 (em vigor a partir de 16/10/2017) ampliou a competência da Justiça Militar, na medida em que doravante não são apenas os crimes que sejam concomitantemente previstos no Código Penal Militar e na legislação penal comum que, em virtude do princípio da prevalência da lei especial sobre a lei geral, atrairão a competência da Justiça Militar. Passa a deslocar-se para a Justiça castrense também qualquer crime contra civil previsto na Legislação Penal Comum (Código Penal e Leis Esparsas), desde que praticado por militar em serviço ou no exercício da função. Inteligência da alínea "c" do inciso II do art. 9º do CPM. [...] *(Agravo no RHC nº 165.282-SP, STJ, 5ª Turma, Rel. Min. Reynaldo Soares da Fonseca, julgado em 21.6.2022, publicado no DJ em 27.6.2022)*

79.3. [...] Crimes de natureza comum e castrense. Competência absoluta. Ordem denegada. *Um determinado acontecimento pode dar origem a mais de uma ação penal e em âmbitos jurisdicionais distintos e especializados. Improrrogabilidade e inderrogabilidade da competência absoluta.* Precedentes. A conexão e a continência não constituem óbice à separação obrigatória de processos quando da ocorrência de concurso entre crime militar e crime comum, conforme dispõe o art. 79, I, CPP. Ordem denegada (*Habeas Corpus nº 105.301-MT, STF, 2ª Turma, unânime, julgado em 5.4.2011, publicado no DJ em 12.5.2011*).

79.4. Jurisdição penal e Juizados da Infância e Juventude: A separação aqui é evidentemente obrigatória. A jurisdição penal cuida de infrações penais; os Juizados da Infância e Juventude, de *atos infracionais*, sem conotação criminal, como é óbvio, em face da inimputabilidade penal dos menores.

79.5. Separação obrigatória dos processos e incapacidade superveniente: Há casos em que a Lei, já ponderando as consequências de determinadas situações, determina a separação obrigatória dos processos, quebrando-se a unidade também do julgamento.

A primeira dessas hipóteses diz respeito à incapacidade mental *superveniente* de corréu, o que implicará a adoção do procedimento previsto no art. 152 e seguintes do CPP, devendo aguardar-se a recuperação dele, já que, em princípio, não se reconhecerá a *inimputabilidade*. Quando a incapacidade mental é *contemporânea* ao fato, isto é, quando o agente já era incapaz ao tempo do crime, não haverá suspensão do processo, tendo em vista a possibilidade de aplicação de medida de segurança.

Pensamos que, em tais situações, ou seja, de incapacidade superveniente, e, por isso, de suspensão do processo, uma cessação da unidade de processo (e do julgamento, em consequência) não implicará modificação da competência determinada pelas regras de conexão e de continência, devendo os autos permanecer naquele juízo (prevalecente), no aguardo da recuperação do acusado.

79.6. Separação obrigatória e crimes da competência do Tribunal do Júri: Em primeiro lugar, saliente-se a inexistência, atual, de impossibilidade de julgamento de réu à revelia nos crimes inafiançáveis da competência do Tribunal do Júri. A Lei nº 11.689/08 modificou inteiramente o rito do aludido Tribunal (do Júri), e, especialmente, o disposto no antigo art. 413, CPP. A partir da citada legislação, não há mais distinção de tratamento quanto ao processo e julgamento de crimes dolosos contra a vida para os quais não seja cabível a fiança (art. 121, Código Penal) e aqueles para os quais seja ela possível (art. 124 e art. 125, CP). Em conclusão: ser ou não afiançável a infração penal é indiferente para fins de separação de processos, já que essa (separação) não é mais possível sob tal fundamentação.

De ver-se, ainda, que a Lei nº 11.689/08 restringiu ao máximo as hipóteses de separação de processos e de julgamento de corréus, conforme veremos logo a seguir (art. 469, CPP).

Assim, e como foi mantida a suspensão do processo e do prazo prescricional nas citações por edital, conforme o disposto no art. 366, CPP, somente em tais hipóteses é que poderá haver a quebra da unidade do processo e do julgamento nos casos de pluralidade de réus, trate-se ou não de crimes da competência do Júri. Citado um deles por edital, o processo em relação a ele será suspenso, aguardando-se o seu comparecimento.

Como veremos com mais detalhes nos comentários ao art. 366, embora a Lei não o preveja, pensamos que o prazo máximo de suspensão do processo deve ser equivalente ao prazo prescricional pela pena em abstrato, nos limites do art. 109 do Código Penal. Assim nos parece em razão de ser exatamente essa a lógica da aludida causa extintiva da punibilidade (prescrição), ou seja, a inércia estatal.

Ora, se deve o Estado *apurar os delitos* em determinados prazos; se deve *promover a ação penal* também em determinados prazos; e, por fim, se deve *julgar* os processos nos prazos máximos (prescrição *retroativa* e prescrição *executória*) fixados em Lei para a imposição e execução da sanção penal, não caberia a ele diligenciar o paradeiro do suposto autor do fato, não encontrado na citação pessoal? Acaso, se restar caracterizado o risco de fuga, não poderá o Estado determinar a sua prisão preventiva? Não poderá também realizar instrução probatória *urgente*? Há, à evidência, interesse público na *ação penal*, bem como na prática de todos os atos inseridos no contexto da *persecução penal*, o que deve incluir, a nosso juízo, os esforços para a localização do paradeiro do acusado.

Não é essa, entretanto, e por ora, a posição da Suprema Corte sobre a matéria, conforme veremos mais adiante (art. 366, CPP).

Art. 80. Será facultativa a separação dos processos quando as infrações tiverem sido praticadas em circunstâncias de tempo ou de lugar diferentes, ou, quando pelo excessivo número de acusados e para não lhes prolongar a prisão provisória, ou por outro motivo relevante, o juiz reputar conveniente a separação.

80.1. Separação facultativa de processos: Em outras situações, o legislador deixou ao prudente critério do juiz o exame acerca da pertinência ou não da separação de processos, no caso de pluralidade de réus.

Note-se que toda a questão gira em torno da preocupação com a efetividade da função jurisdicional, no sentido da duração razoável do processo, eventualmente ameaçada, seja por força da aplicação de determinadas regras procedimentais, como a conexão, por exemplo, seja pelas próprias circunstâncias judiciais do caso concreto.

Exemplo destas últimas hipóteses seriam as ações penais em que o número de réus seja evidentemente excessivo, em relação às dificuldades probatórias. Ora, se cada réu pode arrolar oito ou cinco testemunhas (dependendo do rito), a instrução probatória poderá ser gravemente afetada, se houver um expressivo número deles (réus).

Evidentemente que as hipóteses de *continência* (art. 77, CPP), caracterizadas pela *unidade de conduta*, isto é, quando duas ou mais pessoas são acusadas de um mesmo crime, ou quando se imputar o concurso formal de crimes (art. 70, Código Penal), devem merecer uma atenção ainda mais cuidadosa, na medida em que se deve evitar, ao máximo, a quebra da *unidade da jurisdição*, a exigir a mesma decisão para um mesmo e único fato criminoso.

Por isso, quando se tratar de uma ação penal envolvendo um grande número de acusados – aprisionados em flagrante, por exemplo –, deve-se, em princípio, evitar a separação dos processos, a menos que o conjunto probatório seja efetivamente o mesmo, de tal modo que a *repetição da prova* em vários processos *separados* seja menos danosa que o tumulto gerado pelo excessivo número de réus. Há que se avaliar, então, com muita cautela a separação de processos nos casos de continência.

Já nas hipóteses de conexão, nas quais, a reunião de processos ocorre para fins de facilitação da instrução, bem como da ampliação da visibilidade acerca da responsabilidade criminal (hipóteses de participação delituosa, sobretudo), a separação de processos é muito menos problemática. Veja-se a diferença: na continência, a *reunião* de processos visa preservar a *unidade da jurisdição*, na busca de uma única decisão para o mesmo fato, sejam quantos forem os réus; na conexão, a *reunião* tem fins prioritariamente probatórios. Assim, quando a *separação de processos* se revelar mais conveniente que a *reunião deles*, prevista nos casos do art. 76, CPP, há que se dar primazia à regra do art. 80, CPP.

Jurisprudência

80.1. [...] o art. 79 do CPP recomenda a unidade de processo e de julgamento nas hipóteses de conexão e continência, com o intento de se evitar decisões conflitantes e contraditórias. [...] Ademais, o art. 80 do CPP permite a separação facultativa de processos, de forma discricionária, com alicerce na existência de motivo relevante, a critério do magistrado, dispositivo que, se aplicado, prevalece sobre as regras de conexão e continência estabelecidas no art. 79 do mesmo diploma legal. [...] *(Agravo Regimental no Habeas Corpus nº 920.364-GO, STJ, 6ª Turma, Rel. Min. Antonio Saldanha Palheiro, julgado em 2.9.2024, publicado no DJ em 5.9.2024)*

80.1. [...] 1. O desmembramento do processo é uma faculdade do Juízo, conferindo-lhe o art. 80 do Código de Processo Penal certo grau de discricionariedade ao dispor ser cabível a providência quando as infrações tiverem sido praticadas em circunstâncias de tempo ou de lugar diferentes, ou, quando pelo excessivo número de acusados e para não lhes prolongar a prisão provisória, ou por outro motivo relevante, o juiz reputar conveniente a separação. 2. Demonstrada motivação suficiente a justificar o desmembramento do processo número excessivo de acusados, dos quais 20 não haviam sido citados, visando-se evitar morosidade processual, não há ilegalidade a ser sanada. [...] *(Agravo Regimental no HC nº 226.331, STF, 2ª Turma, Rel. Min. André Mendonça, julgado em sessão virtual de 6.10.2023 a 17.10.2023, publicado no DJ em 22.11.2023)*

80.1. [...] Busca o recorrente a anulação parcial da audiência de interrogatório do réu, bem como a suspensão da ação penal a que responde, até que seja ultimada a instrução criminal de todos os feitos conexos, decorrentes do desmembramento da ação penal original, ao argumento de cerceamento de defesa e necessidade da observância do entendimento legal e jurisprudencial, de que o interrogatório judicial deve ser o último ato da instrução. [...] Providência não encontra respaldo legal ou jurisprudencial. O escopo do desmembramento da ação penal é justamente evitar a demora na prestação jurisdicional, pois o art. 80 do Código de Processo Penal é claro ao afirmar que será facultativa a separação dos processos quando as infrações tiverem sido praticadas em circunstâncias de tempo ou de lugar diferentes, ou, quando pelo excessivo número de acusados e para não lhes prolongar a prisão provisória, ou por outro motivo relevante, o juiz reputar conveniente a separação. [...] *(Recuso em Habeas Corpus nº 170.931-RJ, STJ, 6ª Turma, Rel. Min. Sebastião Reis Júnior, julgado em 11.4.2023, publicado no DJ em 13.4.2023)*

80.1. [...] O art. 80 do CPP apresenta ao juiz a faculdade de separar o processo, nas hipóteses ali disciplinadas, que têm o objetivo principal de manter a celeridade processual. Assim, não se verifica hipótese de desmembramento com o objetivo de proteger a intimidade de corré que participou apenas de um dos fatos narrados na denúncia. Não se pode descurar, outrossim, que o art. 79 do CPP recomenda a unidade de processo e de julgamento nas hipóteses de conexão, com o objetivo não apenas a celeridade processual, mas também se evitar decisões contraditórias, motivo pelo qual eventual separação deve se revelar mais benéfica, o que não ficou demonstrado na presente situação, estando concretamente fundamentada a negativa. [...] *(Recurso em Habeas Corpus nº 109.964/SP, STJ, 5ª Turma, unânime, Rel. Min. Reynaldo Soares da Fonseca, julgado em 18.5.2021, publicado no DJ em 24.5.2021)*

80.1. [...] O art. 80 do CPP dispõe ser facultativa a separação dos processos quando as infrações tiverem sido praticadas em circunstâncias de tempo ou em lugar diferente, ou, quando pelo excessivo número de acusados e para não lhes prolongar a prisão provisória, ou por outro motivo relevante, o juiz reputar conveniente a separação. [...] O desmembramento do processo é decisão que se encontra dentro do âmbito de discricionariedade do juiz, nos termos do art. 80 do CPP, não havendo constrangimento ilegal a ser reparado, por ausência ou defeito de motivação na decisão impugnada. [...] *(Recurso em Habeas Corpus nº 120.565-RJ, STJ, 6ª Turma, unânime, Rel. Min. Nefi Cordeiro, julgado em 25.8.2020, publicado no* DJ *em 2.9.2020).*

80.1. [...] O art. 80 do Código de Processo Penal estabelece que o desmembramento da ação penal não constitui direito subjetivo dos réus, devendo ser analisado se a providência atende o direito de defesa, bem como se não haverá prejuízo ao regular trâmite do processo. [...] A Corte Especial deliberou pelo não desmembramento do feito por visualizar a presença, no caso em concreto, de todas as modalidades de conexão previstas no art. 76 do Código de Processo Penal. Além disso, consignou que acarretaria "retardo expressivo à marcha processual uma vez que a questão já está madura e bem conhecida nesta instância". [...] *(Agravo Regimental na AP* *n. 690-TO, STJ, Corte Especial, Rel. Min. Mauro Campbell Marques, julgado em 7.3.2018, publicado no* DJ *em 23.3.2018).*

80.1. [...] A atual composição plenária do Supremo Tribunal Federal fixou, como regra geral, no concurso de agentes, o desmembramento de inquéritos ou de ações penais de competência originária, em relação aos réus não detentores de foro por prerrogativa de função. Tal assertiva busca, além da obediência ao mencionado princípio da "razoável duração do processo" (art. 5º, LXXVIII, CF/88), o respeito às normas constitucionais definidoras da competência *ratione muneris*, as quais são de direito estrito. A interpretação das regras do Código de Processo Penal e demais diplomas legais não pode se submeter a critérios puramente práticos, em prejuízo das normas de competência funcional contidas na Lei Fundamental. Para os casos de competência por prerrogativa de foro estabelecidas na Lei Maior, o art. 80 do Código de Processo Penal deve ser interpretado da seguinte forma: a permanência de réus sem prerrogativa de foro no âmbito da competência originária dos tribunais somente ocorrerá por uma ponderação de interesses, ou seja, quando se verificar que a separação afetará outras regras ou princípios igualmente constitucionais (por exemplo, a ampla defesa, constante do art. 5º, LV, CF/88). [...] *(Ag. Reg. na Ação Penal nº 804-DF, STJ, Corte Especial, unânime, Rel. Min. Og Fernandes, julgado em 20.5.2015, publicado no* DJ *em 5.6.2015).*

80.1 [...] [1. As normas que estabelecem o foro por prerrogativa de função devem receber interpretação estrita; portanto, o desmembramento previsto no art. 80 do CPP deve ser a regra. 2. Se as circunstâncias concretas dos autos evidenciarem a correção entre os fatos investigados, a contraindicar o desmembramento do feito, excepcionalmente, admite-se a reunião dos processos e o julgamento conjunto. 3. Caberá ao tribunal competente para julgar a autoridade com foro por prerrogativa de função decidir sobre a conveniência do desmembramento do processo quanto aos denunciados não detentores dessa prerrogativa. 4. Nos termos da Súmula n. 704 do STF, não há falar em ofensa "ao princípio do juiz natural, em razão da atração por continência ou conexão do processo do corréu ao foro por prerrogativa de função de um dos denunciados". [...] *(Agravo Regimental no Habeas Corpus nº 627.759/SP, STJ, 5ª Turma, unânime, Rel. Min. João Otávio de Noronha, julgado em 7.12.2021, publicado no DJ em 14.12.2021)*

....

80.2. Separação **facultativa e réus presos:** O sentido do referido dispositivo deve ser redirecionado, a partir do novo contexto normativo trazido com a Constituição da República.

Como se percebe na leitura literal do texto, à primeira vista, o CPP julgava possível deixar-se ao arbítrio judicial o juízo de conveniência acerca do maior proveito a ser obtido entre: (a) a reunião de processos, e (b) a prisão dos suspeitos. É dizer: se a reunião dos processos se apresentasse como imprescindível para fins da efetividade do processo, poder-se-ia sacrificar a liberdade individual do réu aprisionado (*para não prolongar a prisão provisória,* diz o texto do art. 80).

Evidentemente que não se pode mais aceitar semelhante leitura da ordem processual penal. Prisões cautelares são, em si mesmas, *excepcionais*, e, por isso, *provisórias.* Como ainda veremos mais adiante, mesmo a ausência de delimitação legal do prazo de duração máxima para a prisão preventiva e para a manutenção da prisão decorrente do flagrante não impede e não impediu construção jurisprudencial estabelecendo limites temporais à privação da liberdade no curso da persecução penal (86 dias, a depender do procedimento).

Assim, se houver risco de superação do prazo de prisão cautelar, a separação dos processos (ou divisão do processo originário) será *obrigatória* e não *facultativa,* a menos que o juiz prefira manter a reunião (dos processos), determinando, a seu tempo e em consequência, o *relaxamento* da prisão, se não encerrada a instrução criminal. Resumo: somente será *facultativa* a separação dos processos nesses casos, se o juiz se dispuser a relaxar a prisão, tão logo se encerre o prazo jurisprudencial fixado para a realização da instrução criminal.

80.3. Separação facultativa e circunstâncias de tempo e lugar: Já vimos as distinções essenciais entre a reunião de processos por *conexão* e por *continência*. O que caracteriza a primeira (conexão) é a facilitação da instrução probatória, exatamente em razão de se tratar de *pluralidade de condutas*, e, eventualmente, de *réus*. Já a segunda (continência) tem por traço fundamental a *unidade da conduta*, exigindo, assim, uma única e mesma solução para a questão (unidade de processo e de julgamento).

Refere-se o art. 80, CPP, à hipótese de separação facultativa de processos que, em princípio, deveriam ser *reunidos*, nos casos de conexão, relativamente à diversidade de *tempo e de lugar* dos atos e fatos conexos.

Não só nessas situações se deve determinar a separação dos processos, bastando apenas a existência de um motivo *relevante* para assim se proceder, já que, ao fim e a cabo, o que se quer preservar é efetividade do processo, no sentido de uma duração razoável da ação penal. As regras da conexão (art. 76) devem ser ponderadas com as regras da separação (art. 80), de modo a se obter, em cada caso concreto, a melhor opção entre a *reunião* (art. 76 e art. 78) ou a *separação* (art. 80) dos processos. O objetivo, porém, é o mesmo: otimização da função jurisdicional.

80.4. Separação facultativa e conveniência da instrução: Foi o que acabamos de expor. Reunião ou separação de processos, nos casos de pluralidade de réus, devem ser apreciadas sob a perspectiva da respectiva fundamentação.

Como regra, e aí, quase geral, devem-se manter *reunidos* os processos cuja reunião tenha sido determinada pela *continência*, já que, nessas hipóteses, a *unidade de conduta* deve implicar a *unidade da solução jurisdicional*. Somente quando se puder verificar a identidade da situação probatória de cada réu e mesmo da acusação, em relação a cada acusado, é que se poderá pensar na separação de processos continentes, assumindo-se o custo da *repetição da instrução criminal* (para cada processo, de réu diferente).

As regras de conexão, ao contrário, podem ser mais facilmente flexibilizadas, sobretudo em razão de suas características essenciais: pluralidade de ações, diversidade das circunstâncias de tempo e de lugar, pluralidade de resultados lesivos etc.

Assim, não podem e nem devem ser reduzidas a uma casuística exaustiva as várias hipóteses em que, no caso concreto, se apresente como conveniente a separação dos processos conexos. A ponderação tem o seguinte endereço: conveniência da separação ou conveniência da reunião, ou, de modo mais explícito, aplicação do art. 76 e art. 78, ou aplicação do art. 80, todos do CPP. Todos eles podem ser adequados aos fatos; caberá ao juiz, com a participação dos interessados, avaliar qual opção renderá maiores e melhores frutos.

Jurisprudência

80.4. [...] Ainda que assim não fosse, revela-se conveniente a separação de processos, com fulcro no art. 80 do Código de Processo Penal, se os diferentes escopos das investigações e o elevado número de envolvidos tem o potencial de comprometer a eficiência e a celeridade das investigações, caso dos autos. [...] *(Conflito de Competência nº 196.551-SP, STJ, 3ª Seção, Rel. Min. Reynaldo Soares da Fonseca, julgado em 24.5.2023, publicado no DJ em 26.5.2023)*

80.4. [...] Ainda que exista conexão ou continência entre feitos, o art. 80 do Código de Processo Penal admite a separação de processos conexos quando "as infrações tiverem sido praticadas em circunstâncias de tempo ou de lugar diferentes, ou, quando pelo excessivo número de acusados e para não lhes prolongar a prisão provisória, ou por outro motivo relevante, o juiz reputar conveniente a separação". [...] *(Agravo Regimental no Habeas Corpus nº 728.276-SP, STJ, 5ª Turma, Rel. Min. Reynaldo Soares da Fonseca, julgado em 16.8.2022 e publicado no DJ de 22.8.2022)*

Art. 81. Verificada a reunião dos processos por conexão ou continência, ainda que no processo da sua competência própria venha o juiz ou tribunal a proferir sentença absolutória ou que desclassifique a infração para outra que não se inclua na sua competência, continuará competente em relação aos demais processos.

Parágrafo único. Reconhecida inicialmente ao júri a competência por conexão ou continência, o juiz, se vier a desclassificar a infração ou impronunciar ou absolver o acusado, de maneira que exclua a competência do júri, remeterá o processo ao juízo competente.

81.1. Reunião de processos e foro prevalecente: Uma vez detectada a conexão ou a continência entre dois ou mais fatos, cumpre identificar em qual juízo se daria a reunião dos processos. Tivemos oportunidade de examinar os critérios então escolhidos pelo legislador e também aqueles detentores da primazia, conforme previsão no texto constitucional.

No processo penal, nem sempre a decisão final ou a sentença ao final do procedimento se resumirá ao binômio *condenação/absolvição*. Tivemos oportunidade de examinar que o juiz, ao final da instrução, e por ocasião da sentença, poderá também modificar o enquadramento jurídico-penal do fato, seja limitado à modificação do tipo penal apontado na inicial (art. 383 – *emendatio libelli*), seja, em maior extensão, por força de *aditamento* promovido pelo Ministério Público, na fase da *mutatio libelli* (art. 384, CPP), quando a sentença final deverá ser precedida de reabertura ou de complementação da instrução criminal.

Essa decisão, que antecede a sentença, é denominada *desclassificação*, que pode ser *própria* ou *imprópria*, segundo entendimento doutrinário já sedimentado. Fala-se em desclassificação *própria* quando resulta da decisão a modificação da competência para o julgamento da causa, e em desclassificação *imprópria* quando ali (no juízo) permanecem os autos, porque mantida a competência do juízo. A desclassificação de homicídio (art. 121, CP) para infanticídio, por exemplo, não implica a modificação da competência, devendo o Tribunal do Júri julgar um e outro.

No entanto, já a desclassificação de homicídio doloso para lesões corporais seguida de morte, por exemplo, alterará a competência jurisdicional, não cabendo mais ao Júri a apreciação final da matéria.

A questão que então se coloca é a seguinte: havendo alteração na classificação do fato, *no processo que fixou o foro prevalecente*, poderá haver a modificação da competência do juízo, com nova apreciação e aplicação das regras de determinação da competência na reunião de processos conexos ou continentes (art. 78, CPP)?

Outra: se a decisão, *no processo que fixou o foro prevalecente*, for absolutória, o julgamento dos demais processos deveria ali prosseguir?

É o que veremos, a seguir, ao exame das aludidas decisões, tanto no juízo singular quanto no Tribunal do Júri.

Demarque-se antes: decisões acerca da classificação do crime, quando emanadas dos juízes togados ou dos tribunais de segunda instância (não há conflito entre o STF e o STJ, prevalecendo o entendimento do primeiro), poderão ser objeto de conflito de jurisdição (ou de competência), nos termos do art. 113, CPP. Já quando emanadas do próprio Tribunal do Júri, não! Prevalecerá a desclassificação e a afirmação de incompetência do Júri, por força da soberania de suas decisões (art. 5º, XXXVIII, *c*, CF).

Jurisprudência

81.1. [...] Hipótese em que o Juízo Federal arquivou o inquérito policial que tinha por objetivo a investigação do crime que atraiu a sua competência por conexão (art. 1º da Lei nº 8.137/90 – sonegação fiscal). Inexistindo denúncia de crime federal, a competência para processar e julgar o delito remanescente (art. 312, § 1º, do Código Penal – peculato) é da Justiça Estadual. Não incide, pois, o disposto no art. 81, *caput*, do Código de Processo Penal – CPP. Agravo regimental desprovido (*Ag. Reg. no Conflito de Competência nº 128.011-AC, STJ, 3ª Seção, unânime, Rel. Min. Ericson Maranho, julgado em 8.4.2015, publicado no DJ em 15.4.2015*).

81.2. Reunião de processos e desclassificação na incompetência relativa: Reconhecida, então, a conexão ou a continência, os processos, em regra, deverão ser reunidos em um único Juízo, ressalvadas as hipóteses de separação obrigatória e facultativa que acabamos de ver.

Uma vez eleito o foro prevalecente, aplicando-se as regras do art. 78, CPP, e da própria Constituição, cuja previsão de competência não poderá ser modificada pela legislação, cumpre examinar a situação na qual, no curso da ação, ou, ao final dela, o juiz *desclassifica* a infração que determinara a sua competência para a reunião dos feitos.

Considerando, então, que a decisão de desclassificação somente é proferida *após* a instrução, ou seja, na fase de sentença, não seria razoável que toda aquela atividade de conhecimento das matérias inseridas em cada processo, envolvendo questões de fato e de direito, desde a postulação (inicial) e passando pela fase instrutória, fosse sacrificada com a modificação da competência jurisdicional. Há que se ter em conta que, em princípio, diante da existência de critérios objetivos para a definição do foro prevalecente nos casos de conexão e de continência (art. 78, CPP), a decisão de desclassificação realizada *nos autos do processo cuja infração haja determinada a reunião*, poderia exigir uma *nova distribuição dos feitos*, em face da nova capitulação de um dos crimes.

No entanto, e acertadamente, preferiu o legislador privilegiar o princípio geral da efetividade do processo, *prorrogando a competência* daquele Juízo, cumprindo-lhe, então, o julgamento de todos os feitos ali reunidos.

Aliás, note-se que, pelo menos a partir da Lei nº 11.719/08, o princípio da *identidade física* do juiz também passou a justificar a opção da regra do art. 81, exigindo a prorrogação da competência jurisdicional.

Jurisprudência

81.2. [...] Processada e julgada a ação penal perante Vara Criminal Comum, a competência para julgar eventual recurso, não obstante a desclassificação da conduta imputada ao acusado para infração de menor potencial ofensivo na sentença, é do respectivo Tribunal de Justiça, em obediência ao princípio da *perpetuatio jurisdicionis*. Competência do Tribunal de Justiça (*Conflito de Competência nº 89.002-SP, STJ, 3ª Seção, Rel. Min. convocada Jane Silva, julgado em 12.9,2007, publicado no DJ em 24.9.2007*).

81.3. Desclassificação e incompetência absoluta: A exceção ou exceções somente ocorrerão quando resultar da desclassificação a *incompetência absoluta* do juiz, como, por exemplo, se dará com o reconhecimento, pelo juiz singular, de crime da competência do Tribunal do Júri.

O mesmo ocorrerá quando da desclassificação resultar modificação de competência quanto à matéria, de que é exemplo o surgimento (com a desclassificação) de crimes *federais* ou *eleitorais*, se a reunião dos feitos tiver sido feita na Justiça Estadual. Mais adiante veremos que, no concurso entre a Justiça Federal e a Eleitoral, a regra deveria ser a separação dos processos *conexos*, já que ambas as jurisdições têm competência *expressa* no texto constitucional, ao contrário da Justiça Estadual, cuja competência é *residual*. Entretanto, remetemos ao item 78.6.1, em que é feita uma análise (com posicionamentos diversos dos autores) sobre a decisão proferida pelo STF no Inquérito nº 4.435, em que se decidiu que, havendo em tese a conexão, compete à Justiça Eleitoral a análise se julgará ou não todos os feitos.

Prosseguindo, uma das maiores dificuldades em relação a essa matéria diz respeito ao crime de tráfico de drogas ou entorpecentes. Como se sabe, tais crimes poderão configurar tráfico *interno* e tráfico *internacional*, cabendo à Justiça Estadual o julgamento do primeiro e à Justiça Federal o julgamento do segundo.

Assim, se a reunião dos feitos for feita inicialmente na Justiça Estadual, a desclassificação do crime de tráfico interno para tráfico *internacional* poderia causar grandes transtornos à atividade jurisdicional.

A questão é mesmo complexa.

Observe-se, de início, que, a rigor, desclassificação mesmo só ocorreria se, na denúncia, já constasse a relação de *internacionalização* do tráfico.

Do contrário, isto é, se essa relação (de internacionalidade) surgisse apenas no curso da instrução, seria indispensável a *mutatio libelli*, a ser feita por meio de aditamento da inicial pelo Ministério Público, nos termos do art. 384, CPP.

Ocorre que, como se trataria de crime da competência federal, apenas o Ministério Público Federal teria atribuição constitucional para promover o aditamento.

Aos problemas, então.

Ora, se o reconhecimento do fato *novo* depende de *aditamento* (pela *mutatio*) do Ministério Público, não se imporia ao juiz de direito, na ausência daquele (aditamento), julgar a matéria tal como narrada na peça acusatória? Em tese, sim.

Todavia, em matéria penal as coisas não são simples. Veja-se, por exemplo, que se assim fosse, estaria o juiz de direito obrigado a condenar pelo tráfico interno, mesmo entendendo tratar-se de tráfico internacional!

De outro lado, se ele se sentisse à vontade para *absolver* do tráfico interno, para que a Justiça Federal julgasse o tráfico internacional, surgiriam inúmeros outros problemas resultantes da eficácia preclusiva da coisa julgada penal, que como ainda veremos se estende sobre *a realidade histórica* e não sobre *o fato imputado*. A absolvição pelo tráfico interno se estenderia também sobre o tráfico externo, relativamente ao *núcleo central da conduta de traficar*.

Pensamos, então, que caberia ao Juiz de Direito, independentemente do aditamento do *parquet*, declinar da competência para a Justiça Federal. O que lhe é vedado em lei é a *condenação pelo* fato novo *sem o aditamento* do órgão da acusação, anulando, na oportunidade, todo o processo, já que, em se tratando de competência absoluta, *todos os atos do processo serão nulos,* na medida em que constitui garantia constitucional individual *ser processado e julgado por autoridade judiciária competente* (art. 5º, CF).

Obviamente que, se o exemplo fosse invertido, a solução não apresentaria a mesma complexidade. Correndo a ação na Justiça Federal, se o juiz entender não demonstrada a internacionalidade da conduta, não há que se falar em aditamento, bastando-lhe declinar da competência, com as consequências que adiante veremos.

É que os problemas podem não parar aí, porém.

Na primeira hipótese dada, de declinação de competência da Justiça Estadual para a Justiça Federal, que solução se daria no caso de o Ministério Público Federal entendesse não se tratar de crime de tráfico *internacional?*

Um caminho possível, então, poderia ser o conflito de *atribuições* entre os membros do *parquet,* se o órgão do Ministério Público Estadual não tiver recorrido da declinação de competência, concordando com a presença da internacionalidade do tráfico. Em tal hipótese, e como já vimos ao abordarmos o conflito de atribuição, caberia ao(à) Procurador(a)-Geral da República a solução do conflito, se ambos os juízes (federal e estadual) estivessem de acordo quanto à competência jurisdicional de um deles.

De outro lado, se o Juiz Federal se posicionar a favor da tese do Ministério Público Federal, ou seja, no sentido da inexistência da internacionalidade do tráfico, o conflito seria, então, de *jurisdição* e não de *atribuição*, cabendo ao Superior Tribunal de Justiça a decisão final, na linha, então, da citada jurisprudência, com o qual não concordamos.

Sobre essas intrincadas questões e sobre a atual – e equivocada – jurisprudência do Supremo Tribunal Federal e do Superior Tribunal de Justiça acerca da matéria remetemos o leitor aos comentários ao art. 28, CPP.

Mas voltando ao problema: não seria a *internacionalidade* do tráfico matéria exclusiva da Justiça Federal? É dizer, não se deveria deixar à referida jurisdição (Federal) a apreciação do interesse federal, como ocorre no juízo não penal, relativamente à presença da União em causas cíveis?

Observe-se que, nessa perspectiva, não se teria *conflito de jurisdição*, uma vez que a Justiça Federal se manifestaria definitivamente (ressalvada a hipótese de recurso do Ministério Público Federal) sobre a internacionalidade, cabendo à Justiça Estadual o julgamento do tráfico *interno* de drogas, matéria então remanescente.

Com efeito, aludida compreensão simplificaria a solução de inúmeros problemas.

No entanto, como em processo penal a *coisa julgada* se constitui sobre a *realidade histórica do fato* e não sobre a correção da classificação e do pedido condenatório, algumas dificuldades também surgiriam.

Exemplo: ação proposta perante a Justiça Federal, imputando-se a prática de tráfico *internacional de drogas.* Entendendo aquela instância não se tratar de tráfico internacional e sim de tráfico interno, deveria o juiz *absolver* o(s) acusado(s) e não declinar a competência. Absolver do tráfico internacional e não do tráfico interno, que deveria ser processado e julgado na Justiça Estadual, após regular denúncia e repetição de todos os atos de instrução.

O maior problema que aqui se poria diz respeito às consequências que referido entendimento traria no âmbito da independência funcional, tanto do Ministério Público Estadual quanto da Justiça Estadual, que se veriam *subordinados* à decisão da Justiça Federal.

Mas note-se que, ao contrário do que ocorre com as causas cíveis, nas quais se pode reconhecer a incompetência da jurisdição federal a partir unicamente da manifestação da União (e demais entidades federais) acerca de seu *interesse jurídico*, a matéria penal não permite semelhante procedimento, na medida em que a identificação do *interesse* na questão não se faz sob a perspectiva *patrimonial, financeira, administrativa ou de qualquer outra ordem a ser satisfeito por uma decisão judicial.* A condenação criminal, seja federal, eleitoral ou estadual o crime, não satisfaz *interesses* da União ou dos Estados. Se legítima, deve satisfazer interesse *público*, difusamente partilhado.

E não é só.

A prevalecer tal entendimento, o Ministério Público dos Estados e a respectiva jurisdição (estadual) veriam diminuídas, sensivelmente, as atribuições constitucionais a eles reservadas, sempre que decidido, no âmbito da Justiça Federal, a internacionalidade do crime. Ou seja: quando positiva a decisão naquela jurisdição (tráfico internacional), não se poderia visualizar o tráfico interno, que é da competência da Justiça dos Estados.

Assim, embora pragmaticamente louvável o ponto de vista, pensamos que ele apresenta obstáculos intransponíveis, aos olhos da Constituição da República, sobretudo no que toca à simetria e independência funcional da Justiça e do Ministério Público dos Estados.

Nessa parte, explicita-se, há dissenso de Douglas Fischer, que entende que, não se provando o tráfico internacional em feito tramitando perante a Justiça Federal, deverá haver o declínio de competência para o Juízo Estadual, não se podendo jamais cogitar da *perpetuatio jurisdictionis* (vide mais detalhamento em: FISCHER, Douglas. A desclassificação do tráfico internacional de entorpecentes e o princípio da *perpetuatio jurisdictionis. RT*, São Paulo, v. 817, p. 448, 2003).

A respeito do tema, refere-se que o STJ decidiu que, caso "desapareça a causa que atraiu a competência para determinado órgão jurisdicional, a regra da *perpetuatio jurisdictionis* (CPP, art. 81) impõe ao magistrado a continuidade no julgamento da causa, aproveitando-se a instrução criminal realizada, de modo a possibilitar um trilhar menos oneroso às partes e ao Estado – sem, obviamente, olvidar os direitos individuais do acusado – atendendo-se, assim, aos princípios da economia processual e da identidade física do juiz" *(RHC n. 58.987-SP, STJ, 5ª Turma, unânime, Rel. Min. Ribeiro Dantas, julgado em 26.6.2018, publicado no* DJ *em 1.8.2018).*

O que se decidiu no caso acima é fruto da cópia parcial de ementas de precedentes jurisprudenciais diversos, que tratavam de casos que não comportariam tal conclusão. É que, para fins de *perpetuatio jurisdictionis*, fundamental se cogitar – pelo menos – de conexão ou continência. No caso, não havia nenhuma das hipóteses.

Jurisprudência

81.3. [...] A *perpetuatio jurisdictionis* é excepcionada nas hipóteses de modificação da competência *ratione materiae* do órgão, motivo pelo qual é lícita a redistribuição dos inquéritos policiais para a nova Vara Criminal, consoante o art. 87, *in fine*, do CPC. Precedentes (HC 88.660-4, Rel. Min. Carmen Lucia, Tribunal Pleno, julg. 15.05.2008; HC 85.060, Rel. Min. Eros Grau, Primeira Turma, julg. 23.09.2008; HC 76.510/SP Rel. Min. Carlos Velloso, Segunda Turma, julg. 31.03.1998). [...] *(Ação Direta de Inconstitucionalidade n. 4.414-AL, Rel. Ministro Luiz Fux, Plenário, julgado em 31.5.2012, publicado no* DJ *em 3.6.2019).*

81.3. [...] Aplica-se ao processo penal, de acordo com o art. 3º desse diploma legal, o disposto no art. 87 do Código de Processo Civil, segundo o qual se determina a competência no momento em que a ação é proposta, sendo irrelevantes as modificações do estado de fato ou de direito ocorridas posteriormente, salvo quando suprimirem o órgão judiciário ou alterarem a competência em razão da matéria ou da hierarquia. A criação de vara federal no local em que ocorrida a infração não implica a incompetência superveniente do juízo a que, até então, competia processar e julgar o processo. [...] (*Habeas Corpus nº 246.383-SP, STJ, 6ª Turma, Rel. Min. Og Fernandes, julgado em 18.6.2013, publicado no* DJ *em 20.8.2013*).

81.3. [...] Processo que se iniciou perante a Justiça Federal, por ter entendido, a denúncia, se tratar de tráfico internacional de entorpecentes. Posterior pedido de declinação da competência não aceito pelo Juízo processante, que, ao final, condenou o paciente por tráfico interno. Trata-se, *in casu*, de competência absoluta da Justiça Estadual, fixada pela Constituição Federal, tornando incabível a aplicação analógica do princípio da *perpetuatio jurisdictionis*, disciplinado no art. 81 do CPP. Existência de apenas um delito, inocorrência de hipóteses de conexão ou continência. Ordem concedida para que seja declarada a nulidade do feito, desde seu início, com remessa imediata ao Juízo Estadual de Foz do Iguaçu (PR). Estando o paciente preso cautelarmente desde setembro de 2003, portanto, há mais de dois anos, determino seja colocado em liberdade, se por outro motivo não estiver preso (*Habeas Corpus nº 37.581-PR, STJ, 6ª Turma, Rel. Min. Hélio Quaglia Barbosa, julgado em 29.11.2005, publicado no* DJ *em 19.12.2005*).

....

81.4. Desclassificação nos crimes dolosos contra a vida: Como o procedimento no Tribunal do Júri para os crimes dolosos contra a vida é *bifásico*, iniciando-se com a necessidade de reconhecimento prévio da possível existência dos aludidos crimes (dolosos contra a vida), o que é feito por juízes togados – o denominado *juiz sumariante*, ou, simplesmente, o *juiz singular* –, pode ocorrer que a desclassificação do crime venha a ser feita tanto por este (juiz singular) quanto pelo próprio Tribunal do Júri.

Quando a decisão é proferida pelo primeiro (juiz singular), aplicar-se-á a regra do parágrafo único do art. 81, devendo todos os autos dos processos reunidos ser encaminhados ao juiz competente, revendo-se, então, o critério de fixação do foro prevalecente previsto no art. 78 do CPP. E ali poderá haver discordância quanto à desclassificação, podendo surgir o conflito de competência (art. 113, CPP).

No entanto, quando a desclassificação emanar de decisão do próprio Tribunal do Júri, caberá ao juiz presidente o julgamento dos processos, conforme disposto no art. 492, § 1º, do CPP, com a redação que lhe deu a Lei nº 11.689/08.

Aliás, a aludida legislação, que modificou a totalidade do procedimento do júri, embora mantendo a sua estrutura essencial, vem resolver antiga pendenga jurisprudencial e doutrinária sobre a matéria. Antes dela, não faltava quem sustentasse que o *caput* do art. 81, CPP, impunha que o Tribunal do Júri, ainda que desclassificasse a infração relativa à imputação de crime doloso contra a vida deveria seguir julgando os demais processos. Jamais aderimos a essa tese.

Com efeito, não há razão alguma para submeter crimes *não dolosos contra a vida* ao Tribunal do Júri, salvo se houver conexão ou continência com crime dessa natureza (doloso contra a vida). Uma vez desclassificada a infração, impõe-se a competência do juiz togado, e não mais a do Júri. Assim, e para aproveitar toda a instrução já presidida pelo juiz presidente (passe a redundância!), caberá a este o julgamento dos feitos, com melhor aproveitamento da atividade jurisdicional.

Assim, seja em um único processo (art. 74, § 3º, CPP), seja em processos reunidos (art. 81, parágrafo único), a desclassificação da infração tida como dolosa contra a vida operada no Tribunal do Júri implicará a competência do juiz presidente para o julgamento do(s) processo(s).

E, mais. Se a divergência entre juízes togados (e tribunais etc.) pode dar ensejo ao chamado conflito de jurisdição ou de competência, tal não ocorrerá nessa hipótese. Uma vez decidida pelo Júri a *inexistência de crime doloso contra a vida* por meio da decisão de *desclassificação,* o juiz presidente não poderá discutir essa questão, cumprindo-lhe o julgamento do fato conforme lhe parecer de direito, desde que sob a perspectiva de não se tratar de crime doloso contra a vida.

Em resumo: quando a desclassificação é feita na fase de pronúncia, ou seja, na primeira fase do Tribunal do Júri, o processo e/ou processos, no caso de reunião deles em razão de conexão e de continência, deverão ser encaminhados ao juiz competente, que, como vimos, poderá, inclusive, suscitar conflito negativo de competência. Se, ao contrário a desclassificação é feita pelo Tribunal do Júri (já na de julgamento em plenário, portanto), competirá ao juiz presidente o julgamento do processo (art. 74, § 3º, e art. 81, parágrafo único, CPP) ou dos processos (art. 81, *caput,* e art. 492, § 1º).

81.5. Desclassificação e competência originária dos Tribunais: Pode ocorrer a reunião de processos nos Tribunais, incluindo os superiores, Supremo Tribunal Federal e Superior Tribunal de Justiça, desde que, é claro, haja um deles no qual se exija o foro privativo por *prerrogativa de função,* matéria que, aliás, veremos a seguir, ao exame do art. 84, CPP.

Poderá ocorrer, então, que, naqueles autos, isto é, naquele em que haja acusado com prerrogativa de função, a razão de ser da aludida prerrogativa para um ou alguns réus tenha já cessado, como seria o caso da extinção de um mandato parlamentar ou a aposentadoria de magistrado ou membro do Ministério Público (quando acusados).

Note-se, no entanto, que, embora seja necessária, também nesse caso, a modificação de competência, não resultaria ela de desclassificação do crime, mas de *perda da prerrogativa de função* do acusado detentor do foro privativo.

E mais. Eventual desclassificação da infração não implicará alteração na competência, pois o foro privativo se relaciona é com o efetivo exercício de cargo ou de mandato públicos e não com o tipo penal em que classificada a infração.

Mas, quanto a isso, é preciso ressaltar algumas exceções, que logo veremos ao cuidarmos da competência por prerrogativa de função.

Jurisprudência

81.5. [...] A vitaliciedade é garantia inerente aos magistrados e tem como objetivo prover a jurisdição de independência e imparcialidade. II – Exercem a jurisdição, tão somente, magistrados ativos. III – A aposentadoria do magistrado, ainda que voluntária, transfere a competência para processamento e julgamento de eventual ilícito penal para o primeiro grau de jurisdição. IV – Recurso extraordinário a que se nega provimento (*Recurso Extraordinário nº 546.609-DF, STF, Plenário, Rel. Min. Ricardo Lewandowski, julgado em 22.3.2014, publicado no* DJ *em 30.5.2014*).

81.6. Absolvição e crimes conexos: Ao contrário da decisão de desclassificação, que, a rigor, nem de sentença se trataria, na medida em que não se julga o fato em sua inteireza – autoria, materialidade etc. –, a sentença de absolvição no processo que determinou o foro prevalecente não implicará modificação da competência.

E isso nos parece de fácil compreensão.

Ora, se a conexão e a continência determinam a reunião de processos para *unidade de julgamento*, ou seja, para que todos sejam ali julgados, a sentença de absolvição nada mais é que o reclamado julgamento do mérito. Com isso, deverá o juiz, por óbvio, prosseguir no julgamento dos demais processos, que ali se acham reunidos exatamente por aquela razão: unidade de julgamento de todos os fatos, com o mais amplo aproveitamento da instrução.

O mesmo ocorrerá no Tribunal do Júri. Se a decisão do Júri for absolutória, deverá ele prosseguir no julgamento dos demais. Desclassificação e absolvição são decisões inteiramente diferentes. Na primeira, não se julga definitivamente o fato e nem o direito a ele aplicável; na segunda, sim. Desclassificar é *modificar* a possível consequência jurídica do crime; absolver é *afastá-la*.

Jurisprudência

81.6. [...] Competência definida pela narrativa da denúncia. Posterior absolvição parcial. *Perpetuatio jurisdictionis*. Art. 81 do Código de Processo Penal. [...] [...] A fixação da competência da Justiça Federal decorreu da conexão do crime imputado ao Agravante com o delito de contrabando atribuído a corréu, posteriormente absolvido. Aplica-se ao caso o entendimento desta Corte, no sentido de que, "*ainda que desapareça a causa que atraiu a competência para determinado órgão jurisdicional, a regra da* perpetuatio jurisdictionis *(CPP, art. 81) impõe ao magistrado a continuidade no julgamento da causa, aproveitando-se a instrução criminal realizada, de modo a possibilitar um trilhar menos oneroso às partes e ao Estado – sem, obviamente, olvidar os direitos individuais do acusado – atendendose, assim, aos princípios da economia processual e da identidade física do juiz*" [...] *(Agravo Regimental no Recurso em Habeas Corpus nº 146636-PR, STJ, 6ª Turma, Rel. Min. Laurita Vaz, sessão virtual de 28.2.2023 a 6.3.2023, publicado no DJ em 20.3.2023)*

81.6. [...] Definida, pela imputação, a competência da Justiça Federal para o processo e o julgamento de crime estadual e federal, em razão da conexão ou continência, a absolvição posterior pelo crime federal não enseja incompetência superveniente, em observância à regra expressa do art. 81 do Código de Processo Penal e ao princípio da *perpetuatio jurisdicionis*. [...] *(Agravo Regimental no Agravo em Recurso Extraordinário n. 895.269-SP, STF, 1ª Turma, unânime, Rel. Min. Rosa Weber, julgado em 19.2.2018, publicado no DJ em 1º.3.2018)*

81.6. [...] O entendimento adotado pelo acórdão recorrido está alinhado com a jurisprudência do Supremo Tribunal Federal no sentido de que, "*definida, pela imputação, a competência da Justiça Federal para o processo e o julgamento de crime estadual e federal, em razão da conexão ou continência, a absolvição posterior pelo crime federal não enseja incompetência superveniente, em observância à regra expressa do artigo 81 do Código de Processo Penal e ao princípio da* perpetuatio jurisdicionis" (HC 112.574, Rel. Min. Rosa Weber). [...] *(Agravo Regimental no RE n. 1.002.034 – PR, STF, 1ª Turma, unânime, Rel. Min. Roberto Barroso, julgado 30.3.2017, publicado no DJ em 4.5.2017)*

81.6. [...] Posterior absolvição pelo crime que atraiu a competência da Justiça Federal. Princípio da *perpetuatio jurisdictionis*. [...] 1. Concluída a instrução, a posterior absolvição do réu pelo crime conexo que justificou o processamento da ação penal perante a Justiça Federal não tem força para deslocar a competência já estabelecida, à luz do princípio da *perpetuatio jurisdiciones*. [...] (*Agravo Regimental no Agravo em Recurso Especial nº 167.596-PR, STJ, 6ª Turma, unânime, Rel. Min. Rogerio Schietti Cruz, julgado em 8.3.2016, publicado no DJ em 15.3.2016*).

81.6. Na hipótese de conexão entre crime de descaminho e de receptação, em que existiu atração do processamento/julgamento para a Justiça Federal, sobrevindo a extinção da punibilidade do agente pela prática do delito de descaminho, desaparece o interesse da União, devendo haver o deslocamento da competência para a Justiça Estadual. Conflito conhecido para declarar competente o Juízo de Direito da 1ª Vara Criminal de Dourados/MS, ora suscitante (*Conflito de Competência nº 110.998-MS, STJ, 3ª Seção, Rel. Min. Maria Thereza de Assis Moura, julgado em 26.5.2010, publicado no DJ em 4.6.2010*).

81.7. Absolvição sumária, extinção da punibilidade e conexão: Hipótese mais complexa poderá ocorrer nas decisões de absolvição sumária, tal como previstas no art. 397, CPP, relativamente ao processo atraído pela conexão. Ali se prevê uma fase processual que autoriza o juiz a avançar sobre questões de mérito, quando possível e cabível a sua apreciação independentemente da instrução (provas).

Como já assentamos, a reunião de processos conexos em um único Juízo tem por objetivo a unidade *de julgamento.* Ora, quando for possível a apreciação das questões previstas no art. 397, CPP (prescrição, atipicidade manifesta etc.) em *um dos processos,* deve o juiz fazê-lo naquela fase; quando se tratar de processo cuja competência determinara a prevalência de sua jurisdição (critérios de atração – art. 78, CPP – e Constituição da República), o juiz deverá determinar a separação dos demais, encaminhando-os ao juiz competente, *com exclusão daquele então sentenciado,* se não detiver ele próprio a competência. E a providência deve ser adotada quer se trate de incompetência *absoluta,* constitucional, quer se trate de incompetência *relativa.* Note-se, no ponto, que o princípio da *identidade física* do juiz somente imporá a *perpetuatio jurisdicionis* após a instrução do processo (art. 399, § 2º, CPP).

De outro lado, quando se tratar de reunião de processos conexos com prevalência de foro em razão da Constituição da República, caso, por exemplo, de crimes da competência federal e estadual, o reconhecimento da extinção da punibilidade, *a qualquer tempo,* seja com fundamento no art. 61, CPP, seja com base no art. 397, IV, do mesmo Código, em nossa compreensão determinará a separação dos processos, a fim de se preservar, na maior medida possível, o princípio do juiz natural.

Jurisprudência

81.7 [...] O arquivamento de inquérito relacionado a fatos delitivos supostamente praticados pelo único detentor de foro por prerrogativa de função perante o Superior Tribunal de Justiça gera, por consectário lógico, a impossibilidade do reconhecimento de conexão ou continência com as denúncias promovidas em desfavor de indivíduos sujeitos à jurisdição de primeiro grau, dada a inexistência de objeto capaz, em tese, de exercer imperativa força atrativa. Incompetência do Superior Tribunal de Justiça para exercer competência penal originária. [...] (*Agravo Regimental no Inquérito nº 1.559-DF, STJ, Corte Real, Rel. Min. Raul Araújo, julgado em 4.10.2023, publicado no DJ em 18.10.2023*)

Art. 82. Se, não obstante a conexão ou continência, forem instaurados processos diferentes, a autoridade de jurisdição prevalente deverá avocar os processos que corram perante os outros juízes, salvo se já estiverem com sentença definitiva. Neste caso, a unidade dos processos só se dará, ulteriormente, para o efeito de soma ou de unificação das penas.

82.1. O aludido dispositivo não deixa de trazer uma mensagem bastante óbvia. Tudo que se disse até agora acerca da reunião de processos pressupunha, evidentemente, a instauração de processos *diferentes.* Fossem todos os fatos – crimes – tratados em um único processo, a única questão relevante que se poria se reduziria ao exame da necessidade, ou não, da *separação de processos.*

Na verdade, tratando-se de fatos *conexos*, nem sempre se constatará de imediato o ponto de ligação entre eles, já que as circunstâncias que determinam a conexão (art. 76, CPP) dizem respeito ao tempo, lugar, motivos e outras situações que nem sempre oferecem fácil e imediata visualização.

Por isso, não há de causar surpresa a instauração de investigações preliminares – inquéritos ou não – distintas.

Assim, chegando ao conhecimento dos juízes, mediante provocação ou não das partes ou mesmo em razão de elementos probatórios colhidos na instrução, já aqui no curso da ação penal, única em que se cuida de *processo criminal* (investigações têm natureza administrativa), a existência de fatos conexos objeto de ações com tramitação em juízos diferentes, deverá aquele que, em princípio, se julgar competente, avocar a reunião dos processos.

Evidentemente, tal somente ocorrerá após o exame cuidadoso de cada um (processo), sobretudo da denúncia, a fim de que se saiba qual seria a regra de foro prevalecente a ser aplicada (art. 78, CPP).

Relembre-se, ainda, de que, da avocação ou afirmação de competência, poderá surgir eventual conflito *positivo* de competência, quando dois ou mais juízes envolvidos se julgarem igualmente competentes para a reunião dos processos.

O limite temporal para a reunião dos processos é a existência de *sentença definitiva*, o que, se, de um lado, demonstra a natureza *relativa* das regras de competência por conexão e continência, por outro, reafirma que o objetivo da reunião dos processos, via de regra, é a da facilitação da instrução criminal.

Apenas a hipótese de *continência* é que, efetivamente, exige a reunião sob outra fundamentação. Nela (continência) a finalidade precípua da reunião é a da *unidade da jurisdição*, a fim de impedir decisões *contraditórias* sobre um mesmo fato (relembre-se de que na continência há *unidade de* conduta).

De se ver ainda que, fixado qual seja o juízo prevalente segundo as regras anteriormente vistas, deverá ele *avocar* os autos que, por conexão ou continência, estejam sendo processados perante juízos diversos (salvo, por óbvio, se já proferida sentença, quando então se deverá unificar para fins de execução da pena). Se, por acaso, posteriormente a essa avocação, surgirem *novos* fatos e/ou novos envolvidos que reclamem apuração conjunta e estiverem (especialmente) conexos com os que já estão em andamento perante esse juízo prevalente, ali que deverão ser analisados, mesmo que praticados em locais diversos (competência relativa) e até com penas que sejam, em tese, mais graves do que aqueles que *já estão sendo apurados* perante o juízo que é o competente (o que não impede, é claro, eventual desmembramento por força da regra do art. 80 do CPP). Noutras palavras, e de forma mais direta, somente se pode invocar a regra do crime com pena mais grave ou do domicílio dos supostos autores dos fatos investigados como critério de fixação de competência no início do procedimento em que se determina qual o juízo prevalente. Fixado esse juízo, não há se fazer *nova análise* de competência (se territorial) para fatos futuros ou pessoas que venham a ser apuradas e em relação aos quais se apresentem hipóteses de conexão ou continência: a competência será também do juízo já reconhecido como prevalente.

Não se pode olvidar, ainda, que a conexão é jurídica e não *física*. Ou seja, a unicidade de juízo (pela conexão) não implica necessariamente unicidade física (mesmos autos ou todos apensados *fisicamente*). Significa que eventual separação dos processos (especialmente pela conveniência da instrução – art. 80, CPP) mantém a unicidade de jurisdição, mas não de processo (físico ou eletrônico, onde já adotado). Refira-se, apenas em complemento, que nessa linha já se encontra posicionamento do STF, em que se destacou que, *"desde que submetidos ao mesmo juízo, pode o magistrado utilizar-se da faculdade de não reunir processos conexos, por força do que dispõe o art. 80 do CPP"* (HC nº 80.717, Plenário, publicado no *DJ* em 5.3.2004).

Jurisprudência

82.1. [...] A conexão invocada, que geraria a reunião dos feitos, no atual momento processual, seria resolvida pela aplicação do art. 82 do Código de Processo Penal, que dispõe: "Se, não obstante a conexão ou continência, forem instaurados processos diferentes, a autoridade de jurisdição prevalente deverá avocar os processos que corram perante os outros juízes, salvo se já estiverem com sentença definitiva. Neste caso, a unidade dos processos só se dará, ulteriormente, para o efeito de soma ou de unificação das penas. 5. A mesma orientação também decorre do enunciado 235 da Súmula deste Superior Tribunal, segundo o qual: "A conexão não determina a reunião dos processos, se um deles já foi julgado." [...] *(Agravo Regimental no Habeas Corpus n° 424.784-SP , STJ, 6ª Turma, Rel. Min. Antônio Saldanha Palheiro, julgado em 23.9.2024, publicado no DJ em 25.9.2024)*

82.1. [...] Havendo sentença prolatada quanto ao delito conexo, a competência para julgamento do delito remanescente deve ser aferida isoladamente.[...] *(Conflito de Competência nº 193.005–MG, STJ, 3ª Seção, Rel. Min. Laurita Vaz, julgado em 8.2.2023, publicado no DJ em 15.2.2023)*

82.1. [...] A possível existência de conexão não determina a reunião de processos no caso, eis que já ultimada a extinção da punibilidade naquele feito em que houve a transação penal quando proposta a denúncia no outro. Inteligência da Súmula n. 235 deste Superior Tribunal de Justiça: "A conexão não determina a reunião dos processos, se um deles já foi julgado." [...] (Agravo Regimental no Agravo Regimental no Agravo em Recurso Especial n. 1.289.926-RS, STJ, 5ª Turma, unânime, Rel. Min. Jorge Mussi, julgado em 9.4.2019, publicado no *DJ* em 22.4.2019).

82.1. [...] Prevenção. Princípio do Juiz Natural. [...] Conexão entre três ações penais. Alegação de obrigatoriedade de reunião de processos afastada. CPP, art. 80. [...] Desde que submetidos ao mesmo juízo, pode o magistrado utilizar-se da faculdade de não reunir processos conexos, por força do que dispõe o art. 80 do CPP (*Habeas Corpus nº 80.717, STF, Plenário, Rel. para o acórdão Min. Ellen Gracie, julgado em 13.6.2011, publicado no* DJ *em 5.3.2004*).

82.1. [...] 1. A providência de reunião dos processos, em virtude de conexão, sofre limitação no que tange à fase processual em que se encontram os feitos conexos, não podendo alcançar os processos já sentenciados, de acordo com o que preceitua o art. 82 do CPP. Apesar de constar do referido dispositivo o termo "sentença definitiva", doutrina e jurisprudência são uníssonas em afirmar que basta, nessa hipótese, a prolação de sentença, ainda que pendente o trânsito em julgado. Nesse sentido, o enunciado da Súmula 235 deste Superior Tribunal de Justiça, segundo o qual "a conexão não determina a reunião dos processos, se um deles já foi julgado" [...] (*Habeas Corpus nº 216.887-SP, STJ, 6ª Turma, Rel. Ministro Og Fernandes, julgado em 16.8.2012, publicado no* DJ *em 27.8.2012*).

82.2. Concurso de crimes, soma e unificação da pena: Pode ocorrer, então, que um dos processos conexos e/ou continentes já esteja sentenciado, impedindo a desejada *unidade de processo e de julgamento.*

No entanto, se as regras de conexão e continência puderem gerar qualquer consequência em relação à pena de um ou mais acusados, nada impede que a soma ou unificação da pena seja feita posteriormente, já no juízo de execução penal. Se ali não se reconhecer a existência de fato que determine a ampliação da pena, a reunião posterior naquele juízo será necessária, quando nada, para a sua unificação, com observância dos limites máximos de cumprimento de penas privativas da liberdade, e, eventualmente, com redução das sanções aplicadas nos diferentes processos.

Com a Lei n. 13.964/2019, o tempo de cumprimento das penas privativas passou de 30 para 40 anos, sendo que, quando o agente for condenado a penas privativas de liberdade cuja soma seja superior a 40 (quarenta) anos, devem ser elas unificadas para atender ao limite máximo da nova disposição. Não custa realçar que essa unificação de penas se dá para o quantum de pena a ser cumprido, mas os eventuais benefícios legais (como progressão de regime etc.) deverão ser calculados e apurados sobre o montante total da pena fixada, na linha do que já se procede atualmente. A alteração legislativa foi exclusivamente quanto ao máximo de pena a ser cumprido. Evidentemente que, se houver a unificação, iniciado o cumprimento das penas, e sobrevier nova condenação que implique outra unificação, poderá se chegar novamente ao patamar de até 40 anos.

Jurisprudência

82.2. [...] O núcleo da controvérsia consiste em identificar o Juízo competente para a execução e unificação das penas: se o juízo da primeira condenação (mais antiga) que sequer deu início à execução penal em razão da fuga do sentenciado, tendo reconhecido, inclusive, a prescrição da pretensão executória, ou juízo do local em que ocorreu a segunda condenação, sendo o local que réu efetivamente iniciou o cumprimento de pena imposta, ainda que provisoriamente. [...] O Superior Tribunal de Justiça já se pronunciou no sentido de que, no caso de reeducando condenado em diversas unidades judiciárias, o juízo competente para o conhecimento, fiscalização e acompanhamento da execução é o do local onde o apenado cumpre pena [...] *(Conflito de Competência nº 177.882/PR, STJ, 6ª Turma, unânime, Rel. Min. Joel Ilan Paciornik, julgado em 26.5.2021, publicado no DJ em 8.6.2021)*

82.2. [...] Há conexão instrumental entre o crime de estelionato, ocorrido na capital do Mato Grosso do Sul, e o de furto, perpetrado na cidade de Vilhena/RO, pois a prova de uma infração constitui elemento relevante na apuração da outra infração. Embora reste configurada a conexão probatória entre os crimes em tela, inviável a reunião dos processos, nos termos da lei, cabendo ao Juízo das execuções de Campo Grande, apenas, a ulterior soma ou unificação das penas. Conflito conhecido para declarar a competência do Juízo de Direito da 1ª Vara Criminal da Comarca de Vilhena/RO, ora suscitado, para o processo e julgamento do crime de furto, o qual, transitada em julgado a ação penal, deverá remeter os autos ao Juízo competente para a execução penal de Campo Grande, que deverá proceder à soma ou unificação das penas, se for o caso *(Conflito de Competência nº 32.487-MS, STJ, 3ª Seção, Rel. Min. Arnaldo Esteves Lima, julgado em 14.2.2005, publicado no DJ em 2.3.2005)*.

82.3. Unificação da pena no crime continuado e no concurso formal: Uma das hipóteses mais significativas da necessidade de unidade de processo *na execução da pena* diz respeito aos crimes continuados (art. 71, CP), caso de conexão, e ao chamado concurso formal de delitos (art. 70, CP), em que se verifica a continência entre resultados oriundos de uma *mesma conduta*.

Em ambas as situações, a reunião será fundamental, na medida em que, seja no crime continuado, seja no concurso formal, as penas aplicadas nos distintos processos deverão ser necessariamente reduzidas.

Com efeito, a continuidade delitiva traduz ficção normativa, pela qual se impede a *maximização* da punição, diante de um conjunto de ações que, por elas mesmas, consideradas de *per si*, seriam suficientes para imposição de repetidas sanções. Veja-se o exemplo do agente que, no interior de um edifício comercial, promove a subtração de coisas em diversas salas ou lojas, pertencentes a diferentes proprietários. Se não se reconhecer a continuidade delitiva, de modo a considerar que uma conduta teria *decorrido das circunstâncias de fato, de tempo e de lugar das antecedentes*, o total de condenações individuais poderia atingir um patamar incompatível com a tutela penal do patrimônio.

Assim, havendo condenações em processos diferentes, a *unificação da pena* poderá permitir o reconhecimento e a aplicação da continuidade delitiva, a partir da pena do delito mais grave, com acréscimo de um sexto a dois terços, nos termos do art. 71 do Código Penal.

Do mesmo modo, o concurso formal poderá reduzir a quantidade de pena imposta, obedecendo-se a mesma lógica da continuidade delitiva, no que se refere ao critério de apenação: será imposta a pena do crime mais grave, acrescida de um sexto até metade, consoante as disposições do art. 70 do mesmo Código Penal.

Jurisprudência

82.3. [...] A conexão e a continência têm como finalidade garantir a união dos processos de forma a propiciar ao julgador uma melhor visão do quadro probatório, permitindo-lhe entregar a melhor prestação jurisdicional e evitando-se, com isso, a existência de decisões conflitantes. Ocorre que essa junção nem sempre pode ser conveniente, tornando até mesmo mais difícil a fase probatória, como o fato de envolver muitos réus ou por razões outras que somente o caso concreto pode determinar. O art. 80, do Código de Processo Penal, trata de hipóteses em que "será facultativa a separação dos processos quando as infrações tiverem sido praticadas em circunstâncias de tempo ou de lugar diferentes, ou, quando pelo excessivo número de acusados e para não lhes prolongar a prisão provisória, ou por outro motivo relevante, o juiz reputar conveniente a separação". Reconhecer que os crimes descritos na exordial acusatória ocorreram em continuidade delitiva com outros delitos, objeto de ação penal diversa, implica amplo reexame da matéria fático-probatória dos autos sobre as condições de tempo, lugar e maneira de execução dos delitos para determinar que os vários crimes contra o erário foram continuação de um primeiro, o que é vedado na estreita via do *habeas corpus*. Eventual existência de continuidade delitiva não torna possível o trancamento da ação penal, que só é admissível quando emerge dos autos, de forma inequívoca, a inexistência de provas da materialidade do crime ou de indícios de autoria, a atipicidade da conduta ou a extinção da punibilidade. Nada impede que, em momento oportuno, a continuidade delitiva, se demonstrada, seja considerada para o fim de unificar as penas, conforme dispõe o art. 82, *in fine*, do Código de Processo Penal. Precedentes desta Corte. Ordem denegada (*Habeas Corpus nº 73.038-SP, STJ, 5ª Turma, Rel. Min. Laurita Vaz, julgado em 15.4.2008, publicado no* DJ *em 12.5.2008*).

CAPÍTULO VI
Da Competência por Prevenção

Art. 83. Verificar-se-á a competência por prevenção toda vez que, concorrendo dois ou mais juízes igualmente competentes ou com jurisdição cumulativa, um deles tiver antecedido aos outros na prática de algum ato do processo ou de medida a este relativa, ainda que anterior ao oferecimento da denúncia ou da queixa (arts. 70, § 3º, 71, 72, § 2º, e 78, II, c).

Já vimos antes que o primeiro critério de determinação da competência territorial é o *lugar* da infração, considerando-se este o local em que se consumar a infração, ou, no caso de tentativa, no lugar em que se realizaram os últimos atos de execução (art. 70, CPP).

O segundo seria o da natureza da infração, a ser observado na hipótese de existência de varas especializadas para determinadas infrações, além, é claro, da competência constitucional do Tribunal do Júri.

Feito isso, o próximo passo seria o critério da *antecedência na distribuição do feito*, salvo quando presente a hipótese de *prevenção*, conforme estudamos por ocasião do exame do art. 69.

A regra da prevenção preferiria (isto é, teria preferência) àquela da distribuição quando: (a) existirem dois ou mais juízes igualmente competentes; (b) um deles anteceder ao outro na prática de ato jurisdicional de *conteúdo decisório,* ainda que na fase de investigação.

Embora a Lei (CPP) assim não esclareça, para que se tenha a prevenção, será preciso que o ato praticado por um dos juízes com antecedência ao outro tenha *conteúdo minimamente decisório.*

E isso porque a única justificativa da regra da prevenção reside *na otimização da atividade jurisdicional*, com o aproveitamento do *ato de conhecimento* anteriormente emanado de órgão do Poder Judiciário. Significa dizer que o conhecimento anterior acerca de matéria relevante do processo poderia *encurtar* o caminho para novos atos de conhecimentos da matéria, facilitando o exercício da atividade jurisdicional.

O juiz que, apreciando pedido de liberdade, tenha se detido com maior vagar ao exame de material investigativo, a fim de examinar a natureza *aparente* do crime em investigação, poderá se encontrar em situação de vantagem – em relação a outro juiz – no que respeita, exclusivamente, ao conhecimento da matéria. A justificativa para a adoção do critério da prevenção, portanto, repousa na diminuição da repetição de atos já realizados, em benefício da celeridade processual.

No entanto, há ou poderá haver aqui alguns problemas.

O ideal é que o ato de conhecimento de matéria alusiva à demonstração da existência de indícios de autoria e de materialidade do delito, como ocorre, por exemplo, na autorização judicial para a interceptação telefônica, seja objeto de nova avaliação, de preferência por outro magistrado, evitando-se, com isso, eventuais prevenções *do espírito* e não da *matéria.*

Contudo, não aderimos à tese no sentido de que, em tais situações, sempre haveria *contaminação* do convencimento inicial, antecipado por força da eventual concessão de medida cautelar. Risco há, mas longe de qualquer comprovação empírica.

Mais ainda. Admitindo-se a necessidade de separação entre as aludidas funções, haveria também o risco de o juiz *da ação penal*, isto é, não daquele que determinou a medida cautelar na fase de investigação, mas, sim, do outro, o juiz *da causa*, se convencer definitivamente da procedência da ação penal ao simples exame do material apresentado pelo órgão da acusação junto à peça acusatória, valendo-nos aqui do exemplo já mencionado: a eficácia probante ou de convencimento de uma interceptação telefônica vale muito mais por seu conteúdo que pelo momento cronológico de sua apreciação (fase de investigação ou fase processual).

Jurisprudência

83. [...] 1. A jurisprudência da Terceira Seção desta Corte é assente no sentido de que o magistrado que atua na fase do inquérito e/ou defere medidas cautelares antes do oferecimento da denúncia se torna prevento para o julgamento de eventual ação penal derivada das investigações. [...] *(Agravo Regimental nos Embargos de Declaração no Recurso em Habeas Corpus n. 81.629-MS, STJ, 5ª Turma, unânime, Rel. Min. Reynaldo Soares da Fonseca, julgado em 8.10.2019, publicado no* DJ *em 14.10.2019).*

83. [...] 1. É firme o entendimento desta Corte superior que a descoberta fortuita dos atos praticados pelo agente em interceptação telefônica autorizada por outro juízo, que apurava fatos distintos dos imputados na ação penal em apreço, não o torna prevento nem acarreta conexão de provas. 2. "A regra da prevenção estabelecida no art. 83 do Código de Processo Penal pressupõe a prática de um ato jurisdicional que importe em prévio conhecimento da causa, o que não ocorre quando autorizada apenas diligência no bojo do procedimento investigatório" (AgRg no REsp 1.492.472/PR, Rel. Ministro Reynaldo Soares da Fonseca, Quinta Turma, julgado em 4/10/2018, DJe 15/10/2018). [...] *(Agravo Regimental no Agravo em Recurso Especial n. 690.440-SP, STJ, 5ª Turma, unânime, Rel. Min. Ribeiro Dantas, julgado em 16.5.2019, publicado no* DJ *em 21.5.2019).*

83. [...] Conforme disposto no art. 83 do CPP, verificar-se-á a competência por prevenção toda vez que, concorrendo dois ou mais juízes igualmente competentes ou com jurisdição cumulativa, um deles tiver antecedido aos outros na prática de algum ato do processo ou de medida a este relativa, ainda que anterior ao oferecimento da denúncia ou da queixa. A precedência constante do mencionado dispositivo processual penal refere-se à prática de medida, ainda que anterior à deflagração da ação penal, de cunho eminentemente jurisdicional, característica que, se ausente, não é apta a justificar a competência por prevenção. [...] *(Recurso em Habeas Corpus n. 91.432-SP, STJ, 6ª Turma, unânime, Rel. Min. Rogerio Schietti Cruz, julgado em 2.4.2019, publicado no* DJ *em 23.4.2019).*

83. [...] 2. Os fatos apurados nas mesmas circunstâncias têm sido reiteradamente tratados em inquéritos distribuídos por prevenção, porque incidem na hipótese regras que os enquadrariam em caso de conexão probatória e intersubjetiva (ainda que se adotasse a separação em face do número de investigados envolvidos, a teor do art. 80, CPP), e porque medidas decisórias prévias, na espécie, atraem a incidência do art. 83 do CPP. [...] *(Inquérito n. 4.074-DF, STF, 2ª Turma, Rel. Min. Edson Fachin, julgado em 14.8.2018, publicado no* DJ *em 17.10.2018)*

83. [...] Ainda que o juízo de origem, com base nos depoimentos do imputado colaborador e nas provas por ele apresentadas, tenha decretado prisões cautelares e ordenado a quebra de sigilos bancário ou fiscal e a realização de busca e apreensão ou de interceptação telefônica, essas medidas, por si sós, não geram sua prevenção, com base no art. 83 do Código de Processo Penal, caso devam ser primariamente aplicadas as regras de competência do art. 70 do Código de Processo Penal (local da consumação) ou do art. 78, II, *a* ou *b*, do Código de Processo Penal (determinação do foro prevalente, no caso de conexão ou continência) [...] (*Questão de Ordem no Inquérito nº 4.130-PR, STF, 2ª Turma, unânime, Rel. Min. Dias Toffoli, julgado em 22.9.2015, publicado no* DJ *em 3.2.2016*).

83. [...] A prevenção não constitui critério de fixação da competência funcional no processo penal (art. 83 do CPP) quando o órgão predecessor na análise de ato do processo, ou medida a ele relativa, não profere decisão de mérito, apta a demonstrar pré-compreensão acerca da materialidade do delito ou de sua autoria. Precedente: RE 88417, Relator(a): Min. RAFAEL MAYER, Primeira Turma, julgado em 24/04/1979. 2. A incompetência resultante de inobservância da competência funcional por prevenção é relativa, consoante remansosa jurisprudência da Corte (HC 103226, Relator(a): Min. Dias Toffoli, Primeira Turma, julgado em 10.4.2012; HC 103510, Relator(a): Min. Ellen Gracie, Segunda Turma, julgado em 30.11.2010). Súmula nº 706 do STF: "*É relativa a nulidade decorrente da inobservância da competência penal por prevenção*". 3. A força instrutória dos indícios é bastante para a elucidação de fatos, podendo, inclusive, por si própria, o que não é apenas o caso dos autos, conduzir à prolação de decreto de índole condenatória, quando não contrariados por contraindícios ou por prova direta. [...] (*Habeas Corpus nº 97.781-PR, STF, 1ª Turma, Rel. Min. Marco Aurélio, Redator do acórdão Min. Luiz Fux, julgado em 26.11.2013, publicado no* DJ *em 17.3.2014*).

CAPÍTULO VII
Da Competência pela Prerrogativa de Função

Art. 84. A competência pela prerrogativa de função é do Supremo Tribunal Federal, do Superior Tribunal de Justiça, dos Tribunais Regionais Federais e Tribunais de Justiça dos Estados e do Distrito Federal, relativamente às pessoas que devam responder perante eles por crimes comuns e de responsabilidade.

§ 1º (*Vide ADIN nº 2797*)

§ 2º (*Vide ADIN nº 2797*)

84.1. Constituição da República e foro privativo por prerrogativa de função: Para não perdermos tempo: o art. 84 do CPP, com a redação dada pela Lei nº 10.628/02, padece de dois males incuráveis. Aliás, de um só, já que o outro, a inconstitucionalidade manifesta de seus dois parágrafos, foi definitivamente reconhecido pelo Supremo Tribunal Federal, no julgamento da ADIN 2.797. E pelas razões que justificam a inutilidade total do seu *caput*, cuja validade somente persiste no ponto em que puder convergir com as disposições constitucionais relativas à matéria.

Ou seja: toda a matéria alusiva aos foros privativos decorrentes do exercício de determinadas funções é reservada à Constituição, dispensando-se a repetição de seu conteúdo em normas infraconstitucionais. Nada há, então, a se referir aos parágrafos únicos do citado dispositivo legal. E, por igual fundamento, nada há que se reportar ao *caput* do mesmo art. 84, ora em comento. A matéria tem foro na ordem constitucional, que é a que examinaremos a seguir.

Jurisprudência

84.1. [...] IV – O Supremo Tribunal Federal, no julgamento da ADIn n. 2.797/DF (Rel. Min. Sepúlveda Pertence, DJ de 19.12.2006), consignou ser a competência constitucional exaustiva e taxativa, de modo que a prerrogativa de foro restringe-se aos casos de responsabilidade penal, sendo vedada sua ampliação por construção jurisprudencial ou pela atividade do legislador ordinário. [...] (*Agravo Interno na Reclamação n. 3.933-MG, STJ, 1ª Seção, Rel. Min. Regina Helena Costa, julgado em 8.8.2018, publicado no DJ em 14.8.2018*)

84.2. Crimes comuns e crimes de responsabilidade: É preciso esclarecer desde logo que a competência por prerrogativa de função pode estar presente nos crimes comuns e nos chamados crimes de responsabilidade. Para fins, exclusivos, da distinção entre estes (crimes comuns e crimes de responsabilidade), consideram-se *comuns* todos os crimes que não sejam *de responsabilidade*. Esclarecendo: estudaremos aqui a competência de foro para o julgamento dos crimes previstos no Direito Penal *stricto sensu*, tenha ele natureza eleitoral, militar ou da legislação penal ordinária (Código Penal e legislação *extravagante*). Os impropriamente chamados crimes *de responsabilidade* não se submetem aos princípios e regras essenciais do Direito Penal, caracterizando-se como infrações *político-administrativas,* cuja consequência está relacionada com a perda do cargo ou função e eventual proibição de exercício futuro e não com as sanções específicas do Direito Penal.

Em resumo: crimes de responsabilidade dizem respeito à má atuação do agente público (agente político ou servidor público), no âmbito da respectiva atribuição (função ou cargo público); crimes comuns, ao contrário, dizem respeito à totalidade da conduta do ocupante de cargo público, seja no âmbito privado (homicídio, furto, crimes contra a ordem financeira etc.), seja no âmbito da Administração Pública (peculato, corrupção etc.).

Embora não tenham os crimes de responsabilidade uma vinculação estreita com a estrutura do direito penal (tipicidade estrita, culpabilidade enquanto juízo de reprovação associado ao bem jurídico atingido, por exemplo), terminaram por serem reconhecidos como infrações de natureza penal, segundo a jurisprudência – equivocada, ressalte-se – do Supremo Tribunal Federal, a afirmar a legitimidade exclusiva do Ministério Público para a respectiva ação judicial (ação penal, portanto). Com isso, algumas regras previstas em legislações específicas, como é o caso da Lei nº 1.079/50, não foram recepcionadas pelo texto constitucional, no ponto em que afirmavam a possibilidade do início da ação por qualquer cidadão (art. 14).

No entendimento da Suprema Corte, portanto, os crimes de responsabilidade, embora caracterizados como infrações político-administrativas, devem ser submetidos à persecução penal, ainda que a jurisdição responsável pelo seu julgamento não se inclua no conceito de *jurisdição comum*, dos juízes e tribunais nacionais, mas da *jurisdição política*, exercida, em regra – mas não sempre – por órgãos do Parlamento (Câmara de Vereadores, Assembleias e Congresso Nacional).

Embora não expressamente previsto na Constituição, também as contravenções penais eventualmente praticadas por quem tenha prerrogativa de foro deverão ser julgadas a quem atribuída a competência geral do julgamento dos crimes comuns.

Jurisprudência

84.2. [...] Os substitutos eventuais do Presidente da República – o Presidente *da Câmara dos Deputados*, o Presidente *do Senado Federal* e o Presidente *do Supremo Tribunal Federal* (CF, art. 80) – ficarão unicamente impossibilitados de exercer, *em caráter interino*, a Chefia do Poder Executivo da União, caso ostentem a posição de réus criminais, condição que assumem *somente após o recebimento judicial* da denúncia ou da queixa-crime (CF, art. 86, § 1º, I). Essa interdição, *contudo* – por unicamente incidir *na hipótese estrita* de convocação para o exercício, *por substituição*, da Presidência da República (CF, art. 80) –, não os impede de desempenhar a Chefia que titularizam no órgão de Poder que dirigem, razão pela qual não se legitima *qualquer* decisão que importe *afastamento imediato* de tal posição funcional *em seu órgão de origem*. A *ratio* subjacente a esse entendimento (exigência de preservação *da respeitabilidade das instituições republicanas*) apoia-se no fato de que não teria sentido que os substitutos eventuais a que alude o art. 80 da Carta Política, ostentando a condição formal de acusados em juízo penal, viessem a dispor, *para efeito de desempenho transitório* do ofício presidencial, *de maior aptidão jurídica* que o próprio Chefe do Poder Executivo da União, *titular do mandato*, a quem a Constituição impõe, *presente o mesmo contexto* (CF, art. 86, § 1º), o necessário afastamento cautelar do cargo para o qual foi eleito. *(Referendo na Medida Cautelar na ADPF n. 402, STF, Plenário, Rel. Min. Marco Aurélio, julgado em 7.12.2016, publicado no DJ em 29.8.2018).*

84.2. [...] O juízo político de admissibilidade por dois terços da Câmara dos Deputados em face de acusação contra o Presidente da República, nos termos da norma constitucional aplicável (CRFB, art. 86, *caput*) precede a análise jurídica pelo Supremo Tribunal Federal, se assim autorizado for a examinar o recebimento da denúncia, para conhecer e julgar qualquer questão ou matéria defensiva suscitada pelo denunciado. Precedentes. [...] *(Questão de Ordem no Inquérito n. 4.483-DF, STF, Plenário, Rel. Min. Edson Fachin, julgado em 21.9.2017, publicado no DJ em 13.6.2018).*

84.2. [...] A competência originária do Supremo Tribunal Federal para processar e julgar parlamentar federal alcança a supervisão de investigação criminal. Atos investigatórios praticados sem a supervisão do STF são nulos. [...] (*Inquérito nº 3.438-SP, STF, 1ª Turma, maioria, Rel. Min. Rosa Weber, julgado em 11.11.2014, publicado no DJ em 10.2.2015*).

84.2. [...] Em que pese à natureza jurídica controvertida dos crimes de responsabilidade, a regra geral da iniciativa popular à instauração do processo de desqualificação funcional não é aplicável nas pretensões deduzidas perante o Poder Judiciário, cuja apuração judicial, neste e nos crimes de falsificação de documento público, prevaricação e usurpação de função pública, também imputados ao denunciado, está sujeita à ação penal pública, da atribuição exclusiva do Ministério Público. Precedentes do STF. A própria Lei nº 1.079/50, no seu artigo 3º, prevê a dupla qualificação jurídico-penal do mesmo fato, a caracterizar crime de responsabilidade e crime comum, e ensejar apuração no mesmo procedimento inquisitorial e cumulação de ação penal de natureza pública. Não comete o Desembargador crime de responsabilidade, senão nos delitos próprios de que cuida o parágrafo único do artigo 39-A da Lei nº 1.079, de 10 de abril de 1950, incluído pela Lei nº 10.028, de 19 de outubro de 2000 [...] (*Ação Penal nº 329-PB, STJ, Corte Especial, Rel. Min. Hamilton Carvalhido, julgado em 20.9.2006, publicado no DJ em 23.4.2007*).

....

84.3. Foro privativo e prerrogativa de função: Ao exame do juiz natural, vimos que a competência constitucional abrange a competência *em razão da matéria* e a competência *por prerrogativa de função*. Veremos a seguir quais foram os critérios utilizados na Constituição da República para a eleição de foros privativos segundo a relevância da função exercida pelo acusado. Deixa-se assentado, então, que a competência por prerrogativa de função pertence unicamente aos Tribunais, ou seja, a órgãos colegiados, integrados por magistrados com maior experiência judicante (em tese), e cujas decisões não ficam reservadas a uma única valoração jurídico-penal, como ocorre na primeira instância, com os juízes singulares.

E como se trata de competência a ser fixada *em razão da função exercida*, o primeiro critério não poderia deixar de ser o da *simetria*, considerando-se a competência do Tribunal pela relevância funcional do cargo em exercício.

O entendimento atual do Supremo Tribunal Federal é no sentido de que, como regra, devam permanecer no âmbito da sua competência apenas as pessoas que eventualmente detenham a prerrogativa de foro, realizando-se a cisão quanto às demais (Precedente no Inquérito nº 3.515, Plenário, julgado em 13.2.2014 – Observamos ainda que o teor da ementa do julgado pode indicar eventual entendimento no sentido de que a cisão seria obrigatória, mas este posicionamento é apenas do relator do caso, Ministro Marco Aurélio. *Destaca-se a necessidade de observância do que fixado nos votos dos Ministros Roberto Barroso e Teori Zavascki*). Além disso, o Supremo Tribunal Federal vem reiteradamente assentando que autoridades judiciais inferiores não podem realizar a cisão do feito com envio ao STF dos fatos que eventualmente estejam na sua competência. A competência para a realização ou não da análise da cisão é da autoridade judicial mais elevada.

Também já houve inúmeras manifestações no sentido de que o "*encontro de indícios de envolvimento de autoridade detentora de foro privilegiado durante atos instrutórios subsequentes, por si só, não resulta em violação de competência desta Suprema Corte, máxime à vista de prévio desmembramento pelo Supremo Tribunal Federal*" (AgRg na Recl. nº 24.138-PR, STF, 2ª Turma, unânime, julgado em 23.8.2016, publicado no *DJ* em 14.9.2016).

Nessa linha, compreendemos de suma importância alertar que o deslocamento de competência para um tribunal em razão da prerrogativa de foro não pode se dar com base em meras suposições ou, ainda, por referências vagas e imprecisas a respeito de condutas de cunho criminal que possam ter sido praticadas por quem detenha a prerrogativa. É fundamental haver uma indicação objetiva (mínima que seja) sobre um fato que em tese seja crime e que, igualmente também se suspeite com mínima segurança, tenha sido praticado por quem deva ser processado perante o tribunal de acordo com as regras de competência. Exatamente por isso que, há muito, o Supremo Tribunal Federal vem reiterando que "*a simples menção de nomes de parlamentares, por pessoas que estão sendo investigadas em inquérito policial, não tem o condão de ensejar a competência do Supremo Tribunal Federal para o processamento do inquérito, à revelia dos pressupostos necessários para tanto dispostos no art. 102, I, 'b', da Constituição*" (Agravo Regimental na Reclamação nº 2.101/DF, Rel. Min. Ellen Gracie, Plenário, julgado em 1º.7.2002, publicado no *DJ* em 20.9.2002). Esse posicionamento vem sendo reiterado pelo STF, como se vê de julgado de 2022, no qual o STF reafirmou que "*segundo a jurisprudência da Corte, a simples menção ao nome de autoridades detentoras de prerrogativa de foro, seja em depoimentos prestados por testemunhas ou investigados, seja na captação de diálogos travados por alvos de censura telefônica judicialmente autorizada, assim como a existência de informações, até então, fluidas e dispersas a seu respeito, são insuficientes para o deslocamento da competência para o juízo hierarquicamente superior. Para que haja a atração da causa para o foro competente, é imprescindível a constatação da existência de indícios da participação ativa e concreta do titular da prerrogativa em ilícitos penais"(Habeas Corpus nº 189.115-BA, STF, 1ª Turma, Rel. Min. Dias Tóffoli, julgado na sessão virtual de 19.11.2021 a 26.11.2021, publicado no DJ em 22.2.2022)*

Nunca é demais ressaltar, ainda, que a competência por prerrogativa de função diz com as ações penais e não com eventuais – e até correlatas – ações de natureza civil, como é o caso das ações civis públicas por improbidade administrativa.

Para haver o deslocamento, é preciso que existam elementos indicativos mínimos da participação de quem possui a prerrogativa de foro. Desse modo, cremos, não bastam *meras ilações* de *possível* participação ou, ainda, meras e *vagas referências* (em depoimentos, notícias, interceptações etc.) de nomes de pessoas que talvez participem da empreitada criminosa para que se possa cogitar o deslocamento. A circunstância (pelo menos) indiciária deve ter mínimo substrato probatório, pena de gerar deslocamentos indevidos de feitos criminais para tribunais em competência originária. De se referir, ainda, ser totalmente descabido eventual *indiciamento* de detentor de prerrogativa de foro que esteja sendo investigado, sobretudo porque não se dá sob o comando de autoridade policial e em bojo de inquérito *policial*. Eventual indiciamento caracteriza constrangimento ilegal a ser sanado por imediata intervenção da autoridade judicial competente.

O quadro a seguir permitirá uma visão completa do cenário, devendo ser observada a relação entre a competência dos Tribunais e a relevância da função exercida pelo eventual acusado.

Jurisdição competente	Executivo	Judiciário	Legislativo	Outros
STF	Presidente, Vice-Presidente, Ministros e Advogado--Geral da União	Membros dos Tribunais Superiores, incluindo o STF	Membros do Congresso Nacional, com as limitações nos termos do precedente da QO na AP nº 937 *(item 84.4.1)*	Procurador-Geral da República, Comandante das Forças Armadas, Membros do Tribunal de Contas da União e Chefes de missão diplomática
STJ	Governadores	Membros dos TRF, dos TRE, dos TJ e dos TRT	–	Membros dos Tribunais de Contas dos Estados, Distrito Federal e Municípios e membros do MP da União que atuam perante Tribunais
TRF TJ TRE (somente para crimes eleitorais)	Prefeitos	Juízes de Direito, Juízes Federais, Juízes do Trabalho, Juízes Militares da União	Deputados estaduais	Membros do MP da União (MPF, MPT, MPM, MP do DF) e do MP Estadual

Importante fazer menção que, malgrado precedentes mais antigos referidos inclusive na presente obra, o Supremo Tribunal Federal consolidou seu entendimento no ano de 2023 a respeito da necessidade de haver *supervisão na* investigação e no processamento de pessoas detentoras de prerrogativa de foro *(sobre o início de investigações mediante autorização/determinação do relator em ação penal originária perante o STF, vide anotações ao item 84.4.2)*. Atente-se que, segundo consta explicitamente nesse julgado, a decisão não implica a exigência de haver *prévia autorização* do tribunal competente, mas tão logo instaurada a apuração deva ela ser *comunicada* para fins de *supervisão* dos atos, mesmo que não haja atos processuais em que esteja presente a reserva de jurisdição.

Mas referimos aqui também que, no âmbito do STF, o procedimento vigente sempre foi de exigir *prévia autorização* por conta do seu Regimento Interno, como se extrai, dentre tantos, do voto-condutor na ADI 7.447-PA: *"a jurisprudência do Supremo Tribunal consolidou-se no sentido de que as investigações contra autoridades com prerrogativa de foro nesta Corte submetem-se ao prévio controle judicial, o que inclui a autorização judicial para as investigações, nos termos do art. 21, XV, do RISTF, segundo o qual "são atri-*

buições do Relator [...] determinar a instauração de inquérito a pedido do Procurador--Geral da República, da autoridade policial ou do ofendido". Malgrado sejam encontradas decisões referindo exigência de *autorização* para processamento, em nosso juízo a consolidação do entendimento de ser necessária apenas uma *supervisão judicial* se deu no ano de 2023 no julgamento dos Embargos de Divergência no Recurso Extraordinário com Agravo nº 1.322.854-GO, interpostos contra decisão da 2ª Turma do STF, que reconhecera essa necessidade para processamento de autoridade detentora de prerrogativa de foro. Há expressa referência pelo oponente dos embargos que a posição do Plenário do STF era em sentido contrário (AC nº 4.297/DF e Reclamação nº 25.537/DF), salvo para a produção de provas que demandassem a observância da reserva de jurisdição. A discussão toda se deu em face da decisão da 2ª Turma que reconhecera que a instauração de inquérito por delegado de polícia contra Prefeito Municipal, por fatos relacionados ao exercício do mandato, sem prévia requisição da Procuradoria-Geral de Justiça e supervisão do Tribunal respectivo, ofenderia o art. 29, X, da Constituição Federal.

Relatora do feito, a Ministra Cármen Lúcia reconheceu explicitamente a desnecessidade da prévia autorização. Em voto divergente (e que preponderou), o Ministro Gilmar Mendes sustentou que seriam nulas as provas colhidas em inquérito policial sem a *supervisão* do Tribunal originário nos casos em que haja apuração de fatos envolvendo pessoa detentora da prerrogativa de foro. Apontou distinção para os julgados da AC 4.297 e Rcl 25.537, nos quais, disse, haveria "questão complexa e incomum", com dúvidas acerca do juízo competente, o que levou a Suprema Corte entender que seria necessário validar os elementos de prova não sujeitos à cláusula da reserva de jurisdição. Registramos posição no sentido de que não se pode exigir *prévia* autorização para investigação de autoridades detentoras de foro privilegiado (sempre ressalvando a necessidade quando o tema envolver produção probatória com reserva de jurisdição).

Claro que sempre deverá haver controle sobre investigações levadas a efeito. Tanto é que a Suprema Corte já reconheceu há muito que "o *Ministério Público dispõe de competência para promover, por autoridade própria, e por prazo razoável, investigações de natureza penal, desde que respeitados os direitos e garantias que assistem a qualquer indiciado ou a qualquer pessoa sob investigação do Estado, observadas, sempre, por seus agentes, as hipóteses de reserva constitucional de jurisdição e, também, as prerrogativas profissionais de que se acham investidos, em nosso País, os Advogados (Lei 8.906/94, artigo 7º, notadamente os incisos I, II, III, XI, XIII, XIV e XIX), sem prejuízo da possibilidade – sempre presente no Estado democrático de Direito – do permanente controle jurisdicional dos atos, necessariamente documentados (Súmula Vinculante 14), praticados pelos membros dessa instituição"_(RE n. 593.727-MG, Rel. Min. Cezar Peluso, Relator para o acórdão Ministro Gilmar Mendes, vencidos Cezar Peluso, Ricardo Lewandowski, Dias Toffoli e Marco Aurélio. Julgado em 14.5.2015, publicado no DJ em 8.9.2015)*, cujo raciocínio se aplica igualmente para as investigações realizadas pelas demais autoridades com competência para tanto, inclusive em sede de inquérito policial.

Permitir a apuração dos fatos sem que haja uma *autorização* do tribunal respectivo reforça o princípio isonômico no sentido de que a regra deva ser a produção das provas sem qualquer prévio controle (evidente que observada a reserva de jurisdição).

Referimos também que, posteriormente ao julgado mencionado e já no final do ano de 2023, o STF reforçou posição no sentido de que "o Plenário do Supremo Tribunal Federal firmou entendimento no sentido de que o foro por prerrogativa de função *não exige* autorização do tribunal de origem para a abertura do inquérito policial", mas apenas que haja a imediata comunicação e supervisão dos atos que estão sendo realizados *(Segundo Agravo Regimental no Habeas Corpus nº 174.841, STF, 2ª Turma, Rel. Min. Gilmar Mendes, sessão virtual de 3.11.2023 a 10.11.2023, publicado no DJ em 24.11.2023).*

Jurisprudência

84.3. [...] A jurisprudência do Supremo Tribunal Federal adota, como regra, o desmembramento dos procedimentos penais originários para os imputados não detentores de foro por prerrogativa de função, exceto se a cisão implicar prejuízo relevante ao esclarecimento dos fatos, o que se verifica no presente caso. [...] *(Inquérito Policial n° 4.450, STF, 2ª Turma, Rel. Min. Edson Fachin, julgado em 6.9.2024, publicado no DJ em 18.9.2024)*

84.3 [...] Exigência de prévia autorização do Órgão Especial do Tribunal de Justiça Local para o deferimento de medidas cautelares para fins de investigação criminal ou instrução processual de investigados ou processados com foro por prerrogativa de função perante a referida Corte. [...] 3. A controvérsia delineada nos autos diz respeito à validade de norma introduzida na Constituição Goiana para condicionar o deferimento de medidas cautelares para fins de investigação e de instrução processual penal em desfavor de autoridades detentoras de foro por prerrogativa de função perante o Tribunal de Justiça Local à prévia autorização judicial, mediante decisão fundamentada da maioria absoluta do respectivo órgão especial. Questão que se distingue daquela objeto da ADI nº 6.732, apesar de ter com ela certa conexão.

4. Compete privativamente à União legislar sobre direito penal e processual penal (CF, art. 22, inciso I), razão pela qual não pode a Constituição do Estado-membro, ao enumerar as competências do Tribunal de Justiça Local e, mais especificamente, ao regular o foro por prerrogativa de função, dispor diversamente ou desbordar dos limites estabelecidos no modelo federal, contido no próprio Regimento Interno da Suprema Corte, o qual tem status de lei ordinária e, em seu art. 21, inciso XV, confere ao Relator competência para determinar a instauração de inquérito. Ademais, como já decidido pelo STF na ADI nº 5.331, o Regimento Interno do STF não exige que o prosseguimento da investigação seja autorizado por órgão colegiado, bastando que o relator decida a respeito.

5. A norma contestada, além de ir de encontro à jurisprudência constitucional, ignorando toda uma linha histórica de precedentes sobre a matéria, destoa da lógica estabelecida por outras importantes disposições do Regimento Interno do Supremo Tribunal Federal, especialmente o art. 21, incisos IV e V, §§ 5º e 8º, e o art. 230-C, § 2º, segundo as quais, nas hipóteses de competência originária da Suprema Corte, o ministro relator pode apreciar monocraticamente as medidas cautelares penais requeridas durante a fase de investigação ou no decorrer da instrução processual nos casos de urgência, ou, ainda, quando a sigilosidade se mostrar necessária para se assegurar a efetivação da diligência pretendida, ressalvada a obrigatoriedade de referendo pelo órgão colegiado competente em momento oportuno, sobretudo quando resultar em prisão cautelar, mas sempre sem comprometer ou frustrar sua execução.

6. A evolução gradual da jurisprudência constitucional quanto à necessidade de autorização judicial prévia para a instauração (ou a continuidade) das investigações em detrimento de autoridades detentoras de foro por prerrogativa de função levou, concomitantemente, à formulação do entendimento jurisprudencial de que a competência do Tribunal para a supervisão judicial nesses casos não torna obrigatória a deliberação do respectivo órgão colegiado, bastando decisão do ministro ou desembargador relator.

7. Conversão do referendo à medida liminar em julgamento definitivo de mérito para se julgar parcialmente procedente o pedido formulado na presente ação direta, confirmando-se a liminar outrora deferida monocraticamente, a fim de se declarar a inconstitucionalidade da expressão mediante decisão tomada pela maioria absoluta do órgão especial previsto no inciso XI do art. 93 da Constituição da República, contida na alínea p do inciso VIII do art. 46 da Constituição do Estado de Goiás, com a redação conferida pela Emenda Constitucional nº 77, de 2023, e para dar à parte remanescente do referido dispositivo interpretação conforme à Constituição, a fim de se esclarecer que o desembargador relator pode apreciar monocraticamente as medidas cautelares penais requeridas durante a fase de investigação ou no decorrer da instrução processual, nos casos de urgência, ou, ainda, quando a sigilosidade se mostrar necessária para assegurar a efeti-

vação da diligência pretendida, ressalvada a obrigatoriedade de referendo pelo órgão colegiado competente em momento oportuno, sobretudo quando resultar em prisão cautelar, mas sempre sem comprometer ou frustrar sua execução. *(Medida Cautelar na ADI nº 7.496, STF, Plenário, Rel. Min. Dias Tóffoli, Sessão Virtual de 14.6.2024 a 21.6.2024m, publicado no DJ em 3.7.2024)*

84.3 [...] Preliminar de incompetência sob fundamento de que o crime imputado ao réu não possui relação com o exercício do cargo de Desembargador. Não aplicação do precedente do STF no julgamento da QO na AP 937. Afronta à isenção e à independência que devem nortear a atividade jurisdicional na hipótese em que a autoridade com foro por prerrogativa de função é processada criminalmente perante Juiz de Direito vinculado ao mesmo Tribunal. Competência do STJ. Precedentes.[...] (Inquérito nº 1.587-DF, STJ, Corte Especial, Rel. Min. Sebastião Reis Júnior, julgado em 17.4.2024, publicado no DJ em 8.5.2024)

84.3 [...Processual penal. [...] Notitia criminis. Autoridade com prerrogativa de foro. Aposentadoria. [...] 1. Procedimento no qual consta *notitia criminis* que imputa suposta prática delitiva a agente que se aposentou do cargo de Desembargador de Tribunal de Justiça. 2. Considerando o que restou decidido pelo STF, nos autos da QO na Ação Penal n. 937, o declínio da competência é medida que se impõe, já que o noticiado não possui prerrogativa de foro nesta Corte e não há, sequer, instauração de Inquérito sob supervisão do STJ. *3. Agravo regimental não provido. (Agravo Regimental na Petição nº 16.211-DF, STJ, Corte Especial, Rel. Min. Nancy Andrighi, julgado em 15.5.2024, publicado no DJ em 20.5.2024)*

84.3 [...] 1. A orientação firmada no Supremo Tribunal Federal – STF e neste Superior Tribunal de Justiça - STJ é no sentido de que, em se tratando de foro por prerrogativa de função, a interpretação é estrita (ou estritíssima, consoante o brocardo), consonante que é com o princípio republicano e com o princípio da igualdade, não cabendo ampliação para, por analogia, inserir outras autoridades que não aquelas contempladas nas regras constitucionais, ou incluir crimes que não tenham relação com as funções públicas exercidas, sobretudo após o julgamento, pelo primeiro, da QO na AP 937-DF (Rel. Ministro Roberto Barroso, Tribunal Pleno, julgado em 03/05/2018, DJe 10-12-2018); e, pelo último, da QO na APn 878-DF (Rel. Ministro Benedito Gonçalves, Corte Especial, julgado em 21/11/2018, DJe 19/12/2018).

2. As autoridades para as quais a Constituição prevê foro prerrogativa de função no STJ apenas ostentam esse direito (nos termos do art. 105, I, "a", da Constituição da República) quando acusados da prática de crimes cometidos durante o exercício do cargo e relacionados às funções públicas desempenhadas.

3. A divulgação de fake news (art. 323 do Código Eleitoral) e ofensa à honra de outros candidatos ao pleito majoritário (arts. 324, 325 e 326 do Código Eleitoral) são delitos que podem ser praticados por qualquer concorrente ao pleito, Governador ou não, pois são delitos que se destinam à obtenção da função, e não ao seu exercício propriamente dito. 4. Remessa dos autos ao Tribunal Regional Eleitoral do Estado de Roraima, para que distribua os autos ao juízo eleitoral competente para o processamento do feito. [...] *(Agravo Regimental na Petição nº 16.031-DF, STJ, Corte Especial, Rel. Min. Benedito Gonçalves, sessão virtual de 21.2.2024 a 27.2.2024, publicado no DJ em 5.3.2024)*

84.3 [...] III - Sobre o tema, o entendimento desta Corte, amparado na jurisprudência do Supremo Tribunal Federal, é no sentido de que o foro por prerrogativa de função aplica-se apenas aos crimes cometidos durante o exercício do cargo e relacionados às funções desempenhadas, nos termos decididos na Questão de Ordem da AP 937.

IV - Certo é que para dirimir controvérsias que versem acerca da alteração da competência por foro por prerrogativa de função é necessário analisar, primeiramente, a existência de indícios concretos que confirmem a suposta participação de detentor do privilégio nos delitos investigados. Em segundo lugar, é importante considerar a existência de mandatos consecutivos, porquanto o exercício de diferentes mandatos em ordem sequencial e ininterrupta culmina na prorrogação do foro por prerrogativa de função.

V - No caso em análise, não se tratou de simples notícia de um possível envolvimento de autoridade com prerrogativa de função, cujas investigações não concluíram pela sua efetiva participação na empreitada criminosa, vez que o corréu que detinha o foro especial foi alvo de apuração, com a sua inclusão na denúncia.

[...] VIII - Na hipótese, é incontroverso que no momento do recebimento da denúncia o corréu detinha cargo que atraia a competência Superior Tribunal de Justiça do Tribunal, ao qual incumbia análise de conveniência e oportunidade quanto ao julgamento conjunto dos agentes que não possuíam foro por prerrogativa de função. Portanto, a violação ao princípio do juiz natural é evidente, não sendo possível aventar a teoria da aparência, pois não há como se sustentar que um magistrado de primeira instância era aparentemente competente para receber a denúncia em face de Secretário Estadual. Precedentes: EDcl no AgRg no RHC n. 135.206/RJ, Quinta Turma, Rel. Min. Jesuíno Rissato (Desembargador Convocado do TJDFT), Rel. p/ Acórdão Min. João Otávio de Noronha, julgado em 09/11/2021 e AgRg no RExt n. 1.322.854, Rel. Min. Ricardo Lewandowski, DJe de 03/08/2021. Agravo regimental parcialmente provido para dar parcial provimento ao recurso ordinário em *habeas corpus*, para reconhecer a nulidade das decisões prolatadas pelo Juízo da 26ª Vara Criminal do Rio de Janeiro/RJ desde o recebimento da denúncia, determinando o retorno àquele Juízo para que proceda à nova análise da denúncia e ao *prosseguimento do feito.(Agravo Regimental no Recurso em Habeas Corpus nº 164.520-RJ, STJ, 5ª Turma, Rel. Min. Joel Ilan Paciornik, por maioria, julgado em 7.5.2024, publicado no DJ em 22.5.2024)*

84.3 Inquérito. Competência originária. Penal e Processual Penal. Fixação da competência da Corte para análise do recebimento da denúncia. Parlamentar que já deixou o cargo. Denúncia pronta para análise do juízo de admissibilidade. Hipótese de prorrogação da competência, nos termos do que fixado na QO na AP 937 e em julgados subsequentes. [...] *(Inquérito nº 4.529-Mérito, STF, Plenário, Rel. Min. Gilmar Mendes, sessão virtual final de 2.2.2024 a 9.2.2024, publicado no DJ em 1º.3.2024)*

84.3 [...] 1. As hipóteses de foro por prerrogativa de função são previstas diretamente pela Constituição Federal, que as institui em caráter exauriente, e constituem excepcionais ressalvas aos princípios do juiz natural (CF, art. 5º, XXXVI e LIII) e da igualdade (CF, art. 5º, caput). Nessa condição, devem ser interpretadas de maneira estrita, sob pena de se transformar a exceção em regra.

2. As investigações contra autoridades com prerrogativa de foro nesta SUPREMA CORTE submetem-se ao prévio controle judicial, o que inclui a autorização judicial para as investigações, nos termos do art. 21, XV, do RISTF. Precedentes.

3. Como expressão da própria regulamentação constitucional do foro por prerrogativa de função, aplica-se a mesma exigência de prévia autorização judicial para a instauração de investigações penais originárias que envolvam autoridades com prerrogativa de foro nos Tribunais de segundo grau. Precedentes. 4. Medida cautelar, concedida parcialmente, referendada para: (a) atribuindo interpretação conforme ao arts. 161, I, a e b, da Constituição do Pará, e aos arts. 24, XII, 116, 118, 232, 233 e 234 do RITJPA, ESTABELECER a necessidade de autorização judicial para a instauração de investigações penais originárias perante o Tribunal de Justiça do Estado do Pará, seja pela Polícia Judiciária, seja pelo Ministério Público; e (b) DETERMINAR o imediato envio dos inquéritos policiais e procedimentos de investigação, tanto da Polícia Judiciária, quanto do Ministério Público, instaurados ao Tribunal de Justiça, para imediata distribuição e análise do Desembargador Relator sobre a justa causa para a continuidade da investigação. *(Referendo na Medida Cautelar na ADI nº 7.447-PA, STF, Plenário, Rel. Min. Alexandre de Moraes, unânime, julgado em 2.10.2023, publicado no DJ em 16.10.2023)*

84.3. [...] 1. Nos termos do pacífico entendimento do Superior Tribunal de Justiça e do Supremo Tribunal Federal, a competência *ratione personae* dos membros do Poder Judiciário pressupõe a ocupação do cargo público, razão pela qual a aposentadoria, voluntária ou compulsória, encerra a hipótese de foro por prerrogativa de função. Tema 453 do Supremo Tribunal Federal.

2. Embora a Súmula 704 do Supremo Tribunal Federal permita a atração por continência ou conexão do processo ou inquérito ao foro por prerrogativa de função de outro denunciado ou investigado, inexiste no caso dos autos qualquer feito capaz de exercer a *vis atractiva*, haja vista o trancamento dos inquéritos correlatos, por força de decisões proferidas pelo Supremo Tribunal Federal.

3. Ademais, mesmo se houvesse conexão, é certo que a reunião de ações penais e/ou de inquéritos por conexão ou continência não representa uma obrigação, mas sim o resultado de um juízo de valor quanto à excepcional conveniência do julgamento conjunto dos feitos (Código de Processo Penal, art. 80), a ser promovido pela própria Corte Superior, o que inexiste no caso con-

creto. [...] *(Agravo Regimental na Ação Penal nº 981-DF, STJ, Corte Especial, Rel. Min. Raul Araújo, julgado em 18.10.2023, publicado no DJ em 3.11.2023)*

84.3. [...] 1. Promovido o arquivamento de inquérito em relação a investigado detentor de prerrogativa de foro no STJ, devem os autos retornar ao juízo originário da causa.

2. Não cabe ao STJ, após cessada sua competência por prerrogativa de função, julgar originariamente questões que digam exclusivamente com os não detentores de prerrogativa funcional. [...] (Agravo Regimental nos Embargos de Declaração na Ação Penal nº 1.004–GO, STJ, Corte Especial, Rel. Min. João Otávio de Noronha, sessão virtual de 7.12.2022 a 13.12.2022, publicado no DJ em 16.12.2022)

84.3. [...] 1. A autoridade policial instaurou inquérito para investigar Prefeito por atos contemporâneos ao exercício da função pública, sem submeter as investigações ao controle do Tribunal de Justiça.

2. Ofensa ao art. 29, X, da CF, porque a ciência do Tribunal de Justiça ocorreu em momento posterior à instauração do inquérito policial. Nos casos de prerrogativa de foro, a atividade de supervisão judicial deve ser constitucionalmente desempenhada durante toda a tramitação das investigações, desde a abertura dos procedimentos investigatórios até o eventual oferecimento, ou não, da denúncia, pelo dominus litis (Inq, 2.411/MT, da minha relatoria, Tribunal Pleno, DJe 10.10.2007).

3. O devido processo legal é ainda mais necessário nas fases preliminares da persecução penal, em que os atos praticados pelos agentes estatais visam à obtenção de elementos informativos para subsidiar o futuro oferecimento da ação penal.

4. Embargos rejeitados para manter o acórdão da Segunda Turma desta Corte que, reconhecendo flagrante desobediência ao foro por prerrogativa de função, deu provimento a recurso extraordinário interposto pela defesa para declarar a nulidade de todos os atos praticados nos autos do inquérito policial. ***(Embargos de Divergência no Agravo no Recurso Extraordinário nº 1.322.854-GO, STF, Plenário, Rel. para o acórdão Min. Gilmar Mendes, Plenário, por maioria, sessão virtual de 23 a 30 de junho de 2023, publicado no DJ em 15.8.2023)***

84.3. [...] 1. Embora fixada pelo egrégio Supremo Tribunal Federal tese segundo a qual "*o foro por prerrogativa de função aplica-se apenas aos crimes cometidos durante o exercício do cargo e relacionados às funções desempenhadas*" (QO na APn 937/DF), a prerrogativa de interpretar as normas constitucionais que disciplinam a competência do próprio Superior Tribunal de Justiça permitiu à Corte afastar excepcionalmente o mencionado requisito para a fixação do foro por prerrogativa de função de Desembargadores, sob o fundamento da necessidade de garantir independência também ao órgão julgador (QO na APn 878/DF). Do mesmo modo, a Terceira Seção e a Quinta Turma do Superior Tribunal de Justiça, ao enfrentarem a discussão relativa ao foro por prerrogativa de função de membros do Ministério Público, igualmente consideraram inaplicável o critério, desta feita com base na equiparação prevista no art. 96, III, da Constituição (CC 177.100/CE e HC 684.254/MG).

2. Na atribuição de definir os limites das hipóteses de competência *ratione personae* do Superior Tribunal de Justiça, a existência de decisões excepcionando os critérios adotados pelo Supremo Tribunal Federal demonstra o quão pulsante é o tema. Nesse contexto, a invocação do princípio republicano não pode chegar ao limite de negar o modelo de República Federativa fixada pela própria Constituição, que abrange o arranjo de garantias e prerrogativas a determinados cargos públicos, nunca com o fim de garantir odioso privilégio pessoal, mas sim como instrumento de salvaguarda da independência e da liberdade no exercício de atribuições particularmente relevantes para a sociedade.

3. Nos termos expressos dos artigos 73, § 3º, e 75 da Constituição, aos Conselheiros dos Tribunais de Contas dos Estados, Distrito Federal e Municípios são conferidas as mesmas garantias e prerrogativas dos integrantes da magistratura, havendo identidade do regime jurídico. Precedentes do Supremo Tribunal Federal. Ao estabelecer a expressa equiparação de garantias e prerrogativas, o constituinte estava ciente das distinções entre as Cortes de Contas, órgãos auxiliares do Poder Legislativo, e os órgãos do Poder Judiciário. Em consequência, descabe ao intérprete, sob o argumento de interpretar restritivamente as hipóteses de competência *ratione personae*, substituir o comando de equiparação expressamente promovido pela Constituição da República, de

forma a tornar letra morta o dispositivo constitucional, pois uma das mais importantes garantias e prerrogativas da magistratura findaria por ser negada aos membros dos Tribunais de Contas.

4. Aplicabilidade, aos Conselheiros, do entendimento firmado pelo Superior Tribunal de Justiça na QO na APn 878/DF, razão pela qual as investigações da 1ª fase da Operação Tenebris, que apura supostos crimes praticados por integrante de Tribunal de Contas, deverão contar com a supervisão do Superior Tribunal de Justiça, independentemente de os fatos haverem ocorrido quando o investigado ocupava o cargo de Secretário do Distrito Federal.

5. Em consequência, fica rejeitada a pretensão ministerial relativa ao reconhecimento da competência do Juízo de primeiro grau para conhecer da 2ª fase da Operação Tenebris, pois desnecessária a avaliação da natureza *ratione muneris* dos fatos investigados. Prejudicados os pedidos do investigado de reunião dos feitos por conexão e de remessa dos autos ao Tribunal de Justiça do Distrito Federal e dos Territórios.

6. A teoria do juízo aparente surgiu como fundamento para validar medidas cautelares autorizadas por Juízo aparentemente competente que, em momento posterior, fora declarado incompetente. Aplicabilidade que não é limitada às hipóteses de incompetência *ratione materiae*. Validade das provas decorrentes de busca e apreensão deferidas pelo juízo de primeiro grau, na 2ª fase da operação, em contexto de destacada incerteza quanto à competência. [...] *(Agravo Regimental no Agravo Regimental na Reclamação nº 42.804-DF, STJ, Corte Especial, Rel. Min. Raul Araújo, julgado em 16.8.2023, publicado no DJ em 30.8.2023)*

84.3. [...] 1. Foro de Prerrogativa de Função. Parlamentar Federal. A teor da QO na AP 937, Min. Roberto Barroso, a competência do Supremo Tribunal Federal exige a concorrência de 2 [dois] requisitos: [a] Crime cometido durante o exercício do mandato; e, [b] Vinculado às funções desempenhadas pelo agente. *Prorroga-se a competência do Supremo Tribunal Federal nas hipóteses de instrução finalizada, julgamento iniciado e deliberação quanto à situação jurídica do investigado/arguido [Causas de Extinção da Investigação, do Processo ou da Punibilidade; Justiça Negocial ou Providências Cautelares pendentes]*. Proteção Judicial Efetiva do arguido [CADH, art. 25]. [...] *(Inquérito nº 4.671-Mérito, STF, 2ª Turma, Rel. Min. Edson Fachin, por maioria, sessão virtual final de 31.3.2023 a 12.4.2023, publicado no DJ em 15.6.2023)*

84.3. [...] 1*"O foro por prerrogativa de função aplica-se apenas aos crimes cometidos durante o exercício do cargo e relacionados às funções desempenhadas" (STF, AP 937 QO, Rel. Ministro ROBERTO BARROSO, TRIBUNAL PLENO, julgado em 3/5/2018, DJe 11/12/2018). Referido entendimento não é restrito aos membros do Poder Legislativo, aplicando-se também aos Prefeitos Municipais. Havendo solução de continuidade entre os mandatos, que não foram exercidos pelo réu de maneira ininterrupta, cessa o foro por prerrogativa de função referente a atos praticados durante o primeiro deles. Orientação do STJ e do STF"* (AgRg no AREsp n. 2.027.276/BA, Quinta Turma, Rel. Min. Ribeiro Dantas, DJe de 28/4/2022). [...] *(Agravo Regimental no Recurso Especial nº 1.911.591-MA, STJ, 5ª Turma, Rel. Min. Messod Azulay Neto, sessão virtual de 30.5.2023 a 5.6.2023, publicado no DJ em 12.6.2023)*

84.3. [...]

Cuidando-se de delitos praticados por desembargadores, o Superior Tribunal de Justiça é competente ainda que os fatos não tenham relação com o exercício do cargo, considerando que o processamento e julgamento do feito perante magistrado de primeiro grau de jurisdição vinculado ao mesmo Tribunal poderia afetar a independência e a imparcialidade que orientam a atividade jurisdicional. [...] *(Inquérito nº 1.656-DF, STJ, Corte Especial, Rel. Min. Antonio Carlos Ferreira, julgado em 9.11.2023, publicado no DJ em 21.11.2023)*

84.3. [...] I - Nos termos do art. 109, IX, da Constituição Federal, compete à Justiça Federal o processamento e julgamento das causas que envolvem a disputa de direitos indígenas, incluídos aqueles que dizem respeito a sua organização social, tradições, direitos originários sobre as terras, entre outros que evidenciem a proteção do referido grupo étnico.

II - No caso, os delitos supostamente cometidos pelos acusados ultrapassam a violação de direito individual de indígena, ameaçando a garantia das terras, das tradições e do modo de viver da comunidade étnica, nos termos do art. 231 da Constituição Federal, o que atrai a competência federal para processar o inquérito em questão. Ademais, a situação inclui não só a disputa de direitos indígenas, nos termos do art. 109 da Constituição Federal, mas também a usurpação de função pública de órgão federal de controle como o Ibama e Funai, o que, de qualquer forma, atrairia a competência federal para o processamento do feito.

III - O envolvimento de autoridades com prerrogativa de foro - Secretário de Estado e Segurança Pública e Comandante da Polícia Militar - redireciona o feito para o Tribunal Regional Federal da 1ª Região.

IV - É assente nesta Corte Superior que o agravo regimental deve trazer novos argumentos capazes de alterar o entendimento anteriormente firmado, sob pena de ser mantida a r. decisão vergastada pelos próprios fundamentos. Precedentes. *(Agravo Regimental no Conflito de Competência nº 175.037-AM, STJ, 3ª Seção, Rel. Min. Jesuíno Rissato (Desembargador Convocado do TJDFT), julgado em 26.10.2022, publicado no DJ em 7.11.2022)*

84.3. [...] o Supremo Tribunal Federal, nos autos da QO na AP n. 937/RJ, delimitou sua competência para julgar os membros do Congresso Nacional somente nas hipóteses de crimes praticados no exercício da função e em razão do cargo público exercido. Salienta-se, entretanto, que o referido julgado analisou somente o foro por prerrogativa de função referente a cargos eletivos, visto que o caso concreto tratava de ação penal ajuizada em desfavor de Deputado Federal. [...] Já em relação aos Magistrados e membros do Ministério Público, o foro especial por prerrogativa de função encontra-se disciplinado no art. 96, inciso III, da Constituição Federal, cuja análise não foi abrangida no aludido julgamento pela Suprema Corte. [...] *(Agravo Regimental no Recurso Ordinário em Habeas Corpus nº 217.357, STF, Rel. Min. Alexandre de Moraes, sessão virtual de 7.10.2022 a 17.10.2022, publicado no DJ em 20.10.2022)*

84.3. [...] 1. Denúncia imputando a desembargador de Tribunal de Justiça de Estado e a agentes sem prerrogativa de foro crimes de corrupção ativa e passiva e delitos de lavagem de capitais e evasão de dividas. Desmembramento da ação penal, mantendo-se no Superior Tribunal de Justiça o processo e julgamento apenas do acusado com foro com prerrogativa de função (CF, art. 105, I, "a"). 2. O crime de evasão de divisas é da competência da Justiça Federal (Lei n. 7.492/86, art. 26). 3. O processo e julgamento do crime de lavagem de capitais é da competência da Justiça Federal quando o delito ocorrer em instituição bancária situada no estrangeiro. Precedente da Terceira Seção. [...] *(Agravo Regimental na Ação Penal nº 970-DF, STJ, Corte Especial, Rel. Ministra Maria Isabel Gallotti, julgado em 4.5.2022, publicado no DJ em 20.6.2022)*

84.3. [...] 1. Imputação aos investigados [...] e [...], no período compreendido entre os anos de 2008 e 2010, quando exerciam os cargos de Deputado Estadual e Governador do Estado de Tocantins, respectivamente, dos delitos previstos nos arts. 317, §1º (corrupção passiva), 299 (falsidade ideológica) e 312 (peculato) do Código Penal e no artigo 1º, inciso V, da Lei 9.613/1998 (lavagem de dinheiro).

2. Inexistência de imputação pela Procuradoria-Geral da República de quaisquer indícios de ocorrência de infrações penais praticadas em detrimento de bens, serviços ou interesse da União ou de suas entidades autárquicas ou empresas públicas e de supostos delitos praticados contra o sistema financeiro nacional, o que afasta a disposição contida nos arts. 109, IV, da Constituição Federal e 2º, III, 'a' e 'b' da Lei nº 9.613/98.

3. Ausência de foro por prerrogativa de função (QO na AP 937). Declínio de competência à Justiça Criminal estadual de primeiro grau da Comarca de Palmas/TO. Agravo Regimental a que se nega provimento. *(Agravo Regimental no Inquérito nº 3.611-DF, STF, Plenário, sessão virtual encerrada em 8.3.2022, publicado no DJ em 31.5.2022)*

84.3. [...] 2. Na hipótese, o Órgão Especial do Tribunal de Justiça do Estado do Rio Grande do Sul firmou sua competência para processar e julgar o Corréu detentor de foro por prerrogativa de função e os demais acusados, entre eles o Agravante. Contudo, a Defesa argumenta que o Juízo Federal de primeira instância seria o competente para julgar os fatos narrados na denúncia supostamente cometidos em detrimento de interesses da União, por não possuírem nenhum vínculo funcional com o cargo de Promotor de Justiça Estadual ocupado por um dos Corréus. Para tanto, invoca o entendimento firmado pela Suprema Corte no julgamento da QO na AP n. 937/RJ e pela jurisprudência deste Tribunal Superior.

3. Cabe esclarecer que o Supremo Tribunal Federal, nos autos da QO na AP n. 937/RJ, delimitou sua competência para julgar os membros do Congresso Nacional somente nas hipóteses de crimes praticados no exercício da função e em razão do cargo público exercido. Salienta-se, en-

tretanto, que o referido julgado analisou somente o foro por prerrogativa de função referente a cargos eletivos, visto que o caso concreto tratava de ação penal ajuizada em desfavor de Deputado Federal. Ademais, frisa-se que, na ocasião do julgamento da QO na APn n. 878/DF, a Corte Especial deste Superior Tribunal de Justiça determinou a sua competência para processar e julgar Desembargadores acusados da prática de crimes com ou sem relação ao cargo, não reconhecendo a similitude com o precedente do Supremo Tribunal Federal, destacando a necessidade de o Magistrado desempenhar suas atividades jurisdicionais de forma imparcial. Desse modo, considerando que a prerrogativa de foro por prerrogativa de função relacionada à Magistratura e ao Ministério Público encontra-se prevista no mesmo dispositivo constitucional, qual seja, o art. 96, inciso III, da Constituição Federal, o mesmo tratamento deve ser desferido a ambas as carreiras.

4. Registra-se que a Suprema Corte, em 28/05/2021, nos autos do ARE n. 1.223.589/DF, de Relatoria do Ministro MARCO AURÉLIO, concluiu que a questão do foro por prerrogativa de foro em relação aos Desembargadores, no que diz respeito aos delitos não relacionados com a função pública, possui repercussão geral (Tema n. 1.147), cujo julgamento de certo irá englobar o entendimento sobre o foro por prerrogativa de função no tocante aos Magistrados de primeiro grau e Promotores de Justiças Estaduais.

5. Assim, constata-se que a conclusão apresentada pelo Tribunal de origem está em consonância com o atual entendimento emanado pela Terceira Seção desta Corte Superior na ocasião do julgamento do CC n. 177.100/CE, no sentido de que "o precedente estabelecido pelo STF no julgamento da QO na AP 937/RJ diz respeito apenas a cargos eletivos, ao passo que a prerrogativa de foro disciplinada no art. 96, III, da CF, que abrange magistrados e membros do Ministério Público, será analisada pela Suprema Corte no julgamento do ARE 1.223.589, com repercussão geral", motivo pelo qual "enquanto pendente manifestação do STF acerca do tema, deve ser mantida a jurisprudência até o momento aplicada que reconhece a competência dos Tribunais de Justiça Estaduais para julgamento de delitos comuns em tese praticados por Promotores de Justiça." (CC 177.100/CE, Rel. Ministro JOEL ILAN PACIORNIK, TERCEIRA SEÇÃO, julgado em 08/09/2021, Dje 10/09/2021; sem grifos no original). [...] *(Agravo Regimental no HC nº 611.628-RS, STJ, 6ª Turma, Rel. Min. Laurita Vaz, julgado em 10.5.2022, publicado no DJ em 16.5.2022)*

84.3. [...] Agravo regimental em recurso extraordinário com agravo. Constitucional e Processual Penal. Deputado distrital. Foro por prerrogativa de função. Afastamento do cargo. Posse como conselheiro do Tribunal de Contas do Distrito Federal (TCDF). Fato delituoso supostamente cometido na condição de membro do Poder Legislativo Distrital e que não guarda relação de pertinência com o cargo de conselheiro do TCDF. Incompetência do Superior Tribunal de Justiça e do Tribunal de Justiça do Distrito Federal. Remessa dos autos a juízo criminal de primeiro grau competente para prosseguimento da ação penal. Aplicação do entendimento firmado na Questão de Ordem na AP nº 937. Agravo regimental não provido.

1. O Plenário do Supremo Tribunal Federal, em sessão realizada em 3 de maio de 2018, ao julgar Questão de Ordem na AP no 937, Rel. Min. Roberto Barroso, assentou a tese de que "o foro por prerrogativa de função se aplica apenas aos crimes cometidos durante o exercício do cargo e relacionados as funções desempenhadas". Naquela oportunidade, definiu-se também que, no caso de inaplicabilidade da regra constitucional de foro, os processos devem ser remetidos ao juízo de primeira instância competente.

2. Atualmente, o recorrente é conselheiro do Tribunal de Contas do Distrito Federal e há muito tempo não ocupa o cargo de deputado distrital. O afastamento desse último cargo, independentemente da motivação, acarretou perda do conjunto de prerrogativas que eventualmente lhe seja conferido.

3. Segundo a pacífica jurisprudência da Corte, a prerrogativa de foro não configura privilegio de caráter pessoal, sendo concedida exclusivamente ratione muneris. Precedentes.

4. No caso, não há razão fática e jurídica para se determinar a remessa dos autos ao Tribunal de Justiça local.

5. Agravo regimental não provido. *(Agravo Regimental no Recurso Extraordinário com Agravo nº 1.316.564-DF, STF, 1ª Turma, Rel. Min. Dias Toffoli, unânime, julgado na sessão virtual de 4.3.2022 a 11.3.2022, publicado no DJ em 29.4.2022)*

84.3. [...] 1. "O foro por prerrogativa de função aplica-se apenas aos crimes cometidos durante o exercício do cargo e relacionados às funções desempenhadas" (STF, AP 937 QO, Rel. Ministro ROBERTO BARROSO, TRIBUNAL PLENO, julgado em 3/5/2018, DJe 11/12/2018).

2. Referido entendimento não é restrito aos membros do Poder Legislativo, aplicando-se também aos Prefeitos Municipais. Precedentes.

3. Havendo solução de continuidade entre os mandatos, que não foram exercidos pelo réu de maneira ininterrupta, cessa o foro por prerrogativa de função referente a atos praticados durante o primeiro deles. Orientação do STJ e do STF.

4. "Praticado o crime em um mandato e existindo reeleição ao mesmo cargo, verifica-se a prorrogação do foro por prerrogativa de função acaso os diferentes mandatos sejam exercidos em ordem sequencial e ininterrupta" (HC 529.095/SC, Rel. Ministro NEFI CORDEIRO, TERCEIRA SEÇÃO, julgado em 28/10/2020, DJe 24/11/2020).

5. Agravo regimental desprovido. *(Agravo Regimental no Agravo em Recurso Especial nº 2.027.276-BA, STJ, 5ª Turma, Rel. Min. Ribeiro Dantas, unânime, unânime, julgado em 26.4.2022, publicado no DJ em 28.4.2022)*

84.3. [...] A Corte Federal não divergiu do entendimento do Supremo Tribunal Federal, uma vez que o desmembramento deve ser a regra, diante da manifesta excepcionalidade do foro por prerrogativa de função, ressalvadas as hipóteses em que a separação possa causar prejuízo relevante à investigação (Inq 4.146-AgR-terceiro/DF, Rel. Min. Teori Zavascki, Plenário, Dje de 5/10/2016). [...] *(Agravo Regimental no RE nº 1.357.888-PB, STF, 1ª Turma, Rel. Min. Alexandre de Moraes, julgado na sessão virtual de 11.2.2022 a 18.2.2022, publicado no DJ em 25.2.2022)*

84.3. [...] Nos termos do art. 96, II, da Constituição Federal – CF, compete ao Tribunal de Justiça Estadual julgar membro do Ministério Público do respectivo ente federativo nos crimes comuns e de responsabilidade, ressalvada a competência da Justiça Eleitoral, razão pela qual não se identifica qualquer ilegalidade na denúncia contra Procurador-Geral de Justiça, mais alto cargo do Ministério Público do Estado do Rio de Janeiro, perante o TJRJ. [...] *(Agravo Regimental no Conflito de Competência nº 164.101-RJ, STJ, 3ª Seção, unânime, Rel. Min. Joel Ilan Paciornik, julgado em 9.9.2020, publicado no DJ em 14.9.2020).*

84.3. [...] O foro por prerrogativa de função foi instituído pelo constituinte originário a ocupantes de determinados cargos em razão de sua relevância e para proteção da consecução de suas finalidades intrínsecas no âmbito da organização estatal. Desse modo, verificada a existência de conexão *ratione personae*, deverá ser observada a competência privilegiada para todos os atos investigatórios e instrutórios, sem que tal desiderato importe ofensa aos princípios do juiz natural e do devido processo legal. [...] Na hipótese dos autos, consoante destacado no acórdão ora impugnado, *"no início das investigações não se justificava o deslocamento da competência para este Tribunal de Justiça, notadamente porque não era possível identificar indícios de autoria de práticas criminosas pelo gestor municipal, ou seja, o procedimento de investigação não violou o princípio do promotor natural"* (e-STJ fl. 942). Isso, porque *"o objetivo do* Parquet *era investigar possíveis irregularidades administrativas na administração pública municipal, em virtude da utilização de serviços jurídicos terceirizados em detrimento da atribuição do Procurador do município"* [...] Em hipótese semelhante à vertente, *mutatis mutandis*, *"a captação fortuita de diálogos mantidos por autoridade com prerrogativa de foro não impõe, por si só, a remessa imediata dos autos ao Tribunal competente para processar e julgar a referida autoridade, sem que antes se avalie a idoneidade e a suficiência dos dados colhidos para se firmar o convencimento acerca do possível envolvimento do detentor de prerrogativa de foro com a prática de crime"* [...] *(Agravo Regimental no Recurso em Habeas Corpus nº 91.681-SC, STJ, 6ª Turma, unânime, Rel. Min. Antônio Saldanha Palheiro, julgado em 16.6.2020, publicado no DJ em 25.6.2020).*

84.3. [...] 1. O Plenário do Supremo Tribunal Federal consolidou o entendimento de que o desmembramento deve ser a regra, diante da manifesta excepcionalidade do foro por prerrogativa de função, ressalvadas as hipóteses em que a separação possa causar prejuízo relevante a investigação. 2. No caso, além de inexistir demonstração objetiva de prejuízo concreto e real na cisão do processo, a análise do titular da ação penal foi conclusiva no sentido da autonomia entre as condutas em tese praticadas pelo denunciado e os demais investigados, tanto que somente ofertou denúncia com relação ao detentor de prerrogativa de foro. [...] *(Terceiro Agravo*

Regimental no Inquérito nº 4.146-DF, STF, Tribunal Pleno, Rel. Min. Teori Zavascki, julgado em 22.6.2016, publicado no DJ em 4.10.2016).

84.3. [...] O Tribunal *a quo* não divergiu do entendimento do Supremo Tribunal Federal, no sentido de que o desmembramento deve ser a regra, diante da manifesta excepcionalidade do foro por prerrogativa de função, ressalvadas as hipóteses em que a separação possa causar prejuízo relevante à investigação. [...] *(Segundo Agravo Regimental no Recurso Extraordinário com Agravo n. 1.200.911–ES, STF, 1ª Turma, Rel. Min. Alexandre de Moraes, julgado em 23.5.2019, publicado no DJ em 3.6.2019).*

84.3. [...] 5. A jurisprudência do Supremo Tribunal Federal passou a adotar como regra o desmembramento dos inquéritos e ações penais originárias no tocante a coinvestigados ou corréus não detentores de foro por prerrogativa de função, admitindo-se, apenas excepcionalmente, a atração da competência originária quando se verifique que a separação seja apta a causar prejuízo relevante, aferível em cada caso concreto. No caso em análise, a proposta acusatória afirma a existência de uma única organização criminosa, composta por distintos núcleos operacionais, dentre os quais o integrado por políticos afiliados a diversos partidos. Cuidando-se, portanto, da mesma, mas extensa, alegada organização criminosa, a remessa dos autos à 13ª Vara Federal da Subseção Judiciária de Curitiba, no tocante a essa parcela da acusação, teve por fundamento a prevenção do referido juízo, medida que resguarda os acusados de indevido bis in idem acerca da imputação em tela. Em observância ao princípio da responsabilidade subjetiva que vigora no ordenamento jurídico-penal pátrio, no que tange à acusação do delito de organização criminosa, caberá ao Ministério Público Federal produzir os elementos de prova capazes de demonstrar, em relação a cada um dos acusados, a perfeita subsunção das condutas que lhes são atribuídas ao tipo penal que tutela o bem jurídico supostamente violado, em especial o seu elemento subjetivo, composto pelo dolo de promover, constituir financiar ou integrar organização criminosa. Por tal razão, o desmembramento não importa responsabilização indireta dos denunciados em relação aos quais a tramitação da denúncia permanece suspensa neste Supremo Tribunal Federal, não sendo possível falar, ainda, em indissolubilidade das condutas denunciadas. Tendo em vista que o suposto delito de obstrução às investigações relacionadas ao crime de organização criminosa teria sido praticado, em grande parte, na Capital Federal, devem os respectivos autos ser remetidos para processamento perante a Seção Judiciária do Distrito Federal. Agravos regimentais desprovidos. [...] Agravo regimental prejudicado. *(Segundo Agravo Regimental no Inquérito n. 4.483-DF, STF, Plenário, Rel. Min. Edson Fachin, julgado em 14.12.2017, publicado no DJ em 9.8.2018).* Idêntica e conjunta decisão foi tomada no Segundo Agravo Regimental no Inquérito n. 4.327-DF, na mesma data.

84.3 [...] 1. A jurisprudência desta Corte Superior de Justiça e do Supremo Tribunal Federal preconiza que menções a pessoas com prerrogativa de foro durante a interceptação telefônica não é suficiente, por si só, a ensejar o envio imediato do inquérito/processo ao Tribunal competente. Antes da remessa dos autos, deve ser aferido, pelo Juízo de origem, se há indicativos concretos da participação do indivíduo com prerrogativa de foro especial na empreitada criminosa investigada, o que, no caso, foi constatado em tempo razoável pela Magistrada *a quo* que, então, reconheceu sua incompetência e determinou, imediatamente, a remessa integral dos autos à Suprema Corte. [...] *(Recurso em Habeas Corpus n. 80.518 – SP, STJ, 6ª Turma, unânime, Rel. Min. Laurita Vaz, julgado em 27.8.2019, publicado no DJ em 10.9.2019).*

84.3. [...] “A simples menção do nome de autoridades, em conversas captadas mediante interceptação telefônica, não tem o condão de firmar a competência por prerrogativa de foro”, sendo indispensável aferir se há indícios efetivos de participação de autoridades em condutas criminosas. Precedentes. “A captação fortuita de diálogos mantidos por autoridade com prerrogativa de foro não impõe, por si só, a remessa imediata dos autos ao Tribunal competente para processar e julgar a referida autoridade, sem que antes se avalie a idoneidade e a suficiência dos dados colhidos para se firmar o convencimento acerca do possível envolvimento do detentor de prerrogativa de foro com a prática de crime” (HC 307.152-GO, Rel. Min. Sebastião Reis Júnior, Rel. para acórdão Min. Rogerio Schietti Cruz, julgado em 19.11.2015, *DJe* 15.12.2015 – Informativo n. 575/STJ). [...] 10. Ordem denegada *(Habeas Corpus n. 422.642-SP, STJ, 5ª Turma, unânime, Rel. Min. Reynaldo Soares da Fonseca, julgado em 25.9.2018, publicado no DJ em 2.10.2018).*

84.3. [...] Reclamação. Simples referência *ao nome de três congressistas* surgida no contexto de determinado procedimento penal instaurado *em primeira instância.* [...] Sem que se evidencie a presença, *fundada em bases concretas*, de indícios reveladores *de autoria* ou *de participação ativa*, em pratica delituosa, de autoridade detentora de prerrogativa de foro, a simples referência ao seu nome, feita em sede de determinado procedimento penal, não basta, *só por si*, para legitimar o deslocamento, *para o Supremo Tribunal Federal*, da competência penal de que se acha investido órgão judiciário de inferior jurisdição. [...] (*Agravo Regimental na Medida Cautelar na Reclamação n. 26.574, STF, 2ª Turma, Rel. Min. Celso de Mello, julgado em 1º.6.2017, publicado no DJ em 5.6.2017).*

84.3. [...] 3. Eventual inversão ou supressão de algum ato processual, ou mesmo o desrespeito a alguma regra processual penal, só podem conduzir à nulidade do feito se houver prejuízo às partes. 4. Na espécie, diante dos indícios de envolvimento do prefeito municipal nos fatos investigados, o próprio magistrado singular determinou a separação do processo e encaminhamento de cópias ao Tribunal de Justiça do Estado do Paraná, o que, a princípio, evidenciaria a não observância do princípio do juiz natural no caso. 5. Ocorre que o então Prefeito Municipal, autoridade que detinha foro por prerrogativa de função e que ensejou a remessa dos autos à Corte de origem, não foi reeleito, não havendo, assim, motivos que justifiquem a permanência do processo na instância superior. 6. Não estando mais presente a razão que ensejou a fixação da competência absoluta do Tribunal de Justiça do Estado do Paraná, e inexistindo no procedimento investigatório acusados que detenham foro por prerrogativa de função, não há que se falar em anulação da decisão que determinou o desmembramento do feito, já que todos serão eventualmente processados e julgados em primeiro grau de jurisdição. Precedente. [...] (*Agravo Regimental no Habeas Corpus nº 381.784/PR, STJ, 5ª Turma, unânime, Rel. Min. Jorge Mussi, julgado em 04.12.2018, publicado no DJ em 12.12.2018*).

84.3. [...] O Colendo Supremo Tribunal Federal, no julgamento da Pet 7063, fazendo uma conjugação entre a prerrogativa de foro prevista no art. 108, I, *a*, da Constituição Federal, com a regra de fixação de competência prevista no art. 70 do Código de Processo Penal, decidiu pela fixação da competência no Tribunal Federal com jurisdição sobre a unidade da federação onde o cargo era exercido no momento da suposta prática delitiva. [...] *(Agravo Regimental no Conflito de Competência n. 158.191-RJ, STJ, 3ª Secção, unânime, Rel. Min. Félix Fischer, julgado em 27.6.2018, publicado no* DJ *em 1º.8.2018).*

84.3. [...] 1. A cessação da investidura de acusado ou investigado no cargo ou função cuja titularidade legitimava a prerrogativa de foro acarreta a insubsistência da competência penal originária do STF. Precedentes. 2. A apuração do crime de pertinência à organização criminosa, submetida à supervisão desta Corte, não implica, por si só, a reunião da investigação em relação a delitos autônomos porventura imputados aos seus supostos integrantes. A jurisprudência da Corte é no sentido de que, na hipótese de agente não detentor de prerrogativa de foro, a cisão processual deve ser a regra, afastada apenas nos casos em que a imbricação entre os fatos revelar intensidade tamanha a acarretar prejuízo ao deslinde processual. [...] *(Agravo Regimental na Petição n. 6.212-DF, STF, 2ª Turma, unânime, Rel. Min. Edson Fachin, julgado em 5.4.2018, publicado no* DJ *em 16.5.2018).*

84.3. [...] 2. Reclamação ajuizada na defesa da prerrogativa de foro, perante o Supremo Tribunal Federal, de Senadora da República, a qual teria sido violada pelo juízo reclamado ao direcionar a parlamentar, de forma indireta, medida de busca e apreensão realizada nas dependências do apartamento funcional por ela ocupado. [...] 6. Por estrita observância ao princípio do juiz natural (CF, art. 5º, LIII), somente o juiz constitucionalmente competente pode validamente ordenar uma medida de busca e apreensão domiciliar. 7. A prerrogativa de foro junto ao Supremo Tribunal Federal, por óbvio, não se relaciona à titularidade do imóvel, mas sim ao parlamentar federal. [...] 9. A extrema amplitude da ordem de busca, que compreendia indiscriminadamente valores, documentos, computadores e mídias de armazenamento de dados, impossibilitou a delimitação prévia do que pertenceria à Senadora da República e ao investigado, não detentor de prerrogativa de foro. 10. A alegação de que, após a apreensão, proceder-se-ia, em primeiro grau, a uma triagem do material arrecadado, para selecionar e apartar elementos de convicção relativos à Senadora da República, não se sustenta, por implicar, por via reflexa, inequívoca e vedada investigação de detentor de prerrogativa de foro e, por via de consequência, usurpação da competência do Supremo Tribunal Federal. 11. Somente o Supremo Tribunal Federal, nessas circunstâncias, tem competência para ordenar busca e apreensão domiciliar que traduza, ainda que reflexamente, investigação de parlamentar federal, bem como para selecionar os elementos de convicção que a ela interessem ou não. [...] 13. Diante da manifesta e consciente assunção, por parte da Procuradoria da República em São Paulo e do juízo reclamado, do risco concreto de apreensão de elementos de convicção relacionados a detentor de prerrogativa de foro, não cabe argumentar-se com descoberta fortuita de provas nem com a teoria do juízo aparente. 14. Nessas circunstâncias, a precipitação da diligência por juízo sem competência constitucional maculou-a, insanavelmente, de nulidade. 15. Na hipótese de usurpação da competência do Supremo Tribunal Federal para supervisionar investigações criminais, ainda que de forma indireta, a consequência deve ser a nulidade dos atos eventualmente praticados na persecução penal. [...] 16. Ainda que a decisão impugnada tenha sido proferida em inquérito desmembrado por determinação do Supremo Tribunal Federal, a diligência ordenada, em razão da busca indiscriminada de elementos de convicção que, em tese, poderiam incriminar parlamentar federal, se traduziu em indevida investigação desse, realizada por juízo incompetente. 17. O reconhecimento, portanto, da imprestabilidade do resultado da busca realizada no apartamento funcional da Senadora da República para fins probatórios, como também de eventuais elementos probatórios diretamente derivados (*fruits of the poisonous tree*), é medida que se impõe. 18. Nos termos do art. 5º, LVI, da Constituição Federal, "são inadmissíveis, no processo, as provas obtidas por meios ilícitos". 19. Por sua vez, o art. 157 do Código de Processo Penal, ordena o desentranhamento dos autos e a inutilização das provas ilícitas, "assim entendidas as obtidas em violação a normas constitucionais ou legais", a fim de não interferir, subjetivamente, no convencimento do juiz. 20. Reclamação julgada procedente, para o fim de invalidar a ordem de busca no domicílio funcional do titular de prerrogativa de foro e, por consequência óbvia, reconhecer a ilicitude das provas ali obtidas, bem como de eventuais elementos probatórios outros delas derivados. 21. Determinado o desentranhamento dos respectivos autos de apreensão e dos relatórios de análise de material apreendido, com sua consequente inutilização, bem como a inutilização de cópias e espelhamentos de documentos, computadores e demais dispositivos eletrônicos, e a restituição de todos os bens apreendidos no citado local, caso já não tenha ocorrido. 22. Determinada, ainda, a inutilização de todas as provas derivadas daquelas obtidas na busca, que deverão ser desentranhadas dos autos e, se for o caso, restituídas a quem de direito *(Reclamação n. 24.473, STF, 2ª Turma, Rel. Min. Dias Toffoli, julgado em 26.6.2018, publicado no* DJ *em 6.9.2018).*

84.3 [...] 5. O acordo de colaboração não se confunde com seu conteúdo, razão pela qual as informações prestadas pelo colaborador podem se referir a crimes ou pessoas diversas do objeto inicial da investigação, ficando configurado, nessa hipótese, o encontro fortuito de provas. 6. Como consequência da serendipidade, aplica-se a teoria do juízo aparente, segundo a qual não há nulidade na colheita de elementos de convicção autorizada por juiz até então competente para supervisionar a investigação. 7. Ocorrendo a descoberta fortuita de indícios do envolvimento de pessoa com prerrogativa de foro, os autos devem ser encaminhados imediatamente ao foro prevalente, definido segundo o art. 78, III, do CPP, o qual é o único competente para resolver sobre a existência de conexão ou continência e acerca da conveniência do desmembramento do processo. [...] *(Reclamação n. 31.629-PR, STJ, Corte Especial, unânime, Rel. Min. Nancy Andrighi, julgado em 20.9.2017, publicado no DJ em 28.9.2017).*

84.3 [...] 1. É do Superior Tribunal de Justiça a competência para processar e julgar a queixa-crime em questão, que imputa o crime de calúnia a Desembargadora do TJRJ, pois, caso contrário, a Acusada teria de responder perante juiz de direito vinculado ao mesmo Tribunal, o que afrontaria a isenção e independência que norteiam a atividade jurisdicional. [...] *(Ação Penal n. 912-RJ, STJ, Corte Especial, unânime, Rel. Min. Laurita Vaz, julgado em 7.8.2019, publicado no* DJ *em 22.8.2019).*

84.3. [...] Concussão. Promotor de Justiça. Ação Penal. Competência. Disponibilidade. Prerrogativa de foro. [...] tendo sido o embargante colocado em disponibilidade, impossível aplicar-se a orientação da ADI 2797/DF, pois para que a autoridade detentora do foro por prerrogativa de função deixe de ostentá-lo, é preciso a perda definitiva do cargo. [...] *(Embargos de Declaração no Recurso Especial n. 1.409.692 – SP, STJ, 5ª Turma, unânime, Rel. Min. Reynaldo Soares da Fonseca, julgado em 13.6.2017, publicado no DJ em 21.6.2017).*

84.3. [...] Após o julgamento da ADI 2797/DF pelo Supremo Tribunal Federal, não se admite a manutenção da prerrogativa de foro pelos detentores de cargos ou mandatos que deixarem de exercer a função, entendimento que não pode ser aplicado àqueles que são simplesmente afastados de suas funções. Assim, apenas a perda definitiva do cargo ou função tem o condão de retirar da autoridade prerrogativa de foro. No caso em apreço, tendo sido o agravante colocado em disponibilidade, impossível aplicar-se a orientação da ADI 2797/DF, pois para que a autoridade detentora do foro por prerrogativa de função deixe de ostentá-lo, é preciso a perda definitiva do cargo. [...] *(Agravo Regimental nos Embargos de Declaração no Recurso Especial n. 1.409.692 – SP. STJ, 5ª Turma, unânime, Rel. Min. Reynaldo Soares da Fonseca, julgado em 23.5.2017, publicado no DJ em 31.5.2017).*

84.3. [...] Usurpação de competência. Não ocorrência. Informações do juízo reclamado de que autoridade com foro por prerrogativa de função não foi alvo de nenhuma medida cautelar autorizada por aquele juízo no curso da persecução penal, bem como de que os fatos verificados sobre o parlamentar *não tinham* relação *direta* com o objeto da investigação em desfavor do agravante. Inviabilidade do uso da reclamação para se operar o reexame do conteúdo do ato reclamado e de todo o conjunto fático-probatório para se chegar a conclusão diversa. Precedentes. Eventual declaração de imprestabilidade dos elementos de prova angariados em suposta usurpação da competência criminal do Supremo Tribunal Federal não alcança aqueles destituídos de foro por prerrogativa de função. [...] 2. Consoante entendimento da Corte, a declaração de imprestabilidade dos elementos de prova angariados em eventual usurpação da competência criminal do Supremo Tribunal Federal não alcançaria aqueles destituídos de foro por prerrogativa de função, como no caso. Precedentes. [...] *(Agravo Regimental na Reclamação n. 25.497, STF, 2ª Turma, Rel. Min. Dias Toffoli, julgado em 14.2.2017, publicado no DJ em 13.3.2017).*

84.3. [...] Questão de Ordem em Inquérito. 1. Trata-se de questão de ordem suscitada pela defesa de Senador da República, em sede de inquérito originário promovido pelo Ministério Público Federal (MPF), para que o Plenário do Supremo Tribunal Federal (STF) defina a legitimidade, ou não, da instauração do inquérito e do indiciamento realizado diretamente pela Polícia Federal (PF). 2. Apuração do envolvimento do parlamentar quanto à ocorrência das supostas práticas delituosas sob investigação na denominada "Operação Sanguessuga". 3. Antes da intimação para prestar depoimento sobre os fatos objeto deste inquérito, o Senador foi previamente indiciado por ato da autoridade policial encarregada do cumprimento da diligência. 4. Considerações doutrinárias e jurisprudenciais acerca do tema da instauração de inquéritos em geral e dos inquéritos originários de competência do STF: i) a jurisprudência do STF é pacífica no sentido de que, nos inquéritos policiais em geral, não cabe a juiz ou a Tribunal investigar, de ofício, o titular de prerrogativa de foro; ii) qualquer pessoa que, na condição exclusiva de cidadão, apresente "notitia criminis", diretamente a este Tribunal é parte manifestamente ilegítima para a formulação de pedido de recebimento de denúncia para a apuração de crimes de ação penal pública incondicionada. Precedentes: Inq nº 149/DF, Rel. Min. Rafael Mayer, Pleno, *DJ* 27.10.1983; Inq (AgR) nº 1.793/DF, Rel. Min. Ellen Gracie, Pleno, maioria, *DJ* 14.6.2002; PET-AgR-ED nº 1.104/DF, Rel. Min. Sydney Sanches, Pleno, *DJ* 23.5.2003; PET nº 1.954/DF, Rel. Min. Maurício Corrêa, Pleno, maioria, *DJ* 1º.8.2003; PET (AgR) nº 2.805/DF, Rel. Min. Nelson Jobim, Pleno, maioria, *DJ* 27.2.2004; PET nº 3.248/DF, Rel. Min. Ellen Gracie, decisão monocrática, *DJ* 23.11.2004; INQ nº 2.285/DF, Rel. Min. Gilmar Mendes, decisão monocrática, *DJ* 13.3.2006 e PET (AgR) nº 2.998/MG, 2ª Turma, unânime, *DJ* 6.11.2006; iii) diferenças entre a regra geral, o inquérito policial disciplinado no Código de Processo Penal e o inquérito originário de competência do STF regido pelo art. 102, I, *b*, da CF e pelo RI/STF. A prerrogativa de foro é uma garantia voltada não exatamente para os interesses dos titulares de cargos relevantes, mas, sobretudo, para a própria regularidade das instituições. Se a Constituição estabelece que os agentes políticos respondem, por crime comum, perante o STF (CF, art. 102, I, *b*), não há razão constitucional plausível para que as atividades diretamente relacionadas à supervisão judicial (abertura de procedimento investigatório) sejam retiradas do controle judicial do STF. A iniciativa do procedimento investigatório deve ser confiada ao MPF contando com a supervisão do Ministro-Relator do STF. 5. A Polícia Federal não está autorizada a abrir de ofício inquérito policial para apurar a conduta de parlamentares federais ou do próprio Presidente da República (no caso do STF). No exercício de competência penal originária do STF (CF, art. 102, I, *b* c/c Lei nº 8.038/1990, art. 2º e RI/STF, arts. 230 a 234), a atividade de supervisão judicial deve ser constitucionalmente desempenhada durante toda a tramitação das investigações desde a abertura dos procedimentos investigatórios até o eventual oferecimento, ou não, de denúncia pelo *dominus litis*. 6. Questão de ordem resolvida no sentido de anular o ato formal de indiciamento promovido pela autoridade policial em face do parlamentar investigado *(Questão de Ordem no Inquérito n. 2.411-MT, STF, Plenário, Rel. Min. Gilmar Mendes, julgado em 10.10.2007, publicado no* DJ *em 24.4.2008).*

84.3. [...] 2. O princípio do Promotor Natural visa à designação do órgão acusador de forma objetiva, com fixação de suas atribuições em momento anterior aos fatos, haja vista o direito do réu de ser acusado por um órgão escolhido de acordo com critérios legais previamente fixados. [...] 4. A especialização não tem o condão de modificar a competência fixada pelas normas de processo penal e menos ainda pelas normas constitucionais, mesmo que se trate de medida cautelar formulada pelo GAECO. No momento do deferimento da medida cautelar, já era do conhecimento tanto do Ministério Público quanto do Magistrado de origem o envolvimento de pessoas com foro por prerrogativa de função. Note-se que o Ministério Público, ao iniciar as investigações, requereu, inclusive, a delegação de funções de execução do Procurador-Geral de Justiça. 5. Embora a quebra não tenha se referido às pessoas que possuíam foro privilegiado, a investigação os envolvia e o resultado perseguido com a medida cautelar tinha ambos como alvo. Importante deixar claro que é possível que a investigação e o processo sejam cindidos, para que as pessoas que não possuem foro por prerrogativa de função sejam investigadas e processadas em 1º grau. Porém, como é cediço, o desmembramento deve ser pautado por critérios de conveniência e oportunidade, estabelecidos pelo Juízo da causa, no caso, o de maior graduação, ou seja, o Tribunal de Justiça, o que não se verificou na hipótese. Registre-se, por fim, que a ação penal se encontra em trâmite perante o Tribunal de Justiça. Manifesta, portanto, a incompetência do Magistrado que deferiu a medida cautelar de quebra do sigilo bancário, devendo ser considerada, pois, prova ilícita. [...] *(RHC n. 39.135–MS, STJ, 5ª Turma, unânime, Rel. Min. Reynaldo Soares da Fonseca, Rel. Min. Reynaldo Soares da Fonseca, julgado em 16.5.2017, publicado no DJ em 24.5.2017).*

84.3. [...] Segundo afirmado por seu Plenário, cabe ao Supremo Tribunal Federal, ao exercer sua prerrogativa exclusiva de decidir sobre a cisão de processos envolvendo agentes com prerrogativa de foro, promover, em regra, o seu desmembramento, a fim de manter sob sua jurisdição apenas o que envolva especificamente essas autoridades, segundo as circunstâncias de cada caso (INQ 3.515 AgR, Rel. Min. Marco Aurélio, Tribunal Pleno, *DJe* de 14.3.2014). Ressalvam-se, todavia, situações em que os fatos se revelem "*de tal forma imbricados que a cisão por si só implique prejuízo a seu esclarecimento*" (AP 853, Rel. Min. Rosa Weber, *DJe* de 22.5.2014), como ocorre no caso. *[...] (Inq. 3.984-DF, STF, 2ª Turma, unânime, Rel. Min Teori Zavascki, julgado em 6.12.2016, publicado no DJ em 16.12.2016).*

84.3. [...] 1. No que concerne às investigações relativas a pessoas com foro por prerrogativa de função, tem-se que, embora possuam a prerrogativa de serem processados perante o tribunal, a lei não excepciona a forma como se procederá à investigação, devendo ser aplicada, assim, a regra geral trazida no art. 5º, inciso II, do Código de Processo Penal, a qual não requer prévia autorização do Judiciário. "*A prerrogativa de foro do autor do fato delituoso é critério atinente, de modo exclusivo, à determinação da competência jurisdicional originária do tribunal respectivo, quando do oferecimento da denúncia ou, eventualmente, antes dela, se se fizer necessária diligência sujeita à prévia autorização judicial*" (Pet 3825 QO, Relator p/ acórdão: Min. Gilmar Mendes, Pleno, julgado em 10/10/2007). Precedentes do STF e do STJ. 2. Não há razão jurídica para condicionar a investigação de autoridade com foro por prerrogativa de função a prévia autorização judicial, sendo certo que a garantia constitucional diz respeito tão somente ao processamento e ao julgamento de eventual ação penal movida em desfavor de ocupante de cargo cujo status constitucional assegure privilégio de foro, de modo a evitar persecução criminal infundada. Por isso, não há que se falar em nulidade quando o procedimento de investigação instaurado pelo Ministério Público prossegue sem a chancela do Poder Judiciário, pois trata-se de procedimento pré-processual, não acobertado pela garantia de foro especial. 3. Em resumo: a) O Código de Processo Penal prevê, como primeira hipótese, a instauração de inquérito policial *ex officio* pela Polícia Judiciária, em cumprimento de seu dever constitucional, sem necessidade de requerimento ou provocação de qualquer órgão externo; b) O Supremo Tribunal Federal, no julgamento do Recurso Extraordinário n. 593.727/MG, assentou a concorrência de atribuição entre o Ministério Público e a Polícia Judiciária para realizar investigações criminais; c) Sendo assim, a mesma sistemática é válida tanto para procedimentos investigatórios ordinários quanto para investigações que envolvam autoridades com prerrogativa de função; d) Por constituírem limitações ao poder de investigação conferido pela Constituição Federal à Polícia Judiciária e ao Ministério Público, as hipóteses em que a atividade investigatória é condicionada à prévia autorização judicial exigem previsão legal expressa. *(Recurso em Habeas Corpus n. 79.910-MA, STJ, 5ª Turma, unânime, Rel. Min. Reynaldo Soares da Fonseca, julgado em 26.3.2019, publicado no* DJ *em 22.4.2019).*

84.3. [...] Questão de ordem no inquérito. Processual Penal. Crimes relacionados ao Ministério do Planejamento, Orçamento e Gestão. Indícios de participação de Senadora da República em ilícito penal. Remessa dos autos ao Supremo Tribunal Federal. Desmembramento do feito em relação a investigados não detentores de prerrogativa de foro. Possibilidade. Inexistência de prejuízo para a causa. Precedentes. [...] O Supremo Tribunal Federal assentou o entendimento de que o desmembramento do feito em relação a imputados que não possuam prerrogativa de foro deve ser a regra, diante da manifesta excepcionalidade da competência *ratione muneris*, ressalvadas as hipóteses em que a separação possa causar prejuízo relevante. [...] Ausente potencial e relevante prejuízo que justifique o *simultaneus processus*, impõe-se o desmembramento do inquérito em relação a todos os investigados que não detêm prerrogativa de foro, a fim de que a investigação prossiga perante a Suprema Corte tão somente em relação à Senadora da República. [...] (*Questão de Ordem no Inquérito nº 4.130-PR, STF, 2ª Turma, unânime, Rel. Min. Dias Toffoli, julgado em 22.9.2015, publicado no* DJ *em 3.2.2016*).

84.3. [...] A existência de investigados com foro por prerrogativa de função somente teria o condão de gerar eventual incompetência com relação a mencionadas autoridades, não alcançando, assim, o recorrente, que não possui foro por prerrogativa de função. Ademais, conforme esclareceu o Tribunal de origem, declinou-se a competência com relação às pessoas com prerrogativa de função, não havendo, dessarte, qualquer irregularidade nos autos. [...] (*RHC nº 48.112-DF, STJ, 5ª Turma, unânime, Rel. Min. Reynaldo Soares da Fonseca, julgado em 13.9.2016, publicado no* DJ *em 21.9.2016*).

84.3. [...] Compete exclusivamente a esta Suprema Corte decidir sobre eventual desmembramento do feito em relação aos coacusados não detentores de prerrogativa de foro. Remessa irrazoavelmente tardia, imotivada e apenas parcial da investigação sobre fatos conexos – desmembrada por conta e risco da autoridade policial –, além de proposição de ato investigativo, na instância originária, diretamente dirigido a detentor de prerrogativa de foro nesta Suprema Corte. Preponderância da dúvida quanto à legalidade da base probatória que pavimenta a denúncia. [...] (*Inquérito nº 2.560, STF, 1ª Turma, maioria, Rel. Min. Rosa Weber, julgado em 8.3.2016, publicado no* DJ *em 23.5.2016*).

84.3. [...] A novel jurisprudência desta Corte, com o fim de alinhar-se à jurisprudência do Supremo Tribunal Federal, alterou seu entendimento para afirmar que "a ação de improbidade administrativa deve ser processada e julgada nas instâncias ordinárias, ainda que proposta contra agente político que tenha foro privilegiado no âmbito penal e nos crimes de responsabilidade. Precedentes: AgRg na MC 20.742/MG, Rel. Min. Maria Thereza de Assis Moura, Corte Especial, *DJe* 27.05.2015; AgRg no AREsp 476.873/MG, Rel. Min. Assussete Magalhães, Segunda Turma, *DJe* 03.09.2015; REsp 1.453.854/RJ, Rel. Min. Benedito Gonçalves, Primeira Turma, *DJe* 12.12.2014. [...] (*Ag. Reg. no Agravo em Recurso Especial nº 691.727-SP, STJ, 1ª Turma, unânime, Rel. Min. Bendito Gonçalves, julgado em 5.11.2015, publicado no* DJ *em 17.11.2015*).

84.3. [...] Eventual encontro de indícios de envolvimento de autoridade detentora de foro privilegiado durante atos instrutórios subsequentes, por si só, não resulta em violação de competência desta Suprema Corte, ainda mais quando houver prévio desmembramento pelo Supremo Tribunal Federal, como ocorreu no caso. [...] (*Ag. Reg. na Reclamação nº 21.419-PR, STF, Plenário, Rel. Min. Teori Zavascki, julgado em 7.11.2015, publicado no* DJ *em 5.11.2015*).

84.3. [...] Interceptações telefônicas realizadas em primeiro grau de jurisdição. Operação Vegas. Surgimento de indícios do envolvimento de Senador da República, detentor de prerrogativa de foro, em fatos criminosos em apuração. [...] Usurpação de sua competência constitucional configurada. Prosseguimento das investigações em primeiro grau. [...] Operação Monte Carlo. Surgimento de indícios do envolvimento de detentor de prerrogativa de foro nos fatos em apuração. Sobrestamento em autos apartados dos elementos arrecadados em relação ao referido titular de prerrogativa. Prosseguimento das diligências em relação aos demais investigados. Desmembramento caraterizado. Violação de competência exclusiva da Corte, juiz natural da causa. Invalidade das interceptações telefônicas relacionadas ao recorrente nas operações Vegas e Monte Carlo e das provas diretamente delas derivadas. Teoria dos frutos da árvore envenenada (*fruit of the poisonous tree*). Precedentes. Recurso parcialmente provido. [...] 5. A jurisprudência da Corte é no sentido de que a simples menção ao nome de autoridades detentoras de prerrogativa de foro, seja em depoimentos prestados por testemunhas ou investigados, seja na captação de diálogos travados por alvos de censura telefônica judicialmente autorizada, assim como a existência de informações, até então, fluidas e dispersas a seu respeito, são insuficientes para o deslocamento da competência para o juízo hierarquicamente superior. Para que haja a atração da causa para o foro competente, é imprescindível a constatação da existência de indícios da participação ativa e concreta do titular da prerrogativa em ilícitos penais. 6. Todavia, a hipótese retratada nos autos não se coaduna com o entendimento jurisprudencial supramencionado por não se tratar de simples menção a detentor de prerrogativa de foro, nem, muito menos, de encontro fortuito de provas. 7. Em relação à Operação Vegas, deflagrada em 2008, embora as autoridades nela envolvidas negassem que se tratasse de uma investigação direta em desfavor de detentor de prerrogativa de foro, os documentos contidos nos autos demonstraram que, no auge da persecução penal, nos idos de 2008 já havia indícios reflexos de seu envolvimento com o objeto em apuração, não obstante a denúncia mencione que os fatos em relação a ele teriam como termo inicial somente a data de 22/6/09, que antecedeu o deslocamento da competência para esta Corte. 8. Portanto, o surgimento de indícios de envolvimento do recorrente já no ano de 2008 tornou impositiva a remessa do caso para o Supremo Tribunal Federal, o que, por não ter ocorrido *opportune tempore*, maculou os elementos de prova arrecadados em seu desfavor. 9. É do entendimento do Supremo Tribunal Federal que, "surgindo indícios de detentor de prerrogativa de foro estar envolvido em fato criminoso, cumpre à autoridade judicial remeter o inquérito ao Supremo (...), sob pena de haver seu arquivamento, ante a ilicitude dos elementos colhidos" (Inq nº 3.305/RS, Primeira Turma, Relator o Ministro Marco Aurélio, *DJe* de 2/10/14). 10. Quanto à Operação Monte Carlo, deflagrada 2011, embora as autoridades envolvidas na operação também negassem que se tratasse de uma investigação direta em desfavor de detentor de prerrogativa de foro, os documentos constantes dos autos demonstraram exatamente o contrário. 11. Desde o início da operação, em 2011, já havia indícios relevantes de envolvimento do recorrente com os fatos apurados, sendo certo que não cabia ao juízo de primeiro grau, para prosseguir com as investigações, promover seu desmembramento, tal qual ocorreu ao se determinar a formação de autos em apartado contendo o "Relatório de Inteligência acerca dos encontros fortuitos envolvendo pessoas que possuem prerrogativa de foro". [...] *(RHC n. 135.683, STF, 2ª Turma, unânime, Rel. Min. Dias Toffoli, julgado em 30.3.2017, publicado no DJ em 3.4.2017).*

84.3. [...] V – "A simples menção do nome de autoridades, em conversas captadas mediante interceptação telefônica, não tem o condão de firmar a competência por prerrogativa de foro. Inexiste violação do art. 5º, XII, da CF/88 e à Lei nº 9.296/96, porquanto os inquéritos foram remetidos ao STJ assim que confirmados indícios de participação de autoridades em condutas criminosas. Precedentes. [...]" (APn 675/GO, Corte Especial, Rel. Min. Nancy Andrighi, *DJe* 21/2/2013). VI – No caso, restou assentado que no início das investigações, quando determinada a busca e apreensão, não havia indício algum da participação do paciente, então Prefeito, na empreitada criminosa. Após o aprofundamento das investigações, identificados indícios de autoria em relação ao paciente, o feito foi encaminhado para a autoridade competente. [...] Agravo regimental desprovido *(Agravo Regimental no Habeas Corpus n. 407.500-AL, STJ, 5ª Turma, unânime, Rel. Min. Félix Fischer, julgado em 26.6.2018, publicado no DJ em 2.8.2018).*

84.3. [...] Não se visualiza competência implícita do Superior Tribunal de Justiça para julgamento dos Procuradores-Gerais de Justiça dos Estados-Membros da Federação. O Constituinte Originário, ao tratar da competência criminal originária dos Tribunais de Justiça, menciona membros do Ministério Público (art. 96, III), não fazendo diferença entre os Promotores de Justiça (com atuação perante os Juízes de Primeiro Grau) e os Procuradores de Justiça (com atuação perante os Tribunais de Justiça) A regra se complementa, em uma interpretação sistemática, pelo que dispõe o art. 105, inciso I, alínea "a", ao atribuir ao Superior Tribunal de Justiça a competência para processar e julgar, originariamente, as autoridades que ali arrola, fazendo, inclusive, expressa menção aos Membros do Ministério Público que oficiem perante tribunais, mas apenas aos que compõem o Ministério Público da União. Nada mencionou acerca dos Membros do Ministério Público dos Estados-Membros que oficiem perante Tribunais. [...] Questão de ordem resolvida, com declaração da incompetência do Superior Tribunal de Justiça para processar e julgar, originariamente, nos crimes comuns, atos atribuídos a Deputados Estaduais e Procuradores-Gerais de Justiça Estaduais, bem como demais membros dos Ministérios Públicos Estaduais que oficiem perante tribunais. [...] (*Representação nº 479-DF, STJ, Corte Especial, unânime, Rel. Min. Og Fernandes, julgado em 19.8.2015, publicado no DJ em 14.10.2015*).

84.3. [...] Violação apenas da prerrogativa da autoridade com foro privilegiado. Juízo de primeira instância competente para supervisionar as investigações contra os reclamantes. Em relação a eles, a manutenção da investigação em primeira instância não representa violação à prerrogativa. [...] (*Ag. Reg. na Reclamação nº 15.821-RS, STF, 2ª Turma, unânime, Rel. Min. Gilmar Mendes, julgado em 10.2.2015, publicado no DJ em 2.3.2015*).

84.3. [...] A posse do réu no cargo de Desembargador opera o deslocamento da competência para o STJ, que recebe a ação penal em curso no estado em que se encontra, mantendo-se íntegros os atos validamente praticados no juízo de origem antes de ocorrida a causa modificadora da competência. [...] (*Ação Penal nº 719-DF, STJ, Corte Especial, Rel. Min. Maria Thereza de Assis Moura, julgado em 5.11.2014, publicado no DJ em 18.11.2014*).

84.3. [...] A simples menção do nome de autoridades, em conversas captadas mediante interceptação telefônica, não tem o condão de firmar a competência por prerrogativa de foro. Inexiste violação do art. 5º, XII, da CF/88 e à Lei nº 9.296/96, porquanto os inquéritos foram remetidos ao STJ assim que confirmados indícios de participação de autoridades em condutas criminosas. Precedentes. [...] (*Ação Penal nº 675-GO, STJ, Corte Especial, Rel. Min. Nancy Andrighi, julgado em 17.12.2012, publicado no DJ em 21.2.2013*).

84.3. [...] O Plenário desta Suprema Corte mais de uma vez já decidiu que é de ser tido por afrontoso a competência do STF o ato da autoridade reclamada que desmembrou o inquérito, deslocando o julgamento do parlamentar e prosseguindo quanto aos demais (Rcl 1121, Relator(a): Min. Ilmar Galvão, Tribunal Pleno, julgado em 04/05/2000, DJ 16-06-2000 PP-00032 Ement vol-01995-01 pp-00033). Nessa linha de entendimento, decidiu o Plenário também que, até que esta Suprema Corte procedesse a análise devida, não cabia ao Juízo de primeiro grau, ao deparar-se, nas investigações então conjuntamente realizadas, com suspeitos detentores de prerrogativa de foro – em razão das funções em que se encontravam investidos –, determinar a cisão das investigações e a remessa a esta Suprema Corte da apuração relativa a esses últimos, com o que acabou por usurpar competência que não detinha (Rcl 7913 AgR, Relator(a): Min. Dias Toffoli, Tribunal Pleno, julgado em 12.5.2011, *DJe*-173 divulg 08-09-2011 public 9.9.2011 ement vol-02583-01 p-00066). 2. Por outro lado, a atual jurisprudência do STF é no sentido de que as normas constitucionais sobre prerrogativa de foro devem ser interpretadas restritivamente, o que determina o desmembramento do processo criminal sempre que possível, mantendo-se sob a jurisdição especial, em regra e segundo as circunstâncias de cada caso, apenas o que envolva autoridades indicadas na Constituição (Inq 3515 AgR, Relator(a): Min. Marco Aurélio, Tribunal Pleno, julgado em 13.2.2014). [...] (*Habeas Corpus nº 103.325-AP, STF, 2ª Turma, unânime, Rel. Min. Celso de Mello, julgado em 3.4.2012, publicado no DJ em 30.10.2014*).

84.3. Diplomata. Prerrogativa de foro. Infrações penais comuns. Tratamento normativo do tema no constitucionalismo brasileiro. Perda da condição de Chefe de Missão Diplomática de caráter permanente. Remoção *ex officio* para a Secretaria de Estado em Brasília. Cessação imediata da prerrogativa *ratione muneris*. Insubsistência da competência penal originária do Supremo Tribunal Federal. Remessa dos autos ao magistrado de primeiro grau. [...] (*Ação Penal nº 570, STF, Rel. Min. Celso de Mello, decisão monocrática, julgado em 24.10.2013, publicado no DJ em 29.10.2013*).

84.3. [...]1. Os agentes políticos, com exceção do Presidente da República, encontram-se sujeitos a um duplo regime sancionatório, de modo que se submetem tanto à responsabilização civil pelos atos de improbidade administrativa, quanto à responsabilização político-administrativa por crimes de responsabilidade. Não há qualquer impedimento à concorrência de esferas de responsabilização distintas, de modo que carece de fundamento constitucional a tentativa de imunizar os agentes políticos das sanções da ação de improbidade administrativa, a pretexto de que estas seriam absorvidas pelo crime de responsabilidade. A única exceção ao duplo regime sancionatório em matéria de improbidade se refere aos atos praticados pelo Presidente da República, conforme previsão do art. 85, V, da Constituição. 2. O foro especial por prerrogativa de função previsto na Constituição Federal em relação às infrações penais comuns não é extensível às ações de improbidade administrativa, de natureza civil. Em primeiro lugar, o foro privilegiado é destinado a abarcar apenas as infrações penais. A suposta gravidade das sanções previstas no art. 37, § 4º, da Constituição, não reveste a ação de improbidade administrativa de natureza penal. Em segundo lugar, o foro privilegiado submete-se a regime de direito estrito, já que representa exceção aos princípios estruturantes da igualdade e da república. Não comporta, portanto, ampliação a hipóteses não expressamente previstas no texto constitucional. E isso especialmente porque, na hipótese, não há lacuna constitucional, mas legítima opção do poder constituinte originário em não instituir foro privilegiado para o processo e julgamento de agentes políticos pela prática de atos de improbidade na esfera civil. Por fim, a fixação de competência para julgar a ação de improbidade no 1° grau de jurisdição, além de constituir fórmula mais republicana, é atenta às capacidades institucionais dos diferentes graus de jurisdição para a realização da instrução processual, de modo a promover maior eficiência no combate à corrupção e na proteção à moralidade administrativa. 3. Agravo regimental a que se nega provimento *(Agravo Regimental na Petição n. 3.240, STF, Plenário, Rel. Min. Teori Zavascki, julgado em 10.5.2018, publicado no DJ em 22.8.2018).*

84.3. [...] o suplente, enquanto ostentar essa específica condição – que lhe confere mera expectativa de direito –, não só não dispõe da garantia constitucional da imunidade parlamentar, como também não se lhe estende a *prerrogativa de foro* prevista na Constituição Federal, cujo art. 53, § 1°, revela-se unicamente aplicável a quem esteja no exercício do mandato de Deputado Federal ou de Senador da República. Cabe registrar, *neste ponto*, que o suplente, em sua posição de substituto eventual do congressista, não goza – enquanto permanecer nessa condição – das prerrogativas constitucionais deferidas ao titular do mandato legislativo, tanto quanto não se lhe estendem as incompatibilidades, que, previstas no texto da Carta Política (CF, art. 54), incidem, apenas, sobre aqueles que estão no desempenho do ofício parlamentar. [...] *(Ação Penal n° 665/MT, STF, Rel. Min. Celso de Mello, decisão monocrática de 27.2.2012, publicado no DJ em 1°.3.2012).*

84.4. Competência do Supremo Tribunal Federal: Assim, e como a Suprema Corte situa-se no mais alto degrau da jurisdição nacional, caberá a ele o julgamento de autoridades que gozem do mesmo *status* político-administrativo.

Com isso, lê-se no art. 102 da Constituição da República, a competência para o processo e julgamento, nos crimes comuns, dos membros dos tribunais superiores (Poder Judiciário); dos membros do Congresso Nacional (Poder Legislativo); do Presidente da República e Ministros de Estado (Poder Executivo), e também dos Comandantes das Forças Armadas (Aeronáutica, Marinha e Exército), do Procurador-Geral da República (o mais elevado cargo no âmbito do Ministério Público), dos chefes de missões diplomáticas de caráter permanente (Relações internacionais) e dos membros do Tribunal de Contas da União.

Como o Brasil tradicionalmente reverencia o Poder Público, Leis 10.683/2003, 11.036/2004 e 13.502/2017, antes regulamentado pela Lei 10.683/2003, vieram a tratar determinados cargos como equivalentes aos de Ministro de Estado, caso do Advogado-Geral da União, do Chefe da Casa Civil, do Chefe da Secretaria de Governo da Presidência da República, do Chefe de Gabinete de Segurança Institucional da Presidência da República, do Chefe da Secretaria-Geral da Presidência da República, além do Presidente do Banco Central do Brasil. Houve, também, tentativas de inclusão de outras autoridades na competência originária do Supremo Tribunal Federal, como se de Ministros de Estado se tratasse, caso, por exemplo, de algumas secretarias administrativas (Lei 11.036/204). No julgamento do Inquérito 2.044-QO, porém, sendo relator o eminente e então Ministro Sepúlveda Pertence, afastou-se a equiparação pretendida (com o cargo de Ministro de Estado) relativamente ao então Secretário Especial de Aquicultura e Pesca. Motivo (óbvio, a mais não poder!): tratava-se de órgão rigidamente subordinado à hierarquia administrativa, sem qualquer autonomia de gestão.

Registramos que, a partir da Emenda nº 49/2014, houve alteração no Regimento Interno do STF, para estabelecer que a competência para julgamento em ações penais perante o Plenário será restrita aos crimes cometidos pelo Presidente da República, Vice-Presidente da República, Presidente do Senado Federal, Presidente da Câmara dos Deputados, Ministros do próprio STF e do Procurador-Geral da República. Quanto aos demais, a competência passou a ser das respectivas turmas. Essa nova organização do STF foi objeto de questionamentos via ações diretas de inconstitucionalidade (*v.g.*, ADI nº 5.175 – *DJ* de 19.8.2020), em que foi reafirmada, por unanimidade, a plena autonomia de organização interna da Corte para estabelecer suas competências, notadamente por, há muito, já ser entendimento de que as decisões das Turmas não permitem impugnação ao Plenário, exatamente porque decidem *em nome* do tribunal, decorrente de especificação de competências.

Entretanto, observa-se que competência do plenário foi alterada a partir da Emenda Regimental nº 57, de 16 de outubro de 2020, passando novamente a dispor que a ele competirá julgar, nos crimes comuns, o Presidente da República, o Vice-Presidente da República, os Deputados e Senadores, os Ministros do STF e o Procurador-Geral da República, e nos crimes comuns e de responsabilidade, os Ministros de Estado e os Comandantes da Marinha, do Exército e da Aeronáutica, ressalvado o disposto no art. 52, I, da Constituição Federal, os membros dos Tribunais Superiores, os do Tribunal de Contas da União e os chefes de missão diplomática de caráter permanente, bem como apreciar pedidos de arquivamento por atipicidade da conduta.

Prosseguindo, uma questão que poderá levantar dúvidas diz respeito aos membros do Conselho Nacional de Justiça, bem como do Conselho Nacional do Ministério Público. A Emenda Constitucional nº 45 atribuiu ao Senado Federal a competência para o julgamento dos crimes de responsabilidade eventualmente praticados por tais autoridades, nada se referindo aos crimes *comuns*.

Como se sabe, os aludidos Conselhos integram a estrutura do Poder Judiciário (CNJ) e do Ministério Público, por força do quanto contido no art. 92, I-A, e art. 130-A, ambos da Constituição da República. Assim, muito provavelmente (passe a redundância ou outra figura de linguagem) se reconhecerá a competência do Supremo Tribunal Federal para o julgamento de seus membros, já que, ao menos em tese, os aludidos órgãos se posicionam no ponto mais alto das mencionadas instituições, ainda que sem poderes jurisdicionais.

A nosso aviso, esse entendimento, acaso prevalecente, não traduziria a melhor interpretação da matéria. Não por se tratar de órgãos exclusivamente administrativos, tendo em vista que a natureza das funções dos cargos públicos não foi o critério decisivo na eleição de foros privativos. Mas assim pensamos em homenagem à escolha que nos parece ter sido feita pelo próprio constituinte (derivado) da Emenda Constitucional nº 45. Quando se atribuiu ao Senado a competência para o julgamento de crimes de responsabilidade, demonstrou-se a preocupação com a relevância das funções ali previstas, sobretudo no que toca ao exercício da função administrativa, que vem a ser o âmbito de atuação do denominado crime (de responsabilidade). Mas, exatamente porque se debruçou sobre a importância da função a ser exercida pelas autoridades integrantes dos Conselhos (de Justiça e do Ministério Público), a *absoluta ausência* de qualquer referência normativa aos *crimes comuns* há de ser interpretada como *expressiva de sentido* (silêncio eloquente), a deixar a matéria tal qual se encontrava àquele tempo. E mais. Veja-se que o silêncio foi tão eloquente que a EC nº 45/04 chegou a revogar disposição constante do art. 102, qual seja a regra de competência mencionada na alínea *h*, não se animando, porém, a alterar a regra do foro privativo tratada na alínea *c* do mesmo dispositivo.

A competência de foro no Supremo Tribunal Federal é *absoluta*, independentemente da natureza do crime (estadual, federal, militar), desde que a autoridade esteja no efetivo exercício do cargo *ao tempo de seu julgamento*. Importante referir que essa competência está relacionada ao *julgamento* dos feitos, não havendo nenhum óbice para a delegação da instrução das ações penais, notadamente após a criação, pela Lei nº 12.019/09, dos denominados magistrados instrutores. Antes da sua vigência, era muito comum – quando não a regra – que a instrução fosse realizada por intermédio da chamada carta de ordem.

Aliás, as autoridades que detiverem foro privativo no Superior Tribunal de Justiça e no Supremo Tribunal Federal serão sempre julgadas nas aludidas instâncias, independentemente da natureza do crime de que sejam acusadas. A exceção seria apenas no caso de concurso de agentes entre eles, de que seria exemplo uma infração penal praticada por um membro do Congresso Nacional, em concurso com um Governador de Estado. A competência seria do Supremo Tribunal Federal, sem qualquer prejuízo a este último (Governador de Estado), cuja modificação de seu juiz natural se justificaria ao nível constitucional, pela prevalência da mais alta jurisdição nacional.

Note-se que estamos nos referindo às hipóteses de *continência*, caracterizadas pela *unidade de conduta*. Assim, o princípio da *unidade da jurisdição* impõe uma única solução judicial para o mesmo delito. A única exceção que a Suprema Corte reconhece *em relação ao aludido princípio* (unidade da jurisdição) se refere aos crimes dolosos contra a vida, praticados em concurso por aquele que detém foro privilegiado e aquele que não o tem. Nessa específica hipótese, a Suprema Corte já consolidou o entendimento no sentido de constituir uma garantia constitucional a de ser julgado pelos seus pares – Tribunal do Júri, daí por que a separação dos processos seria de rigor.

Registra-se, por fim, posicionamento divergente de Douglas Fischer em tema de deslocamento de competências de natureza absoluta (no que se refere à conexão, concordando quanto à continência), consoante anotações em *Considerações sobre a correta aplicação da Súmula 704 do STF* (Fischer, Douglas; Marques, Claiton Renato Macedo. *Boletim dos Procuradores da República* nº 80, maio de 2008, e *Revista da Associação dos Juízes do Estado do Rio Grande do Sul – AJURIS*, nº 111, set. 2008, p. 81). Nesse texto retromencionado, a divergência está expressa quanto à conexão e continência. No entanto, o autor passou a reconhecer que a continência tem justificativa constitucional na unicidade de prestação jurisdicional, devendo haver a unidade de julgamento. Vide, também, item 413.1.

Jurisprudência

84.4. [...] Transferência da competência do Plenário para as Turmas para processar e julgar, nos crimes comuns, Deputados e Senadores. Manutenção da competência do Tribunal Pleno para julgar o Presidente da República, o Vice-Presidente da República, o Presidente do Senado Federal, o Presidente da Câmara dos Deputados, os Ministros do Supremo Tribunal Federal e o Procurador-Geral da República. [...] Ausência de violação à isonomia. Distinção das funções exercidas pelos Presidentes do Senado e da Câmara. Foro por prerrogativa de função não assegura o julgamento pelo Plenário da Corte. Compete privativamente aos tribunais definir a competência e o funcionamento de seus órgãos, como expressão de autonomia e autogoverno do Poder Judiciário. O Supremo Tribunal Federal exerce sua competência pelo Plenário, pelas Turmas, pelo Presidente e por meio de cada Ministro. Ausência de violação ao princípio da isonomia e da razoabilidade. Alteração regimental realizada para conciliar as diversas ações penais ao princípio da duração razoável do processo. As Turmas, como órgãos fracionários, estão mais bem habilitadas a julgar a maior parte dos processos de índole subjetiva, em razão da maior agilidade e celeridade na prestação jurisdicional individualizada. Ausência de violação à garantia do Juiz Natural. O foro por prerrogativa de foro constitui exceção à garantia ao duplo grau de jurisdição. [...] *(Ação Direta de Inconstitucionalidade nº 5.175-DF, STF, Plenário, unânime, rel. Min. Gilmar Mendes, julgado em sessão virtual de 12.6.2020 a 19.6.2020, publicado no DJ em 19.8.2020).*

84.4. [...] 3. Não havendo solução de descontinuidade entre os mandatos exercidos por Prefeito municipal, em virtude de sua reeleição para o mandato imediatamente subsequente ao anterior, a competência para processar e julgar os crimes por ele cometidos durante o exercício do primeiro mandato, em obediência ao requisito da atualidade da função, é do Tribunal de Justiça. 4. No caso em apreço, os crimes supostamente praticados pelo ora recorrente foram cometidos durante o exercício do cargo e se relacionam com as funções desempenhadas. Além disso, não houve solução de descontinuidade entre os mandatos de Prefeito municipal por ele exercidos, pois houve a sua reeleição para mandato imediatamente consecutivo ao anterior, fato que permite fixar a competência do Tribunal de Justiça do Estado do Ceará para o processamento e julgamento da denúncia formulada em seu desfavor. 5. Agravo Regimental a que se dá provimento para dar provimento ao Recurso Extraordinário e, por via de consequência, determinar o envio dos autos ao Tribunal de Justiça do Estado do Ceará, nos termos do art. 29, X, da Constituição Federal *(Agravo Regimental no Recurso Extraordinário nº 1.240.599-CE, STF, 1ª Turma, por maioria, Rel. Min. Marco Aurélio, Redator do acórdão Min. Alexandre de Moraes, julgado em sessão virtual de 29.5.2020 a 5.6.2020, publicado no DJ em 9.11.2020).*

84.4 [...] 1. O Plenário desta Corte, no julgamento da questão de ordem na Ação Penal 937, fixou as seguintes teses: "*(i) O foro por prerrogativa de função aplica-se apenas aos crimes cometidos durante o exercício do cargo e relacionados às funções desempenhadas; e (ii) Após o final da instrução processual, com a publicação do despacho de intimação para apresentação de alegações finais, a competência para processar e julgar ações penais não será mais afetada em razão de o agente público vir a ocupar outro cargo ou deixar o cargo que ocupava, qualquer que seja o motivo*". 2. Agravante investigado perante o Tribunal de Justiça, por ter dispensado licitação fora das hipóteses previstas em lei e ter cometido crime de responsabilidade, quando exercia o cargo de prefeito do Município de Pau de Ferros. Recorrido que não foi reeleito, vindo ocupar o cargo novamente após lapso temporal de 4 anos. 3. Delitos atribuídos ao agravante que não foram cometidos durante o exercício do atual cargo e não estão relacionadas às funções agora desempenhadas. 4. Determinação de imediata remessa dos autos à primeira instância. Precedentes. Agravo regimental a que se nega provimento *(Agravo Regimental no Recurso Extraordinário nº 1.288.052-RN, STF, 1ª Turma, unânime, Rel. Min. Alexandre de Moraes, julgado em sessão virtual de 9.10.2020 a 19.10.2020, publicado no DJ em 27.10.2020).*

84.4. [...] Direito processual penal. Ação penal. Foro especial por prerrogativa de função. Restrição. Entendimento do Supremo Tribunal Federal na Questão de Ordem, na Ação Penal n. 937-RJ. Hipótese restritiva. Competência declinada após encerramento da instrução e apresentação de alegações finais. Devolução dos autos ao juízo original. 1. De acordo com a nova linha interpretativa do Supremo Tribunal Federal sobre competência de foro por prerrogativa de função para parlamentares federais (art. 53, § 1º, da CF), o deslocamento de competência por diplomação não atinge os processos com instrução finalizada e despacho de intimação para apresentação de alegações finais publicado. [...] *(Ação Penal n. 1.023-RS, STF, Rel. Min. Rosa Weber, decisão monocrática, julgado em 25.5.2018, publicado no DJ em 4.6.2018).*

84.4. [...] 4. O Plenário do Supremo Tribunal Federal, em sessão realizada em 3 de maio de 2018, ao julgar Questão de Ordem na Ação Penal n. 937, relator o Min. Roberto Barroso, reinterpretando o disposto no art. 102, inc. I, alínea *b*, da CFRB/88, fixou o entendimento de que "[o] foro por prerrogativa de função aplica-se apenas aos crimes cometidos durante o exercício do cargo e relacionados às funções desempenhadas". 5. No caso concreto, os crimes são anteriores ao exercício do cargo de Senador da República e desvinculados das atribuições parlamentares, motivo pelo qual é inaplicável a regra constitucional da prerrogativa de foro. [...] *(Agravo Regimental no Inquérito n. 4.358-AM, STF, 2ª Turma, unânime, Rel. Min. Dias Toffoli, julgado em 7.8.2018, publicado no DJ em 14.9.2018).*

84.4. [...] 1. O Plenário do Supremo Tribunal Federal, ao concluir o julgamento, na data de 3.5.2018, da AP n. 937-QO, aprovou, por maioria, as teses de que: "(i) O foro por prerrogativa de função aplica-se apenas aos crimes cometidos durante o exercício do cargo e relacionados às funções desempenhadas"; e de que "(ii) Após o final da instrução processual, com a publicação do despacho de intimação para apresentação de alegações finais, a competência para processar e julgar ações penais não será mais afetada em razão de o agente público vir a ocupar outro cargo ou deixar o cargo que ocupava, qualquer que seja o motivo". 2. A *ratio decidendi* do julgamento realizado pelo Supremo Tribunal Federal na AP n. 937-QO aplica-se, indistintamente, a qualquer hipótese de competência especial por prerrogativa de função, tanto que a discussão acerca da possibilidade de modificação da orientação jurisprudencial foi conduzida objetivamente pelo Plenário em consideração aos parâmetros gerais da sobredita modalidade de competência especial, isto é, sem qualquer valoração especial da condição de parlamentar do réu da AP n. 937. [...] 4. O elemento persuasivo (vinculante ou vinculativo, conforme o caso) do precedente não decorre das partes ou do dispositivo da decisão, mas sim dos fundamentos jurídicos adotados para justificá-la, ou seja, da chamada *ratio decidendi. In casu*, a) não cabe cogitar da competência do STF para conhecer da denúncia oferecida, uma vez que o hoje Senador da República e Ministro de Estado não praticou, em tese, o fato no exercício e em razão daqueles últimos cargos; b) não se visualiza competência do STJ, uma vez que o denunciado [...] não mais exerce o cargo de Governador do Estado e o denunciado [...] , embora exerça atualmente o cargo de Conselheiro de Tribunal de Contas, não praticou, em tese, o fato no exercício do aludido cargo; c) não se visualiza competência do Tribunal local, uma vez que o denunciado [...] , embora tenha praticado o fato, em tese, na condição de Deputado Estadual, não mais exerce o cargo em questão; d) por exclusão, o único Juízo competente para conhecer da peça acusatória é o da 1ª instância, mais precisamente, da Justiça Estadual do Mato Grosso, considerando não se visualizar, a princípio, competência da Justiça Federal quanto aos crimes imputados. 5. Voto no sentido de resolver a questão de ordem por meio da declinação da competência para conhecer da denúncia à 1ª instância da Justiça Estadual do Mato Grosso *(Questão de Ordem no Inquérito n. 4.703-DF, 1ª Turma, Rel. Min. Luiz Fux, julgado em 12.6.2018, publicado no* DJ *em 1º.10.2018).*

84.4. [...] Busca e apreensão realizada nas dependências do Senado Federal. Medida autorizada pelo juízo de primeiro grau. Ausência de automática e necessária usurpação da competência do Supremo Tribunal Federal. Supervisão de apuração tendente a elucidar condutas potencialmente atribuídas a congressistas no exercício da função parlamentar. Vulneração à competência desta Corte. Higidez das provas repetíveis ou que dispensam prévia autorização judicial. [...] 1. A competência penal originária do Supremo Tribunal Federal, inclusive no que toca à etapa investigatória, encontra-se taxativamente elencada nas regras de direito estrito estabelecidas no art. 102 da CRFB, razão pela qual não permite alargamento pela via interpretativa. 2. Inexistente previsão constitucional em direção diversa, não há como se acolher a pretensão no sentido de que seria necessariamente do Supremo Tribunal Federal a competência para apreciar pedido de busca e apreensão a ser cumprida nas dependências de Casas Legislativas. Isso porque, conforme se extrai do art. 102, CRFB, não se elegeu o local da realização de diligências, ou seja, o critério espacial, como fator de determinação de competência desta Corte. 3. As imunidades parlamentares visam a salvaguardar a independência do exercício dos respectivos mandatos congressuais, de modo que não são passíveis de extensão em favor de outros agentes públicos ou funções alheias às estritas atividades parlamentares. Por essa razão, não há impedimento normativo de que integrantes de Polícia Legislativa sejam diretamente investigados em primeiro grau, na medida em que referidas funções públicas não se inserem no rol taxativo a legitimar a competência penal originária desta Suprema Corte. 4. *Eventuais interferências entre os Poderes constituídos ou condicionamentos da atividade jurisdicional, como a exigência de participação de outros órgãos na realização de determinadas diligências, devem decorrer de previsão constitucional, descabendo adotar mecanismo de freio e contrapeso não disciplinado, expressa ou implicitamente, pela própria Constituição da República.* 5. A jurisprudência desta Suprema Corte firmou-se no sentido de que a competência penal constitucionalmente estabelecida alcança também a fase investigatória. Assim, se inexistir indicativo de competência do Supremo Tribunal Federal para processar e julgar eventual ação penal, não há razão para que a Suprema Corte aprecie medida de cunho preparatório e acessório. 6. Em sede de reclamação, a alegação de usurpação da competência do STF em razão da investigação, em primeiro grau, de agentes detentores de foro nesta Suprema Corte, deve ser demonstrada sem exigir o reexame de matéria fático-probatória. Para a configuração dessas circunstâncias, são insuficientes a possibilidade abstrata de envolvimento de parlamentares, bem como simples menções a nomes de congressistas. 7. Caso concreto em que, segundo decisões judiciais anteriormente proferidas pelo Juízo reclamado, a confirmação das hipóteses investigatórias poderia levar a identificação de parlamentares que, em tese, teriam comandado os atos objeto de apuração, cenário, a um só tempo, a denotar a usurpação da competência desta Suprema Corte e afastar a alegação de incidência da Teoria do Juízo Aparente. 8. A irregularidade atinente à competência para supervisão das investigações não infirma a validade de quaisquer elementos probatórios não sujeitos à cláusula de reserva de jurisdição e que, bem por isso, dispensam, para sua produção ou colheita, prévia autorização judicial. 9. As interceptações telefônicas, por sua vez, sujeitas a perecimento por excelência, bem como a quebra de sigilo telefônico deferida com base nesses diálogos captados, *são declaradas ilícitas em relação aos detentores de prerrogativa de foro nesta Corte, providência que não se estende aos demais investigados*. 10. O Tribunal Pleno, por maioria, acolheu o pedido cautelar formulado pela Procuradoria-Geral da República para o fim de não desconstituir a busca e apreensão realizada, resguardando-se o exame exauriente da validade de eventuais provas decorrentes da medida para momento oportuno, após avaliação do material arrecadado pelos órgãos de persecução. 11. Pedido julgado parcialmente procedente *(Reclamação nº 25.537, STF, Plenário, parcial procedência, Rel. Min. Edson Fachin, julgado em 26.6.2019, publicado no* DJ *em 11.3.2020).*

84.4. [...] 1. Por atribuição constitucional, presta-se a reclamação para preservar a competência do Supremo Tribunal Federal e garantir a autoridade de suas decisões (CF, art. 102, inciso I, alínea *l*), bem como para resguardar a correta aplicação das súmulas vinculantes (CF, art. 103-A, § 3º). 2. Usurpação de competência fundamentada na tese de que as diligências investigativas levadas a cabo perante a autoridade reclamada pela autoridade policial e pelo *Parquet* Federal teriam apontado continência por cumulação subjetiva (CPP, art. 77, inciso I) entre o reclamante e a Senadora [...], o que justificaria a reunião do caso no INQ nº 4.130/DF. 3. A configuração de usurpação da competência do Supremo Tribunal Federal para supervisionar investigações criminais tem como consequência inexorável a nulidade dos atos eventualmente praticados na persecução penal, o que não é a hipótese dos autos. 4. A apontada continência por cumulação subjetiva (CPP, art. 77, I), por si só, não justifica o *simultaneus processus* perante a Suprema Corte, que já havia determinado a cisão do feito e o prosseguimento das investigações, quanto a não detentores de prerrogativa de foro, em primeiro grau de jurisdição, ora sob a supervisão da autoridade reclamada. 5. Os fatos imputados ao ora reclamante, além de muito mais extensos do que aqueles imputados à Senadora, são dotados de autonomia probatória. 6. Os documentos alusivos ao prosseguimento das investigações perante a autoridade reclamada não indicam novas condutas criminosas imputáveis à Senadora da República que pudessem justificar a remessa do feito ao Supremo Tribunal Federal. Tampouco a Senadora seria alvo de investigação naquela instância, o que, inegavelmente, configuraria a invocada usurpação de competência da Corte. 7. Não houve demonstração de prejuízo relevante, em razão da cisão do feito, para a persecução penal ou para a defesa do reclamante. 8 A interativa jurisprudência da Corte consigna que o desmembramento do feito em relação a imputados que não possuam prerrogativa de foro, "deve ser a regra, diante da manifesta excepcionalidade do foro por prerrogativa de função, ressalvadas as hipóteses em que a separação possa causar prejuízo relevante" (Inq n. 2.903/AC-AgR, Pleno, relator o Min. Teori Zavaschi, *DJe* de 1º.7.2014). 9. Na linha de precedentes, a reclamação não é a via adequada para, sob a premissa de usurpação de competência, veicular insurgência contra a cisão das investigações pelo próprio Supremo Tribunal Federal. [...] 12. Improcedência da reclamação e, por consequência, prejudicado o agravo regimental da PGR [...] *(Reclamação n. 24.506-SP, STF, 2ª Turma, Rel. Min. Dias Toffoli, julgado em 26.6.2018, publicado no* DJ *em 6.9.2018).*

84.4. [...] Perda do mandato parlamentar: É da competência das Casas Legislativas decidir sobre a perda do mandato do Congressista condenado criminalmente (artigo 55, VI e § 2º, da CF). Regra excepcionada – adoção, no ponto, da tese proposta pelo eminente revisor, Ministro Luís Roberto Barroso –, quando a condenação impõe o cumprimento de pena em regime fechado, e não viável o trabalho externo diante da impossibilidade de cumprimento da fração mínima de 1/6 da pena para a obtenção do benefício durante o mandato e antes de consumada a ausência do Congressista a 1/3 das sessões ordinárias da Casa Legislativa da qual faça parte. Hipótese de perda automática do mandato, cumprindo à Mesa da Câmara dos Deputados declará-la, em conformidade com o artigo 55, III, § 3º, da CF. Precedente: MC no MS 32.326/DF, Rel. Min. Roberto Barroso, 02.9.2013. *8. Suspensão dos direitos políticos do condenado quando do trânsito em julgado da condenação (art. 15, III, da CF) (AP n. 694-MP, STF, 1ª Turma, Rel. Min. Roberto Barroso, julgado em 2.5.2017, publicado no DJ em 31.8.2017).*

84.4. [...] Cabe exclusivamente ao Procurador-Geral da República o pedido de abertura de inquérito em face de autoridades titulares de foro por prerrogativa de função perante o Supremo Tribunal Federal, como corolário da titularidade exclusiva da ação penal pública (art. 129, I, da CF/88). [...] *(Agravo Regimental na Petição n. 6.266-DF, STF, 1ª Turma, unânime, Rel. Min. Luiz Fux, julgado em 22.6.2017, publicado no DJ em 1º.8.2017).*

84.4. [...] É entendimento assentando no Supremo Tribunal Federal, e repetido no Superior Tribunal de Justiça, que cessa a competência por prerrogativa de função quando encerrado o exercício funcional que a justificava, ainda que se trate de magistrado ou membro do Ministério Público. [...] (*Agravo Regimental na Ação Penal nº 517-CE, STJ, Corte Especial, unânime, Rel. Min. Laurita Vaz, julgado em 2.3.2016, publicado no* DJ *em 9.3.2016*).

84.4. [...] Conexão e continência. Réus sem foro originário perante o Supremo Tribunal Federal. "Não viola as garantias do juiz natural, da ampla defesa e do devido processo legal, a atração, por continência ou conexão, do processo do corréu ao foro por prerrogativa de função de um dos denunciados" (Súmula 704). Eventual separação dos processos e consequente declinação do julgamento a outra instância deve ser analisada pelo Supremo Tribunal, com base no art. 80 do CPP. Tratando-se de delitos praticados em concurso de agente, não havendo motivo relevante, o desmembramento *não se* justifica. [...] (*Inquérito nº 2.688-SP, STF, 2ª Turma, maioria, Rel. Min. Cármen Lúcia, julgado em 10.2.2015, publicado no* DJ *em 12.2.2015*).

84.4. [...] A prerrogativa de foro, tal como o julgamento pelo Tribunal do Júri, também decorre de norma constitucional, razão pela qual a competência de um não pode se sobrepor a do outro. E é por isso que, em caso de corréus, quando há prerrogativa de foro para um deles, como na espécie, o processo, necessariamente, deverá ser cindido: o Tribunal julgará aquele que detém a prerrogativa de foro e os demais serão julgados pelo Júri Popular. Cada órgão julgador perfaz seu mister, em estrita obediência ao comando constitucional, sem vinculação entre os resultados, ainda que conflitantes, uma vez que, de um lado, há a soberania do veredicto popular e, de outro, a jurisdição desta Corte Superior. [...] (*Ação Penal nº 517-CE, STJ, Corte Especial, Rel. Min. Laurita Vaz, julgado em 5.12.2012, publicado no* DJ *em 10.4.2013*).

84.4. [...] Crimes de natureza comum e castrense. Competência absoluta. Ordem denegada. *Um determinado acontecimento pode dar origem a mais de uma ação penal e em âmbitos jurisdicionais distintos e especializados. Improrrogabilidade e inderrogabilidade da competência absoluta.* Precedentes. A conexão e a continência não constituem óbice à separação obrigatória de processos quando da ocorrência de concurso entre crime militar e crime comum, conforme dispõe o art. 79, I, CPP. Ordem denegada (*Habeas Corpus nº 105.301-MT, STF, 2ª Turma, unânime, julgado em 5.4.2011, publicado no* DJ *em 12.5.2011*).

84.4. [...] O Supremo Tribunal Federal qualifica-se como juiz natural dos membros do Congresso Nacional (*RTJ* 137/570 – *RTJ* 151/402), quaisquer que sejam as infrações penais a eles imputadas (*RTJ* 33/590), mesmo que se cuide de simples ilícitos contravencionais (*RTJ* 91/423) ou se trate de crimes sujeitos a competência dos ramos especializados da Justiça da União (*RTJ* 63/1 – *RTJ* 166/785-786). Precedentes [...] (*Questão de Ordem do Inquérito nº 1.544-0/PI, Tribunal Pleno, Rel. Min. Celso de Mello, julgado em 7.11.2001, publicado no* DJ *em 14.12.2001).*

84.4.1. A limitação do foro por prerrogativa de função a partir do precedente da Questão de Ordem na Ação Penal n. 937.

Em 3.5.2018, por votação majoritária, o Supremo Tribunal Federal passou a compreender que a prerrogativa de foro de parlamentares deva ser analisada de forma mais restritiva à luz, sobretudo, do princípio da isonomia. Nessa linha, a Corte Suprema assentou algumas teses fundamentais:

a) "o foro por prerrogativa de função aplica-se apenas aos crimes cometidos durante o exercício do cargo e relacionados às funções desempenhadas;

b) após o final da instrução processual, com a publicação do despacho de intimação para apresentação de alegações finais, a competência para processar e julgar ações penais não será mais afetada em razão de o agente público vir a ocupar outro cargo ou deixar o cargo que ocupava, qualquer que seja o motivo", com o entendimento de que esta nova linha interpretativa deve se aplicar imediatamente aos processos em curso, com a ressalva de todos os atos praticados e decisões proferidas pelo STF e pelos demais juízos com base na jurisprudência anterior, conforme precedente firmado na Questão de Ordem no Inquérito n. 687 (Rel. Min. Sydney Sanches, j. 25.8.1999).

A divergência estabeleceu-se nos seguintes termos: 1) em relação ao item "a", ficaram vencidos os Ministros Alexandre de Moraes e Ricardo Lewandowski; 2) em relação ao item "b" supra, vencido o Min. Marco Aurélio; e, em parte, o Min. Dias Toffoli, que, de forma mais restritiva, compreendeu que se devia fixar a competência do STF para processar e julgar os membros do Congresso Nacional exclusivamente quanto aos crimes praticados após a diplomação, independentemente de sua relação ou não com a função pública em questão; fixar a competência por prerrogativa de foro, prevista na Constituição Federal, quanto aos demais cargos, exclusivamente quanto aos crimes praticados após a diplomação ou a nomeação (conforme o caso), independentemente de sua relação ou não com a função pública em questão; serem inaplicáveis as regras constitucionais de prerrogativa de foro quanto aos crimes praticados anteriormente à diplomação ou à nomeação (conforme o caso), hipótese em que os processos deverão ser remetidos ao juízo de primeira instância competente, independentemente da fase em que se encontrem; reconhecer a inconstitucionalidade das normas previstas nas Constituições estaduais e na Lei Orgânica do Distrito Federal que contemplem hipóteses de prerrogativa de foro não previstas expressamente na Constituição Federal, vedada a invocação de simetria; estabelecer, quando aplicável a competência por prerrogativa de foro, que a renúncia ou a cessação, por qualquer outro motivo, da função pública que atraia a causa penal ao foro especial, após o encerramento da fase do art. 10 da Lei nº 8.038/90, com a determinação de abertura de vista às partes para alegações finais, não altera a competência para o julgamento da ação penal; 3) em relação ao item "b", vencido em parte o Min. Gilmar Mendes, que assentou que a prerrogativa de foro alcança todos os delitos imputados ao destinatário da prerrogativa, desde que durante a investidura, sendo desnecessária a ligação com o ofício, e, ao final, propôs o início de procedimento para a adoção de Súmula Vinculante em que restasse assentada a inconstitucionalidade de normas de Constituições Estaduais que dispusessem sobre a competência do Tribunal de Justiça para julgar autoridades sem cargo similar contemplado pela Constituição Federal e a declaração incidental de inconstitucionalidade dos incisos II e VII do art. 22 da Lei nº 13.502/2017 (revogada pela Lei n. 13.844/2019); dos incisos II e III e parágrafo único do art. 33 da Lei Complementar nº 35/79; dos arts. 40, III, V, e 41, II, parágrafo único, da Lei nº 8.625/93; e do art. 18, II, *d*, *e*, *f*, parágrafo único, da Lei Complementar nº 75/93. Douglas Fischer reitera seu posicionamento já externado há muito a respeito do tema. Além do que já abordado no (agora renumerado) item 84.4.5, destaca-se a compreensão (até mais ampla do que decidido pelo STF) a respeito do tema (FISCHER, Douglas. *Revista de Interesse Público*, 2011, v. 69, p. 49-66; e também em FISCHER, Douglas. Prerrogativa de foro e competência originária do Supremo Tribunal Federal: uma (re) leitura dos preceitos da Constituição Brasileira como forma de maximização do princípio republicano da isonomia. In: ZANELLATO, Vilvana Damiani (org.). *A jurisprudência do Supremo Tribunal Federal*: temas relevantes. Porto Alegre: Verbo Jurídico, 2014).

No subitem 7 do texto retromencionado ("Uma proposta de (re)interpretação das regras que tratam da prerrogativa de foro"), refere-se que ao se abordar o tema da prerrogativa de foro (um benefício limitado a determinados *cargos* ocupados), não se pode olvidar que a Constituição brasileira, quando enuncia (implícita ou explicitamente) direitos e garantias fundamentais, reconhece também como vetor paradigmático que "todos são iguais perante a lei, sem distinção de qualquer natureza".

Quando se aborda o tema da *isonomia*, a pedra de toque está em saber qual o critério racional e razoável – sem arbitrariedade –, devidamente justificado, que, atendendo estrita e materialmente aos ditames constitucionais, permita estabelecer discriminações entre pessoas e fatos de modo a não fragilizar o princípio em voga, mas, do contrário, reforçá-lo. Assim, deve-se perscrutar quais discriminações são tidas como *compatíveis* com a cláusula da igualdade apenas e exclusivamente quando se demonstrar a existência de um vínculo de correlação lógica entre "a peculiaridade diferencial acolhida por residente no objeto e a desigualdade de tratamento em função dela conferida" (correlação lógico-abstrata). Também é necessário que essa discriminação atenda aos valores maiores insertos na Constituição (correlação lógico-material)".

Nessa linha, Bandeira de Mello (*Conteúdo jurídico do princípio da igualdade*. 3. ed. São Paulo: Malheiros, 1993. p. 47-48) sintetiza em cinco os cânones caracterizadores da violação ao preceito constitucional da isonomia, que se dá quando: a) a norma singulariza atual e definitivamente um destinatário determinado, em vez de abranger uma categoria de pessoas ou uma pessoa futura e indeterminada; b) a norma adota como critério discriminador, para fins de diferenciação de regimes, elemento não residente nos fatos, situações ou pessoas desequiparadas; c) a norma atribui tratamentos jurídicos diversos em atenção a fator de discrímen adotado que não guarda relação de pertinência lógica com a disparidade de regimes outorgados; d) a norma supõe relação de pertinência lógica em abstrato, mas a discriminação estabelecida conduz a efeitos contrapostos ou dissonantes dos interesses prestigiados constitucionalmente; e) a interpretação da norma extrai distinções, discriminações, desequiparações que não foram assumidas por ela, seja implícita, seja explicitamente.

Compreende-se que a equidade funciona como uma metanorma que tem por escopo estruturar a aplicação de outras, estando direcionada tanto ao legislador quanto ao aplicador da lei. Exatamente por isso concorda-se com o que sustentado pelo Min. Celso de Mello no julgamento do Agravo Regimental no Inquérito n. 1.376-4-MG (Plenário, *DJ* 16.3.2007) quando afirmou que "nada pode autorizar o desequilíbrio entre os cidadãos da República. O reconhecimento da prerrogativa de foro, perante o Supremo Tribunal Federal, nos ilícitos penais comuns, em favor de ex-ocupantes de cargos públicos ou de ex-titulares de mandatos eletivos transgride valor fundamental à própria configuração da ideia republicana, que se orienta pelo vetor axiológico da igualdade". Em complemento, e com igual precisão, assentou noutra oportunidade o Min. Celso de Mello que "o princípio da isonomia, que se reveste de autoaplicabilidade, não é – enquanto postulado fundamental de nossa ordem político-jurídica – suscetível de regulamentação ou de complementação normativa. Esse princípio – cuja observância vincula, incondicionalmente, todas as manifestações do Poder Público – deve ser considerado, em sua precípua função de obstar discriminações e de extinguir privilégios (*RDA* 55/114), sob duplo aspecto: a) o da igualdade na lei e b) o da igualdade perante a lei. A igualdade na lei – que opera numa fase de generalidade puramente abstrata – constitui exigência destinada ao legislador que, no processo de sua formação, nela não poderá incluir fatores de discriminação, responsáveis pela ruptura da ordem isonômica. A igualdade perante a lei, contudo, pressupondo lei já elaborada, traduz imposição destinada aos demais poderes estatais, que, na aplicação da norma legal, não poderão subordiná-la a critérios que ensejem tratamento seletivo ou discriminatório. A eventual inobservância desse postulado pelo legislador imporá ao ato estatal por ele elaborado e produzido a eiva de inconstitucionalidade" *(MI nº 58-DF, STF, Plenário, julgado em 14.12.1990, publicado no* DJ *em 19.4.1991).*

A partir fundamentalmente dessa premissa, propôs-se fazer uma interpretação consentânea dos princípios (todos) que regem a garantia da prerrogativa de foro em concatenação com outros estampados na Constituição, notadamente a *equidade*. Por isso, compreende-se que *não há* fundamento *constitucional racional* para assentar que, independentemente do crime cometido, sempre deverá ser conferida a garantia da prerrogativa de foro. Se o motivo central do *discrímen* (isonomicamente aceitável) está na proteção do cargo (e não da pessoa que o ocupa), deve ela ser o mesmo vetor para estabelecer, em (re)leitura que se propõe, o delimitador para em quais situações será justificável o quebramento da isonomia e o tratamento diferenciado. Assim, e numa síntese, a prerrogativa de foro somente se apresenta justificável ante o princípio da isonomia em relação aos crimes cometidos e *diretamente relacionados* às atividades do agente (cujo cargo está em proteção, nunca é demais assinalar). No que se refere a outros delitos que *não se relacionem* intrínseca e diretamente às funções exercidas pelo agente público, não pode haver o tratamento diferenciado pela prerrogativa de foro. Aqui, portanto, o corte reinterpretativo proposto (mais amplo do que já decidido pelo STF na Ação Penal n. 937), sem que implique qualquer alteração de *redação* das normas constitucionais, mas unicamente uma leitura *conforme* e maximizadora do princípio da isonomia.

Importante referir, ainda, que, sobretudo a partir do ano de 2019 com a publicação do acórdão da Questão de Ordem na Ação Penal no 937, no final do ano de 2018, muitas discussões foram estabelecidas sobre as consequências do que foi decidido e a mudança ou perda do cargo do suposto autor de fato criminoso.

No *leading case*, analisou exclusivamente o caso concreto que envolvia um parlamentar federal (que antes era prefeito municipal). Ele fora condenado por captação ilícita de votos, antes de ser eleito prefeito. Ao ser eleito, deslocou-se a competência ao tribunal local e, posteriormente, com sua eleição a Câmara dos Deputados, para o STF.

Da análise não apenas da ementa do julgado, mas de todos os votos proferidos, podem ser extraídas algumas conclusões.

O Ministro Roberto Barroso foi expresso no sentido de que "*a regra geral em Direito, pelo princípio republicano, é que as pessoas devem estar sujeitas à jurisdição de primeiro grau como todo mundo, salvo as situações expressamente contempladas na Constituição. Portanto, sem me comprometer, porque não tratei especificamente dessa questão, se o fato foi praticado quando era governador, a competência, em nenhuma hipótese, passará para o Supremo se ele vier a ser Deputado Federal. Isto está claro no meu voto. E, se ele não é mais o governador, a competência deixou de ser do Superior Tribunal de Justiça. Assim, em linha de princípio, eu mandaria para o primeiro grau. Mas devo dizer que não enfrentei essa questão e também não quero me comprometer com a tese, porque todos sabemos que julgar in abstracto é sempre um risco. Por isso que procurei demarcar uma tese tão próxima do caso concreto quanto possível, mas, filosoficamente, sou de entendimento de que a regra geral deve ser a jurisdição de primeiro grau*".

Uma das grandes preocupações trazidas ao debate diz como é o denominado "elevador processual": deslocamento de competências (notadamente para tribunais diversos) em razão da modificação (posterior) do cargo ocupado pelo autor do fato cometido originariamente.

A questão foi muito bem analisada no voto do Ministro Marco Aurélio, que assentou: "*Em tese, é possível figurar o seguinte: alguém comete o crime quando ocupante do cargo de Prefeito – e crime ligado ao cargo, portanto, existente o nexo de causalidade. Ao término desse mandato, considerado o precedente na questão de ordem que resultou no cancelamento do verbete de Súmula nº 394, passa ele à jurisdição da primeira instância. Mas, se vier a ser eleito Deputado Estadual, o processo-crime é deslocado para o Tribunal de Justiça, segundo a jurisprudência até aqui assentada, a interpretação até aqui prevalecente. Se, por acaso, é eleito Deputado Federal, chega a Brasília, deixando, portanto, o Poder Judiciário do Estado, atuando o Supremo. Se, findo o mandato de Deputado Federal, vem a ser escolhido, a dedo, Secretário de Estado, passa a deter a prerrogativa de ser julgado pelo Tribunal de Justiça. Vindo, ante o desempenho como Secretário de Estado, a ser eleito Governador, e não encerrado ainda o processo-crime, este é deslocado para o Superior Tribunal de Justiça. Terminado o mandato, desce à primeira instância, e, eleito Senador, não encerrado ainda o processo-crime, devido à morosidade da Justiça, volta a contar com a prerrogativa de ser julgado pelo Supremo. Será que a Constituição Federal em vigor enseja interpretação que leve a esse resultado? Para mim, não, Presidente. A fixação da competência está necessariamente ligada ao cargo ocupado na data do cometimento da prática criminosa. E essa competência, em termos de prerrogativa, é única, não flexível, no que viria uma eleição posterior, após o término do mandato ou desincompatibilização, a implicar o deslocamento do processo da primeira instância para outro Tribunal, ressoando o novo mandato, para alguns – não sei por que acreditam tanto no taco dos Tribunais, com menosprezo à pedreira da magistratura, que é a primeira instância –, como verdadeiro escudo*". (grifos nossos). E concluiu: "*A premissa qual é? É a de que a prerrogativa de foro encerra exceção, e, como exceção, deve ser interpretada de forma estrita. Vale dizer que, havendo a prerrogativa de foro, é definitiva até o término do mandato que a gerou. Caso, posteriormente, aquele que detinha a prerrogativa é eleito para cargo diverso, o fato não implica o deslocamento do processo. Com isso, afasta-se, do cenário jurídico, o denominado elevador processual, o sobe e desce de inquéritos e ações penais*".

Não foi objeto de decisão a questão de sucessão de mandatos (ou então a mudança de mandato de deputado federal para senador, por exemplo), embora posteriormente o STF tenha reconhecido que a sucessão dos mandatos ou na hipóteses da mandatos cruzados haveria a prorrogação de competência.

Dos debates, exsurge que o Ministro Alexandre de Moraes entende que se prorrogaria a competência do foro. Já o Ministro Fachin, reportando-se ao que decidido na Questão de Ordem no Inquérito 687 em 9.11.2001, enfatizou que "*a proteção que se dá foro é atual: perdura apenas aos atos praticados* ***em determinada legislatura***" (grifos nossos).

Na ordem dos debates, o Ministro Dias Toffoli indagou como se procederia alguém que fosse governador e, atualmente, senador, com fatos em tese cometidos no mandato de governador.

Novamente sem haver expressa deliberação, o Relator enfatizou seu ponto de vista com os seguintes acréscimos: "*a regra geral em Direito, pelo princípio republicano, é que as pessoas devem estar sujeitas à jurisdição de primeiro grau como todo mundo, salvo as situações expressamente contempladas na Constituição. Portanto, sem me comprometer, porque não tratei especificamente dessa questão, se o fato foi praticado quando era governador, a competência, em nenhuma hipótese, passará para o Supremo se ele vier a ser Deputado Federal. Isto está claro no meu voto. E, se ele não é mais o governador, a com-*

petência deixou de ser do Superior Tribunal de Justiça. Assim, em linha de princípio, eu mandaria para o primeiro grau".

Externando seu entendimento, disse o Ministro Celso de Mello: "*Tenho para mim que todas as autoridades públicas hão de ser submetidas a julgamento, nas causas penais, perante os magistrados de primeiro grau, mas penso que o Supremo Tribunal Federal deva, enquanto a Constituição mantiver essas inúmeras hipóteses de prerrogativa de foro, interpretar a regra constitucional nos seguintes termos: a prerrogativa de foro somente terá pertinência nos delitos cometidos em razão do ofício e em estreita relação com o desempenho da função pública que justifica a outorga dessa medida extraordinária, sob pena de tal prerrogativa – descaracterizando-se em sua essência mesma – degradar-se à condição de inaceitável privilégio de caráter pessoal*".

Em nosso entendimento, a prerrogativa está ligada ao cometimento do fato *durante o cargo* (determinada legislatura ou mandato) e desde que ele esteja relacionado com as funções. Se vier a ocupar cargos diversos no futuro, essa circunstância não pode alterar a premissa inicial de que a regra deva ser o estabelecimento da prerrogativa em primeiro grau. Ou seja, se não estiver mais no exercício do cargo durante o qual cometeu o fato criminoso ligado às funções, o feito deverá ser remetido, necessariamente, ao primeiro grau.

Se é essa a premissa (evitando-se o deslocamento de competências entre diversas instâncias de modo sucessivo), a eventual reeleição para o mesmo cargo não pode afastar a premissa central, na medida em que a prerrogativa está em relação ao fato cometido em *determinada legislatura* ou *determinado exercício de mandato*. Do contrário, estaria se estabelecendo um tratamento diverso para quem é eventualmente reeleito no mesmo cargo sucessivamente daqueles que passam a ocupar cargos diversos e que, pela alteração do cargo, perderiam a prerrogativa, com remessa dos autos ao primeiro grau.

Portanto, firmamos compreensão no sentido expresso de que, além de o crime objeto de apuração ou processamento tenha ocorrido no exercício do cargo ou mandato e relacionado a ele, eventual sucessão de cargos (iguais ou não) implicará o deslocamento da competência para a apuração daquele fato ao juízo de primeiro grau (respeitadas as regras de competência em razão da matéria e do lugar).

Importante destacar que, na linha do que já tínhamos antevisto em edições anteriores e também pontuado rapidamente acima, o Plenário do STF assentou que a prerrogativa de foro deve ser reconhecida também nas hipóteses dos chamados "mandatos cruzados", ou seja, quando um parlamentar, sem solução de continuidade, estiver investido em *novo* mandato parlamentar, mas em casa legislativa diversa (ou seja, deputado federal para senador, ou vice-versa), *desde que mantenha a mesma competência* nos termos do art. 102, I, "b", da Constituição Federal (vide *Petição nº 9.189, STF, Plenário, Rel. Min. Rosa Weber, julgado em 12.5.2021, publicado no DJ em 6.7.2021)*. Se alterar a competência, o processo anteriormente instaurado deve ser remetido para o juízo competente de primeiro grau.

Jurisprudência

84.4.1. [...] 1. A competência atinente ao foro por prerrogativa de função se prorroga em virtude da continuidade do exercício sequencial e ininterrupto do mandato político. Precedentes. 2. No caso dos autos, o acusado exerceu sucessivos mandatos de Deputado Estadual no Amapá, oportunidade em que teria praticado os crimes que lhe foram imputados. [...] *(Agravo Regimen-*

tal no Recurso Especial nº 1.970.374-AP, STJ, 5ª Turma, Rel. Min. Messod Azulay Neto, julgado em 6.8.2024, publicado no DJ em 12.8.2024)

84.4.1.[...] 1. A conclusão tomada no julgamento da Questão de Ordem na Ação Penal nº 937/RJ, no sentido de que o foro por prerrogativa de função aplica-se apenas aos crimes cometidos durante o exercício do cargo e relacionados às funções desempenhadas, alcançou parlamentares federais, estendendo-se, em seguida, principalmente, aos demais ocupantes de mandato eletivo.
2. O posicionamento *não* foi alargado aos membros da Magistratura, já que a prerrogativa de foro nesses casos envolve outras questões, por se tratar de agentes públicos ocupantes cargos vitalícios e detentores de outras garantias institucionais, que integram carreiras típicas de Estado.
3. Impõe-se aguardar o julgamento do RE nº 1.331.044-RG/DF (Tema RG nº 1.147), no âmbito do qual reconhecida a repercussão geral da discussão a respeito da competência do STJ para o processamento e julgamento de ação penal de desembargador a quem se imputa crime comum sem relação com o cargo ocupado.
4. Até que se resolva a discussão no âmbito da repercussão geral, deve prevalecer o que expressamente se dispõe na al. a do inc. I do art. 105 da Constituição da República.
5. Improcede o pedido de suspensão da ação penal até o julgamento final do Tema RG nº 1.147. A existência de recurso extraordinário sobre o tema não conduz, necessariamente, à suspensão dos demais processos que tratem da mesma controvérsia, sendo esse proceder uma discricionariedade do relator do recurso extraordinário no qual reconhecida a repercussão geral, não havendo no paradigma ordem de suspensão nacional dos feitos da mesma matéria. [...] *(Agravo Regimental no Habeas Corpus nº 217.842-Mérito, STF, 2ª Turma, Rel. Min. André Mendonça, sessão virtual de 23.2.2024 a 1.3.2024, publicado no DJ em 23.4.2024)*

84.4.1. [...] *I. Quanto ao sentido e alcance do foro por prerrogativa.* 1. O foro por prerrogativa de função, ou foro privilegiado, na interpretação até aqui adotada pelo Supremo Tribunal Federal, alcança todos os crimes de que são acusados os agentes públicos previstos no art. 102, I, *b* e *c* da Constituição, inclusive os praticados *antes* da investidura no cargo e os que *não guardam qualquer relação* com o seu exercício. 2. Impõe-se, todavia, a alteração desta linha de entendimento, para restringir o foro privilegiado aos crimes praticados *no cargo e em razão do cargo*. É que a prática atual não realiza adequadamente princípios constitucionais estruturantes, como igualdade e república, por impedir, em grande número de casos, a responsabilização de agentes públicos por crimes de naturezas diversas. Além disso, a falta de efetividade mínima do sistema penal, nesses casos, frustra valores constitucionais importantes, como a probidade e a moralidade administrativa. 3. Para assegurar que a prerrogativa de foro sirva ao seu papel constitucional de garantir o livre exercício das funções – e não ao fim ilegítimo de assegurar impunidade –, é indispensável que haja relação de causalidade entre o crime imputado e o exercício do cargo. A experiência e as estatísticas revelam a manifesta disfuncionalidade do sistema, causando indignação à sociedade e trazendo desprestígio para o Supremo. 4. A orientação aqui preconizada encontra-se em harmonia com diversos precedentes do STF. De fato, o Tribunal adotou idêntica lógica ao condicionar a imunidade parlamentar material – *i.e.*, a que os protege por suas opiniões, palavras e votos – à exigência de que a manifestação tivesse relação com o exercício do mandato. Ademais, em inúmeros casos, o STF realizou interpretação restritiva de suas competências constitucionais, para adequá-las às suas finalidades. Precedentes. *II. Quanto ao momento da fixação definitiva da competência do STF*. 5. A partir do final da instrução processual, com a publicação do despacho de intimação para apresentação de alegações finais, a competência para processar e julgar ações penais – do STF ou de qualquer outro órgão – não será mais afetada em razão de o agente público vir a ocupar outro cargo ou deixar o cargo que ocupava, qualquer que seja o motivo. A jurisprudência desta Corte admite a possibilidade de prorrogação de competências constitucionais quando necessária para preservar a efetividade e a racionalidade da prestação jurisdicional. Precedentes. *III. Conclusão*. 6. Resolução da questão de ordem com a fixação das seguintes teses: "*(i) O foro por prerrogativa de função aplica-se apenas aos crimes cometidos durante o exercício do cargo e relacionados às funções desempenhadas; e (ii) Após o final da instrução processual, com a publicação o despacho de intimação para apresentação de alegações finais, a competência para processar e julgar ações penais não será mais afetada em razão de o agente público vir a ocupar cargo ou deixar o cargo que ocupava, qualquer que seja o motivo*". 7. Aplicação da nova linha interpretativa aos processos em curso.

Ressalva de todos os atos praticados e decisões proferidas pelo STF e demais juízos com base na jurisprudência anterior. 8. Como resultado, determinação de baixa da ação penal ao Juízo da 256ª Zona Eleitoral do Rio de Janeiro, em razão de o réu ter renunciado ao cargo de Deputado Federal e tendo em vista que a instrução processual já havia sido finalizada perante a 1ª instância (*Questão de Ordem na Ação Penal nº 937/RJ, Rel. Min. Roberto Barroso, STF, Plenário, julgado em 03.05.2018, publicado no DJ em 11.12.2018*).

84.4.1 [...] 1. No julgamento da Questão de Ordem na Ação Penal n. 937/RJ, realizado em 03.05.2018, o Plenário desta Corte fixou as seguintes teses: "*(i) O foro por prerrogativa de função aplica-se apenas aos crimes cometidos durante o exercício do cargo e relacionados as funções desempenhadas; e (ii) Após o final da instrução processual, com a publicação do despacho de intimação para apresentação de alegações finais, a competência para processar e julgar ações penais não será mais afetada em razão de o agente público vir a ocupar outro cargo ou deixar o cargo que ocupava, qualquer que seja o motivo*", com o entendimento de que essa nova linha interpretativa deve ser aplicada imediatamente aos processos em curso, com a ressalva de todos os atos praticados e decisões proferidas pelo STF e pelos demais juízos com base na jurisprudência anterior. 2. É dizer: restou claramente estabelecido, pela colegialidade máxima deste Supremo Tribunal, que o marco temporal para o declínio da competência é "a publicação do despacho de intimação para apresentação de alegações finais". [...] *(Agravo Regimental na Ação Penal nº 928/AM, STF, Plenário, por maioria, Rel. Min. Dias Toffoli, Redator do Acórdão Min. Edson Fachin, julgado em sessão virtual de 4.9.2020 a 14.9.2020, publicado no DJ em 12.11.2020).*

84.4.1. [...] O Plenário do Supremo Tribunal Federal, ao julgar Questão de Ordem suscitada nos autos da AP 937, de relatoria do eminente Ministro Luís Roberto Barroso, decidiu que a competência desta Corte para processar e julgar parlamentares, nos termos do art. 102, I, b, da Constituição Federal, restringe-se aos delitos praticados no exercício e em razão da função pública. 2. Vislumbrada a presença das balizas estabelecidas pelo Pleno do Supremo Tribunal Federal, o foro por prerrogativa de função alcança os casos denominados de "mandatos cruzados" de parlamentar federal. É dizer, admite-se a excepcional e exclusiva prorrogação da competência criminal originária do Supremo Tribunal Federal, quando o parlamentar, sem solução de continuidade, encontrar-se investido, em novo mandato federal, mas em casa legislativa diversa daquela que originalmente deu causa à fixação da competência originária, nos termos do art. 102, I, "b", da Constituição Federal. 3. Havendo interrupção ou término do mandato parlamentar, sem que o investigado ou acusado tenha sido novamente eleito para os cargos de Deputado Federal ou Senador da República, exclusivamente, o declínio da competência é medida impositiva, nos termos do entendimento firmado pelo Plenário do Supremo Tribunal Federal na aludida questão de ordem. 4. Provido o agravo regimental, para assentar a manutenção da competência criminal originária do Supremo Tribunal Federal em hipóteses como a dos presentes autos, em que verificada a existência de "mandatos cruzados" exclusivamente de parlamentar federal, ou seja, de parlamentar investido, sem solução de continuidade, em mandato em casa legislativa diversa daquela que originalmente deu causa à fixação da competência originária, nos termos do art. 102, I, "b", da Constituição Federal. *(Petição nº 9.189, STF, Plenário, Rel. Min. Rosa Weber, julgado em 12.5.2021, publicado no DJ em 6.7.2021)*

84.4.1. [...] Foro especial por prerrogativa de função. Restrição. Entendimento do Supremo Tribunal Federal em Questão de Ordem na Ação Penal 937-RJ. Hipótese restritiva. [...] Parlamentar não reeleito. [...] 1. O foro especial por prerrogativa de função, de que cuida o art. 53, § 1º, da CF (Deputados Federais e Senadores), contempla os delitos praticados no cargo e em razão dele. 2. Parlamentar Federal não reeleito e conduta desvinculada do exercício da função. [...] *(Embargos de Declaração no Inquérito nº 4.418-DF, STF, 1ª Turma, Rel. Min. Rosa Weber, julgado em 28.4.2020, publicado no DJ em 18.6.2020).*

84.4.1. [...] Processual Penal. Mandato de Prefeito. Término. Prerrogativa de função. Contemporaneidade e pertinência temática. [...] II – A Corte Especial deste Superior Tribunal de Justiça, por ocasião do julgamento da QO na APn n. 874/DF, averiguou a competência do STJ para examinar o recebimento de denúncia cujas condutas narradas, apesar de relacionadas às funções institucionais de cargo público que garantiria foro por prerrogativa de função nesta Corte, teriam sido supostamente praticadas durante mandato anterior e já findo do denunciado, não obstante ele, atualmente, ocupar, por força de nova eleição, o referido cargo. III – "[...] 5. A interpretação que melhor contempla a preservação do princípio republicano e isonômico é a de que o foro por prerrogativa de função deve observar os critérios de concomitância temporal e da pertinência temática entre a prática do fato e o exercício do cargo, pois sua finalidade é a proteção de seu legítimo exercício, no interesse da sociedade. [...] 7. Como o foro por prerrogativa de função exige contemporaneidade e pertinência temática entre os fatos em apuração e o exercício da função pública, o término de um determinado mandato acarreta, por si só, a cessação do foro por prerrogativa de função em relação ao ato praticado nesse intervalo. [...]" (QO na APn n. 874/DF, Corte Especial, Relª. Minª. Nancy Andrighi, *DJe* de 03/06/2019, grifei). IV – Não se vislumbra o alegado *distinguishing* entre o entendimento firmado por esta Corte Superior na QO na APn n. 874/DF e a *quaestio* tratada na hipótese destes autos pois, independente de serem consecutivos ou não, o encerramento de um mandato acarreta, per si, a cessação do foro por prerrogativa de função em relação às condutas delitivas praticadas naquele intervalo, em razão da exigência de contemporaneidade e pertinência temática entre os fatos em apuração e o exercício da função pública naquele momento. V – In casu, o paciente está sendo julgado por fatos delitivos ocorridos em seu primeiro mandato (gestão 2013-2016) e, atualmente, está em seu segundo mandado consecutivo (gestão 2017-2020) como Prefeito Municipal de Itapemirim/ES, tendo, portanto, cessado o foro por prerrogativa de função ao término do primeiro período eletivo, em razão da exigência de contemporaneidade e pertinência temática entre os fatos e o referido cargo público exercido naquele intervalo. Agravo regimental do Ministério Público do Estado do Espírito Santo desprovido *(Agravo Regimental no Habeas Corpus nº 517.753-ES, STJ, 5ª Turma, unânime, Rel. Min. Leopoldo de Arruda Raposo, julgado em 11.2.2020, publicado no DJ em 19.2.2020).*

84.4.1. [...] 1. Trata-se de Questão de Ordem submetida por [...], Procurador de Justiça do Ministério Público do Distrito Federal e Territórios, vinculada à Sindicância 562/DF, na qual a Corte Especial deste Superior Tribunal de Justiça, por unanimidade, determinou o arquivamento em relação às pessoas com foro por prerrogativa de função, com a baixa dos autos à Vara de origem para a continuidade das investigações, sem prejuízo de retorno dos autos a esta Corte para as devidas averiguações e providências, na eventualidade de serem apurados indícios de participação dos agentes com foro por prerrogativa de função. 2. Os fatos objeto da presente Questão de Ordem não guardam relação com o exercício do cargo de Procurador de Justiça do MPDFT, o que leva a reconhecer a incompetência do STJ para conhecer e julgar a Questão de Ordem suscitada, sob pena de usurpar a competência do Juízo de Direito no qual produzida a prova questionada, nos exatos termos do que decidido pelo Plenário do Supremo Tribunal Federal, em 3.5.2018, ao julgar QO na AP 937, da relatoria do eminente Ministro Roberto Barroso, e pelo Superior Tribunal de Justiça, quando do julgamento pela Corte Especial de Questão de Ordem na APn 857 (Relator para o Acórdão Min. João Otávio de Noronha). Questão de Ordem não conhecida. *(Petição na Sindicância n. 562-DF, STJ, Corte Especial, Rel. Ministro Napoleão Nunes Maia Filho, julgado em 20.2.2019, publicado no DJ em 28.5.2019).*

84.4.1. [...] Após a publicação da decisão impugnada, o julgamento da questão de ordem na AP 937 foi retomado e nos termos decididos pelo Plenário do Supremo Tribunal Federal, o foro por prerrogativa de função dos exercentes de mandatos parlamentares *aplica-se apenas aos crimes cometidos durante o exercício do cargo e relacionados às funções desempenhadas*. 3. Na presente hipótese, as supostas infrações penais tipificadas no artigo 319 do Código Penal, e nos artigos 89 e 92 a Lei nº 8.666/93, teriam sido praticadas pelo acusado quando este era Secretário de Estado de Esporte e Juventude no Maranhão. Declínio de competência para uma das varas criminais da comarca de São Luis/MA. [...] *(Agravo Regimental nos Embargos de Declaração nos Embargos de Declaração no Inquérito n. 3.621-MA, STF, 1ª Turma, unânime, Rel. Min. Alexandre de Moraes, julgado em 14.5.2019, publicado no DJ em 22.10.2019).*

84.4.1. [...] 1. Nos termos decididos pelo Plenário do Supremo Tribunal Federal, na Questão de Ordem na Ação Penal 937, Rel. Min. Roberto Barroso (3-5-2018), o foro por prerrogativa de função dos exercentes de mandatos parlamentares "*aplica-se apenas aos crimes cometidos durante o exercício do cargo e relacionados às funções desempenhadas*". 2. Na presente hipótese, as supostas infrações penais tipificadas no artigo 319 do Código Penal, e no artigo 1º, inciso V da Lei nº 9.613/98, teriam sido praticadas por [...], nos anos de 2003 a 2006, quando exercia o cargo de Deputado Estadual [...]. 3. Agravo Interno a que se nega provimento. *(Agravo Regimental na Petição n. 7.674-PR, STF, 1ª Turma, unânime, Rel. Min. Alexandre de Moraes, julgado em 21.3.2019, publicado no DJ em 1º.4.2019).*

84.4.1. [...] "O Tribunal, por maioria e nos termos do voto do Relator, resolveu questão de ordem no sentido de fixar as seguintes teses: '(i) O foro por prerrogativa de função aplica-se apenas aos crimes cometidos durante o exercício do cargo e relacionados às funções desempenhadas; e (ii) Após o final da instrução processual, com a publicação do despacho de intimação para apresentação de alegações finais, a competência para processar e julgar ações penais não será mais afetada em razão de o agente público vir a ocupar outro cargo ou deixar o cargo que ocupava, qualquer que seja o motivo', com o entendimento de que esta nova linha interpretativa deve se aplicar imediatamente aos processos em curso, com a ressalva de todos os atos praticados e decisões proferidas pelo STF e pelos demais juízos com base na jurisprudência anterior, conforme precedente firmado na Questão de Ordem no Inquérito n. 687 (Rel. Min. Sydney Sanches, j. 25.8.1999), e, como resultado, no caso concreto, determinando a baixa da ação penal ao Juízo da 256ª Zona Eleitoral do Rio de Janeiro para julgamento, tendo em vista que (i) os crimes imputados ao réu não foram cometidos no cargo de Deputado Federal ou em razão dele; (ii) o réu renunciou ao cargo para assumir a Prefeitura de Cabo Frio; e (iii) a instrução processual se encerrou perante a 1ª instância, antes do deslocamento de competência para o Supremo Tribunal Federal. Vencidos: em parte, os Ministros Alexandre de Moraes e Ricardo Lewandowski, que divergiam do relator quanto ao item (i); em parte, o Min. Marco Aurélio, que divergia do relator quanto ao item (ii); em parte, o Min. Dias Toffoli, que, em voto reajustado, resolveu a questão de ordem no sentido de: a) fixar a competência do Supremo Tribunal Federal para processar e julgar os membros do Congresso Nacional exclusivamente quanto aos crimes praticados após a diplomação, independentemente de sua relação ou não com a função pública em questão; b) fixar a competência por prerrogativa de foro, prevista na Constituição Federal, quanto aos demais cargos, exclusivamente quanto aos crimes praticados após a diplomação ou a nomeação (conforme o caso), independentemente de sua relação ou não com a função pública em questão; c) serem inaplicáveis as regras constitucionais de prerrogativa de foro quanto aos crimes praticados anteriormente à diplomação ou à nomeação (conforme o caso), hipótese em que os processos deverão ser remetidos ao juízo de primeira instância competente, independentemente da fase em que se encontrem; d) reconhecer a inconstitucionalidade das normas previstas nas Constituições estaduais e na Lei Orgânica do Distrito Federal que contemplem hipóteses de prerrogativa de foro não previstas expressamente na Constituição Federal, vedada a invocação de simetria; e) estabelecer, quando aplicável a competência por prerrogativa de foro, que a renúncia ou a cessação, por qualquer outro motivo, da função pública que atraia a causa penal ao foro especial, após o encerramento da fase do art. 10 da Lei nº 8.038/90, com a determinação de abertura de vista às partes para alegações finais, não altera a competência para o julgamento da ação penal; e, em parte, o Min. Gilmar Mendes, que assentou que a prerrogativa de foro alcança todos os delitos imputados ao destinatário da prerrogativa, desde que durante a investidura, sendo desnecessária a ligação com o ofício, e, ao final, propôs o início de procedimento para a adoção de Súmula Vinculante em que restasse assentada a inconstitucionalidade de normas de Constituições Estaduais que disponham sobre a competência do Tribunal de Justiça para julgar autoridades sem cargo similar contemplado pela Constituição Federal e a declaração incidental de inconstitucionalidade dos incisos II e VII do art. 22 da Lei nº 13.502/2017; dos incisos II e III e parágrafo único do art. 33 da Lei Complementar nº 35/79; dos arts. 40, III, V, e 41, II, parágrafo único, da Lei nº 8.625/93; e do art. 18, II, *d*, *e*, *f*, parágrafo único, da Lei Complementar nº 75/93" (grifei). [...] *(AP n. 992-AP, STF, Rel. Min. Ricardo Lewandowski, decisão monocrática de 10.5.2018, publicado no* DJ *em 15.5.2018).*

84.4.1. [...] 1. O Pleno do Supremo Tribunal Federal resolveu questão de ordem na Ap 937/RJ, fixando as seguintes teses: "(i) O foro por prerrogativa de função aplica-se apenas aos crimes cometidos durante o exercício do cargo e relacionados às funções desempenhadas; e (ii) Após o final da instrução processual, com a publicação do despacho de intimação para apresentação de alegações finais, a competência para processar e julgar ações penais não será mais afetada em razão de o agente público vir a ocupar outro cargo ou deixar o cargo que ocupava, qualquer que seja o motivo, com o entendimento de que esta nova linha interpretativa deve se aplicar imediatamente aos processos em curso, com a ressalva de todos os atos praticados e decisões proferidas pelo STF e pelos demais juízos com base na jurisprudência anterior, conforme precedente firmado na Questão de Ordem no Inquérito 687 (Rel. Min. Sydney Sanches, j. 25.08.1999)". 2. Em atenção ao que decidido pelo Pretório Excelso, esta Corte Superior de Justiça, no julgamento da QO na Apn 857/DF e no AgRg na Apn 866/DF, estabeleceu que a sua competência originária em relação a todas as autoridades listadas no artigo 105 da Constituição é restrita aos delitos praticados no período em que o agente ocupa a função e deve ter relação intrínseca às atribuições exercidas. [...] (*Questão de Ordem na Ação Penal nº 839/DF, STJ, Corte Especial, unânime, Rel. Min. Jorge Mussi, julgado em 07.11.2018, publicado no DJ em 23.11.2018*).

84.4.1. [...] 1. Na linha do entendimento do Egrégio STF, este Relator entende que, pelo princípio da simetria, os Governadores, os membros dos Tribunais de Contas dos Estados e do Distrito Federal e os dos Conselhos ou Tribunais de Contas dos Municípios não se submetem à competência do STJ quando processados por crimes que não tenham sido praticados durante o exercício do cargo ou que não estejam relacionados às funções por eles desempenhadas. No entanto, até hoje a jurisprudência da Corte é unânime no sentido contrário, embora esteja em andamento, sem prazo ou data para conclusão do julgamento, discussão na Corte Especial acerca da matéria. 2. Questão de Ordem proposta a pedido de [...] para esclarecer a tramitação dos processos já em fase de instrução, no interregno entre o início e a conclusão do debate do tema alusivo à competência por prerrogativa de foro no STJ, diante do que decidiu o Egrégio STF na AP nº 937. [...] 6. Eventual nova interpretação que valerá com efeitos *ex nunc*, ou seja, do julgamento em diante, não afetando atos e decisões pretéritas. Entendimento fixado pelo Egrégio STF no julgamento da Questão de Ordem na AP nº 937. [...] 8. Enquanto não houver deliberação da Corte Especial sobre possível mudança de posição a respeito da competência para o processo e julgamento dos crimes praticados pelos Governadores, pelos membros dos Tribunais de Contas dos Estados e do Distrito Federal e pelos dos Conselhos ou Tribunais de Contas dos Municípios quando os delitos forem praticados fora do exercício do cargo ou não estejam relacionados às funções por eles desempenhadas, os atos processuais devem prosseguir conforme a interpretação atualmente vigente e serão válidos e eficazes. [...] Questão de Ordem que, ressalvada a posição do Relator quanto à competência criminal do STJ, se resolve para fixar entendimento no sentido que os atos instrutórios relacionados às ações penais devam prosseguir regularmente no STJ até que haja sedimentação de eventual nova interpretação sobre a competência por prerrogativa de foro. (*Questão de Ordem na Ação Penal n. 843-DF, STJ, Corte Especial, Rel. Min. Herman Benjamin, julgado em 6.6.2018, publicado no DJ em 14.6.2018*).

84.4.1. [...] 3. O foro especial no âmbito penal é prerrogativa destinada a assegurar a independência e o livre exercício de determinados cargos e funções de especial importância, isto é, não se trata de privilégio pessoal. O princípio republicano é condição essencial de existência do Estado de Direito, razão pela qual o republicanismo caminha, *pari passu*, com a supressão dos privilégios, devendo ser afastadas da interpretação constitucional os princípios e regras contrários ao elemento axiológico da igualdade. 4. O art. 105, I, *a*, CF consubstancia exceção à regra geral de competência, de modo que, partindo-se do pressuposto de que a Constituição é ter, sem regras contraditórias, deve ser realizada a interpretação restritiva das exceções, com base na análise sistemática e teleológica da norma. 5. Desse modo, ao art. 105, I, *a*, da Constituição Federal, deve ser conferida interpretação de forma a atender o princípio republicano, do qual é corolário a vedação de privilégios de qualquer espécie, com ênfase na interpretação restritiva das exceções, segundo a qual o foro por prerrogativa de função se aplica apenas aos crimes cometidos durante o exercício do cargo e relacionados às funções desempenhadas. 6. Somente com uma interpretação simétrica dos arts. 102, I, *b* e *c* e 105, I, *a*, da Lei Fundamental, conferindo a mesma solução jurídica a casos análogos, será possível afirmar que esta Corte Superior proferiu *decisão consistente* e *aceitável racionalmente*, duas condições indispensáveis à tarefa de julgar, para que se realize a função socialmente integradora da ordem jurídica e a pretensão de legitimidade do direito. 7. As mesmas razões fundamentais – a mesma *ratio decidendi* – que levaram o Excelso Pretório, ao interpretar o art. 102, I, *b* e *c*, da CF, a restringir as hipóteses de foro por prerrogativa de função são, todas elas, aplicáveis ao caso em apreço, justificando, dessa forma, que seja atribuído ao art. 105, I, *a*, da Lei Fundamental, interpretação simétrica àquela conferida pelo Supremo Tribunal Federal às suas competências originárias. 8. Assim, é de se conferir ao enunciado normativo do art. 105, I, *a*, da CF, o mesmo sentido e alcance atribuído pelo Supremo Tribunal Federal ao art. 102, I, *b* e *c*, restringindo-se, desse modo, as hipóteses de foro por prerrogativa de função perante o STJ àquelas em que o crime for praticado em razão e durante o exercício do cargo ou função – no caso concreto, o de Governador de Estado –, porquanto "onde existe a mesma razão fundamental, prevalece a mesma regra de direito". [...] 10. Agravos regimentais a que se nega provimento. (*Agravo Regimental na Ação Penal n. 866-DF, STJ, Corte Especial, unânime, Rel. Min. Luis Felipe Salomão, julgado em 20.6.2018, publicado no DJ em 3.8.2018*).

84.4.2. Início de investigação mediante *determinação* do relator em ação penal originária perante o STF.

De acordo com a primeira parte do art. 21, XV, do Regimento Interno do STF, é atribuição do relator "*determinar* a instauração de inquérito a pedido do Procurador-Geral da República, da autoridade policial ou do ofendido". Destacamos ainda, e salvo melhor juízo, apenas no âmbito do STF (em relação aos seus casos de competência penal originária) há exigência de "autorização" do Poder Judiciário para a formalização do início das investigações *(essas autorizações não existem para os demais casos de investigações de autoridades com prerrogativa de foro).*

A regra contrasta frontalmente com um sistema que se queira acusatório. Tal como destacado em várias partes da presente obra (v.g., itens 5º.2 e, especialmente, 16.2), a atividade do juiz deve ser apenas para o exercício de atos que demandem a chamada *reserva de jurisdição. Condicionar* a abertura de investigação a uma *determinação do juízo que será o julgador do caso* é afrontar um dos fundamentais princípios garantistas, da separação entre a acusação e o juízo. Importante assentar que, conquanto adote essa prática em relação a seus feitos, o Supremo Tribunal Federal já reconheceu que a Constituição Federal de 1988 fez uma *opção inequívoca* pelo sistema penal acusatório. Daí decorre uma "separação rígida entre, de um lado, as tarefas de investigar e acusar e, de outro, a função propriamente jurisdicional. Além de preservar a imparcialidade do Judiciário, essa separação promove a paridade de armas entre acusação e defesa, em harmonia com os princípios da isonomia e do devido processo legal". Assentou-se expressamente que, ao "condicionar a instauração de inquérito policial eleitoral a uma autorização do Poder Judiciário, a Resolução questionada institui modalidade de controle judicial prévio sobre a condução das investigações, em aparente violação ao núcleo essencial do princípio acusatório" *(Medida Cautelar na ADI n. 5.104-DF, Plenário, Rel. Min. Roberto Barroso, julgada em 21.5.2014, publicado no* DJ *em 30.10.2014).*

No voto condutor do caso acima referido, o relator destacou (item 26, f. 13) que o "traço mais marcante do sistema acusatório consiste no estabelecimento de uma separação rígida entre os momentos da acusação e do julgamento". Especificamente sobre a regra do art. 8º da Resolução impugnada ("Art. 8º O inquérito policial eleitoral somente será instaurado mediante determinação da Justiça Eleitoral, salvo a hipótese de prisão em flagrante."), a conclusão do Plenário do STF foi de que esse dispositivo "condiciona as investigações a uma autorização do juiz eleitoral, instituindo uma modalidade de controle judicial inexistente na Constituição e claramente incompatível com o princípio acusatório. A titularidade da ação penal de iniciativa pública é do Ministério Público, o que pressupõe a prerrogativa de orientar a condução das investigações e formular um juízo próprio acerca da existência de justa causa para o oferecimento de denúncia. A independência da Instituição ficaria significativamente esvaziada caso o desenvolvimento das apurações dependesse de uma anuência judicial", bem assim que "não é válido que se condicione o exercício das funções institucionais da Polícia e do Ministério Público a uma autorização judicial prévia. Isso vale tanto para a instauração originária de inquérito quanto para eventuais atos adicionais de averiguação". No resultado do julgamento, assentou-se que "o voto proferido pelo relator foi acolhido no seu capítulo central, relativo à necessidade de suspensão cautelar do art. 8º da Resolução nº 23.396/2013. A maioria entendeu que esse dispositivo, ao condicionar a instauração de inquéritos a uma autorização judicial, subvertia a opção constitucional pelo princípio acusatório".

Mesmo tratando de discussão acerca de uma resolução, a situação em nada difere do disposto dessa regra do art. 21, XV, do RISTF: não há como, dentro de um sistema baseado em princípios garantistas e acusatório, *condicionar* a instauração de investigação a uma prévia *determinação* pelo Poder Judiciário. É incompatível com o sistema acusatório controle *prévio* do Poder Judiciário daquilo que pode – ou não – ser objeto de investigação.

Piores ainda são as hipóteses no âmbito do STF em que, mesmo sem a apuração de fato envolvendo pessoa com prerrogativa de foro, ordenou-se, *monocraticamente e de ofício*, a instauração de inquérito, ficando o feito sob a *presidência e relatoria* do ordenador (Inquérito n. 4.696-DF).

Em síntese, não podemos concordar com a *validade* (nas palavras de Ferrajoli) desse dispositivo quando confrontado aos princípios maiores da Constituição Federal. Os controles da legalidade e constitucionalidade das investigações devem ser objeto de constante aferição, mas jamais previamente.

Jurisprudência

84.4.2. [...] A Constituição de 1988 fez uma opção inequívoca pelo sistema penal acusatório. Disso decorre uma separação rígida entre, de um lado, as tarefas de investigar e acusar e, de outro, a função propriamente jurisdicional. Além de preservar a imparcialidade do Judiciário, essa separação promove a paridade de armas entre acusação e defesa, em harmonia com os princípios da isonomia e do devido processo legal. Precedentes. [...] Forte plausibilidade na alegação de inconstitucionalidade do art. 8º, da Resolução nº 23.396/2013. Ao condicionar a instauração de inquérito policial eleitoral a uma autorização do Poder Judiciário, a Resolução questionada institui modalidade de controle judicial prévio sobre a condução das investigações, em aparente violação ao núcleo essencial do princípio acusatório. Medida cautelar parcialmente deferida para determinar a suspensão da eficácia do referido art. 8º, até o julgamento definitivo da ação direta de inconstitucionalidade. Indeferimento quanto aos demais dispositivos questionados, tendo em vista o fato de reproduzirem: (i) disposições legais, de modo que inexistiria *fumus boni juris*; ou (ii) previsões que já constaram de Resoluções anteriores do próprio TSE, aplicadas sem maior questionamento. Essa circunstância afastaria, quanto a esses pontos, a caracterização de *periculum in mora* (*Medida Cautelar na ADIN nº 5.104-DF, STF, Plenário, maioria, Rel. Min. Roberto Barroso, julgado em 21.5.2014, publicado no DJ em 30.10.2014)*.

84.4.2. [...] II – A jurisprudência do Supremo Tribunal Federal é pacífica ao assentar que os Secretários de Estado detêm foro por prerrogativa de função nos Tribunais de Justiça, para apuração de crimes comuns e nos Tribunais Regionais Eleitorais, sendo o crime de natureza eleitoral.
III – Esta Suprema Corte já definiu que "a usurpação da competência do Tribunal Regional Eleitoral para supervisionar as investigações constitui vício que contamina de nulidade a investigação realizada em relação ao detentor de prerrogativa de foro, por violação do princípio do juiz natural (art. 5º, LIII, CF)". [...]

V – A tese examinada no julgamento da ADI 5.104-MC/DF não abarcou a hipótese na qual o investigado por crime eleitoral é detentor de foro por prerrogativa de função, como verificado no caso concreto. Assim, os agentes ocupantes de cargos protegidos constitucionalmente pela prerrogativa de foro pelo exercício da função só podem ser investigados mediante inquérito instaurado com autorização do órgão judiciário competente.

VI – Tendo sido o inquérito instaurado em data anterior ao deferimento da cautelar na ADI 5.104-MC/DF, que suspendeu a eficácia da norma que exigia a autorização do órgão competente da Justiça eleitoral para instaurar inquérito policial eleitoral, bem como pelo suposto ilícito ter sido praticado durante o exercício e em razão do cargo de Secretária de Estado – o que assegura o foro por prerrogativa de função, conforme decisão do Plenário do STF na AP 937-QO/RJ –, existe irregularidade na instauração do procedimento investigativo que acarreta nulidade processual. [...] *(Se-*

gundo Agravo Regimental no Recurso Ordinário em Habeas Corpus nº 175.310-AP, STF, 2ª Turma, Rel. Min. Ricardo Lewandowski, por maioria, julgado em 8.2.2022, publicado no DJ em 20.4.2022)

84.4.2. [...] 2. No que concerne às investigações relativas a pessoas com foro por prerrogativa de função, tem-se que, embora possuam a prerrogativa de serem processados perante o Tribunal, a lei não excepciona a forma como se procederá à investigação, devendo ser aplicada, assim, a regra geral trazida no art. 5º, inciso II, do Código de Processo Penal, a qual não requer prévia autorização do Judiciário. "A prerrogativa de foro do autor do fato delituoso é critério atinente, de modo exclusivo, à determinação da competência jurisdicional originária do tribunal respectivo, quando do oferecimento da denúncia ou, eventualmente, antes dela, se se fizer necessária diligência sujeita à prévia autorização judicial" (Pet 3825 QO, Relator p/ Acórdão: Min. Gilmar Mendes, Pleno, julgado em 10.10.2007). Precedentes do STF e do STJ. 3. A ausência de norma condicionando a instauração de inquérito policial à prévia autorização do Judiciário revela a observância ao sistema acusatório, adotado pelo Brasil, o qual prima pela distribuição das funções de acusar, defender e julgar a órgãos distintos. Conforme orientação do Supremo Tribunal Federal no julgamento de MC na ADI n. 5.104/DF, condicionar a instauração de inquérito policial a uma autorização do Poder Judiciário, "institui modalidade de controle judicial prévio sobre a condução das investigações, em aparente violação ao núcleo essencial do princípio acusatório". 4. Não há razão jurídica para condicionar a investigação de autoridade com foro por prerrogativa de função a prévia autorização judicial. [...] *(Habeas Corpus n. 421.315-PE, STJ, 5ª Turma, Rel. Min. Reynaldo Soares da Fonseca, julgado em 21.8.2018, publicado no DJ em 28.8.2018).*

....

84.4.3. Arquivamento *de ofício* de investigações pelo STF.

Já na segunda parte do art. 21, XV, do Regimento Interno do STF, há previsão de ser ainda *atribuição do relator* determinar o arquivamento de inquérito quando houver requerimento do(a) Procurador(a)-Geral da República ou, *ex officio*, quando verificar: **a)** a existência manifesta de causa excludente da ilicitude do fato; **b)** a existência manifesta de causa excludente da culpabilidade do agente, salvo inimputabilidade; **c)** que o fato narrado evidentemente não constitui crime; **d)** extinta a punibilidade do agente; ou **e)** ausência de indícios mínimos de autoria ou materialidade. Ainda é preciso acrescer a *inovação* trazida pela Emenda Regimental n. 44/2011, que incluiu a alínea *e* ao § 4º do art. 231 do RISTF, passando a prever a possibilidade também de o Relator determinar o arquivamento, *inclusive de ofício,* quando verificar a *"ausência de indícios mínimos de autoria ou materialidade, nos casos em que forem descumpridos os prazos para a instrução do inquérito ou para oferecimento de denúncia"*.

Partindo-se da premissa – para nós inarredável – da total inconstitucionalidade do dispositivo quanto ao *condicionamento* da instauração de investigação formal em sede de *inquérito perante o STF* de *determinação* do relator, há que se fazer a devida compreensão da possibilidade de arquivamento dessa mesma investigação.

Quando houver requerimento do(a) Procurador(a)-Geral da República por questões atinentes à ausência de provas para eventual instauração de ação penal, o requerimento é *vinculativo*, inclusive na linha de precedentes da própria Suprema Corte. Significa que, requerido o arquivamento de investigação (autônoma ou em *inquérito*) porque ausentes provas para prosseguimento, não há como o STF *sindicar* o ato. O arquivamento deverá ser deferido, observando-se o disposto na Súmula 524 do STF, aplicável também ao caso (*"Arquivado o inquérito policial, por despacho do juiz, a requerimento do promotor de justiça, não pode a ação penal ser iniciada, sem novas provas."*), bem assim os princípios (não o dispositivo em si, porque inaplicável à instância originária do STF) do art. 18 do CPP (*"Depois de ordenado o arquivamento do inquérito pela autoridade judiciária, por falta de base para a denúncia, a autoridade policial poderá proceder a novas pesquisas, se de outras provas tiver notícia.*"). Já quando o arquivamento for requerido por atipicidade, prescrição ou qualquer outra questão que reflita no próprio mérito (fazendo coisa julgada material), a sindicabilidade é fundamental. Há se preservar sempre o princípio garantista da jurisdicionariedade.

Porém, o problema central da discussão ora posta é analisar a conformidade constitucional – ou não – da previsão de o relator determinar *ex officio* o arquivamento nas situações antes descritas.

Não nos restam dúvidas de que *sempre é* devido ao Poder Judiciário fazer o controle de *legalidade* de todos os atos em sede processual, inclusive daqueles de natureza investigativa. Essa razão justifica a correta conclusão do STF ao exarar tese 101 *leading case* do RE n. 593.727 (*Rel. Min. Cezar Peluso, Rel. para o acórdão Min. Gilmar Mendes, julgado em 14.5.2015, publicado no* DJ *em 8.9.2015*), assentando que *"o Ministério Público dispõe de competência para promover, por autoridade própria, e por prazo razoável, investigações de natureza penal, desde que respeitados os direitos e garantias que assistem a qualquer indiciado ou a qualquer pessoa sob investigação do Estado, observadas, sempre, por seus agentes, as hipóteses de reserva constitucional de jurisdição e, também, as prerrogativas profissionais de que se acham investidos, em nosso País, os Advogados (Lei 8.906/94, artigo 7º, notadamente os incisos I, II, III, XI, XIII, XIV e XIX), sem prejuízo da possibilidade – sempre presente no Estado democrático de Direito – do permanente controle jurisdicional dos atos, necessariamente documentados (Súmula Vinculante 14), praticados pelos membros dessa instituição"*.

Por isso é (corretamente) firme a jurisprudência do STF no sentido de que o trancamento de ação penal ou inquérito, por intermédio do fundamental instituto do *habeas corpus (inclusive de ofício)*, é medida excepcional que deve ser adotada nos casos de manifesta atipicidade da conduta, hipótese de causa de extinção da punibilidade ou ausência de indícios mínimos de autoria e/ou materialidade delitivas.

Esses mesmos parâmetros devem ser os fios condutores para a análise das hipóteses previstas no RISTF. Nessa parte, o *controle* a ser exercido é de *legalidade*, caracterizando-se seu ato como verdadeira hipótese de *trancamento* da apuração investigativa ou de ação penal se presentes algumas das circunstâncias que ensejariam a concessão de uma medida de *habeas corpus*.

E, aí, não há de se olvidar que *habeas corpus* em que a autoridade coatora seja o(a) Procurador(a)-Geral da República é julgado pelo Plenário do STF (art. 6º, I, *a*, RISTF), jamais mediante decisão monocrática do relator. Assim, e porque o arquivamento *ex officio* implicaria verdadeira concessão de ordem de *habeas corpus*, haveria também a impossibilidade legal da medida (de arquivamento).

Não se pode esquecer igualmente que o Plenário do Supremo Tribunal Federal, no julgamento da ADI n. 4.693-BA (*DJ* de 30.10.2018), reconheceu a flagrante inconstitucionalidade do art. 379, parágrafo único, do Regimento Interno do Tribunal de Justiça da Bahia, que excluía a participação do Ministério Público na investigação e decisão sobre o arquivamento de investigação contra magistrados, dando-lhe ciência posterior da decisão. Reportando-se, inclusive, a nosso entendimento, o voto-condutor reconheceu expressamente que a norma regimental impugnada violaria frontalmente o art. 129, I, da CF/88, subtraindo do Ministério Público sua autoridade para a formação da *opinio delicti* nos crimes de ação penal pública, desvirtuando, dessa maneira, o sistema acusatório. Expressamente enfrentando ainda o disposto no art. 21, XV, do RISTF, e na exata linha do que sempre sustentamos, assentou também que *"a possibilidade de trancamento de inquérito pelo Poder Judiciário independentemente de solicitação do Ministério Público é medida excepcional, que deve ser analisada perante o caso concreto e não prevista abstratamente como regra em regimentos internos de Tribunais"*.

Com efeito, um dos grandes problemas que se tem verificado no âmbito do STF em tempos atuais é a crescente perda de racionalidade em relação às possibilidades de controle de *legalidade* das investigações, notadamente amparados na (inconstitucional) previsão do art. 231, § 4º, *a*, do RISTF (Emenda Regimental n. 44/2011), pois, como já dito, é incompatível com o sistema acusatório (e sem formulação de denúncia pelo titular da ação penal) uma *prévia e antecipada* manifestação do juízo competente sobre a presença ou não de *"indícios mínimos de autoria ou materialidade, nos casos em que forem descumpridos os prazos para a instrução do inquérito ou para oferecimento da denúncia"*.

Sabe-se que, como regra, o excesso de prazo em eventual não oferecimento de denúncia pode repercutir, sobretudo, sobre prisões ou medidas cautelares decretadas, mas não pode o Judiciário fazer uma análise *antecipada* de mérito nessa parte se não ultimada a investigação *nos prazos legais*. É preciso insistir que, notadamente em casos mais complexos, o descumprimento dos prazos (que não são peremptórios, já o disse inclusive a Suprema Corte) não é óbice para a prorrogação das apurações, à medida que a finalidade é, com o perdão da obviedade, apurar a existência ou não de elementos que possam dar suporte para uma futura ação penal. Mas o arquivamento de investigação por ausência de elementos de autoria e materialidade ou em razão de suposta *demora* nas investigações não pode ser objeto de sindicabilidade antecipada, a não ser em situações de absoluta teratologia e decurso de prazos indubitavelmente absurdos.

No âmbito do STF, são, atualmente, várias as decisões em que, *monocraticamente*, houve o *trancamento* de ofício de investigações (não permitindo a continuidade das apurações, todas com diligências objetivamente indicadas como pendentes) por suposta violação da *dignidade da pessoa humana* (sem dizer objetivamente como estaria ocorrendo essa violação) e *duração razoável do processo.*

Embora seja difícil conceituar com precisão o que seja a dignidade da pessoa humana (mormente por sua natureza polissêmica), consoante Peter Häberle (A dignidade humana como fundamento da comunidade estatal. In: SARLET, Ingo Wolfgang (org.). *Dimensões da dignidade.* Porto Alegre: Livraria do Advogado, 2005. p. 102), não se pode perder de vista a necessidade de não se utilizar dela como fórmula vazia de conteúdo ou de modo inflacionário (evitando-se assim sua desvalorização).

Dessa maneira, a dignidade da pessoa humana precisa ser analisada e considerada como mandado de otimização, ordenando algo que deva ser realizado na melhor medida possível perante as possibilidades fáticas e jurídicas e considerando *todos* os envolvidos na relação sob ponderação.

Nunca é demais ressaltar que são inúmeros os precedentes das cortes supranacionais a respeito da garantia dos direitos humanos como obrigação de as autoridades públicas responsáveis pela investigação e/ou persecução penal conduzirem procedimentos adequados, completos e eficazes, na tentativa de responsabilização dos autores dos delitos. Não custa relembrar que, *"conquanto as Convenções europeia e interamericana de direitos humanos não mencionem explicitamente a vítima dos crimes, na jurisprudência das respectivas cortes supranacionais, sobretudo no âmbito do Tribunal de Estrasburgo, mas também no Tribunal de San José, a tutela da vítima é tema recorrente e digno da máxima atenção. Em particular, o reconhecimento das obrigações processuais penais positivas relacionadas à tutela das pessoas ofendidas é cada vez mais frequente nas sentenças da Corte europeia de direitos humanos*" (PEREIRA, Frederico Valdez; FISCHER, Douglas. *As obrigações processuais penais positivas:* segundo as Cortes Europeia e Interamericana de Direitos Humanos. 3. ed. Porto Alegre: Livraria do Advogado, 2022. p. 105). Importante referir ainda que, tanto na Corte IDH como no TEDH, são encontrados julgados com expressa fundamentação sobre o dever de o Estado investigar a fundo e processar os responsáveis por violações de direitos humanos como única forma de evitar a impunidade. Aliás, todas as condenações sofridas internacionalmente pelo Brasil são exatamente pela *deficiência na investigação (1. Damião Ximenes Lopes, sentença de 4.7.2006; Escher e outros, sentença de 6.7.2009; Sétimo Garibaldi, sentença de 23.9.2009; Gomes Lundt e outros, sentença de 24.11.2010; Fazenda Brasil Verde, sentença de 20.10.2016; Favela Nova Brasília, sentença de 16.2.2017; Povo Indígena Xucuru, sentença de 5.2.2018; e Herzog e outros, sentença de 15.3.2018).*

Significa que, para cumprir com as exigências decorrentes da proteção de (todos) os direitos previstos constitucional e convencionalmente, uma vez constatada a possibilidade concreta de ofensas a direitos penalmente tutelados, é necessário que as autoridades jurisdicionais e de polícia busquem efetivar a punição dos autores de delitos, mediante a identificação adequada do fato e dos responsáveis em procedimento conduzido de forma aprofundada, diligente e ágil, caracterizado por um esforço autêntico e aplicado na reconstrução dos fatos e na identificação das responsabilidades (PEREIRA, Frederico Valdez; FISCHER, Douglas. Op. cit., p. 82-83).

Esses parâmetros *vinculativos* são fundamentais na análise que segue. Veja-se que, de modo exemplificativo, nos Inquéritos n. 4.442-DF, n. 4.429-DF, n. 4.393-DF, n. 4.391-DF e n. 4.441-DF, houve *arquivamento de ofício* pelo STF porque se reconheceu *excesso de prazo* nas apurações *(todos eles com prazo médio de 1 ano e 2 meses de investigação, mas pendentes outras diligências objetivamente indicadas como fundamentais para averiguar com mais certeza a presença ou não dos elementos necessários para eventual denúncia ou arquivamento a ser requerido pelo titular da ação penal, e, num deles presente expresso pedido de declínio de competência pela perda superveniente de foro em razão do que decidido pelo próprio STF no bojo da Ação Penal n. 937).*

Observe-se que, no Inquérito n. 4.391, consignou-se, de modo antecipado, que "*a remota possibilidade de encontrar novos elementos de informação não justifica a manutenção do presente inquérito, quer porque inexistem elementos informativos que constituam, no caso concreto, o fumus commissi delicti (isto é, indícios mínimos de materialidade e autoria) – o que é indispensável à continuidade desta investigação; quer porque, na hipótese de serem encontrados, nova investigação pode ser instaurada*".

Com efeito, no que se refere à ausência de elementos suficientes para propositura de ação penal, não cabe qualquer *antecipação* de juízo de mérito pela autoridade judicial, mormente quando existirem indicações de caminhos probatórios a serem trilhados para esquadrinhar melhor os fatos. A atividade é de *investigação.* De qualquer modo, a questão que salta aos olhos no caso retromencionado é que, na linha da jurisprudência do próprio STF, não se pode continuar "buscando elementos" de prova *fora* de uma investigação formal. Ou seja, um dos argumentos para o arquivamento é *frontalmente contraditório* com a própria viabilidade de continuar a busca de elementos probatórios *fora de um procedimento* devidamente *documentado.*

Como de forma percuciente adverte Vladimir Aras (O tempo do STF e a hora do sistema acusatório. *Desafios contemporâneos do sistema acusatório.* Brasília: ANPRF, 2018), "a intromissão da autoridade judiciária na investigação criminal, formulando juízos categóricos sobre sua viabilidade ou não [...] é prática que foge à ideia de separação de funções, especialmente porque o juiz, ainda que ministro da Suprema Corte, não pode conhecer nem compartilhar, porque investigador não é, as estratégias que a Polícia e o Ministério Público pretendem empregar para chegar à prova".

No entanto, há algo a ser ressalvado. Nas hipóteses de comprovada leniência investigativa, isto é, de absoluta ausência de desenvolvimento da atividade de investigação, em que as autoridades dela encarregadas nada aportam aos autos e sequer indicam as possibilidades *exploratórias* e/ou os obstáculos concretos às finalidades da persecução, pensamos que seria a hipótese de concessão de ofício do *habeas corpus*, mas não por decisão monocrática.

O mesmo deve ocorrer em investigações demasiado alongadas no tempo, em procedimentos de baixa complexidade e sem a efetiva arregimentação de material informativo concreto, o que, infelizmente, não se pode ter por *exceções* irrelevantes na vida nacional.

Por fim, e embora discordemos desse caminho trilhado pelas decisões do STF retromencionadas, acaso realmente se adote esse parâmetro doravante, inclusive com violação das obrigações processuais penais positivas reconhecidas por Cortes internacionais, é importante que a Suprema Corte, com a máxima urgência, exare provimento vinculativo para o encerramento de todas as demais investigações em curso em situações similares em instâncias inferiores. A isonomia é questão principiológica fundamental.

Jurisprudência

84.4.3. [...] É por essa mesma razão, considerada *a opção constitucional inequívoca* pelo sistema acusatório *como modelo de persecução penal*, que também falece ao Poder Judiciário competência para ordenar, "*ex officio*" (portanto, *sem prévia* e *formal provocação* do Ministério Público), o arquivamento de investigações penais, de inquéritos policiais ou de peças de informação, pois tal procedimento judicial importaria em clara ofensa a uma das mais expressivas funções institucionais do Ministério Público, a quem se conferiu o monopólio constitucional do poder de acusar, sempre que se tratar de ilícitos perseguíveis mediante ação penal de iniciativa pública. [...] Tais asserções permitem compreender o rigor com que o eminente Ministro Alexandre de Moraes, Relator da ADI 4.693 MC/BA, analisou, *com inteira correção* e *à luz do sistema acusatório*, a questão *pertinente à inadmissibilidade* de arquivamento *de ofício*, por deliberação judicial, de inquéritos policiais ou de investigações penais, sem o necessário e prévio requerimento do Ministério Público, fazendo-o em decisão, posteriormente referendada pelo Plenário do Supremo Tribunal Federal, assim fundamentada: "*A Constituição Brasileira de 1988 consagrou, em matéria de processo penal, o sistema acusatório, atribuindo a órgãos diferentes as funções de acusação e julgamento. A norma impugnada, como visto, estatui que, havendo indício de prática de crime por magistrado, concluídas as investigações, os autos sejam postos em julgamento no âmbito do Poder Judiciário, que poderá, se concluir pela inconsistência da imputação, determinar, desde logo, o arquivamento dos autos em relação ao Magistrado, independentemente de qualquer ciência, análise ou manifestação prévia do titular da ação penal pública – Ministério Público – nesse sentido. Em juízo de cognição sumária, tenho que o preceito em questão não condiz com o sistema acusatório, ao atribuir ao Tribunal de Justiça a formação da 'opinio delicti', afrontando a regra constitucional do art. 129, I, da Constituição Federal. Este é, inclusive, o pacífico entendimento do Supremo Tribunal Federal, ao reconhecer que, em regra, em virtude da titularidade exclusiva da ação penal pública pelo Ministério Público, expressamente prevista no citado art. 129, I, da Constituição Federal, o ordenamento jurídico não possibilita o arquivamento 'ex officio' de investigações criminais pela autoridade judicial (Inq 4.045 AgR, Rel. Min. Dias Toffoli, Segunda Turma,* DJe *de 19/6/2017; HC 93.921 AgR, Rel. Min. Celso de Mello,*

Segunda Turma, DJe *de 1/2/2017; RHC 120.379 ED, Rel. Min. Luiz Fux, Primeira Turma,* DJe *de 16/9/2016), como está previsto no regimento interno ora impugnado.*" [...] Vê-se, *portanto*, que se mostra inviável, *em nosso sistema normativo*, o acolhimento do pleito formulado pelo ora requerente, pois, *tratando-se* de delito perseguível mediante ação penal pública, *não se mostra lícito* ao Poder Judiciário determinar "*ex officio*" ou mediante provocação de terceiro (*noticiante*) a instauração de inquérito, o oferecimento de denúncia e a realização de diligências, sem o *prévio requerimento* do Ministério Público, consoante tem sido proclamado pela jurisprudência deste próprio Supremo Tribunal Federal [...] *(Petição n. 8.918-DF, STF, Decisão Monocrática, Rel. Min. Celso de Melo, decisão monocrática de 29.5.2020, publicada no* DJ *em 2.6.2020).*

84.4.3. [...] Inquérito. 2. Competência originária. 3. Penal e Processual Penal. 4. O Poder Judiciário tem o poder e o dever de controlar a investigação preliminar, limitando eventuais abusos na persecução penal e resguardando direitos e garantias fundamentais. 5. Na forma do art. 231, § 4.º, e, do Regimento Interno do STF, o relator deve determinar o arquivamento do inquérito quando verificar a ausência de indícios mínimos de autoria ou materialidade, nos casos em que forem descumpridos os prazos para a instrução do inquérito. 6. Violação ao sistema acusatório inexistente. 7. A pendência de investigação, por prazo irrazoável, sem amparo em suspeita contundente, ofende o direito à razoável duração do processo (art. 5.º, LXXVIII, da CF) e a dignidade da pessoa humana (art. 1.º, III, da CF). 8. A EC 45/2004 introduziu norma que assegura a razoável duração do processo judicial e administrativo (art. 5.º, LXXVIII). Esta norma deve ser projetada também para a fase de investigação. 9. Arquivamento compatível com a posição firmada na AP 937 QO. 10. Antes de determinar a declinação da competência, deve-se analisar os autos para verificar a legitimidade da continuidade das investigações, concretizando a função do julgador como garante dos direitos fundamentais na etapa preliminar da persecução penal. Agravo regimental não provido *(Agravo Regimental no Inquérito nº 4.393-DF, STF, 2ª Turma, maioria, Rel. Min. Gilmar Mendes, julgado em 25.9.2018, publicado no* DJ *em 27.8.2020).*

84.4.3. [...] O arquivamento de inquérito pelo Poder Judiciário, sem pedido prévio do Parquet, somente se legitima em hipóteses excepcionalíssimas, configuradoras de manifesto constrangimento ilegal, máxime em caso de incompetência originária da Corte para a continuidade do processamento do inquérito ou ação penal. Precedentes: INQ 4464-AgR, Primeira Turma, Rel. Min. Marco Aurélio, j. 27/11/2018; INQ 3404-AgR, Primeira Turma, Rel. Min. Rosa Weber, j. 06/11/2018; INQ 3499-AgR, Primeira Turma, Rel. Min. Luiz Fux, j. 06/11/2018. [...] *(Agravo Regimental no Inquérito n. 4.479-SP, STF, unânime, 1ª Turma, Rel. Min. Luiz Fux, julgado em 30.8.2019 a 5.9.2019, publicado no* DJ *em 23.9.2019).*

84.4.3. [...] 5. Conforme o art. 231, § 4º, "e", do RISTF, o relator deve determinar o arquivamento do inquérito, quando verificar a ausência de indícios mínimos de autoria ou materialidade, nos casos em que forem descumpridos os prazos para a instrução do inquérito. 6. A declinação da competência em uma investigação fadada ao insucesso representaria apenas protelar o inevitável, violando o direito à duração razoável do processo e à dignidade da pessoa humana. **[...]** *(Inquérito n. 4420-DF, STF, 2ª Turma, Rel. Min. Gilmar Mendes, julgado em 21.8.2018, publicado no* DJ *em 3.12.2018).*

84.4.3. [...] 4. Embora o STF tenha assentado que a prerrogativa de foro dos parlamentares federais é limitada aos crimes cometidos durante o exercício do cargo e relacionados às funções desempenhadas (AP 937 QO, Rel. Min. Roberto Barroso, julgada em 3.5.2018) e que essa linha interpretativa deve-se aplicar imediatamente aos processos em curso, o controle sobre a legitimidade da investigação deve ser realizado pelo Judiciário. 5. Conforme o art. 231, § 4º, "e", do RISTF, o relator deve determinar o arquivamento do inquérito, quando verificar a ausência de indícios mínimos de autoria ou materialidade, nos casos em que forem descumpridos os prazos para a instrução do inquérito. 6. A declinação da competência em uma investigação fadada ao insucesso representaria apenas protelar o inevitável, violando o direito à duração razoável do processo e à dignidade da pessoa humana. 7. Ante o exposto, rejeito o pedido de declinação da competência e determino o arquivamento do inquérito, na forma do art. 231, § 4º, "e", do Regimento Interno do STF (*Inquérito nº 4.660/DF, Rel. Ministro Gilmar Mendes, 2ª Turma, por maioria, vencidos dois ministros, julgado em 23.10.2018, publicado no DJ em 11.12.2018*).

84.4.3. [...] 1. O sistema acusatório consagra constitucionalmente a titularidade privativa da ação penal ao Ministério Público (CF, art. 129, I), a quem compete decidir pelo oferecimento de denúncia ou solicitação de arquivamento do inquérito ou peças de informação, sendo dever do Poder Judiciário exercer a "atividade de supervisão judicial" (STF, Pet. n. 3.825/MT, Rel. Min. Gilmar Mendes), fazendo cessar toda e qualquer ilegal coação por parte do Estado-acusador (HC n. 106.124, Rel. Min. Celso de Mello, Segunda Turma, julgado em 22.11.2011, *DJe* de 10.9.2013). 2. Flagrante inconstitucionalidade do artigo 379, parágrafo único do Regimento Interno do Tribunal de Justiça da Bahia, que exclui a participação do Ministério Público na investigação e decisão sobre o arquivamento de investigação contra magistrados, dando ciência posterior da decisão. 3. Medida Cautelar confirmada. Ação Direta de Inconstitucionalidade conhecida e julgada procedente *(ADI n. 4.693–BA, STF, Plenário, unânime, Rel. Min. Alexandre de Moraes, julgado em 11.10.2018, publicado no* DJ *em 30.10.2018).*

84.4.3. [...] 1. Na forma do art. 231, § 4°, e, do Regimento Interno do STF (RISTF) e do art. 654, § 2°, do CPP, o relator deve determinar o arquivamento do inquérito quando verificar a ausência de indícios mínimos de autoria e materialidade e/ou nos casos em que foram descumpridos os prazos para a instrução. Trata-se de dispositivo que possibilita, expressamente, o controle das investigações pelo Poder Judiciário que atua, nesta fase, na condição de garantidor dos direitos fundamentais dos investigados; [...] 3. A EC n. 45/2004 introduziu norma que assegura a razoável duração do processo judicial e administrativo (art. 5°, LXXVIII). [...] 4. No julgamento da Questão de Ordem na Ação Penal n. 937, o Plenário do STF fixou o entendimento que terminada a instrução processual, a ação penal deveria ser julgada pelo Tribunal, independentemente de se tratar de hipótese que determinaria a baixa dos autos. Aplicando este entendimento de modo análogo, a 1ª Turma assentou, no Inq n. 4.647, que o inquérito pronto para juízo de admissibilidade da denúncia deveria ser apreciado pela Corte. Este entendimento também se aplica aos casos de arquivamento pela ausência de indícios mínimos de materialidade e autoria delitiva. 5. Caso em que inexistem indícios mínimos de materialidade e autoria delitiva, mesmo após 15 meses de tramitação do inquérito. Depoimentos genéricos e inespecíficos relatando o recebimento de recursos eleitorais em pleito no qual o investigado sequer disputou qualquer mandato eletivo. Apresentação apenas de elementos de corroboração produzidos pelos próprios investigados. Arquivamento do inquérito, na forma do art. 21, XV, e, art. 231, § 4°, e, ambos do RISTF, e art. 18 do CPP *(Inquérito n. 4.458-DF, STF, 2ª Turma, unânime, Rel. Min. Gilmar Mendes, julgado em 11.9.2018, publicado no* DJ *em 1°.10.2018).*

84.4.3. [...] 1. A mera instauração de um Inquérito pode trazer algum tipo de constrangimento às pessoas com foro por prerrogativa de função. Por outro lado, os órgãos de persecução criminal devem ter a possibilidade de realizar as investigações quando verificado um mínimo de elementos indiciários, como é o caso das informações obtidas por meio de acordos de colaboração premiada. Ponderados esses dois interesses, somente se deve afastar de antemão uma notícia-crime quando completamente desprovida de plausibilidade. 2. No entanto, isso não significa que os agentes públicos devam suportar indefinidamente o ônus de figurar como objeto de investigação, de modo que a persecução criminal deve observar prazo razoável para sua conclusão. 3. No caso dos autos, encerrado o prazo para a conclusão das investigações, e suas sucessivas prorrogações, o Ministério Público, ciente de que deveria apresentar manifestação conclusiva, limitou-se a requerer a remessa dos autos ao Juízo que considera competente. Isso significa dizer que entende não haver nos autos elementos suficientes ao oferecimento da denúncia, sendo o caso, portanto, de arquivamento do inquérito. 4. O art. 28 do Código de Processo Penal se limita a impedir que, pedido o arquivamento pelo Ministério Público e confirmado este entendimento no âmbito do próprio Ministério Público, possa o juiz se negar a deferi-lo. No entanto, não obriga o Juiz a só proceder ao arquivamento quando este for expressamente requerido pelo Ministério Público, seja porque cabe ao juiz o controle de legalidade do procedimento de investigação; seja porque o Judiciário, no exercício de suas funções típicas, não se submete à autoridade de quem esteja sob sua jurisdição. 5. Inquérito arquivado sem prejuízo de que possa ser reaberto no juízo próprio, no caso de surgimento de novas provas *(Inquérito n. 4.442-DF, STF, 1ª Turma, decisão monocrática, exarada em 6.6.2018).*

84.4.3. [...] Inviável, *em nosso sistema normativo*, o arquivamento *ex officio*, por iniciativa do Poder Judiciário, de peças informativas e/ou de inquéritos policiais, pois, *tratando-se* de delitos perseguíveis mediante ação penal pública, a proposta de arquivamento só pode emanar, *legítima* e *exclusivamente*, do próprio Ministério Público. Precedentes. [...] Essa prerrogativa do *Parquet*, *contudo*, não impede que o magistrado, se *eventualmente* vislumbrar ausente a tipicidade penal dos fatos investigados, reconheça caracterizada situação de injusto constrangimento, tornando-se *consequentemente* lícita a concessão *ex officio* de ordem de *habeas corpus* em favor daquele submetido a *ilegal* coação por parte do Estado (CPP, art. 654, § 2º) [...] *(Habeas Corpus n. 106.124-PR, STF, 2ª Turma, Rel. Min. Celso de Mello, julgado em 22.11.2011, publicado no DJ em 10.9.2013).*

84.4.4. Renúncia a cargos *eletivos* e o deslocamento da competência constitucional pela prerrogativa de função para a continuidade do julgamento: Em vários casos de competência originária pela prerrogativa de foro, se pode verificar que os então *detentores* da prerrogativa acabaram *renunciando* aos cargos que ocupavam com a finalidade (única) de evitar o julgamento do feito, deslocando-se a competência para outro juízo, normalmente (agora) em face da matéria a ser julgada. Atenta a estas *manobras* procedimentais, a Corte Suprema vem reconhecendo atualmente que tal ato importa em abuso de direito, de modo que, malgrado não mais detentor da prerrogativa, a competência da Corte Constitucional – por esta excepcionalidade – se mantém. Não se trata, propriamente, de uma *perpetuatio jurisdictionis* pela *perda do mandato* (tanto que cancelada a Súmula 394, STF, e declarados inconstitucionais os §§ 1º e 2º do art. 84 do CPP – vide ADI 2.797), mas sim de uma interpretação a evitar que o deslocamento da competência (especialmente quando na iminência do início do julgamento) seja utilizada de forma a burlar as regras constitucionais, além de retirar a disponibilidade de *escolha* do juízo competente daquele que está sendo processado (vide, dentre outros casos, a Ação Penal nº 396, Plenário do STF, publicado no *DJ* em 28.4.2011).

Refere-se também a entendimento mais atual da Corte Suprema no sentido de, mesmo com a perda da competência, eventuais recursos integrativos interpostos anteriormente, mas pendentes de julgamento (como é o caso dos *embargos de declaração* eventualmente opostos), ainda ficariam na esfera de competência do STF.

Nos demais casos de perda da prerrogativa de foro que não os decorrentes de cargos *eletivos* (como *aposentadorias*, por exemplo), automaticamente haverá o deslocamento de competência para o juízo que passou a ser o competente (possivelmente aquele fixado em razão da *matéria*).

Jurisprudência

84.4.4. [...] 1. A jurisprudência dominante no STF é no sentido de que, cessado o mandato parlamentar por qualquer razão, não subsiste a competência do Tribunal para processar e julgar, originariamente, ação penal contra membro do Congresso Nacional. 2. A regra geral enunciada acima foi excepcionada na Ação Penal 396/RO, em que o Tribunal considerou ter havido abuso de direito e fraude processual. Neste caso específico, após seguidos deslocamentos de competência, o réu parlamentar renunciou ao mandato depois de o processo ter sido incluído em pauta para julgamento pelo Plenário. 3. Por maioria absoluta, o Plenário endossou a proposta de que se estabeleça um *critério objetivo* para servir de parâmetro no exame de eventual abuso processual. Não se verificou maioria, porém, quanto ao marco temporal sugerido pelo relator: uma vez recebida a denúncia, o fato de o parlamentar renunciar não produziria o efeito de deslocar a competência do STF para qualquer outro órgão. Tampouco houve maioria absoluta em relação a outros marcos temporais que foram objeto de debate. Diante do impasse, a Corte deliberou por deixar a definição do critério para outra oportunidade. 4. Seja pela orientação do relator, que não aplicava o critério que propunha ao presente caso, seja pela manutenção da jurisprudência que prevalece de longa data, a hipótese é de resolução da Questão de Ordem com determinação de baixa da ação penal ao juízo competente, para prolação de sentença (*Questão de Ordem na Ação Penal nº 536-MG, STF, Plenário, Rel. Min. Roberto Barroso, julgado em 27.3.2014, publicado no DJ em 12.8.2014*).

84.4.4. [...] Renúncia de mandato: ato legítimo. Não se presta, porém, a ser utilizada como subterfúgio para deslocamento de competências constitucionalmente definidas, que não podem ser objeto de escolha pessoal. Impossibilidade de ser aproveitada como expediente para impedir o julgamento em tempo à absolvição ou à condenação e, neste caso, à definição de penas. No caso, a renúncia do mandato foi apresentada à Casa Legislativa em 27 de outubro de 2010, véspera do julgamento da presente ação penal pelo Plenário do Supremo Tribunal: pretensões nitidamente incompatíveis com os princípios e as regras constitucionais porque exclui a aplicação da regra de competência deste Supremo Tribunal. [...] Questão de ordem resolvida no sentido de reconhecer a subsistência da competência deste Supremo Tribunal Federal para continuidade do julgamento. Preliminares rejeitadas. Ação penal julgada procedente (*Ação Penal nº 396, STF, Plenário, Rel. Min. Cármen Lúcia, julgado em 28.10.2010, publicado no* DJ *em 28.4.2011*).

84.4.4. [...] Na linha da jurisprudência emanada do c. Supremo Tribunal Federal, como desta Corte, cessado o exercício da função em decorrência da aposentadoria do agente público, não subsiste a regra que determina a prerrogativa de foro. Agravo regimental desprovido (*Agravo Regimental na Ação Penal nº 642-DF, STJ, Corte Especial, unânime, Rel. Min. Félix Fischer, julgado em 9.6.2011, publicado no* DJ *em 28.6.2011*).

84.4.4. [...] A competência do Supremo cessa ante o exaurimento do mandato de parlamentar federal do investigado, mas o julgamento dos embargos declaratórios contra o acórdão do Tribunal Pleno mediante o qual recebida a denúncia compete a esta Corte. Embargos de declaração rejeitados (*Embargos de Declaração no Inquérito nº 1.645-SP, STF, Plenário, Rel. Min. Luiz Fux, julgado em 19.5.2011, publicado no* DJ *em 17.6.2011*).

84.4.4. [...] 1. O STF e o STJ têm entendimento consolidado de que a competência por prerrogativa de função cessa quando encerrado o exercício funcional que a justificava, ainda que se trate de Magistrado ou membro do Ministério Público. 2. Agravo regimental não provido (*Agravo Regimental na Ação Penal nº 306/DF, STJ, Corte Especial, unânime, Rel. Min. Eliana Calmon, julgado em 17.10.2012, publicado no* DJ *em 26.10.2012*).

84.4.5. Renúncia a cargos *eletivos* e a alteração da competência penal: uma limitação à luz dos preceitos constitucionais: Conforme defendido noutro espaço de forma mais detalhada (FISCHER, Douglas. *Revista de Interesse Público*, 2011, v. 69, p. 49-66 e também em FISCHER, Douglas. Prerrogativa de foro e competência originária do Supremo Tribunal Federal: uma (re)leitura dos preceitos da Constituição Brasileira como forma de maximização do princípio republicano da isonomia, 2013. In: ZANELLATO, Vilvana Damiani (Org.). *A jurisprudência do Supremo Tribunal Federal*: temas relevantes), a razão da prerrogativa de foro encontra-se na *dignidade* de certos cargos, estabelecendo-se aos seus ocupantes um julgamento *inicial* (ou até em instância única, como é o caso do STF) perante tribunais, embora não se tenha (sobretudo empiricamente) a demonstração de quais os eventuais benefícios que esta prerrogativa traria se comparada com o foro normal atribuído a todos os demais integrantes da sociedade que cometam delitos similares. A questão que se põe de relevo é saber, à luz da Constituição, quais os efeitos *processuais* se houver renúncia ao cargo em se tratando de hipóteses de mandatos *eletivos*. Não apenas isso: para se evitar eventuais má-compreensões (no sentido de que seria uma prerrogativa da pessoa e não do cargo), destaca-se que melhor seria falar em prerrogativa *ratione muneris*, como se verifica, dentre outros, no julgamento do Agravo Regimental no Inquérito nº 1.376-4-MG, Relator Ministro Celso de Mello, Plenário, publicado no *DJ* em 16.3.2007: "*[...] A prerrogativa de foro é outorgada, constitucionalmente, 'ratione muneris', a significar, portanto, que é deferida em razão de cargo ou de mandato ainda titularizado por aquele que sofre persecução penal instaurada pelo Estado, sob pena de tal prerrogativa – descaracterizando-se em sua essência mesma – degradar-se à condição de inaceitável privilégio de caráter pessoal.*"

Até o julgamento da Questão de Ordem na Ação Penal n. 937, o Supremo Tribunal não tinha enfrentado o tema da renúncia com base em *critérios objetivos*.

Anteriormente, no julgamento da Ação Penal nº 333-PB (em que se apurava a prática de delito doloso contra a vida supostamente cometido por parlamentar federal), o Plenário da Corte Suprema, em 5.11.2007, reconheceu que *"a renúncia do réu produz plenos efeitos no plano processual, o que implica a declinação da competência do Supremo Tribunal Federal para o juízo criminal de primeiro grau"*, assentando, ainda, por maioria (5 × 4), que *não* haveria "abuso de direito" na renúncia levada a efeito. No caso, depois de mais de 5 anos desde o recebimento da denúncia e (demorada) instrução processual (com fatos acontecidos há aproximadamente 14 anos), e *já pautado* o processo para julgamento perante o Plenário, o réu *renunciou* ao mandato (em semana anterior, precisamente dia 31 de outubro). O relator, Ministro Joaquim Barbosa, considerou que *"a renúncia do réu, em momento posterior à publicação da pauta desta Corte, que se deu no dia 26 de outubro, quando já anunciado, portanto, o julgamento da Ação Penal a que ele responde, não pode surtir o efeito de interromper este julgamento"* (fl. 24 do aresto). Fundamentou que a *"nossa ordem constitucional não pode acolher a conduta, que constitui flagrante abuso de direito/prerrogativa, dado o evidente desvio de finalidade do ato de renúncia, no caso concreto em análise"*. A providência de burla ficou muito clara na "carta de renúncia" do parlamentar, conforme destacado pelo Ministro Ayres Britto. Entretanto, concluiu-se que *"a renúncia do réu produz efeitos no plano processual, o que implica a declinação da competência do Supremo Tribunal Federal para o juízo criminal de primeiro grau. Ausente o abuso de direito que os votos vencidos vislumbraram no ato"*. Em síntese, a maioria dos ministros que participaram do referido julgamento decidiram que o investigado/acusado que responde a procedimento de natureza penal e que exerce mandato eletivo tem a *faculdade*, mediante *renúncia*, de burlar a jurisdição penal, escolhendo em qual instância prefere ser julgado.

Posteriormente ao caso acima, novamente o tema veio à tona no julgamento da Ação Penal nº 396/RO. Neste feito, iniciado originariamente perante o TJ/RO (porque um dos acusados era Deputado *Estadual*, juntamente com outras seis pessoas, todas acusadas pela prática dos delitos previstos nos arts. 288 e 312, CP), os autos – posteriormente ao recebimento da peça acusatória (respeitado o princípio do *tempus regit actum*) – foram encaminhados ao STF, porque aquele parlamentar estadual passou a ocupar as funções de Deputado *Federal*. Após os (demorados) trâmites de instrução processual, a ação foi incluída em pauta para julgamento no dia 20.10.2010. No dia 27.10.2010, o réu que possuía a prerrogativa de foro comunicou que havia renunciado ao mandato, pugnando, expressamente, fosse reconhecida a perda de competência superveniente pela Corte Suprema. Aqui havia uma particularidade, que foi considerada por muitos ministros em suas conclusões: a prescrição da pretensão punitiva (acaso houvesse condenação) se daria nos dias seguintes, em 4 de novembro daquele ano. Após debates e várias propostas, decidiu-se que, diante do caso concreto, reconheceu-se haver *abuso de direito*, estando assim ementado o aresto:

> [...] 1. Renúncia de mandato: ato legítimo. Não se presta, porém, a ser utilizada como subterfúgio para deslocamento de competências constitucionalmente definidas, que não podem ser objeto de escolha pessoal. Impossibilidade de ser aproveitada como expediente para impedir o julgamento em tempo à absolvição ou à condenação e, neste caso, à definição de penas.
>
> 2. No caso, a renúncia do mandato foi apresentada à Casa Legislativa em 27 de outubro de 2010, véspera do julgamento da presente ação penal pelo Plenário do Supremo Tribunal: pretensões nitidamente incompatíveis com os princípios e as

regras constitucionais porque exclui a aplicação da regra de competência deste Supremo Tribunal (*Ação Penal nº 396, Plenário, Relatora Ministra Cármen Lúcia, julgado em 28.10.2010, publicado no* DJ *em 28.4.2011*).

Como se verifica dos dois casos analisados detidamente, não havia nenhum *critério objetivo* para definir qual seria o marco temporal a justificar o prosseguimento do julgamento perante o Tribunal com competência se sobreviesse algum elemento que alterasse a competência em razão da prerrogativa de foro.

Defendemos a partir da 6ª edição a ideia que, para a solução do problema também seria necessário partir de uma consideração sistêmica (notadamente da própria Constituição) de que, malgrado o parlamentar pudesse *dispor* de toda outorga que lhe foi conferida pelo poder popular nas eleições, deveria ser feito o devido temperamento e eficácia das consequências do ato *unilateral* de eventual renúncia, especialmente no que se refere à fixação (e modificação) da competência penal pela *prerrogativa de foro*. E não se entrará aqui na discussão se o eventual ato de renúncia tem a finalidade (espúria) de *exclusivamente* burlar as *regras do jogo*. A abordagem se dá a partir de uma compreensão sistêmica do mandato parlamentar e da importância da eleição para (todos) os fins democráticos que dele emanam.

Com efeito, segundo previsto no art. 46, § 1º, CF, os senadores terão mandato de 8 (oito) anos. Já o Presidente da República terá mandato de 4 (quatro) anos (art. 82, CF). Igualmente com 4 (quatro) anos de mandato os Deputados Federais (art. 44, parágrafo único, CF), os governadores dos Estados e do Distrito Federal (art. 28 e art. 32, § 2º, ambos da CF), os Deputados Estaduais (art. 27, § 1º, CF), os Prefeitos e Vereadores (art. 29, I, CF).

Noutras letras: a Constituição Federal fixou regras – e bem claras – de qual será a duração *regular* dos *mandatos* (que são do interesse coletivo, não *privado* do eleito), dentro do qual deverá ser exercido o múnus respectivo.

Defendemos anteriormente que estes seriam os marcos que deveriam ser utilizados para fins de fixação e *duração* da competência dos tribunais em caso de prerrogativa de foro.

Anotamos que se poderia argumentar que a proposta implicaria uma repristinação da (revogada) Súmula 394 do STF. Assim não vemos.

É que, analisada a (então) centenária jurisprudência consolidada no comando sumulado 394 (emitido numa realidade social e constitucional completamente diversa), bastante claro visualizar que a (correta) revogação ocorreu por se entender que a prerrogativa não poderia ir *além* do *regular* prazo dos mandatos fixados para o exercício do cargo público para o qual houve a eleição. O que se pretendia com a Súmula era a garantia de que, *após expirado* o mandato, a prerrogativa se perpetuaria na Corte originariamente competente para julgamento. Na leitura dos dois precedentes anteriormente mencionados, tais conclusões nos parecem absolutamente hialinas.

Assim, se o (então) delegado do poder do povo não for mais eleito, impossível a *perpetuação* da prerrogativa naquele foro (ou até em outro, dependendo do cargo) diante da inexistência de ratificação da outorga popular (independentemente do motivo, inclusive a ausência de vontade do *cidadão que era parlamentar* em submeter novamente seu nome ao sufrágio).

Frisamos que a utilização de marcos limitadores como propostos nos julgamentos acima vistos (*inclusão do feito em pauta, encerramento da instrução processual, início do julgamento,* v. g.) não traz em si nenhum critério *constitucionalmente objetivo.*

A questão central está em tentar buscar - insiste-se - um critério definidor da amplitude temporal da competência que escape ao *alvedrio subjetivo* do ocupante do *mandato.* E este - nos parecia - estaria exatamente na Constituição Federal e, por simetria, também nas demais Constituições Estaduais, que fixam qual, em princípio, será o prazo (*"regra do jogo previamente estabelecida"*) de duração do mandato e dentro do qual, em princípio, haverá a outorga (também constitucional) da prerrogativa de foro.

Dissemos então que essa "regra do jogo" poderia ser alterada em duas hipóteses, mas ambas *fora* da esfera *discricionária* do postulante ao cargo: (a) ou por reeleição ou eleição para outro cargo que igualmente confere prerrogativa de foro; (b) ou naquelas hipóteses em que há previsão expressa de que os ocupantes de mandatos eletivos poderão *perder* seus cargos, como é o caso, *por exemplo*, dos ocupantes dos cargos de Presidente(a) ou Vice-Presidente(a) da República (art. 52, I, e parágrafo único, CF), dos Deputados e Senadores (art. 55, CF), de Governadores (art. 28, § 1º, CF), Prefeitos (art. 29, XIV, CF) e, por regra específica de *renúncia* para concorrer a outros cargos, a situação do Presidente da República, Governadores e Prefeitos, na forma do art. 14, § 6º, CF.

Há se atentar que estas *exceções* - também amparadas na previsão do constituinte originário - permitem que a outorga popular não seja ultimada. Ou seja, fica bastante claro que a perda do cargo não estará ao *alvedrio* do delegado do poder do povo.

O que não se pode é permitir que, por simples (ato unilateral), o parlamentar possa *modificar* a competência penal para julgamento do feito em relação ao qual está envolvido.

Em síntese, defendemos que não caberia e nem seria facultado ao investigado/acusado *escolher* quem o julgará, compreendemos que se deve buscar na própria Constituição um *critério objetivo* para a delimitação do marco temporal para a cessação do benefício da prerrogativa perante os tribunais, que, afinal, não é da *pessoa* (que dele, portanto, não pode dispor enquanto estiver no cargo), mas sim (e apenas) em face da *dignidade do cargo* que ocupa(va) como resultado de processo eleitoral democrático.

Desse modo, sustentamos até então que a prerrogativa deveria durar exclusivamente durante o período (em abstrato) do mandato estabelecido nas regras constitucionais, sendo absolutamente irrelevantes (para fins de *modificação* de competência) eventuais atos de natureza subjetiva, como é o caso de *renúncia.* As exceções encontram-se previstas na própria Constituição, como é exemplo a perda do mandato.

Entretanto, ulteriormente cremos haver outra solução também (ou quiçá mais) adequada para o problema. Com o expresso reconhecimento do Princípio da Identidade Física do Juiz também no âmbito do processo penal (vide anotações no item 399.3), mediante a inserção do § 2º do art. 399 ao CPP, deve ele servir como parâmetro para a solução do problema. Segundo a regra, "o juiz que presidiu a instrução deverá proferir sentença". Considerando ainda válidas as ponderações no sentido de que não cabe ao detentor da prerrogativa de foro "escolher" o juízo que analisará o caso, cremos então que a solução passa mediante a consideração de que após o encerramento da instrução processual a renúncia do parlamentar não poderá gerar o efeito de modificar a competência. Por evidente que tal conclusão somente pode permitir a interpretação no sentido de que a prorrogação da competência deva ser até o prazo máximo do que seria o mandato regularmente outorgado ao parlamentar.

Impende referir, ainda, que o Supremo Tribunal Federal teve a oportunidade de enfrentar esse tema no bojo da Ação Penal 536-MG, mas, em decisão proferida no dia 27.3.2014, o Plenário da Corte, vencido o Ministro Joaquim Barbosa, compreendeu que deveria ser mantida a jurisprudência até então no sentido de considerar válida a renúncia. Posteriormente, em 2015, uma decisão em órgão fracionário (1ª Turma) compreendeu que se a renúncia se der depois de exaurida a instrução haverá a prorrogação da competência do Supremo Tribunal Federal.

De qualquer modo, em decisão Plenária tomada por maioria, no dia 3.5.2018 (Questão de Ordem na Ação Penal n. 937), o Supremo Tribunal Federal assentou que, após o final da instrução processual, com a publicação do despacho de intimação para apresentação de alegações finais, a competência para processar e julgar ações penais não será mais afetada em razão de o agente público vir a ocupar outro cargo ou deixar o que ocupava, qualquer que seja o motivo, com o entendimento de que esta nova linha interpretativa deve se aplicar imediatamente aos processos em curso.

E precisamos complementar que, em decisão plenária publicada no dia 30.9.2024, no qual se discutia se o encerramento do mandato parlamentar importaria no declínio de competência para instâncias inferiores, decidiu-se, por apertada maioria de votos, que "os critérios de contemporaneidade e pertinência adotados pelo STF para a definição do alcance e da extensão do foro por prerrogativa de função apontam para a manutenção da competência do STF em relação a delitos praticados no exercício do cargo e em razão de suas funções, mesmo após o encerramento do mandato parlamentar" (Agravo Regimental na Petição nº 8.411-DF). Esse novo entendimento, então, e em verdade, acabou por repristinar o disposto na Súmula 394 do STF.

Jurisprudência

84.4.5. [...] I – A decisão recorrida está em consonância com a jurisprudência desta Suprema Corte, firmada no sentido de que a continuidade do agente público no cargo por força de reeleição, seja no Poder Executivo seja no Poder Legislativo, enseja a manutenção do foro por prerrogativa de função. Precedentes. II – No caso, os fatos imputados ao Deputado Estadual referem-se a mandato anterior ao que atualmente ocupa por força de reeleição, sem que tenha havido intervalo entre as legislaturas, caracterizando a continuidade de mandatos, o que, segundo o precedente firmado na Ação Penal 937-QO, determina a manutenção do foro por prerrogativa de função. III – É desimportante que os crimes imputados ao Parlamentar com prerrogativa de foro tenham sido praticados há duas legislaturas antes, e não na imediatamente anterior à atual. Basta que tenha havido a continuidade de mandatos para fins de prorrogação da competência por prerrogativa de função. [...] *(Agravo Regimental no Recurso Ordinário em Habeas Corpus nº 208.559/SC, STF, 2ª Turma, unânime, Rel. Min. Ricardo Lewandowski, julgado em sessão virtual de 10.12.2021 a 17.12.2021, publicado no DJ em 25.01.2022)*

84.4.5. [...] A Turma, por maioria de votos, já decidiu que a renúncia de parlamentar, após o final da instrução, não acarreta a perda de competência do Supremo Tribunal Federal. Precedente: AP 606-QO, Rel. Min. Luís Roberto Barroso (Sessão de 07.10.2014). No Inq 3734, a Turma entendeu, por ocasião do recebimento da denúncia, que na hipótese de não reeleição não se aplica o mesmo critério de fixação de competência. O caso presente, que envolve julgamento de ação penal, é análogo a este último. No entanto, a instrução foi concluída e o voto do relator preparado quando o denunciado ainda era titular de mandato. Diante disso, o relator propôs a concessão de *habeas corpus* de ofício, já que seu voto era pela absolvição. A Turma concordou que vulneraria o mandamento da celeridade processual deixar-se de formalizar a extinção do processo com base no art. 386, III do CPP quando relator e revisor já haviam formado tal convicção. [...] (*Ação Penal nº 568-SP, STF, 1ª Turma, maioria, Rel. Min. Roberto Barroso, julgado em 14.4.2015, publicado no* DJ *em 18.5.2015*).

84.5. Competência do Superior Tribunal de Justiça: Consoante os termos do art. 105 da Constituição da República, competirá ao Superior Tribunal de Justiça, nos crimes comuns, o julgamento dos Governadores de Estados, dos membros dos Tribunais de Justiça (Desembargadores etc.), dos membros do Ministério Público da União que atuem perante tais tribunais (Procuradores Regionais da República, do Trabalho, Procuradores de Justiça do Distrito Federal), membros dos Tribunais de Contas dos Estados e do Distrito Federal, e, sem qualquer justificativa *simétrica* aparente, os membros dos Tribunais de Contas dos municípios.

Note-se que, embora incluídos os membros do Ministério Público da União que oficiam perante os tribunais de segunda instância (Tribunal Regional Federal, Tribunal Regional do Trabalho e Tribunal Regional Eleitoral), ali não se reservou foro privativo aos Procuradores de Justiça dos Estados (que também atua perante tribunais de segunda instância). A razão da distinção é exclusivamente política, alheia a qualquer sistematização da matéria. Para tais cargos, o critério utilizado foi o da *regionalização* da função e do respectivo foro: determinadas autoridades *estaduais* ficariam sob a jurisdição originária do Tribunal de Justiça local.

E como dissemos em relação ao foro privativo no Supremo Tribunal Federal, também a competência do Superior Tribunal de Justiça é *absoluta*, independentemente da natureza do crime (estadual, federal, militar), desde que a autoridade esteja no efetivo exercício do cargo *ao tempo de seu julgamento*.

84.6. Competência dos Tribunais de Segunda Instância (TRF, TJe TRE): A competência originária dos Tribunais de segunda instância abriga os dois critérios escolhidos na Constituição da República: o da *simetria* de funções e o da *regionalização*, especificamente em relação aos Tribunais de Justiça.

Assim, no âmbito da competência dos Tribunais Regionais Federais (que são cinco: 1ª Região, com sede em Brasília; 2ª Região, com sede no Rio de Janeiro; 3ª Região, sede em São Paulo; 4ª Região, sede em Porto Alegre; e 5ª Região, sediado em Recife) e dos Tribunais Regionais Eleitorais, presentes em todos os Estados da Federação, serão julgados as autoridades do Poder Judiciário da União e do Ministério Público da União (Juízes Federais, Juízes do Trabalho, Juízes Militares da União, Procuradores da República, Procuradores do Trabalho, Promotores de Justiça do Distrito Federal, Promotores de Justiça Militar da União etc. – todos do primeiro grau), conforme se vê do art. 108 (competência dos TRFs) e, por analogia ao disposto no citado art. 108 e também no art. 96, III, todos da Constituição da República, no que toca à competência dos TREs. Aplicação, portanto, do critério da *simetria* de funções.

Pelas mesmas razões de simetria e por outras que já veremos, caberá também aos TRFs o julgamento dos Prefeitos e Deputados Estaduais, bem como de outras autoridades *estaduais ou municipais*, quando o foro for previsto nas Constituições dos Estados, nas hipóteses de crimes contra a União, autarquias e empresas públicas federais, ou, numa palavra (que são duas!): os crimes *federais*.

Por seu turno, os Tribunais de Justiça julgarão os membros do Poder Judiciário e do Ministério Público dos Estados. Note-se que, se aos Desembargadores dos Tribunais de Justiça dos Estados se assegura o foro privativo no Superior Tribunal de Justiça, já em relação aos membros do MP dos Estados que atuam na segunda instância, ou seja, perante os aludidos TJs, a prerrogativa de função assegurada é em *segundo grau*, é dizer, nos citados Tribunais de Justiça. Observou-se, então, no primeiro caso, o critério da *simetria* em relação ao Judiciário da União, e, no segundo (do MP), o critério da *regionalização*, mantendo-se a competência jurisdicional do Estado para as referidas autoridades estaduais.

As distinções de tratamento – injustificáveis, a nosso sentir – não param aí. Veja-se que os Juízes de Direito do Distrito Federal, cujo poder (Judiciário) é mantido pela União, têm foro no Tribunal de Justiça, enquanto os membros do Ministério Público do Distrito Federal de primeira instância são julgados no Tribunal Regional Federal, segundo consolidada jurisprudência. Os membros do referido *parquet* do Distrito Federal que atuam perante o respectivo Tribunal de Justiça, contudo, têm foro no STJ, do mesmo modo que os Desembargadores.

Observe-se, também, que a competência no Tribunal de Justiça será a regra, podendo haver alteração de competência, na hipótese de crimes *eleitorais*. Isso se deve à ressalva expressa constante, tanto do art. 96, III, em relação ao Poder Judiciário e ao Ministério Público dos Estados, quanto do art. 108, que cuida do Poder Judiciário e do Ministério Público da União. E como a ressalva foi *expressa*, a não inclusão de outra espécie de crime está a indicar que não haverá modificação de competência em qualquer outra situação, *quer se trate de crime de natureza militar ou federal.*

Jurisprudência

84.6. [...] 1. A conclusão tomada no julgamento da Questão de Ordem na Ação Penal nº 937/RJ, no sentido de que o foro por prerrogativa de função aplica-se apenas aos crimes cometidos durante o exercício do cargo e relacionados às funções desempenhadas, alcançou parlamentares federais, estendendo-se, em seguida, principalmente, aos demais ocupantes de mandato eletivo.

2. O posicionamento não foi alargado aos membros do Ministério Público e da Magistratura, já que a prerrogativa de foro nesses casos envolve outras questões, por se tratar de agentes públicos ocupantes cargos vitalícios e detentores de outras garantias institucionais, que integram carreiras típicas de Estado.

3. Impõe-se aguardar o julgamento do RE nº 1.331.044-RG/DF (Tema RG nº 1.147), no âmbito do qual reconhecida a repercussão geral da discussão a respeito da competência do STJ para o processamento e julgamento de ação penal de desembargador a quem se imputa crime comum sem relação com o cargo ocupado. O debate nesse processo, tal como ocorrido no Superior Tribunal de Justiça, repercutirá também na discussão acerca da competência para julgar membros do Ministério Público, por envolver aspectos semelhantes.

4. Até que se resolva a discussão no âmbito da repercussão geral, deve prevalecer o que expressamente se dispõe no inc. III do art. 96 da Constituição da República.

5. A situação de disponibilidade na qual se achava o agravante, no momento do crime, distingue-se da perda do cargo e, por esse motivo, não interfere na competência originária do Tribunal de Justiça para processar e julgar membro do Ministério Público por crime comum.

6. O Supremo Tribunal Federal, há muito, pacificou entendimento no sentido de que [a] competência do Tribunal do Júri não é absoluta. Afasta-a a própria Constituição Federal, no que prevê, em face da dignidade de certos cargos e da relevância destes para o Estado, a competência de tribunais – artigos 29, inciso VIII; 96, inciso III; 108, inciso I, alínea a; 105, inciso I, alínea a e 102, inciso I, alíneas b e c. (HC nº 70.581/AL, Rel. Min. Marco Aurélio, Segunda Turma, j. 21/09/1993, p. 29/10/1993).*(Agravo Regimental no Recurso Ordinário em Habeas Corpus nº 212.024, STF, 2ª Turma, Rel. Min. André Mendonça, sessão virtual de 29.9.2023 a 6.10.2023, publicado no DJ em 23.10.2023)*

84.6. [...] 2. O núcleo da controvérsia consiste em definir se Promotora de Justiça do Estado do Ceará, investigada pela suposta prática do delito tipificado no art. 238 do Estatuto da Criança e do Adolescente – ECA, possui foro por prerrogativa de função no Tribunal de Justiça do Estado do Ceará – TJCE, nos termos do art. 96, inciso III, da CF; ou se incide, na espécie, por aplicação do princípio da simetria, a interpretação restritiva dada pelo Plenário do Supremo

Tribunal Federal ao art. 102, inciso I, alíneas 'b' e 'c', da CF, no julgamento da QO na AP 937-RJ, segundo a qual o foro por prerrogativa de função se aplica apenas aos crimes praticados no exercício e em razão da função pública exercida. 3. A Corte Especial do STJ, no julgamento da QO na APN 878/DF reconheceu sua competência para julgar Desembargadores acusados da prática de crimes com ou sem relação ao cargo, não identificando simetria com o precedente do STF. Naquela oportunidade firmou-se a compreensão de que se Desembargadores fossem julgados por Juízo de Primeiro Grau vinculado ao Tribunal ao qual ambos pertencem, criar-se-ia, em alguma medida, um embaraço ao Juiz de carreira responsável pelo julgamento do feito. Em resumo, esta Corte Superior apontou *discrimen* relativamente aos Magistrados para manter interpretação ampla quanto ao foro por prerrogativa de função, aplicável para crimes com ou sem relação com o cargo, com fundamento na necessidade de o julgador desempenhar suas atividades judicantes de forma imparcial. Precedente: QO na APn 878/DF, Rel. Ministro Benedito Gonçalves, Corte Especial, DJe 19/12/2018. Nesse contexto, considerando que a prerrogativa de foro da Magistratura e Ministério Público encontra-se descrita no mesmo dispositivo constitucional (art. 96, inciso III, da CF), seria desarrazoado conferir-lhes tratamento diferenciado 4. A Suprema Corte, em 28/05/2021, nos autos do ARE 1.223.589/DF, de Relatoria do Ministro Marco Aurélio, por unanimidade, afirmou que a questão ora em debate possui envergadura constitucional, reconhecendo a necessidade de analisar, com repercussão geral (Tema 1.147), a possibilidade ou não do STJ, a partir do artigo 105, inciso I, alínea *a*, da CF, processar e julgar Desembargador por crime comum, ainda que sem relação com o cargo. Destarte, o precedente estabelecido pelo STF no julgamento da QO na AP 937/RJ diz respeito apenas a cargos eletivos, ao passo que a prerrogativa de foro disciplinada no art. 96, III, da CF, que abrange magistrados e membros do Ministério Público, será analisada pela Suprema Corte no julgamento do ARE 1.223.589, com repercussão geral. Observe-se que o Pleno do STF proveu o agravo para determinar sequência ao recurso extraordinário, razão pela qual, em 08/06/2021 o processo foi reautuado para RE 1.331.044. 5. Diante disso, enquanto pendente manifestação do STF acerca do tema, deve ser mantida a jurisprudência até o momento aplicada que reconhece a competência dos Tribunais de Justiça Estaduais para julgamento de delitos comuns em tese praticados por Promotores de Justiça. 6. Por derradeiro, a Quinta Turma do STJ, no julgamento do AgRg no HC 647437/SP, de Relatoria do Ministro Reynaldo Soares da Fonseca, realizado em 25/5/2021 (DJe 1/6/2021), não identificou teratologia em situação de denúncia ofertada pelo titular da ação penal perante o Tribunal de Justiça de São Paulo, na qual se imputou a Promotora de Justiça a prática, em tese, de conduta delituosa não relacionada com o cargo. Naquela oportunidade o ilustre relator ponderou que *"(...) não foi demonstrado de maneira patente e inquestionável que o precedente estabelecido pelo Supremo Tribunal Federal no julgamento da QO na AP 937/RJ, limitando o foro por prerrogativa de função às hipóteses de crimes praticados no exercício da função ou em razão dela, se aplicaria à paciente, posto que a Corte Suprema, na ocasião, não deliberou expressamente sobre o foro para processo e julgamento de magistrados e membros do Ministério Público, limitando-se a estabelecer tese em relação ao foro por prerrogativa de função de autoridades indicadas na Constituição Federal que ocupam cargo eletivo."*

7. Considerando a jurisprudência atual sobre o foro por prerrogativa de função descrito no art. 96, III, da CF, conflito conhecido para declarar que compete ao Tribunal de Justiça do Estado do Ceará, o suscitante, julgar membro do Ministério Público da respectiva unidade da federação pela suposta prática de crime comum não relacionado com o cargo. *(Conflito de Competência nº 177.100/CE, STJ, 3ª Seção, unânime, Rel. Min. Joel Ilan Paciornik, julgado em 8.8.2021, publicado no DJ em 10.9.2021)*

84.6. [...] Alegação de incompetência de tribunal de justiça para julgar ação penal originária em que figura como ré Promotora de Justiça, ante a possibilidade de aplicação, ao foro por prerrogativa de função de membros do Ministério Público, do entendimento fixado pelo Supremo Tribunal Federal no julgamento da QO na AP 937/RJ [...] 3. No caso concreto, entretanto, ainda não houve deliberação da Corte *a quo* sobre os argumentos que refutam sua competência para o julgamento de ação originária em que figura, como ré, promotora de justiça do mesmo Estado. O ato apontado como coator corresponde a simples despacho do relator do feito, notificando a defesa para apresentar resposta à acusação, no prazo de 15 (quinze) dias, na forma do art. 4º da Lei 8.038/90, manifestação essa que precede o recebimento da denúncia. 4. Ademais, não foi demonstrado de maneira patente e inquestionável que o precedente estabelecido pelo Supremo Tribunal Federal no julgamento da QO na AP 937/RJ, limitando o foro por prerrogativa de função às hipóteses de crimes praticados no exercício da função ou em razão dela, se aplicaria à paciente, posto que a Corte Suprema, na ocasião, não deliberou expressamente sobre o foro para processo e julgamento de magistrados e membros do Ministério Público, limitando-se a estabelecer tese em relação ao foro por prerrogativa de função de autoridades indicadas na Constituição Federal que ocupam cargo eletivo. De igual forma, na Questão de Ordem no Inquérito 4.703-DF, Primeira Turma, Rel. Ministro Luiz Fux, os eminentes Ministros Luís Roberto Barroso e Alexandre de Moraes ressalvaram a pendência deliberativa da questão, em relação aos magistrados e membros do Ministério Público (CF/88, art. 96, III). Também essa Corte Superior de Justiça, no julgamento da Questão de Ordem na Ação Penal n. 857, já teve oportunidade de afirmar que as razões de decidir e a conclusão postas na Questão de Ordem na AP 937/RJ não se aplicam aos ocupantes de cargos com foro por prerrogativa de função estruturados em carreira de estado (desembargadores, juízes do TRF, TRT e TRE, procuradores da república que oficiam em tribunais), em votos-vista proferidos pelo Min. Luiz Felipe Salomão e pelo Min. Félix Fischer. Nessa linha, a Corte Especial do STJ reconheceu a competência do STJ para o julgamento de delito cometido por desembargador, entendendo inabalada a existência de foro por prerrogativa de função, ainda que o crime a ele imputado não estivesse relacionado às funções institucionais de referido cargo público e não tenha sido praticado no exercício do cargo. Precedentes: QO na Apn 878/DF, Rel. Ministro Benedito Gonçalves, Corte Especial, julgado em 21/11/2018, Dje 19/12/2018; QO no Inq 1.188/DF, Rel. Ministra Nancy Andrighi, Corte Especial, julgado em 21/11/2018, DJe 19/12/2018; QO na Sd 705/DF, Rel. Ministro Raul Araújo, Corte Especial, julgado em 21/11/2018, DJe 19/12/2018; APn 895/DF, Rel. Ministra Nancy Andrighi, Corte Especial julgado em 15/05/2019, DJe 07/06/2019; Sd 699/DF, Rel. Ministro Og Fernandes, Corte Especial, julgado em 14/03/2019, DJe 16/04/2019; QO na APn 885/DF, Rel. Ministro Herman Benjamin, Corte Especial, julgado em 15/08/2018, DJe 28/08/2018. Em tais julgados, salientou-se ser recomendável a manutenção do foro por prerrogativa de função de desembargador, perante o Superior Tribunal de Justiça, ainda que o suposto crime não tenha sido praticado em razão e durante o exercício do cargo ou função, uma vez que “o julgamento de Desembargador por Juiz vinculado ao mesmo Tribunal gera situação, no mínimo, delicada, tanto para o julgador como para a hierarquia do Judiciário, uma vez que os juízes de primeira instância têm seus atos administrativos e suas decisões judiciais imediatamente submetidas ao crivo dos juízes do respectivo Tribunal de superior instância” e que “A atuação profissional do juiz e até sua conduta pessoal, podem vir a ser sindicados, inclusive para fins de ascensão funcional, pelos desembargadores do respectivo Tribunal. Essa condição, inerente à vida profissional dos magistrados, na realidade prática, tende a comprometer a independência e imparcialidade do julgador de instância inferior ao conduzir processo criminal em que figure como réu um desembargador do Tribunal ao qual está vinculado o juiz singular” (QO na Sd 705/DF, Rel. Ministro Raul Araújo, Corte Especial, julgado em 21/11/2018, DJe 19/12/2018). [...] 6. Não se pode desconsiderar, tampouco que, no exame da competência da Justiça Federal, envolvendo magistrado ou membro do Ministério Público estadual, é preciso recordar a orientação do Excelso Pretório em hipóteses envolvendo o disposto no art. 96, III, da CF/88 (RHC 81.944-3-RJ, Rel. Ministro Carlos Velloso, DJ de 04/06/2002 e HC 68.846-RJ, Rel. Ministro Ilmar Galvão, , DJ de 16.06.1995, HC 72.686-RJ, Rel. Ministro Néri da Silveira, DJ de 19.04.1996 e HC 74.573-RJ e HC 74.573-RJ, Rel. Ministro Carlos Velloso, DJ de 30.04.1998). [...] *(Agravo Regimental no Habeas Corpus nº 647.437/SP, STJ, 5ª Turma, unânime, Rel. Min. Reynaldo Soares da Fonseca, julgado em 25.5.2021, publicado no DJ em 1º.6.2021)*

84.6. [...] Abuso de autoridade atribuído a magistrado. Arts. 3º e 4º da Lei 4.898/1965. Desnecessidade de deliberação prévia do tribunal competente para proceder às investigações contra magistrado. Precedentes. Inteligência dos arts. 93 e 129 da Constituição Federal e do art. 33 da LOMAN (Lei Complementar 35/1979). [...] *(Agravo Regimental no Recurso Extraordinário nº 1.170.751/MG, STF, 2ª Turma, unânime, Rel. Min. Gilmar Mendes, julgado em sessão virtual de 14.5.2021 a 21.5.2021, publicado no DJ em 27.5.2021)*

84.7. Membros da Justiça Militar: A nosso aviso, não há dúvida quanto à inclusão dos membros do Poder Judiciário da Justiça Militar, e também do Ministério Público que ali atua, em quaisquer instâncias, relativamente às prerrogativas de função junto aos Tribunais, aplicando-se-lhes as normas do art. 108, CF, quanto aos integrantes da União, e o art. 96 no âmbito dos Estados, além, é claro, do art. 105, CF, quando se tratar de órgãos de segundo grau (art. 122, II, primeira parte).

84.8. Deputados Estaduais e Prefeitos: Relativamente aos prefeitos, há regra constitucional expressa. Nos termos do art. 29, X, compete aos Tribunais de Justiça o julgamento dos prefeitos nos crimes comuns. No que toca aos deputados estaduais, a previsão do art. 27, § 1º, que garante a eles a aplicação das regras estabelecidas na Constituição da República acerca do *sistema eleitoral, inviolabilidade, imunidades, remuneração, perda de mandato, licença e impedimentos*, é suficiente para assegurar-lhes o foro privativo na segunda instância, quando nada, como autoridades *locais*. Por isso, irrecusável, pelo menos, o mesmo tratamento destinado aos prefeitos no texto constitucional, *no que se refere ao foro privativo por prerrogativa de função*. De se ver, no ponto, que as imunidades e as inviolabilidades dos deputados estaduais são mais extensas que aquelas (inviolabilidades) destinadas aos prefeitos.

Assim, o tratamento reservado a ambos (deputados estaduais e prefeitos) segue o mesmo caminho, com as mesmas limitações. Como se trata de autoridades *locais* e não nacionais, o foro privativo decorrerá do critério de regionalização, ou seja: a competência do Tribunal de Justiça será a regra, podendo alterar-se se houver modificação da natureza da infração.

Tal como destacado nos itens 571.7.2, 581.21 e 650.7, entendemos que existe a possibilidade de serem fixadas competências por prerrogativa de foro nas Constituições Estaduais também para os Secretários de Estado e Vereadores. Entretanto, o STF fixou entendimento diverso (*Ação Direta de Inconstitucionalidade nº 558/RJ, STF, Plenário, unânime, Rel. Min. Cármen Lúcia, julgamento em sessão virtual de 9.4.2021 a 16.4.2021, publicado no DJ em 22.9.2021).*

Vimos que, em relação às autoridades com foro privativo no Supremo Tribunal Federal e no Superior Tribunal de Justiça, a natureza da infração penal não influenciará na fixação da competência jurisdicional. Quaisquer que sejam os delitos, prevalecerá a competência dos Tribunais Superiores.

Vimos ainda que, no que se refere à competência dos tribunais de segunda instância, o foro privativo previsto na Constituição poderá ser deslocado para a jurisdição dos Tribunais Regionais Eleitorais quando se tratar de *crimes eleitorais*, mantida a competência dos TJs e TRFs nos demais casos.

Como os prefeitos e deputados estaduais receberam tratamento de autoridades locais, a flexibilização dos respectivos foros privativos é ainda maior em relação a eles. Em resumo: Súmula 702 do STF: "*A competência do Tribunal de Justiça para julgar prefeitos restringe-se aos crimes de competência da Justiça comum estadual; nos demais casos, a competência originária caberá ao respectivo tribunal de segundo grau.*" O entendimento se aplica não só aos prefeitos, mas também aos deputados estaduais, como julgamos ter demonstrado.

Desse modo, tratando-se de crimes federais, competente será o Tribunal Regional Federal da Região na qual exercer o seu cargo o prefeito ou deputado estadual; de crimes eleitorais, do respectivo Tribunal Regional Eleitoral; de crimes militares, do Tribunal de

Justiça Militar, onde existir e se houver previsão nesse sentido na Constituição do Estado, valendo-nos, aqui, de dedução feita a partir da jurisprudência que vem se firmando no Supremo Tribunal Federal, adiante examinada.

O quadro a seguir bem ilustrará as possibilidades de modificação de foro aqui mencionadas:

Jurisdição competente	Critério de foro privativo, quanto à natureza da infração
STF	Foro privativo *fixo*, independentemente da natureza da infração, com as limitações para parlamentares federais nos termos do que decidido na Questão de Ordem na Ação Penal nº 937.
STJ TRF	Foro privativo *móvel*, em relação aos crimes *eleitorais*, quando a competência será do *Tribunal Regional Eleitoral.*
TJ	Deputados estaduais e prefeitos, para crimes de competência estadual. Se crime federal ou eleitoral: TRF e TRE, respectivamente.

Jurisprudência

84.8 [...] A teor do disposto no artigo 27 da Constituição Federal, os deputados estaduais estão protegidos pelas regras de inviolabilidade previstas em relação aos parlamentares federais, sendo constitucional preceito da Constituição do Estado que dispõe sobre o tema. *(Medida Cautelar na Ação Direta de Inconstitucionalidade nº 5.823/RN, STF, Plenário, por maioria, Rel. Min. Marco Aurélio, julgado em 8.5.2019, publicado no DJ em 16.11.2020).*

84.8. [...] à luz do referido dispositivo constitucional, o agravante, na qualidade de Deputado Estadual, não possui prerrogativa de ser julgado por Tribunal de Justiça Estadual, de maneira que, havendo verbas federais envolvidas nos crimes que lhes são imputados, prevalece a regra do art. 109 da CF, que define a competência da Justiça Federal. Neste ponto, frise-se que, na narrativa das denúncias oferecidas no âmbito da Justiça Federal e da Justiça Estadual não se identifica liame entre as condutas criminosas imputadas nas respectivas ações penais, as quais podem subsistir autonomamente, sem risco de decisões contraditórias pelos Tribunais distintos. [...] *(Agravo Regimental no Conflito de Competência nº 164.101-RJ, STJ, 3ª Seção, unânime, Rel. Min. Joel Ilan Paciornik, julgado em 9.9.2020, publicado no DJ em 14.9.2020).*

84.9. Foro Privativo nas Constituições dos Estados: Qualquer estudo que se empreenda acerca do *juiz natural* conduzirá a pelo menos uma conclusão: trata-se da definição da *origem* normativa da competência jurisdicional. Por isso, ela pode ser *legal,* isto é, originada na *lei,* ou *constitucional,* com assento no próprio texto constitucional. Note-se, mais, que a outra característica fundamental do conceito de juiz natural – a vedação do juiz ou tribunal de exceção – sequer precisaria ser expressa, quando se adota, como no Brasil, a definição de competência no texto constitucional. Ora, à evidência, não se aceitará quaisquer modificações legais da competência firmada na Constituição da República.

Em consequência, no que toca ao modelo brasileiro, o foro privativo por prerrogativa de função veio minudentemente assinalado na Carta de 1988, com a definição dos *foros* segundo a relevância do cargo exercido pela autoridade (critério da simetria entre o tribunal competente e a autoridade processada).

Por essa razão, não se deveria pensar na possibilidade de extensão de foros privativos em Constituições estaduais, tendo em vista a completude da regulação na ordem constitucional federativa.

Nada obstante, o Supremo Tribunal Federal assim não entendeu, deixando assentado tal possibilidade na Súmula 721 de sua jurisprudência, que tem os seguintes termos: "*A competência constitucional do tribunal do júri prevalece sobre o foro por prerrogativa de função estabelecida exclusivamente pela Constituição estadual*", cujo teor hoje é idêntico ao da Súmula Vinculante nº 45 do STF, aprovada em abril de 2015. Ao tempo, então, em que afirmava a supremacia da regulação federativa (Constituição da República) – o que, aliás, é mesmo óbvio –, deixava a porta aberta para a instituição de novos foros privativos pelas Constituições dos Estados, desde que respeitadas, por certo, as escolhas do poder constituinte originário.

Cabe, já, uma indagação: somente o Tribunal do Júri constituiu o *juiz natural* na Constituição da República? Não o seria também (juiz natural) a competência do juiz *federal*, cuja jurisdição vem expressamente fixada no art. 109 aludida Constituição (da República)?

Pensamos que não há como responder negativamente à questão.

No entanto, na linha do entendimento jurisprudencial já apontado, quando se entender legítima a fixação de foro privativo para determinada autoridade em uma Constituição do Estado, caberá ao Tribunal Regional Federal o julgamento dela nos crimes *federais,* e não ao juiz federal, consoante se acha expresso no citado art. 109 da Constituição.

E quais seriam os critérios legitimadores da instituição de foros privativos nas Constituições?

Em princípio, e ainda que se admita tal possibilidade, as Constituições dos Estados não estariam inteiramente livres para a escolha de quaisquer autoridades, até porque, como já vimos, a determinação de foro privativo naquela instância (Estados) implicará modificação acerca de critérios utilizados na própria Constituição da República, como, no exemplo aqui mencionado, ocorrerá nos crimes federais, alterando-se a competência do juiz federal de primeiro grau para o Tribunal Regional Federal.

Pensamos, então, que as Constituições dos Estados deveriam, quando nada, respeitar as escolhas e critérios utilizados pelo poder constituinte. É dizer: admitida a possibilidade de criação, dever-se-ia adotar a linha seguida na Constituição da República. Exemplos: secretários de Estados-membros (do mesmo modo que Ministros de Estado no âmbito federal), vereadores (do mesmo modo que o Congresso e as Assembleias), Procuradores-Gerais dos Estados (do mesmo *status* que o Advogado-Geral da União, tratado como Ministro).

No julgamento da ADI 2.587/GO, entretanto, a Suprema Corte assentou a desnecessidade de observância estrita das regras constitucionais da República, autorizando o estabelecimento de foros privativos na Constituição de Goiás para os cargos de Procuradores de Estado (todos e não o Chefe da Instituição), os Defensores Públicos dos Estados (ao contrário daqueles, da União, que não têm foro privativo algum), aos Procuradores da Assembleia Legislativa, recusando, porém, aos delegados de polícia.

Para nós, e com o devido respeito a seus ilustres membros, a aludida decisão não traduz a melhor hermenêutica, distanciando-se perigosamente da objetividade que se espera em tais situações. Ora, nem os Procuradores de Estado e nem os Procuradores da Assembleia, por exemplo, gozam de qualquer autonomia ou independência funcional que justifique o tratamento a eles ali reservado. Observe-se que foi exatamente este o argumento utilizado para rejeitar o foro para os delegados de polícia, fixado na mesma Constituição goiana.

Entretanto, parece importante destacar que o Supremo Tribunal Federal tem ulterior decisão em sentido contrário, conforme se vê do julgamento do *Habeas Corpus nº 103.803-RR (Plenário, Rel. Min. Teori Zavascki, julgado em 1º.7.2014, publicado no* DJ *em 6.10.2014)*, entendendo não ser possível a Constituição Estadual (no caso concreto, do Estado de Roraima) estabelecer prerrogativa de foro para o Procurador-Geral do Estado.

Posteriormente, ao apreciar a ADI nº 558-RJ (*Plenário, unânime, Rel. Min. Cármen Lúcia, julgamento em sessão virtual de 9.4.2021 a 16.4.2021, publicado no DJ em 22.9.2021)*, reconheceu a inconstitucionalidade da expressão " "e o Defensor Público Geral do Estado" posta no inc. XIV do art. 99; das expressões "das Procuradorias Gerais do Estado, da Assembleia Legislativa e da Defensoria Pública e os Delegados de Polícia" contidas no item 2 da al. d do inc. IV do art. 161; as expressões "os Vice-Prefeitos e os Vereadores" contidas no item 3 da al. d do inc. IV do art. 161; [...] da expressão "do Vice-Prefeito" do inc. IV do art. 345, do parágrafo único do artigo 345 e do art. 349 da Constituição do Rio de Janeiro.

De todo modo, assentada a jurisprudência, cumpre esclarecê-la:

a) quando o foro decorrer unicamente de Constituição dos Estados, caberá aos tribunais de segundo grau o julgamento das autoridades ali apontadas, quer se trate de crime federal ou eleitoral, ou mesmo militar;
b) apenas a competência do Tribunal do Júri, ou seja, nos crimes dolosos contra a vida, será preservada, consoante os termos da citada Súmula 721 do STF;
c) os critérios para validação dos foros privativos nas Constituições dos Estados passariam pelo exame da *essencialidade* da função estatal e de uma flexível autonomia funcional dos cargos, sobretudo em relação à ausência de subordinação ou de controle pela Administração Pública, considerada em seus aspectos mais gerais, observado o que decidido na ADI 558-RJ.

Jurisprudência

84.9. [...] 1. É inconstitucional dispositivo da Constituição do Rio de Janeiro pelo qual se dispõe competir à Assembleia Legislativa do Estado processar e julgar Defensor Público-Geral do Estado nos crimes de responsabilidade. Compete privativamente à União legislar sobre normas de processamento e julgamento de crimes de responsabilidade (inc. I do art. 22 da Constituição da República e Súmula Vinculante n. 46 do Supremo Tribunal Federal).

2. Afronta ao inc. I do art. 22 da Constituição da República de dispositivo de Constituição estadual que atribui crime de responsabilidade aos procuradores-gerais que, apesar de convocados pela Assembleia Legislativa para prestar informações, deixem de comparecer de forma injustificada.

3. São inconstitucionais os dispositivos da Constituição do Rio de Janeiro nos quais se estabelecer estabelece competente o Tribunal de Justiça estadual para julgar, originariamente, nos crimes comuns e de responsabilidade, os membros das Procuradorias Gerais do Estado, os membros da Procuradoria da Assembleia Legislativa, os membros da Defensoria Pública, os Delegados de Polícia, os Vice-Prefeitos e os Vereadores.

Impossibilidade de se estabelecer, em Constituição estadual, normas de processamento e julgamento de crimes de responsabilidade: inc. I do art. 22 da Constituição da República.

São inconstitucionais normas que conferem prerrogativa de foro, nos crimes comuns, a autoridades não previstas na Constituição da República ou que guardem direta correspondência com aqueles previstos naquele documento. Questão de Ordem na Ação Penal n. 97/RJ: interpretação restritiva da prerrogativa de foro. Não se autoriza, no art. 25 e no § 1º do art. 125 da Constituição da República, o constituinte estadual a ampliar as hipóteses de prerrogativa de foro além daquelas previstas na Constituição da República. Natureza excepcional em respeito aos princípios republicano, da igualdade e do juiz natural. [...]

9. Ação direta julgada procedente – para declarar a inconstitucionalidade da expressão "e o Defensor Público Geral do Estado" posta no inc. XIV do art. 99; das expressões "das Procuradorias Gerais do Estado, da Assembleia Legislativa e da Defensoria Pública e os Delegados de Polícia" contidas no item 2 da al. d do inc. IV do art. 161; as expressões "*os Vice-Prefeitos e os Vereadores*" contidas no item 3 da al. d do inc. IV do art. 161; das expressões "pelo voto secreto e universal de seus membros" e "com mais de dois anos de atividade" contidas no § 1º do art. 171; o § 3º do art. 179; da expressão "do Vice-Prefeito" do inc. IV do art. 345, do parágrafo único do artigo 345 e do art. 349 da Constituição do Rio de Janeiro. – para se dar interpretação conforme ao art. 100 para que, quanto aos "Procuradores Gerais", não se possa aplicar a sanção de crime de responsabilidade em hipótese de sua ausência sem justificação adequada na situação prevista na norma. *(Ação Direta de Inconstitucionalidade nº 558/RJ, STF, Plenário, unânime, Rel. Min. Cármen Lúcia, julgamento em sessão virtual de 9.4.2021 a 16.4.2021, publicado no DJ em 22.9.2021)*

84.9 [...] Competência por prerrogativa de função. Constituição Estadual que estende foro criminal por prerrogativa de função a Procuradores do Estado, Procuradores da Assembleia Legislativa, Defensores Públicos e Delegados de Política. Impossibilidade de extensão das hipóteses defendidas pelo legislador constituinte federal. [...] 1. A Constituição Federal estabelece, como regra, com base no princípio do juiz natural e no princípio da igualdade, que todos devem ser processados e julgados pelos mesmos órgãos jurisdicionais. 2. Em caráter excepcional, o texto constitucional estabelece o chamado foro por prerrogativa de função com diferenciações em nível federal, estadual e municipal. 3. Impossibilidade de a Constituição Estadual, de forma discricionária, estender o chamado foro por prerrogativa de função àqueles que não abarcados pelo legislador federal. 4. Ação direta de inconstitucionalidade julgada procedente para declarar a inconstitucionalidade do art. 81, IV, da Constituição do Estado do Maranhão *(Ação Direta de Inconstitucionalidade nº 2.553-MA, STF, Plenário, maioria, Rel. Min. Gilmar Mendes, julgado em 15.5.2019, publicado no DJ em 17.8.2020).*

84.9. [...] X – Nos termos do art. 96, III, da CF, os membros de Ministério Público Estadual devem ser processados e julgados no Tribunal perante o qual oficiam, independentemente da natureza da infração ou do local do crime, ressalvada, exclusivamente, a competência da Justiça Eleitoral. Com efeito, a norma que prevê o foro por prerrogativa para os membros dos Ministérios Públicos estaduais prevalece, por sua excepcionalidade e especialidade, sobre a competência *ratione materiae* prevista no art. 109 da Constituição da República. [...] *(Agravo Regimental no Recurso em Habeas Corpus nº 131.021-RJ, STJ, 5ª Turma, unânime, Rel. Min. Felix Fischer, julgado em 22.9.2020, publicado no DJ em 28.9.2020).*

84.9. [...] Foro especial por prerrogativa de função: extensão, no tempo, ao momento posterior à cessação da investidura na função dele determinante. Súmula 394/STF (cancelamento pelo Supremo Tribunal Federal). Lei 10.628/2002, que acrescentou os §§ 1º e 2º ao artigo 84 do C. Processo Penal: pretensão inadmissível de interpretação autêntica da Constituição por lei ordinária e usurpação da competência do Supremo Tribunal para interpretar a Constituição: inconstitucionalidade declarada. O novo § 1º do art. 84 C. Pr. Penal constitui evidente reação legislativa ao cancelamento da Súmula 394 por decisão tomada pelo Supremo Tribunal no Inq 687-QO, 25.8.97, rel. o em. Min. Sydney Sanches (*RTJ* 179/912), cujos fundamentos a lei nova contraria inequivocamente. Tanto a Súmula 394, como a decisão do Supremo Tribunal, que a cancelou, derivaram de interpretação direta e exclusiva da Constituição Federal. Não pode a lei ordinária pretender impor, como seu objeto imediato, uma interpretação da Constituição: a questão é de inconstitucionalidade formal, ínsita a toda norma de gradação inferior que se proponha a ditar interpretação da norma de hierarquia superior. Quando, ao vício de inconstitucionalidade formal, a lei interpretativa da Constituição acresça o de opor-se ao entendimento da jurisprudência constitucional do Supremo Tribunal – guarda da Constituição –, às razões dogmáticas acentuadas se impõem ao Tribunal razões de alta política institucional para repelir a usurpação pelo legislador de sua missão de intérprete final da Lei Fundamental: admitir pudesse a lei ordinária inverter a leitura pelo Supremo Tribunal da Constituição seria dizer que a interpretação constitucional da Corte estaria sujeita ao referendo do legislador, ou seja, que a Constituição – como entendida pelo órgão que ela própria erigiu em guarda da sua supremacia –, só constituiria o correto entendimento da Lei Suprema na medida da inteligência que lhe desse outro órgão constituído, o legislador ordinário, ao contrário, submetido aos seus ditames. Inconstitucionalidade do § 1º do art. 84 C. Pr. Penal, acrescido pela lei questionada e, por arrastamento, da regra final do § 2º do mesmo artigo, que manda estender a regra à ação de improbidade administrativa. IV. Ação de improbidade administrativa: extensão da competência especial por prerrogativa de função estabelecida para o processo penal condenatório contra o mesmo dignitário (§ 2º do art. 84 do C. Pr. Penal introduzido pela Lei nº 10.628/2002): declaração, por lei, de competência originária não prevista na Constituição: inconstitucionalidade. No plano federal, as hipóteses de competência cível ou criminal dos tribunais da União são as previstas na Constituição da República ou dela implicitamente decorrentes, salvo quando esta mesma remeta à lei a sua fixação. Essa exclusividade constitucional da fonte das competências dos tribunais federais resulta, de logo, de ser a Justiça da União especial em relação às dos Estados, detentores de toda a jurisdição residual. Acresce que a competência originária dos Tribunais é, por definição, derrogação da competência ordinária dos juízos de primeiro grau, do que decorre que, demarcada a última pela Constituição, só a própria Constituição a pode excetuar. Como mera explicitação de competências originárias implícitas na Lei Fundamental, à disposição legal em causa seriam oponíveis as razões já aventadas contra a pretensão de imposição por lei ordinária de uma dada interpretação constitucional. De outro lado, pretende a lei questionada equiparar a ação de improbidade administrativa, de natureza civil (CF, art. 37, § 4º), à ação penal contra os mais altos dignitários da República, para o fim de estabelecer competência originária do Supremo Tribunal, em relação à qual a jurisprudência do Tribunal sempre estabeleceu nítida distinção entre as duas espécies. Quanto aos Tribunais locais, a Constituição Federal – salvo as hipóteses dos seus arts. 29, X, e 96, III –, reservou explicitamente às Constituições dos Estados-membros a definição da competência dos seus tribunais, o que afasta a possibilidade de ser ela alterada por lei federal ordinária. Ação de improbidade administrativa e competência constitucional para o julgamento dos crimes de responsabilidade. O eventual acolhimento da tese de que a competência constitucional para julgar os crimes de responsabilidade haveria de estender-se ao processo e julgamento da ação de improbidade, agitada na Rcl 2138, ora pendente de julgamento no Supremo Tribunal, não prejudica nem é prejudicada pela inconstitucionalidade do novo § 2º do art. 84 do C. Pr. Penal. A competência originária dos tribunais para julgar crimes de responsabilidade é bem mais restrita que a de julgar autoridades por crimes comuns: afora o caso dos chefes do Poder Executivo – cujo *impeachment* é da competência dos órgãos políticos – a cogitada competência dos tribunais não alcançaria, sequer por integração analógica, os membros do Congresso Nacional e das outras casas legislativas, aos quais, segundo a Constituição, não se pode atribuir a prática de crimes de responsabilidade. Por outro lado, ao contrário do que sucede com os crimes comuns, a regra é que cessa a imputabilidade por crimes de responsabilidade com o termo da investidura do dignitário acusado (*ADI nº 2.797, STF, Plenário, Rel. Min. Sepúlveda Pertence, julgado em 15.9.2005, publicado no* DJ *em 19.12.2006*).

84.9. [...] Segundo a jurisprudência do STF, "compete à Constituição do Estado definir as atribuições do Tribunal de Justiça, não podendo este desempenho ser transferido – menos ainda por competência aberta – ao legislador infraconstitucional (art. 125, § 1º, da CRFB/88)" (ADI 3140, Relator(a): Min. Cármen Lúcia, Pleno, *DJ* 29.6.2007). 2. É inconstitucional, por isso, a norma da Constituição do Estado de Roraima que atribui foro por prerrogativa de função a agentes públicos equiparados a Secretários de Estado (alínea "a", inciso "X", do art. 77), equiparação a ser promovida pelo legislador infraconstitucional. 3. Conforme dispõe o parágrafo único do art. 4º da Lei Complementar nº 71/2003, do Estado de Roraima, "O Procurador-Geral do Estado terá [...] as mesmas prerrogativas, subsídio e obrigações de Secretário de Estado". Não sendo Secretário de Estado, mas apenas equiparado a ele, não tem o Procurador-Geral foro por prerrogativa no Tribunal de Justiça. Não o favorece o decidido pelo STF em relação ao cargo de Advogado-Geral da União (PET n. 1.199 AgR/SP, Relator: Min. Sepúlveda Pertence, Pleno, *DJ* 25.6.1999). Ao reconhecer, nesse julgamento, a prerrogativa de foro, o STF o fez na expressa consideração de que, por força do § 1º do art. 13 da Lei 9.649/1998, o Advogado-Geral da União tornou-se Ministro de Estado (deixando, portanto, de ser meramente equiparado). Reafirmou-se, todavia, na mesma oportunidade, o entendimento (aplicável, *mutatis mutandis*, a Secretários de Estado), de que "para efeito de definição da competência penal originária do Supremo Tribunal Federal, não se consideram Ministros de Estado os titulares de cargos de natureza especial da estrutura orgânica da Presidência da República, malgrado lhes confira a lei prerrogativas, garantias, vantagens e direitos equivalentes aos dos titulares dos Ministérios". No mesmo sentido: Inq n. 2044 QO, Min. Sepúlveda Pertence, Tribunal Pleno, *DJ* 8.4.2005; Rcl 2.417/SC, Min. Carlos Britto, Tribunal Pleno, *DJ* 25.2.2005; Rcl 2.356/SC, Min. Sepúlveda Pertence, Tribunal Pleno, *DJ* 14.2.2005; Pet 2084 MC, Min. Sepúlveda Pertence, *DJ* 16.8.2000; ADI 3289; Min. Gilmar Mendes, Tribunal Pleno, *DJ* de 24.2.2006. 4. Ordem denegada. Agravo regimental prejudicado. [...] (*Habeas Corpus nº 103.803-RR, STF, Plenário, Rel. Min. Teori Zavascki, julgado em 1º.7.2014, publicado no* DJ *em 6.10.2014*).

84.9. [...] Apesar de não constar do artigo 27, parágrafo 1º, da Carta Magna, expressamente, a extensão do foro por prerrogativa de função aos deputados estaduais, tem-se que as Constituições locais, ao estabelecerem para os parlamentares do estado idêntica garantia prevista para os congressistas, refletem a própria Constituição Federal, não se podendo, portanto, afirmar que referida prerrogativa encontra – se prevista, exclusivamente, na Constituição Estadual. A adoção de um critério fundado na aplicação de regras simétricas, conforme preceitua a própria Carta Magna, em seu artigo 25, reforça a relevância da função pública protegida pela norma do foro privativo. Conflito conhecido para declarar a competência do Tribunal de Justiça do Estado de Alagoas (*Conflito de Competência nº 105.227-TO, STJ, 3ª Seção, Rel. Min. Maria Thereza de Assis Moura, julgado em 24.11.2010, publicado no* DJ *em 25.3.2011*).

84.9. [...] A Constituição estadual pode atribuir competência ao respectivo tribunal de justiça para processar e julgar, originariamente, vereador, por ser agente político, ocupante de cargo eletivo, integrante do Legislativo municipal, o qual encontra simetria com os cargos de deputados estaduais, federais e senadores, sendo que estes, por força do disposto na própria Constituição Federal (art. 102, inc. I, letra *b*), têm foro por prerrogativa de função perante o Supremo Tribunal Federal, e aqueles perante os respectivos tribunais de justiça, conforme Cartas estaduais, tendo em vista, inclusive, a regra que se contém no art. 25, parte final, da Carta da República (HC 40.388/RJ, 5ª Turma, Rel. p/ acórdão Min. Arnaldo Esteves Lima, *DJ* de 10.10.2005). No presente caso, sendo o ora Paciente exercente do cargo de vereador, não poderia ter sido processado e julgado pelo Juízo de primeiro grau, diante da previsão de prerrogativa de foro constante na Constituição Estadual do Rio de Janeiro, o que enseja o reconhecimento da nulidade do processo. Ordem concedida para declarar a nulidade da ação penal movida em desfavor do ora Paciente, desde a denúncia, determinando, assim, a remessa dos autos ao Tribunal de Justiça do Estado do Rio de Janeiro, órgão competente para processar e julgar o feito, a teor do disposto no art. 161, IV, d, da Constituição Estadual do Rio de Janeiro (*Habeas Corpus nº 57.340-RJ, STJ, 5ª Turma, Rel. Min. Laurita Vaz, julgado em 27.3.2007, publicado no* DJ *em 14.5.2007*).

....

84.9.1. Procedimento nas ações penais originárias: A primeira e discutível questão a ser analisada em tema de procedimentos na competência por prerrogativa de função diz respeito à aplicabilidade ou não das regras – ou de algumas delas – atinentes à competência territorial.

É que, embora se saiba que tais regras (de competência territorial) têm natureza *infraconstitucional*, não custa lembrar que a fixação do *lugar* como primeiro critério de determinação da competência jurisdicional no CPP (art. 69, I) atende aos interesses do melhor aproveitamento da instrução criminal, de modo a permitir a efetiva disponibilização da prova ao manejo dos interessados na sua produção.

Na verdade, e por isso nos referimos à "discutível" questão, não haveria, em princípio, qualquer razão para o afastamento da regra do lugar para a determinação da competência territorial nos casos de foro privativo por prerrogativa de função. Afinal, a justificativa para a existência de tais prerrogativas não repousa em considerações ligadas, unicamente, à relevância das funções exercidas e à qualidade da jurisdição colegiada? Se assim é, por que não se observar a regra do lugar da infração? Infelizmente, não é essa a orientação jurisprudencial atual, que prefere reconhecer uma espécie de vinculação entre a autoridade processada e sua jurisdição (geográfica) de origem.

Certamente que esse problema não se põe quando se tratar da competência originária do Supremo Tribunal Federal e do Superior Tribunal de Justiça. Como esses Tribunais são órgãos *nacionais*, o lugar da infração não teria qualquer consequência em relação a eles.

No entanto, no que se refere à competência dos tribunais de segunda instância, não vemos razão alguma para a recusa da regra do lugar do crime para a determinação do órgão de segunda instância competente para o processo e julgamento do fato. Ora, se um prefeito de uma cidade de Minas Gerais pratica um crime na cidade de Salvador, por que não julgá-lo perante o Tribunal de Justiça do Estado da Bahia? Qual a razão para a afirmação da competência do Tribunal de Minas Gerais? É esse, contudo, o entendimento já consolidado na jurisprudência nacional, que, a nosso juízo, parece seguir a lógica (?) do *irrazoável*.

A segunda questão, essa já corretamente assentada, diz respeito ao *efetivo exercício do cargo*. Como vimos, o Supremo Tribunal Federal, acertadamente, afirmou a inconstitucionalidade das normas contidas nos parágrafos primeiro e segundo do art. 84 do CPP, com a redação dada pela Lei nº 10.628/02, por ocasião do julgamento das ADIns 2.797-2 e 2.860-0, esclarecendo definitivamente a questão: somente gozará do foro privativo aqueles que se encontrarem efetivamente no exercício do cargo ao tempo do processo, qualquer que seja a sua fase.

Digno de nota, ao propósito, o julgamento da ação penal proposta em face de Ronaldo Cunha Lima, então Senador da República. Na fase final do processo, antes, portanto, de seu julgamento em plenário, e provavelmente com o objetivo de protelar a solução final da demanda, o aludido acusado renunciou ao seu mandato. A artimanha deu certo: a Suprema Corte, por maioria, entendeu-se incompetente para o julgamento, exatamente em razão da perda do cargo e, assim, da prerrogativa de função. Merece registro também a sólida argumentação desenvolvida pelos Ministros vencidos na ocasião, que sustentaram a permanência da sua competência. De todo modo, não há como deixar de reconhecer que a posição majoritária, além de sua inegável qualidade argumentativa, estabelece critérios mais objetivos para o tratamento da matéria.

De outra parte, cumpre assinalar que o rito procedimental para o processo e julgamento das ações penais originárias, isto é, aquelas ações propostas contra autoridades com foro privativo em razão de prerrogativa de função, é aquele previsto na Lei nº 8.038/90. Não há, ainda, exigência quanto ao órgão específico do Tribunal que seria competente para o julgamento, aceitando-se as estipulações dos respectivos Regimentos Internos.

Naturalmente, nada impede que os atos processuais de instrução, no que se refere à produção de provas, possam ser delegados a outras instâncias, mediante a expedição de *carta de ordem*. Apenas o interrogatório do acusado junto ao próprio Tribunal é que constitui garantia processual prevista em Tratado Internacional (Pacto de San José da Costa Rica), enquanto direito *a ser ouvido pelo juiz da causa* (art. 8º). O que não impede também seja ele deprecado a outro juízo, se da conveniência do réu, em razão de se tratar de meio de defesa.

Sobre o tema relativo à delegação, não se pode deixar de registrar que o art. 3º, III, da Lei nº 8.038/90 permite que juízes instrutores (Lei nº 12.019/09) atuem sob a supervisão do relator, procedimento que está direcionado à racionalização e otimização dos feitos, tudo em atendimento à imposição do princípio da duração razoável do processo.

Por fim, é de se pontuar que o conceito de ação penal *originária* implica outro: o da ausência da possível aplicação do *duplo grau de jurisdição.* É dizer: não há via recursal ordinária para os aludidos julgamentos. O recurso, quando couber, será o especial ou o extraordinário, de competência do STJ e do STF, respectivamente.

Jurisprudência

84.9.1. [...] O Juiz Instrutor atuante nos Tribunais Superiores, derivação expressa do art. 3º, III, da Lei 8.038/90, constitui *longa manus* do Relator e, nessa condição, atua sob sua constante supervisão. A delegação de atos de instrução, observadas as disposições legais e regimentais, consubstancia medida direcionada à racionalização das forças dirigidas à consecução da razoável duração do processo, sem que se subtraia dos membros do Tribunal a competência para processamento e julgamento das causas assim definidas pela Constituição. [...] (*HC nº 131.164-TO, STF, 1ª Turma, Rel. Min. Edson Fachin, julgado em 24.5.2016, publicado no* DJ *em 14.9.2016*).

84.9.1. [...] Interrogatório por magistrado instrutor. A convocação de juiz para a "*realização do interrogatório e de outros atos da instrução*", em ações penais originárias, tem previsão legal – art. 3º, III, da Lei nº 8.038/1990, com redação dada pela Lei 12.019/2009. Não viola o princípio do juiz natural a realização de ato judicial por magistrado com competência prevista em legislação prévia. O magistrado instrutor "constitui *longa manus* do Relator e, nessa condição, atua sob sua constante supervisão". Nesse contexto, a "delegação de atos de instrução", na forma da lei e do Regimento Interno, "consubstancia medida direcionada à racionalização das forças dirigidas à consecução da razoável duração do processo, sem que se subtraia dos membros do Tribunal a competência para processamento e julgamento das causas assim definidas pela Constituição" – HC 131.164, Edson Fachin, Primeira Turma, julgado em 24.5.2016. [...] (*HC nº 135.026-AP, STF, 2ª Turma, unânime, Rel. Min. Gilmar Mendes, julgado em 11.10.2016, publicado no* DJ *em 24.10.2016*).

84.9.1. [...] O Supremo Tribunal Federal consolidou o entendimento de que nos crimes contra bens, serviços e interesses da União, os réus que têm foro no Tribunal de Justiça devem ser processados e julgados pelo Tribunal Regional Federal com jurisdição no lugar do crime [...] (*Habeas Corpus nº 13.867/SP, STJ, 6ª Turma, julgado em 14.5.2002, publicado no* DJ *em 5.8.2002*).

84.9.2. Concurso de agentes e concurso de crimes (conexão e continência): Temos aqui duas questões de grande importância no que se refere à aplicação dos foros privativos por prerrogativa de função. A primeira diz respeito à pluralidade ativa na prática do crime, isto é, a uma das hipóteses de continência (art. 77, I, CPP – *duas ou mais pessoas acusadas pela mesma infração*).

Como se sabe, as regras da conexão e da continência se inserem no âmbito normativo *infraconstitucional*, decorrendo de previsões expressas do CPP (art. 76 e art. 77).

Nada obstante, a aplicação delas às hipóteses de foro privativo por prerrogativa de função nada terá de inconstitucional, desde que observadas as regras do juiz natural. Nesse tema, sobretudo em relação à continência (unidade de conduta), haverá permanente tensão entre o princípio do juiz natural e o postulado (ou princípio, como queiram) da *unidade da jurisdição,* que deve manter a *uniformidade* de suas decisões, quando nada, por exigência de coerência e de estabilidade institucional.

No concurso de agentes, no qual há pluralidade ativa na prática do delito, impõe-se que as decisões sejam as mesmas para todos os autores e todos os partícipes da infração. Por isso, a regra é o *julgamento conjunto* de todos os réus em uma única instância.

Assim, e quando um dos acusados tiver foro privativo, aqueles corréus que não a têm poderiam, em tese, reclamar de possível violação ao seu juiz natural, se levadas à instância privativa daquele (detentor de foro por prerrogativa). Sobre o tema, há jurisprudência sumulada na Suprema Corte, recusando a tese: Súmula 704 – *não viola as garantias do juiz natural, da ampla defesa e do devido processo legal a atração por continência ou conexão do processo do corréu ao foro por prerrogativa de função de um dos denunciados.* (Assente-se, ainda mais uma vez, entendimento divergente quanto à questão do deslocamento *de competências de natureza absoluta,* tanto para questões de conexão ou continência, *in Considerações sobre a correta aplicação da Súmula 704 do STF* (FISCHER, Douglas; MARQUES, Claiton Renato Macedo. *Boletim dos Procuradores da República,* nº 80, maio 2008 e *Revista da Associação dos Juízes do Estado do Rio Grande do Sul – AJURIS,* nº 111, set. 2008, p. 81) – *Nesse texto retromencionado, a divergência está expressa quanto à conexão e continência, porém ulteriormente Fischer passou a reconhecer que a continência tem justificativa constitucional na unicidade de prestação jurisdicional, devendo haver a unidade de julgamento.* Vide também item 413.1.)

De se ver que, em linha de princípio, a modificação de instância, isto é, da primeira para a segunda ou até mesmo para os tribunais superiores (STJ e STF) não retira a amplitude da defesa do acusado, já que todas as questões – de fato e de direito – serão conhecidas e resolvidas na respectiva ação penal originária. Haverá perda do duplo grau de jurisdição, certamente. Mas é de se lembrar que o julgamento em um órgão *colegiado* já garante, em certa medida, a *revisão* do julgado por mais de um juiz. De mais a mais, o enorme proveito obtido com o julgamento conjunto, sobretudo nas hipóteses de continência, em que há *unidade de conduta,* justifica plenamente o afastamento da regra de julgamento em dois graus.

A única exceção em relação ao julgamento único na hipótese de continência refere-se aos crimes dolosos contra a vida. A jurisprudência da Suprema Corte (*JSTF* 175/346) é no sentido da separação obrigatória dos processos, ao fundamento de que o julgamento pelo Tribunal do Júri seria uma garantia individual inafastável. Aceitáveis o posicionamento e a distinção, tendo em vista que a jurisdição do Júri é inegavelmente singular, na medida em que ali se realiza – ou deveria se realizar – um julgamento conforme o sentido de justiça emanado do corpo social. A justificativa é célebre: *o homem julgado pelos seus pares.* O problema é que se leva essa máxima ao pé da letra: julga-se, no mais das vezes, o *homem* e não *o fato* por ele praticado.

De outra parte, relativamente ao concurso de crimes, ou seja, na hipótese de mais de uma infração penal, ligadas por conexão (art. 76, CPP) ou pelos demais casos de continência (art. 77, II, CPP), há que se ter uma certa cautela.

Cumpre, primeiro, distinguir a *conexão* da *continência.* Na continência, por se tratar de unidade de conduta, exige-se o julgamento conjunto dos crimes (uma conduta pode causar mais de um resultado!) por exigência do postulado da *unidade da jurisdição,* a que aqui já nos referimos: a mesma decisão para a mesma conduta.

A conexão, por seu turno, está ligada unicamente ao proveito probatório da instrução criminal. Trata-se de processos reunidos em razão de identidade de questões ou outra espécie de afinidade entre um ou mais fatos, com o objetivo de otimização das funções jurisdicionais.

Assim, em princípio, a conexão não deveria implicar a reunião de processos quando se tratar de concurso (conexão) entre crimes *federais* e *estaduais,* ou entre estes e os *eleitorais*. No entanto, todas essas questões já foram aqui abordadas por ocasião dos comentários ao art. 78, aos quais fazemos remissão, onde se mostra a orientação jurisprudencial em sentido contrário, ou seja, no sentido da prevalência da jurisdição federal sobre a estadual (Súmula 122 – STJ) e da especial (Eleitoral) sobre aquelas, comuns (federal e especial), seja no caso de conexão, seja de continência.

Com isso, havendo acusado com foro privativo e conexão entre processos envolvendo outros autores e partícipes, prevalecerá a jurisdição por prerrogativa de função, salvo quando presente uma das hipóteses da separação facultativa de processos, conforme o disposto no art. 80, CPP. Relembre-se: as regras de competência territorial configuram hipóteses de competência *relativa*, sujeitando a eventual não observância aos casos de convalidação regulados no CPP (Das nulidades – art. 563 e seguintes).

Jurisprudência

84.9.2. [...] A ocorrência de duas ou mais infrações, supostamente praticadas por várias pessoas em concurso, algumas inclusive com prerrogativa de foro, embora diversos o tempo e o lugar, resulta tanto na conexão subjetiva concursal quanto na reunião dos inquéritos separadamente instaurados na instância competente, atendendo as exigências dos arts. 76, inc. I, e 78, inc. III, do Código de Processo Penal. A apuração unificada, especialmente quando se cogita da existência de uma quadrilha envolvendo juízes e desembargadores, justifica a tramitação do inquérito policial sob a competência do Superior Tribunal de Justiça, na forma estabelecida nos arts. 84 e seguintes do Código de Processo Penal, no art. 105, inc. I, alínea "a", da Constituição da República, e na Súmula 704 deste Supremo Tribunal. Ordem denegada (*Habeas Corpus nº 106.279 – GO, STF, 1ª Turma, unânime, Rel. Min. Cármen Lúcia, julgado em 23.8.2011, publicado no DJ em 8.9.2011*).

84.9.2. [...] Crimes de natureza comum e castrense. Competência absoluta. Ordem denegada. *Um determinado acontecimento pode dar origem a mais de uma ação penal e em âmbitos jurisdicionais distintos e especializados. Improrrogabilidade e inderrogabilidade da competência absoluta*. Precedentes. A conexão e a continência não constituem óbice à separação obrigatória de processos quando da ocorrência de concurso entre crime militar e crime comum, conforme dispõe o art. 79, I, CPP. Ordem denegada (*Habeas Corpus nº 105.301 – MT, STF, 2ª Turma, unânime, julgado em 5.4.2011, publicado no DJ em 12.5.2011*).

84.9.2. [...] A jurisprudência desta Corte e do Supremo Tribunal Federal tem proclamado que, em caso de crime doloso contra a vida cometido por mais de uma pessoa, aquele que não ostenta foro por prerrogativa de função deve ser julgado perante o Júri Popular, em consonância com o preceito normativo do art. 5º, XXXVIII, "d", da Constituição Federal [...] (*Habeas Corpus nº 52.105 – ES, 6ª Turma, unânime, Rel. Min. Og Fernandes, julgado em 10.5.2011, publicado no DJ em 13.6.2011*).

84.9.3. Foro privativo e crimes militares: Consoante já examinado, as autoridades que detiverem foro privativo no Superior Tribunal de Justiça e no Supremo Tribunal Federal serão ali julgadas independentemente da natureza do crime de que sejam acusadas. A exceção já foi examinada no tópico alusivo à competência por prerrogativa de função do Supremo Tribunal Federal, *retro*.

Vimos, ainda, que as autoridades com foro privativo na segunda instância, tal como alguns membros do Ministério Público e outros do Poder Judiciário, serão ali processadas, salvo quando eleitoral a infração, quando a competência passará a ser do Tribunal Regional Eleitoral (art. 96, III, e art. 108, CF).

De outro lado, os Prefeitos e Deputados Estaduais teriam outro regime de jurisdição privativa, prevalecendo a competência do Tribunal de Justiça apenas nas infrações penais submetidas à competência da Justiça Estadual, nos termos da Súmula 702 – STF: "*A competência do Tribunal de Justiça para julgar Prefeitos restringe-se aos crimes de competência da Justiça comum estadual; nos demais casos, a competência originária caberá ao respectivo tribunal de segundo grau.*"

E quando se tratar de crime militar da competência estadual? Caberá ao Tribunal de Justiça ou ao Tribunal de Justiça Militar?

Pensamos que a solução passará pelas disposições normativas da Constituição do Estado em que cuja jurisdição se achar submetida a autoridade. É que, como a Justiça Militar dos Estados se insere no âmbito da chamada Justiça *Estadual*, embora não integre o conceito de *justiça comum*, o foro privativo para prefeitos e deputados estaduais nos crimes militares somente seria afastado do respectivo Tribunal de Justiça quando houvesse previsão na Constituição do Estado, a qual, como se sabe, compete definir as regras gerais de competência de seus órgãos e tribunais, incluindo o Tribunal de Justiça Militar do Estado.

De outro lado, uma leitura menos rigorosa da citada Súmula, autoriza, com efeito, o entendimento no sentido de que, ainda que não previsto na Constituição do Estado, caberia ao órgão de segundo grau da Justiça Militar o aludido processo e julgamento do crime militar, tendo em vista que a flexibilização já reconhecida em relação à jurisdição do Tribunal Regional Federal (para os crimes federais) e do Tribunal Regional Eleitoral (para os crimes eleitorais) para as citadas autoridades parte da mesma premissa, ou seja, da *relevância local* dos mencionados cargos públicos, inoponível às demais jurisdições. Assim, por que não se utilizar do mesmo raciocínio no âmbito do próprio Estado?

Por fim, as autoridades que tenham foro privativo previsto exclusivamente nas Constituições dos Estados – a se admitir esse entendimento – serão julgadas no Tribunal escolhido pelo poder constituinte estadual. Com efeito, se o foro decorre é das normas *estaduais*, será naquele instrumento normativo que se obterá a definição de foros privativos no âmbito da Justiça do Estado (comum ou militar).

84.9.4. Imunidades Materiais e imunidades processuais: Qualquer imunidade, deferida a quem quer que seja, é essencialmente *funcional*, ou seja, está relacionada com a proteção do exercício de determinada função pública. Evidentemente, não podem elas, as imunidades, servirem de *escudo* para a prática contumaz de ações deletérias aos interesses públicos ou privados, sobretudo quando se tratar de ações qualificadas como infrações penais.

Quando se diz que os senadores e os deputados federais são invioláveis por suas opiniões, palavras ou votos (art. 53, CF), o que se quer tutelar não é a pessoa de quem exerce tais cargos, mas o exercício livre e independente da função parlamentar, que não pode se quedar ou se limitar ao receio de eventuais persecuções penais. Nesse sentido, pode-se até discutir se a imunidade na inviolabilidade de opinião caracterizaria excludente da própria tipicidade dos aludidos crimes, como ocorre em relação àqueles que adotam um conceito de tipicidade *conglobante*, em cujo contexto se examinaria, desde logo, a existência de norma autorizativa da conduta.

Com isso, já se esclarece, em definitivo, que qualquer imunidade material deve estar necessariamente ligada ou relacionada com o exercício concreto da atividade protegida no texto constitucional.

Imunidades *materiais*, como está a indicar a própria palavra, referem-se ao direito *material*. E, mais, no caso específico de que estamos a cuidar, do direito *constitu-*

cional, tendo em vista que somente a ordem constitucional poderia afastar a aplicação do Direito por força de reconhecimento da importância de quaisquer funções públicas. As imunidades materiais e processuais, aliás, encontram-se no mesmo plano das prerrogativas de função. Subsistirão até mesmo durante o estado de sítio, somente podendo ser suspensas pelo voto de dois terços dos membros da respectiva Casa, nos casos de atos praticados fora do recinto do Congresso Nacional, que sejam incompatíveis com a execução da medida (de sítio), conforme o disposto no art. 53, § 8º, da Constituição da República.

Gozam de imunidade material, a saber: (a) os parlamentares (art. 53, CF); (b) os parlamentares estaduais e municipais, limitada, porém, aos respectivos âmbitos de atuação (estadual e municipal), ou seja, aos aludidos espaços geopolíticos locais; (c) os agentes diplomáticos, bem como os membros de sua família e servidores da Embaixada. Nesse caso, a imunidade decorre de regras do direito internacional, estabelecidas em favor do Estado *acreditante*, que, por isso mesmo, poderá renunciar a elas; (d) os agentes consulares, exclusiva e relativamente ao exercício de suas funções, valendo para eles as mesmas observações feitas na alínea anterior.

De outro lado, entende-se por imunidades *processuais* o estabelecimento de normas alusivas aos procedimentos persecutórios, ainda que anteriores ao início da ação penal.

Em relação aos membros do Congresso Nacional (raciocínio aplicável também aos membros das Assembleias estaduais, segundo entendimento o STF – *Agravo Regimental no Agravo de Instrumento nº 769.867, publicado no* DJ *em 24.3.2011*), por exemplo, embora não mais exigida a licença prévia para o ajuizamento de ação penal contra quaisquer de seus integrantes, poderá a respectiva Casa (Senado ou Câmara dos Deputados; ou então Assembleia Legislativa, no caso de Deputados Estaduais) determinar a suspensão do processo – e do prazo prescricional – por iniciativa de partido político nela representado e pelo voto da maioria de seus membros (art. 53, § 3º, § 4º e § 5º, CF). Note-se que o texto constitucional se refere expressamente aos crimes *ocorridos após a diplomação*. Assim, em relação aos crimes praticados *anteriormente*, compreendemos que não se aplica a exigência constitucional.

Ocorre que, conforme destacamos na presente obra, em 3.5.2018, o Supremo Tribunal Federal decidiu que a prerrogativa de foro de parlamentares federais deve ser mais restritiva, assentando que o foro por prerrogativa de função aplica-se apenas aos crimes cometidos durante o exercício do cargo e desde que relacionados às funções desempenhadas (condições cumulativas). Assim, os crimes cometidos por parlamentares federais *após a diplomação* e não relacionados diretamente com suas funções estão, desde a publicização do julgado na Questão de Ordem na AP 937, fora da competência do STF, passando para o juízo de primeiro grau (*observada a exceção quando encerrada a instrução perante o STF e cessado o mandato, em que haverá a prorrogação de competência – segunda parte da decisão, conforme anotamos no item 84.4.1, supra*).

Está expresso no § 3º do art. 53 da CF (na redação da EC nº 35, de 2001) que, "*recebida a denúncia contra o Senador ou Deputado, por crime ocorrido após a diplomação, o Supremo Tribunal Federal dará ciência à Casa respectiva, que, por iniciativa de partido político nela representado e pelo voto da maioria de seus membros, poderá, até a decisão final, sustar o andamento da ação*".

Concordando ou não com esse "controle" existente (mesmo que exercido posteriormente ao recebimento da denúncia), o fato é que a Constituição Federal impõe que ele seja feito em relação a *todos os crimes cometidos após a diplomação*. Assim, embora alterada parcialmente a competência para o processamento dos parlamentares, a exigência dessa comunicação quanto aos crimes não relacionados ao mandato persiste e deverá ser feita à respectiva Casa (Câmara ou Senado) não mais pelo Supremo Tribunal Federal, mas pelo juízo de primeiro grau que tenha a competência em razão da matéria do crime cometido.

Os membros do Congresso Nacional não poderão também ser presos, desde a expedição do diploma, salvo em flagrante delito de crime inafiançável, quando, então, os autos deverão ser encaminhados em 24 horas à respectiva Casa para deliberação, por maioria, acerca da manutenção ou não da prisão (art. 53, § 2º, CF). Trata-se, portanto, de uma certa imunidade processual. Entretanto, vide anotações quanto ao item 304.2.2, em que são feitas considerações no sentido da impossibilidade de compreensão desta regra de forma absoluta.

E como se aplicam aos parlamentares estaduais as mesmas regras atinentes às imunidades previstas no âmbito federal (art. 27, § 1º), também as Constituições dos Estados poderão prever a suspensão do processo e do prazo prescricional nos mesmos moldes que o contido no art. 53, § 3º, aplicáveis a quaisquer jurisdições (Tribunais Regionais Federais ou Tribunais Regionais Eleitorais).

O Supremo Tribunal Federal tinha jurisprudência assentada até maio de 2017 no sentido de serem *"legítimas as normas de Constituições Estaduais que subordinam a deflagração formal de um processo acusatório contra o Governador do Paraná a um juízo político da Assembleia Legislativa local", pois "eventuais episódios de negligência deliberada das Assembleias Legislativas não constituem fundamento idôneo para justificar a mudança dessa jurisprudência, cabendo considerar que a superveniência da EC n. 35/2001, que suprimiu a necessidade de autorização legislativa para processamento de parlamentares, não alterou a situação jurídica dos Governadores" (Ação Direta de Inconstitucionalidade nº 4.791-AM, STF, Plenário, maioria, Rel. Min. Teori Zavascki, julgado em 12.2.2015, publicado no* DJ *em 24.4.2015).*

Entretanto, a partir do que decidido na ADI n. 5.540 (decisão plenária de 3.5.2017), passou-se a compreender que *"não há necessidade de prévia autorização da Assembleia Legislativa para o recebimento de denúncia ou queixa e instauração de ação penal contra Governador de Estado, por crime comum, cabendo ao STJ, no ato de recebimento ou no curso do processo, dispor, fundamentadamente, sobre a aplicação de medidas cautelares penais, inclusive afastamento do cargo".*

Anota-se ainda que, no dia 5.10.2016, por 8x6 votos, a Corte Especial do Superior Tribunal de Justiça havia compreendido que a instauração de processo criminal contra o governador do Estado de Minas Gerais dependeria de prévia decisão da Assembleia Legislativa estadual, mesmo diante da ausência de previsão na Constituição Estadual da condição, que parecia contrastar, no entendimento de Douglas Fischer, com o que decidido pelo Supremo Tribunal Federal no precedente acima citado (ratificado depois na ADI n. 4.798-PI, Plenário, Rel. Min. Roberto Barroso, julgado em 4.5.2017, publicado no *DJ* em 28.8.2017). Para nós, porém, as decisões eram harmônicas, uma vez que os princípios da simetria e da autonomia do Estado impõem tratamento igualitário para todos os entes da federação, ainda que um deles eventualmente não contenha expressamente essa norma em sua Constituição.

Já quanto às imunidades formais dos membros do Poder Executivo, alinham-se:

(a) o Presidente da República não pode ser processado por atos estranhos ao exercício de suas funções *enquanto estiver vigente o seu mandato* (art. 86, § 4º), embora nenhum óbice exista para, respeitados os requisitos legais, se faça investigação destes fatos. A propósito, o STF já assentou expressamente que, "*mesmo na esfera penal a imunidade constitucional em questão somente incide sobre os atos inerentes à* persecutio criminis in judicio. *Não impede, portanto, que, por iniciativa do Ministério Público, sejam ordenadas e praticadas, na fase pré-processual do procedimento investigatório, diligências de caráter instrutório destinadas a ensejar a* informatio delicti *e a viabilizar, no momento constitucionalmente oportuno, o ajuizamento da ação penal. Disso decorre que a norma constitucional em questão concerne, exclusivamente, aos procedimentos judiciais de persecução penal, sendo estranhos ao âmbito de sua incidência quaisquer outros fatos que possam configurar ilicitude civil ou mesmo ilicitude político-administrativa do Presidente da República" (Inquérito nº 672-6, STF, Plenário, Rel. Min. Celso de Mello, julgado em 16.9.1992)*;

(b) o Presidente da República somente será processado, nas demais hipóteses (delitos relacionados com suas funções), mediante licença prévia da Câmara dos Deputados (*quorum* qualificado de dois terços), ocasião em que ele será afastado do cargo pelo só recebimento da peça acusatória no Supremo Tribunal Federal, até o prazo de 180 dias, para conclusão do processo (art. 86, §§ 1º e 2º). A sua prisão dependerá, também, de sentença penal condenatória, nos termos do art. 86, § 3º, CF. A sentença, evidentemente, terá que passar em julgado, já que nos parece rematado absurdo imaginar uma hipótese de prisão *cautelar* do Presidente da República, enquanto estiver no exercício do cargo;

(c) os Governadores dos Estados terão o mesmo tratamento do Chefe do Executivo da União (STF – HC 80.511/MG, Rel. Min. Celso de Mello, julgado em 21.8.2001, publicado no *DJ* em 14.9.2001).

O mesmo não ocorrerá, porém, em relação aos prefeitos e vereadores, em face da condição local das respectivas autoridades, inexistindo simetria entre eles e os demais poderes da federação, nesse caso específico. Relembre-se da previsão constitucional da inviolabilidade de opinião dos prefeitos, limitada ao âmbito territorial de sua atuação.

Jurisprudência

84.9.4. [...] O âmbito de abrangência da cláusula constitucional de imunidade parlamentar material, prevista no art. 53 da Constituição, tem sido construído por esta Corte à luz de dois parâmetros: i) quando em causa opiniões, ainda que consideradas ofensivas, manifestadas no recinto do Parlamento, referida imunidade assume, em regra, contornos absolutos, revelando intangibilidade para fins de responsabilização civil ou penal; e ii) quando em causa opiniões consideradas ofensivas, manifestadas fora do Parlamento, o reconhecimento da imunidade submete-se a uma condicionante, qual seja: a presença de nexo de causalidade entre o ato e o exercício da função parlamentar [...] *(Agravo Regimental na Petição nº 12.717, STF, 1º Turma, Rel.Luiz Fux, julgado em 25.10.2024, publicado no DJ em 30.10.2024),*

84.9.4 [...] 1. A cláusula da inviolabilidade parlamentar prevista no art. 53, *caput*, da Constituição Federal se qualifica como causa de exclusão constitucional da tipicidade penal da conduta do congressista em tema de crimes contra a honra, afastando, por isso mesmo, a natureza delituosa. 2. Encontrando-se a manifestação do agravado relacionada, como na espécie, com o exercício do mandato, em contexto de embate político entre as partes, a imunidade material dos parlamentares abrange todo tipo de declaração, inclusive aquelas veiculadas por meios de comunicação de massa, como a imprensa em geral e as redes sociais. Precedentes.

3. Eventual excesso contido na manifestação do agravado poderá ser apreciado pela Casa Legislativa respectiva. Agravo interno ao qual se nega provimento. *(Agravo Regimental na Petição nº 9.128, STF, Plenário, Rel. Min. Nunes Marques, unânime, Sessão Virtual de 3.5.2024 a 10.5.2024, publicado no DJ em 14.6.2024)*

84.9.4 [...] 1. (a) A garantia constitucional da imunidade material protege o parlamentar, qualquer que seja o âmbito espacial em que exerça a liberdade de opinião, sempre que suas manifestações guardem conexão com o desempenho da função legislativa ou tenham sido proferidas em razão dela (prática *in officio* e *propter officium*, respectivamente).

(b) O âmbito de abrangência da cláusula constitucional de imunidade parlamentar material, prevista no art. 53 da Constituição, tem sido construído por esta Corte à luz de dois parâmetros: i) quando em causa opiniões, ainda que consideradas ofensivas, manifestadas no recinto do Parlamento, referida imunidade assume, em regra, contornos absolutos, revelando intangibilidade para fins de responsabilização civil ou penal; e ii) quando em causa opiniões consideradas ofensivas, manifestadas fora do Parlamento, o reconhecimento da imunidade submete-se a uma condicionante, qual seja: a presença de nexo de causalidade entre o ato e o exercício da função parlamentar (RE 140867, Redator p/ acórdão Min. Maurício Correa, Tribunal Pleno, DJ 4/5/2001; INQ 1.958, Redator p/ acórdão Min. Carlos Britto, Tribunal Pleno, DJ de 18/2/2005; RE 463671-AgR, Relator Min. Sepúlveda Pertence, Primeira Turma, DJ 3/8/2007; RE 210917, Relator Min. Sepúlveda Pertence, Tribunal Pleno, DJ 18/6/2001; Inq 1024-QO, Relator Min. Celso de Mello, Tribunal Pleno, DJ 4/3/2005).

2. In casu, (a) as declarações foram veiculadas na conta do Deputado Federal no Twitter, portanto, fora do recinto do Parlamento;

(b) Afigura-se nítido o nexo de implicação recíproca entre o exercício do mandato e o conteúdo da publicação, voltada a reforçar sua atuação parlamentar no combate ao tráfico de drogas;

(c) Nos termos da manifestação lançada pela Procuradoria-Geral da República, "o querelado agiu de modo a dar satisfação ao seu eleitorado e à população brasileira em geral sobre uma de suas bandeiras de atuação, que é o combate ao tráfico internacional de drogas".

(d) Com efeito, os fatos narrados na inicial da presente Queixa-Crime encontram-se ao abrigo da imunidade parlamentar prevista no art. 53 da Constituição Federal, a excluir a tipicidade da conduta. [...] *(Agravo Regimental na Petição nº 11.684, STF, 1ª Turma, Rel. Min. Luiz Fux, sessão virtual de 22.3.2024 a 3.4.2024, publicado no DJ em 16.4.2024)*

84.9.4. [...] Incidência, em relação a [...] (Deputado Federal) e [...] (Conselheiro de Tribunal de Contas), respectivamente, do artigo 53, § 2º da Constituição Federal e do artigo 33, I, da LOMAN aplicado aos Tribunais de Contas por força do artigo 73, § 3º da Constituição Federal, que, entretanto, na presente hipótese, autorizam a decretação da preventiva. [...] Hipótese de prisão preventiva excepcional, sendo patente a razoabilidade e proporcionalidade para a decretação das prisões, pois flagrante a compatibilização entre a Justiça Penal e o direito de liberdade, no sentido da garantia da ordem pública, conveniência da instrução criminal e para assegurar a aplicação da lei penal, uma vez que, presentes o *fumus commissi delicti* e *periculum libertatis.* [...] Impossibilidade de fiança prevista no art. 324, IV, do Código de Processo Penal, quando presentes os motivos que autorizam a decretação da prisão preventiva, permitindo a prisão em flagrante do parlamentar. Hipótese dos autos que se encaixa na previsão constitucional do art. 53, § 2º da CF. (AC 4.039 Ref-MC/DF, Rel. Min. Teori Zavascki, Segunda Turma, DJe de 13/5/2016; Inq 4.781 Ref, Pleno, Rel. Min. Alexandre de Moraes, DJe de 14/5/2021). [...] Decisão referendada *(Inquérito nº 4.954-Mérito, STF, 1ª Turma, Rel. Min. Alexandre de Moraes, julgamento final em 2.4.2024, publicado no DJ em 8.4.2024)*

84.9.4. [...] A imunidade parlamentar preconizada no art. 53 da Carta da República não é absoluta e se afigura inaplicável, na espécie, dada a inexistência de liame dos crimes imputados ao denunciado com a função pública por ele exercida, visto que exorbitados os limites da crítica pública. [...] *(Petição nº 9.007-Mérito, STF, Plenário, Rel. Min. Nunes Marques, julgado em 29.6.2023, publicado no DJ em 3.10.2023)*

84.9.4. [...] Nos termos da jurisprudência do Superior Tribunal de Justiça, não se exige autorização da Assembleia Legislativa para o processamento da ação penal, mas apenas para a sua suspensão. Ademais, como o réu não exercia mais o mandato de deputado estadual à época do recebimento da denúncia, o pronunciamento daquela Casa é prescindível. [...] (Ação Penal nº 459-AC, STJ, Corte Especial, Rel. Min. Ricardo Villas Bôas Cueva, julgado em 20.9.2023, publicado no DJ em 9.10.2023)

84.9.4. [...] 1. Segundo a posição majoritária do Tribunal, o legislador constituinte originário estendeu expressamente aos deputados estaduais, no § 1º do art. 27, as imunidades dos membros do Congresso Nacional. [...] Ação direta julgada improcedente. *(Ação Direta de Inconstitucionalidade nº 5.825-Mérito, STF, Plenário, Rel. Min. Edson Fachin, por maioria, sessão virtual de 9.12.2022 a 16.12.2022, publicado no DJ em 22.3.2023)*

84.9.4. [...] Não incidência da imunidade parlamentar prevista no caput do artigo 53 da Constituição Federal. A jurisprudência da Corte é pacífica no sentido de que a garantia constitucional da imunidade parlamentar material somente incide no caso de as manifestações guardarem conexão com o desempenho da função legislativa ou que sejam proferidas em razão desta, não sendo possível utilizá-la como verdadeiro escudo protetivo para a prática de atividades ilícitas. Precedentes. Inexistência da inviolabilidade em relação às condutas típicas imputadas pela querelante ao querelado. [...] *(Agravo Regimental na Petição nº 10.001, STF, Plenário, Rel. Min. Dias Toffoli, por maioria, sessão virtual final de 24.2.2023 a 3.3.2023, publicado no DJ em 22.3.2023)*

84.9.4. [...] A imunidade material parlamentar quanto a palavras e opiniões emitidas fora do espaço do Congresso Nacional pressupõe a presença de nexo de causalidade entre a suposta ofensa e a atividade parlamentar. Precedentes. [...] *(Agravo Regimental na Petição nº 10.021, STF, Plenário, Rel. Min. Dias Toffoli, sessão virtual de 4.11.2022 a 11.11.2022, publicado no DJ em 7.12.2022)*

84.9.4. [...] 1. Ação direta de inconstitucionalidade contra os arts. 60, XXIII, e 103, *caput*, da Lei Orgânica do Distrito Federal, que condicionam a instauração de ação penal contra o Governador à autorização prévia da Câmara Legislativa. 2. Pedido julgado integralmente procedente, com declaração de inconstitucionalidade, por arrastamento, de norma que determina a suspensão funcional automática do Governador do Distrito Federal pelo mero recebimento da denúncia ou queixa-crime. [...] *(Embargos de Declaração na Ação Direta de Inconstitucionalidade nº 4.362/DF, STF, Plenário, unânime, Rel. Min. Roberto Barroso, julgado em sessão virtual de 13.8.2021 a 20.8.2021, publicado no DJ em 8.9.2021)*

84.9.4. [...] 2. Não incidência da imunidade parlamentar prevista no *caput*, do art. 53, da Constituição Federal. A jurisprudência da Corte é pacífica no sentido de que a garantia constitucional da imunidade parlamentar material somente incide no caso de as manifestações guardarem conexão com o desempenho da função legislativa ou que sejam proferidas em razão desta; não sendo possível utilizá-la como verdadeiro escudo protetivo para a prática de atividades ilícitas. Precedentes. 3. As condutas praticadas pelo parlamentar foram perpetradas em âmbito virtual, por meio da publicação e divulgação de vídeos em mídia digital ("YouTube") durante todo o dia, com constante interação do mesmo, situação que configura crime permanente enquanto disponível ao acesso de todos, ainda que por curto espaço de tempo, permitindo a prisão em flagrante do agente. [...] *(Referendo no Inquérito nº 4.781/DF, STF, Plenário, unânime, Rle. Min. Alexandre de Moraes, julgado em sessão por videoconferência em 17.2.2021, publicado no DJ em 14.5.2021)*

84.9.4. [...] O ato de instauração de inquérito ou procedimento investigatório contra Prefeitos Municipais independe de autorização do Tribunal competente para processar e julgar o detentor da prerrogativa de foro. [...] *(Agravo Regimental no Habeas Corpus nº 177.992/GO, STF, 1ª Turma, unânime, Rel. Min. Rosa Weber, julgado em sessão virtual de 13.8.2021 a 20.8.2021, publicado no DJ em 27.8.2021)*

84.9.4. [...] Art. *53 da Constituição Federal. Imunidade parlamentar material.* [...] *A imunidade é, em regra, absoluta quanto às manifestações proferidas no interior da respectiva casa legislativa.* [...] O parlamentar também é imune em relação a manifestações proferidas fora do recinto parlamentar, *desde que ligadas ao exercício do mandato.* [...] Caso concreto em que as declarações estão abrangidas pela imunidade. Declarações proferidas por Deputado Federal em programa de rádio, em resposta a conteúdo de matéria publicada em jornal. Nexo de conteúdo entre a atividade parlamentar e as declarações proferidas em programa de rádio. [...] 9. Rejeição da queixa por atipicidade da conduta *(Petição nº 7.308/AL, STF, 2ª Turma, unânime, Rel. Min. Gilmar Mendes, julgado em 19.11.2019, publicado no* DJ *em 30.7.2020).*

84.9.4. [...] A jurisprudência da Corte distingue manifestações dos parlamentares na tribuna da Casa Legislativa a que pertencem e fora dela, fazendo incidir, no primeiro caso, regra imunizante de amplíssimo espectro, que sequer demandaria investigação sobre o vínculo entre o conteúdo produzido e o exercício do mandato; e, no segundo caso, de ofensas proferidas fora da Casa Legislativa, imunidade condicionada a pertinência das manifestações e palavras com o exercício do mandato (*propter officium*). [...] *(Agravo Regimental na Petição nº 8.318-DF, STF, 1ª Turma, unânime, Rel. Min. Rosa Weber, julgado em sessão virtual de 24.4.2020 a 30.4.2020, publicado no* DJ *em 15.5.2020).*

84.9.4. [...] A garantia constitucional da imunidade material protege o parlamentar, qualquer que seja o âmbito espacial em que exerça a liberdade de opinião, sempre que suas manifestações guardem conexão com o desempenho da função legislativa ou tenham sido proferidas em razão dela (prática *in officio* e *propter officium*, respectivamente). (b) O âmbito de abrangência da cláusula constitucional de imunidade parlamentar material, prevista no art. 53 da Constituição, tem sido construído por esta Corte à luz de dois parâmetros: i) quando em causa opiniões, ainda que consideradas ofensivas, manifestadas no recinto do Parlamento, referida imunidade assume, em regra, contornos absolutos, revelando intangibilidade para fins de responsabilização civil ou penal; e ii) quando em causa opiniões consideradas ofensivas, manifestadas fora do Parlamento, o reconhecimento da imunidade submete-se a uma condicionante, qual seja: a presença de nexo de causalidade entre o ato e o exercício da função parlamentar (RE 140.867, Redator p/ acórdão Min. Maurício Correa, Tribunal Pleno, *DJ* 4/5/2001; INQ 1.958, Redator p/ acórdão Min. Carlos Britto, Tribunal Pleno, *DJ* de 18/2/2005; RE 463.671-AgR, Relator Min. Sepúlveda Pertence, Primeira Turma, *DJ* 3/8/2007; RE 210.917, Relator Min. Sepúlveda Pertence, Tribunal Pleno, *DJ* 18/6/2001; Inq 1024 QO, Relator Min. Celso de Mello, Tribunal Pleno, *DJ* 4/3/2005). [...] *(Agravo Regimental na Petição nº 8.630-DF, STF, 1ª Turma, unânime, Rel. Min. Luiz Fux, julgado em sessão virtual de 27.3.2020 a 2.4.2020, publicado no* DJ *em 23.4.2020).*

84.9.4 [...] 1. Não há fundamento normativo constitucional expresso que faculte aos Estados possuírem em suas Constituições estaduais a exigência de autorização prévia da Assembleia Legislativa para o processamento e julgamento de Governador por crime comum perante o Superior Tribunal de Justiça. 2. A regra do art. 51, I, CRFB, prevista de forma expressa apenas para o Presidente da República, não comporta interpretação extensiva aos Governadores de Estado, visto que excepciona a regra que estabelece a ausência de condição de procedibilidade política para o processamento de ação penal pública. 3. A exigência de autorização prévia de Assembleia Estadual para o processamento e julgamento de Governador do Estado por crime comum perante o Superior Tribunal de Justiça ofende o princípio republicano (art. 1º, *caput*, CRFB), a separação de Poderes (art. 2º, *caput*, CRFB) e a cláusula geral de igualdade (art. 5º, *caput*, CRFB). 4. Ação direta de inconstitucionalidade julgada parcialmente procedente, com fixação da seguinte tese: Não há necessidade de prévia autorização da Assembleia Legislativa para o recebimento de denúncia ou queixa e instauração de ação penal contra Governador de Estado, por crime comum, cabendo ao STJ, no ato de recebimento ou no curso do processo, dispor, fundamentadamente, sobre a aplicação de medidas cautelares penais, inclusive afastamento do cargo. *(Ação Direta de Inconstitucionalidade n. 5.540-MG, STF, Plenário, Rel. Min. Edson Fachin, julgado em 3.5.2017, publicado no* DJ *em 28.3.2019).*

84.9.4. [...] 1. A imunidade formal prevista nos arts. 86, *caput*, e 51, I, da Constituição Federal tem por finalidade tutelar o regular exercício dos cargos de Presidente da República e de Ministro de Estado, razão pela qual não é extensível a codenunciados que não se encontram investidos em tais funções. Incidência da Súmula 245 do Supremo Tribunal Federal. 2. A jurisprudência do Supremo Tribunal Federal passou a adotar como regra o desmembramento dos inquéritos e ações penais originárias no tocante a coinvestigados ou corréus não detentores de foro por prerrogativa de função, admitindo-se, apenas excepcionalmente, a atração da competência originária quando se verifique que a separação seja apta a causar prejuízo relevante, aferível em cada caso concreto. 3. Em observância ao princípio da responsabilidade subjetiva que vigora no ordenamento jurídico-penal pátrio, no que tange à acusação do delito de corrupção passiva, caberá ao Ministério Público Federal produzir os elementos de prova capazes de demonstrar, em relação a cada um dos acusados, a perfeita subsunção das condutas que lhes são atribuídas ao tipo penal que tutela o bem jurídico supostamente violado, em especial o seu elemento subjetivo, composto pelo dolo de aceitar promessa e efetivamente receber vantagem indevida em razão da função pública exercida. Por tal razão, o desmembramento não importa em responsabilização indireta do denunciado em relação ao qual a tramitação da denúncia permanece suspensa neste Supremo Tribunal Federal, não sendo possível falar, ainda, em indissolubilidade das condutas denunciadas. Agravo regimental desprovido. *(Agravo Regimental no Inquérito n. 4.517-DF, STF, Plenário, unânime, Rel. Min. Edson Fachin, julgado em 22.3.2018, publicado no DJ em 21.5.2018).*

84.9.4. [...] 1. "A definição dos crimes de responsabilidade e o estabelecimento das respectivas normas de processo e julgamento são da competência legislativa privativa da União" (Súmula Vinculante 46, resultado da conversão da Súmula 722/STF). São, portanto, inválidas as normas de Constituição Estadual que atribuam o julgamento de crime de responsabilidade à Assembleia Legislativa, em desacordo com a Lei nº 1.079/1950. Precedentes. 2. A Constituição Estadual não pode condicionar a instauração de processo judicial por crime comum contra Governador à licença prévia da Assembleia Legislativa. A república, que inclui a ideia de responsabilidade dos governantes, é prevista como um princípio constitucional sensível (CRFB/1988, art. 34, VII, *a*), e, portanto, de observância obrigatória, sendo norma de reprodução proibida pelos Estados-membros a exceção prevista no art. 51, I, da Constituição da República. 3. Tendo em vista que as Constituições Estaduais não podem estabelecer a chamada "licença prévia", também não podem elas autorizar o afastamento automático do Governador de suas funções quando recebida a denúncia ou a queixa-crime pelo Superior Tribunal de Justiça. É que, como não pode haver controle político prévio, não deve haver afastamento automático em razão de ato jurisdicional sem cunho decisório e do qual sequer se exige fundamentação (HC n. 101.971, 1ª Turma, rel. Min. Cármen Lúcia, j. em 21.6.2011, *DJe* 2.9.2011; HC n. 93.056, rel. Min. Celso de Mello, 2ª Turma, j. em 16.12.2008, *DJe* 14.5.2009; e RHC n. 118.379, rel. Min. Dias Toffoli, 1ª Turma, j. em 11.3.2014, *DJe* 31.3.2014, sob pena de violação ao princípio democrático. [...] 5. Pedido julgado integralmente procedente, com declaração de inconstitucionalidade por arrastamento da suspensão funcional automática do Governador do Estado pelo mero recebimento da denúncia ou queixa-crime. Afirmação da seguinte tese: "É vedado às unidades federativas instituírem normas que condicionem a instauração de ação penal contra o Governador, por crime comum, à prévia autorização da casa legislativa, cabendo ao Superior Tribunal de Justiça dispor, fundamentadamente, sobre a aplicação de medidas cautelares penais, inclusive afastamento do cargo". [...] (*ADI n. 4.362-DF, STF, Plenário, Rel. Min. Dias Toffoli, Rel. para o acórdão Min. Roberto Barroso, julgado em 9.8.2017, publicado no DJ em 6.2.2018*).

Vide também ADI 4.764-AC *(Plenário, julgado em 4.5.2017, publicado no DJ em 15.8.2017).*

84.9.4. [...] 1. "A definição dos crimes de responsabilidade e o estabelecimento das respectivas normas de processo e julgamento são da competência legislativa privativa da União" (Súmula Vinculante 46, resultado da conversão da Súmula 722/STF). São, portanto, inválidas as normas de Constituição Estadual que atribuam o julgamento de crime de responsabilidade à Assembleia Legislativa, em desacordo com a Lei nº 1.079/1950. Precedentes. 2. A Constituição Estadual não pode condicionar a instauração de processo judicial por crime comum contra Governador à licença prévia da Assembleia Legislativa. A república, que inclui a ideia de responsabilidade dos governantes, é prevista como um princípio constitucional sensível (CRFB/1988, art. 34, VII, *a*), e, portanto, de observância obrigatória, sendo norma de reprodução proibida pelos Estados-membros a exceção prevista no art. 51, I, da Constituição da República. 3. Tendo em vista que as Constituições Estaduais não podem estabelecer a chamada "licença prévia", também não podem elas autorizar o afastamento automático do Governador de suas funções quando recebida a denúncia ou a queixa-crime pelo Superior Tribunal de Justiça. É que, como não pode haver controle político prévio, não deve haver afastamento automático em razão de ato jurisdicional sem cunho decisório e do qual sequer se exige fundamentação (HC n. 101.971, 1ª Turma, rel. Min. Cármen Lúcia, j. em 21.6.2011, *DJe* 2.9.2011; HC n. 93.056, rel. Min. Celso de Mello, 2ª Turma, j. em 16.12.2008, *DJe* 14.5.2009; e RHC n. 118.379, rel. Min. Dias Toffoli, 1ª Turma, j. em 11.3.2014, *DJe* 31.3.2014, sob pena de violação ao princípio democrático. [...] 5. Pedido julgado integralmente procedente, com declaração de inconstitucionalidade por arrastamento da suspensão funcional automática do Governador do Estado pelo mero recebimento da denúncia ou queixa-crime. Afirmação da seguinte tese: "*É vedado às unidades federativas instituírem normas* *que condicionem a instauração de ação penal contra o Governador, por crime comum, à prévia autorização da casa legislativa, cabendo ao Superior Tribunal de Justiça dispor, fundamentadamente, sobre a aplicação de medidas cautelares penais, inclusive afastamento do cargo".* [...] *(ADI n. 4.798-PI, STF, Plenário, maioria, Rel. Min. Roberto Barroso, julgado em 4.5.2017, publicado no DJ em 28.8.2017).*

84.9.4. [...] No presente caso, a questão jurídica principal, de índole nitidamente constitucional, é saber se há necessidade de autorização da Assembleia Legislativa Estadual para o processo criminal em face do Governador do Estado de Minas Gerais, diante do que dispõe, por simetria, o art. 86 da Constituição Federal, notadamente em função da inexistência de previsão, no âmbito da carta constitucional mineira, da necessidade de prévia autorização legislativa para o processamento do chefe do Poder Executivo local, apesar de prever o afastamento automático de suas funções em caso de recebimento de denúncia. 3. Em interpretação sistemática da Constituição Federal, cotejando-a com as demais Constituições Estaduais, observa-se o isolamento da Carta mineira em relação às demais unidades da Federação, que, como a Carta Magna, preveem a necessidade de autorização da Assembleia Legislativa Estadual. 4. Tal necessidade de autorização do Parlamento para se iniciar processo penal contra Chefe do Poder Executivo tem origem no princípio democrático de se garantir a soberania da vontade popular, legitimada nas urnas, uma vez que, eleito pelo povo, exerce a função relevantíssima de comandar a administração pública, em nível nacional ou estadual. [...] 6. No Brasil, pelo princípio da simetria, os Estados são obrigados a se organizar de forma simétrica àquela prevista para a União, principalmente no caso de princípios basilares, como o da separação dos poderes. Afinal, de acordo com o art. 25, *caput*, da CF/1988, *"os Estados organizam-se e regem-se pelas Constituições e leis que adotarem, observados os princípios desta Constituição"*. 7. A efetividade das garantias constitucionais deve ocorrer de forma simétrica, prevalecendo a uniformidade de procedimentos diante da mesma situação, qual seja, impedir que determinado governador seja julgado diretamente pelo STJ, enquanto outros necessitem de prévia autorização legislativa. 8. Agravo regimental parcialmente provido, para determinar que seja expedido ofício à Assembleia Legislativa do Estado de Minas Gerais, a fim de deliberar acerca da autorização para o regular prosseguimento de Ação Penal originária desta Corte Superior contra o Governador daquele Estado. *(Agravo Regimental na Ação Penal n. 836-DF, STJ, Corte Especial, unânime, Rel. Min. Herman Benjamin, julgado em 5.10.2016, publicado no DJ em 26.4.2017).*

84.9.4. [...] A suspensão do prazo prescricional que era prevista no art. 53 da CF/88 até a EC 35/2001, em razão da ausência de deliberação da Casa Legislativa acerca do pedido de licença para processamento, somente se aplica ao corréu parlamentar, pois tem natureza personalíssima. [...] (*Ag. Rg. na Ação Penal nº 464, STF, 2ª Turma, unânime, Rel. Min. Teori Zavascki, julgado em 26.4.2016, publicado no* DJ *em 21.9.2016*).

Art. 85. Nos processos por crime contra a honra, em que forem querelantes as pessoas que a Constituição sujeita à jurisdição do Supremo Tribunal Federal e dos Tribunais de Apelação, àquele ou a estes caberá o julgamento, quando oposta e admitida a exceção da verdade.

85.1. Uma das particularidades dos chamados crimes contra a honra é exatamente a possibilidade, ou não, de discussão acerca da procedência ou não da imputação desonrosa.

A partir de uma distinção entre honra objetiva e honra subjetiva, doutrina e jurisprudência nacionais chegaram a outra, não completamente justificada: a irrelevância de ser ou não verdadeira a imputação *injuriosa*, ao fundamento de se tratar de honra *subjetiva*, ligada ao conceito pessoal da vítima sobre si mesma. Não é esse, porém, o espaço para o questionamento de tais posições. Interessa-nos apenas deixar assentado que a proteção da honra denominada *objetiva* cede um pouco mais à realidade *factual*, ou seja, dos fatos.

Assim, nos delitos de calúnia, nos quais se imputa a alguém a prática de um fato juridicamente qualificado como crime, e em algumas hipóteses dos delitos de difamação – imputação da prática de fato *ofensivo à sua reputação* – a veracidade da alegação ofensiva se abrirá à demonstração probatória em juízo. É o que se chama de *exceção da verdade,* procedimento judicial que tem por objeto, não qualquer defesa do réu da ação penal privada, mas a demonstração da *verdade* do fato por ele imputado ao autor da ação. Note-se que a exceção da verdade, nos casos de difamação, somente será cabível quando o ofendido for funcionário público e a ofensa relativa ao exercício de suas funções.

Jurisprudência

85.1. [...] Conforme entendimento pacificado no Supremo Tribunal Federal, ainda que o ofendido goze de foro especial por prerrogativa de função, não se aplica o disposto no artigo 85 do Código de Processo Penal quando o fato imputado não for definido como crime, mas apenas ofensivo à sua reputação. "A imunidade profissional contemplada no art. 133, da Constituição Federal, não é absoluta, sofrendo restrições legais. A lei apenas protege o advogado com relação às ofensas irrogadas no exercício da profissão em razão de discussão da causa, não socorrendo os seus excessos (art. 142, I, do CP e art. 7º, § 2º, da Lei 8.906/94) (RHC nº 12.458/SP, rel. Min. Jorge Scartezzini, *DJU* 29.9.2003) Ordem denegada (*Habeas Corpus nº 29.862-SP, STJ, 6ª Turma, Rel. Min. Paulo Gallotti, julgado em 21.9.2004, publicado no* DJ *em 6.2.2006*).

85.2. Prerrogativa de função e exceção da verdade: Por isso, e por que no aludido incidente processual se discutirá, no caso de calúnia, a *prática de crime* supostamente imputável àquele que tem foro privativo por prerrogativa de função, nada mais razoável e lógico que se encaminhe os autos da exceção de verdade diretamente ao respectivo foro privativo. É dizer: se, originariamente, compete a um específico Tribunal o processo e julgamento de determinado crime, exatamente em razão das funções exercidas pelo suposto autor dele, por que não se deferir ao mesmo órgão a apreciação do incidente, no qual se faz a mesma imputação (prática de crime)?

Importante observar que, nada obstante se refira o Código de Processo Penal *aos crimes contra a honra* (art. 85), sem se deter a essa ou aquela espécie de delito, pensamos que o foro privativo para a apreciação da matéria ofensiva, em autos de exceção da verdade, somente se exigirá nas hipóteses de crimes de calúnia, não se estendendo aos casos de difamação, ainda que relativa ao exercício de funções por parte de quem goze de prerrogativa de função.

É que a justificativa lógica e sistematizante da competência para o julgamento do incidente de exceção da verdade no próprio Tribunal responsável para o julgamento de crime praticado por determinada autoridade repousa *exclusivamente na criminalização da conduta.* Talvez se pudesse aqui rediscutir a extensão do foro privativo dos Tribunais para matéria não penal, caso, por exemplo, das ações de improbidade administrativa. No entanto, como já há jurisprudência da Suprema Corte afastando a concorrência entre improbidade administrativa e crimes de responsabilidade, e recusando o manejo da primeira (ação de improbidade) quando a conduta constituir os segundos (crimes de responsabilidade), não vemos razão para incluir a competência dos foros privativos nos casos de difamação. Nestes, não se imputa a prática de *crime* e sim de *fato ofensivo à reputação.* Coisa completamente diferente!

Jurisprudência

85.2. Crimes contra a honra. Querelante (jurisdição do STJ). Exceção da verdade (competência). Quando oposta a exceção da verdade, compete, sem dúvida, ao Superior Tribunal julgá-la se o querelante for pessoa sujeita à sua jurisdição (Cód. de Pr. Penal, art. 85). Todavia a competência do Superior diz respeito unicamente ao julgamento; deve, pois, a exceção, antes, submeter-se, na origem, à admissibilidade e à instrução. Autos baixados para tal fim (*Exceção da Verdade nº 44, STJ, Corte Especial, Relator para o acórdão Ministro Nilson Naves, julgado em 2.3.2005, publicado no DJ em 5.9.2005*).

Art. 86. Ao Supremo Tribunal Federal competirá, privativamente, processar e julgar:

I – os seus ministros, nos crimes comuns;

II – os ministros de Estado, salvo nos crimes conexos com os do Presidente da República;

III – o procurador-geral da República, os desembargadores dos Tribunais de Apelação, os ministros do Tribunal de Contas e os embaixadores e ministros diplomáticos, nos crimes comuns e de responsabilidade.

Dispositivo revogado (ou não recebido) pela Constituição da República, ainda que coincidentes os respectivos conteúdos. Todos os foros privativos em razão de prerrogativa de funções estão fixados na Constituição e não na legislação infraconstitucional. A competência originária do Supremo Tribunal Federal para os crimes comuns se encontra no art. 102, da Carta de 1988, e já foi aqui examinada.

Art. 87. Competirá, originariamente, aos Tribunais de Apelação o julgamento dos governadores ou interventores nos Estados ou Territórios, e prefeito do Distrito Federal, seus respectivos secretários e chefes de Polícia, juízes de instância inferior e órgãos do Ministério Público.

Repita-se aqui o mesmo e o quanto se disse ali, por ocasião do exame ao art. 86. A competência originária dos Tribunais de segundo grau (antigos tribunais de apelação) se encontra na Constituição da República: art. 96, III, art. 108 e demais dispositivos atinentes à constituição dos Tribunais Regionais Eleitorais (art. 120) e da Justiça Militar (art. 122, II, e art. 125).

Renove-se: a competência originária do Superior Tribunal de Justiça, que nem existia na redação do CPP, se encontra no art. 105 da Constituição da República, para os crimes comuns.

CAPÍTULO VIII
Disposições Especiais

Art. 88. No processo por crimes praticados fora do território brasileiro, será competente o juízo da Capital do Estado onde houver por último residido o acusado. Se este nunca tiver residido no Brasil, será competente o juízo da Capital da República.

O aludido dispositivo cuida de hipóteses de *extraterritorialidade* da lei penal brasileira, previstas no art. 7º do Código Penal.

Até a 8ª edição da presente obra, defendemos que se devia observar, por primeiro, a natureza e o tipo do delito praticado fora do território nacional para que se pudesse quilatar, antes de qualquer outra indagação, qual seria o juiz natural, isto é, o juiz constitucional para o processo e julgamento. A regra aqui prevista é, portanto, de competência territorial, de natureza relativa. Assim, a ponderação era no sentido de que, se o crime foi praticado contra bens, serviços e interesses da União, autarquias e empresas públicas federais, ou, por qualquer outra razão (art. 109, CF), possa se qualificar como *crime federal*, caberá, então, a essa jurisdição o julgamento do crime. Em sequência, cumpriria identificar a competência territorial do juiz federal, observando-se, agora, a regra da última residência ou domicílio do acusado no Brasil. Não tendo ele jamais residido no país, competente será o juiz federal do Distrito Federal (nos crimes federais, é claro).

A conclusão era no sentido de que, se o crime (do art. 7º, CP) fosse federal, apurado em razão da matéria, como já abordado na presente obra (art. 109, CF), a competência será do juiz federal; se estadual o delito (também previsto no art. 7º, CP), o foro competente será o juiz de direito da última residência ou domicílio do réu no país.

Considerações críticas supervenientes e muito consistentes (Vladimir Aras, *Competência federal em crimes extraterritoriais*. Disponível em: <http://www.direitodoestado.com.br/colunistas/vladimir-aras/competencia-federal-em-crimes-extraterritoriais>) nos convenceram de que a solução defendida até então precisa ser revista.

Com efeito, é preciso aprimorar a compreensão do tema, analisando sistemicamente o problema, mais complexo do que pode parecer.

De fato, há decisão do STF do ano de 2016 (HC 105.461/SP, Rel. Min. Marco Aurélio) assentando que "*o fato de o delito ter sido cometido por brasileiro no exterior, por si só, não atrai a competência da justiça federal, porquanto não teria ofendido bens, serviço ou interesse da União (CF, art. 109, IV)*". Igual posicionamento do STF no Agravo Regimental no Recurso Extraordinário n. 1.175.638, julgado em 2.4.2019, publicado no *DJ* em 28.10.2019). E, na mesma linha, o STJ (CC nº 104.342/SP, de 26.8.2009), contra a qual – pela própria defesa – foi interposto o HC nº 105.461 (retromencionado). Entretanto, posteriormente se encontram julgados (tanto do STF como do STJ) seguindo exatamente essa nossa linha de argumentação: que a competência seria da Justiça Federal, pois presente o interesse da União no cumprimento das obrigações em tratados internacionais, sobretudo nas hipóteses em que não é possível a extradição (v.g. *Agravo Regimental no Recurso Extraordinário nº 1.270.585-MG, STF, 1ª Turma, Rel. Min. Alexandre de Moraes,* DJ *de 9.9.2020; e RHC nº 110.733/RJ, STJ, 5ª Turma, Rel. Min. Ribeiro Dantas,* DJ *de 24.8.2020).*

Realmente é preciso indagar de quem é a competência *ratione materiae* para processar e julgar um crime cometido *no exterior*, fora das hipóteses do inciso V (crimes à distância) e do inciso IX (crimes a bordo de navios ou aeronaves) do art. 109 da Constituição Federal.

Invocando o disposto no art. 47 da Convenção de Mérida, no art. 21 da Convenção de Palermo ou no art. 8º da Convenção de Viena de 1988 (que tratam da transferência de procedimentos penais, assim como quando se têm em mira ações criminais que devam tramitar no Brasil em função da impossibilidade de extradição de nacionais que tenham cometido infrações penais no exterior), Vladimir Aras pontua com correção que, "quando se trata de crime previsto em convenção internacional da qual o Brasil seja parte e que tenha sido cometido (consumado ou tentado) no território de duas ou mais jurisdições, uma delas sendo a brasileira, não há dúvida: a competência é federal, com base no art. 109, V, da CF". Destaca, ainda, que, igualmente, não "há qualquer incerteza quanto à existência de competência **federal** quando o crime é praticado a bordo de navio ou aeronave aqui registrados, que estejam no exterior. O mesmo se diga quando o crime for cometido *no exterior* contra bens, interesses ou serviços da União, suas empresas públicas ou autarquias, caso em que a solução está no art. 109, IV, da CF".

São precisas suas considerações e raciocínio ao demonstrar que:

> Nos termos do artigo 109, inciso IV, da Constituição Federal, há interesse da União para julgar crimes praticados no exterior na medida em que cabe ao Estado nacional responder perante a comunidade internacional pelos ilícitos (ações ou omissões) nos quais incorre. Os Estados-membros não se relacionam diretamente com países estrangeiros ou com organizações internacionais, necessitando de intermediação da União, que é o órgão interno que dirige a pessoa jurídica de direito internacional público, a República Federativa do Brasil.
>
> Lembremos que, segundo o art. 21, inciso I, da Constituição, "compete à União manter relações com Estados estrangeiros e participar de organizações internacionais". É dessa regra que deriva prioritariamente o interesse federal na cooperação penal para a persecução de crimes cometidos no exterior e sujeitos à jurisdição brasileira.
>
> Por outro lado, nos termos do artigo 84, VII, da CF/1988, compete à Presidência estabelecer relações com Estados estrangeiros. A prática de um crime no exterior ofende interesses da jurisdição local, que passa a pleitear a reação das agências de persecução penal brasileiras para a apuração do crime lá cometido. Isto faz surgir interesse da União para a persecução penal (artigo 109, IV, CF).
>
> Ainda há que se considerar o artigo 109, III, da CF, segundo o qual são da competência da Justiça Federal as causas fundadas em tratado da União com Estado estrangeiro. Isto mostra que, havendo tratado ou convenção sobre extradição ou assistência jurídica recíproca (*mutual legal assistance*), as investigações e causas transferidas ao Brasil com base nesses documentos internacionais para persecução criminal perante nossos tribunais devem ser conduzidas pela Polícia Federal e pelo Ministério Público Federal perante os juízes federais. Ou seja, como a regra que impõe ao Estado brasileiro a persecução criminal de delito cometido no exterior vem inscrita em tratados bilaterais ou convenções multilaterais, o inciso III do art. 109 da CF remete tal atuação processual ao MPF e à Justiça Federal.
>
> Ademais, o cumprimento de pedidos passivos de cooperação internacional (aqueles recebidos pelo Brasil) compete à Justiça Federal com base no artigo 109, X, da Constituição, seja quando veiculados por meio de cartas rogatórias ou por auxílio direto (conforme o regimento interno do STJ).
>
> É fácil entender. Se o cumprimento de um singelo pedido estrangeiro de produção probatória para instruir no exterior a ação penal sobre o crime x é de competência federal, a atividade conglobante de persecução criminal integral desse mesmo delito, quando transferido à jurisdição brasileira, também deve ser entregue à Justiça Federal. Dizendo de outra maneira: se os procuradores da República e os juízes federais são responsáveis por parte do processo (naqueles incidentes de cooperação penal passiva para produção de prova), devem ser responsáveis

> pelo todo, por toda a ação penal que venha a ser iniciada para persecução de delito cometido no exterior.
>
> A persecução no Brasil de crimes cometidos no exterior resulta sempre de um pedido de cooperação internacional enviado a nosso País por Estado estrangeiro com base em tratados de extradição, mediante a cláusula *aut dedere aut iudicare* (extradite ou julgue), quando impossível a extradição de brasileiro acusado de crime cometido no exterior ou quando a extradição ou a entrega tenha sido negada, ou tornada inviável, por algum motivo. Neste caso, com base nos tratados e no direito internacional cogente, diante da negativa do STF de extraditar um nacional (brasileiro nato) ou de autorizar a entrega de um estrangeiro autor de crime no exterior deve-se seguir um processo penal no Brasil para evitar a impunidade. Esse processo deve ser julgado pela Justiça Federal, porque tal providência representará o cumprimento de medida assimilável a um pedido de cooperação (uma rogatória) cujo processamento cabe aos juízes federais (art. 109, X, CF). Tal providência será em última análise uma consequência direta e imediata do pedido de cooperação passivo não cumprido ou frustrado.
>
> A propositura de ação penal no Brasil por crime cometido no exterior pode resultar também de um pedido direto de transferência de procedimento penal, também fundado em tratado internacional ou em promessa de reciprocidade, quando a jurisdição brasileira tiver melhores condições de realizar a persecução penal, sempre que dois ou mais países sejam simultaneamente aptos territorial ou extraterritorialmente para a persecução criminal. A transferência de procedimentos é também uma providência sujeita a cumprimento mediante rogatória ou auxílio direto, ambos de competência da Justiça Federal (art. 109, X, CF). Assim, sempre que um Estado estrangeiro pedir ao Brasil que assuma a jurisdição para a persecução de um determinado fato considerado criminoso, esse pedido passivo deve ser executado no Brasil como todos os demais, sujeitando-se à competência federal.

Portanto, há se reconhecer que, melhor avaliando o tema, a competência ora tratada no art. 88 do CPP deve ser compreendida como da Justiça Federal.

Também impende registrar que a Lei nº 13.445, de 24 de maio de 2017 (com vigência a partir de 24.11.2017), em seu art. 105, estipulou que "a forma do pedido de transferência de pessoa condenada e seu processamento serão definidos em regulamento", porém que (§ 1º) "*nos casos previstos nesta Seção, a execução penal será de competência da Justiça Federal*". Igualmente competirá à Justiça Federal a execução penal no caso de transferência de "execução de pena", conforme previsto no art. 102, parágrafo único, também da Lei nº 13.445/2017.

Jurisprudência

88 [...] Conflito negativo de competência. Justiça Federal x Justiça Estadual. Dois brasileiros acusados de praticar em coautoria delito em território estrangeiro (Portugal) contra vítima brasileira. Impossibilidade de extradição. [...] Interesse da União. Art. 109, IV da CF. [...] 3. O caso não trata de crime à distância, porquanto o *iter criminis* ocorreu integralmente em Portugal. Destarte, se o delito praticado por brasileiro teve início e consumação em Estado estrangeiro, inviável o estabelecimento da competência federal para o seu julgamento com base no art. 109, V, da CF, em razão da ausência de transnacionalidade. Todavia, na espécie, a competência da Justiça Federal deve ser fixada por outro fundamento previsto no art. 109, IV da CF, qual seja, a configuração de interesse da União. Melhor explicando, no caso concreto, o interesse da União decorre de suas atribuições de representar o Brasil em todas as questões envolvendo relações internacionais e cooperação jurídica internacional (art. 21, I e art. 84, VII, da CF). Diante disso, na hipótese em análise – crime praticado por brasileiros no exterior, com incidência da norma interna e sem possibilidade de extradição – incumbe à União manter relações com o estado estrangeiro, no caso Portugal. [...] *(Conflito de Competência nº 174.686/ES, STJ, 3ª Seção, unânime, Rel. Min. Joel Ilan Paciornik, julgado em 9.12.2020, publicado no DJ em 14.12.2020).*

88. [...] Crime praticado por brasileiro no exterior. Homicídio triplamente qualificado, ocultação de cadáver e roubo. Cooperação jurídica internacional que atrai o interesse da União. Fixada a competência da Justiça Federal nos termos do art. 109, III, da Constituição Federal. [...] 1. Em se tratando de cooperação internacional em que o Estado Brasileiro se compromete a promover o julgamento criminal de indivíduo cuja extradição é inviável em função de sua nacionalidade, exsurge o interesse da União, o que atrai a *competência da Justiça Federal para o processamento e julgamento da ação penal, conforme preceitua o art. 109, III, da Constituição Federal*. 2. No caso dos autos, trata-se de imputação da prática dos crimes de homicídio triplamente qualificado, ocultação de cadáver e roubo, praticados por brasileiro em território português. Diante desse cenário, faz-se imperiosa a incidência do art. 5.º, 1, da Convenção de Extradição entre os Estados Membros da Comunidade dos Países de Língua Portuguesa, promulgada pelo Decreto 7.935/2013. [...] *(Agravo Regimental no Recurso Extraordinário nº 1.270.585-MG, STF, 1ª Turma, maioria, Rel. Min. Alexandre de Moraes, julgado em sessão virtual de 21.8.2020 a 28.8.2020, publicado no* DJ *em 9.9.2020).*

88. [...] Crimes de homicídio qualificado e ocultação de cadáver praticados por brasileiro nato na Austrália. [...] Competência. Justiça Estadual x Justiça Federal. Competência da União. Relações com Estados Estrangeiros e cumprimento de tratados firmados (arts. 21, I e 84, VII e VIII, da CF). Interesse da União. Art. 109, IV, da CF. Cooperação jurídica internacional. Tratado de extradição entre o Brasil e a Austrália. Impossibilidade de extradição. Art. 5.º, LI, da CF. Obrigação de submeter o acusado a julgamento. [...] Competência da Justiça Federal [...] 2. Cabe à União, segundo dispõem os arts. 21, I, e 84, VII e VIII, da Carta da República, manter relações com estados estrangeiros e cumprir os tratados firmados, fixando-se a sua responsabilidade na *persecutio criminis* nas hipóteses de crimes praticados por brasileiros no exterior, na qual haja incidência da norma interna, no caso, o Direito Penal interno e não seja possível a extradição (art. 5.º, LI, da CF). 3. No plano interno, em decorrência da repercussão das relações da União com estados estrangeiros e o cumprimento dos tratados internacionais firmados, surgem algumas regras de cooperação jurídica internacional passiva, como por exemplo, a competência desta Corte Superior para a homologação de sentenças estrangeiras e para a concessão de *exequatur* e a competência da Justiça Federal para a execução de rogatórias, a teor dos arts. 105 e 109, X, da CF. O procedimento de transferência de procedimento criminal deve ser considerado uma forma de cooperação passiva, equiparando-se às rogatórias quanto à atribuição e competência. 4. Aplicável, ao caso específico, o Decreto n. 2.010/1996, que incorporou ao ordenamento jurídico brasileiro o Tratado de Extradição entre o Governo da República Federativa do Brasil e o Governo da Austrália, o qual estabelece que, na impossibilidade de extradição de nacional, há obrigação da parte requerida em submeter o acusado a julgamento perante a autoridade competente. 5. Tem-se a consagração do princípio do direito internacional *aut dedere aut indicare* ou *extraditare vel iudicare*, o qual busca evitar a ausência de punição às pessoas que cometem crimes fora do país de sua nacionalidade. *6. Dessa forma, compete à Justiça Federal o julgamento da ação penal que versa sobre crime praticado no exterior por brasileiro que reingressa em território nacional, o qual tenha sido transferido para a jurisdição brasileira, pela impossibilidade de extradição, aplicável, assim, o art. 109, IV, da CF. [...] (Recurso em Habeas Corpus nº 110.733-RJ, STJ, 5ª Turma, unânime, Rel. Min. Ribeiro Dantas, julgado em 18.8.2020, publicado no* DJ *em 24.8.2020).*

88. [...] 1. Havendo requerimento formal da República Francesa para cumprimento do Acordo de Cooperação Judiciária em Matéria Penal entre o Brasil e a França, ainda que o crime tenha sido iniciado e consumado no exterior, configura-se o interesse da União em manter relações com Estados estrangeiros e cumprir os tratados firmados, nos termos dos arts. 21, I, e 84, VII e VIII, da CF, atraindo a competência da Justiça Federal. 2. Aplicável ao caso específico o Decreto 5.258/2004, que incorporou ao ordenamento jurídico brasileiro o Tratado de Extradição entre o Governo da República Federativa do Brasil e o Governo da República Francesa, no qual estabelece, que se, *por aplicação do parágrafo precedente, o Estado requerido não entregar a pessoa reclamada por causa unicamente da sua nacionalidade, este deverá, de acordo com a sua própria lei, a pedido do Estado requerente, submeter o caso às suas autoridades competentes para o exercício da ação penal* (art. 3, 2, do Tratado de Extradição). 3. De acordo com o entendimento da Terceira Seção, compete à Justiça Federal o processamento e o julgamento da ação penal que versa sobre crime praticado no exterior, o qual tenha sido transferido para a jurisdição brasileira, por negativa de extradição, aplicável o art. 109, IV, da CF (CC 154.656/MG, Rel. Ministro Ribeiro Dantas, Terceira Seção, julgado em 25/04/2018, *DJe* 03/05/2018). 4. A Seção Judiciária do Amapá é competente para processar e julgar a ação penal, visto que os acusados *se encontravam recolhidos no Instituto de Administração Penitenciária do Amapá*, atraindo a regra de competência territorial do último domicílio. [...] *(Recurso em Habeas Corpus n. 88.432-AP, STJ, 6ª Turma, unânime, Rel. Min. Nefi Cordeiro, julgado em 19.2.2019, publicado no* DJ *em 8.3.2019).*

88. [...] Inobstante a inviabilidade da extradição, para os crimes cometidos por brasileiro em solo estrangeiro, possível, na espécie, a extraterritorialidade da lei penal brasileira, caso em que o órgão judiciário brasileiro será competente para processar e julgar o feito, nos termos dos arts. 7º do Código Penal e 88 do Código de Processo Penal. [...] (*Extradição nº 1.349-DF, STF, 1ª Turma, maioria, Rel. Min. Rosa Weber, julgado em 2.2.2015, publicado no* DJ *em 3.3.2015*).

88. [...] Nos termos do art. 88, primeira parte, do Código de Processo Penal, constatado que o investigado já residiu no Brasil, a competência será do Juízo Federal da Capital do Estado de seu último domicílio, no caso, a cidade de São Paulo. Conflito conhecido para declarar a competência do Juízo Federal da 10ª Vara Criminal da Seção Judiciária do Estado de São Paulo, o suscitado. (*Conflito de Competência nº 122.119-DF, STJ, 3ª Seção, Rel. Min. Marco Aurélio Bellizze, julgado em 27.6.2012, publicado no* DJ *em 15.8.2012*).

88. [...] Não restando configurada, em princípio, ofensa à Lei de Segurança Nacional, em razão da ausência de conotação política do delito praticado, compete à Justiça Comum Estadual o processo e julgamento do crime de porte ilegal de arma de uso restrito das Forças Armadas. Conflito conhecido para declarar competente o MM. Juiz de Direito da 4ª Vara Criminal de Luziânia (GO), o suscitado (*Conflito de Competência nº 38.002-GO, STJ, 3ª Seção, Rel. Min. Felix Fischer, julgado em 28.5.2003, publicado no* DJ *em 30.6.2003*).

88. [...] Os juízes federais são competentes para processar e julgar os crimes políticos e o Supremo Tribunal Federal para julgar os mesmos crimes em segundo grau de jurisdição (CF, artigos 109, IV, e 102, II, *b*), a despeito do que dispõem os artigos 23, IV, e 6º, III, *c*, do Regimento Interno, cujas disposições não mais estão previstas na Constituição. Incompetência da Justiça Militar: a Carta de 1969 dava competência à Justiça Militar para julgar os crimes contra a segurança nacional (artigo 129 e seu § 1º); entretanto, a Constituição de 1988, substituindo tal denominação pela de crime político, retirou-lhe esta competência (artigo 124 e seu par. único), outorgando-a à Justiça Federal (artigo 109, IV). Se o paciente foi julgado por crime político em primeira instância, esta Corte é competente para o exame da apelação, ainda que reconheça inaplicável a Lei de Segurança Nacional. MÉRITO: Como a Constituição não define crime político, cabe ao intérprete fazê-lo diante do caso concreto e da lei vigente. Só há crime político quando presentes os pressupostos do artigo 2º da Lei de Segurança Nacional (Lei nº 7.170/82), ao qual se integram os do artigo 1º: a materialidade da conduta deve lesar real ou potencialmente ou expor a perigo de lesão a soberania nacional, de forma que, ainda que a conduta esteja tipificada no artigo 12 da LSN, é preciso que se lhe agregue a motivação política. Precedentes. Recurso conhecido e provido, em parte, por seis votos contra cinco, para, assentada a natureza comum do crime, anular a sentença e determinar que outra seja prolatada, observado o Código Penal (*RC nº 1.468, STF, Plenário, Rel. para o acórdão Min. Maurício Corrêa, julgado em 23.3.2000, publicado no* DJ *em 16.8.2000*).

Art. 89. Os crimes cometidos em qualquer embarcação nas águas territoriais da República, ou nos rios e lagos fronteiriços, bem como a bordo de embarcações nacionais, em alto-mar, serão processados e julgados pela justiça do primeiro porto brasileiro em que tocar a embarcação, após o crime, ou, quando se afastar do País, pela do último em que houver tocado.

Do mesmo modo que a anterior, a regra aqui mencionada diz respeito à competência *territorial,* consoante o disposto na última parte do art. 89, quando se afirma que "serão *processados e julgados pela justiça do primeiro porto brasileiro em que tocar a embarcação, após o crime, ou, quando se afastar do País, pela do último em que houver tocado*".

Dizemos que o dispositivo cuida de competência territorial em razão de a identificação do juiz natural sobre a matéria já se encontrar na Constituição da República, mais precisamente no art. 109, IX, que se refere aos *crimes cometidos a bordo de navios e aeronaves*, todos da competência da Justiça Federal, *ressalvada a competência militar.*

Cumpre esclarecer, no ponto, que nem sempre a competência será da Justiça Federal, na medida em que, segundo assentado na jurisprudência, apenas quando a infração for praticada em navio ou embarcação de grande porte, ou, ainda, em alto-mar, é que se falará na competência da Justiça Federal. O objeto de proteção da norma é a competência política e administrativa da União em relação ao mar territorial e à plataforma continental, bem como em relação às águas de fronteira, quando o fato estiver relacionado com a tutela da soberania nacional.

O juiz competente será o do porto ou local em que primeiro tocar a embarcação, depois de praticado o crime. Apenas na hipótese em que, uma vez praticado o crime, a embarcação se afastar do país, é que se aplicará a regra da competência do juiz do último local ou porto em que se encontrava embarcação em território nacional.

Os crimes aqui previstos são aqueles estabelecidos no art. 5º, CP – regras da *territorialidade* –, no qual mencionam hipóteses de extensão do território nacional, a partir do conceito de mar territorial, plataforma continental, águas interiores, solo, subsolo e espaço aéreo, todos definidos em Lei (Lei nº 7.565/86 e Lei nº 8.617/93).

Jurisprudência

89. [...] A expressão "a bordo de navio", constante do art. 109, inciso IX, da CF/88, significa interior de embarcação de grande porte. Realizando-se uma interpretação teleológica da locução, tem-se que a norma visa abranger as hipóteses em que tripulantes e passageiros, pelo potencial marítimo do navio, possam ser deslocados para águas territoriais internacionais. Se à vítima não é implementado este potencial de deslocamento internacional, inexistindo o efetivo ingresso no navio, resta afastada a competência da Justiça Federal. Conflito conhecido para declarar a competência do Juízo de Direito da 6ª Vara Criminal da Comarca de Santos/SP, suscitante (*Conflito de Competência nº 43.404-SP, STJ, 3ª Seção, Rel. Min. Arnaldo Esteves Lima, julgado em 14.2.2005, publicado no DJ em 2.3.2005*).

Art. 90. Os crimes praticados a bordo de aeronave nacional, dentro do espaço aéreo correspondente ao território brasileiro, ou ao alto-mar, ou a bordo de aeronave estrangeira, dentro do espaço aéreo correspondente ao território nacional, serão processados e julgados pela justiça da comarca em cujo território se verificar o pouso após o crime, ou pela da comarca de onde houver partido a aeronave.

Valem aqui as mesmas observações acerca da aplicação do art. 5º, do Código Penal, relativamente às hipóteses de *territorialidade*.

Tais delitos, como regra geral, são da competência federal, valendo aqui as considerações que fizemos acerca da competência federal em razão da matéria, e, mais especificamente, em relação à competência para o processo de crime praticados no interior de aeronaves. Ver, então, o exame da matéria na alínea *l* da introdução ao Título V, sob a rubrica *Da competência*, anterior ao art. 69, CPP.

A competência territorial do juiz federal – ou, excepcionalmente, do juiz estadual, quando se tratar de aeronaves de pequeno porte, fora da fiscalização da Administração Pública Federal, e em crimes praticados no interior do país – será a do local onde pousar a aeronave, ou quando ela se afastar do território nacional, do local de onde houver partido.

Jurisprudência

90 [...] "Aos juízes federais compete processar e julgar os crimes cometidos a bordo de navios ou aeronaves, ressalvada a competência da Justiça Militar" (art. 109, IX, da CF). O fato de encontrar-se a aeronave em terra não afeta a circunstância de a prática criminosa ter-se verificado no seu interior. É indiferente a qualidade das pessoas lesadas, constituindo razão suficiente e autônoma para a fixação da competência federal, a implementação da hipótese prevista no inciso IX, do art. 109, do Texto Maior. Ordem denegada (*Habeas Corpus nº 40.913-SP, 5ª Turma, Rel. Min. Arnaldo Esteves Lima, julgado em 19.5.2005, publicado no* DJ *em 15.8.2005*).

Art. 91. Quando incerta e não se determinar de acordo com as normas estabelecidas nos arts. 89 e 90, a competência se firmará pela prevenção. (Redação dada pela Lei nº 4.893, de 9.12.1965)

Regra de difícil aplicação, mas que, em tese, poderá ocorrer, já que possível não se saber o local de partida da embarcação ou da aeronave, se também não ocorrer o seu pouso, por força de acidente aéreo ou marítimo.

Nesse caso, como nas hipóteses do art. 83, CPP, prevalecerá a competência do juiz que anteceder o outro na prática de ato processual de conteúdo decisório. Remetemos o leitor às considerações que ali fizemos (art. 83, CPP).

TÍTULO VI
DAS QUESTÕES E PROCESSOS INCIDENTES

CAPÍTULO I
Das Questões Prejudiciais

Art. 92. Se a decisão sobre a existência da infração depender da solução de controvérsia, que o juiz repute séria e fundada, sobre o estado civil das pessoas, o curso da ação penal ficará suspenso até que no juízo cível seja a controvérsia dirimida por sentença passada em julgado, sem prejuízo, entretanto, da inquirição das testemunhas e de outras provas de natureza urgente.

Parágrafo único. Se for o crime de ação pública, o Ministério Público, quando necessário, promoverá a ação civil ou prosseguirá na que tiver sido iniciada, com a citação dos interessados.

92.1. Relação de prejudicialidade: Na teoria do processo, todo ato processual cuja apreciação, e, sobretudo, cuja resolução depender do esclarecimento de questão logicamente antecedente, configurará um *ponto* ou uma *questão* prejudicial.

Nos estudos atinentes às sentenças, esclareceremos em maiores detalhes os conceitos das citadas categorias (item 381.4). Adiante-se, apenas, que a configuração de uma *questão* processual depende de sobre ela haver controvérsia, o que não se aplica, necessariamente, ao *ponto.*

A relação de prejudicialidade, então, levanta uma impossibilidade concreta de esclarecimento de uma questão – processual ou material – em razão da dependência de outras (questões), cuja existência ou inexistência, efeitos e consequências, tenha que ser resolvida com antecedência. Diz-se de *prejudicialidade* a relação (entre duas ou mais questões) exatamente em razão dessa *necessidade* intrínseca de resolução da questão *antecedente.*

Por fim, a prejudicialidade é também *lógica,* na medida em *preordena* as etapas do desenvolvimento do raciocínio no conhecimento da matéria tratada no processo. Exemplo: como aplicar, por exemplo, a qualificadora do art. 61, II, *e*, CP (relação de parentesco e/ou vínculo de casamento entre autor e réu), sem que, *antes,* se defina as questões civis envolvidas (parentesco etc.). Se houver discussão sobre a paternidade, a aplicação da agravante deverá aguardar a solução de parentesco, que, assim, lhe é *prejudicial.*

Embora a apreciação da questão preliminar deva ser *anterior* ao julgamento da matéria penal tratada na ação penal, não se pode qualificá-las, rigorosamente, como questões *preliminares.*

A questão preliminar, tal como cotidianamente utilizada na teoria geral do processo, veicula debate sobre matéria processual, o que nada tem a ver com as questões prejudiciais, em cujo interior se tem controvérsia acerca de direito *material* (penal, civil, trabalhista etc.).

É claro que a linguagem forense corrente também se reporta à questão da prescrição penal como matéria preliminar. No entanto, seria preciso então distinguir: haveria, assim, questões preliminares *ao mérito*, e questões preliminares *de mérito.* É dizer: as primeiras seriam unicamente *processuais*, anteriores ao exame de mérito; as segundas, como matéria integrante do próprio mérito, configurariam questões de conhecimento *prévio*, em razão de extinguirem a punibilidade do delito, independentemente da análise da existência ou não do fato criminoso de sua autoria.

92.2. Questões prejudiciais heterogêneas e questões homogêneas: As questões prejudiciais podem ser classificadas segundo seja a natureza jurídica da relação a ser enfrentada antes da apreciação da matéria penal.

Fala-se em questão heterogênea quando o conteúdo da relação prejudicial é de natureza diversa da criminal, e, normalmente, *civil*. Será, por seu turno, *homogênea*, quando houver identidade quanto à natureza do objeto, isto é, quando for também *criminal* a questão. Exemplo candente desta última se encontra na Lei nº 9.613/98, cujo art. 2º, II, estabelece a possibilidade de se julgar o crime de *lavagem de bens e valores* independentemente da anterior apreciação do crime no qual se teria obtido o proveito ilícito do *bem* ou *valor* a ser *lavado*. E, também, no crime de receptação, conforme se vê no art. 180, Código Penal, em cuja elementar se lê: *adquirir, receber, transportar, conduzir ou ocultar, em proveito próprio ou alheio, coisa que sabe ser produto de crime*. Idêntico raciocínio se aplica à hipótese do disposto no art. 180-A, CP (redação da Lei nº 13.330, de 2016): *"adquirir, receber, transportar, conduzir, ocultar, ter em depósito ou vender, com a finalidade de produção ou de comercialização, semovente domesticável de produção, ainda que abatido ou dividido em partes, que deve saber ser produto de crime"*.

Dentre as questões *heterogêneas*, a *prejudicialidade* poderá ser *obrigatória* ou *facultativa*, o mesmo não ocorrendo em relação à questão homogênea, normalmente facultativa.

Será obrigatória a prejudicialidade quando o juiz criminal se encontrar impedido de resolver a imputação penal, sendo-lhe indispensável a solução da questão (homogênea) anterior. E será facultativa quando o juiz estiver autorizado a sentenciar, ainda quando não resolvida a questão prejudicial, nos termos e nos limites da lei.

Jurisprudência

92.2. [...] No entendimento desta Corte Superior, "a admissão de questão prejudicial externa como causa de suspensão do processo penal somente tem cabimento quando repercute na própria tipificação do delito, a teor do artigo 93 do Código de Processo Penal". (REsp n. 1.370.478-RS, rel. Min. Maria Thereza de Assis Moura, 6ª Turma, julgado em 21.10.2014, *DJe* 4.11.2014). [...] *(Ação Penal n. 741-DF, STJ, Corte Especial, Rel. Min. Og Fernandes, julgado em 19.9.2018, publicado no DJ em 23.10.2018)*

92.2 [...] O STJ tem manifestado entendimento no sentido de haver independência entre as esferas administrativa, cível e criminal, nos termos dos arts. 92 e 93 do Código de Processo Penal. Assim, o fato da Corregedoria-Geral de Justiça do Estado entender que a questão a ela proposta não dizia respeito à eventual indisciplina funcional do magistrado, remetendo-a ao Poder Judiciário e determinando o arquivamento do procedimento administrativo disciplinar, não obsta a atuação do Ministério Público, titular da ação penal pública, de oferecer denúncia, se assim entender caracterizado algum ilícito penal, bem como do próprio Poder Judiciário de processar e julgar a demanda, como entender de direito. [...] Embora possível o reconhecimento da extinção da punibilidade pela prescrição na via mandamental, não vislumbro, no caso, elementos fáticos seguros a autorizar a confirmação das causas interruptivas, que poderão ser melhor analisadas nos autos da ação penal, sede própria para a produção e exame das provas. Ordem denegada (*Habeas Corpus nº 125.113-AC, STJ, 5ª Turma, Rel. Min. Arnaldo Esteves Lima, julgado em 24.3.2009, publicado no DJ em 13.4.2009*).

92.3. Questão relativa ao estado da pessoa: Em primeiro lugar, cumpre esclarecer que a controvérsia a que se refere o presente dispositivo há que ser *fundada e séria*. Ou seja, não basta a simples alegação da existência de dúvidas acerca do estado civil dos envolvidos; impõe-se seja *fundada* a pretensão, ainda quando já ajuizada perante o juízo civil.

Nesse passo, o que estamos a dizer é que não bastaria o simples ajuizamento de demanda no cível, tendo por objeto questões relativas ao estado civil da pessoa. Para que se opere a paralisação do juízo criminal impõe-se um exame preliminar mínimo sobre a viabilidade da pretensão levada ao Judiciário. Só assim, se poderá dizer da existência de controvérsia *séria e fundada.*

E mais.

A dúvida poderá surgir tanto na fase de investigação quanto na de processo. Quando ocorrer na fase de investigação, não haverá, naturalmente, a necessidade de qualquer paralisação, devendo ter curso regular o inquérito policial.

Em segundo lugar, sabe-se, questões atinentes ao *estado da pessoa* dizem respeito àquelas indagações que tenham por objeto a negação de determinados atributos inerentes ao reconhecimento estatal da pessoa civil. As relações de parentesco, de filiação, de ascendência e descendência, bem como a constituição de vínculos jurídicos a partir de relações de afeto, todas elas, se reportam às situações humanas devidamente reguladas pelo ordenamento estatal, a modificar o *status* da pessoa, retirando-a do universo da natureza para o mundo civil.

Tais questões são de grande importância, também para o direito penal.

Daí prever a lei a suspensão do prazo prescricional para o delito em apuração, até que se resolva a questão prejudicial atinente ao estado da pessoa, desde que disso dependa o reconhecimento da existência do crime (art. 116, I, Código Penal), como ocorre, em exemplos clássicos, nos crimes contra a família (art. 235, art. 236, art. 241, art. 242 e art. 243, *bigamia, erro essencial ou impedimento, registro de nascimento inexistente, alteração de direito do recém-nascido, sonegação de estado de filiação*).

92.4. Antecipação de provas: Obviamente, se há e quando houver relação de prejudicialidade (ou questão prejudicial), o processo penal deverá ser paralisado, até que se resolva definitivamente (trânsito em julgado) a matéria civil.

E, estando suspenso o prazo prescricional, não haveria prejuízo à persecução penal. Isso, em tese.

É que o transcurso do tempo, sobretudo quando alongado, pode produzir efeitos absolutamente indesejados à instrução criminal. Testemunhas podem não mais se lembrar dos fatos, com a clareza que se exige para a validação do depoimento; podem, também, já ter falecido; enfim, pode haver o perecimento da prova, em prejuízo da persecução penal. E não só. Em prejuízo da defesa também, na medida em que tais meios de prova a ela se estendem.

Surgirá, então, situação de urgência, a permitir a antecipação da prova, com designação de defensor ao acusado que não o tenha, e, tal como ocorre em qualquer ato processual, com a abertura para o contraditório e para a ampla defesa.

Jurisprudência

92.4. [...] Desde que "concretamente fundamentada" (STJ, Súmula 455), não há ilegalidade na decisão que determina a produção antecipada de prova com fundamento na possibilidade de a testemunha – servidor do IBAMA – perder "lembranças mais precisas e detalhadas acerca dos fatos narrados na denúncia, uma vez que rotineiramente se depara com situações de irregularidades/ilícitos envolvendo passageiros". Ademais, "o *habeas corpus* é uma garantia da liberdade de locomoção contra violência ou coação, ou seja, contra uma prisão, uma ameaça de prisão ou pelo menos alguma espécie de constrangimento físico ou moral à liberdade física" (STF, RHC n. 117.755/ES, rel. Min. Rosa Weber, 1ª Turma, *DJe* de 1º.7.2013; HC n. 111.717/SP-AgRg, rel. Min. Dias Toffoli, 1ª Turma, *DJe* de 14.8.2013; RHC n. 116.619/RJ, rel. Min. Ricardo Lewandowski, 2ª Turma, *DJe* de 25.6.2013). [...] (*Recurso em Habeas Corpus nº 52.195-CE, STJ, 5ª Turma, unânime, Rel. Min. Newton Trisotto, julgado em 5.2.2015, publicado no* DJ *em 20.2.2015*).**92.4.** [...] O *decisum* que determina a produção antecipada de provas com base no art. 366 do CPP, deve ser concretamente fundamentado. (Precedentes das Turmas e da 3ª Seção). O art. 366 deve ser interpretado considerando-se o disposto no art. 225 do CPP. A hipótese do art. 92 do CPP, totalmente diversa da suspensão, por não trazer, em regra, probabilidade de prejuízo para o réu, presente, não pode ser tomada como referencial. *Habeas corpus* concedido (*Habeas Corpus nº 76.831-SP, STJ, 5ª Turma, Rel. Min. Felix Fischer, julgado em 19.4.2007, publicado no* DJ *em 3.9.2007*).

92.5. Inexistência de demanda civil: Se já ajuizado o processo civil para o esclarecimento da questão atinente ao estado civil da pessoa, cuja solução condicione o processamento da imputação penal, deverá o Ministério Público atuar com maior efetividade naquela demanda, com o objetivo de preservar ao máximo a efetividade da tutela penal.

Se o processo civil não tiver sido ainda instaurado, prevê a lei *legitimação anômala* ao Ministério Público, autorizando-lhe o ingresso em nome próprio, com o que ficam esclarecidas ou ampliadas, no ponto, as faculdades processuais atribuídas à instituição no art. 177, CPC/2015 (arts. 80 e 81, CPC/1973).

Art. 93. Se o reconhecimento da existência da infração penal depender de decisão sobre questão diversa da prevista no artigo anterior, da competência do juízo cível, e se neste houver sido proposta ação para resolvê-la, o juiz criminal poderá, desde que essa questão seja de difícil solução e não verse sobre direito cuja prova a lei civil limite, suspender o curso do processo, após a inquirição das testemunhas e realização das outras provas de natureza urgente.

§ 1º O juiz marcará o prazo da suspensão, que poderá ser razoavelmente prorrogado, se a demora não for imputável à parte. Expirado o prazo, sem que o juiz cível tenha proferido decisão, o juiz criminal fará prosseguir o processo, retomando sua competência para resolver, de fato e de direito, toda a matéria da acusação ou da defesa.

§ 2º Do despacho que denegar a suspensão não caberá recurso.

§ 3º Suspenso o processo, e tratando-se de crime de ação pública, incumbirá ao Ministério Público intervir imediatamente na causa cível, para o fim de promover-lhe o rápido andamento.

93.1. Questão heterogênea facultativa: Feita a distinção – que já fizemos, no artigo anterior – entre questões prejudiciais homogêneas e heterogêneas, têm-se como hipóteses destas últimas as disposições do presente artigo.

Trata o dispositivo, portanto, de questões da competência do juiz cível, e de natureza diversa daquelas atinentes ao estado da pessoa, tal como ocorre, por exemplo, nas controvérsias sobre a propriedade e posse da coisa, para fins da configuração do crime de furto e de apropriação indébita.

Aliás, não é tão incomum a possibilidade de prejudicialidade de questões de natureza não penal quando da utilização, pelo Direito Penal, dos chamados elementos *normativos*, isto é, o recurso, para a elaboração do tipo penal, a expressões cujo sentido depende de uma compreensão mais ampla do termo, ora associado à própria *ilicitude*, ora a valorações *culturais*. É o que ocorre com o uso de *documento, funcionário, função pública, coisa, alheia, moléstia grave, dignidade, decoro* (BRUNO, Aníbal. *Direito penal*. 5. ed. Rio de Janeiro: Forense, 2003, p. 217).

Obviamente, não será preciso e nem possível qualquer discussão judicial acerca do sentido da expressão *decoro*; no entanto, somente se poderá concluir ter havido o *furto* quando *alheia* a coisa. É dizer: nem todo elemento normativo do tipo implica a possibilidade de uma questão prejudicial.

93.2. Exaurimento da via administrativa e crime contra a ordem tributária: Já se consolidou na jurisprudência dos tribunais superiores o entendimento segundo o qual seria necessário o exaurimento da via administrativa para a configuração dos crimes *materiais* contra a ordem tributária. Tanto que restou consignado na Súmula Vinculante 24 que "Não se tipifica crime material contra a ordem tributária, previsto no art. 1º, incs. I a IV, da Lei nº 8.137/90, antes do lançamento definitivo do tributo."

Assentou-se que *a constituição definitiva do crédito tributário no âmbito administrativo seria condição objetiva de punibilidade, com o que, levado às últimas consequências, sequer seria possível a instauração de inquérito policial e/ou a tramitação de ação penal enquanto não realizada a citada condição (ver, nesse sentido, jurisprudência do STJ – RHC 20.234SP, Rel. Ministro Felix Fischer, 5ª Turma,* DJU *1.10.2007). Em ambas as Casas (STF e STJ), porém, ficou a ressalva: enquanto não constituído o crédito, não correria o prazo prescricional* (PACELLI, Eugênio. *Curso de processo penal*. 28. ed. São Paulo: Juspodivm, 2024). É dizer: deu-se tratamento equivalente àquele destinado às questões prejudiciais, conforme o disposto no art. 116, I, Código Penal, que as prevê como causa *impeditiva* da *prescrição*.

Embora afirmando tratar-se de *condição objetiva de punibilidade* – fatos e circunstâncias *fora do tipo*, que condicionam a sua concretização –, os aludidos tribunais, a partir de precedente do Supremo Tribunal Federal, determinaram a suspensão do prazo prescricional. Ora, como não há previsão legal para a medida, somente dando à matéria o tratamento de *questão prejudicial* seria possível a solução ali vista (*Vide anotações críticas no item 395.3.4.1 – Crimes tributários de natureza material e o problema do exaurimento da esfera administrativa*).

93.3. Prejudicialidade e suspensão do processo: Como a constatação de uma relação de prejudicialidade implica graves consequências ao processo, tendo em vista a necessidade de suspensão dele (o prejudicado, pela questão antecedente), impõe-se tratar-se de questão séria, cuja viabilidade de solução seja desde logo antevista.

Por isso, e como não se cuida de questão relativa *ao estado da pessoa*, essa sim, de maior gravidade quanto às consequências, exige o CPP que já exista uma ação judicial discutindo a questão no cível.

Mas não basta isso.

É preciso, ainda, que não haja limitações legais à produção de prova no processo civil. Aqui, impõe-se uma observação. O processo civil se orienta por critérios diferentes quanto à formação da certeza judicial. Ali, permite-se – não, obrigatoriamente, é claro – ao juiz *reputar verdadeiros* os fatos *não articulados na inicial* (art. 341, CPC/2015 – art. 302, CPC/1973), o que, em processo penal, seria e é absolutamente impensável.

Por isso, o presente dispositivo deve ser lido *para além de tais fronteiras*, isto é, para além da regra geral do art. 341, CPC/2015 (art. 302, CPC/1973). Apenas quando houver limitações expressas na legislação civil é que se aplicará a aludida vedação. Do contrário, jamais se suspenderia o processo penal.

E mais.

A suspensão do processo criminal é *facultativa*, não estando o juiz criminal a ela obrigado. Assim, também a possibilidade de prorrogação do prazo de suspensão constitui mera faculdade.

No entanto, prevê o referido dispositivo que deve o juiz, antes de suspender o processo criminal, colher os depoimentos das testemunhas, bem como das provas reputadas urgentes.

Note-se, contudo, que a Lei nº 11.719/08 introduziu a chamada *instrução concentrada* no processo penal brasileiro, de tal modo que, a partir dali (de sua vigência), o juiz ouvirá testemunhas, fará o interrogatório e instruirá o processo (inquirição de peritos etc.) em uma só assentada.

Por isso, pensamos que o juiz somente realizará atos de instrução quando se tratar da necessidade de *antecipação da prova*, ou seja, quando se tratar de provas cuja produção se torne indispensável, diante do risco de perecimento.

Por fim, não cabe recurso da decisão (e não despacho) que denegar a suspensão do processo. Já aquela que determinar a suspensão, precisamente pelo fato de implicar a paralisação do processo penal, submete-se ao recurso em sentido estrito (art. 581, XVI, CPP).

Jurisprudência

93.3. [...] "*A existência de ação cível anulatória do crédito tributário não impede a persecução penal dos agentes em juízo, em respeito à independência das esferas cível e criminal. Precedentes. Ainda que obtido êxito no pedido de antecipação de tutela na seara cível, a fim de impedir a inscrição dos agentes em dívida ativa, condição de procedibilidade da execução fiscal, inadmissível o trancamento da ação penal, notadamente quando a decisão a eles favorável não afetou diretamente o lançamento do tributo devido, que, até decisão definitiva em contrário, não pode ser considerado nulo ou por qualquer outro modo maculado*" (RHC nº 21.929/PR, Quinta Turma, Rel. Min. Jane Silva – Desembargadora Convocada do TJ/MG –, *DJU* de 10.12.2007). II – Não se pode, na hipótese, tomar o fato de existir ação anulatória de débito fiscal, ainda que como questão prejudicial heterogênea facultativa (art. 93 do Código de Processo Penal) da questão penal, porquanto, até aqui, o lançamento do tributo não foi atingido. III – A prejudicial heterogênea não obriga a suspensão da ação penal. Vale dizer, não obsta automaticamente a *persecutio criminis, ex vi* do art. 93 do CPP. Recurso ordinário desprovido (*RHC nº 57.238-RS, STJ, 5ª Turma, unânime, Rel. Min. Felix Fischer, julgado em 2.8.2016, publicado no* DJ *em 10.8.2016*).

93.3. [...] A teor do art. 93 do Código de Processo Penal, se o reconhecimento da existência da infração penal depender de decisão, na esfera civil, de questão diversa da do estado civil das pessoas (questão prejudicial obrigatória) e neste houver sido proposta ação para resolvê-la, o juiz criminal poderá, presentes os requisitos exigidos no dispositivo legal em destaque, suspender o curso do processo penal. Não se pode, na hipótese, contudo, tomar o fato de pender discussão perante o Supremo Tribunal Federal a respeito da constitucionalidade do art. 1º da Lei 8.540/92, que, dispondo sobre a contribuição do empregador rural para a seguridade social – FUNRURAL, alterou dispositivos da Lei 8.212/91 (artigos 12, V e VII; 25, I e II; 30, IV), bem como a existência de decisão favorável ao recorrido proferida nos autos de mandado de segurança que estende a ele a imunidade tributária prevista no art. 149, § 2º, inciso I, da Constituição Federal como questão prejudicial heterogênea facultativa (art. 93 do Código de Processo Penal) da questão penal, porquanto, até aqui, o lançamento do tributo não foi atingido. A prejudicial heterogênea não obriga a suspensão da ação penal. Vale dizer, não obsta automaticamente a *persecutio criminis* (art. 93 do CPP). Recurso provido (*Recurso especial nº 973.641-RS, STJ, 5ª Turma, Rel. Min. Felix Fischer, julgado em 3.2.2009, publicado no DJ em 20.4.2009*).

....

93.4. Subordinação de instâncias: De todo modo, cumpre esclarecer que, em princípio, e *antes do trânsito em julgado* da matéria cível, o juiz criminal é inteiramente livre quanto à apreciação dos fatos e à aplicação do direito cabível.

E isso por uma razão muito simples. Embora a questão prejudicial seja de natureza cível, o processo penal autoriza que sobre ela se instaure a mais ampla discussão, com a mais ampla possibilidade de defesa e de contraditório.

Não havendo o trânsito em julgado, então, o juiz criminal não se encontra tolhido em quaisquer aspectos, tanto em relação à matéria de fato quanto à matéria de direito.

Por isso, e também em princípio, a vinculação entre a instância criminal e a cível se submete às regras gerais dos arts. 63 e seguintes do CPP, bem como das disposições pertinentes previstas no Código Civil (arts. 935 e seguintes, CC).

Do ponto de vista do Direito Penal, sobretudo em face de seu caráter subsidiário, ou seja, de proteção subsidiária de bens jurídicos, nada impede que o juiz criminal absolva o acusado de um crime de apropriação indébita (art. 168, CP), com fundamento na dúvida sobre a propriedade e sobre a legitimidade da posse, ainda que já exista decisão judicial, no cível, passada em julgado em sentido contrário (acerca da posse e da propriedade). A matéria incriminadora sempre comportará juízos distintos sobre a respectiva responsabilidade (de modo particular: as excludentes de ilicitude e de culpabilidade).

93.5. A participação do Ministério Público: A previsão de atuação do *parquet* no processo civil é *anômala*, no sentido de constituir uma ampliação da norma prevista no art. 178 do CPC/2015 (art. 82, CPC/1973).

No entanto, perfeitamente justificada.

É que, sendo ele o titular da ação penal *pública* – e é só da pública que estamos falando –, cumpre-lhe diligenciar o rápido andamento do processo civil, ali intervindo como *custos legis*, como, de resto, deve atuar em toda jurisdição, mesmo quando exerce atos de postulação. É dizer: é a titularidade da ação penal pública e os respectivos deveres que lhe impõe a persecução penal que justificam a sua presença naquele juízo, fora dos casos do art. 178 do CPC/2015 (art. 82, CPC/1973).

93.6. Suspensão do prazo prescricional: A nosso aviso, são remotas as possibilidades de se buscar o impedimento do curso da prescrição nas questões heterogêneas facultativas.

Aliás, exatamente por se tratar de questões prejudiciais *facultativas*. Quando *obrigatórias*, como é o caso da questão atinente ao *estado da pessoa*, o juiz criminal haverá que aguardar a solução do processo civil, na medida em que o *reconhecimento da existência do crime* dependerá da questão civil (art. 116, I, Código Penal).

Mas, quando facultativas, o juiz não ficará jamais submetido à instância civil, como se nota do corpo do dispositivo em comento. Em primeiro lugar, a suspensão é *facultativa*. Em segundo, se não julgado o processo civil no prazo fixado na suspensão do processo criminal, deve o juiz (criminal) resolver toda a matéria de fato e de direito.

E, por último: não há subordinação entre as instâncias nessa matéria, antes do trânsito em julgado.

Art. 94. A suspensão do curso da ação penal, nos casos dos artigos anteriores, será decretada pelo juiz, de ofício ou a requerimento das partes.

Exemplo sublime de inutilidade legislativa. E só.

CAPÍTULO II
Das Exceções

Art. 95. Poderão ser opostas as exceções de:

I – suspeição;

II – incompetência de juízo;

III – litispendência;

IV – ilegitimidade de parte;

V – coisa julgada.

95.1. Questões preliminares e questões processuais: É já da tradição processual a distinção entre defesa direta e defesa indireta. Somente por isso, fazemos o registro.

Qualifica-se como *direta* a defesa que discute o mérito da imputação, e de *indireta* aquela que levanta objeções ao *conhecimento* da primeira (direta).

Há, portanto, questões *preliminares* ao exame da imputação penal. Tais questões são eminentemente *processuais*, na medida em que nelas não se debate a matéria de mérito, isto é, a matéria atinente à autoria, à materialidade, à punibilidade e ao juízo de valoração penal (ser o fato *crime*).

O CPP, nesse ponto, trata do tema em distintas oportunidades.

As exceções mencionadas no art. 95 não esgotam, evidentemente, as questões *preliminares*, como se vê do art. 395, CPP, a cuidar das condições da ação e dos pressupostos processuais. Na verdade, estes últimos, as condições da ação e os pressupostos processuais devem ser examinados logo à saída pelo juiz, antes mesmo do recebimento da peça acusatória.

As condições da ação, vimos, cuidam de aspectos ligados ao exercício da *ação*, exigindo a legitimação (para a causa ou ação), o interesse de agir e a possibilidade jurídica do pedido. Acrescente-se a elas a *justa causa*, sem tradução legislativa, mas indicativa da necessidade de se demonstrar, de plano, a viabilidade da ação penal, por meio de um suporte mínimo de prova (elementos informativos).

Os pressupostos processuais dizem respeito ao próprio processo, seja quanto à sua *existência* (juiz investido de jurisdição e demanda), seja quanto ao seu regular desenvolvimento, isto é, à sua *validade* (citação, competência do juiz etc.)

Vê-se, então, que o CPP *mistura* condições da ação (legitimidade e competência do juiz) com *exceções* processuais (suspeição, litispendência e coisa julgada), reunindo-as como matéria de defesa *indireta*. E, mais, dispõe desordenadamente sobre o tema, como se ele somente pudesse ser conhecido por meio daquele procedimento específico do art. 95, o que está longe de ser verdadeiro.

As exceções processuais também impedem o conhecimento do mérito. No entanto, nem todas se apresentam como questões *processuais*. A *coisa julgada*, por exemplo, diz respeito ao *mérito*, impedindo a renovação de uma decisão judicial já realizada.

Mas, como demonstraremos, as exceções processuais aqui mencionadas sequer precisam de procedimento específico, com autuação em apartado, como referido no art. 396-A, § 1º, CPP, podendo ser levantadas no corpo da defesa escrita, exceção feita àquele de suspeição do juiz.

Mais que isso: poderão ser conhecidas de ofício.

Jurisprudência

95.1. [...] A justa causa corresponde a um lastro mínimo de prova, o qual deve ser capaz de demonstrar a pertinência do pedido condenatório e que está presente na hipótese em exame, consubstanciada em documentos obtidos na residência do acusado por meio de busca e apreensão; depoimento de testemunha e dados obtidos mediante a quebra de sigilo bancário devidamente autorizada. [...] *(Ação Penal n. 923-DF, STJ, Corte Especial, unânime, Rel. Min. Nancy Andrighi, julgado em 23.9.2019, publicado no DJ em 26.9.2019).*

95.1. [...] A justa causa para a ação penal consiste na exigência de suporte probatório mínimo a indicar a legitimidade da imputação e se traduz na existência, no inquérito policial ou nas peças de informação que instruem a denúncia, de elementos sérios e idôneos que demonstrem a materialidade do crime, bem como de indícios razoáveis de autoria. Precedentes. [...] *(Questão de Ordem na Ação Penal nº 913-AL, STF, 2ª Turma, unânime, Rel. Min. Dias Toffoli, julgado em 17.11.2015, publicado no DJ em 15.12.2015).*

95.2. Exceções dilatórias e exceções peremptórias: Algumas exceções encerram o processo, quando acolhidas, designando-se, por isso mesmo, exceções *peremptórias*.

Outras, mesmo quando reconhecidas, não têm por consequência a extinção do processo, mas a *dilação* na sua tramitação. Daí exceções dilatórias.

São dilatórias, por exemplo, a exceção de suspeição e a de incompetência do juiz, implicando a renovação dos atos processuais, absoluta ou relativamente nulos, a depender da gravidade do fato. Se a incompetência for relativa, até mesmo alguns atos poderão ser ratificados (art. 567, CPP).

São peremptórias, de outro lado, as demais, na medida em que o reconhecimento delas implicará o termo (fim) do processo, merecendo registro o fato de que a exceção de ilegitimidade de parte – uma condição da ação – autoriza a renovação do processo, desde que satisfeita a aludida condição (autor legitimado).

95.3. Suspeição, impedimento e incompatibilidade: Dissemos que o CPP cuida em diferentes momentos da matéria designada por exceção ou por exceções.

As hipóteses de suspeição do juiz (e do MP e outros sujeitos processuais) se encontram no art. 251 e seguintes do CPP, que também abrigam casos de *impedimento,* além do disposto no art. 112, CPP, que consagra a cláusula (aberta) da incompatibilidade.

E fazemos, então, uma ampliação ao rol de exceção de suspeição.

Como o que está em foco é a imparcialidade do juiz (a do MP e dos demais sujeitos não terá a mesma consequência), tanto faz se trate de *suspeição*, de *impedimento* ou de *incompatibilidade*. Todas essas questões poderão ser objeto de defesa indireta, por meio de exceção, tal como previsto no art. 396-A, § 1º, CPP.

Nesse ponto, inaceitável a falta de explicitação dos demais vícios à imparcialidade (impedimento e incompatibilidade), do mesmo modo que ocorre com o art. 564, I, CPP, que somente se refere à nulidade do processo quando suspeito ou *subornado* o juiz. Ora, acaso se aceitará a decisão judicial do juiz impedido???

Remetemos o leitor, portanto, aos comentários ao art. 251 e seguintes do CPP, bem como do art. 112, CPP, em cujo interior analisamos todas as situações legais de comprometimento da imparcialidade do juiz.

No entanto, impende observar que, muito ao contrário do que pode parecer, não se faz necessário o oferecimento de exceção para que se conheça da matéria *excepcionável*. Toda questão alusiva à nulidade absoluta, ou seja, a vícios que maculam inapelavelmente o processo, sequer depende de provocação da parte. E, muito menos, de provocação *tempestiva*, desde que o conhecimento ou a ciência do vício seja posterior à fase de resposta escrita (art. 396-A, § 1º, CPP).

O citado dispositivo, art. 396-A, CPP, afirma que o acusado, na defesa, oporá as exceções que entender pertinentes, a serem processadas em apartado (§ 1º, art. 396-A, CPP).

Note-se, contudo, que a referida norma apenas regulamenta o exercício da defesa indireta, dispondo ao acusado um procedimento específico para a discussão da matéria.

Mas, se o vício somente for conhecido *após* a resposta escrita, nada impede que o juiz abra a instrução sobre a matéria (suspeição dele próprio), de ofício ou por provocação das partes, por simples petição (art. 98, CPP), para, após o regular processamento, encaminhar os autos (da exceção) ao tribunal competente para o julgamento (art. 100, CPP). A gravidade das consequências dali resultantes justifica plenamente a alternativa.

Aliás, todas as questões alinhadas no art. 95, CPP, podem ser discutidas a qualquer tempo, ou, mesmo após o trânsito em julgado, *se desconhecidas ao tempo do processo*. O fundamento é intuitivo: trata-se de nulidade absoluta o julgamento que viola as regras ali previstas, ressalvado, como vimos e ainda veremos, a incompetência relativa e a suspeição de outros sujeitos do processo.

Nesse passo, parece-nos equivocada a *fundamentação* (e não o julgado) da decisão proferida pela Segunda Turma do Supremo Tribunal Federal (*Habeas Corpus nº 88.188, STF, 2ª Turma, Rel. Min. Ellen Gracie, julgado em 4.4.2006, publicado no* DJ *em 28.4.2006*), a seguir colacionada, no sentido de julgar preclusa a exceção de suspeição do magistrado.

Ao que se vê do julgado, a Corte deveria mesmo ter rejeitado a alegação de suspeição. Mas não por motivo de preclusão da matéria, e, sim, por impossibilidade de prova naquele sentido, em razão – isso, sim – da não alegação *em momento processual* anterior à decisão final. É dizer: é possível afirmar-se a preclusão da *alegação;* jamais da matéria. Ora, se a parte conhecia a suspeição, deveria tê-la alegado, a fim de se abrir prova sobre a matéria. A preclusão seria apenas nesse sentido (de conhecimento comprovado da razão de suspeição). E se a prova do fato somente fosse obtida depois da decisão, como rejeitá-la, se demonstrativa da efetiva suspeição do juiz?

Jurisprudência

95.3. [...] A jurisprudência desta Corte Superior de Justiça pacificou-se no sentido de que as exceções de impedimento e suspeição devem ser opostas antes do julgamento colegiado do recurso (AgInt na ExImp n. 23/DF, relatora Ministra Regina Helena Costa, Primeira Seção, julgado em 28/6/2022, DJe de 30/6/2022) [...] *(Embargos de Declaração no Agravo Regimental no Recurso Extraordinário nos Embargos de Declaração no Habeas Corpus nº 654.131-RS, STJ, Corte Especial, sessão virtual de 17.8.2022 a 23.8.2022, publicado no DJ em 25.8.2022)*

95.3. [...] a razão de ser da regra processual de suspeição e impedimento é preservar a imparcialidade do órgão julgador, a fim de que ele possa apreciar a demanda com a equidistância necessária para aplicar o direito ao caso concreto. Nesse sentido, Eugênio Pacelli de Oliveira ensina que *"a imparcialidade do juiz é requisito de validade do processo, estando inserido no devido processo legal constitucional, como uma das principais conquistas do modelo acusatório de processo."* (Precedente). [...] (*RMS nº 50.092-MG, STJ, 5ª Turma, unânime, Rel. Min. Felix Fischer, julgado em 13.9.2016, publicado no* DJ *em 26.9.2016*).

95.3. [...] A jurisprudência do Supremo Tribunal Federal estabelece que a suspeição de autoridade policial não é motivo de nulidade do processo, pois o inquérito é mera peça informativa, de que se serve o Ministério Público para o início da ação penal. [...] (*RHC nº 131.450, STF, 2ª Turma, unânime, Rel. Min. Cármen Lúcia, julgado em 3.5.2016, publicado no* DJ *em 17.5.2016*).

95.3. [...] A exceção de suspeição não pode ficar à disposição do réu, no tocante ao momento de suscitá-la. Logo em seguida ao interrogatório, quando o denunciado toma conhecimento da pessoa que irá julgá-lo, a exceção há de ser suscitada, sob pena de preclusão. Na hipótese, somente depois de dois julgamentos pelo Tribunal do Júri, é que o paciente lembrou-se da exceção. Impossibilidade. *Habeas corpus* indeferido (*Habeas Corpus nº 88.188, STF, 2ª Turma, Rel. Min. Ellen Gracie, julgado em 4.4.2006, publicado no* DJ *em 28.4.2006*).

95.4. Incompetência de juízo: A incompetência pode ser *relativa* ou *absoluta*. No primeiro caso, dependerá, como regra, de provocação do interessado, por meio de exceção. No segundo, não.

E mais.

Como se trata de *requisito* (a doutrina majoritária se refere ao *pressuposto*) processual de validade do processo, sequer necessita de autuação em apartado, e, por isso, de uma exceção processual. Não. Como ocorre com as demais exceções, pode também ser matéria de defesa preliminar, no interior da resposta escrita (art. 396-A, CPP).

Se, no processo civil, a incompetência relativa ou territorial depende de provocação da parte, tal não ocorre no processo penal, autorizando o CPP que o juiz afirme a sua incompetência relativa de ofício (art. 109, CPP). Sem razão, no ponto, a decisão do STJ colaciona a seguir (*Habeas Corpus nº 51.101-GO, STJ, 5ª Turma, Rel. Min. Gilson Dipp, julgado em 2.5.2006, publicado no* DJ *em 29.5.2006*), objeto, inclusive de Súmula (33). Mas, não aderimos ao STJ apenas por opção pessoal. Fazemo-lo com base em disposição legal (art. 109, CPP), como veremos.

A escolha legislativa não é de todo desarrazoada. A matéria penal – e sua prova – não se encontra disponível às partes, ressalvadas as exceções, quanto à pena a ser aplicada e quanto à continuidade do processo, previstas na transação e na suspensão condicional do processo (Lei nº 9.099/95). Porém, deverá o juiz afirmar a sua incompetência relativa, quando o fizer, até o início da instrução criminal, por força do princípio da *identidade física* do juiz, a impor o dever de sentenciar ao juiz que instruir o processo (art. 399, § 2º, CPP).

Já a incompetência absoluta (com violação à Constituição e à Organização Judiciária) pode ser alegada e reconhecida, de ofício ou por provocação, a qualquer tempo, e mesmo após o trânsito em julgado da sentença condenatória. Trata-se de garantia constitucional, como se vê do art. 5º, LIII, da Constituição da República, a salvo de qualquer política judiciária ou forense. Não depende, também, de alegação em separado, podendo o acusado levantar a questão no bojo de sua resposta escrita, como ocorre com as demais exceções.

Jurisprudência

95.4. [...] A regra do art. 70 do Código de Processo Penal é de que a competência será determinada pelo lugar em que se consumou a infração. A competência territorial é matéria que gera nulidade relativa, não devendo ser reconhecida de ofício, mas arguida em momento oportuno, por meio de exceção de incompetência do Juízo, ou seja, no prazo de defesa. Tratando-se de incompetência relativa, não tendo a defesa oposto a devida exceção, no prazo legal, resta operada a preclusão, prorrogando-se a competência firmada. Precedentes. A incompetência relativa não pode ser declarada de ofício (Súmula 33/STJ). Ordem denegada (*Habeas Corpus nº 51.101-GO, STJ, 5ª Turma, julgado em 2.5.2006, publicado no* DJ *em 29.5.2006*).

95.4. [...] No Processo Penal as exceções visam a impedir que a causa seja apreciada ou julgada com ofensa ao princípio do Juiz Natural e imparcial, nas hipóteses de suspeição e incompetência do Juízo (art. 95, I e II do CPP), ou intentada contra parte ilegítima (art. 95, IV do CPP), ou que a pessoa seja processada duas vezes pelo mesmo fato, o que caracterizaria (i) a litispendência processual (na hipótese de propositura de duas Ações Penais simultâneas) ou (ii) o maltrato à coisa julgada (se já existente sentença condenatória transitada em julgado em um dos processos) (art. 95, III e V do CPB, respectivamente). No caso, não há dúvida de que foram propostas duas Ações Penais em adversidade à mesma pessoa, pelos mesmos fatos, como restou reconhecido pelo próprio Juízo processante, tanto que, verificada essa ocorrência, foi proferida decisão de sua lavra, acolhendo a alegada exceção de litispendência, ocasião em que se extinguiu a Ação Penal aforada em segundo lugar em relação ao ora paciente, sem insurgência de quaisquer das partes e, pelo contrário, com a concordância do órgão acusatório. O ato judicial de acolhimento da exceção de litispendência é uma espécie de decisão interlocutória mista, isto é, aquela que não resolve o mérito da causa, identificado, no Processo Penal, com a substância da acusação, a reclamar, portanto, uma decisão absolutória ou condenatória; assim, sendo tipo de decisão que encerra o processo sem solução do seu mérito, ocorrendo o seu trânsito em julgado, opera-se a chamada coisa julgada formal que, como é de amplo conhecimento, torna imutável o que se decidiu no processo em que foi proferida (preclusão *pro judicato*), embora se permita o ajuizamento de outra ação, nos casos legalmente previstos. [...] Ordem concedida para, anulando a decisão do MM. Juiz de Primeiro Grau que afastou os efeitos da litispendência, trancar a Ação Penal [...] em relação ao paciente (*Habeas Corpus nº 106.181–ES, STJ, 5ª Turma, unânime, Rel. Min. Napoleão Nunes Maia Filho, julgado em 2.8.2011, publicado no* DJ *em 9.8.2011*).

....

95.5. A litispendência: A litispendência significa a *pendência* sobre a *lide*. A expressão, em processo penal, talvez merecesse alteração, dada a inconsistência da categoria *lide* ao referido universo.

Haverá, então, litispendência quando a imputação penal sobre um determinado fato se repetir em mais de um processo, ainda quando acompanhada de outras (imputações) não repetidas. É dizer: a litispendência pode ser *parcial*, no sentido de abranger apenas uma das imputações constantes de um processo.

Imperioso, apenas, que não haja o trânsito em julgado no processo anterior.

Observe-se, mais, que não se cuida aqui de hipótese conflito de competência, a ser resolvido pelas regras previstas no art. 69, CPP, e, sobretudo, a da *antecedência* na distribuição. É que a solução do conflito afirmará a competência de um dos juízes, afastando a do outro, com o que não restaria um dos processos.

O mesmo pode acontecer também em relação à competência constitucional, caso em que um dos processos deverá ser *anulado*, não se apresentando hipótese de litispendência.

Esta, portanto, somente se configurará quando houver uma dupla imputação, pelo mesmo fato, ao mesmo acusado.

Quando suscitada no corpo da defesa escrita, sem autuação própria de exceção, o juiz deverá extinguir o processo, aplicando-se, por analogia, o disposto no art. 485, CPC/2015 (art. 267, V, CPC/1973). E isso porque o nosso CPP, mesmo com os ares da modernidade trazidos pela Lei nº 11.719/08, não previu idêntica solução.

Todavia, se a litispendência for alegada *em separado*, isto é, como verdadeira exceção, não será necessário o recurso à analogia, bastando ao juiz julgar *procedente* a exceção, o que implicará a extinção do processo penal.

Jurisprudência

95.5. [...] 1. "A litispendência guarda relação com a ideia de que ninguém pode ser processado quando está pendente de julgamento um litígio com as mesmas partes (eadem personae), sobre os mesmos fatos (eadem res) e com a mesma pretensão (eadem petendi), que é expressa por antiga máxima latina, o *ne bis in idem*, atualmente compreendida, no âmbito criminal, como a proibição de dupla punição e de dupla persecução penal pelo mesmo fato criminoso [...]" *(RHC n. 82.754/RS, relator Ministro Rogerio Schietti Cruz, Sexta Turma, julgado em 22/5/2018, DJe 6/6/2018.)*

2. No caso do autos, o Tribunal de origem demonstrou fundamentadamente que, não obstante a presença de diligências policiais em comum, as ações penais guardam perfeita autonomia, não havendo identidade entre os fatos pelos quais o paciente foi condenado; o que afasta qualquer alegação de que as persecuções penais levadas a efeito teriam violado o princípio do *ne bis in idem*.

3. Tratando-se de fatos distintos veiculados em ações penais diversas, não há se falar em litispendência. Nesse contexto, o afastamento da conclusão alcançada pelo Tribunal de origem (inexistência de duplicidade de demandas) exigiria uma análise mais acentuada acerca da litispendência, a implicar "meticuloso exame sobre seus elementos configuradores – identidade de partes, dos fatos e da pretensão –, providência incabível, nos estreitos limites desta via, por demandar o reexame de matéria fática" (RHC n. 118.319/DF, relator Ministro Nefi Cordeiro, Sexta Turma, julgado em 3/12/2019, DJe 19/12/2019). [...] *(Agravo Regimental no Habeas Corpus nº 424.784-SP , STJ, 6ª Turma, Rel.Min. Antônio Saldanha Palheiro, julgado em 23.9.2024, publicado no DJ em 25.9.2024)*

95.5 [...] V – No processo penal, há litispendência – pressuposto processual de validade objetivo extrínseco negativo ou impeditivo – quando ao mesmo acusado, em duas ou mais ações penais, são imputadas a prática de condutas criminosas idênticas, ainda que se lhes confira qualificação jurídica diversa. [...] *(Agravo Regimental no Recurso em Habeas Corpus nº 138.395/PR, STJ, 5ª Turma, unânime, Rel. Min. Felix Fischer, julgado em 13.4.2021, publicado no DJ em 5.5.2021)*

95.5. [...] A litispendência guarda relação com a ideia de que ninguém pode ser processado quando está pendente de julgamento um litígio com as mesmas partes (*eadem personae*), sobre os mesmos fatos (*eadem res*), e com a mesma pretensão (*eadem petendi*), que é expressa por antiga máxima latina, o *ne bis in idem* [...] *(Agravo Regimental no Recurso em Habeas Corpus nº 133.688-PR, STJ, 5ª Turma, unânime, Rel. Min. Ribeiro Dantas, julgado em 20.10.2020, publicado no DJ em 22.10.2020).*

95.5. [...] A litispendência pressupõe a existência de duas ações pendentes idênticas, fenômeno inocorrente, quando se está diante de uma ação penal e de um inquérito policial, procedimento investigativo que não se confunde com aquela. [...] (*Ação Penal nº 611-MG, STF, 1ª Turma, maioria, Rel. Min. Luiz Fux, julgado em 30.9.2014, publicado no DJ em 10.12.2014*).

95.6. Ilegitimidade de parte: A parte ilegítima a que se refere o dispositivo é apenas a *ativa*. Não temos conhecimento – e, provavelmente, jamais teremos – de qualquer decisão que tenha julgado o *acusado* como parte *ilegítima*.

E, por uma simples razão: a autoria do fato, e daí a imputação, constitui matéria *de mérito*. Se o réu não é o autor (ou partícipe, responsável, enfim), ele deve ser *absolvido*. Suponha-se a hipótese de a acusação imputar a prática de um fato a uma pessoa e oferecer denúncia contra *outra:* nesse caso, absurdo e improvável, poder-se-ia pensar em ilegitimidade passiva?

Talvez, embora nos pareça mais adequado a absolvição daquele evidentemente inocente, já que os efeitos da decisão teriam sempre a eficácia de coisa julgada *material* e não apenas *formal*, como ocorre com a decisão que julga o autor carecedor da ação.

De se lembrar, ainda, que o CPP não tem disposição semelhante ao art. 485, CPC/2015 (art. 267, CPC/1973), que prevê a extinção do processo sem o julgamento do mérito.

Assim, como a matéria é condição da ação, prevê o CPP a *rejeição* da peça acusatória, quando presente o vício de ilegitimidade de parte (art. 395, CPP).

Se, por hipótese (absurda), a defesa arguir a matéria como exceção, poderá o juiz, porque já recebida a denúncia, julgá-la procedente, extinguindo-se o processo.

95.7. Coisa julgada: Também a coisa julgada não depende de arguição tempestiva e nem de procedimento à parte, podendo ser levantada no corpo da resposta escrita (art. 396-A, CPP).

A coisa julgada, ao contrário da litispendência, exige o trânsito em julgado de uma decisão judicial *sobre o mesmo fato*, para *o mesmo acusado*. Se outro for o réu, não se estenderá a ele os efeitos da decisão anterior, cabendo ao juiz da causa apreciar a matéria em toda a sua inteireza.

Qualquer que tenha sido o conteúdo da decisão no processo anterior, a coisa julgada se imporá, por fundamentos diferentes.

Se tiver sido absolutória, por exemplo, o princípio da vedação de revisão *pro societate* (Pacto de San José – art. 8, Decreto nº 678/92), por si só, impediria a sua modificação. Se condenatória, os efeitos decorreriam da *autoridade da coisa julgada*.

Suponha-se, agora, a hipótese de não ser alegada a litispendência e o juiz *absolver* o réu anteriormente condenado. Seria válida a segunda decisão?

A nosso aviso, não. Faltaria competência jurisdicional ao juiz do segundo processo para *revisar* a decisão anteriormente proferida.

No entanto, surgindo novas provas no segundo processo, no sentido da absolvição, deve o Ministério Público, de ofício, requerer a revisão criminal da sentença condenatória, se o réu não o fizer. A jurisprudência nacional ainda não aceitou a legitimidade do *parquet* para a propositura da ação de revisão criminal (art. 621 e seguintes, CPP), o que, como ainda veremos em detalhes, cuida-se de manifesto equívoco, afastado da compreensão constitucional do Ministério Público, a quem cabe zelar pela correta aplicação da lei penal (art. 127, CF).

Jurisprudência

95.7. [...] 1. A vedação ao *bis in idem* é garantia que proíbe, de maneira absoluta, dupla persecução penal, em ações penais distintas, pelo mesmo fato. A absolvição do paciente na Justiça Federal, em decisão já alcançada pela força da coisa julgada, impõe, em respeito à vedação ao *bis in idem*, o trancamento da ação penal militar que versa sobre os mesmos fatos. [...] *(Agravo Regimental no Habeas Corpus nº 182.864, STF, 2ª Turma, Rel. Min. Nunes Marques, por maioria, vencidos Ministros Edson Fachin e André Mendonça, julgado em Sessão Virtual de 10.5.2024 a 17.5.2024, publicado no DJ de 13.6.2024)*

95.7. [...] 5. Como a sentença da Justiça Especializada foi proferida no exercício de verdadeira jurisdição criminal, o prosseguimento da ação penal da qual se originou este *habeas corpus* encontra óbice no princípio da vedação à dupla incriminação, também conhecido como *double jeopardy clause* ou (mais comumente no direito brasileiro) postulado do *ne bis in idem*. 6. Embora não tenha previsão expressa na Constituição Federal de 1988, a garantia do *ne bis in idem* é um limite implícito ao poder estatal, derivada da própria coisa julgada (art. 5º, XXXVI) e decorrente de compromissos internacionais assumidos pelo Brasil (art. 5º, § 2º). Isso porque a Convenção Americana de Direitos Humanos (art. 8º, n. 4) e o Pacto Internacional sobre Direitos Civis e Políticos (art. 14, n. 7), incorporados ao direito brasileiro com status supralegal pelos Decretos 678/1992 e 592/1992, respectivamente, instituem a vedação à dupla incriminação. 7. Tendo o Ministério Público, instituição una (à luz do art. 127, § 1º, da CF/1988) ajuizado duas ações penais referentes aos mesmos fatos, uma na Justiça Comum Estadual e outra na Justiça Eleitoral, há violação à garantia contra a dupla incriminação. Como a sentença eleitoral já transitou em julgado para a acusação, não é possível manter o trâmite da ação penal aforada na Justiça Estadual. [...] *(Recurso Especial nº 1.847.488/SP, STJ, 5ª Turma, unânime, Rel. Min. Ribeiro Dantas, julgado em 20.4.20201, publicado no DJ em 26.4.2021)*

95.8. A autuação em separado e a *velha* regra do art. 396-A, § 1º, CPP: Julgamos ter demonstrado a absoluta desnecessidade de autuação em separado das exceções, admitindo-se a respectiva arguição também no corpo da defesa escrita (art. 396-A, CPP). Nem a Lei nº 11.719/08 se animou a alterar a matéria.

Apenas a exceção de suspeição do juiz (e de impedimento e de incompatibilidade, acrescentamos nós) justifica o processamento em separado, diante da ausência de identidade de questões com a matéria tratada no processo penal (a imputação penal, em si), e, sobretudo, por se tratar de competência de julgamento de outro órgão da jurisdição (o tribunal).

A justificativa para a autuação em separado, como se sabe, é evitar-se prejuízo ao processo penal propriamente dito, isto é, à instrução criminal, que, assim, ficaria limitada aos fatos alegadamente delituosos. Mais. A autuação em separado permite o processamento de eventual impugnação (recurso) à decisão.

Todavia, pensamos que a gravidade das consequências trazidas pela matéria discutida nas citadas exceções, por si só, justificaria o conhecimento delas (todas) na instrução do próprio processo. O que fazer quando a ciência do vício – de suspeição, por exemplo – ocorrer após a fase do art. 396-A, § 1º, CPP? Retroceder no tempo e instaurar o procedimento de exceção? Nesse ponto, parece ainda em vigor e renovada a norma do art. 98, CPP, que prevê a possibilidade de provocação do juiz por simples petição.

Não se nega a utilidade do procedimento, apenas a pretensão de sua eficácia preclusiva em determinada fase processual.

Na exceção de suspeição do juiz, como vimos, a autuação em separado é indispensável, tendo em vista que o seu julgamento será feito no tribunal (art. 100, CPP). Mas o que não nos parece razoável é somente admitir-se a alegação do vício por ocasião da resposta escrita, como se de preclusão se tratasse.

95.9. O oferecimento de exceção pelo Ministério Público: Embora o processo se inicie com o oferecimento da peça acusatória, algumas matérias atinentes às exceções poderão ser objeto de questionamento pelo Ministério Público.

Nesse caso, se conhecido o vício, como ocorre em relação à suspeição ou impedimento (e incompatibilidade) do juiz, deve o órgão de acusação oferecê-la (a exceção) juntamente com a peça acusatória, se já conhecido o vício. Se, posterior, pode-se aceitar a simples petição, no curso da ação (art. 98, CPP).

Quanto à incompetência do juiz, normalmente o Ministério Público sequer oferece a denúncia, por entender não dispor de atribuição para a causa, já que sua atuação jurisdicional, em regra, se exerce diante daquele juiz. Essa é uma das razões de um dos maiores transtornos da persecução penal, cuja solução dada pela jurisprudência foi a do arquivamento indireto (ver comentários ao art. 28, CPP).

Embora não seja o membro do *parquet* obrigado a agir nos casos em que não se vê legalmente autorizado a fazê-lo (atribuição para a causa), parece-nos que a adoção da exceção de incompetência, junto à denúncia, seria de grande proveito, sobretudo em face da nova redação que foi conferida ao artigo 28 do CPP pela Lei nº 13.964/2019.

As demais, litispendência e coisa julgada, podem ser arguidas a qualquer tempo, por simples petição (art. 98, CPP).

Por fim, a ilegitimidade de parte parece incompatível com o autor da ação. Ora, se proposta a ação, não poderia o seu autor alegar a sua ilegitimidade! De outro lado, como a matéria (legitimação de parte) não se estende ao polo passivo, não há que se falar também ali em ilegitimidade de parte. A questão é de mérito (autoria).

Jurisprudência

95.9. [...] O pedido de reconhecimento de incompetência absoluta do Juízo processante afeta diretamente a defesa de um direito individual indisponível do paciente: o de ser julgado por um juiz competente, nos exatos termos do que dispõe o inciso LIII do artigo 5º da Constituição Federal. O Ministério Público, órgão de defesa de toda a Ordem Jurídica, é parte legítima para impetrar habeas corpus que vise ao reconhecimento da incompetência absoluta do juiz processante de ação penal. Ordem parcialmente concedida para que, afastada a preliminar da ilegitimidade, o Tribunal Estadual aprecie o mérito como entender de Direito (*Habeas Corpus nº 90.305, STF, 1ª Turma, Rel. Min. Ayres Britto, julgado em 20.3.2007, publicado no* DJ *em 25.5.2007*).

95.10. Suspeição por fato superveniente: Uma coisa é o *conhecimento* superveniente (à defesa escrita ou à denúncia) da situação de suspeição, seja pelo órgão da acusação, seja pela defesa.

Outra, muito diferente, é a ocorrência da situação de suspeição já após a realização de determinados atos processuais. Estes, então, não poderiam ser reputados nulos, porquanto realizados por juiz imparcial, ao tempo da respectiva prática (dos atos).

Nesse caso, então, não serão anulados os atos anteriores à situação de suspeição.

Jurisprudência

95.10. [...] A suspeição por situação superveniente não opera retroativamente, vale dizer, não importa na nulidade dos atos processuais anteriores a esse fato (Precedentes do STF e do STJ). Nos termos do art. 431, do CPP, o interesse público é motivo apto para autorizar a alteração na ordem do julgamento dos processos. *Writ* denegado (*Habeas Corpus nº 48.889-RS, STJ, 5ª Turma, julgado em 6.6.2006, publicado no* DJ *em 14.08.2006*).

Art. 96. A arguição de suspeição precederá a qualquer outra, salvo quando fundada em motivo superveniente.

Na realidade, a imparcialidade do juiz é requisito de validade do processo.

Juiz suspeito (ou impedido) não deve despachar no processo e, muito menos, decidir.

Por isso, a aludida exceção tem precedência sobre as demais.

Note-se, contudo, que, ao menos do ponto de vista cronológico, as coisas não funcionam como aqui apontado.

Nos termos do art. 396-A, § 1º, CPP, o juiz somente processará as exceções do art. 95, *após* o recebimento da denúncia. É dizer: o juiz, eventualmente suspeito, já teria superado, em tese, o juízo acerca das condições da ação e dos pressupostos (e requisitos) processuais, segundo o disposto no art. 395, CPP.

De todo modo, levantada a questão da suspeição, a qualquer tempo, todos os atos praticados serão nulos.

A ordem das exceções se justifica unicamente sob tal perspectiva. Por isso, a ressalva quanto ao conhecimento posterior do vício de suspeição (e impedimento).

Art. 97. O juiz que espontaneamente afirmar suspeição deverá fazê-lo por escrito, declarando o motivo legal, e remeterá imediatamente o processo ao seu substituto, intimadas as partes.

Obviamente, sendo conhecido o motivo da suspeição desde o início do processo, deve o juiz, de ofício, dar-se ou afirmar-se suspeito, independentemente de qualquer provocação, o que preservará a integridade dos atos processuais.

Essa é uma grande oportunidade, aliás, para a afirmação de *incompatibilidade* do magistrado (art. 112, CPP), por razões de *foro íntimo,* não previstas expressamente em nosso Código, mas perfeitamente admissíveis na perspectiva do art. 112, CPP.

Em tal situação, deverá o juiz anular os atos processuais que eventualmente tenha realizado, como, por exemplo, o recebimento da denúncia ou da queixa.

Art. 98. Quando qualquer das partes pretender recusar o juiz, deverá fazê-lo em petição assinada por ela própria ou por procurador com poderes especiais, aduzindo as suas razões acompanhadas de prova documental ou do rol de testemunhas.

98.1. Regras gerais: Tanto o Ministério Público (e o querelante) quanto o réu poderão levantar causas de suspeição ou impedimento do juiz.

O órgão acusatório deverá fazê-lo juntamente com a denúncia ou queixa, relativamente aos fatos de que tenham já conhecimento. Quando o conhecimento da causa de exceção se der no curso do processo, deverá o *parquet* peticionar ao juiz, na forma aqui prevista.

A defesa, se já conhecida a circunstância, deverá fazê-lo por ocasião da resposta escrita a que se refere o art. 396-A, do CPP. Se conhecida (a causa ou circunstância de suspeição) depois dessa fase processual, deverá fazê-lo na primeira oportunidade em que se manifestar nos autos.

Como já referido em decisão da Suprema Corte (*Habeas Corpus nº 88.188, STF, 2ª Turma, Rel. Min. Ellen Gracie, julgado em 4.4.2006, publicado no* DJ *em 28.4.2006*), se a manifestação acerca da suspeição conhecida for a destempo, poderá o tribunal dela não conhecer.

Não se trataria, então, de preclusão da *matéria*, mas de sua *alegação* no processo. Havendo prova suficiente para a comprovação, de plano, da suspeição do juiz, pensamos que mesmo após o trânsito em julgado os fatos poderão ser demonstrados. Não se pode recusar a prova da suspeição, quando evidente a sua demonstração, na medida em que não se pode aceitar uma decisão judicial viciada pela suspeição do magistrado. Obviamente, em se tratando de sentença *absolutória*, o princípio da proibição de revisão *pro societate* impedirá a instauração de novo processo contra o réu já absolvido; mas não impedirá que outros responsáveis sejam julgados pelo mesmo fato, a eles não se estendendo a eficácia preclusiva daquela decisão viciada.

De outro lado, como se trata de um verdadeiro *procedimento incidente*, deverá a parte que alegar a suspeição animar-se a demonstrar o fato, indicando as provas de sua alegação, incluindo o rol de testemunhas. A lei não diz qual seria o número máximo de testemunhas, com o que nos parece perfeitamente aceitável a regra da analogia com o procedimento sumário (art. 532, CPP), já aplicável, também por analogia, ao procedimento sumaríssimo dos Juizados Especiais. É dizer: limitado a cinco testemunhas.

98.2. Procuração: Exige a lei que a procuração dada ao advogado deve conter poderes especiais para a arguição de exceção. Isso se justifica em razão da gravidade do procedimento, em cujo interior, não raramente, se encontrarão imputações de fatos desairosos à pessoa do juiz, podendo até tangenciarem a matéria criminal, quando injuriosa, difamante ou caluniadora a exceção.

Daí, deve-se mesmo identificar com precisão o responsável pela imputação, o que se iniciaria com a exigência de poderes especiais ao advogado, ressalvada a hipótese de a parte também subscrever a petição.

Jurisprudência

98.2. [...] A exceção subscrita, também, pela parte, dispensa a procuração com poderes especiais (art. 98 do CPP). Recurso provido (*Recurso Especial nº 446.011-SP, STJ, 5ª Turma, Rel. Min. Felix Fischer, julgado em 10.12.2002, publicado no DJ em 10.3.2003*).

98.2. [...] Ausência de justa causa para a ação penal. Matéria não levada ao Tribunal de origem. – Exceção de suspeição. Ausência de procuração com poderes especiais. Ordem denegada (*Habeas Corpus nº 21.792-SP, STJ, 6ª Turma, Rel. Min. Fontes de Alencar, julgado em 25.3.2003, publicado no DJ em 5.5.2003*).

Art. 99. Se reconhecer a suspeição, o juiz sustará a marcha do processo, mandará juntar aos autos a petição do recusante com os documentos que a instruam, e por despacho se declarará suspeito, ordenando a remessa dos autos ao substituto.

Reconhecendo a causa de suspeição ou de impedimento – normalmente, aquelas de cunho *objetivo* –, deve o juiz afirmar a sua suspeição ou impedimento, devendo, também, reconhecer-se incompatibilizado com o processo, por razões de natureza diversa daquelas arroladas no art. 252, art. 253, art. 254 e art. 255, todos do CPP.

Feito isso, será evidentemente sustado o curso do processo, encaminhando-se os autos ao substituto legal do magistrado, segundo as regras de organização judiciária.

Pensamos que em tal situação não se poderia aceitar qualquer iniciativa recursal da outra parte, dado que, ainda que equivocadamente, o juiz teria antecipado uma situação de comprometimento de sua liberdade de julgamento, ressalvadas as situações de erros formais quanto à incidência da causa legal de suspeição ou de impedimento.

E, dependendo do estágio da marcha processual, deverá o juiz, antes de encaminhar os autos ao seu sucessor, declarar nulos os atos até então praticados, sobretudo aqueles de natureza decisória, como também o caso do recebimento da denúncia ou da queixa.

Art. 100. Não aceitando a suspeição, o juiz mandará autuar em apartado a petição, dará sua resposta dentro em três dias, podendo instruí-la e oferecer testemunhas, e, em seguida, determinará sejam os autos da exceção remetidos, dentro em 24 vinte e quatro horas, ao juiz ou tribunal a quem competir o julgamento.

§ 1º Reconhecida, preliminarmente, a relevância da arguição, o juiz ou tribunal, com citação das partes, marcará dia e hora para a inquirição das testemunhas, seguindo-se o julgamento, independentemente de mais alegações.

§ 2º Se a suspeição for de manifesta improcedência, o juiz ou relator a rejeitará liminarmente.

100.1. Recusa do juiz: Como se trata de uma objeção de *parcialidade do julgador*, ainda quando não necessariamente insultuosa, deve o juiz poder também demonstrar a incolumidade de sua jurisdição.

Por isso, prevê a lei, como verdadeira garantia *funcional*, poder o magistrado apresentar resposta escrita, argumentando em favor da legalidade de sua atuação, abrindo-se-lhe também a oportunidade de produção de prova.

No entanto, não se poderá qualificar o juiz, durante o procedimento, como *parte processual*, mesmo relativamente à exceção. Não se pode exigir, por exemplo, que o juiz se manifeste por meio de advogado. A defesa é da *jurisdição*, e, por isso, deve ser subscrita pelo juiz, pessoalmente.

Após a sua manifestação, com eventual juntada de documentos e indicação de provas, os autos deverão ser encaminhados ao Tribunal, para fins de processo e julgamento da exceção. A partir daí, o procedimento deverá obedecer às regras dispostas no Regimento Interno do Tribunal, quanto à designação de produção de provas e de julgamento.

100.2. Juízo de viabilidade da exceção: Como não poderia deixar de ser diferente, não é qualquer alegação de suspeição que demanda apuração procedimental específica. Há, por exemplo, questões unicamente de direito, que podem ser resolvidas de plano pelo Tribunal, independentemente da produção de qualquer prova.

O que não pode ocorrer é o próprio juiz reputar inviável ou inaceitável a exceção; cabe ao tribunal fazê-lo, ainda que por manifestação *liminar* do relator do procedimento.

A questão, de fato, impõe um exame prévio quanto à admissibilidade da exceção, até mesmo para a preservação da jurisdição do magistrado de eventuais inconvenientes que poderiam resultar da instrução. Exceções manifestamente improcedentes (ou incabíveis) devem ser afastadas liminarmente pelo tribunal.

Deve-se, contudo, evitar-se a antecipação de juízos quanto a matéria de *fato*, sobretudo quando a verificação da alegada exceção demandar a produção de prova. Nesse caso, tendo em vista a relevância do tema – imparcialidade do julgador –, deve-se respeitar a garantia processual da parte em levantar e comprovar suas alegações, no âmbito da ampla defesa, sobretudo.

Jurisprudência

100.2 [...]. Nos termos do art. 100, § 2º, do Código de Processo Penal, se a suspeição for de manifesta improcedência, o juiz ou relator a rejeitará liminarmente. [...] *(Agravo Regimental na Petição nº 9.825/DF, STF, Plenário, unânime, Rel. Min. Alexandre de Moraes, julgado em sessão virtual de 12.11.2021 a 22.11.2021, publicado no DJ em 01.12.2021)*

100.2. [...] Reconhecida a relevância da exceção de suspeição, não poderia o Tribunal *a quo* indeferir a produção da prova oral, de plano, sob o singelo argumento de que não teria o condão demonstrar a parcialidade do Juiz. Inteligência do art. 100, § 1º, do Código de Processo Penal. Evidenciado cerceamento de defesa. Ordem parcialmente concedida para anular o acórdão que julgou a exceção de suspeição, determinando que outro seja lavrado após a oitiva das testemunhas arroladas pelo excipiente (*Habeas Corpus nº 55.886-RJ, STJ, 5ª Turma, Rel. Min. Laurita Vaz, julgado em 20.11.2007, publicado no DJ em 17.12.2007*).

100.3. Rejeição da suspeição e comprometimento do juiz: Embora reconheçamos os inconvenientes que podem advir do simples processamento da exceção de suspeição, não se pode, daí, partir-se para uma suposta evidência de riscos à jurisdição, como decorrência necessária da apreciação judicial da exceção de suspeição.

Fosse assim, não haveria sequer a necessidade de julgamento da exceção, devendo o juiz ser afastado unicamente pelo simples oferecimento da exceção.

Certamente que, a depender das alegações da parte *excipiente* e também as do juiz, poderá surgir um clima de maior animosidade entre ambos (parte e juiz). No entanto, mesmo aí deve-se privilegiar o resultado do julgamento da exceção. E pelos mesmos motivos: não se pode aceitar o estabelecimento de uma regra segundo a qual, de todo procedimento de exceção de suspeição, se pudesse produzir, *por e dele mesmo*, uma animosidade comprometedora da imparcialidade.

Cabe aqui, e como luva, à guisa de fundamentação, a alusão à regra do art. 256, CPP, no sentido de não reconhecer a suspeição quando a parte injuriar o juiz, ou, de propósito, der causa à exceção.

Art. 101. Julgada procedente a suspeição, ficarão nulos os atos do processo principal, pagando o juiz as custas, no caso de erro inescusável; rejeitada, evidenciando-se a malícia do excipiente, a este será imposta a multa de duzentos mil-réis a dois contos de réis.

A nulidade do processo (da ação penal) parece intuitiva, quando julgada procedente a exceção, ou seja, quando afirmada a suspeição do juiz.

A imparcialidade do juiz é condição de validade do processo, compondo o quadro geral do princípio do *juiz natural*. Assim, restarão automaticamente nulos todos os atos do processo penal, incluindo aqueles atinentes à instrução criminal, havendo fundadas razões para se duvidar da legitimidade da atuação jurisdicional na sua condução.

No entanto, não tem o menor cabimento a imposição de *sanção pecuniária* ao juiz, como se vê da norma que estabelece a ele o dever de pagamento das custas processuais. A insistência do magistrado em defender a sua jurisdição pode até se revelar criminosa ou coisa que o valha, não podendo, contudo, gerar sanções de natureza pecuniária, que dependem de Lei específica, mediante a estrita observância do *devido processo legal,* nos termos do disposto no art. 5º, da Constituição da República ("*LIV – ninguém será privado de seus bens sem o devido processo legal*").

Aliás, note-se que o dispositivo em comento sequer diferencia a natureza do julgamento e da respectiva suspeição, a tanto não bastando a ressalva quanto ao erro *escusável.* Ora, a questão não se reporta, necessariamente, ao erro de representação (aqui, como *correspondência* entre o *pensamento* e o *fato*). Melhor teria andado o legislador se adotasse o mesmo critério escolhido em relação ao *excipiente*: malícia evidente, já a demonstrar a má-fé e não o *erro de avaliação.*

Seja como for, qualquer que tivesse sido o caminho, estaria ele errado, pelo menos a partir da Constituição da República e seu aparato garantista (art. 5º).

Relativamente ao *excipiente,* que pode ser o Ministério Público (e o querelante) ou o acusado, diga-se o mesmo, com um acréscimo: sequer existe mais a moeda estipulada para a multa. Multa que, aliás, não se conhece o seu titular ou destinatário (seria o Poder Público, por infração administrativa?).

Jurisprudência

101 [...] A suspeição por situação superveniente não opera retroativamente, vale dizer, não importa na nulidade dos atos processuais anteriores a esse fato (Precedentes do STF e do STJ). Nos termos do art. 431, do CPP, o interesse público é motivo apto para autorizar a alteração na ordem do julgamento dos processos. *Writ* denegado (*Habeas Corpus nº 48.889-RS, STJ, 5ª Turma, Rel. Min. Felix Fischer, julgado em 6.6.2006, publicado no* DJ *em 14.8.2006*).

Art. 102. Quando a parte contrária reconhecer a procedência da arguição, poderá ser sustado, a seu requerimento, o processo principal, até que se julgue o incidente da suspeição.

A regra geral, relativamente à tramitação das exceções, é aquela contida no art. 111, CPP, a ditar que estas (as exceções) não suspenderão o andamento da ação penal, ressalvada previsão legal em sentido contrário.

Uma dessas previsões se encontra aqui.

Havendo concordância entre acusação e defesa, quanto à existência da suspeição do juiz, o processo poderá ser paralisado. Mas observe-se bem: *poderá.*

Com efeito, não se pode disponibilizar a persecução penal ao interesse das partes, ao menos no universo processual brasileiro, impulsionado pelo princípio da obrigatoriedade da ação penal. Naturalmente, em outros ambientes normativos pode o Ministério Público promover diversos ajustes com a defesa, seja quanto à paralisação do processo, seja quanto à pena a ser aplicada, tudo a depender das escolhas feitas pelo respectivo legislador. No Brasil, apenas no procedimento sumaríssimo dos Juizados Especiais é que se admite a *transação penal,* autorizando-se o *parquet* a ajustar com a defesa, sob a supervisão e fiscalização judiciais, a pena a ser transacionada, limitada, porém, às restritivas de direito e à pena de multa.

Pela Lei, apenas a parte *ex adversa*, e não o *excepto* (que, na verdade, seria o juiz e não a outra parte), o legitimado a requerer a suspensão do processo principal (ou seja, a ação penal). E justificativa existe: o *excipiente*, em tese, poderia *provocar* a suspensão do processo, pela simples arguição da exceção.

No entanto, como não existe obrigatoriedade da suspensão, ou seja, como pode o juiz não acolher o pedido de paralisação do processo principal, nada obstaria que ambas as partes assim o requeressem, ficando ao prudente arbítrio judicial o seu deferimento.

Veja-se que, embora o julgamento da exceção de suspeição do juiz esteja sob a jurisdição do tribunal, cabe àquele e não a este (tribunal), em princípio, a suspensão do processo principal. Isso se explica pela regra geral: enquanto não apreciada a suspeição, o juiz deve prosseguir normalmente no exercício de sua atividade judicante.

Pensamos, contudo, que também o tribunal, se provocado, poderá apreciar o pedido de suspensão do processo, quando evidenciado o risco de perda de atividade processual.

Jurisprudência

102 [...] A exceção de suspeição é autuada em apartado e sua arguição não suspende o andamento do processo principal, salvo se a parte contrária reconhecer, de pronto, a procedência da alegação (*ex vi*, art. 102 do CPP). Recurso desprovido (*RHC nº 12.742-SP, STJ, 5ª Turma, Rel. Min. Jorge Scartezzini, julgado em 18.11.2003, publicado no* DJ *em 25.2.2004*).

Art. 103. No Supremo Tribunal Federal e nos Tribunais de Apelação, o juiz que se julgar suspeito deverá declará-lo nos autos e, se for revisor, passar o feito ao seu substituto na ordem da precedência, ou, se for relator, apresentar os autos em mesa para nova distribuição.

§ 1º Se não for relator nem revisor, o juiz que houver de dar-se por suspeito, deverá fazê-lo verbalmente, na sessão de julgamento, registrando-se na ata a declaração.

§ 2º Se o presidente do tribunal se der por suspeito, competirá ao seu substituto designar dia para o julgamento e presidi-lo.

§ 3º Observar-se-á, quanto à arguição de suspeição pela parte, o disposto nos arts. 98 a 101, no que lhe for aplicável, atendido, se o juiz a reconhecer, o que estabelece este artigo.

§ 4º A suspeição, não sendo reconhecida, será julgada pelo tribunal pleno, funcionando como relator o presidente.

§ 5º Se o recusado for o presidente do tribunal, o relator será o vice-presidente.

Todas essas questões são objeto de regulamentação nos Regimentos Internos dos tribunais, nos quais se dispõe, validamente, sobre as regras de substituição dos magistrados (Juízes, Desembargadores e Ministros) em caso de impedimento legal (suspeição, impedimentos, férias, licenças etc.). Ver, também, o disposto no art. 24 da Lei nº 8.038/90.

O que nos parece vinculante (aos Regimentos Internos), contudo, é a previsão de julgamento da suspeição pelo Pleno do Tribunal, vedando-se, então, a composição *parcial* (Turmas e demais colegiados) da Corte para a apreciação de tão relevante matéria. Ver, no particular, e nesse sentido, Regimento Interno do Supremo Tribunal Federal e do Superior Tribunal de Justiça.

Quanto ao mais, seguem-se as regras comuns à suspeição do juiz de primeiro grau, isto é, à possibilidade de reconhecimento da suspeição pelo próprio magistrado (de ofício, portanto), com uma importante distinção. Em casos de suspeição ou impedimento de membros dos tribunais, compete ao próprio tribunal julgar a matéria e não a outro órgão de hierarquia jurisdicional superior. Se não fosse assim, toda recusa de membro dos tribunais de segundo grau deveria ser julgada pelo Superior Tribunal de Justiça, o que não é previsto na Constituição da República, conforme se vê de seu art. 105, no qual se dispõe sobre a competência originária e recursal daquela Corte.

Jurisprudência

103 [...] O ministro que se declara impedido durante a sessão em que se iniciou o julgamento do feito não pode ter convalidado seu voto proferido na sessão seguinte. Questão de ordem acolhida, sem efeito modificativo, apenas para corrigir o acórdão publicado no dia 16 de maio de 2007, dele fazendo constar a declaração de impedimento do Ministro Eros Grau (*Questão de Ordem no Habeas Corpus nº 84.224, STF, 2ª Turma, Rel. para o acórdão Min. Joaquim Barbosa, julgado em 6.3.2007, publicado no DJ em 19.12.2008).*

Art. 104. Se for arguida a suspeição do órgão do Ministério Público, o juiz, depois de ouvi-lo, decidirá, sem recurso, podendo antes admitir a produção de provas no prazo de três dias.

Se a imparcialidade compõe o cenário normativo do *juiz natural,* o mesmo se poderia dizer em relação ao membro do Ministério Público. Aos olhos da Constituição da República, o *parquet* deve atuar com imparcialidade, relativamente ao objeto do processo, isto é, acerca da apuração da responsabilidade penal.

Exatamente por isso há que ser permitida a recusa também do órgão ministerial.

No entanto, as consequências não são as mesmas, dado que, mesmo quando impulsionada por eventuais sentimentos e desejos individuais reprováveis do órgão da acusação, sempre caberá ao juiz a apreciação final da matéria atinente à condenação ou à absolvição do acusado. Nesse passo, também a norma prevista no art. 385, do CPP, que prevê a possibilidade de poder o juiz proferir sentença condenatória ainda quando o Ministério Público tenha opinado pela absolvição, fundamentaria a desnecessidade de anulação do processo por vício de parcialidade do órgão da acusação.

O procedimento se realiza junto ao próprio juiz da causa (também no tribunal, se for o caso), que ouvirá o membro recusado pela parte e poderá determinar a produção de provas no prazo de três dias. Feito isso, decidirá, sem possibilidade de recurso.

Se o juiz decidir pela suspeição ou impedimento do membro do *parquet,* deverá ele ser substituído segundo as normas aplicáveis às hipóteses de afastamento legal (férias, licenças etc.). Nesse caso, pensamos cabível a impetração de mandado de segurança, em razão de tratar-se de retirada de atribuição do membro do *parquet,* justificando-se a defesa de direito líquido e certo a regular atuação funcional.

Se negativa a decisão do juiz, o máximo que se poderia admitir, em tese, seria a impetração de *habeas corpus* pelo interessado. A nosso ver, porém, não nos parece a melhor escolha. É que toda a matéria atinente aos vícios de atuação ministerial poderá ser discutida em eventual recurso (apelação). Apenas se o réu se encontrar *preso* é que se deverá admitir a impetração do *habeas* (*corpus*), para evitar-se a persecução penal *fora* dos limites da lei (no caso de suspeição do *parquet*).

Evidentemente, não se suspenderá o curso do processo, a não ser na hipótese de reconhecimento da suspeição do membro do Ministério Público e somente até a sua regular substituição.

Jurisprudência

104 [...] À luz do art. 104 do CPP, é do juiz de primeira instância a competência para processar e julgar exceção de impedimento ou suspeição de promotor de justiça, a quem cabe, inclusive, decidir sobre a realização ou não de diligências solicitadas nesse incidente processual, podendo indeferir as que entender irrelevantes, impertinentes ou protelatórias (CPP, art. 400, § 1º), sem que tanto configure cerceamento de defesa. [...] (*Habeas Corpus nº 85.011-RS, STF, 1ª Turma, maioria, Rel. Min. Luiz Fux, julgado em 26.5.2015, publicado no DJ em 22.6.2015*).

104 [...] Nos termos do art. 104 do CPP, arguida a suspeição do órgão do Ministério Público, o juiz decidirá, sem recurso. Possibilidade da utilização da ação mandamental na espécie. Recurso provido com a anulação do aresto recorrido e retorno dos autos à origem para julgamento do mérito (*RMS nº 19.984-MG, STJ, 5ª Turma, Rel. Min. José Arnaldo da Fonseca, julgado em 8.11.2005, publicado no DJ em 5.12.2005*).

Art. 105. As partes poderão também arguir de suspeitos os peritos, os intérpretes e os serventuários ou funcionários de justiça, decidindo o juiz de plano e sem recurso, à vista da matéria alegada e prova imediata.

A regra de controle quanto à parcialidade dos serventuários e/ou funcionários de justiça somente se justifica para fins de tutela da presteza da atuação jurisdicional. Tais servidores não *atuam* no processo, daí por que inexistente o risco ao seu conteúdo.

Já em relação aos peritos e intérpretes, a questão toma outros contornos.

É que ambos efetivamente *atuam* no processo, contribuindo, decisivamente, para a formação do convencimento judicial. Aliás, não raramente o juiz decide as questões técnicas fundamentado no trabalho realizado pelos peritos e pelos intérpretes. Por essa razão, tem inteira pertinência a previsão de procedimento específico para a recusa destes.

As situações de suspeição e de impedimentos, relativamente aos peritos e intérpretes, são as mesmas previstas para o juiz, no que for aplicável (art. 280, CPP). Para os servidores, também (art. 274, CPP).

Art. 106. A suspeição dos jurados deverá ser arguida oralmente, decidindo de plano do presidente do Tribunal do Júri, que a rejeitará se, negada pelo recusado, não for imediatamente comprovada, o que tudo constará da ata.

O jurado exerce a mesma função do juiz, decidindo definitiva e soberanamente sobre a imputação penal. Tanto bastaria para se aplicar a ele as mesmas prescrições previstas para aquele (art. 252, art. 253 e art. 254), conforme consta, expressamente, do disposto no art. 448, § 2º, CPP.

Mas o CPP, além de se reportar aos impedimentos, suspeições e incompatibilidades aplicáveis ao juiz, fez questão de arrolar (e repetir) algumas hipóteses de impedimento e de suspeição do jurado (art. 448 e art. 449), incluindo a relação por parentesco, por afinidade e por laços de união estável, no âmbito da chamada entidade familiar (art. 448, § 1º, CPP).

E como o nome dos jurados é conhecido das partes até mesmo antes do julgamento (pode haver a sua recusa, aliás – art. 468, CPP), é preciso que a suspeição, impedimento ou incompatibilidade sejam levantadas o quanto antes, a fim de não causar transtornos à marcha processual.

Daí dispor o CPP que a recusa do jurado, sob tal fundamento, deve ser feita oralmente, na sessão de julgamento, quando da formação do Conselho de Sentença (art. 470, CPP), devendo o juiz presidente resolver a questão imediatamente. Se o jurado negar a situação de suspeição, deve a parte *excipiente* comprová-la no mesmo ato (de arguição de suspeição).

Se for comprovada, posteriormente, a existência de uma causa de suspeição e de impedimento (e incompatibilidade), desconhecida ao tempo da instrução e julgamento no júri, o processo será irremediavelmente anulado. Valem aqui todas as ponderações que fizemos acerca dos vícios de parcialidade do juiz.

Jurisprudência

106 [...] A suspeição dos jurados e matéria preclusa, já que relacionada ao julgamento em plenário deveria ser suscitada naquela ocasião (art. 571, inc. I, do CPP). Não procede a alegação de que o óbice apenas foi descoberto posteriormente, visto que, com a publicação da lista de jurados, era plenamente possível a defesa examinar a ocorrência de impedimento ou de suspeição – ou mesmo de mera inconveniência na atuação de determinada pessoa no Conselho de Sentença – para que, em plenário, pudesse requerer as exclusões necessárias. Injustificável, portanto, que, somente após o resultado desfavorável, venha a parte alegar nulidade. Procede, no entanto, a alegação de omissão no exame de matéria de defesa, pois a contrariedade da decisão do Júri a prova dos autos teve como apoio fático a situação de legítima defesa e, não, a de negativa de autoria, tal como apreciado e rejeitado pelo acórdão. *Habeas corpus* deferido, determinando-se a Corte local que supra a omissão, sem prejuízo do restante do acórdão, liberado o paciente, se por ali não se encontrar preso, uma vez que a sentença lhe permitiu apelar em liberdade (*Habeas Corpus nº 71.722, STF, 1ª Turma, Rel. Min. Ilmar Galvão, publicado no DJ em 25.11.1994*).

Art. 107. Não se poderá opor suspeição às autoridades policiais nos atos do inquérito, mas deverão elas declarar-se suspeitas, quando ocorrer motivo legal.

A fase de investigação, como sabido, é anterior ao processo, qualificando-se como verdadeiro procedimento administrativo.

A sua relevância, porém, repousa no fato de que, em princípio, é ali que o Estado recolhe os elementos informativos para a comprovação do fato criminoso em juízo.

Por isso, a autoridade policial que se encontrar em quaisquer das situações de impedimento, de suspeição ou de incompatibilidade, tal como arrolado no art. 252, art. 253, art. 254 e art. 112, todos do CPP, deve se afastar da investigação, com o objetivo de bem zelar pelos interesses da persecução penal.

O que o Código quer esclarecer é que não existe o procedimento de exceção de suspeição na fase de inquérito. Sequer – ou, muito menos – seria possível fazê-lo na fase de processo, quando já encerrada a investigação e terminada a atuação da autoridade policial.

Eventuais vícios na referida atividade funcional não contaminarão o processo, exatamente em razão da natureza inquisitiva do inquérito policial, cuja apuração dos fatos haverá de ser *reproduzida* em juízo, à exceção das provas irrepetíveis e antecipadas, de que é exemplo eloquente a prova pericial. E, relativamente a esta, caberá a exceção de suspeição do *perito*, conforme tivemos oportunidade de ver.

A falta, quando houver, será *funcional* e disciplinar. Em princípio, é claro.

Jurisprudência

107. [...] Nos termos do art. 107 do CPP: "Não se poderá opor suspeição às autoridades policiais nos atos do inquérito, mas deverão elas declarar-se suspeitas, quando ocorrer motivo legal". Alegações incapazes de macular a higidez da atuação policial. [...] *(Habeas Corpus nº 481.107/MT, STJ, 5ª Turma, unânime, Rel. Min. Ribeiro Dantas, julgado em 9.12.2020, publicado no* DJ *em 14.12.2020).*

Art. 108. A exceção de incompetência do juízo poderá ser oposta, verbalmente ou por escrito, no prazo de defesa.

§ 1º Se, ouvido o Ministério Público, for aceita a declinatória, o feito será remetido ao juízo competente, onde, ratificados os atos anteriores, o processo prosseguirá.

§ 2º Recusada a incompetência, o juiz continuará no feito, fazendo tomar por termo a declinatória, se formulada verbalmente.

108.1. Incompetência absoluta e incompetência relativa: Em diversas outras oportunidades já nos referimos à distinção entre a incompetência relativa e aquela denominada absoluta.

A primeira, *relativa*, recebe tal designação em razão de características processuais bem delimitadas: (a) depende de provocação da parte, a demonstrar o prejuízo na instrução do processo; (b) submete-se, por isso, à preclusão, em relação às partes.

A segunda, *absoluta*, é indicativa de um interesse predominantemente *público* na sua afirmação (da competência jurisdicional). Independe de provocação e o vício à função jurisdicional é pressuposto, não dependendo de prova.

A competência relativa se refere à competência *territorial*, isto é, firmada em razão do lugar (arts. 69 e seguintes, CPP). A competência absoluta é fixada em razão da matéria e por prerrogativa de função, relativamente ao exercício de determinados cargos alinhados na Constituição da República. Normalmente, a competência absoluta equivale à competência constitucional. No entanto, já se aceita com maior facilidade o fato de a competência prevista em leis de organização judiciária também se caracterizar como absoluta. Uma coisa, porém, é certa: pode até ser absoluta, mas não dirá respeito ao *juiz natural*; este corresponde apenas à estipulação constitucional da competência jurisdicional.

108.2. Exceção de incompetência e sua forma: Diz o CPP que o vício de incompetência, seja ele absoluto ou relativo, pode ser feito *oralmente* ou por escrito, no prazo da defesa.

Vejamos.

Somente se pensaria na oposição *oral* de exceção de incompetência nos procedimentos em que a defesa fosse assim aviada (oralmente), o que somente tem previsão no rito sumaríssimo dos Juizados Especiais Criminais (art. 81, Lei nº 9.099/95). E ali não se prevê, ao menos expressamente, a oposição de exceção.

Nos demais procedimentos, desde a Lei nº 11.719/08, prevê-se a apresentação de resposta escrita, na qual se poderá alegar também as exceções (art. 396-A, § 1º, CPP). A oposição, portanto, seria escrita, como regra.

A nosso aviso, a autuação em separado da exceção de incompetência somente se justificaria em relação ao vício de competência *relativa*. Se a incompetência for absoluta, haverá nulidade total do processo, desde – e, por vezes, inclusive – o oferecimento da peça acusatória, razão pela qual é indiferente a forma de sua autuação, se nos autos do processo principal ou em separado.

E, sendo relativa a incompetência arguida, somente haverá recurso contra a decisão que a reconhecer (art. 581, II, CPP), ou seja, no caso de o juiz afirmar-se *incompetente*.

Ocorre, nesse caso, que a tramitação do processo principal, na hipótese de recurso contra a decisão (art. 581, II, CPP), passaria a depender da manifestação do juiz a quem forem encaminhados os autos. Se ele concordar com o outro, afirmando a sua competência, a ação penal prosseguirá, independentemente do recurso. Se ele discordar, contudo, o processo paralisará, em razão, então, de um conflito *negativo* de jurisdição.

De outro lado, se o juiz rejeitar a exceção, não haverá recurso algum, daí por que será indiferente a sua (da exceção) autuação em separado.

De todo modo, a parte poderá arguir a incompetência, relativa ou absoluta, também no corpo de sua resposta escrita, cabendo ao juiz determinar a sua autuação em separado apenas no caso de reconhecer a sua procedência.

Jurisprudência

108.2. [...] Nos termos do art. 108 do Código de Processo Penal, a exceção de incompetência deve ser oposta, verbalmente ou por escrito, no prazo de defesa, o que não foi observado no caso em apreço. Assim, não havendo a arguição da incompetência territorial, de natureza relativa, no momento processual adequado, encontra-se preclusa a matéria, prorrogando-se a competência do órgão jurisdicional que recebeu a denúncia. [...] *(Agravo Regimental no Conflito de Competência nº 187.987–SP, STJ, 3ª Seção, Rel. Min. Laurita Vaz, julgado em 14.9.2022, publicado no DJ em 28.9.2022)*

108.3. A posição do Ministério Público: Percebe-se, sem dificuldades, que deve o *parquet* se manifestar sobre a exceção, seja na condição de *parte*, seja na de *custos legis*. Obviamente.

O CPP não alude à possibilidade de o membro do Ministério Público opor, também ele, a exceção de incompetência do juiz.

E isso se explica pelo fato do próprio oferecimento da denúncia. É dizer: como poderia o *parquet* oferecer a denúncia diante de juiz incompetente?

Embora lógica a indagação, a ser acrescida, fundamentalmente, pelo fato de o Ministério Público somente atuar quando se julgar portador de *atribuição* (constitucional ou legal) para a causa, pensamos que reside aqui um dos grandes problemas do processo penal brasileiro.

É que, não podendo o órgão de acusação excepcionar a incompetência do juízo, poderá haver um incidente ainda maior no curso do processo, o que ocorrerá quando e se houver um *conflito de atribuições* entre órgãos do Ministério Público.

Por isso, pensamos possível a exceção de incompetência pelo Ministério Público, junto ao oferecimento da peça acusatória, conforme já tivemos oportunidade de assinalar (ver art. 28, CPP, *retro*).

108.4. Ratificação dos atos anteriores: Aceita a competência pelo juiz a quem forem encaminhados os autos, isto é, inexistindo ou já resolvido eventual conflito de competência (entre juízes), poderá ele *ratificar* os atos anteriores.

Impõe-se observar, contudo, que apenas os atos processuais que não se qualificarem como *decisórios* poderão ser ratificados. Estes, os decisórios, deverão ser repetidos, nos termos do art. 567, CPP.

É bem de ver, ainda, que o vício de incompetência absoluta imporá a necessidade de repetição de todos os atos do processo, a começar pela própria postulação. Imagine-se, por exemplo, a hipótese de declinatória de competência feita por juiz de direito durante a tramitação de determinada ação penal. Nesse caso, encaminhados os autos ao juiz competente, deverá ele abrir vista ao Ministério Público que ali oficia. Se a declinatória for em favor de juiz federal, o procurador da República, ao contrário do convencimento de seu colega do Estado, poderá modificar inteiramente a acusação, e, inclusive, requerer o arquivamento do inquérito policial. A nulidade dos atos processuais no vício de incompetência absoluta é total.

Já na incompetência relativa, poderão ser ratificados os atos não decisórios (art. 567, CPP).

E o recebimento da denúncia poderia ou teria que ser ratificado? A jurisprudência nacional já se consolidou em relação à incompetência relativa, no sentido de aceitar a sua ratificação. Mais ainda: de sequer exigi-la, como se automática fosse.

Precisa-se fazer uma anotação complementar ainda: se houver o deslocamento de competência no curso do processo (por exemplo, pelo fato de o investigado ou processado assumir uma função que lhe garanta prerrogativa de foro), todos os atos praticados antes desse momento (diplomação, no caso de parlamentar) serão absolutamente válidos, sendo totalmente desnecessária a ratificação de qualquer ato processual, pois eles foram praticados pela autoridade competente ao tempo (princípio do *tempus regit actum*). Efetuado o deslocamento, deverá ser observado o rito específico (se houver) do foro para onde encaminhado o processo, sem qualquer necessidade de refazimento dos fatos pela circunstância exclusiva da alteração de competência. Assim, há de se adaptar o novo rito processual ao feito a partir do momento do deslocamento da competência.

Remetemos o leitor aos comentários feitos ao art. 567, CPP, mais adiante.

Jurisprudência

108.4. [...] O fato de ter havido o declínio da competência com posterior rejeição da queixa-crime, não desconstitui o marco interruptivo verificado em 9/8/2022, por ocasião do recebimento da queixa-crime pelo Juízo anterior, porquanto não há notícia de que referido recebimento foi anulado. Ademais, a rejeição da queixa-crime foi reformada pela Corte local, o que confirma a higidez do referido marco interruptivo, ratificado pelo Tribunal de origem. – Anote-se que a Corte Especial desta Corte Superior já se manifestou no sentido de que "até mesmo atos decisórios são ratificáveis, de acordo com o que dispõe o artigo 108, § 1º, do Código de Processo Penal: 'Se, ouvido o Ministério Público, for aceita a declinatória, o feito será remetido ao juízo competente, onde, ratificados os atos anteriores, o processo prosseguirá'. Acrescente-se que o STF e o STJ, nos casos de incompetência absoluta, firmaram entendimento que os atos decisórios são ratificáveis". (QO na APn n. 843/DF, relator Ministro Herman Benjamin, Corte Especial, julgado em 6/6/2018, DJe de 14/6/2018.) [...] *(Agravo Regimental no Habeas Corpus nº*

856.269-GO, STJ, 5ª Turma, Rel. Min. Reynaldo Soares da Fonseca, julgado em 3.10.2023, publicado no DJ em 11.10.2023)

108.4. [...] Foro com prerrogativa de função. Alteração da competência pela não recondução ao cargo eletivo. Ratificação dos atos anteriormente praticados pelo juízo então competente. Desnecessidade. Princípio do *tempus regit actum*. [...] em razão do cargo eletivo então ocupado pelo ora Agravante, a competência para processar e julgar o feito era do Órgão Especial do Tribunal de Justiça do Estado do Rio de Janeiro, sendo certo que, à vista da não recondução daquele ao referido posto público, o processo foi encaminhado à primeira instância, ou seja, não foi prolatado por juízo incompetente qualquer ato decisório ou instrutório que necessitasse ser ratificado pelo órgão judicial competente, a fim de que fosse corroborada a respectiva validade. [...] Para casos como o presente, a jurisprudência do Supremo Tribunal Federal e do Superior Tribunal de Justiça estão fixadas no sentido de que, em obediência ao princípio do *tempus regit actum*, não há necessidade de ratificação. [...] *(Agravo Regimental no Agravo em Recurso Especial nº 1.592.993-RJ, STJ, 6ª Turma, unânime, Rel. Min. Laurita Vaz, julgado em 3.3.2020, publicado no* DJ *em 13.3.2020).*

108.4. [...] Ocorrendo modificação da competência em razão da aquisição ou perda superveniente de foro por prerrogativa de função por parte do acusado, o juízo declinado recebe o processo no estado em que se encontrar. Os atos processuais praticados no juízo declinante, se competente quando o foram, prescindem de ratificação ou renovação no juízo declinado, em atenção ao princípio do *tempus regit actum*. [...] (*AP nº 971-RJ, STF, 1ª Turma, Rel. Min. Edson Fachin, julgado em 28.6.2016, publicado no* DJ *em 11.10.2016*).

108.4. [...] Constatada a incompetência absoluta, os autos devem ser remetidos ao Juízo competente, que pode ratificar ou não os atos já praticados. Por outro lado, a ratificação dos atos praticados pelo Juízo incompetente pode ser implícita, ou seja, por meio da prática de atos que impliquem a conclusão de que o Magistrado validou os referidos atos. [...] (*AgRg no Edcl no REsp nº 1.414.960-MG, STJ, 5ª Turma, unânime, Rel. Min. Reynaldo Soares da Fonseca, julgado em 20.9.2016, publicado no* DJ *em 26.9.2016*).

108.4. [...] Se o deslocamento do foro por prerrogativa de função ocorre no curso do processo por motivo superveniente, são válidos os atos anteriores praticados por juiz competente. [...] (*Ação Penal nº 813-DF, STJ, Corte Especial, unânime, Rel. Min. Felix Fischer, julgado em 2.3.2016, publicado no* DJ *em 12.4.2016*).

108.4. [...] o recebimento da denúncia pelo magistrado de primeiro grau – à época dos fatos, o juízo competente para o conhecimento da ação penal – constitui ato jurídico perfeito e, portanto, configura marco interruptivo para a prescrição, nos termos do art. 117, I, do CP. A superveniente modificação da competência, em razão da detenção de foro por prerrogativa de função da paciente, não tem o condão de invalidar os atos válidos anteriormente praticados no processo, sob pena de violação do princípio *tempus regit actum* (Precedentes). [...] (*Habeas Corpus nº 71.206-PR, STJ, 5ª Turma, unânime, Rel. Min. Ribeiro Dantas, julgado em 17.5.2016, publicado no* DJ *em 27.5.2016*).

108.4. [...] 2. O § 1º do artigo 108 do Código de Processo Penal, estabelece que se a exceção de incompetência for aceita, "*o feito será remetido ao juízo competente onde, ratificados os atos anteriores, o processo prosseguirá*". 3. Por sua vez, o artigo 567 da Lei Penal adjetiva preceitua que "*a incompetência do juízo anula somente os atos decisórios, devendo o processo, quando for declarada a nulidade, ser remetido ao juízo competente*". 4. Da leitura dos dispositivos legais em apreço, observa-se que em caso de incompetência relativa, o Juízo competente deve confirmar os atos decisórios proferidos, para que se revistam de legalidade. [...] (*RHC nº 70.166-PI, STJ, 5ª Turma, unânime, Rel. Min. Jorge Mussi, julgado em 13.9.2016, publicado no* DJ *em 21.9.2016*).

108.4. [...] 1. Nos termos da orientação firmada pelo Supremo Tribunal Federal a partir do julgamento do INQ 571, Rel. Min. Sepúlveda Pertence, a alteração da competência inicial em face de posterior diplomação do réu não invalida os atos regularmente praticados, devendo o feito prosseguir da fase em que se encontre, em homenagem ao princípio *tempus regit actum* (Inq 1459, Rel. Min. Ilmar Galvão). 2. O regular oferecimento e recebimento da denúncia perante o juízo natural à época dos atos desautoriza o pedido de arquivamento formulado nesta fase processual, em homenagem ao princípio da obrigatoriedade da ação penal. [...] (*Questão de Ordem na Ação Penal nº 905-MG, STF, 1ª Turma, Rel. Min. Roberto Barroso, julgado em 23.2.2016, publicado no* DJ *em 22.3.2016*).

108.4. [...] A modificação superveniente de competência não importa em nulidade dos atos processuais até então praticados. Precedentes. 2. Pelo princípio do *tempus regit actum*, são válidos os atos processuais praticados ao tempo em que o juízo de primeiro grau era competente, dentre os quais o recebimento da denúncia, prosseguindo-se a ação penal a partir da fase processual em que se encontra. [...] (*Ação Penal nº 914-AP, STF, 2ª Turma, unânime, Rel. Min. Cármen Lúcia, julgado em 8.3.2016, publicado no DJ em 30.3.2016*).

108.4. [...] Enquanto não reconhecida a incompetência relativa, são válidos os atos praticados até então, cabendo ao magistrado que receber o processo prosseguir com os demais atos processuais, reconhecendo-se válidos todos os anteriores praticados pelo juiz tido como incompetente (CPP, art. 108, § 1º). No caso, tão logo verificada a prevenção de outro membro do Tribunal para relatar a ação penal, os autos foram imediatamente a ele redistribuídos, ocasião em que ratificou todos os atos decisórios proferidos, inclusive o decreto de prisão cautelar. [...] (*Recurso Ordinário em Habeas Corpus nº 127.757-DF, STF, 2ª Turma, unânime, Rel. Min. Teori Zavascki, julgado em 2.6.2015, publicado no DJ em 18.6.2015*).

Art. 109. Se em qualquer fase do processo o juiz reconhecer motivo que o torne incompetente, declará-lo-á nos autos, haja ou não alegação da parte, prosseguindo-se na forma do artigo anterior.

Ao contrário do que ocorre no Código de Processo Civil, o art. 109 do CPP autoriza a afirmação da incompetência relativa pelo juiz, de ofício, ou seja, independentemente de provocação das partes.

Há que se reconhecer que a redação do aludido texto não deixa de causar certa perplexidade, no ponto em que alude ao reconhecimento, pelo juiz, *de motivo que o torne incompetente*, como a supor um fato superveniente ao ajuizamento da ação penal.

Na verdade, trata-se de pobreza técnica e nada mais.

O processo penal brasileiro, a partir do CPP de 1941, assumiu contornos nitidamente *inquisitivos*, ampliando a atuação do juiz no processo. Aliás, em sua redação original (de 1941) previu-se, inclusive, a possibilidade de o juiz iniciar a ação penal em determinadas infrações penais, além de conceder a ele o poder de alteração da acusação, sem qualquer participação do Ministério Público, como constava da anterior redação do art. 384, atualmente modificado pela Lei nº 11.719/08.

Nesse passo, não seria de admirar a previsão de afirmação da incompetência relativa, de ofício, sem qualquer manifestação das partes nesse sentido.

É que, como o juiz detinha poderes instrutórios (e até postulatórios, como vimos), haveria que lhe reconhecer a possibilidade de controlar a qualidade da prova a ser produzida no processo.

E é exatamente essa a grande característica da competência territorial: facilitar a produção da prova pelas partes. Não por outra razão a primeira regra de competência territorial indica o *lugar da infração*, onde se espera encontrar mais amplo material probatório.

De todo modo, quaisquer que sejam os motivos, resta válido e vigente o art. 109 do CPP, autorizando o reconhecimento *ex officio* da incompetência relativa.

Não se compreende, portanto, a tentativa de aplicação do entendimento consagrado na Súmula 33 do Superior Tribunal de Justiça, no sentido de que *a incompetência relativa não pode ser reconhecida de ofício*, como se verá a seguir.

Ora, além de contrariar frontalmente disposição legal, parte-se de uma interpretação absolutamente equivocada da jurisprudência daquela Corte (Superior Tribunal de Justiça). Todas as decisões que se prestaram a consolidar o entendimento da Súmula 33 dizem respeito ao *processo civil* e não ao processo penal! E o que é a *súmula* de jurisprudência senão a consolidação de determinado entendimento jurisprudencial?

Que não se admite a afirmação de incompetência relativa de ofício no processo civil sabe-se à exaustão, até porque há, ali, previsão nesse sentido (*a contrario sensu – art. 64, Lei nº 13.105/2015, atual CPC*).

Mas, no processo penal, a previsão legal é exatamente em sentido inverso! Repita-se: a base hermenêutica da citada Súmula 33 se refere a processos de execução fiscal e não a processos penais!!! Inadmissível, parece-nos, a decisão que ora se segue, acompanhada do respectivo e necessário contraponto.

Jurisprudência

109. [...] A competência, à luz da legislação processual penal, obedece a regra de que "*Se em qualquer fase do processo o juiz reconhecer motivo que o torne incompetente, declará-lo-á nos autos, haja ou não alegação da parte, prosseguindo-se na forma do artigo anterior*" (art. 109 do CPP). [...] *(Embargos de Declaração nos Embargos de Declaração na Questão de Ordem no Inquérito n. 4.703- DF, STF, 1ª Turma, unânime, Rel. Min. Luiz Fux, julgado em 25.6.2019, publicado no DJ em 24.10.2019).*

109. [...] Proferida sentença de pronúncia, resta prejudicado o pedido de reconhecimento de excesso de prazo e de revogação da segregação cautelar, haja vista a não juntada do novo título aos autos. Tratando-se de incompetência relativa, não tendo a defesa oposto a devida exceção, no prazo legal, resta operada a preclusão, prorrogando-se a competência firmada. Precedentes do STJ. A incompetência relativa não pode ser declarada de ofício (Súmula 33/STJ). Ordem parcialmente conhecida e, nessa extensão, denegada (*Habeas Corpus nº 95.722-BA, STJ, 5ª Turma, Rel. Min. Arnaldo Esteves Lima, julgado em 1.12.2009, publicado no DJ em 1.2.2010*).

Art. 110. Nas exceções de litispendência, ilegitimidade de parte e coisa julgada, será observado, no que lhes for aplicável, o disposto sobre a exceção de incompetência do juízo.

§ 1º Se a parte houver de opor mais de uma dessas exceções, deverá fazê-lo numa só petição ou articulado.

§ 2º A exceção de coisa julgada somente poderá ser oposta em relação ao fato principal, que tiver sido objeto da sentença.

110.1. A forma das exceções: Insistimos: não há o menor cabimento para a previsão de autuação em separado da exceção de *ilegitimidade de parte*, que, inclusive, diz respeito a uma das condições da ação (art. 395, CPP).

Qualquer das exceções alinhadas no art. 95, à exceção (passe a redundância) da de suspeição, que deve ser julgada em e por outro órgão da jurisdição, pode ser levantada no corpo da resposta escrita, devendo o juiz autuar em separado apenas aquelas nas quais seja possível o recurso contra a decisão que a resolver (a exceção oposta). Fora daí, não se justifica a autuação em separado, se não houver risco ao andamento regular da ação penal.

Se a questão oposta disser respeito ou for prejudicial à apreciação do mérito da ação penal, deve o juiz resolvê-la com antecedência, seja em separado ou não.

A litispendência e a coisa julgada impedirão o juiz de conhecer do processo principal, reclamando, por isso mesmo, um pronunciamento imediato sobre a matéria. Se a causa for repetição de outra, ou, se já estiver julgado o caso penal (a imputação ao réu, do mesmo fato, independentemente das circunstâncias), não poderá ele sentenciar o processo, pouco importando a forma utilizada pela parte excipiente para o levantamento da objeção (na exceção).

Assim e pelas mesmas razões, a técnica exigida pelo CPP, uma exceção em separado das demais, não impedirá o juiz de conhecê-las, ainda que se possa reconhecer a praticidade do exame judicial em separado de cada uma delas.

110.2. A coisa julgada: Deve-se evitar-se, a todo custo, a repetição da matéria. Somente por isso, remetemos o leitor aos comentários alinhados no item 392.2, adiante, no qual se examina com maiores cuidados o conteúdo da coisa julgada penal.

Jurisprudência

110.2. [...] Para que se configure a coisa julgada, é indispensável a identidade de partes, de fundamento e de pedido, requisitos estes não presentes em processo que visa a apuração de responsabilidade de motorista causador de colisão de veículo, e o que e movido visando a apuração de delito por negligência médica, causando a morte da vítima. Recurso desprovido (*RHC nº 1.709-RS, STJ, 5ª Turma, Rel. Min. Cid Flaquer Scartezzini, julgado em 12.2.1992, publicado no* DJ *em 9.3.1992).*

Art. 111. As exceções serão processadas em autos apartados e não suspenderão, em regra, o andamento da ação penal.

Desnecessários quaisquer acréscimos ao que vimos de afirmar desde o início, ao trato da matéria relativa às exceções.

O processamento em apartado, quando se justifica, é para permitir o controle revisional do ato (via recurso), sem prejuízo do andamento da ação penal.

Essa é a ideia, com as observações que ali fizemos.

Ver, então, comentários ao art. 95, CPP.

Jurisprudência

111 [...] Afastou-se a tese de nulidade do julgamento do recurso de apelação, pois, no âmbito penal, o art. 111 do CPP estabelece que "as exceções serão processadas em autos apartados e não suspenderão, em regra, o andamento da ação penal". A ausência de suspensão do Processo Penal pela simples oposição de exceções é entendimento consolidado no âmbito dos Tribunais Superiores (HC 66.157, Rel. Min. Francisco Rezek, Segunda Turma, DJ 26.8.1988; HC 117.758/MT, Rel. Ministra Laurita Vaz, Quinta Turma, DJe 13/12/2010; RHC 12.742/SP, Rel. Ministro Jorge SCARTEZZINI, Quinta Turma, DJ 25/2/2004, p. 188). [...] *(Embargos de Declaração no Agravo Regimental no Agravo em Recurso Especial nº 1.746.064–DF, STJ, 6ª Turma, Rel. Min. Olindo Menezes, julgado em 14.9.2022, publicado no DJ em 20.9.2022)*

111 [...] A teor do que dispõe a norma processual, art. 111 do CPP, a suspensão do processo em caso de conflito de competência deve ser sopesada a partir das características da causa e pela situação do réu, o que, obviamente, não significa dizer que não haja restrição quanto à prática de atos decisórios e, também, a permissão da condução da ação por medida de impulso processual. No caso, o Juiz condutor, apesar de inicialmente ter-se declarado incompetente, houve por bem cumprir alguns atos processuais que não causaram nulidade, tampouco prejuízo ao interesse da defesa. Ordem denegada (*Habeas Corpus nº 35.787-MG, STJ, 5ª Turma, Rel. Min. José Arnaldo da Fonseca, julgado em 28.9.2004, publicado no DJ em 25.10.2004*).

CAPÍTULO III
Das Incompatibilidades e Impedimentos

Art. 112. O juiz, o órgão do Ministério Público, os serventuários ou funcionários de justiça e os peritos ou intérpretes abster-se-ão de servir no processo, quando houver incompatibilidade ou impedimento legal, que declararão nos autos. Se não se der a abstenção, a incompatibilidade ou impedimento poderá ser arguido pelas partes, seguindo-se o processo estabelecido para a exceção de suspeição.

As causas ou situações geradoras de impedimento e de suspeição não podem ser ampliadas por analogia, conforme se sustenta na doutrina e na jurisprudência. Podem, no entanto, ser objeto de interpretação *integradora*, para abarcar situações não explicitadas expressamente, mas acolhidas pelo mesmo fundamento lógico e de direito.

Todas essas questões, atinentes aos impedimentos e à suspeição do juiz, serão objeto de detalhada apreciação, mais adiante, a começar pelos comentários ao art. 252, CPP.

E lá veremos que, mesmo o entendimento que vimos de expor, no sentido da impossibilidade de ampliação das causas legais de impedimento e de suspeição do juiz, incluída a ressalva atinente à interpretação *integradora* da norma, pode ser *parcialmente* impugnado, diante da abertura semântica (pluralidade de sentidos) do presente dispositivo.

Diz o art. 112, CPP, que o juiz deverá declarar o seu impedimento ou incompatibilidade. Na verdade, podemos incluir a suspeição, não dita aqui, mas em outro espaço (art. 99, CPP), que também deve ser declarada pelo juiz, de ofício. Sabemos o que são os impedimentos e as suspeições, todos objeto de previsão específica em lei (arts. 252, 253, 255 e 255, CPP).

Mas o que seria a incompatibilidade?

Pensamos que reside aqui, por primeiro, o reconhecimento (necessário) da falibilidade do legislador. Ora, se a preocupação é com a imparcialidade do juiz (e de outros sujeitos processuais), não faria sentido acreditar ser possível a previsão, em abstrato, de todas as variantes do relacionamento humano e do comprometimento da liberdade de julgar daí resultante.

Por isso, a regra da *incompatibilidade,* posta dessa maneira, propositadamente aberta, funciona como uma ampliação genérica e não prescrita expressamente das situações de vício à imparcialidade.

As conhecidas *razões de foro íntimo* do art. 145, § 1º, CPC/2015 (art. 135, parágrafo único, CPC/1973), não vieram a ter previsão expressa em nosso CPP, preferindo o legislador, acertadamente, deixar em aberto as possibilidades de incompatibilização do juiz com o processo. Cabe, portanto, precisamente aqui, semelhante oportunidade de afastamento voluntário do juiz, por razões que, segundo ele, interfeririam na sua liberdade de julgar.

Mas não só com as *razões de foro íntimo* se pode aplicar o disposto no art. 112, CPP. É dizer: não só o juiz pode recusar sua jurisdição, mas também as partes poderão fazê-

-lo, desde que apontem a existência de situação de fato, e de direito, em tudo assemelhada às causas do art. 252 e art. 253, sobretudo.

Seria possível ao juiz, por exemplo, exercer com imparcialidade a sua jurisdição quando arrolado como testemunha o seu filho ou cônjuge? Pode-se afirmar, sem risco de erro, que haveria certa *propensão* do magistrado em inclinar-se para a *veracidade* do depoimento daqueles de seu convívio e de sua confiança, sem falar no parentesco. Pode até ser que inexista o aludido risco, em razão da existência de outros depoimentos no mesmo sentido.

De acordo. Só que, uma coisa é analisar uma situação de possível nulidade, *antes de sua ocorrência,* isto é, *abstratamente;* outra, muito diferente, é examiná-la, posteriormente, quando já se puder (e só aí!) atestar a *inocorrência* do vício, concretamente. No exemplo dado, antes de se ouvir as demais testemunhas, poder-se-ia validamente arguir a incompatibilidade do juiz; mas, se, colhidos os depoimentos, houver unanimidade quanto à versão das testemunhas, incluindo o cônjuge ou filho do juiz, não haverá razão alguma para anular-se o processo, porquanto demonstrada, *a posteriori*, a ausência de prejuízo.

O que se tem no presente dispositivo, portanto, é uma *reserva prudente* da falibilidade da atividade legislativa, priorizando-se a tutela da qualidade da atuação jurisdicional, de modo a fazer valer, em sua inteireza, o princípio do juiz natural, que tem, em uma de suas faces, a exigência de imparcialidade.

Jurisprudência

112 [...] a razão de ser da regra processual de suspeição e impedimento é preservar a imparcialidade do órgão julgador, a fim de que ele possa apreciar a demanda com a equidistância necessária para aplicar o direito ao caso concreto. Nesse sentido, Eugênio Pacelli de Oliveira ensina que *"a imparcialidade do juiz é requisito de validade do processo, estando inserido no devido processo legal constitucional, como uma das principais conquistas do modelo acusatório de processo."* (Precedente). [...] (*RMS nº 50.092-MG, STJ, 5ª Turma, unânime, Rel. Min. Felix Fischer, julgado em 13.9.2016, publicado no DJ em 26.9.2016*).

112 [...] Não há falar em nulidade da decisão que inadmitiu o recurso especial, em razão de impedimento de Desembargador que participara de julgamento anterior de *habeas corpus* referente a mesma ação penal, tendo em vista que a decisão aqui atacada não examina o mérito do aresto recorrido, mas tão somente os requisitos legais para o recebimento do apelo nobre. Agravo regimental improvido (*Agravo Regimental no Agravo de Instrumento nº 1.286.765-SP, 5ª Turma, unânime, Rel. Min. Jorge Mussi, julgado em 1.12.2011, publicado no DJ em 9.12.2011*).

112 [...] Hipótese na qual se alega o impedimento de Desembargador sorteado como relator de ação penal originária – instaurada perante o Tribunal *a quo* para apurar a participação do paciente na prática, em tese, de crimes em decorrência dos fatos que resultaram, na esfera administrativa, na sua aposentadoria compulsória –, o que ocasionaria a ilegalidade da custódia preventiva, caso viesse a ser decretada. Visualizada que a discussão referente à suspeição do relator da ação penal é um fator secundário no presente *writ*, pois o paciente, para tratar do tema, impetrou nesta Corte a ordem de Habeas Corpus nº 40.248/MT, também distribuído a esta Relatoria, não se analisa a argumentação. Não constando, nos autos, a comprovação de que o impedimento do relator foi arguido no Tribunal *a quo* (art. 112, c/c o art. 103, §§ 3º e 4º, ambos do CPP), impossibilitando o conhecimento da irresignação, pois haveria supressão de instância, analisa-se a viabilidade de concessão de habeas corpus de ofício, face à possibilidade de ocorrência de nulidade absoluta. O impedimento do Juiz, previsto no inciso III do art. 252 do CPP, resulta da sua atuação, no mesmo processo, em diferentes graus de jurisdição, não ocorrendo tal evento em relação às esferas administrativa e judicial. No âmbito do processo penal, as circunstâncias ensejadoras da declaração de impedimento do julgador, por serem de direito estrito, são enumeradas taxativamente, de modo exaustivo, nos arts. 252 e 253 da Norma Penal Adjetiva, sendo defeso ao intérprete abrandar o conceito de jurisdição (ou de instância) para abarcar situações como a do acusado, pois se estaria ampliando as hipóteses legalmente previstas. No caso concreto, o acolhimento da tese constante do *writ* ocasionaria o impedimento consequente de todos os Desembargadores que participaram do julgamento do paciente na esfera administrativa (mais da metade dos integrantes do Órgão), forçando o deslocamento da competência para julgamento do processo-crime instaurado para o STF (art. 102, inciso I, alínea "n", da Constituição Federal), o que, certamente, não foi pretendido pelo legislador constituinte, pois, se assim o quisesse, teria previsto o impedimento sustentado como exceção à regra constante do inciso III do art. 96, c/c o inciso VIII do art. 93, ambos da Carta Magna. Não se verificando o pretenso impedimento, resta inviabilizada a concessão de habeas corpus de ofício, prejudicados os argumentos sobre a ilegalidade da custódia preventiva do paciente, caso venha a ser decretada pelo atual relator da ação penal originária. *Writ* não conhecido (*Habeas Corpus nº 40.053-MT, STJ, 5ª Turma, Rel. Min. Gilson Dipp, julgado em 19.4.2005, publicado no* DJ *em 16.5.2005).*

CAPÍTULO IV
Do Conflito de Jurisdição

Art. 113. As questões atinentes à competência resolver-se-ão não só pela exceção própria, como também pelo conflito positivo ou negativo de jurisdição.

113.1. Conflito de competência e conflito de jurisdição: Deve-se, desde logo, esclarecer uma falsa questão: haveria distinção entre o conflito de competência e o mencionado (no dispositivo legal) conflito de jurisdição?

Na verdade, o uso indiscriminado das expressões (competência e jurisdição) parece ser o grande responsável pela confusão terminológica.

Jurisdição é função estatal específica, exercida por órgãos expressamente previstos em lei, dotados de *competência* para *dizer o direito* quando necessário. A função *jurisdicional,* portanto, se exerce a partir da distribuição de *competência* aos diversos órgãos do Poder Judiciário.

Competência, então, nada mais é que a *parcela* de jurisdição atribuída em lei ou em normas de organização judiciária a determinado juiz ou tribunal. E que pode ser fixada segundo o *lugar* (territorial), a *matéria* e a *prerrogativa de função.*

Rigorosamente falando, dúvidas acerca da responsabilidade para o exercício da jurisdição configuram um conflito de *competência.* De modo geral, todos os juízes e tribunais exercem *jurisdição*; mas nem todos têm a mesma *competência.*

Pode-se até aceitar a referência ao conflito de jurisdição como sendo a dúvida surgida entre jurisdições distintas, como, por exemplo, entre o juiz federal e o juiz de direito. Nesse sentido, haveria conflito *entre jurisdições,* federal e estadual. Mas, repita-se, só nesse sentido.

No entanto, o fato é que o legislador optou pela expressão conflito de jurisdição, dando mais ênfase à função (jurisdicional) que propriamente à definição da *parcela* atribuída ao juiz (competência). Nos tribunais, porém, incluindo os Superiores, a matéria é tratada como conflito de competência, ao menos para fins de autuação do incidente.

Jurisprudência

113.1. [...] *Somente haverá conflito de competência quando houver manifestação de dois órgãos jurisdicionais que se considerem competentes ou incompetentes para julgamento da mesma causa, o que não ocorreu na hipótese dos autos.* Nesse contexto, não há conflito de competência a ser resolvido pelo Superior Tribunal de Justiça. [...] *(Agravo Regimental no Conflito de Competência nº 173.551-PI, STJ, 3ª Seção, unânime, Rel. Min. Laurita Vaz, julgado em 9.9.2020, publicado no DJ em 1º.10.2020).*

113.2. Exceção de competência: A incompetência do juiz pode ser levantada pelas partes. Vimos as dificuldades de compreensão acerca da possibilidade de poder também o órgão da acusação *excepcionar* a competência ou a jurisdição do juiz do processo (item 95.9, *retro*). Normalmente, o Ministério Público ou o querelante já propõem a ação penal perante o juiz que acreditam competente para a causa. O Ministério Público, aliás, detém *atribuições* constitucionais para os processos, dado que a própria Constituição da República se refere ao Ministério Público Federal, ao Estadual, ao Militar da União, ao Militar dos Estados etc. (art. 128, CF). Assim, e por isso, quando entendem incompetente o juiz, os membros do *parquet* recusam, antes, *atribuição* para o processo, na medida em que as exercem (atribuições) perante determinado juízo.

Mas, como já assentado, não vemos impossibilidade legal de oposição de exceção de incompetência também pelo Ministério Público. Em tese. Deverá ela ser oposta junto ao oferecimento da peça acusatória.

Já a defesa poderá fazê-lo por escrito, ou oralmente (nos Juizados Especiais Criminais), no prazo da resposta (art. 396-A, CPP). Passada a oportunidade, estará preclusa a matéria para ela (defesa), no que toca à incompetência *territorial*, isto é, a incompetência *relativa*. A incompetência absoluta, exatamente por resultar em nulidade absoluta do processo, poderá ser alegada a qualquer tempo, mesmo após o trânsito em julgado.

Mais uma ressalva: a nosso aviso, também o juiz poderá afirmar a sua incompetência relativa até o início da instrução criminal, nos termos do art. 109, CPP, com a limitação temporal dada pelo art. 399, § 2º, CPP. E, de ofício, independentemente de provocação das partes. Ver, no ponto, nossas observações ao citado art. 109.

113.3. Conflito entre juízes, entre tribunais e entre estes e aqueles: Os tribunais detêm determinada parcela de *hierarquia jurisdicional* sobre outros órgãos da jurisdição, desde que prevista em lei e, sobretudo, na Constituição da República.

Assim, e por exemplo, o Supremo Tribunal Federal exerce hierarquia sobre todos os demais órgãos do Poder Judiciário, daí por que incabível o conflito de jurisdição com aquela Corte. Do mesmo modo, o Superior Tribunal de Justiça, com exceção do STF, tem competência para decidir conflitos de competência entre os demais órgãos jurisdicionais, precisamente por se encontrar em posição funcionalmente hierárquica em relação a eles (art. 105, I, *d*, CF).

Fora daí, poderá haver conflito de jurisdição entre juízes (federais, militares, estaduais etc.) e tribunais (de segunda instância), desde que o primeiro (o juiz) não seja vinculado funcionalmente a este (tribunal). Assim, um juiz de direito de Minas Gerais pode suscitar conflito de competência com o Tribunal de Justiça de São Paulo, não podendo fazê-lo, contudo, em relação ao Tribunal de Justiça de Minas Gerais, ao qual se acha vinculado e submetido à respectiva hierarquia jurisdicional. Do mesmo modo, um juiz federal poderá suscitar conflito com o Tribunal Regional Federal de uma Região a qual não esteja vinculado (Juiz da Primeira Região e Tribunal da Segunda – ou Terceira, ou Quarta ou Quinta – Região, por exemplo).

O Superior Tribunal de Justiça, justamente por se encontrar em nível superior aos Tribunais de Justiça e demais tribunais de segunda instância, resolverá tais conflitos, quando entre juízes e tribunais, não vinculados entre si (art. 105, I, *d*, CF), e entre tribunais (TJ do Rio de Janeiro e TJ do Distrito Federal; Tribunal Regional Eleitoral do Rio Grande do Sul e Tribunal de Justiça daquele Estado, por exemplo).

Quando o conflito se der entre juízes vinculados ao mesmo tribunal, a competência será deste (art. 96, I, *a*, CF). Quando entre juízes vinculados a tribunais diferentes, caberá ao Superior Tribunal de Justiça (art. 105, I, *d*, CF).

Jurisprudência

113.3. [...] Hipótese em que se estabeleceu uma divergência entre o Juízo Federal e o Juízo de Direito, ambos de Tabatinga/AM, acerca do lugar em que deve ficar custodiado o Réu que responde, perante cada um desses Juízos, a processos distintos, sem conexão. Não há, a rigor, conflito de competência, a teor do art. 113 do Código de Processo Penal e do art. 115 do Código de Processo Civil, na medida em que os Juízes envolvidos não divergem sobre suas competências em cada um dos processos em andamento, os quais não são suscetíveis de reunião, do que também não discordam. A prisão cautelar, no caso, é decorrente de flagrante lavrado pela prática, em tese, do crime de depósito, guarda e favorecimento de entrada no território nacional de armas de fogo e munições de uso proibido ou restrito, pelos quais está sendo o Réu processado perante a Justiça Federal. Por conseguinte, sendo o Juízo Federal o responsável pela manutenção da medida prisional cautelar, é este quem tem que decidir acerca da sua adequação, inclusive o lugar de cumprimento. Vale ressaltar que diante das suspeitas recaídas sobre o acusado, mormente a de pertencer à perigosa organização "FARC", do país vizinho, e aos rumores de uma possível tentativa de resgate – "Máxime porque o presídio em Tabatinga fica localizado a poucos metros da fronteira com a Colômbia, local que se ressente da segurança que seria necessária em casos tais", como advertiu o Juiz Federal – é mais do que razoável, e prudente, que o Réu seja removido para outro lugar seguro mais próximo, como onde se encontra. Conflito de competência não conhecido, com recomendações ao Juízos envolvidos (*Conflito de Competência nº 85.248-AM, STJ, 3ª Seção, Rel. Min. Laurita Vaz, julgado em 23.4.2008, publicado no* DJ *em 14.5.2008*).

113.4. Conflito de jurisdição nos Juizados e Turmas Recursais: O único órgão com hierarquia jurisdicional sobre as Turmas Recursais dos Juizados Especiais Criminais, segundo as disposições da Constituição da República, seria o Supremo Tribunal Federal, consoante o disposto no art. 102, III.

E por isso, entendia-se, até pouco tempo atrás, que competia àquela Corte (STF) a apreciação de *habeas corpus* impetrado contra Turma Recursal dos Juizados Especiais Criminais (Súmula 690 – STF: *Compete originariamente ao Supremo Tribunal Federal o julgamento de habeas corpus contra decisão de Turma Recursal*).

Referido entendimento veio a ser modificado, por ocasião do julgamento do HC 86.834 (STF – Pleno – *DJ* 9.3.2007), dando-se pela competência do Tribunal de Justiça do respectivo Estado (e ao Tribunal Regional Federal da Região do Juizado) para a apreciação de HC contra decisões de Turmas Recursais.

Eis aqui um problema. Teriam os Tribunais de Justiça hierarquia jurisdicional sobre as Turmas Recursais? Há algum recurso pelo qual se alcança o Tribunal de Justiça, a partir de decisão de Turma Recursal? As respostas são as mesmas: não!

No entanto, em face da alteração jurisprudencial do Supremo Tribunal Federal, parece que será essa a nova compreensão sobre a matéria, ainda que ausente qualquer previsão normativa nesse sentido.

Com isso, a prevalecer esse entendimento, não haverá conflito de jurisdição entre Turma Recursal e o respectivo Tribunal de Justiça. Poderá haver nas hipóteses em que o dissenso ocorrer entre Turmas Recursais e Tribunais de outros Estados ou da União, cabendo ao Superior Tribunal de Justiça a solução da pendenga. Na mesma linha: conflito entre juiz de direito e juizado especial deverá ser resolvido pelo respectivo Tribunal de Justiça, do mesmo modo que o conflito entre Turma Recursal e juiz de direito.

113.5. Conflito de jurisdição e competência recursal: Lamentavelmente, há ainda equívocos no que toca à necessária distinção entre a competência recursal e a competência *para a causa*.

Trazemos à colação exemplo fornecido em outro espaço (PACELLI, Eugênio. *Curso de processo penal*. 28. ed. São Paulo: Juspodivm, 2024), no qual o Superior Tribunal de Justiça, em decisão claramente equivocada, resolveu um conflito de competência sem examinar a questão, anterior, da competência recursal (STJ – CC 34.586/MG – 2002).

Decidiu-se ali pela competência da Turma Recursal do Juizado Especial e não do Tribunal de Justiça, em conflito surgido acerca da competência para a apreciação de decisão de juiz de direito.

Ora, as decisões proferidas por juiz de direito somente podem ser revistas, pela via recursal, pelo respectivo Tribunal de Justiça! Pouco importa se o caso tratava ou não de crime de menor potencial ofensivo. O fato é que a decisão foi proferida *pela Justiça Comum* (Juiz de Direito), cabendo apenas a ela (no caso, o Tribunal de Justiça) rever o equívoco da decisão, jamais a Turma Recursal. Essa somente aprecia, *em grau de recurso*, as decisões dos Juizados Especiais e não dos Juízes de Direito!

Quando se tratar de conflito envolvendo tribunais, é preciso, antes de se examinar a competência *para a causa*, apreciar a competência recursal.

Uma decisão proferida por juiz de direito, por exemplo, não pode ser anulada pelo Tribunal Regional Federal, ainda quando se trate de crime federal, equivocadamente julgado na Justiça Estadual. Apenas o Tribunal de Justiça poderá anular a decisão do juiz a ele vinculado, encaminhando os autos, *depois*, ao juiz federal. Leia-se, ao propósito, a competência recursal dos Tribunais Regionais Federais, consoante o disposto no art. 108, II, CF (*"julgar, em grau de recurso, as causas julgadas pelos juízes federais e pelos juízes estaduais no exercício da competência federal"*). No exemplo dado, o juiz de direito não estava no exercício de competência federal. Obviamente! Veja-se a matéria submetida à delegação de competência, mediante lei específica, no art. 109, § 3º, CF.

Art. 114. Haverá conflito de jurisdição:

I – quando duas ou mais autoridades judiciárias se considerarem competentes, ou incompetentes, para conhecer do mesmo fato criminoso;

II – quando entre elas surgir controvérsia sobre unidade de juízo, junção ou separação de processos.

114.1. Conflito negativo e conflito positivo: Será *positivo* o conflito quando juízes ou tribunais diferentes afirmarem a respectiva competência para o julgamento de uma causa. *Positivo*, porque todos os envolvidos pretendem exercer jurisdição, isto é, atuar no processo.

E, ao contrário, será *negativo* o conflito quando os órgãos da jurisdição envolvidos recusarem competência para o processo. Como quer que seja, *positivo* ou *negativo*, o conflito se estabelece a partir da divergência jurisdicional (entre juízes ou tribunais) acerca da competência para o exercício da jurisdição.

Em princípio, o conflito de jurisdição deve ocorrer na fase de processo, isto é, após o oferecimento da denúncia.

No entanto, nada impede a sua ocorrência na fase de investigação. De fato, pode acontecer de, no curso da investigação preliminar, estando já delineado o tipo de crime em apuração, o juiz recusar a sua jurisdição *para aquele delito*. Nesses casos, normalmente há consenso entre o Ministério Público e o juiz. Se não houver, será preciso que não paire qualquer dúvida sobre a natureza delituosa do fato em apuração, sob pena de estar o juiz antecipando-se ao convencimento do Ministério Público, precisamente o titular da ação penal.

Declinada, então, a competência para outro juízo, o conflito surgirá com a discordância daquele juiz quanto à sua competência para apreciar a matéria. Nesse caso, o conflito será *negativo*.

Mas também pode ocorrer que o mesmo fato seja objeto de inquéritos policiais diferentes, em tramitação perante juízos distintos.

Aí, tanto poderá haver o conflito positivo quanto o conflito negativo, desde que ambos os juízes se pronunciem sobre a respectiva competência (ou incompetência) para o caso.

Jurisprudência

114.1. [...] Constitui requisito essencial ao manejo do conflito de competência a existência de pelo menos duas decisões conflitantes entre magistrados que se reputem, ao mesmo tempo, competentes ou incompetentes para o julgamento do mesmo feito (arts. 115 do CPC e 114, I, do CPP). Precedentes da 3.ª Seção do STJ. *A divergência de entendimento entre a parte e o magistrado sobre a sua competência para o julgamento da controvérsia não se resolve por meio do conflito de competência, mas, sim, por meio do recurso próprio que deve ser interposto a tempo e modo contra a decisão do julgador que rejeitar a alegação de sua incompetência absoluta ou relativa.* [...] *(Agravo Regimental no Conflito de Competência nº 179.788-AP, STJ, 3ª Seção, unânime, Rel. Min. Reynaldo Soares da Fonseca, julgado em 14.10.2020, publicado no DJ em 20.10.2020).*

114.1. [...] Para a configuração de conflito de competência é indispensável a judicialização bilateral da controvérsia, porquanto, nos termos do artigo 114 do Código de Processo Penal – CPP, dá-se conflito de competência, quando duas ou mais autoridades judiciárias se considerarem competentes, ou incompetentes, para conhecer do mesmo fato criminoso ou quando entre elas surgir controvérsia sobre unidade de juízo, junção ou separação de processos. Precedentes. 2. No caso dos autos, o Ministério Público do Estado de Santa Catarina opinou pelo declínio de competência em favor da Justiça do Estado do Paraná. Todavia o Juízo de Direito do Estado de Santa Catarina, sem se pronunciar acerca da competência, entendeu que a questão deveria ser resolvida no âmbito do Ministério Público. Diante disso, os autos foram encaminhados para o Estado do Paraná, onde o *Parquet* daquela unidade federativa suscitou conflito negativo de atribuição e pleiteou o envio do feito à Procuradoria-Geral da República. Entretanto, a despeito do pedido ministerial, o Juízo de Direito o Estado do Paraná determinou o encaminhamento do feito ao Superior Tribunal de Justiça suscitando conflito de competência. 3. Nesse contexto em que não houve manifestação de uma das autoridades judiciais acerca da competência, não se identifica conflito a ser dirimido pelo Superior Tribunal de Justiça. 4. Conflito de competência não conhecido *(Conflito de Competência nº 171.110-PR, STJ, 3ª Seção, unânime, Rel. Min. Joel Ilan Paciornik, julgado em 14.10.2020, publicado no DJ em 16.10.2020).*

114.1. [...] Nos termos do art. 114 do Código de Processo Penal, a configuração do conflito de competência, positivo ou negativo, reclama a manifestação de duas ou mais autoridades judiciárias declarando-se competentes ou incompetentes para o julgamento do feito, situação que não ocorre na espécie [...] *(Agravo Regimental no Conflito de Competência n. 166.425- MG, STJ, 3ª Seção, unânime, Rel. Min. Ribeiro Dantas, julgado em 11.12.2019, publicado no DJ em 18.12.2019).*

114.2. Unidade de juízo, reunião e separação de processos: Já tivemos oportunidade de discutir esses temas (ver art. 76 até art. 82, todos do CPP).

Processos tramitando perante juízos distintos, cuidando de fatos também distintos, mas vinculados entre si por quaisquer das situações descritas como de *conexão* e/ou de *continência* (art. 76 e art. 77, CPP), reclamam a *reunião* (deles), para fins de *unidade* de processo e de julgamento. Ou, estando já reunidos, pode ocorrer alguma das circunstâncias mencionadas no art. 80, CPP, a permitir ou impor a separação dos processos.

Em todos esses casos, dada a *pluralidade* de processos, sempre haverá mais de um juiz responsável por eles.

Assim, qualquer decisão acerca da *união* ou da *separação* de processos *conexos* ou *continentes* implicará a afetação da jurisdição de um dos magistrados. Poderá, então, daí surgir o conflito de jurisdição, que, de igual modo, poderá ser negativo ou positivo.

De se ver, ainda, que nem sempre, mesmo quando presente alguma causa determinadora de conexão entre dois ou mais fatos, será possível a unidade *de processo*, sobretudo em razão da distinção dos ritos processuais de cada um deles, ou, também, em razão da diferente etapa da marcha processual (fase) em que cada um se encontrar.

Nessas situações, impor-se-á, senão a unidade de processo, pelo menos a unidade de *juízo*, firmando-se a competência de apenas um juízo para a apreciação dos feitos, em processos distintos, ou seja, *não reunidos,* mas sob uma mesma jurisdição.

114.3. Unificação das penas: Em se tratando de processos já sentenciados, com trânsito em julgado, poderá ocorrer a necessidade de *unificação das penas*, tendo em vista as regras específicas quanto às respectivas execuções. Exemplo cristalino dessa necessidade decorre do disposto no art. 75 do Código Penal, que limita, a partir da vigência da Lei nº 13.964/2019, a 40 anos a pena máxima para a privação liberdade.

Não é incomum também a necessidade de *redução* da pena, em razão do reconhecimento da *continuidade delitiva* (art. 71, CP) ou mesmo de *concurso formal* de crimes (art. 70, CP), não aventados e não reconhecidos em cada processo, individualmente considerado. Nesses casos, caberá ao juízo da execução a unificação da pena.

Portanto, em se tratando de qualquer incidente relativo a essa questão (unificação da pena), o juiz competente será o da Execução.

Jurisprudência

114.3. [...] A Terceira Seção desta Corte pacificou o entendimento de que a intangibilidade da sentença penal condenatória transitada em julgado não retira do Juízo das Execuções Penais o dever de adequar o cumprimento da sanção penal às condições pessoais do réu. 2. Com a superveniência de novas condenações, a unificação das penas leva ao reconhecimento da reincidência, mesmo que tal constatação não tenha ocorrido na fase de conhecimento, fazendo incidir ao caso regras específicas na condição de reincidente ao cumprimento da totalidade da reprimenda. Precedentes. [...] *(Agravo Regimental no Habeas Corpus nº 835.686-MS, STJ, 5ª Turma, Rel. Min. Joel Ilan Paciornik, sessão virtual de 12.9.2023 a 18.9.2023, publicado no DJ em 20.9.2023)*

114.3. [...] 1. Quando houver condenação por mais de um crime contra a mesma pessoa, incide o art. 111 da LEP. O Juiz observa o saldo da sanção a cumprir após eventual detração ou remição, determina o regime prisional e, então, elabora o cálculo de benefícios. Como a contagem incide sobre as guias reunidas para resgate preferencialmente em sua ordem cronológica de distribuição, a estimativa terá como marco inicial a data da primeira prisão do reeducando (interrompida pela última falta grave, no caso de progressão de regime), pois nesta data começou o cumprimento da execução unificada, sopesado o art. 42 do CP. 2. Se a primeira execução do paciente foi extinta meses antes da formação da culpa do segundo processo, sem continuidade com a guia atual, a sanção integralmente resgatada noutro tempo não orienta nem tem reflexos nos cálculos de pena aplicada na última sentença, única em cumprimento, porque não existiu a soma ou a unificação de que trata o art. 111 da LEP. 3. A atual redação do art. 112 da LEP não revogou o caput do art. 2° da Lei n. 8.072/1990, apenas modificou o percentual previsto em seu § 2°, sem afastar a natureza equiparada a hedionda do crime de tráfico de drogas, ainda sujeito ao tratamento diferenciado previsto no art. 112, V e VII, da LEP, conforme mandado constitucional de criminalização (art. 5°, XLIII, da CF). 4. Habeas corpus denegado. *(Habeas Corpus nº 762.729–SP, STJ, 6ª Turma, Rel. Min. Rogerio Schietti Cruz, julgado em 4.10.2022, publicado no DJ em 10.10.2022)*

114.3. [,,,] *Esta Corte pacificou entendimento no sentido de que, no caso de nova condenação a penas restritivas de direito a quem esteja cumprindo pena privativa de liberdade em regime fechado ou intermediário, é inviável a suspensão do cumprimento daquelas – ou a execução simultânea das penas. Nesses casos, nos termos do art. 111 da LEP, deve-se proceder à unificação das penas, não sendo aplicável o art. 76 do Código Penal* (HC 346.851/RS, Rel. Ministro FELIX FISCHER, Quinta Turma, julgado em 19/4/2016, DJe 5/5/2016). [...] *(Agravo Regimental no Habeas Corpus nº 675.446/SP, STJ, 5ª Turma, unânime, Rel. Min. Reynaldo Soares da Fonseca, julgado em 3.8.2021, publicado no DJ em 10.8.2021)*

114.3 [...] O delito apurado na origem foi praticado com o emprego de arma branca (faca), situação não mais abrangida como majorante do crime de roubo, uma vez que a Lei n.º 13.654/2018 revogou o inciso I, do § 2.º, do art. 157, do Código Penal.

O Juiz da execução reconheceu essa inovação e, diante disso, operou o deslocamento desta majorante, da terceira para a primeira fase do cálculo da pena. Tal procedimento tem sido reconhecido como válido pela jurisprudência da Terceira Seção desta Corte, cujo entendimento é no sentido de que o emprego de arma branca, embora não configure mais causa de aumento do crime de roubo, poderá ser utilizado para majoração da pena-base, quando as circunstâncias do caso concreto assim justificarem (HC n. 436.314/SC, Rel. Ministro FELIX FISCHER, Quinta Turma, julgado em 16/08/2018, DJe 21/08/2018).

Assim, tendo sido reconhecido o uso da arma branca (faca) durante o roubo, associado a outras particularidades do *modus operandi* que refletem a gravidade concreta do crime, o mero deslocamento desta circunstância da terceira para a primeira fase da dosimetria, ainda que em sede de execução penal, não configura *reformatio in pejus,* em especial, porque, na hipótese, a sanção imposta à agravante não foi alterada. [...]

Não há óbice a que seja valorado, na primeira fase da dosimetria, o uso de arma branca, deslocando-se o concurso de agentes para a terceira fase, ainda que em decisão do juiz da execução, contanto que não haja agravamento da situação do condenado, fixada no título judicial que transitou em julgado. – Agravo regimental desprovido. *(Agravo Regimental no Habeas Corpus n. 515.448 – DF, STJ, 5ª Turma, unânime, Rel. Min. Reynaldo Soares da Fonseca, julgado em 27.8.2019, publicado no DJ em 10.9.2019)*

114.3. [...] Quando o réu é condenado em dois estados diferentes, e unificadas as penas, é competente para a execução o juízo do local onde o sentenciado cumpre a reprimenda. A competência da Vara das Execuções não se altera em virtude da evasão do sentenciado. Conflito de competência conhecido para declarar competente o Juízo de Direito da Vara das Execuções Criminais de São José do Rio Preto/SP, ora suscitado (*Conflito de Competência nº 103.228-PR, STJ, 3ª Seção, Rel. Min. Maria Thereza de Assis Moura, julgado em 26.8.2009, publicado no* DJ *em 3.9.2009*).

Art. 115. O conflito poderá ser suscitado:

I – pela parte interessada;

II – pelos órgãos do Ministério Público junto a qualquer dos juízos em dissídio;

III – por qualquer dos juízes ou tribunais em causa.

A legitimação para o incidente é ampla, alçando a parte interessada (querelante, querelado, réu), o Ministério Público e qualquer dos juízes ou tribunais que afirmem ou recusem a sua jurisdição para a causa.

Pensamos que tal legitimação não se estende, porém, ao assistente de acusação. E não só por ausência de previsão legal no art. 271, CPP.

A nosso aviso, a posição processual do assistente de acusação é subordinada à iniciativa do órgão de acusação. Ainda que a ele, assistente, se reconheçam faculdades processuais, é bem de ver que todas elas são *subsidiárias*, quando não *supletivas* da atuação ministerial.

Em tema de recursos, por exemplo, a legitimação do assistente depende, necessariamente, da ausência de impugnação do Ministério Público.

Permitir-se a ele a instauração de conflito de jurisdição é colocá-lo em situação de *igualdade* com o Ministério Público, o que não ocorre em nenhuma das citadas faculdades processuais. Mais que isso, é permitir-se a quem exerce função de *assistência* a modificação do foro perante o qual o titular da ação penal, o *parquet*, entende exercer as suas *atribuições* constitucionais (competência em razão da matéria e por prerrogativa de função) ou legais (competência territorial).

No particular, é de se ter por incabível o recurso à analogia em tema de recurso, no ponto em que se abre a via recursal ao assistente, na hipótese de ausência de recurso por parte do Ministério Público. É que, afora a ausência de previsão legal nesse sentido (ao contrário do que ocorre em relação aos recursos - art. 271, CPP), a ausência de arguição de conflito de jurisdição pelo órgão acusatório não pode ser interpretada nem como omissão e nem como inércia, na medida em que já se teria uma manifestação ministerial acerca da competência do juízo, com a simples propositura da ação. Mas não só por isso. A efetividade da persecução penal, cuja titularidade é atribuída constitucionalmente ao *parquet*, não pode ser turbada ou perturbada pela assistência, o que invariavelmente ocorre no incidente de conflito de jurisdição.

De outro lado, como se verá, o procedimento é o mais simplificado possível, dada a relevância da matéria, impondo-se o seu conhecimento e solução o mais abreviadamente possível, a fim de se evitar a perda de atividade jurisdicional.

A regra é a não suspensão da ação penal. Somente quando se tratar de conflito positivo é que o Relator do incidente (o conflito de jurisdição, normalmente classificado nos tribunais como CC - conflito de competência) poderá determinar a suspensão do processo, se e quando relevante a questão levantada.

Fora daí, a ação penal deverá ter curso normal, exceto quando se tratar de conflito negativo, hipótese em que não haverá a prática de qualquer ato jurisdicional.

Jurisprudência

115 [...] Na linha do que dispõem os arts. 114 e 115 do Código de Processo Penal, o conflito pode ser aventado pelas partes e pelos juízos em dissídio, desde que, no caso destes, não concordem, de imediato, com a competência para julgar o caso (conflito negativo). Portanto, não se pode aceitar a coisa julgada da decisão do primeiro juízo, sob pena de considerar a possibilidade de julgamento do caso por juiz absolutamente incompetente, longe da órbita do Juiz Natural. Ordem denegada (*Habeas Corpus nº 43.583-MS, STJ, 5ª Turma, Rel. Min. Arnaldo Esteves Lima, julgado em 27.9.2005, publicado no* DJ *em 24.10.2005*).

Art. 116. Os juízes e tribunais, sob a forma de representação, e a parte interessada, sob a de requerimento, darão parte escrita e circunstanciada do conflito, perante o tribunal competente, expondo os fundamentos e juntando os documentos comprobatórios.

§ 1º Quando negativo o conflito, os juízes e tribunais poderão suscitá-lo nos próprios autos do processo.

§ 2º Distribuído o feito, se o conflito for positivo, o relator poderá determinar imediatamente que se suspenda o andamento do processo.

§ 3º Expedida ou não a ordem de suspensão, o relator requisitará informações às autoridades em conflito, remetendo-lhes cópia do requerimento ou representação.

§ 4º As informações serão prestadas no prazo marcado pelo relator.

§ 5º Recebidas as informações, e depois de ouvido o procurador-geral, o conflito será decidido na primeira sessão, salvo se a instrução do feito depender de diligência.

§ 6º Proferida a decisão, as cópias necessárias serão remetidas, para a sua execução, às autoridades contra as quais tiver sido levantado o conflito ou que o houverem suscitado.

116.1. Procedimento: Quando o conflito houver que ser suscitado pelos juízes em desacordo, eles o farão mediante *representação*, no sentido de apenas levar o incidente ao conhecimento do tribunal competente, por escrito, com a completa identificação do fato criminoso, bem como a fundamentação acerca da negativa (conflito negativo) ou da firmação de competência (conflito positivo).

Do mesmo modo se fará quando o conflito se estabelecer entre juiz e tribunal ou entre estes (tribunais).

O incidente também poderá ser provocado pelas partes do processo (Ministério Público, réu, querelante, querelado), excluído, como acabamos de ver (art. 115) o assistente de acusação.

Nesse caso, caberá a eles o requerimento de instauração do conflito diretamente junto ao tribunal competente para a solução do incidente. E, do mesmo modo, deverão fazê-lo por escrito e fundamentadamente, acompanhado dos documentos necessários ao conhecimento e esclarecimento do dissenso.

Normalmente, antes de se suscitar o conflito, tanto o Ministério Público quanto a defesa apresentam requerimento, por simples petição, ao próprio juiz do processo, apontando-lhe a eventual incompetência e requerendo seja, então, declinada a jurisdição para outro órgão do Poder Judiciário. Apenas quando o juiz não concorda com tal manifestação é que as partes devem provocar o incidente, (a) pela exceção de incompetência, e (b) pelo conflito de jurisdição, se já presente a manifestação, negativa ou positiva, do outro juiz em dissenso.

Quando o conflito for negativo, estando obviamente paralisada a jurisdição – já que ambas as instâncias do Judiciário *negam* a sua competência –, não há razão alguma para a formação de instrumento apartado, devendo o processamento ser feito *nos próprios autos* do processo principal. Embora a lei se refira, nessa hipótese, apenas ao conflito suscitado pelo juiz e tribunais, pensamos que, mesmo quando o incidente for provocado pelas partes, não haverá qualquer necessidade de autuação em separado.

116.2. Conflito de jurisdição e atos urgentes: Sendo positivo o conflito, ou seja, havendo duas ou mais autoridades judiciárias entendendo-se competentes para o processo, pode o Relator do incidente (conflito de jurisdição) determinar imediatamente a suspensão do processo em andamento, de modo a evitar eventuais e futuras nulidades e, em consequência, perda de atividade jurisdicional.

No entanto, o nosso CPP não previu a delegação ou a prática de qualquer ato de natureza urgente ao Tribunal. O Código de Processo Penal de Portugal, por exemplo, tem regra explícita no sentido de autorizar a prática de atos urgentes, mesmo quando o juiz ou tribunal se declara incompetente (art. 33, 2 e 3, CPP português).

Suponha-se a hipótese da existência de anterior decreto de prisão preventiva, ou mesmo de manutenção do flagrante delito. Surgido o conflito e determinada a suspensão da ação penal no tribunal, como ficaria a situação do aprisionado?

No conflito negativo, então, o problema eleva-se a níveis dramáticos, na hipótese de prisão em flagrante. Como ambos (ou mais) juízes envolvidos em possível conflito recusam a respectiva competência, eles, em geral, não se manifestam nem sobre a manutenção da prisão, nem sobre a soltura do preso. E este lá permanece, à espera da solução da divergência judicial.

Pensamos que, se nenhum dos juízes determinar a soltura do preso, deverá o Relator do incidente no Tribunal apreciar, fundamentadamente, a necessidade de manutenção da prisão. O ideal, porém, é que, antes disso, o juiz que suscitar o conflito, isto é, aquele que por último se manifestar acerca da competência para o processo, deverá adotar as providências cautelares cuja urgência exija a intervenção judicial. Não se trata de mera e arbitrária escolha pessoal dos autores da obra. É que, nesse caso, o juiz que primeiramente declarou-se incompetente para o processo, não poderia determinar providência alguma, dado que ainda desconhecida, àquele momento, a posição do magistrado a quem seriam encaminhados os autos (este, sim, o suscitante do conflito, no caso de também recusar a competência).

Neste último caso, então, somente a urgência ou indispensabilidade da adoção de medida cautelar justificaria a intervenção judicial daquele que, em princípio, se daria por incompetente para o processo. Estamos a nos referir, quando nada e pelo menos, à apreciação da necessidade de manutenção da prisão, de modo a evitar o encarceramento sem ordem judicial fundamentada.

De toda sorte, repetimos, deve o Relator no Tribunal zelar pelo efetivo respeito às liberdades públicas e à efetividade do processo, pronunciando-se liminarmente acerca da providência cautelar adotada ou a ser adotada.

116.3. A competência constitucional: Toda a matéria atinente ao conflito de jurisdição, ou de competência, encontra-se regulada na Constituição da República, como já antecipamos.

Em ordem de hierarquia jurisdicional, cabe ao Superior Tribunal de Justiça, por primeiro, resolver conflito de jurisdição entre tribunais, e entre juízes e tribunais aos quais não estejam vinculados aqueles (juízes – art. 105, I, *d*, CF).

Se o conflito se der entre juízes vinculados a um mesmo tribunal, caberá a este a solução do incidente, conforme se constata pela hierarquia jurisdicional prescrita na Constituição da República, relativamente aos tribunais de segunda instância (art. 93 e art. 108).

O Supremo Tribunal Federal, obviamente, dada a sua posição na estrutura do Judiciário, não se reporta a quem quer que seja acerca de sua competência, podendo recorrer, tanto à avocatória do art. 117, CPP, quanto ao procedimento de reclamação, a fim de fazer prevalecer a sua jurisdição (art. 102, I, *l*, CF e Lei nº 8.038/90 – anota-se que o art. 1.072, IV, atual CPC, revogou expressamente os arts. 13 a 18 da Lei nº 8.038, que se refere à reclamação, a partir de quando será regulada pelos arts. 988 e seguintes do CPC/2015).

E vimos também que a nova orientação na Suprema Corte – a qual não aderimos, em absoluto – impõe a hierarquia dos tribunais de segunda instância em relação às Turmas Recursais dos Juizados Especiais Criminais. Curiosamente, não há a previsão legal de recurso algum que afirme tal competência! O novo entendimento se aplicaria, em princípio, apenas aos *habeas corpus*, que, pela interpretação anterior naquela Corte, era de competência do Supremo Tribunal Federal, por ausência de outra disposição constitucional em sentido contrário à norma prevista no art. 102, III, afirmativa da competência para o julgamento de recurso extraordinário interposto de decisão proferida por Turma Recursal.

Veja-se a anterior orientação: Súmula 690 – STF: *Compete originariamente ao Supremo Tribunal Federal o julgamento de habeas corpus contra decisão de Turma Recursal.*

Indaga-se: e se houver conflito entre Turmas Recursais no âmbito de um mesmo Estado, caberia ao Tribunal de Justiça solucionar o incidente? A se adotar a atual tese do STF (HC nº 86.834, STF – Pleno – *DJ* 9.3.2007), a resposta haveria que ser afirmativa.

Reconhecemos que a aceitação da competência da Suprema Corte para a apreciação de *habeas corpus* contra decisão de Turma Recursal, embora justificada corretamente pela hierarquia jurisdicional daquela Corte, não deixava de apresentar inconvenientes aos interessados.

Ocorre que, agora, as infrações penais de menor potencial ofensivo, que deveriam ser julgadas com a maior brevidade possível, passam a se submeter a *três instâncias ordinárias* (Juizados, Turmas e Tribunais de Justiça), ainda que não haja previsão legal de impugnação recursal ordinária para este último (TJ).

Melhor seria o não conhecimento de *habeas corpus* no Supremo Tribunal Federal (contra decisão de Turma Recursal), mantendo-se aberta apenas a porta do recurso extraordinário, como quis a Constituição.

Ver, quanto ao mais, o exposto no item 113.4, *retro*.

Art. 117. O Supremo Tribunal Federal, mediante avocatória, restabelecerá a sua jurisdição, sempre que exercida por qualquer dos juízes ou tribunais inferiores.

Como o Supremo Tribunal Federal é o último órgão na hierarquia jurisdicional, não se submetendo a qualquer outro, poderá ele, sempre, avocar a sua jurisdição, quando estiver em curso processo de sua competência originária.

No ponto, a *avocatória*, tal como aqui prevista, não tem mais aplicação prática. Desde o ano de 1988, a Constituição da República inclui, entre a competência originária do Supremo Tribunal Federal, a *reclamação*, por meio da qual aquela Corte *preserva a sua competência e garante a autoridade de suas decisões* (art. 102, I, *l*, CF).

E a Lei nº 8.038/90 regulamentou a matéria, prevendo a legitimação do Ministério Público e da *parte interessada*, para, por meio de petição, instruída com os documentos necessários (art. 13), levar ao conhecimento do Supremo o eventual descumprimento de decisões daquela Corte, bem como a existência de processo de sua competência originária. Após a vigência do atual Código de Processo Civil (com a revogação expressa dos arts. 13 a 18 da Lei nº 8.038/90 pelo art. 1.072, IV, Lei nº 13.105/2015), o tema está regulado no art. 988, mantendo idêntica legitimidade:

> Art. 988. Caberá reclamação da parte interessada ou do Ministério Público para:
>
> I – preservar a competência do tribunal;
>
> II – garantir a autoridade das decisões do tribunal;
>
> III – garantir a observância de enunciado de súmula vinculante e de decisão do Supremo Tribunal Federal em controle concentrado de constitucionalidade;
>
> IV – garantir a observância de acórdão proferido em julgamento de incidente de resolução de demandas repetitivas ou de incidente de assunção de competência;

Nada obstante, pensamos, em tese, ser possível a aplicação do dispositivo em comento, quando inexistir provocação dos interessados e nem do Ministério Público, e chegar ao conhecimento da Corte a existência de processo de sua competência originária tramitando perante outro órgão da jurisdição. Há decisão no STF nesse sentido, embora a questão não tenha sido discutida em maior amplitude (*Habeas Corpus nº 73.423-5-RJ, STJ, 2ª Turma, Rel. Min. Francisco Rezek, publicado no* DJ *em 12.11.1999*).

Nesse caso, tratar-se-ia, portanto, de procedimento de iniciativa do próprio Supremo Tribunal Federal.

Ao contrário do Superior Tribunal de Justiça, a nossa Suprema Corte não tem competência específica para resolver conflito de jurisdição entre órgãos do Judiciário. Quem as têm, como vimos, são os tribunais de segunda instância, limitadas aos dissensos entre órgãos a ele vinculados, e, sobretudo o Superior Tribunal de Justiça, que, no ponto, detém hierarquia jurisdicional também sobre estes últimos.

Exatamente por isso, o CPP previu a *avocatória*, que nada mais é senão o instrumento processual formal de afirmação da competência *originária* (art. 102, I, CF) do Supremo Tribunal Federal, hoje já mera reminiscência histórica, diante do uso regulamentado da *reclamação* a que acabamos de nos referir (Lei nº 8.038/90 e Lei nº 13.105/2015).

De outro lado, embora não explicitado, se e quando se pensar na utilização da avocatória, isto é, quando não houvera provocação dos legitimados para a reclamação, pensamos que, em tese, nada impediria a utilização do citado instrumento (avocatória), para fins de afirmação da competência *recursal* da Suprema Corte, embora, na prática, não se imagine a hipótese de outro órgão da jurisdição conhecendo de recurso extraordinário (art. 102, III, CF) ou mesmo ordinário, tendo por objeto a matéria alinhada no art. 102, II, da Constituição da República.

Reproduzimos parcialmente o que já afirmado mais adiante, ao tratar do recurso extraordinário (originariamente arts. 632 a 636 do CPP, mais especificamente aqui no item *5 – Reclamações perante o Supremo Tribunal Federal e o Superior Tribunal de Justiça*).

Nessa linha, relevante deixar bem claro que, há muito, é entendimento do STF que a reclamação não se presta para, de modo transverso, substituir o recurso que deveria ter sido interposto na época contra a decisão objeto da reclamação. Além disso, e mais importante, é vedado o uso da reclamação para questionar a violação de autoridade de decisão do STF (vale o mesmo para o STJ) quando o ato reclamado é anterior ao parâmetro suscitado. Ou seja, e até por questão de lógica, o ato reclamado deve ser, necessariamente, posterior ao precedente invocado como desrespeitado. Noutras palavras, se o precedente invocado é posterior ao ato reclamado, não há se admitir a reclamação.

Nem há se falar aqui, eventualmente, na inadmissibilidade da reclamação com apreciação do tema central em sede de possível *habeas corpus* de ofício. É que, nessa situação, evidente a supressão de instância. Não se pode esquecer de que a reclamação é uma espécie de irresignação ajuizada *diretamente* na Suprema Corte, enquanto o *habeas corpus* precisa observar o necessário escalonamento de acordo com as autoridades coatoras. Assim, se a reclamação é contra decisão de juiz de primeiro grau, *habeas corpus* (inclusive de ofício) somente pode ser concedido em sede de tribunal de apelação correspondente, e não substitutivo à reclamação eventualmente não conhecida.

Jurisprudência

117. [...] Não há interesse processual da parte reclamante quanto à alegada de violação da ordem de suspensão proferida nos autos do RE 960.429-RG, ajuizada a reclamação constitucional posteriormente ao julgamento do mérito do paradigma. [...] *(Agravo Regimental na Reclamação nº 40.009-DF, STF, 1ª Turma, unânime, Rel. Min. Rosa Weber, julgado em sessão virtual de 4.9.2020 a 14.9.2020, publicado no* DJ *em 23.9.2020).*

117. [...] Inviável o uso da reclamação para questionar a violação da autoridade de decisão deste Supremo Tribunal quando o ato reclamado é anterior ao parâmetro suscitado. [...] *(Agravo Regimental na Reclamação nº 34.599, STF, 1ª Turma, unanimidade, Rel. Min. Rosa Weber, julgado em sessão virtual de 3.4.2020 a 14.4.2020, publicado no* DJ *em 13.5.2020).*

117. [...] Inadmissível a pretendida convolação de reclamação em *habeas corpus*, mesmo que requerida com o objetivo de obter-se a concessão, *de ofício*, do *writ* constitucional, se a alegada situação de injusto constrangimento ao *status libertatis* da parte reclamante não se mostrar imputável a órgão ou a autoridade sujeitos, *diretamente*, em sede de remédio heroico, à competência originária do Supremo Tribunal Federal. [...] *(Agravo Regimental na Medida Cautelar na Reclamação n. 26.574, STF, 2ª Turma, Rel. Min. Celso de Mello, julgado em 1º.6.2017, publicado no DJ em 5.6.2017).*

117. [...] Eventual encontro de indícios de envolvimento de autoridade detentora de foro privilegiado durante atos instrutórios subsequentes, por si só, não resulta em violação de competência desta Suprema Corte, ainda mais quando houver prévio desmembramento pelo Supremo Tribunal Federal, como ocorreu no caso. [...] (*Ag. Reg. na Reclamação nº 21.419-PR, STF, Plenário, Rel. Min. Teori Zavascki, julgado em 7.11.2015, publicado no* DJ *em 5.11.2015*).

117. [...] Violação apenas da prerrogativa da autoridade com foro privilegiado. Juízo de primeira instância competente para supervisionar as investigações contra os reclamantes. Em relação a eles, a manutenção da investigação em primeira instância não representa violação à prerrogativa. [...] (*Ag. Reg. na Reclamação nº 15.821-RS, STF, 2ª Turma, unânime, Rel. Min. Gilmar Mendes, julgado em 10.2.2015, publicado no* DJ *em 2.3.2015*).

117. [...] A simples menção do nome de autoridades, em conversas captadas mediante interceptação telefônica, não tem o condão de firmar a competência por prerrogativa de foro. Inexiste violação do art. 5º, XII, da CF/88 e à Lei nº 9.296/96, porquanto os inquéritos foram remetidos ao STJ assim que confirmados indícios de participação de autoridades em condutas criminosas. Precedentes. [...] (*Ação Penal nº 675-GO, STJ, Corte Especial, Rel. Min. Nancy Andrighi, julgado em 17.12.2012, publicado no DJ em 21.2.2013*).

CAPÍTULO V
Da Restituição das Coisas Apreendidas

Art. 118. Antes de transitar em julgado a sentença final, as coisas apreendidas não poderão ser restituídas enquanto interessarem ao processo.

118.1. Apreensão de coisas na investigação: Normalmente, a apreensão de coisas ocorre na fase de investigação e depende do cumprimento de mandado judicial de busca e apreensão. Mas nem sempre.

Na prisão em flagrante delito, quando ainda não esclarecidas inteiramente as circunstâncias que cercam a atuação do agente e as consequências do crime, pode haver também a apreensão de coisas sem mandado judicial. Quando a posse ou detenção da coisa, por si só, constitui crime (arma, drogas etc.), a apreensão é previamente justificada (na lei). Fora daí, a legitimidade da apreensão dependerá do exame de cada caso concreto.

E a distinção é relevante.

É que, na primeira hipótese (quando a posse da coisa constitui crime), não caberá, evidentemente, a restituição, ainda quando inválida a prisão, por qualquer motivo.

Na segunda, se ilegal a apreensão, a restituição da coisa se impõe, mesmo quando a sua retenção interessar ao processo (e à investigação). Nesse caso, apenas se e quando o juiz criminal, por ordem escrita e fundamentada, e, a partir de requerimento da autoridade policial ou do Ministério Público, autorizar a apreensão da coisa, ainda que *a posteriori*, é que se teria por sanada a irregularidade originária.

E nem se diga, então, que seria muito fácil aos órgãos da persecução penal a prática de atos irregulares nas apreensões de coisas, a tanto bastando a *retificação judicial* posterior. Não é isso que estamos afirmando.

Em princípio, a coisa irregularmente apreendida deve ser restituída, precisamente em razão da ilegalidade da medida coercitiva. Excepcionalmente, apenas, é que se poderá, em tese, admitir a *conjuração* ou a *convalidação* do erro, quando a coisa apreendida constituir prova irrefutável e indispensável à comprovação do delito, precedida de ampla fundamentação judicial quanto ao risco de sua restituição e impossibilidade de nova (e legal) apreensão. O Direito se orienta por *regras*, mas também por *exceções*. Ao menos, como *regra*.

De outro lado, quando a apreensão da coisa é feita no curso do processo, já estará presente o controle judicial da medida (quanto à sua legalidade), que, no caso, deverá ser precedida de requerimento do Ministério Público (ou até da defesa).

Jurisprudência

118.1. [...] 1. Dispõe o art. 118, do Código de Processo Penal, que antes de transitar em julgado a sentença final, as coisas apreendidas não poderão ser restituídas enquanto interessarem ao processo. 2. No caso, há interesse na manutenção da apreensão, pois ainda não finalizada a instrução processual, devendo estar disponíveis para eventuais diligências complementares. [...] *(Agravo Regimental na Apreensão nº 2.428, STF, 1º Turma, Rel. Min. Alexandre de Moraes, julgado em 4.10.2024, publicado no DJ em 9.10.2024)*

118.2. Apreensão em virtude de mandado de prisão: Quando a apreensão é feita em razão de mandado de busca e apreensão, a possibilidade de sua legitimidade é muito maior, dado que o aludido mandado arrola as coisas que, em princípio, estariam abrangidas pela ordem judicial. Pode ser que algumas outras (coisas) não especificadas no mandado possam ser também apreendidas, quando *fisicamente* dependentes daquelas cuja apreensão se autorizou.

No entanto, há que se ter cautela quanto às apreensões realizadas em virtude de mandado de prisão.

Em tais situações, é importante assinalar que a ordem judicial se limitaria unicamente à prisão, isto é, ao ato de coerção física dirigido contra a pessoa mencionada no mandado.

Se, por ocasião da diligência, forem avistados objetos e coisas cuja posse ou detenção, por si só, constituem crime, a apreensão deles se justificaria, desde que não houvesse abuso de poder na respectiva localização e identificação (das coisas).

As demais coisas, ainda que importantes para a comprovação do delito, não poderão ser apreendidas sem ordem judicial ou autorização do morador ou proprietário.

Jurisprudência

118.2. [...] 1. A decisão agravada encontra-se em consonância com o entendimento deste Tribunal Superior, no sentido de ser incabível o manejo de Mandado de Segurança contra ato jurisdicional que manteve decisão de bloqueio de valores da conta do recorrente, por tratar-se de decisão definitiva que, apesar de não julgar o mérito da ação, coloca fim ao procedimento incidente. 2. O procedimento adequado para a restituição de bens é o incidente legalmente previsto para este fim, com final apelação, recurso inclusive já interposto pelo recorrente, sendo incabível a utilização de Mandado de Segurança como sucedâneo do recurso legalmente previsto. [...] (*AgRg no MS nº 51.299-DF, STJ, 6ª Turma, unânime, Rel. Min. Nefi Cordeiro, julgado em 15.9.2016, publicado no* DJ *em 26.9.2016*).

118.2. [...] Não se acolhe a alegação de denúncia baseada em provas ilícitas quando, da realização de diligência para a busca e apreensão de bem específico, recolhem-se também objetos que, flagrantemente, são produtos de crime. Segundo recente julgamento do Supremo Tribunal Federal, seria ilícita apenas a apreensão de objetos "*que se reportam a circunstâncias remotas, dissociadas do contexto atual*" (HC n. 95.009/SP, Tribunal Pleno, rel. Min. Eros Grau, *DJe* de 19.12.2008), o que, nem de longe, ocorre na hipótese. Apreensão de coisas que, sem maiores exercícios, são produtos de furto e com conexão lógica com todos os acontecimentos criminosos imputados ao Paciente, não revela nenhuma ilegalidade, nenhum vício. Aliás, ilógico e irracional seria admitir o contrário. Precedentes (STF, HC n. 76.203/SP, rel. p/ Acórdão Min. Nelson Jobim; STF, HC n. 73.921/MG, Rel. Min. Néri da Silveira; STF, HC n. 77.525/CE, rel. Min. Néri da Silveira; STF, HC n. 72.421/SP, rel. Min. Ilmar Galvão). Nulidade não verificada quanto a esta alegação (*Habeas Corpus nº 172.319/SP, STJ, 5ª Turma, unânime, Rel. Min. Laurita Vaz, julgado em 25.9.2012, publicado no* DJ *em 3.10.2012*).

118.3. Instrumentalidade da coisa: Designamos por *instrumental* a função reservada à coisa apreendida, de tal maneira que somente quando ela interessar ao processo, no que diz respeito à comprovação de *fato, circunstância* ou qualquer outra situação de relevo probatório, se justificará a sua apreensão.

A apreensão se justificará no interesse da *investigação* e também no interesse *do processo*, neste último caso mesmo quando realizada durante o inquérito. É que os elementos informativos, colhidos nessa fase, podem se transformar em material probatório quando, submetidos ao contraditório, forem utilizados para a demonstração dos fatos imputados na peça acusatória.

Por isso, a manutenção da apreensão, ou seja, a *retenção* da coisa, está condicionada ao seu interesse no processo.

118.4. Coisas de uso indispensável ao seu titular: O interesse na apreensão, precisamente porque dirigido à produção probatória, não pode impedir a fruição da coisa, quando seja essa (fruição, uso e gozo) indispensável às atividades profissionais (funcionais etc.) de seu titular.

Como a questão é probatória, destinada ao convencimento judicial – e também das partes –, nada impede que, em tais situações, seja reproduzido o documento, quando possível, ou registradas todas as suas características essenciais para tais finalidades (de prova e de convencimento), de modo a se permitir a sua restituição, se indispensável. Nessa hipótese, parece-nos claro que o interessado deverá aceitar as consequências da *reprodução* ou do *registro* (das características essenciais à prova) previamente, a fim de se evitarem manobras meramente protelatórias e infundadas. A ideia é o compartilhamento e a comunhão dos interesses envolvidos, quando isso for possível.

É de se ver, então, que o interesse da retenção da coisa no processo deve ser justificado pela sua relevância enquanto material de prova. Não se deve reter a coisa que simplesmente facilita a instrução criminal, sobretudo quando for possível a sua reprodução por cópia ou similar e o seu uso comprovar-se necessário ao seu titular.

Contudo, havendo indícios da proveniência ilícita do bem apreendido (hipótese de sequestro criminal, arts. 125, 126 e 132, CPP), não há se falar na eventual restituição do bem mediante depósito fiel. A razão é bastante simples: não pode haver fruição (ou qualquer espécie de vantagem) se houver a indicação de que o bem é produto de infração criminosa.

Jurisprudência

118.4. [...] Não há possibilidade de nomeação da recorrente como fiel depositária dos bens apreendidos em razão dos indícios de que sejam objeto material do crime de lavagem de dinheiro. Carece, em tese, da devida idoneidade para funcionar como auxiliar da justiça. Vedação que também se extrai, no caso concreto, dos artigos 118, 119 e 120, *caput*, do Código de Processo Penal, para não comprometer a aplicação das penas pecuniárias e de perdimento e o ressarcimento dos danos e das despesas processuais, nos termos dos artigos 91, inciso II, alínea "b", e 91-A, ambos do Código Penal e do artigo 140 da Lei Processual Penal. [...] *(Agravo Regimental nos Embargos de Declaração na Alienação de Bens do Acusado nº 2-DF, STJ, Corte Especial, Rel. Min. Maria Isabel Gallotti, julgado em 4.10.2023, publicado no DJ em 20.10.2023)*

118.4. [...] 1. Inquérito no qual se investigam, dentre outros delitos, a suposta prática de crimes contra a Administração Pública, de organização criminosa e de lavagem de dinheiro.

2. Os requerentes não carrearam aos autos cópia integral atualizada da CRLV eletrônica dos veículos apreendidos, fato que revela a improcedência do pedido, nos termos do art. 120, *caput*, do CPP.

3. Revela-se descabida a nomeação dos investigados como fiéis depositários dos automóveis, em virtude da possível alienação antecipada dos bens. [...] *(Agravo Regimental na Restituição de Coisas Apreendidas nº 292-DF, STJ, Corte Especial, Rel. Min. Nancy Andrighi, julgado em 16.8.2023, publicado no DJ em 21.8.2023)*

118.4. [...] A questão acerca do art. 120 do Código de Processo Penal não foi debatida nos autos, carecendo do indispensável prequestionamento. É possível a restituição de passaportes apreendidos, antes do trânsito em julgado da sentença final, se os documentos não interessarem ao processo, inteligência do art. 118 do Código de Processo Penal. A pretensão recursal de que todos os documentos possuíam vestígios de falsidade material ensejaria o reexame probatório, o que é vedado nesta Corte, consoante o verbete sumular no 07. Recurso desprovido (*Recurso Especial nº 827.135-RJ, STJ, 5ª Turma, Rel. Min. Laurita Vaz, julgado em 14.10.2008, publicado no* DJ *em 3.11.2008*).

118.4. [...] Havendo indícios suficientes de que o veículo apreendido é produto de atividade criminosa, tendo, posteriormente, o seu proprietário sido denunciado pelo crime de lavagem de dinheiro, mostra-se inviável a sua restituição, ainda que mediante termo de fiel depositário, porquanto revela-se de todo incongruente devolver o produto do crime ao suposto criminoso. 4. Existindo risco de deterioração e desvalorização do automóvel, a solução mais adequada é promover a venda antecipada do bem, depositando o valor em conta vinculada ao Juízo Criminal, conforme inteligência do art. 4º, § 1º, da Lei nº 9.613/1998 (com redação dada pela Lei nº 12.683/2012). [...] (*Recurso Especial nº 1.134.460/SC, STJ, 5ª Turma, unânime, Rel. Min. Marco Aurélio Bellizze, julgado em 23.10.2012, publicado no DJ em 30.10.2012*).

Art. 119. As coisas a que se referem os arts. 74 e 100 do Código Penal não poderão ser restituídas, mesmo depois de transitar em julgado a sentença final, salvo se pertencerem ao lesado ou a terceiro de boa-fé.

As disposições penais mencionadas no dispositivo estão contidas atualmente no art. 91, II, CP (a do antigo art. 100 não subsiste), que cuida do *perdimento*, em favor da União, (a) dos instrumentos do crime, desde que consistam em coisas cujo fabrico, alienação, uso, porte ou detenção constitua fato ilícito; (b) do produto do crime ou de qualquer bem ou valor que constitua proveito auferido pelo agente com a prática do fato criminoso.

Ressalva-se o direito do ofendido (pelo crime) ou lesado (na coisa), bem como o do terceiro de boa-fé. Naturalmente, quanto a estes, apenas as coisas cuja posse ou detenção seja regularmente autorizada poderão ser restituídas, além daquelas (coisas) que constituam o *produto* do crime, que devem retornar ao seu proprietário (titular).

Impende ressaltar que as coisas *adquiridas* com o produto do crime deverão ser objeto de *sequestro* (art. 125, CPP), tendo em vista a possibilidade mais ampla de lesão a terceiros. Sem razão, no ponto, parte da decisão emanada do Superior Tribunal de Justiça, entendendo ser possível a recusa à *restituição* sob esse fundamento (*Recurso Especial nº 788.301-PA, 5ª Turma, Rel. Min. Laurita Vaz, julgado em 10.9.2009, publicado no* DJ *em 28.9.2009*).

Então, como o *perdimento* constitui *efeito da sentença penal condenatória*, deve-se aguardar o término do processo principal (a ação penal), não sendo cabível a restituição nesses casos, sob pena de ineficácia da medida.

A Lei nº 13.886, de 17.10.2019, deu nova redação ao art. 4º da Lei nº 7.560/1986, para dispor que:

> Art. 4º Qualquer bem de valor econômico, apreendido ou sequestrado em decorrência do tráfico de drogas de abuso, ou de qualquer forma utilizado em atividades ilícitas de produção ou comercialização de drogas abusivas, ou, ainda, que haja sido adquirido com recursos provenientes do referido tráfico, e perdido em

favor da União, constitui recurso do Funad, ressalvados os direitos do lesado ou de terceiro de boa-fé.

Parágrafo único. As mercadorias a que se refere o art. 30 do Decreto-Lei nº 1.455, de 7 de abril de 1976, relacionadas com o tráfico de drogas de abuso ficam sujeitas, após sua regular apreensão, às cominações previstas no referido Decreto-Lei, e as mercadorias ou o produto de sua alienação reverterão em favor do Funad.

Jurisprudência

119 [...] São insuscetíveis de restituição, até a sentença condenatória transitada em julgado, objetos apreendidos na posse do Réu e sobre o qual pairem sérios indícios de que foram adquiridos com os proventos de atividade criminosa. *In casu*, sustenta o Recorrente que é proprietário de veículo automotor, argumentando que havia tão somente alugado o bem para o Réu da ação principal. Instado a fazer prova de seus direitos de proprietário, o Autor não logrou êxito. Não se aplica à hipótese o art. 120, § 4º, do Código de Processo Penal, na medida em que o Juízo Criminal não decide o processo incidental de restituição, remetendo as partes para o Juízo Cível, caso a complexidade da questão acerca da propriedade demande ampla dilação probatória. Recurso desprovido (*Recurso Especial nº 788.301-PA, STJ, 5ª Turma, Rel. Min. Laurita Vaz, julgado em 10.9.2009, publicado no* DJ *em 28.9.2009*).

....

Art. 120. A restituição, quando cabível, poderá ser ordenada pela autoridade policial ou juiz, mediante termo nos autos, desde que não exista dúvida quanto ao direito do reclamante.

§ 1º Se duvidoso esse direito, o pedido de restituição autuar-se-á em apartado, assinando-se ao requerente o prazo de 5 (cinco) dias para a prova. Em tal caso, só o juiz criminal poderá decidir o incidente.

§ 2º O incidente autuar-se-á também em apartado e só a autoridade judicial o resolverá, se as coisas forem apreendidas em poder de terceiro de boa-fé, que será intimado para alegar e provar o seu direito, em prazo igual e sucessivo ao do reclamante, tendo um e outro dois dias para arrazoar.

§ 3º Sobre o pedido de restituição será sempre ouvido o Ministério Público.

§ 4º Em caso de dúvida sobre quem seja o verdadeiro dono, o juiz remeterá as partes para o juízo cível, ordenando o depósito das coisas em mãos de depositário ou do próprio terceiro que as detinha, se for pessoa idônea.

§ 5º Tratando-se de coisas facilmente deterioráveis, serão avaliadas e levadas a leilão público, depositando-se o dinheiro apurado, ou entregues ao terceiro que as detinha, se este for pessoa idônea e assinar termo de responsabilidade.

Apreendida a coisa, poderá o interessado *reclamar* a sua restituição junto à autoridade policial. Sendo manifesta a titularidade do bem e patente a desnecessidade de sua retenção, pode e deve a própria autoridade policial restituir a coisa, mediante termo de entrega.

Embora não seja previsto, pensamos que o titular da ação penal deveria ser ouvido sobre a pertinência ou não da restituição. A ausência de dispositivo nesse sentido está a indicar que a autoridade policial somente deve proceder à restituição da coisa quando não restar a mais mínima dúvida quanto: (a) à propriedade do bem; (b) a inexistência cabal de interesse probatório na sua retenção.

Apenas quando ausentes tais requisitos, deverão ser formados autos suplementares para a autuação judicial do pedido de restituição, em separado, como incidente processual.

O juiz criminal, então, assinará o prazo de cinco dias para a comprovação das alegações.

Em princípio, poderá não haver contestação ao pedido, até porque não se dá notícia pública do incidente. Tal circunstância, porém, não justifica a dispensa de prova quanto ao direito à restituição.

Observe-se que, no incidente, não se discute unicamente a questão da propriedade (ou posse legítima), inerente ao Direito das Coisas. Deve restar indubitável também, já agora por força de argumentação ou de apresentação de novos elementos de prova, a desnecessidade da apreensão para as finalidades essenciais do processo.

E mesmo quando, por alguma razão, houver contestação ao pedido, o juiz, ainda assim, deverá decidir o incidente, salvo quando a questão relativa ao Direito Civil apresentar maior complexidade, caso em que os interessados deverão se encaminhar àquele juízo (Cível).

Com muito mais razão, quando a coisa for apreendida em poder de terceiros e não daquele investigado ou sobre quem recaem as suspeitas nesse sentido, a instauração do contraditório se fará de rigor.

Prevê a lei que, havendo reclamação por parte do acusado ou de quem se alegue proprietário ou legítimo possuidor da coisa, também será intimado o terceiro em cujo poder tenha sido ela apreendida, a fim de que este manifeste seu interesse no procedimento. Após o prazo para alegações e oferecimento de provas (cinco dias), os interessados terão dois dias para apresentar arrazoados.

O Ministério Público, quando *judicializada* a questão, isto é, quando submetido o pedido de restituição ao juiz, deve ser sempre ouvido, na exata medida de seu interesse na persecução penal, e, por isso, na qualidade probatória do processo, sem falar no dever de atuação *custos legis*, dirigida à tutela da ordem jurídica.

Se o juiz entender que a questão apresenta um grau de complexidade – de fato e de direito – incompatível com o rito procedimental do incidente de restituição; deverá remeter as partes ao juízo cível. Note-se que, para que tal ocorra, não será suficiente a divergência quanto ao direito civil cabível, mas será também necessário comprovar-se a desnecessidade de manutenção da coisa à disposição do juiz criminal.

Sendo o caso de *declinação* da jurisdição criminal – a rigor, não se tem aqui *recusa de competência* propriamente dita –, as coisas deverão ser depositadas à disposição do juízo cível, ou até mesmo em mãos daquele em cujo poder tenha sido apreendida, desde que: (a) seja ele terceiro e de boa-fé; (b) comprove a sua idoneidade para a função de depositário da coisa.

Tratando-se de coisas facilmente deterioráveis, deve-se evitar o seu perecimento, com prejuízo ao seu titular. Nesse caso, deve-se registrar a circunstância pormenorizadamente, assentando-se o registro quanto a natureza e características essenciais delas (coisas). Feito isso, e após regular avaliação do bem, deverá ele ser levado a leilão público, depositando-se o valor apurado à disposição do juiz criminal.

Prevê a lei que o dinheiro poderá também ser entregue ao possuidor da coisa (no momento da apreensão), quando for idônea e assinar termo de responsabilidade.

Ora, não nos parece adequada a medida, ressalvada a hipótese de o terceiro apresentar *garantia, real ou fidejussória*, quanto à satisfação de seu encargo. O citado *termo de responsabilidade* a que alude a lei, não traduz, portanto, a *garantia* quanto à inexecução da obrigação.

A improcedência do pedido de restituição desafia recurso de apelação (art. 593, II, CPP), nada impedindo o manejo do mandado de segurança, quando patente o descabimento do indeferimento do pedido, e, sobretudo, de seu processamento.

No caso de destinação de armas de fogo apreendidas, a Lei nº 13.886, de 17.10.2019, por intermédio do seu art. 3º, deu nova redação ao art. 25 da Lei nº 10.826/2003, passando a vigorar nos seguintes termos:

> Art. 25. As armas de fogo apreendidas, após a elaboração do laudo pericial e sua juntada aos autos, quando não mais interessarem à persecução penal serão encaminhadas pelo juiz competente ao Comando do Exército, no prazo de até 48 (quarenta e oito) horas, para destruição ou doação aos órgãos de segurança pública ou às Forças Armadas, na forma do regulamento desta Lei.
>
> § 1º-A. As armas de fogo e munições apreendidas em decorrência do tráfico de drogas de abuso, ou de qualquer forma utilizadas em atividades ilícitas de produção ou comercialização de drogas abusivas, ou, ainda, que tenham sido adquiridas com recursos provenientes do tráfico de drogas de abuso, perdidas em favor da União e encaminhadas para o Comando do Exército, devem ser, após perícia ou vistoria que atestem seu bom estado, destinadas com prioridade para os órgãos de segurança pública e do sistema penitenciário da unidade da federação responsável pela apreensão.

Jurisprudência

120 [...] 1. Em regra, as receitas provenientes de condenações judiciais por atos ilícitos, apurados com fundamento em sistemas normativos de responsabilização pessoal (penais, civis e administrativos), passam a compor os cofres públicos, à semelhança dos demais ingressos orçamentários, tornando-se aptas ao dispêndio somente na forma das leis autorizadoras do devido processo legislativo.

2. São as seguintes hipóteses: (a) a multa penal (art. 49 do Código Penal, c/c art. 2º, V, e art. 3º-A da LC 79/1994) destina-se ao FUNPEN; (b) os bens e valores perdidos em razão de pena restritiva (art. 43, II, e art. 45, § 3º, do CP), ao FUNPEN; (c) a perda em favor da União dos instrumentos do crime, do seu produto e de bens ou valores que constituam proveito auferido pela prática do delito (art. 91, II, a e b, do Código Penal), o produto e o proveito do crime (art. 91, II, b, CP, c/c art. 133, §§ 1º e 2º, do CPP, e do art. 2º, IV, da LC 79/1994), ao lesado, ao terceiro de boa-fé e, subsidiariamente, ao FUNPEN; e (d) o produto e o proveito do crime, assim como a multa sancionatória, todos em colaboração premiada (art. 4º, IV, da Lei 12.850/2013, por aplicação analógica do art. 91, II, b, do CP), ao lesado, ao terceiro de boa-fé e, subsidiariamente, à União; (e) a destinação à União e aos estados-membros dos bens, valores e direitos perdidos em razão de condenação por crimes de ocultação de ativos (art. 7º, I e § 1º, da Lei 9.613/1998); (f) Multa e ativos perdidos na responsabilização de pessoa jurídica por corrupção (Lei 12.846/2013), ao tesouro do ente lesado.

3. Excepcionalmente, desde que haja expressa e específica previsão legal quanto à destinação, essas receitas deverão ser repassadas aos destinatários beneficiados pela respectiva norma regulamentadora, vinculando os órgãos jurisdicionais no emprego dado a tais recursos. São as seguintes hipóteses: (a) a prestação pecuniária fruto de pena restritiva (art. 43, I, e art. 45, § 1º, do CP), à vítima, seus dependentes ou entidade com destinação social, vedada a destinação vinculada pelo Ministério Público, devendo o Juízo observar a regulamentação editada pelo CNJ; (b)

a prestação pecuniária fruto de transação penal ou condição imposta ao imputado na suspensão condicional do processo (art. 76 e art. 89, §2º, da Lei 9.099/1995), conforme destinação especificada na proposta de transação ou pelo Juízo; (c) a prestação pecuniária ajustada em acordos de não persecução penal destina-se à entidade pública ou de interesse social (art. 28-A, IV, do Código de Processo Penal), conforme indicado pelo Juízo; (d) a indenização do dano causado pelo crime (art. 91, I, do CP, c/c art. 63 e art. 387, IV, do CPP), ao ofendido ou a seus herdeiros; (e) as multas e penalidades pecuniárias eleitorais não penais (arts. 38, I, e 40, §§ 1º e 2º, da Lei 9.096/1995), ao Fundo Partidário (as de natureza penal seguem a disciplina dos crimes em geral); (f) a prestação pecuniária prevista no art. 12 da Lei 9.605/1998 (Lei de Crimes Ambientais), à vítima ou à entidade pública ou privada com fim social.

4. A participação do Ministério Público no processo orçamentário constitucional, à semelhança do Poder Judiciário, cinge-se à apresentação de proposta própria ao Poder Executivo e à consulta no tocante às diretrizes orçamentárias, sendo subsequentemente autorizado a executar e a exercer o controle interno sobre as rubricas que lhe cabem. Não inclui quaisquer iniciativas orçamentárias estranhas à sua própria estrutura institucional, materializada pela autonomia administrativa e financeira a ele conferida pela Constituição Federal.

5. Medida Cautelar confirmada. Arguição parcialmente conhecida e, nessa parte, julgada parcialmente procedente para, conferindo interpretação conforme ao art. 91, II, b, do Código Penal; ao art. 4º, IV, da Lei 12.850/2013; e ao art. 7º, I e § 1º, da Lei 9.613/1998, assentar que, não havendo previsão legal específica acerca da destinação de receitas derivadas provenientes de sistemas normativos de responsabilização pessoal, a qual vincula os órgãos jurisdicionais no emprego de tais recursos, tais ingressos, como aqueles originados de acordos de colaboração premiada, devem observar os estritos termos do art. 91 do Código Penal, sendo destinados, à míngua de lesados e de terceiros de boa-fé, à União, para sujeitarem-se à apropriação somente após o devido processo orçamentário constitucional, vedando-se sua distribuição de maneira diversa, seja por determinação ou acordo firmado pelo Ministério Público, seja por ordem judicial, excetuadas as previsões legais específicas. *(Arguição de Descumprimento de Preceito Fundamental nº 569, STF, Plenário, Rel. Min. Alexandre de Moraes, sessão virtual de 10.5.2024 a 17.5.2024, publicado no DJ em 27.5.2024)*

120. [...] O acórdão recorrido encontra respaldo na jurisprudência desta Corte no sentido de que "a restituição das coisas apreendidas, mesmo após o trânsito em julgado da ação penal, está condicionada tanto à ausência de dúvida de que o requerente é seu legítimo proprietário, quanto à licitude de sua origem e à demonstração de que não foi usado como instrumento do crime, conforme as exigências postas nos arts. 120, 121 e 124 do Código de Processo Penal, c/c o art. 91, II, do Código Penal" (AgRg no RMS n. 69.469/SP, relator Ministro Rogerio Schietti Cruz, Sexta Turma, julgado em 18/10/2022, DJe de 21/10/2022). [...] *(Agravo Regimental no Agravo Regimental no Agravo em Recurso Especial nº 2.200.860–RJ, STJ, 5ª Turma, Rel. Min. Reynaldo Soares da Fonseca, julgado em 28.2.2023, publicado no DJ em 6.3.2023)*

120. [...] A restituição das coisas apreendidas, mesmo após o trânsito em julgado da ação penal, está condicionada tanto à ausência de dúvida de que o requerente é seu legítimo proprietário, quanto à licitude de sua origem, conforme as exigências postas nos arts. 120 e 121 do Código de Processo Penal, independentemente de ser a sentença extintiva da pretensão punitiva ou mesmo absolutória. [...] *(Agravo Regimental no Agravo em Recurso Especial nº 1.772.720/MT, STJ, 5ª Turma, unânime, Rel. Min. Ribeiro Dantas, julgado em 23.3.2021, publicado no DJ em 29.3.2021)*

120. [...] O pedido de restituição de coisas apreendidas exige, cumulativamente: (i) a prova da propriedade dos bens; (ii) o desinteresse deles ao processo ou ao inquérito, e (iii) a inexistência de hipótese de perdimento. [...] Havendo dúvida sobre a licitude e a titularidade dos valores apreendidos (*moeda estrangeira*) e não tendo o terceiro de boa-fé apresentado documentos que comprovem a origem do numerário (*v.g., recibo de casa de câmbio ou instituição financeira*), a constrição deve ser mantida. [...] *(Agravo Regimental na Petição nº 8.202, STF, 1ª Turma, unânime, Rel. Min. Rosa Weber, julgado em sessão virtual de 13.2.2020 a 19.2.2020, publicado no DJ em 30.3.2020).*

120. [...] 3. A restituição das coisas apreendidas, mesmo após o trânsito em julgado da ação penal, está condicionada tanto à ausência de dúvida de que o requerente é seu legítimo proprietário, quanto à licitude de sua origem e à demonstração de que não foi usado como instrumento do crime, conforme as exigências postas nos arts. 120, 121 e 124 do Código de Processo Penal, c/c o art. 91, II, do Código Penal. 4. Não há ilegalidade na extensão do sequestro a bens de terceiros não envolvidos diretamente no ilícito penal, desde que devidamente fundamentada a decisão em indícios veementes de que tais bens foram adquiridos ou construídos com finanças produto de crime. [...] *(Recurso em Mandado de Segurança n. 52.442-CE, STJ, 5ª Turma, unânime, Rel. Min. Reynaldo Soares da Fonseca, julgado em 7.5.2019, publicado no DJ em 20.5.2019).*

120. [...] Não há como se reconhecer aos réus (pessoas físicas) legitimidade para pleitear a liberação de veículos apreendidos no curso da ação penal, se tais veículos foram alienados fiduciariamente em garantia a instituições financeiras, verdadeiras proprietárias dos automóveis. [...] *(RMS n. 54.163-PE, STJ, 5ª Turma, unânime, Rel. Min. Reynaldo Soares da Fonseca, julgado em 17.8.2017, publicado no DJ em 30.8.2017).*

120. [...] II – Sequestro de valores, via BacenJud. Apelo interposto por filhos do titular dos valores, ao argumento de que são credores de pensão alimentícia. Ilegitimidade caracterizada, eis que o pedido de restituição de coisas apreendidas só pode ser formulado pelo respectivo titular, ou por terceiro a que houverem os bens sido transferidos a título oneroso, sob o fundamento de tê-los adquirido de boa-fé, o que não é o caso. Agravo regimental desprovido. *(Agravo Regimental no Recurso Especial nº 1.640.268-PR, STJ, 5ª Turma, unânime, Rel. Min. Felix Fischer, julgado em 13.6.2017, publicado no DJ em 21.6.2017 e republicado em 28.8.2017).*

120. [...] É cabível, em tese, o manejo do mandado de segurança por terceiro alheio ao processo criminal em que é determinada a apreensão de veículo de sua propriedade, se demonstrado que ele não tinha como ter tido ciência em tempo hábil da decisão judicial, para contra ela se insurgir por meio da apelação prevista no art. 593, II, do CPP, restando-lhe, assim, apenas a via do mandado de segurança para proteger seus interesses. Caso dos autos. [...] *(RMS n. 54.243-SP, STJ, 5ª Turma, unânime, Rel. Min. Reynaldo Soares da Fonseca, julgado em 15.8.2017, publicado no DJ em 25.8.2017).*

120. [...] 2. Como regra geral, a restituição das coisas apreendidas, mesmo após o trânsito em julgado da ação penal, está condicionada tanto à ausência de dúvida de que o requerente é seu legítimo proprietário, quanto à licitude de sua origem e à demonstração de que não foi usado como instrumento do crime, conforme as exigências postas nos arts. 120, 121 e 124 do Código de Processo Penal c/c o art. 91, II, do Código Penal. 3. A apreensão e a imposição da pena de perdimento a veículo apreendido em flagrante de tráfico de drogas obedecem, ainda, às regras específicas da Lei 11.343/2006 (arts. 60, 62 e 63). [...] *(RMS n. 54.243-SP, STJ, 5ª Turma, unânime, Rel. Min. Reynaldo Soares da Fonseca, julgado em 15.8.2017, publicado no DJ em 25.8.2017).*

Art. 121. No caso de apreensão de coisa adquirida com os proventos da infração, aplica-se o disposto no art. 133 e seu parágrafo.

O art. 133 e seu parágrafo único, conforme a Lei nº 13.964/2019, limitam-se a regular a destinação da coisa *sequestrada,* dispondo caber ao juiz proceder à sua avaliação e venda em leilão público. Do valor apurado, o que não couber ao lesado (pelo crime) e ao terceiro de boa-fé será recolhido ao Tesouro (Erário) Nacional.

Como ali se cuida da coisa *sequestrada*, prevê-se aqui o mesmo tratamento, como se a hipótese jurídica fosse a mesma, o que não é verdadeiro.

Há pelo menos uma grande distinção entre a coisa *apreendida* e a coisa *sequestrada.*

Em primeiro lugar, a coisa apreendida não depende necessariamente de ordem judicial, podendo ocorrer (a apreensão) no curso da prisão em flagrante.

Em segundo lugar, mesmo quando se tem a apreensão por força de mandado judicial (de busca e apreensão), a fundamentação da decisão é absolutamente diferente daquela que impõe o *sequestro* da coisa. Para este último caso, há que se apontar a presença de indícios razoáveis quanto a ter sido ela (coisa) *adquirida com os proventos* (receita) *da infração*, o que demanda outra ordem de ponderações e de meios de prova (ou de elementos informativos, se na fase de investigação).

Não se deve – porque, legalmente, não se pode! – manter apreendidas as coisas unicamente ao fundamento de terem sido elas adquiridas com o produto da infração. O fun damento para a recusa da *restituição da coisa* repousa na circunstância de, e, por isso, enquanto, possa ela interessar ao processo.

Se não houver interesse ao processo ou à investigação, a coisa apreendida deverá ser restituída, a menos que, havendo indícios suficientes (*fumus boni iuris*) da proveniência ilícita dos bens, se deva decretar o seu *sequestro* (art. 125, CPP), mediante requerimento do Ministério Público, do ofendido e da autoridade policial, se ainda no curso das investigações preliminares. Se já instaurada a ação penal – e somente aí, a despeito da regra contida no art. 127, CPP –, também o juiz poderá, de ofício, decretar o sequestro.

É o quanto basta para deixar esclarecidas as diferentes situações jurídicas, a reclamar providências igualmente distintas.

Art. 122. Sem prejuízo do disposto no art. 120, as coisas apreendidas serão alienadas nos termos do disposto no art. 133 deste Código. (Redação dada pela Lei nº 13.964, de 2019)

Parágrafo único. (Revogado pela Lei 13.964, de 24.12.2019).

Algumas alterações importantes trazidas pela Lei nº 13.964/2019 no que se refere às medidas assecuratórias. O procedimento de alienação antecipada passou a ser regulamentado agora pelo disposto no art. 133 do CPP, que foi objeto de vários acréscimos.

É bom relembrar que, diferentemente dos arrestos, os sequestros são objeto de liquidação e execução pelo juiz criminal.

Remetemos agora às anotações complementares lá destacadas, em que há, igualmente, a ressalva dos interesses do lesado e do terceiro de boa-fé.

Também se deixa registrado que regras específicas foram acrescidas ao ordenamento jurídico pela Lei nº 13.886, de 17.10.2019, que deu nova redação aos arts. 4º e 5º da Lei nº 7.560/1986 (guardando muita simetria com o que ora introduzido na nova redação do art. 133 do CPP), para dispor que:

> Art. 4º Qualquer bem de valor econômico, apreendido ou sequestrado em decorrência do tráfico de drogas de abuso, ou de qualquer forma utilizado em atividades ilícitas de produção ou comercialização de drogas abusivas, ou, ainda, que haja sido adquirido com recursos provenientes do referido tráfico, e perdido em favor da União, constitui recurso do Funad, ressalvados os direitos do lesado ou de terceiro de boa-fé.
>
> Parágrafo único. As mercadorias a que se refere o art. 30 do Decreto-Lei nº 1.455, de 7 de abril de 1976, relacionadas com o tráfico de drogas de abuso ficam sujeitas, após sua regular apreensão, às cominações previstas no referido Decreto-Lei, e as mercadorias ou o produto de sua alienação reverterão em favor do Funad.
>
> Art. 5º [...] § 1º Deverá ser disponibilizado para as polícias estaduais e distrital, responsáveis pela apreensão do bem móvel ou pelo evento que der origem a sequestro de bem imóvel a que se refere o art. 4º desta Lei, percentual de 20% (vinte por cento) a 40% (quarenta por cento) dos recursos provenientes da alienação dos respectivos bens, a título de transferência voluntária, desde que os referidos órgãos:

I – demonstrem a existência de estruturas orgânicas destinadas à gestão de ativos apreendidos nas unidades federativas, capazes de auxiliar no controle e na alienação de bens apreendidos e na efetivação de suas destinações; e

II – estejam regulares com o fornecimento dos dados estatísticos previstos no art. 17 da Lei nº 11.343, de 23 de agosto de 2006.

§ 2º Os critérios e as condições que deverão ser observados na aplicação dos recursos prevista no § 1º deste artigo, o instrumento específico de adesão para viabilizar a transferência voluntária e os instrumentos de fiscalização deverão ser estabelecidos em regulamento específico do Ministério da Justiça e Segurança Pública.

§ 3º Deverá ser disponibilizado para a Polícia Federal e a Polícia Rodoviária Federal, do Ministério da Justiça e Segurança Pública, responsáveis pela apreensão do bem móvel ou pelo evento que der origem a sequestro de bem imóvel a que se refere o art. 4º desta Lei, percentual de até 40% (quarenta por cento) dos recursos provenientes da alienação dos respectivos bens.

§ 4º O percentual a que se refere o § 3º deste artigo será definido em regulamento específico do Ministério da Justiça e Segurança Pública, que também disporá sobre os critérios e as condições que deverão ser observados na sua aplicação.

Jurisprudência

122. [...] É perfeitamente admissível a decretação do perdimento de bens em momento posterior à sentença, sem que isso implique *reformatio in pejus*, já que, nos termos do art. 91, II, *b*, do CP, a decretação do perdimento de bens que constituem produto do crime em favor da União corresponde a efeito automático da condenação do acusado. [...] *(RMS n. 54.163-PE, STJ, 5ª Turma, unânime, Rel. Min. Reynaldo Soares da Fonseca, julgado em 17.8.2017, publicado no DJ em 30.8.2017).*

Art. 123. Fora dos casos previstos nos artigos anteriores, se dentro no prazo de 90 dias, a contar da data em que transitar em julgado a sentença final, condenatória ou absolutória, os objetos apreendidos não forem reclamados ou não pertencerem ao réu, serão vendidos em leilão, depositando-se o saldo à disposição do juízo de ausentes.

No presente dispositivo, as coisas ali mencionadas são aquelas não abrangidas pela hipótese do artigo anterior, caracterizadas pela ilicitude, seja quanto à natureza delas, seja quanto à respectiva origem.

Outras coisas, porém, poderão ser apreendidas (e aqui não se trata do sequestro, salvo quando demonstrado o descabimento da referida medida assecuratória), sem que se possa caracterizar em relação a elas qualquer ilicitude.

Coisas de terceiros, coisas de uso (posse, alienação, fabrico etc.) permitido, além de bens do próprio acusado, desde que não se trate de objetos ilícitos, não podem ser *apropriadas* pela União, salvo quando, *achadas* no curso do *iter* criminoso (art. 240, *b*, CPP), caso em que a ilicitude a ela se estenderá. Faltaria fundamentação jurídica para a *destinação* (perdimento ou confisco).

Assim, e para que o Poder Público, e notadamente o Judiciário, não se torne refém de sua regular atuação, transmudando-se em depositário fiel de bens não reclamados, é prevista a possibilidade de alienação deles em leilão.

O saldo deverá ser encaminhado ao juízo de ausentes, nos termos do art. 744 e seguintes do Código de Processo Civil de 2015 (art. 1.159 e seguintes, CPC/1973).

Art. 124. Os instrumentos do crime, cuja perda em favor da União for decretada, e as coisas confiscadas, de acordo com o disposto no art. 100 do Código Penal, serão inutilizados ou recolhidos a museu criminal, se houver interesse na sua conservação.

Não há mais disposição equivalente no Código Penal (o *confisco* do antigo art. 100), após a Reforma da Parte Geral de 1984.

As previsões penais e processuais penais em vigor se reportam ao *perdimento* do bem, nas hipóteses definidas no art. 91, II, *a* e *b*, CP, bem como naquelas atinentes ao sequestro e arresto, conforme se verá a seguir.

Tratando-se de coisas sem valor venal (de venda, de mercado, ou de expressão econômica), devem elas ser inutilizadas, a fim de se evitarem transtornos administrativos inevitáveis na sua manutenção. Sendo possível e existente estabelecimento dessa natureza – tudo é possível em um mundo magnetizado pelos incontáveis *reality shows* –, devem ser encaminhadas a museus interessados na exibição e conservação.

Art. 124-A. Na hipótese de decretação de perdimento de obras de arte ou de outros bens de relevante valor cultural ou artístico, se o crime não tiver vítima determinada, poderá haver destinação dos bens a museus públicos. (Incluído pela Lei nº 13.964, de 2019)

Muito comum haver a apreensão de obras de arte ou bens de relevante valor cultural ou artístico que sejam objeto precipuamente de lavagem de dinheiro (não apenas, é claro). Nesses casos, para se evitarem maiores questionamentos jurisdicionais acerca da legalidade do procedimento já adotado atualmente (como é fácil encontrar nos sítios de jurisprudência), a lei passou a dispor expressamente que, *desde que não* haja vítima determinada na prática do crime, o juiz poderá dar a destinação desses bens para museus públicos.

CAPÍTULO VI
Das Medidas Assecuratórias

Art. 125. Caberá o sequestro dos bens imóveis, adquiridos pelo indiciado com os proventos da infração, ainda que já tenham sido transferidos a terceiro.

125.1. A regra geral do sequestro:

Denomina-se, aqui (no CPP), *sequestro* o ato de constrição (indisponibilidade) de imóvel (ou de móveis, em algumas situações), em virtude de fundada suspeita de se tratar de bem adquirido com os proventos (receita, lucro) da infração penal.

A medida tem dois objetivos bem definidos e imediatamente apreensíveis.

Tutela-se, em primeiro lugar, a vítima da infração, de modo a se buscar a recomposição patrimonial do dano causado pelo crime.

De outro lado, pretende-se também a afirmação da efetividade do processo penal, fora do âmbito da imposição da pena privativa da liberdade e/ou de medidas cautelares de natureza pessoal. Com o sequestro da coisa adquirida com o produto econômico da infração, busca-se o enfraquecimento dos resultados mais essenciais dos crimes de natureza patrimonial, daí podendo-se esperar um mínimo de eficácia preventiva contra ações dessa natureza. Em tese, é claro.

Em princípio, o sequestro se dirige aos bens imóveis (art. 79 e art. 80, Código Civil). Os navios e aeronaves poderão ser objeto de *especialização de hipoteca* (art. 1.473, Código Civil), como logo adiante se especificará. Em casos excepcionais, também os *móveis* poderão ser sequestrados, consoante os termos do art. 132, CPP, quando não for possível a *busca e apreensão* (art. 240, CPP).

A medida poderá ser tomada ainda quando o bem já tenha sido transferido a terceiros, com ou sem boa-fé. A constrição incide (e persegue) a coisa e não o autor do fato ou o proprietário dela.

Importante observar que não há necessidade, tecnicamente falando, de haver *indiciamento* (na lítera do dispositivo). Presentes os requisitos elencados no art. 126, CPP, viável a decretação da medida, mesmo fora de inquérito policial.

Jurisprudência

125.1. [...] O sequestro recai sobre bens adquiridos com o proveito do crime, diversamente do que ocorre com o arresto, o qual incide sobre bens de origem lícita. Em ambos os casos, é necessária a ocorrência do crime e a existência de indícios suficientes de autoria, situação que se encontra bem delineada na decisão proferida pelo Magistrado de primeiro grau. [...] A ordem contida no art. 137 do CPP se refere apenas ao arresto, o qual, repita-se, recai apenas sobre bens obtidos licitamente, com a finalidade de assegurar eventual necessidade de reparação civil pelo dano causado. Na hipótese, observa-se que os bens não foram apenas alvo de arresto, mas também de sequestro relativamente àqueles em tese obtidos ilicitamente, razão pela qual não há que se falar em ordem de preferência, máxime se levado em consideração que a origem dos bens constritos (se lícitos ou ilícitos) ainda é objeto de controvérsia.[...] *(Recurso Especial nº 1.929.671-PR, STJ, 6ª Turma, Rel. Min. convocado Olindo Menezes, julgado em 13.9.2022, publicado no DJ em 30.9.2022)*

125.1. [...] o art. 3º, VI, segunda parte, da Lei n. 8.009/1990, estipula que a impenhorabilidade não será oponível à execução de sentença penal condenatória a ressarcimento, indenização ou perdimento de bens. É dizer, a possibilidade de penhora do bem de família, prevista na própria lei, não abrange a indisponibilidade cautelar, mas apenas a execução de sentença penal. [...] *(Agravo Regimental no Agravo em Recurso Especial nº 1.873.616-RS, STJ, 6ª Turma, Rel. Min. convocado Olindo Menezes, julgado em 6.12.2022, publicado no DJ em 15.12.2022)*

125.1. [...] Os arts. 125 e 126 do Código de Processo Penal autorizam o sequestro de bens imóveis adquiridos com o provento de crime, ainda que os bens tenham sido transferidos a terceiros, desde que haja indícios veementes da proveniência ilícita do bem. [...] Recurso ordinário a que se nega provimento (*RMS nº 49.904, STJ, 5ª Turma, unânime, Rel. Min. Reynaldo Soares da Fonseca, julgado em 27.9.2016, publicado no DJ em 5.10.2016*).

125.1. [...] 1. É possível a coexistência de múltiplas constrições patrimoniais sobre um mesmo bem, decretadas por Juízes diversos, sem implicar em usurpação de competência por quaisquer deles, sendo possível cogitar de conflito positivo apenas nas hipóteses em que verificada a antecipação, por um algum dos Juízes, da prática de ato expropriatório. 2. No caso, o Juízo trabalhista alienou judicialmente bem objeto de penhora (reclamação trabalhista) na pendência de medida assecuratória (sequestro) decretada por Juízo penal. 3. O sequestro ostenta natureza distinta das outras medidas assecuratórias penais (arresto e hipoteca legal), ante o interesse público verificado a partir da natureza dos bens objetos dessa constrição – adquiridos com os proventos da infração – e do procedimento para expropriação desses bens, que transcorre na seara penal (art. 133 do CPP). 4. Considerando a natureza peculiar do sequestro, há primazia da referida medida assecuratória frente à constrição patrimonial decretada por Juízo cível ou trabalhista (penhora), incorrendo em usurpação de competência o Juízo trabalhista que pratica ato expropriatório de bem sequestrado na seara penal, mormente considerando o interesse público verificado a partir da natureza dos bens – adquiridos com os proventos da infração –, e do procedimento para expropriação, que transcorre na seara penal. 5. Conquanto verificada a usurpação de competência, não deve ser declarada a nulidade do ato expropriatório praticado pelo Juízo Trabalhista, pois os bens submetidos à alienação judicial gozam de presunção (*juris tantum*), estabelecida pelo próprio Poder Judiciário e pela lei (art. 903 do CPC), de que são desembaraçados, ou seja, livres de ônus, sendo que a declaração de nulidade implicaria em descrédito de um instituto que depende de sua credibilidade para adesão dos arrematantes. 6. Mantida a alienação, deve ser observado, no entanto, que a quantia obtida com a alienação judicial promovida perante o Juízo incompetente (Trabalhista) deve ser revertida em favor da constrição decretada pelo Juízo penal, a fim de mitigar o prejuízo causado com a inobservância do direcionamento estabelecido na lei penal e processual penal (art. 133, § 1º, do CPP e art. 91, II, *b*, do Código Penal). 7. Conflito conhecido para declarar a competência do Juízo da 11ª Vara Federal de Goiânia – SJ/GO para a prática de atos expropriatórios dos bens sequestrados nos Processos n. 2016-15.2016.4.01.3500 e n. 27740- 11.2018.4.01.3500, sem declaração de nulidade do ato expropriatório praticado pelo Juízo da 18ª Vara do Trabalho de Goiânia/GO – relacionado ao veículo arrematado pelo interessado Megavox Auto-Falantes Ltda –, mas com determinação de reversão da quantia obtida com a alienação judicial em prol da constrição patrimonial decretada pelo Juízo penal, cassada a liminar. *(Conflito de Competência nº 175.033/GO, STJ, 3ª Seção, unânime, Rel. Min. Sebastião Reis Júnior, julgado em 26.5.2021, publicado no DJ em 28.5.2021)*

125.1. [...] 1. O sequestro de bens, segundo o Código de Processo Penal, é medida acautelatória que visa assegurar a reparação dos danos oriundos da prática de crime. Para o sequestro de bens imóveis, deve haver indícios veementes de que o bem tenha sido adquirido com os proventos da infração criminal, mesmo que já tenham sido transferidos a terceiro (arts. 125 e 126 do CPP). [...] (*Agravo Regimental na Petição nº 8.630/DF, Corte Especial, STJ, Relator Min. João Otávio de Noronha, julgado em 7.11.2012, publicado no* DJ *em 21.11.2012*).

125.1. [...] O art. 4º, *caput*, da Lei nº 9.613/1998, na redação da Lei nº 12.683/2012 – aplicável desde logo, nos termos do art. 2º do Código de Processo Penal (RHC 115563, Rel. Min. Luiz Fux, *DJe* de 28.3.2014) – dispõe que "*o juiz [...], havendo indícios suficientes de infração penal, poderá decretar medidas assecuratórias de bens, direitos, ou valores do investigado ou acusado, ou existentes em nome de interpostas pessoas, que sejam instrumento, produto ou proveito dos crimes previstos nesta Lei ou das infrações penais antecedentes*". O § 4º do referido dispositivo permite, também, a decretação de medidas assecuratórias "*sobre bens, direitos ou valores para reparação do dano decorrente da infração penal antecedente ou da prevista nesta Lei ou para pagamento de prestação pecuniária, multa e custas*". O sequestro, previsto no Código de Processo Penal, tem como objeto os produtos diretos ou indiretos do crime, sejam eles bens imóveis ou bens móveis não suscetíveis de apreensão, bastando que haja indícios, desde que veementes, da proveniência ilícita dos bens. [...] *(Agravos Regimentais na Ação Cautelar n. 3.957-DF, STF, 2ª Turma, unânime, Rel. Min. Teori Zavascki, julgado em 21.6.2016, publicado no* DJ *em 24.11.2016).*

125.1. [...] O art. 125 do CPP dispõe que "caberá sequestro dos bens imóveis, adquiridos pelo indiciado, com os proventos da infração, ainda que já tenham sido transferidos a terceiro", sendo certo que o art. 126 do mesmo *Codex* assim determina: "para a decretação do sequestro, bastará a existência de indícios veementes da proveniência ilícita dos bens". Portanto, para que o sequestro seja válido, necessária a presença de indícios de que o bem tenha sido adquirido com proventos da infração. *In casu*, observa-se que os fatos delituosos descritos na denúncia ocorreram, em tese, a partir do ano de 2002, razão pela qual merece provimento a irresignação da recorrente, uma vez que o imóvel objeto de constrição foi adquirido pela mesma em 1987, consoante cópias de escritura pública e certidão do cartório de registro de imóveis juntadas aos autos em apenso. Recurso ordinário provido (*RMS nº 28.627-RJ, STJ, 5ª Turma, Rel. Min. Jorge Mussi, julgado em 6.10.2009, publicado no* DJ *em 30.11.2009*).

125.2. A Fazenda Pública e o sequestro do Decreto-lei nº 3.240/41: Há uma velha legislação nacional, ainda admitida na jurisprudência nacional, dirigida para a proteção dos direitos da Fazenda Pública, contra a dissipação de patrimônio de autores de infrações penais praticados contra ela, de cujo resultado tenha implicado locupletamento sem causa (ilícito) ao seu autor.

É o quanto dispõe o Decreto-lei nº 3.240/41, cuja validade vem sendo aceita nos tribunais.

Para o sequestro em tais situações, exigem-se apenas os indícios da prática de crimes contra a Fazenda, permitindo-se a apreensão (por sequestro) de tantos bens quantos sejam suficientes para reparar o dano. Não se exige que a coisa tenha sido adquirida com proventos do crime, como ocorre no CPP.

Na realidade, como se vê, a medida, do ponto de vista técnico, equipara-se ao *arresto* e não ao sequestro, já que se dirige à coisa não litigiosa, e somente nessa perspectiva se justifica, sem as cautelas daquele (sequestro).

Jurisprudência

125.2. [...] Acerca do sequestro de bens de pessoas indiciadas por crimes de que resulta prejuízo para a Fazenda Pública, anoto que "[a] incidência do Decreto-Lei 3.240/41 afasta a prévia comprovação do periculum in mora para a imposição do sequestro, bastando indícios da prática criminosa" (AgRg na CauInomCrim n. 104/DF, relator Ministro Sebastião Reis Júnior, Corte Especial, julgado em 18/9/2024, DJe de 23/9/2024). Precedentes. [...] *(Agravo Regimental no Agravo em Recurso Especial nº 1.130.353-DF, STJ, 6ª Turma, Rel. Min. Antônio Saldanha Palheiro, julgado em 6.11.2024, publicado no DJ em 8.11.2024)*

125.2. [..] O sequestro de bens, baseado no Decreto-Lei n. 3.240/1941, é plenamente válido para fins de ressarcimento de prejuízos causados à Fazenda Pública decorrentes de sonegação fiscal. Assim, é irrelevante a discussão sobre a origem lícita ou não dos bens constritos, o perigo da demora e o excesso de prazo, pois a finalidade é o ressarcimento do prejuízo público. [...] *(Agravo Regimental no Agravo em Recurso Especial nº 2.614.762-BA, STJ, 6ª Turma, Rel. Min. Rogério Schietti Cruz, julgado em 20.8.2024, publicado no DJ em 28.8.2024)*

125.2. [...] Referente à exigência da comprovação da origem ilícita dos bens para o sequestro, conforme os regramentos previstos no Código de Processo Penal, é importante ressaltar que o sequestro do Decreto-lei n. 3.240/1941 diferencia-se do sequestro previsto no CPP. Com efeito, no regime da norma especial, não somente os bens oriundos do crime estão sujeitos à constrição, mas também o patrimônio lícito do réu, consoante o entendimento deste STJ. [...] O Superior Tribunal de Justiça possui entendimento segundo o qual o Decreto-lei n. 3.240/1941 não foi revogado pelo Código de Processo Penal, tendo sistemática própria o sequestro de bens de pessoas indiciadas ou denunciadas por crime de que resulta prejuízo para a Fazenda Pública. [...] (Recurso Especial nº 2.041.657-SP, STJ, 5ª Turma, Rel. Min. Ribeiro Dantas, julgado em 21.11.2023, publicado no DJ em 5.12.2023)

125.2. [...] "A medida de sequestro deferida nos autos, a teor do art. 4.º do Decreto-Lei n.º 3.240/41, pode recair sobre quaisquer bens dos requerentes e não apenas sobre aqueles que sejam produtos ou proveito do crime, mostrando-se, assim, desnecessária qualquer discussão sobre o fato de os bens estarem ou não alienados e de terem sido adquiridos antes da prática delitiva" [...] (Agravo Regimental no Agravo em Recurso Especial nº 2.219.917-SP, STJ, 6ª Turma, Rel. Min. convocado Jesuíno Rissato, sessão virtual de 9.5.2023 a 15.5.2023, publicado no DJ em 18.5.2023)

125.2. [...] "A medida de sequestro deferida nos autos, a teor do art. 4.º do Decreto-Lei n.º 3.240/41, pode recair sobre quaisquer bens dos requerentes e não apenas sobre aqueles que sejam produtos ou proveito do crime, mostrando-se, assim, desnecessária qualquer discussão sobre o fato de os bens estarem ou não alienados e de terem sido adquiridos antes da prática delitiva" (RMS 29.854/RJ, Rel. Ministro NEFI CORDEIRO, SEXTA TURMA, julgado em 01/10/2015, DJe 26/10/2015). No mesmo entendimento: AgRg no REsp n. 1.391.539/RS, relator Ministro Antonio Saldanha Palheiro, Sexta Turma, julgado em 24/8/2021, DJe de 31/8/2021. Incidência da Súmula 83/STJ. [...] *(Agravo Regimental no Agravo em Recurso Especial nº 1.280.055-RJ, STJ, 6ª Turma, Rel. Min. Convocado Olindo Menezes, julgado em 28.6.2022, publicado no DJ em 1º.7.2022)*

125.2. [...] A jurisprudência desta Corte é assente no sentido de que o Decreto-Lei n. 3.240/41 foi recepcionado pela Constituição Federal de 1.988, continua sendo aplicável e não foi revogado pelo Código de Processo Penal. Precedentes: AgRg nos EDcl no REsp 1.883.430/PR, Rel. Ministro JOEL ILAN PACIORNIK, QUINTA TURMA, julgado em 03/11/2020, DJe 16/11/2020; AgRg no RMS 24.083/PR, Rel. Ministra MARIA THEREZA DE ASSIS MOUR.A, SEXTA TURMA, julgado em 03/08/2010, DJe 16/08/2010. [...] "A medida de sequestro deferida nos autos, a teor do art. 4.º do Decreto-Lei n.º 3.240/41, pode recair sobre quaisquer bens dos requerentes e não apenas sobre aqueles que sejam produtos ou proveito do crime, mostrando-se, assim, desnecessária qualquer discussão sobre o fato de os bens estarem ou não alienados e de terem sido adquiridos antes da prática delitiva" (RMS 29.854/RJ, Rel. Ministro NEFI CORDEIRO, SEXTA TURMA, julgado em 01/10/2015, DJe 26/10/2015). Na mesma linha, o AgRg no REsp 1.391.539/RS, Rel. Ministro ANTONIO SALDANHA PALHEIRO, SEXTA TURMA, julgado em 24/08/2021, DJe 31/08/2021. [...] A Quinta Turma desta Corte também já se manifestou no sentido de que "A incidência do Decreto-Lei 3.240/41 afasta a prévia comprovação do periculum in mora para a imposição do sequestro, bastando indícios da prática criminosa, a teor do que dispõe o art. 3º desse diploma normativo. Precedentes". (AgRg no REsp 1.844.874/SC, Rel. Ministro RIBEIRO DANTAS, QUINTA TURMA, julgado em 08/09/2020, DJe 15/09/2020). [...] *(Agravo Regimental no Recurso em Mandado de Segurança nº 67.164-MG, STJ, 5ª Turma, Rel. Min. Reynaldo Soares da Fonseca, unânime, julgado em 29.3.2022, publicado no DJ em 31.3.2022)*

125.2. [...] A decretação do sequestro com base no Decreto-Lei nº 3.240/1941, o qual, diferentemente do disposto no CPP, permite sejam alvos da medida coisas de proveniência lícita ou ilícita, adquiridas antes ou depois dos atos delituosos, podendo, conforme expressa determinação legal, incidir sobre todo o acervo patrimonial do indivíduo ou de terceiros, em especial se doados os bens depois do cometimento dos crimes, bastando a existência de prova ou indício de algum crime perpetrado contra a Fazenda Pública e que tenha resultado, em vista de seu cometimento, locupletamento ilícito para o acusado. [...] No presente caso, a despeito de a data de aquisição do bem ser anterior aos fatos delituosos em apuração, a doação às filhas do recorrente se deu em data posterior a tais fatos, sendo legítima a constrição sobre o aludido imóvel, nos termos do disposto do art. 4º do Decreto-lei nº 3.240/1941 (*Os bens doados após a prática do crime serão sempre compreendidos no sequestro*). [...] *(Agravo Regimental no Recurso Especial nº 1.943.519/PE, STJ, 5ª Turma, unânime, Rel. Min. Reynaldo Soares da Fonseca, julgado em 9.11.2021, publicado no DJ em 12.11.2021)*

125.2. [...] 1. *In casu*, os impetrantes se insurgiram contra a decisão do magistrado de primeiro grau que determinou a indisponibilidade de bens e valores com base no Decreto-Lei n. 3.240/41, o qual autoriza a constrição de bens de pessoas indiciadas ou já denunciadas por crimes que resultem em prejuízo para a Fazenda Pública, visando assegurar o ressarcimento do dano ao erário. [...] O sequestro de bens de pessoas indiciadas ou já denunciadas por crimes que resultam prejuízo para a Fazenda Pública, como na hipótese, pode recair sobre todo o patrimônio dos acusados. [...] *(Agravo Regimental nos Embargos Declaratórios no Recurso em Mandado de Segurança nº 65.833/MG, STJ, 6ª Turma, unânime, Rel. Min. Antônio Saldanha Palheiro, julgado em 14.9.2021, publicado no DJ em 22.9.2021)*

Art. 126. Para a decretação do sequestro, bastará a existência de indícios veementes da proveniência ilícita dos bens.

Como medida cautelar que é, impõe-se a presença dos requisitos inerentes àquelas. E ele (o sequestro) pode ser manejado tanto na fase de investigação preliminar quanto no curso do processo.

Embora a lei se refira apenas aos indícios veementes da *proveniência ilícita* dos bens, a aludida norma contém, implicitamente, a referência aos indícios *do próprio crime*, a ser objeto de ação penal futura, se adotada a medida ainda na fase de investigação. Com isso, se atende ao requisito do *fumus boni iuris* (aparência do bom direito).

O *perigo da demora*, a justificar a providência, reside, primeiro, nas dificuldades de recuperação do bem, quando houver a sua alienação, propiciando o repasse e o incremento de uma cadeia de terceiros de boa-fé. Ao depois, busca-se impedir a dilapidação dos lucros obtidos com a infração, tutelando-se, então, os direitos patrimoniais e econômicos do ofendido.

Observe-se, contudo, que não se exigem maiores esclarecimentos quanto à efetiva responsabilidade penal de todos os possíveis envolvidos e nem da individualização das respectivas condutas. É preciso apenas que se tenha por explicitada a *materialidade* do crime, a sua repercussão econômico-patrimonial, e, sobretudo, a identificação do bem a ser assegurado (sequestrado), bem como a fundada suspeita quanto à origem ilícita de sua aquisição.

Contra a decretação do sequestro será cabível a oposição de embargos de terceiro e pelo próprio acusado (art. 130, CPP), sendo, em tese, compatível com a impetração de mandado de segurança (em matéria criminal), com o objetivo de ver afastada a cláusula restritiva no registro imobiliário, desde que e se possível a comprovação, de plano, da origem lícita do bem.

A decisão que julga o sequestro (e os embargos), encerrando o incidente, submete-se à apelação (art. 593, II, CPP).

Sobre eventual reserva de bens bloqueados para pagamento de honorários advocatícios, vide anotações ao item 133.1.

Jurisprudência

126. [...] Para o deferimento das medidas assecuratórias de natureza patrimonial, basta atestar a existência de indícios suficientes da infração penal, sendo dispensável a demonstração de atos concretos de dilapidação patrimonial. [...] (*Inquérito nº 1.587-DF, STJ, Corte Especial, Rel. Min. Sebastião Reis Júnior, julgado em 17.4.2024, publicado no DJ em 8.5.2024*)

126. [...] Para a decretação da medida acautelatória, basta existirem indícios veementes da proveniência ilícita dos bens, exigindo-se a demonstração do nexo causal, a fumaça, a probabilidade de que os bens tenham sido adquiridos com os proventos do crime (CPP, art. 126). [...] (*Agravo Regimental nº 9.477/DF, STF, Plenário, unânime, Rel. Min. Nunes Marques, julgado em sessão virtual de 29.10.2021 a 10.11.2021, publicado no DJ em 7.2.2022*)

126. [...] 2. Os arts. 125 e 126 do Código de Processo Penal autorizam o sequestro de bens imóveis adquiridos com o provento de crime, ainda que os bens tenham sido transferidos a terceiros, desde que haja indícios veementes da proveniência ilícita do bem. 3. Não há ilegalidade na extensão do sequestro a bens de terceiros não envolvidos diretamente no ilícito penal, desde que devidamente fundamentada a decisão em indícios veementes de que tais bens foram adquiridos ou construídos com finanças produto de crime. 4. Constituem indícios substanciais de que os bens apreendidos em 2015 teriam sido adquiridos com o produto dos delitos imputados ao pai do impetrante (1) a ausência de documentos aptos a comprovar a capacidade financeira do impetrante para adquirir com renda própria os bens constritos (o recorrente não indica nenhum tipo de atividade laboral que exerça, nem junta nenhum comprovante de renda); (2) há depoimento na ação penal que aponta a participação ativa do impetrante no funcionamento da

Associação da qual seu pai era representante legal e por meio da qual foram cometidos os crimes; (3) a estimativa do valor por ele recebido em 2013 a título de herança de seu avô materno é inferior ao montante encontrado em suas contas-correntes no momento do bloqueio, não se prestando a comprovar tampouco o pagamento, com renda própria, de automóvel de alto valor de mercado que não se sabe sequer se foi adquirido antes ou após o recebimento da herança. [...] *(RMS n. 55.470-PE, STJ, 5ª Turma, unânime, Rel. Min. Reynaldo Soares da Fonseca, julgado em 1º.3.2018, publicado no DJ em 12.3.2018).*

126. [...] 1. O sequestro é medida assecuratória cujo deferimento acarreta a indisponibilidade dos bens móveis ou imóveis adquiridos pelo agente como proveito da infração penal ou produto indireto (*fructus sceleris*). Em interpretação *contrario sensu* do art. 132 do CPP, no caso de imóveis, igualmente possível o sequestro do produto direto da infração (*producta sceleris*), porquanto incabível apreensão (CPP, art. 240, § 1º, *b*), somente aplicável ao produto direto de bens móveis. *A finalidade precípua do sequestro é garantir a reparação do dano causado pelo delito e a perda do produto ou proveito auferido pelo agente com a prática do crime, evitando-se, pois, benefício decorrente da própria torpeza.* 2. Como cediço, o sequestro é apurado em processo incidente ao processo criminal principal, com objetos estanques. O investigado ou réu possui legitimidade para impugnar o sequestro, por meio de embargos, nos termos do art. 130, I, do CPP, que constitui instrumento processual defensivo dentro do procedimento incidental, corolário do contraditório. Considerando que os embargos não possuem natureza de recurso, mas de defesa, a jurisprudência pacificou-se no sentido de que a decisão acerca do sequestro de bens admite apelação. Precedentes. 3. O *thema decidendum* do processo incidente de sequestro é autônomo ao processo penal principal, pois tal decisão em nada influenciará na absolvição ou condenação do réu. Destarte, a decisão de sequestro será definitiva, porquanto encerra a relação processual, julgando-lhe o mérito, nos moldes do art. 593, II, do CPP, portanto, cabível apelação, pois ausente subsunção a uma das hipóteses de recurso em sentido estrito (CPP, art. 581). 4. A apelação em tal hipótese não é dotada de efeito suspensivo, consoante art. 597 do CPP, o que, em tese, não obstaria a utilização do *mandamus* contra ilegalidade de decisão judicial, nos termos do art. 5º, II, da Lei 12.016/2009. Contudo, a despeito da literalidade legal, a súmula 267 do STF, ainda aplicada, veda indistintamente a impetração de mandado de segurança contra ato judicial passível de impugnação recursal, que, *in casu*, é a apelação. 5. O caso concreto revela verdadeira contumácia do réu, explicitada pela não apresentação de embargos (CPP, art. 130, I) e a interposição intempestiva de apelação, que culminou em sua inadmissibilidade e consequente trânsito em julgado da matéria, com a rejeição dos embargos declaratórios. Houve, pois, trânsito em julgado do processo incidente, porquanto somente a interposição de recurso em sentido estrito poderia obstar a preclusão da decisão que inadmitiu a apelação, nos termos do inciso XV do art. 581 do CPP. Nesse diapasão, tendo transitado em julgado o processo incidente, incide a vedação do art. 5º, III, da Lei 12.016/2009, o que torna inviável a impetração, que possuía o mesmo objeto da apelação intempestiva. 6. Do fato narrado não se evidencia o direito líquido e certo do recorrente a não ter os bens sequestrados, uma vez que a apreciação do argumento de que o bem objeto da medida cautelar assecuratória foi adquirido com recursos lícitos demandaria dilação probatória, que se revela inviável na via mandamental, cuja prova deve ser pré-constituída. Ademais, a Lei 12.694/2012 alargou o espectro de incidência das medidas cautelares assecuratórias, ao inserir os §§ 1º e 2º do art. 91 do CP. Desse modo, o sequestro pode abranger, igualmente, bens ou valores de origem lícita, equivalentes ao produto ou proveito da infração, se estes não forem encontrados ou se localizarem no exterior. Por conseguinte, torna-se muito mais complexa a prova da impossibilidade do acautelamento do bem ou valor por sequestro, o que praticamente inviabiliza a utilização da via do mandado de segurança. [...] *(RMS n. 49.540 – RS, STJ, 5ª Turma, unânime, Rel. Min. Ribeiro Dantas, julgado em 12.9.2017, publicado no DJ em 22.9.2017).*

126. [...] O art. 126 do Código de Processo Penal dispõe que, para a decretação do sequestro, bastam indícios veementes da proveniência dos bens. No caso, a medida assecuratória está não apenas juridicamente motivada, mas também faticamente, haja vista constar nos autos a existência de uma dívida de R$ 71.498.751,75 (setenta e um milhões, quatrocentos e noventa e oito mil, setecentos e cinquenta e um reais e setenta e cinco centavos) em tributos estaduais, imputada aos recorrentes. Encontra--se devidamente motivada a constrição patrimonial, conforme disciplina o Código de Processo Penal, com suporte fático efetivamente demonstrado, não sendo imprescindível à medida, pois, a linear correlação com as execuções fiscais fraudadas. [...] (*Recurso em Mandado de Segurança nº 37.506-SP, STJ, 5ª Turma, unânime, Rel. Min. Reynaldo Soares da Fonseca, julgado em 8.9.2015, publicado no* DJ *em 14.9.2015*).

126. [...] Sequestro e indisponibilidade de bens (suspensão). Mandado de segurança (concessão). Súmula 7 (aplicação). "Para a decretação do sequestro, bastará a existência de indícios veementes da proveniência ilícita dos bens" (art. 126 do Cód. de Pr. Penal). No caso, para se restabelecer o sequestro, necessário seria o reexame dos elementos de fato que levaram o Tribunal de origem a decidir pela ausência de indícios da proveniência ilícita dos bens sequestrados. Aplicável, pois, a Súmula 7. Agravo regimental improvido (*Agravo Regimental no Agravo nº 997.022-MT, STJ, 6ª Turma, Rel. Min. Nilson Naves, julgado em 16.9.2008, publicado no* DJ *em 24.11.2008*).

126. [...] A devida comprovação do direito líquido e certo é condição intransponível à concessão do mandado de segurança. Na hipótese vertente, tal circunstância não se encontra evidenciada em razão da pendência de inquérito policial instaurado para apurar a autoria e materialidade da conduta que é atribuída ao ex-funcionário da corretora recorrente, impedindo, assim, a constatação da existência de indícios veementes da proveniência ilícita dos bens para a decretação da medida assecuratória de sequestro, conforme exige o artigo 126, do Código de Processo Penal. Recurso desprovido (*RMS nº 21.722-SP, STJ, 5ª Turma, Rel. Min. Felix Fischer, julgado em 3.10.2006, publicado no* DJ *em 27.11.2006*).

....

Art. 127. O juiz, de ofício, a requerimento do Ministério Público ou do ofendido, ou mediante representação da autoridade policial, poderá ordenar o sequestro, em qualquer fase do processo ou ainda antes de oferecida a denúncia ou queixa.

No sistema acusatório, como tantas vezes mencionado nesse trabalho, não se reserva ao juiz qualquer atividade de essência investigativa e nem postulatória.

E como o sequestro se destina, sobretudo, à proteção da vítima, não obstante suas funções da natureza penal, deve o interessado (vítima), em princípio, requerer a medida.

De igual modo, mas por razões distintas, ligadas aos aspectos de interesse público da intervenção penal, poderão fazê-lo também a autoridade policial e o Ministério Público, seja na fase de investigação preliminar, seja no curso do processo.

Apenas um registro, antes de prosseguir: é entendimento da 2ª Câmara de Coordenação e Revisão do MPF que a autoridade policial *não* teria legitimidade para representar, diretamente, ao juiz para decretação de medidas cautelares, e que a titularidade seria *exclusiva* do Ministério Público (vide autos do Procedimento nº 1.00.001.000095/2010), posicionamento sufragado também pelo Conselho Superior do MPF em 4.7.2011.

Na hipótese de decretação de sequestro no curso do processo, admite-se a atuação, de ofício, do magistrado, justificando-se a alternativa exatamente em razão dos aspectos de interesse público que acompanha toda a fundamentação da citada intervenção penal, abstraídas, por impertinência nesse espaço, quaisquer considerações acerca da legitimidade ou não do Direito Penal.

Já veremos a importância do ajuizamento da ação penal, por denúncia ou por queixa (na ação privada), para fins de manutenção ou levantamento do sequestro.

Vide art. 8º da Lei nº 13.344, de 6.10.2016 (dispõe sobre a prevenção e repressão ao tráfico interno e internacional de pessoas e dá outras medidas), que trata também do tema.

Por fim, registre-se que, com a edição da Lei nº 13.367, de 5.12.2016, foi acrescido o art. 3-A à Lei nº 1.579/52, ampliando legitimidade para as medidas cautelares também ao presidente da CPI: "Caberá ao presidente da Comissão Parlamentar de Inquérito, por deliberação desta, solicitar, em qualquer fase da investigação, ao juízo criminal competente medida cautelar necessária, quando se verificar a existência de indícios veementes da proveniência ilícita de bens".

Jurisprudência

127 [...] Embora existam divergências quanto aos limites e à finalidade do sequestro de bens no processo penal, remanesce coerente entendê-lo como medida que preserva os bens tidos como produto ou provento do crime, retirando-os da esfera de liberdade do agente até que acertada a pretensão acusatória. No caso dos autos, foram submetidos corretamente à medida assecuratória valores constantes das contas correntes da empresa dos envolvidos, sob o fundamento de serem provenientes da ação delituosa e não porque decorrentes de eventual sonegação fiscal praticada por parte da sociedade comercial, situação, por sinal, sequer mencionada na denúncia ministerial. Segundo dispõe o art. 127 do Código de Processo Penal, o sequestro pode ser tomado no curso do inquérito policial quando houver indícios da proveniência ilícita dos bens, os quais não podem ser averiguados ou contrastados na via do recurso especial por envolver a detida análise probatória. Uma vez tendo o aresto hostilizado consagrado a melhor interpretação às normas aplicáveis à espécie da medida assecuratória, resta afastada possível violação da lei federal. Recurso desprovido (*Recurso Especial nº 882.400-RJ, STJ, 6ª Turma, Rel. Min. Maria Thereza de Assis Moura, julgado em 22.11.2007, publicado no DJ em 10.12.2007*).

Art. 128. Realizado o sequestro, o juiz ordenará a sua inscrição no Registro de Imóveis.

No Brasil, a propriedade imobiliária se transmite por meio de registro junto à matrícula do imóvel, assentada no respectivo Cartório Imobiliário. Devem ali ser objeto de registro ou de outro tipo de anotação quaisquer incidentes ou gravames reais (sobre a coisa) que venha a onerá-la.

Assim, e como o sequestro é uma medida de constrição à disponibilidade do imóvel, deve ele ser inscrito junto ao Registro Imobiliário, para o fim de, a partir dele, se esvaziarem quaisquer tentativas de transferências do bem. Assim, se realizada a alienação nessas condições, o adquirente não poderá alegar o desconhecimento quanto ao gravame da coisa, submetendo-se ao prejuízo quanto ao valor investido, na medida em que o imóvel será levado à *praça* (hasta pública do imóvel), recolhendo-se o montante apurado para a União, ressalvados os direitos da vítima e do terceiro de boa-fé (no caso de aquisição anterior ao sequestro, ou à sua inscrição).

Art. 129. O sequestro autuar-se-á em apartado e admitirá embargos de terceiro.

Certamente já terá percebido o leitor, e há muito tempo, que o CPP se vale excessivamente do *processo incidente*. Alguns são mesmo necessários, tendo em vista a absoluta diversidade do objeto, relativamente ao processo principal, enquanto outros não apresentam, essa característica. A vantagem e a justificativa para a autuação em separado são o *prosseguimento* regular daquele (processo principal), sem prejuízo da solução da questão incidental, paralelamente, haja ou não prejudicialidade. Neste último caso, exatamente por serem *prejudiciais* a questão e o incidente, haverá paralisação da ação penal (processo principal).

O *sequestro* deve mesmo ser autuado em separado. Em seu interior discutem-se questões não influentes na imputação do fato criminoso, ainda que dotadas de inegável relevância jurídica.

E há então outra importante razão para o processamento e autuação em separado. É que poderá haver a intervenção de um terceiro no incidente, legitimado a debater as questões e os pontos atinentes à propriedade ou à posse da coisa, turbadas ou esbulhadas em virtude de apreensão judicial.

Nesse caso, caberá a oposição de *embargos de terceiro*, cujo procedimento se encontra regulado no Código de Processo Civil de 2015, art. 674 e seguintes (art. 1.046 e seguintes, CPC/1973). Os embargos – modalidade de verdadeira ação contra a constrição feita à coisa (indisponibilidade, apreensão etc.) – são denominados de terceiro por óbvia razão: o embargante não é parte no processo principal (a ação penal instaurada ou a ser instaurada). Leiamos, primeiro, o disposto no art. 1.046, CPC/1973:

> Art. 1.046. Quem, não sendo parte no processo, sofrer turbação ou esbulho na posse de seus bens por ato de apreensão judicial, em casos como o de penhora, depósito, arresto, sequestro, alienação judicial, arrecadação, arrolamento, inventário, partilha, poderá requerer lhe sejam manutenidos ou restituídos por meio de embargos.
>
> § 1º Os embargos podem ser de terceiro senhor e possuidor, ou apenas possuidor.
>
> § 2º Equipara-se a terceiro a parte que, posto figure no processo, defende bens que, pelo título de sua aquisição ou pela qualidade em que os possuir, não podem ser atingidos pela apreensão judicial.
>
> § 3º Considera-se também terceiro o cônjuge quando defende a posse de bens dotais, próprios, reservados ou de sua meação.

A redação é a seguinte nos termos do art. 674, Lei nº 13.105/2015, atual CPC:

> Art. 674. Quem, não sendo parte no processo, sofrer constrição ou ameaça de constrição sobre bens que possua ou sobre os quais tenha direito incompatível com o ato constritivo, poderá requerer seu desfazimento ou sua inibição por meio de embargos de terceiro.
>
> § 1º Os embargos podem ser de terceiro proprietário, inclusive fiduciário, ou possuidor.
>
> § 2º Considera-se terceiro, para ajuizamento dos embargos:
>
> I – o cônjuge ou companheiro, quando defende a posse de bens próprios ou de sua meação, ressalvado o disposto no art. 843;
>
> II – o adquirente de bens cuja constrição decorreu de decisão que declara a ineficácia da alienação realizada em fraude à execução;
>
> III – quem sofre constrição judicial de seus bens por força de desconsideração da personalidade jurídica, de cujo incidente não fez parte;

IV – o credor com garantia real para obstar expropriação judicial do objeto de direito real de garantia, caso não tenha sido intimado, nos termos legais dos atos expropriatórios respectivos.

A alteração relevante em relação às regras do CPC é que a competência para o seu julgamento é do juiz criminal, observando-se, no que for compatível, as disposições dos arts. 675 e 677, CPC de 2015.

Jurisprudência

129. [...] "O julgamento dos embargos de terceiro relativos a bens em sequestro, quando opostos por pessoa alheia aos fatos apurados na ação penal, independe do trânsito em julgado desta, conforme inteligência do art. 129 do CPP c/c art. 574 do NCPC" (EDcl no RMS 62.876/SP, relator Ministro Nefi Cordeiro, Sexta Turma, julgado em 16/6/2020, DJe 23/6/2020). [...] E, na linha dos precedentes desta Corte, "o julgamento dos embargos do terceiro não fica no aguardo do término da ação penal, ainda que o bem objeto de constrição tenha sido adquirido diretamente do réu, se resta comprovado nos autos que o adquirente é terceiro inteiramente alheio ao fato investigado na ação penal" (REsp n. 1.385.161/ES, relatora Ministra Maria Thereza de Assis Moura, Sexta Turma, julgado em 16/12/2014, DJe 3/2/2015). [...] *(Agravo Regimental no Recurso Especial nº 1.973.110-PR , STJ, 6ª Turma, Rel.Min. Antônio Saldanha Palheiro, julgado em 23.9.2024, publicado no DJ em 25.9.2024)*

129. [...] Sequestro de bem imóvel. Embargos de terceiro. Bem que não é de propriedade de envolvidos com ilícito, não foi adquirido por meio de recursos inidôneos, nem tem como proprietário envolvido na ação delituosa. Aplicação do art. 129 e não dos arts. 130 e 131 do Código de Processo Penal. [...] 1. *In casu*, foi determinada medida cautelar de sequestro a recair sobre bem imóvel que, em tese, seria de propriedade das filhas de Réu em ação penal e adquirido como proveito de atividade delituosa desse, o qual é acusado de praticar delitos financeiros por meio da Cooperativa de Crédito Mútuo dos Servidores Públicos Militares e Defesa Civil do Estado do Rio de Janeiro. 2. Opostos embargos de terceiro, o magistrado de primeiro grau julgou-os improcedentes, entendendo que a situação da então Embargante se amoldaria ao comando normativo preconizado nos arts. 130 e 131, inciso II, do Código de Processo Penal e, por via de consequência, o exame dos embargos deveria aguardar o trânsito em julgado da ação principal e o levantamento do sequestro somente poderia ser levado a termo se fosse prestada a devida caução. 3. Julgando a apelação interposta, o Tribunal *a quo* entendeu que: a) o imóvel sobre o qual recaiu o sequestro não está – e nunca esteve –, de direito, incluído no cabedal das filhas do Réu, mas é, sim, propriedade da Recorrida; b) por via de consequência, jamais foi "adquirido" por meio de recursos advindos de atividade escusa; e c) a Recorrida não tem qualquer envolvimento com a conduta delituosa atribuída ao Réu na ação em que se levou a efeito a constrição do bem. 4. Tratando-se de hipótese de bem equivocadamente objeto de restrição, a jurisprudência do Superior Tribunal de Justiça entende ser aplicável o previsto no art. 129 do Código de Processo Penal e, por conseguinte, desnecessário aguardar o julgamento da ação principal para dirimir as questões trazidas ao crivo do Poder Judiciário por meio dos embargos de terceiro, nem apresentar caução para o levantamento do sequestro. 5. Recurso especial conhecido e desprovido *(Recurso Especial nº 1.825.572-RJ, STJ, 6ª Turma, unânime, Rel. Min. Laurita Vaz, julgado em 6.10.2020, publicado no DJ em 19.10.2020).*

129. [...] Aos embargos de terceiro previstos no art. 129 do CPP são aplicáveis subsidiariamente os dispositivos do Código de Processo Civil – CPC, consoante art. 3º do CPP. Por seu turno, a fase recursal, por possuir expressa previsão legal no CPP, não observa os prazos e ditames do CPC. [...] *(Agravo Interno no Agravo em Recurso Especial nº 1.509.656-SP, STJ, 5ª Turma, unânime, Rel. Min. Joel Ilan Paciornik, julgado em 1.9.2020, publicado no DJ em 9.9.2020).*

129. [...] À hipótese prevista no art. 129 do CPP, que cuida da defesa apresentada por terceiro de boa-fé alheio à prática da infração penal, não se aplica o parágrafo único do art. 130, do referido Código, em que há, de algum modo, vínculo do embargante com o autor da infração penal ou com a prática do delito. [...] (*Agravo Regimental no REsp nº 1.569.321-MS, STJ, 5ª Turma, Rel. Min. Reynaldo Soares da Fonseca, julgado em 2.6.2016, publicado no DJ em 10.6.2016*).

129. [...] A ação de embargos de terceiro, apesar de prevista no Estatuto processual penal no capítulo das medidas assecuratórias, segue o regramento do Código de Processo Civil (arts. 1.046 a 1.054), nos termos do art. 3º do Código de Processo Penal. 2. Os embargos de terceiro constituem a defesa apresentada pelo terceiro de boa-fé, completamente alheio à prática da infração penal, opostos, no caso, com o intuito de preservar interesse meramente patrimonial, a saber, a liberação dos bens apreendidos. Assim, embora seja da competência do Juízo criminal seu processamento e julgamento, manifesta a natureza civil da ação, razão pela qual a exigência feita pelo Tribunal originário, de recolhimento das custas judiciais, não se revela ilegal. Ofensa a direito líquido e certo da recorrente não configurada. Inviabilidade da segurança pretendida. [...] (*Recurso em Mandado de Segurança nº 28.730-RS, STJ, 6ª Turma, Rel. Min. Sebastião Reis Júnior, julgado em 1º.4.2014, publicado no DJ em 14.4.2014*).

Art. 130. O sequestro poderá ainda ser embargado:

I – pelo acusado, sob o fundamento de não terem os bens sido adquiridos com os proventos da infração;

II – pelo terceiro, a quem houverem os bens sido transferidos a título oneroso, sob o fundamento de tê-los adquirido de boa-fé.

Parágrafo único. Não poderá ser pronunciada decisão nesses embargos antes de passar em julgado a sentença condenatória.

Além dos legitimados arrolados no art. 674, CPC de 2015 (cônjuge, senhor e possuidor), também o acusado poderá opor embargos ao sequestro e apreensão do bem.

Nesse caso, por óbvio, não se poderá falar em embargos de terceiro.

E a lei, expressamente, aponta a fundamentação aceitável em tais situações: o que se reserva à impugnação do acusado é o argumento (e a prova) de se tratar de aquisição de coisa licitamente adquirida, isto é, sem a utilização de qualquer provento ou produto de infração penal. Recursos lícitos, numa palavra.

Já o terceiro somente poderá alegar a sua boa-fé na aquisição.

Tem-se aqui uma ampla limitação temática no âmbito dos embargos de terceiro, a fim de não se permitir o travamento processual do incidente (até porque o requisito para a decretação da medida é que existam indícios veementes da proveniência ilícita do bem sequestrado). O campo probatório, porém, não difere daquele contido no CPC, de modo que não se pode inquinar de supressivo de garantias a alternativa escolhida pelo CPP.

Outra questão.

A prova do terceiro deverá demonstrar a onerosidade de aquisição, até mesmo como indício de boa-fé. A transmissão gratuita do bem, por si só, parece-nos indicativa da ausência de transferência lícita do bem, caso em que os embargos, por esse motivo, não poderão ser acolhidos.

A garantia da regularidade do incidente, isto é, quanto à observância do devido processo legal para a privação de bens, a que alude a Constituição, vem reforçada pela exigência, justificada, de não se poder proferir decisão nos embargos antes da solução final do processo principal. Evidentemente. É que se restar comprovada a ausência de responsabilidade penal, não se configurará o requisito fundamental para o *perdimento da coisa*: a sua origem ilícita.

Jurisprudência

130. [...] Há confusão no decisum quanto às figuras do terceiro de boa-fé do art. 130, I, do Código de Processo Penal – CPP e terceiro de boa-fé estranho ao processo (art. 129 do CPP), pelo fato do bem não ter sido diretamente transferido do investigado ao comprador e por ter sido adquirido meses antes de efetivada a restrição, razão pela qual foram aplicadas regras processuais não condizentes ao caso concreto, porque, ainda que se referisse a terceiro de boa-fé, não se vislumbra a hipótese do art. 129 do CPP, mas a do art. 130, I, do CPP, em razão da prévia admissão de ilicitude no modo de aquisição do bem por parte do investigado. [...] *(Agravo Regimental no Agravo Regimental nos Embargos Declaratórios no Embargos Declaratórios no Agravo em Recurso Especial nº 1.643.161/PR, STJ, 5ª Turma, unânime, Rel. Min. Joel Ilan Paciornik, julgado em 9.12.2020, publicado no* DJ *em 17.12.2020).*

130. [...] 1. O Código de Processo Penal prevê três espécies de embargos: (i) embargos do terceiro estranho ao processo (art. 129, do Código de Processo Penal – CPP); (ii) embargos do acusado (art. 130, I, do CPP); e (iii) embargos do terceiro de boa-fé (art. 130, II, do CPP). 2. O primeiro caso diz respeito à parte completamente estranha ao fato discutido, como bem exemplifica Renato Brasileiro de Lima, "suponha-se que, por ocasião do sequestro, tenha havido algum equívoco acerca do bem em relação ao qual foi imposta a medida cautelar (v.g., apesar de o juiz determinar o sequestro da casa 'A', a medida é levada a efeito contra a casa 'B'" (Manual de processo penal: volume único. 5 ed. rev., ampl. e atual. – Salvador: Ed. Juspodivm, 2017). Estes embargos seguem o rito do art. 674 do Novo Código de Processo Civil – NCPC e podem ser opostos a qualquer momento do processo até o trânsito em julgado da sentença e, mesmo após o seu trânsito em julgado, no prazo de 5 dias a contar da arrematação do bem e serão julgados tão logo tenha a parte contrária contestado os embargos no prazo de 10 dias e tenham sido produzidas todas as provas requeridas para demonstração do direito. 3. Já os Embargos do terceiro de boa-fé do art. 130, II, do CPP, serão opostos nas hipóteses em que o adquirente desconhece e não tem elementos para suspeitar da proveniência ilícita do bem. Por ordem legal do artigo 130, parágrafo único, do CPP, eles somente poderão ser apreciados após o trânsito em julgado da sentença condenatória, isso porque se tem como previamente admitida a ilicitude no modo de aquisição do bem. [...] 6. Há confusão no decisum quanto às figuras do terceiro de boa-fé do art. 130, I, do CPP e terceiro de boa-fé estranho ao processo (art. 129 do CPP), ao que parece, pelo fato do bem não ter sido diretamente transferido do investigado ao comprador e por ter sido adquirido meses antes de efetivada a restrição, razão pela qual foram aplicadas regras processuais não condizentes ao caso concreto, porque, ainda que refira a terceiro de boa-fé, não vislumbro a hipótese do art. 129 do CPP, mas a do art. 130, I, do CPP, em razão da prévia admissão de ilicitude no modo de aquisição do bem por parte do investigado. [...] *(Agravo em Recurso Especial n. 1.420.461-PR, STJ, 5ª Turma, unânime, Rel. Min. Joel Ilan Paciornik, julgado em 1º.10.2019, publicado no* DJ *em 7.10.2019).*

130. [...] O art. 130, II, do Código de Processo Penal prevê que tem o terceiro adquirente de boa-fé o direito de opor-se ao sequestro incidente sobre imóvel por meio de embargos. Se nos embargos de terceiro, o interessado deixar de comprovar que o bem reclamado foi adquirido de boa-fé e a título oneroso por pessoa estranha ao processo (art. 130, II, do CPP), não há como ser determinado o levantamento do sequestro (*Agravo Regimental na Petição nº 9.490-DF, STJ, Corte Especial, Rel. Min. João Otávio de Noronha, julgado em 7.8.2013, publicado no* DJ *em 15.08.2013*).

130. [...] A via impugnativa dos embargos, prevista no art. 130 do CPP, é cabível no caso de o sequestro recair sobre bens imóveis adquiridos com os proventos da infração, medida constritiva prevista no art. 125 do mesmo diploma processual. Mostra-se inviável o oferecimento dos embargos previstos no art. 130, I, do CPP, contra o sequestro prévio a que se refere o art. 136 do CPP, que tem natureza de garantia à hipoteca legal (art. 134 do CPP) e que atinge quaisquer bens imóveis do réu para assegurar posterior especialização e inscrição desses bens. Tendo sido apresentados, equivocadamente, os embargos contra decisão que decretou o sequestro, e, portanto, já tendo esta transitado em julgado, mostra-se inadmissível a impetração de mandado de segurança, conforme entendimento sufragado no enunciado 268 da Súmula do STF. Recurso improvido (*RMS nº 14.465-SC, STJ, 5ª Turma, Rel. Min. Arnaldo Esteves Lima, julgado em 15.3.2005, publicado no* DJ *em 9.5.2005*).

Art. 131. O sequestro será levantado:

I – se a ação penal não for intentada no prazo de sessenta dias, contado da data em que ficar concluída a diligência;

II – se o terceiro, a quem tiverem sido transferidos os bens, prestar caução que assegure a aplicação do disposto no art. 74, II, b, segunda parte, do Código Penal;

III – se for julgada extinta a punibilidade ou absolvido o réu, por sentença transitada em julgado.

A fim de melhor se proteger o terceiro de boa-fé contra a investida do Poder Público ao seu patrimônio, e, mais especificamente, contra a indisponibilidade de determinado bem, prevê a lei a possibilidade do oferecimento de *garantia* para a liquidação do bem e destinação do valor apurado (para o ofendido, para as custas processuais e para o Tesouro Nacional), quando condenatória a sentença final.

Permite-se então a prestação de *caução*, ou seja, de garantia legal, que pode ser real (coisa, hipoteca etc.) ou fidejussória (fiança), nos termos do art. 301, CPC/2015 (art. 826, CPC/1973), que responderá pelo levantamento do sequestro. Naturalmente, a caução oferecida não poderá ser inferior ao bem desonerado pelo citado levantamento do sequestro. Mas essa caução somente poderá ser feita por terceiro a quem tiverem os bens sido transferidos. Jamais o autor do fato criminoso poderá prestar caução para levantamento do bem. Seria um verdadeiro contrassenso determinar a apreensão de bem que seja proveniente de infração criminosa e, mediante um depósito, permitir que o suposto autor do fato continue usufruindo o bem, que, confirmado ao final ser provento do crime, deverá ser objeto de perda, quando não realizada a venda antecipada para evitar perecimento ou perda substancial de valor.

Quando a medida for decretada na fase de investigação, exige-se a formação do convencimento acusatório no prazo máximo de 60 dias, contados da constrição do bem, a fim de se agilizar a persecução e se legitimar a fundamentação da apreensão então requerida e obtida. Esse prazo não é tido como peremptório, bem assim não há óbice para, em caso de levantamento, seja realizada nova constrição, desde que por ordem judicial, presentes os requisitos legais.

Embora a lei não se refira a quaisquer hipóteses de prolongamento do prazo, insinuando tratar-se de verdadeira decadência, não nos parece ser o caso, se e desde que se possam comprovar eventuais manobras por parte do investigado, no sentido de perturbar o apuratório, contra texto expresso de lei, hipótese, por exemplo, da retenção indevida dos autos para o exercício de atividade defensiva (cópias dos elementos informativos já realizados).

Por outro lado, a perda de possibilidade de prosseguimento da persecução penal é suficiente para determinar o levantamento (extinção) do sequestro. É o que ocorrerá com a decisão de absolvição ou de extinção da punibilidade, desde que passadas em julgado.

No caso de extinção da punibilidade por qualquer motivo que não implique o afastamento da responsabilidade civil do acusado (prescrição, por exemplo), nada impede possa o ofendido adotar as providências cabíveis junto ao juízo cível (arts. 674 e seguintes, CPC de 2015/art. 1.046 e seguintes, CPC de 1973). Consultem-se, no particular, as disposições atinentes à ação civil *ex delicto* (arts. 63 e seguintes do CPP).

Uma questão importante e complementar, em face da redação do inciso III do art. 131 do CPP: tal como referimos mais detalhadamente no item 386.4 (adiante), por conta das alterações trazidas pela Lei nº 11.690/08, com a inserção do inciso II do parágrafo único no art. 386 do CPP, a decisão absolutória *inverte* o juízo de cautelaridade, de modo que, exarada a sentença de absolvição, as cautelares deverão ser, igualmente, levantadas.

Jurisprudência

131. [...] Esta Corte Superior de Justiça, já se pronunciou no sentido de que o prazo previsto no art. 131, inciso I, do Código de Processo Penal – CPP não é absoluto, podendo ser mitigado diante da complexidade do caso concreto. Precedentes. [...] *(Agravo Regimental no RMS nº 71.794-SC, STJ, 5ª Turma, Rel. Min. Joel Ilan Paciornik, julgado em sessão virtual encerrada em 1º.7.2024, publicado no DJ em 3.7.2024)*

131. [...] A controvérsia cinge-se ao fato de a extinção da punibilidade do réu [...] repercutir ou não sobre o bloqueio dos bens de pessoas jurídicas, das quais é sócio majoritário. A pessoa jurídica ora requerente também não foi parte na ação penal, tendo seu patrimônio sido atingido unicamente em virtude de um de seus sócios, no caso, o acusado Juarez Lopes Cançado ter se tornado réu na ação penal. Dessa forma, extinta sua punibilidade, em virtude da prescrição da pretensão punitiva estatal, esvazia-se igualmente o suporte fático e legal para manutenção da constrição dos bens da requerente. – Reconhecida, assim, a extinção da punibilidade do réu [...], cuja participação como membro do Conselho Administrativo e Fiscal da [...], Presidente da Fundação [...] e sócio-administrador da [...], ensejou o bloqueio dos bens das referidas pessoas jurídicas; é inevitável o desbloqueio dos seus bens, com fundamento no art. 6º, item 2, do Decreto-Lei n. 3.240/1941, e nos arts. 131, inciso III, e 141, ambos do Código de Processo Penal, sem prejuízo de que eventual reparação seja buscada na esfera cível. [...] (Pedido de Extensão nos Embargos de Declaração nos Embargos de Declaração no Agravo Regimental no Agravo em Recurso Especial nº 2.059.293-DF, STJ, 5ª Turma, Rel. Min. Reynaldo Soares da Fonseca, julgado em 21.5.2024, publicado no DJ em 28.5.2024)

131. [...] 1. Dispõe o art. 131, III, do CPP que o sequestro será levantado se for julgada extinta a punibilidade ou absolvido o réu, por sentença transitada em julgado. 2. O caso concreto, contudo, revela particularidade em que o poder de cautela do juízo possibilita o indeferimento do pedido de levantamento do sequestro. É que na hipótese, os dois herdeiros do falecido são corréus em ação penal onde se discute a legalidade do patrimônio que se pretende ver liberado. [...] *(Agravo Regimental no Recurso Especial nº 1.985.459-SP, STJ, 5ª Turma, Rel. Min. Reynaldo Soares da Fonseca, unânime, julgado em 19.4.2022, publicado no DJ em 25.4.2022)*

131. [...] 4. Conforme art. 131, I, do CPP, a ação penal não intentada no prazo de 60 dias enseja o levantamento do sequestro. No caso em tela, que não houve sequestro, mas apreensão de bens, na forma do art. 240 do CPP, não há que se falar em ação penal em face da recorrente. 4.1 O sequestro, medida assecuratória constante do art. 125 e seguintes do CPP, visa a constrição de bens adquiridos com o produto do crime, enquanto a apreensão (art. 240 do CPP) visa, dentre outras finalidades, a constrição de produto do crime (*producta sceleris*). 4.2 *In casu*, as instâncias ordinárias negaram a restituição dos bens apreendidos, veículo e joias, porque podem ser perdidos em favor da União, na forma do art. 91, II, *b*, do CP, interessando ao processo penal, ante a falta de demonstração de boa-fé da agravante. [...] *(Agravo Regimental no Agravo em Recurso Especial n. 1.082.970-GO, STJ, 5ª Turma, unânime, Rel. Min. Joel Ilan Paciornik, julgado em 25.9.2018, publicado no* DJ *em 8.10.2018).*

131. [...] A norma descrita no art. 131, I, do CPP não demanda que o proprietário formal do bem objeto de constrição seja denunciado. Basta que aquele que praticou o delito o seja, e que se estabeleça um nexo entre o cometimento do crime, o dinheiro obtido por meio deste crime e a utilização do produto do crime para a aquisição da propriedade de terceiro (ainda que a venda seja de boa-fé) para que se legitime a constrição. [...] *(RMS n. 56.799-MT, STJ, 5ª Turma, unânime, Rel. Min. Reynaldo Soares da Fonseca, julgado em 12.6.2018, publicado no* DJ *em 20.6.2018).*

131. [...] O promitente vendedor tem legitimidade para propor ação de embargos de terceiro com o objetivo de revogar o sequestro de bem prometido à venda. 2. Não evidenciada a má-fé do embargante, é possível a revogação do sequestro antes da decisão final, desde que prestada caução idônea. 3. A caução deve corresponder ao valor do montante proveniente dos ilícitos penais utilizados na aquisição do bem sequestrado. [...] (*Petição nº 9.844-AP, STJ, Cor-*

te Especial, unânime, Rel. Min. João Otávio de Noronha, julgado em 3.8.2016, publicado no DJ em 29.8.2016).

131. [...] 1. O princípio da razoabilidade impede que, no caso, o prazo previsto no art. 131, inciso I, do Código de Processo Penal incida de forma peremptória, nomeadamente porque as instâncias ordinárias consignaram a extrema complexidade do feito, instaurado contra dezenas de investigados para apurar fraudes na execução de obras e contratações feitas por órgãos públicos e diversos municípios, todos em tese a se beneficiar ilicitamente de recursos da União repassados mediante convênios. 2. A alegação de excesso de prazo na medida constritiva resta superada após o início da ação penal. Precedentes. 3. Recurso desprovido (*Recurso em Mandado de Segurança nº 36.728 MT, STJ, 5ª Turma, Rel. Min. Laurita Vaz, julgado em 12.11.2013, publicado no DJ em 25.11.2013).*

Art. 132. Proceder-se-á ao sequestro dos bens móveis se, verificadas as condições previstas no art. 126, não for cabível a medida regulada no Capítulo XI do Título VII deste Livro.

Quando a coisa constituir objeto de infração penal, apresentando-se como o seu *produto* (a coisa subtraída, roubada, apropriada etc.), bem como quando se tratar de bem que constitua elemento de prova, deverá ela se submeter à *busca e apreensão*, nos termos dos arts. 240 e seguintes do CPP. O mesmo ocorrerá com os instrumentos e petrechos do crime (art. 90, II, CP).

Pode ser, ainda, que os proventos obtidos com o crime se prestam à aquisição de bens *móveis* e não só de *imóveis*.

Nesse caso, será também cabível o se *sequestro* e não a busca e apreensão.

Note-se que, embora ambas as providências se refiram a medidas tipicamente acautelatórias, as respectivas fundamentações são diversas. E mais distintas ainda são as consequências, no que toca à possibilidade de restituição ou de manutenção da apreensão dos bens. Alguns, como os instrumentos utilizados no crime, bem como as coisas cuja posse ou detenção, por si só, já constituem crime, sequer serão devolvidas, o mesmo ocorrendo com aquelas adquiridas com os proveitos ou proventos da infração (sequestradas).

No entanto, a regra da boa-fé, quando demonstrada a titularidade da coisa apreendida, aplica-se tanto ao sequestro quanto à busca e apreensão, salvo, é claro, em relação aos instrumentos do crime e das coisas de posse ou detenção ilícita.

O procedimento de sequestro, bem assim os casos de seu levantamento (extinção), são os mesmos.

Jurisprudência

132. [...] Inicialmente, saliento que o Código de Processo Penal prevê medidas cautelares tendentes a assegurar futura indenização ou reparação à vítima da infração penal, pagamento de despesas processuais ou penas pecuniárias ao Estado ou mesmo a evitar que o réu obtenha lucro com a atividade criminosa. Trata-se, portanto, de medidas incidentais com vistas à satisfação do dano *ex delicto*. Nas hipóteses previstas nos arts. 125 e 132, do Código de Processo Penal, a medida recai apenas em bens adquiridos com proventos do crime, ainda que tenham sido alienados a terceiros. Nas outras hipóteses, arts. 134, 136 e 137, do referido *Codex* – estes dois últimos, em verdade, arrestos –, a medida pode incidir em quaisquer bens do indiciado ou réu, embora não tenham sido obtidos com proventos do crime. Indispensável, todavia, que sejam bens do indiciado ou réu, não podendo ser de terceiros. No caso *sub judice*, o bem objeto do arresto é um apartamento localizado no Rio de Janeiro, pertencente à empresa [...], que o adquiriu em 14 de abril de 1986, quando ainda se chamava [...], conforme documento de fls. 259/260 (Certidão do 5º Ofício do registro de Imóveis). Todavia, o imóvel arrestado, embora de propriedade da pessoa jurídica supramencionada, em última análise, pertence ao acusado e sua esposa. Ademais, pelo que se depreende dos autos, ocorreram várias alterações contratuais, desde então, sendo impossível delimitar a certeza e a liquidez do direito ora invocado. Desta forma, questionar-se, nesta via estreita do *mandamus*, se "o imóvel é de destinação residencial, abstraída a qualidade de sua proprietária, ele é impenhorável, estando amparado pela disposição do art. 1º da Lei nº 8.009/90"; "... se é impenhorável, também não o será arrestável nem sequestrável", seria incongruente, porquanto a medida em questão, como salientado anteriormente, é meramente assecuratória, tendente apenas a garantir, provisoriamente, eventual dano às vítimas, pelo ilícito perpetrado. Outrossim, no tocante à suposta violação ao seu direito de propriedade, acarretando vultosos prejuízos advindos do desfazimento de eventual compra e venda, com a restituição das quantias recebidas acrescidas das despesas de traslados, corretagem e impostos recolhidos ao erário público, ressalto que tal alegação só reforça, de forma inversa, a tese da necessidade da retenção provisória do bem, uma vez que, consolidada a venda do imóvel, desfazerse-ia do único bem plausível de garantia. Porém, ressalto ser impossível o exame de tais assertivas através deste remédio constitucional, pois implicaria dilação probatória. Destarte, por todo exposto, impossível conferir a espécie, solução diversa da adotada pelo v. acórdão guerreado. Recurso desprovido (*RMS nº 13.450-PR, STJ, 5ª Turma, Rel. Min. Jorge Scartezzini, julgado em 11.6.2002, publicado no* DJ *em 18.11.2002).*

132. [...] 4.1 O sequestro, medida assecuratória constante do art. 125 e seguintes do CPP, visa a constrição de bens adquiridos com o produto do crime, enquanto a apreensão (art. 240 do CPP) visa, dentre outras finalidades, a constrição de produto do crime (*producta sceleris*). 4.2 *In casu*, as instâncias ordinárias negaram a restituição dos bens apreendidos, veículo e joias, porque podem ser perdidos em favor da União, na forma do art. 91, II, *b*, do CP, interessando ao processo penal, ante a falta de demonstração de boa-fé da agravante. [...] *(Agravo Regimental no Agravo em Recurso Especial n. 1.082.970-GO, STJ, 5ª Turma, unânime, Rel. Min. Joel Ilan Paciornik, julgado em 25.9.2018, publicado no* DJ *em 8.10.2018).*

Art. 133. Transitada em julgado a sentença condenatória, o juiz, de ofício ou a requerimento do interessado ou do Ministério Público, determinará a avaliação e a venda dos bens em leilão público cujo perdimento tenha sido decretado. (Redação dada pela Lei nº 13.964, de 2019)

§ 1º Do dinheiro apurado, será recolhido aos cofres públicos o que não couber ao lesado ou a terceiro de boa-fé. (Incluído pela Lei nº 13.964, de 2019)

§ 2º O valor apurado deverá ser recolhido ao Fundo Penitenciário Nacional, exceto se houver previsão diversa em lei especial. (Incluído pela Lei nº 13.964, de 2019)

133. As coisas que, por quaisquer das razões já aqui apontadas, não sejam passíveis de restituição, nem ao acusado e nem a terceiros, serão levadas a leilão público, destinando-se o valor apurado ao lesado (ofendido), ao terceiro de boa-fé, e o restante, ao Tesouro Nacional, se e quando condenatória a decisão final.

A mesma providência será adotada no caso de perdimento do bem, nos termos do art. 122, CPP.

Havendo absolvição ou extinção da punibilidade, a coisa sequestrada será devolvida a quem de direito (a pessoa em cuja posse tenha sido apreendida, ou o senhor e possuidor), conforme consta do art. 131, III, CPP.

As coisas mencionadas no art. 91, II, Código Penal somente poderão ser devolvidas quando pertencentes ao ofendido e ao terceiro de boa-fé, ressalvadas as hipóteses de impossibilidade legal de posse, detenção ou propriedade.

Havendo o risco de deterioração do bem, deve-se proceder ao leilão, cabendo ao seu proprietário o saldo apurado (art. 120, § 5º, CPP).

Todas essas providências finais são tomadas pelo juízo criminal, diferentemente das demais medidas de arresto, em que, nos termos do art. 143 do CPP, deverão ser remetidas para o juízo cível competente.

As alterações promovidas pela Lei nº 13.964/2019 não foram substanciais no *caput* do art. 133 do CPP: apenas se explicitou que o Ministério Público poderá fazer o requerimento (o que já decorria da própria interpretação sistêmica dos demais dispositivos), como agora se prevê que o dinheiro que não couber ao lesado ou terceiro de boa-fé (respeitada a ordem), será recolhido ao Fundo Penitenciário Nacional (salvo se leis locais tiverem previsão expressa em sentido contrário). Ou seja, o recolhimento não se dá mais, como previsto, ao Tesouro Nacional (caixa geral), mas especificamente ao Fundo Penitenciário Nacional.

Importante referir ainda a inserção do art. 91-A, CP, prevendo novos critérios e possibilidades de perda de valores equivalentes para a reparação do dano.

Tal como destacado no item 492.3, desde que o tipo penal em apuração preveja pena máxima em abstrato superior a seis anos, é possível decretar a perda não apenas dos bens que sejam produto ou proveito da infração criminosa, mas também (em caso de insuficiência para a reparação) de bens (que aí serão lícitos) correspondentes à diferença entre o valor do patrimônio do condenado e aquele que seja compatível com seu rendimento lícito. A finalidade da lei é bastante clara: evitar uma "blindagem" patrimonial por agentes criminosos que apresentem patrimônio que seja incompatível com seus rendimentos lícitos declarados.

A lei estabeleceu quais são os parâmetros para consideração do que seria o "patrimônio do condenado". Serão os bens que lhe pertençam diretamente ou então também aqueles que tenha domínio e o benefício direto ou indireto, na data da infração penal ou recebidos posteriormente (é dizer, em tese, patrimônio adquirido antes da prática criminosa apurada não poderá ser objeto de constrição). Igualmente são considerados aqueles bens que tenham sido transferidos a terceiros gratuitamente ou mediante contraprestação irrisória (totalmente desproporcional), considerando-se igualmente o marco temporal da data da infração criminosa.

Garante-se a possibilidade de o réu condenado demonstrar a total compatibilidade do seu patrimônio ou então a procedência lícita dos valores. Não se trata aqui de inversão probatória alguma, tal como já existe na legislação de lavagem de capitais (art. 4º, § 2º, Lei nº 9.613), e sim de uma certa "presunção" de ilicitude, amparada no desnível entre o patrimônio real e o declarado. Não se pode deixar de considerar que, para a decretação dessa perda, é imprescindível a existência de prévio requerimento do Ministério Público por ocasião do oferecimento da denúncia (para possibilitar o exercício do contraditório e ampla defesa), indicando-se o valor da diferença apurada e os bens sobre os quais deve incidir o gravame complementar.

No § 5º do art. 91-A, CP, há a obrigatoriedade de que os instrumentos utilizados para a prática de crimes por organizações criminosas e milícias deverão ser declarados perdidos em favor da União ou do Estado, dependendo da Justiça em que tramita a ação penal: se na Justiça Federal, para a União; se na Justiça Estadual, para a respectiva unidade da federação.

Por fim, nos termos do acrescido inciso VI ao art. 3º da Lei nº 13.756/2018 pela Lei nº 13.964/2019, constituirão recursos do Fundo Nacional de Segurança Pública – FNSP – aqueles valores que forem confiscados ou provenientes da alienação dos bens perdidos em favor da União Federal, nos termos da legislação penal ou processual penal. Destacamos compreender que se os valores apreendidos ou confiscados forem decorrentes de prática de crimes previstos na Lei Antidrogas, há de se observar, dentre outros, o art. 63-E da Lei nº 11.343, conforme redação da Lei nº 13.886, de 2019.

Jurisprudência

133. [...] I - As medidas previstas no art. 4º da Lei n. 9.613/1998 dizem respeito a bens, direitos ou valores que sejam instrumento, produto ou proveito do crime de lavagem de dinheiro ou da infração penal antecedente.

II - O patrimônio daquele que praticou a lavagem de dinheiro, mas não cometeu o crime antecedente, só poderá ser atingido, com base no art. 4º da Lei n. 9.613/1998, se for demonstrado que determinados bens, direitos ou valores constituem instrumento, produto ou proveito do crime anterior.

III - O § 2º, do art. 4º, da Lei n. 9.613/1998, deve ser interpretado restritivamente, sob pena de criar indevidas hipóteses de responsabilidade integral ou solidária não previstas em lei.

IV - É inviável a tese de que o agente que lavou parcela dos recursos ilícitos deve responder solidariamente pelo prejuízo total decorrente de infração penal antecedente que foi praticada exclusivamente por terceiro.

V - Há autonomia entre a lavagem de dinheiro e o crime antecedente, no que se refere à quantificação do proveito econômico, motivo pelo qual só podem ser constritos os bens, direitos ou valores que tenham relação com a lavagem de capitais. Precedentes.

VI - Em outras palavras, aqueles que lavam dinheiro só possuem a obrigação de indenizar os danos causados pela infração antecedente enquanto subsistir patrimônio ou proveito que guarde relação direta com os bens, direitos ou valores obtidos de forma ilícita.

VII - *In casu*, a agravada recebeu depósito de R$ 500.000,00 (quinhentos mil reais), os quais haviam sido obtidos mediante furto praticado por terceira pessoa. Em seguida, os recursos foram transferidos para a esposa do autor do furto, de modo que não restaram, no patrimônio da agravada, quaisquer bens, direitos ou valores decorrentes da lavagem de dinheiro ou que fossem relacionados ao furto.

VIII - É inviável a aplicação do art. 932, inciso V, do Código Civil, para estabelecer a responsabilidade solidária da parte agravada, uma vez que não há provas de que esta tenha obtido proveito ou acréscimo patrimonial em decorrência do furto praticado exclusivamente por outrem.

IX - Por outro lado, a esposa do agente que praticou o furto deve responder solidariamente pelos prejuízos experimentados pela ofendida, nos termos da Lei n. 9.613/1998 e do 932, inciso V, do Código Civil, desde que observado, como limite, o montante incorporado ao seu patrimônio, e não pelo valor total do delito.

X - Não se pode responsabilizar os corréus da lavagem de dinheiro pelo dano oriundo do crime antecedente, na hipótese em que este foi praticado exclusivamente por um dos agentes, pois o art. 942 do Código Civil estabelece a responsabilidade solidária apenas para os coautores do mesmo ato ilícito. [...] *(Agravo Regimental no Agravo Regimental no Recurso Especial nº 1.970.697-PR, STJ, 5ª Turma, Rel. Min. Messod Azulay Neto, julgado em 19.3.2024, publicado no DJ em 5.4.2024)*

133. [...] se e quando transitar em julgado a decisão que resolver o destino dos bens imóveis sequestrados, deverá o próprio juiz da causa criminal valer-se do art. 133 do CPP, determinando a avaliação e venda dos bens em leilão público, sendo a quantia arrecadada, no que não couber ao lesado ou ao terceiro de boa-fé, recolhida ao Tesouro Nacional. [...] 3. *Não existe preclusão pro judicato que impeça a decretação do perdimento de bens em momento posterior à sentença. Tal decretação após a sentença não implica tampouco em reformatio in pejus, já que, nos termos do art. 91, II, b, do CP, a decretação do perdimento de bens que constituem produto do crime em favor da União corresponde a efeito automático da condenação do acusado.* [...] *(RMS n. 56.799-MT, STJ, 5ª Turma, unânime, Rel. Min. Reynaldo Soares da Fonseca, julgado em 12.6.2018, publicado no DJ em 20.6.2018).*

....

133.1 Reserva de bens bloqueados para pagamento de honorários advocatícios em hipótese de *sequestro criminal*.

O art. 24-A da Lei nº 8.906/94 (Estatuto da OAB), introduzido no ordenamento jurídico pela Lei nº 14.365, de 2022, dispôs que:

> Art. 24-A. No caso de bloqueio universal do patrimônio do cliente por decisão judicial, garantir-se-á ao advogado a liberação de até 20% (vinte por cento) dos bens bloqueados para fins de recebimento de honorários e reembolso de gastos com a defesa, ressalvadas as causas relacionadas aos crimes previstos na Lei nº 11.343, de 23 de agosto de 2006 (Lei de Drogas), e observado o disposto no parágrafo único do art. 243 da Constituição Federal.
>
> § 1º O pedido de desbloqueio de bens será feito em autos apartados, que permanecerão em sigilo, mediante a apresentação do respectivo contrato.
>
> § 2º O desbloqueio de bens observará, preferencialmente, a ordem estabelecida no art. 835 da Lei nº 13.105, de 16 de março de 2015 (Código de Processo Civil).
>
> § 3º Quando se tratar de dinheiro em espécie, de depósito ou de aplicação em instituição financeira, os valores serão transferidos diretamente para a conta do advogado ou do escritório de advocacia responsável pela defesa.
>
> § 4º Nos demais casos, o advogado poderá optar pela adjudicação do próprio bem ou por sua venda em hasta pública para satisfação dos honorários devidos, nos termos do art. 879 e seguintes da Lei nº 13.105, de 16 de março de 2015 (Código de Processo Civil).
>
> § 5º O valor excedente deverá ser depositado em conta vinculada ao processo judicial.

A questão é saber se em qualquer situação de *bloqueio de bens* deve-se garantir a reserva desse percentual para o pagamento dos honorários advocatícios.

Não teceremos maiores considerações sobre a indiscutível relevância das atividades dos advogados, que é uma premissa constitucional fundamental, bem assim sobre a (legítima) opção legislativa introduzida no ordenamento jurídico como forma de garantir o pagamento dos honorários do advogado, quando não disponíveis outros valores no patrimônio do constituinte para esse fim.

A lei parte do pressuposto de haver o *"bloqueio universal dos bens"*, fazendo duas ressalvas expressas: quando as causas forem relacionadas à Lei de Drogas, observando-se ainda a hipótese do parágrafo único do art. 243 da CF/88 (*"Todo e qualquer bem de valor econômico apreendido em decorrência do tráfico ilícito de entorpecentes e drogas afins e da exploração de trabalho escravo será confiscado e reverterá a fundo especial com destinação específica, na forma da lei").*

Relembremos que o fato de não ter haver de forma expressa *outras exceções* na regra supramencionada não significa que não devamos compatibilizá-la com as demais disposições legais vigentes que tratam do tema de *cautelares de apreensão de bens* no campo processual penal.

De acordo com as regras gerais das cautelares penais, precisamos distinguir os institutos do *sequestro criminal* dos demais *arrestos* criminais.

Visto anteriormente, o sequestro está previsto no art. 125 do CPP. E, conforme o art. 126 do CPP, o único requisito legal para incidir sobre bens imóveis é que seja demonstrada a existência de *indícios veementes da proveniência ilícita dos bens* (na hipótese de bens móveis, deve-se observar ainda se não for caso de busca e apreensão – art. 132 do CPP).

A distinção é clara: o sequestro o ato de constrição (indisponibilidade) de imóvel (ou de móveis, em algumas situações), em virtude de fundada suspeita de se tratar de bem adquirido com os proventos (receita, lucro) da infração penal. Tutela-se, em primeiro lugar, a vítima da infração, de modo a se buscar a recomposição patrimonial do dano causado pelo crime. De outro lado, pretende-se também a afirmação da efetividade do processo penal, fora do âmbito da imposição da pena privativa da liberdade e/ou de medidas cautelares de natureza pessoal. Com o sequestro da coisa adquirida com o produto econômico da infração, busca-se o enfraquecimento dos resultados mais essenciais dos crimes de natureza patrimonial, daí podendo-se esperar um mínimo de eficácia preventiva contra ações dessa natureza. Em tese, é claro.

O mesmo raciocínio é aplicável para as hipóteses da Lei de Lavagem de Dinheiro, na senda do que vem sendo reconhecido de forma tranquila pelo STJ e STF.

É importante não esquecer como linha de raciocínio que, havendo *sequestro* criminal, o agente que comete o delito ou qualquer pessoa a ele ligada não pode ter "vantagem alguma" (sequer indicado como depositário fiel dos bens), pois a consequência será a expropriação de quaisquer valores que possam decorrer, direta ou indiretamente, do acréscimo patrimonial a partir do crime. O § 1º do art. 133 do CPP (redação da Lei nº 13.964/2019) é expresso no sentido de que, do dinheiro apurado em leilão dos bens (caput) feito no processo criminal, *"será recolhido aos cofres públicos o que não couber ao lesado ou a terceiro de boa-fé", bem assim que, na forma do § 2º do mesmo dispositivo, "o valor apurado deverá ser recolhido ao Fundo Penitenciário Nacional, exceto se houver previsão diversa em lei especial".*

Tanto é assim que os bens auferidos a partir de prática criminosa estão excepcionados pelas reservas feitas na Lei nº 8.009/90, havendo inclusive previsão expressa no art. 3º, VI, que *"a impenhorabilidade é oponível em qualquer processo de execução civil, fiscal, previdenciária, trabalhista ou de outra natureza, salvo se movido: [...] por ter sido adquirido com produto de crime ou para execução de sentença penal condenatória a ressarcimento, indenização ou perdimento de bens".*

A Lei nº 13.964/2019 acresceu ainda uma nova figura no *sistema geral* que, limitada sua aplicabilidade aos casos em que a lei comine pena máxima superior a 6 anos de reclusão, precisa também ser bem equacionada, uma espécie de confisco por extensão:

> Art. 91-A. Na hipótese de condenação por infrações às quais a lei comine pena máxima superior a 6 (seis) anos de reclusão, *poderá ser decretada a perda, como*

produto ou proveito do crime, dos bens correspondentes à diferença entre o valor do patrimônio do condenado e aquele que seja compatível com o seu rendimento lícito.

§ 1º Para efeito da perda prevista no caput deste artigo, entende-se por patrimônio do condenado todos os bens:

I - de sua titularidade, ou em relação aos quais ele tenha o domínio e o benefício direto ou indireto, na data da infração penal ou recebidos posteriormente; e

II - transferidos a terceiros a título gratuito ou mediante contraprestação irrisória, a partir do início da atividade criminal.

§ 2º O condenado poderá demonstrar a inexistência da incompatibilidade ou a procedência lícita do patrimônio.

§ 3º A perda prevista neste artigo deverá ser requerida expressamente pelo Ministério Público, por ocasião do oferecimento da denúncia, com indicação da diferença apurada.

§ 4º Na sentença condenatória, o juiz deve declarar o valor da diferença apurada e especificar os bens cuja perda for decretada.

§ 5º Os instrumentos utilizados para a prática de crimes por organizações criminosas e milícias deverão ser declarados perdidos em favor da União ou do Estado, dependendo da Justiça onde tramita a ação penal, ainda que não ponham em perigo a segurança das pessoas, a moral ou a ordem pública, nem ofereçam sério risco de ser utilizados para o cometimento de novos crimes.

Já dissemos na presente obra (vide anotações ao item 492.3) que, desde que o tipo penal em apuração preveja pena máxima em abstrato superior a seis anos, é possível decretar a perda não apenas dos bens que sejam produto ou proveito da infração criminosa, mas também (em caso de insuficiência para a reparação) de bens (que aí serão lícitos) correspondentes à diferença entre o valor do patrimônio do condenado e aquele que seja compatível com seu rendimento lícito. A finalidade da lei é bastante clara: evitar uma "blindagem" patrimonial por agentes criminosos que apresentem patrimônio que seja incompatível com seus rendimentos lícitos declarados.

A lei estabeleceu quais são os parâmetros para consideração do que seria o "patrimônio do condenado". Serão os bens que lhe pertençam diretamente ou então também aqueles que tenha domínio e o benefício direto ou indireto, na data da infração penal ou recebidos posteriormente (é dizer, em tese, patrimônio adquirido antes da prática criminosa apurada não poderá ser objeto de constrição). Igualmente são considerados aqueles bens que tenham sido transferidos a terceiros gratuitamente ou mediante contraprestação irrisória (totalmente desproporcional), considerando-se igualmente o marco temporal da data da infração criminosa.

Garante-se a possibilidade de o réu condenado demonstrar a total compatibilidade do seu patrimônio ou então a procedência lícita dos valores. Não se trata aqui de inversão probatória alguma, tal como já existe na legislação de lavagem de capitais (art. 4º, § 2º, Lei nº 9.613), e sim de uma certa "presunção" de ilicitude, amparada no desnível entre o patrimônio real e o declarado. Não se pode deixar de considerar que, para a decretação dessa perda, é imprescindível a existência de prévio requerimento do Ministério Público por ocasião do oferecimento da denúncia (para possibilitar o exercício do contraditório e ampla defesa), indicando-se o valor da diferença apurada e os bens sobre os quais deve incidir o gravame complementar

No § 5º do art. 91-A, CP, há a obrigatoriedade de que os instrumentos utilizados para a prática de crimes por organizações criminosas e milícias deverão ser declarados perdidos em favor da União ou do Estado, dependendo da Justiça em que tramita a ação penal: se na Justiça Federal, para a União; se na Justiça Estadual, para a respectiva unidade da federação.

Por fim, nos termos do acrescido inciso VI ao art. 3º da Lei nº 13.756/2018 pela Lei nº 13.964/2019, constituirão recursos do Fundo Nacional de Segurança Pública - FNSP - aqueles valores que forem confiscados ou provenientes da alienação dos bens perdidos em favor da União Federal, nos termos da legislação penal ou processual penal. Destacamos compreender que se os valores apreendidos ou confiscados forem decorrentes de prática de crimes previstos na Lei Antidrogas, há de se observar, dentre outros, o art. 63-E da Lei nº 11.343, conforme redação da Lei nº 13.886, de 2019.

Essa *previsão geral* do Código Penal (introduzida pela Lei nº 13.964/2019) com reflexos sobre o processo penal guarda similitude com o disposto no art. 63-F da Lei de Drogas (acrescida pela Lei nº 13.886/2019): *"Art. 63-F. Na hipótese de condenação por infrações às quais esta Lei comine pena máxima superior a 6 (seis) anos de reclusão, poderá ser decretada a perda, como produto ou proveito do crime, dos bens correspondentes à diferença entre o valor do patrimônio do condenado e aquele compatível com o seu rendimento lícito.*

Portanto, os *sequestros criminais* pressupõem que os bens sejam de origem *ilícita* (e, agora, ainda a figura do sequestro por equiparação).

Diferentemente deles, temos as hipóteses de *arrestos* criminais, previstos nos arts. 134 e seguintes do CPP, cujos pressupostos legais são bem diversos, recaindo necessariamente sobre bens *lícitos* (com a ressalva da *equiparação* acima), exigindo-se apenas dois requisitos (certeza da infração e indícios suficientes da autoria - os mesmos do recebimento da denúncia, art. 41, CPP).

A finalidade dos *arrestos* é unicamente garantir a reparação do dano da prática criminosa (além do pagamento das despesas processuais e penas pecuniárias - art. 140 do CPP). Tanto nos parece correta a premissa que existe uma clara e correta limitação (que vale para todos os demais *arrestos*): somente pode haver a inscrição da hipoteca legal do imóvel ou imóveis necessários à garantia da responsabilidade (art. 134, § 4º, do CPP). Tudo que exceder à responsabilidade de reparação de dano, deve ser devolvida ao *requerido* (outra questão que confirma essa distinção é que, nos sequestros, não pode haver caução pelo requerido suposto autor do fato para levantar o sequestro, limitação que não se faz presente para os arrestos).

Os arrestos podem incidir sobre imóveis (preferencialmente), mas também sobre os móveis suscetíveis de penhora (art. 137 do CPP).

Como a finalidade é unicamente acautelatória para pagamento dos danos decorrentes do crime, a liquidação definitiva dos valores se dará não no juízo criminal (como ocorre com os *sequestros*), mas perante o juízo cível *(art. 143 do CPP - Passando em julgado a sentença condenatória, serão os autos de hipoteca ou arresto remetidos ao juiz do cível (art. 63).*

Essa distinção entre os institutos vem sendo feita de forma reiterada (e correta, deixamos claro) pela jurisprudência uníssona do STF e do STJ.

Por fim, devemos aqui reforçar que ainda vigora no ordenamento jurídico o Decreto-Lei nº 3.240/41, que prevê a possibilidade de decretação de "sequestro" (colocamos aspas propositadamente), sendo requisito legal que *"haja indícios veementes da responsabilidade, os quais serão comunicados ao juiz em segredo, por escrito ou por declarações orais reduzidas a termo, e com indicação dos bens que devam ser objeto da medida" (art. 3º), com a observação de que "o sequestro pode recair sobre todos os bens do indiciado, e compreender os bens em poder de terceiros desde que estes os tenham adquirido dolosamente, ou com culpa grave"* (art. 4º).

Destacamos com aspas a locução "sequestro", pois, durante certo tempo, especialmente quando da edição do Código de Processo Penal, foi usada como sinônimo de "arrestos", como se verifica da então redação do art. 137 do CPP, que, ao tratar do arresto, dizia ser possível haver o "sequestro de bens móveis suscetíveis de penhora". Não havia sentido se falar em *sequestro* de bens suscetíveis de penhora. Aí que, com muita demora, a Lei nº 11.435/2006 corrigiu o problema, prevendo que "se o responsável não possuir bens imóveis ou os possuir de valor insuficiente, poderão ser *arrestados* bens móveis suscetíveis de penhora, nos termos em que é facultada a hipoteca legal dos imóveis".

Sempre alertamos (vide item 125.2) que, para essa medida, *"exigem-se apenas os indícios da prática de crimes contra a Fazenda, permitindo-se a apreensão (por sequestro) de tantos bens quantos sejam suficientes para reparar o dano. Não se exige que a coisa tenha sido adquirida com proventos do crime, como ocorre no CPP. Na realidade, como se vê, a medida, do ponto de vista técnico, equipara-se ao arresto e não ao sequestro, já que se dirige à coisa não litigiosa, e somente nessa perspectiva se justifica, sem as cautelas daquele (sequestro)"*.

Feitas todas essas considerações e interpretando-se de forma sistemática e interligada as regras que tratam do tema, concluímos que, no âmbito criminal, a reserva de até 20% dos bens objeto de constrição judicial *não poderá incidir, em nenhuma hipótese*, sobre bens que sejam sequestrados criminalmente (origem ilícita) ou quando a medida for por equiparação (art. 91-A, CP – que tem preferência).

Até porque não teria sentido lógico e constitucional admitir reserva de valores para pagamento de honorários com dinheiro de origem sabidamente ilícita, caso em que se poderia se caracterizar, por interpretação restritiva (leitura *isolada* do art. 24-A do Estatuto da OAB), uma espécie de *lavagem do dinheiro* ilicitamente obtido. E essa conclusão é reforçada exatamente pelo teor das exceções previstas pelo legislador ao não admitir a reserva quando se tratar de valores decorrentes da incidência da Lei de Drogas, bem assim em face do disposto no parágrafo único do art. 243 da Constituição, que trata não só da questão das drogas, mas também nas hipóteses de valores auferidos a partir da exploração do trabalho escravo, quando deverá haver o confisco de tais valores.

Quando se tratar de hipótese de arrestos na seara penal (bens lícitos), aí a opção legislativa em voga (com as *expressas ressalvas nela contidas*) deve ser aplicada.

Art. 133-A. O juiz poderá autorizar, constatado o interesse público, a utilização de bem sequestrado, apreendido ou sujeito a qualquer medida assecuratória pelos órgãos de segurança pública previstos no art. 144 da Constituição Federal, do sistema prisional, do sistema socioeducativo, da Força Nacional de Segurança Pública e do Instituto Geral de Perícia, para o desempenho de suas atividades. (Incluído pela Lei nº 13.964, de 2019)

§ 1º O órgão de segurança pública participante das ações de investigação ou repressão da infração penal que ensejou a constrição do bem terá prioridade na sua utilização. (Incluído pela Lei nº 13.964, de 2019)

§ 2º Fora das hipóteses anteriores, demonstrado o interesse público, o juiz poderá autorizar o uso do bem pelos demais órgãos públicos. (Incluído pela Lei nº 13.964, de 2019)

§ 3º Se o bem a que se refere o *caput* deste artigo for veículo, embarcação ou aeronave, o juiz ordenará à autoridade de trânsito ou ao órgão de registro e controle a expedição de certificado provisório de registro e licenciamento em favor do órgão público beneficiário, o qual estará isento do pagamento de multas, encargos e tributos anteriores à disponibilização do bem para a sua utilização, que deverão ser cobrados de seu responsável. (Incluído pela Lei nº 13.964, de 2019)

§ 4º Transitada em julgado a sentença penal condenatória com a decretação de perdimento dos bens, ressalvado o direito do lesado ou terceiro de boa-fé, o juiz poderá determinar a transferência definitiva da propriedade ao órgão público beneficiário ao qual foi custodiado o bem. (Incluído pela Lei nº 13.964, de 2019)

Há aqui outros acréscimos promovidos pela Lei nº 13.964/2019. O que foi incorporado na legislação geral são disposições que já existiam para algumas leis especiais (como Lei Antidrogas, por exemplo), em que era permitida a destinação de determinados bens ao uso por instituições de segurança ou outras. Havia muitos questionamentos jurisdicionais sobre a legalidade das destinações sem a previsão expressa para os casos não específicos nas leis especiais. Parece que, agora, não haverá nessa parte maiores questionamentos.

E a lei foi expressa em permitir que a utilização se dê sobre bens sequestrados, apreendidos ou sujeitos a quaisquer medidas assecuratórias pelos órgãos de segurança pública previstos no art. 144 da Constituição Federal.

Reconhece-se a prioridade da destinação ao órgão de segurança pública participante das ações de investigação ou repressão das infrações que ensejaram a apreensão dos bens. Fora dessas opções, garantiu-se ainda ao juiz a possibilidade de autorizar o uso por demais órgãos públicos, desde que demonstrado (e fundamentado) o interesse público na utilização desses bens.

O que se encontra previsto no § 3º do art. 133-A do CP guarda igual similitude ao previsto, por exemplo, na Lei nº 11.343, na redação conferida pela Lei nº 13.886/2019. A propósito, vide comentários e anotações aos arts. 119, 122 e 144-A.

Art. 134. A hipoteca legal sobre os imóveis do indiciado poderá ser requerida pelo ofendido em qualquer fase do processo, desde que haja certeza da infração e indícios suficientes da autoria.

O ato ilícito pode reclamar a recomposição patrimonial do dano, o que é feito no juízo cível, sem prejuízo da parcela mínima dos prejuízos efetivamente comprovados a teor do disposto no art. 387, IV, CPP.

No juízo criminal, no entanto, algumas providências acautelatórias podem ser tomadas no curso da investigação ou mesmo do processo principal.

E isso não há de espantar, na medida em que, em tais hipóteses, a presença dos elementos informativos (na fase preliminar) ou de prova (na fase do processo) presentes ao juízo criminal permite maior visibilidade da responsabilidade civil.

Postas as observações atinentes às vinculações temáticas entre instâncias – entre o juízo criminal e o entre o cível –, consoante nossos comentários ao art. 63 e seguintes do CPP, cumpre anotar o cabimento de outra medida assecuratória no âmbito do processo penal, cujos resultados práticos, de certa forma, se encontram na linha de dependência daqueles obtidos na instância criminal.

Trata-se da hipoteca legal sobre os imóveis do requerido, tornando-o, senão indisponível, gravado para as subsequentes alienações. É dizer: não haverá indisponibilidade; no entanto, o adquirente sofrerá os ônus correspondentes ao gravame hipotecário, cuja parte garantirá a responsabilidade civil pelo dano causado pela infração penal.

A *especialização* da hipoteca significa a incidência do ônus real sobre o imóvel pertencente ao requerido (ou acusado, se já houver ação penal), com o objetivo de garantir a recomposição patrimonial do dano, prestando-se também ao pagamento das custas e demais despesas processuais (ver art. 1.489, III, Código Civil).

> Art. 1.489. A lei confere hipoteca:
>
> I – às pessoas de direito público interno (art. 41) sobre os imóveis pertencentes aos encarregados da cobrança, guarda ou administração dos respectivos fundos e rendas;
>
> II – aos filhos, sobre os imóveis do pai ou da mãe que passar a outras núpcias, antes de fazer o inventário do casal anterior;
>
> III – ao ofendido, ou aos seus herdeiros, sobre os imóveis do delinquente, para satisfação do dano causado pelo delito e pagamento das despesas judiciais;
>
> IV – ao coerdeiro, para garantia do seu quinhão ou torna da partilha, sobre o imóvel adjudicado ao herdeiro reponente;
>
> V – ao credor sobre o imóvel arrematado, para garantia do pagamento do restante do preço da arrematação.

A legitimação do pedido é do ofendido, exigindo-se indícios suficientes de autoria e certeza quanto ao fato praticado (materialidade). É dizer: são os mesmos requisitos para o recebimento da denúncia, de modo que, se recebida a peça acusatória, eventual medida dessa natureza não poderá ser indeferida por ausência desses pressupostos.

Pensamos que também o Ministério Público poderá requerer a especialização da hipoteca em todas as situações em que não seja possível a atuação da Defensoria Pública, tratando-se de réu pobre, evidentemente. Não que estejamos de acordo com a solução (não estamos!), mas tal nos parece na linha do entendimento emanado da Suprema Corte, que vê no art. 68, CPP, um caso (inusitado) de inconstitucionalidade *progressiva*, dependente da instalação das respectivas Defensorias Públicas nos Estados. Remetemos o leitor aos citados comentários (art. 68, CPP).

No particular, assinale-se que, a nosso aviso, o Ministério Público não detém legitimidade para pleitear indenização (ou garantias para tais finalidades) em nome de pessoa jurídica de direito público. Estas, com personalidade, estrutura e corpo jurídico autônomos, devem agir em nome próprio. O *parquet* cuida de interesses difusos, coletivos e transindividuais, o que não é o caso da tutela patrimonial das pessoas de Direito Público. E não nos impressiona a previsão contida no art. 142 do CPP, que reputamos *revogada* (ou não recepcionada) pela nova estruturação do Ministério Público a partir da Constituição de 1988, vedada que lhe foi a representação judicial das pessoas jurídicas de direito público (art. 129, IX, CF).

No entanto, em relação aos interesses da Fazenda Pública, a jurisprudência não hesita em reconhecer a legitimação do Ministério Público para a adoção das providências a que estamos nos referindo.

A inscrição ou especialização deve ser levada ao registro imobiliário, para fins de eficácia *contra todos.*

Jurisprudência

134. [...] 1. É pacífico o entendimento de que a medida assecuratória da hipoteca legal pode recair sobre bens de origem lícita do acusado, vez que possui a finalidade de assegurar a reparação de dano *ex delicto*, além de garantir a efetividade do pagamento da multa pecuniária e das custas processuais. [...] . [...] (*Agravo Regimental no Recurso Especial nº 1.909.808/RS, STJ, 5ª Turma, unânime, Rel. Min. Joel Ilan Paciornik, julgado em 9.11.2021, publicado no DJ em 16.11.2021)*

134. [...] A hipoteca legal e o arresto, previstos no arts. 134 e 136 do CPP, têm finalidade semelhante à da penhora civil, ou seja, assegurar o patrimônio do réu – e a apenas deste – para o pagamento de danos do crime, custas em multas. [...] (*RMS nº 47.205-SP, STJ, 6ª Turma, unânime, Rel. Min. Nefi Cordeiro, julgado em 18.8.2016, publicado no* DJ *em 29.8.2016*).

134. [...] 1. O Ministério Público tem interesse e legitimidade para ajuizar medida cautelar real para assegurar a consecução de um dos efeitos da condenação penal, que é a reparação do dano causado pelo ilícito, a ser obtido em sede de execução fiscal, não havendo *bis in idem* se não há notícia de outra medida assecuratória idêntica ou similar também determinada pelo juízo da fazenda pública na sede do executivo fiscal. [...] 4. O que o artigo 136 do Código de Processo Penal determina é que o arresto provisório só terá validade durante 15 dias, não se tratando de prazo de caducidade para o exercício do direito à especialização da hipoteca. [...] 6. Recurso especial improvido (*Recurso Especial nº 1.275.234-RS, STJ, 6ª Turma, Rel. Min. Maria Thereza de Assis Moura, julgado em 15.10.2013, publicado no* DJ *em 24.10.2013*).

134. [...] A decisão que determinou a hipoteca legal sobre os bens do réu e de sua empresa, encontra-se devidamente fundamentada, principalmente, após a decisão prolatada em sede de embargos declaratórios, inexistindo, pois, desrespeito ao previsto no art. 93, inciso IX, da Constituição Federal. Não se afigura demonstrado, de plano, a existência do direito líquido e certo da ora Recorrente, uma vez que presentes na espécie os pressupostos autorizadores da medida assecuratória deferida (hipoteca legal), consubstanciados, além da existência da materialidade delitiva e de indícios da autoria do delito de apropriação indébita, na confusão patrimonial dos bens particulares do suposto autor do delito e da empresa ora Recorrente. No caso em tela, nada mais fez o Juízo do feito do que assegurar o patrimônio do réu – constituído nas suas ações da empresa ora Recorrente –, para satisfazer o ressarcimento dos possíveis danos ocasionados à vítima do crime de apropriação indébita, em ação civil *ex delicto*. Não prospera a alegação de responsabilidade penal atribuída a terceiros da relação jurídica, a ponto de ensejar violação ao princípio da pessoalidade, já que esse "terceiro", nada mais é do que a própria empresa do réu, que, conforme já ressaltado, confunde-se com o seu próprio patrimônio particular. Não restou caracterizada, em sua verdadeira essência, a aplicação da teoria da desconsideração da personalidade jurídica, uma vez que, na presente hipótese, houve apenas a determinação da hipoteca legal dos bens do réu, bem como dos bens de sua própria empresa (que, ressalte-se, confunde-se com o seu patrimônio particular), para a garantia do ressarcimento dos danos ocasionados à vítima do delito, denominado pelo Tribunal *a quo* de "teoria da desconsideração da pessoa jurídica, às avessas" (fl. 488). Sobrevindo condenação em definitivo do réu e recaindo os efeitos de tal condenação sobre a Recorrente, na esfera cível, poderá ela se valer dos embargos de terceiros, onde será possibilitada a ampla discussão da regularidade ou não da constrição judicial procedida sobre seus bens. Recurso desprovido (*RMS nº 13.675-PR, STJ, 5ª Turma, Rel. Min. Laurita Vaz, julgado em 26.4.2005, publicado no* DJ *em 23.5.2005*).

Art. 135. Pedida a especialização mediante requerimento, em que a parte estimará o valor da responsabilidade civil, e designará e estimará o imóvel ou imóveis que terão de ficar especialmente hipotecados, o juiz mandará logo proceder ao arbitramento do valor da responsabilidade e à avaliação do imóvel ou imóveis.

§ 1º A petição será instruída com as provas ou indicação das provas em que se fundar a estimação da responsabilidade, com a relação dos imóveis que o responsável possuir, se outros tiver, além dos indicados no requerimento, e com os documentos comprobatórios do domínio.

§ 2º O arbitramento do valor da responsabilidade e a avaliação dos imóveis designados far-se-ão por perito nomeado pelo juiz, onde não houver avaliador judicial, sendo-lhe facultada a consulta dos autos do processo respectivo.

§ 3º O juiz, ouvidas as partes no prazo de dois dias, que correrá em cartório, poderá corrigir o arbitramento do valor da responsabilidade, se lhe parecer excessivo ou deficiente.

§ 4º O juiz autorizará somente a inscrição da hipoteca do imóvel ou imóveis necessários à garantia da responsabilidade.

§ 5º O valor da responsabilidade será liquidado definitivamente após a condenação, podendo ser requerido novo arbitramento se qualquer das partes não se conformar com o arbitramento anterior à sentença condenatória.

§ 6º Se o réu oferecer caução suficiente, em dinheiro ou em títulos de dívida pública, pelo valor de sua cotação em Bolsa, o juiz poderá deixar de mandar proceder à inscrição da hipoteca legal.

Como se trata de verdadeiro processo cautelar e não de mero incidente, há um procedimento mais amplo a ser seguido.

O ofendido deverá apontar na petição inicial o valor dos danos materiais causados pela infração, apresentando, desde logo, as provas de suas alegações. Embora sem especificação em lei, pode-se também estimar um valor mínimo para eventual recomposição do dano moral. Nesse caso, não se exigirá *prova*, rigorosamente falando, mas mera estimativa.

Compete ao requerente a indicação do bem imóvel a ser gravado, e respectiva demonstração do título dominial.

Naturalmente, o valor constante do título de domínio do bem (escritura e registro) pode se encontrar totalmente defasado no tempo, o que não impedirá, no caso, uma antecipação de seu valor venal (de mercado, para alienação).

A parte *ex adversa* será ouvida no prazo de dois dias.

Será então designado um perito para o arbitramento do bem indicado pelo requerente, bem como do valor do dano reclamado.

O juiz, como se sabe, não estará vinculado ao laudo pericial, podendo reduzir ou aumentar o valor, tudo a depender da situação concreta. Nos dias que correm, não é preciso ser corretor de imóveis para se saber o valor aproximado de bens dessa natureza, a ser aferido segundo os padrões mais conhecidos (região, acabamento da construção, extensão etc.).

Como se trata de procedimento dependente da efetiva comprovação dos danos no juízo civil, e da respectiva responsabilidade (civil, no cível, e criminal, no juízo criminal), os cuidados relativos à especialização da hipoteca devem se balizar pela maior ou menor necessidade de gravame do patrimônio alheio, considerando as condições pessoais e econômico-financeiras dos envolvidos.

Somente deverá ser gravado (onerado) com a hipoteca o imóvel ou imóveis necessários à garantia da recomposição patrimonial. E isso se o interessado, proprietário do bem, não oferecer caução (garantia real ou fidejussória) idônea, para liquidação de sua responsabilidade, quando comprovada.

Sobrevindo sentença condenatória penal, a hipoteca legal será encaminhada ao juízo cível para ali ser liquidada (art. 143, CPP), com alienação do bem em hasta pública, destinando-se o montante apurado para a recomposição do dano e pagamento das custas e despesas processuais.

Se o valor apurado não for suficiente para a quitação do dano, novas providências acautelatórias poderão ser adotadas para esse fim, naquele juízo.

A nosso ver, caberá apelação da decisão que resolver em definitivo o procedimento (art. 593, II, CPP).

No caso de decisão absolutória ou extintiva da punibilidade no processo criminal, a hipoteca será *cancelada* (art. 141, CPP).

Art. 136. O arresto do imóvel poderá ser decretado de início, revogando-se, porém, se no prazo de 15 (quinze) dias não for promovido o processo de inscrição da hipoteca legal. (Redação dada pela Lei nº 11.435, de 2006).

A fundamentação legal para o *arresto* é a mesma que autoriza a hipoteca legal: trata-se de medida cautelar tendente à garantia da recomposição dos danos causados pela infração penal.

Por isso, no que toca ao bem *imóvel,* o arresto seria apenas uma *antecipação* da hipoteca legal, utilíssima na exata medida de sua celeridade procedimental, enquanto se realiza o (normalmente) demorado procedimento de hipoteca legal. O arresto qualifica-se como processo incidente, enquanto a hipoteca guarda feições de verdadeiro processo cautelar, com maior amplitude probatória.

A medida, em relação ao bem imóvel, visa, portanto, à aceleração da obtenção de garantia.

Com o arresto, a coisa fica indisponível; com a hipoteca (a coisa fica), onerada.

Havendo indícios de risco de dissipação dos bens por parte do agente da infração, autoriza-se o arresto da coisa, cumprindo ao requerente (o ofendido) o requerimento de especialização de hipoteca no prazo máximo de 15 dias, contados da decretação.

Jurisprudência

136. [...] A hipoteca legal e o arresto, previstos no arts. 134 e 136 do CPP, têm finalidade semelhante à da penhora civil, ou seja, assegurar o patrimônio do réu – e a apenas deste – para o pagamento de danos do crime, custas em multas. [...] (*RMS nº 47.205-SP, STJ, 6ª Turma, unânime, Rel. Min. Nefi Cordeiro, julgado em 18.8.2016, publicado no* DJ *em 29.8.2016*).

136. [...] A medida de arresto tem por escopo assegurar o ressarcimento pelo dano patrimonial causado e, por isso, o seu deferimento dispensa a demonstração acerca da origem, lícita ou ilícita, dos bens objeto da garantia. [...] Agravo regimental desprovido (*Ag. Reg. no Recurso em*

Mandado de Segurança nº 30.265-RJ, STJ, 5ª Turma, unânime, Rel. Min. Gurgel de Faria, julgado em 30.6.2015, publicado no DJ em 5.8.2015).

136. [...] A via impugnativa dos embargos, prevista no art. 130 do CPP, é cabível no caso de o sequestro recair sobre bens imóveis adquiridos com os proventos da infração, medida constritiva prevista no art. 125 do mesmo diploma processual. Mostra-se inviável o oferecimento dos embargos previstos no art. 130, I, do CPP, contra o sequestro prévio a que se refere o art. 136 do CPP, que tem natureza de garantia à hipoteca legal (art. 134 do CPP) e que atinge quaisquer bens imóveis do réu para assegurar posterior especialização e inscrição desses bens. Tendo sido apresentados, equivocadamente, os embargos contra decisão que decretou o sequestro, e, portanto, já tendo esta transitado em julgado, mostra-se inadmissível a impetração de mandado de segurança, conforme entendimento sufragado no enunciado 268 da Súmula do STF. Recurso improvido (*RMS nº 14.465-SC, STJ, 5ª Turma, Rel. Min. Arnaldo Esteves Lima, julgado em 15.3.2005, publicado no DJ em 9.5.2005).*

Art. 137. Se o responsável não possuir bens imóveis ou os possuir de valor insuficiente, poderão ser arrestados bens móveis suscetíveis de penhora, nos termos em que é facultada a hipoteca legal dos imóveis. (Redação dada pela Lei nº 11.435, de 2006).

§ 1º Se esses bens forem coisas fungíveis e facilmente deterioráveis, proceder-se-á na forma do § 5º do art. 120.

§ 2º Das rendas dos bens móveis poderão ser fornecidos recursos arbitrados pelo juiz, para a manutenção do indiciado e de sua família.

Como esclarecido, o arresto se justifica como medida de garantia quanto à *solvência* do agente da infração, no que se refere à responsabilidade civil pelos danos causados.

Por isso, se dirige o arresto aos bens do autor do fato, independentemente de sua origem lícita, ressalvado, evidentemente, instrumentos ou petrechos utilizados na infração e cuja posse ou detenção constituam ilícito. Nesse caso, as coisas não serão aproveitadas e sim destruídas, com as ressalvas do art. 124, CPP.

Afirmada, então, sua natureza, deduzem-se com facilidade todas as situações aqui mencionadas.

Se o imóvel estiver locado ou arrendado, o respectivo produto (aluguel ou renda) poderá ser indisponibilizado, destinando-se à manutenção do ofendido e de sua família, quando, comprovadamente, não puderem fazê-lo.

Nesse caso, porém, será preciso identificar uma relação de causa e efeito entre a infração praticada e a situação de miserabilidade do ofendido, precisamente o fundamento da responsabilidade civil.

Não havendo, então, bens imóveis para o arresto e posterior hipoteca legal, poderão ser arrestados os bens móveis, assim entendidos aqueles suscetíveis de penhora, ou seja, todos aqueles que se prestem à satisfação da garantia do pagamento da obrigação, com as exceções previstas nos arts. 833 (impenhorabilidade) e 834, ambos do CPC/2015 (art. 650, CPC/1973).

O procedimento previsto para o arresto de bens móveis é o mesmo estabelecido para a hipoteca legal.

Jurisprudência

137 [...] Se a medida acautelatória foi proferida em decorrência de indícios de que o recorrente – na qualidade de diretor de empresa *offshore*, com amplos poderes conferidos – supostamente realizou diversas operações financeiras ilícitas, mediante as chamadas contas "CC5", é inviável acolher-se a tese de que a decisão objurgada foi proferida exclusivamente com amparo na responsabilidade objetiva, inaceitável na seara penal. Os argumentos de que o recorrente era apenas diretor honorífico da instituição que, tudo indica, efetuou vultosa movimentação bancária e de que o numerário das recorrentes é proveniente de doação, não se prestam a desconstituir as decisões que determinaram os bloqueios de bens, porquanto para se concluir dessa forma é necessário o revolvimento aprofundado de provas, inadmissível na via do *mandamus*. O arresto, decretado nos moldes do art. 137 do CPP, não pressupõe a origem ilícita dos bens móveis, pois a constrição, nesta hipótese, é determinada com o mero objetivo de garantir a satisfação, em caso de condenação, de eventual pena de multa, custas processuais e ressarcimento dos danos causados pela perpetração delitiva. Sendo a denúncia oferecida e recebida pelo Juízo de Primeiro Grau, resta superada a pretensão de levantamento dos bens com suporte nos arts. 131, I, do CPP e 4º, § 1º, da Lei 9.613/98. Tratando-se o arresto de medida assecuratória, inexiste ofensa ao princípio da presunção de inocência e tornam-se despiciendas as condições pessoais favoráveis do recorrente, mesmo por que, caso não haja prolação de édito repressivo contra a sua pessoa, o levantamento dos bens será automático. Estando as decisões objurgadas devidamente motivadas na existência de materialidade e de indícios suficientes da autoria criminosa, não há o que se falar em ilegalidade, por ausência de fundamentação, a ser sanada pelo remédio jurídico impetrado originariamente ou pelo reclamo recursal. Recurso ordinário em mandado de segurança improvido (*RMS nº 21.967-PR, STJ, 5ª Turma, Rel. Min. Jorge Mussi, julgado em 5.2.2009, publicado no* DJ *em 2.3.2009*).

Art. 138. O processo de especialização da hipoteca e do arresto correrão em auto apartado. (Redação dada pela Lei nº 11.435, de 2006).

Nada que já não se saiba e já não tenha sido dito e repetido. Apenas uma explicitação da lei de que os procedimentos não são realizados no bojo do feito principal, mas sim em incidente cautelar apartado.

Art. 139. O depósito e a administração dos bens arrestados ficarão sujeitos ao regime do processo civil. (Redação dada pela Lei nº 11.435, de 2006).

À reprodução das disposições pertinentes (art. 148 e seguintes, CPC/1973):

> Art. 148. A guarda e conservação de bens penhorados, arrestados, sequestrados ou arrecadados serão confiadas a depositário ou a administrador, não dispondo a lei de outro modo.
>
> Art. 149. O depositário ou administrador perceberá, por seu trabalho, remuneração que o juiz fixará, atendendo à situação dos bens, ao tempo do serviço e às dificuldades de sua execução.
>
> Parágrafo único. O juiz poderá nomear, por indicação do depositário ou do administrador, um ou mais prepostos.

> Art. 150. O depositário ou o administrador responde pelos prejuízos que, por dolo ou culpa, causar à parte, perdendo a remuneração que lhe foi arbitrada; mas tem o direito a haver o que legitimamente despendeu no exercício do encargo.

E também das regras da Lei nº 13.105/2015 (atual CPC):

> Art. 159. A guarda e a conservação de bens penhorados, arrestados, sequestrados ou arrecadados serão confiadas a depositário ou a administrador, não dispondo a lei de outro modo.
>
> Art. 160. Por seu trabalho o depositário ou o administrador perceberá remuneração que o juiz fixará levando em conta a situação dos bens, ao tempo do serviço e às dificuldades de sua execução.
>
> Parágrafo único. O juiz poderá nomear um ou mais prepostos por indicação do depositário ou do administrador.
>
> Art. 161. O depositário ou o administrador responde pelos prejuízos que, por dolo ou culpa, causar à parte, perdendo a remuneração que lhe foi arbitrada, mas tem o direito a haver o que legitimamente despendeu no exercício do encargo.
>
> Parágrafo único. O depositário infiel responde civilmente pelos prejuízos causados, sem prejuízo de sua responsabilidade penal e da imposição de sanção por ato atentatório à dignidade da justiça.

Art. 140. As garantias do ressarcimento do dano alcançarão também as despesas processuais e as penas pecuniárias, tendo preferência sobre estas a reparação do dano ao ofendido.

Mera explicitação da regra de preferência: os danos causados pela infração, e da (regra) subsidiária: o pagamento das custas e demais despesas processuais. Se já houver a garantia de reparação do valor principal na esfera cível (não se olvide da regra do art. 143, CPP), nenhum óbice existe para essa medida ser tomada no âmbito criminal exclusivamente para o ressarcimento das despesas processuais e das penas pecuniárias.

Jurisprudência

140 [...] Como o arresto (procedimento antecedente à hipoteca legal) visa a constrição de bens necessários ao pagamento das responsabilidades do acusado (reparação do dano, pena pecuniária e custas processuais), caso venha a ser condenado, pouco importa que eles tenham sido adquiridos antes ou depois da infração penal. Inteligência do artigo 140 do Código de Processo Penal. (*RMS nº 23.044-PR, STJ, 6ª Turma, Rel. Min. convocada Jane Silva, julgado em 5.5.2009, publicado no* DJ *em 8.6.2009*).

Art. 141. O arresto será levantado ou cancelada a hipoteca, se, por sentença irrecorrível, o réu for absolvido ou julgada extinta a punibilidade. (Redação dada pela Lei nº 11.435, de 2006).

Valem aqui as observações feitas no Capítulo referente à *ação civil ex delicto* (art. 63 e seguintes do CPP), a fim de se examinarem as eventuais subordinações (temáticas) entre a instância criminal e a instância cível.

A absolvição e a extinção da punibilidade, ressalvada, quanto à primeira hipótese (de absolvição), determinadas e específicas motivações (*inexistência do fato, negativa de autoria* etc.), não implicam o afastamento da responsabilidade civil.

Assim, como o arresto e a hipoteca legal se encontram associadas à imputação penal, e somente por isso são decretados no juízo criminal, a absolvição ou extinção da punibilidade desfazem o juízo acautelatório que tenha por *fundamento*, a responsabilidade penal.

Nada impede, contudo, a adoção de providências equivalentes na instância cível, como preparatórias ou como incidentes para/em processo de natureza reparatória (recomposição civil, fundada na responsabilidade civil), sempre que não atingida pela decisão de absolvição criminal.

No caso da Fazenda Pública, a margem para a constrição de bens é ainda maior, em face das disposições do Decreto-lei nº 3.240/41, a permitir o sequestro, com a mesma fundamentação do arresto.

E somente por isso se justificaria a decisão logo abaixo, que não liberou o bem sequestrado ainda quando suspensa a pretensão punitiva.

Jurisprudência

141. [...] No caso, como só houve a suspensão da pretensão punitiva, por força do art. 9º da Lei nº 9.964/00, o levantamento do sequestro só será possível após o trânsito em julgado de sentença absolutória ou de extinção da punibilidade, nos termos do art. 141 do Código de Processo Penal. E, considerando que o sequestro dos bens dos sócios da empresa, em tese, sonegadora tem como escopo assegurar o pagamento dos tributos elididos, não há qualquer desproporcionalidade na duração da medida até a extinção da punibilidade pelo pagamento integral do débito tributário, ao revés, tal providência visa assegurar a efetividade da medida assecuratória. A teor do art. 4º do Decreto-lei nº 3.240/41, o sequestro, para a constrição de bens de pessoas indiciadas ou já denunciadas por crimes dos quais resulte prejuízo para a Fazenda Pública, pode recair sobre todo o patrimônio dos Acusados e compreender os bens em poder de terceiros, contanto que estes os tenham adquirido com dolo ou culpa grave. [...] (*RMS nº 26.961-PR, STJ, 5ª Turma, Rel. Min. Laurita Vaz, julgado em 27.12.2011, publicado no* DJ *em 9.5.2012*).

141. [...] A adesão ao Programa de Recuperação Fiscal – Refis implica a suspensão da pretensão punitiva e não a extinção da punibilidade, que só ocorre com o pagamento integral dos tributos. O levantamento do sequestro ou o cancelamento da hipoteca só será possível após o trânsito em julgado de sentença absolutória ou de extinção da punibilidade, nos termos do art. 141 do Código de Processo Penal. No caso, como só houve a suspensão da pretensão punitiva, por força do art. 9º da Lei nº 9.964/00, não se pode levantar as constrições judiciais. Precedente. A garantia prestada para a homologação da opção pelo Refis é de natureza administrativa e não pode substituir as medidas assecuratórias judiciais. Recurso provido (*Recurso Especial nº 762.072-RS, STJ, 5ª Turma, Rel. Min. Laurita Vaz, julgado em 19.2.2008, publicado no* DJ *em 10.3.2008*).

Art. 142. Caberá ao Ministério Público promover as medidas estabelecidas nos arts. 134 e 137, se houver interesse da Fazenda Pública, ou se o ofendido for pobre e o requerer.

Remetemos o leitor aos nossos comentários alinhados ao art. 134, nos quais se aborda a posição do Ministério Público em face dos interesses de natureza privada e daqueles atinentes à Fazenda Pública.

Jurisprudência

142 [...] 1. A medida assecuratória do arresto possui a finalidade de assegurar a reparação de dano ex delicto, além da efetividade do pagamento da multa pecuniária e das custas processuais. 2. Conforme entendimento desta Corte, o art. 142 do Código de Processo Penal confere legitimidade ao Ministério Público para requerer a medida assecuratória do arresto, nos casos em que há interesse da Fazenda Pública, assim como pela própria titularidade da ação penal. [...] *(Agravo Regimental no Recurso Especial nº 1.965.779/DF, STJ, 5ª Turma, unânime, Rel. Min. Joel Ilan Paciornik, julgado em 14.12.2021, publicado no DJ em 16.12.2021)*

142. [...] o art. 142 do Código de Processo Penal confere legitimidade ao Ministério Público para requerer a medida assecuratória da hipoteca legal, nos casos em que há interesse da Fazenda Pública, hipótese dos autos, não havendo qualquer ilegalidade no procedimento. [...] *(Agravo Regimental no Recurso Especial nº 1.909.808/RS, STJ, 5ª Turma, unânime, Rel. Min. Joel Ilan Paciornik, julgado em 9.11.2021, publicado no DJ em 16.11.2021)*

Art. 143. Passando em julgado a sentença condenatória, serão os autos de hipoteca ou arresto remetidos ao juiz do cível (art. 63). (Redação dada pela Lei nº 11.435, de 2006).

Como tanto a hipoteca legal quanto o arresto não se dirigem aos bens produtos de crime e nem adquiridos com os proventos da infração penal, prestam-se eles apenas a garantir o pagamento da responsabilidade civil (e das custas e despesas processuais).

Assim, a respectiva liquidação há que ser feita no juízo cível, tão logo se resolva o processo criminal. Se a decisão for absolutória ou extintiva da punibilidade, cessará a constrição, com o levantamento do arresto e o cancelamento da hipoteca, por falta de suporte legal autorizativo, nada impedindo a repetição da providência diante do juízo cível.

Se condenatória, em definitivo, a decisão, os autos deverão ser para lá (juízo cível) encaminhados, para a respectiva liquidação da responsabilidade (civil).

Art. 144. Os interessados ou, nos casos do art. 142, o Ministério Público poderão requerer no juízo cível, contra o responsável civil, as medidas previstas nos arts. 134, 136 e 137.

Remete-se o leitor aos comentários aos arts. 63 e seguintes do CPP, que cuidam da ação civil *ex delicto*, abordando em toda a sua extensão o fundamento da responsabilidade civil decorrente do delito, bem como as questões processuais incidentes.

Art. 144-A. O juiz determinará a alienação antecipada para preservação do valor dos bens sempre que estiverem sujeitos a qualquer grau de deterioração ou depreciação, ou quando houver dificuldade para sua manutenção. (Incluído pela Lei nº 12.694, de 2012).

§ 1º O leilão far-se-á preferencialmente por meio eletrônico. (Incluído pela Lei nº 12.694, de 2012).

§ 2º Os bens deverão ser vendidos pelo valor fixado na avaliação judicial ou por valor maior. Não alcançado o valor estipulado pela administração judicial, será realizado novo leilão, em até 10 (dez) dias contados da realização do primeiro, podendo os bens ser alienados por valor não inferior a 80% (oitenta por cento) do estipulado na avaliação judicial. (Incluído pela Lei nº 12.694, de 2012).

§ 3º O produto da alienação ficará depositado em conta vinculada ao juízo até a decisão final do processo, procedendo-se à sua conversão em renda para a União, Estado ou Distrito Federal, no caso de condenação, ou, no caso de absolvição, à sua devolução ao acusado. (Incluído pela Lei nº 12.694, de 2012).

§ 4º Quando a indisponibilidade recair sobre dinheiro, inclusive moeda estrangeira, títulos, valores mobiliários ou cheques emitidos como ordem de pagamento, o juízo determinará a conversão do numerário apreendido em moeda nacional corrente e o depósito das correspondentes quantias em conta judicial. (Incluído pela Lei nº 12.694, de 2012).

§ 5º No caso da alienação de veículos, embarcações ou aeronaves, o juiz ordenará à autoridade de trânsito ou ao equivalente órgão de registro e controle a expedição de certificado de registro e licenciamento em favor do arrematante, ficando este livre do pagamento de multas, encargos e tributos anteriores, sem prejuízo de execução fiscal em relação ao antigo proprietário. (Incluído pela Lei nº 12.694, de 2012).

§ 6º O valor dos títulos da dívida pública, das ações das sociedades e dos títulos de crédito negociáveis em bolsa será o da cotação oficial do dia, provada por certidão ou publicação no órgão oficial. (Incluído pela Lei nº 12.694, de 2012).

§ 7º (vetado).

144-A.1. Na linha das preocupações já manifestadas na Lei nº 12.683/12, a cuidar de importantes alterações na legislação de proteção contra a lavagem de dinheiro, bens e capitais, a Lei nº 12.694/12 estabelece nova regra geral para as chamadas cautelares reais, também designadas por medidas assecuratórias. A norma contida no art. 144-A, CPP, trata da possibilidade de antecipação da alienação de bens imóveis ou móveis (caso do art. 137, CPP) objetos de hipoteca ou de arresto no curso da persecução penal, estabelecendo a possibilidade de alienação antecipada quando os bens estiverem sujeitos a qualquer grau de deterioração ou depreciação, ou, ainda, quando houver dificuldade para a sua manutenção.

De se notar, de início, que ao contrário do que ocorre com o sequestro, incidente sobre os proveitos do crime, os bens objeto de arresto e de hipoteca legal se destinam essencialmente a garantir a recomposição patrimonial dos danos causados pela infração penal. Assim, há que ser bem entendido o disposto no § 3º do citado art. 144-A, no sentido de que, no caso de condenação, o produto da alienação seria convertido em renda da União, Estados ou Distrito Federal (§ 3º).

Ora, como se trata da destinação de bens *lícitos*, a regra é que o produto da alienação somente será convertido àquelas pessoas de direito público quando forem elas as vítimas/ofendidos pela infração penal. Aliás, há leis específicas cuidando de outras hipóteses assemelhadas, tal como ocorre com a Lei nº 11.343/06 (tráfico de drogas) e Lei 9.613/98 (lavagem de dinheiro). No caso de bens sequestrados, impõe-se a regra do art. 133, §§ 1º e 2º, do CPP, já que referido a bens que constituem produtos ou proveitos da infração penal.

De outro lado, pensamos possível a aplicação da alienação antecipada também para os casos de sequestro, embora dele não cuide o art. 144 e, também, o art. 144-A (ao menos, expressamente), particularmente quando houver risco de perecimento ou de desvalorização dos bens. Nesse caso, o cabimento de embargos ao sequestro (art. 130, CPP) se prestaria a resguardar o direito de terceiros de boa-fé.

Quanto às hipóteses de aplicação do art. 144-A, de ver-se que não se poderá atribuir eficácia absoluta à norma que prevê a alienação nos casos de *dificuldade para a sua manutenção*! É que, em princípio, se o Estado não está preparado para a manutenção dos bens por ele apreendidos, a parte interessada no seu produto (da alienação) é quem deveria ter preferência. Não sendo o caso, que fique o bem em depósito, sob responsabilidade do fiel depositário. De todo modo, o produto da alienação ficará à disposição do juízo até a decisão final.

As demais regras do art. 144-A não oferecem dificuldades. A alienação será feita por *leilão*, respeitado o valor mínimo de 80% do quanto estipulado em avaliação judicial. Tratando-se de bem *imóvel*, a alienação, tecnicamente, seria em praça e não em leilão. Mas não se podem esperar tais cuidados por parte do legislador.

Em se tratando de alienação de veículos, embarcações e aeronaves, o adquirente ficará isento do pagamento de multas, encargos e tributos incidentes sobre a coisa, sem prejuízo da execução fiscal contra o proprietário devedor.

A Lei nº 12.694/12 estabelece também diversas medidas de proteção e/ou de segurança para pessoas e para os prédios da Justiça, sobretudo a criminal, que vão desde a instalação de detectores de metais (art. 3º) à proteção pessoal das autoridades judiciárias ou membros do Ministério Público e respectivos familiares (art. 9º), além de outras, destinadas a flexibilizar o uso de armas de fogo por servidores e membros de tais instituições (art. 8º) e de transporte (art. 115, Lei nº 9.503/97 – CTB, com redação dada pelo art. 6º da Lei nº 12.694/12).

Destacamos ainda as alterações promovidas pela Lei nº 13.886, de 17.10.2019, à Lei nº 11.343/2006 – Lei de Drogas, dispondo no que interessa aqui:

> Art. 60-A. Se as medidas assecuratórias de que trata o art. 60 desta Lei recaírem sobre moeda estrangeira, títulos, valores mobiliários ou cheques emitidos como ordem de pagamento, será determinada, imediatamente, a sua conversão em moeda nacional. (Incluído pela Lei nº 13.886, de 2019)
>
> § 1º A moeda estrangeira apreendida em espécie deve ser encaminhada a instituição financeira, ou equiparada, para alienação na forma prevista pelo Conselho Monetário Nacional. (Incluído pela Lei nº 13.886, de 2019)
>
> § 2º Na hipótese de impossibilidade da alienação a que se refere o § 1º deste artigo, a moeda estrangeira será custodiada pela instituição financeira até decisão sobre o seu destino. (Incluído pela Lei nº 13.886, de 2019)
>
> § 3º Após a decisão sobre o destino da moeda estrangeira a que se refere o § 2º deste artigo, caso seja verificada a inexistência de valor de mercado, seus espécimes poderão ser destruídos ou doados à representação diplomática do país de origem. (Incluído pela Lei nº 13.886, de 2019)
>
> § 4º Os valores relativos às apreensões feitas antes da data de entrada em vigor da Medida Provisória nº 885, de 17 de junho de 2019, e que estejam custodiados nas dependências do Banco Central do Brasil devem ser transferidos à Caixa Econômica Federal, no prazo de 360 (trezentos e sessenta) dias, para que se proceda à

alienação ou custódia, de acordo com o previsto nesta Lei. (Incluído pela Lei nº 13.886, de 2019)

Art. 61. A apreensão de veículos, embarcações, aeronaves e quaisquer outros meios de transporte e dos maquinários, utensílios, instrumentos e objetos de qualquer natureza utilizados para a prática, habitual ou não, dos crimes definidos nesta Lei será imediatamente comunicada pela autoridade de polícia judiciária responsável pela investigação ao juízo competente. (Redação dada pela Lei nº 14.322, de 2022)

§ 1º O juiz, no prazo de 30 (trinta) dias contado da comunicação de que trata o caput , determinará a alienação dos bens apreendidos, excetuadas as armas, que serão recolhidas na forma da legislação específica. (Incluído pela Lei nº 13.840, de 2019)

§ 2º A alienação será realizada em autos apartados, dos quais constará a exposição sucinta do nexo de instrumentalidade entre o delito e os bens apreendidos, a descrição e especificação dos objetos, as informações sobre quem os tiver sob custódia e o local em que se encontrem. (Incluído pela Lei nº 13.840, de 2019)

§ 3º O juiz determinará a avaliação dos bens apreendidos, que será realizada por oficial de justiça, no prazo de 5 (cinco) dias a contar da autuação, ou, caso sejam necessários conhecimentos especializados, por avaliador nomeado pelo juiz, em prazo não superior a 10 (dez) dias. Incluído pela Lei nº 13.840, de 2019)

§ 4º Feita a avaliação, o juiz intimará o órgão gestor do Funad, o Ministério Público e o interessado para se manifestarem no prazo de 5 (cinco) dias e, dirimidas eventuais divergências, homologará o valor atribuído aos bens. (Incluído pela Lei nº 13.840, de 2019)

§ 5º (VETADO). (Incluído pela Lei nº 13.840, de 2019)

§ 6º (Revogado). (Redação dada pela Lei nº 13.886, de 2019)

§ 7º (Revogado). (Redação dada pela Lei nº 13.886, de 2019)

§ 8º (Revogado). (Redação dada pela Lei nº 13.886, de 2019)

§ 9º O Ministério Público deve fiscalizar o cumprimento da regra estipulada no § 1º deste artigo. (Incluído pela Lei nº 13.886, de 2019)

§ 10. Aplica-se a todos os tipos de bens confiscados a regra estabelecida no § 1º deste artigo. (Incluído pela Lei nº 13.886, de 2019)

§ 11. Os bens móveis e imóveis devem ser vendidos por meio de hasta pública, preferencialmente por meio eletrônico, assegurada a venda pelo maior lance, por preço não inferior a 50% (cinquenta por cento) do valor da avaliação judicial. (Incluído pela Lei nº 13.886, de 2019)

§ 12. O juiz ordenará às secretarias de fazenda e aos órgãos de registro e controle que efetuem as averbações necessárias, tão logo tenha conhecimento da apreensão. (Incluído pela Lei nº 13.886, de 2019)

§ 13. Na alienação de veículos, embarcações ou aeronaves, a autoridade de trânsito ou o órgão congênere competente para o registro, bem como as secretarias de fazenda, devem proceder à regularização dos bens no prazo de 30 (trinta) dias, ficando o arrematante isento do pagamento de multas, encargos e tributos anteriores, sem prejuízo de execução fiscal em relação ao antigo proprietário. (Incluído pela Lei nº 13.886, de 2019)

§ 14. Eventuais multas, encargos ou tributos pendentes de pagamento não podem ser cobrados do arrematante ou do órgão público alienante como condição para regularização dos bens. (Incluído pela Lei nº 13.886, de 2019)

§ 15. Na hipótese de que trata o § 13 deste artigo, a autoridade de trânsito ou o órgão congênere competente para o registro poderá emitir novos identificadores dos bens. (Incluído pela Lei nº 13.886, de 2019)

[...]

Art. 63-E. O produto da alienação dos bens apreendidos ou confiscados será revertido integralmente ao Funad, nos termos do parágrafo único do art. 243 da Constituição Federal, vedada a sub-rogação sobre o valor da arrematação para saldar eventuais multas, encargos ou tributos pendentes de pagamento. (Incluído pela Lei nº 13.886, de 2019)

Parágrafo único. O disposto no caput deste artigo não prejudica o ajuizamento de execução fiscal em relação aos antigos devedores. (Incluído pela Lei nº 13.886, de 2019)

Art. 63-F. Na hipótese de condenação por infrações às quais esta Lei comine pena máxima superior a 6 (seis) anos de reclusão, poderá ser decretada a perda, como produto ou proveito do crime, dos bens correspondentes à diferença entre o valor do patrimônio do condenado e aquele compatível com o seu rendimento lícito. (Incluído pela Lei nº 13.886, de 2019)

§ 1º A decretação da perda prevista no caput deste artigo fica condicionada à existência de elementos probatórios que indiquem conduta criminosa habitual, reiterada ou profissional do condenado ou sua vinculação a organização criminosa. (Incluído pela Lei nº 13.886, de 2019)

§ 2º Para efeito da perda prevista no caput deste artigo, entende-se por patrimônio do condenado todos os bens: (Incluído pela Lei nº 13.886, de 2019)

I – de sua titularidade, ou sobre os quais tenha domínio e benefício direto ou indireto, na data da infração penal, ou recebidos posteriormente; e (Incluído pela Lei nº 13.886, de 2019)

II – transferidos a terceiros a título gratuito ou mediante contraprestação irrisória, a partir do início da atividade criminal. (Incluído pela Lei nº 13.886, de 2019)

§ 3º O condenado poderá demonstrar a inexistência da incompatibilidade ou a procedência lícita do patrimônio. (Incluído pela Lei nº 13.886, de 2019)

Por fim, e tal como destacado nos comentários ao art. 133 do CPP, nos termos do acrescido inciso VI ao art. 3º da Lei nº 13.756/2018 pela Lei nº 13.964/2019, constituirão recursos do Fundo Nacional de Segurança Pública – FNSP – aqueles valores que forem confiscados ou provenientes da alienação dos bens perdidos em favor da União Federal, nos termos da legislação penal ou processual penal. Assentamos também aqui entendimento no sentido de que se os valores apreendidos ou confiscados forem decorrentes de prática de crimes previstos na Lei Antidrogas, há de se observar, dentre outros, o art. 63-E da Lei nº 11.343, conforme redação da Lei nº 13.886, de 2019.

Jurisprudência

144-A.1. [...] 1. Inquérito no qual se investigam, dentre outros delitos, a suposta prática de crimes contra a Administração Pública, de organização criminosa e de lavagem de dinheiro. 2. Não há direito líquido e certo à manutenção do veículo com o investigado, ainda que nomeado como depositário fiel. 3. O sequestro foi decretado com respaldo nos arts. 127 e 282, § 5°, ambos do CPP, nos arts. 1° a 4° do Dec. Lei n. 3.240/1941, no art. 4°, "caput" e §§ 2°, 4°, da Lei n. 9.613/1998 e nas Convenções de Palermo e de Mérida, incorporadas ao ordenamento pátrio pelos

Decretos de n°s 5.015/2004 e 5.687/2006. *(Agravo Regimental na ReCoAp n° 276-DF, STJ, Corte Especial, Rel. Min. Nancy Andrighi, julgado em 23.11.2023, publicado no DJ em 29.11.2023)*

144-A.1. [...] "A jurisprudência deste Superior Tribunal de Justiça sedimentou-se no sentido de que '[o] art. 144-A do Código de Processo Penal, acrescido ao diploma pela Lei n. 12.694/2012, permite a alienação antecipada de bens que correm risco de perecimento ou desvalorização.' *[...] (Agravo Regimental no Agravo Regimental no Agravo em Recurso Especial n° 1.896.357-PR, STJ, 6ª Turma, Rel. Min. Antonio Saldanha Palheiro, julgado em 19.9.2023, publicado no DJ em 22.9.2023)*

144-A.1. [...] 1. Inquérito no qual se investigam, dentre outros delitos, a suposta prática de crimes contra a Administração Pública, de organização criminosa e de lavagem de dinheiro.

2. Os requerentes não carrearam aos autos cópia integral atualizada da CRLV eletrônica dos veículos apreendidos, fato que revela a improcedência do pedido, nos termos do art. 120, *caput*, do CPP.

3. Revela-se descabida a nomeação dos investigados como fiéis depositários dos automóveis, em virtude da possível alienação antecipada dos bens. [...] *(Agravo Regimental na Restituição de Coisas Apreendidas n° 292-DF, STJ, Corte Especial, Rel. Min. Nancy Andrighi, julgado em 16.8.2023, publicado no DJ em 21.8.2023)*

144-A.1. [...] O art. 144-A do Código de Processo Penal autoriza a venda antecipada de bem sujeito a perecimento ou desvalorização. No caso, plausível essa última hipótese, uma vez que o automóvel apreendido foi fabricado no ano de 2013. Assim, a natureza do bem e o ano de sua fabricação indicam a necessidade de sua alienação. [...] *(Agravo Regimental no Recurso em Mandado de Segurança n° 68.441–PE, STJ, 6ª Turma, Rel. Min. Antônio Saldanha Palheiro, julgado em 20.9.2022, publicado no DJ em 26.9.2022)*

144-A.1. [...] O art. 144-A do Código de Processo Penal, acrescido ao diploma pela Lei n. 12.694/2012, permite expressamente a alienação antecipada de bens que correm o risco de perecimento ou desvalorização, ou quando houver dificuldade para sua manutenção. [...] Na hipótese, a determinação de alienação antecipada decorreu inclusive de elevado dispêndio de recursos públicos na manutenção dos imóveis, decorrente do constante pagamento de diárias com o deslocamento de policiais para as propriedades, bem como do rico de vida trazido para o administrador judicial, dada a localização fronteiriça das propriedades. [...] Existindo dificuldades de tal jaez, a solução mais adequada se mostra a venda antecipada do bem, com posterior depósito do valor arrecadado em conta do Juízo criminal competente para o julgamento do feito, o que ressalva, inclusive, a preservação dos valores na hipótese de eventual absolvição. [...] Situação que difere, ao menos neste momento processual, do perdimento de bens, que só se concretiza com ao trânsito em julgado de sentença condenatória, nos termos do art. 63, parágrafo 4° da Lei n. 11.343/2006, mas de alienação antecipada, decorrente de medida penal de natureza cautelar. [...] *(Agravo Regimental no Recurso Especial n° 1.964.491-MT, STJ, 5ª Turma, Rel. Min. Reynaldo Soares da Fonseca, unânime, julgado em 29.3.2022, publicado no DJ em 31.3.2022)*

144-A.1. [...] O art. 144-A do Código de Processo Penal, acrescido ao diploma pela Lei n. 12.694/2012, permite a alienação antecipada de bens que correm risco de perecimento ou desvalorização. [...] *(Agravo Regimental no Recurso em Mandado de Segurança n° 65.878/ES, STJ, 5ª Turma, unânime, Rel. Min. convocado Jesuíno Rissato, julgado em 17.8.2021, publicado no DJ em 20.8.2021)*

144-A.2. Lei nº 12.683/12 – Lavagem de dinheiro e ativos. Há também alterações na Lei nº 9.613/98, consoante nova redação dada, entre outros, ao art. 4º.

No ponto, reiteramos o entendimento lançado em (PACELLI, Eugênio. *Curso de processo penal.* 28. ed. São Paulo: Juspodivm, 2024, item 14.7.99), conforme se segue:

> "Observe-se, por primeiro, que poderá o juiz, de ofício, ou a requerimento do MP ou por representação da autoridade policial (caso em que será ouvido o MP, em 24 horas), decretar *medidas assecuratórias* de bens, direitos ou valores do investi-

gado ou acusado, ainda que existentes em nome de terceiros (a lei fala em interpostas pessoas).

Para variar, a legislação brasileira ignora os mais elementares princípios do processo penal moderno. O juiz não é o *senhor* da persecução penal. Suas altíssimas e relevantes funções não são compatíveis com a defesa de interesses preferencialmente acusatórios. Julgamos inválidas todas as normas que permitem ao magistrado a decretação de quaisquer cautelares *de ofício*, se na fase de *investigação*. Nessa fase, de inquérito policial ou de outra espécie de investigação administrativa, o juiz sempre deverá atuar como *juiz das garantias individuais*, zelando pela correta aplicação da lei e da tutela dos interesses da administração da justiça.

De modo que não se deve aceitar a iniciativa judicial, de ofício, da decretação das medidas assecuratórias. Tanto poderão provocar o magistrado nessa fase o Ministério Público quanto a autoridade policial, responsáveis diretos pela persecução penal. Inconstitucionalidade manifesta e que não temos dúvidas que será reconhecida nos tribunais.

Como se sabe, o sequestro é a medida assecuratória destinada a apreender e dar destinação aos bens imóveis ou móveis que constituam o proveito ou o produto de infrações penais. O art. 4º, com a nova redação (Lei nº 12.683/12), parece ampliar o conceito de sequestro para estendê-lo também a quaisquer valores e/ou direitos, desde que constituam proveito ou produto de crimes. Todos eles, bem como os instrumentos do crime, sujeitam-se à pena de perdimento, como efeito da condenação, nos termos do art. 91, II, CP. E mais ainda. Tanto poderão ser apreendidos os bens produtos do crime antecedente quanto o do delito de lavagem em apuração e/ou processo.

E, ao contrário da regra do art. 91, II, CP, a perda dos valores apurados na alienação dos bens e direitos antes mencionados não será sempre em favor da União. Nos casos de crimes da competência da Justiça Estadual, a destinação dos valores objeto de perdimento será em favor do respectivo Estado (art. 4º-A, § 5º, I, Lei nº 9.613/98). Observe-se, porém, que semelhante regra diz respeito apenas ao perdimento de bens nos procedimentos de crimes de lavagem (incluindo o crime antecedente). Nos demais, se aplicará a regra do Código Penal (perdimento em favor da União).

Mas não só em relação aos bens que constituam proveito ou produto da infração se poderá adotar a aplicação de medidas assecuratórias. Do mesmo modo, e agora para finalidade diversa, isto é, para reparação do dano causado pelo crime de lavagem ou pelo seu antecedente e para o pagamento de prestação pecuniária (em caso de condenação), multa e custas processuais, serão também possíveis o *arresto* e a *hipoteca legal*, consoante os termos do art. 4º, § 4º, Lei nº 9.613/98 (c/ Lei nº 12.683/12).

Diz a lei, ainda, que idênticas medidas poderão ser adotadas também em relação aos crimes praticados no exterior, desde que exista tratado ou convenção internacional nesse sentido, ou que seja garantida a reciprocidade de tratamento entre os países envolvidos (art. 8º, § 1º). No caso de apreensão de bens ou valores realizada por solicitação de autoridade estrangeira, os recursos provenientes da alienação serão repartidos em partes iguais entre o Brasil e o Estado requerente, na ausência de estipulação específica em tratado ou convenção internacional (art. 8º, § 2º).

E como a legislação geral, o CPP já também prevê a alienação antecipada em caso de risco de deterioração ou depreciação, e, ainda, em caso de dificuldade da manutenção do bem, conforme art. 144-A, introduzido pela Lei nº 12.694/12 (com vigência prevista para 23 de outubro), a redação dada pela Lei nº 12.683/12 à legislação de lavagem de dinheiro seguiu a mesma trilha (art. 4º, § 1º). E fazemos a mesma objeção à medida, no que toca à alienação sob o fundamento de dificuldades de manutenção do bem apreendido.

Os procedimentos de apreensão e de destinação das medidas assecuratórias (sequestro, arresto e hipoteca), em regra, serão aqueles previstos no CPP, excetuados os casos de alienação antecipada, na conformidade com a minudente regulação da matéria no art. 4º-A e seus diversos parágrafos e incisos. Mantidos, portanto, os embargos ao sequestro (art. 129, CPP), e, do mesmo modo, em se tratando de hipoteca ou arresto – hipótese em que a apreensão tem o objetivo de garantir a recomposição do dano –, o oferecimento de caução pelo acusado/investigado poderá sobrestar a medida (art. 135, § 6º, CPP).

E no aludido dispositivo legal (art. 4º-A), para além das disposições acerca da alienação mediante *leilão*, acerca também da avaliação dos bens e da proibição de adjudicação (pelo vencedor) do bem em valor inferior a 75% do preço avaliado, bem como da autuação em separado do pedido (de antecipação), consta a previsão no sentido de que serão recebidos unicamente no efeito devolutivo eventuais recursos interpostos contra as decisões proferidas no curso da alienação antecipada (art. 4º-A, § 9º).

Ora, o recurso cabível contra a decisão que resolve definitivamente os processos incidentes, incluindo as medidas assecuratórias, é a apelação, na medida em que se trata ali de sentença resolutiva do mérito (do incidente!). Haveria recurso também para a decisão acerca da alienação antecipada? Pensamos que não, pelo menos expressamente. Nada impede, porém, que se admita o recurso em sentido estrito, que, há muito tempo, nada tem ou deve ter de tão estrito assim. No entanto, como a lei não admite o efeito suspensivo do recurso (art. 4º-A, § 9º), restará ao interessado apenas a impetração de mandado de segurança, para fins de obtenção de liminar suspensiva da alienação.

Por fim, no caso de condenação, o juiz decretará a perda dos valores depositados (quando houver alienação antecipada) ou dos bens apreendidos, bem como daqueles (bens) não reclamados no prazo de noventa dias, ressalvado, sempre, o direito do lesado ou do terceiro de boa-fé (art. 4º-A, § 10). E a perda será em favor da União, nos casos de competência da Justiça Federal, e dos Estados, nas hipóteses de exercício da jurisdição estadual (art. 7º). Prevê, ainda, como efeito da sentença condenatória, a interdição do exercício de cargo ou função pública de qualquer natureza e de diretor, de membro de conselho de administração ou de gerência das pessoas jurídicas referidas no art. 9º, pelo dobro do tempo da pena privativa de liberdade aplicada.

Aliás, de registrar-se a alteração, para pior, da norma que já previa a liberação total ou parcial de bens, direitos e valores apreendidos quando comprovada a licitude de sua origem (art. 4º, § 2º). Diz a lei, então, que serão mantidos (apreendidos) aqueles suficientes para a reparação dos danos, o pagamento de prestação pecuniária, multa e custas processuais.

Ora, o fundamento do *sequestro* é um – a ilicitude da origem do bem; do *arresto* e da *hipoteca*, outro, muito diferente. Se o bem foi apreendido sob o argumento da ilicitude de sua origem, a decisão que afirma o contrário haverá que implicar a imediata liberação do bem ou direito. Não cabe ao juiz manter a constrição para garantir a recomposição patrimonial do lesado (e custas e prestação pecuniária, em caso de condenação), sem que haja provocação expressa do interessado, do Ministério Público ou da autoridade policial. Já o afirmamos e repetimos: na fase de investigação, o juiz é o tutor das liberdades públicas e não dos interesses de terceiros ou da persecução penal. No curso do inquérito, deve ele se abster de emitir juízos de valor acerca da pertinência da futura imputação, evitando, sempre, a apreciação de questões que tenham por fundamento a possível responsabilidade penal do investigado.

[...] Já em relação às normas de controle de operações financeiras, a Lei nº 12.683/12 estabelece rigoroso tratamento de fiscalização. Nesse passo, e aqui não nos alongaremos sobre a matéria, é de se assentar que o COAF – Conselho de Controle de Atividades Financeiras – teve ampliados seus já extensos poderes de supervisão sobre as operações e movimentações financeiras no país – e para o exterior – de modo a evitar a clandestinidade ou ocultação de bens, ativos e de valores. As informações que o COAF encaminha aos órgãos de persecução penal devem se inserir no âmbito das atividades de inteligência, fornecendo material para o monitoramento de delitos dessa natureza (lavagem)."

Registre-se, a título de curiosidade, que a Medida Provisória nº 893/19 transformou o COAF na Unidade de Inteligência Financeira, mantendo as atribuições anteriores e os servidores do Conselho.

Jurisprudência

144-A.2.[...] "Em que pese o esforço argumentativo vetorizado a caracterizar a violação ao art. 126 do CPP, em virtude da ausência de demonstração de indícios veementes da origem ilícita dos bens sequestrados, verifica-se que, de acordo com o teor do art. 4º da Lei n. 9.613/98, a mera existência de indícios suficientes da infração penal, autoriza o decreto de medidas assecuratórias de bens, direitos ou valores do investigado, ou existentes em nome de interpostas pessoas, que sejam instrumento, produto ou proveito dos crimes previstos nesta Lei ou das infrações penais antecedentes" (AgRg no AREsp n. 1.327.863/PR, relator Ministro Felix Fischer, Quinta Turma, julgado em 4/10/2018, DJe de 10/10/2018). [...] *(Agravo Regimental no Agravo em Recurso Especial nº 2.219.917-SP, STJ, 6ª Turma, Rel. Min. convocado Jesuíno Rissato, sessão virtual de 9.5.2023 a 15.5.2023, publicado no DJ em 18.5.2023)*

144-A.2. [...] com fundamento no art. 7º, II, da Lei 9.613/1998, foi decretada a interdição ao condenado do exercício de cargo ou função pública de qualquer natureza e de diretor, de membro de conselho de administração ou de gerência das pessoas jurídicas referidas no art. 9º da mesma Lei, pelo dobro do tempo da pena privativa de liberdade aplicada. Considerado o regime inicial fechado fixado com fulcro no art. 55 da Constituição e no art. 92, I, "b", do Código Penal, foi decretada a perda do mandato parlamentar. [...] *(Ação Penal nº 965-SP, STF, 1ªTurma, Rel. Min. Alexandre de Morais, Redator do Acórdão Min. Roberto Barroso, julgado em sessão virtual de 29.5.2020 a 5.6.2020, publicado no DJ em 16.6.2020).*

CAPÍTULO VII
Do Incidente de Falsidade

Art. 145. Arguida, por escrito, a falsidade de documento constante dos autos, o juiz observará o seguinte processo:

I – mandará autuar em apartado a impugnação, e em seguida ouvirá a parte contrária, que, no prazo de 48 horas, oferecerá resposta;

II – assinará o prazo de três dias, sucessivamente, a cada uma das partes, para prova de suas alegações;

III – conclusos os autos, poderá ordenar as diligências que entender necessárias;

IV – se reconhecida a falsidade por decisão irrecorrível, mandará desentranhar o documento e remetê-lo, com os autos do processo incidente, ao Ministério Público.

145.1. O procedimento incidente: Quando se fala em processo ou procedimento incidente, está se referindo à tramitação *paralela* de determinada questão, cujo objeto não é o mesmo daquele tratado no processo principal.

Na ação penal, cuida-se da imputação, a alguém, de fato qualificado como crime, a determinar um conteúdo de natureza eminentemente condenatório. E, para a prova do fato alegado, há a previsão da *instrução criminal*, no bojo (no interior) do processo (principal).

A previsão no CPP de um incidente processual, com tramitação em separado, parece-nos inteiramente desnecessária, dado que a decisão sobre o resultado final (do incidente) não tem qualquer eficácia preclusiva. Presta-se apenas a firmar, no incidente, uma *verdade* (processual) acerca de determinado meio de prova, sem maiores repercussões *fora do processo.*

É verdade que a decisão ali proferida há que ser levada em consideração no processo principal, no sentido de se reconhecer a validade ou não da prova documental impugnada.

Mas, para isso, não seria e não é necessária a instauração de nenhum incidente.

Toda a matéria relativa à prova pode ser debatida no interior do processo principal, já que, a rigor, não se tem ali *questão prejudicial*, mas matéria intimamente ligada ao objeto da ação penal.

Aparentemente, o legislador acreditava na celeridade do processo principal, que se veria livre para prosseguir nas demais questões probatórias, enquanto, no incidente, se resolveria o problema da falsidade documental.

No entanto, nada justifica a abertura burocrática do incidente. Com efeito, não se tem ganhado algum em celeridade processual, simplesmente pela razão de que, sendo relevante, para a decisão final, o documento impugnado, não se chegará a ela (sentença) sem a resposta acerca da validade do documento. Trata-se, à evidência, de questão *de mérito*, devendo ser resolvida no processo principal.

Toda a burocracia procedimental aqui estipulada (impugnação por escrito, autuação em separado, prazo para resposta e para a comprovação do falso, com perícia ou não,) se abrigaria adequadamente na instrução criminal propriamente dita.

E mais.

O recurso cabível contra a decisão que resolve o incidente de falsidade é o *recurso em sentido estrito* (art. 581, XVIII), embora nos parecesse mais adequada, em tese, a apelação (art. 593, II, CPP), diante da natureza terminativa do incidente, resolvendo *naquele procedimento* o seu mérito.

Em tese, então, o recurso em sentido estrito poderia se antecipar à decisão no processo principal. Na prática, duvidamos. É que, se o documento for relevante para o deslinde da imputação, apenas na fase de sentença o juiz se manifestará sobre a sua validade ou invalidade. A apelação que se seguir à sentença, portanto, poderia abranger também o mesmo conteúdo do recurso em sentido estrito (no incidente).

Jurisprudência

145.1. [...] O art. 145 do CPP, com o intuito de que se promova a busca da realidade, faculta à defesa e à acusação a arguição de incidente de falsidade documental constante dos autos, que será autuado em apartado, oportunizando-se a devida resposta e podendo o magistrado, caso entenda necessário, ordenar diligências, entretanto, o procedimento somente se mostra oportuno nos casos em que há relevância jurídica para o julgamento da causa. Sendo o pleito de instauração do incidente indeferido em razão de ser dispensável diante da inexistência de poder o seu resultado causar qualquer influência no deslinde da questão, não há o que se falar em cerceamento por ofensa aos princípios constitucionais do contraditório e da ampla defesa. Se a decisão objurgada não conheceu do agravo de instrumento interposto contra a decisão que não admitiu recurso especial com esteio na Súmula 7 deste Tribunal, ao fundamento de que era imprescindível o reexame de provas para concluir de forma contrária, não há como se reconsiderar-se o *decisum* nos moldes como pretendido. Agravo regimental improvido (*Agravo Regimental no Agravo nº 1.068.638-MG, STJ, 5ª Turma, Rel. Min. Jorge Mussi, julgado em 18.6.2009, publicado no DJ em 3.8.2009*)

145.1. [...] Arguido, por escrito, a falsidade de um documento relevante para o deslinde da causa, deve o juiz determinar a instauração do incidente de falsidade, nos termos do art. 145, do CPP. Recurso provido (*Recurso Especial nº 770.525-GO, STJ, 5ª Turma, Rel. Min. Felix Fischer, julgado em 14.3.2006, publicado no DJ em 10.4.2006*).

....

145.2. Falsidade material e falsidade ideológica: O *falsum* material é a alteração incidente no próprio documento, seja em parte dele, seja na sua totalidade, de modo a produzir modificação essencial do seu conteúdo, com aptidão para iludir aqueles que devam manuseá-lo.

No falso *material*, a falsidade se realiza *na matéria*, isto é, no aspecto *físico* do documento, modificando-lhe sensivelmente a *aparência*, atingindo, então, a sua *originalidade*, ou seja, modificando as características inerentes à sua produção.

Daí, ressalvada a admissão da falsidade pelo seu autor, impõe-se a prova pericial, a ser realizada diretamente no documento.

Já a falsidade *ideológica* consiste na alteração *da ideia* inscrita no documento. É dizer, o que se falseia no *falsum* ideológico é a *verdade do conteúdo afirmado*, de tal modo que aquilo que *deveria ter sido dito* (escrito, desenhado, grafado etc.) não o é. O corpo *físico* do documento, isto é, a sua *forma*, é inteiramente *original*; apenas aquilo que nele se apôs (escritos etc.) não corresponderia à verdade da declaração feita.

Exatamente por isso, não se prova a falsidade ideológica por meio de perícia. A prova quanto à inverdade da declaração (escrito, grafia, símbolo etc.), como regra, deve ser feita por outros meios, que a prova pericial.

A nosso aviso, a única hipótese cabível para a provocação do incidente seria a falsidade *material*. A outra, de natureza ideológica, pode muito bem ser demonstrada na regular instrução do feito. Na verdade, ambas podem ser ali comprovadas. Apenas se se quiser manter a utilidade do incidente, dever-se-ia resguardá-lo para a falsidade material.

145.3. Eficácia da decisão judicial: Reputado falso o documento, o juiz o encaminhará ao Ministério Público para a adoção das providências cabíveis, ou seja, para eventual persecução penal em face daquele que produziu ou que usou o documento.

Nos termos do art. 148, CPP, a eficácia preclusiva da decisão que reconhece a falsidade do documento não ultrapassa os limites do incidente.

Ora, para que então o incidente? Por que não deixar o debate da matéria para o interior do processo principal?

Se a decisão fosse definitiva sobre a questão, aí, sim, se poderia pensar em um processo incidente, para a facilitação e ampliação do contraditório e da (ampla) defesa. Desde que, é claro, os interessados nos processos futuros (Ministério Público, acusado e ofendido) pudessem participar do incidente. Se o autor do falso não é qualquer dessas pessoas, evidentemente não se poderia pensar mesmo em coisa julgada, para o futuro.

145.4. Conceito de documento: Por ocasião dos comentários ao art. 231, antecipamos já a definição legal de *documento* (ver item 231.1.). Repita-se: "Do ponto de vista formal, qualquer escrito, grafia, símbolos, sinais, figuras ou outro tipo de reproduções gráficas podem se qualificar como documentos, desde que originais. Não há exigência processual de definição vernacular específica do documento, sendo a referência explicativa do art. 232, CPP, logo adiante, mera exemplificação de sentido. Na verdade, semelhante qualificação já implicaria um indicativo de idoneidade daquilo que se contém, como linguagem ou qualquer forma de expressão, artística, cultural ou de outra natureza, em papéis ou equivalentes. Tanto pode ser considerado documento uma correspondência quanto uma gravura subscrita por alguém. Do mesmo modo, também poderá ser considerado documento a fotografia, uma gravação de vídeo ou de áudio, sobretudo quando constituírem o objeto material do delito. Aqui, muito mais importante que uma definição conceitual é o esclarecimento das consequências jurídicas atribuídas a determinados papéis e/ou equivalentes, utilizados para o registro de informação ou linguagem."

Art. 146. A arguição de falsidade, feita por procurador, exige poderes especiais.

Como a imputação do falso pode caracterizar fato criminoso, a ensejar responsabilização penal de quem a faz, determina a lei que o incidente deve ser provocado por advogado com *poderes especiais*, quando feito pelo particular.

Com isso, esclarece-se a autoria da imputação. Direito de defesa é uma coisa. Atribuir fato criminoso a alguém, outra, muito diferente.

Art. 147. O juiz poderá, de ofício, proceder à verificação da falsidade.

Nem mesmo os defensores de um processo submetido a um sistema acusatório mais rígido sustentarão a impossibilidade de o juiz, de ofício, se, diante de falsidade *aparente* do documento (falsidade *material*, por certo), determinar o esclarecimento da prova.

Ora, primeiro porque se trataria de prova *produzida* pelas partes e não por ele mesmo.

Em segundo lugar, porque semelhante conduta não implicaria qualquer antecipação de convencimento, diante da gravidade do fato. Aliás, o juiz, no exercício de sua atividade, quando tiver contato com material indicativo da prática de delito, deve encaminhá-lo ao Ministério Público, para a adoção das providências cabíveis (art. 40, CPP).

De novo: julgamos dispensável a burocracia do procedimento contido no art. 145, CPP.

Art. 148. Qualquer que seja a decisão, não fará coisa julgada em prejuízo de ulterior processo penal ou civil.

A preocupação faz sentido, quando se pensa que o autor do falso pode não ser o acusado.

Assim, não estando incluído na denúncia (ou queixa), não poderia ele participar dos debates acerca da falsidade, com o que, acaso prevista, a formação de coisa julgada material sobre a decisão violaria as garantias constitucionais (contraditório e ampla defesa) daquele, ausente do processo.

Mas se, ao contrário, todas as questões pertinentes ao *falsum*, bem como seus efeitos de ordem criminal e cível, estiverem ao alcance dos sujeitos do processo – e somente deles! – não vemos por que não se atribuir a coisa julgada definitiva à matéria.

Talvez, para que tal ocorresse, fosse também necessária uma ampliação procedimental do rito do incidente previsto no art. 145, de modo a permitir em maior extensão a contribuição dos interessados.

De fato. No entanto, para que o incidente, se a sua celeridade poderia muito bem ser absorvida na instrução do processo principal?

CAPÍTULO VIII
Da Insanidade Mental do Acusado

Art. 149. Quando houver dúvida sobre a integridade mental do acusado, o juiz ordenará, de ofício ou a requerimento do Ministério Público, do defensor, do curador, do ascendente, descendente, irmão ou cônjuge do acusado, seja este submetido a exame médico-legal.

§ 1º O exame poderá ser ordenado ainda na fase do inquérito, mediante representação da autoridade policial ao juiz competente.

§ 2º O juiz nomeará curador ao acusado, quando determinar o exame, ficando suspenso o processo, se já iniciada a ação penal, salvo quanto às diligências que possam ser prejudicadas pelo adiamento.

149.1. Procedimento em separado: Este é um incidente cuja tramitação há que ser mesmo em separado, a fim de não se perturbar a marcha processual da ação penal.

Embora se trate de questão de mérito – a *culpabilidade* ou a *punibilidade* do acusado –, é de se ver que o objeto do incidente não se contém nas principais questões discutidas no processo principal, relativamente à *autoria, à materialidade, à tipicidade* e à *ilicitude* do fato imputado.

Duas são as questões essenciais a serem tratadas no incidente:

A inimputabilidade do agente *ao tempo do crime;*

A *inimputabilidade* ao tempo *do processo.*

Na primeira hipótese, deverá ser examinada a *culpabilidade* do agente, isto é, se era ele, ao tempo do crime, capaz de compreender o caráter ilícito da conduta e de determinar-se de acordo com tal entendimento (art. 26, *caput*, Código Penal).

Pode ser, ainda, que se trate de *semi-imputabilidade* (art. 26, parágrafo único, CP), na qual o agente responde pelo crime, com pena reduzida.

Nesses casos, então, o processo principal deve ter o seu curso regular, já que a legislação brasileira prevê a imposição de medida de segurança ao inimputável (e *pena* ao semi-inimputável, com a ressalva da substituição prevista no art. 98, CP).

Se, ao contrário, a ausência de capacidade mental do acusado for posterior ao fato, não só a sua *punibilidade* deverá ser suspensa, mas também o processo principal (§ 2º, art. 149), em face da impossibilidade de poder o réu contribuir para a sua defesa.

O incidente poderá ser instaurado (provocado) tanto na fase de inquérito policial quanto no curso do processo principal. Instaurado após o ajuizamento da ação, deverá ser sustado o processo (art. 152), sem prejuízo da realização das diligências reputadas urgentes.

Também na fase de *execução penal*, poderá ser arguida a insanidade ou incapacidade mental do condenado (art. 154).

Quanto a este último ponto, mesmo diante da incapacidade do réu, não se pode, por outro lado, deixar de produzir a prova urgente, quando houver risco de seu perecimento. Se e quando o réu se restabelecer, deve-se abrir a ele a possibilidade de confrontar a prova assim produzida (art. 152, § 2º, CPP).

149.2. Legitimação ativa: A partir de dúvida fundada e séria sobre a incapacidade mental do agente, a ser aferida, inclusive, pelo simples contato pessoal dele com o magistrado, poderá ser instaurado o incidente. Como se vê, até mesmo de ofício, pelo juiz, podendo também fazê-lo o defensor, eventual curador já designado, o ascendente (pai, avô etc.), o descendente (filho, neto etc.), irmão ou cônjuge do acusado/investigado. Na fase de inquérito, não vemos por que não possa fazê-lo o Delegado de Polícia.

Pensamos que a gravidade da questão justificaria a ampliação do rol de legitimados, no âmbito da analogia com outros procedimentos. Por isso, pensamos com os parentes mencionados no art. 149 incluem aqueles ligados por *afinidade* (sogra, sogra, genro, nora) também poderão suscitar o incidente. No particular, note-se que a medida não implicaria qualquer risco à pessoa do réu, como seria o caso de um processo civil de interdição de direitos, daí por que aceitável a ampliação dos legitimados.

Em casos excepcionais, em que o suposto autor do fato se encontrar em situação de abandono material, acreditamos ser possível uma ampliação ainda maior do aludido rol, para incluir os responsáveis pela sua subsistência, em cujas mãos se ache entregue aos cuidados.

Jurisprudência

149.2. [...] O art. 149 do Código de Processo Penal dispõe que: "*Quando houver dúvida sobre a integridade mental do acusado, o juiz ordenará, de ofício ou a requerimento do Ministério Público, do defensor, do curador, do ascendente, descendente, irmão ou cônjuge do acusado, seja este submetido a exame médico-legal.*" [...] *(Agravo Regimental no Habeas Corpus nº 938.725-GO, STJ, 6ª Turma, Rel. Min. Antônio Saldanha Palheiro, julgado em 5.11.2024, publicado no DJ em 6.11.2024)*

149.2. [...] Para a instauração do incidente de insanidade mental não basta o simples requerimento; a Defesa deve trazer aos autos elementos que gerem dúvida quanto à higidez mental da acusada. [...] *(Agravo Regimental na Petição nº 12.287, STF, 1ª Turma, Rel. Min. Alexandre de Moraes, julgado em 27.9.2024, publicado no DJ em 7.10.2024)*

149.2. [...] 1. A orientação jurisprudencial do Supremo Tribunal Federal e no sentido de que, "*Nos termos do art. 149 do Código de Processo Penal, para o incidente de insanidade mental, é necessária a existência de 'dúvida sobre a integridade mental do acusado*". [...] *(Agravo Regimental n. 170.122-SC, STF, 1ª Turma, Rel. Min. Roberto Barroso, julgado em 30.8.2019 a 5.9.2019, publicado no DJ em 23.9.2019).*

149.2 [...] 2. Nos termos do artigo 149 do Código de Processo Penal, quando houver dúvida razoável sobre a integridade mental do acusado, o magistrado pode, de ofício, instaurar incidente de insanidade mental. 3. Pacificou-se neste Superior Tribunal de Justiça o entendimento no sentido de que a mera alegação de que o acusado é inimputável não justifica a instauração de incidente de insanidade mental, providência que deve ser condicionada à efetiva demonstração da sua necessidade, mormente quando há dúvida a respeito do seu poder de autodeterminação.

[...] *(Agravo Regimental no Habeas Corpus n. 528.335/SP, STJ, 5ª Turma, unânime, Rel. Min. Jorge Mussi, julgado em 3.9.2019, publicado no DJ em 17.9.2019).*

149.2. [...] A absolvição do paciente em processo-crime anterior por reconhecida inimputabilidade, com a imposição de medida de segurança de internação em hospital de custódia e tratamento psiquiátrico, dá existência a uma fundada dúvida acerca de sua integridade mental, a qual pode não se relacionar, necessariamente, com eventual dependência toxicológica, gerando a necessidade de realização de exame de insanidade mental do paciente. Ordem concedida para anular a r. sentença condenatória, determinando-se, com a maior brevidade possível, a realização de exame de insanidade mental do paciente, mantida a sua segregação (*RHC nº 13.826-SP, STJ, 5ª Turma, Rel. Min. Felix Fischer, julgado em 15.4.2003, publicado no* DJ *em 26.5.2003).*

149.3. A nomeação de curador e suspensão do processo: Ordenada a realização do exame de sanidade ou de capacidade mental, deve o juiz designar um curador ao *examinando*, dando preferência às pessoas legitimadas ao requerimento do incidente. A função do curador é de acompanhamento do exame, podendo, inclusive, apresentar perguntas ao *expert*, na forma de quesitos, largamente utilizados nos laudos periciais.

O processo principal deverá ser suspenso até a conclusão do laudo, se já proposta a ação. Se o exame concluir pela incapacidade do agente ao tempo do fato, o processo prosseguirá, com a presença do curador, para fins de imposição de medida de segurança. Se a conclusão for no sentido da incapacidade *após* o fato, o processo será suspenso até o seu restabelecimento (art. 152, CPP).

Contra aludida decisão não cabe recurso nominado, a não ser por meio de analogia, aplicando-se a regra do art. 581, XVI, a cuidar do recurso em sentido estrito contra a decisão que determina a suspensão do processo em virtude de questão prejudicial.

Embora impedido o Estado de promover a sua função persecutória, não há previsão legal para a suspensão do prazo prescricional.

Nada obstante, somos de entendimento que o referido prazo haverá que ser suspenso, pelas mesmas razões utilizadas pelo Supremo Tribunal Federal, quando da afirmação da existência de *condição objetiva de punibilidade* no exaurimento da instância administrativa, nos crimes contra a ordem tributária e previdenciária, conforme ainda teremos oportunidade de assentar. É que, estando o Estado, por força de lei, *impedido* de prosseguir na persecução penal, não se pode fazer incidir uma regra destinada exatamente a coibir tais mazelas do Poder Público (morosidade, inércia etc.).

Deve-se, então, e se for o caso, nomear defensor ao incapaz, se já não o for o curador designado, na hipótese de ser necessária a produção de provas reputadas urgentes (art. 149, § 2º, CPP).

Jurisprudência

149.3. [...] O fato de o embargante estar interditado na esfera cível não gera obrigatoriamente reflexos no processo penal. A presença de curador, de acordo com a lei processual penal (arts. 149 e 151/CPP), será indispensável somente depois de determinado o exame médico-legal para a aferição da imputabilidade. Logo, não há se falar em constrangimento ilegal como pretende a defesa, já que aqui se questiona os atos praticados antes da determinação de instauração do incidente de sanidade mental. [...] *(Embargos de Declaração no Habeas Corpus nº 801.614-SP, STJ, 6ª Turma, Rel. Min. Sebastião Reis Júnior, julgado em 11.4.2023, publicado no DJ em 13.4.2023)*

Art. 150. Para o efeito do exame, o acusado, se estiver preso, será internado em manicômio judiciário, onde houver, ou, se estiver solto, e o requererem os peritos, em estabelecimento adequado que o juiz designar.

§ 1º O exame não durará mais de quarenta e cinco dias, salvo se os peritos demonstrarem a necessidade de maior prazo.

§ 2º Se não houver prejuízo para a marcha do processo, o juiz poderá autorizar sejam os autos entregues aos peritos, para facilitar o exame.

150.1. O exame pericial e a internação (prisão?): O acusado deverá ser submetido a exame em local adequado. Estando ele preso, deve ser transferido para um hospital de custódia e tratamento, adequados às medidas de segurança, quando impostas (art. 96, I, Código Penal).

Atualmente, as dificuldades de internação em tais hospitais – em franca decadência – permitem uma leitura menos inflexível da norma, aceitando-se a realização de exame em estabelecimento privados de saúde, desde que de acordo os interessados.

É que, em se tratando de incapacidade mental, impõe-se redobrada cautela para a preservação dos interesses envolvidos. Não só do incapaz, mas de todos quantos possam ser atingidos pela medida (de internação).

No caso, porém, de acusado preso, o que se admite apenas quando presente alguma das razões da prisão preventiva, a internação há que ser feita em estabelecimentos públicos, nos quais seja possível o monitoramento do paciente.

Julgamos incabível a decretação de prisão preventiva, se esta tiver que ser cumprida em estabelecimentos prisionais, nos quais, evidentemente, a custódia do acusado poderia causar imensos transtornos no local, sem falar da violação cabal dos direitos individuais daquele que sequer tem capacidade para entender as razões de sua segregação.

O risco a que nos referimos diz respeito, evidentemente, à reiteração criminosa e não às demais hipóteses da preventiva. Nesse caso, então, em que o prognóstico de risco não se limita apenas ao exame dos fatos *antecedentes*, mas repousa também em diagnósticos médicos, ainda que provisórios, impõe-se a internação em hospitais de custódia, enquanto houver a situação de risco e/ou for realizado o exame.

150.2. Excesso de prazo: Ainda que não se cuide de prisão cautelar, mas de internação para realização de exame, com o objetivo de apurar a culpabilidade e as medidas necessárias e cabíveis no caso, deve ser respeitado o prazo fixado na lei.

Afinal, a internação implica privação do direito de locomoção, sem que se possa, até então, afirmar tratar-se do *culpado.*

Naturalmente, não se há de ter tanto rigor, como ocorre com a prisão, cumprida, em geral, em locais de irrecuperável insalubridade. Eventuais excessos, quando mínimos e devidamente justificados, podem ser aceitos.

Mas o descaso e a indiferença em relação ao destino do suposto incapaz não podem ser tolerados, impondo-se a liberação do custodiado (internado), ressalvada a excepcional hipótese de comprovado risco à vida de terceiros, devendo as autoridades públicas envidar esforços para a realização do exame e início de internação (já em razão da medida de segurança).

Jurisprudência

150.2. [...] O princípio da razoabilidade, critério norteador do prazo de duração da custódia cautelar, procura compatibilizar o tempo necessário à prática dos atos de instrução do processo em análise com o tempo efetivamente despendido. Instaurado incidente de insanidade mental no curso da ação penal, a lei autoriza a dilação do prazo nos casos em que os peritos necessitem de mais tempo para o diagnóstico, assim entendendo os casos de difícil análise. Inexistente a necessidade dos peritos prolongarem o prazo legal para a realização do exame e sendo manifesta a desproporcionalidade entre este e o tempo em que o examinando aguarda custodiado, há constrangimento ilegal à liberdade do recorrente diante de sua segregação. A manutenção do paciente por mais de 01 (um) ano e 03 (três) meses no cárcere, aguardando há mais de 08 (oito) meses pelo desfecho da ação incidental não encontra qualquer amparo na interpretação da lei ou no princípio da razoabilidade. Ordem concedida, para determinar que o paciente aguarde livre o julgamento do processo (*Habeas Corpus nº 65.118-SP, STJ, 6ª Turma, julgado em 15.3.2007, publicado no DJ em 9.4.2007*).

Art. 151. Se os peritos concluírem que o acusado era, ao tempo da infração, irresponsável nos termos do art. 22 do Código Penal, o processo prosseguirá, com a presença do curador.

Para o inimputável, a lei prevê a imposição de medida de segurança, a ser cumprida em hospitais de custódia, sob regime essencialmente terapêutico, embora controlado.

E, por isso, se a conclusão do laudo pericial médico for no sentido da incapacidade *ao tempo do fato*, o processo deverá ter curso normal, na presença e sob a representação (curatela, na verdade) do curador nomeado, que deverá ser intimado (como se réu fosse) dos atos do processo, sob pena de nulidade absoluta.

Nesse caso, se não o tiver o acusado, ser-lhe-á também nomeado defensor.

Art. 152. Se se verificar que a doença mental sobreveio à infração o processo continuará suspenso até que o acusado se restabeleça, observado o § 2º do art. 149.

§ 1º O juiz poderá, nesse caso, ordenar a internação do acusado em manicômio judiciário ou em outro estabelecimento adequado.

§ 2º O processo retomará o seu curso, desde que se restabeleça o acusado, ficando-lhe assegurada a faculdade de reinquirir as testemunhas que houverem prestado depoimento sem a sua presença.

No caso de incapacidade superveniente ao fato criminoso, a garantia do contraditório e a da ampla defesa exige a suspensão do processo, a fim de que, se possível a sua recuperação, possa ele contribuir para a sua defesa, sem prejuízo da adoção de diligências reputadas urgentes e indispensáveis (prova antecipada), para o que deverá ser designado defensor, além do curado já nomeado, podendo, contudo, a designação recair sobre a mesma pessoa.

Quanto ao local de internação, remetemos o leitor ao item 150.1, *retro*.

Restabelecendo-se o acusado, o processo deve ter curso regular, reabrindo-se a ele a oportunidade de impugnação da prova antecipadamente colhida, em razão de urgência.

Pensamos, e o repetimos, que deverá ser suspenso o curso do prazo prescricional, ainda que inexistente lei prevendo-a.

Renovamos, no ponto, as considerações alinhadas no item 149.3, *retro,* no qual nos reportamos à já consolidada orientação jurisprudencial no Supremo Tribunal Federal, na qual, embora sem lei que a preveja, entendeu que o prazo prescricional nos crimes contra a ordem tributária e previdenciária não flui enquanto não exaurida a instância administrativa, dando o *lançamento* do tributo como "condição objetiva de punibilidade", que, segundo entendemos, na verdade se caracteriza como um elemento objetivo do tipo (vide também anotações críticas no item 395.3.4.1 – Crimes tributários de natureza material e o problema do exaurimento da esfera administrativa).

A hipótese do presente dispositivo é em tudo assemelhada, no que toca ao obstáculo legal imposto aos órgãos da persecução penal, quanto ao desempenho de suas relevantes funções. Parece-nos impensável o curso do prazo prescricional em tais situações.

Contra a suspensão do processo, não há previsão legal de recurso, nada obstando, porém, a analogia com a regra disposta no art. 581, VI, CPP, que prevê o recurso em sentido estrito contra a decisão que suspende o processo em virtude de questão prejudicial.

Jurisprudência

152. [...] A suspensão do processo penal, até que o réu se restabeleça da doença mental que veio a sofrer no curso da ação penal, busca preservar os princípios do contraditório e da ampla defesa, ao fundamento de que o acusado perturbado mentalmente não possui condições adequadas de se defender. Não há constrangimento ilegal no acórdão impugnado, tendo em vista que o laudo psiquiátrico apresentado à Corte *a quo* afirmou que o Paciente não possuía condições de se ver julgado, em decorrência da doença posterior ao crime que lhe afetou a higidez mental. Entretanto, diante da juntada de novo laudo psiquiátrico, posterior ao julgamento do *writ* originário, atestando a possibilidade de realização de julgamento pelo Tribunal do Júri, deve a questão ser levada à apreciação da Corte *a quo*, sob pena de supressão de instância. *Habeas corpus* denegado, com encaminhamento dos autos ao Tribunal de Justiça do Estado de São Paulo (*Habeas Corpus nº 120.554-SP, STJ, 5ª Turma, Rel. Min. Laurita Vaz, julgado em 14.5.2009, publicado no* DJ *em 8.6.2009).*

152. [...] Se a doença mental que acomete o paciente sobreveio à infração a ele imputada, o processo continuará suspenso até o restabelecimento de sua saúde psíquica, nos termos do § 2º do artigo 152 do CPP. Estando o incidente de insanidade mental em regular andamento, não se configura constrangimento ilegal a ser sanado pela via do *habeas corpus*. Não se configura excesso de prazo na formação da culpa se já encerrada a instrução criminal em relação ao paciente, a teor do enunciado da Súmula nº 52 desta Corte. Ordem denegada (*Habeas Corpus nº 72.800-RJ, STJ, 6ª Turma, Rel. Min. Og Fernandes, julgado em 16.10.2008, publicado no* DJ *em 3.11.2008).*

Art. 153. O incidente da insanidade mental processar-se-á em auto apartado, que só depois da apresentação do laudo, será apenso ao processo principal.

Nada que já não tenha sido apreciado e analisado.

Art. 154. Se a insanidade mental sobrevier no curso da execução da pena, observar-se-á o disposto no art. 682.

Há regulação da matéria na Lei de Execuções Penais e no Código Penal, a depender da natureza da moléstia, a indicar a manutenção da condenação (pena), com internação em hospital de custódia e de tratamento psiquiátrico (art. 41, Código Penal), ou modificação do regime, de pena para medida de segurança, se permanente a incapacidade mental (art. 183 – Lei nº 7.210/84).

TÍTULO VII
DA PROVA

CAPÍTULO I
Disposições Gerais

Art. 155. O juiz formará sua convicção pela livre apreciação da prova produzida em contraditório judicial, não podendo fundamentar sua decisão exclusivamente nos elementos informativos colhidos na investigação, ressalvadas as provas cautelares, não repetíveis e antecipadas. (Redação dada pela Lei nº 11.690, de 2008)

Parágrafo único. Somente quanto ao estado das pessoas serão observadas as restrições estabelecidas na lei civil. (Incluído pela Lei nº 11.690, de 2008)

155.1. Processo penal e convencimento judicial: Na teoria do conhecimento, sabe-se, há grande convergência acerca da falibilidade e precariedade de todo conhecimento humano. A *verdade*, sem dúvida, anda em crise.

O que dizer, então, da *sua reconstrução* (verdade) no processo judicial?

Evidentemente, trata-se de tarefa hercúlea. Mas irrenunciável, sobretudo quando se cuida de eventuais conflitos envolvendo pretensões de direitos subjetivos, o que se dá frequentemente no âmbito do processo civil.

Já no processo penal, as coisas são ainda mais complexas, já que aqui se trata da aplicação de sanções - graves - a possíveis autores de fatos definidos como crimes. É preciso, portanto, que o convencimento judicial seja o mais seguro possível, ao menos no plano da individualidade daquele que julga.

No entanto, como a existência de qualquer processo judicial, incluindo o penal, parte do pressuposto da possibilidade de certeza quanto ao fato e quanto ao direito aplicável, é preciso estabelecer alguns critérios mínimos, não só acerca da qualidade do material a ser examinado, mas também das consequências de sua produção. Já veremos as hipóteses em que, embora idôneo o meio de prova, relativamente a sua aptidão para produzir convencimento e certeza, não será ele admitido, por força de violação de direitos e garantias individuais, e, com ela, a ilicitude.

Assinale-se, de início, então, que a primeira questão que se põe à teoria da prova é o reconhecimento das limitações na formação de certeza judicial, o que não impedirá a sua busca, dentro dos limites legais fixados para a sua produção.

155.2. Verdade processual penal e seus critérios: Exatamente a gravidade das consequências do Direito Penal e as dificuldades inerentes ao conhecimento humano exigem maiores cautelas na formação do convencimento judicial.

É impensável, por exemplo, que o juiz criminal se utilize de critérios meramente *formais* para construir a certeza no seu julgamento, como é o caso do art. 341, CPC/2015 (art. 302, CPC/1973), que autoriza o juiz cível a *reputar verdadeiros os fatos não impugnados na contestação. Reputar* verdadeiros os fatos é renunciar a qualquer esforço na construção do convencimento judicial. Um modelo garantista de processo penal exige amplo conhecimento quanto aos fatos e quanto ao direito aplicável. O juiz criminal não pode se reduzir ao *poder* de sua autoridade. Suas decisões devem ser fruto de *saber*, de *conhecimento*, e não de simples manifestação do poder/autoridade de decidir.

Daí falar-se em *verdade material* no âmbito do processo penal, ou seja, a verdade – ou certeza, como preferimos –, deve vir fundamentada em prova *materializada* nos autos. É dizer: não se convence por ausência de impugnação, mas pelo material produzido efetivamente. Prova documental, testemunhal (reduzida a termo nos autos), pericial, a reprodução de imagens e sons, tudo isso quer dizer certeza *material*, opondo-se, nesse sentido, à chamada verdade *formal*, normalmente atribuída ao processo civil. Evidentemente, toda verdade judicial será sempre uma verdade *processual*. Apenas quanto aos critérios de sua formação é que se pode fazer uma distinção teoricamente relevante: a verdade *material* decorreria de prova *materializada*; a verdade *formal*, ao contrário, da simples aplicação de regras legais de julgamento (se há o ônus de impugnar os fatos alegados na inicial, a não impugnação implicaria dispensa de prova).

Em processo penal, portanto, a certeza judicial há que se fundar em prova, jamais na ineficiência da atuação da defesa. Relembre-se, contudo, de que não existe princípio constitucional da *ampla acusação*. O Estado não pode arvorar-se à condição de divindade. Ampla *defesa* significa a mais completa abertura para o conhecimento da imputação, sempre no interesse do acusado. Não porque ele deva ser tratado como um hipossuficiente; mas em razão da falibilidade e precariedade de todo processo de conhecimento e da gravidade das sanções do Direito Penal.

Por fim, não se pode mais aceitar a expressão *verdade real*. Trata-se de um perigoso engodo. *Real*, relativamente ao *fato*, é o fenômeno da vida já ocorrido. Não poderia haver jamais uma verdade do passado. A verdade judicial é sempre processual, repita-se. Reproduzirá apenas a certeza do juiz diante de determinado conjunto probatório.

Jurisprudência

155.2 [...] 5. É uníssona a compreensão de que a busca pela verdade no processo penal encontra limitação nas regras de admissão, de produção e de valoração do material probatório, o qual servirá de suporte ao convencimento do julgador; afinal, os fins colimados pelo processo são tão importantes quanto os meios que se utilizam para alcançar seus resultados.

6. Não vigora no campo penal um sistema rígido de taxatividade dos meios de prova, sendo admitida a produção de provas não disciplinadas em lei, desde que obedecidas determinadas restrições. A análise sobre a validade da prova atípica perpassa, pois, pelo campo epistemológico.

7. É necessário que se estabeleçam critérios de verificabilidade das provas científicas, que não são infalíveis, com o intuito de se evitar o cometimento de injustiças epistêmicas.

8. A "autópsia psicológica", raras vezes utilizada na praxis forense brasileira, consiste em exame retrospectivo que busca compreender os aspectos psicológicos envolvidos em mortes não esclarecidas. Trata-se de meio de prova ainda não padronizado pela comunidade científica e erigido, inegavelmente, em aspectos subjetivos.

9. Na espécie, o laudo foi subscrito por um agente policial e dois peritos médicos legistas e se baseou em entrevistas acostadas aos autos, permitindo às partes a sindicabilidade e o confronto com a fonte originária de prova. Ademais, os assistentes técnicos puderam contestar sua cientificidade no curso do processo e uma das peritas subscritoras será inquirida em plenário.

10. Assim, incumbirá aos jurados, no exercício da sua soberana função constitucional, realizar o devido cotejo do laudo com o acervo probatório acostado aos autos para decidir acerca da existência de autoria e materialidade delitivas.

11. Ordem denegada. *(Habeas Corpus nº 740431 – DF, STJ, 6ª Turma, Rel. Min. Rogério Schietti Cruz, julgado em 13.9.2022, publicado no DJ em 19.9.2022)*

155.2 [...] 1. Consoante o entendimento atual da Quinta e Sexta Turmas deste STJ, o art. 155 do CPP não se aplica aos vereditos do tribunal do júri. Isso porque, tendo em vista o sistema de convicção íntima que rege seus julgamentos, seria inviável aferir quais provas motivaram a condenação. Tal compreensão, todavia, encontra-se em contradição com novas orientações jurisprudenciais consolidadas neste colegiado no ano de 2021. 2. No HC 560.552/RS, a Quinta Turma decidiu que o art. 155 do CPP incide também sobre a pronúncia. Dessarte, recusar a incidência do referido dispositivo aos vereditos condenatórios equivaleria, na prática, a exigir um standard probatório mais rígido para a admissão da acusação do que aquele aplicável a uma condenação definitiva. 3. Não há produção de prova, mas somente coleta de elementos informativos, durante o inquérito policial. Prova é aquela produzida no processo judicial, sob o crivo do contraditório, e assim capaz de oferecer maior segurança na reconstrução histórica dos fatos. [...] Recurso especial provido, para cassar a sentença e submeter o recorrente a novo júri. *(Recurso Especial nº 1.916.733/MG, STJ, 5ª Turma, unânime, Rel. Min. Ribeiro Dantas, julgamento em 23.11.2021, publicado no DJ em 29.11.2021)*

155.2. [...] Esta Corte já assentou que "*a inversão processual, falando antes a defesa e depois a acusação nas alegações finais, implica em nulidade tanto quanto no caso da sustentação oral (RECrim nº 91.661-MG, in RTJ 92/448), por ofensa ao princípio da ampla defesa e do contraditório. Entretanto, quando a defesa argui questão preliminar nas alegações finais, é legítima a abertura de vista e a manifestação do Ministério Público, ambos com respaldo legal na aplicação analógica do art. 327, primeira parte, do Código de Processo Civil, como previsto no art. 3º do Código de Processo Penal, pois em tal caso é de rigor que a outra parte se manifeste, em homenagem* ***ao*** *princípio do contraditório, cujo exercício não é monopólio da defesa*" (HC nº 76.240/SP, Segunda Turma, da relatoria do Ministro Maurício Corrêa, *DJ* de 14.8.1998). [...] (*Recurso Ordinário em Habeas Corpus nº 104.261, STF, Plenário, Relator Min. Dias Toffoli, julgado em 15.3.2012, publicado no DJ em 7.8.2012*).

155.2. [...] É possível assegurar, também no âmbito da Lei 8.038/1990, o direito ao órgão acusador de réplica às respostas dos denunciados, especialmente quando suscitadas questões que, se acolhidas, poderão impedir a deflagração da ação penal. Só assim se estará prestigiando o princípio constitucional do contraditório (art. 5º, LV, CF), que garante aos litigantes, e não apenas à defesa, a efetiva participação na decisão judicial. [...] *(Inq n. 3.990-DF, STF, 2ª Turma, unânime, Rel. Min. Edson Fachin, julgado em 14.3.2017, publicado no DJ em 2.6.2017).*

155.2. [...] Não estando a decisão que ordenou a preventiva embasada única e exclusivamente nos elementos informativos colhidos através de prova emprestada – escuta telefônica devidamente autorizada judicialmente –, justificando-se a prisão também a bem da aplicação da lei penal, diante da evasão do paciente do distrito da culpa, não há o que se falar em desobediência ao previsto no art. 155 do CPP, até porque devidamente motivado o decreto de custódia antecipada. Permitem tanto a doutrina quanto a jurisprudência a utilização de prova emprestada no processo criminal, desde que tenha sido produzida legalmente, ambas as partes dela tenham ciência e seja-lhes garantido o direito ao contraditório. A prova emprestada *sub examine* é lícita, porque produzida sem violação às normas constitucionais ou legais (art. 157, *caput*, do CPP), e legítima, vez que obtida em respeito às regras processuais. Não há ofensa ao princípio do *due process of law*, do qual são corolários os princípios da ampla defesa e do contraditório, diante da juntada em apenso, por ordem judicial, aos autos da ação penal, de cópia da interceptação telefônica produzida através de inquérito policial em que se investigava a continuidade da prática criminosa imputada ao paciente e demais membros de quadrilha especialmente voltada ao cometimento de crimes de contrabando ou descaminho de cigarros oriundos do Paraguai, pois além de não ter sido utilizada como único subsídio para a manutenção da prisão preventiva, com tal procedimento permitiu-se às partes ciência integral do teor das gravações, e, via de consequência, que fossem devidamente contraditadas, antes do julgamento da apelação criminal em curso perante o TRF da 4ª Região. Ademais, a defesa do réu, bem antes de o feito ser encaminhado à Corte originária, teve acesso à integralidade da representação criminal impugnada, e, consequentemente, oportunidade de contestar os elementos de prova ali contidos. Ordem denegada (*Habeas Corpus nº 126.302-PR, STJ, 5ª Turma, Rel. Min. Jorge Mussi, julgado em 23.6.2009, publicado no DJ em 3.8.2009*).

....

155.3. Elementos informativos e elementos probatórios: Rigorosamente falando, o material produzido na fase de investigação não pode ser considerado *prova*. Ao menos, em princípio.

A fase de investigação, como se sabe, é destinada à formação do convencimento do órgão da acusação e não do magistrado. Na aludida fase, não há preocupação com o contraditório, até mesmo porque sequer se exerce a defesa do acusado. Não há ali, à evidência, ampla defesa. A partir de uma *notitia criminis*, avança-se para uma apuração sumária de seus elementos comprobatórios, sempre voltada para o convencimento do órgão responsável pelo juízo acusatório. Esse, o juízo acusatório, pode ser *positivo*, em que há o oferecimento da denúncia ou queixa, ou *negativo*, hipótese em que se requer o arquivamento da investigação, quaisquer que sejam os seus fundamentos.

Apenas o material produzido em Juízo é que, a rigor, constituiria *prova*, abrindo-se necessariamente ao contraditório e à ampla defesa, com efetiva participação da defesa. Em princípio, portanto, apenas a *prova* se prestaria ao convencimento judicial, não cumprindo essa missão os chamados elementos informativos da fase investigatória.

A nova redação do art. 155, trazida pela Lei nº 11.690/08, inova. E, para pior, a depender da extensão de sua aplicação. Diz o texto: "*não podendo fundamentar sua decisão exclusivamente nos elementos informativos colhidos na investigação*". O que significaria isso?

Em primeiro lugar, é de se atentar para o fato de que a expressão "exclusivamente" não constava do anteprojeto original que veio a se transformar na Lei nº 11.690/08. A ideia inicial era afastar qualquer possibilidade de valoração de material *probante* produzido unicamente na fase de investigação, ressalvadas as provas cautelares que não pudessem ser repetidas no curso da instrução (interceptações telefônicas, perícias em que já perecido o objeto da prova etc.).

Com o acréscimo (do "exclusivamente"), levanta-se, mais uma vez, a questão acerca da possibilidade de formação de convencimento judicial com base em elementos informativos produzidos na investigação.

É de se ver, então, que a inexistência de contraditório e de ampla defesa na fase de investigação preliminar, em princípio, impede a valoração judicial de tais elementos (informativos). Como regra, é claro, já que existem provas, ressalvadas inclusive na citada Lei nº 11.690/08, cuja natureza intrínseca não permite a sua *reprodução* em juízo. Não se pode, por exemplo, reproduzir a conversa captada em uma interceptação telefônica. Do mesmo modo, não se realiza prova pericial quando o objeto a ser periciado já não se encontra mais à disposição. E, nada obstante, tais meios de prova são aceitos aqui e, provavelmente, na maioria esmagadora dos ordenamentos jurídicos.

É que, em tais situações, o contraditório é *diferido*, ou seja, é adiado – da fase de investigação para a fase de instrução – permitindo-se que a defesa levante objeções técnicas, do ponto de vista jurídico ou tecnológico, àquele material realizado sem o controle judicial. Por certo que a qualidade das objeções é reduzida, na medida em que se cuida de questionamentos *post factum*, sem o alcance das percepções imediatas, em tempo real.

Mas, diante da relevância e da gravidade dos danos causados pela infração penal – eis aqui outra das inúmeras justificativas para um Direito Penal de intervenção mínima –, o Direito se curva à necessidade de flexibilização na interpretação até mesmo de garantias constitucionais.

A expressão "exclusivamente", portanto, não deve ser entendida como uma porta aberta para a livre valoração do material produzido na investigação, se presentes outras provas colhidas na instrução criminal. Não. Fosse assim, o convencimento judicial poderia ser construído com base *essencialmente* – e não exclusivamente! – em elementos informativos, bastando apenas a referência à existência de outras provas produzidas em Juízo.

Parece-nos que o tal "exclusivamente" apenas autorizaria um juízo de ponderação, de forma e principalmente de *conteúdo*, acerca das provas *repetidas* em Juízo, isto é, sobre a prova colhida na investigação e repetida em juízo. Exemplo?

Não é incomum, e isso parece constituir fato notório, que um depoimento prestado em determinado sentido na fase de investigação seja radicalmente modificado na fase judicial. Não vamos aqui, e agora, discutir as inúmeras razões possíveis para o fenômeno. Fiquemos, por ora, com a possibilidade de sua ocorrência.

Quando o réu confessa os fatos a ele imputados – ou parte deles – na fase de investigação, a modificação integral de seu conteúdo diante do juiz mereceria maiores considerações no ato de julgamento, a tanto não bastando a simples conclusão de se tratar, ou (a) de mudança estratégica da defesa; ou (b) de confissão obtida mediante coerção (na fase de investigação). Nem tanto ali nem tanto aqui. Ora, se o acusado confessou o fato na presença de seus advogados, livre de qualquer coação, por que razão não se questionar a modificação do depoimento?

Obviamente, não estamos defendendo a possibilidade de o juiz julgar a causa com base na aludida confissão, prestada na fase de investigação. Já veremos que nem mesmo tal meio de prova (confissão) seria suficiente para um juízo de certeza para uma condenação. Será sempre necessário o exame de todos os elementos probatórios trazidos em Juízo para a formação de convencimento. Muitas vezes, a confissão, apesar de livre e sem qualquer coação, feita na presença de advogados, pode não representar o efetivo conhecimento do acusado sobre os fatos, como ocorre com os denominados "*laranjas*", pessoas que se autoincriminam por força de necessidade e premências econômico-financeiras.

Mas parece-nos demasiado *absolutismo teórico* fixar a invalidade prévia – e para sempre – de qualquer depoimento prestado na fase de investigação, seja pelo acusado, seja pela testemunha.

Jurisprudência

155.3. [...] 1. A confissão extrajudicial, posteriormente retratada e não corroborada por outros elementos produzidos sob o crivo do contraditório, não é suficiente para fundamentar a condenação. 2. A teor do art. 155 do Código de Processo Penal, é inadmissível que a condenação do réu seja fundada exclusivamente em elementos de informação colhidos durante o inquérito e não submetidos ao crivo do contraditório e da ampla defesa, ressalvadas as provas cautelares e irrepetíveis. [...] *(Agravo Regimental no Agravo em Recurso Especial nº 2.365.210-MG, STJ, 5ª Turma, Rel. Min. Ribeiro Dantas, julgado em 5.9.2023, publicado no DJ em 12.9.2023)*

155.3. [...] O princípio do contraditório não se aplica ao inquérito policial, nos idênticos termos em que acolhido para o processo, resguardado, em qualquer caso, o acesso aos dados sigilosos ao advogado legalmente constituído, ao membro do Ministério Público e à autoridade judiciária competente. *(Ação Direta de Inconstitucionalidade n. 4.337-SP, STF, Plenário, unânime, Rel. Min. Cármen Lúcia, julgado em Sessão Virtual de 6.9.2019 a 12.9.2019, publicado no DJ em 27.9.2019).*

155.3. [...] O Supremo Tribunal Federal firmou o entendimento de que o inquérito policial é peça meramente informativa, não suscetível de contraditório. [...] Não cabe à defesa controlar, *ex ante*, a investigação, de modo a restringir os poderes instrutórios do relator do feito para deferir, desde logo, as diligências requeridas pelo Ministério Público que entender pertinentes e relevantes para o esclarecimento dos fatos. [...] Assim, carece de fundamento a pretensão de que seja concedida à investigada a oportunidade de se manifestar previamente sobre relatório de análise de informações bancárias e requerimento de diligências com base nele formulado pelo Ministério Público Federal. [...] (*Agravo Regimental no Inquérito nº 3.387-CE, Rel. Min. Dias Toffoli, STF, 2ª Turma, julgado em 15.12.2015, publicado no DJ em 26.2.2016*).

155.4. Livre convencimento motivado: O processo penal já conheceu tempos obscuros ao longo da história. A complexidade da função judicante, de quem se espera e a quem se atribui o *encargo* de decidir questões de fato e de direito, por si só, já autorizaria a adoção de maiores cautelas para a formação do convencimento judicial. Houve tempo, aliás, em que, no afã de se controlar ao máximo os poderes do juiz, se chegou à estipulação de critérios formais – e objetivos – para a obtenção de uma decisão condenatória. Trata-se da chamada *prova tarifada*, na qual o juízo condenatório somente poderia ser obtido se atingido determinado número de provas. Cada uma delas (meios de prova) tinha valor previamente fixado no ordenamento, de tal modo que ao juiz não se reservava liberdade para o julgamento.

O princípio do livre convencimento motivado (ou persuasão racional), essencialmente, é uma conquista da modernidade, na linha da superação do chamado *positivismo legalista*, no qual a função do juiz deveria se resumir à reprodução da "*boca da lei*". A exigência de *motivação* do julgado, porém, e, mais que isso, é uma afirmação da proeminência de um modelo garantista de processo penal, no qual a participação da defesa deve ser a mais ampla possível, como impugnação dialética à(s) imputação(ões) feita(s) ao acusado. Sem a motivação quanto ao convencimento judicial, como exercer o direito ao recurso, por exemplo? Como discordar de uma decisão que não demonstra o caminho intelectual e jurídico escolhido?

É livre o convencimento quando o juiz não se vê obrigado a fazer prevalecer um ou outro meio de prova, como se, previamente, houvesse uma definição quanto à superioridade de um deles. Não há, nesse sentido, uma *hierarquia* legal quanto aos meios de prova.

De outro lado, a exigência de certa *especificidade* da prova, ou seja, de se querer a demonstração de determinados fatos por determinados meios de prova, não contraria o princípio do livre convencimento, ajustando-se perfeitamente ao citado modelo garantista. Por que não se dar primazia à prova pericial, por exemplo, quando, em confronto com prova testemunhal, o fato investigado disser respeito a uma falsidade documental?

Mas não se pode dizer que o processo penal brasileiro não contemple outro sistema de convencimento judicial. O Tribunal do Júri, sabe-se, não se orienta pelo livre convencimento motivado ou persuasão racional. Ali, prevalece a íntima convicção, não se exigindo qualquer motivação nas respostas à quesitação. Daí nossas restrições pessoais ao julgamento pelo Júri.

155.5. Provas cautelares e irrepetíveis: Como vimos, há determinados meios de prova que, em razão de sua natureza, não se põem indefinidamente ao alcance do conhecimento humano. Uma conversa entre pessoas, por exemplo, esgota-se instantaneamente, não sendo possível reproduzi-la posteriormente, ressalvada a possibilidade do testemunho quanto ao seu conteúdo. Mesmo nesse caso, porém, o testemunho não terá a mesma força de convencimento que a captação ambiental da interlocução. Também uma lesão corporal, por exemplo, poderá sucumbir no tempo, com a cura, sem deixar vestígios que permitam conhecê-la em maior extensão.

Por isso, há provas cuja produção é *acautelatória* e *irrepetível*, no sentido de exigir a constatação do fato com a maior rapidez possível, diante da impossibilidade de sua captação ou reprodução posterior.

Para esse meio de prova (interceptações telefônicas, violabilidade de domicílio, perícias etc.), o contraditório e a ampla defesa são diferidos (adiados) para a fase de instrução propriamente dita.

Nesse passo, a Lei nº 11.690/08 trouxe importantes modificações, ao permitir a participação da defesa – e também do ofendido – na formação da prova pericial, autorizando, não só a apresentação de laudo não oficial, ou seja, produzido por profissional técnico da confiança do interessado, mas também o questionamento da perícia oficial, por meio de quesitação a ser respondida pelo(s) perito(s). Já as veremos.

155.6. Estado da pessoa e meio de prova: Ora, normalmente as provas se destinam a demonstrar a existência e as circunstâncias de *fatos* ocorridos no mundo da vida. Há, também, *fatos* que implicam a modificação da situação jurídica da pessoa, no mundo do direito, portanto. Assim, o casamento, para além de ser também um *fato*, significa uma *situação juridicamente relevante*, ou, para usar a expressão do Código: um *estado da pessoa*.

É o que ocorre também com as relações de parentesco e de filiação, e, de modo geral, com as situações em que a lei civil atribua relevância específica a determinados fatos, de que são exemplos a menoridade e a maioridade civil, ou a capacidade e a incapacidade da pessoa. Dá-se o mesmo com os efeitos e a eficácia de específicas relações jurídicas, como ocorre com as exigências formais de constituição de pessoa jurídica.

Em todas essas situações, a prova da existência de tais particulares condições ou *estados das pessoas* seguirá as normas constantes da legislação que as regulamenta, ou seja, a legislação civil. Daí exigir-se certidão de casamento para comprovar a sua existência *oficial e regular*, ainda que a prova testemunhal pudesse atestar *o fato* da união; certidões de nascimento para as relações de filiação etc.

O que não impede, à evidência, que determinadas condições ou mesmo *estados da pessoa* sejam demonstrados por outra via, *quando esta* possa validamente desmentir a *prova oficial* do documento público.

Certamente que a morte de uma pessoa dependerá de exame médico que ateste o óbito. E, do mesmo modo, a prova da *existência* da pessoa, ou seja, da permanência de sua vida, se prestará a infirmar um eventual atestado de óbito expedido com ou sem má-fé. Também um exame de DNA poderá demonstrar a falsidade (com ou sem má-fé) de uma certidão de filiação ou parentesco.

É dizer: em relação ao estado da pessoa, exige-se, em princípio, a prova *oficial*, isto é, aquela objetivamente validada pelo Estado para o exercício cotidiano das relações jurídicas entre privados e entre públicos e privados. No entanto, tais provas, também em princípio, têm validade *iuris tantum*, podendo ser infirmadas em determinadas e específicas situações. Exigir-se a prova oficial é ampliar a possibilidade e a validade do conhecimento judicial; jamais poderá se prestar a escamotear a realidade concreta do mundo da vida, quando houver contradição entre este e aquele (da prova oficial).

Jurisprudência

155.6. [...] Girando a questão, relevantíssima questão, em torno da melhor forma de comprovação da idade das vítimas – se por documento público ou se mediante prova testemunhal tão só –, a melhor das indicações é no sentido de que se exija a melhor prova, sempre e sempre. Tratando-se, como se trata, de matéria penal a envolver um dos mais relevantes bens da vida – a liberdade –, o melhor dos entendimentos é o de que, no caso, a melhor prova é a documental. Embargos de divergência conhecidos, porém rejeitados (*EResp nº 762.043-RJ, STJ, 3ª Seção, Rel. Min. Nilson Naves, julgado em 29.10.2008, publicado no* DJ *em 4.3.2009*).

155.7. Colaboração premiada e coleta de elementos de prova: Regulamentada como instituto próprio e de uma forma mais detalhada no ordenamento jurídico brasileiro por intermédio da Lei nº 12.850/2013, sem prejuízo dos demais já existentes em lei, a colaboração premiada é reconhecida como "um meio de obtenção de prova" (art. 3º, I). Nesse ponto, a inserção do art. 3º-A à Lei nº 12.850/2013 pela Lei nº 13.964/2019, não trouxe nenhuma novidade técnica, ademais de já reconhecida pelo STF no HC n. 127.483-PR, referindo que "*o acordo de colaboração premiada é negócio jurídico processual e meio de obtenção de prova, que pressupõe utilidade e interesse públicos*". E deixemos claro: não há *direito subjetivo* à realização da colaboração premiada, pois se trata de ajuste em que a bilateralidade de vontades é essencial para cogitar sua realização (o que não impede que, *unilateralmente,* o envolvido revele os fatos espontaneamente, podendo ser beneficiário de redutores legalmente fixados na aplicação da pena pelo juiz da causa). De outro bordo, assente-se que está integralmente atendido o princípio da legalidade e também pelo prisma da constitucionalidade não há nenhuma mácula no instituto, pois se revela absolutamente compatível com o ordenamento maior vigente.

Destacamos, igualmente, que no ano de 2018 houve a expedição da Orientação Conjunta nº 1, pelas 2ª e 5ª Câmaras do Ministério Público Federal, traçando algumas normas *procedimentais* de realização dos acordos de colaboração premiada (disponível em: <http://www.mpf.mp.br/atuacao-tematica/ccr5/orientacoes/orientacao-conjunta-no-1-2018.pdf/view>). Referida orientação foi expedida exclusivamente para orientar a *procedimentalização* da realização dos acordos, a partir do que já vinha sendo feito na prática e, em muitos casos, com expressa chancela pela jurisprudência, notadamente do Supremo Tribunal Federal. De qualquer modo, como se verá, muitas dessas regras da Orientação Conjunta nº 1/2018 (então apenas no âmbito administrativo) foram incorporadas (em alguns casos *textualmente*) pela Lei nº 13.964/2019 à Lei nº 12.850/2013.

Com efeito, dispõe o art. 4º da Lei nº 12.850/2013 que:

> "O juiz poderá, a requerimento das partes, conceder o perdão judicial, reduzir em até 2/3 (dois terços) a pena privativa de liberdade ou substituí-la por restritiva de direitos daquele que tenha colaborado efetiva e voluntariamente com a investigação e com o processo criminal, desde que dessa colaboração advenha *um ou mais* dos seguintes resultados:
>
> I – a identificação dos demais coautores e partícipes da organização criminosa e das infrações penais por eles praticadas;
>
> II – a revelação da estrutura hierárquica e da divisão de tarefas da organização criminosa;
>
> III – a prevenção de infrações penais decorrentes das atividades da organização criminosa;
>
> IV – a recuperação total ou parcial do produto ou do proveito das infrações penais praticadas pela organização criminosa;
>
> V – a localização de eventual vítima com a sua integridade física preservada".

O deferimento do benefício legal é atribuição do juízo competente (segundo as regras constitucionais e/ou legais), com previsão no § 1º do art. 4º de verdadeira "cláusula de eficiência", estipulando que, em qualquer caso das situações previstas nos incisos do *caput*, "*a concessão do benefício levará em conta a personalidade do colaborador, a natureza, as circunstâncias, a gravidade e a repercussão social do fato criminoso e a eficácia da colaboração*".

O § 4º do art. 4º trazia em seu bojo cláusula que, desde que presentes os requisitos do *caput*, permitia ao Ministério Público não oferecer a denúncia se o colaborador:

a) não fosse o líder da organização criminosa (*ou seja, a lei veda a concessão do benefício a quem for identificado como líder da organização*);

b) fosse o primeiro a prestar *efetiva* colaboração, nos termos da previsão legal.

Com a superveniência da Lei nº 13.964/2019, alterou-se a redação da norma passando a constar que "*nas mesmas hipóteses do* caput *deste artigo, o Ministério Público poderá deixar de oferecer denúncia se a proposta de acordo de colaboração referir-se à infração de cuja existência não tenha prévio conhecimento e o colaborador*". Ou seja, não há mais as limitações da redação originária da lei.

Mas como se fará a *aferição* de ser ou não de prévio conhecimento a infração referida? A lei também trouxe – em princípio – a solução, com a inserção do § 4º-A, dispondo que se considera "*existente o conhecimento prévio da infração quando o Ministério Público ou a autoridade policial competente tenha instaurado inquérito ou procedimento investigatório para apuração dos fatos apresentados pelo colaborador*".

Com a modificação da regra do art. 28, CPP (vide comentários especialmente aos itens 28.4, 28.6 e 28.9, *retro*), entendemos que, como regra, esta possibilidade de não oferecimento da denúncia não mais pode ser sindicada pelo Poder Judiciário. Na verdade, em caso de não oferecer a denúncia, deverá o membro atuante remeter os autos para a instância revisora superior (nos Ministérios Públicos estaduais ao PGJ, no MPF para a 2ª Câmara de Coordenação e Revisão, nos moldes do art. 62, IV, LC n. 75/93), observando-se ainda a possibilidade (agora) de recurso, na forma disposta no § 1º do art. 28 do CPP. As exceções não estão na lei, mas na nossa interpretação, que fique mais uma vez expresso, quando as razões de não oferecimento de denúncia possam ensejar formação de coisa julgada material (hipóteses como atipicidade e extinção da punibilidade). Nessas situações, entendemos, excepcionalmente, que pode continuar havendo o controle do Poder Judiciário (como existe, nessas mesmas condições, inclusive para as manifestações do Procurador-Geral da República perante o STF) – vide, por exemplo, anotações ao item 18.2 e precedente do STF na Ação Originária n. 2.033-DF (Rel. Min. Luís Roberto Barroso, julgado em 6.4.2017, publicado no *DJ* em 10.4.2017).

Já se consolidou jurisprudência nos Tribunais Superiores no sentido de não se poder atribuir valor probante ao depoimento do colaborador, salvo quando amparado em material probatório. Aliás, o art. 4º, § 16, da Lei nº 12.850/13 dispunha originariamente que "nenhuma sentença condenatória será proferida com fundamento apenas nas declarações de agente colaborador". Em sua redação atual, conforme alteração também da Lei nº 13.964/2019, determina-se que nenhuma das seguintes medidas será decretada ou proferida com fundamento apenas nas declarações do colaborador: (a) medidas cautelares reais ou pessoais; (b) recebimento da denúncia ou queixa-crime; (c) sentença condenatória.

A (correta) ampliação da limitação do uso exclusivo das palavras do colaborador encontra guarida especialmente nos precedentes do STF. De fato, sem corroboração de provas materiais, as declarações do colaborador não podem ser usadas contra os mencionados por ele para esses fins ora detalhados em lei.

Naturalmente que, nas hipóteses em que o colaborador, além de sua palavra (depoimentos), traz voluntariamente documentos e outros elementos de prova que embasam suas declarações, também o seu depoimento assumirá contornos de prova. E, nestes casos, presente a colaboração e outros elementos de prova que a corrobore, plenamente viável o requerimento de medidas cautelares das mais diversas naturezas, desde que demonstrado o cumprimento dos seus requisitos essenciais.

A Lei nº 14.365/2022 inseriu o § 6º-I ao art. 7º ao Estatuto da Ordem dos Advogados do Brasil, proibindo expressamente ao advogado efetuar colaboração premiada contra quem seja ou tenha sido seu cliente. Nesse caso, previu-se ainda, a não observância dessa proibição importará em processo disciplinar, que poderá culminar com a aplicação do disposto no inciso III do **caput** do art. 35 desta Lei, sem prejuízo das penas previstas no art. 154 do Decreto-Lei nº 2.848, de 7 de dezembro de 1940 (Código Penal).

Correta a previsão: o advogado deve guardar o sigilo de todo o conhecimento que tiver *em razão do exercício de suas funções*. Tanto é assim que a própria Lei nº 8.906/94 prevê no inciso XIX do art. 7º que pode (dizemos nós: deve) recusar-se a depor como testemunha em processo no qual funcionou ou deva funcionar, ou sobre fato relacionado com pessoa de quem seja ou foi advogado, mesmo quando autorizado ou solicitado pelo constituinte, bem como sobre fato que constitua sigilo profissional.

Compreendemos que se o advogado não estiver no exercício das suas funções e for partícipe de práticas criminosas, não se pode impedi-lo de fazer eventualmente colaboração premiada, desde que não utilize informações que tenha recebido nessa condição profissional.

Prosseguindo, impende se ver que a legislação não desce a detalhes acerca do procedimento de colaboração, sobretudo no que diz respeito ao início das tratativas, a sua confidencialidade e o estabelecimento de deveres e direitos preliminares.

E como se trata de matéria mais diretamente associada aos afazeres do Ministério Público cumpre destacar o regramento interno que cuida da matéria, até em razão das garantias que se pode dali extrair, seja em favor da segurança jurídica, seja em benefício das garantias do colaborador. No particular, remete-se ao conteúdo da Orientação Conjunta nº 1/2018, das 2ª e 5ª Câmaras do Ministério Público, antes anunciada.

A despeito de não haver determinação expressa na Lei, no sentido de se vedar a colaboração nas hipóteses de investigados submetidos à prisão cautelar, convém atentar-se para a especial circunstância do risco, sempre presente em tais situações, de haver perda significativa do requisito da *voluntariedade*, dado que, aquele que se vê privado de sua liberdade e sob a ameaça da pena, não se encontra no mesmo plano da liberdade *do agir* de quem está fora do cárcere.

De outro lado, também não se pode *fechar a porta*, abstratamente, para a validade do acordo em situações de prisão cautelar. No particular, embora de difícil aferição, a legitimidade das tratativas passará também pelo fiel desempenho dos advogados do colaborador, que, por força e sob a responsabilidade de seu grau, deve zelar pela voluntariedade da escolha, a partir do exame técnico de todas as circunstâncias fáticas e jurídicas que envolverem o risco de condenação.

Em sentido muito próximo é o que declina Douglas Fischer, alertando para o fato de que "Em primeiro lugar, nenhum entrave existe para que o acordo seja realizado com pessoa que esteja presa (cautelarmente ou não), ainda mais depois da redação acrescida à parte final do inciso IV do § 7º do art. 4º da Lei nº 12.850/2013 pela Lei nº 13.964/2019. Se não existirem fundamentos para a prisão, que ela seja contestada nos foros e pelos meios adequados. Mas exigir – como pretendem alguns – que o acordo somente pudesse ser feito com pessoa que se encontrasse em liberdade, inverteria e feriria toda a lógica jurídica. Exatamente por isso que, com acerto, o Supremo Tribunal Federal (HC 127.483) reconheceu que a "liberdade" que deve ter o colaborador é psíquica (e sempre com acompanhamento de advogado), e não de locomoção.

O § 3º do art. 4º prevê que o "*prazo para o oferecimento da denúncia ou processo, relativos ao colaborador, poderá ser suspenso por até 6 (seis) meses, prorrogáveis por igual período, até que sejam cumpridas as medidas de colaboração, suspendendo-se o respectivo prazo processual*". A regra estipula uma cláusula que permite ao titular da ação penal não ajuizar a denúncia em determinado período (com respectiva suspensão do fluxo da prescrição) contra o colaborador para que possa dar efetividade no cumprimento das medidas decorrentes da colaboração.

No § 5º, outra limitação (importante) à discricionariedade (regrada) que tem o titular da ação penal para propor o benefício: "*Se a colaboração for posterior à sentença, a pena poderá ser reduzida até a metade ou será admitida a progressão de regime ainda que ausentes os requisitos objetivos*". Noutras palavras, se o início formal das tratativas (*que, segundo compreendemos, se dá com a assinatura de um termo de confidencialidade entre as partes*) para colaboração se der *após* a publicação da sentença, a lei impõe estes limites que deverão, necessariamente, ser observados (acresçam-se a isso as limitações criadas pela Lei nº 13.964/2019, com a inclusão do inciso II do § 7º ao art. 4º). Destacamos que, quando da prolação da sentença, o acordo não precisa estar homologado, mas que, naquele momento, já existam elementos que demonstrem, cabalmente, tratativas no sentido da formalização do acordo.

Problema não enfrentado explicitamente pela legislação é sobre quem teria competência para a homologação de acordo que for realizado *após* a prolação da sentença condenatória (o mesmo valeria no caso de acordo de colaboração *homologado originariamente* em tribunal, com recurso para instância superior). Entendemos que, uma vez exaurida a jurisdição, não cabe mais ao juízo *a quo* reanalisar o mérito do feito criminal. Desse modo, as tratativas de colaboração superveniente deverão ser feitas no âmbito da competência recursal em que se encontrar o feito. Acaso o processo esteja sem designação de autoridade competente no interregno entre a prolação da decisão de mérito do processo e a distribuição no órgão recursal competente, deverão ser tomadas providências para uma distribuição do pedido no tribunal correspondente, gerando a prevenção para o julgamento do processo criminal. Se já houver prevenção na instância recursal, ela deverá ser obedecida para fins de distribuição desse pedido. De outro lado, se transitada em julgado a sentença condenatória para ambas as partes, entendemos não ser mais viável a colaboração premiada com efeitos sobre aquela ação penal encerrada.

Também fundamental se enfrentar questões mais delicadas que se relacionam com a análise da competência para eventual *rescisão* de acordo. Não há se esquecer como premissa que o acordo de colaboração premiada é um procedimento autônomo, relacionado com a coleta das provas para a instrução da ação penal. Esse procedimento, uma vez exaurido, será arquivado perante o juízo que o homologou, acompanhando os autos de investigação ou ação penal apenas as provas que foram produzidas a partir daquele ajuste entre as partes.

Imaginemos um caso em que proferida sentença condenatória pelo juízo *a quo*, com a aplicação de determinados benefícios a um colaborador conforme previsto no acordo homologado. Na hipótese de eventual incidente de rescisão do ajuste, fundado em quaisquer razões, caberá a ele mesmo a apreciação da matéria, em razão de se tratar da autoridade responsável pelo exame de legalidade e de voluntariedade do acordo. Nesse passo, o incidente estaria a questionar exatamente o ato judicial então proferido, e cuja mácula constituirá o pedido rescisório. Bem se vê, portanto, que não se tratará de pedido relacionado à imputação criminal em si, mas às circunstâncias em que fixou o condicionamento da tarefa judicial.

Acaso prolatada decisão reconhecendo a quebra do acordo, não caberá ao juiz de primeiro grau nenhum pronunciamento sobre o mérito do processo criminal em que já exaurida sua jurisdição. Ele deverá comunicar sua decisão às instâncias competentes – nas quais tramitam as apurações dos ilícitos apontados no acordo – para que sejam aplicados os *eventuais efeitos* dessa rescisão.

Por evidente, essa decisão rescisória estará sujeita ao recurso próprio (entendemos que apelação, com fundamento no art. 593, II, CPP). Vale reiterar, então, que um mesmo acordo de colaboração premiada poderá repercutir separadamente sobre feitos criminais diversos, inclusive de jurisdições diversas (não são incomuns, por exemplo, casos de homologação realizada pelo Supremo Tribunal Federal, com ulterior separação dos feitos em várias instâncias inferiores de competência).

Exemplificativamente: se o acordo é realizado e homologado por uma instância superior a quem analisa o processo criminal no qual foi utilizada a prova produzida pelo colaborador, caberá a essa instância superior analisar o procedimento de rescisão do acordo, mas a aplicação *dos efeitos* dessa rescisão será do juízo que detiver a competência naquele momento do processo em que utilizada a colaboração rescindida.

Outro (exemplo): O Supremo Tribunal Federal homologa um acordo em que há referências de pessoas com e sem prerrogativa de foro (não se pode olvidar que, nessa situação, sempre será o órgão *com maior graduação* quem terá a competência para a homologação). Realizada a cisão processual pelo Supremo Tribunal Federal (Vide *leading case* no Agravo Regimental no Inquérito nº 3.515), com envio de alguns depoimentos para primeiro grau (observadas as regras de competência próprias do processo penal), poderá ocorrer o surgimento de hipóteses de rescisão do acordo, por descumprimento de deveres do colaborador (ocultação dolosa de prova, mendacidade no depoimento, etc.).

A análise de eventual rescisão competirá ao Supremo Tribunal Federal (órgão de maior graduação e onde efetuada a homologação do acordo). No caso de efetiva rescisão, os *efeitos* decorrentes dessa decisão deverão ser levados em conta em cada processo que estiver a cuidar de matéria integrante do acordo, nas respectivas jurisdições criminais.

Ainda outra situação não tratada pela lei: em caso de trânsito em julgado da sentença condenatória, como proceder se, na execução penal, houver revelação de fato que enseje a rescisão do acordo. Não há possibilidade de revisão *pro societate*, parece não haver maiores dúvidas quanto a essa premissa. Logo, a pena fixada, com a aplicação de determinados benefícios em prol do colaborador, não poderá ser revisada *naquele feito transitado em julgado*. Nenhum empeço técnico existe, porém, para a instauração do incidente de rescisão do acordo. Em caso de rescisão, deverão ser observadas as situações anteriormente destacadas para fins de comunicação aos juízos competentes sobre eventuais *efeitos* da rescisão sobre investigações e processos ainda não transitados em julgado (situação bastante comum pelo fato de, normalmente, uma colaboração premiada resultar em várias investigações ou ações penais em separado).

Prosseguindo, tratando-se da legitimidade ativa, o § 6º dispõe que "*o juiz não participará das negociações realizadas entre as partes para a formalização do acordo de colaboração, que ocorrerá entre o delegado de polícia, o investigado e o defensor, com a manifestação do Ministério Público, ou, conforme o caso, entre o Ministério Público e o investigado ou acusado e seu defensor*".

De fato, não há como o juiz participar das negociações, pois a ele é conferida a exclusivamente a tarefa de analisar a legalidade e a constitucionalidade *do que* e *em que* termos fixado o acordo entre as partes, bem assim, em caso de proferir sentença condenatória, aplicar os benefícios legais. Como já reconhecido pelo STF (HC 127.483), a atuação do juiz limitar-se-ia a "*se pronunciar sobre a regularidade, legalidade e voluntariedade do acordo. Não seria emitido qualquer juízo de valor a respeito das declarações eventualmente já prestadas pelo colaborador à autoridade policial ou ao Ministério Público, tampouco seria conferido o signo da idoneidade a depoimentos posteriores. Em outras palavras, homologar o acordo não implicaria dizer que o juiz admitira como verídicas ou idôneas as informações eventualmente já prestadas pelo colaborador e tendentes à identificação de coautores ou partícipes da organização criminosa e das infrações por ela praticadas ou à revelação da estrutura hierárquica e da divisão de tarefas da organização criminosa*".

Nesta linha, como decorrente do que já firmado pelo STF, é absolutamente impertinente, impróprio e contrário ao sistema legal (notadamente os princípios que regem um sistema que se queira acusatório) a possibilidade de o juiz (sobretudo antes de iniciada a ação penal) se manifestar sobre a eventual *proporcionalidade, quantidade ou qualidade* das provas prometidas pelo colaborador, embora possa fazê-lo quanto aos benefícios que lhes são oferecidos no acordo de colaboração (para Douglas Fischer, porém, tampouco a extensão dos benefícios poderia ser alvo de manifestação do magistrado). Como sabido (vide anotações ao item 156, CPP), o ônus da prova é da acusação, sendo limitadíssima a possibilidade de atuação do juiz na produção das provas de ofício (ainda mais após a inclusão da regra do art. 3º-A, CPP, pela Lei nº 13.964/2019). Como defendemos, não pode o juiz substituir a atividade acusatória, literalmente *avaliando* o *conteúdo* da prova que a acusação quer produzir (e que, na sua avaliação, seria suficiente para os fins almejados no processo penal). Tanto pela Lei nº 12.850/13 como pelos princípios reitores do sistema acusatório, sua atividade será limitada a analisar a regularidade, legalidade e voluntariedade do acordo e do modo de apuração da prova. Tal como detalhado adiante, não temos dúvidas em ora afirmar que, nos contornos do art. 4º da Lei nº 12.850/13, no momento da *aplicação dos benefícios legais*, ele *deverá* ser rigoroso na análise da prova a que se comprometeu produzir o colaborador e o que efetivamente foi realizado. Se o colaborador trouxe elementos ou provas em grau inferior ao que se comprometeu no acordo, deverá o juiz aí sim fazer uma modulação – para menos, devidamente proporcional – dos benefícios originariamente acordados.

Ao encontro desse nosso posicionamento foi inserido o § 7º-A no art. 4º da Lei nº 12.850/2013 pela Lei nº 13.964/2019, dispondo que "*o juiz ou o tribunal deve proceder à análise fundamentada do mérito da denúncia, do perdão judicial e das primeiras etapas de aplicação da pena, nos termos do Decreto-Lei nº 2.848, de 7 de dezembro de 1940 (Código Penal) e do Decreto-Lei nº 3.689, de 3 de outubro de 1941 (Código de Processo Penal), antes de conceder os benefícios pactuados, exceto quando o acordo prever o não oferecimento da denúncia na forma dos §§ 4º e 4º-A deste artigo ou já tiver sido proferida sentença".* Essa análise, que fique bem expresso, não será feita no momento do recebimento da denúncia, mas no próprio julgamento do feito.

Assim, se o titular para realizar o acordo com o interessado em colaborar é o Ministério Público, é-nos manifestamente inconstitucional a parte do dispositivo que consigna a possibilidade de acordo "entre o delegado de polícia, o investigado e o defensor, com manifestação do Ministério Público". A polícia, reconheça-se, é instituição importante na conformação democrática que lhe foi conferida pela Constituição Brasileira. Entretanto, não há como conceber que quem *não* tenha sobretudo a legitimidade ativa para ação penal (a partir da colaboração realizada) possa entabular um acordo que dependa, necessariamente, do titular, o Ministério Público. A questão é até simples, de mera compreensão sistêmica do ordenamento jurídico baseado no sistema acusatório. E nem se diga, como forma de burlar o sistema, que a lei previu que o Ministério Público poderia se manifestar acerca deste acordo titularizado pela polícia. Pela natureza do acordo, não basta se "manifestar" sobre ele.

Deve o titular ter a capacidade e legitimidade (constitucional e sistêmica) para sua realização. E definitivamente a autoridade policial não a tem. Como expressamente reconhecido por Ferrajoli somente uma magistratura "totalmente independiente y una polícia dependiente de manera exclusiva del Ministerio Público pueden enfrentar con suceso la madeja de intereses y de colusiones con las que hoy está entrelazada cada vez más estrechamente la criminalidade econômica organizada" (FERRAJOLI, Luigi. Los retos de la procuración de justicia en un mundo globalizado. *Ubijus*, junho de 2009, p. 25). Importante referir que o STF, por maioria, julgou improcedente a ADI n. 5.508 (decisão de 20.6.2018), assentando a constitucionalidade dos §§ 2º e 6º do art. 4º da Lei n. 12.850/2013 e, desse modo, reconhecendo a possibilidade de delegados de polícia realizarem acordos de colaboração premiada. Entretanto, e solvendo problema criado pelo precedente à luz de um "modelo acusatório", em 2021 o STF reconheceu expressamente que a anuência do Ministério Público deve ser posta como condição de eficácia do acordo de colaboração premiada celebrado pela autoridade policial. Ou seja, ausente a concordância do Ministério Público, não se pode homologar o acordo ou, nos casos em que homologado sem a anuência, deve-se afastar a eficácia do ajuste com efeitos *ex tunc (vide Agravo Regimental na Petição nº 8.482/DF, STF, Plenário, julgado em sessão virtual de 21.5.2021 a 28.5.2021, publicado no DJ em 21.9.2021).*

Após a assinatura de um termo de confidencialidade, devem ser desenvolvidas entre as partes a troca de informações (escritas, não necessariamente neste momento acompanhadas de provas) que indiquem, com dados suficientemente objetivos, o que pretende dizer e comprovar o colaborador. A propósito, o art. 3º-B (introduzido à Lei nº 12.850/2013 pela Lei nº 13.964/2019) é mera reprodução, com variações semânticas, da redação do item 3.4 da Orientação Conjunta nº 1/2018, da 2ª e 5ª Câmaras de Coordenação do Ministério Público Federal: a proposta aceita é que delimita o denominado "marco de confidencialidade" (com lavratura do termo de confidencialidade – § 2º, se não houver a rejeição sumária, nos termos do § 1º).

Já nas disposições dos §§ 3º a 5º do art. 3º-B da Lei n 12.850/2013 (Lei nº 13.964/2019), temos, agora, o detalhamento de algumas questões procedimentais (que, na prática, já eram feitas) de como realizar a colaboração premiada, sendo importante destacar que o § 5º guarda, também, similitude com o item 4.4 da Orientação Conjunta nº 1, antes mencionada.

Assim, o recebimento de proposta para análise ou do Termo de Confidencialidade não implica, por si só, eventual suspensão da investigação, a não ser que exista algum acordo entre as partes no que se refere às medidas cautelares e/ou assecuratórias.

De relevo ainda frisar que os termos de recebimento de proposta e de confidencialidade devem ser elaborados pela parte celebrante (Ministério Público ou polícia, conforme o STF) e assinados por ela, pelo colaborador e pelo advogado ou defensor público (que precisa ter poderes específicos para tanto). A propósito, o art. 3º-C da Lei nº 12.850/2013 (conforme a Lei nº 13.964/2019) também passou a prever explicitamente que a proposta de colaboração deve estar instruída com procuração do interessado com poderes específicos para o início das tratativas de colaboração, ou então deverá ele firmar pessoalmente que pretende a colaboração juntamente com seu advogado ou defensor público. Essa disposição tem igualmente similitude com o item 5 da Orientação Conjunta nº 1/2018.

Aliás, nunca é demais lembrar que, "*em todos os atos de negociação, confirmação e execução da colaboração, o colaborador deverá estar assistido por defensor*" (§ 15 do art. 4º, na redação originária da Lei nº 12.850/2013), o que foi reforçado pelo § 1º do art. 3º-C (Lei nº 13.964/2019): "nenhuma tratativa sobre a colaboração premiada deve ser realizada sem a presença de advogado constituído ou defensor público".

Nessa parte, o reforço que há muito defendemos: para além de uma técnica de apuração de provas disponível ao Estado, a colaboração premiada é importante *meio de defesa* em prol daquele que poderá vir a ser o colaborador. Também por isso a prudente previsão inserta no § 2º do art. 3º-C da Lei nº 12.850/2013 (igualmente já realizada na prática) de que, em caso de eventual conflito de interesses ou de colaborador hipossuficiente, o celebrante deverá solicitar a presença de outro advogado ou participação de defensor público *(previsões similares aos itens 10 e 10.1 da Orientação Conjunta nº 1/2018, 2ª e 5ª Câmaras de Coordenação e Revisão do MPF)*.

O ideal é a separação dessas informações iniciais por temas devidamente numerados para, ulteriormente, em caso de assinatura do acordo, facilitar as tomadas de depoimentos. Como o acordo de colaboração premiada é um "contrato" entre as partes envolvidas, já há muito se adota a técnica de separar a narrativa dos fatos por "anexos" (*ao contrato principal de colaboração premiada, evitando-se constar no próprio conteúdo do contrato – que deve estar restrito às cláusulas do ajuste – temas relacionados com os fatos em si da colaboração a qual se comprometem as partes pactuantes*). Assim, nesses anexos estará a síntese dos fatos com suas circunstâncias, as quais o colaborador se comprometerá a narrar e comprovar (e que serão incorporadas ao negócio jurídico da colaboração acaso efetivamente realizada). Noutras palavras, esses anexos serão a "base" do que se comprometerá dizer e comprovar o colaborador, depois da assinatura da colaboração, tanto nos depoimentos (que nada mais são, aí sim, do que os *detalhamentos* dos fatos conhecidos pelo colaborador), que, de modo conjunto, serão os elementos a serem encaminhados ao juiz competente analisar se irá ou não homologar o acordo, como também deverá ratificar no bojo dos processos judiciais (depois da homologação). Nessa parte, remetemos também à previsão já existente do item 13 da Orientação Conjunta nº 1/2018.

A obrigação inserta nos § 3º do art. 3º-C pela Lei nº 13.964/2019 igualmente não trouxe novidade à realidade, senão apenas passou a prever expressamente o que, na prática, já era realizado: há o claro *dever* de o colaborador narrar todos os fatos ilícitos para os quais concorreu e que tenham relação com os fatos investigados (logo, a colaboração não pode ser exclusivamente *sobre fatos diversos da investigação*), bem assim é dever da defesa.

Estas trocas de dados objetivos podem demandar várias etapas para melhor especificação das informações. Compreendemos que, nesse aprimoramento das informações-base do acordo, não é devido ao Ministério Público ou à autoridade policial indicar ao colaborador *o que deva* dizer, senão apenas indicar que, em caso de não aceitação momentânea dos resumos apresentados, aquelas referências apresentam-se insuficientes. Também por isso é que, nos termos do § 4º do art. 3º-C da Lei nº 12.850/2013 (redação da Lei nº 13.964/2019), se passou a prever, de forma expressa, que é dever da defesa instruir a proposta de colaboração e os anexos com os fatos *adequadamente descritos, com todas as suas circunstâncias*, indicando (e não precisando desde já *juntar*) as provas e os elementos de corroboração (dos fatos narrados).

Acaso ultimadas as tratativas e não chegando as partes em ajuste para assinatura do acordo, deverão as informações ser destruídas e, pelo acordo de confidencialidade, jamais poderão ser utilizadas pelo Ministério Público em desfavor do pretenso colaborador ou de terceiros. Exatamente por isso o acréscimo do § 6º do art. 3-B, prevendo agora expressamente que, se antes da homologação, não for celebrado o acordo por iniciativa do titular da negociação, a instituição não poderá se valer de nenhuma das informações ou provas *apresentadas* pelo colaborador (na verdade, e tecnicamente, nem é recomendável nessa fase a "entrega" de provas pelo colaborador, normalmente postergada para quando da assinatura do acordo ou então mediante entrega compromissada no acordo para depois da homologação pelo juízo competente).

De outro bordo, na hipótese de as partes chegarem a um ajuste quanto ao teor destas informações (serem relevantes para a investigação e/ou para a ação penal), devem prosseguir para, *só então*, tratar dos eventuais benefícios que poderá ter o colaborador (*não se pode esquecer que a lei impõe, e não poderia ser diferente, que os benefícios serão concedidos de acordo com a eficiência da colaboração, que só pode ser aferida por estas informações iniciais*). Significa que os benefícios que poderão ser concedidos serão analisados na *última* fase das tratativas do acordo, jamais se podendo dispor – originariamente, no início das negociações – sobre eles.

Nessa parte, para além do que já mencionado anteriormente (inclusive com as alterações da Lei nº 13.964/2019), é preciso explicitar mais detalhes de como funciona a realização de um acordo de colaboração premiada a partir dos comandos legais.

Como já referido anteriormente, a colaboração premiada é uma (dentre tantas) técnica para a obtenção de provas, nos exatos limites do previsto na Lei nº 12.850/13. Respeitadas as regras do devido processo legal pertinente, e, especialmente, a voluntariedade e espontaneidade da colaboração, o ajuste poderá ser feito até mesmo com investigados presos, renovando-se o alerta que fizemos acerca da necessidade de cuidadoso exame de cada caso concreto. Talvez por isso a preocupação expressa de a lei prever agora que o juiz verifique a voluntariedade do colaborador que esteja ou esteve sob efeito de medidas cautelares (inciso IV do § 7º do art. 4º da Lei nº 12.850/2013, conforme redação da Lei nº 13.964/2019).

Como se sabe, tecnicamente, o acordo pressupõe que, antes da discussão dos possíveis e futuros benefícios a serem concedidos ao colaborador, é fundamental saber o conteúdo e a possibilidade/plausibilidade probatória do que tem a revelar o colaborador. O § 1º do art. 4º da Lei nº 12.850/13 é bem claro no sentido de que, advindo da colaboração um ou alguns dos resultados previstos nos seus incisos, a concessão do benefício levará necessariamente em conta a "eficácia da colaboração". É dizer, somente pode-se partir para a discussão dos benefícios futuros ao colaborador a partir do que se souber sobre a magnitude e a intensidade do teor da colaboração a qual se compromete o pretenso colaborador, tendo ele sempre a obrigação de dizer o que conhece sobre os fatos e jamais mentir ou dolosamente omitir fatos que conheça. Aliás, o (novo) § 17º do art. 4º da Lei nº 12.850/13 prevê que o acordo poderá ser rescindido em caso de omissão dolosa sobre os fatos objeto da colaboração *(Deixamos observação expressa no sentido de que não será "qualquer omissão" dolosa sobre os fatos que ensejará a rescisão do acordo. O esquecimento eventual de um fato – culpa – jamais poderá ensejar a rescisão. É que, uma vez homologado, deve-se tentar preservar ao máximo a validade do negócio jurídico, evitando-se rescisões por questões não graves, embora possam ter eventuais efeitos jurídicos. Desse modo, se houver omissões pontuais – mesmo que dolosas – que não sejam aferidas como de gravidade relevante, poderá haver aí a justificativa para uma repactuação do acordo entre as partes, mediante a devida e nova homologação pelo juiz competente, com o agravamento das condições originariamente estabelecidas).*

Assim, existindo o interesse inicial a partir do que pode revelar o colaborador, entra-se na fase da discussão dos benefícios.

Há, neste ponto, discordância entre os autores. Para nós, a legislação não permite a concessão de outros benefícios que não aqueles listados expressamente nos diplomas pertinentes. Com efeito, o art. 4º da Lei nº 12.850/13 prevê a possibilidade de se requerer o perdão judicial, a redução da pena em até 2/3 ou a substituição da privação de liberdade por pena restritiva de direito, e nada mais. A discricionariedade atribuída ao *parquet*, portanto, seria para a escolha do benefício – dentre os expressamente mencionados – mais apropriado para a condição pessoal do colaborador.

No entanto, atualmente estão sendo homologadas diversas colaborações premiadas que estabelecem benefícios muito além do que o espectro legal abarcaria. Tem-se o conhecimento da existência de acordos em que é previamente fixada a pena máxima a ser aplicada ao colaborador, seguida da paralisação e futura extinção da punibilidade de todos os outros crimes por ele praticados, quando ultrapassado aquele limite, o que, evidentemente, contraria o texto da Lei nº 12.850/13. O que a aludida legislação prevê é o percentual de redução da pena *efetivamente aplicada na ação penal* e não o ajuste prévio sobre a diminuição. É a instrução criminal que dirá sobre a necessidade de reprovação e sobre o grau de culpabilidade do agente colaborador nos fatos. No particular, a homologação judicial do acordo ilegal não o legitima. Ao contrário, abre ensejo ao seu questionamento nas instâncias superiores. Aliás, como qualquer outra decisão judicial.

E não só. Acordos firmados têm avançado até mesmo sobre o regime de cumprimento de pena e sobre a suspensão de ações penais em curso contra o colaborador, o que também não é previsto em Lei.

De outro lado, não se queira argumentar que a previsão de *perdão judicial* ao colaborador legitimaria tais procedimentos. Em primeiro lugar, porque essa modalidade de colaboração deve ser reservada unicamente para aqueles cujas condições pessoais e, sobretudo, cujas condutas praticadas não revelem ou exijam um grau de punição mais significativo.

Em segundo lugar, a própria estrutura legal da colaboração desestimula essa interpretação. Fosse essa a intenção, teria aquele diploma fixado apenas o benefício "máximo" e o "mínimo", concedendo, assim, uma autonomia ao órgão ministerial semelhante ao sistema do *plea bargaining* norte-americano. No entanto, o dispositivo desce a minúcias, listando inclusive o limite da redução de pena – o que seria completamente desnecessário caso se entendesse que *qualquer benefício* menos favorável do que o perdão judicial estaria ao alcance da proposta do Ministério Público.

Aqui uma modificação legislativa, que vem ao encontro do que ora dito (embora não abarque todas as questões acima apontadas): nos termos da redação do inciso II do § 7º do art. 4º da Lei 12.850/2013 (na forma da Lei nº 13.964/2019), deverá haver a "*adequação dos benefícios pactuados àqueles previstos no* caput *e nos §§ 4º e 5º deste artigo, sendo nulas as cláusulas que violem o critério de definição do regime inicial de cumprimento de pena do art. 33 do Decreto-Lei nº 2.848, de 7 de dezembro de 1940 (Código Penal), as regras de cada um dos regimes previstos no Código Penal e na Lei nº 7.210, de 11 de julho de 1984 (Lei de Execução Penal) e os requisitos de progressão de regime não abrangidos pelo § 5º deste artigo*". Ou seja, *exclusivamente para os futuros acordos após a vigência da nova disposição legal*, não poderá mais haver a previsão de regimes de cumprimento de penas diversos daqueles existentes na legislação penal.

Já Douglas Fischer entendia até a alteração legislativa acima que os benefícios poderiam ser relacionados aos mais variados aspectos, havendo apenas uma limitação legal: se a colaboração fosse posterior à sentença, a pena não poderia ser reduzida além da metade, mas seria admitida a progressão de regime ainda que ausentes os requisitos objetivos (§ 5º do art. 4º da Lei nº 12.850/13). Outros benefícios que não contrariassem o ordenamento jurídico (sempre que mais benéfico ao colaborador) poderiam ser concedidos. Porém, em face das modificações expressas, para os casos futuros, não há mais como manter tal ponto de vista.

Porém, como dito, e aqui concordam os autores, não poderá ser estabelecida uma cláusula que garanta ao colaborador a imediata liberdade acaso homologada a colaboração. O que pode acontecer – e excepcionalmente acontece – é que os benefícios ao final fixados no acordo se tornem incompatíveis com a medida cautelar de prisão, conforme já destacado anteriormente. E em situações mais excepcionais ainda, diante da condição particular do colaborador e do teor de suas declarações, pode não mais subsistir a possibilidade de ele delinquir e continuar integrando a organização criminosa, afastando-se os requisitos do art. 312, CPP. Aliás, também como novidade da Lei nº 13.964/2019 (e já encontrando amparo em precedentes do STF anteriores à sua vigência), o § 18 do art. 4º da Lei nº 12.850/2013 prevê, agora, que "*o acordo de colaboração premiada pressupõe que o colaborador cesse o envolvimento em conduta ilícita relacionada ao objeto da colaboração, sob pena de rescisão*".

E, em complemento ao que dito, veja-se, por exemplo, no âmbito da denominada Operação Lava Jato (em todas as instâncias judiciais), a partir de dados oficiais. Dentre as 70 primeiras colaborações premiadas realizadas (41 homologadas pelo Supremo Tribunal Federal), em apenas 19 casos (27,14%) os colaboradores estavam presos cautelarmente, sendo que nos demais, 51 (72,85%), estavam soltos. Dentre os que realizaram a colaboração ainda presos, apenas 5 (7,14% do total) tiveram liberdade após a homologação (em todos os casos agentes de participação não intensa nas atividades criminosas, mas em relação às quais havia, originariamente, fundamentadas razões para a prisão cautelar). Os outros 14 colaboradores tiveram fixadas outras medidas cautelares diversas da prisão (art. 319, CPP) exatamente porque os benefícios fixados se tornaram incompatíveis com a prisão cautelar.

A lei prevê também (art. 6º) que o termo de colaboração premiada deverá ser necessariamente por escrito e conter (pelo menos, dizemos): I – o relato da colaboração e seus possíveis resultados; II – as condições da proposta do Ministério Público ou do delegado de polícia; III – a declaração de aceitação do colaborador e de seu defensor; IV – as assinaturas do representante do Ministério Público ou do delegado de polícia, do colaborador e de seu defensor; e V – a especificação das medidas de proteção ao colaborador e à sua família, quando necessário. Não há empecilho para que outras cláusulas que sejam essenciais e pertinentes ao acordo firmado.

Assinado o acordo entre as partes, como já anunciado antes em razão das modificações da Lei nº 13.964/2019, o momento é de *detalhamento das informações*, com a tomada de depoimentos do colaborador, sempre com o devido sigilo. Relembre-se o § 3º do art. 7º da Lei nº 12.850/2013 com a redação ampliada pela Lei nº 13.964/2019, dispondo que "*o acordo de colaboração premiada e os depoimentos do colaborador serão mantidos em sigilo até o recebimento da denúncia ou da queixa-crime, sendo vedado ao magistrado decidir por sua publicidade em qualquer hipótese*" (abordado em detalhes mais adiante, *antecipamos aqui compreensão no sentido de que, nos termos da Súmula Vinculante nº 14-STF, é dever do juiz pelo menos possibilitar acesso à defesa dos "mencionados pelo colaborador" do teor das declarações, desde que não exista possibilidade de prejuízo às investigações subsequentes. Consoante precedentes do STF, o direito ao acesso – se não houver mais o sigilo – é apenas das menções aos termos respectivos de cada um dos mencionados. Não há um direito geral de acesso dos mencionados pelo colaborador a todos os documentos e teores da colaboração. Assim, cada pessoa mencionada terá acesso exclusivamente ao que referido quanto a ela*).

Recomenda-se que cada depoimento seja um verdadeiro espelho daquelas informações individualizadas inicialmente, para facilitar exatamente a apuração dos fatos e também aquilatar a eficiência da colaboração. Conforme a redação da Lei nº 13.964/2019, o § 13 do art. 4º da Lei nº 12.850/2013 consigna que "*o registro das tratativas e dos atos de colaboração deverá ser feito pelos meios ou recursos de gravação magnética, estenotipia, digital ou técnica similar, inclusive audiovisual, destinados a obter maior fidelidade das informações, garantindo-se a disponibilização de cópia do material ao colaborador*". A redação originária da lei dispunha que "*sempre que possível, o registro dos atos de colaboração será feito pelos meios ou recursos de gravação magnética, estenotipia, digital ou técnica similar, inclusive audiovisual, destinados a obter maior fidelidade das informações*".

Em seu formato originário, tratava-se de providência importante e que deveria ser realizada sempre que se dispusesse dos meios nela mencionados, exatamente como forma de demonstrar a espontaneidade e a regularidade do procedimento na oitiva (detalhamento dos fatos) do colaborador.

Ocorre que, agora, a lei diz que se deve fazer o registro inclusive das *tratativas* da colaboração (e não apenas dos atos de colaboração – ou seja, os depoimentos do colaborador). Em nossa compreensão, essa alteração não tem utilidade processual alguma (e que, por outro espectro, poderá burocratizar sem qualquer utilidade prática ou jurídica muitos acordos). Não há sentido em "gravar" as "tratativas" de negociação, na medida em que sempre será facultada ao juiz a análise (com a presença só do advogado e do colaborador) de como se deram as tratativas e, sobretudo, da voluntariedade do colaborador antes da homologação do acordo. Exatamente por isso continuamos compreendendo que *essenciais* para a colaboração são os depoimentos em si do colaborador (que serão o marco para delimitar suas obrigações para usufruir dos benefícios legais acordados). Insistimos ainda que, no caso de ser impossível a providência de registro audiovisual ou de qualquer meio, e apenas para evitar questionamentos desnecessários, deverão as partes, nessa situação, assinar documento registrando e justificando a impossibilidade técnica e que essa circunstância em nada abalou a obediência aos pressupostos fundamentais da espontaneidade e voluntariedade do colaborador (que, depois, será aferida pelo julgador em audiência com ele e seu advogado).

Integralizado o procedimento entre as partes, o § 7º prevê que "*serão remetidos ao juiz, para análise, o respectivo termo, as declarações do colaborador e cópia da investigação, devendo o juiz ouvir sigilosamente o colaborador, acompanhado de seu defensor, oportunidade em que analisará os seguintes aspectos na homologação: I – regularidade e legalidade; II – adequação dos benefícios pactuados àqueles previstos no* caput *e nos §§ 4º e 5º deste artigo, sendo nulas as cláusulas que violem o critério de definição do regime inicial de cumprimento de pena do art. 33 do Decreto-Lei nº 2.848, de 7 de dezembro de 1940 (Código Penal), as regras de cada um dos regimes previstos no Código Penal e na Lei nº 7.210, de 11 de julho de 1984 (Lei de Execução Penal) e os requisitos de progressão de regime não abrangidos pelo § 5º deste artigo; III – adequação dos resultados da colaboração aos resultados mínimos exigidos nos incisos I, II, III, IV e V do* caput *deste artigo; IV – voluntariedade da manifestação de vontade, especialmente nos casos em que o colaborador está ou esteve sob efeito de medidas cautelares*" (redação conferida pela Lei nº 13.964/2019 à Lei nº 12.850/2013).

Terminados os depoimentos, todos os elementos produzidos deverão ser remetidos para a análise da homologação ou não pelo juiz competente, que deverá verificar a regularidade (procedimento), a legalidade e a voluntariedade (essencial na colaboração), ouvindo, neste caso, o colaborador e seu defensor (sem a presença do Ministério Público).

Determina o art. 7º que o pedido de homologação deverá ser distribuído sigilosamente, contendo apenas as informações que não possam identificar o colaborador e seu objeto.

Se o acordo estiver segundo os ditames legais e constitucionais, é impositiva a homologação. Entretanto, conforme a redação originária do § 8º do art. 4º, "*o juiz poderá recusar a homologação à proposta que não atender aos requisitos legais, ou adequá-la ao caso concreto*" *(Se não homologar, as partes podem impugnar mediante recurso de apelação, presente hipótese de decisão com força de definitiva -art. 593, II, CPP).*

Defendemos que a recusa deverá ser para aquelas situações absolutamente inaproveitáveis diante da situação apresentada: é a última das opções a ser adotada pelo juiz.

Contudo, a Lei nº 13.964/2019 deu-lhe nova redação na parte final: se o juiz entender presente alguma ilegalidade ou inconstitucionalidade, deverá devolver o acordo às partes para as "adequações necessárias".

Melhor a providência, na medida em que se maximiza a possibilidade de as partes ajustarem eventuais cláusulas que não estejam bem redigidas. De qualquer modo, reafirmamos que não há óbice legal para que, sem retirar a essência principal ou desnaturar a estrutura do acordo, possa sempre o juiz exercer o controle de legalidade das cláusulas nesse momento inicial, inclusive glosando-as com homologação do acordo sem reconhecer a validade de algumas de suas partes específicas.

Insistimos o que já dito anteriormente a essa modificação legislativa: tal adequação não significa necessariamente modificar o acordo, mas, se possível, fazer verdadeira correção interpretativa ("interpretação conforme") diante das regras legais e constitucionais. Para exemplificar, veja-se hipótese em que, por equívoco de redação, conste cláusula (genérica) de que o colaborador não poderá recorrer (tema abordado na sequência). Entende-se que, como posta, essa vedação *poderia* conflitar com a regra constitucional (art. 5º, LV) que garante a todos, em processo judicial ou administrativo, e aos acusados em geral o contraditório e a ampla defesa, "com os meios e recursos a ela inerentes". Neste caso, compreende-se viável ser conferida interpretação à cláusula no sentido de que a vedação pactuada significa que o colaborador não poderá recorrer *contra* os termos do que ajustado no acordo (evitando-se a incidência do princípio do *venire contra factum proprium*), garantindo-se todos os demais recursos para a defesa dos seus interesses que não conflitem com o que avençado. Mas se a cláusula imposta for totalmente incompatível com o ordenamento, a hipótese é de rejeição do que pactuado, afastando-se mediante *glosa* aquela cláusula incompatível com o ordenamento (e não a íntegra do acordo).

Veja-se, então, uma situação. Imaginemos que seja pactuada entre as partes, independentemente de quem fez a sugestão originária (defesa ou Ministério Público), a possibilidade de um colaborador – que não está preso cautelarmente ou sob o influxo de alguma medida diversa da prisão – requerer a execução da pena ajustada no acordo logo após a sua homologação. Cremos não ser possível essa situação, por absoluta violação do sistema e dos princípios regentes de um sistema que se queira garantista. Ora, a aplicação de pena é atribuição *exclusiva* do juiz, não podendo se cogitar *executar uma pena* se não houver, pelo menos, uma decisão judicial fixando essa pena (nem no sistema da *plea bargain* – que não é o caso da colaboração premiada – prescinde-se de uma manifestação jurisdicional). Assim, não se pode olvidar que o juiz, na aplicação da pena, poderá não reconhecer todos os benefícios ajustados no acordo, pois depende – aí sim, como já dito alhures – que o colaborador tenha efetivamente produzido todas as provas que se comprometeu. Uma cláusula dessa natureza infringiria, em nossa compreensão, pelo menos três dos dez axiomas garantistas.

Primeiro deles, o Princípio da Legalidade. Observe-se que, dentre inúmeras questões, a própria Lei nº 12.850/2013, com a redação conferida pela Lei nº 13.964/2019, prevê no art. 4º, § 16º, que "nenhuma das seguintes medidas será decretada ou proferida com fundamento apenas nas declarações do colaborador: I – medidas cautelares reais ou pessoais; II – recebimento de denúncia ou queixa-crime; III – sentença condenatória". Igualmente, não há se olvidar o entendimento consolidado na jurisprudência, especialmente do STF, de que a confissão não é elemento que, isoladamente, possa servir para a condenação *judicial* de alguém. Portanto, absolutamente mais grave ainda seria a hipótese de se cogitar alguém "*cumprir antecipadamente pena ajustada*" entre acusação e defesa sem que haja uma prévia decisão judicial que *fixe o* quantum *mínimo* dessa pena. Uma vez estipulada uma pena, nenhum óbice existe para – independentemente da interpretação que se confira ao Princípio da Inocência – que o próprio condenado requeira, se assim quiser, a execução da pena, mesmo que eventualmente interponha recurso para instâncias superiores.

O tema ora enfrentado está, ainda, atrelado umbilicalmente ao sétimo axioma garantista, que trata do "Princípio da Jurisdicionalidade", ou seja, o devido processo legal está relacionado diretamente também com a estrita obediência de que as penas de natureza criminal sejam impostas por quem investido de jurisdição à luz das competências estipuladas na Constituição da República. Tudo também está vinculado diretamente ao nono axioma garantista, que trata do chamado "Princípio do Encargo da Prova", ônus esse da acusação, jamais da defesa, mesmo que esteja realizando uma colaboração e declinando do exercício do direito ao silêncio e à produção das provas que possam eventualmente lhe incriminar.

No § 9º há previsão no sentido de que, após a homologação, o colaborador sempre acompanhado de seu defensor, poderá ser ouvido por membro do Ministério Público e/ou pelo delegado de polícia responsável pelas investigações. Estas oitivas têm a finalidade única de auxiliar no esclarecimento de detalhes e fatos já anteriormente revelados nos termos de depoimentos homologados pelo juízo competente.

Douglas Fischer anota que é da essência do acordo que o colaborador, no que se refere aos fatos por ele cometidos, deva abrir mão do *exercício* do direito constitucional ao silêncio (como na "confissão tradicional"). Exatamente por isso que, no § 14º, há previsão expressa (embora de não muita tecnicidade) de que, nos depoimentos que prestar, "*o colaborador renunciará, na presença de seu defensor, ao direito ao silêncio e estará sujeito ao compromisso de dizer a verdade*". Seria incompatível com a realização de um acordo o fato de o colaborador invocar o princípio constitucional da não autoincriminação (*nemo tenetur se detegere*).

Destaca ainda que é preciso ter um cuidado com a previsão do § 10, que dispõe que "*as partes podem retratar-se da proposta, caso em que as provas autoincriminatórias produzidas pelo colaborador não poderão ser utilizadas exclusivamente em seu desfavor*".

A primeira observação é que a regra garante o direito de retratação para ambas as partes. Depois, há se fazer um destaque importante, que, em seu sentir, foi muito bem anotado por Frederico Valdez Pereira (*Delação premiada*. 4. ed. Curitiba: Juruá, 2019): "*a lei indica a possibilidade de retratação da proposta de colaboração, ou seja, das tratativas iniciais voltadas à concretização do acordo, e não do acordo em si, mormente nas hipóteses em que já se estiver em fase avançada de sua implementação; e as provas que não poderão ser utilizadas são aquelas originadas das revelações do colaborador [...]*". Ou seja, as provas autoincriminatórias produzidas pelo colaborador somente *não* serão válidas (exclusivamente) em seu desfavor na hipótese de haver a retratação (da *proposta*) antes da efetivação e homologação do acordo. Posteriormente, se houver rompimento do acordo (já homologado), todas as provas produzidas serão plenamente válidas, inclusive as autoincriminatórias. Para nós, todavia, a lei não estabelece nenhum condicionamento temporal para a retratação, razão pela qual ela pode ser feita a qualquer tempo e sempre gerará a impossibilidade de se utilizar as provas autoincriminatórias em desfavor do antigo colaborador. Se após a homologação do acordo, por exemplo, constatar-se a sua ilegalidade, é natural que haja retratação – e não nos parece razoável admitir que o colaborador seja prejudicado pelo uso de provas produzidas por ele mesmo.

De relevo anotar ainda que a eventual divergência de depoimentos prestados por dois ou mais colaboradores acerca dos mesmos fatos não significa, automaticamente, que alguém esteja mentindo ou escondendo a integralidade de seu conhecimento. Não se pode olvidar que a percepção dos fatos depende de inúmeros fatores (tanto pela ótica da capacidade individual, como também pela própria posição do colaborador em relação a eles). Assim, há de se ter o devido cuidado para não concluir que divergências que possam existir deveriam conduzir, em razão apenas disso, a procedimento de rescisão do acordo.

A propósito, sobre a legitimidade para a rescisão, o STF tem entendido que ela somente pode ser requerida pelas partes, não se reconhecendo a possibilidade de terceiros formularem o pedido, presente a hipótese de verdadeiro "negócio jurídico processual personalíssimo" (HC nº 127.483, STF, Plenário, unânime, julgado em 27.8.2015). O que parece passar despercebido é que esse "negócio jurídico" cria estipulações em desfavor de terceiros! Mais ainda. Que esse ato jurídico produz efeitos no âmbito de investigação criminal. Assim, retirar a possibilidade de impugnação prévia do investigado quanto à legalidade formal do negócio jurídico afeta diretamente o seu direito de defesa. Se toda a jurisprudência nacional reconhece que qualquer ilegalidade está ao alcance da defesa, mesmo na fase de investigação, por que não seria possível demonstrar eventual ilegalidade manifesta do acordo?

Para Douglas Fischer, contudo, a hipótese é mesmo de negócio jurídico bilateral, nos termos do julgado mencionado.

O reconhecimento e aplicação dos benefícios ajustados entre Ministério Público e colaborador dependem do atendimento dos vetores previstos no art. 4º, cuja aplicação se dará na sentença considerando-se a *eficácia* da colaboração (*ainda mais depois da redação do § 7º-A do art. 4º da Lei nº 12.850, conforme acréscimo da Lei nº 13.964/2019*). É dizer: os benefícios ajustados não terão aplicabilidade automática, mas dependerão de uma avaliação, na sentença, do quanto foram importantes para a revelação dos fatos. Mas, regra geral, se o que foi revelado pelo colaborador no início das tratativas restou comprovado ulteriormente deverá implicar o reconhecimento, pelo juízo, dos benefícios correlatos constantes no acordo.

Tal como em relação à compreensão quanto aos efeitos da confissão no processo penal, também há expressa previsão de que "§ 16. Nenhuma das seguintes medidas será decretada ou proferida com fundamento apenas nas declarações do colaborador: I – medidas cautelares reais ou pessoais; II – recebimento de denúncia ou queixa-crime; III – sentença condenatória. " (§ 16 do art. 4º).

Como destacado anteriormente, a lei impõe ainda que o sigilo necessariamente deverá ser levantado quando do recebimento da denúncia ou da queixa-crime. Mas isso não impede que, a requerimento do Ministério Público ou do querelante (por ausência de prejuízos à apuração), possa o juiz competente determinar o levantamento em momento anterior, permitindo-se – pelo menos – o acesso às defesas de terceiros mencionados do aporte probatório existente nos autos investigatórios quanto a eles. De qualquer modo, enquanto houver o sigilo, dispõe o § 2º do art. 7º que "*o acesso aos autos será restrito ao juiz, ao Ministério Público e ao delegado de polícia, como forma de garantir o êxito das investigações, assegurando-se ao defensor, no interesse do representado, amplo acesso aos elementos de prova que digam respeito ao exercício do direito de defesa, devidamente precedido de autorização judicial, ressalvados os referentes às diligências em andamento*".

Conforme a regra do § 7º-B do art. 4º da Lei nº 12.850/2013 (redação da Lei nº 13.964/2019), são consideradas "nulas de pleno direito as previsões de renúncia ao direito de impugnar a decisão homologatória". Referida novidade não altera nossa compreensão já firmada anteriormente no sentido de que, tal como em relação à renúncia ao exercício do direito de permanecer em silêncio, também o colaborador deverá renunciar ao exercício do direito de interpor recursos e instrumentos processuais (como *habeas corpus*, reclamação e mandado de segurança, por exemplo) para contestar judicialmente os termos do próprio acordo, presente nítida hipótese da proibição do *venire contra factum proprium*, decorrente da boa-fé objetiva, integralmente aplicável ao caso como reiteradamente hoje reconhecimento pela jurisprudência. Quanto ao mais, e foi isso que entendemos ter disposto a lei de forma expressa, sempre pode e poderá utilizar todos os meios cabíveis como forma de fazer valer o que foi acordado e eventualmente não aplicado pelo juízo. Noutras palavras, não poderá haver uma cláusula que impeça o recurso contra a decisão de homologação (que pode não aceitar a integralidade do que pactuado, mas jamais aquilo que foi pactuado em si pelas expressas vontades e voluntariedades das partes envolvidas).

Quanto à ordem das alegações finais quando houver réus colaboradores e não colaboradores, a Lei nº 13.964/2019 veio resolver problema que ensejou inúmeras discussões, especialmente no âmbito do STF, prevendo-se, para os casos futuros, no § 10-A do art. 4º da Lei 12.850/2013, que "*em todas as fases do processo, deve-se garantir ao réu de-*

latado a oportunidade de manifestar-se após o decurso do prazo concedido ao réu que o delatou" (sobre o tema reporta-se ainda aos itens 403.1, 403.1.1 e 403.2).

Por fim, quanto às alterações legais, um pequeno acréscimo nos denominados "direitos do colaborador" (art. 5º). Alterou-se a redação do inciso VI para constar (como já se realizava na prática) que não apenas o cumprimento da pena deveria se dar em "estabelecimento diverso" daquele dos demais corréus ou condenados, mas também a própria prisão cautelar, quando existente. Uma observação relevante para encerrar: a finalidade da lei é manter *separados* colaboradores e eventuais "delatados". Não parece razoável que estejam, necessariamente (embora preferencialmente), em *estabelecimentos penais* diversos, mas sim que sejam mantidos em cumprimento de prisão cautelar ou de pena definitiva em ambientes separados.

Temos por relevante acrescer ainda anotações sobre decisões proferidas conjuntamente pela 2ª Turma do STF, que, em 25.8.2020, no julgamento dos *Habeas Corpus* nºs 142.205 e 143.427, por empate na votação, concederam as ordens para, em verdade, reconhecer a invalidade dos próprios acordos.

Há, no ponto, algumas divergências entre os autores. Na compreensão de Douglas Fischer, essas decisões acabaram por violar o que decidido no *leading case* (HC nº 127.483-PR) e, depois, reafirmado na Petição 7.074, desbordando ainda do (correto) entendimento de que a competência para eventual rescisão cabe ao juízo que o homologou.

Conforme decidido expressamente pelo STF, terceiros que tenham sido referidos em colaboração premiada ("delatados") não podem impugnar o acordo em si, pois se trata de um negócio jurídico personalíssimo. A garantia da ampla defesa garante a eles, entretanto, exclusivamente "*nos procedimentos em que figurarem como imputados, os coautores ou partícipes delatados – no exercício do contraditório – poderão confrontar, em juízo, as declarações do colaborador e as provas por ele indicadas, bem como impugnar, a qualquer tempo, as medidas restritivas de direitos fundamentais eventualmente adotadas em seu desfavor*".

Posteriormente, na Questão de Ordem na Petição nº 7.074-DF, o Plenário do STF reafirmou que, em competência penal originária, a atribuição de homologação (controle de legalidade do acordo) é do relator (e não do órgão colegiado respectivo, Plenário ou Turmas), entendimento consentâneo com o que já se decidira anteriormente que a competência para rescindir o acordo será sempre daquele juízo que o homologou. Anotamos correta ainda a posição de que, nos casos de manifesta incompetência, poderiam os "delatados" impugnarem o acordo, mas aí em decorrência da não observância do princípio do juiz natural (legalidade e constitucionalidade), que fulminaria o próprio acordo, sem análise das cláusulas e dos procedimentos adotados sob o crivo constante do Poder Judiciário.

Nos casos mencionados agora, o autor compreende que, embora negada, houve violação ao que já decidido pelo Plenário do STF *(inclusive os dois votos proferidos pelos eminentes ministros que concederam a ordem foram vencidos no julgamento da Petição nº 7.074)*. Não ocorreu apenas a nulificação das provas (isso que se estava em sede de cognição restrita de *habeas corpus*), mas sim direta análise do caso concreto e de que não deveria ter sido homologado o acordo (não se negou a competência do juízo *a quo*). Responsável pelo voto-prevalente, o Ministro Gilmar Mendes afirmou que a impugnação dizia respeito à utilização de provas contra os imputados e que foram produzidas a partir de acordos "temerários e claramente questionáveis". Justificou que estava propondo um desenvolvimento de refinamento de um sistema para analisar as consequências que precisam ser controláveis pelo Poder Judiciário. Assim, e de forma genérica, referiu que seria necessário avançar para "traçar critérios adequados à limitação de abusos". Sem ter nenhum elemento seguro e indiscutível (pelo menos na análise do autor), assentou genericamente também ser "*questionável a possibilidade de esses agentes negociarem e transigirem sobre a pretensão acusatória com relação a fatos supostamente criminosos a eles imputados*". E, com base exclusivamente no que produzido unilateralmente pelas defesas dos "delatados" no ajuizamento dos *writs*, destacou que "*grande parte dos problemas que se verificaram no caso concreto decorrem da ausência de registro e controle dos atos de negociação e das declarações prestadas pelos delatores*". Por oportuno, relembre-se que o registro não era obrigatório e, para que se admitisse a ilicitude de provas, sobretudo em sede de *habeas corpus*, não bastam suposições a respeito das premissas declinadas. Seria preciso uma certeza de que houve ilegalidade. E, nesse caso, se alguma ilegalidade houvesse, era essencial que se abrisse o devido procedimento (com contraditório e ampla defesa) perante o juízo competente, em primeiro grau, e não, por via transversa, na limitada via de cognição do *writ*. Noutras palavras, se houve qualquer ilegalidade (como dito), caberia ao juízo competente (primeiro grau) instaurar procedimento próprio para tanto, e não a impugnação, em outros graus de jurisdição, sobre os atos que foram fiscalizados (e tidos como corretos até então) pelo Poder Judiciário.

Malgrado dois votos tenham sido suficientes para nulificar toda a prova e o próprio acordo (pelo empate prevalente), desbordando dos precedentes do Plenário, registra-se respeitosamente a preocupação de que, a partir de decisões dos órgãos fracionários, se abram possibilidades de, mesmo que indiretamente, permitir que terceiros impugnem o próprio conteúdo da colaboração premiada. Essa admissibilidade transversa de revisão da "legalidade" poderá gerar verdadeira instabilidade e segurança das próprias partes interessadas em fazer um procedimento de colaboração premiada.

Já a nossa posição é distinta. Sempre defendemos que o Plenário do STF cometeu um equívoco ao decidir que os delatados não poderiam impugnar o acordo de colaboração premiada (no ponto, remeta-se o leitor ao nosso *Curso de Processo Penal*). Se somente o Relator (um membro singular da Corte) – e não o Plenário ou a Turma – é competente para a análise da voluntariedade e legalidade, como proceder na hipótese de uma ilegalidade *ter passado despercebida* quando da homologação? O *parquet* evidentemente não impugnará o acordo, e tampouco o colaborador, uma vez que ambos possuem interesse na manutenção do ajuste. Assim, a se tomar a posição da Suprema Corte na Pet 7.074 QO/DF, restaria ao Plenário ou à Turma, ao final da instrução, reconhecer a ilegalidade do acordo e assim anulá-lo, o que traria prejuízos a todos os envolvidos (a não ser que se queira defender que a homologação feita pelo Relator seja absoluta e inalterável, o que nos parece descabido, já que há jurisprudência do STF admitindo recurso até mesmo contra decisão do *Plenário*...).

Jurisprudência *(posterior à Lei nº 13.964, de 2019)*

155.7. [...] O recorrente sustentou que a ausência de sentença condenatória transitada em julgado impede a execução de multa indenizatória prevista no acordo.

2. A questão controvertida consiste em definir se a multa prevista em acordo de colaboração premiada é exigível antes do trânsito em julgado de sentença condenatória.

[...] 4. Ao mesmo tempo em que o controle dos atos negociais orienta-se pelo suporte civilista, a partir da boa-fé objetiva, as normas processuais penais estabelecem a autoridade competente, o objeto e a forma da homologação, com a expressa ressalva da possibilidade de exclusão, ressalva e/ou ajuste por parte da autoridade judiciária competente para o ato judicial de homologação da proposta.

5. Os legitimados (ativo e passivo) devem observar as normas procedimentais (Lei 12.850/2013; CPP; art. 381; CP, art. 91 e 91- A) e os limites e restrições estabelecidas na legislação específica de modo cogente. Do contrário, prevaleceria a livre disposição do legitimado ativo (Ministério Público ou Delegado de Polícia) quanto ao objeto negociado, situação incompatível com o previsto no art. 4º da Lei 12.850/2013 e os limites democráticos quanto à disponibilidade da ação penal pelo Ministério Público que, diferentemente do modelo do plea barganing, encontra balizas normativas definidas e obrigatórias, sob pena de nulidade.

6. A proposta homologada, nos termos do art. 121 do Código Civil, subordina o efeito do negócio jurídico a evento futuro e incerto, ou seja, à prolação de futura sentença penal condenatória, ocasião em que a autoridade judicial sentenciante verificará o grau do desempenho obtido pelo colaborador em relação à proposta homologada, com a aplicação parcial ou total do benefícios anteriormente acordados, conforme previsto no art. 4º da Lei 12.850/2013. [...]

9. Até o trânsito em julgado, o Ministério Público dispõe de medidas assecuratórias, isto é, cautelares probatórias (Sequestro, Arresto, Hipoteca Legal, Apreensão de bens ou Bloqueio de numerário; CPP, arts. 124-144) aptas à garantia do resultado útil da decisão condenatória, inclusive com a possibilidade de alienação antecipada de bens imóveis ou móveis (CPP, art. 144-A). É dizer, existem instrumentos disponíveis à garantia do resultado útil da futura sentença penal condenatória, sem a imposição do inválido perdimento antecipado de bens ou direitos.

10. Recurso provido para suspender a exigibilidade da multa compensatória prevista no acordo de colaboração até o trânsito em julgado de sentença condenatória. *(Agravo Regimental em Petição nº 5.952, STF, 2ª Turma, Rel. Min. Edson Fachin, Red. Do acórdão Min. Gilmar Mendes, vencido ainda Ministro André Mendonça, julgado em sessão virtual encerrada em 30.8.2024, publicado no DJ em 5.11.2024)*

155.7. [...] 2. Sustenta-se a necessidade de manutenção do sigilo para que sejam preservados nome, qualificação, imagem e as demais informações pessoais, bem como àquelas atinentes à multa imposta por ocasião da celebração do acordo pelo ora Agravante, pois tais informação caracterizam elementos que não são dotados de qualquer interesse público.

3. Defende, ainda, que a decisão agravada representa violação direta ao que preceitua o artigo 7º, *caput*, e § 3º, da Lei 12.850/2013.

4. Argumenta que o levantamento de sigilo malfere o princípio da inércia da jurisdição, pois não houve pedido para levantamento de sigilo, a Procuradoria-Geral da República apenas opinou aduzindo não vislumbrar óbice.

5. A publicidade dos atos processuais, garantida no artigo 5º, LX, da Constituição Federal, constitui verdadeiro instrumento democrático de controle da função jurisdicional, razão pela qual a sua mitigação, embora autorizada de forma expressa pelo Poder Constituinte Originário, deve receber o tratamento peculiar às restrições a qualquer direito fundamental, como a efetiva demonstração da sua necessidade e a maior brevidade possível da intervenção.

6. O aspecto temporal da regulação legislativa deve ser interpretado essencialmente com relação ao direito à ampla defesa, não tendo o condão de limitar a publicidade dos termos de declaração do colaborador, ainda mais de forma irrestrita, ainda mais quando recebida a denúncia e proferida sentença condenatória, como no caso.

7. A manutenção do sigilo não mais encontra suporte no binômio necessidade e adequação da restrição da garantia fundamental com o recebimento da denúncia, conforme previsto expressamente na norma, ou em face do arquivamento das investigações, conclusão alcançável por interpretação teleológica e sistemática diante do interesse público a que alude o art. 3º-A da Lei 12.850/2013.

8. Ainda que o artigo 5º, inciso II, da Lei n. 12.850/13 estabeleça como direito do colaborador ter seu nome, qualificação, imagem e demais informações pessoais preservados, é imperioso que razões de ordem prática e concreta justifiquem o afastamento da publicidade dos atos processuais, caso esta seja a medida necessária à salvaguarda de tais bens jurídicos.

9. No caso, o agravante, que concordou com os termos do acordo de colaboração premiada e não impugnou a coleta dos depoimentos somente em áudio e vídeo, não logra êxito no seu dever de apontar qualquer prejuízo concreto com o levantamento do sigilo nos moldes em que determinado, cingindo-se a argumentar, de forma abstrata, que a medida teria impacto direto na sua segurança e de sua família, sem a necessária individualização de qualquer perigo, circunstância que inviabiliza o acolhimento do pleito recursal.

10. Não houve violação ao princípio da inércia da jurisdição, pois como bem ponderou o Procurador-Geral da República, ao contrário do alegado, a vedação do artigo 7º, § 3º da Lei n. 12.850/13 sequer alcançava o Ministro relator, por já se encontrar ultrapassado o recebimento da denúncia. Além disso, a decisão não foi proferida de ofício, mas após manifestação das partes, com posicionamento do Ministério Público Federal favorável ao levantamento do sigilo dos autos. [...] *(Agravo Regimental nº 6.520, STF, Plenário, Rel. Min. Edson Fachin, julgado em 20.9.2024, publicado no DJ em 30.9.2024)*

155.7. [...] 3. As instâncias ordinárias concluíram pela ausência de contaminação do acordo de colaboração do corréu, o qual foi celebrado voluntariamente e, na sequência, alcançou a homologação judicial. De fato, a clonagem do celular do colaborador Rômulo Pires dos Reis foi declarada ilícita pelo juízo de primeiro grau e eventuais provas a ela concernentes não foram utilizadas na sentença. Contudo, o acordo de colaboração foi realizado de maneira voluntária e devidamente homologado, com a atuação de defesa técnica, não havendo insurgência do colaborador ou sua defesa quanto aos seus termos. Note-se, inclusive, que o juízo sentenciante afirmou que o colaborador já possuía ciência da clonagem do seu celular antes mesmo de aceitar o acordo e, ainda assim, o celebrou sem questionamentos quanto à clonagem do celular, repise-se, ocasião em que estava assistido por defesa técnica.

4. Não se pode dar guarida à tese de vício na celebração de acordo de colaboração realizado por outro acusado, por afronta a direitos individuais de outrem. O Supremo Tribunal Federal, no voto-condutor do HC n. 127.483/SP, expressou o seguinte entendimento: "IV) da impossibilidade de o coautor ou partícipe dos crimes praticados pelo colaborador impugnar o acordo de colaboração. Por se tratar de um negócio jurídico processual personalíssimo, o acordo de colaboração premiada não pode ser impugnado por coautores ou partícipes do colaborador na organização criminosa e nas infrações penais por ela praticadas" *(HC n. 127.483, Tribunal Pleno, Rel. Min. Dias Toffoli, DJe de 04/02/2016). [...] (Agravo Regimental nos Embargos de Declaração no Habeas Corpus nº 734.923-MG, STJ, 5ª Turma, Rel. Min. Messod Azulay Neto, julgado em 16.9.2024, publicado no DJ em 19.9.2024)*

155.7 [...] Colaboração premiada. Pena restritiva de direitos. Suspensão temporária em razão da pandemia de coronavírus. Pedido de reconhecimento do período suspenso como pena cumprida. Ausência de previsão legal.

1. Não é admissível, por ausência de previsão legal, que se considere como cumprida a pena daquele que já obtivera – por motivo de força maior e para não se expor a maior risco em virtude da pandemia – o benefício da suspensão da pena restritiva de direitos, sendo absolutamente necessário o efetivo cumprimento da pena como instrumento tanto de ressocialização do apenado como de contraprestação em virtude da prática delitiva, a fim de que o reeducando alcance o requisito necessário para a extinção de sua punibilidade.

2. As sanções de caráter corpóreo estabelecidas em um acordo de colaboração premiada, como no caso da prestação de serviços à comunidade ou comparecimento periódico em juízo são equivalentes penais, adequadas, portanto, ao mesmo regime das obrigações resultantes da transação penal e das condições impostas por suspensão condicional do processo e sursis; também resultam de um instrumento negocial (colaboração premiada) e, como toda pena ou equivalente penal, estão relacionadas ao direito de liberdade do colaborador.

3. Agravo regimental desprovido. *(Agravo Regimental nos Embargos de Declaração no Habeas Corpus nº 872490-PR , STJ, 5ª Turma, Rel. Min. Ribeiro Dantas, julgado em 9.9.2024, publicado no DJ em 12.9.2024)*

155.7 [...] Esta Corte, no Tema 897 da repercussão geral, decidiu que são *imprescritíveis as ações de ressarcimento ao erário fundadas na prática de ato doloso tipificado na Lei de Improbidade Administrativa. Já no Tema 1043, o SUPREMO decidiu pela possibilidade de acordo de colaboração premiada no âmbito da ação de improbidade,* salientando que a obrigação de ressarcimento do dano causado ao erário pelo agente colaborador deve ser integral, não podendo ser objeto de transação ou acordo, sendo válida a negociação em torno do modo e das condições para a indenização. Assim, não cabe a remissão, ainda que parcial, do débito, uma vez que o ressarcimento ao Erário deve ser integral. [,,,] *(Agravo Interno do Recurso Extraordinário com Agravo nº 147.762, STF, 1ª Turma, Rel. Min.Alexandre de Moraes, julgado em 6.8.2024, publicado no DJ em 9.8.2024)*

155.7. [...] Caso em que o advogado delator estava sendo investigado e foi acusado de crimes ligados à organização criminosa formada com o objetivo de fraudar licitações. O modus operandi, os supostos agentes e partícipes já tinham sido identificados pelo Ministério Público, tanto que a denúncia já havia sido oferecida antes de o acordo de colaboração premiada ser firmado com o então advogado da principal empresa foco das investigações. [...] É inadmissível a prova proveniente de acordo de colaboração premiada firmado com violação do sigilo profissional, não havendo falar em justa causa para a utilização do instituto como mecanismo de autodefesa pelo advogado, mesmo que a condição profissional não alcance todos os investigados. [...] *(Recurso em Habeas Corpus nº 179.805-PR, STJ, 6ª Turma, Rel. Min. Sebastião Reis Júnior, por maioria, julgado em 21.5.2024, publicado no DJ em 29.5.2024)*

155.7. [...] 1. Em regra, as receitas provenientes de condenações judiciais por atos ilícitos, apurados com fundamento em sistemas normativos de responsabilização pessoal (penais, civis e administrativos), passam a compor os cofres públicos, à semelhança dos demais ingressos orçamentários, tornando-se aptas ao dispêndio somente na forma das leis autorizadoras do devido processo legislativo.

2. São as seguintes hipóteses: (a) a multa penal (art. 49 do Código Penal, c/c art. 2º, V, e art. 3º-A da LC 79/1994) destina-se ao FUNPEN; (b) os bens e valores perdidos em razão de pena restritiva (art. 43, II, e art. 45, § 3º, do CP), ao FUNPEN; (c) a perda em favor da União dos instrumentos do crime, do seu produto e de bens ou valores que constituam proveito auferido pela prática do delito (art. 91, II, a e b, do Código Penal), o produto e o proveito do crime (art. 91, II, b, CP, c/c art. 133, §§ 1º e 2º, do CPP, e do art. 2º, IV, da LC 79/1994), ao lesado, ao terceiro de boa-fé e, subsidiariamente, ao FUNPEN; e (d) o produto e o proveito do crime, assim como a multa sancionatória, todos em colaboração premiada (art. 4º, IV, da Lei 12.850/2013, por aplicação analógica do art. 91, II, b, do CP), ao lesado, ao terceiro de boa-fé e, subsidiariamente, à União; (e) a destinação à União e aos estados-membros dos bens, valores e direitos perdidos em razão de condenação por crimes de ocultação de ativos (art. 7º, I e § 1º, da Lei 9.613/1998); (f) Multa e ativos perdidos na responsabilização de pessoa jurídica por corrupção (Lei 12.846/2013), ao tesouro do ente lesado.

3. Excepcionalmente, desde que haja expressa e específica previsão legal quanto à destinação, essas receitas deverão ser repassadas aos destinatários beneficiados pela respectiva norma regulamentadora, vinculando os órgãos jurisdicionais no emprego dado a tais recursos. São as seguintes hipóteses: (a) a prestação pecuniária fruto de pena restritiva (art. 43, I, e art. 45, § 1º, do CP), à vítima, seus dependentes ou entidade com destinação social, vedada a destinação vinculada pelo Ministério Público, devendo o Juízo observar a regulamentação editada pelo CNJ; (b) a prestação pecuniária fruto de transação penal ou condição imposta ao imputado na suspensão condicional do processo (art. 76 e art. 89, §2º, da Lei 9.099/1995), conforme destinação especificada na proposta de transação ou pelo Juízo; (c) a prestação pecuniária ajustada em acordos de não persecução penal destina-se à entidade pública ou de interesse social (art. 28-A, IV, do Código de Processo Penal), conforme indicado pelo Juízo; (d) a indenização do dano causado pelo crime (art. 91, I, do CP, c/c art. 63 e art. 387, IV, do CPP), ao ofendido ou a seus herdeiros; (e) as multas e penalidades pecuniárias eleitorais não penais (arts. 38, I, e 40, §§ 1º e 2º, da Lei 9.096/1995), ao Fundo Partidário (as de natureza penal seguem a disciplina dos crimes em geral); (f) a prestação pecuniária prevista no art. 12 da Lei 9.605/1998 (Lei de Crimes Ambientais), à vítima ou à entidade pública ou privada com fim social.

4. A participação do Ministério Público no processo orçamentário constitucional, à semelhança do Poder Judiciário, cinge-se à apresentação de proposta própria ao Poder Executivo e à consulta no tocante às diretrizes orçamentárias, sendo subsequentemente autorizado a executar e a exercer o controle interno sobre as rubricas que lhe cabem. Não inclui quaisquer iniciativas or-

çamentárias estranhas à sua própria estrutura institucional, materializada pela autonomia administrativa e financeira a ele conferida pela Constituição Federal.

5. Medida Cautelar confirmada. Arguição parcialmente conhecida e, nessa parte, julgada parcialmente procedente para, conferindo interpretação conforme ao art. 91, II, b, do Código Penal; ao art. 4º, IV, da Lei 12.850/2013; e ao art. 7º, I e § 1º, da Lei 9.613/1998, assentar que, não havendo previsão legal específica acerca da destinação de receitas derivadas provenientes de sistemas normativos de responsabilização pessoal, a qual vincula os órgãos jurisdicionais no emprego de tais recursos, tais ingressos, como aqueles originados de acordos de colaboração premiada, devem observar os estritos termos do art. 91 do Código Penal, sendo destinados, à míngua de lesados e de terceiros de boa-fé, à União, para sujeitarem-se à apropriação somente após o devido processo orçamentário constitucional, vedando-se sua distribuição de maneira diversa, seja por determinação ou acordo firmado pelo Ministério Público, seja por ordem judicial, excetuadas as previsões legais específicas.*(Arguição de Descumprimento de Preceito Fundamental nº 569, STF, Plenário, Rel. Min. Alexandre de Moraes, sessão virtual de 10.5.2024 a 17.5.2024, publicado no DJ em 27.5.2024)*

155.7. [...] 1. De acordo com o art. 3º-A da Lei n. 12.850/2013, o acordo de colaboração premiada tem natureza jurídica híbrida e consubstancia, a um só tempo, negócio jurídico processual e meio de obtenção de prova.

2. Uma vez que o acordo de colaboração premiada também é meio de obtenção de prova e, por isso, serve de instrumento para a coleta de elementos incriminatórios contra terceiros e atinge a esfera jurídica deles, é natural que esses terceiros tenham interesse e legitimidade para impugnar não apenas o conteúdo de tais provas, mas também a legalidade da medida que fez com que elas aportassem aos autos.

3. Não é apenas o conteúdo das provas fornecidas pelo delator que interfere na esfera jurídica do acusado, porquanto é só por meio do acordo de colaboração que as provas são obtidas. Assim, essas provas só podem ser valoradas se o acordo que levou até elas também for válido. Comparativamente, por exemplo, em uma busca e apreensão (outro meio de obtenção de prova), é indiscutível que os indivíduos prejudicados pela medida podem questionar tanto a sua validade – mesmo quando amparada em autorização judicial – quanto o conteúdo das provas colhidas por meio dela.

4. Obstar essa possibilidade de questionamento pelo terceiro delatado com base no postulado civilista da relatividade dos negócios jurídicos implicaria inadmissível cerceamento de defesa e, por consequência, abriria margem para a ocorrência de abusos, porque conferiria a legitimidade para impugnação dos acordos tão somente àqueles que mais têm interesse na sua preservação: Ministério Público e colaborador. Aliás, mesmo no direito privado, o princípio da relatividade dos negócios jurídicos vem sendo constantemente mitigado à luz da função social do contrato – em sua eficácia externa –, especialmente quando atinge direitos de terceiros, justamente para evitar que aquele que não participou voluntariamente do negócio alheio seja indevidamente prejudicado.

5. Isso significaria, hipoteticamente, que, se fossem oferecidos benefícios indevidos ao delator a fim de obter a incriminação de terceiro e a medida fosse chancelada pelo Magistrado, nada poderia ser feito para questionar o acordo. Da mesma forma, se o colaborador fosse coagido a delatar alguém e, para não perder os benefícios, deixasse de impugnar a avença, ninguém mais poderia fazê-lo caso o Juiz não identificasse a coação ao homologar o acordo.

6. Ao determinar que deverá "o juiz ouvir sigilosamente o colaborador", o art. 4º, § 7º, da Lei n. 12.850/2013 não estabelece uma regra perpétua quanto à restrição da publicidade do ato. Trata-se, apenas, de preservar aquele momento incipiente da investigação, em que o sigilo se faz necessário para assegurar a eficácia de diligências em andamento, as quais podem ser frustradas se o indivíduo delatado tiver acesso a elas.

7. Todavia, oferecida e recebida a denúncia, a regra volta a ser a que deve imperar em todo Estado Democrático de Direito, isto é, publicidade dos atos estatais e respeito à ampla defesa e ao contraditório, nos termos do art. 7º, § 3º, da Lei n. 12.850/2013: "O acordo de colaboração premiada e os depoimentos do colaborador serão mantidos em sigilo até o recebimento da denúncia ou da queixa-crime, sendo vedado ao magistrado decidir por sua publicidade em qualquer hipótese".

8. Esse dispositivo, embora se refira expressamente apenas ao acordo e aos depoimentos do colaborador, também deve ser aplicado às tratativas – obrigatoriamente gravadas por imposição do § 13 do art. 4º – e à audiência de homologação do acordo, em virtude da mesma lógica: recebida a denúncia, o sigilo excepcional perde a razão de existir e cede espaço à regra da necessária publicidade dos atos estatais, assim como do respeito ao contraditório e à ampla defesa, exceto quanto às diligências em andamento que possam ter sua execução prejudicada pela revelação das informações.

9. No caso, o Tribunal de origem concedeu a ordem de *habeas corpus* para determinar que o Juízo singular fornecesse à defesa do réu – indivíduo delatado – o acesso aos vídeos e às atas das audiências realizadas com os colaboradores, a fim de que ela pudesse analisar a legalidade, a regularidade e a voluntariedade das colaborações.

10. Não há ilegalidade a ser reconhecida no acórdão, uma vez que o réu delatado tem legitimidade para questionar a validade do acordo de colaboração do delator – o que pressupõe o acesso às tratativas e à audiência de homologação – e o sigilo não mais se justifica, porque a denúncia já foi recebida e nenhum risco concreto a diligências em andamento foi apontado no recurso. Vale ressaltar, a propósito, que se trata de acordo homologado há mais de quatro anos, de modo que dificilmente se imagina haver ainda alguma diligência investigativa sigilosa pendente contra o recorrido ou mesmo em relação a outros possíveis delatados.

11. De todo modo, nada impede que, constatando a pendência de alguma diligência sigilosa, o Juízo singular preserve, pontualmente, com fundamentação concreta, o sigilo dela, mas sem vedar indefinidamente, em abstrato e de antemão, o acesso da defesa à totalidade das tratativas do acordo e à audiência de homologação. [...] (Recurso Especial nº 1.954.842-RJ, STJ, 6ª Turma, Rel. Min. Rogerio Schietti Cruz, julgado em 14.5.2024, publicado no DJ em 23.5.2024)

155.7. [...] Existência de diferença sutil - mas relevante - entre o procedimento de inquirição do colaborador que é parte na relação jurídica processual (colaborador-réu) e daquele que responde a ação penal diversa (colaborador-testemunha). [...] O colaborador que é réu no processo criminal deve ser ouvido no momento de seu interrogatório, que deverá anteceder o dos demais acusados, em linha com o entendimento firmado no julgamento do HC 166.373, Rel. Min. Alexandre de Moraes, Tribunal Pleno, DJe 18.5.2023. [...] Outra questão, mais complexa, diz respeito ao procedimento de oitiva do colaborador que não é parte na ação penal. A esse respeito, o STF decidiu, no julgamento da terceira Questão de Ordem na Ação Penal 470, que por não terem sido ouvidos na fase do interrogatório judicial, e considerando a colaboração prestada nos termos da delação premiada que celebraram com o Ministério Público, é perfeitamente legítima sua oitiva na fase da oitiva de testemunhas, porém na condição de informantes. (AP 470/MG, Terceira Questão de Ordem, Rel. Min. Joaquim Barbosa, julgado em 23.10.2008). [...] A determinação para que a inquirição do delator que não é parte na ação penal ocorra na fase de oitiva de testemunhas projeta consequências transversais para o processo penal, na medida em que, segundo disposição expressa do art. 400 do CPP, deve o magistrado ouvir primeiramente as testemunhas arroladas pela acusação e, depois, aquelas indicadas pela defesa. Cuida-se de decorrência direta do chamado direito de confronto (right of confrontation), que consiste no direito do acusado de presenciar a produção da prova testemunhal e dela participar. Por força desse direito, a declaração de uma testemunha somente pode ser admitida como elemento de prova, caso ela tenha sido produzida de forma pública, oral, na presença do julgador e do acusado e, sobretudo, desde que se tenha possibilitado a resistência da defesa, logo após sua produção. [...] Um importante mecanismo de contraposição, ou de resistência, contra a prova testemunhal é justamente a possibilidade de inquirir, em seguida, as testemunhas de defesa, formulando perguntas que possam repelir as declarações prestadas na primeira etapa das inquirições. Não por outra razão, *a inversão de ordem de testemunhas é causa de nulidade dos atos instrutórios, salvo em situações muito específicas, expressamente previstas em lei, a exemplo do art. 222 do CPP.* Tal compreensão é reforçada pelo voto do Ministro Alexandre de Moraes no HC 166.373, em que se afirmou categoricamente que, sendo a relação entre colaborador e delatado de puro antagonismo, o delatado tem o direito de falar por último sobre todas as imputações que possam levar à sua condenação (...) já que o direito de falar por último está contido no exercício pleno da ampla defesa, englobando a possibilidade de refutar todas, absolutamente todas as informações, alegações, depoimentos, insinuações, provas e alegações do delator. [...] No caso dos autos, muito embora não houvesse óbice processual para a oitiva de [...] , é certo que, em se tratando de colaborador que não é parte na relação processual, sua oitiva deveria ter ocorrido no início da instrução criminal, antes da oitiva das testemunhas de defesa, sob pena de nulidade. Assim, diante de requerimento extemporâneo do Ministério Público, formulado após a oitiva das testemunhas de defesa, caberia ao juiz da causa, em homenagem aos princípios constitucionais do contraditório e da ampla defesa, reabrir a instrução processual, possibilitando que os acusados fizessem novas perguntas às testemunhas de defesa após a coleta das declarações do colaborador-testemunha. [...]

É equivocada a alegação de que o colaborador [...] poderia ser ouvido na condição de testemunha referida, na forma do art. 209, §1º, do CPP. Corrobora o desacerto dessa afirmação a circunstância de o Juízo Federal ter invocado esse dispositivo, sem indicar qual a testemunha que, no decorrer da instrução processual, teria mencionado o nome do referido colaborador.

[...] A possibilidade de o magistrado realizar atividade probatória é excepcional, complementar e específica, *vinculada ao aprofundamento vertical de tema determinado, desde que a linha argumentativa tenha sido apresentada por uma das partes, para o fim de dirimir dúvida sobre ponto relevante*. Ao magistrado é vedada a ampliação horizontal do conjunto de provas, isto é, exercer atividade probatória ampliativa ou inovadora, para além dos limites cognitivos estabelecidos pelas partes. Do contrário, adota postura incompatível com a Constituição Federal. É que, por definição, no processo penal de estrutura acusatória, além da distinção entre acusação e defesa, a gestão da prova é atividade atribuída às partes. [...] Em termos práticos, nada impede que, no curso da instrução criminal, o magistrado admita, de modo excepcional, a possibilidade de oitiva de uma testemunha de acusação, ou de um informante, que justificadamente não foi arrolado na denúncia, especialmente em se tratando de testemunhas referidas, na forma do art. 209, §1º, do CPP. Igualmente, a legislação permite que, na fase do art. 402 do CPP, sejam produzidas diligências complementares, a partir de fatos e circunstâncias identificados no depoimento de testemunhas ou no interrogatório dos acusados. No entanto, cuida-se de instrumentos que devem ser utilizados com a devida parcimônia, sempre de maneira excepcional, até mesmo porque representam desvios do rito estabelecido na legislação processual penal. [...] A defesa arguiu a nulidade na primeira oportunidade em que se manifestou nos autos, sendo, ainda, evidente o prejuízo a que foi submetida, na medida em que, como afirmou o próprio órgão de acusação ao solicitar a oitiva do colaborador, o depoimento de [...] era essencial para a comprovação do envolvimento dos acusados nos crimes descritos na denúncia. [...] Exigir qualquer coisa além disso, sob a alegação de que a nulidade é relativa e pressupõe comprovação rigorosa do prejuízo sofrido pela defesa, corresponderia ao completo esvaziamento do sistema de nulidades previsto na legislação processual penal. [...] Concessão de ordem de habeas corpus de ofício, para anular o processo a partir da oitiva do informante, determinando o prosseguimento da instrução de acordo com a ordem do art. 400 do CPP (inquirição das testemunhas arroladas pela acusação e pela defesa, nesta ordem).*(Agravo Regimental no Recurso Extraordinário nº 1.310.109, STF, 2ª Turma, por unanimidade, negou provimento ao agravo regimental, nos termos do voto do Relator e, por maioria, concedeu ordem de habeas corpus de ofício, Rel. Min. Edson Fachin, julgamento final em 12.3.2024, publicado no DJ em 10.5.2024)*

155.7. [...] a colaboração premiada constitui meio para a obtenção de provas, e a denúncia calcada exclusivamente na palavra dos colaboradores premiados, sem a corroboração por elementos externos à própria delação, assim como ocorreu no caso em apreço, enseja o trancamento da ação penal por ausência de justa causa, conforme determina o art. 4º, § 16, III, da Lei 12.850/2013. Precedentes do STF e STJ. [...] Não se admite a utilização da corroboração cruzada/recíproca, conforme entendimento firmado pelo Supremo Tribunal Federal no julgamento dos Embargos de Declaração na Ação Penal 1.015/DF, *in verbis*: "a jurisprudência do STF proíbe o uso da corroboração cruzada, ou seja, a utilização dos depoimentos de colaboradores como elementos de validação das declarações apresentadas por outros colaboradores, sob pena de se admitir uma tautologia no sistema de validação racional das provas" [...] *(Agravo Regimental no Recurso Especial nº 2.097.217-RJ, STJ, 6ª Turma, Rel. Min. convocado Jesuíno Rissato, sessão virtual de 16.4.2024 a 22.4.2024, publicado no DJ em 25.4.2024)*

155.7. [...] 2. O acordo celebrado com o Ministério Público Federal é negócio jurídico personalíssimo, tendo valor somente entre as partes envolvidas. Possui, assim, natureza jurídica de *delatio criminis*, constituindo meio de obtenção de provas.

3. A jurisprudência dos Tribunais superiores é firme quanto à ausência de legitimidade, *em regra*, para requerer a rescisão de acordo de colaboração celebrado por terceiro, mesmo que tenha sido expressamente nominado na delação.

4. Excepcionalmente, em casos de flagrante ilegalidade ou de teratologia no juízo de homologação do acordo, o STF admite que o juiz, de ofício, reconheça a nulidade da decisão. Não é, contudo, o caso dos autos.

5. Os fatos ilícitos para os quais o colaborador teria concorrido estão relacionados aos fatos sob investigação. São também aqueles sobre os quais se comprometeu a falar, conforme o artigo 3º-C, § 3º, da Lei nº 12.850/13. Qualquer contradição ou omissão deve ser examinada no contexto geral das provas e dos elementos de corroboração apresentados nos autos. Se, ajuizada a ação penal, forem produzidas as provas em juízo, a parte poderá impugnar a validade do que foi narrado, com absoluta garantia do contraditório e da ampla defesa. [...] (Agravo Regimental na Petição nº 16.280-DF, STJ, Corte Especial, Rel. Min. Maria Isabel Gallotti, sessão virtual de 3.4.2024 a 9.4.2024, publicado no DJ em 17.4.2024)

155.7.[...] 8. Conforme destacado pelo Tribunal de origem, verificou-se a inidoneidade da alegação defensiva de ausência de voluntariedade nos acordos de colaboração premiada, tendo em vista que a defesa não logrou êxito em comprovar referida alegação, ressaltando-se que os advogados de todos os colaboradores reiteraram em sustentação oral que os delatores foram e são assistidos, tendo ciência dos termos de acordo e os firmado de forma livre, consciente e voluntária, tendo a Des. relatora indagado aos delatores reiteradas vezes sobre a vontade livre e consciente de realizar os acordos, sempre na presença dos advogados.

9. A pretensão de que seja reconhecida a ilicitude das delações premiadas dos coacusados, alegando-se, para tanto, violação ao princípio da voluntariedade e à legitimidade dos funcionários para negociar bens da empresa, demanda revolvimento aprofundado de fatos e provas, o que é inviável perante a via estreita do *habeas corpus*. Precedentes.

10. Esta Corte firmou entendimento no sentido de que "O réu delatado, por força da ampla defesa, tem o direito de contraditar as imputações feitas no acordo de colaboração premiada, mas não tem legitimidade nem interesse jurídico em impugnar o acordo em si mesmo, suas cláusulas e os benefícios estipulados" (AgRg no HC n. 566.041/PR, relator Ministro Felix Fischer, Quinta Turma, julgado em 18/8/2020, DJe de 4/9/2020). [...] *(Agravo Regimental no Habeas Corpus nº 829.160-SC, STJ, 6ª Turma, Rel. Min. convocado Jesuíno Rissato, sessão virtual de 20.2.2024 a 26.2.2024, publicado no DJ em 1º.3.2024)*

155.7. [...] No ambiente da Colaboração Premiada, embora incida a lógica civilista própria dos negócios jurídicos, deve-se calibrar a interpretação prevalecente em face do interesse público subjacente, tendo em vista os limites quanto à disponibilidade do objeto do ação penal [culpa e punição], dentro dos limites das balizas normativas [Lei 12815/13, art. 3º, § 7º-A e art. 4º], com a criação de salvaguardas aptas à garantia das condições formais e materiais quanto à manifestação válida da autonomia privada, da boa-fé objetiva e da Justiça/Equilíbrio contratual, isto é, da construção de indicadores de suporte ao Devido Processo Penal Negocial.

Ao mesmo tempo que o controle dos atos negociais orienta-se pelo suporte civilista, a partir da boa-fé objetiva, as normas processuais penais estabelecem a autoridade competente, o objeto e a forma da homologação, com a expressa ressalva da possibilidade de exclusão, ressalva e/ou ajuste por parte da autoridade judiciária competente para o ato judicial de homologação da proposta. Daí que há necessário diálogo de fontes [penais, processuais, civis, administrativas etc.] na interseção do objeto e da execução/cumprimento da proposta do acordo de Colaboração Premiada que, por ser condicional, subordina-se ao trânsito em julgado da sentença penal condenatória.

Os legitimados [ativo e passivo] devem observar as normas procedimentais [Lei 12850/13; CPP; art. 381; CP, art. 91 e 91-A] e os limites e restrições estabelecidos na legislação específica de modo cogente. Do contrário, prevaleceria a livre disposição do legitimado ativo [Ministério Público ou Delegado de Polícia] quanto ao objeto negociado, situação incompatível com o previsto no art. 4º da Lei 12.850/13 e os limites democráticos quanto à disponibilidade da ação penal pelo Ministério Público que, diferentemente do modelo do *plea barganing*, encontra balizas normativas definidas e obrigatórias.

O resultado do procedimento de negociação materializa-se por meio de acordo escrito [com anexos ordenados pela defesa], seguido de decisão judicial homologatória da proposta pela autoridade judiciária, momento em que exerce o controle de conformidade [material e formal] quanto aos termos do acordo que, a teor do art. 121 do Código Civil, subordina o efeito do negócio jurídico a evento futuro e incerto, ou seja, à prolação de futura sentença penal condenatória, ocasião em que a autoridade judicial sentenciante verificará o desempenho obtido pelo colaborador em relação à proposta homologada, com a aplicação parcial ou total do benefícios anteriormente acordados, nos termos do art. 4º da Lei 12850/13. [...]. *(Petição nº 6.474-Mérito, STF, 2ª Turma, Rel. Min. Edson Fachin, por maioria, sessão virtual final de 23.6.2023 a 30.6.2023, publicado no DJ em 10.10.2023)*

155.7. [...] Com o advento da Lei n. 13.964/2019 (pacote anticrime), restou positivada a vedação de recebimento da denúncia tendo como fundamento somente as palavras do colaborador, bem como da delação de fatos que não tenham contado com a participação direta do delator, conforme atual redação da Lei n. 12.850/13. [...] *(Agravo Regimental no Recurso em Habeas Corpus nº 176.938-SP, STJ, 5ª Turma, Rel. Min. Messod Azulay Neto, julgado em 24.10.2023, publicado no DJ em 6.11.2023)*

155.7. [...] 1. O aperfeiçoamento do combate à corrupção no serviço público foi uma grande preocupação do legislador constituinte, ao estabelecer, no art. 37 da Constituição Federal, verdadeiros códigos de conduta à Administração Pública e aos seus agentes, prevendo, inclusive, pela primeira vez no texto constitucional, a possibilidade de responsabilização e aplicação de graves sanções pela prática de atos de improbidade administrativa (art. 37, § 4º, da CF).

2. A Constituição de 1988 privilegiou o combate à improbidade administrativa, para evitar que os agentes públicos atuem em detrimento do Estado, pois, como já salientava Platão, na clássica obra REPÚBLICA, a punição e o afastamento da vida pública dos agentes corruptos pretendem fixar uma regra proibitiva para que os servidores públicos não se deixem induzir por preço nenhum a agir em detrimento dos interesses do Estado.

3.O combate à corrupção, à ilegalidade e à imoralidade no seio do Poder Público, com graves reflexos na carência de recursos para implementação de políticas públicas de qualidade, deve ser prioridade absoluta no âmbito de todos os órgãos constitucionalmente institucionalizados.

4. Exatamente, em respeito à finalidade de garantir a eficácia no combate à improbidade administrativa, a LIA deve ser interpretada no contexto da evolução do microssistema legal de proteção ao patrimônio público e de combate à corrupção e com absoluta observância ao princípio constitucional da eficiência, consagrado no caput do art. 37 da Constituição Federal e que impõe a todos os agentes públicos, inclusive aos membros do Ministério Público e magistrados, o dever de sempre verificar a persecução do bem comum, por meio do exercício de suas competências de forma imparcial, neutra, transparente, eficaz, sem burocracia, buscando qualidade, primando pela adoção dos critérios legais e morais necessários para a melhor utilização possível dos recursos públicos, de maneira a evitar desperdícios e a garantir uma maior rentabilidade social do exercício da jurisdição, da efetiva prestação jurisdicional.

5. Assim como a Lei Federal 8.429/1992 visou ao aperfeiçoamento do combate à corrupção no serviço público, no mesmo momento histórico, na esfera penal, encontram-se notáveis esforços do legislador brasileiro dirigidos ao enfrentamento de tais condutas, como lavagem de dinheiro, sonegação fiscal, falsidades documentais, e outros delitos contra a Administração Pública, notadamente quando praticados por meio de organização criminosa. Nesse contexto, incorporou-se ao ordenamento brasileiro, por meio da edição de diversas leis, o instituto da delação premiada, posteriormente renomeada para colaboração premiada.

6. Importante realçar que o legislador brasileiro, quando editou a Lei 12.850/2013, pela qual se estabeleceu o conceito de organização criminosa, dispôs que não é qualquer delação que permitirá o benefício de redução da pena ou de perdão judicial, mas somente aquela que produzir os resultados previstos nos incisos do artigo 4º da norma. Importante, ainda, salientar, a respeito da Lei 12.850/2013, que o inciso I do art. 3º do capítulo II estatui ser a colaboração premiada meio de obtenção de prova. Essa natureza jurídica específica é importante para diferenciar a colaboração premiada das hipóteses de justiça consensual ou negocial, como por exemplo a transação penal e o próprio acordo de não persecução, que com ela não se confunde. Em voto na PET 7074-QO/DF, destaquei que o instituto possui natureza jurídica de meio de obtenção de

prova, cujo resultado poderá beneficiar o agente colaborador/delator desde que adimplidas as obrigações por ele assumidas e que advenha um ou mais dos resultados indicados na lei, favoráveis à repressão ou prevenção das infrações.

7. Assim, a colaboração premiada, que pode infundir no ânimo do colaborador o desejo de contribuir para a comprovação da materialidade e autoria do delito, mostra-se como valioso instrumento a ser utilizado, também, em instâncias outras, diversas da penal, em especial, quando envolvido o interesse público e o combate à corrupção.

8. O microssistema legal de combate à corrupção, a partir de 1992, evoluiu, de forma clara, específica e objetiva, no sentido de propiciar meios facilitadores à repressão e à prevenção de ilícitos, sobretudo quando ofensivos a interesses supraindividuais e preordenados a causar dano ao patrimônio público.

9. Notadamente, no caso sob exame, em que envolvidas mais de 24 pessoas físicas e jurídicas organizadas em complexa estrutura criminosa e com o objetivo comum de obter vantagem patrimonial, por meio de ajustes de corrupção com grandes empresários sujeitos à fiscalização tributária, revelados na denominada Operação Publicano, a utilização do acordo de colaboração premiada mostra-se de grande valia para se obterem as provas necessárias à comprovação dos delitos e o desbaratamento da organização criminosa.

10. A lesão ao erário causa graves reflexos na carência de recursos para implementação de políticas públicas de qualidade. Não por outra razão é que a reparação integral do dano ao patrimônio público, além de figurar no rol das sanções estabelecidas no art. 12 da Lei 8.429/1992, também é consequência civil do ato ilícito. Reafirma ainda esse entendimento o teor do parágrafo 2º do art. 17 da LIA, que se manteve inalterado mesmo com a edição da Lei 13.964/2019, onde se lê que A Fazenda Pública, quando for o caso, promoverá as ações necessárias à complementação do ressarcimento do patrimônio público. Assim, não há como transigir a respeito dessa obrigação, consentindo com sua inserção entre os benefícios a serem estendidos àquele que colabora com as investigações no contexto da ação de improbidade decorrente do dano causado. Assim sendo, o acordo de colaboração poderá ser homologado pelo juiz, desde que não isente o colaborador de ressarcir os danos causados, ainda que a forma de como se dará a indenização possa ser objeto de negociação.

11. Outra importante questão diz respeito à colaboração premiada no âmbito civil, em ação civil pública por ato de improbidade administrativa movida pelo Ministério Público, em face da legitimidade concorrente para a propositura da ação.

12. O art. 17-A, que seria acrescido à Lei 8.429/1992 pela Lei 13.964/2019, foi totalmente vetado pelo Presidente da República. Assim, em face do veto aposto ao art. 17-A, que não foi derrubado pelo Congresso Nacional, tem-se que eventuais acordos de colaboração premiada, para serem utilizados em ação civil pública por ato de improbidade administrativa, devem contar com a participação do Ministério Público e da pessoa jurídica de direito público interessada, porém, como interveniente. O posicionamento do interveniente não impedirá a celebração da colaboração premiada pelo Ministério Público, porém deverá ser observada e analisada pelo magistrado no momento de sua homologação. *[...] Tese de repercussão geral: É constitucional a utilização da colaboração premiada, nos termos da Lei 12.850/2013, no âmbito civil, em ação civil pública por ato de improbidade administrativa movida pelo Ministério Público, observando-se as seguintes diretrizes: (1) Realizado o acordo de colaboração premiada, serão remetidos ao juiz, para análise, o respectivo termo, as declarações do colaborador e cópia da investigação, devendo o juiz ouvir sigilosamente o colaborador, acompanhado de seu defensor, oportunidade em que analisará os seguintes aspectos na homologação: regularidade, legalidade e voluntariedade da manifestação de vontade, especialmente nos casos em que o colaborador está ou esteve sob efeito de medidas cautelares, nos termos dos §§ 6º e 7º do artigo 4º da referida Lei 12.850/2013. (2) As declarações do agente colaborador, desacompanhadas de outros elementos de prova, são insuficientes para o início da ação civil por ato de improbidade; (3) A obrigação de ressarcimento do dano causado ao erário pelo agente colaborador deve ser integral, não podendo ser objeto de transação ou acordo, sendo válida a negociação em torno do modo e das condições para a indenização; (4) O acordo de colaboração deve ser celebrado pelo Ministério Público, com a interveniência da pessoa jurídica interessada e devidamente homologado pela autoridade judicial; (5) Os acordos já firmados somente pelo Ministério Público ficam preservados até a data*

deste julgamento, desde que haja previsão de total ressarcimento do dano, tenham sido devidamente homologados em Juízo e regularmente cumpridos pelo beneficiado". (Recurso Extraordinário com Agravo nº 1.175.650-Mérito, STF, Plenário, Rel. Min. Alexandre de Moraes, sessão virtual final de 23.6.2023 a 30.6.2023, publicado no DJ em 5.10.2023)

155.7. [...] III – A melhor compreensão hermenêutica do § 2º do art. 7º da Lei n. 12.850/2013 determina que, antes mesmo da retirada do sigilo, será assegurado ao defensor, no interesse do delatado, amplo acesso aos elementos de prova que digam respeito ao exercício do direito de defesa, devidamente precedido de autorização judicial e ressalvadas as diligências em andamento. IV – É direito da defesa técnica obter acesso às diligências já realizadas e documentadas nos autos, bem como aos autos de Homologação de Acordo de Colaboração Premiada, a fim de garantir ao terceiro delatado o exercício do contraditório e da ampla defesa. V – Agravo regimental a que se nega provimento. (Agravo Regimental na Reclamação nº 57.311, STF, 1ª Turma, Rel. Min. Cristiano Zanin, julgado em 28.8.2023, publicado no DJ em 1º.9.2023)

155.7. [...] 1. O acordo de colaboração premiada possui natureza jurídica de negócio jurídico processual personalíssimo, cujo impacto na esfera de direitos de terceiros, inclusive dos delatados, é remoto, reflexo, na medida em que o instrumento é incapaz de, sozinho, legitimar a concessão de medidas cautelares reais ou pessoais, o recebimento da denúncia ou a prolação de eventual sentença condenatória (Lei 12.850/2013, art. 4º, § 16).

2. Em consequência, conforme entendimento pacífico do Superior Tribunal de Justiça, ainda que expressamente mencionado ou acusado pelo delator em suas declarações, o delatado não tem legitimidade ativa para questionar a validade do acordo celebrado, sem prejuízo da discussão oportuna quanto ao conteúdo das declarações prestadas e dos elementos de corroboração apresentados pelo colaborador ou colhidos pela autoridade. No mesmo sentido é o entendimento do Supremo Tribunal Federal.

3. Nos termos do acordo de colaboração premiada, o colaborador era obrigado a revelar os atos criminosos de que tivesse conhecimento, apresentando ao Ministério Público Federal todos os documentos e provas em seu poder, sem sonegar a verdade, sob pena de rescisão do acordo, com a negativa de acesso aos benefícios pactuados, mas sem prejuízo da manutenção da validade das provas anteriormente apresentadas. Dessa forma, a imputação de má-fé decorrente da suposta sonegação de informações e documentos pelo colaborador, nem sequer evidente, não alcança o plano da validade do negócio jurídico, mas sim o plano da eficácia (Lei 12.850/2013, art. 4º, § 17), falecendo ao delatado legitimidade ativa para questionar o comportamento das partes da avença, prerrogativa exclusiva dos celebrantes.

4. Homologado o acordo de colaboração premiada pelo Supremo Tribunal Federal, sobreveio o declínio de competência para que as instâncias ordinárias promovessem a investigação dos diversos anexos, acolhendo o pedido da Procuradoria-Geral da República ali oficiante. Recebido um dos anexos pelo Ministério Público local, a efetiva utilização dos meios de prova apresentados pelo colaborador pressupõe adesão aos termos do acordo, decisão legitimamente precedida por tratativas e cujo resultado pode importar a obtenção de novas declarações e provas, que constituem a própria essência da atividade investigativa. Inexiste usurpação de atribuição da Procuradoria-Geral da República pelo MPRJ, pois o robustecimento das declarações e provas abrangidas pelo anexo do acordo de colaboração surge como decorrência direta do declínio de competência requerido pelo próprio *Parquet* celebrante.

5. Ao prestar depoimento perante o MPRJ, em procedimento investigativo decorrente do declínio de competência para apurar os fatos narrados no anexo da colaboração premiada, o colaborador foi além do âmbito inicial da investigação, trazendo informações sobre a suposta continuidade da empreitada criminosa, envolvendo então crimes alegadamente praticados em razão e no exercício do cargo de Vice-Governador de Estado.

6. Conforme entendimento pacífico do Supremo Tribunal Federal e do Superior Tribunal de Justiça, a simples menção a fatos delituosos supostamente praticados por autoridades detentoras de foro por prerrogativa de função não acarreta a suspensão da medida probatória legitimamente em curso – seja esta depoimento (judicial, ministerial ou policial), interceptação telefônica ou busca e apreensão –, pois o reconhecimento da competência ratione personae exige a presença de indícios concretos, aferíveis apenas após a conclusão do ato. Raciocínio em sentido diverso, a exigir a pronta sustação da medida probatória em andamento, inviabilizaria, na práti-

ca, a existência do fenômeno da serendipidade, com o encontro fortuito da prova. Inviabilizada está, todavia, a prática de novos atos probatórios, pois o aprofundamento da investigação envolvendo titular de foro por prerrogativa de função compete ao respectivo Tribunal competente. [...] *(Agravo Regimental na Petição na Petição nº 15.392-DF, STJ, Corte Especial, Rel. Min. Raul Araújo, julgado em 16.8.2023, publicado no DJ em 30.8.2023)*

155.7. [...] O conteúdo das declarações do colaborador premiado, diante do interesse na confirmação dos termos do acordo para obtenção dos benefícios acordados [redução ou isenção da pena; regime de cumprimento mais brando; imunidades – Lei 12.850/13; art. 4º], exige a criação de salvaguardas epistêmicas relacionadas à presunção de desconfiança quanto ao conteúdo enunciado. A obtenção dos benefícios pelo colaborador vincula-se ao valor judicial atribuído aos dados e informações entregues e utilizados em ações penais contra terceiros, o que demonstra a existência de manifesto ânimo de autoexculpação ou de heteroinculpação [Lição Jordi Nieva Fenoll]. O valor de verdade atribuído aos dados e informações entregues pelo colaborador dependem, necessariamente, de fontes autônomas e independentes, submetidas ao contraditório significativo em processo judicial munido das garantias constitucionais, estabelecido por autoridade judiciária. *(Inquérito nº 4.671-Mérito, STF, 2ª Turma, Rel. Min. Edson Fachin, por maioria, sessão virtual de 31.3.2023 a 12.4.2023, publicado no DJ em 15.6.2023)*

155.7. [...] 2. Em consequência, conforme entendimento pacífico do Superior Tribunal de Justiça, ainda que expressamente mencionado ou acusado pelo delator em suas declarações, o delatado não tem legitimidade ativa para questionar a validade do acordo celebrado, sem prejuízo da discussão oportuna quanto ao conteúdo das declarações prestadas e dos elementos de corroboração apresentados pelo colaborador ou colhidos pela autoridade. No mesmo sentido é o entendimento do Supremo Tribunal Federal.

3. Em hipóteses excepcionais, a Segunda Turma do Supremo Tribunal Federal reconheceu a legitimidade ativa do delatado, quando em discussão questões cruciais, a exemplo da incompetência do órgão jurisdicional responsável pela homologação do acordo (HC 151605, Relator(a): Gilmar Mendes, Segunda Turma, julgado em 20/03/2018) ou da atuação abusiva do órgão acusatório, a comprometer a credibilidade das informações (HC 142205, Relator(a): GILMAR MENDES, Segunda Turma, julgado em 25/08/2020).

4. No caso dos autos, o delatado afirma presente vício de natureza meramente formal, relativo à suposta obrigatoriedade da gravação audiovisual dos atos de colaboração e dos depoimentos prestados pelo colaborador, invocando a redação do art. 4º, § 13, da Lei 12.850/2013, trazida pela Lei 13.964/2019, a qual nem sequer vigia ao tempo do negócio jurídico. Alegação que não se adéqua à excepcionalidade identificada nos precedentes da Suprema Corte. Ilegitimidade ativa do delatado. [...] *(Agravo Regimental na Petição nº 15.635-DF, STJ, Corte Especial, Rel. Min. Raul Araújo, julgado em 16.8.2023, publicado no DJ em 30.8.2023)*

155.7. [...] "Conforme já anunciado pelo Plenário do Supremo Tribunal Federal, o conteúdo dos depoimentos colhidos em colaboração premiada não é prova por si só eficaz, tanto que descabe condenação lastreada exclusivamente neles, nos termos do art. 4º, § 16, da Lei 12.850/2013. São suficientes, todavia, como indício de autoria para fins de recebimento da denúncia (Inq 3.983, Rel. Min. TEORI ZAVASCKI, Tribunal Pleno, DJe de 12.05.2016)" (STF, Inq 3.982, Rel. Ministro EDSON FACHIN, SEGUNDA TURMA, julgado em 7/3/2017, DJe 05/06/2017). [...] *(Agravo Regimental no Recurso em Habeas Corpus nº 152.153-MG, STJ, 6ª Turma, Rel. Min. Laurita Vaz, sessão virtual de 16.5.2023 a 22.5.2023, publicado no DJ em 26.5.2023)*

155.7. [...] 1. O acordo de colaboração premiada é um meio de obtenção de prova (art. 3º da Lei 12.850/2013), e assim como ocorre em outros meios de obtenção de prova, como a interceptação telefônica, o contraditório é diferido e deverá ser realizado durante a ação penal, com amplas possibilidades de demonstrar eventual falsidade, erros ou exageros das declarações prestadas pelo colaborador. Haverá, portanto, total possibilidade de impugnação das afirmações e informações apresentadas pelo colaborador.

2. O interesse processual do colaborador está direta e intimamente ligado à obtenção da condenação do delatado pelo Ministério Público. O colaborador precisa da condenação baseada em informações eficazes que tenha fornecido na delação e que, concretamente, tenham possibilitado a obtenção de provas para sustentar a sentença condenatória; pois se a colaboração não for eficaz, o delator não fará jus aos benefícios prometidos.

3. A relação de antagonismo entre as versões da acusação, do colaborador e da defesa não deixa dúvidas sobre quem tem o direito de falar por último. A relação COLABORADOR X DELATADO é de antagonismo, é de contradição, é de contraditório. Trata-se de situação diversa daquela tratada pelo Código de Processo Penal em relação aos corréus.

4. O delatado tem o direito de falar por último sobre todas as imputações que possam levar à sua condenação. O direito de falar por último está contido no exercício pleno da ampla defesa englobando a possibilidade de refutar todas, absolutamente todas as informações, alegações, depoimentos, insinuações, provas e indícios em geral que possam, direta ou indiretamente, influenciar e fundamentar uma futura condenação penal, entre elas as alegações do delator. [...] *(Habeas Corpus nº 166.373-Mérito, STF, Plenário, Rel. Min. Edson Fachin, julgamento final em 30.11.2022, publicado no DJ em 8.5.2023)*

155.7. [...] O conteúdo da colaboração premiada deve ser corroborado por indicadores de realidade independentes, robustos e suficientes às inferências quanto ao valor de verdade da Hipótese Acusatória [HAc]. Não supera a exigência de justa causa a mera indicação de documentos unilaterais, sem vínculo ou participação dos investigados na produção, nem encontros ou contatos circunstanciais entre os envolvidos. Diante do interesse negocial intrínseco do colaborador, afirmações unilaterais perdem tração probatória, motivo pelo qual se exige a apresentação incremental de prova válida e sólida quanto à dinâmica factual descrita. Ausente suporte mínimo, a denúncia deve ser rejeitada. *(Embargos de Declaração no Inquérito nº 4.215, STF, 2ª Turma, Rel. Min. Edson Fachin, por maioria, sessão virtual final de 24.3.2023 a 31.3.2023, publicado no DJ em 10.5.2023)*

155.7. [...] É ônus da defesa requerer o acesso aos termos de colaboração premiada ao juiz que supervisiona as investigações. O acesso deve ser garantido desde que haja pertinência, ou seja, que do ato de colaboração conste imputação de responsabilidade criminal ao requerente, e desde que não se refira à diligência em andamento. [...] O investigado não detém direito subjetivo a acessar informações associadas a diligências em curso ou em fase de deliberação. [...] *(Agravo Regimental no Habeas Corpus nº 166.371, STF, Plenário, Rel. Min. Edson Fachin, por maioria, sessão virtual de 9.12.2022 a 16.12.2022, publicado no DJ em 25.4.2023)*

155.7. [...] A mera declaração de colaborador premiado, isolada no vasto conjunto de provas reunidas nos autos, de que valores ilícitos teriam sido empregados para arrostar dívidas eleitorais não é suficiente para concluir haver a possibilidade, quando mesmo fugidia, de que se esteja diante de crime eleitoral. [...] A declaração de competência da Justiça Eleitoral com base somente em declarações de colaboradores premiados, testemunhas e investigados ou acusados, sem lastro probatório documental mínimo que as corroborem, sinaliza a relevante probabilidade de que as ações penais, uma vez anuladas e encaminhadas à Justiça Eleitoral, retornem posteriormente à Justiça Federal comum, com perda irreparável da atividade jurisdicional anterior e riscos significativos à legítima pretensão punitiva do Estado em virtude de prescrições. [...] Razões de ordem meramente pragmática ou consequencialista realmente não devem prevalecer sobre as regras constitucionais de fixação de competência material, as quais são de ordem pública e de natureza absoluta. [...] *(Agravo Regimental no Habeas Corpus nº 724.799-PR, STJ, 5ª Turma, Rel. Min. convocado Jesuíno Rissato, julgado em 14.2.2023, publicado no DJ em 21.3.2023)*

155.7. [...] Nos termos do art. 7º da Lei n. 12.850/2013, o sigilo obrigatório do acordo de colaboração premiada deve perdurar da sua distribuição (caput) até o recebimento da denúncia ou da queixa-crime (§ 3º), autorizando-se o acesso aos autos, nesse interregno, somente ao Ministério Público, à polícia e a terceiros eventualmente delatados (§ 2º). *(Agravo Regimental nos Embargos de Declaração na Ação Penal nº 953-DF, STJ, Corte Especial, Rel. Min. Og Fernandes, julgado em 16.11.2022, publicado no DJ em 2.12.2022)*

155.7. [...] O Plenário desta Corte, no julgamento do HC 127.423, Min. Dias Toffoli, fixou entendimento no sentido de que, "[p]or se tratar de negócio jurídico personalíssimo, o acordo de colaboração premiada não pode ser impugnado por coautores ou partícipes do colaborador na organização criminosa e nas infrações penais por ela praticadas, ainda que venham a ser expressamente nominados no respectivo instrumento no 'relato da colaboração e seus possíveis resultados' (art. 6º, I, da Lei nº 12.850/13). De todo modo, nos procedimentos em que figurarem como imputados, os coautores ou partícipes delatados — no exercício do contraditório — poderão confrontar, em juízo, as declarações do colaborador e as provas por ele indicadas, bem como impugnar, a qualquer tempo, as medidas restritivas de direitos fundamentais eventualmente adotadas em seu desfavor". [...] *(Agravo Regimental no Habeas Corpus nº 217.396, STF, 1ª Turma, Rel. Min. Roberto Barroso, sessão virtual de 21.10.2022 a 28.10.2022, publicado no DJ em 21.11.2022)*

155.7. [...] 1. O combate à moderna criminalidade organizada, em razão de suas características – em especial, o alto poder de intimidação por meio da lei do silêncio (omertà das organizações mafiosas) e a cultura da supressão de provas –, requer a adoçao de meios excepcionais de investigação, diante da insuficiência dos métodos tradicionais.

2. Os desafios impostos por esta nova forma de criminalidade deram ensejo ao aprofundamento do modelo consensual de justiça na seara criminal, no qual se insere o acordo de colaboração premiada, cuja natureza de negócio jurídico processual bilateral e personalíssimo já foi reforçada pelo STF (HC n. 127.483, relator Ministro Dias Toffoli, Tribunal Pleno, DJe de 3/2/2016).

3. Neste novo modelo, respeitadas as balizas legais, a autonomia da vontade das partes, permeada pelo princípio da boa-fé objetiva e pelo dever de lealdade, adquire especial relevo. Deve ser superada a tradicional visão de que, por tratar de interesses indisponíveis, o processo penal encontra-se imune à autonomia privada da vontade.

4. Na seara penal, a própria Constituição da República de 1988, ao prever a criação dos juizados especiais criminais, com a expressa admissão da transação penal (art. 98, I), chancelou a viabilidade do modelo consensual de justiça.

5. Isso não significa que a adoção desse novo modelo de justiça negocial confere liberdade ampla às partes, notadamente em razão da presença do Estado em um dos polos da avença e do inegável interesse público subjacente ao processo penal.

6. Esta discricionariedade regrada dos órgãos de investigação nas tratativas dos acordos dá origem ao argumento da aparente violação do princípio da legalidade penal estrita, como uma das principais objeções à possibilidade de fixação de sanções penais atípicas.

7. Cumpre observar que o princípio da legalidade é uma garantia constitucional que milita em favor do acusado perante o poder de punir do Estado, não podendo ser usado para prejudicá-lo, sob pena de inversão da lógica dos direitos fundamentais.

8. O ponto sensível, ao que tudo indica, não constitui verdadeiramente a suposta violação do princípio da legalidade penal em si, mas sim o fato de que o colaborador é, em essência, um criminoso e, sendo assim, não pode gozar de benefícios não previstos em lei, que sejam aptos, por via reflexa, a prejudicar a esfera jurídica de terceiros (delatados).

9. No entanto, o direito constitucional ao contraditório e à ampla defesa (art. 5º, LV), assegurado a todos os investigados, desdobra-se no direito à informação, no direito de manifestação e no direito de ver seus argumentos considerados, mas não na prerrogativa de afetar negativamente a situação jurídica de terceiros, especialmente daqueles que atuam em conformidade com a lei, colaborando com a Justiça.

10. Do ponto de vista do colaborador (igualmente investigado), a colaboração premiada também deflui diretamente do princípio da ampla defesa, conferindo-lhe maior amplitude. O inegável cálculo utilitarista de custo-benefício que o agente criminoso realiza ao colaborar com a Justiça compõe parte de sua estratégia defensiva, enriquecendo as potencialidades de sua mais abrangente defesa.

11. A colaboração premiada – embora muito discutida sob o enfoque ético – é um relevante e necessário instrumento de direito processual penal.

12. Existem mecanismos de controle destinados a evitar abusos, alguns deles já previstos na Lei n. 12.850/2013, tais como: i) a necessidade de homologação judicial (art. 4º, § 7º); ii) a renúncia ao direito ao silêncio e o compromisso de dizer a verdade (art. 4º, § 14); iii) a rescisão do acordo em caso de omissão dolosa sobre os fatos objeto da colaboração (art. 4º, § 17), iv) a obrigação de cessar o envolvimento em conduta ilícita (art. 4º, § 18); e v) a previsão do tipo penal do art. 19.

13. Há, sem dúvida, um equilíbrio delicado a ser alcançado. O sistema deve ser atrativo ao agente, a ponto de estimulá-lo a abandonar as atividades criminosas e a colaborar com a persecução penal. Ao mesmo tempo, deve evitar o comprometimento do senso comum de justiça ao transmitir à sociedade a mensagem de que é possível ao criminoso escapar da punição, "comprando" sua liberdade com informações de duvidoso benefício ao resultado útil do processo penal.

14. A melhor solução não parece repousar na vedação, em abstrato, dos benefícios atípicos, mas sim no cuidadoso sopesamento da extensão dos benefícios pactuados diante da gravidade do fato criminoso e da eficácia da colaboração, conforme previsão do art. 4º, § 1º, da Lei n. 12.850/2013.

15. Quanto à previsão de nulidade de cláusulas que alterem o critério de definição do regime inicial de cumprimento de pena ou os requisitos de progressão de regime (art. 4º, § 7º, II, da Lei n. 12.850/2013), o próprio legislador autorizou a fixação de benefícios mais amplos ao estabelecer que o juiz poderá conceder perdão judicial ou substituir a pena privativa de liberdade por pena restritiva de direitos (art. 4º, caput, da Lei n. 12.850/2013).

16. Se é possível extinguir a punibilidade dos crimes praticados pelo colaborador (perdão judicial) ou isentá-lo de prisão (substituição da pena), com mais razão seria possível aplicar-lhe pena privativa de liberdade com regime de cumprimento mais benéfico.

17. Não há invalidade, em abstrato, na fixação de sanções penais atípicas, desde que não haja violação da Constituição da República ou do ordenamento jurídico, bem como da moral e da ordem pública. Da mesma forma, em respeito às garantias fundamentais individuais, a sanção premial não pode agravar a situação jurídica do colaborador, com a fixação de penas mais severas do que aquelas previstas abstratamente pelo legislador. [...] *(Agravo Regimental os Embargos de Declaração na Petição nº 13.974 – DF, STJ, Corte Especial, Rel. Min. Nancy Andrighi, julgado em 5.10.2022, publicado no DJ em 28.11.2022)*

155.7. [...] 1. O Supremo Tribunal Federal assentou que o acordo de colaboração premiada é negócio jurídico processual, de modo que seu aperfeiçoamento pressupõe voluntariedade e ajuste de vontades das partes celebrantes.

2. Inexistente prévia obrigação legal ou contratual, não cabe ao Poder Judiciário determinar a celebração de ato negocial por quaisquer das partes, voluntário por essência.

3. Considerando o caráter acessório de eventual adição ou modificação de cláusula integrante de acordo de colaboração premiada, compete ao Juízo da homologação referendar as alterações ajustadas de forma voluntária entre as partes. À míngua de repactuação, é inexigível a pretendida redução de pena. [...] *(Agravo Regimental na Petição nº 5.245, STF, Plenário, Rel. Min. Edson Fachin, sessão virtual de 21.10.2022 a 28.10.2022, publicado no DJ em 22.11.2022)*

155.7. [...] 3. É possível a anulação e a declaração de ineficácia probatória de acordos de colaboração premiada firmados em desrespeito às normas legais e constitucionais.

4. O dever de sigilo profissional imposto ao advogado e as prerrogativas profissionais a ele asseguradas não têm em vista assegurar privilégios pessoais, mas sim os direitos dos cidadãos e o sistema democrático.

5. É ilícita a conduta do advogado que, sem justa causa, independentemente de provocação e na vigência de mandato, grava clandestinamente suas comunicações com seus clientes com objetivo de delatá-los, entregando às autoridades investigativas documentos de que dispõe em razão da profissão, em violação ao dever de sigilo profissional imposto no art. 34, VII, da Lei n. 8.906/1994.

6. O sigilo profissional do advogado é premissa fundamental para exercício efetivo do direito de defesa e para a relação de confiança entre defensor técnico e cliente.

7. O Poder Judiciário não deve reconhecer a validade de atos negociais firmados em desrespeito à lei e em ofensa ao princípio da boa-fé objetiva.

8. A conduta do advogado que, sem justa causa e em má-fé, delata seu cliente, ocasiona a desconfiança sistêmica na advocacia, cuja indispensabilidade para administração da justiça é reconhecida no art. 133 da Constituição Federal.

9. Ausente material probatório residual suficiente para embasar a ação penal, não contaminado pela ilicitude, inafastável o acolhimento do pedido de trancamento da ação penal.

10. Recurso provido para determinar o trancamento da ação penal. *(Recurso em Habeas Corpus nº 164.616–GO, STJ, 5ª Turma, Rel. Min. João Otávio Noronha, julgado em 27.9.2022, publicado no DJ em 30.9.2022)*

155.7. [...] Tratando-se de meio de obtenção de prova, os elementos da colaboração premiada devem receber o tratamento conferido ao encontro fortuito de provas, não constituem critério de determinação, modificação ou concentração de competência. [...] *(Agravo Regimental no*

RHC nº 158.824-PR, STJ, Rel. Ministro convocado Jesuíno Rissato, Redator do acórdão Ministro João Otávio de Noronha, julgado em 16.8.2022, publicado no DJ em 2.9.2022)

155.7. [...] 2. A Lei 12.850/2013 estipula que "o juiz poderá, a requerimento das partes, conceder o perdão judicial, reduzir em até 2/3 (dois terços) a pena privativa de liberdade ou substituí-la por restritiva de direitos daquele que tenha colaborado efetiva e voluntariamente com a investigação e com o processo criminal, desde que dessa colaboração advenha um ou mais dos seguintes resultados" (art. 4º, caput).

3. Dispõe também que "o juiz não participará das negociações realizadas entre as partes para a formalização do acordo de colaboração, que ocorrerá entre o delegado de polícia, o investigado e o defensor, com a manifestação do Ministério Público, ou, conforme o caso, entre o Ministério Público e o investigado ou acusado e seu defensor" (art. 4º, § 6º).

4. Como, de lege lata, não se mostra possível o enquadramento de pessoa jurídica como investigada ou acusada no tipo de crime de organização criminosa, também não seria razoável qualificá-la como ente capaz de celebrar o acordo de colaboração nela previsto, menos ainda em relação aos seus dirigentes.

5. O fator vontade do imputado vem previsto de forma expressa na lei, ao dispor que "Realizado o acordo na forma do § 6º, o respectivo termo, acompanhado das declarações do colaborador e de cópia da investigação, será remetido ao juiz para homologação, o qual deverá verificar sua regularidade, legalidade e voluntariedade, podendo para este fim, sigilosamente, ouvir o colaborador, na presença de seu defensor " (art. 4º, § 7º).

6. Destaca-se que "o Supremo Tribunal Federal, por seu Plenário, em voto da relatoria do Ministro Dias Toffoli, nos autos do HC 127.483/PR, assentou o entendimento de que a colaboração premiada, para além de técnica especial de investigação, é negócio jurídico processual personalíssimo, pois, por meio dele, se pretende a cooperação do imputado para a investigação e para o processo penal, o qual poderá redundar em benefícios de natureza penal premial, sendo necessário que a ele se aquiesça, voluntariamente, que esteja no pleno gozo de sua capacidade civil, e consciente dos efeitos decorrentes de sua realização" (APn 843/DF, [...] julgado em 06/12/2017, DJe 01/02/2018).

7. A interpretação das leis penais e processuais penais merece relevante atenção, por tratarem, em maior ou menor extensão, do direito de liberdade do cidadão. Essas normas, salvo se para beneficiar o investigado/acusado, ou em casos de normas efetivamente sem conteúdo penal, devem ser interpretadas de maneira a obedecer ao máximo o princípio da legalidade, sem extensões ou restrições em seu conteúdo.

8. Nessa compreensão, ou se tem uma colaboração premiada, baseada, por exemplo, na Lei 12.850/2013, com todas as suas regras gerais (de matiz voltada para o Direito Penal), ou um acordo de leniência, seja o da Lei 12.846/2013 ou mesmo o da Lei 12.529/2011, caso se pretenda a atuação em âmbito cível e administrativo. O que importa, ao fim e ao cabo, é que se observe a lei respectiva e seu conteúdo. Acordo de leniência não é acordo de colaboração premiada!

9. A forma e o rito constituem garantias do acusado e limites de poder. Em última análise, deve-se garantir que não ocorra a situação onde a ameaça de possível prisão (cautelar ou em virtude de condenação definitiva) pressione imputados delatados em prévio "acordo empresarial" (no qual eventualmente vai constar a cúpula gestora da sociedade) a aderir à uma verdadeira "colaboração por arrastamento", sob pena de macular a voluntariedade necessária à avença e, por consequência, a própria ação penal daí decorrente.

10. Diante do reconhecimento da ineficácia do acordo de colaboração premiada celebrado entre o Ministério Público e a empresa colaboradora, nulos também são os termos de adesão ao referido acordo. Restando nulificadas as "colaborações premiadas por adesão", e como aparentemente os referidos acordos restaram isoladas nos autos, sem notícia de outros elementos de convicção a instruir a denúncia, de rigor o trancamento da ação penal, por ausência de justa causa. Precedentes. Prejudicadas as demais teses defensivas.

11. Recurso em habeas corpus provido para declarar a ineficácia da colaboração premiada celebrada entre o Ministério Público de São Paulo e a empresa Comércio e Construtora Camargo Corrêa, bem como os termos de adesão ao referido acordo, celebrados por Alessandro Vieira Martins e Emílio Eugênio Auler Neto, anulando-se ainda as provas que, diretamente, derivam

do mencionado acordo e dos termos de adesão. Trancamento da ação penal n. 0004047-03.2019.8.26.0050 em relação ao recorrente (art. 648, I - CPP), com e feito extensivo (art. 580 – CPP). *(RHC nº 154.979-SP, STJ, 6ª Turma, Rel. Ministro convocado Olindo Menezes, julgado em 9.8.2022, publicado no DJ em 15.8.2022)*

155.7. [...] O mero inconformismo contra as cláusulas e termos do acordo de colaboração premiada, celebrado por terceiro (quem delata), não é passível de controle judicial em via de impugnação manejada por delatado. À Defesa do Paciente (o Delatado na espécie), todavia, é assegurado impugnar os elementos de autoria e materialidade decorrentes do que fora celebrado e que atingirem direta ou indiretamente sua esfera jurídica. Precedentes. [...] *(Habeas Corpus nº582. 678-RJ, STJ, 6ª Turma, Rel. Min. Laurita Vaz, julgado em 14.6.2022, publicado no DJ em 21.6.2022)*

155.7. [...] Ainda que se garanta à Defesa a prerrogativa de impugnar as provas oriundas de acordo de colaboração premiada firmado por terceiros, não é cabível aos Impetrantes questionarem genericamente as formalidades da celebração e seu conteúdo, notadamente na via eleita, de cognição sumária. Ademais, o momento processual em que a análise exauriente das informações substanciais fornecidas pelo Delator ocorre é no decorrer da instrução e da eventual prolação de decisão de mérito no feito principal, quando os elementos de autoria e materialidade provenientes de tais ajustamentos serão cotejados com as demais provas – e não em habeas corpus impetrado em instância jurisdicional superposta, sob pena de violação da partição constitucional de competências judiciais. [...] *(Habeas Corpus nº582.678-RJ, STJ, 6ª Turma, Rel. Min. Laurita Vaz, julgado em 14.6.2022, publicado no DJ em 21.6.2022)*

155.7. [...] o Código de Processo Penal não regulamenta o procedimento de formalização dos acordos de delação premiada; e d) a Lei n. 12.850/2013 não prevê, de forma expressa, que os meios de prova ali previstos incidem tão-somente nos delitos de organização criminosa; não há óbice a que as disposições de natureza majoritariamente processual previstas na referida Lei apliquem-se às demais situações de concurso de agentes (no que não for contrariada por disposições especiais, eventualmente existentes). A propósito, pelo Supremo Tribunal Federal, foram diversos os recebimentos de denúncias (Inq 4011, Rel. Ministro Ricardo Lewandowski, Segunda Turma, julgado em 12/06/2018, DJe 18/12/2018; Inq 3982, Rel. Ministro Edson Fachin, Segunda Turma, julgado em 07/03/2017, DJe 02/06/2017; v.g.), e houve inclusive condenação (AP 694, Rel. Ministra Rosa Weber, Primeira Turma, julgado em 02/05/2017, DJe 30/08/2017), lastreados em elementos probatórios oriundos de colaborações premiadas em que não houve a imputação específica ou condenação pelo crime de "promover, constituir, financiar ou integrar, pessoalmente ou por interposta pessoa, organização criminosa", previsto no art. 2.º da Lei n. 12.850/2013. [...] *(Habeas Corpus nº582.678-RJ, STJ, 6ª Turma, Rel. Min. Laurita Vaz, julgado em 14.6.2022, publicado no DJ em 21.6.2022)*

155.7. [...] Acordo de colaboração premiada. Adimplemento da dívida pela pessoa jurídica presidida pelo colaborador. Expressa previsão contratual. Impossibilidade de impugnação durante a contratualidade pela Procuradoria-Geral da República (subscritora do acordo). Comportamento contraditório. Risco de violação da boa-fé objetiva. Ausência de impugnação por terceiros ou pela empresa. Agravo não provido.

1. O colaborador possui direito subjetivo de cumprir sua parte no acordo e de receber os benefícios estabelecidos, devendo o Estado honrar com o compromisso assumido, em atenção aos princípios da segurança jurídica e da proteção da confiança. Precedentes.

2. O modelo de consenso no processo penal não pode limitar-se a uma racionalidade estritamente penal, de modo a justificar uma revisão tardia da avença, sem o consenso das partes.

3. O posicionamento da Procuradoria-Geral da República ao impugnar pagamentos em moldes que estavam expressamente previstos no acordo de colaboração e haviam sido aceitos pelo Parquet de primeiro grau revela comportamento contraditório e risco de violação da boa-fé objetiva.

4. A legitimidade dos pagamentos realizados pela pessoa jurídica da qual o colaborador é sócio e administrador é inequívoca no caso concreto, pois ele assinou o termo de acordo no qual consta expressamente a cláusula que previa tal possibilidade. A ausência de contestação dos pagamentos pela empresa ou por outros sócios revela a estabilidade e o cumprimento do acordo. Agravo regimental não provido. *(Agravo Regimental na Petição nº 6.564-DF, STF, Rel. Min. Dias Toffoli, unânime, julgado na sessão virtual de 10.12.2021 a 17.12.2022, publicado em 2.5.2022)*

155.7. [...] 1. Nos termos do entendimento formado no julgamento da ADI 5.508, a autoridade policial tem legitimidade para celebrar autonomamente acordo de colaboração premiada. Em voto vencido, assentada a negativa dessa faculdade. 2. Matéria novamente suscitada, em menor extensão, pela PGR. Considerada a estrutura acusatória dada ao processo penal conformado à Constituição Federal, a anuência do Ministério Público deve ser posta como condição de eficácia do acordo de colaboração premiada celebrado pela autoridade policial. Posicionamento de menor extensão contido no voto vencido proferido. Possibilidade de submeter a matéria ao mesmo Plenário a fim de que o entendimento majoritário seja confirmado ou eventualmente retificado. Em linha de coerência com o voto vencido, pela retificação do entendimento majoritário na extensão que pleiteia a PGR. 3. Questão preliminar suscitada pela Procuradoria-Geral da República acolhida para dar parcial provimento ao agravo regimental e tornar sem efeito, desde então, a decisão homologatória do acordo de colaboração premiada celebrado nestes autos, ante a desconformidade manifestada pelo Ministério Público e aqui acolhida. Eficácia *ex tunc*. *(Agravo Regimental na Petição nº 8.482/DF, STF, Plenário, por maioria, vencido o Min. Roberto Barroso, Min. Marco Aurélio, Min. Rosa Weber e Min. Cármen Lúcia, Rel. Min. Edson Fachin, julgado em sessão virtual de 21.5.2021 a 28.5.2021, publicado no DJ em 21.9.2021)*

155.7 [...] A propósito, em julgamento realizado aos 28.5.2019 (MS 35.693, de minha relatoria), *a Segunda Turma desta Corte reconheceu a distinção entre colaboração bilateral e delação unilateral*, assentando-se, no voto condutor, que *"independentemente da formalização de ato negocial, persiste a possibilidade, em tese, de adoção de postura colaborativa e, ainda em tese, a concessão judicial de sanção premial condizente com esse comportamento"*. Nessa direção, diferentemente dos demais meios de obtenção de prova, como, por exemplo, interceptação telefônica e busca e apreensão, ambas sujeitas à cláusula da reserva jurisdicional, é possível, em tese, a adoção de postura colaborativa *sponte própria*, ainda que dissociada do contexto negocial. (*Decisão monocrática no Agravo Regimental no Inquérito nº 4.436/DF, STF, Rel. Min. Edson Fachin, julgado em 2.3.2021, publicado no DJ em 4.3.2021)*

155.7. [...] 1. A jurisprudência do Supremo Tribunal Federal assentou que o acordo de colaboração premiada consubstancia negócio jurídico processual, de modo que seu aperfeiçoamento pressupõe voluntariedade de ambas as partes celebrantes. [...] 2. Não cabe ao Poder Judiciário, que não detém atribuição para participar de negociações na seara investigatória, impor ao Ministério Público a celebração de acordo de colaboração premiada, notadamente, como ocorre na hipótese, em que há motivada indicação das razões que, na visão do titular da ação penal, não recomendariam a formalização do discricionário negócio jurídico processual.[...] [...] *(Agravo Regimental em Mandado de Segurança nº 35.693/DF, 2ª Turma, unânime, Rel. Min. Edson Fachin, julgado em 28.5.2019, publicado no DJ em 24.7.2020)*

155.7. [...] 1. A jurisprudência do Supremo Tribunal Federal assentou que o acordo de colaboração premiada consubstancia negócio jurídico processual, de modo que seu aperfeiçoamento pressupõe voluntariedade de ambas as partes celebrantes. [...] 2. Não cabe ao Poder Judiciário, que não detém atribuição para participar de negociações na seara investigatória, impor ao Ministério Público a celebração de acordo de colaboração premiada, notadamente, como ocorre na hipótese, em que há motivada indicação das razões que, na visão do titular da ação penal, não recomendariam a formalização do discricionário negócio jurídico processual. [...] *(Agravo Regimental no MS nº 35.693, 2ª Turma, Rel. Ministro Edson Fachin, julgado em 28.5.2020, publicado no DJ em 24.7.2020)*

155.7. [...] Por *se tratar de negócio jurídico personalíssimo, o acordo de colaboração premiada não pode ser impugnado por coautores ou partícipes do colaborador na organização criminosa e nas infrações penais por ela praticadas, ainda que venham a ser expressamente nominados no respectivo instrumento no "relato da colaboração e seus possíveis resultados"* (art. 6º, I, da Lei nº 12.850/13) (HC 127.483, Ministro Dias Toffoli, Tribunal Pleno, DJe 4/2/2016). [...] *(Recurso em Habeas Corpus nº 119.910/PR, STJ, 6ª Turma, unânime, Rel. Min. Sebastião Reis Júnior, julgado em 9.3.2021, publicado no DJ em 15.3.2021)*

155.7 [...] 5. Nos termos da recente alteração promovida pela Lei 13.964/2019, que acrescentou o § 10-A ao art. 4º da Lei 12.850/2013, no curso da ação penal, o réu delatado deve sempre se manifestar após o colaborador. 6. No caso dos autos, conforme informações prestadas, durante toda a instrução criminal tem sido observado essa regra, inclusive, nas manifestações ocorridas em audiência. 7. A ausência de fixação de prazo sucessivo para a apresentação de defesa prévia entre os réus, por si só, não enseja a nulidade do ato e tampouco de toda ação penal. É imperioso que o interessado evidencie certo nexo causal entre a suposta irregularidade e o resultado da ação penal, bem como que indique, ao menos de forma indiciária, o concreto prejuízo e a possibilidade efetiva de reversão do julgamento. 8. A jurisprudência desta Suprema Corte é farta e firme no sentido de que a "demonstração de prejuízo, a teor do art. 563 do CPP, é essencial à alegação de nulidade, seja ela relativa ou absoluta, eis que, conforme já decidiu a Corte, o âmbito normativo do dogma fundamental da disciplina das nulidades – pas de nullité sans grief – compreende as nulidades absolutas" (HC 85155 [...]) [...] *(Agravo Regimental no Habeas Corpus nº 200.818/DF, STF, 2ª Turma, unânime, Rel. Min. Edson Fachin, julgado em sessão virtual de 29.10.2021 a 10.11.2021, publicado no DJ em 26.11.2021)*

155.7. [...] O art. 7º, § 2º, da Lei 12.850/2013 consagra o *"amplo acesso aos elementos de prova que digam respeito ao exercício do direito de defesa"*, ressalvadas as diligências em andamento. O acesso deve ser garantido caso estejam presentes dois requisitos. Um, positivo: o ato de colaboração deve apontar a responsabilidade criminal do requerente (Inq 3.983, Rel. Min. Teori Zavascki, Tribunal Pleno, julgado em 3.3.2016). Outro, negativo: o ato de colaboração não deve referir-se à diligência em andamento. Direito de defesa violado. [...] *(Agravo Regimental na Reclamação nº 39.010/RJ, STF, 2ª Turma, unânime, Rel. Min. Gilmar Mendes, julgado em sessão virtual de 11.12.2020 a 18.12.2020, publicado no DJ em 24.2.2021)*

155.7. [...] A negativa de celebração de acordo de colaboração premiada, quando explicitada pelo Procurador-Geral da República em feito de competência originária desta Suprema Corte, não se subordina a escrutínio no âmbito das respectivas Câmaras de Coordenação e Revisão do Ministério Público. [...] *(Agravo Regimental em Mandado de Segurança nº 35.693/DF, 2ª Turma, unânime, Rel. Min. Edson Fachin, julgado em 28.5.2019, publicado no DJ em 24.7.2020)*

155.7. [...] *Súmula vinculante 14 e acesso a termos de colaboração premiada. Efetividade da ampla defesa e do contraditório.* Ainda que se trate de meio de obtenção de prova, o acordo de colaboração premiada busca exatamente a produção de elementos de provas, como as declarações do colaborador, que são normalmente produzidas em termos juntados ao acordo formalizado pelas partes. Norma especial que regulamenta o acesso do defensor do delatado aos atos de colaboração (§ 2º do art. 7º, Lei 12.850/2013). Precedentes: "*O acesso deve ser garantido caso estejam presentes dois requisitos. Um, positivo: o ato de colaboração deve apontar a responsabilidade criminal do requerente (INQ 3.983, rel. min. Teori Zavascki, Tribunal Pleno, julgado em 3.3.2016). Outro, negativo: o ato de colaboração não deve referir-se à diligência em andamento*" (Rcl 24.116, de minha relatoria, Segunda Turma, *DJe* 13.2.2017). Contudo, não é qualquer diligência em andamento que prejudica o direito de acesso aos atos de colaboração. Portanto, *se houver declarações de colaboradores que mencionam e incriminam o coimputado (delatado), o Juízo de origem deve autorizar o acesso pela defesa aos termos pertinentes, salvo se, motivadamente, apontar que há diligência investigativa em curso, que possa ser prejudicada.* 9. Agravo regimental parcialmente provido, de modo a assegurar o acesso a todas as declarações prestadas por colaboradores que incriminem o requerente, já documentadas e que não se refiram à diligência em andamento que possa ser prejudicada, nos termos da Súmula Vinculante 14 deste STF *(Petição nº 8.421-DF, STF, 2ª Turma, por maioria, Rel. Min. Edson Fachin, Redator do Acórdão Min. Gilmar Mendes, julgado em 25.8.2020, publicado no DJ em 28.10.2020).*

155.7 [...] O acesso ao termo de colaboração premiada pelo terceiro delatado deve ser franqueado à luz da Súmula Vinculante 14, "[...] caso estejam presentes dois requisitos. Um, positivo: o ato de colaboração deve apontar a responsabilidade criminal do requerente (INQ 3.983, rel. min. Teori Zavascki, Tribunal Pleno, julgado em 3.3.2016). Outro, negativo: o ato de colaboração não deve referir-se à diligência em andamento" (Rcl 24.116/SP, Rel. Min. Gilmar Mendes). [...] *(Agravo Regimental na Reclamação nº 42.510/SP, STF, 2ª Turma, por maioria, Rel. Min. Ricardo Lewandowski, julgado em sessão virtual de 23.10.2020 a 3.11.2020, publicado no DJ em 17.11.2020).*

155.7 [...] III – Não se afigura violador dos termos de acordo de delação premiada o acórdão que, diante das circunstâncias e consequências dos crimes perpetrados, fixa prazo de prestação de serviços à comunidade em patamar diverso do mínimo previsto em cláusula de acordo colaborativo. IV – A análise da extensão dos benefícios firmados em acordo de colaboração premiada cabe ao Poder Judiciário, que o fará à luz da legislação vigente, mais especificamente do que dispõe o art. 4º, § 1º, da Lei 12.850/2013. [...] *(Agravo Regimental no Agravo em Recurso Especial nº 1.669.040/PR, STJ, 5ª Turma, unânime, Rel. Min. Felix Fischer, julgado em 17.11.2020, publicado no DJ em 23.11.2020).*

155.7 [...] Ainda que, nos exatos termos do art. 4º, § 14, da Lei n. 12.850/2013, se considere que, "nos depoimentos que prestar, o colaborador renunciará, na presença de seu defensor, ao direito ao silêncio e estará sujeito ao compromisso legal de dizer a verdade", referida disposição não tem o condão de anular prévio acordo de colaboração premiada, cuja regularidade, legalidade e voluntariedade não foram sequer questionadas. [...] Não sendo apontado nenhum vício na colaboração premiada em si, prevalece, no Superior Tribunal de Justiça, que não há óbice à prova emprestada, principalmente no caso em que a parte figura em ambos os processos, e desde que possa contraditar a prova e não a pessoa. Dessa forma, o contraditório está amplamente assegurado em ambos os processos. [...] *(Agravo Regimental no Recurso em Habeas Corpus nº 81.075/RJ, STJ, 5ª Turma, unânime, Rel. Min. Reynaldo Soares da Fonseca, julgado em 17.11.2020, publicado no DJ em 23.11.2020).*

155.7 [...] 1. A teor das disposições contidas na Lei n. 12.850/2013, realizado o acordo de colaboração premiada, serão remetidos ao juiz, para verificação de sua regularidade, legalidade, adequação e voluntariedade, os termos do ajuste, as declarações do colaborador e cópia da investigação. Tem-se, nessa fase, a fiscalização dos aspectos previstos no art. 4º, § 7º, do mesmo regramento legal, com redação incluída pela Lei n. 13.964/2019. [...] 4. Analisadas as espécies de recursos elencados no Código de Processo Penal, tem-se que a apelação criminal é apropriada para confrontar a decisão que recusar a homologação da proposta de acordo de colaboração premiada. 5. O ato judicial: a) não ocasiona uma situação de inversão tumultuária do processo, a atrair o uso da correição parcial e b) tem força definitiva, uma vez que impede o negócio jurídico processual, com prejuízo às partes interessadas. Ademais, o cabimento do recurso em sentido estrito está taxativamente previsto no art. 581 do CPP e seus incisos não tratam de hipótese concreta que se assemelha àquela prevista no art. 4°, § 8°, da Lei n. 12.850/2013. 6. De toda forma, ante a existência de dúvida objetiva quanto ao instrumento adequado para combater o provimento jurisdicional, não constitui erro grosseiro o manejo de correição parcial, principalmente quando esse instrumento foi aceito em situações outras pelo Tribunal. Interposta a insurgência no interstício de cinco dias, sem que se possa falar em sua intempestividade, era perfeitamente aplicável o princípio da fungibilidade recursal. Foi violado o art. 579 do CPP, uma vez que: "salvo a hipótese de má-fé, a parte não será prejudicada pela interposição de um recurso por outro". *(Recurso Especial nº 1.834.215-RS, STJ, 6ª Turma, Rel. Min. Rogério Schietti Cruz, julgado em 27.10.2020, publicado no DJ em 12.11.2020)*

155.7. Penal e Processual Penal. 2. Colaboração premiada, admissibilidade e impugnação por corréus delatados. Provas produzidas em razão do acordo e utilizadas no caso concreto. Abusos da acusação e fragilização da confiabilidade. Nulidade do acordo e inutilização de declarações dos delatores. 3. Possibilidade de impugnação do acordo de colaboração premiada por terceiros delatados. Além de caracterizar negócio jurídico entre as partes, o acordo de colaboração premiada e meio de obtenção de provas, de investigação, visando a melhor persecução penal de coimputados e de organizações criminosas. Potencial impacto a esfera de direitos de corréus delatados, quando produzidas provas ao caso concreto. Necessidade de controle e limitação a eventuais cláusulas ilegais e benefícios abusivos. Precedente desta Segunda Turma: HC 151.605 (de minha relatoria, j. 20.3.2018). 4. Nulidade do acordo de colaboração premiada e ilicitude das declarações dos colaboradores. Necessidade de respeito a legalidade. Controle judicial sobre os mecanismos negociais no processo penal. Limites ao poder punitivo estatal. Precedente: "O acordo de colaboração homologado como regular, voluntário e legal deverá, em regra, produzir seus efeitos em face do cumprimento dos deveres assumidos pela colaboração, possibilitando ao órgão colegiado a análise do parágrafo 4º do artigo 966 do Código de Processo Civil" (STF, QO na PET 7.074, Tribunal Pleno, rel. Min. Edson Fachin, j. 29.6.2017). 5. Como orientação prospectiva ou até um apelo ao legislador, devesse assentar a obrigatoriedade de registro audiovisual de todos os atos de colaboração premiada, inclusive negociações e depoimentos prévios a homologação. Interpretação do art. 4º, § 13, Lei 12.850/13. Nova redação dada pela Lei 13.964/19. 6. Situação do colaborador diante da nulidade do acordo. Tendo em vista que a anulação do acordo de colaboração aqui em análise foi ocasionada por atuação abusiva da acusação, penso que os benefícios assegurados aos colaboradores devem ser mantidos, em prol da segurança jurídica e da previsibilidade dos mecanismos negociais no processo penal brasileiro. Precedente: direito subjetivo ao benefício se cumpridos os termos do acordo (STF, HC 127.483/PR, Plenário, rel. Min. Dias Toffolli, j. 27.8.2015) e possibilidade de concessão do benefício de ofício pelo julgador, ainda que sem prévia homologação do acordo (RE-AgR 1.103.435, Segunda Turma, Rel. Min. Ricardo Lewandowski, j. 17.5.2019). 7. Dispositivo. Ordem de *habeas corpus* concedida de ofício para declarar a nulidade do acordo de colaboração premiada e reconhecer a ilicitude das declarações incriminatórias prestadas pelos delatores, nos termos do voto *(Habeas Corpus nº 142.205-PR, STF, 2ª Turma, por empate, Rel. Min. Gilmar Mendes, julgado em 25.8.2020, publicado no* DJ *em 1º.10.2020).* Também no *Habeas Corpus nº 143.427-PR, STF, 2ª Turma, por empate, rel. Min. Gilmar Mendes, julgado em 25.8.2020, publicado no DJ em 1º.10.2020.*

155.7. [...] Provas obtidas a partir de acordo de colaboração premiada. Impugnação por coautor. Negócio jurídico-processual personalíssimo. Impossibilidade. [...] o acordo de colaboração premiada tem natureza contratual, e pressupõe o estabelecimento de direitos e obrigações para as partes contratantes. A jurisprudência dos Tribunais Superiores compreende o acordo de colaboração premiada como um negócio jurídico processual de natureza personalíssima, que não pode ser impugnado por coautores ou partícipes na organização criminosa. [...] *(Recurso em Habeas Corpus nº 136.410/PR, STJ, 5ª Turma, unânime, Rel. Min. Reynaldo Soares da Fonseca, julgado em 9.12.2020, publicado no DJ em 14.12.2020).*

155.7. [...] 2. *São duas as teses trazidas pelo órgão ministerial à análise deste colegiado: 1) a impossibilidade de o juiz modificar o acordo de colaboração premiada celebrado entre as partes, reduzindo a pena dos colaboradores em maior proporção – de 1/3 para 1/2 e; 2) a ocorrência de* bis in idem *na aplicação cumulativa da atenuante da confissão espontânea e da causa de diminuição da pena pela colaboração premiada.* 3. Consoante o preconizado no art. 4º, §§ 6º e 7º, da Lei Federal n. 12.850/2013, *é vedada a participação do juiz nas negociações da colaboração premiada, restando a intervenção judicial restrita à verificação da regularidade, legalidade e voluntariedade*, de modo a proceder ou não a homologação do acordo. 4. *Nos termos do disposto nos §§ 7º e 8º, do art. 4º,* caput, *da Lei Federal n. 12.850/2013 e de uma visão interpretativa da norma, fica a critério do julgador adequar a proposta ao caso concreto, alterando o* quantum *estabelecido de pena*, sendo esta uma de suas atribuições, após análise das circunstâncias elencadas no art. 4º, § 1º, do mesmo diploma legal, observado o limite de 2/3 (dois terços), consoante dispõe o art. 4º, *caput*, da Lei Federal n. 12.850/2013. 5. Assim, atento às regras do sistema acusatório, ao órgão acusador cabe à titularidade da ação penal e ao juiz sentenciante compete o estabelecimento ou negociação da pena a ser aplicada, dentro do seu juízo de discricionariedade. 6. *O instituto da colaboração premiada e a atenuante da confissão não se confundem. A colaboração premiada exige requisitos mais específicos para a materialização, não sendo suficiente a mera confissão acerca da prática delituosa, mas o fornecimento de informações que sejam objetivamente eficazes. As consequências jurídicas da colaboração premiada também são mais amplas, além do que, a confissão espontânea se submete aos limites impostos no preceito secundário do tipo penal correspondente* (Súmula n. 231 do STJ), diferentemente do que ocorre quando do reconhecimento das causas de diminuição. *Quanto à voluntariedade, também se distinguem as duas figuras processuais. O Código Penal vincula a legitimidade da confissão à espontaneidade (art. 65, III,* d*) e, por confissão espontânea entende-se o ato realizado através da livre vontade do agente, sem provocação. Já no que concerne à colaboração premiada, o entendimento prevalente da doutrina é o de que não se exige que a ideia de praticá-lo seja do próprio agente.* [...] 8. *Atento ao princípio do* ne bis in idem *ou* non bis in idem, *que constitui um limite ao Estado*, evitando a múltipla valoração do mesmo fato com idêntico fundamento jurídico e, ainda, tomada a amplitude de consequências e benefícios extraídos do instituto da colaboração premiada, *há* bis in idem *na consideração da atenuante da confissão do réu quando já estabelecido o acordo de colaboração entre ele e o órgão ministerial nos casos em que aplicada a benesse de redução da pena prevista na Lei 12.850/13. [...] (Recurso Especial nº 1.852.049-RN, STJ, 5ª Turma, unânime, Rel. Min. Joel Ilan Paciornik, julgado em 20.10.2020, publicado no DJ em 23.10.2020).*

155.7. [...] – A correta hermenêutica do art. 13 da Lei 9.807/1999 e art. 4º, § 5º, da Lei 12.850/2013 aponta para a impossibilidade de extensão dos benefícios neles previstos para além dos limites da demanda posta, especialmente quando não existe acordo de delação ou colaboração premiada formalizado com o Ministério Público ou a Polícia, ante a natureza endoprocessual que possuem. [...] Assim, o acusado somente poderá se beneficiar da delação ou colaboração que tenha prestado ao esclarecimento dos fatos no âmbito de cada processo, sob pena de violação, a um só tempo, ao princípio do juiz natural e da indisponibilidade da ação penal, esse último aferrado à função de *dominus litis* inerente ao *Parquet, ex vi* do art. 129, I, da Constituição Federal. [...] *(Agravo Regimental no Recurso Especial nº 1.803.638-RS, STJ, 5ª Turma, unânime, Rel. Min. Félix Fischer, julgado em 15.9.2020, publicado no* DJ *em 23.9.2020).*

155.7. [...] Nulidade processual. Devido processo legal. Ampla defesa. Contraditório. Ordem de alegações finais. Réus colaboradores. Réus não colaboradores. [...] Fixação de tese pelo STF. [...] *Distinguish.* [...] Prazo sucessivo não requerido a tempo e modo oportunos. [...] IV – O Tribunal Pleno do Supremo Tribunal Federal, em julgamento realizado em 2/10/2019, nos autos do HC n. 166.373/PR, decidiu, por maioria de votos, que ao réu delatado deve-se conferir a oportunidade de apresentar alegações finais em momento posterior ao dos réus colaboradores, em atenção aos princípios do devido processo legal, da ampla defesa e do contraditório. V – O Supremo Tribunal Federal, no caso concreto, reconheceu o direito de apresentar as alegações finais por último do paciente daqueles autos, cuja defesa, desde o primeiro grau de jurisdição, vinha requerendo a concessão de prazo sucessivo para a manifestação processual. Na oportunidade, por decisão majoritária, deliberou por fixar tese a respeito do tema debatido em assentada posterior, havendo sinalizado com a possibilidade de modulação dos efeitos do entendimento. VI – Não tendo o Supremo Tribunal Federal estabelecido os critérios, inclusive temporais e circunstanciais, para aplicação da conclusão alcançada no caso singular, não se revela possível aplicá-la de maneira geral, irrestrita e indiscriminada se a objetivação da tese, que eventualmente lhe poderá outorgar efeito *erga omnes*, ainda não ocorreu. VII – No HC n. 157.627/PR e HC n. 166.373/PR, nos quais o STF concluiu pela necessidade de abrir prazo sucessivo aos réus colaboradores e aos réus não colaboradores, os acusados haviam requerido expressa e oportunamente, durante todas as instâncias judiciárias, a concessão de prazo sucessivo para apresentar as alegações finais, ao passo que, no caso *sub judice*, em nenhum momento, seja antes das alegações finais, seja nas razões do recurso de apelação, o recorrente postulou a concessão de prazo ou suscitou a nulidade processual por haver sido franqueado prazo simultâneo. VIII – Evidencia-se substancial distinção (*distinguishing*) entre o cenário jurídico-processual ora em exame e os fundamentos que determinaram a tese jurídica formulada nos precedentes citados. Nessas circunstâncias, ausentes ainda os critérios para sua aplicação, deve aguardar-se que o Supremo Tribunal Federal fixe tese definitiva sobre a matéria. [...] *(Agravo Regimental no Habeas Corpus nº 549.850-PR, STJ, 5ª Turma, Rel. Min. Félix Fischer, julgado em 8.9.2020, publicado no* DJ *em 15.9.2020).*

155.7. [...] Colaboração premiada. Pedido de compartilhamento de termos de depoimento. Competência do órgão jurisdicional homologador. [...] Ainda que remetidos a outros órgãos do Poder Judiciário para as apurações dos fatos declarados, remanesce competência ao juízo homologador do acordo de colaboração premiada a deliberação acerca de pretensões que envolvem o compartilhamento de termos de depoimento prestados pelo colaborador. [...] *(Agravo Regimental na Petição nº 7.065-DF, STF, 2ª Turma, unânime, Rel. Min. Edson Fachin, julgado em 30.10.2018, publicado no* DJ *em 20.2.2020).*

Jurisprudência *(anterior à Lei nº 13.964, de 2019)*

155.7. [...] *Habeas corpus.* Impetração contra ato de Ministro do Supremo Tribunal Federal. Conhecimento. Empate na votação. Prevalência da decisão mais favorável ao paciente (art. 146, parágrafo único, do Regimento Interno do Supremo Tribunal Federal). Inteligência do art. 102, I, *i*, da Constituição Federal. Mérito. Acordo de colaboração premiada. Homologação judicial (art. 4º, § 7º, da Lei nº 12.850/13). Competência do relator (art. 21, I e II, do Regimento Interno do Supremo Tribunal Federal). Decisão que, no exercício de atividade de delibação, se limita a aferir a regularidade, a voluntariedade e a legalidade do acordo. Ausência de emissão de qualquer juízo de valor sobre as declarações do colaborador. Negócio jurídico processual personalíssimo. Impugnação por coautores ou partícipes do colaborador. Inadmissibilidade. Possibilidade de, em juízo, os partícipes ou os coautores confrontarem as declarações do colaborador e de impugnarem, a qualquer tempo, medidas restritivas de direitos fundamentais adotadas em seu desfavor.

Personalidade do colaborador. Pretendida valoração como requisito de validade do acordo de colaboração. Descabimento. Vetor a ser considerado no estabelecimento das cláusulas do acordo de colaboração – notadamente na escolha da sanção premial a que fará jus o colaborador –, bem como no momento da aplicação dessa sanção pelo juiz na sentença (art. 4º, § 11, da Lei nº 12.850/13). Descumprimento de anterior acordo de colaboração. Irrelevância. Inadimplemento que se restringiu ao negócio jurídico pretérito, sem o condão de contaminar, *a priori*, futuros acordos de mesma natureza. Confisco. Disposição, no acordo de colaboração, sobre os efeitos extrapenais de natureza patrimonial da condenação. Admissibilidade. Interpretação do art. 26.1 da Convenção das Nações Unidas contra o Crime Organizado Transnacional (Convenção de Palermo), e do art. 37.2 da Convenção das Nações Unidas Contra a Corrupção (Convenção de Mérida). Sanção premial. Direito subjetivo do colaborador caso sua colaboração seja efetiva e produza os resultados almejados. Incidência dos princípios da segurança jurídica e da proteção da confiança. Precedente. *Habeas corpus* do qual se conhece. Ordem denegada. 1. Diante do empate na votação quanto ao conhecimento de *habeas corpus* impetrado para o Pleno contra ato de Ministro, prevalece a decisão mais favorável ao paciente, nos termos do art. 146, parágrafo único, do Regimento Interno do Supremo Tribunal Federal. Conhecimento do *habeas corpus*, nos termos do art. 102, I, "i", da Constituição Federal. 2. Nos termos do art. 21, I e II, do Regimento Interno do Supremo Tribunal Federal, o relator tem poderes instrutórios para ordenar, monocraticamente, a realização de quaisquer meios de obtenção de prova (*v.g.*, busca e apreensão, interceptação telefônica, afastamento de sigilo bancário e fiscal). 3. Considerando-se que o acordo de colaboração premiada constitui meio de obtenção de prova (art. 3º da Lei nº 12.850/13), é indubitável que o relator tem poderes para, monocraticamente, homologá-lo (art. 4º, § 7º, da Lei nº 12.850/13). 4. A colaboração premiada é um negócio jurídico processual, uma vez que, além de ser qualificada expressamente pela lei como "meio de obtenção de prova", seu objeto é a cooperação do imputado para a investigação e para o processo criminal, atividade de natureza processual, ainda que se agregue a esse negócio jurídico o efeito substancial (de direito material) concernente à sanção premial a ser atribuída a essa colaboração. 5. A homologação judicial do acordo de colaboração, por consistir em exercício de atividade de delibação, limita-se a aferir a regularidade, a voluntariedade e a legalidade do acordo, não havendo qualquer juízo de valor a respeito das declarações do colaborador. 6. Por se tratar de negócio jurídico personalíssimo, o acordo de colaboração premiada não pode ser impugnado por coautores ou partícipes do colaborador na organização criminosa e nas infrações penais por ela praticadas, ainda que venham a ser expressamente nominados no respectivo instrumento no "relato da colaboração e seus possíveis resultados" (art. 6º, I, da Lei nº 12.850/13). 7. De todo modo, nos procedimentos em que figurarem como imputados, os coautores ou partícipes delatados – no exercício do contraditório – poderão confrontar, em juízo, as declarações do colaborador e as provas por ele indicadas, bem como impugnar, a qualquer tempo, as medidas restritivas de direitos fundamentais eventualmente adotadas em seu desfavor. 8. A personalidade do colaborador não constitui requisito de validade do acordo de colaboração, mas sim vetor a ser considerado no estabelecimento de suas cláusulas, notadamente na escolha da sanção premial a que fará jus o colaborador, bem como no momento da aplicação dessa sanção pelo juiz na sentença (art. 4º, § 11, da Lei nº 12.850/13). 9. A confiança no agente colaborador não constitui elemento de existência ou requisito de validade do acordo de colaboração. 10. Havendo previsão em Convenções firmadas pelo Brasil para que sejam adotadas "as medidas adequadas para encorajar" formas de colaboração premiada (art. 26.1 da Convenção de Palermo) e para "mitigação da pena" (art. 37.2 da Convenção de Mérida), no sentido de abrandamento das consequências do crime, o acordo de colaboração, ao estabelecer as sanções premiais a que fará jus o colaborador, pode dispor sobre questões de caráter patrimonial, como o destino de bens adquiridos com o produto da infração pelo agente colaborador. 11. Os princípios da segurança jurídica e da proteção da confiança tornam indeclinável o dever estatal de honrar o compromisso assumido no acordo de colaboração, concedendo a sanção premial estipulada, legítima contraprestação ao adimplemento da obrigação por parte do colaborador. 12. *Habeas corpus* do qual se conhece. Ordem denegada (*Habeas Corpus nº 127.483-PR, STF, Plenário, unânime, Rel. Min. Dias Toffoli, julgado em 26.8.2015, publicado no* DJ *em 4.2.2016*). – *Leading case* do STF a respeito do tema de colaboração premiada

155.7. [...] Apresentação de memoriais escritos por réus colaboradores e delatados. Prazo comum. Inadmissibilidade. Ofensa às regras do contraditório e da ampla defesa. Nulidade. Existência de prejuízo. [...] III – Memoriais escritos de réus colaboradores, com nítida carga acusatória, deverão preceder aos dos réus delatados, sob pena de nulidade do julgamento. Exegese imediata dos preceitos fundamentais do contraditório e da ampla defesa (art. 5º, LV, da CF/88) que prescindem da previsão expressa de regras infraconstitucionais. [...] *(Agravo Regimental no Habeas Corpus nº 157.627-PR, STF, 2ª Turma, por maioria, Rel. Min. Edson Fachin, Redator do acórdão Min. Ricardo Lewandowski, julgado em 27.8.2019, publicado no* DJ *em 17.3.2020).*

155.7. [...] 10. A colaboração premiada, como meio de obtenção de prova, tem aptidão para autorizar a deflagração da investigação preliminar, visando adquirir coisas materiais, traços ou declarações dotadas de força probatória. Essa, em verdade, constitui sua verdadeira vocação probatória. 11. Todavia, os depoimentos do colaborador premiado, sem outras provas idôneas de corroboração, não se revestem de densidade suficiente para lastrear um juízo positivo de admissibilidade da acusação, o qual exige a presença do *fumus commissi delicti*. [...] 13. Se "nenhuma sentença condenatória será proferida com fundamento apenas nas declarações de agente colaborador" (art. 4º, § 16, da Lei nº 12.850/2013), é lícito concluir que essas declarações, por si sós, não autorizam a formulação de um juízo de probabilidade de condenação e, por via de consequência, não permitem um juízo positivo de admissibilidade da acusação. [...] *(Inquérito n. 4.074-DF, STF, 2ª Turma, Rel. Min. Edson Fachin, julgado em 14.8.2018, publicado no* DJ *em 17.10.2018).*

155.7. [...] 1. O juízo que homologa o acordo de colaboração premiada não é, necessariamente, competente para o processamento de todos os fatos relatados no âmbito das declarações dos colaboradores (Inq-QO n. 4.130, rel. Min. Dias Toffoli, *DJe* de 3.2.2016). Existindo, nada obstante, dentre esses episódios, ao menos um em que se verifique a presença de conexão com objeto de feito previamente distribuído, adequada é a observância da regra prevista no art. 79, *caput*, do Código de Processo Penal, a demandar a distribuição por prevenção, nos exatos termos do art. 69, *caput*, do Regimento Interno da Corte Suprema. 2. Cabe ao Supremo Tribunal Federal decidir, com exclusividade, a permanência ou não da investigação ou da ação penal deflagrada em desfavor das demais pessoas não submetidas à jurisdição criminal originária, adotando-se, como regra, o desmembramento, salvo nas hipóteses em que a cisão possa causar prejuízo relevante (Inq n. 3.983, rel. Min. Teori Zavascki, Tribunal Pleno, *DJe* 12.5.2016). 3. Os fatos dos quais não há notícia de participação de autoridade detentora de foro por prerrogativa nesta Suprema Corte, além daqueles em que não se observa qualquer relação de conexidade com investigações ou ações penais em curso, devem ser encaminhados para tratamento adequado perante a autoridade jurisdicional competente. 4. Agravo regimental desprovido *(Petição n. 7.074-DF, STF, Plenário, unânime, Rel. Min. Edson Fachin, julgado em 28.6.2017, publicado no* DJ *em 3.5.2018).*

155.7. [...] 1. Nos moldes do decidido no HC n. 127.483, rel. Min. Dias Toffoli, Tribunal Pleno, *DJe* de 3.2.2016, reafirma-se a atribuição ao relator, como corolário dos poderes instrutórios que lhe são conferidos pelo Regimento Interno do STF, para ordenar a realização de meios de obtenção de prova (art. 21, I e II do RISTF), a fim de, monocraticamente, homologar acordos de colaboração premiada, oportunidade na qual se restringe ao juízo de regularidade, legalidade e voluntariedade da avença, nos limites do art. 4º, § 7º, da Lei n. 12.850/2013. 2. O juízo sobre os termos do acordo de colaboração, seu cumprimento e sua eficácia, conforme preceitua o art. 4º, § 11, da Lei n. 12.850/2013, dá-se por ocasião da prolação da sentença (e no Supremo Tribunal Federal, em decisão colegiada), não se impondo na fase homologatória tal exame previsto pela lei como controle jurisdicional diferido, sob pena de malferir a norma prevista no § 6º do art. 4º da referida Lei n. 12.850/2013, que veda a participação do juiz nas negociações, conferindo, assim, concretude ao princípio acusatório que rege o processo penal no Estado Democrático de Direito. 3. Questão de ordem que se desdobra em três pontos para: (i) resguardar a competência do Tribunal Pleno para o julgamento de mérito sobre os termos e a eficácia da colaboração; (ii) reafirmar, dentre os poderes instrutórios do relator (art. 21 do RISTF), a atribuição para homologar acordo de colaboração premiada; (iii) salvo ilegalidade superveniente apta a justificar nulidade ou anulação do negócio jurídico, acordo homologado como regular, voluntário e legal, em regra, deve ser observado mediante o cumprimento dos deveres assumidos pelo colaborador, sendo, nos termos do art. 966, § 4º, do Código de Processo Civil, possível ao Plenário analisar sua legalidade *(Questão de Ordem na Petição n. 7.074-DF, STF, Plenário, Rel. Min. Edson Fachin, por maioria, julgado em 29.6.2017, publicado no* DJ *em 3.5.2018).*

155.7. [...] 3. Conforme art. 4º, § 7º, da Lei 12.850/13, o acordo de colaboração premiada "será remetido ao juiz para homologação, o qual deverá verificar sua regularidade, legalidade e voluntariedade". Muito embora a lei fale apenas em juiz, é possível que a homologação de delações seja da competência de Tribunal. O colaborador admite seus próprios delitos e delata outros crimes. Assim, quanto à prerrogativa de função, será competente o Juízo mais graduado, observadas as prerrogativas de função do delator e dos delatados. Precedentes. 4. Acordos de colaboração premiada celebrados pelo Ministério Público Estadual e homologados por Juiz de Direito, delatando Governador de Estado. Ilegitimidade e incompetência. 5. Legitimidade da autoridade com prerrogativa de foro para discutir a eficácia das provas colhidas mediante acordo de colaboração realizado sem a supervisão do foro competente. A impugnação quanto à competência para homologação do acordo diz respeito às disposições constitucionais quanto à prerrogativa de foro. Assim, ainda que, ordinariamente, seja negada ao delatado a possibilidade de impugnar o acordo, esse entendimento não se aplica em caso de homologação sem respeito à prerrogativa de foro. Inaplicabilidade da jurisprudência firmada a partir do HC 127.483, rel. Min. Dias Toffoli, Pleno, julgado em 27.8.2017. 6. Ineficácia, em relação ao Governador do Estado, dos atos de colaboração premiada, decorrentes de acordo de colaboração homologado em usurpação de competência do Superior Tribunal de Justiça. 7. Tendo em vista que o inquérito foi instaurado tendo por base material exclusiva os atos de colaboração, deve ser trancado. 8. Concedida a ordem, para reconhecer a ineficácia, em relação ao paciente, das provas produzidas mediante atos de colaboração premiada e, em consequência, determinar o trancamento do Inquérito 1.093, do Superior Tribunal de Justiça *(Habeas Corpus nº 151.605-PR, STF, 2ª Turma, Rel. Min. Gilmar Mendes, julgado em 20.3.2018).*

155.7 [...] 1. A homologação da delação premiada pode ficar condicionada ao não cometimento de novas infrações penais, aferível pelo recebimento de denúncia em face do colaborador. [...] 3. A prática superveniente de infração penal, enquanto causa passível de justificar a não-homologação ou a rescisão de acordo de colaboração premiada, prescinde de ser comprovada por meio da declaração de culpa exarada por juiz penal quando já presentes, nas peças de informação constantes nos autos, elementos suficientes para evidenciar o cometimento dos fatos cogitados. 4. É que não se trata de reconhecer a responsabilidade penal propriamente dita e aplicar, em consequência, uma sanção de natureza penal o que, certamente, demandaria a conclusão da instrução processual cabível e da deliberação do juiz penal competente; trata-se, diferentemente, de reconhecer a simples prática de fato jurídico passível de caracterizar o descumprimento de obrigação contratual, cuja comprovação, como é cediço, pode se dar por quaisquer meios admissíveis em direito. 8. O investigado não tem direito subjetivo à homologação de acordo de colaboração premiada, máxime porque o § 8º do art. 4º da Lei no 12.850/13 assim o estabelece expressamente, condicionando a convalidação à devida observância das disposições contratuais e legais pertinentes. [...] *(Agravo Regimental na Petição n. 7.834-DF, STF, Rel. Min. Luiz Fux, unânime, julgado em 4.12.2018, publicado no DJ em 17.12.2018).*

155.7 [...] A possibilidade de rescisão ou de revisão, total ou parcial, de acordo homologado de colaboração premiada, em decorrência de eventual descumprimento de deveres assumidos pelo colaborador, não propicia, no caso concreto, conhecer e julgar alegação de imprestabilidade das provas, porque a rescisão ou revisão tem efeitos somente entre as partes, não atingindo a esfera jurídica de terceiros, conforme reiteradamente decidido pelo Supremo Tribunal Federal *(Questão de Ordem no Inquérito n. 4.483-DF, STF, Plenário, Rel. Min. Edson Fachin, julgado em 21.9.2017, publicado no DJ em 13.6.2018).*

155.7. [...] 1. Transpassado positivamente o crivo judicial acerca da regularidade, da legalidade e da voluntariedade do acordo de colaboração premiada, incumbe ao Juízo responsável pela homologação do negócio jurídico o gerenciamento dos elementos subjacentes ao termo de acordo, que permanece sob sua supervisão. 2. O desmembramento de determinados fatos componentes do acordo de colaboração premiada, com o redirecionamento de material e de elementos correlatos, não implica a supressão dos poderes da autoridade judicial competente na condução do acordo de colaboração. 3. O compartilhamento de elementos de informação é amplamente admitido pela jurisprudência desta Corte quando presente motivação razoável para autorizar a pretensão. Precedentes. 4. Agravo regimental desprovido *(Petição n. 7.509-DF, STF, 2ª Turma, unânime, Rel. Min. Edson Fachin, julgado em 3.4.2018, publicado no DJ em 14.5.2018).*

155.7. [...] *"Tratando-se de colaboração premiada contendo diversos depoimentos, envolvendo diferentes pessoas e, possivelmente, diferentes organizações criminosas, tendo sido prestados em ocasiões diferentes, em termos de declaração separados, dando origem a diferentes procedimentos investigatórios, em diferentes estágios de diligências, não assiste a um determinado* *denunciado o acesso universal a todos os depoimentos prestados. O que a lei lhe assegura é o acesso aos elementos da colaboração premiada que lhe digam respeito"* (Inq n. 3.983, rel. Min. Teori Zavascki, Tribunal Pleno, *DJe* de 12.5.2016). [...] 5. Conforme já anunciado pelo Plenário do Supremo Tribunal Federal, o conteúdo dos depoimentos colhidos em colaboração premiada não é prova por si só eficaz, tanto que descabe condenação lastreada exclusivamente neles, nos termos do art. 4°, § 16, da Lei n. 12.850/2013. São suficientes, todavia, como indício de autoria para fins de recebimento da denúncia (Inq n. 3.983, rel. Min. Teori Zavascki, Tribunal Pleno, *DJe* de 12.5.2016). No caso, há indiciariamente substrato probatório mínimo de materialidade e autoria. [...] *(Inquérito n. 4.118, STF, 2ª Turma, Rel. Min. Edson Fachin, julgado em 8.5.2018, publicado no* DJ *em 5.9.2018).*

155.7. [...] A colaboração premiada é meio de *obtenção* de prova (artigo 3° da Lei 12.850/2013). Não se placita – antes ou depois da Lei 12.850/2013 –, condenação fundada exclusivamente nas declarações do agente colaborador. Na espécie, as provas documentais, testemunhais e periciais produzidas, além corroborarem as declarações dos colaboradores, comprovaram a autoria e o dolo para além de dúvida razoável (*beyond a reasonable doubt*), inexistentes causas de exclusão de ilicitude e culpabilidade. Condenação, em concurso material, da corrupção passiva com a lavagem de capitais. [...] *(AP n. 694-MT, STF, 1ª Turma, Rel. Min. Roberto Barroso, julgado em 2.5.2017, publicado no DJ em 31.8.2017).*

155.7. [...] 1. Não há que se falar em ilegalidade da prova obtida ao argumento de se tratar de ação controlada sem prévia autorização judicial, pois no caso em exame não se trata de agente policial ou administrativo, conforme prevê o art. 8° da Lei n. 12.850/2013, mas de captação ambiental (gravação clandestina) realizada por colaborador premiado, meio de obtenção de prova expressamente previsto no art. 3° da referida lei. *2. "É válida a utilização da gravação ambiental realizada por um dos interlocutores do diálogo como meio de prova no processo penal, independentemente de prévia autorização judicial. Precedentes."* (RHC 59.542/PE, Rel. Ministro Rogério Schietti Cruz, Sexta turma, *DJe* 14/11/2016). [...] *(RHC n. 102.808-RJ, STJ, 5ª Turma, unânime, Rel. Joel Ilan Paciornik, julgado em 6.8.2019, publicado no* DJ *em 15.8.2019).*

155.7. [...] III – O art. 1°, § 5°, da Lei 9.613/98 trata da *delação premiada (unilateral)*, que tem a característica de ato unilateral, praticado pelo agente que, espontaneamente, opta por prestar auxílio tanto à atividade de investigação, quanto à instrução procedimental, sendo que o referido instituto, diferentemente da colaboração premiada (que demanda a bilateralidade), não depende de prévio acordo a ser firmado entre as partes interessadas. IV – *In casu*, o c. Tribunal de origem, acertadamente, modulou o decisum de primeiro grau, e, com amparo no art. 1°, § 5° da Lei n. 9.613/98, concedeu a benesse da delação prestada pelo acusado, com a consequente redução das penas a ele impostas, no patamar de 2/3 (dois terços), limitando-se a extensão do benefício, todavia, somente à ação penal de origem. V – A correta hermenêutica a ser conferida ao instituto, direciona-se no sentido de que não há como expandir os benefícios advindos da delação premiada, eis que unilateral, para além da fronteira objetiva e subjetiva da demanda posta à apreciação, eis que possuem natureza endoprocessual, sob pena de violação ou afronta ao princípio do Juiz natural. [...] *(Agravo Regimental no Recurso Especial n. 1.765.139-PR, STJ, 5ª Turma, Rel. Min. Félix Fischer, publicado no* DJ *em 9.5.2019).*

155.7. [...] Magistrado que homologa acordo de colaboração premiada. Impedimento. Inexistência. Artigo 252 do CPP. [...] 2. As causas de impedimento do Magistrado para o processamento e julgamento da causa são circunstâncias objetivas relacionadas a fatos internos ao processo, previstas, taxativamente, no artigo 252 do Código de Processo Penal. 3. Nesse diapasão: a) não é possível *interpretar-se extensivamente os seus incisos I e II de modo a entender que o juiz que atua em fase pré-processual desempenha funções equivalentes ao de um delegado de polícia ou membro do Ministério Público* (HC n. 92893, relator(a): Min. Ricardo Lewandowski, Tribunal Pleno, julgado em 2.10.2008, *DJe* de 11.12.2008)*;* b) não se pode ampliar o sentido do *inciso III de modo a entender que o juiz que atua em fase pré-processual ou em sede de procedimento de delação premiada em ação conexa desempenha funções em outra instância (o desempenhar funções em outra instância é entendido aqui como a atuação do mesmo magistrado, em uma mesma ação penal, em diversos graus de jurisdição) – HC n. 97553, rel. Min. DIAS TOFFOLI, Primeira Turma, julgado em 16.6.2010, DJe de 9.9.2010.* 4. Na hipótese vertente, não houve exteriorização de qualquer juízo de valor acerca dos fatos ou das questões de direito emergentes na fase preliminar que impeça o Juiz oficiante de atuar com imparcialidade no curso da ação penal.

O acórdão impugnado considerou que a participação do magistrado restringiu-se à homologação do acordo de delação premiada e a sentença consignou que os depoimentos dos delatores não haviam sido isoladamente considerados para embasar a condenação. 5. Em resumo, a homologação do acordo de colaboração premiada pelo Magistrado não implica seu impedimento para o processo e julgamento da ação penal ajuizada contra os prejudicados pelas declarações prestadas pelos colaboradores, não sendo cabível interpretação extensiva do artigo 252 do CPP. [...] *(Habeas Corpus n. 221.231-PR, STJ, 5ª Turma, STJ, Rel. Ministro Reynaldo Soares da Fonseca, 5ª Turma, julgado em 21.3.2017, publicado no DJ em 29.3.2017).*

155.7. [...]4. Quanto ao aspecto processual, a natureza jurídica da colaboração premiada é de *delatio criminis*, porquanto é mero recurso à formação da convicção da acusação e não elemento de prova, sendo insuficiente para subsidiar, por si só, a condenação de alguém. 5. O acordo de colaboração não se confunde com seu conteúdo, razão pela qual as informações prestadas pelo colaborador podem se referir a crimes ou pessoas diversas do objeto inicial da investigação, ficando configurado, nessa hipótese, o encontro fortuito de provas. 6. Como consequência da serendipidade, aplica-se a teoria do juízo aparente, segundo a qual não há nulidade na colheita de elementos de convicção autorizada por juiz até então competente para supervisionar a investigação. 7. Ocorrendo a descoberta fortuita de indícios do envolvimento de pessoa com prerrogativa de foro, os autos devem ser encaminhados imediatamente ao foro prevalente, definido segundo o art. 78, III, do CPP, o qual é o único competente para resolver sobre a existência de conexão ou continência e acerca da conveniência do desmembramento do processo. [...] *(Reclamação n. 31.629–PR, STJ, Corte Especial, unânime, Rel. Min. Nancy Andrighi, julgado em 20.9.2017, publicado no DJ em 28.9.2017).*

155.7. [...] Falece à parte recorrente legitimidade para impugnar o levantamento do sigilo do Acordo de Colaboração Premiada firmado entre o Ministério Público Federal e terceiro, seja porque dele não é parte, seja porque o Acordo em questão é negócio jurídico processual personalíssimo, cujo segredo existe apenas em prol do colaborador e não de delatados. [...] *(Agravo Interno na Petição na Ação Penal n. 836-DF, STJ, Corte Especial, unânime, Rel. Min. Herman Benjamin, julgado em 7.12.2016, publicado no DJ em 26.4.2017).*

155.7. [...] A eventual desconstituição de acordo de colaboração premiada tem âmbito de eficácia restrito às partes que o firmaram, não beneficiando nem prejudicando terceiros (HC 127.483, Rel. Min. Dias Toffoli, Tribunal Pleno, *DJe* de 4.2.2016). Até mesmo em caso de revogação do acordo, o material probatório colhido em decorrência dele pode ainda assim ser utilizado em face de terceiros, razão pela qual não ostentam eles, em princípio, interesse jurídico em pleitear sua desconstituição, sem prejuízo, obviamente, de formular, no momento próprio, as contestações que entenderem cabíveis quanto ao seu conteúdo. [...] *(Inq. 3.979-DF, STF, 2ª Turma, unânime, Rel. Min. Teori Zavascki, julgado em 27.9.2016, publicado no DJ em 16.12.2016).*

155.7. [...] A colaboração premiada é uma técnica especial de investigação, meio de obtenção de prova advindo de um negócio jurídico processual personalíssimo, que gera obrigações e direitos entre as partes celebrantes (Ministério Público e colaborador), não possuindo o condão de, por si só, interferir na esfera jurídica de terceiros, ainda que citados quando das declarações prestadas, faltando, pois, interesse dos delatados no questionamento quanto à validade do acordo de colaboração premiada celebrado por outrem. Precedentes do STF e STJ. 3. Recurso Ordinário em *habeas corpus* a que se nega provimento. *(RHC n. 69.988-RJ, STJ, 5ª Turma, Rel. Min. Reynaldo Soares da Fonseca, julgado em 25.10.2016, publicado no DJ em 7.11.2016).*

155.7. [...] II – A existência de dados concretos, relacionados ao comportamento pretérito do acusado, somado à sua disponibilidade de recursos financeiros, são hábeis a revelar que a sua colocação em liberdade implicaria em riscos para a aplicação da lei penal, por isso que viabilizada a prisão preventiva sob este fundamento, máxime se decretada na sentença condenatória. III – A quebra das obrigações assumidas pelo acusado-colaborador, em si mesma, não faz despontar os requisitos da prisão preventiva, quando estes, em nenhum momento precedente, fizeram-se presentes, nos casos em que o acordo celebrou-se com réu que ostentava a condição de liberdade. IV – Hipótese diversa, em que a celebração do acordo de colaboração premiada houve de ensejar a concessão da liberdade provisória a acusado que se encontrava preso, fundada numa inequívoca expectativa de que dar-se-ia escorreito o cumprimento do acordado. V – No âmbito do acordo de colaboração premiada, conforme delineado pela legislação brasileira, não é lícita a inclusão de cláusulas concernentes às medidas cautelares de cunho pessoal, e, portanto, não é a partir dos termos do acordo que se cogitará da concessão ou não de liberdade provisória ao acusado que, ao celebrá-lo, encontre-se preso preventivamente. Segundo a dicção do art. 4°, da Lei 12.850/2013, a extensão do acordo de colaboração limita-se a aspectos relacionados com a imposição de pena futura, isto é, alude-se à matéria situada no campo do direito material, e não do processo. V – Nos casos em que a liberação do acusado derivou da expectativa fundada de que, com o acordo, haveria de prestar a colaboração a que se incumbiu, não se exclui, verificadas as particularidades da situação, possa-se restabelecer a segregação cautelar. VI – Será de avaliar-se, em cada caso, a extensão do olvido com que se houve o colaborador, frente aos termos do acordo, porquanto não é apenas a circunstância de seu descumprimento que determinará a retomada da prisão preventiva, quando essa foi afastada à conta de sua celebração. VII – Nos casos em que a intensidade do descumprimento do acordo de colaboração mostrar-se relevante, a frustração da expectativa gerada com o comportamento tíbio do colaborador permite o revigoramento da segregação cautelar, mormente quando seu precedente afastamento deu-se pelo só fato da promessa homologada de colaboração (*RHC nº 76.026-RS, STJ, 5ª Turma, Rel. Min. Félix Fischer, julgado em 6.10.2016, publicado no* DJ *em 11.10.2016*).

155.7. [...] Nos termos do art. 4°, § 13, da Lei 12.850/2013, não há indispensabilidade legal de que os depoimentos referentes a colaborações premiadas sejam registrados em meio magnético ou similar, mas somente uma recomendação para assegurar maior fidelidade das informações. Inexiste, portanto, nulidade ou prejuízo à defesa pela juntada apenas de termos escritos, sobretudo quando não foi realizada a gravação dos depoimentos (*Inq. 4.146-DF, STF, Tribunal Pleno, Rel. Min. Teori Zavascki, julgado em 22.6.2016, publicado no* DJ *em 4.10.2016*).

155.7. [...] A colaboração premiada, como meio de obtenção de prova, não constitui critério de determinação, de modificação ou de concentração de competência. A competência para processar e julgar os crimes delatados pelo colaborador que não sejam conexos com os fatos objeto da investigação matriz dependerá do local em que consumados, de sua natureza e da condição das pessoas incriminadas (prerrogativa de foro). 5. Os elementos de informação trazidos pelo colaborador a respeito de crimes que não sejam conexos ao objeto da investigação primária devem receber o mesmo tratamento conferido à descoberta fortuita ou ao encontro fortuito de provas em outros meios de obtenção de prova, como a busca e apreensão e a interceptação telefônica. [...] (*Questão de Ordem no Inquérito nº 4.130-PR, STF, 2ª Turma, unânime, Rel. Min. Dias Toffoli, julgado em 22.9.2015, publicado no* DJ *em 3.2.2016*).

155.7. [...] 1. O conteúdo dos depoimentos prestados em regime de colaboração premiada está sujeito a regime de sigilo, nos termos da Lei 12.850/2013, que visa, segundo a lei de regência, a dois objetivos básicos: (a) preservar os direitos assegurados ao colaborador, dentre os quais o de "*ter nome, qualificação, imagem e demais informações pessoais preservados*" (art. 5°, II) e o de "*não ter sua identidade revelada pelos meios de comunicação, nem ser fotografado ou filmado, sem sua prévia autorização por escrito*" (art. 5°, V, da Lei 12.850/2013); e (b) "*garantir o êxito das investigações*" (arts. 7°, § 2°). 2. O sigilo perdura, em princípio, enquanto não "(...) *recebida a denúncia*" (art. 7°, § 3°) e especialmente no período anterior à formal instauração de inquérito. Entretanto, instaurado formalmente o inquérito propriamente dito, o acordo de colaboração e os correspondentes depoimentos permanecem sob sigilo, mas com a ressalva do art. 7°, § 2° da Lei 12.850/2013, a saber: "*o acesso aos autos será restrito ao juiz, ao Ministério Público e ao delegado de polícia, como forma de garantir o êxito das investigações, assegurando-se ao defensor, no interesse do representado, amplo acesso aos elementos de prova que digam respeito ao exercício do direito de defesa, devidamente precedido de autorização judicial, ressalvados os referentes as diligências em andamento*" (Rcl 22.009-AgR, Relator(a): Min. Teori Zavascki, Segunda Turma, *DJe* de 12.5.2016). 3. Assegurado o acesso do investigado aos elementos de prova carreados na fase de inquérito, o regime de sigilo consagrado na Lei 12.850/2013 guarda perfeita compatibilidade com a Súmula Vinculante 14, que garante ao defensor legalmente constituído "*o direito de pleno acesso ao inquérito (parlamentar, policial ou administrativo), mesmo que sujeito a regime de sigilo (sempre excepcional), desde que se trate de provas já produzidas e formalmente incorporadas ao procedimento investigatório, excluídas, consequentemente, as informações e providências investigatórias ainda em curso de execução e, por isso mesmo, não documentados no próprio inquérito ou processo judicial*" (HC 93.767, Relator(a): Min. Celso de Mello, Segunda Turma, *DJe* de 1°.4.2014). 4. É certo, portanto, que a simples especulação jornalística a respeito da existência de acordo de colaboração premiada ou da sua homologação judicial ou de declarações que teriam sido prestadas pelo colaborador não é causa juridicamente suficiente para a quebra do regime de sigilo, sobretudo porque poderia comprometer a investigação. [...] (*Ag. Rg. na Petição nº 6.164, STF, 2ª Turma, unânime, Rel. Min. Teori Zavascki, julgado em 6.9.2016, publicado no* DJ *em 21.9.2016*).

155.7. [...] Tratando-se de colaboração premiada contendo diversos depoimentos, envolvendo diferentes pessoas e, possivelmente, diferentes organizações criminosas, tendo sido prestados em ocasiões diferentes, em termos de declaração separados, dando origem a diferentes procedimentos investigatórios, em diferentes estágios de diligências, não assiste a um determinado denunciado o acesso universal a todos os depoimentos prestados. O que a lei lhe assegura é o acesso aos elementos da colaboração premiada que lhe digam respeito (*Inquérito nº 3.983, STF, Plenário, unânime, Rel. Min. Teori Zavascki, julgado em 3.3.2016, publicado no* DJ *em 12.5.2016*).

155.7. [...] Eventual desconstituição de acordo de colaboração premiada tem âmbito de eficácia restrito às partes que o firmaram, não beneficiando e nem prejudicando terceiros (HC 127483, Relator(a): Min. Dias Toffoli, Tribunal Pleno, *DJe* de 4.2.2016). Até mesmo em caso de revogação do acordo, o material probatório colhido em decorrência dele pode ainda assim ser utilizado em face de terceiros, razão pela qual não ostentam eles, em princípio, interesse jurídico em pleitear sua desconstituição, sem prejuízo, obviamente, de formular, no momento próprio, as contestações que entenderem cabíveis quanto ao seu conteúdo (*Inquérito nº 3.983, STF, Plenário, unânime, Rel. Min. Teori Zavascki, julgado em 3.3.2016, publicado no* DJ *em 12.5.2016*).

155.7. [...] Preservado o conteúdo das informações prestadas pelo colaborador, eventuais divergências de literalidade entre o documento escrito e a gravação dos depoimentos, quando realizada, não importa, automaticamente, a nulidade do ato, reservando-se ao interessado, se for o caso, no âmbito da ação penal, insurgir-se contra eventuais inconsistências existentes na versão escrita, podendo demandar do colaborador os esclarecimentos que forem necessários. [...] (*Inquérito nº 3.983, STF, Plenário, unânime, Rel. Min. Teori Zavascki, julgado em 3.3.2016, publicado no* DJ *em 12.5.2016*).

155.7. [...] I – Tendo em vista a necessidade de se resguardar investigações ainda em curso, e considerando-se a complexidade das investigações e ações penais decorrentes da denominada "Operação Lava-Jato", não constitui nulidade o indeferimento do acesso do recorrente à integralidade dos termos de colaboração premiada de terceiro, mormente se franqueado o acesso àquilo que seria pertinente ao exercício do direito de defesa. II – O sistema processual penal brasileiro impede a oitiva de corréu na qualidade de testemunha, na mesma ação penal, em razão da incompatibilidade entre o direito constitucional ao silêncio e a obrigação de dizer a verdade imposta nos termos do Código de Processo Penal. III – No entanto, não há impedimento ao depoimento de colaborador como testemunha, na medida em que, não sendo acusado no mesmo processo em que o recorrente figure como réu, sua oitiva constitua verdadeira garantia de exercício da ampla defesa e do contraditório dos delatados, ao mesmo tempo que também consubstancia mecanismo de confirmação das declarações e de validação dos benefícios previstos no acordo de colaboração. IV – Neste sentido, ainda que sob a égide da Lei n. 9.807/1999, o Plenário do col. Supremo Tribunal Federal consignou que *"O sistema processual brasileiro não admite a oitiva de corréu na qualidade de testemunha ou, mesmo, de informante, (...) Exceção aberta para o caso de corréu colaborador ou delator, a chamada delação premiada, prevista na Lei 9.807/1999"* (Sétimo Agravo Regimental na AP n. 470/MG, Tribunal Pleno, Rel. Min. Joaquim Barbosa, *DJe* de 2.10.2009), entendimento que deve ser reforçado se considerado o § 14 do art. 4º da Lei 12.850/2013, o qual dispõe que *"Nos depoimentos que prestar, o colaborador renunciará, na presença de seu defensor, ao direito ao silêncio e estará sujeito ao compromisso de dizer a verdade"*. V – Por razão semelhante, se o sistema processual penal, como regra geral, não admite a oitiva de corréu na qualidade de testemunha, na mesma ação penal, não há que se falar em qualquer ilegalidade quanto ao depoimento de Carlos Alexandre de Souza Rocha, porquanto, ainda que não seja colaborador, foi denunciado em processo diverso, sob outro contexto, o que permite sua oitiva como testemunha nos autos da ação penal em questão. VI – Por último, insta consignar que, em se tratando de nulidade de ato processual, e de acordo com o princípio *pas de nullité sans grief*, mostra-se imprescindível, para o reconhecimento da nulidade, a demonstração do prejuízo sofrido, o que inocorreu na espécie. [...] (*RHC nº 67.493-PR, STJ, 5ª Turma, unânime, Rel. Min. Felix Fischer, julgado em 19.4.2016, publicado no* DJ *em 2.5.2016*).

155.7. [...] Colaboração premiada. Delação de crimes não conexos com a investigação primária. Equiparação ao encontro fortuito de prova. Aplicação das regras de determinação, de modificação e de concentração da competência. Inexistência de prevenção, pelas mesmas razões, tanto do Ministro de Corte quanto do juízo de origem [...]. A colaboração premiada, como meio de obtenção de prova, não constitui critério de determinação, de modificação ou de concentração de competência. [...] *(Questão de Ordem no Inquérito n. Inq 4.130 QO, Rel. Min. Dias Toffoli, DJ de 3.2.2016).*

155.7. [...] O acordo de colaboração premiada judicialmente homologado não tem natureza de título executivo judicial condenatório, não se admitindo a execução antecipada da pena sem o trânsito em julgado ou exaurimento do segundo grau de jurisdição. [...] *(Agravo de Execução Penal n. 5041088-03.4.04.7000-PR, TRF4, Rel. Desembargador Federal João Pedro Gebran Neto, 8ª Turma, julgado em 22.5.2019).*

155.8. Infiltração de agentes como meio de produção probatória (Lei nº 12.850/2013): Seguindo a linha do que defendido em nosso *Curso de Processo Penal* – e ao que lá consignado ora se reporta –, também aqui é preciso apontar algumas questões essenciais trazidas pela Lei nº 12.850/2013, notadamente em face das alterações promovidas pela Lei nº 13.964/2019.

Embora algumas anotações críticas que serão feitas, importante já no início reportar a uma obra de referência que trata minudentemente do tema, de Flávio Cardoso Pereira (*Agente encubierto y proceso penal garantista*: limites y desafios, Lerner Editora, 2012). Nessa obra, o autor destaca a existência de inúmeros tratados e acordos internacionais legitimando a previsão de agentes encobertos, concluindo pela legitimidade da diligência, desde que observadas, com rigor, as limitações inerentes às condutas portadoras de graus tão elevados de invasão à privacidade, e, desde que absolutamente indispensáveis à proteção dos direitos fundamentais da comunidade jurídica, exposta aos danos produzidos pelas mais recentes formas de criminalidade.

Originariamente tivemos prevista a *infiltração* na Lei nº 9.034/95, com redação dada pela Lei nº 10.271/01 (antiga legislação das organizações criminosas, art. 2º, V), e na Lei nº 11.343/06 (Tráfico de Drogas, art. 53, I), do mesmo modo que a ação policial controlada.

Já naquele momento rejeitávamos a validade da medida com base em considerações de ordem *legal*, dado que não se previa qualquer forma de procedimento nas aludidas legislações e menos ainda acerca das consequências jurídicas dos atos de infiltração.

Após a edição da Lei nº 12.850/2013, *rejeitamos agora* a validade do conteúdo das normas, por considerá-las excessivas, sem contar a violação ao princípio da moralidade administrativa, que não pode ceder ante a invocação, aqui, do princípio da eficiência.

A partir do disposto no parágrafo único do art. 13 ("*não é punível, no âmbito da infiltração, a prática de crime pelo agente infiltrado no curso da investigação, quando inexigível conduta diversa*"), dissemos literalmente no *Curso de Processo Penal* que "*o legislador adianta a exclusão permanente da culpabilidade do agente nas ações realizadas dentro da organização criminosa. Sim, porque se constitui crime promover, constituir, financiar ou integrar organização criminosa (art. 2º, Lei nº 12.850/13), todas as condutas do agente infiltrado estarão enquadradas, no mínimo, no tipo de integração de organização criminosa. Mas, com efeito, tal fato pode mesmo ser minimizado, enquanto a sua ação se limitasse a integrar a organização. No entanto, a definição de tais grupos inclui a associação de 4 (quatro) ou mais pessoas, devidamente estruturadas e com divisão de tarefas, com o objetivo da realização de crimes cujas penas máximas sejam superiores a 4 (quatro) anos, ou que sejam de caráter transnacional, conforme definição do art. 1º, § 1º. Portanto, e para que seja útil a infiltração, o agente, em regra (não sempre, é verdade) deverá contribuir na prática de infrações penais. E aí, a exclusão prévia e permanente da culpabilidade soa paradoxal (e necessária!): quando inexigível conduta diversa. Ora, mas veja-se bem: a inexigibilidade de conduta diversa, como regra, pressupõe situação da necessidade de conduta contrária ao direito, desde que não tenha sido criada voluntariamente pelo agente (a situação de necessidade). No modelo legal de infiltração, o que a lei afirma é o dever de comportamento indevido (participação em delitos), como inexigibilidade de conduta diversa! Se o agente tem o dever de contribuir na ação criminosa, como lhe seria exigível outro comportamento? Ainda que verdadeira a afirmação – que já fizemos – no sentido de que as leis não podem ser invalidadas pela simples possibilidade abstrata de abusos dos poderes públicos, a hipótese de infiltração de agentes não parece oferecer um juízo de probabilidade de abusos, mas de necessidade deles, dado que a própria participação no ilícito constitui, em si, ato abusivo. O que a lei quer fazer é dar novo significado a essa participação, provavelmente a partir da consideração de que o infiltrado, em regra, não estaria compelido à execução direta dos delitos praticados rotineiramente pela organização. Nesse passo, teríamos a seguinte equação: quanto mais baixa a posição do infiltrado na organização, menor a possibilidade de sua participação direta nos delitos. E vice-versa. Todavia, outra operação se impõe no mesmo plano lógico: quanto menor a participação do agente, menor a sua importância para fins de coleta de provas! E vice-versa, também! Ou seja, a indispensabilidade da atuação do infiltrado balançaria conforme o grau de exigibilidade de sua participação nos eventos. Não podemos deixar de lembrar, especialmente no que diz respeito ao binômio necessidade/utilidade da medida de infiltração, que a legislação brasileira já contempla inúmeras alternativas tecnológicas de investigação (gravações ambientais, interceptações telefônicas, de dados telemáticos etc.), que, se não se mostram ainda suficientes para o respectivo desiderato, tal fato não decorre da idoneidade ou da eficiência de tais métodos. Ao contrário, e lamentavelmente, decorrem de posições jurisprudenciais sem lastro argumentativo consistente, nas quais se confundem conceitos básicos de Direito, particularmente no âmbito de anulações absolutamente indevidas e injustificadas de um sem-número de processos criminais. No particular, o Superior Tribunal de Justiça vem sistematicamente reduzindo a capacidade de eficiência investigatória, sob o pálio, em geral distorcido, de fundamentações pretensamente garantistas. E o que é pior: as anulações não se dirigem aos atos da polícia judiciária, mas às decisões judiciais que os autorizam, como se os juízes de primeiro grau fossem incapazes de avaliar a necessidade e a indispensabilidade das providências limitadoras das liberdades públicas. Confundem atos ilícitos com eventuais* error in judicando, *apresentando as mesmas consequências jurídicas a uns e outros*".

Feitas essas considerações críticas (registrando na parte também pequeno dissenso de Douglas Fischer, que segue a compreensão firmada por Flávio Cardoso Pereira), importa aqui a abordagem do *procedimento* de infiltração.

Vê-se que a medida – se admitida – deve ser absolutamente reservada a situações extremas, tanto que o § 2º do art. 10 da Lei nº 12.850/13 reserva seu cabimento "se a prova não puder ser produzida por outros meios disponíveis" (*guarda similitude com as demais previsões legais para interceptação telefônica, interceptação telemática, dentre outras. Mas aqui, repetimos, a excepcionalidade deve retratar caso ainda mais grave*). Excepciona-se claramente também que sua aplicabilidade pressupõe a prática de crime previsto no art. 1º, ou seja, somente seria possível a decretação judicial da infiltração se observados todos os requisitos contidos na Lei nº 12.850/13 (art. 10 ao art. 14), incluindo-se a existência (pressuposta) de organizações criminosas.

Não apenas a (excepcional) necessidade da medida precisa ser demonstrada, mas também é requisito que se diga, tanto quanto possível, qual será o alcance das tarefas dos agentes (exatamente para trazer um balizador e fixação, em tese, dos limites de sua ação) e, quando possível, os nomes ou apelidos das pessoas investigadas e o local da infiltração (art. 11).

Toda infiltração pressupõe manifestação prévia do Ministério Público (quando for precedida de representação da autoridade policial), demanda prévia autorização judicial (diferentemente da ação controlada) e pode ser deferida por prazo de até seis meses (com ilimitadas renovações, desde que comprovada a necessidade. É o que dispõem o art. 10, *caput*, e §§ 1º e 3º. Nada obstante a previsão legal, reportando-se novamente às anotações de nosso *Curso de Processo Penal* "*ou bem a medida se mostra útil e proveitosa no prazo de 1 (um) ano, admitindo-se a razoabilidade de uma prorrogação, ou melhor será que se desista dela e se busque outros caminhos. Até mesmo para que se evite um maior nível de aprofundamento da intimidade do agente infiltrado com os membros da organização, o que reverteria em desfavor das finalidades legais. [...] Assim, pode-se admitir a prorrogação do prazo de 6 (seis) meses por uma única vez, diante da irrazoabilidade intrínseca da ausência de limites do prolongamento da infiltração*" (novo registro de pequeno dissenso entre os autores, já que Douglas Fischer pensa não haver como fixar essa limitação máxima diante da pluralidade de circunstâncias que casos concretos poderão apresentar).

Embora o procedimento deva ser realizado de forma sigilosa (*o que é até intuitivo, caso se queira a efetividade e segurança da técnica investigativa - art. 12*), ulteriormente, e desde que não haja prejuízo para as investigações, os autos contendo as informações da infiltração deverão acompanhar a denúncia, quando então serão disponibilizados à defesa, preservando-se *sempre* a identidade do agente infiltrado (§ 2º do art. 12).

Malgrado as críticas apresentadas, fato é que, tecnicamente, o agente infiltrado não pode ser considerado partícipe ou coautor dos fatos imputados aos membros da organização criminosa, de modo que não deverá constar na denúncia qualquer menção à sua atuação (o que ocorre, diversamente, com o *colaborador*), tudo como forma de propiciar a máxima proteção ao agente (art. 14, III). É claro que, não existindo qualquer imputação ao agente infiltrado, serão fáceis as deduções dos demais envolvidos acerca de sua identidade.

O *caput* do art. 13 prevê que, se o agente infiltrado não mantiver a proporcionalidade de suas ações com a finalidade da investigação (daí a necessária e prévia individualização de suas ações, de que falamos antes), responderá pelos excessos normativos. Já no parágrafo único dispõe-se que *não será punível*, no âmbito da infiltração, a prática de crime pelo agente infiltrado, *quando inexigível conduta diversa.*

Em face do contrassenso de tais previsões, reportamo-nos uma vez mais às anotações de nosso *Curso de Processo Penal*: "[...] *De novo o paradoxo da infiltração: qual conduta é exigível do agente policial? A organização exige que ele atue para a prática de delitos, enquanto o Estado dele espera um comportamento heroico, de neutralidade em relação ao crime. Mas, apenas quando possível – veja-se bem! – quando ele, por dever de ofício (na organização, é claro), tiver que executar algum ato na cadeia das condutas configuradoras de crimes, estará previamente exculpado. O infiltrado, portanto, tem dois deveres originários opostos: o de atuar em favor dos delitos e o de colher elementos que demonstrem a prática de tais crimes. Mas, pode surgir outro dever, agora derivado: o de executar, em algum nível, o delito, quando então não haverá contraposição de deveres: tanto a organização criminosa quanto o Estado esperam dele semelhante comportamento*".

Feitas essas considerações essenciais e dentro do espaço proposto, precisamos complementar agora com as novidades trazidas pela Lei nº 13.964/2019, ao detalhar procedimento da *infiltração digital* de forma geral, e não apenas para as hipóteses de investigação de crimes contra a dignidade sexual de crianças e adolescentes (regras da Lei nº 13.441/2017 inseridas na Lei nº 8.069/1990).

No tocante aos requisitos, o art. 10-A da Lei nº 12.850/2013 deixa clara a similitude em relação às demais técnicas investigativas previstas na lei, notadamente a "infiltração normal": deverá ser para hipóteses de investigar crimes praticados por organizações criminosas (inclusive os conexos a eles), desde que demonstrada sua necessidade (diríamos nós, a imprescindibilidade), indicando-se ainda o alcance das tarefas dos agentes, os nomes ou apelidos dos investigados e, quando possível, os dados de conexão ou cadastrais que permitam a identificação dessas pessoas (*v.g.*, o IP – *Internet Procotol* – dos equipamentos que serão utilizados pelos investigados, normalmente em ambientes conhecidos como *dark web*).

Para evitar (maiores) questionamentos judiciais sobre os procedimentos (se é que isso se revela possível), a lei também cuidou de *conceituar* algumas de suas expressões (desde já se consignando que essas previsões não podem ser lidas de forma exclusiva e exaustiva; a realidade do mundo fático sempre nos trará situações que demandem a devida contextualização). Assim, tem-se que são: (a) *dados de conexão* as informações referentes a hora, data, início, término, duração, endereço de IP utilizado e terminal de origem da conexão (§ 1º, I); (b) *dados cadastrais* as informações referentes a nome e endereço de assinante ou de usuário registrado ou autenticado para a conexão a quem o endereço de IP ou identificação de usuário ou código de acesso tenha sido atribuído no momento da conexão (porque a instalação da conexão pode estar em nome de terceiros que não o próprio investigado).

Novamente a similitude de requisitos (que, se não atendidos, ensejarão a nulidade da prova, § 7º do art. 10-A): (a) não pode haver decisão do juiz acaso formulada representação pela autoridade policial sem *prévia* manifestação do Ministério Público (§ 2º do art. 10-A); (b) indicação de que não há outros meios necessários e igualmente eficientes para a obtenção das provas pretendidas (§ 3º do art. 10-A); (c) a infiltração poderá ser por *até* seis meses, permitidas renovações sucessivas, desde que devidamente fundamentadas, existindo, aqui, um limitador máximo de 720 dias (dois anos, aproximadamente) – § 4º do art. 10-A.

O procedimento deve ser necessariamente sigiloso (com acesso durante a operação restrito ao juiz, ao Ministério Público e ao delegado de polícia responsável pela operação, se não for investigação efetivada exclusivamente pelo *parquet*) e as informações acerca da operação devem ser encaminhadas *diretamente* ao juiz competente.

De forma pouco diversa do que previsto no parágrafo único do art. 13 (quando se reconhece a não punição do agente por *inexigibilidade de conduta diversa*), o art. 10-C assenta que "não comete crime" o agente policial que oculta sua identidade para colher indícios de autoria e materialidade dos crimes na internet, mas que poderá responder pelos excessos quando deixar de observar a estrita finalidade da investigação (parágrafo único do art. 10-C).

Uma vez que for concluída a investigação, todos os atos eletrônicos (porque se trata de *infiltração virtual*) praticados durante a operação deverão ser registrados, gravados, armazenados e encaminhados ao juiz e ao Ministério Público, com relatório circunstanciado das atividades desenvolvidas (preocupação também aqui com a cadeia de custódia das provas). Esses dados devem estar em autos apartados e apensados ao processo criminal (com vista à defesa, depois que não mais houver a possibilidade de prejuízo para as investigações), preservando-se sempre a identidade do agente infiltrado e também a intimidade dos envolvidos (art. 10-D e parágrafo único).

Por fim, a possibilidade de inclusão em banco de dados próprios (sempre de forma sigilosa e mediante ordem judicial) das informações necessárias à efetividade da identidade (fictícia) criada para o agente infiltrado (parágrafo único acrescido ao art. 11).

Jurisprudência *(anterior à Lei nº 13.964, de 2019)*

155.8. [...] O caso dos autos tratou de ação controlada, iniciada sob os auspícios do diploma anterior (Lei n. 9.034/1995), mas que perdurou na vigência da Lei n. 12.850/2013, que, no tocante ao instituto, não destoa do regramento anterior, e não exige prévia autorização judicial. A ação controlada foi previamente comunicada ao juízo e ao Ministério Público, nos termos do artigo 8º, § 1.º, da Lei n. 12.850/2013. A comunicação prévia visa a proteger o trabalho investigativo, de forma a afastar eventual crime de prevaricação ou infração administrativa por parte do agente público. 1.1. O TJSP descartou a hipótese de infiltração de agente, pois a Testemunha Protegida 1 deixou de operar "ativamente" na coleta de informações e nunca solicitou ou exigiu quaisquer vantagens dos membros da organização. Nesse sentido, para acolher a alegação defensiva quanto à ocorrência de indevida ação controlada e modificar o entendimento da Corte de origem quanto ao tema demandaria o revolvimento do todo o material fático probatório dos autos (Súmula n. 7/STJ).[...] *(Agravo Regimental nos Embargos de Declaração no Agravo Regimental no Agravo em Recurso Especial nº 2.294.876-SP, STJ, 5ª Turma, Rel. Min. Joel Ilan Paciornik, julgado em 6.2.2024, publicado no DJ em 15.2.2024)*

155.8. [...] 1. É possível a utilização, no ordenamento jurídico pátrio, de ações encobertas, controladas virtuais ou de agentes infiltrados no plano cibernético, desde que o uso da ação controlada na investigação criminal esteja amparado por autorização judicial. A chancela jurídica, portanto, possibilita o monitoramento legítimo, inclusive via espelhamento do *software Whtastapp Web,* outorgando funcionalidade à persecução virtual, de inestimável valia no mundo atual. A prova assim obtida, via controle judicial, não se denota viciada, não inquinando as provas derivadas, afastando-se a teoria do *fruits of the poisounous tree* na hipótese.

2. No ordenamento pátrio, as ações encobertas recebem a denominação de infiltração de agentes. A Lei que trata acerca de Organizações Criminosas, Lei n. 12.850/2013, prevê que, em qualquer fase da persecução penal, serão permitidos, sem prejuízo de outros procedimentos já previstos em lei, infiltração, por policiais, em atividade de investigação, mediante motivada e sigilosa autorização judicial. Objetiva-se a outorga, ao agente estatal, da possibilidade de penetrar na organização criminosa, participando de atividades diárias, para, assim, compreendê-la e melhor combatê-la pelo repasse de informações às autoridades.

3. De se destacar, que de acordo com ensinamento doutrinário (Mendroni, Marcelo Batouni. *Comentários à Lei de Combate ao Crime organizado - Lei n. 12.850/2013.* São Paulo Atlas, 2014. p. 75), a ação controlada, pela via do agente infiltrado, resulta em atuação que visa obter prova para incriminar o suspeito, ganhar sua confiança pessoal, mantendo-se a par dos acontecimentos, acompanhando a execução dos fatos e praticando atos de execução, se necessário, como forma de conseguir a informação necessária ao fim da investigação. O agente infiltrado, portanto, tem, ou pode ter, intervenção direta sobre os atos preparatórios e de execução na prática do crime. Da natureza da figura do agente infiltrado, portanto, ter influência no modo como o crime é praticado. Além da já mencionada lei de organizações criminosas (Lei n. 12.850/2013) admitir ações infiltradas, quando houver indícios atuação de organização criminosa, outras legislações, como a Lei n. 11.343/2006 (Lei de Tóxicos), em seu art. 53, I, contempla a possibilidade de infiltração de agentes (operação *undercover*) na persecução penal do tráfico ilícito de entorpecentes, como ocorrido na hipótese.

4. De se mencionar, ainda, que a lei que regulamenta o Marco Civil da *Internet* (Lei n. 12.965/2014), que estabelece princípios, garantias, direitos e deveres para uso da *Internet* no Brasil, garante o acesso e a interferência no "fluxo das comunicações pela *Internet,* por ordem judicial". De idêntica

forma, a mesma Lei n. 12.850/2013 (Lei da ORCRIM), com redação trazida pela Lei 13.694/2019, passou a prever, de forma expressa, a figura do agente infiltrado virtual, em seu art. 10-A.

5. De outra banda, a Lei n. 9.296/1996 (Interceptação Telefônica), permite, por suas vez, em seu art. 1º, parágrafo único, a quebra do sigilo no que concerne à comunicação de dados, mediante ordem judicial fundamentada. Nesse ponto reside a permissão normativa para quebra de sigilo de dados informáticos, na hipótese, e, de forma subsequente, para permitir a interação, a interceptação e a infiltração do agente, inclusive pelo meio cibernético, consistente no espelhamento do *Whatsapp Web*. A lei de interceptação, em combinação com a Lei das Organizações Criminosas, na hipótese, outorga legitimidade (legalidade) e dita o rito (regra procedimental), a mencionado espelhamento, em interpretação progressiva, em conformidade com a realidade atual, para adequar a norma à evolução tecnológica.

6. A potencialidade danosa dos delitos praticados por organizações criminosas, pelo meio virtual, aliada a complexidade e dificuldade da persecução penal no âmbito cibernético, como na hipótese, devem levar a jurisprudência a admitir as ações controladas e infiltradas, como na presente hipótese, no mesmo plano virtual. De fato, nos últimos anos, as redes sociais e respectivos aplicativos se tornaram uma ferramenta indispensável para a comunicação, interação e compartilhamento de informações em todo o mundo. Entretanto, essa rápida expansão e influência também trouxeram consigo uma série de desafios e problemas no âmbito da investigação, no meio virtual, tornando-se a evolução da jurisprudência acerca do tema questão cada vez mais relevante e urgente.

7. Nessa esteira, como já mencionado, a Lei n. 9.296/1996, que regulamenta as interceptações, conjugada com a Lei n. 12.850/2013, Lei das Organizações Criminosas, permitem a ação controlada e infiltrada virtual, desde que observadas a cláusula de reserva de jurisdição e a finalidade para investigação criminal, atentando-se para o juízo de ponderação dos valores constitucionais em jogo. [...]

10. Não há empecilho, portanto, na utilização de ações encobertas ou agentes infiltrados na persecução de delitos, pela via dos meios virtuais, desde que, conjugados critérios de proporcionalidade (utilidade, necessidade), reste observada a subsidiariedade, não podendo a prova ser produzida por outros meios disponíveis.

11. A ação controlada e a infiltração, que se configuram como técnica especial de investigação voltada ao combate da criminalidade moderna, deve ser admitida quando a prova não puder ser produzida por outros meios disponíveis, desde que comprovada sua necessidade. É o que se dá na hipótese dos autos, com o autorizado espelhamento via *software Whatsapp Web*, como meio de infiltração investigativa, na medida em que a interceptação de dados direta, feita no próprio aplicativo original do *Whastapp,* se denota, por vezes, despicienda, em face da conhecida criptografia ponta a ponta que vigora no aplicativo original, impossibilitando o acesso ao teor das conversas ali entabuladas. Concebe-se plausível, portanto, que o espelhamento autorizado via *software Whatsapp Web,* pelos órgãos de persecução, se denote equivalente à modalidade de infiltração do agente, que consiste, como já asseverado, em meio extraordinário, mas válido, de obtenção de prova. *[...] (Agravo Regimental no Agravo em Recurso Especial nº 2.318.334-MG, STJ, 5ª Turma, Rel. Min. Reynaldo Soares da Fonseca, julgado em 16.4.2024, publicado no DJ em 23.4.2024)*

155.8. [...] 1. É possível a utilização, no ordenamento jurídico pátrio, de ações encobertas, controladas virtuais ou de agentes infiltrados no plano cibernético, desde que o uso da ação controlada na investigação criminal esteja amparado por autorização judicial. A chancela jurídica, portanto, possibilita o monitoramento legítimo, inclusive via espelhamento do *software Whtastapp Web,* outorgando funcionalidade à persecução virtual, de inestimável valia no mundo atual. A prova assim obtida, via controle judicial, não se denota viciada, não inquinando as provas derivadas, afastando-se a teoria do *fruits of the poisounous tree* na hipótese.

2. No ordenamento pátrio, as ações encobertas recebem a denominação de infiltração de agentes. A Lei que trata acerca de Organizações Criminosas, Lei n. 12.850/2013, prevê que, em qualquer fase da persecução penal, serão permitidos, sem prejuízo de outros procedimentos já previstos em lei, infiltração, por policiais, em atividade de investigação, mediante motivada e sigilosa autorização judicial. Objetiva-se a outorga, ao agente estatal, da possibilidade de penetrar

na organização criminosa, participando de atividades diárias, para, assim, compreendê-la e melhor combatê-la pelo repasse de informações às autoridades.

3. De se destacar, que de acordo com ensinamento doutrinário (Mendroni, Marcelo Batouni. *Comentários à Lei de Combate ao Crime organizado – Lei n. 12.850/2013.* São Paulo Atlas, 2014. p. 75), a ação controlada, pela via do agente infiltrado, resulta em atuação que visa obter prova para incriminar o suspeito, ganhar sua confiança pessoal, mantendo-se a par dos acontecimentos, acompanhando a execução dos fatos e praticando atos de execução, se necessário, como forma de conseguir a informação necessária ao fim da investigação. O agente infiltrado, portanto, tem, ou pode ter, intervenção direta sobre os atos preparatórios e de execução na prática do crime. Da natureza da figura do agente infiltrado, portanto, ter influência no modo como o crime é praticado. Além da já mencionada lei de organizações criminosas (Lei n. 12.850/2013) admitir ações infiltradas, quando houver indícios atuação de organização criminosa, outras legislações, como a Lei n. 11.343/2006 (Lei de Tóxicos), em seu art. 53, I, contempla a possibilidade de infiltração de agentes (operação *undercover*) na persecução penal do tráfico ilícito de entorpecentes, como ocorrido na hipótese.

4. De se mencionar, ainda, que a lei que regulamenta o Marco Civil da *Internet* (Lei n. 12.965/2014), que estabelece princípios, garantias, direitos e deveres para uso da *Internet* no Brasil, garante o acesso e a interferência no "fluxo das comunicações pela *Internet,* por ordem judicial". De idêntica forma, a mesma Lei n. 12.850/2013 (Lei da ORCRIM), com redação trazida pela Lei 13.694/2019, passou a prever, de forma expressa, a figura do agente infiltrado virtual, em seu art. 10- A.

5. De outra banda, a Lei n. 9.296/1996 (Interceptação Telefônica), permite, por sua vez, em seu art. 1º, parágrafo único, a quebra do sigilo no que concerne à comunicação de dados, mediante ordem judicial fundamentada. Nesse ponto reside a permissão normativa para quebra de sigilo de dados informáticos, na hipótese, e, de forma subsequente, para permitir a interação, a interceptação e a infiltração do agente, inclusive pelo meio cibernético, consistente no espelhamento do *Whatsapp Web.* A lei de interceptação, em combinação com a Lei das Organizações Criminosas, na hipótese, outorga legitimidade (legalidade) e dita o rito (regra procedimental), a mencionado espelhamento, em interpretação progressiva, em conformidade com a realidade atual, para adequar a norma à evolução tecnológica.

6. A potencialidade danosa dos delitos praticados por organizações criminosas, pelo meio virtual, aliada a complexidade e dificuldade da persecução penal no âmbito cibernético, como na hipótese, devem levar a jurisprudência a admitir as ações controladas e infiltradas, como na presente hipótese, no mesmo plano virtual. De fato, nos últimos anos, as redes sociais e respectivos aplicativos se tornaram uma ferramenta indispensável para a comunicação, interação e compartilhamento de informações em todo o mundo. Entretanto, essa rápida expansão e influência também trouxeram consigo uma série de desafios e problemas no âmbito da investigação, no meio virtual, tornando-se a evolução da jurisprudência acerca do tema questão cada vez mais relevante e urgente.

7. Nessa esteira, como já mencionado, a Lei n. 9.296/1996, que regulamenta as interceptações, conjugada com a Lei n. 12.850/2013, Lei das Organizações Criminosas, permitem a ação controlada e infiltrada virtual, desde que observadas a cláusula de reserva de jurisdição e a finalidade para investigação criminal, atentando-se para o juízo de ponderação dos valores constitucionais em jogo.

[...] 10. Não há empecilho, portanto, na utilização de ações encobertas ou agentes infiltrados na persecução de delitos, pela via dos meios virtuais, desde que, conjugados critérios de proporcionalidade (utilidade, necessidade), reste observada a subsidiariedade, não podendo a prova ser produzida por outros meios disponíveis.

11. A ação controlada e a infiltração, que se configuram como técnica especial de investigação voltada ao combate da criminalidade moderna, deve ser admitida quando a prova não puder ser produzida por outros meios disponíveis, desde que comprovada sua necessidade. É o que se dá na hipótese dos autos, com o autorizado espelhamento via *software Whatsapp Web*, como meio de infiltração investigativa, na medida em que a interceptação de dados direta, feita no próprio aplicativo original do *Whastapp,* se denota, por vezes, despicienda, em face da conhecida criptografia ponta a ponta que vigora no aplicativo original, impossibilitando o acesso ao teor das conversas ali entabuladas. Concebe-se plausível, portanto, que o espelhamento auto-

rizado via *software Whatsapp Web*, pelos órgãos de persecução, se denote equivalente à modalidade de infiltração do agente, que consiste, como já asseverado, em meio extraordinário, mas válido, de obtenção de prova.

12. Pode, desta forma, o agente policial valer-se da utilização do espelhamento pela via do *software Whatsapp Web*, desde que respeitados os parâmetros de proporcionalidade, subsidiariedade, controle judicial e legalidade, calcado pelo competente mandado judicial, como ocorrido na hipótese presente. De fato, como já asseverado supra, a Lei n. 9.296/1996, que regulamenta as interceptações, conjugada com a Lei n. 12.850/2013 (Lei das Organizações Criminosas), outorgam substrato de validade processual às ações infiltradas no plano cibernético, desde que observada a cláusula de reserva de jurisdição.

13. Pode-se argumentar que a prova obtida pela via do espelhamento, através do *software Whatsapp Web*, como modalidade de investigação, via agente infiltrado, implicaria em malferimento à prerrogativa do acusado de não produzir provar contra si mesmo (*against selfincrimiantion*) ou ao direito de permanecer em silêncio. Contudo, o respeito ao acusado, na condição de sujeito processual, tão somente impede que o Estado obrigue o investigado a produzir prova contra si mesmo. Desta forma, se o investigado vem a produzir, de forma espontânea, prova apta a corroborar sua inculpação, referida prova deverá ser valorada no processo, ante sua validade. É o que se dá na hipótese do multimencionado espelhamento.

14. De idêntica forma, a objeção de que a facilidade de manipulação da prova obtida pela via do espelhamento do *Whatsapp Web*, pelo agente infiltrado, tornaria invalida a evidência por tal meio obtida não merece guarida, na medida em que esta Corte Superior tem adotado entendimento pacífico no sentido de que *"é despicienda a realização de perícia a fim de comprovar a fidedignidade das gravações, que são presumidamente autênticas, possuindo fé pública os agentes policiais envolvidos na operação. Tal entendimento independe da forma de transmissão das interceptações, se oriundos de gravações de áudio ou captação de mensagens de texto"* (AgRg no RHC n. 129.003/MT, Relator Ministro Ribeiro Dantas, Quinta Turma, julgado em 13/10/2020, DJe 20/10/2020), bem como que *"o instituto da quebra da cadeia de custódia refere-se à idoneidade do caminho que deve ser percorrido pela prova até sua análise pelo magistrado, e uma vez ocorrida qualquer interferência durante o trâmite processual, esta pode implicar, mas não necessariamente, a sua imprestabilidade"* (AgRg no RHC n. 147.885/SP, Relator Ministro OLINDO MENEZES (Desembargador Convocado do TRF 1ª Região), Sexta Turma, julgado em 7/12/2021, DJe de 13/12/2021).

15. No caso dos autos, não houve comprovação de qualquer adulteração no decorrer probatório, nenhum elemento veio aos autos a demonstrar que houve adulteração da prova, alteração na ordem cronológica dos diálogos ou mesmo interferência de quem quer que seja, a ponto de invalidar a prova, salvo, naturalmente, a eventual ingerência e interação que decorre da atuação na ação controlada e da condição de agente infiltrado aqui reconhecida, não podendo referida invalidade ser presumida.

16. Agravo regimental não provido.*(Agravo Regimental no Agravo em Recurso Especial nº 2.460.351-MG, STJ, 5ª Turma, Rel. Min. Reynaldo Soares da Fonseca, julgado em 21.11.2023, publicado no DJ em 27.11.2023)*

155.8. [...] 1. *A infiltração de agentes de polícia em tarefas de investigação, representada pelo delegado de polícia ou requerida pelo Ministério Público, após manifestação técnica do delegado de polícia quando solicitada no curso de inquérito policial, será precedida de circunstanciada, motivada e sigilosa autorização judicial, que estabelecerá seus limites* (Art. 10 da Lei n. 12.850/2013).

2. Caso em que a medida de infiltração de agente, autorizada judicialmente para a investigação da inserção de droga em estabelecimento prisional, foi realizada por pessoa que não faz parte dos quadros da polícia investigativa, sendo apenas inspetor penitenciário.

3. Ainda que se tratasse de agente de polícia penal – e no caso não é, pois consta dos autos que o agente cumpria a função de inspetor penitenciário que sequer teria vínculo celetista com o Estado –, não haveria como reconhecer a licitude da investigação realizada, uma vez que a polícia penal não detém atribuição de polícia investigativa. Doutrina.

4. Recentemente, a Sexta Turma firmou a convicção de que os guardas municipais são servidores públicos dotados do importante poder-dever de proteger o patrimônio municipal, nele incluídos os seus bens, serviços e instalações, não cabendo a eles a tarefa de atuar, de forma ampla, como polícia investigativa. Tal raciocínio pode ser, mutatis mutandis, aplicado ao presente caso, quando evidenciado que a Constituição Federal é expressa em dispor que às polícias penais, vinculadas ao órgão administrador do sistema penal da unidade federativa a que pertencem, cabe a segurança dos estabelecimentos penais (art. 144, § 5º-A).

5. Recurso em habeas corpus provido para, reconhecendo a nulidade dos elementos de informação que levaram à investigação realizada contra a recorrente, revogar sua segregação cautelar e determinar a anulação de todos os elementos de informação coletados por meio da infiltração de agente, autorizada judicialmente, bem como dos contaminados pela ilegalidade, a serem identificados pelo Juízo de primeiro grau, que deverá, também, verificar se, com a extração dos elementos, subsistem elementos para justificar a manutenção da ação penal e da segregação dos corréus. *(RHC nº 160.850-ES, 6ª Turma, Rel. Min. Sebastião Reis Júnior, julgado em 27.9.2022, publicado no DJ em 30.9.2022)*

155.8. [...] 2. Infiltração de agente policial e distinção com agente de inteligência. 3. Provas colhidas por agente inicialmente designado para tarefas de inteligência e prevenção genérica. Contudo, no curso da referida atribuição, houve atuação de investigação concreta e infiltração de agente em grupo determinado, por meio de atos disfarçados para obtenção da confiança dos investigados. 4. Caraterização de agente infiltrado, que pressupõe prévia autorização judicial, conforme o art. 10 da Lei 12.850/13. 5. Prejuízo demostrado pela utilização das declarações do agente infiltrado na sentença condenatória. [...] *(Habeas Corpus n. 147.837-RJ, STF, 2ª Turma, unânime, Rel. Min. Gilmar Mendes, julgado em 26.2.2019, publicado no DJ em 26.6.2019).*

155.9. Da prova coletada a partir de informações de um *whistleblower*. A Lei nº 13.608, de 10 de janeiro de 2018 (que dispõe sobre o serviço de recebimento de denúncias e recompensa de informações que auxiliem em investigações policiais) sofreu aportes de novas disposições com o advento da Lei nº 13.964/2019.

Coincidindo com as metas da Ação nº 4 da Enccla – Estratégia Nacional de Combate à Corrupção e à Lavagem de Dinheiro –, ainda de forma tímida se analisada com ordenamentos comparados, fato é que houve aqui a inserção da figura do *whistleblower* no ordenamento jurídico brasileiro, que nada mais é do que o termo que se usa para a pessoa que, espontaneamente, leva ao conhecimento de autoridades *públicas* competentes informações que sejam relevantes acerca de um ilícito civil, administrativo ou criminal (art. 4º-A da Lei nº 13.608/2018). Normalmente, o denunciante não está envolvido nos fatos, mas os relata indicando a participação de terceiros.

Diante da plausibilidade do relato efetivado (parágrafo único do art. 4º-A), é reconhecido o direito de proteção integral ao denunciante contra retaliações e isenção de responsabilidade civil ou penal quanto ao teor do relato, salvo, por evidente, se o denunciante apresentar, dolosamente, informações ou provas que sabe serem falsas. Nesse caso, poderá configurar a hipótese de denunciação caluniosa (art. 339, CP: atenção para a nova redação da Lei nº 14.110, de 2020), comunicação falsa de crime ou contravenção (art. 340, CP) e/ou crime contra a honra de terceiros (arts. 138 e seguintes, CP). A legislação avança e prevê ainda que se assegure ao informante mais detalhadamente a proteção também contra *ações ou omissões* praticadas contra si como forma de retaliação, ao que tenho relatado, exemplificando, atos como demissão arbitrária, alteração injustificada de suas funções ou atribuições, imposição de sanções, prejuízos remuneratórios ou de qualquer natureza, retirada de benefícios (diretos ou indiretos) ou negativa de fornecimento de referências positivas. É bem de ver que, muitas vezes, essas "penalidades" impostas estão "disfarçadas" com justificativas nada plausíveis. Assim, há de se ter o devido cuidado na análise de eventuais *motivações*, tanto para não prejudicar o denunciante, como também para não ensejar uma indevida responsabilidade de terceiros que tenham praticado condutas que sejam corretas e justificáveis na alteração de funções (e quiçá não relacionadas às denúncias formuladas pelo interessado). Porém, se caracterizadas as práticas de ações ou omissões de retaliação ao informante, elas poderão configurar falta disciplinar grave e sujeitarão o agente à demissão a bem do serviço público. Nessa parte, apenas uma observação: diante da gravidade da penalidade (demissão a *bem do serviço público*), deverá ser comprovada de forma segura a conduta mediante o devido processo legal, bem assim da devida proporcionalidade diante do caso concreto.

Além de prever o ressarcimento em dobro por eventuais danos materiais causados pelas retaliações e danos morais (§ 2º do art. 4º-C da Lei 13.608/2018), é garantida ainda a preservação da identidade do denunciante (e assim será fundamental pelo menos até o término de todas as investigações, notadamente quando comprovados os fatos relatados). A lei excepciona a possibilidade de revelação da identidade quando presente "relevante interesse público ou interesse concreto para a apuração dos fatos" (art. 4º-B), mas impõe uma condicionante: a revelação somente poderá ser feita com a concordância prévia do denunciante (parágrafo único do art. 4º-B).

Talvez a regra que mais possa trazer questionamentos é aquela inserida no § 3º do art. 4º-C: condicionada a uma cláusula de resultado ("quando as informações disponibilizadas resultarem em recuperação de produto do crime contra a administração pública"), poderá ser fixada uma recompensa em favor do informante em até 5% do valor recuperado (que, como é intuitivo, poderá ser parcial ou total). Particularmente, não vemos "imoralidade" ou qualquer mácula a dispositivos legais e constitucionais na referida previsão. O percentual estipulado como máximo revela uma nítida proporcionalidade de *possível* recompensa, maximizando o interesse público na tentativa de recuperação de valores que tenham sido desviados e só foram recuperados a partir das informações originariamente prestadas pelo denunciante. Nunca é demais assentar que o valor fixado (em *até* 5%) deverá ser ponderado pelo julgador no caso concreto, mediante prudência, se esse percentual, diante de um caso de valor nominal altíssimo do prejuízo causado, não pode ensejar uma *excessiva* retribuição. Por isso a lei fala em *até* 5%, dispondo-se discricionariedade (regrada) para variações de retribuições que devam levar essas circunstâncias em consideração.

Por fim, importante destacar que essa ação de denunciar não decorre de uma obrigação legal do denunciante, mas de uma opção que a legislação lhe apresenta para auxiliar nas investigações de fatos de que tenha conhecimento. Se houver obrigação legal, preenchidos os demais elementos tipológicos e não tomada nenhuma providência, aí poderemos estar inclusive diante da prática de crime de condescendência criminosa (art. 320, CP).

Art. 156. A prova da alegação incumbirá a quem a fizer, sendo, porém, facultado ao juiz de ofício: (Redação dada pela Lei nº 11.690, de 2008)

I – ordenar, mesmo antes de iniciada a ação penal, a produção antecipada de provas consideradas urgentes e relevantes, observando a necessidade, adequação e proporcionalidade da medida; (Incluído pela Lei nº 11.690, de 2008)

II – determinar, no curso da instrução, ou antes de proferir sentença, a realização de diligências para dirimir dúvida sobre ponto relevante. (Incluído pela Lei nº 11.690, de 2008)

156.1. Sistema Acusatório, Sistema inquisitório e Sistema Misto: Se há um tema sobre o qual pairam inúmeras divergências teóricas e conceituais, os sistemas processuais penais ocupam posição de destaque.

Normalmente, e de modo bem simplificado, pode-se distinguir um sistema acusatório de um sistema segundo seja a atribuição das funções essenciais da persecução penal. No sistema inquisitório, um único órgão (da jurisdição) preside a fase de investigação e responde pela acusação e pelo julgamento do processo. Nesse sistema, o início da fase *processual* inicia-se com a *notitia criminis*, a partir da qual o juiz já exerceria plenamente suas funções, tutelando a fase de investigação, promovendo a acusação e sentenciando ao final do processo.

No sistema acusatório, o traço essencial residiria na atribuição a outro órgão, público ou privado, da função *acusatória*, tendo por consequência o afastamento do juiz também da fase de investigação. Haveria, assim, duas fases bem distintas, de naturezas completamente diferentes: a fase de investigação preliminar, de natureza administrativa, e a fase *processual* propriamente dita, na qual – e só aí – se exercitaria a jurisdição. O *processo*, portanto, somente teria início com o oferecimento da acusação.

Há ainda um sistema denominado misto, surgido na Europa do século XIX, na França, com o famoso *Code d'instruction criminelle*, caracterizado pela intervenção judicial já na fase de investigação, reservando-se, porém, a outro órgão, público ou privado, a função acusatória. Nesse modelo, a jurisdição já se inicia na fase de investigação, tal como ocorre no sistema inquisitório, embora a *acusação* criminal seja realizada por outro órgão, como, no exemplo francês, o Ministério Público, característica já de um perfil acusatório. Daí a expressão sistema *misto*.

Registre-se, sobre o tema, a riquíssima pesquisa histórica levada a cabo por Mauro Fonseca de ANDRADE (*Sistemas processuais penais e seus princípios retores.* Curitiba: Juruá, 2008), em obra que detalha todo o percurso dos diversos sistemas processuais penais na história do mundo ocidental, bem como se desfaz alguns equívocos conceituais já consolidados e se aponta a complexidade da matéria. O citado autor não compartilha da ideia segundo a qual a definição do modelo processual penal deveria partir da análise da *gestão da prova* ou de sua responsabilidade. Segundo ele, recorrendo à extensa pesquisa no direito comparado, não haveria incompatibilidade alguma entre eventual iniciativa probatória do juiz, em limites legais bem definidos, e um sistema de natureza acusatória. Haveria, então, juízes *inertes* e juízes com determinada movimentação probatória, integrantes, ambos, de sistemas de natureza e estrutura acusatória. O problema da iniciativa probatória do juiz não se localizaria na definição do tipo de sistema processual, devendo ser analisado no âmbito da possível afetação de sua (dele) imparcialidade.

Estamos de acordo, mas com uma ressalva.

Se, do ponto de vista *formal*, a iniciativa probatória do juiz não se presta a desqualificar um sistema de natureza acusatória, de outro lado, do ponto de vista *material*, isto é, ao exame da situação concreta, uma autorização probatória sem contornos e sem controle poderia abrigar uma atuação judicial *substitutiva* das funções do Ministério Público, aproximando-a da atividade acusatória. Aliás, essa observação não passou despercebida na doutrina citada; ao contrário, sobretudo em relação a esta última questão (atuação substitutiva das funções ministeriais), o autor aponta os riscos de uma tal ocorrência.

De nossa parte, insistimos: não há modelo processual penal definido na Constituição da República. Há explicitação de um sistema de *garantias*, inerente às determinações normativas de um Estado Democrático de Direito, cuja função, essencial, é a realização dos direitos fundamentais. A função jurisdicional penal vem bem demarcada até pela titularidade da ação penal atribuída ao Ministério Público. Mas daí pretender a vedação de qualquer iniciativa probatória ao juiz na fase *processual*, na suposição da existência de um sistema acusatório *nacional*, vai grande distância.

Entendemos que nosso modelo se pauta, de fato, pelo *princípio* acusatório (o que não significa a identificação com um tipo específico ou puro de *sistema* acusatório), com as seguintes características:

a) a fase de investigação tem natureza administrativa, dela não participando o juiz, a não ser na tutela das liberdades públicas;
b) a fase processual se inicia com a acusação, que, como regra, é pública, e, também como regra, *obrigatória*;
c) eventuais interferências judiciais na fase de investigação não podem ser fundamentadas na proteção ao objeto da investigação. As chamadas *reservas da jurisdição* (inviolabilidade do domicílio, das comunicações telefônicas e de dados, as prisões e demais medidas cautelares) configuram um juiz de garantias e não um juiz *de instrução*. A tutela é das liberdades públicas e não da fase de investigação;
d) o juiz deve ter iniciativa probatória, limitada à fase *processual*, vedada a substituição e a supressão dos ônus ministeriais relativos à prova (entendimento esse que sempre tivemos, reforçado agora pela Lei nº 13.964/2019, que veda a *iniciativa* probatória do juiz na fase de investigação e de *substituição* na atuação do órgão de acusação).

O art. 3º-A do CPP (redação da Lei nº 13.964/2019) dispôs que "o processo penal terá estrutura acusatória, vedadas a iniciativa do juiz na fase de investigação e a substituição da atuação probatória do órgão de acusação".

As premissas por nós acima declinadas vieram a ser corroboradas pelo STF, que conferiu interpretação conforme ao art. 3º-A do CPP (ADIs 6.298, 6.299, 6.300 e 6.305), reconhecendo que "o juiz, pontualmente, nos limites legalmente autorizados, pode determinar a realização de diligências suplementares para o fim de dirimir dúvida sobre questão relevante para o julgamento do mérito".

De forma bem clara, restou expressamente assentado no julgamento das ADIs 6.298, 6.299, 6.300 e 6.305 que *"a legítima vedação à substituição da atuação probatória do órgão de acusação significa que o juiz não pode, em hipótese alguma, tornar-se protagonista do processo. Simultaneamente, remanesce a possibilidade de o juiz, de ofício: (a) "determinar, no curso da instrução, ou antes de proferir sentença, a realização de diligências para dirimir dúvida sobre ponto relevante" (artigo 156, II); (b) determinar a oitiva de uma testemunha (artigo 209); (c) complementar a sua inquirição (artigo 212) e (d) "proferir sentença condenatória, ainda que o Ministério Público tenha opinado pela absolvição" (artigo 385)"*.

Mais. Não há sistema processual algum que vede toda e qualquer iniciativa probatória ao juiz. Nem mesmo no chamado *sistema de partes* (*adversary system*) do direito estadunidense. Em primeiro lugar, porque, ali, a regra da inércia absoluta (função de arbitragem) do juiz está relacionada com a competência reservada ao Tribunal do Júri para o julgamento de determinadas infrações. Na competência de julgamento pelo juiz singular, não há vedação expressa à determinação de provas pelo juiz.

Em segundo lugar, mesmo a gestão da prova ou o controle de legalidade dela, tal como ali realizado, não deixa de implicar, em certa medida, uma análise de seu conteúdo, o que poderia permitir uma atividade probatória *negativa*, mas de todo influente.

Na verdade, o que não se pode admitir é que o julgador *se substitua* na atividade probatória, notadamente para suprir eventual ônus da acusação. Exatamente o que veio a ser assentado expressamente pelo Art. 3º-A do CPP (malgrado suspenso): *"Art. 3º-A. O processo penal terá estrutura acusatória, vedadas a iniciativa do juiz na fase de investigação e a substituição da atuação probatória do órgão de acusação"*.

156.2. Princípio da inocência e ônus da prova: Evidentemente, resulta da afirmação de que "ninguém poderá ser considerado culpado senão após o trânsito em julgado da sentença penal condenatória" uma regra de tratamento também em matéria de prova. A condição ou *status* jurídico de inocente implica dizer que a culpa ou a responsabilidade penal de alguém há de ser demonstrada pelos órgãos de acusação.

Mas não se resume a isso a questão.

É possível também deduzir a exigência do ônus probatório da acusação até mesmo a partir da definição do critério de certeza judicial que orienta o processo penal.

Se o método empregado é o da verdade *material*, isto é, o do convencimento judicial fundado em prova e não na deficiência da atuação defensiva, há que se concluir que não poderia caber ao acusado a prova da sua não culpabilidade. Se é necessária a certeza *provada* para a condenação, fundada, pois, em material probatório efetivamente produzido em juízo, há que se concluir caber à acusação, sobretudo ao Ministério Público, titular da ação penal pública, os ônus da prova do fato, da autoria e das circunstâncias e demais elementos que tenham qualquer relevância para a afirmação do juízo condenatório.

Por outro lado, não parece correta a conclusão no sentido de que *todos os ônus* da prova seriam de responsabilidade da acusação. Essa, a acusação, há de provar os fatos *por ela alegados.* A peça acusatória, como se sabe, deve conter essencialmente a imputação de fatos e de suas possíveis consequências frente ao Direito Penal. Não se presta a veicular a opinião pessoal do membro do Ministério Público e nem a exposição prolongada de teses jurídicas que eventualmente tenham pertinência. Por isso, cabe ao órgão da acusação a prova do quanto por ele alegado.

Não se lhe incumbe demonstrar, porém, a *inexistência* de excludentes de ilicitude e de culpabilidade, como já se sustentou na doutrina nacional.

E nem é em razão das conhecidas dificuldades de se querer demonstrar aquilo *que não existe.* Na verdade, a delimitação do objeto da pretensão penal condenatória tem previsão na legislação processual penal (art. 41 e art. 156, CPP) e se limita à demonstração do fato *imputado,* relativamente à autoria e materialidade.

Quando a defesa suscitar a incidência de qualquer excludente fática (de fato) da ilicitude (estado de necessidade, legítima defesa etc.) ou mesmo de culpabilidade, haverá uma ampliação do objeto do processo, atribuída, exclusivamente, como regra, a ela (defesa). Não é necessário, por exemplo, que o Ministério Público se disponha a comprovar, em todo e qualquer processo penal, a *imputabilidade penal* do acusado, ou seja, a ausência de qualquer causa de inimputabilidade. À acusação cabe, em princípio, atribuir a imputabilidade, se inexistentes elementos informativos em sentido contrário. Sequer seria possível também exigir que a acusação, já na peça de ingresso, se preparasse para comprovar em juízo a inexistência de todas as possíveis excludentes, desconhecendo aquelas que efetivamente seriam suscitadas pelo réu na fase posterior da resposta escrita (art. 396, CPP).

De outra sorte, não resolveria o problema a ampliação de fase probatória ao Ministério Público, com renovação de prazo para indicação de testemunhas, em toda oportunidade em que se sustentar, na defesa, a existência das aludidas excludentes. Além dos inevitáveis transtornos ao desenvolvimento do processo, seria impensável o número de alternativas que se abririam à fase de instrução e as dificuldades para a superação dos ônus processuais daí decorrentes.

É ônus da defesa, portanto, desincumbir-se da prova do fato por ela alegado, desde que não constante da peça acusatória. A ressalva que fazemos decorre do fato de que, em algumas ocasiões, o próprio membro do Ministério Público, ao exame do material resultante da fase de investigação, cuida de apontar a *inexistência* da excludente, em razão das particularidades de cada caso concreto. Nessas situações, a demonstração da materialidade do fato criminoso envolverá também o esclarecimento acerca do fato que, em tese, poderia afastar a ilicitude ou a culpabilidade penal, seja no que respeita ao próprio conceito de ação (fato praticado por coação física, por exemplo), seja em relação aos *motivos* da conduta (estado de necessidade, legítima defesa etc.).

Em resumo: *a prova da alegação incumbirá a quem a fizer.* Como regra.

Jurisprudência

156.2. [...] "A estrutura acusatória do processo penal pátrio impede que se sobreponham em um mesmo sujeito processual as funções de defender, acusar e julgar, mas não elimina, dada a natureza publicista do processo, a possibilidade de o juiz determinar, mediante fundamentação e sob contraditório, a realização de diligências ou a produção de meios de prova para a melhor reconstrução histórica dos fatos, desde que assim proceda de modo residual e complementar às partes e com o cuidado de preservar sua imparcialidade." (HC n. 496.662/SP, relator Ministro Rogerio Schietti Cruz, Sexta Turma, julgado em 13/9/2022, DJe de 27/9/2022). [...] "O art. 156, II, do CPP - que faculta ao magistrado determinar, de ofício, a realização de diligências - não implica afronta ao princípio acusatório, nem lhe imprime parcialidade, apenas confere ao juiz da causa instrumento útil à busca da verdade real " (AgRg no REsp n. 1.622.310/SP, relator Ministro Nefi Cordeiro, Sexta Turma, julgado em 15/5/2018, DJe de 24/5/2018). [...] *(Agravo Regimental no HC nº 868.429-SP, STJ, 5ª Turma, Rel. Min. Ribeiro Dantas, julgado em 18.6.2024, publicado no DJ em 26.6.2024)*

156.2. [...] "Quando há a apreensão do bem resultante de crime na posse do agente, é ônus do imputado comprovar a origem lícita do produto ou que sua conduta ocorreu de forma culposa. Isto não implica inversão do ônus da prova, ofensa ao princípio da presunção de inocência ou negativa do direito ao silêncio, mas decorre da aplicação do art. 156 do Código de Processo Penal, segundo o qual a prova da alegação compete a quem a fizer. Precedentes" (AgRg no HC n. 446.942/SC, relatora Ministra Laurita Vaz, Sexta Turma, DJe 18/12/2018). Precedentes. *[...] (Agravo Regimental no Agravo em Recurso Especial nº 2.309.936-SP, STJ, 6ª Turma, Rel. Min. convocado Jesuíno Rissato, julgado em 14.5.2024, publicado no DJ em 17.5.2024)*

156.2. [...] 1. Ainda que adotada a estrutura acusatória para orientar a persecução penal brasileira, opções legislativas que permitam iniciativas oficiosas do juiz devem ser reputadas legítimas se forem voltadas a conferir racionalidade ao funcionamento da justiça e não coincidentes aos elementos associados ao modelo assumidamente inquisitorial. Não existem sistemas puros, mas adaptados à realidade de cada país, e o que importa é a adoção de regras que melhor atendam às exigências de garantias aos direitos do imputado.

2. Cuidando-se de atividade de natureza pública, que interessa a toda a coletividade, não se pode tolher por completo o juiz da possibilidade de, com isenção e prudência, também diligenciar para trazer aos autos informações e provas que conduzam à verdade mais próxima possível da realidade histórica dos fatos sobre os quais gira a pretensão punitiva.

[...] 5. Esta Corte já assim se pronunciou: a disposição "prevista no art. 156, I, do CPP, continua perfeitamente válida no ordenamento jurídico brasileiro, embora dependa de decisão judicial fundamentada" (AgRg no AREsp n. 1.205.662/PB, Rel. Ministro Ribeiro Dantas, 5ª T., DJe 14/11/2022). 6. No caso, o Juiz natural da causa, ao determinar a produção antecipada de provas a que faz alusão o art. 366 do CPP, de ofício, não comprometeu sua imparcialidade nem atuou como órgão acusador, pois decidiu de maneira fundamentada e o Ministério Público, na denúncia, havia requerido a oitiva das vítimas idosas. [...] *(Agravo Regimental no Habeas Corpus nº 758.697-SC, STJ, 6ª Turma, Rel. Min. Rogério Schietti Cruz, sessão virtual 21.3.2023 a 27.3.2023, publicado no DJ em 30.3.2023)*

156.2. [...] 1. A estrutura acusatória do processo penal pátrio impede que se sobreponham em um mesmo sujeito processual as funções de defender, acusar e julgar, mas não elimina, dada a natureza publicista do processo, a possibilidade de o juiz determinar, mediante fundamentação e sob contraditório, a realização de diligências ou a produção de meios de prova para a melhor reconstrução histórica dos fatos, desde que assim proceda de modo residual e complementar às partes e com o cuidado de preservar sua imparcialidade. 2. Não fora assim, restaria ao juiz, a quem se outorga o poder soberano de dizer o direito, lavar as mãos e reconhecer sua incapacidade de outorgar, com justeza e justiça, a tutela jurisdicional postulada, seja para condenar, seja para absolver o acusado. Uma postura de tal jaez ilidiria o compromisso judicial com a verdade e com a justiça, sujeitando-o, sem qualquer reserva, ao resultado da atividade instrutória das partes, nem sempre suficiente para esclarecer, satisfatoriamente, os fatos sobre os quais se assenta a pretensão punitiva. Na espécie, o Juízo processante determinou, de ofício, a juntada de documento comprobatório da idade da vítima, quando esse elemento já havia sido demonstrado por outros meios de prova juntados aos autos, quais sejam o laudo de sexologia forense e a ata da audiência de instrução. [...] *(Habeas Corpus nº 496.662–SP, STJ, 6ª Turma, Rel. Min. Rogério Schietti Cruz, julgado em 13.9.2022, publicado no DJ em 27.9.2022)*

156.2. [...] A jurisprudência desta Corte Superior de Justiça é no sentido de que "é ônus da defesa, quando alega violação ao disposto no artigo 2º, inciso II, da Lei 9.296/1996, demonstrar que existiam, de fato, meios investigativos alternativos às autoridades para a elucidação dos fatos à época na qual a medida invasiva foi requerida, sob pena de a utilização da interceptação telefônica se tornar absolutamente inviável" (AgRg no HC 533.348/CE, Rel. Ministro JORGE MUSSI, Quinta Turma, julgado em 1º/10/2019, DJe 10/10/2019). [...] *(Agravo Regimental nos Embargos de Declaração no Agravo em Recurso Especial nº 2.026.894–SP, STJ, 5ª Turma, Rel. Min. Reynaldo Soares da Fonseca, julgado em 13.9.2022, publicado no DJ em 19.9.2022)*

156.2. [...] Além de não haver indicação de qualquer ato ou fato sobre o qual a defesa não se manifestou e que teria, em virtude disso, gerado prejuízo capaz de invalidar toda a instrução criminal, o art. 156, II, do CPP autoriza o magistrado a determinar, no curso da instrução, ou antes de proferir sentença, a produção de provas que entender pertinentes, a fim de dirimir dúvidas sobre pontos relevantes, por força dos princípios da verdade real e do impulso oficial. [...] *(Segundo Agravo Regimental no Habeas Corpus nº 171.826/RJ, STF, 1ª Turma, unânime, Rel. Min. Alexandre de Moraes, julgado em sessão virtual de 15.10.2021 a 22.10.2021, publicado no DJ em 12.11.2021)*

156.2. [...] O art. 156, II, do CPP faculta ao magistrado determinar, de ofício, a realização de diligências para dirimir dúvida sobre ponto relevante suscitado na instrução, e o art. 402 do CPP autoriza as partes a requerer diligências cuja necessidade se origine de circunstâncias ou fatos apurados na instrução. [...] No âmbito do processo penal, por força do princípio da busca da verdade processual (ou judicial) e em decorrência da própria adoção do sistema da persuasão racional do juiz (convencimento motivado e discricionariedade regrada), pode o magistrado, de maneira subsidiária, complementar e excepcional, determinar que se elaborem provas consideradas necessárias e adequadas para dirimir dúvidas sobre pontos controversos e relevantes que surgiram no curso da instrução criminal, contanto que com a devida fundamentação e mediante estrita observância ao princípio do contraditório, ainda quando diferido (contraditório sobre a prova). [...] A realização de diligências ao término da instrução criminal, quer por pedido expresso do órgão acusatório, quer por iniciativa probatória do juiz, não viola o princípio da imparcialidade, corolário do princípio do devido processo legal, nem o sistema acusatório adotado no sistema processual penal brasileiro. [...] A superação do dogma da busca pela pura verdade absoluta ou material no processo penal em favor da correta busca pela verdade processual ou judicial –

a verdade que pode ser alcançada mediante atividade instrutória e probatória desenvolvida em harmonia com os direitos e garantias fundamentais do acusado – não impede a iniciativa probatória do juiz para dirimir pontos ainda controversos, pois o princípio do in dubio pro reo, como regra de valoração das provas e de julgamento, deve ser aplicado para a absolvição do acusado somente quando se exaurirem todos os meios legítimos para a verificação da procedência das alegações sobre fatos elaboradas tanto pela acusação como pela defesa. [...] *(Agravo Regimental no Recurso em Habeas Corpus nº 131.462/PR, STJ, 5ª Turma, unânime, Min. Felix Fischer, julgado em 23.2.2021, publicado no DJ em 1.3.2021)*

156.2. [...] Nos termos do art. 156 do Código de Processo Penal, a prova da alegação incumbirá a quem a fizer. Nesse sentido, não há que se falar em nulidade por inversão do ônus da prova na espécie, visto que caberia ao agravante no mínimo a declinação de mais detalhes acerca da pessoa que lhe teria feito a venda, o que não ocorreu, tendo o paciente sido encontrado pouco depois do furto em local próximo e na posse do bem subtraído, corroborando o que já havia constado dos relatos da testemunha e termos de apreensão e restituição. [...] *(Agravo Regimental no Habeas Corpus nº 396.385/SC, STJ, 6ª Turma, unânime, Rel. Min. Antonio Saldanha Palheiro, julgado em 8.6.2021, publicado no DJ em 16.6.2021)*

Art. 157. São inadmissíveis, devendo ser desentranhadas do processo, as provas ilícitas, assim entendidas as obtidas em violação a normas constitucionais ou legais. (Redação dada pela Lei nº 11.690, de 2008)

§ 1º São também inadmissíveis as provas derivadas das ilícitas, salvo quando não evidenciado o nexo de causalidade entre umas e outras, ou quando as derivadas puderem ser obtidas por uma fonte independente das primeiras. (Incluído pela Lei nº 11.690, de 2008)

§ 2º Considera-se fonte independente aquela que por si só, seguindo os trâmites típicos e de praxe, próprios da investigação ou instrução criminal, seria capaz de conduzir ao fato objeto da prova. (Incluído pela Lei nº 11.690, de 2008)

§ 3º Preclusa a decisão de desentranhamento da prova declarada inadmissível, esta será inutilizada por decisão judicial, facultado às partes acompanhar o incidente. (Incluído pela Lei nº 11.690, de 2008)

§ 4º (vetado).

§ 5º O juiz que conhecer do conteúdo da prova declarada inadmissível não poderá proferir a sentença ou acórdão. (Incluído pela Lei nº 13.964, de 2019) – *regra declarada inconstitucional pelo STF no julgamento das ADIs nºs 6.298, 6.299, 6.300 e 6.305)*

157.1. Direito à prova e ampla defesa: Vimos que um modelo garantista de processo penal, como é o caso brasileiro, não contempla a ampla *acusação;* pauta-se, ao contrário, pela ampla *defesa.*

Não quer isso dizer que a acusação não tenha *direito à prova.* Ainda que se considere a superioridade dos recursos materiais do Estado no processo penal, não há como, se legitimada a intervenção penal, afastar a igualdade das partes na prática de atos processuais. Obviamente, igualdade entre *desiguais,* com o que a ampliação da participação defensiva não pode causar perplexidade. Nada obstante, ambos, autor e réu, têm direito à prova de suas alegações.

157.2. Conceito de ilicitude da prova e sua inadmissibilidade: O ato ilícito é aquele praticado em oposição a uma regra de direito, esta provendo de qualquer ramo ou disciplina jurídica. Em princípio, a ilicitude é *una,* no sentido de significar uma ofensa ao Direito como um todo. Pode acontecer, por certo, a coincidência entre uma ou mais regulações normativas, isto é: a prática de um fato pode afetar bens ou direitos regulados em mais de um texto legislativo, como ocorre com a maioria dos ilícitos penais nos quais são atingidos bens individualizados. De modo geral, surgirá nessas hipóteses, além da responsabilidade penal, o dever de reparar o dano civil.

A prova ilícita significa, então, a prova *obtida, produzida, introduzida ou valorada* de modo contrário à determinada ou específica previsão legal. A ilicitude que acabamos de mencionar surgiria nas fases essenciais do aparecimento da prova no processo penal, a saber: (a) a da sua *obtenção*; (b) a da sua *produção*; (c) a da sua *introdução* no processo; e, por fim, (d) a da sua *valoração* pelo juiz da causa.

Note-se que a idoneidade probatória ou de convencimento de uma prova nem sempre dependerá de sua validade. A prova poderá ser ilícita, ainda que comprovadamente eficaz quanto à reprodução de veracidade dos fatos (gravações ambientais etc.).

A ilicitude da prova e sua inadmissibilidade decorrem de uma opção constitucional perfeitamente justificada em um contexto democrático de um Estado de Direito. A afirmação dos direitos fundamentais, característica essencial de tal modalidade política de Estado, exige a *proibição de excesso*, tanto na produção de leis quanto na sua aplicação. Não se pode buscar a verdade dos fatos a qualquer custo, até porque, diante da falibilidade e precariedade do conhecimento humano a que aqui já nos referimos, no final de tudo o que poderá restar será apenas o custo a ser pago pela violação dos direitos, quando da busca desenfreada e sem controle da prova de uma inatingível verdade *real*.

Daí a inadmissibilidade da prova ilícita, à maneira das *exclusionary rules* do direito estadunidense.

No entanto, antes de se falar na inadmissibilidade da prova, é preciso, porém, afirmar a sua ilicitude, o que nem sempre é tão simples.

De modo geral, a ilicitude ocorre por violação aos direitos à *intimidade, à privacidade, à imagem* e à *honra*, assegurados constitucionalmente (art. 5º, X), para cujo exercício há formas expressas de proteção, relativamente às inviolabilidades pessoais (art. 5º, X, XI, XII e prisão).

No § 5º do art. 157, introduzido pela Lei nº 13.964/2019, previu-se que "o juiz que conhecer do conteúdo da prova declarada inadmissível não poderá proferir a sentença ou acórdão". Em primeiro lugar, assentamos a total discordância com o referido dispositivo de lei. Não há sentido em reconhecer o "impedimento" do magistrado que tenha tido mero "contato" com provas que venham (no futuro) ser reconhecidas como ilícitas. Nunca é demais ressaltar que toda decisão judicial deve conter necessariamente a devida fundamentação embasada em provas trazidas aos autos. Se as provas forem eventualmente reconhecidas como ilícitas, o caso será de impossibilidade de utilização como substrato para o conteúdo decisório, mas jamais implicará automaticamente (como pretendem alguns) o impedimento do julgador que teve contato com ela. Não se esqueça que referido dispositivo será aplicável a todos os magistrados, inclusive da Suprema Corte. Noutras palavras, e exemplificativamente, ministro do STF que tiver contato com provas que, futuramente, venham a ser tidas como ilícitas, também deverá ser excluído da possibilidade de julgamento do feito principal.

De qualquer modo, em face da existência jurídica do dispositivo incorporado ao ordenamento, a nossa compreensão é de que o "conhecimento" da prova inadmissível (aquela prova que não poderia ser utilizada, por ilegitimidade ou ilicitude) não é apenas a "visualização" dela no bojo de investigação ou de ação penal. Para caracterizar-se o impedimento é fundamental que o juízo tenha admitido como válida a prova que venha a ser declarada como inadmissível. Nesta situação, é de se imaginar que haja inequívoca influência em seu convencimento, já que os elementos ilícitos em questão foram efetivamente analisados como *prova*. Do contrário, bastaria – por qualquer ato, inclusive de terceiros – ser juntada uma prova inadmissível nos autos para, automaticamente, excluir o juízo do processo. Não pode ser assim, segundo pensamos.

Suspenso o dispositivo em 22 de janeiro de 2020, o Plenário da Corte decidiu em 2023 a inconstitucionalidade do referido dispositivo, seguindo a linha do que já constava nos fundamentos para deferimento da medida cautelar.

Jurisprudência

157.2. [...] Entende esta Corte que não constituem provas ilícitas ou emprestadas, desde que submetidas ao contraditório e à ampla defesa, as interceptações telefônicas, judicialmente autorizadas em inquérito policial, usadas para compor o acervo probatório de diferentes ações penais conexas. Precedentes. [...] *(Agravo Regimental no Recurso Especial nº 2.107.535-RS, STJ, 6ª Turma, Rel. Min. Rogerio Schietti Cruz, sessão virtual de 23.4.2024 a 29.4.2024, publicado no DJ em 2.5.2024)*

157.2. [...] (a) A Lei 13.964/2019 introduziu uma segunda regra de impedimento da autoridade judicial, fundada na presunção de sua parcialidade em razão de ter tomado conhecimento de provas declaradas ilícitas.

(b) Deveras, o texto do artigo 157, § 5º, ora impugnado, estabeleceu que O juiz que conhecer do conteúdo da prova declarada inadmissível não poderá proferir a sentença ou acórdão.

(c) Trata-se de norma manifestamente irrazoável, desproporcional e incompatível com os postulados constitucionais. Isto porque os princípios da legalidade, do juiz natural e da razoabilidade restam violados pela regra em questão, permitindo eventual manipulação da escolha do órgão julgador ou sua exclusão, conduzindo à inconstitucionalidade a técnica eleita legislativamente.

Em conclusão, o artigo 157, § 5º, do CPP, ao estabelecer que o juiz, simplesmente por conhecer do conteúdo da prova declarada inadmissível, não poderá proferir a sentença ou acórdão, revela inconstitucionalidade material manifesta, atentando, ainda, contra as normas insculpidas no artigo 5º, incisos LIII e LXXVIII, da CRFB/1988, concernentes ao juiz natural e à garantia da duração razoável dos processos. [...] *(ADIs 6.298, 6.299, 6.300 e 6.305, STF, Plenário, Rel. Min. Luiz Fux, por maioria, julgamento final em 24.8.2023, publicado no DJ em 19.12.2023)*

....

157.3. Regras de não incidência e de exclusão da ilicitude: Vimos, então, que, para se caracterizar a ilicitude, seria necessária, antes, a violação a direito subjetivo ou a interesse juridicamente relevante.

Ora, nem sempre a obtenção de uma prova se dá com tais violações.

Jurisprudência

157.3. [...] 1. Ainda que o acesso a dados telemáticos armazenados não se submeta propriamente à disciplina da Lei 9.296/1996, tem-se que não se submete igualmente ao disposto no art. 22 da Lei n. 12.965/2014, que diz respeito apenas aos registros de conexão e de aplicações da internet. De fato, embora efetivamente não se trate de interceptação telefônica, a hipótese guarda relação com a intimidade, protegida pelo art. 5º, inciso X, da Constituição Federal. Dessarte, a quebra do sigilo dos dados armazenados, somente pode ocorrer com autorização judicial devidamente motivada, nos termos do art. 7º, III, da Lei n. 12.965/2014. - Consoante jurisprudência desta Corte, há diferenciação na proteção dada pela legislação ao conteúdo das comunicações mantidas entre indivíduos e às informações de conexão e de acesso a aplicações da internet. Em relação ao conteúdo das comunicações mantidas entre indivíduos, as Leis n. 9.296/96 e n. 12.965/2014 restringem a possibilidade de quebra do sigilo. Exigem, para tanto, que haja decisão judicial, precedida de requerimento de autoridades específicas e em hipóteses limitadas. Já ao tratar das informações de conexão e de acesso a aplicações de internet, encontram-se na Lei n. 12.965/2014 regras mais claras e menos rígidas, em que se estabelece, inclusive, a prescindibilidade de decisão judicial, em hipóteses específicas [...] *(Agravo Regimental no Recurso Especial nº 1.970.342-PR, STJ, 5ª Turma, Rel. Min. Reynaldo Soares da Fonseca, unânime, julgado em 3.5.2022, publicado no DJ em 6.5.2022)*

157.3. [...] Uso de dados contidos na agenda telefônica sem autorização judicial. Validade. Situação não albergada pelo sigilo telefônico ou telemático. [...] O inciso XII do art. 5º da Constituição veda o acesso a dados decorrentes de interceptação telefônica ou telemática, ainda que armazenados no aparelho celular, sem a correspondente autorização judicial. [...] No caso, como autorizado pelo Código de Processo Penal – CPP foi apreendido o telefone celular de um acusado e analisados os dados constantes da sua agenda telefônica, a qual não tem a garantia de proteção do sigilo telefônico ou de dados telemáticos, pois a agenda é uma das facilidades oferecidas pelos modernos aparelhos de smartphones a seus usuários. [...] Assim, deve ser reconhecida como válida a prova produzida com o acesso à agenda telefônica do recorrido, com o restabelecimento da sentença condenatória, determinando-se que a Corte a quo continue a apreciar a apelação. [...] *(Recurso Especial nº 1.782.386/RJ, STJ, 5ª Turma, unânime, Rel. Min. Joel Ilan Paciornik, julgado em 15.12.2020, publicado no DJ em 18.12.2020).*

157.3. [...] A jurisprudência deste Superior Tribunal de Justiça é firme no sentido de considerar ilícita a prova obtida diretamente dos dados constantes de aparelho celular – *envio e/ou recebimento de mensagens de texto SMS, conversas por meio de programas ou aplicativos (WhatsApp), mensagens enviadas e/ou recebidas por meio de correio eletrônico, fotografias – por dizerem respeito à intimidade e à vida privada do indivíduo*, nos termos em que previsto no inciso X do art. 5º da Constituição Federal, decorrentes de flagrante, sem prévia autorização judicial. [...] A obtenção de fotografia no celular do acusado se deu em violação de normas constitucionais e legais, a revelar a inadmissibilidade da prova, nos termos do art. 157, do Código de Processo Penal – CPP, de forma que, devem ser desentranhadas dos autos. [...] *(Agravo Regimental nos Embargos de Declaração no Recurso Especial nº 1.842.062/RS, STJ, 5ª Turma, unânime, Rel. Min. Felix Fischer, julgado em 15.12.2020, publicado no DJ em 18.12.2020).*

157.3. [...] 1. O acesso a dados armazenados em aparelho celular apreendido depende de autorização judicial específica, sob pena de nulidade. 2. Constatada, no curso da investigação, a existência de vício na colheita da prova, e permanecendo a sua fonte íntegra e à disposição da autoridade policial, não há óbice à repetição do ato, substituindo-se aquele eivado de nulidade por outro, de igual conteúdo, porém plenamente lícito. Hipótese em que a nulidade do laudo pericial elaborado sem prévia autorização judicial não impede a realização de nova perícia no aparelho telefônico regularmente apreendido por ocasião da prisão em flagrante do investigado, caso regularmente afastado o sigilo dos dados nele armazenados. 3. Apelação criminal parcialmente provida, com o retorno dos autos à origem *(Apelação Criminal nº 5001163-46.2018.4.04.7017, TRF4, 8ª Turma, Rel. Des. Federal João Pedro Gebran Neto, juntado aos autos em 13.5.2019).*

157.3. [...] A gravação de diálogo pelo cliente com seu advogado, para defesa de direito próprio, não configura prova ilícita ou violação ao sigilo profissional. Precedentes. [...] (*RHC nº 48.397-RJ, STJ, 6ª Turma, unânime, Rel. Min. Nefi Cordeiro, julgado em 6.9.2016, publicado no* DJ *em 15.9.2016*).

157.3. [...] III – Não obstante as alegações de nulidade deduzidas no presente *writ*, verifica-se que o e. Tribunal Regional Federal da 4ª Região entendeu pela inexistência de ilegalidade na transferência/remessa das investigações da Suíça para o Brasil, seja porque não há vedação (havendo, ao contrário, previsão de ampla cooperação), seja porque a Suíça não fez restrições quanto ao uso das provas constantes de tal investigação, quando da referida remessa. IV – Nos limites afetos ao âmbito de cognição do *writ*, afigura-se legítima a providência da autoridade brasileira de, com base em material probatório obtido da Confederação Suíça, por sistema de cooperação jurídica internacional, investigar e processar o paciente pelo delito de evasão de divisas, já que se trata de fato delituoso diretamente vinculado à persecução penal objeto da cooperação, que teve como foco central delitos de corrupção e lavagem de capitais, valendo registrar que não se impôs qualquer limitação ao alcance das informações e aos meios de prova compartilhados. [...] *(Agravo Interno no Agravo Regimental no Habeas Corpus n. 449.017-PR, STJ, 5ª Turma, Rel. Ministro Félix Fischer, julgado em 18.10.2018, publicado no DJ em 23.10.2018).*

157.3. [...] III – O aplicativo BlackBerry Messenger é um modal destinado ao tráfego de informações que integra o rol de sistemas de informática e telemática, gênero contemplado pela Lei n. 9.296/1996 como passível de sujeição à medida invasiva regulamentada pelo normativo, a teor do parágrafo único do seu artigo 1º ("*O disposto nesta Lei aplica-se à interceptação do fluxo de comunicações em sistemas de informática e telemática*"). Dessa forma, não prospera a aventada violação aos art. 7º, inciso III, da Lei n. 12.965/2014, e arts. 157, § 1º, e 240, § 1º, alínea *f*, ambos do Código de Processo Penal. Precedentes. IV – Na hipótese dos autos, os serviços telefônicos e telemáticos – por meio dos quais foram realizadas as comunicações interceptadas – encontravam-se ativos no Brasil, por intermédio de operadoras de telefonia estabelecidas no território nacional, independentemente do local de armazenamento do conteúdo das mensagens. V – Assim, em se tratando de matéria submetida à jurisdição brasileira, não é necessária a cooperação jurídica internacional firmada no Tratado de Assistência Mútua em Matéria Penal pela República Federativa do Brasil e o Governo do Canadá firmaram (Decreto n. 6.747/2009). [...] (*Agravo Regimental no Recurso Especial nº 1.667.283/PR, STJ, 5ª Turma, unânime, Rel. Min. Felix Fischer, julgado em 04.12.2018, publicado no DJ em 12.12.2018*).

157.3. [...] V – Segundo se afere do v. acórdão vergastado, o recorrente não atendeu o comando judicial que determinou a "interceptação, monitoramento e desvio de mensagens decorrentes do uso do aplicativo WhatsApp e da rede social Facebook, em tempo real, incluindo o envio de arquivos anexados, áudios e imagens", o que determina seja aplicada multa diária, de natureza sancionatória/coercitiva. VII – A respeito da matéria, a 5ª e a 6ª Turmas desta Corte sedimentaram que "a imposição de *astreintes* à empresa responsável pelo cumprimento de decisão de quebra de sigilo, determinada em inquérito, estabelece entre ela e o juízo criminal uma relação jurídica de direito processual civil", cujas normas são aplicáveis subsidiariamente no processo penal, por força do disposto no art. 3º do CPP. VIII – Desta forma, "a solução do impasse gerado pela renitência da empresa controladora passa pela imposição de medida coercitiva pecuniária pelo atraso no cumprimento da ordem judicial, a teor dos arts. 461, § 5º, 461-A, do Código de Processo Civil, c.c. o art. 3º do Código de Processo Penal" (RMS 44.892/SP, 5ª Turma, rel. Min. Ribeiro Dantas, *DJe* 15.4.2016). IX – O art. 139, IV, do CPC/2015 autoriza o Juiz a "determinar todas as medidas indutivas, coercitivas, mandamentais ou sub-rogatórias necessárias para assegurar o cumprimento de ordem judicial, inclusive nas ações que tenham por objeto prestação pecuniária". Agravo regimental desprovido *(Agravo Regimental no RMS n. 54.105-RS, STJ, 5ª Turma, unânime, Rel. Min. Felix Fischer, julgado em 24.4.2018, publicado no DJ em 9.5.2018).*

157.3. [...] Cooperação jurídica internacional. Prova produzida no exterior. Parâmetro de validade. Admissibilidade no processo. [...] Provas ilícitas derivadas. Frutos da árvore envenenada. Exceções. Teoria da mancha purgada. Nexo de causalidade. Atenuação. Prerrogativa de foro. Conexão e continência. Competência. Desmembramento. Foro prevalente. [...] As provas obtidas por meio de cooperação internacional em matéria penal devem ter como parâmetro de validade a lei do Estado no qual foram produzidas, conforme a previsão do art. 13 da LINDB. 3. A prova produzida no estrangeiro de acordo com a legislação de referido país pode, contudo, não ser admitida no processo em curso no território nacional se o meio de sua obtenção violar a ordem pública, a soberania nacional e os bons costumes brasileiros, em interpretação analógica da previsão do art. 17 da LINDB. 4. A teoria dos frutos da árvore envenenada tem sua incidência delimitada pela exigência de que seja direto e imediato o nexo causal entre a obtenção ilícita de uma prova primária e a aquisição da prova secundária. 5. De acordo com a teoria do nexo causal atenuado ou da mancha purgada, *i)* o lapso temporal decorrido entre a prova primária e a secundária; *ii)* as circunstâncias intervenientes na cadeia probatória; *iii)* a menor relevância da ilegalidade; ou *iv)* a vontade do agente em colaborar com a persecução criminal, entre outros elementos, atenuam a ilicitude originária, expurgando qualquer vício que possa recair sobre a prova secundária e afastando a inadmissibilidade de referida prova. 6. Na presente hipótese, as provas encaminhadas ao MP brasileiro são legítimas, segundo o parâmetro de legalidade suíço, e o meio de sua obtenção não ofende a ordem pública, a soberania nacional e os bons costumes brasileiros, até porque decorreu de circunstância autônoma interveniente na cadeia causal, a qual afastaria a mancha da ilegalidade existente no indício primário. Não há, portanto, razões para a declaração de sua inadmissibilidade no presente processo. [...] *(Ação Penal n. 856-DF, STJ, Corte Especial, maioria, Rel. Min. Nancy Andrighi, julgado em 18.10.2017, publicado no* DJ *em 6.2.2018).*

157.3. [...] Afigura-se desnecessária a cooperação internacional para a obtenção dos dados requisitados pelo juízo, porquanto aplicável à espécie a legislação brasileira. 6. Este Superior Tribunal firmou o entendimento de que a imposição de astreintes à empresa responsável pelo cumprimento de decisão de quebra de sigilo, determinada em inquérito, estabelece entre ela e o juízo criminal uma relação jurídica de direito processual civil. E, ainda que assim não fosse, as normas de direito processual civil teriam incidência ao caso concreto, por força do art. 3º do Código de Processo Penal. [...] (*Recurso em Mandado de Segurança nº 44.892-SP, STJ, 5ª Turma, unânime, Rel. Min. Ribeiro Dantas, julgado em 5.4.2016, publicado no* DJ *em 15.4.2016*).

157.3. [...] *E-mail* corporativo. Ferramenta de trabalho. Possibilidade de monitoramento e rastreamento. Direito à intimidade *x* dever-poder disciplinar. [...] Não configura prova ilícita a obtenção de informações constantes de *e-mail* corporativo utilizado pelo servidor público, quando atinentes a aspectos não pessoais, mas de interesse da Administração Pública e da própria coletividade; sobretudo quando há expressa menção, nas disposições normativas acerca do seu uso, da sua destinação somente para assuntos e matérias afetas ao serviço, bem como advertência sobre monitoramento e acesso ao conteúdo das comunicações dos usuários para fins de cumprir disposições legais ou instruir procedimento administrativo. Precedentes do TST (*RMS nº 48.665-SP, STJ, 2ª Turma, unânime, julgado em 15.9.2015, publicado no* DJ *em 5.2.2016*).

157.3. [...] 2. Quanto à prova obtida através de busca e apreensão autorizada judicialmente, não há ofensa ao art. 157 do CPP, pois os elementos que incriminavam os recorrentes surgiram através do que a doutrina chama de "encontro fortuito de provas", que vem sendo admitido pela jurisprudência desta Corte Superior de Justiça. [...] 4. É admissível a utilização de prova produzida em persecução criminal da qual não participaram as partes que integram a relação processual, que receberá a prova tomada por empréstimo, onde será assegurado o exercício do contraditório, a atestar a observância das garantias processuais inerentes ao devido processo legal, o que afasta a eiva suscitada. [...] (*Ag. Reg. no Recurso Especial nº 1.254.887-SC, STJ, 5ª Turma, unânime, Rel. Min. Jorge Mussi, julgado em 13.10.2015, publicado no* DJ *em 16.10.2015*).

157.3. [...] É lícita a gravação ambiental realizada por um dos interlocutores sem o conhecimento do outro, podendo ela ser utilizada como prova em processo judicial, conforme reafirmação da jurisprudência desta Corte feita pelo Plenário nos autos do RE nº 583.937 – QO – RG, Rel. Min. Cezar Peluso, *DJe* de 18/12/2009 (*Agravo Regimental no Recurso Extraordinário com Agravo nº 742.192, STF, 1ª Turma, Rel. Min. Luiz Fux, julgado em 15.10.2013, publicado no* DJ *em 29.10.2013*).

157.3. [...] A produção e divulgação de imagem de vídeo quando da abordagem policial em "local público" não viola o art. 5º, inc. X, da Constituição Federal, posto preservar o referido cânone a "intimidade", descaracterizando a ilicitude da prova. Precedentes: HC 87.341/PR, Rel. o Min. Eros Grau, *DJ* de 3.3.2006, e RE 402717, Rel. Min. Cezar Peluso, 2ª T., *DJe*-030 pub. em 13.2.2009. *In casu*, o recorrente e outrem, policiais civis, abordaram a vítima e apresentaram a ela um invólucro contendo droga, dizendo que o embrulho lhe pertencia e que iriam flagrá-la caso não obtivessem determinado valor, sendo certo que a condenação, confirmada em apelação e revisão criminal, teve esteio também em provas testemunhais [...] (*Recurso Ordinário em Habeas Corpus nº 108.156, 1ª Turma, unânime, Rel. Min. Luiz Fux, julgado em 28.6.2011, publicado no* DJ *em 10.8.2011*).

a) Nas gravações ambientais clandestinas:

É comum e frequente a afirmação no sentido de que "a gravação clandestina, isto é, sem o conhecimento do interlocutor, constitui prova ilícita". Há inúmeras decisões nesse sentido, como adiante arrolado.

No entanto, para que de ilicitude se cuide, é necessário que a pessoa *clandestinamente gravada* esteja, efetivamente, no exercício de direito. Não se pode pensar na proteção da intimidade ou privacidade daquele que esteja a praticar ato ilícito, ou seja, em *flagrante delito.* Seria ilícita a prova obtida por meio de gravação ambiental de um assalto? A gravação clandestina de um espancamento? A se responder afirmativamente, ter-se-á que admitir que a gravação dependeria do consentimento do agressor, o que nos parece rematado absurdo.

De outro lado, pode ocorrer que a pessoa gravada esteja no exercício de algum direito – à livre manifestação, por exemplo – sem reserva alguma de sua *privacidade.* É o que ocorre, por exemplo, com um discurso proferido em um comício ou em qualquer estabelecimento aberto ou público, no qual se possa constatar a ausência de *reserva de privacidade* por parte do *falante.* Ou seja: quando o conteúdo da fala é dirigido *indistintamente,* sem qualquer identificação dos presentes.

Nessas situações, não se poderá falar em ilicitude da prova, por não incidência dela – violação a direito – no caso concreto.

Note-se, contudo, que a situação de flagrante, isto é, a comprovação da prática de ilícito por parte do agente (gravado), nem sempre poderá significar a não incidência da ilicitude. Para que tal ocorra, será preciso que a gravação ambiental tenha início e se justifique unicamente em razão da ação ilícita então desenvolvida ou em curso pelo agente *gravado.* Gravações e interceptações colocadas em razão de suspeitas de ações criminosas, em princípio, são ilícitas, se descumpridas as exigências legais específicas, como é o caso da necessidade de autorização judicial.

Do contrário, estariam legitimadas ações abusivas dos agentes do poder público, a tanto bastando a comprovação *posterior* de qualquer situação de flagrante delito no ambiente em que realizada a obtenção – assim indevida – da prova. *(vide anotações também nos itens 648.6.1.9 e 648.6.1.11)*

Jurisprudência

157.3.a. [...] Gravação clandestina por colabodor premiado. Validade. Princípio *tempus regit actum. [...]* 3. A jurisprudência desta Suprema Corte tem reafirmado a tese pela "admissibilidade do uso, como meio de prova, de gravação ambiental realizada por um dos interlocutores", estabelecida sob o rito da Repercussão Geral (Tema RG nº 237), inclusive a captação ambiental clandestina gravada por colaborador premiado, a ser utilizada após a entrada em vigor da Lei nº 13.964, de 2019. 4. O regramento jurídico processual vigente à época conferia validade às gravações produzidas e introduzidas no procedimento criminal de investigação. A lei instrumental tem aplicação prospectiva, não alcançando atos aperfeiçoados sob a vigência de lei pretérita, em observância ao princípio do *tempus regit actum* art. 2º do Código de Processo Penal. [...] *(Agravo Regimental no Habeas Corpus nº 226.317, STF, 2ª Turma, Rel. Min. André Mendonça, sessão virtual final de 23.2.2023 a 1.3.2024, publicado no DJ em 24.4.2024)*

157.3.a. [...] Ação Penal originária. Recebimento da denúncia. Licitude da gravação ambiental feita por um dos interlocutores. Jurisprudência reafirmada em repercussão geral: precedentes. [...] *(Agravo Regimental no Recurso Extraordinário com Agravo nº 1.431.397, STF, 1ª Turma, Rel. Min. Cármen Lúcia, sessão virtual de 4.8.2023 a 14.8.2023, publicado no DJ em 18.8.2023)*

157.3.a. [...] Gravação ambiental pela genitora da vítima. Prova lícita. [...] Nos termos da jurisprudência da Corte, é lícita a prova produzida pela genitora da menor vítima de crime sexual, consistente em gravação audiovisual ambiental, dado o seu legítimo poder-dever de proteger a infante e desvendar o ato criminoso, situação que se assemelha à gravação de conversa telefônica feita com a autorização de um dos interlocutores, sem ciência do outro, quando há cometimento de delito por este último, hipótese já reconhecida como válida pelo Supremo Tribunal Federal. [...] *(Habeas Corpus nº 578.058-SP, STJ, 6ª Turma, unânime, Rel. Min. Nefi Cordeiro, julgado em 8.9.2020, publicado no DJ em 14.9.2020).*

157.3.a. [...] É pacífico, neste Superior Tribunal e no Pretório Excelso, que a gravação ambiental, realizada por um dos interlocutores, com o objetivo de preservar-se diante de atuação desvirtuada da legalidade, prescinde de autorização judicial. [...] *(Agravo Regimental no Recurso em Habeas Corpus nº 104.363-SE, STJ, 5ª Turma, unânime, Rel. Min. Reynaldo Soares da Fonseca, julgado em 18.8.2020, publicado no* DJ *em 24.8.2020).*

157.3.a. [...] 1. Não há que se falar em ilegalidade da prova obtida ao argumento de se tratar de ação controlada sem prévia autorização judicial, pois no caso em exame não se trata de agente policial ou administrativo, conforme prevê o art. 8º da Lei n. 12.850/2013, mas de captação ambiental (gravação clandestina) realizada por colaborador premiado, meio de obtenção de prova expressamente previsto no art. 3º da referida lei. 2. "*É válida a utilização da gravação ambiental realizada por um dos interlocutores do diálogo como meio de prova no processo penal, independentemente de prévia autorização judicial. Precedentes.*" (RHC 59.542/PE, Rel. Ministro Rogério Schietti Cruz, Sexta turma, *DJe* 14/11/2016). [...] *(RHC n. 102.808-RJ, STJ, 5ª Turma, unânime, Rel. Joel Ilan Paciornik, julgado em 6.8.2019, publicado no* DJ *em 15.8.2019).*

157.3.a. [...] Gravação clandestina (Gravação de conversa telefônica por um interlocutor sem o conhecimento do outro). Licitude da prova. Por mais relevantes e graves que sejam os fatos apurados, provas obtidas sem a observância das garantias previstas na ordem constitucional ou em contrariedade ao disposto em normas de procedimento não podem ser admitidas no processo; uma vez juntadas, devem ser excluídas. O presente caso versa sobre a gravação de conversa telefônica por um interlocutor sem o conhecimento de outro, isto é, a denominada "gravação telefônica" ou "gravação clandestina". Entendimento do STF no sentido da licitude da prova, desde que não haja causa legal específica de sigilo nem reserva de conversação. Repercussão geral da matéria (RE 583.397/RJ). 3. Ordem denegada (*Habeas Corpus nº 91.613, STF, 2ª Turma, Rel. Min. Gilmar Mendes, julgado em 15.5.2012, publicado no* DJ *em 17.9.2012*).

157.3.a. [...] A análise da licitude ou não da gravação de conversa por um dos interlocutores sem a ciência do outro deve ser verificada de caso a caso. Quando a gravação se refere a fato pretérito, consumado e sem exaurimento ou desdobramento, danoso e futuro ou concomitante, tem-se, normalmente e em princípio, a hipótese de violação à privacidade. Todavia, demonstrada a investida criminosa contra o autor da gravação, a atuação deste – em razão, inclusive, do teor daquilo que foi gravado – pode, às vezes, indicar a ocorrência de excludente de ilicitude (a par da *quaestio* do princípio da proporcionalidade). A investida, uma vez caracterizada, tornaria, daí, lícita a gravação (precedente do Pretório Excelso, inclusive, do c. Plenário). Por outro lado, realizada a gravação às escondidas, na residência do acusado, e sendo inviável a verificação suficiente do conteúdo das degravações efetuadas, dada a imprestabilidade do material, sem o exato delineamento da hipotética investida, tal prova não pode ser admitida, porquanto violadora da privacidade de participante do diálogo (art. 5º, inciso X, da CF). A atuação do Ministério Público no inquérito civil tem previsão legal (art. 8º, § 1º, da Lei nº 7.347/85). Tal não se confunde com a situação do inquérito criminal envolvendo magistrado de segundo grau (art. 33, parágrafo único, da LOMAN). No processo penal, a exordial acusatória deve vir acompanhada de um fundamento probatório mínimo apto a demonstrar, ainda que de modo indiciário, a efetiva realização do ilícito penal por parte do denunciado. Se não houver uma base empírica mínima a respaldar a peça vestibular, de modo a torná-la plausível, inexistirá justa causa a autorizar a *persecutio criminis in iudicio.* Tal acontece, como *in casu*, quando a situação fática não está suficientemente reconstituída. Acolhida a primeira preliminar relativa à ilicitude da prova obtida mediante gravação clandestina. Rejeitada a segunda preliminar referente à alegada usurpação da função da polícia judiciária pelo Ministério Público. Denúncia rejeitada por falta de justa causa (*Ação Penal nº 479-RJ, STJ, Corte Especial, Rel. Min. Felix Fischer, julgado em 29.6.2007, publicado no* DJ *em 1.10.2007*).

---

b) Excludentes de ilicitude:

Acabamos de ver, então, hipóteses em que a obtenção da prova sequer chegaria ao campo da ilicitude (não incidência), em razão da inexistência de violação ao direito subjetivo da pessoa contra quem teria sido produzida.

Há situações, porém, em que a conduta praticada por ocasião da produção da prova, por si só, e, em princípio, se subsumiria a um tipo ou modelo normativo de ação proibida (juízo de tipicidade). Assim ocorrerá, por exemplo, na hipótese em que o agente, réu em determinada ação penal, invada o domicílio de alguém em busca da prova de sua inocência (supondo-as existentes, é claro). Embora realizado o tipo penal do art. 150, Código Penal (Violação de domicílio), se fará presente uma excludente legal de ilicitude, o estado de necessidade (art. 24, CP), com o que não se poderá invalidar a prova assim obtida. Já veremos, adiante, que mesmo a prova ilícita haverá de ser utilizada em favor da defesa, com base em fundamentação completamente diversa.

A dúvida, em tais situações, surgiria em relação às possíveis *causas supralegais* de ilicitude, não contempladas, portanto, e especificamente, por regras do direito penal ou do direito em geral.

Poderíamos nos referir a determinadas situações em que a ação do agente, embora enquadrada em norma proibitiva específica, seria plenamente justificada pelas circunstâncias do caso concreto, do mesmo modo que ocorre em relação à legítima defesa, ao estado de necessidade, ao exercício regular do direito etc., que configuram as chamadas causas (*legais*) de exclusão da ilicitude. Algo que poderíamos denominar como *justa causa* ou como *causa justa,* a escolha do leitor.

A complexidade e a riqueza dos fatos do mundo da vida, evidentemente, não comportam uma rigorosa casuística legislativa. Pensamos que as hipóteses legais que acabamos de mencionar (estado de necessidade etc.) estão longe de abarcar todas as situações em que se pode constatar a ausência de reprovação social da conduta. Ficaremos, aqui, com um único exemplo, de modo a sugerir as amplas possibilidades de seus desdobramentos: Seria reprovável, então, a conduta daquele credor que, desapossado de seu título de crédito, único a demonstrar a legitimidade de uma futura pretensão executória no juízo cível, gravasse a confissão do devedor sem o conhecimento deste? Ignoremos, por ora e somente aqui, a força probante ou a eficácia de uma tal gravação. A pergunta é outra: não haveria justa causa para a conduta violadora da intimidade do devedor?

Pensamos que sim, sobretudo, quando: (a) for o único meio de prova; (b) quando significativamente relevante o valor do crédito; e (c) quando a utilização da prova se limitar ao juízo da demanda.

157.4. O aproveitamento da prova ilícita para a defesa: A se realizar uma interpretação literal da norma constitucional atinente à inadmissibilidade das provas ilícitas, a conclusão seria inevitável, a despeito de sua absoluta inconsistência no plano do Direito: *são inadmissíveis, no processo, as provas obtidas por meios ilícitos* (art. 5º, LVI).

Como não é possível enfrentar qualquer modalidade do conhecimento humano sem ter em vista as suas bases axiológicas (os valores do sistema) e teleológicas (finalidade), é de se apontar um grau mínimo de racionalidade jurídica da aludida norma constitucional.

Certamente que não se pode entender o seu significado e alcance a partir da literalidade de seu texto. Fosse isso possível e chegaríamos ao cúmulo de condenar um acusado sem considerá-lo efetivamente culpado, se prova houvesse de sua inocência e tivéssemos que rejeitá-la (ou não admiti-la) por força de sua ilicitude.

Ora, não se admite a prova obtida ilicitamente como meio de melhor e mais amplamente se tutelarem os direitos subjetivos normalmente em risco na fase de produção de provas. É dizer, não basta garantir direitos subjetivos como aqueles relativos à privacidade, à intimidade e à imagem (art. 5º). É preciso atribuir consequências relevantes à violação deles. Por isso, existem normas penais e não penais prevendo sanções às violações de direitos individuais (ver, por exemplo, art. 10, Lei nº 9.296/96, em relação às interceptações telefônicas).

Mais. Determinados direitos subjetivos, sobretudo em atenção às peculiaridades que os cercam, podem também receber uma proteção ainda mais eficaz, quando examinadas as condições de risco a que se submetem. É o que ocorre de modo particular, com a intimidade e/ou privacidade, invariavelmente atingidas por ocasião da produção da prova em processo penal.

Assim, a inadmissibilidade da prova ilícita, para além de configurar uma opção ética do Estado, a incentivar a observância das regras jurídicas, surge como um verdadeiro reforço na proteção de tais direitos, invalidando quaisquer iniciativas abusivas por parte de quem deve submeter-se, com maiores razões, ao *devido processo legal*.

Com tais considerações, poucas, mas suficientes, percebe-se o inevitável paradoxo que resultaria da inadmissibilidade de uma prova ilícita que demonstrasse a inocência de alguém, indevidamente acusado. Recusar-se-ia a prova com o objetivo de melhor tutelar o Direito (razão da norma constitucional), à custa, porém, da condenação de quem, pela qualidade de convencimento da prova, se julga inocente. Equação final: condenação do inocente para proteger direitos outros, como se o primeiro fosse inferior. Valeria aqui a objeção kantiana, segundo a qual "o homem é um fim em si mesmo, não podendo ser instrumentalizado a serviço do bem comum", não fosse a absoluta desnecessidade da aludida instrumentalização na hipótese de que se cuida, já que aberta a via para a condenação do verdadeiro culpado.

Então, por quaisquer razões que se entender de direito, seja ao nível de uma principiologia explícita, como a da ampla defesa, seja por considerações em níveis mais abstratos, como a do Estado Democrático de Direto, não há como recusar a prova ilícita em favor do acusado.

No ponto, de se refutar qualquer tentativa de equiparação indevida da posição da acusação, em relação aos poderes e faculdades processuais. Não se pode estender a interpretação que ora fazemos ao órgão de acusação, sob uma rubrica, de todo indevida, da paridade de armas. Não há igualdade *material* entre o Estado e o particular (o acusado) no processo. Existe mera *forma* de igualdade, do mesmo modo que ocorre em relação ao Direito em geral: todos são iguais perante a lei! Sabemos todos o quanto é equivocada e descumprida semelhante previsão constitucional. A igualdade somente pode ocorrer entre *iguais*, ou seja, em que ela (igualdade) seja pressuposta – antes, portanto – do exercício de qualquer direito.

157.5. Aproveitamento de prova ilícita para a acusação: De tudo que vimos de expor, não se pode defender uma regra de aproveitamento da prova ilícita para a acusação. De uma *regra*, certamente que não.

O que não significa que a complexidade do mundo da vida esteja fora das considerações do Direito. Ao contrário.

No direito comparado, há exemplos de leituras hermenêuticas utilizadas para o fim do aproveitamento de prova ilícita, nem sempre fundadas em critérios dotados de níveis mínimos de segurança. Fala-se em *proporcionalidade*, em *razoabilidade*, em *concordância prática*, mas, de modo geral, não se chega a um resultado satisfatório, no que respeita ao estabelecimento de critérios objetivos quanto à elaboração de regras de exclusão e de aproveitamento das provas ilícitas.

Busca-se legitimar, enfim, critérios de ponderação (de normas, de interesses, de direitos) que permitam a escolha da norma (princípio ou regra) mais adequada à solução de um caso concreto, quando houver mais de uma (norma) reclamando aplicação. O tratamento da matéria, no Brasil, situa-se, necessariamente, em nível constitucional, na medida em que há uma norma expressa cuidando da inadmissibilidade das provas ilícitas (art. 5º). E há, sobre o tema da hermenêutica e da interpretação constitucional, inúmeros e qualificados trabalhos, com maior ou menor pertinência ao campo do processo penal. Ver, por exemplo, a obra de ÁVILA, Thiago A. P. (*Provas ilícitas e proporcionalidade*. Rio de Janeiro: Lumen Juris, 2008) Remetemos o leitor, também, ao nosso *Processo e hermenêutica na tutela penal dos direitos fundamentais* (2. ed. Rio de Janeiro: Lumen Juris, 2009), no qual dedicamos um tópico específico sobre o tema (Capítulo 3, alínea *b*).

Ali (na obra citada) veremos que o direito estadunidense, por exemplo, valendo-se do critério da *razoabilidade* como meio de contenção do abuso do poder público, não tem qualquer dificuldade em valorar a prova produzida ilicitamente pelo particular, sem prejuízo da ação penal contra ele pelo fato praticado na obtenção da prova (se previsto o ilícito penal, é claro). A regra da inadmissibilidade, portanto, dirige-se exclusivamente ao Estado, produtor da prova penal.

Ver-se-á, também, que a aludida regra (da inadmissibilidade da prova ilícita) não integra o texto da maioria esmagadora das Constituições Europeias – aliás, desconhecemos alguma que a preveja expressamente – que cuidam do tema, ora ao nível principiológico (devido processo legal) ora no plano estritamente *legal* (da Lei).

No Brasil, atualmente, a jurisprudência não aceita, ainda, a utilização de critérios de ponderação para o aproveitamento da prova ilícita, quando em desfavor do acusado. Nem como *regra*, o que é absolutamente correto, nem como – muito menos, na verdade – exceção.

Jurisprudência

157.5. [...] *o princípio da proporcionalidade, em sendo alegado pelo Poder Público, não pode converter-se em instrumento de frustração da norma constitucional que repudia a utilização, no processo, de provas obtidas por meios ilícitos*. [...] A Constituição da República, em norma revestida de conteúdo vedatório (CF, art. 5º, LVI), desautoriza, por incompatível com os postulados que regem uma sociedade fundada em bases democráticas (CF, art. 1º), qualquer prova cuja obtenção, pelo Poder Público, derive de transgressão a cláusulas de ordem constitucional, *repelindo, por isso mesmo, quaisquer elementos probatórios que resultem de violação do direito material (ou, até mesmo, do direito processual), não prevalecendo , em consequência, no ordenamento normativo brasileiro, em matéria de atividade probatória, a fórmula autoritária do "male captum, bene retentum"* [...] *(Agravo Regimental no HC nº 129.646, STF, 2ª Turma, Rel. Min. Celso de Mello, julgado em 3.10.2020)*

157.5. [...] Utilização de gravação de conversa telefônica feita por terceiro com a autorização de um dos interlocutores sem o conhecimento do outro quando há, para essa utilização, excludente da antijuridicidade. – Afastada a ilicitude de tal conduta – a de, por legítima defesa, fazer gravar e divulgar conversa telefônica ainda que não haja o conhecimento do terceiro que está praticando crime –, é ela, por via de consequência, lícita e, também consequentemente, essa gravação não pode ser tida como prova ilícita, para invocar-se o artigo 5º, LVI, da Constituição com fundamento em que houve violação da intimidade (art. 5º, X, da Carta Magna). *Ha-*

beas corpus indeferido (*Habeas Corpus nº 74.678, STF, 1ª Turma, Rel. Min. Moreira Alves, julgado em 10.6.1997, publicado no* DJ *em 15.8.1997*).

157.5. *Habeas corpus*. Prova. Licitude. Gravação de telefonema por interlocutor. É lícita a gravação de conversa telefônica feita por um dos interlocutores, ou com sua autorização, sem ciência do outro, quando há investida criminosa deste último. É inconsistente e fere o senso comum falar-se em violação do direito à privacidade quando interlocutor grava diálogo com sequestradores, estelionatários ou qualquer tipo de chantagista. Ordem indeferida (*Habeas Corpus nº 75.338, STF, Plenário, Rel. Min. Nelson Jobim, julgado em 11.3.1998, publicado no* DJ *em 25.9.1998*). [...] Conversa telefônica. Gravação clandestina, feita por um dos interlocutores, sem conhecimento do outro. Juntada da transcrição em inquérito policial, onde o interlocutor requerente era investigado ou tido por suspeito. Admissibilidade. Fonte lícita de prova. Inexistência de interceptação, objeto de vedação constitucional. Ausência de causa legal de sigilo ou de reserva da conversação. Meio, ademais, de prova da alegada inocência de quem a gravou. Improvimento ao recurso. Inexistência de ofensa ao art. 5º, incs. X, XII e LVI, da CF. Precedentes. Como gravação meramente clandestina, que se não confunde com interceptação, objeto de vedação constitucional, é lícita a prova consistente no teor de gravação de conversa telefônica realizada por um dos interlocutores, sem conhecimento do outro, se não há causa legal específica de sigilo nem de reserva da conversação, sobretudo quando se predestine a fazer prova, em juízo ou inquérito, a favor de quem a gravou (*Recurso Extraordinário nº 402.717, STF, 2ª Turma, Rel. Min. Cezar Peluso, julgado em 2.12.2008, publicado no* DJ *em 13.2.2009*).

157.6. Exclusão da prova: Teoria dos frutos da árvore envenenada: Certamente uma maneira de se contornar a regra da inadmissibilidade das provas ilícitas seria a *legalização posterior* das investigações, com a adoção dos procedimentos legais para a obtenção da prova. Exemplo: obtidas as informações acerca do local em que se encontrariam elementos de prova de determinada infração, por meio de interceptação ilícita das comunicações telefônicas, os órgãos públicos responsáveis pela investigação apresentariam, ao juiz, requerimentos de quebra de sigilo telefônico e expedição de mandado de busca e apreensão domiciliar. A partir, então, da prova ilícita, se buscaria a legitimação das demais diligências investigatórias.

A teoria dos frutos da árvore envenenada ou da derivação da ilicitude tem este propósito: evitar a descontaminação do ilícito pela correção dos atos subsequentes. Seu fundamento é logicamente irrepreensível: de que adiantaria invalidar a prova originariamente ilícita, se todo o seu conteúdo probatório pudesse ser obtido posteriormente, aproveitando-se a idoneidade ou força probante das informações então obtidas?

A regra, portanto, deve ser a derivação da ilicitude para todos os atos subsequentes à prova ilícita, se e desde que tenham eles relação de dependência, *causal ou cronológica*, com esta (a ilícita).

Mas a questão nem passa perto de apresentar-se de modo tão simples.

Veja-se, por exemplo, que, a depender do estágio das investigações – que, aliás, podem sequer ter-se iniciado – quaisquer diligências probatórias posteriores à obtenção da prova ilícita dela dependeriam, ao menos do ponto de vista *cronológico*. O que fazer? Levada às últimas consequências, a aplicação da teoria implicaria a absoluta impossibilidade de qualquer investigação futura, terminando por impor-se como verdadeira e concreta causa *extintiva da punibilidade*. Mas será que até aí poderíamos chegar, a partir da prática de um ato ilícito por parte do Estado? Se afirmativa a resposta, não será de todo improvável a produção da ilicitude pelo próprio autor do crime, com o objetivo de ver-se livre, em definitivo, de qualquer responsabilidade penal, fundado precisamente na teoria dos frutos da árvore envenenada. A potencialização do veneno em tais circunstâncias superaria quaisquer malefícios resultantes da ação delituosa.

De ver-se, então, a necessidade de se imporem alguns limites à derivação da ilicitude, de modo a impedir que ela se transforme em *sanção perpétua* ao autor da prova ilícita, como se aquele erro configurasse um *pecado original*. Bem por isso, eventuais irregularidades na efetivação do ato prisional não terão qualquer relevância para a produção de provas em relação ao fato, não se aplicando, então, a regra da contaminação.

Jurisprudência

157.6. [...] Inquérito envolvendo Deputado Federal. Diligência investigatória nas dependências da Câmara sem prévia autorização da Mesa Diretora. [...] Não ofende os princípios da separação e da harmonia entre os Poderes do Estado a decisão do Supremo Tribunal Federal que, em inquérito destinado a apurar ilícitos penais envolvendo deputado federal, determinou, sem prévia autorização da Mesa Diretora da Câmara dos Deputados, a coleta de dados telemáticos nas dependências dessa Casa Legislativa. Além de não haver determinação constitucional nesse sentido, a prévia autorização poderia, no caso, comprometer a eficácia da medida cautelar pela especial circunstância de o Presidente da Câmara, à época, estar ele próprio sendo investigado perante a Suprema Corte. [...] (*Agravo Regimental na Ação Cautelar nº 4.005, STF, Plenário, unânime, Rel. Min. Teori Zavascki, julgado em 2.6.2016, publicado no* DJ *em 2.8.2016*).

157.6. [...] É possível a quebra do sigilo telefônico antes da constituição definitiva do crédito tributário quando as investigações não se destinam, unicamente, à averiguação da prática do crime de sonegação fiscal, havendo a suspeita de que outros delitos, como o de formação de quadrilha, falsidade ideológica e de documentos públicos e particulares, além de lavagem de dinheiro, teriam sido cometidos. Precedentes do STJ e do STF. [...] (*Recurso em Habeas Corpus nº 51.487-SP, STJ, 5ª Turma, unânime, Rel. Min. Leopoldo de Arruda Raposo, julgado em 23.6.2015, publicado no* DJ *em 24.9.2015*).

157.6. [...] Hipótese em que a instauração do inquérito policial e a quebra do sigilo telefônico foram motivadas exclusivamente por denúncia anônima. "Ainda que com reservas, a denúncia anônima é admitida em nosso ordenamento jurídico, sendo considerada apta a deflagrar procedimentos de averiguação, como o inquérito policial, conforme contenham ou não elementos informativos idôneos suficientes, e desde que observadas as devidas cautelas no que diz respeito à identidade do investigado. Precedente do STJ" (HC 44.649/SP, Rel. Min. Laurita Vaz, Quinta Turma, *DJ* 8.10.2007). Dispõe o art. 2º, inciso I, da Lei 9.296/96, que "não será admitida a interceptação de comunicações telefônicas quando [...] não houver indícios razoáveis da autoria ou participação em infração penal". A delação anônima não constitui elemento de prova sobre a autoria delitiva, ainda que indiciária, mas mera notícia dirigida por pessoa sem nenhum compromisso com a veracidade do conteúdo de suas informações, haja vista que a falta de identificação inviabiliza, inclusive, a sua responsabilização pela prática de denunciação caluniosa (art. 339 do Código Penal). A prova ilícita obtida por meio de interceptação telefônica ilegal igualmente corrompe as demais provas dela decorrentes, sendo inadmissíveis para embasar eventual juízo de condenação (art. 5º, inciso LVI, da Constituição Federal). Aplicação da "teoria dos frutos da árvore envenenada". Realizar a correlação das provas posteriormente produzidas com aquela que constitui a raiz viciada implica dilação probatória, inviável, como cediço, em sede de *habeas corpus*. Ordem parcialmente concedida para anular a decisão que deferiu a quebra do sigilo telefônico no Processo 2004.70.00.015190-3, da 2ª Vara Federal de Curitiba, porquanto autorizada em desconformidade com o art. 2º, inciso I, da Lei 9.296/96, e, por conseguinte, declarar ilícitas as provas em razão dela produzidas, sem prejuízo, no entanto, da tramitação do inquérito policial, cuja conclusão dependerá da produção de novas provas independentes, desvinculadas das gravações decorrentes da interceptação telefônica ora anulada (*Habeas Corpus nº 64.096-PR, STJ, 5ª Turma, Rel. Min. Arnaldo Esteves Lima, julgado em 27.5.2008, publicado no* DJ *em 4.8.2008*).

157.7. Teoria da fonte independente e aproveitamento da prova: Do berço do direito estadunidense, exatamente de onde proveio a teoria dos frutos da árvore envenenada (*fruit of the poisonous tree*), chegou a nós a regra da *independent source doctrine*, ou a teoria/doutrina da fonte independente.

Com redação dada pela Lei nº 11.690/08, conceituou-se a fonte independente como sendo aquela "*que, por si só, seguindo os trâmites típicos e de praxe, próprios da investigação ou instrução criminal, seria capaz de conduzir ao fato objeto da prova*" (art. 157, § 2º, CPP).

Nota-se, então, que a definição nacional de fonte independente parece misturar um pouco as coisas e as teorias.

A independência da fonte não tem a ver, necessariamente, com a *inevitabilidade* da descoberta da prova. Tem que ver com o fato de uma prova *não ter relação de dependência, sobretudo causal, mas, também cronológica*, com a prova contaminada. Uma diligência irregular por meio da qual se apreenda um veículo roubado, por exemplo, não impede a validade dos testemunhos que tenham presenciado a sua subtração, antes da apreensão. Pode-se até impedir o depoimento do agente responsável pela apreensão – e também pelo vício da prova – mas não se pode recusar a absoluta validade de outras provas, sem relação com o ato ilícito da apreensão.

Então, a caracterização da independência da fonte tem o objetivo de acentuar a necessidade de comprovação da efetiva dependência entre um ato e outro, quando e para a aplicação da citada teoria dos frutos da árvore envenenada.

Jurisprudência

157.7. [...] A prova tida como ilícita não contaminou os demais elementos do acervo probatório, que são autônomos, não havendo motivo para a anulação da sentença. Desnecessário o desentranhamento dos autos da prova declarada ilícita, diante da ausência de qualquer resultado prático em tal providência, considerado, ademais que a ação penal transitou em julgado. É impossível, na espécie, a aplicação da regra contida no art. 580 do Código de Processo Penal, pois há diferença de situação entre o paciente e o corréu absolvido, certo que em relação ao primeiro existiam provas idôneas e suficientes para respaldar sua condenação. No que se refere aos fundamentos adotados na dosimetria da pena, não se vislumbra ofensa aos artigos 59 e 68 do Código Penal. A motivação dada pelo Juízo sentenciante, além de satisfatória, demonstrou proporcionalidade entre a conduta ilícita e a pena aplicada em concreto, dentre os limites estabelecidos pela legislação de regência. *Habeas corpus* denegado e liminar cassada (*Habeas Corpus nº 89.032, STF, 1ª Turma, Rel. Min. Menezes Direito, julgado em 9.10.2007, publicado no* DJ *em 23.11.2007*).

157.7. [...] Hipótese em que Juiz Federal, potencial vítima do "grampo telefônico", deferiu diligências investigatórias requeridas pela Força-Tarefa composta por membros do Ministério Público e da Polícia Federal. Posteriormente, depois de ter-se deparado com provas contundentes da existência do crime, quando o próprio autor material do "grampo" confessou o delito, acolhendo a exceção oposta pelo Ministério Público Federal, deu-se por impedido/suspeito, remetendo os autos da investigação em andamento para o substituto. É mister observar que a atuação do Magistrado impedido, até aquele momento, se restringiu a deferir diligências as quais se mostravam absolutamente pertinentes e necessárias à continuidade do trabalho inquisitivo-investigatório em andamento. Também não se pode olvidar que o foco central das investigações estava em outros episódios que caracterizariam, em tese, exploração de prestígio ou tráfico de influência, e lavagem de dinheiro. As providências investigatórias determinadas pelo Juízo Federal – que não agiu de ofício, mas sim acolheu requerimento da Força-Tarefa – eram mais do que razoáveis e pertinentes naquelas circunstâncias, razão pela qual se evidenciaram proporcionais e adequadas, sem malferimento a direito fundamental do investigado. E, mesmo que o Juízo quisesse proceder de modo tendencioso, pretendendo interferir no resultado da prova a ser colhida, nem assim poderia fazê-lo, simplesmente porque não detinha o domínio das diligências em questão, que, é claro, foram realizadas pelo aparato policial. O juiz, ainda que formalmente impedido para a futura ação penal, não teve interferência direta na produção dos elementos de prova na fase pré-processual, porque sobre estes não teve ingerência, razão pela qual não se pode tê-los como de origem ilícita. Ainda que assim não fosse, as instâncias ordinárias, soberanas na aferição do quadro fático-probatório, consideraram os elementos de prova, ora impugnados, coligidos na fase pré-processual, prescindíveis, na medida em que, mesmo os desconsiderando, sobejariam provas de autoria e materialidade do crime, provenientes de fontes independentes, obstando o pretendido reconhecimento de nulidade por derivação. Não se mostra pertinente a discussão em torno de delação premiada oferecida a Réus pelo Ministério Público, e homologada pelo respectivo Juízo, em outros autos. O que interessa para a ação penal em tela são seus efetivos depoimentos prestados, os quais foram cotejados com as demais provas pelo juiz da causa para formar sua convicção, sendo garantido ao ora Paciente o livre exercício do contraditório e da ampla defesa. Eventual nulidade desses acordos efetivados em outras ações penais – cuja discussão refoge aos limites de cognição deste *writ* – não tem o condão de atingir os depoimentos tomados na presente ação penal. Ordem denegada (*Habeas Corpus nº 70.878-PR, STJ, 5ª Turma, Rel. Min. Laurita Vaz, julgado em 22.4.2008, publicado no DJ em 16.6.2008*).

157.7. [...] 1. É direito constitucional do réu ter as provas obtidas por meios ilícitos expurgadas do processo a que responde, sendo igualmente inadmissíveis, nos termos do art. 157, § 1º, do CPP, as provas que derivam da prova ilícita, razão pela qual devem ter o mesmo destino. As provas derivadas apenas podem ser mantidas nos autos nos casos em que não ficar evidenciado o nexo de causalidade, ou seja, quando não ficar configurada a derivação, ou quando demonstrado que poderiam ser obtidas por uma fonte independente, cabendo ao Magistrado justificar. 2. Manifesta a derivação da medida ora impugnada das interceptações telefônicas consideradas ilegais, não se tratando, portanto, de prova independente conforme afirmado pelas instâncias ordinárias, uma vez que não há menção à existência de provas outras ou mesmo de outra linha investigativa, que não tenha derivado diretamente das interceptações ilícitas. A indissociabilidade das medidas se revela por simples leitura do pedido de "busca e apreensão, prisão temporária e condução coercitiva", o que denota, sem maior esforço intelectivo, a ilicitude da prova por derivação, conforme dispõe o art. 157, § 1º, do CPP. [...] (*RHC nº 74.222-PR, STJ, 5ª Turma, unânime, Rel. Min. Reynaldo Soares da Fonseca, julgado em 1º.12.2016, publicado no DJ em 14.12.2016*).

157.7. [...] 2. A regra de exclusão (*exclusionary rule*) das provas derivadas das ilícitas comporta, na jurisprudência da Suprema Corte dos EUA, diversas exceções, tendo sido recepcionadas no ordenamento jurídico brasileiro, no art. 157, §§ 1º e 2º, do CPP, ao menos duas delas: a) fonte independente; e b) descoberta inevitável. 3. No caso concreto, em inquérito policial instaurado quase cinco anos após a realização da interceptação telefônica que veio a ser anulada pela ausência de diligências preliminares confirmatórias de denúncia anônima, o paciente peticionou nos autos, prestando informações e sugerindo diligências que vieram a ser realizadas pela autoridade policial. 4. A manifestação espontânea e voluntária do paciente consubstancia, na linha da jurisprudência pátria, fonte independente, de modo que as provas assim obtidas apresentam-se como autônomas, não restando evidenciado nexo causal com as interceptações telefônicas anuladas. [...] (*Habeas Corpus nº 338.756-PR, STJ, 6ª Turma, unânime, Rel. Min. Maria Thereza de Assis Moura, julgado em 6.10.2016, publicado no DJ em 30.11.2016*).

157.8. Teoria da descoberta inevitável: É na exceção (às regras de exclusão da prova ilícita) da descoberta inevitável (*inevitable discovery exception*) que melhor se adéqua a parte do citado dispositivo legal, no ponto em que se refere "*aos trâmites típicos e de praxe, próprios da investigação ou da instrução criminal*" a conduzir ao objeto da prova. Não se discute a independência da fonte, mas a inevitabilidade da descoberta da prova, com ou sem a ilicitude originária.

A teoria, ou exceção, surgiu no julgamento pela Suprema Corte norte-americana, em *Nix v. Willians*, em 1984, na qual a confissão obtida ilegalmente não contaminou a descoberta do corpo de uma criança desaparecida, ao fundamento de que a existência de busca no local em que ele foi encontrado ensejaria, inevitavelmente, a obtenção da prova. Ali, portanto, se realizava uma diligência equiparável ao desenvolvimento dos chamados "*atos típicos e de praxe, próprios ou inerentes à investigação ou instrução criminal*", referidos no art. 157, § 2º, do CPP.

Há, sobre o tema e no direito estadunidense, outras exceções à regra da exclusão da prova ilícita (lá, as *exclusionary rules* ou a nossa *inadmissibilidade* delas), de maior ou menor interesse teórico, como ocorre com a chamada *teoria da boa-fé*, na qual se examina a justificação da conduta do agente produtor da prova ilícita, para fins de sua validação, ou não, além de outras de menor alcance (*impeachment exception, harmless error exception*), como lembra e arrola ÁVILA, Thiago André Pierobom de, em obra obrigatória sobre o tema (*Provas ilícitas e proporcionalidade.* Rio de Janeiro: Lumen Juris, 2008), já aqui mencionada.

Jurisprudência

157.8. [...] 2. A questão em discussão consiste em saber se a polícia pode requisitar relatórios de inteligência financeira ao COAF, sem autorização judicial, e se tal ato gera nulidade das provas subsequentes.

3. A decisão judicial que autorizou a quebra de sigilos bancário e fiscal foi baseada em elementos autônomos, não havendo prejuízo concreto à defesa.

4. A Teoria da Descoberta Inevitável aplica-se, pois as informações seriam obtidas de qualquer forma por meios lícitos. [...] *(Habeas Corpus nº 888.907-PE, STJ, 5ª Turma, Rel. Min. Daniela Teixeira, julgado em 14.11.2024, publicado no DJ em 19.11.2024)*

157.8. [...] 1. Ao dispor que "é inviolável o sigilo da correspondência e das comunicações telegráficas, de dados e das comunicações telefônicas, salvo, no último caso, por ordem judicial, nas hipóteses e na forma que a lei estabelecer para fins de investigação criminal ou instrução processual penal", o art. 5º, XII, da Constituição estabeleceu uma regra geral de proteção ao sigilo das comunicações telefônicas e criou a possibilidade excepcional da sua relativização, na forma da lei. Vale dizer, enquadrar-se nos termos da lei (no caso, a Lei n. 9.296/1996) é um requisito para que a quebra do sigilo de comunicações telefônicas seja válida, como ressalva à regra geral de inviolabilidade, pois é só dentro dos limites legais que se admite a relativização da garantia fundamental. Em contrapartida, violar esse sigilo fora das hipóteses previstas pelo legislador implica a ilicitude da diligência, e não a sua validade.

2. No caso, o paciente foi abordado pela polícia em uma rodovia, mas nada de ilícito foi encontrado no veículo por ele conduzido. Desconfiados de que o acusado fosse um batedor do tráfico, todavia, os agentes levaram o réu para o interior da base e começaram a questionálo, momento em que o celular dele tocou. Um dos agentes, então, pegou o aparelho do acusado, atendeu a ligação e se fez passar pelo paciente. O outro interlocutor era o corréu José Carlos, o qual estava dirigindo o automóvel que transportava as drogas e pretendia saber do acusado se havia fiscalização policial e se era seguro prosseguir. Fingindo ser o paciente, o policial respondeu afirmativamente e determinou a abordagem do veículo dele, onde então foram encontrados os entorpecentes.

3. Cabe salientar, de início, que o paciente nem sequer estava preso em flagrante no momento em que teve seu celular atendido pelo policial, uma vez que nada de ilegal foi encontrado após a revista no veículo que conduzia. Na ocasião, portanto, não havia justificativa idônea nem mesmo para apreender o celular do réu, muito menos para o militar atender a ligação e, pior, passar-se por ele de forma ardilosa para induzir o corréu a erro e fazer com que acreditasse estar livre de fiscalização policial a rodovia pela qual trafegava, o que veio a ensejar a abordagem e o encontro das drogas no automóvel do referido comparsa.

4. Ausentes quaisquer das hipóteses que permitissem excepcionar a inviolabilidade do sigilo das comunicações telefônicas, não poderia o agente de segurança pública ter atendido ligação direcionada ao acusado sem o seu consentimento e, ainda, manipulado o diálogo a fim de enganar o outro interlocutor e levá-lo à prisão em flagrante, em uma espécie sui generis de "interceptação telefônica ativa". Ao atender o telefone, forjar a sua identidade e mentir para o corréu, o policial assumiu o papel do real destinatário da ligação e teve acesso – de forma sub-reptícia – ao con-

teúdo privado de comunicação telefônica destinada exclusivamente ao paciente, circunstâncias que impingem nítida mácula às provas por esse meio colhidas e a todas as que delas derivaram.

5. A teoria da descoberta inevitável está prevista em nosso ordenamento no art. 157, § 2º, do CPP, segundo o qual "Considera-se fonte independente aquela que por si só, seguindo os trâmites típicos e de praxe, próprios da investigação ou instrução criminal, seria capaz de conduzir ao fato objeto da prova". Embora confusa a redação do dispositivo, que parece se referir ao § 1º do mesmo artigo, como explicação da teoria da fonte independente, é consolidado na doutrina o entendimento de que se trata de situações diversas.

6. A construção teórica é oriunda dos Estados Unidos (inevitable discovery limitation) e foi adotada pela primeira vez na Suprema Corte daquele país no julgamento do caso Nix x Willians (467 US 431, 1984). Tratava-se de caso em que o investigado havia matado uma criança e escondido o corpo, o que motivou 200 voluntários a iniciarem um processo de busca. Durante a procura, a polícia ilegalmente extraiu uma confissão do acusado quanto à localização do cadáver e o encontrou no local por ele indicado. Na espécie, todavia, apesar da ilicitude da confissão, a Corte considerou que o caminho natural do plano previamente traçado para as buscas, em poucas horas, inevitavelmente passaria pelo lugar em que achado o corpo, razão pela qual a prova foi mantida nos autos.

7. Por consistir em exceção à regra da exclusão das provas ilícitas – e, por consequência, a direito fundamental (art. 5º, LVI, da Constituição) – tal teoria deve ser interpretada restritivamente, até como forma de dar conformidade constitucional ao dispositivo legal, que limita o âmbito de aplicação da norma contida na Carta Magna quanto à exclusão das provas ilícitas.

8. Apesar de se tratar de um juízo hipotético, não basta que se faça um raciocínio vago e abstrato de mera possibilidade de descoberta da prova por outro meio, sob pena de se converter a exceção em regra e, assim, fragilizar sobremaneira a garantia constitucional. É necessário, ao revés, como consectário da interpretação restritiva do dispositivo legal, que ele seja aplicado somente quando demonstrado pela acusação – sobre quem recai o ônus probatório –, com amparo em elementos concretos dos autos, que os fatos naturalmente chegariam ao mesmo desfecho a despeito da ilegalidade na ação policial.

9. É pertinente notar, a respeito, que o texto do art. 157, § 2º, do CPP usa o verbo "seria" – a indicar algo que aconteceria se a ilicitude não houvesse interrompido o caminho natural dos fatos –, e não a locução verbal "poderia ser", esta representativa de um juízo de mera possibilidade remota. Da mesma forma, cumpre observar que o próprio nome pelo qual se consagrou a teoria é indicativo do rigor com que se deve analisar o hipotético desdobramento causal dos fatos: a descoberta deve ser inevitável – verbete que significa "impossível de evitar, necessário; fatal" –, e não meramente possível.

10. Ainda que seja difícil – em termos epistemológicos – atingir um standard de certeza plena e absoluta sobre o que viria a ocorrer no futuro, por se tratar de raciocínio hipotético sobre o curso causal de fatos que não chegaram efetivamente a acontecer, é preciso que a acusação demonstre, com clareza e amparo concreto em elementos dos autos, no mínimo, a alta probabilidade de que os eventos fatalmente se sucederiam de forma a atingir o mesmo resultado alcançado de maneira ilícita. Presente dúvida razoável sobre esse curso causal hipotético, a solução deve ser favorável ao réu, em respeito às garantias fundamentais da presunção de inocência e da vedação ao uso de provas ilícitas.

11. Na espécie, o fato de os acusados já serem previamente investigados pela polícia, a qual tinha informações de que eles fariam o transporte de entorpecentes, não bastava para assegurar que as drogas seriam apreendidas e eles, presos de qualquer forma. Cabe lembrar, por oportuno, que o objetivo da ligação do corréu [...] ao paciente – "interceptada" pelo policial – era justamente o de verificar com ele, que atuava como batedor, se era seguro prosseguir no transporte da droga ou se havia fiscalização policial, a evidenciar que o desfecho poderia ter sido completamente diverso – fuga, desvio de rota, desfazimento das drogas etc – se o militar não houvesse atendido a ligação e, fazendo-se passar pelo réu, garantido ao comparsa que ele poderia continuar sem receios por aquele caminho.

12. Ordem concedida para anular toda as provas colhidas e absolver o paciente. *(Habeas Corpus nº 695.895–MS, STJ, 6ª Turma, Rel. Min. Rogério Schietti Cruz, julgado em 8.11.2022, publicado no DJ em 16.11.2022)*

157.8. [...] a regra de exclusão (*exclusionary rule)* das provas derivadas das ilícitas consubstanciada na teoria da descoberta inevitável (*inevitable discovery),* que tem origem no direito norte-americano, foi recebida no ordenamento jurídico brasileiro pelo art. 157, §§ 1° e 2°, do Código de Processo Penal, incluído pela Lei n. 11.690/2008. Nessa ordem de ideias, conquanto haja prova ilícita nos autos, as demais provas incriminatórias seriam, infalivelmente, obtidas pelo desenvolvimento regular, lícito e ordinário das atividades investigativas, as quais não se maculam pela ilicitude da prova originária. Portanto, se preservam como fonte idônea para comprovação de materialidade e de autoria delitiva. [...] *(Agravo Regimental no Habeas Corpus n° 648.004/SP, STJ, 5ª Turma, unânime, Rel. Min. Felix Fischer, julgado em 13.4.2021, publicado no DJ em 19.4.2021)*

157.8. [...] Mostra-se positivo o reconhecimento, no direito pátrio, da doutrina norte-americana das *exclusionary rules,* inclusive quanto à invalidação das provas ilícitas por derivação (ali consagrada pela *fruits of the poisonous tree doctrine*), mas igualmente se há de ponderar que, na linha também do que desenvolveu a jurisprudência da Suprema Corte dos EUA, há temperamentos a serem feitos ao rigor excessivo dessa doutrina. Não, evidentemente, para acolher a concepção, presente em outros povos, de que as provas ilícitas devem ser aproveitadas, punidos aqueles que causaram a violação do direito (*male captum bene retentum*). Mas, sim, para averiguar (a) se a prova licitamente obtida seria inevitavelmente descoberta de outro modo (*inevitable discovery*), a partir de outra linha legítima de investigação, ou (b) se tal prova, embora guarde alguma conexão com a original, ilícita, não possui relação de total causalidade em relação àquela, pois outra fonte a sustenta (*independent source*). [...] Na espécie, conquanto o acesso às conversas armazenadas no aplicativo WhatsApp do reclamante tenha ocorrido sem a devida autorização judicial, de tal sorte que foram reconhecidas ilícitas as provas produzidas a partir dessas conversas, a fonte manteve-se íntegra, tal qual era a época do delito, de tal modo que não há empecilho a que o magistrado, instado pelo Ministério Público, decida de modo fundamentado acerca da possibilidade de realização de perícia, com acesso às conversas armazenadas no WhatsApp, sem que isso represente afronta à autoridade da decisão desta Corte. [...] (*Reclamação n° 36.734/SP, STJ, 3ª Seção, por maioria, Rel. Min. Rogerio Schietti Cruz, julgado em 10.2.2021, publicado no DJ em 22.2.2021)*

157.8. [...] mesmo que se pudesse reputar a prova produzida como ilícita e as demais, ilícitas por derivação, nos termos da teoria dos frutos da árvore venenosa (*fruit of the poisonous tree*), é certo que, ainda assim, melhor sorte não assistiria à defesa. É que, na hipótese, não há que se falar em prova ilícita por derivação. Nos termos da teoria da descoberta inevitável, construída pela Suprema Corte norte-americana no caso *Nix x Williams* (1984), o curso normal das investigações conduziria a elementos informativos que vinculariam os pacientes ao fato investigado. Bases desse entendimento que parecem ter encontrado guarida no ordenamento jurídico pátrio com o advento da Lei 11.690/2008, que deu nova redação ao art. 157 do CPP, em especial o seu § 2°. [...] (*Habeas Corpus n° 91.867, STF, 2ª Turma, unânime, Rel. Min. Gilmar Mendes, julgado em 24.4.2012, publicado no* DJ *em 20.9.2012*).

157.9. Encontro ou conhecimentos fortuitos da prova: O que não deveria ser objeto de maiores indagações é o encontro ou os conhecimentos fortuitos da prova, que ocorrem quando, a partir da investigação de um crime, se chega ao encontro de provas de outra infração penal.

A simplicidade da questão decorreria precisamente da natureza *fortuita, casual*, dos conhecimentos de outra prova, a supor a absoluta ausência de ilegalidade na conduta do produtor da prova. Assim, e ainda que não se recorra ao direito comparado para compreender a necessidade de validar as diligências realizadas com boa-fé – quando não houver dúvida sobre tal comportamento –, parece intuitivo que a descoberta fortuita de material informativo de qualquer infração penal não possa gerar irregularidade na investigação e/ou validade do material assim obtido.

Afinal, somente se aceitaria o elemento informativo de fato criminoso se ele fosse encontrado no curso regular de uma investigação instaurada unicamente para a sua apuração? Sabemos que a resposta é negativa. Ninguém duvida da validade do material informativo obtido até mesmo antes do início de qualquer investigação preliminar, desde que a descoberta e apreensão da prova não esteja condicionada à adoção de determinado rito ou procedimento específico.

Com isso, pensamos já antecipar alguns esclarecimentos em torno dessa matéria, aparentemente tão incompreendida em sede doutrinária.

O encontro fortuito de prova para cuja busca não se exija a adoção de qualquer providência que não a simples atuação da autoridade policial nada tem de irregular. Valerá tanto quanto o material encontrado por força da investigação originária.

De outro lado, se constatado qualquer abuso de comportamento ou desvio de finalidade por parte da autoridade investigante, deve-se rejeitar o material recolhido, do mesmo modo que não se deve admitir a prova obtida *sem o cumprimento das formalidades legais*.

O problema somente aparecerá quando o material encontrado fortuitamente depender, por exemplo, de autorização judicial, não requerida para a busca de prova em relação ao crime ao qual se destina a investigação. Se, investigando o crime A, para o qual não se exige qualquer providência, encontra-se prova de outro crime, para o qual é exigida a autorização judicial, passa a ser questionável a validade da diligência. Se for feita uma busca consentida na bolsa de alguém, a procura de elemento que comprove a autoria de um determinado delito em investigação, e ali se encontram diversas declarações de renda do investigado (ou de terceiros), sem qualquer relação com o fato investigado, não se poderá recusar a invalidade da diligência, se demonstrado que o investigado não teria autorizado o acesso a tais documentos, ainda que soubesse que eles se encontravam no interior da bolsa a que nos referíamos. Nessa situação, o que era *fortuito* passou a ser abusivo a partir do momento em que o investigado não autorizou o acesso às declarações de renda.

O essencial, então, é, por primeiro, identificar o comportamento do agente da investigação, para que se possa aferir à boa-fé, ou não, de sua conduta e, assim, a natureza fortuita do conhecimento ou do encontro da prova. E, ao depois, examinar a necessidade de adoção de providência específica para a realização daquela diligência, relativamente à prova fortuitamente encontrada.

Mas, ainda sim, nem sempre a solução será a mesma. Cumpre, em quaisquer situações, examinar as peculiaridades de cada caso concreto para que se chegue à solução mais adequada.

No Brasil, a jurisprudência não se definiu com maior objetividade sobre tais questões, sobretudo pela ausência de uma casuística fática (ocorrência de fatos) que demandasse esforços de interpretação.

O Supremo Tribunal Federal, por exemplo, teve oportunidade de admitir a validade do encontro fortuito da prova, justificando-o, porém – e desnecessariamente, pensamos nós –, na existência de conexão (do fato descoberto) com o fato investigado.

Ora, a conexão diz respeito a uma alternativa de utilidade e de celeridade processuais, a determinar a reunião de processos para a facilitação da instrução criminal em um mesmo Juízo. Nada mais. Não se presta a distinguir a invalidade ou validade de uma conduta investigatória, sobretudo porque o essencial da questão é a natureza do encontro da prova: se fortuito, ou não. Quando ele não é fortuito, a regra, em princípio, deve ser a da invalidade do ato, na medida em que o Poder Público deve agir *debaixo de lei*, formalizando a sua atuação.

Mas, quando ele é fortuito, a ausência de conexão com o fato investigado não pode determinar, *a priori*, a invalidade da apreensão, como se fosse possível elaborar uma *presunção de abuso* investigativo, apenas em razão da absoluta independência entre os crimes (investigado e descoberto). É imperioso ir mais fundo na questão.

Veja-se um exemplo:

A Lei nº 9.296/96 somente autoriza a interceptação telefônica para a investigação de crimes punidos com *reclusão*, vedando-a para aqueles para os quais a sanção é de detenção (art. 2º, III). Suponha-se, então, que, no curso de investigação regular – com autorização judicial – e após horas e horas de escuta, descubra-se a existência de material informativo a respeito de crimes totalmente diferentes, punidos apenas com pena de detenção. Qual seria a razão da invalidade da obtenção de tais informações?

Note-se, e insistimos nisso, que toda a privacidade e a intimidade do morador interceptado já teriam sido *legalmente* violadas, a partir da autorização judicial. Invalidar a informação do crime de detenção jamais protegerá os aludidos direitos subjetivos (intimidade e privacidade), nem dos moradores nem de outras pessoas, nem no presente e nem no futuro, na medida em que, aos olhos da Lei, continuará proibida a autorização judicial para a interceptação telefônica para crimes punidos com detenção!

No exemplo dado, não teriam agido com qualquer abuso as autoridades investigantes, que, repita-se, haviam recebido autorização para a invasão de toda privacidade e intimidade cujo exercício seja realizado por meio de comunicação telefônica naquele período. Obviamente que ninguém sustentaria a invalidade da apreensão de uma informação que, por exemplo, noticiasse a prática iminente de um crime contra a pessoa ou contra a coletividade, sem qualquer conexão também com o crime investigado. O risco anunciado e a possibilidade de constatação do flagrante delito legitimariam a ação policial que se aproveitasse daquela informação.

Mas, para nós, a lógica é a mesma. Se a escuta foi autorizada; se, de fato, existia uma investigação regular para a apuração de crime punido com reclusão; e se, por fim, a obtenção da informação ocorreu por meio fortuito, nada há que justifique a sua invalidação.

E, nesse passo, não parece suficiente afirmar que a informação poderia ser utilizada apenas para dar início à investigação do aludido e descoberto crime, a despeito da invalidação da interceptação telefônica realizada. Aliás, é de se ver que essa solução desaguaria quase no mesmo lugar: rejeitar o conteúdo da conversação como meio de prova, mas admitir a adoção de providências cautelares imediatas, tais como a busca e apreensão domiciliar significa legitimar a *descontaminação* daquilo que se acreditava contaminado.

Não trilhamos essa solução. Na linha do Direito Comparado (Alemanha e Portugal, especificamente), não vemos qualquer invalidade no material assim recolhido, salvo se demonstrada a prática abusiva pela autoridade policial, o que poderia ocorrer na hipótese de se ter obtido a autorização judicial para a interceptação com outros objetivos, que não o de investigar o crime punido com reclusão. Mas, aí, a história seria outra. E bem mais grave, tangenciando a tipologia penal. Evidentemente.

Jurisprudência

157.9. [...] 1. O encontro fortuito de provas (serendipidade) é admitido pela jurisprudência desta Corte, considerando-se, portanto, válidas as provas encontradas casualmente pelos agentes policiais, relativas à infração penal até então desconhecida, por ocasião do cumprimento de medidas de investigação de outro delito regularmente autorizadas, ainda que inexista conexão ou continência com o crime supervenientemente encontrado, desde que não haja desvio de finalidade na execução das diligências das quais se originaram os elementos probatórios. – Anote-se que o cumprimento do mandado de busca e apreensão autoriza a abertura de gavetas, não sendo necessário que a descoberta fortuita se dê pela teoria da visão aberta. Ademais, a alegação no sentido de que não existiu referido mandado vai de encontro às provas pré-constituídas constantes dos autos, tendo a alegação defensiva sido analisada, em todas as instâncias, levando em consideração a existência do referido documento. Assim, a partir da análise do contexto fático delineado pelas instâncias ordinárias, embora a medida invasiva tenha sido autorizada no curso de investigação relativa a delito diverso, os agentes de polícia encontraram fortuitamente as provas referentes aos delitos de tráfico de drogas. Nesse contexto, reafirmo que não há se falar em desvio de finalidade no cumprimento do mandado judicial, mas sim em descoberta inevitável, não se verificando irregularidade na referida diligência. [...] *(Agravo Regimental no Habeas Corpus nº 889.148-DF, STJ, 5ª Turma, Rel. Min. Reynaldo Soares da Fonseca, sessão virtual de 9.4.2024 a 15.4.2024, publicado no DJ em 18.4.2024)*

157.9. [...] *"Segundo a Teoria do Encontro Fortuito de Provas (princípio da serendipidade), admitida pela jurisprudência desta Corte, independentemente da ocorrência da identidade de investigados ou réus, consideram-se válidas as provas encontradas casualmente pelos agentes da persecução penal, relativas à infração penal até então desconhecida, por ocasião do cumprimento de medidas de investigação de outro delito regularmente autorizadas, ainda que inexista conexão ou continência com o crime supervenientemente encontrado, desde que não haja desvio de finalidade na execução das diligências das quais se originaram os elementos probatórios"* (AgRg no HC n. 861.941/SP, relator Ministro Ribeiro Dantas, Quinta Turma, julgado em 4/12/2023, DJe de 11/12/2023). Nesse contexto, não há se falar em desvio de finalidade no cumprimento do mandado judicial, mas sim em descoberta inevitável, não se verificando irregularidade na referida diligência. [...] *(Agravo Regimental no Agravo em Recurso Especial nº 2.259.657-SC, STJ, 5ª Turma, Rel. Min. Joel Ilan Paciornik, julgado em 27.2.2024, publicado no DJ em 1º.3.2024)*

157.9. [...] "É ilícita a prova colhida em caso de desvio de finalidade após o ingresso em domicílio, seja no cumprimento de mandado de prisão ou de busca e apreensão expedido pelo Poder Judiciário, seja na hipótese de ingresso sem prévia autorização judicial, como ocorre em situação de flagrante delito. O agente responsável pela diligência deve sempre se ater aos limites do escopo – vinculado à justa causa – para o qual excepcionalmente se restringiu o direito fundamental à intimidade, ressalvada a possibilidade de encontro fortuito de provas. [...] Admitir a entrada na residência especificamente para efetuar uma prisão não significa conceder um salvo-conduto para que todo o seu interior seja vasculhado indistintamente, em verdadeira pescaria probatória (*fishing expedition*), sob pena de nulidade das provas colhidas por desvio de finalidade" (RHC n. 165.982/PR, relator Ministro Rogerio Schietti Cruz, Sexta Turma, julgado em 20/9/2022, DJe de 26/9/2022, grifei). [...] *(Agravo Regimental no Agravo em Recurso Especial nº 1.712.846-SP, STJ, 6ª Turma, Rel. Min. Antônio Saldanha Palheiro, julgado em 11.4.2023, publicado no DJ em 14.4.2023)*

157.9. [...] 2. As instâncias ordinárias destacaram que os procedimentos investigativos tinham o desiderato de apurar a atuação de organização criminosa na cidade de Piracicaba e, não apenas, o homicídio consumado e o tentado praticados contra policiais militares, sendo que, no curso das investigações, sobreveio o encontro fortuito de provas acerca da ocorrência do crime objeto da presente ação penal. No contexto, depreende-se dos fundamentos adotados pelo Tribunal estadual que não há se falar em fishing expedition, pois, no caso dos autos, as provas foram descobertas de maneira insperada, a partir de prévia investigação regularmente instaurada, cujos atos invasivos foram realizados e autorizados nos termos da legislação pertinente. Segundo a Teoria do Encontro Fortuito de Provas (princípio da serendipidade), admitida pela jurisprudência desta Corte, independentemente da ocorrência da identidade de investigados ou réus, consideram-se válidas as provas encontradas casualmente pelos agentes da persecução penal, relativas à infração penal até então desconhecida, por ocasião do cumprimento de medidas de investigação de outro delito regularmente autorizadas, ainda que inexista conexão ou continência com o crime supervenientemente encontrado, desde que não haja desvio de finalidade na execução das diligências das quais se originaram os elementos probatórios. [...] *(Agravo Regimental nos Embargos de Declaração no Agravo em Recurso Especial nº 2.026.894–SP, STJ, 5ª Turma, Rel. Min. Reynaldo Soares da Fonseca, julgado em 13.9.2022, publicado no DJ em 19.9.2022)*

157.9. [...] O ordenamento jurídico brasileiro, todavia, admite que provas descobertas fortuitamente possam lastrear investigações diversas. "Os elementos de informação trazidos pelo colaborador a respeito de crimes que não sejam conexos ao objeto da investigação primária devem receber o mesmo tratamento conferido à descoberta fortuita ou ao encontro fortuito de provas" (STF, Pet 8090-AgR, Rel. Ministro Edson Fachin, Rel. p/ o acórdão Ministro Gilmar Mendes, Segunda Turma, julgado em 08/09/2020, DJe 10/12/2020). [...] *(Habeas Corpus nº582.678-RJ, STJ, 6ª Turma, Rel. Min. Laurita Vaz, julgado em 14.6.2022, publicado no DJ em 21.6.2022)*

157.9. [...] Durante a interceptação telefônica deferida para investigar crimes punidos com reclusão, se forem encontrados fortuitamente elementos comprobatórios da prática de delitos apenados com detenção, é válido o uso das provas na ação penal referente a estes últimos, ainda que não haja conexão entre os fatos. Inteligência do princípio da serendipidade. Precedente desta Quinta Turma.[...] *(Agravo Regimental no Agravo em Recurso Especial nº 2.035.619-SP, STJ, 5ª Turma, Rel. Min. Ribeiro Dantas, unânime, julgado em 26.4.2022, publicado no DJ em 29.4.2022)*

157.9. [...] Ação Penal deflagrada com base em interceptação telefônica decorrente do compartilhamento de provas autorizado em outro processo. Possibilidade. Irrelevância do fato imputado ao recorrente ser punido com detenção. Quebra de sigilo telefônico autorizada em investigação em que apurados delitos apurados apenados com reclusão. [...] Se a autoridade policial, em decorrência de interceptações telefônicas legalmente autorizadas, tem notícia do cometimento de novos ilícitos por parte daqueles cujas conversas foram monitoradas ou mesmo de terceiros, é sua obrigação e dever funcional apurá-los, ainda que não possuam liame algum com os delitos cuja suspeita originariamente ensejou a quebra do sigilo telefônico. [...] *(Agravo Regimental no Recurso em Habeas Corpus nº 114.973-SC, STJ, 5ª Turma, unânime, Rel. Min. Jorge Mussi, julgado em 19.5.2020, publicado no* DJ *em 27.5.2020).*

157.9. [...] O "crime achado", ou seja, a infração penal desconhecida e, portanto, até aquele momento não investigada, sempre deve ser cuidadosamente analisada para que não se relativize em excesso o inciso XII do art. 5º da Constituição Federal. A prova obtida mediante interceptação telefônica, quando referente a infração penal diversa da investigada, deve ser considerada lícita se presentes os requisitos constitucionais e legais. [...] *(Habeas corpus nº 129.678/SP, 1ª Turma, por maioria, Relator para o acórdão Ministro Alexandre de Moraes, julgado em 13.6.2017, publicado no DJ em 16.8.2017).*

157.9. [...] 3. A colaboração premiada somou à já existente previsão de qualquer pessoa do povo contribuir com a investigação criminal de crime de ação penal pública incondicionada (arts. 5º, § 3º, e 27 do CPP) a possibilidade de, quando se tratar de coautor ou partícipe, obter benefícios processuais e materiais penais. 4. Quanto ao aspecto processual, a natureza jurídica da colaboração premiada é de *delatio criminis*, porquanto é mero recurso à formação da convicção da acusação e não elemento de prova, sendo insuficiente para subsidiar, por si só, a condenação de alguém. 5. O acordo de colaboração não se confunde com seu conteúdo, razão pela qual as informações prestadas pelo colaborador podem se referir a crimes ou pessoas diversas do objeto inicial da investigação, ficando configurado, nessa hipótese, o encontro fortuito de provas. 6. Como consequência da serendipidade, aplica-se a teoria do juízo aparente, segundo a qual não há nulidade na colheita de elementos de convicção autorizada por juiz até então competente para supervisionar a investigação. 7. Ocorrendo a descoberta fortuita de indícios do envolvimento de pessoa com prerrogativa de foro, os autos devem ser encaminhados imediatamente ao foro prevalente, definido segundo o art. 78, III, do CPP, o qual é o único competente para resolver sobre a existência de conexão ou continência e acerca da conveniência do desmembramento do processo. [...] *(Reclamação n. 31.629–PR, STJ, Corte Especial, unânime, Rel. Min. Nancy Andrighi, julgado em 20.9.2017, publicado no DJ em 28.9.2017).*

157.9. [...] De acordo com o entendimento do Superior Tribunal de Justiça, *não há ilegalidade na utilização de indício de novos fatos criminosos – ou mesmo da participação de terceiros até então desconhecidos, na prática de ilícitos – casualmente encontrado durante a realização de diligência ou de execução de medida cautelar judicialmente autorizada para a apuração de outros fatos delituosos, sendo capaz, inclusive, de possibilitar a abertura de uma nova investigação. Precedentes.* [...] *(Agravo Interno no Agravo no Recurso Especial n. 856.995–AL, STJ, 6ª Turma, unânime, Rel. Min. Sebastião Reis Júnior, julgado em 9.3.2017, publicado no DJ 15.3.2017).*

157.9. [...] Embora a interceptação telefônica tenha sido dirigida ao telefone do paciente por equívoco, não se tratou de diligência aleatória dirigida ocasionalmente. De fato, acreditava-se que o terminal telefônico pertencia ao investigado [...], cuidando-se, portanto, de interceptação autorizada dentro da legalidade. Após a constatação do equívoco, de plano, retificou-se o pedido de quebra. Ademais, o fato de a interceptação telefônica no número do paciente ter revelado seu envolvimento no esquema criminoso investigado não pode ser considerado como prova ilícita, uma vez que deferida de modo fundamentado, não obstante visar a pessoa diversa. Dessarte, a descoberta da participação do paciente nos crimes investigados se insere no instituto da descoberta inevitável, o que confirma a ausência de ilegalidade na hipótese dos autos. [...] (*Habeas Corpus nº 284.574-SP, STJ, 5ª Turma, unânime, Rel. Min. Reynaldo Soares da Fonseca, julgado em 3.5.2016, publicado no DJ em 10.5.2016*).

....

157.10. Impugnação da exclusão da prova: A novidade da Lei nº 11.690/08 é a previsão de incidente processual para a inutilização da prova ilícita, tão logo esteja preclusa a decisão nesse sentido. Vejamos.

Se a ilicitude da prova viola direitos ou interesses de quaisquer pessoas, poderá ser possível uma ação de reparação ou de indenização pelos danos causados na produção da prova ilícita. Ora, como demonstrar o ilícito sem a prova de sua materialidade? Absolutamente equivocada a opção *novidadeira*. Que certamente não será seguida pelos nossos magistrados.

De outro lado, ao falar em *preclusão,* o legislador, corretamente, submeteu à impugnação recursal a decisão que, reconhecendo a ilicitude da prova, determina o seu desentranhamento dos autos. Qual recurso? O recurso em sentido estrito, que, a cada dia que passa, vai se transformando em recurso em sentido *amplo.*

Mas que a decisão há de ser submetida a recurso não temos dúvidas. Aguardar o julgamento do feito para, só então, em sede de apelação, impugnar a validade ou a invalidade da prova já decidida em primeiro grau, poderá trazer transtornos à atividade processual, e, sobretudo, probatória.

E o desentranhamento da prova ilícita parece-nos absolutamente conveniente, sobretudo e particularmente nos procedimentos do Tribunal do Júri, para os quais não se exige o dever de fundamentação da decisão. Ora, de que adiantaria a invalidade *jurídica* da prova se ela efetivamente servir, *de fato*, para o convencimento do julgador?

De todo modo, pensamos que a impugnação da decisão de desentranhamento dependerá do momento processual em que o juiz assim decidir. Em princípio, as provas, ilícitas ou não, podem ser apresentadas com a denúncia (ou queixa) e também por ocasião da resposta escrita. Em se tratando de prova documental, então, não há previsão legal que impeça a sua juntada em qualquer fase do processo (art. 231, CPP), respeitados o contraditório e a ampla defesa, bem como o prazo de três dias previstos no procedimento do Tribunal do Júri (art. 479, CPP).

Quanto às partes, pensamos inexistir prazo preclusivo para a arguição da ilicitude da prova. Violações às normas constitucionais, de regra, implicam a nulidade absoluta do processo, podendo ser reconhecida até mesmo após o trânsito em julgado da sentença condenatória.

157.11. Prova ilícita e prova ilegítima: Há quem, em doutrina, faça uma distinção entre a prova obtida com violação às normas processuais e aquelas que contrariam a legislação material. A primeira espécie seria a da prova ilegítima, enquanto a segunda se denominaria prova ilícita.

Temos para nós que a diferença de tratamento conceitual radica na questão atinente ao *momento* em que se examina a prova.

As violações ao direito material, via de regra, ocorrem na fase de sua obtenção ou de sua produção, como se dá, por exemplo, com a interceptação telefônica desautorizada, em prejuízo do direito à intimidade e à privacidade. Já aquelas relativas ao direito processual ocorrem quando de sua introdução e valoração no processo. De fato, uma prova pode ser validamente produzida, como a elaboração de um documento, por exemplo, e não ser admissível a sua introdução no plenário do Tribunal do Júri (art. 479, CPP). Do mesmo modo, pode ser lícita a obtenção de cópias de determinadas provas, constantes de outros processos, e, ainda assim, não ser admissível a sua valoração no processo, por violação ao contraditório.

De todo modo, o nosso CPP não contemplou essa distinção. Afirma apenas serem *inadmissíveis as provas ilícitas, assim entendidas as obtidas em violação a normas constitucionais ou legais* (art. 157, CPP).

Jurisprudência

157.11. [...] *as provas ilegais são ilegítimas quando infringirem normas de caráter procedimental ou de direito processual; e ilícitas quando violarem os princípios ou garantias constitucionais fundamentais ou as normas que versam sobre o direito material.* E a consequência processual para a prova ilícita é a sua inadmissibilidade, a impedir o seu ingresso (ou exclusão) no processo, enquanto a prova ilegítima gera sua nulidade. [...] Sem embargo, ainda que excluída a prova ilícita, enquanto tal, é possível sua renovação, se, ainda existente e disponível no mundo real, puder ser trazida ao processo pelos meios legítimos e legais. Assim, muito embora a ilicitude imponha o desentranhamento das provas obtidas ilegalmente, nada impede seja renovada a coleta de dados (bancários, documentais, fotográficos etc.), com a devida autorização judicial. [...] (*Reclamação nº 36.734/SP, STJ, 3ª Seção, por maioria, vencidos os Min. Ribeiro Dantas e Min. Felix Fischer, Rel. Min. Rogerio Schietti Cruz, julgado em 10.2.2021, publicado no DJ em 22.2.2021*)

157.12. Cláusulas da reserva da jurisdição e as inviolabilidades pessoais: As chamadas inviolabilidades pessoais, que, sob outra perspectiva, compõem o núcleo das *liberdades públicas,* desdobram-se em direitos e garantias individuais, manejáveis no exercício das relações públicas, sobretudo no interior do processo penal.

A Constituição da República de 1988 foi minudente na sua explicitação, o que se constata pela simples leitura do art. 5º e seus inúmeros incisos.

Em matéria de prova, já o vimos, os direitos mais afetados ligam-se à intimidade, à privacidade e à honra (art. 5º, X), que se realizam, de modo geral, nos ambientes e nas atividades de comunicação alinhadas nos incisos XI e XII do mesmo art. 5º. Daí a inviolabilidade *do domicílio,* do sigilo da *correspondência e das comunicações telegráficas, de dados e das comunicações telefônicas.*

Malgrado a dubiedade do texto contido no art. 5º, XII, da Constituição, não remanescem dúvidas na boa doutrina e na atual jurisprudência acerca da inexistência de direitos absolutos, ou, quando nada, da impossibilidade da *absolutização permanente* de direitos individuais.

Importante também apenas registrar que a (assim denominada) Lei Geral de Proteção de Dados (Lei nº 13.709/2018) é expressa quanto à não incidência para fins de "atividades de investigação e repressão de infrações penais" (art. 4º, III, *d*).

Prosseguindo, e em tese, quando houver autorização constitucional, a lei poderá flexibilizar a extensão do exercício das liberdades públicas, desde que presentes considerações da mesma índole normativa, contextualizadas ao mesmo nível axiológico em que se elevaram os direitos e garantias individuais.

As cláusulas da reserva da jurisdição, ou, simplesmente, da reserva jurisdicional, atuam como uma delimitação principiológica à atividade legiferante, impondo barreiras aos poderes públicos, no âmbito das atividades administrativas e nas suas relações judiciais com o cidadão. Elas se fazem presentes quando determinada flexibilização de direitos ou de garantias individuais passa a depender de ordem *judicial*, por opção do próprio constituinte e não só por opção do legislador ordinário.

Na Constituição de 1988, determinariam o sigilo: (a) das comunicações telefônicas e de dados (XII); (b) do domicílio ou residência (XI); e (c) da liberdade pessoal, exigindo ordem judicial fundamentada para a decretação de prisão (LXI).

Em relação ao inciso XII, não é essa, contudo, a interpretação que atualmente prevalece no Brasil. Entende-se que a exigência de ordem judicial abrangeria também o sigilo da correspondência e das comunicações telegráficas e não só a comunicação telefônica e de dados. Por força da Constituição e não de Lei. Aliás, curiosamente, já se pretendeu fixar interpretação no sentido de que, em razão da expressão "salvo, no último caso" que vem logo a seguir à frase "de dados e das comunicações telefônicas", somente seria possível a autorização judicial para a quebra do sigilo destas últimas (comunicações telefônicas e de dados). Para o sigilo da correspondência e da comunicação telegráfica, *nem ordem judicial seria cabível!!!* Afora se tratar de leitura exclusiva e equivocadamente gramatical, a opção nos conduziria a um *fetiche* inexplicável!

Pensamos, ao contrário, que a expressão "salvo, no último caso, por ordem judicial" significa o inverso. É dizer: a reserva da jurisdição, *nos termos da norma constitucional*, abrangeria apenas as comunicações telefônicas e de dados. O acesso às demais, a depender da Lei, poderia ser atribuído validamente a outras autoridades, desde que mantido o sigilo. Isso, repita-se, a depender de previsão legislativa expressa! Em relação ao (sigilo) da correspondência, por exemplo, a legislação atual exige autorização judicial (art. 233, parágrafo único, art. 240, § 1º, *f*, todos do CPP, e art. 40, Lei nº 6.538/78).

Importante mencionar aqui que, em 28.8.2020, apreciando o tema 1.041 da repercussão geral, em certa ampliação de sua interpretação até então, por maioria o Plenário do STF fixou a tese de que, "*sem autorização judicial ou fora das hipóteses legais, é ilícita a prova obtida mediante abertura de carta, telegrama, pacote ou meio análogo*".

Mas, como antecipamos, a jurisprudência nacional terminou por confundir um pouco o conceito de *reserva da jurisdição*, estendendo o seu conteúdo (de necessidade de ordem judicial) para as mais diversas formas de sigilo. Repita-se: por interpretação da Constituição e não por força de lei específica garantindo a privatividade da ordem judicial.

Compreendemos ser relevante enfatizar também aqui o entendimento (pelo menos majoritário) da jurisprudência no sentido de que há condições legais e constitucionais para acesso a *mensagens e conversas* em aparelhos eletrônicos diante da garantia constitucional da intimidade pessoal. Estamos de acordo que, quanto às *conversas*, não se pode ter acesso *sem autorização* de um dos envolvidos na comunicação ou, então, por ordem judicial. O que nos parece importante apontar é que o *acesso* ao conteúdo desses aparelhos não torna, *automaticamente, inválidas* (ilícitas, segundo alguns posicionamentos) todas as provas ali existentes. Essa observação é-nos importante sobretudo em face de decisão da 3ª Seção do STJ no ano de 2021, que fez ressalva importante. No julgamento da Reclamação nº 36.734-SP (julgamento em 10.2.2021, publicação no DJ em 22.2.2021), a composição do Tribunal da Cidadania, assentando que "*a prova ilícita, em sentido estrito, deve, então, ser associada, exclusivamente, às obtidas com violação de direitos fundamentais, materiais ou protetivos de liberdades públicas, e não àquelas obtidas com a vulneração de normas puramente processuais, ainda que estas possam ter algum subsídio constitucional*", fez a importante observação de que "*as provas ilegais são ilegítimas quando infringirem normas de caráter procedimental ou de direito processual; e ilícitas quando violarem os princípios ou garantias constitucionais fundamentais ou as normas que versam sobre o direito material. E a consequência processual para a prova ilícita é a sua inadmissibilidade, a impedir o seu ingresso (ou exclusão) no processo, enquanto a prova ilegítima gera sua nulidade*". [...] No caso específico, houve acesso às conversas armazenadas no aplicativo *WhatsApp* do autor da reclamação sem prévia autorização judicial, razão pela qual foram anteriormente reconhecidas como ilícitas as provas a partir dessas conversas (teoria dos frutos da árvore envenenada). Houve a particularidade (e essa ressalva é extremamente importante) que, malgrado essa circunstância, "*a fonte manteve-se íntegra, tal qual era a época do delito, de tal modo que não há empecilho a que o magistrado, instado pelo Ministério Público, decida de modo fundamentado acerca da possibilidade de realização de perícia, com acesso às conversas armazenadas no WhatsApp, sem que isso represente afronta à autoridade da decisão desta Corte*". Se alguma dúvida houver, ulteriormente, ao julgar os embargos de declaração, a 3ª Seção, de forma unânime, assentou que "*mesmo reconhecidas ilícitas quando acessadas sem autorização judicial, não há empecilho a que o magistrado, instado pelo Ministério Público, decida de modo fundamentado acerca da possibilidade de realização de perícia, com acesso às referidas conversas, quando preservada a fonte*" *(julgado em 14.4.2021, publicado no DJ em 19.4.2021).*

Em complemento, outra decisão tomada no ano de 2021 pelo STJ merece destaque *(Habeas Corpus nº 546.830/PR, STJ, 6ª Turma, unânime, Rel. Minª. Laurita Vaz, julgado em 9.3.2021, publicado no DJ em 22.3.2021)*. Seguindo a linha do que já assentado há muitos anos pelo STF no que se refere à apreensão de correspondências/cartas enviadas/recebidas por pessoas presas *(v.g. HC nº 70.814/SP, 1ª Turma, rel. Min. Celso de Mello, DJ de 24.6.1994; RHC n. 132.115-PR, STF, 2ª Turma, unânime, Rel. Min. Dias Toffoli, julgado em 6.2.2018, publicado no DJ em 19.10.2018)*. Nesse caso, foram encontrados dois celulares numa revista realizada em galerias de um presídio. Ficou demonstrado indelevelmente que não se sabia quem seria o usuário/proprietário do aparelho. Os agentes responsáveis pela fiscalização acessaram o conteúdo e, em razão disso, identificaram a quem pertenceria o telefone. Por conta disso, houve aplicação de pena de falta disciplinar grave, com consequente revogação de 1/9 dos dias remidos. A tese defensiva era de que a penalidade foi imposta com *violação do devido processo legal*, pelo (suposto) acesso indevido ao aparelho. O STJ assentou que se é prescindível decisão judicial para análise do conteúdo de correspondência apreendida a fim de preservar interesses sociais e garantir a disciplina prisional, com mais razão se revela legítimo, para a mesma finalidade, o acesso dos dados e comunicações constantes em aparelhos celulares encontrados ilicitamente dentro do estabelecimento penal, pois a posse, o uso e o fornecimento do citado objeto são expressamente proibidos pelo ordenamento jurídico.

Prosseguindo, e em razão de haver previsão constitucional no sentido de se atribuir às Comissões Parlamentares de Inquérito (CPI) poderes investigatórios *próprios da autoridade judiciária* (art. 58, § 3º, CF) – note-se que não há *juiz investigador*, mas juiz a quem compete autorizar, ou não, determinadas investigações –, a jurisprudência se viu compelida a *reduzir* o conceito (mas não o conteúdo!) de reserva da jurisdição, que, assim, passou a limitar-se às ressalvas expressas (no texto constitucional) da necessidade de ordem judicial. Resumo: para as CPIs, será sempre possível a adoção de quaisquer medidas investigatórias, ressalvadas apenas as hipóteses em que a Constituição da República se reportar, expressamente, à necessidade de autorização judicial, caso de: (a) ordem de prisão; (b) sigilo das comunicações telefônicas, não abrangendo *os registros telefônicos*; (c) sigilo do domicílio.

Embora já destacado anteriormente, importa acrescer também aqui o entendimento consolidado no STJ de que nem toda prova que se tenha tido acesso dentro de aparelhos eletrônicos sem ordem judicial ou concordância da parte é inaproveitável. Tanto é assim que, num caso em que houve o acesso sem autorização (com determinação de desentranhamento das provas), ulteriormente sobreveio *ordem judicial* com determinação de realização de perícia para verificação da integridade do conteúdo. Nessa situação, assentou o STJ, mesmo que "*reconhecidas ilícitas quando acessadas sem autorização judicial, não há empecilho a que o magistrado, instado pelo Ministério Público, decida de modo fundamentado acerca da possibilidade de realização de perícia, com acesso às referidas conversas, quando preservada a fonte*" *(Embargos de Declaração na Reclamação nº 36.734/SP, STJ, 3ª Seção, unânime, Rel. Min. Rogerio Schietti Cruz, julgado em 14.4.2021, publicado no DJ em 19.4.2021).*

O fundamento não é "novo", tendo o próprio STF já enfrentado essa situação em outras formas de *acesso a provas* de maneira ilegítima. É que as provas existentes dentro dos aparelhos foram produzidas licitamente, apenas o que não se poderia autorizar era o acesso sem a ordem judicial ou mediante concordância do interessado. Se elas estiverem "íntegras" – o que é passível de comprovação mediante perícia –, o conteúdo não se torna ilícito automaticamente. Essa situação difere – e muito – do caso em que, por exemplo, a *produção* da própria prova foi ilícita, como quando autorizada uma interceptação telefônica por juiz sabidamente incompetente. Aí não foi o acesso indevido, mas a própria produção probatória que se tornou ilícita, não sendo passível de utilização em nenhuma hipótese acusatória (para a defesa, sim).

Há, portanto, dois conceitos de reserva da jurisdição: (a) um, mais amplo, impedindo o acesso às liberdades públicas a qualquer autoridade que não seja o juiz; (b) outro, mais restrito, aplicável apenas às CPIs, relativamente a determinados e específicos sigilos.

Jurisprudência

157.12 [....] A inviolabilidade domiciliar não se aplica a imóveis abandonados ou utilizados exclusivamente para o tráfico de drogas. A jurisprudência desta Corte é firme no sentido de que a proteção constitucional da inviolabilidade do domicílio depende de sua utilização como moradia (AgRg no HC 873670/AL, Rel. Min. Reynaldo Soares da Fonseca, Quinta Turma, DJe de 26/02/2024). No caso, o réu negou vínculo com o imóvel, que se tratava de casa abandonada usada por traficantes, afastando a incidência do art. 240, § 1º, do CPP. [...] (*Habeas Corpus nº 882.236-RJ, STJ, 5ª Turma, Rel. Min. Daniela Teixeira, julgado em 14.11.2024, publicado no DJ em 19.11.2024*)

157.12. [...] 3. Marco civil da Internet. Lei 12.965/2014. Ministério Público. Provedores e plataformas dos registros de conexão e registros de acesso a aplicações de Internet.

4. Congelamento do conteúdo de comunicações privadas e de dados pessoais da paciente, com base no art. 13, § 2º, do Marco Civil da Internet, por determinação do Ministério Público, sem prévia autorização judicial. Ilegitimidade.

5. A disponibilização de dados pessoais, comunicações privadas ou informações relativas a registros de conexão/acesso está condicionada à determinação do juiz. A exceção fica por conta dos dados cadastrais, que podem ser alcançados por autoridades administrativas devidamente autorizadas por lei. Inteligência do art. 10, *caput*, e §§ 1º, 2º e 3º, da Lei 12.965/2014.

6. No caso concreto, o pedido de congelamento efetuado pelo GAECO não se limitou aos elementos permitidos pela lei: registros de conexão e de acesso a aplicações de Internet.

7. Em hipótese alguma o histórico de pesquisa, todo conteúdo de e-mail e iMessages, fotos, contatos e históricos de localização podem ser considerados registros de acesso a aplicação de Internet. E mais, o próprio formato da requisição formulada pelo Ministério Público, buscando dados relativos a período que retroage mais de 5 anos, evidencia a desproporcionalidade do pedido e o descompasso entre a diligência efetuada e o permissivo legal.

8. A concepção do direito à privacidade como uma garantia individual de abstenção do Estado na esfera privada individual passou por profundas transformações no decorrer do século XX. Devido ao próprio avanço das tecnologias da informação, assistiu-se a uma verdadeira mutação jurídica do sentido e do alcance do direito à privacidade. A releitura do direito à privacidade coincide com o desenvolvimento jurisprudencial do conceito de autodeterminação informacional (die informationelle Selbsstbestimmung) pelo Tribunal Constitucional Alemão. Essa nova abordagem revelou-se paradigmática por ter permitido que o direito à privacidade não mais ficasse estaticamente restrito à frágil dicotomia entre as esferas pública e privada, mas, sim, se desenvolvesse como uma proteção dinâmica e permanentemente aberta às referências sociais e aos múltiplos contextos de uso.

9. A maior abrangência da proteção atribuída ao direito de autodeterminação repercute no âmbito de proteção do direito à proteção de dados pessoais, que não recai sobre a dimensão privada ou não do dado, mas sim sobre os riscos atribuídos ao seu processamento por terceiros. A força normativa do direito fundamental à proteção de dados pessoais decorre da necessidade de proteção da dignidade da pessoa humana, vis-à-vis a contínua exposição dos indivíduos ao risco de comprometimento da autodeterminação informacional.

10. No caso, embora o acesso às informações tenha decorrido de decisão judicial, a própria coleta dos dados, ou congelamento, ocorreu sem a observância dos procedimentos legais. Noutros termos, se é verdade que o sigilo das informações não foi vulnerado sem prévia autorização judicial, também é correto afirmar que o controle da paciente sobre seus dados foi subtraído sem a observância dos procedimentos legais e sem qualquer ordem judicial.

11. Uma vez inserida na equação a autodeterminação informacional, o mero congelamento de dados sem autorização judicial e fora das hipóteses legais afronta a tutela da privacidade. É inconstitucional, portanto, a subtração do controle do cidadão sobre suas informações (congelamento) sem observância das regras de organização e procedimento, ainda que a quebra do sigilo em si tenha ocorrido, posteriormente, mediante ordem judicial.

12. É impossível diferenciar a amostragem de dados no momento da coleta congelamento daquela que estaria disponível apenas no momento da autorização judicial. A inviabilidade dessa prognose torna imperioso que, para fins de proteção dos dados pessoais, não seja exigido da paciente a comprovação de tentativas de acesso ou modificação do conteúdo.

13. Ao requerer o congelamento fora das hipóteses legais, o Ministério Público pretendeu retirar dados pessoais e comunicações privadas do âmbito de disponibilidade dos investigados. E como tal, a medida afronta não apenas a legislação, como também o direito à autodeterminação informativa.

14. Agravos regimentais não providos.

15. Acórdão redigido nos termos do art. 38, inciso IV, alínea b, do RI/STF.*(Agravo Regimental no Habeas Corpus nº 222.141, STF, 2ª Turma, Rel. Min. Ricardo Lewandowski, por maioria, julgamento final em 6.2.2024, publicado no DJ em 3.4.2024)*

157.12 [...] 1. O Estado possui o dever-poder de controle e fiscalização ambiental, além do inerente exercício do poder de polícia. Assim, é possível o ingresso em área privada, não enquadrada no conceito de domicílio, sem autorização judicial prévia, para realização de fiscalização e estudo técnico para verificar ocorrência de crime ambiental.[...] (Recurso Especial nº 1.947.718-PR, STJ, 6ª Turma, Rel. Min. Sebastião Reis Júnior, julgado em 3.9.2024, publicado no DJ em 6.9.2024)

157.12 [...] Segundo o entendimento desta Corte Superior, o mandado de busca e apreensão dos bens autorizados judicialmente já pressupõe a autorização da extração dos dados dos celulares apreendidos, e que foram objeto do mandado. [...] *(Agravo Regimental no Recurso em Habeas Corpus nº 167.634-PA, STJ, 5ª Turma, Rel. Min. Joel Ilan Paciornik, sessão virtual de 9.5.2023 a 15.5.2023, publicado no DJ em 18.5.2023)*

157.12 [...] Não há na legislação processual penal qualquer exigência de que o investigado seja informado especificamente da inexistência de obrigatoriedade de fornecimento de senha para acesso aos seus aparelhos eletrônicos, providência que se encontra abarcada pela advertência geral do direito à não-autoincriminação. [...] *(Ação Penal nº 965-DF, STJ, Corte Especial, Rel. Min. Og Fernandes, julgado em 11.5.2023, publicado no DJ em 16.5.2023)*

157.12. [...] 1. O compartilhamento de dados pessoais entre órgãos e entidades da Administração Pública, pressupõe: a) eleição de propósitos legítimos, específicos e explícitos para o tratamento de dados (art. 6º, inciso I, da Lei 13.709/2018); b) compatibilidade do tratamento com as finalidades informadas (art. 6º, inciso II); c) limitação do compartilhamento ao mínimo necessário para o atendimento da finalidade informada (art. 6º, inciso III); bem como o cumprimento integral dos requisitos, garantias e procedimentos estabelecidos na Lei Geral de Proteção de Dados, no que for compatível com o setor público.

2. O compartilhamento de dados pessoais entre órgãos públicos pressupõe rigorosa observância do art. 23, inciso I, da Lei 13.709/2018, que determina seja dada a devida publicidade às hipóteses em que cada entidade governamental compartilha ou tem acesso a banco de dados pessoais, 'fornecendo informações claras e atualizadas sobre a previsão legal, a finalidade, os procedimentos e as práticas utilizadas para a execução dessas atividades, em veículos de fácil acesso, preferencialmente em seus sítios eletrônicos'.

3. O acesso de órgãos e entidades governamentais ao Cadastro Base do Cidadão fica condicionado ao atendimento integral das diretrizes acima arroladas, cabendo ao Comitê Central de Governança de Dados, no exercício das competências aludidas nos arts. 21, incisos VI, VII e VIII do Decreto 10.046/2019:

3.1. prever mecanismos rigorosos de controle de acesso ao Cadastro Base do Cidadão, o qual será limitado a órgãos e entidades que comprovarem real necessidade de acesso aos dados pessoais nele reunidos. Nesse sentido, a permissão de acesso somente poderá ser concedida para o alcance de propósitos legítimos, específicos e explícitos, sendo limitada a informações que sejam indispensáveis ao atendimento do interesse público, nos termos do art. 7º, inciso III, e art. 23, caput e inciso I, da Lei 13.709/2018;

3.2. justificar formal, prévia e minudentemente, à luz dos postulados da proporcionalidade, da razoabilidade e dos princípios gerais de proteção da LGPD, tanto a necessidade de inclusão de novos dados pessoais na base integradora (art. 21, inciso VII) como a escolha das bases temáticas que comporão o Cadastro Base do Cidadão (art. 21, inciso VIII);

3.3. instituir medidas de segurança compatíveis com os princípios de proteção da LGPD, em especial a criação de sistema eletrônico de registro de acesso, para efeito de responsabilização em caso de abuso.

4. O compartilhamento de informações pessoais em atividades de inteligência observará o disposto em legislação específica e os parâmetros fixados no julgamento da ADI 6.529, Rel. Min. Cármen Lúcia, quais sejam: (i) adoção de medidas proporcionais e estritamente necessárias ao atendimento do interesse público; (ii) instauração de procedimento administrativo formal, acompanhado de prévia e exaustiva motivação, para permitir o controle de legalidade pelo Poder Judiciário; (iii) utilização de sistemas eletrônicos de segurança e de registro de acesso, inclusive para efeito de responsabilização em caso de abuso; e (iv) observância dos princípios gerais de proteção e dos direitos do titular previstos na LGPD, no que for compatível com o exercício dessa função estatal.

5. O tratamento de dados pessoais promovido por órgãos públicos ao arrepio dos parâmetros legais e constitucionais importará a responsabilidade civil do Estado pelos danos suportados pelos particulares, na forma dos arts. 42 e seguintes da Lei 13.709/2018, associada ao exercício do direito de regresso contra os servidores e agentes políticos responsáveis pelo ato ilícito, em caso de culpa ou dolo.

6. A transgressão dolosa ao dever de publicidade estabelecido no art. 23, inciso I, da LGPD, fora das hipóteses constitucionais de sigilo, importará a responsabilização do agente estatal por ato de improbidade administrativa, nos termos do art. 11, inciso IV, da Lei 8.429/1992, sem prejuízo da aplicação das sanções disciplinares previstas nos estatutos dos servidores públicos federais, municipais e estaduais." *(Compartilhamento de dados no âmbito da Administração Pública Federal – ADI 6649/DF e ADPF 695/DF, STF, Plenário, Rel. Min. Gilmar Mendes, julgamentos finalizados em 15.9.2022, publicados no DJ em 23.9.2022)*

157.12. [...] 1. A paciente (e outros imputados) responde a processo criminal pela prática de crimes relativos a fatos ocorridos no DETRAN/PR, atinentes ao Edital de Credenciamento n. 001/2018, que regulamentou o credenciamento de empresas para a prestação de registro eletrônico de contratos, e sustenta a nulidade das provas carreadas aos autos, porquanto, além de obtidas mediante "verdadeira medida cautelar" em detrimento do direito à intimidade/privacidade, houve o congelamento do conteúdo telemático junto aos provedores de internet, a pedido do Ministério Público, sem autorização judicial.

2. A Lei nº 12.965/2014 (Marco Civil da Internet) dispõe que "a guarda e a disponibilização dos registros de conexão e de acesso a aplicações de internet", nela tratados, "bem como de dados pessoais e do conteúdo de comunicações privadas, devem atender à preservação da intimidade, da vida privada, da honra e da imagem das partes direta ou indiretamente envolvidas" (art. 10).

3. Mas ressalva que o provedor responsável pela guarda está obrigado a disponibilizar os registros (de conexão e de acesso a aplicações da internet), mediante ordem judicial (art. 10, §§ 1º e 2º), com a finalidade de "formar conjunto probatório em processo judicial cível ou criminal, em caráter incidental ou autônomo" (art.22), a pedido da parte interessada, desde que haja "indícios fundados da ocorrência do ilícito", "justificativa motivada da utilidade dos registros solicitados para fins de investigação ou instrução probatória" e "período ao qual se referem os registros" (art. 22, incisos I, II e III).

4. Os impetrantes, em verdade, não discutem o fornecimento dos registros por ordem judicial, senão a nulidade das provas carreadas aos autos, porquanto, além de obtidas mediante "verdadeira medida cautelar" em detrimento do direito à intimidade/privacidade, houve o congelamento do conteúdo telemático junto aos provedores de internet sem autorização judicial, congelamento de conteúdo que, na tese da impetração, extrapola os limites da legislação de proteção geral de dados pessoais.

5. Trata-se de matéria que recebe tratamento específico da Lei 12.965/2014, ao dispor que constitui dever jurídico do administrador do respectivo sistema autônomo manter os registros de conexão, sob sigilo, em ambiente controlado e de segurança, pelo prazo de 1 (um) ano (art. 13); e, do provedor de aplicações de internet, por sua vez, manter os registros de acesso, sob sigilo, em ambiente controlado e de segurança, pelo prazo de 6 (seis) meses (art. 15).

6. Dispõe, ainda, que a autoridade policial, administrativa ou o Ministério Público poderão requerer cautelarmente que os registros de conexão sejam guardados por prazo superior a 1 (um) ano (art. 13, § 2º), e os registros de acesso a aplicações de internet por prazo superior a 6 (seis) meses (art. 15, § 2º), devendo, nas duas situações, e no prazo de 60 (sessenta) dias, contados do requerimento administrativo, ingressar com o pedido de autorização judicial de acesso aos (dois) registros (arts. 13, § 3º, e 15, § 2º):

7. A lei dispõe que a autoridade policial, administrativa ou o Ministério Público poderão requerer cautelarmente — que os registros de conexão sejam guardados por prazo superior a 1 (um) ano (art. 13, § 2º), e os registros de acesso a aplicações de internet por prazo superior a 6 (seis) meses (art. 15, § 2º) —, parecendo dizer menos do que pretendia.

8. É que, quem requer alguma coisa, pura e simplesmente pode tê- a deferida ou não, e, no caso, até mesmo pelo uso do termo "cautelarmente", seguido da previsão de pedido judicial de acesso no prazo de 60 (sessenta) dias, contados do requerimento administrativo, sob pena de cadu-

cidade, tem-se que o administrador de sistema autônomo e o provedor de aplicações de internet estariam obrigados a atender à solicitações da autoridade policial, administrativa ou o Ministério Público.

9. Disso se infere que o pedido de "congelamento" do Ministério Público, contra o qual se rebelam os impetrantes, e diversamente do que advogam, não precisa necessariamente de prévia decisão judicial para ser atendido pelo provedor, mesmo porque — e esse é o ponto nodal da discussão, visto em face do direito à preservação da intimidade, da vida privada, da honra e da imagem das partes (CF- art. 5º, X, e Lei 12.965/2014 - art. 10) — não equivale a que o requerente tenha acesso aos dados "congelados" sem ordem judicial.

10. A jurisprudência do STF tem afirmado que o inciso XII do art. 5º da Constituição protege somente o sigilo das comunicações em fluxo (troca de dados e mensagens em tempo real), e que o sigilo das comunicações armazenadas, como depósito registral, é tutelado pela previsão constitucional do direito à privacidade do inciso X do art. 5º (HC nº 91.867 - Rel. Ministro Gilmar Mendes - 2ª Turma, julgado em 24/04/2012).

11. Mas, em verdade, a disponibilização ao requerente dos registros de que trata a Lei 12.965/2014 (dados intercambiados), em atenção à referida cláusula constitucional, deverá ser precedida de autorização judicial, sendo estabelecido, inclusive, um prazo de 60 dias, contados a partir do requerimento de preservação dos dados, para que o Ministério Público ingresse com esse pedido de autorização judicial de acesso aos registros, sob pena de caducidade (art.13, § 4º).

12. No caso dos autos, o Ministério Público requereu a preservação de dados e conteúdos eletrônicos às plataformas em 22/11/2019, o que foi mantido em sigilo, e ingressou com pedido de quebra do sigilo desses dados em 29/11/2019, tendo o Juízo singular deferido fundamentadamente o pleito em 3/12/2019.

13. Esse tema, diversamente do que advogam os impetrantes, não se relaciona com a matéria da Arguição de Descumprimento de Preceito Fundamental - ADPF n. 403/SE, Ministro Relator Edson Fachin, com julgamento ainda não concluído, nem com a Ação Direta de Inconstitucionalidade - ADI n. 5527/DF, Ministra Rosa Weber, nas quais se discute a interpretação do inciso II do art. 7º, e do inciso III do art. 12, da Lei 12.965/2014, que autorize ordem judicial que exija acesso excepcional a conteúdo de mensagem criptografada ponta-a-ponta ou que, por qualquer outro meio, enfraqueça a proteção criptográfica de aplicações da internet, o que não tem pertinência nenhuma com o objeto do presente caso.

14. O Ministério Público solicitou "a preservação dos dados e IMEI coletados a partir das contas de usuários vinculadas, tais como dados cadastrais, histórico de pesquisa, todo conteúdo de e-mail e iMessages, fotos, contatos e históricos de localização, desde a data de 01.06.2017 até o presente momento", pedido que, na tese dos impetrantes, exorbitaria os limites legais, porque o conteúdo de e-mail e iMessages, fotos, contatos e históricos de localização não fariam parte do conceito de "registros de acesso a aplicações de internet" ou "registros de conexão".

15. A Lei 12.965/2014, define que "registros de acesso a aplicações e internet" são o conjunto de informações referentes à data e hora de uso de uma determinada aplicação de internet a partir de um determinado endereço IP" (art. 5º, VIII). Já o inciso VII define que "aplicações de internet" são o conjunto de funcionalidades que podem ser acessadas por meio de um terminal conectado à internet.

16. A lei a fim de viabilizar investigações criminais, que, normalmente, são de difícil realização em ambientes eletrônicos, tornou mais eficiente o acesso a dados e informações relevantes ao possibilitar que o Ministério Público, diretamente, requeira ao provedor apenas a guarda, em ambiente seguro e sigiloso, dos registros de acesso a aplicações de internet, mas a disponibilização ao requerente dos conteúdos dos registros — dados cadastrais, histórico de pesquisa, todo conteúdo de e-mail e iMessages, fotos, contatos e históricos de localização etc. — deve sempre ser precedida de autorização judicial devidamente fundamentada, o que ocorreu no presente caso.

17. Não se perfaz a pretendida nulidade do pedido de "congelamento" dos registros, além do tempo legal, pelo Ministério Público do Estado do Paraná, vindo o acesso aos respectivos dados a ser deferido, a tempo e modo, por ordem judicial, sob pena de caducidade (art. 13, § 4º). [...] Habeas corpus denegado. *(Habeas Corpus nº 626.983-PR, STJ, 6ª Turma, Rel. Min. Convocado Olindo de Menezes, julgado em 8.2.2022, publicado no DJ em 22.2.2022)*

157.12. [...] ambas as Turmas da Terceira Seção deste Tribunal entendem que é ilícita a prova obtida diretamente dos dados constantes de aparelho celular, sem prévia autorização judicial. O mencionado entendimento, todavia, deve ser distinguido da situação apresentada nesses autos. Os julgados do STJ concluem pela violação ao art. 5º, inciso XII, da Constituição Federal, quanto a dados obtidos, sem autorização judicial, de aparelhos celulares apreendidos fora de estabelecimentos prisionais. A controvérsia ora colocada, contudo, se refere à hipótese em que o aparelho é encontrado dentro de estabelecimento prisional, em situação de explícita violação às normas jurídicas que regem a execução penal. [...] De acordo com entendimento pacífico da Suprema Corte, os direitos e garantias individuais não têm caráter absoluto, sendo possível a existência de limitações de ordem jurídica. Os arts. 3º, 38 e 46, todos da LEP, representam hipóteses de restrição legal aos direitos individuais dos presos. Nesse cenário, uma das consequências da imposição da prisão – penal ou processual – é a proibição da comunicação do recluso com o ambiente externo por meios diversos daqueles permitidos pela lei. Para garantir a observância dessa restrição foram editadas diversas normas que têm por objetivo coibir o acesso do segregado a aparelhos telefônicos, de rádio ou similares. Exemplificativamente: art. 50, inciso VII, da Lei n. 7.210/1984; arts. 319-A e 349-A, ambos do Código Penal; art. 4º da Lei n. 10.792/2013. [...] Conforme previsto no art. 41, inciso XV, da LEP, o contato do preso com o mundo exterior é autorizado por meio de correspondência escrita, da leitura e de outros meios de informação que não comprometam a moral e os bons costumes. Mesmo no caso de comunicação por intermédio de correspondência escrita, permitida legalmente, a Suprema Corte firmou jurisprudência no sentido de que, diante da inexistência de liberdades individuais absolutas, é possível que a Administração Penitenciária, sem prévia autorização judicial, acesse o seu conteúdo quando houver inequívoca suspeita de sua utilização como meio para a preparação ou a prática de ilícitos. A necessidade de se resguardar a segurança, a ordem pública e a disciplina prisional, segundo a Corte Suprema, prevalece sobre a reserva constitucional de jurisdição. [...] Nessa conjuntura, se é prescindível decisão judicial para a análise do conteúdo de correspondência a fim de preservar interesses sociais e garantir a disciplina prisional, com mais razão se revela legítimo, para a mesma finalidade, o acesso dos dados e comunicações constantes em aparelhos celulares encontrados ilicitamente dentro do estabelecimento penal, pois a posse, o uso e o fornecimento do citado objeto são expressamente proibidos pelo ordenamento jurídico. [...] No caso em questão, a Polícia Penal, durante procedimento de revista em uma das galerias do presídio, encontrou dois aparelhos celulares, *"um escondido embaixo da escadaria próxima a porta do solário e outro em um vão aberto devido a corrosão no batente da ducha"*. Como não foi localizado, naquele momento, o segregado, que usava e tinha a posse de um desses objetos, os agentes acessaram o conteúdo ali existente, ocasião em que foram encontrados dados do Paciente em aplicativos instalados no referido aparelho. Identificado o Paciente, o Juízo das Execuções Penais, na audiência de justificação, homologou a falta disciplinar de natureza grave e revogou 1/9 (um nono) dos dias remidos. A atuação da Polícia Penal e do Poder Judiciário foi legítima, estando, inclusive, em conformidade com o princípio da individualização da execução penal e com a regra de que é vedada a sanção coletiva (art. 45, § 3º, da Lei n. 7.210/1984). Assim, não havendo ilicitude da prova obtida por meio do acesso ao aparelho celular, inexiste nulidade a ser sanada. [...] *(Habeas Corpus nº 546.830/PR, STJ, 6ª Turma, unânime, Rel. Min. Laurita Vaz, julgado em 9.3.2021, publicado no DJ em 22.3.2021)*

157.12. [...] Não se verifica manifesta ilegalidade se o acesso ao aparelho celular foi autorizado pelo próprio reeducando, que forneceu senha de acesso, bem como diante da situação diferenciada de apreensão do telefone em revista realizada dentro de estabelecimento prisional, na qual, assim como decido pelo STF no HC n. 70.814, Ministro Celso de Mello, Primeira Turma, DJ de 24/6/1994, é possível, excepcionalmente, afastar-se o princípio da intimidade do preso, por razões de segurança pública, de disciplina prisional ou de preservação da ordem jurídica, desde que observadas as diretrizes previstas no art. 41, parágrafo único, da Lei de Execuções Penais. Precedente da 6ª Turma do STJ. [...] *(Habeas Corpus nº 628.884/GO, STJ, 6ª Turma, unânime, Rel. Min. Nefi Cordeiro, julgado em 2.3.2021, publicado no DJ em 5.3.2021)*

157.12. [...] As informações trazidas pela Defesa, e relativas ao portal The Intercept, foram obtidas mediante meios ilícitos, em manifesta violação ao direito à privacidade e ao sigilo das comunicações telefônicas (art. 5º, incisos X e XII, da Constituição da República). Ademais, não foram submetidas a nenhuma perícia ou averiguação no curso de processo judicial, sob a égide do contraditório. Não demonstradas a sua idoneidade, integridade e veracidade, portanto, não se prestam a sustentar as conclusões que o Embargante busca conferir. [...] *(Embargos Declaratórios no Agravo Regimental no Recurso Especial nº 1.765.139-PR, STJ, 5ª Turma, unânime, Rel. Min. Felix Fischer, julgado em 1º.9.2020, publicado no DJ em 15.9.2020).*

157.12. [...] 1. [...] 4. A Lei 9.296/1996 restringe-se às comunicações telefônicas e de sistemas de informática e telemática, não se estendendo, assim, aos dados já registrados nos respectivos aparelhos. Precedente do STF. 5. Contudo, o fato de a Lei 9.296/1996 não tutelar os dados e registros já contidos em aparelhos telefônicos e afins, não permite que a polícia devasse a intimidade dos investigados a pretexto de obter provas do crime e de sua autoria, o que só é admitido mediante prévia autorização judicial. Precedentes do STJ. 6. Na espécie, não obstante os policiais tenham acessado o conteúdo do telefone celular sem prévia autorização judicial, agiram com a expressa autorização do corréu, proprietário do aparelho, o que afasta a eiva articulada na impetração. Precedentes. [...] 7. A apreensão dos celulares dos corréus levou a autoridade policial a requerer judicialmente o afastamento do sigilo dos dados neles contidos, o que foi deferido, pedido típico e comum em casos análogos, e que demonstra que se está diante de provas autônomas, nos termos dos §§ 1º e 2º do artigo 157 do Código de Processo Penal. [...] *(Agravo Regimental no Habeas Corpus n. 521.228-RJ, STJ, 5ª Turma, unânime, Rel. Min. Jorge Mussi, julgado em 3.12.2019, publicado no DJ em 16.12.2019).*

157.12 [...] 2. A Lei n. 12.965/2014, conhecida como Marco Civil da Internet, em seu art. 7º, assegura aos usuários os direitos para o uso da internet no Brasil, entre eles, o da inviolabilidade da intimidade e da vida privada, do sigilo do fluxo de suas comunicações pela internet, bem como de suas comunicações privadas armazenadas. [...] 5. Por se encontrar em situação similar às conversas mantidas por e-mail, cujo acesso exige prévia ordem judicial, a obtenção de conversas mantidas por redes sociais, tais como o WhatsApp, sem a devida autorização judicial, revela-se ilegal. 6. Hipótese que foi deferido judicialmente na busca e apreensão o acesso aos dados contidos no aparelho celular, inexistindo, destarte, a alegada inobservância dos preceitos de estatura constitucional que conferem tutela à intimidade e à vida privada. [...] 8. No caso, a autorização judicial prévia de acesso aos dados do aparelho celular apreendido não fere, porquanto observados os ditames do devido processo legal, preceitos relativos à vida privada e à intimidade, não restando configurado o alegado constrangimento ilegal. [...] *(Recurso em Habeas Corpus n. 101.929 – PR, STJ, 5ª Turma, unânime, Rel. Min. Ribeiro Dantas, julgado em 4.6.2019, publicado no DJ em 11.6.2019).*

157.12 [...] 1. A proteção aos dados privativos constantes de dispositivos eletrônicos, como *smartphones* e *tablets*, encontra guarida constitucional, importando a prévia e expressa autorização judicial motivada para sua mitigação. 2. O entendimento prevalecente nesta Corte e no Supremo Tribunal Federal é o de que são ilícitas as provas obtidas de aparelhos celulares sem prévia e devida autorização, seja judicial seja do réu, ressalvados os casos excepcionais. 3. No entanto, deve ser realizado um discrímen nos casos em que a materialidade delitiva está incorporada na própria coisa. É dizer, quando se tratar do próprio corpo de delito, ou seja, quando a própria materialidade do crime se encontrar plasmada em fotografias que são armazenadas naquele aparelho, como na espécie, a autorização judicial não será imprescindível. [...] *(Recurso em Habeas Corpus n. 108.262-MS, STJ, 6ª Turma, Rel. Min. Antonio Saldanha Palheiro, julgado em 5.9.2019, publicado no DJ em 9.12.2019).*

157.12 [...] 1. "*As Leis n. 12.965/2014 e 9.296/1996 possuem dispositivos legais que objetivam tutelar o fluxo das comunicações em sistemas de informática e telemática, isto é, proteger a fluência da comunicação em andamento, diversamente do que ocorre quando são recolhidos aparelhos informáticos em decorrência de busca e apreensão domiciliar, nos quais os dados são estáticos. Em virtude disso, é incorreta a avaliação dos requisitos necessários para a interceptação do fluxo de comunicações, a fim de aferir a possibilidade de acesso as informações estáticas que estão armazenadas em aparelhos recolhidos em busca e apreensão domiciliar*" [...] 2. No caso em tela, o Magistrado processante exarou mandado de busca e apreensão em que explicita a autorização para o recolhimento e acesso aos dados armazenados em aparelhos telefônicos e computadores, em consonância com o entendimento desta Corte. [...] *(Habeas Corpus n. 515.913-SP, STJ, 6ª Turma, unânime, Rel. Min. Antonio Saldanha Palheiro, julgado em 26.11.2019, publicado no DJ em 4.12.2019).*

157.12. [...] 1. Embora a situação retratada nos autos não esteja protegida pela Lei n. 9.296/1996 nem pela Lei n. 12.965/2014, haja vista não se tratar de quebra de sigilo telefônico por meio de interceptação telefônica, ou seja, embora não se trate de violação da garantia de inviolabilidade das comunicações, prevista no art. 5º, inciso XII, da CF, houve sim violação dos dados armazenados no celular do recorrente (mensagens de texto arquivadas – *WhatsApp*). 2. No caso, deveria a autoridade policial, após a apreensão do telefone, ter requerido judicialmente a quebra do sigilo dos dados armazenados, haja vista a garantia, igualmente constitucional, à inviolabilidade da intimidade e da vida privada, prevista no art. 5º, inciso X, da CF. Dessa forma, a análise dos dados telefônicos constante do aparelho do investigado, sem sua prévia autorização ou de prévia autorização judicial devidamente motivada, revela a ilicitude da prova, nos termos do art. 157 do CPP. Precedentes do STJ. [...] *(Recurso em Habeas Corpus n. 101.585-MG, STJ, 5ª Turma, Rel. Min. Reynaldo Soares da Fonseca, julgado em 18.10.2018, publicado no* DJ *em 26.10.2018).*

157.12. [...] 1. "A jurisprudência das duas Turmas da Terceira Seção deste Tribunal Superior firmou-se no sentido de ser ilícita a prova obtida diretamente dos dados constantes de aparelho celular, decorrentes de mensagens de textos SMS, conversas por meio de programa ou aplicativos ('WhatsApp'), mensagens enviadas ou recebidas por meio de correio eletrônico, obtidos diretamente pela polícia no momento do flagrante, sem prévia autorização judicial para análise dos dados armazenados no telefone móvel." (HC 372.762/MG, Relator Ministro Felix Fischer, Quinta Turma, julgado em 03.10.2017, *DJe* 16.10.2017). 2. No caso dos autos, verifica-se que os policiais militares responsáveis pela abordagem e prisão em flagrante do agente acessaram os registros telefônicos e o histórico de conversas via *WhatsApp* sem que houvesse prévia autorização judicial, o que revela a ilicitude da prova obtida com a medida. [...] (*Agravo Regimental no Recurso Especial nº 1.748.161/AC, STJ, 5ª Turma, unânime, Rel. Min. Jorge Mussi, julgado em 13.11.2018, publicado no* DJ *em 22.11.2018*).

157.12. [...] O Supremo Tribunal, em julgamento paradigmático, reconheceu, já sob a égide do ordenamento constitucional vigente, que o sigilo de correspondência não é absoluto, tendo esta Corte conferido validade à interceptação da correspondência remetida pelos sentenciados, "eis que a cláusula tutelar da inviolabilidade do sigilo epistolar não pode constituir instrumento de salvaguarda de práticas ilícitas" (HC nº 70.814/SP, 1ª Turma, rel. Min. Celso de Mello, *DJ* de 24.6.1994). [...] *(RHC n. 132.115-PR, STF, 2ª Turma, unânime, Rel. Min. Dias Toffoli, julgado em 6.2.2018, publicado no* DJ *em 19.10.2018).*

157.12. [...] I – A obtenção do conteúdo de conversas e mensagens armazenadas em aparelho de telefone celular ou smartphones não se subordina aos ditames da Lei 9.296/96. II – O acesso ao conteúdo armazenado em telefone celular ou smartphone, *quando determinada judicialmente a busca e apreensão destes aparelhos*, não ofende o art. 5º, inciso XII, da Constituição da República, porquanto o sigilo a que se refere o aludido preceito constitucional é em relação à interceptação telefônica ou telemática propriamente dita, ou seja, é da comunicação de dados, e não dos dados em si mesmos. [...] IV – Na pressuposição da ordem de apreensão de aparelho celular ou smartphone está o acesso aos dados que neles estejam armazenados, sob pena de a busca e apreensão resultar em medida írrita, dado que o aparelho desprovido de conteúdo simplesmente não ostenta virtualidade de ser utilizado como prova criminal. V – Hipótese em que, demais disso, a decisão judicial expressamente determinou o acesso aos dados armazenados nos aparelhos eventualmente apreendidos, robustecendo o alvitre quanto à licitude da prova. Recurso desprovido (*Recurso em Habeas Corpus nº 75.800-PR, STJ, 5ª Turma, Rel. Min. Félix Fischer, julgado em 15.9.2016, publicado no* DJ *em 26.9.2016*).

157.12. [...] 2.1 Suposta ilegalidade decorrente do fato de os policiais, após a prisão em flagrante do corréu, terem realizado a análise dos últimos registros telefônicos dos dois aparelhos celulares apreendidos. Não ocorrência. 2.2 Não se confundem *comunicação telefônica e registros telefônicos*, que recebem, inclusive, proteção jurídica distinta. Não se pode interpretar a cláusula do artigo 5º, XII, da CF, no sentido de proteção aos dados enquanto registro, depósito registral. A proteção constitucional *é da comunicação de dados e não dos dados*. 2.3 Art. 6º do CPP: dever da autoridade policial de proceder à coleta do material comprobatório da prática da infração penal. Ao proceder à pesquisa na agenda eletrônica dos aparelhos devidamente apreendidos, meio material indireto de prova, a autoridade policial, cumprindo o seu mister, buscou, unicamente, colher elementos de informação hábeis a esclarecer a autoria e a materialidade do delito (dessa análise logrou encontrar ligações entre o executor do homicídio e o ora paciente). Verificação que permitiu a orientação inicial da linha investigatória a ser adotada, bem como possibilitou concluir que os aparelhos seriam relevantes para a investigação. 2.4 À guisa de mera argumentação, mesmo que se pudesse reputar a prova produzida como ilícita e as demais, ilícitas por derivação, nos termos da teoria dos frutos da árvore venenosa (*fruit of the poisonous tree*), é certo que, ainda assim, melhor sorte não assistiria à defesa. É que, na hipótese, não há que se falar em prova ilícita por derivação. Nos termos da teoria da descoberta inevitável, construída pela Suprema Corte norte-americana no caso *Nix × Williams* (1984), o curso normal das investigações conduziria a elementos informativos que vinculariam os pacientes ao fato investigado. Bases desse entendimento que parecem ter encontrado guarida no ordenamento jurídico pátrio com o advento da Lei 11.690/2008, que deu nova redação ao art. 157 do CPP, em especial o seu § 2º. [...] (*Habeas Corpus nº 91.867, STF, 2ª Turma, unânime, Rel. Min. Gilmar Mendes, julgado em 24.4.2012, publicado no* DJ *em 20.9.2012*).

157.12. [...] Não há ilegalidade ou abuso na captação da prova que foi deixada na Delegacia de Polícia e encaminhada ao Órgão ministerial. Os direitos e garantias fundamentais elencados na Constituição Federal, contemplados na dimensão objetiva, consistem em norte para atuação valorativa do Estado na realização do bem comum. Já na dimensão subjetiva, permitem ao indivíduo se sobrepor à arbitrariedade estatal. O Estado tem o dever de proteção dos indivíduos frente ao próprio poder estatal (eficácia vertical), bem como em face da própria sociedade, justificando a eficácia horizontal dos direitos humanos nas relações particulares. Não há falar em sobreposição de um direito fundamental sobre outro. Eles devem coexistir simultaneamente. Havendo aparente conflito entre eles, deve o magistrado buscar o verdadeiro significado da norma, em harmonia com as finalidades precípuas do texto constitucional, ponderando entre os valores em análise, e optar por aquele que melhor resguarde a sociedade e o Estado Democrático. Os direitos e garantias fundamentais, por possuírem característica essencial no Estado Democrático, não podem servir de esteio para impunidade de condutas ilícitas, razão por que não vislumbro constrangimento ilegal na captação de provas por meio da quebra do sigilo de correspondência, direito assegurado no art. 5º, XII, da CF, mas que não detém, por certo, natureza absoluta. Não há nos autos comprovação apta a configurar nulidade em decorrência da suposta ausência de intimação da defesa. Ainda que não tenha sido regularmente intimada, a defesa prontamente impugnou a prova tida como ilícita. "Nenhum ato será declarado nulo, se da nulidade não resultar prejuízo para a acusação ou para a defesa" (art. 563 do CPP). Não há falar em ilicitude no fornecimento de material gráfico pelo paciente, uma vez que, tendo comparecido voluntariamente ao Instituto de Criminalística da Polícia Civil, nada obstou a possibilidade de recusa peremptória, o que, todavia, não o fez. O princípio do *nemo tenetur se detegere* não foi, portanto, violado. Ordem denegada (*Habeas Corpus nº 93.874, STJ, 5ª Turma, Rel. Min. Arnaldo Esteves Lima, julgado em 15.6.2010, publicado no DJ em 2.8.2010*).

....

a) Interceptação telefônica e de *dados*:

A quebra da inviolabilidade das comunicações telefônicas e de dados (de informática e de telemática) vem expressamente regulada em Lei (Lei nº 9.296/96), na qual se prevê o procedimento a ser adotado, a necessidade de fundamentação judicial para o deferimento do pedido, a exigência de manutenção do sigilo das investigações, além da criminalização das condutas violadoras do sigilo ali regulamentado.

No que tem de mais relevante, salienta-se: (a) a constitucionalidade da citada Lei, nos seus aspectos gerais, conforme entendimento já assentado na Suprema Corte; (b) a inconstitucionalidade da atuação judicial, *ex officio*, no curso das investigações e na instrução criminal, do mesmo modo que ocorreu com o disposto no art. 3º da já revogada Lei nº 9.034/95 (ver Lei nº 12.850/13, que não comete o mesmo equívoco), cuja inconstitucionalidade havia sido assentada no julgamento da ADIn 1.570/2004, Rel. Min. Maurício Correa; (c) a possibilidade de prorrogação do prazo de 15 dias, por mais de uma vez (*Habeas Corpus nº 83.515/RS, STF, Rel. Min. Nelson Jobim, Plenário, publicado no* DJ *em 4.3.2005; Habeas Corpus nº 84.301/SP, STF, 2ª Turma, Rel. Min. Joaquim Barbosa, publicado no* DJ *em 24.3.2006; RHC nº 26.251/DF, STJ, 5ª Turma, Rel. Min. Napoleão Nunes Maia Filho, julgado em 19.11.2009, publicado no* DJ *em 22.2.2010*).

Em relação a este último ponto, o da prorrogação do prazo de 15 dias por mais de uma vez, impõe-se registrar um certo inconformismo da jurisprudência mais recente, sobretudo no Superior Tribunal de Justiça, diante da ausência de limitação temporal para a realização das interceptações telefônicas.

A preocupação é de todo pertinente. Embora se reconheça a insuficiência do prazo de 15 dias, ou de 30, se prorrogado uma única vez, sobretudo em razão da complexidade de determinadas ações criminosas, de que é exemplo mais eloquente a atividade delituosa realizada organizada e coordenadamente, não se pode também aceitar a prorrogação indefinida das escutas telefônicas. Trata-se de procedimento altamente invasivo e violador das liberdades públicas, cujo uso há de ser, por isso mesmo, parcimonioso. Cumpre às autoridades judiciárias – e ao Ministério Público – pôr cobro aos excessos, indeferindo interceptações longevas e abusivas. Entretanto, não há se ver, automaticamente, qualquer ilegalidade ou inconstitucionalidade se devidamente justificadas as prorrogações (necessidade).

Registramos que, em 2024, na ADI 4096, o Plenário do STF decidiu serem constitucionais as disposições da Lei de Lavagem de Dinheiro que permite às autoridades policiais e ao Ministério Público o acesso a dados cadastrais de investigados mantidos por empresas de telefonia sem a necessidade de decisão judicial. O fundamento central é que referidas informações são restritas aos "dados cadastrais" dos investigados. A tese fixada foi de que **"É constitucional norma que permite o acesso, por autoridades policiais e pelo Ministério Público, a dados cadastrais de pessoas investigadas independentemente de autorização judicial, excluído do âmbito de incidência da norma a possibilidade de requisição de qualquer outro dado cadastral além daqueles referentes à qualificação pessoal, filiação e endereço (art. 5º, X e LXXIX, da CF)".**

Vide anotações também no item 648.6.1.10.

Jurisprudência

157.12.a. [...] É possível o deferimento de interceptação telefônica por Juízo plantonista. Atuação apoiada no Provimento-Geral da Corregedoria do Tribunal de Justiça do Distrito Federal, vigente à época dos fatos. [...] *(Agravo Regimental no Habeas Corpus nº 171.828-DF, STF, 1ª Turma, unânime, Rel. Min. Rosa Weber, julgado em sessão virtual de 14.8.2020 a 21.8.2020, publicado no DJ em 31.8.2020).*

157.12.a. [...] 2. Inconstitucionalidade de norma administrativa proibitiva de plena atuação jurisdicional durante o plantão judiciário. Resolução do Conselho Nacional de Justiça que, visando disciplinar e uniformizar procedimentos de interceptação de comunicações telefônicas e de sistemas de informática e telemática nos órgãos jurisdicionais do Poder Judiciário, criou, administrativamente, inadmissível vedação ao exercício regular da função jurisdicional, ao vedar a análise judicial de pedidos de prorrogação de prazo de medida cautelar de interceptação de comunicação telefônica, telemática ou de informática durante o plantão judiciário, ressalvada a hipótese de risco iminente e grave à integridade ou à vida de terceiros. 3. Inconstitucionalidade do § 1º do art. 13 da Resolução 59/2008, com posteriores alterações, do Conselho Nacional de Justiça, que desrespeitou a competência constitucional dos Estados para legislar sobre a Organização Judiciária (CF, art. 125, § 1º), inclusive plantão judicial; bem como os artigos 22, I, competência privativa da União para legislar sobre processo penal; 5º incisos XII (reserva legal) e XXXV (inafastabilidade de jurisdição). 4. Ação direta de inconstitucionalidade julgada parcialmente procedente para declarar inconstitucional o § 1º do art. 13 da Resolução nº 59 do Conselho Nacional de Justiça *(Ação Direta de Inconstitucionalidade nº 4.145-DF, STF, Plenário, Por Maioria, Rel. Min. Edson Fachin, julgado em 26.4.2018, publicado no DJ em 13.8.2020).*

157.12.a. [...] 1. Não há se falar interceptação telefônica sem autorização judicial, se o policial atendeu ligação de terceiro, com a ciência do possuidor do celular (o qual era objeto de furto), e sem se valer de artifício, ou mesmo ocultação de sua identidade para obter informações do interlocutor. [...] *(Agravo Regimental no Habeas Corpus nº 530.794-SP, STJ, 5ª Turma, unânime, Rel. Min. Ribeiro Dantas, julgado em 1.9.2020, publicado no DJ em 8.9.2020).*

157.12.a. [...] Pacificou-se nos Tribunais Superiores o entendimento de que o prazo de 15 (quinze) dias das interceptações telefônicas deve ser contado a partir da efetiva implementação da medida, e não da respectiva decisão. Precedentes do STJ e do STF. [...] *(Agravo Regimental no Recurso em Habeas Corpus n. 114.973-SC, STJ, 5ª Turma, unânime, Rel. Min. Jorge Mussi, julgado em 19.5.2020, publicado no DJ em 27.5.2020).*

157.12.a. [...] Na fase investigativa não se exige que a autoridade policial ou o juiz individualizem a conduta de cada suspeito, ou mesmo justifiquem a necessidade de interceptação de cada um dos terminais telefônicos ou endereços eletrônicos monitorados, bastando que demonstrem, suficientemente, a existência de indícios de que delitos estejam sendo cometidos, e que a medida invasiva é indispensável para a obtenção das provas necessárias para a sua elucidação [...] *(Agravo Regimental no Habeas Corpus nº 469.880-SP, STJ, 6ª Turma, unânime, Rel. Min. Laurita Vaz, julgado em 17.12.2019, publicado no DJ em 3.2.2020).*

157.12.a. [...] "*É ônus da defesa, quando alega violação ao disposto no artigo 2º, inciso II, da Lei 9.296/1996, demonstrar que existiam, de fato, meios investigativos alternativos às autoridades para a elucidação dos fatos à época na qual a medida invasiva foi requerida, sob pena de a utilização da interceptação telefônica se tornar absolutamente inviável*" (RHC n. 79.999/MG, Quinta Turma, Rel. Min. Jorge Mussi, *DJe* de 3.3.2017). [...] *(Recurso em Habeas Corpus nº 35.127/RS, 5ª Turma, unânime, Rel. Min. Félix Fischer, julgado em 3.8.2017, publicado no DJ em 10.8.2017).*

157.12.a. [...] A interceptação telefônica e suas prorrogações foram devidamente autorizadas pelo Poder Judiciário, dentro da legalidade bem como em observância à jurisprudência dos Tribunais Superiores, no sentido de que é possível a renovação da medida quantas vezes forem necessárias, desde que demonstrada sua indispensabilidade e apreciada a cada período de 15 (quinze) dias. Ademais, não há necessidade de degravação total dos diálogos objeto de interceptação telefônica, uma vez que a Lei nº 9.296/96 não faz qualquer exigência nesse sentido. Precedentes. [...] (*Habeas Corpus nº 281.836-SP, STJ, 5ª Turma, unânime, Rel. Min. Reynaldo Soares da Fonseca, julgado em 17.3.2016, publicado no DJ em 30.3.2016*).

157.12.a. [...] Envio de comunicações criminosas, contendo injúria, desacato e incitação à prática de crimes, por meio de computador mantido em Lan House. Só há intromissão na esfera privada de comunicações, a depender de prévia autorização judicial, na hipótese de interferência alheia à vontade de todos os participantes do ato comunicativo. Caso no qual o acesso ao conteúdo das comunicações ilícitas foi disponibilizado à investigação pelos destinatários das mensagens criminosas. Autoria de crimes praticados pela internet desvelada mediante acesso pela investigação a dados mantidos em computador de Lan House utilizado pelo agente. Acesso ao computador que não desvelou o próprio conteúdo da comunicação criminosa, mas somente dados que permitiram identificar o seu autor. Desnecessidade de prévia ordem judicial e do assentimento do usuário temporário do computador quando, cumulativamente, o acesso pela investigação não envolve o próprio conteúdo da comunicação e é autorizado pelo proprietário do estabelecimento e do aparelho, uma vez que é este quem possui a disponibilidade dos dados neles contidos. [...] (*Habeas Corpus nº 103.425, STF, 1ª Turma, Rel. Ministra Rosa Weber, julgado em 26.6.2012, publicado no DJ em 14.8.2012*).

157.12.a. [...] Ao que se tem dos autos, o paciente é acusado de fazer parte de extensa quadrilha voltada para a prática de crimes, entre eles contrabando, tráfico de drogas e lavagem de dinheiro. Estando devidamente fundamentada a decisão que deferiu a escuta telefônica, bem como a que determinou a sua prorrogação, por absoluta necessidade da investigação, dada a quantidade de envolvidos e a complexidade das suas atividades, não há qualquer nulidade a ser sanada em *Habeas Corpus*. Nos termos da Lei 9.296/96, que regulamentou a escuta telefônica autorizada judicialmente, o prazo definido para a interceptação é de 15 dias, permitida a renovação por igual período; todavia, não há qualquer restrição legal ao número de vezes em que pode ocorrer essa renovação, desde que comprovada a sua necessidade, bem como admite-se, diante das especificidades do caso, a autorização desde o começo pelo prazo de 30 dias. Precedente do STF. Ordem denegada, em conformidade com o parecer ministerial (*Habeas Corpus nº 138.933-MS, STJ, 5ª Turma, Rel. Min. Napoleão Nunes Maia Filho, julgado em 29.10.2009, publicado no* DJ *em 30.11.2009*).

157.12.a. [...] Não se verifica a nulidade de interceptações telefônicas decretadas por Juízo Estadual, que posteriormente declinou a competência para o Juízo Federal, se, no início das investigações não havia elementos suficientes que permitissem concluir pela internacionalidade do tráfico de substâncias entorpecentes (precedentes). Não se verifica, *in casu*, a deficiência da fundamentação da decisão que decretou as interceptações telefônicas, pois esta atendeu à fundamentação da representação da autoridade policial, que expôs de forma suficiente a necessidade da medida cautelar. “A jurisprudência do Supremo Tribunal Federal consolidou o entendimento segundo o qual as interceptações telefônicas podem ser prorrogadas desde que devidamente fundamentadas pelo juízo competente quanto à necessidade para o prosseguimento das investigações” (STF, RHC 88371/SP, 2ª Turma, Rel. Min. Gilmar Mendes, *DJU* de 2.2.2007). Encontra-se preclusa a questão referente à ausência de fiscalização pelo Ministério Público Federal das interceptações telefônicas, tendo em vista que a tese não foi suscitada em momento oportuno. *Writ* parcialmente conhecido e, nesta parte, denegado (*Habeas Corpus nº 129.064-RJ, STJ, 5ª Turma, Rel. Min. Felix Fischer, julgado em 21.5.2009, publicado no* DJ *em 15.6.2009*).

b) Sigilo bancário e sigilo fiscal:

Aqui, uma primeira questão. Determinadas autoridades administrativas agem com poder de polícia, isto é, com poder de fiscalização e de controle de atividades de interesse público, como é o caso da Fazenda Pública e do Banco Central do Brasil.

Assim, dentre os procedimentos e a competência administrativa de natureza tributário-fiscal existe a possibilidade de acesso a toda documentação comprobatória da gestão (fiscal) das sociedades empresariais e outros contribuintes. Do mesmo modo, o Banco Central controla e fiscaliza as ações e movimentações financeiras, do ponto de vista da manutenção da higidez do sistema (financeiro nacional).

Nessas operações, devidamente previstas em leis, não se fala ainda, necessariamente, em sigilo bancário ou fiscal, na medida em que, além do dever de manter em sigilo todas as informações obtidas no exercício das respectivas funções da Administração Pública, não há exposição e detalhamento das movimentações individuais e nem a identificação de seus titulares, do ponto de vista de uma possível disponibilização de tais dados ao público em geral.

A discussão sobre o sigilo bancário ou fiscal se situa em outro nível. Diz respeito ao acesso (às informações) por pessoas ou autoridades que não estejam no exercício daquelas funções de controle e de fiscalização das atividades econômico-financeiras das apontadas pessoas (jurídicas e físicas).

A Lei Complementar nº 105/01, por exemplo, na linha da antiga legislação de regência da matéria (Lei nº 4.595/64), regula hipóteses de acesso às informações sigilosas pelo Banco Central, incluindo operações financeiras e contas de depósitos e investimentos, além da previsão de quebra de sigilo bancário determinadas pelo Poder Legislativo Federal e pelas Comissões Parlamentares de Inquérito (art. 4º). Ou seja, estabeleceu hipóteses de acesso a dados de natureza e de identificação individual do correntista/aplicador, sem a exigência de ordem judicial.

Nessa parte, há se referir, inicialmente, que, em 24 de novembro de 2010, por 6x4 votos o Plenário do STF cassou a liminar que havia sido concedida na Ação Cautelar nº

33 para atribuir efeito suspensivo ao Recurso Extraordinário nº 389.808, interposto por empresa que postulava a suspensão do acesso direito das informações pela Receita Federal sob o argumento que somente poderia se dar por ordem judicial. Já no dia 15 de dezembro de 2010 o Plenário da Corte julgou o mérito do recurso extraordinário e, ausente o Ministro Joaquim Barbosa (que denegara a cautelar) e alterando seu entendimento, o Ministro Gilmar Mendes declarou (por 5x4 votos) a inconstitucionalidade de dispositivos da LC 105/01. Porém, em 24.2.2016, o Plenário do Supremo Tribunal Federal (vencidos os Ministros Marco Aurélio e Celso de Mello) julgou improcedente a ADI 2.390/DF, reconhecendo a constitucionalidade da LC nº 105/91).

Também de extremo relevo destacar que, em 28.11.2019, no julgamento da Repercussão Geral no RE nº 1.055.941, o Plenário do STF, por maioria, reconheceu a absoluta validade do compartilhamento com o Ministério Público e autoridades policiais, sem autorização judicial, para fins de investigação criminal, da integralidade das informações de dados bancários e fiscais de contribuintes obtidos pela Receita Federal e pela Unidade de Inteligência Financeira (UIF). Além disso, em 4.12.2019, o Plenário do STF fixou duas teses com orientações a serem seguidas pelos tribunais do país ao julgar o tema de compartilhamento de informações sigilosas. Definiu-se que: a) é constitucional o compartilhamento dos relatórios de inteligência financeira da UIF e da íntegra do procedimento fiscalizatório da Receita Federal do Brasil com o Ministério Público e as polícias para fins criminais, sem a obrigatoriedade de prévia autorização judicial, "devendo ser resguardado o sigilo das informações em procedimentos formalmente instaurados e sujeitos a posterior controle jurisdicional"; b) o compartilhamento pela UIF e pela Receita Federal do Brasil deve ser feito unicamente por meio de comunicações formais, com garantia de sigilo, certificação do destinatário e estabelecimento de instrumentos efetivos de apuração e correção de eventuais desvios".

Para quem, como a maioria da doutrina e a jurisprudência nacional, estende a exigência de ordem judicial – independentemente de lei em sentido contrário – ao sigilo de toda e qualquer informação de interesse individual (reserva da jurisdição), a aludida legislação seria inconstitucional, por (suposta) violação às normas do art. 5º, X, XI e XII, da Constituição da República.

A nosso aviso, não. Pensamos que, uma vez comprovada a indispensabilidade da medida, a sua finalidade pública e a observância de regular procedimento administrativo (previsto em Lei), outras autoridades públicas poderiam, no exercício das respectivas funções, ter acesso a dados de interesses individuais de correntistas e aplicadores no e do sistema financeiro. Desde que, é claro, previsto em lei, como é o caso da citada LC nº 105/01.

Um outro elemento complicador da matéria se encontraria na Lei Complementar nº 75/93, que atribui ao Ministério Público da União a prerrogativa de requisitar informações e documentos a entidades privadas (art. 8, IV), bem como ter acesso incondicional a qualquer banco de dados de caráter público ou relativo a serviço de relevância pública (art. 8º, VIII). Não bastasse, dispõe que *nenhuma autoridade poderá opor ao Ministério Público, sob qualquer pretexto, a exceção de sigilo, sem prejuízo da subsistência do caráter sigiloso da informação, do registro, do dado ou do documento que lhe seja fornecido* (art. 8º, § 2º).

Para nós, as disposições seriam suficientes para, na esteira do entendimento que professamos sobre a matéria, já aqui antecipado, dispensar a necessidade de autorização judicial, como, aliás, ocorre em diversos países europeus (ver, sobretudo em relação ao direito comparado, José Adércio Leite SAMPAIO, em *Direito à intimidade*, Belo Horizonte: Del Rey, 1998).

Além de tudo, não conseguimos entender a lógica desenvolvida em alguns julgados no sentido de que o eventual afastamento do sigilo fiscal diretamente pela autoridade fazendária teria validade para fins tributários, mas não para fins penais. A questão é objetiva: a autoridade pode (como defendemos) realizar a produção das provas ou sua ação não tem base legal ou constitucional alguma. A circunstância é que a prova é única no que tange à comprovação de uma infração tributária que, se for o caso, também pode ser crime. O que não se justifica é a distinção para admitir a validade para um procedimento e a invalidade para outro.

Pensamos que, após o julgamento da ADI 2.390/DF em 24.02.2016, a jurisprudência brasileira começa a caminhar, enfim, no sentido que sempre defendemos. Ainda que neste acórdão não conste expressamente que os dados obtidos *diretamente* pela Receita Federal possam ser eventualmente utilizados em processos criminais, a questão parece ter permeado toda a discussão no Supremo Tribunal Federal. No voto do Ministro Ricardo Lewandowski, por exemplo, se afirma: "*Tendo em conta os intensos, sólidos e profundos debates que ocorreram nas três sessões em que a matéria foi debatida, me convenci de que estava na senda errada, não apenas pelos argumentos veiculados por aqueles que adotaram a posição vencedora, mas sobretudo porque, de lá pra cá, o mundo evoluiu e ficou evidenciada a efetiva necessidade de repressão aos crimes como narcotráfico, lavagem de dinheiro e terrorismo, delitos que exigem uma ação mais eficaz do Estado, que precisa ter instrumentos para acessar o sigilo para evitar ações ilícitas*".

Nesta linha, parece-nos que é questão de tempo até que se comece a aceitar igual prerrogativa (desnecessidade de autorização judicial para requisição de informações bancárias junto a instituições financeiras) ao Ministério Público ou, no mínimo, que se permita que a Receita envie àquele órgão os dados obtidos que contenham indícios de atuação criminosa, para fins de persecução penal, sobretudo porque há que se compreender que o caso é de mera *transferência* de sigilo bancário. É o que já fez explicitamente no ano de 2017 o STF no julgamento do RE n. 1.043.002-SP (*DJ* de 14.12.2017), bem como, posteriormente no Agravo Regimental no RE n. 1.057.667-SE (*DJ* de 23.2.2018). A Corte Suprema assentou, de forma bastante expressa (e correta, como sempre sustentamos), que "*o Supremo Tribunal Federal, ao apreciar o RE n. 601.314, rel. Min. Edson Fachin, após reconhecer a repercussão geral da matéria, assentou a constitucionalidade do art. 6º da Lei Complementar nº 105/2001, que permitiu o fornecimento de informações sobre movimentações financeiras diretamente ao Fisco, sem autorização judicial*", *reafirmando que o STF "entende ser possível a utilização de dados obtidos pela Secretaria da Receita Federal para fins de instrução penal*".

Registra-se que, nessa parte, até meados de 2018 havia decisões conflitantes do próprio STJ, que ora admitia, ora não admitia a transferência do sigilo sem ordem judicial para fins penais. Entretanto, e na linha do que sempre sustentamos na presente obra, de forma mais segura a partir de setembro de 2018, alinhando-se ao que já assentado desde a origem pelo STF, ambas as Turmas criminais do STJ passaram a reconhecer a possibilidade do compartilhamento das provas inclusive em sede penal, independentemente de autorização judicial prévia (v.g., *Agravo Regimental no Agravo no Recurso Especial n. 1.035.285-ES, STJ, 6ª Turma, Rel. Min. Nefi Cordeiro, julgado em 4.9.2018, publicado no* DJ *em 13.9.2018; Habeas Corpus n. 365.012-SP, 5ª Turma, unânime, Rel. Min. Jorge Mussi, julgado em 4.9.2018, publicado no* DJ *em 12.9.2018).*

Destacamos ainda a existência de alguns julgados do STJ reconhecendo a ilicitude de comunicações do COAF ao Ministério Público ou à Polícia quando houver "requisição" das informações – notadamente relatórios de inteligência financeira – sem prévia autorização judicial. Entendemos equivocadas tais conclusões, com todo respeito. Ora, a interpretação que se está fazendo é restritiva do que assentado pela Corte Suprema. Primeiro, porque os relatórios de inteligência financeira não importam necessariamente em quebra de sigilo de movimentações bancárias, senão apenas a comunicação de informações que indiquem possíveis movimentações fora de parâmetros considerados como normais. Mas mesmo que fossem informações financeiras (quando realizada a quebra de sigilo bancário no âmbito administrativo para fins tributários e com consequências penais ontologicamente interligadas), não haveria ilicitude no ato de compartilhamento dessas informações mesmo que diante de uma "solicitação" ou até mesmo "requisição". A autoridade financeira ou a própria Receita Federal só estão autorizadas a esse compartilhamento quando verificada alguma circunstância relevante que indique a necessidade de averiguação na seara penal. Se for realizado esse procedimento, mesmo que por provocação, não há ilicitude na conduta. Cria-se uma distinção onde a Suprema Corte não fez: a) se a comunicação for realizada de modo "espontâneo" – com envio inclusive de movimentações financeiras, quando houver – , plenamente aceitável. Mas se essa comunicação (que somente pode ser feita dentro dos parâmetros delimitados no Leading case do STF) se der por "provocação" ou "requisição" (independentemente do nome que se atribua), seria "prova ilícita". Não há sentido lógico esse raciocínio, senão apenas uma visão formalista isolada da realidade de como as coisas são realizadas no mundo jurídico.

Prosseguindo, reafirma-se que essa discussão não existe quanto às atuações das Comissões Parlamentares de Inquérito, como já visto.

Por fim, destacamos e remetemos para análise complementar o teor do Decreto nº 10.209, de 22 de janeiro de 2020, que "*dispõe sobre a requisição de informações e documentos e sobre o compartilhamento de informações protegidas pelo sigilo fiscal*".

Vide também anotações ao item 648.6.1.12.

Jurisprudência

157.12.b. [...] 2. A questão em discussão consiste em saber se a polícia pode requisitar relatórios de inteligência financeira ao COAF, sem autorização judicial, e se tal ato gera nulidade das provas subsequentes.

3. A decisão judicial que autorizou a quebra de sigilos bancário e fiscal foi baseada em elementos autônomos, não havendo prejuízo concreto à defesa.

4. A Teoria da Descoberta Inevitável aplica-se, pois as informações seriam obtidas de qualquer forma por meios lícitos. [...] *(Habeas Corpus nº 888.907-PE, STJ, 5ª Turma, Rel. Min. Daniela Teixeira, julgado em 14.11.2024, publicado no DJ em 19.11.2024)*

157.12.b. [...] 1. Esta Sexta Turma, no julgamento do HC 422.473/SP, da relatoria do Ministro Sebastião Reis Júnior, alterou o entendimento, a partir da jurisprudência do Supremo Tribunal Federal, passando a compreender que é possível a utilização de dados obtidos pela Secretaria da Receita Federal, em regular procedimento administrativo fiscal, para fins de instrução processual penal.

2. No mesmo sentido o parecer do Ministério Público Federal, para quem "o Supremo Tribunal Federal, quando do julgamento do RE nº 601.314/SP, da Relatoria do Ministro Edson Fachin, submetido à sistemática da repercussão geral, assentou a constitucionalidade do artigo 6º da Lei Complementar nº 105/2001, que permitiu o fornecimento de informações sobre movimentações financeiras diretamente ao Fisco, sem autorização judicial. [...] Na mesma linha de raciocínio, o Supremo Tribunal Federal, a partir da fixação do Tema nº 990, de repercussão geral, entendeu

ser constitucional, aliás, como não poderia deixar de ser, o compartilhamento dos relatórios de inteligência financeira da UIF e da íntegra do procedimento fiscalizatório da Receita Federal do Brasil, que define o lançamento de tributos, com os órgãos de persecução penal e para fins criminais, sem a obrigatoriedade de prévia autorização judicial, devendo ser resguardado o sigilo das informações em procedimentos formalmente instaurados e sujeitos a posterior controle jurisdicional. [...] Vê-se assim como plenamente legítima não só a obtenção dos dados do ora paciente perante as instituições bancárias pelo Fisco, como o compartilhamento desses dados com o Ministério Público, para os fins da persecução penal, tal como ocorrido in casu". [...] *(Agravo Regimental no Habeas Corpus nº 773.438-RN, STJ, 6ª Turma, Rel.Min. Antônio Saldanha Palheiro, julgado em 23.9.2024, publicado no DJ em 25.9.2024)*

157.12.b. [...] 1. A Terceira Seção do STJ, no julgamento dos RHCs 83.233/SP e 83.447/SP, ambos de relatoria do Ministro Sebastião Reis Júnior, assentou que "a possibilidade de a Receita Federal valer-se da representação fiscal para fins penais, a fim de encaminhar, de ofício, os dados coletados no âmbito do procedimento administrativo fiscal, quando identificada a existência de indícios da prática de crime, ao Ministério Público, para fins de persecução criminal, não autoriza o órgão da acusação a requisitar diretamente esses mesmos dados sem autorização judicial", em especial porque referida questão não foi tratada no Tema 990/STF.

2. Mais recentemente, a Sexta Turma, por maioria, no julgamento do RHC 147.707/PA, assentou não ser possível solicitar relatórios de inteligência financeira ao COAF sem autorização judicial, subsidiando referido entendimento nos precedentes da Terceira Seção que firmaram a impossibilidade de se solicitar informações sigilosas diretamente à Receita Federal. No entanto, na Reclamação n. 61.944/PA, a Primeira Turma do STF cassou referida decisão, consignando que a redação do Tema 990/RG não permite a interpretação trazida no acórdão reclamado.

3. Embora haja certa controvérsia a respeito da correta interpretação dos limites firmados no Tema 990 da Repercussão Geral do STF, é incontroversa a impossibilidade de se requerer informações sem que haja prévia instauração de investigação formal, conforme constou do *Habeas Corpus* n. 201.965/RJ, julgado pelo STF. – No caso, apesar de o nome do paciente ter sido citado nas colaborações premiadas, as quais datam de 2015, e mesmo constando ofício do Ministério Público Federal, datado de 9/12/2016, requerendo a instauração de inquérito policial para investigar o paciente, a instauração formal apenas ocorreu por meio de Portaria datada de 28/5/2018, sendo que as informações foram requeridas ao COAF em 4/5/2018, antes, portanto, da existência de procedimento policial instaurado.

4. Constata-se, portanto, que o requerimento de Relatório de Inteligência Financeira ao COAF, para averiguar a existência de movimentação atípica em relação ao paciente e às pessoas jurídicas nas quais ele participa, foi realizado antes da existência de investigação formal contra o paciente, o que revela indevida pescaria probatória (*fishing expedition*), prática vedada pela jurisprudência pátria. Dessa forma, deve ser mantida a nulidade das provas, com o consequente trancamento do IP, sem prejuízo de nova investigação, desde que em observância à legislação pátria.

5. Agravo regimental a que se nega provimento. *(Agravo Regimental no HC nº 876.250-SP, STJ, 5ª Turma, Rel. Min. Reynaldo Soares da Fonseca, julgado em sessão virtual encerrada em 1º.7.2024, publicado no DJ em 3.7.2024)*

157.12.b. [...] 1. A Notícia de Fato é instrumento disciplinado pelo CNMP, por meio da Resolução n. 174/2017, que dispõe no parágrafo único do art. 3º que "o membro do Ministério Público poderá colher informações preliminares imprescindíveis para deliberar sobre a instauração do procedimento próprio, sendo vedada a expedição de requisições". Tem o objetivo de checar os fatos noticiados, para que só então seja possível a instauração de uma investigação formal. Referida conclusão possui respaldo na própria impossibilidade de se expedir requisições, uma vez que os fatos noticiados estão sendo primeiramente confirmados, para só então serem formalmente investigados.

2. A Notícia de Fato se equipara à Verificação de Procedência de Informações, cuidando-se ambos de procedimentos preliminares à investigação propriamente dita. Há uma formalidade na instauração de ambos, o que não há é uma investigação formal, mas mera checagem, simples confirmação, para que se possa efetivamente investigar. Não por outro motivo não são admitidas medidas invasivas em nenhum dos dois procedimentos. Acaso presente o lastro necessário para a investigação, já se teria instaurado o Procedimento Investigatório Criminal ou o Inquéri-

to Policial, não havendo necessidade de um filtro prévio. – Qualquer informação, ainda que inverídica, pode levar à instauração de uma notícia de fato ou de uma verificação prévia de informações, motivo pelo qual não são admitidas medidas invasivas nesse período, sob pena de se configurar verdadeira pescaria probatória. Nesse contexto, a mera informação de fato criminoso, ainda que tenha sido formalmente registrada como Notícia de Fato ou como Verificação de Procedência de Informações, mas sobre a qual ainda penda uma checagem, uma verificação, não pode ser considerada uma investigação formal prévia apta a autorizar a solicitação de informações ao COAF. Portanto, o exame não é de mera nomenclatura, mas de existência de efetiva investigação ou de mera checagem de fatos.

3. Agravo regimental provido para dar provimento ao recurso em habeas corpus, reconhecendo a ilicitude dos relatórios requisitados sem investigação formal prévia. *(Agravo Regimental no RHC nº 187.335-PR, STJ, 5ª Turma, Rel. Min. Ribeiro Dantas, Red. Do acórdão Min. Reynaldo Soares da Fonseca, por maioria, julgado em 18.6.2024, publicado no DJ em 28.6.2024)*

157.12.b. [...] 3. O Supremo Tribunal Federal, ao apreciar o RE 601.314, Rel. Min. Edson Fachin, após reconhecer a repercussão geral da matéria, assentou a constitucionalidade do art. 6º da Lei Complementar nº 105/2001, que permitiu o fornecimento de informações sobre movimentações financeiras diretamente ao Fisco, sem autorização judicial. 4. Esta Corte entende ser possível a utilização de dados obtidos pela Secretaria da Receita Federal para fins de instrução penal. Precedentes. Agravo interno a que se nega provimento. *(Agravo Regimental no RE n. 1.043.002-SP, STF, 1ª Turma, maioria, Rel. Min. Roberto Barroso, julgado em 30.11.2017, publicado no DJ em 14.12.2017).*

157.12.b. [...] 1. O Supremo Tribunal Federal, ao julgar o Recurso Extraordinário n. 1.055.941/SP, em âmbito de repercussão geral, fixou as seguintes teses, a saber: "*1. É constitucional o compartilhamento dos relatórios de inteligência financeira da UIF e da íntegra do procedimento fiscalizatório da Receita Federal do Brasil – em que se define o lançamento do tributo – com os órgãos de persecução penal para fins criminais sem prévia autorização judicial, devendo ser resguardado o sigilo das informações em procedimentos formalmente instaurados e sujeitos a posterior controle jurisdicional; 2. O compartilhamento pela UIF e pela RFB referido no item anterior deve ser feito unicamente por meio de comunicações formais, com garantia de sigilo, certificação do destinatário e estabelecimento de instrumentos efetivos de apuração e correção de eventuais desvios.*"

2. Constata-se que foi julgado lícito o compartilhamento de provas entre o UIF (antigo COAF) e a Receita Federal do Brasil (RFB) com os órgãos de persecução penal, nos casos em que o UIF e a RFB constatam a ocorrência de ilegalidades e comunicam os fatos aos órgãos de persecução penal.

3. No presente caso, a autoridade policial solicitou diretamente ao COAF o envio dos relatórios de inteligência financeira, sem a existência de autorização judicial, situação, portanto, diversa da análise pelo STF.

4. A Terceira Seção desta Corte Superior analisou situação similar, ao julgar o RHC n. 83.233/SP, no qual o Ministério Público requisitou diretamente à Receita Federal do Brasil o envio da declaração de imposto de renda de determinadas pessoas, o que foi considerado ilícito por esta Corte Superior. [...] *(Recurso em Habeas Corpus nº 147.707-PA, STJ, 6ª Turma, Rel. Min. Antonio Saldanha Palheiro, por maioria, julgado em 15.08.2023, publicado no DJ em 24.08.2023)*

157.12.b. [...] É constitucional o compartilhamento dos relatórios de inteligência financeira da UIF e da íntegra do procedimento fiscalizatório da Receita Federal do Brasil – em que se define o lançamento do tributo – com os órgãos de persecução penal para fins criminais sem prévia autorização judicial, devendo ser resguardado o sigilo das informações em procedimentos formalmente instaurados e sujeitos a posterior controle jurisdicional (RE n. 1.055.941/SP, Ministro Dias Toffoli, Plenário, DJe 6/10/2020). [...] *(Recurso em Habeas Corpus nº 132.453/RR, STJ, 5ª Turma, unânime, Rel. Min. Sebastião Reis Júnior, julgado em 10.8.2021, publicado no DJ em 16.8.2021)*

157.12.b. Repercussão geral. Tema 990. Constitucional. Processual Penal. Compartilhamento dos Relatórios de inteligência financeira da UIF e da íntegra do procedimento fiscalizatório da Receita Federal do Brasil com os órgãos de persecução penal para fins criminais. Desnecessidade de prévia autorização judicial. Constitucionalidade reconhecida. Recurso ao qual se dá provimento para restabelecer a sentença condenatória de 1º grau. Revogada a liminar de suspensão nacional (art. 1.035, § 5º, do CPC). Fixação das seguintes *teses: 1. É constitucional o comparti-*

lhamento dos relatórios de inteligência financeira da UIF e da íntegra do procedimento fiscalizatório da Receita Federal do Brasil – em que se define o lançamento do tributo – com os órgãos de persecução penal para fins criminais sem prévia autorização judicial, devendo ser resguardado o sigilo das informações em procedimentos formalmente instaurados e sujeitos a posterior controle jurisdicional; 2. O compartilhamento pela UIF e pela RFB referido no item anterior deve ser feito unicamente por meio de comunicações formais, com garantia de sigilo, certificação do destinatário e estabelecimento de instrumentos efetivos de apuração e correção de eventuais desvios. (Recurso Extraordinário nº 1.055.941/SP, STF, Plenário, por maioria, vencido Min. Marco Aurélio, Rel. Min. Dias Toffoli, julgado em 4.12.2019, publicado no DJ em 18.3.2021)

157.12.b. [...] Não se verifica ilegalidade por parte do Banco Central na obtenção de informações bancárias que respaldam *notitia criminis* encaminhada ao Ministério Público Federal, quando aquele órgão atua na prerrogativa de supervisionar toda e qualquer atividade de natureza bancária, informando ao *parquet* fatos que possam constituir infrações penais em tese. [...] *(Agravo Regimental no Recurso Especial nº 1.463.883/PR, STJ, 5ª Turma, unânime, Rel. Min. João Otávio de Noronha, julgado em 17.8.2021, publicado no DJ em 20.8.2021)*

157.12.b. [...] a medida constritiva alcançou o sigilo bancário do Município de [...] e não da pessoa do Prefeito Municipal, de modo que não foi atingida a intimidade ou a vida privada do ora recorrente, de modo que não há como ser acolhida a tese de nulidade do procedimento em razão de ausência de autorização dada pelo foro competente. 6. "Assim, conta-corrente de titularidade de Prefeitura Municipal não goza de proteção à intimidade/privacidade, tampouco do sigilo bancário, garantia constitucional das pessoas naturais e aos entes particulares. Operações financeiras que envolvam recursos públicos não estão abrangidas pelo sigilo bancário a que alude a Lei Complementar nº 105/2001, visto que as operações dessa espécie estão submetidas aos princípios da administração pública insculpidos no art. 37 da Constituição Federal (MS-33.340/STF, Relator Ministro Luiz Fux, 1ª Turma, DJe de 3/8/2015)" – HC n. 308.493/CE, Rel. Ministro Reynaldo Soares da Fonseca, Quinta Turma, *DJe* de 26/10/2015). [...] *(Recurso em Habeas Corpus n. 79.910- MA, STJ, 5ª Turma, unânime, Rel. Min. Reynaldo Soares da Fonseca, julgado em 26.3.2019, publicado no* DJ *em 22.4.2019).*

157.12.b. [...] Sigilo bancário. Inexistência. Conta-corrente de titularidade da municipalidade. Operações financeiras que envolvem recursos públicos. Requisição de dados bancários diretamente pelo Ministério Público. Admissibilidade. Precedentes. Extensão aos registros de operações bancárias realizadas por particulares, a partir das verbas públicas creditadas naquela conta. Princípio da publicidade (art. 37, *caput*, CF). Prova lícita. Recurso não provido. 1. Como decidido pelo Supremo Tribunal Federal, ao tratar de requisição, pelo Tribunal de Contas da União, de registros de operações financeiras, "o sigilo de informações necessárias para a preservação da intimidade é relativizado quando se está diante do interesse da sociedade de se conhecer o destino dos recursos públicos" (MS nº 33.340/DF, 1ª Turma, rel. Min. Luiz Fux, *DJe* de 3.8.2015). 2. Assentou-se nesse julgado que as "operações financeiras que envolvam recursos públicos não estão abrangidas pelo sigilo bancário a que alude a Lei Complementar nº 105/2001, visto que as operações dessa espécie estão submetidas aos princípios da administração pública insculpidos no art. 37 da Constituição Federal (...)". 3. O Supremo Tribunal Federal reconheceu ao Ministério Público Federal o poder de requisitar informações bancárias relativas a empréstimos subsidiados pelo Tesouro Nacional, ao fundamento de que "se se trata de operação em que há dinheiro público, a publicidade deve ser nota característica dessa operação" (MS nº 21.729/DF, Pleno, Relator para o acórdão o Min. Néri da Silveira, *DJ* 19.10.2001). 4. Na espécie, diante da existência de indícios da prática de ilícitos penais com verbas públicas, o Ministério Público solicitou diretamente à instituição financeira cópias de extratos bancários e microfilmagens da conta-corrente da municipalidade, além de fitas de caixa, para a apuração do real destino das verbas. 5. O poder do Ministério Público de requisitar informações bancárias de conta-corrente de titularidade da prefeitura municipal compreende, por extensão, o acesso aos registros das operações bancárias realizadas por particulares, a partir das verbas públicas creditadas naquela conta. 6. De nada adiantaria permitir ao Ministério Público requisitar diretamente os registros das operações feitas na conta bancária da municipalidade e negar-lhe o principal: o acesso ao real destino dos recursos públicos, a partir do exame de operações bancárias sucessivas (v.g., desconto de cheque emitido pela Municipalidade na boca do caixa, seguido de transferência a particular do valor sacado). 7. Entendimento em sentido diverso implicaria o esvaziamento da própria finalidade do princípio da publicidade, que é permitir o controle da atuação do administrador público e do emprego de verbas públicas. 8. Inexistência de prova ilícita capaz de conduzir ao trancamento da ação penal. 9. Recurso não provido. *(RHC n. 133.118-CE, STF, 2ª Turma, unânime, Rel. Min. Dias Toffoli, julgado em 26.9.2017, publicado no DJ em 9.3.2018).*

157.12.b. [...] Cooperação jurídica internacional. Prova produzida no exterior. Compartilhamento. Autorização judicial de uso das provas colhidas no exterior e de quebra de sigilo bancário. Parâmetros de validade atendidos. Arts. 13 e 17 da LINDB. Convenção Internacional de Palermo e Convenção Internacional de Mérida. [...] III – *"A prova produzida no estrangeiro de acordo com a legislação de referido país pode, contudo, não ser admitida no processo em curso no território nacional se o meio de sua obtenção violar a ordem pública, a soberania nacional e os bons costumes brasileiros, em interpretação analógica da previsão do art. 17 da LINDB. [...] Na presente hipótese, as provas encaminhadas ao MP brasileiro são legítimas, segundo o parâmetro de legalidade suíço, e o meio de sua obtenção não ofende a ordem pública, a soberania nacional e os bons costumes brasileiros, até porque decorreu de circunstância autônoma interveniente na cadeia causal, a qual afastaria a mancha da ilegalidade existente no indício primário. Não há, portanto, razões para a declaração de sua inadmissibilidade no presente processo. [...] Preliminares rejeitadas. Denúncia recebida."* (APn n. 856/DF, Corte Especial, rel. Min. Nancy Andrighi, *DJe* 6.2.2018). IV – Nos termos do art. 13 do Decreto-Lei n. 4.657/42 – Lei de Introdução às Normas do Direito Brasileiro, a prova dos fatos ocorridos no país estrangeiro rege-se pela lei que nele vigorar, quanto ao ônus e aos meios de produzir-se. Dessa feita, verifica-se que, na hipótese, o compartilhamento das informações entre as autoridades brasileiras e holandesas observaram a legislação pertinente, em especial as Convenções multilaterais de Palermo e de Mérida, bem como o art. 13 da LINDB. [...] VI – Entender pela impossibilidade de compartilhamento de provas por meio de cooperações jurídicas internacionais significa inviabilizar a persecução penal de, além dos crimes de evasão de divisas e de lavagem de capitais, tantos outros delitos transnacionais, como o tráfico internacional de drogas, o tráfico internacional de pessoas, a pedofilia por meio da rede mundial de computadores, o tráfico internacional de armas, entre outros. Atenta ao fenômeno da criminalidade globalizada e transnacional, essa eg. Corte Superior em diversas ocasiões tem afirmado e reafirmado a validade de provas produzidas no exterior e compartilhada por meio de cooperação jurídica internacional. [...] Agravo regimental desprovido. [...] *(Agravo Regimental no Recurso Especial n. 1.656.153-PR, STJ, 5ª Turma, unânime, Rel. Min. Félix Fischer, julgado em 24.5.2018, publicado no DJ em 30.5.2018).*

....

c) Quebra de sigilo de dados de *geolocalização*. Tema mais contemporâneo de discussão na doutrina e na jurisprudência diz respeito à chamada quebra de sigilo de dados envolvendo *geolocalização*. Não se trata aqui de situações similares de *interceptações telefônicas, telemáticas ou de dados*. Aqui, a pretensão é, unicamente, a verificação se, pelos registros *digitais de geolocalização* que normalmente aparelhos eletrônicos (especialmente telefones e *tablets*) deixam em ambiência virtual, tal como são realizadas, há muito tempo, as chamadas informações de ERB´s (estações rádio-base) em relação a aparelhos telefônicos.

Não há dúvidas de que se faz necessária uma ordem judicial para que se tenha o acesso *geral* de quais aparelhos deixaram "rastros" em determinadas localizações (a indicar que, em tese, o seu usuário esteve naquela região abrangida pelas informações dos *dados de localização*). Claro que essas informações não podem servir para uma *devassa* com posterior divulgação de informações que em nada sejam relevantes para as apurações criminais que estão sendo levadas a efeito. Nesse ponto, total compatibilidade dessa providência com a chamada Lei Geral de Proteção de Dados (Lei nº 13.709/2018), que é expressa quanto à não incidência para fins de "atividades de investigação e repressão de infrações penais" (art. 4º, III, *d*).

O tema tomou mais relevo sobretudo a partir de decisão da 3ª Seção do STJ que, em hipótese de repercussão, não verificou nenhuma ilegalidade na medida determinada por juízo de primeiro grau. Nesse caso concreto (e depois sobrevieram outros), a ordem direcionou-se a dados estáticos (registros), relacionados à identificação de usuários em determinada localização geográfica, que, de alguma forma, possam ter algum ponto em comum com os fatos objeto de investigação por crimes de homicídio que estavam sob investigação policial. Assim, a ordem judicial de "quebra de dados informáticos estáticos", relativos a arquivos digitais de registros de conexão ou acesso a aplicações de internet e eventuais dados pessoais a eles vinculados, é, como reconhecido, "absolutamente distinta daquela que ocorre com as interceptações das comunicações, as quais dão acesso ao fluxo de comunicações de dados, isto é, ao conhecimento do conteúdo da comunicação travada com o seu destinatário".

Por isso é fundamental fazer essa distinção entre quebra de sigilo de dados armazenados e a interceptação do fluxo de comunicações. Ou seja, na dicção da interpretação conferida (que temos por correta), "a quebra do sigilo de dados, na hipótese, corresponde à obtenção de registros informáticos existentes ou dados já coletados". Ficou bem claro no julgado paradigmático que os arts. 22 e 23 do denominado Marco Civil da Internet, que tratam especificamente do procedimento de que cuidava o caso sob exame, "*não exigem a indicação ou qualquer elemento de individualização pessoal na decisão judicial*".

Assim, foram estabelecidos alguns requisitos para que o juízo determine a prestação de informações de dados ao provedor de serviços de internet: "*a) indícios da ocorrência do ilícito; b) justificativa da utilidade da requisição; e c) período ao qual se referem os registros*".

Portanto, não é necessária uma indicação da pessoa que está sendo objeto da investigação (a finalidade é exatamente *tentar verificar quem são os potenciais autores que estiveram no local no período)*, tampouco há necessidade (tal como nos casos *de interceptações*) que sejam feitas indicações da denominada "indispensabilidade da medida".

De outro lado, não pode ser uma "quebra" por período indeterminado e totalmente desvinculado de uma indicação *minimamente objetiva* acerca do que se quer saber. Nessa linha, informações gerais de *quem esteve no local* em períodos anteriores à prática do crime não se revelam, em tese, desarrazoados. Por isso, ficou expresso que ordem judicial "*para quebra do sigilo dos registros, delimitada por parâmetros de pesquisa em determinada região e por período de tempo, não se mostra medida desproporcional, porquanto, tendo como norte a apuração de gravíssimos crimes cometidos*". Claro que não há empeço de, frente a informações apuradas, buscar uma *ampliação* do período, desde que devidamente *fundamentado.*

Desse modo, e valendo-nos do julgado-paradigmático, como dissemos acima, "*a quebra do sigilo de dados armazenados, de forma autônoma ou associada a outros dados pessoais e informações, não obriga a autoridade judiciária a indicar previamente as pessoas que estão sendo investigadas, até porque o objetivo precípuo dessa medida, na expressiva maioria dos casos, é justamente de proporcionar a identificação do usuário do serviço ou do terminal utilizado*".

Jurisprudência

157.12.c [...] Direito à privacidade e à intimidade. Identificação de usuários em determinada localização geográfica. Imposição que não indica pessoa individualizada. Ausência de ilegalidade ou de violação dos princípios e garantias constitucionais. [...] 1. Os direitos à vida privada e à intimidade fazem parte do núcleo de direitos relacionados às liberdades individuais, sendo, portanto, protegidos em diversos países e em praticamente todos os documentos importantes de tutela dos direitos humanos. No Brasil, a Constituição Federal, no art. 5º, X, estabelece que: "*são invioláveis a intimidade, a vida privada, a honra e a imagem das pessoas, assegurado o direito a indenização pelo dano material ou moral decorrente de sua violação*". A ideia de sigilo expressa verdadeiro direito da personalidade, notadamente porque se traduz em garantia constitucional de inviolabilidade dos dados e informações inerentes a pessoa, advindas também de suas relações no âmbito digital. 2. Mesmo com tal característica, *o direito ao sigilo não possui, na compreensão da jurisprudência pátria, dimensão absoluta*. De fato, embora deva ser preservado na sua essência, este Superior Tribunal de Justiça, assim como a Suprema Corte, entende que é possível afastar sua proteção quando presentes circunstâncias que denotem a existência de interesse público relevante, invariavelmente por meio de decisão proferida por autoridade judicial competente, suficientemente fundamentada, na qual se justifique a necessidade da medida para fins de investigação criminal ou de instrução processual criminal, sempre lastreada em indícios que devem ser, em tese, suficientes à configuração de suposta ocorrência de crime sujeito à ação penal pública. 3. Na espécie, *a ordem judicial direcionou-se a dados estáticos (registros), relacionados à identificação de usuários em determinada localização geográfica que, de alguma forma, possam ter algum ponto em comum com os fatos objeto de investigação por crimes de homicídio*. 4. A determinação do Magistrado de primeiro grau, *de quebra de dados informáticos estáticos, relativos a arquivos digitais de registros de conexão ou acesso a aplicações de internet e eventuais dados pessoais a eles vinculados, é absolutamente distinta daquela que ocorre com as interceptações das comunicações*, as quais dão acesso ao fluxo de comunicações de dados, isto é, ao conhecimento do conteúdo da comunicação travada com o seu destinatário. *Há uma distinção conceitual entre a quebra de sigilo de dados armazenados e a interceptação do fluxo de comunicações*. Decerto que o art. 5º, X, da CF/88 garante a inviolabilidade da intimidade e da privacidade, inclusive quando os dados informáticos constarem de banco de dados ou de arquivos virtuais mais sensíveis. Entretanto, o acesso a esses dados registrados ou arquivos virtuais não se confunde com a interceptação das comunicações e, por isso mesmo, a amplitude de proteção não pode ser a mesma. 5. Os dispositivos que se referem às interceptações das comunicações indicados pelos recorrentes não se ajustam ao caso *sub examine*. O procedimento de que trata o art. 2º da Lei n. 9.296/1996, cujas rotinas estão previstas na Resolução n. 59/2008 (com alterações ocorridas em 2016) do CNJ, os quais regulamentam o art. 5º, XII, da CF, não se aplica a procedimento que visa a obter dados pessoais estáticos armazenados em seus servidores e sistemas informatizados de um provedor de serviços de internet. A quebra do sigilo de dados, na hipótese, corresponde à obtenção de registros informáticos existentes ou dados já coletados. 6. Não há como pretender dar uma interpretação extensiva aos referidos dispositivos, de modo a abranger a requisição feita em primeiro grau, porque *a ordem é dirigida a um provedor de serviço de conexão ou aplicações de internet, cuja relação é devidamente prevista no Marco Civil da Internet, o qual não impõe, entre os requisitos para a quebra do sigilo, que a ordem judicial especifique previamente as pessoas objeto da investigação ou que a prova da infração (ou da autoria) possa ser realizada por outros meios*. 7. Os arts. 22 e 23 do Marco Civil da Internet, que tratam especificamente do procedimento de que cuidam os autos, não exigem a indicação ou qualquer elemento de individualização pessoal na decisão judicial. Assim, para que o magistrado possa requisitar dados pessoais armazenados por provedor de serviços de internet, mostra-se satisfatória a indicação dos seguintes elementos previstos na lei: a) indícios da ocorrência do ilícito; b) justificativa da utilidade da requisição; e c) período ao qual se referem os registros. *Não é necessário, portanto, que o magistrado fundamente a requisição com indicação da pessoa alvo da investigação*, tampouco que justifique a indispensabilidade da medida, ou seja, que a prova da infração não pode ser realizada por outros meios, o que, aliás, seria até, na espécie – se houvesse tal obrigatoriedade legal – plenamente dedutível da complexidade e da dificuldade de identificação da autoria mediata dos crimes investigados. 8. Logo, a quebra do sigilo de dados armazenados, de forma autônoma ou associada a outros dados pessoais e informações, não obriga a autoridade judiciária a indicar previamente as pessoas que estão sendo investigadas, até porque o objetivo precípuo dessa medida, na expressiva maioria dos casos, é justamente de proporcionar a identificação do usuário do serviço ou do terminal utilizado. 9. Conforme dispõe o art. 93, IX, da CF, "todos os julgamentos dos órgãos do Poder Judiciário serão públicos, e fundamentadas todas as decisões, sob pena de nulidade, podendo a lei limitar a presença, em determinados atos, às próprias partes e a seus advogados, ou somente a estes, em casos nos quais a preservação do direito à intimidade do interessado no sigilo não prejudique o interesse público à informação". Na espécie, tanto os indícios da prática do crime, como a justificativa quanto à utilização da medida e o período ao qual se referem os registros foram minimamente explicitados pelo Magistrado de primeiro grau. 10. *Quanto à proporcionalidade da quebra de dados informáticos, ela é adequada, na medida em que serve como mais um instrumento que pode auxiliar na elucidação dos delitos, cuja investigação se arrasta por dois anos, sem que haja uma conclusão definitiva; é necessária, diante da complexidade do caso e da não evidência de outros meios não gravosos para se alcançarem os legítimos fins investigativos; e, por fim, é proporcional em sentido estrito, porque a restrição a direitos fundamentais que dela redundam – tendo como finalidade a apuração de crimes dolosos contra a vida, de repercussão internacional – não enseja gravame às pessoas eventualmente afetadas, as quais não terão seu sigilo de dados registrais publicizados, os quais, se não constatada sua conexão com o fato investigado, serão descartados.* 11. Logo, *a ordem judicial para quebra do sigilo dos registros, delimitada por parâmetros de pesquisa em determinada região e por período de tempo, não se mostra medida desproporcional, porquanto, tendo como norte a apuração de gravíssimos crimes cometidos por agentes públicos contra as vidas de três pessoas – mormente a de quem era alvo da emboscada, pessoa dedicada, em sua atividade parlamentar, à defesa dos direitos de minorias que sofrem com a ação desse segmento podre da estrutura estatal fluminense – não impõe risco desmedido à privacidade e à intimidade dos usuários possivelmente atingidos pela diligência questionada.* 12. Recurso em mandado de segurança não provido *(Recurso em Mandado de Segurança nº 62.143-RJ, STJ, 3ª Seção, por maioria Rel. Min. Rogério Schietti Cruz, julgado em 26.8.2020, publicado no DJ em 8.9.2020).*

157.12.c [...] Revela-se acentuado o perigo de ineficácia da medida de busca em ambiente domiciliar ou quebra de sigilo de dados quando o investigado, cujos direitos individuais estão sendo relativizados, toma prévio conhecimento da sua realização. [...] *(Agravo Regimental no Pedido de Quebra de Sigilo de Dados e/ou Telefônico nº 102-DF, STJ, Corte Especial, Rel. Min. OG Fernandes, sessão virtual de 4.10.2023 a 10.10.2023, publicado no DJ em 17.10.2023)*

157.12.c [...] II – De acordo com o entendimento consolidado no col. Supremo Tribunal Federal, *"os direitos e garantias individuais não tem caráter absoluto. Não há, no sistema constitucional brasileiro, direitos ou garantias que se revistam de caráter absoluto, mesmo porque razões de relevante interesse público ou exigências derivadas do princípio de convivência das liberdades legitimam, ainda que excepcionalmente, a adoção, por parte dos órgãos estatais, de medidas restritivas das prerrogativas individuais ou coletivas, desde que respeitados os termos estabelecidos pela própria Constituição"* (MS n. 23.452/RJ, Segunda Turma, Rel. Min. Celso de Mello, DJe de 12/5/2000).

III – In casu, no que tange especificamente à fundamentação da r. decisão prolatada pelo eg. Tribunal de origem, certo é que foram devidamente sopesadas as circunstâncias do caso concreto, restando demonstrada nos presentes autos a imprescindibilidade da medida, porquanto a situação em voga trata do cometimento de crimes graves – 2 (dois) homicídios dolosos, os quais, em tese, estariam relacionados a diversos delitos antecedentes, tais como o tráfico transnacional de entorpecentes, organização criminosa e branqueamento de capitais, envolvendo vários investigados (fl. 102), tudo a afirmar, estreme de dúvidas, a essencialidade da medida.

IV – Ademais, observa-se na hipótese vertente que a determinação judicial rechaçada se referiu a dados estáticos antes coletados (registros de geolocalização), relacionados à identificação de usuários que operaram em área delimitada e por intervalo de tempo indicado. Tal situação configura apenas quebra de sigilo de dados informáticos estáticos e se distingue das interceptações das comunicações dinâmicas em si, as quais dariam acesso ao fluxo de comunicações de dados, isto é, ao conhecimento do conteúdo da comunicação travada com o seu destinatário.

V – Trata-se, inclusive, de tema já enfrentado por esta eg. Corte Superior. Precedente: RMS n. 62.143/RJ, Sexta Turma, Rel. Min. Rogério Schietti Cruz, DJe de 8/9/2020.

VI – Não obstante, a ordem foi dirigida a provedor cuja relação é regida pelo Marco Civil da Internet, o qual nem mesmo prevê, dentre os requisitos que estabelece para a quebra de sigilo, que a decisão judicial especifique previamente as pessoas objeto da investigação ou que a prova da infração (ou da autoria) possa ser realizada facilmente por outros meios (arts. 22 e 23 da Lei n. 12.965/2014). [...] *(Agravo Regimental em Mandado de Segurança nº 67.093/MT, STJ, 5ª Turma, unânime, Rel. Min. Jesuíno Rissato, julgado em 21.9.2021, publicado no DJ em 29.9.2021)*

157.12.c [...] 1. O agravado apontou violação aos arts. 8º, caput e 22, ambos da Lei Federal n. 12.965/2014, sustentando que o art. 22, I, II e III do Marco Civil da Internet não exige que o magistrado fundamente a requisição com indicação daqueles que são alvos da investigação, nem tampouco que justifique a indispensabilidade da medida requestada, inclusive, apontando a inaplicabilidade da Lei Federal n. 9.296/96. Nesse contexto, *"(...) a pretensão ministerial limitou-se a análise de matéria de direito, cujos fatos e provas foram devidamente delineados pelas instâncias ordinárias, o que afasta a aplicação da Súmula n. 7 do Superior Tribunal de Justiça – STJ"* (AgRg no REsp 1862603/RJ, Rel. Ministro Joel Ilan Paciornik, Quinta Turma, DJe 4/5/2020).

[...] 3. Consoante jurisprudência desta Corte, há diferenciação na proteção dada pela legislação ao conteúdo das comunicações mantidas entre indivíduos e às informações de conexão e de acesso a aplicações da *internet*. Em relação ao conteúdo das comunicações mantidas entre indivíduos, as Leis n. 9.296/96 e n. 12.965/2014 restringem a possibilidade de quebra do sigilo. Exigem, para tanto, que haja decisão judicial, precedida de requerimento de autoridades específicas e em hipóteses limitadas. Já ao tratar das informações de conexão e de acesso a aplicações de *internet*, encontram-se na Lei n. 12.965/2014 regras mais claras e menos rígidas, em que se estabelece, inclusive, a prescindibilidade de decisão judicial, em hipóteses específicas.

4. No presente caso, o que se percebe é que a Corte Estadual se ateve aos preceitos da Lei n. 9.296/96, e que se referem ao conteúdo das comunicações, para negar o acesso às informações de dados cadastrais e histórico de localização de contas, salientando a generalidade da medida, quando, em verdade, restou preenchida a única exigência legal para autorizar o pedido judicial, aquela estabelecida pelo art. 22 da Lei n. 12.965/2014 e seus incisos: a existência de ilícito; a representação formulada pela autoridade competente reportando a necessidade da medida para o prosseguimento das investigações; e, finalmente, a limitação da área e os períodos de tempo dos registros dos dados necessários às investigações.

5. Cabe o reforço de que não há falar em alcance de número indeterminado de pessoas, tampouco em pedido genérico, pois o pedido de quebra alcança apenas os telefones móveis e contas do *Google* acessados no dia, hora e local dos fatos. De fato, a medida pode atingir pessoas que não possuem qualquer pertinência com os fatos investigados. Contudo, as intimidades não serão fragilizadas, pois os dados requeridos se limitam à identificação dos equipamentos eletrônicos eventualmente utilizados naquelas regiões e naqueles intervalos de tempo, não se adentrando no conteúdo das comunicações.

6. Assim, tem-se que o aresto hostilizado contrariou a orientação desta Corte, pois, *"Nos termos da jurisprudência do Superior Tribunal de Justiça, a quebra de sigilo dos dados cadastrais dos usuários, relações de números de chamadas, horário, duração, dentre outros registros similares, que são informes externos à comunicação telemática, não se submetem a disciplina da Lei n.º 9.296/96, que trata da interceptação do que é transmitido pelo interlocutor ou do teor da comunicação telefônica"* (AgRg no REsp 1760815/PR, Rel. Ministra Laurita Vaz, Sexta Turma, DJe 13/11/2018). [...] *(Agravo Regimental no Agravo em Recurso Especial nº 1.779.786/GO, STJ, 5ª Turma, unânime, Rel. Min. Joel Ilan Paciornik, julgado em 21.9.2021, publicado no DJ em 24.9.2021)*

....

d) Comissões Parlamentares de Inquérito:

Fundamentadas, então, em texto constitucional, art. 58, § 3º, CF, as Comissões Parlamentares de Inquérito detêm prerrogativa para, no curso de seus trabalhos, determinar a quebra de sigilo bancário, do sigilo fiscal, de registros telefônicos, de correspondência e comunicação telegráfica, sendo-lhes vedadas, unicamente, as providências reservadas expressamente na Constituição da República à autoridade judiciária.

Em relação a elas, CPIs, relembre-se, não se admite a decretação de prisão, salvo em flagrante delito (de resto, cabível a qualquer pessoa do povo); a quebra de sigilo das comunicações telefônicas e a expedição de mandado de busca e apreensão domiciliar. Note-se, à guisa de esclarecimento, que a interceptação de *registros telefônicos* não é a mesma coisa que a interceptação das *comunicações telefônicas.* Nestas últimas é que ocorre a interlocução, ou seja, a *comunicação* propriamente dita.

Os registros, ao contrário, captam apenas os dados relativos à conversação (horário da ligação, número dos aparelhos envolvidos etc.), sem atingir o seu conteúdo.

De se ver, no ponto, que as Comissões Parlamentares de Inquérito constituídas no âmbito do Poder Legislativo *dos Estados* também detêm as aludidas prerrogativas de investigação em relação ao sigilo bancário, o mesmo não ocorrendo, contudo, com aquelas (CPIs) instituídas ao nível *municipal,* conforme assentado, por maioria, no Supremo Tribunal Federal, por ocasião do julgamento da ACO 730/RJ, Rel. Min. Joaquim Barbosa, em 22.9.2004.

Razões óbvias quanto à rejeição dos poderes atinentes à quebra do sigilo bancário às Comissões *municipais,* cujas autoridades sequer têm foro privativo nos Tribunais, para processo e julgamento em crimes comuns, além do diminuto espaço legiferante a elas reservado na Constituição da República.

Jurisprudência

157.12.d. Interceptação telefônica. Sigilo judicial. Segredo de justiça. Quebra. Impossibilidade jurídica. Requisição de cópias das ordens judiciais e dos mandados. Liminar concedida. Admissibilidade de submissão da liminar ao Plenário, pelo Relator, para referendo. Precedentes (MS nº 24.832-MC, MS nº 26.307-MS e MS nº 26.900-MC). Voto vencido. Pode o Relator de mandado de segurança submeter ao Plenário, para efeito de referendo, a liminar que haja deferido. Prova. Interceptação telefônica. Decisão judicial. Sigilo judicial. Segredo de justiça. Quebra. Requisição, às operadoras, de cópias das ordens judiciais e dos mandados de interceptação. Inadmissibilidade. Poder que não tem caráter instrutório ou de investigação. Competência exclusiva do juízo que ordenou o sigilo. Aparência de ofensa a direito líquido e certo. Liminar concedida e referendada. Voto vencido. Inteligência dos arts. 5º, X e LX, e 58, § 3º, da CF, art. 325 do CP, e art. 10, cc. art. 1º da Lei federal nº 9.296/96. Comissão Parlamentar de Inquérito não tem poder jurídico de, mediante requisição, a operadoras de telefonia, de cópias de decisão nem de mandado judicial de interceptação telefônica, quebrar sigilo imposto a processo sujeito a segredo de justiça. Este é oponível a Comissão Parlamentar de Inquérito, representando expressiva limitação aos seus poderes constitucionais (*Mandado de Segurança nº 27.483, STF, Plenário, Rel. Min. Cezar Peluso, julgado em 14.8.2008, publicado no* DJ *em 10.10.2008*).

CAPÍTULO II
Do Exame do Corpo de Delito, da Cadeia de Custódia e das Perícias em Geral
(Redação dada pela Lei nº 13.964, de 2019)

Art. 158. Quando a infração deixar vestígios, será indispensável o exame de corpo de delito, direto ou indireto, não podendo supri-lo a confissão do acusado.

Parágrafo único. Dar-se-á prioridade à realização do exame de corpo de delito quando se tratar de crime que envolva:

I – violência doméstica e familiar contra mulher;

II – violência contra criança, adolescente, idoso ou pessoa com deficiência. (Incluído pela Lei n. 13.721, de 2 de outubro de 2018.)

158.1. Hierarquia e especificidade da prova técnica: É comum e já assentado em boa doutrina e na melhor jurisprudência o entendimento segundo o qual não existiria *hierarquia probatória* no processo penal, de tal modo que qualquer meio de prova idôneo se prestaria a firmar o convencimento judicial. De outro modo: superado o modelo da chamada *prova tarifada*, no qual a convicção do juiz se vinculava a critérios rígidos e fixados *aprioristicamente*, no sistema do *livre convencimento motivado*, ao contrário, não haveria prova superior à outra. É dizer: desde que motivada a escolha, pode o juiz se convencer em qualquer direção, a partir do livre exame do material probatório disponível.

Parece-nos, contudo, que as coisas não são exatamente assim.

É de se observar, por primeiro, que o convencimento judicial está ligado à complexa questão da formação da certeza, no processo, quanto à veracidade da existência de um fato, para fins de aplicação do direito, ou, numa palavra (que, em geral, são mais!): da *verdade processual*.

Nesse passo, fica mais fácil compreender a razão pela qual não podemos acompanhar, ao menos em sua inteireza, o ditado afirmativo da ampla liberdade do convencimento judicial. Mas não porque não concordemos com a inexistência de uma hierarquia de provas. Nisso, estamos de acordo.

Ocorre que a demonstração da existência (do fato) e das (suas) circunstâncias de determinados fatos envolve questões de maior complexidade que a simples e livre escolha da subjetividade do julgador. Não se pode exigir que o juiz – ou qualquer outro ser humano – abarque em si todos os meios e todos os níveis de conhecimento possíveis. O depoimento em língua *grega*, por exemplo, pode oferecer grandes dificuldades ao juiz, mesmo quando seja ele versado no aludido idioma. Os exemplos seriam muitos: conhecimentos *médicos, biológicos, de engenharia* ou, enfim, quaisquer conhecimentos cuja compreensão demande certo grau de *especialização*.

Por isso, no exemplo dado anteriormente, não poderia o juiz *desconsiderar* o depoimento prestado em língua grega, para, livremente, pender para o lado em cujo ambiente de prova estiver mais habilitado. Não há, portanto, hierarquia de prova. Mas *especificidade* dela, não temos dúvidas!

E por *especificidade* da prova entendemos o meio técnico especializado que permite maior compreensão do significado da prova, bem como de suas possíveis interpretações. A prova *técnica* não é uma prova *superior* às demais. Mas é, sim, uma prova *especial,* quanto ao conteúdo de interpretação de um meio de prova.

A prova pericial ou a prova técnica, mediante análise *especializada* do meio de prova, seja quanto ao fato em si (morte, lesão corporal etc.), surge como uma exigência garantista para um mais adequado conhecimento judicial da matéria a ser julgada, diante da necessidade da comprovação específica de determinados fatos. Apenas nesse sentido é que pode *exigir* a prova pericial: quando o exame dos vestígios deixados pela infração for relevante para o julgamento da causa e quando esse exame demandar conhecimentos técnicos específicos e especiais.

Jurisprudência

158.1. [...] De acordo com o sistema de valoração de provas instituído no processo penal brasileiro, o magistrado é livre para formar o seu convencimento acerca dos fatos submetidos à persecução penal, desde que devidamente fundamentado com arrimo no conjunto probatório produzido nos autos. Não se podendo falar, portanto, em hierarquia de provas, não há ilegalidade na condenação do paciente pelo crime de tentativa de furto qualificado em razão do emprego de chave falsa, com base apenas nos depoimentos colhidos no âmbito do devido processo legal. [...] A produção da prova pericial reclama a necessidade de elucidar fatos que demandam conhecimentos específicos em determinada área do conhecimento, excepcionalidade não encontrada na hipótese, já que a utilização da chave falsa foi confirmada pelas testemunhas ouvidas em juízo. Ademais, como a figura delitiva em apreço não deixa vestígios, inexiste a obrigação de se proceder ao exame de corpo de delito previsto no artigo 158 do Código de Processo Penal. Precedente do STF. [...] Ademais, conforme entendimento desta Corte, o depoimento de policiais responsáveis pela prisão em flagrante do acusado constitui meio de prova idôneo a embasar o édito condenatório, mormente quando corroborado em Juízo, no âmbito do devido processo legal. Ordem denegada (*Habeas Corpus nº 96.665-ES, STJ, 5ª Turma, Rel. Min. Jorge Mussi, julgado em 15.9.2009, publicado no* DJ *em 13.10.2009).*

158.2. Infrações que deixam vestígios: Aqui, qualquer definição parece dispensável. Entende-se por vestígios todo e qualquer material que possa ser apreendido *fisicamente* – independentemente de sua natureza micro ou macro (sangue ou qualquer material genético, cigarro, vidros, líquidos etc.) – e que tenha relação, ou com o objeto material do crime, ou com suas circunstâncias (tempo, lugar, meio de execução etc.).

Quando não desaparecidos os vestígios, não há razão para a não realização da perícia técnica sobre eles, de cujo exame poderá resultar maiores esclarecimentos acerca da autoria e da materialidade do fato em apuração. Normalmente, se associa o exame pericial à comprovação da *materialidade* do crime, o que, em princípio, está correto. Mas não só. Muitas vezes se determinará também a autoria ou a participação com o exame pericial. De se ver que o CPP prevê como hipótese de nulidade exatamente a ausência de realização de laudo pericial quando a infração deixar vestígios (art. 564, III, *b*).

É pelo exame pericial, por exemplo, que se constata, inclusive, o alcance do tipo penal, como ocorre com as qualificadoras do crime de lesão corporal (art. 129, parágrafos e respectivos incisos, CP). A morte (do acusado), para fins de extinção da punibilidade, exige *atestado de óbito*, nos termos do art. 62, CPP. Do mesmo modo, a morte da vítima dependerá de uma análise específica comprobatória do falecimento, em qualquer nível aceitável pelo conhecimento médico (autópsia, exame de arcada dentária ou de outro material genético, quando induvidoso o perecimento da pessoa), exigindo, por vezes, o exame de outros elementos de prova, incluindo a testemunhal, nas hipóteses de desaparecimento do corpo.

Os vestígios, portanto, seriam os resíduos (materiais) do delito, quer atinentes à comprovação da existência do fato e de sua autoria, quer quanto às circunstâncias em que teria sido ele realizado (tempo, lugar, modos de execução etc.).

Jurisprudência

158.2. [...] Na interpretação do art. 158 do Código de Processo Penal, a jurisprudência do Superior Tribunal de Justiça fixou-se no sentido da dispensabilidade do exame de corpo de delito para a comprovação do crime de falsidade ideológica (AgRg no HC n. 841.159/SC, rel. Ministro Reynaldo Soares da Fonseca, Quinta Turma, julgado em 12/09/2023, DJe de 18/09/2023, e REsp n. 1.688.535/MG, rel. Ministro Jorge Mussi, Quinta Turma, julgado em 23/08/2018, DJe de 31/08/2018).[...] *(Agravo Regimental no Recurso Especial n°2.124.742-SC, STJ, 6ª Turma, Rel. Min. Otávio de Almeida Toledo, julgado em 16.10.2024, publicado no DJ em 23.10.2024)*

158.2.[...] Na interpretação do art. 158 do Código de Processo Penal, a jurisprudência do Superior Tribunal de Justiça fixou-se no sentido da dispensabilidade do exame de corpo de delito para a comprovação do crime de falsidade ideológica (AgRg no HC n. 841.159/SC, rel. Ministro Reynaldo Soares da Fonseca, Quinta Turma, julgado em 12/09/2023, DJe de 18/09/2023, e REsp n. 1.688.535/MG, rel. Ministro Jorge Mussi, Quinta Turma, julgado em 23/08/2018, Dje de 31/08/2018). [...] *(Agravo Regimental no Recurso Especial nº 2.124.742-SC, STJ, 7ª Turma, sessão virtual 10.10.2024 a 16.10.2024, publicado no DJ em 22.10.2024)*

158.2.[...] A Terceira Seção deste Tribunal Superior, no julgamento dos Embargos de Divergência n. 961.863/RS, firmou o entendimento de que é dispensável a apreensão e a perícia da arma de fogo, para a incidência da respectiva majorante, quando existirem, nos autos, outros elementos de prova que evidenciem a sua utilização no roubo, como no caso concreto. [...] *(Agravo Regimental no Habeas Corpus n° 892.318-SP, STJ, 5ª Turma, Rel.Min. Joel Ilan Paciornik, julgado em 23.9.2024, publicado no DJ em 25.9.2024)*

158.2. [...] Nos termos do art. 158 do Código de Processo Penal, "quando a infração deixar vestígios, será indispensável o exame de corpo de delito, direto ou indireto, não podendo supri-lo a confissão do acusado". [...] Ao interpretar o referido dispositivo legal, esta Corte Superior de Justiça pacificou o entendimento de que, mesmo nos crimes materiais, que deixam vestígios, é dispensável a realização de perícia para a comprovação da materialidade delitiva, que pode ser aferida por outros meios de prova. Precedentes. *[...] (Inquérito nº 1.653-DF, STJ, Corte Especial, Rel. Min. Og Fernandes, julgado em 19.4.2024, publicado no DJ em 14.5.2024)*

158.2. [...] A Terceira Seção desta Corte consolidou entendimento no sentido de que, "se houver vestígios, a perícia é imprescindível, na forma do art. 158 do Código de Processo Penal". Precedentes. [...] Somente será possível a substituição de exame pericial direto por outros meios probatórios, na forma indireta, para fins de comprovação da materialidade dos crimes ambientais de natureza material – no caso, o art. 41 da Lei n. 9.605/1998 – quando a infração não deixar vestígios ou quando o lugar dos fatos tenha se tornado impróprio à análise pelos experts, circunstâncias excepcionais que não se enquadram na hipótese sub judice. [...] Apesar de o art. 158 do Código de Processo Penal não fazer expressa distinção entre o exame de corpo de delito direto e indireto, prevalece na jurisprudência desta Corte Superior que a realização do exame de corpo de delito de forma indireta somente é possível quando os vestígios da infração tiverem desaparecido ou o lugar do delito tenha se tornado inapropriado para a sua realização, em razão do seu caráter subsidiário. [...] *(Agravo Regimental no Habeas Corpus nº 797.375-MG, STJ, 5ª Turma, Rel. Min. Reynaldo Soares da Fonseca, julgado em 26.9.2023, publicado no DJ em 29.9.2023)*

158.2. [...] se era possível a realização da perícia, mas esta não ocorreu, a prova testemunhal, não supre a sua ausência, nos termos do artigo 158, do Código de Processo Penal. [...] *(Agravo Regimental no Habeas Corpus nº 681.448/SC, STJ, 5ª Turma, unânime, Rel. Min. Jesuíno Rissato, julgado em 19.10.2021, publicado no DJ em 3.11.2021)*

158.2. [...] O art. 158 do Código de Processo Penal prevê que, "*quando a infração deixar vestígios, será indispensável o exame de corpo de delito, direto ou indireto, não podendo supri-lo a* *confissão do acusado*". E, na espécie, foi ressalvado, no acórdão ora impugnado, a possibilidade da realização de corpo de delito indireto – o que impede a conclusão de que houve o desatendimento da regra acima reproduzida. [...] *(Habeas Corpus n. 476.690-RS, STJ, 6ª Turma, unânime, Rel. Min. Laurita Vaz, julgado em 28.3.2019, publicado no* DJ *em 23.4.2019).*

158.2. [...] É desnecessária a realização de perícia de voz para identificação de vozes captadas em interceptação telefônica, dado que não há previsão para tal perícia na Lei 9.296/1996, tanto mais quando a identidade dos comunicantes pode ser aferida por outros meios de prova. [...] *(Revisão Criminal n. 4.565-DF, STJ, 3ª Seção, unânime, Rel. Min. Reynaldo Soares da Fonseca, julgado em 24.4.2019, publicado no DJ em 15.5.2019).*

158.2. [...] Tratando-se de crime não transeunte, a realização da prova pericial é imprescindível, somente podendo ser substituída por prova testemunhal, nos termos de entendimento pacífico desta Corte, se os vestígios tiverem desaparecido por completo ou o lugar tenha se tornado impróprio para o trabalho dos peritos. [...] (*Agravo Regimental no Recurso Especial nº 1.314.389-MG, STJ, 5ª Turma, Rel. Min. Jorge Mussi, julgado em 16.4.2013, publicado no* DJ *em 23.4.2013*).

158.3. Exame de corpo de delito direto e indireto: O exame de corpo de delito não significa e nem poderia significar a mesma coisa que o simples corpo de delito. Obviamente. O *corpo de delito* é, em regra, o objeto material do crime, ou seja, o objeto sobre o qual recaiu uma ou alguma das ações delituosas.

A própria definição que vimos de fazer esclarece que nem sempre o corpo de delito corresponderá ao *objeto material* do delito, já que este se aproxima necessariamente do bem jurídico protegido na norma penal. Certamente que o corpo humano não é o bem jurídico protegido no crime de homicídio. Ali se protege a *vida*. Mas realiza-se o exame de corpo de delito no cadáver – objeto material do crime – na medida em que a sua materialidade (do corpo) poderá conduzir à descoberta da autoria, bem como dos meios de execução do crime. O objeto material do crime não é, sempre, o bem jurídico tutelado, já que este, o bem, nem sempre apresenta dimensão *material, física*.

Por outro lado, realiza-se também o exame de corpo de delito em objetos sequer abrangidos na definição do crime. É o que ocorre, por exemplo, no exame de balística. O homicídio pode ser executado de diferentes maneiras. O material nele utilizado, isto é, que serviu à sua execução, deve, contudo, ser periciado, exatamente para demonstrar o modo, o meio e as demais características relevantes da conduta causadora do resultado morte.

Fala-se em exame *direto* quando a prova técnica é produzida *a partir* do exame feito *no próprio objeto* periciado. Assim, por exemplo, com o exame cadavérico, com o exame datiloscópico no documento, com o exame de potencialidade ou de correspondência da arma alegadamente utilizada no crime e, enfim, com quaisquer exames que se realizem *diretamente* sobre o objeto da prova.

Já o exame *indireto* não se realiza no corpo de delito ou no objeto material a ser analisado. Uma vez desaparecido este ou quando impossível a realização do exame direto na *coisa*, recorre-se à modalidade do exame *indireto*, cujo objetivo é, ainda, o mesmo perseguido em qualquer prova pericial: a apreciação do fato e suas consequências sob a ótica de profissional técnico especializado na matéria a ser conhecida. É dizer: o exame de corpo de delito *indireto* não é feito por leigos, mas, como qualquer prova pericial, por *peritos*, oficiais ou não.

Há na doutrina nacional certa confusão quando se analisam as disposições do art. 167 do CPP, na parte em que estabelece a possibilidade de a prova *testemunhal suprir o exame pericial quando houverem desaparecidos os vestígios.* Costuma-se afirmar que também ali haveria o exame de corpo de delito *indireto.*

Equívoco manifesto, *data venia.* A prova testemunhal é exatamente isso: prova *testemunhal.* Exame de corpo de delito *indireto,* ao contrário, é prova *pericial,* ou, prova *técnica,* a exigir a participação de profissional qualificado, com conhecimentos específicos sobre a matéria. O exame de histórico médico ou de ficha de internação hospitalar, com aferição da medicação ministrada e dos exames realizados, poderá se revelar bastante esclarecedor acerca de determinados fatos ou circunstâncias, quando já não mais possível o exame direto no corpo humano. E esse exame deve ser realizado por profissional da medicina, habilitado para emitir conclusões a respeito de eventuais dúvidas a serem esclarecidas em relação ao crime ou ao seu modo de execução. Ou, ainda, sobre as condições fisiobiológicas da pessoa falecida, *preexistentes* ao tempo do curso, para fins, por exemplo, de determinação do nexo de causalidade do art. 13 do Código Penal.

Jurisprudência

158.3. [...] Esta Corte entende que o exame de corpo de delito indireto está previsto no art. 158 do CPP, bem como o art. 12, § 3º, da Lei n. 11.340/06 admite como meio de prova laudos ou prontuários médicos oferecidos por hospitais. Precedente. [...] *(Agravo Regimental nos Embargos de Declaração no Agravo em Recurso Especial nº 1.872.078-SP, STJ, 5ª Turma, Rel. Ministro Jesuíno Rissato, julgado em 17.8.2021, publicado no DJ em 24.8.2021)*

158.3. [...] No crime de uso de documento falso é prescindível a realização de exame pericial quando for possível comprovar a falsidade do documento através de outros meios de prova. [...] *(Habeas Corpus n. 455.267-SC, STJ, 6ª Turma, unânime, Rel. Min. Laurita Vaz, julgado em 9.10.2018, publicado no DJ em 18.10.2018).*

158.3. [...] O exame de corpo de delito direto, por expressa determinação legal, é indispensável nas infrações que deixam vestígios, podendo apenas supletivamente ser suprido pela prova testemunhal quando os vestígios tenham desaparecido. Portanto, se era possível sua realização, e esta não ocorreu de acordo com as normas pertinentes (art. 159 do CPP), a prova testemunhal não supre sua ausência (Precedentes). Reconhece--se a qualificadora prevista no art. 155, § 4º, inciso IV, ainda que o crime tenha sido praticado em concurso com menor inimputável, uma vez que a norma incriminadora tem natureza objetiva e não faz menção à necessidade de se tratarem todos de agentes capazes. No caso, em que pese o afastamento da qualificadora do rompimento de obstáculo à subtração da coisa, remanesce a figura do delito de furto qualificado, porquanto o crime foi praticado em concurso de agentes. *Writ* parcialmente concedido (*Habeas Corpus nº 131.763-MS, STJ, 5ª Turma, Rel. Min. Felix Fischer, julgado em 23.6.2009, publicado no* DJ *em 14.9.2009).*

158.4. Confissão e hierarquia de prova: Como visto, embora reconhecida uma certa *especificidade* da prova, no sentido de se exigirem determinados conhecimentos técnicos para a comprovação de determinados fatos e circunstâncias, não é incorreto afirmar a inexistência de uma *hierarquia* probatória.

Nesse contexto, a confissão não deixa de oferecer alguma complexidade, na medida em que se poria em um plano superior aos demais meios de prova, tendo em vista tratar-se da manifestação do próprio acusado acerca das características e das circunstâncias em que teria ocorrido o crime. É dizer: enquanto o depoimento de uma testemunha é fruto de uma *representação* (apreensão mental e dos sentidos) do fato ocorrido, feita por quem tenha presenciado a sua ocorrência, a confissão, *mais além*, significaria, por assim dizer – usando um jargão tipicamente jurídico –, a *representação autêntica* do ocorrido. Na verdade, sequer seria *representação*, mas *presentação*, já que derivada do próprio agente da ação e não de interposta pessoa.

Não se pode, com efeito, subestimar a eficácia ou a idoneidade de uma confissão acerca do *fato*. Importante salientar que não se confessa *crime*, mas, sim, o *fato*. A classificação jurídico-penal do fato exige conhecimentos jurídicos, daí por que a *opinião* do acusado não poderia jamais vincular o juiz, ainda quando portador (o réu) de formação jurídica. É nesse sentido a parte final do dispositivo em comento. Havendo fato a ser demonstrado por meio de prova técnica, a confissão não poderá supri-la.

No entanto, também não se pode perder de vista a possibilidade, sempre presente e por variadas razões, de uma falsa *autoincriminação*, para afastar a responsabilidade penal do verdadeiro autor.

Por isso, deve-se analisar o conteúdo da confissão com os demais elementos de prova, para fins de comprovação de sua veracidade e idoneidade. Relembre-se de que o processo penal brasileiro não é uma *disputa entre partes*, mas um procedimento (devido processo legal) instaurado para a apuração do crime, identificação de seus autores, suas consequências e sanções cabíveis (ou procedimentos restaurativos, conciliatórios, conforme a opção legislativa adotada).

Em resumo: a confissão, por si só, não justifica a condenação. Mas exige prova em contrário para que seja infirmado o seu conteúdo, ainda que fundada apenas em dúvida razoável.

Jurisprudência

158.4. [...] A conduta perpetrada pelo agente não pode ser considerada irrelevante para o direito penal. O delito em tela – furto cometido em concurso de agentes e escalada de diversos itens de pequena mercearia, avaliados em R$ [...] –, não se insere na concepção doutrinária e jurisprudencial de crime de bagatela. Impõe-se afastar a incidência da qualificadora de rompimento de obstáculo porque, na ausência de laudo pericial, não existe prova concreta que comprove inequivocamente sua materialidade. Sendo possível realizar a perícia de local, a prova testemunhal ou a confissão do acusado, não suprem o laudo pericial, que só pode ser feito de forma indireta quando os vestígios tiverem desaparecido por completo ou o lugar se tenha tomado impróprio para a constatação dos peritos. Inquéritos policiais ou ações penais em andamento, inclusive sentença condenatória sem o trânsito em julgado, não podem, em razão do princípio constitucional do estado presumido de inocência, ser considerados para agravar a pena-base. Fixada a pena-base acima do mínimo legal, pelo reconhecimento fundamentado de circunstâncias judiciais desfavoráveis, não há como conceder ao Paciente o benefício da substituição da pena privativa de liberdade pela restritiva de direitos, à luz do disposto no art. 44, inciso III, do Código Penal. Ordem parcialmente concedida para, nos termos do voto-vencido proferido no julgamento do recurso de apelação, afastar da pena-base o aumento em decorrência dos maus antecedentes e a majoração da pena decorrente da qualificadora de rompimento de obstáculo, fixando a pena do Paciente em 03 anos e 04 meses de reclusão, em regime semiaberto, e pagamento de 37 dias-multa, no patamar mínimo (*Habeas Corpus nº 130.680-MS, STJ, 5ª Turma, Rel. Min. Laurita Vaz, julgado em 23.6.2009, publicado no* DJ *em 3.8.2009*).

158.5. Prioridade na realização de perícias. A Lei n. 13.721/2018 introduziu o parágrafo único ao art. 158 do Código de Processo Penal, determinando que se deva dar prioridade para a realização do exame de corpo de delito quando se tratar de crime que envolva violência doméstica e familiar contra mulher, criança, adolescente, pessoa idosa ou pessoa com deficiência física.

A proposta originária do projeto de lei, do ano de 2011, determinava apenas a prioridade nos casos de violência doméstica. Posteriormente, em 2012, em debates internos de comissões legislativas da Câmara dos Deputados, incluiu-se a redação promulgada. Os fundamentos centrais da modificação foram tentar harmonizar o Código de Processo Penal com o art. 12-A da Lei n. 11.340/2006 (Lei Maria da Penha), com o disposto no art. 4º, parágrafo único, *b*, do Estatuto da Criança e do Adolescente, com o art. 3º, § 1º, I, da Lei n. 10.741/2003 (Estatuto da Pessoa Idosa), bem assim com o disposto no art. 9º, II, da Lei n. 13.146/2015, que trata da proteção de pessoas com deficiência.

De forma similar ao que se fez, por outros motivos e outras circunstâncias, em relação ao art. 394-A, CPP, e com as modificações inseridas pela Lei n. 12.483/2011 (no que não houve alteração ao que interessa ao caso pela Lei nº 14.994/2024), a finalidade da lei, ao que parece, foi tentar estabelecer a necessidade de uma prioridade na realização das perícias, que, como se sabe, de regra são bastante demoradas pelo acúmulo de serviço nos setores periciais. Embora louvável a preocupação, não há se olvidar que – mesmo se houvesse fixação de prazo – pouco contribuirá na prática para a solução dos problemas. Mas é mais uma regra que precisa ser observada, tanto quanto possível, nos trâmites de realizações de perícias.

Art. 158-A. Considera-se cadeia de custódia o conjunto de todos os procedimentos utilizados para manter e documentar a história cronológica do vestígio coletado em locais ou em vítimas de crimes, para rastrear sua posse e manuseio a partir de seu reconhecimento até o descarte. (Incluído pela Lei nº 13.964, de 2019)

§ 1º O início da cadeia de custódia dá-se com a preservação do local de crime ou com procedimentos policiais ou periciais nos quais seja detectada a existência de vestígio. (Incluído pela Lei nº 13.964, de 2019)

§ 2º O agente público que reconhecer um elemento como de potencial interesse para a produção da prova pericial fica responsável por sua preservação. (Incluído pela Lei nº 13.964, de 2019)

§ 3º Vestígio é todo objeto ou material bruto, visível ou latente, constatado ou recolhido, que se relaciona à infração penal. (Incluído pela Lei nº 13.964, de 2019)

Art. 158-B. A cadeia de custódia compreende o rastreamento do vestígio nas seguintes etapas: (Incluído pela Lei nº 13.964, de 2019)

I – reconhecimento: ato de distinguir um elemento como de potencial interesse para a produção da prova pericial; (Incluído pela Lei nº 13.964, de 2019)

II – isolamento: ato de evitar que se altere o estado das coisas, devendo isolar e preservar o ambiente imediato, mediato e relacionado aos vestígios e local de crime; (Incluído pela Lei nº 13.964, de 2019)

III – fixação: descrição detalhada do vestígio conforme se encontra no local de crime ou no corpo de delito, e a sua posição na área de exames, podendo ser ilustrada por fotografias, filmagens ou croqui, sendo indispensável a sua descrição no laudo pericial produzido pelo perito responsável pelo atendimento; (Incluído pela Lei nº 13.964, de 2019)

IV – coleta: ato de recolher o vestígio que será submetido à análise pericial, respeitando suas características e natureza; (Incluído pela Lei nº 13.964, de 2019)

V – acondicionamento: procedimento por meio do qual cada vestígio coletado é embalado de forma individualizada, de acordo com suas características físicas, químicas e biológicas, para posterior análise, com anotação da data, hora e nome de quem realizou a coleta e o acondicionamento; (Incluído pela Lei nº 13.964, de 2019)

VI – transporte: ato de transferir o vestígio de um local para o outro, utilizando as condições adequadas (embalagens, veículos, temperatura, entre outras), de modo a garantir a manutenção de suas características originais, bem como o controle de sua posse; (Incluído pela Lei nº 13.964, de 2019)

VII – recebimento: ato formal de transferência da posse do vestígio, que deve ser documentado com, no mínimo, informações referentes ao número de procedimento e unidade de polícia judiciária relacionada, local de origem, nome de quem transportou o vestígio, código de rastreamento, natureza do exame, tipo do vestígio, protocolo, assinatura e identificação de quem o recebeu; (Incluído pela Lei nº 13.964, de 2019)

VIII – processamento: exame pericial em si, manipulação do vestígio de acordo com a metodologia adequada às suas características biológicas, físicas e químicas, a fim de se obter o resultado desejado, que deverá ser formalizado em laudo produzido por perito; (Incluído pela Lei nº 13.964, de 2019)

IX – armazenamento: procedimento referente à guarda, em condições adequadas, do material a ser processado, guardado para realização de contraperícia, descartado ou transportado, com vinculação ao número do laudo correspondente; (Incluído pela Lei nº 13.964, de 2019)

X – descarte: procedimento referente à liberação do vestígio, respeitando a legislação vigente e, quando pertinente, mediante autorização judicial. (Incluído pela Lei nº 13.964, de 2019)

Art. 158-C. A coleta dos vestígios deverá ser realizada preferencialmente por perito oficial, que dará o encaminhamento necessário para a central de custódia, mesmo quando for necessária a realização de exames complementares. (Incluído pela Lei nº 13.964, de 2019)

§ 1º Todos vestígios coletados no decurso do inquérito ou processo devem ser tratados como descrito nesta Lei, ficando órgão central de perícia oficial de natureza criminal responsável por detalhar a forma do seu cumprimento. (Incluído pela Lei nº 13.964, de 2019)

§ 2º É proibida a entrada em locais isolados bem como a remoção de quaisquer vestígios de locais de crime antes da liberação por parte do perito responsável, sendo tipificada como fraude processual a sua realização. (Incluído pela Lei nº 13.964, de 2019)

Art. 158-D. O recipiente para acondicionamento do vestígio será determinado pela natureza do material. (Incluído pela Lei nº 13.964, de 2019)

§ 1º Todos os recipientes deverão ser selados com lacres, com numeração individualizada, de forma a garantir a inviolabilidade e a idoneidade do vestígio durante o transporte. (Incluído pela Lei nº 13.964, de 2019)

§ 2º O recipiente deverá individualizar o vestígio, preservar suas características, impedir contaminação e vazamento, ter grau de resistência adequado e espaço para registro de informações sobre seu conteúdo. (Incluído pela Lei nº 13.964, de 2019)

§ 3º O recipiente só poderá ser aberto pelo perito que vai proceder à análise e, motivadamente, por pessoa autorizada. (Incluído pela Lei nº 13.964, de 2019)

§ 4º Após cada rompimento de lacre, deve se fazer constar na ficha de acompanhamento de vestígio o nome e a matrícula do responsável, a data, o local, a finalidade, bem como as informações referentes ao novo lacre utilizado. (Incluído pela Lei nº 13.964, de 2019)

§ 5º O lacre rompido deverá ser acondicionado no interior do novo recipiente. (Incluído pela Lei nº 13.964, de 2019)

Art. 158-E. Todos os Institutos de Criminalística deverão ter uma central de custódia destinada à guarda e controle dos vestígios, e sua gestão deve ser vinculada diretamente ao órgão central de perícia oficial de natureza criminal. (Incluído pela Lei nº 13.964, de 2019)

§ 1º Toda central de custódia deve possuir os serviços de protocolo, com local para conferência, recepção, devolução de materiais e documentos, possibilitando a seleção, a classificação e a distribuição de materiais, devendo ser um espaço seguro e apresentar condições ambientais que não interfiram nas características do vestígio. (Incluído pela Lei nº 13.964, de 2019)

§ 2º Na central de custódia, a entrada e a saída de vestígio deverão ser protocoladas, consignando-se informações sobre a ocorrência no inquérito que a eles se relacionam. (Incluído pela Lei nº 13.964, de 2019)

§ 3º Todas as pessoas que tiverem acesso ao vestígio armazenado deverão ser identificadas e deverão ser registradas a data e a hora do acesso. (Incluído pela Lei nº 13.964, de 2019)

§ 4º Por ocasião da tramitação do vestígio armazenado, todas as ações deverão ser registradas, consignando-se a identificação do responsável pela tramitação, a destinação, a data e horário da ação. (Incluído pela Lei nº 13.964, de 2019)

Art. 158-F. Após a realização da perícia, o material deverá ser devolvido à central de custódia, devendo nela permanecer. (Incluído pela Lei nº 13.964, de 2019)

Parágrafo único. Caso a central de custódia não possua espaço ou condições de armazenar determinado material, deverá a autoridade policial ou judiciária determinar as condições de depósito do referido material em local diverso, mediante requerimento do diretor do órgão central de perícia oficial de natureza criminal. (Incluído pela Lei nº 13.964, de 2019)

158.6. A cadeia de custódia das provas. A definição do conceito e dos parâmetros da denominada *cadeia de custódia* das provas foi introduzida pela Lei nº 13.964/2019. Para além da conceituação jurídica agora incorporada ao ordenamento, a doutrina e a jurisprudência há muito tratavam do que se denomina *cadeia de custódia*, que nada mais é do que a preservação e registro do caminho da prova, desde sua coleta até a apreciação pelo Poder Judiciário. A finalidade precípua é garantir a lisura e validade das provas que serão valoradas pelo julgador, maximizando-se o devido processo legal, sob duplo vetor: (a) tanto sob a ótica da necessária apuração dos fatos na sua maior inteireza (sendo decorrência das denominadas *obrigações processuais penais positivas*); (b) como também para permitir o exercício da ampla defesa e do contraditório a partir de provas e indícios que sejam considerados como válidos à luz do ordenamento jurídico.

Entretanto, como já analisado na presente obra, nem sempre a inobservância da produção da prova ensejará, automaticamente, a invalidade das provas subsequentes ou do próprio processo criminal. Nunca é demais relembrar que, ao contrário do que se vê em alguns posicionamentos, a *nulidade de um ato* nem sempre acarretará a nulidade das provas e/ou do processo.

Decorrente de um certo fetiche de *definições de tudo por lei*, temos no art. 158-B, alguns conceitos trazidos pelo legislador, muitos até verdadeiros pleonasmos (e, assim, desnecessários). Mas vamos a eles.

No inciso I, a definição de que o "reconhecimento" (a que se refere o § 2º do art. 158-A, CPP) consiste no ato de que determinado elemento a ser coletado pode ser relevante para a produção das provas periciais que venham a ser realizadas no decorrer do processo. Assim, e por exemplo, verificando a existência de manchas de sangue em determinado local onde ocorreu um crime, o agente responsável deverá tomar providências para assegurar a integridade do procedimento que seguirá a partir da coleta desse elemento *reconhecido* como potencialmente relevante para a investigação.

Quando for o caso, trata a lei ainda da fase do "isolamento" (inciso II), que tem como finalidade a garantia de preservação do local onde identificado e feito o reconhecimento de determinado elemento que possa interessar para a cadeia das provas.

Na denominada reconstrução processual dos fatos (repetimos não acreditar na quimera da *verdade real*), para que se possa melhor visualizar posteriormente a importância do elemento coletado – a coleta está definida no inciso IV –, tanto no ambiente do crime, como também fora dele, mas que possa ser igualmente relevante para a avaliação jurídica do fato, trata a legislação no inciso III da denominada "fixação", que nada mais é do que o detalhamento de como foi coletado aquele vestígio. A lei não impõe como deverá ser essa parte do procedimento, senão apenas enuncia alguns caminhos possíveis (que deverão ser apreciados pelo agente responsável pela coleta diante do caso concreto), exemplificando, dentre eles, a utilização de fotografias, filmagens (talvez as que mais confiram fidelidade ao ambiente onde estava o vestígio coletado) ou "croqui".

Guardando similitude com a previsão do art. 159, CPP (vide, a seguir), no *caput* do art. 158-C prevê-se que a coleta deverá ser realizada *preferencialmente* (logo, não obrigatoriamente) por (*um*) perito oficial. Não se incluiu previsão expressa aqui, mas, como proceder se não houver *perito oficial* no local onde for efetivada a *coleta do vestígio*? Pensamos que a solução deva ser buscada, por compreensão sistemática, no próximo § 1º do art. 159 do CPP. Ora, se a legislação admite que, ausente perito oficial, a própria perícia seja feita por duas pessoas idôneas, portadoras de diploma de curso superior preferencialmente na área específica, dentre as que tiverem habilitação técnica relacionada com a natureza do crime, não há sentido em não se admitir que a *própria coleta* seja feita por outras duas pessoas com capacidade técnica para tanto.

A legislação ainda refere que todos os vestígios coletados no curso do inquérito ou processo devem ser tratados como aqui previsto. Por evidente, não apenas aqueles produzidos em *inquérito* ou *processo judicial*, mas também todos aqueles apurados nos demais procedimentos de investigação, notadamente aqueles procedimentos de investigação criminal promovidos pelo Ministério Público.

A vedação do § 2º do art. 158-C requer a devida obtemperação. Evidente que não será qualquer entrada (mesmo que proibida) em locais isolados que caracterizará *fraude processual*. É imprescindível que, em decorrência dessa violação do local, haja uma consequência efetiva, a alteração da originalidade do próprio vestígio coletado. Igualmente, o comportamento de *remoção* de quaisquer vestígios antes da liberação por parte do perito responsável (ou de quem eventualmente fizer as vezes de suas funções) requer a presença do dolo para caracterizar a referida fraude.

A forma da coleta é denominada de *acondicionamento* (inciso V), que nada mais é do que o meio pelo qual se dá a separação e embalagem do vestígio coletado, tudo a depender das características dele. A lei impõe que deverá ser feita a anotação da data, hora e nome de quem realizou a coleta e o acondicionamento do vestígio.

O artigo 158-D traz alguns procedimentos específicos dessa fase, como:

a) a necessidade de selar com lacres todos os recipientes que contenham vestígios coletados, que deverão ser numerados de forma individualizada (§ 1º);

b) a individualização (tanto quanto possível) do vestígio coletado, de modo a preservar suas características originais (§ 2º);

c) a abertura do recipiente só poderá ser realizada por perito que procederá à análise ou, então, desde que motivadamente, por "pessoa autorizada". Aqui a situação é de *mera abertura* do recipiente por *pessoa autorizada* (na falta de perito), e não a realização da perícia em si (que, segundo defendemos, deverá seguir as regras do § 1º do art. 159 do CPP na ausência de perito oficial);

d) também com a finalidade de garantir a integridade do procedimento, sempre que houver rompimento de lacres, prevê-se a necessidade de constar na ficha de acompanhamento o nome do responsável, identificando-se a data e o local do procedimento, bem assim os dados do *lacre subsequente* utilizado para preservar o vestígio coletado. O lacre que for rompido deverá ser acondicionado no interior no novo recipiente, preferencialmente (se não houver prejuízo) junto com o vestígio probatório (§ 5º do art. 158-D).

Desde já registramos que eventual falha nos procedimentos aqui previstos (não recomendável, é claro) não importará *automaticamente* na inutilidade/invalidade do vestígio como elemento probatório para utilização no bojo de procedimento investigatório ou ação penal, embora esta seja a consequência na maioria dos casos. A finalidade desse detalhamento procedimental é conferir maior fidedignidade ao contexto geral da prova, mas não se apresenta como essencial à própria validade em si do elemento probatório, que será valorado ulteriormente pelo julgador. Noutras palavras, a eventual ausência de uma parte desse procedimento não invalidará a prova coletada, que deverá ser analisada no contexto com as demais partes do procedimento de sua produção. Exemplificando: não é a ausência eventual do lacre retirado anteriormente dentro do novo recipiente que implicará a invalidade do vestígio coletado. Há de se analisar se o erro procedimental é suficiente, por si só, para contaminar o resultado da perícia de tal forma que seu resultado não possa ser tido como confiável.

Insiste-se: a recomendação legal é para dar maior garantia ao procedimento. Mas sua falha, por si só, não atingirá a licitude e integridade do vestígio coletado e eventualmente já analisado.

Aquela desnecessidade de que falamos acerca de conceituação é bastante clara no inciso VI do art. 158-B, que trata da definição do que seria o "transporte" dos vestígios. A explicitação legal é intuitiva.

A transferência formal dos vestígios (definida em lei como sendo o *recebimento*) é o ato pelo qual se requer uma documentação com, no mínimo, informações do local onde foram coletados os vestígios, o responsável, dentre outros. Mais uma vez, o que se quer com essa previsão é que, tanto quanto possível, todas as fases sejam ao máximo detalhadas para que se tenha a maior segurança de que o elemento coletado em si não sofreu adulterações e, se houver dúvidas acerca de sua higidez, possa haver uma checagem, especialmente com os responsáveis nas fases antecedentes.

A realização dos exames periciais agora é denominada de *processamento* (inciso VIII). Como é intuitivo, o *armazenamento* é relacionado ao procedimento para a adequada guarda dos elementos e provas e o *descarte* é o ato de inutilização dos vestígios, sempre observando-se do que trata a legislação, notadamente quanto à preservação de elementos residuais (como no tradicional exemplo da destruição de drogas apreendidas, sem antes não deixar de serem preservados alguns dados da substância para futuras contraprovas, se necessário).

Nas previsões dos arts. 158-E e 158-F, regras gerais destinadas aos Institutos de Criminalística, impondo-se a criação de *centrais de custódia*, que serão setores responsáveis para a guarda e controle dos vestígios. Nos dois dispositivos, previsões específicas de procedimentos administrativos a serem adotados pelos órgãos de criminalística de modo a executar sobretudo as fases posteriores ao "recebimento" dos vestígios coletados.

Jurisprudência (posterior à Lei nº 13.964/2019)

158.6. [...] A alegação de quebra de cadeia de custódia não procede, pois os laudos periciais indicam que as drogas foram recebidas em envelopes lacrados, com ficha de acompanhamento de vestígio (FAV). A ausência de numeração do lacre não invalida a prova, sendo necessário demonstrar adulteração ou violação, o que não ocorreu (AgRg nos EDcl no HC 826.476/MG, Rel. Min. Ribeiro Dantas, Quinta Turma, DJe de 16/10/2023). [...] *(Habeas Corpus nº 882.236-RJ, STJ, 5ª Turma, Rel. Min. Daniela Teixeira, julgado em 14.11.2024, publicado no DJ em 19.11.2024)*

158.6. [...] As provas obtidas mediante *prints* de WhatsApp não configuram violação à cadeia de custódia, tendo em vista que foram realizadas por familiar da vítima, utilizando ferramentas do próprio aplicativo, sem qualquer manipulação indevida. Além disso, tanto a vítima quanto o réu confirmaram a troca de mensagens. [...] *(Embargos de Declaração no Habeas Corpus com Agravo nº 945.157-SC, STJ, 5ª Turma, Rel. Min.* Daniela Teixeira, *julgado em 5.11.2024, publicado no DJ em 6.11.2024)*

158.6. [...] À míngua de definição legal de sanções processuais em caso de ocorrência da quebra da cadeia de custódia, "mostra-se mais adequada a posição que sustenta que as irregularidades constantes da cadeia de custódia devem ser sopesadas pelo magistrado com todos os elementos produzidos na instrução, a fim de aferir se a prova é confiável" (HC n. 653.515/RJ, relator Ministro Rogerio Schietti Cruz, Sexta Turma, DJe de 1º/2/2022). [...] *(Agravo Regimental no Habeas Corpus nº 916.651-SP, STJ, 5ª Turma, Rel. Min. Ribeiro Dantas, julgado em 23.9.2024, publicado no DJ em 30.9.2024)*

158.6. [...] Para demonstrar a quebra da cadeia de custódia é imprescindível que seja demonstrado o risco concreto de que os vestígios coletados tenham sido adulterados. O Tribunal de origem expressamente afirmou não ter vislumbrado nenhuma evidência concreta de mácula às provas dos autos, inexistindo qualquer sustentação probatória na alegação da Defesa. [...] *(Agravo Regimental no Habeas Corpus nº 825.126-SP, STJ, 6ª Turma, Rel. Min. convocado Otávio de Almeida Toledo, julgado em 9.9.2024, publicado no DJ em 11.9.2024)*

158.6. [...] no que concerne à cadeia de custódia, a decisão recorrida encontra-se em consonância com a jurisprudência desta Corte Superior, que é no sentido de que "'as irregularidades constantes da cadeia de custódia devem ser sopesadas pelo magistrado com todos os elementos produzidos na instrução, a fim de aferir se a prova é confiável'. (HC n. 653.515/RJ, relator Ministro Rogerio Schietti Cruz, Sexta Turma, julgado em 23/11/2021, DJe de 1/2/2022)" (AgRg no RHC n. 182.668/RS, relator Ministro Ribeiro Dantas, Quinta Turma, julgado em 28/8/2023, DJe de 30/8/2023). [...] *(Agravo Regimental no Recurso em Habeas Corpus nº 198.629-SP, STJ, 5ª Turma, Rel. Min. Reynaldo Soares da Fonseca, julgado em 2.9.2024, publicado no DJ em 4.9.2024)*

158.6. [...] À luz dos arts. 158-A, §§ 1º e 2º, e 158-B, I, do Código de Processo Penal - CPP, a autoridade policial nada mais fez do que verificar se o aparelho celular encontrado com o paciente no momento da busca e apreensão era dispositivo com potencial de armazenamento de informações relacionadas ao crime investigado. Por sua vez, o art. 158-C do CPP estabelece que a coleta seja realizada preferencialmente por perito oficial, que dará o encaminhamento necessário para a central de custódia, mesmo quando for necessária a realização de exames complementares. [...] *(Agravo Regimental no HC nº 242.158, STF, 1ª Turma, Rel. Min. Cristiano Zanin, julgado em Sessão Virtual de 21.6.2024 a 28.6.2024, publicado no DJ em 3.7.2024)*

158.6. [...] A jurisprudência desta Corte Superior é firme no sentido de que a cadeia de custódia consiste no caminho idôneo a ser percorrido pela prova até sua análise pelo expert, de modo que a ocorrência de qualquer interferência indevida durante sua tramitação probatória pode resultar em sua imprestabilidade para o processo de referência. Precedente. [...] No caso concreto, não restou comprovada qualquer circunstância capaz de sugerir a adulteração da prova, ou mesmo interferência indevida em seu caminho, capaz de invalidá-la. Com efeito, rever o entendimento firmado no acórdão encontra impedimento na impossibilidade de amplo exame da matéria fático-probatória, procedimento, a toda evidência, incompatível com a via do habeas corpus e do seu recurso ordinário. [...] *(Agravo Regimental no HC nº 771.217-SP, STJ, 5ª Turma, Rel. Min. Messod Azulay Neto, julgado em sessão virtual encerrada em 24.6.2024, publicado no DJ em 26.6.2024)*

158.6. [...] Não se acolhe alegação de quebra na cadeia de custódia quando vier desprovida de qualquer outro elemento que indique adulteração ou manipulação das provas em desfavor das teses da defesa, porquanto demandaria extenso revolvimento de material probatório. [...] *(Agravo Regimental no Habeas Corpus nº 893.482-SP, STJ, 6ª Turma, Rel. Min. Antonio Saldanha Palheiro, sessão virtual de 23.4.2024 a 29.4.2024, publicado no DJ em 3.5.2024)*

158.6. [...] 12. Pode, desta forma, o agente policial valer-se da utilização do espelhamento pela via do *software Whatsapp Web*, desde que respeitados os parâmetros de proporcionalidade, subsidiariedade, controle judicial e legalidade, calcado pelo competente mandado judicial, como ocorrido na hipótese presente. De fato, como já asseverado supra, a Lei n. 9.296/1996, que regulamenta as interceptações, conjugada com a Lei n. 12.850/2013 (Lei das Organizações Criminosas), outorgam substrato de validade processual às ações infiltradas no plano cibernético, desde que observada a cláusula de reserva de jurisdição.

13. Pode-se argumentar que a prova obtida pela via do espelhamento, através do *software Whatsapp Web*, como modalidade de investigação, via agente infiltrado, implicaria em malferimento à prerrogativa do acusado de não produzir provar contra si mesmo (*against selfincrimiantion*) ou ao direito de permanecer em silêncio. Contudo, o respeito ao acusado, na condição de sujeito processual, tão somente impede que o Estado obrigue o investigado a produzir prova contra si mesmo. Desta forma, se o investigado vem a produzir, de forma espontânea, prova apta a corroborar sua inculpação, referida prova deverá ser valorada no processo, ante sua validade. É o que se dá na hipótese do multimencionado espelhamento.

14. De idêntica forma, a objeção de que a facilidade de manipulação da prova obtida pela via do espelhamento do *Whatsapp Web*, pelo agente infiltrado, tornaria invalida a evidência por tal meio obtida não merece guarida, na medida em que esta Corte Superior tem adotado entendimento pacífico no sentido de que *"é despicienda a realização de perícia a fim de comprovar a fidedignidade das gravações, que são presumidamente autênticas, possuindo fé pública os agentes policiais envolvidos na operação. Tal entendimento independe da forma de transmissão das interceptações, se oriundos de gravações de áudio ou captação de mensagens de texto"* (AgRg no RHC n. 129.003/MT, Relator Ministro RIBEIRO DANTAS, Quinta Turma, julgado em 13/10/2020, DJe 20/10/2020), bem como que *"o instituto da quebra da cadeia de custódia refere-se à idoneidade do caminho que deve ser percorrido pela prova até sua análise pelo magistrado, e uma vez ocorrida qualquer interferência durante o trâmite processual, esta pode implicar, mas não necessariamente, a sua imprestabilidade"* (AgRg no RHC n. 147.885/SP, Relator Ministro OLINDO MENEZES (Desembargador Convocado do TRF 1ª Região), Sexta Turma, julgado em 7/12/2021, DJe de 13/12/2021).

15. No caso dos autos, não houve comprovação de qualquer adulteração no decorrer probatório, nenhum elemento veio aos autos a demonstrar que houve adulteração da prova, alteração na ordem cronológica dos diálogos ou mesmo interferência de quem quer que seja, a ponto de invalidar a prova, salvo, naturalmente, a eventual ingerência e interação que decorre da atuação na ação controlada e da condição de agente infiltrado aqui reconhecida, não podendo referida invalidade ser presumida.

16. Em situações análogas a do autos, no mesmo contexto investigativo, esta Corte Superior já se manifestou pela validade das provas. Confirase: AREsp 2.460.351/MG, AREsp 2.257.960/MG, AREsp 2.347.548/MG e AREsp 2.257.960/MG.

17. Agravo regimental não provido.(Agravo Regimental no Agravo em Recurso Especial nº 2.318.334-MG, STJ, 5ª Turma, Rel. Min. Reynaldo Soares da Fonseca, julgado em 16.4.2024, publicado no DJ em 23.4.2024)

158.6. [...] 11. A ação controlada e a infiltração, que se configuram como técnica especial de investigação voltada ao combate da criminalidade moderna, deve ser admitida quando a prova não puder ser produzida por outros meios disponíveis, desde que comprovada sua necessidade. É o que se dá na hipótese dos autos, com o autorizado espelhamento via *software Whatsapp Web*, como meio de infiltração investigativa, na medida em que a interceptação de dados direta, feita no próprio aplicativo original do *Whastapp,* se denota, por vezes, despicienda, em face da conhecida criptografia ponta a ponta que vigora no aplicativo original, impossibilitando o acesso ao teor das conversas ali entabuladas. Concebe-se plausível, portanto, que o espelhamento autorizado via *software Whatsapp Web,* pelos órgãos de persecução, se denote equivalente à modalidade de infiltração do agente, que consiste, como já asseverado, em meio extraordinário, mas válido, de obtenção de prova.

12. Pode, desta forma, o agente policial valer-se da utilização do espelhamento pela via do *software Whatsapp Web,* desde que respeitados os parâmetros de proporcionalidade, subsidiariedade, controle judicial e legalidade, calcado pelo competente mandado judicial, como ocorrido na hipótese presente. De fato, como já asseverado supra, a Lei n. 9.296/1996, que regulamenta as interceptações, conjugada com a Lei n. 12.850/2013 (Lei das Organizações Criminosas), outorgam substrato de validade processual às ações infiltradas no plano cibernético, desde que observada a cláusula de reserva de jurisdição.

13. Pode-se argumentar que a prova obtida pela via do espelhamento, através do *software Whatsapp Web*, como modalidade de investigação, via agente infiltrado, implicaria em malferimento à prerrogativa do acusado de não produzir provar contra si mesmo (*against selfincrimiantion*) ou ao direito de permanecer em silêncio. Contudo, o respeito ao acusado, na condição de sujeito processual, tão somente impede que o Estado obrigue o investigado a produzir prova contra si mesmo. Desta forma, se o investigado vem a produzir, de forma espontânea, prova apta a corroborar sua inculpação, referida prova deverá ser valorada no processo, ante sua validade. É o que se dá na hipótese do multimencionado espelhamento.

14. De idêntica forma, a objeção de que a facilidade de manipulação da prova obtida pela via do espelhamento do *Whatsapp Web*, pelo agente infiltrado, tornaria invalida a evidência por tal meio obtida não merece guarida, na medida em que esta Corte Superior tem adotado entendimento pacífico no sentido de que *"é despicienda a realização de perícia a fim de comprovar a fidedignidade das gravações, que são presumidamente autênticas, possuindo fé pública os agentes policiais envolvidos na operação. Tal entendimento independe da forma de transmissão das interceptações, se oriundos de gravações de áudio ou captação de mensagens de texto"* (AgRg no RHC n. 129.003/MT, Relator Ministro Ribeiro Dantas, Quinta Turma, julgado em 13/10/2020, DJe 20/10/2020), bem como que *"o instituto da quebra da cadeia de custódia refere-se à idoneidade do caminho que deve ser percorrido pela prova até sua análise pelo magistrado, e uma vez ocorrida qualquer interferência durante o trâmite processual, esta pode implicar, mas não necessariamente, a sua imprestabilidade"* (AgRg no RHC n. 147.885/SP, Relator Ministro OLINDO MENEZES (Desembargador Convocado do TRF 1ª Região), Sexta Turma, julgado em 7/12/2021, DJe de 13/12/2021).

15. No caso dos autos, não houve comprovação de qualquer adulteração no decorrer probatório, nenhum elemento veio aos autos a demonstrar que houve adulteração da prova, alteração na ordem cronológica dos diálogos ou mesmo interferência de quem quer que seja, a ponto de invalidar a prova, salvo, naturalmente, a eventual ingerência e interação que decorre da atuação na ação controlada e da condição de agente infiltrado aqui reconhecida, não podendo referida invalidade ser presumida.

16. Agravo regimental não provido. *(Agravo Regimental no Agravo em Recurso Especial nº 2.460.351-MG, STJ, 5ª Turma, Rel. Min. Reynaldo Soares da Fonseca, julgado em 21.11.2023, publicado no DJ em 27.11.2023)*

158.6. [...] "o instituto da quebra da cadeia de custódia diz respeito à idoneidade do caminho que deve ser percorrido pela prova até sua análise pelo magistrado, sendo certo que qualquer interferência durante o trâmite processual pode resultar na sua imprestabilidade. Tem como objetivo garantir a todos os acusados o devido processo legal e os recursos a ele inerentes, como a ampla defesa, o contraditório e principalmente o direito à prova lícita" (AgRg no RHC n. 147.885/SP, Rel. Ministro OLINDO MENEZES (Desembargador Convocado do TRF 1ª Região), SEXTA TURMA, julgado em 7/12/2021, DJe 13/12/2021).

2. É firme a jurisprudência deste Superior Tribunal de Justiça no sentido de que, não evidenciada a existência de adulteração da prova, supressão de trechos, alteração da ordem cronológica dos diálogos ou interferência de terceiros, não há falar em nulidade por quebra da cadeia de custódia. Precedentes. Na hipótese dos autos, a Corte local afastou a preliminar de nulidade, assentando que as capturas de tela impugnadas pela defesa foram fornecidas pela própria vítima, interlocutora da conversa mantida com o recorrente, por meio do aplicativo Messenger, não se tratando o caso, portanto, de espelhamento de dados da conta do réu, tampouco de acesso, por terceiro, ao aplicativo instalado no aparelho desse (e-STJ fls. 584/585). O Tribunal de origem ressaltou, ainda, (i) que, na espécie, não há nenhum indicativo de exclusão do conteúdo do diálogo objeto das capturas de tela, e que eventual adulteração poderia ter sido comprovada pelo réu, o que não ocorreu (e-STJ fl. 585); (ii) que, "nem mesmo quando interrogado A. G. negou o teor da conversa, limitando-se a afirmar que não recorda se refutou a conjunção carnal ao responder a ofendida [...]" (e-STJ fl. 585); e (iii) que a prova consistente nos prints de tela da conversa mantida entre o réu e a vítima seria analisada em conjunto com os demais elementos probatórios constantes dos autos (e- STJ fl. 586). Assim, não comprovada pela defesa qualquer adulteração no iter probatório, não se verifica a alegada quebra da cadeia de custódia da prova. [...] (Agravo Regimental no Agravo em Recurso Especial nº 2.295.047-SC, STJ, 5ª Turma, Rel. Min. Reynaldo Soares da Fonseca, julgado em 5.9.2023, publicado no DJ em 8.9.2023)

158.6. [...] Quanto à suposta quebra da cadeia de custódia, o Tribunal de origem afirmou não vislumbrar "nenhum elemento do feito demonstra que houve adulteração, alteração na ordem cronológica dos diálogos ou mesmo interferência de terceiros para invalidar a prova produzida", sendo certo que a defesa também não foi capaz de apontar a ocorrência de adulterações, supressões ou inserções de arquivos no material coletado. Dessa maneira, não há como acolher o pleito defensivo nos moldes postulados sem nova e aprofundada incursão no conjunto probatório, providência que encontra óbice na Súmula 7 do STJ.[...] (Agravo Regimental no Agravo em Recurso Especial nº 2.142.095-SC, STJ, 5ª Turma, Rel. Min. Reynaldo Soares da Fonseca, julgado em 23.5.2023, publicado no DJ em 29.5.2023)

158.6. [...] 2. A principal finalidade da cadeia de custódia é garantir que os vestígios deixados no mundo material por uma infração penal correspondem exatamente àqueles arrecadados pela polícia, examinados e apresentados em juízo.

3. Embora o específico regramento dos arts. 158-A a 158-F do CPP (introduzidos pela Lei 13.964/2019) não retroaja, a necessidade de preservar a cadeia de custódia não surgiu com eles. Afinal, a ideia de cadeia de custódia é logicamente indissociável do próprio conceito de corpo de delito, constante no CPP desde a redação original de seu art. 158. Por isso, mesmo para fatos anteriores a 2019, é necessário avaliar a preservação da cadeia de custódia.

4. A autoridade policial responsável pela apreensão de um computador (ou outro dispositivo de armazenamento de informações digitais) deve copiar integralmente (bit a bit) o conteúdo do dispositivo, gerando uma imagem dos dados: um arquivo que espelha e representa fielmente o conteúdo original.

5. Aplicando-se uma técnica de algoritmo hash, é possível obter uma assinatura única para cada arquivo, que teria um valor diferente caso um único bit de informação fosse alterado em alguma etapa da investigação, quando a fonte de prova já estivesse sob a custódia da polícia. Comparando as hashes calculadas nos momentos da coleta e da perícia (ou de sua repetição em juízo), é possível detectar se o conteúdo extraído do dispositivo foi modificado.

6. É ônus do Estado comprovar a integridade e confiabilidade das fontes de prova por ele apresentadas. É incabível, aqui, simplesmente presumir a veracidade das alegações estatais, quando descumpridos os procedimentos referentes à cadeia de custódia. No processo penal, a atividade do Estado é o objeto do controle de legalidade, e não o parâmetro do controle; isto é, cabe ao

Judiciário controlar a atuação do Estado-acusação a *partir do direito*, e não a partir de uma autoproclamada confiança que o Estado-acusação deposita em si mesmo.

7. No caso dos autos, a polícia não documentou nenhum dos atos por ela praticados na arrecadação, armazenamento e análise dos computadores apreendidos durante o inquérito, nem se preocupou em apresentar garantias de que seu conteúdo permaneceu íntegro enquanto esteve sob a custódia policial. Como consequência, não há como assegurar que os dados informáticos periciados são íntegros e idênticos aos que existiam nos computadores do réu.

8. Pela quebra da cadeia de custódia, são inadmissíveis as provas extraídas dos computadores do acusado, bem como as provas delas derivadas, em aplicação analógica do art. 157, § 1º, do CPP. [...] (Agravo Regimental no Recurso em Habeas Corpus nº 143.169–RJ, STJ, 5ª Turma, Rel. Min. convocado Jesuíno Rissato, julgado em 7.2.2023, publicado no DJ em 2.3.2023)

158.6. [...] 1. O instituto da quebra da cadeia de custódia diz respeito à idoneidade do caminho que deve ser percorrido pela prova até sua análise pelo magistrado, sendo certo que qualquer interferência durante o trâmite processual pode resultar na sua imprestabilidade. Tem como objetivo garantir a todos os acusados o devido processo legal e os recursos a ele inerentes, como a ampla defesa, o contraditório e principalmente o direito à prova lícita.

2. No presente caso, não foi verificada a ocorrência de quebra da cadeia de custódia, pois em nenhum momento foi demonstrado qualquer indício de adulteração da prova, ou de alteração da ordem cronológica da conversa de WhatsApp obtida através dos prints da tela do aparelho celular da vítima.

3. *In casu*, o magistrado singular afastou a ocorrência de quaisquer elementos que comprovassem a alteração dos prints, entendendo que mantiveram "uma sequência lógica temporal", com continuidade da conversa, uma vez que "uma mensagem que aparece na parte de baixo de uma tela, aparece também na parte superior da tela seguinte, indicando que, portanto, não são trechos desconexos".

4. O acusado, embora tenha alegado possuir contraprova, quando instado a apresentá-la, furtou-se de entregar o seu aparelho celular ou de exibir os prints que alegava terem sido adulterados, o que só reforça a legitimidade da prova.

5. "Não se verifica a alegada 'quebra da cadeia de custódia', pois nenhum elemento veio aos autos a demonstrar que houve adulteração da prova, alteração na ordem cronológica dos diálogos ou mesmo interferência de quem quer que seja, a ponto de invalidar a prova". (HC 574.131/RS, Rel. Ministro Nefi Cordeiro, Sexta Turma, julgado em 25/8/2020, DJe 4/9/2020).

6. As capturas de tela não foram os únicos elementos probatórios a respaldar a condenação, que foi calcada também em outros elementos de prova, como o próprio interrogatório do acusado, comprovantes de depósito, além das palavras da vítima.

7. Se as instâncias ordinárias compreenderam que não foi constatado qualquer comprometimento da cadeia de custódia ou ofensa às determinações contidas no art. 158-A do CPP, o seu reconhecimento, neste momento processual, demandaria amplo revolvimento do conjunto fático-probatório, o que, como é sabido, não é possível na via do habeas corpus. 7. Agravo regimental desprovido. *(Agravo Regimental no HC nº 752.444-SC, STJ, 5ª Turma, Rel. Min Ribeiro Dantas, julgado em 4.10.2022, publicado no DJ em 10.10.2022)*

158.6. [...] Crime contra as relações de consumo. Venda de produtos impróprios para consumo – art. 7º, IX, da Lei 8.137/90. Apreensão de isqueiros com supostos selos do Inmetro falsificados. Alegação de ausência de justa causa pela falta de indicação dos elementos não verdadeiros. Laudos periciais genéricos. Descumprimento à norma do art. 170 do CPP. Destruição dos produtos apreendidos. Quebra da cadeia de custódia da prova. Arts. 158-A e 158-B do CPP. Doutrina e precedentes, inclusive anteriores à previsão legal e vigentes à época dos fatos. Impossibilidade do controle epistêmico da validade da prova. Inviabilização do exercício do direito de defesa. Apresentação, por parte da defesa, das notas fiscais e do registro do revendedor no Inmetro. Acolhimento da alegação de ausência de justa causa para instauração e desenvolvimento válido do processo. Concessão da ordem, com o trancamento definitivo da ação penal. *(Habeas Corpus nº 214.908, STF, Rel. Min. Gilmar Mendes, julgado em 27.9.2022, publicado no DJ em 4.11.2022)*

158.6. [...] No que tange ao alegado desconhecimento da cadeia de custódia, no tocante às mensagens de WhatsApp juntadas aos autos, é cediço, nos termos do art. 2º do CPP, que: "A lei processual penal aplicar-se-á desde logo, sem prejuízo da validade dos atos realizados sob a vigência da lei anterior". Assim, não é possível se falar em quebra da cadeia de custódia, por inobservância de dispositivos legais que não existiam à época, sendo acertadamente destacado pela Corte local que, "no processamento das evidências relativas aos fatos ora julgados, ainda não existia um procedimento específico para a manutenção da cadeia de custódia da prova como temos hoje". [...] *(Agravo Regimental no Habeas Corpus nº 739.866–RJ, STJ, 5ª Turma, Rel. Min. Reynaldo Soares da Fonseca, julgado em 4.10.2022, publicado no DJ em 10.10.2022)*

158.6. [...] Em nenhum momento a defesa indica qualquer sorte de prejuízo que eventual inobservância da cadeia de custódia tenha lhe causado. Como é de conhecimento, no moderno sistema processual penal, a alegação de nulidade, ainda que absoluta, deve vir acompanhada da demonstração do efetivo prejuízo. Não se proclama uma nulidade sem que se tenha verificado prejuízo concreto à parte, sob pena de a forma superar a essência. Vigora, portanto, o princípio pas de nulitté sans grief, a teor do que dispõe o art. 563 do Código de Processo Penal. - "A condenação, por si só, não pode ser considerada como prejuízo, pois, para tanto, caberia ao recorrente demonstrar que a nulidade apontada, acaso não tivesse ocorrido, ensejaria sua absolvição, situação que não se verifica os autos" [...] *(Agravo Regimental no Recurso em Habeas Corpus nº 168.788-SP, STJ, 5ª Turma , Rel. Min. Reynaldo Soares da Fonseca, julgado em 16.8.2022 e publicado no DJ de 22.8.2022)*

158.6. [...] 1. A superveniência de sentença condenatória não tem o condão de prejudicar a análise da tese defensiva de que teria havido quebra da cadeia de custódia da prova, em razão de a substância entorpecente haver sido entregue para perícia sem o necessário lacre. Isso porque, ao contrário do que ocorre com a prisão preventiva, por exemplo – que tem natureza rebus sic standibus, isto é, que se caracteriza pelo dinamismo existente na situação de fato que justifica a medida constritiva, a qual deve submeter-se sempre a constante avaliação do magistrado –, o caso dos autos traz hipótese em que houve uma desconformidade entre o procedimento usado na coleta e no acondicionamento de determinadas substâncias supostamente apreendidas com o paciente e o modelo previsto no Código de Processo Penal, fenômeno processual, esse, produzido ainda na fase inquisitorial, que se tornou estático e não modificável e, mais do que isso, que subsidiou a própria comprovação da materialidade e da autoria delitivas.

2. Segundo o disposto no art. 158-A do CPP, "Considera-se cadeia de custódia o conjunto de todos os procedimentos utilizados para manter e documentar a história cronológica do vestígio coletado em locais ou em vítimas de crimes, para rastrear sua posse e manuseio a partir de seu reconhecimento até o descarte".

3. A autenticação de uma prova é um dos métodos que assegura ser o item apresentado aquilo que se afirma ele ser, denominado pela doutrina de princípio da mesmidade.

4. De forma bastante sintética, pode-se afirmar que o art. 158-B do CPP detalha as diversas etapas de rastreamento do vestígio: reconhecimento, isolamento, fixação, coleta, acondicionamento, transporte, recebimento, processamento, armazenamento e descarte. O art. 158-C, por sua vez, estabelece o perito oficial como sujeito preferencial a realizar a coleta dos vestígios, bem como o lugar para onde devem ser encaminhados (central de custódia). Já o art. 158-D disciplina como os vestígios devem ser acondicionados, com a previsão de que todos os recipientes devem ser selados com lacres, com numeração individualizada, "de forma a garantir a inviolabilidade e a idoneidade do vestígio".

5. Se é certo que, por um lado, o legislador trouxe, nos arts. 158-A a 158-F do CPP, determinações extremamente detalhadas de como se deve preservar a cadeia de custódia da prova, também é certo que, por outro, quedou-se silente em relação aos critérios objetivos para definir quando ocorre a quebra da cadeia de custódia e quais as consequências jurídicas, para o processo penal, dessa quebra ou do descumprimento de um desses dispositivos legais. No âmbito da doutrina, as soluções apresentadas são as mais diversas.

6. Na hipótese dos autos, pelos depoimentos prestados pelos agentes estatais em juízo, não é possível identificar, com precisão, se as substâncias apreendidas realmente estavam com o paciente já desde o início e, no momento da chegada dos policiais, elas foram por ele dispensadas no chão, ou se as sacolas com as substâncias simplesmente estavam próximas a ele e poderiam eventualmente pertencer a outro traficante que estava no local dos fatos.

7. Mostra-se mais adequada a posição que sustenta que as irregularidades constantes da cadeia de custódia devem ser sopesadas pelo magistrado com todos os elementos produzidos na instrução, a fim de aferir se a prova é confiável. Assim, à míngua de outras provas capazes de dar sustentação à acusação, deve a pretensão ser julgada improcedente, por insuficiência probatória, e o réu ser absolvido.

8. O fato de a substância haver chegado para perícia em um saco de supermercado, fechado por nó e desprovido de lacre, fragiliza, na verdade, a própria pretensão acusatória, porquanto não permite identificar, com precisão, se a substância apreendida no local dos fatos foi a mesma apresentada para fins de realização de exame pericial e, por conseguinte, a mesma usada pelo Juiz sentenciante para lastrear o seu decreto condenatório. Não se garantiu a inviolabilidade e a idoneidade dos vestígios coletados (art. 158-D, § 1º, do CPP). A integralidade do lacre não é uma medida meramente protocolar; é, antes, a segurança de que o material não foi manipulado, adulterado ou substituído, tanto que somente o perito poderá realizar seu rompimento para análise, ou outra pessoa autorizada, quando houver motivos (art. 158-D, § 3º, do CPP).

9. Não se agiu de forma criteriosa com o recolhimento dos elementos probatórios e com sua preservação; a cadeia de custódia do vestígio não foi implementada, o elo de acondicionamento foi rompido e a garantia de integridade e de autenticidade da prova foi, de certa forma, prejudicada. Mais do que isso, sopesados todos os elementos produzidos ao longo da instrução criminal, verifica-se a debilidade ou a fragilidade do material probatório residual, porque, além de o réu haver afirmado em juízo que nem sequer tinha conhecimento da substância entorpecente encontrada, ambos os policiais militares, ouvidos sob o crivo do contraditório e da ampla defesa, não foram uníssonos e claros o bastante em afirmar se a droga apreendida realmente estava em poder do paciente ou se a ele pertencia.

10. Conforme deflui da sentença condenatória, não houve outras provas suficientes o bastante a formar o convencimento judicial sobre a autoria do crime de tráfico de drogas que foi imputado ao acusado. Não é por demais lembrar que a atividade probatória deve ser de qualidade tal a espancar quaisquer dúvidas sobre a existência do crime e a autoria responsável, o que não ocorreu no caso dos autos. Deveria a acusação, diante do descumprimento do disposto no art. 158-D, § 3º, do CPP, haver suprido as irregularidades por meio de outros elementos probatórios, de maneira que, ao não o fazer, não há como subsistir a condenação do paciente no tocante ao delito descrito no art. 33, caput, da Lei n. 11.343/2006.

11. Em um modelo processual em que sobrelevam princípios e garantias voltadas à proteção do indivíduo contra eventuais abusos estatais que interfiram em sua liberdade, dúvidas relevantes hão de merecer solução favorável ao réu (favor rei).

12. Não foi a simples inobservância do procedimento previsto no art. 158-D, § 1º, do CPP que induz a concluir pela absolvição do réu em relação ao crime de tráfico de drogas; foi a ausência de outras provas suficientes o bastante a formar o convencimento judicial sobre a autoria do delito a ele imputado. A questão relativa à quebra da cadeia de custódia da prova merece tratamento acurado, conforme o caso analisado em concreto, de maneira que, a depender das peculiaridades da hipótese analisada, pode haver diferentes desfechos processuais para os casos de descumprimento do assentado no referido dispositivo legal.[...] Ordem concedida, a fim de absolver o paciente em relação à prática do crime previsto no art. 33, caput, da Lei n. 11.343/2006, objeto do Processo n. 0219295-36.2020.8.19.0001. Ainda, fica assegurado ao réu o direito de aguardar no regime aberto o julgamento do recurso de apelação. *(Habeas Corpus nº 653.515/RJ, STJ, 6ª Turma, por maioria, Rel. Min. Rogerio Schietti Cruz, julgado em 23.11.2021, publicado no DJ em 1.2.2022)*

158.6. [...] 1. A observância da cadeia de custódia de prova é imprescindível para que haja o respeito ao devido processo legal. Contudo, a alegação de quebra de referida documentação cronológica acompanhada de mais de uma versão dos eventos empíricos não pode ser reconhecida nos limites da ação de habeas corpus. 2. A busca do acertamento fático é elemento do justo processo penal. É fundamental que haja, com o respeito aos direitos fundamentais do réu, de eventual vítima e da sociedade, a correspondência, ao menos aproximada, entre os fatos, tal como ocorreram, e aqueles descritos nos autos. E o campo para dirimir dúvidas é o juízo da causa, sob o contraditório judicial. [...] *(Recurso em Habeas Corpus nº 104.176/RS, STJ, 6ª Turma, unânime, Rel. Min. Rogerio Schietti Cruz, julgado em 4.5.2021, publicado no DJ em 14.5.2021)*

158.6. [...] Conforme assentado pela Corte local, os institutos processuais são regidos pelo princípio *tempus regit actum*, nos termos do art. 2º do CPP, *in verbis*: "A lei processual penal aplicar-se-á desde logo, sem prejuízo da validade dos atos realizados sob a vigência da lei anterior". Nesse contexto, não é possível se falar em quebra da cadeia de custódia, por inobservância de dispositivos legais que não existiam à época. [...] Ademais, não foi trazido nenhum elemento que demonstre que houve adulteração da prova. Assim, "não se verifica a alegada 'quebra da cadeia de custódia', pois nenhum elemento veio aos autos a demonstrar que houve adulteração da prova, alteração na ordem cronológica dos diálogos ou mesmo interferência de quem quer que seja, a ponto de invalidar a prova [...] Oportuno destacar, ainda, que o que não se admite é a utilização da prova pela acusação sem que se franqueie seu acesso à defesa, por quebra da cadeia de custódia. No entanto, na hipótese, além de não ter ficado demonstrada eventual manipulação da prova, tem-se que ela serve à defesa e à acusação, podendo ser objeto de perícia tanto para comprovar quanto para impugnar a prova que pretende fazer. [...] *(RHC nº 141.981/RR, STJ, 5ª Turma, unânime, Rel. Min. Reynaldo Soares da Fonseca, julgado em 23.3.2021, publicado no DJ em 29.3.2021)*

158.6. [...] A defesa não conseguiu demonstrar de que maneira teria ocorrido a quebra de cadeia de custódia da prova e a consequente mácula que demandaria a exclusão dos dados obtidos dos autos do processo criminal. Assim, não é possível reconhecer o vício pois, a teor do art. 563 do Código de Processo Penal, mesmo os vícios capazes de ensejar nulidade absoluta não dispensam a demonstração de efetivo prejuízo, em atenção ao princípio do *pas de nullité sans grief*. [...] (*Agravo Regimental no Recurso em Habeas Corpus nº 153.823/RS, STJ, 5ª Turma, Rel. Min. Reynaldo Soares da Fonseca, julgado em 28.9.2021, publicado no DJ em 4.10.2021)*

Jurisprudência *(anterior à Lei nº 13.964/2019)*

158.6. [...] O instituto da quebra da cadeia de custódia refere-se à idoneidade do caminho que deve ser percorrido pela prova até a sua análise pelo magistrado, sendo certo que qualquer interferência durante o trâmite processual pode resultar na sua imprestabilidade. Tem como objetivo garantir a todos os acusados o devido processo legal e os recursos a ele inerentes, como a ampla defesa, o contraditório e principalmente o direito à prova lícita. [...] *(Embargos de Declaração no Habeas Corpus n. 462.087-SP, STJ, 5ª Turma, unânime, Rel. Min. Ribeiro Dantas, julgado em 7.11.2019, publicado no* DJ *em 18.11.2019).*

158.7. A cadeia de custódia das provas e as atribuições da polícia judiciária. Diante das previsões agora expressas no CPP (e não apenas regulamentações internas e administrativas), muitas dúvidas podem surgir a respeito dos procedimentos da cadeia de custódia (vistos objetivamente no item anterior) no que se refere às atribuições das inúmeras figuras envolvidas na investigação, notadamente aquelas que tenham conhecimentos técnicos (inclusos os peritos).

Repristinando anotações já feitas nos artigos iniciais do CPP, destacamos que, excluídos os casos em que as infrações penais são praticadas na presença da autoridade policial, a atuação investigatória tem início com a notícia do crime (art. 6º, CPP), ou, já à saída, no cumprimento de mandado judicial, se não partir dela a representação. A lembrança do art. 6º do CPP é de todo proposital (*Destacamos que as presentes considerações possuem coincidência com nota técnica que produzimos juntamente com Frederico Horta por solicitação da Superintendência da Polícia Federal).*

Pensamos até que, diante da ausência de modificação legislativa da parte inicial do CPP – as ab-rogações e derrogações por incompatibilidade não se fizeram também presentes –, a vetusta regulação da matéria constitui inegável e importante farol hermenêutico para a compreensão das novas regras. Basta ver que ali, por exemplo, se dispõe que caberá à autoridade policial, tendo se dirigido ao local noticiado, determinar, *se for o caso*, que se proceda a exame de corpo de delito e a quaisquer outras perícias (inciso VII). E note-se, para logo, que o CPP desde sempre prevê que a autoridade policial deverá providenciar para que não se alterassem o estado e a conservação das coisas, acrescentando, até a chegada dos peritos (inciso I).

O que se vê, então, é que a presença dos peritos oficiais sempre esteve relacionada com a realização de exames técnicos de materiais encontrados no local do crime. Ou, de outro modo, de exame naqueles elementos que constituem vestígios materiais da infração penal e cuja significação dependa de exame técnico qualificado, seja para definição de aspectos relevantes da materialidade, seja para aqueles relacionados com a identificação da autoria. Daí a necessidade de atuação policial para a conservação e preservação das características originais do local do crime e das coisas periciáveis, quando for o caso.

A atuação policial imediata, sobretudo em domicílio ou lugares não abertos ao público, dependerá, portanto, da situação de flagrante, após a notícia do crime. Do contrário, o ingresso no local necessitará de autorização do morador ou de ordem judicial específica.

Nessas hipóteses, a autoridade policial poderá ingressar no local, sob a justificativa prevista no art. 302, II, do CPP, que contempla a ação de acabar de cometer a infração penal. Em se tratando de crimes cuja ação/execução ainda perdure, como é óbvio, seria o caso de aplicação do art. 302, I, do CPP, ou seja, de flagrante propriamente dito. Assim, as hipóteses de flagrante delito são as mais relevantes para a determinação do local do crime, bem como para a justificação da apreensão de coisas e de pessoas, sem a necessidade de mandado judicial. Dessa premissa, cumpre avançarmos para as definições de lugar do crime e de crimes de resultado naturalístico e delitos de resultado por imputação jurídica.

Com efeito, a lei brasileira cuidou de definir o "lugar do crime" no art. 6º do CP, para esclarecer o alcance da regra de aplicação territorial da lei penal brasileira (art. 5º, CP). Estabeleceu ali que se considera praticado o crime tanto "no lugar em que ocorreu a ação ou omissão, no todo ou em parte", quanto "onde se produziu ou deveria produzir-se o resultado". É um conceito ubíquo, como o próprio crime. Efetivamente, o crime é a conduta proibida (típica, ilícita) e reprovável (culpável), mas é também (conjuntamente) o resultado por ela causado (art. 13, CP), quando o resultado compuser a definição legal do crime (tipo). Assim, se a conduta e o resultado típicos tiverem ocorrido em lugares diferentes, todos esses serão lugares do mesmo crime. Releva destacar, ao propósito, que a aplicação do citado art. 6º do CPP, relativamente ao conhecimento da infração, isto é, à notícia do crime, para a adoção das medidas ali previstas, em princípio, pode até não se referir a nenhuma das definições legais do lugar do crime, na medida em que a informação acerca da existência do crime em determinado local pode se reportar à infração já consumada, e em local diverso (atos de execução e do resultado, na desova de cadáveres, por exemplo).

No entanto, em tais hipóteses, a despeito de eventual cessação da situação de flagrante, a presença da autoridade policial será indispensável para a preservação do estado do objeto material do crime, se for o caso, e para a posterior realização de perícia, se necessidade houver. Em princípio, portanto, deve-se considerar tal local como o lugar do crime, ainda que posteriormente se venha a descobrir ser outro o da prática dos atos de execução e da consumação do resultado.

Para fixar a soberania da lei brasileira, conforme o princípio da territorialidade, toda a amplitude do conceito de lugar do crime vem a calhar.

O art. 6º do CP chega a estendê-lo até paragens puramente normativas, ao afirmar que lugar do crime é também o do resultado potencial, nos crimes tentados. Nestes casos, afinal, como o bem jurídico seria atingido no território pátrio, nele se deu o risco que fundamenta a punibilidade da tentativa (art. 17, CP). Mas a ubiquidade do crime gera internamente (dentro do sistema ou da ordem jurídica nacional) conflitos de normas e de jurisdições. A lei os resolve elegendo uma ou outra das dimensões do fato punível: a conduta ou o resultado. Assim é que, para resolver um conflito entre normas penais sucessivas, garantindo a anterioridade da lei penal, o Código estabelece que o tempo do crime é o da conduta, e não o do resultado (art. 4º, CP). Pelo contrário, quando se trata do termo inicial dos prazos prescricionais, como eles variam em função da gravidade do crime, a lei prefere o momento do resultado: da consumação (art. 111, I, CP). Por fim, entre a jurisdição da comarca onde ocorre a execução (conduta) e aquela onde se dá a consumação (resultado), a lei processual elege esta última (art. 70, CPP).

Já ao regulamentar os procedimentos investigativos a serem adotados no local do crime, em busca de vestígios da sua materialidade, da autoria e demais circunstâncias penalmente relevantes, a lei não tem conflito a resolver. Não é necessário nem oportuno que a lei prefira um entre os diversos cenários da realização do fato típico, para as suas prescrições. Afinal, a diligência policial no local do crime visa tanto os rastros deixados pela ação – elementos ou evidências probatórias – quanto a manifestação física do resultado, nos crimes materiais.

Por isso, ao regulamentar a cadeia de custódia dos vestígios encontrados no lugar do crime ou na vítima, os novos dispositivos da lei processual se reportam àqueles materiais físicos, visíveis ou latentes, que se encontrem na ambiência daquilo que se apresenta, ainda que aparentemente, como o local do crime, na pessoa ou no corpo de possível vítima, e que se relacionem ao crime, podendo contribuir inclusive para a identificação de eventual vítima ou mesmo do seu autor (arts. 158-A, 158-B e 158-C, CPP).

Como a lei adota critério ubíquo, segundo o qual serão considerados locais todos os lugares nos quais transcorreu a realização do tipo penal, tanto os espaços atravessados pela conduta proibida como também aqueles onde tenha se materializado o resultado típico, os arts. 158-A e seguintes do CPP se referem ao primeiro lugar identificado como aparente cenário da conduta e/ou do resultado criminoso, segundo os procedimentos que legitimam a atuação policial. Naturalmente que, em se verificando que ação e resultado aparentemente ocorreram em distintos locais, e sendo viável encontrar também no segundo cenário os vestígios do crime, aplicam-se também nele os procedimentos previstos nos arts. 158-A e seguintes do CPP.

Nos casos da atuação do polícia judiciária, quando a atividade criminosa já cessou, a tarefa a ser por ela desincumbida diz respeito à identificação da materialidade do crime e da busca de provas da respectiva autoria. É probatória, portanto, a natureza dessa atuação.

Mas, por mais abrangente que seja, a expressão "local de crime" tem claros limites dogmáticos. Ao prescrever e regulamentar, com minudência típica de um regimento administrativo, a cadeia de custódia dos vestígios periciáveis, identificados em local de crime, a lei parece ter limitado a aplicabilidade dos seus comandos àquelas específicas circunstâncias, deixando de vincular a cadeia de custódia dos vestígios encontrados em outros locais, que não os das condutas ou os do resultado típico do crime.

Não está no local do crime, por exemplo, o passaporte materialmente falso guardado em local diverso daquele em que foi produzido.

Como a finalidade da cadeia de custódia legalmente regulada é zelar pela higidez e conservação das características originárias do vestígio periciável do crime, interessam os locais em que a realização típica se materializa, isto é, os locais onde o fato punível ocorre na sua dimensão fática ou naturalística. Com efeito, os arts. 158-A e seguintes do CPP não tratam apenas dos vestígios do corpo de delito (vestígios do resultado naturalístico dos crimes), mas também daqueles que resultem da ação realizada, os vestígios indicativos da autoria, dos instrumentos e demais circunstâncias relevantes da infração, desde que situados no local do crime e desde que devam ser, a critério da autoridade policial, submetidos à perícia.

Vale ressaltar que a lei vincula a realização de perícia sobre os vestígios apenas quando eles compõem o corpo de delito (art. 158, *caput*, CP), e desde que a perícia seja necessária para revelá-lo. A perícia dos demais vestígios não decorre de lei, mas exclusivamente da conveniência para a investigação.

Assim, para preservar esses vestígios encontrados no local do crime, que, a juízo do Delegado devam ser submetidos à perícia, por força de lei ou pela conveniência da investigação, interessam os locais onde ocorrem os atos executórios, nos crimes comissivos em geral, ainda que formais ou de mera conduta, e os locais modificados pelo resultado típico, nos crimes materiais.

Por ser determinado no espaço e marcado pela realização do tipo penal, o local do crime não existe ou não releva para fatos puramente institucionais, normativos, que não são identificáveis por sua dimensão física ou que não têm propriedades materiais sensíveis. Não há um local, por exemplo, da omissão de declarar depósito mantido no exterior à repartição competente, que configura evasão de divisas (art. 22, parágrafo único, da Lei nº 7.492/86), assim como não há um local do tributo suprimido ou reduzido (art. 1º, *caput*, Lei nº 8.137/90), que é o resultado típico da sonegação fiscal.

Meras omissões (violações de dever), assim como os resultados normativos – ofensas a bens jurídicos sem alteração sensível do mundo exterior ao agente –, geralmente não configuram um local de crime, a menos que possam ser determinados espacialmente, conforme o dever omitido, o bem afetado ou a natureza da ofensa. Com efeito, a omissão do dever geral de prestar socorro a pessoa gravemente ferida (art. 135, CP) e o risco à vida ou integridade física imputado ao omitente ocorrem no local exato onde a vítima se encontra; já a violação do dever de notificação de uma doença contagiosa (art. 269, CP) e o consequente risco à saúde coletiva decorrente desta omissão não têm um lugar determinado, nem quanto à conduta, nem quanto ao resultado.

De todo modo, o local de uma omissão, da criação de um perigo ou de um dano a um bem jurídico só terá interesse para as investigações do crime se tal conduta ou resultado típicos puderem ser ali identificados a partir de elementos materiais, sensíveis. O local de uma prevaricação na modalidade omissiva, por exemplo, embora possa ser determinado – a repartição onde o ato deveria ter sido praticado –, não é marcado pelos vestígios da omissão e muito menos do seu resultado.

Ainda que os autos de um procedimento administrativo no qual tenha ocorrido a omissão de um ato devido sejam idôneos a revelar a prevaricação (e nesse sentido amplo, sejam dela um vestígio), e ainda que esses autos estejam depositados na repartição onde o procedimento tramitou (local do crime), tais documentos (os autos) não guardam vinculação com esse local, não fazem dele um local de interesse, pois não o modificam (naturalisticamente falando) de forma significativa. Sequer a disposição desses autos na repartição importa para revelar as circunstâncias do crime, já que eles são comprobatórios de um ato que simplesmente não ocorreu.

Importa ver que material é o tipo de crime que tem por elemento constitutivo uma modificação no mundo exterior, causada pela conduta do autor e que dela se distingue (TOLEDO, Francisco de Assis. *Princípios básicos de direito penal*. 5. ed. São Paulo: Saraiva, 2000, p. 143). Na medida em que essa alteração for física ou mesmo emocional, psicológica (ex.: grave sofrimento mental), mas de todo modo sensível, fala-se que o crime é de resultado naturalístico.

A doutrina não costuma diferenciar crime material do crime de resultado naturalístico, mas nos parece que ela seja necessária, na medida em que há crimes materiais em que a alteração provocada pelo autor é puramente institucional, normativa e, consequentemente, não naturalística. Assim, por exemplo, a supressão ou redução do imposto devido, no crime de sonegação fiscal (art. 1º, *caput*, Lei nº 8.137/90), a ocultação da propriedade de um bem proveniente de crime (art. 1º, *caput*, Lei nº 9.613/90) ou a concessão de uma licença ambiental indevida (art. 67, Lei nº 9.605/98). Nestes casos, embora o resultado possa se exprimir em documentos (lançamento a menor, registro do bem ou termo de concessão da licença), ele não pode ser descrito ou identificado pelas propriedades sensíveis desses documentos, pois é um fato puramente normativo, do plano do direito.

Essa diferenciação é especialmente útil quando se trata de delimitar a eficácia das normas legais que regulamentam a cadeia de custódia dos vestígios coletados em local de crime. Como os novos arts. 158-A a 158-C do CPP visam proteger os vestígios do crime deixados no local da ação ou do resultado típico (local de crime), em razão do que eles expressam sobre o crime por meio de suas características físicas, visíveis ou latentes, essas normas não vinculam a atuação da polícia em relação às provas de um resultado puramente normativo, salvo quando elas estejam no local da ação e digam também respeito a ela, sua autoria ou outras circunstâncias fáticas. Isto porque, primeiramente, como já se demonstrou, dificilmente os resultados normativos são delimitados espacialmente, ou têm propriamente um local. Depois, porque a dimensão sensível dessas provas (a forma de um documento, por exemplo, ou a disposição espacial deste) nada diz sobre o resultado típico em si.

Em oposição aos crimes materiais, a doutrina alemã reúne os delitos de atividade, enquanto no Brasil, por influência da doutrina italiana, fala-se em crimes formais ou de mera conduta. É possível distinguir essas duas categoriais (PIMENTEL, Manuel Pedro. *Crimes de mera conduta*. 3. ed. São Paulo: RT, 1975, p. 72) ainda que a maior parte da doutrina não o faça (CUNHA LUNA, Everardo. *O resultado, no direito penal*. São Paulo: Bushatsky, 1976, p. 98).

Crimes de mera conduta são aqueles cujos tipos não mencionam nem sequer sugerem uma modificação no mundo exterior independentemente da conduta. Assim, o porte ilegal de arma de fogo (art. 14, Lei nº 10.826/2003) ou a direção de veículo automotor sob influência de álcool (art. 306, Lei nº 9.503/97).

Já os crimes formais são aqueles nos quais essa modificação é ao menos sugerida pelo tipo, como um fim especial de agir. Assim, a obtenção da vantagem indevida solicitada, no crime de corrupção passiva (art. 317, CP), ou a efetiva perturbação psíquica ou intimidação da vítima, no crime de ameaça (art. 147, CP). Os resultados sugeridos pelos delitos formais, por não serem elementos objetivos dos seus tipos, são desnecessários para que eles se aperfeiçoem, isto é, para que esses crimes se consumem. Segundo este conceito, os delitos formais equivaleriam à categoria, divulgada pela doutrina alemã, dos delitos de intenção ou de tendência interna transcendente, nos quais a intenção subjetiva do autor se dirige a um resultado que está para além do tipo objetivo e, portanto, para além da consumação (ROXIN, Claus. *Derecho penal*: parte general, t. I. 3. reimp. Madrid: Civitas, 2003, p. 317).

Nos crimes formais e nos crimes de mera conduta, uma eventual modificação no mundo exterior, ainda que penalmente relevante para a fixação da pena, estará para além do tipo, e, portanto, para além da consumação. Sendo assim, o local de um eventual resultado naturalístico de um crime formal ou de mera conduta, a rigor, não poderá ser considerado local de crime e, consequentemente, ali não se aplicariam as regras previstas nos arts. 158-A a 158-C do CPP.

Só será local do crime formal ou de mera conduta o local da conduta típica, logicamente. Ali sim se aplicarão esses novos dispositivos em análise, se houver qualquer vestígio (da conduta, da sua autoria, das circunstâncias relevantes etc.) que, a critério da autoridade policial, deva ser objeto de perícia. Como só há falar em "corpo de delito" nos crimes (consumados ou tentados) que deixam algum resultado naturalístico, os vestígios da conduta típica, da sua autoria ou de outras circunstâncias relevantes, nos crimes formais ou de mera conduta, não deverão ser objeto de exame por força de lei (art. 158, *caput*, CPP), mas apenas por conveniência da instrução criminal.

A anterior redação do art. 158 do CPP sempre causou algumas inquietações de sentido. Afinal, em que nível se daria a indispensabilidade do exame de corpo de delito? Vestígio seria o mesmo que corpo de delito?

Pensamos que a referência explícita ao vestígio, associada imediatamente ao corpo de delito, já separa os dois conceitos.

Do ponto de vista de sua definição jurídica, há de ser considerado vestígio todo objeto ou material que esteja evidentemente relacionado com a infração penal, como um rastro fisicamente identificável, que possa vir a constituir evidência ou a prova de uma ou outra circunstância do crime. Já o corpo de delito é a materialidade do crime de resultado naturalístico, é o conjunto dos elementos sensíveis do fato criminoso. Como já dizia Malatesta, o "corpo de delito, propriamente, só pode significar aquilo que representa a exteriorização material e a aparição física do delito. Mas a exteriorização material e a aparição física do delito não podendo consistir senão no que imediatamente se liga à consumação do próprio delito, representam, por assim dizer, a sua figura física" (MALATESTA, Nicola Framarino. *A lógica das provas em matéria criminal*, vol. II, São Paulo: Saraiva, 1960, p. 336-337).

O exame de corpo de delito, logicamente, não é exame pericial de qualquer vestígio, mas apenas dos vestígios do corpo de delito. Por isso esse exame é um esforço técnico de verificação do resultado naturalístico que corporifica o crime material ou que representa o exaurimento penalmente relevante de um crime formal (como o contágio venéreo, no crime do art. 130, CP).

Mas, além do exame de corpo de delito, nas dimensões antes mencionadas (resultado material do crime e vestígios dele encontrados) deverá ser realizada também a perícia nos vestígios que, embora não integrantes do corpo de delito, estejam relacionados com a infração penal, tenham sido encontrados no local do crime e possam constituir elemento de prova.

Importante destacar, então, que a obrigatoriedade dos procedimentos previstos nas novas regras dos arts. 158-A e seguintes do CPP refere-se ao corpo de delito e aos vestígios encontrados no local do crime. Para o exame dos demais vestígios encontrados em outros locais e em outras diligências, a adoção de tais cautelas é coincidente com as boas práticas, mas não se encontra estipulada como procedimento geral obrigatório.

Além disso, a lei (art. 158, *caput*, CPP) não impõe a realização de perícia sobre qualquer vestígio de qualquer crime, mas apenas sobre os vestígios da materialidade dos crimes que geram resultado naturalístico, e mesmo assim quando o exame pericial seja necessário para interpretá-los.

Não haverá necessidade (nem sentido!) de um exame, por exemplo, para atestar a falsidade ideológica de um documento, embora este seja justamente o corpo do delito previsto no art. 299 do CP.

É claro que os vestígios que não constituem o corpo de delito, mas dizem respeito a outras circunstâncias relevantes do fato punível, como a autoria, a ilicitude ou a culpabilidade, podem ser igualmente objeto de exame pericial. Embora a lei só exija o exame de corpo de delito (art. 158, *caput*, c/c art. 564, III, *b*, CPP) nos crimes que produzem modificações no mundo naturalístico, a perícia poderá ter lugar, a critério da autoridade policial, também quando necessária para interpretar os vestígios daquelas outras circunstâncias relevantes, isto é, desvelar o sentido desses vestígios, atribuir-lhes a significação de prova ou indício de determinada circunstância.

Antes de seguirmos, um esclarecimento. A doutrina tem sido cuidadosa em distinguir os elementos informativos dos elementos de prova, acentuando que apenas estes últimos, sendo necessariamente judicializados, poderiam ser considerados fontes ou meio de provas, ressalvados os casos de provas irrepetíveis, produzidas na fase de investigação. A ressalva pode ter importância para determinadas questões processuais. Mas, no aspecto ora abordado, à autoridade de polícia investigativa, ou seja, da perspectiva dela, não é necessária a distinção. Polícia não vai em busca de elementos informativos. A ela interessa a prova do crime. E assim trataremos a questão.

Convém examinarmos o quanto disposto no parágrafo único do art. 162 do CPP, a cuidar da autópsia. Diz ali: *"Nos casos de morte violenta, bastará o simples exame externo do cadáver, quando não houver infração penal a apurar, ou quando as lesões externas permitirem precisar a causa da morte e não houver necessidade de exame interno para a verificação de alguma circunstância relevante"*.

O que subjaz à citada norma é que a indispensabilidade da prova pericial pode ser flexibilizada em alguns casos, e não só pelo perecimento/desaparecimento da coisa ou das circunstâncias relevantes, mas também nas hipóteses em que seja constatado, a olho nu e leigo, o significado da prova. Prova pericial é prova técnica, habilitada a comprovar aquilo que não é do conhecimento daquele sem a mesma formação.

Naturalmente que, no mais das vezes, mesmo nos casos de imediata visibilidade do elemento ou de circunstância, independentemente de diagnóstico técnico – destruição da coisa, arrombamento etc. –, o exame pericial poderá ser indispensável para a identificação dos meios utilizados, de coleta de impressões digitais, o que poderá facilitar a busca pela autoria. Fora daí, não se pode permitir a burocratização desmedida da investigação, em prejuízo do interesse público.

Importante acentuar que as modificações trazidas pela Lei nº 13.964/2019 poderiam ser mais esclarecedoras, mas, de todo modo, são suficientes para não deixar dúvida quanto à autonomia dos vestígios em relação ao corpo de delito.

Aliás, inicia-se por dizer que a cadeia de custódia é necessária para a coleta e documentação do vestígio recolhido em locais ou em vítimas de crimes (art. 158-A, CPP).

Vestígio, portanto, é o objeto ou material, visível ou latente, deixado pelo crime como um rastro, que poderá constituir prova de sua existência ou materialidade, bem como de outras circunstâncias relevantes. Sangue nas vestes, esperma, impressões digitais, lesões visíveis ou o risco de lesões internas, são vestígios do crime e que devem ser isolados e preservados, para fins de perícia. Até porque a defesa também tem direito ao acesso a tais elementos, posteriormente.

Mas nem tudo o que materializa o crime realizado é vestígio dele.

Vestígio é o que se relaciona, sugere um elemento típico ou circunstância relevante do fato, mas não o elemento ou a circunstância em si. A droga transportada, por exemplo, é o próprio elemento material do crime, e não um vestígio dele. E para a apreensão, constatação e descarte dessa substância há regramento específico, que a nosso sentir segue em plena vigência.

Vai nessa linha a norma contida no art. 158-A, § 1º, do CPP, a dispor que o início da cadeia de custódia dá-se com a preservação do local do crime ou com procedimentos *policiais ou periciais* nos quais seja detectada a existência do vestígio.

Por outro lado, é a natureza do crime e não a sua existência que determinará a adoção das providências contidas no art. 158-B do CPP. Nem todo corpo de delito ou vestígio demandará o isolamento do local, sendo dever da autoridade policial, já pelo disposto no velho art. 6º do CPP, manter o estado original e a conservação das coisas, para a posterior realização da perícia, nos casos em que ela for necessária (inciso VI). E nem todo vestígio se submeterá a exame pericial, desde que se possa extrair dele o significado unívoco. A apreensão de computadores e celulares, em princípio, não demanda o isolamento do local; um vídeo com conteúdo probatório também não, embora a dúvida sobre a sua autenticidade possa demandar verificação pericial.

Um acréscimo que deve ser feito diz respeito ao encontro fortuito de objeto material de crime ou mesmo de vestígios de outros delitos, por ocasião do ingresso da autoridade policial em lugares de crime ou de prova (mandados de busca e apreensão). Nos EUA, se desce a detalhes sobre a legalidade de apreensões de coisas não constantes do mandado judicial, no curso de busca e apreensão. Deu-se a ela o nome de "Plain View Doctrine", ou "Doutrina da Plena Vista", por vezes subdividida em "Plain View" (plena vista) e "Open View" (visão aberta) – referindo-se, a primeira, às hipóteses em que já estaria presente a autorização judicial, e, a segunda, às situações em que a ilicitude é observada de pronto, mesmo sem uma busca anterior. No âmbito dessa doutrina pode-se justificar a validade da apreensão de objetos não contemplados no mandado judicial, desde que estejam eles *à plena vista* dos executores.

A experiência norte-americana pode ser validamente reclamada no Brasil, desde que observados determinados e específicos requisitos para a validação da prova, numerados taxativamente pela primeira vez no caso Horton Vs. California, 496 U.S. 128. São eles: (a) o policial deve estar presente de forma legítima no local onde se deu a apreensão; (b) o policial deve ter autorização legal ou judicial para ter acesso ao objeto; e (c) o caráter criminoso do objeto deve ser imediatamente aparente, pois não se permite que a autoridade policial faça intrusões no objeto para se certificar de sua natureza ("*In order for a warrantless seizure of an object in plain view to be valid, two conditions must be satisfied in addition to the essential predicate that the officer did not violate the Fourth Amendment in arriving at the place from which [496 U.S. 128, 129] the object could be plainly viewed. First, the object's incriminating character must be 'immediately apparent', id., at 466. Although the cars in Coolidge were obviously in plain view, their probative value remained uncertain until after their interiors were swept and examined microscopically. Second, the officer must have a lawful right of access to the object itself*" (Horton Vs. California 496 U.S. 128).

A propósito, a Suprema Corte estadunidense já entendeu que a autoridade policial encarregada da execução de mandado de busca e apreensão com objeto específico não poderia sequer ter carregado ou movido o objeto estranho àquela ordem judicial (com vistas a tornar aparente o que era oculto), uma vez que agia somente em suspeita razoável (caráter subjetivo), mas sem causa provável (caráter objetivo, aparência imediata) – ("However, the search was invalid because, as the State concedes, the policeman had only a 'reasonable suspicion' – i. e., less than probable cause to believe – that the stereo equipment was stolen. Probable cause is required to invoke the 'plain view' doctrine as it applies to seizure. [...] Thus, while courts require probable cause for more extensive examination, cursory inspections – including picking up or moving objects for a better view – require only a reasonable suspicion" – Arizona x Hicks, 480 U.S. 321 (1987)).

Feitas todas essas considerações fundamentais, há se ver a finalidade central da chamada cadeia de custódia. Com efeito, para além da conceituação jurídica agora incorporada ao ordenamento, a cadeia de custódia nada mais é do que a preservação e o registro do material que poderá constituir a prova de sua existência ou de sua autoria.

Como defendemos no tópico anterior, a finalidade precípua do procedimento recentemente regulado no Código de Processo é garantir a higidez e validade dos elementos e coisas (instrumentos do crime, por exemplo) que possam constituir as provas que serão apreciadas em juízo, exatamente como há muito a doutrina e também a jurisprudência vinham sustentando.

A lei, contudo, não regulamentou toda e qualquer cadeia de custódia, mas especificamente a do *"vestígio coletado em locais ou em vítimas de crimes"* (art. 158-A, *caput*, CPP). Assim, quando o § 2º do art. 158-A do CPP trata do reconhecimento de *"um elemento como de potencial interesse para a produção da prova pericial"* (§ 2º), está falando de um potencial vestígio a ser periciado, reconhecido no local ou em vítima de crime, que deva ser preservado para as demais fases da cadeia de custódia.

Em se tratando de vestígios do resultado naturalístico de um crime, a lei impõe que ele seja objeto do exame de corpo de delito, a menos que o seu significado seja evidente ou independente da análise pericial. Crimes de mera conduta também poderão deixar vestígios, como o cartucho do projétil, no disparo de arma de fogo (art. 15, Lei nº 10.826/2003), e deles também cuidam os arts. 158-A e seguintes do CPP.

A diferença é que o exame dos vestígios de crimes formais ou de mera conduta, quando não há corpo de delito a apurar, não é imposto pela lei (art. 158, *caput*, CP). Tudo o que a nova lei impõe é que, se esses vestígios forem ser periciados, por decisão da autoridade policial e por conveniência da instrução criminal, devem ser custodiados da forma ali preconizada, com isolamento da área, fixação, coleta etc. Certo é que, tendo sido ou não periciados, os vestígios alheios ao corpo de delito (vestígios da autoria, das circunstâncias, do instrumento, da conduta proibida nos crimes de atividade etc.) poderão constituir prova em juízo, tanto quanto documentos e instrumentos do crime.

No art. 158-B do CPP, o termo "cadeia de custódia" já deve ser lido com a limitação imposta pelo art. 158 do CPP. Ou seja: a regulamentação do art. 158-B não vincula com força de lei federal qualquer cadeia de custódia, mas apenas a dos vestígios coletados "em locais ou em vítimas de crimes". Isso fica expresso nos incisos II e III do art. 158-B do CPP.

Da mesma forma, quando o art. 158-C do CPP trata da coleta de vestígios, ele está se referindo à coleta definida no art. 158-B do CPP, ou seja, a uma fase de uma cadeia de custódia do vestígio encontrado em locais ou em vítimas de crimes, nos termos do art. 158-A do CPP.

Por isso, quando o § 1º do art. 158-C do CPP diz que "Todos vestígios coletados no decurso do inquérito ou processo devem ser tratados como descrito nesta Lei", não está se referindo a quaisquer vestígios, nem a qualquer elemento de interesse para a prova pericial, mas apenas àqueles coletados "em locais ou em vítimas de crimes". Está mais claro no § 2º do mesmo art. 158-C.

Isso se deve ao fato de que é no local do crime que se encontram os rastros, as marcas deixadas pelos autores do crime, que poderão ser de grande valor para a reconstrução da dinâmica dos acontecimentos a partir de conhecimentos especializados, a cargo das perícias técnicas. É no local do crime também que a disposição espacial dos vestígios pode ser importante, e precisar ser fixada em fotografias, filmagens e croquis (cf. art. 158-B, III, CPP).

Por isso, para que uma cadeia de custódia do vestígio de um crime deva seguir os estritos passos traçados nos arts. 158-A a 158-F do CPP, ficando a cargo dos institutos de criminalística, com isolamento do local e envolvimento preferencial de peritos desde a fase da coleta, é necessário: (i) que tal vestígio seja um elemento de interesse para a prova pericial, (ii) que tenha sido encontrado em locais ou em vítimas de crime, e (iii) que as suas características e disposição espacial, no local em que foram encontradas, sejam de interesse criminológico.

O § 1º do art. 158-A do CPP diz que o início da cadeia se dá com a preservação do local de crime ou com procedimentos policiais ou periciais em que detectada a existência de algum vestígio. Nessa linha, talvez a primeira pergunta que possa surgir seja quem seria o responsável por dar início à observância da cadeia de custódia. A resposta é-nos evidente: como regra, o agente público que venha reconhecer um elemento como de potencial interesse para a produção da prova pericial será quem velará por sua (inicial) preservação. Mas quem avaliará esse interesse e, confirmando-o, promoverá o prosseguimento da cadeia de custódia será a autoridade responsável pela investigação. No caso da investigação policial, o Delegado de Polícia.

Assim, a partir das premissas anteriormente destacadas do que pode ser apreendido, deverá o responsável pela investigação fazer a apreensão dos objetos ou garantir a preservação do ambiente, para que, posteriormente, se necessário, a perícia venha adotar os procedimentos-padrão de apuração dos elementos identificados. Insiste-se que esse procedimento de coleta de elementos de prova é, inicialmente, de atividade investigativa, quando a atribuição estiver com a polícia. Exatamente por isso é que, estabelecendo a lógica do procedimento (e com base em regulamentos já existentes, diga-se), o art. 158-B do CPP refere que o início da custódia deve-se dar com o denominado reconhecimento (ato de distinguir um elemento como de potencial interesse para a produção da prova pericial), seguindo-se (se necessário) o isolamento, que é o ato de se evitar que se altere o estado das coisas, preservando-se os vestígios e o local do crime, para, ulteriormente, aí sim a atuação interveniente e conjunta, se for o caso, dos peritos que possuam conhecimentos técnicos para atuar.

Se a coleta inicial desses elementos passa normalmente pela atribuição de quem é o responsável pela investigação, e não pelos peritos propriamente ditos, isso não significa que exista impedimento legal para uma participação eventual e conjunta desses atores (diante da especificidade de um determinado caso), mas não é da essência da atividade pericial realizar desde já em todos os casos procedimentos de acompanhamento e investigação (sobretudo aqueles de natureza inicial).

A depender do caso também, a fase do acondicionamento poderá requerer a presença de uma pessoa com conhecimentos técnicos. Mas daí também não se infere que a diligência deverá ser sempre precedida de acompanhamento prévio por peritos. Não é disso que trata a lei, sem retirar a importância central do trabalho pericial.

A coleta das provas por peritos poderá ser feita sempre que necessário, e, quando, feito o isolamento pelos responsáveis pela investigação, demande a presença do profissional técnico. Contudo, isso sempre vai depender do caso concreto, em que a autoridade investigativa deverá avaliar se é caso ou não da presença de peritos também na coleta dos elementos de prova (tanto que no inciso IV do art. 158-B do CPP refere-se que esse ato corresponde ao recolhimento do vestígio que será submetido – posteriormente, por óbvio – à análise pericial, respeitando suas características e natureza).

E assim deve ser compreendido também o art. 158-C do CPP, ao referir que a coleta dos vestígios – quando necessária a atuação do técnico – será realizada preferencialmente por perito oficial. A solução da discussão é complementada pela própria regra (já existente) do art. 159 do CPP, que fixa a atividade precípua do perito: o exame do corpo de delito e outras perícias serão realizados pelos expertos técnicos.

Insistimos que, nos casos em que forem necessários o isolamento e a presença desde o início de um perito (a partir do que foi detectado pelas autoridades investigativas), a lei foi clara – e correta – ao estabelecer que é proibida a remoção de vestígios antes da liberação do local por parte do perito responsável (§ 2º do art. 158-C, CPP). Nesses casos, quando instado a atuar, o perito irá analisar o local onde ocorreu o fato para averiguar se já foi feita a coleta integral dos elementos de prova. Esse conhecimento técnico aí sim é tipicamente daqueles que possuem essa capacitação.

É preciso deixar bem claro que a vinculação legal dos procedimentos de cadeia de custódia àqueles vestígios recolhidos no local do crime ou na vítima, tal como assentado no art. 158-A (e já o referia o art. 6º, CPP), não dispensa a autoridade policial de adotar as providências necessárias à preservação das condições e das características de outros vestígios ou elementos de prova encontrados em outros lugares, sobretudo por ocasião do cumprimento de busca e apreensão.

Assim, o que se sustenta é que o procedimento estabelecido no art. 158-B, que constitui regra obrigatória, nos termos do art. 158-C, sob pena de nulidade, reporta-se específica e expressamente aos vestígios a serem periciados, colhidos no lugar do crime ou na vítima, a qual poderá até não se encontrar mais naquele local.

Ocorre que outros vestígios da infração penal talvez não mais se encontrem no local do crime, seja o da atividade, seja o da consumação, dado que podem ter sido dali retirados pelo autor ou por terceiro. Nunca é demais lembrar que os vestígios são importantes elementos de prova, especialmente (e geralmente) nos crimes que produzem resultado naturalístico, podendo por isso mesmo integrar o objeto de busca e apreensão judicial, o qual, aliás, pode se destinar a encontrar até mesmo pessoas.

Nesses últimos casos, não se tratando de lugar do crime, pensamos que as novas regras até podem balizar a atuação policial e pericial, mas não são de aplicação obrigatória. Não são, como até hoje não o foram nos procedimentos judiciais de busca e apreensão e nem por isso se invalidou semelhante prática forense, por ausência de normas expressas de proteção da cadeia de custódia. As autoridades de investigação sempre tiveram a responsabilidade legal de preservar as condições e caraterísticas originais do material arrecadado nas buscas. Eventuais desmazelos e descuidos na cadeia da prova, sem esquecer os casos de nítidos abusos em apreensões pessoais e domiciliares, não se prestam a deslegitimar os procedimentos utilizados até antes da Lei nº 13.964/2019.

Essa distinção é de suma importância, pois se trata da rotina policial nas investigações que se realizaram debaixo das novas regras.

Interpretação ampliativa da Lei, para exigir a adoção dos novos procedimentos atinentes à cadeia de custódia a todas as diligências policiais, em quaisquer lugares, poderá, é certo, ampliar as garantias individuais. No entanto, prestar-se-ão também a criar deveres jurídicos por analogia, de cujo descumprimento poderá resultar a imposição de sanções administrativas e civis, além da invalidação da diligência, por suposição objetiva de prejuízo.

A partir de tudo que foi dito, e em síntese conclusiva, compreendemos que se considera local de crime, nos arts. 158-A a 158-C do CPP, o lugar indicado, segundo diligências regulares, como o da ocorrência da execução ou do resultado naturalístico, no todo ou em parte.

Art. 159. O exame de corpo de delito e outras perícias serão realizados por perito oficial, portador de diploma de curso superior. (Redação dada pela Lei nº 11.690, de 2008)

§ 1º Na falta de perito oficial, o exame será realizado por 2 (duas) pessoas idôneas, portadoras de diploma de curso superior preferencialmente na área específica, dentre as que tiverem habilitação técnica relacionada com a natureza do exame. (Redação dada pela Lei nº 11.690, de 2008)

§ 2º Os peritos não oficiais prestarão o compromisso de bem e fielmente desempenhar o encargo. (Redação dada pela Lei nº 11.690, de 2008)

§ 3º Serão facultadas ao Ministério Público, ao assistente de acusação, ao ofendido, ao querelante e ao acusado a formulação de quesitos e indicação de assistente técnico. (Incluído pela Lei nº 11.690, de 2008)

§ 4º O assistente técnico atuará a partir de sua admissão pelo juiz e após a conclusão dos exames e elaboração do laudo pelos peritos oficiais, sendo as partes intimadas desta decisão. (Incluído pela Lei nº 11.690, de 2008)

§ 5º Durante o curso do processo judicial, é permitido às partes, quanto à perícia: (Incluído pela Lei nº 11.690, de 2008)

I – requerer a oitiva dos peritos para esclarecerem a prova ou para responderem a quesitos, desde que o mandado de intimação e os quesitos ou questões a serem esclarecidas sejam encaminhados com antecedência mínima de 10 (dez) dias, podendo apresentar as respostas em laudo complementar; (Incluído pela Lei nº 11.690, de 2008)

II – indicar assistentes técnicos que poderão apresentar pareceres em prazo a ser fixado pelo juiz ou ser inquiridos em audiência. (Incluído pela Lei nº 11.690, de 2008)

§ 6º Havendo requerimento das partes, o material probatório que serviu de base à perícia será disponibilizado no ambiente do órgão oficial, que manterá sempre sua guarda, e na presença de perito oficial, para exame pelos assistentes, salvo se for impossível a sua conservação. (Incluído pela Lei nº 11.690, de 2008)

§ 7º Tratando-se de perícia complexa que abranja mais de uma área de conhecimento especializado, poder-se-á designar a atuação de mais de um perito oficial, e a parte indicar mais de um assistente técnico. (Incluído pela Lei nº 11.690, de 2008)

159.1. Prova pericial e habilitação técnica: Para que a tormentosa questão acerca da validade do conhecimento humano não se tornasse um entrave na persecução penal – afinal, não há sábios sem diploma superior? –, a legislação optou por uma definição oficial do saber especializado. Assim, os peritos oficiais, isto é, aqueles integrantes dos quadros dos poderes públicos (em geral, da polícia judiciária), devem ter formação superior em determinadas e específicas áreas do conhecimento. A falta da habilitação exigida em lei torna irremediavelmente nulo o laudo pericial – enquanto *meio de prova* –, que, assim, se revelará insuficiente ou inapto para fundamentar o convencimento judicial sobre a matéria. E quando se fala em curso superior, há que se adotar o critério da polícia educacional vigente, ou seja: serão considerados cursos superiores apenas aqueles assim reconhecidos pelos órgãos estatais responsáveis (Ministério da Educação).

Quando se tratar de perícia a ser realizada por perito oficial, não se exige mais que um profissional. A Lei nº 11.690/08 alterou a regra anterior (que exigia dois peritos oficiais), provavelmente em razão das dificuldades de recursos humanos para o atendimento de uma demanda cada dia maior no sistema penal e processual penal.

Nos locais onde não houver peritos oficiais, o juiz deverá recorrer aos profissionais especializados na área da prova pericial, exigindo-se-lhes, necessariamente, diploma em curso superior, preferencialmente na área de conhecimento sobre o qual recairá a prova técnica. A expressão *preferencialmente* é facilmente explicada e não tem por que causar perplexidade. O Brasil é um país de dimensões continentais. Por força de gestões políticas de menor interesse público, há comarcas – foros ou juízos – em locais totalmente carentes de profissionais, ao menos nas áreas de maior incidência de investigações criminais. Se, por um lado, tal fato é proveitoso, no que toca ao acesso ao Judiciário, de outro, poderia trazer graves consequências ao desenvolvimento da Justiça Penal, se se exigisse a realização de prova pericial unicamente por portadores de diploma em curso superior na área específica da prova. De se ver, aliás, que a *especialidade* do conhecimento, por si só, já é suficientemente problemática, na medida em que nem sempre há o reconhecimento oficial das especializações profissionais.

A exigência de dois profissionais – e não de *um*, como ocorre na perícia oficial – talvez se preste a suprir a ausência eventual de profissional com conhecimento rigorosamente especializado em determinada área. Do contrário, não faz sentido algum a desconfiança em relação à perícia realizada por quem não integra os quadros oficiais do Poder Público. O perito oficial, em princípio, não se coloca em posição de superioridade ao perito privado, no que se refere ao conhecimento. Se ambos são portadores do mesmo diploma de curso superior, não vemos razão para a exigência de dois peritos *não oficiais,* feita a ressalva quanto à formação *inespecífica* deste último.

Se o objeto da perícia exigir conhecimentos especiais em mais de uma área, deverá o juiz designar mais de um perito oficial. Embora o Código (§ 7º) se utilize da expressão *poderá,* não temos dúvidas em afirmar que se trata de uma exigência e não de uma faculdade. É que a justificativa da prova pericial – conhecimentos técnicos específicos – se harmoniza inteiramente com a sua necessidade: ampliar as possibilidades de cognição (conhecimento) do caso penal, funcionando como garantia de maior segurança no julgamento judicial. Assim, se o objeto da perícia oferecer desdobramentos técnicos em mais de uma área, *deverá* o juiz designar mais de um perito oficial. E, na mesma situação, feitas as considerações acerca dos peritos *privados,* deverá designar mais dois peritos não oficiais, onde não houver aqueles (oficiais).

Diz a Lei, ainda, no artigo em comento, que os peritos não oficiais prestarão o compromisso de seriedade e fidelidade no desempenho de suas funções. Ora, com ou sem o compromisso, devem eles, se e quando atuarem como peritos designados pela Justiça Pública, cumprir fielmente o seu encargo. Note-se que não há referência também aos peritos oficiais por uma razão muito simples: estes, como servidores públicos, já atuam sob os deveres do cargo, por força da legislação correspondente.

No caso de destinação de armas de fogo apreendidas, a Lei nº 13.886, de 17.10.2019, por intermédio do seu art. 3º, deu nova redação ao art. 25 da Lei nº 10.826/2003, passando a prever que, após a elaboração do laudo pericial, deverá se adotar as seguintes providências:

> Art. 25. As armas de fogo apreendidas, após a elaboração do laudo pericial e sua juntada aos autos, quando não mais interessarem à persecução penal serão encaminhadas pelo juiz competente ao Comando do Exército, no prazo de até 48 (quarenta e oito) horas, para destruição ou doação aos órgãos de segurança pública ou às Forças Armadas, na forma do regulamento desta Lei.
>
> § 1º-A. As armas de fogo e munições apreendidas em decorrência do tráfico de drogas de abuso, ou de qualquer forma utilizadas em atividades ilícitas de produção ou comercialização de drogas abusivas, ou, ainda, que tenham sido adquiridas com recursos provenientes do tráfico de drogas de abuso, perdidas em favor da União e encaminhadas para o Comando do Exército, devem ser, após perícia ou vistoria que atestem seu bom estado, destinadas com prioridade para os órgãos de segurança pública e do sistema penitenciário da unidade da federação responsável pela apreensão.

Sobre eventuais nulidades acerca do tema, vide anotações ao item 564.7.

Jurisprudência

159.1. [...] 2. Esta Corte tem entendido pela validade dos exames periciais assinados por apenas um perito oficial, como o caso dos autos. A exigência de o laudo técnico ser assinado por dois peritos se faz somente quando se tratar de especialistas não oficiais. *[...] (Agravo Regimental no Agravo no Recurso Especial n. 1.260.812-MG, STJ, 5ª Turma, unânime, Rel. Min. Jorge Mussi, julgado em 7.6.2018, publicado no* DJ *em 15.6.2018).*

159.1. [...] Mesmo quando o art. 159 do CPP, com a redação dada pela Lei 8.862/94, exigia que o laudo fosse assinado por dois peritos oficiais, não gerava nulidade o fato de serem os esclarecimentos ao laudo pericial assinados por um único perito oficial. [...] (*Ação Penal nº 593/MT, STJ, Corte Especial, Rel. Min. Humberto Martins, unânime, julgado em 17.12.2012, publicado no* DJ *em 7.2.2013).*

159.1. [...] Tratando-se o furto qualificado pelo rompimento de obstáculo de delito que deixa vestígio, é indispensável a realização de perícia para a sua comprovação, a qual somente pode ser suprida por prova testemunhal quando desaparecerem os vestígios de seu cometimento ou estes não puderem ser constatados pelos peritos. Exegese dos arts. 158 e 167 do CPP. Possível a perícia, deve ser efetuada por dois peritos oficiais ou por duas pessoas idôneas e obrigatoriamente portadoras de diploma de curso superior. Inteligência do art. 159, § 1º, do CPP. É nulo o laudo pericial que atesta o arrombamento em que apenas um dos peritos leigos era portador de diploma de nível superior. A confissão do acusado não pode servir de prova para atestar o rompimento do obstáculo quando não ocorrentes as hipóteses expressamente previstas no art. 167 do CPP. Ordem concedida para, reconhecendo-se a nulidade do laudo pericial de constatação de arrombamento, excluir-se da condenação a qualificadora do inciso I do § 4º do art. 155 do CP, determinando-se que a pena aplicada ao paciente seja redimensionada pelo Juízo de primeira instância (*Habeas Corpus nº 104.672-MG, STJ, 5ª Turma, Rel. Min. Jorge Mussi, julgado em 19.2.2009, publicado no* DJ *em 6.4.2009).*

....

159.2. Perito oficial e papiloscopia: O exame de papiloscopia refere-se à apreensão de vestígios relativos à impressão digital, para fins de identificação da pessoa e sua presença em determinado local. Há normas regulamentando o exercício dessas funções no âmbito das polícias, de que é exemplo, apenas à guisa de amostragem, a Instrução Normativa 14-DG/DPF, de 30.5.2005, no âmbito da Polícia Federal.

O que nos importa, aqui, é esclarecer eventuais consequências do aludido exame em matéria de prova pericial.

Como vimos, determinados fatos e circunstâncias podem ser reconstruídos a partir da análise dos vestígios deixados por ocasião de sua ocorrência. A prova pericial, então, requer conhecimentos técnicos específicos, exigidos com base na formação profissional dos peritos, como se tem, por exemplo, no requisito da formação superior.

Não há, contudo, e nem poderia haver, curso superior para a formação de técnicos em papiloscopia. Não se trata, à evidência, de uma ciência com tamanho nível de exigência. Há cursos técnicos cuidando da matéria no âmbito dos órgãos de investigação, de modo a bem e melhor qualificar seus membros.

O que não se pode recusar é que o papiloscopista, isto é, a pessoa, com formação superior, detentora dos conhecimentos técnicos específicos de tais exames, se encontra em situação de superioridade em relação ao perito (oficial) – ocupante de cargo com essa denominação – que não tenha realizado o aludido curso de formação profissional. Não será, portanto, o fato de ocupar o perito o respectivo cargo – de perito – que lhe confere autoridade sobre a matéria atinente à papiloscopia.

Por isso, absolutamente sem razão a decisão emanada do Superior Tribunal de Justiça no julgamento do HC 71.563-RJ – 6ª Turma – relatado pelo Min. Nilson Naves, na qual se anulou um processo, com todas as graves consequências que de tal anulação resultam, unicamente em razão de ter a sentença se baseado em laudo elaborado por papiloscopistas e não por peritos oficiais. A decisão, inegavelmente, privilegia a forma sobre o conteúdo. Ao determinar o retorno dos autos à perícia oficial para a elaboração de laudo, o Tribunal conferiu aos peritos oficiais o grau de conhecimento de que, na prática, não eram portadores: ou teriam eles a formação em papiloscopia? Ora, não tendo eles formação na área, que laudo técnico se poderia esperar?

Corretos, então, os votos vencidos dos Min. Hamilton Carvalhido e Napoleão Maia, que colocaram a questão em seu devido lugar: em matéria de prova pericial, o que vale é a especialidade do conhecimento e não a do cargo. Veja-se a ementa:

> [...] A informação técnica oriunda dos papiloscopistas deve ser encaminhada aos peritos oficiais a fim de se elaborar o laudo pericial, sob pena de violação do art. 159 do CPP, bem como do teor do art. 6º da instrução normativa nº 14-DG/DPF, de 30.06.05. Ordem concedida, em parte, pelo voto médio, para anular a sentença e determinar que seja encaminhada aos peritos criminais a "perícia papiloscópica" nº 401/2005-INI elaborada pelos papiloscopistas policiais federais, para a elaboração de laudo, nos termos do art. 6º da Instrução Normativa nº 14-DG/DPF, de 30.06.2005. Após a apresentação do laudo, as partes deverão ser intimadas para se manifestar, proferindo-se nova sentença (*Habeas Corpus nº 71.563-RJ, STJ, 6ª Turma, Relatora para o acórdão Min. Maria Thereza de Assis Moura, julgado em 19.6.2007, publicado no* DJ *em 10.9.2007*).

159.3. Assistente técnico e contraditório: Inovando na legislação processual penal, a Lei nº 11.690/08 passou a permitir uma maior participação das partes na elaboração da prova pericial, autorizando a indicação de assistentes técnicos pelo Ministério Público e querelante (na ação privada), pelo assistente de acusação, pela defesa e também pelo ofendido, ainda que não habilitado (como assistente de acusação).

A novidade há que ser bem recebida.

Embora não se possa, com ela, sustentar a possibilidade de contraditório e ampla defesa já na fase de investigação, cumpre observar que a faculdade de apresentação de laudo técnico pelas partes, sobretudo pela defesa, amplia sobremaneira o horizonte de prova, e, assim, o de convencimento judicial, acerca dos conhecimentos específicos. Uma coisa é questionar o laudo oficial no âmbito das argumentações genéricas da defesa. Outra, muito diferente, é poder apresentar quesitação para ser respondida pelos peritos, acompanhada de laudo técnico em sentido diverso.

Portanto, ainda que não seja possível o acompanhamento – em tempo real – da perícia oficial, a possibilidade de indicação de assistente (perito) técnico e de quesitação para respostas em audiência ou em laudo complementar consolida a perspectiva dialética no processo, permitindo um mais amplo exercício do contraditório.

E estes, os assistentes técnicos, somente ingressarão na fase *processual* depois da realização do laudo oficial (§§ 4º e 5º). Quando se afirma que o juiz deve *admitir* o assistente técnico, quer-se dizer que cabe ao juiz avaliar o *momento* de pertinência do ingresso do aludido profissional no processo. É dizer: não basta a parte indicar e apresentar o laudo de profissional de sua confiança; deve ele requerer a sua habilitação nos autos, até mesmo para que se comprove tratar-se de técnico especializado na matéria *sub examen.*

Os quesitos devem ser apresentados no prazo de até dez dias antes da realização da audiência. De outro lado, não se pode impor às partes o cumprimento da expedição de mandado de intimação no mesmo prazo. À parte cabem a indicação e a apresentação de quesitos; à administração da justiça, a formalização das pretensões.

Pensamos, então, que, não obstante a Lei (art. 159, § 5º, CPP) dispor ser permitido às partes, *durante o curso do processo*, apresentar quesitos aos peritos, sem apontar nenhum momento específico, a *produção* de tais diligências deve ser apresentada por ocasião da resposta escrita (art. 396-A, CPP), oportunidade em que se esclarece a atividade probatória que se pretende exercer. Obviamente, pressuposto de validade do que vem de se afirmar é a existência do laudo oficial já na fase de investigação. Se, por qualquer razão (réu preso, por exemplo), o laudo for posterior ao oferecimento da denúncia, poderá a defesa – e também os demais legitimados – apresentar quesitação em momento posterior, com a antecedência dos dez dias previstos no art. 159, § 5º, I, CPP.

Note-se que estamos nos referindo a duas questões diferentes: uma coisa é requerer a intimação do perito para esclarecimentos em audiência ou mesmo por meio de laudo complementar e a indicação de assistente técnico. A outra é *formular* os quesitos a serem respondidos. Estes, os quesitos, devem obedecer ao prazo de antecedência dos dez dias, até porque dependerão do exame pericial a ser desenvolvido também pelos assistentes técnicos. O *meio* de prova, no entanto, acompanhado da indicação do assistente técnico, deve ser requerido no momento reservado para a indicação das provas.

Quanto aos demais interessados: o querelante e o Ministério Público, como órgãos de acusação, devem indicar o meio de prova e o assistente técnico por ocasião da denúncia ou da queixa; o assistente de acusação e o ofendido, com a antecedência dos dez dias anteriores à audiência.

E para que possa ser feito o exame pelos assistentes, o material probatório que serviu de base à perícia deverá ser mantido e disponibilizado aos interessados, salvo quando impossível a sua conservação. Relembre-se de que o exame pericial dos assistentes depende de requerimento expresso nesse sentido. E, no momento adequado, segundo nos parece.

Jurisprudência

159.3. [...] 2. Segundo o art. 159, § 4º, do CPP, o assistente técnico atuará a partir de sua admissão pelo juiz e após a conclusão dos exames e elaboração do laudo pelos peritos oficiais, sendo as partes intimadas dessa decisão, não havendo previsão de que o assistente participe da realização do exame. [...] *(Embargos de Declaração no Habeas Corpus n. 462.087-SP, STJ, 5ª Turma, unânime, Rel. Min. Ribeiro Dantas, julgado em 7.11.2019, publicado no* DJ *em 18.11.2019).*

Art. 160. Os peritos elaborarão o laudo pericial, onde descreverão minuciosamente o que examinarem, e responderão aos quesitos formulados. (Redação dada pela Lei nº 8.862, de 28.3.1994)

Parágrafo único. O laudo pericial será elaborado no prazo máximo de 10 dias, podendo este prazo ser prorrogado, em casos excepcionais, a requerimento dos peritos. (Redação dada pela Lei nº 8.862, de 28.3.1994)

160.1. Prova pericial e objeto material do crime: Como já vimos, o exame pericial tanto pode ser realizado sobre o objeto material do delito, isto é, sobre o bem jurídico atingido e que tenha deixado vestígios, quanto sobre outros objetos, relacionados com circunstâncias do crime ou os meios de sua execução (obstáculos, armas etc.).

Quando o exame recair sobre o objeto material do delito, tratando-se daqueles crimes que deixam vestígios, a prova pericial, via de regra, é obrigatória, sob pena de nulidade (art. 564, III, *b*, CPP).

No entanto, muitas vezes, é comum a realização de exames nos quais as conclusões dos *experts* desbordam completamente das exigências de especificidade do conhecimento técnico.

Veja-se, por exemplo, a perícia realizada em cédulas falsificadas. Frequentemente, os peritos fazem constar a observação de se tratar de falsidade de *boa qualidade*, com *aptidão para enganar o homem comum*. Ora, essa não é, porém, uma questão a ser submetida ao exame de *falsidade da nota*, ao menos no que toca com os conhecimentos técnicos ali aplicados. A conclusão no sentido da *eficácia fraudulenta* da falsidade e, assim, da qualidade da falsificação *não é referente* ao aludido conhecimento técnico. Ao contrário: se se cuida de examinar a aptidão para a circulação do material falsificado, caberia às pessoas que lidam diariamente com a manipulação de cédulas um diagnóstico nesse sentido e não aos peritos.

Indo mais além, caberia perguntar: se a nota foi efetivamente *passada* a terceiros, poderia a perícia afirmar a impossibilidade de seu trânsito?

Vem daí a jurisprudência segundo a qual a má qualidade da falsificação da cédula implicaria o crime de estelionato *contra a pessoa* e não aquele do art. 289, CP, cujo destinatário seria a *fé pública*. A distinção não deixa de ser interessante. No entanto, conduz, inevitavelmente, à exclusão da vítima do estelionato *enquanto participante da fé pública*! É dizer: se a má qualidade da nota não enganaria o homem comum – fé pública –, aquele por ela iludido não só seria um homem *incomum*, mas uma vítima da própria deficiência de sentidos. Nesse sentido, a distinção é inquietante.

Tudo isso é para deixar assentado que a perícia deve se deter apenas sobre o material e as questões abrangidas pelo conhecimento técnico específico do perito. Outras, de natureza especulativa, devem ser solucionadas pelo juiz, segundo as chamadas *regras da experiência comum*, vivenciadas pela percepção do que *ordinariamente acontece* (art. 355, CPC de 2015/art. 335, CPC de 1973).

Jurisprudência

160.1 [...] "Perícias e documentos, mesmo produzidos na fase do inquérito policial, constituem-se efetivamente em prova, com contraditório postergado para a ação penal, sem refazimento necessário na ação penal" (AgRg no AREsp n. 1.704.610/SP, relator Ministro Nefi Cordeiro, Sexta Turma, julgado em 20/10/2020, DJe de 26/10/2020). [...] *(Agravo Regimental no Agravo em Recurso Especial nº 2.123.567–SP, STJ, 6ª Turma, Rel. Min. Olindo Menezes (Desembargador Convocado do TRF 1ª Região), julgado em 25.10.2022, publicado no DJ em 28.10.2022)*

160.2. Quesitação e laudo técnico: Na fase de investigação, normalmente aquela em que se realiza e se colhe a prova pericial, compete à autoridade policial a formulação dos quesitos, na medida em que as respostas então buscadas se dirigiriam ao esclarecimento dos fatos por ela apurados. Percebe-se, aqui, a possibilidade de o membro do Ministério Público, se entender que os elementos colhidos – incluindo as respostas aos quesitos – não são suficientes para a formação da *opinio delicti,* requerer, desde logo, o esclarecimento de suas dúvidas (art. 159, CPP).

Nem se diga, por outro lado, que semelhante possibilidade violaria o princípio da igualdade das partes. Relembre-se: não há igualdade de partes onde elas (partes) não existem. A fase de investigação é fase administrativa e não processual. Sequer tocaremos a questão de ser ou não válida a ausência de participação da defesa nessa fase: trata-se de matéria já consolidada na jurisprudência dos tribunais desde o ano de 1988, quando se promoveu a grande reforma do processo penal no texto constitucional.

Instaurada a ação penal, como vimos, poderão as partes (Ministério Público, querelante, assistente de acusação e defesa) e o ofendido apresentar quesitos a serem respondidos pelo perito oficial e pelos assistentes técnicos indicados e admitidos em Juízo (art. 159, § 5º, I, CPP), seja em audiência, seja por meio de laudo complementar (do perito) e de pareceres (dos assistentes técnicos).

No que se refere ao perito do juízo, a Lei fixa o prazo de dez dias para a elaboração do laudo, prazo este que entendemos deva ser seguido em relação aos assistentes técnicos, para os quais o art. 159, § 5º, II, CPP, não fixou. Evidentemente, qualquer que seja o prazo, devem os laudos estar prontos antes da realização da audiência, já que o esclarecimento dos respectivos conteúdos deverá, em regra, ali se realizar. Aliás, as partes devem apresentar os quesitos para resposta com prazo de, no mínimo, dez dias de antecedência da aludida audiência.

160.3. Prova pericial e falsidade ideológica: Obviamente não se realiza a prova pericial sobre a falsidade ideológica. Esta, como intuitivo e esclarecido no correspondente tipo penal (art. 299, CP), diz respeito *a fato* (externo, pois) e não *ao documento* em si. E a prova dos fatos se faz pelos regulares meios de prova, dispensando, por impertinente e inoportuno, qualquer exame sobre o documento. Aliás, se o falso é apenas *ideológico*, o documento, enquanto elemento físico, é, evidentemente, *verdadeiro.*

Jurisprudência

160.3 [...] O prazo de dez dias previsto no artigo 160, parágrafo único, do Código de Processo Penal para a confecção de laudo pericial não é peremptório, não havendo falar em nulidade em razão da sua apresentação apenas três dias após o referido prazo legal. [...] (*Agravo Regimental no Recurso Especial nº 1.395.727-SP, STJ, 6ª Turma, Rel. Min. Maria Thereza de Assis Moura, julgado em 4.11.2014, publicado no DJ em 13.11.2014*).

Art. 161. O exame de corpo de delito poderá ser feito em qualquer dia e a qualquer hora.

Em princípio, o dispositivo seria dispensável. Tratando-se de exame técnico, os cuidados a serem adotados dizem respeito à preservação do objeto da perícia.

No entanto, como há previsão para a prática dos atos processuais, isto é, para aqueles a serem realizados no curso do processo (ritos e procedimentos), cuidou logo o Código de esclarecer que tais normas não se aplicariam à prova pericial. De se ver, porém, que os exames a serem realizados pelos assistentes técnicos poderão se submeter às regras atinentes ao regular desenvolvimento das atividades da Administração Pública, no que tange ao horário de funcionamento de seus órgãos, se e quando a disponibilização do objeto a ser periciado estiver vinculada a respectiva guarda e manutenção.

Art. 162. A autópsia será feita pelo menos seis horas depois do óbito, salvo se os peritos, pela evidência dos sinais de morte, julgarem que possa ser feita antes daquele prazo, o que declararão no auto.

Parágrafo único. Nos casos de morte violenta, bastará o simples exame externo do cadáver, quando não houver infração penal que apurar, ou quando as lesões externas permitirem precisar a causa da morte e não houver necessidade de exame interno para a verificação de alguma circunstância relevante.

O dispositivo cuida da prova pericial a ser realizada para fins de constatação do óbito.

Naturalmente, nem sempre: (a) a morte decorrerá de infração penal (acidentes fatais etc.); (b) a sua comprovação dependerá de *autópsia,* que vem a ser o exame interno do cadáver, com o objetivo de precisar as circunstâncias da morte e as possibilidades de sua causa. Pode ocorrer de as lesões externas serem suficientes a comprovar o óbito, suas causas e demais circunstâncias, desde que se trate de morte violenta.

Nos casos de homicídio doloso, de modo geral, a autópsia se revela necessária, tendo em vista a necessidade de se apurar com maior precisão a *causa mortis.* Obviamente, estamos a nos referir às hipóteses em que, a partir da comprovação de determinados fatos, seja indispensável comprovar-se a eficiência do modo de execução empregado pelo suposto autor. Tal ocorrerá, por exemplo, nos casos de envenenamento, da ingestão excessiva de medicamentos ou de drogas e, enfim, quando houver a possibilidade de uma condição pessoal da vítima (hemofilia ou outra patologia relevante) influir no diagnóstico da causa da morte.

Em regra, deve se aguardar o prazo mínimo de seis horas para a realização da autópsia, salvo quando efetivamente constatado o óbito. Esse é o prazo cujo estabelecimento deve ser levado à conta das ciências médicas. A justificativa seria o risco de *morte aparente,* causada por determinados *estados fisicobiológicos,* dos quais os mais relevantes e encontrados na literatura são o *coma* e *a catalepsia.*

Com efeito, a preocupação é com a necessidade de segurança quanto à constatação do óbito. Nada impede, por óbvio, e pelas mesmas razões, a não observância do aludido prazo, quando se estiver diante de morte violenta ou que, por qualquer outra razão, não haja dúvida quanto à morte.

Jurisprudência

162. [...] Constatado, *in concreto*, que o maior lapso temporal ocorrido entre os marcos interruptivos disciplinados no art. 117 do Código Penal é de pouco mais de 12 anos, inviável se mostra a decretação da prescrição pela pena cominada em abstrato para o homicídio qualificado, cujo prazo prescricional é de 20 anos (art. 109, I, do Código Penal). A realização do exame cadavérico devidamente detalhado (art. 162, parágrafo único, do Código de Processo Penal) dispensa a juntada do atestado de óbito para fins de comprovação da materialidade do homicídio. A praxe forense de o advogado do réu, por ocasião das alegações finais, reservar a exposição da tese defensiva para a sessão para o Conselho de Sentença, por representar estratégia da defesa que não traz prejuízo ao acusado, não configura deficiência da defesa técnica. Precedentes do STJ. Não se pode reputar genérica a denúncia que, contendo a exposição clara e objetiva dos motivos e da dinâmica do homicídio, descreve minuciosamente a conduta do acusado. Analisar a tese de inocência do paciente, quer pela negativa de autoria, quer pela ausência de materialidade, demanda aprofundado exame do conjunto fático-probatório dos autos, peculiar ao processo de conhecimento, o que é inviável em sede de *habeas corpus*, remédio jurídico-processual, de índole constitucional, que tem como escopo resguardar a liberdade de locomoção contra ilegalidade ou abuso de poder, marcado por cognição sumária e rito célere. Ordem parcialmente conhecida e, nessa extensão, denegada (*Habeas Corpus nº 49.406-MT, STJ, 5ª Turma, Rel. Min. Arnaldo Esteves Lima, julgado em 6.5.2008, publicado no* DJ *em 23.6.2008*).

Art. 163. Em caso de exumação para exame cadavérico, a autoridade providenciará para que, em dia e hora previamente marcados, se realize a diligência, da qual se lavrará auto circunstanciado.

Parágrafo único. O administrador de cemitério público ou particular indicará o lugar da sepultura, sob pena de desobediência. No caso de recusa ou de falta de quem indique a sepultura, ou de encontrar-se o cadáver em lugar não destinado a inumações, a autoridade procederá às pesquisas necessárias, o que tudo constará do auto.

A exumação de cadáver presta-se à realização de prova pericial nos casos em que, por meio dela, seja possível, ao exame cadavérico, apontarem-se alguma ou algumas conclusões relevantes acerca da *causa* da morte. Exames de DNA, de arcada dentária (havendo dúvidas sobre a identidade do morto) e outros de idêntica natureza, podem esclarecer situações, fatos ou circunstâncias relevantes à imputação penal.

Evidentemente, será necessária a demonstração cabal da necessidade e da utilidade do exame, tendo em vista os transtornos dele decorrentes.

E, a nosso aviso, cabe apenas à autoridade judicial a autorização para a sua realização, na medida em que a diligência implica o tangenciamento a direitos subjetivos de terceiros, legitimados em razão da proteção à imagem, à honra e, enfim, ao patrimônio moral do falecido.

Autorizada que seja a providência, cabe à Administração do local em que estiver enterrado o cadáver a identificação do sepultamento, sob pena de responsabilidade (por desobediência).

Art. 164. Os cadáveres serão sempre fotografados na posição em que forem encontrados, bem como, na medida do possível, todas as lesões externas e vestígios deixados no local do crime. (Redação dada pela Lei nº 8.862, de 28.3.1994)

O objetivo é óbvio e dispensa especulações.

A *cena* do crime deve ser preservada, a fim de que a perícia técnica possa realizar seus trabalhos, muitas vezes relevantíssimos para a apuração do crime, sobretudo com as novas regras que tratam da cadeia de custódia da prova.

Como nem sempre as primeiras diligências relativas à identificação do crime são feitas pela Polícia Judiciária, impõe-se toda cautela aos membros da Polícia Militar, bem como aos particulares que, eventualmente, chegam ao local e se deparem com *cena* do crime.

Os peritos deverão, então, antes do recolhimento do material cuja apreensão é legalmente autorizada, preservar a *memória* da situação de fato, para posteriores conclusões.

Art. 165. Para representar as lesões encontradas no cadáver, os peritos, quando possível, juntarão ao laudo do exame provas fotográficas, esquemas ou desenhos, devidamente rubricados.

Recomendação desbordante da regra de necessidade da regulação legal, isto é, excesso de zelo na criação de regras legais, tendo em vista que o presente dispositivo já se conteria no anterior.

Se a ideia é a preservação da memória, por que não desenhos, esquemas e outros grafismos, desde que comprovada a respectiva originalidade?

Art. 166. Havendo dúvida sobre a identidade do cadáver exumado, proceder-se-á ao reconhecimento pelo Instituto de Identificação e Estatística ou repartição congênere ou pela inquirição de testemunhas, lavrando-se auto de reconhecimento e de identidade, no qual se descreverá o cadáver, com todos os sinais e indicações.

Parágrafo único. Em qualquer caso, serão arrecadados e autenticados todos os objetos encontrados, que possam ser úteis para a identificação do cadáver.

A dúvida aqui se resume à identidade do cadáver exumado. Aliás, como vimos, seria esse (a dúvida) um dos fundamentos possíveis para a autorização da exumação.

Nesse caso, serão adotados os procedimentos de rotina para a identificação do cadáver (arcada dentária, exame de DNA, impressões datiloscópicas, ou, se ainda possível, o reconhecimento pessoal pelos parentes).

A referência feita ao recolhimento de objetos parece supor que tal providência não tenha sido realizada quanto do sepultamento, o que é bastante raro, mas não impossível. E estes, os objetos, podem mesmo ser úteis na confirmação da identificação, não valendo, por si só, como prova.

Art. 167. Não sendo possível o exame de corpo de delito, por haverem desaparecido os vestígios, a prova testemunhal poderá suprir-lhe a falta.

167.1. Prova técnica e convencimento judicial: Uma coisa é afirmar-se, como princípio, a inexistência de hierarquia de provas no moderno processo penal. Outra, como já visto, é instituir a necessidade da prova técnica como garantia de um *conhecimento* mais seguro em relação a determinadas matérias.

O dispositivo em comento não deixa de trazer certa ambiguidade: ora, se a infração que deixa vestígios exige o exame pericial, como produzir um convencimento judicial sobre a questão por meio de prova testemunhal, quando desaparecidos aqueles (vestígios)?

Ao que parece, o que se quer evitar é a *impossibilidade concreta e prática* da aplicação da lei penal em razão do desaparecimento dos vestígios da infração. É certo que, pelo menos em algumas situações, o desaparecimento poderá ser debitado à atuação dos órgãos públicos encarregados da persecução penal. Mas não há como negar que essa seria uma hipótese excepcional. E mais que isso. Eventual desídia do Poder Público não pode implicar a renúncia ao respectivo serviço (público), sobretudo quando se compreende o Direito Penal voltado unicamente para proteção dos direitos fundamentais.

Assim, há que se ter cautela na leitura e aplicação da regra. Pensamos que determinadas matérias não podem ser solucionadas com a simples substituição da prova pericial pela prova testemunhal. Pense-se, por exemplo, no desaparecimento de todo e qualquer vestígio do corpo humano vitimado por homicídio doloso. Seria o testemunho de alguém suficiente para atestar a morte e, assim, a existência do aludido crime?

A nosso aviso, a aplicabilidade da referida norma probatória está necessariamente condicionada à qualidade do convencimento a ser produzido no processo. É dizer: a prova testemunhal não pode *substituir* a prova pericial; pode, porém, *confirmar* as conclusões que eventualmente possam ser extraídas de outra prova técnica, essa, sim, realizada sobre *objeto diverso* daquele que normalmente seria utilizado na apuração de crimes específicos, como ocorre, por exemplo, com o exame da *arcada dentária* ou de outro material do corpo humano, na hipótese da inexistência do cadáver propriamente dito.

Mas isso não significa que a prova testemunhal jamais poderá substituir a prova pericial, quando desaparecidos os vestígios. Tudo dependerá do caso concreto e da natureza do crime investigado. Pensamos, por exemplo, que existência de lesões corporais resultantes de agressão física – hematomas, impossibilidade de movimentação física etc. – poderiam ser demonstradas por meio de prova testemunhal, se e desde que se demonstrem a impossibilidade ou as dificuldades incontornáveis de exame pericial ao tempo delas (lesões), além da absoluta convergência dos depoimentos com os demais elementos de prova do processo.

Jurisprudência

167.1. [...] "A falta de laudo pericial não conduz, necessariamente, à inexistência de prova da materialidade de crime que deixa vestígios, a qual pode ser demonstrada, em casos excepcionais, por outros elementos probatórios constante dos autos da ação penal (CPP, art. 167)" (HC 130.265, Rel. Min. Teori Zavascki). [...] *(Agravo Regimental no Habeas Corpus nº 177.275-AC, STF, 1ª Turma, Rel. Min. Roberto Barroso, julgado em sessão virtual de 27.3.2020 a 2.4.2020, publicado no DJ em 12.5.2020).*

167.1. [...] Nos termos do art. 167 do Código de Processo Penal, o laudo pericial pode ser suprido pela prova testemunhal diante do desaparecimento dos vestígios, como na espécie, em que não houve a apreensão da arma. Nesse contexto, a ausência de perícia na arma, quando impossibilitada sua realização, não afasta a causa especial de aumento prevista no inciso I do § 2º do art. 157 do Código Penal, desde que existentes outros meios aptos a comprovar o seu efetivo emprego na ação delituosa. Precedentes desta Corte e do Col. Excelso Pretório. [...] *Ordem denegada (Habeas Corpus nº 165.979/SP, 5ª Turma, Rel. Min. Laurita Vaz, julgado em 7.10.2010, publicado no DJ em 3.11.2010).*

167.2. De novo: prova testemunhal, exame pericial direto e exame indireto: Não custa repetir: embora haja doutrina no sentido de que a prova testemunhal, quando destinada a substituir o exame pericial, por desaparecimento dos vestígios, se qualificaria como exame pericial *indireto,* não há, parece-nos, argumentos convincentes nesse sentido.

O exame pericial é sempre uma prova de natureza técnica, a exigir a formação e especialização do profissional que o realiza. Diz-se exame pericial *indireto* quando os peritos não se debruçam *diretamente* sobre o objeto que deveria ser periciado, mas, sim, sobre eventuais registros técnicos que permitiriam conclusões acerca da questão. Os estudos dos fichários médicos, dos antecedentes cirúrgicos, odontológicos e de outra natureza, podem permitir uma compreensão mais ampla das condições pessoais da vítima – ou do suposto autor do fato – de modo a se poder concluir acerca de circunstâncias ou mesmo elementares de determinados crimes. Exame pericial indireto é exame pericial; prova testemunhal, ainda quando destinada a substituir o exame pericial, não.

Jurisprudência

167.2. [...]. O exame de corpo de delito indireto, fundado em prova testemunhal idônea e/ou em outros meios de prova consistentes (CPP, art. 167) revela-se legítimo, desde que, por não mais subsistirem vestígios sensíveis do fato delituoso, não se viabilize a realização do exame direto. A despeito da perícia inicial haver sido realizada apenas por um profissional nomeado *ad hoc* pela autoridade policial, atentou-se para a realização da perícia com base no art. 167, do Código de Processo Penal, ou seja, a realização do exame de corpo de delito indireto. O juiz de direito não está adstrito às conclusões do laudo pericial, especialmente em se referindo a juízo de constatação de fatos. Os impetrantes pretendem, na realidade, que haja reavaliação dos elementos probatórios que foram produzidos durante a instrução criminal, o que se revela inadmissível em sede de *habeas corpus*, notadamente na ação de competência originária do Supremo Tribunal Federal, eis que a ação constitucional não pode servir para mascarar conhecimento e julgamento de pretensão que na realidade somente poderia ser deduzida via recurso extraordinário. *Habeas corpus* denegado (*Habeas Corpus nº 85.955, STF, 2ª Turma, Rel. Min. Ellen Gracie, julgado em 5.8.2008, publicado no* DJ *em 22.8.2008)*.

Art. 168. Em caso de lesões corporais, se o primeiro exame pericial tiver sido incompleto, proceder-se-á a exame complementar por determinação da autoridade policial ou judiciária, de ofício, ou a requerimento do Ministério Público, do ofendido ou do acusado, ou de seu defensor.

§ 1º No exame complementar, os peritos terão presente o auto de corpo de delito, a fim de suprir-lhe a deficiência ou retificá-lo.

§ 2º Se o exame tiver por fim precisar a classificação do delito no art. 129, § 1º, I, do Código Penal, deverá ser feito logo que decorra o prazo de 30 dias, contado da data do crime.

§ 3º A falta de exame complementar poderá ser suprida pela prova testemunhal.

No crime de lesões corporais, art. 129, Código Penal, a materialidade e a extensão dos danos são aferidas, em regra, por meio de prova pericial médica. Em determinadas questões, somente a prova técnica pode sustentar a aplicação do tipo penal. É o que ocorre na hipótese de lesão corporal de natureza grave (art. 129, § 1º, CP), cujo reconhecimento exige demonstração da gravidade da lesão, bem assim das eventuais incapacidades e/ou debilidades resultantes da ação delituosa.

Nesses casos, e, particularmente na situação do inciso I (incapacidade para as ocupações habituais, por mais de 30 dias), o exame complementar *pode ser* necessário. Dizemos *pode* e não *deve* em razão de também ser possível a comprovação da incapacidade nas hipóteses de notória incapacidade laborativa (para o trabalho ou qualquer atividade habitualmente realizada). A prova testemunhal, por exemplo, poderá suprir o aludido exame complementar. E, em duas situações, a saber: (a) quando a incapacidade já tiver desaparecido, sem que a vítima tenha se submetido a exame complementar no período posterior a 30 dias, por razões justificáveis; (b) quando, ainda no citado período (de 30 dias), o exame complementar será manifestamente desnecessário, em razão da notoriedade das lesões e da incapacidade física dela resultante.

E, naturalmente, qualquer das partes (vítima ou seu representante legal, defensor, membro do Ministério Público), bem como a autoridade policial, têm legitimação para requererem a produção do exame complementar, que também pode ser realizado no caso de incompletude do primeiro (exame). Pensamos que, na ausência de representantes legais do ofendido menor ou incapaz, também as pessoas que estejam respondendo por sua guarda provisória poderão requerer a realização do exame.

Jurisprudência

168 [...] A jurisprudência desta Corte considera que "O prazo de 30 dias a que alude o § 2º do artigo 168 do C.P.P. não é peremptório, mas visa a prevenir que, pelo decurso de tempo, desapareçam os elementos necessários à verificação da existência de lesões graves. Portanto, se mesmo depois da fluência do prazo de 30 dias, houver elementos que permitam a afirmação da ocorrência de lesões graves em decorrência da agressão, nada impede que se faça o exame complementar depois de fluído esse prazo" (HC n. 73.444/RJ, 1.ª Turma, Rel. Min. Moreira Alves, DJ de 11/10/1996.) [...] *(Agravo Regimental no HC nº 627.577-RJ, STJ, 5ª Turma, Rel. Min. Félix Fischer, julgado em 25.5.2021, publicado no DJ em 31.5.2021)*

168 [...] [...] Em caso de lesões corporais, se o primeiro exame pericial tiver sido incompleto, o art. 168 do Código de Processo Penal, expressamente, dispõe que se procederá a exame complementar por determinação da autoridade judiciária, de ofício. [...] Na hipótese dos autos, a determinação, no curso do processo penal, embora de ofício, da complementação de exame de corpo de delito já anexado aos autos, não se confunde com a hipótese na qual o magistrado substitui as partes no tocante à produção das provas. 4. Agravo regimental em recurso ordinário em habeas corpus improvido. [...] *(Agravo Regimental no HC nº 119.112-RJ, STJ, 5ª Turma, Rel. Min. Reynaldo Soares da Fonseca, julgado em 19.5.2020, publicado no DJ em 27.5.2020)*

168 [...] O fato de existir boletim médico, assinado por apenas um médico-perito não oficial, atestando ter a vítima sofrido lesão corporal grave, e que, sequer, restou ratificado após os trinta dias da data do crime, não pode prevalecer sobre os laudos periciais oficiais realizados, a ponto de ensejar o oferecimento da denúncia pelo referido crime. Afigura-se necessária, na espécie, portanto, a desclassificação do crime de lesão corporal grave para lesão corporal leve, tendo em vista a existência de exame de corpo de delito, elaborado por peritos oficiais, e ratificado posteriormente em laudo complementar, a teor do disposto no art. 168, § 2º, do Código de Processo Penal, dando conta de que a vítima não permaneceu incapacitado para suas atividades habituais por mais de trinta dias. "O delito previsto no art. 1º da Lei nº 2.252/54, por ser formal, prescinde da efetiva prova da corrupção do menor (adolescente), sendo suficiente apenas a sua participação em empreitada criminosa junto com um sujeito penalmente imputável (maior de 18 anos)." (REsp nº 445.633/DF, rel. Min. Fernando Gonçalves, *DJ* de 4.8.2003). Ademais, a denúncia descreve, com todos os elementos indispensáveis, a existência do crime em tese (facilitação de corrupção de menores), bem como a respectiva autoria, com indícios suficientes para a deflagração da persecução penal. Nesse contexto, não é viável em sede de *habeas corpus*, sem o devido processo legal, garantido o contraditório e a ampla defesa, inocentar o Paciente da acusação, precipitando prematuramente o mérito. Ordem parcialmente concedida para desclassificar o delito de lesão corporal grave, pela qual foi denunciado o ora Paciente, para lesão corporal leve. A teor do art. 580, do Código de Processo Penal, por se encontrar na mesma situação processual do Paciente, estendo os efeitos da decisão ao corréu [...] *(Habeas Corpus nº 42.474-RJ, STJ, 5ª Turma, Rel. Min. Laurita Vaz, julgado em 28.6.2005, publicado no DJ em 29.8.2005).*

Art. 169. Para o efeito de exame do local onde houver sido praticada a infração, a autoridade providenciará imediatamente para que não se altere o estado das coisas até a chegada dos peritos, que poderão instruir seus laudos com fotografias, desenhos ou esquemas elucidativos.

Parágrafo único. Os peritos registrarão, no laudo, as alterações do estado das coisas e discutirão, no relatório, as consequências dessas alterações na dinâmica dos fatos. (Incluído pela Lei nº 8.862, de 28.3.1994)

Ora, se se trata de prova técnica é preciso resguardar todas as circunstâncias relevantes para a apuração dos fatos. Evidentemente. Aliás, daqui em diante, até o art. 179, CPP, a legislação fala por si mesmo, dispensando até mesmo a leitura de seu texto, diante da obviedade do respectivo conteúdo. Como se verá.

Art. 170. Nas perícias de laboratório, os peritos guardarão material suficiente para a eventualidade de nova perícia. Sempre que conveniente, os laudos serão ilustrados com provas fotográficas, ou microfotográficas, desenhos ou esquemas.

Seguem, a partir daqui, inúmeras obviedades. Naturalmente, em se tratando de prova técnica, realizada sobre os chamados vestígios, isto é, aquele material cujas natureza, espécie, utilidade, e, enfim, principais características sejam importantes para a determinação dos fatos e respectiva extensão e consequências, deve-se mesmo preservar um mínimo que seja para eventual necessidade de repetição da prova (pericial).

Não bastasse a prudência inerente ao conhecimento nas ciências, o acelerado desenvolvimento tecnológico e dos meios técnicos de avaliação pericial das coisas, aliado ao risco, sempre presente, de surgimento de novas provas, poderá determinar o reexame de material sobre o qual já tenha sido emitido juízo de certeza. Por isso, a providência se justificaria mesmo se ausente previsão legal.

Art. 171. Nos crimes cometidos com destruição ou rompimento de obstáculo a subtração da coisa, ou por meio de escalada, os peritos, além de descrever os vestígios, indicarão com que instrumentos, por que meios e em que época presumem ter sido o fato praticado.

Nos delitos de furto qualificado pela destruição ou rompimento de obstáculos, bem como nas demais hipóteses do art. 155, CP, nos (crimes) de dano e nas demais infrações que deixam vestígios, os peritos devem cuidar para a necessidade de especificação das condições e circunstâncias em que teria sido praticado o fato, de modo a permitir, o quanto possível, a determinação dos meios de execução e respectivos instrumentos então utilizados, a extensão dos danos e a delimitação temporal do fato. A importância de tais providências dispensa maiores considerações, se examinada possibilidade, quanto à última delas (tempo), da ocorrência da prescrição e extinção da punibilidade.

Art. 172. Proceder-se-á, quando necessário, à avaliação de coisas destruídas, deterioradas ou que constituam produto do crime.

Parágrafo único. Se impossível a avaliação direta, os peritos procederão à avaliação por meio dos elementos existentes nos autos e dos que resultarem de diligências.

O exame das coisas que constituam produto do crime também pode se revelar importante, para a delimitação da responsabilidade penal e das consequências do crime. Tudo que se disse acerca da prova pericial *direta* e daquela *indireta* tem aqui pertinência (ver art. 167, *retro*), relativamente ao desaparecimento do material sobre deveria recair o exame direto.

Art. 173. No caso de incêndio, os peritos verificarão a causa e o lugar em que houver começado, o perigo que dele tiver resultado para a vida ou para o patrimônio alheio, a extensão do dano e o seu valor e as demais circunstâncias que interessarem à elucidação do fato.

O dispositivo fala por si mesmo, dispensando acréscimos e/ou esclarecimentos.

Jurisprudência

173 [...] Segundo o entendimento desta Corte, a ausência de perícia no crime de incêndio somente poderá ser suprida por outros meios de prova nas hipóteses em que seja impossível a realização do exame de corpo de delito, o que não restou evidenciado no caso dos autos. 2. Não tendo sido apontado nenhum fundamento capaz de justificar a não realização da perícia no local do crime, impõe-se a absolvição do recorrente e do corréu. *(Agravo Regimental no Recurso Especial nº 1.916.613-RS, STJ, 6ª Turma, Rel. Min. Olindo Menezes, julgado em 11.5.2021, publicado no DJ em 17.5.2021)*

Art. 174. No exame para o reconhecimento de escritos, por comparação de letra, observar-se-á o seguinte:

I – a pessoa a quem se atribua ou se possa atribuir o escrito será intimada para o ato, se for encontrada;

II – para a comparação, poderão servir quaisquer documentos que a dita pessoa reconhecer ou já tiverem sido judicialmente reconhecidos como de seu punho, ou sobre cuja autenticidade não houver dúvida;

III – a autoridade, quando necessário, requisitará, para o exame, os documentos que existirem em arquivos ou estabelecimentos públicos, ou nestes realizará a diligência, se daí não puderem ser retirados;

IV – quando não houver escritos para a comparação ou forem insuficientes os exibidos, a autoridade mandará que a pessoa escreva o que lhe for ditado. Se estiver ausente a pessoa, mas em lugar certo, esta última diligência poderá ser feita por precatória, em que se consignarão as palavras que a pessoa será intimada a escrever.

O que poderia ser objeto de indagações quanto às disposições deste dispositivo diz respeito ao *nemo tenetur se detegere,* ou à chamada *garantia da não autoincriminação*, cláusula processual de reforço aos direitos e inviolabilidades públicas (direito à privacidade, intimidade, integridade física e psíquica etc.).

Naturalmente, havendo recusa ao fornecimento de *padrões gráficos,* para a realização do exame *grafotécnico,* nada se poderá fazer quanto a semelhante modalidade de prova. A escrita ou gráfico há que ser *pessoal,* partindo unicamente do punho daquele a ser investigado. Não é possível – para além de não ser lícito – a coerção à realização da prova. O ato é de livre determinação.

E o processo penal não autoriza a formação de convencimento com base no silêncio do acusado. Do mesmo modo, não deve ser admitida a valoração da recusa.

Quanto ao propagado e suposto *direito* (que, para nós, somente existe no âmbito da proteção geral das inviolabilidades e não como *direito* subjetivo) a não fazer prova contra si, em sua versão nacional, consulte-se o texto que alinhamos ao art. 185 e seguintes, logo adiante.

Art. 175. Serão sujeitos a exame os instrumentos empregados para a prática da infração, a fim de se lhes verificar a natureza e a eficiência.

A utilidade deste exame limita-se à aferição da potencialidade *lesiva* do instrumento utilizado na infração. Se, por exemplo, a arma de fogo não apresentava qualquer risco à vida, por absoluta impossibilidade de funcionamento, semelhante circunstância poderá ser relevante para a definição do juízo de valoração jurídico-penal do fato. Do mesmo modo, aquele que ministra substância que acredita tratar-se de *veneno* poderá deixar de ser responsabilizado (crime impossível, por absoluta impossibilidade do meio empregado) criminalmente se constatado cuidar-se de substância de outra natureza – não nociva. Naturalmente, nessa última hipótese (do veneno), não é necessário recorrer-se à norma aqui prevista, que se refere ao *instrumento*. No entanto, a referência que fizemos tem o objetivo de esclarecer a finalidade e a importância da diligência.

Art. 176. A autoridade e as partes poderão formular quesitos até o ato da diligência.

A matéria aqui tratada já foi objeto de regulação em maior extensão no art. 158, e seguintes do CPP, já examinados.

Art. 177. No exame por precatória, a nomeação dos peritos far-se-á no juízo deprecado. Havendo, porém, no caso de ação privada, acordo das partes, essa nomeação poderá ser feita pelo juiz deprecante.

Parágrafo único. Os quesitos do juiz e das partes serão transcritos na precatória.

Embora haja previsão de poderem as partes, em ação penal privada, escolherem a autoridade judiciária responsável pela indicação do *expert*, pensamos que referido ajuste não vincula o aludido magistrado. Obviamente, o conhecimento (e, daí, a *confiança*, no perito) acerca da especialidade e da formação do perito no local em que houver de realizar-se a prova se encontra ao alcance do juiz local (deprecado), não fazendo sentido algum a referência ao acordo entre as partes, *no que toca a referida indicação.*

Em se tratando de perito oficial, ou seja, integrante dos quadros do órgão de investigação, nada haveria que se objetar, mesmo na ação privada. No entanto, se desta hipótese se tratar, o ajuste entre as partes seria indiferente, cumprindo àqueles (peritos oficiais) a realização da prova.

Art. 178. No caso do art. 159, o exame será requisitado pela autoridade ao diretor da repartição, juntando-se ao processo o laudo assinado pelos peritos.

Burocracia administrativa perfeitamente superável por simples regramentos normativos no âmbito da respectiva instituição. O que importa é a organização e gestão da referida atividade, o que há que se regulado segundo os interesses da Administração.

Art. 179. No caso do § 1º do art. 159, o escrivão lavrará o auto respectivo, que será assinado pelos peritos e, se presente ao exame, também pela autoridade.

Parágrafo único. No caso do art. 160, parágrafo único, o laudo, que poderá ser datilografado, será subscrito e rubricado em suas folhas por todos os peritos.

Nada a acrescentar.

Art. 180. Se houver divergência entre os peritos, serão consignadas no auto do exame as declarações e respostas de um e de outro, ou cada um redigirá separadamente o seu laudo, e a autoridade nomeará um terceiro; se este divergir de ambos, a autoridade poderá mandar proceder a novo exame por outros peritos.

180.1. Livre convencimento e sistema acusatório: Auma primeira leitura, para aqueles que veem no sistema acusatório a vedação absoluta de iniciativa probatória ao juiz na fase de processo (judicial, portanto), somente mediante provocação das partes o magistrado poderia determinar a realização de outro laudo. É que, por esse raciocínio, a elaboração de outro laudo poderia implicar a rejeição, *a priori*, de alguma das teses defendidas pela acusação ou pela defesa.

Como demonstramos, não é essa a leitura que fazemos do nosso sistema processual. Reconhecemos a vedação de qualquer iniciativa judicial de prova na fase de investigação, mas reconhecemos o poder de o juiz determinar, de ofício, providência probatória, para o fim de esclarecer dúvidas *sobre a prova já produzida pelas partes*. O juiz não é inerte; todavia, não pode substituir o Ministério Público – e nem o querelante – relativamente ao ônus da acusação.

É por essa razão que o juiz, validamente, pode examinar a qualidade intrínseca (e, é claro, extrínseca) do laudo, e, não se convencendo do acerto ou da capacidade probatória das conclusões ali lançadas, pode e deve determinar a elaboração de outro laudo pericial. Naturalmente, o espaço para tais questionamentos não é muito grande: se a prova pericial exige conhecimentos técnicos, não se pode esperar que o juiz arvore-se em censor do perito, exatamente sobre matéria que escapa à cognição judiciária. No entanto, e agora, a partir da possibilidade de apresentação de laudos pelos assistentes técnicos, pode o magistrado, ao exame dos demais elementos de prova, julgar insuficiente o laudo oficial, sobretudo quando as conclusões do *expert* contrariarem as evidências do conjunto até então apurado. As hipóteses mais visíveis seriam a de omissão, de obscuridades e, principalmente, de contradições nos laudos, não esclarecidas por ocasião da audiência de instrução (art. 159, CPP).

180.2. Divergência entre peritos: De se ver que, em regra, o laudo pericial oficial, isto é, aquele produzido pelos agentes do Poder Público, por determinação judicial, é elaborado por apenas um perito. O aludido dispositivo legal se refere à ordem jurídica pretérita, na qual o laudo, obrigatoriamente, era produzido por dois peritos oficiais.

Ocorre que, quando não houver perito oficial, o juiz designará dois profissionais com conhecimento na matéria a ser objeto da prova pericial, consoante o disposto no art. 159, § 1º, CPP. Assim, nessas situações, poderá surgir ainda divergência entre os peritos responsáveis pelo laudo oficial. Nesse caso, embora o Código, pela literalidade do texto, sugira a obrigatoriedade de designação de outro perito (um terceiro), cabe ponderar o seguinte: (a) na hipótese em que o laudo oficial tiver que ser feito, necessariamente, por dois peritos (art. 159, § 1º), será preciso a convergência entre pelo menos dois deles (se outro tiver sido designado), daí por que deve ser obrigatória a designação de outro *expert*; (b) se o terceiro perito nomeado concordar com um deles, o juiz *poderá* dar-se por satisfeito; se, porém, entender que o laudo assim produzido não lhe parece ter força de convencimento suficiente, poderá designar novos peritos para a elaboração de outro laudo, afinal, ele *não está adstrito a um laudo específico*; (c) se houver divergência também entre o laudo inicial e aquele produzido pelo terceiro, deverá o juiz designar dois novos peritos, a fim de que cumpra a exigência de *duplo conhecimento técnico*, nos casos em que a Lei assim o exige.

Mas relembre-se: sempre será facultado ao juiz determinar a elaboração de outro laudo pericial. Seja no caso de laudo oficial produzido por um único perito oficial (art. 159, CPP); seja na hipótese de designação de dois profissionais para o laudo oficial (art. 159, § 1º), seja, por fim, independentemente da convergência entre eles. O que aparece como exigência *para o convencimento judicial* é que a decisão, *quando se fundar em prova pericial,* obedeça aos requisitos legais, caso em que, a depender da situação exigirá a convergência entre dois profissionais.

Por fim, observa-se que os laudos produzidos pelos assistentes técnicos não condicionam, em nenhuma hipótese, o convencimento judicial. E sequer é preciso que o juiz *fundamente,* em maior extensão, a razão pela qual preferiu seguir o laudo oficial. Exigir ampla fundamentação nesse caso seria o mesmo que exigir conhecimentos técnicos específicos do magistrado, o que, se presente, dispensaria a necessidade de prova pericial. Basta que o juiz decline o cumprimento, no laudo oficial, dos requisitos legais para a afirmação das conclusões. Naturalmente, se o perito oficial tiver dificuldades em responder aos questionamentos dos assistentes técnicos, de maneira a que se possa colocar em dúvida a sua capacidade técnica para a apreciação da matéria, deve o juiz designar outro ou outros profissionais que estejam em condições de fazê-lo.

Art. 181. No caso de inobservância de formalidades, ou no caso de omissões, obscuridades ou contradições, a autoridade judiciária mandará suprir a formalidade, complementar ou esclarecer o laudo. (Redação dada pela Lei nº 8.862, de 28.3.1994)
Parágrafo único. A autoridade poderá também ordenar que se proceda a novo exame, por outros peritos, se julgar conveniente.

Repita-se aqui o que se disse linhas antes: embora o juiz não se apresente como um *expert* para apreciar o laudo pericial, eventuais omissões, obscuridades ou mesmo contradições, podem ser constatadas *a olho nu*, isto é, a olho desarmado, até mesmo por pessoa sem os conhecimentos dos peritos. Nesse campo, o papel dos assistentes técnicos será de suma importância, na medida em que poderão apontar defeitos nos laudos oficiais, demonstrando ao juiz a incompletude do laudo, sobretudo quando não esclarecidas as dúvidas em audiência (art. 159, § 5º, I, CPP).

E quando o dispositivo afirma que o juiz poderá ordenar a realização de outro exame, ou mesmo a complementação daquele já feito, pelos mesmos ou por outros peritos, sempre que julgar conveniente, reforça-se, ainda mais uma vez, o princípio do livre convencimento quanto à matéria probatória e à possibilidade de iniciativa probatória do juiz na fase processual, para fins de esclarecimento de provas indicadas ou produzidas pelas partes. Renove-se também aqui: constatando o juiz que a defesa técnica do acusado se mostra insuficiente, particularmente em relação às questões objeto de prova pericial, deve ele, de ofício, determinar a sua produção, ainda que não requerida pela defesa. A essência *constitutiva* do processo penal é a ampla defesa!

Art. 182. O juiz não ficará adstrito ao laudo, podendo aceitá-lo ou rejeitá-lo, no todo ou em parte.

Com as observações que fizemos antes: o juiz, por não se qualificar como *expert*, não pode arvorar-se em censor dos peritos e dos assistentes técnicos. No entanto, omissões, obscuridades, contradições e, enfim, quaisquer dúvidas sobre o acerto das conclusões lançadas no laudo oficial, podem e devem justificar a sua rejeição, no todo ou em parte. Mas, como o objeto da prova pericial demanda conhecimentos técnicos para a comprovação de fato ou de circunstância relevante para o julgamento do caso penal, deverá o juiz determinar a complementação, o esclarecimento ou até mesmo a elaboração de novo laudo oficial, recorrendo, se necessário, a outros peritos ou profissionais com conhecimento na matéria.

Jurisprudência

182. [...] Consoante o disposto no art. 182 do Código de Processo Penal, o laudo pericial não vincula o magistrado, que poderá aceitá-lo ou rejeitá-lo, no todo ou em parte, desde que o faça em decisão validamente motivada, o que restou observado no caso em apreço. [...] *(Agravo Regimental no Recurso Especial nº 1.937.154-SP, STJ, 5ª Turma, Rel. Min. Ribeiro Dantas, julgado em 24.8.2021, publicado no DJ em 30.8.2021)*

182. [...] Nos termos do art. 182 do Código de Processo Penal, a existência de laudo médico pericial, elaborado antes da prolação da sentença absolutória imprópria, o qual concluiu pela possibilidade de tratamento ambulatorial da paciente, não vincula a conclusão do juiz, que pode aceitá-lo ou rejeitá-lo, no todo ou em parte, caso entender pela insuficiência da medida para a cessação da periculosidade. [...] *(Agravo Regimental no HC n. 163.395, STF, 1ª Turma, Rel. Min. Alexandre de Moraes, julgado em 7.12.2018 a 13.12.2018, publicado no DJ em 6.2.2019).*

Art. 183. Nos crimes em que não couber ação pública, observar-se-á o disposto no art. 19.

Mais um, dentre tantos dispositivos inúteis, por obviedade intrínseca. Se a ação é privada, somente se procede à investigação – incluindo a prova pericial – por iniciativa dos legitimados (ofendido, seu representante legal e as pessoas habilitadas a sua sucessão (art. 31, CPP). Concluída esta (investigação), os autos permanecerão em Cartório

Art. 184. Salvo o caso de exame de corpo de delito, o juiz ou a autoridade policial negará a perícia requerida pelas partes, quando não for necessária ao esclarecimento da verdade.

184.1. Prova pericial e exame de corpo de delito: Segundo o CPP, quando a infração penal deixar vestígios, será sempre realizado o exame de corpo de delito, que, como vimos, pretende analisar aspectos relevantes, ou do objeto material do crime, ou de elemento ou circunstâncias a ele relacionados, particularmente nas hipóteses de desaparecimento dos vestígios (exame de corpo de delito *indireto*).

Portanto, nem toda prova pericial se dirige ao objeto material do crime. Muitas outras perícias são realizadas na fase de investigação, sempre com o objetivo de demonstrar a presença ou ausência de fatos e de dados relevantes à apreciação da matéria criminal submetida ao juiz. Há prova pericial sobre coisas, instrumentos, maquinários, papéis ou qualquer material que possa trazer algum significado para a compreensão dos elementos de prova colhidos na ação penal, ainda que não se caracterizem como objeto material da conduta delituosa, isto é, ainda quando não tenham suportado a ação física do agente. Já o exame de corpo de delito é mais específico. O *corpo* é o objeto sobre o qual recaiu o comportamento do agente, significando, quase, mas nem sempre, o bem jurídico protegido pela norma penal.

184.2. Recusa da prova pericial: Regra geral em processo penal é que cabe ao juiz indeferir as provas manifestamente impertinentes ou que sejam mera repetição de outras já realizadas, nos precisos termos do disposto no art. 400, § 1º, do CPP.

É preciso, contudo, certa cautela em relação a tais faculdades ou poderes judiciais.

É que, como vimos, as partes, acusação e defesa e, sobretudo, esta, têm verdadeiro *direito* à produção da prova de suas alegações. Direito no sentido de *garantia*, de natureza *processual*, no âmbito do *devido processo legal*, assegurado na Constituição da República. Assim, a rejeição da produção de uma prova poderá atingir a garantia do devido processo legal, implicando a nulidade do processo.

O exame que se reserva ao magistrado é de *apreciação sumária* da pertinência *funcional* do meio de prova indicado, na perspectiva da natureza dos *fatos* a serem por ele (meio) comprovados. Mais. É preciso que a prova pericial se apresente como *indispensável* para a apreciação da matéria *fática e de direito*. Havendo outros meios ou fontes de prova não se deve determinar a produção de prova pericial. Eventuais dificuldades financeiras e/ou econômicas de uma empresa, por exemplo, não demandam a produção de perícia *contábil*, para fins de demonstração de inexigibilidade de conduta diversa nos crimes contra a ordem tributária ou previdenciária. A ausência de recursos financeiros à época do pagamento salarial, também por exemplo, seria suficiente para sustentar a alegação de *ausência de desconto do tributo* ou da *contribuição* devida pelo empregado, apta a demonstrar a não realização da elementar "*descontado do pagamento salarial*" (art. 168-A, Código Penal). Do mesmo modo, a existência de títulos protestados, de ações de execução, bem como de outras demonstrações rotineiras da insuficiência de recursos, poderá se revelar tão útil quanto a demorada apreciação contábil dos balanços fiscais da empresa.

A afirmação de *impertinência* da prova, portanto, deve levar em consideração o alto risco de anulação do processo, em face do *direito à prova*, e o custo social daí decorrente. Nada obstante, a prática forense é rica em exemplos de indicação de provas – sobretudo testemunhais – com o único objetivo de protelação do julgamento da causa.

Jurisprudência

184.2. [...] Tendo sido indeferido, nos termos do art. 184 do CPP, o pedido da defesa para a realização de nova perícia, por ser desnecessária ao deslinde da causa, diante da clareza do laudo anterior realizado e da possibilidade da oitiva dos peritos em Juízo, com a indicação de que a defesa não apontou prováveis vícios que maculariam o laudo já confeccionado, não há constrangimento ilegal por cerceamento de defesa.[...] *(Agravo Regimental no RHC nº 111.862-GO, STJ, 6ª Turma, Rel. Min. Néfi Cordeiro, julgado em 28.4.2020, publicado no DJ em 13.5.2020)*

184.2. [...] É conferido ao magistrado a prerrogativa de negar a produção de perícia requerida pelas partes "quando não for necessária ao esclarecimento da verdade", a teor do que prescreve o art. 184 do CPP, bem como indeferir provas consideradas irrelevantes, impertinentes ou protelatórias (CPP, art. 400, § 1º). [...] (*Recurso em Habeas Corpus nº 35.290-MS, STJ, 5ª Turma, unânime, Rel. Min. Gurgel de Faria, julgado em 18.8.2015, publicado no* DJ *em 1º.9.2015*).

CAPÍTULO III
Do Interrogatório do Acusado

Art. 185. O acusado que comparecer perante a autoridade judiciária, no curso do processo penal, será qualificado e interrogado na presença de seu defensor, constituído ou nomeado. (Redação dada pela Lei nº 10.792, de 1º.12.2003)

§ 1º O interrogatório do réu preso será realizado, em sala própria, no estabelecimento em que estiver recolhido, desde que estejam garantidas a segurança do juiz, do membro do Ministério Público e dos auxiliares bem como a presença do defensor e a publicidade do ato. (Redação dada pela Lei nº 11.900, de 2009)

§ 2º Excepcionalmente, o juiz, por decisão fundamentada, de ofício ou a requerimento das partes, poderá realizar o interrogatório do réu preso por sistema de videoconferência ou outro recurso tecnológico de transmissão de sons e imagens em tempo real, desde que a medida seja necessária para atender a uma das seguintes finalidades: (Redação dada pela Lei nº 11.900, de 2009)

I – prevenir risco à segurança pública, quando exista fundada suspeita de que o preso integre organização criminosa ou de que, por outra razão, possa fugir durante o deslocamento; (Incluído pela Lei nº 11.900, de 2009)

II – viabilizar a participação do réu no referido ato processual, quando haja relevante dificuldade para seu comparecimento em juízo, por enfermidade ou outra circunstância pessoal; (Incluído pela Lei nº 11.900, de 2009)

III – impedir a influência do réu no ânimo de testemunha ou da vítima, desde que não seja possível colher o depoimento destas por videoconferência, nos termos do art. 217 deste Código; (Incluído pela Lei nº 11.900, de 2009)

IV – responder à gravíssima questão de ordem pública. (Incluído pela Lei nº 11.900, de 2009)

§ 3º Da decisão que determinar a realização de interrogatório por videoconferência, as partes serão intimadas com 10 (dez) dias de antecedência. (Incluído pela Lei nº 11.900, de 2009)

§ 4º Antes do interrogatório por videoconferência, o preso poderá acompanhar, pelo mesmo sistema tecnológico, a realização de todos os atos da audiência única de instrução e julgamento de que tratam os arts. 400, 411 e 531 deste Código. (Incluído pela Lei nº 11.900, de 2009)

§ 5º Em qualquer modalidade de interrogatório, o juiz garantirá ao réu o direito de entrevista prévia e reservada com o seu defensor; se realizado por videoconferência, fica também garantido o acesso a canais telefônicos reservados para comunicação entre o defensor que esteja no presídio e o advogado presente na sala de audiência do Fórum, e entre este e o preso. (Incluído pela Lei nº 11.900, de 2009)

§ 6º A sala reservada no estabelecimento prisional para a realização de atos processuais por sistema de videoconferência será fiscalizada pelos corregedores e pelo juiz de cada causa, como também pelo Ministério Público e pela Ordem dos Advogados do Brasil. (Incluído pela Lei nº 11.900, de 2009)

§ 7º Será requisitada a apresentação do réu preso em juízo nas hipóteses em que o interrogatório não se realizar na forma prevista nos §§ 1º e 2º deste artigo. (Incluído pela Lei nº 11.900, de 2009)

§ 8º Aplica-se o disposto nos §§ 2º, 3º, 4º e 5º deste artigo, no que couber, à realização de outros atos processuais que dependam da participação de pessoa que esteja presa, como acareação, reconhecimento de pessoas e coisas, e inquirição de testemunha ou tomada de declarações do ofendido. (Incluído pela Lei nº 11.900, de 2009)

§ 9º Na hipótese do § 8º deste artigo, fica garantido o acompanhamento do ato processual pelo acusado e seu defensor. (Incluído pela Lei nº 11.900, de 2009)

§ 10. Do interrogatório deverá constar a informação sobre a existência de filhos, respectivas idades e se possuem alguma deficiência e o nome e o contato de eventual responsável pelos cuidados dos filhos, indicado pela pessoa presa. (Lei nº 13.257/2016)

185.1. Natureza jurídica do interrogatório: De uma coisa não se duvida mais: o interrogatório é meio de *defesa*, com o que não se pode mais exigir o comparecimento do acusado ao referido ato, ao menos para essa específica finalidade.

No entanto, embora essencialmente seja um meio de defesa, ele (interrogatório) pode-se comprovar um efetivo *meio* ou *fonte* de prova, como, aliás, qualquer outra modalidade probatória reconhecida pelo ordenamento. É dizer: o depoimento prestado pelo acusado, ainda quando destinado – originária e intencionalmente – a favorecer os interesses defensivos, poderá ser considerado em desfavor do réu, se ele, não exercendo o direito ao silêncio, apresentar versão contrária aos seus interesses. E não só a *confissão* pode ser assim entendida; também um depoimento contraditório, desarticulado ou evidentemente mendaz poderá ser levado em consideração pelo juiz, no sentido de infirmar as teses defensivas levantadas pela defesa técnica. Se é verdade que o *silêncio* não pode ser considerado, pois dele nada se pode extrair – por determinação constitucional, inclusive – a eloquência e a loquacidade, sobretudo quando mal utilizada, podem.

Jurisprudência

185.1. [...] O interrogatório, nos termos da novel legislação (Lei nº 10.792/03), continua sendo, também, um meio de prova da defesa (arts. 185, § 2º, 186, *caput* e parágrafo único, do CPP), deixando apenas de ser ato personalíssimo do juiz (art. 188, do CPP), uma vez que oportuniza à acusação e ao advogado do interrogado a sugestão de esclarecimento de situação fática olvidada. A sistemática moderna não transformou, de forma alguma, o interrogado em testemunha. Ao passo que esta não pode se manter silente, aquele, por seu turno, não pode ser induzido a se autoacusar (o silêncio, total ou parcial, é uma garantia do réu, *ex vi* art. 5º, LXIII, da CF e art. 186, parágrafo único, do CPP). Apesar de ser meio de prova da defesa, aquilo que é dito no interrogatório integra o material cognitivo por força do princípio da comunhão probatória. A participação de advogados dos corréus não tem amparo legal, visto que criaria uma forma de constrangimento para o interrogado (Precedentes desta Corte). *Writ* denegado (*Habeas Corpus nº 100.792-RJ, STJ, 5ª Turma, Rel. Min. Felix Fischer, julgado em 28.5.2008, publicado no* DJ *em 30.6.2008*).

...

185.2. Interrogatório em juízo: Como regra, o interrogatório há de ser em juízo, perante o juiz da *causa*, nos termos, aliás, do quanto disposto no art. 8º, 1, do Pacto de San José da Costa Rica, tratado internacional acolhido na ordem interna, por força do Decreto nº 678, de 1992. E não se trata aqui de preciosismo garantista.

É induvidosamente delicada a posição do acusado no processo penal, em razão mesmo da própria acusação, sob ameaça da sanção criminal. Mesmo sob a proteção técnica do advogado, a possibilidade de ser ouvido diretamente pelo responsável pela sua sorte no processo (e nas consequências dele) humaniza o ambiente processual, apresentando ao réu a oportunidade de influenciar pessoalmente a decisão final. A *autodefesa* é exatamente isso: a faculdade ou garantia de participação pessoal do acusado na definição da questão penal, o que, por si só, não pode ser subestimado.

Por isso, a *regra* deve ser essa: o interrogatório diante do juiz do processo, direta e pessoalmente. As exceções, sempre presentes e inerentes ao Direito, devem ser suficientemente justificadas. E, sempre, na excepcionalidade da medida.

Jurisprudência

185.2. [...] O direito de presença é um dos desdobramentos do princípio da plenitude da defesa, na sua vertente da autodefesa, pois permite a participação ativa do réu, dando-lhe a possibilidade de presenciar e participar da instrução criminal e auxiliar seu advogado, se for o caso, na condução e direcionamento dos questionamentos e diligências. Entretanto, não se trata de um direito absoluto, sendo legítima a restrição, quando houver fundado motivo. [...] Nessa linha de intelecção, a jurisprudência desta Corte Superior de Justiça é uníssona no sentido de não reconhecer nulidade na não realização de interrogatório de réu foragido que possui advogado constituído nos autos, não podendo o paciente se beneficiar de sua condição para ser interrogado virtualmente, configurando desprezo pelas determinações judiciais (AgRg no HC n. 838.136/SP, relator Ministro Teodoro Silva Santos, Sexta Turma, julgado em 26/2/2024, DJe de 5/3/2024. No mesmo sentido, são os seguintes precedentes do STF: HC 238659 AgR, Relator(a): Alexandre de Moraes, Primeira Turma, julgado em 15/4/2024; HC 229714 AgR, Relator(a): Nunes Marques, Segunda Turma, julgado em 26/2/2024; HC 223442 AgR, Relator(a): Roberto Barroso, Primeira Turma, julgado em 3/4/2023; HC 204799 ED-AgR-segundo-ED, Relator(a): Gilmar Mendes, Segunda Turma, julgado em 26/6/2023. [...] *(Agravo Regimental no Habeas Corpus nº 912.172-PE, STJ, 5ª Turma, Rel. Min. Reynaldo Soares da Fonseca, julgado em 2.9.2024, publicado no DJ em 4.9.2024)*

185.2.[...] Estabelece o art. 185, § 2º, I, do Código de Processo Penal que a realização de audiências virtuais é legítima para "prevenir risco à segurança pública, quando exista fundada suspeita de que o preso integre organização criminosa ou de que, por outra razão, possa fugir durante o deslocamento". Com efeito, a Resolução n. 481/2022 do Conselho Nacional de Justiça disciplina a matéria de forma similar. [...] Na hipótese, o Juízo de origem fundamentou a necessidade de realização de audiência virtual com base no risco à segurança pública, notadamente porque, em ato anterior, foi necessária "a presença da equipe de elite da Polícia Federal para resguardar a segurança dos presentes e evitar qualquer risco de fuga. Também foi necessário fechar parcialmente a via em frente à Justiça Federal. Assim, a audiência do processo conexo contou com diversos policiais judiciários, policiais do sistema prisional e grupo de atiradores de elite da Polícia Federal, não se justificando a mobilização de todo este aparato mais uma vez". [...]

(Agravo Regimental no Agravo Regimental no Recurso em Habeas Corpus nº 186.810-MG, STJ, 6ª Turma, Rel. Min. Rogerio Schietti Cruz, julgado em 5.3.2024, publicado no DJ em 2.4.2024)

185.2. [...] I – A realização de interrogatório por meio de videoconferência é medida que objetiva a desburocratização, agilização e economia da justiça, podendo ser determinada excepcionalmente nas hipóteses previstas no rol elencado no § 2º do art. 185 do Código de Processo Penal. II – Assim, deve-se ressaltar que não há qualquer incompatibilidade de realização de interrogatório por videoconferência em sessão plenária do Júri, sendo imprescindível apenas a observância da excepcionalidade da medida e da necessidade de devida fundamentação na sua determinação, em respeito ao disposto no art. 93, inciso IX, da Constituição Federal, bem como aos princípios da razoabilidade e proporcionalidade. [...] *(RHC n. 80.358 – RJ, STJ, 5ª Turma, unânime, Rel. Min. Felix Fischer, julgado em 14.3.2017, publicado no DJ em 22.3.2017).*

185.2. [...] O direito de entrevista reservada do defensor com o acusado em momento que antecede ao interrogatório (artigo 185, § 2º, do Código de Processo Penal) tem como escopo facultar à defesa a possibilidade de orientar o réu a respeito das consequências das declarações que vier a proferir. A previsão legal, por conseguinte, não está direcionada à fase da realização da audiência de instrução e julgamento. Precedente: HC nº 99.684, relatora ministra Ellen Gracie, publicado no *DJ* de 24.11.2009. [...] *(Habeas Corpus nº 112.225, STF, 1ª Turma, Rel. Min. Luiz Fux, julgado em 18.6.2013, publicado no* DJ *em 23.8.2013).*

185.3. Interrogatório do preso no presídio: Como já deixamos esclarecido em diversas oportunidades, nossa legislação processual penal, incluindo as alterações feitas também no Código de Processo Penal, segue frequentemente desgovernada.

Como se sabe, a Lei nº 11.900/09 é *posterior* a de nº 11.719/08, que cuidou de modificar as regras gerais dos procedimentos. E foi exatamente essa modificação (dos procedimentos) que acabou atingindo também o interrogatório. Com efeito, a partir da citada Lei nº 11.719/08, o interrogatório do acusado passou a ser o último ato da instrução (art. 400) e não mais o *primeiro*, como na ordem anterior (antigo art. 394, CPP). E mais: com a determinação legal de *instrução concentrada*, isto é, em uma única audiência, o interrogatório deixou também de ser um ato *isolado* na instrução.

Em consequência disso, o referido ato se realizará *junto* às demais inquirições.

Ora, especificamente em relação ao interrogatório no estabelecimento prisional (§ 1º, art. 185, CPP), a Lei nº 11.900/09 não considerou tais alterações promovidas pela Lei nº 11.719/08, tratando da questão como se fosse (o interrogatório) um ato *isolado* dos demais. Ou teria sido prevista pelo legislador a reunião no estabelecimento prisional *de todas as pessoas envolvidas na audiência de instrução e julgamento?* Parece que não, pois o citado dispositivo faz referência à "*garantia da segurança do juiz, do Ministério Público e dos auxiliares da Justiça, bem como do advogado...*"

Se o que justificaria o interrogatório no presídio seriam as dificuldades de logística para o transporte do réu preso à sede do Juízo, parece-nos que a realização da audiência concentrada no estabelecimento prisional demandaria esforços ainda maiores.

Não bastasse, há que se rejeitar a ideia de se estabelecer *como regra* – e não como exceção – o interrogatório do preso no estabelecimento prisional, como se a única questão relevante aos olhos do interesse público fosse a dificuldade de transporte de réus presos. E a atuação jurisdicional, a do Ministério Público, sem falar na Defensoria Pública, para ficarmos só com os órgãos do Poder Público, não seriam igualmente relevantes? Acaso entenderia o legislador que os respectivos membros daquelas instituições devem se deslocar sistematicamente de suas sedes, ainda que com inegável prejuízo às respectivas atividades? Pensamos que não. E, agora, com a regra da instrução concentrada, na qual o interrogatório passa a ser o último ato processual, não se pode reconhecer validade à norma do art. 185, § 1º, CPP, a não ser *enquanto exceção*, e desde que garantida a participação do réu na inquirição das testemunhas, ou seja, desde que realizada a instrução no estabelecimento prisional.

185.4. Interrogatório por videoconferência: A Lei nº 11.900/09 trouxe grande inovação ao processo penal brasileiro, ao prever a possibilidade – excepcional – da realização, não só do interrogatório, mas do acompanhamento, pelo réu que *se encontrar preso*, de toda a audiência de instrução, em tempo real, por *videoconferência* ou qualquer meio de transmissão *on-line* de imagens e de som.

O objetivo, evidente, parece ser o de contornar as dificuldades e os riscos inerentes ao transporte e deslocamento de determinados presos, cuja vida pregressa ou registros oficiais disponíveis possam indicar a possibilidade de risco à integridade física das pessoas envolvidas na operação (resgate ou fuga de preso, por meio de ataque ao veículo de transporte ou até mesmo à sede do juízo).

A primeira questão que surge diz respeito à validade da norma, em face da garantia de poder o acusado *ser ouvido pelo juiz da causa,* consoante os termos do citado Pacto de San José da Costa Rica (art. 8º, 1).

No plano abstrato, como convém ao confronto de validade entre uma norma legal e o texto constitucional, não vemos qualquer inconstitucionalidade na medida, sobretudo e porque previamente assentada na excepcionalidade.

Seja de ofício ou mediante requerimento das partes – quando pela defesa, a pertinência da providência sequer será questionada – a realização do interrogatório por meio de videoconferência dependerá, sempre, da presença de um dos requisitos alinhados no § 2º, do art. 185, CPP, a fundamentar a necessidade excepcional da medida.

O primeiro requisito refere-se à fundada suspeita de integrar o acusado *organização criminosa,* ou de que, por outra razão qualquer, *possa fugir durante o deslocamento.*

Nota-se, com facilidade, que a Lei, na sua literalidade, parece deduzir que o fato de alguém integrar organização criminosa, *por si só,* já justificaria o risco de fuga, e, assim, à segurança pública. Inaceitável o raciocínio, quando conduzido ao ambiente da *práxis,* isto é, quando a norma for submetida à prática rotineira das diversas modalidades de criminalidade organizada.

Por primeiro, porque a excepcionalidade da medida não mais dependeria de uma questão relativa à segurança pública, mas, sim, da equiparação – abstrata e não concreta – de *qualquer espécie de associação criminosa* a grupos de violência e ações armadas, o que, evidentemente, constitui excesso legislativo e interpretativo – no último caso, se se quiser aceitar a validade da norma.

Em segundo lugar, porque faz da exceção a regra, ainda que se possa constatar, efetivamente, a ampla existência de situações de risco em casos dessa natureza. O que queremos assentar é o seguinte: toda medida do Poder Público fundada em excepcionalidade há que ser fundamentada pela autoridade responsável pela prática do ato. Ora, se a própria legislação da videoconferência exige *ordem judicial fundamentada* para a realização do aludido ato processual, não poderia a mesma lei *subtrair* ao magistrado a competência legal para o exame da necessidade da providência. A contradição lógica se resolve em favor da essencialidade da lei: o caráter excepcional do interrogatório e da audiência por videoconferên[illegible]

A segunda justificativa para a adoção da medida reside na *viabilização da participação do réu no referido ato processual, quando, por qualquer motivo relevante, estiver ele impossibilitado de comparecer pessoalmente.* Aqui, certamente, ninguém duvidará do acerto da novidade legislativa, que visa tornar viável uma participação que, embora *desejada pelo réu,* não se possa concretizar por circunstâncias alheias ao seu controle ou até por opção pessoal (receio de confronto com corréus, por exemplo). A observar-se, porém, que as hipóteses de enfermidade são indicativas de outras providências (remoção do preso do presídio para tratamento etc.).

A terceira razão a justificar a videoconferência se reporta à possibilidade de a presença do acusado poder influenciar negativamente o depoimento de testemunhas, quando não for o caso de aplicação da regra do art. 217, CPP, cujos termos são os seguintes: "*Art. 217. Se o juiz verificar que a presença do réu poderá causar humilhação, temor, ou sério constrangimento à testemunha ou ao ofendido, de modo que prejudique a verdade do depoimento, fará a inquirição por videoconferência e, somente na impossibilidade dessa forma, determinará a retirada do réu, prosseguindo na inquirição, com a presença do seu defensor* (*caput*)."

É dizer: na hipótese do réu *solto,* havendo risco de influência negativa à testemunha, a videoconferência se fará em relação ao depoimento dela (testemunha), se não for o caso de se determinar a retirada do acusado do recinto. No caso de réu preso, abrem-se duas hipóteses: (a) em princípio, o réu será conduzido ao Juízo para a regular instrução, tomando-se o depoimento das testemunhas por videoconferência, e ali se realizando o interrogatório; (b) não sendo possível a tomada de depoimento das testemunhas por videoconferência, esta se realizará na forma prevista nesse artigo, isto é, no presídio, por via *on-line.*

E quando o réu estiver foragido, é cabível a realização de interrogatório por videoconferência? Até o presente momento (2024), o tema não é pacífico, inclusive no âmbito do STF. Na 2ª Turma, encontramos, exemplificativamente, decisão proferida no HC nº 227.671 (Rel. Min. Edson Fachin, 2023), em que se reconheceu esse direito. Já no âmbito da 1ª Turma, o entendimento é contrário, não se admitindo o interrogatório nessas circunstâncias *(Agravo Regimental em Habeas Corpus nº 243.295, STF, 1º Turma, Rel. Min. Cristiano Zanin, julgado em 16.8.2024, publicado no DJ em 22.8.2024).*

O interrogatório é um direito do réu, disso não há dúvida alguma. E o direito é de ser interrogado perante o juiz competente para exercer pessoalmente sua defesa (essa é a razão, inclusive, pela qual agora o interrogatório é o último ato processual após a produção probatória). Entretanto, além de não existir qualquer previsão nesse sentido *(art. 185, § 2º, CPP), não é dado ao réu "escolher" como quer ser interrogado, notadamente quando estiver foragido.*

A fuga é uma "opção" de comportamento processual, também não parece haver dissenso quanto a isso. Mas com essa conduta – e estando hígida a ordem de prisão –, não se pode impor ao Poder Judiciário que acolha pleito de o réu ser "interrogado" por videoconferência sem possibilidade de sua localização (não identificação de IP do computador onde estiver logado).

A fuga traz consequências fáticas e jurídicas para o processado. Uma delas é reforçar, em tese, a necessidade da medida já decretada (vide anotações ao art. 312 do CPP). Outra é que o rito processual não pode ser "adaptado" ao modo de comportamento do réu. O comportamento de acordo com a boa-fé objetiva é a guia-mestra para se evitar ações contraditórias. Não por outra razão é que a jurisprudência reconhece há muito tempo a impossibilidade de alegações de cerceamento de defesa em caso de o réu estar foragido, mas sua defesa técnica tenha sido exercida por advogado, contratado ou dativo, ou então pela Defensoria Pública.

Não se pode esquecer, ainda, que o interrogatório poderá ser realizado a qualquer tempo, até mesmo depois de proferida a sentença penal (condenatória ou não). Acaso venha a ser revogada a prisão ou até mesmo executada a ordem determinada, nenhum óbice para que aí então, adotando-se o rito e a previsão do CPP, seja realizado o interrogatório.

Por fim, em complemento ao que abordado aqui, vide anotações ao item 563.3.1.

Jurisprudência

185.4. [..] A Constituição Federal - CF assegura aos litigantes e aos acusados em geral o contraditório e a ampla defesa, com os meios e recursos a ela inerentes (art. 5º, LV, CF). A ampla defesa compreende a defesa técnica e a autodefesa, que se compõe do direito de audiência e do direito de presença. [...] No caso, embora o paciente tenha constituído advogado nos autos da ação penal, está foragido desde quando foi decretada a sua prisão preventiva. E, nessa condição, busca a garantia do direito de ser interrogado por meio virtual, o que não encontra respaldo nem no ordenamento jurídico, nem na jurisprudência do Supremo Tribunal Federal. [...] Nesse contexto, incide a regra prevista no art. 565 do Código de Processo Penal, segundo a qual nenhuma das partes poderá arguir nulidade a que haja dado causa, ou para que tenha concorrido, ou referente a formalidade cuja observância só à parte contrária interesse. Com efeito, não se há falar em nulidade quando a ausência proposital do réu acarreta a falta de seu interrogatório e a decretação da sua revelia, na linha de entendimento sedimentado *no Supremo Tribunal Federal. [...] (Agravo Regimental em Habeas Corpus nº243.295, STF, 1º Turma, Rel. Min. Cristiano Zanin, julgado em 16.8.2024, publicado no DJ em 22.8.2024)*

185.4. [...] A jurisprudência do STJ é unânime no sentido de que não é possível reconhecer a nulidade do interrogatório de réu foragido que possui advogado constituído nos autos. O réu não pode se beneficiar de sua própria torpeza, alegando a sua condição de foragido para ser interrogado por videoconferência, o que configuraria um desrespeito às determinações judiciais. [...] *(Agravo Regimental no Habeas Corpus nº 811.017-RJ, STJ, 5ª Turma, Rel. Min. Ribeiro Dantas, sessão virtual de 13.6.2023 a 19.6.2023, publicado no DJ em 23.6.2023)*

185.4. [...] A escassez de agentes penitenciários para realizar a escolta de detentos é argumento válido para justificar a excepcionalidade da audiência por meio remoto. [...] *(Agravo Regimental no Habeas Corpus nº 587.424-SC, STJ, 5ª Turma, rel. Min. João Otávio de Noronha, julgado em 6.10.2020, publicado no DJ em 15.10.2020).*

185.5. A gravíssima questão de ordem pública: Deixamos em separado, por tópico, o fundamento relativo à *gravíssima questão de ordem pública*, em razão das já conhecidas dificuldades de apreciação do sentido da expressão *ordem pública*. No que consistiria a ordem pública?

Conforme ainda veremos no Capítulo atinente às prisões, a definição de ordem pública é bastante problemática. É que a fluidez conceitual ou a indeterminação do sentido da palavra pode prestar-se a diversas estratégias de funcionalidade do sistema (penal). De modo mais simples, diríamos que a noção de *ordem pública* na jurisprudência nacional encontra-se associada à ideia de *evitação de reiteração de determinadas práticas*, contrárias ao ordenamento jurídico, entendido enquanto garantidor dos direitos subjetivos, coletivos e difusos (segurança pública, incolumidade física, saúde pública etc.).

A nota essencial, contudo, repousa na *excepcionalidade* da medida garantidora da ordem pública, dado que não se pode ter como *regra* a violação permanente aos direitos. Quando aí chegarmos o conceito haverá que se modificar para a *desordem pública*.

Ora, terá percebido o leitor que a apontada excepcionalidade é inerente ao interrogatório *on-line*. Todas as hipóteses mencionadas nos incisos do art. 185 devem caracterizar situações de excepcionalidade. E não seriam elas já suficientes?

De fato, a referência à *segurança pública* arrolada no inciso I é indicativa do objeto central de tutela pela adoção da medida. Talvez a referência também expressa à organização criminosa e ao risco de fuga tenha reduzido as possibilidades de afetação à segurança pública. Ocorre que o alargamento do sentido à aludida matéria (segurança pública) pode se tornar ainda mais problemática. Assim, não visualizamos razão alguma no acréscimo legislativo previsto no inciso IV do art. 185, cuja tutela já estaria garantida pelo citado inciso I. Eventuais turbações e/ou manifestações públicas contra determinado acusado e/ou acusados não pode servir de pretexto para justificar a realização da audiência por videoconferência. Cabe ao Estado a preservação da ordem. Do contrário, não se poderiam realizar também os julgamentos nos Tribunais do Júri, local em que, frequentemente, o sentimento de vingança e de revolta popular tem ambiente propício.

185.6. O controle judicial da decisão: Diz a lei que as partes serão intimadas com o prazo de dez dias de antecedência para a realização do ato processual.

Em princípio, dada a natureza da decisão – interlocutória simples –, não seria cabível a interposição de qualquer recurso.

No entanto, não há como recusar que se cuida ali de ato judicial subordinado a motivações específicas e legais, redutoras de garantias individuais. Apenas por essa razão, julgamos cabível, em tese, a interposição de recurso em sentido estrito, com fundamentação por analogia a outras situações previstas no art. 581, CPP.

Não sendo admitido o recurso ou não tendo sido ele julgado até a data da realização do ato, a parte deverá impetrar mandado de segurança, com o fim de impedir, não só a violação à regra legal, mas possíveis prejuízos dali decorrentes.

Em tema de nulidades, somos minimalistas. Apenas quando demonstrado o efetivo prejuízo à atuação das partes ou à adequada atividade jurisdicional se deverá declarar a nulidade do processo.

185.7. Videoconferência e a defesa técnica: A partir da Lei nº 11.719/08 e com a instituição do modelo de concentração dos atos processuais, também o interrogatório se viu conduzido à audiência de instrução e julgamento. E não mais como o primeiro, mas como o derradeiro ato processual.

O que significa que, havendo necessidade ou justificativa para o interrogatório por videoconferência, *todos os meios de prova* a serem realizados em audiência (testemunhas, inquirição de peritos, acareações etc.) deverão se encontrar disponibilizados no sistema de interação e reprodução de sons e imagens. E isso porque o preso tem o direito de acompanhar os aludidos atos processuais.

Assim, e como haverá *duplicidade territorial de instrução* – inquirição de testemunhas *na sede do juízo* e o interrogatório *no presídio* – garante a lei (art. 185, § 5º, CPP) a duplicidade de defensores. Ou seja, haverá um defensor para o interrogatório – no presídio, portanto – e outro na sala de audiência. E mais. Eles (acusado e defensores) poderão se comunicar em tempo real – mantida a privacidade e o direito de entrevista – para tornar mais efetiva a *autodefesa*, a ser exercida não só no interrogatório, mas também no auxílio ao defensor junto à inquirição das testemunhas, quanto à matéria de fato.

185.8. Videoconferência do ofendido e de terceiros: Prevê a lei que o sistema de videoconferência não será utilizado unicamente para a inquirição de testemunhas e do réu em interrogatório. Dispõe o art. 185, § 8º, a possibilidade de se tomarem depoimentos de quaisquer pessoas que se encontrarem presas, desde que necessária a participação delas no processo, o que se aplicaria tanto às testemunhas presas quanto ao ofendido, peritos e demais pessoas que tenham que ser ouvidas e se encontrem na mesma situação.

Naturalmente, em tais situações, o réu poderá acompanhar os aludidos atos processuais, junto com seu defensor, seja na sede do juízo (se ele estiver solto ou for possível o seu transporte), seja no presídio (se estiver preso e estiver justificado o interrogatório e a instrução por videoconferência).

185.9. Fiscalização do recinto de videoconferência: E para que não haja dúvidas quanto à incolumidade do ato processual pelo sistema de videoconferência, dispõe a lei o dever de *fiscalização* do recinto pela Corregedoria do Judiciário e pelo juiz do processo, extensível ao Ministério Público e à Ordem dos Advogados do Brasil. *Dever* e não *faculdade.*

185.10. Das informações acerca dos filhos dos processados: A Lei nº 13.257, de 8.3.2016, tal como na hipótese do art. 6º e do art. 304, ambos do CPP, acrescentou o inciso X ao art. 185 do CPP, dispondo que "*do interrogatório deverá constar a informação sobre a existência de filhos, respectivas idades e se possuem alguma deficiência e o nome e o contato de eventual responsável pelos cuidados dos filhos, indicado pela pessoa presa*". A finalidade do dispositivo decorre da regra do art. 227 da Constituição Federal, que impõe vários deveres ao Estado, notadamente de proteção na maior medida possível à criança, ao jovem e ao adolescente. Assim, em caso de ação penal e o réu (que estiver preso) possuir filhos com idade insuficiente ou que possuam alguma deficiência, deverá haver o registro de dados no ato de interrogatório de quem seriam os responsáveis indicados pelo processado, tudo como forma de que sejam adotadas providências mais rápidas e eficientes para, em sendo necessário, a proteção dos menores ou incapazes que estavam sob o poder familiar do preso (vide providências similares nos termos dos arts. 6º e 187, ambos do CPP). Compreendemos que esta providência seja relevante mesmo que haja outro familiar que também exerça o poder familiar e não esteja presa.

Art. 186. Depois de devidamente qualificado e cientificado do inteiro teor da acusação, o acusado será informado pelo juiz, antes de iniciar o interrogatório, do seu direito de permanecer calado e de não responder perguntas que lhe forem formuladas. (Redação dada pela Lei nº 10.792, de 1º.12.2003)

Parágrafo único. O silêncio, que não importará em confissão, não poderá ser interpretado em prejuízo da defesa. (Incluído pela Lei nº 10.792, de 1º.12.2003)

186.1. *Nemo tenetur se detegere* e direito ao silêncio: O que se têm aqui são duas questões diferentes: deduz-se dali, com efeito, um *princípio* e uma de suas concretizações. *Nemo tenetur se detegere*, que pode ser traduzido como "*ninguém é obrigado a se descobrir*", é um aforismo renascido (data do século XVII, no direito inglês) no pós-iluminismo, emblemático de uma era de transformação na teoria do processo e, sobretudo, no âmbito do processo judicial criminal, já no século XIX. O réu, anteriormente tratado como *objeto* do processo, conquista a posição de *parte,* sujeito, então, de direitos subjetivos, a partir da compreensão do processo como *relação jurídica,* com a atribuição de ônus, faculdades, direitos e deveres aos litigantes.

De um lado, o *nemo tenetur se detegere* cumpriu a relevante missão – como verdadeiro princípio – de proteção à pessoa do acusado, afirmando a necessidade de respeito aos atributos inerentes à dignidade humana (integridade física, psíquica, inviolabilidades – intimidade, privacidade etc.). De outro, prestou-se a consolidar os direitos subjetivos dele ao exercício de todas as faculdades processuais permitidas ao órgão acusador.

O *direito ao silêncio*, portanto, é uma das manifestações mais importantes do aludido princípio (*nemo tenetur*), na medida em que tutela, não só a consciência moral daquele que, pelo fato de correr o risco de uma condenação, se vê compelido a *mentir* em seu favor, mas, também, protege o acusado contra juízos de convencimentos lastreados em percepções subjetivas indignas de graus aceitáveis de certeza (nessa parte, apenas uma anotação: Douglas Fischer compreende que o direito ao silêncio não abarca o direito a mentir, mas ficar em silêncio apenas. A mentira é uma opção defensiva).

No direito norte-americano, no qual se baseou o constituinte de 1988 (não só, evidentemente!), há, como se sabe, inúmeros julgamentos da competência do Tribunal do Júri, órgão que, como também se sabe, decide sem qualquer motivação (ali, tem lugar a íntima convicção). Por isso, uma inquirição bem-feita pelo acusador poderá apresentar aos jurados, não uma versão sobre os *fatos* em julgamento, mas sobre a *pessoa* do julgado. Tampouco adianta o controle judicial da inquirição, na medida em que, embora advertidos sobre eventual impertinência das perguntas da acusação, os jurados poderiam sempre decidir segundo suas impressões pessoais colhidas na irregular inquirição. É por isso que a Quinta Emenda garante a ele (acusado) o direito de não depor. Não só de guardar silêncio, mas de não se sentar no banco dos réus, o que poderia ser interpretado como *recusa imotivada* à prestação de esclarecimentos sobre a acusação.

Destacamos importantíssimo precedente do Plenário do STF em 2020, no qual, *inclusive reportando-se a excertos da presente obra*, se reconheceu que o princípio do *nemo tenetur se detegere* não pode ser interpretado de forma isolada dos demais princípios e regras constitucionais *(RE nº 971.959/RS, STF, Plenário, Rel. Min. Luiz Fux, julgado em 29.7.2020, publicado no DJ em 31.7.2020).*

Também entendemos relevante destacar que o tema do direito ao silêncio está em debate no Plenário do STF, em sede de repercussão geral *("Tema 1185 - Obrigatoriedade de informação do direito ao silêncio ao preso, no momento da abordagem policial, sob pena de ilicitude da prova, tendo em vista os princípios da não auto-incriminação e do devido processo legal)"*. Trata-se de tema a ser debatido no RE nº 1.177.984 em que se discute "à luz do art. 5º, LIV e LXIII, da Constituição Federal, a obrigatoriedade, ou não, da advertência ao preso do direito ao silêncio, no momento da abordagem policial - quando frequentemente ocorre o denominado interrogatório informal -, sob pena de ilicitude da prova, e considerando-se os princípios da não auto-incriminação (nemo tenetur se detegere) e do devido processo legal".

A legislação infraconstitucional não faz a exigência a tanto. Entendemos que seria recomendável sempre a advertência, até para que não se alega, posteriormente, que houve violação ao devido processo legal (como no caso retromencionado, em análise pelo STF). Entretanto, a ausência dessa advertência do direito ao silêncio *quanto ao que o investigado falar* não pode conduzir à nulificação das provas produzidas na fase de investigação criminal (até porque a confissão tanto na esfera policial como em juízo não podem conduzir à condenação de ninguém). Em relação às provas realizadas, a situação parece ser um pouco diversa, pois não se pode exigir um comportamento ativo do investigado para produzir provas contra si mesmo sem a devida advertência (reportamos novamente ao julgado do RE nº 971.959-RS). Se a Suprema Corte der uma nova definição, exigindo-se para todos os casos tal advertência, há se aplicar tal procedimento exclusivamente aos casos futuros (tal como a interpretação conferida para o momento do interrogatório a todos os procedimentos penais, conforme decisão plenária do STF no HC nº 127.900-AM).

Jurisprudência

186.1 [...] O acórdão impugnado encontra consonância com a jurisprudência desta Corte Superior, segundo a qual, "a legislação processual penal não exige que os policiais, no momento da abordagem, cientifiquem o abordado quanto ao seu direito em permanecer em silêncio (Aviso de Miranda), uma vez que tal prática somente é exigida nos interrogatórios policial e judicial" (AgRg no HC n. 809.283/GO, relator Ministro Reynaldo Soares da Fonseca, Quinta Turma, julgado em 22/5/2023, DJe de 24/5/2023). [...] O reconhecimento de nulidade processual, ainda que absoluta, depende da demonstração do efetivo prejuízo, por aplicação do princípio pas de nullité sans grief, o que, conforme consignado na origem, não restou demonstrado no caso em análise, tendo em vista que a confissão realizada no momento da abordagem policial não foi considerada para a condenação do agente. [...] *(Agravo Regimental no Agravo em Recurso Especial nº 2.451.366-RO, STJ, 5ª Turma, Rel. Min. Joel Ilan Paciornik, julgado em 30.09.2024, publicado no DJ em 3.10.2024)*

186.1 [...] 3. A confissão extrajudicial é colhida no momento de maior risco de ocorrência da tortura-prova, pois o investigado está inteiramente nas mãos da polícia, sem que exista atualmente nenhum mecanismo de controle efetivo para preveni-la. Conclusões corroboradas, novamente, por uma miríade de estudos, inclusive do CNJ, da ONU e da CIDH.

4. Diante do risco de tortura e da inexistência de meios capazes de desestimulá-la, a admissão da confissão extrajudicial exige que esteja garantida – e não apenas presumida – a licitude do seu modo de obtenção. Para tanto, a confissão extrajudicial somente será admissível no processo penal se feita formalmente e de maneira documentada, dentro de um estabelecimento estatal público e oficial. Inteligência dos arts. 5º, III, da CR/1988; e 157, 199 e 400, § 1º, do CPP.

5. A confissão não implica necessariamente a condenação do réu ou o proferimento de qualquer decisão em seu desfavor. Afinal, como toda prova, a confissão ainda precisa ser valorada pelo juiz, com critérios que avaliem sua força para provar determinado fato.

6. Apesar de contraintuitivo, os fenômenos das falsas confissões é amplamente documentado na literatura internacional e comprovado por levantamentos estatísticos sólidos. Cito, por todos, dados do *Innocence Project* (de 375 réus inocentados por exame de DNA de 1989 a 2022, 29% tinham confessado os crimes que lhes foram imputados) e do *National Registry of Exonerations* (no mesmo período, de 3.060 condenações revertidas, 365 tinham réus confessos) dos EUA.

7. Pessoas inocentes confessam falsamente por diversas razões, desde vulnerabilidades etárias, mentais e socioeconômicas ao uso de técnicas de interrogatório sugestivas, enganadoras e pouco confiáveis por parte da polícia.

8. É essencial que o Ministério Público exerça de maneira efetiva o controle externo da atividade policial (art. 129, VII, da CR/1988), fiscalizando com rigor o nível de qualidade das investigações e do trato das fontes de prova.

9. Amparada a condenação do réu unicamente em duas provas inadmissíveis (a confissão extrajudicial informal, não documentada e sem nenhuma garantia da licitude de seu modo de obtenção, bem como no reconhecimento fotográfico viciado), segundo o quadro fático estabelecido no acórdão recorrido, a absolvição é necessária.

10. A polícia violou também o art. 6º, II e III, do CPP quando inexplicavelmente deixou de preservar uma cópia do vídeo da câmera de segurança que registrou o momento do furto, mesmo estando a mídia à sua disposição. Em virtude dessa inércia, quando o Ministério Público tentou obter cópia das filmagens meses depois, o vídeo já havia sido perdido. Injustificável perda da chance probatória.

11. Teses fixadas: 11.1: A confissão extrajudicial somente será admissível no processo judicial se feita formalmente e de maneira documentada, dentro de um estabelecimento estatal público e oficial. Tais garantias não podem ser renunciadas pelo interrogado e, se alguma delas não for cumprida, a prova será inadmissível. A inadmissibilidade permanece mesmo que a acusação tente

introduzir a confissão extrajudicial no processo por outros meios de prova (como, por exemplo, o testemunho do policial que a colheu). 11.2: A confissão extrajudicial admissível pode servir apenas como meio de obtenção de provas, indicando à polícia ou ao Ministério Público possíveis fontes de provas na investigação, mas não pode embasar a sentença condenatória. 11.3: A confissão judicial, em princípio, é, obviamente, lícita. Todavia, para a condenação, apenas será considerada a confissão que encontre algum sustento nas demais provas, tudo à luz do art. 197 do CPP.

12. A aplicação dessas teses fica restrita aos fatos ocorridos a partir do dia seguinte à publicação deste acórdão no DJe. Modulação temporal necessária para preservar a segurança jurídica (art. 927, § 3º, do CPC).

13. Ainda que sejam eventualmente descumpridos seus requisitos de validade ou admissibilidade, qualquer tipo de confissão (judicial ou extrajudicial, retratada ou não) confere ao réu o direito à atenuante respectiva (art. 65, III, "d", do CP) em caso de condenação, mesmo que o juízo sentenciante não utilize a confissão como um dos fundamentos da sentença. Orientação adotada pela Quinta Turma no julgamento do REsp 1.972.098/SC, de minha relatoria, em 14/6/2022, e seguida nos dois colegiados desde então. Agravo conhecido para dar provimento ao recurso especial, a fim de absolver o réu. *(Agravo em Recurso Especial nº 2.123.334-MG, STJ, 3ª Seção, Rel. Min. Ribeiro Dantas, sessão de 20.6.2024, publicado no DJ em 2.7.2024)*

186.1 [...] O acórdão recorrido encontra-se em consonância com a jurisprudência desta Corte Superior, a qual, acompanhando posicionamento consolidado no Supremo Tribunal Federal, tem se orientado no sentido de que eventual irregularidade na informação acerca do direito de permanecer em silêncio é causa de nulidade relativa, cujo reconhecimento depende da comprovação do prejuízo (HC 614.339/SP, Rel. Ministro REYNALDO SOARES DA FONSECA, QUINTA TURMA, julgado em 09/02/2021, DJe 11/02/2021). – Na hipótese, não foi indicado, nem se constata, qualquer prejuízo aos réus, uma vez que as entrevistas informais ocorreram durante a prisão em flagrante, no momento em que se descobriu o cativeiro em que a vítima estava. A condenação, por si só, não pode ser considerada como o prejuízo, pois, para tanto, caberia ao recorrente demonstrar que a informação acerca do direito de permanecer em silêncio, acaso tivesse sido franqueada ao recorrente e aos corréus, ensejaria conduta diversa, que poderia conduzir à sua absolvição, situação que não se verifica os autos. [...] *(Agravo Regimental no Habeas Corpus nº 864.786-SP, STJ, 5ª Turma, Rel. Min. Reynaldo Soares da Fonseca, sessão virtual de 5.12.2023 a 11.12.2023, publicado no DJ em 19.12.2023)*

186.1. [...] 3. O direito de permanecer em silêncio, à luz do disposto no art. 5º, LXIII, da Constituição da República, apresenta-se como verdadeiro complemento ao princípio do *due process of law* e da ampla defesa, sem que por ele possa ser responsabilizado, uma vez que não se conhece em nosso ordenamento jurídico o crime de perjúrio. O silêncio do réu no interrogatório não pode ser considerado como confissão ficta, pois o silêncio não pode ser interpretado em seu desfavor. 4. O privilégio contra a autoincriminação em momento algum consagra o direito de recusa de um indivíduo a participar de atos procedimentais, processuais ou previsões legais estabelecidas licitamente. Dessa maneira, desde que com absoluto respeito aos direitos e garantias fundamentais do investigado, os órgãos estatais não podem ser frustrados ou impedidos de exercerem seus poderes investigatórios e persecutórios previstos na legislação. [...] *(Petição nº 10.776-Mérito, STF, 1ª Turma, Rel. Min. Alexandre de Moraes, sessão virtual de 21.9.2023 a 21.9.2023, publicado no DJ em 24.10.2023)*

186.1. [...] Não há na legislação processual penal qualquer exigência de que o investigado seja informado especificamente da inexistência de obrigatoriedade de fornecimento de senha para acesso aos seus aparelhos eletrônicos, providência que se encontra abarcada pela advertência geral do direito à não-autoincriminação. [...] *(Ação Penal nº 965-DF, STJ, Corte Especial, Rel. Min. Og Fernandes, julgado em 11.5.2023, publicado no DJ em 16.5.2023)*

186.1. [...] 1. O princípio da vedação à autoincriminação, conquanto direito fundamental assegurado na Constituição Federal, pode ser restringido, desde que (a) não seja afetado o núcleo essencial da garantia por meio da exigência de uma postura ativa do agente na assunção da responsabilidade que lhe é imputada; e que (b) a restrição decorra de um exercício de ponderação que viabilize a efetivação de outros direitos também assegurados constitucionalmente, respeitado o cânone da dignidade humana do agente.

2. O direito de não produzir prova contra si mesmo (*nemo tenetur se detegere* – nada a temer por se deter), do qual se desdobram as variações do direito ao silêncio e da autodefesa negativa, consiste em um dos marcos históricos de superação da tradição inquisitorial de valorar o investigado e/ou o réu como um objeto de provas, do qual deveria ser extraída a "verdade real".

3. O direito de não produzir prova contra si mesmo, ao relativizar o dogma da verdade real, garante ao investigado os direitos de nada aduzir quanto ao mérito da pretensão acusatória e de não ser compelido a produzir ou contribuir com a formação de prova contrária ao seu interesse, ambos pilares das garantias fundamentais do direito ao silêncio e do direito à não autoincriminação.

4. A garantia explicitada na missiva *nemo tenetur se detegere* possui raízes no *jus commune* medieval e se desenvolveu: a) na Europa Continental somente no Século XVIII, com a Revolução Iluminista, a derrocada do Antigo Regime e a superação do procedimento inquisitorial; b) na Inglaterra, a garantia remonta à publicação da Carta Magna em 1215, tendo, ao longo dos séculos seguintes, se desenvolvido e expandido para as colônias, principalmente nos Estados Unidos, traduzida sob a forma do *privilege against self compelled incrimination;* c) os sistemas anglo-saxônicos adversariais atuais admitem que o acusado exerça seu direito ao silêncio, recusando-se a depor; porém, se optar por prestar declarações, o fará na condição de testemunha, tanto que obrigado a prestar juramento de falar a verdade, inclusive com possibilidade de responsabilização por perjúrio. Daí a origem do termo *privilege*, na medida em que se confere ao acusado a prerrogativa de não ser ouvido como testemunha.

5. No Brasil, a) durante o seu período colonial, dada a natureza inquisitória das Ordenações Portuguesas, não havia espaço para o desenvolvimento da garantia do *nemo tenetur se detegere*; b) a partir, porém, da Constituição Imperial de 1824, que aboliu expressamente a tortura e as penas cruéis, a evolução foi gradativa; c) com o Código de Processo Criminal de 1832, de inspiração liberal francesa e inglesa, atribuiu-se ao interrogatório a natureza de peça de defesa, com a previsão, ademais, de que a confissão só seria válida se realizada livremente pelo réu; d) destarte, no século XX, no período anterior à Constituição de 1988, ainda eram visíveis os traços inquisitoriais do sistema persecutório brasileiro, considerando que o Código de Processo Penal de 1941, no seu art. 186, embora consagrando expressamente o direito do acusado de não responder às perguntas que lhe fossem formuladas, o fazia ressalvando "*que o seu silêncio poderá ser interpretado em prejuízo da própria defesa*"; e) A vedação à autoincriminação só encontrou ressonância no Brasil em sua devida plenitude com a Constituição Federal de 1988, cujo art. 5º, LXIII, é inspirado pela 5ª Emenda da Constituição Norte-Americana, que assim dispões: "*o preso será informado de seus direitos, dentre os quais o de permanecer calado, sendo-lhe assegurada a assistência da família e de advogado*".

6. A garantia contra a autoincriminação encontra, ainda, consagração no plano convencional, tanto na Convenção Americana sobre Direitos Humanos quanto na Convenção Europeia de Direitos Humanos.

7. A CADH, incorporada ao ordenamento jurídico brasileiro no ano de 1992, estabelece limites à busca pela verdade real e tutela o princípio do *nemo tenetur se detegere* ao prever, no art. 8, n.2, "g", que toda a pessoa acusada da prática de algum delito possui como garantia mínima, dentre outras, a "*de não ser obrigada a depor contra si mesma, nem a declarar-se culpada.*" A CEDH, no art. 6º, garante o direito a um processo equitativo *(fair trial)*, havendo precedentes paradigmáticos do Tribunal Europeu de Direitos Humanos (*Funke vs. France; Murray vs. The United Kingdom; Saunders vs. The United Kingdom*) definindo a garantia como corolário essencial de um processo equitativo.

8. O Supremo Tribunal Federal, a) no HC 68.929, de relatoria do Min. Celso de Mello, julgado em 22.10.1991, decidiu pelo seu Plenário que, do direito ao silêncio, uma das formas de manifestação do princípio da não autoincriminação, decorre, igualmente, o direito do acusado de negar a prática da infração; b) já no HC 78.708, de relatoria do Min. Sepúlveda Pertence, julgado em 09.03.1999, reafirmou-se a jurisprudência do Tribunal no sentido de que a falta da advertência quanto ao direito ao silêncio torna ilícita a prova resultante do ato de inquirição; c) a evolução jurisprudencial consolidou-se por esta Corte Constitucional no julgamento, em 22.09.2011, da repercussão geral da questão constitucional debatida no RE 640139, de relatoria do Min. Dias Toffoli, oportunidade em que se reafirmou que o princípio constitucional da vedação à autoincriminação não alcança aquele que atribui falsa identidade perante autoridade policial com o intui-

to de ocultar maus antecedentes, o que torna típica, sem qualquer traço de ofensa ao disposto no art. 5º, LXIII, da CF, a conduta prevista no art. 307 do CP; d) o paradigmático julgamento do RE 640139 adotou a premissa de que a garantia contra a autoincriminação não pode ser interpretada de forma absoluta, admitindo, em consideração a sua natureza principiológica de direito fundamental, a possibilidade de relativização justamente para viabilizar um juízo de harmonização que permita a efetivação, em alguma medida, de outros direitos fundamentais que em face daquela eventualmente colidam.

9. A persecução penal, pela sua natureza, admite a relativização de direitos nas hipóteses de justificável tensão (e aparente colisão) entre o dever do Poder Público de promover uma repressão eficaz às condutas puníveis e as esferas de liberdade e/ou intimidade daquele que se encontre na posição de suspeito ou acusado. É o que ocorre com a garantia do *nemo tenetur se detegere*, que pode ser eventualmente relativizada pelo legislador.

10. A garantia do *nemo tenetur se detegere* no contexto da teoria geral dos direitos fundamentais implica a valoração do princípio da proporcionalidade e seus desdobramentos como critério balizador do juízo de ponderação, inclusive no que condiz aos postulados da proibição de excesso e de vedação à proteção insuficiente.

11. A garantia do *nemo tenetur se detegere* se insere no mesmo conjunto de direitos subjetivos e garantias do cidadão brasileiro de que são exemplos os direitos à intimidade, privacidade e honra, o que implica dizer que a relativização da garantia é admissível, embora mediante a observância dos parâmetros constitucionais pertinentes à harmonização de princípios eventualmente colidentes. Diante desse quadro, o direito à não autoincriminação não pode ser interpretado como o direito do suspeito, acusado ou réu a não participar da produção de medidas probatórias (Fischer, Douglas; Oliveira, Eugênio Pacelli de. *Comentários ao Código de Processo Penal e sua Jurisprudência.* 9.ed. São Paulo: Atlas, 2017, p. 410/411).

12. A garantia contra a não autoincriminação tem como corolário a preservação do direito do investigado ou réu de não ser compelido a, deliberadamente, produzir manifestação oral que verse sobre o mérito da acusação.]

13. O direito de o investigado ou réu não realizar condutas ativas que importem na introdução de informações ao processo também comporta diferentes níveis de flexibilização, embora a regra geral seja a da sua vedação. A jurisprudência do STF, historicamente, adotava uma postura restrita quanto à admissibilidade das chamadas intervenções corporais. Contudo, na linha do que se visualiza no cenário internacional, a jurisprudência desta Corte Superior, gradativamente, iniciou uma caminhada em sentido oposto, do que constitui precedente exemplificativo a RCL 2.040/DF, de relatoria do Min. Néri da Silveira, julgada na data de 21/02/2002, ocasião em que se decidiu que a autoridade jurisdicional poderia autorizar a realização de exame de DNA em material colhido de gestante mesmo sem autorização daquela última, tudo com o objetivo de investigar possível crime de estupro de que tenha sido vítima.

14. O direito comparado, à luz da legislação, da doutrina e a da jurisprudência dos principais países da Europa Continental, admite a intervenção corporal coercitiva, desde que autorizada judicialmente, se restrinja à cooperação passiva do sujeito investigado ou acusado e não ofenda a dignidade humana do examinado.

15. O Brasil, quanto à intervenção corporal para fins de investigação penal, assenta fundamento constitucional no inciso XII do art. 5º da Constituição Federal de 1988, que abriga cláusula de reserva de jurisdição para o controle quanto ao tangenciamento dos direitos fundamentais à intimidade, privacidade e imagem consagrados na norma constitucional. Nesse contexto normativo, não há dúvidas de que o constituinte brasileiro admitiu a possibilidade de que o legislador autorize intervenções estatais na vida privada, inclusive no que condiz às supracitadas intervenções corporais.]

16. A questão constitucional debatida no presente recurso extraordinário é se a opção legislativa de criminalizar a conduta daquele que, com o fim deliberado de se furtar à eventual responsabilização cível e/ou penal, se afasta do local de acidente no qual se envolveu (art. 305 do CTB) ofenderia a garantia constitucional contra a autoincriminação (emanada do inciso LXIII do art. 5º da CF), na medida em que, *a contrario senso*, exige do agente a conduta de permanecer no aludido local com o fim de viabilizar sua identificação pelas autoridades de trânsito, passo necessário para a promoção da sobredita responsabilização em sede judicial.

17. O tipo penal do art. 305 do CTB tem como bem jurídico tutelado *"a administração da justiça, que fica prejudicada pela fuga do agente do local do evento, uma vez que tal atitude impede sua identificação e a consequente apuração do ilícito na esfera penal e civil"* (Capez, Fernando; Gonçalves, Victor Eduardo Rios. *Aspectos Criminais do Código de Trânsito Brasileiro.* 2.ed. São Paulo: Saraiva, 1999, p. 39).

18. A fuga do local do acidente é tipificada como crime porque é do interesse da Administração da Justiça que, conforme o caso, ou o particular ou o Ministério Público disponham dos instrumentos necessários para promover a responsabilização cível e/ou penal de quem, eventualmente, provoca dolosa ou culposamente um acidente de trânsito.

19. A relativização da máxima *nemo tenetur se detegere* verificada *in casu* é admissível, uma vez que atende às duas premissas fundamentais acima estabelecidas. (a) A uma porque não afeta o núcleo irredutível da garantia enquanto direito fundamental, qual seja, jamais obrigar o investigado ou réu a agir ativamente na produção de prova contra si próprio. É que o tipo penal do art. 305 do CTB visa a obrigar que o agente permaneça no local do acidente de trânsito até a chegada da autoridade competente que, depois de identificar os envolvidos no sinistro, irá proceder ao devido registro da ocorrência. Ocorre que a exigência de permanência no local do acidente e de identificação perante a autoridade de trânsito não obriga o condutor a assumir expressamente eventual responsabilidade cível ou penal pelo sinistro e nem, tampouco, ensejará que contra ele seja aplicada qualquer penalidade caso não o faça; (b) A duas porque, em um exercício de ponderação, a referida flexibilização possibilita a efetivação em maior medida de outros princípios fundamentais com relação aos quais colide no plano concreto, sem que, ademais, acarrete qualquer violação à dignidade da pessoa humana.

20. O legislador pode conferir preponderância a princípios outros igualmente caros à sociedade, mas cuja efetivação é qualificada como mais necessária no contexto da conduta analisada, tais como a higidez da Administração da Justiça e a efetividade da persecução penal, em detrimento da valoração absoluta da não incriminação.

21. O *princípio da proporcionalidade*, *in casu*, assume relevância não apenas como instrumento de harmonização dos valores em conflito, como também elemento de avalização da legítima opção do legislador de fazer preponderar, no conflito específico analisado, os bens jurídicos tutelados pela norma penal. É, no caso, legítima a referida opção porque adequada, necessária e proporcional à preservação dos aludidos bens jurídicos.

22. A aferição da proporcionalidade de uma norma penal ocorre em dois níveis diversos de avaliação. No primeiro deles, o que importa é aferir se a conduta a ser incriminada preenche os requisitos constitucionais necessários para justificar sua tipificação penal, o que se faz, em linhas gerais, analisando se a sociedade já não dispõe, dentro ou fora do ordenamento, de outro meio capaz de tutelar o bem jurídico a que se visa proteger que seja menos restritivo à esfera das liberdades individuais. Já no segundo nível de avaliação, o que importa é examinar a medida em que o direito penal irá criminalizar aquela conduta cuja tipificação penal já foi considerada como necessária na etapa anterior, o que se faz aferindo se a qualidade e a quantidade da pena cominada ao delito é proporcional à gravidade da conduta criminalizada.

23. A aferição da proporcionalidade costuma ser realizada por meio de um processo lógico de raciocínio que compreende três etapas distintas, independentemente do nível em que se der a avaliação: a) o subprincípio da necessidade está atrelado à concepção de que as restrições à liberdade do indivíduo só são admissíveis quando efetivamente necessárias à coletividade, o que, no direito penal, implica dizer que o bem jurídico a ser tutelado pela norma penal deve ser relevante o suficiente para justificar a restrição de liberdade que é inerente à pena; b) o subprincípio da idoneidade, também chamado de subprincípio da adequação, está diretamente relacionado à aptidão do instrumento empregado para alcançar a finalidade desejada, ou, especificamente, na seara penal, à aptidão da norma (tipo penal incriminador) para bem tutelar o bem jurídico; c) o subprincípio da proporcionalidade em sentido estrito tem aplicação no último momento da aferição da pertinência constitucional da norma incriminadora, demandando uma valoração comparativa entre o objetivo estabelecido e o meio proposto, de modo a que um se mostre proporcional em relação ao outro. Trata-se, portanto, de exame concernente à intensividade da intervenção penal, manifestada, sobretudo, nos parâmetros mínimo e máximo de pena selecionados pelo legislador no preceito secundário do tipo penal.

24. O princípio da proporcionalidade, implicitamente consagrado pelo texto constitucional, propugna pela proteção dos direitos fundamentais não apenas contra os excessos estatais, mas igualmente contra a proteção jurídica insuficiente, conforme a teoria da eficácia horizontal dos direitos fundamentais.

25. *In* casu, o tipo penal analisado bem atende ao princípio da proporcionalidade como elemento balizador da validade e legitimidade da opção legislativa de restringir parcialmente a liberdade do cidadão em nome da efetivação de outros direitos fundamentais: a) porque necessária à preservação do bem jurídico da Administração da Justiça, na medida em que o Estado não dispõe de outras alternativas dotadas da mesma eficiência que a ameaça da pena para sensibilizar a sociedade a não praticar a conduta intolerada, mormente se considerado que medidas de mesma finalidade adotadas pela legislação administrativa de trânsito jamais alcançaram o efeito desejado; b) porque idônea à proteção do mesmo jurídico, na medida em que apta para sensibilizar um número maior de condutores envolvidos em acidentes de trânsito a permanecer no local do sinistro e, assim, viabilizar a apuração da responsabilidade cível e/ou penal correspondente; c) porque proporcional em sentido estrito, porquanto a sanção prevista em abstrata para o tipo penal analisado não se mostra desproporcional em consideração ao desvalor da conduta a que se busca evitar com a opção pela criminalização.

26. Ademais, eventual declaração de inconstitucionalidade da conduta tipificada no art. 305 do CTB em nome da observância absoluta e irrestrita do princípio da vedação à autoincriminação caracterizaria evidente afronta ao princípio constitucional da proporcionalidade, na sua vertente da vedação de proteção deficiente, na medida em que a fragilização da tutela penal do Estado, mediante a visualização de óbices à responsabilização penal da conduta de fugir do local do acidente, deixa a descoberto o bem jurídico de tutela da Administração da Justiça a que o Estado deveria salvaguardar por meio da norma penal, assim como, indiretamente, direitos fundamentais, principalmente a vida, a que se busca proteger por meio da promoção de maior segurança no trânsito.

27. A exigência emanada do tipo penal quanto à permanência do envolvido no local do acidente pelo tempo que se mostrar necessário não deslegitima eventual opção pela fuga quando esta se afigurar como imperiosa para tutelar a vida ou a integridade física do agente. Nada obsta que os juízes, uma vez presentes aquelas circunstâncias fáticas, em que pese a adequação típica da fuga, reconheçam a sua antijuridicidade e, assim, afastem o caráter criminoso da conduta. Trata-se, de qualquer modo, de exame que só poderá ser realizado à luz de cada caso concreto, não servindo para infirmar, em um plano abstrato de discussão, a norma penal analisada.

28. Voto no sentido de julgar procedente o recurso extraordinário interposto pelo Ministério Público do Estado do Rio Grande do Sul, para o fim de reformar o acórdão proferido pela Turma Recursal Criminal daquele Estado que, ao apreciar recurso interposto pela defesa de réu que fora condenado pela prática do crime previsto no art. 305 do Código de Trânsito Brasileiro, declarou a inconstitucionalidade do referido tipo penal e, consequentemente, absolveu o réu.

Considerando a natureza objetiva do julgamento, diante do reconhecimento da repercussão geral da questão constitucional debatida, propõe-se a fixação da seguinte tese: *"A regra que prevê o crime do art. 305 do Código de Trânsito Brasileiro (Lei nº 9.503/97) é constitucional, posto não infirmar o princípio da não incriminação, garantido o direito ao silêncio e ressalvadas as hipóteses de exclusão da tipicidade e da antijuridicidade." (Recurso Extraordinário nº 971.959/RS, STF, Plenário, Rel. Min. Luiz Fux, julgado em 29.7.2020, publicado no DJ em 31.7.2020)*

186.1 [...] 1. O direito a não se autoincriminar (do qual deriva, por lógica, o direito ao silêncio) é regra antiga e inerente ao processo penal de cariz democrático e racional. Constitui, nos dizeres de Ferrajoli, "a primeira máxima do garantismo processual acusatório, enunciada por Hobbes e recebida desde o século XVII no direito inglês" (FERRAJOLI, Luigi. *Direito e razão*: Teoria do garantismo penal, tradução coletiva, São Paulo: Revista dos Tribunais, 2002, p. 486).

2. Se, por um lado, a sua estatura é incontroversa, por outro, os seus limites geram acirrados debates na doutrina, especialmente no que concerne ao exercício da autodefesa no interrogatório.

3. Não é adequado admitir que haja, propriamente, um "direito de mentir". A rigor, o que existe é uma tolerância jurídica – não absoluta – em relação ao falseamento da verdade pelo réu, sobretudo em virtude da ausência de criminalização do perjúrio no Brasil, conduta cuja tipifica-

ção penal é objeto de alguns projetos de lei em tramitação no Congresso Nacional (por exemplo: PL 3148/21 e PL 4192/2015).

4. Tolerância não absoluta porque, em algumas oportunidades, a própria lei cuida de atribuir relevância penal à mentira ou outras formas de encobrir a verdade. É o que ocorre, por exemplo, nos crimes de autoacusação falsa (art. 341 do CP) e falsa identidade (art. 307 do CP), ainda que praticado este em nome da autodefesa (Súmula n. 522 do STJ: "A conduta de atribuir-se falsa identidade perante autoridade policial é típica, ainda que em situação de alegada autodefesa"). Também é o que sucede nas hipóteses em que, para defender-se, o acusado comete fraude processual (art. 347, parágrafo único, do CP) ou coage testemunhas (art. 344 do CP), a evidenciar que, se, por um lado, o *nemo tenetur se detegere* é garantia fundamental, por outro, encontra importantes limitações no ordenamento jurídico pátrio. [...] *(Habeas Corpus nº 834.126-RS, STJ, 6ª Turma, Rel. Min. Rogerio Schietti Cruz, julgado em 5.9.2023, publicado no DJ em 13.9.2023)*

186.1 [...] não há falar em nulidade da prisão em virtude do suposto descumprimento do "Aviso de Miranda" pois, como bem observado pela Corte de origem, "*também não se cogita de nulidade em razão da confissão informal mencionada pelos policiais. Afinal, a condenação não se fundamentou, exclusivamente, em tal confissão, sendo certo que o apelante foi devidamente advertido de seu direito ao silêncio nas fases do inquérito e da ação penal*" (fl. 44), ainda mais porque havia fundadas razões para o ingresso no domicílio, como já demonstrado. [...] *(Habeas Corpus nº 742.003-SP, STJ, 5ª Turma, Rel. Min. Jesuíno Rissato, julgado em 21.6.2022, publicado no DJ em 27.6.2022)*

186.1 [...] Não há que se falar em ilicitude da oitiva informal do paciente em razão da ausência da advertência quanto ao direito de permanecer em silêncio, também conhecida como *Aviso de Miranda*, porquanto, em seu depoimento informal, logo após os fatos, o paciente não assumiu a autoria do delito, razão pela qual permanecia – aos olhos dos policiais que atenderam a ocorrência e realizaram a gravação de seu depoimento - na condição de vítima, o que retira a exigência de ser alertado quanto ao direito de não produzir provas contra si. [...] *(Habeas Corpus nº 713.252-RS, STJ, 5ª Turma, Rel. Min. Reynaldo Soares da Fonseca, julgado em 24.5.2022, publicado no DJ em 30.5.2022)*

186.1 [...] Condenação baseada exclusivamente em supostas declarações firmadas perante policiais militares no local da prisão. Impossibilidade. Direito ao silêncio violado. 4. *Aviso de Miranda*. Direitos e garantias fundamentais. A Constituição Federal impõe ao Estado a obrigação de informar ao preso seu direito ao silêncio não apenas no interrogatório formal, mas logo no momento da abordagem, quando recebe voz de prisão por policial, em situação de flagrante delito. Precedentes. *(RHC 170843 AgR, Rel. Min. Gilmar Mendes, 2ª Turma, publicado no DJ em 1º.9.2021)*

186.1 [...] 1. "*O direito ao silêncio é um consectário do nemo tenetur se detegere, sendo este uma garantia da não autoincriminação, segundo o qual ninguém é obrigado a produzir prova contra si mesmo, ou seja, ninguém pode ser forçado, por qualquer autoridade ou particular, a fornecer involuntariamente qualquer tipo de informação ou declaração que o incrimine, direta ou indiretamente. Trata-se de princípio de caráter processual penal, já que intimamente ligado à produção de provas incriminadoras*" [...] Nesse contexto, o indeferimento das perguntas formuladas pelo advogado de defesa, pois anteriormente formuladas pela acusação e não respondidas pelo réu, não viola o disposto no art. 186 do Código de Processo Penal. [...].3. Nos moldes do art. 563 do Código de Processo Penal, nenhum ato será declarado nulo se da nulidade não resultar danos às partes. A tipicidade dos atos processuais, portanto, funciona somente como instrumento para a correta aplicação do direito. Sendo assim, eventual desrespeito às formalidades prescritas em lei apenas deverá acarretar a invalidação do ato processual quando a finalidade para a qual foi instituída a forma for comprometida pelo vício. [...] *(Agravo Regimental no Agravo em Recurso Especial nº 85.063/SC, STJ, 6ª Turma, unânime, Rel. Min. Antonio Saldanha Palheiro, julgado em 13.4.2021, publicado no DJ em 20.4.2021)*

186.1. [...] Esta Corte tem entendimento assente de que a ausência de informação quanto ao direito ao silêncio constitui nulidade relativa, a qual depende da comprovação de efetivo prejuízo, não caracterizado na espécie, uma vez que os acusados negaram a prática dos delitos, apresentando suas versões. Incidência do brocado *pas de nullité sans grief*. Precedentes. [...] *(Agravo Regimental nos Embargos Declaratórios no Recurso Especial nº 1.868.466-RO, STJ, 5ª Turma, unânime, Rel. Min. Jorge Mussi, julgado em 25.8.2020, publicado no DJ em 9.9.2020).*

186.1. [...] Não há nulidade automática na tomada de declarações sem a advertência do direito ao silêncio, salvo quando demonstrada a ausência do caráter voluntário do ato. Ademais, a presença de defensor durante o interrogatório do investigado ou acusado corrobora a higidez do ato. [...] (*Ação Penal nº 530-MS, STF, 1ª Turma, maioria, Rel. Min. Rosa Weber, julgado em 9.9.2014, publicado no DJ em 19.12.2014*).

186.1. [...] O direito do réu ao silêncio é regra jurídica que goza de presunção de conhecimento por todos, por isso que a ausência de advertência quanto a esta faculdade do réu não gera, por si só, uma nulidade processual a justificar a anulação de um processo penal, especialmente na hipótese destes autos em que há dez volumes e os depoimentos impugnados foram acompanhados por advogados. [...] (*Ação Penal nº 611-MG, STF, 1ª Turma, maioria, Rel. Min. Luiz Fux, julgado em 30.9.2014, publicado no DJ em 10.12.2014*).

186.2. Direito à não autoincriminação? Tornou-se prática comum no Brasil referir-se ao direito ao silêncio como um suposto princípio da não autoincriminação. Na realidade, as coisas não são bem assim.

A garantia do direito ao silêncio, como vimos, reafirma a necessidade de controle racional das decisões judiciais, de modo a impedir que o órgão julgador se valha do silêncio ou da negativa de respostas às perguntas como critério de certeza ou de convencimento judicial.

De outro lado, há, dentre inúmeras garantias e direitos subjetivos do cidadão brasileiro, o direito à intimidade, à privacidade, à incolumidade física e psíquica, à honra, à imagem (art. 5º, X e XII, CF), que não podem ser tangenciados pelo Poder Público, salvo nos limites autorizados no texto constitucional, de que é exemplo, a exigência de autorização judicial para a interceptação telefônica, para a expedição de mandado de prisão e para a busca e apreensão domiciliar (art. 5º, XI, XII e LXI, CF).

É no conjunto desse rol de direitos individuais que se resume o *nemo tenetur se detegere*, ou, se se quiser, a não autoincriminação.

O que não se pode afirmar, ao contrário do que se canta por aqui em verso e prosa, é que o acusado teria o *direito* a não participar de qualquer medida probatória – contra si –, bastando assim desejar. Não existe esse *direito*. Nem aqui e nem em lugar nenhum dos ordenamentos jurídicos do mundo ocidental, incluindo os Tratados Internacionais de proteção aos direitos humanos. O que se garante, junto ao direito ao silêncio, é a proteção efetiva do acusado contra ações lesivas aos mencionados direitos individuais (integridade física, psíquica etc.).

Exatamente por isso, pode o Estado conduzir coercitivamente o acusado à audiência de instrução e julgamento, quando houver a necessidade de reconhecimento de pessoa, na produção de prova testemunhal (art. 260, segunda parte, CPP). Evidentemente, o dispositivo não se aplica ao interrogatório, visto tratar-se de meio de defesa, a critério exclusivo da defesa.

Pensamos também não haver qualquer mácula na exigência de submissão ao conhecido *bafômetro*, na medida em que aludida providência – abstratamente – não afeta direitos subjetivos, ao menos na intensidade que devam merecer proteção. É certo que estamos nos referindo à medida *em abstrato*. Pode ocorrer que determinada diligência nesse sentido, concretamente, venha implicar efetiva violação a direitos individuais, o que ocorreria, por exemplo, na exposição indevida da imagem de alguém à curiosidade pública, durante a realização do exame. Essa, a exposição, sim, violaria direitos; a exigência de soprar o aparelho, por si só, não, a exposição, sim, violaria direitos; a exigência de soprar o aparelho, por si só, não. Como também não violará direitos fundamentais a submissão a exame clínico para a comprovação da embriaguez, tal como previsto no art. 277 e art. 306, § 3º, da Lei nº 9.503/97 (CTB), ainda que contra a vontade do agente. Evidentemente, dele não se poderá exigir colaboração, no que tange aos atos que só possam ser por ele praticados.

De se ver, no ponto, que o direito brasileiro não contempla muitas hipóteses de intervenções corporais, embora esse leque de alternativas tenha sido incrementado com a Lei nº 12.654/12, que instituiu a identificação *genética* (o tema foi submetido ao Plenário do Supremo Tribunal Federal para discussão acerca da constitucionalidade das medidas no dia 23.5.2016, acórdão publicado em 11.10.2016), e com a Lei nº 12.760/12, que, alterando diversos dispositivos da Lei nº 9.503/97 (Código de Trânsito Brasileiro), prevê também a perícia médica para comprovação de alcoolemia, vedada, contudo, por ausência de previsão, a extração de sangue. Destaque-se também a Resolução n. 10, de 14 de março de 2019, do Comitê Gestor da Rede Integrada de Bancos de Perfis Genéticos, que dispôs sobre a padronização de procedimentos relativos à coleta compulsória de material biológico para fins de inclusão, armazenamento e manutenção dos perfis genéticos nos bancos de dados que compõem a Rede Integrada de Bancos de Perfis Genéticos.

Consulte-se sobre o tema Luigi FERRAJOLI (*Direito e razão: teoria do garantismo penal.* Trad. Juarez Tavares e outros. Revista dos Tribunais, 2002, p. 486), e, entre nós, Marcelo Schirmer ALBUQUERQUE (*A garantia de não autoincriminação.* Extensão e limites. Del Rey, 2008, p. 97 e seguintes), e se chegará a conclusões como a que vimos de expor. Também: Douglas FISCHER, Bruno CALABRICH e Eduardo PELELLA (*Garantismo penal integral.* Juspodivm, 2010).

Jurisprudência

186.2. [...] Crime de fuga do local do acidente. Artigo 305 do Código de Trânsito Brasileiro. Análise da constitucionalidade do tipo penal à luz do art. 5º, LXIII, da Constituição Federal. [...] Natureza principiológica da garantia do *nemo tenetur se detegere*. Possibilidade de restrição. Preservação do núcleo essencial da garantia. Harmonização com outros princípios fundamentais previstos constitucionalmente. Possibilidade. Recurso extraordinário provido para afastar a declaração de inconstitucionalidade do tipo penal analisado. 1. O princípio da vedação à autoincriminação, conquanto direito fundamental assegurado na Constituição Federal, pode ser restringido, desde que (a) não seja afetado o núcleo essencial da garantia por meio da exigência de uma postura ativa do agente na assunção da responsabilidade que lhe é imputada; e que (b) a restrição decorra de um exercício de ponderação que viabilize a efetivação de outros direitos também assegurados constitucionalmente, respeitado o cânone da dignidade humana do agente. 2. O direito de não produzir prova contra si mesmo (*nemo tenetur se detegere* – nada a temer por se deter), do qual se desdobram as variações do direito ao silêncio e da autodefesa negativa, consiste em um dos marcos históricos de superação da tradição inquisitorial de valorar o investigado e/ou o réu como um objeto de provas, do qual deveria ser extraída a "verdade real". 3. O direito de não produzir prova contra si mesmo, ao relativizar o dogma da verdade real, garante ao investigado os direitos de nada aduzir quanto ao mérito da pretensão acusatória e de não ser compelido a produzir ou contribuir com a formação de prova contrária ao seu interesse, ambos pilares das garantias fundamentais do direito ao silêncio e do direito à não autoincriminação. 4. A garantia explicitada na missiva *nemo tenetur se detegere* possui raízes no *jus commune* medieval e se desenvolveu: a) na Europa Continental somente no Século XVIII, com a Revolução Iluminista, a derrocada do Antigo Regime e a superação do procedimento inquisitorial; b) na Inglaterra, a garantia remonta à publicação da Carta Magna em 1215, tendo, ao longo dos séculos seguintes, se desenvolvido e expandido para as colônias, principalmente nos Estados Unidos, traduzida sob a forma do *privilege against self compelled incrimination*; c) os sistemas anglo-saxônicos adversariais atuais admitem que o acusado exerça seu direito ao silêncio, recusando-se a depor; porém, se optar por prestar declarações, o fará na condição de testemunha, tanto que obrigado a prestar juramento de falar a verdade, inclusive com possibilidade de responsabilização por perjúrio. Daí a origem do termo *privilege*, na medida em que se confere ao acusado a prerrogativa de não ser ouvido como testemunha. 5. No Brasil, a) durante o seu período colonial, dada a natureza inquisitória das Ordenações Portuguesas, não havia espaço para o desenvolvimento da garantia do *nemo tenetur se detegere*; b) a partir, porém, da Constituição Imperial de 1824, que aboliu expressamente a tortura e as penas cruéis, a evolução foi gradativa; c) com o Código de Processo Criminal de 1832, de inspiração liberal francesa e inglesa, atribuiu-se ao interrogatório a natureza de peça de defesa, com a previsão, ademais, de que a confissão só seria válida se realizada livremente pelo réu; d) destarte, no século XX, no período anterior à Constituição de 1988, ainda eram visíveis os traços inquisitoriais do sistema persecutório brasileiro, considerando que o Código de Processo Penal de 1941, no seu art. 186, embora consagrando expressamente o direito do acusado de não responder às perguntas que lhe fossem formuladas, o fazia ressalvando "*que o seu silêncio poderá ser interpretado em prejuízo da própria defesa*"; e) A vedação à autoincriminação só encontrou ressonância no Brasil em sua devida plenitude com a Constituição Federal de 1988, cujo art. 5º, LXIII, é inspirado pela 5ª Emenda da Constituição Norte-Americana, que assim dispões: "*o preso será informado de seus direitos, dentre os quais o de permanecer calado, sendo-lhe assegurada a assistência da família e de advogado*". 6. A garantia contra a autoincriminação encontra, ainda, consagração no plano convencional, tanto na Convenção Americana sobre Direitos Humanos quanto na Convenção Europeia de Direitos Humanos. 7. A CADH, incorporada ao ordenamento jurídico brasileiro no ano de 1992, estabelece limites à busca pela verdade real e tutela o princípio do *nemo tenetur se detegere* ao prever, no art. 8, n. 2, "g", que toda a pessoa acusada da prática de algum delito possui como garantia mínima, dentre outras, a "*de não ser obrigada a depor contra si mesma, nem a declarar-se culpada.*" A CEDH, no art. 6º, garante o direito a um processo equitativo (*fair trial*), havendo precedentes paradigmáticos do Tribunal Europeu de Direitos Humanos (*Funke vs. France; Murray vs. The United Kingdom; Saunders vs. The United Kingdom*) definindo a garantia como corolário essencial de um processo equitativo. 8. O Supremo Tribunal Federal, a) no HC 68.929, de relatoria do Min. Celso de Mello, julgado em 22.10.1991, decidiu pelo seu Plenário que, do direito ao silêncio, uma das formas de manifestação do princípio da não autoincriminação, decorre, igualmente, o direito do acusado de negar a prática da infração; b) já no HC 78.708, de relatoria do Min. Sepúlveda Pertence, julgado em 09.03.1999, reafirmou-se a jurisprudência do Tribunal no sentido de que a falta da advertência quanto ao direito ao silêncio torna ilícita a prova resultante do ato de inquirição; c) a evolução jurisprudencial consolidou-se por esta Corte Constitucional no julgamento, em 22.09.2011, da repercussão geral da questão constitucional debatida no RE 640139, de relatoria do Min. Dias Toffoli, oportunidade em que se reafirmou que o princípio constitucional da vedação à autoincriminação não alcança aquele que atribui falsa identidade perante autoridade policial com o intuito de ocultar maus antecedentes, o que torna típica, sem qualquer traço de ofensa ao disposto no art. 5º, LXIII, da CF, a conduta prevista no art. 307 do CP; d) o paradigmático julgamento do RE 640.139 adotou a premissa de que a garantia contra a autoincriminação não pode ser interpretada de forma absoluta, admitindo, em consideração a sua natureza principiológica de direito fundamental, a possibilidade de relativização justamente para viabilizar um juízo de harmonização que permita a efetivação, em alguma medida, de outros direitos fundamentais que em face daquela eventualmente colidam. 9. A persecução penal, pela sua natureza, admite a relativização de direitos nas hipóteses de justificável tensão (e aparente colisão) entre o dever do Poder Público de promover uma repressão eficaz às condutas puníveis e as esferas de liberdade e/ou intimidade daquele que se encontre na posição de suspeito ou acusado. É o que ocorre com a garantia do *nemo tenetur se detegere*, que pode ser eventualmente relativizada pelo legislador. 10. A garantia do *nemo tenetur se detegere* no contexto da teoria geral dos direitos fundamentais implica a valoração do princípio da proporcionalidade e seus desdobramentos como critério balizador do juízo de ponderação, inclusive no que condiz aos postulados da proibição de excesso e de vedação à proteção insuficiente. 11. A garantia do *nemo tenetur se detegere* se insere no mesmo conjunto de direitos subjetivos e garantias do cidadão brasileiro de que são exemplos os direitos à intimidade, privacidade e honra, o que implica dizer que a relativização da garantia é admissível, embora mediante a observância dos parâmetros constitucionais pertinentes à harmonização de princípios eventualmente colidentes. Diante desse quadro, o direito à não autoincriminação não pode ser interpretado como o direito do suspeito, acusado ou réu a não participar da produção de medidas probatórias (FISCHER, Douglas; OLIVEIRA, Eugênio Pacelli de. *Comentários ao Código de Processo Penal e sua Jurisprudência*. 9. ed. São Paulo: Atlas, 2017, p. 410/411). 12. A garantia contra a não autoincriminação tem como corolário a preservação do direito do investigado ou réu de não ser compelido a, deliberadamente, produzir manifestação oral que verse sobre o mérito da acusação. 13. O direito de o investigado ou réu não realizar condutas ativas que importem na introdução de informações ao processo também comporta diferentes níveis de flexibilização, embora a regra geral seja a da sua vedação. A jurisprudência do STF, historicamente, adotava uma postura restrita quanto à admissibilidade das chamadas intervenções corporais. Contudo, na linha do que se visualiza no cenário internacional, a jurisprudência desta Corte Superior, gradativamente, iniciou uma caminhada em sentido oposto, do que constitui precedente exemplificativo a RCL 2.040/DF, de relatoria do Min. Néri da Silveira, julgada na data de 21/02/2002, ocasião em que se decidiu que a autoridade jurisdicional poderia autorizar a realização de exame de DNA em material colhido de gestante mesmo sem autorização daquela última, tudo com o objetivo de investigar possível crime de estupro de que tenha sido vítima. 14. O direito comparado, à luz da legislação, da doutrina e a da jurisprudência dos principais países da Europa Continental, admite a intervenção corporal coercitiva, desde que autorizada judicialmente, se restrinja à cooperação passiva do sujeito investigado ou acusado e não ofenda a dignidade humana do examinado. 15. O Brasil, quanto à intervenção corporal para fins de investigação penal, assenta fundamento constitucional no inciso XII do art. 5º da Constituição Federal de 1988, que abriga cláusula de reserva de jurisdição para o controle quanto ao tangenciamento dos direitos fundamentais à intimidade, privacidade e imagem consagrados na norma constitucional. Nesse contexto normativo, não há dúvidas de que o constituinte brasileiro admitiu a possibilidade de que o legislador autorize intervenções estatais na vida privada, inclusive no que condiz às supracitadas intervenções corporais. 16. A questão constitucional debatida no presente recurso extraordinário é se a opção legislativa de criminalizar a conduta daquele que, com o fim deliberado de se furtar à eventual responsabilização cível e/ou penal, se afasta do local de acidente no qual se envolveu (art. 305 do CTB) ofenderia a garantia constitucional contra a autoincriminação (emanada do inciso LXIII do art. 5º da CF), na medida em que, *a contrario sensu*, exige do agente a conduta de permanecer no aludido local com o fim de viabilizar sua identificação pelas autoridades de trânsito, passo necessário para a promoção da sobredita responsabilização em sede judicial. 17. O tipo penal do art. 305 do CTB tem como bem jurídico tutelado "a administração da justiça, que fica prejudicada pela fuga do agente do local do evento, uma vez que tal atitude impede sua identificação e a consequente apuração do ilícito na esfera penal e civil" (CAPEZ, Fernando; GONÇALVES, Victor Eduardo Rios. *Aspectos Criminais do Código de Trânsito Brasileiro*. 2. ed. São Paulo: Saraiva, 1999, p. 39). 18. A fuga do local do acidente é tipificada como crime porque é do interesse da Administração da Justiça que, conforme o caso, ou o particular ou o Ministério Público disponham dos instrumentos necessários para promover a responsabilização cível e/ou penal de quem, eventualmente, provoca dolosa ou culposamente um acidente de trânsito. 19. A relativização da máxima *nemo tenetur se detegere* verificada *in casu* é admissível, uma vez que atende às duas premissas fundamentais acima estabelecidas. (a) A uma porque não afeta o núcleo irredutível da garantia enquanto direito fundamental, qual seja, jamais obrigar o investigado ou réu a agir ativamente na produção de prova contra si próprio. É que o tipo penal do art. 305 do CTB visa a obrigar que o agente permaneça no local do acidente de trânsito até a chegada da autoridade competente que, depois de identificar os envolvidos no sinistro, irá proceder ao devido registro da ocorrência. Ocorre que a exigência de permanência no local do acidente e de identificação perante a autoridade de trânsito não obriga o condutor a assumir expressamente eventual responsabilidade cível ou penal pelo sinistro e nem, tampouco, ensejará que contra ele seja aplicada qualquer penalidade caso não o faça; (b) A duas porque, em um exercício de ponderação, a referida flexibilização possibilita a efetivação em maior medida de outros princípios fundamentais com relação aos quais colide no plano concreto, sem que, ademais, acarrete qualquer violação à dignidade da pessoa humana. 20. O legislador pode conferir preponderância a princípios outros igualmente caros à sociedade, mas cuja efetivação é qualificada como mais necessária no contexto da conduta analisada, tais como a higidez da Administração da Justiça e a efetividade da persecução penal, em detrimento da valoração absoluta da não incriminação. 21. O *princípio da proporcionalidade*, *in casu*, assume relevância não apenas como instrumento de harmonização dos valores em conflito, como também elemento de avalização da legítima opção do legislador de fazer preponderar, no conflito específico analisado, os bens jurídicos tutelados pela norma penal. É, no caso, legítima a referida opção porque adequada, necessária e proporcional à preservação dos aludidos bens jurídicos. 22. A aferição da proporcionalidade de uma norma penal ocorre em dois níveis diversos de avaliação. No primeiro deles, o que importa é aferir se a conduta a ser incriminada preenche os requisitos constitucionais necessários para justificar sua tipificação penal, o que se faz, em linhas gerais, analisando se a sociedade já não dispõe, dentro ou fora do ordenamento, de outro meio capaz de tutelar o bem jurídico a que se visa proteger que seja menos restritivo à esfera das liberdades individuais. Já no segundo nível de avaliação, o que importa é examinar a medida em que o direito penal irá criminalizar aquela conduta cuja tipificação penal já foi considerada como necessária na etapa anterior, o que se faz aferindo se a qualidade e a quantidade da pena cominada ao delito é proporcional à gravidade da conduta criminalizada. 23. A aferição da proporcionalidade costuma ser realizada por meio de um processo lógico de raciocínio que compreende três etapas distintas, independentemente do nível em que se der a avaliação: a) o subprincípio da necessidade está atrelado à concepção de que as restrições à liberdade do indivíduo só são admissíveis quando efetivamente necessárias à coletividade, o que, no direito penal, implica dizer que o bem jurídico a ser tutelado pela norma penal deve ser relevante o suficiente para justificar a restrição de liberdade que é inerente à pena; b) o subprincípio da idoneidade, também chamado de subprincípio da adequação, está diretamente relacionado à aptidão do instrumento empregado para alcançar a finalidade desejada, ou, especificamente, na seara penal, à aptidão da norma (tipo penal incriminador) para bem tutelar o bem jurídico; c) o subprincípio da proporcionalidade em sentido estrito tem aplicação no último momento da aferição da pertinência constitucional da norma incriminadora, demandando uma valoração comparativa entre o objetivo estabelecido e o meio proposto, de modo a que um se mostre proporcional em relação ao outro. Trata-se, portanto, de exame concernente à intensividade da intervenção penal, manifestada, sobretudo, nos parâmetros mínimo e máximo de pena selecionados pelo legislador no preceito secundário do tipo penal. 24. O princípio da proporcionalidade, implicitamente consagrado pelo texto constitucional, propugna pela proteção dos direitos fundamentais não apenas contra os excessos estatais, mas igualmente contra a proteção jurídica insuficiente, conforme a teoria da eficácia horizontal dos direitos fundamentais. 25. *In casu*, o tipo penal analisado bem atende ao princípio da proporcionalidade como elemento balizador da validade e legitimidade da opção legislativa de restringir parcialmente a liberdade do cidadão em nome da efetivação de outros direitos fundamentais: a) porque necessária à preservação do bem jurídico da Administração da Justiça, na medida em que o Estado não dispõe de outras alternativas dotadas da mesma eficiência que a ameaça da pena para sensibilizar a sociedade a não praticar a conduta intolerada, mormente se considerado que medidas de mesma finalidade adotadas pela legislação administrativa de trânsito jamais alcançaram o efeito desejado; b) porque idônea à proteção do mesmo jurídico, na medida em que apta para sensibilizar um número maior de condutores envolvidos em acidentes de trânsito a permanecer no local do sinistro e, assim, viabilizar a apuração da responsabilidade cível e/ou penal correspondente; c) porque proporcional em sentido estrito, porquanto a sanção prevista em abstrata para o tipo penal analisado não se mostra desproporcional em consideração ao desvalor da conduta a que se busca evitar com a opção pela criminalização. 26. Ademais, eventual declaração de inconstitucionalidade da conduta tipificada no art. 305 do CTB em nome da observância absoluta e irrestrita do princípio da vedação à autoincriminação caracterizaria evidente afronta ao princípio constitucional da proporcionalidade, na sua vertente da vedação de proteção deficiente, na medida em que a fragilização da tutela penal do Estado, mediante a visualização de óbices à responsabilização penal da conduta de fugir do local do acidente, deixa a descoberto o bem jurídico de tutela da Administração da Justiça a que o Estado deveria salvaguardar por meio da norma penal, assim como, indiretamente, direitos fundamentais, principalmente a vida, a que se busca proteger por meio da promoção de maior segurança no trânsito. 27. A exigência emanada do tipo penal quanto à permanência do envolvido no local do acidente pelo tempo que se mostrar necessário não deslegitima eventual opção pela fuga quando esta se afigurar como imperiosa para tutelar a vida ou a integridade física do agente. Nada obsta que os juízes, uma vez presentes aquelas circunstâncias fáticas, em que pese a adequação típica da fuga, reconheçam a sua antijuridicidade e, assim, afastem o caráter criminoso da conduta. Trata-se, de qualquer modo, de exame que só poderá ser realizado à luz de cada caso concreto, não servindo para infirmar, em um plano abstrato de discussão, a norma penal analisada. 28. Voto no sentido de julgar procedente o recurso extraordinário interposto pelo Ministério Público do Estado do Rio Grande do Sul, para o fim de reformar o acórdão proferido pela Turma Recursal Criminal daquele Estado que, ao apreciar recurso interposto pela defesa de réu que fora condenado pela prática do crime previsto no art. 305 do Código de Trânsito Brasileiro, declarou a inconstitucionalidade do referido tipo penal e, consequentemente, absolveu o réu. Considerando a natureza objetiva do julgamento, diante do reconhecimento da repercussão geral da questão constitucional debatida, propõe-se a fixação da seguinte tese: *"A regra que prevê o crime do art. 305 do Código de Trânsito Brasileiro (Lei nº 9.503/97) é constitucional, posto não infirmar o princípio da não incriminação, garantido o direito ao silêncio e ressalvadas as hipóteses de exclusão da tipicidade e da antijuridicidade" (Recurso Extraordinário nº 971.959-RS, STF, Plenário, maioria, Rel. Min. Luiz Fux, julgado em 29.7.2020, publicado no* DJ *em 31.7.2020).*

186.2. [...] Coleta de material genético. [...] Segundo o art. 9º-A da Lei de Execução Penal, *os condenados por crime praticado, dolosamente, com violência de natureza grave contra pessoa, ou por qualquer dos crimes previstos no art. 1º da Lei nº 8.072, de 25 de julho de 1990, serão submetidos, obrigatoriamente, à identificação do perfil genético, mediante extração de DNA – ácido desoxirribonucleico, por técnica adequada e indolor.* [...] No caso em exame, o paciente cumpre pena pela prática dos crimes de homicídio qualificado (duas vezes), ocultação de cadáver, crueldade contra animais e posse irregular de arma de fogo de uso permitido, restando atendidos, assim, os requisitos legais estatuídos pelo dispositivo supracitado: condenação por crime com violência de natureza grave contra pessoa ou aqueles constantes do rol do art. 1º da Lei n. 8.072/1990. [...] *(Habeas Corpus nº 536.114-MG, STJ, 6ª Turma, unânime, Rel. Min. Nefi Cordeiro, julgado em 4.2.2020, publicado no* DJ *em 11.2.2020).*

186.2. [...] 1. Repercussão geral. Recurso Extraordinário. Direitos fundamentais. Penal. Processo Penal. 2. A Lei 12.654/12 introduziu a coleta de material biológico para a obtenção do perfil genético, na execução penal por crimes violentos ou por crimes hediondos (Lei 7.210/84, art. 9º-A). Os limites dos poderes do Estado de colher material biológico de suspeitos ou condenados por crimes, de traçar o respectivo perfil genético, de armazenar os perfis em bancos de dados e de fazer uso dessas informações são objeto de discussão nos diversos sistemas jurídicos. Possível violação a direitos da personalidade e da prerrogativa de não se autoincriminar – art. 1º, III, art. 5º, X, LIV e LXIII, da CF. 3. Tem repercussão geral a alegação de inconstitucionalidade do art. 9º-A da Lei 7.210/84, introduzido pela Lei 12.654/12, que prevê a identificação e o armazenamento de perfis genéticos de condenados por crimes violentos ou por crimes hediondos. 4. Repercussão geral em recurso extraordinário reconhecida (*RG no RE nº 973.837-MG, STF, unânime, Rel. Min. Gilmar Mendes, julgado em 23.6.2016, publicado no* DJ *em 11.12.2016*).

186.3 Recusa ao bafômetro: Ainda que não se reconheça a existência de qualquer *direito subjetivo* à recusa ao bafômetro, não se pode, por outro lado, autorizar a formação de convencimento judicial a partir unicamente da recusa. E não constituindo direito subjetivo, pode-se afirmar, em princípio, a validade abstrata da norma contida no art. 277, § 3º, Lei nº 9.503/97, com redação dada pela Lei nº 13.281/2016, que impõe penalidades administrativas à recusa de submissão aos testes de alcoolemia previstos na lei (bafômetro, exames clínicos ou perícia técnica-médica).

O fato de prever o atual art. 306, Lei nº 9.503/97, não só a constatação de índices técnicos de consumo de álcool (0,6 por litro de sangue ou 0,3 miligramas por litro de ar), mas também a existência de *sinais* de embriaguez ou perda da capacidade psicomotora (Lei nº 12.760/12), não implica, por si só, a possibilidade de formação do convencimento judicial exclusivamente pela recusa aos testes.

Naturalmente, a alteração legislativa introduzida pela Lei nº 12.760/12 terá consequências imediatas na comprovação da embriaguez, na medida em que ali se permite a aferição da perda de capacidade psicomotora por outros meios de prova que não o bafômetro, casos específicos da prova testemunhal, da perícia médica, de gravações de vídeos e imagens etc. (art. 306, § 2º, CTB). Assim, a recusa ao bafômetro não impedirá a submissão ao exame clínico – intervenção *passiva*, pois – se a tempo e modo. Não se olvide ainda a disposição inserida no § 4º do art. 306, pela Lei nº 13.840/19, dispondo que será possível empregar "qualquer aparelho homologado pelo Instituto Nacional de Metrologia, Qualidade e Tecnologia – INMETRO – para se determinar o previsto no *caput*".

De atentar-se, contudo, que embora os *sinais de embriaguez* sejam suficientes para a caracterização do tipo penal, será necessário que a prova colhida aponte um grau mínimo de comprometimento da capacidade de direção ao agente, sobretudo porque o art. 306 não afastou os níveis técnicos de consumo alcoólico que o legislador considera necessários para a aludida perda da capacidade psicomotora (art. 306, § 1º, I, CTB). Nas hipóteses de acidente de trânsito, a prova testemunhal poderá oferecer maior força de convencimento, sobretudo se restar induvidosa a culpa do agente. Tragicamente, há motoristas que são flagrados ao volante sem a menor condição de sequer permanecerem *de pé*, sem falar naqueles que não conseguem pronunciar qualquer frase com sentido de articulação da fala. Em tais situações, a prova da infração será mais facilmente obtida. Mas que fique claro: a recusa, por si só, não pode fundamentar o juízo de condenação.

Jurisprudência

186.3. [...] Delito de embriaguez ao volante. Art. 306 do Código de Trânsito Brasileiro. Alegação de Inconstitucionalidade do referido tipo penal por tratar-se de crime de perigo abstrato. Improcedência. Ordem denegada. I – A objetividade jurídica do delito tipificado na mencionada norma transcende a mera proteção da incolumidade pessoal, para alcançar também a tutela da proteção de todo corpo social, asseguradas ambas pelo incremento dos níveis de segurança nas vias públicas. Mostra-se irrelevante, nesse contexto, indagar se o comportamento do agente atingiu, ou não, concretamente, o bem jurídico tutelado pela norma, porque a hipótese é de crime de perigo abstrato, para o qual não importa o resultado. Precedente. No tipo penal sob análise, basta que se comprove que o acusado conduzia veículo automotor, na via pública, apresentando concentração de álcool no sangue igual ou superior a 6 decigramas por litro para que esteja caracterizado o perigo ao bem jurídico tutelado e, portanto, configurado o crime. Por opção legislativa, não se faz necessária a prova do risco potencial de dano causado pela conduta do agente que dirige embriagado, inexistindo qualquer inconstitucionalidade em tal previsão legal. Ordem denegada (*Habeas Corpus nº 109.269-MG, STF, 2ª Turma, unânime, Rel. Min. Ricardo Lewandowski, julgado em 27.9.2011, publicado no* DJ *em 11.10.2011*).

186.3. [...] É imprescindível à consumação do delito de embriaguez ao volante a prova da produção de perigo concreto à segurança pública, bastando a prova da embriaguez, por se tratar de delito de perigo abstrato. Precedentes. O art. 306 do Código de Trânsito Brasileiro, com a redação que lhe foi dada pela Lei nº 11.705/2008, encontra-se em plena vigência, devendo, portanto, ser aplicado até a sua declaração de inconstitucionalidade pelo Supremo Tribunal Federal (ADI 4103). A Terceira Seção deste Tribunal Superior assentou entendimento, quando do julgamento do Resp nº 1.111.566/DF, realizado no dia 28 de março de 2012, no sentido de que "apenas o teste do bafômetro ou o exame de sangue podem atestar o grau de embriaguez do motorista para desencadear uma ação penal." [...] (*Agravo Regimental no Habeas Corpus nº 183.448-MG, STJ, 5ª Turma, Rel. Min. Marco Aurélio Bellizze, julgado em 21.6.2012, publicado no* DJ *em 29.6.2012*).

186.4. O silêncio e o convencimento judicial: Nada há, portanto, como vimos ao longo da exposição sobre o direito ao silêncio, que justifique qualquer convencimento judicial baseado no silêncio do acusado. Quaisquer que sejam as razões da escolha (do silêncio), o que importa é que o Estado não estará autorizado a emitir juízo de convencimento sobre ela. A prova penal há de ser *provada* e não *pressuposta* ou *suposta*.

Jurisprudência

186.4. [...] O parágrafo único do art. 186 do Código de Processo Penal é claro ao afirmar que o silêncio do investigado ou do acusado não poderá ser interpretado e, logicamente, valorado em prejuízo da defesa. Na hipótese, porém, o silêncio do paciente na fase extrajudicial foi apenas um dos elementos que levaram à convicção do órgão julgador, já que a sua condenação baseou-se na prisão em flagrante, nos depoimentos da vítima e dos policiais que participaram da ocorrência. Destarte, ainda que o acórdão devesse omitir referência ao silêncio do acusado, não houve prejuízo ao réu, pois a sua condenação não está calcada apenas nessa circunstância, mas em fortes elementos de prova. Portanto, a referida norma, na espécie, deve ser mitigada. De outra parte, não há se falar em ofensa à regra processual da inversão do ônus da prova, contida no art. 156 do Código de Processo Penal, visto que os álibis apontados pelo paciente foram apreciados pelas instâncias ordinárias, entretanto, revelaram-se frágeis e inverossímeis diante do harmônico contexto probatório constante nos autos. (*Habeas Corpus nº 37.522-SP, STJ, 6ª Turma, Rel. Min. Og Fernandes, julgado em 3.3.2009, publicado no* DJ *em 23.3.2009*).

....

186.5. Silêncio parcial

Nada impede que o acusado trilhe o caminho do silêncio apenas em relação a uma ou algumas das perguntas que lhe forem dirigidas. De fato, a lei assegura tal possibilidade, ao contrário do que ocorre no direito anglo-americano. Ali, se o réu se dispuser a depor, por vontade própria, será ouvido como *testemunha,* sob o compromisso de dizer a verdade, podendo até vir a responder por crime de falso testemunho.

O problema no silêncio *parcial* é que a versão apresentada pelo acusado poderá perder completamente qualquer credibilidade. Pior. Poderá se voltar contra ele, dado que a inconsistência na narrativa, sobretudo, em relação ao tempo e lugar e demais circunstâncias relevantes dos fatos, poderá conduzir até mesmo a uma confissão, indireta que seja. Ou, por vias oblíquas. O interrogatório, como vimos, é meio de autodefesa. Que pode ser *ativa* ou *passiva.* No segundo caso, o silêncio é o melhor caminho. A autodefesa *ativa* permite a contribuição efetiva do réu, pessoalmente, em seu favor. Os riscos, no entanto, existem. Confissões nem sempre são *voluntárias*; mas podem ser *espontâneas*, obtidas até mesmo contra a vontade originária na atuação defensiva.

A nosso aviso, portanto, a despeito de ter se tornado prática cotidiano na vida forense, o manejo do assim denominado *silêncio parcial* não ostenta credibilidade probatória. E escolha de perguntas diz muita sobre a qualidade das respostas.

De outro lado, tornou-se igualmente rotina o acusado optar por responder apenas as perguntas da defesa, ou, em alguns casos, incluindo aquelas que venham do juiz. Na perspectiva da compreensão do interrogatório como meio de defesa –e não mais de inquisição judicial – até se poderia aceitar o comportamento, defensivo que manifestamente é.

No entanto, ao excluir o órgão da acusação do debate, isto é, do confronto de manifestações sobre os fatos objeto do depoimento, o ato de interrogatório perde completamente qualquer relevância do ponto de vista probatório. Na realidade, passa a ser apenas manifestação oral de tese defensiva.

Tampouco satisfaria a exigência do contraditório o fato da inquirição ter sido feita também pelo juiz, além da defesa. É que o magistrado não pode substituir o Ministério Público na função de obtenção de prova, e, segundo uma orientação mais constitucionalmente adequada do modelo acusatório, sua intervenção na inquirição do acusado somente se justificaria para o esclarecimento de dúvidas relevantes, o que não pode ser o caso, na hipótese de exclusão do MP do referido ato.

De outra sorte, a ser assim, e por violação clara do contraditório, o interrogatório restaria descaracterizado inteira e completamente como meio de prova.

Frederico Valdez Pereira em obra de referência ("*Os fundamentos do justo processo penal convencional*", 2020, p. 195 a 197), assenta que existe "*uma tendência de considerar determinados standards de justo tratamento no procedimento penal apenas como fins em si mesmos, totalmente desvinculados de sua ampla fundamentação normativa. Principalmente a partir do momento em que esses preceitos processuais são estabelecidos em regras e princípios constitucionais impositivos, de observância estável e obrigatória em toda manifestação procedimental, há forte propensão, mesmo intuitiva, a desconsiderar sua essência e desmerecer sua completa gênese e razão de existência. A partir dessa descontextualização, passam a ser encarados como dispositivos autônomos, autossuficientes, como que fundamentando justas expectativas e direitos individuais desligados por completo de qualquer outra finalidade além daquela expressa na norma positivada*". E prossegue advertindo que, para além das garantias *individuais*, "*não se pode negar, e o contrário seria um grande equívoco, que algumas dessas garantias do justo processo, além dessa feição subjetiva, decorrem também da preocupação instrumental relacionada à correção da resposta jurisdicional, como verdadeiras garantias objetivas do exercício da jurisdição.*

A função do juiz no processo penal que se queira *justo* não se reduz ou se resume ao papel de "exclusivo protetor das *garantias fundamentais de primeira geração*". É seu compromisso buscar o *melhor acertamento possível* dos fatos, desde que isso não implique, evidentemente, substituição da ação do titular da persecução penal, violando a essência do *modelo acusatório*.

Com efeito, o interrogatório ainda mantém sua pertinência e validade intrínseca também como meio de prova – já que meio de defesa já se sabe – somente pelo fato de se permitir o exercício facultativo da autodefesa diante do juiz e também da acusação. Nesse sentido, é o único ato processual em que ele, pessoalmente, pode sustentar sua linha de defesa.

O interrogatório não se presta a *suprir elementos probatórios* que devam ser produzidos pela acusação (até porque a confissão é insuficiente para tanto), mas é exatamente aí que reside a importância do ato, na busca do chamado *acertamento dos fatos*.

Embora seja *meio de defesa*, o ato é *conduzido* pelo juiz, ou se quiser, "presidido pelo juiz", na *forma prevista* em lei.

Observe-se que os arts. 187 e 188 do CPP dispõem minudentemente do *procedimento* a ser feito pelo *juiz que realiza* o interrogatório.

Evidente que essa não é uma *fórmula rígida*, inclusive a realidade dos fatos é, na maioria das vezes, diversa, na qual o juiz que interroga o réu permite que ele fale (se quiser!) sobre o que tem a dizer em razão dos fatos que lhes são imputados.

De qualquer forma, não se pode esquecer que o art. 188 do CPP refere que, após proceder o interrogatório, o juiz "*indagará das partes se restou algum fato para ser esclarecido, formulando as perguntas correspondentes se o entender pertinente e relevante*".

Veja-se o desdobramento: O juiz *perguntará às partes* (não só ao advogado de defesa, mas "às partes") se existe alguma questão a *ser esclarecida*; diante do que for dito pelas partes, *o juiz formulará* as perguntas correspondentes *se entender pertinentes e relevantes*.

Assim, se o réu disser que quer ficar em silêncio, o juiz consigna em ata e encerra o ato. Se o réu quiser ser interrogado (pelo juiz), pode responder às perguntas que quiser, silenciando em outras se assim entender devido (silêncio parcial).

Ultimado o ato, as partes podem solicitar *esclarecimentos:* ou seja, acréscimos que surjam como *essenciais* (notadamente para a defesa) diante do que foi perguntado e respondido.

Significa então que se, de antemão, o réu não quiser responder nenhuma pergunta do juiz e somente às de seu advogado, não há necessidade alguma de *interrogatório presidido pelo juiz.*

Exatamente pelo que dito acima é que o STJ vem sistematicamente assentado que "o *art. 188 do Código de Processo Penal, com a redação dada pela Lei n.º 10.792, de 1º.12.2003, dispõe que o magistrado, após proceder ao interrogatório, deve indagar de todas as partes, sem exceção, se restam eventuais fatos a serem esclarecidos. A propósito, o Supremo Tribunal Federal tem firmado entendimento no sentido da legitimidade da participação dos Corréus nos interrogatórios de outros réus, em reverência ao princípio do contraditório*", embora eventual *"falta de permissão para a Defesa de corréu realizar perguntas no interrogatório de corréus não acarretou prejuízo concreto no caso em tela, dado que a tese defensiva que a Defesa pretendia robustecer foi rechaçada com base em outros elementos de prova, motivo pelo qual descabida a declaração de nulidade do feito, em atenção ao art. 563 do CPP" (Agravo Regimental no Recurso Especial nº 1.905.931/SP, STJ, 5ª Turma, unânime, Rel. Min. Joel Ilan Paciornik, julgado em 10.8.2021, publicado no DJ em 16.8.2021).*

Igualmente já reconheceu, expressamente, que "*o art. 188 do Código de Processo Penal não faculta à defesa técnica direcionar perguntas diretamente à Ré. Com efeito, concluído o interrogatório, o Juiz indagará das partes se algum fato deixou de ser esclarecido, formulando o próprio magistrado as perguntas correspondentes, se o entender pertinente e relevante. A não formulação de determinadas perguntas, pelo Advogado da Ré, na audiência de interrogatório, ao contrário do que se alega, não demonstra, por si só, a vicissitude do ato processual, pois não se pode presumir eventual prejuízo à Defesa, mormente se a lei assegura ao interrogado o direito de permanecer perante o juízo em silêncio – princípio do nemo tenetur se detegere."(Agravo Regimental no Agravo nº 1.018.918-RJ, STJ, 5ª Turma, Rel. Min. Laurita Vaz, julgado em 20.8.2009, publicado no DJ em 14.9.2009).*

Jurisprudência

186.5. [..] De acordo com o entendimento deste Superior Tribunal, "o indeferimento das perguntas formuladas pelo advogado de defesa, pois anteriormente formuladas pela acusação e não respondidas pelo réu, não viola o disposto no art. 186 do Código de Processo Penal" (AgRg no AREsp n. 85.063/SC, relator Ministro Antonio Saldanha Palheiro, Sexta Turma, julgado em 13/4/2021, DJe de 20/4/2021). Na hipótese dos autos, não houve ilegalidade no indeferimento de perguntas repetidas, o que atrai a aplicação da Súmula n. 83 do STJ. [...] *(Agravo Regimental nos Embargos de Declaração no Agravo em Recurso Especial nº 2.563.576-SP, STJ, 6ª Turma, Rel. Min. Rogério Schietti Cruz, julgado em 8.10.2024, publicado no DJ em 15.10.2024)*

186.5. [...] 1. O fato de o juiz conduzir o interrogatório não significa que o réu está impossibilitado de responder apenas a algumas perguntas, em especial às da defesa, fazendo uso assim do silêncio seletivo. De fato, é cediço que quem pode o mais pode o menos. Assim, se é possível não responder a nenhuma pergunta, é possível também responder apenas a algumas perguntas. – Anote-se que o direito ao silêncio é consectário do princípio *nemo tenetur se detegere*, tratando-se, portanto, de garantia à não autoincriminação. Ademais, é assente que o interrogatório não é apenas meio de prova, mas especial instrumento de autodefesa, competindo, dessa forma, à defesa escolher a melhor estratégia defensiva. [...] *(Agravo Regimental no Habeas Corpus nº 833.704-SC, STJ, 5ª Turma, Rel. Min. Reynaldo Soares da Fonseca, julgado em 8.8.2023, publicado no DJ em 14.8.2023)*

....

186.6. Não comparecimento do acusado: Depois da reforma procedimental da Lei nº 11.719/08, que unificou a instrução, deixando o interrogatório do acusado como a última etapa da referida fase, provavelmente não se discutirá, ao menos na mesma intensidade, a questão relativa ao não comparecimento dele para o ato.

Como quer que seja, esclareça-se que, desde a Constituição de 1988, não há qualquer obrigatoriedade de comparecimento do acusado ao ato de interrogatório. Direito ao silêncio significa livre escolha quanto ao exercício ou não de meio específico de prova da defesa. Não se pode, por isso mesmo, exigir que o réu compareça em juízo, unicamente para ali manifestar seu desejo de não participação. Tendo sido ele citado pessoalmente, o simples não comparecimento, em princípio, implicará desinteresse na instrução, o que, de modo algum, poderá autorizar o Estado a adotar providências de natureza coercitivas contra ele.

Por outro lado, comprovando-se depois que o acusado esteve impedido de participar do ato, deverá o juiz reabrir tal oportunidade, já que o acusado tem direito a ser ouvido pelo juiz da causa. Evidentemente, em casos que tais, deve o juiz acautelar-se antes de sentenciar o processo, o que poderá ocorrer em razão da unidade da instrução e previsão legal de oferecimento de alegações finais e de prolação da sentença na própria audiência. A consulta ao advogado, então, sob a fé de seu grau, poderá evitar transtornos à atividade jurisdicional. Justificado o impedimento, a sentença assim proferida será nula, por violação à ampla defesa. Nada impede, porém, que se realize a instrução, sem o interrogatório. Certamente que, em tais situações, também poderá haver risco ao processo; contudo, nessa situação, como não se trata de ato que somente pode ser realizado com a presença do réu, a nulidade do processo dependerá da prova do prejuízo efetivo pela não participação na audiência de instrução.

186.7. Direito ao silêncio e testemunhas: Tem sido frequente no Brasil a intimação de pessoas – investigadas ou não – para participar de investigações, sem que se atribua a elas qualquer condição prévia e específica, tal como ocorre nas Comissões Parlamentares de Inquérito e também em inquéritos policiais.

O que aqui nos importa não é a *qualificação* técnica que se lhes dá o órgão investigante (testemunha, declarante, informante etc.), mas a condição e a posição *pessoal* do depoente diante dos fatos, sob a perspectiva de uma eventual responsabilidade penal que se queira ou que se lhe possa atribuir, mesmo em tese.

O dever de depoimento e, assim, de verdade, imposto a todos aqueles que devam depor na condição de testemunha, perito, contador, tradutor ou intérprete (e, incluímos nós, o assistente técnico da perícia), somente abrange as pessoas cujo conhecimento acerca dos fatos seja *exterior* à responsabilidade penal deles decorrentes.

Evidentemente, *autores, coautores e partícipes* não podem ser arrolados como testemunhas, na medida das respectivas responsabilidades pelos crimes.

E se o forem, poderão se calar sobre as imputações que eventualmente se lhes recaiam, devendo a autoridade judiciária, inclusive, alertá-las sobre essa possibilidade. Não é incomum a *escolha* de determinado autor – ou partícipe – para constar como testemunha, com o objetivo de fortalecimento da acusação. E sequer estamos nos referindo, aqui, às hipóteses em que legalmente cabível a *delação premiada*. E mesmo em tais situações, da delação premiada, é bem de ver que a pessoa ouvida, ainda quando diminuída ou afastada a sua punibilidade, não atua na condição de *testemunha*, mas de réu. A *delação* constitui exercício de autodefesa *ativa*, dado que o réu não exerce ali o direito ao silêncio; ao contrário, confessa os fatos e aponta outros culpados. Não seria aqui o espaço adequado para discutir em maior extensão a validade, ou não, da delação premiada. Assentamos apenas que o juiz deve estar atento ao conteúdo dos depoimentos prestados na *delação*, já que essa pode ser uma alternativa utilizada unicamente para se afastar a responsabilidade penal do *delator*, que, inclusive, poderá ser *maior* e *mais significativa* que aquela dos *delatados*.

Por isso, independentemente da posição em que se encontrar no processo, pode a pessoa inquirida manifestar o seu direito ao silêncio sobre fatos que possam implicar a sua responsabilidade penal.

Obviamente, há que se examinar tais questões em cada caso concreto, a fim de se aferir tratar-se de direito ao silêncio ou de *silêncio proibido* pelo dever de depor (art. 203, CPP).

Um dos casos mais frequentes ocorre nas citadas CPIs no Congresso Nacional. Ali, a pessoa é intimada para depoimento, sem qualquer esclarecimento acerca da *condição* em que será ouvida (investigado ou testemunha). Por isso, tem sido frequente a impetração de *habeas corpus* preventivo ou de *mandado de segurança*, com o objetivo de legitimar o exercício do silêncio na Comissão, acerca de fatos que podem incriminar o depoente.

Jurisprudência

186.7. [...] A oitiva de corréu na condição de testemunha, na mesma ação penal, não é possível ante a incompatibilidade entre o seu direito constitucional ao silêncio e à obrigação de dizer a verdade imposta a quem presta depoimento, nos termos do Código de Processo Penal. Ordem denegada (*Habeas Corpus nº 88.223-RJ, STJ, 6ª Turma, Rel. Min. Jane Silva, julgado em 17.4.2008, publicado no DJ em 19.5.2008*).

186.8. A identificação genética: A Lei nº 12.654, de 28 de maio de 2012, com vigência prevista para 180 (cento e oitenta) dias após sua publicação, trouxe importantíssima alteração no quadro das *intervenções corporais* na legislação brasileira, com modificações também ulteriores pela Lei nº 13.964, de 24 de dezembro de 2019. Antes limitadas aos exames grafotécnicos, ao teste de alcoolemia (bafômetro), ao reconhecimento de pessoa e à identificação datiloscópica e fotográfica, introduziu-se, então, a coleta de material genético, para fins de identificação da autoria por esse meio. A via escolhida foi a alteração da Lei nº 12.037/09, que cuida da *identificação criminal*. Digna de registro, também aqui, a ampliação dos testes de alcoolemia trazidos pela Lei nº 12.760/12, que, ao lado do bafômetro, prevê a perícia médica e exames clínicos (art. 277, Lei nº 9.503/97, com redação dada pela Lei nº 14.599/2023).

Referida legislação prevê duas espécies distintas de coleta de material genético, a saber: (a) a primeira, para fins tipicamente investigatórios, submetida ao atendimento de importantes requisitos, conforme adiante veremos; e (b) a segunda, imposta coercitivamente (obrigatoriamente) a todos aqueles que tiverem sido condenados (com trânsito em julgado) por crimes praticados com violência grave. Se não vemos maiores problemas na primeira espécie probatória, desde que atendidos os mencionados e inafastáveis requisitos legais, já em relação à segunda modalidade, não há como não guardarmos reservas quanto ao seu campo de validade.

Vejamos, então, o conteúdo normativo das novas regras, iniciando com aquela do art. 3º, IV, c/c art. 5º, parágrafo único, Lei nº 12.037/09, com redação dada pela Lei nº 12.654/12.

A identificação – coleta de material genético – para fins de investigação encontra seu fundamento de validade, primeiro, na Constituição da República, art. 5º, XII, no qual se declina a extensão da proteção de direitos individuais inclusive para fins de processo criminal, e se encontra, claramente, uma regra de exceção, constitucionalmente adequada, é dizer: a cláusula da reserva da jurisdição, para o controle de legalidade do tangenciamento dos direitos ali consagrados expressamente (intimidade, privacidade e imagem, sobretudo).

Nesse passo, pode-se concluir que nosso constituinte acatou a possibilidade de previsão legal de intervenções estatais no âmbito da vida privada, se e desde que: (a) atendido o princípio da legalidade; (b) a medida se fizesse necessária, em uma relação de meio a fim (prova indispensável para a apuração da autoria); (c) a diligência probatória não seja demasiado invasiva, ao menos em níveis superiores àqueles mencionados no próprio texto constitucional (violabilidade de domicílio, de comunicações telefônicas e de dados etc.); e (d) tudo isso a ser examinado, fundamentadamente, por ordem judicial.

Não há, aqui, qualquer violação ao tantas vezes reclamado *nemo tenetur se detegere.* Desnecessário repetir o que já lançamos ao exame do aludido princípio, em abordagem feita nesse mesmo art. 186, e, mais precisamente, nos itens 186.1 e 186.2, aos quais remetemos o leitor. E, no particular, a Lei nº 12.654/12 se acomoda perfeitamente às exigências constitucionais do controle judicial das intervenções na vida privada.

No plano legal, segundo fundamento de validade da medida, tem-se que referida modalidade de identificação não ultrapassa os limites do devido respeito à dignidade corporal e ao princípio da não culpabilidade, tal como se encontra disposto na Lei nº 12.037/09, relativamente às já previstas e aceitas identificações datiloscópicas e fotográficas. A coleta de *saliva*, por exemplo – meio mais utilizado no direito comparado –, não produz um constrangimento ou uma violação corporal superior à corriqueira coleta de impressões digitais.

De resto, e como já o dissemos em outras oportunidades, a providência, se é novidade no processo penal, não é, contudo, no direito civil, consoante se vê do disposto no art. 232, do Código Civil, que prevê a possibilidade de submissão da parte a exames periciais corporais. Naturalmente, não estamos a traçar paralelo entre a relevância do reconhecimento de paternidade, por exemplo, e a identificação da autoria de um delito qualquer. Mas o que pode e deve ser realçado é que, mesmo em nível constitucional, há previsão para a tutela penal dos direitos fundamentais. E em diversos dispositivos (vide a censura expressa ao racismo, aos crimes hediondos, à tortura, além da possibilidade da intervenção do particular na ação subsidiária da pública – art. 5º, LIX).

Releva notar, ainda, que a exigência de autorização judicial parece ser suficiente para a efetiva proteção dos investigados, devendo atentar-se o magistrado para a concreta necessidade da prova, tendo em vista, *também*, a natureza do crime. Por certo que o aludido meio de prova, antes de qualquer outra consideração, dependerá de terem sido encontrados vestígios do delito, sem os quais seria inócua qualquer providência comparativa. Um delito sexual, por exemplo, evidencia a necessidade de coleta de material genético, até mesmo em razão das dificuldades probatórias (prova testemunhal) inerentes ao fato. Se é certo que a identificação genética somente comprovará a *relação sexual*, outras evidências corporais (lesões) poderão atestar a violência.

O controle judicial é também fundamental em face da previsão constitucional de proteção àquele *civilmente identificado*. E, mais ainda: a forma de coleta escolhida deverá obedecer às prescrições relativas à proibição de *ingerências abusivas* e desnecessárias, consoante se encontra disposto nos Tratados Internacionais sobre o tema.

A Lei previa, ainda, a exclusão do perfil genético ao final do prazo prescricional do delito investigado (art. 7º-A, Lei nº 12.037/09, c/redação da Lei nº 12.654/12). Por idênticas razões, sempre defendemos que o mesmo deveria ocorrer na hipótese de absolvição ou de decisão extintiva da punibilidade já passada em julgado. Aliás, essa era a solução legal prevista em relação à identificação fotográfica (art. 7º – Lei nº 12.037/09 – para rejeição da denúncia, arquivamento *definitivo*). Mas a Lei nº 13.964/2019 conferiu nova redação ao art. 7º-A, prevendo, agora, e de forma expressa, que a exclusão dos perfis genéticos dos bancos de dados ocorrerá em caso de absolvição (inciso I), ou, então, mediante requerimento do acusado, quando condenado, após decorridos 20 anos do cumprimento da pena (que é o prazo máximo em abstrato da prescrição no sistema legal brasileiro, art. 109, I, CP).

Nas hipóteses legais em que a defesa requerer a identificação criminal em favor do investigado, tal requerimento não poderá ser recusado sob nenhuma circunstância, tendo em vista, por primeiro, a idoneidade probatória da prova, e, em segundo lugar, a necessidade de se evitar, o quanto antes e possível, a submissão de um inocente à persecução penal.

Uma última consideração: se a recusa ao teste do bafômetro impede a produção da prova, na medida em que a pessoa não poderá ser coagida ou compelida a fazer o exame – o comportamento há de ser *ativo!* –, já na identificação genética isso não corre. A recusa, com efeito, não impedirá a coleta forçada do material genético, feitas as ponderações e observações antes mencionadas, sobretudo no que toca ao grau de invasão corporal do meio utilizado (por isso, falamos em *saliva*, fio de cabelo etc.). Do mesmo modo que a submissão à perícia médica ou ao exame clínico dos quais não se exige qualquer comportamento ativo do agente, nos termos do art. 277, Lei nº 9.503/97, com redação dada pela Lei nº 12.760/12, nada tem de inconstitucional, abstratamente.

A segunda modalidade de identificação genética, conduzida pela inclusão do art. 9º-A, na Lei de Execuções Penais (Lei nº 7.210/84), é bem mais complexa e problemática.

É que ela institui a obrigatoriedade de recolhimento compulsório de material genético de todos aqueles que estejam em cumprimento de pena pela prática de crimes praticados com grave violência. A finalidade, ainda que não expressamente declarada, seria a de facilitação da descoberta de futuros delitos para os quais, tendo sido deixados vestígios no local do crime, seja possível a identificação de autoria por meio da comparação de material genético. Institui-se, para tanto e então, um Cadastro ou Banco Geral de material genético de condenados (naqueles crimes já apontados). Mais que isso: a Lei nº 13.964/2019 previu que a recusa à realização dessa coleta de dados caracteriza-se como *falta grave*, nos termos do § 8º do art. 9º-A c/c art. 50, VII, ambos incorporados à Lei nº 7.210/1984.

A medida, em princípio, pode até comportar uma interpretação conforme a Constituição, para fins de redução necessária do alcance da norma. Explica-se.

A referência legislativa aos crimes praticados mediante *grave violência* não parece suficiente para acautelar os receios do legislador quanto a possíveis reiterações criminosas de idêntica natureza. Há, com efeito, homicídios *passionais*, praticados com grave violência, mas que não indicam razões suficientes para as preocupações e para a justificativa de inclusão no citado Cadastro Geral de condenados. E nem todos os crimes dessa natureza costumam deixar vestígios de autoria, ou seja, nem sempre o agente deixa no local material genético passível de exame. Já por isso, a ampla extensão dada pela Lei nº 12.654/12 ao Cadastro Geral pode se revelar desnecessária e abusiva.

É verdade que a legislação atual já autoriza a manutenção temporária do registro de condenações, para fins de antecedentes criminais. No entanto, a diferença de fundamentação para as duas espécies de registros (o genético e o da condenação) é rica em consequências no que toca à legitimidade e à validade da nova regra. Uma coisa é a manutenção de registros para fins de controle de política criminal e, inclusive, para justificar o agravamento de apenação em caso de futura aplicação de pena. Outra, muito diferente, é a instituição de um banco genético de condenados com o propósito indisfarçável de facilitar futuras investigações.

E eis aqui o problema. A existência do Cadastro Geral pode prestar-se a uma perigosa inversão de rumos da investigação, partindo-se das informações disponíveis para o início das investigações, ao invés de se iniciar a busca de elementos informativos pelos meios e fontes de prova disponíveis a cada caso concreto. Em síntese: corre-se o risco de se partir do *autor do crime passado* para a identificação do *crime presente*. Nesse passo, dificilmente se deixará de arranhar o princípio da não culpabilidade.

Há outra questão. Diz a Constituição da República que aquele civilmente identificado não se submeterá à identificação criminal, conforme dispuser a lei. Ora, tem-se aqui, à evidência, regra geral no sentido de se reservar apenas às situações especiais outras formas de identificação daquele já civilmente identificado. Ou seja, a regra seria a suficiência da identificação civil; a criminal, ou outra, deverá ser excepcional e constitucionalmente adequada.

E, conforme dissemos, algumas infrações penais, segundo os dados disponíveis no percurso das estatísticas de criminalidade, produzem alarmes suficientes para eventual receio de reiteração criminosa. É o caso dos crimes contra a dignidade sexual, por exemplo. Via de regra, pode-se recolher algum material genético do agente do delito, diante das singularidades presentes em sua execução. Assim, o cadastro genético para tais delitos não nos soa demasiado ou abusivo, desde que somente se tenha acesso a ele nos casos em que o delito tenha efetivamente deixado vestígios, para fins de comparação. Se a infração não deixar vestígios, o acesso ao banco ou cadastro, sem outros elementos de prova, incorrerá naquele mesmo risco já apontado: o de partir-se da presunção de culpa daquele que já tenha sido condenado. De qualquer maneira, registramos a preocupação inserida pela Lei nº 13.964/2019 ao § 3º do art. 9º-A da Lei nº 7.210/84, dispondo que se deve viabilizar ao "*titular de dados genéticos o acesso aos seus dados constantes nos bancos de perfis genéticos, bem como a todos os documentos da cadeia de custódia que gerou esse dado, de maneira que possa ser contraditado pela defesa*".

Por fim, de se mencionar o caráter estigmatizante da medida, dado que a pessoa que se encontrar cadastrada como condenado, e com material genético disponível aos poderes públicos, carregará efetivamente (até quando?) a marca indelével da culpa.

Em síntese: pensamos que apenas deverão se submeter a esse cadastro os condenados em crimes sexuais ou em crimes de execução sumária, praticados sem qualquer motivação que não seja a eliminação de pessoas para satisfação de interesses escusos e em circunstâncias não reconhecidas pelo direito, caso, por exemplo, e como dissemos, dos crimes passionais (por provocação da vítima, por transtorno circunstancial do agente etc.). Fora daí, será difícil a conformação legislativa da norma com as orientações constitucionais pertinentes (não culpabilidade, restrição de identificação criminal, por exemplo).

Jurisprudência

186.8. [...] 1. Com o advento da Lei n. 12.654, de 28 de maio de 2012, admite-se a coleta de perfil genético como forma de identificação criminal, seja durante as investigações, para apurar a autoria do delito, seja quando o réu já tiver sido condenado pela prática de determinados crimes, quais sejam, os dolosos, com violência de natureza grave contra pessoa ou hediondos (arts. 1º e 3º)" (RHC n. 69.127/DF, Quinta Turma, rel. Min. Felix Fischer, DJe de 26/10/2016).

2. No caso em questão, o agravante cumpre pena pela prática dos crimes do art. 213, §1º, do Código Penal, o que se amolda à determinação do art. 9º-A da LEP: O condenado por crime doloso praticado com violência grave contra a pessoa, bem como por crime contra a vida, contra a liberdade sexual ou por crime sexual contra vulnerável, será submetido, obrigatoriamente, à identificação do perfil genético, mediante extração de DNA (ácido desoxirribonucleico), por técnica adequada e indolor, por ocasião do ingresso no estabelecimento prisional. [...] *(Agravo Regimental no Habeas Corpus nº 856.624-PR, STJ, 6ª Turma, Rel. Min. convocado Jesuíno Rissato, julgado em 7.8.2024, publicado no DJ em 8.8.2024)*

186.8. [...] 1. A Lei n. 12.073/2009 dispõe sobre a possibilidade de identificação criminal, que deve ser autorizada por decisão judicial, quando essencial à investigação policial.

2. De acordo com a jurisprudência desta Corte, com o advento da Lei n. 12.654, de 28 de maio de 2012, admite-se a coleta de perfil genético como forma de identificação criminal, seja durante as investigações, para apurar a autoria do delito, seja quando o réu já tiver sido condenado pela prática de determinados crimes, quais sejam, os dolosos, com violência de natureza grave contra pessoa ou hediondos (arts. 1º e 3º) (RHC n. 69.127/DF, relator Ministro Felix Fischer, Quinta Turma, julgado em 27/9/2016, DJe de 26/10/2016).

3. No caso, a prova impugnada é lícita, pois o réu não foi compelido ao fornecimento do material genético, de modo a atentar contra seu direito constitucional à não autoincriminação. Ao contrário, o acórdão *registra o emprego de meios não invasivos para a obtenção da referida prova – apreensão de materiais e objetos pessoais usados pelo acusado ou uso de resíduo biológico coletado em eventuais exames de saúde feitos no indivíduo custodiado –*, diligência essa autorizada por decisão fundamentada do Juízo competente, para fins de apuração da autoria delitiva, porquanto essencial à conclusão da investigação policial.

4. O Juiz sentenciante noticia que o réu ostenta antecedente criminal em crime de mesma natureza, de modo que a identificação penal do acusado é contemplada por ambas as hipóteses previstas na jurisprudência acima colacionada, observada ainda previsão legal expressa – art. 3º, IV, da Lei n. 12.037/2009. O pedido de coleta compulsória do resíduo genético ocorreu nas investigações das infrações cometidas em 30/9/2021, nos termos do dispositivo legal ora mencionado, o que constitui matéria de competência do juízo de conhecimento e não de execuções.

5. Não se desconhece que a constitucionalidade da extração compulsória de material genético foi questionada no Supremo Tribunal Federal no RE n. 973.837/MG – com repercussão geral reconhecida (Tema n. 905) –, e o tema está pendente de julgamento. Por ora, o art. 9º-A da Lei n. 7.210/1984 é válido e eficaz para todos os efeitos. Contudo, ele não se aplica ao caso concreto, que se refere ao recolhimento de matéria orgânica oriunda de objeto dispensado pelo agente, ao passo que o mencionado dispositivo legal regula a obrigatoriedade da identificação do perfil genético, mediante extração de DNA, por técnica adequada e indolor, na ocasião do ingresso do reeducando no estabelecimento prisional, situação diversa.

6. Para fins de investigação criminal, esta Corte permite a realização de exame de DNA em resquício orgânico que não mais integra o corpo do indivíduo. Precedentes.[...] *(Agravo Regimental*

no Agravo em Recurso Especial nº 2.528.258-SC, STJ, 6ª Turma, Rel. Min. Rogerio Schietti Cruz, julgado em 14.5.2024, publicado no DJ em 23.5.2024)

186.8. [...] 1. "Segundo o art. 9º-A da Lei de Execução Penal, Os condenados por crime praticado, dolosamente, com violência de natureza grave contra pessoa, ou por qualquer dos crimes previstos no art. 1º da Lei no 8.072, de 25 de julho de 1990, serão submetidos, obrigatoriamente, à identificação do perfil genético, mediante extração de DNA - ácido desoxirribonucleico, por técnica adequada e indolor" (HC n. 536.114/MG, relator Ministro Nefi Cordeiro, Sexta Turma, julgado em 4/2/2020, DJe de 10/2/2020.)

2. Verifica-se ausência de flagrante ilegalidade na extração de material genético do paciente, em obediência à determinação legal presente na Lei de Execuções Penais, com preenchimento dos requisitos legais. [...] *(Agravo Regimental no Habeas Corpus nº 851.296-PR, STJ, 6ª Turma, Rel. Min. convocado Jesuíno Rissato, sessão virtual de 20.2.2024 a 26.2.2024, publicado no DJ em 1º.3.2024)*

186.9. O banco nacional multibiométrico e de impressões digitais. A Lei nº 13.964/2019 (art. 12), mediante a inclusão do art. 7º-C na Lei nº 12.037/2009, autorizou a criação, junto ao Ministério da Justiça e Segurança Pública, do denominado "Banco Nacional Multibiométrico e de Impressões Digitais", cuja formação, gestão e acesso serão regulamentados em ato do Poder Executivo (§ 1º).

A finalidade de referido banco é bastante clara: armazenar dados de registros biométricos, de impressões digitais e, quando possível, de íris, face e voz, para subsidiar investigações criminais federais, estaduais ou no Distrito Federal (§ 2º), dados esses que poderão ser colhidos em dois momentos: durante a investigação criminal ou por ocasião da identificação criminal (§ 3º). Também se reconhece a possibilidade de colheita do material dos presos provisórios ou definitivos quando não obtidos no momento da identificação criminal (§ 4º). Sobre a colheita de dados genéticos e que possam passar a integrar esse banco, reportamos às anotações do item anterior (186.8).

O acesso aos dados (pela autoridade policial ou pelo Ministério Público) dependerá de expresso requerimento e prévia autorização do juízo competente (§ 11).

Nos termos da regulamentação a ser expedida, admite-se que a esse banco de dados poderão integrar ou *interoperar* os dados de registros constantes em bancos de dados existentes e geridos em órgãos do Executivo, Legislativo e Judiciário (em todas as esferas, inclusive do TSE) e também pelos institutos de identificação civil das unidades da federação (§ 5º). Também aqui fica clara a ideia de aproveitar a existência de todos os dados já armazenados em sistemas de dados existentes no Brasil, cujas integrações ou interoperações serão realizadas por intermédio de acordos ou convênios com as unidades gestoras (§ 7º).

Todos os dados existentes no banco terão caráter sigiloso, de modo que sua violação (dolosa, evidentemente) poderá ensejar a responsabilidade civil, penal e administrativa (§ 8º). Dada a natureza do banco de dados aqui tratado, seria desnecessária (porque intuitiva e intrínseca à sigilosidade) a previsão do § 10, no sentido de ser vedada qualquer possibilidade de *comercialização* das informações da base de dados.

Todos os dados obtidos pela análise conjunta de registros biométricos deverão ser consignados em laudo pericial firmado por *perito oficial* devidamente habilitado (§ 9º). No ensejo, anotamos que, em caso de ausência de perito oficial habilitado (e diante do silêncio normativo), pode-se aplicar ao caso a regra do § 1º do art. 159 do CPP, já abordado).

186.10. O banco nacional de perfis balísticos. A Lei nº 10.826, de 22 de dezembro de 2003 (*que trata do "registro, posse e comercialização de armas de fogo e munição, sobre o Sistema Nacional de Armas – SINARM, define crime e dá outras providências"*), também sofreu alterações pela Lei nº 13.964/2019, na parte em que foi acrescido e especificado que os dados relacionados à coleta de registros balísticos serão armazenados no que se denominou de "Banco Nacional de Perfis Balísticos", cuja finalidade precípua (§ 1º do art. 34-A da Lei nº 10.826/2003) será *cadastrar* armas de fogo e *armazenar* características de classe e individualizadoras de projéteis e de estojos de munição deflagrados por arma de fogo. A finalidade é bastante clara: tentar registrar em banco de dados todas as informações possíveis a respeito de projéteis e estojos de munição que tenham sido deflagrados (devidamente coletados) para investigação e apuração de eventuais responsabilidades criminais (§ 2º). A gestão desse banco será regulamentada em ato do Poder Executivo Federal (§ 6º).

Também aqui é determinado expressamente que haja o sigilo dos dados (§ 4º), atribuindo-se a responsabilidade civil, penal e administrativa (necessariamente dolosa, segundo pensamos) dos agentes que permitirem ou promoverem a utilização para fins diversos dos previstos em lei. Como se trata de dados sigilosos, seria desnecessária a previsão de que (de forma similar ao que foi referido ao banco de dados no item anterior) fosse proibida a comercialização (total ou parcial) da base de dados. Mas (quiçá por excesso de zelo) assim o previu o legislador no § 5º do art. 34-A da Lei nº 10.826/2003.

Art. 187. O interrogatório será constituído de duas partes: sobre a pessoa do acusado e sobre os fatos. (Redação dada pela Lei nº 10.792, de 1º.12.2003)

§ 1º Na primeira parte o interrogando será perguntado sobre a residência, meios de vida ou profissão, oportunidades sociais, lugar onde exerce a sua atividade, vida pregressa, notadamente se foi preso ou processado alguma vez e, em caso afirmativo, qual o juízo do processo, se houve suspensão condicional ou condenação, qual a pena imposta, se a cumpriu e outros dados familiares e sociais. (Incluído pela Lei nº 10.792, de 1º.12.2003)

§ 2º Na segunda parte será perguntado sobre: (Incluído pela Lei nº 10.792, de 1º.12.2003)

I – ser verdadeira a acusação que lhe é feita; (Incluído pela Lei nº 10.792, de 1º.12.2003)

II – não sendo verdadeira a acusação, se tem algum motivo particular a que atribuí-la, se conhece a pessoa ou pessoas a quem deva ser imputada a prática do crime, e quais sejam, e se com elas esteve antes da prática da infração ou depois dela; (Incluído pela Lei nº 10.792, de 1º.12.2003)

III – onde estava ao tempo em que foi cometida a infração e se teve notícia desta; (Incluído pela Lei nº 10.792, de 1º.12.2003)

IV – as provas já apuradas; (Incluído pela Lei nº 10.792, de 1º.12.2003)

V – se conhece as vítimas e testemunhas já inquiridas ou por inquirir, e desde quando, e se tem o que alegar contra elas; (Incluído pela Lei nº 10.792, de 1º.12.2003)

VI – se conhece o instrumento com que foi praticada a infração, ou qualquer objeto que com esta se relacione e tenha sido apreendido; (Incluído pela Lei nº 10.792, de 1º.12.2003)

VII – todos os demais fatos e pormenores que conduzam à elucidação dos antecedentes e circunstâncias da infração; (Incluído pela Lei nº 10.792, de 1º.12.2003)

VIII – se tem algo mais a alegar em sua defesa. (Incluído pela Lei nº 10.792, de 1º.12.2003)

187.1. Interrogatório e identificação do acusado: Infelizmente, nossa legislação, mesmo após diversas modificações de texto, e, notadamente, após a Lei nº 10.792/03, segue tratando o interrogatório como se fosse ato de inquisição.

Não há razão alguma para que a lei estabeleça perguntas obrigatórias ao réu. Na produção da aludida prova, que é exclusiva da defesa, cabe às partes, por primeiro, e ao magistrado, ao depois, perquirir acerca dos fatos, na busca de seu esclarecimento. Todos os envolvidos (Juiz, Ministério Público e Defensor) possuem capacidade técnica reconhecida em lei para o exercício de seus afazeres.

Evidentemente, deverá, de início, ser *confirmada* a identidade do acusado, quando inexistentes dúvidas quanto a ela, e *esclarecida*, quando pendentes indagações a esse respeito. Apenas na segunda hipótese se justifica a previsão de identificação.

187.2. Esclarecimentos pessoais relevantes: Prevê a lei dever o juiz perguntar ao acusado acerca de sua vida pessoal e sobre a sua situação perante a Justiça Pública. Ora, se a aplicação da pena criminal prevê considerações dessa natureza (meio social, motivos etc.), conforme art. 59, CP, é de se adentrar mesmo no interior de tais questões.

Registre-se, no particular, que todas essas informações de ordem pessoal são também privativas do interesse do acusado, no que toca ao respectivo fornecimento (das informações). Estão abarcadas, portanto, pelo direito ao silêncio, bem como todas as perguntas relativas aos fatos e demais circunstâncias. Evidentemente.

Quanto às informações que interessem à defesa, pensamos que o juiz não deve descurar delas, a despeito de se encontrar o acusado representado por defensor técnico. É que nem sempre se constata uma defesa efetiva em atos dessa natureza.

187.3. Direito de mentir? Não é incomum encontrar-se opiniões no sentido de que o princípio do *nemo tenetur se detegere* abrangeria também um suposto *direito à mentira*, sobretudo em relação aos fatos, devendo o réu, porém, informar corretamente sua identidade.

Bem, que não há direito algum à prestação de *informações* falsas não pode restar dúvidas. Aliás, se o réu acusar terceiro como autor do fato, sabendo-o inocente, poderá até responder por *denunciação caluniosa*, na medida em que pode não se mostrar inteiramente justificada (excludente de ilicitude) a conduta, mesmo que em defesa de seu interesse. Pode-se mesmo aceitar que o réu elabore qualquer versão em seu favor; o limite seria o tangenciamento voluntário a direitos alheios, quando ciente da inocência alheia. É claro, por certo, que haverá situações, sobretudo envolvendo concurso de agentes, que a atribuição de fato ou responsabilidade a outro, igualmente processado, ou em situação de sê-lo, estará plenamente justificada pelo contexto das circunstâncias. Mas definitivamente o direito ao silêncio não abarca qualquer possibilidade de *mentira* ou salvo-conduto para qualquer tipo de prática criminosa. Não esqueçamos que, em sistemas comparados, existe o crime de perjúrio (aqui *ainda* não tipificado, mas que seria perfeitamente constitucional), em que a *mentira* pode caracterizar outro crime independente, não abarcada pelo direito ao silêncio.

De modo que não existe *direito* algum à prática de violação ao Direito. Não existe também qualquer *direito à fuga* como já mencionado em alguns setores de nossa prática forense. Uma coisa é admitir-se a situação de premência pessoal daquele ameaçado pela privação da liberdade; pode-se aceitar o seu comportamento de fuga – sem danos a terceiros – como ato inerente à humanidade intrínseca. Do ponto de vista do Direito, porém, não se cuidará de *direito subjetivo*, mas de ato eventualmente *justificado* pelas circunstâncias (e não pelo Direito). Do mesmo modo, não constitui *direito* do réu a apresentação de documentação falsa para eximir-se do processo, até porque o *falsum* não esgotaria sua potencialidade lesiva naquele processo.

Causa-nos profunda estranheza e pesar – por que não dizê-lo – decisão de Órgão Especial do Tribunal de Justiça do Estado de São Paulo (Arg. Incons. 990.10.159020-4 – 2010), no sentido de reconhecer a inconstitucionalidade do art. 305 da Lei nº 9.503/97 – Código de Trânsito Brasileiro –, afirmando, então, a suposta existência de um *direito à omissão de socorro,* que estaria legitimado pela finalidade de se evitar a autoincriminação (ulteriormente o STJ decidiu em sentido contrário, *Habeas Corpus nº 137.340-SC, julgado em 20.9.2011, publicado no* DJ *em 3.10.2011; igualmente o Plenário do STF decidiu em sentido contrário, RE nº 971.959/RS, STF, Plenário, Rel. Min. Luiz Fux, julgado em 29.7.2020, publicado no DJ em 31.7.2020 – vide item 186.1*). O equívoco na decisão é manifesto, seja *quanto à fundamentação,* seja quanto à *extensão,* e, sobretudo, quanto às *consequências* do julgado. Confundiu-se, ali, e, infelizmente, como ocorre em outros tribunais, conceitos básicos da teoria do direito. Ao recusar a validade *abstrata* da exigência de prestação de socorro, retirou-se, com efeito, o *dever* de assistência à vítima do acidente de trânsito. Aliás, o equívoco do tribunal – e de boa parte da doutrina nacional – vai na contramão de direção de toda a legislação e doutrina do Direito Comparado. Está-se criando no Brasil – e somente aqui! – um conceito absolutamente novo da não autoincriminação, ausente nos demais povos civilizados. Não há mesmo precedente em outro universo normativo. A prestação de socorro à vítima não decorre de mero dever de *solidariedade humana;* vai além, decorre de dever *jurídico,* imposto pelas legislações mundo afora (Alemanha, Itália, Portugal, Espanha, Estados Unidos, Argentina etc.).

E mais. Não se encontra o aludido direito à não autoincriminação em nenhum Tratado Internacional. O que neles se contém é o direito a permanecer em silêncio e a não sofrer ingerências abusivas e ilegais, o que nada tem que ver com o quanto decidido pelo Tribunal paulista.

O autor do fato da omissão tem o mesmo dever jurídico de prestar socorro, quando puder fazê-lo sem risco pessoal, tenha ele causado ou não a situação de risco (acidente). O receio quanto a ser pego, processado e condenado criminalmente, se é que, nesse caso, poderia ser considerado relevante, se enquadraria no âmbito da *culpabilidade* – inexigibilidade de conduta; jamais no campo do *direito subjetivo.* Antes de ser direito é *dever* (de socorro), oponível a todos: excepcionalmente, ao exame de cada situação concreta, é que se poderia pensar no reconhecimento de *justa causa* (excludente *supralegal* se ilicitude) ou, repita-se, de exclusão da culpabilidade.

Jurisprudência

187.3. [...] A potencialidade de o detido exercer um direito não pode ser equiparada à tolerância com um agir ilícito, como definiu esta Corte no tema 478 do Plenário Virtual, ao julgar o RE-RG 640139 RG, rel. Dias Toffoli, Tribunal Pleno, DJe 14.10.2011, e definir a seguinte tese: "O princípio constitucional da autodefesa (art. 5º, inciso LXIII, da CF/88) não alcança aquele que atribui falsa identidade perante autoridade policial com o intento de ocultar maus antecedentes, sendo, portanto, típica a conduta praticada pelo agente (art. 307 do CP)". [...] *(Habeas Corpus nº 216.774-PE, Rel. Min. Gilmar Mendes, decisão monocrática, publicada no Dj em 29.8.2022)*

187.3. [...] 3. A Sexta Turma deste Superior Tribunal de Justiça, alinhando-se à posição adotada pelo Supremo Tribunal Federal, firmou a compreensão de que tanto a conduta de utilizar documento falso como a de atribuir-se falsa identidade, para ocultar a condição de foragido ou eximir-se de responsabilidade, caracterizam, respectivamente, o crime do art. 304 e do art. 307 do Código

Penal, sendo inaplicável a tese de autodefesa (*Habeas Corpus nº 189.445-SP, 6ª Turma, unânime, Rel. Min. Maria Thereza de Assis Moura, julgado em 13.11.2012, publicado no* DJ *em 23.11.2012*).

187.3. [...] Atribuição de falsa identidade perante a autoridade policial com o fito de ocultar maus antecedentes. *Conduta típica não afastada* pelo exercício da autodefesa. [...] Atribuir-se falsa identidade com o fito de acobertar maus antecedentes perante a autoridade policial consubstancia fato típico, porquanto não encontra amparo na garantia constitucional de autodefesa, prevista no artigo 5º, LXIII, da Constituição Federal. Precedentes: RE 561.704-AgR, Rel. Min. Ricardo Lewandowski, 1ª Turma, *DJe* de 2.4.2009; HC 92.763, Rel. Min. Eros Grau, 2ª Turma, *DJe* de 24.4.2008; HC 73.161, Rel. Min. Sydney Sanches, 1ª Turma, *DJ* de 3.9.1996; HC 72.377, Rel. Min. Carlos Velloso, 2ª Turma, *DJ* de 30.6.1995. Agravo regimental desprovido (*Agravo Regimental no Recurso Extraordinário nº 639.732-DF, STF, 1ª Turma, unânime, Rel. Min. Luiz Fux, julgado em 23.8.2011, publicado no* DJ *em 13.9.2011*).

187.3. [...] Art. 305 do Código de Trânsito. Princípio do *Nemo Tenetur se detegere*. Violação. Inexistência. Ordem denegada. O art. 305 do Código de Trânsito, que tipifica a conduta do condutor de veículo que foge do local do acidente, para se furtar à responsabilidade penal ou civil que lhe possa ser atribuída, não viola a garantia da não autoincriminação, que assegura que ninguém pode ser obrigado por meio de fraude ou coação, física e moral, a produzir prova contra si mesmo. Ordem denegada (*Habeas Corpus nº 137.340-SC, STJ, 5ª Turma, unânime, Relatora Ministra Laurita Vaz, julgado em 20.9.2011, publicado no* DJ *em 3.10.2011*).

187.3. [...] A jurisprudência desta Corte é firme no sentido de que a utilização de documento falso para ocultar a condição de foragido não descaracteriza o delito de uso de documento falso (art. 304 do CP) e não se confunde com o crime de falsa identidade (art. 307 do CP), uma vez que neste não há apresentação de qualquer documento falsificado ou alterado, mas apenas a atribuição, a si mesmo ou a outrem, de falsa identidade. Igualmente sedimentado é o entendimento de que, nos termos do art. 67 do Código Penal, a agravante da reincidência prepondera sobre a atenuante da confissão espontânea, razão pela qual é inviável a compensação entre circunstâncias agravantes e atenuantes. Ordem denegada (*Habeas Corpus nº 108.138-MS, 2ª Turma, unânime, Rel. Min. Joaquim Barbosa, julgado em 29.11.2011, publicado no* DJ *em 14.12.2011*).

Art. 188. Após proceder ao interrogatório, o juiz indagará das partes se restou algum fato para ser esclarecido, formulando as perguntas correspondentes se o entender pertinente e relevante. (Redação dada pela Lei nº 10.792, de 1º.12.2003)

188.1. A ordem de inquirição no interrogatório: Como ainda veremos, por ocasião do exame dos procedimentos, a Lei nº 11.719/08 promoveu significativa alteração do perfil processual penal brasileiro, buscando alinhar os ritos e, particularmente, a instrução, a um modelo de corte prioritariamente acusatório, isto é, elegendo as partes como os protagonistas da instrução, sem impedir, contudo, a efetiva participação do juiz, no esclarecimento de questões relevantes que possam afetar o julgamento.

Veremos, então, que nos processos comuns e especiais, exceto aqueles da competência do Tribunal do Júri, a inquirição das *testemunhas* se iniciará pela parte que a arrolou, seguindo-se a outra (*ex adversa*), e, ao final, facultado ao juiz os esclarecimentos que entender necessários (art. 212, CPP).

Curiosamente, já nos processos do Tribunal do Júri, modificado por outra lei, a Lei nº 11.690/08, adotou-se fórmula diferente: o Juiz Presidente inicia a inquirição das testemunhas, cabendo às partes prosseguirem na arguição.

Já quanto ao interrogatório, novas perplexidades: como a Lei nº 11.719/08 não alterou as disposições então em vigor, o rito ficou assim: no processo comum (e em alguns especiais), o juiz inicia a inquirição, encerrando-a as partes. Mas não é só: no processo do júri, o interrogatório segue outro caminho: as partes (a defesa e a acusação) iniciam as perguntas, podendo conclui-la o Juiz Presidente, ainda que tenha faltado, quanto a isso, dispositivo expresso atribuindo ao juiz a participação nesse ato (art. 474, § 1º, CPP). Como se vê, uma festa completa!

A nosso aviso, e no interesse da unificação dos procedimentos, mas, sobretudo, atento ao conjunto das reformas das Leis nos 11.719/08 e 11.689/08, deve-se adotar uma única modalidade de inquirição, seja de terceiros (testemunhas, peritos, assistentes técnicos etc.), seja do acusado: como as provas são requeridas pelas partes, devem elas dar início à respectiva produção, até porque constitui ônus da acusação a comprovação de suas alegações, e também ônus da defesa demonstrar as teses que eventualmente tenha dado por existentes em seu favor. Mais ainda: as partes têm *direito à prova.* Feito isso, pode e deve o juiz complementar toda a inquirição, esclarecendo depoimentos e dúvidas, como convém a um órgão com poder e dever de decisão.

Por isso, pensamos que, mesmo aqui, no interrogatório, deve-se afastar a aplicação do dispositivo em comento, aplicando-se a regra do art. 212, CPP, também por exigência de um processo afastado de pretensões inquisitoriais, como deve ser o nosso.

Sobre silêncio parcial e pretensão de responder, no interrogatório, apenas perguntas formuladas pela defesa e pelo juiz, vide anotações ao item 186.5.

Jurisprudência

188. [...] o interrogatório é regido pelo art. 188 do CPP, e não pelo art. 212 do CPP. Portanto, o art. 188 determina que o juiz deve proceder ao interrogatório, e depois indagar as partes para complementar a inquirição, o que afasta qualquer alegação de error in procedendo da Magistrada. *[...] (Agravo Regimental no Habeas Corpus nº 799.522-SC, STJ, 5ª Turma, Rel. Min. Ribeiro Dantas, sessão virtual de 2.5.2023 a 8.5.2023, publicado no DJ em 12.5.2023)*

188. [...] *"O art. 188 do Código de Processo Penal, com a redação dada pela Lei n.º 10.792, de 1º.12.2003, dispõe que o magistrado, após proceder ao interrogatório, deve indagar de todas as partes, sem exceção, se restam eventuais fatos a serem esclarecidos. A propósito, o Supremo Tribunal Federal tem firmado entendimento no sentido da legitimidade da participação dos Corréus nos interrogatórios de outros réus, em reverência ao princípio do contraditório"* [...] A falta de permissão para a Defesa de corréu realizar perguntas no interrogatório de corréus não acarretou prejuízo concreto no caso em tela, dado que a tese defensiva que a Defesa pretendia robustecer foi rechaçada com base em outros elementos de prova, motivo pelo qual descabida a declaração de nulidade do feito, em atenção ao art. 563 do CPP. [...] *(Agravo Regimental no Recurso Especial nº 1.905.931/SP, STJ, 5ª Turma, unânime, Rel. Min. Joel Ilan Paciornik, julgado em 10.8.2021, publicado no DJ em 16.8.2021)*

188 [...] O art. 188 do Código de Processo Penal, com a redação dada pela Lei nº 10.792, de 1º.12.2003, dispõe que o magistrado, após proceder ao interrogatório, deve indagar de todas as partes, sem exceção, se restam eventuais fatos a serem esclarecidos. Daí o Plenário do Supremo Tribunal Federal, em reverência ao princípio do contraditório, ter firmado entendimento no sentido da legitimidade da participação dos Corréus nos interrogatórios de outros réus. Não obstante, a jurisprudência do Supremo Tribunal Federal e desta Corte Superior é uníssona no sentido de que, tanto nos casos de nulidade relativa quanto nos casos de nulidade absoluta, o reconhecimento de vício que enseje a anulação de ato processual exige a efetiva demonstração de prejuízo ao acusado, à luz do art. 563 do Código de Processo Penal (*pas de nullité sans grief*). Na hipótese dos autos, não é possível atender ao ato postulatório defensivo, pois não houve a demonstração de que eventual mácula ocorrida nas audiências em questão tenha trazido prejuízo à defesa do acusado. [...] (*Habeas Corpus nº 238.659-SP, STJ, 5ª Turma, Rel. Min. Laurita Vaz, julgado em 22.5.2014, publicado no DJ em 29.5.2014*).

188. [...] O art. 188 do Código de Processo Penal não faculta à defesa técnica direcionar perguntas diretamente à Ré. Com efeito, concluído o interrogatório, o Juiz indagará das partes se algum fato deixou de ser esclarecido, formulando o próprio magistrado as perguntas correspondentes, se o entender pertinente e relevante. A não formulação de determinadas perguntas, pelo Advogado da Ré, na audiência de interrogatório, ao contrário do que se alega, não demonstra, por si só, a vicissitude do ato processual, pois não se pode presumir eventual prejuízo à Defesa, mormente se a lei assegura ao interrogado o direito de permanecer perante o juízo em silêncio – princípio do *nemo tenetur se detegere*. Inexistindo qualquer argumento apto a afastar as razões consideradas no julgado ora agravado, deve ser a decisão mantida por seus próprios fundamentos. Agravo regimental desprovido (*Agravo Regimental no Agravo nº 1.018.918-RJ, STJ, 5ª Turma, Rel. Min. Laurita Vaz, julgado em 20.8.2009, publicado no DJ em 14.9.2009*).

Art. 189. Se o interrogando negar a acusação, no todo ou em parte, poderá prestar esclarecimentos e indicar provas. (Redação dada pela Lei nº 10.792, de 1º.12.2003)

Obviamente. O acusado e qualquer pessoa submetida a processo judicial têm direito ao contraditório e à ampla defesa, incluindo, a toda evidência, o direito à prova.

Direito esse que poderá ser exercido ainda que ele não negue os fatos imputados na peça acusatória. A confissão quanto à existência de um fato não exclui a presença de outro (fato), a ser objeto de prova. Confessar o cometimento da morte que lhe é imputada não implica renúncia à prova quanto à existência de uma causa excludente da ilicitude (legítima defesa, por exemplo).

O dispositivo, como se vê, embora mantido na redação da Lei nº 10.792/03, isto é, já em pleno século XXI, constitui reminiscência da lógica do CPP de 1941.

Art. 190. Se confessar a autoria, será perguntado sobre os motivos e circunstâncias do fato e se outras pessoas concorreram para a infração, e quais sejam. (Redação dada pela Lei nº 10.792, de 1º.12.2003)

Como se vê, a preocupação parece ser prioritariamente com os interesses acusatórios. É que, ainda que se tenha feito referência *aos motivos e circunstâncias* do fato, constata-se, na parte final do dispositivo, a referência e qualificação prévia do fato como *infração*. Mas, do ponto de vista lógico, a sequência dos dispositivos pode estar correta: se negar os fatos, o acusado talvez nada tivesse a dizer sobre *motivos e circunstâncias* dele.

Art. 191. Havendo mais de um acusado, serão interrogados separadamente. (Redação dada pela Lei nº 10.792, de 1º.12.2003)

191.1. A inquirição em separado: justificação: A inquirição em separado, tanto de testemunhas quanto dos acusados, obedece a uma pretensão bastante justificada. Se a prova judicial se destina à hercúlea tarefa de reconstrução de uma realidade já passada no tempo, devem-se adotar todas as cautelas necessárias à preservação da *história* dos fatos. E por *história* estamos nos referindo ao conhecimento possível do passado, depurado de intervenções estratégicas de eventuais interessados na modificação de seu conteúdo. O acusado, sobretudo pela sua posição processual, pode não ter mesmo qualquer interesse na investigação histórica da imputação, quando se puder antecipá-la contrária aos seus interesses.

Assim, devem ser ouvidos, separadamente, todas as pessoas que tiverem de apresentar sua versão sobre os acontecimentos (aqui, as testemunhas e outros). E destas pessoas deverá também ser ouvido em separado o acusado ou acusados, para o fim de se evitar a modificação do conhecimento pessoal com base em depoimentos anteriores divergentes.

Por isso, todos os acusados devem ser ouvidos separadamente, uns dos outros. Pelas mesmas razões antes mencionadas e também porque cada um deles poderá se ver na contingência de sustentar tese contrária ao outro, na busca de um resultado melhor no processo.

Jurisprudência

191.1. [...] A jurisprudência desta Corte não reconhece nulidade por não ter o recorrente participado do interrogatório de corréu, na medida em que não há obrigatoriedade da sua presença nesse ato já que, nos termos do art. 191 do CPP, "havendo mais de um acusado, serão interrogados separadamente". *(Agravo Regimental no Recurso em Habeas Corpus nº 137.159/PR, STJ, 5ª Turma, unânime, Rel. Min. Reynaldo Soares da Fonseca, julgado em 25.5.2021, publicado no DJ em 1º.6.2021)*

191.1. [...] Na hipótese, restou demonstrado o prejuízo à acusação, em razão da inobservância do art. 191 do CPP, o que impõe a declaração da nulidade do ato e a submissão dos pacientes a novo Júri, nos termos do decidido pelo Tribunal de origem. [...] (*Habeas Corpus nº 333.966-MG, STJ, 5ª Turma, Rel. Min. Ribeiro Dantas, julgado em 27.9.2016, publicado no* DJ *em 10.10.2016*).

191.1. [...] Possibilidade de os interrogatórios de corréus serem realizados separadamente, em cumprimento ao que dispõe o art. 191 do Código de Processo Penal. [...] À luz da norma inscrita no art. 563 do CPP e da Súmula 523/STF, a jurisprudência desta Corte firmou o entendimento de que, para o reconhecimento de nulidade dos atos processuais exige--se, em regra, a demonstração do efetivo prejuízo causado à parte. [...] (*Habeas Corpus nº 101.021-SP, STF, 2ª Turma, Rel. Min. Teori Zavascki, julgado em 20.5.2014, publicado no* DJ *em 9.6.2014).*

191.2. Ordem de inquirição de acusados e violação à regra da separação: Em primeiro lugar, assenta-se a inexistência de qualquer ordem de preferência na tomada de depoimentos dos acusados. Como o interrogatório é o último ato da instrução concentrada (art. 400, CPP) todo o material defensivo produzido pelas partes, incluindo a pluralidade de acusados, já constará do processo, não havendo qualquer justificativa para a formulação de uma regra de preferência. Assim, o juiz poderá determinar livremente a ordem de inquirição dos acusados, que se encontram em pé de igualdade no processo.

Se, por descuido ou desatenção, um ou mais depoimentos de acusados forem presenciados por outro, ou outros, haverá, em princípio, mera irregularidade, cabendo aos interessados demonstrarem eventual prejuízo, no momento procedimental adequado (art. 571, CPP).

Art. 192. O interrogatório do mudo, do surdo ou do surdo-mudo será feito pela forma seguinte: (Redação dada pela Lei nº 10.792, de 1º.12.2003)

I – ao surdo serão apresentadas por escrito as perguntas, que ele responderá oralmente; (Redação dada pela Lei nº 10.792, de 1º.12.2003)

II – ao mudo as perguntas serão feitas oralmente, respondendo-as por escrito; (Redação dada pela Lei nº 10.792, de 1º.12.2003)

III – ao surdo-mudo as perguntas serão formuladas por escrito e do mesmo modo dará as respostas. (Redação dada pela Lei nº 10.792, de 1º.12.2003)

Parágrafo único. Caso o interrogando não saiba ler ou escrever, intervirá no ato, como intérprete e sob compromisso, pessoa habilitada a entendê-lo. (Redação dada pela Lei nº 10.792, de 1º.12.2003)

192.1. Os autores, e os leitores, certamente, agradecem a gentileza do legislador, em tornar acessível um método infalível para a compreensão da comunicação da pessoa com incapacidade de fala e/ou de audição. Nada a dizer, nesse ponto.

192.2. Interrogatório de pessoa com outra incapacidade: No caso de pessoa acometida de patologia mental, ou, quando houver dúvida quanto a isso, o processo será suspenso, nos termos do art. 149, CPP, conforme já estudamos.

Mas pode haver outras incapacitações, de ordem diversa, como, por exemplo, a lesão corporal, impeditiva da manifestação oral do acusado.

E como constitui direito dele ser ouvido pelo juiz da causa (Pacto de San José da Costa Rica – art. 8º – Decreto nº 678/92), há que se resolver o problema, sem prejuízo ao referido direito.

A nosso juízo, havendo possibilidade de comunicação *por escrito,* o ato poderá ser realizado, inclusive fora da sede do Juízo, se necessário. Havendo impossibilidade concreta da manifestação do acusado, deve o juiz suspender o processo, valendo-se, por analogia, do quanto previsto no art. 149, de modo a permitir a efetiva participação do acusado.

E nem se diga que, no caso de pluralidade de réus, poderia haver prejuízo aos demais, em razão da suspensão do prazo prescricional.

Em primeiro lugar, porque não existe direito adquirido à *morosidade estatal,* da qual resultaria a prescrição da pretensão punitiva.

Em segundo lugar, havendo possibilidade de prosseguimento do processo em relação aos demais, pode o juiz prosseguir no feito, amparado, solidamente, aliás, no disposto no art. 80 e no art. 469 (do Júri).

Art. 193. Quando o interrogando não falar a língua nacional, o interrogatório será feito por meio de intérprete. (Redação dada pela Lei nº 10.792, de 1º.12.2003)

Embora o único dado relevante em relação ao idioma seja a compreensão da linguagem, em matéria judicial é necessária a comprovação prévia e regular do conhecimento da língua estrangeira. Não se trata, a rigor, de questão *pericial,* daí por que não se falar em prova dessa natureza (de perícia), o que exigiria o cumprimento dos requisitos legais nas normas de regência (art. 158 e seguintes do CPP).

No entanto, há que se atestar, também oficialmente, o domínio do idioma materno do interrogando pelo intérprete, não sendo suficiente a confiança que eventualmente o juiz deposite nesta ou naquela pessoa. O intérprete deve ostentar o reconhecimento institucional (público ou privado) de sua condição, o que não exige o exercício de cargo ou função pública (intérprete juramentado). Por certo que o profissional integrante de carreira pública ou portador de reconhecimento por órgãos públicos há de ter preferência no recrutamento.

Mas, não havendo no local, ou mesmo sendo difícil a realização da tarefa por profissionais assim qualificados, nada impede que o juiz se valha de outras pessoas, desde que portadoras de título de especialização reconhecido por instituições oficiais de ensino ou junto às representações diplomáticas do país.

Jurisprudência

193. [...] 1. Não se declara a invalidade de interrogatório sem assistência de intérprete se não demonstrados o descumprimento de uma fórmula legal e o efetivo prejuízo para a parte, máxime quando suposta irregularidade no inquérito policial não tem o efeito de contaminar a ação penal e a superveniente sentença condenatória. 2. Inviável reconhecer o descumprimento do art. 193 do CPP se o interrogando fala a língua nacional, uma vez que o direito à tradução nos procedimentos penais não decorre da origem estrangeira, por si só, mas da incompreensão do português, pois objetiva a essencial e plena ciência dos fatos e dos questionamentos pelo investigado ou acusado, de modo a evitar com isso uma situação de vulnerabilidade perante os órgãos de persecução penal. 3. Inexiste a comprovação de prejuízo se, conquanto a nacionalidade espanhola, o agravante domina o idioma do Brasil, compreendeu as perguntas do delegado e se fez entender quando foi ouvido durante o inquérito policial, na presença de advogado que não solicitou o acompanhamento de um tradutor. 4. Ademais, não há que se falar em contaminação do processo penal se ocorreu novo interrogatório em Juízo, na presença de intérprete, no qual o réu demonstrou não necessitar de tradução e se retratou da confissão extrajudicial, irrelevante para a condenação, porquanto a sentença está lastreada em abundante material probatório, inclusive derivado de interceptações telefônicas e de quebras de sigilo fiscal. *(Agravo Regimental no RHC nº 45.250-RJ, STJ, 6ª Turma, Rel. Min. Rogério Schietti Cruz, julgado em 26.3.2019, publicado no DJ em 3.4.2019)*

193. [...] Não há, sequer no Código de Processo Penal, quanto na Declaração Americana sobre Direitos Humanos (Pacto de São José da Costa Rica) – ratificado pelo Brasil pelo Decreto nº 678/92 –, determinação para que se traduza a denúncia oferecida contra réu de nacionalidade estrangeira para a sua língua. Da combinação do art. 193 do Código de Processo Penal com o art. 8º, item 2, a, b e c do Pacto de São José da Costa Rica, tem-se que se exige, somente, a assistência do acusado em juízo por intérprete, o que por si só se mostra suficiente para a comunicação prévia e pormenorizada ao acusado da acusação formulada e para que este tenha o tempo e os meios adequados para a preparação de sua defesa. Não há, portanto, teratologia no acórdão que não reconheceu o direito líquido e certo do recorrente. Recurso desprovido (*RMS nº 19.892-CE, STJ, 5ª Turma, Rel. Min. Laurita Vaz, julgado em 4.12.2009, publicado no DJ em 8.2.2010*).

Art. 194. *Revogado pela Lei 10.792/2003.*

Art. 195. Se o interrogado não souber escrever, não puder ou não quiser assinar, tal fato será consignado no termo.

Registre-se apenas não ser possível, aqui, a assinatura *a rogo* (por terceiros, a pedido do depoente), não sendo exigível também a coleta de identificação datiloscópica, salvo nos casos expressamente consignados na Lei nº 12.037/09. A regra é clara e simples: não podendo, não sabendo ou não querendo, tal ou qual situação será registrada no termo de assentada, para futuros esclarecimentos, se e quando necessário.

Art. 196. A todo tempo o juiz poderá proceder a novo interrogatório de ofício ou a pedido fundamentado de qualquer das partes. (Redação dada pela Lei nº 10.792, de 1º.12.2003)

196.1. Direito ao interrogatório e preclusão: Não se tem mais qualquer dúvida sobre representar o interrogatório um meio de defesa, aberto à conveniência do acusado e seu defensor.

Todavia, e como outras e inúmeras garantias e direitos individuais, o exercício da autodefesa, pelo interrogatório, segue a lógica dos atos processuais, devendo ser realizado a tempo e modo, sob pena de preclusão.

Com efeito, não tem direito o acusado de escolher o momento mais adequado para prestar o seu depoimento. Apenas nas hipóteses de impossibilidade concreta de comparecimento, devidamente justificada e comprovada, é que se poderia reclamar a aplicação do aludido dispositivo legal, de modo a cumprir-se a amplitude de defesa garantida constitucionalmente.

É de se atentar, ainda, para os riscos do julgamento do processo em audiência de instrução, como agora recomenda o novo rito trazido pela Lei nº 11.719/08. Quando o acusado não comparecer ao ato, é de todo recomendável que o juiz determine o oferecimento de alegações finais por escrito, no prazo de cinco dias (art. 403, § 3º), antes da prolação imediata (nesse caso, no prazo de dez dias – art. 403, § 3º, CPP) da sentença. Com isso, poderá ele se resguardar contra possíveis alegações de nulidade, quando em razão da impossibilidade concreta de comparecimento do réu à audiência de instrução e julgamento, devidamente comprovadas após a realização do ato. Assim, com essa providência, e sendo o caso de justificação da ausência do réu, o juiz poderá designar nova data para o interrogatório, somente devendo repetir o ato de instrução, com a reiteração dos testemunhos, se houver alegação e demonstração de prejuízo daí decorrente. A hipótese, portanto, seria de nulidade relativa, quanto à instrução (ausência justificada do réu), e de nulidade absoluta, quanto à não realização do interrogatório, na mesma situação.

196.2. Novo interrogatório por conveniência do Juízo: Nos termos do disposto no art. 616 do CPP, o tribunal (Câmara ou Turma) poderá *proceder a novo interrogatório do acusado, reinquirir testemunhas ou determinar outras diligências.*

Nesse passo, e já assentado o novo perfil do interrogatório, como meio de defesa, não poderá o Tribunal determinar a reinquirição do acusado. Poderá ouvi-lo, sim, se e desde que requerido pela defesa e se julgar efetivamente necessário. Não se trata de *direito subjetivo* do réu e nem de *poder* do órgão julgador.

Pode também o juiz, em primeira instância, antes de sentenciar, reinquirir o acusado, se este a tanto se dispuser, na exata medida em que titular do direito ao silêncio, e, por isso, do juízo de conveniência acerca de sua participação.

E, do mesmo modo, ainda que requerida pela defesa a repetição do ato, não estará o juiz vinculado ao pedido. Pode ocorrer, por exemplo, de ter o acusado permanecido em silêncio no seu interrogatório judicial e, posteriormente, ter se arrependido, manifestando seu desejo de exercer a *autodefesa.* Como quer que seja, a solução é a mesma: a reinquirição dele dependerá da conveniência do juiz.

É de se ver, contudo, que, agora, depois da reforma procedimental trazida pela Lei nº 11.719/08, o interrogatório será sempre o último ato da instrução, de maneira que, na prática, dificilmente ocorrerá a hipótese de necessidade ou de possibilidade de repetição do ato *na primeira instância.* Quanto ao Tribunal, ao contrário, o dispositivo em comento ainda poderá ter aplicação.

Jurisprudência

196.2. [...] A realização de novo interrogatório não é direito subjetivo do réu, mas sim faculdade conferida ao julgador, não havendo nulidade por cerceamento de defesa decorrente do ato que indefere pedido nesse sentido. Inteligência do art. 196 do Código de Processo Penal. [...] (*RHC nº 74.386-RJ, STJ, 6ª Turma, Rel. Min. Maria Thereza de Assis Moura, julgado em 6.9.2016, publicado no DJ em 19.9.2016*).

196.2. [...] É faculdade do julgador proceder a novo interrogatório, não havendo nulidade por cerceamento de defesa decorrente do ato que indefere pedido nesse sentido. A prova emprestada, utilizada dentro do conjunto probatório produzido durante a instrução criminal, é perfeitamente admitida, quando serve apenas como mais um dos elementos de convicção que sustentam o decreto condenatório. Pacífico é o entendimento deste Tribunal no sentido de que a utilização da prova emprestada, em que pese sua precariedade, por si só, não é suficiente para anular sentença criminal, caso não seja ela o único elemento de destaque na fundamentação do decreto condenatório. O fato de a vítima ter falecido no hospital em decorrência das lesões sofridas, ainda que se alegue eventual omissão no atendimento médico, encontra-se inserido no desdobramento físico do ato de atentar contra a vida da vítima, não caracterizando constrangimento ilegal a responsabilização criminal por homicídio consumado, em respeito à teoria da equivalência dos antecedentes causais adotada no Código Penal e diante da comprovação do *animus necandi* do agente. [...] Ordem parcialmente conhecida e, nessa parte, denegada (*Habeas Corpus nº 42.559-PE, STJ, 5ª Turma, Rel. Min. Arnaldo Esteves Lima, julgado em 4.4.2006, publicado no DJ em 24.4.2006*).

CAPÍTULO IV
Da Confissão

Art. 197. O valor da confissão se aferirá pelos critérios adotados para os outros elementos de prova, e para a sua apreciação o juiz deverá confrontá-la com as demais provas do processo, verificando se entre ela e estas existe compatibilidade ou concordância.

[...] O réu fará jus à atenuante do art. 65, III, d, do Código Penal, quando houver admitido a autoria do crime perante a autoridade, independentemente de a confissão ser utilizada pelo juiz como um dos fundamentos da sentença condenatória, e mesmo que seja ela parcial, qualificada, extrajudicial ou retratada (REsp n. 1.972.098/SC, Relator Ministro Ribeiro Dantas, Quinta Turma, julgado em 14/6/2022, DJe de 20/6/2022.) [...] (*Agravo Regimental no Habeas Corpus nº 760.122–RJ, STJ, 6ª Turma, Rel. Min. Antonio Saldanha Palheiro, sessão virtual de 22.11.2022 a 28.11.2022, publicado no DJ em 30.11.2022*)

197.1. Valoração da confissão: Em um sistema probatório movido pelo critério da verdade *material,* isto é, pela verdade *provada,* a partir de meios regulares de prova, até mesmo a confissão deve ser recebida com cautela, a depender, sobretudo, da natureza do delito e das condições pessoais do imputado.

Não há de ser novidade para ninguém as inúmeras situações em que a pessoa *aparentemente* responsável pelos fatos não passa de simples "*laranja*" do verdadeiro autor do ilícito. Outras vezes, a *troca* de posições e de responsabilidade é negociada segundo a disponibilidade econômica de quem se livra e a necessidade, da mesma natureza, daquele que se incrimina. Qualquer que seja a função do Direito Penal, a imposição de pena a quem não seja o responsável pelo delito não satisfaz a qualquer propósito. Deve o juiz acautelar-se especialmente nos crimes contra a ordem tributária e econômica, contra as relações de consumo, contra a organização do trabalho, e, ainda mais especialmente, nos crimes envolvendo organização criminosa, tráfico de drogas e delitos ambientais. Nesses espaços, a área de manobra quanto à autoria é mais frequente, embora menos visível.

O dispositivo aqui em apreciação reproduz juízo de cautela, quanto à formação da certeza judicial. Exige-se que a confissão, total ou parcial, seja sempre confrontada com os demais elementos de prova, para uma completa aferição da veracidade de seu conteúdo. Naturalmente, a possibilidade de depoimento mendaz do acusado que confessa o delito é muito menor que aquele prestado por testemunha, dado que a falsidade da declaração será desfavorável a ele. Nada obstante, a realidade está a demonstrar a sua ocorrência no dia a dia forense.

Cumpre, então, e, por primeiro, ao Ministério Público, a adoção de cautela quanto às confissões, cuidando para que sejam elas absolutamente coerentes e seguras, quanto a todos os elementos e circunstâncias dos fatos. E, depois, ao magistrado, confrontar a confissão com os demais elementos probatórios, como se efetivamente se tratasse da mesma coisa, ou seja, como se a confissão fosse apenas mais um meio de prova a ser examinado e depurado.

Jurisprudência

197.1. [...] A confissão não pode, desacompanhada de qualquer outro indício probatório, sustentar decreto condenatório, na forma do art. 197 do CPP. *(Agravo Regimental no Recurso Especial nº 1.368.651-RS, STJ, 6ª Turma, julgado em 16.10.2014, publicado no DJ em 3.11.2014)*

197.1. [...]A simples confissão, por si só, não pode sustentar decisão de internação, devendo o juiz confrontar o seu teor com as demais provas do procedimento, verificando se existe compatibilidade entre elas, conforme dispõe o art. 197 do CPP, não se podendo abrir mão da produção da prova judicial quando se cuidar de interesse de menor infrator. Ordem concedida (*Habeas Corpus nº 52.694-RJ, STJ, 6ª Turma, julgado em 12.6.2006, publicado no* DJ *em 9.10.2006*).

197.2. Alteração do conteúdo no interrogatório judicial: O que estamos a cuidar, aqui, é da confissão *judicial*, evidentemente. A confissão feita apenas na fase de investigação não habilita o juiz a fundamentar-se nela para a prolação da sentença, quando retratada em juízo. Poderá ele recusar credibilidade à alteração de versões em juízo, quando não justificada racionalmente a alegada falsidade da confissão prestada na investigação; a hipótese, porém, não seria de confissão judicial!

Não se olvide, a propósito, o disposto na Súmula 630 do STJ, que dispõe que "A incidência da atenuante da confissão espontânea no crime de tráfico ilícito de entorpecentes exige o reconhecimento da traficância pelo acusado, não bastando a mera admissão da posse ou propriedade para uso próprio".

Mas pode ocorrer a situação inversa: que a negação do fato na fase de investigação seja substituída pela confissão em juízo.

Em tal situação, revelar-se-á ainda mais necessária a adoção de cautela quanto ao conteúdo da nova versão, devendo o juiz – e também o Ministério Público – empreender a mais ampla inquirição do interrogando, de modo a não deixar dúvidas quanto à veracidade do novo depoimento. De outro modo, deverá ser analisada a *compatibilidade* e a *concordância* da confissão com os demais elementos de prova. Nesse sentido é que deve ser interpretada e aplicada a Súmula 545 do STJ, que dispõe que, "quando a confissão for utilizada para a formação do convencimento do julgador, o réu fará jus à atenuante prevista no artigo 65, III, d, do Código Penal".

Jurisprudência

197.2. [...] A retratação em juízo invalida a confissão voluntária ou espontânea efetuada na fase policial (HC nº 35.682/MG, Voto Vogal), até porque só vale para provar a autoria se existirem outras provas a corroborá-la (art. 197 do CPP). [...] (*Habeas Corpus nº 57.592-MS, STJ, 6ª Turma, julgado em 20.3.2007, publicado no DJ em 23.4.2007*).

197.3. Confissão como único meio de prova: Não obstante todas as observações e cuidados mencionados até aqui, não se pode, em princípio, recusar validade ao convencimento judicial firmado com base unicamente na confissão do acusado.

Na verdade, talvez não seja exato falar-se em nenhuma *prova única*. Sempre haverá a demonstração – ou não negação – de determinadas circunstâncias que se alinharão com a confissão, ainda quando não classificadas como um meio efetivo de prova.

Tome-se o exemplo de um crime contra a ordem tributária ou previdenciária, no qual se atribua a responsabilidade do fato ao sócio que, segundo os estatutos da empresa, exerça as funções de gerência e de sua administração. Se o réu, no interrogatório, assume o exercício das aludidas funções, esclarecendo, pormenorizadamente, o seu papel na administração, o controle de pagamentos e de recebimentos, e, enfim, a gestão da vida empresarial, não nos parece necessária a produção de prova testemunhal para confirmar sua versão.

Uma coisa é exigir que o juiz analise os demais elementos de prova trazidos aos autos, quando *existentes*, para confronto de veracidade com a confissão; outra, inexistente em nosso sistema processual, é exigir *quantidade* de prova para a condenação. A confissão, quando livre, espontânea, coerente e bem articulada, pode sustentar decreto condenatório.

Art. 198. O silêncio do acusado não importará confissão, mas poderá constituir elemento para a formação do convencimento do juiz.

A manutenção da *vigência* do aludido dispositivo há de ser debitada exclusivamente à incompetência legislativa nacional. Se a revogação *tácita* – ou *não recepção* – do art. 198 já ocorrera no longínquo ano de 1988, com a chegada da atual Constituição da República, a Lei nº 10.792/03 fez incluir, no art. 186, logo abaixo do presente artigo (art. 198) a seguinte disposição:

> "Art. 186. [...]
>
> Parágrafo único. O silêncio, que não importará em confissão, *não poderá ser interpretado em prejuízo da defesa.*"

Como se vê, os sentidos são absolutamente inversos, com o que, embora sem fazê-lo de modo expresso, a Lei nº 10.792/03 revogou, mais uma vez, tacitamente, a norma do art. 198. Assim, referido dispositivo, atualmente, não tem mais qualquer *validade,* ainda que *vigente,* isto é, não retirado do ordenamento pelas vias normais de supressão de vigência (revogação expressa ou inconstitucionalidade afirmada pelo STF, seguida de suspensão pelo Senado – art. 52, X, CF).

Art. 199. A confissão, quando feita fora do interrogatório, será tomada por termo nos autos, observado o disposto no art. 195.

199.1. Confissão por termo nos autos: A confissão, como qualquer outro meio de prova, com aptidão para fundamentar o convencimento judicial – exceção feita unicamente às provas irrepetíveis (art. 157, CPP), já examinadas – deve ser realizada perante o juiz, para que possa se submeter ao contraditório.

Pode ocorrer, então, que, mesmo após o interrogatório, no qual o réu tenha negado sua responsabilidade, resolva ele confessar os fatos. Tal será possível ainda em primeira instância, desde que não sentenciado o processo, e, também, junto ao Tribunal, no caso de recurso.

Entretanto, como se trata de meio de defesa e, também, de prova, é preciso que estejam presentes ao ato todos os interessados. Ora, sendo assim, e, como deve ser assim, o que ocorrerá, nessa hipótese, é a renovação do ato de interrogatório, devendo abrir-se espaço, tanto ao Ministério Público quanto ao magistrado – além da defesa técnica, é claro – para uma completa inquirição do acusado, a fim de se aferirem a espontaneidade, a coerência e demais aspectos relevantes da confissão, não sendo suficiente a redução *a termo* da manifestação, livre de qualquer indagação.

Na realidade, o dispositivo, se aplicado como aqui mencionado, reduziria por completo a força normativa do quanto previsto no art. 197, CPP, além de violar por completo a exigência constitucional do contraditório, bem como as disposições atinentes aos arts. 186 e seguintes do CPP, que autorizam a participação dos interessados no ato do interrogatório judicial.

199.2. Confissão extrajudicial: A previsão de confissão *fora dos autos* tem reduzida aplicabilidade, mas, ainda assim, pode se comprovar de grande utilidade.

Em primeiro lugar, feitas as observações antecedentes, somente terá validade a confissão feita perante o juiz, permitida a participação das partes.

Suponha-se, no entanto, hipótese em que, no curso de ação penal proposta em face de alguém, outra pessoa encaminhe ao juiz correspondência assumindo a autoria do delito, devidamente autenticada pelos meios oficiais. Suponha-se, mais, que referida pessoa venha a falecer antes de se apresentar à Justiça.

Embora não se possa aqui extrair qualquer valor de confissão judicial à correspondência – salvo se pudesse ser confirmada a sua veracidade em juízo, na condição de testemunha –, o fato é que, a depender da natureza da confissão, eventualmente corroborada por testemunhos quanto à voluntariedade da assunção da culpa, o conteúdo da apontada declaração poderá prestar-se à valoração no processo penal já instaurado, se não como prova suficiente da inocência, porquanto ausente e impossível o contraditório, mas como dúvida relevante acerca da autoria do crime. Não se trata, contudo, de uma questão que possa ser resolvida *abstratamente;* apenas o exame de cada caso concreto poderá comprovar a utilidade, ou não, de semelhante modalidade de confissão (assunção de culpa).

Jurisprudência

199.2. [...] Toda pessoa acusada de um delito terá direito, em plena igualdade, a, pelo menos, as seguintes garantias: [...] g) de não ser obrigada a depor contra si mesma, nem a confessar-se culpada" (artigo 14, 3, "g", do Pacto Internacional sobre Direitos Civis e Políticos). Esse efetivo direito a não se autoincriminar constitui uma das mais eminentes formas de densificação da garantia do processo acusatório e do direito à presunção de não culpabilidade. A revelar que o processo é o meio de plena demonstração da materialidade do delito e da autoria. A confissão extrajudicial retratada em Juízo constitui circunstância atenuante (alínea "d" do inciso III do art. 65 do CP), quando embasar a sentença penal condenatória. O que se deu no caso concreto. Ordem concedida (*Habeas Corpus nº 91.564, STF, 1ª Turma, Rel. Min. Ayres Britto, julgado em 8.4.2008, publicado no DJ em 7.11.2008*).

199.2. [...] *Habeas corpus*: cabimento: direito probatório. Não cabe o *habeas corpus* para solver controvérsia de fato dependente da ponderação de provas desencontradas; cabe, entretanto, para aferir a idoneidade jurídica ou não das provas onde se fundou a decisão condenatória. Roubo: chamada de corréus: inidoneidade para restabelecer validade de confissão extrajudicial retratada em Juízo: precedente (*v. g.*, HC 84.517, 1ª T., j. 19.10.04, Pertence, DJ 19.11.04). Não se pode restabelecer a validade da confissão extrajudicial, negando-se valor à retratação, com fundamento na delação dos corréus e porque o paciente deixou de "dar versão hábil para o seu envolvimento nos fatos". Insuficiência dos elementos restantes para fundamentar a condenação. Quadrilha (C. Penal, art. 288): ausência de dados de fato a comprovarem, no caso, a associação de "mais de três pessoas", exigida para a configuração do delito de quadrilha (*v. g.*, HC 81.260, Pleno, j. 14.11.01, Pertence, DJ 19.4.02) (*Habeas Corpus nº 85.457, STF, 1ª Turma, Rel. Min. Sepúlveda Pertence, julgado em 22.3.2005, publicado no DJ em 15.4.2005*).

Art. 200. A confissão será divisível e retratável, sem prejuízo do livre convencimento do juiz, fundado no exame das provas em conjunto.

Dispositivo absolutamente dispensável. Uma vez consolidado o sistema do livre convencimento judicial, é irrecusável a liberdade que tem o magistrado no exame da confissão, e, também, da retratação dela.

Dizer que uma confissão, ou qualquer outro depoimento, é divisível e retratável corresponde a: (a) dizer o óbvio, na medida em que tudo que pode *ser dito*, pode também ser *desdito*. Total ou parcialmente (*divisível*); ou (b) esclarecer que a divisibilidade do depoimento dependerá da narrativa concreta de cada fato, quando se estará, mais uma vez, dizendo o óbvio e ululante. Quem afirma ter atirado em alguém, pode *desdizer-se* completamente (não atirou), ou pode *retratar-se parcialmente*, admitindo o disparo, mas alterando o dolo da conduta (de lesão corporal e não de homicídio). Não pode, porém, retratar-se do disparo, se admitida a lesão pelo projétil como ato de sua responsabilidade (por culpa, por exemplo).

CAPÍTULO V
Do Ofendido

Art. 201. Sempre que possível, o ofendido será qualificado e perguntado sobre as circunstâncias da infração, quem seja ou presuma ser o seu autor, as provas que possa indicar, tomando-se por termo as suas declarações. (Redação dada pela Lei nº 11.690, de 2008)

§ 1º Se, intimado para esse fim, deixar de comparecer sem motivo justo, o ofendido poderá ser conduzido à presença da autoridade. (Incluído pela Lei nº 11.690, de 2008)

§ 2º O ofendido será comunicado dos atos processuais relativos ao ingresso e à saída do acusado da prisão, à designação de data para audiência e à sentença e respectivos acórdãos que a mantenham ou modifiquem. (Incluído pela Lei nº 11.690, de 2008)

§ 3º As comunicações ao ofendido deverão ser feitas no endereço por ele indicado, admitindo-se, por opção do ofendido, o uso de meio eletrônico. (Incluído pela Lei nº 11.690, de 2008)

§ 4º Antes do início da audiência e durante a sua realização, será reservado espaço separado para o ofendido. (Incluído pela Lei nº 11.690, de 2008)

§ 5º Se o juiz entender necessário, poderá encaminhar o ofendido para atendimento multidisciplinar, especialmente nas áreas psicossocial, de assistência jurídica e de saúde, a expensas do ofensor ou do Estado. (Incluído pela Lei nº 11.690, de 2008)

§ 6º O juiz tomará as providências necessárias à preservação da intimidade, vida privada, honra e imagem do ofendido, podendo, inclusive, determinar o segredo de justiça em relação aos dados, depoimentos e outras informações constantes dos autos a seu respeito para evitar sua exposição aos meios de comunicação. (Incluído pela Lei nº 11.690, de 2008)

201.1. Ofendido e posição no processo: Por opção da legislação brasileira, e do mesmo modo que ocorreu em relação ao interrogatório, o ofendido, tal como o réu, não é ouvido na qualidade de testemunha, como ocorre, por exemplo, no direito norte-americano, mas em posição distinta, inclusive, quanto ao conteúdo de suas declarações.

Em razão disso, não responderá pelo crime de falso testemunho (art. 342, Código Penal), cuja tipologia refere-se apenas *às testemunhas, peritos, contadores, tradutores ou intérpretes.* Nada obstante, poderá o ofendido responder pelo crime de denunciação caluniosa (art. 339, Código Penal), se presentes as elementares ali mencionadas.

Aplicam-se ao ofendido todas as disposições pertinentes ao interrogatório, no que se refere às eventuais limitações físico-psíquicas que o impeça de prestar oralmente o seu depoimento. Depoimento esse de suma importância, na medida em que, em vários crimes, constitui a prova mais importante do processo, ao menos em relação à autoria, tal como ocorre em relação aos crimes contra a dignidade sexual.

Jurisprudência

201.1. [...] Em se tratando de delitos sexuais, é assente na jurisprudência do Superior Tribunal de Justiça a extrema relevância da palavra da vítima. Pela própria peculiaridade da conduta, ao ser usualmente *cometida na clandestinidade e por frequentemente não deixar vestígio, a palavra da vítima tem valor probante diferenciado.* [...] (Inquérito nº 1.587-DF, STJ, Corte Especial, Rel. Min. Sebastião Reis Júnior, julgado em 17.4.2024, publicado no DJ em 8.5.2024)

201.1. [...] "A jurisprudência desta Corte Superior orienta que, em casos de violência doméstica, a palavra da vítima tem especial relevância, haja vista que em muitos casos ocorrem em situações de clandestinidade" (HC 615.661/MS, Rel. Ministro Néfi Cordeiro, Sexta Turma, julgado em 24/11/2020, DJe 30/11/2020). [...] (Agravo Regimental no Agravo em Recurso Especial nº 2.123.567–SP, STJ, 6ª Turma, Rel. Min. convocado Olindo Menezes, *julgado em 25.10.2022, publicado no DJ em 28.10.2022)*

201.1. [...] A palavra da vítima, como espécie probatória positivada no art. 201 do Código de Processo Penal, nos crimes praticados – à clandestinidade – no âmbito das relações domésticas ou nos crimes contra a dignidade sexual, goza de destacado valor probatório, sobretudo quando evidencia, com riqueza de detalhes, de forma coerente e em confronto com os demais elementos probatórios colhidos na instrução processual, as circunstâncias em que realizada a empreitada criminosa (AgRg no AREsp n. 1.275.084/TO, Rel. Ministra Laurita Vaz, Sexta Turma, julgado em 28/5/2019, DJe 5/6/2019). *[...] Agravo Regimental no HC nº 655.918-SP, STJ, 5ª Turma, Rel. Min. Reynaldo Soares da Fonseca, julgado em 11.5.2021, publicado no DJ em 14.5.2021)*

....

201.2. Condução coercitiva e direito ao confronto: Obviamente, a posição do ofendido, somente pelo fato de ser o titular (portador) de uma lesão contra interesse ou direito também seu, já exige olhares mais compassivos por parte do Estado, responsável, como se sabe, pela segurança pública. Mas não só por parte do Estado. Todos os envolvidos no processo penal devem levar em consideração o estado psíquico-psicológico da vítima, merecedora, por isso mesmo, de cuidados e atenções, uma vez demonstrada a *materialidade* do crime. Veja-se, por exemplo, a previsão de tratamento multidisciplinar às vítimas, consoante o disposto no § 5º do art. 201.

Mas, como parece intuitivo, a condição de ofendido não o exime de comportar-se conforme o direito durante a persecução penal.

Não tem ele, por exemplo, *direito ao silêncio*; ao contrário, tem o *dever de depor,* enquanto e nas situações em que tenha partido dele a identificação do acusado.

Não vemos, então, inconstitucionalidade na exigência de condução coercitiva do ofendido que, citado, não comparece à instrução. O que não impede de recusar a aplicação do aludido dispositivo em determinados casos. Por certo, tem o réu o direito de confrontar-se com quem o acusa (art. 229, CPP), justificado na extensão do princípio da ampla defesa.

No entanto, a realidade dos dias que correm (nem sempre foi assim?) estão a comprovar inúmeras situações nas quais as vítimas – e não apenas as testemunhas – são *revitimizadas*, sistematicamente, por meio de ameaças contra si e seus familiares. Não são poucas as vezes em que a *lei do silêncio,* imposta a todos que tenham qualquer conhecimento dos fatos, impede, eficazmente, a intervenção penal, sobretudo e particularmente, naqueles crimes praticados no cotidiano de organizações ou grupos instituídos para tais finalidades (ver Lei nº 12.850/13). Nesses casos, e na exata medida em que seja necessário proteger a vítima (e testemunhas, familiares etc.), deve-se afastar a regra do confronto, justificando-se a redução na aplicação de um princípio constitucional (ampla defesa) em face da preferência de outros (direitos individuais fundamentais) àqueles casos concretos antes mencionados.

De se ver, no ponto, que, embora não se negue ao réu a existência de um direito de confronto, não se pode recusar também que a necessidade da presença da vítima nem sempre influenciará na qualidade do material defensivo. Pode-se pensar, por exemplo, em uma separação entre ambos – réu e vítima – de tal modo que seja possível a identificação de um pelo outro, sem necessidade da coexistência espacial em tempo real (ver reconhecimento de pessoa – art. 226). Uma das alternativas, agora prevista em Lei, seria exatamente o depoimento por meio de videoconferência, conforme disposto no art. 185, § 8º (quando preso o ofendido), c/c art. 222, § 3º (quando solto).

Não por outra razão foi o ofendido incluído nas regras de proteção da Lei nº 9.805/99, que dispõe sobre a proteção às testemunhas, vítimas e outros.

201.3. Separação de depoimentos: Do mesmo modo que ocorre em relação ao interrogatório e com a prova testemunhal, deve-se tomar em separado o depoimento do ofendido, não só no que se refere àqueles (réus e testemunhas), mas, também, em relação a outro (ofendido). As razões são as mesmas: a importância da subjetividade, da pessoalidade das percepções e da originalidade da representação dos fatos (impressões pessoais de cada um).

201.4. Divergência entre ofendidos: Havendo divergência entre eles, poderá se realizar a *acareação* dos ofendidos (art. 229, CPP), por todos os motivos que aqui já declinamos, aliadas a outro: a versão de um, quando contrária a de outro, poderá significar matéria de defesa em favor de um ou mais acusados, o que, por si só, já justificaria a medida.

201.5. Faculdades processuais: Ainda quando o ofendido não se habilite como assistente da acusação (art. 269, CPP), pode ele exercer algumas faculdades e poderes processuais típicas de *parte.*

Para começar, pode o ofendido oferecer assistente técnico para subsídios à prova pericial (art. 159, § 3º, CPP), com o que se permitirá a ele, mesmo quando não habilitado nos autos – repita-se – participar das inquirições a esse respeito (aos peritos e aos assistentes técnicos), conforme se extrai, por ampliação de sentido, do disposto no § 5º do mesmo art. 159. Aludida participação, para além da natureza individual do interesse jurídico que autoriza o ingresso do assistente de acusação, presta-se a consolidar a ideia do contraditório (*diferido*, é certo!) para as provas consideradas *irrepetíveis*, isto é, aquelas cuja urgência e cautelaridade justificam a sua realização na fase de investigação, a qual, como se sabe, não se realiza em contraditório e nem sob a ampla defesa. A possibilidade de apresentação de laudo do assistente técnico (do ofendido e das partes) amplia sensivelmente o campo argumentativo a respeito da qualidade e das consequências desse tipo de prova (pericial).

Mais.

Agora, por força das alterações promovidas pela Lei nº 11.690/09, deve o ofendido ser comunicado dos atos processuais relativos ao ingresso e à saída do acusado da prisão, à designação de data para audiência e à sentença e aos respectivos acórdãos que a mantenham ou modifiquem (§ 2º).

A medida é salutar, no que toca especificamente à comunicação de ingresso ou saída do acusado da prisão, particularmente para os crimes de violência, passíveis de produzirem maiores transtornos à vida de quem foi por ele vitimado. Já as demais disposições parecem-nos excessivas, podendo prestar-se, inclusive, à *realimentação* (reprodução) dos deletérios efeitos de uma lesividade concretamente vivenciada (produzida). Não tendo havido a habilitação do ofendido como *assistente de acusação*, pensamos arbitrária a solução legal, enquanto e somente se por imposição, como parece ser o caso.

Pensamos, aliás, que o ofendido, na primeira oportunidade em que for ouvido pelo juiz da causa, deve ser consultado sobre seu eventual interesse no recebimento de intimação dos mencionados atos processuais.

De outra parte, é conveniente a previsão de ambiente separado para o ofendido, antes e durante a audiência. Pode evitar novos conflitos ou desdobramentos do originário. Todavia, a regra será de difícil aplicação prática; há inúmeras (a maioria, provavelmente) sedes de juízos nas quais sequer se acomodam com alguma privacidade o juiz e os serventuários.

201.6. Proteção às inviolabilidades pessoais e segredo de justiça: Estabelece ainda o dispositivo legal que o juiz deverá cuidar da proteção da intimidade, da imagem e da honra do ofendido, especialmente contra ações tendentes à exposição pública do fato (delituoso) ou daquela condição (ofendido). Tragicamente, vamo-nos encaminhando, cada dia mais, para um mundo sem fronteira de respeito à intimidade e à honra alheia. Esse mundo (da vida) vai se tornando um permanente *reality show*, no qual se vende de tudo: dos dramas e traumas pessoais aos sonhos da lucrativa exposição pública.

Duas medidas podem e devem ser tomadas em situações que estejam a reclamar o incremento da proteção às inviolabilidades pessoais. A primeira, pela decretação do sigilo ou segredo judicial, de tal maneira que somente as partes, seus defensores, o magistrado e os serventuários autorizados tenham acesso aos autos. A segunda, impedindo o acesso de pessoas às audiências de instrução e julgamento, bem como à realização de outras diligências. Certamente que a segunda medida está abrangida pela regra geral do segredo judicial; nada obstante, diante de sua frequência no cotidiano forense, merece registro em separado.

Jurisprudência

201.6. [...] O denominado "depoimento especial" ou "depoimento sem dano" visa ao resguardo e proteção de crianças e adolescentes, evitando sua eventual revitimação pela sucessiva coleita de depoimentos, proporcionando-lhes o devido cuidado e assistência em situações especialmente sensíveis, como no caso de crimes sexuais cometidos contra vulneráveis. [...] *(Agravo Regimental no Agravo em Recurso Especial nº 2.322.796-SP, STJ, 5ª Turma, Rel. Min. Reynaldo Soares da Fonseca, julgado em 23.5.2023, publicado no DJ em 29.5.2023)*

201.6. [...] 1. "A inquirição especial de crianças e adolescentes vítimas ou testemunhas de violência a que alude a Recomendação n. 33, de 23/11/2010, do CNJ constitui medida de proteção que deve ser utilizada, exclusivamente, em benefício da vítima, não sendo razoável admitir - diferentemente daquilo que pretende aqui a Defesa - que a ausência de tal procedimento seja tomada em seu desfavor" (HC 422.635/SP, Rel. Ministro Antônio Saldanha Palheiro, Sexta Turma, Dje 12/3/2019). 1.1. No caso dos autos, a fim de proteger a integridade biopsicossocial da criança, evitando revitimizá-la, foi acolhida a sugestão da equipe técnica, dispensando a vítima do depoimento especial, o que não contraria a jurisprudência desta Corte. [...] *(Agravo Regimental no Agravo em Recurso Especial nº 1.844.519-SP, STJ, 5ª Turma, Rel. Min. Joel Ilan Paciornik, julgado em 15.2.2022, publicado no DJ em 18.2.2022)*

201.6. [...] O § 6º do art. 201 do Código de Processo Penal – CPP visa proteger com o sigilo a vítima de qualquer crime e não o agente. [...] *(Agravo Regimental nos Embargos de Declaração na Petição no Habeas Corpus nº 676.883-GO, STJ, 5ª Turma, Rel. Min. Joel Ilan Paciornik, julgado em 15.2.2022, publicado no DJ em 18.2.2022)*

201.6. [...] O fato de a vítima não ter sido ouvida em juízo, por si só, não configura nulidade, se existirem outros elementos válidos para corroborar seu depoimento colhido na fase extrajudicial, de forma suficiente para sustentar a condenação. Nos termos do *caput* do art. 201 do Código de Processo Penal, "sempre que possível, o ofendido será qualificado e perguntado sobre as circunstâncias da infração, quem seja ou presuma ser o seu autor, as provas que possa indicar, tomando-se por termo as suas declarações". No caso, justificou-se que o ofendido – uma criança vítima de atentado violento ao pudor – não foi ouvido em juízo por recomendação médica, o que não vicia a condenação. Não há constrangimento ilegal se as instâncias ordinárias concluíram, pela análise detida dos elementos de convicção, que elas são suficientes para sustentar o decreto condenatório, não sendo possível, na via estreita do *habeas corpus*, que se proceda a um exame aprofundado das provas para se chegar à conclusão diversa. *Habeas corpus* denegado (*Habeas Corpus nº 91.131-RS, STJ, 6ª Turma, Rel. Min. Maria Thereza de Assis Moura, julgado em 1.10.2009, publicado no DJ em 3.11.2009*).

CAPÍTULO VI
Das Testemunhas

Art. 202. Toda pessoa poderá ser testemunha.

Ao contrário do disposto no art. 447, CPC/2015 (art. 405, CPC/1973), o nosso processo penal admite o depoimento até mesmo do incapaz, na qualidade de testemunha.

Obviamente, estamos a nos referir à *capacidade* para depor, essa, sim, comum a qualquer pessoa.

Todavia, as eventuais incapacitações genéricas, seja de ordem físico-psíquica, seja quanto à imaturidade no desenvolvimento intelectual, seja, enfim, de qualquer natureza, haverão que ser mensuradas pelo magistrado, por ocasião da formação de seu convencimento.

Note-se, no ponto, que o próprio CPP antecipa algumas soluções quanto à manifestação da vontade da testemunha, como se vê, por exemplo, no art. 223 (exigência de intérprete, quanto ao idioma, de escrita, relativamente ao surdo-mudo, com remissão ao art. 192, CPP).

Pensamos que também o portador de deficiência visual poderá ser ouvido na condição de testemunha, desde que em relação a fatos cujo conhecimento não dependa do sentido que lhe falta. Do mesmo modo, a credibilidade do testemunho dependerá das circunstâncias de cada caso concreto.

Jurisprudência

202. [...] 2. Os arts. 202 e 206 do CPP dispõem que "toda pessoa poderá ser testemunha" e que "a testemunha não poderá eximir-se da obrigação de depor. Poderão, entretanto, recusar-se a fazê-lo o ascendente ou descendente, o afim em linha reta, o cônjuge, ainda que desquitado, o irmão e o pai, a mãe, ou o filho adotivo do acusado". Já o art. 447, § 2º, I, do CPC enumera que são impedidos "o cônjuge, o companheiro, o ascendente e o descendente em qualquer grau e o colateral, até o terceiro grau, de alguma das partes, por consanguinidade ou afinidade". 3. Tratando-se de falso testemunho cometido em processo cível, deve ser aferida a qualidade de testemunha nos termos do CPC. Lado outro, se o falso testemunho tiver sido praticado em processo criminal, como na hipótese dos autos, a qualidade de testemunha tem que ser verificada de acordo com o CPP, sem necessidade de aplicação analógica do CPC. [...] *(Agravo Regimental no Recurso em Habeas Corpus n. 108.823-SP, STJ, 5ª Turma, unânime, Rel. Min. Reynaldo Soares da Fonseca, julgado em 15.8.2019, publicado no* DJ *em 30.8.2019).*

Art. 203. A testemunha fará, sob palavra de honra, a promessa de dizer a verdade do que souber e lhe for perguntado, devendo declarar seu nome, sua idade, seu estado e sua residência, sua profissão, lugar onde exerce sua atividade, se é parente, e em que grau, de alguma das partes, ou quais suas relações com qualquer delas, e relatar o que souber, explicando sempre as razões de sua ciência ou as circunstâncias pelas quais possa avaliar-se de sua credibilidade.

203.1. Compromisso de dizer a verdade e dever de depor: Muito ao contrário do que se pensa, o *dever* de dizer a verdade *jamais* decorreu da assunção do decantado *compromisso de dizer a verdade,* previsto nesse dispositivo. Na realidade, decorre é do *dever de depor* resultante do comando do art. 206, logo adiante.

O que aqui se contém não passa de mera *exortação* de fundo moral ou cívico, com o qual se pretende convencer a testemunha da importância de seu *múnus,* e da necessidade de se ater ela aos ditames de sua consciência, quanto à veracidade dos fatos de que tem conhecimento.

Imagine-se a hipótese de o juiz se esquecer de tomar o compromisso da testemunha; imagine-se, ainda, que, exortada ao compromisso de dizer a verdade, a testemunha afirmar ao juiz, por quaisquer razões pessoais, não admitidas em Lei, que não irá dizer a verdade. O que fazer?

Ora, pouco importa estar ela compromissada – formalmente, isto é, pela tomada de compromisso – ou não. Se a Lei a obriga a depor, e é essa a disposição do art. 206, CPP, obriga também ao depoimento *verdadeiro*, parecendo-nos impensável a hipótese de se obrigar alguém a comparecer em juízo apenas para se *entrevistar* com o magistrado e com as partes. *Deve-se* dizer a verdade porque, igualmente, *deve-se* depor.

Jurisprudência

203.1. [...] A regra é que a testemunha não tem o direito de ficar calada, todavia, quando esta é formalmente arrolada nessa condição, mas tratada materialmente como um investigado, também deverá incidir a garantia constitucional. [...] *(RHC nº 88.030/RJ, STJ, 6ª Turma, unânime, Rel. Min. Rogério Schietti Cruz, julgado em 6.4.2021, publicado no DJ em 14.4.2021)*

203.1. [...] "*O corréu, por não ter o dever de falar a verdade e por não prestar compromisso, não pode servir como testemunha, o que afasta o constrangimento ilegal de que estaria sendo vítima a recorrente. Doutrina. Precedentes*" (RHC-40.257, Relator Ministro Jorge Mussi, 5ª Turma *DJe* de 1º.10.2013). [...] As regras que norteiam o processo e o procedimento de apuração de ato de improbidade administrativa não se confundem, diante de sua natureza civil/administrativa, com as normas e princípios do processo penal. Assim, a possibilidade, no procedimento que apura ato de improbidade, de indicação de codenunciado no rol de testemunhas, não se estende ao processo penal. [...] (*RHC nº 65.835-DF, STJ, 5ª Turma, unânime, Rel. Min. Reynaldo Soares da Fonseca, julgado em 12.4.2016, publicado no* DJ *em 20.4.2016*).

203.2. Parentesco e compromisso de dizer a verdade: A necessidade de identificação das relações pessoais e de eventual parentesco que liga a testemunha às partes, incluindo o defensor e o ofendido, decorre, não só, do exame da credibilidade do testemunho, mas também para a aplicação das regras atinentes à tomada de compromisso.

Logo veremos que algumas pessoas são *impedidas* de depor (art. 207) e outras são *dispensadas* (art. 206) desse dever, cada uma delas por razões específicas.

De outro lado, embora ouvidas em juízo, não se deferirá ou não se tomará o compromisso de dizer a verdade dos menores de quatorze anos, dos portadores de deficiência mental e dos parentes a que alude o art. 206 do CPP (art. 208, c/c art. 214, CPP), observada quanto a estes últimos a inexistência do dever de depor.

Tais considerações confirmam o que antes assentamos: a tomada de compromisso é mera exortação moral (e cívica) da relevância do *múnus* (obrigação de atuação) imposto pela Lei às testemunhas. Menores de 14 e portadores de deficiência não têm, como regra, discernimento suficiente para compreender a grandeza da missão. Do mesmo modo, mas, por outras razões, não se pode exigir dos parentes mencionados no art. 206, CPP, um comportamento de fidelidade ao Estado e ao Direito em níveis superiores àqueles que decorrem dos laços familiares e consanguíneos. Não no plano *moral* e da ética, em geral.

Quanto a estes últimos, parentes do art. 206, já veremos que haverá o compromisso *jurídico* – e, aí, o *dever* – de depor, quando em relação a fatos ocorridos no interior das relações domésticas.

Por fim, esclareça-se: o tipo penal do art. 342, CP, que alude ao *falso testemunho*, não exige a tomada de compromisso, satisfazendo-se com a condição de testemunha (perito ou intérprete).

203.3. Testemunha e direito ao silêncio: Embora arrolada pelas partes como *testemunha* poderá o depoente exercer o direito ao silêncio nas situações em que a inquirição se dirija a uma possível atribuição, a ele, de responsabilidade pessoal pelos fatos ou por um deles (fatos) ou circunstâncias. Remetemos o Leitor aos comentários que fizemos ao art. 186, item 186.7, no qual descemos a maiores detalhes sobre o problema.

Jurisprudência

203.3. [...] Nos termos da jurisprudência desta Quinta Turma, não configura prejuízo à defesa ou ofensa direta aos arts. 203 e 204 do Código de Processo Penal, a ratificação judicial dos depoimentos realizados em sede policial, já que há a realização de perguntas e reperguntas. 3. No moderno sistema processual penal, não se admite o reconhecimento de nulidade sem a demonstração do efetivo prejuízo à defesa, vigorando a máxima *pas de nullité sans grief*, a teor do que dispõe o art. 563 do Código de Processo Penal. [...] (*Agravo Regimental no Agravo em Recurso Especial nº 397.633-MG, STJ, 5ª Turma, Rel. Min. Marco Aurélio Bellizze, julgado em 4.2.2014, publicado no* DJ *em 10.2.2014*).

Art. 204. O depoimento será prestado oralmente, não sendo permitido à testemunha trazê-lo por escrito.

Parágrafo único. Não será vedada à testemunha, entretanto, breve consulta a apontamentos.

O que se quer evitar é a *programação* do depoimento, que certamente impediria uma reprodução *espontânea* quanto aos conhecimentos pessoais da testemunha acerca dos fatos.

No entanto, se a inquirição avançar sobre detalhes específicos atinentes a datas e/ou dados pormenorizados, nada impedirá a consulta a registros eventualmente em poder da testemunha, tal como ocorre com agendas de endereços, de telefones etc.

Tudo dependerá, como se percebe, da natureza do depoimento. Quando se for ouvir um testemunho sobre questões técnicas, por exemplo, é de se permitir a consulta aos textos que possam esclarecer o depoimento e as circunstâncias do conhecimento da testemunha. O que se deve impedir é a *memória prévia* da narrativa, como se o conhecimento dos fatos dependesse de informações de terceiros.

Jurisprudência

204. [...] Não há nulidade pelo fato de a testemunha ter feito breve consulta às suas declarações anteriormente prestadas na fase inquisitorial. Tal conduta está autorizada pelo parágrafo único do art. 204 do Código de Processo Penal, o qual dispõe que "não será vedada à testemunha, entretanto, breve consulta a apontamentos". (*Agravo Regimental no HC nº 653.250-SP, STJ, 5ª Turma, Rel. Min. Laurita Vaz, julgado em 27.4.2021, publicado no DJ em 5.5.2021)*

204. [...] O art. 204, parágrafo único, do Código de Processo Penal, autoriza a breve consulta a apontamentos até mesmo durante a oitiva, inexistindo ilegalidade no fato de que as testemunhas, policiais civis, que participaram da investigação e conheciam o inquérito policial, tenham consultado a peça da qual já tinham conhecimento, ou até a seu depoimento anterior, antes de serem ouvidos pelo Magistrado. [...] *(Habeas Corpus n. 145.474–RJ, STJ, 6ª Turma, unânime, Rel. Min. Maria Thereza de Assis Moura, julgado em 6.4.2017, publicado no DJ 30.5.2017)*

Art. 205. Se ocorrer dúvida sobre a identidade da testemunha, o juiz procederá à verificação pelos meios ao seu alcance, podendo, entretanto, tomar-lhe o depoimento desde logo.

A dúvida sobre a identidade de quem quer que seja já é, em si, relevante. Do réu e da testemunha, mais ainda, dado que o primeiro sofrerá as consequências do processo, e a segunda poderá influenciar a construção da decisão judicial.

Os meios ao alcance do magistrado são aqueles regularmente previstos na Lei, e, mais especificamente, atinentes à *identificação* datiloscópica e fotográfica da pessoa, tal como previsto na Lei nº 12.037/09, também conhecida como identificação criminal.

A Leitura literal da aludida legislação está a indicar que os procedimentos de identificação criminal seriam reservados apenas ao *indiciado*.

A nosso juízo, todavia, deverão também ser aplicados à testemunha, desde que haja fundada suspeita quanto à falsidade de sua identificação civil. Em semelhante situação, ainda que não se possa qualificá-la como *indiciada*, porquanto inexistente investigação acerca do suposto *falso*, será perfeitamente justificada a adoção da identificação prevista na citada Lei nº 12.037/09, dado que o ato em si, seja de falsidade *ideológica* – se não apresentado qualquer documento –, seja *material*, constitui ilícito penal.

Art. 206. A testemunha não poderá eximir-se da obrigação de depor. Poderão, entretanto, recusar-se a fazê-lo o ascendente ou descendente, o afim em linha reta, o cônjuge, ainda que desquitado, o irmão e o pai, a mãe, ou o filho adotivo do acusado, salvo quando não for possível, por outro modo, obter-se ou integrar-se a prova do fato e de suas circunstâncias.

206.1. Dever de depor e dever de verdade: Como já esclarecido (ver art. 203), o dever de dizer a verdade não decorre da tomada de compromisso nesse sentido, mas precisamente do dever de *depor,* imposto pela regra geral (já veremos as exceções) ora em comento.

A tomada de compromisso – que, aliás, pode até ser *esquecida* em determinada audiência – traduz mera exortação moral, insuficiente para impor qualquer consequência jurídica a não observância da obrigação prometida.

Somente porque é exigido o dever de depor é que se exige também o dever de dizer a verdade; afinal, a Justiça não deve ser palco de manifestações inconsequentes.

Jurisprudência

206.1. [...] Depoimentos testemunhais de parentes são admitidos em nosso ordenamento, notadamente em casos como o presente, em que a conduta do recorrente ocorreu no âmbito doméstico dos familiares, não se confundindo com a previsão legal (arts. 206 e 208, ambos do CPP) que alcança os parentes do acusado para deixarem de prestar depoimento ou para prestá-lo sem compromisso. [...] *(Recurso Especial nº 1.817.416/SC, STJ, 5ª Turma, unânime, Rel. Min. Joel Ilan Paciornik, julgado em 3.8.2021, publicado no DJ em 16.8.2021)*

206.2. Dispensa do dever de depor: O legislador brasileiro, atento às dificuldades de se obter um compromisso de fidelidade à verdade por parte de pessoas envolvidas com o acusado por laços de parentesco, consanguíneo ou por afinidade, resolveu *dispensar* algumas delas do dever de depor.

Fê-lo em relação ao "ascendente, ao descendente, o afim em linha reta, o cônjuge, o irmão, o pai e a mãe ou filho, adotado ou não". Ou seja, pai, mãe, avós, sogros, filhos, irmãos e cônjuges, ainda quando separados ou divorciados. Relativamente aos filhos, pouco importa serem ou não adotados; a Constituição da República garante igualdade de tratamento (art. 227, § 6º).

A nosso aviso, também as pessoas que puderem se qualificar como membro de uma *entidade familiar*, a partir de uma união estável, nos termos em que reconhecida na Constituição (art. 226, § 3º) e na legislação previdenciária (companheiro e companheira).

E, nesse ponto, não vemos por que não estender a dispensa aos companheiros e companheiras unidos em relação homoafetiva estável. Afinal, o que deve ser valorado é o nível de comprometimento da pessoa com o respectivo laço afetivo, bem como o seu grau de reconhecimento na comunidade jurídica. Assim, ainda que não se possa igualar a união estável entre o homem e a mulher àquela entre pessoas do mesmo sexo, o processo civilizatório ocidental caminha rapidamente para a consolidação de um conceito mais amplo do princípio da igualdade, sem distinção quanto aos sujeitos envolvidos em determinada relação, se e quando com repercussões jurídicas validamente reconhecidas, ainda que unicamente no âmbito do Poder Judiciário (isto é: ainda que sem previsão legal expressa).

206.3. Ressalva quanto à dispensa do dever de depor: Não afasta a Lei o dever de depor, nem mesmo para os citados parentes, quando *não for possível, por outro modo, obter-se ou integrar-se a prova do fato e de suas circunstâncias.*

É dizer: quando não houver outros meios de prova disponíveis, a Lei impõe também àqueles parentes o dever de depor, ao entendimento, justificado, de ser necessária, em tais situações, a efetividade da intervenção penal.

Mas, afastando-nos um pouco da literalidade do texto, pensamos que o dever de depor não pode resultar unicamente da inexistência de outros meios de prova. O que há de ser verificado é se esses meios (de prova) não poderiam de fato ser obtidos, pela natureza da infração e pelas peculiaridades circunstanciais do fato. Crimes praticados entre familiares, no âmbito do cotidiano doméstico, não deixam outra margem probatória que não o depoimento daqueles que participam daquele convívio. É claro que, se houver a presença de terceiros no momento do fato, não será necessária a inquirição dos parentes, até mesmo por força da parte final do citado art. 206.

Fora de tais situações, deve-se atender à regra da exceção, poupando os familiares do dilema polarizado pelos interesses coletivos da intervenção penal e os interesses daquele abarcado por laços afetivos e consanguíneos.

206.4. Declarantes, informantes e parentes dispensados: A regra do dever de depor encontra-se no art. 206, com as exceções previstas ao seu final.

De outro lado, prevê o art. 207, CPP, a *proibição* de depor a determinadas pessoas, em razão de específicas funções, ministério, ofício ou profissão por elas exercidas.

O que nos interessa aqui, todavia, é o depoimento de outras pessoas, que, segundo parte da doutrina, nem seriam testemunhas nem estariam proibidas de depor. Seriam declarantes ou informantes.

Um desses grupos de pessoas seria o dos parentes apontados no presente art. 206, na hipótese em que, embora *dispensadas* do dever de depor, manifestassem o desejo de prestar depoimento sobre os fatos. Poderiam elas ser ouvidas?

O art. 447, §§ 4º e 5º, CPC/2015 (art. 405, § 4º, CPC/1973), estabelece ser possível a inquirição de testemunhas *impedidas ou suspeitas*, que seriam ouvidas na qualidade de *declarantes* (ou *informantes*), sem a tomada de compromisso de dizer a verdade.

Ora, no processo penal, à exceção das pessoas mencionadas nos arts. 206 e 207, todas as demais são obrigadas a depor, nos precisos termos do art. 214 do mesmo CPP, o que inclui até mesmo os amigos e inimigos das partes, dos quais se pode duvidar da veracidade dos depoimentos, mas nunca do correspondente dever (de depor). A matéria penal não cede à circunstância do afeto (da amizade) ou do rancor (da inimizade), fora dos casos expressamente estabelecidos em Lei.

À indagação feita, então, responde-se: sim, não há impedimento legal a que se ouçam os parentes que queiram depor, embora a tanto dispensados. Deles não se tomará o compromisso de dizer a verdade, o mesmo ocorrendo em relação aos menores de 14 anos e dos portadores de doença ou deficiência mental, tudo consoante o disposto no art. 208, CPP.

Nada obstante, não nos parece recomendável ou pertinente a inquirição dos parentes, na condição de *declarantes*.

É que, por não terem o *dever legal de depor* – e não, pela última vez, por não prestarem o compromisso! –, não estão obrigados a dizer a verdade. E se é assim, qual a razão de se ouvi-los, considerando os laços de comprometimento pessoal que os qualificam? Obviamente, estamos a nos referir às hipóteses em que eles (parentes) são dispensados do dever e não àquelas em que, em razão de determinadas circunstâncias, são também obrigados a depor (ressalva da parte final do art. 206).

Uma última observação: a conceituação de *declarantes* às pessoas das quais não se toma o compromisso de dizer a verdade não as exime da prática do crime de falso testemunho, nos casos em que a Lei impõe a elas o dever de depor. As pessoas do art. 208 (menores e portadores de deficiência) não responderão pelo crime, é certo. Mas não porque sejam *declarantes*, mas porque não têm responsabilidade penal (imputabilidade).

Do mesmo modo, os parentes, quando devem depor (última parte do art. 206), têm o dever de dizer a verdade. Pode até ser que não se lhes impute, nesses casos, o crime de falso testemunho. Mas não porque sejam *declarantes*, e, sim, por eventual ausência de culpabilidade (decorrente do parentesco).

Art. 207. São proibidas de depor as pessoas que, em razão de função, ministério, ofício ou profissão, devam guardar segredo, salvo se, desobrigadas pela parte interessada, quiserem dar o seu testemunho.

207.1. Regras e fundamentos do sigilo na proibição de depor: Uma primeira observação há de ser feita, logo à saída. A proibição de depoimento em relação às pessoas que exercem as funções e/ou profissões elencadas nesse dispositivo refere-se unicamente aos fatos cujo conhecimento depende *exclusivamente* do respectivo exercício. É dizer: o padre, o pastor, o médico, o psiquiatra e qualquer outro que deva guardar sigilo como decorrência de suas atuações *devem* depor em relação a fatos que tenham *presenciado* pessoalmente.

Os fundamentos do sigilo não estão bem esclarecidos, diante da multiplicidade de atividades protegidas (função, ofício), sem qualquer referência quanto a elas.

Pode-se, até intuitivamente, eleger algumas profissões imediatamente ligadas à manifestação de certas inviolabilidades pessoais. Incluem-se aí os profissionais que antes mencionamos (advogado, médico, psicólogo, psiquiatra, odontólogo e outros), em razão de manterem contato permanente e *necessário* com manifestações pessoais da intimidade e da privacidade de seus pacientes e clientes. Por essa razão, e para a proteção da pessoa submetida a tratamento ou de algum modo necessitada da atuação do profissional, há que se consolidar a relação de confidencialidade entre eles. Com isso, então, preservam-se, de um lado, a própria atividade, dada como relevante na comunidade jurídica, e, de outro, a pessoa a que ela (atividade) se destina.

O mesmo ocorre em relação aos chamados *ministérios*, religiosos ou morais, desde que reconhecidos pelo Estado, cuja atividade, também necessariamente, exige uma relação de confiança – e, por isso, de confidencialidade – entre o *ministro* (padre, pastor etc.) e quem o procura, para finalidades lícitas (desenvolvimento da espiritualidade, formação humanista etc.).

É preciso cautela, no entanto, no que toca à expressão *ofício*, utilizada no sentido que lhe dava a sociedade brasileira da década de 40 do século passado, normalmente associada à atividade mecânica. O que, efetivamente, importa é o *dever de sigilo*, que, como regra, há de decorrer de previsão legal, tal como se vê na legislação que regulamente diversas profissões no Brasil (Estatuto do Advogado etc.).

Pode ser que o dever de guardar segredo não esteja previsto em Lei. Nessa hipótese, será necessário examinar a natureza da atividade desenvolvida e a correspondência dela com o ordenamento jurídico. A liberdade religiosa, por exemplo, é assegurada na própria Constituição da República (art. 5º, VI), de tal modo que, sabendo-se da relação de confiança – de fé, na verdade – que há entre os devotos desta ou daquela religião, é de se preservar o sigilo das confidências daí decorrentes, justificada pelos mesmos fundamentos de respeito ao sentimento religioso.

Quanto às profissões, pensamos que, ainda quando não previsto o dever de sigilo na respectiva Lei regulamentadora, podem-se visualizar situações em que a obrigação de segredo deve ser reconhecida. Pensamos ser esse o caso de contadores (ver decisão abaixo) e administradores de empresa, profissões para as quais se exige formação em nível superior, e cuja atividade exige amplo conhecimento das operações dos clientes, lícitas ou não. Note-se que, se houver eventual participação delituosa de tais profissionais, o que eles poderão exercer será o *direito ao silêncio*.

É também caso de respeito ao sigilo por dever funcional aquele em que determinada pessoa, contratada para a prestação de serviços lícitos, se obriga a revelar o fato ouvido em confissão, somente após a morte do depoente, como pode ocorrer nas hipóteses de biografias autorizadas para o *post mortem*. Exigir-se o dever de depor anteriormente ao óbito implicaria violação ao direito ao silêncio do autor do fato (princípio da confiança).

Jurisprudência

207.1. [...] Caso em que se encontra incontroverso nos autos que o médico que realizou o atendimento da paciente — a qual estaria supostamente grávida de aproximadamente 16 semanas e teria, em tese, realizado manobras abortivas em sua residência, mediante a ingestão de medicamento abortivo — teria acionado a autoridade policial, figurando, inclusive, como testemunha da ação penal. [...] Segundo o art. 207 do Código de Processo Penal, *são proibidas de depor as pes-*

soas que, em razão de função, ministério, ofício ou profissão, devam guardar segredo, salvo se, desobrigadas pela parte interessada, quiserem dar o seu testemunho. O médico que atendeu a paciente se encaixa na proibição legal, uma vez que se mostra como confidente necessário, estando proibido de revelar segredo de que tem conhecimento em razão da profissão intelectual, bem como de depor sobre o fato como testemunha [...] *(Habeas Corpus nº 783.927-MG, STJ, 6ª Turma, Rel. Min. Sebastião Reis Júnior, julgado em 14.3.2023, publicado no DJ em 17.3.2023)*

207.1. [...] Sigilo profissional e depoimento de advogado. [...] Sigilo profissional como premissa fundamental para exercício efetivo do direito de defesa e para a relação de confiança entre defensor técnico e cliente. 7. Dever de sigilo sobre fatos conhecidos no exercício da atuação como advogado. Proibição de testemunho e inadmissibilidade da prova. Precedentes: "*Pode e deve o advogado recusar-se a comparecer e a depor como testemunha, em investigação relacionada com a alegada falsidade de documentos*" (RHC 56.563, Rel. Min. Cordeiro Guerra, Segunda Turma, j. 20.10.1978, *DJ* 28.12.1978); "*A proibição de depor diz respeito ao conteúdo da confidência de que o advogado teve conhecimento para exercer o munus para o qual foi contratado*" (AP 470 QO-QO, Rel. Min. Joaquim Barbosa, Tribunal Pleno, *DJe* 30.4.2009). 8. Liberação do sigilo somente por manifestação expressa do cliente e nos termos das regras deontológicas da atividade (art. 25 do Código de Ética da OAB). Possibilidade de autodefesa somente em eventual investigação a ele direcionada, o que não é o caso destes autos. 9. Improcedência da reclamação. *Habeas corpus* concedido de ofício para reconhecer a inadmissibilidade do testemunho de advogado não liberado do dever de sigilo profissional. Declaração de ilicitude probatória *(Reclamação nº 37.235-RO, STF, 2ª Turma, unânime, Rel. Min. Gilmar Mendes, julgado em 18.2.2020, publicado no DJ em 27.5.2020).*

207.1. [...] O advogado arrolado como testemunha de acusação na presente ação penal defendeu os interesses do Partido dos Trabalhadores no denominado "Caso Santo André". Não se aplica a prerrogativa prevista no art. 7º, XIX, da Lei nº 8.906/94 (Estatuto da Ordem dos Advogados do Brasil), tendo em vista que nem o antigo cliente da testemunha – o Partido dos Trabalhadores – nem os fatos investigados na presente ação penal guardam relação com o homicídio do então Prefeito do Município de Santo André. A proibição de depor diz respeito ao conteúdo da confidência de que o advogado teve conhecimento para exercer o múnus para o qual foi contratado, não sendo este o caso dos autos. Os fatos que interessam à presente ação penal já foram objeto de ampla investigação, e a própria testemunha – que ora recusa-se a depor – já prestou esclarecimentos sobre os mesmos na fase inquisitorial, perante a autoridade policial. Assim, os fatos não estão protegidos pelo segredo profissional. Ausente a proibição de depor prevista no art. 207 do Código de Processo Penal e inaplicável a prerrogativa prevista no art. 7º, XIX, da Lei nº 8.906/94, a testemunha tem o dever de depor. Questão de ordem resolvida no sentido de indeferir o pedido de dispensa e manter a necessidade do depoimento da testemunha arrolada pela acusação, cuja oitiva deve ser desde logo designada pelo juízo delegatário competente (*Questão de Ordem na Ação Penal nº 470, STJ, Plenário, Rel. Min. Joaquim Barbosa, julgado em 22.10.2008, publicado no DJ em 30.4.2009).*

207.2. Exceções à regra da proibição: Como a demonstrar que a vedação ao depoimento se destina à dupla proteção, (a) de um lado, o acusado (cliente, paciente ou confidente), e (b) de outro, o exercício de determinadas atividades (advogado, médico ou pastor), o Código de Processo Penal autoriza o depoimento, se e desde que ambos os envolvidos estejam de acordo. Não basta o réu autorizar; é preciso que o profissional ou ministro religioso ou moral concorde em prestar o depoimento, de modo a proteger também a aludida atividade.

207.3. Sigilo e fatos futuros: Evidentemente, a regra do dever de segredo não pode encobrir futuras e possíveis lesões, se anunciadas ou antevistas durante a relação de confidencialidade, sobretudo – mas não só – quando presentes patologias já diagnosticadas. Não pode ir até aí a tutela jurídica à pessoa e a qualquer atividade.

207.4. Proteção constitucional quanto à fonte: Há, ainda, regra de inviolabilidade do sigilo da fonte, prevista na Constituição e destinada ao profissional da imprensa (art. 5º, XIV). Do mesmo modo, para os parlamentares (art. 53, § 6º). Mas repita-se: sigilo da *fonte* é o dever de segredo quanto às informações obtidas junto a terceiros, e não a respeito de fatos cujo conhecimento não decorra do exercício das respectivas atividades. Quanto a esses (fatos), irrecusável o dever de depor.

Jurisprudência

207.4. [...] É possível a um contador prestar esclarecimentos sobre o método de realização de uma auditoria específica e o porquê das conclusões a que chegou, sem que adentre a questões *interna corporis* da empresa auditada. Relevância do depoimento do experto, porquanto os fatos por ele relatados, em razão da feitura da auditoria, é que levaram à instauração da *persecutio criminis* contra o recorrido, diante da suposta prática de estelionato contra a empresa. Hipótese em que o acórdão recorrido resguardou o sigilo profissional em relação às questões internas da empresa, contudo, afastou a sua aplicação no tocante aos termos da perícia realizada. Conclusões que levam, na verdade, a uma concessão parcial da segurança, e não à sua denegação (*RMS nº 17.783-SP, STJ, 5ª Turma, Rel. Min. Felix Fischer, publicado no* DJ *em 31.5.2004*).

Art. 208. Não se deferirá o compromisso a que alude o art. 203 aos doentes e deficientes mentais e aos menores de 14 (quatorze) anos, nem às pessoas a que se refere o art. 206.

Como a tomada de compromisso de dizer a verdade ("*A testemunha fará, sob palavra de honra, a promessa de dizer a verdade* [...]", art. 203, CPP) é mera exortação moral, denotativa de pretensões sociais e cívicas, não se pode exigir que algumas pessoas firmem tal ajuste. É o que ocorre com aqueles que, segundo a Lei, sequer são portadores de imputabilidade penal (menores e deficientes), por essas razões específicas. E, por outras (razões), com os parentes do art. 206. Em relação a esses, não se lhes toma o compromisso por reconhecer a Lei a superioridade moral do dever que têm eles em relação a seus parentes, daí por que não se exigir, ou, mais que isso, não se esperar, qualquer credibilidade em eventual promessa de compromisso com o testemunho.

Repita-se, mais uma vez, que os parentes do art. 206, ainda quando estejam obrigados a depor, isto é, quando os seus testemunhos forem o único meio de se obter ou de se integrar a prova (parte final do art. 206, CPP), não se lhes tomará o compromisso de dizer a verdade.

Art. 209. O juiz, quando julgar necessário, poderá ouvir outras testemunhas, além das indicadas pelas partes.

§ 1º Se ao juiz parecer conveniente, serão ouvidas as pessoas a que as testemunhas se referirem.

§ 2º Não será computada como testemunha a pessoa que nada souber que interesse à decisão da causa.

209.1. Iniciativa probatória do juiz e indicação de testemunhas: Todas as razões atinentes à iniciativa probatória do juiz, no âmbito de nosso sistema processual, que reputamos *acusatório*, já foram objeto de exame por ocasião da análise do art. 156 e seguintes.

Nesse passo, cumpre apenas repisar: o princípio da *investigação* não é e nem nunca foi incompatível com o modelo acusatório, como se vê, por exemplo, na doutrina de Jorge de FIGUEIREDO DIAS, cuidando do sistema português, que, como é conhecimento notório, é, por todos, caracterizado como *acusatório* (*Direito processual penal.* t. I, Coimbra, 1974/2004, p. 195).

Referido princípio (da *investigação*) autoriza o juiz e o tribunal a adotarem medidas probatórias no curso do processo, sempre que entenderem necessárias ao esclarecimento dos fatos. E mais. Independentemente da concordância das partes.

O que não nos parece adequado, e, segundo nos parece, não se justificaria sequer pelo princípio da *investigação,* é o juiz adotar providências probatórias *substitutivas* da ação do Ministério Público, como a exercer poder *correcional* dentro do processo. Com efeito, cabe ao órgão acusatório o ônus de provar os fatos que alega. Se o *parquet* age com indolência ou com negligência, deve o juiz encaminhar representação às instâncias superiores daquela instituição, mas jamais agir como órgão acusador, buscando no inquérito policial as provas que julga necessárias para consolidar a imputação penal em juízo. Ressaltamos também aqui que, no julgamento das ADIs 6.398, 6.399, 6.400 e 6.405, reconheceu-se expressamente que a "legítima vedação à substituição da atuação probatória do órgão de acusação significa que o juiz não pode, em hipótese alguma, tornar-se protagonista do processo. Remanesce, contudo, a possibilidade de: (a) "*determinar, no curso da instrução, ou antes de proferir sentença, a realização de diligências para dirimir dúvida sobre ponto relevante*" (artigo 156, II); (b) determinar a oitiva de uma testemunha (artigo 209); (c) complementar a sua inquirição (artigo 212) e d) "*proferir sentença condenatória, ainda que o Ministério Público tenha opinado pela absolvição*" (artigo 385).

De modo que rejeitamos inteiramente a ideia do juiz inerte – o que, de resto, não é contemplado em nenhum outro ordenamento civilizado; nada obstante, deve-se exigir a primazia da atuação do órgão da acusação na instrução criminal. Pode e deve o juiz, *a partir* daí, esclarecer todas as questões que lhe pareçam pendentes ou duvidosas, para o que poderá determinara a inquirição de novos depoimentos, inclusive de pessoas não arroladas pelas partes.

Qualificam-se em doutrina como *testemunhas referidas* aquelas pessoas mencionadas em depoimentos de outras. Obviamente, não teriam sido arroladas inicialmente pelas partes, que, ou as desconheciam ou não sabiam a relevância do conhecimento delas acerca dos fatos. Não só o juiz, mas também as partes podem requerer a sua inquirição, quando absolutamente necessário ao esclarecimento da prova.

Jurisprudência

209.1 [...] De acordo com o art. 396-A do Código de Processo Penal (CPP), o rol de testemunhas deve ser apresentado no momento da resposta à acusação, sob pena de preclusão. A apresentação extemporânea não gera cerceamento de defesa, conforme entendimento consolidado na jurisprudência. (AgRg no HC n. 790.402/PR, Rel. Min. Reynaldo Soares da Fonseca). [...] Embora haja a preclusão temporal para a oitiva de testemunhas arroladas extemporaneamente, o magistrado, no exercício de sua discricionariedade e visando à busca da verdade real, pode ouvir testemunhas como testemunhas do juízo, nos termos do art. 156, II, e art. 209 do CPP. Todavia, essa providência não constitui direito subjetivo da defesa. (AgRg no AREsp n. 1.937.337/DF, Rel. Min. Reynaldo Soares da Fonseca). [...] *(Recurso em Habeas Corpus nº 188.455-BA, STJ, 5ª Turma, Rel. Min. Daniela Teixeira, julgado em 14.11.2024, publicado no DJ em 19.11.2024)*

209.1 [...] "Nos termos da jurisprudência desta Corte Superior, não há flagrante ilegalidade na hipótese em que o magistrado processante defere pedido de substituição do rol de testemunhas, seja requerido pelo Ministério Público ou pela defesa, afinal, o magistrado pode inclusive proceder à inquirição da pessoa como testemunha do Juízo, nos termos do artigo 209 do Código de Processo Penal" (AgRg no RHC n. 187.648/GO, relator Ministro Ribeiro Dantas, Quinta Turma, julgado em 27/11/2023, DJe de 1/12/2023). [...] *(Agravo Regimental no HC nº 879.248-SP, STJ, 6ª Turma, Rel. Min. Rogério Schietti Cruz, julgado em 27.5.2024, publicado no DJ em 31.5.2024)*

209.1 [...] 1. Não se olvida que *"o momento processual legalmente definido para apresentação do rol de testemunhas é a resposta à acusação, sob pena de preclusão, nos termos do art. 396-A do Código de Processo Penal"* (AgRg no RHC n. 178.052/RJ, relator Ministro Reynaldo Soares da Fonseca, Quinta Turma, julgado em 19/6/2023, DJe de 21/6/2023). 2. Contudo, *"consoante disposto no artigo 209 do CPP, ocorrendo a preclusão no tocante ao arrolamento de testemunhas, é permitido ao Magistrado, uma vez entendendo ser imprescindível à busca da verdade real, proceder à oitiva como testemunhas do Juízo, contudo, tal providência não constitui direito subjetivo da parte"* (AgRg no AREsp n. 1.937.337/DF, relator Ministro Reynaldo Soares da Fonseca, Quinta Turma, julgado em 23/11/2021, DJe de 29/11/2021). Precedentes. [...] *(Agravo Regimental no Recurso Especial nº 2.044.646-RS, STJ, 6ª Turma, Rel. Min. Antonio Saldanha Palheiro, sessão virtual de 5.9.2023 a 11.9.2023, publicado no DJ em 14.9.2023)*

209.1 [...] 1. Esta Suprema Corte já decidiu que "não obsta o Juiz de promover a inquirição das testemunhas, desde que respeitadas às formalidades previstas no Código de Processo Penal Brasileiro" (HC 135.371/SC, Rel. Min. Gilmar Mendes, DJe de 11/10/2016). No mesmo sentido: HC 212.669/RS, Rel. Min. Alexandre de Moraes, Primeira Turma, DJe de 6/4/2022. 2. Nessas circunstâncias, não há que se falar em violação do sistema acusatório, sobretudo porque a legislação processual penal, em decorrência dos princípios da busca da verdade real e do impulso oficial, previu hipóteses de atuação, como na espécie, pelo Juiz processante (CPP, arts. 209 e 212). 3. Além disso, ficou registrado que não se observa nenhum prejuízo à defesa, que, inclusive, esteve presente na audiência ora atacada. Ainda, o recorrente nem sequer indicou de que modo a renovação do referido ato processual o beneficiaria, limitando-se a apontar, mediante considerações genéricas, violação ao devido processo legal. *(Agravo Regimental no RHCnº 220.007, STF, Rel. Min. Alexandre de Moraes, sessão virtual de 7.10.2022 a 17.10.2022, publicado no DJ em 21.10.2022)*

209.1 [...] 1. Como é de conhecimento, a jurisprudência desta Corte Superior possui o entendimento consolidado de que não configura nulidade a ouvida de testemunha indicada extemporaneamente pela acusação, como testemunha do Juízo, conforme estabelece o art. 209 do Código de Processo Penal, em observância ao princípio da busca da verdade real. 2. Ademais, ressalta-se que: A realização de diligências ao término da instrução criminal, quer por pedido expresso do órgão acusatório, quer por iniciativa probatória do juiz, não viola o princípio da imparcialidade, corolário do princípio do devido processo legal, nem o sistema acusatório adotado no sistema processual penal brasileiro (AgRg no RHC 131.462/PR, Rel. Ministro Félix Fischer, Quinta Turma, julgado em 23/2/2021, DJe de 1º/3/2021). 3. No caso, não há falar em nulidade da decisão que determinou a oitiva da única testemunha arrolada pelo Ministério Público como testemunha do Juízo, visto que, somente após o encerramento da instrução criminal, o Parquet tomou conhecimento da dificuldade técnica enfrentada pela referida testemunha para ter acesso ao sistema eletrônico de audiência virtual, o que justificou o pedido tardio da acusação. [...] *(Agravo Regimental no HC nº 748.058-RS, STJ, 5ª Turma, Rel. Min. Reynaldo Soares da Fonseca, julgado em 21.6.2022, publicado no Dj em 27.6.2022)*

209.1 [...] 1. Esta Suprema Corte já decidiu que "a ausência do representante do Parquet na audiência de instrução e julgamento, apesar de devidamente intimado, não impede que o Magistrado prossiga com o ato", bem como "não obsta o Juiz de promover a inquirição das testemunhas, desde que respeitadas às formalidades previstas no Código de Processo Penal Brasileiro" (HC 135.371/SC, Rel. Min. Gilmar Mendes, DJe de 11/10/2016). No mesmo sentido: HC 204.775/MG, Rel. Min. Alexandre de Moraes, DJe de 17/8/2021.

2. Nessas circunstâncias, não há que se falar em violação do sistema acusatório, sobretudo porque a legislação processual penal, em decorrência dos princípios da busca da verdade real e do impulso oficial, previu hipóteses de atuação, como na espécie, pelo Juiz processante (CPP, arts. 209 e 212).

3. Além disso, ficou registrado que não se observa nenhum prejuízo à defesa, que, inclusive, esteve presente na audiência ora atacada. Ainda, o impetrante nem sequer indicou de que modo a renovação do referido ato processual com a presença do Ministério Público poderia beneficiar o acusado, limitando-se a apontar, mediante considerações genéricas, violação ao devido processo legal. [...] *(Agravo Regimental no Habeas Corpus nº 212.669-RS, STF, 1ª Turma, Rel. Min. Alexandre de Moraes, unânime, julgado na sessão virtual de 25.3.2022 a 1.4.2022, publicado no DJ em 6.4.2022)*

209.1 [...] O testemunho indireto (*hearsay testimony*) não se reveste da segurança necessária para demonstrar a ocorrência de nenhum elemento do crime, mormente porque retira das partes a prerrogativa legal de inquirir a testemunha ocular dos fatos (art. 212 do CPP). 4. A imprestabilidade do testemunho indireto no presente caso é reforçada pelo fato de que a polícia, em violação do art. 6º, III, do CPP, nem identificou as testemunhas oculares que lhes repassaram as informações posteriormente relatadas pela policial militar em juízo. Por outro lado, a vítima, a namorada do recorrente e seu amigo – todos conhecidos da polícia e do Parquet – não foram ouvidos em juízo, tendo o MP/AL desistido de sua inquirição. [...] Agravo conhecido para dar provimento ao recurso especial e absolver o recorrente, com a adoção das seguintes teses: 8.1: o testemunho indireto (também conhecido como testemunho de "ouvir dizer" ou hearsay testimony) não é apto para comprovar a ocorrência de nenhum elemento do crime e, por conseguinte, não serve para fundamentar a condenação do réu. Sua utilidade deve se restringir a apenas indicar ao juízo testemunhas referidas para posterior ouvida na instrução processual, na forma do art. 209, § 1º, do CPP. [...] *(Agravo em Recurso Especial nº 1.940.381/AL, STJ, 5ª Turma, unânime, Rel. Min. Ribeiro Dantas, julgado em 14.12.2021, publicado no DJ em 16.12.2021)*

209.1. [...] mesmo que as testemunhas tenham sido apresentadas a destempo pela assistente da acusação, a simples possibilidade de ser inquiridas como testemunhas do juízo afasta a ilegalidade suscitada na irresignação, uma vez que ao deferir as oitivas, o magistrado de origem entendeu que a inquirição seria relevante, considerando a aludida prova oral necessária para o deslinde da controvérsia, motivo pelo qual pode ter suas declarações colhidas, nos termos dos artigos 156 e 209 do CPP. [...] *(Agravo Regimental no Agravo em Recurso Especial nº 1.849.946/AM, STJ, 5ª Turma, unânime, Rel. Min. Reynaldo Soares de Fonseca, julgado em 25.5.2021, publicado no DJ em 1º.6.2021)*

209.1 [...] 2. Não há ilegalidade flagrante ou abuso de poder no acórdão proferido pelo Superior Tribunal de Justiça, que assentou que, "verificada a preclusão no arrolamento de testemunhas pelas partes, possível ao Magistrado, nos termos do artigo 209 do CPP, proceder à oitiva daquelas como testemunhas do juízo, desde que considere suas declarações imprescindíveis à busca da verdade real, não constituindo, pois, direito subjetivo da parte". [...] 3.O acórdão impugnado está alinhado com o entendimento do Supremo Tribunal Federal no sentido de que o "princípio do *pas de nullité sans grief* exige, em regra, a demonstração de prejuízo concreto à parte que suscita o vício, podendo ser ela tanto a nulidade absoluta quanto a relativa, pois não se decreta nulidade processual por mera presunção" (HC 132.149- AgR, Rel. Min. Luiz Fux). [...] *(Agravo Regimental no Habeas Corpus nº 198.450/AL, STF, 1ª Turma, unânime, Rel. Min. Roberto Barroso, julgado em sessão virtual de 16.4.2021 a 26.4.2021, publicado no DJ em 5.5.2021)*

....

209.2. Rol de testemunhas e desconhecimento dos fatos: Diz a Lei que não se computará no rol de testemunhas – que tem número máximo – aquela que nada souber sobre os fatos de interesse da decisão da causa.

A previsão é importante, na medida em que nem sempre a defesa, sobretudo ela, tem condições de elaborar o rol de testemunhas, a partir de informações relevantes por parte do réu. Veja-se, no ponto, o que ocorre em relação aos réus presos. Quando a defesa for feita – e geralmente é – pela Defensoria Pública, pode ocorrer que não seja possível o contato com o acusado preso por ocasião da apresentação de defesa escrita (art. 396, CPP), oportunidade em que deve ser feito o arrolamento das testemunhas. O que fazer?

Embora *preclusivo* o prazo para o oferecimento de rol de testemunhas, pensamos que o princípio da ampla defesa permite ao juiz a inquirição de pessoas declinadas por ocasião do interrogatório do réu, desconhecidas pela Defensoria até aquele momento. Não se está aqui propondo o descumprimento sistemático da Lei, mas a observância de cautela quanto a determinadas questões, de maneira a evitar futuras invalidações do processo. Nem sempre o interrogado tem testemunhas a indicar; mas, quando for o caso, e sendo elas relevantes para o esclarecimento da prova, por que não aceitá-la? O processo penal, ao contrário do civil, deve dar primazia à prova possível e não à atuação das partes.

Por isso, a testemunha arrolada que nada souber sobre a causa permitirá nova indicação, desde que se saiba da existência de outra, até então desconhecida no momento do oferecimento do rol (de testemunhas).

Jurisprudência

209.2. [...] Testemunha é a pessoa que depõe sobre o fato criminoso ou suas circunstâncias, tanto que o CPP autoriza que não seja computada como testemunha aquela que, não obstante arrolada tempestivamente, nada souber que interesse à decisão da causa (art. 209, § 2º, parte final do CPP). Assim, o indeferimento justificado da inquirição de testemunha se apresenta, a uma, como medida consonante com as funções do juiz no processo penal a quem, segundo o art. 251 do CPP, incumbe prover a regularidade do processo e manter a ordem no curso dos respectivos atos e, a duas, como providência coerente com o princípio da celeridade processual (art. 5º, inciso LXXVIII, da CF). [...] espécie, ficou caracterizada a prescindibilidade da inquirição das testemunhas arroladas, pois, além de residirem no exterior, nada sabiam acerca dos fatos apurados na ação penal ou sobre suas circunstâncias. Ademais, a expedição de carta rogatória somente procrastinaria o encerramento da ação penal e a segregação cautelar da paciente. [...] *(Habeas Corpus nº 580.844-SP, STJ, 5ª Turma, unânime, Rel. Min. Felix Fischer, julgado 9.5.2020, publicado no* DJ *em 23.6.2020).*

Art. 210. As testemunhas serão inquiridas cada uma de per si, de modo que umas não saibam nem ouçam os depoimentos das outras, devendo o juiz adverti-las das penas cominadas ao falso testemunho. (Redação dada pela Lei nº 11.690, de 2008)

Parágrafo único. Antes do início da audiência e durante a sua realização, serão reservados espaços separados para a garantia da incomunicabilidade das testemunhas. (Incluído pela Lei nº 11.690, de 2008)

Como já afirmamos ao exame do interrogatório de réus e mesmo da inquirição de ofendidos, deve-se sempre guardar sigilo em relação a todo depoimento prestado em juízo, no que toca às demais pessoas que também devam depor. Já adiantamos as razões: o que deve ser colhido em instrução é o *conhecimento pessoal* do depoente e não as impressões que lhe foram repassadas por terceiros. De notar-se que, quando tal ocorre, pode-se sempre esperar um *reforço* de convencimento do magistrado, no que diz respeito àquele conteúdo *assumido* pela testemunha, *a partir* do quanto declarado pela outra. É dizer: a versão que deveria ser, em princípio, *uma,* isto é, de uma testemunha, passa a ser *duas,* mas não como *duplo* conhecimento dos fatos, mas como reprodução de ciência alheia.

Recomenda a Lei, ainda, que se garanta a *incomunicabilidade* entre elas – e entre elas e os réus e os ofendidos! –, de modo a se preservar exatamente a *subjetividade* e a *pessoalidade* de cada conhecimento. Ainda que não seja possível a acomodação de testemunhas, réus e ofendidos (para este, há previsão específica de ambiente separado, como vimos – art. 201, § 4º, CPP) no mesmo espaço, deve o Juízo acautelar-se contra tentativas de cooptação de testemunhos, antes das audiências.

Jurisprudência

210. [...] 4. A quebra da incomunicabilidade de testemunha é vício que justifica o reconhecimento de nulidade quando acompanhado de prejuízo. No caso em tela, embora a testemunha de acusação após seu depoimento tenha acompanhado o depoimento de testemunha de defesa, não se constatou qualquer influência ou necessidade de acareação ou reinquirição. [...] *(Agravo Interno em Agravo no Recurso Especial n. 971.119-SP, STJ, 5ª Turma, unânime, Rel. Min. Joel Ilan Paciornik, julgado em 2.8.2018, publicado no DJ em 13.8.2018).*

210. [...] substituição ulterior de depoentes é medida excepcional e deve observância a uma das hipóteses descritas no art. 451 do Novo Código de Processo Civil, de aplicação subsidiária, na forma do art. 3º do Código de Processo Penal. São causas admitidas para substituição da testemunha: o falecimento, a enfermidade que impeça o depoimento, e a não localização do atestante em razão da mudança de endereço. [...] *(RHC n. 96.948-BA, STJ, 6ª turma, unânime, Rel. Min. Maria Thereza de Assis Moura, julgado em 12.6.2018, publicado no DJ em 22.6.2018).*

210 [...] Quanto à inobservância da incomunicabilidade das testemunhas, disposta no art. 210 do Código de Processo Penal, esta requer demonstração da efetiva lesão à Defesa, no comprometimento da cognição do magistrado (HC n. 166.719/SP, rel. Min. Gilson Dipp, 5ª Turma, julgado em 12.4.2011, *DJe* 11.5.2011). No caso, a Corte de origem consignou que não se verifica qualquer violação à incomunicabilidade das testemunhas, inexistindo indícios de que umas tenham ouvido o depoimento das outras. Ora, alterar as conclusões do acórdão recorrido, a fim de concluir que houve a quebra da incomunicabilidade das testemunhas, como requer o réu, demandaria o reexame do conjunto fático-probatório colhido nos autos que originou as condenações objeto da unificação, o que encontra óbice na Súmula n. 7 desta Corte. [...] *(Agravo Regimental no Agravo em Recurso Especial nº 942.033/SP, 5ª Turma, unânime, Relator Min. Reynaldo Soares da Fonseca, julgado em 3.8.2017, publicado no DJ em 16.8.2017).*

Art. 211. Se o juiz, ao pronunciar sentença final, reconhecer que alguma testemunha fez afirmação falsa, calou ou negou a verdade, remeterá cópia do depoimento à autoridade policial para a instauração de inquérito.

Parágrafo único. Tendo o depoimento sido prestado em plenário de julgamento, o juiz, no caso de proferir decisão na audiência (art. 538, § 2º), o tribunal (art. 561), ou o conselho de sentença, após a votação dos quesitos, poderão fazer apresentar imediatamente a testemunha à autoridade policial.

211.1. Valoração do testemunho no curso do processo: O dispositivo em comento aborda duas questões, ambas associadas com a valoração de testemunhos, mas com previsões temporais distintas.

No *caput*, prevê o CPP que o juiz, após examinar todo o material probatório, tendo se convencido da falsidade de algum dos depoimentos prestados, deverá encaminhar cópia do depoimento para a autoridade policial, para fins de instauração de inquérito.

O momento da sentença não é só o mais apropriado para a valoração da falsidade de um depoimento; mais que isso, parece-nos, é o *único*.

É que a prolação da sentença exige o mais amplo conhecimento judicial acerca da matéria probatória produzida nos autos. Somente ali, após filtrar todas as informações, é que ele estará habilitado a emitir juízo de valor acerca da *idoneidade* desta ou daquela prova. E, por isso, somente ali poderia ele apontar eventual *falsidade* em qualquer depoimento. De se ver, no ponto, que o crime de *falso testemunho* (ou falsa perícia ou falsa tradução) depende do conhecimento da falsidade pelo agente. E como saber desse (conhecimento) a não ser a partir de acurado exame da prova?

211.2. Prisão em flagrante: Em razão do que vimos de expor, parece-nos quase impossível a decretação de prisão em flagrante por ocasião da realização de atos de instrução (audiência, plenário do júri e julgamento nos tribunais), a não ser quando *após* a decisão final.

Ora, diante de divergência entre depoimentos em um e outro sentido, como poderá o magistrado, sem, perigosamente, antecipar seu convencimento, determinar a prisão de um dos depoentes? A ordem de prisão, em tais situações, implicará, evidentemente, juízo definitivo quanto à falsidade de um dos testemunhos. E como tanto a audiência de instrução quanto a instrução em plenário do júri constituem fase de prova e não de julgamento, parece-nos inteiramente desprovida de sentido a determinação de prisão em flagrante delito de falso testemunho. E mesmo quando a testemunha *confessar* a falsidade da declaração *naquele ato,* não se imporá o flagrante, em razão da regra do art. 342, § 2º, Código Penal, que estabelece causa de isenção de punibilidade na *retratação.*

Para registro: embora o dispositivo se refira ao art. 538, § 2º, e ao art. 561, ambos do CPP, a Lei nº 11. 719/08 modificou completamente a redação do art. 538, bem como da ordem dos ritos processuais. E a Lei nº 8.658 já havia revogado inteiramente desde o ano de 1993. Previam ambas as disposições a realização cumulada de instrução e julgamento do processo. Como ainda veremos, a instrução concentrada, com possibilidade de julgamento na audiência, passou a ser a regra no processo penal brasileiro, desde a Lei nº 11.719/08.

211.3. Requisição de inquérito pelo juiz: Repetimos aqui o já dissemos por ocasião do exame das normas previstas no art. 5º do CPP. Em um sistema acusatório, o juiz deve permanecer afastado de valorações jurídico-penais na fase de investigação, a não ser quando no exercício da tutela das liberdades públicas (prisão cautelar, busca e apreensão, liberdade etc.).

O que não impede que, entendendo tratar-se de crime a conduta da testemunha no processo, encaminhe cópias à autoridade policial. A diferença de interpretação é sensível: uma coisa é o juiz *encaminhar cópias* à polícia, reservando-se a esta o exame de cabimento da investigação; outra, muito distinta, é poder ele *requisitar* a instauração de inquérito. Pensamos, então, que apenas a primeira providência pode ser feita.

Por isso, a alternativa mais adequada que se abre ao juiz é o encaminhamento das peças ao órgão do Ministério Público, titular da ação penal.

211.4. Falsa perícia e falsa tradução: Nos termos do art. 342, CP, não só o falso testemunho é criminalmente punido. Do mesmo modo, se o perito, o contador, o tradutor ou o intérprete fizerem *afirmação falsa, negarem ou calarem a verdade* em processo judicial ou administrativo, inquérito policial ou em juízo arbitral, responderão pelo delito.

Por certo que a atribuição de responsabilidade penal não se dirige ao ocupante oficial de algum destes cargos (perito oficial, por exemplo), mas a qualquer pessoa que realize tais funções.

Jurisprudência

211.4. [...] O trancamento de ação penal, pela via estreita do *habeas corpus*, conforme pacífico magistério jurisprudencial, somente é possível quando, pela mera exposição dos fatos narrados na peça acusatória, verifica-se que há imputação de fato penalmente atípico ou que não existe nenhum elemento indiciário demonstrativo da autoria do delito imputado ao paciente ou, ainda, quando extinta encontra-se a punibilidade. Aquele que, na condição de perito judicial, munido de informações suficientes para exercer seu mister, faz afirmação falsa, nega ou cala a verdade, responde, em tese, pelo crime formal previsto no art. 342 do Código Penal. Atipicidade afastada. A existência, ou não, de dolo na conduta do paciente constitui matéria de prova, que deverá ser produzida no decorrer na instrução criminal. Analisar a tese de falta de justa causa da ação penal, sob a alegação de que inexistiam nos autos subsídios suficientes para o oferecimento da denúncia e que as conclusões do paciente encontram justificativa na prova dos autos, questões estas relativas à negativa de materialidade do delito, demanda aprofundado exame do conjunto fático-probatório dos autos, peculiar ao processo de conhecimento, o que é inviável em sede de habeas corpus, remédio jurídico-processual, de índole constitucional, que tem como escopo resguardar a liberdade de locomoção contra ilegalidade ou abuso de poder, marcado por cognição sumária e rito célere. Ordem denegada (*Habeas Corpus nº 86.875-PE, STJ, 5ª Turma, Rel. Min. Arnaldo Esteves Lima, julgado em 20.5.2008, publicado no DJ em 23.6.2008*).

Art. 212. As perguntas serão formuladas pelas partes diretamente à testemunha, não admitindo o juiz aquelas que puderem induzir a resposta, não tiverem relação com a causa ou importarem na repetição de outra já respondida. (Redação dada pela Lei nº 11.690, de 2008)

Parágrafo único. Sobre os pontos não esclarecidos, o juiz poderá complementar a inquirição. (Incluído pela Lei nº 11.690, de 2008)

212.1. Exame direto e exame cruzado (*cross-examination*): Novidade introduzida há muito pela Lei nº 11.690/08, a possibilidade de poderem as partes formular perguntas diretamente à testemunha, sem a mediação do juízo, vem afastar de vez o sistema presidencialista da instrução criminal.

Pessoalmente, não vemos qualquer proveito na alteração, do ponto de vista prático. Este jamais foi um problema no processo penal brasileiro. No entanto, compreendida a alteração junto às demais, percebe-se uma clara opção pela consolidação de um modelo processual com feições acusatórias, com o distanciamento do juiz do papel de protagonista da prova.

E, do mesmo modo que aquele que arrolou a testemunha fará a pergunta *diretamente* a esta, a outra parte poderá reinquirir, do mesmo modo. Fala-se em *cross-examination*, ou exame *cruzado*, pelo fato de a inquirição ser feita pela parte que não arrolou a testemunha, e que, por isso e em tese, não produziria *diretamente* a prova. Coisas do sistema norte-americano.

Destacamos ainda que a jurisprudência tem reconhecido como plenamente válido o sistema presidencialista no âmbito da Justiça Militar.

Jurisprudência

212.1. [...] 1. [...] Quanto à aludida tese da nulidade do depoimento das testemunhas de acusação por conta de o magistrado ter iniciado as perguntas – violação ao sistema acusatório vigente, extrai-se do voto condutor do combatido aresto os seguintes fundamentos (fls. 902/903): Diversamente do que pondera a defesa, a inquirição das testemunhas guardou estrita observância à norma aplicável ao processo penal militar, qual seja o artigo 418 do Código de Processo Penal Militar. [...] Tem-se que a norma preceituada no art. 418 do Código de Processo Penal Militar é taxativa em regulamentar o sistema presidencialista de inquirição, no qual o Juiz auditor pode inquirir diretamente as testemunhas, exercendo ainda a função de intermediar os questionamentos realizados pelos Juízes militares, procuradores, assistentes e advogados das partes. [...], considerando tratar se de delitos militares, não há que se falar em aplicação subsidiária do artigo 212 do Código Penal.

2. O fundamento aplicado pela Corte de origem não merece reparos, haja vista a Lei n. 11.690/2008 que alterou a redação do art. 212 do Código de Processo Penal não ter alterado a redação do art. 418 do Código de Processo Penal Militar. Não há ilegalidade na adoção do sistema presidencialista de inquirição de testemunhas pela Justiça castrense.

3. Houve estrita observância à regra insculpida no art. 418 do Código de Processo Penal Militar, o qual, encontra-se válido e regulamenta o sistema presidencialista de inquirição, em que o Juiz auditor pode inquirir, diretamente, as Testemunhas, exercendo, ainda, a função de intermediar os questionamentos realizados pelos Juízes Militares, procuradores, assistentes e advogados das partes, não havendo, notadamente diante da existência de comando expresso, falar em aplicação subsidiária do Código de Processo Penal.

4. Havendo regulamentação expressa no Código de Processo Penal Militar, relativa ao poder de inquirição do Juiz auditor, inviável a aplicabilidade subsidiária do Código de Processo Penal, haja vista a exegese do art. 3º do CPPM, que disciplina que somente os casos omissos devem ser supridos pela legislação de processo penal comum.

5. Ainda que assim não o fosse, segundo a jurisprudência desta Corte, continua sendo possível ao magistrado indagar as testemunhas durante a instrução, diante do impulso oficial do processo. Com efeito, a jurisprudência desta Corte de Justiça, no sentido de que a inquirição das testemunhas pelo Juiz, antes que seja oportunizada às partes a formulação das perguntas, com a inversão da ordem prevista no art. 212 do Código de Processo Penal, constitui nulidade relativa, que exige a demonstração do efetivo prejuízo, conforme o disposto no art. 563 do mesmo Estatuto, para que seja alcançada a anulação do ato (AgRg no RHC n. 148.274/SC, Rel. Ministra LAURITA VAZ, Sexta Turma, julgado em 15/6/2021, DJe 25/6/2021) - (AgRg no HC n. 787.903/SP, Ministro Reynaldo Soares da Fonseca, Quinta Turma, DJe de 19/12/2022).[...] *(Recurso Especial e Agravo em Recurso Especial nº 1.977.897-MS, STJ, 6ª Turma, Rel. Min. Sebastião Reis Júnior, julgado em 10.9.2024, publicado no DJ em 13.9.2024)*

212.1. [...] A jurisprudência desta Corte Superior firmou pacífica orientação no sentido de que a inobservância ao disposto no art. 212 do Código de Processo Penal constitui nulidade relativa, sendo necessária a sua alegação em momento oportuno e a comprovação do efetivo prejuízo para a parte, conforme o disposto no art. 563 do mesmo Estatuto. Soma-se a isso o fato de que a condenação, por si só, não é geradora de prejuízo, cabendo ao agente demonstrar que, caso não tivesse ocorrido a nulidade, acarretaria a absolvição criminal ou a desclassificação da conduta. [...] Na hipótese, embora a defesa aponte que a magistrada de primeiro grau, ao iniciar a inquirição das testemunhas, assumiu protagonismo judicial, em clara violação do disposto no art. 212 do Código de Processo Penal, a Corte local destacou que as perguntas formuladas pelo Juízo singular serviram apenas como complementação, não constatando qualquer tipo de direcionamento ou inclinação tendente a favorecer a acusação, tendo destacado, inclusive, que o protagonismo na produção da prova oral foi do Ministério Público e do advogado de defesa, os quais atuaram efetivamente durante toda a inquirição das testemunhas. Nesse panorama, não é possível anular o processo, nos moldes pretendidos pela combativa defesa, quando não verificado o prejuízo concreto advindo da forma como foi realizada a inquirição das testemunhas.[...] *(Agravo Regimental no Habeas Corpus nº 912.172-PE, STJ, 5ª Turma, Rel. Min. Reynaldo Soares da Fonseca, julgado em 2.9.2024, publicado no DJ em 4.9.2024)*

212.2. Controle judicial de pertinência da inquirição: No direito norte-americano, diante da enorme (quantitativamente) competência do Tribunal do Júri, é absolutamente relevante que o juiz exerça um rígido controle da atuação dos advogados (aqui, MP e defensor), dado que caberá ao Júri decidir sobre a prova, sem o dever de qualquer motivação. Por essa razão, as inquirições podem tender a discussões nem sempre ligadas aos fatos, na busca de cooptação da preferência dos jurados.

Quando a competência decisória é do juiz singular, que tem o dever constitucional de motivar seus julgados, a necessidade do controle é bem mais reduzida.

Nada obstante, deve ele existir.

Deve o juiz preservar a espontaneidade do depoimento, impedindo atos de intimidação e de ameaças que possam contaminar a prova, ainda que de modo subliminar. Daí determinar a Lei a inadmissibilidade de perguntas que não tenham relevância para o esclarecimento dos fatos ou que já tenham sido respondidas. Deve ser observado, contudo, que, em determinadas situações, a inquirição poderá avançar, não sobre os fatos diretamente, mas sobre outros, que, de algum modo, possam influir na compreensão mais ampla da imputação penal, devendo o juiz autorizar a linha de investigação escolhida.

Há inquiridores de grande habilidade que terminam extraindo do depoente afirmações exclusivamente em seu interesse, o que, em si, não é um problema. Problema existirá com as *meias-verdades*, isto é, nos casos em que se encaminha a inquirição para o exame *parcial* das circunstâncias fáticas, limitada apenas aos aspectos menos importantes da matéria. Outro problema mais frequente é a antecipação da resposta pelo inquiridor, não só facilitando a resposta, mas *sugerindo versões* e consequências.

É por isso que o juiz, mesmo alheio a um sistema presidencialista (da instrução), deve exercer com prudência, mas rigor, o controle de pertinência das inquirições.

212.3. Iniciativa probatória suplementar do juiz: Neste trabalho, em vários outros espaços, já nos referimos ao sistema acusatório brasileiro e ao papel do juiz na instrução criminal.

Já afirmamos também a inexistência de qualquer incompatibilidade entre o princípio da *investigação*, entendido como a possibilidade de o juiz determinar de ofício a produção de provas necessárias ao esclarecimento de questões relevantes, e um modelo processual de feições acusatórias (ver art. 209, CPP, *retro*).

Na literalidade do parágrafo único do art. 212, com redação dada pela Lei nº 11.690/08, poderá (é óbvio!) o juiz *complementar* a inquirição. E quais seriam os limites da aludida complementação?

A resposta, parece-nos, obtém-se no sistema geral de provas. O posicionamento do juiz como o último *interveniente* na produção da prova testemunhal não só afirma o reconhecimento e a importância de sua participação no esclarecimento da questão penal, como, de outro lado, permite-se a conclusão no sentido de não colher o processo penal brasileiro a figura do juiz *inerte*. Não poderia ser de outro modo, já que superado, há séculos – exceção ao modelo norte-americano – o processo como *disputa* ou *luta*, na qual vence o melhor contendor.

Portanto, pode o juiz esclarecer todas as afirmações feitas pela testemunha, encontrando limite apenas, segundo nos parece, quando ausente qualquer intervenção do órgão da acusação na inquirição. Noutras palavras: o que o juiz não deve fazer é *substituir* o órgão da acusação, que, por ter o ônus de provar sua imputação, deve produzir a prova que arrolou.

Por fim, não menos importante assentar que, embora o exame de inquirição seja *direto*, cabe ao juiz transpor (transcrever) o depoimento para os autos, afinal, compete a ele o controle de legalidade do processo. Naturalmente, se o registro dos atos processuais se realizar por gravação áudio (art. 405, § 1º, CPP), a questão não se porá.

Jurisprudência

212.3. [...] no moderno sistema processual penal, eventual alegação de nulidade, ainda que absoluta, deve vir acompanhada da demonstração do efetivo prejuízo, uma vez que não se decreta nulidade processual por mera presunção. Desse modo, não se proclama uma nulidade sem que se tenha verificado prejuízo concreto à parte, sob pena de a forma superar a essência. Vigora, portanto, o princípio pas de nulitté sans grief, a teor do que dispõe o art. 563 do Código de Processo Penal. Precedentes. [...] Nos termos da jurisprudência do Supremo Tribunal Federal, "'a ausência do representante do Parquet na audiência de instrução e julgamento, apesar de devidamente intimado, não impede que o Magistrado prossiga com o ato', bem como 'não obsta o Juiz de promover a inquirição das testemunhas, desde que respeitadas às formalidades previstas no Código de Processo Penal Brasileiro' [...] Na mesma linha de intelecção, no julgamento do AgRg nos EDcl no REsp n. 1.975.264/SC, este Superior Tribunal de Justiça firmou entendimento no sentido de que "[a] inquirição das testemunhas diretamente pelo juiz, diante da ausência do membro do Ministério Público em audiência, também só gera nulidade se comprovado o prejuízo". (AgRg nos EDcl no REsp n. 1.975.264/SC, Rel. Ministro Ribeiro Dantas, Quinta Turma, julgado em 26/4/2022, DJe de 28/4/2022). [...] Na hipótese dos autos, a defesa limita-se a alegar, genericamente, violação do sistema acusatório, dos princípios do contraditório, da imparcialidade e do devido processo legal. Contudo, não há êxito na indicação de eventual prejuízo concreto suportado pela defesa em virtude da ausência do representante do Ministério Público na audiência ou da forma como foi realizada a inquirição das testemunhas. Do mesmo modo, a defesa não aponta como a eventual repetição do ato processual em questão, com a presença do órgão acusador, poderia beneficiar os pacientes (ora agravantes). Nesse cenário, à míngua da indicação do prejuízo concreto às partes, não há se falar em nulidade. [...] *(Agravo Regimental no Habeas Corpus nº 906.529-MG, STJ, 5ª Turma, Rel. Min. Reynaldo Soares da Fonseca, julgado em sessão virtual de 11.6.2024 a 17.6.2024, publicado no DJ em 17.6.2024)*

212.3. [...] 1. Não obstante a reforma implementada pela Lei n. 11.690/2008, "o magistrado não está impedido de perguntar à vítima e às testemunhas. A alteração legislativa apenas agilizou a maneira de inquirição, prevendo legalmente o que na prática já era realizado, ou seja, outorgou ao Ministério Público e à Defesa a faculdade de perguntar diretamente ao depoente, mas não retirou a atribuição instrutória do juiz." (REsp n. 1.895.517-PE, relator Ministro Joel Ilan Paciornik, DJe 13/10/2020). 2. "O art. 212 do CPP, mesmo após as modificações ocorridas com o advento da Lei n. 11.690/2008, continua a permitir que o juiz formule perguntas às testemunhas, sendo-lhe facultada, na busca da verdade real, a produção de provas necessárias à formação do seu livre convencimento, nos termos do art. 156, III, do CPP." (AgRg nos EDcl no HC n. 806.955/RS, relator Ministro Rogerio Schietti Cruz, Sexta Turma, julgado em 13/6/2023, DJe de 23/6/2023). [...] *(Agravo Regimental no RHC nº 192.672-SC, STJ, 5ª Turma, Rel. Min. Ribeiro Dantas, julgado em 27.5.2024, publicado no DJ em 31.5.2024)*

212.3. [...] 2. A separação entre as atividades de acusar e julgar não autoriza que o juiz, em substituição ao órgão de acusação, assuma papel ativo na produção probatória, sob pena de quebra da necessária imparcialidade do Poder Judiciário. [...] 4. No que tange a oitiva das testemunhas em audiência de instrução e julgamento, deve o magistrado, em atenção ao art. 212 do CPP, logo após a qualificação do depoente, passar a palavra às partes, a fim de que produzam a prova, somente cabendo-lhe intervir em duas hipóteses: se evidenciada ilegalidade ou irregularidade na condução do depoimento ou, ao final, para complementar a oitiva, se ainda existir dúvida – nessa última hipótese sempre atuando de forma supletiva e subsidiária (como se extrai da expressão "poderá complementar"). 5. A redação do art. 212 é clara e não encerra uma opção ou recomendação. Trata-se de norma cogente, de aplicabilidade imediata, e, portanto, o seu descumprimento pelo magistrado acarreta nulidade a ação penal correlata quando demonstrado prejuízo ao acusado. 6. A demonstração de efetivo prejuízo no campo das nulidades processuais penais é sempre prospectiva e nunca presumida. É dizer, não cabe ao magistrado já antecipar e prever que a inobservância à norma processual cogente gerará ou não prejuízo à parte, pois desconhece *quo ante* a estratégia defensiva. 7. Demonstrado, no caso dos autos, iniciativa e protagonismo exercido pelo Juízo singular na inquirição das testemunhas de acusação e verificado que foram esses elementos considerados na fundamentação do decreto condenatório, forçoso reconhecer a existência de prejuízo ao acusado. 8. O Juízo *a quo* ao iniciar e questionar detalhadamente a testemunha de acusação, além de subverter a norma processual do art. 212 do CPP, violando a diretiva legal, exerceu papel que não lhe cabia na dinâmica instrutória da ação penal, comprometendo o *actum trium personarum*, já que a "separação rígida entre, de um lado, as tarefas de investigar e acusar e, de outro, a função propriamente jurisdicional" é consectário lógico e inafastável do sistema penal acusatório (ADIMC 5.104, Plenário, Rel. Min. Roberto Barroso, j. 21.5.2014). 9. Habeas corpus concedido de ofício a fim de reconhecer a nulidade da ação penal originária a partir da audiência de instrução e julgamento e, como consequência, restituir a liberdade ao acusado, a fim de que responda solto a instrução da ação penal que deverá ser renovada. *(Habeas Corpus nº 202.557/S, STJ, 2ª Turma, unânime, Rel. Min. Edson Fachin, julgado em sessão virtual de 25.6.2021 a 2.8.2021, publicado no DJ em 12.8.2021)*

212.4. Inversão da ordem de inquirições: Infelizmente, e por razões muitas vezes não esclarecidas, ainda hoje se encontram exemplos de descumprimento das novas regras do art. 212, CPP. Alguns magistrados permanecem iniciando as inquirições de testemunhas, ao fundamento de que se trataria de prova *a ele destinada*.

Não há como acolher semelhante pretensão, ainda quando não se duvide das boas intenções do julgador. Na perspectiva *do julgamento,* todas as provas se destinariam ao juiz, a quem cabe o exercício da função jurisdicional, no sentido de *afirmar o direito* cabível à espécie. O que deve ser assentado é que *cabe às partes as provas de sua alegação.* O sistema presidencialista de inquirição, no qual o juiz conduz toda a tomada do depoimento, não encontra eco nos modelos processuais mais modernos, ainda que ao juiz se reserve a transcrição das respostas, de maneira a controlar a legalidade do ato. A *iniciativa* da prova pertence às partes. Afinal, não é o juiz quem arrola a testemunha; por que deveria ele iniciar a inquirição? Por que não aguardar a linha de exploração que pretende o interessado na produção da prova?

De todo modo, o que nos parece absolutamente relevante nesse tópico é apontar a ausência de qualquer nulidade na inversão da inquirição, a menos quando se possa, *por outros meios,* demonstrar *a perda de imparcialidade* do magistrado. É dizer: em princípio, a inversão traduziria mera irregularidade, passível de correção disciplinar. Não pode o Tribunal pretender a anulação do processo pelo simples fato de ter o juiz iniciado a inquirição, sob pena de indevida e perigosa pedagogia procedimental, em prejuízo de toda a jurisdição. Somente quando houver prejuízo é que se deve reconhecer e declarar a nulidade de ato processual. Preciosa lição que vem sendo ignorada no cotidiano forense.

Jurisprudência

212.4. [...] o simples fato de o magistrado inverter a ordem de oitiva das testemunhas, no sentido de inquiri-las antes das partes, configura tão somente nulidade relativa, notadamente pelo fato de que o *Parquet* e o defensor puderam formular questionamentos diretamente a elas. [...] *(Agravo Regimental no Agravo Regimental no Agravo em Recurso Especial nº 2.402.118-SP, STJ, 5ª Turma, Rel. Min. Messod Azulay Neto, julgado em 8.8.2024, publicado no DJ em 9.8.2024)*

212.4. [...] Para a jurisprudência deste Superior Tribunal continua sendo possível ao magistrado indagar as testemunhas durante a instrução, diante do impulso oficial do processo. Com efeito, a jurisprudência desta Corte de Justiça, no sentido de que a inquirição das testemunhas pelo Juiz, antes que seja oportunizada às partes a formulação das perguntas, com a inversão da *ordem prevista no art. 212 do Código de Processo Penal, constitui nulidade relativa, que exige a demonstração do efetivo prejuízo, conforme o disposto no art. 563 do mesmo Estatuto, para* *que seja alcançada a anulação do ato (AgRg no RHC n. 148.274/SC, Ministra LAURITA VAZ, Sexta Turma, julgado em 15/6/2021, DJe 25/6/2021) (AgRg no HC n. 787.903/SP, Ministro Reynaldo Soares da Fonseca, Quinta Turma, julgado em 13/12/2022, DJe de 19/12/2022)* – (AgRg no HC n. 782.231/SP, Ministro Joel Ilan Paciornik, Quinta Turma, DJe 22/6/2023). [...] *(Agravo Regimental no Habeas Corpus nº 796.410-SP, STJ, 6ª Turma, Rel. Min. Sebastião Reis Júnior, sessão virtual de 5.9.2023 a 11.9.2023, publicado no DJ em 14.9.2023)*

212.4. [...] De mais a mais, *nos termos da uníssona jurisprudência deste Superior Tribunal de Justiça, eventual inobservância ao disposto no art. 212 do Código de Processo Penal gera nulidade meramente relativa, sendo necessário para seu reconhecimento a alegação no momento oportuno e a comprovação do efetivo prejuízo [...] (Agravo Regimental no Agravo em Recurso Especial nº 2.176.259-RJ, STJ, 5ª Turma, Rel. Min. Reynaldo Soares da Fonseca, julgado em 9.5.2023, publicado no DJ em 15.5.2023)*

212.4. *[...] O entendimento esposado no acórdão alinha-se à jurisprudência desta Corte no sentido de que "a inquirição das testemunhas pelo Juiz, antes que seja oportunizada às partes a formulação das perguntas, com a inversão da ordem prevista no art. 212 do Código de Processo Penal, constitui nulidade relativa, que exige a demonstração do efetivo prejuízo, conforme o disposto no art. 563 do mesmo Estatuto, para que seja alcançada a anulação do ato. [...]. Compete à Defesa indicar de forma clara o gravame advindo diretamente do ato que se pretenda declarar nulo, não sendo suficiente a alegação genérica do prejuízo advindo da condenação criminal " [...] Esta Corte Superior entende que as modificações introduzidas ao art. 212 do CPP, não retiram do juiz a possibilidade de formular perguntas às testemunhas, a fim de complementar a inquirição [...] (Agravo Regimental no Habeas Corpus nº 750.338-RS, STJ, 6ª Turma, Rel. Min. Antonio Saldanha Palheiro, sessão virtual de 11.4.2023 a 17.4.2023, publicado no DJ em 19.4.2023)*

....

Art. 213. O juiz não permitirá que a testemunha manifeste suas apreciações pessoais, salvo quando inseparáveis da narrativa do fato.

Cuidado desnecessário, no que toca à opção por uma previsão específica de um dos aspectos inerentes ao controle de pertinência da inquirição.

Apreciações pessoais, cujo sentido, inequívoco, repousa no juízo de valor que faz alguém sobre algo, a partir unicamente de sua preferência individual, não dizem respeito a *fatos*, e, sim, às considerações subjetivas feitas sobre estes (justo, injusto, bom, mau, aceitável, imoral etc.).

No entanto, eventuais *adjetivações* ou *predicados* associados a pessoas ou coisas podem ampliar a compreensão sobre o comportamento do acusado e sobre as circunstâncias que o envolveram. Nesse passo, deverão ser registradas as expressões por ele utilizadas, tal como ditas.

De todo modo, deve o juiz ser *minimalista*, prendendo-se apenas à narrativa dos fatos, do ponto de vista de sua relevância jurídica.

Art. 214. Antes de iniciado o depoimento, as partes poderão contraditar a testemunha ou arguir circunstâncias ou defeitos, que a tornem suspeita de parcialidade, ou indigna de fé. O juiz fará consignar a contradita ou arguição e a resposta da testemunha, mas só excluirá a testemunha ou não lhe deferirá compromisso nos casos previstos nos arts. 207 e 208.

214.1. Contradita da testemunha e parcialidade no depoimento: Essa é outra das sensíveis diferenças entre o processo civil e o processo penal brasileiros.

Contraditada uma testemunha no processo civil, deve o juiz, se convencido de sua procedência, excluir o seu depoimento. Circunstâncias pessoais como a amizade, a inimizade e, enfim, a existência de relações anteriores envolvendo a testemunha e as partes parecem suficientes para duvidar da credibilidade do testemunho, daí resultando a sua exclusão, no processo civil.

No processo penal, porém, tal não ocorre, particularmente no que toca à coleta do depoimento.

Nos termos do dispositivo ora em comento, somente se excluirá a testemunha nos casos expressamente previstos na Lei. E nela (lei) não se aponta quaisquer dessas circunstâncias que antes mencionamos como vícios ou defeitos impeditivos da tomada de depoimento. Amigos ou inimigos, todos têm o *dever de depor* e, em consequência, o dever de *dizer a verdade*, sob pena de falso testemunho.

Não se pode aceitar a sugestão doutrinária no sentido de qualificar tais depoentes (amigos, inimigos etc.) como *declarantes*, como já o afirmamos linhas atrás. Com efeito, não se pode aplicar o disposto no art. 447, §§ 4º e 5º, CPC/2015 (art. 405, § 4º, CPC/1973), por suposta analogia, dado que inexiste ausência de regulação da matéria no CPP. Muito ao contrário, há norma expressa em sentido contrário, a exigir o depoimento de todos aqueles que não se enquadrem no rol de pessoas alinhadas no art. 207 e no art. 208 do CPP.

Devem-se observar, por fim, as regras de impedimento, incompatibilidades e suspeição aplicáveis aos magistrados e aos membros do Ministério Público, também em relação às testemunhas, consoante o disposto no art. 252, II, e na regra geral do art. 112, ambos do CPP. A solução do problema se encontra ali: afastamento do juiz e não da testemunha.

Jurisprudência

214.1. [...] É possível o depoimento de testemunha que se declara amiga da vítima, vez que suas declarações serão cotejadas com as demais provas existentes nos autos. Constatada a insuficiência do acervo probatório quanto à responsabilidade de quem deu início à agressão, é de ser julgada improcedente a denúncia, nos termos do art. 386, VII, do Código de Processo Penal, com rejeição da tese da legítima defesa (*Ação Penal nº 431-RJ, STJ, Corte Especial, Rel. Min. Aldir Passarinho Junior, julgado em 17.6.2009, publicado no DJ em 20.8.2009*).

214.2. Preclusão da contradita: Há prazo processual destinado à arguição de defeitos ou à contradita de testemunha, que deve ser exercitado *antes* da referida inquirição. Para isso, as testemunhas são previamente arroladas, permitindo-se prévia ciência e pesquisa quanto aos possíveis vícios do depoimento.

Todavia, pode ocorrer que eventual *impedimento* ou incompatibilidade do juiz (art. 112, CPP – cujo exemplo seria o parentesco do juiz com a testemunha) somente sejam descobertos depois. Nesses casos, poder-se-á alegar, em tese, a nulidade do processo, em razão de ausência de isenção de espírito do magistrado. Não se tratará, contudo, de defeito da testemunha e sim de causa de impedimento (ou incompatibilidade) do juiz, daí por que não se falar em preclusão da matéria.

Jurisprudência

214.2. [...] Com base no princípio do livre convencimento motivado do juiz, não se traduz em nulidade valorar o depoimento de testemunha presumidamente interessada no desfecho da demanda como se prestado por informante, apesar da ausência de contradita. Se a testemunha foi efetivamente ouvida, conquanto seu depoimento tenha sido analisado com as restrições do art. 405, § 3º, IV, do Estatuto Processual, não há que se falar em cerceamento de defesa. O Tribunal de origem entende comprovado o fato constitutivo do direito do autor, razão pela qual não se cogita da prevalência da presunção de culpa do motorista que colide na traseira do veículo da frente. O juízo recursal é de controle, não de criação, não se admitindo em segunda instância a dedução de questão nova, salvo a ocorrência de força maior. Precedentes. Malgrado a tese de dissídio jurisprudencial, há necessidade, diante das normas legais regentes da matéria (art. 541, parágrafo único, do CPC c/c art. 255 do RISTJ), de confronto, que não se satisfaz com a simples transcrição de ementas, entre trechos do acórdão recorrido e das decisões apontadas como divergentes, mencionando-se as circunstâncias que identifiquem ou assemelhem os casos confrontados. Ausente a demonstração analítica do dissenso, incide a censura da súmula 284 do Supremo Tribunal Federal. Recurso especial não conhecido (*Recurso Especial nº 824.473-PB, STJ, 4ª Turma, Rel. Min. Fernando Gonçalves, julgado em 6.11.2008, publicado no* DJ *em 24.11.2008*).

214.3. Valoração judicial dos depoimentos e livre convencimento: Vimos que os defeitos comuns à maioria dos depoimentos – parcialidade decorrente de amizade ou inimizade etc. – não impedem a tomada de depoimentos no processo penal.

De outro lado, em matéria de julgamento, impõe-se o princípio do livre convencimento motivado, concedendo-se liberdade ao magistrado para firmar seu convencimento, como regra, em quaisquer das provas produzidas – ressalvadas nossas considerações sobre a *especificidade* de determinadas provas periciais (arts. 158 e seguintes, CPP) –, bem como rejeitar integralmente aquelas que entender inverossímeis ou inidôneas. Sobre a inadmissibilidade da prova ilícita remetemos o Leitor aos comentários ao art. 157, *retro.*

A exigência legal de registro da contradita e da resposta da testemunha tem dupla fundamentação: (a) em primeiro lugar, permitirá ao juiz, sobretudo quando não prolatar a sentença em audiência, atentar para eventual *mendacidade* ou *parcialidade* do depoimento, quando da decisão; e (b) oferecer às partes a possibilidade de revisão da decisão que se fundar prioritariamente em depoimento prestado por pessoa da qual se possa duvidar da credibilidade ou da isenção de espírito em relação aos fatos.

Art. 215. Na redação do depoimento, o juiz deverá cingir-se, tanto quanto possível, às expressões usadas pelas testemunhas, reproduzindo fielmente as suas frases.

De um lado, há norma impedindo a testemunha de tecer *apreciações pessoais* sobre os fatos (art. 213, CPP), como examinamos linhas atrás. De outro, aqui, o cuidado com a reprodução fiel do testemunho.

Todavia, a exigência de observar o juiz, por ocasião da transcrição do depoimento – se não houver gravação em áudio –, as *expressões* usadas pelas testemunhas, pode ser facilmente explicada.

É que a *linguagem* pode se prestar a uma análise bastante proveitosa para o exame das condições pessoais da testemunha, de sua formação social e até o grau de educação oficial, para que, em linhas muito superficiais, é verdade, se antecipe o mínimo sobre a qualidade de seu depoimento.

Em determinadas ações penais envolvendo a prática de crimes contra a ordem tributária e/ou financeira, o sistema financeiro nacional e outros de natureza assemelhada, não é incomum a responsabilização, inicial, de pessoas que – descobre-se – não passavam de *laranjas* dos verdadeiros gestores. A linguagem utilizada por eles no interrogatório e pelas testemunhas – quando exercido o direito ao silêncio pelo réu (laranja) – pode ser muito útil para o desmascaramento de situações como ora exemplificado.

Art. 216. O depoimento da testemunha será reduzido a termo, assinado por ela, pelo juiz e pelas partes. Se a testemunha não souber assinar, ou não puder fazê-lo, pedirá a alguém que o faça por ela, depois de lido na presença de ambos.

Burocracia procedimental necessária apenas para a *memória* dos atos processuais e fidelidade dos intervenientes. A previsão de assinatura *a rogo* (por terceiros) pode evitar o constrangimento da testemunha que não souber escrever.

Há previsão, desde a Lei nº 11.719/08 (art. 405, § 1º, CPP), de registro dos depoimentos das testemunhas e das demais pessoas ouvidas por meio de recurso de gravação magnética, estenotipia, digital ou técnica similar, inclusive audiovisual, destinada a obter maior fidelidade das informações, dispensada a transcrição quando por meio de audiovisual, acessível às partes (art. 405, §§ 1º e 2º, CPP).

E de todo o ocorrido em audiência será lavrado termo em livro próprio, assinado pelo juiz e pelas partes, contendo o resumo dos fatos (art. 405, *caput*, CPP).

Art. 217. Se o juiz verificar que a presença do réu poderá causar humilhação, temor, ou sério constrangimento à testemunha ou ao ofendido, de modo que prejudique a verdade do depoimento, fará a inquirição por videoconferência e, somente na impossibilidade dessa forma, determinará a retirada do réu, prosseguindo na inquirição, com a presença do seu defensor. (Redação dada pela Lei nº 11.690, de 2008)

Parágrafo único. A adoção de qualquer das medidas previstas no *caput* deste artigo deverá constar do termo, assim como os motivos que a determinaram. (Incluído pela Lei nº 11.690, de 2008)

217.1. Depoimento por videoconferência: O incremento da tecnologia das comunicações e das informações é uma realidade que não poderia ser ignorada no universo jurídico, desde que respeitados os direitos e garantias individuais do devido processo legal.

A videoconferência, por meio da qual se realiza o ato processual em tempo real para diferentes locais, pode se transformar em um recurso muito útil à jurisdição e também às pessoas que devam depor em juízo.

As situações previstas em Lei para a tomada de depoimentos por meio de videoconferência são excepcionais. E, do mesmo modo que ocorre em relação ao interrogatório por videoconferência, não se pode permitir que uma situação excepcional se transforme em *regra* do cotidiano forense.

Só e somente só quando, ao exame da gravidade e da natureza dos fatos em apuração, da existência de dados concretos em relação às condições e circunstâncias pessoais do acusado, se puder verificar situação de *temor* ou *sério constrangimento* à testemunha é que se poderá realizar o ato por meio da videoconferência.

E, parece-nos, tais situações até poderão ser analisadas *antes* da designação da audiência, de modo que se adotem as providências necessárias à realização do ato, a reclamar mais de um espaço (ambiente) para a tomada de depoimento e para o acompanhamento do réu.

A nosso aviso, porém, o risco de *humilhação* da testemunha é de difícil visualização, no que se refere à antecipação prévia de sua ocorrência. Somente durante a produção da prova testemunhal é que se poderá mensurar semelhante situação. Se o risco de *temor* e de sério *constrangimento* pode ser avaliado *a priori*, com base em circunstâncias e em fatos pretéritos; já a humilhação dependeria de situação concreta e atual, segundo nos parece.

217.2. Retirada do réu e ampla defesa: Quando iniciado o ato processual e o comportamento do acusado, em audiência, puder gerar as situações descritas na Lei, de temor, constrangimento ou de sentimento de humilhação à testemunha, dever-se-á recorrer ao amargo recurso de retirada do acusado da sala.

Insistimos na observação atinente à *atualidade* da conduta do réu, que deve ocorrer em audiência. Quando o temor e o constrangimento decorrerem de situações já conhecidas anteriormente à audiência, o que deverá ser designada é a realização do ato por meio de videoconferência, de modo a se preservar o direito à participação do réu ao aludido ato, em homenagem ao princípio da ampla defesa.

A retirada do réu da sala de audiências é medida extrema e deve ser usada com toda parcimônia. Mas deve ser usada, quando necessário. A permanente tensão na aplicação de normas constitucionais é inerente à pluralidade dos direitos fundamentais no Estado Democrático. Desde que justificada a medida coercitiva, pode-se reduzir o espaço da ampla defesa, por ato imputável unicamente ao acusado. Do mesmo modo que se determina a prisão cautelar de quem ainda é considerado inocente.

De tudo, como é óbvio, se fará registro do ocorrido no Termo de Assentada da audiência.

Jurisprudência

217.2. [...] O art. 217 do Código de Processo Penal admite a retirada do réu da sala de audiência quando qualquer declarante se sentir atemorizado, humilhado ou constrangido com a sua presença, sem que se possa falar em nulidade do ato processual. O acórdão combatido alinha-se ao entendimento desta Corte Superior, porquanto as testemunhas "manifestaram receio em prestar depoimento na presença dos sentenciados" tendo constado ainda justificativa sobre a impossibilidade de realização por videoconferência. [...] *(Agravo Regimental no Agravo no Recurso Especial nº 746.463-SP, STJ, 5ª Turma, Rel. Min. Ribeiro Dantas, julgado em 22.6.2021, publicado no DJ em 29.6.2021)*

217.2. [...] Nos termos do art. 217 do Código de Processo Penal, a retirada do réu da sala de audiências pode ser determinada pelo juiz quando este verificar que a presença do acusado pode causar humilhação, temor ou sério constrangimento à testemunha ou ao ofendido, de modo a prejudicar a coleta do depoimento. [...] *(Habeas Corpus nº 549.665-PE, STJ, 5ª Turma, unânime, Rel. Min. Reynaldo Soares da Fonseca, julgado em 6.2.2020, publicado no* DJ *em 14.2.2020).*

Art. 218. Se, regularmente intimada, a testemunha deixar de comparecer sem motivo justificado, o juiz poderá requisitar à autoridade policial a sua apresentação ou determinar seja conduzida por oficial de justiça, que poderá solicitar o auxílio da força pública.

218.1. Condução coercitiva: A condução coercitiva da testemunha decorre do *dever de depor*, atribuído pela Lei a todos aqueles que forem a tanto intimados (art. 206, CPP). Trata-se de verdadeiro *múnus* imposto pelo Estado, como atributo inerente aos deveres da cidadania.

À evidência, havendo justificativa para o não comparecimento, e desde que ciente do fato, deve o juiz adiar o referido ato processual.

A ausência da testemunha à instrução causa inúmeros e graves transtornos à atividade judicante, sobretudo a partir das novas regras procedimentais trazidas pela Lei nº 11.719/08, dentre as quais avulta a de instrução concentrada, na qual em uma única audiência são ouvidos o ofendido, as testemunhas, peritos, intérpretes e o acusado. Diante do não comparecimento, sem apresentação tempestiva de qualquer justificativa, deve o magistrado determinar a sua condução imediata, de modo a evitar o adiamento da audiência, em prejuízo das demais pessoas a serem ouvidas. Se a testemunha for de defesa, porém, nada impede que sejam ouvidas as outras, fracionando-se a audiência.

Jurisprudência

218.1. [...] Na hipótese de não comparecimento das testemunhas de defesa, cabe ao juiz determinar a condição coercitiva nos termos do art. 218 do CPP: "se, regularmente intimada, a testemunha deixar de comparecer sem motivo justificado, o juiz poderá requisitar à autoridade policial a sua apresentação ou determinar seja conduzida por oficial de justiça". [...] *(Habeas Corpus nº 172.339-SP, STJ, 6ª Turma, julgado em 1º.10.2015, publicado no DJ em 4.12.2015)*

....

218.2. Desistência do depoimento: Prática bastante comum no dia a dia forense é o arrolamento de testemunhas que nada sabem sobre os fatos em apuração. São arroladas apenas para atestar o comportamento social do acusado, não raramente em razão de com ele manterem vínculos de amizade. Nestes casos, quando a testemunha não comparece, a parte que a arrolou, normalmente, desiste do respectivo depoimento.

Seria preciso a concordância da (parte) *ex adversa* para a desistência de testemunha?

A nosso juízo, não.

Cabe às partes arrolar as pessoas cujo depoimento julguem necessário ao esclarecimento de questões de seu interesse. E essa, em tese, seria uma escolha privativa da defesa, na medida em que o Ministério Público arrola suas testemunhas por primeiro, já por ocasião do oferecimento da peça acusatória.

Não haverá, portanto, violação à ampla defesa o deferimento de desistência de testemunha arrolada pelo Ministério Público, sem a concordância do defensor.

Jurisprudência

218.2. [...] Não há que se falar em nulidade, se a defesa expressamente desistiu da oitiva das testemunhas arroladas na defesa prévia quando instada a se manifestar. A defesa técnica tem autonomia para se recusar a produzir provas que entender desnecessárias, sem que tal ato configure afronta ao princípio da ampla defesa. Arroladas na defesa prévia as mesmas testemunhas contidas na exordial acusatória e tendo elas sido ouvidas em juízo na qualidade de vítimas, sem exceção, do roubo praticado pelo paciente e corréus, revelase coerente a desistência feita pela defesa de proceder à realização de outro ato processual destinado a ouvir as mesmas pessoas. Ordem denegada (*Habeas Corpus nº 43.190-MT, STJ, 5ª Turma, Rel. Min. Gilson Dipp, julgado em 25.10.2005, publicado no DJ em 21.11.2005*).

....

Art. 219. O juiz poderá aplicar à testemunha faltosa a multa prevista no art. 453, sem prejuízo do processo penal por crime de desobediência, e condená-la ao pagamento das custas da diligência. (*Redação dada pela Lei nº 6.416, de 24.5.1977*)

219.1. Multa: A previsão de multa do art. 453 e mera reminiscência histórica. "Cinco a cinquenta centavos", tal como ali previsto, chega a ser risível enquanto sanção legal. Melhor que se reconheça a sua absoluta inaplicabilidade concreta, por decurso do tempo e da perda de seu valor monetário.

219.2. Crime de desobediência: Diz o art. 330 do Código Penal constituir crime *desobedecer a ordem legal de funcionário público*. A remissão à sanção penal pelo não comparecimento injustificado é excessiva, no âmbito geral das incriminações. É preferível o juiz determinar a condução coercitiva da testemunha que recorrer ao Direito Penal para punir aquele que descumpriu uma ordem legal.

Se houver resistência à coerção, se fará presente, por certo, o delito do art. 329, CPP (resistência), mas é preferível dar-se à testemunha a oportunidade de atender, ainda que compulsoriamente, a ordem judicial.

Há outra questão. Testemunhas sem quaisquer recursos econômicos – e isso não é novidade no país – são obrigadas a fazer verdadeiros sacrifícios para se deslocarem à sede do juízo. Em tais situações, haverá justificativa escusável para o não comparecimento. Uma coisa é impor o dever de depor. Outra, é obrigar o cidadão é gastar "de seu bolso" o pouco que tem, por força de seu trabalho, para prestar funções ao Poder Público. Na verdade, caberia ao Estado responder por tais despesas, em quaisquer situações.

Dito isso, parece-nos inaplicável, em qualquer caso, responsabilizar-se a testemunha faltosa ao pagamento das despesas relativas à diligência. Essas (despesas) devem correr sempre à custa do Estado, pelos órgãos que aparelha – muito mal em alguns Estados-membros, aliás, – com o dinheiro público.

Jurisprudência

219.2. [...] O crime de desobediência (art. 330 do CPB) sempre pressupõe a presença de ordem inequívoca emitida por Funcionário Público, comunicada ao seu destinatário de forma legal, e, uma vez caracterizado o delito, não se elide pelo ulterior cumprimento da determinação judicial (art. 219 do CPP). Ofícios expedidos pelo Juiz, solicitando o agendamento de dia e hora para a prestação de depoimento em juízo, encaminhados a quem detém essa prerrogativa processual, não podem ser tidos como ordens judiciais, para o fim do art. 330 do CPB, caso o destinatário não atenda àquelas solicitações [...] (*Habeas Corpus nº 86.429-SP, STJ, 5ª Turma, Rel. Min. Napoleão Nunes Maia Filho, julgado em 13.9.2007, publicado no DJ em 1.10.2007*).

Art. 220. As pessoas impossibilitadas, por enfermidade ou por velhice, de comparecer para depor, serão inquiridas onde estiverem.

Naturalmente, esta é uma prerrogativa da testemunha e não um poder discricionário atribuído ao magistrado.

O que não impede que se faça rigoroso exame acerca da efetiva impossibilidade de comparecimento à sede do juízo, exigindo-se cabal comprovação da enfermidade; a velhice comprova-se de modo singelo.

O deslocamento do magistrado e serventuários, além das partes, ao local onde se encontra a testemunha não se dá sem alguns transtornos, daí por que se pode e se deve exigir a comprovação da situação de excepcionalidade.

Em tese, seria possível também a realização por videoconferência, à maneira que ocorre com o interrogatório do réu, quando por ele requerido. Dizemos *em tese* porque a regra é a produção da prova em juízo e na presença – física – dos interessados, que, assim, podem exercer maior controle da legalidade e espontaneidade dos atos processuais.

Assim, se não houver oposição, o depoimento das pessoas enfermas ou com impossibilidade de comparecimento em virtude de velhice poderá ser inquirido por meio de videoconferência, assegurando-se também às partes (ao magistrado, é óbvio!) a efetiva participação no ato.

Art. 221. O Presidente e o Vice-Presidente da República, os senadores e deputados federais, os ministros de Estado, os governadores de Estados e Territórios, os secretários de Estado, os prefeitos do Distrito Federal e dos Municípios, os deputados às Assembleias Legislativas Estaduais, os membros do Poder Judiciário, os ministros e juízes dos Tribunais de Contas da União, dos Estados, do Distrito Federal, bem como os do Tribunal Marítimo serão inquiridos em local, dia e hora previamente ajustados entre eles e o juiz. (Redação dada pela Lei nº 3.653, de 4.11.1959)

§ 1º O Presidente e o Vice-Presidente da República, os presidentes do Senado Federal, da Câmara dos Deputados e do Supremo Tribunal Federal poderão optar pela prestação de depoimento por escrito, caso em que as perguntas, formuladas pelas partes e deferidas pelo juiz, lhes serão transmitidas por ofício. (Redação dada pela Lei nº 6.416, de 24.5.1977)

§ 2º Os militares deverão ser requisitados à autoridade superior. (Redação dada pela Lei nº 6.416, de 24.5.1977)

§ 3º Aos funcionários públicos aplicar-se-á o disposto no art. 218, devendo, porém, a expedição do mandado ser imediatamente comunicada ao chefe da repartição em que servirem, com indicação do dia e da hora marcados. (Incluído pela Lei nº 6.416, de 24.5.1977)

221.1. Prerrogativas processuais inerentes à função: Aparentemente preocupado com os afazeres públicos de determinadas funções, prevê o CPP a possibilidade de se lhes tomar o depoimento segundo a conveniência da aludida autoridade, devendo o juiz ou o tribunal promover um ajustamento prévio de agenda. Importante ressaltar que essa prerrogativa existe para as hipóteses exclusivas quando forem arroladas como testemunhas, e não, eventualmente, quando investigadas.

Assim, foram escolhidas inúmeras autoridades públicas do Poder Executivo (Presidente e Vice; Governadores e Prefeitos; Ministros e Secretários de Estado), membros do Congresso Nacional e da Assembleia Legislativa dos Estados; do Poder Judiciário, dos Tribunais de Contas (União, Estados e Distrito Federal), bem ainda os membros do Tribunal Marítimo (ver Lei nº 2.180/54).

Jurisprudência

221.1. [...] O artigo 221 do Código de Processo Penal, que assegura às autoridades com prerrogativa de foro o direito de serem inquiridas em local, dia e hora previamente ajustados com o juiz, tem incidência quando os ocupantes dos referidos cargos participarem do processo na qualidade de testemunhas. 2. Tal previsão não se estende às referidas autoridades quando figuram na condição de investigados em inquérito policial ou acusados em ação penal. [...] (*Habeas Corpus nº 250.970-SP, STJ, 5ª Turma, Rel. Min. Jorge Mussi, julgado em 23.9.2014, publicado no DJ em 30.9.2014*).

221.1. [...] Descabe suscitar cerceamento de defesa, o fato de as testemunhas não serem ouvidas durante a instrução, posto que as mesmas não se manifestaram no momento adequado para prestarem depoimento. Não merece prosperar a pretensão do agravante que, com exclusivo fim protelatório, insiste na oitiva de testemunhas detentoras de prerrogativa para serem ouvidas de modo especial. Agravo a que se nega provimento (*Agravo Regimental no Habeas Corpus nº 17.609-CE, STJ, 6ª Turma, julgado em 2.6.2005, publicado no DJ em 1º.8.2005*).

221.2. Membros do Ministério Público: Ainda que não referidos no dispositivo em comento, também os membros do Ministério Público gozam de tal prerrogativa, nos termos do art. 40 da Lei nº 8.625/93, relativamente aos Estados, e Lei Complementar nº 75/93, art. 18, para os membros do Ministério Público da União.

221.3. Defensoria Pública e outros: A partir de 1988, a Defensoria Pública foi alçada ao patamar de *carreira de Estado*, indispensável para a tutela e para o acesso ao Poder Judiciário daquelas pessoas sem recursos para o patrocínio privado de seus interesses. Não por outra razão, inúmeras Constituições de Estados-membros acolheram a Defensoria Pública como órgão de Estado, concedendo aos seus membros inúmeras prerrogativas funcionais. Vimos já que a Suprema Corte – acertadamente, em relação a eles e não aos demais *escolhidos*, segundo nos parece – estendeu aos defensores públicos até mesmo o foro privativo nos Tribunais de Justiça, quando assim previsto na respectiva Constituição do Estado-membro.

Exatamente para dar sentido à previsão constitucional, previu-se no art. 44, XIV, da Lei Complementar nº 80/1994 que "*são prerrogativas dos membros da Defensoria Pública da União: [...] ser ouvido como testemunha, em qualquer processo ou procedimento, em dia, hora e local previamente ajustados com a autoridade competente*". Igualmente, e no mesmo sentido, se previu no art. 89, XIV, a prerrogativa aos membros da Defensoria Pública do Distrito Federal e Territórios, e no art. 128, XIV, aos Defensores Públicos dos Estados.

221.4. Condução coercitiva: Em tese, e ainda que não possam ser presos por eventual delito de desobediência, tendo em vista que, em relação a algumas destas autoridades, somente se autoriza a prisão em flagrante por crime *inafiançável* (ver art. 86, § 3º, CF, quanto ao Presidente da República; e art. 53, § 2º, CF, quanto aos membros do Congresso Nacional; vide ainda anotações do item 304.2.2, quanto às imunidades), nada impede a condução coercitiva de tais autoridades. Evidentemente, o não comparecimento tenderá sempre a ser justificado com fundamento na urgência do serviço público. No entanto, não se pode transformar uma prerrogativa processual deferida em razão do cargo em refúgio pessoal contra os deveres gerais da cidadania. Vide anotações também ao item 304.2.2, sobre a possibilidade de prisão cautelar de parlamentares, especialmente em face da decisão proferida pelo STF no bojo da Ação Cautelar nº 4.039 (*2ª Turma, unânime, Rel. Min. Teori Zavascki, julgado em 25.11.2015, publicado no* DJ *em 13.5.2016*).

Quanto mais relevante o cargo, por certo, maiores serão as dificuldades para a inquirição da testemunha. É certo, porém, que o exercício de qualquer função pública não está acima dos deveres do testemunho em processo judicial, no interesse da regular persecução penal.

221.5. Depoimento por escrito: Reminiscências de um Estado inchado e cioso de suas *autoridades*, o CPP estabelece a possibilidade de oferecimento do depoimento por escrito a algumas autoridades. São eles: O Presidente e o Vice-Presidente da República, os presidentes do Senado Federal, da Câmara dos Deputados e do Supremo Tribunal Federal.

Malgrado o inconveniente de tal escolha (por que também não os Presidentes dos Tribunais de Justiça, por exemplo?), pensamos já absolutamente inaceitável a validade desse dispositivo, por manifesta violação ao *devido processo legal.* Por primeiro, violam-se, em muito, a ampla defesa e também o direito à prova da acusação, dado que limita demasiadamente a articulação da inquirição, que, nos termos da Lei, deverá ser prévia e exauriente. Ora, algumas indagações surgem apenas das respostas oferecidas a outras! E, de outro lado, se se permitirem *idas e vindas* de perguntas e respostas por escrito, o embaraço judicial e o transtorno à atividade desenvolvida pela autoridade depoente superarão a eventual inconveniência do depoimento oral.

Em segundo lugar, porque diminui a *pessoalidade* da prova, permitindo que a inquirição se abra a tantas pessoas quantas desejar a autoridade depoente, já que não se fará qualquer controle quanto à pessoa a subscrever a resposta.

Por isso, julgamos absolutamente incompatível com o devido processo legal constitucional a previsão ora em comento, que há de ter-se por *revogada* ou por *não recepcionada* pela Constituição da República.

221.6. Requisição da testemunha militar e intimação do funcionário público: O militar deverá ser requisitado aos seus superiores, de maneira a preservar a regularidade e continuidade dos serviços na caserna.

Pensamos um despropósito a distinção de tratamento feita ao militar, em relação aos demais servidores públicos. Ora, se se tem em vista a manutenção em funcionamento, sem solução de continuidade, portanto, da Administração Pública, civil ou militar, bastaria a comunicação do ato aos superiores das testemunhas, tal como ocorre em relação ao civil (§ 3º). O ato processual de prestação de depoimento é pessoal e intransferível.

A exigência de requisição do militar junto ao seu superior parece mera e inadequada deferência à hierarquia militar, como se seu subordinado estivesse sempre – e também ali – sob as ordens da autoridade militar e não do juiz.

Acaso o militar não compareça, será preciso examinar de quem seria a responsabilidade pela ausência. É que, como a requisição *não é pessoal*, pode ser que a *falta* não seja imputável à testemunha.

Art. 222. A testemunha que morar fora da jurisdição do juiz será inquirida pelo juiz do lugar de sua residência, expedindo-se, para esse fim, carta precatória, com prazo razoável, intimadas as partes.

§ 1º A expedição da precatória não suspenderá a instrução criminal.

§ 2º Findo o prazo marcado, poderá realizar-se o julgamento, mas, a todo tempo, a precatória, uma vez devolvida, será junta aos autos.

§ 3º Na hipótese prevista no *caput* deste artigo, a oitiva de testemunha poderá ser realizada por meio de videoconferência ou outro recurso tecnológico de transmissão de sons e imagens em tempo real, permitida a presença do defensor e podendo ser realizada, inclusive, durante a realização da audiência de instrução e julgamento. (Incluído pela Lei nº 11.900, de 2009)

222.1. Depoimento por meio de carta precatória e carta de ordem: Como regra, deve a testemunha ser inquirida pelo juiz da causa.

No entanto, e como o dever de depor não pode impor sacrifícios intoleráveis ao cidadão, não se pode exigir dele o deslocamento de sua cidade à sede do juízo. Por isso, o testemunho será feito por meio de *carta precatória.*

A carta precatória é o instrumento processual por meio do qual o juiz da causa *depreca* ou *solicita* a outra autoridade judiciária a realização de determinado ato processual. Exatamente por isso, deve a referida Carta conter todas as informações necessárias à inquirição (peça acusatória, resposta escrita da defesa, rol de testemunhas, endereço etc.).

No caso de haver mudado de endereço a testemunha, para local fora da jurisdição do juízo *deprecado,* a carta poderá ser encaminhada por este a outro juiz, em outra comarca, como se *itinerante* fosse (a Carta).

Quando, por qualquer razão, a inquirição da testemunha couber a órgão colegiado (tribunais) e a testemunha residir fora da respectiva sede, o depoimento será colhido por meio de *carta de ordem,* expedida no Tribunal, para cumprimento pelo juiz. E aqui não importa a competência jurisdicional para a causa. É dizer, mesmo em se tratando de crime da competência federal, nada impede que a Carta seja encaminhada ao juiz de direito, passando, evidentemente, pelo Tribunal de Justiça.

Jurisprudência

222.1. [...] Consoante reiterada jurisprudência do Supremo Tribunal Federal STF, [n]os termos do art. 222, § 1º, do Código de Processo Penal, a existência de precatória não suspende a instrução processual. Logo, o fato de o réu ter sido interrogado antes da oitiva da testemunha, ouvida por intermédio de carta precatória, não é razão suficiente para nulificar o processo criminal (ARE 1.473.954 AgR/SP, Rel. Min. Alexandre de Moraes, Primeira Turma, Dje 18/3/2024). [...] O impetrante não aponta objetivamente de que modo o interrogatório do acusado ocorrido antes da devolução da referida carta precatória acarretou prejuízo à defesa técnica; não indica nem mesmo o que mais poderia ter sido alegado em favor do paciente em momento posterior. Assim, as alegações, tais como postas, mostram o nítido propósito de discutir os fatos da causa para modificar a sentença condenatória, o que, como se sabe, não é possível na via estreita do habeas corpus, cabendo ao juízo natural o exame aprofundado do conjunto fático-probatório, como ocorreu. [...] *(Agravo Regimental no HC nº 242.043, STF, 1ª Turma, Rel. Min. Cristiano Zanin, julgado em Sessão Virtual de 21.6.2024 a 28.6.2024, publicado no DJ em 3.7.2024)*

222.1. [...] 1. A defesa da apelante requereu que os interrogatórios dos denunciados fossem o ultimo ato da instrução, ou seja, após as oitivas de todas testemunhas de acusação, o pedido foi indeferido pelo magistrado, de acordo com termo de audiência.

2. O interrogatório é, essencialmente, um ato de autodefesa, mas não foi dada a ré a possibilidade de se manifestar, ao final da instrução, sobre os fatos apontados pela testemunha ou sobre as provas da acusação – com o que poderia ter influenciado na formação do convencimento do juiz.

3. Assim, o disposto no art. 222, § 1º, do Código de Processo Penal, aplica-se a oitiva de testemunha, não alcançando o interrogatório da acusada, que deve ser o último ato.

4. Em 2016, no julgamento do HC n. 127.900/AM, a Suprema Corte fixou a orientação de que a norma inscrita no art. 400 do Código de Processo Penal comum aplica-se, a partir da publicação da ata do presente julgamento, aos processos penais militares, aos processos penais eleitorais e a todos os procedimentos penais regidos por legislação especial incidindo somente naquelas ações penais cuja instrução não se tenha encerrado.

5. "*Por outro lado, a redação do art. 400 do CPP elenca, nitidamente, a ordem a ser observada na audiência de instrução e julgamento, de forma que a alusão expressa ao art. 222, em seu texto, apenas indica a possibilidade de inquirição de testemunhas, por carta precatória, fora da ordem estabelecida. Neste caso, o Código viabiliza, em princípio, a oitiva de testemunha de acusação após a arrolada pela defesa, e não que se interrogue o acusado antes da inquirição das testemunhas.*" (HC n. 585.942/MT, relator Ministro Sebastião Reis Júnior, Terceira Seção, julgado em 9/12/2020, DJe de 14/12/2020.) [...] *(Recurso Especial nº 2.091.667-MG, STJ, 5ª Turma, Rel. Min. Daniela Teixeira, julgado em 21.5.2024, publicado no DJ em 28.5.2024)*

222.1. [...] O fato de o réu ter sido interrogado antes da oitiva da testemunha, ouvida por intermédio de carta precatória, não é razão suficiente para nulificar o condenação, pois, nos termos do art. 222, § 1º, do Código de Processo Penal, A expedição da precatória não suspenderá a instrução criminal. *[...] (Agravo Regimental no Recurso Extraordinário com Agravo nº 1.477.483, STF, 1ª Turma, Rel. Min. Alexandre de Moraes, sessão virtual de 8.3.2024 a 15.3.2024, publicado no DJ em 16.4.2024)*

222.1. [...] A inteligência do art. 222 do Código de Processo Penal revela que o depoimento de testemunha residente fora da jurisdição da causa deve ser tomado através de carta precatória, intimadas as partes. Em se tratando de Tribunal do Júri, no que a participação da testemunha deve se dar diante do corpo de jurados, o comparecimento daquela residente em comarca diversa, ainda que arrolada como imprescindível, não é obrigatório, cabendo à defesa diligenciar seu comparecimento ou a oitiva, mediante precatória, na fase processual própria, observada a disciplina legal. [...] *(Agravo Regimental no RHC nº 210.586, STF, 2ª Turma, Rel. Min. André Mendonça, sessão virtual de 5.5.2023 a 12.5.2023, publicado no DJ em 23.5.2023)*

222.1. [...] "*Inexiste ilegalidade no interrogatório do acusado antes da juntada da carta precatória de oitiva de testemunha da defesa, uma vez que, conforme o disposto no art. 222, §§ 1º e 2º, do CPP, a expedição de carta precatória não tem o condão de suspender o trâmite da ação penal. Acórdão recorrido em conformidade com a jurisprudência desta Corte*" [...] *(Agravo Regimental no RHC n. 69.111-TO, STJ, 5ª Turma, unânime, Rel. Min. Joel Ilan Paciornik, julgado em 7.8.2018, publicado no DJ em 17.8.2018).*

222.1. [...] 1. A expedição de carta precatória não suspende o trâmite da ação penal, de modo que a inquirição de testemunha fora da jurisdição processante após o interrogatório dos réus, por si só, não acarreta o reconhecimento de nulidade de plano. A inobservância dos procedimentos de instrução criminal de competência do Tribunal do Júri configura nulidade relativa, sendo necessária a demonstração de efetivo prejuízo para o seu reconhecimento (arts. 563 e 571, I, CPP). 2. Verifica-se prejuízo à defesa quando não é oportunizado aos acusados se pronunciarem sobre os novos fatos decorrentes do depoimento da testemunha de acusação, realizado quase um ano após o interrogatório dos recorrentes, o que justifica a realização de novos interrogatórios. [...] *(RHC n. 92.163-MS, STJ, 6ª Turma, unânime, Rel. Min. Nefi Cordeiro, julgado em 19.6.2018, publicado no DJ em 29.6.2018).*

222.1. [...] 1. Conquanto o princípio do devido processo legal compreenda a garantia ao procedimento tipificado em lei, não se admitindo a inversão da ordem processual ou a adoção de um rito por outro, não se pode olvidar que as regras procedimentais não possuem vida própria, servindo ao regular desenvolvimento do processo, possibilitando a aplicação do direito ao caso concreto. 2. Assim, a eventual inversão de algum ato processual ou a adoção do procedimento ordinário em detrimento de rito especial só podem conduzir à nulidade do processo se houver prejuízo às partes. 3. No caso dos autos, não se constata qualquer ilegalidade ou ofensa ao art. 400 do Código de Processo Penal pelo fato de as testemunhas de defesa e o recorrente haverem sido inquiridos antes do retorno das cartas precatórias expedidas para a oitiva das testemunhas arroladas pelo Ministério Público, uma vez que os §§ 1º e 2º do art. 222 do referido diploma legal disciplinam que, na hipótese de oitiva de testemunha que se encontra fora da jurisdição processante, a expedição da carta precatória não suspende a instrução criminal, razão pela qual o feito prosseguirá, em respeito ao princípio da celeridade processual, procedendo-se à oitiva das demais testemunhas, ao interrogatório do acusado e, inclusive, ao julgamento da causa, ainda que pendente a devolução da carta pelo juízo deprecado. Precedentes. 4. Recurso desprovido. *(RHC n. 94.479-PE, STJ, 5ª Turma, unânime, Rel. Min. Jorge Mussi, julgado em 22.5.2018, publicado no* DJ *em 30.5.2018).*

.....

222.2. Testemunha no exterior: Se a testemunha estiver residindo no exterior, a sua intimação e a realização do ato serão feitas por meio de *carta rogatória,* por meio da qual se *roga* ou se *pede* à autoridade judiciária no estrangeiro a produção da prova. O procedimento passa pelo Ministro da Justiça (art. 783, CPP), seguindo por via diplomática.

222.3. Requisição da pessoa que estiver presa: O preso, quando houver de testemunhar, é requisitado onde estiver. Caso ele se encontre em local diverso daquele em que tramita a causa, deverá ser ouvido por carta precatória, expedida para esse fim, adotando-se o mesmo procedimento de requisição.

222.4. Prazo para cumprimento da precatória: Para evitar a procrastinação indevida do processo, diz o CPP que o juiz, *deprecante,* fixará prazo razoável para o cumprimento da diligência, sem prejuízo de prosseguir na instrução. Diz, mais, que, uma vez exaurido o tempo então fixado, poder-se-á decidir o feito, juntando-se a carta cumprida, a qualquer tempo.

Em primeiro lugar, é de se ver que a pressa, nesse caso, poderá ser causa de nulidade absoluta.

Ora, em processos em que a única defesa é produzida por meio de prova testemunhal, não se pode sentenciar *sem a valoração de depoimento de testemunha arrolada pela defesa.* Ficamos aqui com a defesa, no pressuposto de que o atraso na prova testemunhal da acusação já tenha sido resolvido em momento anterior no processo.

Veja-se, no ponto, que, a partir da Lei nº 11.719/08, a concentração dos atos processuais em uma única audiência de instrução e julgamento poderá causar grandes transtornos à acusação. Imagine-se a necessidade de inquirição de testemunha da acusação por meio de carta precatória. Nessa situação, é imperativo que a coleta do depoimento tenha sido anterior à realização da instrução na sede do juízo. É dizer: o juiz deverá paralisar a instrução, sob pena de ter que reabrir toda a instrução, na hipótese de inquirição, por precatória, da testemunha de acusação *posteriormente* à audiência já realizada. Violação clara da ampla defesa.

Inválida, portanto, a norma que permite o juiz sentenciar sem o exame de prova testemunhal já deferida às partes. Para isso, existe a possibilidade de *condução coercitiva* da testemunha; existe a possibilidade de aplicação do crime de *desobediência.*

Apenas se a testemunha não for encontrada e após a adoção de todas as providências pelo juiz é que se poderá prescindir de seu depoimento, cabendo à parte promover a sua (dela) substituição.

Jurisprudência

222.4. [...] 1. Em consonância com a jurisprudência sedimentada nesta Corte, tem-se que a expedição da precatória não suspenderá a instrução criminal, forte em previsão legal expressa do art. 222 do CPP. 2. O reconhecimento de nulidade, a teor do art. 563 do CPP, depende da demonstração de prejuízo efetivo, in casu, não demonstrado. 3. Não tendo o impetrante apontado em que medida a decretação de invalidação do feito desde o interrogatório do paciente poderia conduzir a desfecho diverso na ação penal não há como reconhecer a existência de nulidade. Agravo regimental desprovido. *(Agravo Regimental no Habeas Corpus nº 233.493, STF, 2ª Turma, Rel. Min. Edson Fachin, sessão virtual de 24.11.2023 a 1º.12.2023, publicado no DJ em 12.12.2023)*

222.4. [...] I – Em que pese haver entendimento nesta corte Superior admitindo o interrogatório quando pendente de cumprimento carta precatória expedida para oitiva de testemunhas e da vítima, a jurisprudência majoritária nas Cortes superiores vem evoluindo e se sedimentando no sentido de que há nulidade ocasionada pela inversão da ordem prevista no art. 400 do CPP, no entanto, a alegação está sujeita à preclusão e à demonstração do efetivo prejuízo.

II – Os parâmetros em aparente oposição são, portanto, o artigo 222, § 1°, do CPP e o art. 400 do mesmo diploma legal, ao que se pode enfeixar a controvérsia, colocando-se em ponderação os princípios da celeridade processual e do devido processo legal, especialmente na sua dimensão da ampla defesa.

III – A audiência de instrução e julgamento é o principal ato do processo, momento no qual se produzirão as provas, sejam elas testemunhais, periciais ou documentais, ao fim da qual, a decisão será proferida. Por esta razão, o art. 400 determina que a oitiva da vítima, das testemunhas arroladas pela acusação e depois pela defesa, nesta ordem, eventuais esclarecimentos de peritos, acareações, ou reconhecimento de coisas ou pessoas e, por fim, o interrogatório. Tal artigo, introduzido no ordenamento pela Lei nº11.719, de 2008, significou a consagração e maximização do devido processo legal, notadamente na dimensão da ampla defesa e do contraditório ao deslocar o interrogatório para o final da instrução probatória.

IV – A moderna concepção do contraditório, segundo a qual a defesa deve influenciar a decisão judicial, o que somente se mostra possível quando a sua resposta se embase no conhecimento pleno das provas produzidas pela acusação. Somente assim se pode afirmar observância ao devido contraditório.

V – Sob outro enfoque, ao réu incumbe arguir a nulidade na própria audiência ou no primeiro momento oportuno, salvo situação extraordinária em que deverá argumentar a excepcionalidade no primeiro momento em que tiver conhecimento da inversão da ordem em questão. Cabe também à defesa a demonstração do prejuízo concreto sofrido pelo réu, uma vez que se extrai do ordenamento, a regra geral segundo a qual, as nulidades devem ser apontadas tão logo se tome conhecimento delas, ou no momento legalmente previsto, sob pena de preclusão, conforme dispõe o art. 572 e incisos, do CPP.

VI – No caso concreto, observa-se que a alegação foi feita em momento oportuno, contudo, não apontado o prejuízo concreto com a alteração da ordem prevista no art. 400, somente se limitando a afirmar ter sido ouvido antes da mais importante testemunha, Marcio, a única que foi ouvida depois do interrogatório. Destaco que a prova dos autos não é exclusivamente oral. Ao contrário, parte significativa do acervo se compõe de elementos de prova documentados tanto na auditorias internas e externa, como nos depoimentos dos funcionários da empresa, além do relatório da empresa dando conta do modo de operação das fraudes praticadas pela ré.

[...] IX – Tese jurídica: *O interrogatório do réu é o último ato da instrução criminal. A inversão da ordem prevista no art. 400 do CPP tangencia somente à oitiva das testemunhas e não ao interrogatório. O eventual reconhecimento da nulidade se sujeita à preclusão, na forma do art. 571, I e II, do CPP, e à demonstração do prejuízo para o réu. Recurso especial parcialmente conhecido e, nesta extensão, desprovido. (Recurso Especial nº 1.946.472-PR, STJ, 3ª Seção, Rel. Min. Messod Azulay Neto, por maioria, julgado em 13.9.2023, publicado no DJ em 25.9.2023)*

222.4. [...] 1. Embora o artigo 222, § 1º, do Código de Processo Penal, disponha que a expedição da carta precatória não suspende a instrução criminal, a hipótese não autoriza a indiscriminada inversão procedimental da ordem prevista no artigo 400 do Código de Processo Penal, sendo necessário que o Juízo processante observe o interrogatório do acusado como ato final da instrução [...] 2. No caso dos autos, foi determinado o interrogatório do acusado, antes da finalização dos atos instrutórios, pois não realizada a oitiva das testemunhas por carta precatória, invertendo-se, indevidamente, a ordem prevista no art. 400 do CPP. Assim, resta evidenciada a nulidade apontada, pois não observados os princípios do contraditório e da ampla defesa. [...] *(Agravo Regimental no Agravo em Recurso Especial nº 1.806.560/SP, STJ, 5ª Turma, unânime, Rel. Min. Joel Ilan Paciornik, julgado em 21.9.2021, publicado no DJ em 24.9.2021)*

222.4 [...] Nos termos da jurisprudência firmada nesta Corte, "a inversão da oitiva de testemunhas de acusação e defesa não configura nulidade quando a inquirição é feita por meio de carta precatória, cuja expedição não suspende a instrução criminal, a teor do que dispõe o art. 222 do Código de Processo Penal" [...] *(Habeas Corpus nº 538.161-SP, STJ, 6ª Turma, unânime, Rel. Min. Antônio Saldanha Palheiro, julgado em 4.2.2020, publicado no DJ em 10.2.2020).*

222.4. [...] Interrogatório antes do retorno das cartas precatórias. Nulidade. Ausência de prejuízo. [...] 3. "*Conquanto recomendável que o interrogatório seja o último ato da instrução, ainda que se trate de ação penal para apurar a prática de tráfico de drogas, é possível sua realização quando pendente de cumprimento carta precatória expedida para oitiva de testemunha, conforme previsão expressa do art. 222, § 1º, do CPP, ao dispor que a expedição de carta precatória não suspende a instrução criminal*" (HC 454.481/RS, Rel. Ministro Felix Fischer, Quinta Turma, *DJe* 14/8/2018). [...] *(Habeas Corpus n. 460.473 – MG, STJ, 5ª Turma, unânime, Rel. Min. Joel Ilan Paciornik, julgado em 13.8.2019, publicado no DJ em 23.8.2019).*

222.4. [...] A prescindibilidade de observância da ordem ordinária da ouvida de testemunhas que estejam fora da competência territorial do juízo é, pois, corolário do impedimento legal de suspensão da instrução processual, por ocasião da expedição de carta precatória ou rogatória (CPP, arts. 222, § 1º e 222-A, parágrafo único). Outrossim, em consonância com essa conclusão, em homenagem ao princípio da razoável duração da prestação jurisdicional, mais que o prosseguimento da instrução com a ouvida das demais testemunhas, o magistrado pode, inclusive, sentenciar, malgrado pendência da devolução da carta pelo juízo deprecado, caso ultrapassado o prazo marcado pelo juízo deprecante para o seu cumprimento, nos termos do § 2º do artigo 222 do diploma processual penal. Precedentes. [...] *(RHC nº 59.448-RS, STJ, 5ª Turma, Rel. Min. Ribeiro Dantas, julgado em 7.6.2016, publicado no DJ em 17.6.2016).*

222.5. Intimação da defesa: Os problemas são os mesmos: necessidade de maior agilização do processo e respeito às garantias processuais. Tratando-se de inquirição a ser realizada em outro juízo, indaga-se: deve aquele juízo (o *deprecado*) intimar a parte e seu advogado – que residem fora daquela Comarca – para a participação no ato?

Pensamos que sim.

O Ministério Público, dada a sua natureza pública, organizado em carreira e integrado por membros que atuam em todos os juízos, sempre estará presente na inquirição por Carta Precatória. E, pelas razões dadas, sempre será intimado.

Já a defesa, não. Para nós, impor-se ao acusado e seu defensor o ônus de *correr* atrás da carta precatória soa-nos demasiado. A maculação ao devido processo parece-nos irrecusável. Em tese, é claro. Muitas e muitas vezes, a presença do acusado em nada influi na inquirição. A questão aqui, é outra: se é ou não válida a limitação do direito à prova.

No entanto, tem prevalecido entendimento em sentido contrário, já se consolidando na Suprema Corte (HC 79.446/SP; HC 80.149-SP) a ideia de que cabe ao defensor acompanhar o cumprimento da carta precatória. Assim, caberia a intimação do defensor apenas *quanto à expedição* da carta no juízo de origem.

Igual raciocínio é utilizado em relação ao réu preso, dispensando-se a sua requisição para o ato de instrução, quando em outra comarca. "*É prescindível a requisição do réu preso para acompanhar inquirição de testemunha em juízo deprecado, [...] bem como não há necessidade de intimação do advogado, [...] se já intimado da expedição de carta precatória*" (HC 80.149-SP, Rel. Moreira Alves).

222.6. Prova testemunhal, réu preso e videoconferência: Para o caso de réu preso e inquirição de testemunha em outra comarca pode-se pensar na aplicação supletiva da regra do art. 217, CPP, que prevê a oitiva da testemunha por meio de videoconferência. Obviamente, tal providência somente seria adotada se se quisesse mesmo preservar a participação do acusado no ato, o que, diante da jurisprudência do Supremo Tribunal Federal, parece de raríssima aplicabilidade.

Art. 222-A. As cartas rogatórias só serão expedidas se demonstrada previamente a sua imprescindibilidade, arcando a parte requerente com os custos de envio.

Parágrafo único. Aplica-se às cartas rogatórias o disposto nos §§ 1º e 2º do art. 222 deste Código. (Incluído pela Lei nº 11.900, de 2009)

Como sói acontecer em todo o universo jurídico, a atuação em juízo, mesmo sob a fundamentação da proteção aos direitos e garantias subjetivos, nem sempre estará a serviço do efetivo exercício de tais direitos (e garantias).

Não é incomum, infelizmente, a atuação, sobretudo defensiva, voltada unicamente para a perda de efetividade do processo penal, de modo a se obter, por meio de uma *irrazoável duração do processo* e inevitável tumulto processual daí decorrente, a extinção da punibilidade pela prescrição.

Não se olvide que o STF reconheceu expressamente, dentre outros inúmeros feitos, que "*Constituição de 1988, nos termos do inciso LXXVIII do art. 5º, assegura a razoável duração do processo como direito fundamental dos investigados e de todos os cidadãos. A duração razoável do processo é uma garantia da pretensão de justiça dos indivíduos em toda sociedade regida por uma Constituição liberal-democrática*" (ADIs 6.298, 6.299, 6.300 e 6.205). Remetemos também a anotações sobre o tema em outro espaço ("Duração razoável do processo, para quem e quais critérios? In https://temasjuridicospdf.com/cuidado-duracao-razoavel-do-processo-para-quem-e-quais-criterios/).

Assim, não é pouco frequente o manejo de provas absolutamente desprovidas de quaisquer valores de convicção, requeridas apenas para o prolongamento da tramitação. Por isso, prevê a Lei o indeferimento das provas consideradas *irrelevantes, impertinentes ou protelatórias* (art. 400, § 1º, CPP).

Nesse sentido, a nova regra é salutar, valendo, porém, em relação a ela, as mesmas observações de prudências que faremos por ocasião dos comentários ao citado art. 400, CPP.

O indeferimento de prova ou ato processual a ser cumprido unicamente por meio de carta rogatória deve ser manejado com cautela, a fim de se evitar a violação ao devido processo legal.

Exemplo da validade no indeferimento ocorrerá, por exemplo, quando a defesa arrolar testemunha residente no exterior e não apresentar justificativa razoável para a necessidade de sua inquirição. Naturalmente, não se pode, como regra, exigir que a defesa *antecipe* sua linha e estratégia defensiva. No entanto, tratando-se de medida altamente perturbadora do processamento da persecução penal em juízo, há que se admitir a exceção, devendo a parte interessada no depoimento justificar, quando nada, o grau de ciência da testemunha em relação aos fatos. Se a testemunha não os presenciou, eventuais declarações acerca dos méritos sociais do acusado poderão ser fornecidas por escrito.

Jurisprudência

222-A. [...] A expedição de carta rogatória submete-se à prévia demonstração da imprescindibilidade da diligência – artigo 222-A do Código de Processo Penal –, inexistindo ilegalidade em decisão mediante a qual Órgão judicante, ante desnecessidade do ato, reconsidera manifestação anterior no sentido de autorizar a medida, não havendo falar em eficácia preclusiva do pronunciamento. [...] *(Habeas Corpus n. 169.846-SP, STF, 1ª Turma, unânime, Rel. Min. Marco Aurélio, julgado em 12.11.2019, publicado no* DJ *em 28.11.2019)*

222-A. [...] A expedição de cartas rogatórias para oitiva de testemunhas residentes no exterior condiciona-se à demonstração da imprescindibilidade da diligência e ao pagamento prévio das respectivas custas, pela parte requerente, nos termos do art. 222-A do Código de Processo Penal, ressalvada a possibilidade de concessão de assistência judiciária aos economicamente necessitados. A norma que impõe à parte no processo penal a obrigatoriedade de demonstrar a imprescindibilidade da oitiva da testemunha por ela arrolada, e que vive no exterior, guarda perfeita harmonia com o inciso LXXVIII do artigo 5º da Constituição Federal. [...] (*Quarta Questão de Ordem na Ação Penal nº 470, Plenário, Rel. Min. Joaquim Barbosa, julgado em 1º.10.2009, publicado no* DJ *em 2.10.2009*).

222-A. [...] A antecipação de valores para custear a expedição de carta rogatória para oitiva de testemunha de defesa no exterior tem previsão legal no art. 222-A do Código de Processo Penal, considerado plenamente constitucional e aplicável pelo plenário, em julgamento realizado no curso desta ação penal. A defesa não apresentou qualquer fundamento para a alegação de que seriam irrazoáveis os prazos para cumprimento das cartas de ordem pelos juízos delegatários. Pedido de estabelecimento de outros prazos indeferido [...] (*Quinta Questão de Ordem na Ação Penal nº 470, STF, Plenário, unânime, Rel. Min. Joaquim Barbosa, julgado em 8.4.2010, publicado no* DJ *em 3.9.2010*).

Art. 223. Quando a testemunha não conhecer a língua nacional, será nomeado intérprete para traduzir as perguntas e respostas.

Parágrafo único. Tratando-se de mudo, surdo ou surdo-mudo, proceder-se-á na conformidade do art. 192.

Como já o afirmamos em outro espaço, a nomeação de intérprete juramentado, ou, onde não houver, de profissional com conhecimento linguístico regularmente comprovado (formação superior específica ou estrangeiro com conhecimento linguístico regularmente comprovado da língua portuguesa), é necessária, mesmo que as partes e o juiz conheçam o idioma materno da testemunha. Não só para impedir divergências quanto à tradução, mas para permitir que outros órgãos do Judiciário (e do Ministério Público e outro defensor técnico) que venham a atuar no feito estejam seguros quanto à veracidade dos depoimentos.

Quanto à tomada de depoimento do surdo-mudo, reitera-se aqui o que dissemos alhures (art. 192, CPP).

Jurisprudência

223. [...] No caso em tela, as peculiaridades da causa – pluralidade de réus; expedição de cartas precatórias para oitiva de testemunhas e de cartas rogatórias para a inquirição das vítimas; necessidade de nomeação de novo tradutor, em razão da desistência do inicialmente nomeado, a fim de que se traduza os documentos indispensáveis para a expedição das rogatórias e; pedidos de liberdade provisória – tornam razoável e justificada a demora na formação da culpa, de modo a afastar, por ora, o alegado constrangimento ilegal (Precedentes). [...] *Habeas corpus* parcialmente conhecido e, nessa parte, denegado, com recomendação (*Habeas Corpus nº 87.454-SC, STJ, 5ª Turma, Rel. Min. Felix Fischer, julgado em 11.12.2007, publicado no* DJ *em 10.3.2008*).

Art. 224. As testemunhas comunicarão ao juiz, dentro de um ano, qualquer mudança de residência, sujeitando-se, pela simples omissão, às penas do não comparecimento.

Eis aqui um dispositivo problemático. Desde logo, somente se pode pensar na aplicabilidade de referido dispositivo quando aquele, arrolado como testemunha, é cientificado do dever de comunicar eventual mudança de endereço. E isso, de modo geral, somente ocorre quando a testemunha comparece em juízo e, por qualquer motivo, não é ouvida naquela oportunidade. Mas, nestes casos, sequer seria necessária, já que a intimação é feita ali, *pessoalmente*.

Absurdo e impensável impor-se à testemunha que tenha descumprido o dever de comunicação a sanção pelo não comparecimento (multa e crime de desobediência). Relativamente ao crime, então, chega a ser patética a previsão. Ora, o crime de desobediência exige *ordem direta* ao particular. E *ordem direta* não pode ser dada para cumprimento *futuro*, condicionado no tempo e nas circunstâncias pessoais da testemunha.

Do ponto de vista prático, então, a questão é ainda mais grave, já que não são poucas as instruções que duram anos e anos, não sendo possível exigir que a testemunha permaneça sempre atenta aos deveres com o processo.

Como quer que seja, deve-se mesmo alertá-la, em benefício da função jurisdicional.

Art. 225. Se qualquer testemunha houver de ausentar-se, ou, por enfermidade ou por velhice, inspirar receio de que ao tempo da instrução criminal já não exista, o juiz poderá, de ofício ou a requerimento de qualquer das partes, tomar-lhe antecipadamente o depoimento.

225.1. Hipóteses de cabimento: A providência aqui tem natureza acautelatória.

O texto é merecedor de crítica quanto ao estilo: [...] *receio de que ao tempo a instrução criminal já não EXISTA (a testemunha)!* Ao que se percebe, o legislador deve ter tido algum tipo de receio de se referir à *morte*, preferindo apontar *o fim da existência* humana!

A antecipação na tomada de depoimentos de testemunhas, que também vem prevista no art. 366, CPP, no caso de suspensão do processo, com fundamento no não comparecimento do acusado citado por edital, é medida que se impõe sempre que em risco qualquer tipo de prova.

Sabendo-se de antemão que a testemunha a ser ouvida esteja acometida de enfermidade fatal ou, de algum outro modo, incapacitante, deve-se providenciar a antecipação cautelar da instrução.

Observe-se que, embora a Lei se refira "*a inexistência da testemunha*", nada impede a aplicação do dispositivo quando da moléstia ou da idade se puder antever o risco, não de morte, mas à sua capacidade de comunicação, e, particularmente, o risco a sua higidez mental/intelectual. Do mesmo modo que a norma autoriza a antecipação do depoimento da testemunha que tiver de *ausentar-se*, com o que se parte da premissa de um afastamento mais longo do país, há que se deferir, com maior razão, a antecipação do depoimento nas hipóteses que aventamos.

Jurisprudência

225.1. [...] A oitiva antecipada da vítima ou de testemunhas é possível mediante ordem judicial devidamente fundamentada nas hipóteses dos arts. 225 e 366 do CPP, ausentes na espécie. *(RHC nº 107.319-SC, STJ, 6ª Turma, Rel. Min. Rogério Schietti Cruz, julgado em 21.3.2019, publicado no DJ em 27.3.2019)*

225.2. Contraditório e ampla defesa: Obviamente, a inquirição de qualquer testemunha antes do tempo poderá gerar alguns embaraços.

Se, por exemplo, a testemunha a ser ouvida em situação de emergência interessar prioritariamente à defesa, deve o juiz, em princípio, antecipar toda a instrução criminal, para garantir de modo mais efetivo a ampla defesa. Com isso, a produção da prova pela acusação se daria *antes* daquela atribuída à defesa.

Ocorre que pode não ser possível a antecipação da totalidade da instrução.

Tal se dará, por exemplo, quando, ainda na fase de investigação, o acusado, sabendo da enfermidade de testemunha absolutamente indispensável à sua defesa, requerer a antecipação de seu depoimento. Nem se diga, na hipótese, que a natureza administrativa da fase de investigação impediria a abertura de contraditório. Ora, não estamos sustentando a antecipação de depoimento *na polícia* e, sim, *em juízo.*

Do outro lado, não caberia também argumentar com a inexistência, ainda, de qualquer juízo acusatório. É que, se não se providenciar a inquirição judicial de tal testemunha, o réu poderá ficar à mercê da acusação, no caso de morte superveniente do pretendido depoente.

E essa é uma situação que interessa também ao Ministério Público. Suponha-se o caso de uma vítima agonizante no hospital, com grande possibilidade de não resistir aos ferimentos. A tomada de depoimento nessa oportunidade será absolutamente indispensável ao interesse da persecução penal.

E, mesmo não havendo previsão legal específica – tomada de depoimento judicial na fase de investigação –, pode-se até recorrer ao Código de Processo Civil para aplicar-se, analogicamente, a regra prevista no art. 381, CPC de 2015 (art. 846, CPC/1973), a cuidar de medidas de antecipação de prova.

CAPÍTULO VII
Do Reconhecimento de Pessoas e Coisas

Art. 226. Quando houver necessidade de fazer-se o reconhecimento de pessoa, proceder-se-á pela seguinte forma:

I – a pessoa que tiver de fazer o reconhecimento será convidada a descrever a pessoa que deva ser reconhecida;

II – a pessoa, cujo reconhecimento se pretender, será colocada, se possível, ao lado de outras que com ela tiverem qualquer semelhança, convidando-se quem tiver de fazer o reconhecimento a apontá-la;

III – se houver razão para recear que a pessoa chamada para o reconhecimento, por efeito de intimidação ou outra influência, não diga a verdade em face da pessoa que deve ser reconhecida, a autoridade providenciará para que esta não veja aquela;

IV – do ato de reconhecimento lavrar-se-á auto pormenorizado, subscrito pela autoridade, pela pessoa chamada para proceder ao reconhecimento e por duas testemunhas presenciais.

Parágrafo único. O disposto no nº III deste artigo não terá aplicação na fase da instrução criminal ou em plenário de julgamento.

226.1. Reconhecimento de pessoa e intervenção coercitiva: Há quem, fazendo leitura exorbitante do chamado *direito ao silêncio*, recuse validade ao procedimento de reconhecimento de pessoa.

E, como já explicamos longamente (ver art. 186, CPP), nada tem de inconstitucional a exigência de submissão do réu ao procedimento de identificação por testemunha (e pelo ofendido). Não há em semelhante modalidade de prova qualquer afetação a direito individual do réu, dado que sequer se exige dele um comportamento, a não ser o comparecimento a sede do juízo.

Por óbvio, não se admite a condução coercitiva do réu, se e quando para fins de interrogatório, afinal, quem pode se recusar a depor, sequer pode ser compelido a comparecer ao ato.

No entanto, já para o ato de *reconhecimento*, se o acusado, regularmente intimado, não comparecer, poderá ele ser conduzido coercitivamente, para que a testemunha ou testemunhas (e o ofendido) façam – ou não – a identificação de autoria do delito.

Jurisprudência

226.1. [...] A jurisprudência sedimentada desta Corte é a de que "as disposições contidas no art. 226 do Código de Processo Penal configuram uma recomendação legal, e não uma exigência absoluta, não se cuidando, portanto, de nulidade quando praticado o ato processual (reconhecimento pessoal) de forma diversa da prevista em lei" [...] *(Agravo Regimental no Agravo em Recurso Especial nº 1.662.901-ES, STJ, 5ª Turma, unânime, Rel. Min. Reynaldo Soares da Fonseca, julgado em 5.5.2020, publicado no DJ em 14.5.2020).*

226.1. [...] Consoante jurisprudência deste Supremo Tribunal Federal, o art. 226 do Código de Processo Penal "*não exige, mas recomenda a colocação de outras pessoas junto ao acusado, devendo tal procedimento ser observado sempre que possível*" (RHC 119.439/PR, Rel. Min. Gilmar Mendes, 2ª Turma, *DJe* 5.9.2014). 5. Ausência de prejuízo obstaculiza o reconhecimento de nulidade do ato. [...] (*Ag. Reg. no Recurso Ordinário em Habeas Corpus nº 125.026-SP, STF, 1ª Turma, maioria, Rel. Min. Rosa Weber, julgado em 23.6.2015, publicado no DJ em 13.8.2015).*

226.2. Reconhecimento e prova testemunhal: Na maioria esmagadora de processos, o reconhecimento de pessoa não é adotado, ao menos como procedimento regular e formal.

Estando presente o acusado em qualquer ato em que estejam também a testemunha e o ofendido, a sua identificação poderá ser feita ali mesmo, bastando o registro dela no Termo de Assentada da audiência. É que, nesses casos, de maioria esmagadora – repita-se – não há dúvida alguma quanto à identificação *física* do réu. Nessas hipóteses, as declarações integram os respectivos depoimentos e também os respectivos meios de prova (testemunhal ou declarações do ofendido).

Apenas quando surge a dúvida, normalmente em crimes de violência e/ou situações de difícil percepção visual, é que se pode recorrer ao procedimento.

226.3. Procedimento: A Lei (art. 226, CPP) foi minudente e cautelosa.

Como se trata de situação em que se tem dúvidas quanto à efetiva identificação do acusado, toma-se o cuidado de *filtrar* o máximo possível a idoneidade do depoimento.

Para isso, deve-se – e se trata de dever, quando *faticamente possível* – colocar a pessoa a ser reconhecida junto a outras, física ou fisionomicamente com ela parecidas. Com isso, obtém-se maior grau de certeza quanto à modalidade da prova (reconhecimento).

Jurisprudência

226.3. [...] As formalidades definidas no artigo 226, inciso II, do Código de Processo Penal não caracterizam providências de natureza obrigatória, mas facultativas, razão pela qual a nulidade decorrente de eventual inobservância exige a demonstração do prejuízo. [...] *(Habeas Corpus n. 163.566-SP, STF, 1ª Turma, unânime, Rel. Min. Marco Aurélio, julgado em 26.11.2019, publicado no* DJ *em 6.12.2019).*

226.3. [...] De acordo com o entendimento desta Corte Superior, a suposta inobservância das formalidades previstas no art. 226 do Código de Processo Penal não enseja nulidade do ato de reconhecimento do paciente em sede policial se o édito condenatório está fundamentado em idôneo conjunto fático probatório, produzido sob o crivo do contraditório, que assiste a autoria do ilícito ao paciente. [...] Ordem denegada *(Habeas Corpus nº 168.719-SC, STJ, 5ª Turma, unânime, Rel. Min. Jorge Mussi, julgado em 19.5.2011, publicado no* DJ *em 2.6.2011).*

226.4. Direito ao confronto e reconhecimento: Tudo o que dissemos em relação ao *direito ao confronto,* ao exame do art. 201, que põe o ofendido diante do réu, pode ser reproduzido aqui. É o que fazemos: "*No entanto, a realidade dos dias que correm (nem sempre foi assim?) estão a comprovar inúmeras situações nas quais as vítimas – e não apenas as testemunhas – são revitimizadas, sistematicamente, por meio de ameaças contra si e seus familiares. Não são poucas as vezes em que a Lei do silêncio, imposta a todos que tenham qualquer conhecimento dos fatos, impede, eficazmente, a intervenção penal, sobretudo e particularmente, naqueles crimes praticados no cotidiano de organizações ou grupos instituídos para tais finalidades. Nesses casos, e na exata medida em que seja necessário proteger a vítima (e testemunhas, familiares etc.), deve-se afastar a regra do confronto, justificando-se a redução na aplicação de um princípio constitucional (ampla defesa) em face da preferência de outros (direitos individuais fundamentais) àqueles casos concretos antes mencionados.*"

Perfeitamente válida a exceção em comento, devendo ser evitado reconhecimento *da testemunha* pelo réu, ressalvadas as observações relativas aos depoimentos na instrução criminal, e, sobretudo, a regra do art. 217, CPP.

226.5. Audiência de instrução criminal e plenário de julgamento: Nosso Código é uma colcha de retalhos, diante das inúmeras alterações que foram feitas ao longo do tempo de sua edição.

Em princípio, o reconhecimento de pessoas seria realizado, inicialmente, na fase de investigação, até para possibilitar o convencimento do *parquet.*

A sua realização em juízo parece rejeitada na atual configuração dos procedimentos.

É que todos os atos de instrução devem ser realizados de uma única assentada – uma única audiência (art. 400). Assim, o dispositivo em comento afasta a aplicação da regra do reconhecimento à instrução criminal e ao plenário do Júri, permitindo, porém, a sua adoção na fase preliminar do processo da competência do Tribunal do Júri.

Ora, tanto na instrução criminal quanto no plenário do Júri, espera-se a presença do acusado, sobretudo porque se trata de direito dele. Assim, estando ele presente, as testemunhas que deporão no ato poderão proceder à sua (dele) identificação física. Supõe-se, então, superada já a fase de investigação e realizado o reconhecimento do réu, *se e quando* presentes dúvidas quanto a ela (identificação). Daí ser desnecessária a adoção do procedimento naquelas fases do processo. De outro lado, nos recintos em que se realizam os aludidos atos processuais não há, como regra, ambientes separados para o depoimento. Por isso, aplicável, por simetria, e se necessário, a norma do art. 217, CPP.

226.6. Reconhecimento fotográfico e/ou datiloscópico: Uma distinção necessária: na identificação por meio de datiloscopia, tem-se verdadeira prova pericial, da qual avulta a predominância de conhecimentos técnicos por parte do *expert*.

Já o reconhecimento fotográfico se daria na produção de prova testemunhal, no curso da qual o depoente identificaria a pessoa a ser reconhecida por meio de fotografias.

Pensamos – e assim também a jurisprudência – ser absolutamente frágil uma prova fundada em semelhante reconhecimento. E mais: desnecessário argumentar nesse sentido. A fotografia está sempre no *passado*. Mas no passado *do fotografado* e não no da testemunha. Assim, a diferença que pode haver entre o que ela (testemunha) presenciou e a fotografia que lhe é apresentada em juízo não pode ser aferida e nem controlada. Condições do tempo (clima), da máquina fotográfica, da pose fotografada, e, enfim, a diversidade entre o *real*, o *passado* da foto e o *passado* da memória da testemunha recomendam a imprestabilidade de semelhante meio de prova.

Precisamos acrescer anotações em face de decisão da 6ª Turma do STJ no *Habeas Corpus* nº 598.886-SC, que assim concluiu: 1) O reconhecimento de pessoas deve observar o procedimento previsto no art. 226 do CPP, cujas formalidades constituem garantia mínima para quem se encontra na condição de suspeito da prática de um crime. 2) À vista dos efeitos e dos riscos de um reconhecimento falho, a inobservância do procedimento descrito na referida norma processual torna inválido o reconhecimento da pessoa suspeita e não poderá servir de lastro a eventual condenação, mesmo se confirmado o reconhecimento em juízo. 3) Pode o magistrado realizar, em juízo, o ato de reconhecimento formal, desde que observado o devido procedimento probatório, bem como pode ele se convencer da autoria delitiva a partir do exame de outras provas que não guardem relação de causa e efeito com o ato viciado de reconhecimento. 4) O reconhecimento do suspeito por mera exibição de fotografia(s) ao reconhecedor, a par de dever seguir o mesmo procedimento do reconhecimento pessoal, há de ser visto como etapa antecedente a eventual reconhecimento pessoal e, portanto, não pode servir como prova em ação penal, ainda que confirmado em juízo.

Como já adiantamos desde a primeira edição, a condenação com base exclusivamente em reconhecimento fotográfico tem sérios problemas, se não tomadas as cautelas anteriormente detalhadas. Tecnicamente, então, está correta a decisão tomada, corroborando o que já sustentamos.

A crítica possível ao referido julgado está no verdadeiro revolvimento probatório que foi feito (*vide* nossas anotações ao item 647.3). Assim, é preciso compreender a diferença técnica entre reexame de provas e revaloração jurídica da prova *(reportamos ao item 3.4. A questão da vedação do reexame de provas no recurso especial e a particularidade, na análise dos revogados arts. 632 e seguintes do CPP)*. Em nosso entendimento, além de uma (re)análise parcial das provas existentes (olvidando-se a análise *integral* do que efetivamente constante numa filmagem), a conclusão foi no sentido de que haveria dúvidas suficientes para a condenação. O *writ* somente poderia ter sido concedido se houvesse absoluta segurança de que *todas* as provas eram insuficientes para a condenação. É preciso relembrar que a discussão nos limites estreitos do *habeas corpus* não pode transformá-lo em um novo recurso com ampla reanálise probatória. O que deveria ter sido feito, no caso, a partir da correta tese firmada, seria a anulação da sentença para que outra fosse proferida a partir das demais provas existentes nos autos.

Jurisprudência

226.6 [...] 1. "Em julgamento concluído no dia 23/2/2022, a Segunda Turma do Supremo Tribunal Federal deu provimento ao RHC n. 206.846/SP (relator Ministro Gilmar Mendes), para absolver um indivíduo preso em São Paulo depois de ser reconhecido por fotografia, tendo em vista a nulidade do reconhecimento fotográfico e a ausência de provas para a condenação. Reportando-se ao decidido no julgamento do referido HC n. 598.886/SC, no STJ, foram fixadas três teses: 4.1) O reconhecimento de pessoas, presencial ou por fotografia, deve observar o procedimento previsto no art. 226 do Código de Processo Penal, cujas formalidades constituem garantia mínima para quem se encontra na condição de suspeito da prática de um crime e para uma verificação dos fatos mais justa e precisa; 4.2) A inobservância do procedimento descrito na referida norma processual torna inválido o reconhecimento da pessoa suspeita, de modo que tal elemento não poderá fundamentar eventual condenação ou decretação de prisão cautelar, mesmo se refeito e confirmado o reconhecimento em Juízo. Se declarada a irregularidade do ato, eventual condenação já proferida poderá ser mantida, se fundamentada em provas independentes e não contaminadas; 4.3) A realização do ato de reconhecimento pessoal carece de justificação em elementos que indiquem, ainda que em juízo de verossimilhança, a autoria do fato investigado, de modo a se vedarem medidas investigativas genéricas e arbitrárias, que potencializam erros na verificação dos fatos." (HC n. 712.781/RJ, relator Ministro Rogerio Schietti Cruz, Sexta Turma, julgado em 15/3/2022, DJe de 22/3/2022.) [...] No caso em tela, a análise do acórdão impugnado demonstra que as instâncias de origem consideraram os ditames previstos no art. 226 do CPP como meras recomendações e limitaram-se a justificar a condenação exclusivamente na realização do reconhecimento pessoal, sem, contudo, apontar outras provas produzidas judicialmente capazes de comprovar a autoria delitiva. [...] *(Agravo Regimental no Habeas Corpus nº 785.215-SP, STJ, 6ª Turma, Rel. Min. Antonio Saldanha Palheiro, sessão virtual de 11.4.2023 a 17.4.2023, publicado no DJ em 19.4.2023)*

226.6 [...] 2. No caso em tela, as vítimas do roubo, em um primeiro momento, foram à delegacia e reconheceram, por meio de fotografias, um agente de nome William. Posteriormente, a polícia concluiu que o ora paciente teria vendido um dos celulares subtraídos no fato e, por isso, sua fotografia foi apresentada às vítimas, que então o reconheceram prontamente "sem dúvidas", e após novamente de forma pessoal.

3. O prévio reconhecimento fotográfico de outro agente não relacionado ao fato, mas com características semelhantes ao ora paciente, não dá robustez ao reconhecimento posterior, ao contrário, porquanto contamina a memória das vítimas e potencializa a ocorrência dos mais variados vieses cognitivos, tornando imprestável o referido reconhecimento e o posterior, ainda que realizado pessoalmente, porquanto possivelmente viciado.

4. "Estudos sobre a epistemologia jurídica e a psicologia do testemunho alertam que é contraindicado o show-up (conduta que consiste em exibir apenas a pessoa suspeita, ou sua fotografia, e solicitar que a vítima ou a testemunha reconheça se essa pessoa suspeita é, ou não, autora do crime), por incrementar o risco de falso reconhecimento. O maior problema dessa dinâmica adotada pela autoridade policial está no seu efeito indutor, porquanto se estabelece uma percepção precedente, ou seja, um pré-juízo acerca de quem seria o autor do crime, que acaba

por contaminar e comprometer a memória. Ademais, uma vez que a testemunha ou a vítima reconhece alguém como o autor do delito, há tendência, por um viés de confirmação, a repetir a mesma resposta em reconhecimentos futuros, pois sua memória estará mais ativa e predisposta a tanto" (HC n. 712.781/RJ, relator Ministro Rogerio Schietti Cruz, Sexta Turma, julgado em 15/3/2022, DJe de 22/3/2022, grifei).

5. Ordem concedida para anular a ação penal a partir do reconhecimento fotográfico. *(Habeas Corpus nº 662.059–SP, STJ, 6ª Turma, Rel. Min. Antônio Saldanha Palheiro, julgado em 13.9.2022, publicado no DJ em 19.9.2022)*

226.6 [...] O Superior Tribunal de Justiça, recentemente, firmou entendimento no sentido de que o reconhecimento de pessoa, presencialmente ou por fotografia, realizado na fase do inquérito policial, apenas é apto, para identificar o réu e fixar a autoria delitiva, quando observadas as formalidades previstas no art. 226, do Código de Processo Penal e quando corroborado por outras provas colhidas na fase judicial, sob o crivo do contraditório e da ampla defesa. [...] Ademais, o reconhecimento fotográfico serve como prova apenas inicial e deve ser ratificado por reconhecimento presencial, assim que possível. E, no caso de uma ou ambas as formas de reconhecimento terem sido efetuadas, em sede inquisitorial, sem a observância (parcial ou total) dos preceitos do art. 226, do CPP, e sem justificativa idônea para o descumprimento do rito processual, ainda que confirmado em juízo, o reconhecimento falho se revelará incapaz de permitir a condenação, como regra objetiva e de critério de prova, sem corroboração do restante do conjunto probatório, produzido na fase judicial. [...] *(Agravo Regimental no Habeas Corpus nº 667.820/SP, STJ, 5ª Turma, unânime, Rel. Min. Reynaldo Soares da Fonseca, julgado em 14.9.2021, publicado no DJ em 20.9.2021)*

226.6 [...] A Sexta Turma desta Corte Superior de Justiça, por ocasião do julgamento do HC n. 598.886/SC, realizado em 27/10/2020, propôs nova interpretação ao art. 226 do CPP, a fim de superar o entendimento, até então vigente, de que o disposto no referido artigo constituiria "mera recomendação" e, como tal, não ensejaria nulidade da prova eventual descumprimento dos requisitos formais ali previstos. Na ocasião, foram apresentadas as seguintes conclusões: 2.1) O reconhecimento de pessoas deve observar o procedimento previsto no art. 226 do Código de Processo Penal, cujas formalidades constituem garantia mínima para quem se encontra na condição de suspeito da prática de um crime; 2.2) À vista dos efeitos e dos riscos de um reconhecimento falho, a inobservância do procedimento descrito na referida norma processual torna inválido o reconhecimento da pessoa suspeita e não poderá servir de lastro a eventual condenação, mesmo se confirmado o reconhecimento em juízo; 2.3) Pode o magistrado realizar, em juízo, o ato de reconhecimento formal, desde que observado o devido procedimento probatório, bem como pode ele se convencer da autoria delitiva a partir do exame de outras provas que não guardem relação de causa e efeito com o ato viciado de reconhecimento; 2.4) O reconhecimento do suspeito por simples exibição de fotografia(s) ao reconhecedor, a par de dever seguir o mesmo procedimento do reconhecimento pessoal, há de ser visto como etapa antecedente a eventual reconhecimento pessoal e, portanto, não pode servir como prova em ação penal, ainda que confirmado em juízo. [...] *(RHC nº 139.037/SP, STJ, 6ª Turma, unânime, Rel. Min. Rogerio Schietti Cruz, julgado em 13.4.2021, publicado no DJ em 20.4.2021)*

Art. 227. No reconhecimento de objeto, proceder-se-á com as cautelas estabelecidas no artigo anterior, no que for aplicável.

Reconhecem-se objetos unicamente quando pertinentes ao esclarecimento de questões de relevância para a aplicação do Direito Penal, como ocorre em relação ao *objeto do delito* (sobre o qual se exerceu a ação delituosa), ao instrumento utilizado na ação, ao bem subtraído ou destruído, coisas que compõem circunstâncias do tipo etc. A necessidade de reconhecimento da coisa é fundamental para a realização de perícia técnica.

Art. 228. Se várias forem as pessoas chamadas a efetuar o reconhecimento de pessoa ou de objeto, cada uma fará a prova em separado, evitando-se qualquer comunicação entre elas.

Pelas mesmas razões que justificam a inquirição em separado das testemunhas (umas com as outras) e o ofendido, isto é, preservação da pessoalidade do conhecimento, veda-se também a comunicação entre aqueles que farão o reconhecimento de pessoa ou coisa.

A disposição parece flexível: *evitando-se* a comunicação. Na verdade, o que se quer estabelecer é a regra de procedimento. De outro modo: é proibida a comunicação.

Havendo violação à regra, poderá ser afastada a diligência (de reconhecimento) para aquele que ainda não a tenha realizado. Se ambos não tiverem ainda procedido ao reconhecimento, isto é, se ambos ainda *desconhecerem* a coisa a ser reconhecida por ocasião da comunicação, a contaminação do procedimento deverá ser objeto de acurada análise, em cada caso concreto, exigindo-se, então, a demonstração de prejuízo à credibilidade dos reconhecimentos.

CAPÍTULO VIII
Da Acareação

Art. 229. A acareação será admitida entre acusados, entre acusado e testemunha, entre testemunhas, entre acusado ou testemunha e a pessoa ofendida, e entre as pessoas ofendidas, sempre que divergirem, em suas declarações, sobre fatos ou circunstâncias relevantes.

Parágrafo único. Os acareados serão reperguntados, para que expliquem os pontos de divergências, reduzindo-se a termo o ato de acareação.

229.1. Natureza jurídica: Em princípio, a testemunha que disse o que viu somente poderia ser desmentida por erro na *representação* (imagem/impressão) que fez dos fatos. Não é incomum, sobretudo em eventos instantâneos, isto é, de imediata realização no tempo, a percepção equivocada de quem o presencia. Sendo possível, o *replay* da cena poderia atestar e corrigir o equívoco.

Por isso, há que se ter cautela quanto à divergência entre depoimentos. Nem todos têm a mesma percepção inicial dos fatos.

De outro lado, também é verdade que, por variadas razões, alguém se veja na contingência de *falsear* o que viu.

O procedimento de acareação insere-se como desdobramento da *prova testemunhal* e das declarações do ofendido. Não constitui *meio* autônomo de prova, mas mera diligência tendente ao esclarecimento de depoimentos em direções diferentes ou de distintas versões sobre o mesmo fato. De todo modo, não se pode antecipar, pela divergência, falso testemunho ou falsa perícia.

Jurisprudência

229.1. [...] O deferimento da acareação, exige a presença de dois pressupostos: 1) as pessoas a serem acareadas já devem ter prestado suas declarações perante o mesmo juízo e sobre os mesmos fatos e circunstâncias; 2) as declarações já prestadas devem ser divergentes sobre algum ponto relevante para a solução da causa, hipóteses não presentes no caso dos autos, já que a defesa pretendia acareação de policiais civis não arrolados como testemunhas por nenhuma das partes e que não foram ouvidos na fase judicial ou extrajudicial da persecução criminal sobre o alegado emprego de tortura contra o paciente, estando ausente o pressuposto da declaração divergente. [...] *(Habeas Corpus nº 320.974-SC, STJ, 5ª Turma, Rel. Min. Reynaldo Soares da Fonseca, julgado em 22.11.2016, publicado no DJ em 1º.12.2016)*

...

229.2. Dever de depor (e de verdade) e autodefesa: A acareação, que vem a ser o procedimento de *reperguntas* (perguntar de novo) às pessoas em divergência, somente pode atingir aqueles para os quais a Lei impõe o dever de depoimento, e, assim, o dever de verdade.

Por isso, absolutamente inválido o dispositivo no ponto em que autoriza a acareação entre o acusado e quaisquer outras pessoas que tenham o dever de depor. O réu, como se sabe, não só tem o direito ao silêncio, isto é, a não prestar declarações, como qualquer inverdade que eventualmente venha a apresentar será sempre explicada pelo estado de necessidade ou pela justa causa para a conduta (risco de condenação).

Se, na defesa escrita, articula-se a versão mais favorável aos interesses defensivos – e esta é a missão constitucional do defensor técnico – na autodefesa, prestada na atuação ativa no interrogatório, dá-se fenômeno semelhante. Explica-se:

Ao tempo do CPP (1941), não se reconhecia ao réu o direito ao silêncio, o que significava, em termos práticos, verdadeiro dever de depor, dado que o juiz poderia valorar o silêncio em prejuízo da defesa (art. 198, CPP, *esquecido* nas modificações da Lei nº 10.792/03, mas *tacitamente* revogado desde a CF).

Com a Constituição de 1988, modificou-se inteiramente a posição do acusado no processo, e, mais especificamente, no cenário da instrução. De tal modo que o interrogatório passou a ser meio de defesa, cabendo ao acusado optar por seu exercício (autodefesa *ativa*) ou não (*passiva*).

Dir-se-á: o direito ao silêncio não pode ser interpretado como direito *à mentira.* Verdade, já vista e afirmada aqui, linhas atrás (art. 187, CPP).

Ocorre que nosso CPP e também as reformas processuais que lhe seguiram não adotaram o modelo norte-americano, relativamente ao depoimento do acusado. Lá, como visto, o réu somente será ouvido, quando assim o quiser, na qualidade de *testemunha,* aí sim, comprometida a dizer a verdade, sob pena de *perjúrio* (naquele ordenamento, a testemunha deve fazer *juramento* de dizer a verdade).

Por isso, não se pode concluir, (a) nem que o réu tenha dever de depor, e, por isso, dever de dizer a verdade; e (b) nem que, de outra sorte, tenha o direito de mentir. Apenas não se pode exigir que aquele que atua na defesa de seus interesses tenha compromisso com a lealdade processual em níveis iguais ou superiores àquele que deve a si próprio.

229.3. Testemunhas e ofendido: Ao contrário do acusado, o ofendido, ainda que não qualificado como *testemunha* em nossa legislação – daí por que não integra o número máximo de testemunhas a serem arroladas –, tem o dever de dizer a verdade, podendo vir a responder pelo delito de *denunciação caluniosa* quando, sabendo ser inocente o acusado, der início ou causa ao ajuizamento da ação penal.

Exatamente por isso, cabível a acareação entre os ofendidos (e também entre si) e as testemunhas (de igual modo, umas com as outras), justificada pelo compromisso de dizer a verdade, imposto a todos.

229.4. A natureza coercitiva da acareação: A tradição investigativa e inquisitorial guarda nítidos traços coercitivos, quase sempre autorizando o inquiridor a recorrer a métodos intimidatórios na busca do efetivo esclarecimento das divergências entre os depoimentos.

Certamente não é essa a característica da acareação judicial em tempos mais recentes, até porque a fase *processual* se desenvolve em contraditório, ao contrário da investigação preliminar.

No entanto, havendo fundada suspeita de falseamento da verdade dos fatos que conhece o depoente, deve o juiz atuar com firmeza e autoridade, impedindo qualquer tentativa de manipulação deliberada do convencimento judicial. E essas observações não se dirigem apenas aos depoimentos produzidos pela defesa; não é incomum a tentativa de responsabilização de terceiros inocentes pelos verdadeiros autores ou responsáveis pelo delito. Acarear não é intimidar, sob ameaça de processo e prisão (falso testemunho); não é também mera solicitação de confirmação das versões até então apresentadas. Na verdade, é a firme intervenção judicial em direção aos pontos controvertidos, devendo ser esmiuçadas as narrativas em confronto, de maneira a se encontrarem os eventuais pontos de falseamento da verdade.

Deve também o magistrado impedir que a presença intimidatória de um dos acareados determine o conteúdo do depoimento do outro, o que, infelizmente, tem prevalecido na prática forense.

229.5. Participação das partes: Originariamente, o procedimento de acareação foi previsto para a intervenção apenas da autoridade responsável pela inquirição: o delegado de polícia, na investigação, e o juiz, no processo.

Já agora, sob o influxo de uma nova perspectiva estrutural do processo penal, a autorizar a maior intervenção dos interessados, verdadeiros protagonistas da produção probatória, parece-nos irrecusável a contribuição das partes no procedimento de acareação, até porque, e como é óbvio, um equivocado convencimento judicial diz respeito a todos.

Fazemos apenas uma ressalva.

A inquirição *direta* da testemunha pela parte, tal como previsto no art. 212, CPP, não deve ser utilizada na fase de acareação.

É que, pensamos nós, o aludido procedimento, por si só, tem a marca da *autoridade*, na medida em que o controle de regularidade dos atos processuais, aqui incluído o risco de falso testemunho, há que ser atribuído ao juiz. É ele quem, a partir da intervenção da parte, deverá encaminhar as indagações, sem prejuízo daqueles que entender pertinentes. Desse modo, evitar-se-á, também, a instauração de um clima de confronto entre réu e ofendido, renovando animosidades que o Estado deve conter.

Art. 230. Se ausente alguma testemunha, cujas declarações divirjam das de outra, que esteja presente, a esta se darão a conhecer os pontos da divergência, consignando-se no auto o que explicar ou observar. Se subsistir a discordância, expedir-se-á precatória à autoridade do lugar onde resida a testemunha ausente, transcrevendo-se as declarações desta e as da testemunha presente, nos pontos em que divergirem, bem como o texto do referido auto, a fim de que se complete a diligência, ouvindo-se a testemunha ausente, pela mesma forma estabelecida para a testemunha presente. Esta diligência só se realizará quando não importe demora prejudicial ao processo e o juiz a entenda conveniente.

A acareação por precatória diminui os riscos causados pela presença intimidatória de um dos acareados.

Obviamente, a necessidade de *reinquirição* pela via da carta precatória pressupõe residir em outro local – que não a sede do juízo – um ou mais acareados. Residindo ambos, responsáveis pelos depoimentos divergentes, no local em que tramita o processo, deve o juiz promover pessoalmente a acareação, mesmo que tenha que designar nova data especialmente para o ato. E essa hipótese não é de todo raro, mesmo após a concentração dos atos de instrução em uma única audiência (art. 400, CPP). Pode ocorrer que, após inquiridas as testemunhas de acusação, uma ou outra testemunha de defesa que não tenha comparecido, justificadamente, ao ato, deva ser ainda ouvida. Nesse caso, como se vê, havendo divergência, deverá o juiz designar nova data.

Diz o CPP que a acareação por precatória somente será adotada quando não importar demora prejudicial ao processo. Sim, desde que ele, ou não leve em consideração quaisquer dos depoimentos em divergência, ou que, devidamente fundamentado no livre convencimento, motivado, mencione as razões pelas quais deixou de considerar uma das provas testemunhas produzidas. A fundamentação é de rigor, de modo a submeter-se a controle recursal do interessado.

CAPÍTULO IX
Dos Documentos

Art. 231. Salvo os casos expressos em Lei, as partes poderão apresentar documentos em qualquer fase do processo.

231.1. Conceito de documento: A prova documental é importantíssima, se e desde que ostente idoneidade de convencimento e relevância quanto ao seu conteúdo.

Do ponto de vista formal, qualquer escrito, grafia, símbolos, sinais, figuras ou outro tipo de reproduções gráficas podem se qualificar como documentos, desde que originais. Não há exigência processual de definição vernacular específica do documento, sendo a referência explicativa do art. 232, CPP, logo adiante, mera exemplificação de sentido.

Na verdade, semelhante qualificação já implicaria um indicativo de idoneidade daquilo que se contém como linguagem ou qualquer forma de expressão, artística, cultural ou de outra natureza, em papéis ou equivalentes. Tanto podem ser consideradas documento uma correspondência quanto uma gravura subscrita por alguém. Do mesmo modo, também poderão ser consideradas documento a fotografia, uma gravação de vídeo ou de áudio, sobretudo quando constituírem o objeto material do delito. Aqui, muito mais importante que uma definição conceitual é o esclarecimento das consequências jurídicas atribuídas a determinados papéis e/ou equivalentes, utilizados para o registro de informação ou linguagem.

231.2. Prova documental e objeto material do delito: Há duas situações igualmente relevantes acerca da utilização do documento.

A primeira delas é quando o documento vem a ser precisamente o *objeto* do delito. A falsificação de documento de identidade, de passaporte e mesmo de outros menos importantes, como, por exemplo, carteiras de identificação social, faz com que o tratamento a ser dado ao documento seja mais específico que aquele, rotineiramente designado por prova documental.

Assim, quando ele (documento) é o objeto do crime, ou sobre o qual recai a conduta delituosa, será indispensável a sua presença nos autos, sob pena de não se poder demonstrar a materialidade do crime. Tal ocorrerá nos crimes de falsidade material e de falsidade ideológica; no primeiro caso, se exigirá a prova técnica (pericial) para o exame do *falsum,* enquanto, no segundo, do falso ideológico, será preciso a produção de *outros meios de prova,* para atestar a falta de correspondência da declaração nele (documento) aposta com aquel'outra que deveria constar. A prova do crime de falsidade ideológica, na maior parte das vezes, é feita por provas testemunhais, corroboradas por outras, nem sempre documentais.

A segunda situação a que nos referíamos diz respeito à prova documental propriamente dita, por meio da qual, isto é, por meio do documento, se demonstra a existência de fato ou de circunstância relevante para a apuração de determinado crime (que, evidentemente, pode não ser documental). Nesses casos, o documento, então, é, rigorosamente, meio de prova e não objeto material do crime em apuração. No primeiro caso (objeto material do crime) a sua presença nos autos, em regra, é indispensável (ver art. 167, CPP, por exemplo); no segundo (prova documental), não.

231.3. Oportunidade da produção da prova documental: Em matéria penal as restrições à prova são sensivelmente mais reduzidas, sobretudo no que toca à comprovação da inocência do acusado. Veja-se, neste ponto, que o ordenamento nacional prevê a ação de revisão criminal, a qualquer tempo, unicamente para a defesa; passada em julgado a decisão *absolutória,* ao contrário, não se poderá mais processar o réu pelos mesmos fatos (vedação da revisão *pro societate,* acolhida, de modo expresso, no Pacto de San José da Costa Rica, incluído no processo penal brasileiro por força do Decreto nº 678/92).

A regra, portanto, é que as provas documentais ou os documentos possam ser trazidos a qualquer tempo, desde que em condições para o exercício do contraditório e da ampla defesa, bem como a preservação da efetividade do processo, a ser realizado em prazo razoável (ao menos, em tese!). Por isso, o art. 616, CPP, autoriza o Tribunal, antes do julgamento da apelação, determinar a produção de quaisquer diligências necessárias ao esclarecimento da matéria a ser julgada. Obviamente, renovam-se aqui as objeções contra a tentativa de substituição, também pelo tribunal, do ônus probatório atribuído à acusação.

O que não significa que não haja restrição alguma ao manejo da apresentação de novos (e velhos) documentos. O art. 479, CPP, por exemplo, proíbe a Leitura, no plenário do júri, de qualquer documento ou objeto que não tenha sido juntado aos autos com três dias de antecedência. Se o documento for indispensável à demonstração das

alegações das partes, deve o juiz adiar o julgamento, quando dele (documento) só se tiver notícia no dia marcado para a instrução (no Júri).

Jurisprudência

231.3. [...] A teor da jurisprudência desta Corte Superior, *o art. 231 do Código de Processo Penal, que prevê a possibilidade de as partes apresentarem documentos em qualquer fase do processo, pode ser relativizado em virtude do princípio do livre convencimento motivado. O mesmo dispositivo legal também não exige que o documento apresentado seja novo, bastando que sejam garantidos o contraditório e a ampla defesa nas hipóteses em que for deferida a juntada. Por outro lado, o indeferimento da medida requer fundamentação pelo julgador, com a indicação das razões pelas quais este concluiu pela existência de propósito protelatório ou tumultuário da parte* (AgRg no AgRg no REsp n. 1.842.255/SC, Ministro Messod Azulay Neto, Quinta Turma, DJe 8/3/2024). No caso, houve manifestação da defesa, em contrarrazões, sobre o documento apresentado pelo Ministério Público em sede de recurso em sentido estrito, não havendo falar, pois, em cerceamento de defesa. [...] *(Agravo Regimental no Agravo em Recurso Especial nº 2.530.799-SP, STJ, 6ª Turma, Rel. Min. Sebastião Reis Júnior, julgamento em 21.5.2024, publicado no DJ em 23.5.2024)*

231.3. [...] A regra do art. 231 do CPP permite, ressalvados os casos expressos em lei, a juntada de documentos em qualquer fase do processo. Não se verifica cerceamento de defesa quando a prova documental juntada for submetida ao contraditório e garante às partes tempo hábil para que se manifestarem sobre a mesma. [...] *(Agravo Regimental no Recurso Especial nº 2.097.042-SP, STJ, 5ª Turma, Rel. Min. Ribeiro Dantas, sessão virtual de 9.4.2024 a 15.4.2024, publicado no DJ em 18.4.2024)*

231.3. [...] "de acordo com a jurisprudência deste Superior Tribunal de Justiça, salvo nos casos expressos em lei, no processo penal admite-se a juntada de documentos posteriormente à instrução processual, em atenção ao que estabelece o artigo 231 do Código de Processo Penal, desde que assegurado o devido contraditório" [...] *(Agravo Regimental no Habeas Corpus nº 730.964-RJ, STJ, 6ª Turma, Rel. Min. Antonio Saldanha Palheiro, sessão virtual de 2.5.2023 a 8.5.2023, publicado no DJ em 11.5.2023)*

231.3. [...] As partes poderão apresentar documentos em qualquer fase do processo, exigindo-se, contudo, que seja franqueado à parte contraposta manifestar-se sobre eles, o que ocorreu na espécie. Inteligência do art. 231 do Código de Processo Penal. [...] *(Agravo Regimental no Recurso Ordinário em Habeas Corpus nº 186.694/SP, STF, 1ª Turma, unânime, Rel. Min. Rosa Weber, julgado em sessão virtual de 18.12.2020 a 5.2.2021, publicado no DJ em 12.2.2021)*

231.3. [...] 1. Conforme jurisprudência do Supremo Tribunal Federal, a escolha do momento de oferecer a denúncia é prerrogativa do Ministério Público, a quem incumbe sopesar se os elementos indiciários já colhidos são suficientes para a configuração da justa causa necessária ao recebimento da denúncia. 2. Caso os elementos indiciários sejam insuficientes para conferir um lastro probatório mínimo, capaz de dar plausibilidade aos fatos articulados na denúncia, ao Poder Judiciário cabe rejeitar a denúncia por falta de justa causa. 3. No rito estabelecido para o processo penal de competência originária dos Tribunais, em razão de foro por prerrogativa de função, apresentada a denúncia e a resposta prevista no art. 4º da Lei 8.038/90, não pode o Ministério Público reforçar os elementos de convicção, produzindo mais provas antes de proferido o juízo de admissibilidade da denúncia. 4. Às partes não é dado produzir provas nas fases postulatórias. No rito da Lei 8.038/90, entre o oferecimento da denúncia e o juízo de admissibilidade a ser proferido pelo Tribunal, não há espaço para dilações probatórias tais como diligências, oitivas e perícias. O pedido de juntada de documentos é permitido (art. 231, do CPP), cabendo ao relator indeferir a providência, caso tenha caráter irrelevante, impertinente, protelatório ou tumultuário, nos termos do art. 400, § 1º, do CPP. 5. Agravo regimental improcedente. (*Agravo Regimental no Inquérito n. 3.998 – DF, STF, 2ª Turma, Rel. Min. Edson Fachin, julgado em 8.8.2017, publicado no DJ em 20.10.2017)*

Art. 232. Consideram-se documentos quaisquer escritos, instrumentos ou papéis, públicos ou particulares.
Parágrafo único. À fotografia do documento, devidamente autenticada, se dará o mesmo valor do original.

Se o documento é aquele – escrito, grafias, símbolos ou papéis – instrumento com o qual se pretende demonstrar a existência de um fato, de uma circunstância ou de qualquer situação relevante para o processo penal, deve ele portar *idoneidade* de e para o convencimento judicial.

Daí referir-se a Lei à prática rotineira no Brasil da *autenticação* da cópia, à vista do original, certificada por órgãos notariais ou de registros públicos. A xerocópia, fotocópia, fotografia ou qualquer reprodução do original terá ou poderá ter valor de convencimento quando estiver autenticada por aquele a que a Lei confere *presunção de legitimidade* de seus atos, correspondendo *à fé pública* de que são portadores determinados agentes do poder público, quando no exercício de atividades dessa natureza.

Precisamente por isso há remansosa jurisprudência no sentido de que a apresentação de fotocópia de documento, sem autenticação, não possui *potencialidade lesiva* ou aptidão para enganar os poderes públicos. Noutras palavras: devem os órgãos do poder público – e aqui, o Judiciário – exigir documentos em original ou cópias autenticadas para a valoração dos respectivos conteúdos.

Jurisprudência

232. [...] O art. 232 do estatuto processual estabelece que quaisquer escritos, instrumentos ou papéis, públicos ou particulares, devem ser considerados documentos. [...] Recurso não conhecido (*Recurso Especial nº 262.817-PR, STJ, 5ª Turma, Rel. Min. Laurita Vaz, julgado em 15.4.2004, publicado no* DJ *em 17.5.2004*).

232. [...] A cópia obtida do mandato judicial somente tem validade se o escrivão portar por fé a sua conformidade com o original. Agravo regimental não conhecido (*Agravo Regimental no Agravo de Instrumento nº 725.999, STF, 1ª Turma, Rel. Min. Menezes Direito, julgado em 3.3.2009, publicado no* DJ *em 27.3.2009*).

Art. 233. As cartas particulares, interceptadas ou obtidas por meios criminosos, não serão admitidas em juízo.
Parágrafo único. As cartas poderão ser exibidas em juízo pelo respectivo destinatário, para a defesa de seu direito, ainda que não haja consentimento do signatário.

233.1. Cartas e documentos particulares: Não só as cartas, mas também os *e-mails* e as conversações em tempo real, quando e se exclusivamente privadas, e, ainda, os documentos particulares de conteúdo informativo, acerca de fatos ou situações da realidade, não serão admitidos em juízo, na medida da respectiva ilicitude.

Já vimos, no momento oportuno (ver art. 157, CPP), as inúmeras possibilidades de exclusão e de aproveitamento da prova, com ou sem reconhecimento de sua ilicitude.

A explicitação feita à correspondência pessoal reporta-se à antiguidade do Código, no que se refere aos meios de comunicação entre as pessoas. Hoje, as mensagens são preferencialmente eletrônicas ou eletromagnéticas, mantendo-se armazenadas em aparelhos de uso pessoal.

A proteção da norma é da privacidade e da intimidade, dando por ilícito o acesso não autorizado à comunicação escrita, sem a autorização dos interessados.

233.2. A justa causa, o sigilo e a ilicitude no acesso e na divulgação: Julgamos ter demonstrado que a comunicação pessoal entre duas ou mais pessoas, quando limitadas a elas, não impediria o acesso – posterior – de um dos interlocutores aos eventuais registros (gravação, carta etc.) dela (comunicação).

Por razões simples: como interlocutores, seriam *destinatários* da comunicação, não havendo qualquer ilicitude no retorno ao conteúdo daquilo que, entre eles, foi produzido.

Nada obstante, também deixamos assentado que a *divulgação* desautorizada do conteúdo de tal comunicação constituiria acesso *ilícito* a ela, com violação manifesta da intimidade e da privacidade dos demais interlocutores. Novamente, por razões simples: a comunicação *reservada* implica exercício de privacidade; a divulgação de seu conteúdo a terceiros atingiria o titular daquele direito.

O Código antecipa uma questão da maior relevância.

Ao fazer a ressalva da divulgação do conteúdo para as situações em que o *destinatário* da carta esteja a defender *direito seu*, a legislação apenas reconhece que a violação à privacidade (do outro, emitente e signatário da carta) estaria *justificada* juridicamente, pela necessidade de se tutelar também outro direito, situado no mesmo plano daquele outro (privacidade) então violado. O juízo de ponderação, no caso, é expresso e *legislativo*, não dependendo de avaliações subjetivas inerentes a certas pretensões de proporcionalidade valorativa. Não se pode sequer exigir *equivalência* entre os direitos subjetivos em disputa: a Lei não o fez, esclarecendo que a questão a ser examinada é a existência ou não de situação ou de interesse juridicamente qualificado como *relevante*. *Direito* e *justa causa*, nesse passo, andam juntos: por ser detentor de um *direito subjetivo* a ser protegido, tem o *destinatário* da carta *justa causa* para a divulgação do conteúdo da comunicação. Reportamo-nos quanto a outros aspectos da prova ilícita ao quanto dissemos por ocasião dos comentários ao art. 157, *retro*.

Art. 234. Se o juiz tiver notícia da existência de documento relativo a ponto relevante da acusação ou da defesa, providenciará, independentemente de requerimento de qualquer das partes, para sua juntada aos autos, se possível.

Não vemos inconstitucionalidade no presente dispositivo, cujo conteúdo nada mais faz que compatibilizar o princípio *acusatório* com o princípio da *investigação*. Deles (princípios) se deduz que: (a) o juiz não é parte e nem o protagonista da instrução; pelo contrário, as partes têm ônus e faculdades processuais; e (b) nem pode o juiz e nem o tribunal substituir o Ministério Público – órgão dotado das mesmas prerrogativas institucionais – suprindo-lhe os ônus da atividade probatória; (c) por outro lado, já em razão do princípio da *investigação*, pode e deve o juiz (e tribunal) determinarem prova, *ex officio*, sempre a partir daquelas produzidas pelas partes, com o intuito de esclarecer dúvidas sobre pontos relevantes do processo, de modo a permitir um julgamento mais seguro quanto à correta aplicação da Lei penal.

Também em relação aos documentos, pode o juiz determinar a sua juntada aos autos, *antes* (ou, ao invés) de as partes assim se manifestarem, desde que as informações tenham surgidas da *instrução* criminal.

Deve o juiz, porém, deter-se e evitar a busca de informações ou de elementos informativos para a produção de provas na fase de investigação. Não deve o juiz reportar-se ao inquérito, na busca de maiores esclarecimentos da matéria a ele submetida. A fase de investigação destina-se ao órgão da acusação e não ao julgador. Já o *processo*, sim, diz respeito a ele. A eventual má atuação do membro do Ministério Público diz respeito tanto ao magistrado quanto a qualquer cidadão; cumpre-lhe encaminhar a questão aos órgãos correcionais da instituição, não lhe cabendo semelhante papel, na ordem constitucional vigente.

Jurisprudência

234. [...] Em que pese o disposto nos arts. 156 e 234 do Código de Processo Penal, a possibilidade de o juiz determinar a juntada de documento que entenda relevante, em busca da verdade real, não se sobrepõe ao dever das partes de arcar com o ônus da prova. Agravo regimental desprovido (*Agravo Regimental no Agravo de Instrumento nº 731.714-SC, STJ, 5ª Turma, Rel. Min. Laurita Vaz, julgado em 12.9.2006, publicado no* DJ *em 30.10.2006*).

234. [...] Recurso ordinário em *habeas corpus*. Quebra dos sigilos bancário e fiscal. Decisão suficientemente fundamentada. Necessidade da medida fundados indícios de autoria e materialidade. Possibilidade de decretação de ofício pelo juiz. Precedente do STJ. Recurso desprovido (*RHC nº 16.862-PR, STJ, 5ª Turma, Rel. Min. José Arnaldo da Fonseca, julgado em 17.2.2005, publicado no* DJ *em 14.3.2005*).

Art. 235. A letra e firma dos documentos particulares serão submetidas a exame pericial, quando contestada a sua autenticidade.

235.1. Originalidade e autenticidade do documento particular: Naturalmente, o que aqui se dispõe é acerca da eventual falsidade *material* do documento. Não cabe prova pericial para a apuração do falso *ideológico*, no qual o engano se dá em relação ao conteúdo da declaração e não quanto à sua forma.

Também não se está regulando hipótese de dúvida quanto à autenticidade de fotocópias. Estas, quando não autenticadas, somente podem fazer prova quando na presença do documento original ou quando confessada pelo seu autor/subscritor.

Se há dúvida quanto à autenticidade – isto é, a *autoria* – do escrito, seja quanto à letra do texto, seja quanto à assinatura (firma) nele aposta, deve-se realizar o exame pericial para identificação do autor do documento.

235.2. Fotocópia autenticada: Pode-se questionar também a autenticidade, agora no sentido da *autoria* (e não como *certificado* de correspondência entre a cópia e o original do documento, feita pelos notários ou tabeliães de Cartórios). Do mesmo modo que o documento original pode ter sido *falsificado* (letra e assinatura ou firma), também a cópia autenticada guardará o mesmo vício.

Nesse caso, também será cabível a realização de prova pericial, a se realizar a partir do fornecimento de padrões *grafotécnicos* pela pessoa que seria o autor do documento.

235.3. Incidente de falsidade: Para a apuração da falsidade há procedimento específico, de autuação em separado, tal como previsto no art. 145 e seguintes do CPP.

Em princípio, trata-se de matéria submetida à preclusão, se não alegada no momento da resposta escrita prevista no art. 396 do CPP. Por isso, deve-se arguir a falsidade naquele prazo, como verdadeiro *incidente processual*.

Todavia, é de se levar em consideração o fato de que a falsidade da autoria somente é percebida em momento posterior, sobretudo quando o documento não for subscrito pelas partes (réu ou ofendido, particularmente), não podendo eles levantar qualquer dúvida pertinente acerca da falsidade.

Por isso, parece-nos possível o conhecimento judicial da matéria *no curso da instrução criminal*, sobretudo quando surgir dali a possibilidade de falsidade documental. Note-se, no particular, que a Lei autoriza o juiz a, de ofício, isto é, sem provocação das partes, determinar a verificação de autenticidade do texto e da assinatura do documento (art. 147, CPP).

É por essa razão que não vemos maiores necessidades de adoção do rito burocrático do art. 145 e seguintes do CPP para a comprovação do falso material.

Art. 236. Os documentos em língua estrangeira, sem prejuízo de sua juntada imediata, serão, se necessário, traduzidos por tradutor público, ou, na falta, por pessoa idônea nomeada pela autoridade.

Do mesmo modo que o depoimento de estrangeiros deve ser traduzido – por tradutor ou intérprete, cuja aptidão e especialização sejam reconhecidas por órgãos públicos (juramentado) –, os documentos firmados em idiomas estrangeiros também devem ser vertidos para a língua pátria (depois da reforma ortográfica, mais e mais o *português*).

Não havendo profissional com tais qualificações, isto é, já autorizado por órgãos públicos a atuar como tradutor ou intérprete, deve o juiz nomear alguém com especialização na matéria, que atuará sob os rigores da Lei (deveres dos peritos e *experts*).

Jurisprudência

236. [...] A tradução para o vernáculo de documentos em idioma estrangeiro só deverá ser realizada se tal providência tornar-se absolutamente "*necessária*", nos termos do que dispõe o art. 236 do Código de Processo Penal. [...] (*Inq. 4.146-DF, STF, Tribunal Pleno, Rel. Min. Teori Zavascki, julgado em 22.6.2016, publicado no DJ em 4.10.2016*).

236. [...] A aferição de eventual desnecessidade da tradução de documentos redigidos em idioma estrangeiro, que justificariam, na espécie, a viagem ao exterior pretendida pelo denunciado, é cabível ao Juiz, sendo a ele dirigida a regra prevista no art. 236 do CPP. Precedentes. Agravo regimental improvido (*Ag. Reg. na Ação Penal nº 675-GO, STJ, Corte Especial, unânime, Rel. Min. Nancy Andrighi, julgado em 17.6.2015, publicado no DJ em 10.8.2015*).

236. [...] Nos moldes da orientação desta Casa, a "norma inserta no art. 236 do Código de Processo Penal não impõe que sejam necessariamente traduzidos os documentos em língua estrangeira, autorizando a juntada dos mesmos, mesmo sem tradução, se a crivo do julgador esta se revele desnecessária, ressalvando-se, obviamente, que tal medida não pode cercear a defesa dos acusados" (REsp n. 1.183.134/SP, rel. p/ Acórdão Min. Gilson Dipp, 6ª Turma, *DJe* 29.6.2012). [...] (*Agravo Regimental no RHC n. 74.296-RJ, STJ, 6ª Turma, unânime, Rel. Min. Antônio Saldanha Palheiro, julgado em 19.6.2018, publicado no DJ em 1º.8.2018*)

Art. 237. As públicas-formas só terão valor quando conferidas com o original, em presença da autoridade.

Guilherme Nucci (*Código de processo penal comentado.* 8. ed. São Paulo: Revista dos Tribunais, 2008, p. 511) não faz distinção entre as públicas-formas e a fotografia do documento, dado que, segundo ele, ambas seriam extraídas e autenticadas por oficiais de registro público. Ao que parece, a distinção fica mais no âmbito das consequências: as fotocópias, quando autenticadas por notários (tabeliães), gozam de presunção de autenticidade (*iures tantum* – enquanto não desconstituídas); as públicas-formas, que, essencialmente, já exigem autenticação, somente poderiam ser valoradas em juízo, quando ali conferida com o original.

Ora, exatamente por isso, não se fala mais em públicas-formas. A modernidade opera com a fotocópia autenticada, esperando-se dos oficiais de registros públicos o compromisso com a efetiva conferência do documento original. Sabe-se, porém, que, rotineiramente, os notários sequer se dão ao trabalho de proceder à conferência da documentação, deixando a tarefa para seus subordinados.

Art. 238. Os documentos originais, juntos a processo findo, quando não exista motivo relevante que justifique a sua conservação nos autos, poderão, mediante requerimento, e ouvido o Ministério Público, ser entregues à parte que os produziu, ficando traslado nos autos.

Feita a distinção, como fizemos, entre documentos probatórios e documentos que constituem o objeto material do delito – *prova* da materialidade –, passa a fazer sentido a necessidade de exame mais cauteloso quanto à aplicação do dispositivo em comento.

Quando o documento puder ser considerado *instrumento do crime,* ou seja, que consista em coisa cujo fabrico, alienação, uso, porte ou detenção constitua fato ilícito, não poderá ser devolvido; ao contrário, será decretada a sua *perda* em favor da União, salvo quando pertencente a terceiro de boa-fé (art. 91, II, *a*, CP).

Quando se tratar de documentos *falsificados* – objeto material do crime –, devem permanecer apreendidos até o final do processo (trânsito em julgado), nos termos do art. 118, CPP, e, após isso, serão inutilizados (art. 124, CPP).

Os demais documentos, utilizados no processo unicamente como meio de prova, poderão ser restituídos ao seu final (trânsito em julgado da ação penal) à parte que o produziu (a prova).

Eventualmente, o documento poderá ser devolvido *antes* do final do processo, desde que mediante autorização judicial, ao fundamento de não mais interessar a quaisquer de suas (do processo) finalidades.

CAPÍTULO X
Dos Indícios

Art. 239. Considera-se indício a circunstância conhecida e provada, que, tendo relação com o fato, autorize, por indução, concluir-se a existência de outra ou outras circunstâncias.

239.1. Conceito de indício para o processo penal: Não é incomum encontrar-se em inúmeros inquéritos, e mesmo no curso de ações penais, referências genéricas às provas *indiciárias,* dando-lhes, porém, o sentido de *suposições* ou *suspeitas* lógicas, dependentes, sempre, da produção de novos elementos de prova para a constatação do fato.

No entanto, não é essa a interpretação a ser feita no âmbito da prova no processo penal.

Indício significa o juízo – lógico, sim – por meio do qual, a partir da comprovação efetiva de um fato ou de uma circunstância, se *deduz* a existência de outro(a) (fato ou circunstância). É dizer: a prova obtida pelo *indício* é fruto unicamente de uma operação intelectual, cuja premissa, necessária, é a existência de uma prova *material* sobre determinando fato ou circunstância.

Ao exemplo: em um homicídio, no qual o autor desferiu dez tiros na vítima, não se saberá, por meio de prova *material,* se a intenção que moveu o agente seria o de provocar a morte ou a lesão corporal. O *dolo,* como se sabe, não pode ser *captado* por qualquer meio ou instrumento de prova, o mesmo ocorrendo em relação a todos os elementos subjetivos do tipo.

A comprovação da intenção de matar, no exemplo dado, se dá por meio de juízo *dedutivo,* ao exame, então, do conhecimento causal do agente do fato, relativamente à eficácia de seu comportamento (dez tiros) para a produção do resultado morte. Trata-se de *meio* de prova cuja valoração dependerá do exame das chamadas *regras da experiência.* Estas, as regras da experiência, são obtidas por meio de processo *indutivo,* partindo-se da repetição de fatos singulares para a formulação de uma regra geral para eles (fatos). Já no *indício,* o processo lógico é inverso: parte-se da regra geral para a singularização do caso concreto do processo.

239.2. Valoração dos indícios: Como meio de prova que é, o indício valerá na exata medida de sua idoneidade para o convencimento. Como se trata de prova *crítica* (obtida por meio processo intelectual lógico) e não *histórica* (normalmente *materializada* nos autos), a força de convencimento desse tipo de prova dependerá da maior ou menor solidez de sentido da regra da experiência a ser aplicada ao caso concreto.

A pessoa que é encontrada na posse de algo que não lhe pertence – e que tenha sido objeto de subtração – tanto pode ser o autor do furto (ou roubo) quanto pode ser terceiro de boa-fé. Nesse caso, a posse ou a detenção da coisa são meras circunstâncias que até podem indicar a autoria do delito, mas o juízo que assim se fará será essencialmente especulativo, não se revelando suficiente para a condenação do agente.

Em outras oportunidades, aquilo que, em princípio, ou seja, na maioria das vezes, seria mera circunstância (ou prova *circunstancial*) pode, no caso concreto, tornar-se *indício,* dependendo da qualidade das provas que, relacionadas ao fato, autorizam a dedução da autoria. Se, no exemplo dado, se demonstrar, por prova material, que o detentor da coisa teria sido visto (por testemunhas) no local do delito (residência da vítima), no horário em que se deu (ou se percebeu) a subtração, o juízo lógico seria muito mais seguro, em relação à autoria.

Mas repare-se que não estamos fazendo uma distinção *ontológica* entre *circunstância* e *indício.* No texto de nosso CPP, eles se equivalem. Ocorre que apenas quando possível a *dedução* do fato (ou circunstância) a ser provado pela comprovação de outro (fato ou circunstância) já provado pode ser considerado como o meio de prova em questão: indício. Quando, ao contrário, for impossível a dedução, a prova (ou elemento de prova) será circunstancial.

Jurisprudência

239.2. [...] Justa causa para a instauração da ação penal configurada, ante a existência de indícios (tanto entendidos como prova semiplena como entendidos, na forma do art. 239 do CPP, como prova indireta) suficientes de autoria e materialidade dos crimes imputados ao denunciado. [...] *(Ação Penal nº 976-DF, STJ, Corte Especial, Rel. Ministro Benedito Gonçalves, julgado em 11.2.2021, publicado no DJ em 1º.3.2021)*

239.2. [...] A presunção de inocência, princípio cardeal no processo criminal, é tanto uma regra de prova como um escudo contra a punição prematura. Como regra de prova, a formulação mais precisa é o *standard* anglo-saxônico no sentido de que a responsabilidade criminal deve ser provada acima de qualquer dúvida razoável (*proof beyond a reasonable doubt)* e que foi consagrado no art. 66, item 3, do Estatuto de Roma do Tribunal Penal Internacional. [...] *(AP n. 580-SP, STF, 1ª Turma, Rel. Min. Roberto Barroso, julgado em 13.12.2016, publicado no DJ em 26.6.2017).*

239.2. [...] A força instrutória dos indícios é bastante para a elucidação de fatos, podendo, inclusive, por si própria, o que não é apenas o caso dos autos, conduzir à prolação de decreto de índole condenatória, quando não contrariados por contraindícios ou por prova direta. [...] *(Habeas Corpus n. 97.781-PR, STF, 1ª Turma, Rel. Min. Marco Aurélio, Redator do acórdão Min. Luiz Fux, julgado em 26.11.2013, publicado no* DJ *em 17.03.2014).*

239.2. [...] O princípio processual penal do *favor rei* não ilide a possibilidade de utilização de presunções *hominis* ou *facti*, pelo juiz, para decidir sobre a procedência do *ius puniendi*, máxime porque o Código de Processo Penal prevê expressamente a prova indiciária, definindo-a no art. 239 como "*a circunstância conhecida e provada, que, tendo relação com o fato, autorize, por indução, concluir-se a existência de outra ou outras circunstâncias*". Doutrina (LEONE, Giovanni. *Trattato di Diritto Processuale Penale.* Napoli: Casa Editrice Dott. Eugenio Jovene, 1961. v. II, p. 161-162). Precedente (HC 96062, Relator(a): Min. Marco Aurélio, 1ª Turma, julgado em 6.10.2009, *DJe*-213 DIVULG 12.11.2009 PUBLIC 13.11.2009 EMENT VOL-02382-02 PP-00336). O julgador pode, através de um fato devidamente provado que não constitui elemento do tipo penal, mediante raciocínio engendrado com supedâneo nas suas experiências empíricas, concluir pela ocorrência de circunstância relevante para a qualificação penal da conduta. [...] (*Habeas Corpus nº 103.118–SP, STF, 1ª Turma, Rel. Min. Luiz Fux, julgado em 20.3.2012, publicado no* DJ *em 16.4.2012*).

CAPÍTULO XI
Da Busca e da Apreensão

Art. 240. A busca será domiciliar ou pessoal.

§ 1º Proceder-se-á à busca domiciliar, quando fundadas razões a autorizarem, para:

a) prender criminosos;

b) apreender coisas achadas ou obtidas por meios criminosos;

c) apreender instrumentos de falsificação ou de contrafação e objetos falsificados ou contrafeitos;

d) apreender armas e munições, instrumentos utilizados na prática de crime ou destinados a fim delituoso;

e) descobrir objetos necessários à prova de infração ou à defesa do réu;

f) apreender cartas, abertas ou não, destinadas ao acusado ou em seu poder, quando haja suspeita de que o conhecimento do seu conteúdo possa ser útil à elucidação do fato;

g) apreender pessoas vítimas de crimes;

h) colher qualquer elemento de convicção.

§ 2º Proceder-se-á à busca pessoal quando houver fundada suspeita de que alguém oculte consigo arma proibida ou objetos mencionados nas letras *b* a *f* e letra *h* do parágrafo anterior.

240.1. Natureza jurídica na busca e apreensão: Não se pode dizer que a *busca e apreensão* seja, ela mesma, em si, um *meio* de prova. Nesse sentido, não constitui uma fonte probatória a ser examinada e valorada, quanto às possibilidades de convencimento que se possa dela extrair.

Trata-se de uma medida processual de fundo essencialmente instrumental, que tanto pode ser utilizada para a coleta de material probatório quanto para o acautelamento de outros bens jurídicos, como ocorre, por exemplo, com a busca e apreensão de pessoas. Por certo, mesmo nestes casos se poderá pretender prevalecer o caráter probatório da busca e apreensão, diante da certeza obtida relativamente a determinados fatos ali envolvidos (autoria, local do cárcere etc.).

Mas, essencialmente, do ponto de vista da aproximação da medida com os institutos e categorias do processo penal, a busca e apreensão se caracteriza como medida de natureza cautelar. E ainda que não se possa dizer que se trata de um *processo cautelar*, com os contornos que lhe dá o processo civil, ou seja, condicionado pela *legitimidade de parte* (também a *polícia* pode requerer a providência em nosso processo penal), *interesse de agir e possibilidade jurídica do pedido* – condições da ação, portanto – e por elementos que caracterizam os *pressupostos processuais* (citação, competência, capacidade processual etc.), a sua finalidade e suas consequências jurídicas se assemelham com aquele (processo cautelar).

E, do mesmo modo que uma prisão em flagrante pode ser muito útil para *provar* determinados fatos, sem que possa qualificá-la como *meio* de prova, a medida de busca e apreensão também cumpre essa missão. E até com maior eficácia, reconhecemos, diante da amplitude de seu objeto.

Jurisprudência

240.1. [...] as medidas cautelares, em nosso sistema processual, podem ser determinadas *inaudiatur et altera pars*; daí o contraditório postecipado. [...] *(Agravo Regimental no Recurso de Habeas Corpus nº 124.829-PE, STJ, 5ª Turma, unânime, Rel. Min. Reynaldo Soares da Fonseca, julgado em 18.8.2020, publicado no* DJ *em 24.8.2020).*

240.1. [...] Busca e apreensão válida, porquanto precedida de regular autorização judicial. Ausência de nulidade da referida medida cautelar em decorrência de a diligência ter contado com a participação de membros do Ministério Público e da Receita Estadual, na medida em que é da atribuição dos agentes da Receita Estadual colaborar com a Polícia Judiciária na elucidação de ilícitos tributários, o que os autoriza a acompanhar as diligências de busca e apreensão. [...] *(Ação Penal nº 611-MG, STF, 1ª Turma, maioria, Rel. Min. Luiz Fux, julgado em 30.9.2014, publicado no* DJ *em 10.12.2014).*

240.2. Fundamentação cautelar: Em quaisquer de suas modalidades, busca e apreensão *pessoal* ou *domiciliar*, a medida deve ser justificada em razões de ordem acautelatórias (de bens jurídicos, incluindo a proteção ao processo penal e à persecução penal).

A autoridade responsável pela medida deve poder sempre justificar sua atuação, seja por ordem escrita e fundamentada de autoridade judiciária, na busca *domiciliar*, seja na necessidade de comprovação de situação de risco ou de suspeita fundada de risco às pessoas, de fundada suspeita de situação de risco (porte desautorizado de armas, porte de drogas para tráfico, lesão ao patrimônio alheio e tutela da efetividade probatória da investigação e do processo), presentes na busca *pessoal*.

Em resumo: a não comprovação de qualquer situação de urgência ou de necessidade reconhecida pelo Direito, ainda que derivada de erro cometido em boa-fé pelo agente público, poderá dar azo à invalidação da diligência. Nem por isso, contudo, se poderá falar, sempre e necessariamente, em ilicitude da prova em tais situações. Confira-se o que dissemos ao exame do art. 157, CPP, e, mais adiante, em tema de *Nulidades* (arts. 563 e seguintes, CPP).

Jurisprudência

240.2. [...] 5. A exigência de que os juízes e Tribunais observem as decisões do Superior Tribunal de Justiça afasta o requisito do perigo na demora em relação a pedido para fixação de parâmetros constitucionais para a expedição de mandados de busca e apreensão, tendo em vista a manifestação pelo Superior Tribunal de Justiça no sentido que é "indispensável que o mandado de busca e apreensão tenha objetivo certo e pessoa determinada, não se admitindo ordem judicial genérica e indiscriminada de busca e apreensão para a entrada da polícia em qualquer residência". [...] 7. Um relatório detalhado produzido ao término de cada operação dos agentes de segurança pública é exigência de accountability da atuação estatal. A forma pela qual essa exigência é atendida se dá por um duplo controle: o administrativo e o judicial. Em caso de incidentes nessas operações, não basta apenas o envio de informações ao órgão policial, mas também é necessário o envio ao órgão judicial independente encarregado da realização do controle externo da atividade policial, nos termos do art. 129, VII, da CRFB. O controle duplo garante não apenas a responsabilização disciplinar do agente de Estado, mas também a criminal, porquanto a omissão no fornecimento de tais informações configura, em tese, o tipo previsto no art. 23, II, da Lei 13.869, de 2019. Sendo as informações destinadas ao Ministério Público, a ele compete o detalhamento dos dados que serão requisitados. [...] *(Medida Cautelar na ADPF nº 635, STF, Plenário, Rel. Min. Edson Fachin, sessão virtual encerrada em 17.8.2022, publicado no DJ em 2.6.2022)*

240.2. [...] Não havendo previsão legal acerca da necessidade de manifestação prévia do Ministério Público para o deferimento da medida cautelar de busca e apreensão, não se pode reputar nulo o ato praticado com tal omissão, mormente em razão da urgência verificada no caso e da ausência do representante do Órgão Ministerial na subseção judiciária na qual o pleito foi deferido. [...] Ordem denegada (*Habeas Corpus nº 119.205-MS, STJ, 5ª Turma, Rel. Min. Jorge Mussi, julgado em 29.9.2009, publicado no* DJ *em 16.11.2009*).

240.3. Busca e apreensão pessoal: Não faltou quem sustentasse, ao tempo da chegada de nossa Constituição da República, que o presente dispositivo estaria parcialmente revogado – ou merecedor de *interpretação conforme* – no ponto em que autoriza a adoção de busca e apreensão pessoal independentemente de ordem judicial.

A questão – relevante, não se nega – é proveitosa para uma melhor compreensão do instituto (da busca e apreensão).

Tanto o domicílio quanto a pessoa, considerada aqui na sua estrutura *físico-corporal*, guarnecem direitos individuais garantidos na Constituição.

De fato, parece irrecusável que em ambos os *ambientes* se exercita direito à privacidade e à intimidade, admitindo-se, em relação à pessoa, a prevalência deste último (intimidade).

O que deve ser examinado nesse prisma, ou seja, da necessidade, ou não, de ordem judicial para a realização de busca pessoal, é o grau de *urgência* da intervenção do poder público.

Mesmo em relação ao domicílio, que mereceu registro expresso no texto constitucional (art. 5º, X), há ressalva expressa em relação às duas situações de urgência, ambas autorizando a intervenção *independentemente de ordem judicial.* São as hipóteses de *flagrante delito* e de necessidade de *prestação de socorro*. Nesses casos, pode e deve ingressar no domicílio, não só a autoridade policial, mas também o particular, a quem se reconhece legitimidade para a realização da prisão em flagrante (art. 301, CPP). Entendemos que o posicionamento firmado pelo Supremo Tribunal Federal no julgamento do *Recurso Extraordinário nº 603.616-RO (Plenário, maioria, Rel. Min. Gilmar Mendes, julgado em 5.11.2015, publicado no* DJ *em 13.11.2015)* em nada alterou esta compreensão, na medida em que restou assentado que "*a entrada forçada em domicílio sem mandado judicial só é lícita, mesmo em período noturno, quando amparada em fundadas razões, devidamente justificadas a posteriori, que indiquem que dentro da casa ocorre situação de flagrante delito, sob pena de responsabilidade disciplinar, civil e penal do agente ou da autoridade, e de nulidade dos atos praticados*". É dizer: sempre foi essencial que, na entrada em domicílio nas duas exceções previstas constitucionalmente deveria haver a fundada suspeita da flagrância do delito.

Assim, e com base em fundamentação em tudo semelhante, deve-se permitir e validar a busca *pessoal* quando o agente público tiver fundada suspeita de se encontrar a pessoa a ser revistada em quaisquer das situações arroladas no dispositivo legal (coisas achadas ou obtidas por meios criminosos, instrumentos de falsificação, objetos falsificados, armas e munições e outros elementos de prova, e, ainda, objetos ou papéis que constituam corpo de delito – ver art. 244, CPP).

De outro lado, e precisamente porque não dependerá de ordem judicial, o agente público deve se utilizar de toda a cautela possível, já que se trata de ingerência na intimidade alheia. Abusos em tais situações são de maior frequência, diante da ausência de controle judicial específico.

Para a *revista* pessoal, deve a autoridade se encontrar em situação de emergência ou de urgência, de que são exemplos: *blitz* ou buscas em locais de maior incidência de delitos ou nas imediações daquele (local) em que se acabara de praticar crimes; revistas em locais de grande acesso de público (*shows*, espetáculos artísticos ou de competições etc.); situações de flagrante delito, e, enfim, quando presentes situações reconhecidamente carecedoras de policiamento.

No particular, há que se pontuar, também, a necessidade de se conter atuações seletivas (escolhas arbitrárias de determinadas pessoas) do aparelho estatal, muitas vezes acobertadas por juízos discriminatórios e inconfessáveis. É dizer: deve a autoridade policial se encontrar apta a justificar a sua atuação, no âmbito de sua corporação, e ao nível do *estrito cumprimento do dever legal*.

Precisamos registrar que, em nossa compreensão, e especialmente a partir do que decidido pela 6ª Turma do STJ no HC nº 158.580, houve uma "ampliação de requisitos" para validação de buscas e apreensões, bem além do que estipulado pelo STF no RE nº 603.616-RO (Rel. Min. Gilmar Mendes, DJe de 10/5/2016, Tema 280 de Repercussão Geral). Tanto é assim que, no ano de 2023, várias decisões do STJ que reconheceram nulidade das provas por suposta violação das regras acerca de buscas e apreensões foram reformadas pelo STF. Igualmente registramos não haver conformidade com o que decidido pelo STF a exigência de que, para apreender algum objeto em fiscalização de veículos, seria necessário "avistá-los" antes de realizar a própria busca.

Ao que parece, o próprio STJ se deu conta dos equívocos que vinha cometendo e começou a fazer uma distinção para essas situações (v.g. *Agravo Regimental no Agravo em Recurso Especial nº 2.624.125-PR, STJ, 6ª Turma, Rel. Min. Rogério Schietti Cruz, julgado em 24.9.2024, publicado no DJ em 27.9.2024; HC n. 625.274/SP, Rel. Ministra Laurita Vaz, Sexta Turma, julgado em 17/10/2023, DJe de 20/10/2023)*. Nesse caso mencionado, reconhecendo a necessidade de aperfeiçoar seu entendimento, firmou orientação de que não é necessária fundada suspeita no caso de fiscalização decorrente do exercício do poder de polícia do Estado, como ocorre em operações padronizadas de monitoramento da circulação de pessoas e de veículos que ocorrem em portos e aeroportos, rodovias (fiscalização de caminhões de carga, ônibus e demais veículos que transportam passageiros), não havendo empeço para encontro fortuito de provas de eventual infração penal.

Ao encontro dessa compreensão – e reforçando a legalidade de ações de prevenção de forma geral - destacamos que a Lei nº 14.967/2024 (Estatuto da Segurança Privada e outras disposições) previu expressamente (art. 5º) que são considerados serviços de segurança privada, dentre outros, os de segurança de eventos em espaços de uso comum do povo (inciso II), de segurança nos transportes coletivos terrestres, aquaviários e marítimos (inciso III), segurança em unidades de conservação (inciso V) e controle de acesso em portos e aeroportos (inciso XII).

Também no ano de 2024, importante julgado do STF assentou a proibição de abordagens policiais com base em estereótipos de origem, raça, cor, idade ou outras formas de discriminação *(HC nº 208.240, STF, Plenário, Rel. Min. Edson Fachin, por maioria, julgado em 11.4.2024, publicado no DJ em 28.6.2024)*. A tese exarada foi de que *"a busca pessoal independente de mandado judicial deve estar fundada em elementos indiciários objetivos de que a pessoa esteja na posse de arma proibida ou de objetos ou papéis que constituam corpo de delito, não sendo lícita a realização da medida com base na raça, sexo, orientação sexual, cor da pele ou aparência física"*.

De fato, desde os conhecidos Casos Fernández Prieto & Tumbeiro vs Argentina (2020), a Corte IDH reconheceu a violação da CADH quando uma revista pessoal estiver baseada apenas em aspectos subjetivos. Mas é preciso muito atentar para as particularidades dos casos concretos (que são vinculativos ao Brasil num controle de convencionalidade), pois, em nossa compreensão, especialmente o STJ ampliou o que fixado como tese de proteção de direitos fundamentais de primeira geração. Naqueles casos, efetivamente não havia nenhuma suspeita sobre quem foi "abordado", tendo-se realizado o ato por mera arbitrariedade e nem dado minimamente objetivo que pudesse induzir conclusão de eventuais práticas criminosas. Importante também que, em ambas as situações, não se estava diante de fiscalizações gerais e aleatórias, como blitz ou similares.

De registro relevante ainda decisão proferida no ano de 2024 pela 1ª Turma do Supremo Tribunal Federal *(Agravo Regimental no HC nº 238.400, STF, 1ª Turma, Rel. Min. Cristiano Zanin, julgado em Sessão Virtual de 18.10.2024 a 25.10.2024, publicado no DJ em 30.10.2024)*, em que se reconheceu como legítima a atuação de guardas municipais que, após abordagem de veículo no exercício próprio de suas atribuições, realizaram revistas pessoal e veicular, logrando encontrar (debaixo do banco do veículo, sem visualização imediata) uma arma de fogo com numeração suprimida e diversas munições. Em razão disso, e ato contínuo, ingressaram na residência do abordado e apreenderam considerável quantidade de drogas. Nessa situação, o órgão fracionário decidiu (até deliberação da matéria objeto do RE 1.468.558/SP), que o *"art. 240 do Código de Processo Penal abarca tanto a busca domiciliar quanto a busca pessoal, nele elencando as hipóteses de sua incidência, é possível aplicar, no caso, o mesmo entendimento sedimentado pelo Plenário do Supremo Tribunal Federal no Recurso Extraordinário (RE) 603.616/RO, da relatoria do Ministro Gilmar Mendes, julgado sob a sistemática da Repercussão Geral (Tema 280)"*.

Nessa mesma linha, cremos que um destaque precisa ser feito ainda em face da edição, no final do ano de 2023, do Decreto nº 11.841, que regulamentou os incisos IV, XIII e XIV do *caput* e o parágrafo único do art. 5º da Lei nº 13.022, de 8 de agosto de 2014, para dispor sobre a cooperação das guardas municipais com os órgãos de segurança pública da União, dos Estados e do Distrito Federal.

No referido decreto, reconhece-se:

– a possibilidade de patrulhamento preventivo (art. 2º);

– que as guardas municipais atuarão de "forma integrada" com os órgãos de segurança pública da União, dos Estados e do Distrito Federal, tendo como princípios norteadores: I – a garantia do respeito aos direitos fundamentais previstos na Constituição; II – a contribuição para a paz social, a prevenção e a pacificação de conflitos; e III – a garantia do atendimento de ocorrências emergenciais;

– que será considerada "ocorrência emergencial" aquela cujas características exijam a atuação célere e imediata dos órgãos de segurança pública e configurem grave dano ou risco de dano à vida e à segurança das pessoas e do patrimônio;

– que, na hipótese de ocorrências que configurem ilícito penal (art. 5º), as guardas municipais poderão: I – realizar a prisão em flagrante dos envolvidos, na forma prevista nos art. 301 e art. 302 do Decreto-Lei nº 3.689, de 3 de outubro de 1941 – Código de Processo Penal; II – apresentar o preso e a correspondente notificação circunstanciada da ocorrência à polícia judiciária competente para a apuração do delito; e III – contribuir para a preservação do local do crime, quando possível e sempre que necessário.

Compreende-se que tal regulamentação deveria repercutir em discussões decisões do STJ, que, atualmente, está restringindo a atuação das guardas municipais na prevenção e repressão a condutas criminosas para além do próprio patrimônio público.

Jurisprudência

240.3. [...] 5. O entendimento adotado pelo Supremo Tribunal Federal impõe que os agentes estatais devem nortear suas ações, em tais casos, motivadamente e com base em elementos probatórios mínimos que indiquem a ocorrência de situação flagrante. A justa causa, portanto, não exige a certeza da ocorrência de delito, mas, sim, fundadas razões a respeito. Precedentes. 6. O A atitude suspeita do acusado, que tentou fugir ao perceber a presença dos policiais que realizavam patrulhamento de rotina em conhecido ponto de tráfico de drogas, evidencia a existência de justa causa para a revista pessoal, que resultou na apreensão de 143 (cento e quarenta e três) pedras de crack, pesando aproximadamente 15 (quinze) gramas, e 1 (uma) porção de maconha, pesando aproximadamente 0,8 gramas. [...] *(Agravo Regimental no Recurso Extraordinário com Agravo nº 1.502.461, STF, 1ª Turma, Rel.Min.Cristiano Zanin, julgado em 25.10.2024, publicado no DJ em 18.11.2024)*

240.3. [...] 4. Guardas municipais não têm competência constitucional para atuar em situações de policiamento ostensivo ou investigativo fora do âmbito da proteção de bens, serviços e instalações municipais, conforme precedentes desta Corte. 5. A abordagem realizada pela Guarda Municipal não teve base em flagrante delito e, portanto, foi considerada ilegal, com violação do art. 157 do Código de Processo Penal. 6. As provas obtidas a partir da busca pessoal são ilícitas, devendo ser excluídas dos autos, o que inviabiliza a condenação da paciente. *7. Reconhecida a ilicitude das provas, impõe-se a absolvição da paciente, nos termos do art. 386, II, do Código de Processo Penal. [...] (Habeas Corpus nº 815.658 STJ, 5ª Turma, Rel. Daniela Teixeira, julgado em 16.10.2024, publicado no DJ em 4.11.2024)*

240.3. [...] I. Caso em exame [...] 1. Paciente condenado pela prática dos crimes de tráfico ilícito de drogas (art. 33 da Lei n. 11.343/2006), posse de arma de fogo de uso permitido e posse de arma de fogo com numeração suprimida (arts. 12 e 16, § 1º, I, da Lei n. 10.826/2003).

II. Questões em discussão

2. Saber se é inconstitucional e/ou ilegal a abordagem e a prisão em flagrante realizadas por agentes da Guarda Civil Municipal.

3. Saber se havia fundadas razões (justa causa) para a abordagem em via pública e o posterior ingresso dos agentes públicos na residência do paciente.[...]

III. Razões de decidir

5. No julgamento do Agravo Regimental no Recurso Extraordinário (RE) 1.468.558/SP, da relatoria do Ministro Alexandre de Moraes, com a minha divergência, a maioria dos Ministros integrantes da Primeira Turma do Supremo Tribunal Federal decidiu que não há ilegalidade na busca pessoal e/ou nas diligências de averiguação realizadas pelas guardas municipais em situações em que houver fundadas razões (justa causa) para tanto.

6. Até que eventualmente sobrevenha novo pronunciamento deste Tribunal que seja consentâneo ao que defendi no referido RE 1.468.558/SP, adiro a esse entendimento fixado pela Primeira Turma, em estrita observância ao art. 926, caput, e ao art. 927, V, ambos do Código do Processo Civil, que acentuam o princípio da colegialidade, e considero legítima a atuação dos agentes municipais que executaram a prisão em flagrante do acusado.

7. É de se considerar legítima a atuação dos guardas municipais, pois, ao abordarem o automóvel nas circunstâncias descritas nos autos e depois de procederem às revistas pessoal e veicular, lograram encontrar, debaixo do banco do veículo, uma arma de fogo com a numeração suprimida e diversas munições de uso permitido. Essas informações constituem elementos mínimos a caracterizar fundadas razões (justa causa) para legitimar o posterior ingresso dos agentes públicos na residência do paciente, local onde conseguiram apreender 17 tijolos de maconha, com peso liquido de 11,11kg; 3 porções de maconha, pesando 181,10g; e 2 tijolos de cocaína, com peso liquido de 1,45kg.

8. Considerando que o art. 240 do Código de Processo Penal abarca tanto a busca domiciliar quanto a busca pessoal, nele elencando as hipóteses de sua incidência, é possível aplicar, no caso, o mesmo entendimento sedimentado pelo Plenário do Supremo Tribunal Federal no Recurso Extraordinário (RE) 603.616/RO, da relatoria do Ministro Gilmar Mendes, julgado sob a sistemática da Repercussão Geral (Tema 280). [...] (Agravo Regimental no HC nº 238.400, STF, 1ª Turma, Rel. Min. Cristiano Zanin, julgado em Sessão Virtual de 18.10.2024 a 25.10.2024, publicado no DJ em 30.10.2024)

240.3. *[...]* Cabe registrar, ainda, o risco do trancamento em fase prematura da ação penal produzir cerceamento de acusação, pois pode o Ministério Público, no âmbito da instrução processual, querer evidenciar que a prova foi colhida de forma legal e em cumprimento ao mandamento constitucional da inviolabilidade de domicílio, à luz do que exige a jurisprudência deste Tribunal, providência que restaria obstada se adotado indiscriminadamente esse proceder. [...] Portanto, é inviável, na hipótese, o exame da alegada nulidade pela busca pessoal com vistas ao trancamento da ação penal, pois controversa a alegação ora formulada, sendo estritamente necessário que as instâncias ordinárias, à luz do contraditório, delineiem o quadro fático sobre o qual se aponta a nulidade, tanto em sentença quanto em acórdão de apelação, a fim de que esta Corte, no momento oportuno, sobre ele se manifeste. [...] *(Agravo Regimental no Habeas Corpus nº 916.052-GO, STJ, 5ª Turma, Rel. Ribeiro Dantas, julgado em 7.10.2024, publicado no DJ em 16.10.2024)*

240.3. [...] 1. No que tange à busca pessoal, não se vislumbra qualquer ilegalidade na atuação dos policiais, os quais estão amparados pelo Código de Processo Penal para abordar quem quer que esteja atuando de modo suspeito ou furtivo, não havendo razão para manietar a atividade policial sem indícios de que a abordagem ocorreu por perseguição pessoal ou preconceito de raça ou classe social, motivos que, obviamente, conduziriam à nulidade da medida, o que não se verificou no caso.

2. Ademais, não é violador da intimidade o exercício do poder de polícia na abordagem de veículos em via pública, de modo que legítima a vistoria preventiva que faz prevalecer o interesse público sobre o interesse privado. *[...] (Agravo Regimental no Habeas Corpus nº 916.651-SP, STJ, 5ª Turma, Rel. Min. Ribeiro Dantas, julgado em 23.9.2024, publicado no DJ em 30.9.2024)*

240.3. [...] 1. Ao aperfeiçoar seu entendimento jurisprudencial, este Superior Tribunal, no julgamento do HC n. 625.274/SP (relatora Ministra Laurita Vaz, Sexta Turma, julgado em 17/10/2023, DJe de 20/10/2023), firmou a orientação de que prescinde de fundada suspeita a atividade de fiscalização decorrente do regular exercício do poder de polícia do Estado, como as operações padronizadas de monitoramento da circulação de pessoas e de veículos que ocorrem em portos, aeroportos (exemplo: raio-X em bagagens) e rodovias (ilustrativamente: fiscalizações de caminhões de carga, de ônibus e de demais veículos que transportam passageiros) que não impedem o encontro fortuito de provas de eventual infração penal. Precedentes.

2. No caso, os smartphones encontrados nas bagagens da passageira do ônibus vistoriado, de origem estrangeira e desacompanhados de documentos de regular introdução no país, ocorreu em fiscalização de rotina, que dispensa fundada suspeita ou prévio indício do cometimento de crime e decorre do legítimo exercício do poder de polícia, diante da necessidade de monitoramento de transportes que circulam em região de fronteira internacional. Ademais, primeiro foi encontrada a mercadoria irregular e depois se identificou a quem ela pertencia, circunstância que reforça a ausência de subjetivismo e de desproporcionalidade na conduta do agente público. Assim, fica afastada a tese de ilicitude das provas obtidas. [...] *(Agravo Regimental no Agravo em Recurso Especial nº 2.624.125-PR, STJ, 6ª Turma, Rel. Min. Rogério Schietti Cruz, julgado em 24.9.2024, publicado no DJ em 27.9.2024)*

240.3. [...] A alteração jurisprudencial que definiu a necessidade de justa causa comprovada de forma objetiva para a abordagem pessoal foi esquadrinhada no julgamento do RHC n. 158.580/BA, de relatoria do Ministro Rogerio Schietti Cruz (DJe de 25/4/2022), data posterior ao trânsito em julgado da condenação do agravante. [...] Como o tema em debate diz respeito a matéria eminentemente processual, o princípio que a norteia é o do tempus regit actum, conforme previsão contida no art. 2º do Código de Processo Penal, sendo inconfundível com o princípio da retroatividade mais benéfica, que se aplica nos casos de norma penal razão pela qual inexiste ilegalidade ou teratologia a ser reparada. *(Agravo Regimental no Habeas Corpus nº 868.665-AL, STJ, 5ª Turma, Rel. Min. Daniela Teixeira, julgado em 9.9.2024, publicado no DJ em 11.9.2024)*

240.3. [...] 1. Nos termos do art. 240, § 2º, do Código de Processo Penal – CPP, para a realização de busca pessoal é necessária a presença de fundada suspeita no sentido de que a pessoa abordada esteja na posse de arma proibida, objetos ou papéis que constituam corpo de delito.

2. No caso dos autos, os policiais receberam informações acerca do recorrente, que possuía dois mandados de prisão em aberto, ocasião em que se deslocaram ao local, avistando-o em um automóvel. Após ordem de parada, o recorrente empreendeu fuga e foi contido, momento em que foi realizado o procedimento de busca pessoal.

3. Assim, restou constatada a presença de fundada suspeita para a realização da abordagem, não apenas pela existência dos dois mandados de prisão em aberto contra o recorrente, mas também em virtude da fuga e perseguição, após ordem emanada pelos policiais. Precedentes.

4. "A Suprema Corte definiu, em repercussão geral, que o ingresso forçado em domicílio sem mandado judicial apenas se revela legítimo - a qualquer hora do dia, inclusive durante o período noturno - quando amparado em fundadas razões, devidamente justificadas pelas circunstâncias do caso concreto, que indiquem estar ocorrendo, no interior da casa, situação de flagrante delito (RE n. 603.616/RO, Rel. Ministro Gilmar Mendes, DJe 8/10/2010). [...] [...] *(Agravo Regimental no Recurso Especial nº 2.111.320-PR, STJ, 5ª Turma, Rel. Min. Joel Ilan Paciornik, julgado em 2.9.2024, publicado no DJ em 5.9.2024)*

240.3. [...] Conforme se depreende dos autos, policiais estavam em patrulhamento de rotina quando depararam com o veículo do réu estacionado em fila dupla, atrapalhando o trânsito. Diante disso, foram lavrar o auto de infração de trânsito, momento em que, ao consultar o sistema "MPortal", verificaram constar a informação de que o automóvel era um clone. Por isso, fizeram revistas pessoal e veicular, oportunidade em que encontraram drogas nas vestes do réu e no portaluvas do veículo. Posteriormente, fizeram o procedimento de identificação veicular com aparelho adequado e acabaram não constatando nenhuma irregularidade. [...] Inicialmente, tratava-se de mera autuação por infração de trânsito (estacionar em fila dupla). O que efetivamente motivou as revistas pessoal e veicular foi o fato de que, durante a autuação de trânsito, no momento de consultar a placa do veículo no sistema MPortal, ele apontou que veículo era um clone. Cabe observar, a propósito, que essa afirmação está amparada no documento de fl. 87, consistente na imagem da tela da consulta no sistema. Embora fosse preferível que os agentes confirmassem essa informação previamente em procedimento de identificação veicular, não há como desconsiderar que o dado constava em sistema oficial, presumido verdadeiro, e gerava suspeita razoável quanto ao possível envolvimento do réu e do veículo em práticas ilícitas, tais como a receptação, a adulteração de sinal de identificação e até mesmo outros crimes, como roubos, por exemplo, nos quais usualmente são empregados veículos clonados para dificultar a persecução penal posterior, tudo a indicar a presença, ao menos por ora, dentro dos limites de cognição possíveis nesta etapa, de elementos suficientes para a realização das buscas pessoal e veicular. [...] *(Agravo Regimental no Recurso em Habeas Corpus nº 180.353-GO, STJ, 6ª Turma, Rel. Min. Rogério Schietti Cruz, julgado em 2.9.2024, publicado no DJ em 4.9.2024)*

240.3. [..] Conforme se depreende dos autos, a busca pessoal teve como justificativa o fato de que os policiais, em patrulhamento em local conhecido pelo intenso tráfico de drogas, notaram que o adolescente se escondeu atrás de um barranco ao avistar a guarnição. [...] Assim, os elementos objetivos indicados apontam que a busca pessoal foi precedida de fundada suspeita de que o paciente estava na posse de objetos ilícitos, circunstância que inviabiliza o acolhimento da pretensão defensiva. [...] *(Agravo Regimental no Habeas Corpus nº 869.073-SC, STJ, 6ª Turma, Rel. Min. Rogério Schietti Cruz, julgado em 2.9.2024, publicado no DJ em 4.9.2024)*

240.3. [...] 1. É de considerar-se legítima a atuação dos policiais militares que executaram a prisão em flagrante do acusado, uma vez que os referidos agentes públicos, durante uma ronda de rotina, perceberam quando o paciente, sem nenhum motivo que justificasse o seu comportamento evasivo, apressou-se para ingressar em um automóvel que estava estacionado. Nesse momento, os policiais decidiram abordar o suspeito e realizar as buscas pessoal e veicular, logrando encontrar, no veículo, 140 papelotes de cocaína, com peso de 122,66 gramas; e 520 porções de crack, com peso de 127,93 gramas. Em seguida, depois de o paciente confessar que havia retirado as drogas em uma residência próxima, os policiais dirigiram-se até o local indicado, onde puderam avistar, por uma janela, a existência de diversos entorpecentes dentro do imóvel. Nessa oportunidade, entraram no local e flagraram o corréu na posse e guarda de 2 tijolos de crack, com peso de 2.044,76 gramas; 2 tijolos de crack, com peso de 2.044,2 gramas; 2 pedras de crack, com peso de 2.034,85 gramas; 2 tijolos de crack, com peso de 2.136,5 gramas; 2 tijolos de crack, com peso de 2.065,8 gramas; 65 pedras de crack, com peso de 1.799,31 gramas; 1.825 pedras de crack, com peso de 448,87 gramas; 15 porções de maconha, com peso de 1.509,18 gramas; 1 porção de cocaína, com peso de 964,03 gramas; 3 porções de crack, com peso de 1.990,68 gramas; 1 porção de crack, com peso de 710,76 gramas; 2 porções de cocaína, com peso de 1.986,54 gramas; 1 porção de cocaína, com peso de 1.009,14 gramas; 1 porção de cocaína, com peso de 1.519,23 gramas; e 2 porções de cocaína, com peso de 1.920,53 gramas. Essas circunstâncias constituem elementos mínimos a caracterizar fundadas razões (justa causa) para legitimar a prisão em flagrante. [...] *(Agravo Regimental em Habeas Corpus nº 244.768, STF, 1ª Turma, Rel. Min. Cristiano Zanin, julgado em 30.8.2024, publicado no DJ em 4.9.2024)*

240.3. [...] 1. A Constituição Federal protege a intimidade e a privacidade como direitos individuais (art. 5º, X). Também prevê como objetivo fundamental da República Federativa do Brasil a construção de uma sociedade justa, plural e solidária, sem preconceitos de origem, raça, sexo, cor, idade e quaisquer outras formas de discriminação (art. 3º, I e IV).

2. A legislação processual penal reclama para a busca pessoal sem ordem judicial a presença de justa causa fundada em elementos indiciários objetivos de que a pessoa a ser abordada esteja na posse de arma proibida ou de objetos ou papéis que constituam corpo de delito (art. 244 do CPP). Precedentes do STF.

3. O Estado brasileiro comprometeu-se a proibir e a eliminar a discriminação racial em todas suas formas e a garantir o direito de cada um à igualdade perante a lei sem distinção de raça, de cor ou de origem nacional ou étnica (Convenção Internacional sobre a Eliminação de todas as Formas de Discriminação Racial).

4. O perfilamento racial na atividade policial ocorre quando as forças de segurança utilizam estereótipos baseados em raça, cor, etnia, idioma, descendência, religião, nacionalidade, local de nascimento ou uma combinação desses fatores, em vez de evidências objetivas, para submeter pessoas a revistas ou atos de persecução penal.

5. A busca pessoal baseada em filtragem racial viola a Constituição Federal, a legislação pátria e os compromissos assumidos internacionalmente pelo Brasil.

6. O Tribunal, por unanimidade, aprovou a seguinte tese de julgamento: A busca pessoal independente de mandado judicial deve estar fundada em elementos indiciários objetivos de que a pessoa esteja na posse de arma proibida ou de objetos ou papéis que constituam corpo de delito, não sendo lícita a realização da medida com base na raça, sexo, orientação sexual, cor da pele ou aparência física.

7. No caso concreto, o Tribunal, por maioria, concluiu que a revista pessoal do paciente não ocorreu em razão de perfilamento racial. Ordem de habeas corpus denegada. Vencidos o relator, ministro Edson Fachin, e os ministros Luiz Fux e Roberto Barroso, que concediam a ordem. *(HC nº 208.240, STF, Plenário, Rel. Min. Edson Fachin, por maioria, julgado em 11.4.2024, publicado no DJ em 28.6.2024)*

240.3. [...] A Corte Interamericana de Direitos Humanos, no caso Fernández Prieto & Tumbeiro v. Argentina (2020), reconheceu a existência de violação da Convenção Americana de Direitos Humanos pela Argentina em virtude de revista pessoal baseada apenas em parâmetros subjetivos e, por ocasião do julgamento, afirmou que: "[...] ante a ausência de elementos objetivos, a classificação de determinada conduta ou aparência como suspeita, ou de certa reação ou expressão corporal como nervosa, obedece às convicções pessoais dos agentes intervenientes e as práticas dos próprios corpos de segurança, o que comporta um grau de arbitrariedade que é incompatível com o art. 7.3 da CADH". [...] Na espécie, a busca pessoal realizada no réu foi justificada com base apenas na alegação vaga de que ele haveria demonstrado nervosismo ao avistar a polícia, o que, por si só, não configura fundada suspeita de posse de corpo de delito apta a validar a revista, conforme entendimento consolidado nesta Corte Superior. *[...] (Agravo Regimental no HC nº 910.468-PE, STJ, 6ª Turma, Rel. Min. Rogério Schietti Cruz, julgado em sessão virtual encerrada em 1º.7.2024, publicado no DJ em 3.7.2024)*

240.3. [...] 1. O Plenário desta Suprema Corte, no julgamento do RE 603.616-RG (Tema nº 280 da repercussão geral), fixou a tese de que "a entrada forçada em domicílio sem mandado judicial só é lícita, mesmo em período noturno, quando amparada em fundadas razões, devidamente justificadas a posteriori, que indiquem que dentro da casa ocorre situação de flagrante delito, sob pena de responsabilidade disciplinar, civil e penal do agente ou da autoridade e de nulidade dos atos praticados".

2. Na hipótese, a Corte de origem desconsiderou a existência de denúncia anônima e a fuga do investigado. Nessas circunstâncias, esta Suprema Corte tem entendido que estão presentes fundadas razões, devidamente justificadas a posteriori, que indicam que dentro da casa ocorria situação de flagrante delito. Precedentes. *[...] (Agravo Regimental no Recurso Extraordinário nº 1.448.151, STF, 1ª Turma, Rel. Min. Flávio Dino, sessão virtal de 3.5.2024 a 10.5.2024, publicado no DJ em 28.5.2024)*

240.3. [...] No que se refere à busca pessoal e veicular, não se vislumbra qualquer ilegalidade na atuação dos policiais, amparados que estão pelo Código de Processo Penal para abordar quem quer que esteja atuando de modo suspeito ou furtivo, como no caso, em que um dos agravantes desobedeceu ordem de paradas dos policiais, não havendo razão para manietar a atividade policial sem indícios de que a abordagem ocorreu por perseguição pessoal ou preconceito de raça ou classe social, motivos que, obviamente, conduziriam à nulidade da medida, o que não se verificou no caso. *[...] (Agravo Regimental no Habeas Corpus nº 876.282-MS, STJ, 5ª Turma, Rel. Min. Ribeiro Dantas, sessão virtual de 14.5.2024 a 20.5.2024, publicado no DJ em 23.5.2024)*

240.3. [...] 1. O alcance interpretativo do inciso XI, do artigo 5º da Constituição Federal foi definido pelo Supremo Tribunal Federal, na análise do RE 603.616/RO (Rel. Min. Gilmar Mendes, DJe de 10/5/2016, Tema 280 de Repercussão Geral), a partir, exatamente, das premissas da excepcionalidade e necessidade de eficácia total da garantia fundamental; tendo sido estabelecida a seguinte TESE: A entrada forçada em domicílio sem mandado judicial só é lícita, mesmo em período noturno, quando amparada em fundadas razões, devidamente justificadas a posteriori, que indiquem que dentro da casa ocorre situação de flagrante delito, sob pena de responsabilidade disciplinar, civil e penal do agente ou da autoridade, e de nulidade dos atos praticados.

2. A atitude suspeita dos acusados e a tentativa de fuga ao perceber a presença dos policiais, que se deslocaram até o local após o recebimento de denúncia anônima, evidenciam a existência de justa causa para o ingresso domiciliar, que resultou na apreensão de 612 (seiscentos e doze) pinos contendo cocaína; 04 (quatro) sacos contendo cocaína; 03 (três) pratos com cocaína; 03 (três) colheres; 01 (uma) tesoura; 01 (uma) balança de precisão; cerca de 4.000 (quatro mil) pinos comumente usados na endolação de entorpecentes e vários papéis pequenos contendo a sigla TCP, que, como destacado pelo Ministério Público, faz referência à facção criminosa Terceiro Comando Puro.

3. O entendimento adotado pelo SUPREMO TRIBUNAL FEDERAL impõe que os agentes estatais devem nortear suas ações, em tais casos, motivadamente e com base em elementos probató-

rios mínimos que indiquem a ocorrência de situação flagrante. A justa causa, portanto, não exige a certeza da ocorrência de delito, mas, sim, fundadas razões a respeito. [...] *(Segundo Agravo Regimental no Recurso Extraordinário nº 1.470.985, STF, 1ª Turma, Rel. Min. Cristiano Zanin, por maioria, sessão virtual final de 10.5.2024 a 17.5.2024, publicado no DJ em 24.5.2024)*

240.3. [...] Na hipótese, a Corte de origem desconsiderou a existência de denúncia anônima, a quantidade de drogas apreendidas na posse do investigado e o avistamento, pelos policiais, de drogas no interior da residência. Nessas circunstâncias, esta Suprema Corte tem entendido que estão presentes fundadas razões, devidamente justificadas a posteriori, que indicam que dentro da casa ocorria situação de flagrante delito. [...] Agravo interno conhecido e provido, para dar provimento ao recurso extraordinário e denegar a ordem de *habeas corpus. (Agravo Regimental no Recurso Extraordinário nº 1.447.080, STF, 1ª Turma, Rel. Min. Flávio Dino, sessão virtual de 26.4.2024 a 6.5.2024, publicado no DJ em 16.5.2024)*

240.3. [...] 1. Segundo o disposto no art. 244 do Código de Processo Penal, "A busca pessoal independerá de mandado, no caso de prisão ou quando houver fundada suspeita de que a pessoa esteja na posse de arma proibida ou de objetos ou papéis que constituam corpo de delito, ou quando a medida for determinada no curso de busca domiciliar".

2. Por ocasião do julgamento do RHC n. 158.580/BA (Rel. Ministro Rogerio Schietti, 6ª T, DJe 25/4/2022), a Sexta Turma desta Corte Superior de Justiça, à unanimidade, propôs criteriosa análise sobre a realização de buscas pessoais e apresentou como conclusões, no que interessa:

2.1. "Exige-se, em termos de standard probatório para busca pessoal ou veicular sem mandado judicial, a existência de fundada suspeita (justa causa) – baseada em um juízo de probabilidade, descrita com a maior precisão possível, aferida de modo objetivo e devidamente justificada pelos indícios e circunstâncias do caso concreto – de que o indivíduo esteja na posse de drogas, armas ou de outros objetos ou papéis que constituam corpo de delito, evidenciando-se a urgência de se executar a diligência" [...].

2.2. "Não satisfazem a exigência legal, por si sós, meras informações de fonte não identificada (e.g. denúncias anônimas) ou intuições/impressões subjetivas, intangíveis e não demonstráveis de maneira clara e concreta, baseadas, por exemplo, exclusivamente, no tirocínio policial".

3. A Corte Interamericana de Direitos Humanos, no caso Fernandez Prieto e Tumbeiro v. Argentina, ao tratar sobre a validade de buscas pessoais, assentou que, "ante a ausência de elementos objetivos, a classificação de determinada conduta ou aparência como suspeita, ou de certa reação ou expressão corporal como nervosa, obedece às convicções pessoais dos agentes intervenientes e as práticas dos próprios corpos de segurança, o que comporta um grau de arbitrariedade que é incompatível com o art. 7.3 da CADH". Em 11/4/2024, o Plenário do Supremo Tribunal Federal encampou essa compreensão quanto à necessidade de elementos objetivos para a busca, ao firmar a tese, no HC n. 208.240/SP, de que "A busca pessoal, independente de mandado judicial, deve estar fundada em elementos indiciários objetivos de que a pessoa esteja na posse de arma proibida, ou de objetos ou papeis que constituam corpo de delito, não sendo lícita a realização da medida com base na raça, sexo, orientação sexual, cor da pele, ou aparência física".

4. Não se desconsidera, por certo, que os agentes de segurança, em virtude da experiência adquirida durante anos no trabalho nas ruas, talvez possam ter uma certa "intuição" sobre algumas situações, da mesma forma que um magistrado com anos de carreira, em certos casos, eventualmente "sinta" quando algum réu ou testemunha está mentindo em um depoimento. Entretanto, do mesmo modo que o juiz não pode fundamentar uma decisão afirmando apenas ter "sentido" que o acusado ou testemunha mentiu em seu depoimento, também não se pode admitir que o policial adote medidas restritivas de direitos fundamentais com base somente na sua intuição ou impressão subjetiva.

[...] 6. O cerne da controvérsia em debate é saber se a conduta de fugir correndo repentinamente ao avistar uma guarnição policial preenche ou não o requisito de fundada suspeita de corpo de delito para uma busca pessoal em via pública, nos termos do art. 244 do CPP.

7. Não se ignora, naturalmente, que esta Corte vem rechaçando a validade de buscas domiciliares realizadas com base apenas no fato de o suspeito haver corrido para dentro de casa ao avistar uma guarnição policial. Também não se desconhece a recente decisão proferida sobre o tema pelo Plenário do Supremo Tribunal Federal no julgamento do HC n. 169.788/SP. É importante notar, porém, que, ao contrário do que noticiaram alguns veículos de informação, em-

bora a ordem de *habeas corpus* não haja sido concedida pela Suprema Corte, não houve maioria no colegiado para estabelecer a tese de que a fuga do suspeito para o interior da residência ao avistar a polícia justifica, por si só, o ingresso domiciliar. Assim, por imperativo de coerência, é necessário esclarecer o motivo pelo qual essa atitude, embora não justifique uma busca domiciliar sem mandado, pode justificar uma busca pessoal em via pública. Para isso, é preciso invocar a noção de *standards* probatórios, os quais devem seguir uma tendência progressiva, de acordo com a gravidade da medida a ser adotada.

8. Enquanto a proteção contra buscas pessoais arbitrárias está no Código de Processo Penal (art. 244) e decorre apenas indiretamente das proteções constitucionais à privacidade, à intimidade e à liberdade, a inviolabilidade do domicílio está prevista expressamente em diversos diplomas internacionais de proteção aos direitos humanos e na Constituição Federal, em inciso próprio do art. 5º, como cláusula pétrea, além de a afronta a essa garantia ser criminalizada nos arts. 22 da Lei n. 13.869/2019 e 150 do Código Penal. É bem verdade que buscas pessoais são invasivas e que algumas delas eventualmente podem ser quase tão constrangedoras quanto buscas domiciliares; no entanto, não há como negar a diferença jurídica de tratamento entre as medidas.

9. O art. 5º, XI, da Constituição Federal exige, para o ingresso domiciliar sem mandado judicial – ressalvadas as hipóteses de "prestar socorro" ou "desastre" –, a existência de flagrante delito, e o Supremo Tribunal Federal, no julgamento do Tema de Repercussão Geral n. 280, reputou necessário haver "fundadas razões" prévias quanto à existência de situação flagrancial no interior do imóvel. Assim, embora o STF não haja imposto um *standard* probatório de plena certeza, trata-se de uma exigência elevada quanto à provável existência de flagrante delito, diante da ressaltada dimensão que a proteção domiciliar ocupa e da interpretação restritiva que se deve atribuir às exceções a essa garantia fundamental. E, ao contrário do que se dá na busca pessoal, o direito à inviolabilidade do domicílio não protege apenas o alvo de uma atuação policial, mas todo o grupo de pessoas que residem ou se encontram no local da diligência.

10. Já no que concerne às buscas pessoais, apesar de evidentemente não poderem ser realizadas sem critério legítimo, o que a lei exige é a presença de fundada suspeita da posse de objeto que constitua corpo de delito, isto é, uma suspeição razoavelmente amparada em algo sólido, concreto e objetivo, que se diferencie da mera suspeita intuitiva e subjetiva.

11. É possível cogitar quatro motivos principais para que alguém empreenda fuga ao avistar uma guarnição policial: a) estar praticando crime naquele exato momento (flagrante delito); b) estar na posse de objeto que constitua corpo de delito (o que nem sempre representa uma situação flagrancial); c) estar em situação de descumprimento de alguma medida judicial (por exemplo, medida cautelar de recolhimento noturno, prisão domiciliar, mandado de prisão em aberto etc.) ou cometendo irregularidade administrativa (*v. g.* dirigir sem habilitação); d) ter medo de sofrer pessoalmente algum abuso por parte da polícia ou receio de ficar próximo a eventual tiroteio e ser atingido por bala perdida, sobretudo nas comunidades periféricas habitadas por grupos vulneráveis e marginalizados, em que a violência policial e as intensas trocas de tiros entre policiais e criminosos são dados presentes da realidade.

12. Com base nessas premissas, diante da considerável variabilidade de possíveis explicações para essa atitude, entende-se que fugir correndo repentinamente ao avistar uma guarnição policial não configura, por si só, flagrante delito, nem algo próximo disso para justificar que se excepcione a garantia constitucional da inviolabilidade domiciliar. Trata-se, todavia, de conduta intensa e marcante que consiste em fato objetivo – não meramente subjetivo ou intuitivo –, visível, controlável pelo Judiciário e que, embora possa ter outras explicações, no mínimo gera suspeita razoável, amparada em juízo de probabilidade, sobre a posse de objeto que constitua corpo de delito (conceito mais amplo do que situação de flagrante delito).

13. Ademais, também não se trata de mera "suspeita baseada no estado emocional ou na idoneidade ou não da reação ou forma de vestir" ou classificação subjetiva de "certa reação ou expressão corporal como nervosa", o que, segundo a decisão da Corte Interamericana de Direitos Humanos no caso Fernandez Prieto e Tumbeiro v. Argentina, é insuficiente para uma busca pessoal. Fugir correndo é mais do que uma mera reação sutil, como seria o caso, por exemplo, de: a) um simples olhar (ou desvio de olhar), b) levantar-se (ou sentar-se), c) andar (ou parar de andar), d) mudar a direção ou o passo, enfim, comportamentos naturais de qualquer pessoa que podem ser explicados por uma infinidade de razões, insuficientes, a depender do contexto, para classificar a pessoa que assim se comporta como suspeita. Essas reações corporais, isola-

damente, são assaz frágeis para embasar de maneira sólida uma suspeição; a fuga, porém, se distingue por representar atitude intensa, nítida e ostensiva, dificilmente confundível com uma mera reação corporal natural.

14. Não se deve ignorar, entretanto, a possibilidade de que se criem discursos ou narrativas dos fatos para legitimar a diligência policial. Daí, por conseguinte, a necessidade de ser exercido um "especial escrutínio" sobre o depoimento policial, na linha do que propôs o Ministro Gilmar Mendes por ocasião do julgamento do RE n. 603.616/RO (Tema de Repercussão Geral n. 280): "O policial pode invocar o próprio testemunho para justificar a medida. Claro que o ingresso forçado baseado em fatos presenciados pelo próprio policial que realiza a busca coloca o agente público em uma posição de grande poder e, por isso mesmo, deve merecer especial escrutínio".

15. Trata-se, portanto, de abandonar a cômoda e antiga prática de atribuir caráter quase que inquestionável a depoimentos prestados por testemunhas policiais, como se fossem absolutamente imunes à possibilidade de desviar-se da verdade; do contrário, deve-se submetê-los a cuidadosa análise de coerência – interna e externa –, verossimilhança e consonância com as demais provas dos autos.

16. Assim, à luz de todas essas ponderações, conclui-se que fugir correndo repentinamente ao avistar uma guarnição policial configura motivo idôneo para autorizar uma busca pessoal em via pública, mas a prova desse motivo, cujo ônus é do Estado, por ser usualmente amparada apenas na palavra dos policiais, deve ser submetida a especial escrutínio, o que implica rechaçar narrativas inverossímeis, incoerentes ou infirmadas por outros elementos dos autos.

17. O exame destes autos indica que o réu, ao avistar uma viatura policial que fazia patrulhamento de rotina na região dos fatos, correu, em fuga, para um terreno baldio, o que motivou a revista pessoal, na qual foram encontradas drogas. Diante das premissas estabelecidas neste voto e da ausência de elementos suficientes para infirmar ou desacreditar a versão policial, mostra-se configurada a fundada suspeita de posse de corpo de delito a autorizar a busca pessoal, nos termos do art. 244 do CPP.

18. Ordem denegada. *(Habeas Corpus nº 877.943-MS, STJ, 3ª Seção, Rel. Min. Rogerio Schietti Cruz, julgado em 18.4.2024, publicado no DJ em 15.5.2024)*

240.3. [...] A atitude suspeita do acusado e a fuga para o interior de sua residência ao perceber a presença dos policiais, que se deslocaram até a região após o recebimento de denúncia anônima acerca da prática delituosa, evidenciam a existência de justa causa para o ingresso domiciliar, que resultou na apreensão de "um revólver, marca Rossi, calibre 38, com numeração suprimida, e duas munições calibre 38 intactos". [...] *(Agravo Regimental no Recurso Extraordinário nº 1.459.386, STF, 1ª Turma, Rel. Min. Cristiano Zanin, por maioria, sessão virtual final de 15.3.2024 a 22.3.2024, publicado no DJ em 9.5.2024)*

240.3. [...] No caso, conforme destacado pelas instâncias ordinárias, o paciente foi abordado durante operação de rotina de fiscalização de trânsito promovida por policiais militares, com o intuito de averiguar a ocorrência de infrações administrativas de trânsito e crimes que supostamente ocorriam em rodovia no Estado de Minas Gerais. Com efeito, durante a apresentação de documentos pelo paciente, os agentes estatais visualizaram suposta carga encoberta por lençóis no banco traseiro do automóvel. Ao perguntar o que se tratava, o paciente teria dito que eram roupas, contudo foram encontrados cigarros de origem paraguaia, da marca "Madison Classic". No total, foram encontrados dentro do veículo 5.000 (cinco mil) maços de cigarros. Nesse panorama, apesar de estar com os documentos em ordem, o nervosismo do acusado (ciente de que se tratava de uma operação de fiscalização rotineira de trânsito) e o lençol ocultando os cigarros no banco traseiro fortaleceram a suspeita de que estaria na posse de elementos de corpo de delito. [...] Assim, inexiste ilegalidade na abordagem realizada pela polícia, pois a busca pessoal e veicular foi exercida dentre dos limites da atuação policial ostensiva e preventiva. [...] Nessa linha de intelecção, A Constituição que assegura o direito à intimidade, à ampla defesa, ao contraditório e à inviolabilidade do domicílio é a mesma que determina punição a criminosos e o dever do Estado de zelar pela segurança pública. O policiamento preventivo e ostensivo, próprio das Polícias Militares, a fim de salvaguardar a segurança pública, é dever constitucional *(RHC 229514 AgR, Relator(a): Gilmar Mendes, Segunda Turma, julgado em 02-10- 2023, Processo eletrônico, DJe-s/n Divulg 20-10-2023, PUBLIC 23-10-2023)*. [...] *(Agravo Regimental* *no Habeas Corpus nº 898.279-MG, STJ, 5ª Turma, Rel. Min. Reynaldo Soares da Fonseca, sessão virtual de 23.4.2024 a 29.4.2024, publicado no DJ em 2.5.2024)*

240.3. [...] 2. A denominada "busca pessoal por razões de segurança" ou "inspeção de segurança", ocorre rotineiramente em aeroportos, rodoviárias, prédios públicos, eventos festivos, ou seja, locais em que há grande circulação de pessoas e, em consequência, necessidade de zelar pela integridade física dos usuários, bem como pela segurança dos serviços e instalações.

3. Embora a inspeção de segurança também envolva restrição a direito fundamental e possa ser alvo de controle judicial a posteriori, a fim de averiguar a proporcionalidade da medida e a sua realização sem exposição vexatória, o principal ponto de distinção em relação à busca de natureza penal é a faculdade que o indivíduo tem de se sujeitar a ela ou não. Em outras palavras, há um aspecto de contratualidade, pois a recusa a se submeter à inspeção apenas irá obstar o acesso ao serviço ou transporte coletivo, funcionando como uma medida de segurança dissuasória da prática de ilícitos. Doutrina.

4. A título exemplificativo, destaco que a inspeção de segurança em aeroportos decorre de cumprimento de diretriz internacional, prevista no Anexo 17 da Convenção da Organização Internacional de Aviação Civil (OACI), da qual o Brasil é signatário. O Decreto n.º 11.195/22 regulamenta a questão e prevê expressamente que a inspeção de passageiros e bagagens é de responsabilidade do operador de aeródromo, sob supervisão da Polícia Federal (art. 81). Ou seja, delegase essa possibilidade ao agente privado, sendo a atuação policial também prevista, de forma subsidiária e complementar.

5. Nesse contexto, se a busca ou inspeção de segurança– em espaços e transporte coletivos – pode ser realizada por agentes privados incumbidos da segurança, com mais razão pode – e deve – ser realizada por agentes públicos que estejam atuando no mesmo contexto, sem prejuízo do controle judicial a posteriori acerca da proporcionalidade da medida, em ambos os casos.

6. O contexto que legitima a inspeção de segurança em espaços e meios de transporte de uso coletivo é absolutamente distinto daquele que ampara a realização da busca pessoal para fins penais, na qual há que se observar a necessária referibilidade da medida (fundada suspeita de posse de objetos ilícitos), conforme já muito bem tratado no referido RHC n.º 158.580/BA, da relatoria do Ministro Rogerio Schietti Cruz.

7. No caso concreto, policiais rodoviários federais, em fiscalização na Rodovia Castelo Branco, abordaram ônibus que fazia o trajeto de Dourados-MS para São Paulo-SP. A inspeção teve início a partir dos passageiros que se situavam no final do veículo, momento em que selecionaram para inspeção aleatória de bagagem a Paciente e o adolescente que viajava ao seu lado.

8. Os agentes públicos acrescentaram que a seleção se deu a partir de análise comportamental (nervosimo visível e troca de olhares entre um adolescente viajando sozinho e outra passageira que afirmou não conhecer). Afirmaram ainda que informaram à Paciente quanto ao direito de permanecer em silêncio e, em seguida, iniciaram a vistoria das bagagens, localizando cerca de 30kg de maconha, divididos em tabletes, tanto nos pertences da Paciente, como nos do adolescente que viajava ao seu lado, embalados da mesma forma.

9. Assim, forçoso concluir que a inspeção de segurança nas bagagens dos passageiros do ônibus, em fiscalização de rotina realizada pela Polícia Rodoviária Federal, teve natureza administrativa, ou seja, não se deu como busca pessoal de natureza processual penal e, portanto, prescindiria de fundada suspeita. Dito de outro modo, se a bagagem dos passageiros poderia ser submetida à inspeção aleatória na rodoviária ou em um aeroporto, passando por um raio-X ou inspeção manual detalhada, sem qualquer prévia indicação de suspeita, por exemplo, não há razão para questionar a legalidade da vistoria feita pelos policiais rodoviários federais, que atuaram no contexto fático de típica inspeção de segurança em transporte coletivo. [...] *(Habeas Corpus nº 625.274-SP, STJ, 5ª Turma, Rel. Min. Laurita Vaz, julgado em 17.10.2023)*

240.3. [...] O acórdão recorrido diverge da jurisprudência das Quinta e Sexta turmas do STJ, pois, nestes casos de desvios de repasse de verbas federais "fundo a fundo", atrai-se a competência da Justiça Federal. No caso, identificada a transferência "fundo a fundo" de verba federal no âmbito do Sistema Único de Saúde, necessário o acolhimento do pleito preliminar de incompetência da Justiça Estadual. *[...] (Agravo Regimental no Agravo Regimental no Recurso Especial nº 1.828.858-SP, STJ, 5ª Turma, Rel. Min. Joel Ilan Paciornik, sessão virtual de 12.3.2024 a 18.3.2024, publicado no DJ em 20.3.2024)*

240.3. [...] 1. A jurisprudência desta Corte é pacifica no sentido de que a guarda municipal não tem atribuição de atividades ostensivas típicas de polícia militar ou investigativas de polícia civil, mas tão somente de proteção do patrimônio municipal, nele incluídos os seus bens, serviços e instalações. Precedentes. De outra parte, tem admitido a realização de busca pessoal e a prisão em flagrante, tendo em vista a autorização constante nos artigos 240, § 2º, 244 e 301 do Código de Processo Penal CPP.

2. Entretanto, no caso, os guardas municipais atuaram como polícia investigativa e ostensiva, em flagrante desrespeito as suas atribuições constitucionais, uma vez que, ao se aproximarem do recorrente, o abordaram simplesmente com base nas características mencionadas pelo pedestre, sem constatar qualquer estado de flagrância que os autorizasse.

3. Tendo em vista que a situação de flagrante delito só foi constatada após a realização de diligências ostensivas e investigativas típicas da atividade policial e completamente alheias às atribuições da guarda municipal, o reconhecimento da ilicitude das provas colhidas com base nessas medidas e todas as que dela derivaram é medida que se impõe. [...] *(Agravo Regimental no Recurso Especial nº 2.084.923-PR, STJ, 5ª Turma, Rel. Min. Joel Ilan Paciornik, sessão virtual de 28.11.2023 a 04.12.2023, publicado no DJ em 12.12.2023)*

240.4. Busca em veículos, aeronaves etc.: Não se considera busca domiciliar aquela realizada em veículos automotores e nem em outros bens de natureza diversa, como navios e aeronaves.

Nesses espaços, nos quais se exercem também direitos individuais de privacidade e de intimidade, não é reconhecido o *status* de domicílio, como se verá logo adiante, diante das características específicas de cada um.

No entanto, poderá ocorrer que a pessoa se utilize de alguns desses bens como sua *residência,* com ânimo permanente. Evidentemente, estamos a nos referir àqueles bens cuja natureza (*traillers, embarcações* etc.) seja compatível com tais circunstâncias (moradia ou ocupação diária etc.), e que estejam ali imobilizados, ou, pelo menos, em situação de regular permanência (onde pode ser encontrada a pessoa – art. 33, Código Civil).

A distinção entre *moradia* e seus equivalentes legais (lugar onde trabalha regularmente) e os veículos e bens antes mencionados se encontra no fato, de todo relevante, da imobilização com ânimo definitivo, inerentes aos primeiros.

Jurisprudência

240.4. [...] [...] 1. A busca veicular, que é equiparada à busca pessoal, de acordo com o § 2.º do art. 240 do Código de Processo Penal, somente pode ser realizada quando houver fundada suspeita de que a pessoa oculte consigo arma proibida ou objetos mencionados nas alíneas *"b"* a *"f"* e *"h"* do § 1.º do citado dispositivo.

2. O art. 244, por sua vez, prevê que a busca pessoal independerá de mandado prévio se for determinada incidentalmente no curso de prisão ou de busca domiciliar, ou, ainda, como medida autônoma, se houver fundada suspeita de que a pessoa esteja na posse de arma proibida ou de objetos ou papéis que constituam corpo de delito.

3. A Corte de origem ressaltou que a revista veicular foi precedida de fundada suspeita da prática do crime de tráfico de drogas, tendo em vista as informações prévias que, ao longo de seis meses, indicaram especificamente o veículo e os agentes envolvidos na prática do crime de tráfico de drogas. Dessa forma, os elementos fáticos consignados são legítimos para fins de busca pessoal. [...] *(Agravo Regimental no Recurso em Habeas Corpus nº 168.721 – SC, STJ, 6ª Turma, Rel. Min. Laurita Vaz, julgado em 14.9.2022, publicado no DJ em 27.9.2022)*

240.5. Busca e apreensão domiciliar: Segundo o Código Civil, o domicílio (civil) da pessoa (natural) é o lugar onde ela estabelece a sua residência com ânimo definitivo.

Atento às particularidades do Direito Penal e, então, do Processo Penal, o art. 246, CPP, amplia justificadamente o conceito, para abranger o compartimento habitado ou o aposento ocupado de habitação coletiva ou o compartimento não aberto ao público, onde alguém exercer profissão ou atividade. Todos são considerados domicílios, fechando-se, por isso mesmo, às regras da inviolabilidade domiciliar.

De início, tem-se a imprescindibilidade de ordem judicial para a busca e apreensão domiciliares. E a inviolabilidade do domicílio, como ainda veremos, inclui-se nas chamadas *reservas de jurisdição*, segundo e pelas quais somente a autoridade judiciária poderia determinar o afastamento de determinadas *franquias* (inviolabilidades) pessoais, juntando-se a: (a) ordem de prisão, salvo o flagrante; e (b) interceptação telefônica. Nem às Comissões Parlamentares de Inquérito é permitido o acesso a tais garantias constitucionais.

A extensão do domicílio ao compartimento habitado e outras moradias, além de locais não abertos ao público no qual exerce a pessoa sua profissão ou atividade, há que ser entendida como um reforço de proteção à intimidade e à privacidade, igualmente exercitadas e merecedoras de tutela em locais não incluídos no rígido conceito de *residência* e domicílio.

Há se destacar que, com o advento da Lei nº 13.869, de 2019, dispondo sobre os denominados "crimes de abuso de autoridade", previu-se no art. 22, § 1º, III, que se aplicam as mesmas penas do *caput ("Invadir ou adentrar, clandestina ou astuciosamente, ou à revelia da vontade do ocupante, imóvel alheio ou suas dependências, ou nele permanecer nas mesmas condições, sem determinação judicial ou fora das condições estabelecidas em lei")* para quem cumprir *"mandado de busca e apreensão domiciliar após as 21h (vinte e uma horas) ou antes das 5h (cinco horas)"*.

Há um marco legal expressamente definido como aquele possível para a execução de buscas e apreensões (fora das exceções constitucionais e legais, como aquela prevista no próprio § 2º do art. 22).

Compreendemos que o marco temporal é referente ao *início* antes das 5h (manhã) ou das 21h (noite), sendo plenamente possível que uma medida que iniciar dentro desse interregno – se for o caso, necessário e devidamente justificado – possa se estender para além do limite máximo previsto em lei. A proibição legal fica bem clara que é para o início da execução, não para seu término (vide anotações no item 283.7).

Observe-se, por fim, que as providências reclamadas e assim justificadoras da busca e da apreensão domiciliar são mais amplas que a busca pessoal. E nem poderia ser diferente, já que estas (as *pessoais*) prescindem de ordem judicial.

Já veremos maiores detalhes sobre a diligência.

Jurisprudência

240.5 [....] A inviolabilidade domiciliar não se aplica a imóveis abandonados ou utilizados exclusivamente para o tráfico de drogas. A jurisprudência desta Corte é firme no sentido de que a proteção constitucional da inviolabilidade do domicílio depende de sua utilização como moradia (AgRg no HC 873670/AL, Rel. Min. Reynaldo Soares da Fonseca, Quinta Turma, DJe de 26/02/2024). No caso, o réu negou vínculo com o imóvel, que se tratava de casa abandonada usada por traficantes, afastando a incidência do art. 240, § 1º, do CPP. [...] *(Habeas Corpus nº 882.236-RJ, STJ, 5ª Turma, Rel. Min. Daniela Teixeira, julgado em 14.11.2024, publicado no DJ em 19.11.2024)*

240.5 [...] 1. A inviolabilidade domiciliar constitui uma das mais antigas e importantes garantias individuais de uma Sociedade civilizada pois engloba a tutela da intimidade, da vida privada, da honra, bem como a proteção individual e familiar do sossego e tranquilidade, que não podem ceder salvo excepcionalmente à persecução penal do Estado.

2. Os direitos à intimidade e à vida privada consubstanciados em bens, pertences e documentos pessoais existentes dentro de "casa" garantem uma salvaguarda ao espaço íntimo intransponí vel por intromissões ilícitas externas, e contra flagrantes arbitrariedades.

3. Excepcionalmente, porém, a Constituição Federal estabelece específica e restritamente as hipóteses possíveis de violabilidade domiciliar, para que a casa não se transforme em garantia de impunidade de crimes, que em seu interior se pratiquem ou se pretendam ocultar. Dessa maneira, nos termos do já citado inciso XI, do artigo 5º da Constituição Federal, a casa é o asilo inviolável do indivíduo, ninguém nela podendo penetrar sem consentimento do morador, salvo em caso de flagrante delito ou desastre, ou para prestar socorro, ou, ainda, durante o dia, por determinação judicial.

4. O alcance interpretativo do inciso XI, do artigo 5º da Constituição Federal foi definido pelo Supremo Tribunal Federal, na análise do RE 603.616/RO (Rel. Min. Gilmar mendes, DJe de 10/5/2016, Tema 280 de Repercussão Geral), a partir, exatamente, das premissas da excepcionalidade e necessidade de eficácia total da garantia fundamental; tendo sido estabelecida a seguinte TESE: A entrada forçada em domicílio sem mandado judicial só é lícita, mesmo em período noturno, quando amparada em fundadas razões, devidamente justificadas a posteriori, que indiquem que dentro da casa ocorre situação de flagrante delito, sob pena de responsabilidade disciplinar, civil e penal do agente ou da autoridade, e de nulidade dos atos praticados.

5. Ocorre, entretanto, que o Tribunal de origem, no caso concreto ora sob análise, após aplicar o Tema 280 de Repercussão Geral dessa Suprema Corte, foi mais longe, alegando que não obstante os agentes de segurança pública tenham recebido denúncia anônima acerca do tráfico de drogas no local e o suspeito tenha empreendido fuga para dentro do imóvel ao perceber a presença dos policiais, tais fatos não constituiriam fundamentos hábeis a permitir o ingresso no domicílio do acusado, haja vista que não houve nenhuma diligência investigatória prévia apta a evidenciar elementos mais robustos da ocorrência do tráfico naquele endereço.

6. Nesse ponto, não agiu com o costumeiro acerto o Tribunal de origem, pois acrescentou requisitos inexistentes no inciso XI, do artigo 5º da Constituição Federal, desrespeitando, dessa maneira, os parâmetros definidos no Tema 280 de Repercussão Geral por essa Suprema Corte [...] *(Agravo Regimental no Recurso Extraordinário nº 1.447.374, STF, 1ª Turma, Rel. Min. Alexandre de Moraes, sessão virtual de 22.9.2023 a 29.9.2023, publicado no DJ em 9.10.2023)*

240.5. [...] A teoria do juízo aparente surgiu como fundamento para validar medidas cautelares autorizadas por Juízo aparentemente competente que, em momento posterior, fora declarado incompetente. Aplicabilidade que não é limitada às hipóteses de incompetência ratione materiae. Validade das provas decorrentes de busca e apreensão deferidas pelo juízo de primeiro grau, na 2ª fase da operação, em contexto de destacada incerteza quanto à competência. [...] *(Agravo Regimental no Agravo Regimental na Reclamação nº 42.804-DF, STJ, Corte Especial, Rel. Min. Raul Araújo, julgado em 16.8.2023, publicado no DJ em 30.8.2023)*

240.5. [...] 1. Nos termos do art. 240, § 1º, "d", do Código de Processo Penal, a ordem judicial que autorizar a realização de busca domiciliar deverá estar amparada em fundadas razões aptas a justificar a apreensão de armas e munições, instrumentos utilizados na prática de crime ou destinados a fim delituoso. 2. A jurisprudência desta Corte tem se orientado no sentido de que elementos que não têm força probatória em juízo não servem para justificar o ingresso forçado em domicílio. Nessa linha de entendimento, também a ordem judicial que autoriza a busca e apreensão deve se amparar em elementos mínimos de prova que apontem para a existência de autoria e materialidade de delito. [...] [...] *(Agravo Regimental no Agravo Regimental no RHC nº 140.716/RS, STJ, 5ª Turma, unânime, Rel. Min. Reynaldo Soares da Fonseca, julgado em 14.9.2021, publicado no DJ em 20.9.2021)*

240.5. [...] Busca e apreensão realizada nas dependências do Senado Federal. Medida autorizada pelo juízo de primeiro grau. Ausência de automática e necessária usurpação da competência do Supremo Tribunal Federal. Supervisão de apuração tendente a elucidar condutas potencialmente atribuídas a congressistas no exercício da função parlamentar. Vulneração à competência desta Corte. Higidez das provas repetíveis ou que dispensam prévia autorização judicial. [...] 1. A competência penal originária do Supremo Tribunal Federal, inclusive no que toca à etapa investigatória, encontra-se taxativamente elencada nas regras de direito estrito estabelecidas no art. 102 da CRFB, razão pela qual não permite alargamento pela via interpretativa. 2. Inexistente previsão constitucional em direção diversa, não há como se acolher a pretensão no sentido de que seria necessariamente do Supremo Tribunal Federal a competência para apreciar pedido de busca e apreensão a ser cumprida nas dependências de Casas Legislativas. Isso porque, conforme se extrai do art. 102, CRFB, não se elegeu o local da realização de diligências, ou seja, o critério espacial, como fator de determinação de competência desta Corte. 3. As imunidades parlamentares visam a salvaguardar a independência do exercício dos respectivos mandatos congressuais, de modo que não são passíveis de extensão em favor de outros agentes públicos ou funções alheias às estritas atividades parlamentares. Por essa razão, não há impedimento normativo de que integrantes de Polícia Legislativa sejam diretamente investigados em primeiro grau, na medida em que referidas funções públicas não se inserem no rol taxativo a legitimar a competência penal originária desta Suprema Corte. 4. *Eventuais interferências entre os Poderes constituídos ou condicionamentos da atividade jurisdicional, como a exigência de participação de outros órgãos na realização de determinadas diligências, devem decorrer de previsão constitucional, descabendo adotar mecanismo de freio e contrapeso não disciplinado, expressa ou implicitamente, pela própria Constituição da República.* 5. A jurisprudência desta Suprema Corte firmou-se no sentido de que a competência penal constitucionalmente estabelecida alcança também a fase investigatória. Assim, se inexistir indicativo de competência do Supremo Tribunal Federal para processar e julgar eventual ação penal, não há razão para que a Suprema Corte aprecie medida de cunho preparatório e acessório.6. Em sede de reclamação, a alegação de usurpação da competência do STF em razão da investigação, em primeiro grau, de agentes detentores de foro nesta Suprema Corte, deve ser demonstrada sem exigir o reexame de matéria fático-probatória. Para a configuração dessas circunstâncias, são insuficientes a possibilidade abstrata de envolvimento de parlamentares, bem como simples menções a nomes de congressistas. 7. Caso concreto em que, segundo decisões judiciais anteriormente proferidas pelo Juízo reclamado, a confirmação das hipóteses investigatórias poderia levar a identificação de parlamentares que, em tese, teriam comandado os atos objeto de apuração, cenário, a um só tempo, a denotar a usurpação da competência desta Suprema Corte e afastar a alegação de incidência da Teoria do Juízo Aparente. 8. A irregularidade atinente à competência para supervisão das investigações não infirma a validade de quaisquer elementos probatórios não sujeitos à cláusula de reserva de jurisdição e que, bem por isso, dispensam, para sua produção ou colheita, prévia autorização judicial. 9. As interceptações telefônicas, por sua vez, sujeitas a perecimento por excelência, bem como a quebra de sigilo telefônico deferida com base nesses diálogos captados, *são declaradas ilícitas em relação aos detentores de prerrogativa de foro nesta Corte, providência que não se estende aos demais investigados.* 10. O Tribunal Pleno, por maioria, acolheu o pedido cautelar formulado pela Procuradoria-Geral da República para o fim de não desconstituir a busca e apreensão realizada, resguardando-se o exame exauriente da validade de eventuais provas decorrentes da medida para momento oportuno, após avaliação do material arrecadado pelos órgãos de persecução. 11. Pedido julgado parcialmente procedente *(Reclamação nº 25.537, STF, Plenário, parcial procedência, Rel. Min. Edson Fachin, julgado em 26.6.2019, publicado no DJ em 11.3.2020).*

240.5. [...] Inquérito envolvendo Deputado Federal. Diligência investigatória nas dependências da Câmara sem prévia autorização da Mesa Diretora. [...] Não ofende os princípios da separação e da harmonia entre os Poderes do Estado a decisão do Supremo Tribunal Federal que, em inquérito destinado a apurar ilícitos penais envolvendo deputado federal, determinou, sem prévia autorização da Mesa Diretora da Câmara dos Deputados, a coleta de dados telemáticos nas dependências dessa Casa Legislativa. Além de não haver determinação constitucional nesse sentido, a prévia autorização poderia, no caso, comprometer a eficácia da medida cautelar pela especial circunstância de o Presidente da Câmara, à época, estar ele próprio sendo investigado perante a Suprema Corte. [...] (*Agravo Regimental na Ação Cautelar nº 4.005, STF, Plenário, unânime, Rel. Min. Teori Zavascki, julgado em 2.6.2016, publicado no DJ em 2.8.2016*).

240.5. [...] 1. O mandado de busca domiciliar deve compreender todas as acessões existentes no imóvel alvo da busca, sob pena de se frustrarem seus fins. 2. É admissível a apreensão de bens em poder de terceiro, morador do mesmo imóvel em que reside o investigado, quando interessarem às investigações, máxime diante de indícios de um liame entre ambos. 3. É inexigível a discriminação, no mandado de busca, de todos os bens a serem apreendidos, uma vez que dele constava a determinação para "apreender coisas achadas ou obtidas por meios criminosos", "descobrir objetos necessários à prova da infração ou à defesa do réu" e "colher qualquer elemento de convicção" (art. 240, § 1°, *b*, *e* e *h*, do Código de Processo Penal). 4. Dada a impossibilidade de indicação, *ex ante*, de todos os bens passíveis de apreensão no local da busca, é mister conferir-se certa discricionariedade, no momento da diligência, à autoridade policial. [...] (*Agravo Regimental na Petição n° 5.173-DF, STF, 1ª Turma, Rel. Min. Dias Tóffoli, julgado em 30.9.2014, publicado em 14.11.2014*).

240.5. [...] Busca e apreensão. Nulidade. Ausência de mandado judicial. Inocorrência. Acesso autorizado. [...] Da análise dos autos é possível verificar que a autoridade policial, após o recebimento de denúncia anônima noticiando a suposta prática de crime de pedofilia, dirigiu-se ao local indicado – endereço onde residia o recorrente – e lá teve o acesso autorizado pelo recorrente, não havendo falar em violação de domicílio e ilegalidade na apreensão dos elementos de prova que embasaram a condenação.[...] Recurso ordinário ao qual se nega provimento (*Recurso Ordinário em Habeas Corpus n° 109.979-DF, STF, 2ª Turma, Rel. Min. Ricardo Lewandowski, julgado em 1°.10.2014, publicado no* DJ *em 3.10.2014*).

240.5. [...] 1. "*Ainda que com reservas, a denúncia anônima é admitida em nosso ordenamento jurídico, sendo considerada apta a deflagrar procedimentos de averiguação conforme contenham ou não elementos informativos idôneos suficientes, e desde que observadas as devidas cautelas no que diz respeito à identidade do investigado*" (HC 83.830/PR, 5ª Turma, Rel. Min. Laurita Vaz, *DJe* de 9.3.2009). 2. Não há nulidade quando, ao receber uma notícia anônima, o membro do Ministério Público, em observância aos preceitos legais, solicita à Autoridade Policial a realização de investigações preliminares a fim de averiguar os fatos narrados e, após evidenciada a verossimilhança da narrativa, requer ao Juízo competente a expedição de mandado de busca e apreensão. 3. No caso dos autos, entretanto, como o Juízo monocrático deferiu a medida cautelar amparando--se unicamente na notícia anônima apresentada, revela-se nulo o procedimento adotado, impondo, por conseguinte, o desentranhamento das provas dele decorrentes. Precedentes. *4. Recurso ordinário provido para determinar o desentranhamento dos autos das provas decorrentes do mandado de busca e apreensão autorizado com base unicamente em denúncia anônima* (*Recurso em Habeas Corpus n° 29.447/MG, STJ, 5ª Rel. Min. Laurita Vaz, unânime, julgado em 25.9.2012, publicado no* DJ *em 3.10.2012*).

240.5. [...] Três são as questões de direito tratadas neste *writ*, consoante as teses expostas pelos impetrantes na petição inicial: a) invalidade do processo em razão das provas ilícitas (buscas domiciliares ilegais); [...] A representação de busca domiciliar se baseou em fundadas razões que autorizavam a apreensão de armas e munições, instrumentos utilizados para a prática de crime ou destinados a fim delituoso, a apreensão de documentos considerados elementos de convicção (CPP, art. 240, § 1°, *d* e *h*). Não houve medida de busca e apreensão provocada tão somente por denúncia anônima, diversamente do que sustentam os impetrantes, mas baseada em elementos de convicção colhidos durante inquérito policial instaurado pela autoridade policial. Legitimidade, legalidade e regularidade das buscas domiciliares levadas a efeito no caso, baseadas em elementos de convicção suficientes a ensejar a aplicação do art. 240, do Código de Processo Penal. O juiz de direito encampou totalmente os motivos apontados pelo delegado de polícia para fundamentar a decisão deferitória da busca. Contudo, ainda que não fosse por tal motivo – e eventualmente admitindo-se possível omissão de formalidade que constitua elemento essencial do ato nas buscas domiciliares (CPP, art. 564, IV), não houve arguição da alegada nulidade em tempo oportuno (CPP, arts. 571, II, e 572, I), ocasionando a preclusão. [...] *Habeas corpus* denegado (*Habeas Corpus n° 91.350, STF, 2ª Turma, Rel. Min. Ellen Gracie, julgado em 17.6.2008, publicado no* DJ *em 29.8.2008*).

240.6. Poderes investigatórios das CPI: Tem-se no art. 58, § 3°, da Constituição da República, que as Comissões Parlamentares de Inquérito terão *poderes de investigação* próprios das autoridades judiciais. De imediato, uma impropriedade: as autoridades judiciárias não têm poderes de investigação, dado que não atuam na correspondente fase (de investigação). Têm elas, sim, iniciativa probatória *no processo*.

Feitas tais considerações, aduz-se, então, que as CPIs sofrem limitações unicamente no texto constitucional. É dizer: quando, na própria Constituição (que distribui os poderes das CPIs), se faz ressalva quanto à necessidade de autorização *judicial*, é de se entender que semelhante ressalva deve se estender a todas as demais normas, incluindo as atividades das citadas Comissões Parlamentares de Inquérito: são as chamadas *cláusulas de reserva da jurisdição*, as quais, aliás, já nos reportamos em outra oportunidade (art. 157, CPP).

E, por isso, não podem as aludidas Comissões determinar a busca e a apreensão domiciliar, do mesmo modo que lhes é vedada a expedição de mandado de prisão e de autorização para interceptação telefônica (art. 5º, X, XII e LXI, CF).

Nesses casos, terão que recorrer ao Poder Judiciário.

240.7. Escritórios de advocacia: A Lei nº 11.767/08 alterou a Lei nº 8.906/94, garantindo a "inviolabilidade de seu escritório ou local de trabalho, bem como de seus instrumentos de trabalho, de sua correspondência escrita, eletrônica, telefônica e telemática, *desde que relativas ao exercício da advocacia*" (art. 7º, II).

O advogado, sabemos todos, é indispensável à administração da justiça (art. 133, CF).

Por isso, deve-se mesmo garantir a sua livre e independente atuação profissional.

Na verdade, os cuidados com a profissão do advogado – maiores do que com as demais – se justifica plenamente, na medida em que esse profissional lida no seu cotidiano com a persecução penal. Assim, e como ele se insere no sistema geral da ampla defesa, deve a Lei resguardá-lo contra ingerências que podem terminar por violar, não só o advogado, mas, e sobretudo, o exercício da ampla defesa que a Constituição comete a ele no processo penal.

No entanto, nada impedirá a busca e apreensão também em escritórios de advocacia, desde que, e somente se, cuide de fundada suspeita de se encontrar ele na posse de elemento de corpo de delito (instrumentos e/ou armas usadas no crime – art. 243, CPP) e quando for ele próprio o investigado, como suposto autor de delitos.

Por tudo que já se disse, os cuidados quanto à suspeita de se encontrar ele na posse de instrumentos ou armas utilizados no crime (corpo de delito e seus elementos), em se tratando de advogado, devem ser muito maiores. É que a rotina profissional do advogado exige que ele esteja na posse de documentos que interessam à defesa – e somente a ela. Então, não soa cabível pretender-se, a pretexto de se buscarem elementos de corpo de delito de crime, promover devassa no escritório do advogado. Há informações, documentos e papéis que *não constituem elemento de corpo de delito* e não devem ser vasculhados pelos órgãos públicos da persecução penal, sob pena de fragilização indevida e perigosa da atuação defensiva. Coisa diferente seria o comportamento tendente a esconder as *provas da acusação*, cujo acesso há de ser garantido, sob o controle judicial.

Supervenientes previsões inseridas no art. 7º do Estatuto da Advocacia pela Lei nº 14.365/2022 merecem algumas considerações.

Em primeiro lugar, o § 6º, que passou prever o que a jurisprudência já reconhecia (e em consonância com o que já sustentávamos acima): em caso de eventual participação de advogado na prática de algum crime, é possível a quebra da inviolabilidade prevista no inciso II do art. 7º. O mandado de busca (que sempre deve ser excepcional, art. 7º, § 6º-A, da Lei nº 8.906/94) deve ser cumprido na presença de representante indicado pela própria Ordem dos Advogados do Brasil (observada sempre a garantia expressa do § 6º-C), deixando-se expresso ainda que não podem ser apreendidos ou utilizados os documentos, mídias ou objetos que pertençam a clientes do advogado, bem assim dos demais instrumentos que contenham informações a respeito desses clientes.

Esse dispositivo deixa bem clara a distinção no cabimento da busca e apreensão apenas de provas ou elementos que digam respeito à eventual participação do advogado na senda criminosa, reservando-se o sigilo de tudo que ele possua em relação a *clientes dele* e, obviamente, não envolvidos nos fatos que são objeto de busca.

O § 6º-B do art. 7º proíbe que sejam determinadas buscas com base exclusivamente em elementos produzidos em declarações de colaboração premiada, sem corroboração de outros meios de prova. Essa previsão guarda similitude com o disposto no inciso I do § 16 do art. 4º da Lei nº 12.850/2013 (com a redação conferida pela Lei nº 13.964/2019).

Outra preocupação relevante foi inserida no § 6º-D, em caso de apreensão de grande quantidade de material ou dada a sua natureza. É que, em casos de eventual inviabilidade técnica de segregação da documentação, mídia ou objetos não relacionados à investigação, deve-se adotar procedimento para garantir a cadeia de custódia e o sigilo dessas informações. Noutras palavras, o eventual encontro fortuito de outros elementos de prova no cumprimento do mandado e não relacionados com os fatos investigados, mas com o exercício das próprias funções em favor de seus clientes não poderão ser utilizados em hipótese alguma, devendo-se garantir o sigilo de seus conteúdos.

Essa preservação de informações foi reforçada pelo § 6º-F do art. 7º, em que se garantiu expressamente o direito ao acompanhamento por representante da Ordem dos Advogados do Brasil e pelo próprio investigado quando da análise desses documentos e dispositivos pertencentes ao advogado. Nessa hipótese, é obrigação da autoridade responsável informar, com antecedência mínima de 24 horas, à seccional respectiva, a data, horário e o local em que serão analisados os documentos e equipamentos apreendidos (§ 6º-G do art. 7º). Ressalva-se esse prazo em casos de urgência, hipótese em que deverá o juiz fundamentar a não observância desse prazo (§ 6º-H do art. 7º).

Jurisprudência

240.7.5. [...] A Corte Especial do STJ assentou que a inviolabilidade prevista no art. 7º, II, da Lei n. 8.906/1994 não se presta para afastar da persecução penal a prática de delitos pessoais pelos advogados. Trata-se de garantia voltada ao exercício da advocacia e protege o munus constitucional exercido pelo profissional em relação a seus clientes, criminosos ou não, mas que não devem servir de blindagem para a prática de crimes pelo próprio advogado, em concurso ou não com seus supostos clientes (APn 940/DF, Rel. Ministro OG FERNANDES, Corte Especial, julgado em 6/5/2020, DJe 13/5/2020). Precedentes. [...] *(Agravo Regimental no Agravo em Recurso Especial nº 2.121.001–SP, STJ, 5ª Turma, Rel. Min. Reynaldo Soares da Fonseca, julgado em 13.9.2022, publicado no DJ em 19.9.2022)*

240.7.5. [...] A inviolabilidade garantida pelo art. 7º, II, da Lei n. 8.906/1994, é mitigada, quando o próprio advogado é o suspeito do crime, porquanto o sigilo profissional se presta a assegurar o exercício do direito de defesa, contudo não tem como vocação a salvaguarda de atos delitivos. Precedentes. [...] *(RHC nº 150.509-MG, STJ, 6ª Turma, Rel. Min. Rogério Schietti Cruz, julgado em 21.6.2022, publicado no DJ em 27.6.2022)*

240.7.5. [...] "A inviolabilidade prevista no art. 7º, II, da Lei n. 8.906/1994 não se presta para afastar da persecução penal a prática de delitos pessoais pelos advogados. Trata-se de garantia voltada ao exercício da advocacia e protege o *munus* constitucional exercido pelo profissional em relação a seus clientes, criminosos ou não, mas que não devem servir de blindagem para a prática de crimes pelo próprio advogado, em concurso ou não com seus supostos clientes." (APn 940/DF, Rel. Ministro Og Fernandes, Corte Especial, julgado em 6/5/2020, DJe

13/5/2020). 6. Na hipótese, trata-se da imputação da prática de crimes de corrupção passiva e ativa e organização criminosa na estrutura da Federação das Empresas de Transportes de Passageiros do Estado do Rio de Janeiro ‑ Fetranspor ‑, com o envolvimento de servidores da Receita Federal do Brasil, advogados e empresários. O alvo inicial e principal da investigação, assim, é a referida empresa, tendo sido determinada a apreensão de toda documentação relacionada a ela, razão pela qual não se constatou ofensa às prerrogativas da advocacia relacionadas à inviolabilidade do local e instrumentos de trabalho ou ao sigilo profissional. [...] *(Agravo Regimental no RMS nº 66.271-RJ, STJ, 5ª Turma, Rel. Min. Ribeiro Dantas, julgado em 19.10.2021, publicado no DJ em 27.10.2021)*

240.7. [...] 2. A proteção do art. 7º, II e § 6º, da Lei 8.906/94, se dá em favor da atividade da advocacia e do sigilo na relação com o cliente – não como obstáculo à investigação de crimes pessoais – e estará sempre relacionada ao exercício da advocacia, como compreendeu o Supremo Tribunal Federal na ADI 1.127. 3. Suficiente à delimitação da busca e apreensão é a determinação de que deveriam ser apreendidos os materiais que *pudessem guardar relação estrita com aqueles fatos, e que todo e qualquer material apreendido que se revele desconectado dos fatos em apuração deverá ser imediatamente restituído a parte*. Precedentes. [...] *(Agravo Regimental no Habeas Corpus nº 537.017-RS, STJ, 6ª Turma, unânime, Rel. Min. Nefi Cordeiro, julgado em 17.12.2019, publicado no DJ em 3.2.2020).*

240.7. [...] O sigilo profissional constitucionalmente determinado não exclui a possibilidade de cumprimento de mandado de busca e apreensão em escritório de advocacia. Local de trabalho do advogado, desde que este seja investigado, pode ser alvo de busca e apreensão, observando-se os limites impostos pela autoridade judicial. Tratando-se de local onde existem documentos que dizem respeito a outros sujeitos não investigados, é indispensável a especificação do âmbito de abrangência da medida, que não poderá ser executada sobre a esfera de direitos de não investigados. Equívoco quanto à indicação do escritório profissional do paciente, como seu endereço residencial, deve ser prontamente comunicado ao magistrado para adequação da ordem em relação às cautelas necessárias, sob pena de tornar nulas as provas oriundas da medida e todas as outras exclusivamente delas decorrentes. Ordem concedida para declarar a nulidade das provas oriundas da busca e apreensão no escritório de advocacia do paciente, devendo o material colhido ser desentranhado dos autos do Inq 544 em curso no STJ e devolvido ao paciente, sem que tais provas, bem assim quaisquer das informações oriundas da execução da medida, possam ser usadas em relação ao paciente ou a qualquer outro investigado, nesta ou em outra investigação (*Habeas Corpus nº 91.610, STF, 2ª Turma, Rel. Min. Gilmar Mendes, julgado em 8.6.2010, publicado no DJ em 22.10.2010).*

240.8. Buscas e apreensões em fiscalizações nos ingressos de visitantes a estabelecimentos prisionais. No item 240.3, tecemos algumas considerações sobre fiscalizações em locais que demanda observação de normas de segurança (como aeroportos), bem assim fiscalizações de rotina realizadas em estradas e rodovias (verificação de cargas, ônibus e veículos que transportam passageiros), em que a jurisprudência é bastante clara quanto à desnecessidade de "fundada suspeita" para o regular exercício do Poder de Polícia. O Superior Tribunal de Justiça já reconheceu expressamente que *"adenominada "busca pessoal por razões de segurança" ou "inspeção de segurança", ocorre rotineiramente em aeroportos, rodoviárias, prédios públicos, eventos festivos, ou seja, locais em que há grande circulação de pessoas e, em consequência, necessidade de zelar pela integridade física dos usuários, bem como pela segurança dos serviços e instalações" (Habeas Corpus nº 625.274-SP, STJ, 5ª Turma, Rel. Min. Laurita Vaz, julgado em 17.10.2023)*, especialmente porque o contexto que legitima a inspeção de segurança em espaços e meios de transporte de uso coletivo é absolutamente distinto daquele que ampara a realização da busca pessoal para fins penais, na qual há que se observar a necessária referibilidade da medida (fundada suspeita de posse de objetos ilícitos).

Parece não haver dúvida alguma sobre a necessidade de que sejam feitos todos os controles possíveis das pessoas que ingressam no sistema prisional em visitas, especialmente para evitar que estejam carregando consigo objetos que sejam ilícitos, proibidos serem utilizados (aparelhos celulares, *v.g*) ou até mesmo armas, dentre tantas outras situações possíveis.

No ano de 2024, o STF se debruçou sobre as chamadas práticas vexatórias em revistas íntimas para ingresso especialmente de mulheres em presídios. O tema foi objeto de debate, com repercussão geral reconhecida (Tema 998), no ARE nº 959.620.

A maioria dos ministros seguiu a proposta pelo Relator, Ministro Edson Fachin, no sentido de reconhecer tese de que: *"É inadmissível a prática vexatória da revista íntima em visitas sociais nos estabelecimentos de segregação vedados sob qualquer forma ou modo o desnudamento de visitantes e a abominável inspeção de suas cavidades corporais. A prova a partir dela obtida é ilícita, não cabendo como escusa a ausência de equipamentos eletrônicos e radioscópicos, ressalvando-se as decisões proferidas e transitadas em julgado até a data deste julgamento. Confere-se o prazo de 24 meses, a contar da data deste julgamento, para aquisição e instalação de equipamentos como scanners corporais, esteiras de raio X e portais detectores de metais"*.

Em detalhamento da tese, ficou reconhecido que tal prática: 1 - Ofenderia, de modo autônomo, a dignidade da pessoa humana, por força do art. 5º, *caput*, CRFB; 2- Ofenderia a intimidade e a honra o procedimento de se determinar, indiscriminadamente, o desnudamento e o agachamento e/ou pulos como exigência para visitação da pessoa submetida ao sistema de justiça penal (art. 5º, X, CRFB); 3- A revista vexatória confere tratamento desumano e degradante incompatível com a Carta da República (art. 5º, III, CRFB); 4- As normas convencionais internalizadas rechaçam o tratamento desumano e degradante; 5- À luz do art. 157, *caput*, do CPP, *São inadmissíveis, devendo ser desentranhadas do processo, as provas ilícitas, assim entendidas as obtidas em violação a normas constitucionais e legais;* 6 – Considerando o significado do direito à segurança pública, a partir da Carta Política de 1988, os cidadãos encontram-se resguardados não só contra possíveis atos ilegais de particulares, como também em face de ingerências excessivas das próprias agências estatais, por intermédio dos seus servidores; 7 – Descabe invocar critérios de proporcionalidade para o fim de validar a prova obtida por meio da revista vexatória, diante da violação aos princípios e direitos fundamentais constitucionais, na linha que irá se desenvolver; 8 – Incumbe às forças de segurança do Estado executarem outras ações e estratégias humanizadas como forma de exercer o legítimo e necessário controle da entrada nos estabelecimentos prisionais.

Algumas observações importantes devem ser feitas.

A primeira é que, de forma muito expressa, o Supremo Tribunal Federal reconheceu a imprescindibilidade da realização de verificação de todas as pessoas que ingressam no recinto prisional. De fato, com o advento da Lei nº 10.792/2003 (que alterou a LEP e o CPP), o legislador já deixou expresso que *"os estabelecimentos penitenciários disporão de aparelho detector de metais, aos quais devem se submeter todos que queiram ter acesso ao referido estabelecimento, ainda que exerçam qualquer cargo ou função pública"*. Exatamente por isso é que a Corte Suprema concluiu que o modo para a fiscalização não se apresenta consentâneo com todos os direitos envolvidos. Dito de outra forma, há como adotar outras formas tão ou mais eficazes de controle (raio-x, escâneres, como já existem em aeroportos em dias atuais, por exemplo) para obter o resultado pretendido, em face da prática desse tipo de revista. Ou seja, a preocupação com a segurança ficou bem expressa, porém exigido que se adotem outras medidas menos invasivas em detrimento dos direitos e garantias fundamentais das pessoas que ingressam nos recintos prisionais, normalmente para a realização de visitas a familiares e/ou parentes.

Depois, reconheceu-se que a revista em cavidades íntimas não pode ser entendida como modalidade da busca pessoal disciplinada no art. 240 e art. 244 do Código de Processo Penal, sendo verdadeira "intervenção corporal" altamente invasiva que atinge o corpo do revistado de modo direto e, por isso, afeta o direito fundamental à integridade.

Para compatibilizar os mandamentos constitucionais e convencionais, assentou-se, com base também em doutrina de Valdez Pereira e Fischer, que *"a tutela penal dos direitos fundamentais exige proteção integral (360 graus), que assegure o indivíduo imputado desde o início da averiguação até a fase de cumprimento da pena, e que, ao mesmo tempo, proteja a vítima dos delitos e a coletividade em geral perante as ameaças provenientes do cometimento de crimes. Assim, a preocupação concreta com as condições de cumprimento das penas privativas de liberdade, das detenções em geral, parece indicar corretamente o fechamento desse círculo de proteção imposto pelas fontes transnacionais de direitos humanos" (As obrigações processuais penais positivas – Segundo as Cortes Europeia e Interamericana de Direitos Humanos. 2 ed. Porto Alegre: Livraria do Advogado, 2019, fls. 169-170)"*. Seguindo a linha de convencionalidade, ficou expresso no julgado que *"no âmbito da Corte Interamericana de Direitos Humanos (Corte IDH), calha destacar o julgamento do denominado "Caso Presídio Miguel Castro Castro", que redundou na responsabilização internacional do Peru, pelos fatos ocorridos naquela unidade prisional. Entre outras questões, foi decidido, à luz da Convenção Interamericana para Prevenir, Punir e Erradicar a Violência contra a Mulher, que o toque genital feito por agentes estatais encapuzados em presa consubstancia inaceitável ato de violência baseado no gênero"* (voto-condutor, p. 24).

Conforme anunciado na tese exposta inicialmente, ficou bem claro que a obtenção de provas (apreensão de bens ilícitos ou quaisquer outros) a partir da prática de revistas vexatórias se caracterizaria como prova ilícita (vide anotações especialmente ao art. 157, CPP), por violação à dignidade da pessoa humana e aos direitos fundamentais à integridade, intimidade e honra, que deveriam sempre ser suscitadas e analisadas nos casos concretos.

Entretanto, duas observações finais são relevantes, para que não passe a se adotar um raciocínio automático de aplicabilidade retroativa de tal compreensão de forma automática.

Constou no voto (complementar) do Ministro Edson Fachin que, conforme proposto pelo Min. Gilmar Mendes, foram modulados os efeitos da decisão de modo *"a resguardar as decisões já exaradas quanto à validade das provas até então colhidas quando das tentativas de ingresso nos estabelecimentos prisionais, bem como para que os estados da federação que ainda mantêm práticas de revistas íntimas manuais vexatórias se adequem à nova determinação de somente proceder a revistas pessoais que não incluam técnicas humilhantes, com a utilização de scanners corporais e/ou máquinas de Raio-x"*.

Além disso, nos termos do art. 27 da Lei nº 9.868/99, concedeu-se o prazo de 24 (vinte e quatro) meses, a partir do término deste julgamento, para que todos os Estados da federação adquiram aparelhos de scanner corporal ou similar, com os recursos do Fundo Penitenciário Nacional (FUNPEN).

240.9. Diligências fiscalizatórias: Sobre a questão de se reconhecer, ou não, a possibilidade de ingresso de autoridades fiscais em estabelecimentos comerciais industriais ou de prestação de serviços, veja-se o quanto articulado no item 648.6.1.4, adiante.

Jurisprudência

240.9. [...] Não são absolutos os poderes de que se acham investidos os órgãos e agentes da administração tributária, pois o Estado, em tema de tributação, inclusive em matéria de fiscalização tributária, está sujeito à observância de um complexo de direitos e prerrogativas que assistem, constitucionalmente, aos contribuintes e aos cidadãos em geral. Na realidade, os poderes do Estado encontram, nos direitos e garantias individuais, limites intransponíveis, cujo desrespeito pode caracterizar ilícito constitucional. A administração tributária, por isso mesmo, embora podendo muito, não pode tudo. É que, ao Estado, é somente lícito atuar, "*respeitados os direitos individuais e nos termos da lei*" (CF, art. 145, § 1º), consideradas, sobretudo, e para esse específico efeito, as limitações jurídicas decorrentes do próprio sistema instituído pela Lei Fundamental, cuja eficácia – que prepondera sobre todos os órgãos e agentes fazendários – restringe-lhes o alcance do poder de que se acham investidos, especialmente quando exercido em face do contribuinte e dos cidadãos da República, que são titulares de garantias impregnadas de estatura constitucional e que, por tal razão, não podem ser transgredidas por aqueles que exercem a autoridade em nome do Estado. [...] Para os fins da proteção jurídica a que se refere o art. 5º, XI, da Constituição da República, o conceito normativo de "*casa*" revela-se abrangente e, por estender-se a qualquer compartimento privado não aberto ao público onde alguém exerce profissão ou atividade (CP, art. 150, § 4º, III), compreende, observada essa específica limitação espacial (área interna não acessível ao público), os escritórios profissionais, inclusive os de contabilidade, "*embora sem conexão com a casa de moradia propriamente dita*" (NELSON HUNGRIA). Doutrina. Precedentes. [...] O atributo da autoexecutoriedade dos atos administrativos, que traduz expressão concretizadora do *privilege du prealable*, não prevalece sobre a garantia constitucional da inviolabilidade domiciliar, ainda que se cuide de atividade exercida pelo Poder Público em sede de fiscalização tributária. Doutrina. Precedentes. [...] (*Habeas Corpus nº 103.325-AP, STF, 2ª Turma, unânime, Rel. Min. Celso de Mello, julgado em 3.4.2012, publicado no DJ em 30.10.2014*).

Art. 241. Quando a própria autoridade policial ou judiciária não a realizar pessoalmente, a busca domiciliar deverá ser precedida da expedição de mandado.

241.1. Busca e mandado judicial: Eis aqui mais uma prova definitiva da superação história de nosso Código de Processo Penal. Não se concebe mais a busca domiciliar sem ordem judicial, daí por que revogado – ou não recebido – nessa parte a alusão feita à autoridade policial (ver art. 5º, X, CF). Somente a busca *pessoal* pode ser realizada sem autorização judicial, diante da necessidade da atuação do poder público, devidamente justificada por situações de emergência e riscos bem definidos em Lei.

E, quanto à busca domiciliar, não basta a expedição de mandado. Como veremos, há inúmeros e rígidos requisitos para a realização da diligência, de modo a dar efetivo cumprimento às garantias processuais constitucionais.

Jurisprudência

241.1. [...] 3. A decisão que deferiu a busca e apreensão no escritório de [...] foi devidamente embasada em indícios de cometimento de eventuais ilícitos relacionados aos fatos investigados na Operação [...]. A atividade investigativa desenvolvida no bojo do presente inquérito revelou o nome do agravante como figura importante do suposto esquema criminoso. 4. Os documentos e itens apreendidos possuem vínculo, ao menos em potencial, com o objeto do presente inquérito criminal. Por se tratar de investigação que apura cometimento de supostos ilícitos, praticados no exercício da atividade profissional da advocacia, é natural que computadores e aparelhos de telefone celular sejam apreendidos durante o cumprimento da medida cautelar. 5. Não há como exigir da autoridade policial que faça, instantaneamente, durante o cumprimento do mandado, uma filtragem exauriente de todo o conteúdo digital encontrado, de maneira a autorizar a apreensão (cópia) apenas dos arquivos que possuam pertinência direta e inequívoca com a presente investigação. Precedentes. O mandado determina tão logo sejam periciados os documentos encontrados, tudo aquilo que não servir de prova à presente investigação seja imediatamente restituído ao investigado. [...] *(Agravo Regimental no Inquérito nº 1.191-DF, STJ, Corte Especial, unânime, Rel. Min. Og Fernandes, julgado em 21.10.2020, publicado no DJ em 27.10.2020).*

241.1. [...] A busca domiciliar pressupõe a expedição de mandado judicial. Na hipótese, a busca e apreensão, em razão da ausência de mandado judicial autorizador, violou, entre outros, o devido processo legal. [...] *Habeas corpus* concedido a fim de se extinguir a ação penal (*Habeas Corpus nº 41.504-CE, STJ, 6ª Turma, Rel. Min. Nilson Naves, julgado em 18.12.2007, publicado no DJ em 22.9.2008).*

....

241.2. Busca realizada pelo juiz: Fato absolutamente incomum no Brasil é a realização pessoal da diligência pelo magistrado.

E há razões para isso.

Em primeiro lugar, a tarefa investigativa – estamos a falar da fase de investigação – não se inclui na competência jurisdicional. Investigação e acusação são reservadas à polícia judiciária e ao Ministério Público, ressalvada a competência de órgãos a que a Lei atribui funções de natureza semelhante. Novo esclarecimento: quando nos referimos em outras oportunidades (não aqui) e nos referirmos ao *princípio da investigação,* como meio de justificar a iniciativa probatória do juiz, não estaremos nos referindo à *fase de investigação,* mas à iniciativa de *busca* (e, aí, de *investigação*) da prova pelo juiz, *no processo.* Única e exclusivamente *no processo;* jamais na fase de investigação.

Por isso, impensável a participação pessoal do juiz na diligência acautelatória na fase de investigação. Seria possível, então, na fase *processual*?

Bem. Em princípio, sim, desde que a *iniciativa* da medida *não seja dele,* com as observações que faremos a seguir, no sentido da possibilidade de sua ocorrência. É dizer: desde que ele seja *provocado,* mediante requerimento das partes no processo.

Embora possível, em tese, não nos parece conveniente, por razões de fácil percepção (antecipação de juízo, risco de contato direto com os acusados etc.).

Excepcionalmente, porém, sobretudo em pequenas comarcas, fora do expediente forense, a atuação pessoal do juiz pode se revelar a única alternativa possível em uma situação de emergência, diante da impossibilidade de lavratura formal do mandado de busca e apreensão, de cuja observância dos requisitos legais depende a validade da diligência.

De outra sorte, imagine-se a hipótese em que, tanto a *iniciativa* quanto a *realização* do ato sejam feitas pessoalmente, de ofício, pelo juiz. Não se poderia, com efeito, questionar-se a sua imparcialidade? Ou, quando nada, suspeitar-se dela?

Jurisprudência

241.2. [...] De acordo com o disposto no art. 241 do Código de Processo Penal, admite-se a realização de busca domiciliar pessoalmente pela autoridade judiciária. Logo, não há como acolher a tese da defesa de impedimento do julgador, para o julgamento do feito, por ter ele acompanhado a referida diligência. Ademais, as hipóteses de impedimento do juiz estão previstas, taxativamente, no art. 252 do Código de Processo Penal, e nenhuma delas corresponde à hipótese dos autos. [...] *(Agravo Regimental no Recurso Especial nº 1.243.891-MG, STJ, 5ª Turma, Rel. Min. Ribeiro Dantas, julgado em 13.12.2018, publicado no DJ em 19.12.2018)*

241.2. [...] Busca e apreensão de documentos relacionados ao pedido de quebra de sigilo realizadas pessoalmente pelo magistrado. Comprometimento do princípio da imparcialidade e consequente violação ao devido processo legal. Funções de investigador e inquisidor. Atribuições conferidas ao Ministério Público e às Polícias Federal e Civil (CF, arts. 129, I e VIII e § 2º; e 144, § 1º, I e IV, e § 4º). A realização de inquérito é função que a Constituição reserva à polícia. Precedentes. Ação julgada procedente, em parte (*ADI nº 1.570, STF, Plenário, Rel. Min. Maurício Corrêa, julgado em 12.2.2004, publicado no* DJ *em 22.10.2004*).

Art. 242. A busca poderá ser determinada de ofício ou a requerimento de qualquer das partes.

Ainda mais uma vez, a mesma questão: quais seriam os limites da atuação judicial, *no processo*, relativamente à iniciativa probatória, sem provocação das partes, isto é, *de ofício*?

Nesse passo, pode-se até assentar uma distinção: uma coisa é a adoção de medidas probatórias *antes* da manifestação das partes, quando óbvia a suposição de que elas, irrecusavelmente, se manifestariam sobre a matéria. Ex.: na inquirição de testemunha, colhe-se depoimento quanto à possível localização de pessoa desaparecida. O juiz, evidentemente, se dispensará de ouvir as partes para determinar a expedição de mandado de busca e apreensão domiciliar.

Outra coisa, mas de consequências ainda idênticas, a nosso aviso, é o juiz, diante do silêncio das partes, entender pertinente a realização de qualquer outra prova, fundado em dúvidas surgidas na instrução. Também nesse caso deverá ele proceder de ofício, sem qualquer violação a qualquer norma constitucional.

Daí por que repetimos: o que deve ser vedado ao magistrado no processo é a substituição do Ministério Público nas funções acusatórias (e probatórias), o que ocorrerá, inevitavelmente, quando o juiz buscar elementos na fase de investigação para determinar a produção de provas. Nada pode se lhe impedir a iniciativa de provas, se e a partir daquelas já trazidas pelas partes.

Dificilmente se terá um caso concreto em que o juiz determine a busca e apreensão de coisa ou pessoa sem provocação da parte. Pode até ocorrer que ele se *antecipe* à parte, como no exemplo que demos. Mas, ao menos do ponto de vista da acusação e da defensoria pública e privada (quando *constituída* pelo réu), isso nos parece de difícil ocorrência.

Jurisprudência

242. [...] Ademais, o requerimento de busca e apreensão e seu acompanhamento direto pelo Ministério Público, assim como qualquer outro pedido destinado ao esclarecimento dos fatos, se insere no âmbito normal de atuação do *Parquet*, conforme se depreende da Leitura dos arts. 47 e 242 do Código de Processo Penal, não havendo, portanto, que se falar em violação ao princípio da legalidade. [...] *Habeas corpus* denegado (*Habeas Corpus nº 33.682-PR, STJ, 6ª Turma, julgado em 16.4.2009, publicado no* DJ *em 4.5.2009*).

Art. 243. O mandado de busca deverá:

I – indicar, o mais precisamente possível, a casa em que será realizada a diligência e o nome do respectivo proprietário ou morador; ou, no caso de busca pessoal, o nome da pessoa que terá de sofrê-la ou os sinais que a identifiquem;

II – mencionar o motivo e os fins da diligência;

III – ser subscrito pelo escrivão e assinado pela autoridade que o fizer expedir.

§ 1º Se houver ordem de prisão, constará do próprio texto do mandado de busca.

§ 2º Não será permitida a apreensão de documento em poder do defensor do acusado, salvo quando constituir elemento do corpo de delito.

243.1. Os requisitos, intrínsecos e extrínsecos, do mandado: O que há de mais relevante em tais disposições é que os requisitos legais do mandado de busca e de apreensão devem nortear a *fundamentação* do magistrado quando do deferimento da medida.

Para que o juiz reconheça a necessidade da providência cautelar requerida devem se encontrar presentes, como em qualquer processo dessa natureza (cautelar), a aparência do direito que se busca (*fumus boni iuris,* na tradição em latim) e o famoso *periculum in mora,* a referendar a urgência e necessidade da medida, sob o risco de perder-se o objeto pela demora.

Em processo penal costuma-se falar em *fumus comissi delicti* para ressaltar que ali – ou aqui, mais propriamente – a aparência não é do Direito, mas da prática de um delito. Não nos impressionamos com a distinção: em qualquer das perspectivas, cuida-se da aparência de uma pretensão juridicamente viável.

Por isso, a importância de se determinar, com todas as características *disponíveis*, o local a ser objeto da medida. Preferimos a expressão "*disponíveis*" que aquela utilizada na Lei – *possíveis* – para apontar a necessidade de o requerente (seja o Ministério Público, seja a autoridade policial) se valer de todos os meios *existentes* para a identificação do local. O *possível*, em geral, submete-se a juízo subjetivo de cada um. Não se olvide a possibilidade da chamada hipótese do mandado de busca e apreensão itinerante, que vem sendo reconhecida sua possibilidade pela jurisprudência sempre de forma excepcional.

Feito isso, impõe-se a transcrição do motivo e da finalidade a que se refere o mandado. Ora, *mandado* significa *ordem;* se a ordem parte do juiz, o motivo e a finalidade da medida devem constar necessariamente dos fundamentos (judiciais) com os quais se deferiu o pedido de busca e apreensão. Não é preciso transcrever a argumentação desenvolvida pelo magistrado, mas a sua conclusão, que delimitará a *ordem*. Ex.: busca e apreensão de animais da fauna silvestre; busca de armas e munições; busca de documentação relativa à identificação de pessoas; busca de moedas ou cédulas falsas e seus apetrechos.

É da finalidade do mandado que se deduzirá a extensão do cumprimento do mandado. Se a ordem é para a apreensão de pássaros, por exemplo, não se pode admitir, como regra, a revista em gavetas e armários da residência, espaços inadequados para a criação de aves. Já quando a busca se dirige à apreensão de substâncias entorpecentes, os limites do mandado domiciliar serão mais extensos, devido ao fato, notório, de ser possível o acondicionamento de drogas em quaisquer locais de mínimas proporções.

O mandado deverá ser subscrito pelo escrivão que o lavrou e pelo magistrado responsável pela ordem de busca e de apreensão.

Jurisprudência

243.1. [...] O caráter itinerante excepcionalmente conferido ao mandado de busca e apreensão deferido contra o recorrente encontra-se, na presente hipótese, devidamente fundamentado, em elementos concretos e legítimos, motivo pelo qual não é possível considerar ilícita mencionada decisão. A hipótese dos autos não revela ordem judicial genérica e indiscriminada, porquanto indicado objetivo certo e pessoa determinada, além da especificidade de o recorrente ser o líder de organização criminosa que pratica crimes em diversos estados da federação. – Nesse contexto, não se tratando de ordem judicial genérica e indiscriminada, e estando devidamente fundamentada em especificidades do caso concreto, não há se falar em nulidade da decisão que deferiu a busca e apreensão contra o recorrente, de forma itinerante. [...] *(Agravo Regimental no Recurso em Habeas Corpus nº 177.168-GO, STJ, 5ª Turma, Rel. Min. Reynaldo Soares da Fonseca, sessão virtual de 7.11.2023 a 13.11.2023, publicado no DJ em 16.11.2023)*

243.1. [...] Constata-se, sem necessidade de maior esforço interpretativo, que a indicação das alíneas "e", "f" e "h" do § 1° do art. 240 do Código de Processo Penal, na fundamentação da decisão da Desembargadora que autorizou a busca e apreensão, denota a efetiva autorização para recolhimento de papéis e agendas. - Prevalece no Superior Tribunal de Justiça o entendimento no sentido de que "a pormenorização dos bens somente é possível após o cumprimento da diligência, não sendo admissível exigir um verdadeiro exercício de futurologia por parte do Magistrado, máxime na fase pré-processual (RHC n. 59.661/PR, Rel. Ministro Ribeiro Dantas, Quinta Turma, julgado em 3/11/2015, DJe 11/11/2015)". (AgRg no RHC n. 150.787/PE, relator Ministro Olindo Menezes (Desembargador Convocado do TRF 1ª Região), Sexta Turma, julgado em 17/5/2022, DJe de 20/5/2022.) [...] "O art. 243 do Código de Processo Penal disciplina os requisitos do mandado de busca e apreensão, dentre os quais não se encontra o detalhamento do que pode ou não ser arrecadado; e o art. 240 apresenta um rol exemplificativo dos casos em que a medida pode ser determinada, no qual se encontra a hipótese de arrecadação de objetos necessários à prova da infração ou à defesa do réu, não havendo qualquer ressalva de que não possam dizer respeito à intimidade ou à vida privada do indivíduo". (RHC n. 141.737/PR, relator Ministro Sebastião Reis Júnior, Sexta Turma, julgado em 27/4/2021, DJe de 15/6/2021.) [...] *(Agravo Regimental no Habeas Corpus nº 727.709–MG, STJ, 5ª Turma, Rel. Min. Reynaldo Soares da Fonseca, julgado em 16.8.2022 e publicado no DJ de 22.8.2022)*

243.1. [...] Suposta prática de crimes de sonegação fiscal, lavagem de dinheiro, falsificação de papéis, selos ou sinais públicos e formação de quadrilha. Mandado de busca e apreensão. [...] Atendimento ao figurino legal (art. 243 do Código de Processo Penal). Ausência de discriminação no mandado de busca das provas. Irrelevância. Diligência que tinha por finalidade apreender coisas obtidas por meios criminosos, descobrir objetos necessários à prova da infração ou à defesa do réu e colher qualquer elemento de convicção (art. 240, § 1º, b, e e h, do Código de Processo Penal). Impossibilidade de indicação, ex ante, de todos os bens a serem apreendidos. Necessidade de se conferir margem de liberdade à autoridade policial no momento da diligência. Precedentes. Cumprimento da medida em escritório de advocacia. Possibilidade. Precedentes. Documentos apreendidos diretamente relacionados com os delitos investigados. Ordem denegada.

1. A efetivação da medida de busca e apreensão deflagrada encontra-se devidamente justificada e individualizada, havendo, inclusive, menção especifica e detalhada a pessoa e aos endereços, com delimitação da abrangência da diligência, vale dizer, busca e apreensão de documentos, arquivos magnéticos, e-mails, computadores e outros objetos que sirvam de elemento probatório, não havendo que se falar em mandados genéricos.

2. O cumprimento da ordem judicial foi supervisionado por membros do MP estadual, em atuação compartilhada com a Receita Federal, e pelo representante da OAB, o qual subscreveu os autos sem qualquer manifestação de mácula sobre a atuação das autoridades envolvidas na ação .

3. Nem sempre é possível que, antecipadamente, a autoridade judicial aponte a autoridade policial todos os objetos necessários à investigação que deveriam ser apreendidos no local de busca.

4. Dada a impossibilidade dessa indicação, ex ante de todos os bens passíveis de apreensão no local da busca, é mister conferir-se certa discricionariedade à autoridade policial no momento da diligência.

5. O cumprimento da medida de busca e apreensão em escritorio de advocacia é admitida pela jurisprudencia da Corte, desde que o causídico seja investigado.

6. Apreensão de documentos que diziam respeito a outros clientes/empresas, os quais estão diretamente relacionados com os delitos investigados.

7. Ordem denegada. *(Habeas Corpus nº 191.579-RS, STF, 1ª Turma, Rel. Min. Dias Toffoli, unânime, julgado na sessão virtual de 4.3.2022 a 11.3.2022, publicado no DJ em 29.4.2022)*

243.1. [...] 4. "Não há no ordenamento jurídico pátrio qualquer exigência de que a manifestação judicial que defere a cautelar de busca e apreensão esmiúce quais documentos ou objetos devam ser coletados, até mesmo porque tal pormenorização só é possível de ser implementada após a verificação do que foi encontrado no local em que cumprida a medida, ou do que localizado em poder do indivíduo que sofreu a busca pessoal" [...] *(Agravo Regimental no Recurso em Mandado de Segurança nº 66.271/RJ, STJ, 5ª Turma, unânime, Rel. Min. Ribeiro Dantas, julgado em 19.10.2021, publicado no DJ em 27.10.2021)*

243.1. [...] No que tange à tese defensiva segundo a qual a medida coercitiva de busca e apreensão seria de "extrema amplitude", depreende-se dos autos que não há que se falar em ilicitude das provas, porque o r. decisum que determinou a busca e apreensão encontra-se dentro de parâmetros adequados, com delimitação precisa e expressa dos objetos que poderiam ser buscados e apreendidos. Não há no ordenamento jurídico pátrio qualquer exigência de que a manifestação judicial que defere a cautelar de busca e apreensão esmiúce quais documentos ou objetos devam ser coletados, até mesmo porque tal pormenorização só é possível de ser implementada após a verificação do que foi encontrado no local em que cumprida a medida, ou do que localizado em poder do indivíduo que sofreu a busca pessoal. Ao contrário, o artigo 243 da Lei Processual Penal disciplina os requisitos do mandado de busca e apreensão, dentre os quais não se encontra o detalhamento do que pode ou não ser arrecadado. [...] *(Agravo Regimental nos Embargos de Declaração no RHC nº 145.665-RO, STJ, 5ª Turma, Rel. Min. Jesuíno Rissato, julgado em 28.9.2021, publicado no DJ em 5.10.2021)*

243.1. [...] O artigo 243 da Lei Processual Penal disciplina os requisitos do mandado de busca e apreensão, dentre os quais não se encontra o detalhamento do que pode ou não ser arrecadado. [...] Na espécie, embora a autoridade judicial tenha explicitado os documentos que deveriam ser apreendidos, cuja existência tinha ciência e cuja importância para as investigações já era conhecida, inexiste qualquer ilegalidade na arrecadação de outros objetos relevantes para o deslinde da controvérsia, encontrados durante o cumprimento da medida. Precedente do STF. [...] *(Agravo Regimental no Habeas Corpus nº 524.581-RJ, STJ, 5ª Turma, unânime, Rel. Min. Jorge Mussi, julgado em 4.2.2020, publicado no DJ em 13.2.2020).*

243.2. Busca e apreensão e inviolabilidade de dados: Importante assinalar, ainda, o seguinte. Por vezes, a depender da natureza da infração, não é possível ao juiz – e ao *mandado* – arrolarem previamente todos os elementos possíveis de apreensão. Assim, aceita-se que, fundado na natureza específica de determinados delitos, conste do mandado a finalidade de apreensão de *quaisquer elementos de prova* a serem identificados pela espécie do crime em apuração. E dessa generalidade de expressão pode ocorrer até a apreensão de computadores e outros eletrônicos nos quais se armazenam dados pessoais ou comerciais da empresa e de pessoas.

Releva notar, então, que a garantia constitucional da proteção aos *dados telemáticos ou de informática* não está incluída na apreensão dos citados aparelhos. Assim, ainda que se autorize a apreensão do computador, impõe-se como necessária a autorização judicial expressa para o *acesso aos dados* ali contidos.

A história nacional republicana mostra exemplo em que se anularam, no Supremo Tribunal Federal, provas assim obtidas, mediante o indevido acesso a dados de computadores, não abrangido expressamente na diligência de busca e apreensão (caso PC Farias).

Jurisprudência

243.2. [...] 1. Ainda que o acesso a dados telemáticos armazenados não se submeta propriamente à disciplina da Lei 9.296/1996, tem-se que não se submete igualmente ao disposto no art. 22 da Lei n. 12.965/2014, que diz respeito apenas aos registros de conexão e de aplicações da internet. De fato, embora efetivamente não se trate de interceptação telefônica, a hipótese guarda relação com a intimidade, protegida pelo art. 5º, inciso X, da Constituição Federal. Dessarte, a quebra do sigilo dos dados armazenados, somente pode ocorrer com autorização judicial devidamente motivada, nos termos do art. 7º, III, da Lei n. 12.965/2014. - Consoante jurisprudência desta Corte, há diferenciação na proteção dada pela legislação ao conteúdo das comunicações mantidas entre indivíduos e às informações de conexão e de acesso a aplicações da internet. Em relação ao conteúdo das comunicações mantidas entre indivíduos, as Leis n. 9.296/96 e n. 12.965/2014 restringem a possibilidade de quebra do sigilo. Exigem, para tanto, que haja decisão judicial, precedida de requerimento de autoridades específicas e em hipóteses limitadas. Já ao tratar das informações de conexão e de acesso a aplicações de internet, encontram-se na Lei n. 12.965/2014 regras mais claras e menos rígidas, em que se estabelece, inclusive, a prescindibilidade de decisão judicial, em hipóteses específicas.[...] *(Agravo Regimental no Recurso Especial nº 1.970.342-PR, STJ, 5ª Turma, Rel. Min. Reynaldo Soares da Fonseca, unânime, julgado em 3.5.2022, publicado no DJ em 6.5.2022)*

243.2. [...] Decreto de busca e apreensão: validade. Decreto específico, que somente permitiu que as autoridades encarregadas da diligência selecionassem objetos, dentre aqueles especificados na decisão e na sede das duas empresas nela indicadas, e que fossem "interessantes à investigação" que, no caso, tinha pertinência com a prática do crime pelo qual foi efetivamente condenado o recorrente. Proteção constitucional ao sigilo das comunicações de dados – art. 5º, XVII, da CF: ausência de violação, no caso. Não há violação do art. 5º, XII, da Constituição que, conforme se acentuou na sentença, não se aplica ao caso, pois não houve "quebra de sigilo das comunicações de dados (interceptação das comunicações), mas sim apreensão de base física na qual se encontravam os dados, mediante prévia e fundamentada decisão judicial". A proteção a que se refere o art. 5º, XII, da Constituição, é da comunicação "de dados" e não dos "dados em si mesmos", ainda quando armazenados em computador (cf. voto no MS 21.729, Pleno, 5.10.95, red. Néri da Silveira – RTJ 179/225, 270) [...] (*Recurso Extraordinário nº 418.416, STF, Plenário, Rel. Min. Sepúlveda Pertence, julgado em 10.5.2006, publicado no* DJ *em 19.12.2006).*

243.3. Busca domiciliar e busca pessoal cumuladas: Em princípio, também a natureza da busca, ou, melhor, do objeto a ser apreendido, determinará a necessidade ou não de se fazer referência à busca (pessoal) nas pessoas que ali se encontrarem. Se se vai em busca de drogas, é intuitiva a diligência também na pessoa, o mesmo ocorrendo em relação a objetos que possam ser conduzidos pelos moradores. Fora dos exemplos obtidos de regras de experiência comum ou, para nos valermos de linguagem mais acadêmica, do senso comum, não se admitirá a busca pessoal, se não houver referência a ela no mandado e se não estiverem presentes os fundamentos autônomos da busca pessoal. É essa a Leitura que fazemos do disposto no art. 244, CPP, a fim de se melhor preservar o direito à intimidade daquele que se encontra no local de uma eventual busca e apreensão domiciliar.

243.4. Ordem de prisão e busca e apreensão: Nada impede que se dê, na mesma oportunidade, o cumprimento de mandado de prisão e a busca e apreensão. O que não é possível é que se deduza de um ou de outro a autorização para ambas as pretensões. Já nos deparamos com hipótese concreta em que o agente policial, no cumprimento de mandado de prisão, resolveu, por conta própria, apreender determinados objetos que julgava importante para a investigação. Nulidade da diligência, evidentemente. A ação policial deve se pautar exclusivamente nos limites do mandado.

Jurisprudência

243.4. [...] o encontro fortuito de provas (serendipidade) é admitido pela jurisprudência desta Corte Superior, considerando-se, portanto, válidas as provas encontradas casualmente pelos agentes policiais, relativas à infração penal até então desconhecida, por ocasião do cumprimento de medidas de investigação de outro delito regularmente autorizadas, ainda que inexista conexão ou continência com o crime supervenientemente encontrado, desde que não haja desvio de finalidade na execução das diligências das quais se originaram os elementos probatórios. Ademais, anote-se que o cumprimento do mandado de busca e apreensão autoriza a abertura de gavetas, não sendo necessário que a descoberta fortuita se dê pela teoria da visão aberta.[...] *(Agravo Regimental no Habeas Corpus nº 933.264-SC, STJ, 5ª Turma, Rel. Min. Reynaldo Soares da Fonseca, julgado em 16.9.2024, publicado no DJ em 18.9.2024)*

243.4.[...] o que se tem, neste caso, é o encontro fortuito de provas, também chamado pela doutrina de serendipidade, pois a entrada dos policiais no domicílio do agravante se deu de forma lícita, sem que se possa falar em violação de domicílio, e, a partir daí, instaurou-se o estado de flagrância, quando localizada a droga e apetrechos ligados ao tráfico.[...] *(Agravo Regimental no Habeas Corpus nº 832.882-RS, STJ, 5ª Turma, Rel. Min. Messod Azulay Neto, julgado em sessão virtual encerrada em 24.6.2024, publicado no DJ em 26.6.2024)*

243.4. [...] 1. Hipótese em que a ordem de prisão temporária deu-se no contexto de apuração de crimes investigados em outro processo — tráfico de drogas e associação para o tráfico — e "os agentes da autoridade policial, em cumprimento ao mencionado mandado de prisão temporária, ingressaram na residência do paciente e, em vistoria, localizaram 4 (quatro) munições, calibre .380 intactas, e R$ 40.508,00 (quarenta mil e quinhentos e oito reais) em dinheiro, que estavam em fundo falso de um roupeiro, além de cartões de crédito e anotações financeiras, motivo pelo qual foi também efetuada a prisão em flagrante".

2. Não havia fundada suspeita ou razão legítima para, além da prisão do recorrente, ser realizada busca e apreensão na sua residência, porque, pelo que consta nos autos, a magistrada *a quo*, em consonância com a manifestação do Ministério Público, decretou a prisão temporária, mas indeferiu a busca domiciliar.

3. Segundo o STJ, "*a teoria do encontro fortuito ou casual de provas (serendipidade) determina que, independentemente da ocorrência da identidade de investigados ou réus, consideram-se válidas as provas encontradas casualmente pelos agentes da persecução penal, relativas à infração penal até então desconhecida, por ocasião do cumprimento de medidas de obtenção de prova de outro delito regularmente autorizadas, ainda que inexista conexão ou continência com o crime supervenientemente encontrado e este não cumpra os requisitos autorizadores da medida probatória, desde que não haja desvio de finalidade na execução do meio de obtenção de prova*" (RHC 94.803/RS, Rel. Ministro RIBEIRO DANTAS, Quinta Turma, DJe 11/6/2019).

4. A ordem judicial era apenas para prender o recorrente, e não para ser realizadas diligências na sua residência, a fim de ser apreendidos objetos supostamente relacionados a algum fato imputado ao investigado. A atuação policial exorbitou dos limites do mandado, que se limitava à prisão temporária do investigado. Os milicianos não detinham autorização para abrir armários e fazer buscas, mesmo porque a providência (busca e apreensão) havia sido indeferida.

5. Recurso em *habeas corpus* provido. Nulidade da apreensão das 4 (quatro) munições calibre .380 intactas e a soma de dinheiro em espécie no valor de R$ 40.508,00. Trancamento da ação penal n. 5001429-62.2021.8.24.0057 (art. 648, I - CPP). Restituição ao recorrente do valor pecuniário apreendido. *(Recurso em Habeas Corpus nº 158.016-SC, STJ, 6ª Turma, Rel. Min. Olindo Menezes, unânime, julgado em 19.4.2022, publicado no DJ em 25.4.2022)*

243.5. Busca e apreensão e flagrante delito: Hipótese diversa daquela que acabamos de ver ocorrerá quando o executor do mandado de busca e apreensão se deparar com objetos ou coisas cuja posse ou detenção, por si só, constituem crime. Nessas situações, frequentemente se deparará com aplicabilidade da chamada teoria dos *conhecimentos ou encontro fortuito de prova*, que vimos já em maior extensão por ocasião do exame do disposto no art. 157, CPP. Uma coisa é a apreensão daquilo cuja posse e/ou detenção, por si só, constitui delito; outra é a apreensão de material probatório do crime.

243.6. Busca e apreensão e encontro fortuito de prova: Se o material com o qual se deparar a autoridade policial constituir, evidentemente, prova de crime diverso daquele investigado pela diligência, surgirão duas opções. Se o encontro for *absolutamente fortuito* e a qualidade probatória do material encontrado for evidente, a salvo de qualquer dúvida, pensamos possível a validação da diligência, ainda que fora dos limites do mandado. É aqui que terá a sua mais discutida aplicação a citada teoria do *encontro fortuito da prova*. Remetemos o Leitor ao art. 157, CPP, para maiores esclarecimentos.

De outro lado, se a ação policial se encontrar *fora dos limites* do mandado, o material probatório assim encontrado não poderá ser valorado, em razão da ilicitude do comportamento do agente.

No primeiro caso, do encontro *fortuito*, não há abuso de poder; e, há, à evidência, risco de perda do material probatório, se dependesse da expedição de novo mandado judicial.

No segundo, de encontro *forçado* da prova, não se poderá reconhecer validade à diligência, reputando-se ilícita a prova.

Há doutrina e jurisprudência no direito comparado no mesmo sentido do que vimos de expor.

243.7. Documentos em poder do defensor do acusado: Reportamo-nos às observações que fizemos em relação aos escritórios de advocacia, para os quais há norma legal protegendo a aludida profissão, considerada, na Constituição da República, essencial à Administração da Justiça.

Renove-se apenas a ressalva que ali fizemos: quando o documento em poder do defensor constituir a prova *da materialidade do delito*, isto é, elemento do corpo de delito (armas, instrumentos ou petrechos instrumentos utilizados no crime) ou o próprio objeto material do crime (documentos, moedas ou cédulas objeto de falsificação etc.), ou cuja posse ou detenção já constitua, por si só, crime, não poderá o advogado valer-se de suas prerrogativas institucionais.

Art. 244. A busca pessoal independerá de mandado, no caso de prisão ou quando houver fundada suspeita de que a pessoa esteja na posse de arma proibida ou de objetos ou papéis que constituam corpo de delito, ou quando a medida for determinada no curso de busca domiciliar.

Reproduza-se aqui o que dissemos nos comentários ao art. 240 (item 240.2). A busca pessoal independe de ordem judicial e, por isso, de mandado (que outra coisa não é senão a formalização de uma ordem). O fundamento da medida repousa, indispensavelmente, na necessidade e urgência da medida, de modo a impedir o extravio de provas relevantes, bem como o malogro à prisão em flagrante, nos casos em que a busca se justifica pela fundada suspeita de se encontrar a pessoa na posse de objetos que, por si só (posse ou detenção), constituam crime. Vide anotações também no item 648.6.1.3. Especificamente sobre buscas e apreensões em fiscalizações nos ingressos de visitantes a estabelecimentos prisionais, vide item 240.8.

Jurisprudência

244. [...] 6. Até que eventualmente sobrevenha novo pronunciamento deste Tribunal que seja consentâneo ao que defendi no referido RE 1.468.558/SP, adiro a esse entendimento fixado pela Primeira Turma, em estrita observância ao art. 926, caput, e ao art. 927, V, ambos do Código do Processo Civil, que acentuam o princípio da colegialidade, e considero legítima a atuação dos agentes municipais que executaram a prisão em flagrante do acusado. 7. É de se considerar legítima a atuação dos guardas municipais, pois, ao abordarem o automóvel nas circunstâncias descritas nos autos e depois de procederem às revistas pessoal e veicular, lograram encontrar, debaixo do banco do veículo, uma arma de fogo com a numeração suprimida e diversas munições de uso permitido. Essas informações constituem elementos mínimos a caracterizar fundadas razões (justa causa) para legitimar o posterior ingresso dos agentes públicos na residência do paciente, local onde conseguiram apreender 17 tijolos de maconha, com peso liquido de 11,11kg; 3 porções de maconha, pesando 181,10g; e 2 tijolos de cocaína, com peso liquido de 1,45kg. 8. Considerando que o art. 240 do Código de Processo Penal abarca tanto a busca domiciliar quanto a busca pessoal, nele elencando as hipóteses de sua incidência, é possível aplicar, no caso, o mesmo entendimento sedimentado pelo Plenário do Supremo Tribunal Federal no Recurso Extraordinário (RE) 603.616/RO, da relatoria do Ministro Gilmar Mendes, julgado sob a sistemática da Repercussão Geral (Tema 280). [...] *(Agravo Regimental em Habeas Corpus nº 238.400, STF, 1º Turma, Rel. Cristiano Zanin, julgado em 25.10.2024, publicado no DJ em 30.10.2024)*

244. [...] 2. A questão em discussão consiste na legalidade da busca domiciliar sem mandado judicial e a consequente validade das provas obtidas. 3. A decisão agravada fundamentou-se na existência de fundadas razões para a busca domiciliar, com base em denúncia e constatação no local de flagrante delito de maus-tratos a animais, pois foram encontrados 28 (vinte e oito) cães em um pequeno espaço improvisado como canil, com apenas um pequeno pote com água, sem nenhuma ração no local, supostamente em péssimas condições de higiene e saúde, com indicativos de que se alimentavam das próprias fezes. A situação foi acompanhada por médica veterinária da Vigilância Sanitária da Prefeitura, a qual teria constatado que os animais sofriam maus tratos. *[...] (Agravo Regimental no Recurso em Habeas Corpus nº 185.273-PR , STJ, 5º Turma, Rel. Messod Azulay Neto, julgado em 22.10.2024, publicado no DJ em 30.10.2024)*

244. [...] 1. Esta Sexta Turma, por ocasião do julgamento do REsp n. 1.977.119/SP, alterou sua jurisprudência conferindo nova interpretação ao disposto no art. 244 do CPP.

2. Nesse contexto, como destacado no acórdão paradigma acima mencionado, "não é das guardas municipais, mas sim das polícias, como regra, a competência para patrulhar supostos pontos de tráfico de drogas, realizar abordagens e revistas em indivíduos suspeitos da prática de tal crime ou ainda investigar denúncias anônimas relacionadas ao tráfico e outros delitos cuja prática não atinja de maneira clara, direta e imediata os bens, serviços e instalações municipais".

3. No caso, os guardas municipais receberam denúncias de tráfico em determinado local e, durante patrulhamento na região, visualizaram o paciente empreender fuga, ao avistar a presença da viatura, e adentrar o referido imóvel. Tais circunstâncias, no entanto, não demonstram relação com as atribuições de proteção à integridade dos bens e instalações ou garantia da adequada execução dos serviços municipais, estando a diligência, portanto, eivada de ilegalidade.

4. "Em 25/8/2023, o STF julgou procedente a ADPF n. 995 (Rel. Ministro Alexandre de Moraes) para 'conceder interpretação conforme à Constituição aos artigos 4º da Lei 13.022/14 e artigo 9º da 13.675/18 declarando inconstitucionais todas as interpretações judiciais que excluem as Guardas Municipais, devidamente criadas e instituídas, como integrantes do Sistema de Segurança Pública'. Mais uma vez, a Corte reafirmou sua posição de que as guardas municipais integram o Sistema de Segurança Pública, mas, novamente, não lhes conferiu poderes idênticos aos dos órgãos policiais." (HC n. 830.530/SP, relator Ministro Rogerio Schietti Cruz, Terceira Seção, julgado em 27/9/2023, DJe de 4/10/2023.) [....] *(Agravo Regimental no Habeas Corpus nº 878.514-SP, STJ, 6ª Turma, Rel.Min. Antônio Saldanha Palheiro, julgado em 23.9.2024, publicado no DJ em 25.9.2024)*

244. [...] Apesar de a função constitucional das guardas municipais ser tecnicamente relacionada à proteção dos bens, serviços e instalações dos entes municipais, a jurisprudência dos Tribunais Superiores já sedimentou o entendimento de que não há ilegalidade na prisão em flagrante por elas realizada, consoante o disposto no art. 301 do Código de Processo Penal, segundo o qual "qualquer do povo poderá e as autoridades policiais e seus agentes deverão prender quem quer que seja encontrado em flagrante delito". Precedentes. *(Agravo Regimental no Habeas Corpus nº 918.754-SP, STJ, 5ª Turma, Rel.Min. Messod Azulay Neto, julgado em 23.9.2024, publicado no DJ em 26.9.2024)*

244. [...] 1. No tocante ao procedimento de busca pessoal, positivado no art. 244 do CPP, é cediço por esta Corte Uniformizadora que, para sua consecução sem mandado judicial, em crimes permanentes, exige-se fundada suspeita (justa causa) lastreada num juízo "prévio" de probabilidade (e não de mera possibilidade), justificada objetivamente - e não com esteio em mero tirocínio policial, em vedada hipótese de prospecção probatória (fishing expedition) - em circunstâncias do caso concreto, aptas a autorizar a legitimada abordagem policial.

2. Segundo entendimento perfilhado pela Terceira Seção, ao interpretar sistematicamente a acepção do art. 301 do CPP com as disposições dos arts. 2°, 4°, caput, 5°, I, II, III e IV, da Lei n. 13.022/2014, não compete às guardas municipais, mas à polícia - salvo hipóteses de flagrante delito - as atribuições para "investigar" e "abordar" agentes suspeitos de provável tráfico de drogas ou outros crimes (permanentes) despidos de correlação à salvaguarda do patrimônio e/ou dos serviços do ente municipal ou dos seus respectivos usuários.

3. Nessa perspectiva, em digressão ao evolutivo entendimento jurisprudencial (como expressão de overriding) dado à dicção sistemática dos arts. 244 e 301 do CPP, a Terceira Seção, no bojo do HC n. 830.530/SP, reputou que, a recente análise - pela Suprema Corte - da ADPF n. 995/DF, fincada no regramento do art. 144, § 8°, da CF/88, não impactou no remansoso e maturado posicionamento alhures, preconizado pelo Superior Tribunal de Justiça, mas, ao revés, ratificou os "limites" da atuação das Guardas Municipais, com representatividade no Conselho Nacional de Segurança Pública, ex vi do art. 20 da Lei n. 13.022/2014, mas cujo mister (ressalvada hipótese flagrancial) pressupõe estrita observância às atribuições do cargo (nexo funcional), sob pena de manifesta nulidade do ato persecutório e dos (dele) resultantes.

4. Na espécie, conforme delineado no acórdão recorrido, denota-se que a eivada busca pessoal decorreu de infundada, arbitrária e ilegítima abordagem pelos guardas municipais que, à época dos fatos, supostamente viram o acusado trocando dinheiro por algum objeto, aparentemente droga. Diante da situação, agentes da guarda municipal abordaram aquela pessoa encontrando em seu poder 01 (uma) porção de maconha. Dessa forma, somente naquela (subsequente) oportunidade, o policial civil, acompanhado de um guarda municipal, entrou na residência - de Washinton - e encontrou mais 02 (duas) porções de crack e 03 (três) de maconha, escondidas em uma estante. [...] *(Agravo Regimental no Agravo em Recurso Especial n° 2.519.934-SP, STJ, 6ª Turma, Rel. Min. convocado Otávio de Almeida Toledo, julgado em 9.9.2024, publicado no DJ em 11.9.2024)*

244. [...] 1. A inviolabilidade domiciliar constitui uma das mais antigas e importantes garantias individuais de uma Sociedade civilizada pois engloba a tutela da intimidade, da vida privada, da honra, bem como a proteção individual e familiar do sossego e tranquilidade, que não podem ceder salvo excepcionalmente à persecução penal do Estado.

2. Os direitos à intimidade e à vida privada consubstanciados em bens, pertences e documentos pessoais existentes dentro de "casa" garantem uma salvaguarda ao espaço íntimo intransponível por intromissões ilícitas externas, e contra flagrantes arbitrariedades.

3. Excepcionalmente, porém, a Constituição Federal estabelece específica e restritamente as hipóteses possíveis de violabilidade domiciliar, para que a casa não se transforme em garantia de impunidade de crimes, que em seu interior se pratiquem ou se pretendam ocultar. Dessa maneira, nos termos do já citado inciso XI, do artigo 5° da Constituição Federal, a casa é o asilo inviolável do indivíduo, ninguém nela podendo penetrar sem consentimento do morador, salvo em caso de flagrante delito ou desastre, ou para prestar socorro, ou, ainda, durante o dia, por determinação judicial.

4. O alcance interpretativo do inciso XI, do artigo 5° da Constituição Federal foi definido pelo Supremo Tribunal Federal, na análise do RE 603.616/RO (Rel. Min. Gilmar mendes, DJe de 10/5/2016, Tema 280 de Repercussão Geral), a partir, exatamente, das premissas da excepcionalidade e necessidade de eficácia total da garantia fundamental; tendo sido estabelecida a seguinte TESE: A entrada forçada em domicílio sem mandado judicial só é lícita, mesmo em período noturno, quando amparada em fundadas razões, devidamente justificadas a posteriori, que indiquem que dentro da casa ocorre situação de flagrante delito, sob pena de responsabilidade disciplinar, civil e penal do agente ou da autoridade, e de nulidade dos atos praticados.

5. Ocorre, entretanto, que o Tribunal de origem, no caso concreto ora sob análise, após aplicar o Tema 280 de Repercussão Geral dessa Suprema Corte, foi mais longe, alegando que não obstante os agentes de segurança pública tenham recebido denúncia anônima acerca do tráfico de drogas no local e o suspeito tenha empreendido fuga para dentro do imóvel ao perceber a presença dos policiais, tais fatos não constituiriam fundamentos hábeis a permitir o ingresso no domicílio do acusado, haja vista que não houve nenhuma diligência investigatória prévia apta a evidenciar elementos mais robustos da ocorrência do tráfico naquele endereço.

6. Nesse ponto, não agiu com o costumeiro acerto o Tribunal de origem, pois acrescentou requisitos inexistentes no inciso XI, do artigo 5º da Constituição Federal, desrespeitando, dessa maneira, os parâmetros definidos no Tema 280 de Repercussão Geral por essa SUPREMA CORTE. [...] *(Agravo Regimental no Recurso Extraordinário nº 1.447.374, STF, 1ª Turma, Rel. Min. Alexandre de Moraes, sessão virtual de 22.9.2023 a 29.9.2023, publicado no DJ em 9.10.2023)*

244. [...] 1. Exige-se, em termos de standard probatório para busca pessoal ou veicular sem mandado judicial, a existência de fundada suspeita (justa causa) – baseada em um juízo de probabilidade, descrita com a maior precisão possível, aferida de modo objetivo e devidamente justificada pelos indícios e circunstâncias do caso concreto – de que o indivíduo esteja na posse de drogas, armas ou de outros objetos ou papéis que constituam corpo de delito, evidenciando-se a urgência de se executar a diligência.

2. Entretanto, a normativa constante do art. 244 do CPP não se limita a exigir que a suspeita seja fundada. É preciso, também, que esteja relacionada à "posse de arma proibida ou de objetos ou papéis que constituam corpo de delito". Vale dizer, há uma necessária referibilidade da medida, vinculada à sua finalidade legal probatória, a fim de que não se converta em salvo-conduto para abordagens e revistas exploratórias (fishing expeditions), baseadas em suspeição genérica existente sobre indivíduos, atitudes ou situações, sem relação específica com a posse de arma proibida ou objeto (droga, por exemplo) que constitua corpo de delito de uma infração penal. O art. 244 do CPP não autoriza buscas pessoais praticadas como "rotina" ou "praxe" do policiamento ostensivo, com finalidade preventiva e motivação exploratória, mas apenas buscas pessoais com finalidade probatória e motivação correlata.

3. Não satisfazem a exigência legal, por si sós, meras informações de fonte não identificada (e.g. denúncias anônimas) ou intuições e impressões subjetivas, intangíveis e não demonstráveis de maneira clara e concreta, apoiadas, por exemplo, exclusivamente, no tirocínio policial. Ante a ausência de descrição concreta e precisa, pautada em elementos objetivos, a classificação subjetiva de determinada atitude ou aparência como suspeita, ou de certa reação ou expressão corporal como nervosa, não preenche o standard probatório de "fundada suspeita" exigido pelo art. 244 do CPP.

4. O fato de haverem sido encontrados objetos ilícitos – independentemente da quantidade – após a revista não convalida a ilegalidade prévia, pois é necessário que o elemento "fundada suspeita de posse de corpo de delito" seja aferido com base no que se tinha antes da diligência. Se não havia fundada suspeita de que a pessoa estava na posse de arma proibida, droga ou de objetos ou papéis que constituam corpo de delito, não há como se admitir que a mera descoberta casual de situação de flagrância, posterior à revista do indivíduo, justifique a medida.

5. A violação dessas regras e condições legais para busca pessoal resulta na ilicitude das provas obtidas em decorrência da medida, bem como das demais provas que dela decorrerem em relação de causalidade, sem prejuízo de eventual responsabilização penal do(s) agente(s) público(s) que tenha(m) realizado a diligência.

6. Há três razões principais para que se exijam elementos sólidos, objetivos e concretos para a realização de busca pessoal – vulgarmente conhecida como "dura", "geral", "revista", "enquadro" ou "baculejo" –, além da intuição baseada no tirocínio policial:

a) evitar o uso excessivo desse expediente e, por consequência, a restrição desnecessária e abusiva dos direitos fundamentais à intimidade, à privacidade e à liberdade (art. 5º, caput, e X, da Constituição Federal), porquanto, além de se tratar de conduta invasiva e constrangedora – mesmo se realizada com urbanidade, o que infelizmente nem sempre ocorre –, também implica a detenção do indivíduo, ainda que por breves instantes;

b) garantir a sindicabilidade da abordagem, isto é, permitir que tanto possa ser contrastada e questionada pelas partes, quanto ter sua validade controlada a posteriori por um terceiro imparcial (Poder Judiciário), o que se inviabiliza quando a medida tem por base apenas aspectos subjetivos, intangíveis e não demonstráveis;

c) evitar a repetição – ainda que nem sempre consciente – de práticas que reproduzem preconceitos estruturais arraigados na sociedade, como é o caso do perfilamento racial, reflexo direto do racismo estrutural.

7. Em um país marcado por alta desigualdade social e racial, o policiamento ostensivo tende a se concentrar em grupos marginalizados e considerados potenciais criminosos ou usuais suspeitos, assim definidos por fatores subjetivos, como idade, cor da pele, gênero, classe social, local

da residência, vestimentas etc. Sob essa perspectiva, a ausência de justificativas e de elementos seguros a legitimar a ação dos agentes públicos -- diante da discricionariedade policial na identificação de suspeitos de práticas criminosas – pode fragilizar e tornar írritos os direitos à intimidade, à privacidade e à liberdade.

8. "Os enquadros se dirigem desproporcionalmente aos rapazes negros moradores de favelas dos bairros pobres das periferias. Dados similares quanto à sobrerrepresentação desse perfil entre os suspeitos da polícia são apontados por diversas pesquisas desde os anos 1960 até hoje e em diferentes países do mundo. Trata-se de um padrão consideravelmente antigo e que ainda hoje se mantém, de modo que, ao menos entre os estudiosos da polícia, não existe mais dúvida de que o racismo é reproduzido e reforçado através da maior vigilância policial a que é submetida a população negra". Mais do que isso, "os policiais tendem a enquadrar mais pessoas jovens, do sexo masculino e de cor negra não apenas como um fruto da dinâmica da criminalidade, como resposta a ações criminosas, mas como um enviesamento no exercício do seu poder contra esse grupo social, independentemente do seu efetivo engajamento com condutas ilegais, por um direcionamento prévio do controle social na sua direção" (DA MATA, Jéssica, A Política do Enquadro, São Paulo: RT, 2021, p. 150 e 156).

9. A pretexto de transmitir uma sensação de segurança à população, as agências policiais – em verdadeiros "tribunais de rua" – cotidianamente constrangem os famigerados "elementos suspeitos" com base em preconceitos estruturais, restringem indevidamente seus direitos fundamentais, deixam-lhes graves traumas e, com isso, ainda prejudicam a imagem da própria instituição e aumentam a desconfiança da coletividade sobre ela.

10. Daí a importância, como se tem insistido desde o julgamento do HC n. 598.051/SP (Rel. Ministro Rogerio Schietti, 6ª T., DJe 15/3/2021), do uso de câmeras pelos agentes de segurança, a fim de que se possa aprimorar o controle sobre a atividade policial, tanto para coibir práticas ilegais, quanto para preservar os bons policiais de injustas e levianas acusações de abuso. Sobre a gravação audiovisual, aliás, é pertinente destacar o recente julgamento pelo Supremo Tribunal Federal dos Embargos de Declaração na Medida Cautelar da ADPF n. 635 ("ADPF das Favelas", finalizado em 3/2/2022), oportunidade na qual o Pretório Excelso – em sua composição plena e em consonância com o decidido por este Superior Tribunal no HC n. 598.051/SP – reconheceu a imprescindibilidade de tal forma de monitoração da atividade policial e determinou, entre outros pontos, que "o Estado do Rio de Janeiro, no prazo máximo de 180 (cento e oitenta) dias, instale equipamentos de GPS e sistemas de gravação de áudio e vídeo nas viaturas policiais e nas fardas dos agentes de segurança, com o posterior armazenamento digital dos respectivos arquivos".

11. Mesmo que se considere que todos os flagrantes decorrem de busca pessoal – o que por certo não é verdade –, as estatísticas oficiais das Secretarias de Segurança Pública apontam que o índice de eficiência no encontro de objetos ilícitos em abordagens policiais é de apenas 1%; isto é, de cada 100 pessoas revistadas pelas polícias brasileiras, apenas uma é autuada por alguma ilegalidade. É oportuno lembrar, nesse sentido, que, em Nova Iorque, o percentual de "eficiência" das stop and frisks era de 12%, isto é, 12 vezes a porcentagem de acerto da polícia brasileira, e, mesmo assim, foi considerado baixo e inconstitucional em 2013, no julgamento da class action Floyd, et al. v. City of New York, et al. pela juíza federal Shira Scheindlin.

12. Conquanto as instituições policiais hajam figurado no centro das críticas, não são as únicas a merecê-las. É preciso que todos os integrantes do sistema de justiça criminal façam uma reflexão conjunta sobre o papel que ocupam na manutenção da seletividade racial. Por se tratar da "porta de entrada" no sistema, o padrão discriminatório salta aos olhos, à primeira vista, nas abordagens policiais, efetuadas principalmente pela Polícia Militar. No entanto, práticas como a evidenciada no processo objeto deste recurso só se perpetuam porque, a pretexto de combater a criminalidade, encontram respaldo e chancela, tanto de delegados de polícia, quanto de representantes do Ministério Público – a quem compete, por excelência, o controle externo da atividade policial (art. 129, VII, da Constituição Federal) e o papel de custos iuris –, como também, em especial, de segmentos do Poder Judiciário, ao validarem medidas ilegais e abusivas perpetradas pelas agências de segurança.

13. Nessa direção, o Manual do Conselho Nacional de Justiça para Tomada de Decisão na Audiência de Custódia orienta a que: "Reconhecendo o perfilamento racial nas abordagens policiais e, consequentemente, nos flagrantes lavrados pela polícia, cabe então ao Poder Judiciário as-

sumir um papel ativo para interromper e reverter esse quadro, diferenciando-se dos atores que o antecedem no fluxo do sistema de justiça criminal".

14. Em paráfrase ao mote dos movimentos antirracistas, é preciso que sejamos mais efetivos ante as práticas autoritárias e violentas do Estado brasileiro, pois enquanto não houver um alinhamento pleno, por parte de todos nós, entre o discurso humanizante e ações verdadeiramente transformadoras de certas práticas institucionais e individuais, continuaremos a assistir, apenas com lamentos, a morte do presente e do futuro, de nosso país e de sua população mais invisível e vulnerável. E não realizaremos o programa anunciado logo no preâmbulo de nossa Constituição, de construção de um Estado Democrático, destinado a assegurar o exercício dos direitos sociais e individuais, a liberdade, a segurança, o bem-estar, o desenvolvimento, a igualdade e a justiça como valores supremos de uma sociedade fraterna, pluralista e sem preconceitos.

15. Na espécie, a guarnição policial "deparou com um indivíduo desconhecido em atitude suspeita" e, ao abordá-lo e revistar sua mochila, encontrou porções de maconha e cocaína em seu interior, do que resultou a prisão em flagrante do recorrente. Não foi apresentada nenhuma justificativa concreta para a revista no recorrente além da vaga menção a uma suposta "atitude suspeita", algo insuficiente para tal medida invasiva, confo rme a jurisprudência deste Superior Tribunal, do Supremo Tribunal Federal e da Corte Interamericana de Direitos Humanos.

16. Recurso provido para determinar o trancamento do processo. *(RHC nº 158.580-BA, STJ, 6ª Turma, Rel. Min. Rogério Schietti Cruz, julgado em 19.4.2022, publicado no DJ em 25.4.2022)*

244. [...] Apreensão de aparelho celular no momento do cumprimento do mandado de prisão preventiva. Mandado de busca e apreensão. Desnecessidade. Busca pessoal. Exceções delineadas no art. 244 do CPP. [...] 1. Nos presentes autos, discute-se, em suma, a possibilidade da apreensão de telefone celular pela autoridade policial, na posse do investigado, no momento do cumprimento de mandado de prisão preventiva, sem que haja mandado de busca e apreensão anterior e sem que seja lavrado auto de prisão em flagrante na mesma diligência. [...] 3. Depreende-se dos fatos narrados pela própria defesa, que o acusado não estava em sua residência nem em seu local de trabalho, mas se deslocando de um local para o outro, em via pública; e, nesse momento, foi cumprida a ordem de prisão e apreendidos os bens pessoais na posse do réu. Diante de tal narrativa, trata-se de busca pessoal consubstanciada no momento de efetivação da ordem de prisão preventiva. 4. Segundo o art. 244 do Código de Processo Penal, existem três hipóteses em que permitida a busca pessoal com dispensa de autorização judicial anterior, quais sejam: os casos de prisão, quando determinada a busca domiciliar ou quando houver fundada suspeita de que a pessoa esteja na posse de arma proibida ou de objetos ou papéis que constituam corpo de delito. 5. Cabível a apreensão de aparelho celular, nos moldes delineados, pois, segundo a doutrina, a busca pessoal abrange as vestimentas usadas, os pertences móveis que o investigado esteja carregando no momento da prisão, bem como o próprio corpo. Dessa forma, o celular que se encontra na posse do réu, no momento da prisão, enquadra-se na definição de "pertences móveis que o investigado esteja carregando", o que torna a sua apreensão justificada. 6. Ressalta-se que o caso dos autos trata apenas da apreensão do aparelho celular em posse do investigado, não abrangendo, portanto, a extração dos dados com visualização das mensagens recebidas via SMS e *WhatsApp*, uma vez que, *in casu*, após a apreensão do celular, foram devidamente autorizadas pelo Juiz singular a análise e a coleta de dados e, apenas a partir daí, foram colhidas as informações. 7. A decisão que autorizou a análise e coleta dos dados insertos no celular encontra-se devidamente fundamentada, já que, mediante dados concretos, fez alusão ao fato de que o aparelho celular poderia estar sendo usado para a prática do delito de tráfico de drogas na região. *8. Recurso em* habeas corpus *improvido (Recurso em Habeas Corpus nº 118.451-PR, STJ, 6ª Turma, unânime, Rel. Min. Sebastião Reis Júnior, julgado em 4.8.2020, publicado no DJ em 12.8.2020).*

Art. 245. As buscas domiciliares serão executadas de dia, salvo se o morador consentir que se realizem à noite, e, antes de penetrarem na casa, os executores mostrarão e lerão o mandado ao morador, ou a quem o represente, intimando-o, em seguida, a abrir a porta.

§ 1º Se a própria autoridade der a busca, declarará previamente sua qualidade e o objeto da diligência.
§ 2º Em caso de desobediência, será arrombada a porta e forçada a entrada.
§ 3º Recalcitrando o morador, será permitido o emprego de força contra coisas existentes no interior da casa, para o descobrimento do que se procura.
§ 4º Observar-se-á o disposto nos §§ 2º e 3º, quando ausentes os moradores, devendo, neste caso, ser intimado a assistir à diligência qualquer vizinho, se houver e estiver presente.
§ 5º Se é determinada a pessoa ou coisa que se vai procurar, o morador será intimado a mostrá-la.
§ 6º Descoberta a pessoa ou coisa que se procura, será imediatamente apreendida e posta sob custódia da autoridade ou de seus agentes.
§ 7º Finda a diligência, os executores lavrarão auto circunstanciado, assinando-o com duas testemunhas presenciais, sem prejuízo do disposto no § 4º.

245.1. Inviolabilidade constitucional do domicílio: Nos termos do disposto no art. 5º, XI, CF, a casa é asilo inviolável, vedado o acesso a pessoa não autorizada pelo morador, salvo durante o dia, por *ordem judicial*, e, a qualquer momento, com o consentimento do morador ou para prestar socorro ou em caso de flagrante delito. É dizer: a ordem judicial, tanto para a prisão quanto para a busca e apreensão, somente autoriza o ingresso durante o dia.

Note-se que o critério *noite* não está associado a nenhuma cronologia prévia, já que a Lei não a especifica, e também a nenhum dado da sensibilidade visual (escuro ou claro).

O sentido da expressão há de ser encontrado no exame da rotina diária do cidadão. Normalmente, o horário de trabalho mais comum se encerra às 18 (dezoito) horas, quando, então, a pessoa passa a ter o direito ao *repouso*.

Conforme destacamos no item 283.7 (e ora reiteramos, por questão de organicidade), com o advento da Lei nº 13.869, de 2019, tratando dos chamados "crimes de abuso de autoridade", previu-se no art. 22, § 1º, III, que se aplicam as mesmas penas do *caput* para quem cumprir "*mandado de busca e apreensão domiciliar após as 21h (vinte e uma horas) ou antes das 5h (cinco horas)*".

Desse modo, há um (novo) marco legal expressamente definido como aquele possível para a execução de buscas e apreensões (fora das exceções constitucionais e legais, como aquela prevista no próprio § 2º do art. 22). Cremos que o raciocínio deva ser o mesmo aqui, na medida em que o § 2º do art. 283 não refere prazo algum, mas destaca que a prisão (salvo em flagrante, por evidente) poderá ser efetuada em qualquer dia e qualquer hora, respeitadas as *restrições relativas à inviolabilidade do domicílio*.

Compreendemos que esse novo marco temporal expresso (dentro do qual não se pode cumprir nenhuma medida de busca, agora devidamente delimitada) é o que se deverá utilizar também para as prisões *(quando não estiverem associadas concomitantemente com buscas e apreensões deferidas pelo mesmo juízo)*: não poderá ser efetuada antes das 5h (manhã) ou depois das 21h (noite).

Jurisprudência

245.1. [....] A inviolabilidade domiciliar não se aplica a imóveis abandonados ou utilizados exclusivamente para o tráfico de drogas. A jurisprudência desta Corte é firme no sentido de que a proteção constitucional da inviolabilidade do domicílio depende de sua utilização como moradia (AgRg no HC 873670/AL, Rel. Min. Reynaldo Soares da Fonseca, Quinta Turma, DJe de 26/02/2024). No caso, o réu negou vínculo com o imóvel, que se tratava de casa abandonada usada por traficantes, afastando a incidência do art. 240, § 1º, do CPP. [...] *(Habeas Corpus nº 882.236-RJ, STJ, 5ª Turma, Rel. Min. Daniela Teixeira, julgado em 14.11.2024, publicado no DJ em 19.11.2024)*

245.1. [...] No caso, não se verifica violação ao art. 157 do Código de Processo Penal, porquanto a diligência policial ocorreu no interior de imóvel desabitado, o que afasta deste a proteção constitucional conferida ao domicílio. [...] As instâncias ordinárias concluíram que "não se está a tratar de residência, nem mesmo de domicílio do réu, pelo contrário, está-se a tratar de um 'bunker', ou seja, de uma estrutura fortificada e subterrânea, construída para fins exclusivos de armazenamento e refino de drogas ilícitas, bem como para guarda de armas de grosso calibre". [...] *(Habeas Corpus nº 860.929-SP, STJ, 6ª Turma, Rel. Min. Antonio Saldanha Palheiro, julgado em 27.8.2024, publicado no DJ em 2.9.2024)*

245.1. [...] 1. O termo "dia", presente no art. 5º, XI, da Constituição da República, nunca foi objeto de consenso na doutrina. Há quem trabalhe com o critério físico (entre a aurora e o crepúsculo), outros que prefiram o critério cronológico (entre 6 e 18 h) e há também quem trabalhe com um critério misto (entre 6 e 18 h, desde que haja luminosidade). Atualmente, a Lei n. 13.869/2019 (Abuso de Autoridade) estipula a possibilidade de cumprimento dos mandados judiciais durante o período entre as 5h e 21h. 2. Na hipótese, não se verifica a ilicitude da prova recolhida no domicílio do acusado, pois o registro da ocorrência policial indica o cumprimento do mandado de busca às 18:20 h, e, como posto no acórdão impugnado, "o horário constante no Boletim de Ocorrência trata-se de período aproximado, como sabemos, na prática a confecção deste documento ocorre à posteriori dos fatos." Ademais, o Tribunal de origem ressaltou a existência de justa causa para adoção da busca domiciliar e a legitimidade de atuação dos policiais militares, o que dispensaria a apresentação do mandado, uma vez que o réu era acompanhado há semanas, tendo sido constatado frequente entrada e saída de pessoas em sua residência, em movimentação típica de traficância, o que justificou a representação policial pela medida cautelar.[...] *(Agravo Regimental no Recurso em Habeas Corpus nº 166.418–MG, STJ, 5ª Turma, Rel. Min. Ribeiro Dantas, julgado em 6.9.2022, publicado no DJ em 15.9.2022)*

Vide também, no mesmo sentido, *Agravo Regimental nos Embargos de Declaração no HC nº 685.379-SP, STJ, 5ª Turma Rel. Min. Ribeiro Dantas, julgado em 7.6.2022, publicado no DJ em 29.6.2022.*

245.1. [...] Em casos de crimes permanentes, não se faz sequer necessária a expedição de mandado de busca e apreensão, sendo lícito à autoridade policial ingressar no interior do domicílio, a qualquer hora do dia ou da noite, para fazer cessar a prática criminosa, como no caso em questão, apreendendo a substância entorpecente nele encontrada. Por ser dispensada a expedição do mandado de busca e apreensão, também não há de se falar em sua nulidade, por descumprimento do disposto no art. 245, § 7º, do Código de Processo Penal. Ordem denegada (*Habeas Corpus nº 122.937-MG, STJ, 5ª Turma, Rel. Min. Laurita Vaz, julgado em 19.3.2009, publicado no DJ em 13.4.2009*).

245.2. Consentimento do morador, cônjuge ou descendente: Se a expressão *consentimento do morador* não oferece complexidade à primeira vista, pode, no entanto, levantar alguns problemas.

Imagine-se a hipótese de policiais que se dirigem a uma residência em busca de elementos informativos (que serão *prova,* no processo) e lá obtêm autorização de ingresso por parte do cônjuge do investigado. Ou de um dos descendentes do casal. Já houve concurso público no qual se perguntava exatamente acerca da validade da prova assim obtida.

De ver-se que: (a) quando a Lei se refere ao *morador*, ela, provavelmente (àquele tempo) se referia ao conhecido *chefe de família*, ou seja, a autoridade a quem competia a administração das questões de família e da ordem da residência; (b) nessa ordem de ideias, não se poderia validar o ingresso a partir de autorização de qualquer pessoa que não fosse ele.

Como o Direito – à exceção do Penal, com suas exigências de tipicidade estrita, nas normas incriminadoras – deve se acomodar ao tempo histórico de sua regulação, não há mais como reconhecer a *supremacia* masculina, ou feminina, no ambiente doméstico. Homens e mulheres são iguais em direitos e deveres.

De outro lado, há também que se considerar a regular atuação dos órgãos públicos, impondo-se a todos o dever de atuação nos limites da Lei. Não só. Exige-se dos encarregados da persecução penal o comportamento conforme ao Direito, evitando-se, também, atitudes maliciosas ou de má-fé.

Assim, é preciso saber se o ingresso da autoridade policial na residência, pelo consentimento de um dos moradores (o cônjuge, por exemplo), deu-se nessa conformidade.

Não por outra razão a Lei exige que o executor de mandado esclareça verbalmente a finalidade e o objetivo antes de adentrar o local, mediante a Leitura e a exibição do mandado. E se a diligência for executada pelo próprio magistrado, quando cabível – já o vimos – deve ele declarar expressamente as suas razões.

Com isso, obtém-se um mínimo de controle da validade do consentimento do morador.

Desde que regularmente avisado da finalidade do ingresso no local, sem mandado, mas com o consentimento expresso do cônjuge, não vemos irregularidade na diligência, uma vez que ela, o cônjuge, embora não investigada, é também moradora do local. E mais. Pode ter interesse na descoberta de eventual responsabilidade penal de seu companheiro.

No direito brasileiro, ao contrário do norte-americano, o cônjuge não está *proibido* de depor, do que poderia resultar a invalidação do consentimento. Aqui, ele está apenas *dispensado*; querendo, poderá ser ouvido, ainda que sem o compromisso de dizer a verdade (art. 208, CPP). Pode ele, então, produzir prova contra o outro.

Já em relação aos descendentes, maiores, é claro – menores são incapazes –, pensamos que o mesmo raciocínio não se aplica. Embora também considerados *moradores* do local – disso ninguém duvida –, não compartilham, como regra, dos direitos e deveres de gestão comum do patrimônio doméstico (no sentido apenas da *comunhão* derivada do casamento ou da relação estável). Há, em relação aos descendentes e aos ascendentes que ocupam o mesmo espaço físico de convivência daqueles civilmente responsáveis pela moradia, um distanciamento mínimo marcado pela individualidade.

Jurisprudência

245.2. [...] Houve consentimento expresso de corréu, na condição de detentor das chaves do sítio do agravante para o ingresso no domicílio rural dele e no seu próprio, bem como que o próprio agravante consentiu com a entrada em sua residência urbana, de modo que, à luz das declarações por eles próprios prestada administrativamente, foi cumprido o comando constitucional que determina o consentimento de morador, possuidor ou proprietário para o ingresso residencial, não havendo fundamentos para o trancamento da ação penal. [...] *(Agravo Regimental no Recurso em Habeas Corpus nº 181.764-MG, STJ, 5ª Turma, Rel. Min. Ribeiro Dantas, julgado em 20.2.2024, publicado no DJ em 27.2.2024)*

245.2. [...] Por ocasião do julgamento do HC n. 598.051/SP (Rel. Ministro Rogerio Schietti, DJe 15/3/2021), a Sexta Turma desta Corte Superior de Justiça, à unanimidade, propôs nova e criteriosa abordagem sobre o controle do alegado consentimento do morador para o ingresso em seu domicílio por agentes estatais. Na ocasião, foram apresentadas as seguintes conclusões: a)

Na hipótese de suspeita de crime em flagrante, exige-se, em termos de *standard* probatório para ingresso no domicílio do suspeito sem mandado judicial, a existência de fundadas razões (justa causa), aferidas de modo objetivo e devidamente justificadas, de maneira a indicar que dentro da casa ocorre situação de flagrante delito; b) O tráfico ilícito de entorpecentes, em que pese ser classificado como crime de natureza permanente, nem sempre autoriza a entrada sem mandado no domicílio onde supostamente se encontra a droga. Apenas será permitido o ingresso em situações de urgência, quando se concluir que, do atraso decorrente da obtenção de mandado judicial, se possa, objetiva e concretamente, inferir que a prova do crime (ou a própria droga) será destruída ou ocultada; c) O consentimento do morador, para validar o ingresso de agentes estatais em sua casa e a busca e apreensão de objetos relacionados ao crime, precisa ser voluntário e livre de qualquer tipo de constrangimento ou coação; d) A prova da legalidade e da voluntariedade do consentimento para o ingresso na residência do suspeito incumbe, em caso de dúvida, ao Estado, e deve ser feita com declaração assinada pela pessoa que autorizou o ingresso domiciliar, indicando-se, sempre que possível, testemunhas do ato. Em todo caso, a operação deve ser registrada em áudio-vídeo e preservada tal prova enquanto durar o processo; e) A violação a essas regras e condições legais e constitucionais para o ingresso no domicílio alheio resulta na ilicitude das provas obtidas em decorrência da medida, bem como das demais provas que dela decorrerem em relação de causalidade, sem prejuízo de eventual responsabilização penal do(s) agente(s) público(s) que tenha(m) realizado a diligência. [...] (*Habeas Corpus nº 588.120/SP, STJ, 6ª Turma, unânime, Rel. Min. Rogério Schietti Cruz, julgado em 27.4.2021, publicado no DJ em 30.4.2021*)

....

245.3. Desobediência e resistência: Em tempos de ares mais democráticos não é incomum o questionamento à atuação dos órgãos estatais. Os limites desse questionamento é que podem ser problemáticos.

É que a execução de uma ordem judicial compromete inclusive os executores. Estes, porque estão no *cumprimento do dever legal*, estão autorizados a envidar todos os esforços e *desforços* permitidos em Lei.

O cumprimento de um mandado de busca e apreensão domiciliar implica, à evidência, a violação a direitos fundamentais, ainda que justificada perante o Direito. Se à Lei (e à Constituição) pode não ter sido tarefa difícil *ponderar* e *justificar* o tangenciamento a direitos individuais (privacidade e intimidade), o mesmo pode não ocorrer com o respectivo titular.

Por isso é possível que a pessoa hesite em permitir o ingresso dos oficiais em seu domicílio. Se ele tiver algo a esconder, então, a hesitação subirá de nível. E já não será mais sequer aceitável.

Antes da obtenção da finalidade do mandado, devem os executores instar o morador a permitir o seu acesso e a execução cabal da diligência, não se antepondo entre as autoridades e a coisa ou pessoa buscada.

Do ponto de vista penal, define-se a "*desobediência* como a conduta de *desobedecer a ordem legal de funcionário público*" (art. 330, CP). E o delito de *resistência* como a *oposição à execução do ato legal, mediante violência ou ameaça* à autoridade e à pessoa que a estiver auxiliando (art. 229, CP).

Aqui, da perspectiva do processo penal, importa salientar apenas que qualquer ato que perturbe ou embarace a execução da busca e apreensão caracterizará, não necessariamente, os crimes de resistência ou de desobediência, mas a recusa e a oposição ao cumprimento do dever da autoridade. E as consequências, porque legitima a atuação dos executores, poderão ser graves, não só pela realização de tipos penais, mas, também, pela abertura, do local e das pessoas, aos atos de força do Poder Público.

245.4. Emprego de força: Tendo em vista a necessidade dos executores do mandado de dar cumprimento à ordem judicial, os atos de objeção e de enfrentamento à diligência poderão autorizar o recurso à força física, necessária e suficiente – apenas *suficiente* – para vencer a resistência, de modo a viabilizar a realização da busca e da apreensão.

Antes de tais providências, como vimos, deve a autoridade acautelar-se quanto ao esclarecimento, aos presentes, dos limites e da justificação legal de sua atuação. Antes de ordenar, deve solicitar a abertura da porta da residência e o desimpedimento do caminho na busca das coisas ou pessoas. Se desatendida a ordem, aí sim, estarão autorizados o arrombamento da porta e o ingresso à força no interior do domicílio.

Se houver oposição física ao cumprimento da ordem, os executores do mandado poderão empreender força suficiente para vencê-la. Se houver violência ou ameaça no ato de resistência, poderá se realizar, também, a prisão em flagrante daquele que assim se conduza. Evidentemente, e porque se trata de medida – legal que seja! – extremamente invasiva, deve a autoridade ser parcimoniosa (ou tolerante) na reação à insurgência do morador.

245.5. Ausência dos moradores: Se os moradores não estiverem presentes no momento da diligência, devem os executores recorrer ao testemunho de terceiros, preferencialmente moradores vizinhos ao local, solicitando a estes o acompanhamento do ato, de modo a preservar o estrito cumprimento da ordem judicial.

Não havendo ninguém que possa testemunhar a diligência – circunstância que deverá constar do auto de busca (e apreensão, se houver) –, ainda assim será ela realizada. Se a busca e apreensão é medida de natureza essencialmente *cautelar*, não poderia estar condicionada à presença do morador no local da busca. Evidentemente. O que não pode ocorrer é a não observância dos cuidados legais, de que é exemplo mais emblemático o acompanhamento do ato por terceiros, presentes ou próximos ao local.

Por fim, se não houver pessoas (terceiros) presentes aos atos – não estamos falando dos moradores, é claro –, não se cumprirá a exigência de assinatura do laudo por duas testemunhas presenciais. Também obviamente.

Art. 246. Aplicar-se-á também o disposto no artigo anterior, quando se tiver de proceder a busca em compartimento habitado ou em aposento ocupado de habitação coletiva ou em compartimento não aberto ao público, onde alguém exercer profissão ou atividade.

De início, cabe registrar o fato de que, nesses casos, de habitação coletiva ou local de exercício de atividade ou de profissão, dificilmente haverá o risco de não se encontrar presente algum deles (moradores ou profissionais).

E outro (registro).

Nas hipóteses de habitação coletiva e de local de trabalho, qualquer um dos moradores, ou das pessoas que estiverem ali trabalhando, estará autorizado a consentir com o ingresso das autoridades no local, mesmo na inexistência de mandado judicial, se assim livremente o desejarem.

A se esclarecer, por fim, que os órgãos e repartições públicas, em geral, estão abertos ao público, não se inserindo no conceito de domicílio. Nos casos em que não estiverem – e é claro que boa parte da Administração não está –, a medida pode ser a eles aplicada, atentando-se apenas para a observância da regra de hierarquia quanto à pessoa a ser contatada pelos executores do mandado.

Art. 247. Não sendo encontrada a pessoa ou coisa procurada, os motivos da diligência serão comunicados a quem tiver sofrido a busca, se o requerer.

Providência das mais justificadas. Na realidade, sequer deveria depender de requerimento da pessoa que sofreu a busca. E, embora o dispositivo pareça se referir à busca domiciliar, também a busca pessoal – na qual se procura *coisa* – se prestaria à aplicação da regra.

É claro que, após o cumprimento da busca domiciliar, toda a diligência deverá ser registrada nos autos, ali constando o que se encontrou e o que não se encontrou. O requerimento de comunicação aqui mencionado visa apenas atender aos interesses pessoais da pessoa, que pode necessitar do registro para eventual prestação de contas ou coisa que o valha.

Art. 248. Em casa habitada, a busca será feita de modo que não moleste os moradores mais do que o indispensável para o êxito da diligência.

Outra disposição desnecessária, só compreensível à luz de uma ordem autoritária e policialesca, que autorizava buscas e apreensões domiciliares sem o controle judicial. Mas, como reminiscência, o artigo é um primor: trata os agentes públicos como arruaceiros ou analfabetos, incapazes de ler o mandado que lhes autorizaria efetuar a medida e de se conduzir conforme se espera de um servidor público.

Art. 249. A busca em mulher será feita por outra mulher, se não importar retardamento ou prejuízo da diligência.

Para além de quaisquer juízos de moralidade e de compreensão do comportamento associado à sensualidade, parece-nos, do ponto de vista prático, justificada a preocupação do legislador, desde aquele tempo e ainda hoje. Como a busca – pessoal, é claro – implica o tangenciamento ao direito à intimidade da pessoa, inerente a qualquer *revista,* deve-se preservar eventuais pudores de cada um – e aqui, de cada uma –, impedindo constrangimentos evitáveis.

No entanto, quando não houver nenhuma mulher a prestar-se ao auxílio reclamado na diligência, pensamos ser possível a realização da busca, se assim o consentir a mulher a ser revistada.

Adotar-se posição diversa poderá encaminhar a solução do problema para outros de maior proporção.

Se a busca for legítima – como deve ser, fundada nos pressupostos e requisitos legais –, sua natureza será acautelatória, isto é, urgente. E, para que não se perca a oportunidade assim justificada (finalidade cautelar), poderá pretender a autoridade o encaminhamento da pessoa a outros locais, onde seja possível o atendimento da regra legal, ou, ainda, permanecer no local por mais tempo que o devido, aguardando a mesma providência (revista por outra mulher).

A cláusula legal "*se não importar retardamento ou prejuízo da diligência*" é demasiadamente vaga, abrindo-se a juízos de pura subjetividade, exatamente o que se quer evitar, quando possível, em tais circunstâncias.

Art. 250. A autoridade ou seus agentes poderão penetrar no território de jurisdição alheia, ainda que de outro Estado, quando, para o fim de apreensão, forem no seguimento de pessoa ou coisa, devendo apresentar-se à competente autoridade local, antes da diligência ou após, conforme a urgência desta.

§ 1º Entender-se-á que a autoridade ou seus agentes vão em seguimento da pessoa ou coisa, quando:

a) tendo conhecimento direto de sua remoção ou transporte, a seguirem sem interrupção, embora depois a percam de vista;

b) ainda que não a tenham avistado, mas sabendo, por informações fidedignas ou circunstâncias indiciárias, que está sendo removida ou transportada em determinada direção, forem ao seu encalço.

§ 2º Se as autoridades locais tiverem fundadas razões para duvidar da legitimidade das pessoas que, nas referidas diligências, entrarem pelos seus distritos, ou da legalidade dos mandados que apresentarem, poderão exigir as provas dessa legitimidade, mas de modo que não se frustre a diligência.

250.1. Extraterritorialidade da atuação policial: Na determinação das atribuições constitucionais associadas às funções policiais reproduz-se o modelo federativo, de tal modo que aos Estados-membros caberá a organização de suas polícias judiciárias – responsáveis pela missão investigatória de delitos – e à União, a distribuição das funções da polícia federal.

Por isso, o art. 144 da Constituição Federal é de suma importância, quando esclarece caber à Polícia Federal o exercício, *com exclusividade, das funções de polícia judiciária da União* (art. 144, IV, CF). É que como o *caput* do citado art. 144 enumera os órgãos da polícia da União (polícia federal; polícia rodoviária federal e polícia ferroviária federal – I, II, III e VI) e dos Estados (polícias civis e militares e o corpo de bombeiros – IV e V), cumpria-lhe, mais adiante (inciso IV do § 1º, art. 144), esclarecer que nem todas as polícias da União teriam competência para a investigação *judiciária*, isto é, *criminal.*

Vai daí que apenas a Polícia Federal – dentre aquelas da União – poderá exercer, com exclusividade (em relação às demais), referidas funções de investigação.

Não se tem aqui qualquer pretensa vedação de poderes investigatórios ao Ministério Público. Evidentemente. A norma do citado art. 144 não teria jamais esse alcance, na medida em que se limita a definir os órgãos encarregados da segurança pública, distribuindo a eles papéis e funções específicas. Ali, por exemplo, se autoriza a Polícia Federal a apurar (reprimir e prevenir) o tráfico de drogas, ainda que não seja internacional (ou transnacional), bastando haver repercussão interestadual (art. 144, § 1º, II).

A Lei nº 10.446/02 estende as atribuições da Polícia Federal à apuração dos delitos mencionados no art. 1º, da citada Lei – sequestro, cárcere privado, extorsão mediante sequestro, desde que o agente tenha tido motivação política ou em razão do exercício de função pública pela vítima; formação de cartel (Lei nº 8.137/90, art. 4º, I, *a*, II, III e VII); violação a direitos humanos decorrentes de infrações previstas em tratado ou convenção internacional; furto, roubo ou receptação de cargas, inclusive dos produtos controlados a que se refere o Decreto nº 24.602, de 6 de julho de 1934, especialmente pólvoras, explosivos e artigos pirotécnicos, transportadas em operação interestadual ou internacional, quando houver indícios da atuação de quadrilha ou bando em mais de um Estado da Federação; e furto, roubo ou dano contra empresas de serviços de segurança privada especializadas em transporte de valores". Prossegue com "Para a definição de organizações criminosas, seja para fins penais (os tipos), seja para a aplicação de normas processuais, ver Lei nº 12.850/13.

De outro lado, a distribuição de funções de investigação não tem as mesmas características de outras atribuições constitucionais, como ocorre, por exemplo, com aquelas cometidas ao Ministério Público, no qual os respectivos membros devem atuar apenas onde tiverem assentada a sua lotação funcional, salvo exceções expressamente previstas em Lei.

Do mesmo modo ocorre com a competência (e não atribuição) jurisdicional. Os juízes e tribunais somente exercem suas funções nos locais da respectiva jurisdição.

No entanto, a exceção de *extraterritorialidade* na função de investigação, quando justificada por medidas acautelatórias – tais como a busca e apreensão, a prisão –, é perfeitamente compreensível, diante do melhor proveito que se obterá com a regra, já que a autoridade que estiver no encalço de pessoa ou coisa estará também munida de maiores informações para o cumprimento de sua missão.

Impõe-se apenas que a respectiva atuação seja comunicada às autoridades policiais locais, a fim de se evitar transtornos à rotina administrativa destas últimas e preservar a eficácia das diligências. Naturalmente, havendo urgência na efetivação da medida (de busca ou apreensão), a comunicação deverá ser feita posteriormente.

Jurisprudência

250.1. [...] As atribuições da Polícia Federal não se vinculam necessariamente ao âmbito de competência da Justiça Comum Federal, malgrado a evidente intersecção quanto aos crimes eminentemente federais. Contudo, o plexo de atribuições da Polícia Federal, delineada no rol *numerus clausus* da Lei 10.446/2002, caso dotadas de interestadualidade, abrange, pois, infrações de competência penal residual da Justiça Comum Estadual. Nessas hipóteses, há concorrência de atribuições investigatórias entre Polícia Federal e a Polícia Civil, portanto, não há falar em avocação das atribuições da Polícia Judiciária da União. [...] (*RHC nº 57.487-RS, STJ, 5ª Turma, unânime, Rel. Min. Ribeiro Dantas, julgado em 7.6.2016, publicado no* DJ *em 17.6.2016*).

250.1. [...] Mandado de busca e apreensão. Cumprimento em circunscrição alheia. Ausência de precatória. Irregularidade. Ilicitude da prova. Inocorrência. [...] O instituto da busca e apreensão é um dos mecanismos para franquear o acesso de policiais ou oficiais de justiça em domicílio de outrem, com a finalidade de auxiliar na persecução penal, conforme dispõe o art. 240 do CPP. [...] o cumprimento do mandado, na residência do recorrente, foi realizado pela Polícia Federal, que tem o ingresso permitido em todo território nacional. E, como a execução da diligência tem natureza de ato administrativo, a eventual falta de carta precatória entre os juízes federais de seções judiciárias distintas não tem o condão de tornar ilegal a medida, uma vez que o ato do juiz deprecado não teria efetivamente caráter decisório. Portanto, no presente caso, trata-se de mera irregularidade. [...] (*Recurso em Habeas Corpus nº 64.829-PR, STJ, 5ª Turma, unânime, Rel. Min. Felix Fischer, julgado em 5.5.2016, publicado no* DJ *em 13.5.2016*).

250.2. O conceito legal de perseguição: Tal como ocorre no cumprimento de prisão – em flagrante ou em virtude de mandado judicial – consideram-se em perseguição os agentes ou a autoridade policial – distinção desnecessária; agentes são também autoridades, ainda que não sejam os responsáveis pela direção (presidência) da investigação, como os delegados de polícia – quando estiverem no encalço da pessoa ou da coisa, seja por conhecerem pessoalmente a sua transferência de local, seja a partir de informações fidedignas (idôneas) nesse sentido, e seguirem ininterruptamente na sua busca, ainda quando a percam de vista (a coisa ou pessoa).

A definição, como se vê, equivale àquela que conceitua a perseguição para fins de prisão, conforme o disposto no art. 290, CPP. E nem poderia ser diferente, dado que se trata de um mesmo ato de cumprimento de medida acautelatória ordenada por autoridade judicial, à exceção da perseguição para a realização de prisão em flagrante, que independerá de mandado judicial.

Jurisprudência

250.2. [...] A perseguição pode ser caracterizada pelo patrulhamento e guarda, visando à prisão do autor do delito, pois a Lei não explicita as diligências que a caracterizam, sendo que a única exigência é referente ao início da perseguição, a qual deve se dar logo após a prática do fato. Não é ilegal a entrada em domicílio sem o consentimento do autor do delito, que é perseguido, logo após a prática do crime, pela autoridade policial, pois a própria Constituição Federal permite a entrada em casa alheia, mesmo contra a vontade do morador, para fins de prisão em flagrante. [...] Ordem parcialmente conhecida e denegada (*Habeas Corpus nº 10.899-GO, STJ, 5ª Turma, Rel. Min. Gilson Dipp, julgado em 13.3.2001, publicado no DJ em 23.4.2001*).

250.3. Presunção de legitimidade e identificação da ordem e dos executores: Como o cumprimento de ato tipicamente policial é feito por executores que não têm ali a sua lotação, a medida poderá causar transtornos à rotina administrativa local, conforme inclusive já antecipamos.

A previsão do § 2º é de uma obviedade constrangedora.

Havendo *identificação funcional* do agente e/ou da autoridade policial que estiverem no cumprimento da ordem judicial, tanto bastará para a comprovação da regularidade do ato. Os executores, uma vez identificados, gozam de presunção de legitimidade quanto ao exercício de suas funções, não se justificando nenhuma exigência de comprovação de *legalidade* dos mandados. A partir da apresentação deste (mandado), se a autoridade local tiver alguma razão para desconfiar de sua autenticidade, deve ela mesma certificar-se junto ao Juízo que o expediu.

O que pode e deve ser exigido é a identificação funcional dos executores. Essa sim. A referência legal atinente à *legitimidade das pessoas* (*executores*) é de péssima técnica.

TÍTULO VIII
DO JUIZ, DO MINISTÉRIO PÚBLICO, DO ACUSADO E DEFENSOR, DOS ASSISTENTES E AUXILIARES DA JUSTIÇA

CAPÍTULO I
Do Juiz

Art. 251. Ao juiz incumbirá prover à regularidade do processo e manter a ordem no curso dos respectivos atos, podendo, para tal fim, requisitar a força pública.

251.1. O juiz e a direção do processo: Independentemente do sistema adotado em relação à instrução do processo, isto é, em relação às definições específicas do modelo processual adotado, no que toca à gestão e à iniciativa probatória – sistema acusatório, inquisitório etc. –, não se nega, seja onde for, a autoridade judicial na direção dos atos processuais, cabendo-lhe dirigir a realização dos atos processuais, sobretudo e particularmente no que se refere à regularidade da atuação das partes e de terceiros no processo e também no que atine com a manutenção da ordem no local dos trabalhos.

O exercício da jurisdição investe o magistrado de poderes e de prerrogativas irrenunciáveis. Por vezes, somente a firme atuação do juiz no controle de legalidade dos atos das partes e de terceiros poderá conduzir o processo a um resultado depurado de intervenções indevidas e prejudiciais.

Autoridade, evidentemente, não significa *autoritarismo.* O juiz ciente de sua autoridade não precisa ser autoritário. Se ela (autoridade) for desrespeitada, deve ele recorrer à força pública para fazer cessar qualquer perturbação na tramitação do processo e na regularidade dos trabalhos.

Jurisprudência

251.1. [...] O art. 251 do Código de Processo Penal indica a necessidade de observância ao postulado do impulso oficial, ao estabelecer que *"ao juiz incumbirá prover à regularidade do processo e manter a ordem no curso dos respectivos atos, podendo, para tal fim, requisitar a força pública"*. Cabe ao juiz, portanto, velar pela observância da marcha procedimental, em fiel observância à garantia da razoável duração do processo. [...] *(Agravo Regimental no Recurso em Habeas Corpus nº 139.571/BA, STJ, 6ª Turma, unânime, Rel. Min. Laurita Vaz, julgado em 21.9.2021, publicado no DJ em 30.9.2021)*

251.2. Dever de urbanidade: O exercício da autoridade não se incompatibiliza, um mínimo que seja, com o dever de urbanidade, isto é, o dever de tratamento cordial a ser destinado às partes, ao advogado e ao Ministério Público, nos limites do respeito à dignidade das respectivas posições no processo e no ambiente de trabalho.

Não é porque lhe incumbe a manutenção da ordem que se lhe abre a oportunidade para submeter os presentes a determinações (ordens) desprovidas das finalidades dos respectivos atos.

251.3. Sistema presidencialista e modelo acusatório: A Lei nº 11.719/08 modificou o perfil de nosso processo penal, relativamente à posição do juiz na instrução criminal, dando-lhe aspectos mais aproximados de sistemas processuais acusatórios.

Embora o juiz seja o *diretor* do processo e dos atos processuais, cumprindo-lhe controlar a legalidade da atuação de todos que houverem de ali intervir, no âmbito da instrução criminal não se pode mais afirmar que nosso modelo seja efetivamente *presidencialista,* ao menos no que respeita à produção das provas orais.

Ver-se-á, em pormenores, art. 212 e art. 474, ambos do CPP, que, na inquirição das testemunhas e no interrogatório no Tribunal do Júri, caberá às partes a iniciativa das indagações e a produção da aludida prova (testemunhal), reservando-se ao juiz a função de esclarecimento do conteúdo dos depoimentos e não mais de protagonista da prova.

Nada obstante, não se lhe retira a função de intervenção e de *depuração* da prova testemunhal, competindo-lhe, inclusive, determinar, de ofício, a acareação entre os depoentes, no caso de manifesta contradição entre as versões.

E, mais. Como já vimos e ainda veremos, não se lhe retirou a possibilidade de iniciativa na produção de prova (indicação e inquirição de testemunhas), se e quando a partir da prova produzida pelas partes. Aliás, em uma tal hipótese, deve ele, o magistrado, iniciar a inquirição da aludida testemunha (indicada de ofício), permitindo-se a complementação da inquirição pelas partes. Explica-se: não tendo sido arrolada a testemunha nem pela acusação e nem pela defesa, pode perfeitamente o juiz iniciar a sua inquirição, sem nenhum prejuízo às partes, que, aliás, poderão também contraditá-la.

Jurisprudência

251.3. [...] O art. 251 do Código de Processo Penal indica a necessidade de observância ao postulado do impulso oficial, ao estabelecer que "ao juiz incumbirá prover à regularidade do processo e manter a ordem no curso dos respectivos atos, podendo, para tal fim, requisitar a força pública". Cabe ao juiz, portanto, velar pela observância da marcha procedimental, em fiel observância à garantia da razoável duração do processo. [...] *(Agravo Regimental no HC nº 139.571-BA, STJ, 6ª Turma, Rel. Ministra Laurita Vaz, julgado em 21.9.2021, publicado no DJ em 30.9.2021)*

Art. 252. O juiz não poderá exercer jurisdição no processo em que:

I – tiver funcionado seu cônjuge ou parente, consanguíneo ou afim, em linha reta ou colateral até o terceiro grau, inclusive, como defensor ou advogado, órgão do Ministério Público, autoridade policial, auxiliar da justiça ou perito;

II – ele próprio houver desempenhado qualquer dessas funções ou servido como testemunha;

III – tiver funcionado como juiz de outra instância, pronunciando-se, de fato ou de direito, sobre a questão;

IV – ele próprio ou seu cônjuge ou parente, consanguíneo ou afim em linha reta ou colateral até o terceiro grau, inclusive, for parte ou diretamente interessado no feito.

252.1. Juiz natural e imparcialidade: Como já aqui assentado, o juiz natural se encontra na determinação constitucional de vedação do juiz de exceção e na exigência do juiz competente, segundo critérios ali fixados (na Constituição).

Assim, não só se impede a designação de juiz ou tribunal para o julgamento específico de determinado processo – originariamente de competência de outro –, como também se exige um grau de *especialização* do magistrado *quanto à matéria* a ser julgada, ou um órgão específico da jurisdição, em atenção à função exercida pelo acusado (competência jurisdicional por prerrogativa de função).

No segundo caso (de competência em razão da matéria ou por prerrogativa de função), não se cuida exatamente de acomodação da imparcialidade que deve nortear toda a atuação estatal, já que ali se define a jurisdição por critérios de *especialização* (quanto à matéria) e da *graduação* (competência originária dos tribunais).

Mas, na primeira hipótese, de proibição do juiz ou tribunal de exceção, já se insinua a preocupação constitucional com a *imparcialidade* do órgão da jurisdição. É que, exatamente por se tratar de uma competência *excepcional*, fora da regra geral, pode-se duvidar da *impessoalidade*, senão do julgador (juiz ou tribunal), no mínimo, daquele (legislador ou responsável pela organização judiciária) *que teria escolhido* a jurisdição por razões de índole *pessoal*. Relembre-se que o princípio da *impessoalidade* encontra abrigo seguro no art. 37, *caput*, da Constituição da República, abrangendo toda a Administração Pública, incluindo o Poder Judiciário.

Pode-se, portanto, encontrar no princípio do juiz natural, na perspectiva da vedação do juiz ou tribunal de exceção, a primeira e grande afirmação expressa da imparcialidade do órgão da jurisdição nacional.

Jurisprudência

252.1. [...] Esta Corte Superior tem entendimento pacificado no sentido de que o rol de impedimentos previsto nos arts. 252 e 253, do CPP, é taxativo. *Nessa linha de intelecção, para que se configure a hipótese de impedimento prevista no art. 252, III, do CPP, é necessário que o julgador tenha funcionado, no mesmo processo, como "juiz de outra instância, pronunciando-se, de fato ou de direito, sobre a questão".* [...] Inafastável a conclusão de que a mens legis do art. 252, inciso III, do CPP, se revela na intenção normativa de impedir que o mesmo julgador, seja em razão do deslocamento do próprio magistrado ou da ação penal, prolate uma decisão e, posteriormente, em sede recursal, a reexamine. [...] *(Agravo Regimental no Recurso Especial nº1.924.166-SC, STJ, 5ª Turma, Rel. Min. Messod Azulay Neto, julgado em 20.8.2024, publicado no DJ em 28.8.2024)*

252.1. [...] As causas de impedimento e suspeição do julgador têm por escopo a garantia da imparcialidade mediante a observância dos postulados do juiz natural (artigo 5º, LIII, da CRFB) e do devido processo legal (artigo 5º, LIV, da CRFB), sendo descabida a interpretação ampliativa do artigo 252, III, do CPP que possa resultar na criação de situações que permitam à parte interessada escolher quem deixará de examinar sua pretensão, vulnerando-se, por via transversa, os referidos institutos. Precedentes: RHC 227.561-AgR, Primeira Turma, Rel. Min. Alexandre de Moraes, DJe de 7/6/2023; RHC 179.272-AgR, Primeira Turma, Rel. Min. Rosa Weber, DJe de 25/6/2021; HC 83.020, Segunda Turma, Rel. Min. Carlos Velloso, DJ de 25/05/2004; AImp 4-AgR, Tribunal Pleno, Rel. Min. Ayres Britto (Presidente), DJe de 29/06/2012. [...] *(Agravo Regimental no Recurso Ordinário em Habeas Corpus nº 238.162, STF, 1ª Turma, Rel. Min. Luiz Fux, sessão virtual de 15.3.2024 a 22.3.2024, publicado no DJ em 5.4.2024)*

252.1. [...] É firme a jurisprudência desta Suprema Corte no sentido de que as hipóteses de impedimento elencadas no art. 252 do CPP são taxativas e não admitem interpretação extensiva (cf. RHC 179272 AgR, Relator(a): ROSA WEBER, Primeira Turma, DJe 25/6/2021; RHC 195982 AgR, Relator(a): ROBERTO BARROSO, Primeira Turma, DJe 9/4/2021; RHC 105791, Relator(a): CÁRMEN LÚCIA, Segunda Turma, DJe de 1º/2/2013; HC 97553, Relator(a): DIAS TOFFOLI, Primeira Turma, DJe 10/9/2010; HC 92893, Relator(a): RICARDO LEWANDOWSKI, Tribunal Pleno, DJe 12/12/2008). [...] A norma em questão (CPP, art. 252, III) encontra-se mais diretamente ligada à necessidade de se realizar efetivamente o duplo grau de jurisdição que propriamente com a eventual parcialidade do juiz (OLIVEIRA, Eugênio Pacelli. Curso de processo penal. Atlas. 16ª ed., 2012. p. 442). E, no presente caso, nem sequer há falar em outra instância para fins de reconhecimento de impedimento de Desembargadores, que, em momento algum, atuaram em primeiro grau de jurisdição nos autos da ação penal objeto desta impetração, tampouco se manifestaram sobre as questões suscitadas no recurso de Apelação. *[...] (Agravo Regimental no Recurso Ordinário em Habeas Corpus nº 227.561, STF, 1ª Turma, Rel. Min. Alexandre de Moraes, sessão virtual de 26.5.2023 a 2.6.2023, publicado no DJ em 7.6.2023)*

252.1. [...] "A consolidada jurisprudência dos Tribunais Superiores sustenta que as hipóteses causadoras de impedimento, constantes nos arts. 252, 253 e 258 do Código de Processo Penal são taxativas, não sendo viável interpretação extensiva e analógica, sob pena de se criar judicialmente nova causa de impedimento não prevista em lei, o que vulneraria a separação dos poderes e, por consequência, cercearia inconstitucionalmente a atuação válida do magistrado ou mesmo do promotor" (HC n. 353.440/MG, relator Ministro Ribeiro Dantas, Quinta Turma, julgado em 16/5/2017, DJe de 19/5/2017.) [...] *(Agravo Regimental no Recurso Especial nº 1.825.536-RJ, STJ, 6ª Turma, Rel. Antonio Saldanha Palheiro, sessão virtual de 7.2.2023 a 13.2.2023, publicado no DJ em 16.2.2023)*

252.1. [...] A jurisprudência do Supremo Tribunal Federal é firme no sentido de que "as hipóteses de impedimento elencadas no art. 252 do Código de Processo Penal constituem um numerus clausus (HC n. 92.893, Relator o Ministro Ricardo Lewandowski, DJ 12.12.2008), não se ajustando a espécie a nenhum dos casos previstos em lei de suspeição ou de impedimento do julgador, cujo rol é taxativo" (RHC 170.540, Relª. Minª. Cármen Lúcia). [...] *(Agravo Regimental no Recurso Ordinário em Habeas Corpus nº 212.801-PR, STF, 1ª Turma, Rel. Min. Roberto Barroso, unânime, julgado na sessão virtual de 22.4.2022 a 29.4.2022, publicado no DJ em 5.5.2022)*

252.1. [...] Magistrado que homologa acordo de colaboração premiada. Impedimento. Inexistência. Artigo 252 do CPP. [...] 2. As causas de impedimento do Magistrado para o processamento e julgamento da causa são circunstâncias objetivas relacionadas a fatos internos ao processo, previstas, taxativamente, no artigo 252 do Código de Processo Penal. 3. Nesse diapasão: a) não é possível *interpretar-se extensivamente os seus incisos I e II de modo a entender que o juiz que atua em fase pré-processual desempenha funções equivalentes ao de um delegado de polícia ou membro do Ministério Público* (HC 92893, Relator(a): Min. Ricardo Lewandowski, Tribunal Pleno, julgado em 2.10.2008, *DJe* de 11.12.2008)*;* b) não se pode ampliar o sentido do *inciso III de modo a entender que o juiz que atua em fase pré-processual ou em sede de procedimento de delação premiada em ação conexa desempenha funções em outra instância (o desempenhar funções em outra instância é entendido aqui como a atuação do mesmo magistrado, em uma mesma ação penal, em diversos graus de jurisdição) – HC 97553, Relator Min. Dias Toffoli, Primeira Turma, julgado em 16.6.2010, DJe de 9.9.2010*. 4. Na hipótese vertente, não houve exteriorização de qualquer juízo de valor acerca dos fatos ou das questões de direito emergentes na fase preliminar que impeça o Juiz oficiante de atuar com imparcialidade no curso da ação penal. O acórdão impugnado considerou que a participação do magistrado restringiu-se à homologação do acordo de delação premiada e a sentença consignou que os depoimentos dos delatores não haviam sido isoladamente considerados para embasar a condenação. 5. Em resumo, a homologação do acordo de colaboração premiada pelo Magistrado não implica seu impedimento para o processo e julgamento da ação penal ajuizada contra os prejudicados pelas declarações prestadas pelos colaboradores, não sendo cabível interpretação extensiva do artigo 252 do CPP. [...] *(Habeas Corpus n. 221.231-PR, STJ, 5ª Turma, STJ, Rel. Ministro Reynaldo Soares da Fonseca, 5ª Turma, julgado em 21.3.2017, publicado no DJ em 29.3.2017)*

252.2. Neutralidade, imparcialidade do juiz e ônus da prova: A se levar a sério uma velha e já assentada questão da teoria do conhecimento (gnosiologia), não se deve mesmo confundir as expressões *neutralidade* e *imparcialidade.*

A primeira, a *neutralidade,* seria o distanciamento pessoal e subjetivo do sujeito *cognoscente* (isto é, aquele que *conhece algo*) em relação ao *objeto* cognoscível (a ser conhecido), de tal modo que nada, no plano pessoal daquele (sujeito), perturbaria a pureza de seu conhecimento da coisa. Em outras palavras: nada do mundo (da vida) do sujeito (sensações, preconceitos, idiossincrasias etc.) interferiria no seu julgamento quanto à natureza e essência do objeto de sua apreciação.

Sabe-se, à evidência, da ruptura completa do pensamento pós-iluminista com semelhante filosofia do objeto, que, nesse sentido, se *apresentaria* inteiramente – ou na sua inteireza – ao sujeito. A imparcialidade do juiz, então, não poderia guardar tais pretensões, já inteiramente refutadas pelo conhecimento humano.

A imparcialidade a que se refere a Lei é e só poderia ser de natureza *objetiva*, pressuposta ou afirmada *juris et de jure* (presunção absoluta, ou que não só dispensa qualquer evidência naquele sentido, mas que também não se abre a outras, em sentido oposto).

Trata-se de situações de fato que, a juízo do legislador, poderiam comprometer a liberdade de espírito do julgador, sobretudo no plano do inconsciente. Geralmente, o comprometimento no campo do *consciente* pode (apenas *pode*) resvalar para questões muito mais sérias que o vício à imparcialidade.

Na verdade, o que se tem aqui, nas hipóteses legais de *impedimento* e de *suspeição*, é a previsão *abstrata* de risco à liberdade de escolha do julgador, de tal modo que a violação à imparcialidade passa a ser pressuposta ou objetivamente afirmada pelo legislador, ao mero exame de subsunção (adequação do fato – julgamento – à hipótese legal, de impedimento ou de suspeição). Em imagem medieval: "À mulher de César não basta ser honesta, deve também parecer honesta." Em resumo: o juiz *pode* não se ver *contaminado* pela situação; mas, aos olhos de outros, a dúvida estará sempre presente.

Trata-se, essencialmente, de uma inversão do ônus da prova, ou da imposição específica de tais ônus a quem alega o vício.

Se o cônjuge do juiz atuou no processo como advogado; se ele (cônjuge) estiver sendo processado por fato análogo, e, enfim, em todas as situações previstas em Lei, não há espaço probatório para demonstrar a *inexistência* de parcialidade. A imparcialidade é pressuposta e afirmada objetivamente (art. 252, CPP).

Nas circunstâncias e situações não previstas em Lei não significa não ser possível a constatação de comprometimento do magistrado. De modo algum. Apenas, deverá a parte que a alegar (impedimento ou suspeição) provar o vício à jurisdição.

Aí, não se falará em impedimento ou em suspeição, mas em *incompatibilidade* do juiz.

252.3. Incompatibilidades: Se, em relação às hipóteses de impedimento (art. 252 e art. 253, CPP) e de suspeição (art. 254, CPP) o nosso Código foi expresso e minudente, uma outra modalidade – legal! – de comprometimento da imparcialidade do juiz se encontra no disposto no art. 112 do CPP, conforme já analisamos. Ali, se prevê, genericamente, o dever de abstenção da jurisdição ao magistrado *quando houver incompatibilidade*, sem explicar quais seriam as situações legais dessa natureza.

Em realidade, a ausência de indicação específica é perfeitamente compreensível.

Nesse dispositivo, já analisado em outro espaço (art. 112, CPP), resguarda-se a possibilidade de o juiz, por qualquer outro motivo – no CPC, há referência expressa às razões de *foro íntimo* –, reconhecer a afirmar a sua incompatibilidade com o processo, *para além* daquelas razões legais de impedimento e de suspeição.

Ora, a complexidade da vida humana e das interações sociais não caberia e não cabe em nenhum dispositivo legal. Veja-se, por exemplo, que não há qualquer previsão de impedimento legal ao juiz, quando a sua esposa houver de ser ouvida como testemunha. Com efeito, não se encontra, nem nos arts. 252 e 253, e tampouco no art. 254. No art. 252, II, há regra de impedimento quando ele, juiz, *tiver servido como testemunha* no processo. Nem se diga, de outro lado, que o cônjuge estaria impedido de servir como testemunha com fundamento no art. 252, IV, que afasta o juiz quando se cônjuge *for diretamente interessado no feito.* Obviamente, incabível a argumentação.

No entanto, não há como recusar que em tal situação – cônjuge como testemunha no processo – o juiz não pode exercer jurisdição, na medida em que os compromissos de afeto e vida comum que os liga ao cônjuge perturbarão sensivelmente a sua liberdade de apreciação dos depoimentos.

Pensamos, aliás, que, ainda que o juiz não tenha afirmado a sua incompatibilidade, poderão as partes manejar a exceção de suspeição (arts. 95 e seguintes, CPP), ou, no caso, de incompatibilidade. Mais ainda. Mesmo depois de transitada em julgado a sentença condenatória, poderá o acusado buscar a sua invalidação em ação de revisão criminal (art. 621, CPP), diante da exigência constitucional de imparcialidade do juiz, no âmbito do devido processo legal.

252.4. A nulidade nos impedimentos legais e na incompatibilidade: Em pelo menos duas oportunidades o nosso CPP é bastante parcimonioso em relação às consequências de um vício tão grave quanto o comprometimento da imparcialidade do juiz. No art. 564, I, por exemplo, prevê-se a nulidade do processo por *suspeição ou suborno* do juiz, nada aludindo ao vício de *impedimento* e de *incompatibilidade.* E, no art. 95, dá-se primazia à suspeição, embora se admita, no art. 112, que o mesmo procedimento – exceção de suspeição – seja adotado nas hipóteses de incompatibilidade e de impedimento.

A distinção, sobretudo em relação à nulidade, não faz o menor sentido.

Em todos os casos de comprometimento da imparcialidade, seja ele decorrente de fato tido como *de suspeição,* seja de *impedimento,* seja, por fim, de *incompatibilidade,* as consequências daí decorrentes só podem ser no sentido da nulidade absoluta do processo, diante do risco evidente de afetação à própria função jurisdicional. E nesse campo não se pode tergiversar: pouco importa o conteúdo das decisões judiciais; o vício é de índole constitucional, a comprometer toda a atividade jurisdicional, não se aproveitando, então, qualquer ato processual.

Sequer se mostram necessárias maiores considerações. Não parece cabível qualquer graduação quanto aos efeitos do vício à imparcialidade. Juiz impedido, juiz incompatibilizado, juiz suspeito ou juiz *peitado* ou subornado (o oferecimento de *peitas* é o mesmo que *suborno*) será sempre um julgador sem liberdade para julgar, objetivamente comprometido na sua imparcialidade.

Jurisprudência

252.4. [...] A jurisprudência desta Corte tem se orientado no sentido de que o art. 252, II, do CPP, não veda o testemunho do juiz, mas apenas que ele exerça jurisdição no processo em que ele tenha servido como testemunha, de modo a preservar uma apreciação desvinculada e imparcial das provas e dos fatos probandos. Precedentes [...] [...] *(Habeas Corpus nº 607.564/PR, STJ, 5ª Turma, unânime, Rel. Min. Reynaldo Soares da Fonseca, julgado em 24.11.2020, publicado no DJ em 27.11.2020).*

252.4. [...] O impedimento do magistrado decorrente de sua ativa participação na fase investigatória, inclusive com a realização de interrogatórios e requisição de realização de auditoria no âmbito da Receita Federal, tem natureza objetiva e veda sua atuação em qualquer ação penal que tenha origem nesse procedimento. [...] Não cabia ao juiz, *sponte propria,* no âmbito de medida cautelar ajuizada para obtenção de autorização de monitoramento telefônico, expedir ofício requisitando à autoridade administrativa a instauração de auditoria para apuração da ocorrência dos ilícitos investigados. Afronta ao sistema acusatório caracterizada. [...] (*Habeas Corpus nº 162.970-RJ, STJ, 6ª Turma, Rel. Min. Sebastião Reis Júnior, julgado em 6.12.2011, publicado no* DJ *em 21.3.2012*).

252.5. As hipóteses legais de impedimento: Como regra, as hipóteses de impedimento estão associadas a fatos, condições ou circunstâncias de caráter objetivo, aferíveis no *interior* do processo em curso.

A elas: no inciso I, o impedimento decorrerá do fato de algumas pessoas, ligadas ao juiz por laços de união civil (cônjuge) ou parentesco (até o terceiro grau), por consanguinidade (pai, avô, bisavô) ou por afinidade (sogro, genro), em linha reta (pai, avô, sogro etc.) ou colateral (irmão, sobrinho, cunhado), terem funcionado *no processo* como defensor, acusador, autoridade policial, auxiliar da justiça ou perito. Também o juiz que tiver exercido qualquer dessas funções *no processo*, ou que tenha funcionado como testemunha, estará impedido de exercer ali sua jurisdição (inciso II).

O parentesco civil encontra previsão expressa no Código Civil (arts. 330 e seguintes). Em linha reta, por *consanguinidade*: bisneto, neto, filho, avô, bisavô (até o terceiro grau). Em linha reta, por *afinidade:* genro e sogro e seus filhos e pais (até o terceiro grau). Em linha colateral, por *consanguinidade*: irmão e sobrinho (até o terceiro grau). E, *por afinidade*: cunhado e filho (também até o terceiro grau). Por fim: não haverá distinção de tratamento entre filhos legítimos, legitimados e adotados (arts. 352, 368 e seguintes, Código Civil). Relembre-se: *primos* são parentes de *quarto grau*, não se incluindo no parentesco ora mencionado.

Estará impedido também o magistrado que tiver funcionado como juiz de outra instância, pronunciando-se, de fato e de direito, sobre a questão. Ora, o que se quer aqui é garantir o *duplo grau* de jurisdição. Com efeito, se o juiz atuar em duas instâncias no mesmo processo, não se terá observado a regra do colegiado nos tribunais, ficando reduzido o número legal de magistrados para a revisão da matéria.

Outra: quando ele, o juiz, ou as pessoas mencionadas no inciso I, for parte ou diretamente interessado no feito.

A primeira regra é de clareza solar, quando não manifestamente absurda: como poderia o juiz ser parte no feito? *Réu* e juiz? *Querelante* (autor) e juiz? Se, de outro lado, forem seus parentes ou o cônjuge *partes* no feito, não há como afastar a perda de imparcialidade do juiz. Já quanto à circunstância de serem eles (juiz, cônjuge e parentes) diretamente interessados no feito, pensamos que as únicas situações em que se faria ela presente seriam no âmbito não penal, como, por exemplo, quando a sentença penal puder dar origem a direitos ou interesses subjetivos daquelas pessoas fora daquele processo. É dizer: quando a coisa julgada penal influir em demanda ou implicar vantagem jurídica a qualquer uma delas (reparação de danos morais, por exemplo).

Uma nova hipótese legal de *impedimento* foi criada, acrescendo-se às hipóteses do art. 252 do CPP: o juiz que, na fase de investigação, praticar qualquer ato relacionado com os arts. 4º e 5º do CPP, estará impedido de atuar como juiz da instrução. Conforme o parágrafo único do art. 3º-D, nas comarcas onde houver apenas um juiz, os tribunais criarão um sistema de rodízio de magistrados, a fim de atender às disposições alteradas quanto ao juiz das garantias.

Destaque-se também que houve acréscimo do § 5º do art. 157 do CPP, prevendo-se que "o juiz que conhecer do conteúdo da prova declarada inadmissível não poderá proferir a sentença ou acórdão". Em nossa compreensão, o "contato" com a prova inadmissível (compreenda-se a prova que não poderia ser utilizada, por ilegitimidade ou ilicitude) não o "contato e visualização" dela no bojo da ação penal. Para caracterizar-se o impedimento é fundamental que o juízo tenha admitido como válida a prova que venha a ser declarada como inadmissível. Do contrário, bastaria – por qualquer ato, inclusive de terceiros – ser juntada uma prova inadmissível nos autos para, automaticamente, excluir o juízo do processo. Não pode ser assim, segundo pensamos.

Jurisprudência

252.5. [...] A correta interpretação do art. 252, IV, primeira parte, do CPP é no sentido que somente há impedimento se o magistrado, cônjuge ou parente, por consanguinidade ou afinidade, até o terceiro grau forem partes, especificamente, no processo penal em que o magistrado exercer a atividade jurisdicional. Quanto ao art. 252, IV, *in fine*, há impedimento do juiz se ele ou as descritas pessoas a ele vinculadas possuem interesse direto no resultado do processo, o que ocorre nas situações em que os efeitos positivos da coisa julgada da seara penal repercutam, de maneira imediata, em relação jurídica material cível *lato sensu* do magistrado ou das descritas pessoas a ele vinculadas, em estado de litispendência ou não, seja em decorrência de sentença penal absolutória, com fundamento na prova de que o réu não concorreu para o fato, da inexistência do fato, ou da presença de causas justificantes reais (CPP, art. 386, I, IV, e VI, primeira parte, c/c arts. 65, 66 e 67), ou da norma individual do caso concreto constante da sentença penal condenatória, bem como seu efeito extrapenal (CP, art. 91, I, c/c CPP, art. 387, IV, c/c arts. 63 e 64). 2 *In concreto*, por óbvio, os magistrados não são sujeitos passivos na ação penal, o que inviabiliza a adequação ao art. 252, IV, *in fine*. Nesse passo, não satisfeita a teoria da tríplice identidade da demanda, eventual condenação do paciente na esfera penal será irrelevante para o resultado das demandas cíveis apontadas pelo recorrente, haja vista os limites subjetivos da sentença, sob o regime jurídico da coisa julgada *pro et contra* das demandas individuais. 3. Em princípio, os fatos alegados acerca dos magistrados poderiam, em tese, subsumir-se às situações legais de suspeição, nos termos do art. 254 do CPP, não às causas de impedimento, eminentemente objetivas e estritas. Trata-se, inversamente, de vínculos de ordem subjetiva dos magistrados com as partes, seja de ordem creditícia (CPP, art. 254, V), ou de interesses indiretos na causa, nos termos da cláusula geral de suspeição (CPP, art. 3º, c/c art. 145, IV, do Novo CPC). 4. Entrementes, não basta invocar causas de suspeição, em abstrato, do pantanoso rol *numerus apertus*, para que haja o reconhecimento do vício de parcialidade, pois o legislador apenas sugere a incidência de certa desconfiança nesses casos. Imprescindível, pois, que o excipiente demonstre – com elementos concretos e objetivos – o comportamento parcial do juiz na atuação processual, incompatível com seu mister funcional, sob pena de banalização do instituto e inviabilização do exercício da jurisdição [...] Conclusão diversa chegaria ao absurdo de impossibilitar que o magistrado mantenha quaisquer relações exoprocessuais, mesmo que meramente creditícias ou pessoais, presumindo-se em abstrato a sua parcialidade em situações meramente cotidianas. [...] *(Agravo Regimental no Agravo Regimental no Recurso Especial nº 1.668.019/RS, 5ª Turma, unânime, Rel. Min. Ribeiro Dantas, julgado em 8.6.2021, publicado no DJ em 11.6.2021)*

252.5. [...] Impedimento de Ministro. A jurisprudência desta Corte firmou o entendimento de que *não cabe a interpretação ampliativa das hipóteses de impedimento previstas no Código de Processo Penal, sendo que a compreensão dessas circunstâncias deve servir à finalidade de garantia da observância do princípio do juiz natural e do devido processo legal. O disposto no inciso III do art. 252 do Código de Processo Penal veda a atuação do magistrado quando ele tenha se manifestado sobre a mesma questão de fato ou de direito, envolvendo um único processo e em diferente grau de jurisdição.* Na concreta situação dos autos, não se trata de atuação em instâncias diversas, mas sim em autos de processos distintos na mesma instância. [...] *(Embargos Declaratórios no Agravo Regimental no Habeas Corpus nº 178.786-SP, STF, 2ª Turma, unânime, Rel. Min. Gilmar Mendes, julgado em sessão virtual de 21.8.2020 a 28.8.2020, publicado no DJ em 3.9.2020).*

252.5. [...] I – A participação de magistrado em julgamento de caso no qual seu pai já havia atuado é causa de nulidade absoluta, prevista no art. 252, I, do Código de Processo Penal. II – A alteração do *quorum* com o afastamento do juiz impedido é razão suficiente para o reconhecimento da nulidade processual. III – Necessidade de renovação do julgamento, sem a participação do magistrado impedido. [...] *(Habeas Corpus nº 136.015-MG, STF, 2ª Turma, Rel. Min. Ricardo Lewandowski, julgado em 14.5.2020, publicado no DJ em 28.5.2020).*

252.5. [...] Presidência de Inquérito. Impedimento do magistrado. Inocorrência. Art. 255 do CPP. Rol taxativo. [...] Juizado de Instrução. Inocorrência. Incompatibilidade do art. 75 do CPP com a Constituição. Inexistência. I – As hipóteses de impedimento elencadas no art. 252 do Código de Processo Penal constituem *numerus clausus*. II – Não é possível, pois, interpretar-se extensivamente os seus incisos I e II de modo a entender que o juiz que atua em fase pré-processual desempenha funções equivalentes ao de um delegado de polícia ou membro do Ministério Público. Precedentes. III – Não se adotou, no Brasil, o instituto acolhido por outros países do juizado de instrução, no qual o magistrado exerce, *grosso modo*, as competências de polícia judiciária. IV – O juiz, ao presidir o inquérito, apenas atua como um administrador, um supervisor, não exteriorizando qualquer juízo de valor sobre fatos ou questões de direito que o impeça de atuar com imparcialidade no curso a ação penal. V – O art. 75 do CPP, que adotou a regra da prevenção da ação penal do magistrado que tiver autorizado diligências antes da denúncia ou da queixa não viola nenhum dispositivo constitucional. VI – Ordem denegada *(Habeas Corpus nº 92.893-5-ES, STF, Plenário, unânime, julgado em 2.10.2008, DJ de 12.12.2008).*

252.5. [...] Nos termos do então vigente art. 252, inciso I, do Código de Processo Penal, o Magistrado não pode exercer jurisdição no processo em que tiver funcionado seu parente, consanguíneo ou afim, em linha reta, até o terceiro grau, como Membro do Ministério Público. Constatado que o Promotor de Justiça que ofereceu a denúncia em desfavor do Paciente é filho do Desembargador Relator do acórdão que julgou o apelo defensivo, impõe-se cassar o julgado [...] (*Habeas Corpus nº 118.507-GO, STJ, 5ª Turma, Rel. Min. Laurita Vaz, julgado em 24.3.2009, publicado no DJ em 20.4.2009*).

252.5.1. Impedimento e ação privada: Embora o nosso CPP se refira apenas ao órgão do Ministério Público, enquanto função exercida pelo juiz, a implicar o seu impedimento no processo (inciso I), é bem de ver que também haverá impedimento quando o magistrado tiver atuado como querelante, isto é, autor da ação penal privada. A razão do impedimento é a mesma: vinculação à tese esposada na inicial.

252.5.2. Assistente e ofendido: Ofendido ou vítima, a rigor, não podem ser qualificados como *parte* no processo, dado que não exercem atividade processual em sentido estrito (atos de postulação, de prova etc.).

Há agora uma exceção.

A Lei nº 11.690/08 passou a permitir a atuação *processual* do ofendido, independentemente de sua habilitação como *assistente de acusação* (arts. 268 e seguintes, CPP), no que toca à indicação de assistente técnico para a prova pericial, bem como à participação ativa na produção da aludida prova em audiência (art. 159, § 3º e § 5º, CPP).

No entanto, para os fins de que ora cuidamos, essa é uma questão que não nos parece de maior relevo. A regra de impedimento do inciso IV (art. 252, CPP) há que ser extensível à situação em que o juiz, seu cônjuge e seus parentes estejam na posição de *ofendido*, equiparados, nesse particular, ao conceito de *parte* no feito.

252.5.3. Auxiliares da Justiça: São auxiliares da Justiça os escrivães, os escreventes e os oficiais de justiça, dentre outros que prestam serviços no foro judiciário.

Como de fácil percepção, não se há de pretender o afastamento do magistrado em razão unicamente do exercício anterior (por ele mesmo) ou de seu cônjuge e parentes no processo, nas aludidas funções. É que o exercício delas (funções), em princípio, não implica o conhecimento relevante do objeto do processo, do que, em tese, poderia resultar o comprometimento da imparcialidade do julgador.

Frise-se, ainda mais uma vez, que as causas de impedimento configuram hipóteses de presunção *iuris et de iure*, segundo as quais não se permite demonstração em sentido contrário.

Nada obstante, não há por que fazer *tabula rasa* da disposição legal, tão ao gosto do positivismo mais extremado (*dura lex sed lex*). Nesse caso específico da Lei – em relação aos auxiliares da Justiça – não se pode dar tratamento unitário às causas de impedimento, na medida em que elas se encontram absolutamente afastadas quanto à respectiva fundamentação.

Pode ocorrer que, do exercício de tais funções, resulte alguma influência por parte do servidor, como resultante de seu contato com o processo. Pode ser. Mas, quando *for*, será preciso demonstrar a sua existência *concreta* e não mera e objetivamente pressuposta como as demais.

252.5.4. Peritos: Aqui, a solução há que ser outra, por razões bem visíveis.

A realização de perícia constitui, necessariamente, o exame minucioso de situação de fato absolutamente relevante para a aplicação do direito. Como meio de prova que é, o exame pericial implica não só a apreciação da questão, mas também a formação de convencimento definitivo sobre matéria de fato. Assim, e do mesmo modo que ocorre em relação à prova testemunhal, parece-nos evidente o comprometimento da liberdade do julgador.

Se ele (juiz, cônjuge ou parentes) ainda não tiver realizado a respectiva função não haverá que se falar em impedimento; mas não se há de exigir a elaboração do laudo, e, sim, a efetiva apreciação da matéria pelo *expert.*

252.5.5. Juiz de outra instância e natureza das decisões: O duplo grau de jurisdição implica a revisão do julgamento por outro órgão, composto, normalmente, por colegiado (tribunais e juizados).

Quando o juiz, após analisar o processo em primeira instância, passa a integrar órgão colegiado, não se pode recusar que a sua atuação em outra instância *no mesmo processo* impediria a regular revisão da matéria, com manifesta diminuição das possibilidades de alteração do julgado. E o impedimento não ocorrerá somente na instância ordinária (entre o primeiro e o segundo grau), mas também na extraordinária (entre tribunais superiores) e entre estes e aqueles (atuação na primeira, na segunda ou nos tribunais superiores). O que importa é a vedação ao duplo exercício de jurisdição *no mesmo processo.*

No entanto, há que se ter também um mínimo de cautela e prudência na apreciação da matéria, sobretudo e de modo particular, quando na apreciação de nulidade do processo.

Uma coisa é o juiz afirmar, voluntariamente, o seu impedimento para o processo, antes do julgamento; outra, é anular-se aquele (processo) fundado unicamente na atuação anterior do magistrado. Quando o juiz não se afirmar impedido, será preciso, então, examinar a natureza da decisão proferida no processo em outra instância. Não basta ter tido tramitação o processo no juízo em que atuava o magistrado. É preciso que ele tenha efetivamente apreciado a questão.

Nesse passo, o recebimento da denúncia, embora dotado de certa margem decisória, não impede a atuação do juiz em outra instância. Se já assim pensávamos antes da reforma procedimental trazida pela Lei nº 11.719/08, depois dela nosso entendimento se consolidou. É que, agora, e, em princípio, o recebimento da denúncia não implicará, necessariamente, sequer o exame prévio quanto à *tipicidade aparente* do fato, como ocorria ao tempo de vigência do antigo e revogado art. 43 do CPP. É claro que, sendo manifesta a atipicidade do fato ou a prescrição do delito, poderá o juiz assim se pronunciar desde logo, absolvendo sumariamente o acusado (art. 397, CPP), mesmo antes da apresentação da resposta escrita a que alude o art. 396, do CPP. Mas, o que nos importa aqui é demonstrar o baixo grau decisório do ato de recebimento de denúncia, a partir da legislação citada, ao menos para o fim de determinar o comprometimento da atuação em outra instância.

Atos de impulso processual, do mesmo modo, não implicarão o impedimento. Já a decretação de qualquer medida cautelar ou a atuação em atos instrutórios impedirá a atuação do juiz no processo em outra instância. Com mais razões ainda a prática de atos decisórios, propriamente ditos, nos quais ou para os quais se exige detido exame da matéria de fato ou de direito.

Jurisprudência

252.5.5. [...] O disposto no inciso III do art. 252 do Código de Processo Penal merece interpretação restritiva, circunscrevendo-se o impedimento do juiz às causas em que tenha atuado em graus de jurisdição distintos, não comportando a norma ampliação da hipótese taxativamente estabelecida" (HC 120.017, Rel. Min. Dias Toffoli). [...] (*Embargos de Declaração no Habeas Corpus nº 128.123-ES, STF, 1ª Turma, maioria, Rel. Min. Roberto Barroso, julgado em 4.8.2015, publicado no DJ em 14.9.2015*).

252.5.5. [...] *In casu*, o regramento processual não foi desrespeitado, na medida em que: i) o Desembargador relator da Revisão Criminal não atuou em primeiro grau de jurisdição e sequer participou do julgamento da Apelação; ii) o fato de os Desembargadores [...] terem participado, antes mesmo da sentença de primeira instância, do julgamento de habeas corpus – ação autônoma de impugnação – evidentemente não impede a participação desses julgadores, respectivamente, na Apelação e na Revisão Criminal, pois a lei só prevê como causa de impedimento a anterior atuação dos magistrados no mesmo processo (CPP, art. 252, III); e iii) a participação de Desembargador tanto no julgamento da Apelação quanto no da Revisão Criminal não nulifica o feito, já que não há qualquer norma proibitiva nesse sentido. Precedente do STF. [...] (*Habeas Corpus nº 319.280-SC, STJ, 6ª Turma, unânime, Rel. Min. Maria Thereza de Assis Moura, julgado em 23.6.2015, publicado no DJ em 3.8.2015*).

252.5.5. [...] Por expressa previsão constitucional (arts. 93, VIII, e 96, III, da CF), tanto o procedimento administrativo disciplinar quanto a ação penal nos quais envolvido magistrado de primeiro grau serão processados e julgados pelo respectivo Tribunal, não havendo falar em "outra instância" para fins de impedimento previsto no art. 252, III, do Código de Processo Penal. [...] (*Habeas Corpus nº 112.121-SP, STF, 2ª Turma, unânime, Rel. Min. Teori Zavascki, julgado em 10.2.2015, publicado no DJ em 2.3.2015*).

252.5.5. [...] Nos termos do artigo 252, III, do Código de Processo Penal, ocorre impedimento nos casos em que o juiz já tenha se manifestado, em outra instância, sobre a mesma questão de fato ou de direito. O magistrado que participou do recebimento da denúncia na condição de Desembargador Federal Convocado perante a Corte Regional em face de prerrogativa de foro fica impedido de julgar a ação penal após a remessa ao primeiro grau em virtude da perda do cargo, por força da garantia dos princípios da imparcialidade e do duplo grau de jurisdição. [...] (*Recurso Especial nº 1.456.198-PE, STJ, 6ª Turma, unânime, Rel. Min. Maria Thereza de Assis Moura, julgado em 12.2.2015, publicado no DJ em 25.2.2015*).

252.5.5. [...] Nos termos do art. 252, III, do Código de Processo Penal, o magistrado não poderá exercer jurisdição no processo em que tiver funcionado como juiz de outra instância, pronunciando-se, de fato ou de direito, sobre a questão. 2. No caso, inexiste impedimento de Desembargadora que participou da renovação do julgamento do Recurso de Apelação, mesmo que tenha participado do primeiro julgado, anteriormente anulado em sede revisional. Precedentes. Agravo regimental desprovido (*Agravo Regimental no Agravo em Recurso Especial nº 16.162-MS, STJ, 6ª Turma, Rel. Min. Marilza Maynard, julgado em 24.4.2014, publicado no* DJ *em 5.5.2014*).

....

252.5.6. Cônjuge, parentes e atuação judicial na mesma instância: Pode ocorrer, também, e isso não foi objeto de previsão na Lei, que o cônjuge e demais parentes mencionados no art. 252, I, CPP, tenham já atuado no processo, não como defensor, membro do Ministério Público, autoridade policial e as demais funções ali elencadas, mas como *juiz no processo.*

Nesse caso, que não é o mesmo do inciso III (art. 252), já que não se trata de instâncias diferentes, impõe-se também o afastamento do magistrado, senão como hipótese de impedimento, tendo em vista a ausência de previsão legal, mas como de *incompatibilidade,* consoante a regra genérica do art. 112, CPP.

252.6. Cônjuges, parentes e testemunhas: Se o cônjuge ou os parentes do juiz forem arrolados como testemunhas no processo, deverá o magistrado declarar-se *incompatibilizado* para o processo, tendo em vista a óbvia influência que sobre ele exercerão – ou *poderão* exercer – tais depoimentos, no que se refere ao exame de credibilidade dos respectivos conteúdos.

Já assentamos que a hipótese não se acomodaria nas causas expressas do art. 252, e, sobretudo, naquelas abrigadas nos incisos I e II.

De todo modo, vedada a analogia no estabelecimento de regras de impedimentos ou de suspeições, deve-se incluir o caso entre as hipóteses de incompatibilidade (art. 112, CPP), dado que o comprometimento da liberdade de julgamento parece inevitável, a reclamar a nulidade absoluta do processo, se assim realizado.

252.7. Companheiro(a) e imparcialidade: O CPP não fala, e nem poderia àquele tempo fazê-lo, mas, a nosso aviso, a existência de relação de afeto ao nível da união estável entre o magistrado e sua companheira parece-nos suficiente para aplicar-se a regra de impedimento prevista no art. 252, I, do CPP. Não por analogia, mas por equiparação constitucional entre a mesma situação de fato (art. 226, § 3º, CF). No particular, não somos partidários da autonomia hermenêutica de uma suposta *interpretação extensiva,* como muito se encontra em sede doutrinária. Mas, e sim, de uma interpretação *integrativa,* que inclui no texto aquilo que não foi dito expressamente, mas que não pode ser excluído, *logicamente.*

A questão remanescente seria unicamente teórica e conceitual. É que, ainda que não reconhecida a união estável para fins de equiparação com a condição de esposa, como hipótese de impedimento, não se recusará a *suspeição* do magistrado em tais situações (art. 254, I, CPP), uma vez presente a amizade (ou *inimizade*) íntima entre eles.

Então, se o companheiro(a) funcionar no processo como testemunha ou como advogado e/ou nas demais funções previstas no art. 252, I, CPP, qualquer tentativa de aplicação analógica – vedada em tema de impedimento e suspeição – indicaria o primeiro (*impedimento*) e não a segunda (suspeição).

A solução mais razoável, no entanto, e como visto, é afirmar-se a sua incompatibilidade (art. 112, CPP).

252.8. Impedimento do juiz e ingresso posterior do cônjuge ou parentes no processo: Para evitarmos a repetição do tema e da respectiva fundamentação, remetemos o Leitor aos comentários ao art. 267, logo adiante.

Ali se verá que o juiz deve se afastar do processo, ainda quando o parente ou seu cônjuge ingresse como advogado no curso do processo. Pensamos dever prevalecer o princípio constitucional da ampla defesa, que inclui o direito à livre escolha do defensor técnico.

O mesmo não ocorre, todavia, em relação à função de Ministério Público. Nesse caso, deverá o membro do *parquet* recusar qualquer atuação no processo, dando-se por impedido. Ambos, juiz e Ministério Público, integram as fileiras do Poder Público, razão pela qual a antecedência da atuação no processo garantirá a permanência daquilo que já estiver oficiando.

Art. 253. Nos juízos coletivos, não poderão servir no mesmo processo os juízes que forem entre si parentes, consanguíneos ou afins, em linha reta ou colateral até o terceiro grau, inclusive.

Também haverá impedimento legal à atuação conjunta, isto é, na *mesma instância* e no mesmo processo, de magistrados que mantenham, entre si, vínculos de parentesco, consanguíneo ou afim, em linha reta ou colateral, até o terceiro grau. A relação de parentesco, como visto, é a mesma do art. 252, CPP.

E entre *cônjuges* (juízes), não haveria impedimento?

Obviamente, a causa de afastamento é a mesma. Aliás, parece ter havido aqui verdadeiro *esquecimento* da figura do cônjuge. Note-se que o rol de parentesco, tanto nos impedimentos quanto nas suspeições, vem sempre acompanhado do cônjuge (art. 252, I e IV, e art. 254, III, CPP).

Mas, seguindo a regra de não se recorrer à analogia em tais situações, o caso seria de *incompatibilidade*. Na mesma situação, e por tudo que já dissemos, o(a) *companheiro(a)* que também exercer a mesma função.

Art. 254. O juiz dar-se-á por suspeito, e, se não o fizer, poderá ser recusado por qualquer das partes:

I – se for amigo íntimo ou inimigo capital de qualquer deles;

II – se ele, seu cônjuge, ascendente ou descendente, estiver respondendo a processo por fato análogo, sobre cujo caráter criminoso haja controvérsia;

III – se ele, seu cônjuge, ou parente, consanguíneo, ou afim, até o terceiro grau, inclusive, sustentar demanda ou responder a processo que tenha de ser julgado por qualquer das partes;

IV – se tiver aconselhado qualquer das partes;

V – se for credor ou devedor, tutor ou curador, de qualquer das partes;

VI – se for sócio, acionista ou administrador de sociedade interessada no processo.

254.1. A definição legal de suspeição: Na verdade, o CPP não se ocupou de uma definição expressa do sentido da expressão *suspeição*. Preferiu alinhar algumas situações e circunstâncias de fato que tornariam o juiz suspeito.

No art. 564, I, CPP, é prevista a nulidade do processo por suspeição ou *suborno* do juiz, como a indicar que as hipóteses seriam distintas. *Suspeito,* portanto, será apenas o magistrado abarcado pelo rol descrito no art. 254. O *suborno,* a nosso aviso, para além da questão criminal, torna *incompatibilizado* o juiz para o processo.

E se as causas de impedimento, de modo geral, se encontram *dentro* ou *no interior* do processo, as hipóteses de suspeição tomam rumo diferente.

As situações e/ou circunstâncias de fato que conduzem à suspeição do magistrado se referem a questões alheias ao processo em curso.

Jurisprudência

254. [...] As hipóteses de suspeição do Magistrado preconizadas no art. 254 do Código de Processo Penal, constituem rol meramente exemplificativo, de modo que é possível cogitar de declaração de suspeição, ainda que calcada em hipótese diversa daquelas previstas na norma processual, desde que o excipiente logre demonstrar, com elementos concretos e objetivos, o comportamento parcial do juiz na condução do processo. Precedentes desta Corte Superior. [...] A imparcialidade do Magistrado é uma garantia processual prevista na Convenção Americana Sobre Direitos Humanos (art. 8.1) e condição sine qua non do devido processo legal, de modo que a melhor interpretação acerca do standard probatório necessário para o reconhecimento da imparcialidade do Juiz, é no sentido de que a existência de elementos concretos aptos a incutir dúvida razoável acerca da imparcialidade do Magistrado é suficiente para a declaração de suspeição almejada. [...] *(Recurso Especial nº 1.921.761–RS, STJ, 6ª Turma, Rel. Min. Sebastião Reis Júnior, julgado em 28.2.2023, publicado no DJ em 6.3.2023)*

254. [...] 1. As hipóteses de suspeição estão previstas no art. 254 do Código de Processo Penal. 2. A jurisprudência desta Suprema Corte firmou-se no sentido de que o rol previsto na legislação adjetiva penal é taxativo. Precedente: HC 114.649-AgR, Rel. Min. Celso de Mello, Segunda Turma, DJe de 28/8/2015. 2. In casu, a pretensão da parte autora é de interpretação ampliativa, analógica ou extensiva das hipóteses previstas no art. 254 do CPP, a qual, como se verifica, não encontra amparo na jurisprudência desta Corte. [...] *(Agravo Regimental na Arguição de Suspeição nº 103-PR, STF, Tribunal Pleno, Rel. Min. Roberto Barroso, unânime, julgado na sessão virtual de 25.3.2022 a 1.4.2022, publicado no DJ em 19.4.2022)*

254. [...] Condução de audiência de instrução e julgamento com rispidez não leva à conclusão, por si só, no sentido da suspeição do julgador, ausente enquadramento no preceito legal – artigo 254 do Código de Processo Penal. *(RHC nº 173.226/SC, STF, 1ª Turma, unânime, Rel. Min. Marco Aurélio, julgado em sessão virtual de 4.6.2021 a 11.6.2021, publicado no DJ em 21.6.2021)*

254 [...] Na linha dos precedentes desta Corte, a suspeição por situação superveniente não opera retroativamente, vale dizer, não importa, por si só, a nulidade dos atos processuais anteriores a esse fato. [...] (*Recurso em Habeas Corpus nº 43.787-MG, STJ, 5ª Turma, unânime, Rel. Min. Felix Fischer, julgado em 1º.10.2015, publicado no* DJ *em 19.10.2015*).

254. [...] As causas de suspeição previstas no artigo 254 do Código de Processo Penal não se referem às situações em que o magistrado está impossibilitado de exercer a jurisdição, relacionando-se, por outro lado, aos casos em que o togado perde a imparcialidade para apreciar determinada causa, motivo pelo qual doutrina e jurisprudência majoritárias têm entendido que o rol contido no mencionado dispositivo legal é meramente exemplificativo. [...] (*Habeas Corpus nº 331.527-MG, STJ, 5ª Turma, unânime, Rel. Min. Jorge Mussi, julgado em 13.10.2015, publicado no* DJ *em 21.10.2015*).

254.2. Amizade íntima e inimizade capital em relação às partes: A Lei (CPP) não veio com tradução e nem com explicação. Recorreu à linguagem cotidiana, como, aliás, deveria ser sempre em matéria penal.

O relevo da suspeição é encontrado no grau de proximidade de convivência e de reciprocidade afetiva (amizade íntima) entre o juiz e qualquer das partes, não bastando, à evidência, não só a cordialidade das relações, mas também – insuficientes, portanto! – o convívio mais ou menos frequente entre eles. Do contrário, nas pequenas comarcas, ou o juiz haveria que se recolher, recluso, à solidão de seu cargo, ou bem deveria se dar por suspeito em um sem-número de processos.

Amizade íntima, portanto, é o alto grau de afeto, de respeito, de convívio, de intimidade, enfim, da qual resultaria ou *poderia resultar* eventual *influência* no ânimo do julgador, em face do prestígio e bom conceito de que gozaria a parte na apreciação pessoal do juiz.

No lado oposto, a inimizade *capital*. Que, aliás, também pode ser *íntima*.

Nada impede, com efeito, que o rancor e o desapreço pessoal que normalmente caracterizam uma *inimizade* resultem da ruptura de uma anterior amizade, que também pode até ter sido íntima. Não vamos recorrer à psicologia já popularizada que vê uma grande afinidade – humana – no amor (amizade) e no ódio. Mas, inegavelmente, não é incomum a alteração de espírito em um ou outro sentido. Separações judiciais aos montes nos demonstram a crueza e a veracidade da assertiva.

Mas, para caracterizar efetivamente a situação de suspeição, deve-se exigir a demonstração, ou da grave ruptura de relações anteriores, ou da existência de fato anterior envolvendo magistrado e qualquer das partes, do qual se possa extrair, pelas regras do cotidiano das relações humanas, o gravame a um deles (ou a ambos), a justificar uma beligerância permanente nos comportamentos e atitudes posteriores.

Discussões, desavenças e outras querelas de menor monta, das quais não se tenha colhido – concretamente – de modo indelével a ruptura ou impossibilidade de coexistência pacífica ou cordial entre os envolvidos não se mostra apta a configurar a suspeição do magistrado.

Evidentemente, o que até agora se expôs tem pertinência com a eventual necessidade de se aferir a nulidade ou não de processo nessas circunstâncias. Do ponto de vista do juiz, deve ele se afastar do processo voluntariamente, sempre que entender passível de questionamento razoável a sua imparcialidade. Para isso, existe a regra do art. 112, CPP, tantas vezes aqui mencionada (incompatibilidades do juiz).

254.3. Processo judicial por fato análogo: Se o magistrado estiver respondendo a processo (judicial) por fato assemelhado àquele submetido a seu julgamento, deve ele dar-se por suspeito, sobretudo em razão dos inevitáveis questionamentos quanto a sua isenção de espírito para julgar a ação penal.

O fato, análogo, não precisa apresentar tipicidade penal. É dizer, o respectivo processo pode correr até mesmo perante o juiz cível; no entanto, como o juiz supostamente suspeito atua no foro criminal, a semelhança entre os fatos será suficiente para revelar a controvérsia sobre seu caráter criminoso. Do contrário, não seria análogo e nem semelhante. Crimes contra a honra são exemplos eloquentes de tal situação. Nem sempre se busca ali o âmbito criminal (a ação penal é privada, como regra).

De outro lado, se o processo (por fato análogo) for criminal, mais claramente se justifica o afastamento do juiz, dado que os riscos envolvidos seriam ainda maiores.

Mas não só o juiz deve ser parte no processo por fato análogo. Também seu cônjuge e ascendentes e descendentes estão abrangidos pela regra de suspeição. E, ausente qualquer especificação quanto ao parentesco, pensamos incluir também aqueles ligados pela afinidade (sogro, sogra, genro e seus pais e filhos), além dos consanguíneos (pai, mãe, filho, neto, avô etc.).

254.4. Processo judicial a ser julgado por qualquer das partes: Se no dispositivo anterior a suspeição se justificava pela *identidade da matéria de fato,* havida entre o processo por fato análogo e aquele (processo criminal) submetido ao juiz (suspeito), aqui o risco à imparcialidade se manifesta na *dependência* em que se encontra o magistrado de qualquer das partes, se alguma delas tiver que julgar qualquer processo envolvendo o juiz, seu cônjuge e parentes (consanguíneos e afins, até o terceiro grau). Qualquer processo, sejam eles (juiz, cônjuge e parentes) autores ou réus.

E mais.

Também haverá suspeição quando qualquer das partes integrar Tribunal ou órgão da jurisdição dotado de competência para a reapreciação do processo em que for parte (autor ou réu) o juiz, seu cônjuge e parentes. Nesse caso, a hierarquia jurisdicional da instância superior justificaria o mesmo temor de parcialidade do juiz na apreciação da questão criminal.

Reitera-se: as regras de suspeição – e também as de impedimento (e incompatibilidades) configuram juízos legislativos *abstratos* e *objetivos,* independentemente de qualquer demonstração no plano concreto. Na realidade da vida, as situações previstas no CPP podem até não interferir na liberdade do juiz. Mas, *podem* interferir; por isso, antecipa-se o risco e a solução.

254.5. Aconselhamento da parte: A pressuposição de perda do necessário distanciamento do juiz em relação ao objeto do processo criminal pelo aconselhamento anterior de qualquer das partes é das mais peremptórias. No entanto, refere-se unicamente ao aconselhamento *profissional,* de cuja relação (*cliente-advogado,* ou defensor público) se possa extrair o prévio conhecimento das questões relevantes do caso, tanto do ponto de vista dos fatos quanto de suas consequências jurídicas.

Pensamos que a apontada regra de suspeição, mais uma vez, tutela também a atividade da advocacia e, sobretudo, o dever de sigilo dali resultante. O exercício da referida atividade permite ao profissional o mais amplo acesso às percepções e narrativas pessoais do cliente, possibilitando, inclusive, a confissão do fato. Daí, o afastamento do juiz, cujo conhecimento *anterior* poderia perturbar a sua compreensão no conhecimento judicial da matéria.

254.6. Credor, devedor, tutor ou curador de qualquer das partes: Todas as funções (de curatela e tutela) e as situações (devedor e credor) aqui mencionadas, relativamente ao juiz e quaisquer das partes, denotam um nível, em diferentes graus, de comprometimento das relações pessoais e/ou comerciais/civis do magistrado, sendo de todo recomendável o seu afastamento do processo.

Naturalmente, no que toca à condição de *credor* ou de *devedor* de qualquer das partes, há que se ter um mínimo de cautela, antes de se admitir eventual nulidade – que é sempre absoluta – do processo com base no dispositivo em comento.

Em primeiro lugar, a Lei se refere a débitos e créditos no sentido estritamente jurídico. Obrigações e deveres morais e sociais não estão incluídos em tais hipóteses, ainda quando possam autorizar o afastamento voluntário do juiz com fundamento no art. 112 do CPP (incompatibilidade).

Em segundo lugar, e, sobretudo, a partir da responsabilidade penal da pessoa jurídica em crimes ambientais, pode ocorrer de o juiz ser credor ou devedor de parcela irrisória de débito ou de crédito em relação à empresa – tem-se aqui mera especulação!

–, não se justificando o seu afastamento, diante da inequívoca impessoalidade das citadas relações creditícias, o que, acrescido ao baixíssimo valor econômico aqui sugerido, seria insuficiente para comprometer a isenção (imparcialidade) do juiz no processo.

O exemplo dado em relação à pessoa jurídica teve o propósito de ressaltar a possibilidade – concreta – de qualquer tangenciamento à liberdade do julgador, quando se tratar de questões econômicas ou financeiras de valor irrisório. Nesse sentido, a sociedade empresarial ilustraria a *impessoalidade* da relação subjacente ao crédito/débito, de modo a não afetar o julgamento.

Pensamos que isso pode ocorrer também em relação à parte pessoa física, desde que o eventual débito ou crédito acaso existente sequer seja do interesse do juiz, em face de circunstâncias de fato que possam atestar esse distanciamento.

Já as funções de curatela e de tutela não admitem temperamentos na sua aplicação. Tais vínculos, ainda quando extintos ou por se extinguirem, carregam a marca da *intimidade*, pessoal ou patrimonial, a impedir o livre exercício da jurisdição.

No mesmo passo, também o eventual e transitório exercício do *poder familiar* seria suficiente para levantar as mesmas ponderações e objeções. No entanto, à ausência de referência expressa na Lei, o afastamento do juiz se daria à conta da incompatibilidade (art. 112, CPP).

254.7. Sócio e acionista de sociedade empresarial: Qualquer que seja a modalidade de sociedade empresarial (art. 982 e seguintes, Código Civil, por ações ou por cotas), o juiz não poderá exercer jurisdição (por suspeição) no processo quando for sócio ou acionista da sociedade que tenha qualquer interesse jurídico na causa.

E o interesse na causa não é de difícil percepção.

Pode ocorrer, por exemplo, no julgamento de uma questão criminal na qual a condenação do réu possa vir a repercutir no patrimônio da sociedade empresarial, se presente alguma relação entre esta e aquele (réu), como é o caso da relação de emprego.

Isso sem falar na responsabilidade penal da pessoa jurídica nos crimes ambientais, independentemente de se discutir, nesse espaço, a *pertinência* ou não de tais incriminações (a *validade* parece-nos a salvo de dúvidas, em razão da expressa previsão do art. 225, § 3º, da Constituição da República).

Por outro lado, a referência feita pelo legislador à função de *administrador* de sociedade não tem mais acolhimento. O magistrado não pode exercer tal função, tendo em vista a proibição expressa na LC nº 35/79 (art. 36, II, Lei Orgânica da Magistratura). Pode ele administrar apenas associações de classe, o que não parece ser o caso da suspeição em comento, até porque a sua situação não seria nem de *sócio* e nem de *acionista*, mas de simples *associado*.

Jurisprudência

254. [...] As causas de suspeição previstas no artigo 254 do Código de Processo Penal não se referem às situações em que o magistrado está impossibilitado de exercer a jurisdição, relacionando-se, por outro lado, aos casos em que o togado perde a imparcialidade para apreciar determinada causa, motivo pelo qual doutrina e jurisprudência majoritárias têm entendido que o rol contido no mencionado dispositivo legal é meramente exemplificativo. 2. Na hipótese em tela, consoante registrado pela autoridade apontada como coatora, foram declinadas justificativas plausíveis para o indeferimento da oitiva de algumas das testemunhas arroladas pela defesa do réu, bem como para a digitalização de parte dos documentos constantes dos autos físicos da ação penal. 3. Por outro lado, a designação antecipada de audiência de instrução e julgamento, mesmo que posteriormente cassada por meio da concessão da ordem em *habeas corpus* impetrado pela defesa, não tem o condão de macular a atuação do togado singular, pois constitui providência decorrente de interpretação da legislação processual penal, que ainda que se revele divergente da considerada correta pela maioria, não enseja a parcialidade para o julgamento da demanda. 4. Da mesma forma, a imposição de medidas cautelares de ofício em desfavor do acusado não caracteriza interesse na questão discutida no feito, a ensejar o reconhecimento de suspeição, tratando-se de providência prevista na própria legislação processual penal. 5. Finalmente, a decretação da prisão preventiva do paciente pelo Juízo Federal por ocasião da sentença condenatória também não importa a sua suspeição, pois ainda que a necessidade de custódia tenha sido revista pela Corte Federal e por este Relator ao apreciar a liminar requerida no HC nº 306.206/PR, o certo é que o Juiz Federal, ao negar-lhe o direito de recorrer em liberdade, apresentou justificativas para tanto, sendo certo que a revisão de tal decisão pelas instâncias superiores não significa que teria atuado de forma teratológica ou direcionada a prejudicar o ora paciente. 6. Habeas corpus não conhecido (*Habeas Corpus nº 294.573-PR, STJ, 5ª Turma, unânime, Rel. Min. Leopoldo de Arruda Raposo, julgado em 18.6.2015, publicado no* DJ *em 3.8.2015*).

Art. 255. O impedimento ou suspeição decorrente de parentesco por afinidade cessará pela dissolução do casamento que lhe tiver dado causa, salvo sobrevindo descendentes; mas, ainda que dissolvido o casamento sem descendentes, não funcionará como juiz o sogro, o padrasto, o cunhado, o genro ou enteado de quem for parte no processo.

O referido dispositivo faz alusão a determinadas situações em que a dissolução do casamento implicaria, por si só, a cessação da regra de impedimento e da suspeição, em razão do fim do parentesco por *afinidade*, ressalvado o caso de sobrevirem descendentes. E, mais, ainda quando inexistentes os descendentes, permanecerá a regra de impedimento para os casos de parentesco (por afinidade), em linha reta ou colateral, até o segundo grau (cunhado, sogro e genro). No mesmo sentido, dispõe o art. 335 do Código Civil de 1916: "*A afinidade, na linha reta (daí, sogros e genros e seus filhos e pais), não se extingue com a dissolução do casamento, que a originou.*"

Quanto ao padrasto e ao enteado, observa-se que tais qualificações estão associadas ao vínculo por *afinidade*, aludindo a uma relação situada no âmbito da família, entre aqueles que assumem o papel – e, às vezes, as funções – do legítimo (consanguíneo) pai (daí, padrasto), mãe (madrasta) e filho (enteado). Nesse passo, impõe-se atentar para o disposto no art. 227, § 6º, da Constituição da República, no sentido de que os filhos, havidos ou não da relação de casamento, ou por adoção, terão os mesmos direitos e qualificações (ver, ainda, art. 352 e art. 368 e seguintes do Código Civil).

Importante ressaltar que todas as regras de impedimento, bem como as de suspeição, dizem respeito aos cuidados do legislador em relação à contaminação da imparcialidade do magistrado. E, para isso, como se sabe, não é preciso parentesco e nem união estável legítima. No entanto, a especificação de circunstâncias indicativas do comprometimento da liberdade de julgar cumpre a função de estabelecer presunções *absolutas* e, por isso, *objetivas,* quanto à não aceitação da jurisdição prestada nessas condições.

Fora das hipóteses legais, não é que não exista vício à imparcialidade. Todavia, deverá a parte comprovar judicialmente as alegações de parcialidade do magistrado, bem como a pertinência dos motivos que a fundamentam, para fins de adequação ao conceito, genérico, como vimos, da *incompatibilidade* (art. 112, CPP).

Art. 256. A suspeição não poderá ser declarada nem reconhecida, quando a parte injuriar o juiz ou de propósito der motivo para criá-la.

256.1. Definição e consequências: As hipóteses de suspeição, bem como as de impedimento do magistrado, são exaustivas, não comportando aplicação analógica, ressalvados os casos de integração da norma (equiparação do companheiro ao cônjuge, por exemplo).

Por isso, adianta-se, desde logo, que não só as hipóteses expressas de suspeição podem ser incluídas nesse dispositivo. É dizer: ainda quando a situação provocada pela parte (MP, defensor, querelante ou réu) não se encaixe em nenhum dos casos arrolados no art. 254, CPP, poderá se pretender a recusa do magistrado sob o pálio do art. 112, CPP, no âmbito das causas genéricas de incompatibilidade.

No entanto, o que efetivamente importa, nesse passo, é atentar para o disposto no art. 254, I, do CPP, que alude à suspeição por *inimizade capital.*

Eventuais asperezas de comportamento ou na intervenção escrita ou oral no processo não configuram a hipótese de inimizade capital, ainda que possam gerar desconforto e animosidade circunstancial entre o magistrado e a parte. A *liça* forense pode mesmo apresentar tais características. Primeiro, diante da relevância, não só das questões debatidas, mas, sobretudo, das consequências do processo criminal. Segundo, porque magistrados e membros do Ministério Público, e também os defensores (advogados e defensores públicos), compartilham no tempo e no espaço o mesmo ambiente de trabalho, por longos períodos, daí por que não serem incomuns tanto a aproximação quanto o distanciamento entre eles.

No caso da suspeição provocada, o que se quer evitar é a *premeditação* no afastamento do magistrado, por razões de interesse exclusivo da parte. No particular, o texto se refere à atitude maliciosa e até de má-fé, destinada unicamente à exaltação de ânimo do juiz, em prejuízo de sua imparcialidade.

Espera-se do magistrado um comportamento firme e conforme o Direito, sem que se queira, de outro lado, ignorar as vicissitudes inerentes ao ser humano. Por isso, ainda quando provocada a suspeição, deve-se apreciar com cautela a arguição de comprometimento da imparcialidade, dado que, provocada ou não, pode ele efetivamente ter ocorrido, se o magistrado não conseguir se desvencilhar da provocação. Serenidade e firmeza são requisitos para o exercício da magistratura, mas, infelizmente, não são *pressupostos* do homem (gênero) que eventualmente ocupe o aludido cargo.

Jurisprudência

256.1. [...] 3. A hipótese excepcional do art. 256 do CPP somente pode ser reconhecida se o magistrado (ou o Tribunal), atendendo a elevado ônus argumentativo, demonstrar de maneira inequívoca que o excipiente provocou dolosamente a suspeição. Não cabem, aqui, intuições, conjecturas ou palpites, sendo imprescindível a comprovação do artifício ilícito, devidamente fundamentada na decisão ou acórdão.

4. A simples habilitação do advogado nos autos de processo conduzido por juiz que é seu inimigo não se enquadra, por si só, na situação do art. 256 do CPP. Afinal, é o magistrado (e não o advogado) quem se afasta do processo em casos de suspeição, consoante o art. 99 do CPP. Caso contrário, o causídico somente poderia laborar em processos fora da competência do juízo excepto, o que viola a prerrogativa contida no art. 7º, I, da Lei n. 8.906/1994.

5. O processo penal admite a constituição de defensor apud acta, mesmo sem instrumento formal de procuração. Inteligência do art. 266 do CPP.

6. Agravo conhecido para dar provimento ao recurso especial, a fim de julgar procedente a exceção de suspeição. *(Agravo em Recurso Especial nº 2.026.528-MG, STJ, 5ª Turma, Rel. Min. Ribeiro Dantas, julgado em 7.6.2022, publicado no DJ em 14.6.2022)*

....

256.2. Processo judicial provocado: Pode-se, então, pensar em uma situação na qual a parte, unicamente com o propósito de afastar o magistrado, proponha ação penal privada contra o juiz, seu cônjuge e demais parentes alinhados no inciso II, do art. 254, CPP, imputando-lhes a prática de fato análogo ao do processo em curso (delitos contra a honra, por exemplo), sobre cujo caráter criminoso, então, se tenha controvérsia.

Redobradas cautelas devem ser adotadas.

Em princípio, o *direito de ação* – penal, também, enquanto existir ação privada – é garantido constitucionalmente (art. 129, I, CF). A todos é garantido o acesso ao Judiciário (art. 5º, XXXV, CF).

E, ainda quando exercido *arbitrariamente,* poderá provocar um acirramento de ânimo entre a parte e o magistrado. Todo cuidado é pouco, evidentemente.

Mas, em tese, não descartamos a possibilidade de a existência de um processo judicial não determinar a suspeição do magistrado, quando manifestamente infundada a pretensão, a juízo de pura delibação (atipicidade manifesta, com absolvição sumária – art. 397, CPP, por exemplo), tudo em conformidade com o quanto previsto no presente dispositivo.

CAPÍTULO II
Do Ministério Público

Art. 257. Ao Ministério Público cabe: (Redação dada pela Lei nº 11.719, de 2008).
I – promover, privativamente, a ação penal pública, na forma estabelecida neste Código; e (Incluído pela Lei nº 11.719, de 2008).
II – fiscalizar a execução da Lei. (Incluído pela Lei nº 11.719, de 2008).

257.1. Ministério Público: (a) estrutura e (b) atribuições constitucionais:

a) A partir da Constituição da República de 1988, o Ministério Público brasileiro consolidou-se definitivamente como instituição indispensável à ordem jurídica nacional (art. 127, CF).

Para tanto, o constituinte não se fez de rogado: estabeleceu uma série de prerrogativas e de atribuições no próprio texto constitucional, impedindo quaisquer tentativas de redução da atuação do Ministério Público pelo legislador ordinário.

Do ponto de vista de sua estruturação *orgânica*, o Ministério Público subdivide-se em: Ministério Público da União, abrangendo o Ministério Público Federal, o Ministério Público do Trabalho, o Ministério Público Militar e o Ministério Público do Distrito Federal e Territórios.

O primeiro, Ministério Público Federal, atua na jurisdição comum, perante os órgãos da Justiça Federal. Os Procuradores da República atuam perante os Juízos Federais; os Procuradores Regionais da República perante os Tribunais Regionais Federais (1ª, 2ª, 3ª, 4ª e 5ª Regiões); os Subprocuradores-gerais da República, diante do Superior Tribunal de Justiça e o Procurador-Geral da República, perante o Supremo Tribunal Federal, com referência para a possibilidade de atuação dos Subprocuradores-Gerais da República perante o STF por designação do Procurador-Geral da República.

O Ministério Público do Trabalho segue a mesma distribuição, no que for pertinente, perante a Justiça do Trabalho (há Procuradores do Trabalho, Procuradores Regionais do Trabalho e Subprocuradores-Gerais do Trabalho, além do Procurador-Geral do Trabalho).

O Ministério Público Militar atua jurisdicionalmente perante a Justiça Militar da União (e não a dos Estados).

Já o Ministério Público do Distrito Federal (e Territórios, que não existem atualmente) exerce sua função perante a jurisdição da Justiça do Distrito Federal, obedecendo à mesma distribuição dos órgãos ministeriais dos Estados, em primeiro e segundo graus (Juízes de Direito e Tribunais de Justiça).

O Procurador-Geral da República, escolhido entre os membros do Ministério Público da União, exerce a chefia de todo o Ministério Público da União (art. 128, § 1º, CF), cabendo-lhe nomear o Procurador-Geral do Trabalho e o Procurador-Geral Militar (art. 26, IV, LC 75/93).

Naturalmente, estamos nos referindo à atuação do Ministério Público apenas diante da jurisdição. Há também, e de modo muito significativo, a atuação *fora* da jurisdição, de natureza administrativa, da qual resultam grandes alternativas de solução de conflitos que sequer chegam à Justiça (Termo de Ajustamento de condutas, por exemplo).

No âmbito dos Estados, há ainda o Ministério Público de cada Estado-Membro, chefiados por um Procurador-Geral. Como vimos, o Ministério Público do Distrito Federal, embora integrante do Ministério Público da União, organiza-se de modo semelhante ao Ministério Público dos Estados.

Por fim, o Ministério Público Federal exerce também as funções de direção do Ministério Público Eleitoral, tendo assento junto ao Tribunal Superior Eleitoral (art. 73, LC 75/93 – Procurador-Geral Eleitoral, que é o Procurador-Geral da República, ou o Vice-Procurador-Geral Eleitoral, designado dentre Subprocuradores-Gerais da República) e nos Tribunais Regionais Eleitorais (por um Procurador Regional da República) existentes em cada Estado da Federação. As funções ministeriais de primeiro grau na Justiça Eleitoral são exercidas pelos membros do Ministério Público dos Estados, do mesmo modo que ocorre com as funções jurisdicionais, exercidas por Juízes de Direito dos Estados, remunerados, todos, porém, pela União (responsável pela Justiça Eleitoral).

Uma última observação sobre o tema: os órgãos do Ministério Público, justamente porque *integram* a respectiva instituição, não podem ser considerados seus *representantes,* mas, sim, seus *presentantes,* isto é, aqueles que *fazem presente* a instituição diante de outros.

b) Embora inexistente ainda qualquer legislação que estabeleça, de modo minudente, os ofícios perante os quais oficiarão os membros do Ministério Público, tal como se dá com as Leis de Organização Judiciária dos Estados e as Resoluções do Conselho da Justiça Federal (Lei nº 5.010/66), a Constituição da República, no ponto em que estruturou os órgãos do *parquet,* deu-lhe também *atribuições constitucionais* específicas, como se vê nos arts. 127, 128 e 129, sobretudo neste último, no qual se estabelece significativo rol de funções daqueles órgãos (titularidade e privatividade da ação penal pública, legitimação ativa para a ação civil pública, controle externo da atividade policial etc.).

Por isso, não deve causar qualquer perplexidade a compreensão no sentido de que o Ministério Público Federal, por exemplo, detém *atribuição constitucional* para a matéria criminal federal, que tanto pode ser entendida como um aspecto do *promotor natural* – em relação a estes crimes (federais) – quanto, no âmbito do processo, de hipótese específica de *legitimação ativa.* Qualquer que seja a definição acerca de tais conteúdos, uma coisa é certa: o Ministério Público tem parte de suas funções asseguradas constitucionalmente, a salvo, portanto, de qualquer intervenção no âmbito da legislação ordinária.

257.2. A posição processual do *parquet*: Como terá percebido o leitor, não somos adeptos de uma recorrente tentativa de *enquadramento* do processo penal aos conceitos e categorias da teoria geral do processo, frequentemente construída sob bases e fundamentações totalmente inadequadas, segundo nos parece, para o sucesso da empreitada.

Obviamente, não se pode recusar o proveito evidente que se obtém com determinados conceitos, como o de parte, de pedido, de legitimação ativa e outros tantos, necessários para a compreensão do fenômeno procedimental.

No entanto, já aqui se vê uma particularidade, inerente ao processo de natureza penal. O Ministério Público, por força de opção constitucional, não pode ser *reduzido* à condição de *parte,* sob a perspectiva da *parcialidade* da atuação no processo, em favor de determinada tese. No particular, o *parquet* é absolutamente *livre,* seja quanto à formação de seu convencimento, seja quanto ao conteúdo de suas manifestações no processo. Pode ele, ao final do processo, requerer a *absolvição* do acusado; pode também *recorrer* em favor do réu; pode impetrar *habeas corpus* no interesse da defesa; pode, enfim, atuar *contra os interesses da acusação.* É quanto basta para afirmar ser o Ministério Público verdadeiro e permanente *custos legis* em todo o processo penal, do início ao fim.

Se ao oferecer denúncia ele atua como *parte legitimada,* apresentando *pedido* de natureza condenatória, fundado em sua capacidade *postulatória,* do que se extrai grande coincidência com as referidas categorias da teoria do processo, não menos verdadeira é a conclusão que, mesmo após ter feito tudo isso, ele poderá atuar em sentido inverso, produzindo provas que julgue relevantes, inclusive no interesse da defesa, requerendo a absolvição e recorrendo em favor do réu. Nesse momento, então, ele não mais se enquadraria no conceito de *parte* da teoria do processo, na medida em que esta (a parte) defende interesse previamente definido, resultando a extinção do processo eventual alteração de sua atuação (desistência, transação, renúncia ao direito etc.).

A independência funcional do Ministério Público afirma e confirma a sua posição processual de *custos legis.* Se ele não tem uma atuação predeterminada por qualquer órgão hierarquicamente superior e, mais, se ele não está condicionado ou subordinado à própria manifestação anterior (oferecimento de denúncia, por exemplo), não se pode recusar-lhe a essência *custos legis*. *Parte* somente o será do ponto de vista *formal*, isto é, por se encontrar, no curso do processo, exercendo atividades próprias daquele *que pede* algo em juízo (postulação, instrução etc.).

As funções ministeriais se exercem tanto na *promoção* de aplicação da Lei penal, o que se obtém pela *ação penal pública*, de iniciativa privativa do Ministério Público, quanto na *execução* da pena aplicada, quando o *parquet* fiscalizará a sua conformidade com a decisão condenatória e com o Direito.

Em processo penal não há também – e rigorosamente – um *processo de execução*, como ocorre e nos moldes em que se dá no âmbito não penal. A pena é aplicada pelo juiz, tão logo se obtenha o trânsito em julgado da decisão condenatória, cabendo ao Ministério Público fiscalizar o seu cumprimento, junto ao Juízo da Execução, podendo (e devendo), inclusive, visitar penitenciárias e locais em que haja o cumprimento de pena privativa da liberdade.

257.3. Princípios constitucionais: Não seria possível ao Ministério Público o cumprimento de suas relevantes missões constitucionais se não estivesse guarnecido de prerrogativas institucionais condizentes.

Daí, a independência funcional, a unidade e a indivisibilidade (art. 127, § 1º, CF), não só como garantia específica de seus membros, mas também da própria instituição (princípio da unidade, eminentemente *institucional*).

O princípio da independência funcional garante ao membro do *parquet* a liberdade de convencimento e de atuação, ainda quando contrária à atuação dos órgãos superiores da instituição.

Naturalmente, se perfeitamente conciliáveis no plano teórico, na prática o princípio da independência funcional vem reduzindo o espaço do princípio da unidade. A unidade, por primeiro, implica a vedação de fracionamento administrativo-funcional da instituição por Lei ordinária, garantindo a sua autonomia. Mas, também significa ou deveria significar (a unidade) um padrão mínimo de atuação, a fim de evitar que um dos mais importantes órgãos do Poder Público perdesse a eficácia de sua atuação pela desorganização funcional (na atuação de seus membros).

Com efeito, se a independência funcional autoriza manifestações divergentes dentro de um mesmo processo, de outro lado, presentes tais fatos (atuação divergente), poderá haver *disfunção* na persecução penal, tendo em vista a impossibilidade de *eleição* da atuação *mais correta*, porque inexistem determinações hierarquicamente superiores.

Caberia à Lei Complementar do Ministério Público (LC nº 75/93 – no âmbito federal – e Lei nº 8.625/93, para os Estados) regular de modo mais claro a matéria, ou, quando nada, a margem de limitação mínima à independência, em favor de uma atuação mais unitária, ao menos em relação às questões de maior repercussão, na proteção a direitos fundamentais. No entanto, nada há ali nesse sentido.

Já o princípio da indivisibilidade garante ao *parquet* a possibilidade de atuação de quaisquer de seus membros em qualquer processo – no âmbito da locação funcional de cada um, é claro –, sem a necessidade de designação específica. A instituição *não se divide* em membros, mas é por eles *constituída*, e, por qualquer um deles, *presentada*.

Jurisprudência

257.3. [...] Não há violação ao princípio da unidade do Ministério Público diante do aditamento da denúncia por órgão diverso daquele que a ofereceu, exatamente por presentarem a mesma instituição, ou seja, a manifestação de um Órgão ministerial equivale à da própria instituição. [...] Ordem denegada (*Habeas Corpus nº 113.559-SP, STJ, 5ª Turma, Rel. Min. Arnaldo Esteves Lima, julgado em 4.2.2010, publicado no DJ em 8.3.2010*).

....

257.4. O promotor natural: Como se verá na ementa alinhada ao final destes comentários, o Supremo Tribunal Federal teve oportunidade de afirmar a inexistência do promotor natural na ordem jurídica brasileira. A decisão, no entanto, não abrangia sequer a maioria das questões ligadas ao princípio do *promotor natural*.

Tal como ocorre com a jurisdição, o Ministério Público exerce relevante função na Administração da Justiça, sobretudo a de natureza criminal.

E, por isso, acrescido das inúmeras prerrogativas funcionais e institucionais de que são titulares seus membros, deve-se exercer sobre a instituição um controle mínimo de sua atuação. Aliás, o princípio da *impessoalidade* que caracteriza toda a atuação dos órgãos da Administração Pública (art. 37, CF) também é emblemático da necessidade de controle de todos os atos administrativos.

A Constituição da República, como se sabe, veda o *juiz ou tribunal de exceção* (art. 5º, XXXVII). E não só. Prevê expressamente a competência jurisdicional em razão da matéria e em razão da prerrogativa de função (ver art. 93, art. 102, art. 105, art. 108 e art. 109).

E em relação ao Ministério Público?

Ora, não há como recusar: (a) a atribuição constitucional *de matéria penal* a órgãos distintos da mesma instituição (Ministério Público Federal e Ministério Público Militar, por exemplo); (b) a proibição de *escolha pessoal* de membros para determinadas causas.

No primeiro caso, a atribuição constitucional de matéria penal parece inegável. Se o Ministério Público Federal ingressar no juízo militar da União, ele será *parte ilegítima* para a causa. Nesse sentido, por analogia que seja, haveria violação ao promotor *natural* da causa, que seria o Ministério Público Militar. Se o conceito de juiz *natural* abarca a matéria constitucional escolhida para cada jurisdição (crimes federais, crimes eleitorais, crimes estaduais, crimes militares), não vemos por que não aplicar o mesmo raciocínio ao Ministério Público. Daí, promotor *natural*.

No segundo caso, a vedação do promotor de *exceção* se justificaria por várias razões. O princípio da *impessoalidade*, por exemplo. O princípio da *inamovibilidade* e da *independência funcional*, também. Ora, de que adiantaria garantir a inamovibilidade do membro do Ministério Público se fosse possível a retirada arbitrária de suas funções naquele local, repassando-as a outro? Também: de que adiantaria a independência funcional se o membro pudesse ser afastado de um processo para que prevalecesse outro entendimento dos órgãos hierarquicamente superiores?

Nesse ponto, cumpre distinguir: uma coisa é a Lei poder (e dever) compatibilizar a atuação unitária (princípio da unidade) do Ministério Público, o que não existe até hoje no Brasil; outra é, diante da inexistência de norma nesse sentido (da unidade), pretender fazer prevalecer determinada tese contra a independência de qualquer de seus membros. E, pior, apenas para determinado processo.

Não temos dúvidas, então, em admitir o princípio do promotor natural, como imanente ao direito constitucional brasileiro. E ousamos acrescentar que a Suprema Corte sequer enfrentou essas questões quando, no julgamento ora mencionado, afirmou, em sede de *fundamentação*, a inexistência do promotor natural.

Jurisprudência

257.4. [...] 2. Há uma questão central em discussão: (i) se a atuação do GAECO de [...] , no lugar do Promotor de Justiça natural, violou o princípio do promotor natural e, por conseguinte, se seria caso de trancamento da ação penal. [...] 4. A designação do GAECO foi validamente realizada pelo Procurador-Geral de Justiça, com a ciência e a anuência da Promotora de Justiça Natural da Comarca de Itirapina, o que afasta a alegação de violação ao princípio do promotor natural. [...] *(Agravo Regimental no Recurso em Habeas Corpus nº 199.736 - SP, STJ, 5ª Turma, Rel. Min. Daniela Teixeira, julgado em 4.11.2024, publicado no DJ em 5.11.2024)*

257.4. [...] O promotor natural é aquele previamente designado conforme critérios legais, não se admitindo, portanto, designação seletiva ou casuística de acusador de exceção. Na hipótese, a designação do PGJ para apurar a prática de infração penal por membro do MP, consta expressamente do art. 41, p. único, da LONMP, não havendo se falar, dessa forma, em designação casuística. De igual sorte, é prerrogativa do membro do MP, nos termos do art. 40, IV, da Lei n. 8.625/1993, ser processado e julgado originariamente pelo TJ de seu Estado, e é atribuição do PGJ ajuizar ação penal de competência originária dos Tribunais, nela oficiando, conforme art. 29, V, da LONMP. – Não há se falar em ofensa ao princípio do promotor natural em virtude de a função de investigar e a de acusar terem sido acumuladas pelo mesmo membro do parquet, porquanto se trata de expressa disposição legal. Relevante destacar, outrossim, que o STF, ao julgar o RE593.727/MG, assentou de forma expressa a possibilidade de o MP investigar, sem que isso lhe retire a possibilidade de ajuizar a ação penal.[...] *(Agravo Regimental no Habeas Corpus nº 727.709–MG, STJ, 5ª Turma, Rel. Min. Reynaldo Soares da Fonseca, julgado em 16.8.2022 e publicado no DJ de 22.8.2022)*

257.4. [...] 5. Consoante o postulado do promotor natural, a definição do membro do Ministério Público competente para oficiar em um caso deve observar as regras previamente estabelecidas pela instituição para distribuição de atribuições em um determinado foro de atuação, obstando-se a interferência hierárquica indevida da chefia do órgão por meio de eventuais designações especiais. 6. A proteção efetiva e substancial ao princípio do promotor natural impede que o superior hierárquico designe o promotor competente bem como imponha a orientação técnica a ser observada. [...] 9. *In casu*, é irrelevante que outros membros do Ministério Público com atribuição para atuar em instância superior, em virtude da análise dos mesmos fatos, tenham, anteriormente, oferecido denúncia de diferente teor em face do ora paciente, uma vez que, conforme devidamente reconhecido pelos órgãos jurisdicionais a que submetida a pretensão, não eram aqueles, porquanto incompetente o juízo, os promotores naturais para exercer a pretensão acusatória. Consectariamente, possuindo o promotor natural – aquele com atribuição para atuar na 1ª instância – entendimento jurídico diverso e não se encontrando tecnicamente subordinado àqueles primeiros, não há qualquer nulidade na alteração do teor da peça acusatória que fora por eles oferecida. [...] *(Habeas Corpus n. 137.637-DF, STF, 1ª Turma, unânime, Rel. Min. Luiz Fux, julgado em 6.3.2018, publicado no DJ em 25.4.2018)*

257.4. [...] Ofende o Princípio do Promotor Natural e à exclusividade da promoção da ação penal pública pelo Ministério Público a designação de particular como Promotor *ad hoc*. Precedentes. Ação direta de inconstitucionalidade julgada procedente. [...] *(Ação Direta de Inconstitucionalidade n. 2.958/SC, STF, Plenário, unânime, Rel. Min. Gilmar Mendes, julgado em sessão virtual de 20.9.2019 a 26.9.2019, publicado no DJ em 29.10.2019).*

257.4. [...] Tese de nulidade do procedimento que tramitou perante o TRF da 3ª Região sob o fundamento da violação do princípio do promotor natural, o que representaria. O STF não reconhece o postulado do promotor natural como inerente ao direito brasileiro (HC 67.759, Pleno, DJ 01.07.1993): "Posição dos Ministros Celso de Mello (Relator), Sepúlveda Pertence, Marco Aurélio e Carlos Velloso: Divergência, apenas, quanto à aplicabilidade imediata do princípio do Promotor Natural: necessidade de 'interpositio legislatoris' para efeito de atuação do princípio (Ministro Celso de Mello); incidência do postulado, independentemente de intermediação legislativa (Ministros Sepúlveda Pertence, Marco Aurélio e Carlos Velloso). – Reconhecimento da possibilidade de instituição de princípio do Promotor Natural mediante Lei (Ministro Sydney Sanches). – Posição de expressa rejeição à existência desse princípio consignada nos votos dos Ministros Paulo Brossard, Octavio Gallotti, Néri da Silveira e Moreira Alves." Tal orientação foi mais recentemente confirmada no HC nº 84.468/ES (rel. Min. Cezar Peluso, 1ª Turma, *DJ* 20.02.2006). Não há que se cogitar da existência do princípio do promotor natural no ordenamento jurídico brasileiro. Ainda que não fosse por tal fundamento, todo procedimento, desde a sua origem até a instauração da ação penal perante o Superior Tribunal de Justiça, ocorreu de forma transparente e com integral observância dos critérios previamente impostos de distribuição de processos na Procuradoria Regional da República da 3ª Região, não havendo qualquer tipo de manipulação ou burla na distribuição processual de modo a que se conduzisse, propositadamente, a este ou àquele membro do Ministério Público o feito em questão, em flagrante e inaceitável desrespeito ao princípio do devido processo legal. Deixou-se de adotar o critério numérico (referente aos finais dos algarismos lançados segundo a ordem de entrada dos feitos na Procuradoria Regional) para se considerar a ordem de entrada das representações junto ao Núcleo do Órgão Especial (NOE) em correspondência à ordem de ingresso dos Procuradores no referido Núcleo. Na estreita via do *habeas corpus*, os impetrantes não conseguiram demonstrar a existência de qualquer vício ou mácula na atribuição do procedimento inquisitorial que tramitou perante o TRF da 3ª Região às Procuradoras Regionais da República. Não houve, portanto, designação casuística, ou criação de "acusador de exceção". *Habeas corpus* denegado (*Habeas Corpus nº 90.227, STF, 2ª Turma, Rel. Min. Ellen Gracie, julgado em 17.6.2008, publicado no* DJ *em 31.7.2008*).

257.4. [...] O postulado do Promotor Natural, que se revela imanente ao sistema constitucional brasileiro, repele, a partir da vedação de designações casuísticas efetuadas pela Chefia da Instituição, a figura do acusador de exceção. Esse princípio consagra uma garantia de ordem jurídica, destinada tanto a proteger o membro do Ministério Público, na medida em que lhe assegura o exercício pleno e independente do seu ofício, quanto a tutelar a própria coletividade, a quem se reconhece o direito de ver atuando, em quaisquer causas, apenas o Promotor cuja intervenção se justifique a partir de critérios abstratos e predeterminados, estabelecidos em Lei. A matriz constitucional desse princípio assenta-se nas cláusulas da independência funcional e da inamovibilidade dos membros da Instituição. O postulado do Promotor Natural limita, por isso mesmo, o poder do Procurador-Geral que, embora expressão visível da unidade institucional, não deve exercer a Chefia do Ministério Público de modo hegemônico e incontrastável. Posição dos Ministros Celso de Mello (Relator), Sepúlveda Pertence, Marco Aurélio e Carlos Velloso. Divergência, apenas, quanto à aplicabilidade imediata do princípio do Promotor Natural: necessidade da "interpositio legislatoris" para efeito de atuação do princípio (Ministro Celso de Mello); incidência do postulado, independentemente de intermediação legislativa (Ministros Sepúlveda Pertence, Marco Aurélio e Carlos Velloso). Reconhecimento da possibilidade de instituição do princípio do Promotor Natural mediante Lei (Ministro Sydney Sanches). Posição de expressa rejeição a existência desse princípio consignada nos votos dos Ministros Paulo Brossard, Octavio Gallotti, Néri da Silveira e Moreira Alves (*Habeas Corpus nº 67.759, STF, Plenário, Rel. Min. Celso de Mello, julgado em 6.8.1992, publicado no* DJ *em 1.7.1993*).

257.5. Imparcialidade do *parquet*: De tudo que foi dito, pode-se acrescentar o que não restou expresso na Constituição da República, mas que se deve compreender implicitamente: os *presentantes* do Ministério Público devem orientar a sua atuação pela *imparcialidade,* isto é, pelo distanciamento pessoal em relação ao conteúdo do processo, e, sobretudo, em relação ao seu resultado final. Como órgão encarregado pela correta aplicação da Lei, deve o Ministério Público pugnar, sempre, pela solução que melhor se ajuste ao Direito. Por isso, deve requerer a *absolvição* do réu, deve *recorrer em favor dele,* e, enfim, adotar o posicionamento jurídico que lhe corresponda à ideia do melhor direito.

É ele, portanto, órgão *encarregado* da acusação e não órgão *da* acusação. E a manifestação divergente (absolvição do réu) em relação à posição inicial do Ministério Público na ação (oferecimento de denúncia, por exemplo) nem sempre se justificará pelo princípio da independência funcional. É que, como o contraditório e ampla defesa somente se instauram após a investigação, ou seja, após o juízo positivo de acusação, pode ocorrer que o referido órgão (subscritor da denúncia) modifique seu entendimento a partir da prova produzida na instrução.

257.6. A atuação nos tribunais: Em quaisquer instâncias, o Ministério Público exerce funções tipicamente *postulatórias* e outras, tipicamente *custos legis,* além da atuação no âmbito administrativo.

Nos tribunais, a função *postulatória* é exercida nas ações penais originárias, isto é, aquelas ações que devem ser propostas diretamente nos tribunais, em razão do foro privativo por prerrogativa de função.

No entanto, feitas tais considerações, voltamos ao que já afirmamos no início deste Capítulo: seja em primeira, seja em qualquer instância, seja atuando como *parte,* seja oferecendo *parecer* sobre a matéria, o Ministério Público será sempre independente e, por isso mesmo, essencialmente *custos legis.*

Mas, se é assim, por que a repetição de manifestações no processo, se já exercida a função, *custos legis,* em instância inferior?

Ora, o Ministério Público também se organiza e se estrutura em *carreira.* E, mais, seguindo a mesma linha hierárquica do Poder Judiciário. Assim, há (e deve haver, na ordem jurídica nacional) órgãos do Ministério Público com atuação perante todos os órgãos do Judiciário. E, sendo assim, não nos parece adequado reduzir essa atuação aos casos exclusivos de ações penais originárias. Pelo menos, enquanto vigentes as legislações de regência da matéria (Códigos e Regimentos).

Pensamos, aliás, que a única justificativa para a manifestação do Ministério Público em outra instância, já após a atuação no grau de origem, é justamente a sua posição *custos legis.* Do contrário, não haveria violação ao contraditório? Por acaso se abre vista à defesa após o lançamento de parecer ministerial nos tribunais?

De outro lado, não se pode aceitar a atuação do membro lotado na primeira instância diretamente em outra, salvo as hipóteses legais expressamente estabelecidas (por exemplo, art. 37, parágrafo único, LC nº 75/93). É que, em tal situação, faltaria a ele *capacidade postulatória.* É a respectiva Lei orgânica e as normas de lotação que determinam a atuação dos membros do Ministério Público (LC nº 75/93 e Lei nº 8.625/93).

Jurisprudência

257.6. [...] O Ministério Público, quando oferece parecer, atua na condição *custos legis*, e não de titular da ação penal. Desta feita, não há contraditório a ser assegurado, pois a manifestação ministerial, em segundo grau de jurisdição, não pode ser qualificada como ato da parte. [...] (*Habeas Corpus nº 175.921/TO, STJ, 5ª Turma, Rel. Min. Laurita Vaz, julgado em 2.8.2012, publicado no* DJ *em 13.8.2012*).

257.6. [...] Após a manifestação ministerial como *custos legis* no segundo grau de jurisdição não há contraditório a ser assegurado, tendo em vista que o *Parquet* não atua como parte da relação processual (Precedentes STJ e STF). Ao atuar em sede recursal opinando, a Procuradoria-Geral de Justiça possui a função de *custos legis*, com a atribuição somente de assegurar a correta aplicação do direito, desempenhando atividade fiscalizadora do exato cumprimento da lei, de tal sorte que é dotada de imparcialidade, porquanto não está vinculada às contrarrazões oferecidas pela Promotoria de Justiça, esta sim, parte da relação processual. [...] (*Habeas Corpus nº 207.319-MG, STJ, 5ª Turma, Rel. Min. Jorge Mussi, julgado em 3.5.2012, publicado no* DJ *em 17.5.2012*).

Art. 258. Os órgãos do Ministério Público não funcionarão nos processos em que o juiz ou qualquer das partes for seu cônjuge, ou parente, consanguíneo ou afim, em linha reta ou colateral, até o terceiro grau, inclusive, e a eles se estendem, no que lhes for aplicável, as prescrições relativas à suspeição e aos impedimentos dos juízes.

258.1. Impedimento, suspeição e incompatibilidades: Depois de enfrentadas as questões atinentes às hipóteses de impedimento e de suspeição do juiz, percebe-se que tais situações, ou, pelo menos a maioria delas, pode ser aplicada em relação ao membro do Ministério Público.

De fato, como órgão do Poder Público, orientado necessariamente pela *impessoalidade* na sua atuação, deve o *presentante* do Ministério Público se afastar de processos em que qualquer das partes ou o juiz seja seu cônjuge ou parente, consanguíneo ou afim, na linha reta e na colateral, até o terceiro grau. Obviamente, quando a relação de parentesco ou de casamento se der em relação ao juiz, já se imporia o afastamento do próprio magistrado.

Serão aplicadas, então, as regras de impedimento e suspeição previstas para o juiz, o que põe ainda mais em relevo a importância das funções ministeriais.

Não sendo o caso de suspeição e de impedimento, cujas hipóteses são previstas expressamente na Lei, pode ocorrer, ainda, a incompatibilidade (art. 112, CPP) do membro do Ministério Público, também do mesmo modo que se dá em relação ao magistrado.

Jurisprudência

258.1. [...] 2. O fundamento axiológico da exceção de suspeição é o princípio da imparcialidade, valor que constitui, por um lado, pressuposto processual de validade da relação jurídica e, por outro, atributo do magistrado na análise de cada causa sob sua tutela jurisdicional, que lhe exige distanciamento das partes, é dizer, nenhum vínculo social, familiar ou emocional com elas. Significa possuir simpatia senão pelo processo e pelas normas que o regem e que reclamam a materialização do direito. A imparcialidade manifesta, sob a ótica processual, valores do Estado Democrático de Direito e emprega, porque resultado de um processo legal, a decisão devida e justa ao caso concreto. 3. As hipóteses de impedimento são presunções legais absolutas de parcialidade, pois apontam relações entre o suspeito/impedido e o núcleo do processo (causa objetiva), imperativamente repelidas pela lei (CPP, arts. 252, 253, 254 e 258), de forma clara e objetiva. Ocorrida, pois, a subsunção às hipóteses legais, restará prejudicada, ope legis, a condição de atuação imparcial pelo membro do Parquet. [...] *(Habeas Corpus n. 478.645-RJ, STJ, 5ª Turma, unânime, Rel. Min. Ribeiro Dantas, julgado em 28.5.2019, publicado no* DJ *em 4.6.2019).*

258.1 [...] Em segundo grau de jurisdição, o então Procurador-Geral de Justiça, que assinou a denúncia, apresentou memorial, o que infringe o inc. III do art. 252 e a parte final do art. 258 do Código de Processo Penal. Determinado o desentranhamento do memorial. [...] *(Ação Originária n. 2.093-RN, STF, 2ª Turma, Rel. Min. Cármen Lúcia, julgado em 3.9.2019, publicado no* DJ *em 10.10.2019).*

258.1. [...] Não há falar em impedimento de membro do Ministério Público do Trabalho para funcionar como testemunha em ação penal, porquanto oficiou em fiscalização trabalhista, na qual tomaram parte, também, auditores-fiscais do Trabalho e pessoal da Polícia Federal. Não tendo a sua atuação pretérita consistido em atos de investigação criminal, mas, por outro vértice, revestindo-se de colorido administrativo, não há falar em eiva na atuação ministerial, que, no plano criminal, está a cargo do Ministério Público Federal. [...] (*Habeas Corpus nº 222.117-PR, STJ, 6ª Turma, Rel. Min. Maria Thereza de Assis Moura, julgado em 13.12.2011, publicado no* DJ *em 29.2.2012*).

258.1. [...] Ministério Público: o promotor de Justiça que participa na fase investigatória não está impedido ou suspeito para o oferecimento da denúncia. Precedentes. [...] (*Habeas Corpus* *nº 89.158-6-RJ, STJ, 1ª Turma, Rel. Min. Sepúlveda Pertence, julgado em 29.08.2006, publicado no DJ em 15.09.2006).*

258.1. [...] Constatando-se que o Procurador de Justiça que integrou o julgamento da apelação criminal interposta em favor dos pacientes foi o mesmo membro do *parquet* que, no primeiro grau de jurisdição, propôs a ação penal e ofereceu as respectivas alegações finais acusatórias, configura-se a ofensa ao disposto no artigo 258, combinado com o artigo 252, inciso III, do Código de Processo Penal. Tendo-se em conta a diversidade de funções exercidas pelos representantes do Ministério Público, afigura-se inviável, por parte de qualquer agente público ou político, o exercício de uma fiscalização isenta após este mesmo agente ter atuado na defesa de interesse controvertido no seio de uma relação processual instituída em juízo, como ocorreu na hipótese. Embora seja certo que a atuação do Órgão do Ministério Público no segundo grau de jurisdição não tenha nenhuma carga vinculativa para o julgamento da insurgência, já que exprime o que a instituição reputa por correto no caso concreto, trata-se de verdadeira instância de controle, essencial para a manutenção ou reparação da ordem jurídica, cuja defesa lhe é inerente. A função fiscalizatória exercida pelo *parquet* também deve ser marcada pela imparcialidade, sob pena de se inviabilizar o alcance das suas incumbências constitucionais (artigo 127, *caput*, da Constituição Federal). [...] (*Habeas Corpus nº 136.771-GO, STJ, 5ª Turma, Rel. Min. Laurita Vaz, julgado em 27.9.2011, publicado no* DJ *em 19.12.2011*).

....

258.2. Nulidades no processo: Se, em relação ao magistrado, qualquer afetação à respectiva imparcialidade implicará a nulidade absoluta do processo, o mesmo não se pode dizer em relação ao Ministério Público.

A imparcialidade do órgão encarregado da acusação deve ser imediatamente preservada, tão logo se saiba da correspondente causa de afetação (à regra da imparcialidade).

Como o órgão do *parquet* não julga a causa, os riscos à correição do processo são menores, devendo a irregularidade daí decorrente submeter-se à preclusão, justificada pela necessidade de preservação da efetividade do processo.

No entanto, quando a violação se der à norma de garantia individual constitucional, como é o caso do *promotor natural,* pensamos que a nulidade do processo é absoluta e não relativa.

Com efeito, e na linha do que até aqui já expusemos, o princípio do promotor natural (tal como o princípio do juiz natural), resultaria da proibição do juiz ou tribunal (e, então, também, do promotor) de exceção e da afirmação de competência constitucional, seja em razão da matéria, seja por prerrogativa de função.

Quanto à primeira hipótese, deve-se censurar, com rigor, a violação à regra da impessoalidade no serviço público, reputando absolutamente nulo o processo com vício originário em sua distribuição. É dizer: não se pode aceitar a *escolha pessoal e arbitrária* do órgão encarregado pela acusação. Se há regras no cotidiano da distribuição dos feitos, a sua modificação somente poderá ocorrer por razões impessoais e justificadas administrativamente. Jamais por vontade pessoal deste ou daquele órgão de hierarquia funcional superior. Evidentemente, não seria esse o caso de designações de órgãos para atuação conjunta, em razão da gravidade dos fatos e de sua repercussão, do mesmo modo que ocorre em relação ao *mutirão* de juízes para melhorar a prestação jurisdicional.

Relativamente à segunda questão, competência jurisdicional em razão da matéria e por prerrogativa de função, o paralelo com o Ministério Público oferece maiores dificuldades, insuficientes, porém, para impedir a sua aplicação (do promotor natural).

Ocorre, no particular, que não há previsão legal para a instalação de ofícios aos membros do *parquet,* ao contrário do que ocorre com a distribuição de jurisdição nas Leis de organização judiciária.

Nada obstante, parece irrecusável que a Constituição da República concede atribuições específicas a cada um dos diversos ramos do *parquet,* segundo a respectiva atuação. Assim, cabe ao Ministério Público Federal a promoção e a fiscalização da execução da Lei nos crimes da competência da Justiça Federal. Do mesmo modo, as atribuições dos membros do Ministério Público dos Estados encontram previsão na distribuição de competência jurisdicional dos Juízes de Direito.

Precisamente por isso, haverá violação ao princípio do promotor natural quando houver processo iniciado por membro que não tenha atribuição constitucional para o processo. E a nulidade não será somente dos atos do juiz; mais que isso, será nula a própria denúncia, cabendo ao órgão ministerial legitimado reapreciar a matéria como lhe parecer de direito. Poderá, nesse passo, subscrever (ratificar) a peça acusatória, modificá-la ou até requerer o arquivamento do inquérito policial.

CAPÍTULO III
Do Acusado e seu Defensor

Art. 259. A impossibilidade de identificação do acusado com o seu verdadeiro nome ou outros qualificativos não retardará a ação penal, quando certa a identidade física. A qualquer tempo, no curso do processo, do julgamento ou da execução da sentença, se for descoberta a sua qualificação, far-se-á a retificação, por termo, nos autos, sem prejuízo da validade dos atos precedentes.

Não se pode imaginar uma ação penal proposta contra aquele não identificado. No entanto, e excepcionalmente, em relação a determinadas pessoas, pode haver dúvidas razoáveis acerca da respectiva identificação civil. Daí a importância e a necessidade da chamada *identificação criminal,* atualmente regulada na Lei nº 12.037/09, que prevê as hipóteses e circunstâncias nas quais, mesmo civilmente identificado o investigado, poderá ele se submeter à identificação datiloscópica e fotográfica.

O presente dispositivo somente faz sentido se presentes dúvidas quanto à identificação civil de pessoa que deverá responder à ação penal, a fim de se evitar o perecimento da persecução penal (prescrição, por exemplo).

A certeza quanto à identificação criminal será suficiente para o ajuizamento da ação, na qual constarão, nos registros forenses, apenas as qualificações conhecidas (apelidos) e indispensáveis para a correspondência entre a pessoa fisicamente apontada na inicial e as imputações que lhe são feitas, até que se esclareça a real identidade do réu.

Uma vez acertada essa questão, a correção será feita a qualquer tempo, isto é, seja na fase processual (instrução e julgamento), seja na fase de execução de sentença. Evidentemente, não se poderia mesmo questionar a validade dos atos processuais até então realizados. Não por esse motivo (da ausência de identificação civil segura). Problemas relacionados à citação do réu assim qualificado é que poderiam ou poderão, em tese, gerar nulidades, jamais o desconhecimento do registro civil correto.

Art. 260. Se o acusado não atender à intimação para o interrogatório, reconhecimento ou qualquer outro ato que, sem ele, não possa ser realizado, a autoridade poderá mandar conduzi-lo à sua presença.

Parágrafo único. O mandado conterá, além da ordem de condução, os requisitos mencionados no art. 352, no que lhe for aplicável.

260.1. Direito ao silêncio e condução coercitiva: Já vimos e revimos a impossibilidade de condução coercitiva do acusado para fins de interrogatório. Nesse ponto, o dispositivo foi *ab-rogado* pela Constituição da República, já na década de 80 (oitenta) do século passado.

No entanto, permanece vigente e válida a exigência de comparecimento do acusado para fins de produção da prova testemunhal ou mesmo para a inquirição do ofendido. Em tais situações, e nos termos do quanto já o afirmamos em inúmeras outras oportunidades (ver art. 185, dentre outros), não haverá qualquer violação a direito fundamental do réu e muito menos a garantia do direito ao silêncio. Uma coisa é o controle da qualidade da prova oral (interrogatório do acusado) e a garantia de ser assegurada a ele a proteção de sua consciência moral e de sua integridade física e psíquica; outra, muito diferente, é impedir a produção de uma prova que não causa a menor afetação aos direitos fundamentais da pessoa, como parece ser o caso – estamos certos disso – do *reconhecimento de pessoa.*

Sem razão Guilherme NUCCI (*Código de Processo Penal comentado,* 2. ed., p. 261), quando supõe tratar-se de conduta abarcada pelo princípio do *nemo tenetur se detegere.* E sua solução, de valoração da recusa nesse sentido (ao reconhecimento de pessoa), caminha no mesmo passo. Não se tem aqui, com efeito – e em nenhum ordenamento jurídico que se tenha notícia – hipótese de exercício do *direito ao silêncio.* A proteção dessa cláusula se dirige unicamente à prova e manifestação oral do réu. Já a garantia contra a autoincriminação protege o réu contra investidas estatais arbitrárias e violadoras da integridade física e psíquica daquele submetido a processo. Não vai além disso.

De outro lado, a solução ali aventada, de valoração da recusa, parece-nos muito mais problemática, até porque se traduziria em meio de prova absolutamente discutível, porque posto à disposição do réu e de suas escolhas. Imagine-se a hipótese daquele réu que pretende assumir a responsabilidade penal de outro: o seu não comparecimento poderia produzir a confirmação de uma autoria que jamais ocorrera.

O reconhecimento de pessoa é meio de prova absolutamente inatacável. Ao mais, remetemos o Leitor aos comentários ao art. 185 e seguintes, CPP.

Como dito, ninguém é obrigado a produzir qualquer prova especialmente em seu desfavor. A prova de eventual prática criminosa é atribuição *exclusiva* da acusação. A questão tem trazido muitos debates, especialmente após o ajuizamento da ADPF 395 em que se postula seja reconhecida a não recepção parcial do art. 260 do CPP, na parte em que permite a condução coercitiva para a realização de interrogatórios, excluindo do dispositivo a expressão "interrogatório", de modo que o artigo fique assim redigido em conformação constitucional: "*Art. 260. Se o acusado não atender à intimação para [...] reconhecimento ou qualquer outro ato que, sem ele, não possa ser realizado, a autoridade poderá mandar conduzi-lo à sua presença*".

Em junho de 2018, no bojo das ADPFs 395 e 444, o Plenário do STF, por maioria, ratificando essa nossa posição, declarou não ter havido recepção da expressão "para o interrogatório" constante no art. 260 do CPP, bem assim a incompatibilidade com a Constituição Federal da condução coercitiva de investigados ou de réus para interrogatório, sob pena de responsabilidades civil, disciplinar e penal do agente ou da autoridade que a autorizar, bem como a ilicitude das provas obtidas.

Registramos que, no ano de 2020, o STJ entendeu que, no caso de adolescente que pratica ato infracional, seria obrigatória sua presença *na chamada audiência de apresentação* ao juízo competente, conforme preceitua o art. 187 do ECA. Nos demais casos, não poderia haver a condução *(Agravo Regimental no Recurso Especial nº 1.886.148-MG, 5ª Turma, Rel. Min. Reynaldo Soares da Fonseca,* DJ *de 21.9.2020).*

Douglas Fischer compreende que, a partir da admissão de um chamado poder geral de cautela, e mesmo após as decisões do STF retromencionadas, as conduções coercitivas somente deveriam ser declaradas como indevidas quando realizados os atos com o fim de *obrigar* o conduzido a falar. Dentro deste espectro, seria evidente a não conformação constitucional (diante do caso concreto, *mas não em abstrato*) de qualquer medida autorizada judicialmente para esse fim específico.

Em verdade, o que se deve verificar é que, no ordenamento jurídico nacional, podem-se antever duas "espécies" de condução coercitiva: a primeira, a condução para a prática de algum ato processual – como medida de coação; a segunda, como medida cautelar inominada – voltada, assim, para neutralizar o risco para a garantia à ordem pública, à instrução criminal ou para assegurar a aplicação penal –, como uma decorrência do princípio da proporcionalidade – subprincípio da necessidade, para evitar a decretação de alguma medida cautelar mais gravosa.

Realmente, para a primeira forma de condução coercitiva – para a prática de algum ato processual –, decorre do poder de coação assegurado ao Estado, no exercício de suas atividades de investigação e apuração das infrações penais.

A segunda hipótese de condução coercitiva prevista no ordenamento jurídico – que também extrai sua cobertura legal do art. 260 do CPP, mas em aplicação conjunta com o princípio constitucional da proporcionalidade/subprincípio da necessidade (interpretação sistêmica) – é a que possui natureza cautelar – ou seja, com o fito de *neutralizar riscos para o processo*, mais especificamente risco para a aplicação da lei penal, para a investigação ou instrução criminal e para a ordem pública. Em geral, a condução coercitiva é decretada para evitar que os investigados sobretudo destruam provas.

Assim, a condução coercitiva precisa ser compreendida como uma *medida cautelar* menos gravosa que a prisão temporária ou a prisão preventiva. Quando devidamente fundamentada e justificada diante do caso concreto (e sempre excepcionalmente, frise-se), a condução coercitiva traz em seu bojo, de forma equilibrada (sem excessos, nem deficiências), a garantia da eficácia de demais medidas cautelares que estejam sendo realizadas *concomitantemente* sem interferir de forma injustificada (para além do tempo necessário) na restrição da liberdade daquela pessoa que for conduzida coercitivamente. Noutras palavras, significa que, mesmo sem previsão legal *expressa*, mas sempre mediante a devida e prévia justificação da necessidade e adequação pelo juiz competente, a condução coercitiva é um meio de garantir eficácia (não prejuízos) à produção de provas no processo penal sem que se lance mão, para tanto, de uma restrição de liberdade muito mais gravosa, como é o caso de prisões temporárias ou preventivas.

Nesses termos, a condução coercitiva precisa ser *compreendida sistemicamente* como uma medida decorrente do *poder geral de cautela* que é conferido aos membros do Poder Judiciário – inclusive o brasileiro – pela compreensão sistêmica dos princípios orientadores da atuação jurisdicional, sem malferir a legalidade estrita.

Pensamos de modo diverso, ainda que parcialmente. Por primeiro, a admissibilidade de um *poder geral de cautela* ao juiz criminal, para além dos limites expressos na Lei, não nos parece boa política criminal, embora se possa admitir o seu manejo em determinadas situações, para que, de acordo com as condições pessoais do agente e com sua expressa concordância, seja substituída uma medida cautelar legal por outra, menos onerosa.

Contudo, mesmo aí, nos casos de alternativas *mais favoráveis* ao réu (em comparação a uma prisão temporária, por exemplo), ainda assim a condução coercitiva à presença da autoridade judicial para a não interferência em diligências realizadas concomitantemente não parece ser o melhor caminho. Primeiro porque a cautelar não se prestaria à tomada de depoimento do conduzido, sendo outra sua justificativa. No entanto, é exatamente o contrário que vem ocorrendo.

Em segundo lugar, porque, se o propósito da medida for o de assegurar o sucesso de outra providência *simultânea*, que poderia ser prejudicada pela presença do acusado (destruição de provas, por exemplo), bastaria a sua retenção no local em que for encontrado, até a ultimação das medidas em curso. E essa *retenção*, embora não prevista em Lei, tanto quanto a *condução coercitiva*, reduziria significativamente o inevitável constrangimento causado por esta última providência, e, de outro lado, atenderia perfeitamente às finalidades cautelares do ato. Conduzir coercitivamente o investigado para não prestar declarações é mais oneroso que mantê-lo afastado de qualquer intervenção por *retenção coercitiva*. De todo modo, é inadmissível a tomada de depoimento de quem é conduzido coercitivamente para outra finalidade, que não essa, proibida constitucionalmente.

Jurisprudência

260.1. [...] 1. Arguição de Descumprimento de Preceito Fundamental. Constitucional. Processo Penal. Direito à não autoincriminação. Direito ao tempo necessário à preparação da defesa. Direito à liberdade de locomoção. Direito à presunção de não culpabilidade. [...] 4. Presunção de não culpabilidade. A condução coercitiva representa restrição temporária da liberdade de locomoção mediante condução sob custódia por forças policiais, em vias públicas, não sendo tratamento normalmente aplicado a pessoas inocentes. Violação. 5. Dignidade da pessoa (art. 1º, III, da CF/88). O indivíduo deve ser reconhecido como um membro da sociedade dotado de valor intrínseco, em condições de igualdade e com direitos iguais. Tornar o ser humano mero objeto no Estado, consequentemente, contraria a dignidade humana [...] Na condução coercitiva, resta evidente que o investigado é conduzido para demonstrar sua submissão à força, o que desrespeita a dignidade do ser humano. 6. Liberdade de locomoção. A condução coercitiva representa uma supressão absoluta, ainda que temporária, da liberdade de locomoção. Há uma clara interferência na liberdade de locomoção, ainda que por período breve. 7. Potencial violação ao direito à não autoincriminação, na modalidade direito ao silêncio. Direito consistente na prerrogativa do implicado a recursar-se a depor em investigações ou ações penais contra si movimentadas, sem que o silêncio seja interpretado como admissão de responsabilidade. Art. 5º, LXIII, combinado com os arts. 1º, III; 5º, LIV, LV e LVII. O direito ao silêncio e o direito a ser advertido quanto ao seu exercício são previstos na legislação e aplicáveis a ação penal e ao interrogatório policial, tanto ao indivíduo preso quanto ao solto – art. 6º, V, e art. 186 do CPP. O conduzido é assistido pelo direito ao silêncio e pelo direito à respectiva advertência. Também é assistido pelo direito a fazer-se aconselhar por seu advogado. 8. Potencial violação a presunção de não culpabilidade. Aspecto relevante ao caso e a vedação de tratar pessoas não condenadas como culpadas – art. 5º, LVII. A restrição temporária da liberdade e a condução sob custódia por forças policiais em vias públicas não são tratamentos que normalmente possam ser aplicados a pessoas inocentes. O investigado em claramente tratado como culpado. 9. A legislação prevê o direito de ausência do investigado ou acusado ao interrogatório. O direito de ausência, por sua vez, afasta a possibilidade de condução coercitiva. 10. Arguição julgada Procedente, para declarar a incompatibilidade com a Constituição Federal da Condução coercitiva de investigados ou de réus para interrogatório, tendo em vista que o imputado não e legalmente obrigado a participar do ato, e pronunciar a não recepção da expressão "para o interrogatório", constante do art. 260 do CPP *(Arguição de Descumprimento de Preceito Fundamental n. 444, STF, Plenário, Rel. Min. Gilmar Mendes, julgado em 14.6.2018, publicado no* DJ *em 28.10.2019).*

260.1. [...] Ato infracional análogo ao crime de roubo. Audiência de apresentação. Condução coercitiva. 1. O adolescente contra o qual se imputa a prática de ato infracional deve ter todos os direitos, no mínimo, do acusado no processo penal comum. 2. É obrigatória a presença do menor na audiência de apresentação – art. 187 do ECA – pois permite o contato direito entre o menor e o juiz. Nas demais audiências, ele passa a exercitar seu direito de defesa, não podendo ser conduzido coercitivamente. [...] *(Agravo Regimental no Recurso Especial nº 1.886.148-MG, STJ, 5ª Turma, unânime, Rel. Min. Reynaldo Soares da Fonseca, julgado em 15.9.2020, publicado no* DJ *em 21.9.2020).*

260.1. [...] Reclamação. 2. Alegação de violação ao entendimento firmado nas Arguições de Descumprimento de Preceitos Fundamentais 395 e 444. Cabimento. *A jurisprudência do Supremo Tribunal Federal deu sinais de grande evolução no que se refere à utilização do instituto da reclamação em sede de controle concentrado de normas.* No julgamento da questão de ordem em agravo regimental na Rcl 1.880, em 23 de maio de 2002, o Tribunal assentou o cabimento da reclamação para todos aqueles que comprovarem prejuízos resultantes de decisões contrárias às teses do STF, em reconhecimento à eficácia vinculante *erga omnes* das decisões de mérito proferidas em sede de controle concentrado 3. Reclamante submetido a "entrevista" durante o cumprimento de mandado de busca e apreensão. Direito ao silêncio e a não autoincriminação. Há a violação do direito ao silêncio e a não autoincriminação, estabelecidos nas decisões proferidas nas ADPFs 395 e 444, com a realização de interrogatório forçado, travestido de "entrevista", formalmente documentado durante o cumprimento de mandado de busca e apreensão, no qual não se oportunizou ao sujeito da diligência o direito à prévia consulta a seu advogado e nem se certificou, no referido auto, o direito ao silêncio e a não produzir provas contra si mesmo, nos termos da legislação e dos precedentes transcritos 4. A realização de interrogatório em ambiente intimidatório representa uma diminuição da garantia contra a autoincriminação. O fato de o interrogado responder a determinadas perguntas não significa que ele abriu mão do seu direito. As provas obtidas através de busca e apreensão realizada com violação à Constituição não devem ser admitidas. Precedentes dos casos *Miranda v. Arizona* e *Mapp v. Ohio*, julgados pela Suprema Corte dos Estados Unidos. Necessidade de consolidação de uma jurisprudência brasileira em favor das pessoas investigadas. 5. Reclamação julgada procedente para declarar a nulidade da "entrevista" realizada e das provas derivadas, nos termos do art. 5º, LVI, da CF/88 e do art. 157, § 1º, do CPP, determinando ao juízo de origem que proceda ao desentranhamento das peças. *(Reclamação n. 33.711-SP, STF, 2ª Turma, Rel. Min. Gilmar Mendes, julgado em 11.6.2019, publicado no* DJ *em 23.8.2019).*

260.1. [...] O comparecimento do réu aos atos processuais, em princípio, é um direito e não um dever, sem embargo da possibilidade de sua condução coercitiva, caso necessário, por exemplo, para audiência de reconhecimento. Nem mesmo ao interrogatório estará obrigado a comparecer, mesmo porque as respostas às perguntas formuladas ficam ao seu alvedrio. [...] Recurso especial não conhecido (*Recurso Especial nº 346.677-RJ, STJ, 6ª Turma, Rel. Min. Fernando Gonçalves, julgado em 10.9.2002, publicado no* DJ *em 30.9.2002).*

260.2. Ordem judicial e condução coercitiva: A condução coercitiva é medida de evidente tangenciamento da liberdade individual. E é assim para a testemunha e também para qualquer pessoa que tenha que atuar no processo penal.

Por isso, somente a autoridade judiciária pode determinar a adoção da providência, devendo constar do mandado judicial os requisitos do art. 352, do CPP, que cuida do mandado de citação. E, dentre aqueles mais importantes (requisitos do mandado), impõe-se a completa identificação do processo e da finalidade do ato (fins específicos de reconhecimento de pessoa). Aliás, a finalidade de qualquer mandado judicial é inerente à autoridade do magistrado que o mandou expedir. Daí, indispensável a descrição dos fins a que se destina o mandado, como reprodução fiel da decisão judicial. Ainda que muito resumidamente, é claro.

A finalidade do ato, enfim, deve ser lida pelo executor do mandado, com o objetivo de evitar-se a coerção ou o uso da força, conforme seja a escolha daquele que será (ou não) conduzido.

Art. 261. Nenhum acusado, ainda que ausente ou foragido, será processado ou julgado sem defensor.

Parágrafo único. A defesa técnica, quando realizada por defensor público ou dativo, será sempre exercida através de manifestação fundamentada. (Incluído pela Lei nº 10.792, de 1º.12.2003)

261.1. Autodefesa, defesa técnica e defesa efetiva: No sistema de garantias individuais no processo penal brasileiro avultam alguns princípios fundamentais, indispensáveis à configuração de um *devido processo legal*.

E, dentre eles, o princípio da ampla defesa assume posição de maior destaque, na linha do garantismo acolhido na Constituição da República.

A partir de uma acusação, deve o Estado envidar todos os esforços para o cabal esclarecimento dos fatos, na perspectiva da defesa. E não porque seria ele (Estado) generoso ou bondoso em relação aos seus cidadãos. Mas, porque, como já assinalamos em diversas oportunidades, o conhecimento pós-moderno, em todos os setores da coexistência humana, deve se orientar pela *prudência,* quanto à validade de suas conclusões. Isso, no âmbito de uma teoria ou da filosofia do conhecimento.

E a aplicação do Direito Penal tem início em um processo também de conhecimento, dos fatos e do direito, a ser buscado segundo regras específicas e aceitas pelo ordenamento (provas e decisões judiciais). Nesse passo, a situação de inocência do acusado – até que se prove o contrário – deve ser levada a sério. Evidentemente, não se quer com isso diminuir a importância da atuação dos órgãos públicos responsáveis pela persecução penal. Não. A tutela penal dos direitos fundamentais, acolhida expressamente em nossa Constituição, em vários dispositivos (inafiançabilidade para determinados crimes, garantia da ação penal subsidiária pelo ofendido etc.), segue merecendo todos os cuidados.

No entanto, como o Estado atua com poder e até com violência institucionalizada, deve ele se acautelar contra as armadilhas da certeza definitiva sobre as investigações que promove e leva a cabo.

Ampla defesa não é nada mais que isso: a abertura total à dúvida razoável, a partir do reconhecimento da precariedade do conhecimento humano. O risco de absolvição de um culpado é muito grave; mas, aquele (risco) de condenação de um inocente é simplesmente impagável e inaceitável, a não ser por erro plenamente justificado na própria falibilidade humana. Daí, a opção do princípio da ampla defesa e não do da ampla acusação entre os povos civilizados. Por isso, os termos da Súmula Vinculante nº 14, do STF: *"É direito do defensor, no interesse do representado, ter acesso amplo aos elementos de prova que, já documentados em procedimento investigatório realizado por órgão com competência de Polícia Judiciária, digam respeito ao exercício do direito de defesa."*

Obviamente, não será cabível a aplicação da Súmula quando indispensável a manutenção do sigilo da investigação, relativamente ao material ainda em fase de produção (medidas cautelares, sobretudo).

A *autodefesa* significa a atuação do acusado em favor de seus interesses, seja prestando depoimento (autodefesa *ativa*), seja apontando provas ao juiz e ao seu defensor, seja, enfim, monitorando todo o desenrolar do processo. Mesmo o silêncio, que é direito dele, constitui autodefesa (passiva).

Mas, como o processo envolve a realização de uma série de atos (processuais) de natureza eminentemente técnica, exige-se que o acusado esteja acompanhado, em todo o processo, por um defensor técnico, isto é, um advogado, regularmente inscrito no quadro da Ordem dos Advogados do Brasil.

E a *defesa técnica* deve, portanto, se fazer presente em todos os atos do processo, ainda quando o acusado tenha se manifestado contra seus interesses (confissão), ou a tenha dispensado expressamente. O interesse ali presente não é disponível: ao Estado somente interessa a aplicação do Direito Penal àquele que, segundo o devido processo legal, se possa comprovar a responsabilidade pessoal pelo fato.

Se o réu for ele próprio advogado, poderá promover a sua defesa (art. 263, CPP), não podendo o juiz, porém, a tanto obrigá-lo. A escolha do defensor é livre.

Já a *defesa efetiva* ocupa posição central no quadro da ampla defesa. É que, muito mais importante que a designação de um defensor para o réu, é a efetiva atuação daquele (defensor) em favor deste (réu). A defesa, para ser efetiva, deve ser *parcial,* impondo ao advogado o dever de atuar, nos limites da Lei, mas sempre em favor dos interesses do acusado.

Como veremos, logo a seguir, a exigência de manifestação fundamentada imposta ao defensor público ou dativo (dado ou designado pelo Estado) deve ser estendida ao defensor constituído pela parte, afinal, não se poderá punir o acusado pela má escolha do profissional da advocacia.

No entanto, como também veremos, a exigência de fundamentação deve ser vista com cautela e com reserva. Muitos atos processuais nos quais ocorre a manifestação da defesa não exigem fundamentação, diante da singeleza da matéria ou da posição defensiva a ser adotada, até mesmo como estratégia.

Jurisprudência

261.1. [...] 2. (a) Nos termos da Súmula Vinculante 14, "*É direito do defensor, no interesse do representado, ter acesso amplo aos elementos de prova que, já documentados em procedimento investigatório realizado por órgão com competência de polícia judiciária, digam respeito ao exercício do direito de defesa*". [...] A Súmula Vinculante 14 reconhece aos defensores o direito de ter acesso aos elementos de informação já documentados em procedimento investigativo. (b) Na esteira dos precedentes sobre a matéria, referido enunciado sumular não alcança "*sindicância administrativa objetivando elucidar fatos sob o angulo do cometimento de infração administrativa*" (Rcl 10.771-AgR-RJ, Rel. Min. Marco Aurélio, Primeira Turma, *DJe* de 18/2/2014). [...] o Reclamante pretende valer-se da reclamação como substituto do *mandamus*, pretendendo a reforma, *per saltum*, do ato administrativo impugnado. [...] *(Agravo Regimental na Reclamação nº 40.116-RJ, STF, 1ª Turma, unânime, Rel. Min. Luiz Fux, julgado em sessão virtual de 28.8.2020 a 4.9.2020, publicado no* DJ *em 23.9.2020).*

261.1. [...] 1. O direito de presença do réu é desdobramento do princípio da ampla defesa, em sua vertente autodefesa, franqueando-se ao réu a possibilidade de presenciar e participar da instrução processual, auxiliando seu advogado, se for o caso, na condução e direcionamento dos questionamentos e diligências. Nada obstante, não se trata de direito absoluto, sendo pacífico nos Tribunais Superiores que a presença do réu na audiência de instrução, embora conveniente, não é indispensável para a validade do ato, e, consubstanciando-se em nulidade relativa, necessita para a sua decretação da comprovação de efetivo prejuízo para a defesa, o que não ficou demonstrado no caso dos autos. [...] (*RHC nº 47.729-SC, STJ, 5ª Turma, unânime, Rel. Min. Reynaldo Soares da Fonseca, julgado em 28.6.2016, publicado no* DJ *em 1º.8.2016*).

261.1. [...] 2. O direito de presença – como desdobramento da autodefesa (que também comporta o direito de audiência) – assegura ao réu a possibilidade de acompanhar os atos processuais, sendo dever de o Estado facilitar seu exercício, máxime quando o imputado está preso, impossibilitado de livremente deslocar-se para o fórum. 3. Contudo, não se trata de direito indisponível e irrenunciável do réu, tal qual a defesa técnica – conforme positivado no art. 261 do CPP, cuja regra ganhou envergadura constitucional com os arts. 133 e 134 da Carta de 1988 –, de modo que o não comparecimento do acusado às audiências de inquirição das testemunhas de acusação, por meio de carta precatória, não pode ensejar, por si, a declaração da nulidade absoluta do ato, dada a imprescindibilidade da comprovação de prejuízo e de sua arguição no momento oportuno. [...] (*Recurso Especial n. 1.306.555-RS, STJ, 6ª Turma, unânime, Rel. Min. Rogerio Schietti Cruz, julgado em 25.10.2016, publicado no DJ em 17.11.2016*).

261.2. (a) Advogado constituído, (b) defensor dativo, (c) defensor *ad hoc* e (d) Defensor Público:

a) Em linha de princípio, o acusado é livre para escolher o seu defensor. Essa escolha implicará a *constituição* do defensor, que receberá, no processo, a qualificação de defensor ou advogado *constituído*. E porque escolhido pelo réu, somente por ele poderá ser *desconstituído*.

b) Se o acusado não quiser constituir advogado, o Estado designará um em seu nome. Esse defensor, dado pelo Estado, é chamado de *defensor dativo*. Atuará no processo sob o compromisso de seu grau (de advogado) e receberá uma remuneração, seja de responsabilidade do acusado, quando ele puder pagar, seja pelo Estado, na hipótese diversa.

Como regra, o advogado, constituído (pelo réu) ou dativo (pelo Estado) atua desde o início até o final do processo, não podendo abandoná-lo sem motivo justificado, sob pena de multa e correição disciplinar profissional.

Ocorre, todavia, que, em determinados atos processuais, o defensor, constituído ou dativo – e mesmo o defensor público, ainda não examinado –, termina por não comparecer, sem que se tenha conhecimento, naquele momento, de eventual justificativa para a ausência.

Se a ausência é justificada, o adiamento do ato dependerá da maior ou menor complexidade da matéria tratada no processo, bem como do estágio de sua tramitação (do processo). A nova redação do art. 265, § 1º, CPP, embora tenha alterado a regra do dever de realização do ato, utilizou-se da expressão *poderá adiar*, como a indicar a ausência de obrigatoriedade nesse sentido.

Pensamos que a questão dependerá do exame de cada caso concreto. Será preciso examinar, como visto, o grau de complexidade da prova a ser produzida, de modo a se aferir os riscos da atuação de um profissional nomeado unicamente para o ato, bem como o andamento da marcha processual, a fim de se evitar o perecimento da prova ou da persecução penal (prescrição).

De todo modo, se a matéria for complexa, deve o juiz adiar o ato, independentemente de justificativa ou não do advogado ausente (constituído, dativo ou o defensor público). Ampla defesa exige atuação condizente e não mera *decoração defensiva,* formalmente presente (o profissional da advocacia), mas sem efetiva participação no ato.

c) Nesses casos, de ausência injustificada, ou de ausência justificada, mas de concreta e válida realização do ato, deve o juiz nomear um advogado que atuará apenas *naquele ato,* permanecendo ainda em vigor tanto a anterior constituição do advogado pelo réu (aliás, o advogado constituído somente pode ser *desconstituído* pela parte) quanto a designação do Estado (defensor dativo). Surge então o que se qualifica como defensor *ad hoc,* isto é, única e exclusivamente *para o ato.*

d) Quando o acusado for pobre, e somente quando o acusado for pobre, deve o juiz, onde houver Defensoria Pública, encaminhar o caso para o referido órgão, que, como se sabe, é também indispensável à administração da Justiça (art. 134, CF).

Infelizmente, tem ocorrido no Brasil uma prática equivocada e não recomendável. A Defensoria Pública tem missões constitucionais específicas e, por isso, não pode ficar a reboque das ausências de advogados, constituídos ou dativos.

Com efeito, tem se recorrido à Defensoria Pública em inúmeros processos, unicamente por ausência de constituição de advogado pelo réu. Isso, independentemente de se saber se o caso se enquadraria, ou não, nas hipóteses de atuação daquele órgão, ou seja, se se trata de réu pobre ou que não tenha efetiva condição de remunerar o advogado.

Se o réu tem condições econômicas ou financeiras de custear um advogado, deve o juiz designar a ele um advogado *dativo,* impondo-lhe (ao réu) o dever de remuneração, nos termos do art. 263, parágrafo único, CPP. A Defensoria deve cuidar apenas daqueles – milhares e milhões – que dependem dela para ter acesso ao Judiciário.

Dissemos, linhas atrás, que a defesa técnica é aquela patrocinada por profissional devidamente habilitado nos quadros da OAB. Pensamos que este não é caso da Defensoria Pública. Os seus membros são órgãos de carreira do Estado, e cuja atuação independe de qualquer mandato, na medida em que este decorreria da própria Lei Orgânica da Defensoria Pública.

E exatamente por isso, não se aplicaria a eles o conceito de *habilitação profissional,* enquanto estiverem no exercício da Defensoria, ressalvadas as hipóteses legalmente autorizadas – se houver – de cumulação de funções (Defensoria Pública e advocacia privada). A Defensoria é órgão do Poder Público, cujas funções devem ser fiscalizadas unicamente pelo Poder Público e não pelas autarquias (especiais ou não) que respondem pela fiscalização da atuação privada de determinados profissionais (Conselhos etc.). A identidade de atribuições – advocacia – não nos parece suficiente para se exigir a filiação. Fosse assim, o Ministério Público, que também exerce uma advocacia *pública,* em favor da coletividade (nesse sentido, apenas a magistratura estaria excluída) –, também deveria ser obrigado ao registro de seus membros, o que é absolutamente impensável. No ponto, julgamos inconstitucional a norma inscrita no art. 3º, § 1º, da Lei nº 8.906/94, no que toca exclusivamente à Defensoria Pública. "Entretanto, por maioria, o STF julgou improcedente a ADI Nº ... e conferiu, ainda, interpretação conforme à Constituição ao art. 3º, § 1º, da Lei nº 8.906/1994, declarando-se inconstitucional qualquer interpretação que resulte no condicionamento da capacidade postulatória dos membros da Defensoria Pública à inscrição dos Defensores Públicos na Ordem dos Advogados do Brasil, nos termos do voto do Relator, vencido o Ministro Dias Toffoli, que julgava parcialmente procedente a ação direta, dava interpretação conforme ao § 6º do art. 4º da Lei Complementar nº 80/1994 e modulava os efeitos da decisão. Plenário, Sessão Virtual de 22.10.2021 a 3.11.2021.

Jurisprudência

261.2. [...] Não se encontra maculada de nulidade a audiência de oitiva das testemunhas de acusação, pois, conquanto não tenham comparecido – apesar de devidamente intimados – os acusados e seus advogados, nomeou-se Defensor *ad hoc* para o ato processual. [...] Falta de demonstração de prejuízo decorrente da ouvida das testemunhas de defesa sem a presença, nas audiências, de todos os advogados constituídos no processo, principalmente se cada ato contou com o respectivo Defensor. O Código de Processo Penal acolheu o princípio *pas de nullité sans grief*, do qual se conclui que somente há de se declarar a nulidade do feito quando resultar prejuízo devidamente demonstrado pela parte interessada, inocorrente, na espécie. [...] Nulidades não suscitadas nas alegações finais. Recurso a que se nega provimento (*RHC nº 18.293-AM, STJ, 6ª Turma, Rel. Min. Og Fernandes, julgado em 4.2.2010, publicado no* DJ *em 1.3.2010*).

261.3. Ampla defesa e estratégia defensiva: O parágrafo único do artigo em comento exige a manifestação fundamentada do defensor dativo e do defensor público, no âmbito da defesa técnica. Como se vê, não faz distinção alguma quanto à natureza dos atos em que se dariam tais manifestações.

Ora, como o processo inclui a realização de diversos atos em cuja prática se acha presente o que se pode definir como *manifestações* (do defensor), parece-nos necessário delimitar o âmbito de aplicação da citada exigência.

Em primeiro lugar, observa-se que nem toda manifestação envolve uma *tomada de posição* em relação ao maior ou menor proveito da parte (defesa) em relação ao ato.

A apresentação da resposta escrita (art. 396, CPP), por exemplo, é a primeira oportunidade em que se manifesta a defesa técnica no processo. No entanto, como a denúncia já teria sido recebida, nem sempre se obterá qualquer proveito com manifestações nessa fase, salvo quando possível a discussão mais ampla e profunda quanto à manifesta atipicidade do fato ou qualquer das outras hipóteses de absolvição sumária do art. 397, CPP. O que estamos afirmando é: nem sempre será oportuno ou pertinente desenvolver argumentos desprovidos de qualquer aptidão para o convencimento do magistrado, unicamente por determinação do presente dispositivo.

Não são poucas as vezes em que o silêncio ou a síntese argumentativa são utilizados como estratégia da defesa, de modo a nada adiantar à acusação acerca da direção a ser adotada no curso da instrução criminal. Nem sempre se pode visualizar em tal comportamento qualquer omissão ou negligência do defensor.

A qualidade da atuação defensiva não se mede, efetivamente, pela extensão da fundamentação utilizada, mas da pertinência das objeções e das dúvidas levantadas em relação à materialidade do fato e da respectiva autoria.

Na instrução criminal, por exemplo, a atuação do defensor não será *fundamentada*. Nada obstante, a sua eficácia poderá ser aferida pela intensidade e pela pertinência de suas intervenções, no sentido de se obter declarações favoráveis aos interesses defensivos ou que enfraqueçam as teses acusatórias. Se, ao contrário, mantiver-se o defensor absolutamente alheio ao que se passa e aos esclarecimentos prestados pelas pessoas ouvidas em audiência, a sua omissão poderá gerar a nulidade do processo.

Não há, aqui, *receita* ou *fórmula* exata. Tudo dependerá do caso concreto, da complexidade do feito e do grau de contribuição do defensor para a formação da prova e do convencimento judicial.

E repetimos. Tais exigências não podem ser dirigidas unicamente ao defensor dativo e ao defensor público. Também o advogado constituído pela parte há de atuar com a mesma combatividade e denodo. Não será por ter sido escolhido pelo acusado que o Estado se desobrigará da afirmação, sempre, de um processo conduzido pela ampla defesa.

Em uma única ocasião se exigirá a manifestação rigorosamente fundamentada do defensor. É no momento das alegações finais (art. 403, CPP), sejam elas prestadas oralmente ou por escrito.

É que nessa fase, a mais importante do processo, no âmbito argumentativo, deve o defensor apreciar todo o material probatório existente contra o réu, opondo-se às conclusões que a acusação tenha dele extraído – ressalvado, por óbvio, o requerimento de absolvição do *parquet* – e, também, manifestar-se sobre as possibilidades jurídicas favoráveis aos interesses do réu.

Nesse momento, é preciso muita cautela no exame da atuação defensiva. Há casos em que a pujança das provas produzidas contra o acusado exige um comportamento mais técnico do defensor, do que poderá resultar até a aceitação da condenação do acusado, desde que acolhidas eventuais causas de diminuição e/ou atenuantes, e, enfim, se possível a aplicação de regras do direito que diminuam a incidência da pena. Semelhante comportamento estaria plenamente justificado do ponto de vista estratégico (de convencimento efetivo do magistrado).

Jurisprudência

261.3. [...] A praxe forense de o advogado do réu, por ocasião das alegações finais, reservar a exposição da tese defensiva para a sessão para o Conselho de Sentença, por representar estratégia da defesa que não traz prejuízo ao acusado, não configura deficiência da defesa técnica. Precedentes do STJ. [...] Ordem parcialmente conhecida e, nessa extensão, denegada (*Habeas Corpus nº 49.406-MT, STJ, 5ª Turma, Rel. Min. Arnaldo Esteves Lima, julgado em 6.5.2008, publicado no DJ em 23.6.2008*).

261.4. Ampla defesa, Súmula 523/STF e nulidades: O exercício da ampla defesa exige, como visto, a *possibilidade* de autodefesa – pode o réu silenciar-se ou afastar-se do processo, querendo –, a atuação de *defesa técnica* em todos os atos do processo e a defesa *efetiva*, fundamentada, quando necessário e oportuno, mas sempre ativa e participativa. O descumprimento de tais exigências poderá resultar em nulidade do processo, algumas delas de natureza absoluta.

Alguns exemplos são eloquentes dessa situação.

A ausência de alegações finais, por exemplo, não vem merecendo, ainda, a mais detida atenção por parte da Suprema Corte, quando a defesa estiver a cargo de defensor constituído pelo acusado. Há inúmeras decisões naquela Corte entendendo tratar-se de nulidade relativa e não absoluta. Naturalmente, estamos a nos referir a ausências das próprias alegações e não de concessão do prazo para o oferecimento delas, hipótese em que a nulidade é absoluta, indiscutivelmente.

O problema nesse caso é que, sendo relativa à nulidade, submete-se ela à preclusão, exigindo, portanto, manifestação tempestiva da parte e, mais que isso, a demonstração de prejuízo ao devido processo legal. Desse modo, a se considerar *relativa* à nulidade decorrente da ausência de alegações finais do defensor constituído, caberia a *ele próprio* – o defensor relapso – a manifestação nesse sentido, por ocasião do recurso (art. 571, VII, CPP).

Independentemente de ser ou não uma (péssima e deliberada) estratégia da defesa, com o fim de se alegar a nulidade posteriormente, o fato é que a ausência de alegações finais afronta inevitavelmente o princípio da ampla defesa. Como não reconhecer a nulidade se a defesa sequer discutiu a prova produzida pela acusação, se não discutiu a adequação jurídico-penal do fato (exame de tipicidade), além das circunstâncias a influenciar na aplicação da pena?

E sendo, assim, por que reconhecer a nulidade quando o defensor for público ou dativo e não o fazer quando constituído pela parte o defensor? Punição ao réu pela má escolha?

A solução deve partir do magistrado ou do tribunal, nas ações penais originárias.

Se o defensor, qualquer que seja ele, não apresentar as alegações finais ou, por exemplo, limitar-se a pugnar pela absolvição do acusado, deve o juiz designar outro defensor, *ad hoc* (para o ato), para a prática do ato faltante ou deficiente.

No ponto, cabe invocar e discutir o texto e os limites de aplicação do entendimento constante da Súmula 523, da Suprema Corte, que tem a seguinte redação: "*No processo penal, a falta de defesa constitui nulidade absoluta, mas a sua deficiência só o anulará se houver prova de prejuízo para o réu.*"

Note-se, em princípio, que a Súmula seria suficiente para determinar a nulidade absoluta no exemplo que demos, na medida em que a ausência de alegações finais equivaleria à *falta de defesa* e não à sua *deficiência.*

Não foi, porém, o que se viu naquela Corte, à exceção de julgado originário da Primeira Turma, Relatado pelo eminente Ministro Ayres Brito (HC 94.168 – julgado em 05.08.2008), no qual se acolheu o mesmo entendimento que vimos de expor.

Mas o fato é que a Súmula tem uma redação que se presta mesmo a confusões: Ora, o que vem a ser defesa *deficiente*? E, sendo relativa à nulidade, a exigir pronta e tempestiva arguição, o responsável (defensor) pela *deficiência* não seria também deficiente nesse ponto (de arguir a nulidade)?

Não há fórmulas mágicas em questões de tamanha complexidade (nulidade relativa e nulidade absoluta). Cada caso merecerá exame acurado a fim de se determinar o grau de lesão ao processo.

Outra questão, igualmente problemática, não resolvida pela citada Súmula.

Há entendimento no STF reputando nulo o processo quando o defensor admite a condenação e se bate unicamente pelo reconhecimento de causas de diminuição e atenuantes da pena. O *recado* parece ser no sentido de que dever o defensor, sempre, pugnar pela absolvição do réu.

Refutamos semelhante compreensão. E por todas as razões que já aqui expusemos: há casos em que a prova produzida pela acusação, incluindo aquelas disponíveis à defesa (testemunhas por ela arroladas), não deixam margem a dúvidas quanto à autoria e à materialidade do delito. Exigir que o defensor permaneça defendendo a absolvição, sobretudo em casos de maior gravidade e repercussão social, seja pela crueldade nos meios de execução, seja pela fragilidade da vítima, é exigir o simulacro daquilo que efetivamente *não tem lugar.* A argumentação, quando desprovida de elementos mínimos de convencimento, pode ter efeito contraproducente. Melhor, em tais situações, lutar pela atenuação da pena que insistir na tese de uma absolvição que se antecipa, racional e emocionalmente, impossível e inalcançável.

Jurisprudência

261.4. [...] O juiz tem poderes diante da omissão de alegações finais para oportunizar à parte a substituição do causídico ou, na inércia, para requerer que a defensoria pública ofereça as alegações finais. [...] *(Recurso em Mandado de Segurança nº 47.680/RR, STJ, 6ª Turma, unânime, Rel. Min. Rogério Schietti Cruz, julgado em 5.10.2021, publicado no DJ em 11.10.2021)*

261.4. [...] Ao se limitar a reiterar os memoriais da acusação, com pedido de condenação, a defesa não apresentou alegações finais em benefício do paciente, o que, como é de conhecimento, é causa de nulidade no processo penal. Com efeito, "as alegações finais consubstanciam-se em termo essencial do processo penal, razão pela qual, a sua ausência implica em vício insanável que requer a sua declaração de nulidade, por ofensa aos princípios constitucionais da ampla defesa e do contraditório" [...] A ausência de alegações finais não revela mera deficiência, mas verdadeira ausência de defesa, ensejando a nulidade do processo, nos termos do enunciado n. 523 da Súmula do Supremo Tribunal Federal. De fato, "a ausência de alegações finais defensivas leva à nulidade do processo desde a fase em que deveriam ter sido oferecidas" [...] Ordem concedida de ofício para anular a ação penal desde a fase das alegações finais. *(Habeas Corpus nº 659.188/SP, STJ, 5ª Turma, unânime, Rel. Min. Reynaldo Soares da Fonseca, julgado em 11.5.2021, publicado no DJ em 14.5.2021)*

261.5. Citação pessoal, ausência de defesa e não comparecimento do acusado: Tendo sido citado pessoalmente o réu, e, nada obstante, não apresentado defesa, deve o juiz designar um defensor, dativo, onde não houver defensoria pública e for pobre o acusado, para a apresentação da resposta escrita (art. 396, CPP).

Na realidade, o réu não é mais citado para *comparecer* em juízo, como era antes da vigência da Lei nº 11.719/09. Ele será citado para a apresentação de resposta escrita, no prazo de 10 (dez) dias (art. 396-A, § 2º, CPP).

De todo modo, deve o juiz aguardar o prazo da defesa escrita para só então nomear defensor para a resposta e para o processo.

261.6. Citação por edital e suspensão do processo: Nos termos do art. 366 do CPP, o processo será suspenso – e também o prazo prescricional – quando o réu, citado por edital, deixar de comparecer e nem constituir advogado.

Na verdade, o réu, desde a Lei nº 11.719/08, não é mais citado para comparecer ao juízo (para interrogatório, como na regra anterior), e, sim, para apresentar resposta escrita, no prazo de 10 (dez) dias (art. 396, CPP). Assim, tratando-se de citação por edital, após o prazo para a apresentação da resposta escrita, deve o juiz suspender o processo.

Pode ocorrer, porém, a necessidade de produção de provas consideradas urgentes e em risco de perecimento, sobretudo em razão de idade ou enfermidade da pessoa a ser ouvida.

Nesse caso, de *antecipação da prova,* deverá o juiz designar defensor (*ad hoc*) para a prática do ato. Não se fará necessária a designação de defensor *para o processo,* mas somente para o ato, dado que, uma vez realizada a prova, o processo deverá permanecer suspenso, até que compareça o réu.

Apenas para registro: A Súmula 415 do STJ assenta, no particular, que "*o período de suspensão do prazo prescricional é regulado pelo máximo da pena cominada*", no caso de suspensão do processo com fundamento na regra do art. 366, CPP. Ultrapassado o prazo legal, deve a prescrição voltar a fluir, porém mantém-se a suspensão do processo.

Jurisprudência

261.6. [...] Tratando-se de réu ausente, citado por edital, a retomada do curso do processo, após observado o artigo 366 do Código de Processo Penal, viola a garantia do devido processo legal, considerado o direito de o acusado ser ouvido no Juízo e a necessidade da ciência sobre o conteúdo da acusação. *(Recurso Ordinário em Habeas Corpus nº 115.042/DF, STF, 1ª Turma, unânime, Rel. Min. Marco Aurélio, julgado em sessão virtual de 12.3.2021 a 19.3.2021, publicado no DJ em 13.4.2021)*

261.6. [...] 1. "Em caso de inatividade processual decorrente de citação por edital, ressalvados os crimes previstos na Constituição Federal como imprescritíveis, é constitucional limitar o período de suspensão do prazo prescricional ao tempo de prescrição da pena máxima em abstrato cominada ao crime, a despeito de o processo permanecer suspenso" (STF, RE n. 600.851/DF, submetido à sistemática da repercussão geral). 2. Após o decurso do prazo prescricional, o prosseguimento do feito sem a ciência do acusado ofende os princípios constitucionais do devido processo legal, da ampla defesa e do contraditório (STF, RE n. 600.851/DF, submetido à sistemática da repercussão geral). 3. Agravo regimental provido para se conhecer do agravo e dar provimento ao recurso especial. *(Agravo Regimental no Agravo em Recurso Especial nº 1.882.368/RJ, STJ, 5ª Turma, unânime, Rel. Min. João Otávio de Noronha, julgado em 17.8.2021, publicado no DJ em 20.8.2021)*

....

Art. 262. Ao acusado menor dar-se-á curador.

Não há mais acusado *menor*. A menoridade civil termina quando a pessoa atinge dezoito anos (art. 5º, Código Civil). A legislação anterior é que fazia a distinção entre incapacidade relativa (entre dezoito e vinte um anos) e incapacidade absoluta, acompanhada pelo nosso Código de Processo Penal e pelo nosso Código Penal.

E mesmo que não se possa equiparar – e não se pode mesmo, por força do quanto expressamente previsto no art. 2.043, do Código Civil – a menoridade civil atual com as disposições penais e processuais penais, não atingidas pela nova legislação civil, o fato é que a Lei nº 10.792/2003 revogou expressamente o art. 194, CPP, que tinha a seguinte redação: "*Art. 194. Se o acusado for menor, proceder-se-á ao interrogatório na presença de curador.*"

Com isso, pensamos fora de dúvida a revogação *implícita* ou *tácita* também do dispositivo ora sob exame. Com isso, sem efeito a Súmula 352 do STF: "*Não é nulo o processo penal por falta de nomeação de curador ao réu menor que teve a assistência de defensor dativo.*"

Art. 263. Se o acusado não o tiver, ser-lhe-á nomeado defensor pelo juiz, ressalvado o seu direito de, a todo tempo, nomear outro de sua confiança, ou a si mesmo defender-se, caso tenha habilitação.

Parágrafo único. O acusado, que não for pobre, será obrigado a pagar os honorários do defensor dativo, arbitrados pelo juiz.

263.1. Defesa constituída e ineficiência de atuação: A defesa técnica poderá ser promovida pelo próprio réu, se assim o desejar e estiver habilitado na OAB, por defensor *constituído* (por ele) ou *dativo* (pelo Estado), ou, ainda, por defensor público, onde houver e no caso de pobreza ou impossibilidade concreta de poder ele, réu, custear as despesas com honorários advocatícios.

A escolha do defensor é livre. Tendo condições econômicas e/ou financeiras poderá escolher e *constituir* o profissional de sua preferência. E, feito isso, ainda que negligente o advogado, não poderá o juiz *desconstituir* o mandato; poderá, no entanto, nomear profissional *ad hoc*, exclusivamente para praticar atos processuais para os quais o defensor constituído, regularmente notificado, tenha se omitido.

A liberdade de escolha implica não ser o réu obrigado a responder pessoalmente por sua defesa, no caso de ser regularmente inscrito na OAB. Obviamente.

Normalmente, os juízos mantêm lista de profissionais que se apresentam voluntariamente para atuar como dativos. Naturalmente, a escolha do dativo é de responsabilidade do juiz, que, para tanto, poderá contar com a participação da OAB na indicação de voluntários. Como quer que seja, em se tratando de defensor *dativo,* pode e deve o juiz promover a sua substituição no curso do processo, caso verifique qualquer deficiência na sua atuação.

Jurisprudência

263.1. [...] 1. A escolha de defensor é um direito inafastável do réu. Entretanto, essa garantia há de ser compatibilizada com o regime das nulidades no processo penal, cujo reconhecimento reclama efetiva demonstração do prejuízo à parte. 2. No caso, à vista da renúncia do advogado constituído, o Magistrado nomeou a Defensoria Pública para apresentação de defesa preliminar. Apesar de não evidenciada nos autos, com clareza, a ciência do paciente quanto à renúncia, novo patrono compareceu à audiência de instrução e julgamento e dela participou. Assegurados, portanto, o contraditório e a ampla defesa, inviável o reconhecimento da arguida nulidade. 3. Não demonstrado o prejuízo sofrido pelo paciente, incabível o acolhimento da tese de nulidade. [...] *(Habeas Corpus nº 552.165-RJ, STJ, 6ª Turma, unânime, Rel. Min. Sebastião Reis Júnior, julgado em 4.8.2020, publicado no* DJ *em 12.8.2020).*

263.1. [...] 1. O acusado tem o direito de se ver processado de acordo com o devido processo legal. Assim, a escolha de defensor, de fato, é um direito inafastável do réu, principalmente, levando-se em consideração que a constituição de um defensor estabelece uma relação de confiança entre o investigado/réu e seu patrono, violando o princípio da ampla defesa a nomeação de defensor dativo sem que seja dada a oportunidade ao réu de nomear outro advogado. [...] *(Recurso em Habeas Corpus n. 82.687-MG, STJ, 6ª Turma, unânime, Rel. Min. Sebastião Reis Júnior, julgado em 5.9.2019, publicado no* DJ *em 17.9.2019).*

263.1. [...] A nomeação de defensor *ad hoc* para atuar em sessão de julgamento na qual a Defensoria Pública, devidamente intimada, não comparece, não ofende o direito conferido ao acusado de escolher patrono de sua confiança. Inteligência dos artigos 263 e 265 do Código de Processo Penal. Precedentes do STJ. [...] *(HC n. 368.318-RS, STJ, 5ª Turma, unânime, Rel. Min. Jorge Mussi, julgado em 22.8.2017, publicado no* DJ *em 30.8.2017).*

263.1. [...] 1. Nos termos do artigo 263 do Código de Processo Penal, o acusado tem o direito de escolher o seu defensor, não podendo o magistrado nomear profissional para patrociná-lo antes de lhe possibilitar a indicação de advogado de sua confiança. 2. Na espécie, embora a paciente não tenha informado o nome do seu defensor constituído ao ser citada, tal dado constava da ação penal, não havendo justificativas para a nomeação de advogado dativo, já que era possível ao magistrado notificar as causídicas por ela contratadas dos atos do processo. 3. *Habeas corpus* não conhecido. Ordem concedida de ofício para anular a ação penal no tocante à paciente desde a fase da defesa preliminar (*Habeas Corpus nº 363.550-SP, STJ, 5ª Turma, unânime, Rel. Min. Jorge Mussi, julgado em 20.9.2016, publicado no* DJ *em 28.9.2016*).

263.2. Réu que não for pobre e Defensoria Pública: Já mencionamos o mau hábito – que, aliás, vem se tornando rotina – de encaminhamento do processo à Defensoria Pública da União (na Justiça Federal) ou dos Estados (na Justiça Estadual), sempre que o acusado declina do direito de constituir defensor, ou que este recuse o encargo, justificadamente, no curso do processo.

A Defensoria Pública somente deve atuar na defesa daqueles que não têm condições de responder pelos honorários e despesas com o advogado privado. Nem sempre se estará diante de casos dessa natureza, ainda quando o réu não queira e não constitua defensor.

Não se tratando, enfim, de réu pobre, deve o juiz nomear defensor *dativo*, a ser pago por ele (réu), ao final do processo, mediante arbitramento dos valores pelo juiz.

263.3. Arbitramento judicial de honorários: Se o acusado não for pobre, o defensor dativo – e mesmo o *ad hoc* – tem direito à remuneração, a ser arbitrada pelo juiz ao final do processo e paga por aquele (acusado).

Nos foros estaduais em que não exista a Defensoria Pública, o defensor dativo tem direito à remuneração a ser fixada pelo juiz e paga pelo Estado, em valores previamente estabelecidos para tal finalidade.

Jurisprudência

263.3. [...] O acórdão de origem, a partir da interpretação da Lei 8.906/94, manteve sentença de procedência, determinando ao agravante o pagamento de honorários advocatícios ao agravado pelo exercício como defensor dativo [...] (*Agravo Regimental no Recurso Extraordinário nº 425.277, STF, 2ª Turma, Rel. Min. Ellen Gracie, julgado em 31.5.2005, publicado no* DJ *em 24.6.2005*).

Art. 264. Salvo motivo relevante, os advogados e solicitadores serão obrigados, sob pena de multa de cem a quinhentos mil-réis, a prestar seu patrocínio aos acusados, quando nomeados pelo Juiz.

O exercício da advocacia inclui o patrocínio de assistência jurídica aos necessitados, nos locais em que não houver Defensoria Pública (art. 34, XII, Lei nº 8.906/94). Mas, não só. O advogado deve prestar assistência jurídica sempre que a tanto indicado pelo juiz, salvo quando o compromisso prejudicar o exercício regular de suas atividades, na medida em que a *impossibilidade de atuação da Defensoria Pública* inclui o fato de poder o réu pagar advogado com recursos próprios.

Não bastasse, a citada legislação afirma que o exercício da advocacia constitui *munus publico* e função social (art. 2º, §§ 1º e 2º), daí por que tem ele, o advogado, o compromisso de seu grau junto à Justiça em que atuar.

A ressalva se dá quando houver motivo relevante, seja decorrente de suas atividades privadas, que os impeçam de prestar a contento a assistência jurídica aqui mencionada, seja em razão de ruptura do contrato de mandato firmado com o acusado. E tais circunstâncias podem ocorrer até mesmo no curso do processo, devendo o advogado, nesse caso, comunicar a renúncia ao mandato e permanecer nos autos pelo prazo de dez dias (art. 34, XI, Lei nº 8.906/94).

Nada obstante a revogação da possibilidade da imposição da penalidade de multa nos termos do art. 265 do CPP, o advogado poderá ser condenado por infração disciplinar (art. 35, Lei nº 8.906/94), inclusive à pena de multa, a ser imposta administrativamente pela Ordem dos Advogados do Brasil.

Art. 265. O defensor não poderá abandonar o processo sem justo motivo, previamente comunicado ao juiz, sob pena de responder por infração disciplinar perante o órgão correicional competente. (Incluído pela Lei nº 14.752, de 2013)

§ 1º A audiência poderá ser adiada se, por motivo justificado, o defensor não puder comparecer. (Incluído pela Lei nº 11.719, de 2008)

§ 2º Incumbe ao defensor provar o impedimento até a abertura da audiência. Não o fazendo, o juiz não determinará o adiamento de ato algum do processo, devendo nomear defensor substituto, ainda que provisoriamente ou só para o efeito do ato. (Incluído pela Lei nº 11.719, de 2008)

§ 3º Em caso de abandono do processo pelo defensor, o acusado será intimado para constituir novo defensor, se assim o quiser, e, na hipótese de não ser localizado, deverá ser nomeado defensor público ou advogado dativo para a sua defesa." (Incluído pela Lei nº 14.752, de 2013)

265.1. Abandono do processo e justificação: Como o advogado exerce função socialmente relevante, deve ele atender às nomeações dos juízes para a prestação se assistência jurídica (defensor dativo ou *ad hoc*). Exatamente por essa razão, tanto a recusa à designação (do juiz) quanto a sua retirada da ação no curso dela exigem motivos de alta relevância, em razão do prejuízo causado à jurisdição, sobretudo no último caso (retirada do processo em curso).

A justificação para a saída do advogado no curso do processo pode ser de ordem pessoal – razões particulares, da vida privada – ou também profissional, aqui incluídos eventuais acúmulos de atividade forense ou até mesmo eventuais divergências significativas com o acusado.

Aliás, no caso de defensor *constituído*, os riscos de *contaminação* da relação cliente/advogado são ainda maiores, diante da questão atinente ao contrato de honorários advocatícios e dos deveres e obrigações daí decorrentes.

No entanto, é preciso analisar a questão sob diferentes perspectivas.

A não ser em casos absolutamente graves, o advogado não pode jamais *abandonar* a defesa, entendendo-se aqui, por abandono, a omissão deliberada no exercício de suas funções, sem qualquer comunicação ao acusado e ao juiz. Não basta comunicar o juiz, sobretudo quando se tratar de defensor *constituído;* nesse caso, como há relação contratual entre o advogado e o réu, deve ele também ser comunicado da ruptura. Por isso, a Lei se refere ao motivo *imperioso* como aquele rotineiramente insuperável, apto a impedir a efetiva participação do profissional no ato processual.

De outro lado, a retirada do advogado do processo – que não significa, em princípio, o *abandono* – pode ser justificada pelas razões pessoais e profissionais a que já fizemos referência, sem a imposição de quaisquer sanções. A renúncia ao mandato, que deve ser justificada, impõe ao advogado o dever de comunicar seu afastamento à parte e ao juiz, e de permanecer no processo pelo prazo de dez dias, até que seja feita a sua substituição (art. 34, XI, Lei nº 8.906/94).

Com a edição da Lei nº 14.752/2013, excluiu-se a possibilidade de aplicação da multa – até então existente – de 10 a 100 salários mínimos, dispondo-se agora, no CPP, o que já era possível pela Lei n 8.906/94: a apuração por eventual infração disciplinar perante o órgão correcional competente, com a aplicabilidade de multa naquela seara. Entretanto, as penalidades até então são absolutamente válidas, não se podendo falar em "retroatividade" da nova legislação, porque supostamente mais benevolente. Além disso, as penalidades impostas até a nova lei de regência são absolutamente.

Foi acrescido o § 3º do art. 265 do CPP, deixando-se expresso o procedimento que igualmente já era adotado a partir da redação do art. 263 do CPP: sem embargo de se poder nomear um defensor para um ato específico que reclame urgência ante da renúncia do patrono anterior, deve-se sempre intimar o réu para, querendo, indicar outro de sua confiança. Em caso de silêncio, aí o juízo poderá nomear-lhe um defensor público ou advogado dativo, conforme as possibilidades.

Jurisprudência

265.1. [...] 1. Nos termos do art. 265 do Código de Processo Penal, "o defensor não poderá abandonar o processo senão por motivo imperioso, comunicando previamente o juiz, sob pena de multa de 10 a 100 salários mínimos, sem prejuízo das demais sanções cabíveis".

2. A jurisprudência deste Tribunal Superior é pacífica não apenas quanto à constitucionalidade da multa estipulada no art. 265 do CPP como também em relação à sua exigência nas hipóteses de desídia do causídico que, de algum modo, traz prejuízo à marcha processual, como é o caso do não comparecimento ao plenário de julgamento do júri.

3. A sanção pecuniária decorrente do abandono de causa tem natureza processual, "de modo que a novel Lei n. 14.752/2023, sancionada em 12 de dezembro de 2023 – afastando a sanção pecuniária em comento –, nos termos do art. 2º do Código de Processo Penal, tem aplicabilidade imediata, sem prejuízo da validade dos atos realizados sob a vigência da lei anterior – princípio do tempus regit actum – não retroagindo, ainda que para beneficiar o réu" (AgRg no HC n. 797.438/MG, relator Ministro Sebastião Reis Júnior, Sexta Turma, DJe de 26/2/2024). [...] *(Agravo Regimental no Recurso em Mandado de Segurança nº 70.123-SP, STJ, 6ª Turma, Rel. Min. Antonio Saldanha Palheiro, julgado em 16.9.2024, publicado no DJ em 19.9.2024)*

....

265.2. Adiamento da audiência e defensor *ad hoc*: Diz a Lei que o juiz poderá adiar a audiência se o advogado não puder comparecer, desde que devidamente justificado. E, mais. Que a justificativa para o não comparecimento deverá ser apresentada até o início do referido ato processual.

Em primeiro lugar, é de se observar que a questão atinente ao adiamento ou não da audiência de instrução não se limita ao controle da atuação do defensor. Com ou sem justificativa, o juiz deverá adiar a realização da instrução quando se puder perceber a *complexidade* dos fatos em apuração, a demandar um conhecimento mais amplo da matéria por parte do defensor. O princípio da ampla defesa é constitucional. Não se pode ter pressa no processo, em prejuízo de garantias fundamentais.

Não havendo qualquer justificativa para o não comparecimento do advogado e desde que se possa afirmar a complexidade das questões debatidas no processo, deve o juiz adiar o ato, nomeando um advogado *ad hoc* (para o ato) para comparecimento na data então designada, de tal maneira que o defensor então designado possa ter contato com a matéria discutida. E nessa oportunidade, nada impedirá a participação do defensor constituído pelo acusado, se presente. Relembre-se: somente quem constitui pode desconstituir o mandato. Se o faltante (defensor) for dativo, pode e deve o juiz substituí-lo para os demais atos do processo.

E, do mesmo modo e pelas mesmas razões, pensamos que a só justificativa do defensor ausente ao ato, e mesmo quando apresentada antes de seu início, não nos parece suficiente para determinar o adiamento da audiência.

Se a matéria de prova for de menor importância – inquirição de testemunhas de idoneidade do acusado, por exemplo –, não exigindo um conhecimento mais detido da matéria de fato e de direito, deve o juiz designar um defensor *para o ato* (*ad hoc*), concedendo-lhe, porém, tempo suficiente para que ele possa se inteirar das questões ali tratadas.

Em resumo: não há *direito subjetivo* ao adiamento do ato, pela justificativa do advogado. E nem há, de outro lado, imposição à realização do ato, quando injustificada a ausência. O que deve reger a atuação do juiz é o respeito ao princípio da ampla defesa, afastando-se, sempre, o risco a sua violação.

Jurisprudência

265.2. [...] 2. A jurisprudência desta Corte tem entendido que a multa prevista no art. 265 do Código de Processo Penal é constitucional. Tal posicionamento é referendado pela recente decisão do Tribunal Pleno do Supremo Tribunal Federal que, por maioria, em sessão virtual de 05/08/2020, julgou improcedente a ADI n. 4.398, na qual se questionava a constitucionalidade da multa em comento. 3. "A multa do art. 265 do Código de Processo Penal tem natureza processual e não impede eventual censura por parte da Ordem dos Advogados do Brasil, não havendo que se falar em usurpação da competência disciplinar do órgão de classe ou em dupla punição pelo mesmo fato" (AgRg nos EDcl no RMS 57.492/SP, Rel. Ministro JORGE MUSSI, Quinta Turma, julgado em 21/5/2019, DJe 6/6/2019). 4. Não configura justificativa apta a escusar a ausência do advogado do réu em sessão plenária do júri previamente marcada e da qual tinha conhecimento o fato de o patrono apresentar petição renunciando aos poderes a ele concedidos pelo réu seis dias antes da data da realização da sessão do júri, se, a par de a renúncia não vir acompanhada da necessária notificação do réu, nos termos do art. 5º, § 3º, do Estatuto da OAB, mesmo em caso de renúncia o patrono tem o dever de permanecer representando o acusado pelo prazo de 10 (dez) dias. [...] *(Agravo Regimental no Recurso em Mandado de Segurança nº 72.543-BA, STJ, 5ª Turma, Rel. Min. Reynaldo Soares da Fonseca, julgado em 4.11.2024, publicado no DJ em 5.11.2024)*

265.2. [...] 1. A suspensão de audiência demanda motivo justificado do causídico, nos termos do art. 265, § 1º, do CPP.

2. No caso, há indícios de tentativa de se prolongar o desfecho do feito, uma vez que a defensora foi informada desde 12/7/2023 da data do julgamento que ocorreria em 25/7/2023, e somente veio a pleitear a suspensão da audiência no dia 24/7/2023, ou seja, 13 dias após a ciência e 1 dia antes da sessão, sob a alegação de que participaria de audiências em estado diverso da Federação nos dias 24 e 26.

3. Ora, tais circunstâncias não obstariam a presença da defensora na audiência impugnada, dada a possibilidade de deslocamento em tempo hábil pela malha aérea, conforme demonstrado pela Corte de origem. [...] *(Agravo Regimental no Habeas Corpus nº 843.599-SP , STJ, 6ª Turma, Rel. Min. Antônio Saldanha Palheiro, julgado em 23.9.2024, publicado no DJ em 25.9.2024)*

265.2. [...] 1. A escolha de defensor é um direito inafastável do réu. Entretanto, essa garantia há de ser compatibilizada com o regime das nulidades no processo penal, cujo reconhecimento reclama efetiva demonstração do prejuízo à parte. 2. No caso, à vista da renúncia do advogado constituído, o Magistrado nomeou a Defensoria Pública para apresentação de defesa preliminar. Apesar de não evidenciada nos autos, com clareza, a ciência do paciente quanto à renúncia, novo patrono compareceu à audiência de instrução e julgamento e dela participou. Assegurados, portanto, o contraditório e a ampla defesa, inviável o reconhecimento da arguida nulidade.

3. Não demonstrado o prejuízo sofrido pelo paciente, incabível o acolhimento da tese de nulidade. [...] *(Habeas Corpus nº 552.165-RJ, STJ, 6ª Turma, unânime, Rel. Min. Sebastião Reis Júnior, julgado em 4.8.2020, publicado no* DJ *em 12.8.2020).*

265.2. [...] 1. A nomeação de defensor *ad hoc* para atuar em audiência na qual a advogada do réu, devidamente intimada, não comparece, não ofende o direito conferido ao acusado de escolher patrono de sua confiança. Inteligência dos artigos 263 e 265 do Código de Processo Penal. [...] 2. O § 2º do artigo 265 do Código de Processo Penal determina que, na ausência do causídico contratado pelo acusado, um defensor substituto deve ser designado provisoriamente para o ato, não havendo qualquer exigência no sentido de que seja um membro do órgão de assistência judiciária, compreensão que contraria o próprio objetivo do dispositivo processual penal, que é o de evitar a perda de um ato processual que pode ser realizado validamente, já que nem sempre um Defensor Público estará disponível no local ou no momento da solenidade para atuar como advogado *ad hoc.* [...] *(RHC nº 74.841-AC, STJ, 5ª Turma, Rel. Min. Jorge Mussi, julgado em 6.10.2016, publicado no* DJ *em 10.10.2016).*

265.2. [...] Se o advogado do réu, devidamente intimado, não comparece à audiência de inquirição das testemunhas arroladas pela defesa, não há que se falar em nulidade processual se o ato foi realizado na presença de defensor *ad hoc*, nos termos do art. 265, parágrafo único, do CPP (Precedentes). *Habeas corpus* denegado *(Habeas Corpus nº 62.817-RN, STJ, 5ª Turma, Rel. Min. Felix Fischer, julgado em 12.12.2006, publicado no* DJ *em 26.2.2007).*

Art. 266. A constituição de defensor independerá de instrumento de mandato, se o acusado o indicar por ocasião do interrogatório.

A partir da Lei nº 11.719/08, o interrogatório passou a ser o último ato da instrução criminal e não mais o primeiro (art. 400, CPP). Assim, quando a ele se chegar, já terá havido necessária e anterior manifestação da defesa técnica no processo (apresentação de resposta escrita – art. 396, além de participação do defensor na inquirição das testemunhas e demais pessoas que houverem de ser ouvidas).

Houve, portanto, perda de eficácia do dispositivo, ainda que não se possa afirmar a sua invalidade pela superveniência das novas regras. A defesa técnica, então, deve vir acompanhada de mandato, quando se tratar de advogado constituído pelo réu. Quando for *dativo* não se faz necessário o instrumento de mandato, dado que a sua participação no processo se fará por indicação do juiz, que, por esse ato, de nomeação, oficializa a atuação do advogado.

Desnecessário, mas repita-se: o Defensor Público não atua por mandato de parte; sua atividade é regularmente prevista em Lei – e na Constituição da República –, decorrendo daí a sua capacidade postulatória para o processo.

Art. 267. Nos termos do art. 252, não funcionarão como defensores os parentes do juiz.

Eis aqui um dispositivo absolutamente inaceitável. Não só do ponto de vista de sua *vigência*, já que, enquanto não revogado, permanece *existindo* (vigendo). A objeção aqui seria quanto à escolha, em si.

Mas, sobretudo, não se pode acolher a norma que dele se extrai por manifesta violação ao princípio da ampla defesa.

Ora, cabe ao acusado escolher livremente o seu defensor técnico. Se ele for parente ou cônjuge do magistrado é este (o juiz) que deve se afastar do processo e não aquele.

E não nos impressionam, no ponto, eventuais perturbações à atuação jurisdicional, em razão do impedimento do magistrado (art. 25, I, CPP) nas comarcas de menor porte, nas quais funciona um único juiz.

Ainda assim, pensamos que se deve preferir a preservação da ampla defesa, com o direito à livre escolha do profissional técnico a responder pelos interesses do acusado. Aliás, por fundamentos semelhantes àqueles que forjaram os problemas decorrentes do impedimento do juiz em pequenas comarcas. Se o melhor profissional da advocacia for parente ou cônjuge do juiz, como renunciar à melhor defesa?

Sem validade, portanto, o presente dispositivo, por afronta a normas constitucionais do devido processo legal.

CAPÍTULO IV
Dos Assistentes

Art. 268. Em todos os termos da ação pública, poderá intervir, como assistente do Ministério Público, o ofendido ou seu representante legal, ou, na falta, qualquer das pessoas mencionadas no Art. 31.

268.1. Legitimação e capacidade processual do assistente: O processo penal brasileiro não adota o sistema da união de instâncias em matéria de recomposição civil dos danos causados pela infração penal.

Em alguns países – Portugal e Espanha, por exemplo –, a instauração da ação penal implica também o aviamento da pretensão civil, salvo quando a ela se opuser o ofendido (ou vítima). Nesse modelo, a decisão final abarcará as questões penais e as cíveis, determinando o juiz, se for o caso, o valor devido a título de recomposição patrimonial. Normalmente, o juiz competente é o juiz criminal, até porque, também nesses países, a prova criminal é sempre mais ampla que aquela produzida no processo civil.

A *assistência*, por outro lado, se não tem o mesmo efeito, na medida em que o assistente não *demanda* qualquer pretensão civil no processo penal, presta-se a permitir que o ofendido, ou, sendo incapaz, seu representante legal, contribua ativamente na responsabilização do autor do fato, podendo arrolar testemunhas, participar da instrução e apresentar arrazoados. Ainda que no juízo criminal, isso se explica do ponto de vista da recomposição patrimonial do delito. É que a sentença penal condenatória constitui título executivo judicial, nos termos do art. 515, VI, do CPC.

Portanto, a assistência da acusação se justifica essencialmente pelo interesse patrimonial resultante da infração penal. Já veremos as consequências de tal afirmação, ao exame do art. 271, CPP. Sempre reconhecemos na assistência o exercício de funções *custos legis,* ainda que com certas e importantes limitações (PACELLI, Eugênio. *Curso de processo penal.* 28. ed. São Paulo: Juspodivm, 2024). Cumpre esclarecer, então, que, mesmo aceitando essa justificativa de atuação do assistente, ela não seria suficiente para explicar o desequilíbrio na relação processual daí decorrente, conforme veremos em detalhes mais adiante, item 268.2.

Pela Lei brasileira, podem ser *assistentes* de acusação o ofendido ou seu representante legal, quando incapaz, ou, na sua falta (morte ou ausência reconhecida em juízo), as pessoas mencionadas no art. 31 do CPP (cônjuge, ascendente, descendente e irmão).

Esses os legitimados. E que podem ingressar nos autos em litisconsórcio entre eles, ou seja, não há impedimento legal para que mais de um sucessor processual (as pessoas do art. 31, CPP) se qualifique como assistente. No entanto, atuarão em conjunto e não separadamente.

Deverão atuar nos autos por meio de advogado, salvo quando tenham, eles mesmos, essa habilitação, por inscrição regular nos quadros da OAB.

À evidência, não cabe assistência na ação penal privada, pela razão óbvia da coincidência entre os respectivos legitimados (ofendido, representante e pessoas do art. 31, CPP).

Renove-se, ainda, que não há *assistência* "para a defesa". O autor da ação penal só pode propor a ação contra o responsável pelo fato e não contra o responsável *por direito* (pais, empregadores etc.). A pena criminal não passa da pessoa do réu (art. 5º, XLV, CF). Terceiros, ainda quando eventualmente interessados na absolvição do réu, em razão de responsabilidade civil ou administrativa que possa lhes atingir, não podem ingressar nos autos.

Assim, nestas hipóteses, resta a eles apenas contribuir no patrocínio da defesa do réu, por meio de advogados de sua confiança. Tudo isso a depender, é claro, da concordância do acusado.

Jurisprudência

268.1. [...] 1. A jurisprudência dos tribunais superiores é unânime quanto à impossibilidade de aceitar a intervenção de terceiros ou a inclusão de assistente de acusação em ação constitucional de *habeas corpus* relativa a crime de ação penal pública, em razão das próprias características dessa ação, que possui um rito acelerado e visa à eliminação de constrangimento ilegal evidente. 2. Diante disso, "O assistente de acusação carece de legitimidade para o manejo de recurso ou ação para desconstituir decisão concessiva de habeas corpus." (AgRg no MS n. 12.213/RS, relator Ministro Arnaldo Esteves Lima, Corte Especial, julgado em 3/2/2010, DJe de 8/3/2010) [...] *(Agravo Regimental no Habeas Corpus nº 921.723-PA, STJ, 5ª Turma, Relatora Min. Daniela Teixeira, julgado em 3.9.2024, publicado no DJ em 6.9.2024)*

268.1. [...] Este Superior Tribunal de Justiça reconhece a regularidade da atuação do assistente de acusação, devendo o instituto processual ser tratado como expressão do Estado Democrático de Direito e até mesmo como modalidade de controle - complementar àquele exercido pelo Poder Judiciário - da função acusatória atribuída privativamente ao Ministério Público (RMS 43.227/PE, Rel. Ministro Gurgel de Faria, Quinta Turma, julgado em 3/11/2015, DJe 7/12/2015). [...] Em recente julgamento, esta Quinta Turma reafirmou o entendimento de que o assistente da acusação pode seguir atuando no processo em fase recursal, mesmo em contrariedade à manifestação expressa do Ministério Público quanto à sua conformação com a sentença absolutória (AgRg no HC n. 777.610/RS, de minha Relatoria, Quinta Turma, julgado em 24/4/2023, DJe de 27/4/2023.). 4. Ademais, de acordo com o verbete sumular n. 210 do STF, o assistente de acusação tem legitimidade para, quando já iniciada a persecução penal pelo seu órgão titular, atuar em seu auxilio e também supletivamente, na busca pela justa sanção, podendo apelar, opor embargos declaratórios e até interpor recurso extraordinário ou especial (Recurso Especial Repetitivo n. 1.675.874/MS, relator Ministro Rogerio Schietti Cruz, Terceira Seção, julgado em 28/2/2018, DJe de 8/3/2018.). [...] *(Agravo Regimental no Agravo em Recurso Especial nº 2.532.497-SP, STJ, 5ª Turma, Rel. Min. Ribeiro Dantas, julgado em 14.5.2024, publicado no DJ em 20.5.2024)*

268.1. [...] Apelação interposta pela Defensoria Pública na figura de assistente de acusação. Legitimidade recursal do assistente de acusação no processo penal militar. *[...] (Agravo Regimen-*

tal no Recurso Especial nº 2.012.920-SP, STJ, 5ª Turma, Rel. Min. Joel Ilan Paciornik, sessão virtual de 27.2.2024 a 4.3.2024, publicado no DJ em 6.3.2024)

268.1. [...] Como é de conhecimento, o comando legal contido no art. 268 do Código de Processo Penal não abrange a intervenção do assistente de acusação na fase inquisitorial, o que somente poderá ocorrer após o recebimento da denúncia, quando então se instaura a ação penal.[...] Por fim, ainda que não o fosse, destaca-se que esta Corte Superior já entendeu que: "É verdade ser inadmissível a intervenção do assistente de acusação na fase inquisitorial, o que somente poderá ocorrer após o recebimento da denúncia, quando então se instaura a ação penal, conforme dispõe o art. 268 do CPP. Entretanto, não se pode privar a vítima, que efetivamente sofreu, como sujeito passivo do crime, o gravame causado pelo ato típico e antijurídico, de qualquer tutela jurisdicional, sob pena de ofensa às garantias constitucionais do acesso à justiça e do duplo grau de jurisdição" (HC 123.365/SP, Rel. Ministro OG FERNANDES, Sexta Turma, julgado em 22/6/2010, DJe de 23/8/2010). [...] *(Agravo Regimental no HC nº 160.122-SC, STJ, 5ª Turma, Rel. Min. Reynaldo Soares da Fonseca, unânime, julgado em 22.3.2022, publicado no DJ em 25.3.2022)*

268.1. [...] 1. O núcleo da controvérsia consiste em verificar se o requerente possui direito líquido e certo de intervir em ação penal, como terceiro interessado, a fim de participar da produção de provas com o propósito demonstrar a propriedade de veículo automotor apreendido,viabilizando, assim, a liberação do bem. [...] 3. O Tribunal a quo, denegou a ordem no mandado de segurança originário fundamentando que: (i) não foi colacionado ao writ qualquer documento comprobatório da propriedade do veículo; (ii) inexiste elementos comprobatórios de que o impetrante desconhecia a utilização do caminhão para práticas delituosas; (iii) não há previsão legal para habilitação de terceiro interessado nos autos da ação penal, com ressalvada assistência de acusação; (iv) o pedido encontra-se prejudicado tendo e m vista que a audiência já foi realizada; (v) antes de a sentença transitarem julgado, as coisas apreendidas não poderão ser restituídas enquanto 4. "A jurisprudência desta Corte é firme no sentido de que não há, no processo penal, a figura do assistente de defesa, pois a assistência é apenas da acusação" (AgRg no Inq n. 1.191/DF, Relator Ministro Og Fernandes, Corte Especial, DJe de 27/10/2020.) [...] *(Agravo Regimental no Recurso em Mandado de Segurança nº 67.186–MG, STJ, 5ª Turma, Rel. Min. Joel Ilan Paciornik, julgado em 13.9.2022, publicado no DJ em 16.9.2022)*

268.1. [...] A jurisprudência desta Corte é firme no sentido de que não há, no processo penal, a figura do assistente de defesa, pois a assistência é apenas da acusação. Precedentes. O instituto da assistência não permite a intervenção de terceiros em decorrência da relevância da matéria ou do interesse de toda a classe de profissionais da advocacia, mas apenas nos casos de existência de interesse jurídico em que a decisão seja favorável a uma das partes, o que não foi demonstrado pelo CFOAB. [...] *(Agravo Regimental no Inquérito nº 1.191-DF, STJ, Corte Especial, unânime, Rel. Min. Og Fernandes, julgado em 21.10.2020, publicado no* DJ *em 27.10.2020).*

268.1. [...] A legitimidade para figurar como assistente de acusação é exclusiva e, consoante a dicção do art. 268 do CPP: "Em todos os termos da ação pública, poderá intervir, como assistente do Ministério Público, o ofendido ou seu representante legal, ou, na falta, qualquer das pessoas mencionadas no art. 31", dispositivo que, por sua vez, refere: "No caso de morte do ofendido ou quando declarado ausente por decisão judicial, o direito de oferecer queixa ou prosseguir na ação passará ao cônjuge, ascendente, descendente ou irmão". [...] Para que pessoa física ou jurídica possa ingressar no feito como assistente de acusação, deve demonstrar, nos termos do disposto no art. 268 do Diploma Processual perigo pela conduta típica, o que, *in casu*, não ocorre. [...] O fato de a empresa recorrente exercer o controle acionário da instituição financeira vítima de gestão fraudulenta não a qualifica como sujeito passivo do crime e titular do bem jurídico tutelado na ação penal, tanto mais quando a vítima direta dos desvios de recursos tipificados como crimes contra o Sistema Financeiro Nacional foi habilitada como assistente de acusação e vem exercendo regularmente esse papel. [...] *(Agravo Regimental no Recurso em Mandado de Segurança n. 62.157-RS, STJ, 5ª Turma, unânime, Rel. Min. Reynaldo Soares da Fonseca, julgado em 5.5.2020, publicado no* DJ *em 18.5.2020).*

268.1. [...] Pedido de ingresso da OAB/MG como assistente de defesa, em ação penal na qual figura como réu advogado inscrito na ordem. Impossibilidade. [...] 1. A previsão contida no art. 49, parágrafo único, do Estatuto da OAB, deve ser interpretada em congruência com as normas processuais penais que não contemplam a figura do assistente de defesa, não prevalecendo unicamente em razão de sua especialidade. Precedentes [...] A legitimidade prevista na norma do Estatuto da OAB somente se verifica em situações que afetem interesses ou prerrogativas da categoria dos advogados, não autorizando a intervenção dos Presidentes dos Conselhos e das Subseções da OAB, como assistentes da defesa, pela mera condição de advogado do acusado. [...] Em suma, carece de legitimidade a Ordem dos Advogados do Brasil para atuar como assistente (advogado denunciado em ação penal), porquanto, no processo penal, a assistência é apenas da acusação, não existindo a figura do assistente de defesa. [...] *(Recurso em Mandado de Segurança n. 63.393-MG, STJ, 5ª Turma, unânime, Rel. Min. Reynaldo Soares da Fonseca, julgado em 23.6.2020, publicado no DJ em 30.6.2020).*

268.1. [...] Não obstante a existência de posicionamentos, no âmbito doutrinário e jurisprudencial, que questionam a própria constitucionalidade da assistência à acusação, o Supremo Tribunal Federal reconhece a higidez do instituto processual, inclusive com amplo alcance, admitindo sua projeção não somente para as hipóteses de mera suplementação da atividade acusatória do órgão ministerial, como pacificamente aceito pelos Tribunais em casos de inércia do *Parquet*, mas também para seguir o assistente da acusação atuando no processo em fase recursal, mesmo em contrariedade à manifestação expressa do Ministério Público quanto à sua conformação com a sentença absolutória. 2. O art. 268 do Código de Processo Penal autoriza a intervenção na ação penal pública, como assistente do Ministério Público, do ofendido ou de seu representante legal, ou, na falta destes, de qualquer das pessoas mencionadas no art. 31 do mesmo diploma processual – cônjuge, ascendente, descendente ou irmão. 3. Na interpretação do referido dispositivo, deve-se tomar em consideração principalmente a finalidade da intervenção, devendo o instituto processual ser tratado como expressão do Estado Democrático de Direito e até mesmo como modalidade de controle – complementar àquele exercido pelo Poder Judiciário – da função acusatória atribuída privativamente ao Ministério Público. 4. Há que se mitigar o rigor na análise da presença do interesse jurídico que autorize a assistência, afastando-se a exigência consistente na absoluta vinculação entre a pretensão do interveniente e o objeto jurídico do tipo penal imputado na denúncia, uma vez que, diante de certas peculiaridades do caso concreto, interesses jurídicos podem assumir caráter metaindividual e, pulverizados sobre as relações que permeiam o núcleo da demanda, carecer de proteção jurídica igualmente legítima. 5. Hipótese em que foi indeferida pelo Tribunal de origem a assistência à acusação porque, afastada a ilicitude em relação à morte do filho dos habilitandos, pelo reconhecimento da legítima defesa, e restringindo-se a denúncia ao crime de porte ilegal de arma de fogo – delito que teria como vítima a própria sociedade –, desapareceria a figura do ofendido prevista no art. 268 do CPP e, consequentemente, o próprio interesse jurídico dos impetrantes em intervir na ação penal. [...] 7. Recurso ordinário provido (*Recurso em Mandado de Segurança nº 43.227-PE, STJ, 5ª Turma, unânime, Rel. Min. Gurgel de Faria, julgado em 3.11.2015, publicado no DJ em 7.12.2015*).

268.1. [...] A teor do art. 268 do CPP, a legitimidade para figurar como assistente de acusação é restrita a ofendido, ao seu representante legal ou, na falta, ao seu cônjuge, ascendente, descendente ou irmão. Não tem legitimidade para figurar como assistente de acusação, em ação penal pública deflagrada para apurar falsificação de documento particular e apropriação indébita, seguradora responsável pelo pagamento de DPVAT, quando não for sujeito passivo dos crimes narrados e não tiver comprovado, mediante prova inequívoca, a ocorrência de prejuízo, ainda que de forma reflexa, aos seus cofres. [...] (*Recurso em Mandado de Segurança nº 41.052-PA, STJ, 5ª Turma, unânime, Rel. Min. Rogério Schietti Cruz, julgado em 23.6.2015, publicado no DJ em 3.8.2015*).

268.2. Assistente e igualdade de partes: Revogação por inconstitucionalidade? Há autores que não admitem a validade da assistência (da acusação), ao fundamento de que a presença de uma parte processual *ao lado* do órgão da acusação implicaria desequilíbrio na *relação processual,* modificando, quando nada, a igualdade de forças (*par conditio*) que deve orientar todo o processo judicial.

O argumento é ponderável e a ele até nos alinharíamos, não fossem algumas questões de inegável relevo que devem também ser examinadas.

Referido entendimento, de fato, não procede, conforme veremos.

O exame do direito comparado – Itália, Espanha, Portugal, Alemanha – indica a prática comum e rotineira da união de instâncias (Criminal e Cível), quando diante de fato que esteja a reclamar a imposição de pena (Direito Penal) e recomposição civil dos danos causados pela infração penal.

Para esses delitos, normalmente, a jurisdição seria provocada em duas frentes: no juízo criminal, em ação penal proposta pelo Ministério Público, e no juízo cível, na ação de recomposição proposta pela vítima do crime. Em Portugal (art. 71, CPP português), por exemplo, o ajuizamento da ação penal *impede* o ingresso na instância cível! E por quê? Porque o juízo criminal decidirá também a matéria civil.

Mas não é só. Como o ofendido é titular de *direito subjetivo* à recomposição civil, deveria ter ele também o direito de *ação.* A solução ali encontrada foi a de permitir o ingresso do ofendido *como parte civil* nos autos da ação penal, manejando ele, em face do acusado, todas as faculdades processuais que teria no juízo cível. Como não poderia deixar de ser.

E é claro que, no âmbito do processo penal, a existência de um órgão acusador e *também* da parte civil desequilibra a balança da igualdade processual. No entanto, esse desequilíbrio é justificado pelo fato da *união dos processos* (cível e penal). É dizer: o acusado seria *duas vezes* processado pelo mesmo fato: uma no cível, pelo ofendido; e outra, no juízo criminal, pelo Ministério Público.

O que ocorre, então, é que esse desequilíbrio somente existe se observada uma única relação processual: aquela do juízo criminal. Se, por outro lado, compreendido que a mesma *causa de pedir* – não o pedido – estará presente em *dois processos distintos,* a redução da atuação de todos os envolvidos a *um mesmo processo* nada tem de inconstitucional ou de violador a qualquer direito do acusado.

E se é assim em relação à *parte civil,* o mesmo – mesmíssimo – ocorre em relação à *assistência* da acusação. É que, ainda quando não tenha o ofendido efetivamente *proposto* a ação civil – em tese, isto até poderá ter ocorrido! – o fato é que ele justificaria o seu ingresso na ação penal pelo exercício de *tutela processual* de seu direito patrimonial, zelando pelo reconhecimento desse direito, que, posteriormente, será objeto de *execução civil* no juízo cível, uma vez transitada em julgado a sentença penal condenatória (art. 515, CPC de 2015/art. 475-N, II, CPC de 1973).

Não fosse possível a assistência, sempre haveria o risco de a decisão criminal determinar a *supressão* do direito patrimonial da vítima, sem que houvesse a participação processual de seu titular. Bastaria, a tanto, uma decisão absolutória fundada na inexistência do fato (art. 66, CPP) ou em legítima defesa (art. 65, CPP). Solução incompatível com a regra constitucional do acesso a Justiça (art. 5º, XXXV, CF). E que, indiretamente, *obrigaria* o ofendido a ingressar no juízo cível. Imagine-se o caso dos ofendidos já vitimados pelas imensas desigualdades sociais nacionais...

Em resumo: a *identidade* do objeto do processo (civil e criminal) é que *iguala* as forças – probatórias e argumentativas – entre ofendido, acusado e Ministério Público. Assim, o que legitima a assistência da acusação é a circunstância concreta e legal de poder o ofendido sustentar, em nome próprio, demanda contra o réu, pela *mesma causa de pedir.*

268.3. Litisconsórcio e iniciativa processual: Ainda que o assistente da acusação esteja autorizado a intervir *em todos os atos do processo,* cumpre esclarecer que ele não tem legitimidade para a *demanda* penal, isto é, não pode ele *ingressar* com a ação penal.

Somente a partir do início da ação penal e com o oferecimento da denúncia é que se poderá aceitar a habilitação do assistente da acusação. Com isso, e como parece evidente, não poderá ele fornecer rol de testemunhas, dado que este deve ser apresentado junto com a peça acusatória (art. 41, CPP).

Só então, a partir dali, com a delimitação da acusação e com o oferecimento da prova testemunhal pelo Ministério Público é que o assistente poderá intervir em todos os *demais* atos do processo.

A posição do assistente, até mesmo em razão da natureza de seu interesse patrimonial no processo, é litisconsorcial, havendo ele que suportar os ônus decorrentes da decisão judicial na instância criminal, com possíveis prejuízos em seu direito de recomposição civil dos danos (ver, no ponto, arts. 65 e 66, ambos do CPP).

Quando houver mais de um ofendido, poderão eles intervir no processo, separadamente, devendo, contudo, ser observados os prazos em comum para as respectivas manifestações (o mesmo prazo para arrazoados, para recurso etc.). A razão da autonomia é justificada pela também autonomia do direito de ação civil que cada um seria titular.

Jurisprudência

268.3. [...] Nos termos expressos do art. 268 do Código de Processo Penal, a assistência no processo penal se dá na condição de assistente do Ministério Público. Por essa razão, não possui o assistente autonomia processual, estando subordinado à atuação do *Parquet*. Se o assistente não mais concorda com a acusação, pode livremente se manifestar nesse sentido. Contudo, deve ter ciência de que seu ato terá o efeito jurídico-processual de ser entendido como renúncia implícita à sua condição de assistente do Ministério Público, por ser com ela incompatível. No sistema do Código de Processo Penal, não há a figura do assistente como parte autônoma, que poderia livremente dirigir sua atuação em amparo a qualquer uma das partes litigantes. A assistência é apenas da acusação, inexistindo assistente da defesa. [...] (*Recurso em Mandado de Segurança nº 32.235-PE, STJ, 6ª Turma, Rel. Min. Sebastião Reis Júnior, julgado em 25.3.2014, publicado no DJ em 11.4.2014*).

268.4. Assistência e pessoa jurídica de direito público: Definida a natureza patrimonial, como regra, do interesse do assistente – ainda voltaremos a esse ponto – art. 271, CPP –, não parece haver dúvidas quanto à possibilidade do ingresso de pessoa jurídica na assistência à acusação. Sendo ela, pessoa jurídica, vítima da infração, está autorizada a ingressar no juízo cível em busca de recomposição, e, por isso mesmo, pode participar do processo penal, de modo a obter título executivo judicial contra o autor do fato (art. 515, CPC de 2015).

E a pessoa jurídica de direito público? Também poderia?

A razão da divergência sobre a matéria reside na identificação da natureza pública da atuação ministerial. Explicando: sustenta-se que, como o Ministério Público já seria um órgão do Poder Público, a presença de outro integrante da Administração Pública no processo constituiria superfetação, injustificada sob tais perspectivas. Em outras palavras: haveria identidade quanto às funções do Poder Público.

O problema desse entendimento é que ele *confunde*, por assim dizer, questões inteiramente diferentes.

O Ministério Público, no sentido que estamos a ver, não atua no interesse da Administração Pública. Não atua no interesse *patrimonial* e nem *disciplinar* dos demais integrantes da Administração Pública.

A pena do Direito Penal não atende a tais finalidades. Se é que ela consegue – bem ou mal – cumprir suas missões, certamente não se trata da proteção da Administração Pública. O interesse do Ministério Público é de natureza *primária*, associado à realização dos interesses compartilhados pela coletividade, socialmente considerada.

A Administração Pública, enquanto vítima de delitos, atua na defesa de interesses *secundários* – não menos relevantes, em tese – constituídos para organização e estruturação administrativa dos poderes públicos. Um acidente de carro, envolvendo veículo da Administração Pública, pode autorizar o ingresso dela como assistente de acusação, justificado pelo exercício de tutela processual de seu patrimônio. Esse tipo de interesse – recomposição de danos –, embora seja de natureza pública, porque relativo ao bem público, não é o mesmo debatido na pretensão penal, que ainda é essencialmente punitiva, buscando sua fundamentação no interesse comum da comunidade jurídica.

Mas a Administração Pública poderá ingressar como assistente também por outro fundamento.

Em algumas situações, o interesse da Administração pode ser o de fazer valer suas decisões no âmbito administrativo, sobretudo em relação às questões disciplinares.

Em uma hipótese de crime de peculato, por exemplo, a demissão do servidor será de rigor, do ponto de vista dos interesses da Administração Pública, no âmbito da moralidade (art. 37, CF).

Assim, e como a absolvição no juízo criminal poderá influir no ato administrativo demissionário, poderá ela ingressar como assistente da acusação, a fim de preservar a eficácia de suas decisões.

Nesse caso, forçoso reconhecer que as questões não são as mesmas daquelas atinentes à recomposição patrimonial. Ali, o ingresso do assistente é justificado pelo fato de poder ele sustentar demanda – cível – contra a mesma pessoa e pelo mesmo fato. Aqui, não há necessariamente a possibilidade de ação judicial tendo por objeto o mesmo fato.

Entretanto, é bem de ver a Administração Pública, conquanto desobrigada de ingressar em juízo para a demissão de servidores públicos – ficam as ressalvas em relação a determinadas carreiras (magistrados, Ministério Público) –, pode se ver na condição de discutir suas decisões administrativas em juízo. Assim, ainda que não na posição de autora, poderia ela demandar contra o acusado pelo mesmo objeto da ação penal.

Art. 269. O assistente será admitido enquanto não passar em julgado a sentença e receberá a causa no estado em que se achar.

O assistente poderá ingressar no processo a partir do oferecimento da denúncia. Na verdade, como não se faculta nova manifestação à acusação após a resposta escrita – exceção indevida feita no Tribunal do Júri – art. 409, CPP –, a habilitação do assistente dependerá do recebimento da denúncia e será posterior à apresentação da defesa de que cuida o art. 396-A, CPP.

Receber a causa *no estado em que se encontrar* significa apenas – por óbvio – que a assistência, como as demais posições processuais, à exceção da defesa, não tem capacidade processual *retroativa*, isto é, não está autorizada a promover o *retrocesso* no processo. Passada uma fase processual, anda-se à frente. Por isso, aliás, se fala em *processo.*

E o limite já veio definido em Lei: enquanto não passar em julgado a sentença, com o que já se percebe a capacidade recursal do assistente (já as veremos) e se constata a impossibilidade de atuação dele na *execução penal.*

Jurisprudência

269. [...] 1. Nos termos do artigo 269 do Código de Processo Penal, a intervenção na qualidade de assistente da acusação poderá ocorrer em qualquer momento da ação penal, desde que ainda não tenha havido o trânsito em julgado, sendo certo que o assistente recebe a causa no estado em que se achar. 2. Na espécie, tendo a assistente sido afastada em razão da atuação de seu advogado, e sobrevindo novo requerimento de habilitação por causídico diverso, não há que se falar em violação à coisa julgada, o que afasta a ilegalidade suscitada na irresignação. 3. Ainda que houvesse irregularidade na admissão do assistente de acusação, o certo é que a defesa não demonstrou os prejuízos suportados pelo acusado, o que reforça a inexistência de eiva passível de ser sanada na via eleita. Precedentes. [...] *(Agravo Regimental no RHC nº 118.384-MG, STJ, 5ª Turma, Rel. Min. Jorge Mussi, julgado em 18.8.2020, publicado no DJ em 25.8.2020)*

Art. 270. O corréu no mesmo processo não poderá intervir como assistente do Ministério Público.

Ainda buscamos explicações racionais para semelhante previsão. Sendo o corréu também *réu*, como poderia ele ser assistente de acusação?

É claro que nem sempre as imputações são as mesmas a todos os acusados. Todavia, parece evidente que a matéria *defensiva* de cada um dos réus não pode ser *reproduzida* na posição de acusação! Ainda quando circunstancialmente diferentes. Se o réu A defende-se argumentando que a responsabilidade principal – ou única – de um dos fatos seria do réu B, poderá ele exercer todas as faculdades processuais e, sobretudo, probatórias, na posição de acusado, com fundamento no princípio da ampla defesa.

Por que, então, imaginá-lo como assistente *parcial* de acusação? Rigorosamente nada justificaria essa situação.

TOURINHO FILHO (*Código de Processo Penal comentado*, v. 1, p. 490) tem como legítimo o recurso de corréu contra a absolvição de outro (réu).

Rejeitamos inteiramente aludido entendimento.

Somente podem recorrer aqueles legitimados para a causa, exceção feita ao Ministério Público, dada a sua condição de *custos legis* em relação ao objeto do processo. Se não há obrigatoriedade de recurso da defesa, em caso de condenação, de outro, há sim vinculação necessária e obrigatória ao objeto do recurso eventualmente interposto. Se o réu recorre, *deve* pleitear algo *em seu favor*, algo que lhe aproveite.

Não pode ele pretender atuar como *custos legis* da matéria penal, na medida em que já existe órgão estatal responsável por tais funções. Se o corréu não é vítima nos fatos, não poderá aviar recurso algum em desfavor dos demais. Faltar-lhe-ia legitimação, no ponto em que vincularia pretensão condenatória; ou, no mínimo, interesse juridicamente reconhecido, dado que nada postularia em seu favor.

Se ele, no entanto, se encontrar na posição de vítima de alguns dos fatos – e autor-agente, em relação a outros – aí, sim, se legitimaria sua atuação recursal, se inexistente impugnação do Ministério Público nesse sentido. Contudo, em uma tal situação, impor-se-ia a separação de processos (art. 80, CPP), a fim de que ele pudesse ingressar como assistente da acusação, *naquela específica situação* de sua posição unicamente de ofendido.

Jurisprudência

270. [...] 2. O Supremo Tribunal Federal reconheceu o direito dos réus delatados de se manifestarem, em alegações finais, somente após os réus colaboradores, considerando todos os acusados como integrantes do polo passivo do processo penal. Não se firmou a compreensão de que os colaboradores abandonam sua posição processual de réus para atuarem como assistentes de acusação. 3. Há explícito óbice no art. 270 do CPP, segundo o qual o "co-réu, no mesmo processo, não poderá intervir como assistente do Ministério Público". 4. O réu colaborador, apesar de adotar estratégia de defesa distinta dos corréus, continua sujeito aos efeitos de eventual condenação criminal, pois contra ele continua recaindo uma pretensão acusatória estatal. 5. O réu colaborador não renuncia ao seu direito de defesa, mas apenas ao seu direito ao silêncio, submetendo-se ao compromisso legal de dizer a verdade (art. 4º, § 14, da Lei n. 12.850/2013). 6. O interrogatório dos acusados como ato final da instrução probatória (art. 400 do CPP) consubstancia a espinha dorsal de uma sistemática processual penal que, mesmo após o advento da Lei n. 12.850/2013 e das sucessivas minirreformas legislativas, foi mantida intacta pelo legislador. 7. A possibilidade de contraditar o que foi afirmado pelo réu colaborador em seu interrogatório já está prevista pelo CPP em seu art. 402, que autoriza qualquer parte a requerer diligências cuja necessidade se origine de circunstâncias ou fatos apurados na instrução. 8. A manutenção da sistemática legal de produção probatória não acarretou nenhum prejuízo à defesa dos agravantes, razão pela qual não há falar em nulidade do ato (art. 563 do CPP). [...] *(Agravo Regimental na Petição na Ação Penal nº 940-DF, STJ, Corte Especial, Rel. Min Og Fernandes, julgado em 1º.9.2021, publicado no DJ em 9.9.2021)*

270. [...] O artigo 270 do Código de Processo Penal é cristalino ao estabelecer que o corréu no mesmo processo não poderá intervir como assistente do Ministério Público. Se o *dominus litis* não recorreu da decisão que impronunciou o paciente, por entender não haver indícios de autoria, é defeso ao corréu figurar como assistente da acusação quanto a esse fato. 2 – Nada impede que, no exercício da sua ampla defesa, o corréu pronunciado possa imputar a morte da vítima ao paciente impronunciado, mas não como assistente da acusação. 3 – O corréu pode figurar como assistente da acusação tão somente na hipótese de denúncia por violência recíproca, na específica situação em que figura unicamente como ofendido. Doutrina. 4 – No caso concreto, não mais subsiste o fundamento do Tribunal *a quo* no sentido de que a impronúncia do ora paciente poderia prejudicar o corréu pronunciado, haja vista que, em consulta ao sistema informatizado do Tribunal Estadual, por decisão proferida em 28/6/2017, o referido corréu, que à época dos fatos era menor de 21 anos, obteve o reconhecimento da extinção da punibilidade em razão da prescrição da pretensão punitiva. [...] *(Habeas Corpus n. 392.919 –RS, STJ, 5ª Turma, unânime, Rel. Min. Joel Ilan Paciornik, julgado em 19.10.2017, publicado no DJ em 8.11.2017)*

Art. 271. Ao assistente será permitido propor meios de prova, requerer perguntas às testemunhas, aditar o libelo e os articulados, participar do debate oral e arrazoar os recursos interpostos pelo Ministério Público, ou por ele próprio, nos casos dos arts. 584, § 1º, e 598.

§ 1º O juiz, ouvido o Ministério Público, decidirá acerca da realização das provas propostas pelo assistente.

§ 2º O processo prosseguirá independentemente de nova intimação do assistente, quando este, intimado, deixar de comparecer a qualquer dos atos da instrução ou do julgamento, sem motivo de força maior devidamente comprovado.

271.1. Faculdades processuais do assistente: Uma vez habilitado nos autos, o assistente, encontrando o processo no estado em que estiver, poderá exercer determinadas faculdades processuais, de modo a poder contribuir na responsabilização penal do imputado, ainda que para outros fins (patrimoniais) que não aqueles inerentes ao processo penal.

Nesse passo, poderá o assistente indicar e requerer a produção de provas, se ainda possível; participar da instrução, inquirindo testemunhas, sempre após o Ministério Público; requerer diligências complementares (art. 402, CPP) e apresentar alegações finais (art. 403, CPP), além de poder arrazoar os recursos interpostos pelo Ministério Público e os seus, quando o *parquet* não o fizer (apelar).

De se ver que, a partir da Lei nº 11.689/08, que modificou o procedimento do tribunal do júri, não mais existe a figura do *libelo*, que vinha a ser uma nova peça acusatória, formulada naqueles procedimentos (do júri), logo após *e nos termos* da decisão de pronúncia. Portanto, não há mais como *aditar* o libelo.

Todavia, ainda que não previsto expressamente, parece-nos possível ao assistente, na fase de preparação do processo para o julgamento em plenário (do Júri – art. 422, CPP), indicar testemunhas, desde que o número máximo permitido não tenha já sido utilizado pelo Ministério Público. Pelas mesmas razões, poderá o assistente, nessa fase, indicar provas e requerer diligências.

Jurisprudência

271.1. [...] Segundo o art. 271 do CPP, como auxiliar do Ministério Público, o assistente de acusação tem o direito de produzir provas, inclusive de arrolar testemunhas, pois, caso contrário, não teria como exercer o seu papel na ação penal pública. [...] *(Agravo Regimental no Agravo em Recurso Especial nº 1.849.946/AM, STJ, 5ª Turma, unânime, Rel. Min. Reynaldo Soares de Fonseca, julgado em 25.5.2021, publicado no DJ em 1º.6.2021)*

271.1. [...] 1. O art. 271 do Código de Processo Penal arrola de forma taxativa os atos que o assistente de acusação tem legitimidade para praticar. Precedentes. 2. No caso dos autos, o assistente de acusação opôs embargos de declaração contra o acórdão que rejeitara os embargos infringentes opostos pelo Ministério Público, hipótese não contemplada no rol taxativo do art. 271 do Código de Processo Penal. Desse modo, nulo é o seu recebimento. [...] *(Habeas Corpus n. 499.052-SP, STJ, 5ª Turma, unânime, Rel. Min. Reynaldo Soares da Fonseca, julgado em 21.5.2019, publicado no DJ em 3.6.2019).*

271.1. [...] II – *"O assistente de acusação detém legitimidade restrita às hipóteses taxativamente previstas no art. 271 do Código de Processo Penal."* (AgRg no Ag 1378822/ES, 5ª Turma, Rel. Min. Reynaldo Soares da Fonseca, *DJe* 22.9.2015). III – Esta Corte Superior de Justiça adota exegese restritiva quanto à intervenção do assistente de acusação, admitindo sua participação apenas nos atos taxativamente previstos no rol do art. 271 do Código de Processo Penal. Assim, a legitimidade recursal do assistente de acusação depende da inércia do Ministério Público, bem como da natureza da decisão a ser impugnada. [...] Se o próprio *dominus litis* da ação penal deixou de recorrer, conformando-se com a decisão que rejeitou a denúncia quanto aos pacientes, mostra-se manifesta a ilegitimidade do assistente de acusação para interpor recurso em sentido estrito, buscando o recebimento da denúncia, pois tal hipótese não está prevista no rol do art. 271 do Código de Processo Penal. [...] *(Habeas Corpus n. 430.317–ES, STJ, 5ª Turma, unânime, Rel. Min. Félix Fischer, julgado em 7.8.2018, publicado no DJ em 14.8.2018).*

271.1. [...] 4. A reconsideração, em juízo de retratação, para dar provimento ao agravo regimental do assistente de acusação, interposto contra decisão do Relator que julgara prejudicados os recursos extraordinários interpostos pelo Ministério Público e pelo assistente, não é nula: art. 317, § 2º, do RISTF. O assistente de acusação possui legitimidade para intervir no curso da ação penal pública, enquanto não passar em julgado a sentença (artigos 268 e 269 do Código de Processo Penal), alcançando a fase recursal extraordinária. Precedentes. 5. Agravo regimental desprovido (*Ag. Reg. nos Emb. Div. nos Emb. Decl. no Ag. Reg. no Ag. Reg. no Recurso Extraordinário nº 594.104-MT, STF, 1ª Turma, unânime, Rel. Min. Luiz Fux, julgado em 1.7.2015, publicado no DJ em 24.8.2015*).

271.1. [...] A lei permite ao assistente de acusação interpor recurso de apelação, inclusive contra decisão de impronúncia, e recurso em sentido estrito na hipótese de o juiz julgar extinta a punibilidade, tendo o Supremo Tribunal Federal sumulado o entendimento de que ele possui legitimidade, ainda, para interpor recursos especial e extraordinário, desde que nas hipóteses previstas nos arts. 584, § 1º, art. 598 do Código de Processo Penal (Súmula 210/STF). Este Superior Tribunal tem reiteradamente decidido que a legitimidade do assistente de acusação é restrita às hipóteses previstas no art. 271 do Código de Processo Penal. Precedentes. [...] (*Habeas Corpus nº 287.948-DF, STJ, 6ª Turma, Rel. Min. Sebastião Reis Júnior, julgado em 2.9.2014, publicado no DJ em 22.9.2014*).

271.1. [...] Tribunal do Júri. Assistente da acusação. Direito de réplica indeferido. Cerceamento de acusação caracterizado. [...] Os arts. 271 e 473 do Código de Processo Penal conferem ao Assistente da Acusação o direito à réplica, ainda que o Ministério Público tenha anuído à tese de legítima defesa do Réu e declinado do direito de replicar, razão pela qual deve ser anulado o julgamento. Recurso especial provido para determinar novo julgamento (*Recurso Especial nº 1.343.402-SP, STJ, 5ª Turma, Rel. Min. Laurita Vaz, julgado em 21.8.2014, publicado no DJ em 3.9.2014*).

271.2. Legitimidade recursal: Há claros condicionamentos acerca da capacidade recursal do assistente *(embora existam vários precedentes da Corte IDH no sentido de que se deva garantir a máxima possibilidade de as vítimas/assistentes possam atuar e recorrer em prol do melhor acertamento jurídico dos fatos – vide "Obrigações Processuais penais positivas", de Frederico Valdez Pereira e Douglas Fischer).*

Em primeiro lugar, ele somente poderá arrazoar os recursos do Ministério Público nas hipóteses específicas das decisões de, (a) absolvição definitiva (art. 598, CPP); (b) absolvição sumária, por extinção da punibilidade (art. 397, IV, CPP), e, (c) decisão de impronúncia (art. 416, CPP).

Em todas essas hipóteses o recurso será de apelação.

Observe-se, então, que houve modificação *tácita* da norma prevista no dispositivo em comento: a antiga redação do CPP (art. 584, § 1º) se referia ao recurso em sentido estrito contra a decisão extintiva da punibilidade e de impronúncia. Agora, por força do disposto no art. 416, CPP, referidas decisões são *apeláveis,* por cuidarem, ambas, de hipóteses de *absolvição sumária,* isto é, de verdadeiras *sentenças*, e não mais decisões interlocutórias.

Tecnicamente, a opção é bastante discutível: a sentença é ato judicial no qual se *julga* o mérito da imputação penal (para absolver ou para condenar, art. 593, I, CPP) e o mérito de incidentes processuais (art. 593, II, CPP). Tanto a impronúncia quanto a extinção da punibilidade não configuram decisões *sobre o mérito* das imputações, limitando-se a admitir a competência do Tribunal do Júri (impronúncia) ou a extinção da punibilidade, independentemente de existir ou não responsabilidade penal imputável a alguém.

E, em segundo lugar, somente na hipótese de o órgão do Ministério Público não oferecer recurso contra as citadas decisões (sentenças) é que poderá o assistente interpor o recurso cabível, isto é, a apelação, seja com fundamento no art. 598, seja com base no art. 416, ambos do CPP.

O que efetivamente importa, portanto, em tema de capacidade ou legitimidade recursal do assistente, é o *conteúdo* das questões vertidas no processo. Por isso, em relação a essas matérias (e decisões) pode o assistente opor embargos declaratórios e até interpor recurso extraordinário ou especial, no caso de permanecer inerte o Ministério Público. É nesse sentido a Súmula 210 do Supremo Tribunal Federal.

De outro lado, não se admite, como regra, o recurso do assistente contra decisão proferida em *habeas corpus* (Súmula 208, STF), diante da natureza de ação *impugnativa* que tem o aludido instrumento constitucional. A exceção, reconhecida na Suprema Corte, se faria em relação à hipótese de *legitimação concorrente* (que, para nós, é *alternativa*) no crime contra a honra de servidor público, em razão de suas funções, quando a ação penal poderia ser pública, condicionada à representação, ou privada, mediante queixa do ofendido. Fundamento: se ele (servidor) poderia ingressar com a queixa, por que não lhe reconhecer capacidade recursal também no *habeas corpus*?

A acrescentar o fato de que, em tais situações, e na maioria das vezes, a autoridade apontada como coatora será o juiz e não o Ministério Público, o que, por si só, também descaracterizaria a assistência da acusação.

O prazo para o recurso do assistente se inicia a partir do término daquele reservado ao *parquet*. Se o assistente já estiver habilitado nos autos ao tempo da sentença, o seu prazo para impugnação será igual ao do Ministério Público (art. 593, CPP). Se ele não estiver ainda habilitado nos autos, o prazo será de 15 dias, iniciando-se na mesma data (término do prazo para o Ministério Público – art. 598, CPP).

Jurisprudência

271.2. [...] O Assistente à Acusação possui legitimidade para recorrer da sentença de primeiro grau, pois a jurisprudência do Superior Tribunal de Justiça *"tem-se posicionado no sentido de flexibilizar o rigor da regra contida no art. 271 do Código de Processo Penal, de modo a, conferindo-lhe caráter mais abrangente, reconhecer a legitimidade recursal do assistente de acusação quando interpõe recurso contra decisão de desclassificação de crime de competência do tribunal do júri" [...] (Agravo Regimental no Habeas Corpus nº 730.158-CE, STJ, 6ª Turma, Rel. Min. Laurita Vaz, julgado em 12.9.2023, publicado no DJ em 21.9.2023)*

271.2. [...] 3. Cumpre registrar que não se aplica à hipótese o entendimento consolidado na Súmula n. 448 do Supremo Tribunal Federal, que versa sobre o início do prazo para o assistente da acusação apresentar recurso supletivo. Com efeito, trata-se de agravo regimental interposto pela assistente de acusação em face de decisão que não conheceu do apelo anteriormente interposto pela mesma parte – que já estava habilitada nos autos, portanto – e subscrito pela mesma advogada. É dizer, não há que se falar em atuação suplementar, mas ordinária, razão pela qual o cômputo do prazo para interposição de agravo regimental iniciou-se no dia seguinte à publicação da decisão impugnada no diário eletrônico. [...] *(Agravo Regimental no Agravo em Recurso Especial nº 2.157.596-DF, STJ, 6ª Turma, Rel. Min. Rogério Schietti Cruz, julgado em 15.8.2023, publicado no DJ em 22.8.2023)*

271.2. [...] 1. Em recente julgado desta Corte a Quinta Turma reafirmou o entendimento de que a atuação do assistente de acusação deve se pautar por uma interpretação sistemática do art. 271 do Código de Processo Penal, não se limitando à literalidade do dispositivo. E mais, essa Corte já se manifestou no sentido de que o assistente da acusação pode seguir atuando no processo em fase recursal, mesmo em contrariedade à manifestação expressa do Ministério Público quanto à sua conformação com a sentença absolutória. [...] *(Agravo Regimental no Habe-*

as Corpus nº 777.610-RS, STJ, 5ª Turma, Rel. Min. Ribeiro Dantas, sessão virtual de 18.4.2023 a 24.4.2023, publicado no DJ em 27.4.2023)

271.2. [...] O assistente de acusação possui legitimidade para oposição dos embargos de divergência, notadamente porque os referidos embargos são adequados para impugnar acórdão em recurso especial, sendo certo que se admite a interposição de recurso especial por assistente de acusação, consoante Súmula n. 210 do Supremo Tribunal Federal – STF. *[...] (Embargos de Divergência em Recurso Especial nº 1.970.578–SC, STJ, 3ª Seção, Rel. Min. Joel Ilan Paciornik, julgado em 2.3.2023, publicado no DJ em 6.3.2023)*

271.2. [...] O entendimento do Plenário do Supremo Tribunal Federal é no sentido de que [a] assistente de acusação tem legitimidade para recorrer da decisão que absolve o réu nos casos em que o Ministério Público não interpõe recurso. (...) A manifestação do promotor de justiça, em alegações finais, pela absolvição da Paciente e, em seu parecer, pelo não conhecimento do recurso não altera nem anula o direito da assistente de acusação recorrer da sentença absolutória (HC 102.085, Relª. Minª. Cármen Lúcia, grifos acrescidos). [...] *(Agravo Regimental no Recurso Ordinário em Habeas Corpus nº 226.509, STF, 1ª Turma, Rel. Min. Roberto Barroso, sessão virtual de 23.6.2023 a 30.6.2023, publicado no DJ em 17.7.2023)*

271.2. [...] Assistente de acusação. Legitimidade para interposição de recurso especial. *"[...] Consoante a pacífica jurisprudência deste Superior Tribunal e da Excelsa Corte – já sedimentada, inclusive, em seu verbete sumular n. 210 –, o assistente de acusação tem legitimidade para, quando já iniciada a persecução penal pelo seu órgão titular, atuar em seu auxílio e também supletivamente, na busca pela justa sanção, podendo apelar, opor embargos declaratórios e até interpor recurso extraordinário ou especial"* [...] *(Agravo Regimental no Recurso Especial nº 1.926.859/SP, STJ, 5ª Turma, unânime, Rel. Min. Joel Ilan Paciornik, julgado em 10.8.2021, publicado no DJ em 16.8.2021)*

271.2. [...] II – O assistente da acusação não tem legitimidade para interpor recurso em sentido estrito contra decisão que concede a suspensão condicional do processo, tendo em vista que referida hipótese não se encontra no rol taxativo do art. 271 do Código de Processo Penal. III – De igual forma, não tem o assistente da acusação direito à inclusão de nova condição na proposta de suspensão condicional do processo apresentada pelo Ministério Público, pois tal atribuição pertence ao titular da ação penal, nos termos do art. 89 da Lei n. 9.099/95, podendo o Magistrado fixar outras condições, conforme previsão expressa no § 2º de referido dispositivo. [...] *(Agravo Regimental no RMS 54.426-SC, STJ, 5ª Turma, Rel. Min. Felix Fischer, julgado em 27.2.2018, publicado no DJ em 5.3.2018)*

271.2. [...] "O assistente do Ministério Público não pode recorrer, extraordinariamente, de decisão concessiva de *habeas corpus*" (Súmula 208/STF). O assistente de acusação carece de legitimidade para o manejo de recurso ou ação para desconstituir decisão concessiva de *habeas corpus*. Agravo regimental improvido (*Agravo Regimental no MS nº 12.213-RS, STJ, Corte Especial, Rel. Min. Arnaldo Esteves Lima, julgado em 3.2.2010, publicado no* DJ *em 8.3.2010*).

271.2. [...] 2. "O assistente do Ministério Público pode recorrer, inclusive extraordinariamente, na ação penal, nos casos dos artigos 584, § 1º, e 598 do Código de Processo Penal." (Enunciado nº 210 da Súmula do Supremo Tribunal Federal) (*Agravo Regimental no Recurso Especial nº 1.111.896-CE, STJ, 6ª Turma, Rel. Min. convocado Haroldo Rodrigues, julgado em 22.9.2009, publicado no* DJ *em 3.11.2009*).

271.2. [...] Julgado recurso extraordinário interposto por assistente da acusação, regularmente constituído, contra acórdão do STJ que, dando provimento a recurso ordinário em *habeas corpus*, anulara ação penal proposta pelo Ministério Público Federal – após representação de servidor público, que teria sido ofendido em sua honra –, por considerar caracterizada a violação ao princípio do promotor natural, em razão de o Procurador-Geral da República haver escolhido um dos membros daquela instituição para o oferecimento da denúncia. Preliminarmente, a Turma, por maioria, rejeitou a ilegitimidade do assistente da acusação para a interposição do recurso extraordinário, por considerar que a omissão do órgão do Ministério Público autorizaria o servidor ofendido a oferecer tal recurso, uma vez que a possibilidade de legitimação concorrente tanto do ofendido quanto do *parquet* para a propositura da ação penal, em crime de ofensa *propter officium*, resultou em benefício concedido ao servidor, que é o maior interessado na preservação da própria honra. Por conseguinte, diante da especificidade do caso concreto, a Turma, afastou a aplicação do Verbete 208 da Súmula do STF – "O assistente do Ministério Público não pode recorrer, extraordinariamente, de decisão concessiva de *habeas corpus*". Vencido, no ponto, o Min. Celso de Mello, que não conhecia do recurso extraordinário, por entender que a legitimidade concorrente do assistente não se estende ao processo penal de *habeas corpus*. Prosseguindo no julgamento, a Turma, no mérito, aplicando o entendimento firmado pelo Plenário no julgamento do HC 67.759-RJ (DJU de 1º.7.93), e afastando, portanto, a contrariedade ao princípio do promotor natural, deu provimento ao recurso extraordinário para cassar o acórdão do STJ, por considerar não demonstrado que o Procurador-Geral da República teria designado seletivamente determinado membro do Ministério Público em comprometimento do princípio da independência funcional dessa instituição (*Recurso Extraordinário nº 387.974, STF, 2ª Turma, Rel. Min. Ellen Gracie, publicado no DJ em 14.10.2003).*

....

271.3. Recurso contra decisão condenatória e recurso parcial: Se o Ministério Público recorrer unicamente de *parte* da decisão, poderá o assistente exercer o seu direito à interposição de apelação, nos casos em que autorizados em Lei (art. 416 e art. 598, CPP), no que se refere à parte ou capítulo da sentença não impugnada.

Se a decisão for condenatória e houver recurso do Ministério Público para fins exclusivos de aumento de pena, poderia o assistente arrazoar o recurso? E, no caso de inércia do *parquet*, poderia ele interpor recurso de apelação em nome próprio?

A resposta a essas indagações não pode ser dada sem o exame da justificativa da assistência em nosso modelo processual.

Ao longo de nossos comentários sobre o tema, deixamos assentado que a razão essencial para a assistência seria o fato de poder o ofendido melhor tutelar eventuais direitos subjetivos que decorram ou tenham origem na prática da infração penal. Acrescentamos a essa fundamentação uma outra, consistente na identificação dos interesses da Administração Pública na confirmação da validade e, assim, da manutenção de seus atos administrativos, relativamente a fatos definidos como crime.

Sob tais perspectivas, dúvidas não restam quanto à impossibilidade de recurso do assistente contra sentença penal condenatória. Nesse caso, de condenação na instância criminal, nenhum prejuízo seria imposto ao direito subjetivo da vítima do crime, no que toca à recomposição civil dos danos.

No entanto, há quem defenda – e nos incluímos entre eles – que o assistente também exerceria uma função *custos legis* no processo penal. De nossa parte, a justificativa para essa compreensão residiria na existência da ação penal subsidiária da pública, por via da qual o particular exerce controle de legalidade dos atos do Poder Público, propondo uma ação penal de titularidade do Ministério Público, no caso de sua inação ou inércia no prazo legal (art. 29, CPP). Observe-se, no particular, que a ação subsidiária tem previsão também na Constituição da República (art. 5º), incluída entre as *garantias fundamentais.*

E o que dizer dessa ação (subsidiária da pública)?

Seria ela outra modalidade de proteção dos interesses patrimoniais do ofendido? Parece-nos, definitivamente, que não.

Ainda quando não proposta a ação penal, seja pelo Ministério Público, seja pelo ofendido, em iniciativa subsidiária, nada há que impeça o ingresso deste último (o ofendido) na instância cível, na busca dos direitos reunidos sob tal rubrica (recomposição civil dos danos).

Ora, se é assim, porque se lhe abrir a porta da ação *penal* (subsidiária) se o seu direito *patrimonial* poderia ser tutelado no ambiente que lhe é próprio (o juízo cível)? Não há resposta plausível que não seja o exercício de função *custos legis*, ou, se assim se quer, de uma função de natureza fiscalizadora da correta aplicação da Lei penal.

É, então, nessa perspectiva – e somente nela –, que surge a dúvida sobre poder ou não o assistente recorrer unicamente para aumentar a pena, fundado em uma suposta atuação *custos legis* ou de fiscalização.

Com efeito, se a presença do assistente se justificar unicamente por interesses patrimoniais ou de fundo administrativo, quando envolvendo órgãos e entidades da Administração Pública, não há como e nem por que se imaginar a possibilidade de recurso para o aumento de pena. No que o aludido aumento (de pena) aproveitaria o direito ou interesse do ofendido? Em nada, evidentemente.

Feitas tais considerações, ainda que se possa admitir uma função fiscalizadora por parte do assistente, do mesmo modo que ocorreria na ação pública subsidiária, pensamos inaceitável o recurso unicamente para fins de aumento de pena.

O problema fundamental da questão reside na incontornável violação da regra da igualdade de partes que resultaria de uma assistência justificada unicamente na função de *custos legis*.

Além do fato da presença de um órgão público que exerce exatamente a mesma função (*custos legis*), não se pode dizer que a ausência de recurso do Ministério Público contra a pena aplicada na sentença condenatória signifique, necessariamente, inércia ou omissão do *parquet*. Pode ele estar perfeitamente de acordo com a decisão. E, sendo assim, como titular da ação penal, não se justificaria uma atuação *custos legis* de quem quer que seja.

Em um quadro assim desenhado, cai por terra a analogia com a ação subsidiária da pública, cujo fundamento legitimador do ingresso do particular no processo é a *morosidade* ou *inércia* do órgão público encarregado da persecução penal. Somente a inércia autoriza a ação subsidiária de um dever do Poder Público. E aqui – na assistência – não se pode deduzir da ausência de recurso contra a sentença condenatória qualquer morosidade ou omissão do *parquet*.

É verdade que na ação subsidiária se poderá também invocar a violação à regra da igualdade processual, dado que atuam ali, pela acusação, o particular e o Ministério Público. Todavia, nessa modalidade de ação a atuação do *parquet* é redirecionada, essencialmente, para a função *custos legis*, do mesmíssimo modo que ocorre na ação penal privada. É dizer: nessa ação (subsidiária da pública) o *parquet* não é o responsável pela imputação. Como já examinamos no espaço adequado, o MP pode até aditar a queixa ou oferecer outra substitutiva: no entanto, não pode afastar as imputações feitas pelo querelante.

Em resumo: não pode o assistente recorrer de sentença penal condenatória, para fins de aumento de pena. Se houver absolvição em relação a um dos acusados, legitima-se o apelo, a depender, obviamente, da ausência de recurso ministerial. Há, evidentemente, entendimentos contrários, incluindo um dos autores desta obra (Douglas Fischer), que entende ser possível o recurso apenas com o objetivo de aumento de pena, até mesmo para o fim de se evitar possível prescrição. A divergência é essencial: de um lado, justifica-se a assistência *apenas* como garantia do interesse civil; de outro, como verdadeiro *custos legis*. Sobre esta divergência, remete-se às anotações mais detalhadas ao item 577.1.4.

Uma última indagação sobre o tema: no caso de sentença penal condenatória, se o Ministério Público apelar requerendo a *absolvição* do acusado, poderia o assistente apresentar arrazoado contrário à manifestação ministerial?

Aqui, a resposta positiva se impõe.

A *uma,* porque, em princípio, nada há na Lei que condicione o conteúdo da manifestação do assistente, ressalvada a hipótese de vedação de recurso para fins exclusivos de aumento da pena.

A *duas,* porque, em tal situação, o recurso do Ministério Público haveria que ser considerado *inexistente*, unicamente para fins de legitimação recursal do assistente. É que, como a assistência da acusação se justifica, sobretudo, pela defesa de interesses não penais, o recurso ministerial em favor do acusado iria de encontro às pretensões patrimoniais do assistente, justificando, então, a possibilidade de *contrariedade* no arrazoado recursal.

Nesse passo, então, poderia o assistente não só arrazoar o recurso ministerial – oferecendo verdadeiras *contrarrazões* –, como também *recorrer* em nome próprio, na medida em que ausente impugnação do *parquet* quanto ao objeto da acusação (ou, da imputação).

Jurisprudência

271.3. *[...]* na jurisprudência do Superior Tribunal de Justiça "o papel do assistente de acusação no processo penal comum, aplica interpretação sistemática ao art. 271 do Código de Processo Penal – CPP, não se restringindo à literalidade do dispositivo". No ponto, é firme a jurisprudência no sentido de que "o assistente de acusação tem legitimidade para, quando já iniciada a persecução penal pelo seu órgão titular, atuar em seu auxilio e também supletivamente, na busca pela justa sanção, podendo apelar, opor embargos declaratórios e até interpor recurso extraordinário ou especial" (REsp 1.675.874/MS, Voto do Min. Rogério Schietti Cruz) (AgRg nos EDcl no AREsp n. 1.565.652/RJ, relator Ministro Nefi Cordeiro, Sexta Turma, DJe 23/6/2020). [...] *(Agravo Regimental no Agravo em Recurso Especial nº 2.278.594-SP, STJ, 6ª Turma, Rel. Min. convocado Jesuíno Rissato, julgado em 25.4.2023, publicado no DJ em 2.5.2023)*

271.3. [...] Legitimidade recursal do assistente da acusação. [...] Em caso de omissão do Ministério Público, a legitimidade do assistente da acusação para recorrer, inclusive extraordinariamente, é ampla, salvo contra decisão concessiva de *habeas corpus* (súmulas 208 e 210 do STF). [...] Portanto, o assistente de acusação possui legitimidade para recorrer da decisão do Tribunal de Justiça que, revertendo a sentença condenatória, anula a ação penal desde o início. [...] *(Segundo Agravo Regimental no Recurso Extraordinário nº 979.659/RJ, STF, 1ª Turma, por maioria, vencido Rel. Min. Marco Aurélio e Min. Dias Toffoli, Redator para o acórdão Min. Roberto Barroso, julgado em sessão virtual de 28.5.2021 a 7.6.2021, publicado no DJ em 4.8.2021)*

271.3. [...] O assistente de acusação tem legitimidade para recorrer quando o Ministério Público abstiver-se de fazê-lo ou quando o seu recurso for parcial, não abrangendo a totalidade das questões discutidas (REsp 828.418/AL, Rel. Min. Laurita Vaz, *DJ* 23.4.2007). Recurso especial conhecido e provido para determinar o retorno dos autos ao Tribunal de origem para apreciação dos embargos declaratórios opostos pelo assistente de acusação (*Recurso Especial nº 1.104.049-RS, STJ, 5ª Turma, Rel. Min. Arnaldo Esteves Lima, julgado em 10.9.2009, publicado no DJ em 13.10.2009*).

271.4. Exame judicial da pertinência de provas: Como ocorre em relação às partes, defesa e acusação, pode o juiz indeferir as provas reputadas *impertinentes, irrelevantes* ou *protelatórias,* nos termos do art. 400, § 1º, CPP.

Com o assistente, que é litisconsorte, não poderia ser diferente.

Todavia, a fundamentação para a recusa ou o indeferimento da prova indicada e requerida pelo assistente há de ser a mesma para as partes. É dizer: não cabe, apenas em relação a ele, apreciação sob outra perspectiva senão a irrelevância, impertinência ou desnecessidade da prova.

A oitiva ou consulta ao Ministério Público não transfere a este o exame de pertinência e oportunidade da prova. A parte legitimada para a ação não pode impedir a produção de provas do assistente, que atua na defesa de interesses juridicamente reconhecidos na legislação de regência da matéria (CPP).

O assistente, com efeito, não exerce nenhum *reforço* ao órgão da acusação. E também não é *suplente* da acusação. O fato de sua capacidade recursal depender da inércia ministerial não altera a natureza de sua posição no processo, e, sobretudo, da justificativa para a assistência da acusação no processo penal brasileiro. E, como já visto, a dependência da não interposição de recurso pelo *parquet* não implica atividade de mera suplência à acusação.

É que a ausência de apelação do Ministério Público certamente decorrerá da satisfação dos propósitos do assistente no processo, ou seja, da condenação, que, uma vez passada em julgado, constituirá título executivo judicial no juízo cível.

271.5. Perempção da assistência? Na ação penal de natureza privada, o abandono ou desinteresse na causa – inclusive na condenação – implicará a *perempção* da ação, isto é, a perda superveniente do direito de ação (art. 60, CPP). Na ação subsidiária da pública, proposta em razão de inércia do Ministério Público, o desinteresse do querelante implicará a retomada da titularidade da ação pelo *parquet* (art. 29, CPP).

Na assistência ocorre algo semelhante, quando ele, regularmente notificado para o exercício de suas funções em determinado ato processual, deixa de comparecer sem justificativa.

A partir daí, não será ele intimado da prática de novos atos processuais, incluindo a prolação da sentença.

Na verdade, não se pode falar em *perempção,* uma vez que ele não será afastado do processo. Em outras palavras: não perde o assistente o direito de participar do processo, mantendo, então, a sua habilitação. No entanto, não será mais intimado, cumprindo-lhe acompanhar a tramitação do processo por outros meios, o que, evidentemente, diminui a eventual eficácia de sua contribuição.

Art. 272. O Ministério Público será ouvido previamente sobre a admissão do assistente.

Tal como ocorre em relação ao exame de pertinência das diligências probatórias requeridas pelo assistente, o órgão do Ministério Público deverá ser ouvido também quando de sua habilitação no processo.

No entanto, e pelas mesmas razões já alinhadas anteriormente, a admissibilidade da assistência independe da concordância do *parquet.* Tampouco depende de exame discricionário do juiz, embora reconheçamos ter sido essa a intenção do legislador de 1941. A assistência, contudo, tal como a compreendemos, configura verdadeiro *direito de ação,* apenas com as limitações específicas de semelhante modalidade de litisconsórcio, por força de reduções legais compatíveis com nosso modelo processual de recomposição civil dos danos causados pela infração penal.

A manifestação do Ministério Público, portanto, deve se limitar ao exame da *legitimação ativa* daquele que pretende sua habilitação como assistente e a regularidade processual de sua representação (por advogado), não lhe competindo emitir juízo de discricionariedade acerca da pertinência e oportunidade do ingresso pretendido.

Por isso, pensamos cabível a impetração de mandado de segurança contra o indeferimento da habilitação do assistente.

Nada obstante, no caso de pluralidade de ofendidos e, assim, de vários requerimentos de habilitação no processo, o risco à perturbação do regular processamento da persecução penal poderá, eventual e excepcionalmente, autorizar o indeferimento da assistência ou a limitação de ingresso de interessados, se e desde que, nesse caso, com a adesão dos demais, a fim de se preservar a efetividade do processo criminal.

Mas, repisamos: em princípio, e, como regra, a assistência configura direito subjetivo (de ação), justificado pela necessidade de tutela processual dos direitos patrimoniais originados dos danos causados pela infração penal.

Nesse passo, não deve impressionar a restrição de ingresso a que fizemos alusão, no caso de pluralidade de ofendidos e de assistentes. O *Direito* é uma tensão permanente entre as previsões abstratas (legislativas) e a complexidade cotidiana do mundo da vida, a exigir a conciliação entre pretensões concretas distintas, abrigadas por normas jurídicas também diferentes, mas não necessariamente contrapostas – concordância prática (entre as normas, em determinado caso concreto). Não se pode, então, dar preferência ao direito à participação dos ofendidos no processo penal, quando em risco a eficácia desse procedimento. Aliás, o risco à persecução penal justificaria o indeferimento da assistência *também* pela proteção dos direitos subjetivos (patrimoniais) dos ofendidos, já que eventual decisão absolutória resultante do apontado tumulto processual poderia causar danos (efeitos da coisa julgada) ao processo de natureza civil.

Jurisprudência

272. [...] A falta de decisão que habilita expressamente o assistente de acusação no processo constitui mera irregularidade. [...] *(Agravo Regimental no Recurso Especial nº 2.083.332-PI, STJ, 5ª Turma, Rel. Min. Ribeiro Dantas, sessão virtual de 5.9.2023 a 11.9.2023, publicado no DJ em 14.9.2023)*

272. [...] Mandado de Segurança que se conhece pois o indeferimento da assistência pleiteada pela FUNAI constitui ato administrativo para quem não é parte, dispensando a exigência de inexistência de recurso com efeito suspensivo. Apuração da condição de indígena que deve observar a inteligência constitucional (art. 231, CF) e que não cabe à jurisdição criminal. Aferição do direito à assistência legal (art. 11-B, § 6º, L. 9.028/95) pela autarquia fundacional que compete à Justiça Federal. Recurso em mandado de segurança provido para anular o processo da ação penal desde a denúncia, bem como da sentença e do acórdão, pondo-se o réu em liberdade e remetendo-se os autos à Justiça Federal (*Recurso em Mandado de Segurança nº 30.675-AM, 5ª Turma, unânime, Rel. Min. Gilson Dipp, julgado em 22.11.2011, publicado no DJ em 1º.12.2011*).

Art. 273. Do despacho que admitir, ou não, o assistente, não caberá recurso, devendo, entretanto, constar dos autos o pedido e a decisão.

Tudo que dissemos ali tem inteira pertinência com o exame do presente dispositivo.

A lógica do CPP, ao que se vê, era no sentido de ampliar sobremaneira os horizontes discricionários do juiz, prevendo, inclusive, a possibilidade de indeferimento da assistência, com a vedação de recurso contra referida decisão.

É certo que se pode examinar essa proibição de recurso sob outra perspectiva.

Pode-se, por exemplo, ressaltar os deletérios efeitos que um eventual provimento do recurso (contra o requerimento de habilitação como assistente) causaria à persecução penal, implicando a reabertura e, portanto, o retrocesso no processo. Argumento, aliás, de todo pertinente.

Mas, a nosso aviso, o exame da matéria prescinde de semelhante especulação.

Veja-se, por exemplo, que também não há recurso contra o recebimento da peça acusatória (nenhuma das hipóteses do art. 581, CPP). E, mesmo assim, ninguém duvida da irregularidade do ato judicial que recebe denúncia quando ausentes condições da ação ou pressupostos processuais (art. 395, CPP).

O que deve ser examinado, então, é a natureza e o conteúdo do ato decisório, sob a perspectiva de ali se encontrar limitações indevidas a direitos subjetivos. Assim, e como, para nós, a assistência constitui direito de ação do ofendido, a rejeição à participação dele no processo penal poderá configurar violação ao devido processo legal.

Daí, o cabimento da impetração de mandado de segurança – sim, em matéria penal – e com pedido de liminar, a fim de se evitar, com o prolongamento de sua apreciação, a irregular tramitação da ação penal.

Essa solução nos parece muito mais adequada que o simples registro do fato – requerimento e indeferimento da habilitação – nos autos. De que valeria essa providência? Permitir o conhecimento da matéria em grau recursal, no caso de apelação contra a sentença (absolutória)? Ora, como visto, o retorno à instrução, com reabertura de prazos ao assistente, causaria inúmeros transtornos à atividade jurisdicional. Preferível a alternativa do *writ* constitucional (mandado de segurança), de resto, admitido na doutrina e na jurisprudência.

Jurisprudência

273. [...] Nos termos do enunciado n. 267 da Súmula do STF, não se revela cabível a impetração de mandado de segurança como sucedâneo de recurso previsto no Código de Processo Penal, se não demonstrada a flagrante ilegalidade a direito líquido e certo, ou nas hipóteses de abuso de poder ou decisão teratológica. Todavia, doutrina e jurisprudência deste Sodalício, nas hipóteses em que o ato do juiz é insuscetível de recurso – como no caso em debate, *ex vi* do art. 273 do CPP – "do despacho que admitir, ou não, o assistente, não caberá recurso, devendo, entretanto, constar dos autos o pedido e a decisão" – admitem a impetração do *writ of mandamus*. [...] *(Agravo Regimental no RMS n. 44.402-MG, STJ, 5ª Turma, unânime, Rel. Min. Joel Ilan Paciornik, julgado em 7.8.2018, publicado no* DJ *em 15.8.2018)*

CAPÍTULO V
Dos Funcionários da Justiça

Art. 274. As prescrições sobre suspeição dos juízes estendem-se aos serventuários e funcionários da justiça, no que lhes for aplicável.

Como se vê, a designação de *Sujeitos do Processo* não se refere apenas às pessoas que atuam no processo, no exercício de faculdades e ônus processuais (as partes) e ao juiz. A alusão feita aos serventuários e funcionários da Justiça indica a amplitude da preocupação em relação à independência e imparcialidade da jurisdição.

No entanto, há que ver com reserva a desmedida ampliação do rol de suspeições. Aliás, ainda que tenha o CPP se esquecido das regras de *impedimento* em relação aos serventuários (incluindo os peritos e intérpretes – art. 280 e art. 281, CPP), pensamos também possível o afastamento deles sob tais fundamentações. Aqui, como parece claro, não se *criará* nova regra de impedimento ou de suspeição *por analogia*, hipótese que rejeitamos em linhas anteriores. Aplicar-se-á, sim, a analogia para *a equiparação* do serventuário ao juiz. A diferença pode parecer sutil, mas é relevante. Note-se, aliás, que há previsão expressa de uma regra de impedimento para os peritos (e intérpretes e tradutores), consoante o disposto no art. 279, II, CPP.

Para o afastamento, em princípio, tudo dependerá do grau de influência dos serventuários na tramitação do feito.

De outro lado, quando houver relação de parentesco ou vínculo de afinidade ou de casamento entre o serventuário e uma das partes, deve o juiz afastar a atuação funcional daquele, de modo a não deixar dúvidas quanto a lisura da jurisdição.

Como ressaltamos tantas vezes, o critério legal quanto aos impedimentos e suspeições é eminentemente *objetivo*, prescindindo de comprovação de influência, exatamente em razão das dificuldades práticas de semelhante tarefa. Por isso, impõe-se ao juiz o afastamento do servidor nas hipóteses antes mencionadas, com o que se evitará quaisquer alegações – infundadas ou não – de influência do servidor, senão no julgamento, mas na tramitação e realização concreta dos atos processuais mais relevantes.

E, mais uma vez: uma coisa é a apreciação do impedimento ou da suspeição *antes* ou *durante* o curso do processo. Outra, muito diferente, é pretender a anulação do processo unicamente em razão do vício aqui apontado. Em tema de nulidades, como veremos em maiores detalhes, somos minimalistas.

CAPÍTULO VI
Dos Peritos e Intérpretes

Art. 275. O perito, ainda quando não oficial, estará sujeito à disciplina judiciária.

Estão sujeitos à disciplina judiciária não só o perito, seja ele pertencente aos quadros da Administração Pública – Polícia Judiciária (perito oficial) –, seja aquele nomeado pelo juiz (art. 159, § 1º, CPP) para a realização de prova pericial, na ausência do primeiro (oficial), mas também todas as pessoas que, designadas pelo juízo, devam prestar serviço junto ao foro judiciário.

A disciplina judiciária significa a obediência direta à direção judicial do processo, em mãos do juiz, bem como o comprometimento necessário com a imparcialidade e com o zelo e presteza na sua atuação profissional, não só por força dos deveres de sua formação específica (leis orgânicas regulamentadoras de determinadas profissões), mas, sobretudo, pelo *munus publico* que implica a disciplina judiciária (art. 159, § 2º, CPP), ainda que sob remuneração pelo Estado.

A violação dos deveres da disciplina judiciária pode até caracterizar *crime*, como ocorre em relação à falsa perícia (art. 342, Código Penal) ou qualquer outro comportamento doloso ou culposo. Pode autorizar, também, condução coercitiva para a participação no ato processual, salvo motivo relevante, devidamente fundamentado (ver art. 278, CPP).

A Lei nº 11.690/08 introduziu novidade na legislação processual penal brasileira, como já aqui o registramos em outras passagens.

No particular, relativamente à prova pericial, permitiu-se a indicação de *assistentes técnicos* pelas partes, pelo assistente de acusação e pelo ofendido, se não habilitado como assistente de acusação (art. 159, § 3º, CPP).

Também estes, indicados pelas partes e os demais legitimados, se submeterão à disciplina judiciária, mesmo não tendo sido nomeados pelo juiz. Não é porque a defesa indicou determinada testemunha que poderá ela prestar quaisquer declarações. Não, ela estará sempre compromissada, por imposição legal, a dizer a verdade. O mesmo ocorre em relação ao assistente técnico indicado por quem que seja.

É que referido profissional, precisamente por se ver obrigado a apresentar laudo técnico sobre a matéria debatida em juízo e com possibilidade de influência no convencimento do juiz, também deve atuar sob o compromisso de verdade de seu conhecimento. E, mais, sob pena, de falsa perícia (art. 342, CP).

E, nesse ponto, não nos deteremos diante da ausência de qualificação específica no citado tipo penal. É bem verdade que ali não se aponta o *assistente* de perito e sim este último (o perito). No entanto, ambos produzem *prova pericial*, que vem a ser o objeto da tutela penal ali prevista. Não fosse assim, o juiz também não poderia se firmar no laudo apresentado pelo assistente técnico – perito da parte – para a formação de seu convencimento.

Art. 276. As partes não intervirão na nomeação do perito.

Dispositivo inteiramente superado pela nova regra do art. 159, § 3º, do CPP, que autoriza a indicação de assistentes técnicos pelas partes (autor e réu – Ministério Público, acusado, querelante, querelado), pelo assistente da acusação e pelo ofendido, ainda que não habilitado (como assistente de acusação – art. 271).

Com isso, regulamentou-se, tardiamente é certo, a participação e contribuição das partes na produção da prova pericial.

Visto sob outro prisma, a interferência ou intervenção na nomeação do perito haveria mesmo que ser rejeitada, até mesmo por possível suspeição (amizade íntima, por exemplo) na hipótese concreta. Fora isso, se o perito for oficial, a interferência na sua nomeação sequer seria possível. Sendo ele (perito) não oficial, a escolha é privativa do juiz, como indicação de *confiança* no profissional. Desnecessário aduzir que os elementos colhidos pela perícia judicial (nomeada pelo juiz) são sempre levados em consideração – como critério de preferência no convencimento – na apreciação da causa.

Art. 277. O perito nomeado pela autoridade será obrigado a aceitar o encargo, sob pena de multa de cem a quinhentos mil-réis, salvo escusa atendível.

Parágrafo único. Incorrerá na mesma multa o perito que, sem justa causa, provada imediatamente:

a) deixar de acudir à intimação ou ao chamado da autoridade;

b) não comparecer no dia e local designados para o exame;

c) não der o laudo, ou concorrer para que a perícia não seja feita, nos prazos estabelecidos.

Tem-se aqui rígida explicitação de poderes inerentes à disciplina judiciária.

Em primeiro lugar, assinale-se a perda completa de eficácia da regra impositiva de multa ao perito que descumpre as obrigações descritas no presente dispositivo. Nem a mais sofisticada originalidade brasileira poderia transformar em moeda corrente os antigos *réis*. Configura-se, então, caso de perda de eficácia da norma, pela perda de objeto de sua sanção. Mais um produto de exportação nacional...

Em segundo lugar, observa-se que o perito oficial exerce cargo de carreira na Administração Pública cuja função é exatamente a de realização de perícia. Assim, ressalvadas as hipóteses de suspeição, impedimentos ou mesmo de incompatibilidade com determinado processo, não se cogita da recusa de atuação do servidor público.

E, em relação ao profissional nomeado com fundamento no art. 159, § 1º, CPP, cabem as mesmas ponderações feitas relativamente ao defensor nomeado pelo juiz (dativo). Somente quando não for possível a sua participação – que será remunerada pelo Estado – por razões estritamente profissionais ou pessoais, cuja relevância seja admitida pelo senso comum, poderá ele recusar a nomeação. E tais razões deverão ser apresentadas imediatamente ao juiz, a fim de se evitar atraso na tramitação do feito.

Por fim, as situações descritas no artigo não nos parecem exaustivas ou exaurientes das obrigações impostas pela disciplina judiciária. Se fosse possível a aplicação de multa pela omissão, isto é, se ainda fosse aplicável o presente dispositivo, não hesitaríamos em limitar o seu campo de incidência apenas aos comportamentos aqui descritos, afinal, a imposição de sanção depende de Lei expressa. Mas, o que estamos a afirmar é que poderá haver outros deveres a serem impostos aos peritos, intérpretes e tradutores.

Art. 278. No caso de não comparecimento do perito, sem justa causa, a autoridade poderá determinar a sua condução.

Dentre as regras da disciplina judiciária a que estão submetidos os peritos (e intérpretes e serventuários, testemunhas), poderão ser conduzidos coercitivamente à sede do juízo ou ao local para tanto designado, salvo quando justificada a sua ausência ao ato processual.

A condução coercitiva se insere no contexto geral da direção do processo e não veríamos problemas em aceitá-la, independentemente da previsão desse dispositivo. Se a testemunha, que presta verdadeiro serviço público, e, em geral, em seu prejuízo pessoal, pode ser conduzida, por que não o seria o perito, que desempenha atividade remunerada pelo Estado (oficial ou não)?

Observe-se que a condução coercitiva não implica a imposição de sanção, ainda que inegável o embaraço legal à liberdade.

Art. 279. Não poderão ser peritos:

I – os que estiverem sujeitos à interdição de direito mencionada nos ns. I e IV do art. 69 do Código Penal;

II – os que tiverem prestado depoimento no processo ou opinado anteriormente sobre o objeto da perícia;

III – os analfabetos e os menores de 21 anos.

279.1. Impedimento por interdição de direitos: Estarão impedidos de exercer a função de peritos aqueles que tiverem sido condenados em ação penal, sendo-lhes impostas as restrições de direitos previstas no atual art. 92 do Código Penal (Lei nº 7.209/84) e os que tiverem participado, como testemunha ou perito (ou intérprete e tradutor) do processo ou de fase anterior, prestando depoimento ou se manifestando sobre o objeto da prova. Também não serão peritos os analfabetos e os menores de 21 anos.

Em relação às pessoas condenadas nas sanções do atual art. 92, cuja redação, dada pela Lei nº 7.209/74 – Reforma da Parte Geral do Código Penal – abarca e modifica a anterior redação do art. 69, não vemos invalidade na vedação ao exercício da função de perito, *se e porque* a proibição é limitada ao tempo da pena. Se a previsão fosse *somente pela condenação,* não hesitaríamos em apontar a invalidade da norma, por violação ao próprio sistema de penas do Código Penal, além das garantias e direitos individuais assegurados na Constituição da República.

Sendo assim, limitado e como consequência da pena aplicada, não poderá ele exercer a função de perito no processo penal, desde que a sentença tenha assim decidido, de modo expresso. Os efeitos da condenação à interdição de direitos devem ser declarados na sentença, consoante o disposto expressamente no § 1º do art. 92 do CP.

279.2. Regras gerais e regras específicas de impedimento: A nosso aviso, o que deve ser posto em relevo aqui, relativamente ao inciso II, é a participação anterior do perito, no processo ou na investigação, por via da qual ele tenha emitido juízo técnico sobre a matéria de prova. Nesse sentido, ele não produziria *outra e nova* prova, uma vez já antecipada sua apreciação, parcial ou total, da matéria em momento anterior.

Pensamos, também, que o fato de ter ele prestado depoimento, seja na polícia ou em juízo, não só sobre o objeto da perícia, mas sobre qualquer questão tratada no processo (como testemunha, então), parece-nos suficiente para o seu impedimento.

Aliás, qualquer uma das hipóteses previstas no art. 252, CPP, quando cabível e pertinente em relação ao perito, pode ser aplicada para o seu afastamento. Ali se descrevem situações e circunstâncias da vida privada que justificam o receio quanto ao comprometimento da liberdade de manifestação do perito sobre o objeto da perícia. O mesmo ocorre em relação à dispensa do dever de depor prevista em relação aos parentes mencionados no art. 206 do CPP.

Já em relação aos analfabetos e menores de 21 anos, deve-se esclarecer que: (a) a prova pericial é eminentemente *técnica,* exigindo formação profissional específica em relação ao conteúdo da prova. Naturalmente, não queremos prestar homenagens indevidas ao conhecimento e à formação profissional do ensino oficial. Tampouco queremos afirmar a impossibilidade de conhecimento técnico ao analfabeto. Há *empreiteiros,* por exemplo, sem formação superior ou mesmo média, ou, ainda, portadores de conhecimentos rudimentares da linguagem, que detêm saberes iguais ou superiores àqueles de reconhecida formação técnica. No entanto, não se trata disso. A questão é unicamente de *saberes objetivos*, aptos a convencer não só o juiz, mas também as partes e aos demais jurisdicionados, na medida em que interessa a todos a correta atuação da função estatal da jurisdição.

O mesmo se poderia dizer em relação ao menor de 21 anos.

Por primeiro, alerta-se para o fato da alteração civil da menoridade, limitada agora aos 18 anos. Contudo, o art. 2.043 do Código Civil ressalva a vigência das disposições penais e processuais penais existentes à época da nova legislação civil codificada, o que é o caso do presente dispositivo.

Como impedir a designação de um menor de 21 anos para opinar sobre questões de informática, por exemplo? Parece-nos voz já corrente a maior habilitação de tais pessoas em assuntos técnicos dessa natureza.

Todavia, a existência de norma expressa em sentido contrário poderá resultar na anulação de processos exatamente por essa razão.

Melhor, então, seguir a letra fria da Lei, ainda quando em processo de óbvio congelamento.

Art. 280. É extensivo aos peritos, no que lhes for aplicável, o disposto sobre suspeição dos juízes.

Ora, se são extensíveis aos serventuários da Justiça as regras de suspeição previstas para o juiz, por que não seriam elas extensíveis ao perito e ao intérprete ou tradutor?

De se ver, mais, que, em relação aos peritos, intérpretes e tradutores, a possibilidade de influência na decisão judicial é ainda mais visível, dado caber a eles, como técnicos, afirmar conhecimento verdadeiro sobre o objeto do processo.

E, a nosso aviso, como já antecipado (art. 274, CPP), aplicam-se a eles (peritos, intérpretes e tradutores) também as regras de impedimento, desde que analogicamente cabíveis, como, aliás, explicita uma delas (regra de impedimento) o disposto no inciso II do artigo anterior.

Art. 281. Os intérpretes são, para todos os efeitos, equiparados aos peritos.

Tal como já o afirmamos em inúmeras oportunidades, há equiparação, para todos os efeitos descritos no Capítulo – Sujeitos do Processo – entre as diversas pessoas que dele (processo) participam, no que toca às regras de *impessoalidade* da atuação funcional.

Serventuários, peritos, intérpretes, tradutores e, enfim, todos aqueles que puderem atuar no processo e, de algum modo, influir na sua tramitação ou na formação do convencimento judicial (os peritos, intérpretes e tradutores, com muito mais razões), devem ser afastados, seja com fundamento em suspeição, em impedimento ou em incompatibilidade (art. 112, CPP).

Mais importante que a *rubrica* ou a *designação terminológica* da situação é a preservação da independência e do distanciamento objetivo – imparcialidade – da jurisdição.

Enfim, todos eles se submetem à disciplina judiciária durante a tramitação do processo penal.

TÍTULO IX DA PRISÃO, DAS MEDIDAS CAUTELARES E DA LIBERDADE PROVISÓRIA

(Redação dada pela Lei nº 12.403, de 2011)

CAPÍTULO I Disposições Gerais

Art. 282. As medidas cautelares previstas neste Título deverão ser aplicadas observando-se a: (Redação dada pela Lei nº 12.403, de 2011)

I – necessidade para aplicação da Lei penal, para a investigação ou a instrução criminal e, nos casos expressamente previstos, para evitar a prática de infrações penais; (Incluído pela Lei nº 12.403, de 2011)

II – adequação da medida à gravidade do crime, circunstâncias do fato e condições pessoais do indiciado ou acusado. (Incluído pela Lei nº 12.403, de 2011)

§ 1º As medidas cautelares poderão ser aplicadas isolada ou cumulativamente. (Incluído pela Lei nº 12.403, de 2011)

§ 2º As medidas cautelares serão decretadas pelo juiz a requerimento das partes ou, quando no curso da investigação criminal, por representação da autoridade policial ou mediante requerimento do Ministério Público. (Redação dada pela Lei nº 13.964, de 2019)

§ 3º Ressalvados os casos de urgência ou de perigo de ineficácia da medida, o juiz, ao receber o pedido de medida cautelar, determinará a intimação da parte contrária, para se manifestar no prazo de 5 (cinco) dias, acompanhada de cópia do requerimento e das peças necessárias, permanecendo os autos em juízo, e os casos de urgência ou de perigo deverão ser justificados e fundamentados em decisão que contenha elementos do caso concreto que justifiquem essa medida excepcional. (Redação dada pela Lei nº 13.964, de 2019)

§ 4º No caso de descumprimento de qualquer das obrigações impostas, o juiz, mediante requerimento do Ministério Público, de seu assistente ou do querelante, poderá substituir a medida, impor outra em cumulação, ou, em último caso, decretar a prisão preventiva, nos termos do parágrafo único do art. 312 deste Código. (Redação dada pela Lei nº 13.964, de 2019)

§ 5º O juiz poderá, de ofício ou a pedido das partes, revogar a medida cautelar ou substituí-la quando verificar a falta de motivo para que subsista, bem como voltar a decretá-la, se sobrevierem razões que a justifiquem. (Redação dada pela Lei nº 13.964, de 2019)

§ 6º A prisão preventiva somente será determinada quando não for cabível a sua substituição por outra medida cautelar, observado o art. 319 deste Código, e o não cabimento da substituição por outra medida cautelar deverá ser justificado de forma fundamentada nos elementos presentes do caso concreto, de forma individualizada. (Redação dada pela Lei nº 13.964, de 2019)

282.1. O novo regime das cautelares pessoais: Proporcionalidade e necessidade.

A Lei nº 12.403, de 5 de maio de 2011, com vigência a partir do dia 4 de julho de 2011, final e corretamente, apresentou alternativas à prisão provisória no direito processual brasileiro.

A nova legislação, que, no ponto, se alinha ao modelo português e ao italiano, prevê diversas medidas cautelares diversas da prisão, reservando a esta última um papel, não só secundário, mas *condicionado* à indispensabilidade da medida, em dupla perspectiva, a saber, (a) a *proporcionalidade e adequação*, a serem aferidas segundo a gravidade do crime, as circunstâncias do fato (meios e modos de execução), e, ainda as condições pessoais do agente; e (b) a *necessidade*, a ser buscada em relação ao grau de risco à instrumentalidade (conveniência da investigação ou da instrução) do processo ou à garantia da ordem pública e/ou econômica, a partir de fatos e circunstâncias concretas que possam justificar a segregação provisória.

Adiante-se, para logo, que quando nos referimos ao papel secundário da prisão provisória não estamos condicionando a sua aplicação ao descumprimento de outra cautelar menos gravosa. Não. A prisão preventiva continua podendo ser decretada de modo *independente* e *autônomo*, sem relação imediata com anterior medida acautelatória. Já veremos o que isso significa.

Impende esclarecer também o sentido com que pode e deve ser entendida a expressão *proporcionalidade*, agora incorporada expressamente na ordem processual penal.

O postulado da proporcionalidade, como já vimos no início destes Comentários, se desdobra em duas perspectivas bem demarcadas.

A primeira, atinente à *proibição do excesso*, e, a segunda, à *efetividade dos direitos fundamentais*. Ambas se apresentam como *pauta de interpretação* no paradigma do Estado de Direito, de modo a evitar perigosa e indevida *absolutização* dos direitos e garantias, bem como, de outro lado, dos deveres individuais e da intervenção estatal.

Em tema de restrições à liberdade individual na persecução penal, o acento deve ser posto na primeira leitura, de proibição do excesso, sem incorrer, contudo, na fragilização demasiada da proteção de outros direitos *fora* do processo (e da investigação). Repetimos que a proteção dos direitos fundamentais dos investigados/processados não pode ser considerada de forma isolada e sem ponderação também dos demais interesses inerentes a todo processo penal, notadamente aqueles que imponham as restrições cautelares, mais ou menos gravosas.

Assim, e por essa razão, o Código inicia o tratamento das cautelares pessoais pelo alinhamento das medidas diversas da prisão, como a antecipar a função de *ultima ratio* reservada à prisão antes do trânsito em julgado.

No dispositivo em comento, a legislação traça as linhas fundamentais para a aplicação das cautelares pessoais, identificando desde logo o objeto da aludida tutela:

a) a investigação e o processo; segundo seja necessário:
   1. por conveniência da investigação ou da instrução (no processo);
   2. para garantir a aplicação da Lei penal, e,

b) para a garantia da ordem pública ou econômica:
   Para evitar-se o risco de reiteração criminosa ou o risco à higidez do sistema econômico (e financeiro), bem como e até mesmo para evitar o risco de per-

turbação de determinadas pessoas que tenham sido ou possam vir a ser atingidas pelo crime e por novas ações do investigado ou processado.

É o que se extrai do disposto no art. 282, I, do CPP.

Necessária que seja e se mostre a intervenção cautelar pessoal, deverá ela ser também *adequada* às condições pessoais do agente, segundo um critério de proporção entre o crime e a cautelar imposta (art. 282, II, CPP).

Jurisprudência

282.1 [...] As medidas cautelares pessoais diversas da prisão exigem a presença dos seguintes requisitos, elencados no art. 282, I e II, do CPP: a) necessidade para a aplicação da lei penal, para a investigação ou instrução criminal e para evitar a prática de novas infrações penais; b) e adequação à gravidade do crime, às circunstâncias do fato e às condições pessoais do investigado ou acusado. [...] *(Agravo Regimental no Habeas Corpus nº 682.069/PR, STJ, 5ª Turma, unânime, Rel. Min. Jesuíno Rissato, julgado em 19.10.2021, publicado no DJ em 3.11.2021)*

282.2. Critérios e procedimento de aplicação: As cautelares pessoais diversas da prisão poderão ser impostas *cumulativa* ou *isoladamente*, desde que haja compatibilidade entre elas. Exemplo: a exigência de fiança vem acompanhada da necessidade de comparecimento aos atos da investigação e do processo, sob pena de quebramento (art. 327 e art. 328, CPP), além de se exigir do afiançado a comunicação quanto à mudança de residência e a autorização para ausência por prazo superior a oito dias. Assim, não há razão alguma para se impor ao afiançado a medida cautelar do art. 319, I e IV, do CPP.

De outro lado, ainda quando compatíveis, deve-se evitar a banalização do manejo das cautelares. É de se lembrar, sobretudo quando não houver prisão em flagrante, que o princípio da não culpabilidade impõe maiores cautelas na imposição de restrições de direitos, de modo a fortalecer a posição do investigado ou processado diante dos poderes persecutórios. Por isso, exige-se a *necessidade* e *adequação* das cautelares.

Para a imposição de qualquer medida, portanto, exigir-se-á a presença de indícios suficientes da autoria e visibilidade completa da materialidade do fato, ainda que não se possa, desde logo, definir a respectiva classificação jurídico-penal.

E tal como ocorre em relação à prisão preventiva, elas poderão ser impostas *autônoma* e *independentemente* de anterior prisão em flagrante. Quando *posteriores* ao flagrante, terão caráter *substitutivo*, segundo se vê no art. 310, II, CPP. Com efeito, a situação de flagrante delito, malgrado a existência e a força normativa do princípio da não culpabilidade ou da inocência, presta-se a demonstrar com maior intensidade a presença dos elementos indiciários atinentes à autoria, daí por que justifica os receios quanto aos riscos da investigação e da instrução criminal. Nesse caso, a imposição de cautelares diversas da prisão aparece quase como *regra,* de modo a bem e melhor acautelarem-se os interesses da persecução.

E como se trata de medidas acautelatórias da investigação e do processo (formação e produção dos elementos de prova, e, também, garantia da aplicação da Lei penal), bem como do risco de reiteração criminosa (garantia da ordem pública e/ou econômica), tanto a sua *imposição,* quanto a respectiva *manutenção,* assim como a eventual *substituição,* dependerão da permanência das condições que fundamentaram a medida. Desaparecendo estas (as condições), deverão ser revogadas as cautelares eventualmente impostas; reaparecendo, poderão ser mais uma vez decretadas (art. 282, § 5º, CPP). E nunca é demais deixar bem expresso: a fixação das cautelares deve ser feita pelo juízo competente, não cabendo ao investigado/processado "escolher" qual seja a que mais se "adapta" à sua realidade, notadamente nos casos de monitoramento eletrônico e a amplitude do espaço permitido para circulação e trabalho.

282.3. As cautelares pessoais e o sistema acusatório: A iniciativa do juiz. Já tivemos oportunidade de cuidar dos sistemas processuais, e, em maiores detalhes, do modelo acusatório. De tudo o quanto dissemos, repise-se apenas que a Constituição da República não demarca de modo cabal e definitivo os contornos de nosso sistema acusatório. A separação completa entre as funções do Ministério Público e da jurisdição criminal, tal como ali se vê, não nos parece suficiente para determinar o tipo de modelo acusatório adotado.

Sabe-se que na maioria dos ordenamentos europeus e latino-americanos de corte acusatório reserva-se certa margem de iniciativa probatória ao juiz. Até mesmo Portugal, país com o qual guardamos maior afinidade jurídica e cuja Constituição afirma o princípio acusatório no processo penal, contempla a possibilidade de o juiz ou o tribunal determinarem a produção de provas *de ofício*.

Por isso, o que podemos afirmar sem qualquer margem de erro é que não se pode atribuir qualquer competência jurisdicional para a atuação de ofício *na fase de investigação,* seja em relação à produção de prova, seja em relação à imposição de restrições de direitos em matéria cautelar. Da investigação cuidam a polícia e o Ministério Público, órgãos com atribuições tipicamente persecutórias; nessa fase, o juiz será sempre um *juiz de garantias* (tutela das liberdades públicas).

Nesse passo, o art. 282, § 2º, CPP, assegura que a imposição das cautelares diversas da prisão na fase de investigação dependerá de requerimento do Ministério Público ou de representação da autoridade policial. Na fase de *processo*, contudo, ele podia fazê-lo de ofício, sem provocação do *parquet.*

Entretanto, a Lei nº 13.964/2019 expressamente alterou o § 2º, vedando a possibilidade de o juiz decretar autonomamente a prisão preventiva de ofício, inclusive no bojo de ação penal. Trata-se de uma opção legislativa, sem dúvida, cuja constitucionalidade não se pode questionar. Ainda assim, cremos que não se afigura como a melhor solução, na medida em que há situações (sempre excepcionais, é verdade) nas quais a imposição de ofício de medidas cautelares (inclusive da preventiva) é essencial exatamente para a garantia e preservação dos postulados do art. 312 do CPP (desde que presente a devida fundamentação). Em nossa compreensão, a previsão então existente não colidia com o sistema acusatório, sendo que a novel limitação poderá causar situações de desequilíbrio quando necessária a imposição de medida cautelar urgente sem que se tenha, de pronto, um possível e prévio requerimento das partes (Ministério Público ou querelante, conforme o caso).

Ademais, não há como negar que o juiz deve velar pelo regular andamento do processo, o que inclui a aplicação da lei penal – que, como se sabe, é um dos fundamentos para a decretação da prisão preventiva. Também a garantia da ordem pública nos parecia um fundamento suficiente para autorizar, em situações excepcionais, que o juiz decretasse a prisão preventiva de ofício.

No entanto, como à prisão em flagrante se seguirá a audiência de custódia, sob pena de relaxamento da prisão, o Ministério Público sempre estará presente ao ato e deverá se manifestar sobre a decretação ou não da preventiva.

Da mesma forma, também é permitido que o juiz – de ofício! – em desaparecendo os motivos da decretação, revogue a preventiva (ou as medidas cautelares impostas) ou a substitua por outra cautelar menos gravosa, segundo a lógica do art. 282, § 5º, CPP. Curiosamente, é permitido que o magistrado volte a decretar de ofício a custódia preventiva (ou volte a impor medidas cautelares), se sobrevierem razões que a justifiquem (art. 316 e art. 282, § 5º).

Seria possível falar então em contradição entre o § 2º do art. 282 (que veda a imposição autônoma de prisão preventiva de ofício pelo juiz) e a nova redação do art. 316 ("O juiz poderá, de ofício ou a pedido das partes, revogar a prisão preventiva se, no correr da investigação ou do processo, verificar a falta de motivo para que ela subsista, bem como novamente decretá-la, se sobrevierem razões que a justifiquem")?

Cremos que não, remetendo aos comentários do art. 316 do CPP.

Mais um registro: é entendimento da 2ª Câmara de Coordenação e Revisão do MPF que a autoridade policial *não* teria legitimidade para representar, *diretamente*, ao juiz para decretação de medidas cautelares, e que a titularidade seria *exclusiva* do Ministério Público (vide autos do Procedimento nº 1.00.001.000095/2010), posicionamento sufragado também pelo Conselho Superior do MPF em 4.7.2011.

Prosseguindo, cabe, então, importante esclarecimento.

Segundo os termos do art. 310, II, CPP, tão logo o juiz receba os autos de prisão em flagrante, ele deverá se manifestar acerca da necessidade ou não de imposição de medida cautelar ou mesmo da decretação da prisão preventiva.

Obviamente que referido posicionamento ocorrerá *na fase de investigação* e não na fase de *processo.* A questão que põe é a seguinte: não estaria o juiz, então, impondo cautelares pessoais de ofício?

Bem, em primeiro lugar, a prisão em flagrante não deixa de ser uma medida *cautelar* pessoal, dado que impõe grave restrição a direitos individuais.

E, devidamente autorizada na Constituição, trata-se de cautelar que pode ser imposta por qualquer pessoa do povo (art. 5º, LXI), diante de suas peculiaridades. A questão, portanto, não gira em torno de sua execução, mas da *manutenção* da prisão após o exaurimento das funções reservadas a essa modalidade cautelar, quais sejam, a de se evitar maiores danos na ação criminosa e a de coleta imediata dos elementos de prova disponíveis.

Não temos dúvidas que o ideal seria a autoridade policial, no momento de encaminhamento do auto de prisão em flagrante ao juiz, representar, desde logo, pela manutenção da prisão com fundamento em alguma das hipóteses do art. 312 e art. 313, CPP. A nova legislação, porém, não faz essa exigência.

Pensamos que, embora assim seja, pode-se aproveitar a nova redação do citado dispositivo (art. 310, CPP), não se lhe impondo, desde logo, a pecha da invalidade.

A prisão em flagrante, *quando legal* – se ilegal, deverá ser imediatamente *relaxada* –, apresenta um alto grau de visibilidade da infração penal, seja no que concerne à *autoria,* seja em relação à *materialidade* do delito. Daí, perfeitamente admissíveis maiores receios quanto à necessidade imediata de apreciação judicial das razões cautelares eventualmente presentes.

Como já vimos, o juiz tem poderes para substituir, de ofício, qualquer medida cautelar requerida pelo Ministério Público ou representada pela autoridade policial (art. 282, §§ 4º e 5º, CPP).

O problema é que nessa fase de prisão em flagrante, e nas 24 horas que a ela se seguem, antes da remessa do auto de prisão ao magistrado, *não há a intervenção* do Ministério Público, um dos órgãos responsáveis pela tutela da persecução penal.

De outro lado, a Lei também não exige que a autoridade policial *esclareça a necessidade* da manutenção da prisão; pelo contrário, remete ao juiz, desde logo, o exame da matéria.

Quando afiançável a infração, o problema sequer existirá, diante do que dispõe o art. 322, CPP, que impõe o dever de arbitramento da fiança pela própria autoridade policial, quando se tratar de infração cuja pena não seja superior a quatro anos. No ponto, remetemos aos comentários ao art. 304, CPP, adiante.

Assim, e para evitar que o juiz tenha que ouvir o Ministério Público antes da apreciação do auto de prisão em flagrante, melhor que se reconheça a validade do disposto no art. 310, II, CPP, abrindo-se-lhe, desde logo, a possibilidade de exame da necessidade da imposição de qualquer das cautelares, ainda que ausente requerimento do Ministério Público ou *representação expressa* da autoridade policial. Veja-se que a situação é bem diversa da limitação agora imposta pela Lei nº 13.964/2019 de o juiz não poder decretar, de forma *autônoma*, a prisão preventiva, inclusive no curso da ação penal.

Observe-se que nas ações penais privadas não haverá qualquer dúvida sobre o procedimento, na medida em que somente se realiza o flagrante mediante requerimento do ofendido, ressalvados casos de evidente urgência e necessidade, como já visto.

E, assim, a previsão do art. 310, CPP, no ponto em que autoriza o juiz a impor, *imediatamente,* qualquer forma de liberdade, deve ser entendida como *ampliativa* da proteção das liberdades públicas.

Mas, seja antes, seja depois, tanto a autoridade policial quanto o Ministério Público devem manifestar-se acerca da necessidade da imposição de qualquer medida cautelar nessa fase (art. 310, II, CPP).

Ao tema ainda voltaremos por ocasião da apreciação do art. 310, CPP, e suas modalidades de liberdades.

Jurisprudência *(posterior à Lei nº 13.964/2019)*

282.3. [...] 1. A reforma introduzida pela Lei n. 13.964/2019 ("Lei Anticrime"), preservando e valorizando as características essenciais da estrutura acusatória do processo penal brasileiro, modificou a disciplina das medidas de natureza cautelar, especialmente as de caráter processual, estabelecendo um modelo mais coerente com as características do moderno processo penal. 2. "A Lei n. 13.964/2019, ao suprimir a expressão 'de ofício' que constava do art. 282, §§ 2º e 4º, e do art. 311, todos do Código de Processo Penal, vedou, de forma absoluta, a decretação da prisão preventiva sem o prévio 'requerimento das partes ou, quando no curso da investigação criminal, por representação da autoridade policial ou mediante requerimento do Ministério Público', não mais sendo lícita, portanto, com base no ordenamento jurídico vigente, a atuação 'ex officio' do Juízo processante em tema de privação cautelar da liberdade. A interpretação do art. 310, II, do CPP deve ser realizada à luz dos arts. 282, §§ 2º e 4º, e 311, do mesmo estatuto processual penal, a significar que se tornou inviável, mesmo no contexto da audiência de custódia, a conversão, de ofício, da prisão preventiva, sendo necessária, por isso mesmo, para tal efeito, anterior e formal provocação do Ministério Público, da autoridade policial ou, quando for o caso, do querelante ou do assistente do MP. Magistério doutrinário. Jurisprudência" (STF, HC 186490, Relator(a): Celso de Mello, Segunda Turma, julgado em 10/10/2020, [...] public 22-10-2020). 3. Contudo, tal entendimento não se aplica ao caso dos autos. Isso porque, conforme assentado pela Corte Federal, a conversão da prisão em flagrante em prisão preventiva aconteceu antes da vigência da Lei nº 13.964/2019, de 24/12/2019. Portanto, a prisão em flagrante convertida em preventiva decretada de ofício é válida, porque ocorreu em 5/7/2019, momento anterior à vigência da referida Lei. [...] 6. Aplica-se, desse modo, o entendimento jurisprudencial pacífico e respectivo à época dos fatos, no sentido de que "a conversão do flagrante em prisão preventiva torna superada a alegação de nulidade relativamente à falta de audiência de custódia". *[...] (Agravo Regimental no Habeas Corpus nº 665.084/MT, STJ, 5ª Turma, unânime, Rel. Min. Reynaldo Soares da Fonseca, julgado em 21.9.2021, publicado no DJ em 27.9.2021)*

282.3. [...] A Lei n. 13.964/2019, ao suprimir a expressão "de ofício" constante na redação anterior dos arts. 282, §§ 2º e 4º, e 311, ambos do Código de Processo Penal, veda, de forma expressa, a imposição de medidas cautelares restritivas de liberdade pelo magistrado sem que haja anterior representação da autoridade policial ou requerimento das partes. [...] O art. 310 do Código de Processo Penal deve ser interpretado à luz do sistema acusatório e em conjunto com os demais dispositivos legais que regem a aplicação das medidas cautelares penais (arts. 282, §§ 2º e 4º, 311 e seguintes do CPP). Disso decorre a ilicitude da conversão, de ofício, da prisão em flagrante em prisão preventiva pela autoridade judicial. [...] *(Agravo Regimental no Habeas Corpus nº 198.774/SP, STF, 2ª Turma, por maioria, Rel. Min. Edson Fachin, julgado em sessão virtual de 18.6.2021 a 25.6.2021, publicado no DJ em 16.9.2021)*

282.3. [...] Conforme entendimento desta Quinta Turma, o vício da inobservância da formalidade de requerimento prévio para a conversão da prisão em flagrante em preventiva torna-se superado pelo posterior requerimento da autoridade policial ou manifestação ministerial, o que evidencia a ausência de nulidade processual e, por consequência, a legalidade do feito. Precedentes. [...] No caso em exame, em que pese a ausência da prévia provocação do Ministério Público ou da autoridade policial, a posterior manifestação do Parquet a favor da manutenção da prisão preventiva do ora agravante torna superada a alegação, não havendo falar na ventilada nulidade. [...] *(Agravo Regimental no Habeas Corpus nº 650.907/RS, STJ, 5ª Turma, unânime, Rel. Min. Joel Ilan Paciornik, julgado em 15.6.2021, publicado no DJ em 22.6.2021)*

Jurisprudência *(anterior à Lei nº 13.964/2019)*

282.3. [...] 1. Na fase investigativa da persecução penal, o decreto de prisão preventiva não prescinde de requerimento do titular da ação penal – Ministério Público ou querelante –, ou, ainda, de representação do órgão responsável pela atividade investigatória para que possa ser efetivada pelo magistrado, sob pena de violação à imparcialidade do juiz, da inércia da jurisdição e do sistema acusatório. 2. Contudo, a impossibilidade de decretação da prisão preventiva *ex officio* pelo juiz na fase investigativa não se confunde com a hipótese dos autos, retratada no art. 310, II, do CPP, que permite ao magistrado, quando do recebimento do auto de prisão em flagrante, e constatando ter sido esta formalizada nos termos legais, convertê-la em preventiva quando presentes os requisitos constantes do art. 312 do CPP. Isso porque a conversão da prisão em flagrante, nos termos já sedimentados por ambas as Turmas que compõem a Terceira Seção desta Corte Superior de Justiça, pode ser realizada de ofício pelo juiz. [...] (*RHC nº 66.680-MG, STJ, 6ª Turma, unânime, Rel. Min. Maria Thereza de Assis Moura, julgado em 23.2.2016, publicado no* DJ *em 2.3.2016*).

282.4. Hipóteses de cabimento: No que se refere à decretação *autônoma* da prisão preventiva, isto é, *fora dos casos* de *substituição* de outra cautelar anteriormente imposta e descumprida, hão que se observar os limites do art. 313, I, CPP (infrações dolosas com pena máxima superior a quatro anos), quando não for a hipótese dos demais incisos daquele dispositivo legal.

E quanto às demais cautelares, haveria um limite de gravidade da infração para a sua imposição?

A nosso juízo, o critério de proporcionalidade acerca da necessidade de imposição de medidas cautelares pessoais tem seu ponto de partida no art. 283, § 1º, CPP, ao dispor que "*as medidas cautelares previstas neste Título não se aplicam à infração a que não for isolada, cumulativa ou alternativamente cominada pena privativa da liberdade*".

Nada mais razoável.

Se se trata de medida *acautelatória* dos interesses da jurisdição, a sua imposição não poderá jamais ultrapassar os resultados finais do processo.

Assim, e aliado ao fato de que toda medida cautelar tem a garantia de sua efetividade na possibilidade de decretação da preventiva em caso de descumprimento, não se deve admitir a imposição de qualquer cautelar diversa da prisão, dado que o descumprimento dela não poderia autorizar a prisão preventiva, sob pena de se privilegiar o *processo* em detrimento da sanção penal *cominada ao tipo.* É dizer: a imposição de cautelar sem a possibilidade de preventiva seria inútil e contraproducente!

E é exatamente esse o grande referencial das medidas cautelares: a possibilidade de serem substituídas pela preventiva em caso de descumprimento.

Com isso, pode-se traçar o horizonte de sua aplicação em simetria com a gravidade e natureza da infração, segundo seja a sua aptidão para a imposição de pena privativa da liberdade.

Para logo se percebe que não deverão ser impostas quaisquer medidas cautelares da Lei nº 12.403/11 (art. 319 e art. 320, CPP) às infrações de menor potencial ofensivo (Lei nº 9.099/95).

Tais infrações se submetem ao processo *conciliatório,* voltado para a reparação dos danos e para a não imposição de pena privativa da liberdade (art. 62, Lei nº 9.099/95).

De mais a mais, a própria peculiaridade do procedimento de transação penal já seria suficiente para atestar a incompatibilidade com a imposição de medidas cautelares. É que uma vez firmada e homologada a transação penal, estaria encerrado, em tese, o processo de conhecimento, restando apenas a execução da sanção transacionada.

Mas, mesmo nos casos de rejeição da proposta de transação, sabe-se da quase absoluta impossibilidade de se obter em tais procedimentos a imposição de pena privativa da liberdade, diante da baixa cominação de penas a tais infrações, via de regra passíveis da *suspensão da pena* (*sursis* do art. 77, CP), quando condenatória a decisão.

Do mesmo modo e pelas mesmas razões, não se deve impor medida cautelar diversa da prisão nos casos em que tenha sido proposta e aceita a *suspensão condicional do processo* (art. 89, Lei nº 9.099/95). É que nesses casos já terá sido imposta alguma condição ou restrição de direitos ao acusado, que se prestaria a cumprir as mesmas finalidades das medidas previstas no art. 319 e no art. 320, CPP, além de outras tendentes à reparação dos danos. Sendo descumpridas as condições e voltando à tramitação regular o processo, aí sim, nada impediria a imposição das novas cautelares pessoais.

Quanto aos crimes culposos, deve-se ter em conta a previsão do art. 313, CPP, que somente prevê a prisão preventiva para os delitos *dolosos.*

Naturalmente, e nesse passo, nada impediria a decretação de prisão preventiva para os crimes culposos *como medida substitutiva de cautelar descumprida.*

No entanto, é bem de ver que o art. 44, I, do Código Penal, permite a substituição da pena privativa da liberdade, qualquer que seja a pena imposta, quando se tratar de crime culposo.

Por isso, deve-se ter cautela em relação a tais infrações, evitando-se a imposição de restrições de direito que sejam superiores aos possíveis resultados finais do processo.

Há casos, porém, em que o autor – do crime culposo – pode não se enquadrar na hipótese de substituição da pena privativa, diante de eventual reiteração de comportamento e dos danos causados a terceiros. Assim, e quanto constatadas as condições pessoais inteiramente desfavoráveis ao agente, bem como o risco de reiteração do comportamento (crimes de trânsito, por exemplo), deve-se acautelar com mais rigor os interesses da jurisdição penal.

De outro lado, parece-nos possível também a imposição das cautelares previstas na nova Lei mesmo aos casos de *violência doméstica,* para as quais já são previstas diversas medidas protetivas (Lei nº 11.340/06).

Em primeiro lugar, porque as novas cautelares podem ser impostas isolada ou cumulativamente (art. 282, § 1º, CPP).

E, em segundo, porque as medidas protetivas da Lei nº 11.340/06 visam à tutela da vítima e não da proteção à efetividade do *processo.* Daí a compatibilidade entre ambas. Refira-se, por oportuno, que a Lei n. 13.641, de 3 de abril de 2018, inseriu na Lei Maria da Penha a previsão do crime de descumprimento de medidas protetivas de urgência (art. 24-A), com pena de reclusão, de 2 a 5 anos e multa (art. 24-A da Lei Maria da Penha, na redação que lhe conferiu a Lei nº 14.994/2024).

Quanto ao mais, e, em princípio, sempre serão cabíveis as medidas cautelares diversas da prisão.

Registramos igualmente importante modificação da Lei nº 15.857/2024, que incluiu o art. 17-A na Lei Maria da Penha, dispondo expressamente que "O nome da ofendida ficará sob sigilo nos processos em que se apuram crimes praticados no contexto de violência doméstica e familiar contra a mulher", observando-se (conforme seu parágrafo único" que "o sigilo referido no caput deste artigo não abrange o nome do autor do fato, tampouco os demais dados do processo".

Analisando as modificações trazidas pela Lei nº 14.550/2023 (pela adição dos §§ 5º e 6º ao art. 19 da Lei 11.340/2006 (Lei Maria da Penha), em 2024 a 5ª Turma do STJ reconheceu que essas novas disposições redefiniram a essência jurídica dessas medidas, tendo caráter inibitório e satisfativo, totalmente desvinculadas da tipificação penal ou pendência de ações penal e/ou cível. A finalidade do dispositivo seria ampliar a proteção à integridade física, psíquica, sexual, patrimonial e moral da vítima ou de seus dependentes, independentemente do registro formal de denúncia (*Recurso Especial nº 2.066.642-MG, STJ, DJ em 4.10.2024*).

Reafirmou-se que, a partir do julgado do Resp. nº 2.036.072-MG, a Corte tem adotado a interpretação de que a natureza jurídica das medidas protetivas se afasta de tempo previamente fixado, priorizando-se a salvaguarda ininterrupta dos direitos da vítima enquanto perdurar eventual situação de risco.

Expressamente ficou assentado que essas medidas se diferenciam das previstas no art. 282 do CPP exatamente pela ausência de prazo de vigência previamente determinando, estando vinculada sua duração à continuidade de ameaças às vítimas. Tal constatação não afasta a possibilidade de fixação de prazo determinado, desde que fundamentado e adequado ao caso.

A tese fixada foi de que "a revogação ou modificação das medidas protetivas de urgência demanda comprovação concreta da mudança nas circunstâncias que ensejaram sua concessão, não sendo possível a extinção automática baseada em presunção temporal".

Jurisprudência *(posterior à Lei nº 13.964/2019)*

282.4. [...] 2. As modificações implementadas pela Lei n. 14.550/2023, ao aditar os §§ 5º e 6º ao art. 19 da Lei Maria da Penha, redefinem a essência jurídica dessas medidas, enfatizando seu caráter inibitório e satisfativo, *desvinculadas da tipificação penal específica ou da pendência de ação penal ou cível,* ampliando assim a proteção à integridade física, psíquica, sexual, patrimonial e moral da vítima ou de seus dependentes, independentemente do registro formal de denúncia.

3. Este Superior Tribunal de Justiça, guiado pelo precedente do Resp. 2.036.072/MG, adota a interpretação de que a natureza jurídica das medidas protetivas se afasta da temporalidade fixa, primando pela salvaguarda ininterrupta da vítima enquanto perdurar a situação de risco.

4. A diferenciação das medidas protetivas da Lei Maria da Penha em relação às cautelares tradicionais, conforme delineado no art. 282 do CPP, reside na ausência de prazo de vigência predeterminado, subordinando-se sua manutenção à continuidade da ameaça à vítima, conforme a cláusula *rebus sic stantibus*.

5. Admite-se a possibilidade de determinação judicial de prazo para as medidas protetivas, desde que haja fundamentação adequada às circunstâncias do caso e previsão de revisão periódica, assegurando-se sempre a oportunidade de manifestação das partes antes de qualquer decisão sobre a cessação das medidas.

6. A jurisprudência desta Corte estabelece a necessidade de oitiva da vítima antes da revogação das medidas protetivas, conforme o AgRg no Resp 1.775.341/SP, para avaliação precisa da persistência do risco.

7. Tese fixada: A revogação ou modificação das medidas protetivas de urgência demanda comprovação concreta da mudança nas circunstâncias que ensejaram sua concessão, não sendo possível a extinção automática baseada em presunção temporal.

8. Recurso especial parcialmente provido para reiterar a validade das medidas protetivas de urgência por 90 dias, com ênfase na competência do juízo para reavaliar a necessidade de sua manutenção, garantindo a prévia manifestação das partes envolvidas. (Recurso Especial nº 2.066.642-MG, STJ, 5ª Turma, Rel. Min. Ribeiro Dantas, julgado em 15.8.2024, publicado no DJ em 4.10.2024)

282.4. [...] 1. A interpretação sistemática do art. 147, incisos I e II, da Lei n. 8.069/90 (Estatuto da Criança e do Adolescente) em conjunto com o art. 80 da Lei n. 10.741/03 (Estatuto do Idoso) e art. 13 da Lei n. 11.343/06 permite a aplicação do princípio do juízo imediato às ações em que se pleiteiam medidas protetivas de urgência de caráter penal no caso de cometimento de crimes contra criança e adolescentes em contexto de violência doméstica.

2. Independentemente do local onde tenham inicialmente ocorrido as supostas condutas criminosas que motivaram o pedido em favor da vítima, o juízo do domicílio dos pais ou responsável (art. 147, inciso I, do ECA) ou o do lugar onde se encontre a criança ou adolescente, à falta dos pais ou responsável (inciso II, do referido art.) é competente para processar e julgar o pleito de medidas protetivas de urgência, por aplicação do princípio do juízo imediato.

3. A aplicação do princípio do juízo imediato na apreciação dos pedidos de medidas protetivas de urgência não entra em conflito com as demais disposições do Estatuto da Criança e do Adolescente, notadamente os arts. 147, §§ 1.º a 3.º e 148, incisos I a VIII, e parágrafo único, da Lei n. 8.069/90. Ao contrário, essa medida facilita o acesso da criança ou adolescente vítima de violência doméstica a uma rápida prestação jurisdicional, que é o principal propósito das normas processuais especiais que integram o microssistema de proteção de pessoas vulneráveis que já se delineia no ordenamento jurídico brasileiro.

4. A competência para examinar as medidas protetivas de urgência atribuída ao juízo do domicílio da vítima não altera a atribuição do juízo natural para o julgamento de eventual ação penal

por crimes praticados no contexto de violência doméstica e familiar contra a criança ou adolescente, que deve ser definida conforme as regras gerais fixadas pelo Código de Processo Penal. [...] *(Conflito de Competência nº 197.661-SC, STJ, 3ª Seção, Rel. Min. Laurita Vaz, julgado em 9.8.2023, publicado no DJ em 15.8.2023)*

282.4. [...] Nos termos do art. 282, § 4º, do Código de Processo Penal, "no caso de descumprimento de qualquer das obrigações impostas, o juiz, de ofício ou mediante requerimento do Ministério Público, de seu assistente ou do querelante, poderá substituir a medida, impor outra em cumulação, ou, em último caso, decretar a prisão preventiva (art. 312, parágrafo único)". Por sua vez, o referido art. 312, parágrafo único, do mesmo Código, prevê que "a prisão preventiva também poderá ser decretada em caso de descumprimento de qualquer das obrigações impostas por força de outras medidas cautelares". [...] *(Habeas Corpus n° 492.190-PR, STJ, 6ª Turma, unânime, Rel. Min. Laurita Vaz, julgado em 11.2.2020, publicado no DJ em 27.2.2020).*

282.4. [...] O descumprimento injustificado de medidas cautelares impostas constitui motivação idônea para decretação da prisão preventiva, nos termos do parágrafo único do art. 312 do Código de Processo Penal. [...] *(Agravo Regimental no Habeas Corpus nº 574.863-GO, STJ, 5ª Turma, unânime, Rel. Min. Jorge Mussi, julgado em 25.8.2020, publicado no DJ em 16.9.2020).*

282.5. O contraditório nas cautelares: Embora possa parecer uma contradição em termos, não há nenhuma incompatibilidade entre a aplicação de medidas cautelares e o contraditório anterior à respectiva decretação, inclusive em face do procedimento explicitado pelas alterações trazidas ao § 3º do art. 282 do CPP pela Lei nº 13.964/2019.

Naturalmente, tudo dependerá da modalidade da cautelar e do risco à sua efetividade.

A prisão preventiva, por exemplo, poderia ser frustrada se antecipada ao investigado a sua decretação. É que não bastam indícios da autoria e da materialidade da infração; devem estar também presentes os riscos à efetividade da investigação ou do processo, segundo o disposto no art. 282, I (como *substitutiva* de outra cautelar) e art. 312 (como medida *autônoma*), ambos do CPP. Assim, se de fato presentes tais situações, o contraditório para a sua aplicação poderia frustrar a efetividade da medida.

Também nos parece ser esse o caso das medidas previstas no art. 319, II e III (proibição de acesso a lugares e de contato com pessoas), bem como do inciso VI (suspensão do exercício de função pública ou de atividade de natureza econômica ou financeira) e VII (internação provisória no caso de inimputabilidade ou de semi-imputabilidade). Nessas hipóteses, a própria Lei alude ao risco de reiteração criminosa.

Fora desses casos, porém, nada impedirá a participação prévia do investigado ou processado na decretação da medida. Aliás, pelo contrário, será ela (participação) recomendável, de modo a que se esclareça ao máximo a necessidade de proteção à investigação ou ao processo. Também nesse campo deve ter voz o princípio da ampla defesa.

Jurisprudência

282.5. [...] O art. 282, § 3º, do Código de Processo Penal e a jurisprudência desta Corte estabelecem que a obrigatoriedade de intimação da parte para se manifestar acerca da medida cautelar pode ser relativizada quando há perigo de ineficácia. No caso dos autos, a Corte *a quo* ressaltou que esta seria a hipótese. É sabido que da quebra de sigilo bancário pode resultar o pedido de bloqueio de valores, sequestro de bens, dentre outras medidas. Diante deste cenário, para afastar a conclusão da origem quanto ao risco que a comunicação da medida ofereceria ao decurso do processo seria necessário o revolvimento da matéria fático-probatória, providência incabível na via eleita. Precedentes. [...] *(Agravo Regimental no Recurso em Habeas Corpus nº 173.186-SP, STJ, 5ª Turma, Rel. Min. Joel Ilan Paciornik, julgado em 5.12.2023, publicado no DJ em 12.12.2023)*

282.5. [...] O art. 282, § 3º, da Lei Penal Adjetiva permite a decretação das medidas cautelares diversas da prisão sem a prévia manifestação da parte contrária quando há urgência ou risco de ineficácia, exatamente como na hipótese que ora se examina, em que a manutenção do curso do processo de aposentadoria voluntária acarretaria a mudança da competência para processar e julgar a presente ação penal e frustraria o efeito da condenação concernente à perda do cargo. [...] Ainda que assim não fosse, o Superior Tribunal de Justiça já *decidiu que, nos termos do art. 3º do Código de Processo Penal e de acordo com a teoria dos poderes implícitos e do poder geral de* cautela do magistrado, é possível a imposição de medidas cautelares atípicas como forma de dar efetividade às decisões judiciais. [...] *(Agravo Regimental na Petição na Ação Penal nº 986-DF, STJ, Corte Especial, Rel. Min. Og Fernandes, julgado em 19.04.223, publicado no DJ em 28.4.2023)*

282.5.[...] No caso concreto, como já decidido anteriormente, a conversão da prisão temporária em preventiva, sem a oitiva prévia da d. Defesa, não viola o disposto no art. 282, §3º, do Código de Processo Penal, tendo em vista natureza emergencial da medida cautelar. Além do mais, o exercício do contraditório, de forma prévia, poderia frustrar a medida in casu, o que impõe a necessidade de o contraditório ser exercido de forma diferida, sem acarretar qualquer prejuízo à d. Defesa ou violação ao devido processo legal. [...] Com efeito, "De acordo com a orientação jurisprudencial desta Corte Superior, o comando inserto no § 3º do art. 282 do CPP, o qual impõe o contraditório prévio, não se aplica, em regra, aos casos de decreto de prisão preventiva, ante sua natureza emergencial, bem como do perigo de ineficácia da medida" (AgRg no HC n. 651.827/MS, Quinta Turma, Rel. Min. Joel Ilan Paciornik, DJe de 16/8/2021). [...] *(Agravo Regimental no Habeas Corpus nº 677.869-PR, STJ, 5ª Turma, Rel. Min. Messod Azulay Neto, sessão virtual de 21.3.2023 a 27.3.2023, publicado no DJ em 31.3.2023)*

282.5. [...] Não há falar em ofensa ao princípio do contraditório e da ampla defesa, por ausência de intimação da defesa para manifestação quanto à decretação da custódia preventiva, pois consoante o estabelecido no art. 282, § 4º, do Código de Processo Penal, o Juiz pode substituir, aplicar outra medida cumulativa ou decretar a prisão preventiva, mediante requerimento do Ministério Público, em razão do descumprimento de qualquer obrigação anteriormente imposta, não se exigindo a prévia intimação da defesa. [...] *(Habeas Corpus nº 612.101/SE, STJ, 5ª Turma, unânime, Rel. Min. Joel Ilan Paciornik, julgado em 17.11.2020, publicado no DJ em 20.11.2020).*

282.5. [...] V – Esta Corte firmou orientação no sentido de que a prévia intimação da parte contrária, disposta no § 3º do art. 282 do Código de Processo Penal tem aplicação restrita às medidas cautelares diversas da prisão. [...] *(Habeas Corpus n. 430.387-RJ, STJ, 5ª Turma, unânime, Rel. Min. Félix Fischer, julgado em 26.6.2018, publicado no DJ em 1º.8.2018).*

282.5. [...] Esta Corte firmou jurisprudência no sentido de que "a regra do art. 282, § 3º, do CPP não se aplica ao decreto de prisão preventiva, ante a sua natureza emergencial, mas tão somente às medidas cautelares diversas da prisão, sendo permitido ao magistrado, inclusive, decretar a constrição cautelar de ofício no curso do processo." [...] *(RHC n. 82.055-SP, STJ, 5ª Turma, unânime, Rel. Min. Ribeiro Dantas, julgado em 17.8.2017, publicado no DJ em 28.8.2017).*

282.6. Regras gerais de procedimento: As cautelares poderão ser impostas isolada ou cumulativamente, segundo o disposto no art. 282, § 1º, CPP, segundo seja necessário e adequado (art. 282, I e II).

Isso significa que a gravidade do crime, as circunstâncias de seu cometimento e as condições pessoais do agente deverão orientar o magistrado na escolha das medidas que melhor e mais adequadamente se prestem a tutelar os interesses da jurisdição penal.

De outro lado, exceção feita aos crimes de maior reprovação constitucional, e para os quais se previu a inafiançabilidade ou a proibição de imposição de fiança, não se deve recorrer à regra da cumulatividade das cautelares, senão quando estritamente necessário.

É preciso lembrar, sobretudo quando ausente a prisão em flagrante, que o agente do fato deve ser tratado como inocente. Se, de um lado, os indícios de autoria e de materialidade são indispensáveis para o juízo de cautelaridade, de outro, *não são eles suficientes* para a imposição obrigatória das cautelares. Impõe-se examinar a necessidade de acautelamento dos interesses da jurisdição, na forma do art. 282, I e do art. 312, CPP.

Deve-se evitar o risco de *banalização* das cautelares, exceto quando se tratar de anterior *prisão em flagrante,* ou seja, quando for a hipótese de aplicação dos regimes de *liberdade.* Neste último caso (art. 310, II, CPP), pensamos que o magistrado *deverá* impor alguma medida cautelar, diante da visibilidade da autoria e da materialidade do crime, aptos a gerar maiores receios quanto ao risco à efetividade do processo.

Em resumo: não se deve voltar aos tempos de 1941, quando da primeira redação do CPP, fundado em premissas da presunção de culpa. As cautelares, qualquer uma delas, implicam restrições de direitos individuais, com o que demandam juízo de maior certeza quanto à respectiva necessidade. Não é porque uma ou outra restringirão em menor escala os direitos do investigado ou do processado que se deverá recorrer a elas.

De outra parte, submetem-se as novas cautelares às regras do *rebus sic stantibus,* devendo ser *revogadas* ou *substituídas* quando não mais necessárias, bem como novamente impostas quando presentes *novas razões* (art. 282, § 5º, CPP), inclusive de ofício pelo juiz (uma exceção em face das modificações trazidas pela Lei nº 13.964/2019).

E do mesmo modo que podem ser aplicadas segundo o *aumento* de sua intensidade (de uma cautelar para a preventiva, quando necessário), poderão sê-lo segundo a *diminuição* dessa necessidade (da preventiva para outra cautelar, menos onerosa – art. 282, § 6º, CPP).

E se, em relação à prisão temporária, há Lei específica prevendo o prazo máximo de duração, e, mais, em relação à preventiva, há também jurisprudência contabilizando o tempo máximo de custódia a este título (preventiva), nada há na Lei que se reporte à duração das medidas cautelares.

Segundo o disposto no art. 387, § 1º, CPP, poderá o juiz, por ocasião da sentença condenatória, impor qualquer medida cautelar ou mesmo decretar a prisão preventiva quando presentes as respectivas razões.

E o atual art. 311, CPP, esclarece que "*em qualquer fase da investigação ou do processo penal, caberá a prisão preventiva* [...]", com a limitação imposta pela Lei nº 13.964/2019 de o juiz não poder decretá-la, autonomamente, de ofício.

Pensamos que, de igual modo, sempre será cabível a aplicação de medida cautelar no curso da investigação ou do processo.

Aliás, a nosso aviso, e em se tratando da ampliação da tutela das liberdades públicas, pensamos que o Relator do recurso no Tribunal poderá substituir eventual prisão preventiva por medida cautelar menos gravosa, sempre que aquela não se revelar mais necessária.

De outro lado, e como a duração dos prazos processuais não está atrelada à imposição das cautelares diversas da prisão – diferentemente da prisão preventiva, que impõe prazos para o encerramento do inquérito, para o oferecimento da denúncia etc. –, não se poderá limitar o tempo das cautelares para além da respectiva necessidade, a ser aferida por decisão judicial fundamentada.

282.7. O descumprimento de cautelares e a preventiva: O novo sistema das cautelares pessoais, de um lado, amplia sobremaneira a proteção das liberdades públicas, diminuindo o campo de incidência das prisões provisórias, reservadas, em princípio, para infrações de maior gravidade ou para hipóteses de reiteração delituosa (concurso material de crimes).

De outro lado, é bem de ver que a Lei nº 12.403/11, em contrapartida, parece diminuir as exigências de fundamentação relativamente à decretação da preventiva no caso de *descumprimento* de cautelar. Se, para a imposição *autônoma* (independente de anterior aplicação de medida cautelar diversa da prisão) da aludida preventiva há que se observar a presença dos requisitos do art. 312, *caput,* e art. 313, I, CPP, já para a sua imposição de maneira *subsidiária,* para *garantia da eficácia* de alguma cautelar descumprida, não se deverá exigir os mesmos ônus argumentativos da situação anterior. Naturalmente, estamos nos referindo às hipóteses de descumprimento *injustificado* das cautelares; quando justificado, sequer se poderia falar em descumprimento, mas em impossibilidade de sua observância.

Assim, quando for o caso de descumprimento *imotivado*, a decretação da preventiva – que poderá ser de ofício, como única exceção de atuação nessas condições pelo juiz após a alteração da Lei nº 13.964/2019 – se fundará no justificado (aí, sim) receio de risco à efetividade da investigação ou ao processo, deduzido do não atendimento a um dever de conduta legítima e regularmente imposto.

Nesse caso, a fundamentação da necessidade da medida repousará, primeiro, no art. 282, I e II, CPP, que teriam amparado a imposição de cautelar diversa da prisão, e, depois, no descumprimento da obrigação, a revelar risco concreto de perturbação da persecução penal, pela ausência de justificação do comportamento (art. 312, § 1º, CPP, na redação da Lei nº 13.964/2019.).

Jurisprudência *(precedentes anteriores à Lei nº 12.403, de 4.5.2011)*

282. [...] A prisão cautelar constitui medida de natureza excepcional. A privação cautelar da liberdade individual reveste-se de caráter excepcional, somente devendo ser decretada ou mantida em situações de absoluta necessidade. A prisão cautelar, para legitimar-se em face de nosso sistema jurídico, impõe – além da satisfação dos pressupostos a que se refere o art. 312 do CPP (prova da existência material do crime e presença de indícios suficientes de autoria) – que se evidenciem, com fundamento em base empírica idônea, razões justificadoras da imprescindibilidade dessa extraordinária medida cautelar de privação da liberdade do indiciado ou do réu. A questão da decretabilidade ou manutenção da prisão cautelar. Possibilidade excepcional, desde que satisfeitos os requisitos mencionados no art. 312 do CPP. Necessidade da verificação concreta, em cada caso, da imprescindibilidade da adoção dessa medida extraordinária. Precedentes. A manutenção da prisão em flagrante – enquanto medida de natureza cautelar – não pode ser utilizada como instrumento de punição antecipada do indiciado ou do réu. A prisão cautelar não pode – e não deve – ser utilizada, pelo poder público, como instrumento de punição antecipada daquele a quem se imputou a prática do delito, pois, no sistema jurídico brasileiro, fundado em bases democráticas, prevalece o princípio da liberdade, incompatível com punições sem processo e inconciliável com condenações sem defesa prévia. A prisão cautelar – que não deve ser confundida com a prisão penal – não objetiva infligir punição àquele que sofre a sua decretação, mas destina-se, considerada a função cautelar que lhe é inerente, a atuar em benefício da atividade estatal desenvolvida no processo penal. A prisão cautelar não pode apoiar-se em juízos meramente conjecturais. A mera suposição, fundada em simples conjecturas, não pode autorizar a decretação da prisão cautelar de qualquer pessoa. A decisão que ordena a privação cautelar da liberdade não se legitima quando desacompanhada de fatos concretos que lhe justifiquem a necessidade, não podendo apoiar-se, por isso mesmo, na avaliação puramente subjetiva do magistrado de que a pessoa investigada ou processada, se em liberdade, poderá delinquir, ou interferir na instrução probatória, ou evadir-se do distrito da culpa, ou, então, prevalecer-se de sua particular condição social, funcional ou econômico-financeira. Presunções arbitrárias, construídas a partir de juízos meramente conjecturais, porque formuladas à margem do sistema jurídico, não podem prevalecer sobre o princípio da liberdade, cuja precedência constitucional lhe confere posição eminente no domínio do processo penal. Ausência de demonstração, no caso, da necessidade concreta de manter-se a prisão em flagrante do paciente. Sem que se caracterize situação de real necessidade, não se legitima a privação cautelar da liberdade individual do indiciado ou do réu. Ausentes razões de necessidade, revela-se incabível, ante a sua excepcionalidade, a decretação ou a subsistência da prisão cautelar. Inadmissibilidade do reforço de fundamentação, pelas instâncias superiores, do decreto de prisão cautelar. A legalidade da decisão que decreta a prisão cautelar ou que denega liberdade provisória deverá ser aferida em função dos fundamentos que lhe dão suporte, e não em face de eventual reforço advindo dos julgamentos emanados das instâncias judiciárias superiores. Precedentes. A motivação há de ser própria, inerente e contemporânea à decisão que decreta (ou que mantém) o ato excepcional de privação cautelar da liberdade, pois a ausência ou a deficiência de fundamentação não podem ser supridas "a posteriori" *(Habeas Corpus nº 98.821, STF, 2ª Turma, Rel. Min. Celso de Mello, julgado em 9.3.2010, publicado no* DJ *em 16.4.2010).*

282. [...] Não merece reparos o auto de prisão em flagrante realizado de forma escorreita, dentro do que preceitua o Código de Ritos Penal. Sendo induvidosa a ocorrência do crime e presentes suficientes indícios de autoria, não há ilegalidade na decisão que mantém a custódia cautelar do paciente, se presentes os temores receados pelo art. 312 do CPP. *In casu*, além de comprovada a materialidade do delito e de indícios suficientes de autoria, a prisão cautelar foi mantida para preservação da ordem pública, em razão da periculosidade do paciente, evidenciada pelo crime cometido com uso de arma de fogo e concurso de pessoas, além da forma com que o paciente resistiu à prisão (atirando nos Policiais), bem como pela concreta possibilidade de reiteração da conduta criminosa, diante da existência de maus antecedentes. Ordem denegada, em consonância com o parecer ministerial *(Habeas Corpus nº 122.541-SP, STJ, 5ª Turma, Rel. Min. Napoleão Nunes Maia Filho, julgado em 2.3.2010, publicado no* DJ *em 12.4.2010).*

Jurisprudência (precedente posterior à Lei nº 12.403, de 4.5.2011)

282.7. [...] Em vista da natureza excepcional da prisão preventiva, somente se verifica a possibilidade da sua imposição quando evidenciado, de forma fundamentada e com base em dados concretos, o preenchimento dos pressupostos e requisitos previstos no art. 312 do Código de Processo Penal – CPP. Deve, ainda, ser mantida a prisão antecipada apenas quando não for possível a aplicação de medida cautelar diversa, nos termos previstos no art. 319 do CPP. No caso dos autos, a prisão preventiva foi adequadamente motivada pelas instâncias ordinárias, tendo sido demonstrado, com base em elementos concretos, o incontroverso descumprimento da medida cautelar alternativa anteriormente imposta, consubstanciada no uso de aparelho de monitoração eletrônica, o que demonstra a inclinação em furtar-se da aplicação da lei penal. [...] Não há falar em ofensa ao princípio do contraditório e da ampla defesa, por ausência de intimação da defesa para manifestação quanto à decretação da custódia preventiva, pois consoante o estabelecido no art. 282, § 4º, do Código de Processo Penal, o Juiz pode substituir, aplicar outra medida cumulativa ou decretar a prisão preventiva, mediante requerimento do Ministério Público, em razão do descumprimento de qualquer obrigação anteriormente imposta, não se exigindo a prévia intimação da defesa. [...] *(Habeas Corpus nº 612.101/SE, STJ, 5ª Turma, unânime, Rel. Min. Joel Ilan Paciornik, julgado em 17.11.2020, publicado no DJ em 20.11.2020)*

282.7 [...] O Juízo de primeira instância mencionou elemento idôneo para fundamentar a custódia preventiva da ré – ao qual fez remissão na decisão de pronúncia –, consistente no descumprimento da prisão domiciliar anteriormente imposta, circunstância apta, nos termos da jurisprudência desta Corte Superior, a motivar a custódia provisória. [...] A impossibilidade de conceder novamente a prisão domiciliar à acusada foi motivada no fato de que, beneficiada pela medida, desobedeceu às condições impostas, visto que não foi encontrada no endereço por ela mesma fornecido para o cumprimento da cautelar. [...] *(Habeas Corpus n. 477.535-SP, STJ, 6ª Turma, unânime, Rel. Min. Rogério Schietti Cruz, julgado em 19.2.2019, publicado no* DJ *em 11.3.2019).*

282.7. [...] O descumprimento ulterior das condições da prisão domiciliar caracteriza-se como novo motivo à decretação da preventiva, não enfrentado pela decisão reclamada, o que obsta a utilização da reclamação, que não pode funcionar como sucedâneo recursal. [...] *(Agravo regimental na Reclamação n. 37.836-GO, STJ, 3ª Seção, Rel. Min. Jorge Mussi, julgado em 28.8.2019, publicado no* DJ *em 9.9.2019).*

282.7. [...] Nos termos dos arts. 282, § 4º, e 312, parágrafo único, ambos do Código de Processo Penal, o descumprimento das medidas cautelares que foram impostas como condição para a concessão da liberdade provisória constitui motivação idônea para justificar o indeferimento ao direito do condenado de recorrer em liberdade. [...] (*Habeas Corpus nº 280.200-SP, STJ, 5ª Turma, Rel. Min. Jorge Mussi, julgado em 17.12.2013, publicado no* DJ *em 7.2.2014*)

Art. 283. Ninguém poderá ser preso senão em flagrante delito ou por ordem escrita e fundamentada da autoridade judiciária competente, em decorrência de prisão cautelar ou em virtude de condenação criminal transitada em julgado. (Redação dada pela Lei nº 13.964, de 2019)

§ 1º As medidas cautelares previstas neste Título não se aplicam à infração a que não for isolada, cumulativa ou alternativamente cominada pena privativa de liberdade. (Incluído pela Lei nº 12.403, de 2011)

§ 2º A prisão poderá ser efetuada em qualquer dia e a qualquer hora, respeitadas as restrições relativas à inviolabilidade do domicílio. (Incluído pela Lei nº 12.403, de 2011)

283.1. Limitações constitucionais ao poder de prisão: A perspectiva garantista se estrutura sobre a compreensão segundo a qual, no âmbito do processo judicial, há que se dar ênfase aos aspectos associados ao *conhecimento* da *causa,* isto é, da *imputação,* como condicionamento para o exercício do poder. É dizer: quanto maior for o *saber,* ou seja, o conhecimento efetivo sobre as questões de fato e de direito, menor será o uso do *poder,* aqui entendido não como a autoridade *para o ato,* mas como *desvio* no seu exercício.

Nesse passo, praticado um fato, aparentemente qualificado como crime, há que se partir da incerteza acerca da responsabilidade penal (autoria, materialidade, caráter criminoso e punibilidade) daí decorrente.

O princípio da não culpabilidade, também designado por princípio da inocência, significa, portanto, o ponto de partida de um ordenamento jurídico estruturado em bases garantistas, relativamente às questões penais.

Com isso, busca-se impedir, sobretudo, a *antecipação de juízos* por parte das autoridades públicas, a fim de se evitar a precipitação no conhecimento efetivo e completo de todas as circunstâncias que envolvem a matéria criminal.

Naturalmente, então, há que se impedir, por primeiro, a adoção de atos constritivos de direitos fundados, exclusivamente, na presunção ou na antecipação de culpa ou de autoria, ainda quando, aparentemente, tais questões estejam visíveis. Não recusamos a eficácia de convencimento do flagrante delito, situação descrita como de ampla visibilidade do cometimento da infração penal (art. 302, CPP). No entanto, mesmo diante dele, é preciso partir da não culpabilidade na condução da investigação, sob pena de se deferir às autoridades policiais e mesmo aos cidadãos (que também podem efetuar a prisão em flagrante) a legitimidade para a formação da culpa, ignorando-se olimpicamente o devido processo legal e, de modo mais sensível, o contraditório e a ampla defesa, inexistentes na fase de investigação (sem embargo, é claro, de se atentar para o disposto na Súmula Vinculante nº 14, STF, que dispõe ser *"direito do defensor, no interesse do representado, ter acesso amplo aos elementos de prova que, já documentados em procedimento investigatório realizado por órgão com competência judiciária, digam respeito ao exercício do direito de defesa"*).

Nossa Constituição da República fez clara opção garantista, nesse sentido: "*ninguém será considerado culpado até o trânsito em julgado de sentença penal condenatória*" (art. 5º, LVII).

A adoção da citada cláusula da inocência, contudo, não pode ser potencializada ao ponto de se querer impedir, em qualquer situação, a imposição de prisão, fundada em convencimento judicial legítimo.

Mas, uma coisa é certa: ela impõe, **seguramente**, a *regra* da proibição de execução provisória. Esta (a execução provisória), segundo nos parece, até poderia ser imposta, em determinadas e especialíssimas situações, em que não pairasse a mais mínima incerteza quanto ao fato e quanto ao direito a ser aplicado, como ainda teremos oportunidade de examinar.

Sobre tal questão, há jurisprudência atualmente pacificada na Suprema Corte, na qual se consagrou o entendimento da exigência de fundamentação cautelar para toda e qualquer prisão, antes do trânsito em julgado. Ali não se abriu, ao menos *ainda*, a janela para a *exceção*, tal como acabamos de apontar (situações especialíssimas). Mas, sabemos que aquela Corte não desconhece a complexidade do mundo da vida e do mundo do direito, este também permanentemente aberto ao imprevisto e ao não cogitado.

Na doutrina (Afrânio Silva Jardim, por exemplo) e, também, no âmbito das instituições públicas que compõem o cenário do processo penal (Ministério Público e Magistratura, particularmente), há vozes dissonantes, em defesa da *constitucionalidade* da execução provisória, como *regra* e não como exceção. A divergência repousa, inclusive, entre os autores deste trabalho, como se nota em outros estudos realizados por Douglas Fischer (vide item 637.1.1), que vê como acertado o entendimento em favor da execução da pena em instâncias extraordinárias, como regra a ser seguida no processo penal.

Todavia, a nova redação do art. 283, *caput*, CPP (inclusive com as alterações da Lei nº 13.964/2019), caminha claramente em sentido contrário, ao dispor que, salvo a hipótese de execução de sentença, toda prisão cautelar (temporária ou preventiva) dependerá de ordem escrita e fundamentada da autoridade judiciária, cuja exigência é reforçada pelas regras do § 2º do art. 312 e do art. 315, ambos do CPP.

Em 5.10.2016, por 6 x 5 votos, apreciando pedidos de liminares nas ADCs 43 e 44, o Plenário do Supremo Tribunal Federal reafirmou o entendimento consolidado no julgamento do HC nº 126.292-SP, reconhecendo que o disposto no art. 283 do CPP não impede o início da execução da pena após decisão de segunda instância, não havendo como se falar em violação ao Princípio da Presunção de Inocência ou da Não Culpabilidade. Votaram vencidos os Ministros Marco Aurélio, Celso de Mello, Rosa Weber e Ricardo Lewandowski, que concluíram que seria necessário o exaurimento de todas as instâncias recursais para o início da execução da pena. O Ministro Dias Toffoli deu nova interpretação, entendendo que, após o exaurimento da instância recursal perante o STJ, seria possível a execução da pena, mesmo que interpostos eventuais recursos extraordinários ao STF.

Em 7.11.2019, por maioria de 6 x 5 votos, julgando procedentes as ADCs 43, 44 e 54, o STF retornou à posição anterior no sentido da impossibilidade da execução das penas enquanto não exauridas todas as instâncias recursais, reconhecendo a constitucionalidade do disposto no art. 283 do CPP (votaram vencidos os ministros Edson Fachin, Roberto Barroso, Luiz Fux, Cármen Lúcia e Alexandre de Moraes).

Registramos, por fim, que há entendimento do STF no sentido de que esse limitador não se aplica na execução das medidas socioeducativas, que precisam ser harmonizados com outros postulados constitucionais, como a proteção integral à criança e ao adolescente e também em face do denominado princípio da atualidade (v.g. *Agravo Regimental no Habeas Corpus nº 181.447-SP, Rel. Min. Luiz Fux,* DJ *de 21.5.2020).*

Jurisprudência

283.1. [...] o art. 283, § 2º, do CPP determina, expressamente, que em cumprimento de mandado de prisão – ou busca e apreensão de menor, como no caso em tela –, "[a] *prisão poderá ser efetuada em qualquer dia e a qualquer hora, respeitadas as restrições relativas à inviolabilidade do domicílio*", o que demonstra a ilegalidade da presente diligência porquanto os próprios agentes policiais informaram que perceberam a presença do rádio comunicador quando já estavam dentro da residência. [...] "*Segundo a nova orientação jurisprudencial, o ônus de comprovar a higidez dessa autorização, com prova da voluntariedade do consentimento, recai sobre o estado acusador*" [...] [.,.]*Agravo Regimental no Recurso Especial nº 2.009.839-MG, STJ, 6ª Turma, Rel. Min. Antonio Saldanha Palheiro, por maioria, julgado em 9.5.2023, publicado no DJ em 16.5.2023)*

283.1. [...] O Pleno do Supremo Tribunal Federal, apreciando as ADCs 43, 44 e 54, firmou compreensão quanto à constitucionalidade do art. 283 do Código de Processo Penal, segundo o qual ninguém poderá ser preso senão em flagrante delito ou por ordem escrita e fundamentada da autoridade judiciária competente, em decorrência de sentença condenatória transitada em julgado ou, no curso da investigação ou do processo, em virtude de prisão temporária ou prisão preventiva. [...] *(Agravo Regimental no Recurso Especial nº 1.925-517-SP, STJ, 6ª Turma, julgado em 21.9.2021, publicado no DJ em 27.9.2021)*

283.1. [...] Pena. Execução provisória. Impossibilidade. Princípio da não culpabilidade. Surge constitucional o artigo 283 do Código de Processo Penal, a condicionar o início do cumprimento da pena ao trânsito em julgado da sentença penal condenatória, considerado o alcance da garantia versada no artigo 5º, inciso LVII, da Constituição Federal, no que direciona a apurar para, selada a culpa em virtude de título precluso na via da recorribilidade, prender, em execução da sanção, a qual não admite forma provisória. *(Ação Declaratória de Constitucionalidade nº 43/DF, STF, Plenário, por maioria, Rel. Min. Marco Aurélio, julgado em 7.11.2020, publicado no DJ em 12.11.2020).*

283.1. [...] 1. No julgamento do *Habeas Corpus* 126.292/SP, a composição plenária do Supremo Tribunal Federal retomou orientação antes predominante na Corte e assentou a tese segundo a qual: *"A execução provisória de acórdão penal condenatório proferido em grau de apelação, ainda que sujeito a recurso especial ou extraordinário, não compromete o princípio constitucional da presunção de inocência afirmado pelo artigo 5º, inciso LVII, da Constituição Federal"*. 2. No âmbito criminal, a possibilidade de atribuição de efeito suspensivo aos recursos extraordinário e especial detém caráter excepcional (arts. 995 e 1.029, § 5º, ambos do CPC c/c arts. 3º e 637 do CPP), normativa compatível com a regra do art. 5º, LVII, da Constituição da República. Efetivamente, o acesso individual às instâncias extraordinárias visa a propiciar a esta Suprema Corte e ao Superior Tribunal de Justiça exercer seus papéis de estabilizadores, uniformizadores e pacificadores da interpretação das normas constitucionais e do direito infraconstitucional. 3. Inexiste antinomia entre a especial regra que confere eficácia imediata aos acórdãos somente atacáveis pela via dos recursos excepcionais e a disposição geral que exige o trânsito em julgado como pressuposto para a produção de efeitos da prisão decorrente de sentença condenatória a que alude o art. 283 do CPP. 4. O retorno à compreensão emanada anteriormente pelo Supremo Tribunal Federal, no sentido de conferir efeito paralisante a absolutamente todas as decisões colegiadas prolatadas em segundo grau de jurisdição, investindo os Tribunais Superiores em terceiro e quarto graus, revela-se inapropriado com as competências atribuídas constitucionalmente às Cortes de cúpula. 5. A irretroatividade figura como matéria atrelada à aplicação da lei penal no tempo, ato normativo idôneo a inovar a ordem jurídica, descabendo atribuir ultratividade a compreensões jurisprudenciais cujo objeto não tenha reflexo na compreensão da ilicitude das condutas. Na espécie, o debate cinge-se ao plano processual, sem reflexo, direto, na existência ou intensidade do direito de punir, mas, tão somente, no momento de punir. 6. Declaração de constitucionalidade do art. 283 do Código de Processo Penal, com interpretação conforme à Constituição, assentando que é coerente com a Constituição o principiar de execução criminal quando houver condenação assentada em segundo grau de jurisdição, salvo atribuição expressa de efeito suspensivo ao recurso cabível. 7. Medida cautelar indeferida. *(Medida Cautelar na ADC n. 44-DF, STF, Plenário, Rel. Min. Marco Aurélio, Relator para o acórdão Ministro Edson Fachin, julgado em 5.10.2016, publicado no DJ em 5.10.2016).*

283.1. [...] Possibilidade de execução de medida socioeducativa antes do trânsito em julgado. Finalidade protetiva da medida. Princípios da Proteção Integral e da Atualidade. 1. As medidas socioeducativas previstas no Estatuto da Criança e do Adolescente revelam caráter eminentemente pedagógico, de modo que impedir sua execução antes do trânsito em julgado implicaria o esvaziamento de seu viés protecionista, no que relegaria o adolescente às mesmas condições de risco que o expuseram à prática do ato infracional. 2. O postulado da proteção integral, alusivo à tutela da infância e juventude, preconiza a observância do melhor interesse da criança e do adolescente na aplicação da legislação pertinente. 3. A salvaguarda ao grupo familiar, especialmente com a adoção de "*medidas especiais de proteção dos adolescentes, a fim de assegurar o pleno amadurecimento de suas capacidades físicas, intelectuais e morais*" consubstancia-se em compromisso dos Estados-Partes encartado no artigo 15 do Protocolo Adicional a Convenção Americana sobre Direitos Humanos em Matéria de Direitos Econômicos, Sociais e Culturais (Protocolo de São Salvador), ratificado pelo Brasil. 4. O princípio da atualidade informa que a intervenção estatal deve ocorrer no momento em que a decisão é tomada, máxime em razão da medida ser necessária e adequada à situação de risco em que o menor se encontra naquela ocasião (artigo 100, VIII, da Lei 8.069/90). 5. A contemporaneidade na execução das medidas socioeducativas revela especial relevância em razão da existência de limite de idade para o seu cumprimento, nos termos dos artigos 2º, parágrafo único, e 121, § 5º, do ECA. [...] *(Agravo Regimental no Habeas Corpus nº 181.447-SP, Rel. Min. Luiz Fux, vencido Min. Marco Aurélio, publicado no dia 21.5.2020).*

283.2. A natureza cautelar das prisões provisórias: Considerando, então, que apenas o trânsito em julgado da sentença condenatória penal autoriza a qualificação de efetivamente *culpado* ao réu ou investigado (ou aprisionado), há que se questionar acerca da possibilidade, ou não, de decretação da prisão do *inocente,* isto é, daquele sobre quem não se tem certeza ainda quanto à efetiva responsabilidade penal.

Como a garantia da não culpabilidade ostenta *status* normativo constitucional, apenas uma fundamentação no mesmo plano (da Constituição) poderia afastar a sua aplicabilidade em determinado caso concreto. Disso não se duvida.

E haveria, afinal, fundamentação constitucional para a prisão daquele que se reconhece como inocente, ou, de todo modo, não culpável, ainda?

Pensamos que sim.

Seria demasiada ingenuidade supor-se a impossibilidade de qualquer antecipação de juízo acerca de determinado conhecimento humano, seja ao nível do comportamento (do homem), seja no âmbito da demonstração concreta dele (comportamento), pelos meios de que dispõem as investigações levadas a cabo pelas disciplinas *científicas* desse conhecimento. A psicologia, a história, a sociologia, o direito, e, sobretudo, a filosofia, se deparam cotidianamente com questões dessa natureza. Independentemente da maior ou menor ênfase dada à *empiria* na formação de suas convicções, os *prognósticos* acerca do mundo da vida compõem também o espectro daquelas reflexões.

Afirmar-se, por exemplo, a impossibilidade, *absoluta*, da imposição de qualquer prisão antes do trânsito em julgado é ter que renunciar, de modo definitivo, ao Direito e ao Processo Penal. É que, acaso se consolide essa ideia como regra absoluta, provavelmente nunca se chegará a qualquer resultado exitoso no processo, diante da possibilidade, concreta e inevitável, de (a) destruição de quaisquer elementos de prova; (b) intimidação e corrupção dos depoimentos favoráveis à imputação; (c) livre deslocamento do local da culpa (do processo); (d) risco de reiteração criminosa, diante das dificuldades práticas do processamento de quaisquer infrações penais, pelas razões expostas nas alíneas anteriores.

Obviamente, nem todos os comportamentos aqui imaginados, e possíveis, exigem a privação da liberdade para o seu impedimento. É claro que não!

Por isso, ainda que tardia, há que se comemorar a chegada das novas regras sobre as prisões provisórias, bem como a introdução de alternativas a elas, as chamadas medidas cautelares pessoais, trazidas pela Lei nº 12.403/11, com vigência prevista para o dia 04 de julho do mesmo ano.

No entanto, ainda que excepcionais, ocorrerão hipóteses em que se terá que recorrer a tal grave medida (a prisão), a fim de se dar efetividade ao processo penal. Nesse ponto, é preciso esclarecer o seguinte: não se está discutindo a legitimidade do sistema (e do Direito) penal; aqui, ela é pressuposta. Se e enquanto houver Direito Penal, se poderá, em tese, justificar as prisões provisórias, isto é, antes do trânsito em julgado.

Surge, portanto, a efetividade, enquanto *existência*, do processo penal, como um dado a ser considerado na legitimação da prisão de quem não se pode ainda afirmar ser o verdadeiro culpado.

Assentada, então, a *indispensabilidade* da medida, parece irrecusável que tais prisões deverão ostentar natureza *acautelatória* dos interesses da jurisdição criminal. Numa palavra, o provimento será *cautelar*.

E, por isso, haverá que:

a) restar demonstrada a *materialidade* do crime, exigindo-se um exame prévio, não só acerca das questões de fato (prática do ato), mas também daquelas de direito, no âmbito da *tipicidade manifesta* da conduta realizada;

b) constatar-se a presença de indícios evidentes da autoria, a serem constatados por elementos que a Lei considera suficientes para demonstrar a responsabilidade penal, ou seja, os chamados elementos *informativos*, designação escolhida para se referir ao material probatório da fase de investigação;

c) tratar-se de crime de maior gravidade, seja quanto à pena cominada (art. 313, I, CPP), seja quanto à natureza do comportamento, a indicar maiores riscos de repetição (crimes organizados, crimes sexuais, crimes de intolerância – étnica, racial, moral, religiosa ou de outra ordem), seja, enfim, quanto a crimes cujos meios de execução e demais circunstâncias do fato, bem como as condições pessoais do agente, indiquem situação de razoável apreensão quanto às suas consequências.

Note-se, no ponto, que a Lei nº 12.403/11 estabelece maiores restrições à aplicação da prisão preventiva (art. 313, I, CPP), quando se tratar de decretação *autônoma*, ou seja, desvinculada da garantia de cumprimento de outra cautelar pessoal imposta e descumprida (art. 282, § 4º, CPP). Restrição essa que foi ampliada pela Lei nº 13.964/2019 para vedar também a possibilidade de o juiz decretar *de ofício* a prisão preventiva autônoma.

Eis, então, em resumo, a afirmação da justificativa cautelar das prisões antes do trânsito em julgado: não se podem antecipar juízos acerca de futura *condenação*, para fins de determinação da prisão; pode-se, no entanto, preservar os interesses da Justiça Criminal, quando efetivamente em risco, e outras medidas cautelares diversas da prisão (art. 319 e art. 320, CPP) mostrem-se insuficientes.

São prisões cautelares: a prisão em flagrante, que há que se limitar, no tempo, à colheita dos elementos de prova disponíveis; a prisão preventiva (art. 312, CPP) e a prisão temporária (Lei nº 7.960/89 *vide item 312.11, referência à ADI 4.109/DF*). As prisões eventualmente decretadas por ocasião da pronúncia ou da prolação de sentença condenatória (art. 413, § 3º, e art. 387, § 1º, ambos do CPP), desde a Lei nº 11.719 e a Lei nº 11.690, ambas de 2008, são também essencialmente cautelares.

Guardando similitude com o revogado Estatuto do Estrangeiro (Lei nº 6.815/1980, com a redação que lhe foi conferida pela Lei 12.878, de 4 de novembro de 2013), a Lei nº 13.445, de 24 de maio de 2017, denominada de Lei de Migração, possibilitou também que "*em caso de urgência, o Estado interessado na extradição poderá previamente ou conjuntamente com a formalização do pedido extradicional, requerer, por via diplomática ou por meio de autoridade central do Poder Executivo, prisão cautelar com o objetivo de assegurar a executoriedade da medida de extradição que, após exame da presença dos pressupostos formais de admissibilidade exigidos nesta Lei ou em tratado, deverá representar à autoridade judicial competente, ouvido previamente o Ministério Público Federal*" (art. 84).

Sendo de natureza eminentemente cautelar, tinha que declinar as razões e fundamentos para o pedido (§ 1º do art. 84), admitindo-se que fosse apresentado pelos correios, fax, mensagem eletrônica ou qualquer outro meio que assegure a comunicação por escrito.

A formalização do pedido poderia ser encaminhada ao Ministério da Justiça por intermédio da Interpol, sendo essencial ainda a demonstração da existência de ordem de prisão proferida pelo Estado requerente (§ 2º do art. 84).

Pela relevância e excepcionalidade que deve sempre pautar as medidas cautelares, estipulou-se no § 4º que, na ausência de disposição específica em tratado, o Estado requerente terá um prazo de até 60 dias da cientificação da prisão para formalizar o pedido de extradição. Ultrapassado esse limite (§ 5º), o extraditando deverá ser posto em liberdade, sendo vedado novo pedido de prisão cautelar pelo mesmo fato sem que a extradição tenha sido devidamente requerida. Por evidente, há demonstrar neste (novo) pedido incidental à extradição a presença dos requisitos previstos em lei acerca da essencialidade da medida.

283.3. A reserva da jurisdição: Nessa ordem de ideias, parece impensável qualquer Leitura que retire do juiz a exclusividade para a apreciação da necessidade e para a determinação da prisão cautelar.

A Constituição de 1988 não deixa margem a dúvidas: "*ninguém será preso senão em flagrante delito ou por ordem escrita e fundamentada de autoridade judiciária competente*" (art. 5º, LXI).

Assim, a nova redação do art. 283, CPP, vem se alinhar às determinações constitucionais, fechando as portas para a execução provisória.

Repita-se, então, observação feita em outro espaço dessa obra: nenhuma norma jurídica, seja ela instituidora de deveres, seja de afirmação de direitos e garantias individuais, pode ser aplicada de modo *absoluto*. Uma coisa seria a *regra* da proibição da execução provisória, diante dos termos da opção constitucional brasileira. Outra, muito diferente, é a vedação absoluta a tais possibilidades, como parece ser o caso do atual art. 283, CPP.

Há casos em que não resta a mais mínima dúvida acerca do *fato imputado e apurado* e tampouco do *direito* a ser aplicado (confissão livre e espontânea, prova cabal e induvidosa etc.). Assim, e de modo excepcional, não vemos por que fechar-se a possibilidade de se executar a decisão condenatória quando esgotada a via jurisdicional ordinária (tribunais de segundo grau). Como *exceção* e jamais como *regra*, é certo.

De outro lado, não se queira enxergar na norma constitucional prevista no art. 58, § 3º, que garante às Comissões Parlamentares de Inquérito constituídas no âmbito do Congresso Nacional *poderes investigatórios próprios das autoridades judiciárias*, qualquer legitimidade para a expedição de ordem de prisão.

Em primeiro lugar, observa-se que a autoridade judicial não tem poder investigatório, e, sim, poder e competência para determinar providências investigatórias, o que é muitíssimo diferente.

Em segundo lugar, as chamadas *cláusulas de reserva da jurisdição* significam a exclusividade reservada no próprio texto constitucional aos órgãos do Poder Judiciário, quando de modo expresso e vinculante.

É o que se tem, por exemplo, no disposto no art. 5º, XI, da Constituição, a exigir ordem judicial para a *busca domiciliar*. Também o quanto disposto no mesmo art. 5º, agora no inciso XII, que cuida das interceptações das comunicações telefônicas e de dados, segue o mesmo traçado. E, por fim, repita-se, somente por ordem judicial se autoriza a decretação de prisão.

O que se encontra ao alcance das citadas Comissões (CPIs) é a determinação de prisão *em flagrante delito*, o que, de resto, é extensível a qualquer pessoa do povo (art. 301, CPP).

283.4. A questão da *execução provisória*: A nova redação dada ao art. 283 do CPP constitui, inegavelmente, empecilho *à execução provisória da pena*.

Antes dela (da Lei nº 12.403/11), a determinação constitucional no sentido de que toda prisão *decorreria de ordem escrita e fundamentada da autoridade judiciária competente* já impunha a *regra* da proibição da execução provisória.

No entanto, pensamos que a previsão legal de imposição de prisão antes do trânsito em julgado poderia autorizar uma *interpretação conforme* (à Constituição), para o fim de, excepcionalmente, aplicar-se a execução provisória, quando ausentes quaisquer dúvidas a respeito da condenação e da impossibilidade concreta de sua modificação nas instâncias extraordinárias.

Agora, como se vê, também essa porta parece fechada. A própria Lei impede o juízo de exceção à regra geral da proibição da execução provisória.

Neste tópico, remete-se aos comentários objeto dos itens 637.1 e 637.1.1, que revelam, no ponto, alguns dissídios a respeito do tema. No dia 5.10.2016, por 6 x 5 votos, apreciando pedidos de liminares nas ADCs 43 e 44, o Plenário do Supremo Tribunal Federal reafirmou o entendimento consolidado no julgamento do HC nº 126.292-SP, reconhecendo que o disposto no art. 283 do CPP não impede o início da execução da pena após decisão de segunda instância, não havendo como se falar em violação ao Princípio da Presunção de Inocência ou da Não Culpabilidade. Votaram vencidos os Ministros Marco Aurélio, Celso de Mello, Rosa Weber e Ricardo Lewandowski, que concluíram que seria necessário o exaurimento de todas as instâncias recursais para o início da execução da pena. O Ministro Dias Toffoli deu nova interpretação, entendendo que, após o exaurimento da instância recursal perante o STJ, seria possível a execução da pena, mesmo que interpostos eventuais recursos extraordinários ao STF. Contudo, em 7.11.2019, por maioria de 6 x 5 votos, julgando procedentes as ADCs 43, 44 e 54, o STF retornou à posição anterior no sentido da impossibilidade da execução das penas enquanto não exauridas todas as instâncias recursais, reconhecendo a constitucionalidade do disposto no art. 283 do CPP (votaram vencidos os ministros Edson Fachin, Roberto Barroso, Luiz Fux, Cármen Lúcia e Alexandre de Moraes).

283.5. A proporcionalidade nas medidas cautelares: O agora disposto no § 1º do art. 283, CPP vem consolidar importante regra de interpretação das cautelares, incluindo as prisões provisórias.

Com efeito, ao estabelecer que nenhuma medida cautelar será imposta nos casos em que a infração penal não preveja pena privativa da liberdade, a nova Lei oferece um referencial mínimo para a aplicação efetiva de tais medidas, segundo a lógica da *instrumentalidade* das cautelares, de modo a evitar que a imposição de qualquer uma delas possa *ultrapassar* as consequências finais do processo penal em caso de condenação. Se, no exemplo dado, a Lei não prevê pena privativa da liberdade ao fato imputado, por qual razão impor-se a prisão provisória *para garantir a sua aplicação?*

Nesse passo, a proibição de imposição de quaisquer outras cautelares diversas da prisão também se mostra inteiramente adequada, na medida em que o eventual descumprimento delas poderá implicar a decretação da prisão preventiva (art. 282, § 4º, CPP).

Portanto, a definição legal de um *marco* ou *referencial* de proporcionalidade das cautelares deve ser bem recebido. E adequadamente interpretado.

Por isso, ao exame do art. 282, CPP, sustentamos a impossibilidade, *como regra,* de aplicação das cautelares às infrações de menor potencial ofensivo, aos crimes para os quais seja proposta e aceita a suspensão condicional do processo e para os crimes culposos.

No ponto, remetemos ao item 282.4 *retro,* bem assim às considerações no item 313.2, alínea *b.*

283.6. A inviolabilidade constitucional: A prisão aqui referida diz respeito à execução de mandado judicial. Quando se tratar de prisão flagrante, que independe de mandado, obviamente, não se exige a observância de qualquer regra.

Sequer o respeito ao domicílio, garantido na Constituição da República, cede à possibilidade de prisão em flagrante. Veja-se: "*A casa é asilo inviolável do indivíduo, ninguém nela podendo penetrar sem o consentimento do morador, salvo em caso de flagrante delito, ou desastre, ou para prestar socorro, ou, durante o dia, por determinação judicial*" (art. 5º, XI).

Às situações de emergência, relacionadas com a necessidade de pronto atendimento às pessoas no interior da casa – desastre e socorro – acrescentou-se a intervenção para efetuar a prisão em flagrante delito. Evidentemente, a maior preocupação nessa hipótese não é a coleta de material probatório, uma das justificativas para o aprisionamento em flagrante, mas, sim, para se evitar maiores danos, possíveis pelo exaurimento da infração penal.

A ressalva relativamente ao cumprimento de ordem judicial de prisão (ou de busca e apreensão), no sentido de somente autorizá-las *durante o dia,* não comporta incompreensões, no que toca à proteção da intimidade no período noturno.

283.7. O período noturno: A dúvida que pode surgir restringe-se unicamente ao significado da expressão *dia*. Teria o constituinte se referido à maior luminosidade como fundamento para a ampliação da tutela no período diurno?

Pensamos que a norma constitucional há que ser entendida a partir da identificação dos direitos subjetivos por ela protegidos. O que se protege é o exercício da intimidade e da privacidade no interior da residência ou moradia. A noite é reservada, segundo o constituinte, para o descanso e convívio dos moradores, normalmente impossibilitados durante o turno de trabalho ou de outras atividades. Por essa razão, há que cederem as exigências do Poder Público, quanto ao regular desenvolvimento de suas atividades.

Naturalmente, não se pode pensar também na perda ou no prejuízo dos interesses envolvidos na diligência. Assim, deverão os executores do mandado, de prisão ou de busca e apreensão, aguardarem o transcurso da noite para, só então, dar cabo à sua missão.

Havendo risco de perecimento da coisa (busca e apreensão) ou de fuga (prisão), deve a autoridade policial aguardar junto à casa, do lado de fora, de modo a impedir eventuais manobras nesse sentido, certificando-se das saídas existentes no local.

E como não há uma regra legal específica a determinar o que pode e deve ser considerado *dia* ou *noite*, pensamos que a Leitura do dispositivo em comento há que contemplar o cotidiano do trabalhador brasileiro, considerado em sua escala mais ampla. Assim, a nosso aviso, sempre sustentamos que deveria iniciar a regra de proteção a partir das 18h, seguindo-se até as 6h do dia seguinte.

Obviamente, há categorias e classes (de profissionais e de trabalhadores) cujo exercício das respectivas atividades ocorre em horários distintos. Ficamos apenas com um critério objetivo, de resto adotado no dia a dia de nossa rotina comercial e industrial. Talvez seja possível até se aumentar a proteção para somente permitir o ingresso na residência a partir das 7h da manhã, quando, de modo geral, se inicia a rotina doméstica.

Entretanto, e tal como já feito nos comentários ao art. 240 do CPP, destacamos que, com o advento da Lei nº 13.869, de 2019, tratando dos chamados "crimes de abuso de autoridade", previu-se no art. 22, § 1º, III, que se aplicam as mesmas penas do *caput* para quem cumprir "*mandado de busca e apreensão domiciliar após as 21h (vinte e uma horas) ou antes das 5h (cinco horas)*".

Há um (novo) marco legal expressamente definido como aquele possível para a execução de buscas e apreensões (fora das exceções constitucionais e legais, como aquela prevista no próprio § 2º do art. 22). Cremos que o raciocínio deva ser o mesmo aqui, na medida em que o § 2º do art. 283 não refere prazo algum, mas destaca que a prisão (salvo em flagrante, por evidente) poderá ser efetuada em qualquer dia e qualquer hora, respeitadas as *restrições relativas à inviolabilidade do domicílio*.

Compreendemos que esse novo marco temporal expresso (dentro do qual não se pode cumprir nenhuma medida de busca, agora devidamente delimitada) é o que se deverá utilizar também para as prisões *(quando não estiverem associadas concomitantemente com buscas e apreensões deferidas pelo mesmo juízo)*: não poderá ser efetuada antes das 5h (manhã) ou depois das 21h (noite).

Art. 284. Não será permitido o emprego de força, salvo a indispensável no caso de resistência ou de tentativa de fuga do preso.

284.1. A coação física: No imaginário popular, sobretudo daqueles acostumados às imagens do cinema e da televisão mundo afora, a tentativa de fuga é vista quase como um ilícito autônomo. Do que decorreria um *direito* para as autoridades policiais, não só de seguirem no encalço do então fugitivo, como também de utilizar quaisquer meios disponíveis para semelhante finalidade. Disparos de arma de fogo incluídos.

Talvez por isso, como reação, já se tenha dito que o aprisionado teria *direito de fugir*. Erro conceitual manifesto: eventual *direito* de fuga imporia verdadeiro *dever* de respeito a ela (fuga) às autoridades policiais, o que, evidentemente, não faria e não faz qualquer sentido.

O que há ou o que se quer ver é um juízo de menor reprovação, ou mesmo de *justificação* do comportamento daquele que vê ameaçada a sua liberdade. Sabemos que as chamadas *causas de justificação* no Direito Penal, aptas a excluírem a ilicitude, não constituem direitos subjetivos, mas comportamentos *aceitos e tolerados,* diante da contingência da reação humana em situações de adversidade.

De modo que se espera das autoridades públicas, e também de qualquer pessoa do povo que pretenda efetuar prisão em caso de flagrante delito (autorizado pelo art. 301, CPP), o estrito respeito à integridade física e aos demais atributos inerentes à dignidade da pessoa a ser aprisionada.

O que não significa que atos de coação física estejam afastados. Evidentemente que não, se e somente quando houver reação de idêntica natureza por parte daquele a ser preso. O ato de prisão, em si mesmo, constitui um ato de violência, dado que implica coação à vontade alheia. Por isso, há que se exercer tal poder com extrema cautela, a ser aferida, sobretudo, diante das condições pessoais (idade, compleição física etc.) do aprisionado.

Jurisprudência

284.1. [...] O artigo 284 do Código de Processo Penal é norma de exceção, enquanto permissiva de emprego de força contra preso, que não admite, por força de sua natureza, interpretação extensiva, somente se permitindo, à luz do direito vigente, o emprego de força, no caso de resistência à prisão ou de tentativa de fuga do preso, hipótese esta que em nada se identifica com aqueloutra de quem, sem haver sido alcançado pela autoridade ou seu agente, põe-se a fugir. Não há falar em estrito cumprimento do dever legal, precisamente porque a Lei proíbe à autoridade, aos seus agentes e a quem quer que seja desfechar tiros de revólver ou pistola contra pessoas em fuga, mais ainda contra quem, devida ou indevidamente, sequer havia sido preso efetivamente. [...] Recurso especial provido (*Recurso Especial nº 402.419-RO, STJ, 6ª Turma, Rel. Min. Hamilton Carvalhido, julgado em 21.10.2003, publicado no* DJ *em 15.12.2003*).

284.2. O uso de algemas: Para usar uma máxima do cotidiano, com ares de sociologia, a violência tende a produzir uma reação de natureza idêntica, o que não pode ser ignorado pelos agentes da segurança pública.

De modo semelhante, a prática de abusos no uso de instrumentos de coação terminou por gerar uma reação mais eloquente em certos setores da jurisprudência, e notadamente no Supremo Tribunal Federal.

Conhece-se, de cor e salteado, uma das primeiras súmulas vinculantes da Suprema Corte: a Súmula (Vinculante) nº 11.

Sabe-se, também, que a citada orientação jurisprudencial surgiu a partir da anulação de um processo julgado pelo tribunal do júri, ao fundamento, essencial, de possível *contaminação* dos jurados, em razão de se encontrar algemado o acusado em plenário, sem justificativa aparente para a adoção da providência.

A nosso aviso, há aqui dois equívocos.

O primeiro, relativamente à pedagogia determinada na citada síntese de jurisprudência, a ultrapassar as fronteiras da fundamentação das chamadas súmulas vinculantes. As súmulas devem reproduzir consolidada orientação do Tribunal acerca de determinada matéria, exigindo, por óbvio, reiteração de decisões em um mesmo sentido. Não parece ter sido essa a hipótese da Súmula 11.

Mas, para além disso, a anulação de processo, na perspectiva da possível contaminação dos jurados pelo uso de algemas em plenário, não apenas não se justifica, *por si só*, como pode produzir efeitos contrários àqueles desejados.

Não se desconhece e nem se nega tal possibilidade (de contaminação), do mesmo modo que também não se recusa o risco de perda de imparcialidade em casos de grande repercussão midiática, como ocorreu no já famoso *Caso Nardoni* (pai e madrasta acusados e condenados pela morte da filha – e enteada).

A questão, porém, não é essa.

Não nos parece possível o controle absoluto quanto ao nível de influência, nem da mídia e nem de determinadas simbologias da culpa (algema, uniformes penitenciários etc.), no imaginário de justiça dos jurados. Esse nos parece um risco que se tem que assumir quando se adota o Tribunal do Júri, órgão judicante – único – dispensado do dever de fundamentar suas decisões, acolhido em nossa Constituição republicana (art. 5º).

Certamente que algumas providências até podem e devem ser tomadas, com o objetivo de, quando nada, diminuir os efeitos deletérios da *publicização* de determinadas tragédias cotidianas. É o que ocorre com a proibição de Leitura em plenário de peças produzidas na mídia acerca das possibilidades de autoria e materialidade de crime contra a vida, tal como previsto no art. 479, CPP.

Mas também parece certa a impossibilidade de controle absoluto dessa influência, dado que o jurado, antes de compor o Conselho de Sentença, está inserido em todo o contexto e complexo de informações e de formação da opinião pública, sendo ele, inevitavelmente, destinatário de um sem-número de notícias/impressões pessoais/pareceres fornecidos pela indústria da informação. Esse ambiente, partilhado socialmente, é anterior à atuação do jurado em plenário.

De modo que tanto pode ser possível a influência do uso de algemas em plenário quanto pode não o ser. Não se saberá, ao certo, jamais.

Assim, a anulação de um processo em razão do risco de contaminação da liberdade dos jurados nos parece temerário, no mínimo, sobretudo quando diante da necessidade de apreciação acerca da solidez do material probatório submetido ao júri.

De outro lado, e já nos aproveitando do conteúdo e da publicidade dada à nova Súmula Vinculante (nº 11), não temos dúvida em concluir, agora, que o risco de influência do uso de algemas em plenário será inevitável. Mais que isso; poderá ser devastador.

É que, sabendo os jurados (veja-se: TV Justiça e julgamentos transmitidos diariamente, além da ampla divulgação das decisões da Suprema Corte) que o uso de algemas em plenário dependerá de ordem judicial motivada, parece inevitável o *prejulgamento* do crime, quando diante de um processo nessas condições, ou seja, quando *justificadamente* algemado o acusado. Em tal situação, aos olhos dos jurados, a mensagem será clara: além de estar sendo processado, o réu ofereceria riscos à segurança pública!

Ou seja, o Supremo Tribunal Federal terminou por autorizar a antecipação de juízo que com a súmula se quis evitar. A diferença é que, a partir dela (Súmula 11), a influência se dará apenas quando o uso de algemas for necessário e justificado. Mas que não se duvide: nessa hipótese, a condenação será inevitável.

O outro equívoco a que nos referimos diz respeito ao conteúdo da súmula.

Ora, toda e qualquer responsabilidade administrativa e penal de qualquer servidor público decorre e depende de Lei. Não cabe às súmulas de jurisprudência dos tribunais qualquer missão pedagógica, sobretudo quando acima do tom das prescrições legais.

Não se pode exigir motivação por escrito das autoridades encarregadas ou autorizadas à utilização de algemas quando não houver na Lei a referida exigência. O Poder Público age debaixo de Lei e não sob ordens *abstratas* do Poder Judiciário.

De outra parte, correta a explicitação acerca do condicionamento do uso de algemas às hipóteses concretas de necessidade. De fato. Nenhum ato de coação às liberdades individuais pode ser realizado sem efetiva necessidade. Eventuais abusos no uso de algemas, assim como todos os demais excessos do Poder Público, devem ser objeto de controle, nos termos e nos limites unicamente da Lei.

Remetemos para anotações complementares à obra *Súmulas Vinculantes – Requisitos, análise crítica e cautelas especiais na edição em matérias penal e processual penal* (FISCHER, Douglas. Porto Alegre: Verbo Jurídico, 2014, p. 30).

Destaca-se que, em 26.9.2016, foi editado o Decreto nº 8.858, regulamentando o disposto no art. 199 da Lei nº 7.210/84, dispondo – no que interessa à discussão em tela – que:

> Art. 2º É permitido o emprego de algemas apenas em casos de resistência e de fundado receio de fuga ou de perigo à integridade física própria ou alheia, causado pelo preso ou por terceiros, justificada a sua excepcionalidade por escrito.
>
> Art. 3º É vedado emprego de algemas em mulheres presas em qualquer unidade do sistema penitenciário nacional durante o trabalho de parto, no trajeto da parturiente entre a unidade prisional e a unidade hospitalar e após o parto, durante o período em que se encontrar hospitalizada.

Jurisprudência

284.2. [...] Algemas – utilização. O uso de algemas surge excepcional somente restando justificado ante a periculosidade do agente ou risco concreto de fuga. Julgamento – acusado algemado – Tribunal do Júri. Implica prejuízo à defesa a manutenção do réu algemado na sessão de julgamento do Tribunal do Júri, resultando o fato na insubsistência do veredicto condenatório (*Habeas Corpus nº 91.952, STF, Plenário, Rel. Min. Marco Aurélio, julgado em 7.8.2008, publicado no* DJ *em 18.12.2008*).

284.2. [...] O STF, ao editar a Súmula Vinculante nº 11, firmou a compreensão de que o uso de algemas, por se tratar de medida coercitiva excepcional, é restrita aos casos de a) resistência à prisão, b) fundado receio de fuga ou c) perigo à integridade física do preso e/ou de terceiros, sob pena de responsabilização civil, disciplinar e penal do agente público coator, sem prejuízo da responsabilidade civil do Estado. [...] Recurso Especial não provido (*Recurso Especial nº 1.125.799-RS, STJ, 2ª Turma, Rel. Min. Herman Benjamin, julgado em 1.12.2009, publicado no* DJ *em 11.12.2009*).

Art. 285. A autoridade que ordenar a prisão fará expedir o respectivo mandado.

Parágrafo único. O mandado de prisão:

a) será lavrado pelo escrivão e assinado pela autoridade;

b) designará a pessoa, que tiver de ser presa, por seu nome, alcunha ou sinais característicos;

c) mencionará a infração penal que motivar a prisão;

d) declarará o valor da fiança arbitrada, quando afiançável a infração;

e) será dirigido a quem tiver qualidade para dar-lhe execução.

A única autoridade legitimada a ordenar a prisão e determinar a expedição do respectivo mandado é o juiz. Evidentemente. Como vimos, a ordem de prisão se insere entre as chamadas cláusulas constitucionais da reserva da jurisdição.

Feito isso, há requisitos indispensáveis ao texto do mandado de prisão, sob pena de nulidade do ato prisional.

A identificação do juízo, com a respectiva firma (assinatura) do juiz, bem como a designação, o mais preciso possível, da pessoa contra quem se dirige a ordem de prisão são de rigor.

Mesmo quando a prisão houver que se realizar em local alheio à jurisdição do juiz responsável pela ordem de captura, sempre haverá que se exigir a identificação do juízo. Esse, parece-nos, é um verdadeiro pressuposto de existência do mandado de prisão. *Mandado* é ordem; daí a exigência de identificação de seu autor.

Do mesmo modo, e por razões semelhantes, deve constar do mandado o valor da fiança, se afiançável, com o objetivo de se evitar, desde logo, o encarceramento.

De se observar, no particular, que a Lei nº 12.403/11 trata da fiança em duas perspectivas diferentes, embora de idêntica natureza, isto é, como *medida cautelar.* Na *primeira,* ela pode ser imposta independentemente de prisão, conforme se vê do art. 282, § 1º, e art. 319, VIII, ambos do CPP. Na *segunda,* ela será imposta como *liberdade, com fiança,* dependente, pois, de prisão anterior.

A manutenção desse dispositivo mesmo após a Lei nº 12.403/11 somente se explica pela tradição de nosso processo penal e pela possibilidade de se permitir à autoridade policial o arbitramento do valor da fiança (quando a pena da infração for inferior a quatro anos), de modo a impedir, desde o momento da prisão, a efetivação da privação da liberdade. É que, além da fiança, o juiz – e somente ele – poderá impor *outras medidas cautelares* em substituição à prisão (art. 310, II, CPP).

Os demais requisitos se encontram no âmbito da administração da jurisdição: lavratura e execução, pelo escrivão e pelo oficial de justiça, respectivamente.

Note-se, por fim, que o dispositivo em comento se refere apenas às infrações *afiançáveis* e se aplica tão somente nos casos de prisão em flagrante. É que, como a decretação de prisão preventiva decorre de ordem judicial, fundada na necessidade do aprisionamento do agente, não caberá a fiança em tais situações (art. 324, IV, CPP).

Jurisprudência *(precedentes anteriores à Lei nº 12.403, de 4.5.2011)*

285. [...] Em ordenando o Juiz ele mesmo de forma expressa e motivada que, em face da urgência, se efetue a prisão cautelar à luz do seu próprio decreto, que supera as exigências do artigo 285 do Código de Processo Penal, não há falar em nulidade. Ordem denegada (*Habeas Corpus nº 24.599-GO, STJ, 6ª Turma, Rel. Min. Hamilton Carvalhido, julgado em 18.12.2002, publicado no* DJ *em 23.6.2003*).

...

Art. 286. O mandado será passado em duplicata, e o executor entregará ao preso, logo depois da prisão, um dos exemplares com declaração do dia, hora e lugar da diligência. Da entrega deverá o preso passar recibo no outro exemplar; se recusar, não souber ou não puder escrever, o fato será mencionado em declaração, assinada por duas testemunhas.

A exigência de entrega de cópia do mandado ao acusado, mediante recibo, de resto inerente ao cumprimento de qualquer ordem judicial escrita e ainda mais justificada no caso de prisão, é requisito de validade do ato.

De outro lado, o registro da data e horário da prisão, embora de óbvia realização, é importantíssimo para fins de contagem de determinados prazos processuais, no que toca ao tempo de prisão provisória (cada minuto é relevante, na medida em que o *dia* se completa nas 24 horas subsequentes, e, assim, também *o ano*), e, também, para fins de eventual cumprimento da pena.

Quando necessárias as testemunhas *presenciais* da entrega do mandado, na hipótese de impossibilidade do fornecimento de recibo por parte do preso, normalmente são as autoridades policiais que acompanham o oficial de justiça as responsáveis pela confirmação do ato. Nada há, aqui, de ilegalidade ou de abuso. Os servidores públicos atuam sob responsabilidade funcional, devendo-se presumir legítimos os respectivos atos.

Art. 287. Se a infração for inafiançável, a falta de exibição do mandado não obstará a prisão, e o preso, em tal caso, será imediatamente apresentado ao juiz que tiver expedido o mandado, para a realização de audiência de custódia. (Redação dada pela Lei nº 13.964, de 2019).

Consagra-se aqui uma exceção que pode ser perfeitamente justificada, malgrado as possibilidades *concretas* de desvios.

Em um mundo cada dia mais informatizado e de crescente desenvolvimento tecnológico, não se pode recusar a comunicação virtual ou *on-line* dos atos do Poder Público. Determinadas capturas apresentam um alto grau de dificuldades, também em razão das facilidades de deslocamento territorial. Daí, em vez de se exigir a transmissão, por cópia, de centenas de mandados de prisão contra determinada pessoa, o armazenamento dos dados essenciais à identificação precisa da ordem de prisão parece uma solução inarredável.

Cabe anotar que o art. 289-A, CPP, instituído pela Lei nº 12.403/11, prevê a hipótese de criação de um banco de dados mantido pelo Conselho Nacional de Justiça, para fins de registro de mandados de prisão. Assim, qualquer agente policial poderá efetuar a prisão em qualquer local, mesmo fora da competência do juiz que expediu o mandado (art. 289-A, § 1º, CPP).

Com isso, qualquer que seja a infração, havendo registro do mandado de prisão no citado banco de dados, o seu cumprimento estará autorizado.

Não havendo registro do mandado, será de rigor a sua apresentação nos crimes afiançáveis, diante da menor gravidade de tais delitos. E, mais. Realizada a prisão por mandado expedido e ainda sem o registro no banco de dados, deverá o juiz ser comunicado imediatamente da prisão, para promover o respectivo cadastramento (art. 289-A, § 2º, CPP).

A Lei nº 13.964/2019 incluiu na parte final do disposto no art. 287 do CPP que a apresentação referida deverá ser para fins de realização de audiência de custódia (nessa parte, remete-se às anotações aos itens 306.4 a 306.7).

Art. 288. Ninguém será recolhido à prisão, sem que seja exibido o mandado ao respectivo diretor ou carcereiro, a quem será entregue cópia assinada pelo executor ou apresentada a guia expedida pela autoridade competente, devendo ser passado recibo da entrega do preso, com declaração de dia e hora.

Parágrafo único. O recibo poderá ser passado no próprio exemplar do mandado, se este for o documento exibido.

Cuidados que se repetem, já agora, no âmbito da administração dos cárceres.

O dispositivo parece se referir a duas situações distintas.

A primeira, relativamente às prisões cautelares, cujo instrumento de controle será o mandado judicial de prisão, a ser entregue, contra recibo, à pessoa a quem competir a formalização da prisão.

A segunda, ao se referir à guia e ao diretor (do presídio), abrangeria a prisão decorrente de sentença condenatória passada em julgado, ou seja, a fase de execução (de sentença). No ponto, ver o quanto disposto no art. 107 da Lei de Execuções Penais, no qual se cuida da expedição de guia para a execução da pena privativa da liberdade.

Qualquer que seja a situação, o controle da prisão há que ser feito no âmbito administrativo.

Jurisprudência

288. [...] O art. 674 do CPP e o art. 105 da LEP são expressos no sentido de que a guia de recolhimento para a execução penal somente será expedida após o trânsito em julgado da sentença que aplicar pena privativa de liberdade. Nesse compasso, insta consignar que o processo de execução penal definitiva, como regra geral, só terá início com a autuação e registro da guia de recolhimento. [...] *(Agravo Regimental no Habeas Corpus nº 742.084-SP, STJ, 5ª Turma, Rel. Min. Messod Azulay Neto, sessão virtual de 24.10.2023 a 30.10.2023, publicado no DJ em 06.11.2023)*

....

Art. 289. Quando o acusado estiver no território nacional, fora da jurisdição do juiz processante, será deprecada a sua prisão, devendo constar da precatória o inteiro teor do mandado.

§ 1º Havendo urgência, o juiz poderá requisitar a prisão por qualquer meio de comunicação, do qual deverá constar o motivo da prisão, bem como o valor da fiança se arbitrada.

§ 2º A autoridade a quem se fizer a requisição tomará as precauções necessárias para averiguar a autenticidade da comunicação.

§ 3º O juiz processante deverá providenciar a remoção do preso no prazo máximo de 30 (trinta) dias, contados da efetivação da medida. (Redação dada pela Lei nº 12.403, de 2011)

Com a edição da Lei nº 12.403/11, houve pequena alteração na redação do dispositivo em tela, de certa forma restabelecendo antiga regra sobre a *deprecação* das prisões (a *novidade* – como se verá – está no art. 289-A, CPP, que instituiu um *banco de dados* para registros de mandados de prisão).

É importante destacar que se pode cogitar em *deprecação* (solicitação) não apenas quando presentes atos de natureza *processual* em que a autoridade solicitante não tenha a possibilidade de ela própria realizá-los, mas também quando a ato estiver relacionado a questões de natureza administrativa, como no caso das *prisões.*

Em havendo urgência (situação em que a própria *deprecação* se faz demorada o suficiente para conferir utilidade ao ato), no § 1º previu-se a possibilidade de haver a *requisição* da prisão (só pelo juiz, obviamente) por *qualquer outro meio* (mais expedito) da comunicação. A previsão é importante, sem dúvida, mas cremos que, no momento em que estiver plenamente implantado e em funcionamento o noticiado *banco de dados de mandados de prisão* (vide art. 289-A, CPP), perderá sua relevância.

Nesse interregno, essencial que se recorra às normas contidas na Lei nº 11.419/06, que regula a prática de atos processuais por meio eletrônico, além da comunicação via *fax.* Mas toda cautela pode parecer pouca, tudo com a finalidade de se manter a regularidade do ato prisional, notadamente a *autenticidade* da comunicação (§ 2º).

Um registro: nos casos de prisões que forem realizadas no mesmo território do juiz processante, bastará unicamente a apresentação do mandado, consoante previsto no art. 299, CPP: *"A captura poderá ser requisitada, à vista de mandado judicial, por qualquer meio de comunicação, tomadas pela autoridade, a quem se fizer a requisição, as precauções necessárias para averiguar a autenticidade desta."*

Também houve acréscimo no § 3º do art. 289 do CPP de um prazo de *até* 30 dias para a remoção do preso, contado da efetivação da prisão. Diante dessa previsão, parece revogada a parte final do art. 290, CPP, que impunha o dever de remoção à autoridade policial. Tanto quanto possível, esse prazo deverá ser observado. Entretanto, não vemos aí uma norma de com efeitos peremptórios. Diante do caso concreto e de eventuais peculiaridades da situação devidamente *justificada* (e fundamentada), poderá ser excedido esse prazo, sem que, por isso, se tenha por ilegal a prisão.

Jurisprudência *(precedentes anteriores à Lei nº 12.403, de 4.5.2011)*

289. [...] Em regra, o cumprimento a ordem de segregação cautelar, efetivada fora da jurisdição, deve ser precedida de envio de carta precatória, comportando exceção quando se tratar de medida urgente requisitada por telegrama (art. 289, parágrafo único, do CPP) e prisão efetuada em outra comarca do mesmo Estado (Precedentes do Excelso Pretório). A prisão feita em outro Estado, em conjunto com a polícia local, não pode ser erigida em nulidade, uma vez que se trata de cumprimento de ordem judicial, devidamente fundamentada, exarada por juiz competente, nos termos do que dispõe o art. 5º, LXI, da Constituição Federal. Tudo isso em sede de segregação cautelar. Eventual retardamento na conclusão da formação da culpa em razão de pedido de exame de insanidade mental, quando provocado pela defesa, não caracteriza constrangimento ilegal (Enunciado nº 64 da Súmula do STJ). *Writ* denegado (*Habeas Corpus nº 38.741-GO, STJ, 5ª Turma, Rel. Min. Felix Fischer, julgado em 22.2.2005, publicado no DJ em 21.3.2005*).

Jurisprudência *(precedentes posteriores à Lei nº 12.403, de 4.5.2011)*

289. [...] A Lei n. 12.403, de 4/5/2011, que alterou a redação originária do art. 289 do Código de Processo Penal, deixou mais claro o que a sua redação originária já dispunha: que o desrespeito às formalidades ali previstas para o cumprimento da *deprecata* não gerariam nulidade do ato prisional. [...] *(RHC n. 79.487-MT, STJ, 6ª Turma, unânime, Rel. Min. Antonio Saldanha Palheiro, julgado em 6.6.2017, publicado no DJ em 13.6.2017)*

Art. 289-A. O juiz competente providenciará o imediato registro do mandado de prisão em banco de dados mantido pelo Conselho Nacional de Justiça para essa finalidade.

§ 1º Qualquer agente policial poderá efetuar a prisão determinada no mandado de prisão registrado no Conselho Nacional de Justiça, ainda que fora da competência territorial do juiz que o expediu.

§ 2º Qualquer agente policial poderá efetuar a prisão decretada, ainda que sem registro no Conselho Nacional de Justiça, adotando as precauções necessárias para averiguar a autenticidade do mandado e comunicando ao juiz que a decretou, devendo este providenciar, em seguida, o registro do mandado na forma do caput deste artigo.

§ 3º A prisão será imediatamente comunicada ao juiz do local de cumprimento da medida o qual providenciará a certidão extraída do registro do Conselho Nacional de Justiça e informará ao juízo que a decretou.

§ 4º O preso será informado de seus direitos, nos termos do inciso LXIII do art. 5º da Constituição Federal e, caso o autuado não informe o nome de seu advogado, será comunicado à Defensoria Pública.

§ 5º Havendo dúvidas das autoridades locais sobre a legitimidade da pessoa do executor ou sobre a identidade do preso, aplica-se o disposto no § 2º do art. 290 deste Código.

§ 6º O Conselho Nacional de Justiça regulamentará o registro do mandado de prisão a que se refere o caput deste artigo. (Redação dada pela Lei nº 12.403, de 2011)

289-A.1. A prisão *on-line* e o banco de dados prisional: No que se refere a *procedimentos* na *execução* de ordens de prisão, encontra-se no dispositivo em tela uma das novidades trazidas pela Lei nº 12.403/11, em que se previu a criação de um *banco nacional* de dados sobre mandados judiciais de prisão, a ser mantido e controlado pelo CNJ – Conselho Nacional de Justiça.

Segundo a previsão legal, expedida a ordem de prisão e o respectivo mandado para o seu cumprimento, deverá o mandado ser *imediatamente* registrado no banco de dados, com a finalidade de permitir que agente de polícia, em qualquer lugar do território nacional, possa promover a captura do investigado, processado ou condenado.

Mesmo que o mandado não tenha sido registrado no banco do CNJ, ainda assim será possível realizar a prisão, independentemente da competência da autoridade responsável pela ordem, devendo, porém, o executor comunicar imediatamente o juiz, a quem caberá, por sua vez, determinar o registro do mandado no banco de dados. Nunca é demais referir que, em razão de ainda não haver o registro, o agente executor deverá adotar todas as cautelas recomendáveis no que se refere à verificação da autenticidade do mandado.

Nos termos do § 3º, naquelas situações em que a prisão for realizada fora da competência (territorial) do juiz que a decretou, o agente responsável pela execução terá o dever de comunicar o juiz local, o qual, por sua vez, providenciará: (a) a expedição de certidão confirmatória do registro no CNJ (se e quando houver); (b) a comunicação à autoridade que determinou a prisão.

Reproduzindo dispositivo constitucional (art. 5º, LXIII), no § 4º tem-se reiteração da regra que confere garantia ao preso de ser informado de todos os seus direitos. Na hipótese de o preso não informar nome de seu advogado, para se garantir a efetividade de outro comando constitucional (ampla defesa – art. 5º, LV), o ato deverá ser comunicado *imediatamente* à Defensoria Pública, que, por óbvio, deverá envidar todos os esforços para proteger os interesses do detido.

Por fim, tem-se determinação (§ 6º) de competir ao CNJ a regulamentação do registro do mandado no banco de dados.

289-A.2. Requisitos de validade do ato prisional: Toda prisão será imediatamente comunicada ao juiz do local de cumprimento da medida, se não for ele o próprio responsável pela sua decretação. Se a prisão for feita em território diverso daquele em que tem curso a investigação ou o processo, o juiz do local comunicará imediatamente àquele perante quem ficará o aprisionado à disposição (juiz que decretou a prisão).

Cabe ao agente executor do mandado, e mesmo no caso de flagrante delito, comunicar ao aprisionado o seu direito a permanecer em silêncio, sem prejuízo de sua defesa. É direito dele se comunicar com seus familiares desde logo, além de fazer contato com advogado de sua confiança e preferência.

Se ele não indicar um advogado, a autoridade policial providenciará a comunicação da prisão imediatamente à Defensoria Pública. Dispõe, contudo, o art. 306, § 1º, CPP, que, nessa hipótese, será também enviada, em 24 (vinte e quatro) horas, cópia integral do auto de prisão em flagrante, o que, evidentemente, dispensará a citada comunicação, ou, quando nada, cumprirá a mesma finalidade.

Há casos em que a evidente pujança econômica do aprisionado – quando pública e notória – não autorizaria o patrocínio da Defensoria Pública, que há que se ocupar daqueles efetivamente necessitados de seus relevantes serviços.

No entanto, ainda assim, e, *especificamente para esse ato,* pensamos que deverá a autoridade policial proceder à determinação legal em comento, cabendo ao órgão da Defensoria, em fase posterior, justificar a eventual ausência de atribuições para o processo.

Art. 290. Se o réu, sendo perseguido, passar ao território de outro município ou comarca, o executor poderá efetuar-lhe a prisão no lugar onde o alcançar, apresentando-o imediatamente à autoridade local, que, depois de lavrado, se for o caso, o auto de flagrante, providenciará para a remoção do preso.

§ 1º Entender-se-á que o executor vai em perseguição do réu, quando:

a) tendo-o avistado, for perseguindo-o sem interrupção, embora depois o tenha perdido de vista;

b) sabendo, por indícios ou informações fidedignas, que o réu tenha passado, há pouco tempo, em tal ou qual direção, pelo lugar em que o procure, for no seu encalço.

§ 2º Quando as autoridades locais tiverem fundadas razões para duvidar da legitimidade da pessoa do executor ou da legalidade do mandado que apresentar, poderão pôr em custódia o réu, até que fique esclarecida a dúvida.

290.1. Prisão em flagrante, por mandado e perseguição: Seja no cumprimento de mandado de prisão, seja em diligência de prisão em flagrante, cujas hipóteses já veremos (art. 302, CPP), poderá ocorrer a tentativa de fuga por parte daquele a ser preso (por mandado) ou que supostamente seja o autor de fato criminoso a ensejar o flagrante (delito).

Quando se tratar da execução de mandado, o conceito e a delimitação do significado de *perseguição* não oferecerão maiores proveitos.

No entanto, quando a hipótese for de flagrante delito, impõe-se esclarecer até quando se teria a permanência de uma situação de *imediatidade*, em relação ao tempo da prática do delito.

Como logo examinaremos, as expressões *logo após* e *logo depois* agregadas às definições de determinadas hipóteses de flagrantes (impróprio e presumido – art. 302, III e IV, CPP) não são esclarecedoras, ao menos quanto à necessidade de precisão na definição da prisão. É dizer: até quando (após ou depois) se consideraria ainda em flagrante o acusado, para fins de prisão, por esse fundamento?

Jurisprudência

290.1. [...] "Se o réu, sendo perseguido, passar ao território de outro município ou comarca, o executor poderá efetuar-lhe a prisão no lugar onde o alcançar, apresentando-o imediatamente à autoridade local, que, depois de lavrado, se for o caso, o auto de flagrante, providenciará para a remoção do preso." (art. 290 do CPP) [...] (*RHC nº 15.501-RS, STJ, 5ª Turma, Rel. Min. Felix Fischer, julgado em 15.4.2004, publicado no DJ em 28.6.2004).*

290.2. A continuidade da perseguição: Aquele que está *praticando a infração* (art. 302, I, CPP); que *acaba de praticá-la* (art. 302, II, CPP); que é *perseguido* logo após o crime (art. 302, III, CPP), ou que é *encontrado* logo depois, em situação que faça presumir ser ele o autor do fato (art. 302, IV, CPP), independentemente dessa *visibilidade do fato,* isto é, independentemente da situação de *flagrante,* pode empreender fuga do local. Ou, quando nada, pode *pretender* fazê-lo, até porque, normalmente, não se praticam crimes *diante* das autoridades policiais. A situação de flagrante, em geral, é percebida e presenciada pelo particular, seja a própria vítima, sejam as testemunhas do fato.

Esclarece o legislador, então, que o flagrante, em qualquer de suas modalidades, se manterá válido desde que haja perseguição ao suposto autor, e que essa perseguição tenha início imediatamente após a notícia do crime, nas situações descritas no art. 302, CPP.

Naturalmente, não se há de exigir, aqui, para fins de se determinar a imediatidade da perseguição, este ou aquele critério temporal ou cronológico. Para que se possa falar em perseguição, bastará que (a) a autoridade policial tenha avistado a pessoa em fuga, seguindo imediatamente no seu encalço; ou, (b) que, embora não a tenha avistado, saia na imediata perseguição da pessoa em fuga, a partir de informações daqueles que presenciaram o fato praticado ou que apontaram a direção tomada. A relação de imediatidade haverá que ser aferida em cada caso concreto, de tal modo que se preserve a idoneidade da perseguição.

De outro lado, não se exige um acompanhamento direto e visual da rota de fuga. Impõe-se, apenas, que não haja solução de continuidade (paralisação temporária) na atividade de perseguição. O mais importante aqui, para legitimação da ação policial, é que as medidas de perseguição sejam adotadas tão logo acionada a autoridade, imediatamente após a prática do delito. Nesse passo, será fundamental a existência de testemunhas, não necessariamente *presenciais* do fato, mas ao menos da empreitada de fuga, após a constatação do crime. Exigir-se que a perseguição se mantenha sempre na direção da fuga é ignorar as dificuldades de captura, sobretudo em um país de dimensões continentais como o Brasil, aliado às inúmeras facilidades de deslocamento atualmente disponíveis.

Jurisprudência

290.2. [...] Não caracteriza flagrante impróprio a hipótese em que o suposto autor do delito é encontrado dormindo em sua residência por agente policial em diligências, porquanto o inciso III do art. 302 do Código de Processo Penal pressupõe que o agente, após concluir a infração penal, ou ser interrompido por terceiros, empreenda fuga, e seja, logo após, perseguido pela polícia, pela vítima ou por qualquer do povo [...] (*RHC nº 20.298-SP, STJ, 5ª Turma, Rel. Min. Arnaldo Esteves Lima, julgado em 20.5.2008, publicado no* DJ *em 23.6.2008*).

290.3. Entrega e transferência do preso: Como as autoridades policiais têm suas atribuições limitadas a determinadas circunscrições, o que, de resto, ocorre com a maioria dos servidores, a Lei prevê que a prisão seja comunicada às autoridades locais, quando em outro município ou Estado, com a imediata apresentação do preso. Após o que, deverá ser feita a sua remoção para o juízo da culpa (local e jurisdição do crime), cabendo semelhante providência ao juiz do processo (e não àquele do local da prisão), segundo o art. 289, § 3º, CPP.

O CPP prevê cautela quanto à legitimidade do ato prisional, relativamente aos executores, dispondo ser possível às autoridades locais a manutenção da custódia do preso, sob sua responsabilidade, até o esclarecimento da identificação dos executores da prisão. A dúvida pode surgir, não só em relação à fidedignidade do mandado de prisão, mas também relativamente à identificação funcional dos executores (sobretudo, em se tratando de prisão em flagrante).

No entanto, há que se fazer um necessário reparo.

Não podem as autoridades *policiais* locais determinar a custódia do preso. Quem deve fazê-lo, e imediatamente, é o juiz local. Mesmo que aqui não se cuide de decisão judicial para apreciar *a legalidade da prisão e a necessidade cautelar de sua manutenção,* há que se exigir manifestação da autoridade judiciária, até em razão de se tratar de divergência entre autoridades administrativas, a que não pode ficar à mercê o jurisdicionado (no caso, o preso).

Nesse ponto, portanto, há que se dar interpretação conforme (a Constituição) ao dispositivo.

Art. 291. A prisão em virtude de mandado entender-se-á feita desde que o executor, fazendo-se conhecer do réu, lhe apresente o mandado e o intime a acompanhá-lo.

Regra de distinção de obviedade ululante. Presta-se apenas a reafirmar que o particular somente está autorizado a proceder à prisão em flagrante (art. 301, CPP); jamais cumprir ordem judicial de aprisionamento. De resto, o conhecimento da identidade do executor do mandado constitui garantia constitucional (art. 5º, LXIV).

Art. 292. Se houver, ainda que por parte de terceiros, resistência à prisão em flagrante ou à determinada por autoridade competente, o executor e as pessoas que o auxiliarem poderão usar dos meios necessários para defender-se ou para vencer a resistência, do que tudo se lavrará auto subscrito também por duas testemunhas.

Parágrafo único. É vedado o uso de algemas em mulheres grávidas durante os atos médico-hospitalares preparatórios para a realização do parto e durante o trabalho de parto, bem como em mulheres durante o período de puerpério imediato.

292.1. O uso da força contra a resistência: Já se disse, e de modo equivocado, que o acusado teria *direito* de fuga. Vimos que não se trata disso. A conduta daquele que age em defesa de sua liberdade, *resistindo* a uma ordem legal de autoridade a tanto legitimada, não exerce direito algum. Seu comportamento pode até ser *justificado,* no sentido de se reconhecer *aceitável* ou *tolerável* a ação lesiva fundada na proteção de direitos. As chamadas *causas de justificação* (estado de necessidade, legítima defesa etc.) apresentam tal configuração, com uma relevante distinção, porém: referem-se a uma *reação* não provocada, isto é, o juízo de menor reprovação de comportamento do autor, para além de se tratar da defesa de direito individual, repousa na ausência de qualquer ação anterior que tenha dado causa ao evento.

Na prisão, por mandado ou em flagrante delito, a ação policial se encontra fundada em Lei e, ao menos em tese, se fundamenta em anterior comportamento do aprisionado, daí por que não se poder falar em *reação* legítima da parte deste.

Precisamente por não se tratar de *direito* do aprisionado, podem as autoridades executoras do mandado ou da prisão em flagrante se valer dos meios *necessários* (e não manifestamente superiores!) para vencer a resistência e efetuar a prisão.

Se, de um lado, pode-se *entender* o comportamento do aprisionado, quando ele emprega a força para se ver livre da prisão, o mesmo não se pode dizer em relação ao terceiro que age para obstruir o cumprimento do ato prisional. Tratando-se de ordem manifestamente legal, sobretudo quando em virtude de mandado de prisão, a resistência oferecida pelo terceiro não encontrará a mesma tolerância que aquela eventualmente realizada pelo preso, podendo se encontrar capitulada no art. 329, Código Penal, a autorizar a sua prisão em flagrante.

Havendo resistência à prisão, de tudo se lavrará auto circunstanciado (mencionando as circunstâncias), para fins de cautela e registro da necessidade do uso de força na diligência.

292.2. As algemas: Eis aqui hipótese de explicitação da legitimidade no uso de algemas, justificado para vencer a resistência oposta contra o ato de prisão.

O uso de algemas, nesses casos, justifica-se plenamente, até mesmo para fins de redução de danos no ato de prisão, dado que impedem a livre movimentação do aprisionado, diminuindo os riscos de violência contra o preso, contra as autoridades e contra terceiros.

Sobre a matéria, remetemos aos comentários alinhados no item 284.2, *retro*, nos quais se examina em maiores detalhes a Súmula Vinculante nº 11, do Supremo Tribunal Federal.

Acrescente-se, por fim, que a ação policial e, eventualmente, pelas pessoas que auxiliarem as citadas autoridades, quando exercidas nos limites da Lei, isto é, para fins apenas de defesa pessoal e para vencerem a resistência oposta à prisão, caracterizam o estrito cumprimento do dever legal. Os excessos, quando houver, deverão ser analisados à luz da disciplina funcional ou mesmo da responsabilidade penal e cível.

Jurisprudência

292.2. [...] O uso legítimo de algemas não é arbitrário, sendo de natureza excepcional, a ser adotado nos casos e com as finalidades de impedir, prevenir ou dificultar a fuga ou reação indevida do preso, desde que haja fundada suspeita ou justificado receio de que tanto venha a ocorrer, e para evitar agressão do preso contra os próprios policiais, contra terceiros ou contra si mesmo. O emprego dessa medida tem como balizamento jurídico necessário os princípios da proporcionalidade e da razoabilidade. Precedentes. *Habeas corpus* concedido (*Habeas Corpus nº 89.429, STF, 1ª Turma, Rel. Min. Cármen Lúcia, julgado em 22.8.2006, publicado no* DJ *em 2.2.2007*).

292.3. As algemas em mulheres grávidas. A Lei nº 13.434, de 12 de abril de 2017, introduziu o parágrafo único do art. 292 do CPP, dispondo ser "*vedado o uso de algemas em mulheres grávidas durante os atos médico-hospitalares preparatórios para a realização do parto e durante o trabalho de parto, bem como em mulheres durante o período de puerpério imediato*". A novel regra vem a se compatibilizar com inúmeros preceitos constitucionais, especialmente o da Dignidade da Pessoa Humana. Não há sentido que, durante o trabalho de parto bem assim naquele momento de puerpério imediato, se mantenha a mulher algemada. Evidente que deverão ser tomados todos os cuidados necessários para *eventual* segurança durante aquele período, mas não mediante o (já) excepcional meio de uso de algemas.

Art. 293. Se o executor do mandado verificar, com segurança, que o réu entrou ou se encontra em alguma casa, o morador será intimado a entregá-lo, à vista da ordem de prisão. Se não for obedecido imediatamente, o executor convocará duas testemunhas e, sendo dia, entrará à força na casa, arrombando as portas, se preciso; sendo noite, o executor, depois da intimação ao morador, se não for atendido, fará guardar todas as saídas, tornando a casa incomunicável, e, logo que amanheça, arrombará as portas e efetuará a prisão.

Parágrafo único. O morador que se recusar a entregar o réu oculto em sua casa será levado à presença da autoridade, para que se proceda contra ele como for de direito.

293.1. Prisão e inviolabilidade domiciliar: A casa é abrigo inviolável da pessoa, somente podendo nela ingressar aquele que for autorizado pelo morador, ressalvadas as hipóteses de necessidade de prestação de socorro, de flagrante delito, e em caso de ordem judicial, quando deverá ser feita unicamente durante o dia (das 06:00 às 18:00 – item 283.7, *retro*), conforme se vê no disposto no art. 5º, XI, CF.

Assim, se ainda de dia, deverá o executor do mandado intimar o morador a entregar aquele que deve ser preso, se não forem eles a mesma pessoa, após o que, não sendo atendido, deverá entrar à força na casa, ainda que se valendo do uso de força contra os obstáculos.

A justificativa do ato é a mesma do dispositivo anterior – estrito cumprimento do dever legal –, somente legitimando-se na medida da rígida observância das prescrições legais pertinentes. Nem contra a pessoa e nem contra *coisas* (portas, janelas etc.) se pode utilizar força superior à necessária para vencer a resistência.

O não cumprimento da ordem de entrega da pessoa pelo morador poderá ter repercussões penais, notadamente o disposto no art. 348, do Código Penal (favorecimento pessoal).

Quanto a este último ponto, há que ser ressaltado que nem sempre se poderá enquadrar o comportamento do morador como ação *de favorecimento* contra a ordem legal. Em algumas situações, o ato de franquear o acesso da autoridade na casa, pelo morador, pode implicar risco a sua segurança pessoal. Para que o crime se caracterize, a livre manifestação da vontade é de rigor. Isso, sem falar nas causas de isenção da pena para os parentes apontados no § 2º, do citado dispositivo.

De tudo, evidentemente, se lavrará auto circunstanciado.

293.2. A legitimidade do consentimento: Algumas dificuldades práticas podem ocorrer em relação ao consentimento do morador. Seria necessária a comprovação da *titularidade* da posse do imóvel? Somente o morador, *especificamente*, estaria a tanto autorizado? Enfim, quem poderá fazê-lo?

Aqui, o que deve nortear a ação da autoridade policial é *boa fé* quanto às informações prestadas pela pessoa abordada por ocasião do ingresso no domicílio.

Qualquer pessoa maior de idade, em princípio, e que se qualifique como morador do local (filhos, parentes ali residentes), poderia autorizar o ingresso na residência, obedecendo-se quanto a estes últimos os cuidados atinentes aos cômodos particulares de terceiros.

No entanto, quando se tratar de autorização franqueada pelo cônjuge ou pelo companheiro (a) assim identificado, o acesso ao domicílio será completo, na medida em que ambos se qualificam, efetivamente, como *moradores*, em igualdade de condições.

De outro lado, os prestadores de serviços no local, sejam eventuais ou permanentes, não podem autorizar o ingresso no domicílio. É que, mesmo quando ali residentes, não detêm qualquer liberdade em relação às demais dependências locais.

Jurisprudência

293.2. [...] Não restou demonstrada qualquer irregularidade na diligência efetuada pelos policiais na casa da tia do paciente, seja em decorrência de perseguição continuada aos autores do crime de roubo, seja pelo fato de a ocultação de armas de fogo sem autorização e em desacordo com a determinação legal constituir-se, por si só, em crime permanente, de modo que em ambas as situações se verificam as hipóteses de exceção à regra de inviolabilidade de domicílio, previstas no inciso XI do art. 5º da Constituição Federal. [...] Ordem denegada (*Habeas Corpus nº 51.897-SP, STJ, 5ª Turma, Rel. Min. Gilson Dipp, julgado em 20.6.2006, publicado no DJ em 1.8.2006*).

293.3. Flagrante fora do domicílio: A ressalva atinente ao *flagrante delito*, tal como consta da norma a que já nos referimos, art. 5º, XI, da Constituição da República, há que ser bem entendida, para fins de cumprimento de prisão.

Uma coisa é a violação – legítima – do domicílio, quando *em situação* de flagrante delito. É dizer: o que autoriza o ingresso na residência, independentemente da vontade do morador, é a situação de *urgência*. Do mesmo modo que se permite o ingresso para *prestar socorro* (em caso de *desastre* ou outra tragédia), autoriza-se também o ingresso em caso de flagrante delito. É que, em tal situação, menos que a imediata captura do autor de um fato criminoso, interessa mais a proteção a ser dada às pessoas que se encontrarem no interior da casa.

O que estamos assentando é que apenas o flagrante delito *no interior* da residência é que autoriza o ingresso para a prisão.

No caso de fato praticado anteriormente, *fora* da residência, a eventual fuga do autor para aquele local (no *interior* da residência) não autoriza, em princípio, o ingresso da autoridade na casa, sem a observância das regras da inviolabilidade domiciliar.

Nesse caso, referida autoridade deverá proceder do mesmo modo que por ocasião do cumprimento de mandado de prisão, devendo aguardar o amanhecer do dia, tempo necessário para a obtenção do mandado judicial (de prisão), não sem antes cercar a residência, de modo a impedir a fuga por quaisquer saídas existentes. Feito isso, poderá efetuar a prisão, podendo, aí sim, empregar os meios necessários, tanto para o ingresso na residência quanto para o aprisionamento do réu.

No entanto, se o ingresso e ou a permanência do agente (do fato praticado *fora* da residência) não forem autorizados pelo morador, as autoridades policiais poderão ingressar imediatamente no local, ainda quando à noite, em razão de se tratar, na hipótese dada, de *flagrante delito*, nos termos do art. 150, CP (violação de domicílio).

Art. 294. No caso de prisão em flagrante, observar-se-á o disposto no artigo anterior, no que for aplicável.

Há que se repetir aqui tudo o quanto se disse no item 293.2, a que acabamos de ver.

O presente dispositivo se refere à hipótese de prisão em flagrante, não descendo a detalhes quanto ao local do flagrante. Se o crime estiver sendo praticado no interior da residência, deverá a autoridade ingressar no local, independentemente do horário e de autorização judicial ou do morador.

Se tratar-se de prisão em flagrante, na qual o agente do crime tenha se refugiado em determinada residência, abrem-se duas possibilidades, a saber: (a) se o seu ingresso for consentido pelo morador, as autoridades deverão buscar autorização judicial para o ingresso na residência e aguardar o amanhecer do dia para efetuar a prisão, se à noite, ressalvada a responsabilidade penal do morador (art. 348, CP); (b) sendo dia, ainda na hipótese anterior, poderão ingressar na residência, à força, desde que observados os requisitos do art. 293, CPP; (c) se a residência for do agente em fuga, segue-se a regra geral, iniciando-se pela obtenção do mandado.

Importante assinalar, então, uma necessária distinção. A situação de flagrante autoriza a prisão sem ordem judicial. Isso é certo. Mas não autoriza o ingresso em residência, sem o consentimento do morador, exceto quando o crime (em flagrante) for praticado no interior da moradia. Assim, quando o crime for praticado fora da casa ou residência, a situação de flagrante permanecerá enquanto as autoridades estiverem aguardando a saída do suposto autor da citada residência. No entanto, o ingresso nela (no interior da moradia) dependerá de ordem judicial.

De outro lado, se o agente sair espontaneamente do local, a sua prisão poderá ser feita imediatamente, ainda em flagrante e independentemente de ordem judicial.

Valem as observações inclusive para os crimes permanentes. Se eles estiverem sendo praticados, incluídas as ações *meio*, no interior da residência, a prisão poderá ser feita independentemente de mandado, a qualquer hora do dia. Exemplos: extorsão mediante sequestro, tráfico de drogas, cárcere privado etc.

Art. 295. Serão recolhidos a quartéis ou a prisão especial, à disposição da autoridade competente, quando sujeitos a prisão antes de condenação definitiva:

I – os ministros de Estado;

II – os governadores ou interventores de Estados ou Territórios, o prefeito do Distrito Federal, seus respectivos secretários, os prefeitos municipais, os vereadores e os chefes de Polícia; (Redação dada pela Lei nº 3.181, de 11.6.1957)

III – os membros do Parlamento Nacional, do Conselho de Economia Nacional e das Assembleias Legislativas dos Estados;

IV – os cidadãos inscritos no "Livro de Mérito";

V – os oficiais das Forças Armadas e os militares dos Estados, do Distrito Federal e dos Territórios; (Redação dada pela Lei nº 10.258, de 11.7.2001)

VI – os magistrados;

VII – os diplomados por qualquer das faculdades superiores da República;

VIII – os ministros de confissão religiosa;

IX – os ministros do Tribunal de Contas;

X – os cidadãos que já tiverem exercido efetivamente a função de jurado, salvo quando excluídos da lista por motivo de incapacidade para o exercício daquela função;

XI – os delegados de polícia e os guardas-civis dos Estados e Territórios, ativos e inativos. (Redação dada pela Lei nº 5.126, de 20.9.1966)

§ 1º A prisão especial, prevista neste Código ou em outras Leis, consiste exclusivamente no recolhimento em local distinto da prisão comum. (Incluído pela Lei nº 10.258, de 11.7.2001)

§ 2º Não havendo estabelecimento específico para o preso especial, este será recolhido em cela distinta do mesmo estabelecimento. (Incluído pela Lei nº 10.258, de 11.7.2001)

§ 3º A cela especial poderá consistir em alojamento coletivo, atendidos os requisitos de salubridade do ambiente, pela concorrência dos fatores de aeração, insolação e condicionamento térmico adequados à existência humana. (Incluído pela Lei nº 10.258, de 11.7.2001)

§ 4º O preso especial não será transportado juntamente com o preso comum. (Incluído pela Lei nº 10.258, de 11.7.2001)

§ 5º Os demais direitos e deveres do preso especial serão os mesmos do preso comum. (Incluído pela Lei nº 10.258, de 11.7.2001)

295.1. Prisão especial e (ausência de) justificação: Em um país que não faz questão nenhuma de esconder suas preferências sociais e o gosto imoderado pelo uso de meios discriminatórios não há de causar qualquer surpresa a previsão de prisão *especial* para determinados privilegiados.

Se a previsão de uma *jurisdição* especial – foro privativo nos tribunais – para os ocupantes de certos cargos e funções já apontava a vocação elitista do legislador nacional (no caso, pior, do *constituinte!*), as prisões especiais são emblemáticas dessa escolha.

Não vemos razão alguma para o tratamento diferenciado entre pessoas, iguais por definição constitucional, por ocasião da imposição de regras de restrição de direitos e liberdades públicas. As prisões antes do trânsito em julgado somente se justificam em razões cautelares, como medida indispensável para a preservação da eficácia da intervenção penal estatal e acautelamento da segurança coletiva. Por isso, quando justificadas, pouco deveria importar cor, etnia, crença, e, enfim, também a função ou profissão exercida pela pessoa. Em qualquer situação, a fundamentação será a mesma: garantia da efetividade do processo.

Note-se, no particular, que referida prisão (especial) refere-se apenas à prisão cautelar, ou seja, à prisão *antes* do trânsito em julgado da sentença condenatória. E essa, a prisão cautelar, tem fundamentação específica, desvinculada, por óbvio, de eventuais regimes de *meritocracia* funcional ou pessoal.

Há apenas uma razão a justificar um tratamento minimamente diferenciado: a de evitar que determinadas pessoas sejam *punidas* ou *discriminadas* nos estabelecimentos prisionais provisórios em razão de específicas funções por elas exercidas, associadas exatamente ao aprisionamento dos demais presos, como ocorre com as autoridades policiais, determinadas testemunhas de crimes (delação premiada), os magistrados e até mesmo o Ministério Público, que exercem funções nitidamente persecutórias. Talvez seja possível incluir aí os defensores públicos e a advocacia criminal, cuja atuação pode produzir descontentamento no imaginário dos presídios. Mas, nessas hipóteses, o risco à integridade física das citadas pessoas é que justificaria a segregação em separado. Apenas isso.

Não vemos fundamento na previsão de prisão em *celas especiais,* ou *alojamento coletivo,* em ambientes *salubres,* com *aeração* e condicionamento térmico adequados à existência humana, apenas para determinados presos, pouco importando a relevância de suas funções públicas ou particulares.

De resto, as condições previstas no art. 295, § 3º, deveriam estar presentes em quaisquer privações da liberdade.

Há, então, tratamento discriminatório injustificado na previsão de prisão especial, quando se afirma que esta, a especial, consiste no recolhimento em local distinto da prisão comum!

Afinal, qual a razão do tratamento privilegiado?

Eventuais méritos – a Lei fala até em *livro de méritos* – na vida pregressa do aprisionado, a relevância do cargo ou função pública, o título de bacharel ou qualquer outra particularidade na formação do preso não justificam, em absoluto, qualquer primazia na compaixão pública. Talvez até pelo contrário: membros das elites econômicas e políticas – o que não é o caso da maioria dos agraciados com a prisão especial – deveriam se conduzir com maior lisura e atenção às regras do jogo (social).

Feita a ressalva, relativamente às funções ligadas à persecução penal, aptas, por si mesmas, a produzir rancores e sentimentos de vingança perfeitamente previsíveis abstratamente, não vemos como aceitar a discriminação no privilégio das prisões especiais.

Todavia, não nos animamos a reputá-la inconstitucional, ou, de outro modo, recusar validade à norma. Se de inconstitucionalidade se tratar, o único remédio disponível seria a *abolição* da prisão comum. Repetimos alerta feito em outro espaço: ou bem se reparte o benefício ou mal se socializa o terror.

Jurisprudência

295.1. [...] 1. Todos os cidadãos têm o direito a tratamento idêntico pela lei, exceto quando presente uma correlação lógica entre a distinção que a norma opera e o fator de discrímen, em consonância com os critérios albergados pela Constituição Federal.

2. O princípio constitucional da igualdade opera em dois planos distintos. De uma parte, frente ao legislador ou ao Executivo, na edição de leis e atos normativos, impedindo que possam criar tratamentos abusivamente diferenciados a pessoas que se encontram em situações idênticas. Em outro plano, na obrigação direcionada ao intérprete de aplicar a lei e atos normativos de maneira igualitária, sem estabelecimento de diferenciações em razão de sexo, religião, convicções filosóficas ou políticas, de raça ou classe social.

3. A prisão especial constitui o recolhimento provisório em local distinto, cuja concessão se admite, à luz da Constituição, quando a segregação do ambiente prisional comum visa a atender a determinadas circunstâncias pessoais que colocam seus beneficiários em situação de maior e mais gravosa exposição ao convívio geral no cárcere. Expô-los ao contato com a população carcerária frustraria a tutela desses interesses constitucionalmente protegidos.

4. Não há amparo constitucional, contudo, para a segregação de presos provisórios com apoio no grau de instrução acadêmica, tratando-se de mera qualificação de ordem estritamente pessoal que contribui para a perpetuação de uma inaceitável seletividade socioeconômica do sistema de justiça criminal, incompatível com o princípio da igualdade e com o Estado democrático de Direito.

5. Ausente qualquer justificativa que empregue sentido válido ao fator de discrímen indicado na norma impugnada, a conclusão é a de que a prisão especial, em relação aos portadores de diploma de nível superior, é inconciliável com o preceito fundamental da isonomia (art. 3º, IV, e art. 5º, caput, CF).

6. Arguição de descumprimento de preceito fundamental conhecida e julgada procedente. *(Arguição de Descumprimento de Preceito Fundamental nº 334-Mérito, STF, Plenário, Rel. Min. Alexandre de Moraes, sessão virtual final de 24.3.2023 a 31.3.2023, publicado no DJ em 6.6.2023)*

295.1. [...] 3. A teor do art. 295, §§ 1º, 2º e 3º, do Código de Processo Penal, com a redação dada pela Lei nº 10.258/2001, a garantia reservada para aqueles que têm direito à prisão especial está adstrita ao recolhimento em local distinto da prisão comum ou, inexistindo estabelecimento específico, em cela distinta, garantida a salubridade do ambiente. 4. Assim, não havendo vagas ou inexistindo na localidade unidades prisionais que se prestam exclusivamente para a guarda de presos especiais, a manutenção do acautelamento em acomodações que atendam esses requisitos cumpre as exigências legais, sendo descabido deferir a prisão domiciliar. [...] (*Habeas Corpus nº 231.768/SP, 5ª Turma, unânime, Rel. Min. Laurita Vaz, julgado em 6.11.2012, publicado no DJ em 16.11.2012*).

295.2. O conceito de prisão especial: Por primeiro, considera-se *especial* a prisão quando o local de recolhimento do preso é distinto daquele reservado à prisão comum.

Assim, em princípio, pode-se considerar como em prisão especial o uso de salas (e não celas) de Delegacias e Superintendências de Polícia, desde que separadas, é claro, do local das prisões comuns naqueles estabelecimentos, observados os requisitos do § 3º, quanto às condições do local.

Não havendo – e não há, em Lei – estabelecimento específico para o preso especial, ele poderá ser recolhido *em cela* (quando não houver *sala*) distinta, e em separado, no mesmo estabelecimento.

É essa a cela com a qual o legislador demonstra sua preocupação com os presos *especiais*. Exige-se a presença de condições de ventilação (aeração), de salubridade, de luz solar e temperaturas, todos adequados à *existência humana*. Nesse ponto, o texto surge quase como uma confissão de afirmação discriminatória: não teria o preso comum as mesmas garantias? Em Lei, sabemos tê-las (Lei nº 7.210/84 – Lei de Execução Penal), mas e na prática? Certamente será mais fácil e mais efetiva a observância da norma da prisão especial...

Observe-se, ainda, que a previsão de prisão especial no mesmo estabelecimento da prisão comum, quando inexistente outro local, somente ingressou na ordem jurídica nacional a partir de 2001, com a Lei nº 10.258, que incluiu os parágrafos de números um a cinco do citado art. 295, CPP.

Jurisprudência

295.2. [...] Conforme ditames do artigo 295 do Código de Processo Penal, para observância da garantia à prisão especial basta seja o acusado recolhido em cela distinta das destinadas aos presos comuns. A prisão especial que o paciente diz ter direito está sendo respeitada. O local onde se encontra recolhido, diante do que afirmou o Tribunal de origem, é próprio e adequado para abrigar ex-policiais civis e delegados de polícia, e permitir que "as regras do regime semiaberto sejam cumpridas". [...] *Habeas corpus* concedido, em parte, unicamente, para que seja afastado o óbice decorrente da exigência de cumprimento de 1/6 (um sexto) da pena para a concessão do benefício de trabalho externo, devendo as demais condições serem apreciadas pelo Juízo das Execuções Criminais (*Habeas Corpus nº 97.615-SP, STJ, 6ª Turma, Rel. Min. Og Fernandes, julgado em 21.10.2008, publicado no* DJ *em 10.11.2008).*

295.3. Salas de Estado-Maior das Forças Armadas: Para algumas funções e profissões, a Lei, sempre generosa com determinadas parcelas do poder, foi mais além, garantindo a prisão – antes do trânsito em julgado – nos quartéis das Forças Armadas. É o que ocorre com os advogados (art. 7º, Lei nº 8.906/94); com os magistrados (art. 33, LC nº 35/79) e com os membros do Ministério Público da União (art. 18, II, "e" - LC nº 75/93; extensível, por analogia, aos membros do Ministério Público dos Estados - Lei nº 8.625/93).

Só o fato de se tratar de prisão em salas das Forças Armadas, isto é, nos quartéis, já garante a observância dos requisitos da prisão especial, no que toca às condições do espaço reservado à custódia.

Para esses casos, não havendo espaço para o cumprimento da prisão provisória nos quartéis, nada impede seja concedida a prisão domiciliar, como já reconhecido na jurisprudência do Supremo Tribunal Federal. Aliás, essa deveria ser uma regra aplicável a todas as circunstâncias atinentes às restrições de direitos e liberdades públicas: inexistindo as condições mínimas da Lei, a solução alternativa deverá ser sempre *para melhor* e não para pior. A Lei nº 8.906/94 prevê, expressamente, essa garantia aos advogados (art. 7º, V).

Jurisprudência

295.3 *[...]* 1. O art. 7º, inciso V, da Lei n. 8.906/1994, que teve sua constitucionalidade confirmada em julgamento realizado pela Suprema Corte, assegura aos advogados presos provisoriamente o recolhimento em sala de Estado Maior ou, na sua falta, em prisão domiciliar (Precedentes).

2. A alteração havida no Código de Processo Penal pelas Leis n. 10.258/2001 e 12.403/2011 (arts. 295 e 318), no tocante à prisão especial e à prisão domiciliar respectivamente, não alteram a prerrogativa de índole profissional, qualificável como direito público subjetivo do advogado regularmente inscrito na OAB, quanto à prisão provisória em Sala de Estado Maior.

3. Nos termos da jurisprudência das Turmas integrantes da Terceira Seção desta Corte "a ausência, simplesmente, de sala do Estado Maior não autoriza seja deferida prisão domiciliar ao paciente, advogado, preso preventivamente, dado que encontra-se segregado em cela separada do convívio prisional, em condições dignas de higiene e salubridade, inclusive com banheiro privativo" [...]

4. Pelas informações prestadas, o recorrente está recolhido em sala com estrutura digna, compatível às apresentadas em salas de estado maior, conforme destacado pelo Tribunal revisor. Destarte, o local é adequado, sem registro de eventual inobservância das condições mínimas de salubridade e dignidade humanas, separado dos outros presos e sem o rigor e a insalubridade do cárcere comum, não havendo falar em constrangimento ilegal, porquanto não subsiste mais prisão em cela comum. [...] *(RHC nº 114.153-PR, STJ, 5ª Turma, Rel. Min. Reynaldo Soares da Fonseca, julgado em 13.8.2019, publicado no DJ em 2.9.2019)*

295.3. [...] Aos profissionais da advocacia é assegurada a prerrogativa de confinamento em Sala de Estado-Maior, até o trânsito em julgado de eventual sentença condenatória. Prerrogativa, essa, que não se reduz à prisão especial de que trata o art. 295 do Código de Processo Penal. A prerrogativa de prisão em Sala de Estado-Maior tem o escopo de mais garantidamente preservar a incolumidade física daqueles que, diuturnamente, se expõem à ira e retaliações de pessoas eventualmente contrariadas com um labor advocatício em defesa de contrapartes processuais e da própria Ordem Jurídica. A advocacia exibe uma dimensão coorporativa, é certo, mas sem prejuízo do seu compromisso institucional, que já é um compromisso com os valores que permeiam todo o Ordenamento Jurídico brasileiro. A Sala de Estado-Maior se define por sua qualidade mesma de sala e não de cela ou cadeia. Sala, essa, instalada no Comando das Forças Armadas ou de outras instituições militares (Polícia Militar, Corpo de Bombeiros) e que em si mesma constitui tipo heterodoxo de prisão, porque destituída de portas ou janelas com essa específica finalidade de encarceramento. Ordem parcialmente concedida para determinar que o Juízo processante providencie a transferência do paciente para sala de uma das unidades militares do Estado de São Paulo, a ser designada pelo Secretário de Segurança Pública (*Habeas Corpus nº 91.089, STF, 1ª Turma, Rel. Min. Ayres Britto, julgado em 4.9.2007, publicado no* DJ *em 19.10.2007*).

295.3. [...] O art. 7º, V, da Lei n. 8.906/94, cuja constitucionalidade foi confirmada pelo Supremo Tribunal Federal no julgamento da Ação Direta de Inconstitucionalidade n. 1.127/DF, assegura ao advogado inscrito na OAB e comprovadamente ativo, o cumprimento de *prisão cautelar* em Sala de Estado-Maior e, na sua ausência, em prisão domiciliar. Sobre o tema, esta Corte Superior, bem como o Supremo Tribunal Federal, firmaram entendimento no sentido de que a existência de cela especial em unidade penitenciária, cuja instalação seja condigna e em ala separada dos demais detentos, supre a exigência descrita no Estatuto da Advocacia. [...] *(Habeas Corpus n. 391.354-SP, STJ, 5ª Turma, unânime, Rel. Min. Joel Ilan Paciornik, julgado em 23.8.2018, publicado no DJ em 4.9.2018)*

295.4. Membros do Poder Executivo: Nos termos do art. 86, § 4º, da Constituição da República, o seu Presidente não poderá ser responsabilizado por atos estranhos ao exercício das funções, o que não pode significar imunidade absoluta quanto aos delitos que não tenham relação com a respectiva atividade. Os processos relativos aos crimes praticados *antes* do exercício da presidência deverão ser suspensos (art. 86, § 4º), com suspensão também do prazo prescricional.

No entanto, nos demais crimes comuns, exige-se licença de quórum qualificado (dois terços) da Câmara dos Deputados para que se possa processar o Presidente da República (art. 86). E, mais, ele somente poderá ser submetido à prisão após sentença penal condenatória, consoante o disposto no citado art. 86, § 3º, da Constituição da República. E aqui, ao que parece, impede-se a prisão provisória, sob qualquer fundamento, ao menos até a prolação de condenação. É que o Presidente da República, enquanto no exercício do cargo, se submete a julgamento no Supremo Tribunal Federal, última instância do Poder Judiciário. Assim, como não há a previsão de recurso contra a decisão da Suprema Corte, a condenação surgirá já como resposta final do Judiciário. A prisão, nesse caso, tende a ser destinada ao cumprimento da pena e não às missões cautelares.

De outro lado, embora se possa reconhecer analogia no tratamento da matéria em relação ao Chefe do Executivo estadual - os governadores -, no que toca à exigência de licença para a admissibilidade de acusação, não se deve impedir as prisões cautelares eventualmente cabíveis, tendo em vista a grande distinção de funções cometidas a uma (Presidente da República) e outra (Governadores) autoridades. No sentido da exigência de licença, colhe-se no STF: (STF - HC 80.511/MG, Rel. Min. Celso de Mello, julgado em 21.8.2001, publicado no *DJ* em 14.9.2001).

De nossa parte, sempre nos posicionamos contrariamente à pretendida analogia entre as determinações expressas do modelo federativo e as Constituições dos Estados, sobretudo, no que tange à ampliação dos foros privativos por prerrogativa de função. Para nós, nesse espaço - do *juiz natural* - não se poderia tergiversar: ou a função foi acolhida no texto constitucional de 1988, e, aí, prevalece o foro privativo, ou, não tendo sido, ficaria vedada a regulamentação da matéria no âmbito dos Estados.

Não foi o entendimento que prevaleceu, contudo. E é apenas por isso que se pode aceitar a apontada analogia de tratamento entre os governadores e o Presidente, relativamente à exigência de licença para admissibilidade da acusação em juízo.

Naturalmente, não há regras de igual natureza em relação aos prefeitos, no que diz respeito às prisões provisórias.

295.5. Membros do Congresso Nacional: Os parlamentares, desde a expedição do diploma, somente poderão ser presos em flagrante delito de crimes inafiançáveis, devendo os autos ser encaminhados em 24 horas à respectiva Casa (Câmara dos Deputados ou Senado Federal), a quem competirá, por maioria, resolver sobre a prisão, isto é, sobre a sua manutenção.

Tanto aqui quanto lá, no tratamento do Presidente da República, há que se observar que a matéria oferece maior complexidade que a prisão de pessoas que não exerçam tais funções. Trata-se, com efeito, do exercício de funções de altíssima relevância para a vida pública, em mandato obtido nas urnas, enquanto expressão da soberania popular, portanto. A permissão de juízo político nessa fase (de prisão em flagrante) é plenamente justificada.

No entanto, e também porque inexistente regra normativa no mesmo sentido que aquela dirigida ao Presidente da República (art. 86, § 3º, CF), pensamos ser possível a decretação de prisão cautelar dos parlamentares, a ser determinada no âmbito do Supremo Tribunal Federal, não só quando já proposta e admitida a ação penal, mas também na fase de investigação. Relembre-se, no ponto, que não existe mais a exigência de autorização da Casa para a admissibilidade da acusação, desde a Emenda Constitucional nº 35/01, com o que o juízo que se fará, então, será estritamente *jurídico,* sem maiores ponderações ao nível político.

A prisão, então, será também *especial,* de preferência em salas do Estado-Maior das Forças Armadas (quartéis).

295.6. Autoridades diplomáticas e consulares: Há duas normas regulamentando as disposições da Convenção de Viena, de 1963, a saber: (a) o Decreto nº 56.435/65, que cuida das *Relações Diplomáticas;* e (b) o Decreto nº 61.078/67, a tratar das *Relações Consulares.*

O primeiro afirma a imunidade de jurisdição penal e a proibição de detenção ou prisão dos membros diplomáticos e familiares (art. 29 e art. 31).

O segundo assegura imunidade de jurisdição aos membros consulares e familiares (art. 53) e proibição de prisão dos funcionários do consulado, quando no exercício de suas funções. A prisão cautelar, portanto, poderá ser decretada, desde que a conduta não se relacione com as atividades desenvolvidas pelos citados funcionários.

As imunidades poderão ser objeto de renúncia, por decisão do Estado Acreditante, caso em que será possível a prisão cautelar.

295.7. Demais autoridades: O rol de pessoas favorecidas com as prisões especiais é demasiado longo, incluindo prefeitos, secretários e as inúmeras funções assinaladas no presente dispositivo.

Desnecessária a apreciação casuística de cada ofício, profissão, função ou benemerência. Há até um Livro de Méritos, do longínquo ano de 1939 (Decreto-lei nº 1.706), cuidando de registros oficiais de boas ações, reconhecidas como tal pelo Presidente da República. Lembra Guilherme NUCCI, *Comentários* ... cit., p. 591, que até mesmo a viúva do ex-presidente da República, Tancredo Neves, Dona Risoleta G. T. Neves mereceu o reconhecimento de suas ações, no ano de 1985.

Basta assentar, então, que, embora se cuide de norma que privilegie determinadas pessoas em detrimento de outras, a eventual invalidação da regra implicará tratamento mais gravoso aos referidos cidadãos/pessoas, resultando daí uma inconstitucionalidade *negativa,* em prejuízo das liberdades públicas.

295.8. Transporte de presos: Nenhum preso provisório poderia ser transportado ou encarcerado junto àqueles já condenados pela Justiça. Não só o *especial,* como se vê na regra do art. 300, CPP, reforçada pela redação conferida pela Lei nº 12.403/11.

Do mesmo modo que se prevê no art. 84 da Lei de Execuções Penais, a nova redação do art. 300, CPP, reafirma a imposição de separação obrigatória de presos definitivos e provisórios, inclusive no transporte.

E, por fim, em mais uma confissão de *culpa* (discriminatória), o CPP afirma que os *demais* direitos e deveres do preso especial serão os mesmos do preso comum. Há, então, desenganadamente, direitos de uns e direitos de outros.

Art. 296. Os inferiores e praças de pré, onde for possível, serão recolhidos à prisão, em estabelecimentos militares, de acordo com os respectivos regulamentos.

A matéria atinente aos crimes militares e às infrações da mesma natureza (disciplina militar) é objeto daquela específica regulação (Direito Penal e Direito Processual Penal Militar).

Quanto às prisões cautelares, mesmo nos casos de competência criminal da jurisdição comum, isto é, quando não se tratar de crimes militares, os (militares) que não forem oficiais também deverão permanecer acautelados nos respectivos estabelecimentos (militares), até o final do processo. A prisão, então, não será especial, podendo se realizar em celas, sem observância das regras especiais do art. 295, § 3º, CPP.

Jurisprudência

296. [...] Em hipóteses extremas e atento ao princípio constitucional que assegura a "integridade física e moral dos presos" (Constituição Federal, artigo 5º, inciso XLIX), razão não há para negar, ao praça reformado, a extensão do benefício da prisão especial disposto no artigo 296 da Lei Adjetiva Penal. Ordem concedida para, convolando em definitiva a medida liminar deferida, determinar que o paciente fique custodiado em estabelecimento militar até o trânsito em julgado de sua condenação (*Habeas Corpus nº 17.718-GO, STJ, 6ª Turma, Rel. Min. Hamilton Carvalhido, julgado em 18.12.2001, publicado no* DJ *em 6.5.2002).*

Art. 297. Para o cumprimento de mandado expedido pela autoridade judiciária, a autoridade policial poderá expedir tantos outros quantos necessários às diligências, devendo neles ser fielmente reproduzido o teor do mandado original.

O avanço tecnológico oferece meios mais céleres para a comunicação entre as autoridades policiais, permitindo o armazenamento de dados relativos ao mandado de prisão para rápida consulta pelas citadas autoridades. Já nos referimos ao *banco de dados prisionais* a ser mantido pelo Conselho Nacional de Justiça, que dispensará esta e outras providências do gênero.

Art. 298. (Revogado pela Lei nº 12.403, de 2011)

Nada mais a declarar, que já não tenha sido apreciado nos comentários anteriores, notadamente os constantes do art. 289, CPP, a que remetemos, se curiosidade ainda restar. Telegramas e cartas são recursos em crescente desuso, em face das novas engenharias tecnológicas disponíveis ao Poder Público.

Jurisprudência

298. [...] Não há ilegalidade na prisão do paciente, a qual foi efetuada por policiais de comarca diversa daquela em que foi expedido o mandado de prisão, a requerimento da autoridade policial competente. A norma inscrita no art. 298 do CPP é clara ao autorizar que a autoridade policial da comarca em que o paciente foi condenado requeira a captura do réu pela polícia de território estranho à sua circunscrição, através de simples requerimento acompanhado do mandado de prisão, enviado por via postal ou telegráfica (incluído aí o fac-símile). Na hipótese dos autos, seria possível à autoridade policial requerer a captura até mesmo por via telefônica, uma vez que o paciente foi condenado por crime inafiançável, *ex vi* do art. 299 do CPP. Ordem denegada (*HC 53.666/PR, STJ, 5ª Turma, Rel. Min. Félix Fischer, julgado em 16.8.2007, publicado no DJ em 5.11.2007*).

Art. 299. A captura poderá ser requisitada, à vista de mandado judicial, por qualquer meio de comunicação, tomadas pela autoridade, a quem se fizer a requisição, as precauções necessárias para averiguar a autenticidade desta. (Redação dada pela Lei nº 12.403, de 2011)

O dispositivo é autoexplicável: existindo mandado judicial, a captura poderá ser requisitada por qualquer meio de comunicação, competindo à autoridade a quem se fizer a requisição a (óbvia) providência de adotar todas as cautelas necessárias para averiguar sua autenticidade. Similar providência é encontrada no art. 289-A, § 2º, CPP.

Art. 300. As pessoas presas provisoriamente ficarão separadas das que já estiverem definitivamente condenadas, nos termos da Lei de execução penal. (Redação dada pela Lei nº 12.403, de 2011)

Parágrafo único. O militar preso em flagrante delito, após a lavratura dos procedimentos legais, será recolhido a quartel da instituição a que pertencer, onde ficará preso à disposição das autoridades competentes. (Redação dada pela Lei nº 12.403, de 2011)

O *caput* do art. 300 do CPP foi pouco modificado. Anteriormente dispunha que, "*sempre que possível, as pessoas presas provisoriamente ficarão separadas das que já estiverem definitivamente condenadas*". Agora, dispõe que "*as pessoas presas provisoriamente ficarão separadas das que já estiverem definitivamente condenadas, nos termos da Lei de execução penal*".

Malgrado a diferença de redações, cremos que deverá ser compreendida como ressalva às peculiaridades do caso concreto. É dizer, *sempre que possível*, os presos provisórios, isto é, aqueles submetidos às prisões cautelares, ficarão separados das pessoas que já estiverem definitivamente condenadas.

Já no caso de se tratar de militar preso em flagrante delito (parágrafo único), após a lavratura dos procedimentos legais, será recolhido a quartel da instituição a que pertencer, onde ficará à disposição das autoridades competentes, sejam civis (Justiça Comum), seja militar (a depender do crime que cometeu).

Vide anotações ao art. 296, CPP.

CAPÍTULO II
Da Prisão em Flagrante

Art. 301. Qualquer do povo poderá e as autoridades policiais e seus agentes deverão prender quem quer que seja encontrado em flagrante delito.

A distinção é relevante. Qualquer pessoa do povo *pode*; a autoridade policial *deve*.

E isso porque a tarefa se inclui entre os deveres funcionais dos órgãos policiais, militares ou não.

A permissão de ato tão grave ao particular bem e melhor se justifica como fundamento no impedimento de maiores danos decorrentes da infração penal. Numa palavra: é importante autorizar-se a ação do particular, sobretudo, para evitar o exaurimento mais danoso do crime.

E essa compreensão vem também justificada no fato das dificuldades inerentes ao desconhecimento da Lei por parte do particular. Uma coisa é *saber* que a ação em curso se classifica como *lesão corporal* ou *homicídio*, já presentes – lamentavelmente – no cotidiano das sociedades brasileiras (o argumento de uma única sociedade nos parece a cada dia mais insustentável). Outra, muito mais complexa, é identificar, por exemplo, um eventual crime contra o sistema financeiro.

Deve-se ter cautela com o ato prisional, diante dos inevitáveis riscos de violência no seu *iter*. Por isso, *devem* por ele responder as autoridades policiais, funcionalmente preparadas para semelhante atividade. Do particular deve-se esperar, quando possível, uma atuação redutora de danos (a terceiros ou às coisas). Vide também anotações no item 240.3.

Jurisprudência

301. [...] 4. Guardas municipais não têm competência constitucional para atuar em situações de policiamento ostensivo ou investigativo fora do âmbito da proteção de bens, serviços e instalações municipais, conforme precedentes desta Corte. 5. A abordagem realizada pela Guarda Municipal não teve base em flagrante delito e, portanto, foi considerada ilegal, com violação do art. 157 do Código de Processo Penal. 6. As provas obtidas a partir da busca pessoal são ilícitas, devendo ser excluídas dos autos, o que inviabiliza a condenação da paciente. 7. Reconhecida a ilicitude das provas, impõe-se a absolvição da paciente, nos termos do art. 386, II, do Código de Processo Penal. [...] *(Habeas Corpus nº 815.658 STJ, 5ª Turma, Rel. Daniela Teixeira, julgado em 16.10.2024, publicado no DJ em 4.11.2024)*

301. [...] I. Caso em exame [...] 1. Paciente condenado pela prática dos crimes de tráfico ilícito de drogas (art. 33 da Lei n. 11.343/2006), posse de arma de fogo de uso permitido e posse de arma de fogo com numeração suprimida (arts. 12 e 16, § 1º, I, da Lei n. 10.826/2003).

II. Questões em discussão

2. Saber se é inconstitucional e/ou ilegal a abordagem e a prisão em flagrante realizadas por agentes da Guarda Civil Municipal.

3. Saber se havia fundadas razões (justa causa) para a abordagem em via pública e o posterior ingresso dos agentes públicos na residência do paciente.[...]

III. Razões de decidir

5. No julgamento do Agravo Regimental no Recurso Extraordinário (RE) 1.468.558/SP, da relatoria do Ministro Alexandre de Moraes, com a minha divergência, a maioria dos Ministros integrantes da Primeira Turma do Supremo Tribunal Federal decidiu que não há ilegalidade na busca pessoal e/ou nas diligências de averiguação realizadas pelas guardas municipais em situações em que houver fundadas razões (justa causa) para tanto.

6. Até que eventualmente sobrevenha novo pronunciamento deste Tribunal que seja consentâneo ao que defendi no referido RE 1.468.558/SP, adiro a esse entendimento fixado pela Primeira Turma, em estrita observância ao art. 926, caput, e ao art. 927, V, ambos do Código do Processo Civil, que acentuam o princípio da colegialidade, e considero legítima a atuação dos agentes municipais que executaram a prisão em flagrante do acusado.

7. É de se considerar legítima a atuação dos guardas municipais, pois, ao abordarem o automóvel nas circunstâncias descritas nos autos e depois de procederem às revistas pessoal e veicular, lograram encontrar, debaixo do banco do veículo, uma arma de fogo com a numeração suprimida e diversas munições de uso permitido. Essas informações constituem elementos míni-

mos a caracterizar fundadas razões (justa causa) para legitimar o posterior ingresso dos agentes públicos na residência do paciente, local onde conseguiram apreender 17 tijolos de maconha, com peso liquido de 11,11kg; 3 porções de maconha, pesando 181,10g; e 2 tijolos de cocaína, com peso liquido de 1,45kg.

8. Considerando que o art. 240 do Código de Processo Penal abarca tanto a busca domiciliar quanto a busca pessoal, nele elencando as hipóteses de sua incidência, é possível aplicar, no caso, o mesmo entendimento sedimentado pelo Plenário do Supremo Tribunal Federal no Recurso Extraordinário (RE) 603.616/RO, da relatoria do Ministro Gilmar Mendes, julgado sob a sistemática da Repercussão Geral (Tema 280). [...] (Agravo Regimental no HC nº 238.400, STF, 1ª Turma, Rel. Min. Cristiano Zanin, julgado em Sessão Virtual de 18.10.2024 a 25.10.2024, publicado no DJ em 30.10.2024)

301. [...] Apesar de a função constitucional das guardas municipais ser tecnicamente relacionada à proteção dos bens, serviços e instalações dos entes municipais, a jurisprudência dos Tribunais Superiores já sedimentou o entendimento de que não há ilegalidade na prisão em flagrante por elas realizada, consoante o disposto no art. 301 do Código de Processo Penal, segundo o qual "qualquer do povo poderá e as autoridades policiais e seus agentes deverão prender quem quer que seja encontrado em flagrante delito". Precedentes. *(Agravo Regimental no Habeas Corpus nº 918.754-SP, STJ, 5ª Turma, Rel.Min. Messod Azulay Neto, julgado em 23.9.2024, publicado no DJ em 26.9.2024)*

301. [...] 1. A Constituição Federal de 1988 não atribui à guarda municipal atividades ostensivas típicas de polícia militar ou investigativas de polícia civil, como se fossem verdadeiras "polícias municipais".

2. Tanto a Polícia Militar quanto a Polícia Civil – em contrapartida à possibilidade de exercerem a força pública e o monopólio estatal da violência – estão sujeitas a rígido controle correcional externo do Ministério Público (art. 129, VII, CF) e do Poder Judiciário (respectivamente da Justiça Militar e da Justiça Estadual), o que não acontece com as guardas municipais. Fossem elas verdadeiras polícias, por certo também deveriam estar sujeitas ao controle externo do *Parquet* e do Poder Judiciário, em correições periódicas.

3. Não é preciso ser dotado de grande criatividade para imaginar – em um país com suas conhecidas mazelas estruturais e culturais – o potencial caótico de se autorizar que cada um dos 5.570 municípios brasileiros tenha sua própria polícia, subordinada apenas ao prefeito local e insubmissa a qualquer controle correcional externo. Ora, se mesmo no modelo de policiamento sujeito a controle externo do Ministério Público e concentrado em apenas 26 estados e um Distrito Federal já se encontram dificuldades de contenção e responsabilização por eventuais abusos na atividade policial, é fácil identificar o exponencial aumento de riscos e obstáculos à fiscalização caso se permita a organização de polícias locais nos 5.570 municípios brasileiros.

4. A exemplificar o patente desvirtuamento da atuação das guardas municipais na atualidade, cabe registrar que muitas delas estão alterando suas denominações para "Polícia Municipal". Ademais, inúmeros municípios pelo país afora – alguns até mesmo de porte bastante diminuto – estão equipando as suas guardas com fuzis, equipamentos de uso bélico e de alto poder letal. E, conforme demonstram diversas matérias jornalísticas, esse desvio de função vem sendo acompanhado pelo aumento da prática de abusos por guardas municipais.

5. O fato de as guardas municipais não haverem sido incluídas nos incisos do art. 144, *caput*, da CF não afasta a constatação de que elas exercem atividade de segurança pública. Isso, todavia, não significa que possam ter a mesma amplitude de atuação das polícias.

6. O Supremo Tribunal Federal, apesar de reconhecer em diversos julgados que as guardas municipais integram o Sistema Único de Segurança Pública e exercem atividade dessa natureza (vide RE n. 846.854/SP, Rel. Ministro Luiz Fux, Tribunal Pleno, DJe 7/2/2018 e ADC n. 38/DF, Rel. Ministro Alexandre de Moraes, Tribunal Pleno, DJe 18/5/2021), nunca as equiparou por completo aos órgãos policiais para todos os fins.

7. O julgamento do AgR no MI n. 6.515/DF (Rel. Ministro Alexandre de Moraes, Rel. p/ o acórdão Ministro Roberto Barroso, Tribunal Pleno, DJe 6/12/2018), apreciado em conjunto com os AgR nos MI n. 6.770/DF, 6.773/DF, 6.780/DF e 6.874/DF, de mesmo objeto, é exemplo claro disso. Para negar o pedido de concessão de aposentadoria especial aos integrantes das guardas

municipais por equiparação às atividades de risco das polícias, afirmou-se que "a maior proximidade da atividade das guardas municipais com a área de segurança pública é inegável. *No entanto, trata-se de uma atuação limitada, voltada à preservação do patrimônio municipal, e de caráter mais preventivo que repressivo*", compreensão reiterada pelo Plenário da Corte no ARE n. 1.215.727/SP (Tema de Repercussão Geral n. 1.057, DJe 29/8/2019). Nesse mesmo caminho foi o julgamento do AgR nos EDcl no AgR no RE n. 1.281.774/SP, no qual a Primeira Turma do STF asseverou que as guardas municipais não estão autorizadas a, ultrapassando os limites próprios de uma prisão em flagrante, "realizar diligências investigativas ou diligências prévias voltadas à apuração de crimes" (Rel. Ministro Alexandre de Moraes, Rel. p/ o acórdão Ministro Roberto Barroso, DJe 13/6/2022).

8. Em 25/8/2023, o STF julgou procedente a ADPF n. 995 (Rel. Ministro Alexandre de Moraes) para "CONCEDER INTERPRETAÇÃO CONFORME À CONSTITUIÇÃO aos artigos 4º da Lei 13.022/14 e artigo 9º da 13.675/18 DECLARANDO INCONSTITUCIONAIS todas as interpretações judiciais que excluem as Guardas Municipais, devidamente criadas e instituídas, como integrantes do Sistema de Segurança Pública". Mais uma vez, a Corte reafirmou sua posição de que as guardas municipais integram o Sistema de Segurança Pública, mas, novamente, não lhes conferiu poderes idênticos aos dos órgãos policiais.

9. As teses ora sugeridas neste voto e antes assentadas no REsp n. 1.977.119/SP encontram respaldo e são plenamente consonantes com a jurisprudência do Supremo Tribunal Federal sobre o tema, porque tanto naquele julgado quanto neste se admitiu expressamente que as guardas municipais integram o Sistema Único de Segurança Pública e exercem atividade dessa natureza, ressalvado apenas que não têm a mesma amplitude de atuação das polícias, o que é amparado pela respeitada doutrina do próprio Ministro Alexandre de Moraes, relator da ADC n. 38/DF e da ADPF n. 995, para quem a Constituição Federal facultou aos Municípios a "constituição de guardas municipais destinadas à proteção de seus bens, serviços e instalações, conforme dispuser a lei, *sem, contudo, reconhecer-lhes a possibilidade de exercício de polícia ostensiva ou judiciária*" (MORAES, Alexandre de. *Direito Constitucional*. 39 ed. São Paulo: Atlas, 2023, p. 940).

10. Os dois artigos de lei aos quais se deu interpretação conforme à Constituição na ADPF n. 995, aliás, confirmam essa compreensão: a) o art. 4º da Lei n. 13.022/2014 dispõe que "É *competência* geral das guardas municipais a *proteção de bens, serviços, logradouros públicos municipais e instalações do Município*"; b) o art. 9º da Lei n. 13.675/2018, por sua vez, estabelece que "É instituído o Sistema Único de Segurança Pública (Susp), que tem como órgão central o Ministério Extraordinário da Segurança Pública e é integrado pelos órgãos de que trata o art. 144 da Constituição Federal, pelos agentes penitenciários, pelas *guardas municipais* e pelos demais integrantes estratégicos e operacionais, *que atuarão nos limites de suas competências*, de forma cooperativa, sistêmica e harmônica".

11. Cumpre lembrar, a propósito, que os bombeiros militares e os policiais penais, por exemplo, também integram o rol de órgãos de segurança pública previsto nos incisos do art. 144, *caput*, da Constituição, mas nem por isso se cogita que possam realizar atividades alheias às suas atribuições, como fazer patrulhamento ostensivo e revistar pessoas em via pública à procura de drogas. No mesmo sentido, cabe observar que, na ADI n. 6.621/TO (Rel. Ministro Edson Fachin, Tribunal Pleno, DJe 23/6/2021), o Supremo Tribunal Federal reconheceu que o rol do art. 144, *caput*, da CF não é taxativo e que é constitucional a criação, por ato normativo estadual, de Superintendência de Polícia Científica (formada por agentes de necrotomia, papiloscopistas e peritos oficiais) como órgão de segurança pública não vinculado administrativamente à polícia civil. Não se concebe, porém, que o referido julgado autorize agentes de necrotomia, papiloscopistas e peritos a sair pelas ruas fazendo patrulhamento ostensivo e revistando indivíduos suspeitos.

12. Na fundamentação do voto do eminente relator da ADPF n. 995, ainda constou que: "as Guardas Municipais têm entre suas atribuições primordiais o poder-dever de prevenir, inibir e coibir, pela presença e vigilância, infrações penais ou administrativas e atos infracionais *que atentem contra os bens, serviços e instalações municipais*. Trata-se de atividade típica de segurança pública exercida na tutela do patrimônio municipal. Igualmente, a atuação preventiva e permanentemente, no território do Município, para a proteção sistêmica da população *que utiliza os bens, serviços e instalações municipais* é atividade típica de órgão de segurança pública». O referido trecho repete a redação dos incisos II e III do art. 5º do Estatuto das Guardas Municipais

(Lei n. 13.022/2014), segundo os quais: «Art. 5º São competências específicas das guardas municipais, *respeitadas as competências dos órgãos federais e estaduais*: [...] II – prevenir e inibir, pela presença e vigilância, bem como coibir, infrações penais ou administrativas e atos infracionais *que atentem contra os bens, serviços e instalações municipais*; III – atuar, preventiva e permanentemente, no território do Município, para a proteção sistêmica da população *que utiliza os bens, serviços e instalações municipais*.

13. Verifica-se, portanto, que, mesmo a proteção da população do município, embora se inclua nas atribuições das guardas municipais, deve respeitar as competências dos órgãos federais e estaduais e está vinculada ao contexto de utilização dos bens, serviços e instalações municipais, o que evidencia a total compatibilidade com a tese proposta no presente voto de que: "[...] salvo na hipótese de flagrante delito, só é possível que as guardas municipais realizem excepcionalmente busca pessoal se, além de justa causa para a medida (fundada suspeita), houver pertinência com a necessidade de tutelar a integridade de bens e instalações ou assegurar a adequada execução dos serviços municipais, *assim como proteger os seus respectivos usuários*".

14. Não se pode confundir "poder de polícia" com "poder das polícias" ou "poder policial". "Poder de polícia" é conceito de direito administrativo previsto no art. 78 do Código Tributário Nacional e explicado pela doutrina como "atividade do Estado consistente em limitar o exercício dos direitos individuais em benefício do interesse público" (DI PIETRO, Maria Sylvia Zanella. *Direito administrativo*. 20 ed. São Paulo: Atlas, 2015, 158). Já o "poder das polícias" ou "poder policial", típico dos órgãos policiais, é marcado pela possibilidade de uso direto da força física para fazer valer a autoridade estatal, o que não se verifica nas demais formas de manifestação do poder de polícia, que somente são legitimadas a se valer de mecanismos indiretos de coerção, tais como multas e restrições administrativas de direitos. Dessa forma, o "poder das polícias" ou "poder policial" diz respeito a um específico aspecto do poder de polícia relacionado à repressão de crimes em geral pelos entes policiais, de modo que todo órgão policial exerce poder de polícia, mas nem todo poder de polícia é necessariamente exercido por um órgão policial.

15. Conquanto não sejam órgãos policiais propriamente ditos, as guardas municipais exercem poder de polícia e também algum poder policial residual e excepcional dentro dos limites de suas atribuições. A busca pessoal – medida coercitiva invasiva e direta – é exemplo desse poder, razão pela qual só pode ser realizada dentro do escopo de atuação da guarda municipal.

16. Ao dispor, no art. 301 do CPP, que "qualquer do povo poderá [...] prender quem quer que seja encontrado em flagrante delito", o legislador, tendo em conta o princípio da autodefesa da sociedade e a impossibilidade de que o Estado seja onipresente, contemplou apenas os flagrantes visíveis de plano, como, por exemplo, a situação de alguém que, no transporte público, flagra um indivíduo subtraindo sorrateiramente a carteira do bolso da calça de outrem e o detém. Distinta, no entanto, é a hipótese em que a situação de flagrante só é evidenciada depois de realizar atividades invasivas de polícia ostensiva ou investigativa, como a busca pessoal ou domiciliar, uma vez que não é qualquer do povo que pode investigar, interrogar, abordar ou revistar seus semelhantes.

17. A adequada interpretação do art. 244 do CPP é a de que a fundada suspeita de posse de corpo de delito é um requisito necessário, mas não suficiente, por si só, para autorizar a realização de busca pessoal, porque não é a qualquer cidadão que é dada a possibilidade de avaliar a presença dele; isto é, não é a todo indivíduo que cabe definir se, naquela oportunidade, a suspeita era fundada ou não e, por consequência, proceder a uma abordagem seguida de revista. Em outras palavras, mesmo se houver elementos concretos indicativos de fundada suspeita da posse de corpo de delito, a busca pessoal só será válida se realizada pelos agentes públicos com atribuição para tanto, a quem compete avaliar a presença de tais indícios e proceder à abordagem e à revista do suspeito.

18. Da mesma forma que os guardas municipais não são equiparáveis a policiais, também não são cidadãos comuns, de modo que, se, por um lado, não podem realizar tudo o que é autorizado às polícias, por outro, também não estão plenamente reduzidos à mera condição de "qualquer do povo". Trata-se de agentes públicos que desempenham atividade de segurança pública e são dotados do importante poder-dever de proteger os bens, serviços e instalações municipais, assim como os seus respectivos usuários. É possível e recomendável, dessa forma, que exerçam a vigilância, por exemplo, de creches, escolas e postos de saúde municipais, para ga-

rantir que não tenham sua estrutura danificada por vândalos, ou que seus frequentadores não sejam vítimas de furto, roubo ou algum tipo de violência, a fim de permitir a continuidade da prestação do serviço público municipal correlato a tais instalações. Nessa linha, guardas municipais podem realizar patrulhamento preventivo na cidade, mas sempre vinculados à finalidade da corporação, sem que lhes seja autorizado atuar como verdadeira polícia para reprimir e investigar a criminalidade urbana ordinária.

19. Não é das guardas municipais, mas sim das polícias, como regra, a competência para investigar, abordar e revistar indivíduos suspeitos da prática de tráfico de drogas ou de outros delitos cuja prática não atente de maneira clara, direta e imediata contra os bens, serviços e instalações municipais ou as pessoas que os estejam usando naquele momento.

20. Poderão, todavia, realizar busca pessoal em situações excepcionais – e por isso interpretadas restritivamente – nas quais se demonstre concretamente haver clara, direta e imediata relação com a finalidade da corporação, como instrumento imprescindível para a realização de suas atribuições. Vale dizer, salvo na hipótese de flagrante delito, só é possível que as guardas municipais realizem excepcionalmente busca pessoal se, além de justa causa para a medida (fundada suspeita), houver pertinência com a necessidade de tutelar a integridade de bens e instalações ou assegurar a adequada execução dos serviços municipais, assim como proteger os seus respectivos usuários, o que não se confunde com permissão para desempenharem atividades ostensivas ou investigativas típicas das polícias militar e civil para combate da criminalidade urbana ordinária em qualquer contexto.

21. No caso dos autos, guardas municipais estavam em patrulhamento quando depararam com o paciente em "atitude suspeita". Por isso, decidiram abordá-lo e, depois de revista pessoal, encontraram certa quantidade de drogas no bolso traseiro e nas vestes íntimas dele, o que ensejou a sua prisão em flagrante delito.

22. Ainda que, eventualmente, se considerasse provável que o réu ocultasse objetos ilícitos, isto é, que havia fundada suspeita de que ele escondia drogas, não existia certeza sobre tal situação a ponto de autorizar a imediata prisão em flagrante por parte de qualquer do povo, com amparo no art. 301 do CPP. Tanto que, conforme se depreende da narrativa fática descrita pelas instâncias ordinárias, só depois de constatado que havia drogas dentro do bolso e das vestes íntimas do paciente é que se deu voz de prisão em flagrante para ele, e não antes. E, por não haver sido demonstrada concretamente a existência de relação clara, direta e imediata com a proteção dos bens, serviços ou instalações municipais, ou de algum cidadão que os estivesse usando, não estavam os guardas municipais autorizados, naquela situação, a avaliar a presença da fundada suspeita e efetuar a busca pessoal no acusado.

23. Ordem concedida para confirmar a liminar deferida e declarar ilícitas as provas colhidas por meio da busca pessoal, bem como todas as delas decorrentes e, por consequência, absolver o réu, com fundamento no art. 386, II, do CPP, da condenação a ele imposta no Processo n. *1500093-71.2022.8.26.0080.(Habeas Corpus nº 830.530-SP, STJ, 3ª Seção, Rel. Min. Rogerio Schietti Cruz, julgado em 27.9.2023, publicado no DJ em 4.10.2023)*

301. [...] 2. Hipótese em que os guardas municipais estavam em patrulhamento em região conhecida como ponto de tráfico de drogas e visualizaram o Acusado, o qual empreendeu fuga, razão pela qual foi perseguido, tendo "dispensando" os entorpecentes apreendidos no chão.

3. Está caracterizada, no caso, a ocorrência de flagrante ilegalidade, pois as circunstâncias descritas nos autos não configuram a situação de flagrância, nos termos do art. 301 do Código de Processo Penal. Convém assinalar que não consta na sentença nem no acórdão que os agentes públicos teriam visualizado o Réu vendendo drogas ou mesmo praticando qualquer outro crime, sendo que a posterior situação de flagrância não legitima a revista pessoal amparada em meras suposições ou conjecturas.

4. Na linha dos recentes precedentes desta Corte Superior e, notadamente, a partir do que foi decidido no REsp n. 1.977.119/SP, não há situação absolutamente excepcional a legitimar a atuação dos guardas municipais, porquanto não demonstrada concretamente a existência de relação clara, direta e imediata com a proteção do patrimônio municipal. *[...] (Agravo Regimental no Habeas Corpus nº 801.664-SP, 6ª Turma, Rel. Min. Laurita Vaz, sessão virtual de 23.5.2023 a 29.5.2023, publicado no DJ em 5.6.2023)*

301. [...] Prisão em flagrante por guardas municipais após diligências investigativas. 1.A guarda municipal pode, e deve, prender quem se encontre em situação de flagrante delito, nos termos do art. 301 do CPP. Precedentes. 2.Hipótese em que a prisão realizada pela Guarda Municipal ultrapassou os limites próprios da prisão em flagrante. Prisão realizada, no caso, a partir de denúncia anônima, seguida de diligências investigativas e de ingresso à residência do suspeito. [...] *(Agravo Regimental nos Embargos de Declaração no Agravo Regimental no RE nº 1.281.774-SP, STF, 1ª Turma, Rel. Min. Alexandre de Moraes, sessão virtual de 3.6.2022 a 10.6.2022, publicado no DJ em 26.8.2022)*

Art. 302. Considera-se em flagrante delito quem:

I – está cometendo a infração penal;

II – acaba de cometê-la;

III – é perseguido, logo após, pela autoridade, pelo ofendido ou por qualquer pessoa, em situação que faça presumir ser autor da infração;

IV – é encontrado, logo depois, com instrumentos, armas, objetos ou papéis que façam presumir ser ele autor da infração.

302.1. Conceito e funções do flagrante: A etimologia da palavra *flagrante* refere-se à *ardência, à crepitação*, sugerindo a ideia daquilo que está *queimando*. Sua utilização no processo penal apropriou-se do sentido de *instantaneidade* (do fato), e, por isso, da ampla *visibilidade* que ele (flagrante) oferece à pessoa que o presencia.

A importância do flagrante em nosso Código, porém, transcende o sentido vernacular da expressão.

Na redação originária do CPP, em 1941, a prisão em flagrante, mesmo quando realizada pelo particular, apresentava gravíssimas consequências. Se o crime não era afiançável, o réu, em razão da força de convencimento do flagrante, deveria permanecer preso até o final do processo, no caso de crimes cuja pena cominada fosse igual ou superior a dez anos (art. 312, em sua redação de origem). Nas demais hipóteses, somente em razão de sentença absolutória, ou quando afiançável a infração, se obtinha a liberdade subtraída pela prisão (em flagrante).

Tratava-se, portanto, de *fundamento* para a *antecipação* de culpa, precisamente a lógica e estrutura de nosso CPP, de 1941.

As mudanças, no sentido de se flexibilizar a regra da manutenção no cárcere, somente vieram ao ordenamento no ano de 1973, com a Lei nº 5.941/73, a permitir o recurso em liberdade para o primário e de bons antecedentes, e em 1977, com a Lei nº 6.416/77, que passou a autorizar a liberdade sem fiança, em todos os casos em que não estivessem presentes as razões da prisão preventiva (art. 310, parágrafo único, com a redação *anterior* à Lei nº 12.403/11). O tema hoje está regulado no art. 310, § 1º, do CPP, na redação que lhe foi conferida pela Lei nº 13.964/2019.

De todo modo, malgrado os defeitos de origem, o flagrante delito é um momento de grande importância para a persecução penal. Com ele, em razão da imediatidade na coleta de material informativo (para a prova do fato), se agiliza a fase de investigação, e, eventualmente, se obtém uma possível redução dos danos causados na prática da infração, impedindo o exaurimento de delitos mais graves.

Podem-se apontar, portanto, duas grandes missões das quais deve se ocupar a prisão em flagrante: (a) permitir a imediata coleta de material a ser utilizado na instrução do processo (e, claro, para o convencimento do órgão de acusação); (b) salvaguardar bens jurídicos submetidos a condutas lesivas (crime).

Feito isso, há que se encerrar a sua função. Não se pode extrair de tal modalidade de prisão uma antecipação do resultado final do processo.

Primeiro, porque a Constituição da República teve o cuidado de explicitar o óbvio: em princípio, isto é, até *prova em contrário*, todos devem ser tratados como inocentes.

E, em segundo lugar, porque, ainda que se reconheça a força probante da matéria colhida em situação de flagrância, há muito a ser *acertado* no processo (de conhecimento). O flagrante pode até demonstrar a ampla probabilidade de definição da natureza, do modo e da extensão do comportamento humano no caso concreto. Não demonstrará, porém, nem a sua correta capitulação, e nem permitirá um exame mais aprofundado das motivações e demais elementos subjetivos que possam interferir na sua compreensão jurídica.

Para se ter uma ideia mais clara acerca da importância do flagrante na ordem jurídica nacional, mesmo em tempos de pós-modernidade constitucional, confira-se o disposto no art. 53, § 2º, que somente autoriza a prisão dos membros do Congresso Nacional em flagrante delito de crimes inafiançáveis, vedando, *a contrario senso*, porém em princípio, as demais prisões cautelares (vide anotações no item 304.2.2).

302.2. Natureza jurídica: Somente a indispensabilidade justificaria o risco e o custo social de se submeter à prisão alguém cujo ordenamento reconhece, ainda, como inocente ou não culpável.

Daí que todas as restrições de direitos e liberdades públicas no processo penal terão que se fundamentar em *necessidade concreta*. E essa, a necessidade, haverá que receber a configuração de *medida cautelar*, porquanto tem nele, no processo, o objeto de sua justificação/proteção. Como regra.

A prisão em flagrante, então, ostenta o *status* de medida cautelar, precisamente delimitada no tempo. É que, cumpridas as suas funções, a manutenção em cárcere reclamará *ordem escrita e fundamentada da autoridade judiciária*, nos termos da Constituição da República (art. 5º), bem assim conforme as regras do § 2º do art. 312 e do art. 315, ambos do CPP.

É nesse sentido o agora disposto no art. 310, do CPP, que prevê diversas modalidades de liberdade, quando ausentes as razões da prisão preventiva, e, naturalmente, não for o caso de *relaxamento* da prisão, por ilegalidade (art. 310, I, CPP).

Segundo as novas regras, a prisão em flagrante poderá ser *substituída* por alguma ou algumas das medidas cautelares previstas no art. 319 e no art. 320, do CPP, como forma de se melhor tutelar os interesses da jurisdição penal, salvo quando de menor gravidade o delito (infrações de menor potencial ofensivo, para as quais sequer é cabível o flagrante, hipóteses de suspensão condicional do processo, e, em princípio, os crimes culposos), ou quando se puder antever ter sido cometido o crime em situação excludente da ilicitude (estado de necessidade, legítima defesa etc.), caso em que se exigirá apenas o comparecimento a todos os atos do processo (art. 310, § 1º, CPP, conforme Lei nº 13.964/2019).

Nessas hipóteses (de imposição da medida cautelar), deverá o magistrado fundamentar a necessidade da medida, podendo, se for o caso, recorrer à decretação da prisão preventiva, desde que observados os requisitos do art. 312 e art. 313, CPP.

302.3. Flagrante próprio: Se o flagrante delito quer significar a visão imediata do fato ou a sua *crepitação e ardência*, somente a hipótese prevista no art. 302, I, CPP, poderia ser considerada, *propriamente*, flagrante: aquele que *está cometendo a infração.*

Por isso, a doutrina sempre se valeu desta expressão, *flagrante próprio*, para se referir aos casos de máxima visibilidade do fato e do ambiente em que realizado.

No entanto, equivocadamente, incluiu também a hipótese do art. 302, II, que afirma estar em flagrante *quem acaba de cometê-la.* Ora, para além do fato de não se poder apreender, objetivamente (senso comum), o sentido da expressão *acaba de cometer*, não há como negar que, tratando-se de fato já realizado, o campo de visão do crime diminui sensivelmente. Não se poderia ou não se deveria falar em flagrante *próprio* nessas condições.

O uso da classificação, porém, já se consolidou na doutrina brasileira, de modo geral.

De outro lado, se não parece haver dúvidas sobre o significado da ação que *está sendo praticada* (I), já o verbo *acabar* (acaba de cometê-la), seguramente, pode levar a equívocos, dada a referência ao passado. Afinal, qual passado? Quanto tempo depois?

Já veremos que os problemas dessa natureza apenas se iniciaram. As expressões *após* e *depois*, acompanhadas de um esclarecedor (*sic*) *logo* (logo após e logo depois), seguem a mesma trilha da indeterminação.

Uma coisa é certa: não há fórmulas possíveis para o enquadramento do tempo, fora das conhecidas unidades de medida (minutos, horas, segundos etc.), no que toca à definição de uma situação com relevância jurídica. Apenas o caso concreto poderá permitir a análise da imediatidade do fato e, assim, do flagrante.

Para que se possa falar da situação em que alguém *acaba de cometer* a infração, será preciso examinar os dados disponíveis em cada caso. A imediatidade da morte, no homicídio, o sangramento e a presença de escoriações, nas lesões corporais, o material de placenta ou do feto, no aborto, e, enfim, o resultado e as consequências conhecidas como decorrentes da ação humana orientarão o intérprete, segundo os conhecimentos técnicos disponíveis.

A situação narrada no inciso II, para que não se misture àquelas também enquadradas nos demais incisos, de flagrante impróprio ou presumido, haverá que apresentar uma peculiaridade qualquer, relativamente ao *resultado* da ação. Ou seja, enquanto as demais hipóteses (III e IV) se referem às situações ou instrumentos e papéis que autorizam o juízo dedutivo acerca da presença do crime e de sua imediatidade, o caso do inciso II deverá ser aferido pela constatação imediata do resultado ou da consequência do crime. Com efeito, para que se possa afirmar que alguém acabou de cometer uma infração, impõe-se, antes, a constatação do resultado obtido, seja no crime tentado, seja no consumado.

Em síntese: o quadro há que estar quase completo: a suposta autoria e a suposta materialidade, bem como o objeto da ação.

Jurisprudência

302.3. [...] 2. Na hipótese, entretanto, os guardas municipais "receberam denúncia anônima no sentido de que no endereço [...] estaria ocorrendo uma reunião de dirigentes do tráfico de drogas de Sertãozinho e que lá estaria guardada grande quantidade de drogas, razão pela qual se dirigiram ao local". 3. Desempenhada atividade de investigação criminal pela guarda municipal, deflagrada mediante denúncia anônima, desbordante da situação de flagrância (art. 302 –

CPP), o que não lhe compete (art. 144, § 8º – CF), deve ser reconhecida a ilegalidade por ilicitude da prova, mormente pelo ingresso no domicílio sem ordem judicial. [...] *(HC nº 667.461-SP, STJ, 6ª Turma, Rel. Min. Olindo Menezes, julgado em 14.9.2021, publicado no DJ em 17.9.2021)*

302.3. [...] Para fins de prisão por flagrante delito, nos termos do art. 302 do CPP, é preciso que o acusado esteja cometendo o crime ou tenha acabado de cometê-lo (flagrante próprio); tenha sido perseguido, logo após, pela autoridade, pela vítima ou por qualquer pessoa, em situação que se fizesse presumir ser o autor da infração (flagrante impróprio); ou seja encontrado, logo depois, com instrumentos, armas, objetos ou papéis que fizessem presumi-lo ser o autor da infração (flagrante presumido) (*RHC nº 24.027-PI, STJ, 5ª Turma, Rel. Min. Arnaldo Esteves Lima, julgado em 14.10.2008, publicado no* DJ *em 17.11.2008*).

...

302.4. Flagrante impróprio: Eis aqui um conceito tão *impróprio* quanto a sua designação. Cuida-se da situação narrada no inciso III, do art. 302, a dizer daquele que é perseguido, logo após (o crime), pela autoridade, pelo ofendido ou por qualquer pessoa, em situação que faça presumir ser autor da infração.

Curiosamente, a seguir se verá o caso em que alguém terá também presumida a autoria do crime, por se encontrar na posse de armas, instrumentos, objetos ou papéis, logo depois (e não mais *após*, como se houvesse diferença de sentido!). E um é tratado como *impróprio* e o outro como *presumido.*

Ora, evidentemente, ambas as situações não configuram, a rigor, flagrante delito. Cuida-se, nos dois casos, de mera presunção! E não porque queiramos assim, mas por se encontrar expresso nos citados dispositivos!

De se ver que a disposição do inciso III consagra uma verdadeira cláusula aberta, permitindo a abrangência, inclusive, da hipótese do inciso IV, dado que a *situação que faça presumir a autoria* há de incluir a posse de *instrumentos, armas e objetos*, tal como descrito neste último.

A diferença entre ambos se encontra não aí, mas na existência, ou não, de anterior (à prisão) *perseguição* do suposto agente do crime. No chamado flagrante impróprio, exige-se que a prisão tenha sido antecedida de perseguição, nos moldes em que analisado nos comentários ao art. 290, *retro.*

Ou seja, o suspeito é perseguido, mas também encontrado, senão não haveria prisão. Poder-se-ia perguntar: mas, para haver prisão não haveria que ter perseguição?

A resposta é negativa, como se verá a seguir.

Jurisprudência

302.4. [...] 2. O período necessário às investigações preliminares, em momento imediato ao conhecimento da infração, para se chegar ao nome do paciente, não tem o condão de descaracterizar a situação de flagrância, configurando, em verdade, o flagrante impróprio descrito no art. 302, inciso III, do Código de Processo Penal. De fato, "o paciente foi preso em decorrência das ininterruptas diligências da polícia visando a sua captura, procedimento que se iniciou logo após a prática do delito, configurado o que na dicção da doutrina é chamado de flagrante impróprio ou quase-flagrante". (HC 163.772/MG [...]) 3. Efetivamente configurado o flagrante impróprio, haja vista a pronta atuação da polícia, que encontrou o paciente em poucas horas, não há se falar em violação de domicílio, uma vez que a própria Constituição Federal, no art. 5º, inciso XI, excepciona a inviolabilidade da casa em caso de flagrante delito. 4. Sendo lícita a prisão em flagrante, bem como a entrada no domicílio do paciente, revela-se igualmente legal a apreensão do seu celular, cujas informações, conforme consignado pelas instâncias ordinárias, foram acessadas apenas "em momento posterior à autorização judicial". Dessarte, não se verifica nenhum tipo de nulidade na fase pré-processual. [...] *(Habeas Corpus nº 612.264-SC, STJ, 6ª Turma, Rel. Min. Reynaldo Soares da Fonseca, julgado em 3.8.2021, publicado no DJ em 10.8.2021)*

302.5. Flagrante presumido: Considera-se em flagrante (presumido) também aquele que é encontrado, logo depois (do crime), com instrumentos, armas, objetos ou papéis que façam presumir ser ele autor da infração.

Note-se que o dispositivo se refere apenas ao agente que é *encontrado*, sem qualquer alusão à perseguição.

Sendo assim, a prisão, nessa modalidade de flagrante, surgirá nas conhecidas ações policiais de vigia e fiscalização, normalmente realizadas em locais de maior influência de pessoas ou de maior incidência de crimes. São as conhecidas e famosas *blitzs*, por meio das quais, em operações preventivas, se busca diminuir os riscos de ações danosas, tipificadas ou não como crimes.

Mas não só (as *blitzs*). A autoridade policial poderá ter sido chamada em razão do crime, sem que, entretanto, tenha havido perseguição, pelo desconhecimento da autoria ou da rota de fuga.

Por isso, a prisão dispensa *a perseguição.*

Será a posse de instrumentos, papéis, armas, e, enfim, quaisquer objetos que possam ter sido utilizados ou produzidos na ação criminosa que autorizará o juízo de presunção quanto ao possível cometimento de infração penal, no local ou próximo a ele.

Naturalmente, há que se ter redobrada cautela em tais situações, a fim de se impedir abusos por parte daqueles responsáveis por tais operações. Não se pode, sem maiores justificativas, fundamentado unicamente no conhecimento acerca da existência de crime, partir-se para elucubrações de toda sorte, antevendo-se culpados e suspeitos potenciais segundo critérios meramente subjetivos. Daí a Lei ter se referido ao instrumento, papéis e armas, permitindo que se inclua entre os *demais objetos* apenas aqueles que estejam, de alguma forma, relacionados com aqueles (papéis etc.).

Jurisprudência

302.5. [...] Preso o paciente pouco tempo depois do crime em razão de diligências policiais, ainda de posse dos objetos roubados, não há que se falar em inexistência de flagrante, perfeitamente aplicável à hipótese o art. 302, IV, do CPP. *In casu*, a manutenção da prisão encontra-se justificada na garantia da ordem pública, pois o *modus operandi* da conduta criminosa denota a periculosidade do paciente. [...] Ordem denegada, em consonância com o parecer ministerial (*Habeas Corpus nº 90.614-SP, STJ, 5ª Turma, Rel. Min. Napoleão Nunes Maia Filho, julgado em 27.11.2008, publicado no DJ em 19.12.2008*).

302.6. Flagrante diferido ou controlado: Na criminalidade moderna, sobretudo naquelas praticadas no âmbito das associadas às organizações criminosas (Lei nº 12.850/13), envolvendo uma pluralidade de ações e também de pessoas, a investigação há que ser feita com maiores cuidados, a fim de bem e melhor se esclarecer a natureza dos comportamentos em curso.

Nesse passo, dadas as dificuldades de configuração do crime, a prisão em flagrante dependerá da identificação de cenário mais claro acerca das operações/condutas criminosas. Assim, deverá a autoridade policial certificar-se o mais amplamente possível da natureza criminosa autorizativa da prisão em flagrante. Por isso, a Lei nº 12.850/13, que cuida dos procedimentos relativos às organizações criminosas, criando, inclusive, tipos penais até então inexistentes, tratou também de regulamentar a ação controlada, procedimento investigativo de retardamento da intervenção policial no curso das práticas delituosas nas citadas organizações, com o objetivo de ampliar a coleta do material probatório (ou informativo). Prevê, também, que a ação controlada será comunicada previamente ao juiz e ao Ministério Público, mantendo-se rigoroso sigilo das investigações (art. 8º, § 1º, § 2º e § 3º). Destaque-se que, na Lei nº 9.613/98, também se passou a prever a possibilidade de utilização da *ação controlada*, nos termos do § 6º do art. 1º, conforme acréscimo da Lei nº 13.964/2019.

Chama-se flagrante *diferido* a ação policial de monitoramento e de controle das ações desenvolvidas no âmbito das citadas organizações (criminosas). A ação será *controlada*, diferindo-se (adiando-se) o flagrante para um momento de maior visibilidade das responsabilidades penais.

A Lei nº 12.850/13, além do procedimento de ação controlada prevê também a hipótese de infiltração de agentes, conforme ainda veremos ao exame do tópico atinente aos procedimentos comuns e especiais (incluída também a previsão no § 1º do art. 6º da Lei nº 9.613/98 pela Lei nº 13.964/2019).

Também a Lei de Drogas, Lei nº 11.343/06, prevê atuação semelhante da autoridade policial, incluídos a infiltração e o diferimento do flagrante, tarefa essa a ser cumprida por órgãos especializados daquela instituição (art. 53, II). Naturalmente, tudo que estiver associado à referida ação *controlada* dependerá de ordem judicial estritamente fundamentada. De ver-se, contudo, que a Lei nº 12.850/13 não contempla a necessidade de *autorização* judicial *expressa*, exigindo apenas a comunicação prévia ao juiz e ao *Parquet* (art. 8º). Ou seja, no caso de crimes praticados por organizações criminosas, incluindo o de tráfico ilícito de drogas, bastará a comunicação, podendo a autoridade judiciária exercer o controle de legalidade da ação policial a partir daí (da comunicação).

Em resumo: o flagrante diferido termina por se constituir em uma prisão supervisionada pelo juiz criminal.

De se referir por fim que a Lei nº 13.441/2017, que alterou a Lei nº 8.069/1990 (Estatuto da Criança e do Adolescente), passou a prever a infiltração de agentes na internet com o fim de investigar crimes contra a dignidade sexual de crianças e adolescentes (arts. 240, 241, 241-A, 241-B, 241-C e 241-D da Lei nº 8.069/1990, e dos arts. 154-A, 217-A, 218, 218-A e 218-B do Código Penal). Haverá sempre de ser precedida de autorização judicial e não poderá exceder 90 dias, permitidas prorrogações por até 720 dias no total, se necessário (art. 190-A, I e III, Lei nº 8.069), sempre sob sigilo (art. 190-B e parágrafo único, Lei nº 8.069/1990). Também importante registrar que a Lei nº 13.964/2019 inseriu na Lei nº 12.850/2013 os arts. 10-A, 10-B, 10-C e 10-D (com modificação da redação também do parágrafo único do art. 11), tratando especificamente da *infiltração virtual* de forma geral.

Jurisprudência

302.6. [...] 2. Infiltração de agente policial e distinção com agente de inteligência. 3. Provas colhidas por agente inicialmente designado para tarefas de inteligência e prevenção genérica. Contudo, no curso da referida atribuição, houve atuação de investigação concreta e infiltração de agente em grupo determinado, por meio de atos disfarçados para obtenção da confiança dos investigados. 4. Caraterização de agente infiltrado, que pressupõe prévia autorização judicial, conforme o art. 10 da Lei 12.850/13. 5. Prejuízo demonstrado pela utilização das declarações do agente infiltrado na sentença condenatória. [...] *(Habeas Corpus n. 147.837-RJ, STF, 2ª Turma, unânime, Rel. Min. Gilmar Mendes, julgado em 26.2.2019, publicado no DJ em 26.6.2019).*

....

302.7. Flagrante esperado e flagrante preparado (provocado): Parece já definitivamente assentada na jurisprudência e na doutrina brasileira uma distinção, fundamental, entre o flagrante *esperado* e o flagrante *preparado.*

O primeiro, o *esperado*, seria aquele no qual a autoridade policial, tendo notícias da prática futura de determinada infração penal, se colocaria estrategicamente de modo a impedir a consumação ou consequências mais danosas do delito. É voz comum que se trata de comportamento e de ato prisional inteiramente válido.

Já a segunda espécie de flagrante, o *preparado* ou *provocado*, não teria o mesmo tratamento, a começar pelo fato da intervenção de um terceiro (policial ou não) na ação criminosa. Chama-se *preparado* ou *provocado* o flagrante obtido a partir de uma *preparação* ou de uma *provocação* por parte do citado terceiro, cuja ação seria determinante para a prática do crime flagrado. Preparado (ou provocado) o crime, a autoridade policial se colocaria em situação de realizar a imediata prisão do agente.

Nota-se, então, que, no primeiro caso, a atuação policial seria apenas de *espera*, enquanto, no segundo, a prática da infração e a espera da polícia dependeriam da intervenção do chamado agente *provocador.* Este, por qualquer motivo, criaria uma situação ideal (no imaginário da pessoa que o cometeria) para a realização do crime.

O flagrante provocado seria, por isso, inválido.

Há dois fundamentos básicos para a invalidação dessa modalidade de flagrante: (a) a impossibilidade de consumação do crime, em razão da preparação anterior para a prisão, consoante se vê em jurisprudência sumulada na Suprema Corte (Súmula 145); (b) a intervenção do agente provocador na vontade do agente do crime, a viciá-la de modo definitivo.

Sobre isso, temos sustentado, já há algum tempo, que os dois fundamentos não justificam a invalidação do flagrante provocado, se ainda se quiser manter a validade do outro, flagrante esperado.

Em primeiro lugar, quanto à Súmula 145 – STF – impende observar que a *suficiência* da atuação policial, de modo a impedir a consumação do crime, tanto pode estar presente no flagrante preparado quanto no flagrante esperado. Ou não? Se a questão se refere à possibilidade de consumação do crime, repita-se, o critério fundado na qualidade da atuação policial é comum a ambos!

Em segundo lugar, parece-nos que a ação de provocação do crime pelo terceiro (provocador – policial ou não) se enquadraria perfeitamente nas definições nacionais acerca da participação no crime (art. 30, CP).

ZAFARONI e PIERANGELI afirmam, textualmente, que o agente provocador haverá que ser punido, exatamente em razão da realização de conduta qualificada como *instigação*, modalidade de participação criminosa (*Manual de direito penal brasileiro.* Parte Geral. Revista dos Tribunais, 1997, p. 697). E como punir o agente (provocador) senão validando o flagrante?

Pensamos que, exclusivamente sob tal fundamentação (intervenção do agente), não se pode invalidar o flagrante. E, menos ainda, sob o argumento da impossibilidade de consumação, já que, por definição, o crime impossível exige a impossibilidade *absoluta* do meio. Pode-se até aceitar a invalidade; no entanto, ela deverá se estender também ao flagrante esperado, quando igualmente impossível a respectiva consumação.

Em resumo: ou bem se invalida ambos ou se aceita a respectiva validade, sem prejuízo de eventual excludente de culpabilidade do agente (do crime) e de atipicidade do provocador, por ausência de dolo (quanto ao resultado da ação).

Jurisprudência

302.7. Súmula 145: Não há crime, quando a preparação do flagrante pela polícia, torna impossível a sua consumação.

302.7. [...] Afasta-se a alegação de flagrante preparado quando a atividade policial não provoca nem induz o cometimento do crime, sobretudo em relação ao tipo do crime de tráfico ilícito de drogas, que é de ação múltipla, consumando-se já pela conduta preexistente de guardar e manter em depósito a substância entorpecente. [...] *(Agravo Regimental no HC nº 614.387-SP, STJ, 6ª Turma, Rel. Min. Néfi Cordeiro, julgado em 9.2.2021, publicado no DJ em 18.2.2021)*

302.7. [...] Já é firme, nesta Corte, o entendimento segundo o qual não há falar em flagrante preparado, mas esperado, se a vítima ou a polícia não induz o agente à prática do delito, limitando-se a surpreender o agente quando o crime já está consumado. [...] *Habeas corpus* denegado (*Habeas Corpus nº 29.779-SP, STJ, 6ª Turma, Rel. Min. Og Fernandes, julgado em 4.9.2008, publicado no* DJ *em 22.9.2008*).

302.7. [...] Caracteriza-se a situação de flagrante preparado, quando a atividade policial provoca ou induz o agente ao cometimento do crime, não se confundindo com o chamado flagrante esperado, como se dá na espécie em exame. A partir dos elementos contidos nos autos, a ação da polícia se limitou a monitorar, por meio de escutas telefônicas autorizadas judicialmente, os contatos mantidos entre o primeiro paciente, interno do sistema carcerário, e os demais acusados, agindo, quando das prisões efetuadas, para frustrar a atividade criminosa já então em curso. [...] *Habeas corpus* parcialmente conhecido e, nessa extensão, ordem denegada (*Habeas Corpus nº 89.808-SP, STJ, 5ª Turma, Rel. Min. Napoleão Nunes Maia Filho, julgado em 27.3.2008, publicado no* DJ *em 22.4.2008*).

302.8. Flagrante forjado: Ficamos na dúvida sobre a pertinência de se abrir um tópico acerca de algo que *não existe*, no âmbito do Direito. Mas, diante da profusão conceitual que ronda nossa doutrina, segue o registro.

Como a própria expressão está a indicar, é absolutamente inválido o flagrante obtido mediante o *plantio* de provas ou de elementos constitutivos de tipos penais, com o objetivo da prisão do suposto agente. Mais que inválido, o fato pode constituir crime (art. 299, por exemplo – falsidade ideológica). Como se extrai de simples tradução, o flagrante *forjado* não se refere a crime algum. Por isso, é inválido.

302.9. Flagrante e embriaguez na direção de veículo automotor: A Lei nº 12.760/12, dando nova redação ao Código de Trânsito Brasileiro, Lei nº 9.503/97, amplia as possibilidades de comprovação da embriaguez e de perda de capacidade psicomotora na direção de veículos por uso de substância psicoativa que cause dependência. A partir dela, bastará a comprovação de *sinais de embriaguez ou de perda de capacidade psicomotora* para que, em tese, se tenha por tipificado o delito do art. 306 da citada legislação.

Note-se que o art. 277 (CTB) prevê que, em caso de sinistro de trânsito ou de fiscalização, o agente poderá ser conduzido para a realização de testes de alcoolemia (exames clínicos ou perícia médica, bafômetro) para a comprovação de infração administrativa. É que o art. 276 do mesmo CTB considera ilícito (não penal!) o consumo de qualquer quantidade de álcool na direção de veículo automotor, para os fins da infração capitulada no art. 165 do mesmo Código de Trânsito.

Enquanto a situação de acidente de trânsito, aliado aos sinais de consumo alcoólico, pode justificar o receio quanto à prática da infração administrativa, pensamos que se deve ter maiores cautelas no que se refere às conduções coercitivas fundamentadas em diligências de fiscalização. Aqui, o elemento subjetivo da avaliação inicial do policial/fiscal de trânsito pode, com efeito, tornar-se incontrolável. E aí, o risco de abusos parece inevitável. Talvez por isso mesmo se deva reduzir o campo de aplicação do citado art. 277, CTB, exigindo-se um mínimo de elementos de prova (informativos) do uso de substância proibida, sobretudo o álcool.

Já para a prisão em flagrante – e não para a condução coercitiva, para fins administrativos – se exigirá muito mais que a simples suspeita de ingestão de bebida alcoólica, dado que o tipo penal do art. 306 é mais rigoroso que aquele do art. 277, c/c art. 165, todos do CTB. Assim, será preciso que, além do odor inerente ao consumo de álcool, se constate, em juízo provisório, é claro, que o agente estaria *sob a influência* da bebida na direção do veículo.

E com a modificação do tipo penal, flexibilizam-se também os meios de comprovação da embriaguez, a tanto concorrendo a prova testemunhal, de imagens, de vídeos e, enfim, de quaisquer elementos que possam atestar o risco da condução do veículo, se já não ocorrido o sinistro (acidente). Possível, portanto, e em tese, a prisão em flagrante pelo crime do art. 306, CTB, exigindo-se, porém, material probatório mais robusto que o mero consumo etílico.

Art. 303. Nas infrações permanentes, entende-se o agente em flagrante delito enquanto não cessar a permanência.

A classificação dos crimes como *permanentes* ou *instantâneos* reporta-se à *conduta* então realizada.

Nos crimes permanentes, a ação delituosa *permanece* no tempo, de modo que a consumação do tipo não cessa com a realização do comportamento ali previsto.

Exemplo eloquente de tal modalidade de crime é o crime de sequestro, o de extorsão mediante sequestro e também o de manutenção em cárcere. Em todos eles o bem jurídico permanecerá sendo atingido enquanto a liberdade individual estiver restringida. Outros exemplos: a manutenção em depósito de substância entorpecente, a violação de domicílio etc.

Daí autorizar-se a prisão em flagrante em qualquer momento em que ainda esteja sendo lesado o bem jurídico protegido na norma penal.

Não é o caso, porém, do chamado crime *instantâneo*, de efeitos *permanentes*. Nesses delitos, a ação delituosa é uma só, enquanto o resultado da lesão é que permanecerá no tempo. Um exemplo: o estelionato praticado contra a previdência social, mediante a falsificação de documentos, para a obtenção de aposentadoria. Nesse caso, embora instantânea a ação fraudulenta, o bem jurídico seguirá sendo atingido mensalmente, a cada saque indevido do benefício.

Nesta última hipótese, então, de crime instantâneo de efeitos permanentes, não se poderá falar em flagrante delito, quando já realizada a aludida ação delituosa, ressalvadas, é claro, as situações previstas no art. 302 (logo após ou logo depois), CPP.

Neste ponto, apenas ressalva do posicionamento de Douglas Fischer, que compreende que o estelionato previdenciário se materializa a cada nova percepção de vantagem, caracterizando o crime continuado. Para mais detalhes, remete-se ao texto "A Prescrição no crime de Estelionato Previdenciário continuado, as 'ementas' e suas (equivocadas) interpretações", in *Boletim dos Procuradores da República*, ano XII, nº 83, abril de 2011.

Jurisprudência

303. [...] Em infrações permanentes, a situação de flagrância se protrai enquanto não cessar a permanência (art. 303 do Código de Processo Penal). [...] *(Agravo Regimental no Recurso em Habeas Corpus nº 172.902–SC, STJ, 6ª Turma, Rel. Min. convocado Jesuíno Rissato, julgado em 7.3.2023, publicado no DJ em 10.3.2023)*

303. [...] No que diz respeito ao pleito de nulidade em razão da alegada infração à garantia da inviolabilidade do domicílio do paciente, assinale-se que o estado flagrancial do delito de tráfico consubstancia uma das exceções àquele direito previsto no inc. XI do art. 5º da Constituição Federal, sendo permitida a entrada em domicílio independentemente do horário ou da existência de mandado. Aliás, é o que está disposto no art. 303 do Código de Processo Penal, segundo o qual, "*nas infrações permanentes, entende-se o agente em flagrante delito enquanto não cessar a permanência*" *(Agravo Regimental no Habeas Corpus nº 592.815-SP, STJ, 5ª Turma, unânime, Rel. Min. Felix Fischer, julgado em 25.8.2020, publicado no DJ em 8.9.2020).*

303. [...] A natureza jurídica do crime de tráfico de drogas é de delito permanente, cuja consumação se prolonga no tempo, razão pela qual é possível a prisão em lugar diverso do que foi encontrada a substância entorpecente. Tendo em vista que o paciente foi preso em flagrante logo após os policiais civis terem efetuado a apreensão da substância entorpecente, caracterizado está o estado de flagrância em relação ao delito do art. 33 da Lei Antitóxicos, *ex vi* do art. 303 do CPP. [...] *Habeas corpus* parcialmente conhecido e, nessa extensão, denegado (*Habeas Corpus nº 141.216-GO, STJ, 5ª Turma, Rel. Min. Jorge Mussi, julgado em 18.2.2010, publicado no DJ em 29.3.2010*).

Art. 304. Apresentado o preso à autoridade competente, ouvirá esta o condutor e colherá, desde logo, sua assinatura, entregando a este cópia do termo e recibo de entrega do preso. Em seguida, procederá à oitiva das testemunhas que o acompanharem e ao interrogatório do acusado sobre a imputação que lhe é feita, colhendo, após cada oitiva suas respectivas assinaturas, lavrando, a autoridade, afinal, o auto. (Redação dada pela Lei nº 11.113, de 2005)

§ 1º Resultando das respostas fundada a suspeita contra o conduzido, a autoridade mandará recolhê-lo à prisão, exceto no caso de livrar-se solto ou de prestar fiança, e prosseguirá nos atos do inquérito ou processo, se para isso for competente; se não o for, enviará os autos à autoridade que o seja.

§ 2º A falta de testemunhas da infração não impedirá o auto de prisão em flagrante; mas, nesse caso, com o condutor, deverão assiná-lo pelo menos duas pessoas que hajam testemunhado a apresentação do preso à autoridade.

§ 3º Quando o acusado se recusar a assinar, não souber ou não puder fazê-lo, o auto de prisão em flagrante será assinado por duas testemunhas, que tenham ouvido sua leitura na presença deste. (Redação dada pela Lei nº 11.113, de 2005)

§ 4º Da lavratura do auto de prisão em flagrante deverá constar a informação sobre a existência de filhos, respectivas idades e se possuem alguma deficiência e o nome e o contato de eventual responsável pelos cuidados dos filhos, indicado pela pessoa presa. (Lei nº 13.257/2016)

304.1. A provisoriedade do juízo sobre o fato: Cabe à autoridade policial um juízo inicial acerca do caráter criminoso do fato atribuído a alguém, somente devendo proceder à prisão e à lavratura do auto quando entender presente a tipificação penal. Em princípio, então, o exame se limitará à *tipicidade* da conduta. Eventuais excludentes de ilicitude e de culpabilidade devem, como regra, ser apreciadas pelo juiz, ainda que para fins de manutenção, ou não, do flagrante.

Pensamos, todavia, que as autoridades policiais devem avançar um pouco mais sobre tais perspectivas, quando se tratar de excludentes manifestas. Parece-nos impensável, por exemplo, que se leve ao cárcere aquele que tenha disparado contra a pessoa que invadira sua residência, com propósitos evidentes de furto ou de roubo, colocando em risco os moradores. Nesses casos, de manifesta legítima defesa, deve a autoridade policial colher imediatamente os elementos informativos disponíveis (testemunhas, declaração dos envolvidos diretamente nos fatos, apreensão da arma etc.), dando início, portanto, às investigações. A prisão, contudo, não deve ser realizada, diante da evidência da impunibilidade do fato.

É certo, todavia, que, aos olhos do CPP, e, particularmente, da norma inscrita no *caput* do art. 310, a autoridade policial deveria proceder ao encarceramento, comunicando imediatamente a prisão ao juiz, familiares (art. 306, CPP), e, se for o caso, à Defensoria Pública (art. 289-A, § 4º, CPP).

No entanto, não se pode subtrair ao delegado de polícia uma parcela tão pequena acerca da definição típica do fato, em prejuízo de um ganho tão grande na tutela das liberdades públicas. A *provisoriedade* evidente da decisão, sempre submetida à apreciação judicial e à manifestação do Ministério Público, justificaria a medida.

O dispositivo se refere também às infrações afiançáveis, para as quais prevê o Código a possibilidade de arbitramento pela própria autoridade policial, quando se tratar de infrações a que não seja cominada pena privativa da liberdade superior a quatro anos, com as ressalvas apontadas no art. 323 e art. 324, CPP.

Eis aqui, e então, uma importante questão.

Sendo afiançável a infração, deverá a autoridade policial proceder ao seu arbitramento (art. 322 e art. 325) *em qualquer situação*, isto é, mesmo quando estiverem presentes as razões da prisão preventiva?

No regime anterior à Lei nº 12.403/11, não havia dúvidas quanto à ausência de qualquer discricionariedade da autoridade policial: se afiançável a infração e desde que autorizado ao Delegado o seu arbitramento (antiga redação do art. 322, CPP), deveria ele fazê-lo. E isso porque tais hipóteses se limitavam aos casos de infração punida com detenção ou com prisão simples.

Já agora, a partir da Lei nº 12.403/11, como a fiança não é mais nenhum benefício e, sim, uma medida cautelar, ela será aplicável a quase a totalidade das infrações penais, ressalvados os casos de inafiançabilidade constitucional – reproduzidas no art. 323, CPP – e as hipóteses de seu *quebramento* (art. 324).

Por isso, poder-se-ia pensar – e, em um primeiro momento, estivemos tentados a fazê-lo – ser possível à autoridade policial deixar de arbitrar a fiança, ao entendimento de ser necessária a manutenção da prisão, com fundamento em algumas das razões previstas no art. 312, CPP. Nesse caso, como o auto de prisão em flagrante deverá ser encaminhado ao juiz em 24 (vinte e quatro) horas, para os fins do art. 310, CPP (inclusive para a realização da audiência de custódia, nos termos da Lei nº 13.964/2019), seria possível sustentar-se caber ao magistrado a apreciação dos motivos e da necessidade de se decretar a prisão preventiva.

Ocorre, porém, que as novas regras da prisão preventiva esclarecem *não ser possível* referido juízo à autoridade policial, tendo em vista que:

- a decretação da prisão preventiva pode apresentar caráter *subsidiário*, justificada como *garantia da execução* de outra medida cautelar, anteriormente imposta, ou, pode também ostentar natureza *autônoma e independente*;
- no primeiro caso, bastará a presença dos requisitos do art. 312, CPP, combinado com o art. 282, § 4º, CPP; no segundo, serão também exigidos *os requisitos* do art. 313, I, CPP.

Assim, e como a *manutenção* da prisão em flagrante implicaria, na verdade, a *decretação* da *preventiva* (art. 310, II, CPP), pensamos que ela (manutenção) somente será possível nos casos em que seja também, em tese, cabível a imposição *autônoma e independente* da preventiva, exigindo-se, então, o limite prisional do art. 313, I, ou seja, para infrações penais cuja pena máxima seja superior a quatro anos.

Com isso, percebe-se que, nessas hipóteses, isto é, quando presentes as razões da preventiva *autônoma, não seria possível* o arbitramento de fiança pela autoridade policial, já que ele se encontra limitado aos delitos com pena inferior a quatro anos. Nos demais casos, de preventiva como medida *subsidiária*, deverá a autoridade policial arbitrar a fiança, se nos limites do teto estipulado no art. 322 (infração com pena não superior a quatro anos), que, posteriormente, poderá ser modificada pelo juiz (art. 310, II, CPP).

304.2. A não imposição da prisão: Em relação especificamente à prisão, observe-se que a Lei nº 12.403/11 trouxe importantes modificações no sistema processual penal brasileiro.

Note-se, por primeiro, que toda prisão antes do trânsito em julgado dependerá de ordem escrita e fundamentada da autoridade judiciária (art. 283, *caput, art. 312, § 2º, e art. 315, todos do CPP)* Assim, também a manutenção da prisão em flagrante (*rectius:* decretação da preventiva) dependerá de fundamentação cautelar (art. 310, II, CPP).

Em segundo lugar, nossa legislação passa a antecipar alguns juízos de proporcionalidade em relação às medidas cautelares, como se extrai da redação atual do art. 283, § 1º, CPP. Proporcionalidade, aqui, no sentido de *medida*, ou de *proporção* entre valorações equivalentes.

Ali se prevê a impossibilidade de imposição de medidas cautelares às infrações para as quais não for prevista, cumulativa ou alternadamente, pena privativa da liberdade. É dizer: nesses casos, evita-se a imposição de medida cautelar que se mostre superior aos resultados finais do processo.

Referida norma constava da antiga redação do art. 321, I, que previa também a possibilidade de *livrar-se solto* o aprisionado quando a pena privativa da liberdade não ultrapassasse três meses (do antigo inciso II). Com isso, veda-se a imposição de cautelares para os casos em que a privação da liberdade ao final do processo seja impossível.

Embora sob outra fundamentação, não se imporá também a prisão "*ao condutor do veículo, nos casos de acidentes de trânsito de que resulte vítima, não se imporá a prisão em flagrante, nem se exigirá fiança, se prestar pronto e integral socorro àquela*" (art. 301, Lei nº 9.503/97 – Código de Trânsito Brasileiro).

Outra: a Lei nº 11.343/06, que cuida do Tráfico Ilícito de Entorpecentes, prevê a impossibilidade de se levar à prisão (art. 48, § 2º) o usuário de drogas, isto é, nos casos em que a droga apreendida é para consumo próprio (art. 28), salvo quando em conexão com crimes mais graves. Medida absolutamente correta, quando se nota que não há previsão de pena privativa da liberdade para tais situações.

Jurisprudência

304.2. [...] A prisão cautelar só se legitima quando, além de presentes os requisitos e as hipóteses autorizadoras descritas no art. 312 do Código de Processo Penal, não exceder o mal que pode ser causado pela imposição da reprimenda a ser aplicada em caso de eventual condenação. Precedentes. [...] Ordem concedida, determinando-se a expedição de alvará de soltura clausulado em favor do paciente, se por outro motivo não estiver preso (*Habeas Corpus nº 117.535-DF, STJ, 5ª Turma, Rel. para o acórdão Min. Jorge Mussi, julgado em 17.11.2009, publicado no* DJ *em 1.2.2010*).

304.2.1. Infrações afiançáveis: Quando for cabível a prestação de fiança, não se deverá também impor (manter) a prisão, desde que seja ela prestada. Trata-se de espécie de *liberdade com fiança*, somente pertinente às hipóteses em que houver prisão em flagrante. Mais sobre a matéria ao exame do art. 310, CPP.

Impende ressaltar, no ponto, que o dispositivo em comento se reporta às hipóteses em que o arbitramento da fiança seja da atribuição da autoridade policial (infrações punidas com pena não superior a quatro anos – art. 322, CPP). Nesse caso é que, prestada ela na oportunidade do flagrante, não será o autuado conduzido à prisão.

Nas demais situações, em que apenas o juiz pode arbitrar a fiança, o aprisionado deverá aguardar o pronunciamento judicial nesse sentido. Remetemos às observações que acabamos de fazer no item 304.1, *retro.*

304.2.2. Imunidades processuais: Ao exame da matéria relativa às prisões especiais fizemos a abordagem atinente a determinadas *imunidades processuais*, atribuídas à pessoa, em razão do exercício de específicas funções e cargos.

Nos termos do art. 53 da Constituição, os membros do Congresso Nacional somente poderão ser presos em flagrante delito em crimes inafiançáveis, cabendo à respectiva Casa (Câmara dos Deputados ou Senado) a manifestação acerca da *manutenção* da prisão em flagrante.

Entretanto, o tema merece algumas considerações complementares (*especialmente em face do que decidido pela primeira vez pelo STF no bojo da Ação Cautelar nº 4.039/STF, 2ª Turma, em 25.11.2015, publicado no* DJ *em 13.5.2016*), não feitas até a oitava edição da presente obra.

Já dissemos inúmeras vezes na presente obra que a prisão em *flagrante não poderá* ser *mantida* sob o específico fundamento da *flagrância*.

Na verdade, há muito tempo (*e bem antes mesmo da legislação que introduziu o sistema das medidas cautelares diversas da prisão, a Lei nº 12.403/2011*) o Supremo Tribunal Federal vem atribuindo interpretação diversa da original quanto à compreensão do que seria a *inafiançabilidade*. Sem ora entrar no debate de que muitas vezes a própria Constituição peca por não usar os termos técnicos corretos, para a Suprema Corte (a intérprete dela) a inafiançabilidade não significa mais (e há bastante tempo) que o preso em flagrante por crime inafiançável deverá permanecer (só por este fato) preso. Para a manutenção da prisão é necessária a análise da ausência de algum requisito que não permita a liberdade (ainda chamada, indevidamente, de *provisória*). Significa que o flagrante (de crime afiançável ou inafiançável) há muito não mais possui a mesma compreensão, notadamente aquela quando da edição do Código de Processo Penal (adotada também na redação da Constituição Federal nesta parte), em que a prisão por crime inafiançável, em verdadeira antecipação, permitia a manutenção dela, a prisão, só por esse fato. O flagrante tem sua importância sim, especialmente para colheita de elementos quanto ao fato criminoso. Mas a compreensão vetusta e deslegitimada pela CF/88 gerava situações incompreensíveis: se alguém cometesse um delito inafiançável (em tese mais grave), era analisada diretamente a possibilidade de concessão de liberdade; já se o delito fosse afiançável (em tese menos grave), partia-se direto para a fixação da fiança, sem mesmo a análise de possibilidade de liberdade. Era um contrassenso sem tamanho.

Então, já de muito, para o Supremo Tribunal Federal, a inafiançabilidade não implica prisão automática, devendo-se analisar os pressupostos da preventiva ou, agora mais recentemente, de medidas cautelares pessoais. Logo, a compreensão do art. 53, § 2º, CF também merece uma tripla (re)valoração axiológica na hermenêutica sistêmica após esta nova compreensão do STF sobre o conceito e consequências da inafiançabilidade.

A primeira delas é que a inafiançabilidade referida no § 2º não tem, tecnicamente, mais nenhuma importância pelo prisma da liberdade. Numa interpretação isolada da norma em comento, a prisão em flagrante (independentemente do delito cometido) implicaria que a casa legislativa teria que ser comunicada da prisão em flagrante (mas apenas quando crime inafiançável) e a consequência seria apenas uma: deveria necessariamente soltar o preso, pois a prisão em flagrante por si só não teria mais o condão de mantê-lo preso, e a casa não tem poderes para expedir a prisão preventiva (reserva de jurisdição).

A segunda delas é que, dentro de uma visão sistêmica do ordenamento jurídico, o art. 53, § 2º, CF/88 não pode ser "lido" de maneira isolada exatamente por não existirem garantias absolutas. Manter a interpretação desta regra desta mesma maneira implicaria o reconhecimento de uma garantia irrestrita para que parlamentares em exercício que praticassem crimes jamais poderiam ser presos.

A terceira, como desmembramento da anterior, está no fato de que não se pode conceber um ordenamento jurídico em que, de forma excepcional, não permita que o Poder Judiciário (sempre por ordem fundamentada da autoridade competente) determine a prisão cautelar ou imponha medidas cautelares menos gravosas diante da comprovação indubitável da existência de elementos que justifiquem uma (art. 312, CPP) ou outra restrição (art. 282, CPP). Em exemplo simples, embora possa chocar em primeira vista (*mas para demonstrar exatamente a que ponto chegaria se mantida a leitura isolada do art. 53, § 2º, CF/88 com os olhos na compreensão vetusta acerca da "inafiançabilidade"*), basta imaginar situação em que parlamentar aja como *serial killer*, praticando reiteradamente crimes dolosos contra a vida (*até como forma de eliminar testemunhas em processos que eventualmente este mesmo parlamentar possa estar respondendo por fatos anteriores*). Se não fosse preso em flagrante pelos crimes, nada aconteceria (pois não se *poderia* impor uma prisão autônoma). Se fosse flagrante, nenhuma consequência teria também, pois, como dito, a casa legislativa deveria necessariamente soltar após a comunicação da prisão pelo órgão competente.

É importante ressaltar que o tema *já foi objeto de anterior análise* pelo STF no julgamento do HC nº 89.417, oportunidade na qual, acolhendo voto da e. relatora, Ministra Cármen Lúcia, a Corte Suprema assentou que: "*a norma constitucional que cuida da imunidade parlamentar e da proibição de sua prisão, ressalvada a hipótese prevista na regra antes mencionada, não pode ser tomada em sua literalidade, menos ainda excluída do sistema constitucional, como se apenas aquela regra existisse, sem qualquer vinculação com os princípios que a determinam e com os fins a que ela se destina*". Destacou-se que "*a Constituição não diferencia o parlamentar para privilegiá-lo. Distingue-o e torna-o imune ao processo judicial e até mesmo à prisão para que os princípios do Estado Democrático da República sejam cumpridos; jamais para que eles sejam desvirtuados. Afinal, o que se garante é a imunidade, não a impunidade. Essa é incompatível com a Democracia, com a República e com o próprio princípio do Estado de Direito*". Foi reconhecido expressamente que "*imunidade é prerrogativa que advém da natureza do cargo exercido. Quando o cargo não é exercido segundo os fins constitucionalmente definidos, aplicar-se cegamente a regra que a consagra não é observância da prerrogativa, é criação de privilégio. E esse, sabe-se, é mais uma agressão aos princípios constitucionais, ênfase ao da igualdade de todos na lei*". Concluiu-se que "*aplicar como pretende o impetrante a norma do art. 53, §§ 2º e 3º da Constituição, quer dizer, como espaço jurídico que impede que o Poder Público cumpra a sua obrigação para chegar à apuração, e, se for o caso, à eventual punição de alguns pela proibição de adotar as providências devidas para se chegar ao fim do direito, além de se impedir que se extinga o ambiente institucional contaminado por práticas que podem se mostrar delituosas e ao possível cometimento de infrações que se vêm perpetrando no ente de federado, simplesmente porque não se pode aplicar o direito, seria chegar à mesma equação de ineficácia à narrada em numerosas passagens literárias. Mas a vida não é ficção e a moral e o direito não hão de ser históricas para ser contadas sem compromisso com eficácia*". Na sequência, uma indagação: "*E se a olhos vistos não se poderia cumprir aquela exigência constitucional, como se poderia aplicar a norma insculpida no art. 53, § 2º, da Constituição da República, sem que se tivesse o comprometimento de todos os princípios constitucionais, incluídos os mais caros para que o público seja do povo e o particular seja de cada um sem ser pago por todos, inclusive moralmente?*", respondendo que "*a situação descrita nos autos patenteia situação excepcional e, por isso, absolutamente insujeita à aplicação da norma constitucional em sua leitura isolada e seca*".

A conclusão foi no sentido de que "*aplicar, portanto, isoladamente a regra do art. 53, § 2º e 3ª da Constituição da República, sem se considerar o contexto institucional e o sistema constitucional em sua inteireza seria elevar-se acima da realidade à qual ela se dá a incidir e para a qual ela se dá a efetivar. O resultado de tal comportamento do intérprete e aplicador do direito constitucional conduziria ao oposto do que se tem nos princípios e nos fins do ordenamento jurídico*", enfatizando que "*à excepcionalidade do quadro há de corresponder a excepcionalidade de forma de interpretar e aplicar os princípios e regras do sistema constitucional, não permitindo que para prestigiar uma regra – mais ainda, de exceção e de proibição e aplicada a pessoas para que atuem em benefício da sociedade – se transmute pelo seu isolamento de todas as outras do sistema e, assim, produza efeitos opostos aos quais se dá e para o que foi criada e compreendida no ordenamento. Tal é o que aconteceria se se pudesse aceitar que a proibição constitucional de um representante eleito a ter de submeter-se ao processamento judicial e à prisão sem o respeito às suas prerrogativas seria um álibi permanente e intocável dado pelo sistema àquele que pode sequer não estar sendo mais titular daquela condição, a não ser formalmente. Se, para que o sistema jurídico constitucional possa ser garantido em sua integridade vem a se mostrar imprescindível à autoridade judicial competente garantir o afastamento precário e momentâneo daquela proibição para, de forma igual para todos os cidadãos, se chegar ao prosseguimento de uma ação penal e o desbaratamento da situação de doença ética, jurídica e política que as práticas parecem ter imposto às instituições de um Estado-membro da Federação".*

Portanto, dizemos nós: numa situação dessas, *que deve ser para situações limítrofes da excepcionalidade (a prudência e necessidade são imperativas no equilíbrio)*, plenamente viável a prisão preventiva como forma de garantir a ordem pública ou, em outros casos menos graves, medidas cautelares diversas. Defender o contrário significaria gerar situação em que haveria uma vedação de atuação positiva do Estado para a proteção da coletividade, em verdadeira violação do princípio da proibição de proteção deficiente (a *untermassverbot*, nas palavras de Canaris), tema inúmeras vezes já enfrentado pelo Supremo Tribunal Federal.

Daí prestarmos adesão à decisão tomada pelo Supremo Tribunal Federal na ADI 5526 (em 11.10.2017), na qual se reconheceu, por 6x5 votos dos integrantes do Plenário, em voto-médio, ser possível aplicar medidas cautelares a parlamentares independentemente da deliberação (nos termos do art. 53, § 2º, da Constituição) da Casa respectiva, mas, na hipótese – e somente nela! – de alguma medida interferir no *exercício regular* do mandato, a imposição deve ser remetida ao Congresso Nacional (no caso, o Senado Federal), como se de prisão se tratasse (a equiparação, por mais imperfeita que seja, é necessária para prestigiar a representação da vontade popular). A propósito, remetemos a texto de nossa autoria em que detalhamos esse entendimento (http://www.conjur.com.br/2017-out-17/eugenio-pacelli-parlamento-cautelares-processo-penal).

Douglas Fischer rejeita a possibilidade de o Congresso revisar ato do Poder Judiciário (ainda que a medida interfira diretamente o exercício do mandato), por tratar-se de matéria em que há, tecnicamente, reserva de jurisdição. É verdade, alerta o autor, que existe a possibilidade de o Congresso Nacional *suspender* o andamento de ação penal (art. 53, § 3º, CF), mas aí será um tema de cunho eminentemente político que deverá ser arcado pelo Poder Legislativo, jamais se podendo cogitar, porém, de uma revisão de ato tipicamente jurisdicional, como é o caso especialmente das medidas cautelares previstas no art. 319, CPP.

Já o Presidente da República não estará sujeito à prisão enquanto não sobrevier sentença condenatória (art. 86, § 3º, CF).

Magistrados e membros do Ministério Público gozam das mesmas prerrogativas, no sentido de somente serem presos quando em flagrante delito, inafiançável, ressalvados os casos de prisão cautelar devidamente fundamentada pela autoridade judiciária competente (Ver LC nº 35/79 – art. 33, II; LC nº 75/93 – art. 18, II, *d*; e Lei nº 8.625/93 – art. 40, III).

Na referida legislação, particularmente aos membros do Ministério Público, é previsto o encaminhamento do preso às instâncias superiores da instituição, para fins de exame acerca da manutenção ou não da prisão.

Nesse ponto, de clara e manifesta inconstitucionalidade as aludidas legislações. A competência para o exame da necessidade de prisão cautelar, ressalvadas as exceções previstas na Constituição da República (membros do Congresso Nacional e Presidente da República), é sempre da *jurisdição* e não de órgãos da administração superior daquelas instituições.

De outro lado, e como já salientamos, há imunidade *material* para os agentes diplomáticos e seus familiares, sendo incabível, por isso mesmo, a imposição de qualquer prisão (já que inexistente ou impunível o crime). Ver Convenção de Viena, 1963, e Decreto nº 56.435/65.

Quanto aos agentes consulares, a imunidade material se limita apenas aos crimes praticados no exercício de suas funções, podendo os funcionários do Consulado ser presos cautelarmente (flagrante delito, prisão temporária e prisão preventiva), nos demais casos. Ver Decreto nº 61.078/67.

Jurisprudência

304.2.2. [...] As medidas cautelares fixadas têm expresso fundamento no decidido por este Supremo Tribunal Federal, no julgamento da ADI 5.526/DF, em que se assentou ter o Poder Judiciário competência para impor, por autoridade própria, as medidas cautelares a que se refere o art. 319 do Código de Processo Penal e que somente se encaminhará à Casa Legislativa a que pertencer o parlamentar, para os fins a que se refere o art. 53, § 2º, da Constituição, a decisão cuja execução impossibilitar, direta ou indiretamente, o exercício regular de mandato parlamentar. 4. Desnecessidade de se oficiar à Casa Legislativa, nos termos do art. 53, §2º, da Constituição Federal, pois as medidas cautelares impostas não impossibilitam, direta ou indiretamente, o pleno e regular exercício do mandato parlamentar, inclusive o monitoramento eletrônico, que não impede o exercício do mandato, conforme já decidido por esta CORTE (AP 1.044 Ref, de minha relatoria) [...] *(Inquérito 4.870-Mérito, STF, Plenário, Rel. Min. Ricardo Lewandowski, por maioria, sessão virtual de 24.6.2023 a 1.7.2023, publicado no DJ em 15.8.2023)*

304.2.2. [...] 1. As medidas cautelares fixadas têm expresso fundamento no decidido por este Supremo Tribunal Federal, no julgamento da ADI 5.526/DF, onde se assentou ter o Poder Judiciário competência para impor, por autoridade própria, as medidas cautelares a que se refere o art. 319 do Código de Processo Penal e que, somente se encaminhará à Casa Legislativa a que pertencer o parlamentar, para os fins a que se refere o art. 53, § 2º, da Constituição, a decisão cuja execução impossibilitar, direta ou indiretamente, o exercício regular de mandato parlamentar.

2. Desnecessidade de se oficiar à Casa Legislativa, nos termos do art. 53, §2º da Constituição Federal, pois as medidas cautelares impostas não impossibilitam, direta ou indiretamente, o pleno e regular exercício do mandato parlamentar, inclusive o monitoramento eletrônico, que não impede o exercício do mandato, conforme já decidido por esta CORTE (HC 191.729, Rel. Min. CÁRMEN LÚCIA, DJe de 14/10/2020).

3. A jurisprudência desta SUPREMA CORTE é pacífica no sentido da possibilidade de adoção de medidas cautelares nas dependências dos gabinetes dos parlamentares no Congresso Nacional, sem que isso represente violação ao princípio da separação dos três poderes (AC 4.005-AgR/DF, Rel. Min. TEORI ZAVASCKI; AC 4.070/DF, Rel. Min. TEORI ZAVASCKI; AC 4.297/DF, Rel. Min. EDSON FACHIN; AC 4.326/DF, Rel. Min. EDSON FACHIN; AC 4.388/DF, Rel. Min. EDSON FACHIN; AC 4.392/DF, Rel. Min. EDSON FACHIN; Inq 4.112/DF, Rel. Min. EDSON FACHIN; Pet 7.159/DF, Rel. Min. ALEXANDRE DE MORAES; Pet 8.261/DF, Rel. Min. CELSO DE MELLO; Rcl 25.537/DF, Rel. Min. EDSON FACHIN).

4. Fixação de multa diária de R$ 15.000,00 (quinze mil reais), no caso de descumprimento de qualquer das medidas cautelares determinadas (art. 3º do Código de Processo Penal e dos arts. 77, IV e 139, IV, ambos do Código de Processo Civil) e bloqueio imediato de todas as contas bancárias do réu, como garantia do cumprimento da multa diária.

5. Ampliação da zona de inclusão do monitoramento eletrônico, que deverá ser restrita ao Estado do Rio de Janeiro, onde o réu exerce seu mandato parlamentar, ficando autorizado o seu deslocamento ao Distrito Federal, para os fins do pleno exercício do mandato parlamentar.

6. Determinação de instauração de inquérito, a ser distribuído por prevenção à presente ação penal, para apuração do crime do art. 359 do Código Penal ("Desobediência a decisão judicial sobre perda ou suspensão de direito").

7. Decisão monocrática referendada. *(Procedimento 1044, O Tribunal, por maioria, referendou as medidas impostas, nos termos do art. 282, §§ 4º e 6º, c/c art. 319, VI, do Código de Processo Penal. Plenário, Sessão Virtual Extraordinária de 1º.4.2022 (00h00) a 1º.4.2022 (23h59).*

304.2.2. [...] 3. A imunidade formal prevista constitucionalmente somente permite a prisão de parlamentares em flagrante delito por crime inafiançável, sendo, portanto, incabível aos congressistas, desde a expedição do diploma, a aplicação de qualquer outra espécie de prisão cautelar, inclusive de prisão preventiva prevista no artigo 312 do Código de Processo Penal. 4. O Poder Judiciário dispõe de competência para impor aos parlamentares, por autoridade própria, as medidas cautelares a que se refere o art. 319 do Código de Processo Penal, seja em substituição de prisão em flagrante delito por crime inafiançável, por constituírem medidas individuais e específicas menos gravosas; seja autonomamente, em circunstâncias de excepcional gravidade. 5. Os autos da prisão em flagrante delito por crime inafiançável ou a decisão judicial de imposição de medidas cautelares que impossibilitem, direta ou indiretamente, o pleno e regular exercício do mandato parlamentar e de suas funções legislativas, serão remetidos dentro de vinte e quatro horas a Casa respectiva, nos termos do § 2º do artigo 53 da Constituição Federal, para que, pelo voto nominal e aberto da maioria de seus membros, resolva sobre a prisão ou a medida cautelar. [...] *(ADI n. 5.526-DF, STF, Plenário, Rel. Min. Edson Fachin, julgado em 11.10.2017, publicado no DJ em 7.8.2018. O Tribunal, por maioria, julgou parcialmente procedente a ação direta de inconstitucionalidade, assentando que o Poder Judiciário dispõe de competência para impor, por autoridade própria, as medidas cautelares a que se refere o art. 319 do Código de Processo Penal, vencido o Mini. Marco Aurélio, que, ao assentar a premissa da inaplicabilidade da referida norma legal a parlamentares, declarava o prejuízo do pedido. Prosseguindo no julgamento, o Tribunal, também por votação majoritária, deliberou que se encaminhará à Casa Legislativa a que pertencer o parlamentar, para os fins a que se refere o art. 53, § 2º, da Constituição, a decisão pela qual se aplique medida cautelar, sempre que a execução desta impossibilitar, direta ou indiretamente, o exercício regular de mandato parlamentar, vencidos no ponto os Ministros Edson Fachin (Relator), Roberto Barroso, Rosa Weber, Luiz Fux e Celso de Mello. Redator para o acórdão o Min. Alexandre de Moraes)*

304.2.2. [...] 3. As condutas praticadas pelo parlamentar foram perpetradas em âmbito virtual, por meio da publicação e divulgação de vídeos em mídia digital ("YouTube") durante todo o dia, com constante interação do mesmo, situação que configura crime permanente enquanto disponível ao acesso de todos, ainda que por curto espaço de tempo, permitindo a prisão em flagrante do agente. [...]

4. Nos termos do art. 324, IV, do Código de Processo Penal, não será autorizada a fiança quando presentes os motivos que autorizam a decretação da prisão preventiva. A presença dos requisitos autorizadores da prisão preventiva afasta a afiançabilidade do crime, permitindo a prisão em flagrante do parlamentar. Precedente da Corte: AC 4.039 Ref-MC/DF, Rel. Min. Teori Zavascki, Segunda Turma.

5. Necessidade de que a Câmara dos Deputados, nos termos do § 2º, do art. 53, da Constituição Federal, resolva, pela maioria absoluta de seus membros, em votação nominal e aberta, sobre a prisão do parlamentar.

6. Decisão referendada. Manutenção da prisão em flagrante do parlamentar por crime inafiançável. *(Referendo no Inquérito nº 4.781/DF, STF, Plenário, unânime, Rle. Min. Alexandre de Moraes, julgado em sessão por videoconferência em 17.2.2021, publicado no DJ em 14.5.2021)*

304.2.2. [...] Prisão cautelar. Senador da República. Situação de flagrância. Presença dos requisitos da prisão preventiva. Inafiançabilidade. Cabimento da prisão cautelar (art. 53, § 2º, da CF). [...] (*Referendo na Ação Cautelar nº 4.039, STF, 2ª Turma, unânime, Rel. Min. Teori Zavascki, julgado em 25.11.2015, publicado no DJ em 13.5.2016*).

304.2.2. [...] Parlamentar. Deputado Estadual. Execução provisória da pena. Possibilidade. Imunidade formal. Art. 53, § 2º, CF. Restrição apenas à prisão cautelar diversa do flagrante. [...] A imunidade formal assegura, em uma de suas dimensões, a inarrestabilidade, ou seja, relativa coercibilidade pessoal (*freedom from arrest*), restringindo a prisão provisória ou cautelar apenas à hipótese de prisão em flagrante por crime inafiançável. 4. A garantia de atuação plena no mandato, com custódia cautelar restringida à extrema situação de flagrância por crime inafiançável, em nada interfere no cumprimento da pena criminal. [...] *(Agravo Regimental nos Embargos de Divergência em Recurso Especial nº 1.262.099-RR, STJ, 3ª Seção, Rel. Min. Nefi Cordeiro, julgado em 26.10.2016, publicado no DJ em 24.11.2016).*

304.2.2. [...] 2. Os elementos contidos nos autos impõem interpretação que considere mais que a regra proibitiva da prisão de parlamentar, isoladamente, como previsto no art. 53, § 2º, da Constituição da República. Há de se buscar interpretação que conduza à aplicação efetiva e eficaz do sistema constitucional como um todo. A norma constitucional que cuida da imunidade parlamentar e da proibição de prisão do membro do órgão legislativo não pode ser tomada em sua literalidade, menos ainda como regra isolada no sistema constitucional. Os princípios constitucionais determinam a interpretação e a aplicação corretas da norma, sempre se considerando os fins a que ela se destina [...] (*Habeas Corpus nº 89.417-RO, STF, 1ª Turma, Rel. Min. Cármen Lúcia, maioria, publicado no DJ em 22.8.2006*).

304.2.2. [...], Entretanto, no caso, a questão deve se resolver à luz do princípio da proporcionalidade, uma vez que sendo a liberdade a regra e a prisão a exceção neste momento processual, não se justifica manter o acusado preso em infração que admite fiança, mormente quando a pena privativa de liberdade em tese projetada não seja superior a quatro anos. Ordem concedida (*Habeas Corpus nº 59.009-SP, STJ, 6ª Turma, Rel. Min. Maria Thereza de Assis Moura, julgado em 28.11.2006, publicado no DJ em 3.9.2007*).

304.2.3. As infrações de menor potencial ofensivo: Nos termos do art. 69, parágrafo único, da Lei nº 9.099/95, não será autuado em flagrante aquele que se comprometer a comparecer ao Juizado Especial Criminal, nas infrações consideradas de menor potencial ofensivo (pena máxima até dois anos – art. 61).

A nosso juízo, ainda quando não cumprida a exigência, não se poderá *restaurar* uma situação de flagrante já desaparecida. E, mais. É de se atentar para o fato de que, em tais situações, pena máxima até dois anos, a imposição de pena privativa ao final do processo é absolutamente improvável. A cautela, no ponto, superaria o resultado final do processo, mostrando-se evidentemente excessiva.

No caso de violência doméstica, será possível a manutenção da prisão, *via decretação da preventiva*, quando destinada a garantir a execução das medidas protetivas de urgência previstas na Lei nº 11.340/2006 (ver art. 313, VI, CPP), salvo se entender o juiz de determinar alguma outra medida cautelar, como o afastamento do lar ou do convívio (art. 69, parágrafo único, Lei nº 9.099/95). Refira-se, por oportuno, que a Lei nº 13.641, de 3 de abril de 2018, inseriu na Lei Maria da Penha a previsão do crime de descumprimento de medidas protetivas de urgência (art. 24-A), com pena de reclusão, de 2 a 5 anos, e multa.

304.3. Testemunhas presenciais: Não impedirá a prisão a ausência de testemunhas no momento ou no local, devendo o auto de prisão, porém, ser assinado pelo condutor, e por duas testemunhas que deverão acompanhar a apresentação do preso. Normalmente, são agentes da polícia que cumprem semelhante missão.

Se o réu se recusar, não souber ou não puder assinar o auto, deverão fazê-lo também duas testemunhas, após a sua leitura (dele, auto de prisão).

304.4. Disposições específicas sobre a proteção dos filhos dos presos em flagrante: De forma similar ao que adicionado aos arts. 6º e 185, CPP, a Lei nº 13.257, de 8.3.2016, acrescentou o inciso IV ao art. 304 do CPP, dispondo que "*da lavratura do auto de prisão em flagrante deverá constar a informação sobre a existência de filhos, respectivas idades e se possuem alguma deficiência e o nome e o contato de eventual responsável pelos cuidados dos filhos, indicado pela pessoa presa*". A finalidade do dispositivo decorre da regra do art. 227 da Constituição Federal, que impõe vários deveres ao Estado, notadamente de proteção na maior medida possível à criança, ao jovem e ao adolescente. Assim, em caso de um preso em flagrante possuir filhos que, legalmente, sejam crianças, jovens ou adolescentes, ou ainda que possuam alguma deficiência, deverá haver a colheita dos dados de quem seriam os responsáveis indicados pelo preso, tudo como forma de que sejam adotadas providências mais rápidas para a proteção dos menores ou incapazes enquanto durar a prisão daqueles que possuam o exercício do poder familiar *(vide similares providências a serem adotadas nos termos dos arts. 185 e 304, CPP)*. Compreendemos que esta providência seja relevante mesmo que haja outro familiar que também exerça o poder familiar e não esteja presa.

Art. 305. Na falta ou no impedimento do escrivão, qualquer pessoa designada pela autoridade lavrará o auto, depois de prestado o compromisso legal.

No art. 107, CPP, há referência às causas de suspeição das *autoridades policiais*, o que, à evidência, não inclui os escrivães (da polícia).

Já no art. 112, CPP, a alusão aos impedimentos e incompatibilidades limita-se aos servidores da justiça e não àqueles integrantes da polícia.

A norma em comento, portanto, traduz mera e dispensável gestão administrativa, com o objetivo de legitimar o ato prisional na ausência do responsável.

Parece-nos inteiramente dispensável a tomada de compromisso do servidor em substituição. Essa (a substituição) decorre de Lei (orgânica ou geral, da Administração Pública).

Art. 306. A prisão de qualquer pessoa e o local onde se encontre serão comunicados imediatamente ao juiz competente, ao Ministério Público e à família do preso ou à pessoa por ele indicada. (Redação dada pela Lei nº 12.403, de 2011)

§ 1º Em até 24 (vinte e quatro) horas após a realização da prisão, será encaminhado ao juiz competente o auto de prisão em flagrante e, caso o autuado não informe o nome de seu advogado, cópia integral para a Defensoria Pública. (Redação dada pela Lei nº 12.403, de 2011)

§ 2º No mesmo prazo, será entregue ao preso, mediante recibo, a nota de culpa, assinada pela autoridade, com o motivo da prisão, o nome do condutor e os das testemunhas. (Redação dada pela Lei nº 12.403, de 2011)

306.1. Comunicação da prisão: Já na Constituição da República se encontra a exigência de comunicação imediata da prisão *aos familiares ou à pessoa por ele indicada* (art. 5º, LXII), além do juiz competente. É ali exigida também a identificação dos executores da prisão (LXIV).

A Lei nº 11.449/07, dando nova redação ao texto, não deixou margem a dúvidas, traduzindo a expressão "*imediatamente*" por *em vinte e quatro horas*, o que nos parece inteiramente acertado, sendo mantida pela redação conferida pela Lei nº 12.403/11.

Mais que isso. Antes, havia sido incluída a Defensoria Pública entre aqueles que deveriam ser comunicados da prisão, sempre que o aprisionado não indicasse advogado no momento da prisão. Relevantíssima alteração, mantida no art. 289-A, § 4º, CPP. Ora, como toda prisão deve decorrer de ordem escrita e fundamentada da autoridade judiciária competente – ressalvado o flagrante –, nada mais acertado que permitir-se, desde logo, à saída, a manifestação da defesa, para fins de obtenção, ou não, da restituição da liberdade, ainda que com a imposição de alguma das medidas cautelares eventualmente cabíveis (art. 310, § 1º, CPP).

Já defendíamos também que, embora não expresso, mas presente na prática forense, a prisão deveria também ser comunicada ao membro do Ministério Público, titular da ação penal, o que, por si só, justifica a providência. Agora, nos termos da Lei nº 12.403/11, impôs-se a *obrigatoriedade* de comunicação *também* ao Ministério Público, embora não se tenha exigido o encaminhamento a ele do auto de prisão em flagrante, conforme o disposto no § 1º.

Ora, como poderá o *parquet* examinar, e, se for o caso, requerer a decretação da preventiva (manutenção do flagrante), se não tiver vista do referido auto de prisão em flagrante?

Devem acompanhar a comunicação todas as inquirições feitas até aquele momento, de modo a permitir uma mais ampla compreensão do fato e de suas circunstâncias.

Jurisprudência

306.1. [...] O art. 306 do Código de Processo Penal, com a nova redação dada pela Lei nº 11.449/2007, determina à autoridade policial que remeta à Defensoria Pública, no prazo de 24 horas, cópia integral do auto de prisão em flagrante, caso o autuado não informe o nome de seu advogado. *In casu*, não houve violação da determinação legal, pois, segundo consta dos autos, o paciente estava acompanhado por advogado no momento da lavratura do auto de prisão em flagrante. [...] (*Habeas Corpus nº 224.666-RS, STJ, 6ª Turma, Rel. Min. Sebastião Reis Júnior, julgado em 22.3.2012, publicado no* DJ *em 18.4.2012*).

306.1. [...] O despacho homologatório de prisão em flagrante constitui mero exame de formalidades legais, motivo pelo qual prescinde de fundamentação, somente exigida no caso de deferimento ou relaxamento da prisão ou de concessão de liberdade, o que, entretanto, não configura a hipótese sob análise. Precedentes do STJ. Sendo induvidosa a ocorrência do crime e presentes suficientes indícios de autoria, não há ilegalidade na decisão que mantém a custódia cautelar do paciente, se presentes os temores receados pelo art. 312 do CPP. *In casu*, além de comprovada a materialidade do delito e de indícios suficientes de autoria, a prisão cautelar foi decretada para garantir a ordem pública, tendo em vista o risco real de reiteração criminosa, uma vez que a paciente já foi condenada em outro processo pela prática de roubo circunstanciado. Recurso desprovido, em conformidade com o parecer ministerial (*Recurso Ordinário em Habeas Corpus nº 28.470/DF, STJ, 5ª Turma, Rel. Min. Napoleão Nunes Maia Filho, julgado em 26.8.2010, publicado no* DJ *em 4.10.2010*).

306.2. Incompetência do juiz: A exigência de comunicação ao juiz competente decorre da Constituição e não só da lei. É que caberá a ele o exame da regularidade do ato, bem como a apreciação acerca da necessidade da decretação da preventiva ou da imposição de alguma das medidas cautelares pessoais (art. 319 e art. 320, CPP).

Sendo *ilegal* a prisão, ou seja, procedida sem observância dos requisitos legais, deverá ela ser *relaxada* pela autoridade judiciária.

Ter-se-á por ilegal a prisão, então, se e quando a prisão for comunicada ao juiz incompetente para o exame da validade da prisão e de sua manutenção. A ilegalidade do ato repousará tanto na incompetência do juízo quanto na demora de sua apreciação.

A Lei fala em *comunicação imediata* da prisão, sem se referir, contudo, ao prazo máximo da providência. No entanto, como se estabeleceu o prazo de *vinte e quatro horas* para o encaminhamento do auto de prisão em flagrante, deve o juiz a quem este for encaminhado, repassá-lo àquele que entende ser o competente, se ainda no prazo.

Se a comunicação já for feita após o prazo legal (de 24 horas) deve o juiz, ainda quando se julgar incompetente, determinar o *relaxamento* da prisão. É que todo e qualquer magistrado exerce uma função essencial, do ponto de vista das liberdades públicas: a de *garantidor* dos direitos e garantias individuais, sobretudo aqueles apontados na ordem constitucional. Nesse sentido, de proteção imediata e urgente do jurisdicionado, todo juiz há que ser tido por constitucionalmente competente.

306.3. Nota de culpa: É da essência do CPP, e já aqui o afirmamos repetidas vezes, a antecipação da culpabilidade. O aprisionado em flagrante é, então, considerado e tratado como se culpado fosse.

Daí não ser surpresa a denominação de *nota de culpa* ao comprovante de recolhimento da pessoa, mediante recibo, devendo constar do documento os motivos da prisão, o nome dos condutores e das testemunhas do ato prisional.

O objetivo, porém, é o de identificação dos responsáveis pela prisão, bem como de sua data e horário, para todos os fins de direito (duração máxima da prisão provisória, cumprimento de pena etc.).

306.4. Audiência de custódia. Faz-se a devida análise do tema no bojo do art. 306 do CPP diante, sobretudo, do PLS nº 554/2011 e do disposto na Lei nº 13.964/2019, que alterou a redação do art. 310 do CPP para estabelecer alguns parâmetros atinentes à audiência de custódia.

Originariamente, a proposta era de alteração apenas do § 1º do art. 306, que passaria a dispor que "*no prazo máximo de vinte e quatro horas depois da prisão, o preso deverá ser conduzido à presença do juiz competente, ocasião em que deverá ser apresentado o auto de prisão em flagrante acompanhado de todas as oitivas colhidas e, caso o autuado não informe o nome de seu advogado, cópia integral para a Defensoria Pública*".

Já com o texto final do substitutivo consolidado segundo as Emendas nºs 1, 2, 5, 11 e 13 – CJJ, aprovadas em turno suplementar (atualizado até 22.9.2015), a redação das alterações seria a seguinte:

> Art. 306. A prisão de qualquer pessoa e o local onde se encontre serão comunicados imediatamente pela autoridade policial responsável pela lavratura do auto de prisão em flagrante ao juiz competente, ao Ministério Público e à Defensoria Pública quando não houver advogado habilitado nos autos, bem como à família do preso ou à pessoa por ele indicada.
>
> § 1º Em até 24 (vinte e quatro) horas após a realização da prisão, será encaminhado pela autoridade policial ao juiz competente e ao Ministério Público o auto de prisão em flagrante e, caso o autuado não informe o nome de seu advogado, cópia integral para a Defensoria Pública respectiva.
>
> § 2º O descumprimento do prazo previsto para a apresentação do preso perante o juiz competente, por si só, não enseja o relaxamento da prisão.
>
> § 3º No mesmo prazo, será entregue ao preso, mediante recibo, a nota de culpa, assinada pela autoridade policial, com o motivo da prisão, capitulação jurídica, o nome do condutor e os das testemunhas.

§ 4º Imediatamente após a lavratura do auto de prisão em flagrante, diante da alegação de violação aos direitos fundamentais da pessoa presa, a autoridade policial em despacho fundamentado determinará a adoção das medidas cabíveis para a preservação da integridade do preso, além de determinar a apuração das violações apontadas, instaurando de imediato inquérito policial para apuração dos fatos, requisitando a realização de perícias, exames complementares, também determinando a busca de outros meios de prova cabíveis.

§ 5º No prazo máximo de 24 (vinte e quatro) horas após a lavratura do auto de prisão em flagrante, o preso será conduzido à presença do juiz para ser ouvido, com vistas às medidas previstas no art. 310 e para que se verifique se estão sendo respeitados seus direitos fundamentais, devendo a autoridade judiciária tomar as medidas cabíveis para preservá-los e para apurar eventual violação.

§ 6º Na audiência de custódia de que trata o parágrafo quarto, o juiz ouvirá o Ministério Público, que poderá, caso entenda necessária, requerer a prisão preventiva ou outra medida cautelar alternativa à prisão, em seguida, ouvirá o preso e, após manifestação da defesa técnica, decidirá fundamentadamente, nos termos do art. 310.

§ 7º A oitiva a que se refere o parágrafo anterior será registrada em autos apartados, não poderá ser utilizada como meio de prova contra o depoente e versará, exclusivamente, sobre a legalidade e necessidade da prisão; a prevenção da ocorrência de tortura ou de maus-tratos; e os direitos assegurados ao preso e ao acusado.

§ 8º A oitiva do preso em juízo sempre se dará na presença de seu advogado, ou, se não tiver ou não o indicar, na de Defensor Público, e na do membro do Ministério Público, que poderão inquirir o preso sobre os temas previstos no parágrafo sexto, bem como se manifestar previamente à decisão judicial de que trata o art. 310.

§ 9º Na impossibilidade, devidamente certificada e comprovada, da autoridade judiciária realizar a inquirição do preso quando da sua apresentação, a autoridade custodiante ou a autoridade policial, por meio de seus agentes, tomará recibo do serventuário judiciário responsável, determinando a juntada nos autos neste último caso, retornando com o preso e comunicando o fato de imediato ao Ministério Público, à Defensoria Pública e ao Conselho Nacional de Justiça.

§ 10. Tendo em vista a necessidade de garantir os direitos fundamentais da pessoa presa, a audiência de custódia deverá ser obrigatoriamente realizada no primeiro dia útil subsequente, devendo a autoridade custodiante, sob pena de responsabilidade, reapresentá-lo na data indicada.

§ 11. Nos casos de crimes de competência da Polícia Federal, quando o município do local da lavratura do flagrante delito não coincidir com sede da Justiça Federal, a autoridade custodiante ou a autoridade policial federal deverá determinar a seus agentes que conduza o preso ao Juízo de Direito do local da lavratura da peça flagrancial no prazo máximo de vinte e quatro horas, ocasião em que deverá ser apresentado o auto de prisão em flagrante acompanhado de todas as oitivas colhidas e, caso o autuado não informe o nome de seu advogado, cópia integral para a Defensoria Pública.

Já a Lei nº 13.964/2019 alterou a regra do art. 310 do CPP, passando a prever, expressamente, que, "*após receber o auto de prisão em flagrante, no prazo máximo de até 24 (vinte e quatro) horas após a realização da prisão, o juiz deverá promover audiência de custódia com a presença do acusado, seu advogado constituído ou membro da Defensoria*

Pública e o membro do Ministério Público, e, nessa audiência, o juiz deverá, fundamentadamente: I – relaxar a prisão ilegal; ou II – converter a prisão em flagrante em preventiva, quando presentes os requisitos constantes do art. 312 deste Código, e se revelarem inadequadas ou insuficientes as medidas cautelares diversas da prisão; ou III – conceder liberdade provisória, com ou sem fiança".

No julgamento das ADIs n°s 6.298, 6.299, 6.300 e 6.305, no ano de 2023 o STF atribuiu interpretação conforme ao parágrafo primeiro do art. 3º-B do CPP, para estabelecer que "*o preso em flagrante ou por força de mandado de prisão provisória será encaminhado à presença do juiz das garantias no prazo de 24h, salvo impossibilidade fática, momento em que se realizará a audiência com a presença do Ministério Público e da Defensoria Pública ou de advogado constituído, cabendo, excepcionalmente, o emprego de videoconferência mediante decisão de autoridade judiciaria competente, desde que esse meio seja apto à verificação da integridade do preso e a garantia de todos os seus direitos*". Também aqui a Suprema Corte reconheceu que fere o direito fundamental à inafastabilidade da jurisdição qualquer interpretação que imponha prazos improrrogáveis e se extraia conclusões absolutas de ilegalidade de prisão cautelar, sem permitir uma análise fundamentada da autoridade judiciária competente à luz dos requisitos legais.

Por simetria, conferiu interpretação conforme ao § 4º do art. 310 do CPP ("*Transcorridas 24 (vinte e quatro) horas após o decurso do prazo estabelecido no caput deste artigo, a não realização de audiência de custódia sem motivação idônea ensejará também a ilegalidade da prisão, a ser relaxada pela autoridade competente, sem prejuízo da possibilidade de imediata decretação de prisão preventiva*") para assentar que "*a autoridade judiciária devera avaliar se estão presentes os requisitos para a prorrogação excepcional do prazo ou para sua realização de videoconferência, sem prejuízo da possibilidade de imediata decretação da prisão preventiva*".

Com efeito, a Declaração Universal dos Direitos Humanos prevê que toda pessoa presa ou detida deverá ser levada, *o mais rápido possível*, à presença de uma autoridade judicial. Exatamente é nisso que se constitui a chamada audiência de custódia: a apresentação do preso perante um juiz, permitindo o contato direto de modo a assegurar o respeito aos direitos fundamentais daquele que teve a liberdade limitada pelo ato prisional. Registramos compreensão de que este contato do juiz com o preso não necessariamente precisa ser físico – no mesmo ambiente –, pois entendemos plenamente possível a realização da audiência de custódia, de forma excepcional, por intermédio de videoconferência, mesmo que ausente previsão expressa quanto ao tema, já que hoje regulamentada sua utilização quanto ao interrogatório judicial – art. 185, § 2º, CPP. Reforçam nossa compreensão há muito defendida as razões do veto ao § 1º do art. 3º-B do Código de Processo Penal ("O preso em flagrante ou por força de mandado de prisão provisória será encaminhado à presença do juiz de garantias no prazo de 24 (vinte e quatro) horas, momento em que se realizará audiência com a presença do Ministério Público e da Defensoria Pública ou de advogado constituído, vedado o emprego de videoconferência"). Na Mensagem nº 726, de 24 de dezembro de 2019, o Presidente da República justificou o veto com as seguintes razões: "a propositura legislativa, ao suprimir a possibilidade da realização da audiência por videoconferência, gera insegurança jurídica ao ser incongruente com outros dispositivos do mesmo Código, a exemplo do art. *185 e 222 do Código de Processo Penal, os quais permitem a adoção do sistema de videoconferência em atos processuais de procedimentos e ações penais, além de dificultar a celeridade dos atos processuais e do regular funcionamento da justiça, em ofensa à garantia da razoável duração do processo* [...]". Com efeito, o Brasil é signatário da Convenção Americana dos Direitos Humanos e nela há previsão da audiência de custódia, incidindo ao caso o disposto no art. 5º, § 2º, CF: "*os direitos e garantias expressos nesta Constituição não excluem outros decorrentes do regime e dos princípios por ela adotados, ou dos tratados internacionais em que a República Federal do Brasil seja parte*".

Assim, aplicável ao Brasil a regra do art. 2º da CADH no sentido de que se os direitos e liberdades mencionados no art. 1º ainda não estiverem garantidos por disposições legislativas ou de outra natureza, os Estados-partes comprometem-se a adotar, *de acordo com suas normas constitucionais*, as medidas legislativas *ou de outra natureza* que forem necessárias para tornar efetivos tais direitos e liberdades.

Impende referir que consta expressamente ainda no item nº 5 do art. 7º do Pacto de San José da Costa rica que toda pessoa presa deverá ser conduzida "*sem demora*" à presença de um juiz, cuja finalidade precípua da regra é exatamente a possibilidade de averiguação – o mais rápido possível – de eventual ilegalidade na prisão efetuada.

Na legislação brasileira vigente, há previsão genérica de que o simples envio dos autos de prisão em flagrante no prazo de 24 horas (art. 306, § 1º, CPP) já teria o condão de atender à previsão convencional. Entretanto, como bem anota Mauro Fonseca Andrade em excelente obra sobre o tema (ANDRADE, Mauro Fonseca; e outro. *Audiência de custódia no processo penal brasileiro*. 2. ed. Porto Alegre: Livraria do Advogado Editora, 2017), este entendimento se caracterizaria como contrário à evolução e compatibilização do Direito Penal e os direitos humanos.

A previsão legal vigente hoje não é suficiente para atender os princípios e regras norteadoras especialmente do Pacto de San José da Costa Rica, na medida em que esta aferição direta e pessoal pelo magistrado das condições em que efetuada a prisão não tem como ser plenamente atendida pela mera remessa apenas do auto ao juiz no prazo estipulado, muito menos possibilita a aferição de hipótese de eventual cautelar substitutiva (se ausentes os pressupostos da prisão preventiva).

Diante deste verdadeiro vácuo (e longo débito na edição de legislação para regulamentar o tema), o Conselho Nacional de Justiça teve a iniciativa (em conjunto inicialmente com o Tribunal de Justiça de São Paulo) de implantar a audiência de custódia no país, conforme consta do Provimento Conjunto nº 3/2015. Em princípio, o diploma só valeria para o Estado de São Paulo, e seu art. 2º diz claramente que a aplicabilidade da audiência de custódia será *gradativa*, obedecendo a cronograma de afetação dos distritos policiais aos juízes competentes. No entanto, vários outros Tribunais já aderiram à medida (como são os casos dos Estados de Minas Gerais, Maranhão, Rio de Janeiro, Espírito Santo etc.).

O regulamento traz proposta de solução para alguns problemas, como, por exemplo, qual seria o prazo definido pela lei como "sem demora" (24 horas, de acordo com o art. 1º – *critério também adotado pelo PLS 554/2011*), se haveria participação do defensor do detido e do Ministério Público (sim, conforme os arts. 5º e 6º), e se a autoridade em questão poderia ser um Delegado de Polícia (não, a competência para presidir a audiência é exclusivamente de um magistrado, nos termos do art. 3º).

Há críticas (e algumas relevantes, sem dúvidas) no sentido de que não poderia o CNJ editar referida regulamentação, reservada *exclusivamente* para lei em sentido estrito (atribuição do Poder Legislativo). Em 20.8.2015, o Supremo Tribunal Federal enfrentou a questão (ADI 5.240, autora Associação dos Delegados de Polícia do Brasil e julgou improcedente o pedido), entendendo que a iniciativa do CNJ/TJSP se coaduna com o Pacto de San José da Costa Rica, que por sua vez tem *status* supralegal, e que não houve inovação jurídica – apenas explicitação de conteúdo normativo já existente, e seria impositivo, obrigatório ao ordenamento jurídico interno. Temos entendimento no sentido da validade de tal regulamentação (embora reconheçamos como de relevo argumentos em sentido contrário) e compreendemos que, por uma excepcionalidade diante da inércia do legislador pátrio, poderia o CNJ adotar providências (art. 92, CF/88 c/c o art. 103-B, I, ambos da Constituição da República) para tentar ordenar da melhor forma o sistema vigente às convenções internacionais até que a legislação em sentido estrito seja editada, especialmente se a finalidade for a criação de procedimentos para a melhor proteção de direitos fundamentais do preso.

De qualquer modo, quanto à audiência de custódia em si, há se observar que nela não há espaço para uma eventual análise da versão defensiva quanto aos fatos, contraditório e realização de um verdadeiro interrogatório. Exatamente por isso é que o § 7º (após o substitutivo de setembro de 2015) que se pretende incluir no art. 306 do CPP (PLS 554/2011) prevê que "*a oitiva a que se refere o parágrafo anterior será registrada em autos apartados, não poderá ser utilizada como meio de prova contra o depoente e versará, exclusivamente, sobre a legalidade e necessidade da prisão; a prevenção da ocorrência de tortura ou de maus-tratos; e os direitos assegurados ao preso e ao acusado*".

Portanto, não há possibilidade neste momento para uma incursão acerca das circunstâncias e elementares do delito sob suspeita. A audiência de custódia destina-se exclusivamente ao exame direto pelo juiz da observância dos requisitos legais para a custódia e se há, de fato, necessidade para a manutenção da prisão, notadamente a viabilidade de aplicação de medidas cautelares diversas da preventiva. Naturalmente que as partes (Ministério Público e Defesa) devem também ser ouvidas, mas não para fins de esclarecimento do crime e para a inquirição do preso sobre os fatos. Então a advertência: todo cuidado aqui é pouco e a regulamentação não poderá entrar nestas searas. Exatamente foi nesse sentido a alteração promovida pela Lei nº 13.964/2019 ao art. 310 do CPP.

Remetemos novamente para as consistentes análises críticas quanto à audiência de custódia na obra antes mencionada, deixando consignado que não vemos incompatibilidade em adoção do prazo de 24 horas para a realização do ato (em atendimento à exigência de que o preso deveria ser apresentado "sem demora" ao juiz), sem embargo de que, diante das peculiaridades do caso concreto – notadamente as distâncias do país continental que é o Brasil – se possa ter, excepcionalidade (mas sempre com bastante rigor na fundamentação e justificação) uma elasticidade no prazo que atenderia ao preceito geral de proteção dos direitos fundamentais do preso, sem porém descurar do relevante interesse coletivo também presente no caso. Talvez por isso é que, no substitutivo, se tenha previsto que (§ 2º do art. 306 do CPP segundo a consolidação de setembro de 2015) "o descumprimento do prazo previsto para a apresentação do preso perante o juiz competente, por si só, não enseja o relaxamento da prisão". Nesse sentido, remetemos às ponderações destacadas no item 310.1.

Convém referir ainda que, em 15 de dezembro de 2015, o Conselho Nacional de Justiça – CNJ, seguindo os mesmos moldes da regulamentação anterior, porém mais detalhadamente, editou a Resolução nº 213 (que dispõe sobre a apresentação de toda pessoa presa à autoridade judicial no prazo de 24 horas), com aplicabilidade a partir de 1º de fevereiro de 2016 (art. 17).Essas regras procedimentais, em nosso sentir, não colidem com as previsões agora incorporadas (mesmo que sem detalhamentos) pela Lei nº 13.964/2019.

A Resolução nº 213 do STJ tem o seguinte teor:

Art. 1º Determinar que toda pessoa presa em flagrante delito, independentemente da motivação ou natureza do ato, seja obrigatoriamente apresentada, em até 24 horas da comunicação do flagrante, à autoridade judicial competente, e ouvida sobre as circunstâncias em que se realizou sua prisão ou apreensão.

§ 1º A comunicação da prisão em flagrante à autoridade judicial, que se dará por meio do encaminhamento do auto de prisão em flagrante, de acordo com as rotinas previstas em cada Estado da Federação, não supre a apresentação pessoal determinada no *caput*.

§ 2º Entende-se por autoridade judicial competente aquela assim disposta pelas leis de organização judiciária locais, ou, salvo omissão, definida por ato normativo do Tribunal de Justiça ou Tribunal Federal local que instituir as audiências de apresentação, incluído o juiz plantonista.

§ 3º No caso de prisão em flagrante delito da competência originária de Tribunal, a apresentação do preso poderá ser feita ao juiz que o Presidente do Tribunal ou Relator designar para esse fim.

§ 4º Estando a pessoa presa acometida de grave enfermidade, ou havendo circunstância comprovadamente excepcional que a impossibilite de ser apresentada ao juiz no prazo do *caput*, deverá ser assegurada a realização da audiência no local em que ela se encontre e, nos casos em que o deslocamento se mostre inviável, deverá ser providenciada a condução para a audiência de custódia imediatamente após restabelecida sua condição de saúde ou de apresentação.

§ 5º O CNJ, ouvidos os órgãos jurisdicionais locais, editará ato complementar a esta Resolução, regulamentando, em caráter excepcional, os prazos para apresentação à autoridade judicial da pessoa presa em Municípios ou sedes regionais a serem especificados, em que o juiz competente ou plantonista esteja impossibilitado de cumprir o prazo estabelecido no *caput*.

Art. 2º O deslocamento da pessoa presa em flagrante delito ao local da audiência e desse, eventualmente, para alguma unidade prisional específica, no caso de aplicação da prisão preventiva, será de responsabilidade da Secretaria de Administração Penitenciária ou da Secretaria de Segurança Pública, conforme os regramentos locais.

Parágrafo único. Os tribunais poderão celebrar convênios de modo a viabilizar a realização da audiência de custódia fora da unidade judiciária correspondente.

Art. 3º Se, por qualquer motivo, não houver juiz na comarca até o final do prazo do art. 1º, a pessoa presa será levada imediatamente ao substituto legal, observado, no que couber, o § 5º do art. 1º.

Art. 4º A audiência de custódia será realizada na presença do Ministério Público e da Defensoria Pública, caso a pessoa detida não possua defensor constituído no momento da lavratura do flagrante.

Parágrafo único. É vedada a presença dos agentes policiais responsáveis pela prisão ou pela investigação durante a audiência de custódia.

Art. 5º Se a pessoa presa em flagrante delito constituir advogado até o término da lavratura do auto de prisão em flagrante, o Delegado de polícia deverá notificá-lo, pelos meios mais comuns, tais como correio eletrônico, telefone ou mensagem de texto, para que compareça à audiência de custódia, consignando nos autos.

Parágrafo único. Não havendo defensor constituído, a pessoa presa será atendida pela Defensoria Pública.

Art. 6º Antes da apresentação da pessoa presa ao juiz, será assegurado seu atendimento prévio e reservado por advogado por ela constituído ou defensor público, sem a presença de agentes policiais, sendo esclarecidos por funcionário credenciado os motivos, fundamentos e ritos que versam a audiência de custódia.

Parágrafo único. Será reservado local apropriado visando a garantia da confidencialidade do atendimento prévio com advogado ou defensor público.

Art. 7º A apresentação da pessoa presa em flagrante delito à autoridade judicial competente será obrigatoriamente precedida de cadastro no Sistema de Audiência de Custódia (SISTAC).

§ 1º (Revogado pela Res. 417/2021)

§ 2º A apresentação da pessoa presa em flagrante delito em juízo acontecerá após o protocolo e distribuição do auto de prisão em flagrante e respectiva nota de culpa perante a unidade judiciária correspondente, dela constando o motivo da prisão, o nome do condutor e das testemunhas do flagrante, perante a unidade responsável para operacionalizar o ato, de acordo com regramentos locais.

§ 3º O auto de prisão em flagrante subsidiará as informações a serem registradas no BNMP 3.0, conjuntamente com aquelas obtidas a partir do relato da própria pessoa autuada. (redação dada pela Resolução n. 417, de 20.9.2021)

§ 4º (Revogado pela Res. 417/2021).

Art. 8º Na audiência de custódia, a autoridade judicial entrevistará a pessoa presa em flagrante, devendo:

I – esclarecer o que é a audiência de custódia, ressaltando as questões a serem analisadas pela autoridade judicial;

II – assegurar que a pessoa presa não esteja algemada, salvo em casos de resistência e de fundado receio de fuga ou de perigo à integridade física própria ou alheia, devendo a excepcionalidade ser justificada por escrito;

III – dar ciência sobre seu direito de permanecer em silêncio;

IV – questionar se lhe foi dada ciência e efetiva oportunidade de exercício dos direitos constitucionais inerentes à sua condição, particularmente o direito de consultar-se com advogado ou defensor público, o de ser atendido por médico e o de comunicar-se com seus familiares;

V – indagar sobre as circunstâncias de sua prisão ou apreensão;

VI – perguntar sobre o tratamento recebido em todos os locais por onde passou antes da apresentação à audiência, questionando sobre a ocorrência de tortura e maus-tratos e adotando as providências cabíveis;

VII – verificar se houve a realização de exame de corpo de delito, determinando sua realização nos casos em que:

a) não tiver sido realizado;

b) os registros se mostrarem insuficientes;

c) a alegação de tortura e maus-tratos referir-se a momento posterior ao exame realizado;

d) o exame tiver sido realizado na presença de agente policial, observando-se a Recomendação CNJ 49/2014 quanto à formulação de quesitos ao perito;

d) o exame tiver sido realizado na presença de agente policial, observando-se a Resolução CNJ no XXXX quanto à formulação de quesitos ao (à) perito(a)

VIII – abster-se de formular perguntas com finalidade de produzir prova para a investigação ou ação penal relativas aos fatos objeto do auto de prisão em flagrante;

IX – adotar as providências a seu cargo para sanar possíveis irregularidades;

X – averiguar, por perguntas e visualmente, hipóteses de gravidez, existência de filhos ou dependentes sob cuidados da pessoa presa em flagrante delito, histórico de doença grave, incluídos os transtornos mentais e a dependência química, para analisar o cabimento de encaminhamento assistencial e da concessão da liberdade provisória, sem ou com a imposição de medida cautelar.

§ 1º Após a oitiva da pessoa presa em flagrante delito, o juiz deferirá ao Ministério Público e à defesa técnica, nesta ordem, reperguntas compatíveis com a natureza do ato, devendo indeferir as perguntas relativas ao mérito dos fatos que possam constituir eventual imputação, permitindo-lhes, em seguida, requerer:

I – o relaxamento da prisão em flagrante;

II – a concessão da liberdade provisória sem ou com aplicação de medida cautelar diversa da prisão;

III – a decretação de prisão preventiva;

IV – a adoção de outras medidas necessárias à preservação de direitos da pessoa presa.

§ 2º A oitiva da pessoa presa será registrada, preferencialmente, em mídia, dispensando-se a formalização de termo de manifestação da pessoa presa ou do conteúdo das postulações das partes, e ficará arquivada na unidade responsável pela audiência de custódia.

§ 3º A ata da audiência conterá, apenas e resumidamente, a deliberação fundamentada do magistrado quanto à legalidade e manutenção da prisão, cabimento de liberdade provisória sem ou com a imposição de medidas cautelares diversas da prisão, considerando-se o pedido de cada parte, como também as providências tomadas, em caso da constatação de indícios de tortura e maus-tratos.

§ 4º Concluída a audiência de custódia, cópia da sua ata será entregue à pessoa presa em flagrante delito, ao Defensor e ao Ministério Público, tomando-se a ciência de todos, e apenas o auto de prisão em flagrante, com antecedentes e cópia da ata, seguirá para livre distribuição.

§ 5º Proferida a decisão que resultar no relaxamento da prisão em flagrante, na concessão da liberdade provisória sem ou com a imposição de medida cautelar alternativa à prisão, ou quando determinado o imediato arquivamento do inquérito, a pessoa presa em flagrante delito será prontamente colocada em liberdade, mediante a expedição de alvará de soltura, e será informada sobre seus direitos e obrigações, salvo se por outro motivo tenha que continuar presa.

Art. 9º A aplicação de medidas cautelares diversas da prisão previstas no art. 319 do CPP deverá compreender a avaliação da real adequação e necessidade das medidas, com estipulação de prazos para seu cumprimento e para a reavaliação de sua manutenção, observando-se o Protocolo I desta Resolução.

§ 1º O acompanhamento das medidas cautelares diversas da prisão determinadas judicialmente ficará a cargo dos serviços de acompanhamento de alternativas penais, denominados Centrais Integradas de Alternativas Penais, estruturados preferencialmente no âmbito do Poder Executivo estadual, contando com equipes multidisciplinares, responsáveis, ainda, pela realização dos encaminhamentos necessários à Rede de Atenção à Saúde do Sistema Único de Saúde (SUS) e à rede de assistência social do Sistema Único de Assistência Social (SUAS), bem como a outras políticas e programas ofertados pelo Poder Público, sendo os resultados do atendimento e do acompanhamento comunicados regularmente ao juízo ao qual for distribuído o auto de prisão em flagrante após a realização da audiência de custódia.

§ 2º Identificadas demandas abrangidas por políticas de proteção ou de inclusão social implementadas pelo Poder Público, caberá ao juiz encaminhar a pessoa presa em flagrante delito ao serviço de acompanhamento de alternativas penais, ao qual cabe a articulação com a rede de proteção social e a identificação das políticas e dos programas adequados a cada caso ou, nas Comarcas em que inexistirem serviços de acompanhamento de alternativas penais, indicar o encaminhamento direto às políticas de proteção ou inclusão social existentes, sensibilizando a pessoa presa em flagrante delito para o comparecimento de forma não obrigatória.

§ 3º O juiz deve buscar garantir às pessoas presas em flagrante delito o direito à atenção médica e psicossocial eventualmente necessária, resguardada a natureza voluntária desses serviços, a partir do encaminhamento ao serviço de acompanhamento de alternativas penais, não sendo cabível a aplicação de medidas cautelares para tratamento ou internação compulsória de pessoas autuadas em flagrante que apresentem quadro de transtorno mental ou de dependência química, em desconformidade com o previsto no art. 4º da Lei 10.216, de 6 de abril de 2001, e no art. 319, inciso VII, do CPP.

Art. 10. A aplicação da medida cautelar diversa da prisão prevista no art. 319, inciso IX, do Código de Processo Penal, será excepcional e determinada apenas quando demonstrada a impossibilidade de concessão da liberdade provisória sem cautelar ou de aplicação de outra medida cautelar menos gravosa, sujeitando-se à reavaliação periódica quanto à necessidade e adequação de sua manutenção, sendo destinada exclusivamente a pessoas presas em flagrante delito por crimes dolosos puníveis com pena privativa de liberdade máxima superior a 4 (quatro) anos ou condenadas por outro crime doloso, em sentença transitada em julgado, ressalvado o disposto no inciso I do *caput* do art. 64 do Código Penal, bem como pessoas em cumprimento de medidas protetivas de urgência acusadas por crimes que envolvam violência doméstica e familiar contra a mulher, criança, adolescente, idoso, enfermo ou pessoa com deficiência, quando não couber outra medida menos gravosa.

Parágrafo único. Por abranger dados que pressupõem sigilo, a utilização de informações coletadas durante a monitoração eletrônica de pessoas dependerá de autorização judicial, em atenção ao art. 5º, XII, da Constituição Federal.

Art. 11. Havendo declaração da pessoa presa em flagrante delito de que foi vítima de tortura e maus-tratos ou entendimento da autoridade judicial de que há indícios da prática de tortura, será determinado o registro das informações, adotadas as providências cabíveis para a investigação da denúncia e preservação da segurança física e psicológica da vítima, que será encaminhada para atendimento médico e psicossocial especializado.

§ 1º Com o objetivo de assegurar o efetivo combate à tortura e maus-tratos, a autoridade jurídica e funcionários deverão observar o Protocolo II desta Resolução com vistas a garantir condições adequadas para a oitiva e coleta idônea de depoimento das pessoas presas em flagrante delito na audiência de custódia, a adoção de procedimentos durante o depoimento que permitam a apuração de indícios de práticas de tortura e de providências cabíveis em caso de identificação de práticas de tortura.

§ 2º O funcionário responsável pela coleta de dados da pessoa presa em flagrante delito deve cuidar para que sejam coletadas as seguintes informações, respeitando a vontade da vítima:

I – identificação dos agressores, indicando sua instituição e sua unidade de atuação;
II – locais, datas e horários aproximados dos fatos;
III – descrição dos fatos, inclusive dos métodos adotados pelo agressor e a indicação das lesões sofridas;
IV – identificação de testemunhas que possam colaborar para a averiguação dos fatos;
V – verificação de registros das lesões sofridas pela vítima;
VI – existência de registro que indique prática de tortura ou maus-tratos no laudo elaborado pelos peritos do Instituto Médico Legal;
VII – registro dos encaminhamentos dados pela autoridade judicial para requisitar investigação dos relatos;
VIII – registro da aplicação de medida protetiva ao autuado pela autoridade judicial, caso a natureza ou gravidade dos fatos relatados coloque em risco a vida ou a segurança da pessoa presa em flagrante delito, de seus familiares ou de testemunhas.

§ 3º Os registros das lesões poderão ser feitos em modo fotográfico ou audiovisual, respeitando a intimidade e consignando o consentimento da vítima.

§ 4º Averiguada pela autoridade judicial a necessidade da imposição de alguma medida de proteção à pessoa presa em flagrante delito, em razão da comunicação ou denúncia da prática de tortura e maus-tratos, será assegurada, primordialmente, a integridade pessoal do denunciante, das testemunhas, do funcionário que constatou a ocorrência da prática abusiva e de seus familiares, e, se pertinente, o sigilo das informações.

§ 5º Os encaminhamentos dados pela autoridade judicial e as informações deles resultantes deverão ser comunicadas ao juiz responsável pela instrução do processo.

Art. 12. O termo da audiência de custódia será apensado ao inquérito ou à ação penal.

Art. 13. A apresentação à autoridade judicial no prazo de 24 horas também será assegurada às pessoas presas em decorrência de cumprimento de mandados de prisão cautelar ou definitiva, aplicando-se, no que couber, os procedimentos previstos nesta Resolução.

Parágrafo único. Todos os mandados de prisão deverão conter, expressamente, a determinação para que, no momento de seu cumprimento, a pessoa presa seja imediatamente apresentada à autoridade judicial que determinou a expedição da ordem de custódia ou, nos casos em que forem cumpridos fora da jurisdição do juiz processante, à autoridade judicial competente, conforme lei de organização judiciária local.

Art. 14. Os tribunais expedirão os atos necessários e auxiliarão os juízes no cumprimento desta Resolução, em consideração à realidade local, podendo realizar os convênios e gestões necessárias ao seu pleno cumprimento.

Art. 15. Os Tribunais de Justiça e os Tribunais Regionais Federais terão o prazo de 90 dias, contados a partir da entrada em vigor desta Resolução, para implantar a audiência de custódia no âmbito de suas respectivas jurisdições.

Parágrafo único. No mesmo prazo será assegurado, às pessoas presas em flagrante antes da implantação da audiência de custódia que não tenham sido apresentadas em outra audiência no curso do processo de conhecimento, a apresentação à autoridade judicial, nos termos desta Resolução.

Art. 16. O acompanhamento do cumprimento da presente Resolução contará com o apoio técnico do Departamento de Monitoramento e Fiscalização do Sistema Carcerário e Execução das Medidas Socioeducativas.

Art. 17. Esta Resolução entra em vigor a partir de 1º de fevereiro de 2016.

Jurisprudência

306.4. [...] (a) O artigo 310 do Código de Processo Penal, que disciplina o procedimento consecutivo à prisão em flagrante, estabeleceu, na redação dada pela Lei 13.964/2019, que Após receber o auto de prisão em flagrante, no prazo máximo de até 24 (vinte e quatro) horas após a realização da prisão, o juiz deverá promover audiência de custódia com a presença do acusado, seu advogado constituído ou membro da Defensoria Pública e o membro do Ministério Público, e, nessa audiência, o juiz deverá, fundamentadamente.

(b) Simultaneamente, a lei ora impugnada incluiu, no artigo 310 do Código de Processo Penal, o § 4º, segundo o qual Transcorridas 24 (vinte e quatro) horas após o decurso do prazo estabelecido no caput deste artigo, a não realização de audiência de custódia sem motivação idônea ensejará também a ilegalidade da prisão, a ser relaxada pela autoridade competente, sem prejuízo da possibilidade de imediata decretação de prisão preventiva.

(c) A imposição da ilegalidade automática da prisão, como consequência jurídica da não realização da audiência de custódia no prazo de 24 horas, fere a razoabilidade, uma vez que desconsidera dificuldades práticas locais de várias regiões do país, bem como dificuldades logísticas decorrentes de operações policiais de considerável porte. A categoria aberta motivação idônea, que excepciona a ilegalidade da prisão, é demasiadamente abstrata e não fornece baliza interpretativa segura para aplicação do dispositivo.

(d) Pelas razões já expendidas quando da análise da constitucionalidade do artigo 3º-B, § 2º, as normas impugnadas devem ser submetidas à técnica da interpretação conforme a Constituição, para adequada observância e aplicação nos casos por ela regidos.

(e) Por conseguinte, deve-se atribuir interpretação conforme ao caput do art. 310 do CPP, alterado pela Lei nº 13.964/2019, para assentar que o juiz, em caso de urgência e se o meio se revelar idôneo, poderá realizar a audiência de custódia por videoconferência.

(f) Confere-se, por fim, interpretação conforme ao § 4º do art. 310 do CPP, incluído pela Lei nº 13.964/2019, para assentar que a autoridade judiciária deverá avaliar se estão presentes os requisitos para a prorrogação excepcional do prazo ou para sua realização por videoconferência, sem prejuízo da possibilidade de imediata decretação de prisão preventiva. [...] *(ADIs 6.298, 6.299, 6.300 e 6.305, STF, Plenário, Rel. Min. Luiz Fux, por maioria, julgamento final em 24.8.2023, publicado no DJ em 19.12.2023)*

306.4. [...] A audiência de custódia constitui, nos termos de iterativa jurisprudência desta Corte, direito subjetivo da pessoa presa, a qual possibilita que o Juízo forme sua opinião sobre a necessidade da prisão durante o processo, assim como sobre a possibilidade de aplicar medidas cautelares alternativas à prisão, conforme estabelecido nos artigos 310 e 318 do Código de Processo Penal. [...] Nos termos da jurisprudência desta Corte, a obrigatoriedade de realização da audiência de custódia não conduz à conclusão de que a sua inobservância implica na nulidade dos atos processuais e no imediato relaxamento da privação cautelar de liberdade, notadamente nos casos em que decretada a prisão preventiva. Precedentes. [...] *(Agravo Regimental na Reclamação nº 66.742, STF, 1ª Turma, Rel. Min. Flávio Dino, julgado em Sessão Virtual de 7.6.2024 a 14.6.2024, publicado no DJ em 25.6.2024).*

306.4. [...] A temática acerca da audiência de custódia sofreu notória modificação fática e legislativa desde o julgamento proferido na ADPF 347-MC, tal como a regulamentação do tema pelo Conselho Nacional de Justiça (Resolução nº 213 de 15/12/2015) e, principalmente, o recente tratamento legal da matéria na legislação processual penal (arts. 287, 310, caput e §§ 3º e 4º do CPP, com redação dada pela Lei 13.964/2019 de 24/12/2019). [...] As próprias normas internacionais que asseguram a realização de audiência de apresentação, a propósito, não fazem distinção a partir da modalidade prisional, considerando o que dispõem a Convenção Americana sobre Direitos Humanos (Artigo 7.5) e o Pacto Internacional sobre Direitos Civis e Políticos (Artigo 9.3). Tais normas se agasalham na cláusula de abertura do § 2º do art. 5º da Constituição Federal. [...] Reclamação julgada procedente, para determinar que se realize, no prazo de 24 horas, audiência de custódia em todas as modalidades prisionais, inclusive prisões temporárias, preventivas e definitivas. *(Reclamação Constitucional nº 29.303-Mérito, STF, Plenário, Rel. Min. Edson Fachin, sessão virtual de 24.2.2023 a 3.3.2023, publicado no DJ em 10.5.2023)*

306.4. [...] 2. O Plenário do Supremo Tribunal Federal, no julgamento da ADPF 347-MC, assentou, em provimento de eficácia geral e vinculante, a obrigatoriedade da realização da audiência de apresentação em caso de prisão em flagrante. Trata-se de direito subjetivo do preso decorrente dos artigos 9.3 do Pacto Internacional sobre Direitos Civis e Políticos e 7.5 da Convenção Americana sobre Direitos Humanos, bem como do artigo 310 do Código de Processo Penal. 3. A pandemia causada pelo novo coronavírus não afasta a imprescindibilidade da audiência de custódia, que deve ser realizada, caso necessário, por meio de videoconferência, diante da ausência de lei em sentido formal que proíba o uso dessa tecnologia. A audiência por videoconferência, sob a presidência do Juiz, com a participação do autuado, de seu defensor constituído ou de Defensor Público, e de membro do Ministério Público, permite equacionar as medidas sanitárias de restrição decorrentes do contexto pandêmico com o direito subjetivo do preso de participar de ato processual vocacionado a controlar a legalidade da prisão. *[...] (Habeas Corpus nº 186.421/SC, STF, 2ª Turma, unânime, Rel. Min. Celso de Mello, Redator do Acórdão Min. Edson Fachin, julgado em sessão virtual de 9.10.2020 a 19.10.2020, publicado no DJ em 17.11.2020).*

306.4. [...] O STF já decidiu que a "falta de audiência de custódia constitui irregularidade, não tendo o efeito, por si só, de afastar a preventiva imposta, uma vez assentados, pelo Juízo, os requisitos autorizadores do citado artigo 312 e observados os direitos e garantias versados na Constituição Federal" (HC 178.547, Rel. Min. Marco Aurélio). No mesmo sentido, cito o HC 198.798-AgR, Rel. Min. Alexandre de Moraes. [...] *(Agravo Regimental no Habeas Corpus nº 207.062/SP, STF, 1ª Turma, unânime, Rel. Min. Roberto Barroso, julgado em sessão virtual de 3.12.2021 a 13.12.2021, publicado no DJ em 7.2.2022)*

306.4. [...] 2. A não realização de audiência de custódia não induz a ilegalidade do decreto preventivo, cujos fundamentos e requisitos de validade não incluem a prévia realização daquele ato, vinculados, por força de lei, ao que dispõem os arts. 312 e 313 do Código de Processo Penal (Precedentes). [...] *(Habeas Corpus nº 598.525-BA, STJ, 6ª Turma, unânime, Rel. Min. Rogerio Schietti Cruz, julgado em 20.10.2020, publicado no DJ em 28.10.2020).*

306.4. [...] 1. Recurso representativo de controvérsia, para atender ao disposto no art. 1.036 e seguintes do CPC/2015 e na Resolução STJ n. 8/2008.

2. Delimitação da controvérsia: "Definir se a audiência preliminar prevista no art. 16 da Lei n. 11.340/2006 (Lei Maria da Penha) é ato processual obrigatório determinado pela lei ou se configura apenas um direito da ofendida, caso manifeste o desejo de se retratar".

3. Tese: "A audiência prevista no art. 16 da Lei 11.340/2006 tem por objetivo confirmar a retratação, não a representação, e não pode ser designada de ofício pelo juiz. Sua realização somente é necessária caso haja manifestação do desejo da vítima de se retratar trazida aos autos antes do recebimento da denúncia".

4. Nos termos do art. 16 da Lei 11.340/2006, "nas ações penais públicas condicionadas à representação da ofendida de que trata esta lei, só será admitida a renúncia à representação perante o juiz, em audiência especialmente designada com tal finalidade, antes do recebimento da denúncia e ouvido o Ministério Público".

5. É imperativo que a vítima, sponte própria, revogue sua declaração anterior e leve tal revogação ao conhecimento do magistrado para que se possa cogitar da necessidade de designação da audiência específica prevista no art. 16 da Lei Maria da Penha. Pode-se mesmo afirmar que a intenção do legislador, ao criar tal audiência, foi a de evitar ou pelo menos minimizar a possibilidade de oferecimento de retratação pela vítima em virtude de ameaças ou pressões exter-

nas, garantindo a higidez e autonomia de sua nova manifestação de vontade em relação à persecução penal do agressor.

6. Não há como se interpretar a regra contida no art. 16 da Lei n. 11.340/2006 como uma audiência destinada à confirmação do interesse da vítima em representar contra seu agressor, pois a letra da lei deixa claro que tal audiência se destina à confirmação da retratação. Como regra geral, o Direito Civil (arts. 107 e 110 do CC) já prevê que, exarada uma manifestação de vontade por indivíduo reputado capaz, consciente, lúcido, livre de erros de concepção, coação ou premente necessidade, tal declaração é válida até que sobrevenha manifestação do mesmo indivíduo em sentido contrário. Transposto o raciocínio para o contexto que circunda a violência doméstica, a realização de novo questionamento sobre a subsistência do interesse da vítima em representar contra seu agressor ganha contornos mais sensíveis e até mesmo agravadores do estado psicológico da vítima, na medida em que coloca em dúvida a veracidade de seu relato inicial, quando não raras vezes ela está inserida em um cenário de dependência emocional e/ou financeira, fazendo com que a ofendida se questione se vale a pena denunciar as agressões sofridas, enfraquecendo o objetivo da Lei Maria da Penha de garantir uma igualdade substantiva às mulheres que sofrem violência doméstica e até mesmo levando-as, desnecessariamente, a reviver os traumas decorrentes dos abusos.

7. De mais a mais, tomar como obrigatória e indispensável a realização da audiência do art. 16 da Lei 11.340/2006, com o único objetivo de confirmar representação já efetuada, implica estabelecer condição de procedibilidade não prevista na lei. Precedentes desta Corte.

8. Caso concreto: Situação em que o Tribunal a quo anulou, de ofício, a partir da decisão de recebimento da denúncia, ação penal na qual o réu fora condenado pelo delito do art. 147 do Código Penal, por reputar obrigatória a realização da audiência do art. 16 da Lei 11.340/2006, mesmo tendo a vítima ratificado, em juízo, sua intenção de ver o réu processado pelas ameaças de morte a si dirigidas.

9. Recurso especial do Ministério Público do Estado de Minas Gerais provido, para cassar o acórdão recorrido, no que tange à decretação, de ofício, da nulidade do processo a partir da denúncia, devendo o julgamento prosseguir para análise das demais teses defensivas.*(Recurso Especial nº 1.977.547-MG, STJ, 3ª Seção, Rel. Min. Reynaldo Soares da Fonseca, julgado em 8.3.2023, publicado no DJ em 29.3.2023)*

306.5. Possibilidade de o CNJ regulamentar o tema por meio de resolução. No dia 15.12.2015, o CNJ editou a Resolução nº 213, acima destacada, que "*dispõe sobre a apresentação de toda pessoa presa à autoridade judicial no prazo de 24 horas*". Estão em seus *considerandos*, dentre outros: a) o art. 9º, item 3, do Pacto Internacional de Direitos Civis e Políticos das Nações Unidas, bem como o art. 7º, item 5, da Convenção Americana sobre Direitos Humanos (Pacto de São José da Costa Rica); b) a decisão nos autos da Arguição de Descumprimento de Preceito Fundamental nº 347 do Supremo Tribunal Federal, consignando a obrigatoriedade da apresentação da pessoa presa à autoridade judicial competente; c) o que dispõe a letra "a" do inciso I do art. 96 da Constituição Federal, que defere aos tribunais a possibilidade de tratarem da competência e do funcionamento dos seus serviços e órgãos jurisdicionais e administrativos; d) a decisão prolatada na Ação Direta de Inconstitucionalidade nº 5.240 do Supremo Tribunal Federal, declarando a constitucionalidade da disciplina pelos Tribunais da apresentação da pessoa presa à autoridade judicial competente; e) que a prisão, conforme previsão constitucional (CF, art. 5º, LXV, LXVI), é medida extrema que se aplica somente nos casos expressos em lei e quando a hipótese não comportar nenhuma das medidas cautelares alternativas; f) que as inovações introduzidas no Código de Processo Penal pela Lei nº 12.403, de 4 de maio de 2011, impuseram ao juiz a obrigação de converter em prisão preventiva a prisão em flagrante delito, somente quando apurada a impossibilidade de relaxamento ou concessão de liberdade, com ou sem medida cautelar diversa da prisão; g) que a condução imediata da pessoa presa à autoridade judicial é o meio mais eficaz para prevenir e reprimir a prática de tortura no momento da prisão, assegurando, portanto, o direito à integridade física e psicológica das pessoas submetidas à custódia estatal, previsto no art. 5.2 da Convenção Americana de Direitos Humanos e no art. 2.1 da Convenção Contra a Tortura e Outros Tratamentos ou Penas Cruéis, Desumanos ou Degradantes.

Não desconhecemos variadas críticas *(especialmente as que questionam a viabilidade de o Poder Judiciário normatizar a aplicação de direitos fundamentais)* no sentido de que o CNJ *não* poderia "*regulamentar*" o tema referente à audiência de custódia, pois haveria não só uma invasão de competências, mas também uma reserva exclusiva para o âmbito da legislação infraconstitucional em sentido estrito, atribuição do Poder Legislativo. Porém, compreendemos como válida a regulamentação nos termos em que procedido.

Com efeito, o CNJ é órgão do Poder Judiciário, nos termos do art. 92, I-A, da Constituição da República (Emenda Constitucional nº 45, de 2004). Dentro de um sistema jurídico democrático, decorre da função conferida constitucionalmente aos membros do Poder Judiciário o *dever* de zelar pelas garantias fundamentais existentes no ordenamento pátrio e também aquelas decorrentes dos pactos internacionais. Daí que, com a finalidade de estabelecer um padrão (senão o ideal, mas seguindo alguns princípios reitores fundamentais) na atuação judicial, é viável – sempre suplementar e excepcionalmente – o Conselho Nacional de Justiça estabelecer as regras fundamentais a serem adotadas pelos magistrados em o todo país no caso da prisão de alguém, seguindo-se um rito para a denominada *audiência de custódia*. Não podemos esquecer também que não foram poucas as vezes que, por falta de previsão expressa em lei, o Poder Judiciário (sem que se possa impor a – indevida – pecha de "ativismo") acabou estabelecendo *standards* de providências que foram, ulteriormente, convertidas em *letra de lei* para tratar do tema.

Nesse diapasão, e em complemento ao que se sustenta, não se pode esquecer de considerar o que foi decidido pelo STF na ADI nº 5.240, em que era questionado o Provimento Conjunto nº 3/2015 (firmado pelo CNJ e pelo Tribunal de Justiça de São Paulo). Há uma identidade muito próxima das providências a serem tomadas no âmbito da audiência de custódia com as possíveis ações no caso de *habeas corpus* (inclusive de ofício, pelo juiz), conforme preconiza o art. 656, CPP: "*Recebida a petição de* habeas corpus, *o juiz, se julgar necessário, e estiver preso o paciente, mandará que este lhe seja imediatamente apresentado em dia e hora que designar*". E se "*os documentos que instruírem a petição evidenciarem a ilegalidade da coação, o juiz ou o tribunal ordenará que cesse imediatamente o constrangimento*" (art. 660, § 2º, CPP). Não é caso de ora analisar o referido Provimento Conjunto nº 3, mas, após as detalhadas análises comparativas das suas regras, estamos de acordo com a conclusão do voto-condutor do julgamento da ADI nº 5.240 quando assentou que, da leitura "*das normas colacionadas acima, evidencia-se o seu caráter exclusivamente administrativo, dispondo o tribunal, no exercício da sua autogestão, sobre a organização e funcionamentos dos seus órgãos judiciais, impondo novas rotinas cartorárias e disciplinando o modo pelo qual o serviço judiciário será prestado, mormente na fase de transição até a total implementação das audiências de custódia em todas as unidades jurisdicionais do TJSP*", constatando, na sequência, que "*os seus artigos 1º, 3º, 5º, 6º e 7º limitam-se a regulamentar previsões legais e convencionais já referidas, sem extrapolar ou contrariar o conteúdo dessas normas, representando exercício lícito de poder regulamentar que a todas as autoridades administrativas é outorgado, para o fiel cumprimento da lei*", arrematando, por fim, que essas normas "*apenas explicitam disposições es-*

parsas da Convenção Americana sobre Direitos do Homem e do Código de Processo Penal, permitindo, assim, a sua compreensão clara e sistemática, indispensável ao seu fiel cumprimento". Igualmente reconhecemos com acerto a referência quanto aos arts. 2º, 4º, 8º, 9º, 10 e 11 ao se firmar que "*veiculam comandos de mera organização administrativa interna do TJSP, no exercício da prerrogativa que lhe é outorgada pelo artigo 96, inciso I, alínea* a, *da Constituição Federal. Daí decorre que, sendo normas que ostentam fundamento de validade situado diretamente na Constituição Federal, é possível o seu controle pela via da ação direta. Ocorre, contudo, que os supracitados dispositivos do Provimento objurgado não violam reserva de lei instituída pela Constituição Federal, tampouco afrontam qualquer disposição material da Carta Política. Com efeito, nos termos já enunciados acima, o Tribunal de Justiça de São Paulo meramente organizou o funcionamento dos seus órgãos judiciários, estritamente dentro da esfera de atribuições inerente à sua autogestão, assegurada pelo artigo 96, inciso I, alínea* a, *da Carta Política*".

Diferentemente do Provimento Conjunto nº 3, limitado com sua incidência ao Estado de São Paulo, a Resolução nº 213/CNJ foi editada com a finalidade de trazer normas *gerais* a serem aplicadas a todas as unidades da federação quanto à audiência de custódia, observadas sempre as particularidades de cada local (vide, exemplificativamente, o § 5º do art. 1º).

Seus comandos estão diretamente vinculados ao que já abordado pelo STF no bojo da ADI nº 5.240 e da ADPF nº 347. É verdade que a redação dos referidos comandos é diversa, mas, em nossa análise, ambos traduzem a mesma essência. E caberá neste capítulo a análise apenas do conteúdo e da existência (ou não) de compatibilidade das regras do art. 8º da Resolução nº 213, que trata especificamente das providências a serem adotadas pelo juiz na *audiência de custódia*.

306.6. Procedimento da audiência de custódia. Com reforço das considerações tecidas sobre a nova redação conferida pela Lei nº 13.964/2019 ao art. 310 do CPP, sobre o procedimento em si da audiência de custódia (art. 8º), transcrevemos excerto de capítulo publicado por Douglas Fischer em obra coletiva organizada por Mauro Fonseca Andrade e Pablo Alflen (*Audiência de custódia*. 2. ed. Porto Alegre: Livraria do Advogado, 2017) em que se destacam as seguintes considerações:

> [...] 3.1. O prazo de apresentação. Embora não *diretamente* objeto de exame [...], é fundamental uma nota quanto ao que disposto no art. 1º da Resolução nº 213, que impõe que a apresentação da pessoa presa seja efetuada "*em até 24 horas da comunicação do flagrante, à autoridade judicial competente, e ouvida sobre as circunstâncias em que se realizou sua prisão ou apreensão*". Atento às particularidades do território nacional, foi prudente o CNJ em reconhecer no § 5º do art. 1º que, ouvidos os órgãos jurisdicionais locais, posteriormente "*editará ato complementar a esta Resolução, regulamentando, em caráter excepcional, os prazos para apresentação à autoridade judicial da pessoa presa em Municípios ou sedes regionais a serem especificados, em que o juiz competente ou plantonista esteja impossibilitado de cumprir o prazo estabelecido no* caput".
>
> Não olvidamos que o art. 7º, item 4, do Pacto de San José da Costa Rica refere apenas que "*toda pessoa detida ou retida deve ser informada das razões da detenção e notificada, sem demora, da acusação ou das acusações formuladas contra ela*", não se reportando a nenhum prazo específico. Mas cremos que, nos moldes em que previsto na legislação brasileira (art. 306, § 1º, CPP), o prazo de 24 horas se apre-

senta bem razoável, sendo viável a verificação, no caso concreto, se há alguma justificativa excepcional para eventual demora além deste limite.

3.2. Primeiros esclarecimentos e direito constitucional ao silêncio, assistência de advogado e da família. A primeira providência do juiz competente será o de "esclarecer" ao preso o que é a audiência de custódia, ressaltando as questões que serão analisadas naquele momento (art. 8º, I), advertindo o preso que ele tem o direito a permanecer em silêncio (art. 8º, III).

Esta regra (similar a parte do contido no art. 6º do Provimento nº 3) decorre da expressa disposição do art. 5º, LXIII, da CF/88, que dispõe que o "*preso será informado de seus direitos, entre os quais o de permanecer calado, sendo-lhe assegurada a assistência da família e de advogado*" e guarda integral similitude ao procedimento do interrogatório, previsto no art. 186, CPP, que refere que "*depois de devidamente qualificado e cientificado do inteiro teor da acusação, o acusado será informado pelo juiz, antes de iniciar o interrogatório, do seu direito de permanecer calado e de não responder perguntas que lhe forem formuladas*".

Conforme destacamos na companhia de Eugênio Pacelli, o "nemo tenetur se detegere, *que pode ser traduzido como 'ninguém é obrigado a se descobrir', é um aforismo renascido (data do século XVII, no direito inglês) no pós-iluminismo, emblemático de uma era de transformação na teoria do processo e, sobretudo, no âmbito do processo judicial criminal, já no século XIX. [...] O direito ao silêncio, portanto, é uma das manifestações mais importantes do aludido princípio* (nemo tenetur)*, na medida em que tutela, não só a consciência moral daquele que, pelo fato de correr o risco de uma condenação, se vê compelido a mentir em seu favor, mas, também, protege o acusado contra juízos de convencimentos lastreados em percepções subjetivas indignas de graus aceitáveis de certeza*". Ou seja, a garantia do direito ao silêncio reafirma a necessidade de controle das decisões judiciais, de modo a vedar que o Poder Judiciário se utilize do silêncio ou da negativa de respostas às perguntas feitas como um critério de convencimento. Assim, é fundamental advertir desde o primeiro momento do ato que o preso não é obrigado a falar absolutamente nada, especialmente o que lhe possa causar prejuízo.

No inciso IV, impõe-se o dever de juiz competente "*questionar se lhe foi dada ciência e efetiva oportunidade de exercício dos direitos constitucionais inerentes à sua condição, particularmente o direito de consultar-se com advogado ou defensor público, o de ser atendido por médico e o de comunicar-se com seus familiares*". Esta parte final da norma também decorre do preceito constitucional da ampla defesa, bem assim do já referido inciso LXIII do art. 5º, conjugado com aquele contido (não em igual redação, mas na sua essência) no art. 306, *caput*, CPP ("*A prisão de qualquer pessoa e o local onde se encontre serão comunicados imediatamente ao juiz competente, ao Ministério Público e à família do preso ou à pessoa por ele indicada*").

3.3. Direito a *não* ser algemado, como regra. Consta no inciso II que deverá ser assegurado que "*a pessoa presa não esteja algemada, salvo em casos de resistência e de fundado receio de fuga ou de perigo à integridade física própria ou alheia, devendo a excepcionalidade ser justificada por escrito*".

Nova identidade primeiro com a Súmula Vinculante nº 11 do Supremo Tribunal Federal, que dispõe que "*só é lícito o uso de algemas em casos de resistência e de fundado receio de fuga ou de perigo à integridade física própria ou alheia, por parte do preso ou de terceiros, justificada a excepcionalidade por escrito, sob pena de responsabilidade disciplinar, civil e penal do agente ou da autoridade e de nulidade da prisão ou do ato processual a que se refere, sem prejuízo da responsabilidade civil do Estado. (Publicada no* DJ *de 22.8.2008)".*

Depois impende referir que o Código de Processo Penal trata o tema do uso de algemas em várias disposições (algumas de forma expressa, como o art. 474, § 3º; outras não, como o art. 284, CPP). A questão central que norteia a regra é sempre a *necessidade* da medida, evitando-se a estigmatização pelo só uso das algemas se o uso não se revela como fundamental. Assim, somente se deverá manter alguém algemado quando houver indicativos seguros de resistência ou de fundado receio de fuga ou de perigo à integridade física própria e/ou alheias.

3.4. Esclarecimentos sobre o modo como realizada a prisão ou a apreensão. Segundo previsto nos incisos V e VI, deverá também o preso ou apreendido indagado sobre "*as circunstâncias*" da realização do ato, bem assim sobre o "*tratamento recebido em todos os locais por onde passou antes da apresentação à audiência, questionando sobre a ocorrência de tortura e maus-tratos e adotando as providências cabíveis*".

A finalidade da regra parece ser bastante clara: permitir ao magistrado aquilatar se, durante o procedimento de prisão, não foram adotados procedimentos írritos, notadamente maus-tratos e/ou tortura. Claro que não bastará uma alegação genérica para dar ensejo às providências que impõe a parte final do comando normativo, mas o contato pessoal do magistrado sempre permite uma melhor aferição da versão apresentada por quem foi preso, oportunizando esclarecer a verossimilhança do que eventualmente arguido. Tal como previsto hoje, com formalidades apenas "no papel", como aquelas constantes especialmente do art. 307 do CPP, que prevê que "*quando o fato for praticado em presença da autoridade, ou contra esta, no exercício de suas funções, constarão do auto a narração deste fato, a voz de prisão, as declarações que fizer o preso e os depoimentos das testemunhas, sendo tudo assinado pela autoridade, pelo preso e pelas testemunhas e remetido imediatamente ao juiz a quem couber tomar conhecimento do fato delituoso, se não o for a autoridade que houver presidido o auto*". Por este contato pessoal e mediante o questionamento específico, será possível reduzir – e muito – eventuais dissensos que existam entre o contido nos documentos legais exigidos e a narrativa apresentada pelo preso. Ainda: não se pode olvidar que, em alguns casos, a prisão em flagrante poderá ser realizada por *qualquer pessoa*, nos termos do art. 301, CPP, justificando, mais ainda, a cautela de deixar bem claras as circunstâncias em que se deu o ato prisional.

3.5. Realização do exame de corpo de delito. No inciso VII, a imposição de verificação de exame de corpo de delito, determinando a sua realização nos casos em que: a) não tiver sido realizado; b) os registros se mostrarem insuficientes; c) a alegação de tortura e maus-tratos referir-se a momento posterior ao exame realizado; d) o exame tiver sido realizado na presença de agente policial, observando-se a Resolução CNJ no XXXX quanto à formulação de quesitos ao (à) perito (a).

Novamente aqui há providências complementares para a análise de eventuais maus-tratos ou lesões causadas ao preso. Não se está dizendo que lesões, por si só, possam indicar a existência de maus-tratos e/ou tortura. Em algumas vezes, até pela resistência, é possível que o agente preso em flagrante tenha lesões. Mas tal circunstância, repise-se, por si só, não caracterizará qualquer irregularidade se demonstrado que, no caso concreto, foi uma consequência inafastável do *modo* como executada a prisão (necessidade e adequação).

A realização é obrigatória (alínea "a"). Se o juiz competente reputar que os dados existentes no laudo de exame de corpo de delito são insuficientes, deverá mandar que outro seja feito (alínea "b"). Se as alegações de maus-tratos ou tortura forem após a realização do exame pericial e, complementamos nós, houver indicativos razoáveis de tal ocorrência, deverá ser realizado *novo* exame.

3.6. Limitação da extensão das perguntas formuladas ao preso. O inciso VIII estabelece uma vedação ao juiz: *não poderá* formular perguntas com a finalidade de produzir prova para a investigação ou ação penal relativas aos fatos objeto do auto de prisão em flagrante.

Registra-se similitude da previsão com aquela do § 1º do art. 6º do Provimento nº 3. É fundamental notar que a audiência de custódia *não* tem a finalidade de produção de provas, notadamente em desfavor do preso. O objetivo do ato é, unicamente, aferir se, na prisão, não houve a violação de direitos fundamentais, bem assim se não há recomendação da adoção de medidas cautelares menos gravosas.

A limitação aqui imposta está também diretamente ligada ao direito constitucional de o preso não produzir provas em seu desfavor (*nemo tenetur se detegere*), antes já mencionado.

3.7. Averiguação de condições específicas. No inciso X, prevê-se que há dever do magistrado analisar, "*por perguntas e visualmente, hipóteses de gravidez, existência de filhos ou dependentes sob cuidados da pessoa presa em flagrante delito, histórico de doença grave, incluídos os transtornos mentais e a dependência química, para analisar o cabimento de encaminhamento assistencial e da concessão da liberdade provisória, sem ou com a imposição de medida cautelar*".

Em sua primeira parte, a providência novamente se relaciona com a (correta) preocupação em, se preenchidos os requisitos legais, evitar a desproteção de filhos ou dependentes da pessoa presa em flagrante, bem assim quando houver indicação de gravidez (presa mulher). A disposição guarda similitude com a novel redação do art. 318 do CPP, que dispõe que:

Art. 318. Poderá o juiz substituir a prisão preventiva pela domiciliar quando o agente for: I – maior de 80 (oitenta) anos; II – extremamente debilitado por motivo de doença grave; III – imprescindível aos cuidados especiais de pessoa menor de 6 (seis) anos de idade ou com deficiência; IV – gestante (Lei 13.257/2016); V – mulher com filho de até 12 (doze) anos de idade incompletos (Lei 13.257/2016); VI – homem, caso seja o único responsável pelos cuidados do filho de até 12 (doze) anos de idade incompletos (Lei 13.257/2016). Parágrafo único. Para a substituição, o juiz exigirá prova idônea dos requisitos estabelecidos neste artigo. (*Redação dada pela Lei nº 12.403, de 2011*)

Conforme também defendemos noutro espaço "*a prova das circunstâncias dos incisos I e IV, primeira parte, é muito mais simples, exigindo apenas o registro civil e os documentos comprobatórios do diagnóstico médico. A Lei nº 13.257, de 8.3.2016, alterou a redação do inciso IV, dizendo que toda e qualquer gestante (se comprovada esta condição) poderá ser beneficiária da prisão domiciliar, não mais se exigindo que devesse ser a partir do 7º mês de gravidez ou sendo ela de alto risco. Segundo compreendemos, não há direito automático à prisão domiciliar pelo só fato de ser gestante. Deverá o juiz aquilatar as circunstâncias do caso concreto e fundamentar em caso de não reconhecimento as razões pelas quais não defere a substituição. As hipóteses previstas nos incisos II e III poderão exigir prova pericial, a tanto não sendo suficientes laudos médicos particulares, a menos que sobre o respectivo conteúdo não paire qualquer dúvida, em qualquer das partes e também para o magistrado, a quem se incumbe o controle de legalidade das medidas restritivas de direito. Nunca é demais ressaltar que, especialmente nas hipóteses previstas no inciso II, cuidados redobrados deverão ser adotados, evitando-se situações que possam tender a desvirtuar a real situação de saúde do requerente. A Lei nº 13.257/2016 acresceu outras duas hipóteses para a concessão da prisão domiciliar: a) se a presa for mulher e tiver filho de até 12 anos de idade incompletos (inciso V); b) se o preso for homem e seja o único responsável pelos cuidados do filho de até 12 anos de idade incompletos (inciso VI). Tal qual defendido em relação à novel disposição do inciso IV, entendemos que a substituição da prisão por domiciliar não deverá ser automática. Deve ser aquilatada a necessidade pelo juiz de tal providência, fundamentando sobretudo em caso de indeferimento. E há se ter redobrados cuidados na interpretação destes dispositivos, pois, se houver a efetiva necessidade da prisão cautelar (excepcional), não se deverá substituir por prisão domiciliar. (vide anotações ao art. 317, CPP)".*

A análise destas circunstâncias é fundamental para, sempre diante do caso concreto, o magistrado verificar se não é hipótese de encaminhamento para atendimento assistencial ou, se preenchidos os requisitos legais, não for hipótese de concessão de cautelar(es) menos gravosa(s), dentre ela(s), e preferencialmente, se couber, a prisão domiciliar.

3.8. Providências saneadoras. O inciso IX refere que deverá ainda "*adotar providências a seu cargo para sanar possíveis irregularidades*". Trata-se de normativo até desnecessário, mas correto, pois é dever inerente à atividade jurisdicional a realização constante de saneamento do feito que estiver ao seu encargo. Assim, sempre que notar qualquer irregularidade – *que não se enquadrem em outras hipóteses específicas, notadamente aquelas do § 1º do art. 8º* – deverá adotar as providências para deixar o processo/procedimento devidamente regularizado. Guarda integral similitude com o disposto no art. 139, IX, NCPC (aplicável também ao processo penal, por força do art. 3º, CPP), que prevê que "*Art. 139. O juiz dirigirá o processo conforme as disposições deste Código, incumbindo-lhe: [...] IX – determinar o suprimento de pressupostos processuais e o saneamento de outros vícios processuais*".

3.9. Higidez do flagrante e a adoção, quando cabível, de medidas cautelares diversas da prisão. Provavelmente uma das principais razões da audiência de custódia para melhor aquilatar as hipóteses de verificação da efetiva necessidade da prisão cautelar está no § 1º.

A oitiva da pessoa presa em flagrante delito é o primeiro ato, conforme já destacado anteriormente. Na sequência, deverá ser permitida (e nessa ordem) a formulação de perguntas ao preso pelo Ministério Público e pela defesa técnica (por advogado indicado pelo preso ou então pela nomeação de defensor pelo magistrado, nos termos em que prevê a legislação processual).

Os questionamentos devem ser *restritos e suficientes* para que se possa analisar unicamente a higidez do *ato da prisão*, jamais podendo incursionar no mérito dos fatos que possam constituir eventual imputação em desfavor do preso. A limitação imposta ao juiz (vide anotações ao inciso VIII) é *idêntica* para o Ministério Público e para a defesa.

As hipóteses de providências são quatro, havendo identidade de regulamentação com o disposto no art. 310 do Código de Processo Penal: [...]

Como se sabe, há muito (e ainda bem) a prisão em flagrante *não mais* pode subsistir por si mesma se não houver requisitos para a prisão cautelar ou então para adoção das denominadas medidas cautelares diversas da prisão (art. 319, CPP):

> [...] Em diversas oportunidades, deixamos assentado que o nosso CPP foi elaborado em bases autoritárias, estruturado sob o princípio da presunção de culpa e da presunção do risco de fuga, sempre que presente a prisão em flagrante. É dizer: a prisão em flagrante *antecipava* os *resultados finais* do processo. Com a Lei nº 12.403/11, inverteu-se a lógica do Código, prevendo a nova legislação diversas alternativas ao cárcere, com a instituição de variadas medidas cautelares pessoais, orientadas pelos critérios de *proporcionalidade* e *adequação* (ver art. 282, CPP). E todas elas, incluindo já a prisão preventiva, dependerão de ordem judicial escrita e fundamentada, segundo sejam necessárias para a proteção da investigação ou do processo, e, em alguns casos, para se evitar a reiteração criminosa (art. 282 e art. 312, CPP). Assim, cumpre redefinir os rumos da prisão em flagrante, no que toca à importante questão de sua *manutenção*, após o cumprimento de suas funções (recolhimento imediato dos elementos informativos disponíveis e impedimento de maiores consequências do fato praticado). Uma coisa, então, parece induvidosa: a prisão em flagrante não poderá ser *mantida* sob este específico fundamento: a *flagrância*. Não poderá, portanto, fundamentar *presunção de culpa*, embora não se possa, de outro lado, subestimar a eficácia instrumental da medida, relativamente à *visibilidade do fato e sua autoria*, bem como no que respeita aos possíveis riscos de perturbação das investigações, diante de sua força de convencimento. [...] O flagrante *válido*, com efeito, oferece ponderável visibilidade acerca das possíveis consequências penais do fato, seja na dimensão da responsabilidade pessoal (autoria), seja da *materialidade*. No entanto, ainda que assim seja, não se poderá avançar para a *antecipação dos possíveis* resultados do processo, como se ele, flagrante, implicasse a presunção de condenação. Por isso, a manutenção da prisão em flagrante somente seria e será possível se estiverem presentes as mesmas razões que autorizariam a imposição de quaisquer das medidas cautelares pessoais *sem a situação de flagrância*. Realizadas as missões da prisão em flagrante, o juiz deverá apreciar não mais a evidência dos fatos trazida por ele (flagrante), mas a eventual *necessidade* de se manter o cárcere.

A primeira hipótese é o *relaxamento da prisão em flagrante*. Tecnicamente o *relaxamento* se dá quando o juiz verificar que não foram atendidos os requisitos *legais* para a prisão. Trata-se da análise se, no ato (administrativo) de prisão, seguiu-se à risca o procedimento previsto na legislação, com todas as providências correlatas. Há se ver que a eventual ilegalidade da prisão em flagrante não enseja, automaticamente, a soltura do preso, pois, se preenchidos os requisitos legais, nenhum óbice para a decretação da preventiva ou então a adoção de medidas cautelares diversas. É exatamente o que dispõem, respectivamente, os incisos II e III do § 1º do art. 8º da Resolução nº 213.

A prisão preventiva deve atender os requisitos estritos do art. 312, CPP. Sua adoção deve ser a última hipótese, sempre devendo ser analisada a viabilidade de imposição de uma ou mais cautelares diversas (art. 319, CPP), desde que sejam suficientes diante do caso concreto (necessidade e adequação – vide art. 282, I e II, CPP, *a contrario sensu*).

Nunca é demais ressaltar, ainda, que a Lei 12.403/11 dispôs na redação do art. 282, § 2º, CPP, que "*as medidas cautelares serão decretadas pelo juiz, de ofício ou a requerimento das partes ou, quando no curso da investigação criminal, por represen-*

tação da autoridade policial ou mediante requerimento do Ministério Público". Há se observar que, recentemente, o Superior Tribunal de Justiça ratificou entendimento no sentido de que:

[...] 1. Na fase investigativa da persecução penal, o decreto de prisão preventiva não prescinde de requerimento do titular da ação penal – Ministério Público ou querelante –, ou, ainda, de representação do órgão responsável pela atividade investigatória para que possa ser efetivada pelo magistrado, sob pena de violação à imparcialidade do juiz, da inércia da jurisdição e do sistema acusatório. 2. Contudo, a impossibilidade de decretação da prisão preventiva *ex officio* pelo juiz na fase investigativa não se confunde com a hipótese dos autos, retratada no art. 310, II, do CPP, que permite ao magistrado, quando do recebimento do auto de prisão em flagrante, e constatando ter sido esta formalizada nos termos legais, convertê-la em preventiva quando presentes os requisitos constantes do art. 312 do CPP. Isso porque a conversão da prisão em flagrante, nos termos já sedimentados por ambas as Turmas que compõem a Terceira Seção desta Corte Superior de Justiça, pode ser realizada de ofício pelo juiz. 3. Não é ilegal o encarceramento provisório que se funda em dados concretos a indicar a necessidade da medida cautelar para garantia da ordem pública, especialmente em elemento extraído da conduta perpetrada pelos acusados, qual seja, a reiteração delitiva, sendo enfatizado pelo juízo *a quo* que, quando da suposta prática do presente delito de furto qualificado, os acusados encontravam-se "beneficiados com a liberdade provisória recente, concedida em 16.02.2015, pela prática do mesmo crime". 4. Recurso a que se nega provimento (*RHC nº 66.680-MG, STJ, 6ª Turma, unânime, Rel. Min. Maria Thereza de Assis Moura, julgado em 23.2.2016, publicado no* DJ *em 2.3.2016*).

Por fim, no inciso IV dispõe-se novamente de providência cautelar genérica que determina ao juiz que sempre deverá nortear sua conduta mediante a preservação dos direitos da pessoa presa, adotando todas as medidas necessárias para tal fim.

Registra-se que similares disposições estão inseridas nos §§ 2º e 3º do art. 6º do Provimento Conjunto nº 3 (ADI 5.240).

3.10. Gravação da oitiva do preso *preferencialmente* em mídia. A gravação da oitiva da pessoa presa, *preferencialmente*, em mídia (§ 2º do art. 8º) não é novidade no ordenamento jurídico brasileiro (tendo a previsão em voga correlação ao que contido no § 4º do art. 6º do Provimento Conjunto nº 3).

Veja-se que no art. 405, § 1º, CPP (que trata do interrogatório e dos depoimentos dos demais atores do processo), há expressa previsão que "*sempre que possível, o registro dos depoimentos do investigado, indiciado, ofendido e testemunhas será feito pelos meios ou recursos de gravação magnética, estenotipia, digital ou técnica similar, inclusive audiovisual, destinada a obter maior fidelidade das informações*". A finalidade é dúplice: de um lado, permitir a agilidade e rapidez do ato, de outro deixar o registro do procedimento mais fiel possível de todas as providências adotadas.

Por mais esforços que sejam empregados pelo juiz responsável pela audiência, jamais conseguirá reduzir *a termo* todos os detalhes do que falado pelas partes, especialmente, no caso, pela "pessoa presa". A gravação preferencialmente em mídia (com todas as tecnologias inerentes) tem exatamente a finalidade de deixar registrado que as cautelas legais foram adotadas, permitindo a constante aferição e controle pelos demais atores do processo em momentos posteriores.

3.11. A ata da audiência de custódia. A ata da audiência deverá conter, apenas e resumidamente, *"a deliberação fundamentada do magistrado quanto à legalidade e manutenção da prisão, cabimento de liberdade provisória sem ou com a imposição de medidas cautelares diversas da prisão, considerando-se o pedido de cada parte, como também as providências tomadas, em caso da constatação de indícios de tortura e maus-tratos*".

Também aqui há similitude ao que previsto no *caput* do art. 405 do CPP: "*Do ocorrido em audiência será lavrado termo em livro próprio, assinado pelo juiz e pelas partes, contendo breve resumo dos fatos relevantes nela ocorridos*". Especialmente quando realizada a gravação em mídia, o registro dos procedimentos adotados em *ata* não precisa todo detalhamento necessário, necessitando constar sobretudo os fundamentos acerca da legalidade e/ou manutenção da prisão, da eventual concessão de liberdade (com ou sem medidas cautelares diversas), bem assim as providências adotadas quando constatada a existência de indícios de maus-tratos ou tortura à pessoa presa.

3.12. Providências após a conclusão da audiência de custódia. Dispõe o § 4º do art. 8º que "*concluída a audiência de custódia, cópia da sua ata será entregue à pessoa presa em flagrante delito, ao Defensor e ao Ministério Público, tomando-se a ciência de todos, e apenas o auto de prisão em flagrante, com antecedentes e cópia da ata, seguirá para livre distribuição*".

Trata-se de atos meramente ordinatórios em que se garante que todos os atores, mas principalmente o preso, tenha acesso aos documentos produzidos (ampla defesa). A regra, porém, estabelece uma restrição: apenas o auto de prisão em flagrante, com os antecedentes e cópia da ata (onde estão sintetizados os atos praticados), seguirá para distribuição livre para as providências posteriores relacionadas aí sim com a produção das provas, se necessário. A razão é óbvia: como já enfatizado anteriormente, a audiência de custódia *não tem* a finalidade de produção de provas, mas unicamente aferir se a prisão foi realizada corretamente e não seria a hipótese de adoção de medida cautelar diversa da prisão. Estes elementos são desimportantes (salvo a demonstração sintética de que o rito legal foi observado) para o que seguirá mediante procedimento próprio de investigação.

3.13. Providências específicas em caso de soltura. Por fim, o § 5º, referindo que "*proferida a decisão que resultar no relaxamento da prisão em flagrante, na concessão da liberdade provisória sem ou com a imposição de medida cautelar alternativa à prisão, ou quando determinado o imediato arquivamento do inquérito, a pessoa presa em flagrante delito será prontamente colocada em liberdade, mediante a expedição de alvará de soltura, e será informada sobre seus direitos e obrigações, salvo se por outro motivo tenha que continuar presa*".

São três as hipóteses aqui versadas que importarão em colocação do preso em liberdade (*se por outros motivos alheios ao caso não deva continuar preso*): a) houver ilegalidade na prisão em flagrante (relaxamento da prisão); b) concessão de liberdade, com ou sem a imposição de medidas cautelares alternativas à prisão; c) quando determinado o *imediato arquivamento do inquérito*.

Quanto às duas primeiras hipóteses, parece não existir nenhum problema de compreensão. Se não houver a necessidade da prisão ou concedidas medidas diversas, a solução consequente é a liberdade (condicionada ou não a eventuais cautelares).

Problema maior surge com a previsão de "imediato arquivamento do inquérito". Nem se adentrará na discussão da visão bastante limitada da regra, que *não* adotou a previsão de arquivamento (mais ampla) de *investigação criminal* (partiu-se do pressuposto já superado de que o *inquérito policial* seria o único meio para tal fim). De

> qualquer modo, a interpretação que se lhe deve ser conferida (à regra) é neste sentido: refere-se a *procedimento de investigação*, independentemente da natureza dele.
>
> Aqui a situação é-nos insuperável. Ora, se como dito até aqui a audiência de custódia tem a finalidade de verificar *exclusivamente* a regularidade da prisão (sem qualquer produção probatória), não conseguimos visualizar (nem para as situações de manifesta bagatelaridade) como poderia o juiz determinar o *arquivamento de imediato* de inquérito (até, porque, tecnicamente não há *inquérito*). Pior que isso: arquivamento de *inquérito* ou qualquer outro procedimento investigatório é atribuição exclusiva a ser requerido pelo titular da *opinio delicti*. Neste ponto, acorremos a Mauro Fonseca Andrade e Pablo Alflen quando, corretamente, ponderam que se adotado o procedimento poderá levar "à abertura de sério e incorreto precedente, qual seja, caso o juiz entenda por admitir que a defesa faça seu pedido de arquivamento da investigação criminal na audiência de custódia, forçosamente deverá abrir a oportunidade de rebate dos argumentos defensivos ao Ministério Público. Ao assim proceder, o magistrado estará inserindo o princípio do contraditório em um ato já disciplinado em sentido contrário pelo CPP, que somente admite requerimento de arquivamento partindo do Ministério Público. Consequentemente, a possibilidade de manejo de correição parcial, em razão da inversão tumultuária do feito por parte *do juiz, passa a ser uma possibilidade concreta, levando para a audiência de custódia um problema de modo desnecessário, e pelas mãos do CNJ*" (ANDRADE, Mauro Fonseca; ALFLEN, Pablo Rodrigo. *Audiência de Custódia no Processo Penal Brasileiro*. 2. ed. Porto Alegre: Livraria do Advogado, 2017).
>
> Nem se diga que haveria a possibilidade de o juiz conceder *habeas corpus* (de ofício ou mediante requerimento da defesa) para gerar o arquivamento *dos autos* (adaptemos a expressão arquivamento de *inquérito*). É verdade que, em situações absolutamente excepcionais, pode se revelar que os fatos apurados realmente não teriam necessidade de prosseguimento. Mas aí é preciso atentar para a ponderação novamente feita por Mauro Fonseca Andrade e Pablo Alflen, quando, com exatidão, sintetizam que "*para que se possa encontrar algum sentido para a previsão contida no § 5º do artigo 8º da Resolução nº 213, do CNJ, somente se vislumbra a possibilidade de o arquivamento da investigação criminal haver partido de requerimento feito pelo Ministério Público, oportunidade em que o juiz deverá seguir os ditames do artigo 28 do CPP, sem qualquer abertura de palavra à defesa*" (mantém-se a redação originária da *citação*, cujo texto, repita-se, é anterior às alterações promovidas no art. 28 e no art. 282, ambos do CPP, pela Lei nº 13.964/2019 – a propósito, remete-se para os itens 28.6, 28.9, 310 e 310.1).

Remetemos novamente às anotações do item 306.4, especialmente quanto às decisões do STF sobre os prazos para a realização da audiência de custódia.

Prosseguindo, observe-se que a Lei nº 13.769, em vigor a partir de 20 de dezembro de 2018, acresceu ao CPP os arts. 318-A e 318-B: "*Art. 318-A. A prisão preventiva imposta à mulher gestante ou que for mãe ou responsável por crianças ou pessoas com deficiência será substituída por prisão domiciliar, desde que: I – não tenha cometido crime com violência ou grave ameaça a pessoa; II – não tenha cometido o crime contra seu filho ou dependente.*

Art. 318-B. A substituição de que tratam os arts. 318 e 318-A poderá ser efetuada sem prejuízo da aplicação concomitante das medidas alternativas previstas no art. 319 deste Código."

306.7. Considerações finais. Enfim. Analisados os dispositivos do art. 8º da Resolução nº 213/Conselho Nacional de Justiça, chegamos à conclusão de que, com a ressalva interpretativa feita quanto ao "arquivamento" previsto no seu § 5º, todas as regras procedimentais se coadunam com o sistema jurídico vigente, atendem aos compromissos assumidos internacionalmente pelo Brasil e guardam consonância com regras do Código de Processo Penal, tema que foi reforçado com a nova redação ao art. 310 do CPP (Lei nº 13.964/2019). Porque perfeitamente aplicável ao caso, adotamos excerto do voto-condutor da ADI nº 5.240, quando assentou que "*não se observando exorbitância das aludidas normas regulamentares em relação à lei, que é seu fundamento de validade, não se abre a possibilidade de controle da sua constitucionalidade, resolvendo-se eventual inconformismo entre o regulamento e a lei (o qual, de qualquer forma, não vislumbro) no plano da legalidade*", sendo que "*os princípios da legalidade (artigo 5º, inciso II, da CRFB) e da reserva de lei federal em matéria processual (artigo 22, inciso I, da CRFB) foram observados pelo ato normativo impugnado*". De fato, também a Resolução nº 213/CNJ "*não inova na ordem jurídica, mas apenas explicita conteúdo normativo já existente em diversas normas do Código de Processo Penal – recepcionado pela Constituição Federal de 1988 como lei federal de conteúdo processual – e da Convenção Americana sobre Direitos do Homem – reconhecida pela jurisprudência do Supremo Tribunal Federal como norma de* status *jurídico supralegal*".

Jurisprudência

306.7. [...] Audiência de Custódia [...] 1. A Convenção Americana sobre Direitos do Homem, que dispõe, em seu artigo 7º, item 5, que "toda pessoa presa, detida ou retida deve ser conduzida, sem demora, à presença de um juiz", posto ostentar o *status* jurídico supralegal que os tratados internacionais sobre direitos humanos têm no ordenamento jurídico brasileiro, legitima a denominada "audiência de custódia", cuja denominação sugere-se "audiência de apresentação". 2. O direito convencional de apresentação do preso ao Juiz, consectariamente, deflagra o procedimento legal de *habeas corpus*, no qual o Juiz apreciará a legalidade da prisão, à vista do preso que lhe é apresentado, procedimento esse instituído pelo Código de Processo Penal, nos seus artigos 647 e seguintes. [...] 4. O ato normativo sob o crivo da fiscalização abstrata de constitucionalidade contempla, em seus artigos 1º, 3º, 5º, 6º e 7º normas estritamente regulamentadoras do procedimento legal de *habeas corpus* instaurado perante o Juiz de primeira instância, em nada exorbitando ou contrariando a lei processual vigente, restando, assim, inexistência de conflito com a lei, o que torna inadmissível o ajuizamento de ação direta de inconstitucionalidade para a sua impugnação, porquanto o *status* do CPP não gera violação constitucional, posto legislação infraconstitucional. 5. As disposições administrativas do ato impugnado (artigos 2º, 4º 8º, 9º, 10 e 11), sobre a organização do funcionamento das unidades jurisdicionais do Tribunal de Justiça, situam-se dentro dos limites da sua autogestão (artigo 96, inciso I, alínea *a*, da CRFB). Fundada diretamente na Constituição Federal, admitindo *ad argumentandum* impugnação pela via da ação direta de inconstitucionalidade, mercê de materialmente inviável a demanda. 6. *In casu*, a parte do ato impugnado que versa sobre as rotinas cartorárias e providências administrativas ligadas a audiência de custódia em nada ofende a reserva de lei ou norma constitucional. 7. Os artigos 5º, inciso II, e 22, inciso I, da Constituição Federal não foram violados, na medida em que há legislação federal em sentido estrito legitimando a audiência de apresentação. 8. A Convenção Americana sobre Direitos do Homem e o Código de Processo Penal, posto ostentarem eficácia geral e *erga omnes*, atingem a esfera de atuação dos Delegados de Polícia, conjurando a alegação de violação da cláusula pétrea de separação de poderes. [...] 11. Ação direta de inconstitucionalidade parcialmente conhecida e, nessa parte, julgada improcedente, indicando a adoção da referida prática da audiência de apresentação por todos os tribunais do país *(Ação Direta de Inconstitucionalidade nº 5.240-SP, STF, Plenário, por maioria, Rel. Min. Luiz Fux, julgado em 20.8.2015, publicado no DJ em 16.2.2016).*

306.7. [...] I. Objeto da ação 1. Arguição de descumprimento de preceito fundamental por meio da qual se postula que o STF declare que o sistema prisional brasileiro configura um estado de coisas inconstitucional, ensejador de violação massiva de direitos fundamentais dos presos, bem como que imponha ao Poder Público a adoção de uma série de medidas voltadas à promoção da melhoria da situação carcerária e ao enfrentamento da superlotação de suas instalações.

II. Condições carcerárias e competência do STF

2. Há duas ordens de razões para a intervenção do STF na matéria. Em primeiro lugar, compete ao Tribunal zelar pela observância dos direitos fundamentais previstos na Constituição, sobretudo quando se trata de grupo vulnerável, altamente estigmatizado e desprovido de representação política (art. 5º, XLVII, XLVIII e XLIX, CF). Além disso, o descontrole do sistema prisional produz grave impacto sobre a segurança pública, tendo sido responsável pela formação e expansão de organizações criminosas que operam de dentro do cárcere e afetam a população de modo geral (arts. 1º, 5º e 144, CF).

III. Características dos processos estruturais

3. Os processos estruturais têm por objeto uma falha crônica no funcionamento das instituições estatais, que causa ou perpétua a violação a direitos fundamentais. A sua solução geralmente envolve a necessidade de reformulação de políticas públicas.

4. Tais processos comportam solução bifásica, dialógica e flexível, envolvendo: uma primeira etapa, de reconhecimento do estado de desconformidade constitucional e dos fins a serem buscados; e uma segunda etapa, de detalhamento das medidas, homologação e monitoramento da execução da decisão.

[...] VII. Conclusão 12. Pedido julgado parcialmente procedente. Tese: 1. Há um estado de coisas inconstitucional no sistema carcerário brasileiro, responsável pela violação massiva de direitos fundamentais dos presos. Tal estado de coisas demanda a atuação cooperativa das diversas autoridades, instituições e comunidade para a construção de uma solução satisfatória.2. Diante disso, União, Estados e Distrito Federal, em conjunto com o Departamento de Monitoramento e Fiscalização do Conselho Nacional de Justiça (DMF/CNJ), deverão elaborar planos a serem submetidos à homologação do Supremo Tribunal Federal, nos prazos e observadas as diretrizes e finalidades expostas no presente voto, devendo tais planos ser especialmente voltados para o controle da superlotação carcerária, da má qualidade das vagas existentes e da entrada e saída dos presos.3. O CNJ realizará estudo e regulará a criação de número de varas de execução proporcional ao número de varas criminais e ao quantitativo de presos. *(Ação de Descumprimento de Preceito Fundamental nº 347-Mérito, STF, Plenário, Rel. Min. Marco Aurélio, por maioria, julgamento final em 4.10.2023, publicado no DJ em 19.12.2023)*

306.7. [...] Audiência de Custódia. Observância obrigatória. Estão obrigados juízes e tribunais, observados os artigos 9.3 do Pacto dos Direitos Civis e Políticos e 7.5 da Convenção Interamericana de Direitos Humanos, a realizarem, em até noventa dias, audiências de custódia, viabilizando o comparecimento do preso perante a autoridade judiciária no prazo máximo de 24 horas, contado do momento da prisão (*Medida Cautelar na ADPF nº 347-DF, STF, Plenário, por maioria, Rel. Min. Marco Aurélio, julgado em 9.9.2015, publicado no* DJ *em 19.2.2016*).

306.7. Custodiado. Integridade física e moral. Sistema penitenciário. Arguição de descumprimento de preceito fundamental. Adequação. Cabível é a arguição de descumprimento de preceito fundamental considerada a situação degradante das penitenciárias no Brasil. Sistema Penitenciário Nacional. Superlotação carcerária. Condições desumanas de custódia. Violação massiva de direitos fundamentais. Falhas estruturais. Estado de coisas inconstitucional. Configuração. Presente quadro de violação massiva e persistente de direitos fundamentais, decorrente de falhas estruturais e falência de políticas públicas e cuja modificação depende de medidas abrangentes de natureza normativa, administrativa e orçamentária, deve o sistema penitenciário nacional ser caracterizado como "estado de coisas inconstitucional". Fundo Penitenciário Nacional. Verbas. Contingenciamento. Ante a situação precária das penitenciárias, o interesse público direciona à liberação das verbas do Fundo Penitenciário Nacional.

Audiência de custódia. Observância obrigatória. Estão obrigados juízes e tribunais, observados os artigos 9.3 do Pacto dos Direitos Civis e Políticos e 7.5 da Convenção Interamericana de Direitos Humanos, a realizarem, em até noventa dias, audiências de custódia, viabilizando o comparecimento do preso perante a autoridade judiciária no prazo máximo de 24 horas, contado do momento da prisão (*Medida Cautelar na Arguição de Descumprimento de Preceito Fundamental n. 347-DF, STF, Plenário, Rel. Min. Marco Aurélio, julgado em 9.9.2015, publicado no DJ em 19.2.2016).*

306.7. *[...] Segundo a jurisprudência desta Corte, "[a] ausência de audiência de custódia não constitui irregularidade suficiente para ensejar a nulidade da prisão cautelar, se observados os direitos e garantias previstos na Constituição Federal e no Código de Processo Penal. (...)" (HC n. 508.163/GO, Rel. Ministro Félix Fischer, Quinta Turma, julgado em 11/6/2019, DJe 18/6/2019), como no caso em exame. [...] (Recurso em Habeas Corpus n. 115.970-RS, STJ, 5ª Turma, unânime, Rel. Min. Reynaldo Soares da Fonseca, julgado em 24.9.2019, publicado no DJ em 4.10.2019).*

Art. 307. Quando o fato for praticado em presença da autoridade, ou contra esta, no exercício de suas funções, constarão do auto a narração deste fato, a voz de prisão, as declarações que fizer o preso e os depoimentos das testemunhas, sendo tudo assinado pela autoridade, pelo preso e pelas testemunhas e remetido imediatamente ao juiz a quem couber tomar conhecimento do fato delituoso, se não o for a autoridade que houver presidido o auto.

Tudo o que foi dito anteriormente se aplica também à prisão em flagrante realizada diretamente pela autoridade, quando praticada a infração na sua presença ou contra ela, no exercício de suas funções.

Por autoridade se deve entender, em princípio, a policial e a judiciária, que foram aquelas expressamente referidas no dispositivo, não se incluindo os agentes de polícia. Note-se, para a exata compreensão do dispositivo, que a autoridade nele referida seria aquela com atribuição para presidir o auto de prisão em flagrante, ou seja, o delegado de polícia.

No entanto, a parte final do artigo faz referência também ao juiz, autorizando-o a *presidir* o auto de prisão em flagrante. Evidentemente, ao juiz não se defere a presidência da investigação; apenas a realização do auto de prisão, no qual deverão constar todos os requisitos exigidos nas demais situações de prisão (depoimentos, o motivo da prisão, a assinatura dos envolvidos etc.).

Pensamos que a hipótese comportaria também a prisão realizada pelo órgão do Ministério Público, nas mesmas situações aqui previstas (na sua presença ou contra ele), já que se cuida de autoridade pública responsável pela persecução penal em juízo e pelo controle externo da atuação policial (art. 129, I e VII, CF).

Art. 308. Não havendo autoridade no lugar em que se tiver efetuado a prisão, o preso será logo apresentado à do lugar mais próximo.

O CPP, como terá percebido o leitor, é pródigo em obviedades. Parece impensável a possibilidade de se deixar de realizar a prisão pelo fato de inexistência de delegado de polícia para presidir a autuação. Toda a Administração Pública, informada pelo princípio da eficiência, deve gerir as suas tarefas sem solução de continuidade.

Por isso, há sempre normas e regulamentos prevendo a lotação, o exercício da função e os modos e formas de substituição dos servidores.

De todo modo, fica então explicitada a legitimidade de lavratura da prisão em flagrante por delegado de polícia próximo à circunscrição do local do crime, viabilizando, assim, a legalidade do ato prisional.

Art. 309. Se o réu se livrar solto, deverá ser posto em liberdade, depois de lavrado o auto de prisão em flagrante.

Em sua redação originária, de 1941, o nosso CPP se valia, em alguns dispositivos, da expressão "*se livrar solto*", sobretudo no antigo art. 321, CPP. Trata-se das situações em que o réu, apesar de flagrado em delito, não será encaminhado ao cárcere, por força do reconhecimento legislativo da necessidade de se observar critérios mínimos de proporcionalidade na aplicação de restrição de direitos (art. 282, I e II, art. 313, I, CPP).

Na verdade, o *livrar-se solto* ali referido não diz respeito *à liberdade física do aprisionado*, até porque ninguém poderia se *livrar preso*. Evidentemente. O fato é que, como o Código se pautava no princípio da presunção de culpa, a prisão em flagrante gozava do prestígio da *evidência do convencimento*. Aquele que era preso em flagrante – se não afiançável a infração – deveria ser ali mantido até o final do processo. Vem daí, portanto, a expressão *livrar-se solto*, ou seja, *livrar-se da culpa* inerente ao flagrante.

Atualmente, depois da Lei nº 12.403/11, não se imporá nenhuma medida cautelar pessoal nos casos de prisão em flagrante de crime para os quais não seja prevista a pena privativa da liberdade, conforme o disposto no art. 283, § 1º, CPP.

Na verdade, sequer existe a possibilidade de lavratura da prisão em flagrante para tais infrações. Para elas, consideradas de menor potencial ofensivo, não se imporá a prisão em flagrante (art. 69, parágrafo único, Lei nº 9.099/95).

Portanto, o presente dispositivo parece fadado ao esquecimento, por falta de aplicabilidade concreta. Não há mais *infrações em que o réu se livra solto:* toda prisão ou medida cautelar dependerá de ordem judicial escrita, fundamentada em necessidade. Sendo incabíveis as cautelares pessoais (incluindo a prisão), não se há de falar em prisão em flagrante, devendo limitar-se a autoridade policial ao registro da ocorrência (art. 69, Lei nº 9.099/95).

Art. 310. Após receber o auto de prisão em flagrante, no prazo máximo de até 24 (vinte e quatro) horas após a realização da prisão, o juiz deverá promover audiência de custódia com a presença do acusado, seu advogado constituído ou membro da Defensoria Pública e o membro do Ministério Público, e, nessa audiência, o juiz deverá, fundamentadamente: (Redação dada pela Lei nº 13.964, de 2019)

I – relaxar a prisão ilegal; ou (Incluído pela Lei nº 12.403, de 2011)

II – converter a prisão em flagrante em preventiva, quando presentes os requisitos constantes do art. 312 deste Código, e se revelarem inadequadas ou insuficientes as medidas cautelares diversas da prisão; ou (Incluído pela Lei nº 12.403, de 2011)

III – conceder liberdade provisória, com ou sem fiança. (Incluído pela Lei nº 12.403, de 2011)

§ 1º. Se o juiz verificar, pelo auto de prisão em flagrante, que o agente praticou o fato nas condições constantes dos incisos I, II ou III do caput do art. 23 do Decreto-Lei nº

2.848, de 7 de dezembro de 1940 (Código Penal), poderá, fundamentadamente, conceder ao acusado liberdade provisória, mediante termo de comparecimento a todos os atos processuais, sob pena de revogação. (Redação dada pela Lei nº 12.403, de 2011, renumerado pela Lei nº 13.964, de 2019)

§ 2º Se o juiz verificar que o agente é reincidente ou que integra organização criminosa armada ou milícia, ou que porta arma de fogo de uso restrito, deverá denegar a liberdade provisória, com ou sem medidas cautelares. (Incluído pela Lei nº 13.964, de 2019)

§ 3º A autoridade que deu causa, sem motivação idônea, à não realização da audiência de custódia no prazo estabelecido no *caput* deste artigo responderá administrativa, civil e penalmente pela omissão. (Incluído pela Lei nº 13.964, de 2019)

§ 4º Transcorridas 24 (vinte e quatro) horas após o decurso do prazo estabelecido no *caput* deste artigo, a não realização de audiência de custódia sem motivação idônea ensejará também a ilegalidade da prisão, a ser relaxada pela autoridade competente, sem prejuízo da possibilidade de imediata decretação de prisão preventiva. (Incluído pela Lei nº 13.964, de 2019)

310. A audiência de custódia: A Lei nº 13.964/2019 alterou a redação originária do art. 310 do CPP para incluir disposição no sentido de que, ao receber o auto de prisão em flagrante, o juiz deverá promover a audiência de custódia – no prazo de até 24 horas, como regra – com a presença do acusado, seu advogado constituído ou membro da Defensoria Pública e o Ministério Público, sendo que, nesse momento (após as justificativas apresentadas pelo preso a respeito do ato de sua prisão), deverá fundamentadamente decidir sobre a aplicação dos incisos I, II ou III. A propósito do tema da audiência de custódia, remetemos ao item 306.4, 306.5 e 306.6, bem assim aos termos da Resolução nº 213 do CNJ, que entendemos continuar aplicável no que se refere ao *procedimento detalhado* da audiência de custódia.

Cabe destacar que, no dia 22 de janeiro de 2020, apreciando conjuntamente as ADIs nºs 6.299, 6.300, 6.305 e 6.298, o Ministro Luiz Fux deferiu medida cautelar para o fim de suspender a aplicação da alteração do dispositivo em tela até ulterior deliberação pelo Plenário do STF, estando assim sintetizados seus fundamentos nessa parte:

> [...] (e) Artigo 310, § 4º, Código de Processo Penal (Ilegalidade da prisão pela não realização da audiência de custódia no prazo de 24 horas):
>
> (e1) A ilegalidade da prisão como consequência jurídica para a não realização da audiência de custódia no prazo de 24 horas fere a razoabilidade, uma vez que desconsidera dificuldades práticas locais de várias regiões do país, bem como dificuldades logísticas decorrentes de operações policiais de considerável porte. A categoria aberta "motivação idônea", que excepciona a ilegalidade da prisão, é demasiadamente abstrata e não fornece baliza interpretativa segura para aplicação do dispositivo;
>
> *(e2) Medida cautelar concedida, para suspensão da eficácia do artigo 310, § 4º, do Código de Processo Penal (Inconstitucionalidade material).*
>
> [...] 4. Medidas cautelares concedidas para suspender *sine die* a eficácia: [...] (d) Da liberalização da prisão pela não realização da audiência de custódia no prazo de 24 horas (Artigo 310, § 4º, do Código de Processo Penal)".

No julgamento do mérito, o Plenário conferiu interpretação conforme ao *caput* e ao § 4º do art. 310 do CPP para assentar que:

a) *"o juiz, em caso de urgência, e se o meio se revelar idôneo, poderá realizar audiência de custódia por videoconferência"*;

b) *"a autoridade judiciária deverá avaliar se estão presentes os requisitos para a prorrogação excepcional do prazo ou para sua realização de videoconferência, sem prejuízo da possibilidade de imediata decretação da prisão preventiva"*.

Noutras palavras, a não realização da audiência de custódia no prazo de 24 horas não acarretará, necessariamente, o relaxamento da prisão em flagrante, sempre observadas então as particularidades do caso concreto e a devida fundamentação diante de eventual demora para além do prazo. Aliás, constou expressamente nos julgados que "a imposição da ilegalidade automática da prisão, como consequência jurídica da não realização da audiência de custódia no prazo de 24 horas, fere a razoabilidade, uma vez que desconsidera dificuldades práticas locais de várias regiões do país, bem como dificuldades logísticas decorrentes de operações policiais de considerável porte. A categoria aberta "motivação idônea", que excepciona a ilegalidade da prisão, é demasiadamente abstrata e não fornece baliza interpretativa segura para aplicação do dispositivo".

Que fique o registro: deve-se atentar tanto quanto possível para o cumprimento do prazo legal, apenas casos excepcionais e devidamente justificados poderão ultrapassar o marco legal.

310.1. Relaxamento da prisão em flagrante: O relaxamento da prisão significa o controle judicial de sua legalidade, isto é, a apreciação concreta acerca da regularidade do ato e da manutenção da custódia (segregação).

O controle, em princípio, é essencialmente judicial. Não só porque assim o afirma a Constituição da República (art. 5º, LXV – *a prisão ilegal será imediatamente* relaxada *pela autoridade judiciária*), mas porque cabe a ela, indispensavelmente, apreciar os atos de restrição de direitos praticados pelas autoridades administrativas (polícia).

De outro lado, pensamos inexistirem óbices à autoridade policial (Delegado de Polícia) para a revisão de seus atos, notadamente o ato de formalização da prisão. Se ela é a autoridade com atribuição legal para a prática do ato, não vemos razão alguma para impedi-la de rever a sua atuação, sobretudo para fins de *relaxamento* da prisão, fundada em ilegalidade do ato administrativo. Há que se impor, no caso, a regra geral de preferência na tutela dos direitos fundamentais.

Nesta última hipótese, contudo, mais adequada seria a *revisão* do ato administrativo e não propriamente de *relaxamento*. Este, parece-nos, implica um juízo de controle *externo* da atuação policial.

O relaxamento pode ocorrer não só no caso de irregularidade na autuação do flagrante (ausência de crime, não observância dos requisitos legais indispensáveis à formalização do ato etc.), mas também *por excesso de prazo* na formação da culpa (da prisão até a instrução). Logo analisaremos tais possibilidades (art. 312, CPP).

Mas há de se ver que a Lei nº 13.964/2019 criou outra hipótese (presumida) de ilegalidade da prisão: a não realização da audiência de custódia no prazo de 24 horas – sem motivação suficiente para ter sido ultrapassado referido prazo – implicará automaticamente ilegalidade da prisão (em flagrante). É dizer: para que não se reconheça a ilegalidade da prisão é fundamental que sejam declinados motivos *idôneos* para justificar o excesso do (exíguo) prazo de 24 horas. Não é difícil imaginar que, considerando as peculiaridades de cada localidade do território brasileiro e das estruturas existentes, que o cumprimento desse prazo será de difícil atendimento. A solução passará sempre pela justificativa, pelo juiz, das razões jurídicas e fáticas que ensejaram a demora na realização da audiência de custódia. Evidente que não se deverá utilizar expressões vagas e imprecisas (*v.g.* "devido ao excesso de trabalho", "devido à falta de estrutura" etc.), mas sim, a partir delas, indicar as razões concretas para o excesso. Nesse caso, não se deverá cogitar de ilegalidade da prisão. Tanto é assim que, conforme destacado acima, o STF reconheceu que o excesso do prazo não acarreta automaticamente a nulidade da prisão em flagrante.

E o § 3º acrescido ao art. 310 pela Lei nº 13.964/2019 trouxe uma penalidade para além dos efeitos da revogação da prisão (que passa a ser considerada ilegal pelo excesso de prazo injustificado): quem der causa à não realização da audiência de custódia no prazo de 24 horas responderá administrativa, civil e penalmente pela omissão. O tema ganha relevo maior na seara penal em face do disposto no art. 9º, parágrafo único, incisos I e II, da Lei nº 13.869/2019, que assenta incorrer em crime de "abuso de autoridade" a autoridade judiciária que, dentro de prazo razoável, deixar de: I – relaxar prisão manifestamente ilegal; ou II – substituir a preventiva por cautelar diversa *ou de conceder liberdade provisória*, quando manifestamente cabível.

O cuidado merece ser redobrado. Por evidente, não será o mero reconhecimento ulterior por outra autoridade judicial competente que seria caso de concessão de liberdade que ensejará conclusão no sentido de que houve "abuso de autoridade". É preciso que sejam observadas as condições claras e expressas dos §§ 1º e 2º do art. 1º da Lei nº 13.869/2019: "*§ 1º As condutas descritas nesta Lei constituem crime de abuso de autoridade quando praticadas pelo agente com a finalidade específica de prejudicar outrem ou beneficiar a si mesmo ou a terceiro, ou, ainda, por mero capricho ou satisfação pessoal*"; e "*§ 2º A divergência na interpretação de lei ou na avaliação de fatos e provas não configura abuso de autoridade*". Sem essas condições, compreendemos não ser possível atribuir qualquer responsabilidade ao magistrado que, eventualmente, não relaxa a prisão que vem a ser, posteriormente, relaxada por outra autoridade.

Prosseguindo, há de se ver que a prisão preventiva pode ser *revogada* pela autoridade que a decretou (o juiz ou tribunal), quando não mais presentes as razões que a determinaram. Nesse caso, tratar-se-á de *revogação*, pela própria autoridade, sem revisão (isto é, sem modificação do entendimento) do conteúdo anteriormente analisado.

No caso do excesso de prazo na prisão, porém, a segregação cautelar será desfeita independentemente de ainda permanecerem presentes os motivos de sua decretação, diante da *ilegalidade do procedimento* (de prisão).

A distinção (entre *revogação* e *relaxamento*), nesse caso, como se vê, não teria consequências práticas.

Jurisprudência

310.1. [...] 4. Não se ignora que a alteração promovida pela Lei nº 13.964/19 ao art. 310 do Código de Processo Penal fixou o prazo máximo de 24 horas da prisão para a realização da formalidade, sob pena de tornar a segregação ilegal. Entretanto, a nova redação do § 4º do referido artigo ressalva a possibilidade de que, constatada a ilegalidade da custódia, seja imediatamente decretada nova prisão. 5. Assim, mostra-se superada pela superveniência de conversão da prisão em preventiva, uma vez tratar-se de novo título a amparar a custódia. [...] *(Agravo Regimental no Habeas Corpus nº 590.807-RJ, STJ, 5ª Turma, unânime, Rel. Min. Reynaldo Soares da Fonseca, julgado em 22.9.2020, publicado no DJ em 28.9.2020).*

310.1. [...] Ação direta de inconstitucionalidade. Artigo 2º do Provimento nº 1.898/11 do Conselho Superior da Magistratura do Tribunal de Justiça de São Paulo, o qual veda ao juiz plantonista converter o auto de prisão em flagrante em diligência. Violação da competência privativa da União para legislar sobre direito processual penal (art. 22, inciso I, da CF/88). Ofensa ao princípio da independência funcional do juiz. Vícios formal e material. Procedência parcial do pedido.

1. Na hipótese, insurge-se a autora contra a expressão "vedada a conversão em diligência", contida no art. 2º do Provimento nº 1.898/11 do Conselho Superior da Magistratura do Tribunal de Justiça de São Paulo, o qual dispõe sobre a atuação do juiz no plantão judiciário.

2. A norma em questão padece de flagrante inconstitucionalidade formal, por desbordar dos limites do poder regulamentar e afrontar competência privativa da União para legislar sobre direito processual penal, nos termos do art. 22, inciso I, da Constituição Federal. Isso porque não há que se falar em possível delegação por parte da União ao Conselho Superior de Magistratura do TJSP a autorizá-lo a legislar sobre a matéria, uma vez que a competência legislativa da União foi plenamente exercida, conforme se infere do art. 310 do Código de Processo Penal.

3. O mundo real, não raro, surpreende com situações peculiares, excepcionais e inéditas que podem justificar a conversão do auto de prisão em flagrante em diligência, a fim de se averiguar – sempre em regime de urgência e com parcimônia, dados o momento processual e os restritos poderes instrutórios do juiz nessa fase – algum fato, informação e/ou documento que venha a se revelar, diante das circunstâncias do caso concreto, de especial importância para a formação de sua convicção. A possibilidade de ordenar diligências prévias, caso assim entenda indispensável para a formação de sua convicção, consiste em prerrogativa inafastável do magistrado, porque consectária do princípio da independência do Poder Judiciário. Ao vedá-la, a norma impugnada vulnera, diretamente, o princípio da independência funcional do juiz, motivo pelo qual está eivada também de vício material.

4. Pedido julgado procedente em parte para se declarar a inconstitucionalidade da expressão "vedada a conversão em diligência" contida no art. 2º do Provimento nº 1.898/11 do Conselho Superior da Magistratura do Tribunal de Justiça do Estado de São Paulo e reiterada no art. 1.133 das Normas de Serviço da Corregedoria-Geral de Justiça, com a redação conferida pelo Provimento CG nº 28/19. *(ADI 4.662, STF, Plenário, Rel. Min. Dias Toffoli, sessão virtual de 5.8.2022 a 15.8.2022, publicado no DJ em 13.9.2022)*

310.2. A prisão em flagrante e as novas cautelares pessoais: Em diversas oportunidades, deixamos assentado que o nosso CPP foi elaborado em bases autoritárias, estruturado sob o princípio da presunção de culpa e da presunção do risco de fuga, sempre que presente a prisão em flagrante. É dizer: a prisão em flagrante *antecipava* os *resultados finais* do processo.

Com a Lei nº 12.403/11, inverteu-se a lógica do Código, prevendo a nova legislação diversas alternativas ao cárcere, com a instituição de variadas medidas cautelares pessoais, orientadas pelos critérios de *proporcionalidade* e *adequação* (ver art. 282, CPP). E todas elas, incluindo já a prisão preventiva, dependerão de ordem judicial escrita e fundamentada (§ 2º do art. 312 e art. 315, ambos do CPP), segundo sejam necessárias para a proteção da investigação ou do processo, e, em alguns casos, para se evitar a reiteração criminosa (art. 282 e art. 312, CPP).

Assim, cumpre redefinir os rumos da prisão em flagrante, no que toca à importante questão de sua *manutenção*, após o cumprimento de suas funções (recolhimento imediato dos elementos informativos disponíveis e impedimento de maiores consequências do fato praticado).

Uma coisa, então, parece induvidosa: a prisão em flagrante não poderá ser *mantida* sob este específico fundamento: a *flagrância*. Não poderá, portanto, fundamentar *presunção de culpa*, embora não se possa, de outro lado, subestimar a eficácia instrumental da medida, relativamente à *visibilidade do fato e sua autoria*, bem como no que respeita aos possíveis riscos de perturbação das investigações, diante de sua força de convencimento.

Imagine-se, por exemplo, a hipótese de prisão em flagrante no caso de roubo armado, com trocas de tiros e vítimas fatais. Para além de quaisquer outras indagações acerca dos *motivos* que, eventualmente, tenham fundado as aludidas condutas, parece-nos evidente a presença de razões de maiores cautelas quanto à necessidade de manutenção da prisão, a fim de melhor se proteger a investigação (intimidação de testemunhas), e, também e em princípio, impedir-se a reiteração de novas infrações.

O flagrante *válido*, com efeito, oferece ponderável visibilidade acerca das possíveis consequências penais do fato, seja na dimensão da responsabilidade pessoal (autoria), seja da *materialidade*.

No entanto, ainda que assim seja, não se poderá avançar para a *antecipação dos possíveis* resultados do processo, como se ele, flagrante, implicasse a presunção de condenação.

Por isso, a manutenção da prisão em flagrante somente seria e será possível se estiverem presentes as mesmas razões que autorizariam a imposição de quaisquer das medidas cautelares pessoais *sem a situação de flagrância*. Realizadas as missões da prisão em flagrante, o juiz deverá apreciar não mais a evidência dos fatos trazida por ele (flagrante), mas a eventual *necessidade* de se manter o cárcere.

Aliás, não só a *necessidade*, mas a *possibilidade*, ou seja, o efetivo *cabimento legal* da prisão.

Exatamente por essas razões é que o § 2º do art. 310 do CPP, conforme alterações trazidas pela Lei nº 13.964/2019, contém sérias impropriedades, contrastando inclusive com a jurisprudência atual da Suprema Corte.

Se até então prestamos homenagens ao legislador, não há como deixar de criticar o § 2º do art. 310, de *clarividente inconstitucionalidade*, que determina que o juiz *não poderá conceder a liberdade* (*com ou sem medidas cautelares*) diante de três hipóteses: (a) se o agente preso em flagrante for reincidente; ou (b) se integrar organização criminosa armada ou milícia; ou (c) se portar arma de fogo de uso restrito.

A vedação abstrata da lei nesses casos restabelece a insustentável situação de prisão exclusivamente pelo flagrante e por condições estabelecidas genericamente. Repetimos: nenhuma prisão pode ser mantida se não houver fundamentos da cautelaridade nos exatos termos do art. 312 do CPP. Assim, não serão as circunstâncias retromencionadas (isolada ou cumulativamente) que impedirão, automaticamente, a concessão da liberdade, com ou sem medidas cautelares (art. 319, CPP). Mediante a devida fundamentação diante do caso concreto, a necessidade e a proporcionalidade da medida restritiva serão as vigas-mestras a serem observadas pelo juiz, jamais a proibição em abstrato.

310.3. A decretação da preventiva: Não sendo o caso de relaxamento da prisão, prevê a Lei a possibilidade de o juiz decretar a prisão preventiva, se não for o caso ou não serem suficientes outras medidas cautelares diversas da prisão.

Sempre questionamos se o juiz poderia decretar a preventiva *de ofício*, ou seja, sem a representação da autoridade policial ou o requerimento do Ministério Público.

À margem: apenas um registro, antes de prosseguir: é entendimento da 2ª Câmara de Coordenação e Revisão do MPF que a autoridade policial *não* teria legitimidade para representar, diretamente, ao juiz para decretação de medidas cautelares, e que a titularidade seria *exclusiva* do Ministério Público (vide autos do Procedimento nº 1.00.001.000095/2010), posicionamento sufragado também pelo Conselho Superior do MPF em 4.7.2011.

Em uma primeira leitura, a resposta até poderia ser positiva, no que respeita à decretação da prisão *para a garantia da ordem pública*. É que aludida modalidade cautelar não se relaciona direta e instrumentalmente com a proteção da investigação, que há de ficar ao encargo dos órgãos da persecução penal (autoridade policial e Ministério Público). Assim, e como o fundamento de manutenção da custódia para a preservação da ordem pública não estaria vinculado à efetividade ou à qualidade das investigações, nada impediria o magistrado de, presentes as razões da preventiva, decretá-la de ofício.

Hora de nos penitenciarmos. Em algumas edições anteriores, preferimos seguir a literalidade da exigência contida no art. 282, § 2º, CPP, inteiramente avesso à iniciativa judicial para a decretação de cautelares em fase de investigação.

Reexaminando a questão, porém, não vemos como seguir nessa linha. É que as premissas fundamentais do modelo acusatório estão relacionadas com a proibição de tutela da investigação pelo juiz, de modo a impedir que este substitua os órgãos de persecução na proteção dos interesses acusatórios.

Na fase de prisão em flagrante é importante destacar o alto grau de visibilidade acerca da autoria e da materialidade do delito habilitador da referida medida. E, assim, de eventual risco de reiteração de delitos de maior gravidade, o que não deve ser aferida pela pena cominada ou por eventual "alarido público", mas das circunstâncias concretas de cada caso, em que a natureza do crime e os meios de execução, aliados às condições pessoais do agente, possam revelar a necessidade de maiores cautelas em relação a ele.

A questão ganhou novos contornos com a chegada da Lei nº 13.804/19, que, ao alterar o Código de Trânsito Brasileiro, dispôs que, no caso do condutor preso em flagrante na prática dos crimes de contrabando, descaminho ou receptação, poderá o juiz, *de ofício*, em qualquer fase da *investigação* ou da ação penal, decretar a medida cautelar de suspensão da habilitação ou permissão, ou a proibição de sua obtenção.

Como se vê, o legislador excepcionou a regra prevista no art. 282, § 2º, confirmando, na linha do que já vínhamos defendendo em nosso Curso de Processo Penal, a possibilidade de decretação de medidas cautelares de ofício mesmo antes do início do processo, em determinadas situações, sobretudo quando ligadas à garantia da ordem pública, restrição ampliada pela Lei nº 13.964/2019, para impedir inclusive a decretação de ofício de medidas cautelares autônomas pelo juiz. Como destacamos no item 282.3, a Lei nº 13.964/2019 expressamente alterou o § 2º, vedando a possibilidade de o juiz decretar autonomamente a prisão preventiva, de ofício, inclusive no bojo de ação penal. Trata-se de uma opção legislativa, sem dúvida, cuja constitucionalidade não se pode questionar. Ainda assim, cremos que não se afigura como a melhor solução, na medida em que há situações (sempre excepcionais, é verdade) nas quais a imposição *de ofício* de medidas cautelares (inclusive da preventiva) é essencial exatamente para a garantia e preservação dos postulados do art. 312 do CPP (desde que presente a devida fundamentação). Em nossa compreensão, a previsão então existente não colidia com o sistema acusatório, sendo que a novel limitação poderá causar situações de desequilíbrio quando necessária a imposição de medida cautelar urgente sem que se tenha, de pronto, um possível e prévio requerimento das partes (Ministério Público ou querelante, conforme o caso).

É de se notar que o art. 294 daquele diploma já continha dispositivo semelhante, mas, justamente por não vincular tal possibilidade (a decretação de medidas cautelares de ofício, durante a investigação) à prisão em flagrante, entendemos que a norma padece de inconstitucionalidade por ferir o princípio acusatório, uma vez que é somente com a prisão em flagrante que o magistrado adquire uma visibilidade ampla o suficiente para avaliar a necessidade de se garantir a ordem pública.

De outro lado, se faz sentido a imposição de cautelar de suspensão de habilitação em infrações de trânsito, o mesmo não ocorre em relação ao delito de descaminho. Explica-se. O que legitima a excepcional intervenção de ofício do magistrado em fase de investigação é precisamente o risco de reiteração criminosa cuja visibilidade vem sensivelmente estampada em situações de flagrante delito.

Já no delito de descaminho, exceção feita aos conhecidos "sacoleiros", de incidência mais frequente, a norma, aberta como se encontra, poderá dar guarida a juízos excessivamente arbitrários quanto à efetiva prática da aludida infração. E mesmo nos casos de "sacoleiros" nem sempre se poderá dizer do conhecimento da ilicitude por parte do motorista. Daí, a ausência de justificativa racional para se permitir a excepcionalidade da medida, ressalvadas as situações em que a constatação de conhecimento da situação ilícita esteja a salvo de dúvida razoável.

Observe-se que a autoridade policial deverá apresentar a representação *já no auto de prisão em flagrante*. Já o Ministério Público, como não se exigiu o encaminhamento a ele do auto de prisão em flagrante – o art. 306, CPP, fala apenas na *comunicação da prisão*! –, deverá o juiz abrir vista a ele no prazo, máximo e improrrogável, de 24 horas, para requerer o que entender de direito. Não havendo o requerimento da prisão preventiva, pensamos incabível a sua imposição de ofício.

Naturalmente, a aludida interpretação *prorroga* a prisão em flagrante, mas, não se pode recusar a necessidade de participação do *parquet* nessa fase, sobretudo porque a prisão em flagrante, se não pode ser lida como *antecipação de culpa*, por outro lado, e já o afirmamos, presta-se a permitir um exame mais aprofundado da responsabilidade penal e dos riscos à efetividade do processo e/ou da investigação.

Assim, a menos que o juiz já tenha conhecimento de que o auto de prisão em flagrante, contendo todos os elementos informativos colhidos até então, já teria sido encaminhado ao Ministério Público, não vemos como deixar de se ouvir o *parquet* acerca da necessidade de manutenção da prisão, pela decretação da preventiva.

Jurisprudência *(posterior à Lei nº 13.964/2019)*

310.3 [...] 6. O art. 310 do Código de Processo Penal deve ser interpretado à luz do sistema acusatório e, em conjunto, com os demais dispositivos legais que regem a aplicação das medidas cautelares penais (arts. 282, §§ 2º e 4º, 311 e seguintes do CPP). Disso decorre a ilicitude da conversão, de ofício, da prisão em flagrante em prisão preventiva pela autoridade judicial. 7. O auto de prisão em flagrante é procedimento de natureza administrativa, em que a autoridade policial limita-se a observar as formalidades legais para a sua lavratura (arts. 304 e seguintes do CPP), sem tecer consideração sobre a necessidade e a adequação da prisão preventiva, espécie com pressupostos e requisitos distintos (art. 311 e seguintes do CPP). Faz-se, portanto, necessário pedido, formal e expresso, da autoridade policial ou do Ministério Público, em audiência de custódia, para a imposição da prisão preventiva pelo magistrado. 8. O poder geral de cautela não autoriza o agir do Juiz por iniciativa própria quando em detrimento da liberdade individual. No processo penal, para que a intervenção estatal opere nas liberdades individuais com legitimidade, é necessário o respeito à legalidade estrita e às garantias fundamentais. Doutrina. Precedentes. *[...] (Habeas Corpus nº 186.421/SC, STF, 2ª Turma, unânime, Rel. Min. Celso de Mello, Redator do Acórdão Min. Edson Fachin, julgado em sessão virtual de 9.10.2020 a 19.10.2020, publicado no DJ em 17.11.2020)*

310.3. [...] Processo Penal. Modelo brasileiro. Código de 1941. Adoção de uma estrutura predominantemente acusatória. [...] 1. O Código de Processo Penal de 1941 adota um modelo no qual ao *juiz é reservado o papel de apenas julgar, e não o de também investigar*, o que, de certo modo, situou o Brasil em posição de vantagem – máxime após a Constituição de 1988 – com relação a povos de maior tradição jurídica, como a França, a Espanha e a Itália, que apenas no final do século passado se renderam a reformas tendentes a instituir uma estrutura mais acusatória a seus procedimentos penais. [...] 4. Tais exemplos indicam que, *mesmo em processo com estrutura acusatória, existem diversas situações nas quais se realizam atividades judiciais sem provocação do titular da ação penal*, ou mesmo em oposição à sua manifestação, o que valida a observação de que "mais do que de sistema inquisitorial ou de sistema acusatório, com referência à legislação processual penal moderna, é *mais usual falar de modelos com tendência acusatória ou de formato inquisitorial*" (Dalia, Andrea & Ferraioli, Marzia. *Manuale di Diritto Processual Penale*. 5ª ed. Milão: 2003, p. 27). 5. Em verdade, *nossa praxe judiciária não tem acolhido dogmas ou princípios de maneira absoluta, pois as idiossincrasias de nosso país e do seu sistema de justiça criminal acabam por engendrar soluções sensíveis a argumentos de cunho prático*. E não se há de identificar essa postura, necessariamente, como algo negativo, pois *cada país precisa construir um complexo normativo que, sem desconsiderar as experiências estrangeiras, seja funcional e adaptado às características de nossa realidade*. 6. Com a edição da Lei nº 13.964/2019, que deu nova redação ao art. 311 do CPP, não mais se permite ao juiz decretar a prisão preventiva do investigado ou réu, sem provocação do Ministério Público ou da autoridade policial. 7. *Diversa, porém, é a situação em que o juiz converte, por força de comando legal, a prisão em flagrante em alguma(s) medida(s) cautelar(es) de natureza pessoal, inclusive a prisão preventiva, porquanto, nesta hipótese, regulada pelo art. 310 do CPP, o autuado já foi preso em flagrante delito e é trazido à presença da autoridade judiciária competente, após a lavratura de um auto de prisão em flagrante, como determina a lei processual penal, para o controle da legalidade e da necessidade da prisão, bem como da observância dos direitos do preso, especialmente o de não sofrer coação ou força abusiva pelos agentes estatais responsáveis por sua prisão e guarda. 8. Não há, em tal situação, uma atividade propriamente oficiosa do juiz, porque, a rigor, não apenas a lei obriga o ato judicial, mas também, de um certo modo, há o encaminhamento, pela autoridade policial, do auto de prisão em flagrante para sua acurada análise, na expectativa, derivada do dispositivo legal (art. 310 do CPP)*, de que o juiz, após ouvir o autuado, adote uma das providências ali previstas, inclusive a de manter o flagranciado preso, já agora sob o título da prisão preventiva. 9. Ainda que não seja o modelo ideal – no qual deve ser a questão cautelar decidida em audiência de custódia, com a presença do Ministério Público e da defesa do autuado – eventual não realização, por motivo justificado, dessa audiência no prazo legal não desautoriza a excepcional conversão da prisão em flagrante, sem prévia manifestação do órgão ministerial ou da autoridade policial, em prisão preventiva, dando-se oportunidade, em momento imediatamente posterior, ao exercício do contraditório diferido, com possível revisão do ato judicial. 10. A solução definitiva para esta dependerá, todavia, da deliberação do Supremo Tribunal Federal sobre a vigência e validade da norma positivada no art. 310, § 4º, do CPP, bem como do restabelecimento completo da obrigatoriedade de realização das audiências de custódia, ainda que sob a regência da Resolução nº 213, de 15 de dezembro de 2015, que dispõe sobre a apresentação de toda pessoa presa à autoridade judicial no prazo de 24 horas. [...] *(Habeas Corpus nº 583.995-MG, STJ, 6ª Turma, por maioria, Rel. Min. Nefi Cordeiro, Redator do acórdão Min. Rogerio Schietti Cruz, julgado em 15.9.2020, publicado no* DJ *em 7.10.2020).*

310.3. [...] 2. Embora a Lei n. 13.964/2019 – Pacote Anticrime – tenha retirado a possibilidade de decretação da prisão preventiva, de ofício, do art. 311 do Código de Processo Penal, no caso, trata-se da conversão da prisão em flagrante, hipótese distinta e amparada pela regra específica do art. 310, II, do CPP. 3. O artigo 310, II, do CPP autoriza a conversão da prisão em flagrante em prisão preventiva pelo Juízo processante, desde que presentes os requisitos do art. 312 do Código de Processo Penal, como ocorreu, na espécie. Precedentes. [...] *(Agravo Regimental no Habeas Corpus nº 611.940-SC, STJ, 5ª Turma, unânime, Rel. Min. Reynaldo Soares da Fonseca, julgado em 22.9.2020, publicado no DJ em 28.9.2020).*

310.3. [...] a jurisprudência desse Superior Tribunal de Justiça tem referendado que: "*Embora o art. 311 do CPP, aponte a impossibilidade de decretação da prisão preventiva, de ofício, pelo Juízo, é certo que, da leitura do art. 310, II, do CPP, observa-se que cabe ao Magistrado, ao receber o auto de prisão em flagrante, proceder a sua conversão em prisão preventiva, independentemente de provocação do Ministério Público ou da Autoridade Policial, desde que presen-*

tes os requisitos do art. 312 do CPP, exatamente como se verificou na hipótese dos autos, não havendo falar em nulidade quanto ao ponto" [...] *(Agravo Regimental no Agravo Regimental no Recurso em Habeas Corpus nº 128.172-PA, STJ, 5ª Turma, unânime, Rel. Min. Felix Fischer, julgado em 13.10.2020, publicado no DJ em 20.10.2020).*

310.3. [...] Embora o art. 311 do CPP, aponte a impossibilidade de decretação da prisão preventiva, de ofício, pelo Juízo, é certo que, da leitura do art. 310, II, do CPP, observa-se que cabe ao Magistrado, ao receber o auto de prisão em flagrante, proceder a sua conversão em prisão preventiva, independentemente de provocação do Ministério Público ou da Autoridade Policial, desde que presentes os requisitos do art. 312 do CPP, exatamente como se verificou na hipótese dos autos, não havendo falar em nulidade quanto ao ponto. [...] *(Habeas Corpus nº 539.645-RJ, STJ, 5ª Turma, unânime, Rel. Min. Joel Ilan Paciornik, julgado em 18.8.2020, publicado no DJ em 24.8.2020).*

Idêntica decisão acima também no *Habeas Corpus nº 581.811-MG, STJ, 5ª Turma, Rel. Min. Joel Ilan Paciornik, julgado em 4.8.2020, publicado no DJ em 10.8.2020.*

310.3. [...] Possibilidade de conversão da prisão em flagrante em constrição preventiva pelo magistrado singular. Desnecessidade de pedido expresso da autoridade policial ou do Ministério Público [...] Ao contrário do afirmado pelo Impetrante, o Magistrado de piso, ao receber o auto de prisão em flagrante, poderá, fundamentadamente, verificada a presença dos requisitos constantes do art. 312 do Código de Processo Penal, converter a prisão flagrancial em preventiva, nos moldes do art. 310, inciso II, do mesmo diploma legal, mesmo sem pedido expresso da autoridade policial ou do Ministério Público. [...] *(Habeas Corpus nº 530.946-GO, STJ, 6ª Turma, unânime, Rel. Min. Laurita Vaz, julgado em 5.5.2020, publicado no DJ em 22.5.2020).*

....

Jurisprudência *(anterior à Lei nº 13.964/2019)*

310.3. [...] 3. A orientação predominante nesta Corte Superior é no sentido de que o Juízo de 1º Grau, ao receber o auto de prisão em flagrante, verificando sua legalidade e inviabilidade de substituição por medida diversa, pode convertê-la em preventiva, ao reconhecer a existência dos requisitos preconizados nos arts. 312 e 313 do Código de Processo Penal, *ex vi* do art. 310, inciso II, do CPP, independente de representação ou requerimento, ante o risco de liberdade até o início da instrução processual. *[...] (RHC n. 98.009-MG, STJ, 6ª Turma, unânime, Rel. Min. Néfi Cordeiro, julgado em 26.6.2018, publicado no DJ em 2.8.2018)*

310.3. [...] Não configura nulidade a decretação, de ofício, da prisão preventiva, quando fruto da conversão da prisão em flagrante, haja vista o expresso permissivo do inciso II do art. 310 do Código de Processo Penal (precedentes). [...] *(HC n. 391.308–MG, STJ, 5ª Turma, unânime, Rel. Min. Felix Fischer, julgado em 2.5.2017, publicado no DJ em 15.5.2017)*

310.3. [...] 1. Na fase investigativa da persecução penal, o decreto de prisão preventiva não prescinde de requerimento do titular da ação penal – Ministério Público ou querelante –, ou, ainda, de representação do órgão responsável pela atividade investigatória para que possa ser efetivada pelo magistrado, sob pena de violação à imparcialidade do juiz, da inércia da jurisdição e do sistema acusatório. 2. Contudo, a impossibilidade de decretação da prisão preventiva *ex officio* pelo juiz na fase investigativa não se confunde com a hipótese dos autos, retratada no art. 310, II, do CPP, que permite ao magistrado, quando do recebimento do auto de prisão em flagrante, e constatando ter sido esta formalizada nos termos legais, convertê-la em preventiva quando presentes os requisitos constantes do art. 312 do CPP. Isso porque a conversão da prisão em flagrante, nos termos já sedimentados por ambas as Turmas que compõem a Terceira Seção desta Corte Superior de Justiça, pode ser realizada de ofício pelo juiz. [...] *(RHC nº 66.680-MG, STJ, 6ª Turma, unânime, Rel. Min. Maria Thereza de Assis Moura, julgado em 23.2.2016, publicado no DJ em 2.3.2016).*

....

310.3.1. Decretação da preventiva e art. 313, I, CPP. Outra questão igualmente relevante: A prisão preventiva somente poderá ser decretada, logo após o flagrante, para as infrações com pena cominada superior a quatro anos, segundo os limites do art. 313, I, CPP. Fora dessas hipóteses, a preventiva terá caráter *subsidiário*, prestando-se a garantir a eficácia de uma cautelar eventualmente imposta e descumprida.

Há quem sustente que não. Alega-se que, nos casos de prisão em flagrante, a ausência de referência expressa ao art. 313, I, no dispositivo em comento (art. 310, II) dispensaria os limites ali mencionados (pena superior a quatro anos).

O argumento não convence e peca pela base. Na ordem atual, a prisão em flagrante não pode significar a *antecipação da culpa*, mas, apenas e no máximo, *maiores riscos* quanto à efetividade da investigação e do processo. E essa antecipação dos riscos encontra sua limitação na efetiva *instrumentalidade* das cautelares, ou seja, nos limites de sua eficácia. Já o dissemos, mas não custa repetir: o processo cautelar ou qualquer medida desta natureza (acautelatória) não pode superar os resultados finais do processo. Assim, a decretação da preventiva está relacionada *não com o fato do flagrante* e sua capacidade de antecipação dos resultados finais, mas com a natureza da infração e sua exequibilidade concreta, ou seja, a efetiva imposição de pena privativa da liberdade.

Não fosse assim, crimes cuja pena privativa jamais seria imposta, em razão das várias alternativas à execução penal (art. 44, CP, *sursis*, art. 77, CP), permitiriam a imposição de uma cautelar mais grave que a sentença penal condenatória.

310.3.2. Concurso de crime e cúmulo material de penas: Como ainda veremos mais de perto, o limite de pena superior a quatro anos prevista no art. 313, I, CPP, está relacionado a alguns juízos de proporcionalidade cuja referência seria a *possibilidade concreta de imposição de pena privativa da liberdade* ao final do processo.

Note-se, inclusive, que o art. 283, § 1º, CPP, impede a imposição de qualquer das cautelares pessoais *quando não for prevista pena privativa da liberdade* ao delito. A *conta* parece ser a mesma.

Exata e precisamente por isso, quando se tratar de prisão em flagrante, por via da qual se possa imputar – em princípio – e, assim, investigar, a prática de mais de um delito, e cuja somatória de penas seja superior a quatro anos, não nos parece haver dúvidas sobre a possibilidade de decretação da preventiva. Aplicar-se-ão, então, as regras do concurso de crimes (art. 69, art. 70 e art. 71, CP), cabíveis por meio da *conexão* (art. 76, CPP) ou da *continência* (art. 77, CPP) entre os crimes.

Insistimos: o limite do art. 313, I, CPP, não se vincula *ao tipo de crime* para o qual seria cabível a preventiva, mas *às hipóteses concretas* em que isso seria possível. A simetria não é aleatória; ao contrário, é *aritmética*. Não se deve utilizar o processo cautelar quando a medida (instrumental) apresentar o risco de ultrapassar os resultados finais (e possíveis) do processo.

Nesse caso, porém, de dois ou mais delitos, conexos, *e desde que imputáveis às mesmas pessoas*, a imposição da prisão preventiva se justificará pelo *cúmulo material* das penas abstratamente cominadas aos tipos em investigação ou no processo, se já oferecida a denúncia quanto a eles.

Obviamente, tal somente será possível quando houver alguma modalidade de conexão entre os fatos, ainda que meramente probatória (instrumental – art. 76, III, CPP). É que a reunião dos processos e a *unidade de julgamento* (art. 79, CPP) é que permitirão a visibilidade da possível condenação em patamares superiores aos quatro anos previstos no art. 313, I, CPP.

Aliás, no caso de flagrante envolvendo o concurso de crimes, cuja somatória de penas, em abstrato, ultrapasse quatro anos, pensamos que a autoridade policial sequer poderá arbitrar o valor da fiança (art. 322, CPP).

Jurisprudência

310.3.2. [...] O art. 313, inciso I, do Código de Processo Penal, dispõe *que será admitida a decretação da prisão preventiva nos crimes dolosos punidos com pena máxima superior a 4 (quatro) anos, devendo ser considerado, ainda, nos casos de concurso de crimes, o somatório das reprimendas.* (...) (HC 314.123/SC, Rel. Ministro Félix Fischer, Quinta Turma, julgado em 6/8/2015, DJe 25/8/2015). Precedentes. [...] Recurso ordinário em *habeas corpus* improvido. *(HC n. 106.034-PA, STJ, 5ª Turma, unânime, Rel. Min. Reynaldo Soares Da Fonseca, julgado em 5.2.2019, publicado no DJ em 15.2.2019).*

....

310.3.3. O contraditório na preventiva: Estando já o aprisionado em flagrante custodiado (preso) – antes, portanto, da restituição de sua liberdade e não sendo o caso de aplicação de nenhuma das cautelares diversas da prisão –, nada impede que se ouça a defesa acerca da necessidade da decretação da preventiva. Aliás, antes se recomenda, na linha do quanto previsto no art. 282, § 3º, CPP, a estabelecer a possibilidade de contraditório nas cautelares *sempre que não houver risco* à execução da medida (observadas, ainda, as especificações do procedimento incluídas pela Lei nº 13.964, de 2019).

Nesse caso, então, parece-nos de todo pertinente abrir-se prazo à defesa, que já estaria de posse do auto de prisão em flagrante. Pensamos que o prazo há de ser *comum*, isto é, aquelas mesmas 24 (vinte e quatro) horas exigidas para a manifestação do Ministério Público.

Naturalmente que a atuação defensiva *após* o requerimento de decretação da preventiva pelo *parquet* ampliaria o leque de argumentação e o exercício da ampla defesa. Sem dúvida.

No entanto, a medida imporia nova prorrogação da custódia do aprisionado. Por isso, sabendo-se possível a confrontação *posterior* – já sem o contraditório – da decisão que decretar a preventiva, ficamos em que deva a defesa se pronunciar no mesmo prazo do Ministério Público.

310.4. A imposição de medidas cautelares: Entendendo o juiz ser desnecessária a decretação da preventiva, ainda quando o delito tiver pena cominada superior a quatro anos, *deverá* ele impor uma das várias medidas cautelares alternativas à prisão (o que reforça o que anotamos sobre as impropriedades técnicas do § 2º do art. 310 do CPP, na redação da Lei nº 13.964/2019, nos termos das anotações finais do item 310.2). Assim, se a pena do crime for inferior a quatro anos, sequer se poderá pensar na decretação da preventiva, ressalvada a hipótese do concurso de crimes a que acabamos de nos referir.

E dizemos que *deverá* (e não *poderá*) ele impor alguma das novas cautelares pessoais, em razão da preocupação legislativa assentada no inciso III do art. 310, do CPP, que se refere à *liberdade*, com ou sem fiança.

Certamente que a liberdade *sem fiança* não implicaria, em princípio, a necessidade de imposição de qualquer outra cautelar (que não a fiança!).

No entanto, o novo regime de cautelares pessoais, ao tempo em que amplia as hipóteses de proteção à liberdade individual, estende também o espectro de proteção à investigação e ao processo, com a instituição de várias formas de controle da efetividade de ambas as fases (inquérito policial e processo).

Por isso, nos casos em que houver a prisão em flagrante, ressalvada a hipótese em que o juiz, já pelo auto de prisão em flagrante, entenda presente alguma das *causas de justificação da conduta* (art. 310, § 1º, CPP), e, ainda, aquela do art. 283, § 1º (infrações para as quais é vedada a imposição de cautelares), pensamos ser obrigatória a imposição de alguma medida cautelar, diante da maior visibilidade do crime e de suas consequências, o que, ao menos em tese, justificaria a adoção de maiores cautelas quanto aos resultados finais do processo (e da investigação).

E, ao contrário do que ocorre em relação à prisão preventiva, pensamos desnecessária a provocação dos órgãos da persecução penal – autoridade policial e Ministério Público – para a imposição de alguma das demais cautelares. O juiz deverá fazê-lo, de ofício, pela via da *liberdade*, que vem a ser, agora, a maneira pela qual se *restitui* a liberdade após a prisão em flagrante. Cremos não haver influência, nessas conclusões, das alterações trazidas pela Lei nº 13.964/2019, em que se previu a impossibilidade de o juiz decretar de ofício prisões cautelares, inclusive no bojo de ação penal.

Com efeito, pode-se afirmar, no ponto, que a Lei operaria em certo nível de antecipação de *risco ao processo*, que resultaria da prisão em flagrante.

E não vemos aí qualquer inconstitucionalidade. A situação de flagrante não pode mesmo atestar a *culpa*, mas pode servir de fundamento para razões de acautelamento da jurisdição penal. Com efeito, e particularmente em relação ao flagrante *próprio* (art. 302, I e II, CPP), a visibilidade do fato e o risco de condenação, juntos, podem, de algum modo, perturbar os rumos da investigação ou do processo.

Como quer que seja, há algumas cautelares que sequer oneram significativamente aquele que tiver sido aprisionado em flagrante, ao menos até que se demonstre, posteriormente, a sua desnecessidade.

De se lembrar, no ponto, que, em regra, a manutenção das cautelares dependerá da permanência das condições que determinaram a sua imposição (art. 282, §§ 5º e 6º, CPP, na redação da Lei nº 13.964/2019).

Assim, uma vez realizado o flagrante, e encaminhados os autos ao Ministério Público e ouvida a defesa (art. 282, § 3º, CPP), nada impedirá a reapreciação da desnecessidade da medida cautelar.

310.5. Recurso contra a imposição e contra o deferimento de cautelares: No Brasil, a morosidade da Justiça criminal, fenômeno comum em países que não cumprem, de modo geral, seus deveres sociais, fomentou o manejo irracional do *habeas corpus*, independentemente de risco concreto ao direito de locomoção.

Com isso, qualquer tipo de impugnação à acusação é levado imediatamente aos Tribunais, via *habeas corpus*, ao fundamento de risco *mediato* à liberdade, se e quando o crime imputado prever pena privativa da liberdade.

Por isso, não será surpresa o acolhimento do aludido remédio heroico contra o deferimento de medidas cautelares diversas da prisão.

Para nós, nenhuma coisa e nem outra se justifica, a não ser *excepcionalmente*, quando manifesta a ilegalidade da medida.

E o problema nem é a utilização do *habeas corpus*, como já tivemos oportunidade de salientar, mas o fato da *preferência* em seu julgamento.

Ora, tratando-se de réu solto, toda a matéria tratada em tais ações de *habeas corpus* é também discutida em recursos de apelação, em recursos em sentido estrito e também na via extraordinária (especial e extraordinário). Impetra-se *habeas corpus* para o trancamento de ações penais (e de inquérito também) ao argumento da existência de variadas nulidades processuais, de inépcia da inicial, de ausência de pressupostos processuais, matérias essas também brandidas nos recursos a que acabamos de nos referir. Por que a preferência no julgamento do *habeas corpus* nessas situações (de réu solto)???

Para nós, tanto o deferimento quanto o indeferimento das cautelares deverão se submeter ao recurso em sentido estrito (art. 581, V, CPP), que, aliás, e há muito tempo, deixou de ser *em sentido estrito*, abrindo-se a diversas outras espécies de decisões *interlocutórias* criadas após o nosso vetusto Código.

Ressalvam-se apenas as hipóteses de manifesta ilegalidade da decisão, com indiscutível prejuízo ao acusado. E, do mesmo modo, e nas mesmas condições, seria também cabível a impetração de mandado de segurança no caso de indeferimento das cautelares requeridas.

310.6. Liberdade e medidas cautelares: De início, impõe-se um esclarecimento: o conceito de liberdade reduz-se apenas às diferentes modalidades de restituição da liberdade após a prisão em flagrante. É dizer: significa apenas que, tendo havido a prisão em flagrante e não sendo o caso de decretação da prisão preventiva, deverá o juiz *restituir* a liberdade, *impondo* uma ou algumas das medidas cautelares diversas da prisão (art. 319, art. 320 ou art. 310, § 1º, CPP).

Em síntese: as cautelares pessoais, quando impostas independentemente da prisão em flagrante, são tratadas apenas enquanto medidas dessa natureza (acautelatória); quando substitutivas da prisão em flagrante, receberão a designação da *liberdade*, que poderá ser *com* a imposição de fiança (liberdade com fiança) ou *sem ela* (liberdade sem fiança).

Explica-se: na redação originária do CPP – e durante muito tempo foi assim –, a prisão em flagrante importava juízo de *antecipação de culpa*, autorizando a manutenção da prisão até o final do processo, salvo quando afiançável a infração (e prestada a fiança) ou absolvido na sentença de primeiro grau (antigamente, quando a infração previa pena abstrata superior a dez anos, nem assim se restituía a liberdade).

Por isso, o CPP se referia à "Prisão e à liberdade *provisória*". Essa, a liberdade, era mesmo provisória, se realizada a prisão em flagrante, pois o que se esperava dele (flagrante) era a *inevitável condenação*.

Não se compreende – porque não se justifica! – **a manutenção da terminologia** *liberdade provisória*. **Antes do trânsito em julgado, toda** *prisão* **é que é** *provisória*. Não havendo razões cautelares que justifiquem a manutenção do cárcere, a liberdade deverá ser restituída, ainda quando imposta alguma outra (cautelar) diversa da prisão.

Bastaria ao legislador ter se referido ao art. 310, II, CPP, para que se compreendesse suficientemente a natureza do flagrante, não mais como antecipação de culpa, e, sim, como um juízo de maior visibilidade dos fatos e da eventual necessidade de controle mais rígido da investigação e do processo, sem o recurso necessário ao cárcere.

A liberdade "provisória", portanto, significa apenas a *restituição da liberdade* após a prisão em flagrante, a impor, em princípio, e até que se examine melhor a questão, uma ou mais das medidas cautelares do art. 319 ou art. 320, CPP, ou mesmo aquela do art.

310, § 1º, CPP, que somente admite o ônus de comparecimento obrigatório a todos os atos do processo, sob pena de revogação pelo descumprimento. Neste último caso, poderá resultar até a decretação da prisão preventiva (não se restaura um flagrante já exaurido!). No entanto, é bem de ver que, havendo indícios suficientes de ter o aprisionado agido *justificadamente*, ou seja, amparado por *causa de justificação* da conduta (estado de necessidade, legítima defesa etc.), dificilmente seria necessária ou legitimada a imposição da prisão.

310.7. Modalidades: vinculada, sem fiança, com fiança. O repertório conceitual ou classificatório das diversas modalidades de liberdade acompanha o equívoco legislativo que acolheu a malfadada expressão (liberdade "provisória").

O que seria a liberdade *com fiança* e aquela *sem fiança?*

Ora, como a fiança é apenas mais uma das várias medidas cautelares pessoais, diversas da prisão, e pode ser aplicada isolada ou cumulativamente, a distinção se reduziria apenas ao fato de *ter sido ou não*, concretamente, imposta após a prisão em flagrante. Se aplicada (a fiança), liberdade *com fiança;* se não, liberdade *sem fiança.*

No regime anterior, em que somente havia duas modalidades de liberdade – *com* e *sem fiança* –, ainda fazia sentido manter-se a diferença de tratamento.

Note-se, contudo, que desde o ano de 1977, com a Lei nº 6.416, a introduzir o agora alterado art. 310 do CPP, a liberdade *com fiança* havia perdido toda a sua força, na medida em que se aplicava, *também para os delitos afiançáveis*, a liberdade *sem fiança* do citado dispositivo (art. 310, na redação anterior), exigindo-se apenas o comparecimento a todos os atos do processo. Apenas no ano de 1990, a Lei nº 8.035 veio modificar essa situação, alterando o art. 325, CPP, para, nos crimes de sonegação fiscal e contra a economia popular, somente autorizar a restituição da liberdade mediante a prestação de fiança e seus consectários (autorização para viagem, comunicação de alteração de endereço residencial – art. 327 e art. 328, CPP). Referida legislação ressuscitou o então sepultado regime de fiança, ainda que parcialmente.

Agora, porém, após o flagrante e não sendo o caso (art. 312, CPP) ou não sendo cabível (art. 313, I, CPP) a prisão preventiva, *deverá* o juiz impor alguma das cautelares diversas da prisão (art. 319 e art. 320); quando imposta a fiança, se cuidará de liberdade *com fiança*; se não imposta, de liberdade *sem fiança.*

Quanto ao regime de fiança, mais adiante se examinarão em maiores detalhes os seus requisitos, encargos, limites e consequências (art. 319, art. 325 e seguintes).

De outro lado, será aplicado o regime de liberdade *vinculada* quando o juiz, ao exame do auto de prisão em flagrante, constatar a presença de indícios de ter o agente praticado o fato acobertado por quaisquer das causas de justificação da conduta (estado de necessidade, legítima defesa etc.). Nessa hipótese, somente será cabível a exigência de comparecimento a todos os atos do processo, tal como expressamente o prevê o art. 310, § 1º (atual redação, Lei nº 13.964/2019) e nenhuma outra cautelar.

Não comparecendo o acusado, sem justificativa, diz a Lei que a *liberdade* seria *revogada!*

No entanto, já o art. 314, CPP, afirma textualmente que *não se decretará a prisão preventiva* em tais situações (as causas de justificação). Como conciliar os aludidos dispositivos, no caso de descumprimento da exigência?

Por óbvio, não se pode pensar na *restauração* do flagrante, já que as novas regras afastaram por completo essa hipótese, exigindo a decretação da preventiva após o flagrante, de modo a fazer cumprir a determinação constitucional e legal (art. 283, *caput*) de que ninguém será preso ou mantido preso senão por ordem escrita e fundamentada da autoridade judiciária competente.

Assim, a prisão somente seria cabível como *garantia da eficácia* de medida cautelar anteriormente imposta.

Por isso, pensamos que o art. 314, CPP, não se aplica às hipóteses de prisão em flagrante, ou melhor, às hipóteses de *liberdade vinculada* (ao comparecimento a todos os atos do processo), somente sendo cabível como proibição à decretação *autônoma* da preventiva, como, aliás, ocorre com o limite de pena igual ou inferior a quatro anos do art. 313, I, CPP.

Descumprida a cautelar do art. 310, § 1º, CPP, então, *poderá* o juiz decretar a preventiva, com base em fundado (em lei!) receio de risco à efetividade do processo (art. 312, CPP, nos termos da Lei nº 13.964/2019).

Note-se, no particular, que, em princípio, ninguém é obrigado a acompanhar a instrução criminal, renunciando à chamada autodefesa.

No entanto, e agora, com o atual regime de cautelares pessoais da Lei nº 12.403/11, a exigência de comparecimento aos atos do processo, *para aquele que tiver sido preso em flagrante*, constituirá uma legítima restrição de direitos, a impor deveres ao investigado/processado e a fundamentar o agravamento das medidas impostas.

Jurisprudência *(anterior à Lei nº 13.964/2019)*

310.7. [...] Dispositivos impugnados que constituem mera reprodução de normas constantes da Lei nº 9.437/1997, de iniciativa do Executivo, revogada pela Lei nº 10.826/2003, ou são consentâneos com o que nela se dispunha, ou, ainda, consubstanciam preceitos que guardam afinidade lógica, em uma relação de pertinência, com a Lei nº 9.437/1997 ou com o PL 1.073/1999, ambos encaminhados ao Congresso Nacional pela Presidência da República, razão pela qual não se caracteriza a alegada inconstitucionalidade formal. Invasão de competência residual dos Estados para legislar sobre segurança pública inocorrente, pois cabe à União legislar sobre matérias de predominante interesse geral. O direito do proprietário à percepção de justa e adequada indenização, reconhecida no diploma legal impugnado, afasta a alegada violação ao art. 5º, XXII, da Constituição Federal, bem como ao ato jurídico perfeito e ao direito adquirido. A proibição de estabelecimento de fiança para os delitos de "porte ilegal de arma de fogo de uso permitido" e de "disparo de arma de fogo", mostra-se desarrazoada, porquanto são crimes de mera conduta, que não se equiparam aos crimes que acarretam lesão ou ameaça de lesão à vida ou à propriedade. Insusceptibilidade de liberdade provisória quanto aos delitos elencados nos arts. 16, 17 e 18. Inconstitucionalidade reconhecida, visto que o texto magno não autoriza a prisão *ex lege*, em face dos princípios da presunção de inocência e da obrigatoriedade de fundamentação dos mandados de prisão pela autoridade judiciária competente. Identificação das armas e munições, de modo a permitir o rastreamento dos respectivos fabricantes e adquirentes, medida que não se mostra irrazoável. A idade mínima para aquisição de arma de fogo pode ser estabelecida por meio de Lei ordinária, como se tem admitido em outras hipóteses. Prejudicado o exame da inconstitucionalidade formal e material do art. 35, tendo em conta a realização de referendo. Ação julgada procedente, em parte, para declarar a inconstitucionalidade dos parágrafos únicos dos artigos 14 e 15 e do artigo 21 da Lei nº 10.826, de 22 de dezembro de 2003 (*Ação Direta de Inconstitucionalidade nº 3.112, STF, Plenário, Rel. Min. Ricardo Lewandowski, julgado em 2.5.2007, publicado no DJ em 26.10.2007*).

310.7. [...] A proibição de liberdade provisória, nos casos de crimes hediondos e equiparados, decorre da própria inafiançabilidade imposta pela Constituição da República à legislação ordinária (Constituição da República, art. 5º, inc. XLIII): Precedentes. O art. 2º, inc. II, da Lei nº 8.072/90 atendeu o comando constitucional, ao considerar inafiançáveis os crimes de tortura, tráfico ilícito de entorpecentes e drogas afins, o terrorismo e os definidos como crimes hediondos. Inconstitucional seria a legislação ordinária que dispusesse diversamente, tendo como afiançáveis delitos que a Constituição da República determina sejam inafiançáveis. Desnecessidade de se reconhecer a inconstitucionalidade da Lei nº 11.464/07, que, ao retirar a expressão "e liberdade provisória" do art. 2º, inc. II, da Lei nº 8.072/90, limitou-se a uma alteração textual: a proibição da liberdade provisória decorre da vedação da fiança, não da expressão suprimida, a qual, segundo a jurisprudência do Supremo Tribunal, constituía redundância. Mera alteração textual, sem modificação da norma proibitiva de concessão da liberdade provisória aos crimes hediondos e equiparados, que continua vedada aos presos em flagrante por quaisquer daqueles delitos. A Lei nº 11.464/07 não poderia alcançar o delito de tráfico de drogas, cuja disciplina já constava de Lei especial (Lei nº 11.343/06, art. 44, *caput*), aplicável ao caso vertente. Paciente preso em razão do flagrante por colaborar como informante com grupo, organização ou associação destinado à prática dos crimes previstos nos arts. 33, *caput*, e 34 da Lei nº 11.343/06. Não há falar, na espécie vertente, em direito de recorrer em liberdade, uma vez que, em razão da impossibilidade de concessão de liberdade provisória, o Paciente não está solto à época da prolação da sentença. Precedente. Ordem denegada (*Habeas Corpus nº 97.975, STF, 1ª Turma, Rel. Min. Cármen Lúcia, julgado em 9.2.2010, publicado no* DJ *em 19.3.2010*).

310.7. [...] É sedimentada a jurisprudência atual desta Corte quanto à irrelevância da discussão acerca da existência ou não de fundamentação da prisão em flagrante de acusado de tráfico ilícito de entorpecentes, haja vista que a proibição de liberdade provisória, nesses casos, decorre da inafiançabilidade imposta pelo art. 5º, inc. XLIII, da Constituição Federal e da vedação legal imposta pelo art. 44 da Lei nº 11.343/06 [...] (*Habeas Corpus nº 102.558, STF, 2ª Turma, Rel. Min. Joaquim Barbosa, julgado em 9.2.2010, publicado no* DJ *em 12.3.2010*).

310.7 [...] O fato em si da inafiançabilidade dos crimes hediondos e dos que lhe sejam equiparados parece não ter a antecipada força de impedir a concessão judicial da liberdade provisória, conforme abstratamente estabelecido no art. 44 da Lei nº 11.343/2006, jungido que está o juiz à imprescindibilidade do princípio tácito ou implícito da individualização da prisão (não somente da pena). Pelo que a inafiançabilidade da prisão, mesmo em flagrante (inciso XLIII do art. 5º da CF), quer apenas significar que a lei infraconstitucional não pode prever como condição suficiente para a concessão da liberdade provisória o mero pagamento de uma fiança. A prisão em flagrante não pré-exclui o benefício da liberdade provisória, mas, tão só, a fiança como ferramenta da sua obtenção (dela, liberdade provisória). Se é vedado levar à prisão ou nela manter alguém legalmente beneficiado com a cláusula da afiançabilidade, a recíproca não é verdadeira: a inafiançabilidade de um crime não implica, necessariamente, vedação do benefício à liberdade provisória, mas apenas sua obtenção pelo simples dispêndio de recursos financeiros ou bens materiais. Tudo vai depender da concreta aferição judicial da periculosidade do agente, atento o juiz aos vetores do art. 312 do Código de Processo Penal. Nem a inafiançabilidade exclui a liberdade provisória nem o flagrante pré-exclui a necessidade de fundamentação judicial para a continuidade da prisão. Pelo que, nada obstante a maior severidade da Constituição para com os delitos em causa, tal resposta normativa de maior rigor penal não tem a força de minimizar e muito menos excluir a participação verdadeiramente central do Poder Judiciário em tema de privação da liberdade corporal do indivíduo. Em suma: a liberdade de locomoção do ser humano é bem jurídico tão superlativamente prestigiado pela Constituição que até mesmo a prisão em flagrante delito há de ser imediatamente comunicada ao juiz para decidir tanto sobre a regularidade do respectivo auto quanto a respeito da necessidade da sua prossecução. Para o que disporá das hipóteses de incidência do art. 312 do CPP, nelas embutido o bem jurídico da Ordem Pública, um dos explícitos fins dessa tão genuína quanto essencial atividade estatal que atende pelo nome de Segurança Pública (art. 144 da CF/ 88). No julgamento do HC 97.256, da minha relatoria, o Supremo Tribunal Federal declarou, incidentalmente, a inconstitucionalidade da vedação à substituição da pena privativa por penas restritivas de direitos. A desautorizar, assim, a conclusão do magistrado sentenciante, de que "*a lei impede a aplicação dos substitutivos penais (CP, art. 44)*". [...] (*Habeas Corpus nº 108.134-SP, STF, 2ª Turma, Rel. Min. Ayres Britto, julgado em 22.11.2011, publicado no* DJ *em 21.03.2012*).

310.8. Inafiançabilidade constitucional e vedação legal da fiança: Do ponto de vista conceitual, tudo já estaria resolvido acerca das noções de liberdade com fiança e sem fiança, além da modalidade de liberdade vinculada a que acabamos de nos referir.

O problema é que há casos em que a fiança *é vedada*, isto é, não fica ao juízo discricionário do juiz. São as hipóteses de inafiançabilidade previstas na Constituição (art. 5º) e reproduzidas no CPP (art. 323), relativamente a determinados crimes (hediondos, de tortura, de tráfico de drogas, terrorismo, racismo), além dos casos de *quebramento* e *perdimento* da fiança (art. 324, CPP), a depender do descumprimento das obrigações resultantes da imposição da fiança (art. 327 e art. 328, CPP).

Aqui, a *emenda* será sempre pior que o *soneto.*

É que, ao contrário do que aparentemente pretendeu o legislador da Lei nº 12.403/11, não nos parece cabível a proibição *ex lege* da restituição da liberdade, na medida em que toda prisão, antes do trânsito em julgado, dependerá sempre de *ordem escrita e fundamentada* da autoridade judiciária competente. Exatamente por isso é que, conforme já destacamos anteriormente, padece de grave contraste constitucional a previsão do § 2º do art. 310 e do art. 315, ambos do CPP (Lei nº 13.964/2019), conforme destacado no item 310.2, *in fine.*

Aliás, não bastasse o dispositivo constitucional, o próprio *caput* do art. 283 esclarece a questão, definitivamente (*remetemos, uma vez mais, para o dissídio, objeto de análise no item 637.1.1*).

Assim, a proibição de fiança para tais delitos renova antigas contradições nos regimes de liberdade no Brasil: agora, para crimes mais graves (os tais *inafiançáveis*) poderão ser impostas quase todas as cautelares pessoais, *exceto a fiança*; para os crimes menos graves, poderão ser impostas *todas, incluindo* a fiança. Em síntese: liberdade mais onerosa para crimes menos graves e menos onerosa para delitos mais graves.

A única alternativa que se apresenta para a correção de tamanho despautério será a imposição de um número mais significativo de cautelares para os aludidos crimes inafiançáveis, reservando a menor incidência delas (cautelares) para aqueles (crimes) menos graves, o que, convenhamos, está longe de ser o ideal. De todo modo, porque merecedores de maiores cautelas, os delitos inafiançáveis haverão de merecer tratamento mais oneroso que os demais.

Por fim, mantendo a sistematização dos temas, remetemos aos comentários do item 581.7.1.

Jurisprudência

310.8.[...] A orientação estampada no aresto estadual encontra amparo na jurisprudência desta Corte e na do Supremo Tribunal Federal, pois com o advento da Lei n. 9.459/97, introduzindo a denominada injúria racial, criou-se mais um delito no cenário do racismo, portanto, imprescritível, inafiançável e sujeito à pena de reclusão (AgRg no AREsp n. 686.965/DF, Ministro Ericson Maranho (Desembargador Convocado do TJ/SP), Sexta Turma, DJe 31/8/2015) – (AgRg no AREsp n. 734.236/DF, Ministro Nefi Cordeiro, Sexta Turma, DJe 8/3/2018). 1.1 *"A simples distinção topológica entre os crimes previstos na Lei 7.716/1989 e o art. 140, § 3º, do Código Penal não tem o condão de fazer deste uma conduta delituosa diversa do racismo, até porque o rol previsto na legislação extravagante não é exaustivo.4. Por ser espécie do gênero racismo, o crime de injúria racial é imprescritível"* (HC 154248, Relator Ministro Edson Fachin, DJe de 23/2/2022). [...] O aresto estadual também não confronta a jurisprudência desta Terceira Seção no sentido de que o termo inicial da prescrição da pretensão executória é o trânsito em julgado para ambas as partes, defesa e acusação. A repercussão geral reconhecida no ARE 848.107/DF não determinou a suspensão nacional de todos os processos relacionados ao Tema 788, razão pela qual é descabido o sobrestamento do feito. [...] *(Agravo Regimental no Recurso Espe-*

cial nº 2.027.034-SP, STJ, 5ª Turma, Rel. Min. Joel Ilan Paciornik, sessão virtual de 18.4.2023 a 24.4.2023, publicado no DJ em 26.4.2023)

310.8. [...] 1. O Plenário do Supremo Tribunal Federal, no HC 104.339/SP (Min. Gilmar Mendes, DJe de 06.12.2012), em evolução jurisprudencial, declarou a inconstitucionalidade da vedação à **liberdade provisória** prevista no art. 44 da Lei 11.343/2006. *Entendeu-se que (a) a mera* **inafiançabilidade** *do delito (CF, art. 5º, XLIII) não impede a concessão da liberdade provisória*; (b) sua vedação apriorística é incompatível com os princípios constitucionais da presunção de inocência e do devido processo legal, bem assim com o mandamento constitucional que exige a fundamentação para todo e qualquer tipo de prisão. [...] *(Habeas Corpus nº 113.945-SP, STF, 2ª Turma, Rel. Min. Teori Zavascki, julgado em 29.10.2013, publicado no DJ em 12.11.2013)*

310.8.1. Vedações legais à restituição da liberdade:

a) Estatuto do desarmamento e Tráfico de Drogas: Havia previsão de impossibilidade de restituição da liberdade ou referência expressa à inafiançabilidade de determinados delitos em três importantes legislações, a saber: Lei nº 10.826/03 (Desarmamento – arts. 14, 15 e 21); nº 9.613/98 (Lavagem de dinheiro e ativos – art. 3º) e a revogada Lei nº 9.034/95 (Organizações criminosas – art. 9º).

Para nenhuma delas, porém, subsistem ainda tais vedações.

Vejamos.

O art. 3º da Lei nº 9.613/98 (Lavagem de dinheiro) foi expressamente revogado pela Lei nº 12.683/12. A Lei nº 9.034/95 foi também expressamente revogada pela Lei n 12.850/13, que não repetiu os respectivos erros. E, finalmente, o Supremo Tribunal Federal já afirmou a inconstitucionalidade das hipóteses de proibição de liberdade previstas na Lei nº 10.826/03, o conhecido Estatuto do Desarmamento, conforme se vê no julgamento da ADI 3.112/DF, Rel. o Ministro Ricardo Lewandowski. Sobre a vedação de restituição da liberdade prevista na Lei nº 11.343/06, do tráfico de drogas, consultem-se as observações ao art. 323.

b) crimes de sonegação fiscal e contra a economia popular: Para tais crimes, a vedação legal é apenas para a aplicação de liberdade sem fiança, o que nos parece perfeitamente aceitável, no ponto em que se trata de matéria submetida à conformação legislativa. Aqui, portanto, a imposição de fiança será de rigor, além de outra medida cautelar que se mostre eventualmente adequada.

Atualmente, referidos crimes, de sonegação fiscal e contra a economia popular, se encontram previstos na Lei nº 8.137/90 (crimes contra a ordem tributária e contra as relações de consumo).

De outro lado, não vemos como impedir a aplicação do art. 350, do mesmo CPP, que permite a restituição da liberdade sem o pagamento de fiança em casos de pobreza, e, assim, de impossibilidade de sua prestação pelo aprisionado. Não fosse assim, haveria juízo de antecipação de culpa, ao considerar o suposto autor do fato já beneficiado pelos recursos sonegados ou obtidos contra os consumidores.

c) a vedação de liberdade (com ou sem medidas cautelares) prevista no § 2º do art. 310 do CPP (Lei nº 13.964/2019): conforme já destacamos no item 310.2, não há como se prever abstratamente a vedação de concessão de liberdade, sem que presentes, no caso concreto, os fundamentos para a preventiva (art. 312, CPP) ou então medidas cautelares menos gravosas (art. 319, CPP)

310.9. Revogação da preventiva e liberdade "provisória": A partir da Lei nº 12.403/11, o direito processual penal brasileiro exige que a *manutenção* da prisão em flagrante decorra da decretação da prisão preventiva, o que exigirá o atendimento aos requisitos do art. 312 e do art. 313, I, ambos do CPP, na medida em que, em tal situação, a aludida custódia cautelar (a preventiva) não se prestaria a garantir a efetividade de outra medida (art. 282, §§ 4º e 5º, CPP). Noutras palavras, não se mantem prisão em flagrante, mesmo se o delito for *inafiançável,* se não presentes os requisitos da preventiva.

No modelo atual, aliás, desaparecendo os motivos da decretação, a preventiva tanto poderá ser *revogada*, quanto, se for o caso, *substituída* por outra cautelar menos gravosa, segundo a lógica do art. 282, § 5º, CPP (única hipótese em que, após a vigência da Lei nº 13.964/2019, poderá o juiz agir de ofício, inclusive para a conversão da medida menos gravosa em preventiva).

CAPÍTULO III
Da Prisão Preventiva

Art. 311. Em qualquer fase da investigação policial ou do processo penal, caberá a prisão preventiva decretada pelo juiz, a requerimento do Ministério Público, do querelante ou do assistente, ou por representação da autoridade policial. (Redação dada pela Lei nº 13.964, de 2019)

311.1. Prisão preventiva *ex officio*: A Lei nº 12.403/11 somente autorizava a decretação da preventiva *de ofício*, pelo juiz, quando no curso do processo. Na fase de investigação, dependia de provocação, seja da autoridade policial (por meio de *representação - vide apontamento no item 282.3 sobre a legitimidade da autoridade policial*), seja por requerimento do Ministério Público. O juiz brasileiro não é mais o juiz do Código de 1941, não lhe competindo zelar pela *qualidade* da investigação, ao menos desde o ano de 1988, por força da nova ordem constitucional. Ocorre que, com a Lei nº 13.964/2019, expressamente vedou-se ao juiz decretar, de forma autônoma, a prisão preventiva inclusive no curso de ação penal (art. 282, § 2º, CPP). Já dissemos no item 282.3, trata-se de uma opção legislativa, cuja constitucionalidade não se pode questionar, embora ainda compreendamos que não se afigura como a melhor solução, na medida em que há situações (sempre excepcionais, é verdade) nas quais a imposição de *ofício* de medidas cautelares (inclusive da preventiva) é essencial exatamente para a garantia e preservação dos postulados do art. 312 do CPP (desde que presente a devida fundamentação). Em nossa compreensão, a previsão então existente não colidia com o sistema acusatório, sendo que a novel limitação poderá causar situações de desequilíbrio quando necessária a imposição de medida cautelar urgente sem que se tenha, de pronto, um possível e prévio requerimento das partes (Ministério Público ou querelante, conforme o caso).

O juiz exerce jurisdição. Mas não por iniciativa própria, já que o titular da ação penal e responsável pela persecução penal em juízo é o Ministério Público. Que, juntamente com a Polícia, cuida também da fase de investigação.

E mais.

Sua atuação na fase de investigação, ainda quando produza resultados para a qualidade da investigação, não encontra nela (investigação) a sua fundamentação. Ao contrário, o juiz, ali, exerce uma das mais importantes missões reservadas à jurisdição penal: a tutela das liberdades públicas, exercendo o controle de legalidade da investigação e das ingerências na vida privada dos investigados e de terceiros. Da investigação *em inquérito policial* cuida, primeiro, a polícia, e, junto a ela, o Ministério Público, destinatário natural do material colhido nessa oportunidade, para fins de ajuizamento ou não de ação penal.

Assim, não deve o juiz cuidar de tutelar *a investigação.* Havendo necessidade de sua atuação, em face das cláusulas de reserva da jurisdição (exigência de ordem judicial para *interceptação telefônica*, para *mandado de busca e apreensão domiciliar*, mandado para a *prisão*, além de outras *inviolabilidades pessoais* previstas na Constituição da República), haverá ele que ser provocado pelos órgãos titulares da persecução, sendo-lhe vedada qualquer iniciativa nesse sentido.

Nem mesmo a prisão preventiva para *garantia da ordem pública*, que não ostenta a mesma instrumentalidade das demais (para assegurar a aplicação da Lei penal e por conveniência da instrução criminal), deve ser objeto de sua apreciação nessa fase (de investigação). Talvez, excepcionalmente, em caso de prisão em flagrante, em que sejam visíveis os riscos de restituição à liberdade (crimes praticados com violência, envolvendo grupos armados, por exemplo), no caso de inércia do *parquet.*

É que, enquanto não provocado, não pode o juiz se *imiscuir* na persecução investigativa, como se órgão correcional fosse (do Ministério Público e da Polícia Judiciária). Não cabe a ele analisar o material em produção na referida fase pré-processual, na medida em que a jurisdição somente se exerce, na administração da persecução, por provocação dos interessados.

De outro lado, quando já instaurado o processo e em curso a imputação penal – que, aliás, decorre, na ordem jurídica atual, da regra da *obrigatoriedade* –, pode e deve o magistrado exercer em maior extensão o controle de legalidade, não mais da investigação, mas já da efetividade do processo penal. E, para isso, poderá, por iniciativa própria, adotar as medidas cautelares necessárias a tais finalidades, incluindo a prisão. Sobre o tema, não se tem notícia de experiências relevantes no direito comparado em sentido contrário, sobretudo em países que se afirmam inseridos em modelos e sistemas de natureza acusatória, como é o caso, por exemplo, de Portugal, mais alinhado com as práticas nacionais.

Destacamos que o tema tem sido objeto de divergências do STJ e do STF. No âmbito das turmas, originariamente, a 5ª Turma admitiu a possibilidade de conversão de ofício da prisão em flagrante, sem prévio requerimento, mas com posicionamentos em sentido contrário posteriormente. Já a 6ª Turma, inicialmente, defendia não ser cabível a decretação de ofício, mas encontramos precedentes posteriores que se amoldariam à tese diversa. Já no STF, há julgados da 2ª Turma no sentido da inadmissibilidade da conversão em flagrante em preventiva de ofício, porém não há decisão vinculativa do órgão plenário.

Como já dito anteriormente às decisões ora mencionadas, continuamos defendendo a possibilidade – sempre excepcional – da conversão da prisão em flagrante em preventiva, não mais sendo admitida exclusivamente a prisão preventiva (ou qualquer cautelar) de forma autônoma, sem prévio requerimento. *Vide* anotações ao art. 316 do CPP.

Jurisprudência *(precedentes posteriores à Lei nº 13.964/2019)*

311.1. [...] nos termos do art. 311 do CPP, "Em qualquer fase da investigação policial ou do processo penal, caberá a prisão preventiva decretada pelo juiz, a requerimento do Ministério Público, do querelante ou do assistente, ou por representação da autoridade policial". No caso, embora o representante ministerial tenha postulado a aplicação de outras cautelares mais brandas, o Juízo decretou a prisão preventiva, caracterizando uma atuação de ofício. Julgados do STJ. [...] *(Agravo Regimental nos Embargos de Declaração no RHC nº 196.080-MG, STJ, 5ª Turma, Rel. Min. Reynaldo Soares da Fonseca, julgado em 18.6.2024, publicado no DJ em 21.6.2024)*

311.1. [...] Prisão preventiva. 4. Legitimidade do assistente de acusação, pai da vítima e habilitado para assim atuar no curso da ação penal, sendo ainda indiscutível o interesse da família da vítima na resolução da controvérsia. Precedentes. [...] *(Agravo Regimental no Recurso Extraordinário com Agravo nº 1.441.912-STF, 2ª Turma, Rel. Min. Gilmar Mendes, sessão virtual de 26.4.2024 a 6.5.2024, publicado no DJ em 14.5.2024)*

311.1. [...] 1. Não se desconhece o entendimento de que, *"em razão do advento da Lei n. 13.964/2019, não é mais possível a conversão ex officio da prisão em flagrante em prisão preventiva. Interpretação conjunta do disposto nos arts. 3º-A, 282, § 2º, e 311, caput, todos do CPP"* (RHC n. 131.263/GO, relator Ministro Sebastião Reis Júnior, Terceira Seção, julgado em 24/2/2021, DJe 15/4/2021).

2. Contudo, no caso, o Ministério Público, durante a audiência de custódia, requereu fossem fixadas medidas cautelares diversas da prisão, nos moldes do art. 319 do Código de Processo Penal, tendo o Juízo singular decretado a prisão preventiva. Conforme a jurisprudência desta Corte, *"é possível ao magistrado decretar medida cautelar diversa daquela requerida pelo Ministério Público, o que não representa atuação ex officio"* (AgRg no HC n. 846.420/AL, relatora Ministra Laurita Vaz, Sexta Turma, julgado em 2/10/2023, DJe de 5/10/2023), ausente, portanto, a ilegalidade arguida. [...] *(Agravo Regimental no Habeas Corpus nº 892.531-SP, STJ, 6ª Turma, Rel. Min. Antonio Saldanha Palheiro, sessão virtual de 23.4.2024 a 29.4.2024, publicado no DJ em 3.5.2024)*

311.1. [...] 1. Um dos objetivos da reforma da Lei n. 13.964/2019 é o fortalecimento do modelo acusatório no Processo Penal brasileiro. Assim, suprimiu-se, por exemplo, a possibilidade de o Juiz agir sem provocação em matéria de medidas cautelares pessoais. Nessas hipóteses, segundo o comando normativo vigente, é imprescindível o prévio requerimento do Ministério Público ou representação da Autoridade Policial. Tal conclusão decorre da supressão da expressão "de ofício" tanto do art. 282, § 2º, como do art. 311, ambos do Código de Processo Penal.

2. Ao tratar da (im)possibilidade de decretação da medida cautelar mais gravosa de ofício, a Terceira Seção desta Corte deu provimento ao RHC n. 131.263/GO para reconhecer a ilegalidade na conversão de ofício da prisão em flagrante em preventiva sem prévio requerimento do Ministério Público ou representação da autoridade policial. No inteiro teor desse acórdão está consignado que "tal dispositivo tornou imprescindível, expressamente, o prévio requerimento das partes, do Ministério Público ou da autoridade policial, para ser possível a aplicação, por parte do Magistrado, de qualquer medida cautelar. Ademais, a alteração introduzida no art. 311 do CPP, do qual foi suprimida a expressão "de ofício", corrobora a interpretação segundo a qual passou a ser imprescindível a representação prévia para decretação da prisão cautelar, inclusive para conversão do flagrante em preventiva" (fl. 13 do voto condutor do acórdão; grifos no original).

3. Considerando que, no caso em análise, o Ministério Público não postulou pela fixação de nenhuma medida de natureza cautelar, a orientação converge com o entendimento que prevaleceu no recente julgamento do RHC n. 145.225 – RO, no qual a Sexta Turma do Superior Tribunal de Justiça definiu que a "determinação do Magistrado, em sentido diverso do requerido pelo Ministério Público, pela autoridade policial ou pelo ofendido, não pode ser considerada como atuação ex officio, uma vez que lhe é permitido atuar conforme os ditames legais, desde que previamente provocado, no exercício de sua jurisdição" (RHC 145.225/RO, Rel. Ministro ROGERIO SCHIETTI CRUZ, SEXTA TURMA, julgado em 15/02/2022, DJe 22/03/2022).

4. Em matéria de medidas cautelares pessoais, a atuação jurisdicional de ofício é vedada, independente da fase que se encontre o procedimento e do grau de limitação na liberdade que o provimento acautelatório eventualmente enseje.

5. Ordem concedida para cassar as medidas cautelares diversas da prisão fixadas de ofício pelo Juízo de primeiro grau. *(Habeas Corpus nº 638.655-SC, STJ, 6ª Turma, Rel. Min. Laurita Vaz, unânime, julgado em 5.4.2022, publicado no DJ em 8.4.2022)*

311.1. [...] 7. Quanto à alegação defensiva de ilegalidade da manutenção da prisão diante do parecer ministerial foi favorável à substituição por medidas menos gravosas, releva salientar que o indeferimento do pleito, na hipótese, não configura a atuação vedada pela Lei n. 13.964/2019 – notadamente, a decretação da prisão preventiva pelo julgador sem prévia representação da autoridade policial ou do Ministério Público.

8. Com efeito, a decisão que originariamente impôs a cautela extrema decorreu de provocação do Ministério Público, com o intuito de cessar as atividades da suposta organização criminosa em investigação. Apenas em momento posterior, o órgão acusatório manifestou-se favoravelmente a pedido defensivo de revogação da prisão cautelar, o que não foi acolhido pelo Juízo singular.

9. Em situação que, *mutatis mutandis*, implica similar raciocínio, decidiu o STF que: "Muito embora o juiz não possa decretar a prisão de ofício, o julgador não está vinculado a pedido formulado pelo Ministério Público. [...] Após decretar a prisão a pedido do Ministério Público, o magistrado não é obrigado a revogá-la, quando novamente requerido pelo *Parquet*" (HC n. 203.208 AgR, Rel. Ministro Gilmar Mendes, 2ª T., DJe 30/8/2021).

10. Não há dúvidas de que configura constrangimento ilegal a conversão de ofício da prisão em flagrante em preventiva do paciente. No entanto, a decisão do magistrado em sentido diverso do requerido pelo Ministério Público, pela autoridade policial ou pelo ofendido não pode ser considerada como atuação *ex officio*, uma vez que lhe é permitido atuar conforme os ditames legais, desde que previamente provocado, no exercício de seu poder de jurisdição.

11. Entender de forma diversa seria vincular a decisão do magistrado ao pedido formulado pelo Ministério Público, de modo a transformar o julgador em mero chancelador de suas manifestações, ou de lhe transferir a escolha do teor de uma decisão judicial, em total desapreço à função jurisdicional estatal.

12. Na dicção da melhor doutrina, "o direito penal serve simultaneamente para limitar o poder de intervenção do Estado e para combater o crime. Protege, portanto, o indivíduo de uma repressão desmesurada do Estado, mas protege igualmente a sociedade e os seus membros dos abusos do indivíduo" (Claus ROXIN. *Problemas fundamentais de direito penal.* 2ª ed. Lisboa: Vega, 1993, p. 76), visto que, em um Estado de Direito, "*la regulación de esa situación de conflito no es determinada a través de la antítesis Estado-ciudadano; el Estado mismo está obligado por ambos fines – aseguramiento del orden a través de la persecución penal y protección de la esfera de libertad del ciudadano*" (Claus ROXIN. Derecho procesal penal. Buenos Aires: Editores dei Puerto, 2000, p. 258). [...] *(Habeas Corpus nº 686.272-MG, STJ, 6ª Turma, Rel. Min. Rogerio Schietti Cruz, unânime, julgado em 19.4.2022, publicado no DJ em 25.4.2022)*

311.1. [...] 1. Infere-se dos autos que o MP requereu, durante a audiência de custódia, a conversão da prisão em flagrante em cautelares diversas, no entanto, o Magistrado decretou a cautelar máxima.

2. Diversamente do alegado pelo Tribunal de origem, não se justificaria uma atuação ex officio do Magistrado por se tratar de crime de violência doméstica e familiar contra a mulher, com fundamento no princípio da especialidade. Não obstante o art. 20 da Lei n. 11.340/2006 ainda autorize a decretação da prisão preventiva de ofício pelo Juiz de direito, tal disposição destoa do atual regime jurídico. A atuação do juiz de ofício é vedada independentemente do delito praticado ou de sua gravidade, ainda que seja de natureza hedionda, e deve repercutir no âmbito da violência doméstica e familiar.

3. A decisão que decretou a prisão preventiva do paciente foi precedida da necessária e prévia provocação do Ministério Público, formalmente dirigida ao Poder Judiciário. No entanto, este decidiu pela cautelar pessoal máxima, por entender que apenas medidas alternativas seriam insuficientes para garantia da ordem pública. [...] *(Recurso em Habeas Corpus nº 145.225-RO, STJ, 6ª Turma, Rel. Min. Rogerio Schietti Cruz, por maioria, julgado em 15.2.2022, publicado no DJ em 22.3.2022)*

311.1. [...] A manifestação posterior do Ministério Público pela segregação cautelar do agravante supre o vício de não observância da formalidade do prévio requerimento, afastando-se a alegação de conversão da prisão de ofício e de violação do art. 311 do CPP. [...] *(Agravo Regimental no Recurso em Habeas Corpus nº 152.473/BA, STJ, 5ª Turma, unânime, Rel. Min. João Otávio de Noronha, julgado em 19.10.2021, publicado no DJ em 25.10.2021)*

311.1. [...] O entendimento firmado pela Corte estadual, no sentido de não haver nulidade na hipótese em que o Juízo, de ofício, sem a prévia provocação da autoridade policial ou do órgão ministerial, convertia a prisão em flagrante em preventiva, quando preenchidos os requisitos previstos no art. 312, do Código de Processo Penal, estava em consonância com a jurisprudência firmada nesta Corte Superior, a qual entendia que "a conversão do flagrante em prisão preventiva é uma situação à parte, que não se confunde com a decisão judicial que simplesmente decreta a preventiva ou qualquer outra medida cautelar". Todavia, em uma guinada jurisprudencial, a Quinta Turma desta Corte de Justiça, por ocasião do julgamento do HC n. 590.039/GO, de relatoria do Ministro Ribeiro Dantas, julgado em 23/6/2020, Dje 25/6/2020, passou a entender que em virtude da entrada em vigor da Lei n. 13.964/2019 (Pacote Anticrime), não é mais admissível essa conversão de ofício porque, as alterações do Pacote Anticrime denotam "a intenção legislativa de buscar a efetivação do sistema penal acusatório", vontade essa explicitada, por exemplo, ao alterar o art. 311 do CPP – suprimindo a expressão "de ofício" ao tratar da possibilidade de decretação da prisão pelo magistrado –, e ao incluir o art. 3ª-A no CPP, dispondo que o Processo Penal terá estrutura acusatória, vedadas a iniciativa do juiz na fase de investigação e a substituição da atuação probatória pelo órgão de acusação. Desse modo, o novo entendimento é no sentido de ser indispensável, de forma expressa, o prévio requerimento das partes, do Ministério Público ou da autoridade policial para que o juiz aplique qualquer medida cautelar. Frise-se que esta nova orientação está alinhada com as recentes decisões do Supremo Tribunal Federal Precedentes. [...] *(Agravo Regimental no Habeas Corpus nº 622.523/RS, STJ, 5ª Turma, unânime, Rel. Min. Reynaldo Soares da Fonseca, julgado em 17.11.2020, publicado no DJ em 23.11.2020)*

Jurisprudência *(precedentes anteriores à Lei nº 12.403, de 4.5.2011, e à Lei nº 13.964/2019)*

311.1. [...] Tendo sido a prisão preventiva decretada de ofício na fase investigatória, verifica-se a ocorrência de ilegalidade, em razão da não observância do disposto no art. 311 do CPP, segundo o qual: *Em qualquer fase da investigação policial ou do processo penal, caberá a prisão preventiva decretada pelo juiz, de ofício, se no curso da ação penal, ou a requerimento do Ministério Público, do querelante ou do assistente, ou por representação da autoridade policial. [...] (RCH n. 86.572-PA, STJ, 6ª Turma, unânime, Rel. Min. Nefi Cordeiro, julgado em 3.10.2017, publicado no DJ em 9.10.2017).*

311.1. [...] Ao não homologar a prisão em flagrante, acabou o magistrado por decretar, *ex officio*, a prisão preventiva, o que, nos expressos termos do art. 311 do Código de Processo Penal – CPP, somente é permitido no curso do processo. [...] *(Recurso em Habeas Corpus nº 54.249-MG, STJ, 6ª Turma, unânime, Rel. Min. Nefi Cordeiro, julgado em 12.5.2015, publicado no DJ em 26.5.2015).*

311.1. [...] A teor dos arts. 311 e 316 do Código de Processo Penal, é possível a decretação de prisão preventiva no curso do processo, mesmo de ofício, e ainda que esta tenha sido anteriormente revogada, se sobrevierem razões que justifiquem tal medida, providência que compete ao Juiz da causa. [...] *(Recurso em Habeas Corpus nº 42.816-RS, STJ, 5ª Turma, Rel. Min. Laurita Vaz, julgado em 6.5.2014, publicado no DJ em 13.5.2014).*

311.2. Legitimidade ativa: entre postulação e representação: A Constituição da República, em 1988, deixou escapar uma boa oportunidade de reconduzir o processo penal brasileiro aos trilhos da pós-modernidade, de modo a condicionar a atuação policial aos propósitos determinados pelo responsável e legitimado à ação penal.

Limitou-se a Carta a afirmar caber ao Ministério Público o *controle externo da atividade policial* (art. 129, VII), mesmo conhecendo a ordem jurídica que lhe precedia (o CPP), na qual se previa e se prevê a legitimidade da autoridade policial para, mediante *representação* diretamente ao Poder Judiciário, conduzir a investigação, sem prejuízo da intervenção independente do Ministério Público. Assim, se a autoridade policial não tem capacidade *postulatória*, inerente àquele legitimado (ativo) *para o processo*, tem ela capacidade *representatória*, suficiente para justificar certa autonomia investigativa em sua atuação (*novamente se remete sobre os* apontamentos *no item 282.3, dentre outros, acerca da legitimidade de a autoridade policial representar* diretamente *ao juízo em sede de cautelares*).

Pela redação anterior, podiam requerer a prisão também o Ministério Público e o querelante, no caso de ação penal privada. Mas, com a redação conferida pela Lei nº 12.403/11, também se garantiu esta possibilidade ao assistente da acusação.

311.3. Legitimidade ativa específica do assistente da acusação: com a alteração da redação do art. 311 do CPP, é fundamental algumas considerações acerca do papel do assistente da acusação em requerimentos de prisões cautelares. Ao tempo em que remetemos às anotações ao art. 271 do CPP, que trata da legitimidade do assistente para interpor recursos, são necessários complementos acerca do tema dessa legitimidade *ora reconhecida explicitamente pela legislação.*

Seguindo a linha do que abordado na obra Obrigações Processuais Penais Positivas (Fischer, Douglas; Pereira, Frederico Valdez, 2023, 4ª ed.), reportamos também aqui são muitas as decisões da Corte IDH que reconhecem papel relevante e proeminente das vítimas e/ou seus representantes na proteção dos direitos humanos à luz da Convenção Americana, da qual o Brasil é signatário. Independentemente da necessária ampliação até "interpretativa" da atuação dos assistentes no processo penal (decorrente de um indeclinável "controle de convencionalidade" a partir dos *precedentes* da Corte Interamericana), também a legislação infraconstitucional vem, mesmo que timidamente, reconhecendo um maior protagonismo dos assistentes na proteção dos direitos das vítimas dentro de um processo que se queira mais *justo*. Relembremos que, segundo a doutrina europeia, o assim chamado "Caso Velásquez Rodriguez", de 1988 (antes mesmo de promulgada a Constituição brasileira), é considerado um marco referencial importante no desenvolvimento internacional da ideia de que os Estados-Partes das convenções têm *obrigações positivas* na tarefa de proteção dos direitos humanos, e que essas obrigações abrangem também o dever de prevenir, investigar e sancionar – com eficiência e eficácia – as violações dos direitos fundamentais albergados nas Convenções. De forma até mais expressa é preciso dizer que, desde o caso Velásquez-Rodríguez (Sentença de 29 de julho de 1988 – *https://www.corteidh.or.cr/docs/casos/articulos/seriec_04_por.pdf*), a Corte IDH claramente rejeitou a "concepção clássica" de que os direitos fundamentais somente impulsionam obrigações negativas aos poderes estatais, atestando a importância da justiça penal na efetiva proteção de direitos fundamentais (Caso Velásquez Rodríguez c. Honduras. (Fondo), série C, nº 4, § 166. Segundo LAVRYSEN, Laurens. Positive obligations in the jurisprudence of the Inter-American Court of Human Rights. Inter-American and European Human Rights Journal, nº 7, 2014, p. 95, 101).

Mesmo que breves, essas considerações revelam a necessidade de rever certas concepções até então vigorantes acerca do papel do assistente no processo penal brasileiro. Claro que há limitações que precisam ser *melhor* delineadas, porque a titularidade da ação penal pública é do Ministério Público (e aí registramos os equívocos de teorias no sentido de que outros órgãos poderiam atuar em atuação supletiva na proteção de direitos humanos). Nesse ponto, a Constituição Federal é clara (art. 129, I, CF) no sentido de que a legitimidade é privativa do parquet. A atuação supletiva se dá nos casos de inação ao tempo e modo, como se verifica de importante julgado do STF no feito com

Repercussão geral no RE com Agravo n. 859.251-DF, Relator Ministro Gilmar Mendes, julgado em 16.4.2015 (ementa abaixo destacada).

Dito isso, o fato é que, com as alterações do art. 311 do CPP, há (corretamente) uma maior proeminência do assistente da acusação no *controle* das prisões cautelares, cuja garantia deve ser reconhecida.

Do que se tem conhecimento, até o presente momento, final de 2023, não há julgados colegiados abordando de forma mais exauriente o tema. Porém existe uma decisão monocrática (a que aderimos) da lavra do Ministro Gilmar Mendes no RE com Agravo nº 1.441.912-RJ, que trata do emblemático "Caso Borel".

Sintetizemos os fatos. O Ministério Público no RJ denunciou duas pessoas pela suposta prática dos crimes descritos no artigo 121, incisos I, III, IV e §4°, cumulado com o artigo 13, §2°, "a", do Código Penal), tortura – por duas vezes (artigo 1°, inciso II, cumulado com §2° e §4°, da Lei 9.455/97) – em desfavor do menor Henry Borel, à época, com 4 anos de idade. A uma denunciada também foi imputada a prática dos crimes de falsidade ideológica (artigo 299), coação no curso do processo (artigo 344) e fraude processual (artigo 347). O Juízo de primeiro grau decretou a prisão preventiva de ambos os acusados. Posteriormente, o juízo monocrático substituiu a prisão cautelar por monitoramento eletrônico. Interposto recurso pelo Ministério Público, a prisão foi restabelecida. A defesa de um dos envolvidos impetrou HC no STJ (HC nº 753.765-RJ), cuja liminar foi indeferida pelo Presidente da Corte Superior. Contra tal negativa, houve impetração perante o STF (HC 218.287/RJ). Negou-se seguimento à impetração, para manter a segregação com base na gravidade concreta dos delitos imputados (indícios de homicídio qualificado praticado mediante tortura, contra o filho da acusada, uma criança de 4 anos de idade) e para a garantia da aplicação da lei penal. Entretanto, três dias após a decisão, ao analisar o mérito do HC 753.765/RJ, o STJ concedeu a ordem de ofício para revogar a prisão preventiva, com a permissão de que a paciente respondesse ao processo em liberdade, sem prejuízo de nova decretação de medida cautelar de natureza pessoal com fundamento em motivos contemporâneos.

Aí o agravo, em que a defesa do *pai da vítima* alegou, em síntese, o acerto da decisão monocrática desta Corte, prolatada no HC 218.287/RJ, bem como a presença dos requisitos para a prisão cautelar.

Acolhendo a manifestação ministerial, o relator deu provimento ao recurso extraordinário para cassar o acórdão do STJ, restabelecendo a decisão do TJRJ, que decretar a prisão preventiva dos supostos envolvidos.

O ponto fulcral para o tema ora abordado é que se reconheceu que, malgrado o disposto na Súmula nº 208 do STF (*O assistente do Ministério Público não pode recorrer extraordinariamente de decisão concessiva de habeas corpus*'), as modificações infraconstitucionais promovidas pela Lei nº 12.403/11, que alterou dispositivos do CPP pertinentes à prisão cautelar, reconheceram legitimidade ao assistente para requerer a decretação da prisão preventiva (CPP, art. 311), que se estenderia inclusive às demais medidas cautelares de natureza pessoal, já que, ao tratar do procedimento atinente a tais medidas, o art. 282, § 2º, faz menção ao requerimento das partes, aí incluído, inclusive segundo pensamos, o assistente da acusação.

Noutras palavras, o que também foi reconhecido pela decisão, se a Lei n. 12.403/11 garantiu ao assistente a legitimidade para requerer a prisão preventiva durante o andamento do processo, igualmente passou a existir o interesse recursal para impugnar eventual decisão concessiva de *habeas corpus* durante o curso do processo penal, superando--se o disposto na Súmula 208 do STF.

Jurisprudência

311.3 [...] I - As garantias constitucionais do devido processo legal, do exercício do contraditório e da ampla defesa, sob o prisma da Defesa, materializa a dignidade da pessoa humana; ótica que igualmente deve ser considerada sob a perspectiva do ofendido/vítima, tendo em vista o inafastável interesse no resultado advindo do processo instaurado. [...] *(Agravo em Recurso Especial nº 1.700.368-CE, STJ, STJ, 5ª Turma, Rel. Min. Messod Azulay Neto, julgado em 18.6.2024, publicado no DJ em 21.6.2024)*

311.3 [...] Recurso extraordinário com agravo. Repercussão geral. Constitucional. Penal e processual penal. 2. *Habeas corpus*. Intervenção de terceiros. Os querelantes têm legitimidade e interesse para intervir em ação de habeas corpus buscando o trancamento da ação penal privada e recorrer da decisão que concede a ordem. 3. A promoção do Arquivamento do inquérito, posterior à propositura da ação penal privada, não afeta o andamento desta. 4. Os fatos, tal como admitidos na instância recorrida, são suficientes para análise da questão constitucional. Provimento do agravo de instrumento, para análise do recurso extraordinário. 5. Direito a mover ação penal privada subsidiária da pública. Art. 5º, LIX, da Constituição Federal. Direito da vítima e sua família à aplicação da lei penal, inclusive tomando as rédeas da ação criminal, se o Ministério Público não agir em tempo. Relevância jurídica. Repercussão geral reconhecida. 6. Inquérito policial relatado remetido ao Ministério Público. Ausência de movimentação externa ao *Parquet* por prazo superior ao legal (art. 46 do Código de Processo Penal). Surgimento do direito potestativo a propor ação penal privada. 7. Questão constitucional resolvida no sentido de que: (i) o ajuizamento da ação penal privada pode ocorrer após o decurso do prazo legal, sem que seja oferecida denúncia, ou promovido o arquivamento, ou requisitadas diligências externas ao Ministério Público. Diligências internas à instituição são irrelevantes; (ii) a conduta do Ministério Público posterior ao surgimento do direito de queixa não prejudica sua propositura. Assim, o oferecimento de denúncia, a promoção do arquivamento ou a requisição de diligências externas ao Ministério Público, posterior ao decurso do prazo legal para a propositura da ação penal, não afastam o direito de queixa. Nem mesmo a ciência da vítima ou da família quanto a tais diligências afasta esse direito, por não representar concordância com a falta de iniciativa da ação penal pública. 8. Reafirmação da jurisprudência do Supremo Tribunal Federal. 9. Recurso extraordinário provido, por maioria, para reformar o acórdão recorrido e denegar a ordem de habeas corpus, a fim de que a ação penal privada prossiga, em seus ulteriores termos. *(Repercussão geral no RE com Agravo n. 859.251-DF, Relator Ministro Gilmar Mendes, julgado em 16.4.2015)*

311.4. Prazo máximo para decretação da preventiva: Agora, a prisão preventiva, assim como as demais cautelares pessoais, poderá ser decretada *em qualquer fase do processo ou da investigação*, não se limitando mais ao final da instrução.

Aliás, desde a Lei 12.736/12, com nova redação dada ao art. 387, § 1º, o juiz, por ocasião da sentença, deverá se manifestar acerca da necessidade de manutenção da prisão (ou outra medida cautelar) ou de sua decretação, observando-se os requisitos legais pertinentes (art. 312 e art. 313, CPP).

Previsão idêntica se encontra no art. 413, § 3º, CPP, a partir de redação dada pela Lei nº 11.689/08, relativamente à decisão de pronúncia, nos processos de competência do tribunal do júri.

311.5. Prisão preventiva nos tribunais: Não só no exercício de competência jurisdicional originária, ou seja, no âmbito de ações penais originárias, como, do mesmo modo, também na apreciação de recursos, pode o tribunal decretar a prisão preventiva, sempre que presentes as razões legais.

Embora não se tenha previsão expressa nesse sentido, é bem de ver que os tribunais são dotados das mesmas competências jurisdicionais gerais atribuídas aos juízes de primeiro grau.

Não fosse o suficiente, o art. 311, CPP, agora, prevê a possibilidade de decretação da preventiva *em qualquer fase do processo.*

Assim, somente quando a Constituição da República garantir imunidades processuais específicas – dentre as quais a vedação de prisão cautelar – a determinados ocupantes de cargos ou funções públicas é que se impedirá a decretação de prisão preventiva nos tribunais, no caso de ações penais originárias.

Observe-se que a fundamentação contida no art. 312 diz respeito às situações de risco à efetividade do processo, em atenção à natureza e/ou à gravidade de determinados delitos (art. 313, I).

E, de outro lado, também quando no exercício de competência recursal, não se pode retirar, seja do Relator, seja do órgão colegiado, as atribuições (competências) cometidas ao juiz de primeiro grau, devendo ser observados, todavia, os limites impostos pela Lei àquele.

Por fim, uma anotação remissiva. A partir da oitava edição da presente obra, abordamos a possibilidade de decretação de prisões preventivas de parlamentares à luz da imunidade disposta no art. 53, § 2º, CF/88. Sobre o tema, remetemos o leitor às considerações inseridas no item 304.2.2.

Art. 312. A prisão preventiva poderá ser decretada como garantia da ordem pública, da ordem econômica, por conveniência da instrução criminal, ou para assegurar a aplicação da Lei penal, quando houver prova da existência do crime e indício suficiente de autoria e de perigo gerado pelo estado de liberdade do imputado. (Redação dada pela Lei nº 13.964, de 2019)

§ 1º A prisão preventiva também poderá ser decretada em caso de descumprimento de qualquer das obrigações impostas por força de outras medidas cautelares (art. 282, § 4º). (Redação dada pela Lei nº 12.403, de 2011, renumerado pela Lei nº 13.964, de 2019)

§ 2º A decisão que decretar a prisão preventiva deve ser motivada e fundamentada em receio de perigo e existência concreta de fatos novos ou contemporâneos que justifiquem a aplicação da medida adotada. (Incluído pela Lei nº 13.964, de 2019)

312.1. Requisitos quanto *aos fatos* para a preventiva: A prisão preventiva reúne os requisitos segundo os quais o legislador entendeu legítima a supressão da liberdade no curso da investigação ou do processo.

Teremos oportunidade de ver que a chamada prisão *temporária*, prevista na Lei nº 7.960/89 também estabelece hipóteses de prisão cautelar, com requisitos um pouco diferentes da prisão preventiva *(vide item 312.11, referência à ADI 4.109/DF).*

No entanto, adiante-se que, ali, somente se autoriza a prisão na fase de investigação – jamais no curso *do processo* –, tendo por objetivo, portanto, o resguardo unicamente dessa fase (administrativa) da persecução penal. A referida prisão (temporária) tem características bem peculiares, não configurando a regra das prisões cautelares, mas sua exceção.

A prisão preventiva, essa sim, reúne as hipóteses de risco à efetividade da persecução penal, abrangendo a investigação e o processo propriamente dito. E mais. A preventiva, como veremos com mais vagar, pode ser decretada para fins *externos* à instrumentalidade, associada à proteção imediata, não do processo em curso, mas do conjunto de pessoas que se há de entender por *sociedade*. Como o Brasil não tem apenas *uma* sociedade, talvez mais adequado fosse referirmo-nos à *comunidade jurídica* (em tese, a autora e destinatária das normas jurídicas). A modalidade de prisão, para cumprimento desta última finalidade, seria a prisão *para garantia da ordem pública*.

Não por outra razão, após a prisão em flagrante a custódia cautelar eventualmente cabível será a preventiva e não a temporária.

Há, então, prisão preventiva dotada de caráter manifestamente *instrumental*, a tutelar a efetividade da atividade jurisdicional penal, controlando as intervenções externas que possam turbar a marcha processual, e, em outra ponta, a prisão preventiva para a garantia da ordem pública, quando se tutelará, não o processo, mas o risco de novas lesões ou de reiteração criminosa. De se mencionar também a preventiva para garantia *da ordem econômica*, igualmente destinada a fins não instrumentais, do ponto de vista do *processo*.

Devem ser analisadas, portanto, as situações de *fato* que permitem a compreensão de risco ao processo, ao ponto de autorizarem a privação provisória da liberdade, e também os requisitos *de direito*, diante dos quais se dimensiona a juridicidade da medida, segundo os critérios legislativos de maior ou menor gravidade da infração e necessidade de sua contenção.

Jurisprudência

312.1. [...] Prisão preventiva. Nulidade. Juízo incompetente. Inocorrência. Remessa ao juízo competente. Recebimento da denúncia. Ratificação tácita ou implícita do decreto prisional. Possibilidade. [...] I – No que pertine à arguição de nulidade absoluta do decreto prisional ante a incompetência do juízo, a jurisprudência deste Superior Tribunal de Justiça admite a possibilidade de ratificação implícita dos atos decisórios – inclusive da ordem de prisão cautelar – quando o juízo competente dá normal seguimento ao processo. [...] *(Agravo Regimental no Habeas Corpus n. 563.330-SP, STJ, 5ª Turma, unânime, Rel. Min. Felix Fischer, julgado em 5.5.2020, publicado no* DJ *em 18.5.2020).*

312.1. [...] No caso, a prisão preventiva do recorrente foi decretada em razão da comprovação do seu intento em causar embaraços à investigação, na medida em que, se valendo de benefícios assegurados em um acordo de colaboração premiada, entre eles a revogação de sua prisão preventiva, teria tramado para ocultar a efetiva participação de outros integrantes do esquema criminoso. Assim, embora já denunciado pelos crimes organização criminosa, dispensa ilegal de licitação, fraude a licitação, peculato e lavagem de capitais, voltou a cometer novo crime. Medida necessária para resguardar a instrução processual e a ordem pública. [...] Recurso ordinário em *habeas corpus* a que se nega provimento. *(RHC n. 94.762-CE, STJ, 5ª Turma, unânime, Rel. Min. Reynaldo Soares da Fonseca, julgado em 22.5.2018, publicado no* DJ *em 30.5.2018).*

312.2. Requisitos quanto ao *direito*: Os requisitos quanto aos fatos dirão respeito, então, às situações concretas em que um ou mais comportamentos humanos, realizados, diretamente ou não, pelo investigado ou acusado, sejam indicativos de possível perda da efetividade da atuação jurisdicional criminal, como ocorre, por exemplo, com a ameaça às testemunhas arroladas pela acusação, com o objetivo de impedir a liberdade de sua expressão. Nesse caso, o risco à qualidade do processo e, em consequência, da decisão judicial, parece-nos manifesto.

Mas, o legislador não se contenta apenas com as situações de fato.

A partir de um juízo de evidente *proporcionalidade*, entre a medida cautelar aplicada e o resultado final almejado no processo, preferiu ele (legislador) correr determinados riscos, aceitando o prejuízo à persecução penal, como meio de ampliar a proteção das liberdades públicas.

Por isso, como veremos em maior extensão no exame do art. 313, logo a seguir, nem sempre caberá a prisão preventiva, ainda quando presentes situações *de fato* que colocariam em risco a atuação da jurisdição criminal.

Chamamos de requisitos *quanto ao direito* o condicionamento legislativo (art. 313, I, CPP) da prisão aos casos específicos nos quais a gravidade intrínseca do delito, segundo juízo da lei, é claro, justificaria o risco da privação provisória do investigado/suspeito.

Jurisprudência

312.2. [...] 1. A prisão cautelar de não condenados, para usar a expressão das Regras de Mandela, submetese ao criterioso escrutínio dos pressupostos, requisitos e condições dos indicadores de realidade constantes das decisões (CPP, artigo 315, §§1º e 2º), evitando-se a subtração de Direitos Fundamentais em situações desnecessárias ou com indicadores de realidade insuficientes. Por isso, o percurso decisório deve partir da presunção de inocência, que impõe normas de tratamento, probatórias e de julgamento dos não condenados.

2. Além de declarar expressamente a presença de indicadores quanto à materialidade do crime imputado e da autoria atribuída, as decisões jurisdicionais devem observar os atributos específicos da prisão cautelar: (a) Instrumentalidade relacionada à preservação do objeto do caso penal, vedada a antecipação da pena [CPP, art. 283]; (b) Requerimento formulado pela autoridade policial ao representante do Ministério Público, nos limites dos argumentos e do pedido; (c) Tipicidade Processual, consistente na expressa previsão legal das hipóteses de incidência, devendo-se aplicar as menos gravosas, em ordem crescente, com a aceitação de alternativas previstas em leis processuais (por exemplo, Lei da Violência Doméstica, arts. 22-23, e Código de Processo Civil, art. 139, IV), desde que relacionadas ao contexto fático e normativo e mais brandas; (d) Contemporaneidade vinculada à relação entre os objetivos pretendidos, o tempo decorrido e os meios concretos disponíveis ao agente aptos a alterar o objeto do caso penal; (e) Proporcionalidade por meio da observância dos critérios da (i) necessidade lógica e não contingente; (ii) adequação entre os meios e fins; e; (iii) proporcionalidade em sentido estrito do caso concreto; e, (f) Revisibilidade, entendida como a necessária análise dos pressupostos, dos requisitos e das condições por provocação ou de ofício, evitando-se a perseverança de situações concretas desnecessárias (CPP, art. 316). [...] *(Agravo Regimental no Habeas Corpus nº 221.921, STF, 2ª Turma, Rel. Min. Gilmar Mendes, sessão virtual de 5.5.2023 a 12.5.2023, publicado no DJ em 19.5.2023)*

312.3. O juízo prévio sobre a autoria e a materialidade: Antes de se analisar a presença dos requisitos *de fatos* (art. 312) e daqueles *de direito* (art. 313), há que se confirmar um verdadeiro pressuposto para a decretação da prisão (ou manutenção do flagrante).

Será preciso restar demonstrado, de plano, a presença de indícios cabais quanto à efetiva existência do resultado danoso, ou seja, a *materialidade*, bem como a evidência de sua qualificação como *delito*, a exigir, portanto, um juízo prévio quanto à sua *tipicidade*. Havendo dúvidas quanto à existência de qualquer causa de justificação (excludentes da ilicitude), não se determinará a prisão (art. 314, CPP). Nesse caso, quando se tratar de prisão em flagrante, caberá a liberdade (restituição da liberdade) com a exigência de comparecimento a todos os atos do processo (art. 310, § 1º, CPP).

E não é só.

Constatada a evidência do fato, de sua classificação como crime, restará ainda examinar-se a extensão do material informativo, no que toca à demonstração da *autoria*.

Na teoria geral do processo (não penal, portanto), os requisitos para a decretação de medidas cautelares se reuniriam na fórmula *fumus boni iuris* e *periculum in mora*, isto é, na *aparência do bom direito* e no *perigo da demora* da atuação jurisdicional.

Aqui, no processo penal, pode-se aceitar a sugestão, dada a proximidade total entre os objetos da cautelaridade. A *aparência do bom direito* seria traduzida pela *aparência do crime*, a ser apreciada quanto *ao fato* e respectiva classificação jurídica, enquanto o *perigo da demora*, como intuitivo, indicaria a situação em que a necessidade da prisão se justificaria como única alternativa para a tutela da efetividade da jurisdição criminal (e, nesse ponto, nenhuma novidade *efetiva e prática* a explicitação trazida pela Lei nº 13.964/2019, que determinou que seja fundamental ser levada em consideração para a custódia cautelar a existência de perigo pela liberdade do envolvido, ou, como já ocorre há muito, a presença do denominado *periculum libertatis*).

Como quer que seja, o mais importante no exame de tais considerações é a identificação quanto à natureza da decisão judicial autorizativa da prisão preventiva.

O juízo que aqui se faz há que ser, evidentemente, fundamentado, até por força de exigência constitucional, como vimos, repetidamente.

No entanto, não se trata de decisão *definitiva*, sobretudo na fase de investigação, quando sequer o contraditório estaria já instaurado. Não se poderá exigir do magistrado juízo de certeza *quanto aos pressupostos* da prisão, mas de pleno convencimento *quanto a existência de dados* (*informações*) *nesse sentido.*

A diferença é que, na decisão definitiva, o espectro do material a ser analisado é muito mais amplo, devendo o juiz, necessariamente, apreciar todas as questões levantadas nos autos, encampando as de natureza afirmativa, bem como as negativas. Na decisão acerca de medidas cautelares, o material a ser examinado é evidentemente menor, ainda que não menos relevante. O convencimento do juiz, então – que a exigência de fundamentação pretende garantir –, deve ser reportar apenas ao material reunido para a identificação dos pressupostos da prisão (indícios de autoria e materialidade) e seus requisitos (de fato e de direito).

O juízo será *delibativo* e não definitivo.

Não por outra razão, poderá o magistrado rever sua decisão (art. 316, CPP), não só quando ausentes, posteriormente, as razões que o levaram a decretar a prisão, mas também quando entendê-las equivocadas ou precipitadas, a seu tempo. Noutras palavras: o *tempo* da decisão pode ser ampliado para a sua revisão, a fim de se manter *atualizado* o juízo de cautelaridade.

E não faltam vozes a sustentar que, ao menos em relação ao Ministério Público, deveria estar completo o juízo de convencimento acerca da propositura da ação penal. De outro modo: somente seria pertinente o requerimento de prisão preventiva se ele estivesse habilitado ao oferecimento de denúncia.

Nada mais equivocado, *data venia*.

Por primeiro, a vingar a tese, *não seria possível* a decretação da preventiva *na fase de investigação*, dado que, oferecida a peça acusatória, tem início o *processo*.

Ao depois, a custódia nessa fase se justifica exatamente na medida em que a perturbação da investigação poderia *impedir a adequada formação* do convencimento do órgão acusatório.

De outro lado, se assim fosse, o risco de denúncias precipitadas seria incontornável, em prejuízo a qualquer eficácia persecutória que se queira atingir, seja por vício de eventuais nulidades, seja por não correspondência com os fatos efetivamente passíveis de apuração.

Jurisprudência *(anterior à Lei nº 13.964/2019)*

312.3. [...] Sendo induvidosa a ocorrência do crime e presentes suficientes indícios de autoria, não há ilegalidade na decisão que determina a custódia cautelar do paciente, se presentes os temores receados pelo art. 312 do CPP. *In casu*, além de comprovada a materialidade do delito e de indícios suficientes de autoria, a prisão cautelar foi decretada para assegurar a aplicação da Lei penal e garantir a ordem pública, em razão da periculosidade social do ora recorrente, que, com mais quatro comparsas, supostamente invadira uma residência e, após ameaçarem, com arma de fogo duas pessoas que lá se encontravam, subtraíram vários objetos. Daí o decreto de prisão preventiva em março 2009, de cuja efetivação ainda não se tem notícia, em virtude de o recorrente encontrar-se foragido, consoante consignado no aresto ora impugnado. [...] Recurso conhecido e desprovido (*RHC nº 27.220-PI, STJ, 5ª Turma, Rel. Min. Napoleão Nunes Maia Filho, julgado em 6.4.2010, publicado no* DJ *em 26.4.2010*).

312.4. A conveniência da instrução criminal: A mais visível entre as razões da prisão preventiva, do ponto de vista da instrumentalidade, é aquela justificada pela conveniência da instrução.

Um primeiro reparo: o juízo há de ser de *necessidade* e não de mera conveniência.

Parece-nos importante a distinção, na medida em que a expressão *conveniência* pode ser entendida como juízo de *discricionariedade* da decisão, o que, à evidência, não é do que se cuida.

Toda prisão cautelar deve ser fundamentada, escorando-se em motivação suficiente a demonstrar a sua indispensabilidade. Não se trata de conveniência e nem de discricionariedade, mas de necessidade, a ser aferida do ponto de vista do verdadeiro *perigo da demora*.

Dito isso, registra-se a enorme variedade e complexidade das situações e fenômenos do mundo da vida que pode implicar situação de risco à instrução e à investigação criminal. Ameaças às testemunhas, intimidação da vítima e de seus parentes, destruição de provas etc. são apenas alguns exemplos do que pode efetivamente turbar a persecução penal, concretamente (conjugando-se aqui a exigência, agora legal – antes pela reiteração da jurisprudência –, da demonstração do *periculum libertatis*). Há, no ponto, tipologia penal específica, conforme se vê no art. 344 do Código Penal, a tratar da *coação* no curso do processo, caracterizada pelo uso de *violência ou ameaça à autoridade, à parte ou a qualquer pessoa que tenha que intervir no processo, com o objetivo de favorecer interesse próprio ou alheio.*

Importante assinalar que a prisão preventiva de *terceiro*, que não o acusado, somente poderá ser feita de modo autônomo, isto é, quando a conduta dele (terceiro), por si mesmo, constituir crime, suficiente para a adoção de todas as providências cabíveis para a sua responsabilização penal.

Jurisprudência (posterior à Lei nº 13.964/2019)

312.4 [...] Esta Corte Superior de Justiça sedimentou entendimento segundo o qual a prisão preventiva é compatível com o regime prisional semiaberto, desde que seja realizada a efetiva adequação ao regime intermediário, sob pena de tornar mais gravosa a situação daquele que opta por recorrer do *decisum*. No caso dos autos, consta do voto condutor do acórdão impugnado que o ora agravante encontra-se em estabelecimento prisional adequado ao regime intermediário, não havendo falar, portanto, em constrangimento ilegal a ser sanado. [...] *(Agravo Regimental no HC nº 760.405-SP, STJ, 5ª Turma, Rel. Min. Joel Ilan Paciornik, julgado em 23.8.2022, publicado no DJ em 26.8.2022)*

Jurisprudência *(anterior à Lei nº 13.964/2019)*

312.4 [...] A contemporaneidade diz com os motivos ensejadores da prisão preventiva e não com o momento da prática supostamente criminosa em si, ou seja, é desimportante que o fato ilícito tenha sido praticado há lapso temporal longínquo, sendo necessária, no entanto, a efetiva demonstração de que, mesmo com o transcurso de tal período, continuam presentes os requisitos (i) do risco à ordem pública ou (ii) à ordem econômica, (iii) da conveniência da instrução ou, ainda, (iv) da necessidade de assegurar a aplicação da lei penal. [...] *(Agravo Regimental no Habeas Corpus nº 207.084/RS, STF, 1ª Turma, unânime, Rel. Min. Rosa Weber, julgado em sessão virtual de 29.10.2021 a 10.11.2021, publicado no DJ em 18.11.2021)*

312.4. [...] Havendo menção a situações concretas que se mostram necessárias para a manutenção da ordem pública, bem como para a conveniência da instrução criminal, quais sejam, evidente risco de constrangimento às testemunhas e obstrução à colheita de provas, encontra-se devidamente justificada a constrição cautelar. Eventuais condições pessoais favoráveis não garantem o direito subjetivo à revogação da custódia cautelar, quando a prisão preventiva é decretada com observância do disposto no art. 312 do CPP. [...] Ordem denegada (*Habeas Corpus nº 113.311-RJ, STJ, 5ª Turma, Rel. Min. Arnaldo Esteves Lima, julgado em 18.3.2010, publicado no* DJ *em 19.4.2010*).

312.5. O asseguramento da aplicação da Lei penal: Esta é a fórmula genérica para as situações de risco à aplicação da Lei penal, produzidas, notadamente, pela possibilidade concreta e efetiva de fuga do investigado/acusado.

Residem aqui problemas insolúveis, dado que aquele que pretende subtrair-se aos efeitos do processo e sua condenação não avisa as autoridades acerca de sua pretensão. O que nos conduz, inevitavelmente, aos riscos inerentes a qualquer *prognóstico*, sobre qualquer campo do conhecimento e da experiência humana.

Em alguns casos, a situação de fuga já aparece consolidada, constatando-se, desde logo, a desvinculação profissional ou domiciliar do agente com o chamado *distrito da culpa*, que vem a ser o juízo perante o qual ele responde à investigação ou ao processo. Nessas situações, portanto, a decretação da prisão vem facilitada, diante dos elementos empíricos a fundamentar a conclusão da fuga.

Atualmente, a legislação brasileira já oferece alternativas à prisão sob tais perspectivas.

De fato, o extenso rol do art. 319, aliado à hipótese do art. 320, estabelece várias modalidades de controle da eficácia da persecução, sem que se tenha que recorrer, sempre, à custódia provisória do investigado/processado.

Naturalmente, isso não significa a impossibilidade concreta de decretação da preventiva, ou, de outro modo, a necessidade de se recorrer, *antes dela* (preventiva), a uma ou a algumas das citadas cautelares diversas da prisão. Não. Tudo dependerá, evidentemente, do acurado exame de cada caso concreto e dos indícios efetivos do risco à aplicação da Lei penal. Em algumas situações, pode ser que o *recolhimento domiciliar*, cumulado com o *monitoramento eletrônico*, seja suficiente; em outras hipóteses, não, diante da possibilidade concreta de fuga, pelas condições pessoais do agente e das circunstâncias dos fatos. Quanto ao recolhimento de passaporte, remetemos aos comentários do art. 320, CPP.

Todo cuidado é pouco: do contrário – e residem aí os problemas –, corre-se o risco de se passar a uma política de esquizofrenia prisional, na medida em que todo agente/suspeito, conhecendo as situações do cárcere nacional, poderia, em tese, tentar subtrair-se à ação da persecução penal. Nessa ordem de ideias, o alvo de maior visibilidade, sem dúvida, seria o membro das elites econômicas e políticas. Aí, não haveria como tergiversar: todos deveriam ser presos, sob o risco de fuga.

É por isso que a prisão deve estar condicionada à prática efetiva de alguns comportamentos (alienação de riqueza, afastamento voluntário de funções, por exemplo) dos quais se possa, junto ao exame das condições pessoais do agente, justificar a medida. Elementos que, por exemplo, estavam presentes, a nosso aviso, em conhecido caso envolvendo famoso banqueiro de descendência italiana, que, tão logo obteve a liberdade junto ao Supremo Tribunal Federal, tratou de abandonar o país. Recapturado, com o auxílio de órgãos de cooperação internacional, cumpriu pena no país.

Em síntese: é preciso ter cautela, desde que dela não se obtenha tanto e nem tão pouco.

Jurisprudência *(anterior à Lei nº 13.964/2019)*

312.5. [...] A necessidade de se interromper ou diminuir a atuação de integrantes de organização criminosa, enquadra-se no conceito de garantia da ordem pública, constituindo fundamento idôneo e suficiente para a prisão preventiva. Precedentes. [...] A condição de foragido sinaliza o risco à ordem pública e aplicação da lei penal, sendo motivação idônea para manutenção da segregação cautelar. [...] *(Agravo Regimental no Recurso Ordinário em Habeas Corpus nº 218983, STF, 2ª Turma, Rel. Min. Edson Fachin, sessão virtual de 24.2.2023 a 3.3.2023, publicado no DJ em 10.3.2023)*

312.5. [...] O fato de o paciente permanecer foragido constitui causa suficiente para caracterizar risco à aplicação da lei penal a autorizar a manutenção da preventiva. Precedentes. [...] *(Agravo Regimental no Habeas Corpus nº 212.250-CE, STF, 1ª Turma, Rel. Min. Rosa Weber, unânime, julgado na sessão virtual de 25.3.2022 a 1.4.2022, publicado no DJ em 6.4.2022)*

312.5. [...] A jurisprudência desta Corte é no sentido de que a "condição de foragido do distrito da culpa reforça a necessidade da custódia para se garantir a aplicação da lei penal" (RHC 118.011, Rel. Min. Dias Toffoli). Precedente. [...] Nas hipóteses envolvendo crimes praticados com especial violência ou grave ameaça à pessoa, o ônus argumentativo em relação à periculosidade concreta do agente é menor. Nessa linha: HC 121.208, do que fui designado redator para o acórdão. [...] *(Agravo Regimental no RHC nº 213.865-PE, STF, 1ª Turma, Rel. Min. Roberto Barroso, julgado em sessão virtual encerrada em 27.5.2022, publicado no DJ em 15.6.2022)*

312.5. [...] Esta Corte, em análise de prisões preventivas relacionadas à Operação Lava Jato, tem entendido que a disponibilidade de recursos no exterior, avaliada conjuntamente com outros elementos dos autos, permite a prisão cautelar com o fim de assegurar a aplicação da lei penal. Logo, permitirá também a aplicação de medidas cautelares de natureza mais branda se o expediente for necessário e adequado para resguardar a efetividade da jurisdição penal brasileira. [...] *(Agravo Regimental no Recurso em Habeas Corpus nº 130.959/PR, STJ, 5ª Turma, unânime, Rel. Min. Felix Fischer, julgado em 9.12.2020, publicado no DJ em 15.12.2020)*

312.5. [...] A condição do réu de estrangeiro e sem vínculos com o país, tem sido considerado fundamento idôneo a autorizar a ordenação e preservação da prisão preventiva para assegurar a aplicação da lei penal. [...] (*Recurso em Habeas Corpus nº 58.695-RR, STJ, 5ª Turma, unânime, Rel. Min. Leopoldo de Arruda Raposo, julgado em 2.6.2015, publicado no DJ em 16.6.2015*).

312.5. [...] Não há qualquer incongruência entre a fixação do regime inicial semiaberto e a decretação ou a manutenção da prisão cautelar, se presentes os requisitos do art. 312 do Código de Processo Penal, ressalvado a compatibilização com o modo prisional determinado na sentença condenatória. Recurso ordinário desprovido (*RHC nº 30.735/SP, STJ, 5ª Turma, Rel. Min. Laurita Vaz, julgado em 17.9.2013, publicado no* DJ *em 25.9.2013*).

312.6. A garantia da ordem pública e econômica: Cláusula criticada desde sempre, a prisão para garantia da ordem pública (e econômica, com redação dada pela Lei nº 8.884/94) não oferece contornos seguros para a aplicação do Direito.

E como toda prisão implica grave restrição aos direitos individuais, o alto grau de abstração da norma merece mesmo ser criticado. Afinal, a que tipo de *ordem* estaria se referindo o legislador?

A resposta fornecida pelo CPP é muito simples: em um cenário construído sobre base da antecipação da culpa, da antecipação da fuga e de outros prognósticos com o mesmo propósito, a cláusula da ordem pública foi instituída com evidente abertura semântica, para o fim de conceder ampla discricionariedade aos órgãos da persecução penal. A ordem *pública*, nesse sentido, seria a ordem determinada pelo Poder Público.

Passados já quase 80 anos de vigência do Código, os influxos normativos de lá para cá alteraram profundamente a realidade nacional.

Nesse contexto, não há como não se criticar a Lei nº 12.403/11 e também a Lei nº 13.964/2019 (a par de suas várias modificações inseridas no ordenamento jurídico), que não tiveram coragem de *especificar* o significado pretendido com a expressão *ordem pública*.

O referencial de controle de validade da aludida norma (prisão para garantia da ordem pública) há de ser a Constituição da República. Impediria ela a sua decretação?

Há na doutrina quem, diante da *abertura desmedida* do texto e da ausência de explicitação de seu sentido, rejeite inteiramente a sua adoção. Para esse entendimento, o princípio da não culpabilidade não deixaria espaço para a atuação de uma regra de tamanha abstração.

Não acompanhamos essa doutrina, sem prejuízo de reconhecer nela a alta qualidade argumentativa de seus defensores.

No entanto, a invalidação de tal modalidade de prisão nos parece absolutamente despropositada, se e somente se, e quando presente a possibilidade, cada dia mais premente, de consolidação da ordem jurídica nacional, segundo as determinações constitucionais. O que estamos a dizer é: a interpretação *conforme a Constituição* se revela poderoso e necessário instrumento de *revalidação* de regulações normativas de grande importância no cotidiano nacional, e cujo desaparecimento (pela invalidade, por inconstitucionalidade) causaria males de idêntica dimensão àqueles produzidos sob seu signo (das citadas normas reputadas inconstitucionais).

Há, com efeito, inúmeros exemplos no dia a dia atestando a utilidade da prisão cautelar, fora dos limites da *conveniência da instrução criminal* e daquela *para assegurar a aplicação da Lei penal*, que integram o art. 312, junto à garantia da ordem pública.

Infelizmente, e essa realidade não está ao alcance de qualquer Lei específica, há investigados com endereço certo, com profissão bem definida e bem remunerada, sem qualquer pretensão de se ausentarem do país, cuja manutenção da liberdade enquanto não esclarecida a respectiva responsabilidade penal (com trânsito em julgado), oferecem inúmeros riscos de danos a terceiros (*periculum libertatis* – nos termos do art. 312, *in fine*, CPP, na redação da Lei nº 13.964/2019).

Precisamente por essa razão, o direito comparado, em cujo interior, tal como aqui, abriga-se o princípio da não culpabilidade, se dispõe a conter situações de risco de reiteração criminosa, a serem aferidas pela natureza e gravidade do crime em apuração. Veja-se o disposto no CPP alemão (parágrafo 112ª), referido à *suspeita de novos crimes*; no CPP português (art. 204), *risco de reiteração criminosa*, aludindo também à ordem pública; na Ley de Enjuiciamiento Criminal espanhola (art. 503, § 3º, 2), risco de práticas delituosas; e no CPP italiano (art. 274), que menciona o risco de *reiteração criminosa em crimes graves.*

Não estamos aqui a requisitar a legislação estrangeira para determinar os horizontes prisionais no Brasil. Evidentemente. O que estamos dizendo é que a prisão preventiva determinada com o fim de impedir o risco de *reiteração criminosa* se encontra na pauta de um sem-número de legislações mundo afora, não se limitando à experiência nacional.

Por isso, acreditamos que uma *interpretação conforme a Constituição* pode e deve ser feita em relação à prisão para garantia da ordem pública, de tal maneira que:

> I – somente se admita a prisão quando se tratar de crimes de natureza grave, sem prejuízo dos limites impostos no art. 313, I, CPP. A gravidade, em princípio, seria deduzida da pena cominada;
>
> II – a natureza do crime deve apontar ou *indiciar* a possibilidade concreta de reiteração criminosa, segundo seja a experiência do conhecimento humano de cada época. Crimes sexuais, homicídios e lesões corporais graves, como parte de estratégias econômicas, organizações criminosas voltadas para atividades de grande risco de danos às pessoas, a tortura, o tráfico de drogas, enfim, toda essa gama de crimes para os quais o constituinte demonstrou claramente o alto índice de sua reprovação, ostentam esse perfil. Em tese, é claro.

Por isso, e por outro lado, não nos parece bastante para a determinação da prisão aquilo que se convencionou denominar *clamor público*, entendido como a repercussão midiática do crime, invariavelmente objeto de leituras tendentes ao sensacionalismo retórico.

Naturalmente, como o Direito Penal e o Processo Penal lidam com questões de grande sensibilidade social, travam-se no seu interior debates nem sempre movidos pelo mesmo propósito. Do ponto de vista da ordenação jurídica, ou seja, do Direito, há que se exigir o cumprimento de determinadas regras, condicionantes para a sua aplicação, traduzidas e incorporadas na cláusula *devido processo legal.*

No entanto, fora dos limites jurídicos há também, como não poderia ser diferente, diversas e variadas ideias, associadas, em maior ou menor escala, à realização da Justiça. Sabemos todos a complexidade de qualquer pauta dirigida a esse fim.

Nesse contexto, a experiência cotidiana tem demonstrado uma enorme superficialidade de conteúdo nas abordagens jornalísticas sobre os crimes de maior repercussão na mídia. O problema, concreto e real, da impunidade que grassa em diversos setores da sociedade brasileira parece ser o código para o apelo de indignação geral. Mas nem é esse o problema, até porque a capacidade de indignação sequer depende de sua manipulação midiática.

O drama de tais abordagens reside no efeito de *convencimento geral* quanto aos aspectos mais essenciais dos crimes, sem que, à evidência, se abram oportunidades concretas para uma discussão mais ampla acerca da autoria, das motivações e, enfim, das circunstâncias que cercam o caso. E como a maioria das reportagens lida com homicídios dolosos (e dolorosos), não parece restar dúvidas quanto à eficácia das matérias no imaginário do corpo de jurados que irá julgar o fato escolhido.

Na jurisprudência de nossos tribunais, já se tem por consolidado entendimento no sentido da insuficiência do clamor público para a determinação de prisões cautelares, havendo que se analisar também a gravidade do crime e as repercussões concretas colhidas no interior da comunidade envolvida.

Observa-se, ainda, que devem ser evitados juízos precários e sem fundamentação em elementos empíricos acerca da periculosidade do agente, de modo a impedir que a natureza do crime autorize novo processo de seletividade da massa carcerária.

De nossa parte, entendemos perfeitamente aceitável a decretação de prisão preventiva para a garantia da ordem pública, desde que fundamentada na gravidade (concreta) do delito, na natureza e nos meios de execução do crime, bem como na amplitude dos resultados danosos produzidos pela ação. Negar o risco de reiteração criminosa, ou, e mais, negar a possibilidade de certos prognósticos quanto a essas conclusões, é o mesmo que retroceder, sempre e permanentemente, a uma ideia originária e fundamentadora da dignidade humana, sem os condicionamentos da civilização moderna.

Merece registro, então, e, no ponto, a Lei nº 12.403/11 – agora, para com ela concordar –, na parte em que se prevê a possibilidade de imposição de medidas cautelares diversas da prisão *com o fim específico de se evitar reiteração criminosa* (aí se conjugando também agora o expresso requisito legal do *periculum libertatis*, inserto pela Lei nº 13.964/2019 ao art. 312 do CPP). É ver o art. 282, I, e o art. 319, II, VI e VII. Como se vê, no particular, vem facilitada agora a tarefa hermenêutica para a compreensão da expressão *ordem pública.*

Aponta-se ainda a prisão para garantia da ordem *econômica.*

Ora, ao menos em linha de princípio, não vemos como a segregação cautelar de alguém possa garantir a estabilização da economia, no que toca à proteção do mercado consumidor, sempre sujeito às flutuações e manipulações de preços resultantes de operações estratégicas entre grupos e forças produtivas (econômicas). A não ser que a prisão seja absolutamente indispensável para evitar que a pessoa, em liberdade, possa continuar a realizar as mesmas manobras danosas à economia (novamente o tema do *periculum libertatis*, agora expressamente previsto em lei). No entanto, diante da complexidade administrativa e da organização hierarquizada de tais empreendimentos, salvo exceções dos casos mais graves, duvidamos da eficácia da medida prisional para tais finalidades. Uma curiosidade: a inclusão da motivação associada à garantia da ordem *econômica* decorreu da Lei nº 8.884/94, que trata de ilícitos administrativos e civis, no âmbito da legislação econômica *antitruste.* Melhor que a prisão seria a pronta intervenção no mercado por parte das autoridades econômicas do país. Entretanto, reporta-se aos precedentes abaixo que reconhecem a possibilidade da decretação da preventiva em situações nas quais a gravidade concreta dos danos causados pelas condutas em sede econômica justificaria a adoção da prisão preventiva.

Por fim, incumbe acentuar que a Lei nº 13.964/2019 dispôs expressamente que, além da necessária motivação e fundamentação, a decisão que decretar a preventiva deve levar em consideração a existência de *fatos novos ou contemporâneos* que justifiquem a aplicação da medida adotada. Embora possa parecer uma nova exigência legal, há muito esse requisito já era considerado como de demonstração essencial, notadamente pelos tribunais superiores, para a justificação de medidas extremas de prisões cautelares.

De qualquer modo, o tema da *atualidade* do risco à ordem pública merece que se considere, na linha de precedentes, especialmente da Suprema Corte, a exigência de uma apreciação particularizada, devendo-se avaliar "*se o lapso temporal verificado neutraliza ou não, em determinado caso concreto, a plausibilidade concreta de reiteração delituosa" (Habeas Corpus n. 143.333 – PR, STF, Plenário, Rel. Min. Edson Fachin, julgado em 12.4.2018, publicado no DJ em 21.3.2019)*. Ou seja, especialmente em delitos permanentes, embora as condutas *originárias* (antecedentes) da lavagem possam estar distantes do período atual, a manutenção de atos que configurem crime permanente (da própria lavagem) poderá autorizar a decretação da preventiva, desde que, mediante a devida fundamentação, demonstre-se a presença da necessidade e dos requisitos legais.

Jurisprudência *(posterior à Lei nº 13.964/2019)*

312.6. [...] "A contemporaneidade da cautelar deve ser aferida não tomando por base apenas a data dos fatos investigados, mas, igualmente, levando em conta a permanência de elementos que indicam que os riscos aos bens que se buscam resguardar com sua aplicação ainda existem" (AgRg no HC n. 732.879/PA, Relator Ministro Jesuíno Rissato – Desembargador convocado do TJDFT, Quinta Turma, julgado em 24/5/2022, DJe de 31/5/2022). [...] *(Agravo Regimental no Habeas Corpus nº 946.395-MS, STJ, 6ª Turma, Rel. Min. OG Fernandes, julgado em 4.11.2024, publicado no DJ em 7.11.2024)*

312.6. [...] 1. Na linha de precedentes de ambas as Turmas, a gravidade concreta da conduta, revelada pelo modus operandi, e a necessidade de garantir a instrução processual são motivos idôneos para a decretação da prisão preventiva.

2. O fato de estar o recorrente foragido, a revelar o risco à aplicação da lei penal, reforça, portanto, a indispensabilidade da medida. As premissas veiculadas encontram respaldo na jurisprudência desta Corte no sentido de que "a fuga do réu do distrito da culpa justifica o decreto ou a manutenção da prisão preventiva". Precedentes. [...] *(Agravo Regimental no Recurso em Habeas Corpus nº 242.565, STF, 2ª Turma, Rel. André Mendonça, julgado em 20.9.2024, publicado no DJ em 16.10.2024)*

312.6. [...] "No tocante à contemporaneidade, constata-se que a fuga do distrito da culpa reforça tanto a contemporaneidade da prisão preventiva quanto a imprescindibilidade da medida para garantia da aplicação da lei penal, pois "A contemporaneidade diz respeito aos motivos ensejadores da prisão preventiva e não ao momento da prática supostamente criminosa em si, ou seja, é desimportante que o fato ilícito tenha sido praticado há lapso temporal longínquo, sendo necessária, no entanto, a efetiva demonstração de que, mesmo com o transcurso de tal período, continuam presentes os requisitos (i) do risco à ordem pública ou (ii) à ordem econômica, (iii) da conveniência da instrução ou, ainda, (iv) da necessidade de assegurar a aplicação da lei penal (AgR no HC n. 190.028, Ministra Rosa Weber, Primeira Turma, DJe 11/2/2021.)" (AgRg no HC n. 834.873/PR, relator Ministro Sebastião Reis Júnior, Sexta Turma, julgado em 11/3/2024, DJe de 14/3/2024.)" (AgRg no HC n. 882.136/PA, relator Ministro Jesuíno Rissato (Desembargador Convocado do TJDFT), Sexta Turma, julgado em 24/6/2024, DJe de 26/6/2024). [...] *(Agravo*

Regimental no Habeas Corpus nº 931.185-MA, STJ, 5ª Turma, Rel. Min. Joel Ilan Paciornik, julgado em 2.9.2024, publicado no DJ em 5.9.2024)

312.6. [...] A custódia cautelar está suficientemente fundamentada na garantia da ordem pública, haja vista a gravidade concreta da conduta delitiva, pois foi apreendido expressiva quantidade de entorpecente - 2,988g de crack. [...] O argumento de desproporcionalidade da custódia cautelar à provável futura pena não comporta acolhimento, pois apenas a conclusão do processo será capaz de revelar se o acusado será beneficiado com a fixação de regime prisional diverso do fechado, sendo inviável essa discussão neste momento processual. [...] *(Agravo Regimental no Habeas Corpus nº 912.173-SP, STJ, 5ª Turma, Rel. Min. Ribeiro Dantas, julgado em 12.8.2024, publicado no DJ em 15.8.2024)*

312.6. [...] No tocante à contemporaneidade, constata-se que a fuga do distrito da culpa reforça tanto a contemporaneidade da prisão preventiva quanto a imprescindibilidade da medida para garantia da aplicação da lei penal, pois "A contemporaneidade diz respeito aos motivos ensejadores da prisão preventiva e não ao momento da prática supostamente criminosa em si, ou seja, é desimportante que o fato ilícito tenha sido praticado há lapso temporal longínquo, sendo necessária, no entanto, a efetiva demonstração de que, mesmo com o transcurso de tal período, continuam presentes os requisitos (i) do risco à ordem pública ou (ii) à ordem econômica, (iii) da conveniência da instrução ou, ainda, (iv) da necessidade de assegurar a aplicação da lei penal (AgR no HC n. 190.028, Ministra Rosa Weber, Primeira Turma, Dje 11/2/2021.)" (AgRg no HC n. 834.873/PR, relator Ministro Sebastião Reis Júnior, Sexta Turma, julgado em 11/3/2024, DJe de 14/3/2024.) [...] *(Agravo Regimental no Habeas Corpus nº 882.136-PA, STJ, 6ª Turma, Rel. Min. convocado Jesuíno Rossato, julgado em 24.6.2024, publicado no DJ em 26.6.2024)*

312.6. [...] A fundamentação relativa à garantida da ordem pública está em sintonia com a jurisprudência assentada no Supremo Tribunal Federal, no sentido de que a gravidade in concreto dos delitos, ante o modus operandi empregado, permite concluir pela periculosidade social do paciente e pela consequente presença dos requisitos autorizadores da prisão preventiva elencados no art. 312 do Código de Processo Penal – CPP. [...] *(Agravo Regimental no HC nº 240.946, STF, 1ª Turma, Rel. Min. Cristiano Zanin, julgado em Sessão Virtual de 24.5.2024 a 4.6.2024, publicado no DJ em 7.6.2024)*

312.6. [...] Prisão preventiva. Alegação de ausência de contemporaneidade. Inocorrência. 4. A prisão preventiva não precisa ser contemporânea ao crime, mas aos motivos que a ensejam. [...] *(Agravo Regimental no Habeas Corpus nº 239.468, STF, 2ª Turma, Rel. Min. Gilmar Mendes, sessão virtual de 10.5.2024 a 17.5.2024, publicado no DJ em 24.5.2024)*

312.6. [...] Não deve prosperar a alegação de falta de contemporaneidade das medidas cautelares fixadas, notadamente por não se evidenciar, na espécie, a existência de desarrazoado lapso temporal entre a data dos fatos investigados e a da fixação das medidas. Outrossim, não há flagrante ilegalidade, pois, segundo julgados do STJ, a própria natureza do delito de integrar organização criminosa, que configura crime permanente, além do inerente risco de reiteração delitiva, reforça a contemporaneidade do decreto prisional" (AgRg no HC n. 636.793/MS, relator Ministro Felix Fischer, Quinta Turma, Dsentido: HC n. 496.533/DF, Sexta Turma, relator Ministro Rogerio Schietti Cruz, DJe de 18/6/2019; AgRg no HC n. 759.520/SC, relatora Ministra Laurita Vaz, Sexta Turma, DJe de 2/12/2022. [...] *(Agravo Regimental no Habeas Corpus nº 880.511-MG, STJ, 5ª Turma, Rel. Min. Reynaldo Soares da Fonseca, sessão virtual de 12.3.2024 a 18.3.2024, publicado no DJ em 20.3.2024)*

312.6. [...] O fundamento relativo à garantida da ordem pública está em consonância com a jurisprudência assentada no Supremo Tribunal Federal, no sentido de que a gravidade em concreto do delito, ante o *modus operandi* empregado, permite concluir pela periculosidade social do acusado e pela consequente presença dos requisitos autorizadores da prisão cautelar, elencados no art. 312 do Código de Processo Penal. [...] *(Embargos de Declaração no Habeas Corpus nº 236.545, STJ, 1ª Turma, Rel. Min. Cristiano Zanin, sessão virtual de 1.3.2024 a 8.3.2024, publicado no DJ em 14.3.2024)*

312.6. [...] III - Ao contrário do alegado pelo recorrente, foram apresentados elementos concretos aptos a demonstrar a gravidade da conduta, a necessidade de se restringir a sua liberdade e contemporaneidade das medidas aplicadas.

IV - Os delitos supostamente cometidos pelo agravante se inserem em uma complexa estrutura que abrange empresas ilicitamente constituídas, recebimento de vultosas quantias por parte do Estado e indícios de atuação de uma organização criminosa. Além disso, o aludido esquema conta com mais de vinte pessoas investigadas pela suposta prática de inúmeros ilícitos perpetrados contra a paz e a fé públicas, a ordem econômico-financeira e a lisura das contratações efetuadas pela Administração Pública.

V - Com relação à contemporaneidade das medidas cautelares, a análise não deve levar em conta apenas o momento da prática supostamente criminosa, mas igualmente, a presença dos respectivos pressupostos no momento da sua decretação. [...] *(Agravo Regimental no Recurso em Habeas Corpus nº 176.460-SP, STJ, 5ª Turma, Rel. Min. Messod Azulay Neto, sessão virtual de 5.12.2023 a 11.12.2023, publicado no DJ em 19.2.2024)*

312.6. [...] No caso, como visto, a prisão preventiva foi decretada pelo juiz primevo e mantida pelo Tribunal estadual em razão da gravidade concreta da conduta, além da periculosidade e do *modus operandi* utilizado, em que a recorrente, em tese, atuaria como braço direito no comando do tráfico de drogas, ao lado do namorado, um dos líderes da organização (e-STJ fl. 237). De acordo com os autos, a recorrente supostamente pertence a organização criminosa sediada em Santa Maria/RS, destinada ao tráfico de drogas em diversas cidades, envolvendo o tráfico interestadual e intermunicipal de grande vulto. O Tribunal de origem ressaltou a dimensão das transações efetuadas pela associação criminosa, que se utiliza de diversas contas para realizar as transações bancárias, inclusive contas de terceiros e outros suspeitos, inclusive contas destinadas para o recebimento da venda do entorpecente ao consumidor final (e-STJ fl. 238). Em relatórios de inteligência fiscal, observou-se, ainda, a movimentação da quantia de mais de R$ 15.000.000,00 pela organização criminosa (e-STJ fl. 237/238),o que justifica a prisão, com adequação aos requisitos do art. 312 do Código de Processo Penal. [...] *(Agravo Regimental no Recurso em Habeas Corpus nº 189.853-RS, STJ, 5ª Turma, Rel. Min. Reynaldo Soares da Fonseca, julgado em 6.2.2024, publicado no DJ em 14.2.2024)*

312.6. [...] embora a prisão preventiva do recorrente tenha sido decretada somente quase 5 anos após a ocorrência do delito, não há falar em ausência de contemporaneidade do decreto prisional e da necessidade atual da segregação antecipada. A prisão preventiva foi requerida tão logo foi possível tomar conhecimento do envolvimento do agente no delito, pois somente no decorrer das investigações policiais realizadas, quando a filha da corré prestou depoimento indicando ter descoberto o envolvimento do réu no crime, foi possível colher indícios acerca da autoria delitiva em relação ao ora recorrente, requisito indispensável à decretação da custódia e à propositura da ação penal, o que se verificou logo após a conclusão do Inquérito Policial. [...] *(Agravo Regimental no Recurso em Habeas Corpus nº 165.374-PE, STJ, 5ª Turma, Rel. Min. Joel Ilan Paciornik, julgado em 14.3.2023, publicado no DJ em 20.3.2023)*

312.6. [...] O Superior Tribunal de Justiça, de forma reiterada, registra entendimento no sentido de que a gravidade concreta da conduta, reveladora do potencial elevado grau de periculosidade do Agente e consubstanciada na alta reprovabilidade do *modus operandi* empregado na empreitada delitiva, é fundamento idôneo a lastrear a prisão preventiva, com o intuito de preservar a ordem pública.

2. A *"necessidade de se interromper ou diminuir a atuação de integrantes de organização criminosa enquadra-se no conceito de garantia da ordem pública, constituindo fundamentação cautelar idônea e suficiente para a prisão preventiva (STF, Primeira Turma, HC n. 95.024/SP, relatora Ministra Cármen Lúcia, DJe 20/2/2009)" [...]*

5. Não há que se falar em ausência de contemporaneidade da prisão preventiva, quando o que se investiga é a atuação de integrantes em uma organização criminosa, tratando-se, portanto, *"de imputação de crime permanente, presentes indícios de continuidade da prática delituosa, não há falar em falta de contemporaneidade para decretação da prisão preventiva" [...] (Agravo Regimental no Habeas Corpus nº 790.898-DF, STJ, 6ª Turma, Rel. Min. Laurita Vaz, sessão virtual de 18.4.2023 a 24.4.2023, publicado no DJ em 28.4.2023)*

312.6. [...] 1. No caso, o agravante foi apontado como um dos líderes de organização criminosa constituída para fraudar licitações e contratações públicas realizadas por diversos municípios do Estado de São Paulo, por intermédio, desde 2018, da Associação Metropolitana de Gestão

AMG, relacionadas ao serviço de saúde, inclusive a instalação e administração de hospitais de campanha destinados ao enfrentamento da pandemia de Covid-19.

2. Conforme a pacífica jurisprudência do Supremo Tribunal Federal, [é] idônea a prisão decretada com base em fatos concretos observados pelo juiz na instrução processual, notadamente a periculosidade, não só em razão da gravidade do crime, mas também pelo *modus operandi* da conduta delituosa (HC nº 131.221/MG, Segunda Turma, Rel. Min. Gilmar Mendes, DJe de 2/3/16). [...] *(Agravo Regimental no Recurso Ordinário em Habeas Corpus nº 220.502, STF, 1ª Turma, Rel. Min. Dias Toffoli, sessão virtual de 18.11.2022 a 25.11.2022, publicado no DJ em 24.2.2023)*

312.6. [...] A jurisprudência do Supremo Tribunal Federal (STF) é no sentido de que a natureza e a quantidade da droga apreendida evidenciam a gravidade concreta da conduta capaz de justificar a ordem prisional (HC 115.125, Rel. Min. Gilmar Mendes; HC 113.793, Relª. Minª. Cármen Lúcia; HC 110.900, Rel. Min. Luiz Fux). [...] *(Agravo Regimental no Habeas Corpus nº 220.739, STF, 1ª Turma, Rel. Min. Roberto Barroso, sessão virtual de 18.11.2022 a 25.11.2022, publicado no DJ em 1º.12.2022)*

312.6. [...] Não há ofensa ao princípio da contemporaneidade na manutenção da custódia ora impugnada, pois devidamente demonstrado o periculum libertatis do Recorrente. Conforme a orientação estabelecida no âmbito do Supremo Tribunal Federal "[a] contemporaneidade diz com os motivos ensejadores da prisão preventiva e não o momento da prática supostamente criminosa em si, ou seja, é desimportante que o fato ilícito tenha sido praticado há lapso temporal longínquo, sendo necessária, no entanto, a efetiva demonstração de que, mesmo com o transcurso de tal período, continuam presentes os requisitos (i) do risco à ordem pública ou (ii) à ordem econômica, (iii) da conveniência da instrução ou, ainda, (iv) da necessidade de assegurar a aplicação da lei penal" (STF, HC 185.893 AgR, Rel. Ministra ROSA WEBER, PRIMEIRA TURMA, julgado em 19/04/2021, DJe 26/04/2021; sem grifos no original).[...] *(Agravo Regimental no Habeas Corpus nº 755.671–GO, STJ, 6ª Turma, Rel. Min. Laurita Vaz, julgado em 27.9.2022, publicado no DJ em 3.10.2022)*

312.6. [...] A contemporaneidade diz com os motivos ensejadores da prisão preventiva e não com o momento da prática supostamente criminosa em si, ou seja, é desimportante que o fato ilícito tenha sido praticado há lapso temporal longínquo, sendo necessária, no entanto, a efetiva demonstração de que, mesmo com o transcurso de tal período, continuam presentes os requisitos (i) do risco à ordem pública ou (ii) à ordem econômica, (iii) da conveniência da instrução ou, ainda, (iv) da necessidade de assegurar a aplicação da lei penal. [...] *(Agravo Regimental no Habeas Corpus nº 212.250-CE, STF, 1ª Turma, Rel. Min. Rosa Weber, unânime, julgado na sessão virtual de 25.3.2022 a 1.4.2022, publicado no DJ em 6.4.2022)*

312.6. [...] O fato de o recorrente haver exercido dois mandatos de Governador e Senador e de haver sido personagem de notável relevância no cenário político nacional e fluminense por muitos anos permite entrever, com relevante grau de probabilidade, que a sua capacidade de exercer influência em negócios e articulações no âmbito federal e de estadual, em que pese o tempo considerável em que está cautelarmente segregado e destituído do poder formal, ainda não se tenha exaurido por inteiro. [...] Nos limites objetivos da cognição sumária, conclui-se que os autos demonstram suficientemente a gravidade concreta – e não meramente abstrata – dos crimes de corrupção passiva e lavagem de capitais atribuídos ao recorrente, tendo em vista não só a sofisticação, a complexidade e a amplitude das operações ilícitas deflagradas por numerosos agentes, presididos por ele próprio, mas tendo em vista também os elevados valores envolvidos, os significativos prejuízos sofridos pela Petrobras e o tempo considerável por que, com sistematicidade, os crimes teriam sido perpetrados. [...] *A mera celebração de acordo de colaboração premiada, sem notícia de que os valores ilicitamente auferidos pelo recorrente tenham sido inteiramente restituídos e de que a obrigação de reparar o dano fixada na sentença condenatória tenha sido efetivamente adimplida, não afasta a necessidade de impor a segregação cautelar*, considerando os riscos à ordem pública, devidamente provados nas instâncias precedentes, que a restituição do seu status libertatis pode acarretar. [...] Afasta-se eventual ausência de contemporaneidade da medida, visto que os valores ilicitamente percebidos pelo recorrente ainda não foram inteiramente recuperados, de modo que, tendo em vista a amplitude e o grau de sofisticação das operações criminosas desveladas, pode-se presumir, com grau razoável de probabilidade, que esses valores ainda podem ser submetidos a novas condutas de lavagem de capitais.

[...] *(Agravo Regimental no Recurso em Habeas Corpus nº 131.184/PR, STJ, 5ª Turma, unânime, Rel. Min. Felix Fischer, julgado em 15.12.2020, publicado no DJ em 17.12.2020)*

312.6. [...] "as dinâmicas de perpetração e investigação de crimes de responsabilidade e de crimes contra a Lei de Licitações, de caráter mais burocrático, possuem dinâmica temporal diversa de outros crimes, como roubo, tráfico, homicídio. As investigações geralmente partem de conclusões extraídas por órgãos de controle, como tribunais de contas e controladorias, no bojo de procedimentos posteriores, que nunca ocorrem em paralelo aos fatos em apuração, o que gera uma aparente solução de continuidade entre a perpetração de crimes e a imposição de medidas acautelatórias. Esses crimes ocorrem no aparelho burocrático, no bojo de procedimentos administrativos, e só vêm a público após a instauração de outros procedimentos administrativos instaurados para fins de correição e de controle. Ao mesmo tempo, os administradores seguem suas atividades e, se dedicados à malversação de recursos públicos, seguirão constrangendo as práticas da boa administração, que só serão de conhecimento público muito tempo depois. Não há falar em falta de contemporaneidade entre o afastamento do cargo de prefeito em 2020 por fatos ocorridos em 2013, 2014 e 2015". *(Habeas Corpus nº 567.154/PB, STJ, 6ª Turma, unânime, Rel. Min. Sebastião Reis Júnior, julgado em 23.6.2020, publicado no DJ em 30.6.2020).*

....

Jurisprudência *(anterior à Lei nº 13.964/2019)*

312.6. Prisão preventiva. [...] Ordem pública. [...] Escopo extraprocessual. Atualidade do risco. [...] Lavagem de bens. Modalidade de ocultação. Infração permanente. [...] Quanto aos requisitos previstos no art. 312, CPP, a jurisprudência desta Suprema Corte consolidou-se no sentido de que a finalidade de evitar a prática de novos delitos insere-se no escopo da ameaça à ordem pública, receio que pode ser extraído, fundadamente, entre outros, de particularidades afetas à execução criminosa ou da gravidade concreta da conduta, desde que revelem, sob uma ótica prospectiva, a especial periculosidade do agente. [...] A prisão processual imposta com base no fundamento do acautelamento da ordem pública não se associa necessariamente à tutela de interesses endoprocessuais. Vale dizer, não se trata simplesmente de aferir a probabilidade de persistência de um modelo criminoso determinado, mas, sobretudo, de dissuadir práticas criminosas que desbordem do fato individualmente considerado. Em outras palavras, trata-se de examinar o risco concreto de reiteração de infrações penais, ainda que não insertas no exato contexto em que os fatos pretéritos teriam se desenrolado. [...] Como decorrência dos contornos extraprocessuais da tutela à ordem pública, para fins cautelares de avaliação da propensão à reiteração delitiva, não se exige exata correspondência entre os fatos atribuídos ao agente e os já efetivamente objeto de acusação delimitada pelo Ministério Público. Hipótese concreta em que o paciente é acusado da prática de corrupção passiva e lavagem de dinheiro em um episódio específico, mas que estaria englobado por atividade de maior amplitude. [...] A aferição da atualidade do risco à ordem pública, como todos os vetores que compõem a necessidade de imposição da prisão preventiva, exige apreciação particularizada, descabendo superlativar a análise abstrata da distância temporal do último ato ilícito imputado ao agente. O que deve ser avaliado é se o lapso temporal verificado neutraliza ou não, em determinado caso concreto, a plausibilidade concreta de reiteração delituosa. A situação dos autos sinaliza que os atos atribuídos ao paciente teriam ocorrido de modo não ocasional, ultrapassando a marca de 7 anos de duração, com a ocorrência de repasses contínuos e com saldo a pagar, circunstâncias que sugerem o fundado receio de prolongamento da atividade tida como criminosa. [...] *(Habeas Corpus n. 143.333-PR, STF, Plenário, Rel. Min. Edson Fachin, julgado em 12.4.2018, publicado no DJ em 21.3.2019).*

312.6. [...] 1. A necessidade da custódia cautelar restou demonstrada com espeque em dados concretos dos autos, conforme recomenda a jurisprudência desta Corte, estando o *decisum* proferido na origem fundamentado na participação em audaz e intrépido esquema criminoso, desencadeado no âmago do Governo do Rio de Janeiro, com movimentação de vultosa quantia de dinheiro supostamente obtida do erário e em escusas transações com empreiteiras – alcançando o patamar, até então apurado, de U$ 100.000.000,00 (cem milhões de dólares), cerca de R$ 340.000.000,00 (trezentos e quarenta milhões de reais) –, dispondo de uma deletéria renitência criminosa, a indicar, portanto, o *periculum libertatis*, dado o risco para a ordem pública. 2. A conjecturada participação do paciente em complexa organização delitiva, enquanto "operador financeiro" do esquema, recebendo as vantagens indevidas das práticas de corrupção do grupo criminoso, dispondo do mandato eletivo do corréu para a consecução do intento, atuando também no suprimento financeiro de familiares desse coacusado – que o nomeou para cargo em comissão de assessor no gabinete do Secretário de Estado –, responsabilizando-se, em tese, pela arrecadação da pecúnia da organização e por sua distribuição, situação que persistiu até novembro de 2016, agrega substrato concreto para a medida excepcional de coarctação da liberdade, evidenciando-se, cautelarmente, receio para a segurança social. [...] *(Habeas corpus nº 394.658/RJ, 6ª Turma, unânime, Relatora Min. Maria Thereza de Assis Moura, julgado em 8.8.2017, publicado no DJ em 15.8.2017)*

312.6. [...] 2. A decretação de prisão de membros de associação ou organização criminosa – sobretudo quando se tratar de pessoa que tenha posição de destaque no grupo – justifica-se, simplesmente, como forma de diminuir ou interromper as suas atividades, independentemente de se tratar de bando armado ou não. Precedentes. 3. Na espécie, o juízo de origem, com amparo em variados elementos de informação colhidos na fase pré-processual, acolheu pleito de prisão preventiva do paciente com arrimo na existência de prova da materialidade e de veementes indícios de sua relevante atuação no comando de organização criminosa que, de 2008 a 2016, seria responsável pela prática de diversos crimes contra administração pública municipal, tais como corrupção passiva, fraude a licitação e apropriação indébita de vultosa quantia (*fumus comissi delicti*). 4. O mesmo se diga quanto à demonstração do *periculum libertatis*, a impedir ou revelar ser insuficiente a imposição de medidas cautelares diversas da prisão, além das que já foram determinadas, para salvaguardar os bens jurídicos atingidos pela organização criminosa, bem como para evitar a pulverização do capital e da interferência na instrução criminal, pois, além de o paciente integrar o quadro de liderança do grupo, foi claramente evidenciado pela instância de origem o seu robusto papel no *modus operandi* supostamente perpetrado em ao menos dois dos crimes atribuídos à organização criminosa e o milionário valor arrecadado ilicitamente e ainda não localizado. 5. O Superior Tribunal de Justiça, na trilha do entendimento do Supremo Tribunal Federal, tem acatado a imposição da prisão como medida cautelar adequada para, com o escopo de garantir a aplicação da lei penal, evitar a dissipação de bens ou resguardar a recuperação dos ativos oriundos da prática delitiva, especialmente em casos que envolvem crimes do jaez dos que são imputados ao paciente e à organização criminosa, em tese, por ele coliderada. 6. Os novos meios de comunicação disponibilizados pela tecnologia francamente acessível, afora ainda conter dispositivos a inviabilizar o seu rastreio e o acesso ao seu conteúdo, dispensam deslocamento físico, comprovação de identidade e etc., de forma a permitir tanto a qualquer pessoa estar fisicamente em um lugar e presente em outros tantos como se passar por outra pessoa para realizar movimentação bancária e etc., e são, por isso mesmo, de dificílimo controle. Assim, do âmbito de sua residência ou de outro local que lhe seja permitido frequentar ou mesmo por interposta pessoa, sobre a qual não recai nenhuma medida restritiva, são possíveis a movimentação, a dissimulação ou a dissipação dos ativos que se busca resgatar. 7. Conquanto os fatos criminosos tenham se iniciado em 2008, a cautelaridade da prisão preventiva encontra arrimo na persistência da conduta delituosa; há notícia de que corréus, mesmo presos ou sob liberdade restrita, vêm efetivamente tentando se desfazer do patrimônio amealhado ou tentando influenciar na captação de provas. De toda sorte, é entendimento assente nesta Corte Superior que, "Se não houve prisão em flagrante e somente após as investigações realizadas [...] foram colhidos elementos indiciários suficientes para embasar o pedido de prisão preventiva pelo *Parquet* local, não há se falar em ausência de contemporaneidade entre o fato delituoso [...] e a prisão preventiva [...]" (RHC n. 79.041/MG, Rel. Ministro Nefi Cordeiro, 6ª T., *DJe* 4.4.2017). 8. Cassada a liminar e denegada a ordem. *(HC n. 374.011 – SP, 6ª Turma, Rel. Min. Rogerio Schietti Cruz, julgado em 18.5.2017, publicado no DJ em 30.6.2017)*

312.6. [...] O decreto preventivo concluiu pela necessidade de acautelar a aplicação da lei penal, sob o argumento de que *o recorrente "possui elevadíssimos valores em depósito no exterior", bem como o fato de a sua liberdade "lhe permit[ir] prosseguir na alegada ocultação, inclusive por meio da negociação de alguns dos ativos que estejam registrados em nome de interpostas pessoas". Portanto, o Juízo não considera, no que está certo, apenas a conta corrente aberta em banco suíço, mas a existência de outra(s), como a noticiada na denúncia, localizada nas Ilhas Virgens Britânicas, aberta em nome de offshores controladas pelo recorrente.* 7. O Juiz federal assinalou que as vantagens eventualmente recebidas não ingressaram na sua contabilidade formal – por vias como as declarações fiscais ou pela emissão de declarações de capitais mantidos no exterior às autoridades monetárias –, o que consubstancia a ocultação prevista no art. 1º da Lei 9.613/1998, sublinhando, ainda, que se trata de "conduta de cunho permanente, em que a agressão ao bem jurídico se pereniza enquanto não desfeito o escamoteamento ilícito", daí por que concluiu que, "em tese, [o recorrente] continuaria ativo na prática da ilicitude". Noticiou que o recorrente "possui elevadíssimos valores em depósito no exterior, sem devida declaração às autoridades monetárias nacionais, o que, para além de configurar, em tese, o delito do art. 22, § único, *in fine,* da Lei 7492/86 – também infração penal de cunho permanente, a caracterizar, em tese, reiteração delitiva como risco à Ordem Pública –, implica na consideração de que tem à sua disposição concretos e amplos meios para furtar-se a eventual aplicação da Lei Penal". [...] *(RHC 69.762 – RJ, STJ, 6ª Turma, Rel. Min. Rogerio Schietti Cruz, julgado em 15.12.2016, publicado no DJ 15.3.2017).*

312.6. [...] 1. A necessidade da custódia cautelar restou demonstrada com espeque em dados concretos dos autos, conforme recomenda a jurisprudência desta Corte, estando o *decisum* proferido na origem fundamentado na participação em audaz e intrépido esquema criminoso, desencadeado no âmago do Governo do Rio de Janeiro, com movimentação de vultosa quantia de dinheiro supostamente obtida do erário e em escusas transações com empreiteiras – alcançando o patamar de R$ 176.760.253,00 (cento e setenta e seis milhões, setecentos e sessenta mil e duzentos e cinquenta e três reais), apenas entre os anos de 2008 a 2013 –, dispondo de uma deletéria renitência criminosa, a evidenciar, portanto, risco para a ordem pública. 2. A conjecturada participação do recorrente em complexa organização delitiva, enquanto "operador financeiro" do esquema, recebendo – por vezes em dinheiro, outras por faturas de supostos serviços de consultoria de suas empresas – as vantagens indevidas das práticas de corrupção, dispondo do mandato eletivo de corréu para a consecução do intento, do qual era "homem de confiança" responsabilizando-se pela contabilidade da pecúnia arrecadada, pela sua distribuição entre os membros da organização e por atribuir aspecto de "legalidade" para os recursos obtidos, agrega substrato concreto para a medida excepcional de coarctação da liberdade, evidenciando-se, cautelarmente, receio para a segurança social. 3. Ao se entender pela necessidade da prisão, *ultima ratio,* vez que evidenciada a imprescindibilidade da constrição na hipótese, por consectário lógico apura-se a inadequação das demais medidas, prévias ao encarceramento, em vista da ineficiência para o devido resguardo da ordem pública. [...] *(RHC n. 80.442-RJ, STJ, 6ª Turma, unânime, Rel. Min. Maria Thereza de Assis Moura, julgado em 30.3.2017, publicado no DJ 7.4.2017).*

....

312.7. A magnitude da lesão na Lei nº 7.492/86: Cuida-se aqui da legislação que dispõe sobre o sistema financeiro nacional, em cujo art. 30 se autoriza a decretação da prisão preventiva em razão da magnitude da lesão causada.

Valem, então, também nesse espaço, as mesmas observações que fizemos em relação à prisão para garantia da ordem econômica.

Para manter a higidez do sistema financeiro nacional, pensamos, em princípio, que a indisponibilidade de bens e ativos financeiros seria mais produtiva para a proteção do sistema.

De todo modo, não há como recusar que, em tese, a magnitude da lesão possa autorizar a custódia provisória do agente, não por ela mesma, mas por já se adentrar o terreno da garantia da *ordem pública.*

312.8. Prazos máximos de duração da prisão e sua construção jurisprudencial: Embora haja prazos específicos para a realização de determinados atos processuais, sobretudo para aqueles que determinam a restrição de direitos, o nosso CPP não cuidou de fixar um limite temporal para a duração das prisões cautelares.

As razões pelas quais isso se deu, ou, melhor, pelas quais isso não ocorreu, estão muito claras: o Código partia da antecipação de culpa!

Assim é que, *quando se tratar de réu preso*, há prazos para (a) o encerramento do inquérito (10 ou 15 dias (Justiça Federal), podendo ser prorrogado este último; (b) 5 dias, para o oferecimento de denúncia; (c) 10 dias para a resposta escrita, após a citação; (d) até 60 dias para a audiência de instrução (art. 400, CPP), aos quais se somarão os prazos para despacho judicial, cumprimento de diligências (citação, por exemplo), e, eventualmente, de prisão temporária anteriormente (se) decretada; (e) prazo para diligências, art. 402; (f) 5 dias, sucessivamente às partes, para apresentação de alegações finais, se não forem feitas em audiência; (g) 10 dias para a sentença (art. 403 e art. 800, CPP), se não for proferida em audiência *(vide item 312.11, referência à ADI 4.109/DF)*.

No Tribunal do Júri, há regras diferentes: o prazo de conclusão da formação de culpa (instrução preliminar) é de 90 dias, nos termos do art. 412, CPP.

Há, ainda, ritos *especiais*, prevendo procedimentos com algumas variações de prazo, mantida, porém, a regra geral quanto ao tempo de investigação e de oferecimento de denúncia nos casos de réus presos (Lei nº 11.343/06 - Lei de Drogas - prazo de 30 dias para conclusão do inquérito, com réu preso).

A partir, então, da ausência de regulação expressa da matéria, a jurisprudência nacional procedeu a uma somatória geral dos prazos, chegando a uma *média* de 81 (oitenta e um) dias, nos quais teriam sido computados todos os prazos expressos, incluindo a sentença. Na Justiça Federal, como se prevê o prazo de 15 dias para a conclusão do inquérito, prorrogáveis por mais 15, referido prazo final será de 101 dias. Desde o ano de 2008, porém, com as modificações trazidas pela Lei nº 11.719, referido prazo de 81 deve ser alterado para 86 dias (e de 106, na Justiça Federal).

No entanto, contraditoriamente, o aludido prazo de 86 dias não foi e não vem sendo utilizado como limite *para a sentença*, mas apenas para a conclusão da *instrução criminal*. Veja-se, no particular, a Súmula 52, STJ: *Encerrada a instrução criminal, fica superada a alegação de constrangimento por excesso de prazo.* Outra, também do STJ, cuidando do excesso na instrução, provocado pela defesa: Súmula 64. Mais; Súmula 21, dando a pronúncia como limite para a alegação de excesso de prazo, no Tribunal do Júri.

Explica-se: diante do excessivo número de processos criminais e do baixo número de juízes para atender à semelhante demanda, a responsabilização pela soltura do acusado, após a superação do citado prazo (de 86 dias), recaiu inteiramente sobre os ombros do Poder Judiciário. Daí a solução de se limitar o prazo para o encerramento da instrução.

Apenas uma Lei ainda cuida da matéria. Trata-se do disposto no art. 22, parágrafo único, da Lei nº 12.850/13, que prevê o encerramento da instrução criminal em prazo razoável, o qual não poderá exceder a 120 (cento e vinte) dias quando o réu estiver preso, prorrogáveis, porém, em até igual período, desde que por decisão fundamentada em necessidade pela complexidade da causa ou por fato procrastinatório atribuíveis aos investigados/processados.

Nesses casos, relativos às ações praticadas por meio ou em organizações criminosas, há que se considerar a maior dificuldade na apuração cabal dos fatos e das respectivas responsabilidades. No entanto, tratando-se de réu já preso, pressupõe-se o adiantamento das investigações, sendo de admitir-se que o encerramento da instrução (fase de investigação incluída, se a prisão se der ainda ali), como regra, deverá ocorrer no prazo máximo de cento e vinte dias. As prorrogações deverão ser a exceção; possíveis, mas a exigir fundamentação expressa, a fim de se demonstrar a insuficiência do limite temporal previamente estipulado (120 dias).

Jurisprudência

312.8. [...] 1. Constitui entendimento consolidado do Superior Tribunal de Justiça – STJ que *somente configura constrangimento ilegal por excesso de prazo na formação da culpa, apto a ensejar o relaxamento da prisão cautelar, a mora que decorra de ofensa ao princípio da razoabilidade, consubstanciada em desídia do Poder Judiciário ou da acusação*, jamais sendo aferível apenas a partir da mera soma aritmética dos prazos processuais. *In casu*, não se verifica excesso de prazo na formação da culpa quando o processo segue regular tramitação, *não devendo ser constatado a partir de uma simples análise matemática do tempo que a instrução leva para se concluir, nem mesmo ser imputado ao Judiciário a responsabilidade pela demora*, pois, o maior prazo para o julgamento decorre da complexidade do feito. [...] *(Agravo Regimental no Recurso em Habeas Corpus nº 117.905-RS, STJ, 5ª Turma, unânime, Rel. Min. Joel Ilan Paciornik, julgado em 6.10.2020, publicado no DJ em 9.10.2020).*

312.8. [...] Há informações nos autos que apontam para a complexidade do processo, que apura a existência de organização criminosa especializada no tráfico internacional de drogas, com a existência de nove réus, sendo três de nacionalidade búlgara e nenhum deles com defensor comum, com a necessidade de expedição de cartas precatórias para oitiva de testemunhas arroladas pela defesa e realização de perícia, o que justifica a demora na formação da culpa. A razoável duração do processo (CF, art. 5º, LXXVIII), logicamente, deve ser harmonizada com outros princípios e valores constitucionalmente adotados no Direito brasileiro, não podendo ser considerada de maneira isolada e descontextualizada do caso relacionado à lide penal que se instaurou a partir da prática dos ilícitos. Entendo que a prisão cautelar do paciente, ainda que com prazo superior a 81 dias, pode se justificar com base no parâmetro da razoabilidade, em se tratando de instruções criminais de caráter complexo (HC 89.090/GO, rel. Min. Gilmar Mendes, Segunda Turma, Sessão de 21.11.2006, DJ de 5.10.2007), como parece ocorrer na hipótese. Ante o exposto, denego a ordem de *habeas corpus* (*Habeas Corpus nº 97.983, STF, 2ª Turma, Rel. Min. Ellen Gracie, julgado em 2.6.2009, publicado no DJ em 21.8.2009*).

....

312.9. Excesso de prazo: Obviamente, não se poderá atribuir ao Judiciário, e, assim, aos órgãos do Estado, eventuais atrasos e tumultos processuais por eles não provocados. Se a defesa, por exemplo, arrolar testemunhas em todos os quadrantes do país, requerendo a expedição de carta precatória para as respectivas inquirições, não se cumprirá o prazo aqui mencionado. Evidentemente.

Transtornos inerentes à burocracia forense também não poderão ser levados à conta do Estado (jurisdição), para fins de relaxamento da prisão, por excesso de prazo.

Há também um problema a ser resolvido: a contagem de tais prazos (86 ou mais dias, dependendo do rito) seria feita de modo *global* ou *isolado*, segundo cada ato processual específico?

Roberto DELMANTO JÚNIOR (*As modalidades de prisão provisória e seu prazo de duração*. Renovar, 1998) registra a tendência jurisprudencial em aceitar a contagem *global*, de modo a permitir que eventuais atrasos em uma fase possam ser *recuperados* em outra.

A nosso ver, como o Direito não pode ser aplicado como uma *receita de bolo*, sem atenção às especificidades do caso concreto, acreditamos que a regra deva ser a observância de cada prazo, quando se tratar de prisão. Como *regra*, que fique bem entendido.

As exceções, ainda que sejam muitas e/ou frequentes no cotidiano forense (e nem por isso deixarão de ser *exceções*), devem ser analisadas concretamente, segundo seja a complexidade do processo (excesso de partes, de advogados, de meios de prova requeridos etc.) e a gravidade do delito. Note-se que não estamos justificando a *superação* da conta final do procedimento; estamos apenas aceitando a possibilidade de recuperação de prazos desperdiçados em etapas processuais anteriores.

E não estamos sós.

Veja-se: STJ – HC 23.304/AC, no qual se assentou a possibilidade de dilação de tais prazos, diante da complexidade da instrução, e, também, na Suprema Corte: HC 89.525-5/GO, 2ª Turma, Rel. Min. Gilmar Mendes, em *DJ* 9.3.2007.

Ausentes, entretanto, justificativas para o atraso e comprovada a superação indevida dos limites aceitáveis para a instrução, deverá ser *relaxada a prisão*, que, no caso, passaria a ser *ilegal*. Cabível, portanto, a impetração de *habeas corpus*.

Jurisprudência

312.9. *Habeas Corpus*. Crimes dos arts. 12 c/c 18, I, e 14, da Lei nº 6.368/1976. A impetração alega ausência de fundamentação do decreto de prisão preventiva e excesso de prazo na instrução criminal. Na espécie, a decretação da preventiva lastreou-se nos fundamentos da garantia da ordem pública e da aplicação da Lei penal, nos termos do art. 312 do CPP. O Juiz de 1º grau apresentou elementos concretos suficientes para respaldar a regularidade do decreto cautelar: a função de "direção" desempenhada pelo paciente na organização (o paciente é considerado o "2º homem dentro da organização"); a ramificação das atividades criminosas em diversas unidades da federação; e a alta probabilidade de reiteração delituosa considerando-se a potencialidade da utilização do meio sistematicamente empregado pela quadrilha, a saber, o uso de artifícios para camuflar o transporte de entorpecentes no interior de cortes de carne destinada à exportação. Quanto à alegação de excesso de prazo, constata-se a existência de elementos que sinalizam para a complexidade da causa (elevado número de crimes e de acusados). Em princípio, desde que devidamente fundamentada e atendido o parâmetro da razoabilidade, admite-se a excepcional prorrogação de mais de 81 dias para o término de instruções criminais de caráter complexo. Precedentes: HC nº 71.610/DF, Pleno, Unânime, Rel. Min. Sepúlveda Pertence, *DJ* de 30.3.2001; HC nº 82.138/SC, 2ª Turma, Unânime, Rel. Min. Maurício Corrêa, *DJ* de 14.11.2002; HC nº 81.905/PE, 1ª Turma, Maioria, Rel. Min. Ellen Gracie, *DJ* de 16.5.2003; HC nº 85.679/PE, 1ª Turma, maioria, Rel. Min. Carlos Britto, *DJ* de 31.3.2006; HC nº 86.577/ES, Rel. Min. Ricardo Lewandowski, 1ª Turma, maioria, julgado em 12.9.2006; e HC nº 88.905/GO, de minha relatoria, 2ª Turma, unânime, *DJ* de 13.10.2006. Dos documentos acostados aos autos, verifica-se também haver contribuição da defesa para a demora processual, não se configurando a ilegalidade alegada por excesso de prazo, por não haver mora injustificada. Precedentes: HC nº 86.947/SP, Rel. Min. Marco Aurélio, decisão monocrática, *DJ* de 26.10.2005; HC nº 86.618/MT, 2ª Turma, unânime, Rel. Min. Ellen Gracie, *DJ* de 28.10.2005; HC nº 85.298/SP, 1ª Turma, maioria, Rel. Min. Marco Aurélio, Rel. p/ acórdão Min. Carlos Britto, *DJ* de 4.11.2005; HC nº 86.789/SP, de minha relatoria, 2ª Turma, unânime, *DJ* de 24.3.2006; HC nº 88.229/SE, Rel. Min. Ricardo Lewandowski, 1ª Turma, maioria, julgado em 10.10.2006; e HC nº 88.905/GO, de minha relatoria, 2ª Turma, unânime, *DJ* de 13.10.2006. Decreto de prisão preventiva devidamente fundamentado, nos termos do art. 312 do CPP e art. 93, IX, da CF. Existência de razões suficientes para a manutenção da prisão preventiva. 6. Ordem indeferida (*Habeas Corpus nº 89.525, STF, 2ª Turma, Rel. Min. Gilmar Mendes, julgado em 14.11.2006, publicado no* DJ *em 9.3.2007*).

312.10. Prisão preventiva e necessidade de oferecimento da denúncia: Como antecipamos, não falta quem sustente que a pertinência do requerimento de prisão preventiva poderia ser apreciada – e recusada – pela ausência de denúncia junto ao pedido. Ou seja: sustenta-se que a falta de oferecimento da denúncia seria indicativa da impertinência da preventiva requerida, diante da ausência de convencimento definitivo acerca da autoria e materialidade.

O ponto de vista, merecedor de respeito enquanto tal, não se sustenta. Evidentemente.

O juízo a ser feito em relação às razões da prisão preventiva limita-se (a) a examinar a razão de instrumentalidade alegada (garantia da aplicação da Lei penal e conveniência da instrução criminal); e, (b) a analisar a gravidade do fato apurado, bem como os riscos de sua reiteração (garantia da ordem pública).

Não se exige, e nem poderia ser diferente, que o órgão da acusação já esteja inteiramente convencido acerca do conteúdo do processo a ser instaurado. O juízo acerca da *autoria* e *materialidade* para a prisão preventiva até pode ser o mesmo a fundamentar o oferecimento da peça acusatória. No entanto, o esclarecimento completo e cabal a respeito das circunstâncias, das motivações e, enfim, de todos os elementos que deverão se submeter ao Judiciário, delimitando já os efeitos da coisa julgada, poderá depender de outras diligências, independentemente da prisão preventiva. Esta, a prisão, aliás, poderá se prestar a tal finalidade, permitindo a preservação do material informativo em risco, quando fundamentada (a prisão) na *conveniência da instrução criminal.*

Insustentável, portanto, a tese.

312.11. A Prisão Temporária (Lei nº 7.960/89): A partir da percepção da insuficiência dos prazos legais estipulados para a conclusão das investigações, sobretudo e particularmente quando se tratar de réu preso, entendeu o legislador de ampliar os referidos prazos para a investigação de determinados e específicos crimes. O prazo de encerramento do inquérito policial, como regra, é de 10 (dez) dias, na Justiça Estadual, e de 15 (quinze), no âmbito da Justiça Federal (podendo ser prorrogado), ressalvadas as investigações para alguns delitos (Lei nº 11.343/06 – Lei de Drogas, por exemplo).

Buscou-se justificativa também na inevitável sofisticação do instrumental utilizado em certas práticas delituosas.

A Lei nº 7.960/89 instituiu a prisão temporária, cabível exclusivamente na fase de investigação e destinada especificamente à sua proteção.

O primeiro e essencial requisito para a sua decretação, então, é a indispensabilidade para a investigação (art. 1º, I). No inciso III (ainda o art. 1º) se arrolam as modalidades de delito para as quais, presente a imprescindibilidade da prisão, seria cabível a sua decretação, além da referência expressa aos indícios de autoria.

Note-se, ainda, que o inciso II do mesmo art. 1º, autoriza a prisão quando o *indiciado não tiver residência fixa ou não fornecer elementos necessários ao esclarecimento de sua identidade.* Na verdade, a referida hipótese se encaixa, sem dificuldades, na regra geral do inciso I, ou seja, da *imprescindibilidade para a investigação.* De fato, se nada se sabe acerca do endereço real e/ou da identidade do indiciado, não estaria aí justificada a prisão, como imprescindível, ao menos até o esclarecimento das questões?

A Lei nº 12.403/11 prevê a possibilidade de decretação da prisão preventiva, independentemente do limite do art. 313, I, para o fim de esclarecimento acerca da identidade do investigado/acusado (art. 313, § 1º, conforme redação da Lei nº 13.964/2019). Dispõe, mais, que, uma vez esclarecida a questão, a liberdade deverá ser restituída.

Pensamos também aplicável a mesma regra à prisão temporária, se e quando decretada unicamente em razão do não esclarecimento da identidade civil ou do endereço do investigado.

Uma ponderação: sabendo-se que o investigado tem direito a permanecer calado, na polícia e em juízo, parece inaceitável a decretação da prisão unicamente para que se ouça a sua *versão dos fatos.* Ora, se ele tem *direito a* não se pronunciar, a prisão apenas para a formalização desse direito (ao silêncio) seria inteiramente arbitrária.

O prazo para tais prisões é de 5 (cinco) dias, prorrogáveis por mais cinco, quando necessário, e desde que fundamentadamente.

No entanto, desde que cumprida a finalidade do ato, não há justificativa alguma para a manutenção em cárcere até o esgotamento do prazo.

Tratando-se de crimes considerados hediondos, o prazo da prisão temporária será de 30 (trinta) dias, prorrogáveis por mais 30 (art. 2º, § 3º, da Lei nº 8.072/90).

Como se nota, também aqui, a construção jurisprudencial que fixou determinados limites máximos para o encerramento da instrução criminal deve atender a esta última peculiaridade da prisão temporária. É que os prazos para o oferecimento da denúncia e demais atos do processo seriam ampliados, e muito, pela (e se) anterior decretação de prisão temporária.

É que na contagem que ali se fez jamais se incluiu o prazo de prisão temporária, até porque a aludida jurisprudência é anterior à Lei nº 7.960/89. E nem poderia mesmo ser incluído, pois a citada legislação (da prisão temporária) teve por escopo a ampliação dos prazos de investigação, especificamente em relação a determinados crimes.

Fosse outra a diretiva, bastaria ao legislador *dobrar* o prazo de conclusão do inquérito previsto na regra geral do CPP (art. 10), sem prejuízo da alteração procedida na Lei dos Crimes Hediondos.

E por isso se conclui:

a) a prisão temporária somente é cabível para os crimes ali descritos (III);
b) para a sua decretação, faz-se necessária a presença dos requisitos arrolados nos incisos I e III do art. 1º, incluindo-se a hipótese do inciso II como já abarcada pelo inciso I;
c) a prisão temporária somente pode ser decretada no curso da investigação; jamais do *processo*;
d) não cabe a decretação, de ofício, da temporária. Como ela se presta a tutelar a investigação, devem os órgãos da persecução penal (Polícia e Ministério Público) provocar a jurisdição nesse sentido;
e) o prazo da prisão temporária não é computado no prazo máxima de prisão antes do encerramento da instrução criminal.

Quanto a este último ponto, impõe-se observar que a Lei nº 12.850/13, que revoga expressamente a Lei nº 9.034/95 e dá nova regulamentação da matéria atinente às organizações criminosas, estabelece o prazo máximo de 120 (cento e vinte) dias para o encerramento da instrução criminal, prorrogáveis por igual prazo, salvo as exceções que já vimos (complexidade da causa e fato imputável aos investigados/processados), conforme o disposto no parágrafo único do art. 22 da citada Lei (nº 12.850/13).

E, ao contrário do que ocorre em relação aos demais delitos, é de se ter presente que no aludido prazo de 120 dias e sua prorrogação, já deverá estar incluído aquele eventualmente cumprido por ocasião de decretação de prisão temporária. E não só por se tratar de legislação específica e posterior às demais (CPP e Lei nº 11.719/08, que estabeleceu os novos ritos), mas pelo alargamento razoável do prazo então previsto (120 dias), e, sobretudo, pela possibilidade de sua prorrogação parcial (menos de 120 dias) ou *integral* (120 dias).

Importante destacar que, na redação conferida pela Lei nº 13.869/19, o art. 2º da Lei nº 7.960/89 passou a ter previsão de que “decorrido o prazo contido no mandado de prisão, a autoridade responsável pela custódia deverá, independentemente de nova ordem da autoridade judicial, pôr imediatamente o preso em liberdade, salvo se já tiver sido comunicada da prorrogação da prisão temporária ou da decretação da prisão preventiva" (§ 7º), bem assim que "inclui-se o dia do cumprimento do mandado de prisão no cômputo do prazo de prisão temporária" (§ 8º).

Por fim, uma importante questão.

Como a Lei nº 12.403/11 somente autoriza a decretação da prisão preventiva *autônoma*, isto é, sem a anterior imposição de medida cautelar diversa, para crimes com pena superior a quatro anos (art. 313, I, CPP), seria ainda cabível a prisão temporária para crimes com pena inferior a este patamar (de quatro anos)?

Em princípio, pareceu-nos que não.

Refletindo melhor, chegamos à conclusão de que a nova legislação *não altera* as regras e os critérios da prisão temporária.

É que alguns delitos, embora com pena máxima inferior a quatro anos, apresentam características de maior complexidade, no que toca à respectiva apuração, em razão da própria tipologia, quando não do bem jurídico atingido.

Veja-se o exemplo, emblemático, do crime de associação criminosa (art. 288, CP, com redação dada pela Lei nº 12.850/13), e também dos delitos de sequestro e/ou cárcere privado (art. 148, *caput*, CP), cuja pena máxima não ultrapassa três anos (feita a ressalva quanto às formas qualificadas do art. 148, § 1º e § 2º). A configuração e a comprovação de tais delitos, pelas características que lhes são intrínsecas, são, em si mesmas, complexas, demandando maiores esforços para a respectiva investigação. Assim, embora de menor gravidade *quanto à pena cominada*, apresenta relevante e significativa censurabilidade, diante dos riscos gerais de danos neles contidos.

Não bastasse, a própria Lei nº 12.403/11 manteve a vigência plena das prisões temporárias (art. 283, *caput*, CPP), nada ressalvando quanto aos crimes nela arrolados.

Com isso, parece-nos que o *teto* do art. 313, I, CPP, há que se abrir às exceções legislativas antes mencionadas.

Impende, ao final, acrescer que, em 2022, apreciando a ADI 4.109/DF, o Supremo Tribunal Federal deu interpretação "conforme" à Constituição Federal ao art. 1º da Lei nº 7.960/89 para assentar ser essencial, para a decretação da prisão temporária (que somente pode-se dar na fase investigativa), a presença dos seguintes requisitos, de *forma cumulativa*:

1) for imprescindível para as investigações do inquérito policial (art. 1º, I, Lei 7.960/1989) (*periculum libertatis*), constatada a partir de elementos concretos, e não meras conjecturas, vedada a sua utilização como prisão para averiguações, em violação ao direito a não autoincriminação, ou quando fundada no mero fato de o representado não possuir residência fixa (inciso II);
2) houver fundadas razões de autoria ou participação do indiciado nos crimes previstos no art. 1º, III, Lei 7.960/1989 (*fumus comissi delicti*), vedada a analogia ou a interpretação extensiva do rol previsto no dispositivo;
3) for justificada em fatos novos ou contemporâneos que fundamentem a medida (art. 312, § 2º, CPP);
4) a medida for adequada à gravidade concreta do crime, as circunstâncias do fato e às condições pessoais do indiciado (art. 282, II, CPP);

5) não for suficiente a imposição de medidas cautelares diversas, previstas nos arts. 319 e 320 do CPP (art. 282, § 6º, CPP).

Jurisprudência

312.11. [...] II – A Constituição Federal autoriza que o legislador ordinário preveja modalidade de prisão cautelar voltada a assegurar o resultado útil da investigação criminal, como é o caso da prisão temporária, desde que respeitado o princípio da presunção de não culpabilidade. Inteligência do art. 5º, incisos LXI e LVII, da Constituição Federal.

III – Não viola a Constituição Federal a previsão legal de decretação de prisão temporária quando presentes fundados indícios da prática dos crimes de quadrilha, atual associação criminosa, e contra o sistema financeiro (alíneas "l" e "o" do inciso III do art. 1º da Lei 7.960/89). Cuida-se de opção do legislador, dentro do seu legítimo campo de conformação, com o escopo de conferir especial atenção a determinados crimes que em seu entender merecem maior necessidade de prevenção.

IV – A prisão temporária não é medida de caráter compulsório, já que sua decretação deve se dar mediante decisão judicial devidamente fundamentada em elementos aptos a justificar a imposição da medida. Inteligência do art. 2º, caput e § 2º, da Lei 7.960/1989, bem como art. 93, inciso IX, da CF.

V – O prazo de 24 horas previsto no § 2º do art. 2º da Lei 7.960/1989 é compatível com a Constituição Federal. Trata-se de prazo impróprio a ser observado conforme o prudente arbítrio do Magistrado competente para a decretação da medida.

VI – A decretação da prisão temporária reclama sempre a presença do inciso III do art. 1º da Lei 7.960/1989. O dispositivo, ao exigir a presença de fundadas razões de autoria ou participação do indiciado nos crimes nele previstos, evidencia a necessidade do fumus comissi delicti, indispensável para a decretação de qualquer medida cautelar. Rol de crimes de natureza taxativa, desautorizada a analogia ou a interpretação extensiva, em razão dos princípios da legalidade estrita (art. 5º, inciso XXXIX, da CF) e do devido processo legal substantivo (art. 5º, inciso LXV, CF).

VII – A decretação da prisão temporária exige também a presença do inciso I do art. 1º da Lei de regência. O inciso, ao dispor que a prisão temporária pode ser decretada somente quando for imprescindível para as investigações do inquérito policial, traz a necessidade de demonstração do periculum libertatis do representado, requisito indispensável para a imposição de prisões cautelares por força do princípio constitucional da presunção de inocência que obsta a antecipação de penas. Exigência de fundamentação calcada em elementos concretos, e não em simples conjecturas. Precedentes desta Corte.

VIII – O inciso II do art. 1º da Lei 7.960/1989 mostra-se dispensável ou, quando interpretado isoladamente, inconstitucional. Não se pode decretar a prisão temporária pelo simples fato de o representado não possuir endereço fixo. A circunstância de o indiciado não possuir residência fixa deve evidenciar de modo concreto que a prisão temporária é imprescindível para a investigação criminal (inciso I do art. 1º da Lei em comento).

IX – A prisão temporária deve estar fundamentada em fatos novos ou contemporâneos à decretação da medida (art. 312, § 2º, CPP). Ainda que se cuide de dispositivo voltado à prisão preventiva, a regra é consequência lógica da cautelaridade das prisões provisórias e do princípio constitucional da não culpabilidade.

X – É vedada a decretação da prisão temporária somente com a finalidade de interrogar o indiciado, porquanto ninguém pode ser forçado a falar ou a produzir prova contra si. Doutrina. Inteligência das Arguições deDescumprimento de Preceito Fundamental n.º 395 e n.º 444, rel. Min. Gilmar Mendes, Plenário, STF, julgadas em 14/06/2018.

XI – A decretação da prisão temporária deve observar o previsto no art. 282, inciso II, do CPP. Trata-se de regra geral a incidir sobre todas as modalidades de medida cautelar, as quais, em atenção ao princípio da proporcionalidade, devem observar a necessidade e a adequação da medida em vista da gravidade do crime, das circunstâncias do fato e das condições pessoais do representado.

XII – O disposto no art. 282, § 6º, do CPP também deve ser atendido para a decretação da prisão temporária. Em razão do princípio constitucional da não culpabilidade, a regra é a liberdade; a imposição das medidas cautelares diversas da prisão a exceção; ao passo que a prisão, qualquer que seja a sua modalidade, a exceção da exceção, é dizer, a ultima ratio do sistema processual penal. Inteligência do art. 5º, inciso LXVI, da CF.

XIII – O art. 313 do CPP cuida de dispositivo específico para a prisão preventiva não aplicável à prisão temporária, porquanto, no caso desta, o legislador ordinário, no seu legítimo campo de conformação, já escolheu os delitos que julgou de maior gravidade para a imposição da prisão (inciso III do art. 1º da Lei 7.960/89). Entender de modo diverso implicaria confusão entre os pressupostos de decretação das prisões preventiva e temporária, bem como violação aos princípios da legalidade e da separação entre os poderes.

XIV – Ação Direta de Inconstitucionalidade parcialmente conhecida e, na parte conhecida, julgados parcialmente procedentes os pedidos para conferir interpretação conforme a Constituição Federal ao art. 1º da Lei 7.960/1989 e fixar o entendimento de que a decretação de prisão temporária autoriza-se quando, cumulativamente:

1) for imprescindível para as investigações do inquérito policial (art. 1º, I, Lei 7.960/1989) (periculum libertatis), constatada a partir de elementos concretos, e não meras conjecturas, vedada a sua utilização como prisão para averiguações, em violação ao direito a não autoincriminação, ou quando fundada no mero fato de o representado não possuir residência fixa (inciso II);

2) houver fundadas razões de autoria ou participação do indiciado nos crimes previstos no art. 1º, III, Lei 7.960/1989 (fumus comissi delicti), vedada a analogia ou a interpretação extensiva do rol previsto no dispositivo;

3) for justificada em fatos novos ou contemporâneos que fundamentem a medida (art. 312, § 2º, CPP);

4) a medida for adequada a gravidade concreta do crime, as circunstâncias do fato e às condições pessoais do indiciado (art. 282, II, CPP);

5) não for suficiente a imposição de medidas cautelares diversas, previstas nos arts. 319 e 320 do CPP (art. 282, § 6º, CPP). *(ADI nº 4.109-DF, STF, Plenário, Rel. Min. Cármen Lúcia, Red. Do acórdão Min. Edson Fachin, julgamento encerrado em 11.2.2022, publicado no DJ em 22.4.2022)*

312.11. [...] prisão preventiva e prisão temporária não podem ser confundidas, pois constituem modalidades distintas de custódia cautelar, cada qual sujeita a requisitos legais específicos. A segunda tem finalidade específica e diversa da prisão preventiva. Enquanto esta tem por requisitos os constantes no art. 312 do Código de Processo Penal, aquela, excepcionalíssima, "tem por única finalidade legítima a necessidade da custódia para as investigações" (STF, RHC 92.873/SP, rel. Ministro Joaquim Barbosa, Segunda Turma, julgado em 12/08/2008, *DJe* 18/12/2008). 2. Na situação dos autos, o decreto de prisão temporária foi satisfatoriamente motivado pelo Juízo processante, pois consignou fatos concretos que revelam a imprescindibilidade da prisão do Paciente, a teor do disposto no art. 1.º, incisos I e III, alínea *a*, da Lei n. 7.960/1989. [...] *(Agravo Regimental no Recurso em Habeas Corpus nº 107.296-RJ, STJ, 6ª Turma, unânime, Rel. Min. Laurita Vaz, julgado em 18.8.2020, publicado no DJ em 2.9.2020).*

312.11. [...] 2. O art. 1º da Lei n. 7.960/1989 evidencia que o objetivo primordial da prisão temporária é o de acautelar o inquérito policial, procedimento administrativo voltado a esclarecer o fato criminoso, a reunir meios informativos que possam habilitar o titular da ação penal a formar sua *opinio delicti* – e, por outra angulação, a servir de lastro à acusação [...] (*Habeas Corpus n. 531.858-SP, STJ, 6ª Turma, unânime, Rel. Min. Rogerio Schietti Cruz, julgado em 7.11.2019, publicado no DJ em 19.11.2019).*

312.11. [...] o decreto de [...] A prisão temporária encontra-se devidamente fundamentado no art. 1º, incisos I e III, alínea *n*, da Lei 7.960/89, tendo em vista a existência de fundados indícios de autoria ou participação delitiva – tráfico de drogas –, bem como a necessidade de se assegurar o prosseguimento das investigações criminais – em razão de estar o paciente foragido, dificultando a apuração do crime –, não havendo falar em constrangimento ilegal. [...] (*Habeas Corpus nº 288.024-BA, STJ, 5ª Turma, unânime, Rel. Min. Félix Fischer, julgado em 21.5.2015, publicado no DJ em 17.6.2015).*

312.11. [...] A prisão temporária *sub judice* foi decretada, com amparo nos requisitos do art. 1º, incisos I e III, alínea *a*, da Lei nº 7.960/89, levando-se em consideração as circunstâncias do crime e a necessidade de se assegurar as investigações criminais, não havendo falar em ilegalidade na adoção dessa medida constritiva. [...] (*Habeas Corpus nº 289.472-SP, STJ, 5ª Turma, unânime, Rel. Min. Laurita Vaz, julgado em 5.8.2014, publicado no* DJ *em 19.8.2014*).

312.12. Prisões processuais? Desde a Constituição da República, de 1988, não se pode mais falar em prisões *processuais*, isto é, fundamentadas unicamente na ultimação de atos processuais, como ocorria com as antigas redações do art. 408 (decisão de pronúncia) e do já revogado art. 594 (sentença condenatória), ambas exigindo o recolhimento do réu ao cárcere para o processamento do recurso interposto.

A nova ordem constitucional, aliás, como, aliás, todo texto normativo dessa natureza (constitucional), tem por efeito essencial revogar todas as disposições com ela incompatíveis. Há quem diga que se trate de *não recepção*; preferimos a velha fórmula: *revogação.*

Hoje, não há mais espaço para debates: tanto o art. 387, parágrafo único, quanto o art. 413, § 3º, CPP, exigem decisão fundamentada para a manutenção ou para a decretação de prisão preventiva por ocasião da sentença condenatória (art. 387) ou da pronúncia (art. 413).

Toda prisão, portanto, não só em decorrência do princípio da não culpabilidade, mas, sobretudo, da norma segundo a qual ninguém será preso senão por ordem escrita e fundamentada da autoridade judiciária (ressalvada a prisão em flagrante), conforme se encontra no art. 5º, LXI, da Carta de 1988, deve se fundar em necessidade, devidamente justificada, nos exatos termos também do art. 315 do CPP.

O registro, então, é meramente histórico.

312.13. Vedações legais à preventiva: O art. 236 do Código Eleitoral (Lei nº 4.737/65) prevê a impossibilidade de prisão ou detenção de qualquer eleitor, no período de 5 dias antes e 48 horas depois do encerramento das eleições, ressalvadas as hipóteses de flagrante delito ou em virtude de sentença penal condenatória por crime inafiançável, *passada em julgado*, é claro.

Ressalva também a prisão em caso de desrespeito a salvo-conduto emanado da Justiça. Ora, mera reiteração: se o desrespeito (a salvo-conduto), por si só, não se qualifica como *crime*, e, assim, em flagrante, não vemos como impor a segregação preventiva.

Do mesmo modo, o art. 236, § 1º, do mesmo Código Eleitoral estabelece a mesma proibição de prisão cautelar (ressalvado o flagrante), 15 dias antes e 48 horas depois, para os membros da mesa receptora e para os fiscais dos partidos, além, naturalmente, dos candidatos.

A justificativa é ponderável.

Busca-se a proteção do processo eleitoral, cuja lisura e tranquilidade são essenciais à construção da democracia, já tão vitimizada pelos frequentes abusos do poder econômico e político.

De todo modo, ainda que se queira criticar a referida norma, não há como pretender a sua invalidade (inconstitucionalidade), na medida em que se cuida de ampliação das liberdades públicas.

Não bastasse, toda restrição a direitos há que se submeter ao princípio da *legalidade.* Havendo Lei em sentido contrário, isto é, vedando a restrição de direitos, não se poderá cumprir o ato de prisão.

312.14. A preventiva como garantia de eficácia de outras cautelares: Se o art. 313, I, CPP, impede a decretação de preventiva para os crimes punidos com pena inferior a quatro anos, o § 1º do art. 312 do CPP (Lei nº 13.964/2019), em comento, autoriza a aplicabilidade subsidiária da providência, permitindo a decretação da prisão no caso de descumprimento injustificado da cautelar regularmente imposta (art. 282, §§ 4º e 5º, CPP).

Nesse caso, à evidência, o *quantum* da pena cominada é indiferente. A prisão se justificará para garantir a eficácia das cautelares diversas da prisão. E nem poderia ser diferente, como, aliás, já existia anteriormente à Lei nº 12.403/11, em relação aos crimes de violência doméstica (art. 313, III, CPP).

Jurisprudência *(anterior à Lei nº 13.964/2019)*

312.14. [...] Em vista da natureza excepcional da prisão preventiva, somente se verifica a possibilidade da sua imposição quando evidenciado, de forma fundamentada e com base em dados concretos, o preenchimento dos pressupostos e requisitos previstos no art. 312 do Código de Processo Penal – CPP. Deve, ainda, ser mantida a prisão antecipada apenas quando não for possível a aplicação de medida cautelar diversa, nos termos previstos no art. 319 do CPP. No caso dos autos, a prisão preventiva foi adequadamente motivada pelas instâncias ordinárias, tendo sido demonstrado, com base em elementos concretos, o incontroverso descumprimento da medida cautelar alternativa anteriormente imposta, consubstanciada no uso de aparelho de monitoração eletrônica, o que demonstra a inclinação em furtar-se da aplicação da lei penal. [...] *(Habeas Corpus nº 612.101/SE, STJ, 5ª Turma, unânime, Rel. Min. Joel Ilan Paciornik, julgado em 17.11.2020, publicado no DJ em 20.11.2020)*

312.14. [...] Nos termos do art. 282, § 4.º, do Código de Processo Penal, "no caso de descumprimento de qualquer das obrigações impostas, o juiz, de ofício ou mediante requerimento do Ministério Público, de seu assistente ou do querelante, poderá substituir a medida, impor outra em cumulação, ou, em último caso, decretar a prisão preventiva (art. 312, parágrafo único)". Por sua vez, o referido art. 312, parágrafo único, do mesmo Código, prevê que "a prisão preventiva também poderá ser decretada em caso de descumprimento de qualquer das obrigações impostas por força de outras medidas cautelares". [...] (*Habeas Corpus nº 492.190/PR, STJ, 6ª Turma, unânime, Rel. Min. Laurita Vaz, julgado em 11.2.2020, publicado no DJ em 27.2.2020)*

312.14. [...] O descumprimento ulterior das condições da prisão domiciliar caracteriza-se como novo motivo à decretação da preventiva, não enfrentado pela decisão reclamada, o que obsta a utilização da reclamação, que não pode funcionar como sucedâneo recursal. [...] *(Agravo regimental na Reclamação n. 37.836-GO, STJ, 3ª Seção, Rel. Min. Jorge Mussi, julgado em 28.8.2019, publicado no DJ em 9.9.2019).*

312.15. A prisão preventiva em situação excepcional do descumprimento de condições de acordo de colaboração premiada. Tal como já abordado em tópico específico (vide anotações ao item 157.7), a colaboração premiada é um instrumento e técnica para a obtenção de provas, nos exatos e estreitos limites do previsto na Lei nº 12.850/2013. Respeitados vários princípios, mas especialmente a voluntariedade e espontaneidade, a colaboração pode ser feita tanto com pessoas que estejam presas (cautelarmente ou não), quanto com pessoas em liberdade (com ou sem medidas cautelares diversas da prisão). Consoante já decidiu o STF, ao que aderimos, a liberdade necessária é a psíquica, não física, sempre com condução essencial do advogado, que deverá considerar o instituto da colaboração também como uma técnica de defesa, analisando se é interessante ou não a realização do acordo (§ *15 do art. 4º)*. Em todos os atos de negociação, confirmação e execução da colaboração, o colaborador deverá estar assistido por defensor; também nos termos do § 1º do art. 3º-C, na redação da Lei nº 13.964/2019, "nenhuma tratativa sobre colaboração premiada deve ser realizada sem a presença de advogado constituído ou defensor público".

Igualmente, é preciso enfatizar aqui que, no caso de colaboração realizada com pessoa que esteja presa, jamais – em hipótese alguma mesmo – poderá ser *negociada* a liberdade como uma *condição* do acordo. Como se sabe, tecnicamente, o acordo pressupõe que, antes da discussão dos possíveis e futuros benefícios a serem concedidos ao colaborador, é fundamental saber o conteúdo e possibilidade do que tem a revelar o colaborador. O § 1º do art. 4º da Lei nº 12.850/2013 é bem claro no sentido de que, advindo da colaboração um ou alguns dos resultados previstos nos seus incisos, a concessão do benefício levará necessariamente em conta a "eficácia da colaboração". É dizer, somente pode-se partir para a discussão dos benefícios futuros ao colaborador a partir do que se souber sobre a magnitude e a intensidade do teor da colaboração à qual se compromete o pretenso colaborador, tendo ele sempre a obrigação de dizer o que conhece sobre os fatos e jamais mentir. Havendo o interesse inicial a partir do que pode revelar o colaborador, entra-se na fase da discussão dos benefícios, que devem restringir-se ao tanto quanto disposto na Lei nº 12.850/13 (registre-se novamente a discordância de Douglas Fischer, para quem os benefícios podem ser relacionados aos mais variados aspectos, havendo apenas uma limitação legal: se a colaboração for posterior à sentença, a pena não poderá ser reduzida além da metade, mas será admitida a progressão de regime ainda que ausentes os requisitos objetivos (§ 5º do art. 4º da Lei nº 12.850/2013). Em sua visão, outros benefícios que não contrariem o ordenamento jurídico – sempre que mais benéfico ao colaborador – podem ser concedidos). Importante destacar as limitações feitas pela Lei nº 13.964/2019 ao art. 4º, § 7º, II, da Lei nº 12.850/2013.

Porém, como dito, não poderá ser estabelecida uma cláusula que garanta ao colaborador a imediata liberdade caso homologada a colaboração. O que pode acontecer – e excepcionalmente acontece – é que os benefícios ao final fixados no acordo se tornem incompatíveis com a medida cautelar de prisão. E em situações mais excepcionais ainda, diante da condição particular do colaborador e do teor de suas declarações, não existe mais a possibilidade de ele delinquir e continuar integrando a organização criminosa, afastando-se os requisitos do art. 312, CPP. Veja-se, por exemplo, no âmbito da denominada Operação Lava Jato (em todas as instâncias judiciais), a partir de dados oficiais. Dentre as 70 primeiras colaborações premiadas realizadas (41 homologadas pelo Supremo Tribunal Federal), em apenas 19 casos (27,14%) os colaboradores estavam presos cautelarmente, sendo que nos demais, 51 (72,85%), estavam soltos. Dentre os que realizaram a colaboração ainda presos, apenas 5 (7,14% do total) tiveram liberdade após a homologação (em todos os casos agentes de participação não intensa nas atividades criminosas, mas em relação às quais havia, originariamente, fundamentadas razões para a prisão cautelar). Os outros 14 colaboradores tiveram fixadas outras medidas cautelares diversas da prisão (art. 319, CPP) exatamente porque os benefícios fixados se tornaram incompatíveis com a prisão cautelar.

Fixadas todas essas premissas (que não são exaustivas no presente tópico), há de se retomar o tema central: caso um colaborador, que teve afastada a prisão cautelar nessas condições, venha a ter revogados seus benefícios (normalmente porque mentiu ou dolosamente omitiu fatos injustificadamente), poderá ter restabelecida a prisão cautelar originariamente fixada?

Podemos afirmar de início que, pela só revogação do acordo de colaboração, a prisão cautelar não poderá ser restabelecida. Há sempre que se aquilatar a *necessidade* e a presença ou não dos requisitos legais, como inúmeras vezes destacado em anotações anteriores.

São poucos os precedentes e as discussões específicas ora propostas até o momento a respeito do tema, exatamente por se tratar de um assunto bastante recente no âmbito da doutrina e da jurisprudência brasileiras. Entretanto, cremos que, no julgamento do RHC nº 76.026-RS (STJ, 5ª Turma, decisão unânime de 6.10.2016, publicada no *DJ* em 11.10.2016), o tema foi muito bem enfrentado, analisando-se a possibilidade do restabelecimento da prisão cautelar diante do caso concreto e das circunstâncias que envolvem a pessoa do colaborador. É preciso destacar excertos do voto-condutor, exatamente como forma de exteriorizar a racionalidade do que foi decidido:

> O quadro fático subjacente à espécie é o seguinte: o recorrente, até então preso preventivamente no âmbito da designada Operação "Lava-Jato", celebrou acordo de colaboração premiada, em razão do qual obteve a concessão de sua liberdade. No ensejo da sentença, o magistrado de primeiro grau considerou ter havido violação, pelo recorrente, do acordo de colaboração, e, em consequência, decretou a sua prisão preventiva.
>
> A questão sobre saber-se se o descumprimento do acordo de colaboração premiada, só por si, autorizaria a decretação da prisão preventiva, não é isenta de controvérsia.
>
> Evidentemente, há casos em que o acordo de colaboração celebrar-se-á com acusados que não estejam em situação de prisão preventiva, ou sob a restrição de alguma medida cautelar e, nessas hipóteses, parece idôneo supor que os corolários do descumprimento do acordo restringir-se-ão à não obtenção dos benefícios acertados quando de sua formulação. Quer dizer, a quebra das obrigações assumidas pelo acusado-colaborador, em si mesma, não faz despontar os requisitos da prisão preventiva, quando estes, em nenhum momento precedente, fizeram-se presentes.
>
> De outra parte, em algumas situações, a realização do acordo de colaboração não infirmará os requisitos tendentes à manutenção da prisão preventiva, estando o acusado recolhido, de maneira que, não obstante sua celebração, haverá de subsistir a medida cautelar. Noutros termos, não há uma relação necessária entre a celebração do acordo de colaboração e a colocação em liberdade do acusado.
>
> Na espécie, após a homologação do acordo de colaboração havido entre o Ministério Público Federal e o recorrente, houve, de parte do primeiro, isto é, do Ministério Público Federal, requerimento autônomo, em favor da concessão de liberdade provisória ao recorrente, o qual foi acatado pelo magistrado singular. A razão expressa foi a de que, em virtude do acordo, esvaziar-se-iam os requisitos, no caso, até então tidos como hábeis para fundamentar a segregação cautelar.
>
> Realmente, não se poderia conceber aceitável a pretérita decretação de prisão preventiva, com a finalidade de angariar a vontade do acusado para o acordo de colaboração. [...]
>
> A celebração do acordo de colaboração premiada, nas particularidades da situação do recorrente, houve de ensejar, seja pelo Ministério Público Federal, que formulou o pedido, seja pelo magistrado singular, que o deferiu, a concessão da liberdade provisória, fundada numa inequívoca expectativa de que se daria por escorreito o cumprimento do acordado. A frustração da expectativa, como é evidente, decorreu da conduta específica do recorrente, bem enunciada no v. acórdão recorrido, *verbis*: [...]

Não é inusual, em nosso sistema processual, que o descumprimento de obrigações assumidas pelo acusado, que se encontrava preso e alcança a liberdade, impliquem no corolário da retomada de sua segregação. Nas hipóteses de substituição da prisão preventiva por medidas cautelares diversas, como, por exemplo, o mero comparecimento periódico perante o juízo do processo, será mesmo a ausência da presença do acusado, nas apresentações a que se comprometeu, que dará fundamento à retomada da cautelar mais grave, como seja a prisão, a teor do art. 312, par. único, do Código de Processo Penal. O inadimplemento de fiança, e, em certos casos, o mero afastamento do domicílio, num caso de fixação de prisão domiciliar, igualmente convergiriam para o restabelecimento da segregação preventiva, em cujo lugar tiverem-se fixado tais outras cautelares. Tanto mais razoável se afigura o alvitre quando, em inequívoco *contempt of court*, viola, o acusado colaborador, o "*compromisso legal de dizer a verdade*", que lhe é imposto pelo art. 4º, par. 12, da Lei 12.850/2013.

Que o acordo de colaboração premiada esteja habilitado a ensejar obrigações processuais ao colaborador é algo reconhecido pela doutrina, que alude à necessidade de assegurar-se que, uma vez assumida a postura colaborativa com a autoridade judiciária, tenha-se por garantida "*sua seriedade e a manutenção dessa via ao longo do procedimento persecutório, disciplina indispensável não apenas para conferir responsabilidade ao sujeito que decidiu prévia e livremente, depois de ser advertido das obrigações resultantes, (....) mas também, para além disso, como forma de tutelar a confiabilidade do MP na manutenção da estratégia processual que irá desenvolver na persecução da organização criminosa*" (VALDEZ PEREIRA, Frederico. *Delação premiada*: legitimidade e procedimento. 3ª ed. Curitiba: Juruá, 2016, p. 142).

Reitere-se que, no âmbito do acordo de colaboração, no modo como delineado pela legislação brasileira, não é lícita a inclusão de cláusulas concernentes às medidas cautelares de cunho pessoal, e, portanto, não é a partir dos termos do acordo que se cogitará da concessão ou não de liberdade provisória ao acusado que, ao celebrá-lo, encontre-se preso preventivamente. A razão disso é que, na dicção do art. 4º, da Lei 12.850/2013, a extensão do acordo de colaboração limita-se a aspectos relacionados com a imposição de pena futura, isto é, alude-se à matéria situada no campo do direito material, e não do processo.

Seja como for, nos casos em que a liberação do acusado derivou da expectativa fundada de que, com o acordo, haveria de prestar a colaboração a que se incumbiu, não se exclui, verificadas as particularidades da situação, possa-se restabelecer a segregação cautelar, máxime porque a assunção de obrigações pelo réu, no acordo, está a indicar que depois de ter adotado uma conduta reprovável, propenderá a uma conduta conforme ao Direito, a qual, mostrando-se idônea, permitir-lhe-á uma redução de pena ou mesmo a sua elisão ("*dopo aver tenuto una condotta riprovata (difforme), pone in essere una contro-condotta (conforme), che in base a criteri diversi viene giudicata idonea a diminuire o eventualmente elidere la pena prevista per il male commesso*") (RUGA RIVA, Carlo. *Il premio per la collaborazione processuale*. Milano: Dott. A. Giuffrè, 2002, p. 07-08).

Será de cogitar-se, em cada caso, a extensão do olvido com que se houve o colaborador, frente aos termos do acordo, em ordem a afirmar-se que não é apenas a circunstância de seu descumprimento que determinará a retomada da prisão preventiva, quando essa foi afastada à conta de sua celebração. Nos casos, porém, em que a intensidade do descumprimento mostrar-se relevante, como sucedeu na espécie, a frustração da expectativa gerada com o comportamento tíbio do colaborador permite o revigoramento da segregação cautelar, mormente quando seu precedente afastamento deu-se pelo só fato da promessa homologada de colaboração. [...]

De fato, a situação se assemelha às hipóteses de descumprimento das medidas cautelares diversas da prisão, que podem ensejar o restabelecimento da preventiva sempre diante das peculiaridades e circunstâncias do caso concreto.

Jurisprudência *(anterior à Lei nº 13.964/2019)*

312.15. [...] II – A existência de dados concretos, relacionados ao comportamento pretérito do acusado, somado à sua disponibilidade de recursos financeiros, são hábeis a revelar que a sua colocação em liberdade implicaria em riscos para a aplicação da lei penal, por isso que viabilizada a prisão preventiva sob este fundamento, máxime se decretada na sentença condenatória. III – A quebra das obrigações assumidas pelo acusado-colaborador, em si mesma, não faz despontar os requisitos da prisão preventiva, quando estes, em nenhum momento precedente, fizeram-se presentes, nos casos em que o acordo celebrou-se com réu que ostentava a condição de liberdade. IV – Hipótese diversa, em que a celebração do acordo de colaboração premiada houve de ensejar a concessão da liberdade provisória a acusado que se encontrava preso, fundada numa inequívoca expectativa de que dar-se-ia escorreito o cumprimento do acordado. V – No âmbito do acordo de colaboração premiada, conforme delineado pela legislação brasileira, não é lícita a inclusão de cláusulas concernentes às medidas cautelares de cunho pessoal, e, portanto, não é a partir dos termos do acordo que se cogitará da concessão ou não de liberdade provisória ao acusado que, ao celebrá-lo, encontre-se preso preventivamente. Segundo a dicção do art. 4º, da Lei 12.850/2013, a extensão do acordo de colaboração limita-se a aspectos relacionados com a imposição de pena futura, isto é, alude-se à matéria situada no campo do direito material, e não do processo. V – Nos casos em que a liberação do acusado derivou da expectativa fundada de que, com o acordo, haveria de prestar a colaboração a que se incumbiu, não se exclui, verificadas as particularidades da situação, possa-se restabelecer a segregação cautelar. VI – Será de avaliar-se, em cada caso, a extensão do olvido com que se houve o colaborador, frente aos termos do acordo, porquanto não é apenas a circunstância de seu descumprimento que determinará a retomada da prisão preventiva, quando essa foi afastada à conta de sua celebração. VII – Nos casos em que a intensidade do descumprimento do acordo de colaboração mostrar-se relevante, a frustração da expectativa gerada com o comportamento tíbio do colaborador permite o revigoramento da segregação cautelar, mormente quando seu precedente afastamento deu-se pelo só fato da promessa homologada de colaboração (*RHC nº 76.026-RS, STJ, 5ª Turma, Rel. Min. Félix Fischer, julgado em 6.10.2016, publicado no* DJ *em 11.10.2016*).

Art. 313. Nos termos do art. 312 deste Código, será admitida a decretação da prisão preventiva: (Redação dada pela Lei nº 12.403, de 2011)

I – nos crimes dolosos punidos com pena privativa de liberdade máxima superior a 4 (quatro) anos; (Redação dada pela Lei nº 12.403, de 2011)

II – se tiver sido condenado por outro crime doloso, em sentença transitada em julgado, ressalvado o disposto no inciso I do caput do art. 64 do Decreto-Lei nº 2.848, de 7 de dezembro de 1940 – Código Penal; (Redação dada pela Lei nº 12.403, de 2011)

III – se o crime envolver violência doméstica e familiar contra a mulher, criança, adolescente, idoso, enfermo ou pessoa com deficiência, para garantir a execução das medidas protetivas de urgência; (Redação dada pela Lei nº 12.403, de 2011)

IV – (revogado pela Lei nº 12.403, de 2011).

§ 1º Também será admitida a prisão preventiva quando houver dúvida sobre a identidade civil da pessoa ou quando esta não fornecer elementos suficientes para esclarecê-la, devendo o preso ser colocado imediatamente em liberdade após a identificação, salvo se outra hipótese recomendar a manutenção da medida. (Redação dada pela Lei nº 12.403, de 2011, renumerado pela Lei nº 13.964, de 2019)

§ 2º Não será admitida a decretação da prisão preventiva com a finalidade de antecipação de cumprimento de pena ou como decorrência imediata de investigação criminal ou da apresentação ou recebimento de denúncia. (Incluído pela Lei nº 13.964, de 2019)

313.1. Instrumentalidade e proporcionalidade na prisão preventiva: No dispositivo anterior, cuidou-se do detalhamento das circunstâncias de fato que, quando presentes, autorizariam a prisão preventiva, diante do risco à efetividade do processo ou de reiteração de novos e graves danos.

No entanto, o legislador brasileiro não descurou de um princípio inerente ao processo cautelar, ou, em geral, às medidas acautelatórias. A prisão, mesmo quando justificada (art. 312, CPP), há que ser *proporcional.*

Mas de qual proporcionalidade estaríamos falando?

Aqui, o princípio deve ser lido sob a perspectiva da proibição do excesso, impondo-se, portanto, *como medida de equilíbrio.*

Repugna ao senso mediano a decretação de uma medida cautelar cuja execução produza um resultado *superior* àquele a ser obtido no processo principal. Como sustentar a *instrumentalidade* da medida cautelar em tal situação? Ser instrumento de garantia da efetividade do processo significa acautelar o resultado *possível* do processo!

Quando não houver previsão legal de privação da liberdade para o crime, não se poderá sequer pensar na prisão preventiva, como, de resto, é também vedada a imposição de quaisquer outras medidas cautelares diversas da prisão (art. 283, § 1º, CPP). Intuitivamente, também, se chega à conclusão, sem maiores esforços, ser incabível a preventiva nas infrações de menor potencial ofensivo (Lei nº 9.099/95).

Um dos critérios balizadores da proporcionalidade necessária entre a prisão preventiva e o resultado final do processo (a ser acautelado) repousa precisamente na pena cominada no delito.

Com efeito, como o Direito Penal adota alguns parâmetros objetivos acerca da punibilidade do agente, deve-se buscar ali algumas comprovações de (des)proporcionalidade da cautelar.

É o que ocorre, por exemplo, com o disposto no art. 77 do Código Penal, a cuidar da suspensão condicional da pena privativa da liberdade (*sursis*) quando esta não for superior a 2 (dois) anos. Assim, os delitos para os quais se preveja pena mínima inferior a dois anos já indicam a *possibilidade* de não aplicação da pena privativa da liberdade, ainda quando julgada procedente a ação penal.

De todo modo, o legislador brasileiro tratou de estabelecer algumas hipóteses concretas de impedimento da prisão preventiva, mesmo quando em risco a efetividade do processo, como veremos no art. 313, I, CPP.

313.2. Os requisitos *de direito*: Referimo-nos aos requisitos *de direito* como sendo as hipóteses objetivas fixadas na Lei (*direito*, portanto) para o cabimento da prisão preventiva, desde que presentes, é claro, quaisquer das situações de fato descritas no art. 312.

a) crimes dolosos e crimes culposos: Por primeiro, esclareça-se que somente caberá a decretação da prisão preventiva para os crimes *dolosos*, não sendo possível para os delitos culposos, a não ser nos excepcionais casos em que seja necessário garantir a eficácia de uma eventual medida cautelar imposta (ver, no ponto, nossas observações ao art. 282 e art. 283).

É que, mesmo para tais delitos (culposos) pode ocorrer de ser aplicada, ao final do processo, pena superior a dois anos, como nos mostra a experiência forense na reincidência dos crimes no trânsito, ressalvadas as hipóteses do art. 291, parágrafo único, da Lei nº 9.504/97 (Código de Trânsito Brasileiro), a remeter determinadas infrações ao processo conciliatório da Lei nº 9.099/95 (Lei dos Juizados Especiais Criminais).

Veja-se, por exemplo, ainda relativamente ao trânsito, o disposto no art. 302, cuja pena mínima para o homicídio culposo é de dois anos.

b) crimes punidos com pena privativa da liberdade superior a 4 (quatro) anos: Aqui, o juízo é de proporcionalidade, evitando-se a imposição de uma cautelar que se revele mais grave que o resultado final do processo penal. O critério utilizado, aritmético, por assim dizer, reporta-se a alguns dispositivos do Código Penal, que tratam da dosimetria da pena e do regime de seu cumprimento. De se observar, contudo, que, como em todo o Direito, poderão surgir hipóteses em que o critério de proporção antes mencionado não seja suficiente para satisfazer outros princípios também constitucionais, como ocorrerá, por exemplo, em situações de risco evidente e iminente à própria efetividade da jurisdição criminal. Veja-se o caso de fuga já constatada no curso da investigação, mesmo para infrações penais com pena igual ou inferior a 4 anos. Como impor ao investigado quaisquer das cautelares pessoais diversas da prisão? Assim, se ele não puder ser encontrado, parece-nos possível ter-se por justificada a inadequação de outra cautelar que não a prisão. Imagine-se também, e por exemplo, a hipótese de intimidação de testemunhas por terceiros no curso de processo cuja pena seja inferior a 4 anos. Se o autor da conduta de intimidação for o próprio réu no citado processo, naturalmente nada impediria a determinação da preventiva, tendo em vista o concurso de crimes então presente. Mas, mesmo se partir de terceiros a ameaça ou a violência descrita no art. 344, CP, parece-nos excepcionalmente cabível a preventiva – quando não for o caso do flagrante! – a fim de se preservar a efetividade da jurisdição. Obviamente, deverá o juiz reapreciar a matéria tão logo seja e esteja tutelado o regular exercício da função jurisdicional. E ficamos por aqui, sabendo ser possível o aparecimento de outras situações equivalentes.

Assim, constata-se que o art. 44, I, do Código Penal, prevê a *substituição* da pena privativa da liberdade por outra(s), restritiva(s) de direito, quando se tratar de infração com pena igual ou inferior a 4 (quatro) anos, praticada sem violência ou grave ameaça.

No particular, pode-se censurar a modificação da Lei nº 12.403/11, no ponto em que ela não excepcionou os casos de crimes praticados com violência ou grave ameaça e cuja pena seja inferior ao teto do art. 313, I, CP, hipótese em que, não só poderá ser incabível a substituição da pena privativa por restritiva de direitos, como insinuado no citado art. 44, I, CP, como também poderá se mostrar inaplicável o *sursis* do art. 77, CP. Ao contrário, aliás, do que ocorreu com a *reincidência* (art. 313, II, CPP).

Como quer que seja, feita a escolha legislativa, não se pode pretender a aplicação de analogia *in malam partem* (em prejuízo da parte).

Outro referencial utilizado pelo legislador se encontra no art. 33, § 2º, *c*, CP, a prever que o condenado a sanção igual ou inferior a quatro anos poderá iniciar o cumprimento da pena *em regime aberto*, salvo quando reincidente. Note-se, como visto, que o legislador, no art. 313, II, reconhece a gravidade da reincidência, autorizando a decretação da preventiva em tais hipóteses, sem a observância do *teto* do art. 313, I, CPP.

Ressalte-se, ainda mais uma vez, que o limite de pena superior a quatro anos para a imposição da medida somente deverá ser observado para os casos de: (a) decretação *autônoma* da preventiva, independentemente da imposição de outra e *anterior* medida cautelar, e (b) decretação da preventiva após o flagrante delito. Nos demais casos, em que a preventiva é aplicada como *garantia* da eficácia das medidas cautelares diversas da prisão, não se exigirá o *teto* do art. 313, I, CPP (art. 282, § 4º, CPP).

c) concurso de crimes e cúmulo material de penas: E, por fim, como já antecipamos, também autorizará a decretação da preventiva sem os limites do art. 313, I, o concurso de crimes, por via dos quais se possa antecipar a possibilidade de efetiva aplicação de pena em patamar superior a quatro anos, segundo as respectivas regras (concurso material, concurso formal e crime continuado – art. 69, art. 70 e art. 71, CP). Ademais, registre-se que a Súmula 81, STJ, já previa que "não se concede fiança quando, em concurso material, a soma das penas mínimas cominadas for superior a dois anos de reclusão". Para maiores detalhes, remetemos ao item 310.3.2.

d) reincidência em crime doloso: Abstraindo-nos de quaisquer considerações a respeito da constitucionalidade ou não da reincidência como causa legal de agravamento da pena (art. 61, CP), que, pessoalmente, reputamos válida na ordem jurídica nacional, caberá a prisão preventiva quando o investigado/processado já tiver sido condenado em crime doloso, desde que haja o trânsito em julgado da decisão e não tenha ainda lugar a *reabilitação* do art. 64, I, do Código Penal.

Ao que parece, o que a Lei está a autorizar, na hipótese de reincidência, é apenas a preventiva *sem os limites* do art. 313, I, mas, mantida a exigência de se tratar de *crime doloso*. É dizer: no caso do crime culposo, o fato de já ter o investigado/acusado sido condenado anteriormente em crime doloso não autorizará a decretação da preventiva.

É bem de ver, no ponto, que a prisão até poderá decorrer da *execução penal* da sentença penal já transitada em julgado, caso em que não seria mesmo necessária a decretação da preventiva no processo em curso. Não tendo sido imposta pena privativa da liberdade ao crime doloso anterior ou já tendo ela sido cumprida, não haveria maiores riscos de se impor a privação da liberdade para o caso de delito culposo.

e) violência doméstica e instrumentalidade: Há vários delitos que podem ser praticados no âmbito das relações domésticas cuja pena concretamente aplicada não permitirá a privação da liberdade, sobretudo a partir da Lei nº 9.714/98, que ampliou as hipóteses máximas para a substituição da pena privativa da liberdade pelas restritivas de direito. Ver, no ponto, o quanto disposto no art. 44, I, do Código Penal, com a importante ressalva dos crimes praticados com violência ou grave ameaça. Convém mencionar ainda a Súmula nº 588 do STJ: "A prática de crime ou contravenção penal contra a mulher com violência ou grave ameaça no ambiente doméstico impossibilita a substituição da pena privativa de liberdade por restritiva de direitos".

O inciso III do art. 313 do CPP, inicialmente introduzido pela Lei nº 11.340/06 (como inciso IV), que cuida dos Juizados de Violência Doméstica e estabelece diversas normas de proteção à mulher, foi mantido (e renumerado o inciso) pela Lei nº 12.403/2011.

E, então, para que não se perca a medida da instrumentalidade inerente às medidas acautelatórias, prevê o dispositivo que a prisão preventiva seria decretada apenas para o fim de *garantir a execução das medidas protetivas de urgência* previstas naquela Lei, como, aliás, ocorre em relação às demais cautelares pessoais diversas da preventiva (art. 319 e art. 320, art. 310, § 1º, CPP), nos termos do art. 282, § 4º. A segregação, então, não se justifica por ela mesma, mas para garantir a efetividade de outras medidas cautelares já impostas (e descumpridas). A finalidade, então, é de coerção para a observância de determinações judiciais específicas, justificando-se plenamente, do ponto de vista da efetiva proteção de direitos fundamentais.

Note-se, no ponto, que as medidas *protetivas de urgência* previstas na Lei nº 11.340/2006 têm por finalidade *proteger* – passe a redundância! – a mulher, vítima de agressões, morais e físicas, no interior das relações domésticas, impondo restrições de direitos perfeitamente adequadas aos casos mais frequentes, e, o mais importante, sem oneração excessiva ao agente dos fatos.

Nesse passo, a prisão, como única forma de garantir a execução de medidas coercitivas impostas como alternativas a ela, é perfeitamente válida e justificada.

Destaca-se ainda que a Lei n. 13.641, de 3 de abril de 2018 inseriu na Lei Maria da Penha a previsão do crime de descumprimento de medidas protetivas de urgência (art. 24-A), com pena de reclusão, de 2 a 5 anos, e multa.

f) o esclarecimento da identidade civil: Nos casos em que haja dúvidas quanto à identidade civil da pessoa também não se exigirá o *teto* do art. 313, I, CPP, autorizando-se a decretação da preventiva *exclusivamente para essa finalidade*, daí por que, esclarecida a questão, a liberdade terá que ser *restituída*, salvo quando presentes outras razões a custódia, hipótese em que serão necessárias a fundamentação específica e a observância de todos os requisitos legais (art. 312, art. 313, I, CPP).

No particular, devem ser observadas as disposições da Lei nº 12.037/2009, que cuida da identificação criminal, no que não for incompatível com as determinações do atual art. 313, parágrafo único, CPP, que é Lei *posterior*.

g) associação criminosa, sequestro e cárcere privado: como já havíamos alertado, a Lei nº 12.403/11 (art. 283, *caput*, CPP) manteve íntegras as disposições da Lei nº 7.960/89, que cuidam da prisão temporária. Por isso, em relação aos delitos de associação criminosa (art. 288, CP, com redação dada pela Lei nº 12.850/13) e de sequestro ou cárcere privado (art. 148, CP), também não deverá ser oposto o *teto* do art. 313, I, CPP, dado que, embora tenham pena máxima inferior a quatro anos (exceção feita às formas qualificadas do art. 148, CP), constituem infrações penais de inegável gravidade, além de exigirem maiores esforços investigativos. Assim, sendo cabível a prisão temporária, poderá ser decretada a preventiva ao final dela, nos termos do art. 2º, § 7º, Lei nº 7.960/89. *(vide item 312.11, referência à ADI 4.109/DF)*

h) no § 2º, introduzido pela Lei nº 13.964/2019, a previsão (intuitiva e até desnecessária, porque inerente à restrição da *necessidade* das medidas cautelares) de que, na linha do que há muito corretamente assentado pela jurisprudência, não se poderá decretar a preventiva com finalidade de antecipação de cumprimento de pena ou como decorrência da investigação ou apresentação/recebimento da denúncia.

Jurisprudência *(posterior à Lei nº 13.964/2019)*

313.2. [...] Nos termos do art. 313 do Código de Processo Penal, é admissível a prisão preventiva para crimes dolosos com pena máxima superior a quatro anos, como ocorre no caso de homicídio qualificado tentado. [...] *(Agravo Regimental no Recurso em Habeas Corpus nº 200.047-SP STJ, 5ª Turma, Rel. Min. Daniela Teixeira, julgado em 21.10.2024, publicado no DJ em 23.10.2024)*

313.2. [...] 1. A interpretação sistemática do art. 13 da Lei n. 11.343/06, em conjunto com o art. 147, incisos I e II, da Lei n. 8.069/90 (Estatuto da Criança e do Adolescente) e do art. 80 da Lei n. 10.741/03 (Estatuto do Idoso), permite a aplicação do princípio do juízo imediato às ações em que se pleiteiam medidas protetivas de urgência de caráter penal no contexto de violência doméstica e familiar contra a mulher.

2. Independentemente do local onde tenham inicialmente ocorrido as supostas condutas criminosas que motivaram o pedido da vítima, o juízo do domicílio da mulher em situação de violência doméstica e familiar é competente para processar e julgar o pleito de medidas protetivas de urgência por aplicação do princípio do juízo imediato.

3. A aplicação do princípio do juízo imediato na apreciação dos pedidos de medidas protetivas de urgência não entra em conflito com as demais disposições da Lei n. 11.343/06. Ao contrário, essa medida facilita o acesso da mulher vítima de violência doméstica a uma rápida prestação jurisdicional, que é o principal objetivo perseguido pelas normas processuais especiais que integram o microssistema de proteção de pessoas vulneráveis que já se delineia no ordenamento jurídico brasileiro.

4. A competência para examinar as medidas protetivas de urgência atribuída ao juízo do domicílio da vítima não altera a competência do juízo natural para o julgamento de eventual ação penal por crimes praticados no contexto de violência doméstica e familiar contra a mulher, que deve ser definida conforme as regras gerais fixadas pelo Código de Processo Penal.

5. Conflito conhecido para declarar competente o Juízo Suscitado.*(Conflito de Competência nº 190.666–MG, STJ, 3ª Seção, Rel. Min. Laurita Vaz, julgado em 8.2.2023, publicado no DJ em 14.2.2023)*

313.2. [...] 1. O art. 313, III, do Código de Processo Penal estabelece que, presentes os requisitos do art. 312 do CPP, será admitida a decretação da prisão preventiva se o crime envolver violência doméstica e familiar contra a mulher, criança, adolescente, idoso, enfermo ou pessoa com deficiência, para garantir a execução das medidas protetivas de urgência. 2. No particular, o paciente, além de reincidente específico, "*ostenta diversas anotações por crimes no âmbito da violência doméstica, denotando sua conduta voltada para a prática deste tipo de crime*". 3. Na linha da jurisprudência desta Suprema Corte, o prognóstico de recidiva criminosa e a necessidade de resguardar a integridade física da vítima justificam a manutenção da prisão preventiva. *Agravo Regimental a que se nega provimento. (Agravo Regimental no Habeas Corpus nº 211.392-RJ,*

STF, 1ª Turma, Rel. Min. Alexandre de Moraes, unânime, julgado na sessão virtual de 25.3.2022 a 1.4.2022, publicado no DJ em 6.4.2022)

Jurisprudência *(anterior à Lei nº 13.964/2019)*

313.2. [...] É possível a prisão preventiva nos crimes que possuam pena máxima inferior a 4 anos, na hipótese de reincidência em crime doloso ou para garantir a execução de medidas protetivas de urgência nos casos de violência doméstica e familiar contra mulher, criança, adolescente, enfermo ou pessoa com deficiência (art. 313, III, do CPP). 2. Nas situações de violência doméstica, nos delitos cuja pena máxima é inferior a 4 anos, o STJ admite a prisão preventiva se houver o descumprimento de medidas protetivas. Precedente. [...] *(Recurso em Habeas Corpus n. 117.957-SP, STJ, 6ª Turma, unânime, Rel. Min. Rogerio Schietti Cruz, julgado em 5.12.2019, publicado no DJ em 12.12.2019).*

313.2. [...] Prisão em flagrante convertida em preventiva. Fundamentação idônea. Art. 313, II, do Código de Processo Penal – CPP [...] 2. Embora o delito imputado ao paciente seja punido com pena máxima não superior a 4 anos, verifico que a prisão preventiva foi adequadamente motivada nos termos do disposto no art. 313, II, do Código de Processo Penal, tendo sido demonstrada, com base em elementos concretos, a periculosidade do recorrente, ante a reiteração de condutas delitivas, pois é reincidente, possuindo três condenações transitadas em julgado pela prática do delito de roubo circunstanciado e responde a outras ações penais. Tais circunstâncias demonstram o risco ao meio social e recomendam a custódia cautelar para garantia da ordem pública. [...] *(Recurso em Habeas Corpus n. 112.154-RJ, STJ, 5ª Turma, unânime, Rel. Min. Joel Ilan Paciornik, julgado em 4.6.2019, publicado no DJ em 17.6.2019).*

313.2. [...] 2. Embora ao ora paciente tenha sido imputada a prática de crime cuja pena máxima *não ultrapassa* 4 anos, o que, nos termos do art. 313, I, do CPP obstaria a segregação cautelar, verificou-se que se trata de multirreincidente, o que demonstra o preenchimento do pressuposto previsto no art. 313, II, do CPP, sendo, portanto, admitida a custódia antecipada. 3. A prisão preventiva foi adequadamente motivada, tendo sido demonstrada, com base em elementos concretos, a periculosidade do paciente, diante da sua propensão à contumácia delitiva, uma vez que é multirreincidente, ostentando condenações definitivas pela prática dos delitos de furtos simples e qualificados, roubo majorado, receptação e porte de arma de fogo, bem como de crimes contra o patrimônio e constantes na Lei de Drogas, recomendando-se a sua custódia cautelar especialmente para garantia da ordem pública. [...] *(Habeas Corpus n. 443.378-RS, STJ, 5ª Turma, unânime, Rel. Min. Joel Ilan Paciornik, julgado em 15.5.2018, publicado no DJ em 25.5.2018)*

313.2 [...] Incabível, nos termos do art. 313, inciso I, do Código de Processo Penal, a decretação de prisão preventiva para delitos cuja pena máxima não seja superior a quatro anos. [...] (*Habeas Corpus nº 297.148-PE, STJ, 5ª Turma, Rel. Min. Felix Fischer, julgado em 7.10.2014, publicado no DJ em 20.10.2014*).

313.2. [...] Nos termos do inciso IV do art. 313 do CPP, com a redação dada pela Lei nº 11.340/06, a prisão preventiva do acusado poderá ser decretada "*se o crime envolver violência doméstica e familiar contra a mulher, nos termos da lei específica, para garantir a execução das medidas protetivas de urgência*". Evidenciado que o paciente, mesmo após cientificado das medidas protetivas de urgência impostas, ainda assim voltou a ameaçar a vítima, demonstrada está a imprescindibilidade da sua custódia cautelar, especialmente a bem da garantia da ordem pública, dada a necessidade de resguardar-se a integridade física e psíquica da ofendida, fazendo cessar a reiteração delitiva, que no caso não é mera presunção, mas risco concreto, e também para assegurar o cumprimento das medidas protetivas de urgência deferidas. [...] (*Habeas Corpus nº 230.940-MG, STJ, 5ª Turma, Rel. Min. Jorge Mussi, julgado em 8.5.2012, publicado no DJ em 14.5.2012*).

313.3. Penas alternativas e prisão preventiva: Como já antecipado no início desses comentários ao art. 313, a prisão preventiva não pode ser *superior* ao resultado final do processo.

Dessa proporcionalidade cuidou o legislador, ao estabelecer algumas hipóteses de vedação explícita à decretação da preventiva, mesmo quando em risco a efetividade do processo. Vimos, então, as hipóteses legais de semelhante juízo (de proporcionalidade).

Seria possível ao intérprete *alargar* o campo de aplicação dessas regras (proibitivas da preventiva)?

Ora, em um mundo *pós-positivista*, no qual já se retirou a máscara do legislador *plenipotenciário*, dotado de poderes *divinos* e *soberanos*, não parece restar dúvidas que a ordem constitucional autoriza e convive com interpretações tendentes ao ajustamento da Lei ao seu sistema de diretos fundamentais.

A proibição de excesso, como pauta de interpretação necessária ao direito penal e ao processo penal, pode e deve reduzir a incidência de medidas coercitivas, mesmo legais, quando se puder, dentro do próprio universo normativo, justificar-se a ampliação de normas garantidoras das liberdades públicas.

Assim, pensamos perfeitamente justificada a não decretação da preventiva quando se tratar de delitos para os quais seja possível antecipar a *substituição da pena privativa da liberdade*, nos termos e nos limites do disposto no art. 44, do Código Penal, ou seja, para a pena privativa da liberdade não superior a quatro anos, em relação a fato praticado sem violência ou grave ameaça.

Obviamente que outras ponderações haverão que ser feitas em cada caso concreto, devendo atentar-se, inclusive, para a eventual *habitualidade* criminosa, a produzir a repetição incontida de delitos, nem tão originária e gravemente apenados, como é o caso, por exemplo, do furto simples (art. 155, CP).

O que deve ser evitado é a interpretação inteiramente *contra legem*; não aquela que a conduz (a lei) ou reconduz ao leito da Constituição da República.

Art. 314. A prisão preventiva em nenhum caso será decretada se o juiz verificar pelas provas constantes dos autos ter o agente praticado o fato nas condições previstas nos incisos I, II e III do caput do art. 23 do Decreto-Lei nº 2.848, de 7 de dezembro de 1940 – Código Penal. (Redação dada pela Lei nº 12.403, de 2011)

O dispositivo cuida de situação em que a probabilidade de condenação aparece de modo muito remoto, não se justificando os cuidados na tutela da persecução penal. São os casos em que o juiz, ao exame do material *informativo* (na investigação) e *probatório* (no processo), constate a possibilidade de afirmação da presença de uma ou alguma das chamadas causas de justificação da conduta, aptas a excluírem a ilicitude (art. 23, CP).

Note-se, contudo, que o art. 310, § 1º, com a redação dada pela Lei nº 12.403/11 (e renumerado pela Lei nº 13.964/2019), prevê a possibilidade de imposição da *liberdade vinculada*, após a prisão em flagrante, autorizando a exigência de comparecimento a todos os atos do processo, *sob pena de revogação.*

Já cuidamos da matéria no item 310.6, *retro*, para o qual remetemos o leitor.

Repita-se, então: nesse caso, isto é, de flagrante delito e de liberdade vinculada ao comparecimento aos atos do processo, a prisão preventiva surge como *exceção* à regra geral do art. 314, impondo-se para fins de *garantia da eficácia* da medida cautelar imposta, do mesmo modo que ocorre em relação às demais (art. 319 e art. 320, c/c art. 282, §§ 4º e 5º, CPP).

O que não será possível é a decretação *autônoma* da preventiva (sem anterior prisão em flagrante), independentemente de receios ou de risco à efetividade do processo.

Note-se, por fim, que a redação conferida pela Lei nº 12.403/11 não mais se refere ao "art. 19 do Código Penal", mas ao disposto, desde 1984 (com a reforma do Código Penal), no art. 23 do mesmo estatuto, que – desde então – passou a cuidar das causas de justificação da conduta.

Jurisprudência *(anterior à Lei nº 13.964/2019)*

314. [...] A concessão de liberdade provisória, com ou sem fiança (Código de Processo Penal, artigos 310, parágrafo único, e 343), não desconstitui o constrangimento ilegal decorrente da nulidade do auto de prisão em flagrante, cuja validade é pressuposto dessas cautelares penais, restritivas da liberdade do réu ou indiciado e submetidas a revogação, caracterizando questão própria a deslinde em habeas corpus. "Quando o juiz verificar pelo auto de prisão em flagrante que o agente praticou o fato, nas condições do artigo 19, I, II e III, do Código Penal, poderá, depois de ouvir o Ministério Público, conceder ao réu liberdade provisória, mediante termo de comparecimento a todos os atos do processo, sob pena de revogação. Parágrafo único. Igual procedimento será adotado quando o juiz verificar, pelo auto de prisão em flagrante, a inocorrência de qualquer das hipóteses que autorizam a prisão preventiva (artigos 311 e 312)" (Código de Processo Penal, artigo 310). "O réu afiançado não poderá, sob pena de quebramento da fiança, mudar de residência, sem prévia permissão da autoridade processante, ou ausentar-se por mais de oito dias de sua residência, sem comunicar àquela autoridade o lugar onde será encontrado" (Código de Processo Penal, artigo 328). "O quebramento da fiança importará a perda de metade do seu valor e a obrigação, por parte do réu, de recolher-se à prisão, prosseguindo-se, entretanto, à sua revelia, no processo e julgamento, enquanto não for preso" (Código de Processo Penal, artigo 343). Ordem concedida (*Habeas Corpus nº 34.156-CE, STJ, 6ª Turma, Rel. Min. Hamilton Carvalhido, julgado em 7.3.2006, publicado no DJ em 20.3.2006*).

Art. 315. A decisão que decretar, substituir ou denegar a prisão preventiva será sempre motivada e fundamentada. (Redação dada pela Lei nº 13.964, de 2019)

§ 1º Na motivação da decretação da prisão preventiva ou de qualquer outra cautelar, o juiz deverá indicar concretamente a existência de fatos novos ou contemporâneos que justifiquem a aplicação da medida adotada. (Incluído pela Lei nº 13.964, de 2019)

§ 2º Não se considera fundamentada qualquer decisão judicial, seja ela interlocutória, sentença ou acórdão, que: (Incluído pela Lei nº 13.964, de 2019)

I – limitar-se à indicação, à reprodução ou à paráfrase de ato normativo, sem explicar sua relação com a causa ou a questão decidida; (Incluído pela Lei nº 13.964, de 2019)

II – empregar conceitos jurídicos indeterminados, sem explicar o motivo concreto de sua incidência no caso; (Incluído pela Lei nº 13.964, de 2019)

III – invocar motivos que se prestariam a justificar qualquer outra decisão; (Incluído pela Lei nº 13.964, de 2019)

IV – não enfrentar todos os argumentos deduzidos no processo capazes de, em tese, infirmar a conclusão adotada pelo julgador; (Incluído pela Lei nº 13.964, de 2019)

V – limitar-se a invocar precedente ou enunciado de súmula, sem identificar seus fundamentos determinantes nem demonstrar que o caso sob julgamento se ajusta àqueles fundamentos; (Incluído pela Lei nº 13.964, de 2019)

VI – deixar de seguir enunciado de súmula, jurisprudência ou precedente invocado pela parte, sem demonstrar a existência de distinção no caso em julgamento ou a superação do entendimento. (Incluído pela Lei nº 13.964, de 2019)

Não bastasse a regra legal, impõe-se, antes e por si só, a determinação constitucional (art. 5º, LXI): "*ninguém será preso senão em flagrante delito ou por ordem escrita e fundamentada de autoridade judiciária competente*".

A necessidade de *fundamentação judicial* está presente em qualquer medida coercitiva de direitos individuais, não só como apanágio das liberdades públicas do cidadão diante do Poder Público, mas também como meio de se permitir o controle de legalidade do ato judicial constritivo.

Aliás, estamos a falar de uma *decisão judicial*, o que bastaria para atrair a exigência de motivação, nos termos do disposto no art. 93, IX, da Constituição da República. Assim, tanto a decisão que *decreta* a preventiva quanto aquela que a *substitui* por outra medida cautelar deverão ser fundamentadas.

Fruto de uma necessidade quase descontrolada de fixar parâmetros mais rígidos possíveis no tema da imposição de prisões preventivas, a Lei nº 13.964/2019 estabeleceu no § 1º repetição daquilo que já consta também no § 2º do art. 312 do CPP: na fundamentação, é essencial que o juiz demonstre a indicação concreta de fatos novos ou contemporâneos que justifiquem a aplicação da medida adotada. Ao tempo em que remetemos às anotações feitas no item 312.6, reafirmamos que a imposição da medida cautelar reclama sempre a demonstração (e fundamentação) de sua necessidade. Desse modo, o fato criminoso pode não ser *atual* (não se olvidando das hipóteses de crimes permanentes, claro), mas o comportamento do investigado ou processado (esse sim *atual e contemporâneo*) justificar a adoção da medida judicial, notadamente o chamado *periculum libertatis* (parte final do art. 312 do CPP, na redação da Lei nº 13.964/2019, que já era uma exigência imposta pela própria jurisprudência, especialmente do STF e do STJ).

Não vemos problemas maiores no § 1º como, agora, encontram-se algumas *enumerações* dos incisos do § 2º do art. 315 do CPP, em que se estipularam expressamente algumas situações que geram uma presunção de "ausência de fundamentação" da decisão que decreta a prisão preventiva (o que sempre é um risco se não analisadas as circunstâncias do caso concreto). Nestes casos, a custódia deverá ser relaxada, uma vez que toda segregação, seja cautelar ou definitiva, deve ser sempre *devidamente* fundamentada.

Vamos a elas, então.

Primeira (inciso I). Não se considera fundamentada a decisão que se limitar a indicar, reproduzir ou fizer paráfrase de ato normativo, sem explicar a relação com a causa ou a questão decidida. Nesse ponto, nenhum problema, até porque também nessa linha já eram os precedentes jurisprudenciais – como não poderiam deixar de ser, a rigor. Não basta a remissão ao dispositivo da lei ou a seu conteúdo sem declinar as razões concretas que fazem aquela norma se adequar ao caso concreto posto a julgamento.

Segunda (inciso II). Vedação de utilização de conceitos jurídicos indeterminados, sem explicar o motivo concreto de sua incidência ao caso também não é novidade no ordenamento, na medida em que, há muito (e corretamente), a jurisprudência e boa parte da doutrina reconheciam que não se poderia acorrer a eles como forma única de justificar medidas dessa natureza. Assim, e remetendo aos comentários do item 312.6, por exemplo, não se pode "fundamentar" uma prisão preventiva invocando-se, genericamente, a expressão "ordem pública". A partir desse conceito (*que realmente traz uma indeterminação bastante grande, conforme já dissemos alhures na análise do art. 312 do CPP*), é preciso que se decline, o mais objetivamente possível, como é que a manutenção da liberdade do envolvido pode impactar o sistema de modo a justificar que se parta da regra (liberdade) para a exceção (prisão).

Terceira (incisos III, V e VI). Aqui, análise conjunta dos requisitos, diante de sua interligação dos dispositivos.

Com efeito, e em primeiro lugar, também passou a não se considerar como *suficiente* a invocação de motivos que se prestaram a justificar qualquer outra decisão, bem assim a invocação de precedente ou enunciado de súmula, sem identificar os fundamentos essenciais e determinantes nem demonstrar que o caso sob julgamento se ajusta àqueles fundamentos.

Uma advertência: não vemos óbice para que, na decretação de uma medida cautelar, sejam utilizados fundamentos de outras decisões, desde que tenham pertinência com o caso concreto. O que se quer evitar é a utilização desses fundamentos como os *únicos* que embasem o decreto de restrição aos direitos fundamentais no bojo de um procedimento processual penal. Desse modo, se houver a declinação da identificação fática e jurídica do caso concreto que se amolde a outros julgados (precedentes ou decisões), nenhum impedimento para que se faça, *complementarmente*, a utilização desses fundamentos e conteúdos de decisões jurisprudenciais.

Depois, tal como as hipóteses do inciso I, o que não se aceita é a utilização aqui, pura e simples, dos conceitos de súmulas ou precedentes sem fazer a devida correção com o caso concreto a ser decidido. Nessa linha, também o inciso VI refere que se considera ausente de fundamentação a decisão que não apresentar uma distinção do caso concreto que, em tese, poderia se amoldar a enunciado de súmula, jurisprudência ou precedente invocado pela parte. Aqui, todo cuidado ainda será pouco se não atentar para alguns detalhes relevantes. É que a invocação de um "precedente" (*ainda mais diante de inúmeros casos com remissão a ementas que, muitas vezes, não revelam efetivamente o que decidido, ou então transcritas parcialmente, descontextualizando-a do precedente originário*) por certo poderá ser minoritário (e há muitos) diante de jurisprudência reiterada e preponderante a respeito de determinados temas jurídicos. Desse modo, deverá se observar sempre não só a hierarquia do órgão do qual emanou o precedente invocado, mas sobretudo o *conteúdo das fundamentações* que justificaram os precedentes supostamente colidentes. Nesse cotejo de identificação das questões fáticas é que se deverá analisar qual é efetivamente a validade da fundamentação.

Por fim, a quarta (inciso IV). Considera-se carente de fundamentação a decisão que não enfrentar todos os argumentos deduzidos no processo e que sejam capazes de, em tese, infirmar a conclusão adotada pelo julgador.

Eis aqui outra situação que poderá ensejar problemas, especialmente pelos menos cautelosos, que poderão invocar a tese de necessidade de, agora, o julgador ter de enfrentar todos os argumentos tecidos pelas partes. Não é assim, nem poderia.

Como já há muito sedimentado (que não foi modificado pela Lei nº 13.964/2019) e a par das anotações críticas que declinamos no item 619.10 (adiante), é correta a interpretação, especialmente do STF e do STJ, no sentido de que a fundamentação apta é aquela que for declinada pelo julgador e suficiente para embasar o pronunciamento jurisdicional. Com efeito, não há direito subjetivo das partes de que sejam enfrentados todos os argumentos e teses que declinem em processo judicial, salvo aqueles que tenham possibilidade de infirmar a conclusão a que chegou à decisão atacada. Exatamente por essa razão é que o dispositivo em voga deixou claro que é necessário o enfrentamento de todos os argumentos trazidos pela parte *desde que* (eis aí a condicionante essencial) sejam eles, em tese, capazes de modificar a conclusão adotada pela decisão. Noutras palavras, não é qualquer fundamento invocado pela parte que ensejará a conclusão de ausência de fundamentação da decisão atacada. Mais que isso. Antes de tudo, a parte interessada na discussão acerca da ausência de fundamento deverá indicar, objetivamente, onde se encontra na decisão objurgada a falha que contrasta com a tese por ela desenvolvida. Fora disso, não haverá necessidade alguma de o Poder Judiciário enfrentar todos os argumentos trazidos pela parte.

Prosseguindo, e para além das enumerações das situações acima, referimos que a decisão que rejeita a denúncia deverá ser motivada, abrindo-se a possibilidade de interposição de recurso em sentido estrito (art. 581, V, CPP).

Pensamos, aliás, que a mesma via recursal poderá ser utilizada em quaisquer hipóteses de indeferimento, substituição ou de deferimento das medidas cautelares, sob igual fundamentação (art. 581, V, CPP).

Com efeito, o chamado recurso *em sentido estrito* há muito tempo deixou de ser *estrito*. A regra geral, ao tempo do Código (1941), era a *irrecorribilidade* das decisões interlocutórias, exceção feita apenas – em sentido *estrito*, portanto – às hipóteses do art. 581, CPP.

No entanto, de lá para cá, muito se alterou na legislação processual penal, introduzindo-se uma série de outras interlocutórias mistas (e simples), cujo enfrentamento deverá ou poderá desafiar a sua revisão em segundo grau. Por isso, a ampliação do recurso em sentido estrito é uma exigência *contemporânea*, a fim de se atualizar a interpretação de nosso CPP.

Naturalmente, tratando-se de questão ligada ao direito de locomoção, será sempre cabível e pertinente o *habeas corpus*.

Jurisprudência *(precedente posterior à Lei nº 12.403, de 4.5.2011, e à Lei nº 13.964, de 24.12.2019)*

315. [...] 1. O decreto de prisão preventiva deve demonstrar a materialidade do crime e os indícios de autoria de conduta criminosa, além de indicar, fundamentadamente, nos termos do art. 93, IX, da Constituição Federal e do art. 315, § 2º, do Código de Processo Penal, fatos concretos e contemporâneos que demonstrem o perigo que a liberdade do investigado ou réu represente para a ordem pública, para a ordem econômica, para a conveniência da instrução criminal ou para a garantia da aplicação da lei penal, conforme o art. 312 do Código de Processo Penal. Precedente.

2. Nos termos do art. 315, § 2º, III, do Código de Processo Penal, não se considera fundamentada a decisão que invoca fundamentos capazes de justificar outro decisum. Precedente.

3. No decreto, consta apenas o enunciado legal acerca do cabimento da prisão preventiva; refere a elementos acostados nos autos, sem informar o conteúdo, e justifica a imposição da constrição na "gravidade dos comportamentos (associação para o tráfico ilícito de drogas - organização criminosa) e na repercussão social, mormente para uma cidade interiorana de proporções medianas, como é a Estância Turística de Olímpia"; fala em "perigo coletivo" e "consequências desastrosas"; destaca possível lesão profunda à saúde pública, especialmente dos mais jovens e vulneráveis; salienta, ainda, o desassossego à sociedade e possível "mal irreparável"; conclui "não haver outro caminho", a não ser a decretação da prisão preventiva.

4. O decreto de prisão refere-se a outros documentos, mas tal referência não satisfaz o dever de fundamentação. A fundamentação per relationem exige que os documentos referidos sejam reproduzidos na decisão, acrescentando fundamentos próprios (AgRg nos EDcl no AREsp n. 1.800.259/MS, Ministra Laurita Vaz, Sexta Turma, DJe de 31/5/2022). Só assim estará adimplida a obrigação constitucional do art. 93, IX, da Constituição Federal.

5. O decreto de prisão é um documento que deve comunicar ao jurisdicionado e à sociedade a razão pela qual está, em caráter precário, com a liberdade constrita. Não havendo julgamento de mérito, repise-se, a prisão é excepcional, e suas razões não podem ser confundidas com as razões abstratas que levam à criminalização da conduta.

6. A título de "parte processada", elencam-se 24 pessoas, e, no corpo da decisão, não há uma linha destacando o papel desempenhado por elas na suposta organização.

7. O decreto de prisão é um documento que deve comunicar ao jurisdicionado (e à sociedade) a razão pela qual está, em caráter precário, com sua liberdade constrita. Não havendo julgamento de mérito, repise-se, a prisão é excepcional, e suas razões não podem ser confundidas com as razões abstratas que levam à criminalização da conduta. [...] *(Habeas Corpus nº 737.549–SP, STJ, 6ª Turma, Rel. Min. Sebastião Reis Júnior, julgado em 6.12.2022, publicado no DJ em 12.12.2022)*

315. [...] O § 1º do art. 315 do Código de Processo Penal, incluído pela Lei n. 13.964/2019, encontra-se localizado no Capítulo III, intitulado "Da Prisão Preventiva", inserido no Título IX do Código de Processo Penal, denominado "Da Prisão, Das Medidas Cautelares e Da Liberdade Provisória", estando enumerados dentro do mesmo Título, no Capítulo V, as "outras medidas cautelares". Nesse contexto, a contemporaneidade exigida pelo dispositivo indicado pelo impetrante se refere às medidas constritivas da liberdade, seja a própria prisão preventiva ou as medidas cautelares diversas enumeradas no art. 319 do Código de Processo Penal. [...] *(Habeas Corpus nº 624.608/CE, STJ, 5ª Turma, unânime, Rel. Min. Reynaldo Soares da Fonseca, julgado em 2.2.2021, publicado no DJ em 4.2.2021)*

Jurisprudência *(precedente anterior à Lei nº 12.403, de 4.5.2011, e à Lei nº 13.964, de 24.12.2019)*

315. [...] Sendo induvidosa a ocorrência do crime e presentes suficientes indícios de autoria, não há ilegalidade na decisão que determina a custódia cautelar do paciente, se presentes os temores receados pelo art. 312 do CPP. *In casu*, o reconhecimento da materialidade do delito e da presença de indícios suficientes de autoria, aliados à possibilidade concreta de reiteração criminosa por parte do agente, que possui longa folha de antecedentes criminais, bem como ao risco de nova fuga, constituem motivação idônea para a decretação da prisão preventiva, tornando imperiosa a manutenção da segregação cautelar, como forma de resguardar a ordem pública e garantir a aplicação da Lei penal. Proferida a sentença de pronúncia, fica afastado o argumento da impetração, pois aplica-se, na espécie, a Súmula 21 desta Corte, segundo a qual, pronunciado o réu, fica superada a alegação do constrangimento ilegal da prisão por excesso de prazo na instrução. [...] Ordem denegada, em consonância com o parecer ministerial (*Habeas Corpus nº 145.106-RN, STJ, 5ª Turma, Rel. Min. Napoleão Nunes Maia Filho, julgado em 4.2.2010, publicado no DJ em 15.3.2010*).

Art. 316. O juiz poderá, de ofício ou a pedido das partes, revogar a prisão preventiva se, no correr do processo, verificar a falta de motivo para que subsista, bem como de novo decretá-la, se sobrevierem razões que a justifiquem. (Redação dada pela Lei nº 13.964, de 2019)

Parágrafo único. Decretada a prisão preventiva, deverá o órgão emissor da decisão revisar a necessidade de sua manutenção a cada 90 (noventa) dias, mediante decisão fundamentada, de ofício, sob pena de tornar a prisão ilegal. (Incluído pela Lei nº 13.964, de 2019)

A prisão preventiva, como deve ocorrer com toda medida acautelatória, há que se submeter à cláusula *rebus sic stantibus,* tão cara ao direito privado, na perspectiva da teoria da imprevisão. A decisão judicial deve se manter no tempo apenas quando presentes as mesmas condições que a determinaram. Havendo modificação daquelas (condições), deve-se reapreciar a necessidade da medida.

Se a medida cautelar se encontra regularmente prevista em lei, e não há sobre ela objeção quanto à legitimidade de sua intervenção, impõe-se a sua atuação sempre que necessário, desde que nos limites de sua finalidade.

Assim, se presentes as razões legais para a sua decretação, deve ela (prisão preventiva) incidir; se, posteriormente, inexistentes aquelas, deve ser *revogada*, ou *substituída*, se e quando cabível(eis) alguma(s) medida(s) cautelar(es) diversa(s) da prisão.

Observe-se que a *revogação* do ato (a prisão) deve ser feita pelo mesmo juiz que a decretou, não se cuidando, propriamente, de *revisão* da decisão, na medida em que nada se revê, no sentido de se emitir juízo distinto acerca da mesma matéria já analisada. A *revogação* se justifica no exaurimento dos motivos que justificaram a adoção do ato.

E nada impede a renovação da prisão preventiva, seja pelo mesmo ou por outro de seus fundamentos legais.

Há de se observar, porém, que a Lei nº 13.964/2019, ao alterar o art. 282, § 2º, CPP, vedou expressamente a possibilidade de o juiz determinar de ofício medidas cautelares, inclusive a preventiva. A exceção está no § 5º do art. 282, em que se estabeleceu a possibilidade (aí inclusive *de ofício*) de o juiz revogar a medida cautelar ou substituí-la quando verificar a falta de motivo para que subsista, bem como voltar a decretá-la, se sobrevierem razões que a justifiquem.

Como destacamos no item 282.3, compreendemos que vedar a imposição de medidas cautelares de ofício, autonomamente, não se afigura como a melhor solução (embora constitucional), na medida em que há situações (sempre excepcionais, é verdade) nas quais a imposição *de ofício* de medidas cautelares (inclusive da preventiva) é essencial exatamente para a garantia e preservação dos postulados do art. 312 do CPP (desde que presente a devida fundamentação). Em nossa compreensão, a previsão então existente não colidia com o sistema acusatório, sendo que a novel limitação poderá causar situações de desequilíbrio quando necessária a imposição de medida cautelar urgente sem que se tenha, de pronto, um possível e prévio requerimento das partes (Ministério Público ou querelante, conforme o caso). Repetimos também que não vemos óbice na decretação da preventiva, inclusive de ofício, em caso de prisão em flagrante (vide anotações ao art. 310 do CPP).

Ademais, não há como negar que o juiz deve velar pelo regular andamento do processo, o que inclui *a aplicação da lei penal* – que, como se sabe, é um dos fundamentos para a decretação da prisão preventiva. Também a garantia da ordem pública nos parecia um fundamento suficiente para autorizar, em situações excepcionais, que o juiz decretasse a prisão preventiva de ofício.

No entanto, como à prisão em flagrante se seguirá a audiência de custódia, sob pena de relaxamento da prisão, o Ministério Público sempre estará presente ao ato e deverá se manifestar sobre a decretação ou não da preventiva.

Da mesma forma, também é permitido que o juiz – de ofício! – em desaparecendo os motivos da decretação, *revogue* a preventiva (ou as medidas cautelares impostas) ou a substitua por outra cautelar menos gravosa, segundo a lógica do art. 282, § 5º, CPP. Curiosamente, é permitido que o magistrado *volte a decretar de ofício* a custódia preventiva (ou volte a impor medidas cautelares), se sobrevierem razões que a justifiquem (art. 316 e art. 282, § 5º).

Seria possível falar então em *contradição* entre o § 2º do art. 282 (que veda a imposição autônoma de prisão preventiva, de ofício, pelo juiz) e a nova redação do art. 316 ("*O juiz poderá, de ofício ou a pedido das partes, revogar a prisão preventiva se, no correr da investigação ou do processo, verificar a falta de motivo para que ela subsista, bem como novamente decretá-la, se sobrevierem razões que a justifiquem*")?

Cremos que não.

Sendo preventiva autônoma, não poderá o juiz decretá-la de ofício (sempre com a ressalva de nosso entendimento, antes exposto). Mas não se pode olvidar que sempre será possível a ele revisar sua decisão ou também impor medidas cautelares menos gravosas (art. 321 c/c o § 6º do art. 282, ambos do CPP).

Então a situação prevista na *primeira* parte do art. 316 do CPP precisa ser adequada a duas premissas: ou a cautelar foi decretada a partir de requerimento de prisão ou então como decorrência da prisão em flagrante (hipótese em que, insiste-se, poderia agir de ofício). No caso de entender não mais presentes os pressupostos da preventiva, *deve* (e não apenas *pode*) fazer prevalecer a liberdade (com ou sem medidas cautelares).

O que prevê a segunda parte do art. 316 do CPP é que o juiz poderia novamente decretar a preventiva se sobrevierem razões que a justifiquem. Em nossa compreensão (tal como na hipótese de flagrante e de conversão das medidas cautelares menos gravosas em preventiva, art. 282, § 5º, CPP, *conforme redação da Lei nº 13.964/2019*), nenhum impedimento existirá para que essa nova decretação (portanto, não é uma ordem *originária* de prisão) seja realizada de ofício, na medida em que o próprio juízo verificou, ulteriormente, que as cautelares menos gravosas (e até a liberdade sem cautelar alguma) não se revelaram como suficientes em face do que dispõe o art. 312 do CPP.

Se antes havia obrigação de o juiz fundamentar a manutenção da prisão cautelar quando da prolação da sentença condenatória (art. 387, § 1º, CPP) e também quando da decisão de pronúncia (art. 413, § 3º, CPP), agora se criou mais uma hipótese de reavaliação dos pressupostos da preventiva: conforme o parágrafo único do art. 316 do CPP, uma vez ordenada a prisão preventiva, o próprio órgão emissor da prisão deverá, a cada 90 dias, avaliar, fundamentadamente, se é necessária a manutenção da prisão, sob pena de ela se tornar ilegal. Compreendemos que essa fundamentação não precisa ser exaustiva e detalhada com base em *novos fatos*, mas é essencial serem declinados, pelo menos, os fundamentos que justifiquem a continuidade da medida cautelar imposta.

Aqui é preciso fazer alguns destaques complementares importantes.

Essa regra do parágrafo único não estava originariamente no PL nº 882/2019, que foi a base e originou a Lei nº 13.964/2019. Ele foi inserido por emenda parlamentar, não havendo maiores justificativas expressas do legislador acerca das razões de sua inclusão.

No anteprojeto do Novo Código de Processo Penal (PLS 156), do qual fomos o relator, havia detalhamentos sobre prazos para duração das prisões preventivas, escalonados para os vários graus de jurisdição (*vide* arts. 558 e seguintes). Disso não trataremos aqui, mas apenas realçamos que, ao contrário do que lá previsto, a regra em comento trata *exclusivamente* de uma obrigação existente para o juiz que decretar a medida, normalmente o juiz de primeiro grau. Não há aquele escalonamento de prazos para os diversos graus de jurisdição.

Diante dessa premissa, enfatizamos que, uma vez exaurida a prestação jurisdicional pelo juiz de primeiro grau, descabe falar em "novas revisões" subsequentes. Aliás, é intuitivo que assim seja, pois não teria sentido algum exigir do juiz que exauriu sua jurisdição continuar "revendo" a necessidade da prisão (a seguir melhor explicaremos).

Com efeito, até a entrada em vigor desse dispositivo, já existia a obrigatoriedade de o juiz, acaso profira sentença condenatória e o réu esteja sob efeito de alguma medida cautelar (ainda mais a prisão preventiva, a mais gravosa de todas), deverá ele, novamente, fundamentar a necessidade da continuidade dessa medida. É o que consta expressamente do § 1º do art. 387 do CPP (conforme a redação da Lei nº 12.736/2012): "*O juiz decidirá, fundamentadamente, sobre a manutenção ou, se for o caso, a imposição de prisão preventiva ou de outra medida cautelar, sem prejuízo do conhecimento de apelação que vier a ser interposta*".

Como destacamos nas anotações do dispositivo retromencionado (item 387.6), e ora vamos reiterar parcialmente para bem compreender as razões (sobretudo históricas) desse novo dispositivo.

Importante vez que, à luz das regras originárias do Código de Processo Penal (1941), somente se podia decretar a prisão preventiva *até o final* da *instrução criminal*.

O CPP partia (no passado de sua edição) de uma lógica bastante inversa da necessária interpretação conforme à Constituição que se faz em tempos atuais: na época, a superveniência de condenação já implicava automaticamente o recolhimento à prisão (para cumprimento de pena), situação essa que somente foi parcialmente modificada em 1973, com a alteração produzida no já revogado art. 594 do CPP (pela Lei nº 11.719/2008), de modo a permitir o recurso em liberdade para os primários e de bons antecedentes.

Em tempos atuais, temos novas perspectivas.

Por ocasião da sentença condenatória (se for absolutória, não há como impor prisão alguma!), deve o juiz fundamentar a necessidade de *manutenção* de eventual prisão já realizada. Realçamos compreensão de que medidas cautelares não podem ser decretadas de forma autônoma, sendo imprescindível prévio requerimento (no caso, do Ministério Público, pois já no curso de ação penal).

Esse comando ao juiz na prolação da sentença é para compatibilizá-lo com o disposto no art. 5º, LXI, no sentido de que "*ninguém será preso e nem mantido preso senão por ordem escrita e fundamentada da autoridade judiciária competente*", ressalvadas as hipóteses de flagrante delito e de crimes ou transgressões militares previstas em lei.

Noutras palavras, e para o que interessa aqui, para a *manutenção* da prisão entendeu o legislador que o juiz deveria *novamente* fundamentar, na sentença, a necessidade das medidas impostas. Essa fundamentação não necessita ser exauriente (tal como para a *decretação* anterior), mas há se exigir, de todo modo, a explicitação quanto à permanência, no tempo, das circunstâncias fáticas e jurídicas que autorizem a continuidade da medida cautelar imposta até então.

Feita essa contextualização fundamental, podemos ver que, malgrado inexistentes maiores *explicações do legislador*, a finalidade do dispositivo inserido no parágrafo único do art. 316 do CPP foi exigir do julgador que *novamente* fundamentasse (igualmente *de forma mais sintética*) a necessidade de *manutenção* da prisão cautelar se, no interregno existente entre sua decretação e a sentença, tiverem decorrido mais de 90 dias. Fácil ver que a ordem tem a finalidade única de evitar, em primeiro grau (ou no juízo de competência penal originária), a *manutenção* de uma prisão cautelar que extrapole o prazo indicado para a prolação da sentença (pressupondo que seja condenatória, pois, como dito, em caso de absolutória deverá imediatamente o preso ser posto em liberdade).

Outro aspecto relevante é sobre o prazo nonagesimal e sua devida compreensão. Há quem defenda uma leitura isolada e quase literal do dispositivo, sustentando que, dessa *regra*, decorreria a conclusão automática e inevitável de que, ultrapassado o prazo matemático de 90 dias, a prisão se tornaria ilegal.

Assim não pensamos.

Primeiro, porque o prazo não pode ser analisado matematicamente e isolado do contexto de interpretação de todas as demais *regras* processuais que preveem prazos desse jaez. Noutras palavras, passados os 90 dias (prazo *presumido* pelo legislador), a prisão antes decretada não se tornará automaticamente privação *ilegal* de liberdade. Não é uma questão de contagem de prazos *de forma matemática* e cartesiana. Tanto é assim que, no julgamento das ADIs 6.298, 6.299, 6.300 e 6.305 (2023), o STF reafirmou que fere o direito fundamental à inafastabilidade da jurisdição qualquer interpretação "*que imponha prazos improrrogáveis e deles extraia presunções absolutas e abstratas de ilegalidade da prisão cautelar, sem permitir prévia decisão da autoridade judiciária competente, fundamentada na periculosidade do agente e na complexidade do caso*".

Segundo, das *regras* existentes não podem ser extraídas *normas* conducentes a uma conclusão quase cartesiana. Do contrário, teríamos uma presunção automática de *ilegalidade* pelo simples transcurso de um dia para além do prazo de 90 dias. Não nos parece nem racional, muito menos algo que seja sistematicamente defensável.

Desse modo, compreendemos que, em caso de eventual omissão do julgador nesse ato *revisional* (sobre a necessidade ou não da continuidade da prisão preventiva), deverá existir uma provocação do preso sobre seu direito previsto na regra. Se, subsequentemente a isso, houver uma clara omissão a esse pleito ou ausência de suficiente fundamentação nesse ato de *manutenção*, é que se poderá falar em *ilegalidade da manutenção da prisão*.

Aliás, essas foram talvez as principais razões pelas quais, em 15.10.2020, o STF reconheceu que a inobservância desse prazo previsto no parágrafo único do art. 316 do CPP não implica automática revogação da prisão, devendo sempre o juiz competente *ser instado a reavaliar* a legalidade e a atualidade de seus fundamentos (Medida Cautelar na Suspensão de Liminar nº 1.395-SP, Plenário, 9 x 1 votos), conclusões que já tínhamos externado (embora de forma mais concisa) quando das primeiras anotações ao art. 316, parágrafo único, do CPP, quando entrou em vigor conforme a redação conferida pela Lei nº 13.964/2019.

Jurisprudência *(posterior à Lei nº 13.964/2019)*

316 [...] Art 316, parágrafo único, do Código de Processo Penal, com a redação dada pela Lei 13.964/2019. Dever do magistrado de revisar a necessidade de manutenção da prisão preventiva a cada noventa dias. Inobservância que não acarreta a revogação automática da prisão. [...]

1. A interpretação da norma penal e processual penal exige que se leve em consideração um dos maiores desafios institucionais do Brasil na atualidade, qual seja, o de evoluir nas formas de combate à criminalidade organizada, na repressão da impunidade, na punição do crime violento e no enfrentamento da corrupção. Para tanto, é preciso estabelecer não só uma legislação eficiente, mas também uma interpretação eficiente dessa mesma legislação, de modo que se garanta a preservação da ordem e da segurança pública, como objetivos constitucionais que não colidem com a defesa dos direitos fundamentais.

2. A introdução do parágrafo único ao art. 316 do Código de Processo Penal, com a redação dada pela Lei 13.964/2019, teve como causa a superlotação em nosso sistema penitenciário, especialmente decorrente do excesso de decretos preventivos decretados. Com a exigência imposta na norma, passa a ser obrigatória uma análise frequente da necessidade de manutenção de tantas prisões provisórias.

3. A inobservância da reavaliação prevista no dispositivo impugnado, após decorrido o prazo legal de 90 (noventa) dias, não implica a revogação automática da prisão preventiva, devendo o juízo competente ser instado a reavaliar a legalidade e a atualidade de seus fundamentos. Precedente.

4. O art. 316, parágrafo único, do Código de Processo Penal aplica-se até o final dos processos de conhecimento, onde há o encerramento da cognição plena pelo Tribunal de segundo grau, não se aplicando às prisões cautelares decorrentes de sentença condenatória de segunda instância ainda não transitada em julgado.

5. o artigo 316, parágrafo único, do Código de Processo Penal aplica-se, igualmente, nos processos em que houver previsão de prerrogativa de foro. Parcial procedência dos pedidos deduzidos nas Ações Diretas. *(ADI nº 6.582-DF, STF, Plenário, Rel. Min. Edson Fachin, Redator do acórdão Ministro Alexandre de Moraes. Após o voto do Ministro Edson Fachin (Relator), que conhecia da ação direta e julgava procedente o pedido formulado, aplicando ao art. 316, p.u., do CPP a técnica da interpretação conforme à Constituição, segundo as seguintes teses: i) a inobservância*

da reavaliação prevista no parágrafo único do artigo 316 do Código de Processo Penal (CPP), com a redação dada pela Lei 13.964/2019, após o prazo legal de 90 (noventa) dias, não implica a revogação automática da prisão preventiva, devendo o juízo competente ser instado a reavaliar a legalidade e a atualidade de seus fundamentos; ii) o comando do parágrafo único do art. 316 do CPP se restringe ao órgão que tiver decretado a prisão preventiva na fase de investigação e de processamento da ação penal, e limita-se ao exaurimento da competência jurisdicional, pediu vista dos autos o Ministro Gilmar Mendes, Plenário, Sessão Virtual de 18.6.2021 a 25.6.2021. Plenário, Sessão Virtual de 25.2.2022 a 8.3.2022, publicado no DJ em 22.9.2022)

Decisão também tomada na *ADI nº 6.581-DF, STF, Plenário, Rel. Min. Edson Fachin, redator do acórdão Min. Alexandre de Moraes, julgado em sessão virtual de 25.2.2022 a 8.3.2022, publicado no DJ em 13.5.2022)*

316 [...] Reavaliação da medida cautelar. Art. 316, parágrafo único, do CPP. [...] Com relação ao alegado constrangimento ilegal pela não reavaliação da prisão cautelar pelo Tribunal de origem, nos autos do recurso de apelação, segundo a recente orientação da Suprema Corte na ADI n. 6.581/DF, a norma do parágrafo único do art. 316 do CPP se dirige a qualquer juiz ou tribunal onde a ação penal esteja em curso, até o final do processo de conhecimento. [...] *(Agravo Regimental no Habeas Corpus nº 804.118-MT, STJ, 6ª Turma, Rel. Min. Antonio Saldanha Palheiro, sessão virtual de 13.6.2023 a 19.6.2023, publicado no DJ em 22.6.2023)*

316 [...] Segundo a recente orientação do STF, a norma do parágrafo único do art. 316 do CPP se dirige a qualquer juiz ou tribunal onde a ação penal esteja em curso, até o final do processo de conhecimento. [...] *(Agravo Regimental no Habeas Corpus nº 728.450-SP, STJ, 6ª Turma, Rel. Min. Rogério Schietti Cruz, julgado em 9.8.2022, publicado no DJ em 18.8.2022)*

316 [...] A jurisprudência desta Corte é de que "a inobservância do prazo nonagesimal previsto no parágrafo único do artigo 316 do Código de Processo Penal não implica automática revogação da prisão preventiva, devendo o juiz competente ser instado a reavaliar a legalidade e a atualidade de seus fundamentos" (SL 1.395-MC-Ref, Rel. Min. Luiz Fux). [...] *(Agravo Regimental no Habeas Corpus nº 205.164/SP, STF, 1ª Turma, unânime, Rel. Min. Roberto Barroso, julgado em sessão virtual de 3.12.2021 a 13.12.2021, publicado no DJ em 7.2.2022)*

316. [...] *"A inobservância da reavaliação prevista no parágrafo único do artigo 316 do Código de Processo Penal (CPP), com a redação dada pela Lei 13.964/2019, após o prazo legal de 90 (dias), não implica a revogação automática da prisão preventiva, devendo o juízo competente ser instado a reavaliar a legalidade e a atualidade de seus fundamentos." (Referendo na Medida Cautelar na Suspensão de Liminar nº1.395/SP, STF, Plenário, vencido o Min. Marco Aurélio, Rel. Min. Luiz Fux, julgado em sessão virtual em 15.10.2020, publicado no DJ em 4.2.2021)*

316. [...] com o fim de assegurar que a prisão não se estenda por período superior ao necessário, configurando verdadeiro cumprimento antecipado da pena, *a alteração promovida pela Lei n. 13.964/2019 ao art. 316 do Código Penal estabeleceu que o magistrado revisará a cada 90 dias a necessidade da manutenção da prisão, mediante decisão fundamentada, sob pena de tornar a prisão ilegal.* [...] Necessário, porém, considerar que, *cumprido tal requisito, eventual constrangimento ilegal por excesso de prazo não resulta de um critério aritmético, mas de uma aferição realizada pelo julgador, à luz dos princípios da razoabilidade e proporcionalidade, levando em conta as peculiaridades do caso concreto, de modo a evitar retardo abusivo e injustificado na prestação jurisdicional.* [...] *(Agravo Regimental no Recurso em Habeas Corpus nº 129.646-GO, STJ, 5ª Turma, unânime, Rel. Min. Reynaldo Soares da Fonseca, julgado em 20.10.2020, publicado no DJ em 26.10.2020).*

316. [...] Tendo a segregação cautelar sido reavaliada e mantida pelo Juízo singular, não há falar em ofensa ao parágrafo único do art. 316 do CPP. Cumpre salientar que o período de 90 dias estipulado no referido dispositivo legal não se trata de prazo peremptório, de modo que eventual atraso na reanálise da necessidade da custódia não induz ao reconhecimento automático de ilegalidade da prisão que justifique a liberdade do réu. [...] *(Habeas Corpus nº 618.903/PR, STJ, 5ª Turma, unânime, Rel. Min. Joel Ilan Paciornik, julgado em 10.8.2021, publicado no DJ em 16.8.2021)*

Jurisprudência *(antes da Lei nº 13.964/2019)*

316. [...] Na superveniência de fatos novos, nada impede o decreto de nova prisão preventiva, como prevê, aliás, o art. 316 do Código de Processo Penal. Todavia, é incabível que eventual superveniência de novo ato constritivo concorra – mesmo involuntariamente – para limitar o exercício da competência do Supremo Tribunal Federal na apreciação de *habeas corpus* impetrado contra o primeiro decreto de prisão. A perda de interesse do *habeas corpus* somente se justifica quando o novo título prisional invocar fundamentos induvidosamente diversos do decreto de prisão originário. Precedentes. [...] (*Habeas Corpus nº 132.267, STF, 2ª Turma, unânime, Rel. Min. Teori Zavascki, julgado em 26.4.2016, publicado no DJ em 19.9.2016*).

316. [...] A teor dos arts. 311 e 316 do Código de Processo Penal, é possível a decretação de prisão preventiva no curso do processo, mesmo de ofício, e ainda que esta tenha sido anteriormente revogada, se sobrevierem razões que justifiquem tal medida, providência que compete ao Juiz da causa. [...] (*Recurso em Habeas Corpus nº 42.816-RS, STJ, 5ª Turma, Rel. Min. Laurita Vaz, julgado em 6.5.2014, publicado no DJ em 13.5.2014*).

CAPÍTULO IV
Da Prisão Domiciliar

Art. 317. A prisão domiciliar consiste no recolhimento do indiciado ou acusado em sua residência, só podendo dela ausentar-se com autorização judicial. (Redação dada pela Lei nº 12.403, de 2011)

Um primeiro esclarecimento se impõe: a prisão domiciliar, introduzida pela Lei nº 12.403/11, *não constitui medida cautelar* propriamente dita, não se equiparando ao *recolhimento domiciliar* do art. 319, V, CPP.

A prisão domiciliar aparece como *substitutiva* da prisão preventiva anteriormente decretada e somente será cabível quando rigorosamente cumpridos os requisitos legais alinhados nos arts. 318 e 318-A, CPP, sem prejuízo da cumulatividade com outras medidas cautelares diversas da prisão (art. 318-B, CPP).

No entanto, cumpre observar que algumas dessas hipóteses legais (do art. 318, CPP) podem se revelar incompatíveis com as finalidades da preventiva, cabendo ao Poder Judiciário um mínimo de *reserva crítica* quanto ao sentido e a amplitude da prisão domiciliar, de modo a não se frustrarem os objetivos perseguidos na decretação da prisão preventiva.

Com efeito, uma pessoa de 80 (oitenta) anos nem sempre se mostrará debilitada o suficiente para ainda não representar risco à instrução criminal ou de reiteração criminosa. Pense-se, por exemplo, em um líder de organização criminosa recolhido em suas confortáveis acomodações, com amplo poder de manobra e de comunicação com outros membros. Como evitar a *permanência* dos riscos que fundamentaram a decretação da prisão preventiva?

O mesmo poderá ocorrer nas hipóteses previstas nos incisos III, IV, V e VI do mesmo art. 318, e, agora, do art. 318-A, ambos do CPP.

Impõe-se, portanto, um exame mais cuidadoso de cada caso concreto, a fim de se evitar (a) tanto a perda completa de eficácia da prisão domiciliar, ao fundamento da permanência dos riscos; e (b) quanto a perda igualmente completa da eficácia da preventiva fundamentadamente decretada.

Pensamos que a alternativa que melhor se apresenta às soluções dos possíveis problemas relativos à prisão domiciliar deverá levar em consideração – na perspectiva da *adequação* (art. 282, I e II, CPP) – o *fundamento* utilizado na imposição da aludida medida cautelar.

Se o risco for *à aplicação da Lei penal*, poderá ser decretada a domiciliar, cumulada com o monitoramento eletrônico, com o objetivo de impedir ou quando nada diminuir as chances de fuga. Nas demais hipóteses, somente o exame das condições pessoais do agente, bem como da natureza do crime em investigação ou sob processo é que, juntos, poderão permitir o juízo de adequabilidade da substituição da prisão.

A negativa desta (substituição) poderá ensejar a impetração do *habeas corpus*; a sua concessão poderá desafiar recurso em sentido estrito (art. 581, V, CPP), via recursal também adequada à decisão anterior (negativa da substituição), mas de eficácia muito mais reduzida.

Art. 318. Poderá o juiz substituir a prisão preventiva pela domiciliar quando o agente for:

I – maior de 80 (oitenta) anos;

II – extremamente debilitado por motivo de doença grave;

III – imprescindível aos cuidados especiais de pessoa menor de 6 (seis) anos de idade ou com deficiência;

IV – gestante; (Lei nº 13.257/2016)

V – mulher com filho de até 12 (doze) anos de idade incompletos; (Lei nº 13.257/2016)

VI – homem, caso seja o único responsável pelos cuidados do filho de até 12 (doze) anos de idade incompletos. (Lei nº 13.257/2016)

Parágrafo único. Para a substituição, o juiz exigirá prova idônea dos requisitos estabelecidos neste artigo. (Redação dada pela Lei nº 12.403, de 2011)

A prova das circunstâncias dos incisos I e IV, primeira parte, é muito mais simples, exigindo apenas o registro civil e os documentos comprobatórios do diagnóstico médico. A Lei nº 13.257, de 8.3.2016, alterou a redação do inciso IV, dizendo que toda e qualquer gestante (se comprovada esta condição) *poderá* ser beneficiária da prisão domiciliar, não mais se exigindo que devesse ser a partir do 7º mês de gravidez ou sendo ela de alto risco. Segundo compreendemos, não há direito automático à prisão domiciliar pelo só fato de ser gestante. Deverá o juiz aquilatar as circunstâncias do caso concreto e fundamentar em caso de não reconhecimento as razões pelas quais não defere a substituição.

As hipóteses previstas nos incisos II e III poderão exigir prova pericial, a tanto não sendo suficientes laudos médicos particulares, a menos que sobre o respectivo conteúdo não paire qualquer dúvida, em qualquer das partes e também para o magistrado, a quem se incumbe o controle de legalidade das medidas restritivas de direito.

Nunca é demais ressaltar que, especialmente nas hipóteses previstas no inciso II, cuidados redobrados deverão ser adotados, evitando-se situações que possam tender a desvirtuar a real situação de saúde do requerente.

A Lei nº 13.257/2016 acresceu outras duas hipóteses para a concessão da prisão domiciliar: a) se a presa for mulher e tiver filho de até 12 anos de idade incompletos (inciso V); b) se o preso for homem e seja o único responsável pelos cuidados do filho de até 12 anos de idade incompletos (inciso VI). Tal qual defendido em relação à novel disposição do inciso IV, entendemos que a substituição da prisão por domiciliar não deverá ser automática. Deve ser aquilatada a necessidade pelo juiz de tal providência, fundamentando sobretudo em caso de indeferimento. E há se ter redobrados cuidados na interpretação destes dispositivos, pois, se houver a efetiva necessidade da prisão cautelar (excepcional), não se deverá substituir por prisão domiciliar. (vide anotações ao art. 317, CPP).

Vide anotações complementares referentes aos novos arts. 318-A e 318-B, CPP, introduzidos pela Lei nº 13.769, de 2018.

Jurisprudência

318. [...] O disposto no artigo 318-A do Código de Processo Penal é restrito à prisão preventiva, não alcançando título condenatório precluso na via recursal. [...] *(Habeas Corpus nº 197.217/MG, STF, 1ª Turma, unânime, Rel. Min. Marco Aurélio, julgado em sessão virtual de 5.3.2021 a 12.3.2021, publicado no DJ em 25.3.2021)*

318. [...] *Habeas corpus* coletivo. Admissibilidade. Doutrina brasileira do *habeas corpus*. Máxima efetividade do *writ*. Mães e gestantes presas. Relações sociais massificadas e burocratizadas. Grupos sociais vulneráveis. Acesso à justiça. Facilitação. Emprego de remédios processuais adequados [...] II – Conhecimento do *writ* coletivo homenageia nossa tradição jurídica de conferir a maior amplitude possível ao remédio heroico, conhecida como doutrina brasileira do *habeas corpus*. III – Entendimento que se amolda ao disposto no art. 654, § 2º, do Código de Processo Penal – CPP, o qual outorga aos juízes e tribunais competência para expedir, de ofício, ordem de *habeas corpus*, quando no curso de processo, verificarem que alguém sofre ou está na iminência de sofrer coação ilegal. [...] VI – A legitimidade ativa do *habeas corpus* coletivo, a princípio, deve ser reservada àqueles listados no art. 12 da Lei nº 13.300/2016, por analogia ao que dispõe a legislação referente ao mandado de injunção coletivo. [..] X – Incidência de amplo regramento internacional relativo a Direitos Humanos, em especial das Regras de Bangkok, segundo as quais deve ser priorizada solução judicial que facilite a utilização de alternativas penais ao encarceramento, principalmente para as hipóteses em que ainda não haja decisão condenatória transitada em julgado. XI – Cuidados com a mulher presa que se direcionam não só a ela, mas igualmente aos seus filhos, os quais sofrem injustamente as consequências da prisão, em flagrante contrariedade ao art. 227 da Constituição, cujo teor determina que se dê prioridade absoluta à concretização dos direitos destes. [...] XIV – Ordem concedida para determinar a substituição da prisão preventiva pela domiciliar – sem prejuízo da aplicação concomitante das medidas alternativas previstas no art. 319 do CPP – de todas as mulheres presas, gestantes, puérperas ou mães de crianças e deficientes, nos termos do art. 2º do ECA e da Convenção sobre Direitos das Pessoas com Deficiências (Decreto Legislativo nº 186/2008 e Lei nº 13.146/2015), relacionadas neste processo pelo Depen e outras autoridades estaduais, enquanto perdurar tal condição, excetuados os casos de crimes praticados por elas mediante violência ou grave ameaça, contra seus descendentes ou, ainda, em situações excepcionalíssimas, as quais deverão ser devidamente fundamentadas pelos juízes que denegarem o benefício. XV – Extensão da ordem de ofício a todas as demais mulheres presas, gestantes, puérperas ou mães de crianças e de pessoas com deficiência, bem assim às adolescentes sujeitas a medidas socioeducativas em idêntica situação no território nacional, observadas as restrições acima. *(Habeas Corpus n. 143.641-SP, STF, 2ª Turma, Rel. Min. Ricardo Lewandowski, julgado em 20.2.2018, publicado no DJ em 9.10.2018)*

318. [...] V – O Supremo Tribunal Federal, no julgamento do *Habeas Corpus* coletivo n. 143.641, determinou a substituição da prisão preventiva pela domiciliar sem prejuízo da aplicação concomitante das medidas alternativas previstas no art. 319 do CPP de todas as mulheres presas, gestantes, puérperas ou mães de crianças e deficientes, excetuados os casos de crimes praticados por elas mediante violência ou grave ameaça, contra seus descendentes ou, ainda, em situações excepcionalíssimas. VI – Na mesma esteira, consigne-se que em recente alteração legislativa, a Lei n. 13.769, de 19/12/2018, ao incluir os arts. 318-A e 318-B no Código de Processo Penal, assegurou às mulheres gestantes, mães ou responsáveis por crianças ou pessoas com deficiência, a substituição da prisão preventiva por prisão domiciliar, exceto em casos de crimes cometidos com violência ou grave ameaça ou contra seus filhos ou dependentes. VII – Na presente hipótese, a recorrente está sendo acusada de roubo majorado, latrocínio, porte ilegal de arma de uso restrito e organização criminosa, crimes cometidos mediante violência e grave ameaça, o que à luz das diretrizes firmadas pela Suprema Corte, por ocasião do julgamento do *habeas corpus* coletivo n.

143.641/SP, bem como nos termos do art. 318-A do CPP, encontra-se entre as exceções para a concessão do benefício. [...] *(Agravo Regimental no recurso em Habeas Corpus n. 104.706-PA, STJ, 5ª Turma, unânime, rel. Min. Felix Fischer, julgado em 21.2.2019, publicado no DJ em 1°.3.2019).*

318. [...] 3. O regime jurídico da prisão domiciliar, especialmente no que pertine à proteção da integridade física e emocional da gestante e dos filhos menores de 12 anos, e as inovações trazidas pela Lei nº 13.257/2016 decorrem, indiscutivelmente, do resgate constitucional do princípio da fraternidade (Constituição Federal: preâmbulo e art. 3º). 4. O artigo 318 do Código de Processo Penal (que permite a prisão domiciliar da mulher gestante ou mãe de filhos com até 12 anos incompletos, dentre outras hipóteses) foi instituído para adequar a legislação brasileira a um compromisso assumido internacionalmente pelo Brasil nas Regras de Bangkok. "Todas essas circunstâncias devem constituir objeto de adequada ponderação, em ordem a que a adoção da medida excepcional da prisão domiciliar efetivamente satisfaça o princípio da proporcionalidade e respeite o interesse maior da criança. Esses vetores, por isso mesmo, hão de orientar o magistrado na concessão da prisão domiciliar" (STF, HC n. 134.734/SP, rel. Min. Celso de Melo). 5. Aliás, em uma guinada jurisprudencial, o Supremo Tribunal Federal passou a admitir até mesmo o *Habeas Corpus* coletivo (Lei n. 13.300/2016) e concedeu comando geral para fins de cumprimento do art. 318, V, do Código de Processo Penal, em sua redação atual. No ponto, a orientação da Suprema Corte, no *Habeas Corpus* n° 143.641/SP, da relatoria do Min. Ricardo Lewandowski, julgado em 20.2.2018, é no sentido de substituição da prisão preventiva pela domiciliar de todas as mulheres presas, gestantes, puérperas ou mães de crianças e deficientes, nos termos do art. 2º do ECA e da Convenção sobre Direitos das Pessoas com Deficiências (Decreto Legislativo n. 186/2008 e Lei n. 13.146/2015), *salvo as seguintes situações:* crimes praticados por elas mediante violência ou grave ameaça, contra seus descendentes ou, ainda, em situações excepcionalíssimas, as quais deverão ser devidamente fundamentadas pelos juízes que denegarem o benefício. [...] *(Habeas Corpus n. 448.928-BA, STJ, 5ª Turma, unânime, Rel. Min. Reynaldo Soares da Fonseca, julgado em 26.6.2018, publicado no DJ em 1°.8.2018).*

318. [...] 1. A nova redação do art. 318, V, do Código de Processo Penal, dada pelo Marco Legal da Primeira Infância (Lei n. 13.257/2016), veio à lume com o fito de assegurar a máxima efetividade ao princípio constitucional da proteção integral à criança e adolescente, insculpido no art. 227 da Constituição Federal, bem como no feixe de diplomas normativos infraconstitucionais integrante de subsistema protetivo. 2. Quando a presença de mulher for imprescindível para os cuidados a filho menor de 12 (doze) anos de idade, cabe ao magistrado analisar acuradamente a possibilidade de substituição do *carcer ad custodiam* pela prisão domiciliar, legando a medida extrema às situações em que elementos concretos demonstrem claramente a insuficiência da inovação legislativa em foco. [...] 5. Cumprimento do quanto determinado no julgamento do *habeas corpus* coletivo n. 143.641/SP, pelo Supremo Tribunal Federal, no qual restou assentado o entendimento de que seja determinada *a substituição da prisão preventiva pela domiciliar – sem prejuízo da aplicação concomitante das medidas alternativas previstas no art. 319 do CPP – de todas as mulheres presas, gestantes, puérperas ou mães de crianças e deficientes, nos termos do art. 2. do ECA e da Convenção sobre Direitos das Pessoas com Deficiências (Decreto Legislativo n. 186/2008 e Lei n. 13.146/2015), relacionadas neste processo pelo Depen e outras autoridades estatuais, enquanto perdurar tal condição, excetuados os casos de crimes praticados por elas mediante violência ou grave ameaça, contra seus descendentes ou, ainda, em situações excepcionalíssimas, as quais deverão ser devidamente fundamentadas pelos juízes que denegarem o benefício. Extensão da ordem, de ofício, às demais mulheres presas, gestantes, puérperas ou mães de crianças e de pessoas com deficiência, bem assim às adolescentes sujeitas a medidas socioeducativas em idêntica situação no território nacional, observadas as restrições previstas no parágrafo acima. [...] (RHC n. 90.943-PE, STJ, 6ª Turma, unânime, Rel. Min. Maria Thereza de Assis Moura, julgado em 20.3.2018, publicado no DJ em 27.3.2018).*

318. [...] 3. O inciso V do art. 318 do Código de Processo Penal, incluído pela Lei n. 13.257/2016, determina que poderá o juiz substituir a prisão preventiva pela domiciliar quando o agente for: *V – mulher com filho de até 12 (doze) anos de idade incompletos.* 4. O princípio da fraternidade é uma categoria jurídica e não pertence apenas às religiões ou à moral. Sua redescoberta apresenta-se como um fator de fundamental importância, tendo em vista a complexidade dos problemas sociais, jurídicos e estruturais ainda hoje enfrentados pelas democracias. A fraternidade não exclui o direito e vice-versa, mesmo porque a fraternidade enquanto valor vem sendo proclamada por diversas Constituições modernas, ao lado de outros historicamente consagrados como a igualdade e a liberdade. 5. O princípio constitucional da fraternidade é um macroprincípio dos Direitos Humanos e passa a ter uma nova leitura prática, diante do constitucionalismo fraternal prometido na CF/88 (preâmbulo e art. 3º). Multicitado princípio é possível de ser concretizado também no âmbito penal, através da chamada Justiça restaurativa, do respeito aos direitos humanos e da humanização da aplicação do próprio direito penal e do correspondente processo penal. A Lei n. 13.257/2016 decorre, portanto, desse resgate constitucional. 6. Tal legislação (marco legal da primeira infância) veio à lume com a finalidade de garantir a máxima efetividade ao princípio constitucional da proteção integral à criança e adolescente, previsto no artigo 227 da Constituição Federal, no Estatuto da Criança e do Adolescente (Lei n.º 8.069/90), na Convenção Internacional dos Direitos da Criança (Decreto n.º 99.710/1990), dentre outros. Segundo a melhor doutrina, a proteção integral constitui o novo paradigma de proteção da criança no Brasil e implica considerá-la sujeito de direito a uma proteção prioritária e sistêmica (Vieira, Cláudia Maria Carvalho do Amaral e Veronese, Josiane Rose Petry. *Crianças encarceradas* – a proteção integral da criança na execução penal feminina da pena privativa de liberdade. Rio de Janeiro: Lumen Juris, 2015). 7. Caso em que a paciente possui quatro filhos com menos de 12 anos de idade, o que preenche o requisito objetivo insculpido no art. 318, V, do Código de Processo Penal, permitindo, assim, a substituição da prisão preventiva pela domiciliar. Além disso, a paciente é primária e não possui antecedentes. Seus filhos têm 2, 6, 10, e 11 anos e dependem dos cuidados maternos. Não há indicação concreta de que a paciente exerça posição de destaque ou de liderança no tráfico de drogas. 8. *Habeas corpus* não conhecido. Ordem concedida de ofício, para substituir a prisão preventiva da paciente pela prisão domiciliar, combinada com o uso de monitoramento eletrônico *(Habeas Corpus n. 373.056-RJ, STJ, 5ª Turma, unânime, Rel. Min. Reynaldo Soares da Fonseca, julgado em 4.4.2017, publicado no DJ em 7.4.2017).*

318. [...] Não basta para o deferimento da prisão domiciliar que o Recorrente esteja acometido de grave doença; segundo a literalidade do art. 318, inciso II, do Código de Processo Penal, é necessário, igualmente, a comprovação de que se encontra extremamente debilitado em razão da enfermidade, o que não se observa nos documentos trazidos aos autos. [...] (*Recurso em Habeas Corpus nº 48.446-ES, STJ, 5ª Turma, Rel. Min. Laurita Vaz, julgado em 5.8.2014, publicado no DJ em 22.8.2014*).

Art. 318-A. A prisão preventiva imposta à mulher gestante ou que for mãe ou responsável por crianças ou pessoas com deficiência será substituída por prisão domiciliar, desde que:

I – não tenha cometido crime com violência ou grave ameaça a pessoa;

II – não tenha cometido o crime contra seu filho ou dependente. (Incluído pela Lei nº 13.769, de 19.12.2018.)

Art. 318-B. A substituição de que tratam os arts. 318 e 318-A poderá ser efetuada sem prejuízo da aplicação concomitante das medidas alternativas previstas no art. 319 deste Código. (Incluído pela Lei nº 13.769, de 19.12.2018.)

Além de outras disposições referentes a critérios da execução da pena, e vigente a partir do dia 20 de dezembro de 2018, a Lei nº 13.769 introduziu dois novos dispositivos ao Código de Processo Penal, estabelecendo novas regras de substituição da prisão preventiva por prisão domiciliar da mulher gestante ou que for mãe ou responsável por crianças ou pessoas com deficiência.

A Lei nº 13.257/2016 já previra nos incisos IV e V do art. 318 do CPP que o juiz poderia substituir a prisão preventiva pela domiciliar quando a agente estivesse grávida ou fosse mulher com filho de até 12 anos de idade incompletos.

A previsão legal agora é mais ampla. Mas há de se ter cuidado na interpretação dos novéis dispositivos.

A maior amplitude decorreu do que consta no caput do art. 318-B: a substituição não será mais apenas nos casos em que seja mulher gestante ou mãe com filho até 12 anos, mas também para os casos em que houver prisão preventiva imposta "*à mulher gestante ou que for mãe ou responsável por crianças ou pessoas com deficiência será substituída por prisão domiciliar*".

Há que se cumprir dois requisitos fundamentais – e cumulativos – para tanto: que não tenha cometido crime com violência ou grave ameaça a pessoa (inciso I) e que não tenha cometido crime contra seu filho ou dependente.

De qualquer maneira, e na mesma linha do que defendemos em relação ao que já consta no art. 318 do CPP, para além das hipóteses taxativas *supra*, havendo outros fundamentos para a custódia cautelar preventiva (art. 312, CPP), sempre analisados cuidadosamente e com a devida fundamentação, a prisão cautelar poderá ser – sempre excepcionalmente – decretada.

Pode-se cogitar, ainda, que o art. 318 do CPP prevê que o juiz pode substituir a prisão preventiva por domiciliar e, agora, o art. 318-A refere que a prisão preventiva será substituída por prisão domiciliar se preenchidos os requisitos legais.

Como já dito anteriormente, compreendemos que não se trata de uma *imposição automática*, mas que depende sempre de uma análise acurada pelo julgador da *necessidade* da prisão cautelar.

Se fosse por uma questão meramente *semântica*, veja-se que o próprio art. 318-B do CPP prevê que a substituição de que tratam os arts. 318 e 318-A *poderá* ser efetuada sem prejuízo da aplicação concomitante das medidas alternativas do art. 319 do CPP. Ou seja, se presentes todos os requisitos e não houver outros fundamentos para a preventiva, poderão ser aplicadas cumulativamente à prisão domiciliar outras cautelares diversas da prisão (art. 319, CPP).

Jurisprudência

318-A. [...] Na hipótese, verifica-se a impossibilidade de se conceder a prisão domiciliar à apenada em face de circunstância excepcional a contraindicar o benefício - ela tinha participação relevante na traficância, "auxiliando no armazenamento e fornecimento dos entorpecentes aos demais integrantes da associação criminosa, revelando sua acentuada periculosidade." Ademais, o armazenamento dos entorpecentes e a posse da arma apreendida foram em sua residência, demonstrando o risco à integridade de sua filha, situação que, ao contrário da alegação de que seria essencial à criança portadora de enfermidade, trazia-lhe perigo. [...] *(Agravo Regimental no Habeas Corpus nº 923.533-SP, STJ, 5ª Turma, Rel. Min.Ribeiro Dantas, julgado em 2.9.2024, publicado no DJ em 6.9.2024)*

318-A. [...] 1- A jurisprudência desta Corte tem se orientado no sentido de que deve ser dada uma interpretação extensiva tanto ao julgado proferido pelo Supremo Tribunal Federal no Habeas Corpus coletivo n. 143.641, que somente tratava de prisão preventiva de mulheres gestantes ou mães de crianças de até 12 anos, quanto ao art. 318-A do Código de Processo Penal, para autorizar também a concessão de prisão domiciliar às rés em execução provisória ou definitiva da pena, ainda que em regime fechado (Rcl n. 40.676/SP, Ministro Reynaldo Soares da Fonseca, Terceira Seção, DJe 1º/12/2020) [...] (RHC n. 145.931/MG, relator Ministro Sebastião Reis Júnior, Terceira Seção, DJe de 16/3/2022.).

2- O entendimento desta Corte é que, independente do regime do qual a executada se encontre, sendo o crime em questão não revelador de violência ou grave ameaça, não tendo sido praticado contra crianças nem contra seus descendentes, não havendo indicativo de esteja associada com organizações criminosa e inexistindo registro de faltas disciplinares recentes no curso da execução da pena, pode-se atenuar a sua situação prisional, considerando que a necessidade dos cuidados maternos em relação à criança é presumida. [...] *(Agravo Regimental nos Embargos de Declaração no Agravo Regimental no Agravo em Recurso Especial nº 2.294.876-SP, STJ, 5ª Turma, Rel. Min. Joel Ilan Paciornik, julgado em 6.2.2024, publicado no DJ em 15.2.2024)*

318-A. [...] Para haver a substituição de prisão preventiva por prisão domiciliar de gestante ou de mãe de menores de 12 anos de idade, nenhum requisito é legalmente exigido além da prova dessa condição. Apenas no caso do pai de criança é exigida a prova de ser o único responsável pelos seus cuidados.*[...] (Agravo Regimental no Habeas Corpus nº 761.982–MS, STJ, 6ª Turma, Rel. Min. Convocado Olindo Menezes, julgado em 27.9.2022, publicado no DJ em 30.9.2022)*

....

CAPÍTULO V
Das Outras Medidas Cautelares

Art. 319. São medidas cautelares diversas da prisão:

I – comparecimento periódico em juízo, no prazo e nas condições fixadas pelo juiz, para informar e justificar atividades;

II – proibição de acesso ou frequência a determinados lugares quando, por circunstâncias relacionadas ao fato, deva o indiciado ou acusado permanecer distante desses locais para evitar o risco de novas infrações;

III – proibição de manter contato com pessoa determinada quando, por circunstâncias relacionadas ao fato, deva o indiciado ou acusado dela permanecer distante;

IV – proibição de ausentar-se da Comarca quando a permanência seja conveniente ou necessária para a investigação ou instrução;

V – recolhimento domiciliar no período noturno e nos dias de folga quando o investigado ou acusado tenha residência e trabalho fixos;

VI – suspensão do exercício de função pública ou de atividade de natureza econômica ou financeira quando houver justo receio de sua utilização para a prática de infrações penais;

VII – internação provisória do acusado nas hipóteses de crimes praticados com violência ou grave ameaça, quando os peritos concluírem ser inimputável ou semi-imputável (art. 26 do Código Penal) e houver risco de reiteração;

VIII – fiança, nas infrações que a admitem, para assegurar o comparecimento a atos do processo, evitar a obstrução do seu andamento ou em caso de resistência injustificada à ordem judicial;

IX – monitoração eletrônica.

§ 1º (Revogado).

§ 2º (Revogado).

§ 3º (Revogado).

§ 4º A fiança será aplicada de acordo com as disposições do Capítulo VI deste Título, podendo ser cumulada com outras medidas cautelares. (Redação dada pela Lei nº 12.403, de 2011)

O tema das cautelares diversas da prisão realmente foi uma grande e importante inovação para o sistema jurídico, deixando-se de lado o "sistema binário" até então existente: prisão ou liberdade. Agora há espaços intermediários para medidas cautelares que permitem uma melhor adequação ao caso concreto.

Muitas de nossas observações aqui possuem identidade do que defendido na obra *Curso de processo penal* (PACELLI, Eugênio). Essas medidas cautelares previstas na legislação brasileira se espelharam na legislação portuguesa, conforme se vê do art. 197 e seguintes do Código de Processo Penal de Portugal, lá tratadas como *medidas de coacção*, e que, a seu turno, se inspiraram no Código de Processo Penal italiano e suas *misure coercitive do Codice di Procedura Penale (art. 280 e seguintes)*.

A *primeira* cautelar implica o comparecimento periódico a sede do juízo, para que o investigado ou acusado informe sobre suas atividades regulares (art. 319, I, CPP).

Aludida providência já é encontrada na legislação processual penal brasileira na chamada *suspensão condicional do processo*, cabível para infrações penais cuja pena mínima seja igual ou inferior a um ano (art. 89, Lei nº 9.099/95), para a qual, uma vez aceita pelo acusado, se imporá a obrigação de comparecimento pessoal e obrigatório a juízo, mensalmente, para informação e justificação de atividades.

Sendo o caso de suspensão condicional do processo, não caberão as medidas cautelares aqui examinadas, pelas razões que já alinhamos no item anterior, desde que, é claro, tenha sido proposta, aceita e decretada a suspensão (do processo).

Ao juiz sempre caberá aferir da periodicidade do comparecimento, segundo sejam as condições do agente e a gravidade dos fatos, pressuposto de adequação de toda medida cautelar (art. 282, II, CPP).

Em nossa compreensão, ainda que o investigado ou acusado resida fora da sede do juízo em que se processa a acusação, será possível a imposição do comparecimento periódico e obrigatório, cabendo, porém, ao juiz do local da residência a fiscalização da execução da medida, seja por meio de carta precatória, seja pelo simples registro em local próprio e confirmação posterior ao juiz da causa. Como se trata de restrição de direitos individuais, não há que se onerar excessivamente o inculpado, se possível a aplicação da medida de modo menos gravoso.

Há que se considerar ainda que a previsão no sentido do comparecimento obrigatório *para informar e justificar* atividades deve ser recebida em seus devidos e possíveis termos.

É importante atentar que, na fixação dessa cautelar, aquele que não estiver no exercício de atividade laborativa regular deva ser "punido" com a imposição de medida cautelar mais grave ou até com a decretação da preventiva. O Estado não pode impor o *dever* do trabalho, como condição de não agravamento da situação do investigado ou do processado. A medida deve se limitar às *informações* sobre as eventuais atividades então em desenvolvimento, ou, se for o caso, as razões pelas quais não se exerce qualquer uma delas. Para nós, aliás, não há como se reconhecer validade na norma penal que define e pune a *vadiagem*, tal como se vê ainda no art. 59 do Decreto-lei nº 3.688/41 (Lei de Contravenções Penais). Uma coisa é investigar a *origem* dos recursos utilizados para a sobrevivência daquele que afirma não ter fonte de receitas; outra, muito diferente, é punir a indolência, e, pior ainda, a miserabilidade.

A *segunda* cautelar, atinente à *proibição de acesso ou frequência* a determinados lugares, que tanto poderá impedir a prática de novas infrações, quanto se mostrar conveniente para a investigação ou para a instrução, explica-se por si mesma, conquanto não se ofereça, nela mesma, instrumentos adequados para a fiscalização do cumprimento da medida.

E que não se pense, então, na obrigatoriedade *cumulativa* do monitoramento eletrônico (art. 319, IX, CPP) em tais situações, embora, em princípio, a aludida medida (monitoramento) se mostre adequada à fiscalização do cumprimento da proibição de acesso a determinados lugares. Talvez o monitoramento, adiante analisado, seja uma das mais relevantes para se ter um efetivo controle no cumprimento diário das condições impostas na restrição.

No particular, a possibilidade de agravamento das cautelares, incluindo a possibilidade de decretação da prisão preventiva (art. 282, § 4º, CPP), seria menos gravosa que a imposição do monitoramento eletrônico, cuja execução ficaria bem mais complexa no caso de proibição de acesso ou frequência apenas a determinados lugares. Mas, repita-se, havendo tecnologia suficiente, não se pode descartar a utilidade da aplicação cumulativa.

De outro lado, impende observar que a medida poderá também evitar a perturbação ou acirramento de ânimos entre as pessoas dos locais em que deva ser proibido o acesso ou frequência, mesmo que não se tenha receio da reiteração criminosa (nesse sentido, a doutrina portuguesa de SILVA, Germano Marques da. *Curso de processo penal.* 2. ed. Lisboa: Editorial Verbo, 1999, t. II, p. 276).

A *terceira* providência cautelar, relativa à proibição de contato com pessoa determinada (inciso III), estendendo-se a ela todas as observações que acabamos de fazer, com um acréscimo: aqui, o núcleo central das preocupações parece ser a vítima ou seus familiares, evitando-se contatos prejudiciais a todos os envolvidos, e, por isso mesmo, a reiteração de novos conflitos. Concomitante com o monitoramento, essa pode ser uma das alternativas mais relevantes (se não cumulada ainda com outra medida cautelar, se necessária) para as hipóteses de violência doméstica, se não for caso de prisão cautelar.

O que deve ser evitado e proibido é a *procura* de contato com a pessoa para a qual se estabeleceu a cautelar, o que apenas o caso concreto poderá esclarecer.

A *quarta* medida diz respeito à proibição de ausência da Comarca, para fins de conveniência da investigação e da instrução criminal. Não são muitas as hipóteses em que se pode determinar a proibição de ausência da Comarca ou da sede do Juízo *apenas sob tais finalidades.* É que são muito raros os casos de intervenção corporal no Brasil, limitados à identificação datiloscópica, fotográfica e genética (Lei nº 12.654/12), ao exame grafotécnico (art. 174, CPP), e ao reconhecimento de pessoa (art. 226, CPP), sem falar no teste de alcoolemia (o bafômetro e perícias médicas – Lei nº 12.760/12), cuja eficácia depende de sua realização imediata.

Já dissemos um sem-número de vezes: a garantia contra a não autoincriminação não constitui qualquer direito subjetivo a não produzir prova contra si mesmo. O que existe, como regra, é a proibição de a pessoa *ser compelida, contra a sua vontade*, a realizar os exames previstos em lei. De fato, não se pode forçar ninguém a *soprar* o bafômetro, e, tampouco, a *escrever de próprio punho* para comparações grafotécnicas. *Vide anotações aos itens 181.1 e seguintes.*

Já para o reconhecimento de pessoa, no caso em que a prova do crime necessite do depoimento de testemunhas oculares do fato, não há como recusar a validade da medida, podendo o juiz, inclusive, determinar a condução coercitiva do acusado *para esse fim* (art. 260, parte final, CPP).

Assim, a proibição de ausência da sede do juízo, *para essa finalidade*, parece-nos de pouca valia prática, a menos que se queira a sua imposição para *garantir a aplicação da lei penal.*

E, no ponto, a providência nos parece possível, dado que o legislador nem sempre organiza de modo sistemático e coerente as suas regulações.

Veja-se, então, que a imposição da simples proibição de ausência da Comarca é menos onerosa que a exigência de comparecimento periódico e obrigatório (art. 319, I). Por isso, melhor aceitá-la sob finalidade diversa (para garantia da aplicação da lei) que obrigar o investigado ou o acusado ao cumprimento de regras mais rígidas.

A grande inovação em tema de cautelares repousa na exigência de *recolhimento domiciliar* no período noturno e os dias de folga, da *quinta* modalidade cautelar.

Trata-se de providência que, em princípio, deveria se limitar *à substituição de prisão em flagrante*, nas hipóteses em que não seja ainda adequada e necessária a decretação da prisão preventiva (art. 312, CPP), ou, que o fato não se enquadre nas circunstâncias do art. 313, CPP, requisitos específicos daquela modalidade de prisão. A Lei, art. 282, CPP, nada diz sobre a questão.

De se ver, ainda, que o aludido dispositivo legal também não apontou a *finalidade* do recolhimento domiciliar, como o fez em relação às demais cautelares, o que parece recomendar maiores cuidados quanto e quando de seu manejo.

Pode ensejar dúvidas se seria para garantir a aplicação da lei penal, por conveniência da investigação ou da instrução, ou, enfim, para *garantia da ordem pública ou econômica* (art. 312, CPP).

Pensamos que a medida pode e deve ser utilizada como as demais cautelares, sobretudo quando substitutiva da prisão preventiva, por ocasião de prisão em flagrante, e qualquer que seja a sua finalidade, incluindo a garantia da ordem pública. Na prática, a amplitude da medida vem sendo feita pela jurisprudência para inúmeras outras situações.

A nosso aviso, a prisão preventiva será utilizada em três circunstâncias específicas: (a) de modo *autônomo*, em qualquer fase da investigação ou do processo (arts. 311, 312 e 313, CPP), independentemente de anterior imposição de medida cautelar ou de prisão em flagrante; (b) como *conversão* da prisão em flagrante (art. 310, II, CPP); e, por fim, (c) de modo *subsidiário*, pelo descumprimento de cautelar anteriormente imposta.

Nas duas primeiras hipóteses, somente será cabível a preventiva *se atendidas as condições* do art. 312 (requisitos gerais, *de fato*) e também do art. 313 (requisitos *de direito*).

Já na terceira (hipótese), não. Bastará o descumprimento da medida cautelar imposta e a reafirmação da necessidade da prisão, segundo os requisitos do art. 312, CPP, independentemente das circunstâncias e das hipóteses arroladas no art. 313, CPP. Do contrário, a imposição de medida cautelar somente seria cabível para as situações descritas no art. 313, CPP, o que não parece corresponder, nem ao texto legal nem à estrutura normativa das cautelares pessoais. Na verdade, a imposição decorrerá exatamente do comportamento do beneficiado, que, em tese, indicará que a(s) cautelar(es) anterior(es) não foram suficientes para o fim pretendido.

Neste último caso, a preventiva surge como medida de caráter *subsidiário*, vinculada ao descumprimento de providência menos onerosa, fato esse que, em tese, seria indicativo da presença dos requisitos do art. 312, CPP. Por isso, o recolhimento domiciliar surge como a melhor alternativa ao cárcere, como medida de acautelamento prévio e anterior à decretação da preventiva, *podendo* até ser imposta independentemente de anterior prisão em flagrante, mas, segundo nos parece, mais adequada se revelaria como *substitutiva* da prisão em flagrante.

Junto a ela, e segundo nos parece, com o objetivo de permitir uma melhor fiscalização de seu cumprimento, deveria ser também imposto o *monitoramento eletrônico*, sem o qual restaria muito difícil a constatação efetiva da eficácia da medida.

Anote-se, ainda, que o recolhimento domiciliar *não é a mesma coisa* que a prisão domiciliar, somente cabível como substitutivo da prisão preventiva e *sob determinadas condições e circunstâncias pessoais do agente*, conforme se vê do art. 318, CPP.

E, como se trata de medida de inegável gravidade, *limitativa da liberdade de locomoção*, ainda que somente em período noturno e nas folgas do trabalho, pensamos que o tempo de seu cumprimento deve ser levado à conta da *detração da pena*, como se tratasse de verdadeira *prisão provisória*, nos termos, portanto, do art. 42, do Código Penal (o que vem sendo reconhecido pela jurisprudência).

E nem se diga que o *desconto* do tempo na pena seria incabível em razão da liberdade para o trabalho. Ora, sabe-se ser esse um dos principais objetivos da execução da pena no Brasil, na perspectiva da ressocialização do condenado.

O trabalho deve ser sempre incentivado, quando não oportunizado pelo Estado, instituindo-se, no ponto, como verdadeiro direito fundamental (art. 6º, da Constituição da República). É também nesse sentido a doutrina e a jurisprudência portuguesa sobre a matéria (Confira-se Silva, Germano Marques da. *Curso de processo penal*. 2. ed. Lisboa: Verbo, 1999, p. 276).

A *sexta* cautelar se refere à *suspensão do exercício de função pública* ou de *atividade de natureza econômica ou financeira*. Nos termos da Lei, a finalidade seria o impedimento da utilização de tais circunstâncias (serviço público e atividade econômico-financeira) para a reiteração de infrações penais.

Já tivemos oportunidade de demonstrar, contudo, que nada impedirá a sua imposição também, e excepcionalmente, *por conveniência* da instrução (ou da investigação) nos casos em que for fundado o receio de *destruição de provas* cujo acesso dependa do exercício da função pública ou da aludida atividade econômico-financeira. E voltamos a alertar: a insistência desmedida na submissão da matéria ao princípio da legalidade, no sentido de somente aplicar a cautelar *para os fins específicos* determinados em lei, poderá acarretar o incremento da prisão preventiva, quando se tratar das situações previstas no art. 313, CPP.

Por óbvio, e como facilmente se deduz da natureza restritiva de direitos dessa cautelar, é preciso, de fato, que a *regra* seja o cumprimento da finalidade legal ali especificada, destinada, portanto, ao risco de prática de novas infrações penais.

Como toda cautelar, não há tempo específico para sua duração dessa medida, mas deve ser suficiente enquanto durar os motivos que embasaram sua decretação.

Excepcionalmente, porém, deve-se também poder manejá-la sob outra fundamentação cautelar (art. 282, I e II, CPP), a fim de se impedir a decretação compulsória da prisão preventiva, se, com isso, também se puder alcançar a proteção da prova da investigação ou da instrução.

Já quanto ao conteúdo das atividades, a interpretação há que ser restritiva, evitando-se a expansão dos horizontes da aludida medida cautelar, extremamente gravosa aos direitos fundamentais.

Por *função pública* há que se entender toda atividade exercida junto à Administração Pública. A delimitação de seus contornos conceituais há que ser encontrada no Direito Administrativo. Compreende-se por função pública, então, toda a sorte de atividade desenvolvida na prestação de serviços pelo servidor público, o que incluiria também o *emprego público* sob o regime trabalhista.

Em caso de mandato eletivo, no qual o exercício do cargo deriva de fundamentação constitucional, e vem lastreado na livre manifestação do voto popular, somente em caso de condenação criminal e nas hipóteses constantes da legislação complementar eleitoral e no Código Eleitoral – todos, porém, autorizados na Constituição da República (art. 14, §§ 9º e 10, e art. 15) – é que se poderá pretender o afastamento do cargo.

O fato de ser possível a prisão de alguns ocupantes de mandato eletivo – respeitados os casos de imunidade processual e material do Presidente da República e dos membros do Congresso Nacional – não autoriza a compreensão de ser cabível o afastamento do mandato eletivo. Esse, o mandato, tem como legítimo titular a soberania do voto popular. Destacamos que o STF julgou de maneira diversa, permitindo o afastamento do cargo eletivo (no caso, tratava-se do Presidente da Câmara dos Deputados) por entender que sua posição acarretava riscos ao processo que se desenvolvia naquela Corte – AC n. 4.070/DF, Rel. Min. Teori Zavascki, 5.5.2016. A tese não nos convence, pelos motivos já expostos acima (anotamos que Douglas Fischer tem posicionamento diverso, defendendo ser possível, em casos excepcionais, o afastamento do cargo eletivo).

Já o conceito de *atividades econômico-financeiras* é bem mais amplo, devendo ser buscado, sobretudo, em relação à associação ao tipo de delito que se esteja investigando ou processando. De todo modo, a atividade empresarial, de maneira geral, implica o simples e geral desempenho de atividade de natureza econômica. A seu turno, a atuação junto aos bancos, comerciais ou não, e demais instituições financeiras, abrangidas pelo Sistema Nacional Financeiro, satisfazem o conceito de *atividade financeira*.

No particular, ressalta-se a importância estratégica da posição ocupada pelo agente junto às instituições financeiras como fator de risco de reiteração do comportamento e de destruição de provas.

Digno de nota, e de repúdio, o disposto no art. 17-D, da Lei nº 12.683/12, que altera a Lei nº 9.613/98, que trata dos crimes de lavagem de dinheiro e de ativos. Ali se prevê a possibilidade de afastamento do servidor público pelo simples *indiciamento* em inquérito policial, na investigação de delitos daquela natureza (lavagem). Repetimos que indiciamento é ato de convencimento pessoal da autoridade investigante. Nada mais. Inquérito policial é procedimento administrativo realizado *sem contraditório* e sem a *participação* da defesa. Como se poderia pensar no afastamento do servidor de cargo público *pelo juízo de antecipação de culpa* da autoridade policial??? Nem o oferecimento de denúncia pelo Ministério Público e seu eventual recebimento pelo juiz poderiam cumprir tal missão: não há ato de coerção estatal que dispense a *fundamentação da necessidade*. Patente e evidente a inconstitucionalidade do dispositivo, em bom tempo já reconhecida pelo Supremo Tribunal Federal (ADI nº 4.911, sessão virtual de 13.11.2020 a 20.11.2020, publicado no DJ em 15.12.2020). De se ver, no particular, que o CPP exige *ordem escrita e fundamentada* de autoridade *judicial* para a imposição de medida cautelar pessoal de suspensão do exercício de função pública, *quando absolutamente necessário* às finalidades de proteção da investigação ou do processo (art. 319, VI, CPP).

Já a cautelar de internação provisória do inimputável ou do semi-imputável dependerá, primeiro, da existência de indícios concretos de autoria e de materialidade em crimes de natureza violenta ou cometidos mediante grave ameaça, e, segundo, do risco concreto de reiteração criminosa, tudo isso a ser aferido por meio de prova pericial médica, segundo o disposto no art. 149 e seguintes do CPP.

Trata-se de medida já contemplada em nosso ordenamento desde o Código de Processo Penal de 1941, sob outra roupagem (cautelar). Em tese, tudo muito simples; na prática, porém, de dificílima aplicação.

A fiança, que, pelo menos desde a Lei nº 6.416/77 e até o ano de 1990 (Lei nº 8.035), havia perdido toda a sua importância no processo penal brasileiro, em razão da instituição legal da liberdade sem fiança do então art. 310, parágrafo único, CPP, retornou com uma nova roupagem. E com muito mais eficiência, pensamos nós.

Trata-se de medida de cunho patrimonial, na qual se exige a prestação de dinheiro, pedras, objetos ou metais preciosos, títulos da dívida pública ou hipoteca em primeira inscrição (art. 330, CPP), com o objetivo de assegurar o comparecimento do acusado aos atos do processo, a evitar a obstrução do seu andamento ou em caso de injustificada resistência à ordem judicial (art. 319, VIII, CPP).

Não há como não deixar de criticar algumas inovações em tema de fiança.

Observe-se, por exemplo, que, embora a lei somente se refira ao comparecimento *ao processo*, não há a mais mínima dúvida que ela poderá ser imposta e prestada *desde a efetivação da prisão em flagrante*, sendo perfeitamente cabível, portanto, na fase de investigação (art. 310, II, CPP).

Note-se, também, que o requisito da *resistência injustificada à ordem judicial* (art. 319, VIII) não poderia ser mais *vago* e inconsistente.

Afinal, a que tipo de ordem judicial ali se refere? E por que e em quais situações o juiz expediria determinações de conduta (ordens) ao investigado ou ao acusado? E por que razão aquele que deixa de cumprir uma ordem judicial se sentiria compelido a fazê-lo sob a ameaça da fiança?

Não acreditamos que o legislador esteja a insinuar que o acusado *estará autorizado a não mais cumprir a ordem que descumpriu*, a tanto bastando e desde que ofereça a prestação de fiança!!! Por certo que não.

Sabe-se que o investigado e o acusado, na condição e no estado de inocência em que se encontram, antes de condenação passada em julgado, permanecem no regular exercício de seus direitos individuais. Não têm *eles obrigações processuais* junto à Justiça, ressalvadas as poucas hipóteses de intervenções corporais legalmente previstas em lei. Seria esse o caso, então, de alguma providência instrutória que dependa da presença do acusado, tal como ocorre com o reconhecimento de pessoa ou a identificação civil por meio de datiloscopia e fotografia, ou, ainda, a identificação genética (Lei nº 12.654/12)?

Se for, o dispositivo é absolutamente inadequado e inócuo, dado que a prestação de fiança *não substituirá* a prova não produzida.

Há, contudo, outra alternativa para a compreensão desse *imbróglio.* Com efeito, pode-se entender a previsão legal apenas como reforço de fundamentação quanto à necessidade do comparecimento obrigatório a todos os atos do processo e sempre que a tanto intimado, nos precisos termos dos arts. 327 e 328, CPP. Assim, a resistência injustificada seria às obrigações decorrentes do Termo de Fiança, a serem entendidas como ordens do juízo.

Reportamos para nossas considerações na presente obra em que tratado o tema das liberdades com fiança, substitutivas da prisão em flagrante.

A sua imposição de modo autônomo e desvinculado da prisão em flagrante também parece possível, à ausência de qualquer vedação expressa na Lei nº 12.403/11. Embora assim seja, e por se tratar de medida evidentemente gravosa, pensamos que seu manejo há que ser feito com redobrada cautela, evitando-se a sua banalização, sobretudo em um universo em que a eficácia e a dureza do Direito Penal parecem vocacionadas apenas para a população que vive à margem ou com pouquíssimo acesso aos bens de vida e às prestações sociais gerais".

Tal como já destacado nas anotações ao art. 282, CPP, também aqui é preciso deixar bem expresso: a fixação das cautelares deve ser feita pelo juízo competente, não cabendo ao investigado/processado "escolher" qual seja a que mais se "adapta" à sua realidade, notadamente nos casos de monitoramento eletrônico e a amplitude do espaço permitido para circulação e trabalho.

Embora a Lei nº 12.403/11 nada diga a respeito, pensamos que a fiança não deve ser utilizada sem anterior prisão em flagrante. É dizer, a aludida medida deveria ser reservada aos casos de liberdade do art. 310, III, CPP, evitando-se a sua banalização. Se o flagrante delito não pode significar a antecipação dos resultados finais do processo (presunção de culpa), pode ele, de outro lado, permitir um juízo de maior receio quanto à efetividade da persecução penal, na exata medida da visibilidade que oferece em relação à autoria e à materialidade do delito, justificando-se a imposição de medida com maior grau de coercitividade.

No caso de descumprimento *injustificado* dos deveres impostos com a fiança, art. 327 e art. 328, CPP, o juiz poderá decretar a prisão preventiva, caso em que a fundamentação da decisão será menos ampla, evidentemente, que a decretação *autônoma* da preventiva. É que, nesse caso, o novo regime de cautelares pessoais diversas da prisão impõe maiores cuidados ao investigado ou ao processado. Ganha-se com a diminuição das prisões provisórias, mas, em compensação, diminui-se o ônus argumentativo para a fundamentação da prisão, no caso específico do descumprimento imotivado dos deveres, conforme já assinalamos ao exame do item 282.6, talvez uma das mais relevantes cautelares (e grande novidade trazida pela legislação), o monitoramento eletrônico tem sua grande importância para a eficiência de controle das pessoas sujeitas a tal tipo de cautelares.

A sua introdução no direito brasileiro se deu com a Lei nº 12.258/2010, como incidente de execução da pena, a fim de se evitar o cárcere, sob determinadas condições.

Nos Estados Unidos, cujo modelo surgiu em 1971 (JUNEERTAS, Josine, *Alternatives to prison sentences: experiences and developments*, pg. 31 e 32), para substituir prisões *juvenis* (menor e adolescente) e é utilizado em larga escala, o monitoramento pode ser feito de duas maneiras.

Na primeira, denominado monitoramento *ativo*, é colocado junto ao *monitorado* um aparelho transmissor ligado a um computador central. Isso pode ser feito da maneira que menos danos cause à pessoa, no que toca à visibilidade da medida, permitindo maior mobilidade do usuário.

Na segunda, monitoramento *passivo*, um computador é programado para efetuar chamadas telefônicas para determinado local, procedendo à conferência eletrônica do reconhecimento de voz e emitindo um relatório das ocorrências. A constatação da presença do monitorado no local pode também ser feita por meio de uma pulseira ou de uma tornozeleira eletrônica. Nesses casos, a medida impõe também o recolhimento domiciliar em determinados horários.

Nos EUA, a sua utilização é feita em presos condenados e em condicional, como alternativa, de custos, ao sistema prisional.

Pensamos que se trata de medida efetivamente *excepcional*, cuja aplicação, em princípio, *deveria contar com a adesão do monitorado*, tal como ocorre nos países em que ele é utilizado. Aplicar-se o monitoramento a presos *já condenados* é uma coisa, tendo em vista a comprovação efetiva do caráter *substitutivo* da cautelar, como alternativa à prisão já imposta; outra, é valer-se da providência para fins *cautelares* como agora previsto na Lei nº 12.403/11 *(Douglas Fischer compreende que o monitoramento não depende de concordância do monitorado, devendo ser cautelar fixada pelo juiz se for medida menos gravosa que a prisão cautelar e necessária para o fim almejado).*

E, mais.

Pensamos que o monitoramento eletrônico não deverá ser aplicado isoladamente, mas como garantia de cumprimento de outras cautelares que, pela natureza, demandem um grau mais sofisticado de fiscalização. É o caso do *recolhimento domiciliar* (art. 319, V) e da *proibição de acesso a determinados lugares* (art. 319, II).

E não nos parece que se deva reputar inconstitucional a sua previsão na Lei.

À evidência, não é o caso de violação ao princípio da não culpabilidade; se assim o fosse, qualquer outra medida cautelar também o seria.

A questão mais grave, contudo, se refere aos limites do respeito à dignidade da pessoa humana.

Com efeito, a colocação de aparelhos eletrônicos junto ao corpo da pessoa constitui, por si só, inevitável constrangimento, na medida em que sinaliza, à evidência, tratar-se de alguém *sob permanente monitoramento.* Por isso, a adesão e concordância do monitorado é fundamental (com a ressalva autoral antes feita).

De todo modo, o que poderá ser questionável é a aplicação *efetiva* da medida e não a sua previsão *em abstrato*, já que justificada como alternativa ao cárcere. Em princípio, e quando se tratar de concreta alternativa à prisão, não se deve recusar a possibilidade do manejo do monitoramento eletrônico. Por isso, não se discute a sua constitucionalidade nos Estados Unidos. Inglaterra e Canadá também adotam o monitoramento.

Note-se que, na hipótese de aplicação cumulativa do monitoramento e do recolhimento domiciliar, se poderá adotar a fiscalização do cumprimento das medidas (cautelares) por meio de computador e reconhecimento eletrônico de voz, ou mesmo por transmissão eletromagnética do aparelho em poder do monitorado (monitoramento passivo). Nesse caso, não se necessitará da concordância deste (monitorado), até porque não se exigirá o *porte* do transmissor, mas apenas a sua localização na residência.

Compreendemos que, em se tratando de crimes cometidos por organizações criminosas, que trazem em si, regra geral, uma gravidade concreta ínsita às condutas perpetradas, quando não for caso de prisão cautelar, o monitoramento eletrônico é considerado aquele que, especialmente quando fixado concomitante a outras cautelares, possui em tese uma melhor eficiência para controle das pessoas sujeitas à medida fixada judicialmente, exatamente como forma de evitar que elas possam persistir na senda criminosa (a reiteração criminosa nesses casos ensejaria a possível decretação da preventiva, conforme regra específica do § 4º do art. 282 do CPP).

Por fim, embora não se encontre arrolada entre as hipóteses do art. 319, constata-se a existência de outra medida cautelar introduzida pela Lei nº 12.403/11.

Trata-se da proibição de se ausentar do país – e não só da Comarca, como prevê o disposto no art. 319, IV – previsto no art. 320, CPP, para a qual deverão ser comunicadas as autoridades de polícia de fronteiras (Polícia Federal) e determinado o recolhimento do passaporte, no prazo de 24 (vinte e quatro) horas.

A saída do território nacional nem sempre se faz mediante a utilização do passaporte, podendo ser feita por meio de transporte viário. E, mais. Entre os países do Mercosul não se exige o passaporte para a movimentação de seus integrantes, o que, em tese, favoreceria a saída do país e a tentativa de obtenção de novo passaporte junto à respectiva Embaixada. Assim, para que se obtenha maior eficácia na medida, impõe-se a determinação de proibição de expedição de novo passaporte para todas as autoridades diplomáticas envolvidas.

Essa é uma medida que poderá trazer transtornos àqueles que, no desenvolvimento de suas regulares atividades, tenham que se ausentar do país com mais frequência. No entanto, ela somente se justificará quando presente o fundado receio de fuga e sempre como alternativa à prisão preventiva."

Pode-se alinhar, ainda como cautelar diversa da prisão, aquela constante do art. 310, § 1º – comparecimento a todos os atos do processo, sob pena de revogação, como já vimos ao exame do mencionado dispositivo legal.

E, por fim, mencione-se a possibilidade de decretação, para garantia da ordem pública, da suspensão da permissão ou da habilitação para dirigir veículo automotor, no curso da investigação ou da ação penal, consoante previsão no art. 294, Lei nº 9.503/97 (Código de Trânsito Brasileiro). Embora a lei se refira à decretação *ex officio* pelo juiz, valem aqui as mesmas objeções e observações que fizemos ao art. 282, CPP.

Jurisprudência

319. [...] conforme fundamentou a Corte estadual, o sacrifício pessoal exigido da paciente, com a manutenção do monitoramento eletrônico, é diminuto quando cotejado com os riscos que sua liberdade plena representa aos interesses processuais, sobretudo à ordem pública e à aplicação da lei penal, uma vez que a investigada seria responsável pela movimentação financeira de organização criminosa que atua no tráfico internacional de drogas e de armas, capilarizada no estado de Santa Catarina. [...] *(Agravo Regimental no Habeas Corpus nº 930.509 - SC, STJ, 6ª Turma, Rel. Min. Rogerio Schietti Cruz, julgado em 4.11.2024, publicado no DJ em 6.11.2024)*

319. [...] O recolhimento domiciliar noturno, por comprometer o ***status libertatis*** do investigado, deve ser computado para efeitos de detração penal quando houver semelhança e homogeneidade entre a medida cautelar aplicada no curso do processo e a pena imposta na sentença condenatória, em homenagem aos princípios da proporcionalidade e do non bis in idem. [...] *(Agravo Regimental no RHC nº 190.429, STF, 2ª Turma, Rel. Min. Edson Fachin, por maioria, vencido Min. Nunes Marques, julgado em sessão virtual encerrada em 6.5.2024, publicado no DJ em 28.6.2024)*

319. [...] A medida cautelar de suspensão do exercício de atividade de natureza econômica, pelo prazo de 90 (noventa) dias, encontra amparo no art. 282, I e II e no art. 319, VI, ambos do CPP, e visa estancar a reiterada prática de supostos delitos perpetrados no contexto de contratos administrativos firmados com o Poder Público estadual. [...] *(Agravo Regimental na Petição nº 15.818-DF, STJ, Corte Especial, Rel. Min. Nancy Andrighi, julgado em 19.4.2023, publicado no DJ em 26.4.2023)*

319. [...] A jurisprudência desta Corte tem reconhecido a legalidade da imposição do uso de tornozeleira no regime aberto quando houver reconhecido *déficit* de vagas no regime adequado, situação que atende aos parâmetros referenciados na Súmula Vinculante 56. Precedentes: AgRg no HC n. 750.926/RJ, relator Ministro Reynaldo Soares da Fonseca, Quinta Turma, julgado em 2/8/2022, DJe de 8/8/2022; AgRg no HC n. 735.396/PR, relator Ministro Jesuíno Rissato (Desembargador Convocado do TJDFT), Quinta Turma, julgado em 14/6/2022, DJe de 20/6/2022; (AgRg no HC n. 737.045/PR, relator Ministro Ribeiro Dantas, Quinta Turma, julgado em 10/5/2022, DJe de 16/5/2022; AgRg no HC n. 695.943/MA, relator Ministro Antonio Saldanha Palheiro, Sexta Turma, julgado em 14/12/2021, DJe de 17/12/2021; (AgRg no HC n. 691.963/RS, relator Ministro Sebastião Reis Júnior, Sexta Turma, julgado em 19/10/2021, DJe de 22/10/2021. [...] A imposição do uso de tornozeleira eletrônica durante o cumprimento de pena no regime aberto não implica nem em ofensa ao sistema progressivo que rege a execução penal, nem tampouco em agravamento indevido das condições do regime aberto. Isso porque, a par de o recolhimento do preso em seu próprio domicílio ser reconhecidamente menos gravoso do que a obrigação de recolhimento noturno em Casa de Albergado, o regime aberto não significa liberdade e, portanto, ausência de intervenção estatal, haja vista que é modalidade de prisão, devendo o executado cumprir regras e adaptar suas atividades a elas, se preciso, de acordo com as possibilidades de fiscalização. [...] *(Agravo Regimental no Habeas Corpus nº 767.689-GO, STJ, 5ª Turma, Rel. Min. Reynaldo Soares da Fonseca, julgado em 18.4.2023, publicado no DJ em 24.4.2023)*

319. [...] Necessidade de se impor, nos termos dos arts. 282 e 319 do Código de Processo Penal, medida cautelar diversa da prisão uma vez que *não* houve representação da Polícia Federal ou requerimento da Procuradoria-Geral da República pela prisão preventiva consistente na suspensão do exercício da função pública do agente público que teria tido, ao menos pelos elementos de prova inicialmente coligidos e amplamente divulgados, envolvimento com os fatos descritos, ainda que por omissão dolosa. [...] *(Inquérito nº 4879-Mérito, STF, Plenário, Rel. Min. Alexandre de Moraes, por maioria, sessão virtual de 9.1.2023 a 31.1.2023, publicado no DJ em 20.4.2023)*

319. [...] 1. A imposição de suspensão do direito de contratar com o Poder Público, amparada no art. 319, VI, do CPP, é medida salutar que visa a evitar a continuidade da malversação do dinheiro público, quando existem fundadas possibilidades de que as condutas delitivas continuem a ser praticadas e existem de indícios de crimes de natureza financeira. Precedentes[...] 2. "A imposição da medida de suspensão do exercício de atividade econômica ou financeira de pessoa física ou jurídica (dentro da qual se enquadra a proibição de contratar com o Poder Público, que nada mais é do que uma limitação parcial da atividade econômica) demanda, ao mesmo tempo, a identificação de indícios de crimes de natureza financeira e da possibilidade de reiteração delitiva. Precedentes" [...] 3. Imposta medida cautelar de proibição de contratar com o poder público por esta Corte, no RHC n. 104.132/PR já transitado em julgado, alcançando quatro empresas do Grupo Stang (Sabiá Ecológico, Quality Bio, Golfinho e Ecorotas), diante de evidências de que, mesmo após ter se desvinculado do quadro social de tais empresas, o ex-sócio permaneceu controlando-as por meio de outros membros da família que ingressaram no quadro social, não há mais como se questionar a existência de nexo causal entre a conduta do ex-sócio, nas ações penais contra si movidas, e a empresa recorrente. 4. A medida de suspensão de atividade de natureza econômica ou financeira quando houver justo receio de sua utilização para a prática de infrações penais, prevista no art. 319, VI, do CPP, por possuir natureza cautelar, não ofende o princípio constitucional da presunção de inocência. Precedente. [...] "A imposição das medidas cautelares previstas no artigo 319, VI, do CPP, não está sujeita a prazo definido, obedecendo sua duração, porém, aos princípios da proporcionalidade e razoabilidade, levando-se em consideração o momento em que foi estabelecido o afastamento das funções públicas e a demonstração efetiva de sua necessidade para o alcance dos objetivos almejados na ação penal" (HC 392.096/MG, Rel. Ministro Néfi Cordeiro, Sexta Turma, julgado em 17/04/2018, DJe 27/04/2018). [...] *(Agravo Regimental no Recurso em Mandado de Segurança nº 64.716/PR, STJ, 5ª Turma, unânime, Rel. Min. Reynaldo Soares da Fonseca, julgado em 9.11.2021, publicado no DJ em 12.11.2021)*

319. [...] 1. Inconstitucionalidade do afastamento automático do servidor público investigado por crimes de lavagem ou ocultação de bens, direitos e valores em decorrência de atividade discricionária da autoridade policial, nos termos do art. 17-D da Lei 9.613/1998, consistente em indiciamento e independentemente de início da ação penal e análise dos requisitos necessários para a efetivação dessa grave medida restritiva de direitos.

2. A determinação do afastamento automático do servidor investigado, por consequência única e direta do indiciamento pela autoridade policial, não se coaduna com o texto constitucional, uma vez que o afastamento do servidor, em caso de necessidade para a investigação ou instru-

ção processual, somente se justifica quando demonstrado nos autos o risco da continuidade do desempenho de suas funções e a medida ser eficaz e proporcional à tutela da investigação e da própria administração pública, circunstâncias a serem apreciadas pelo Poder Judiciário.

3. Reputa-se violado o princípio da proporcionalidade quando não se observar a necessidade concreta da norma para tutelar o bem jurídico a que se destina, já que o afastamento do servidor pode ocorrer a partir de representação da autoridade policial ou do Ministério Público, na forma de medida cautelar diversa da prisão, conforme os arts. 282, § 2º, e 319, VI, ambos do CPP.

4. A presunção de inocência exige que a imposição de medidas coercitivas ou constritivas aos direitos dos acusados, no decorrer de inquérito ou processo penal, seja amparada em requisitos concretos que sustentam a fundamentação da decisão judicial impositiva, não se admitindo efeitos cautelares automáticos ou desprovidos de fundamentação idônea.

5. Sendo o indiciamento ato dispensável para o ajuizamento de ação penal, a norma que determina o afastamento automático de servidores públicos, por força da *opinio delicti* da autoridade policial, quebra a isonomia entre acusados indiciados e não indiciados, ainda que denunciados nas mesmas circunstâncias. Ressalte-se, ainda, a possibilidade de promoção de arquivamento do inquérito policial mesmo nas hipóteses de indiciamento do investigado.

6. Ação Direta julgada procedente. *(Ação Direta de Inconstitucionalidade nº 4.911/DF, STF, Plenário, por maioria, Rel. Min. Edson Fachin, Redator do Acórdão Min. Alexandre de Moraes, julgado em sessão virtual de 13.11.2020 a 20.11.2020, publicado no DJ em 15.12.2020).*

319. [...] O artigo 319, VI, do Código de Processo Penal possibilita o afastamento das funções públicas, quando, pela natureza ou gravidade da infração penal, possa a Autoridade se valer das prerrogativas inerentes ao seu respectivo cargo, a fim de receber indevidas vantagens, independentemente de sua natureza. [...] *In casu*, os elementos documentados na investigação revelam fortes indícios de crimes de corrupção passiva e lavagem de capitais imputados a Desembargador do Tribunal de Justiça do Rio de Janeiro, pela suposta venda de decisões judiciais e a posterior realização de inúmeras operações de dólar-cabo, com movimentações milionárias de recursos em espécie e remessa de mais de USD 1.800.000,00 (um milhão e oitocentos mil dólares para o exterior) para o exterior, em contas ocultadas em nome de *offshores*, o que demonstra o elevado grau de sofisticação e ocultação das atitudes então perpetradas. [...] O afastamento se impõe, ao menos pelo prazo inicial de 90 (noventa) dias, como forma de garantia da ordem pública e da lisura da instrução procedimental, pois, uma vez reintegrado ao cargo, tamanha é a probabilidade de exercer indevida influência em funcionários daquela e. Corte, além da vulneração de provas e manipulação de dados, cabendo ressaltar que, por meio de afastamento do sigilo de dados dos investigados, observou-se que se valeu o representado de funcionário do próprio Tribunal de Justiça Fluminense, ligado ao seu gabinete, para realizar vultuosos depósitos em espécie e aparentemente espúrios. [...] Pedido acolhido para determinar o afastamento *(Questão de Ordem no Inquérito n. 1.284-DF, STJ, Corte Especial, unânime, Rel. Min. Felix Fischer, julgado em 6.5.2020, publicado no* DJ *em 14.5.2020).*

319. [...] Esta Corte de Justiça firmou o entendimento de que não é possível a detração do período em que o sentenciado se submeteu a medidas cautelares diversas da prisão na pena privativa de liberdade, em razão da ausência de previsão legal. [...] *(Agravo Regimental no Habeas Corpus nº 494.693-SP, STJ, 5ª Turma, unânime, Rel. Min. Jorge Mussi, julgado em 11.2.2020, publicado no* DJ *em 27.2.2020).*

319. [...] 1. A Lei Orgânica da Magistratura Nacional (Lei Complementar n. 35/1979) determina em seu art. 29 que, em razão da natureza ou gravidade da infração penal, o magistrado pode ser afastado do cargo por decisão tomada pelo voto de dois terços dos membros do Tribunal ou do seu órgão especial, em caso de recebimento da denúncia ou queixa. 2. A jurisprudência desta Corte Especial admite o deferimento do pedido de afastamento cautelar de magistrado por decisão monocrática do relator, ainda no curso da fase investigativa, com posterior submissão da decisão ao referendo do órgão colegiado. Precedentes: Inq 558/GO, Rel. Min. Nancy Andrighi, *DJe* 11/11/2010; Inq 1.088/DF, Rel. Min. Raul Araújo, *DJe* 03/08/2016; CauInomCrim 7/DF, Rel. Min. Felix Fischer, *DJe* 04/05/2017 e QO no PBAC 10/DF, Rel. Min. Og Fernandes, *DJe* 06/12/2019. [...] *(Questão de Ordem no Inquérito nº 1.199-DF, STJ, Corte Especial, unânime, Rel. Min. Luis Felipe Salomão, julgado em 6.5.2020, publicado no* DJ *em 21.9.2020).*

319. [...] 1. A medida de afastamento de cargo público decretada no curso de investigação penal não encontra fundamento apenas no objetivo de resguardar a ordem pública quanto ao risco do servidor afastado seguir se servindo do cargo para praticar atividades ilícitas, ancorando-se, também, no desiderato que é inerente e intrínseco a toda e qualquer medida cautelar prevista pelo legislador em caráter instrumental à persecução penal, qual seja, resguardar a efetividade dos efeitos concernentes à futura e eventual condenação do investigado ou réu. Nesse contexto, embora não se questione ser do Poder Executivo Estadual a competência administrativa para conhecer de pedido de aposentadoria formulado pelo servidor afastado, impende reconhecer que o requerimento administrativo, caso deferido pela autoridade competente, esvaziará os efeitos futuros da medida cautelar em vigor, o que justifica a determinação jurisdicional de suspensão da pretensão de aposentação. 2. No presente caso, foi determinado o afastamento do ora recorrente do cargo de Conselheiro do Tribunal de Contas do Estado do Mato Grosso. Então, sobreveio aos autos comunicação do Governador do Estado do Mato Grosso, noticiando que o investigado formulara pedido de aposentadoria voluntária do cargo. Nesse contexto, embora reconhecendo tratar-se da autoridade administrativa competente para conhecer do pedido formulado, requereu o Governador do Estado o pronunciamento prévio do STF quanto à compatibilidade da eventual concessão da aposentadoria com a decisão cautelar vigente. Por fim, acolhendo promoção da Procuradoria-Geral da República, determinou o relator "a suspensão do processo administrativo de aposentadoria voluntária do investigado [...] em relação ao cargo de Conselheiro do Tribunal de Contas do Estado do Mato Grosso enquanto não houver a resolução definitiva dos atos persecutórios em face dele movidos em razão dos fatos que são objeto de investigação nos presentes autos (...)". 3. A possibilidade do Supremo Tribunal Federal conhecer da provocação que lhe foi dirigida pelo Governador do Estado do Mato Grosso *não caracteriza eventual atribuição consultiva da Corte Superior*, mas sim medida necessária para, em nome do poder geral de cautela que garante a efetividade da competência jurisdicional do Tribunal, zelar pela preservação dos efeitos futuros que constituem fator justificante da medida cautelar de afastamento do cargo que se encontra em vigor, mormente em consideração à possibilidade da efetivação da aposentadoria de obstar, no caso de futura condenação, conforme precedentes judiciais, a aplicação do efeito específico concernente à perda do cargo e da função pública. 4. Uma vez remanescendo a necessidade cautelar da medida originária (o afastamento do cargo em si), bem como da medida complementar adotada para resguardar a efetividade daquela (a suspensão do processo de aposentadoria visando a assegurar a efetividade da medida de perda do cargo que possa vir a resultar de eventual condenação criminal), são irrelevantes ao Juízo Criminal as consequências que as medidas podem gerar na esfera pessoal do investigado, independentemente de seus eventuais efeitos civis, administrativos e/ou eleitorais. *[...] (Segundo Agravo Regimental na Petição n. 7.221-DF, STF, 1ª Turma, Rel. Min. Luiz Fux, julgado em 3.4.2018, publicado no* DJ *em 19.6.2018).*

319. [...] A suspensão da contratação da empresa, com amparo no art. 319, VI, do CPP, é medida salutar para evitar a continuidade da malversação do dinheiro público, quando existem fundadas possibilidades de que as condutas delitivas continuem a ser praticadas e existem indícios de crimes de natureza financeira. O mesmo se diga da proibição de renovação de contrato. Precedentes: RHC 42.049/SP, rel. Min. Maria Thereza de Assis Moura, 6ª Turma, julgado em 17.12.2013, *DJe* 3.2.2014; HC 313.769/MS, rel. Min. Sebastião Reis Júnior, 6ª Turma, julgado em 1º.10.2015, *DJe* 26.10.2015; RMS 46.358/PE, rel. Min. Maria Thereza de Assis Moura, 6ª Turma, julgado em 14.10.2014, *DJe* 31.10.2014; RHC 72.439/DF, rel. Min. Rogerio Schietti Cruz, 6ª Turma, julgado em 13.9.2016, *DJe* 20.9.2016. [...] *(RMS n. 55.658-TO, STJ, 5ª Turma, unânime, Rel. Min. Reynaldo Soares da Fonseca, julgado em 27.8.2017, publicado no* DJ *em 9.3.2018).*

319. [...] Também aos Governadores são aplicáveis as medidas cautelares diversas da prisão previstas no art. 319 do Código de Processo Penal, entre elas "a suspensão do exercício de função pública", e outras que se mostrarem necessárias e cujo fundamento decorre do poder geral de cautela conferido pelo ordenamento jurídico brasileiro aos juízes. [...] *(ADI n. 4.362-DF, STF, Plenário, Rel. Min. Dias Toffoli, Rel. para o acórdão Min. Roberto Barroso, julgado em 9.8.2017, publicado no* DJ *em 6.2.2018).*

319. [...] Os conselheiros de Tribunais de Contas são equiparados aos magistrados, por força do princípio da simetria em relação à disposição contida no art. 73, § 3º, da CF/88, sendo-lhes aplicada, por analogia, a Lei Orgânica da Magistratura Nacional (LC nº 35/79), razão pela qual a natureza ou a gravidade do fato imputado a essas autoridades pode ensejar o afastamento do denunciado do cargo político por ele ocupado. [...] *(Ação Penal n. 923-DF, STJ, Corte Especial, unânime, Rel. Min. Nancy Andrighi, julgado em 23.9.2019, publicado no DJ em 26.9.2019).*

319. [...] O Judiciário está autorizado a aplicar as medidas do art. 319 do Código de Processo Penal e, no caso de Vereador, não aplicar o art. 53, § 2º, da Constituição Federal, eis que destinado a Senadores, Deputados Federais, e, pela extensão do art. 27, § 1º, da Carta Magna, a Deputados Estaduais. [...] *(Recurso em Habeas Corpus n. 94.002-SP, STJ, 5ª Turma, unânime, Rel. Min. Jorge Mussi, julgado em 14.5.2019, publicado no DJ em 21.5.2019).*

319. [...] I – Havendo justo receio da utilização de cargo público para a prática de infrações penais, a suspensão do exercício da função pública está autorizada pelo art. 319, VI, do Código de Processo Penal, bem como pelos artigos 29 da Loman (LC nº 35/79) e 2º, § 5º, da Lei nº 12.850/13, pois os fatos estão a demonstrar, em cognição sumária, incompatibilidade com o exercício da função, colocando em risco a atividade fiscalizatória do Tribunal de Contas e a credibilidade de suas decisões. [...] Afastamento cautelar do cargo necessário. Decisão referendada *(Cautelar Inominada Criminal n. 7 – DF, STJ, Corte Especial, unânime, Rel. Min. Felix Fischer, julgada em 19.4.2017, publicada no DJ em 4.5.2017).*

319. [...] Conselheiro do Tribunal de Contas do Estado. Afastamento do cargo. Possibilidade. Art. 29 da LOMAN. Art. 319, VI, do CPP. Recebimento da denúncia por crimes graves, ligados à função pública. Fatos posteriores à denúncia que demonstram de forma concreta o justo receio da utilização da função para a prática de novas infrações penais. Superveniência de descumprimento das medidas cautelares diversas da prisão aplicadas. Conduta que, além de reforçar a necessidade da imposição das medidas combatidas, coloca em dúvida a suficiência de medidas cautelares diversas da prisão – art. 282, § 4º, do CPP. [...] Denegada a ordem *(HC nº 128.853-AP, STF, 2ª Turma, unânime, Rel. Min. Gilmar Mendes, julgado em 31.5.2016, publicado no* DJ *em 21.10.2016).*

319. [...] Medida cautelar de suspensão do exercício da função (art. 319, VI, do CPP), a abranger tanto o cargo de presidente da Câmara dos Deputados quanto o mandato parlamentar. Cabimento da providência, no caso, em face da situação de franca excepcionalidade. Comprovação, na hipótese, da presença de múltiplos elementos de riscos para a efetividade da jurisdição criminal e para a dignidade da própria casa legislativa. Especificamente em relação ao cargo de Presidente da Câmara, concorre para a suspensão de figurar o requerido como réu em ação penal por crime comum, com denúncia recebida pelo Supremo Tribunal Federal, o que constitui causa inibitória ao exercício da Presidência da República. Deferimento da medida suspensiva referendado pelo Plenário *(AC. nº 4.070-DF, STF, Plenário, unânime, Rel. Min. Teori Zavascki, julgado em 5.5.2016, publicado no* DJ *em 21.10.2016).*

319. [...] Suspensão do exercício da função pública devidamente motivada. Prática do crime relacionada com o mandato eletivo. [...] o recorrente, na condição de vereador, é acusado de solicitar vantagem indevida para se licenciar do mandato e assim permitir que os demais suplentes assumissem a vaga no parlamento municipal, inclusive com divisão de salários. Estando-se diante de prática criminosa que guarda relação direta com o mandato eletivo exercido pelo paciente, e havendo o fundado receio de que a sua permanência no cargo pode ensejar a continuidade das atividades ilícitas em apuração, inexiste qualquer ilegalidade ou desproporcionalidade na imposição da medida em questão. [...] *(RHC nº 60.014-CE, STJ, 5ª Turma, unânime, Rel. Min. Jorge Mussi, julgado em 7.6.2016, publicado no* DJ *em 17.6.2016).*

319. [...] 1. A medida cautelar prevista no art. 319, VI, do CPP é providência destinada àquelas situações em que o investigado/acusado, permanecendo desimpedido de exercer sua função pública ou atividade de natureza econômica ou financeira, possa vir a praticar nova infração penal, valendo-se dessa função ou atividade. 2. É providência cautelar direcionada e específica, a ser utilizada naqueles casos em que o sujeito costuma deter certo poder com o qual tem facilidade para interferir na prova do crime ou mesmo para reiterar a prática delitiva. [...] *(RHC nº 72.439-DF, STJ, 6ª Turma, unânime, Rel. Min. Rogerio Schietti Cruz, julgado em 13.9.2016, publicado no* DJ *em 20.9.2016).*

319. [...] O art. 319 do Código de Processo Penal, com a redação dada pela Lei nº 12.403/2011, inseriu uma série de medidas cautelares diversas da prisão, dentre elas: I – Comparecimento periódico em juízo, no prazo e nas condições fixadas pelo juiz, para informar e justificar atividades; II – Proibição de acesso ou frequência a determinados lugares quando, por circunstâncias relacionadas ao fato, deva o indiciado ou acusado permanecer distante desses locais para evitar o risco de novas infrações; e III – Proibição de manter contato com pessoa determinada quando, por circunstâncias relacionadas ao fato, deva o indiciado ou acusado dela permanecer distante. Considerando que a prisão é a última *ratio* das medidas cautelares (§ 6º do art. 282 do CPP – incluído pela Lei nº 12.403/11), deve o juízo competente observar aplicabilidade, ao caso concreto, das medidas cautelares diversas elencadas no art. 319 do CPP, com a alteração da Lei nº 12.403/11. No caso, os argumentos do Juízo de origem para vedar à paciente a possibilidade de recorrer em liberdade não demonstram que a sua liberdade poderia causar perturbações de monta, que a sociedade venha a se sentir desprovida de garantia para a sua tranquilidade, fato que, a meu ver, retoma o verdadeiro sentido de se garantir a ordem pública – acautelamento do meio social –, muito embora, não desconheça a posição doutrinária de que não há definição precisa em nosso ordenamento jurídico para esse conceito. Tal expressão é uma cláusula aberta, alvo de interpretação jurisprudencial e doutrinária, cabendo ao magistrado a tarefa hermenêutica de explicitar o conceito de ordem pública e sua amplitude. Na espécie, o objetivo que se quer levar a efeito – evitar que a paciente funcione como verdadeiro pombo-correio da organização criminosa, como o quer aquele Juízo de piso –, pode ser alcançado com aquelas medidas cautelares previstas nos incisos I a III do art. 319 do CPP em sua nova redação. Se levado em conta o critério da legalidade e da proporcionalidade e o fato de a paciente, ao contrário dos outros corréus, não ter sido presa em flagrante, não possuir antecedentes criminais e estar em liberdade provisória quando da sentença condenatória, aplicar as medidas cautelares diversas da prisão seria a providência mais coerente para o caso. Ordem parcialmente concedida para que o Juiz de origem substitua a segregação cautelar da paciente por aquelas medidas cautelares previstas nos incisos I a III do art. 319 do Código de Processo Penal (*Habeas Corpus nº 106.446-SP, STF, 1ª Turma, Rel. Min. Cármen Lúcia, julgado em 20.9.2011, publicado no* DJ *em 11.11.2011*).

....

319.1. A aplicação de medidas protetivas na Lei Maria da Penha: A Lei nº 13.827, de 13.5.2019, fez alterações na Lei nº 11.340 (Lei Maria da Penha) para autorizar, nas hipóteses nela previstas, a aplicação de medidas protetivas de urgência, pela autoridade policial ou judicial, à mulher em situação de violência doméstica e familiar, ou a seus dependentes, e ainda para determinar o registro da medida em banco de dados mantido pelo Conselho Nacional de Justiça.

Embora nada se diga na legislação, a determinação inserida no ordenamento tem muita similitude (talvez em até maior extensão) com a medida cautelar diversa da prisão inserta no inciso III do artigo 319 do CPP, que trata da "*proibição de manter contato com pessoa determinada quando, por circunstâncias relacionadas ao fato, deva o indiciado ou acusado dela permanecer distante*".

Destacamos que, conforme o disposto no art. 17-A da Lei Maria da Penha (na redação da Lei nº 14.857/2024), "o nome da ofendida ficará sob sigilo nos processos em que se apuram crimes praticados no contexto de violência doméstica e familiar contra a mulher", bem assim que, nos termos do seu parágrafo único, o "sigilo referido no caput deste artigo não abrange o nome do autor do fato, tampouco os demais dados do processo".

Conforme o art. 12-C da Lei nº 11.340/2006, na redação da Lei nº 14.188/2021:

> Art. 12-C. Verificada a existência de risco atual ou iminente à vida ou à integridade física ou psicológica da mulher em situação de violência doméstica e familiar,

> ou de seus dependentes, o agressor será imediatamente afastado do lar, domicílio ou local de convivência com a ofendida:
>
> I – pela autoridade judicial;
>
> II – pelo delegado de polícia, quando o Município não for sede de comarca; ou
>
> III – pelo policial, quando o Município não for sede de comarca e não houver delegado disponível no momento da denúncia.
>
> § 1º Nas hipóteses dos incisos II e III do caput deste artigo, o juiz será comunicado no prazo máximo de 24 (vinte e quatro) horas e decidirá, em igual prazo, sobre a manutenção ou a revogação da medida aplicada, devendo dar ciência ao Ministério Público concomitantemente.
>
> § 2º Nos casos de risco à integridade física da ofendida ou à efetividade da medida protetiva de urgência, não será concedida liberdade provisória ao preso.

Compreende-se perfeitamente a absoluta e imperiosa preocupação do legislador em prever a urgência da medida para afastamento *imediato* do lar daquele que seja o responsável pelas agressões, evitando-se a continuidade das agressões (clara situação de proteção da vítima, tratando-se de hipótese de proibição de insuficiência). Entretanto, há se reconhecer que a previsão dos incisos II e III traz conteúdos de duvidosa constitucionalidade, pois autoriza a adoção de medidas até mais graves que a do inciso III do art. 319 do CPP (em que há reserva de jurisdição para sua aplicabilidade) a ser praticada (1) pelo delegado de polícia ou (2) pelo policial, se presentes as condicionantes neles referidas.

Igualmente não há dúvidas de que, diariamente, são praticados atos de prevenção pelas autoridades policiais no exercício de suas atividades. Mas cremos que, aqui, avançou um pouco demasiado (pelo prisma da constitucionalidade) o legislador infraconstitucional ao estabelecer a possibilidade de, se a autoridade *judicial* (inciso I, primeira opção) não determinar, possam as autoridades policiais *ordenar* medidas de *retirada do lar* do agressor. Fosse uma autorização legal para que se retirasse do local, temporariamente, aquelas pessoas que pudessem ser vítimas das agressões (até decidido algo pela autoridade *judicial* de retirada do agressor) cremos que não haveria problemas. Mas adotar medidas coercitivas dessa natureza (e não estamos tratando de flagrante), parece contrastar com a reserva constitucional conferida ao Poder Judiciário.

Veja-se que a Lei nº 13.880, de 8.10.2019 (posterior, portanto, à Lei nº 13.827), criou determinação ao juiz (e não à autoridade policial) ordenar a apreensão da arma de fogo sob posse do agressor. Aqui está-se diante de hipótese até menos gravosa que aquela do afastamento do lar sob a ótica dos direitos fundamentais, reforçando a ideia de que não andou bem o legislador ao prever aquelas possibilidades de atuação da autoridade policial.

De outro lado, o disposto no § 2º (que deve ser compreendido como hipótese de *prisão efetivamente*, e não *afastamento do lar*) necessita sua devida compatibilização com o disposto no presente art. 319 do CPP. É que, se não houver fundamentos sólidos para a prisão preventiva, mas presentes hipóteses em que, em tese, seja possível a aplicação de *medidas cautelares diversas da prisão*, deverá o julgador sempre analisar essa possibilidade. Não descuramos da realidade das estatísticas, segundo as quais, em muitas situações (reiteradas até), autores de ameaças e/ou agressores que obtiveram medidas cautelares menos gravosas que a própria prisão preventiva, acabaram agredindo quando não causando a morte das vítimas ulteriormente, revelando que as medidas menos gravosas efetivamente não eram cabíveis. O que estamos acentuando aqui é que, sempre diante do caso concreto, há se analisar se não existe a possibilidade (subsidiária, portanto) de aplicação de cautelares menos gravosas. Do contrário, situações diversas de agressões (e elas são) importariam uma medida única: a restrição automática da liberdade do autor das agressões, o que não parece, de outro lado, razoável e de acordo com os princípios constitucionais e legais, notadamente da necessidade (art. 312, CPP).

No art. 3º determina que "a Lei nº 11.340, de 7 de agosto de 2006 (Lei Maria da Penha), passa a vigorar acrescida do seguinte art. 38-A:

Art. 38-A. O juiz competente providenciará o registro da medida protetiva de urgência.

Parágrafo único. As medidas protetivas de urgência serão, após sua concessão, imediatamente registradas em banco de dados mantido e regulamentado pelo Conselho Nacional de Justiça, garantido o acesso instantâneo do Ministério Público, da Defensoria Pública e dos órgãos de segurança pública e de assistência social, com vistas à fiscalização e à efetividade das medidas protetivas.

Jurisprudência

319.1. [...] 1. As medidas protetivas de urgência previstas na Lei Maria da Penha buscam preservar a integridade física e psíquica da vítima, prescindindo, assim, da existência de ação judicial ou inquérito policial. Considerando essas características, vê-se que as referidas medidas possuem natureza inibitória, pois têm como finalidade prevenir que a violência contra a mulher ocorra ou se perpetue. Nesse sentido: "[...] *Lei Maria da Penha. Desnecessidade de processo penal ou cível. 3. Medidas que acautelam a ofendida e não o processo*" (STF, HC 155.187 AgR, Rel. Ministro GILMAR MENDES, SEGUNDA TURMA, julgado em 05/04/2019, DJe 16/04/2019).

2. Reconhecida a natureza jurídica de tutela inibitória, a única conclusão admissível é a de que as medidas protetivas têm validade enquanto perdurar a situação de perigo. A decisão judicial que as impõe submete-se à cláusula *rebus sic stantibus*, ou seja, para sua eventual revogação ou modificação, mister se faz que o Juízo se certifique de que houve a alteração do contexto fático e jurídico.

3. Os referidos entendimentos se coadunam com o atual texto da Lei 11.340/06, conforme previsão expressa contida no art. 19, §§5.º e 6.º, acrescentados recentemente pela Lei n.º 14.550/23.

4. Nesse cenário, torna-se imperiosa a instauração do contraditório antes de se decidir pela manutenção ou revogação do referido instrumento protetivo. Em obediência ao princípio do contraditório (art. 5.º, inciso LV, da Constituição da República), as partes devem ter a oportunidade de influenciar na decisão, ou seja, demonstrar a permanência (ou não) da violência ou do risco dessa violência, evitando, dessa forma, a utilização de presunções, como a mera menção ao decurso do tempo, ou mesmo a inexistência de inquérito ou ação penal em curso.

5. Não pode ser admitida a fixação de um prazo determinado para a vigência das medidas aplicadas (revogação automática), sem qualquer averiguação acerca da manutenção daquela situação de risco que justificou a imposição das medidas protetivas, expondo a mulher a novos ataques.

6. A fim de evitar a inadequada perenização das medidas, nada impede que o juiz, caso entenda prudente, revise periodicamente a necessidade de manutenção das medidas protetivas impostas, garantida, sempre, a prévia manifestação das partes, consoante entendimento consolidado pela Terceira Seção desta Corte de Justiça, no sentido de que "*a revogação de medidas protetivas de urgência exige a prévia oitiva da vítima para avaliação da cessação efetiva da situação de risco à sua integridade física, moral, psicológica, sexual e patrimonial*" (AgRg no REsp n. 1.775.341/SP, relator Ministro Sebastião Reis Júnior, Terceira Seção, julgado em 12/4/2023, DJe de 14/4/2023.)

7. É descabida, no entanto, a fixação de um prazo geral para que essa reavaliação das medidas ocorra, devendo ser afastada a analogia com o prazo de 90 dias para revisão das prisões preventivas, que tutela extrema situação de privação de liberdade e pressupõe inquérito policial ou ação penal em curso, o que, como visto, não é o caso das medidas protetivas de urgência. Isso deve ficar a critério do Magistrado de primeiro grau, que levará em consideração as circunstâncias do caso concreto para estabelecer um prazo mais curto ou mais alongado, a partir da percepção do risco a que a Vítima está submetida e da natureza mais ou menos restritiva das medidas aplicadas ao caso concreto.

8. Na hipótese dos autos, o Tribunal de origem revogou as medidas protetivas sem indicar elementos concretos que apontassem a mudança daquela situação de perigo anteriormente constatada pelo Juízo singular. Foi ressaltada a inexistência de inquérito ou ação penal em curso e utilizada mera suposição (longo decurso de tempo). Cabível, dessa maneira, o restabelecimento da sentença que impôs as medidas protetivas previstas no art. 22, inciso III, alíneas a, b, e c da Lei n. 11.340/2006, pois, naquela oportunidade, o Magistrado singular destacou a situação de perigo (ameaça de morte com arma de fogo e descumprimento das medidas protetivas fixadas) e, em audiência realizada posteriormente, a Ofendida reiterou a necessidade de manutenção das medidas, pois ainda presente a situação de risco.[...] *(Recurso Especial nº 2.036.072-MG, STJ, 6ª Turma, Rel. Min. Laurita Vaz, julgado em 22.8.2023, publicado no DJ em 30.8.2023)*

....

Art. 320. A proibição de ausentar-se do País será comunicada pelo juiz às autoridades encarregadas de fiscalizar as saídas do território nacional, intimando-se o indiciado ou acusado para entregar o passaporte, no prazo de 24 (vinte e quatro) horas. (Redação dada pela Lei nº 12.403, de 2011)

Acabamos de examinar a medida cautelar de que ora se cuida (comentários ao art. 319), alertando para a ineficácia do recolhimento de passaporte para viagens no âmbito do Mercosul, cujos países dispensam o aludido documento.

No entanto, repetimos também, a medida poderá diminuir a movimentação do investigado/processado fora do país, desde que se impeça a expedição de outro passaporte por autoridades diplomáticas e consulares no exterior.

Jurisprudência

320. [...] 1. A prisão preventiva, porquanto medida cautelar extrema e excepcional, somente deve ser mantida enquanto necessária à preservação dos fins do processo penal, vedada sua convolação em pena antecipada, conforme remansosa jurisprudência desta Corte. 2. (a) In casu, o decreto prisional considerou existente risco para a ordem pública e para a instrução processual, diante de suspeita de atuação dos Agravantes na prática de crimes de organização criminosa e crimes contra a administração pública. [...] 4. (a) O perigo para a ordem pública e o risco de interferência na instrução probatória constituem motivos idôneos à imposição da prisão processual, inexistindo, por ora, conclusão das investigações que autorize um juízo completo sobre as demais atividades em teses criminosas. 5. (b) O periculum libertatis pode ser, in casu, resguardado mediante a imposição de medidas previstas no Código de Processo Penal, que vêm sendo aplicadas por esta Corte em casos semelhantes ao presente, i. e.: (i) proibição de manter contato com os demais investigados (art. 319, III); (ii) proibição de ausentar-se do país sem prévia autorização do Supremo Tribunal Federal (art. 319, IV), com entrega dos passaportes; (iii) monitoramento eletrônico (art. 319, IX, do CPP); (iv) prisão domiciliar (art. 317, c/c art. 282, I e II, do CPP). [...] (Segundo *Agravo Regimental na Ação Cautelar nº 4.327/DF, STF, 1ª turma, parcial procedência, Rel. Min. Marco Aurélio, Redator Min. Luiz Fux, julgado em 20.6.2017, publicado no DJ em 17.6.2019)*

....

CAPÍTULO VI
Da Liberdade Provisória, Com ou Sem Fiança

Art. 321. Ausentes os requisitos que autorizam a decretação da prisão preventiva, o juiz deverá conceder liberdade provisória, impondo, se for o caso, as medidas cautelares previstas no art. 319 deste Código e observados os critérios constantes do art. 282 deste Código. (Redação dada pela Lei nº 12.403, de 2011)

I – (revogado);

II – (revogado).

O presente dispositivo simplesmente reproduz o quanto já disposto no art. 310, II e III, CPP, a cuidar das modalidades de liberdade após a prisão em flagrante.

Ali já se acha suficientemente esclarecido que, não estando presentes as razões da preventiva, o juiz, após o flagrante, deverá *restituir* a liberdade ao aprisionado, impondo, se necessário e adequado (art. 282, CPP), uma ou alguma das medidas cautelares diversas da prisão.

Inexistindo anterior prisão em flagrante, não se há de falar em liberdade, consoante já examinado ao exame do citado art. 310, CPP. Nesse caso, em que não há situação de prisão em flagrante, a eventual imposição de alguma medida cautelar pessoal (diversa da prisão) resultará do art. 282, § 2º, CPP.

Quanto ao conceito, ao significado e às modalidades de liberdade, remetemos aos itens 310.6 e seguintes, *retro*.

Art. 322. A autoridade policial somente poderá conceder fiança nos casos de infração cuja pena privativa de liberdade máxima não seja superior a 4 (quatro) anos.

Parágrafo único. Nos demais casos, a fiança será requerida ao juiz, que decidirá em 48 (quarenta e oito) horas. (Redação dada pela Lei nº 12.403, de 2011)

322.1. Legitimidade para o arbitramento: Pelo sistema anterior à Lei nº 12.403/11, a autoridade policial podia conceder fiança nos casos de infração punida com *detenção* ou *prisão simples*. Atualmente, a regra é outra, na medida em que o critério é a quantidade de pena: a autoridade policial poderá conceder a fiança quando a infração *não* tenha pena privativa de liberdade *superior* a 4 (quatro) anos. Em todas as demais situações, a fiança será requerida ao juízo, que deverá decidir no prazo de 48 (quarenta e oito) horas.

A nosso aviso, tratando-se de infração *afiançável* e cuja pena privativa da liberdade não seja superior a quatro anos, a autoridade policial *deverá* (e não *poderá*) arbitrar a fiança.

Em primeiro lugar, porque o exame acerca da existência, ou não, das razões da prisão preventiva cabe, em princípio, ao juiz. À autoridade policial e ao Ministério Público compete apenas *representar* e *requerer*, respectivamente, a sua decretação, quando entenderem presentes os requisitos legais.

E, em segundo lugar, porque não caberá a decretação da preventiva, após o flagrante, para os crimes com pena igual ou inferior a quatro anos, limite este estabelecido pelo art. 313, I, CPP. No ponto, remete-se às observações que fizemos ao art. 310, CPP. Para tais delitos, somente será cabível a preventiva de modo *subsidiário*, isto é, para garantir a eficácia de medida cautelar anteriormente imposta.

E, embora a prisão em flagrante seja também uma medida cautelar, não há a possibilidade legal de seu *descumprimento*, já que ela não impõe ônus ou dever algum.

Art. 323. Não será concedida fiança:

I – nos crimes de racismo;

II – nos crimes de tortura, tráfico ilícito de entorpecentes e drogas afins, terrorismo e nos definidos como crimes hediondos;

III – nos crimes cometidos por grupos armados, civis ou militares, contra a ordem constitucional e o Estado Democrático; (Redação dada pela Lei nº 12.403, de 2011)

IV – (revogado);

V – (revogado).

323.1. A inafiançabilidade constitucional: Quando dos estudos relativos ao art. 310, e, mais especificamente, no item 310.8, tivemos oportunidade de apontar a vedação constitucional de liberdade *com fiança* a determinados delitos, segundo disposição do próprio texto constitucional, ao estabelecer a *inafiançabilidade* para os crimes de racismo, de tortura, crimes hediondos, de tráfico de drogas, de terrorismo e de grupos armados, contra a ordem constitucional e/ou o Estado de Direito (ver art. 5º, XLII, XLIII e XLIV).

E, como já o assentamos, a aludida previsão de inafiançabilidade ou de proibição de fiança tinha a pretensão de impedir qualquer forma de *restituição da liberdade* àqueles que fossem pilhados em flagrante de tais delitos.

A tentativa, porém, é infrutífera, mesmo ao nível constitucional, porquanto incompatível com a mesma Constituição da República, a ditar que *ninguém será preso ou mantido preso senão por ordem escrita e fundamentada da autoridade judiciária competente* (art. 5º, LXI). E, se não há contradição normativa no referido texto (constitucional), a sua *unidade* há de ser buscada no *sistema constitucional* dos direitos fundamentais, que impede interpretações que alarguem as restrições a estes direitos (proibição do excesso).

Por isso, a inafiançabilidade constitucional, segundo nos parece, somente poderia e somente poderá significar a proibição, ao legislador, de imposição de regime de restituição da liberdade *menos oneroso* para esses crimes (vide ainda anotações no item 304.2.2, quanto ao tema da inafiançabilidade em casos de crimes cometidos por parlamentares, art. 53, § 2º, CF/88).

Basta ver o percurso da legislação brasileira desde o CPP de 1941 para se perceber que a inafiançabilidade somente implicou a proibição de qualquer liberdade quando *o único modelo existente* era aquele mediante fiança. Daí, quando proibida a fiança, era também vedada qualquer forma de liberdade ou de restituição desta (liberdade).

Mas, desde o ano de 1977, com a Lei nº 6.416/77, e a introdução do antigo parágrafo único ao mais antigo ainda art. 310, CPP, a proibição de fiança *não mais significava a proibição da restituição da liberdade.* Por óbvio: não é dado a nenhum legislador (e nem ao constituinte) antecipar hipóteses abstratas de necessidade de manutenção de prisões. A custódia provisória, em uma ordem de Direito, há que se demonstrar indispensável.

E como se comprova essa situação? Pela via da *ordem judicial* fundamentada, na qual ou por meio da qual se demonstre que o princípio da não culpabilidade poderá ceder diante da necessidade de proteção de interesses igualmente relevantes, tal nos parece o caso da efetividade da persecução penal, enquanto se reconhecer a sua legitimidade.

Por essas razões, e aqui já o afirmamos em várias ocasiões, será inconstitucional qualquer tentativa de se impedir a restituição da liberdade daquele que for preso em flagrante, por autoridade policial ou por qualquer pessoa do povo.

323.2. A proibição de fiança e a restituição da liberdade mediante outras cautelares: Então, se incabível a vedação *ex lege* da restituição da liberdade, há que se concluir que a norma em comento consagra, mais uma vez, um retrocesso e um contrassenso na legislação processual penal brasileira.

É que a fiança impõe um regime mais gravoso que outras cautelares introduzidas pela Lei nº 12.403/11, exigindo não só a prestação de fiança, mas, também, o comparecimento a todos os atos do processo, a comunicação à autoridade judiciária de sua localização em caso de viagem e a necessidade de autorização para mudança de endereço (disposição evidentemente *inválida!*), tudo conforme se verá no art. 327 e no art. 328, ambos do CPP.

Assim, se ela é vedada para crimes tão reprováveis, por que ela seria cabível – como é – para crimes menos graves?

Em uma palavra: para os crimes inafiançáveis, poderão ser impostas *quase* todas as novas cautelares; para os menos graves, afiançáveis, poderão ser impostas *todas elas.* Maior o gravame para delitos de menor reprovação!

Faz-se aqui, para evitarmos repetição de texto, remissão aos comentários constantes do item 310.8.

323.3. A casuística da inafiançabilidade ou da vedação da fiança: Nem bem o país se acostumava com os novos ares da Constituição da República, uma ampla movimentação de determinados grupos de pressão – legítimos, diga-se de passagem – obteve o acolhimento no Congresso Nacional de uma nova política de endurecimento das questões penais.

a) crimes hediondos: Já em 1990, a Lei nº 8.072/90, com o propósito de regular as prescrições constitucionais pertinentes (art. 5º, XLIII), proibiu a concessão de *fiança* e de *liberdade* para os presos (em flagrante) de crimes considerados hediondos (art. 2º, II).

   Depois de idas e vindas legislativas, e após redação dada pela Lei nº 11.464/07, a citada Lei nº 8.072/90, atualmente, limita-se a proibir a concessão de fiança (art. 2º, II), não mais se referindo à proibição de liberdade, que vem a ser exatamente a hipótese prevista no art. 310, II, CPP.

   A questão, então, seria a seguinte: poderia o legislador ou o constituinte impedir a restituição da liberdade após a prisão em flagrante?

   Em primeiro lugar, deve-se repetir o seguinte: violam flagrantemente a Constituição quaisquer iniciativas legislativas que dispensem *ordem judicial escrita e fundamentada para a prisão ou manutenção na prisão de quem quer que seja.*

   É exatamente nesse sentido o julgamento da ADI 3.112/DF, Relator Min. Ricardo Lewandowski, no qual se reconheceu a inconstitucionalidade dos arts. 14, 15 e 21, todos da Lei nº 10.826/03, o chamado Estatuto do Desarmamento. Ali se afirmou a impossibilidade de vedação absoluta, *ex lege*, a qualquer forma de restituição da liberdade, isto é, como mera decorrência de previsão legal, como já foi ao tempo do revogado art. 594, CPP, que, em sua redação originária, previa o recolhimento à prisão como condição de admissibilidade recursal.

No entanto, não se encontra ainda definitivamente esclarecida a questão, relativamente aos crimes para os quais a própria Constituição tenha previsto a *inafiançabilidade*, caso em que se incluem também os denominados crimes hediondos.

Sustenta-se, então, sobretudo na Primeira Turma da Suprema Corte, que, nos casos de inafiançabilidade constitucional (art. 5º, XLII, XLIII, XLIV, CF), sequer seria necessária Lei específica vedando qualquer espécie de liberdade. O só fato da previsão de inafiançabilidade no texto constitucional implicaria a severidade devida a tais crimes, impedindo qualquer iniciativa legal em sentido contrário.

Há manifesto equívoco nesse entendimento (*vide também anotações ao item 581.7.1*).

A interpretação dada à expressão *inafiançabilidade* não se contextualiza com as demais normas constitucionais pertinentes, sobretudo aquela na qual se exige *ordem escrita e fundamentada de autoridade judiciária* para a decretação e manutenção da prisão antes do trânsito em julgado (LXI), e com outra, a desmentir a suposta invalidade de previsão legislativa autorizando liberdade para tais delitos (aqueles da inafiançabilidade constitucional): *ninguém será levado à prisão ou nela mantido, quando a Lei admitir a liberdade provisória, com ou sem fiança* (LXVI). Mais claro impossível.

Ainda, e isso nos parece definitivo, a proibição de qualquer liberdade (restituição da liberdade após o flagrante) parece-nos fora do alcance da atividade normativa. Suporia ela (a atividade) poderes *divinos e onipresentes* do legislador e/ou do constituinte. Nem um (legislador) e nem outro (constituinte) poderia antever necessidades acautelatórias inerentes e só perceptíveis no mundo da vida e ao fenômeno humano, desbordante dos limites da regulação abstrata (lei ou constituição).

A Lei nº 12.403/11, no particular, não altera a situação da Lei nº 8.072/90 e nem das demais cujo exame se segue, em níveis superiores às modificações gerais promovidas no Código. Para nós, as novas regras deverão ser aplicadas, observando-se apenas a *vedação* da fiança, apresentando-se cabíveis as demais cautelares.

b) tráfico de drogas: No caso da Lei de Drogas, matéria regulada atualmente pela Lei nº 11.343/06, há previsão legal expressa de vedação a qualquer modalidade de liberdade, consoante se extrai do disposto no art. 44 ("*os crimes previstos nos arts. 33*, caput, *e § 1º, e 34 a 37* desta Lei são *inafiançáveis e insuscetíveis de sursis, graça, indulto, anistia e liberdade provisória*"), relativamente ao tráfico e não ao *uso* de drogas (ou a posse *para fins* de uso). É dizer: proíbe-se qualquer forma de restituição da liberdade!

Do que dissemos antes, percebe-se com facilidade a inconstitucionalidade do dispositivo, acrescido de um argumento de outra ordem.

É que a Lei nº 11.464/07, alterando a Lei dos Crimes Hediondos (Lei nº 8.072/90), vedou unicamente a aplicação da liberdade *com fiança*, não se referindo a outra forma de liberdade, como a permitir a restituição da liberdade mediante a imposição de outras medidas cautelares diversas da fiança. Note-se que no art. 2º, *caput*, da citada Lei (nº 8.072/90 – crimes hediondos), há também referência expressa aos crimes de tráfico ilícito de entorpecentes.

Assim, embora haja Lei específica para tais crimes (de drogas), Lei nº 11.343/06, pensamos também aplicável a eles a disposição contida no apontado art. 2º, *caput*, da Lei nº 8.072/90, com eficácia *revogatória*, portanto. Com isso, seria possível a liberdade *sem fiança*, mas com outras cautelares.

Anote-se, por fim, que o referido delito se inclui entre aqueles para os quais é prevista a inafiançabilidade constitucional.

c) tortura e terrorismo: Prevista também (a inafiançabilidade constitucional) para os crimes de tortura (e para os de terrorismo). Quanto aos primeiros (de tortura), há regra legal vedando unicamente a concessão (que, agora, é *imposição!*) de fiança, conforme se vê do disposto no art. 1º, § 6º, da Lei nº 9.455/97.

Para nós, e para a grande maioria da jurisprudência, nada impediria, então, a aplicação do art. 310, II, CPP, ainda que se reconheça, de novo, (a) a absurda distinção de tratamento para crimes tão abjetos; e (b) a gravidade intrínseca de tais delitos.

Todavia, cabe ao legislador reparar seus erros, nos limites das autorizações constitucionais, que exigem ordem escrita e fundamentada da autoridade judiciária para a decretação ou para a manutenção de prisão antes do trânsito em julgado. Quanto ao terrorismo, sequer há tipificação formal de tais crimes na ordem jurídica nacional, o mesmo ocorrendo em relação à denominada *ação de grupos armados contra a ordem constitucional e o Estado Democrático* (art. 5º, XLIV, CF).

d) racismo: Curiosamente, a Lei nº 7.716/89, publicada e em vigor *após o texto constitucional*, não deu uma palavra sobre a *inafiançabilidade* prevista na Constituição para os delitos de racismo.

Seria em razão da previsão constitucional expressa nesse sentido: *a prática do racismo constitui crime inafiançável e imprescritível...* (art. 5º, XLII, CF)? Duvidamos.

Valem aqui, portanto, todas as observações alinhadas nos tópicos anteriores, no sentido da inviabilidade de aplicação da regra da inafiançabilidade constitucional como impedimento absoluto da liberdade provisória. Mais que isso. Da inconstitucionalidade de qualquer disposição legal nesse sentido. O que dizer, então, da *ausência* de previsão legal, como é o caso da Lei nº 7.716/89?

Mas não é só.

Se o sentimento de repulsa e reprovação geral está presente nos crimes apontados na Constituição como inafiançáveis, casos dos crimes hediondos, dos crimes de tortura e do tráfico de drogas, parece difícil ampliar semelhante juízo para o delito de racismo.

Não que sobre ele não se estenda a mesma reprovação.

Mas, seguramente, não se faz ali a mesma exigência de necessidade de prisão cautelar para os seus autores. Mais ainda. Há delitos de racismo para os quais dificilmente se aplicará a pena privativa da liberdade, dado que apenados com sanção *inferior a quatro anos*. Ou seja, tais delitos seriam inafiançáveis, mas, ao mesmo tempo, incompatíveis com a decretação *autônoma* da prisão preventiva (art. 313, I, CPP). *Quid iures*?

Como quer que seja, desconhecemos a hipótese de manutenção em cárcere de qualquer acusado da prática de racismo. E não foi por falta de prisão em flagrante...

Jurisprudência *(precedentes anteriores à Lei nº 12.403, de 4.5.2011)*

323.3. A proibição de liberdade provisória, nos casos de crimes hediondos e equiparados, decorre da própria inafiançabilidade imposta pela Constituição da República à legislação ordinária (Constituição da República, art. 5º, inc. XLIII): Precedentes. O art. 2º, inc. II, da Lei nº 8.072/90 atendeu o comando constitucional, ao considerar inafiançáveis os crimes de tortura, tráfico ilícito de entorpecentes e drogas afins, o terrorismo e os definidos como crimes hediondos. Inconstitucional seria a legislação ordinária que dispusesse diversamente, tendo como afiançáveis delitos que a Constituição da República determina sejam inafiançáveis. Desnecessidade de se reconhecer a inconstitucionalidade da Lei nº 11.464/07, que, ao retirar a expressão "e liberdade provisória" do art. 2º, inc. II, da Lei nº 8.072/90, limitou-se a uma alteração textual: a proibição da liberdade provisória decorre da vedação da fiança, não da expressão suprimida, a qual, segundo a jurisprudência deste Supremo Tribunal, constituía redundância. Mera alteração textual, sem modificação da norma proibitiva de concessão da liberdade provisória aos crimes hediondos e equiparados, que continua vedada aos presos em flagrante por quaisquer daqueles delitos. A Lei nº 11.464/07 não poderia alcançar o delito de tráfico de drogas, cuja disciplina já constava de Lei especial (Lei nº 11.343/06, art. 44, *caput*), aplicável ao caso vertente. Irrelevância da existência, ou não, de fundamentação cautelar para a prisão em flagrante por crimes hediondos ou equiparados: Precedentes. Ordem denegada (*Habeas Corpus nº 101.101-MG, STF, 1ª Turma, unânime, Rel. Min. Cármen Lúcia, julgado em 25.5.2010, publicado no* DJ *em 24.11.2010*).

323.3. Liberdade provisória indeferida com fundamento na vedação contida no art. 44 da Lei nº 11.343/06, sem indicação de situação fática vinculada a qualquer das hipóteses do artigo 312 do Código de Processo Penal. Entendimento respaldado na inafiançabilidade do crime de tráfico de entorpecentes, estabelecida no artigo 5º, inciso XLIII da Constituição do Brasil. Afronta escancarada aos princípios da presunção de inocência, do devido processo legal e da dignidade da pessoa humana. Inexistência de antinomias na Constituição. Necessidade de adequação, a esses princípios, da norma infraconstitucional e da veiculada no artigo 5º, inciso XLIII da Constituição do Brasil. A regra estabelecida na Constituição, bem assim na legislação infraconstitucional, é a liberdade. A prisão faz exceção a essa regra, de modo que, a admitir-se que o artigo 5º, inciso XLIII estabelece, além das restrições nele contidas, vedação à liberdade provisória, o conflito entre normas estaria instalado. A inafiançabilidade não pode e não deve – considerados os princípios da presunção de inocência, da dignidade da pessoa humana, da ampla defesa e do devido processo legal – constituir causa impeditiva da liberdade provisória. Não se nega a acentuada nocividade da conduta do traficante de entorpecentes. Nocividade aferível pelos malefícios provocados no que concerne à saúde pública, exposta a sociedade a danos concretos e a riscos iminentes. Não obstante, a regra consagrada no ordenamento jurídico brasileiro é a liberdade; a prisão, a exceção. A regra cede a ela em situações marcadas pela demonstração cabal da necessidade da segregação *ante tempus*. Impõe-se, porém, ao Juiz o dever de explicitar as razões pelas quais alguém deva ser preso ou mantido preso cautelarmente. Ordem concedida a fim de que o paciente seja posto em liberdade, se por *ali* não estiver preso (*Habeas Corpus nº 99.278/RS, Rel. Min. Eros Grau, 2ª Turma, unânime, julgado em 4.5.2010, publicado no* DJ *em 21.5.2010*).

Art. 324. Não será, igualmente, concedida fiança: (Redação dada pela Lei nº 12.403, de 2011)

I – aos que, no mesmo processo, tiverem quebrado fiança anteriormente concedida ou infringido, sem motivo justo, qualquer das obrigações a que se referem os arts. 327 e 328 deste Código;

II – em caso de prisão civil ou militar;

III – (revogado);

IV – quando presentes os motivos que autorizam a decretação da prisão preventiva (art. 312).

324.1. Quebramento da fiança: A liberdade com fiança, como medida cautelar que é, impõe restrições de direitos ao aprisionado solto em decorrência dela.

O investigado/acusado é obrigado a comparecer a todos os atos para os quais for intimado (art. 327); a comunicar eventual mudança de endereço, e a somente viajar após comunicação e autorização judicial, quando em período superior a oito dias (art. 328). Na verdade, a Lei fala em *permissão da autoridade* para a mudança de endereço, o que nos parece absolutamente inaceitável, sob quaisquer perspectivas. Cabe ao Estado, quando necessário, o *monitoramento* da pessoa; jamais, o controle sobre as manifestações de seu direito de locomoção, como é o caso da livre escolha de sua moradia.

O descumprimento a qualquer destas obrigações impõe o *quebramento* da fiança, cujas (atuais) consequências, nos termos do art. 343, CPP (pós-alterações da Lei nº 12.403/11), seriam: (a) a perda de metade de seu valor ao Tesouro Nacional (Erário da União); (b) possibilidade de o juiz impor outras medidas cautelares ou ainda, se for o caso, decretar a preventiva.

A prática de nova infração penal *também* dá causa ao quebramento da fiança (art. 341, CPP).

Cumpre anotar, porém, o seguinte.

Em primeiro lugar, não se *restaura* a prisão de quem que seja, senão quando presentes as razões da prisão preventiva (art. 312, CPP).

Assim, o que se vê no *quebramento* da fiança é apenas uma indicação de possível risco ao processo, a reclamar maiores ponderações, ainda que se reconheça caber ao interessado a demonstração da inexistência de situação da preventiva. O não comparecimento a ato do inquérito ou do processo, bem como a ausência por mais de oito dias do distrito da culpa, podem ser justificados, cabendo a ele, investigado ou réu, comprovar a sua alegação.

De todo modo, não se há de manter a lógica da presunção de culpabilidade que permeou todo o CPP. Há que se ter cautela para se levar alguém ao cárcere, reservando tais situações apenas quando indispensável a custódia da liberdade.

O fato do comparecimento do réu para o recolhimento à prisão, como efeito do quebramento da fiança, por si só, parece indicar exatamente a desnecessidade dela (prisão).

A reiteração criminosa, nos termos do art. 341, CPP, também implicaria o quebramento da fiança. No entanto, e como não se poderia exigir a condenação definitiva nessa hipótese, pensamos que a sua configuração, isto é, a imputação a ele de prática de fato definido como crime, no curso da fiança, seria justificativa para a decretação da prisão preventiva.

Jurisprudência *(precedente anterior à Lei nº 12.403, de 4.5.2011)*

324.1. [...] 7. Em estrita correspondência com o art. 324, I, do Código de Processo Penal, que veda a concessão de nova fiança a quem a houver quebrado anteriormente, dispõe o art. 343 do Código de Processo Penal que "o quebramento injustificado da fiança importará na perda de metade do seu valor, cabendo ao juiz decidir sobre a imposição de outras medidas cautelares ou, se for o caso, a decretação da prisão preventiva". 8. Ao conferir ao juiz o poder de deliberar sobre "outras medidas cautelares", a norma em questão, por óbvio, exclui a própria fiança, remetendo o juiz às demais medidas diversas da prisão previstas no art. 319 do Código de Processo Penal. [...] *(Habeas Corpus n. 138.567, STF, 2ª Turma, unânime, Rel. Min. Dias Toffoli, julgado em 21.2.2017, publicado no DJ 14.3.2017)*

324.2. Prisões civis ou militares: Ora, se o mandado de prisão é expedido por autoridade judiciária de outra jurisdição, que não a criminal, não há que se falar em arbitramento de fiança nem de *afiançabilidade*, ao menos nesta última jurisdição (criminal).

Na verdade, o que se tem aqui é apenas uma ressalva expressa *de competência jurisdicional.*

Não poderia o juiz criminal intervir no cumprimento de prisão determinada pelo juízo cível, sobretudo em razão da absoluta diferença na fundamentação de tais custódias.

A prisão civil, cabível no Brasil *apenas* para o caso de inadimplemento de obrigação alimentar, tem por escopo o seu cumprimento, ou seja, a proteção do *alimentando*, inexistindo qualquer outra missão acautelatória ou instrumental. Sobre a impossibilidade de prisão civil do depositário infiel, consultem-se os comentários ao art. 320, CPP, sobre a consolidação da jurisprudência da Suprema Corte nesse sentido.

De outro lado, a prisão *militar* também se situa fora da jurisdição criminal comum, do mesmo modo que a prisão disciplinar, que também tem natureza militar, só se justificando no âmbito dos deveres de disciplina nas casernas. Impensável, também por essa razão (além da *incompetência absoluta* do juiz criminal) a aplicação da fiança.

Por fim, registre-se que, em boa hora, o legislador expungiu explicitamente a possibilidade da denominada *prisão administrativa.* Tais prisões não existem. Somente ordem escrita e fundamentada da autoridade *judiciária* pode impor a privação da liberdade.

324.3. Presença das razões da preventiva: Novamente aqui necessária uma contextualização em face das alterações trazidas pela Lei nº 12.403/11. Se houver requisitos para a decretação da preventiva (a mais *grave* das cautelares), não se poderá cogitar (por evidente) a concessão de fiança.

Art. 325. O valor da fiança será fixado pela autoridade que a conceder nos seguintes limites: (Redação dada pela Lei nº 12.403, de 2011)

a) (revogada);

b) (revogada);

c) (revogada).

I – de 1 (um) a 100 (cem) salários mínimos, quando se tratar de infração cuja pena privativa de liberdade, no grau máximo, não for superior a 4 (quatro) anos;

II – de 10 (dez) a 200 (duzentos) salários mínimos, quando o máximo da pena privativa de liberdade cominada for superior a 4 (quatro) anos.

§ 1º Se assim recomendar a situação econômica do preso, a fiança poderá ser:

I – dispensada, na forma do art. 350 deste Código;

II – reduzida até o máximo de 2/3 (dois terços); ou

III – aumentada em até 1.000 (mil) vezes.

§ 2º (Revogado):

I – (revogado);

II – (revogado);

III – (revogado).

325.1. Valores da fiança e sua atualização: Tarefa das mais ingratas *era* a da atualização dos valores originais estipulados para o arbitramento da fiança.

O Brasil, pelo menos desde a década de 80 (século passado), convive com a necessidade de permanente atualização dos índices de regulação econômica e financeira, diante do fenômeno da *inflação*, que, em última instância, significa a perda efetiva do poder de compra da moeda em curso. E isso em um país de *cruzeiros*, *cruzados*, *cruzados novos* e *reais* pode ser extremamente perturbador.

Vejamos.

O que era inicialmente fixado em *contos de réis* (CPP, com redação originária), passou a se estabelecer por meio do *salário mínimo de referência*, nos termos da Lei nº 7.780/89.

Posteriormente, e na turbulência dos diversos planos econômicos que se seguiram no Brasil no aludido período (Plano Bresser, Plano Cruzado, Plano Collor, Plano Real), a atualização de qualquer valor de expressão monetária passou a ser uma verdadeira odisseia.

O antigo salário mínimo de referência foi extinto, voltando a ser apenas salário mínimo (Lei nº 7.843/89). Como muitas obrigações se encontravam vinculadas a ele, e, mais, diante da vedação constitucional à utilização do salário mínimo para corrigir obrigações (art. 7º, IV, CF), o SMR foi substituído por um número fixo de BTN, Bônus do Tesouro Nacional, largamente utilizado para correções financeiras.

Também não durou muito o BTN, tendo sido extinto pela Lei nº 8.177/91, que, em seu lugar, deixou a TR, ou, *taxa referencial*, índice médio de depósitos e operações financeiras, controladas pelo Banco Central do Brasil, que passou a corrigir os índices por ela extintos (OTNs, BTNs, MVR etc.).

A coisa chegou a tal nível de dificuldade que o arbitramento da fiança passou a ser fixado em número de salários mínimos, com violação, portanto, à regra constitucional do art. 7º, IV.

De qualquer modo, registro importante é que a Lei nº 12.403/11 alterou substancialmente os patamares dos valores de fiança (já então estabelecidos no próprio CPP em *salários mínimos*, nos termos da Lei nº 7.780/89), talvez como forma de dar uma maior valorização e eficácia para essa medida. Até as alterações, cogitava-se de fiança em valor de até 100 salários mínimos (sem o *aumento possível*, que era limitado ao décuplo, ou seja, possibilitava-se fiança de até 1.000 salários mínimos).

Agora, há um escalonamento assim estipulado:

a) se a infração praticada tiver pena máxima *não superior* a 4 anos, poderá ser fixada entre os limites de 1 a 100 salários mínimos;

b) se a infração praticada tiver pena máxima *superior* a 4 anos, poderá ser entre os limites de 10 e 200 salários mínimos.

Uma inovação de relevo é que o aumento desses valores poderá ser feito não mais no limite do décuplo (previsão anterior), mas em até 1.000 vezes. Noutras palavras, e sempre dependendo do caso concreto, das condições do agente e do delito praticado (art. 326, CPP), será possível a fixação de fiança que atinja o patamar de até 200.000 (duzentos mil) salários mínimos.

325.2. Aumento e redução dos valores de fiança: Como não se pode lidar com o Direito como se fosse receita de bolo, há sempre que se ter em vista as peculiaridades, não só de cada caso, mas, também, de cada *pessoa*, a ser considerada e compreendida de modo individualizado.

É por isso que a situação econômica do réu (ou investigado) há de servir como referencial para o aumento ou para a redução dos critérios abstratamente estipulados em lei.

Tratando-se de pessoa com menores disponibilidades econômico-financeiras, o valor legal da fiança poderá ser reduzido até o máximo de dois terços. Ao contrário, comprovada a sua pujança (econômico-financeira) o valor poderá ser aumentado até mil vezes (inovação da Lei nº 12.403, alterando o limite anterior, que era até dez vezes).

O limite, *agora bem* amplo – de um a mil – abriga *grande* margem de individualização da medida coercitiva, segundo seja a capacidade de cada um (nos termos do que fixado no art. 326, CPP).

Pensamos que apenas a autoridade judicial está autorizada a proceder à dispensa (§ 1º, I), ao aumento ou à diminuição do valor de fiança, tendo em vista a natureza *decisória* do ato (de aumento ou de diminuição).

Art. 326. Para determinar o valor da fiança, a autoridade terá em consideração a natureza da infração, as condições pessoais de fortuna e vida pregressa do acusado, as circunstâncias indicativas de sua periculosidade, bem como a importância provável das custas do processo, até final julgamento.

A despeito de eventuais e boas intenções, o Código, no ponto, é extremamente repetitivo. Pior, quando não desbordante das determinações constitucionais.

A consideração das condições pessoais do acusado deve se orientar apenas para o exame de sua situação econômico-financeira, bem como a suficiência do montante para o eventual pagamento das custas processuais.

Com efeito, a presença de bons ou de maus antecedentes não pode ser indicativa da maior ou menor disponibilidade econômica (ou financeira) para a prestação de fiança. Se a Lei a autoriza (a fiança), a fixação de seu valor há de se limitar aos aspectos de igual relevância, ou seja, a maior ou menor disponibilidade para a sua prestação.

Do contrário, quando excessivo o arbitramento, qual seria a consequência da não prestação de fiança? A prisão? Mesmo quando ausentes razões para a prisão preventiva? A resposta há de ser negativa.

Ou bem é cabível a fiança, nos limites das possibilidades do afiançado, ou ela não é cabível, em razão de motivos da prisão preventiva (art. 324, IV, CPP, c/c art. 312). Periculosidade ou maus comportamentos anteriores não são balizamentos válidos para a fixação da fiança, a não ser como *vingança*.

De outro lado, a referência ao valor das custas, esse sim, soa-nos pertinente e adequado às finalidades da medida, do mesmo modo que a eventual estimativa dos danos causados pela infração, na medida em que o valor da fiança prestada servirá a essa causa (recomposição econômica dos danos), na hipótese de condenação (art. 336, CPP).

Art. 327. A fiança tomada por termo obrigará o afiançado a comparecer perante a autoridade, todas as vezes que for intimado para atos do inquérito e da instrução criminal e para o julgamento. Quando o réu não comparecer, a fiança será havida como quebrada.

Na fiança, obriga-se o aprisionado, solto em virtude dela, a comparecer a todos os atos para os quais for intimado, seja na fase de investigação, seja no processo, sob pena de quebramento da garantia, com todas as penalidades previstas no art. 324, CPP (agora nas letras da Lei nº 12.403/11). A propósito, vide anotações ao item 324.1, *retro*, sobre o quebramento da fiança.

Art. 328. O réu afiançado não poderá, sob pena de quebramento da fiança, mudar de residência, sem prévia permissão da autoridade processante, ou ausentar-se por mais de 8 (oito) dias de sua residência, sem comunicar àquela autoridade o lugar onde será encontrado.

Nada a acrescentar às observações feitas no dispositivo anterior, com a remissão aos comentários constantes do item 324.1.

Apenas um esclarecimento deve ser repetido.

Embora a Lei se refira à necessidade de *permissão judicial* para a mudança de endereço, semelhante exigência não pode ser aceita, na medida de sua violação ao direito de livre locomoção, sem falar na garantia individual ao domicílio e à moradia (art. 5º, XI), fora do alcance de qualquer regulação estatal, a não ser quando fundada em riscos atinentes à construção.

O que pode ser exigido é a *comunicação* da mudança, do mesmo modo que ocorre em relação à ausência temporária do local de moradia, por prazo superior a oito dias.

Jurisprudência

328. [...] Dispõe o Código de Processo Penal que se julgará quebrada a fiança quando o acusado mudar de residência sem prévia permissão da autoridade processante (art. 328) ou, entre outras circunstâncias, praticar nova infração penal dolosa (art. 341, V). [...] (*Habeas Corpus nº 270.746-SP, STJ, 6ª Turma, unânime, Rel. Min. Sebastião Reis Júnior, julgado em 27.5.2014, publicado no* DJ *em 11.6.2014*).

Art. 329. Nos juízos criminais e delegacias de polícia, haverá um livro especial, com termos de abertura e de encerramento, numerado e rubricado em todas as suas folhas pela autoridade, destinado especialmente aos termos de fiança. O termo será lavrado pelo escrivão e assinado pela autoridade e por quem prestar a fiança, e dele extrair-se-á certidão para juntar-se aos autos.

Parágrafo único. O réu e quem prestar a fiança serão pelo escrivão notificados das obrigações e da sanção previstas nos arts. 327 e 328, o que constará dos autos.

Rotina e burocracia da Administração do juízo e das delegacias. Pensamos que tais registros de dados podem muito bem ser feitos por meio de armazenamento eletrônico.

O que há de importância no dispositivo é o registro fiel da data (dia e hora) da soltura, bem como da ciência, pelo afiançado, de suas obrigações e respectivas consequências.

Art. 330. A fiança, que será sempre definitiva, consistirá em depósito de dinheiro, pedras, objetos ou metais preciosos, títulos da dívida pública, federal, estadual ou municipal, ou em hipoteca inscrita em primeiro lugar.

§ 1º A avaliação de imóvel, ou de pedras, objetos ou metais preciosos será feita imediatamente por perito nomeado pela autoridade.

§ 2º Quando a fiança consistir em caução de títulos da dívida pública, o valor será determinado pela sua cotação em Bolsa, e, sendo nominativos, exigir-se-á prova de que se acham livres de ônus.

A fiança seria definitiva, no sentido de não depender de comprovação posterior acerca da avaliação do bem oferecido. É também definitiva quanto à destinação, isto é, prestando-se a garantir não só o comparecimento do acusado ao processo, mas também o pagamento de custas processuais, bem como a eventual indenização pelos danos causados, no caso de sentença condenatória.

O rol de bens sujeitos à fiança é amplo. Pedras (e metais ou objetos) preciosas, títulos da dívida pública (federal, estadual ou municipal) ou até mesmo a hipoteca (ver relação de bens hipotecáveis – art. 1.473, CC) podem ser oferecidos a título de fiança. Além do dinheiro, em espécie, é claro.

No que se refere ao dinheiro, há meios mais modernos de transferência de valores, dispensando a *tradição*, em espécie. Exemplos: cheques bancários, administrativos, aplicações financeiras etc., tudo quanto possa traduzir valor em moeda corrente.

Pensamos que, em princípio, até mesmo moedas estrangeiras poderiam ser utilizadas. No entanto, será preciso que tais valores tenham *lastro* legal, ou seja, que tenham sido *internados* legalmente no país, ou aqui adquiridos, por meio de operações regulares de câmbio.

O que importa, em qualquer caso, é a *desoneração* do bem oferecido.

Daí exigir a Lei que, em se tratando de hipoteca, somente seja aceita a primeira inscrição, que goza de preferência em relação às demais, nos termos da legislação civil pertinente. Ver, no particular, art. 1.476 e seguintes do Código Civil.

Do mesmo modo, os títulos da dívida pública, sejam eles de quaisquer espécies, devem se achar também desonerados.

Quando o bem oferecido não tiver nenhum referencial acerca de seu valor *venal*, deverá ser feita a sua avaliação, por peritos do quadro da Polícia Judiciária, ou por outros, designados pelo juiz, na ausência daqueles, ou, na impossibilidade da respectiva atuação, por quaisquer razões.

Relativamente aos imóveis, basta o valor venal constante do registro imobiliário, devidamente atualizado pelo valor dos impostos incidentes sobre a coisa (o IPTU ou o imposto rural).

Jurisprudência

330. [...] 3. Nos termos do art. 330 do Código de Processo Penal, a fiança é uma garantia real, consistente no depósito de determinada importância em dinheiro, arbitrada pela autoridade competente, que tem como finalidade assegurar a liberdade provisória do preso em flagrante e garantir o seu comparecimento aos atos do processo, enquanto este durar. 4. A fiança pode ser perdida em sua totalidade, sendo o saldo recolhido ao fundo penitenciário, nos casos em que, após o trânsito em julgado da sentença condenatória, o acusado não se apresentar para o início do cumprimento da pena definitivamente imposta. O CPP ainda prevê os casos de cassação; de reforço da caução e, ainda; de quebra. *In casu*, não se está a tratar de qualquer dessas hipóteses. [...] *(REsp n. 1.657.576 – PR, STJ, 5ª Turma, unânime, Rel. Min. Joel Ilan Paciornik, julgado em 20.6.2017, publicado no DJ em 30.6.2017)*

Art. 331. O valor em que consistir a fiança será recolhido à repartição arrecadadora federal ou estadual, ou entregue ao depositário público, juntando-se aos autos os respectivos conhecimentos.

Parágrafo único. Nos lugares em que o depósito não se puder fazer de pronto, o valor será entregue ao escrivão ou pessoa abonada, a critério da autoridade, e dentro de três dias dar-se-á ao valor o destino que lhe assina este artigo, o que tudo constará do termo de fiança.

As disposições desse artigo ostentam pouca relevância prática. Os valores em moeda corrente são sempre depositados em instituições financeiras utilizadas pelo Poder Judiciário, em conta aberta especificamente para tais finalidades (depósito judicial), e submetidos à aplicação financeira disponível (juros e correção monetária).

Já as pedras, metais e objetos de valor, bem como os títulos de dívida pública deverão ser custodiados à disposição do Juízo, em repartições ou em mãos de verdadeiros depositários públicos, onde houver.

A hipoteca deverá ser inscrita junto à matrícula do imóvel no Cartório de Registro Imobiliário. Tratando-se de aeronaves e navios (art. 1.473, VI e VII, Código Civil), a anotação também pode ser feita junto aos órgãos de controle e fiscalização das referidas atividades (Capitania dos Portos e ANAC).

Art. 332. Em caso de prisão em flagrante, será competente para conceder a fiança a autoridade que presidir ao respectivo auto, e, em caso de prisão por mandado, o juiz que o houver expedido, ou a autoridade judiciária ou policial a quem tiver sido requisitada a prisão.

Tratando-se de prisão por mandado haverá de se lembrar que o valor da fiança, quando afiançável, já constará do próprio instrumento (mandado judicial), em atenção ao disposto no art. 285, parágrafo único, *d*, CPP.

Se, por alguma razão, não constar o valor da fiança, deverá o juiz a quem se requisitou a prisão o arbitramento, se afiançável a infração.

Já se a prisão for em flagrante delito, o arbitramento da fiança poderá ser feito pela autoridade policial que lavrar o auto, quando presentes as hipóteses de infrações penais punidas com pena de até 4 anos (art. 322, CPP, na redação da Lei nº 12.403/11), com as ressalvas apontadas no art. 323 e art. 324, CPP.

Nas demais hipóteses de prisão em flagrante, somente o juiz do processo poderá arbitrá-la, devendo o preso ser encaminhado imediatamente à disposição dele, com pronta comunicação do ato prisional.

Art. 333. Depois de prestada a fiança, que será concedida independentemente de audiência do Ministério Público, este terá vista do processo a fim de requerer o que julgar conveniente.

O arbitramento e a concessão de fiança independem de manifestação do Ministério Público.

Embora a exclusão, do ponto de vista da relevância da atuação ministerial na persecução penal, possa ser questionada, o fato é que, em tema de prisão, o princípio orientador de todos os atos processuais há de ser a celeridade. Não se pode levar alguém ao cárcere em infrações afiançáveis por morosidade na tramitação do incidente.

Somente por isso se justifica a alheamento do órgão *custos legis*, a quem cabe zelar pelo respeito e observância da ordem jurídica.

Por isso, concedida a fiança, deve o Ministério Público, imediatamente, se inteirar dos fatos, para a adoção das providências que entender pertinentes.

Poderá ele, inclusive, interpor recurso em sentido estrito, se entender que o caso não comportava fiança, nos termos do art. 581, V, CPP.

Art. 334. A fiança poderá ser prestada enquanto não transitar em julgado a sentença condenatória. (Redação dada pela Lei nº 12.403, de 2011)

Na essência, nenhuma alteração substancial trazida pela *novel* redação. Com efeito, e assim já dizíamos anteriormente, a previsão de prestação de fiança a qualquer tempo é importantíssima, sobretudo até muito recentemente, quando o Supremo Tribunal Federal aceitava a (assim denominada) execução *provisória* da pena posição essa modificada a partir do julgamento, pelo Plenário, do HC nº 84.078-MG, *DJ* 26.2.2010, por maioria, 7 x 4 (Registre-se que, em 17.2.2016, por 7x4 votos, e em nova composição, o Plenário do STF modificou novamente seu entendimento, passando a admitir a execução da pena como regra após o exaurimento das instâncias ordinárias – HC nº 126.292-SP, Rel. Min. Teori Zavascki). Anota-se ainda que, no dia 5.10.2016, por 6x5 votos, apreciando pedidos de liminares nas ADCs nº 43 e 44, o Plenário do Supremo Tribunal Federal reafirmou o entendimento consolidado no julgamento do HC nº 126.292-SP, reconhecendo que o disposto no art. 283, CPP, não impede o início da execução da pena após decisão de segunda instância, não havendo como se falar em violação ao Princípio da Presunção de Inocência ou da Não Culpabilidade. Votaram vencidos os Ministros Marco Aurélio, Celso de Mello, Rosa Weber e Ricardo Lewandowski, que concluíram que seria necessário o exaurimento de todas as instâncias recursais para o início da execução da pena. O Ministro Dias Toffoli deu nova interpretação, entendendo que, após o exaurimento da instância recursal perante o STJ, seria possível a execução da pena, mesmo que interpostos eventuais recursos extraordinários ao STF. Àquele tempo, portanto, quando se tratava de infração afiançável, o acusado poderia evitar a execução provisória da condenação a tanto bastando o oferecimento da fiança, por simples petição, logo após o julgamento do processo na segunda instância. Contudo, em 7.11.2019, por maioria de 6 x 5 votos, julgando procedentes as ADCs 43, 44 e 54, o STF retornou à posição anterior no sentido da impossibilidade da execução das penas enquanto não exauridas todas as instâncias recursais, reconhecendo a constitucionalidade do disposto no art. 283 do CPP (votaram vencidos os ministros Edson Fachin, Roberto Barroso, Luiz Fux, Cármen Lúcia e Alexandre de Moraes).

Com a alteração jurisprudencial, sobre a qual ainda nos detemos mais extensamente em outro espaço, também o presente dispositivo perde em eficácia, dado que o recolhimento ao cárcere após o julgamento pelos tribunais de segundo grau dependerá de ordem fundamentada, com remissão aos motivos da prisão preventiva.

Com isso, ser ou não ser afiançável a infração (ou seja, caber ou não caber a fiança), quando também possível a liberdade, perdeu a importância.

No entanto, a validade da norma (ainda) sobrevive em relação aos crimes contra a ordem tributária e aos crimes contra a economia popular, para os quais não se aplica a liberdade do art. 310, § 1º, CPP.

E, deve ser sempre alardeada, tendo em vista não ser incomum, atualmente, a modificação de orientação jurisprudencial nos tribunais superiores. O dispositivo, portanto, impede qualquer tentativa de execução provisória, se e desde que afiançável a infração.

Jurisprudência

334. [...] O art. 637 do CPP estabelece que "[o] recurso extraordinário não tem efeito suspensivo, e uma vez arrazoados pelo recorrido os autos do traslado, os originais baixarão à primeira instância para a execução da sentença". A Lei de Execução Penal condicionou a execução da pena privativa de liberdade ao trânsito em julgado da sentença condenatória. A Constituição do Brasil de 1988 definiu, em seu art. 5º, inciso LVII, que "ninguém será considerado culpado até o trânsito em julgado de sentença penal condenatória". Daí a conclusão de que os preceitos veiculados pela Lei nº 7.210/84, além de adequados à ordem constitucional vigente, sobrepõem-se, temporal e materialmente, ao disposto no art. 637 do CPP. Disso resulta que a prisão antes do trânsito em julgado da condenação somente pode ser decretada a título cautelar. A ampla defesa, não se a pode visualizar de modo restrito. Engloba todas as fases processuais, inclusive as recursais de natureza extraordinária. Por isso a execução da sentença após o julgamento do recurso de apelação significa, também, restrição do direito de defesa, caracterizando desequilíbrio entre a pretensão estatal de aplicar a pena e o direito, do acusado, de elidir essa pretensão. A antecipação da execução penal, ademais de incompatível com o texto da Constituição, apenas poderia ser justificada em nome da conveniência dos magistrados – não do processo penal. A prestigiar-se o princípio constitucional, dizem, os tribunais [leia-se STJ e STF] serão inundados por recursos especiais e extraordinários, e subsequentes agravos e embargos, além do que "ninguém mais será preso". Eis o que poderia ser apontado como incitação à "jurisprudência defensiva", que, no extremo, reduz a amplitude ou mesmo amputa garantias constitucionais. A comodidade, a melhor operacionalidade de funcionamento do STF não pode ser lograda a esse preço. Nas democracias mesmo os criminosos são sujeitos de direitos. Não perdem essa qualidade, para se transformarem em objetos processuais. São pessoas, inseridas entre aquelas beneficiadas pela afirmação constitucional da sua dignidade. É inadmissível a sua exclusão social, sem que sejam consideradas, em quaisquer circunstâncias, as singularidades de cada infração penal, o que somente se pode apurar plenamente quando transitada em julgado a condenação de cada qual Ordem concedida (*Habeas Corpus nº 85.417, STF, 2ª Turma, Rel. para o acórdão Min. Eros Grau, julgado em 2.9.2008, publicado no DJ em 14.11.2008*).

Art. 335. Recusando ou retardando a autoridade policial a concessão da fiança, o preso, ou alguém por ele, poderá prestá-la, mediante simples petição, perante o juiz competente, que decidirá em 48 (quarenta e oito) horas. (Redação dada pela Lei nº 12.403, de 2011)

A hipótese prevê *correição* de eventual inércia da autoridade policial, quando couber a ela o arbitramento da fiança.

Como, nesse caso, a autoridade coatora seria o Delegado de Polícia, desnecessária a impetração de *habeas corpus*, bastando a simples petição dirigida ao juiz, requerendo o imediato arbitramento de fiança.

A questão pode não ser tão simples.

É que a autoridade policial pode entender não se cuidar de hipótese de crime afiançável, sendo este o fundamento do não arbitramento.

Nesse caso, o requerente deverá expor fundamentadamente as razões pelas quais entende tratar-se de infração afiançável.

E mesmo e por mais complexa seja a questão levantada, deve o juiz apreciar o requerimento, seja para negar a fiança, seja para arbitrá-la. Em se tratando de privação da liberdade, devem os agentes do Poder Público agir sem demora.

Nesse caso, porém, quando constatada a divergência acerca da *classificação* do crime, sem que se possa falar apenas em morosidade da autoridade policial, pensamos que deve ser ouvido o Ministério Público, até porque já levantada uma *quaestio juris* (dúvida sobre o *direito*), de evidente interesse do *parquet*.

Impende destacar que, por conta da Lei nº 12.403/11, a única alteração no dispositivo foi a imposição que o juiz deverá decidir em até 48 (quarenta e oito) horas, e não mais – como constava –, "*depois de ouvida a autoridade*" que recusara ou demorara na concessão da fiança.

Art. 336. O dinheiro ou objetos dados como fiança servirão ao pagamento das custas, da indenização do dano, da prestação pecuniária e da multa, se o réu for condenado.

Parágrafo único. Este dispositivo terá aplicação ainda no caso da prescrição depois da sentença condenatória (art. 110 do Código Penal). (Redação dada pela Lei nº 12.403, de 2011)

Se e quando condenado, os valores e/bens oferecidos na fiança serão utilizados para o pagamento de custas processuais (*com a alteração parcial trazida pela Lei nº 12.403/11, incluiu-se também a possibilidade de utilização dos valores para o pagamento da* prestação pecuniária), bem como para eventual indenização, após o trânsito em julgado.

Atualmente, com a previsão da parcela mínima a ser fixada na sentença condenatória (art. 387, IV, CPP), para reparação dos danos, o dispositivo em comento ganha em importância, já assegurando a recomposição patrimonial, ou, quando nada, parte dela. E a antecipação dos valores servirá para a aludida finalidade até mesmo quando reconhecida a prescrição da pretensão *executória* da sentença (atual art. 110, § 1º e § 2º, Código Penal).

Em qualquer caso, é óbvio, exige-se o trânsito em julgado da sentença condenatória.

Jurisprudência

336. [...] 1. Nos termos do art. 344 do Código de Processo Penal, se o réu se apresentar para cumprir a pena imposta em sentença transitada em julgado, o valor dado em garantia será a ele devolvido após as deduções previstas no art. 336 do CPP (custas, indenização do dano, da prestação pecuniária e da multa). [...] *(Conflito de Competência n. 161.436-PR, STJ, 3ª Seção, unânime, Rel. Min. Antônio Saldanha Palheiro, julgado em 28.8.2019, publicado no DJ em 6.9.2019).*

Art. 337. Se a fiança for declarada sem efeito ou passar em julgado sentença que houver absolvido o acusado ou declarada extinta a ação penal, o valor que a constituir, atualizado, será restituído sem desconto, salvo o disposto no parágrafo único do art. 336 deste Código. (Redação dada pela Lei nº 12.403, de 2011)

A disposição em comento há de ser lida (mesmo com a alteração de redação da Lei nº 12.403/11) com imensas reservas. Parece-nos impensável a imposição de custas processuais àquele definitivamente *absolvido* na instância criminal. A restituição dos valores oferecidos a título de fiança deve ser *integral*, parecendo-nos de nenhuma valia a ressalva constante da parte final do art. 337.

E o mesmo se pode dizer em relação às demais causas ali previstas.

Declarada sem efeito a fiança, por qualquer motivo (ex.: quando incabível; quando não reforçada etc.), deve ela ser inteiramente devolvida, ressalvado apenas a hipótese de condenação definitiva passada em julgado. Ora, se a fiança tiver sido julgada sem efeito, sendo ou não o caso de recolhimento do acusado (ou investigado) à prisão, em razão da prisão preventiva, não terá lugar a medida cautelar denominada *liberdade "provisória", com fiança.*

Em consequência, não se poderá avançar sobre o patrimônio alheio, sem que haja um título judicial que lhe dê fundamento, como seria o caso da sentença condenatória.

De outra parte, a previsão de extinção *da ação* e não da *punibilidade* demanda maiores esclarecimentos.

A previsão de extinção da ação penal encontra guarida apenas na ação penal *privada*, nos termos do art. 60, CPP (perempção), além da hipótese de perdão, que, por seu turno implicará a extinção da punibilidade. Na ação penal privada, portanto, nem sempre a extinção da ação penal implicará a extinção da punibilidade (ilegitimidade de parte etc.)

Se o dispositivo pretendia aplicação em todas as modalidades de ação penal, melhor teria sido a escolha da *extinção da punibilidade* e não *da ação penal*, como a indicar uma condenação não definitiva, substituída pela extinção da punibilidade.

No entanto, qualquer que tenha sido a intenção do legislador, não vemos como acolher seus propósitos.

A nosso aviso, apenas e tão somente a sentença penal condenatória passada em julgado autoriza a retenção dos valores dados em fiança, para fins de garantia da recomposição patrimonial da vítima e/ou do pagamento das custas processuais.

Jurisprudência

337. [...] A teor dos arts. 319, § 4º, e 337, ambos do Código de Processo Penal, a previsão legal de restituição da fiança é para as hipóteses de absolvição ou extinção da ação, após decisão definitiva, ou para quando for declarada sem efeito a fiança. Tais situações não ocorrem in casu. Não há falar em restituição da fiança em decorrência do encerramento da instrução criminal. [...] *(RHC nº 67.793-RS, STJ, 6ª Turma, Rel. Ministra Maria Thereza de Assis Moura, julgado em 1º.9.2016, publicado no DJ em 12.9.2016)*

Art. 338. A fiança que se reconheça não ser cabível na espécie será cassada em qualquer fase do processo.

É de todo incomum no CPP a previsão de juízos de *retração* por parte do magistrado, ressalvada a hipótese do art. 589, parágrafo único, do CPP, no recurso em sentido estrito. A regra é da obrigatoriedade, não havendo previsão – expressa, pelo menos – sequer para o reexame acerca da rejeição da peça acusatória depois de seu recebimento (art. 395 e art. 396, CPP).

Inicialmente, a disposição legal abre ensejo ao juízo de controle de legalidade dos atos praticados pela autoridade policial, relativamente ao arbitramento de fiança (art. 322, CPP).

Todavia, abre oportunidade para a revisão de ato do próprio magistrado, seja por ocasião de novos elementos informativos (comprobatórios da impossibilidade de concessão da fiança), seja mesmo como modificação de convencimento acerca da matéria.

Nesse passo, a manifestação do Ministério Público, inexistente à época da concessão da fiança, pode ser de todo relevante.

De todo modo, a cassação da fiança não pode ser lida como a decretação da prisão preventiva, cumprindo ao juiz o ônus de fundamentar as razões pelas quais se estaria diante da necessidade da prisão (preventiva) cautelar do agente, não sendo suficiente a mera explicitação de não cabimento de fiança. Semelhante ponto de vista implicaria grave retrocesso na hermenêutica e na jurisprudência dos direitos fundamentais, com violação manifesta ao princípio da não culpabilidade.

Art. 339. Será também cassada a fiança quando reconhecida a existência de delito inafiançável, no caso de inovação na classificação do delito.

Tem-se aqui, em princípio, hipótese de alteração relevante na classificação do delito, surgida, no entanto, na fase de sentença condenatória, já que, em regra, é somente ali que se reserva a modificação da imputação, casos da *emendatio libelli* (art. 383, CPP) e da *mutatio libelli* (art. 384, CPP).

Todavia, pode ser que a alteração da definição jurídica do fato (crime) ocorra com o oferecimento de denúncia pelo Ministério Público, em completa divergência com a classificação dada pela autoridade policial.

Nesse caso, a modificação da classificação poderá ser feita desde logo, em vista da manifestação do convencimento do titular da ação penal. Saliente-se, contudo, que não está o juiz absolutamente vinculado à definição jurídica do fato dado pelo Ministério Público.

É certo que, como regra, e já o afirmamos, somente na fase de sentença se promove a alteração da imputação. Excepcionalmente, porém, pode o juiz, na tutela das liberdades públicas, promover a desclassificação provisória do delito, apenas e tão somente para o fim de aplicar medida menos onerosa ao acusado, conforme já se decidiu inúmeras vezes em nossos tribunais.

O que não pode e não deve fazer o juiz, em tal situação, é o caminho inverso, ou seja, desclassificar desde logo a infração apontada pelo Ministério Público, de afiançável para, segundo ele (juiz), inafiançável, quando já oferecida a peça acusatória em outro sentido.

E reitera-se: a inafiançabilidade não pode implicar o recolhimento automático do acusado à prisão, nem mesmo nas hipóteses de inafiançabilidade constitucional, como se poderá ver no item 310.8, *retro*. Impõe-se ordem escrita e fundamentada justificando a necessidade de prisão.

Jurisprudência

339. [...] Não é ilegal a decisão monocrática que motivadamente, quando do recebimento da denúncia e atendendo promoção ministerial, cassa fiança concedida pela autoridade policial, após nova definição jurídica dos fatos feita pela acusação, que apontou a existência de delito mais grave inafiançável. Precedentes. [...] (*Habeas Corpus nº 13.273-RJ, STJ, 5ª Turma, Rel. Min. Gilson Dipp, julgado em 13.3.2001, publicado no DJ em 23.4.2001*).

Art. 340. Será exigido o reforço da fiança:

I – quando a autoridade tomar, por engano, fiança insuficiente;

II – quando houver depreciação material ou perecimento dos bens hipotecados ou caucionados, ou depreciação dos metais ou pedras preciosas;

III – quando for inovada a classificação do delito.

Parágrafo único. A fiança ficará sem efeito e o réu será recolhido à prisão, quando, na conformidade deste artigo, não for reforçada.

340.1. Reforço de fiança: A simples leitura do dispositivo nos conduz, intuitivamente, à conclusão de se tratar, o reforço de fiança, de *retificação de erro* (na sua concessão) ou de *perda superveniente* do valor do bem oferecido.

A questão do erro pode ser facilmente explicada.

Como a prestação de fiança é feita em procedimento célere, com o objetivo, imediato, de não se levar ao cárcere o *flagranciado*, pode ocorrer de o bem oferecido não apresentar as características inicialmente antevistas, em descompasso com a regulamentação legal de seu valor (da fiança).

Nesse caso, constatado o erro, nada impede, após a sua demonstração, seja o afiançado obrigado a *reforçar* o valor oferecido, nos limites legais.

Importante salientar que não existe, no caso, preclusão *consumativa* (exercício de faculdade processual, bem ou mal realizado) e tampouco *direito adquirido*, quanto ao valor oferecido e inicialmente aceito. Passível e possível a correção.

Outra situação ensejadora do reforço seria a depreciação material ou perecimento dos bens oferecidos, desde que sem culpa (ou responsabilidade) do Estado, na sua conservação em depósito. Com efeito, o afiançado, ao ser tratado como e enquanto inocente, não pode ser *punido* (perda do valor venal de seu bem) pela má ação do Estado, e, menos ainda, compelido a refazer (*reforço* – nova obrigação) um dever já cumprido.

Também a modificação na classificação jurídica do fato, examinada ao ensejo do art. 339, *retro*, pode determinar o reforço de fiança, já agora não mais sob a perspectiva do erro, mas por força de *contingência* inerente à atuação jurisdicional, cuja decisão final (ou no curso do processo) não pode se ver *engessada* pelas circunstâncias iniciais que fundamentaram a persecução penal. Do contrário, sequer se aceitaria a própria desclassificação.

Há que ver, ainda, que o reforço de fiança está condicionado, evidentemente, à possibilidade concreta de sua prestação pelo *afiançado.* Não tendo ele condições patrimoniais para o reforço, há que se aplicar o disposto no art. 350, CPP.

340.2. Fiança sem efeito e recolhimento à prisão: Afirma-se *sem efeito* a fiança, em razão da inexistência do reforço dela, segundo determinação judicial, nos limites em que previsto em lei.

Se o afiançado, comprovada a legalidade na exigência de reforço de fiança, não puder fazê-lo, por indisponibilidade de recursos, aplica-se o previsto no art. 350, CPP, como acabamos de mencionar.

Se for possível a apresentação do reforço e ele não o fizer, impõe-se o exame acerca da necessidade concreta da prisão, somente cabível por ordem escrita e fundamentada da autoridade judiciária competente.

Não se pode deduzir, da ausência do reforço de fiança, automaticamente, a necessidade da prisão. Essa era a estrutura original do Código de Processo Penal, fundada, como aqui tantas vezes esclarecido, na presunção de culpabilidade.

Já sob os ares e as luzes da Constituição de 1988, sobretudo, não se pode conferir efeitos automáticos do descumprimento de obrigação ajustada, particularmente quando a consequência do ato resultar em privação da liberdade.

Parece-nos mais acertada, no caso de não prestação do reforço de fiança, a adoção de alguma das medidas assecuratórias previstas no Código, tais como a *especialização de hipoteca* (art. 134, CPP) e o *arresto* (art. 136 e art. 137, ambos do CPP), quando não cabível também o *sequestro* (art. 125, CPP).

Somente quando se puder justificar a necessidade da prisão, com fundamento no art. 312, CPP (e, é claro, cumpridas as exigências do art. 313, CPP), é que se poderá falar no recolhimento do afiançado ao cárcere. Se a não apresentação de reforço for indicativa, por exemplo, de condutas tendentes ao abandono dos vínculos patrimoniais, profissionais e domiciliares com o distrito da culpa (foro do processo), a prisão poderá ser determinada a partir de maiores esclarecimentos quanto a essa conclusão.

Em resumo: não reforçar a fiança não pode implicar, automaticamente, o recolhimento à prisão. Não em uma ordem constitucional que exige decisão escrita e fundamentada do juiz para a segregação provisória do cidadão (art. 5º, LXI).

Art. 341. Julgar-se-á quebrada a fiança quando o acusado:

I – regularmente intimado para ato do processo, deixar de comparecer, sem motivo justo;

II – deliberadamente praticar ato de obstrução ao andamento do processo;

III – descumprir medida cautelar imposta cumulativamente com a fiança;

IV – resistir injustificadamente a ordem judicial;

V – praticar nova infração penal dolosa. (Redação dada pela Lei nº 12.403, de 2011)

Sobre o quebramento de fiança e suas consequências remetemos aos comentários constantes do item 324.1, *retro*, e também ao art. 343, CPP.

Porém, é importante destacar que a Lei nº 12.403/11 trouxe alteração essencial no dispositivo com a inclusão das regras dos incisos II, III e IV (antes não havia qualquer subdivisão em hipóteses).

Nunca é demais reiterar que a prática de nova infração penal dolosa no curso de fiança já concedida anteriormente traz em si, e em princípio, elementos fortes para a decretação da prisão preventiva.

Também há se atentar para a hipótese de quebrantamento quando o afiançado *deliberadamente praticar ato de obstrução ao andamento do processo.* Neste caso, poderá restar caracterizada situação que justifique a própria prisão preventiva (art. 343, CPP), presente a hipótese de *garantia da instrução criminal* (art. 312, CPP).

Também o descumprimento de *outra cautelar* imposta *cumulativamente* com a fiança acarretará o quebrantamento desta. E, pelos mesmos motivos anteriormente elencados (salvo se demonstrado que não se faz necessário no caso concreto), poderá o juiz, diante desta hipótese, decretar também a preventiva (art. 343, CPP).

Por fim, de nebulosa compreensão a redação do inciso IV, que estipula a quebra da fiança quando o beneficiário *resistir injustificadamente a ordem judicial.*

Jurisprudência

341. [...] o art. 341, I, do Código de Processo Penal exige a regular intimação do acusado para que compareça em juízo. Assim, a quebra da fiança só pode ser decretada mediante prova idônea de que o réu está se ocultando ou após ser cientificado. [...] Concedido *habeas corpus*, de ofício, para declarar nula a quebra da fiança e revogar o decreto prisional (*Habeas Corpus nº 192.845/RJ, STJ, 5ª Turma, Rel. Min. Regina Helena Costa, julgado em 24.9.2013, publicado no* DJ *em 2.10.2013*).

Art. 342. Se vier a ser reformado o julgamento em que se declarou quebrada a fiança, esta subsistirá em todos os seus efeitos.

O dispositivo *tinha* o objetivo de esclarecer que o eventual recolhimento à prisão, que *era* efeito *automático* do quebramento da fiança, não mais se faria necessário, devendo ser restabelecidas todas as garantias dela (fiança) decorrentes.

Ora, como não existe mais, e desde, pelo menos, 1988 (Constituição) efeito automático de privação da liberdade (*notadamente* após a alteração da redação do art. 343, CPP, pela Lei nº 12.403/11), a aludida norma não apresenta valia alguma. Ou bem há razões para a preventiva e ela deve ser decretada, ou, não as havendo, impor-se-á a liberdade, com ou sem fiança (art. 310, § 1º, CPP).

Art. 343. O quebramento injustificado da fiança importará na perda de metade do seu valor, cabendo ao juiz decidir sobre a imposição de outras medidas cautelares ou, se for o caso, a decretação da prisão preventiva. (Redação dada pela Lei nº 12.403, de 2011)

Tudo já visto e examinado no item 324.1, acrescido da observação feita no item anterior. A modificação que merece destaque e trazida pela Lei nº 12.403/11 é que o juiz não deverá impor, *obrigatoriamente*, o recolhimento do réu a prisão, mas sim deverá decidir sobre a imposição de *outras medidas cautelares* (vide art. 319, CPP), e, se for o caso (como derradeira alternativa), decretará a prisão preventiva, se presentes seus requisitos (art. 312, CPP).

Jurisprudência

343. [...] 7. Em estrita correspondência com o art. 324, I, do Código de Processo Penal, que veda a concessão de nova fiança a quem a houver quebrado anteriormente, dispõe o art. 343 do Código de Processo Penal que "o quebramento injustificado da fiança importará na perda de metade do seu valor, cabendo ao juiz decidir sobre a imposição de outras medidas cautelares ou, se for o caso, a decretação da prisão preventiva". 8. Ao conferir ao juiz o poder de deliberar sobre "outras medidas cautelares", a norma em questão, por óbvio, exclui a própria fiança, remetendo o juiz às demais medidas diversas da prisão previstas no art. 319 do Código de Processo Penal. [...] *(Habeas Corpus n. 138.567, STF, 2ª Turma, unânime, Rel. Min. Dias Toffoli, julgado em 21.2.2017, publicado no DJ 14.3.2017).*

Art. 344. Entender-se-á perdido, na totalidade, o valor da fiança, se, condenado, o acusado não se apresentar para o início do cumprimento da pena definitivamente imposta. (Redação dada pela Lei nº 12.403, de 2011)

No caso de decisão condenatória, a fiança oferecida, não só como garantia de indenização ou para pagamento de custas do processo, mas, essencialmente, para fins de permitir a efetiva aplicação da Lei penal, será integralmente retirada do patrimônio do afiançado, após a dedução das custas e da parcela destinada à indenização do ofendido. Havendo saldo, será ele revertido para o Tesouro Nacional (art. 345, CPP).

O *perdimento* da fiança, portanto, é declarado no curso do (devido) processo (legal), determinando a privação dos bens do condenado, em atenção ao disposto no art. 5º, LIV, da Constituição da República.

Naturalmente, estamos a cogitar de situações de raríssimas possibilidades de ocorrência. É que, em se tratando de infrações afiançáveis, dificilmente se imporá pena privativa da liberdade ao final do processo.

Em primeiro lugar, porque tais infrações, como regra, autorizam o *sursis* (suspensão da pena) previsto no art. 77, CP.

Em segundo lugar, porque esses delitos (afiançáveis), invariavelmente, não são praticados com violência ou com grave ameaça, o que, nos termos do art. 44, I, Código Penal, permite a substituição da pena privativa da liberdade por penas restritivas de direito.

Assim, não se poderá decretar o perdimento pela (agora) *não apresentação para início de cumprimento de pena definitivamente imposta*, sem que haja previsão legal para tanto, ou, ao contrário, quando haja previsão em sentido diverso.

No que toca ao pagamento de custas processuais e à indenização dos danos, não há dúvida quanto à pertinência do desconto no valor oferecido. Mas, o recolhimento do restante, *nos termos da lei*, ao fundo penitenciário (vide alteração *também* trazida ao art. 345, CPP, pela Lei nº 12.403) dependerá de ser cabível, efetivamente, a privação da liberdade, bem como o não comparecimento do afiançado.

Art. 345. No caso de perda da fiança, o seu valor, deduzidas as custas e mais encargos a que o acusado estiver obrigado, será recolhido ao fundo penitenciário, na forma da lei. (Redação dada pela Lei nº 12.403, de 2011)

Repete-se o dito e remete-se às anotações feitas ao art. 344, CPP.

Art. 346. No caso de quebramento de fiança, feitas as deduções previstas no art. 345 deste Código, o valor restante será recolhido ao fundo penitenciário, na forma da lei. (Redação dada pela Lei nº 12.403, de 2011)

(Redação anterior). Art. 346. No caso de quebramento de fiança, feitas as deduções previstas no artigo anterior, o saldo será, até metade do valor da fiança, recolhido ao Tesouro Federal.

Idem, ibidem. E, mais: ver item 324.1, *retro*. Há identidade no tratamento legislativo do *quebramento* e do *perdimento* dos valores da fiança (quanto às consequências), com o destaque – também aqui – que, após o advento da Lei nº 12.403/11, o recolhimento será feito ao fundo penitenciário.

Art. 347. Não ocorrendo a hipótese do art. 345, o saldo será entregue a quem houver prestado a fiança, depois de deduzidos os encargos a que o réu estiver obrigado.

Não só o acusado pode prestar fiança. Também poderá fazê-lo, em seu nome, o terceiro. E este, independentemente da condenação daquele, tem direito ao saldo remanescente, apurado após a reserva para o resgate das garantias assumidas (custas processuais e indenização do ofendido).

Art. 348. Nos casos em que a fiança tiver sido prestada por meio de hipoteca, a execução será promovida no juízo cível pelo órgão do Ministério Público.

Quando a fiança for dada por meio de hipoteca de bem imóvel, será preciso a sua execução (dela, hipoteca), o que é feito no juízo cível e não no criminal, até porque se trata de verdadeira *execução civil* (art. 784, V, CPC de 2015/art. 585, III, CPC de 1973).

Quanto à legitimação do Ministério Público para o processo de execução, pensamos que apenas em relação às custas se justifica a titularidade do *parquet*.

É que, tratando-se de recomposição patrimonial pelo dano causado pela infração, deve o ofendido legitimar-se ao processo, em face da vedação da atuação ministerial no interesse patrimonial individual, conforme se deduz da Constituição de 1988 (art. 129, IX), que revogou as disposições do art. 68, CPP. Remetemos aos comentários ao referido art. 68, no qual se reporta à *estranha* jurisprudência da Suprema Corte, que vê ali uma *revogação progressiva*, dependente da instituição, no Estado, de Defensoria Pública. Isso, no caso de pobreza do ofendido, evidentemente.

Art. 349. Se a fiança consistir em pedras, objetos ou metais preciosos, o juiz determinará a venda por leiloeiro ou corretor.

Disposição autoexplicativa. E evidente por si mesma.

Art. 350. Nos casos em que couber fiança, o juiz, verificando a situação econômica do preso, poderá conceder-lhe liberdade provisória, sujeitando-o às obrigações constantes dos arts. 327 e 328 deste Código e a outras medidas cautelares, se for o caso.

Parágrafo único. Se o beneficiado descumprir, sem motivo justo, qualquer das obrigações ou medidas impostas, aplicar-se-á o disposto no § 4º do art. 282 deste Código. (Redação dada pela Lei nº 12.403, de 2011)

Tratando-se de preso *sem* recursos econômicos ou disponibilidades financeiras, nem por isso lhe será recusada a fiança. E nem poderia ser de outro modo, sob pena de se concretizar inaceitável seletividade no sistema de prisão cautelar. Seletividade, aliás, mais que presente nos processos de criminalização de nosso Direito Penal.

Não tendo o preso – ou terceiros – condições para a fiança, ser-lhe-á concedida a liberdade no mesmo regime daquela (de fiança), mediante as obrigações e cautelas ali previstas, sob pena de revogação.

A novidade também aqui – até por questão sistemática – é que, em caso de descumprimento das obrigações impostas sem a devida justificação, o juiz poderá substituir a medida, impor outra (cautelar) em cumulação, ou (*como sempre deveria ser*, *pela excepcionalidade da medida*), em último caso, decretar a preventiva, desde que presentes os requisitos para tanto (art. 282, § 4º, CPP, na redação conferida pela Lei nº 13.964/2019).

Jurisprudência

350. [...] É cediço nesta Casa que o inadimplemento da fiança imposta, por si só, não é capaz de fundamentar a manutenção da custódia cautelar, devendo ser observado o que preconiza o art. 350 do Código de Processo Penal. [...] *(Habeas corpus nº 539.473-SP, STJ, 6ª Turma, unânime, Rel. Min. Antônio Saldanha Palheiro, julgado em 4.2.2020, publicado no* DJ *em 11.2.2020).*

350. [...] 2. O teor do art. 350 do Código de Processo Penal, nos casos em que couber fiança, o magistrado, verificando ser impossível ao réu prestá-la, poderá conceder-lhe a liberdade provisória, sujeitando-o às obrigações constantes dos arts. 327 e 328. 3. Na espécie, a imposição da fiança, quando afastada pelo magistrado os requisitos/pressupostos da prisão preventiva, não tem o condão de justificar a manutenção da prisão cautelar, em especial quando o réu se declara hipossuficiente, é representado pela Defensoria Pública e permaneceu segregado ante o inadimplemento do valor estipulado (R$ 500,00). Evidências de hipossuficiência econômica e possibilidade de dispensa da fiança. [...] Ordem concedida de ofício para confirmar a medida liminar e, com parecer favorável do Ministério Público Federal, garantir a liberdade provisória ao paciente, sem fiança, sujeitando-o às obrigações constantes dos arts. 327 e 328 do Código de Processo Penal e à fixação de outras medidas cautelares, a critério do Juízo de primeiro grau. *(Habeas Corpus n. 481.434-SP, STJ, 5ª Turma, unânime, Rel. Min. Reynaldo Soares da Fonseca, julgado em 19.2.2019, publicado no* DJ *em 1º.3.2019).*

350. [...] Com o advento da Lei nº 12.403/2011, externaram-se os comandos constitucionais que identificam na prisão provisória o caráter de *ultima ratio*. [...] *In casu*, existe manifesta ilegalidade, pois o não pagamento da fiança, por si só, não justifica a preservação da custódia cautelar, a teor do artigo 350 do Código de Processo Penal, mormente se tratando de réu que permaneceu custodiado – até o deferimento do pedido liminar, nesta Corte – unicamente em razão do não pagamento da cautela arbitrada. [...] *(HC n. 435.075-PR, STJ, 6ª Turma, unânime, Rel. Min. Maria Thereza de Assis Moura, julgado em 16.8.2018, publicado no* DJ *em 28.8.2018).*

TÍTULO X
DAS CITAÇÕES E INTIMAÇÕES

CAPÍTULO I
Das Citações

Art. 351. A citação inicial far-se-á por mandado, quando o réu estiver no território sujeito à jurisdição do juiz que a houver ordenado.

351.1. Citação por mandado: Como regra, a citação do réu é *pessoal*, isto é, a ele dirigida, e *por mandado judicial.*

Proposta a ação penal e não sendo o caso de rejeição da denúncia ou queixa (na ação privada ou subsidiária – art. 29, CPP), deve o juiz determinar a citação do acusado, nos termos do art. 396, CPP.

A citação é o ato processual por meio do qual, não só se dá notícia da existência de uma ação penal instaurada contra a pessoa, como se determina o seu chamamento ao processo para o exercício da mais ampla defesa e participação em todo o *iter* (caminho, percurso) processual.

Naturalmente, como visto, a participação do acusado no processo dependerá exclusivamente de sua vontade, ressalvadas as hipóteses legais em que sua presença seja exigível na produção da prova (reconhecimento de pessoa, por exemplo – art. 226, CPP). Assim, tendo sido citado, pode ele ignorar o processo; caberá ao juiz nomear-lhe defensor. Se se tratar de réu pobre, sua defesa será patrocinada pela Defensoria Pública, onde houver.

Como veremos mais adiante, nada impede que o juiz, constatando de imediato tratar-se de hipótese de *absolvição sumária*, em quaisquer das modalidades mencionadas no art. 397, CPP, deve ele absolver desde logo o réu, abstendo-se de determinar a sua citação.

E não se poderá falar em qualquer prejuízo para o acusado, sob a perspectiva da ampla defesa, e, mais especificamente, da chamada *defesa técnica*, isto é, aquela realizada por profissional da advocacia ou por defensor público.

É que, no caso de ser interposto pela acusação recurso contra a absolvição, deverá o juiz notificar/intimar o réu para o oferecimento de contrarrazões, consoante o entendimento jurisprudencial consolidado na Súmula 707, do Supremo Tribunal Federal. Pensar a questão de outro modo implicará a imposição de pesados ônus ao réu, que se veria, então, não só na contingência de ter de contratar e remunerar advogado de sua confiança, como, também, de suportar as inquietações inerentes à posição de réu, sem qualquer necessidade, sobretudo quando for o caso de *prescrição*, matéria que, em geral, não apresenta qualquer complexidade.

Jurisprudência

351.1. [...] A citação é o chamamento do réu para tomar conhecimento dos fatos que lhe são imputados na ação penal, franqueando-lhe a defesa pessoal e técnica. Cuida-se, portanto, de corolário dos princípios constitucionais da ampla defesa e do contraditório, razão pela qual a regra é a citação pessoal, conforme disciplina o art. 351 do Código de Processo Penal. [...] *(HC nº*

661.754-SP, STJ, 5ª Turma, Rel. Min. Reynaldo Soares da Fonseca, julgado em 22.6.2021, publicado no DJ em 25.6.2021)

351.1. [...] De acordo com a previsão contida no artigo 351 do Código de Processo Penal, a citação do acusado deve ser feita pessoalmente, por mandado. Não sendo encontrado no endereço declinado nos autos ou constatando-se que este se oculta para não ser citado, o aludido diploma legal, antes da reforma introduzida com o advento da Lei nº 11.719/08, previa a possibilidade de citação por edital, a ser publicado pelo prazo de 15 (quinze) e 5 (cinco) dias, respectivamente (artigos 361 e 362, este na sua redação original). Com o advento da Lei nº 9.271/96, que deu nova redação ao artigo 366 do Código de Processo Penal, não mais se admite o julgamento à revelia do acusado citado por edital, devendo o magistrado suspender o curso do processo, bem como do prazo prescricional, até que se obtenha êxito na sua citação pessoal, seja com o seu comparecimento em juízo ou constituindo defensor, dando efetividade, assim, ao exercício das garantias constitucionais ao contraditório e à ampla defesa. O fato do paciente estar se ocultando para impedir o ato citatório não permitia, à época, o prosseguimento da instrução criminal à sua revelia, por evidente ausência de previsão legal, cabendo ao magistrado determinar, novamente, a suspensão do processo e do curso do prazo prescricional. Ordem concedida para anular a Ação Penal nº 50-00-049035-0, controle 111-01, da 4ª Vara Criminal Central da comarca de São Paulo/SP, até o despacho que determinou o prosseguimento da instrução à revelia do paciente, determinando-se a expedição de alvará de soltura em seu favor – situação na qual respondia o processo –, facultando-se ao juízo de origem a efetivação da citação por ocasião do cumprimento do ato liberatório. Declara-se, ainda, de ofício, a extinção da punibilidade do paciente com relação à contravenção penal prevista no artigo 21 do Decreto-Lei nº 3.688/41, em decorrência do reconhecimento da prescrição da pretensão punitiva estatal, ficando prejudicada a análise do pleito referente ao não processamento do recurso de apelação interposto (*Habeas Corpus nº 94.039-SP, STJ, 5ª Turma, Rel. Min. Jorge Mussi, julgado em 23.2.2010, publicado no* DJ *em 26.4.2010*).

....

351.2. Citação do incapaz: Apenas quando já conhecida a incapacidade do *citando* o referido ato processual haverá de ser dirigido ao responsável pela curatela do acusado.

Enquanto isso não ocorrer, deverá o oficial de justiça promover normalmente a citação, fazendo constar, se for o caso, eventuais circunstâncias indicativas de possível diminuição da capacidade.

Nesse caso, como é certo, não se poderá recusar o direito do acusado em apresentar nova resposta escrita, na hipótese de ter o juiz nomeado a ele defensor, para os fins do art. 396-A, § 2º, CPP.

351.3. Citação por *WhatsApp* ou aplicativos similares: Não há previsão legal no âmbito do CPP para a realização de *intimações, citações e notificações* por meio de aplicativos eletrônicos, tal como o (bastante popular) *WhatsApp*.

A questão é saber se é possível a adoção de tais procedimentos no âmbito do processo penal.

Evidente que são muito bem-vindos procedimentos por meio da tecnologia que possibilitem a agilidade processual. Mas todo cuidado sempre será pouco quando estivermos tratando desse mecanismo para ciência de atos *no processo penal.*

A Lei nº 14.195, de 26.8.2021, dentre outras tantas alterações, modificou substancialmente as regras de "citações eletrônicas "no Código de Processo Civil (Lei nº 13.105, de 16.3.2015).

No que se refere especificamente a essas alterações, aplica-se o art. 58, V, da Lei nº 14.195/2021*: a lei entrará em vigor na data de sua publicação, que ocorreu eu 27.8.2021.*

A pergunta central que nos interessa é: essas alterações aplicam-se ao processo penal também?

O CPC dispunha no *art. 246 que a citação* seria feita: I – pelo correio; II – por oficial de justiça; III – pelo escrivão ou chefe de secretaria, se o citando comparecer em cartório; IV – por edital; V – por meio eletrônico, conforme regulado em lei.

Agora a redação foi alterada:

Art. 246. A citação será feita preferencialmente por meio eletrônico, no prazo de até 2 (dois) dias úteis, contado da decisão que a determinar, por meio dos endereços eletrônicos indicados pelo citando no banco de dados do Poder Judiciário, conforme regulamento do Conselho Nacional de Justiça. I – (revogado); II – (revogado); III – (revogado); IV – (revogado); V – (revogado).

§ 1º As empresas públicas e privadas são obrigadas a manter cadastro nos sistemas de processo em autos eletrônicos, para efeito de recebimento de citações e intimações, as quais serão efetuadas preferencialmente por esse meio.

§ 1º-A A ausência de confirmação, em até 3 (três) dias úteis, contados do recebimento da citação eletrônica, implicará a realização da citação: I – pelo correio; II – por oficial de justiça; III – pelo escrivão ou chefe de secretaria, se o citando comparecer em cartório; IV – por edital.

§ 1º-B Na primeira oportunidade de falar nos autos, o réu citado nas formas previstas nos incisos I, II, III e IV do § 1º-A deste artigo deverá apresentar justa causa para a ausência de confirmação do recebimento da citação enviada eletronicamente.

§ 1º-C Considera-se ato atentatório à dignidade da justiça, passível de multa de até 5% (cinco por cento) do valor da causa, deixar de confirmar no prazo legal, sem justa causa, o recebimento da citação recebida por meio eletrônico.

§ 4º As citações por correio eletrônico serão acompanhadas das orientações para realização da confirmação de recebimento e de código identificador que permitirá a sua identificação na página eletrônica do órgão judicial citante.

§ 5º As microempresas e as pequenas empresas somente se sujeitam ao disposto no § 1º deste artigo quando não possuírem endereço eletrônico cadastrado no sistema integrado da Rede Nacional para a Simplificação do Registro e da Legalização de Empresas e Negócios (Redesim).

§ 6º Para os fins do § 5º deste artigo, deverá haver compartilhamento de cadastro com o órgão do Poder Judiciário, incluído o endereço eletrônico constante do sistema integrado da Redesim, nos termos da legislação aplicável ao sigilo fiscal e ao tratamento de dados pessoais.

Observe-se que o "meio eletrônico", que era a última opção, passou a ser a primeira, sempre dependendo de "regulação em lei".

Ou seja, no processo civil, somente no caso de não haver a *confirmação* (do citando) em até três dias úteis, contado do recebimento da citação eletrônica é que se realizará, então, a tentativa de citação pelos, digamos assim, "meios tradicionais" até então aplicados.

Em princípio, a cláusula do art. 3º do CPP permitiria uma interpretação extensiva ou analógica: "*Art. 3º A lei processual penal admitirá interpretação extensiva e aplicação analógica, bem como o suplemento dos princípios gerais de direito*" (sobre o tema já falamos na presente obra, vide anotações ao art. 3º, CPP).

Não esqueçamos, contudo, que o CPP tem regras específicas e relevantes no que se refere às intimações e citações (art. 798, CPP), sendo que a regra é que, salvo os casos expressos, os prazos correrão da intimação (§ 5º, alínea "a").

Temos que visualizar que, na alínea "c" do § 5º do art. 798 do CPP, há previsão de que é válida a citação ou intimação contando-se o prazo *"do dia em que a parte manifestar nos autos ciência inequívoca da sentença ou despacho" (vide anotações aos itens 798 e seguintes).*

Somente se pode acorrer a outras regras diante de eventual omissão no procedimento processual penal próprio (art. 3º, CPP). Como há regra específica, inviável a aplicação subsidiária do sistema do processo civil.

O CPP prevê seus meios. O primeiro deve ser a pessoal "por mandado" ou "em audiência", sendo que, sendo de outro modo com *ciência inequívoca*, poderia ser enquadrada a *de forma eletrônica.*

Já externamos também aqui (item 798.4.3) que se a parte manifestar ciência inequívoca do teor da sentença ou decisão é nesse momento que se considerará realizada a intimação, adotando-se o modo de contagem previsto no § 1º. Claro que, *nesse caso, depende de uma ação positiva da parte em manifestar sua ciência inequívoca do ato*, de modo que seria dispensável a realização pelos outros meios previstos anteriormente.

Não esqueçamos que o art. 6º da Lei nº 11.419 dispõe que *"observadas as formas e as cautelas do art. 5º desta Lei, as citações, inclusive da Fazenda Pública, excetuadas as dos Direitos Processuais Criminal e Infracional, poderão ser feitas por meio eletrônico, desde que a íntegra dos autos seja acessível ao citando"*.

A legislação deixou claro (dentro dos limites do tema tratado nas regras mencionadas) que não se poderia *impor* a aplicação desses meios em procedimentos penais.

Mas ele poderia ser realizado excepcionalmente, com todos os cuidados essenciais para não prejudicar as partes, especialmente o réu? A resposta é afirmativa, sempre com todos os cuidados.

Importante destacar que sempre se deverá ter a garantia de que o acusado (quando citado) ou réu (quando intimado) tenha *ciência inequívoca* do ato e que esse *meio utilizado* não lhe traga *efetivamente* prejuízo algum para a adoção das medidas cabíveis para o exercício de sua ampla defesa.

A nosso aviso, a cláusula que prevê o *dever de cooperação, expressamente* estampado no CPC (*Art. 6º Todos os sujeitos do processo devem cooperar entre si para que se obtenha, em tempo razoável, decisão de mérito justa e efetiva. Art. 8º Ao aplicar o ordenamento jurídico, o juiz atenderá aos fins sociais e às exigências do bem comum, resguardando e promovendo a dignidade da pessoa humana e observando a proporcionalidade, a razoabilidade, a legalidade, a publicidade e a eficiência*), até poderá ser aplicada no processo penal, guardadas as devidas cautelas, dado que, neste último, não se discute *direitos subjetivos* reivindicados por uma parte e *resistidos* pela outra. O objeto do processo penal é a imposição de pena pública, fundada na prática de ato definido como crime, daí porque a *resistência* do acusado surge até como *necessidade* da ampla defesa.

Em tema de citação não parece correto falar-se na aplicação de semelhante dever ao acusado. Cabe ao Estado o ônus de promover toda a persecução penal.

No entanto, devem ser censuradas com o rigor da lei as diversas e conhecidas manobras feitas para a ocultação ao ato de citação, mais frequentes que se imagina, e, não raro, envolvendo agentes políticos e algumas celebridades.

Nesse passo, dúvida não pode haver que *a citação por meio eletrônico pode* evitar tais expedientes, em prol da celeridade e duração razoável do processo. O que efetivamente há de importar, no ponto, é a *certeza* quanto à realização concreta da citação ou intimação. Se houver dúvida, ela não poderá ser resolvida em favor do Estado, como bem se sabe. Não por outra razão que – sem cogitar dessas novas regras – que encontramos decisões, especialmente do STJ, admitindo, durante o período "pandêmico" e excepcionalmente, a citação por meio *eletrônico*.

A necessidade e excepcionalidade das medidas não podem virar regra procedimental, pelo menos sem previsão expressa em lei. Mas, se realizada, deverá ser aferida se não trouxe nenhum prejuízo efetivo à defesa e, sobretudo, se houve *aderência* voluntária da parte na realização do ato desse modo.

Jurisprudência

351.3. [...] O entendimento do Tribunal de origem consoa com o do Superior Tribunal de Justiça no sentido de que, *"embora não haja óbice à citação por WhatsApp, é necessária a certeza de que o receptor das mensagens se trata do Citando(a)"* (AgRg no RHC n. 143.990/PR, relatora Ministra Laurita Vaz, Sexta Turma, julgado em 6/3/2023, DJe de 20/3/2023). [...] *(Agravo Regimental no Habeas Corpus nº 840.886-ES, STJ, 6ª Turma, Rel. Min. Antonio Saldanha Palheiro, sessão virtual de 23.4.2024 a 29.4.2024, publicado no DJ em 3.5.2024)*

351.3. [...] 1. Consoante entendimento da Sexta Turma do Superior Tribunal de Justiça, embora não haja óbice à citação por *WhatsApp*, é necessária a certeza de que o receptor das mensagens se trata do Citando(a). 2. Na hipótese, foram observadas todas as diretrizes previstas em lei para a prática do ato processual em questão, pois as informações consignadas pelo serventuário da Justiça – dotadas de fé pública – e a análise dos demais elementos do caso permitem concluir que o Agravante teve inequívoca ciência da ação penal contra si em curso. 3. Ademais, não houve qualquer prejuízo processual demonstrado pelo Réu que importe em nulidade do ato de citação por meio eletrônico, tendo em vista que foi apresentada defesa prévia no prazo legal, apresentados documentos pela Defensoria, realizado interrogatório, apresentadas alegações finais e, ainda, recurso de apelação. [...] *(Agravo Regimental no Recurso em Habeas Corpus nº 143.990-PR, STJ, 6ª Turma, Rel. Min. Laurita Vaz, sessão virtual de 28.2.2023 a 6.3.2023, publicado no DJ em 20.3.2023)*

351.3. [...] Esta Corte Superior de Justiça já se manifestou no sentido de que é válida a citação pelo aplicativo WhatsApp desde que contenha elementos indutivos da autenticidade do destinatário, como número do telefone, confirmação escrita e foto individual, e só tem declarado a nulidade quando verificado prejuízo concreto ao réu. [...] O Tribunal de origem deixou bem registrado que o oficial de justiça diligenciou para obter o número do telefone celular do agravante, entrou em contato com ele para saber se aceitaria ser citado por meio do aplicativo do WhatsApp e, diante da sua concordância, enviou-lhe o mandado de citação, juntamente com a cópia da denúncia, obtendo o seu ciente, bem como o pedido de representação pela Defensoria Pública da União, tudo certificado conforme documentos anexados ao processo. [...] Ora, fica cristalino que foi indicado com precisão todo o procedimento adotado para identificar o citando e atestar a sua identidade, o que garante a higidez das diretrizes previstas no artigo 357 do Código de Processo Penal. Destaque-se que, no mencionado dispositivo, não há exigência do encontro físico do citando com o oficial de justiça. Verificada a identidade, e cumpridas as diretrizes previstas na norma procedimental, ainda que de forma remota, a citação é válida. [...] *(Agravo Regimental no RHC nº 140.383-PR, STJ, 6ª Turma, Rel. Min. Antônio Saldanha Palheiro, unânime, julgado em 8.2.2022, publicado no DJ em 15.2.2022)*

351.3. [...] A citação do acusado revela-se um dos atos mais importantes do processo. É por meio dela que o indivíduo toma conhecimento dos fatos que o Estado, por meio do *jus puniendi* lhe direciona e, assim, passa a poder demonstrar os seus contra-argumentos à versão acusatória (contraditório, ampla defesa e devido processo legal). [...] Abstratamente, é possível imaginar-se a utilização do *WhatsApp* para fins de citação na esfera penal, com base no princípio *pas nullité sans grief*. De todo modo, para tanto, imperiosa a adoção de todos os cuidados possíveis para se comprovar a autenticidade não apenas do número telefônico com que o oficial de justiça realiza a conversa, mas também a identidade do destinatário das mensagens. [...] Como cediço, a tecnologia em questão permite a troca de arquivos de texto e de imagens, o que possibilita ao oficial de justiça, com quase igual precisão da verificação pessoal, aferir a autenticidade da conversa. É possível imaginar, por exemplo, a exigência pelo agente público do envio de foto do documento de identificação do acusado, de um termo de ciência do ato citatório assinado de próprio punho, quando o oficial possuir algum documento do citando para poder comparar as assinaturas, ou qualquer outra medida que torne inconteste tratar-se de conversa travada com o verdadeiro denunciado. De outro lado, a mera confirmação escrita da identidade pelo citando não nos parece suficiente. [...] Necessário distinguir, porém, essa situação daquela em que, além da escrita pelo citando, há no aplicativo foto individual dele. Nesse caso, ante a mitigação dos riscos, diante da concorrência de três elementos indutivos da autenticidade do destinatário, número de telefone, confirmação escrita e foto individual, entendo possível presumir-se que a citação se deu de maneira válida, ressalvado o direito do citando de, posteriormente, comprovar eventual nulidade, seja com registro de ocorrência de furto, roubo ou perda do celular na época da citação, com contrato de permuta, com testemunhas ou qualquer outro meio válido que autorize concluir de forma assertiva não ter havido citação válida. [...] *(Agravo Regimental no Recurso em Habeas Corpus nº 141.245/DF, STF, 5ª Turma, unânime, Rel. Min. Ribeiro Dantas, julgado em 13.3.2021, publicado no DJ em 16.4.2021)*

351.3. [...] Nulidade. Citação por WhatsApp. Ciência inequívoca do processo. [...] o paciente foi citado por meio de aplicativo instantâneo de troca de mensagens por telefone celular (*WhatsApp*). Esse formato foi adotado pelo Tribunal *a quo*, sobretudo em razão da emergência sanitária causada pela pandemia do novo coronavírus. [...] Neste caso, verifica-se que o paciente aderiu de forma voluntária à realização do ato na forma aqui questionada. Ademais, não há dúvida quanto à sua ciência da existência de processo criminal movido em seu desfavor, tendo em vista que manifestou interesse em ser patrocinado pela Defensoria Pública, não se constatando qualquer prejuízo às garantias constitucionais do paciente. [...] Além disso, o comportamento do acusado viola a proibição do *venire contra factum proprium*, pois, em um primeiro momento, o acusado ter concordado com a realização do ato processual para, em seguida, questionar a forma em que a citação se aperfeiçoou. [...] *(Recurso em Habeas Corpus nº 140.752/DF, STJ, 5ª Turma, unânime, Rel. Min. Reynaldo Soares da Fonseca, julgado em 9.3.2021, publicado no DJ em 15.3.2021)*

Art. 352. O mandado de citação indicará:

I – o nome do juiz;

II – o nome do querelante nas ações iniciadas por queixa;

III – o nome do réu, ou, se for desconhecido, os seus sinais característicos;

IV – a residência do réu, se for conhecida;

V – o fim para que é feita a citação;

VI – o juízo e o lugar, o dia e a hora em que o réu deverá comparecer;

VII – a subscrição do escrivão e a rubrica do juiz.

352.1. Requisitos legais do mandado: Dissemos que, em regra, a citação será feita por mandado judicial, pessoalmente ao réu.

É que se parte do princípio (daí, pensar-se em *regra geral*) que o acusado residiria no local em que se processa a ação penal, diante dos termos do art. 70 do CPP, que determina a competência territorial pelo *lugar da infração* (na escolha equivocada de nosso CPP, o lugar onde se *consumou* a infração, ou, no caso de tentativa, no local onde se praticaram os últimos atos de execução).

Assim, a citação deve ser *pessoal* ao réu. O mandado judicial de citação, portanto, deve ser entregue *a ele.*

E como se trata de *determinação judicial* da prática de determinado ato processual e da abertura imediata ao acusado para o exercício da ampla defesa, o mandado de citação deverá conter requisitos indispensáveis, invariavelmente associados ao *conhecimento completo* da demanda e da imputação penal que se faz ao réu.

Daí, serem exigidos, essencialmente, a *finalidade* para que é feita a citação, bem como as faculdades processuais franqueadas imediatamente ao acusado. Deve constar do mandado, portanto, nos procedimentos ordinário, sumário e do tribunal do júri, o termo *a quo* (início) do prazo de 10 (dez) dias para a apresentação da resposta escrita. Na ação penal originária, o acusado será *notificado* e não citado com o prazo de 15 (quinze) dias para a resposta escrita (Lei nº 8.038/90, art. 4º). É que ali o recebimento da peça acusatória somente ocorre após a apresentação de resposta escrita, daí por que falar-se em *notificação* e não em *citação.*

Note-se que o dispositivo ora em comento (art. 352, CPP) se refere, ainda, à data de comparecimento do réu em juízo (VI). Ora, a citação, agora, não é mais para o interrogatório, como era ao tempo da legislação anterior à Lei nº 11.719/08 (antiga redação do art. 394, CPP). Este, o interrogatório, passou a ser o último ato de instrução, como meio de defesa, evidentemente. Assim, o réu não é mais chamado ao processo para *comparecimento em juízo*, mas para *apresentar a sua resposta escrita* (art. 396, CPP).

Deverá constar, obviamente, a identificação das partes e do juízo, incluindo o nome do juiz que determinou a expedição do mandado (I, II e III). Se não se tiver certeza quanto à identidade civil do réu, o mandado se referirá aos dados constantes da peça acusatória, de modo que se possa individualizar a sua pessoa.

Em se tratando de ação penal pública, não constará o nome do órgão ministerial, mas apenas a referência à instituição, bastando também a expressão *Justiça Pública*, usualmente utilizada no cotidiano forense. Além da obviedade da necessidade de constar o endereço do réu (IV), deverá o mandado ser subscrito pelo escrivão e rubricado pelo juiz (VII).

352.2. Vícios no mandado e nulidades: A falta ou equívoco na referência a algum destes dispositivos poderá causar a nulidade do referido ato citatório, e, assim, do próprio processo, quando o acusado, em razão da irregularidade, não acompanhar a ação penal.

A ausência do requisito atinente à finalidade do ato de citação é exemplo mais eloquente dessa situação. O réu tem o direito de constituir livremente o seu advogado. Por isso, se não constar do mandado o prazo para resposta, o processo será nulo, a partir daí, devendo ser reaberto o prazo para apresentação da defesa escrita.

Eventuais erros quanto às pessoas e autoridades não causarão a nulidade do processo, desde que permitam o exercício tempestivo da ampla defesa e não causem embaraço à realização dos atos processuais subsequentes.

Se o réu não for encontrado no endereço indicado no mandado, o ato ainda poderá ser realizado se o seu executor obtiver informação correta acerca da localização dele (acusado) em outro endereço, desde que nos limites da comarca em que exerce as funções o oficial de justiça, equivalente, então, aos limites da jurisdição da autoridade judicial responsável pela determinação da citação.

Nesse caso, mesmo em se tratando de comarca limítrofe, não pode o executor dar cumprimento ao mandado, devendo devolvê-lo ao juiz, para as providências de citação por meio de carta precatória.

Em tais situações, a irregularidade na citação produzirá a anulação do ato, a não ser quando o acusado constituir regularmente o advogado e for apresentada a defesa escrita. A partir daí, a situação deverá ser esclarecida para os demais atos do processo, devendo ser registradas a irregularidade e a voluntariedade da participação do réu.

Art. 353. Quando o réu estiver fora do território da jurisdição do juiz processante, será citado mediante precatória.

353.1. Deprecação do ato de citação: A citação, como regra, será pessoal, por mandado, por meio do qual se dá conhecimento da ação penal, da instauração do processo e da abertura das faculdades processuais ao acusado, sobretudo da possibilidade de apresentação imediata da resposta escrita.

Se o réu residir em local que não esteja sob a jurisdição do juiz da causa (e do processo), a sua citação será feita por meio de *carta precatória*, a ser expedida na sede do juízo e encaminhada à comarca ou à Seção Judiciária (na Justiça Federal) sob cuja jurisdição ele (acusado) se encontrar.

A carta precatória constitui a *deprecação* (pedido ou solicitação) do ato citatório a outro juiz, por meio da qual o juízo *deprecante*, perante o qual tramita a ação penal, solicita ao juízo *deprecado* a prática de determinado ato processual.

Trata-se de modalidade de citação *pessoal*, na qual o mandado (de citação) é encaminhado a outra jurisdição, por meio de *carta*, ali recebendo nova determinação judicial para o cumprimento.

Por isso, devem constar do mandado judicial de citação por meio da carta precatória todos os requisitos mencionados no art. 352, CPP, além daqueles outros previstos no art. 354, que regulam a sua expedição (da carta).

Jurisprudência

353.1. [...] Consoante o disposto no artigo 370 do Código de Processo Penal, as intimações devem seguir o mesmo modelo usado para as citações, ou seja, devem proceder-se por mandado, quando o réu estiver sujeito à jurisdição do juiz que a houver ordenado (artigo 351 da Lei Processual Penal), por precatória, quando estiver fora do território da jurisdição do juiz processante (artigo 353 do mencionado diploma legal), ou por edital, quando não for encontrado (artigo 361 da legislação processual penal). [...] *(RHC nº 31.277-DF, STJ, 5ª Turma, Rel. Min. Jorge Mussi, julgado em 13.12.2011, publicado no DJ em 1º.2.2012)*

353.1. [...] Residindo o réu em comarca diversa daquela em que o Juiz processante exerce sua jurisdição, a citação do acusado deverá ser realizada por Carta Precatória (artigo 353 da Lei Adjetiva Penal). A ausência de expedição da Carta Precatória para citação do acusado residente em outra comarca consubstancia nulidade absoluta. Recurso provido para declarar nula a citação editalícia do paciente, e, consequentemente, desconstituir sua custódia cautelar fundada exclusivamente na sua evasão do distrito da culpa (*RHC nº 11.929-PR, STJ, 6ª Turma, Rel. Min. Hamilton Carvalhido, julgado em 18.12.2001, publicado no* DJ *em 6.5.2002*).

353.2. Carta precatória itinerante: Quando o acusado não for encontrado no endereço fornecido na carta precatória, e o oficial de justiça executor do mandado obtiver informações acerca do novo endereço, deve ele para lá se dirigir para o cumprimento da ordem de citação.

Se, porém, o novo endereço não se encontrar sob a jurisdição do juízo *deprecado*, a carta (e o mandado) deverá ser remetida para aquela comarca ou sede de juízo, independentemente de nova solicitação do juízo *deprecante*, de modo a agilizar a tramitação do processo.

O que efetivamente importa é que não correrá prazo algum e nem se adotará a prática de quaisquer atos processuais até a efetiva citação do acusado, exceção feita, naturalmente, aos atos reputados urgentes, de que é exemplo mais emblemático a decretação de prisão preventiva ou a antecipação de prova, tal como autorizado no art. 366, CPP.

353.3. Carta precatória, carta rogatória e carta de ordem: Não só a citação pode ser objeto de *deprecação*. Também podem sê-lo diversos outros atos processuais que tenham que se realizar fora da sede do juiz do processo.

Mesmo o interrogatório, que, hoje, é o último ato da instrução criminal e, em regra, deve se realizar na mesma assentada (na mesma audiência) da inquirição das testemunhas, pode ser também deprecado, desde que nesse sentido se manifeste o acusado. A realização da instrução poderá ser feita também por videoconferência, se presentes os requisitos no art. 217, CPP, ou se todas elas residirem no mesmo local do juízo deprecado. Nesse caso, nada obstaria também o interrogatório pela mesma tecnologia, ainda que na hipótese de réu solto, desde que ele assim requeira. Evidentemente, se for o caso do art. 217, CPP, poderá o juiz determinar a retirada do réu por ocasião dos depoimentos.

Já a carta de ordem é a delegação da prática de ato processual, seja de citação, seja de instrução, por tribunal, superior ou não, aos juízes de primeira instância. Quando a carta de ordem partir de Tribunal Superior, a aludida carta será encaminhada ao Tribunal de Justiça para posterior remessa ao juiz encarregado da prática do ato. Confira-se, a propósito, o disposto no art. 239, § 1º, do Regimento Interno do Supremo Tribunal Federal.

Quando a citação houver que se realizar fora do país ou em legações (embaixadas e consulados) estrangeiras (art. 369, CPP), o referido ato processual deverá ser objeto de carta rogatória, por via da qual se pede às autoridades estrangeiras a prática de ato no interesse da Justiça brasileira, e vice-versa. Quando expedida no Brasil, caberá ao Ministro da Justiça encaminhar a solicitação ao país *rogado*. Quando de lá para cá, caberá ao Presidente do Superior Tribunal de Justiça a concessão do *exequatur* e não mais ao Presidente do STF, consoante se extrai da Emenda Constitucional 45/04.

De notar-se que a Lei nº 11.900/09 exige a *imprescindibilidade* da prática do ato solicitado para a autorização e para a expedição da carta rogatória (art. 222-A, CPP), evitando-se, com isso, diligências evidentemente protelatórias. Não é o caso, por certo, da citação, requisito absolutamente indispensável para a validade do processo. No ponto, remetemos o leitor ao referido art. 222-A, CPP.

E, mais.

A citação por rogatória somente será feita quando também conhecido o endereço do acusado. Não sendo ele conhecido, a citação será por edital. Obviamente.

Jurisprudência

353.3. [...] Com a introdução do princípio da identidade física do Juiz no processo penal pela Lei nº 11.719/08 (art. 399, § 2º do CPP), o Magistrado que presidir os atos instrutórios, agora condensados em audiência una, deverá proferir a sentença, descabendo, em regra, que o interrogatório do acusado, visto expressamente como autêntico meio de defesa e deslocado para o final da colheita da prova, seja realizado por meio de carta precatória, mormente no caso de réu preso, que, em princípio, deverá ser conduzido pelo Poder Público (art. 399, § 1º do CPP); todavia, não está eliminada essa forma de cooperação entre os Juízos, conforme recomendarem as dificuldades e as peculiaridades do caso concreto, devendo, em todo o caso, o Juiz justificar a opção por essa forma de realização do ato. A adoção do princípio da identidade física do Juiz no processo penal não pode conduzir ao raciocínio simplista de dispensar totalmente e em todas as situações a colaboração de outro juízo na realização de atos judiciais, inclusive do interrogatório do acusado, sob pena de subverter a finalidade da reforma do processo penal, criando entraves à realização da Jurisdição Penal que somente interessam aos que pretendem se furtar à aplicação da Lei. [...] Se não for o caso de absolvição sumária (art. 397), o Juiz, ao designar o dia e a hora para a audiência de instrução e julgamento, na intimação, deverá oferecer a oportunidade de a ré ser ouvida por meio de carta precatória, caso não possa comparecer no Juízo processante. [...] (*Conflito de Competência nº 99.023-PR, STJ, 3ª Seção, Rel. Min. Napoleão Nunes Maia Filho, julgado em 10.6.2009, publicado no* DJ *em 28.8.2009*).

353.3. [...] A prática de atos constritivos decorrentes de pedidos de autoridades estrangeiras, ainda que enquadrados como cooperação jurídica internacional, dependem da prévia concessão de *exequatur* pela autoridade constitucionalmente competente. Precedentes do STF e do STJ. Como deliberado pela egrégia Corte Especial desta Casa (AgRg na CR 2.484/RU), "a execução de diligências solicitadas por autoridade estrangeira deve ocorrer via carta rogatória", não obstante a dispensa do *exequatur* pelo artigo 7º, parágrafo único, da Resolução 9/2005 da Presidência deste Tribunal [...] Ordem concedida para anular os atos constritivos praticados contra os pacientes por ausência de *exequatur* (*Habeas Corpus nº 114.743-RJ, STJ, 6ª Turma, Rel. Min. convocada Jane Silva, julgado em 11.12.2008, publicado no* DJ *em 2.2.2009*).

353.4. Comparecimento espontâneo do réu: O acusado que comparecer diante do juiz, independentemente da realização de citação válida, poderá se dar por citado, desde que lhe seja apresentado o mandado ou que lhe seja dada a vista dos autos, a ele e seu defensor.

A expressão *comparecimento espontâneo* perdeu um pouco de sua aplicabilidade a partir da modificação de rito trazida pela Lei nº 11.719/08. Como o interrogatório – ato em que ele deve *comparecer*, se assim o desejar – é agora o último ato de instrução, dificilmente ocorrerá a hipótese de comparecimento espontâneo à sede do juízo, já que, nessa oportunidade (do interrogatório) o réu já estaria presente nos autos desde a resposta escrita, seja por defensor constituído, seja por profissional designado pelo Juízo (art. 396-A, § 2º, CPP).

O que poderá ser espontâneo, de outro lado, é a apresentação de resposta escrita, ainda quando irregular ou nulo o ato citatório. E, nessa situação, o prazo para a resposta escrita sequer teria iniciado.

Jurisprudência

353.4. [...] Não há que se falar em nulidade, na hipótese dos autos, em atenção ao princípio *pas de nullité sans grief*, uma vez que o réu compareceu espontaneamente à sessão de interrogatório – devidamente assistido por curador – e declarou estar ciente da acusação e deu sua versão dos fatos. [...] Ordem denegada (*Habeas Corpus nº 85.758-MG, STJ, 5ª Turma, Rel. Min. Felix Fischer, julgado em 21.2.2008, publicado no* DJ *em 14.4.2008*).

Art. 354. A precatória indicará:

I – o juiz deprecado e o juiz deprecante;

II – a sede da jurisdição de um e de outro;

III – o fim para que é feita a citação, com todas as especificações;

IV – o juízo do lugar, o dia e a hora em que o réu deverá comparecer.

A citação por carta precatória é modalidade de citação pessoal, no sentido de ser feita diretamente ao acusado e não a terceiros, e se realiza também por meio do mandado que lhe dá cumprimento. No juízo deprecado (solicitado), o juiz determina o ato citatório bastando o despacho de "cumpra-se" nos autos da carta precatória.

A carta, então, é efetivamente *autuada* no juízo deprecante para remessa ao *deprecado.*

Deve acompanhá-la a indicação dos juízos envolvidos – deprecante e deprecado – pela designação do juízo (Vara, Seção) e não pela identificação do nome do juiz, com as respectivas sedes, locais onde exercem a jurisdição.

E tal como ocorre na citação por mandado na sede ou território do juiz do processo, deve constar também a finalidade do ato citatório – requisitos do art. 352, CPP. E nem poderia ser diferente. Trata-se do chamamento do réu ao processo. Por isso, qualquer que seja a modalidade da citação, torna-se indispensável a indicação precisa da finalidade do ato, bem como do registro das faculdades processuais que imediatamente se disponibiliza ao acusado, de que é eloquente exemplo o oferecimento de resposta ou defesa escrita (art. 396, CPP).

Deve instruir a carta precatória uma cópia da peça acusatória, na medida em que somente assim se permite o imediato exercício da defesa. Deve o réu, com efeito, estar ciente, pormenorizadamente, das imputações que lhe são feitas.

Devem seguir também os registros (certidões do oficial de justiça) e informações processuais acerca das diligências eventualmente realizadas para a citação do réu em outro(s) endereço(s), no caso de ter sido feita semelhante tentativa.

Já a disposição do art. 354, IV, que cuida da designação de lugar, dia e hora para o comparecimento do réu, deve ser *relido* ou *reinterpretado.*

É que, a partir da Lei nº 11.719/08, o réu não é mais citado para comparecer ao seu interrogatório, como constava da antiga redação do art. 394 (CPP).

Agora, ele é citado para a apresentação de resposta escrita, no prazo de 10 (dez) dias (art. 396 e art. 406, para o processo no júri). Nas ações penais originárias o prazo será de 15 (quinze) dias, nos termos do art. 4º, da Lei nº 8.038/90, contados da *notificação* do réu. Note-se que nesse procedimento (ação penal originária), o recebimento da denúncia é feito somente *após* o oferecimento de resposta escrita. A partir daí (do recebimento), o réu será citado para interrogatório (art. 7º, Lei nº 8.038/90), reabrindo-se a ele o prazo para a defesa prévia, que será de cinco dias (art. 8º, Lei nº 8.038/90).

De maneira que há de ser *conformada* a interpretação do citado dispositivo, para o fim de se acomodar as suas determinações à necessidade de se mencionar no mandado a existência de prazo de 10 (dez) dias para o oferecimento da resposta escrita, sob pena de nulidade. E, essa, a nulidade, resultaria da eventual violação ao direito de livre escolha do defensor, na hipótese de o juiz designar defensor dativo – ou o defensor público, onde houver, se pobre o réu – para o oferecimento de resposta escrita (art. 396-A, § 2º, CPP), supondo regular o ato de citação.

Art. 355. A precatória será devolvida ao juiz deprecante, independentemente de traslado, depois de lançado o "cumpra-se" e de feita a citação por mandado do juiz deprecado.

§ 1º Verificado que o réu se encontra em território sujeito à jurisdição de outro juiz, a este remeterá o juiz deprecado os autos para efetivação da diligência, desde que haja tempo para fazer-se a citação.

§ 2º Certificado pelo oficial de justiça que o réu se oculta para não ser citado, a precatória será imediatamente devolvida, para o fim previsto no art. 362.

355.1. Citação por mandado na carta precatória: Uma leitura mais superficial do processo penal – infelizmente, tão presente nos dias que *voam* – poderia indicar uma distinção substancial entre a citação por mandado e a citação por meio de carta precatória. Sabemos não ser correta semelhante diferenciação.

A citação pela carta precatória é modalidade de citação por mandado, como já aqui o afirmamos na apreciação de dispositivos anteriores. O ato de citação é deprecado a outro juiz, autuando-se as peças indispensáveis ao ato – denúncia ou queixa, despacho de citação, tentativas frustradas de realização do ato em outro endereço etc. – com posterior encaminhamento dos autos ao juízo deprecado.

É dizer: na citação por meio de precatória, cumpre-se também um *mandado de citação*, emitido, por primeiro, pelo juiz deprecante, e, ao depois, pelo (juízo) deprecado, por meio de um despacho de *ratificação* da ordem judicial anterior, o que é feito mediante a simples aposição da expressão "*cumpra-se*". Explica-se: como o juiz deprecante não pode exercer jurisdição no lugar (Comarca, Seção Judiciária) em que se realizará o ato de citação, deve o Judiciário *regularizar* a ordem de distribuição de suas funções por meio da intervenção do órgão da jurisdição com competência para atuação naquele local. O juízo deprecado exerce verdadeira *delegação* de jurisdição, atuando nos limites da condução do processo imposta pelo deprecante.

355.2. A itinerância da carta precatória: Já nos valemos da expressão *carta precatória itinerante* para designar a possibilidade concreta de *itinerância* da deprecação do ato de citação. É dizer: como se trata de delegação de jurisdição, pouco importa em qual juízo se concretizaria a realização do ato processual.

Assim, tendo sido deprecada a citação, deve o juízo ao qual se encaminhou a carta diligenciar o seu cumprimento.

No entanto, se for constatada a mudança de endereço do acusado – o que deverá ser devidamente certificado pelo executor do mandado, isto é, o oficial de justiça – e para outra comarca que não esteja sob a jurisdição do juízo deprecado, a carta deverá ser para lá encaminhada, independentemente de nova manifestação do *deprecante*.

Observe-se que a parte final do § 1º, do art. 355, se refere à questão temporal para o cumprimento do mandado: "*... desde que haja tempo para fazer-se a citação*".

Cumpre esclarecer que não tem mais-valia alguma a ressalva. E por uma razão muito simples.

O réu – repita-se, ainda uma vez mais – não é citado *para comparecer diante do juiz* para interrogatório, como constava da antiga redação do art. 394, CPP. Por isso, não há mais *data ou tempo certo* para a prática de ato processual. Esclarecendo: o prazo para o oferecimento da resposta escrita somente se inicia, como intuitivo, *após a sua citação.*

Com isso, pouco importa a itinerância da carta precatória, bastando que ela, um dia, chegue ao endereço certo do acusado.

Antigamente, o juiz da causa ou do processo – o deprecante – já fixava a data certa para o interrogatório, designando-se em seguida a expedição de carta precatória para a citação, quando fosse o caso. Por isso, havia tempo certo para o seu cumprimento, sob pena de não poder se realizar o ato (interrogatório) por intempestividade da citação.

Agora, não mais, como visto.

A citação é para a resposta escrita. Portanto, tantas vezes se constate a mudança de endereço do acusado, deve o juiz deprecado para lá encaminhar a carta precatória, que seguirá a mesma tramitação, com os mesmos requisitos, acrescidos, então, das tentativas frustradas da citação.

355.3. Ocultação maliciosa do acusado: De regra, a frustração do ato de citação decorre ou da ausência de informações precisas acerca do endereço do acusado, ou de sua alteração posterior.

Mas não falta também a hipótese de pretender o réu se furtar ao ato de citação, de modo a perturbar a regular tramitação do processo.

Em tais situações, deverá o oficial de justiça adotar todas as providências previstas em Lei para a *alteração* na modalidade de citação. Antes da Lei nº 11.719/08, a citação seria por edital, com o prazo de cinco dias (antiga redação do art. 362, CPP).

Agora, porém, introduziu-se a citação *por hora certa* também no processo penal, já tão conhecida do processo civil brasileiro. Analisando o disposto na nova redação do art. 362, CPP, o STF decidiu ser constitucional a citação com hora certa também no âmbito do processo penal, reconhecendo que a citação com hora nesses moldes cerca-se de cautelas, desde certidão pormenorizada do oficial de justiça até o aval do juiz, bem assim que o prosseguimento da ação penal em nada compromete a autodefesa, mas sim evidencia a opção do réu de não se defender pessoalmente em juízo, sendo compatível tal rito com a Constituição Federal (RE nº 635.145-RS, Plenário, Rel. para o acórdão *Min.* Luiz Fux, julgado em 1º.8.2016).

Logo veremos, então, que, não só a *forma* de citação seguirá as prescrições do nosso Código de Processo Civil, mas também os pressupostos para a citação *por hora certa* serão ali encontrados, consoante o novo texto do art. 362, CPP, que se reporta ao disposto nos arts. 252 a 254, CPC de 2015.

Assim, deve o oficial de justiça seguir a rotina procedimental dos citados arts. 252, 253 e 254, todos do CPC/2015, ou seja, comparecer por três vezes ao endereço indicado no mandado (segundo o atual CPC, duas vezes); registrar sua suspeita de ocultação do réu; intimar um parente ou vizinho próximo de seu retorno no dia seguinte (dia útil imediato, segundo o CPC/2015), para a realização do ato; dar por realizada a citação, deixando em mãos de parentes ou vizinhos próximos a contrafé do mandado, e, por fim, deverá o escrivão enviar carta, telegrama ou radiograma ao réu, dando-lhe, mais uma vez, ciência do ato. O atual CPC (Lei nº 13.105/2015) prevê ainda, segundo o parágrafo único do art. 252, que "nos condomínios edilícios ou nos loteamentos com controle de acesso, será válida a intimação a que se refere o caput feita a funcionário da portaria responsável pelo recebimento de correspondência".

Observamos que, nesse ponto, parece-nos incabível o envio de correspondência eletrônica – *e-mail* – para a confirmação do ato pelo escrivão. E assim nos parece pelo fato de a Lei nº 11.419/06, que cuida da possibilidade de realização de atos processuais por outros meios tecnológicos, se referir à necessidade de cadastro prévio do endereço eletrônico para tais correspondências.

No entanto, nada impede – antes, se recomenda – que tal providência seja adotada juntamente com as exigências legais (carta, telegrama ou radiograma).

Art. 356. Se houver urgência, a precatória, que conterá em resumo os requisitos enumerados no art. 354, poderá ser expedida por via telegráfica, depois de reconhecida a firma do juiz, o que a estação expedidora mencionará.

Naturalmente, a redação do CPP acompanha a tecnologia de seu tempo. Daí falar-se em *via telegráfica* para o cumprimento de carta precatória, se presente a urgência no seu cumprimento.

O dispositivo alude à possibilidade de se obter a citação do acusado *antes* da realização do interrogatório, de modo a evitar a não realização do ato. Obviamente, se refere a legislação anterior à Lei nº 11.719/08. Agora, como já vimos, o aludido ato processual (o interrogatório) é previsto como o último da instrução criminal, após já realizadas as inquirições daqueles que devam ser ouvidos (testemunhas, peritos, intérpretes, assistentes técnicos etc.). Não há, pois, pensar-se na urgência do ato de citação, até mesmo porque, no processo penal, o que interrompe o curso do prazo prescricional não é a citação do réu, mas o recebimento da denúncia (ou queixa, quando o seu recebimento impede a *decadência*).

Mas, como o mundo da vida oferece complexidades para muito além de quaisquer previsões legislativas e também teóricas ou doutrinárias, impõe-se observar que a via telegráfica certamente não seria a primeira alternativa para o cumprimento urgente da carta precatória.

Antes dela, pode-se recorrer, com vantagem, à deprecação do ato citatório por meio de *fac-símile*, ou, em linguagem corrente, do popular *fax*, por via do qual se reproduzem as imagens dos documentos necessários ao cumprimento da ordem de citação (Lei nº 9.800/99, art. 1º).

A se observar, no particular, as disposições da Lei nº 11.419/06, a regular a informatização do processo judicial (incluído o penal), autorizando a realização de atos processuais por meio eletrônico, extensível à citação, desde que previamente cadastrados os interessados junto à Justiça.

E antes dela, a já mencionada Lei nº 9.800/99 já havia permitido o uso de transmissão de dados e de imagens por meio de *fac-símile* ou similar, em substituição às petições escritas, desde que enviados ao juízo os originais no prazo de cinco dias (art. 2º, Lei nº 9.800/99).

Qualquer que seja, então, a forma de transmissão utilizada, se e desde que presente e justificada situação de urgência, deve-se atentar para o fato de se interpretar com redobrada cautela a permissão de registro *resumido* das exigências constantes do art. 354, para a expedição de cartas precatórias. A *urgência* (do ato) não goza de primazia em relação às garantias fundamentais. Todas as informações necessárias ao oferecimento da defesa escrita e, enfim, do efetivo manejo da ampla defesa, devem constar da carta precatória.

Art. 357. São requisitos da citação por mandado:

I – leitura do mandado ao citando pelo oficial e entrega da contrafé, na qual se mencionarão dia e hora da citação;

II – declaração do oficial, na certidão, da entrega da contrafé, e sua aceitação ou recusa.

Os requisitos constantes do próprio mandado são designados de requisitos *intrínsecos*, por se acharem no seu interior.

No cumprimento dele (mandado) deve o executor, isto é, o oficial de justiça, ler os termos nele contidos na presença do citando, de maneira a identificar com precisão a finalidade do mandado. Naturalmente, não se exige a leitura da peça acusatória; exigem-se, porém, a identificação do objeto da imputação e os esclarecimentos necessários acerca do juízo do processo.

Não bastasse isso, deve o oficial de justiça entregar ao *citando* cópia – contrafé – do mandado, fazendo nela constar o dia e a hora da citação.

Como a citação é feita, inicialmente, para o oferecimento de resposta escrita, no prazo de dez dias (como regra), a referência à hora da citação não é tão relevante, dado que o dia do cumprimento do mandado não é computado no referido prazo (art. 798, CPP). De todo modo, prevista a exigência na lei, deve-se observá-la.

Feito isso, deverá o oficial de justiça certificar no próprio mandado de citação a realização do referido ato processual, com registro do dia e hora, bem como a aceitação ou a recusa da contrafé pelo acusado.

Dá-se a essas providências, em doutrina, o pomposo título de requisitos *extrínsecos* do mandado. Distinções (requisitos intrínsecos e extrínsecos) absolutamente desnecessárias, por irrelevantes, a nosso juízo.

Art. 358. A citação do militar far-se-á por intermédio do chefe do respectivo serviço.

A disciplina militar tem suas peculiaridades.

Algumas delas nos parecem excessivas. Ora, a citação promovida pelo Poder Judiciário há que merecer não só a presunção – *iures et de iuris* – de legitimidade, como de regularidade e de respeito aos demais órgãos públicos.

A citação, por exemplo, deveria ser encaminhada diretamente ao *citando*, parecendo-nos uma demasia a providência junto ao órgão militar hierarquicamente superior. Uma coisa é dar conhecimento do fato à chefia, para preservação das rotinas militares, no caso de necessidade de saída do *citando*, tal como ocorre em relação ao servidor público (art. 359, CPP); outra é promover a citação *por intermédio* dela!

Pode-se mesmo reconhecer o inconveniente do ingresso do oficial de justiça nas dependências militares, dado que a disciplina militar, por si só, seria e é suficiente para o cumprimento da citação. Assim, o encaminhamento da citação por meio de ofício não nos parece de todo desarrazoado.

Mas, insistimos, nada justifica a realização do ato *por meio* da chefia. A citação deve ser sempre pessoal, até mesmo para preservar o réu contra juízos antecipados e preconceituosos contra ele, devendo ser evitado, ao máximo, a propagação da imputação.

Se, na legislação anterior, a citação era para o *comparecimento* em juízo, para fins de interrogatório (antiga redação do art. 394, CPP), o que demandava a saída do militar da caserna, agora isso não mais ocorre. O ato de citação é para a possibilidade de oferecimento de defesa escrita, não se justificando a imediata comunicação do *conteúdo* do processo àquele que não é interessado em seu resultado.

De outro lado, o mandado de citação constitui ordem judicial e deve ser cumprida por qualquer cidadão, seja ele civil ou militar. Imagine-se, por exemplo, que a chefia, por qualquer razão injustificável, recuse o cumprimento do mandado: nesse caso, não caberia ao juiz a adoção de providências coercitivas para a realização da citação, sem prejuízo da apuração de responsabilidade daquele (chefia)?

Em resumo: a citação do militar é feita por meio de ofício, expedido pelo juiz do processo e encaminhado ao órgão responsável pelo comando da corporação em que se encontre o *citando*; a referida autoridade deverá comunicar o juiz acerca do efetivo cumprimento da ordem judicial, com o que se dará por cumprida a diligência.

Assim, se o réu (militar) não apresentar a resposta escrita no prazo legal, deverá o juiz designar defensor para o ato (art. 396-A, CPP).

Jurisprudência

358. [...] Como é cediço, a citação do militar far-se-á por intermédio do chefe do respectivo serviço, inteligência do art. 358 do Código de Processo Penal. Ordem denegada (*Habeas Corpus nº 59.472-MG, STJ, 5ª Turma, Rel. Min. Arnaldo Esteves Lima, julgado em 6.9.2007, publicado no* DJ *em 22.10.2007*).

Art. 359. O dia designado para funcionário público comparecer em juízo, como acusado, será notificado assim a ele como ao chefe de sua repartição.

As observações que acabamos de fazer, linhas atrás, não só explicam o objeto da presente disposição legal como, também, esclarecem o equívoco da regra anterior (art. 358, CPP).

Em primeiro lugar, há que se rejeitar a *validade* da disposição, na parte que insinua ser *obrigação* do servidor comparecer em juízo, *na condição de acusado!*

Ora, desde 1988, pelo menos, não se pode obrigar quem quer que seja réu em ação penal a comparecer em juízo, ressalvadas, exclusivamente, as hipóteses em que ele deva participar da produção de prova, tal como ocorre no *reconhecimento de pessoas* (art. 226, CPP). De se ver, aqui, que o CPP cuida da *citação* do funcionário, ato este que não mais se destina ao comparecimento ao interrogatório! De novo: o réu é citado para apresentar resposta escrita, não havendo necessidade de seu deslocamento à sede do juízo.

E exatamente por isso, isto é, pela desnecessidade de deslocamento do servidor público, sequer se faz necessária a *notificação* de sua chefia imediata, pela simples razão da inexistência de seu afastamento compulsório.

Quando, ao contrário, for o caso de *intimação* para a realização de ato processual em que ele tenha interesse em participar – na verdade, é *direito* dele – aí sim, se poderá pensar na intimação *também* da chefia.

De todo modo, a citação é ato pessoal e de interesse exclusivo do acusado. À chefia, quando for o caso, deve-se comunicar apenas a existência do compromisso junto à Justiça; jamais, o conteúdo da imputação.

Art. 360. Se o réu estiver preso, será pessoalmente citado.

360.1. A citação pessoal do réu preso: Em princípio, a questão não demandaria maiores esforços: o réu preso, como outro (réu) qualquer - aliás, em razão de suas condições pessoais, merecedor de maiores atenções - deve ser sempre citado pessoalmente.

Não se pode, a não ser por meio de juízo de antecipação de culpa, dispensar-se o ato de citação, sob a insinuação de já conhecer ele o conteúdo do mandado.

No entanto, somente a partir da Lei nº 10.792/03, que deu nova redação ao art. 360, é que se consolidou o entendimento no sentido da indispensabilidade da citação pessoal do réu preso. Até, então, amparada na Súmula 351, do STF, que somente previa a nulidade da citação do réu preso quando se encontrasse ele no mesmo Estado da Federação em que exercesse a jurisdição o juiz do processo, a jurisprudência nacional aceitava a simples *requisição* do réu preso *para o* interrogatório.

O problema já existia àquela época, e, sobretudo, *antes* da Lei nº 11.719/08, diante da exigência contida no Pacto de San José da Costa Rica, a assegurar um prazo mínimo ao acusado para a preparação de sua defesa (art. 8º, *b* e *c*, Decreto nº 678/92). Nesse sentido, a requisição do preso para o interrogatório não permitia maiores espaços para a realização da ampla defesa assim delineada.

Por isso, a citação do réu preso deve observar todos os requisitos contidos no art. 352 e art. 357, CPP. Somente quando forem realizados os atos de instrução, aí incluído o interrogatório, é que deverá o réu preso ser *requisitado* junto ao estabelecimento em que se encontrar (art. 399, § 1º, CPP), salvo quando ocorrer a realização da instrução pela via da videoconferência, nos termos do disposto no art. 185, § 2º, ou no presídio (art. 185, § 1º, CPP). Para um exame mais acurado da validade (constitucionalidade) ou não dos referidos atos remetemos o leitor àqueles dispositivos.

Se o réu se encontrar preso *fora* da jurisdição do juiz do processo, a citação deverá ser feita por mandado, pela via da carta precatória.

360.2. Vícios e nulidades da citação: A importância do novo (nem tão novo - 2003) texto do art. 360 reside, sobretudo, na necessidade de invalidação do ato citatório e, assim, do processo que tiver curso, quando promovida a citação editalícia (por edital) do réu preso.

Deve atentar o juiz (e o Ministério Público, é claro) para a possibilidade de se encontrar preso o acusado, quando não se obtiverem maiores esclarecimentos acerca de seu paradeiro.

Nesse passo, cumpre lembrar que em todo processo criminal há que ser requisitada junto aos órgãos da segurança pública a folha de registros e antecedentes criminais daquele submetido ao processo, até mesmo para fins de aplicação da pena, se condenatória a decisão final.

Encontrando-se preso em qualquer estabelecimento prisional público, será nula a citação do réu realizada por edital, cujo pressuposto repousa exatamente no efetivo desconhecimento de seu paradeiro. Estando ele custodiado (preso, sob custódia) pelo Estado, não se pode aceitar a alegação de impossibilidade de conhecimento da prisão.

Do mesmo modo, mas por violação a regras normativas distintas, será nula a citação por meio de *requisição* do preso aos atos da instrução criminal, supondo-se a nomeação de defensor para a resposta escrita (art. 396-A, CPP) ou para simples comparecimento diante do juiz do processo.

Em tais situações, haverá violação do disposto no art. 352 e art. 357, ambos do CPP, sem falar em eventual desrespeito ao princípio da ampla defesa, no ponto em que constitui *garantia* ou direito subjetivo do acusado a livre escolha de seu defensor.

Jurisprudência

360.2. [...] Não pode o Juízo processante, em virtude do não comparecimento do acusado à audiência designada para interrogatório, determinar a citação por edital, sem tomar qualquer medida no sentido de localizá-lo. Evidenciado o constrangimento ilegal na espécie, sobretudo porque o réu encontrava-se recolhido na mesma unidade da federação em que tramitava a ação penal contra ele instaurada, situação em que cumpre ao Magistrado determinar a sua requisição. "É nula a citação por edital de réu preso na mesma unidade da federação em que o juiz exerce a sua jurisdição" (Enunciado da Súmula 351 do Supremo Tribunal Federal). Ordem concedida para anular todos os atos processuais desde a citação por edital do Paciente (*Habeas Corpus nº 78.137-SP, STJ, 5ª Turma, Rel. Min. Laurita Vaz, julgado em 27.5.2008, publicado no* DJ *em 23.6.2008*).

360.2. [...] Em regra, a citação por edital de paciente preso ocasiona irregularidade no procedimento, todavia, quando nessa situação o paciente é posteriormente levado a ser interrogado e não há produção antecipada de provas, pode-se dizer que não houve prejuízo e, nessa hipótese, não se declara nulidade. (Precedentes). [...] (*Habeas Corpus nº 109.716-PE, STJ, 6ª Turma, Rel. Min. convocada Jane Silva, julgado em 11.12.2008, publicado no* DJ *em 2.2.2009*).

....

Art. 361. Se o réu não for encontrado, será citado por edital, com o prazo de 15 (quinze) dias.

361.1. Cabimento da citação por edital: Na fase de investigação, também chamada de fase pré-processual ou *preliminar*, as autoridades policiais, normalmente, localizam o investigado, até diante do interesse em ouvir a sua versão dos fatos, se e quando as apurações se dirigirem a ele.

Mas, pode ocorrer que não se obtenham informações suficientes acerca de seu paradeiro, seja pela ausência de qualquer endereço disponível, seja em razão de mudança, sem comunicação às autoridades.

Mesmo nas hipóteses em que nada se saiba acerca, nem do endereço originário (qualquer um deles) e nem de maiores informações sobre o paradeiro do réu, a ação penal poderá, ainda assim, ser exercida, sem prejuízo, aliás, de eventual decretação de prisão preventiva, se presente o fundado receio de risco à aplicação da Lei penal (art. 312, CPP). A peça acusatória, em tais situações, deverá registrar a circunstância, bem como as providências adotadas para a localização do imputado. Nessa hipótese, a citação será evidentemente por edital.

De todo modo, e em qualquer hipótese, devem, Polícia e Ministério Público, adotar cautelas mínimas em relação aos endereços possíveis do acusado.

Nesse passo, costuma-se recorrer aos Tribunais e juízos eleitorais, a fim de se saber maiores informações sobre o domicílio (eleitoral) e endereços eventualmente constantes daqueles registros. Essa é uma providência salutar, até porque, por ali, se poderá chegar a informações mais precisas sobre o paradeiro da pessoa.

Naturalmente, nas situações em que o investigado/acusado, inicialmente localizado, tenha alterado depois seu endereço, sem qualquer comunicação às autoridades (Polícia, Poder Judiciário, Ministério Público), semelhante providência não se imporá. É que o endereço originário, ou inicialmente fornecido pelo acusado, se prestará aos mesmos propósitos da informação eventualmente dada pela Justiça Eleitoral. Daí, nesse caso, de mudança de endereço sem prévia comunicação, não serão obrigatórios maiores esforços de localização que aqueles eventualmente disponíveis às autoridades (investigante ou processante, se na fase de investigação ou de processo).

Certificado, então, pelo oficial de justiça, o fato de não poder o réu ser mais encontrado no endereço indicado, por mudança ou outra circunstância, deve o juiz buscar, nos autos, outras informações acerca de seu paradeiro, recorrendo, inclusive, à Justiça Eleitoral, se for o caso.

Releva notar, no ponto, que a certidão do oficial de justiça é absolutamente relevante para a validade do ato de citação por edital. Deve ele, com efeito, mencionar expressamente o fato e a circunstância de se encontrar o acusado em local incerto e não conhecido. É dizer, sob a fé pública de sua função, registrar a impossibilidade concreta de citação do acusado *naquele* endereço, bem como a impossibilidade concreta de conhecimento *de outro endereço* ou local onde ele possa ser encontrado. E para que isso ocorra, deve ele registrar também as *diligências* efetivamente adotadas para a localização do acusado. Somente aí se adotará o passo seguinte, qual seja, o da citação por edital.

Jurisprudência

361.1. [...] Inexiste nulidade na citação por edital se o acusado não foi encontrado nos endereços mencionados em diversas peças constantes dos autos, inclusive do inquérito policial, não havendo uma exigência absoluta para que se proceda a uma pesquisa nos cadastros de todos os órgãos onde o denunciado possa ter declinado suas informações pessoais. [...] *(RHC nº 45.958-PB, STJ, 6ª Turma, Rel. Ministro Sebastião Reis Júnior, julgado em 1º.3.2018, publicado no DJ em 12.3.2018)*

361.1. [...] 4. O instituto da citação consiste no ato processual pelo qual se chama ou se convoca alguém para vir a juízo, a fim de participar de todos os atos e termos da demanda contra quem ela é promovida. O fim precípuo de tal ato processual é realizar o chamamento do acusado ao processo, consolidando a formação da tríplice relação processual, bem como dar ciência a este das acusações que lhe são imputadas, salvaguardando seu direito ao contraditório e à ampla defesa. [...] Hipótese em que se mostra acertada a conclusão a que chegou o Tribunal de origem, ao afastar a tese de nulidade da citação por edital, uma vez que os recorrentes tinham plena ciência da *persecutio criminis* que tramitava contra eles. O conhecimento do ajuizamento da ação penal pelos recorrentes sempre foi de clareza indubitável, pois se dela não soubessem em sua plenitude certamente não constituiriam defensor, como fizeram. [...] *(RHC n. 82.055-SP, STJ, 5ª Turma, unânime, Rel. Min. Ribeiro Dantas, julgado em 17.8.2017, publicado no DJ em 28.8.2017).*

361.1. [...] Não há nulidade na citação por edital pelo não esgotamento de todos os meios para efetivação do chamamento pessoal, porquanto ausente condição mínima para a efetivação deste, qual seja, o conhecimento do endereço do acusado. [...] (*Habeas Corpus nº 119.870-MT, STJ, 5ª Turma, Rel. Min. Arnaldo Esteves Lima, julgado em 10.3.2009, publicado no* DJ *em 6.4.2009*).

361.2. O procedimento da citação editalícia: A citação por edital, sabe-se, é modalidade de citação *fictícia*. Na verdade, além de pura ficção, sequer demonstra, atualmente, qualquer utilidade prática.

Anteriormente, antes da Lei nº 9.271/96, a citação por edital não impedia a marcha do processo, cabendo ao juiz a nomeação de um defensor e o prosseguimento regular da acusação. Assim, referida modalidade de citação mostrava-se útil à persecução penal, abstendo-nos, aqui, de qualquer apreciação sobre a justiça ou correção da antiga regra.

No entanto, já a partir de 1996, com a citada Lei nº 9.271/96, determinou-se a suspensão do processo nos casos em que o réu, tendo sido citado por edital, não comparecesse ao interrogatório e nem constituísse advogado (art. 366, CPP, na redação anterior à Lei nº 11.719/08).

Então, com a nova regra da suspensão do processo, a citação editalícia tornou-se unicamente a chancela oficial de uma *crise na persecução*, em razão de não poder ser encontrado o acusado. Dizemos isso por uma razão muito simples: aquele que não é encontrado nos locais e endereços disponíveis, sobretudo quando obtidos por meio de informações fornecidas por parentes, cônjuges e vizinhos próximos, jamais será encontrado pela via do edital! Como se vê, semelhante modalidade de citação nem é ficção; mais que isso, é fantasia!

A nosso aviso, bastaria o registro da frustração das diligências judiciais no sentido da localização pessoal do acusado no processo, bem como, e por isso mesmo, do desconhecimento de seu paradeiro, para se determinar a suspensão do processo (art. 396, CPP), até o efetivo *aparecimento* do réu. Em resumo: desconhecemos hipóteses concretas de qualquer eficácia (comunicativa) na citação por edital.

Esgotadas as diligências para a citação pessoal, o réu será citado por edital, com o prazo de 15 dias.

O prazo do edital não é *para a prática* de qualquer ato processual; ao contrário, destina-se unicamente à ciência do *citando*, ou seja, é o prazo no qual, a juízo do legislador, o acusado teria tempo para se certificar da existência de ação penal proposta contra si. Em outras palavras: do dia da fixação do edital e de sua publicação tem início a contagem do prazo nele (edital) fixado para o conhecimento de seu conteúdo pelo réu. Assim, se o edital é publicado no dia 1 de determinado mês, o prazo para seu conhecimento se encerraria no dia 16, supondo-se iniciado e encerrado (o prazo) em dias úteis (art. 798, § 1º, CPP e Súmula 310 do STF).

Um esclarecimento necessário: o início da *contagem* do prazo processual não equivale e nem segue as mesmas regras do início ou da data da *intimação*. Veja-se: uma intimação pode ocorrer validamente em dia que não seja de expediente forense. A contagem do prazo para a prática do ato mencionado na intimação, todavia, se inicia apenas no dia útil subsequente ao da intimação. Se este (dia) não for útil, o início é prorrogado para o subsequente. De outro lado, não há no processo penal, como há no processo civil, regra exigindo que a intimação seja considerada realizada apenas em dias úteis. Não. Mesmo em dia de não expediente, poderá ser feita a intimação; contudo, a contagem do prazo se iniciará, com exclusão do primeiro dia (da intimação), em dia útil, se encerrando do mesmo modo, mas, incluído o último (dia) do prazo (art. 798, § 1º, § 3º, e Súmula 310, STF).

O edital, que conterá todos os requisitos mencionados no art. 365, CPP, adiante examinados, deverá ser afixado na sede do juízo e publicado na imprensa local, onde houver. Não há necessidade de órgão oficial para a publicação, a tanto bastando qualquer publicação local.

Findo o prazo nele contido (de 15 dias) e não apresentando o acusado a resposta escrita, no prazo fixado em Lei (10 dias na primeira instância e 15 dias nas ações penais originárias), o juiz suspenderá o curso do processo, bem como declarará suspenso o prazo prescricional.

O prazo para a apresentação da resposta, portanto, somente terá início após o final daquele (prazo) estipulado no edital (de 15 dias).

Jurisprudência

361.2. [...] Esta Corte tem entendimento pacificado no sentido da irretroatividade do art. 366 do Código de Processo Penal, com a nova redação dada pela Lei nº 9.271/96, aos réus revéis que tenham praticado o delito antes da sua entrada em vigor, uma vez que não se admite a cisão da referida norma que dispõe a respeito de regra de direito processual, suspensão do processo, e de direito material, suspensão da prescrição, já que a aplicação desta importaria em prejuízo ao réu. De outro lado, o Edital de citação foi publicado no Diário de Justiça no dia 7/03/1994, uma segunda-feira. Sendo certo que se trata de prazo processual, exclui-se o termo inicial e inclui-se o termo final. Assim, o 15º dia caiu em 22/03/1994, exatamente o mesmo dia em que fora designada e efetivamente realizada a audiência para o interrogatório do réu, o que configura nulidade insanável da citação. [...] Recurso parcialmente provido a fim de anular o processo desde a citação editalícia, para que o ato seja renovado, com a observância da Lei Processual Penal, mantida, entretanto, o decreto de prisão preventiva em desfavor do Recorrente (*RHC nº 13.015-SP, STJ, 5ª Turma, Rel. Min. Laurita Vaz, julgado em 17.6.2004, publicado no* DJ *em 2.8.2004*).

361.2. [...] Nos limites do *writ*, tudo indica que o réu foi suficientemente procurado e não veio a ser encontrado, razão pela qual correta a citação por edital. (Precedentes.) Inexiste motivo para a suspensão do processo, nos termos do art. 366 do Código de Processo Penal, em razão de que o réu, apesar de ter sido citado por edital, possuir conhecimento inequívoco da ação penal que lhe é imputada, tanto assim que assinou defesa prévia juntamente com o Defensor Público, o qual o acompanhara na audiência em que foi proposta a transação penal. Ordem denegada (*Habeas Corpus nº 32.374-RS, STJ, 5ª Turma, Rel. Min. Felix Fischer, julgado em 28.4.2004, publicado no* DJ *em 28.6.2004*).

Art. 362. Verificando que o réu se oculta para não ser citado, o oficial de justiça certificará a ocorrência e procederá à citação com hora certa, na forma estabelecida nos arts. 227 a 229 da Lei nº 5.869, de 11 de janeiro de 1973 – Código de Processo Civil. (Redação dada pela Lei nº 11.719, de 2008) (conforme os arts. 252 a 254, Lei nº 13.105/2015, NCPC)

Parágrafo único. Completada a citação com hora certa, se o acusado não comparecer, ser-lhe-á nomeado defensor dativo. (Incluído pela Lei nº 11.719, de 2008)

Citação por hora certa: A novidade no processo penal brasileiro veio com a Lei nº 11.719/08, introduzida com o fim de impedir manobras abusivas e maliciosas daqueles que, por razões de seu interesse, não queiram ser encontrados no curso do processo contra si instaurado. Não se fazem aqui, adiante-se, quaisquer juízos generalizantes acerca de eventual experiência na prática forense. Não estamos sustentando que o réu não encontrado está, necessariamente, se escusando da citação. Estamos apenas nos referindo àquelas situações em que tal ocorra, ou seja, nos casos de conduta maliciosa do *citando*.

A citação por hora certa tem este pressuposto: suspeita de *ocultação* voluntária do *citando*. E, acrescentamos nós, de ocultação maliciosa, reservando a essa expressão o sentido de *deliberada conduta* em prejuízo do processo.

Quando não se puder confirmar essa suspeita – impossibilidade concreta e justificada de recebimento da citação –, não se deverá realizar o ato, nessa modalidade, adiando-se a data de sua concretização, como ensina Barbosa Moreira (*O novo processo civil brasileiro.* 27. Ed. Rio de Janeiro: Forense, 2008, p. 30).

A citação por hora certa introduzida em nosso CPP segue as mesmas regras do processo civil, como, aliás, não faz segredo o art. 362, cujo texto remete expressamente a sua aplicação aos contornos do disposto do arts. 252 a 254, CPC/2015 (arts. 227 a 229, CPC/1973).

Por isso, deverá o oficial de justiça comparecer por três vezes no endereço indicado, a fim de promover a citação. Não exige a Lei que as tentativas de citação ocorram em dias diferentes. Não obstante, há que se atentar sempre para o pressuposto básico da citação por hora certa: a suspeita, fundada é certo, de deliberada ocultação. Assim, parece-nos insuficiente, à toda evidência, a adoção de diligências no mesmo dia. A nosso aviso, o oficial de justiça deve comparecer em dias diferentes (ver art. 830, CPC de 2015/art. 653, CPC/1973) e também em horários diferentes, para, só então, justificar a situação de suspeita.

Não só.

Impõe-se atentar para as informações obtidas no local, seja por parentes, moradores no endereço, seja pelos vizinhos mais próximos, desde que idôneos, aparentemente, os respectivos conteúdos (das informações).

Frustradas as tentativas, deverá o oficial intimar qualquer pessoa da família – ainda que não resida ali, mas cuja identificação civil ateste a proximidade – ou, na falta dela, algum vizinho que resida nas imediações, dando-lhes conhecimento de que irá voltar no dia seguinte, em hora especificamente designada, para a realização da citação, com ou sem a presença do réu.

Se, no dia seguinte, o oficial não encontrar o acusado e nem mesmo a pessoa intimada, deverá ela repetir a providência com outro familiar ou vizinho, sem prejuízo do encaminhamento da questão para as responsabilizações cabíveis.

A Lei exige que, no dia e hora designados, o oficial de justiça, no caso de não encontrar o réu, certifique-se acerca dos motivos de seu não comparecimento. Não basta a ausência; é preciso que não haja justificativa plausível para ela.

Feito isso, deverá o oficial entregar a contrafé do mandado à pessoa (da família ou vizinho) intimada, certificando todos os assentamentos (registros) necessários à regularidade da diligência, e, especialmente, o nome da pessoa, o dia e horário da citação.

A citação será considerada efetivada na data da entrega da contrafé, isto é, da data designada oficialmente para a realização do ato, após as tentativas frustradas.

No entanto, uma vez realizada a citação, deverá o escrivão (e não mais o oficial de justiça, por certo) enviar carta ou correspondência (por *fac-símile* ou telegrama, ou mesmo radiograma, como diz o art. 229, CPC/1973 – ver, no ponto, a Lei nº 9.800/99) ao acusado, naquele endereço, dando-lhe de tudo ciência. Tal providência não integra o ato citatório; nada obstante, é requisito de sua validade. Por isso, a sua ausência é causa de nulidade do ato, segundo entendimento jurisprudencial. Observe-se que, quanto à referência anterior, o novo CPC (Lei nº 13.105/2015) prevê em seu art. 254 que, "feita a citação com hora certa, o escrivão ou chefe de secretaria enviará ao réu, executado ou interessado, no prazo de 10 (dez) dias, contado da data da juntada do mandado aos autos, carta, telegrama ou correspondência eletrônica, dando-lhe de tudo ciência".

De se referir que, analisando o disposto na nova redação do art. 362, CPP, o STF decidiu ser constitucional a citação com hora certa também no âmbito do processo penal, reconhecendo que a citação com hora nesses moldes cerca-se de cautelas, desde certidão pormenorizada do oficial de justiça até o aval do juiz, bem assim que o prosseguimento da ação penal em nada compromete a autodefesa, mas sim evidencia a opção do réu de não se defender pessoalmente em juízo, sendo compatível tal rito com a Constituição Federal (RE nº 635.145-RS, Plenário, Rel. para o acórdão Min. Luiz Fux, julgado em 1º.8.2016).

Jurisprudência

362. [...] Nos termos do artigo 362 do Código de Processo Penal, verificando que o réu se oculta para não ser citado, o oficial de justiça certificará a ocorrência e procederá à citação com hora certa, sendo exatamente o que ocorreu no caso em apreço, conforme consta expressamente dos autos, sobretudo da reprodução integral da certidão do Oficial de Justiça encarregado pela diligência. A propósito, o Plenário virtual do Supremo Tribunal Federal já declarou a constitucionalidade da citação por hora certa, no julgamento do RE 635.145/RS, Rel. p/ acórdão Ministro Luiz Fux, julgado em 1º/8/2016, DJe 13/9/2017. [...] *(Agravo Regimental no HC nº 605.247-PE, STJ, 5ª Turma, Rel. Ministro Ribeiro Dantas, julgado em 2.2.2021, publicado no DJ em 8.2.2021)*

362. [...] 1. É constitucional a citação por hora certa, prevista no art. 362, do Código de Processo Penal. 2. A conformação dada pelo legislador à citação por hora certa está de acordo com a Constituição Federal e com o Pacto de São José da Costa Rica. 3. A ocultação do réu para ser citado infringe cláusulas constitucionais do devido processo legal e viola as garantias constitucionais do acesso à justiça e da razoável duração do processo. 4. O acusado que se utiliza de meios escusos para não ser pessoalmente citado atua em exercício abusivo de seu direito de defesa. Recurso extraordinário a que se nega provimento. [...] *(RE nº 635.145-RS, STF, Plenário, julgado em 1º.8.2016)*

Art. 363. O processo terá completada a sua formação quando realizada a citação do acusado. (Redação dada pela Lei nº 11.719, de 2008)

I – (revogado); (Redação dada pela Lei nº 11.719, de 2008)

II – (revogado). (Redação dada pela Lei nº 11.719, de 2008)

§ 1º Não sendo encontrado o acusado, será procedida a citação por edital. (Incluído pela Lei nº 11.719, de 2008)

§ 2º (VETADO). (Incluído pela Lei nº 11.719, de 2008)

§ 3º (VETADO). (Incluído pela Lei nº 11.719, de 2008)

§ 4º Comparecendo o acusado citado por edital, em qualquer tempo, o processo observará o disposto nos arts. 394 e seguintes deste Código. (Incluído pela Lei nº 11.719, de 2008)

363.1. Pressupostos de existência e requisitos de validade do processo: Em um trabalho dessa natureza – Comentários ao CPP –, não se desce a detalhes sobre aspectos mais teóricos da doutrina do processo penal. Fizemos isso, em maior extensão, em nosso *Curso de processo penal* (PACELLI, Eugênio. *Curso de processo penal*. 28. ed. São Paulo: Juspodivm, 2024), de modo a facilitar a compreensão sobre as particularidades do processo de natureza criminal. De modo geral, os estudos sobre a(s) teoria(s) do processo, realizados no bojo da disciplina do Processo Civil, são exaurientes do respectivo conteúdo.

Antecipamos aqui também algumas questões e conceitos ao exame da *Ação Penal,* mais especificamente nos comentários ao art. 24 e seguintes CPP.

A distinção que aqui voltamos a assentar tem um objetivo bem definido. Uma coisa é definir o significado de *processo,* do ponto de vista de suas consequências em relação aos atos nele praticados, e, outra, seria o da *relação processual.*

O juiz exerce sua jurisdição no *processo,* independentemente do conteúdo de suas manifestações.

Com efeito, a rejeição da peça acusatória (art. 395, CPP), com fundamento em questões de índole exclusivamente processuais (condições da ação, pressupostos processuais), impede a *formação regular* do processo, que, segundo o art. 393, CPP, somente ocorreria a partir da citação válida do acusado. E, não obstante, constitui *ato processual* de alta relevância e consequência, dado que, sobre ela, forma-se a *coisa julgada,* formal (limitada àqueles aspectos decididos), o que nos parece suficiente para concluir pela *existência do processo* antes da citação do réu. Afinal, onde teria lugar semelhante decisão judicial, senão no *processo?*

Portanto, para que haja *processo,* parece-nos exigível apenas a presença da *demanda* – ato de pedir algo em juízo – e do juiz investido de jurisdição. Com a *demanda,* naturalmente, vem também a presença daquele que pede, isto é, de uma *parte.* No entanto, não se faz necessária, para nós, a presença da *outra parte,* ou seja, do réu, para que se possa falar em *processo* existente. A rejeição *in limine* da peça inicial, tanto aqui quanto no processo civil, constitui ato jurisdicional, realizado, evidentemente, no ambiente e no espaço em cujo interior se exerce a função jurisdicional: o processo.

Chamamos de pressupostos processuais de *existência* do processo a presença da *demanda,* da parte que pede e do juiz investido de jurisdição. Apenas isso. Não se exige a presença de *partes* (no plural) e nem da *competência material* (*constitucional*). do juiz, como já se defendeu em doutrina. Essa, a competência, como critério – legal ou constitucional – de distribuição da função pública da jurisdição, não *constitui* o processo, mas delimita a sua *validade.* A jurisdição é *una*; distribuição de competências ou o fracionamento das atuações jurisdicionais objetivam a melhoria e a otimização da prestação ou tutela da respectiva função pública. Nada mais.

Daí por que as demais exigências atinentes ao *processo* então *existente,* ou seja, a partir da demanda de parte perante juiz investido de jurisdição, qualificam-se como pressupostos processuais de *validade* (do processo) e não de sua existência, que lhe é anterior e, por isso, *pressuposta.*

Os denominados pressupostos de *validade,* que, para nós, são *requisitos de validade,* não determinam a existência, mas condicionam a validade dos atos ali praticados, podendo comprometer todo o processo, a depender do grau de nulidade imposta às irregularidades.

São exemplos de requisitos de validade: (a) a citação válida; (b) a competência e a imparcialidade do juiz; (c) a capacidade postulatória (exigência de advogado, para a defesa técnica na ação penal, desnecessária para o *habeas corpus,* para a revisão criminal, para recursos e incidentes da execução da pena) e a capacidade *processual,* exigindo-se a maioridade do acusado. Para além da questão da inimputabilidade penal dos menores de 18 anos, também o processo penal não admite que este (menor) seja parte (nem autor de ação privada ou subsidiária); (d) requisitos formais: denúncia ou queixa (aptidão da peça acusatória). Como se vê, alguns dizem respeito à parte, outros ao juiz e outros, de natureza objetiva, ao próprio processo.

Jurisprudência

363.1. [...] O esgotamento dos meios para a localização do acusado, por meio de diligências em todos os endereços constantes dos autos, é pressuposto para a determinação da intimação por edital (arts. 361 e 363, § 1°, do CPP). [...] *(HC nº 215.956-SC, STJ, 6ª Turma, Rel. Ministro Sebastião Reis Júnior, julgado em 2.10.2012, publicado no DJ em 16.10.2012)*

363.2. Processo e relação processual: Feitas tais distinções, poderemos agora entender por que, ainda quando ausente a citação do acusado, não se poderá falar em processo *inexistente.* Processo haverá, ainda que *incompleto,* a se seguir os termos do art. 363 do CPP, no qual se afirma que *o processo terá completada a sua formação quando realizada a citação do acusado.*

Pensamos, contudo, que a referida legislação tem algo de *especioso.* Ora, completo ou incompleto, o que se terá é *processo,* efetivamente.

Talvez o legislador devesse atentar para a distinção – frequente nas teorias clássicas, aliás – entre processo e *relação processual.* O processo, com efeito, prescinde de *partes.* E, nesse ponto, não se pode dizer que a existência de uma relação processual entre autor e o juiz – para aqueles que a admitem, nesses termos – seja suficiente para afastar quaisquer distinções (entre relação processual e processo). É que, no mínimo, teríamos também uma relação processual *incompleta,* dependente do ingresso do acusado nos autos.

Para nós, completude ou incompletude são expressões equívocas, no que toca à definição tanto de processo quanto de relação processual. Preferimos assentar que o *processo* é o espaço ou o ambiente no qual se exerce a jurisdição, a partir de provocação da parte (pela demanda). Relação processual, por seu turno, seria aquele complexo de atividades processuais desenvolvidas pelas partes na defesa de seus interesses e até pelo juiz, nos limites de sua jurisdição. Não há relação processual entre uma parte e o juiz ou entre uma e outra (parte).

A relação *jurídica* no processo não se acomoda ao conceito clássico de *vínculo de exigibilidade* entre partes (e, eventualmente, *terceiros*), caracterizado por direitos e deveres subjetivos. No processo, há ônus e faculdades processuais, de cujo exercício tempestivo, oportuno e bem desenvolvido pelas partes poderão resultar posições de vantagem em relação ao objeto do processo. Em processo penal, aliás, é de se observar que as referidas posições de *vantagem* (preclusão da prática de determinado ato pela parte *ex adversa,* por exemplo) não estão no mesmo plano. O princípio constitucional da ampla defesa (inexiste o princípio da ampla *acusação*) tem o objetivo, primeiro, de buscar o efetivo e permanente equilíbrio entre acusação e defesa no processo, e, depois, de esclarecer o mais cabalmente possível a imputação constante da peça acusatória.

Em resumo: a citação do acusado não constitui pressuposto de *existência do processo,* mas requisito de sua validade.

363.3. Formação do processo: Parece-nos, portanto, de menor valia a elaboração de um conceito firmado nessas bases, ou seja, na existência, ou não, de um processo *completo* e de outro *incompleto.*

Poder-se-ia, então, a partir do texto de nosso art. 363, CPP, com a redação que lhe deu a Lei nº 11.719/08, afirmar que, antes da citação do réu, *não haveria processo*, impondo-se a conclusão no sentido da impossibilidade de existência de um processo *incompleto*.

Com isso, poder-se-ia também, como querem alguns, apontar alguns problemas na legislação brasileira. Adiantamos: não compartilhamos desse entendimento.

Exemplo desses (problemas) seria em relação à citação por edital e à suspensão do processo. Ora, se o processo é suspenso, significa que não se deu eficácia de comunicação ao referido ato de citação; do contrário, o processo deveria prosseguir. E, se não se pode considerar *citado* o acusado, por que suspender-se o *processo*, se este sequer existiria, porquanto ainda *não formado*?

Outro: como receber a denúncia em processo *ainda não formado*, reconhecendo-se a natureza decisória do referido ato?

Repetimos: não acompanhamos tais indagações e nem as respectivas objeções.

Note-se que a maioria esmagadora da doutrina brasileira *não inclui* a citação como pressuposto de *existência* do processo! Referido ato vem sempre alinhado como requisito de *validade* dele (processo). Sendo assim, pode-se recusar validade ao processo no qual não se tenha promovido a citação do acusado, mas, jamais, a sua existência.

No processo civil, ninguém duvida da natureza decisória do ato de despacho liminar, após a regular distribuição da petição inicial. Aliás, inclusive questões de mérito poderão ser resolvidas desde logo no citado despacho (art. 203, § 2º, CPC de 2015/art. 162, § 2º, CPC de 1973).

Ninguém nega também, ali (no processo civil), que *se considera proposta a ação, tanto que a petição inicial seja despachada pelo juiz*. A ressalva quanto aos efeitos em relação ao réu, dependentes de citação (art. 240, CPC de 2015/art. 203, CPC de 1973), não tem paralelo no processo penal, pois o recebimento da denúncia *interrompe* a prescrição *antes* mesmo da citação do réu (art. 396, CPP, e art. 117, I, CP).

Essa é uma matéria submetida à conformação legislativa, isto é, aberta às escolhas do Poder Legislativo, sem maiores vinculações ao texto constitucional. Um exemplo: não se poderia sustentar violação ao devido processo legal a eventual previsão em Lei de interrupção do prazo prescricional a partir da distribuição do processo, *antes* do recebimento da peça acusatória, por ausência de previsão constitucional vinculante em sentido contrário.

Portanto, o *processo* existirá a partir da propositura da ação e da decisão que receber ou rejeitar a peça acusatória (art. 395 e art. 396, CPP). Relembre-se que poderá o juiz até mesmo *absolver sumariamente* o réu (art. 397, CPP) se as questões ali mencionadas (art. 397) não dependerem de prova. E, isso, sem a citação do acusado.

Mais.

Exatamente por esse motivo dispõe a Lei nº 9.099/95 (art. 89) que o juiz somente suspenderá o processo, por acordo entre as partes, *após* o recebimento da denúncia ou queixa, quando, então, o processo *existirá*.

De modo que tanto a *rejeição* quanto o *recebimento*, e, obviamente, e, com muito mais razões, a *absolvição sumária*, constituem *atos jurisdicionais*, e como tais, praticados *no processo*, consoante se pode ver na técnica utilizada pelo nosso CPC (art. 203, CPC de 2015/art. 162, CPC de 1973). São as razões pelas quais recusamos qualquer validade teórica ou prática ao dispositivo em comento.

363.4. Revogações e vetos da Lei nº 11.719/08: resumo da ópera: A Lei nº 11.719/08 originou-se do Projeto de Lei nº 4.207/01, cuja fonte era um dos anteprojetos gestados pela Comissão de Juristas coordenada por Ada Pellegrini Grinover, no início desta década.

No Congresso Nacional, como era de se esperar, inúmeras alterações foram feitas ao texto original, modificando lhe essencialmente a sua estrutura.

Previa-se, por exemplo, que o recebimento da denúncia somente ocorreria *após* a citação do acusado, como, aliás, era previsto no art. 55 da Lei nº 11.343/06 – Tráfico de Drogas –, revogado, segundo nos parece, pelo atual art. 394, § 4º, CPP.

O texto atinente ao atual art. 363 estabelecia, por primeiro, a revogação do disposto nos incisos I e II do aludido dispositivo, que previam a citação por edital, quando *inacessível* o local, por razões ali justificadas (força maior, guerra etc.) ou quando não se pudesse identificar com certeza a pessoa e seu paradeiro.

Na verdade, nem se tratava de revogação, porquanto se estabelecia disposição equivalente para o texto proposto para o art. 366, no Projeto de Lei (nº 4.207/01). Propunha-se, então, o realinhamento das normas.

Já no § 2º, do texto proposto no Projeto de Lei nº 4.207/01, modificava-se a posição topográfica do texto então vigente do art. 366 (suspensão do processo na citação por edital), acrescido de pouquíssimas modificações. No entanto, e esse foi o fundamento utilizado no *veto presidencial*, o texto se referia apenas à suspensão do prazo prescricional pelo mesmo tempo da prescrição *in abstrato* da pena cominada no tipo (art. 109, CP), nada aludindo à suspensão do *processo*.

Ora, sequer seria necessário o *veto*, dado que, a nosso aviso, a referida norma somente faria e fazia sentido se e porque *suspenso* também o processo! Obviamente: se ainda tivesse curso o processo, mesmo após a citação por edital e o não comparecimento do réu ou constituição de advogado, por que suspender-se o prazo prescricional?

Em resumo, então: permaneceram válidas, portanto, em razão do veto presidencial, as disposições constantes do art. 366, a ditar a suspensão do processo e do prazo prescricional, no caso de citação por edital, diante do não comparecimento do acusado e nem da constituição, por ele, de defensor.

Outra curiosidade: o vigente e atual art. 363, § 4º, CPP, se refere à possibilidade de *comparecimento* do réu (citado por edital), em qualquer tempo.

Ora, como o réu não é mais citado para comparecer ao interrogatório (antiga redação do art. 394, CPP) e sim para apresentar resposta escrita (art. 396, CPP), ele não *comparecerá* em juízo, ainda quando *apareça* no processo. É dizer: a qualquer tempo, ele poderá ingressar no processo, para o exercício de sua ampla defesa, retomando-se o curso da marcha processual.

Art. 364. No caso do artigo anterior, no I, o prazo será fixado pelo juiz entre 15 (quinze) e 90 (noventa) dias, de acordo com as circunstâncias, e, no caso de nº II, o prazo será de trinta dias.

O presente dispositivo não tem mais qualquer eficácia. Pode permanecer *vigente*, porque ainda não revogado, e até *válido*, diante do ordenamento constitucional. No entanto, não tem mais qualquer aplicação, dado que as normas a que ele se refere, incisos I e II, do art. 363, restaram *revogados* pela Lei nº 11.719/08. Os citados dispositivos referiam-se, como já adiantamos linhas atrás, às hipóteses de citação por edital quando inacessível o local da diligência ou não identificada a pessoa e respectivo paradeiro.

Art. 365. O edital de citação indicará:

I – o nome do juiz que a determinar;

II – o nome do réu, ou, se não for conhecido, os seus sinais característicos, bem como sua residência e profissão, se constarem do processo;

III – o fim para que é feita a citação;

IV – o juízo e o dia, a hora e o lugar em que o réu deverá comparecer;

V – o prazo, que será contado do dia da publicação do edital na imprensa, se houver, ou da sua afixação.

Parágrafo único. O edital será afixado à porta do edifício onde funcionar o juízo e será publicado pela imprensa, onde houver, devendo a afixação ser certificada pelo oficial que a tiver feito e a publicação provada por exemplar do jornal ou certidão do escrivão, da qual conste a página do jornal com a data da publicação.

365.1. Requisitos intrínsecos: Tudo que se disse em relação à citação por mandado, no que toca ao exercício da ampla defesa, deve ser também aqui observado.

Por isso, indispensáveis no edital a identificação completa ou possível do acusado; a finalidade do ato (apresentação de resposta escrita, no prazo da lei); também o prazo de validade do edital, ou seja, o prazo (de 15 dias) disponibilizado para o conhecimento do conteúdo do edital; a imputação que lhe é feita, bem ainda o nome do juiz e sede do juízo processante.

A Súmula 366 do STF tem o seguinte texto: "*Não é nula a citação por edital que indica o dispositivo da Lei penal, embora não transcreva a denúncia ou queixa, ou não resuma os fatos em que se baseia.*"

Trata-se de entendimento jurisprudencial muito antigo e já consolidado.

Pensamos, porém, que há que se exigir um pouco mais de rigor em relação a esse ponto. A simples transcrição do dispositivo legal capitulado na denúncia não parece suficiente para a identificação precisa das circunstâncias que envolvem o *citando. Ampla defesa* somente se exerce quando se sabe do que se está sendo acusado. Ainda que resumidamente. Ou, pelo menos, com a identificação do fato e respectiva data e local em que teria sido praticado. Isso, no caso de inexistirem maiores referências à acusação.

365.2. Requisitos extrínsecos: O edital deverá ser afixado na sede do juízo onde corre a ação penal e será publicado na imprensa, onde houver, devendo, nesse caso, ser juntada aos autos a página do jornal ou periódico, com a respectiva data.

A exigência de publicação na imprensa há de ser entendida com cautela. Nem sempre – ou quase nunca – há verba pública disponível para tais publicações, em órgãos de imprensa privada. Nessas circunstâncias, não se poderá exigir a aludida publicação.

De todo modo, como o art. 366 do CPP determina a suspensão do processo na hipótese de citação por edital (quando o réu não *aparece*), há pouquíssimas chances de prejuízo decorrente da ausência de publicação em tais situações.

Jurisprudência

365.2. [...] O art. 365, parágrafo único, do Código de Processo Penal dispõe que o edital de citação será afixado à porta do edifício onde funcionar o juízo e será publicado pela imprensa, onde houver, devendo a afixação ser certificada pelo oficial que a tiver feito e a publicação provada por exemplar do Jornal ou certidão do escrivão, da qual conste a página do jornal com a data da publicação. Na hipótese de inexistência de órgão oficial ou privado no local, basta a fixação do edital no fórum. (HC 479.957-PE, Quinta Turma, Relator Ministro Félix Fischer, Dje. 06/03/2019). [...] *(Agravo Regimental no HC nº 112.655-PE, STJ, 5ª Turma, Rel. Min. Joel Ilan Paciornick, julgado em 5.5.2020, publicado no DJ em 14.5.2020)*

365.2. [...] I. O parágrafo único do art. 365 do Código de Processo Penal determina que o edital deve ser afixado à porta do edifício onde funcionar o juízo e publicado pela imprensa, dispensando-se este último requisito na ausência de imprensa local. II. *In casu*, proferida sentença condenatória, foi determinada a intimação do réu por edital, através da afixação no átrio do fórum local, tendo sido dispensada a publicação diante da inexistência de imprensa local na comarca. III. A Resolução nº 13/2007 instituiu, no âmbito do Tribunal de Justiça de Goiás, o Diário de Justiça eletrônico como veículo oficial de publicações, podendo ser acessado em qualquer comarca da capital ou interior do Estado de Goiás por meio da *internet*. IV. Assim, sendo o *Diário de Justiça Eletrônico* o veículo oficial naquela comarca, o edital de intimação da sentença condenatória, além de afixado no átrio do fórum local, deveria ser publicado naquele meio para que se cumprissem os requisitos previstos no parágrafo único do art. 365, do Código de Processo Penal. V. Deve ser anulado o processo a partir da sentença condenatória, a fim de que o paciente seja intimado da condenação, seguindo-se as formalidades legais. VI. Ordem concedida, nos termos do voto do Relator (*Habeas Corpus nº 218.605/GO, STJ, 5ª Turma, Rel. Min. Gilson Dipp, julgado em 28.8.2012, publicado no* DJ *em 5.9.2012).*

Art. 366. Se o acusado, citado por edital, não comparecer, nem constituir advogado, ficarão suspensos o processo e o curso do prazo prescricional, podendo o juiz determinar a produção antecipada das provas consideradas urgentes e, se for o caso, decretar prisão preventiva, nos termos do disposto no art. 312. (Redação dada pela Lei nº 9.271, de 17.4.1996)

366.1. A suspensão do processo: Como não se pode mesmo atribuir consequências mais sérias ao ato de citação por edital, dado que não se terá, ali, qualquer certeza quanto a sua eficácia – ao contrário, deve-se duvidar dela –, a Lei nº 9.271/96, em redação mantida pela Lei nº 11.719/08, prevê a suspensão do processo e do prazo prescricional nas hipóteses de citação editalícia, se o réu não acorrer ao processo.

Ao final, então, do prazo fixado no edital (15 dias, art. 361, CPP), se iniciaria o prazo para a apresentação da defesa escrita (art. 396, CPP).

Feito isso, não tendo o acusado oferecido a resposta, deve o juiz suspender o curso do processo, sem prejuízo da eventual necessidade de realização de provas antecipadas, quando, então, deverá ser nomeado defensor para o ato. E a antecipação da prova há que ser justificada em razões de urgência, sob a perspectiva do risco de frustração de sua produção no futuro (perecimento da coisa, doença incapacitante da testemunha etc.). Exatamente por isso é que o Superior Tribunal de Justiça editou a Súmula 455, em 25.8.2010, assentando que "*a decisão que determina a produção antecipada de provas com base no art. 366 do CPP deve ser concretamente fundamentada, não a justificando unicamente o mero decurso do tempo*". Essas provas devem ser essenciais para o processo, cuja produção, no futuro, poderá sua confiabilidade prejudicada. Nesses casos, é dever do Poder Judiciário a determinação da antecipação de sua produção, não havendo se falar em prejuízos ou nulidades, na medida que a finalidade será exatamente a garantia da busca da veracidade das informações que, no futuro, poderão estar prejudicadas.

Observe-se que a ausência de apresentação de resposta escrita implicaria a não constituição de advogado, como consta do *caput* do art. 366.

Observe-se, também e mais uma vez, que o acusado não é citado *para comparecer* ao processo e sim para se defender, por escrito. Daí por que o *comparecimento* a que alude o dispositivo se referia ao procedimento anterior à Lei nº 11.719/08, no qual o interrogatório era o primeiro ato da instrução. Nada obstante, pode ser entendido como qualquer intervenção no processo, com o que ele se dará por citado.

A Lei não fixa o prazo de suspensão do processo. Seria ele indefinido?

A pergunta somente se justifica pelo fato de ter sido também prevista a suspensão do curso do prazo prescricional, a envolver, portanto, questão de direito material. A resposta a ela virá a seguir (item 366.3).

Há ainda outra hipótese legal de suspensão condicional do processo. Trata-se do acordo de leniência firmado entre o CADE e autores de infrações contra a ordem econômica e/ou infrações de natureza assemelhada ou conexa, consoante se vê do disposto no art. 87 da Lei nº 12.529/11. A suspensão do processo perdurará enquanto cumpridas as condições da leniência, ao final das quais se declarará extinta a punibilidade dos delitos.

E, enquanto estiver suspenso, estará igualmente suspenso o prazo prescricional. Embora a Lei não o diga claramente, parece-nos que, se o acordo de leniência for posterior à denúncia, também será o caso de suspensão do processo.

A Lei nº 9.613/98, e já com a redação dada pela Lei nº 12.683/12, estabelece exceção ao disposto no art. 366, afastando a sua aplicação nos casos de lavagem de dinheiro e ativos. Ou seja, prevê a continuação do processo, com a nomeação de defensor ao réu que não constituir advogado.

Talvez não seja a melhor escolha, mas, nada obstante, não vemos inconstitucionalidade na regra. Se houvesse, todos os processos existentes até a data da Lei nº 9.271/96 – data em que se alterou a redação do art. 366, CPP – deveriam ser anulados, já que o procedimento anterior previa o prosseguimento do processo mesmo na citação por edital. A questão, repita-se, é de conformação legislativa e não de imposição constitucional.

Jurisprudência

366.1. [...] No presente agravo regimental, a defesa alega a ausência de motivação idônea para manter a determinação de produção antecipada de provas, eis que não demonstrado risco efetivo e iminente de perecimento das provas, e que a não participação do ora agravante na produção das provas representa prejuízo a sua defesa. Sustenta, ainda, a ocorrência de *reformatio in pejus* realizada pelo Tribunal *a quo*, que considerou circunstâncias fáticas não valoradas pelo juízo de piso para determinar a produção antecipada de provas. [...] Conforme a consolidada jurisprudência dessa Corte, a produção antecipada de provas não traz qualquer prejuízo para a defesa, já que, além do ato ser realizado na presença de defensor nomeado, caso o acusado compareça ao processo futuramente, poderá requerer a produção das provas que entender necessárias para a comprovação da tese defensiva. [...] *(Agravo Regimental no Agravo em Recurso Especial nº 2.440.617-MT, STJ, 5ª Turma, Rel. Min. Joel Ilan Paciornik, julgado em 18.6.2024, publicado no DJ em 21.6.2024)*

366.1. [...] 1. Como é de conhecimento, a Súmula n.º 445 desta Corte Superior dispõe que: A decisão que determina a produção antecipada de provas com base no art. 366 do CPP deve ser concretamente fundamentada, não a justificando unicamente o mero decurso do tempo.

2. Contudo, "A Terceira Seção desta Corte, em tema submetido à sua apreciação a fim de uniformizar entendimentos divergentes das duas Turmas que a integram, temperou a aplicação do enunciado sumular n. 455/STJ, considerando a suscetibilidade da memória das testemunhas" (AgRg no RHC n. 146.314/GO, relator Ministro Felix Fischer, Quinta Turma, julgado em 18/5/2021, DJe de 25/5/2021).

3. Na hipótese, a particularidade de que se trata de apuração de crime de estupro de vulnerável (vítima menor de 14 anos atrás), sendo certo que, em crimes contra a dignidade sexual, geralmente cometidos à clandestinidade, o testemunho da vítima é de suma importância para o deslinde da ação penal, motivo pelo qual aplica-se o entendimento desta Corte Superior que mitigou a Súmula n. 455/STJ, justamente pela possibilidade de perecimento da memória humana em decorrência do lapso temporal entre os fatos e o início da coleta das provas.

4. Ademais, cumpre ressaltar que a produção antecipada de prova testemunhal autorizada pelo artigo 366 do CPP possui caráter de medida cautelar que visa à segurança da prova, com efeito meramente conservativo, não se tratando, portanto, da efetiva realização do direito probatório, que será assegurado após o término da suspensão do processo, na presença do acusado e de seu defensor constituído. Nessa linha de intelecção, o deferimento da realização da produção antecipada de provas não traz qualquer prejuízo para a defesa do paciente, visto que poderá pedir a repetição da oitiva de testemunhas ou quaisquer outras provas que julgar necessárias. [...] *(Agravo Regimental no Habeas Corpus n° 899.397-PR, STJ, 5ª Turma, Rel. Min. Reynaldo Soares da Fonseca, julgado em 23.9.2024, publicado no DJ em 26.9.2024)*

366.1. [...] 1. Nos termos da Súmula n. 455 do STJ: "[a] decisão que determina a produção antecipada de provas com base no art. 366 do CPP deve ser concretamente fundamentada, não a justificando unicamente o mero decurso do tempo." [...] 3. No caso, o deferimento do pedido de produção antecipada de provas está fundamentado no fato de o denunciado, citado por edital, não ter comparecido em juízo, tampouco ter constituído defensor, sendo, por isso, declarado revel. Assim, designada audiência em relação ao corréu, com intimação das mesmas testemunhas que fazem parte do mesmo processo, justificada a opção das instâncias originárias pela antecipação probatória, não sendo o risco do esquecimento dos fatos pelo decurso do tempo (crimes ocorridos em 2015) o único fundamento levantado. 4. Esta Corte detém o entendimento de que "a realização antecipada de provas não traz prejuízo ínsito à defesa, visto que, a par de o ato ser realizado na presença de defensor nomeado, nada impede que, retomado eventualmente o curso do processo com o comparecimento do réu, sejam produzidas provas que se julgarem úteis à defesa, não sendo vedada a repetição, se indispensável, da prova produzida antecipadamente" (RHC n. 64.086/DF, relator Ministro Nefi Cordeiro, relator p/ acórdão Ministro Rogerio Schietti Cruz, Terceira Seção, julgado em 23/11/2016, DJe 9/12/2016). [...] *(Agravo Regimental no Habeas Corpus n° 825.161-SP, STJ, 6ª Turma, Rel. Min. convocado Jesuíno Rissato, sessão virtual de 5.9.2023 a 11.9.2023, publicado no DJ em 15.9.2023)*

366.1. [...] Esta Corte Superior vem admitindo a possibilidade de interpretação extensiva das hipóteses, a princípio taxativas, previstas no art. 581 do Código de Processo Penal, inclusive quanto à possibilidade de impugnação, por recurso em sentido estrito, de decisão interlocutória de primeiro grau que indefere pedido de produção antecipada de provas, para que se verifique, no caso concreto, a necessidade dessa providência processual (precedentes). [...] *(Agravo Regimental no Recurso Especial n. 1.539.695-GO, STJ, 5ª Turma, unânime, Rel. Min. Felix Fischer, julgado em 1°.6.2017, publicado no DJ em 7.6.2017)*

366.1. [...] 1. A produção antecipada de provas permitida pelo artigo 366 do Código de Processo Penal possui natureza acautelatória e visa a resguardar a efetividade da prestação jurisdicional, diante da possibilidade de perecimento da prova em razão do decurso do tempo no qual o processo permanece suspenso. [...] 3. Não há como negar o concreto risco de perecimento da prova testemunhal tendo em vista a alta probabilidade de esquecimento dos fatos distanciados do tempo de sua prática, sendo que detalhes relevantes ao deslinde dos fatos narrados na incoativa poderão ser perdidos com o decurso do tempo à causa da revelia do acusado. 4. O deferimento da realização da produção antecipada de provas não traz qualquer prejuízo para a defesa, já que, além do ato ser realizado na presença de defensor nomeado, caso o acusado compareça ao processo futuramente, poderá requerer a produção das provas que entender necessárias para a comprovação da tese defensiva. [...] *(HC n. 339.460-SP, STJ, 5ª Turma, unânime, Rel. Min. Jorge Mussi, julgado em 20.6.2017, publicado no DJ em 28.6.2017)*

366.2. Prisão preventiva: Não se pode extrair da ressalva constante do art. 366, relativamente à possibilidade de decretação da prisão preventiva, qualquer conclusão acerca de suposta autorização para a decretação automática da prisão preventiva, como mera decorrência da citação por edital. É dizer: não ter sido encontrado o réu não significa, necessariamente, que ele ofereça risco à aplicação da Lei penal (art. 312, CPP).

Para que tal ocorra, o Ministério Público – e também a autoridade policial, segundo nossa legislação – deverá declinar as razões pelas quais entende necessária a custódia (prisão) preventiva do acusado, a partir de elementos concretos a respeito do risco de fuga ou de qualquer manobra indicativa da intenção de afastamento permanente do réu do *distrito da culpa*, ou seja, do local do processo ou de sua residência.

Aliás, há que se ponderar que a aludida ressalva é totalmente dispensável.

Com efeito, havendo razões para a decretação da prisão preventiva, pouco importa tenha sido feita a citação por edital ou por qualquer outra modalidade: deve aplicar-se o disposto no art. 312, c/c art. 313, ambos do CPP.

Jurisprudência

366.2. [...] embora o art. 366 do CPP, de fato, não autorize a decretação da prisão preventiva de forma automática, como mera decorrência da citação por edital, ressalta-se não ser essa a hipótese dos autos, dada a presença de indícios concretos de que o paciente – ciente da ação penal que tramita contra si, posto que preso em flagrante – apresenta intenção de se furtar à aplicação da lei penal. [...] *(Agravo Regimental no HC nº 591.034-MG, STJ, Rel. Min. Ribeiro Dantas, julgado em 27.10.2020, publicado no DJ em 3.11.2020)*

366.3. Suspensão do prazo prescricional: A prescrição, e também a decadência, quaisquer que sejam as distinções que se queira fazer em relação a ambas, estão relacionadas com a *perda* da possibilidade de exercício de determinado direito, seja ele *de ação*, de natureza processual, seja *subjetivo*, de ordem *material*.

E essa, a perda do direito (ou *garantia* da ação), deve ser racionalmente justificada, dado o manifesto contrassenso entre a norma que *atribui* o direito e aquela que o *retira*.

De modo geral, a perda de qualquer direito ou garantia (faculdade) processual está associada a um *déficit* de atuação do interessado.

No Direito Penal, a prescrição não se justifica em suposta e abstrata necessidade de segurança jurídica, mas em favor do *esquecimento* para a *pacificação* dos espíritos, de modo a diminuir os efeitos de uma eternização do conflito inaugurado pela infração penal.

Por isso, a decadência na ação penal privada implica o ônus processual imposto ao titular da ação penal (o ofendido e sucessores processuais do art. 31, CPP) de manifestar o seu interesse na persecução penal em prazos muito limitados (como regra, de seis meses, como visto – art. 38, CPP). Na mesma linha, impõe-se a *perempção*, perda do direito de ação já exercido, quando o querelante deixar de praticar atos compatíveis com o interesse na punibilidade do agente (art. 60, CPP).

A prescrição penal, por seu turno, constitui matéria de Direito Penal, no âmbito das causas extintivas da punibilidade (art. 107, CP). Diante da regra geral da *prescritibilidade* dos crimes, feita a ressalva constitucional relativamente aos crimes de racismo e à ação de grupos armados, civis ou militares, contra a ordem constitucional e o Estado Democrático (art. 5º, XLII e XLIV), a Lei fixa os prazos máximos para a apuração e esclarecimentos dos delitos, sob pena de extinção da punibilidade.

O art. 366, CPP, após prever a suspensão do prazo prescricional em razão da suspensão do processo, a partir da citação por edital, não afirma expressamente o prazo máximo em que se daria tal paralisação.

A jurisprudência do Superior Tribunal de Justiça já se consolidou conforme o verbete da "Súmula 415: O período de suspensão do prazo prescricional é regulado pelo máximo da pena cominada."

Em primeiro lugar, é de atentar para o fato de que se trata de questão evidentemente *infraconstitucional*, cabendo ao Superior Tribunal de Justiça a orientação jurisprudencial sobre a matéria (art. 105, III, CF).

Em segundo lugar, não nos parece sequer adequado levantar a extensão constitucional da imprescritibilidade para a solução da questão.

Não é disso que se trata. A regra da suspensão do processo, pela citação por edital, aplica-se à generalidade dos casos, encontrando sua justificação na efetiva tutela do devido processo legal, sob o pálio da ampla defesa. Não se tem ali qualquer juízo de maior ou menor desvalor acerca de comportamentos e de resultados produzidos na e pela infração penal, como ocorre com a imprescritibilidade constitucional.

Pode-se até aceitar eventual escolha legislativa no sentido da extinção da prescrição no Direito Penal brasileiro. No entanto, para que tal ocorra, além de Lei expressa nesse sentido, seria preciso que a regra se aplicasse a *todos os crimes* e não a apenas alguns. E mesmo se e quando aceitável a eleição de determinados delitos para a imprescritibilidade, como o fez o constituinte, seria preciso justificar a razão do discrímen.

Ora, certamente o fato de ter sido citado por edital e não por mandado não pode ser motivo suficiente para se determinar a imprescritibilidade deste ou daquele crime!

Por isso, e porque cabe ao Estado apurar as infrações penais nos prazos máximos fixados em Lei (art. 109, CP), independentemente da modalidade da tramitação processual em curso, não vemos como não aderir à jurisprudência do Superior Tribunal de Justiça, aplicando as regras dos prazos máximos previstos na cominação dos tipos, para fins de reconhecimento da extinção da punibilidade pela prescrição.

Ultrapassado o período suspenso tendo como baliza a pena máxima, o fluxo prescricional deverá ser retomado, ficando parado o processo até que se consiga ultimar a diligência de citação pessoal do acusado.

Note-se, por fim, que, quando se decreta a prisão preventiva de alguém no curso de uma investigação e não se consegue localizar o investigado, nada há na Lei que impeça a fluência do curso do prazo prescricional. Por que seria diferente na citação por hora certa, quando também não encontrado o acusado?

Importante destacar que esse sempre foi nosso posicionamento, embora a jurisprudência entendesse que, após o decurso do prazo de suspensão, deveria ser retomado o processo regularmente. Em 2021, o plenário do STF sufragou a posição que sempre defendemos, assentando que, após o decurso do prazo máximo da suspensão pela prescrição da pena em abstrato, deve ele ser retomado, ficando suspenso o processo até que se proceda à citação pessoal do réu.

Jurisprudência

366.3. [...] O Pleno, no recurso extraordinário nº 600.851, relator ministro Luiz Edson Fachin, julgado sob o ângulo da repercussão geral, firmou entendimento segundo o qual a suspensão da prescrição, decorrente da observância do artigo 366 do Código de Processo Penal, fica limitada no tempo, devendo-se levar em conta os prazos do artigo 109 do Código Penal, considerada a pena em abstrato prevista para o crime. [...] Tratando-se de réu ausente, citado por edital, a retomada do curso do processo, após observado o artigo 366 do Código de Processo Penal, viola a garantia do devido processo legal, considerado o direito de o acusado ser ouvido no Juízo e a necessidade da ciência sobre o conteúdo da acusação. *(RHC nº 115.042/DF, STF, 1ª Turma, unânime, Rel. Min. Marco Aurélio, julgado em sessão virtual de 12.3.2021 a 19.3.2021, publicado no DJ em 13.4.2021)*

366.3 [...] A orientação jurisprudencial do Supremo Tribunal Federal é no sentido da impossibilidade da aplicação subsidiária do art. 366 do CPP no âmbito da Justiça Militar. Isso porque o *"artigo 292 do Código de Processo Penal Militar dispõe a propósito da decretação da revelia quando o acusado, citado por edital, não comparecer nem constituir advogado. O artigo 366 do Código de Processo Penal Comum preceitua que 'se o acusado, citado por edital, não comparecer, nem constituir advogado, ficarão suspensos o processo e o curso do prazo prescricional'. A transposição de normas mais benéficas de um para outro sub-ordenamento não se justifica. Não se a pode consumar já no plano normativo se ela não foi anteriormente consumada no plano legislativo. No julgamento do HC n. 86.854, a 1ª Turma desta Corte decidiu 'não ser possível mesclar os regimes penais comum e castrense, de modo a selecionar o que cada um tem de mais favorável ao réu, sob pena de se gerar um hibridismo normativo, incompatível com o princípio da especialidade'"* (HC 91.225, Rel. Min. Eros Grau). [...] *(Agravo Regimental no Habeas Corpus nº 205.032/BA, STF, 1ª Turma, unânime, Rel. Min. Roberto Barroso, julgado em sessão virtual de 26.11.2021 a 3.12.2021, publicado no DJ em 16.12.2021)*

366.3. [...] 1. "Em caso de inatividade processual decorrente de citação por edital, ressalvados os crimes previstos na Constituição Federal como imprescritíveis, é constitucional limitar o período de suspensão do prazo prescricional ao tempo de prescrição da pena máxima em abstrato cominada ao crime, a despeito de o processo permanecer suspenso" (STF, RE n. 600.851/DF, submetido à sistemática da repercussão geral). 2. Após o decurso do prazo prescricional, o prosseguimento do feito sem a ciência do acusado ofende os princípios constitucionais do devido processo legal, da ampla defesa e do contraditório (STF, RE n. 600.851/DF, submetido à sistemática da repercussão geral). [...] *(Agravo Regimental no Agravo em Recurso Especial nº 1.882.368/RJ, STJ, 5ª Turma, unânime, Rel. Min. João Otávio de Noronha, julgado em 17.8.2021, publicado no DJ em 20.8.2021)*

366.3 [...] Inteligência do art. 366 do CPP. [...] Nomeação de advogado dativo para ato. Situação que não se confunde com a constituição de advogado pelo acusado. [...] Não ficou demonstrado eventual equívoco na suspensão do processo e do prazo prescricional, uma vez que, de fato, não havia advogado constituído pelo recorrente, mas apenas advogado dativo, nomeado pelo juiz, situação que não autoriza o prosseguimento da ação penal. [...]Relevante anotar que o disposto no art. 366 do Código de Processo Penal tem o objetivo de impedir que alguém seja condenado sem que tenha tomado conhecimento da acusação. Dessa forma, não é possível considerar que a nomeação de advogado dativo pelo Magistrado de origem impede a aplicação do referido dispositivo legal. [...] *(Agravo Regimental em Habeas Corpus nº 141.078/SP, STJ, 5ª Turma, unânime, Rel. Min. Reynaldo Soares da Fonseca, julgado em 9.3.2021, publicado no DJ em 15.3.2021)*

366.3. [...] Citação por edital e revelia: suspensão do processo e do curso do prazo prescricional, por tempo indeterminado – C. Pr. Penal, art. 366, com a redação da L. 9.271/96. Conforme assentou o Supremo Tribunal Federal, no julgamento da Ext. 1042, 19.12.06, Pertence, a Constituição Federal não proíbe a suspensão da prescrição, por prazo indeterminado, na hipótese do art. 366 do C. Pr. Penal. A indeterminação do prazo da suspensão não constitui, a rigor, hipótese de imprescritibilidade: não impede a retomada do curso da prescrição, apenas a condiciona a um evento futuro e incerto, situação substancialmente diversa da imprescritibilidade. Ademais, a Constituição Federal se limita, no art. 5º, XLII e XLIV, a excluir os crimes que enumera da incidência material das regras da prescrição, sem proibir, em tese, que a legislação ordinária criasse outras hipóteses. Não cabe, nem mesmo sujeitar o período de suspensão de que trata o art. 366 do C. Pr. Penal ao tempo da prescrição em abstrato, pois, "do contrário, o que se teria, nessa hipótese, seria uma causa de interrupção, e não de suspensão". RE provido, para excluir o limite temporal imposto à suspensão do curso da prescrição (*Recurso Extraordinário nº 460.971, STF, 1ª Turma, Rel. Min. Sepúlveda Pertence, julgado em 13.2.2007, publicado no DJ em 30.3.2007*).

366.3. STJ – "Súmula 415: O período de suspensão do prazo prescricional é regulado pelo máximo da pena cominada."

366.4. Suspensão do processo e ausência de suspensão do prazo prescricional: Ainda que o juiz, ao proferir a decisão de suspensão do processo, nada tenha se referido à suspensão do prazo prescricional, pensamos obrigatória a medida, decorrente da impossibilidade concreta da atuação dos órgãos públicos na persecução penal.

Se o processo depende de decisão judicial para a sua paralisação – evidentemente, fundada em Lei –, a suspensão do prazo prescricional, que decorre de Lei (CP), não.

A paralisação do processo se encontra sob o controle do julgador, dado que não poderá prosseguir senão sob a sua direção. É dizer: não se realizam atos processuais sem a atuação do juiz do processo.

Já a prescrição penal é matéria de *decisão final* no processo, submetida unicamente aos contornos legislativos de sua aplicação. Na suspensão do processo pode haver *error in procedendo;* na suspensão do prazo prescricional, somente o *error in judicando*, passível de correção sem prejuízo da regularidade do processo.

Art. 367. O processo seguirá sem a presença do acusado que, citado ou intimado pessoalmente para qualquer ato, deixar de comparecer sem motivo justificado, ou, no caso de mudança de residência, não comunicar o novo endereço ao juízo. (Redação dada pela Lei nº 9.271, de 17.4.1996)

Para a compreensão do alcance do presente dispositivo há que se ter uma visão minimamente retrospectiva.

É que, embora de 1996, a Lei nº 9.271, responsável pela atual redação do art. 376, parece ter adotado como referência a lógica procedimental do velho CPP, e, sobretudo, anterior às modificações ocorridas a partir da Lei nº 11.719/08.

A revelia em processo penal já teve como consequência o prosseguimento do processo, ainda quando citado por edital. Isso, antes da citada Lei nº 9.271/96.

Quando ocorrida no interrogatório, então, que era o primeiro ato da instrução, antes da Lei nº 11.719/08 (ver atual art. 400, CPP), a revelia se prestava, inclusive, a determinar o restabelecimento da prisão em flagrante, quando concedida a liberdade nos termos do art. 310, § 1º, do CPP.

Bem vistas as coisas, e, particularmente, após a Constituição de 1988, tais presunções de culpabilidade ou de risco de fuga já não mais subsistem.

A revelia, entendida como o não atendimento à intimação para a participação em ato do processo, tem hoje como consequência unicamente a desnecessidade de novas intimações pessoais ao acusado que não comparecer ao chamado judicial.

No caso de mudança de endereço, somente se poderá impor a revelia e suas consequências quando o acusado for expressamente advertido de tal necessidade, como ocorre, por exemplo, nas obrigações decorrentes da liberdade com fiança (art. 328, CPP). No entanto, não se poderá responsabilizar o Estado pela não intimação tempestiva, dado que, na hipótese, nada se poderia saber em relação à alteração de endereço.

De todo modo, como, agora, a instrução criminal, ao menos em tese, deve ser *una*, ou seja, realizada em uma única assentada, não se terá maiores oportunidades para a aplicação da revelia. Havendo fracionamento da instrução, por razões de ordem prática, poderá o juiz deixar de intimar o acusado para atos de instrução, ressalvado, a nosso aviso, o interrogatório.

É que este, o interrogatório, constitui direito de maior dimensão que aquele que permite a participação do réu na instrução, na medida em que há previsão em tratado internacional do direito de *ser ouvido pelo juiz da causa* (Pacto de San José da Costa Rica – Decreto nº 678/92).

E para a aplicação da revelia o não comparecimento deve ser *imotivado*, a revelar o desinteresse do acusado nos rumos do processo.

Por fim, uma importante ressalva: jamais se poderá deixar de intimar o réu da sentença (art. 392, CPP), seja ele revel ou não. Aqui, impõe-se a estrita observância do princípio da ampla defesa, otimizando-se ao máximo o seu alcance.

Jurisprudência

367. [...] nos termos da previsão contida no art. 367 do Código de Processo Penal, o processo seguirá sem a presença do acusado que, citado ou intimado pessoalmente para qualquer ato, deixar de comparecer sem motivo justificado, ou, no caso de mudança de residência, não comunicar o novo endereço ao juízo. [...] *(Agravo Regimental no Habeas Corpus nº 863.837-PR, STJ, 5ª Turma, Rel. Min.Ribeiro Dantas, julgado em 9.9.2024, publicado no DJ em 12.9.2024)*

367. [...] Restando frustrada a tentativa de citação pessoal do réu no endereço informado nos autos e estando o imputado em local incerto e não sabido, não há nulidade na determinação de citação por edital. É dever do acusado informar a mudança de endereço, conforme disciplina o art. 367 do Código de Processo Penal. Não cabe ao Poder Judiciário realizar diligências para localizar o paradeiro do condenado quando frustradas as tentativas de intimação no endereço por ele fornecido. [...] *(Agravo Regimental no RHC nº 135.185-GO, STJ, 5ª Turma, Rel. Min. Joel Ilan Paciornick, julgado em 3.8.2021, publicado no DJ em 6.8.2021)*

367. [...] Não há falar em ilegalidade em razão da aplicação do disposto no artigo 367 do Código de Processo Penal na hipótese em que, intimado por procurador com poderes especiais para representá-lo em juízo, incluindo receber citação e intimações, o paciente deixa de comparecer, sem motivo justificado, à audiência designada para realização de novo interrogatório ao final da instrução. Em observância aos ditames da boa-fé objetiva, incide no caso o estabelecido no artigo 565 do Código de Processo Penal, segundo o qual não cabe a arguição de nulidade pela própria parte que lhe deu causa ou que tenha concorrido para a sua existência. Precedentes. [...] (*RHC nº 360.274-SC, STJ, 6ª Turma, Rel. Min. Maria Thereza de Assis Moura, unânime, julgado em 23.8.2016, publicado no DJ em 1.9.2016*).

Art. 368. Estando o acusado no estrangeiro, em lugar sabido, será citado mediante carta rogatória, suspendendo-se o curso do prazo de prescrição até o seu cumprimento. (Redação dada pela Lei nº 9.271, de 17.4.1996)

Se a citação houver de ser feita no estrangeiro ou mesmo no Brasil, nas sedes de Consulados e Embaixadas, considerados territórios *estrangeiros,* por extensão, ou, quando nada, espaços garantidos pela inviolabilidade abrigada na Convenção de Viena, terá que ser expedida Carta Rogatória, via da qual, por meio do Ministro da Justiça, se *roga* à jurisdição estrangeira (exceto em relação às embaixadas e consulados) a realização do ato processual.

Naturalmente, terá que ser conhecido o endereço para a citação. Se este não for conhecido, a hipótese seria de citação por edital, dado que, não se sabendo o paradeiro do réu, pouco importa o país em que ele se encontra.

Nesse caso, de citação por rogatória, como não se pode atribuir quaisquer responsabilidades às autoridades estrangeiras, será suspenso também o prazo prescricional, providência esta plenamente justificada, como já tivemos oportunidade de salientar.

Jurisprudência

368. [...] O art. 368, do CPP, embora seja claro ao estabelecer a suspensão do prazo prescricional pela expedição de carta rogatória para citação do acusado no exterior, não é preciso quanto ao termo final da referida suspensão, devendo ser interpretado de forma sistemática, com o art. 798, § 5º, "a", do CPP, bem como com a Súmula 710, do STF, voltando a correr o lapso prescricional da data da efetivação da comunicação processual no estrangeiro, ainda que haja demora para a juntada da carta rogatória cumprida aos autos. [...] *(Recurso Especial nº 1.882.330/PR, STJ, 5ª Turma, unânime, Rel. Min. Ribeiro Dantas, julgado em 6.4.2021, publicado no DJ em 9.4.2021)*

Art. 369. As citações que houverem de ser feitas em legações estrangeiras serão efetuadas mediante carta rogatória. (Redação dada pela Lei nº 9.271, de 17.4.1996)

Também nas embaixadas e consulados a citação se fará pela via diplomática, devendo a carta rogatória ser encaminhada ao Ministro da Justiça, que adotará as medidas necessárias ao seu cumprimento.

Nesse caso, não se prevê a suspensão do processo, o que indica que o ato de citação não deverá passar pela jurisdição estrangeira, como ocorre com a citação em país estrangeiro. Caberá às autoridades diplomáticas dos dois países acertarem o encaminhamento da carta às aludidas legações.

CAPÍTULO II
Das Intimações

Art. 370. Nas intimações dos acusados, das testemunhas e demais pessoas que devam tomar conhecimento de qualquer ato, será observado, no que for aplicável, o disposto no Capítulo anterior. (Redação dada pela Lei nº 9.271, de 17.4.1996)

§ 1º A intimação do defensor constituído, do advogado do querelante e do assistente far-se-á por publicação no órgão incumbido da publicidade dos atos judiciais da comarca, incluindo, sob pena de nulidade, o nome do acusado. (Redação dada pela Lei nº 9.271, de 17.4.1996)

§ 2º Caso não haja órgão de publicação dos atos judiciais na comarca, a intimação far-se-á diretamente pelo escrivão, por mandado, ou via postal com comprovante de recebimento, ou por qualquer outro meio idôneo. (Redação dada pela Lei nº 9.271, de 17.4.1996)

> § 3º A intimação pessoal, feita pelo escrivão, dispensará a aplicação a que alude o § 1º (Incluído pela Lei nº 9.271, de 17.4.1996)
>
> § 4º A intimação do Ministério Público e do defensor nomeado será pessoal. (Incluído pela Lei nº 9.271, de 17.4.1996)

370.1. O conceito de intimação: Segundo a definição do nosso CPC, a intimação seria o ato pela qual se dá ciência a alguém acerca de atos e termos do processo, para que *faça* ou *deixe de fazer* alguma coisa (art. 269, CPC de 2015/art. 234, CPC de 1973).

O nosso CPP não se importou em dar tratamento unitário à intimação, reservando-lhe a aplicação das mesmas normas atinentes à citação, limitando-se a ressalvar *no que for aplicável* (art. 370, CPP, *caput,* parte final).

Aparentemente, a distinção entre ambos os atos se situaria muito mais no aspecto *temporal,* cronológico, que propriamente na essência ou natureza jurídica que se queira atribuir a um e a outro.

Com efeito, a citação é ato de *chamamento* ao processo, no qual, igualmente, se dá ciência da existência de uma imputação penal dirigida ao réu (atos e termos do processo), bem como se oferece a ele a oportunidade de apresentação de resposta escrita (art. 396, CPP), isto é, para que ele *faça* ou *deixe* de fazer alguma coisa.

Convém, contudo, esclarecer uma questão.

O chamamento ao processo, como é dirigido ao acusado, não pode ostentar características coercitivas, na exata medida em que cabe ao réu escolher a sua estratégia de defesa.

Já a intimação, em processo penal, pode apresentar outros contornos, admitindo, inclusive, o uso de força coercitiva, como ocorre com a intimação das testemunhas e peritos, que têm verdadeiro dever de atuação nos autos. Nisso, há mesmo distinção relevante entre a citação e a intimação.

Intimar, portanto, é levar ao conhecimento de alguém a existência de atos e termos no processo penal, acompanhado, eventualmente, de ordem judicial para a prática de determinado comportamento.

De outro lado, arbitrária seria uma eventual distinção entre a intimação e a *notificação,* objeto de algumas referências na legislação processual penal brasileira.

Dentre as medidas cautelares de nosso processo civil, por exemplo, consta a *notificação,* entre as interpelações e os protestos (art. 726 e seguintes, CPC de 2015/art. 867, CPC de 1973), mediante a qual se *manifesta formalmente qualquer intenção,* a fim de prevenir responsabilidades ou assegurar direitos. No entanto, e como parece admitir o citado Código (Processo Civil), tais providências cautelares (da notificação) são feitas mediante a *intimação* da parte (art. 729, CPC de 2015/art. 867, CPC de 1973).

É dizer: em processo penal, nada há de significativamente relevante, do ponto de vista de eventual distinção, entre a intimação e a notificação.

370.2. Intimações, atos processuais e recursos tecnológicos: Inicialmente, a Lei nº 9.800/99 inaugurou a regulamentação da prática de atos processuais por meio de sistemas de transmissão de dados e de imagens por *fac-símile* ou similares em juízo, tanto para as partes (art. 1º) quanto para o juiz (art. 4º).

No entanto, a referida legislação se refere à necessidade de apresentação do escrito em original, nos prazos ali fixados.

Já a Lei nº 11.419/06 avança bem mais sobre a matéria, no que diz respeito às novas tecnologias para o processo judicial.

Estabelece ela a possibilidade de tramitação e de manutenção de registro de dados e de comunicação deles (dados) e documentos por meio eletrônico, autorizando, ainda, a manutenção de *sites* ou *diários eletrônicos* para o processo judicial eletrônico.

Em tais situações, sobretudo nos atos em que seja exigida a aposição de assinatura digital (das partes e do juiz), torna-se imperativo o credenciamento do interessado no Tribunal, bem como o respectivo cadastramento.

A tendência pós-moderna indica a prevalência de processos judiciais eletrônicos, nos quais todos os atos processuais serão assim realizados (eletronicamente), acompanhados da digitalização dos documentos que os instruírem.

Portanto, havendo prévio cadastramento de endereços eletrônicos e/ou de aparelhos receptores, as intimações aos advogados constituídos, seja pelo réu, seja pelo ofendido, serão feitas pelo respectivo sistema de comunicação. Fazemos a ressalva, já constante do § 4º, art. 370, logo a seguir, das intimações dos defensores dativos. Estes, em razão de não manterem uma relação profissional de maior profundidade com os acusados, devem receber tratamento diverso, impondo-se a sua intimação pessoal.

Pensamos que também os peritos oficiais e aqueles que regularmente prestam serviços forenses poderão ser assim intimados, cumprida a exigência, por certo, de prévio cadastramento, e a depender da natureza do ato para o qual sejam intimados. Se a intimação se der para a prática obrigatória do ato e não para simples ciência, deverá ser feita por mandado.

Vide anotações do item 351.3, no que se refere especificamente às citações por meio de aplicativos eletrônicos.

Jurisprudência

370.2. [...] Intimação via whatsapp. Certidão do oficial de Justiça. Fé pública. [...] A certificação de oficial de justiça é dotada de fé pública. Precedentes. [...] *(Agravo Regimental no Recurso Ordinário em Habeas Corpus nº 214.825, STF, 2ª Turma, Rel. Min. Edson Fachin, sessão virtual de 14.4.2023 a 24.4.2023, publicado no DJ em 3.5.2023)*

370.2. [...] Não há se falar em nulidade da intimação, pela ausência do nome do advogado na publicação, quando o ato processual atinge seu objetivo, ao permitir a ciência da parte quanto ao teor da decisão a ser impugnada. [...] *(Embargos Declaratórios nos Embargos Declaratórios no Agravo Regimental nos Embargos Divergentes nos Embargos de Divergência em Agravo em Recurso Especial nº 1.377.917/PR, STJ, 3ª Seção, unânime, Rel. Min. João Otávio de Noronha, julgado em 10.11.2021, publicado no DJ em 12.11.2021)*

370.2. [...] 1. A prerrogativa de intimação pessoal e da contagem dos prazos processuais em dobro é exclusiva da Defensoria Pública, nos termos do art. 5º, § 5º, da Lei n. 1.060/1950, não se estendendo ao advogado constituído que assume o patrocínio da causa. 2. A intimação da parte representada por advogado particular é feita por publicação no Diário Oficial (art. 370, § 1º, do CPP) e o prazo para a interposição do agravo regimental, em matéria penal, é de 5 dias corridos, nos termos do art. 39 da Lei n. 8.038/1990, e do art. 258 do RISTJ. [...] *(Agravo Regimental no Habeas Corpus nº 677.137-PR, STJ, 5ª Turma, Rel. Min. Ribeiro Dantas, julgado em 26.10.2021, publicado no DJ em 4.11.2021)*

370.2. [...] "Nos termos do art. 5º da Lei n. 11.419/2006, as intimações poderão ser feitas por meio eletrônico, dispensando-se a publicação no órgão oficial, inclusive eletrônico." (AgInt nos EDcl no AREsp 1600585/RJ, relator Ministro Raul Araújo, Quarta Turma, DJe de 20/10/2020.)

[...] *(Agravo Regimental no Agravo em Recurso Especial nº 1.875.129-PI, STJ, 6ª Turma, Rel. Min. Olindo Menezes, julgado em 28.9.2021, julgado em 4.10.2021)*

370.2. [...] Lei 11.419/2006. Processo judicial em ambiente eletrônico. Consulta ao sistema. Inequívoca ciência do conteúdo da decisão judicial. Termo inicial do prazo recursal. [...] II – Conforme estatui o art. 5º, § 1º, da Lei 11.419/2006, que disciplina o processo judicial em ambiente eletrônico, *"considerar-se-á realizada a intimação no dia em que o intimando efetivar a consulta eletrônica ao teor da intimação, certificando-se nos autos a sua realização."* III – Nos termos da jurisprudência deste Eg. Superior Tribunal de Justiça *"é desnecessária a certificação da data em que a parte efetivamente consultou o processo eletrônico, já que de acordo com o § 1º do artigo 9º da Lei 11.419/2006, 'as citações, intimações, notificações e remessas que viabilizem o acesso à íntegra do processo correspondente serão consideradas vista pessoal do interessado para todos os efeitos legais'."* [...] *(Agravo Regimental no Recurso Especial nº 1.862.242-PR, STJ, 5ª Turma, unânime, rel. Min. Felix Fischer, julgado em 1.9.2020, publicado no DJ em 9.9.2020).*

370.3. Intimações por mandado e por correspondência: Como não se pode exigir que todas as pessoas que devam ser ouvidas ou devam participar do processo estejam regularmente credenciadas ou cadastradas junto ao Poder Judiciário, e, tampouco tenham a obrigação de possuir aparelhos receptores daquelas tecnologias de comunicação de dados e de imagens antes mencionadas, a intimação tradicional ainda mantém, e muito, sua utilidade.

Prioritariamente, as intimações dos advogados constituídos (pelo réu e ofendido) devem ser feitas por órgãos de imprensa, onde houver, de modo a agilizar a tramitação, com redução de custos. Obviamente, e por se tratar de *intimação,* deverão constar na publicação todos os dados necessários à identificação e particularização do processo, o que inclui o nome do acusado. Já veremos a intimação do defensor dativo, mantidas, porém, nossas observações a respeito das intimações eletrônicas ou por meio similar, linhas atrás.

Não havendo órgão de publicação na comarca, deverá ser expedido mandado para a realização do ato, com todos os requisitos necessários à compreensão das informações relativas ao processo, bem como ao ato que o intimado deve fazer ou deixar de fazer. Tal providência poderá ser feita pelo escrivão, se e por ocasião da presença do advogado no juízo. Não sendo o caso, o mandado deverá ser cumprido por oficial de justiça.

De outro lado, a intimação poderá ser feita por correspondência escrita (carta), hipótese em que será necessária a confirmação de seu recebimento no local para o qual foi enviado. Para que tal ocorra, como parece evidente, há que ser conhecido o endereço do advogado constituído (e também dos peritos e assistentes técnicos das partes e/ou do ofendido, se for o caso).

De se ver, por fim, que o dispositivo reserva uma cláusula aberta para a prática do ato, dispondo ser válida a intimação que se fizer *por qualquer meio idôneo.* Por meio idôneo há que se aferir a *idoneidade* de comunicação do ato, ou seja, a capacidade de levar ao conhecimento do *intimando* todas as informações necessárias para a configuração do aludido ato processual (de intimação). Dispensam-se exemplos: a cláusula legal é aberta (qualquer meio).

Jurisprudência

370.3. [...] No caso dos autos, não pode a defesa alegar que não foi cientificada da sessão de julgamento da apelação, quando, embora não tenha sido intimada nos moldes do art. 370, § 4º, do Código Penal, por estar em viagem ao exterior, deu-se por intimada mediante comunicação recebida via correio eletrônico. Ato que alcançou a sua finalidade. [...] (*Habeas Corpus nº 265.926-SP, STJ, 6ª Turma, Rel. Min. Sebastião Reis Júnior, julgado em 20.2.2014, publicado no DJ em 6.3.2014*).

370.4. Intimação do acusado e testemunhas: A intimação do acusado deve ser feita sempre pessoalmente, no endereço fornecido por ele ou constante da peça inicial, até mesmo por força do princípio da ampla defesa. Nesse campo, não se pode dar espaço às presunções.

Também as testemunhas devem ser intimadas por mandado, pessoalmente, sobretudo em razão de se encontrarem sob verdadeiro dever, cujo desatendimento imporá a elas graves consequências. Se a testemunha residir em outra comarca (ou Seção Judiciária), fora da jurisdição do juiz do processo, será ela intimada por meio de carta precatória, deprecando-se a sua inquirição ao juiz local.

Como antecipamos, pensamos que os peritos, sobretudo os oficiais, até poderão ser intimados por outros meios, salvo quando para a prática obrigatória de determinado ato processual, como, por exemplo, o comparecimento em audiência, para os fins do disposto no art. 159, § 5º, I, CPP, com o que o ato deverá ser feito por meio de mandado.

370.5. Intimação do defensor dativo: A Lei processual penal, atenta à circunstância *fática* de encontrar-se o defensor dativo no exercício de verdadeiro *múnus,* às vezes em prejuízo pessoal, determina que as intimações do defensor dativo, isto é, aquele indicado e nomeado pelo juiz e não pelo acusado, sejam feitas pessoalmente, por mandado.

O tratamento, em relação ao defensor constituído, é mesmo particularizado. Justificadamente, pensamos nós. O defensor constituído tem certa margem de autonomia em relação ao patrocínio de suas causas, podendo – e devendo – recusar aquelas excessivas ou excedentes de suas possibilidades profissionais.

A defesa dativa, então, é merecedora de maiores atenções e cuidados, evitando-se sempre a perda de atividade processual e o risco à efetividade defensiva. Eventuais invalidações de atos de intimação, se e quando realizados por outra forma (que não *por mandado*), podem tumultuar a marcha processual, anda quando se determine a substituição do defensor, com a reabertura de prazo para a respectiva atuação.

Jurisprudência

370.5. [...] 1. *A jurisprudência desta Corte Superior de Justiça possui entendimento de que se aplica ao advogado dativo o mesmo regramento que rege a Defensoria Pública quanto à necessidade de intimação pessoal, nos termos do art. 5º, parágrafo 5º, da Lei n. 1.060/50 e artigo 370, § 4º, do Código de Processo* Penal (AgRg no Resp 1596700/RS, Rel. Ministro Ribeiro Dantas, Quinta Turma, julgado em 7/6/2018, DJe de 15/6/2018). [...] 2. Na hipótese, contudo, advogado (dativo) subscritor do recurso de apelação, previamente, firmou termo de compromisso concordando em ser intimado dos atos e termos do processo, até o trânsito em julgado, por meio do Diário de Justiça Eletrônico, sendo ele intimado para eventual oposição ao julgamento virtual, bem como para ciência do resultado do julgamento realizado no dia 13/3/2020, não havendo que se falar em nulidade pela ausência de intimação pessoal do defensor dativo. [...] *(Agravo Regimental no Habeas Corpus nº 645.536/SP, STJ, 5ª Turma, unânime, Rel. Min. Reynaldo Soares da Fonseca, julgado em 30.3.2021, publicado no DJ em 8.4.2021)*

370.6. Intimação do defensor público: A Defensoria Pública é instituição essencial à função jurisdicional do Estado, conforme esclarece e determina a Constituição da República (art. 134).

Em um universo rodeado por miséria social e de outras ordens, não é pouca a tarefa incumbida à Defensoria. A organização e a estruturação da instituição se encontram nas disposições da LC nº 80/94, com a redação que lhe deu a recente LC nº 132/2009.

E ali, acertadamente, se estabelece a prerrogativa processual de serem os defensores públicos intimados pessoalmente, *nos autos* (e não por mandado), de todos os termos e atos processuais, além de contar-se em dobro os correspondentes prazos processuais (art. 128). Isso, enquanto houver *autos;* quando estivermos apenas no mundo do processo judicial eletrônico, semelhante providência não será mais possível (Lei nº 11.419/06).

370.7. Intimação do Ministério Público: Desnecessário insistir: o Ministério Público ocupa posição de grande relevo na estrutura do Estado brasileiro, respondendo pelo controle geral de legalidade dos atos do Poder Público, incumbindo-lhe a defesa da ordem jurídica, do regime democrático e dos interesses sociais e individuais indisponíveis (art. 127, CF).

Já em 1993, a legislação orgânica do Ministério Público já assentava a necessidade de tratamento processual diferenciado ao Ministério Público, inclusive quanto às intimações.

Constitui, portanto, prerrogativa institucional do *parquet* ser intimado *pessoalmente,* nos autos (e não por mandado), acerca da prática de atos e dos termos do processo. No ponto, ver LC nº 75/93 – art. 18, II, *h*).

A desigualdade de tratamento, do mesmo modo que ocorre em relação à Defensoria Pública, é facilmente explicada. Os órgãos públicos não podem controlar o fluxo de suas atividades, permanecendo sempre na dependência das demandas sociais, políticas e quaisquer outras ordens de interesse.

Nesse passo, não há como pensar em igualdade estrita no tratamento das partes no processo penal, até porque, como já vimos, tal igualdade é meramente formal. Quanto à matéria, há que prevalecer sempre a possibilidade de ampla defesa.

Intimação de sentença: a intimação do Ministério Público deve ser feita mediante o encaminhamento dos autos à referida instituição, para regular distribuição aos seus membros.

No entanto, para fins exclusivos de interposição de recurso contra quaisquer decisões judiciais, o prazo haverá que ser contado *da data do ingresso* dos autos na instituição e não da ciência pessoal do membro encarregado do processo. E isso se justifica na singular circunstância de pluralidade de interesse, recursal e/ou de execução, sempre presentes na prolação de decisões no processo penal. Não se pode, então, deixar-se ao controle administrativo do órgão a data de início de prazo para a interposição de recursos e, assim, de formação da coisa julgada penal.

Jurisprudência

370.6 [...] A intimação pessoal do defensor público ou de quem exerça tal encargo (in casu, o defensor dativo) é prerrogativa que foi introduzida no ordenamento jurídico pátrio pela Lei n. 1.060/1950, em seu art. 5°, § 5°, acrescentado pela Lei n. 7.871, de 8 de novembro de 1989. Dispõe, ainda, o art. 370, § 4º, do Código de Processo Penal, que a intimação do Ministério Público e do defensor nomeado será pessoal, constituindo, por conseguinte, prerrogativa do defensor dativo a intimação pessoal de todos os atos do processo. [...] *(Agravo Regimental em Habeas Corpus nº 919.574, 5ª Turma, Rel. Min. Reynaldo Soares da Fonseca, julgado em 25.10.2024, publicado no DJ em 29.10.2024)*

Art. 371. Será admissível a intimação por despacho na petição em que for requerida, observado o disposto no art. 357.

A regra consagra prática rotineira nos juízos e tribunais, e, agora, sobretudo, em processos ou investigações para os quais se deve guardar sigilo. Assim, ao invés de submeter eventuais pretensões cautelares à regular distribuição, expondo o caso ao risco de ciência da parte *ex adversa* – e, assim, de inviabilização da medida –, o órgão da acusação dirige-se diretamente ao juiz (ou Relator, nos Tribunais), requerendo a apreciação imediata do requerimento.

Obviamente, o expediente também está franqueado à defesa, como ocorre nos casos de pedido de liberdade com fiança, para os quais não se exige a prévia manifestação do Ministério Público (art. 333, CPP), bem como nos atos em que o provimento judicial seja de idêntica urgência.

O despacho, então, para além das eventuais determinações que contiver, prestar-se-á a intimar, desde logo e no ato, a parte requerente ou peticionária, que sairá ciente do ato, antes mesmo da juntada da petição aos autos.

Art. 372. Adiada, por qualquer motivo, a instrução criminal, o juiz marcará desde logo, na presença das partes e testemunhas, dia e hora para seu prosseguimento, do que se lavrará termo nos autos.

A Lei nº 11.719/08 impôs novas regras procedimentais ao processo penal brasileiro, dentre as quais, avulta, em importância, a determinação de realização de instrução em uma única assentada, ou seja, em uma única audiência (art. 400, CPP).

No entanto, ainda que assim o seja, pode ocorrer de ser necessário o fracionamento da instrução, seja em razão da ausência de testemunhas devidamente intimadas, seja por qualquer outra justificativa legalmente admitida.

Nesses casos, o juiz deverá deliberar sobre o adiamento da instrução ou de alguns de seus atos, designando nova data e adotando as providências necessárias. Dessa deliberação, as partes presentes, incluindo testemunhas ainda não ouvidas, peritos, assistentes de acusação, assistentes técnicos, bem assim todos aqueles que devam estar presentes ao ato adiado, serão desde logo intimadas, de tudo constando registro no termo de assentada da audiência.

Como se vê, a providência é burocrática e acreditamos desnecessária. Qualquer meio idôneo de intimação, isto é, qualquer meio no qual se possam cumprir os requisitos legais para o ato, satisfaz as exigências legais de comunicação dos termos do processo, como, aliás, consta da parte final do art. 370, § 2º, CPP.

TÍTULO XI
DA APLICAÇÃO PROVISÓRIA DE INTERDIÇÕES DE DIREITOS E MEDIDAS DE SEGURANÇA*

* Obs.: Art. 373 a Art. 380 (Revogados tacitamente, por incompatibilidade material, pela Lei nº 7.210/84, que trata da Lei de Execução Penal – Não tendo havido revogação *expressa*, mantém-se o texto original)

Art. 373. A aplicação provisória de interdições de direitos poderá ser determinada pelo juiz, de ofício, ou a requerimento do Ministério Público, do querelante, do assistente, do ofendido, ou de seu representante legal, ainda que este não se tenha constituído como assistente:

I – durante a instrução criminal após a apresentação da defesa ou do prazo concedido para esse fim;

II – na sentença de pronúncia;

III – na decisão confirmatória da pronúncia ou na que, em grau de recurso, pronunciar o réu;

IV – na sentença condenatória recorrível.

§ 1º No caso do no I, havendo requerimento de aplicação da medida, o réu ou seu defensor será ouvido no prazo de 2 (dois) dias.

§ 2º Decretada a medida, serão feitas as comunicações necessárias para a sua execução, na forma do disposto no Capítulo III do Título II do Livro IV.

Art. 374. Não caberá recurso do despacho ou da parte da sentença que decretar ou denegar a aplicação provisória de interdições de direitos, mas estas poderão ser substituídas ou revogadas:

I – se aplicadas no curso da instrução criminal, durante esta ou pelas sentenças a que se referem os ns. II, III e IV do artigo anterior;

II – se aplicadas na sentença de pronúncia, pela decisão que, em grau de recurso, a confirmar, total ou parcialmente, ou pela sentença condenatória recorrível;

III – se aplicadas na decisão a que se refere o nº III do artigo anterior, pela sentença condenatória recorrível.

Art. 375. O despacho que aplicar, provisoriamente, substituir ou revogar interdição de direito, será fundamentado.

Art. 376. A decisão que impronunciar ou absolver o réu fará cessar a aplicação provisória da interdição anteriormente determinada.

Art. 377. Transitando em julgado a sentença condenatória, serão executadas somente as interdições nela aplicadas ou que derivarem da imposição da pena principal.

Art. 378. A aplicação provisória de medida de segurança obedecerá ao disposto nos artigos anteriores, com as modificações seguintes:

I – o juiz poderá aplicar, provisoriamente, a medida de segurança, de ofício, ou a requerimento do Ministério Público;

II – a aplicação poderá ser determinada ainda no curso do inquérito, mediante representação da autoridade policial;

III – a aplicação provisória de medida de segurança, a substituição ou a revogação da anteriormente aplicada poderão ser determinadas, também, na sentença absolutória;

IV – decretada a medida, atender-se-á ao disposto no Título V do Livro IV, no que for aplicável.

Art. 379. Transitando em julgado a sentença, observar-se-á, quanto à execução das medidas de segurança definitivamente aplicadas, o disposto no Título V do Livro IV.

Art. 380. A aplicação provisória de medida de segurança obstará a concessão de fiança, e tornará sem efeito a anteriormente concedida."

TÍTULO XII
DA SENTENÇA

Art. 381. A sentença conterá:

I – os nomes das partes ou, quando não possível, as indicações necessárias para identificá-las;

II – a exposição sucinta da acusação e da defesa;

III – a indicação dos motivos de fato e de direito em que se fundar a decisão;

IV – a indicação dos artigos de Lei aplicados;

V – o dispositivo;

VI – a data e a assinatura do juiz.

381.1. Dos atos judiciais: Em várias oportunidades, insistimos aqui na inadequação e, por isso, nas inúmeras dificuldades surgidas na tentativa de adaptação *completa* das categorias do processo civil ao processo penal. *Lide, conflito de interesses* e até mesmo *partes* seriam conceitos dotados de aspectos muito particulares no processo penal.

Em matéria atinente à classificação e à conceituação dos atos jurisdicionais as dificuldades são menores, ainda quando presentes.

Em primeiro lugar, pode-se também aceitar que os juízes criminais operem com *despachos,* com *decisões interlocutórias* e com *sentenças,* mantendo-se para eles a essência dos aludidos atos, tal como ocorre no processo civil.

Despachos, portanto, seriam atos de impulso e de simples movimentação processual, sem caráter decisório, enquanto as *decisões interlocutórias* resolveriam determinadas questões incidentes, de natureza preferencialmente *processual.* As *sentenças,* por seu turno, encerrariam o processo, com a efetiva apreciação do mérito da causa, porém. O juiz criminal pratica também outros atos, que bem poderiam fugir a essa clássica classificação. Quando ele determina de ofício, no curso do processo, a produção de prova, para o fim de esclarecer dúvidas sobre outras (provas produzidas pelas partes), estaria ele praticando atos *de instrução,* ou instrutórios; no entanto, a *forma* em que tal se daria seria mediante *despacho* ou decisão interlocutória *simples,* conforme veremos adiante.

Como se sabe, também as decisões interlocutórias, destinadas a solucionar questões processuais, poderão também pôr fim ao processo, extinguindo-o sem o julgamento de mérito, como ocorre com a decisão de rejeição da denúncia ou da queixa, prevista no art. 395, CPP. No entanto, as *sentenças,* cuja característica essencial é a extinção do processo, sempre examinarão o mérito em processo penal, com a absolvição ou com a condenação do acusado.

381.2. Classificações dos atos judiciais: Oxalá terminassem aí os problemas relativos à definição e à aplicação dos atos judiciais.

Em princípio, toda e qualquer classificação dos atos judiciais tem um propósito essencial, do ponto de vista da *práxis* processual. Qual seria a utilidade conceitual dos referidos atos (judiciais) se com ela não se pudesse atribuir efeitos e consequências distintas?

Por isso, pensamos que toda classificação a esse respeito haverá que se prestar à compreensão dos meios de impugnação (recursos) disponíveis para a reapreciação da matéria, no caso de inconformismo do interessado, a partir da decisão judicial.

Nesse passo, podem-se apontar pelo menos dois caminhos para a conceituação e/ou classificação dos atos judiciais.

Uma, quanto ao fato de *extinguirem* o processo, com ou sem julgamento de mérito, como ocorre com as decisões contidas nos arts. 485 e 487, ambos do CPC/2015 (respectivamente, arts. 267 e 269, CPC/1973); outra, quanto à *natureza* do julgado, isto é, quanto ao *conteúdo* da matéria decidida.

A adequação de qualquer uma dessas classificações à legislação processual brasileira não se fará de modo seguro, ou seja, sem a presença de regras de exceção.

Note-se, por exemplo, que a decisão que rejeita a peça acusatória, extinguindo desde logo o processo (art. 395, CPP), não pode ser considerada uma *sentença,* já que o recurso que contra ela se interpõe não é a apelação – típico meio de impugnação de *sentenças* –, mas, sim, o recurso em sentido estrito, nos termos do art. 581, I, CPP.

Isso, evidentemente, se adotarmos, como queremos, uma classificação de atos judiciais que se mostre útil para a compreensão do sistema recursal. O que queremos é que o leitor, identificando a classificação correta do ato judicial, saiba desde logo o recurso cabível.

A Lei nº 11.719/08, dando nova redação a inúmeros dispositivos do nosso CPP, promoveu alguns ajustes, tornando mais visíveis – e possíveis – algumas distinções entre os atos judiciais.

Exemplo: a decisão que julga extinta a punibilidade do agente, agora, recebeu o tratamento de *sentença,* ao menos em nossa classificação, dado que o recurso contra ela será o de *apelação,* consoante o disposto no art. 397, *caput,* e inciso IV, CPP, alinhado com o texto do art. 416, CPP.

No entanto, percebe-se que, embora haja identidade quanto ao recurso cabível, e, mais, identidade quanto ao fato de se decidir *sobre o mérito,* tendo em vista que a extinção da punibilidade constitui efetivamente matéria de mérito (coisa julgada *material*), não se pode afirmar que ali se aprecie a essencial *questão de mérito.* É dizer: ali, na extinção da punibilidade, não se condena e nem se absolve ninguém, na medida em que *não se aprecia* a existência, ou não, do fato, e nem a respectiva autoria, além de não se exercer juízo de adequação típica (qual o crime imputado!).

Alguns autores preferem se referir a elas como decisões *terminativas de mérito.* Tudo bem. A pergunta, porém, que surgiria daí é a seguinte: onde está na Lei a referência ou previsão de semelhante modalidade de decisão? Lugar nenhum.

Preferimos nos ater aos critérios legislativos, não porque estejamos de acordo com eles, do ponto de vista da *técnica;* mas, como se trata de *lei,* objetiva-se a solução doutrinária.

Certamente que a extinção de punibilidade não constitui decisão que *absolve* o acusado. Isso nos parece óbvio. Contudo, como foi essa a solução da lei, aliada ao fato de contra ela ser cabível o recurso de apelação, não vemos como escapar da conclusão: trata-se de *sentença,* de absolvição *antecipada.*

Vamos, então, à lei: o art. 800, CPP, se refere: (a) a decisão *definitiva* ou interlocutória *mista* (I); (b) à interlocutória *simples* (II), e, (c) a *despachos.* Já o art. 593, CPP, alude: (a) sentença definitiva de condenação ou de absolvição (I); e, (b) a decisão definitiva, ou *com força de definitiva.*

381.2.1. Decisões interlocutórias: Segundo o CPP, as interlocutórias podem ser *simples* ou *mistas,* a dizer, neste último caso, que a aludida decisão conteria *algo mais* (um *plus*) em relação à primeira (simples).

Como se trata de decisão que resolve questão processual, e essa é sua essência, pode ela resultar na extinção do processo, sem, evidentemente, qualquer julgamento de mérito. É o caso da rejeição da denúncia (art. 395, CPP) ou acolhimento de alegação de litispendência, para os quais, em ambos os casos o recurso cabível seria aquele em sentido estrito (art. 581, CPP).

Como se vê, a solução de questões processuais pode levar à extinção do processo. Mas, pode também não levar. Ficaria aqui, então, a distinção entre as interlocutórias *simples* e as *mistas.* A interlocutória simples resolve questões processuais, sem o encerramento do processo, enquanto as *mistas* determinariam a sua extinção (do processo). Outro exemplo que poderia se dado seria o da impronúncia, na qual se extingue o processo inicialmente da competência do Tribunal do Júri, por ausência de elementos probatórios suficientes. No entanto, o CPP escolheu outro caminho: preferiu dar a ela o tratamento de *sentença,* na forma de *absolvição sumária* (art. 416, CPP), prevendo o recurso de *apelação* para a respectiva impugnação, alterando, no ponto, o disposto no art. 581, IV, CPP, cuja redação anterior (à Lei nº 11.689/08) previa o recurso em sentido estrito.

E a decisão de *pronúncia?*

Não se cuida de sentença, dado que sequer extingue o processo. Mas, seria interlocutória? Mista?

Embora com uma característica diversa, pode-se inclui-la entre as interlocutórias *mistas,* na medida em que, se não extinguem o processo, encerram uma fase processual bem delimitada, na qual inclusive se encerra tâmbem a competência *funcional* do juiz singular (de pronúncia), com a remessa dos autos ao plenário do Tribunal do Júri. E, contra ela, o recurso é em sentido estrito (art. 581, IV, CPP).

Jurisprudência

381.2.1. [...] I – A pronúncia é decisão interlocutória mista, que julga admissível a acusação e a remete para apreciação pelo Tribunal do Júri. Trata-se de mero juízo de admissibilidade da acusação, não de mérito. Deve, portanto, a pronúncia se limitar a apontar a existência de prova da materialidade e indícios de autoria, nos termos do art. 413 e seu § 1º, do Código de Processo Penal. [...] *(Agravo Regimental no HC nº 670.131-SP, STJ, 5ª Turma, Rel. Min. Jesuíno Rissato, julgado em 21.9.2021, publicado no DJ em 27.9.2021)*

381.2.1. [...] II – O processo penal brasileiro se pauta pela regra da irrecorribilidade das decisões interlocutórias. Vale dizer, salvo os casos em que o Legislador expressamente prevê um recurso específico, são irrecorríveis as decisões não terminativas proferidas no curso do processo. III – No caso em tela, tem-se que a decisão então impugnada mediante recurso de Apelação, de fato, não encerra nenhum juízo meritório, com caráter definitivo, nem põe fim à relação processual ou a qualquer etapa do procedimento. Logo, sua natureza é de interlocutória simples, espécie que não se subsume à hipótese de interposição de Apelação prevista no art. 593, inciso II, do Código de Processo Penal. [...] *(Agravo Regimental no Recurso Especial nº 1.947-677-PR, STJ, 5ª Turma, Rel. Mini. Jesuíno Rissato, julgado em 28.9.2021, publicado no DJ em 6.10.2021)*

381.2.1. [...] A apelação é cabível: a) contra sentenças definitivas de condenação ou absolvição (eis que põem fim à relação processual com julgamento do mérito); b) contra decisões definitivas em sentido estrito ou terminativas de mérito (ou seja, as sentenças que põem fim à relação processual ou ao procedimento sem serem absolutórias ou condenatórias, como as que resolvem incidente de restituição de coisa apreendida, que declaram extinta a punibilidade, que autorizam levantamento de sequestro de bens); c) contra decisões com força de definitivas ou interlocutórias mistas (aquelas que põem fim a uma fase do procedimento (não terminativas) ou ao processo (terminativas), sem o julgamento do mérito, desde que não haja previsão de recurso em sentido estrito. [...] Improvimento do recurso em sentido estrito (*Ação Penal nº 488, STF, Plenário, Rel. Min. Ellen Gracie, julgado em 11.9.2008, publicado no DJ em 24.10.2008*).

381.2.2. Decisão com força de definitiva: A decisão com força de definitiva, segundo nos parece, não diz respeito ao mérito da ação penal, isto é, sobre a questão da imputação penal. Essa, como vimos, designa-se por sentença definitiva (art. 593, I, CPP).

As decisões com força de definitiva, para as quais o recurso cabível é a apelação, nos precisos termos do art. 593, II, do CPP, não apreciam o mérito da imputação, por força, inclusive da parte final do citado dispositivo (art. 593, II, CPP). Mas decidem sobre o mérito – daí tratar-se de sentença! – de outras questões levantadas no curso do processo penal.

Com efeito, há processos incidentes nos quais se resolvem questões de outra ordem, envolvendo, inclusive, direitos patrimoniais, como é o caso de incidente de *restituição de coisas apreendidas* (arts. 118 e seguintes, CPP), o sequestro e o arresto das medidas assecuratórias (arts. 125 e seguintes, CPP).

Nessas decisões, o juiz singular aprecia efetivamente o mérito da questão, resolvendo definitivamente acerca da pretensão deduzida. É por isso que se fala em decisão com força de definitiva. Não é decisão definitiva, como a sentença que absolve ou condena (art. 593, I, CPP), mas tem *força* de definitiva, nos termos do art. 593, II, CPP.

O recurso cabível será a apelação e a autoridade da decisão será material, nos limites dos interesses do processo penal.

Jurisprudência

381.2.2. [...] Há relevância jurídica na arguição de impossibilidade de revisão do decisório pela mesma magistrada de 1º grau, porquanto o meio recursal adequado contra a decisão que julga – e, *in casu*, defere – o pedido de restituição de bens é a apelação, sendo incabível, como dito, a utilização do *mandamus* como sucedâneo de recurso legalmente previsto em nosso ordenamento, configurando-se, dessa forma, a alegada usurpação de competência. [...] *(Reclamação nº 40.089/SP, STJ, 3ª Seção, unânime, Rel. Min. Nefi Cordeiro, julgado em 24.2.2021, publicado no DJ em 4.3.2021)*

381.2.2. [...] 3. O recurso adequado contra a decisão que julga o pedido de restituição de bens é apelação, sendo incabível a utilização de mandado de segurança como sucedâneo do recurso legalmente previsto. [...] *(Recurso Especial nº 1.787.449-SP, STJ, 6ª Turma, Rel. Ministro Néfi Cordeiro, julgado em 10.3.2020)*

381.2.2. [...] A decisão judicial que resolve questão incidental de restituição de coisa apreendida tem natureza definitiva (decisão definitiva em sentido estrito ou terminativa de mérito), sujeitando-se, assim, ao reexame da matéria por meio de recurso de apelação, nos termos do art. 593, inciso II, do Código de Processo Penal. [...] *A impetração de mandado de segurança contra ato judicial somente é admitida em hipóteses excepcionais, como decisões de natureza teratológica, de manifesta ilegalidade ou abuso de poder, capazes de produzir danos irreparáveis ou de difícil reparação ao Impetrante. Tais hipóteses, como bem observado pelo acórdão recorri-*

do, não restaram evidenciadas. [...] (RMS nº 27.554-DF, STJ, 5ª Turma, unânime, Rel. Min. Laurita Vaz, julgado em 28.6.2011, publicado no DJ em 1º.8.2011).

381.2.3. Sentença de absolvição sumária: Na legislação anterior às Leis nos 11.689 e 11.719, ambas de 2008, somente cabia a absolvição sumária em processos da competência do Tribunal do Júri, permitindo-se ao juiz singular, na chamada fase de sumário (atual acusação e instrução preliminar – arts. 406 e seguintes, CPP), absolver desde logo o acusado quando julgasse provada circunstância suficiente a excluir o crime ou para isentar de pena o réu (antiga redação do art. 411, CPP).

Agora, por força das mencionadas legislações, estendeu-se, e muito, o campo da absolvição sumária, tanto no procedimento do Tribunal do Júri, quanto para abarcar decisão de natureza distinta, tal como ocorre com a extinção da punibilidade do agente (atual art. 397, IV, CPP).

Trata-se, evidentemente, de decisão na qual o juiz *afasta* a responsabilidade penal do acusado, seja por entender já comprovado ter ele agido por razões que excluem a ilicitude (estado de necessidade etc.), que excluem a culpabilidade (ressalvada inimputabilidade, quando passível de medida de segurança), ou por manifesta atipicidade do fato, e, ainda, quando já extinta a punibilidade (tudo nos termos do art. 397, CPP).

Observe-se que as três primeiras situações descritas no art. 397 (I, II e III) se reportam a efetivas questões de mérito; a primeira, sobre a ilicitude, a segunda, sobre a culpabilidade, e a terceira, sobre a tipicidade, justificando-se inteiramente a *absolvição, sumária*, dos acusados.

A quarta situação, contudo, não se encaixa nos modelos anteriores. A extinção da punibilidade, por certo uma questão de mérito, não implica juízo algum sobre a procedência ou não da imputação. Trata-se de opção de política criminal, perfeitamente compreensível, mas que não se mostra tecnicamente subsumível ao conceito de *absolvição.*

O legislador, ao que parece, pretendeu impedir os efeitos de uma condenação em primeira instância, quando não apreciado o recurso da defesa, por razões ligadas à extinção da punibilidade. Como se sabe, os tribunais sempre deixaram de apreciar a matéria de fundo, quando presente a preliminar relativa à punibilidade do agente. Assim, sendo agora a decisão relativa a essa matéria (da punibilidade do fato) objeto de *absolvição sumária*, os tribunais terão que modificar o julgado (eventualmente condenatório) para a sentença de absolvição.

A sentença definitiva de absolvição (art. 593, I, CPP) é aquela proferida *após* a instrução criminal, por quaisquer dos fundamentos eventualmente cabíveis, incluindo o reconhecimento das razões alinhadas no art. 397, CPP. A absolvição somente será *sumária,* com fundamento no art. 397, CPP, quando proferida *antes da instrução.*

A distinção, no entanto, é meramente cronológica. Ambas cuidam de sentença de absolvição, recorríveis mediante apelação (art. 416 e art. 593, I, CPP). A exceção fica por conta da decisão de extinção da punibilidade: qualquer que seja a fase processual (ver art. 61, CPP), deve-se *absolver* o réu, com fundamento no art. 397, IV, CPP.

O recurso cabível será o de apelação, formando-se, em torno da decisão, a coisa julgada material.

Jurisprudência

381.2.3. [...] Indubitável que a sentença de absolvição sumária por atipicidade (CPP, art. 397, III) é decisão definitiva, impugnável por recurso de apelação, nos termos do art. 593, I, do Código de Processo Penal. [...] *(Habeas Corpus n. 265.378 – SP, STJ, 5ª Turma, unânime, Rel. Min. Ribeiro Dantas, julgado em 17.5.2016, publicado no DJ em 25.5.2016)*

381.2.4. Sentenças definitivas: Tendo sido já realizada a instrução criminal, deverá o juiz se pronunciar sobre o mérito da imputação, seja para condenar, seja para absolvê-lo.

Se, naquela fase, reconhecer extinta a punibilidade, deverá absolver o réu com fundamento no art. 397, IV, do CPP, ainda que não se possa mais falar em *sumariedade* do julgamento. A decisão, portanto, observará, em seu *dispositivo,* aquela norma (art. 397, IV) e não a do art. 386, CPP.

De outro lado, ainda quando haja identidade de fundamentos em relação à absolvição sumária (art. 397, CPP), devem-se utilizar as previsões do art. 386, CPP, diante, repita-se, da ausência de *sumariedade* do julgamento.

A sentença definitiva é, assim, a solução final da chamada pretensão punitiva, resolvendo todos os aspectos associados ao mérito da imputação, apreciando as questões relativas à autoria, à existência ou não do fato e os demais elementos do crime.

O recurso contra ela não poderia ser outro senão o de apelação (art. 593, I, CPP). A coisa julgada terá eficácia preclusiva em relação a todos e em relação ao fato histórico, tal como ainda veremos.

381.3. Requisitos da sentença: Quando se fala em *requisitos* da sentença, bem como de quaisquer outros atos processuais, a única preocupação deve ser de ordem teleológica, isto é, a ser apreciada no âmbito de sua validade, a ser aferida em relação aos seus fins. É o que ocorre e, como veremos, em tema de *nulidades,* repousada sobre a eficácia da tipicidade dos atos processuais.

O mais importante deles, como ressalta óbvio, é a *fundamentação,* exigida, aliás, no texto constitucional, consoante se extrai do disposto no art. 93, IX, CF. Não se concebe ato jurisdicional de conteúdo *decisório* sem as necessárias e indispensáveis razões que justificam o convencimento do juiz.

Como já assentamos, a grande questão debatida por Luigi Ferrajoli, em seu portentoso *Diritto e ragione,* publicado no Brasil pela Revista dos Tribunais (*Direito e razão.* Teoria do garantismo penal. Trad. Juarez Tavares *et al.* São Paulo, 1998), relativamente ao processo penal, diz respeito à tensão permanente entre o *saber* (*conhecimento*) × *poder* (*autoridade*).

O juiz, como autoridade que é e pelo poder que exerce, deve estar atento à necessidade de fundar a sua decisão no mais amplo conhecimento do caso penal, sob pena de decidir com base unicamente pelo *poder* de fazê-lo (decidir). Tanto maior será o *saber* quanto menor for o *poder.*

Daí exigir-se, sob pena de nulidade absoluta, ampla fundamentação sobre a matéria de prova e também sobre as questões de direito. A resolução do caso penal não envolve apenas questões de fato. Exige que o juiz confronte a argumentação desenvolvida pelas partes relativamente ao direito a ser aplicado, sobretudo em razão da existência de causas de justificação e eventuais excludentes de culpabilidade, sem falar em hipóteses de afastamento da própria punibilidade (causas extintivas).

Também o relatório da decisão se revela de grande significado para a sentença, dado que a correta explicitação dos pontos e questões mais relevantes demonstra o conhecimento amplo da matéria pelo juiz. Certamente que não há a necessidade de exposição minudente dos fatos e do direito no relatório, bastando o registro dos aspectos essenciais do processo. É que, nesse caso, embora haja mais de um argumento para o acolhimento ou para a rejeição da peça acusatória, o mais importante é a delimitação dos *pontos* e das *questões*, de fato e de direito a serem apreciados, e não a respectiva ou correspondente exposição de argumentos em seu favor.

Nesse passo, deve o juiz, sob pena de nulidade, mencionar a parte dispositiva da sentença, isto é, o *enquadramento* jurídico-legal a ser dado ao fato imputado, de modo, inclusive, a permitir a correta e precisa dosimetria da pena. Evidentemente, pode faltar de modo expresso, na parte da sentença condenatória, a referência exata do dispositivo, desde que, na aplicação da pena, o juiz não deixe margem a dúvidas quanto ao tipo penal reconhecido na sentença.

Por fim, os nomes das partes ou respectivas identificações físicas, quando for o caso, bem como a data e a assinatura do juiz, são requisitos óbvios do julgado. Sentença sem assinatura sequer existe, enquanto ato processual. Mais que inválida, seria *inexistente.* A data do julgado, se não constar do próprio termo, será aquela da publicação, início do prazo para a sua impugnação.

381.4. Apreciação da totalidade dos argumentos: Algumas observações devem ser feitas acerca de determinados e específicos conceitos acerca de algumas importantes categorias jurídicas do processo.

Entende-se por *ponto* a demarcação de determinado tema tratado no processo, que tanto pode abranger matéria de fato quanto de direito. Exemplo: a *confissão* do acusado, aceitando os termos da imputação, embora não se levante (ela, em si) qualquer *questão*, pela ausência de dissenso, constitui também *um* ponto sobre o qual deve se pronunciar o juiz na sentença. E isso é assim por força de nosso modelo processual penal que impõe a formação de convencimento judicial somente a partir de *provas* materializadas no processo, isto é, por provas *provadas* e não supostas ou presumidas.

Por *questão* há que se compreender aqueles *pontos* sobre os quais haja controvérsia ou dissenso, impondo-se, já por isso, a solução judicial.

E é exatamente sobre os *pontos* e sobre as *questões* relevantes é que deve o juiz se pronunciar na sentença, sob pena de sua nulidade.

Observe-se, então, que uma coisa é o ponto ou a questão a ser discutida ou resolvida. Normalmente, estão ambos associados à *causa petendi* que, no processo penal, significa a imputação da prática de determinado fato a alguém.

Outra coisa, no entanto, são os *argumentos* desenvolvidos como razões de convencimento para a solução daqueles (ponto e questões). Os argumentos configuram manifestações do pensamento e do raciocínio, como atividade de natureza *intelectual,* em forma (de linguagem) discursiva. Normalmente – nem sempre, é claro! – os argumentos se reportam à matéria de direito.

O que necessariamente deve ser enfrentado na sentença são os pontos e as questões, não se podendo exigir do magistrado que desça a detalhes acerca de toda a argumentação desenvolvida pelas partes. Se a defesa alega a presença de uma situação de legítima defesa, que, em princípio, não negaria o fato a ele imputado, mas justificaria a ação (causas de justificação do comportamento), pode-se aceitar que, para além de um *pon-*

to, haveria também uma *questão* a ser resolvida, salvo se a acusação concordasse com a excludente (de ilicitude).

Assim, o que deve ser apreciado no processo, no exemplo dado, é a existência ou não da situação de legítima defesa, não se impondo ao juiz o ônus de responder a todos os argumentos utilizados pela defesa na tentativa de demonstrar a ação justificada. O fato de eventual *inimizade* capital entre o ofendido e o agente pode ser relevante para a constatação do motivo da ação empreendida pelo agente, se associada a um suposto receio de agressão por parte do ofendido. No entanto, não nos parece obrigatório ao juiz apreciar semelhante argumento, salvo quando arguida a legítima defesa *putativa,* caso em que a inimizade passa a ser decisiva para o exame da suposta excludente.

No exemplo que vem de se sugerir, a inimizade, assim como a eventual inaptidão para o manejo de armas (também, por exemplo), não constituem nem pontos e nem questões a serem resolvidas. Mais que isso, sequer constituem argumentos cuja consistência lógica – indutiva ou dedutiva – imponha a sua apreciação. Bastaria examinar-se, em sua inteireza, a existência ou não da agressão anterior, para se afastar a excludente arguida.

A questão da argumentação ganha contornos mais definidos, como já antecipamos, quando aplicada à matéria de *direito.*

Nesse campo, há toda sorte de argumentos, seja em relação a questões preliminares (falta de condições da ação ou de justa causa etc.), seja no âmbito de mérito (ausência de tipicidade, inadequação da classificação dada ao fato, nulidades de toda ordem, por *error in procedendo* – erro no processo – ou por *erro in judicando,* quando o erro será no julgamento). Não deve o juiz, então, ser compelido a enfrentar todos eles (argumentos), se acaso mais de um for utilizado, para, por exemplo, afirmar a legitimidade ativa do Ministério Público para o processo, a tanto bastando esclarecer a natureza pública da ação penal.

O que não pode, jamais, ser omitido na sentença é a solução acerca dos pontos e das questões relevantes, ainda quando não arguidas expressamente pelas partes, como foi o caso do exemplo que demos, em relação à confissão do réu no interrogatório. A *autoria*, com efeito, é uma questão de mérito a reclamar ampla apreciação judicial, mesmo quando sobre ela não repouse qualquer oposição, por parte do acusado. Do mesmo modo, as nulidades absolutas, que, como é óbvio, não estão submetidas à preclusão.

Jurisprudência

381.4. [...] Nos termos da jurisprudência desta Corte Superior de Justiça, não há falar em afronta ao inciso III do art. 381 do Código de Processo Penal quando, tal como ocorreu na hipótese dos autos, "[...] o Tribunal de origem se pronunciou sobre todos os aspectos relevantes para a definição da causa. Ressalte-se que o julgador não é obrigado a rebater, um a um, todos os argumentos das partes, bastando que resolva a situação que lhe é apresentada sem se omitir sobre os fatores capazes de influir no resultado do julgamento" [...] *(Agravo Regimental no Agravo Regimental no Agravo em Recurso Especial nº 2.391.273-SP, STJ, 6ª Turma, Rel. Min. Laurita Vaz, julgado em 26.9.2023, publicado no DJ em 2.10.2023)*

381.4. [...] "o julgador não é obrigado a rebater, um a um, todos os argumentos das partes, bastando que resolva a situação que lhe é apresentada sem se omitir sobre os fatores capazes de influir no resultado do julgamento (AgRg no AREsp n. 2.222.222/MT, relator Ministro Ribeiro Dantas, Quinta Turma, julgado em 7/2/2023, DJe de 13/2/2023). [...] *(Embargos de Declaração no Agravo Regimental no Recurso em Habeas Corpus nº 169.834-PE, STJ, 6ª Turma, Rel. Min. convocado Jesuíno Rissato, julgado em 5.9.2023, publicado no DJ em 12.9.2023)*

381.4. [...] A jurisprudência do Supremo Tribunal Federal é no sentido de que o referido dispositivo constitucional exige a explicitação, pelo órgão jurisdicional, das razões do seu convencimento. Enfrentadas todas as causas de pedir veiculadas pelas partes capazes de, em tese, influenciar o resultado da demanda, fica dispensado o exame detalhado de cada argumento suscitado, considerada a compatibilidade entre o que alegado e o entendimento fixado pelo órgão julgador. [...] *(Agravo Regimental no Recurso Extraordinário com Agravo nº 1.060.351-RJ, STF, 1ª Turma, rel. Min. Rosa Weber, julgado em sessão virtual de 13.12.2019 a 19.12.2019, publicado no DJ em 13.2.2020).*

381.4. [...] Quanto à falta de fundamentação da sentença, a tese também não foi alegada oportunamente. O argumento, por sua vez, também não prospera, uma vez que o Magistrado, ainda que de forma sucinta, indicou os elementos fático-probatórios relevantes para alicerçar o decreto condenatório e fundamentar a fixação da pena, aliás, estabelecida no mínimo legal, tanto a pena-base como a incidência da causa de aumento. Para cumprir a determinação constitucional de fundamentação das decisões judiciais, é desnecessário que o Magistrado transcreva ou responda a toda sorte de alegações suscitadas no transcorrer do processo penal, bastando que examine as circunstâncias fáticas e jurídicas relevantes, podendo, na fundamentação, apresentar tese contrastante com aquela defendida pelas partes, valer-se da doutrina e da jurisprudência, além, por óbvio, das provas produzidas, desde que fique claro, pela sua exposição, as razões que embasaram o seu convencimento. Parecer do MPF pela denegação da ordem. Ordem denegada (*Habeas Corpus nº 105.107-RJ, STJ, 5ª Turma, Rel. Min. Napoleão Nunes Maia Filho, julgado em 14.5.2009, publicado no DJ em 22.6.2009*).

....

381.5. Referência às razões das partes e nulidades: Há decisões nos tribunais, incluindo os superiores, dando pela nulidade de processos, quando o magistrado, ao sentenciar, se reporta às razões de convencimento expostas por uma das partes, como fundamentação e motivação do julgado.

Um dito popular assegura que "*cautela e caldo de galinha* não fazem mal a ninguém". De nossa parte, "reconhecer que todo processo penal tem suas especificidades" também não.

A sentença que, no âmbito de sua própria fundamentação, se socorre de argumentos desenvolvidos por uma das partes, não incorre em nenhuma irregularidade. Contraditório e ampla defesa existem exatamente para que os interessados no resultado do processo possam contribuir na construção da sentença. Primeiro, *provando* o que lhes couber; segundo, argumentado em seu favor.

Acolher uma fundamentação não implica, necessariamente e sempre, a ausência de motivação do juiz, a demonstrar desconhecimento do processo. Evidentemente que não.

O que se deve anular é a decisão carente de apreciação pessoal acerca dos pontos e das questões relevantes do processo. O juiz deve *conhecer* a causa, apreciando detidamente a matéria de fato e a de direito. Deve também apontar os seus fundamentos ou razões de decidir, de modo a comprovar suas reflexões pessoais em torno da imputação, não sendo suficiente a simples referência aos fundamentos expostos pelas partes. *Sentença* significa *sentimento;* por isso, deve partir do julgador.

No entanto, citações de trechos da fundamentação das partes, por si sós, nada significam. Ou, significam tanto quanto as citações doutrinárias e jurisprudenciais, embora estas últimas somente se acomodem à matéria de direito e não à de fato.

A sentença, para ser anulada sob tal perspectiva, deve padecer de ausência patológica de originalidade, isto é, deve demonstrar a falta de apreciação judicial da matéria, diante da ausência de fundamentação própria ou de laconismo desmedido na apreciação de questões de alguma complexidade. Sentença é ato de poder, dotado de graves consequências. Já ou só por isso, bastaria a exigência de apreciação *imparcial* dos fatos, incompatível com a simples adesão a uma ou outra tese defendida no processo.

Jurisprudência

381.5. [...] Não há violação dos preceitos processuais quando o Magistrado adota os termos da manifestação ministerial como razões de decidir, desde que a peça apresente pertinência e fundamentos jurídicos e legais razoáveis acerca da questão posta a julgamento. *[...] não há óbice na utilização das razões do parecer do Ministério Público como fundamento inicial da decisão judicial, complementado – motivação per relationem -, como medida de simplicidade e economia processual* (AgRg no RHC n. 111.439/RS, Ministro Nefi Cordeiro, Sexta Turma, DJe de 9/12/2019). [...] *(Agravo Regimental no Recurso Especial nº 1.868.342 – SP, STJ, 6ª Turma, Rel. Min. Sebastião Reis Júnior, sessão virtual de 28.2.2023 a 6.3.2023, publicado no DJ em 10.3.2023)*

381.5. [...] Não constitui ofensa ao artigo 93, inciso IX, da Constituição da República de 1988 o fato de o relator do processo criminal colher como razões de decidir os fundamentos da sentença ou do parecer ministerial – motivação *per relationem –, prescindindo do uso de argumentos próprios*, desde que comporte a análise de toda a matéria objeto do recurso. [...] A jurisprudência dos Tribunais Superiores há muito admite a validade das decisões que se utilizem da fundamentação *per relationem* ou aliunde, hipótese em que o ato decisório faz expressa referência à decisão ou manifestação anterior e já existente nos autos, adotando aqueles termos como razão de decidir. [...] *(Agravo Regimental no Recurso em Mandado de Segurança nº 66.271/RJ, STJ, 5ª Turma, unânime, Rel. Min. Ribeiro Dantas, julgado em 19.10.2021, publicado no DJ em 27.10.2021)*

381.5 [...] O v. acórdão fustigado encontra-se em total sintonia com o entendimento iterativo deste Superior Tribunal de Justiça, o qual orienta-se para afirmar que a fundamentação *per relationem* é válida, inexistindo óbice à utilização de elementos contidos em manifestações anteriores, não sendo possível aventar nulidade quando, a exemplo dos presentes autos, o julgador a tenha utilizado em complementação à sua própria fundamentação, ainda que esta seja sucinta. [...] *(Agravo Regimental no Recurso em Mandado de Segurança nº 65.878/ES, STJ, 5ª Turma, unânime, Rel. Min. convocado Jesuíno Rissato, julgado em 17.8.2021, publicado no DJ em 20.8.2021)*

381.5. [...] A jurisprudência do Supremo Tribunal Federal é no sentido de que "a técnica da fundamentação *per relationem*, na qual o magistrado se utiliza de trechos de decisão anterior ou de parecer ministerial como razão de decidir, não configura ofensa ao disposto no art. 93, IX, da CF" (RHC 116.166, Rel. Min. Gilmar Mendes). [...] *(Agravo Regimental no Recurso Ordinário em Habeas Corpus nº 194.881/SP, STF, 1ª Turma, unânime, Rel. Min. Roberto Barroso, julgado em sessão virtual de 26.2.2021 a 5.3.2021, publicado no DJ em 9.4.2021)*

381.5. [...] 1. A jurisprudência deste Supremo Tribunal já se consolidou no sentido da validade da motivação per relacionem nas decisões judiciais, inclusive quando se tratar de expressa remissão a parecer ministerial constante dos autos. [...] *(Agravo Regimental no Habeas Corpus n. 173.696-RS, STF, 1ª Turma, Rel. Min. Alexandre de Moraes, julgado em Sessão Virtual de .9.2019 a 12.9.2019, publicado no DJ em 25.9.2019).*

381.6. Sentenças *extra, ultra* e *citra petita*: Em processo penal, modificam-se um pouco as categorias denominadas *causa petendi* e também o próprio *pedido.*

Com efeito, enquanto no processo não penal o juiz deve se ater ao pedido, não podendo prover solução que vá além dele (*ultra petita*) ou que esteja aquém da pretensão (*citra petita*), bem como lhe é vedado decidir fora dos limites do pedido (sentença *extra petita*), aqui, no processo penal, algumas observações e reparos se impõem.

A *causa de pedir* (*causa petendi*) em matéria criminal diz respeito unicamente ao *fato* imputado ao acusado. A peça acusatória, na verdade, tem por objetivo a correta aplicação da Lei penal, ainda quando privada a ação penal. Decorre daí que não se abre escolha alguma ao membro do Ministério Público (nas ações públicas) quanto à pena a ser aplicada. A ressalva que podemos fazer se refere ao processo de natureza *conciliatória*, previsto na Lei nº 9.099/95, que cuida da organização dos Juizados Especiais Criminais e da chamada *transação penal*, em cujo procedimento se admite a proposta de aplicação de pena de multa ou de restrição de direitos pelo Ministério Público (art. 76 e seguintes).

Fora daí, a pena a ser aplicada na sentença é objetivamente *pública*. E, sendo assim, não está à disposição do órgão de acusação.

Apontado o fato supostamente delituoso, cumpre ao juiz, qualquer que seja o entendimento da acusação acerca do direito aplicável, proferir sentença nos limites da lei.

O *pedido*, portanto, sequer é necessário, sobretudo nas ações de natureza pública, contentando-se a legislação com a classificação do crime, além da exposição dos fatos e circunstâncias e rol de testemunhas como requisitos da denúncia (art. 41, CPP). Nas ações privadas, haverá consequência apenas quando o querelante deixar de requerer a condenação do réu em alegações finais (art. 60, III, CPP).

A rigor, então, se faltar na denúncia o pedido de *condenação* ou mesmo o de correta *aplicação da lei*, sequer se poderá falar em inépcia da peça acusatória, segundo os termos do art. 41 do CPP. Parece-nos que, salvo na hipótese da Lei nº 9.099/95, não haveria qualquer risco de prejuízo à defesa a ausência da referência expressa ao pedido de condenação.

De todo modo, o máximo que se pode exigir no processo penal brasileiro, que, claramente, não é orientado pelo princípio do *dispositivo* (no processo) e nem pelo da *discricionariedade* da persecução, o pedido a ser mencionado na inicial seria apenas o de *condenação*, pouco importando a compreensão ministerial acerca da pena a ser aplicada.

Imagine-se a hipótese – grotesca, como tantos exemplos doutrinários – de se limitar o Ministério Público, na peça acusatória, a requerer sentença declaratória da responsabilidade penal do acusado, nada aludindo sobre a pena. Haveria nulidade do processo, por inépcia da inicial? Acaso estaria o juiz impedido de proferir providência condenatória?

A resposta negativa se impõe a ambas as questões.

No entanto, pensamos que, a fim de se afastar eventuais alegações de nulidades, deve o juiz devolver os autos ao Ministério Público, para regularização do processo, sob pena de rejeição da inicial, nos termos do art. 395, I, CPP. Tal solução, desnecessária do ponto de vista teórico, lograria bons frutos na prática.

Jurisprudência

381.6. [...] No processo penal, o princípio da congruência é norteado pela *causae petendi*, tendo em vista que o réu se defende dos fatos, não da capitulação jurídica correlata promovida pelo órgão da acusação. Precedentes. [...] Por esse motivo, por meio da *emendatio libelli*, prevista no art. 383 do CPP, é possível o reconhecimento de causa de aumento descrita faticamente na denúncia, ainda que não expressamente indicada sua capitulação legal. [...] *(Ação Penal nº 702, STJ, Corte Especial, unânime, Rel. Min. Nancy Andrighi, julgado em 3.8.2020, publicado no DJ em 14.8.2020).*

381.6. [...] O princípio da congruência, em processo penal, reside na relação entre os fatos imputados na denúncia e os motivos do provimento do pedido de condenação. [...] *(Habeas Corpus n. 456.694-SC, STJ, 5ª Turma, unânime, Rel. Min. Joel Ilan Paciornik, julgado em 21.8.2018, publicado no DJ em 31.8.2018).*

381.7. O *juria novit curia*: De tudo que dissemos, conclui-se facilmente: na sentença, o juiz se atém aos fatos narrados e eventualmente provados, não se vinculando e muito menos se subordinando ao entendimento ministerial (ou da acusação) acerca da pena a ser aplicada, e, portanto, sobre o tipo penal e a classificação dada (ao fato) na peça acusatória.

Juria novit curia que, em bom português, pode ser entendido (não traduzido!) na máxima: *dá-me o fato que te darei o direito.*

Já veremos, adiante, como se dá a *emendatio libelli*, por meio da qual se corrige a capitulação jurídica do fato por ocasião da sentença (art. 383, CPP).

Art. 382. Qualquer das partes poderá, no prazo de 2 (dois) dias, pedir ao juiz que declare a sentença, sempre que nela houver obscuridade, ambiguidade, contradição ou omissão.

Tem-se aqui modalidade de *integração* da sentença, a ser feita mediante correção de erro determinado por *obscuridade, ambiguidade, contradição e omissão.*

Todas as observações pertinentes a essa modalidade recursal encontram-se expostas mais adiante, nos comentários ao art. 619, CPP.

Adiante-se apenas que o CPP se refere aos embargos declaratórios em duas oportunidades. Nesta, do art. 382, relativamente às sentenças – e somente em relação às sentenças, com o que ficam excluídas outras modalidades de decisão – e também para as decisões dos Tribunais (art. 619), a partir da segunda instância. Há, também, previsão específica de embargos declaratórios em outros procedimentos, como, por exemplo, nos Juizados Especiais Criminais e suas Turmas Recursais (art. 83, Lei nº 9.099/95) e no âmbito da Justiça Eleitoral (art. 258, Código Eleitoral), nos prazos de cinco e de três dias, respectivamente.

Há decisões do STF (Ag. Reg. nos Emb. Decl. na AP. 361/SC, Rel. Min. Marco Aurélio, julgado em 11.12.2033, publicado no *DJ* em 5.3.2004) no sentido de se aplicar o prazo de 5 (cinco) dias para a oposição de embargos naquela Corte, em ações penais originárias, não incidindo o disposto no art. 619, CPP, mas, sim, o Regimento Interno do Tribunal.

Em princípio, os erros *materiais* independem de provocação da parte, devendo ser corrigidos de ofício. No entanto, como toda correção de erro precisa partir da sua identificação, melhor o manejo do recurso, se a parte interessada não se contentar com a interposição de simples petição.

A interposição dos embargos de declaração de forma tempestiva interrompe o prazo para os recursos a serem interpostos ulteriormente por quaisquer das partes (v.g. (Recurso Especial nº 2.064.684-PE, STJ, 6ª Turma, Rel. Min. Laurita Vaz, por maioria, julgado em 12.9.2023, publicado no DJ em 19.9.2023).

Jurisprudência

382. [...] Embargos de declaração não conhecidos, por manifestamente inadmissíveis, não interrompem ou suspendem o prazo para a interposição do recurso próprio. [...] *(Agravo Regimental nos Embargos de Declaração no Recurso em Habeas Corpus nº 202.669-MG , STJ, 5ª Turma, Rel. Min. Reynaldo Soares da Fonseca, julgado em 7.10.2024, publicado no DJ em 14.10.2024)*

382. [...] Para oposição dos embargos, considera-se contraditória a decisão quando há incompatibilidade lógica entre os seus fundamentos, reciprocamente considerados, ou entre os seus fundamentos e as conclusões expostas na parte dispositiva. Contradição, assim, é a antinomia interna, a ausência de relação lógica e coerente entre os fundamentos adotados como ratio decidendi e o próprio dispositivo da decisão, ou entre os próprios fundamentos. [...] *(Embargos de Declaração no Agravo Regimental no RHC nº153.540-RS, STJ, 5ª Turma, Rel. Min. Jesuíno Rissato, julgado em 24.5.2022, publicado no DJ em 14.6.2022)*

382. [...] O acórdão impugnado está alinhado com a jurisprudência do Supremo Tribunal Federal no sentido de que, "[n]a redução do prazo prescricional, considera-se a idade do agente no momento da sentença condenatória – artigo 115 do Código Penal" (HC 198.856, Rel. Min. Marco Aurélio). Esse entendimento se aplica, ainda que pendente julgamento de eventuais embargos de declaração opostos. [...] *(Agravo Regimental no Recurso Extraordinário em Habeas Corpus nº 203.018/RS, STF, 1ª Turma, unânime, Rel. Min. Roberto Barroso, julgado em sessão virtual de 20.8.2021 a 27.8.2021, publicado no DJ em 21.9.2021)*

382. [...] Os embargos de declaração são cabíveis quando houver ambiguidade, obscuridade, contradição ou omissão, a teor do art. 619 do Código de Processo Penal – CPP, e erro material, conforme art. 1.022, III, do Código de Processo Civil – CPC: [...] (*Embargos de Declaração no Agravo Regimental no Agravo em REsp nº 728.129-DF, STJ, 5ª Turma, unânime, Rel. Min. Joel Ilan Paciornik, julgado em 16.8.2016, publicado no DJ em 26.8.2016*).

382. [...] A ocorrência de erro material na ementa do acórdão enseja correção pela via dos embargos de declaração. [...] (*Embargos de Declaração na Petição Avulsa na Extradição nº 1.085, STF, Plenário, unânime, Rel. Min. Luiz Fux, julgado em 11.5.2016, publicado no DJ em 24.5.2016*).

Art. 383. O juiz, sem modificar a descrição do fato contida na denúncia ou queixa, poderá atribuir-lhe definição jurídica diversa, ainda que, em consequência, tenha de aplicar pena mais grave. (Redação dada pela Lei nº 11.719, de 2008)

§ 1º Se, em consequência de definição jurídica diversa, houver possibilidade de proposta de suspensão condicional do processo, o juiz procederá de acordo com o disposto na lei. (Incluído pela Lei nº 11.719, de 2008)

§ 2º Tratando-se de infração da competência de outro juízo, a este serão encaminhados os autos. (Incluído pela Lei nº 11.719, de 2008)

383.1. Correlação entre sentença e pedido: Em processo penal, como a indicar e esclarecer de vez as suas peculiaridades e, em relação ao processo civil, não há exigências formais relativamente à postulação da condenação, isto é, quanto ao *pedido*.

Tem-se por *causa petendi* (causa de pedir) em processo de natureza criminal a *imputação de fato* feita ao acusado na denúncia ou na queixa, por meio da qual se pretende atribuir-lhe responsabilidade penal, nos termos em que previsto na respectiva legislação.

Não se vai além, quanto aos pressupostos de validade do processo, das exigências contidas no art. 41 do CPP: "*Art. 41. A denúncia ou queixa conterá a exposição do fato criminoso, com todas as suas circunstâncias, a qualificação do acusado* [...] *a classificação do crime* [...]."

A capitulação do fato (classificação), porém, não implica subordinação do pedido, no que se refere à providência judicial pretendida. O órgão da acusação narra o fato, com todas as circunstâncias que lhe pareçam presentes e relevantes, e, *também*, aponta o tipo penal que, segundo ele, seria aplicável ao fato.

No entanto, como não se trata de debates acerca da existência, ou não, e da extensão e limites de eventuais direitos subjetivos em disputa, não cabe à parte acusadora *de-*

finir a sanção cabível. É dizer: o juiz aplicará a Lei penal, não segundo a compreensão que lhe deu o órgão da acusação, mas, sim, segundo seu livre convencimento motivado.

A exigência de *correlação* entre pedido e sentença faz todo sentido – e somente ali – no campo em que se discutem direitos (relação de direito *material*) disponíveis, diante dos quais o respectivo *titular* pode, ou não, exercê-los, e na medida que melhor lhe aprouver. As sentenças no processo civil podem ser *declaratórias, constitutivas ou mesmo condenatórias.* Contudo, cada um dos provimentos judiciais pretendidos se encontra vinculado a uma questão – ou mais – atinente à *existência* (reconhecimento e/ou declaração de existência ou inexistência de relação jurídica entre as partes), ou ao *exercício* de um direito subjetivo oponível a terceiros (e, sobretudo, à parte), quando se buscará, pelo processo, ou a constituição de determinada relação de direito, ou a condenação do réu à prestação de deveres jurídicos (obrigações de fazer, de dar, de respeitar etc.).

Assim, sendo a parte maior e capaz, e, mais, devidamente representada por advogado (orientação técnica), cabe a ela *precisar* em sua ação (causa de pedir e pedido) o objeto de sua *pretensão.* Ao juiz, exatamente por se tratar de relações de direitos disponíveis (quando forem!), não deve buscar qualquer outra solução que não aquela pedida pelo autor da ação, desde que, evidentemente, prevista em lei. Nem mais, nem menos, vedadas as decisões *extra, ultra* e *citra petita,* como já vimos (art. 381 – item 381.6.).

Certamente que o processo civil também conhece demandas e pretensões cujo fundamento repousa em direitos *indisponíveis.* E bem por isso, também ali, em tais situações, a vontade da parte não se sobrepõe à solução legal, obrigatória ao juiz.

Portanto, não se pode falar, ao menos, essencialmente, em correlação entre sentença e pedido no processo penal. O pedido é de *condenação;* a sanção aplicável, porém, pertence aos domínios da lei.

Jurisprudência

383.1 [...] Não viola o princípio da correlação, ou da congruência, condenação por fato narrado na peça acusatória, uma vez que o acusado não se defende da classificação jurídica, mas dos fatos descritos na denúncia, nos termos do art. 383 do Código de Processo Penal. [...] *(Agravo Interno em Habeas Corpus n° 242.954, STF, 2ª Turma, Rel. Min. Nunes Marques, julgado em 11.10.2024, publicado no DJ em 28.10.2024)*

383.1 [...] 1. Nos termos do art. 383, do Código de Processo Penal, emendatio libelli consiste na atribuição de definição jurídica diversa ao arcabouço fático descrito na inicial acusatória, ainda que isso implique agravamento da situação jurídica do réu, mantendo-se, contudo, intocada a correlação fática entre acusação e sentença, afinal, o réu defende-se dos fatos no processo penal. O momento adequado à realização da emendatio libelli pelo órgão jurisdicional é o momento de proferir sentença, haja vista que o Parquet é o titular da ação penal, a quem se atribui o poder-dever da capitulação jurídica do fato imputado.

2. Esta Corte Superior entende que nos delitos de estupro de vulnerável praticados em continuidade delitiva se revela_inviável a exigência de indicação de datas precisas e da quantidade exata de abusos sexuais perpetrados contra a vítima, notadamente nos casos em que tais crimes são praticados ao longo de extenso lapso temporal, mostrando-se adequado, em tais situações, o aumento da pena em patamar superior ao mínimo previsto no art. 71, caput, do CP. [...] *(Agravo Regimental no Habeas Corpus n° 926.528-CE, STJ, 5ª Turma, Rel. Min. Ribeiro Dantas, julgado em 16.9.2024, publicado no DJ em 20.9.2024)*

383.1. [...] O instituto da *emendatio libelli* previsto no art. 383 do Código de Processo Penal consiste na atribuição de definição jurídica diversa daquela descrita na inicial acusatória e, ainda que isso possa agravar a situação jurídica do réu, não implica ofensa ao princípio da correlação fática entre denúncia e sentença, visto que o acusado se defende dos fatos descritos na peça acusatória. [...] *(Agravo Regimental no Agravo em Recurso Especial nº 2.582.736-RS, STJ, 6ª Turma, Rel. Min. convocado Otávio de Almeida Toledo, julgado em 2.9.2024, publicado no DJ em 4.9.2024)*

383.1.[...] O acusado se defende dos fatos que lhe são imputados, e não da classificação jurídica dada na peça acusatória, de sorte que o juiz, sem modificar a descrição dos elementos fáticos contidos na denúncia ou queixa, poderá atribuir-lhe definição jurídica diversa, ainda que, em consequência, implique pena mais grave, ex vi do art. 383 do Código de Processo Penal. Precedentes: HC nº 214.063-AgR, Segunda Turma, Rel. Min. André Mendonça, Dje de 28/2/2023; HC nº 225.375-AgR, Segunda Turma, Rel. Min. Ricardo Lewandowski, DJe de 11/4/2023; HC nº 134.686-AgR, Primeira Turma, Rel. Min. Rosa Weber, DJe de 16/10/2018. [...] *(Agravo Regimental no HC nº 241.582, STF, 1ª Turma, sessão virtual encerrada em 21.6.2024, publicado no DJ em 1º.7.2024)*

383.1. [...] Ao interpretar os arts. 383 e 384 do Código de Processo Penal, a jurisprudência dos Tribunais Superiores firmou-se no sentido de que a "aplicação da *emendatio libelli* não demanda o aditamento da inicial acusatória ou a intimação da defesa quando há narração implícita da conduta delituosa no oferecimento da denúncia", pois "o réu se defende dos fatos veiculados na denúncia e não de sua classificação jurídica" (HC n. 230.835-AgR, relator Ministro Edson Fachin, Segunda Turma, julgado em 19/12/2023, DJe de 2/2/2024). *[...] (Agravo Regimental no Inquérito nº 1.659-DF, STJ, Corte Especial, Rel. Min. Og Fernandes, julgado em 17.5.2024, publicado no DJ em 23.5.2024)*

383.1.[...] Esta Suprema Cortetem entendimento consolidado no sentido de que não configuram ilegalidade ou abuso de poder as hipóteses em que o juiz sentenciante, a partir de elementos decorrentes da instrução probatória, dá aos fatos nova definição jurídica, conforme artigo 383 do Código de Processo Penal *(emendatio libelli)*. [...] *(Agravo Regimental no Recurso Extraordinário com Agravo nº 1.470.498, STF, 1ª Turma, Rel. Min. Alexandre de Moraes, sessão virtual de 2.2.2024 a 9.2.2024, publicado no DJ em 22.2.2024)*

383.1 [...] Não há se falar em violação ao princípio da correlação, porquanto, como é de conhecimento, referido princípio dispõe que o réu se defende dos fatos narrados na denúncia e não da capitulação penal nela inserida. Assim, devidamente narrada a situação funcional da paciente, revela-se correta a incidência da causa de aumento, ainda que não indicada na inicial acusatória, em atenção à disciplina do art. 383 do Código de Processo Penal. [...] *(Agravo Regimental no Habeas Corpus nº 855.549-SC, STJ, 5ª Turma, Rel. Min. Reynaldo Soares da Fonseca, julgado em 3.10.2023, publicado no DJ em 11.10.2023)*

383.1 [...] 1. É lícito ao juiz alterar a tipificação jurídica da conduta do réu no momento da sentença, sem modificar os fatos descritos na denúncia, conforme a inteligência do art. 383 do CPP, sendo despicienda a abertura de prazo para aditamento (CPP, art. 384). 2. Não constitui ofensa ao princípio da correlação entre a denúncia e a sentença condenatória o ato de magistrado singular, nos termos do art. 383 do Código de Processo Penal, atribuir aos fatos descritos na peça acusatória definição jurídica diversa daquela proposta pelo órgão da acusação. Precedentes. [...] *(Agravo Regimental no Habeas Corpus nº 770.256–SP, STJ, 5ª Turma, Rel. Min. Ribeiro Dantas, julgado em 27.10.2022, publicado no DJ em 4.11.2022)*

383.1 [...] 1. É absolutamente viável a condenação do recorrente pela prática do crime em referência. Ora, o réu se defende dos fatos narrados e não da tipificação a ele atribuída. Por isso, é permitido ao Juiz alterar a definição jurídica dos fatos (emendatio libelli), ainda que isso importe em aplicação de pena mais gravosa (HC n. 261.842/SP, Relator para acórdão Ministro Nefi Cordeiro, Sexta Turma, DJe 30/9/2014). 2. Não constitui ofensa ao princípio da correlação entre a denúncia e a sentença condenatória o ato de magistrado singular, nos termos do art. 383 do Código de Processo Penal, atribuir aos fatos descritos na peça acusatória definição jurídica diversa daquela proposta pelo órgão da acusação (HC n. 426.866/MG, Ministro Ribeiro Dantas, Quinta Turma, DJe 2/5/2018). [...] *(Recurso Especial nº 1.807.298–PB, STJ, 6ª Turma, Rel. Min. Sebastião Reis Júnior, julgado em 11.10.2022, publicado no DJ em 14.10.2022)*

383.1 [...] O momento adequado à realização da emendatio libelli pelo órgão jurisdicional é o momento de proferir sentença, haja vista que o Parquet é o titular da ação penal, a quem se atribui o poder-dever da capitulação jurídica do fato imputado. Como corolário da devolutividade recursal vertical ampla, inerente à apelação, desde que a matéria tenha sido devolvida em extensão, plenamente possível ao Tribunal realizar emendatio libelli para a correta aplicação da hipótese de incidência, desde que dentro da matéria devolvida e não implique reformatio in pejus, caso haja recurso exclusivo da defesa. [...] *(Agravo Regimental no Agravo em Recurso Especial nº 2.084.117–PR, STJ, 5ª Turma, Rel. Min. Ribeiro Dantas, julgado em 6.9.2022, publicado no DJ em 13.9.2022)*

....

383.2. A *emendatio libelli*: Como o juiz não está e nem poderia estar subordinado ao entendimento do órgão da acusação quanto à pena a ser aplicada, e, por isso, quanto ao tipo penal em que se subsumiria a conduta imputada na peça acusatória, deve ele, por ocasião da sentença, *corrigir* ou *emendar* a classificação dada pela acusação, sem alterar, um mínimo que seja, os fatos e suas circunstâncias.

Trata-se, pois, da modificação da *definição jurídica* dos fatos imputados e eventualmente comprovados. Somente por isso se aceita a aplicação de pena mais grave, à consideração de que o acusado teria exercido a mais ampla possibilidade de defesa, cumprindo-lhe impugnar *os fatos narrados,* sem prejuízo, é óbvio, da discussão de eventuais objeções em torno da classificação feita na inicial acusatória.

Erra, por exemplo, a acusação que dá ao fato a classificação do art. 155, CP (furto), embora narre a conduta de subtração *violenta* (elementar do roubo) da coisa.

Sempre haverá quem não adira à validade da *emendatio libelli,* sob o fundamento de prejuízo à defesa, que, em tese, poderia se ocupar demasiadamente de uma capitulação equivocada.

Embora se reconheçam, também aqui, eventuais riscos à atuação defensiva, quando a modificação da definição jurídica resultar alteração no procedimento devido, pensamos haver alternativas igualmente válidas para cada caso, sem invalidar, porém, como *regra,* a citada providência judicial.

Um exemplo de tal situação se verá logo a seguir.

A validade da correção da capitulação do crime na sentença tem, pois, um pressuposto: a completa adequação (subsunção) do tipo penal então aplicado pelo juiz *aos fatos narrados* na acusação. Se o novo tipo penal, isto é, se a nova definição jurídica dos fatos contiver elementos não descritos na denúncia, além daqueles outros nela incluídos, não se poderá fazer a *emendatio.*

Jurisprudência

383.2.[...] o momento apropriado para o ajuste da capitulação trazida na denúncia ocorre por ocasião da sentença, oportunidade em que o juiz pode realizar a emendatio libelli ou mutatio libelli, nos termos dos arts. 383 e 384 do CPP. Excepcionalmente, no entanto, admite-se a readequação típica da conduta antes disso, com o propósito de corrigir equívoco evidente e excesso de acusação capaz de interferir na correta definição da competência ou na obtenção de benefícios legais. [...] *(Agravo Regimental no Recurso em Habeas Corpus nº 167507 – SP, STJ, 5ª Turma, Rel. Min. Reynaldo Soares da Fonseca, julgado em 7.3.2023, publicado no DJ em 13.3.3023)*

383.2. [...] Nos termos do art. 383, do Código de Processo Penal, *emendatio libelli* consiste na atribuição de definição jurídica diversa ao arcabouço fático descrito na inicial acusatória, ainda que isso implique agravamento da situação jurídica do réu, mantendo-se, contudo, intocada a correlação fática entre acusação e sentença, afinal, o réu defende-se dos fatos no processo penal. O momento adequado à realização da emendatio libelli pelo órgão jurisdicional é o momento de proferir sentença, haja vista que o Parquet é o titular da ação penal, a quem se atribui o poder-dever da capitulação jurídica do fato imputado. [...] *(Agravo Regimental no Habeas Corpus nº 630567 – SC, STJ, 5ª Turma, Rel. Min. Messod Azulay Neto, julgado em 7.2.2023, publicado no DJ em 22.2.2023)*

383.2. [...] nos termos do art. 383 do Código de Processo Penal, é possível ao magistrado atribuir definição jurídica diversa da apresentada pela acusação desde que não haja acréscimo ou modificação nos fatos narrados na denúncia. A *emendatio libelli*, entretanto, não é admitida em momento anterior ao da prolação da sentença, exceto quando a subsunção típica inadequada causar prejuízos evidentes ao acusado, trazendo reflexos no campo da competência absoluta, do procedimento adequado ou quando o excesso acusatório restringir benefícios penais. [...] *(Recurso em Habeas Corpus nº 126.003/BA, STJ, 5ª Turma, unânime, Rel. Min. Reynaldo Soares da Fonseca, julgado em 17.11.2020, publicado no DJ em 23.11.2020).*

383.2. [...] I – Em nosso sistema processual penal, o réu se defende da imputação fática e não da *imputatio iuris.* Nessa linha, o Código de Processo Penal pátrio permite que na sentença se considere na capitulação do delito dispositivo legal diverso do constante na denúncia, ainda que se tenha que aplicar pena mais grave. Não há no caso uma *mutatio libelli,* mas, simplesmente, uma corrigenda da peça acusatória (*emendatio libelli*). Tal providência por parte do juiz (ou do Tribunal de Justiça, como no caso, na oportunidade do julgamento do apelo interposto pelo Ministério Público) não acarreta qualquer nulidade. Além disso, para a *emendatio libelli*, é prescindível o procedimento previsto no art. 384 do CPP aplicável somente a *mutatio libelli* pela razão lógica de a nova qualificação jurídica decorrer de circunstância elementar não descrita na proemial. Precedentes. [...] (*AgRg no REsp nº 1.592.657-AM, STJ, 5ª Turma, unânime, Rel. Min. Felix Fischer, julgado em 13.9.2016, publicado no DJ em 13.9.2016*).

383.3. Desclassificação: Já o contrário pode ocorrer. Pode ser que a denúncia narre fatos que ultrapassam os elementos contidos no tipo penal resultante da *emendatio:* No exemplo anterior, suponha-se que a denúncia narre a subtração violenta da coisa, capitulando-a, porém, como hipótese de furto (art. 155, CP). Suponha-se, mais, que o juiz, entendendo não comprovada a violência, resolva aplicar aos fatos a sanção do crime de furto, tal como descrito, equivocadamente, na denúncia.

Aqui, teria havido um erro na classificação (deveria ter sido capitulado o art. 157 e não o art. 155, relativo ao furto), já que efetivamente imputada a prática de subtração violenta da coisa (roubo e não furto).

No entanto, não se trataria, a rigor, de *emendatio libelli.* Nesta, o juiz não pode *modificar a descrição do fato* contido na denúncia, nos termos do art. 383, CPP. A decisão de condenação significaria, então, hipótese de *desclassificação,* mediante a qual o juiz *rejeita* a existência de uma situação de fato, e, aí sim e só por isso, faz capitulação diversa daquela que *deveria* constar (mas não constou) da peça acusatória.

383.4. A *emendatio* nos tribunais: Em princípio, nada impediria a aplicação da *emendatio* ou a correção do julgado na apreciação de recurso, ainda quando dela resultasse pena mais grave.

Mas deve-se observar, contudo, a possibilidade de incidência de outra regra, ou, mais precisamente, de um outro princípio: o da vedação da *reformatio in pejus,* segundo o qual não se pode *piorar* a situação do réu em recurso exclusivamente dele.

Em tal situação, parece-nos absolutamente impossível a aplicação da regra do art. 383, quando se tratar de decisão em julgamento de recurso exclusivo do acusado. Haveria, por óbvio, violação ao princípio da *reformatio in pejus.*

Sem razão alguma, portanto, antiga decisão do Superior Tribunal de Justiça (HC 10.105-SP, Rel. Min. Edson Vidigal, 23.11.1999), na qual não se distinguiram situações absolutamente distintas. Poderia e até pode haver a *emendatio*, com imposição de pena mais grave, se também aviado o recurso do Ministério Público, ou mesmo na hipótese de ter sido ele (MP) o único recorrente. Nesta última hipótese, não se trataria de *refor-*

matio in mellius, mas de antecipação da correção de decisão judicial equivocada. Ora, se a situação do acusado poderia ser modificada, posteriormente, em ação de revisão criminal (arts. 621 e seguintes, CPP), por que não fazê-la desde logo?

Jurisprudência

383.4. [...] Havendo adequada descrição dos fatos na exordial acusatória – como ocorre na hipótese –, não há ofensa ao referido postulado quando o Tribunal de origem, autorizado pela norma contida no artigo 617 do Código de Processo Penal, lhes atribui definição jurídica diversa da proposta pelo órgão acusatório. [...] é imperioso destacar que é perfeitamente possível que o Tribunal, em segundo grau de jurisdição, aplique a *emendatio libelli*, só não se admitindo que realize a *mutatio libelli*, nos termos do enunciado 453 do Supremo Tribunal Federal. [...] (*Habeas Corpus nº 334.672-RS, STJ, 5ª Turma, unânime, Rel. Min. Jorge Mussi, julgado em 5.4.2016, publicado no* DJ *em 13.4.2016*).

383.4. [...] *Emendatio libelli* (art. 383, CPP) em segunda instância mediante recurso exclusivo da defesa. Possibilidade, contanto que não gere *reformatio in pejus*, nos termos do art. 617, CPP. A pena fixada não é o único efeito que baliza a condenação, devendo ser consideradas outras circunstâncias para verificação de existência *reformatio in pejus*. 3. A desclassificação do art. 155, § 4º, II, para o art. 312, § 1º, ambos do Código Penal, gera *reformatio in pejus*, visto que, nos crimes contra a Administração Pública, a progressão de regime é condicionada à reparação do dano causado, ou à devolução do produto do ilícito (art. 33, § 4º, CP). [...] (*Habeas Corpus nº 123.251-PR, STF, 2ª Turma, unânime, Rel. Min. Gilmar Mendes, julgado em 2.12.2014, publicado no* DJ *em 11.2.2015*).

383.5. *Emendatio* e contraditório: Há doutrina, e de autores fecundos (BADARO, Gustavo Henrique Righi Ivahy, *Correlação entre acusação e sentença*. Revista dos Tribunais, 2000; e CABRAL, Antônio. *Nulidades no processo penal moderno*, Forense, 2009), pugnando pela necessidade de o juiz, em atenção ao princípio do contraditório e ampla defesa, *antecipar* às partes a possibilidade de aplicação da *emendatio libelli*, antes de proferir decisão.

Com todo o respeito devido a estes e outros autores que seguem a mesma trilha, não aderimos à recomendação.

A sentença não é ato processual *fracionado* e nem *fracionável*, implicando, na verdade, a elaboração do pensamento e a articulação do raciocínio que se desenvolve a partir de uma imputação, de sua impugnação, das provas produzidas em juízo e da correta aplicação do direito cabível à espécie.

Não se quebra, em etapas, *o convencimento judicial*. Com efeito, o juiz somente poderá sentenciar o processo *quando já* – e inteiramente – convencido acerca de suas conclusões. Do ponto de vista intelectual, a operação já se teria realizado *antes* de sua formalização oficial nos autos.

Há, portanto, incompatibilidade lógica na interpretação trazida pela citada doutrina. Para que houvesse o fracionamento da sentença, não poderia o juiz já estar convencido de sua decisão. E, de outro lado, se já convencido mentalmente, por que razão se reabrir às argumentações?

Não bastasse, pensamos que, tal como ocorre com a própria fixação da pena na sentença (na qual o juiz *não antecipa* às partes a dosimetria que irá utilizar!!), deve a defesa, a partir da precisa delimitação dos fatos, operar com todas as possibilidades de sua definição jurídica, não havendo razão alguma para limitar-se à capitulação feita na inicial. O exercício da ampla defesa impõe ao defensor técnico o dever das cogitações possíveis acerca do juízo de subsunção (adequação do tipo ao fato) a ser feito em relação à conduta imputada, até como questionamento essencial à questão de direito. Não pode ele se limitar à impugnação *dos fatos*; impõe-se-lhe, também, especular sobre o *direito* cabível.

Jurisprudência

383.5. [...] A *emendatio* ou a *mutatio libelli*, previstas, respectivamente, nos arts. 383 e 384 do Código de Processo Penal, são institutos de que pode se valer o Juiz quando da prolação da sentença, não havendo previsão legal para sua realização em momento anterior, muito menos no juízo de prelibação. Precedentes. [...] Recurso desprovido (*RHC nº 22.353-PA, STJ, 5ª Turma, Rel. Min. Laurita Vaz, julgado em 3.12.2009, publicado no DJ em 8.2.2010*).

383.6. *Emendatio*, desclassificação e liberdade "provisória": A *desclassificação* ocorre quando o juiz, não concordando com a capitulação (classificação) dada ao fato na peça acusatória, modifica-lhe o conteúdo, promovendo-lhe nova definição jurídica.

Normalmente, a desclassificação pode ocorrer no curso do processo, para fins de *modificação de competência*, conforme se vê nas hipóteses do art. 74, § 2º e § 3º, CPP.

Fora daí, a desclassificação vem no ato da sentença, quando recebe o nome de *emendatio libelli* (art. 383, CPP).

No entanto, doutrina e jurisprudência já admitem a modificação imediata da capitulação, unicamente para fins de permitir a concessão de liberdade, na hipótese de haver previsão legislativa proibindo-a em relação ao tipo descrito na denúncia, tal como ocorre na Lei nº 11.343/06 (Tráfico ilícito de substância entorpecente), no que se refere à conduta atinente ao tráfico, propriamente dito (art. 33). Julgamos já ter demonstrado a inconstitucionalidade do aludido dispositivo, por ocasião do exame das prisões cautelares e da liberdade (art. 321 e seguintes do CPP).

De todo modo, o que importa esclarecer é a possibilidade de se dar uma nova definição jurídica do fato, já à saída do processo, unicamente para bem e melhor dar proteção às garantias constitucionais individuais, dentre as quais avulta a liberdade de locomoção.

Então, a modificação assim procedida é evidentemente *provisória*, não implicando antecipação de convencimento sobre o mérito da questão debatida, até porque se deve dar ao órgão de acusação a possibilidade de comprovar a existência dos fatos da maneira que ele os tenha capitulado na denúncia ou queixa.

383.7. A desclassificação e a suspensão do processo: A legislação brasileira parece incansável em matéria de equívocos.

O art. 90 da Lei nº 9.099/95, que instituiu a suspensão do processo para determinados crimes, dispõe que: "*Art. 90. As disposições desta Lei não se aplicam aos processos penais cuja instrução estiver iniciada.*"

Ora, o que significaria isso?

Pensamos que a referida Lei trata a suspensão condicional do processo de seu art. 89 como uma alternativa de desafogo de processo, no âmbito de uma política judiciária orientada por prioridades.

O objetivo é evitar todo um procedimento penal cujo resultado, *provavelmente*, desaguaria na suspensão da pena (*sursis*), art. 77, CPP, se condenatória a decisão. Daí, ou precisamente por isso, a pena mínima cabível para a suspensão condicional do processo (art. 89, Lei nº 9.099/95) é até dois anos (art. 61, Lei nº 9.099/95). E não vai aqui mera *suposição;* o próprio art. 89 (Lei nº 9.099/95) não deixa margem a dúvidas, referindo-se expressamente ao art. 77, do Código Penal.

Assim, se a *emendatio* é feita apenas por ocasião da sentença, isto é, *após* a instrução, por que haveria a necessidade de suspender-se o processo, se toda a atividade processual que se queria evitar já teria sido realizada? Nada o justificaria, parece-nos.

No entanto, doutrina e jurisprudência brasileiras terminaram por reconhecer no art. 89, Lei nº 9.099/95 uma verdadeira *vantagem* processual, pouco importando, no particular, se a suspensão constitui ou não direito subjetivo do réu.

E, porque se trata de *vantagem* ou de posição *favorável,* parece-nos, agora, por força do dispositivo ora em comento (§ 1º, art. 383), que fica sem aplicação a regra do art. 90 da Lei nº 9.099/95. Deverá o juiz, após a nova definição jurídica do fato (*emendatio*), abrir vista ao MP para o oferecimento, ou não, da proposta de suspensão condicional do processo.

Havendo recusa na propositura, deve-se remeter o procedimento aos órgãos de revisão do Ministério Público, especialmente em razão do novo procedimento determinado pela redação conferida ao art. 28 do CPP pela Lei nº 13.964/2019.

A suspensão, que, para nós, constitui direito subjetivo da parte (com ressalva de entendimento de Douglas Fischer, que compreende não haver direito subjetivo à transação ou suspensão do processo), dependerá de provocação do Ministério Público, na linha da jurisprudência do Supremo Tribunal Federal (Súmula 696 – STF), acompanhada no Superior Tribunal de Justiça. Diz a Súmula 696: "*Reunidos os pressupostos legais permissivos da suspensão condicional do processo, mas se recusando o Promotor de Justiça a propô-la, o juiz, dissentindo, remeterá a questão ao Procurador-Geral, aplicando-se, por analogia, o art. 28 do Código de Processo Penal.*"

Cremos que referido comando sumulado deverá ser devidamente adaptado à nova redação do art. 28 do CPP, que não mais prevê a interferência do juiz em situações desse jaez. A solução, agora, deverá demandar providência do Ministério Público – em caso de não oferecimento do benefício – de remeter os autos à instância revisora superior, cabendo o controle jurisdicional apenas nas situações de manifesta ilegalidade de recusa da proposta, se preenchidos os requisitos legais.

Jurisprudência

383.7. [...] A suspensão condicional do processo não é direito subjetivo do réu. Precedentes. Foram apresentados elementos concretos idôneos para motivar a negativa de suspensão condicional do processo. 2. Recurso ao qual se nega provimento (*RHC nº 115.997 – PA, STF, 2ª Turma, Rel. Min. Cármen Lúcia, julgado em 12.11.2013, publicado no* DJ *em 20.11.2013*).

383.7. [...] 1. A suspensão condicional do processo *não é* direito público subjetivo do acusado, mas sim um poder-dever do Ministério Público, titular da ação penal, a quem cabe, com exclusividade, analisar a possibilidade de aplicação ou não do referido instituto, desde que o faça de forma fundamentada. 2. Encontrando-se a negativa do Ministério Público, acatada pelo magistrado, devidamente fundamentada nos termos da lei (art. 89, *caput*, da Lei 9.099/1995 c/c o art. 77, II, do CP), levando em consideração dados concretos dos autos relativos à maior reprovabilidade da conduta dos pacientes, não se verifica constrangimento ilegal no prosseguimento da ação penal. *3. Ordem denegada (Habeas Corpus nº 218.785/PA, STJ, 5ª Turma, Relator Min. Marco Aurélio Bellizze, julgado em 4.9.2012, publicado no* DJ *em 11.9.2012*).

383.7. [...] A Egrégia 3ª Seção deste Superior Tribunal de Justiça pacificou já entendimento no sentido de que, em havendo divergência entre o órgão acusador e o magistrado, quanto à aplicação da suspensão condicional do processo (artigo 89 da Lei nº 9.099/95), tem incidência o disposto no artigo 28 do Código de Processo Penal, não havendo falar em concessão, *ex officio*, do instituto despenalizador pelo próprio órgão julgador. "Reunidos os pressupostos legais permissivos da suspensão condicional do processo, mas se recusando o Promotor de Justiça a propô-la, o Juiz, dissentindo, remeterá a questão ao Procurador-Geral, aplicando-se por analogia o art. 28 do Código de Processo Penal" (Súmula do STF, Enunciado nº 696). Agravo regimental improvido (*Agravo regimental no Recurso Especial nº 784.843-SP, STJ, 6ª Turma, Rel. Min. Hamilton Carvalhido, julgado em 20.4.2006, publicado no DJ em 14.8.2006*).

....

383.8. Desclassificação e incompetência relativa: Identidade física do juiz: Se o § 1º, que acabamos de ver, pode e deve ter aplicação, a norma contida no § 2º, a nosso aviso, não faz o menor sentido, no que se refere, unicamente, à incompetência *relativa*, surgida a partir da *emendatio libelli*.

É que a mesma Lei que modificou o art. 383 também alterou o art. 399, § 2º, ambos do CPP. Assim, e por força do citado art. 399, § 2º, o juiz que instruiu o processo deverá sentenciá-lo, ressalvadas apenas as exceções legais (férias, promoção, licença etc.).

Diante disso, a incompetência relativa somente poderá ser afirmada pelo juiz, de ofício (art. 109, CPP), até a instrução; a partir daí, deverá sentenciar, em face do princípio da identidade física do juiz. No particular, deve-se também esclarecer que a incompetência relativa deve ser alegada pelas partes no primeiro momento em que falarem nos autos (resposta escrita – art. 396, CPP), sob pena de preclusão.

Assim, e como o acusado se defende dos fatos e não da capitulação jurídica exposta na inicial, a nova definição jurídica na sentença não reabriria oportunidade para excepcionar a incompetência relativa do juiz apontado na *emendatio*.

Se, por acaso, houver desclassificação (pela *emendatio*) para delito para o qual o juiz seja absolutamente incompetente (crime doloso contra a vida, por exemplo), seja quanto à matéria (constitucional), seja em razão de leis de organização judiciária (varas especializadas), deve o juiz encaminhar para lá os autos.

Uma observação: no caso de incompetência absoluta, isto é, constitucional, todo o processo deverá ser refeito; já quando a incompetência resultar de leis de organização judiciária, todos os atos instrutórios poderão ser aproveitados.

Art. 384. Encerrada a instrução probatória, se entender cabível nova definição jurídica do fato, em consequência de prova existente nos autos de elemento ou circunstância da infração penal não contida na acusação, o Ministério Público deverá aditar a denúncia ou queixa, no prazo de 5 (cinco) dias, se em virtude desta houver sido instaurado o processo em crime de ação pública, reduzindo-se a termo o aditamento, quando feito oralmente. (Redação dada pela Lei nº 11.719, de 2008)

§ 1º Não procedendo o órgão do Ministério Público ao aditamento, aplica-se o art. 28 deste Código. (Incluído pela Lei nº 11.719, de 2008)

§ 2º Ouvido o defensor do acusado no prazo de 5 (cinco) dias e admitido o aditamento, o juiz, a requerimento de qualquer das partes, designará dia e hora para continuação da audiência, com inquirição de testemunhas, novo interrogatório do acusado, realização de debates e julgamento. (Incluído pela Lei nº 11.719, de 2008)

§ 3º Aplicam-se as disposições dos §§ 1º e 2º do art. 383 ao *caput* deste artigo. (Incluído pela Lei nº 11.719, de 2008)

§ 4º Havendo aditamento, cada parte poderá arrolar até 3 (três) testemunhas, no prazo de 5 (cinco) dias, ficando o juiz, na sentença, adstrito aos termos do aditamento. (Incluído pela Lei nº 11.719, de 2008)

§ 5º Não recebido o aditamento, o processo prosseguirá. (Incluído pela Lei nº 11.719, de 2008)

384.1. *Mutatio libelli* e sua delimitação: O conceito de *mutatio libelli* não passa de sua tradução: mudança do libelo, aqui entendido como a acusação. Mudança da acusação, portanto.

Mudança completa ou parcial, poder-se-ia indagar?

Na realidade, o processo penal apresenta grandes distinções em relação ao processo civil, e de modo sensível no campo das seguintes categorias tradicionais da teoria do processo civil: *pedido, correlação entre este (pedido) e a sentença* e os efeitos da *coisa julgada penal.*

A previsão do art. 384, CPP, reúne boa dose dos problemas atinentes a essas categorias (*instituto* ou *conceito,* para quem preferir) jurídicas.

O *pedido,* como visto, resume-se à condenação. Mais que isso: ainda que a acusação se limite a descrever os fatos e requerer sentença declaratória da responsabilidade penal, poderá o juiz pronunciar-se pela condenação, *nos limites da Lei* aplicável ao *fato.* Não se exige sequer que a acusação deva apontar com rigoroso acerto o tipo penal aplicável aos fatos que narra e imputa ao réu. Se a classificação foi equivocada, poderá o juiz corrigi-la, como analisado ao exame do dispositivo anterior.

O processo penal brasileiro não expõe o seu conteúdo – a imputação da prática de crime – à disposição das partes. Não se trata de um duelo ou confronto, ao final do qual aquele que melhor atuou logra êxito na sua pretensão (autor) ou na sua resistência (réu). Não se trata de processo *de partes,* nesse sentido, isto é, naquele em que a acusação pode *dispor* da persecução, *retirando* a acusação ou negociando a reprimenda (e a pena) ao seu livre e discricionário talante (o *plea bargaining* do direito estadunidense).

Aqui, a regra (ou princípio) é a da *obrigatoriedade* ou da *legalidade,* segundo o qual o Ministério Público atua *objetivamente,* ou seja, nos limites da lei, como verdadeiro *custos legis.* O sistema da discricionariedade pode oferecer grandes vantagens. No entanto, como ali se *transige* com a pena e com a responsabilização penal, impõe-se um mínimo de controle (social ou comunitário) ao órgão da acusação. O controle pode ser *político,* externo, de que é exemplo o modelo estadunidense, com eleição para o cargo de Procurador-Geral, e hierarquia subordinante dos demais membros, ou pode ser feito pelo particular.

No Brasil, há dois inconvenientes.

A Constituição da República afasta a possibilidade de hierarquia entre os membros do Ministério Público, atribuindo-lhes independência funcional (art. 127, § 1º, CF). E, na legislação, optou-se claramente pelo princípio da obrigatoriedade, submetendo certos graus de controle da atuação ministerial, quanto à aplicação do direito, ao juiz, após a Lei nº 13.964/2019 de uma forma mais limitada (art. 28 e art. 385, CPP; art. 62, LC nº 75/98) e, por vezes, ao Procurador-Geral ou órgãos de revisão e coordenação da instituição (art. 28, CPP e art. 62, LC nº 75/98). Há também o importantíssimo controle exercido pelo particular, tanto pela possibilidade inserida pela Lei nº 13.964/2019 no § 1º do art. 28 do CPP (*"se a vítima, ou seu representante legal, não concordar com o arquivamen-*

to do inquérito policial, poderá, no prazo de 30 (trinta) dias do recebimento da comunicação, submeter a matéria à revisão da instância competente do órgão ministerial, conforme dispuser a respectiva lei orgânica") e também na forma do disposto no art. 29, CPP (e art. 5º, LIX, CF), por meio da ação subsidiária da pública, no caso de inércia do *parquet.*

Tudo que estamos a dizer se refere à ação penal pública. A ação penal privada, modelo que julgamos absolutamente incompatível com um direito penal de intervenção mínima, voltado para a proteção penal dos direitos fundamentais, permite uma intervenção e um controle da persecução quase que exclusivamente pelo particular (o MP atua como *custos legis* – art. 45, CPP).

Entretanto, que se esclareça desde logo: não cabe mais agora, depois da Lei nº 11.719/08, o procedimento da *mutatio libelli* nos crimes de ação penal privada. Cabe apenas nas ações penais instauradas mediante queixa, com fundamento no art. 29, CPP, ou seja, em caso de morosidade ou inércia do *parquet.*

A *mutatio* ocorre, então, a partir do reconhecimento da existência de provas que, em princípio, indicariam a presença de outros *fatos e/ou circunstâncias,* suficientes para alterar, de modo relevante, a acusação inicial. É dizer, na *mutatio,* não se dá nova definição jurídica ao *fato imputado,* mas, para além disso, permite-se *nova imputação de fato,* o que, obviamente, implicará a alteração do tipo penal. Mas, veja-se: não por uma questão de interpretação do fato à norma (juízo de subsunção); mas pela constatação de novo fato (ou circunstância) que justifica alteração na definição jurídica esboçada na inicial.

Cremos que a alteração da redação do art. 28 do CPP, nos termos da Lei nº 13.964/2019, não altera a sistemática da *mutatio libelli*, na medida em que o juiz poderá encaminhar os autos ao Ministério Público para aditar. Se não o fizer, ele mesmo deverá remeter para a instância superior revisora, sem determinação judicial no caso, aplicando-se as consequências processuais idênticas ao que sustentado nas anotações ao artigo 28 do CPP. Se não for feito o aditamento, a solução será o juiz – se entender essencial a situação fática descrita para fins de condenação – proceder à absolvição.

Jurisprudência

384.1. [...] *O princípio da correlação entre a denúncia e a sentença condenatória representa no sistema processual penal uma das mais importantes garantias ao acusado, porquanto descreve balizas para a prolação do édito repressivo ao dispor que deve haver precisa correspondência entre o fato imputado ao réu e a sua responsabilidade penal.* [...] Neste caso, não houve simples modificação da capitulação jurídica atribuída aos fatos, o que ensejaria mera *emendatio libelli*, possível de ser feita tanto pelo juiz quanto pelo Tribunal. Ao contrário, constatou-se que a condenação indicou fatos não descritos na denúncia, traduzindo verdadeira *mutatio libelli.* [...] Portanto, a inexistência de descrição, na denúncia, de fatos que pudessem dar suporte à conclusão do magistrado de primeiro grau a respeito da tipificação, caberia ao Tribunal reconhecer a violação ao princípio da correlação e, diante da inviabilidade de *mutatio libelli* em segundo grau, por força do enunciado n. 453 da Súmula do Supremo Tribunal Federal, restaria ao Tribunal *a quo* absolver o réu. [...] *(Recurso em Habeas Corpus nº 534.249-SP, STJ, 5ª Turma, unânime, rel. Min. Reynaldo Soares da Fonseca, julgado em 4.2.2020, publicado no DJ em 10.2.2020).*

384.1. [...] O aditamento espontâneo próprio real material, no qual ocorre a inclusão de fatos novos não descritos inicialmente na peça acusatória, não se confunde com a *mutatio libelli* (art. 384 do CPP), em que o magistrado envia os autos para o Ministério Público, para eventual aditamento da denúncia, em razão da verificação de novo elemento ou circunstância da infração penal não contida na acusação. [...] *(Agravo Regimental no Recurso em Habeas Corpus nº 142.747/RS, STJ, 5ª Turma, unânime, Rel. Min. Reynaldo Soares da Fonseca, julgado em 13.4.2021, publicado no DJ em 19.4.2021)*

384.1. [...] A *mutatio libelli* é o instituto cabível nas hipóteses em que, encerrada a instrução processual, o órgão acusador conclui que o fato narrado na denúncia não corresponde àquele comprovado no decorrer da instrução processual. Nesses casos, torna-se imprescindível o aditamento da denúncia pelo Órgão acusatório, tal como ocorrido *in casu*. [...] *(Agravo Regimental no Recurso em Habeas Corpus nº 116.726/PR, STJ, 5ª Turma, unânime, rel. Min. Ribeiro Dantas, julgado em 13.4.2020, publicado no DJ em 15.4.2020).*

384.1. [...] Hipótese na qual o Magistrado singular, ao proferir a sentença condenatória em desfavor do réu, dando-o como incurso nas penas dos artigos 157, § 3º do Código Penal, não atribuiu nova definição jurídica ao ilícito penal imputado ao paciente, mas reconheceu a ocorrência de circunstância afastada na exordial acusatória, que resulta no aumento considerável da pena, sem que tenha sido apresentado aditamento pelo Ministério Público. É nula a sentença que condena o réu por crime consumado, mesmo diante do reconhecimento explícito pelo Ministério Público da recuperação dos bens subtraídos da vítima, com aplicação de pena mais grave, sem observância do procedimento previsto no art. 384 do Código de Processo Penal. Precedentes desta Corte. Deve ser reformado o acórdão recorrido, bem como a sentença condenatória, para que outra seja proferida com observância do disposto no art. 384 do Código de Processo Penal, com a consequente expedição de alvará de soltura em favor do acusado. Estando o corréu em situação idêntica à do paciente, deve ser estendida a ele a concessão da ordem. Ordem concedida, nos termos do voto do Relator (*Habeas Corpus nº 145.470-MA, 5ª Turma, unânime, Rel. Min. Gilson Dipp, julgado em 9.11.2010, publicado no DJ em 22.11.2010).*

384.2. *Mutatio* e a natureza do novo fato ou circunstância: Não se pode, contudo, permitir-se a ampla modificação dos fatos imputados na inicial. Longe disso.

O que resulta da *mutatio,* ou o que pode dela resultar, limita-se, do ponto de vista *causal e temporal,* ao núcleo da conduta imputada, ou, quando nada, ao bem jurídico protegido no tipo. É dizer: o verbo ou a ação típica deve manter-se na nova definição do fato, assim como o objeto material atingido. Não se pode alterar completamente a imputação, como se o fato constante da peça acusatória não tivesse qualquer relevância. Não é disso que se trata.

Ao dispositivo, então: *em consequência de prova existente nos autos, de elemento ou circunstância da infração penal não contida na acusação.*

A referência aos elementos ou circunstâncias explicita a matéria reservada à *mutatio,* quando associada à infração penal. Trata-se de *elementares* ou de *circunstâncias* que, embora não contidas na acusação, comporiam um novo tipo penal, normalmente mais amplo (na descrição) que aquele narrado na denúncia ou na queixa (na ação subsidiária da pública).

A redação antiga do art. 384, CPP, agregava à circunstância ou elementar não contidos na acusação, as expressões "*nem explícita, nem implicitamente*". Superfetação ou má redação, o fato é que as expressões não se prestavam a nada de útil. Não estar contido, implícita ou explicitamente, significa, definitivamente, *não estar contido.* De jeito nenhum. É dizer: que não se alegue que determinados fatos (ou circunstâncias) estão contidos em outros. Seria isso?

Até a modificação carece de melhores esclarecimentos.

Vejamos o caso de uma imputação da prática de homicídio doloso. Se vier a ser provada a ausência de ânimo de *matar,* seria necessária a *mutatio,* para reconhecer-se a lesão corporal dolosa, seguida de morte? Ou seja, se não foi de morte o dolo, não seria de lesão, se reconhecido tratar-se de ato intencional? A falta da *mutatio* nesse caso implicaria a absolvição, porque *não narrada a lesão corporal?* Definitivamente, não.

Do mesmo modo, algumas desclassificações podem não depender da *mutatio*, diante do fato de a modificação limitar-se ao elemento subjetivo da conduta (dolo e culpa). Naturalmente, tudo dependerá de cada caso concreto, já o réu tem o direito de se defender dos fatos pelos quais será condenado. Assim, se não se fizer a *mutatio* para modificar a conduta de dolosa para culposa, o resultado poderá ser a absolvição. Imagine-se, no particular, se a conduta provada for a conduta *imprudente*, a exigir narrativa específica da não observância das regras de atuação diligente; nesse caso, o afastamento do dolo implicaria a absolvição, por ausência de imputação efetiva.

Para esclarecer esta última hipótese: suponha-se uma imputação na qual o agente, bêbado e em alta velocidade, teria subido na calçada, produzindo o atropelamento e morte da pessoa que ali se encontrava. Se imputado o *dolo eventual*, poderia o juiz, independentemente da providência do art. 384, CPP, condená-lo por ação culposa, a tanto bastando a descrição do comportamento. A imprudência, nesse caso, poderia substituir o dolo eventual, sem prejuízo à defesa.

Não significa, de outro lado, que a alteração promova necessariamente um acréscimo de pena ou uma pena mais grave que aquela prevista na capitulação originária. A pena, com efeito, poderá ser igual, maior ou até menor.

É preciso, então, que o novo elemento (ou circunstância) se agregue aos elementos básicos e essenciais narrados na peça acusatória.

No ponto, repetimos exemplos constantes do *Curso de processo penal* (PACELLI, Eugênio. *Curso de processo penal*. 28. ed. São Paulo: Juspodivm, 2024).

O (exemplo) clássico: (a) no furto, surge a prova de violência ou grave ameaça na subtração da coisa: impõe-se a *mutatio*, sob pena de se condenar por crime evidentemente menos grave. O problemático: (b) no furto, prova-se lícita a posse anterior da coisa, embora retida indevidamente pelo agente. Nesse caso, houve alteração radical: de uma subtração de algo que estava em poder de outro, alterou-se para a manutenção da coisa. Como se vê, são completamente distintas as ações de subtrair e de reter a coisa. No entanto, acreditamos também aqui possível a *mutatio*, em razão da identidade *nuclear* da coisa, objeto da retenção, de modo a permitir a alteração do furto para a apropriação indébita.

Jurisprudência

384.2. [...] A *mutatio libelli* configura-se quando, encerrada a instrução probatória, se entender cabível nova definição jurídica do fato, em consequência de prova existente nos autos de elemento ou circunstância da infração penal não contida na acusação, o Ministério Público deverá aditar a denúncia ou queixa, no prazo de 5 dias, se em virtude desta houver sido instaurado o processo em crime de ação pública, reduzindo-se a termo o aditamento, quando feito oralmente (art. 384 do Código de Processo Penal – CPP). [...] *(Agravo Regimental em Habeas Corpus nº 225.375, STF, 2ª Turma, Rel. Min. Ricardo Lewandowski, sessão virtual de 24.3.2023 a 31.3.2023, publicado no DJ em 11.4.2023)*

384.2. [...] Quando na denúncia não houver descrição sequer implícita de circunstância elementar da modalidade culposa do tipo penal, o magistrado, ao proferir a sentença, não pode desclassificar a conduta dolosa do agente – assim descrita na denúncia – para a forma culposa do crime, sem a observância do regramento previsto no art. 384, caput, do CPP. [...] (*Recurso Especial nº 1.388.440-ES, STJ, 6ª Turma, Rel. Min. Jorge Mussi, julgado em 5.3.2015, publicado no DJ em 17.3.2015*).

384.3. *Mutatio* e capacidade para representação: Modificação na natureza da ação penal.

Outro exemplo: imputa-se a prática de furto (art. 155, CP). Prova-se na instrução tratar-se de *bem comum*. Nesse caso, a *mutatio* se imporia, e com ricas consequências. É que o tipo penal do art. 155 se submete à regra da ação penal pública incondicionada, enquanto o do art. 156 exige a representação da vítima (art. 156, § 1º). Assim, o aditamento pela *mutatio* também implicaria a modificação da natureza da ação penal: de incondicionada para condicionada (pública). E, aí, será preciso comprovar-se qualquer atitude da vítima que se acomode ao conceito de representação (art. 24, CPP). Se não houver prova nesse sentido, deverá ela se manifestar imediatamente, sob pena de extinção da ação penal, por ausência de condição de procedibilidade (art. 395, CPP), perfeitamente cabível aqui, na medida em que se trata de *nova* imputação.

384.4. *Mutatio* e direito intertemporal (Lei nº 12.015/09); legitimação ativa: Em linha de princípio, não se admite mais (Lei nº 11.719/08) a aplicação do art. 384 às ações penais privadas. Tal modelo de ação prima pela *disponibilidade* de seu objeto, e que pode ser manifestada *antes* da ação (decadência e renúncia) ou *depois* (perdão e perempção). Assim, a legislação parece ter sido mais rigorosa com o particular (querelante), exigindo-lhe a adequada postulação da ação, desde logo, sob pena de decadência.

Mas imagine-se a hipótese de eventual alteração de legitimação ativa, em razão da mudança na natureza (privada para pública) da ação.

Aqui, o interesse, em breve, será meramente histórico. Mas, por algum tempo subsistirá. As Leis nºs 12.015/2009 e 13.718/2018 fizeram desaparecer, ainda que tardiamente, a iniciativa privada para os crimes contra a dignidade sexual (antigos delitos contra o costume). As ações, então, passam a ser, como regra, públicas incondicionadas.

Então, se ao tempo da Lei nº 12.015/09 já havia sido proposta a ação penal pelo particular, não incidiria a nova regra, por simples razão: a ação é o ingresso em juízo. Eventuais modificações na natureza *da ação* jamais poderiam atingir a ação já proposta.

E vamos além.

Como a modificação da natureza da ação implica a alteração do prazo de extinção da punibilidade, parece-nos irrecusável a irretroatividade da norma (art. 225, com redação dada pela Lei nº 11.719/08) aos fatos anteriores à sua vigência, se e desde que operada a decadência da ação, devendo reconhecer-se a extinção da punibilidade.

Havendo prazo ainda em curso, a ação penal deverá ser intentada pelo particular (ofendido). Nessa situação específica, pensamos que poderá ele (ofendido) representar ao Ministério Público, para fins de ajuizamento da ação penal pública, desde que tal ocorra no prazo decadencial restante. Assim, não haveria prejuízo ao acusado.

Nem se diga, de outro lado, que a ação deveria ser necessariamente privada, em razão da disponibilidade de seu objeto, a caracterizar situação mais vantajosa. É que o oferecimento da representação já satisfaria as exigências legais em relação ao interesse do ofendido. Sendo pública a ação, nos termos da nova lei, com mais razões poderia o MP ajuizar a ação, desde que – repita-se – no prazo decadencial restante.

Isso sem falar que, também em relação ao ofendido, poder-se-ia argumentar com a existência do *direito de ação,* surgido com a prática do fato e exercitável até o final do prazo decadencial. Nesse passo, a aplicação da nova regra, da Lei nº 12.015/08, implicaria violação ao princípio do direito (de ação) adquirido.

Um exemplo, então: proposta ação penal privada, com base em argumento de violência *moral* (ver a equivocada Súmula 608, do STF) no estupro, surgem provas no sentido da prática de violência *real*, ou seja, *física*, já àquele tempo de ação penal pública (de novo, a Súmula 608).

Nesse caso, pensamos, ao aditamento oferecido pelo querelante, deveria o juiz abrir vista ao Ministério Público, para fins de *ratificação* do aditamento ou a sua *completa* modificação, tal como ocorre na ação subsidiária da pública (art. 29, CPP). Não oferecendo o aditamento o MP, não mais o juiz deverá valer-se do disposto no art. 28, CPP, mas o próprio Ministério Público enviar para a instância revisora, nos termos das alterações promovidas pela Lei nº 13.964/2019. Mantido naquela instância o não aditamento, deverá o juiz julgar o processo atendo-se ao fato efetivamente comprovado, correndo o risco de proferir decisão absolutória, em razão da ausência de prova de violência moral (grave ameaça). A nosso aviso, mesmo em tal situação, a sentença poderá ser condenatória, diante da eficácia também moral da ação violenta no estupro. Mais se dirá sobre o tema.

384.5. Ausência de *mutatio* e absolvição: Nos casos em que o novo fato ou a nova circunstância se referir a uma conduta *não narrada* na peça acusatória, a hipótese será, inevitavelmente, de absolvição.

E para demonstrar semelhante conclusão, bastam alguns dos exemplos que já demos anteriormente.

Se, na acusação de furto, não se modificar a imputação, descrevendo-se a ação de *retenção* da coisa (pelo art. 384), não se poderá seguir outro caminho senão o da absolvição. Por razões óbvias: não teria o réu subtraído a coisa que com ele se encontrava.

No exemplo atinente ao crime de estupro de menor de 14 (quatorze) anos (art. 217-A, CP), se acaso comprovado que a prática de conjunção carnal teria ocorrido mediante *fraude*, e, mais, que a vítima seria maior de 18 (dezoito) anos, a ausência da *mutatio* implicaria a absolvição, pela ausência da descrição da fraude (art. 215, CP).

No caso da imputação de dolo eventual no atropelamento, imagine-se a imputação de crime de homicídio doloso, cuja denúncia se limitasse a descrever o atropelamento intencional de transeunte em via pública. Note-se que a peça acusatória, ao contrário do exemplo anterior (384.2, acima), não teria se referido à embriaguez e nem à imoderada velocidade.

Ora, em semelhante situação, se afastada a intenção do atropelamento, como se condenar o agente sem a demonstração e a imputação de sua imprudência?

384.6. Divergência quanto ao aditamento e sistema acusatório: As modificações trazidas pela Lei nº 11.719/08 trouxeram benefícios e atrasos, como parece ser o traço inerente à humanidade.

Na regra anterior da *mutatio*, até mesmo o juiz poderia promover a alteração da acusação, como se detivesse capacidade postulatória.

Com a nova redação do art. 384, CPP, não existe mais essa possibilidade. Cabe exclusivamente ao Ministério Público, ainda quando iniciada pelo particular a ação penal (subsidiária da pública, no caso – art. 29, CPP), o aditamento na *mutatio libelli*.

No entanto, a alteração legislativa incluiu uma inesperada novidade: previa que, no caso de não oferecimento do aditamento, poderia o juiz exercer o controle de arquivamento a que alude o art. 28, CPP. É dizer: dá tratamento idêntico ao requerimento de arquivamento, antes do início da ação penal, e ao não oferecimento de aditamento, na fase de sentença.

Essa circunstância mudou significativamente após as alterações introduzidas pela Lei nº 13.964/2019, conforme já pontuamos anteriormente (vide anotações ao art. 28, CPP), não mais podendo o juiz fazer – como regra – o controle de não atuação do Ministério Público (excetuados os casos, segundo pensamos, em que possa haver coisa julgada material).

Deveria (mesmo após a Lei nº 13.964/2019) o juiz *convidar* ou *provocar* o Ministério Público à *mutatio*? De que outro modo se faria o controle – agora, de *aditamento* e não de arquivamento?

A nosso aviso, essa é uma questão já resolvida no sistema acusatório brasileiro, no qual o juiz não deve exercer atividades de postulação. Certamente que o novo art. 384, já aqui o dissemos, não prevê nenhuma atividade postulatória do juiz. Mas, ao permitir a remessa dos autos aos órgãos de revisão do Ministério Público, *em pleno curso da ação penal,* não estaria ele *antecipando* a formação de seu convencimento? Ou, pelo menos, de seu convencimento quanto à *existência* de novos fatos e de circunstâncias?

Esse, parece-nos, é um ônus exclusivo do *parquet.* Se não for feito o aditamento, ao encerramento da instrução, deveria o juiz, após a manifestação das partes em alegações finais (orais ou escritas – art. 403, CPP), proferir decisão. Simples assim.

Reputamos discutível, no mínimo, a opção legislativa, que, aliás, se encontra em desacordo com a lógica das demais modificações da mencionada Lei nº 11.719/08. De se ver, inclusive, que se trata de medida protetiva dos interesses exclusivamente persecutórios, dado que, acaso inexistente ou inválido o citado § 1º, do art. 384, CPP, não se permitiria ao juiz julgar o fato e circunstância, unicamente por ele visualizado.

No entanto, não nos animamos a sustentar a invalidade da norma, embora não nos alinhemos a ela.

E há até um fundamento de grande utilidade na sua aceitação. Imagine-se o caso da existência de fatos ou circunstâncias surgidos na instrução que determinem a modificação de competência em razão da matéria, conforme exemplo que daremos logo adiante (item 384.8). Deveria o juiz ser compelido a julgar a questão tal como narrado, ainda quando reconheça a sua incompetência absoluta?

Em processo civil, a teoria da *prospetazione* indicaria resposta afirmativa, devendo o juiz supor e julgar os fatos tal como *alegados.*

Em processo penal, a exigência constitucional do juiz natural deve se sobrepor aos aspectos formais do processo, sobretudo diante do fato, que também será aqui examinado, da coisa julgada *histórica* que se aqui se forma. Assim, se a autoridade da sentença abrangerá a *realidade efetivamente ocorrida,* ainda quando não narrada, deve-se permitir um espaço mais amplo de seu controle.

Outra.

No caso de possível suspensão condicional do processo, surgida na *mutatio*, a falta de aditamento pelo Ministério Público exigiria a prévia manifestação judicial nesse sentido (da possibilidade de modificação da acusação), para, somente aí, poder-se exigir pronunciamento oficial do *parquet* acerca da questão. Mais se dirá, adiante (item 384.9).

384.7. Aditamento da *mutatio*, aditamento no curso do processo e a prescrição. Uma questão deve ser bem e suficientemente esclarecida: nem todo aditamento feito à acusação tem as mesmas consequências e as mesmas características.

Uma vez proposta a ação penal, pode o Ministério Público aditar a denúncia ou mesmo a queixa, quando privada a ação (art. 45 e art. 46, CPP). O aditamento, então, é o acréscimo que se faz à peça acusatória, para o fim de nela incluir novos fatos, novas circunstâncias ou mesmo novos réus. Ou, ainda, para esclarecer e corrigir elementos não essenciais à acusação.

Cada situação poderá gerar consequências distintas.

Se o aditamento é feito para simples correção de defeitos e omissões não essenciais da denúncia (art. 596, CPP), a alteração em nada modificará a situação das partes.

Quando, ao contrário, o aditamento se prestar a incluir novos *fatos* ou novas *circunstâncias* e, sobretudo, novos *réus* ao processo, a mais importante consequência da modificação dirá respeito ao prazo prescricional. Mas, não só. Dependendo da circunstância e do andamento do processo, poderá ser necessária a reabertura de fases processuais já esgotadas (como a apresentação de resposta escrita, por exemplo – art. 396, CPP).

Quanto ao prazo prescricional, soa intuitivo que a mudança do fato inicialmente narrado, alterando-lhe substancialmente a sua definição jurídica, implicará a modificação do prazo de interrupção da prescrição, em razão do novo recebimento da denúncia (art. 117, I, CP).

Do mesmo modo, a inclusão de novos réus, limitado, porém, a estes. A interrupção da prescrição em relação aos demais, já denunciados, não se alterará, salvo quando também a eles imputada a prática de outros fatos.

De outro lado, já o aditamento promovido pela *mutatio libelli* não terá as mesmas consequências.

É dizer: quando a alteração é feita a partir das provas surgidas na instrução, e por meio do procedimento da *mutatio*, a legislação brasileira, dando preferência à necessidade de proteção da efetividade da persecução – que se veria profundamente atingida, se modificada, àquela época, a interrupção da prescrição – não prevê a necessidade de *novo recebimento* da acusação, daí por que não atingido ato anterior (de recebimento e de interrupção da prescrição).

É aí que melhor se revela o utilitarismo intrínseco ao procedimento da *mutatio libelli*: prossegue-se em um mesmo processo, embora modificada a acusação. Já e também por isso, a *mutatio* não pode mudar completa ou essencialmente a acusação; deve apenas *agregar* fato ou circunstância nova àquele núcleo de imputação já constante da denúncia.

E, mais.

Há procedimento específico para o *restante* da instrução, tal como logo veremos (art. 384, § 2º, § 4º, CPP).

384.8. Aditamento e modificação da competência jurisdicional: Ao exame da *emendatio* do art. 383, CPP, colocamos em dúvida a eficácia do quanto disposto no art. 383, § 2º, no que toca à necessidade de encaminhamento dos autos ao juiz relativamente competente, quando a incompetência do sentenciante surgisse na aludida fase (de *emendatio*).

O fundamento: com a inserção do princípio da identidade física do juiz (art. 399, § 2º, CPP) no processo penal brasileiro, a incompetência relativa do juiz somente poderia ser reconhecida, de ofício, até o início da instrução criminal; a partir daí, deveria e deverá prevalecer a exigência no sentido de que o juiz que instruiu deverá proferir a decisão.

Com a *mutatio*, a situação apresenta traços um pouco mais problemáticos.

Em primeiro lugar, porque, se do aditamento surgir a modificação de competência *territorial*, isto é, de competência *relativa*, pensamos ainda possível ao juiz proferir sentença, sem afirmar a sua incompetência, em face do princípio da identidade física (art. 399, § 2º, CPP).

Naturalmente, há aqui algo mais complexo do que aquilo que ocorre na *emendatio*. Como lá (art. 383, CPP) não há *acréscimo* de fato novo, mas simples correção da capitulação, pode-se afirmar a preclusão quanto à alegação de incompetência relativa (art. 396, CPP), não havendo por que se reabrir às partes a possibilidade de oposição da citada exceção (de incompetência – art. 95, II, CPP).

Mas, e aqui, em cujo procedimento se imputa a presença de novos fatos e/ou novas circunstâncias, aos quais não se detiveram as partes na sua resposta escrita (art. 396, CPP)?

Em princípio, o encaminhamento dos autos ao juiz cuja competência (relativa) estivesse afirmada no aditamento seria a única alternativa possível. Mas é o caso de se indagar: seria possível, na mesma situação, a oposição de exceção de incompetência pelas partes, se o juiz não a afirmar de ofício? Ou seja, haveria ainda previsão legal ou tempo oportuno para semelhante providência?

Pensamos que não. E, por isso, acrescido ao fato de que a competência relativa se impõe unicamente em razão das facilidades instrutórias que apresenta, não reconhecendo a lei, como regra, a nulidade do processo em inúmeras situações (ainda quando não conhecidas pelas partes) de incompetência relativa (ver, por exemplo, a inobservância do art. 81, CPP), acreditamos que a solução deverá ser a mesma atribuída à *emendatio*: deverá o juiz do processo sentenciá-lo, após a realização da instrução promovida na *mutatio* (art. 384, § 2º e § 4º, CPP).

Já na questão de incompetência absoluta, não se poderá caminhar na mesma direção.

É que, como regra, havendo alteração de competência absoluta, haverá nulidade também absoluta do processo, quando atingido o princípio do juiz natural.

Nas questões de competência prevista em leis de organização judiciária, embora reconheçamos a necessidade de encaminhamento dos autos ao juiz competente (art. 384, § 3º, c/c art. 383, § 2º, CPP) para a adoção da instrução faltante, não podemos deixar de registrar que, em tais situações, não se deverá anular a totalidade do processo. É que nesses casos não haveria violação ao juiz natural, que vem ao órgão cuja jurisdição decorra de fontes constitucionais.

Havendo, de outro lado, modificação da qual decorra a competência do Tribunal do Júri, o processo deverá ser encaminhado àquele juízo, impondo-se a reabertura de todo o processo. Já o contrário (art. 419, CPP) não reclama a mesma providência, na medida em que os atos do juiz de pronúncia poderão ser validados pelo juiz singular a quem competir o julgamento da matéria.

E se da instrução surgir a prova de fato que modificaria a competência de jurisdição *em razão da matéria*, como ocorre no tráfico de drogas, que tanto pode ser da competência da Justiça Estadual quanto da competência da Justiça Federal, a depender da existência ou não da transnacionalidade da conduta?

Nesse caso, como o juiz não deve se pronunciar sobre a sua incompetência senão a partir do aditamento já realizado pelo Ministério Público, o problema pode, de fato, existir.

É que, se o órgão do MP entender que o delito não é de sua atribuição constitucional (também em razão da matéria), como poderia ele *fazer a nova imputação*, pelo aditamento?

Nessa hipótese, deverá ele se manifestar nesse sentido, recusando o aditamento, em razão de prova surgida da instrução. Assim, se o juiz com ele estiver de acordo, encaminhará os autos ao juízo competente. Se não estiver, uma alternativa não terá senão valer-se do art. 28, CPP, conforme previsão do § 1º, do art. 384, CPP.

Promovido o aditamento, poderá o juiz afirmar a sua incompetência absoluta, ou sentenciar o processo, sempre nos limites da *mutatio.*

384.9. Suspensão condicional do processo: Tal como previsto para a *emendatio*, a Lei nº 11.719/08, dando nova redação ao art. 384, CPP, prevê a situação de, após a modificação da acusação, abrir-se a possibilidade de suspensão condicional do processo.

Já fizemos as observações críticas relativas a esse ponto, quando dos comentários ao art. 383, ao qual remetemos o leitor.

Diante da *mutatio*, pelas particularidades que a hipótese apresenta, mais se justifica a reabertura da fase de suspensão condicional do processo, contrariando totalmente o disposto no art. 90 da Lei nº 9.099/95.

Em primeiro lugar, porque se trata de nova *lei*, com capacidade revogatória, evidentemente.

Em segundo, porque a modificação da acusação, nesse caso, exime as partes (Ministério Público) de qualquer responsabilidade por eventual morosidade ou omissão. Aceitável, portanto, a solução preconizada no citado art. 384, CPP.

Se não for proposta a suspensão, deverá (agora o próprio Ministério Público, na forma do art. 28 do CPP, redação da Lei nº 13.964/2019; e, no caso do MPF, também do art. 62, IV, LC 75/93) encaminhar os autos ao órgão de revisão superior do Ministério Público, na linha do entendimento já consolidado na Súmula 696, do Supremo Tribunal Federal. Mantida a posição de recusa ao aditamento, deverá o juiz julgar o processo no estado originário.

Essa é a posição da jurisprudência nacional, à qual, repita-se, não nos alinhamos. Para nós, a suspensão condicional do processo, estando presentes os requisitos *legais* (e não de *conveniência e oportunidade* do Ministério Público), configura direito subjetivo, cujo exercício pode e deve ser controlado pelo magistrado, conforme entendimento exposto em maiores detalhes no *Curso de processo penal* (PACELLI, Eugênio. *Curso de processo penal)*, com a ressalva de entendimento de Douglas Fischer, que compreende não haver direito subjetivo à transação ou suspensão do processo.

Naturalmente, somente se saberá da possibilidade de suspensão do processo, no caso de recusa do aditamento pelo Ministério Público, se o juiz *antecipar* semelhante possibilidade, o que há que ser feito de imediato, tão logo se encerre a instrução e o *parquet* se manifeste nesse sentido, *antes* ou mesmo em alegações finais orais.

384.10. Procedimento: Feito o aditamento pelo Ministério Público, o juiz ouvirá a defesa no prazo de cinco dias. Sendo admitido (o aditamento), a audiência será prorrogada, com designação de nova data, para inquirição de testemunhas, novo interrogatório do acusado, produção das demais provas cabíveis, debates e julgamento (art. 384, § 2º, CPP). Admitido o aditamento, cada parte poderá arrolar até três testemunhas (incluindo aquelas já ouvidas), no prazo de cinco dias (art. 384, § 4º, CPP).

Até aqui, focalizamos as hipóteses em que o juiz poderia, ou não, antecipar o seu convencimento quanto à presença de fatos novos surgidos na instrução. Isso ocorreu em razão da maior complexidade da matéria.

Mas, à evidência, a *mutatio* somente se realiza a partir do *aditamento*. E este há que ser feito pelo órgão da acusação.

E pode ser que o juiz o indefira, ao fundamento, por exemplo, da inexistência de qualquer fato ou circunstância que já não estivessem na acusação.

Nesse caso, o CPP parece não admitir recurso, ao dispor, no § 5º, do art. 384, que "*não recebido o aditamento, o processo prosseguirá*". O objetivo é evidente: não permitir tamanho embaraço à efetividade do processo.

No entanto, pensamos que a hipótese se abriria ao uso do mandado de segurança (também cabível em matéria penal), em razão de se tratar de redução dos poderes/faculdades de acusação reservados ao titular da ação penal, com assento constitucional (art. 129, I, CF). Uma coisa é certa: não caberá a *mutatio* em segundo grau, como se segue.

Jurisprudência

384.10. [...] Com fulcro no art. 384 do Código de Processo Penal, este Superior Tribunal de Justiça possui entendimento no sentido da desnecessidade de nova citação pessoal do réu acerca do aditamento da denúncia, sendo exigida apenas a intimação da defesa, nos termos do dispositivo legal citado. [...] *(Agravo Regimental no Recurso em Habeas Corpus nº 94.805-RS, STJ, 5ª Turma, unânime, rel. Min. Ribeiro Dantas, julgado em 5.5.2020 publicado no* DJ *em 14.5.2020).*

384.10. [...] Não há nulidade em aditamento à denúncia (*mutatio libelli*) quando oferecida a oportunidade para a manifestação da defesa. Se a defesa não se pronuncia sobre o aditamento, não há falar em ocorrência de nulidade por violação à ampla defesa, diante da preclusão. [...] Ordem denegada (*Habeas Corpus nº 100.874-RJ, STJ, 6ª Turma, Rel. Min. Og Fernandes, julgado em 9.12.2008, publicado no* DJ *em 9.2.2009*).

384.11. Vinculação do juiz ao aditamento: Ora, a vinculação aqui mencionada não ultrapassa os limites já estabelecidos ao juiz no momento do oferecimento da denúncia, no sentido de impedir que o magistrado reconheça e aprecie *fatos e circunstâncias* não constantes da peça acusatória.

Por isso, e precisamente por isso, recusamos validade ao disposto no art. 385, parte final (reconhecimento, de ofício, de agravantes), e, no mesmo sentido, ao art. 387, I, todos do CPP.

Assim, se feito o aditamento, os fatos ali contidos poderão ser apreciados na sentença; se não houver (aditamento), o juiz seguirá a imputação feita na denúncia (ou queixa).

Em resumo, modificada a acusação, na *mutatio*, o juiz deve se limitar a ela (modificação), não se lhe permitindo quaisquer acréscimos não contidos no aditamento.

384.12. *Mutatio* nos tribunais: Súmula 453 – STF: "*Não se aplicam à segunda instância o art. 384 e parágrafo único do Código de Processo Penal, que possibilitam dar nova definição jurídica ao fato delituoso, em virtude de circunstância elementar não contida explícita ou implicitamente na denúncia ou queixa.*"

Observe-se, em primeiro lugar, que a redação da súmula se identifica com os termos do antigo texto do art. 384, atualmente modificado pela Lei nº 11.719/08.

De todo modo, a lógica permanece a mesma: como o procedimento é de *aditamento* da acusação, com reabertura de fase instrutória – e não só postulatória –, se fosse dado ao tribunal assim proceder, haveria supressão de instância, além de indevida *repartição* de competência para a instrução do processo (o juiz, em relação a determinados fatos, e o tribunal, quanto aos demais).

Nem se alegue que o disposto no art. 616, CPP, a permitir a realização de atos de instrução no tribunal, autorizaria a *mutatio* também ali. Não: o aditamento em segundo grau implicaria *modificação* de instância na distribuição de competência jurisdicional, tal como previsto no texto constitucional (competência dos juízes e dos tribunais), tornando *originária* (de tribunal) uma ação penal de competência do primeiro grau.

Já nas ações penais originárias, parece-nos perfeitamente possível a aplicação, por analogia, do procedimento.

A analogia se justificaria, em princípio, em razão da ausência de previsão nesse sentido na legislação de regência da matéria (Lei nº 8.038/90).

E, ao depois, pelo fato de ali, nos tribunais, se realizarem todas as fases do processo acusatório, incluindo, e sobretudo, a formulação da acusação e a instrução criminal.

384.13. *Mutatio libelli* e a coisa julgada: Enumeramos acima algumas das principais características e consequências da *mutatio libelli.*

A sua utilização como *fundamento* para a formação da coisa julgada sobre a *realidade histórica,* e não sobre o fato imputado, vem a ser, talvez, a maior virtude dela.

Com efeito, é justamente pela possibilidade de modificação da acusação, aberta ao Ministério Público até *antes* da sentença final, que melhor se justifica a *cobertura,* pela autoridade da coisa julgada, da *realidade histórica* do fato, independentemente de sua narrativa na denúncia.

Exemplo: imputou-se subtração de coisa, sem referência à violência ou grave ameaça; realizada a instrução, não se fez qualquer aditamento (*mutatio*). Nesse caso, a sentença absolutória impedirá qualquer discussão sobre a aludida ameaça ou sobre eventual violência ocorrida no curso da subtração da coisa.

E, mais ainda.

Mesmo a sentença condenatória, pelo crime de furto, impedirá, por si só, nova acusação tendo por base a ameaça ou a violência eventualmente empregadas por ocasião da subtração da coisa.

Isso decorre precisamente da eficácia preclusiva de que goza a sentença penal, relativamente ao fato humano discutido no processo. O núcleo do tipo – a subtração da coisa – poderia ser acrescido, no plano da realidade, de violência ou de grave ameaça. E, por isso, há previsão normativa para tais peculiaridades, conforme consta do tipo penal do art. 157, CP.

Assim é que, julgado o fato da subtração da coisa, qualquer que tenha sido a imputação no processo e a extensão das discussões sobre as circunstâncias em que teria sido ela realizada (subtração), qualquer outro evento da realidade que tivesse ocorrido *no momento* e na efetiva *realização* da conduta *nuclear* do tipo estará também acobertado pela coisa julgada penal, como veremos por ocasião dos estudos alinhados no item 393.3, nos comentários ao artigo correspondente (art. 393, CPP).

Art. 385. Nos crimes de ação pública, o juiz poderá proferir sentença condenatória, ainda que o Ministério Público tenha opinado pela absolvição, bem como reconhecer agravantes, embora nenhuma tenha sido alegada.

385.1. Processo penal e princípio do dispositivo: Nunca é demais insistir: o nosso CPP não acolheu o antiquíssimo modelo do processo *de disputa*, de luta, no qual a pujança da atuação de uma das partes, inevitavelmente, implicará a sua vitória.

Não cuida o processo penal de uma disputa entre direitos subjetivos ou interesses de partes, ao final da qual se afirma como titular deles (direitos ou interesses) o vencedor da demanda. Muito ao contrário, e já o dissemos em outras oportunidades, em trabalhos distintos, não há vencedor e nem vencido no processo penal brasileiro. Somos todos perdedores, a começar pela vítima.

A escolha nacional foi no sentido da adoção do modelo da *obrigatoriedade* da ação penal, com o que ficou afastado o princípio do dispositivo, segundo o qual podem as partes livremente dispor do objeto da relação de direito material. E essa opção, de longa data e feita em ambiente de pouquíssimas liberdades públicas, não contraria nenhuma determinação constitucional, ao ponto de reputar inválida a norma do art. 385, CPP.

Pode-se não aderir a ela, optando-se pelo modelo da *discricionariedade*, com ampla concessão de poderes e faculdades ao Ministério Público, no sentido de deixar em suas mãos a política de persecução penal. Mas, repita-se, não foi essa a escolha do atual CPP e nem do constituinte de 1988, que sequer teve coragem de esclarecer em que consistiria o tal *controle externo* da atividade policial, como consta do art. 129, VII, da Constituição da República.

Importante destacar que há *ementa* de julgado do STF assentado que se teria "*como afastada a pretensão acusatória quando há manifestação do titular da ação penal pública pela absolvição do acusado, não podendo o magistrado condenar de ofício*" (Ação Penal n, 960, STF, 1ª Turma, Rel. Min. Marco Aurélio, julgado em 13.6.2017, publicado no DJ em 28.6.2017). Entretanto, fundamental advertir que esse excerto da ementa *não* coincide com *nenhum* fundamento do voto do relator ou mesmo dos demais julgadores. É dizer: em nenhuma passagem da decisão proferida, há *fundamentos* no sentido de que haveria essa vinculação ao pedido de absolvição. Tanto é assim que, em outro julgado, se encontra posicionamento no sentido de que "*a indisponibilidade da ação penal pública não proíbe que o Ministério Público possa opinar pela absolvição do réu, mas exclui a vinculação do juízo à manifestação do Parquet, tendo em vista a vedação inscrita nos artigos 42 e 576 do Código de Processo Penal, que impedem o Ministério Público de desistir da ação penal ou do recurso que haja interposto" (Ação Penal 921-RS, STF, 1ª Turma, unânime, Rel. Min. Luiz Fux, julgado monocraticamente em 20.6.2017, publicado no DJ em 30.6.2017).*

Relevante também acrescer que, no ano de 2022, um julgado proferido pelo STJ ensejou novamente debates no sentido de que a jurisprudência teria sido "alterada". Mais precisamente no Recurso Especial nº 1.940.726-RO, em que constou na ementa que "*tendo o Ministério Público, titular da ação penal pública, pedido a absolvição do réu, não cabe ao juízo a quo julgar procedente a acusação, sob pena de violação do princípio acusatório, previsto no art. 3º-A do CPP, que impõe estrita separação entre as funções de acusar e julgar. [...] (Agravo Regimental no Agravo em Recurso Especial nº 1.940-.726-RO, STJ, 5ª Turma, por maioria, Relator Ministro convocado Jesuíno Rissato, redator para o Acórdão Ministro João Otávio de Noronha, julgado em 6.9.2022, publicado no DJ em 4.10.2022).*

Na verdade, o que se decidiu discrepa do que constou na ementa.

Primeiro se deve fazer um alerta que passou sem a devida contextualização: na data do julgado, o art. 3º-A do CPP, invocado como razão de decidir, estava suspenso por decisão do STF (ADIs nºs 6.299, 6.300, 6.305 e 6.298, nas quais o Ministro Luiz Fux deferiu medida cautelar, em maior extensão, a fim de suspender a aplicação do instituto do juiz de garantias até ulterior deliberação pelo Plenário do STF).

Realmente não há dúvidas – e muitas vezes dissemos aqui – que o modelo ou sistema adotado no Brasil é acusatório. Mas, em verdade, o órgão colegiado e fracionário do STJ não deliberou no sentido do que consta no excerto da ementa (inclusive publicada no site oficial do STJ como "novo paradigma").

Veja-se que, no caso concreto, o relator denegava a pretensão, restando vencido. Em voto-vista, o Ministro João Otávio de Noronha expressamente reconheceu que existem inúmeros julgados do Superior Tribunal de Justiça que reconhecem a possibilidade de prolação de sentença condenatória independentemente de a acusação postular, em alegações finais, a absolvição do réu. Mas ressalvou seu posicionamento em sentido diverso, amparado na fundamentação de o modelo adotado ser acusatório. Desse modo, considerou que *"quando o Ministério Público requer a absolvição do réu, ele está, de forma indireta, retirando a acusação, sem a qual o juiz não pode promover decreto condenatório, sob pena de acusar e julgar simultaneamente"*. Sua fundamentação não parou aí. Acresceu que, se fosse esse o único argumento, apenas ressalvaria seu posicionamento *"com relação à impossibilidade de condenação diante de pedido de absolvição da acusação"*. Mas, no caso concreto, reconheceu que não se poderia manter uma condenação penal sem fundamentação adequada. E disse expressamente: *"para se contrapor a um pedido de absolvição da acusação, a sentença deve ser robustamente fundamentada, com a indicação de provas firmes e coerentes que apontem para direção diversa"*. Para essa parte complementar, remeteu a um julgado do STF em que a Corte assentou que *"o art. 385 do Código de Processo Penal permite ao juiz proferir sentença condenatória, embora o Ministério Público tenha requerido a absolvição. Tal norma, ainda que considerada constitucional, impõe ao julgador que decidir pela condenação um ônus de fundamentação elevado, para justificar a excepcionalidade de decidir contra o titular da ação penal. No caso concreto, contudo, as parcas provas colhidas pela Procuradoria-Geral da República são insuficientes para justificar a aplicação da norma excepcional" (AP n. 976, relator Ministro Roberto Barroso, Primeira Turma, DJe de 7/4/2020) - julgado esse já referido por nós desde a edição de 2021 na seção de jurisprudência, abaixo.*

Portanto, o que não constou da ementa é que o próprio relator faz uma ressalva a sua premissa do dissídio.

Na sequência do julgamento, colhe-se o voto do Ministro Joel Paciornick, que acompanhou a posição para reconhecer a ausência de elementos para condenação, mas expressamente ressalvou seu *"posicionamento de que se mostra cabível a prolação de sentença condenatória, mesmo que o Ministério Público tenha requerido a absolvição, nos termos do art. 385 do Código de Processo Penal"*.

Noutras palavras, apenas o redator do acórdão – que invocou inclusive norma processual suspensa na data do julgamento – adotou essa posição parcialmente exposta na ementa quanto à não recepção do art. 385 do CPP.

Observe-se que, posteriormente, o STJ reafirmou esse entendimento em vários julgados.

Prosseguindo.

Então, embora produzida em terreno impregnado pelo obscurantismo – relembre-se e acentue-se, no ponto, que havia previsão de defesa na Inquisição espanhola –, nada há que impeça a aplicação do citado art. 385, no âmbito de um modelo processual orientado pela *objetividade* da atuação do Ministério Público.

Observe-se que a citada legislação nos oferece também inegável traço de modernidade, especificamente no ponto em que classifica a atuação do Ministério Público na fase final (de alegações finais) do processo, como verdadeira atividade de *custos legis*. Confira-se: "[...] ainda que o Ministério Público tenha *opinado* pela absolvição [...]". Para nós, o *parquet*, do princípio ao fim, subordina-se apenas à sua consciência, tal como ocorre com a magistratura, atuando, sempre, como *custos legis*, de modo a bem zelar pela correta aplicação da lei. É dizer: ele é *parte* apenas do ponto de vista *formal*.

Conosco, lições de Jorge FIGUEIREDO DIAS, excepcional penalista de além-mar (*Direito processual penal*. 1. ed. Reimpressão, Coimbra, 2004, p. 195): "Da mesma forma que, acabamos de ver, não vale em processo penal o princípio da discussão (processo como duelo de partes), em qualquer de suas manifestações mais importantes, também ali não há lugar para o princípio dispositivo. Isto é, como já se sugeriu, consequência da fundamental *indisponibilidade do objecto* processual penal e conduz à impossibilidade de *desistência* da acusação pública, de acordos eficazes entre a acusação e a defesa e de limitações postas ao tribunal *na apreciação jurídica* do caso submetido a julgamento. [...] Pode o MP ter pedido a absolvição do arguido e o tribunal condená-lo – como pode a defesa, considerando provado o crime, pedir apenas a condenação em uma pena leve e o tribunal absolver o arguido."

Diante das discussões que se travaram especialmente no ano de 2023, entendemos por bem acrescer algumas anotações no presente tópico (vide Fischer, Douglas. "O artigo 385 do CPP confirma o modelo acusatório". In Paulino, Galtiênio da Cruz e outros -org. Sistema acusatório nos 35 anos da CF/88. Troth Editora, 2023).

Com efeito, é bastante reiterado lermos advertências no sentido de que determinado dispositivo "escolhido" por quem o analisa não se amolda a um "sistema acusatório". Sempre que nos deparamos diante de afirmativas dessa natureza recordamos a necessidade de se saber a premissa que é adotada: o que seria um sistema (ou modelo, como preferimos) acusatório ?

Já tratamos em inúmeras partes da presente obra essa questão. Vamos repetir aqui, valendo-se de parte dos argumentos expendidos no capítulo supramencionado, para melhor compreensão. De fato, encontramos muitas referências acerca de uma tripartição de sistemas: a) inquisitivo; b) misto; e c) acusatório.

O sistema inquisitivo se caracterizaria por haver concentração numa mesma pessoa das funções de acusação e julgamento. Nas palavras de Mauro Fonseca Andrade, em sua obra Sistemas Processuais Penais e seus Princípios Reitores, o sistema inquisitivo está formado por dois elementos fixos, que são o princípio inquisitivo e a circunstância de que a abertura do processo poderá ocorrer tanto mediante o oferecimento de uma acusação como de ofício. Esse sistema surgiu como forma de salvaguardar os interesses de persecução do poder central. Sua prevalência ocorreu nas Idades Média (especialmente) e Moderna, cujo início de sua derrocada se deu exatamente com a Revolução Francesa. Já no âmbito do *sistema misto*, o processo (*lato sensu*) é dividido em duas fases. Na primeira, preambular, normalmente é conferida ao que se denomina de juizado de instrução (*em franco desuso, diga-se, sendo que está sendo excluído dos sistemas Francês e Espanhol, por exemplo, que muitas vezes são "invocados" como paradigmas*). Na segunda, há o desenvolvimento propriamente dito do processo. A questão de relevo em relação ao sistema misto é – *exatamente pelo termo que o denomina* – que adota um elemento fixo do sistema acusatório e outro do sistema inquisitivo. E o sistema acusatório funda-se na existência de vários sujeitos processuais, tendo eles funções distintas de acusação, defesa e julgamento, sendo certo que a função investigativa *só não pode ser* atribuída ao julgador. Noutras palavras, a função de apuração preliminar fica a cargo de um órgão distinto do julgador.

Um destaque de extrema relevância, pouco trazida pela grande maioria dos doutrinadores (outros tantos "apenas discordam" dessa consideração) e que Mauro Fonseca bem pontua é que um sistema acusatório se caracteriza por possuir dois elementos "fixos": a) o princípio acusatório; b) somente o oferecimento da acusação pelo *titular* do direito é que permite seu processamento.

Significa que todos os demais elementos invocados pela doutrina de forma mais "generalista" (como oralidade, contraditório, publicidade e igualdade de armas), embora extremamente relevantes, são *variáveis* desse "modelo", de acordo com o ordenamento de cada país.

Veja-se que, até a entrada em vigor da Lei nº 13.964/2019, era possível ao juiz brasileiro decretar a prisão preventiva de ofício, sem qualquer provocação especialmente do Ministério Público. O modelo adotado no Brasil pós Constituição de 1988 indubitavelmente é acusatório (sim, há muitas reformas infraconstitucionais que precisam ser implementadas, sabemos disso). Mas a Suprema Corte e a maioria das doutrinas comprometidas com divulgar seriamente o que é *sistema acusatório* não aceitava que essa *permissão* violasse o modelo acusatório. A razão ? Tratava-se de um elemento variável, não fixo. Agora esse elemento foi alterado, mas essa proibição não significa dizer que, a partir de agora, temos um modelo "*mais acusatório*". Não, não é assim.

Registramos aqui crermos que a ideia é boa nessa alteração legislativa (*com a ressalva particular de entendermos que há determinamos casos que a atuação de ofício seria – e é – relevante, sempre excepcionalmente claro, e ainda que, diferentemente da preventiva autônoma, pode o juiz converter de ofício o flagrante em preventiva, porém sem aval da atual jurisprudência*). É o que defendemos expressamente no item 282.3 da presente obra.

Vamos recordar ainda que, ao tratar daquilo que denominou de *Sistema Garantista – SG*, Luigi Ferrajoli elencou que os seus pilares estão fundados em dez princípios fundamentais (que se desdobram em 45 teoremas) que, ordenados, conectados e harmonizados *sistemicamente*, determinam as "regras do jogo fundamental" de que se incumbe o Direito Penal e também o Direito Processual Penal. São eles: 1) Princípio da Retributividade ou da consequencialidade da pena em relação ao delito; 2) Princípio da Legalidade; 3) Princípio da Necessidade ou da economia do Direito Penal; 4) Princípio da Lesividade ou da ofensividade do evento; 5) Princípio da Materialidade ou da exterioridade da ação; 6) Princípio da Culpabilidade ou da responsabilidade pessoal; 7) Princípio da Jurisdicionariedade; 8) Princípio Acusatório ou da separação entre juiz e acusação; 9) Princípio do Ônus da prova; 10) Princípio do Contraditório e da ampla defesa.

Interessa ao caso aqui sobretudo os sétimo e oitavo princípios: da jurisdicionariedade e o acusatório *ou* separação entre o juiz e acusação. Mas aí vamos assentar que essa *separação* não é afastar o juiz em qualquer situação de tomar as rédeas do processo, mas sim adotar como premissas a essencialidade dos dois primados antes referidos: separação entre função de *acusar e julgar*, impedindo o *início* da persecução penal sem iniciativa do titular do *jus puniendi* (esse detalhe será relevante para adiante compreender algumas outras questões). Quem *dirá o direito*, com palavra final e devida fundamentação, *é só o juiz*!

Assim, vincular o juiz a uma manifestação do Ministério Público é retirar a essência do que são suas funções: julgar, *dizendo o direito*.

Igualmente não concordamos com posicionamentos no sentido de que, com pedido de absolvição feito pelo *parquet*, estaria presente uma hipótese de "perda de objeto", desistência da ação penal ou "retirada da acusação".

Não se pode esquecer que o objeto no processo penal é o "fato" a ser apurado mediante o devido processo legal e as provas angariadas no curso processual.

A propósito, veja-se o que diz Ferrajoli: "Estricta legalidad y estricta jurisdiccionalidad resultan así *mediadas y conectadas*, la primera como presupuesto de la segunda, por el principio cognoscitivista de la significación normativa y *de la certeza probatoria*, en el sentido aclarado en capítulo precedente de que *el juez comprueba o prueba como verdadero (que se há cometido un delito) sólo (si el hecho comprobado o probado corresponde a) lo que está taxativamente denotado por la ley como delito)*" (Ferrajoli, Luigi. Derecho y Razón. Editorial Trotta, 4 ed. Madrid. 2000, p. 96).

Noutras palavras, deixar ao Ministério Público a decisão final e vinculante – não sindicável e incontestável – do que está "provado" ou "não provado", sem qualquer "controle", significa desconsiderar por completo um dos pilares essenciais do "sistema garantista", que é o da *jurisdicionalidade*, pois, repetimos, compete ao juiz, com exclusividade (pelo modelo acusatório), decidir se o fato está comprovado ou não.

Mas vamos um pouco adiante, desdobrando essas considerações.

O dispositivo em voga é expresso: "*Nos crimes de ação pública, o juiz poderá proferir sentença condenatória, ainda que o Ministério Público tenha opinado pela absolvição, bem como reconhecer agravantes, embora nenhuma tenha sido alegada*".

Vale apenas para as ações penais públicas, pois as privadas propriamente ditas (não as subsidiárias da pública) estão dentro da esfera discricionária exclusiva da vítima e/ou representantes legais.

O que está em pauta então é saber se a *manifestação em alegações finais* feita pelo Ministério Público é vinculativa ou não ao julgador.

A regra em comento dispõe que *não há vinculação*, ou seja, é possível haver a condenação mesmo que haja um *pedido* de absolvição nas alegações finais.

E não pode haver vinculação, porque se deve separar o julgador do acusador. A vinculação importa afastar a competência ínsita do modelo acusatório de o juiz *dizer o direito*, a partir das provas do *fato* (o objeto do processo penal, vamos insistir).

Em julgado cuja ementa optamos por transcrever quase na íntegra (abaixo, na jurisprudência – Recurso Especial nº 2.022.413-PA, DJ 7.3.2023), o Ministro Rogério Schietti foi preciso e exauriente na fundamentação ao caso. Encontra-se na fundamentação do voto minoritário no referido julgado transcrição de doutrina brasileira com remissões ao entendimento de Goldschmidt. Disse o julgador: "*Partindo da construção dogmática do objeto do processo penal, com Goldschmidt, verificamos que (nos crimes de ação penal de iniciativa pública) o Estado realiza dois direitos distintos (acusar e punir) por meio de dois órgãos diferentes (Ministério Público e Julgador). Essa duplicidade do Estado (como acusador e julgador) é uma imposição do sistema acusatório (separação das tarefas de acusar e julgar). O Ministério Público é o titular da pretensão acusatória, e, sem o seu pleno exercício, não se abre a possibilidade de o Estado exercer o poder de punir, visto que se trata de um poder condicionado. O poder punitivo estatal está condicionado à invocação feita pelo MP mediante o exercício da pretensão acusatória. Logo, o pedido de absolvição equivale ao não exercício da pretensão acusatória, isto é, o acusador está abrindo mão de proceder contra alguém. Como consequência, não pode o juiz condenar, sob pena de exercer o poder punitivo sem a necessária invocação, no mais claro retrocesso ao modelo inquisitivo. Então, recordando que Goldschmidt afirma que o poder judicial de condenar o culpado é um direito potestativo, no sentido de que necessita de uma sentença condenatória para que se possa aplicar a pena e, mais do que isso, é um poder condicionado à existência de uma acusação. Essa construção é inexorável se se realmente se quer efetivar o projeto acusatório da Constituição. Significa dizer: aqui está um elemento fundante do sistema acusatório. Portanto, viola o sistema acusatório constitucional a regra prevista no artigo 385 do CPP, que prevê a possibilidade de o juiz condenar ainda que o Ministério público peça a absolvição. Também representa uma clara violação do princípio da necessidade do processo penal fazendo com que a punição não seja legitimada pela prévia integral acusação, ou, melhor ainda, pleno exercício da pretensão acusatória".*

Esse momento é importantíssimo frisar: em nossa compreensão *Goldschmidt não defende "bem e só isso"*. Vamos à origem da doutrina, quando o autor tedesco, criticando previsões da legislação de *vinculação do juiz* no processo criminal ao que pedir o Ministério Público, refere: "É verdade que a acusação, uma vez ajuizada, o *juízo criminal dar-lhe-á seguimento, e que o Ministério Público não pode desistir dela*; mas, quando o Ministério Público requerer *o arquivamento da investigação*, e tampouco houver acusador particular, nem se apresentar alguém para ajuizar a acusação, o Juiz acolherá o arquivamento requerido, tendo, somente no caso de discordância, a faculdade de provocar o membro do Ministério Público de segundo grau (arts. 642, 644). Mesmo assim, *deve-se deduzir do que dizem os artigos 912, núm. 3, L.E.Crim., e 69 da Lei do Tribunal do Júri*, que, quando se desista da acusação na fase de instrução probatória, não pode haver uma sentença condenatória, e que até ao juízo criminal se vincula pela qualificação definitiva do acusador, formulada depois que foram praticadas as diligências de prova (art. 732). *Esta vinculação do juízo criminal envolve, como já se explicou anteriormente, até um exagero do princípio acusatório, porque se desconhece que objeto do processo é o direito de punir*, e, por consequência, não um tipo delituoso, senão um fato a ser julgado, e que aquele direito de punir corresponde ao Juiz".

Ou seja, *Goldschmidt entende que essa vinculação é um exagero* dentro de um sistema acusatório que preveja isso explicitamente nas normas infraconstitucionais (como nas que ele refere; no Brasil não há a regra vinculativa, ela dispõe exatamente em sentido oposto).

É preciso compreender que ele não está defendendo a vinculação, mas *fazendo uma crítica* às normas mencionadas que a estipulam, porque, vamos repetir suas palavras, "*se desconhece que o objeto do processo é o direito de punir*".

É o que estamos sustentando: depois de instaurada a ação penal, o objeto do processo é o direito de punir. E desse o MP não pode lançar mão de forma vinculativa ao juízo.

Portanto, se, nas palavras de Ferrajoli, o Ministério Público seja (mais uma) instituição de garantias, devendo zelar pelo devido processo, seu poder-dever de persecução penal (já exercida a pretensão, presente a indisponibilidade e obrigatoriedade) não é absoluto e não passível de ser sindicado. É dever do juiz controlar esse ato para ver se, a partir do arcabouço probatório produzido, não se está diante de um erro e/ou arbitrariedade (e não se olvide: todo o juiz brasileiro já é um "juiz de garantias", basta ter os olhos da melhor compreensão).

Realmente o juiz não pode se *substituir* à acusação na produção probatória (sobre isso, reportamos aos comentários e decisão do STF no ano de 2023 nas Ações Declaratórias de Inconstitucionalidade nºs 6.298, 6.299, 6.300 e 6.305, ao interpretar o art. 3º-A, do CPP).

Mas daí não se pode inferir que o juiz não poderia "produzir provas". Em nossa compreensão, nunca houve impedimento de sua atuação probatória num modelo acusatório, mesmo em sistemas "adversariais". O que não se permite é que o julgador "escolha" e produza as provas que queira para, depois, julgar. Aí ele estará concentrando as duas funções, de demonstração da autoria e materialidade (ônus da prova, que é do titular da ação penal) e de, concomitantemente, julgar o feito.

Diante das provas produzidas, a função do juiz – na busca de um *processo justo* – é avaliar a prova e dizer o direito, exatamente como advertimos originariamente ao acorrermos aos ensinamentos de Ferrajoli.

Importante destacar, por fim, que, em 2023, no julgamento das ADIs 6.298, 6.299, 6.300 e 6.305, o Plenário do STF reafirmou a plena compatibilidade do art. 385 do CPP com a estrutura acusatória, referindo expressamente que: a)"*diante da obrigatoriedade e da indisponibilidade que caracterizam a ação penal pública no direito processual penal brasileiro, as manifestações do Ministério Público submetem-se ao controle judicial, no âmbito do qual compete aos juízes competentes para o julgamento da ação penal impedir que, direta ou indiretamente, aqueles princípios sejam violados nos autos. Deveras, os institutos da desistência ou da perempção são aplicáveis exclusivamente às ações penais privadas*"; *b) "Como registrado em sede jurisprudencial, "A submissão do magistrado à manifestação final do Ministério Público, a pretexto de supostamente concretizar o princípio acusatório, implicaria, em verdade, subvertê-lo, transmutando o órgão acusador em julgador e solapando, além da independência funcional da magistratura, duas das basilares características da jurisdição: a indeclinabilidade e a indelegabilidade."*

Após esses acréscimos relevantes, reafirmamos nossa posição no sentido que a norma em comento confirma e se conforma ao modelo acusatório.

Sobre requerimento e deferimento de prisões e medidas cautelares menos gravosas, vide as anotações e julgados relacionados no item 311.1.

Jurisprudência

385.1 [...] "Conforme dispõe o art. 385 do Código de Processo Penal, é possível que o juiz condene o réu ainda que o Ministério Público peça a absolvição do acusado em alegações finais. Esse dispositivo legal está em consonância com o sistema acusatório adotado no Brasil e não foi tacitamente derrogado pelo advento da Lei n. 13.964/2019, que introduziu o art. 3º-A no Código de Processo Penal" (REsp n. 2.022.413/PA, relator Ministro Sebastião Reis Júnior, relator para acórdão Ministro Rogerio Schietti Cruz, Sexta Turma, julgado em 14/2/2023, DJe de 7/3/2023.). [...] *(Agravo Regimental no Habeas Corpus nº 779.933-SP, STJ, 6ª Turma, Rel. Antonio Saldanha Palheiro, sessão virtual de 16.4.2024 a 22.4.2024, publicado no DJ em 25.4.2024)*

385.1 [...] 1. Conforme se extrai do disposto no art. 385 do Código de Processo Penal, a manifestação do Ministério Público, titular da ação penal, visando à absolvição do acusado, não impede que o juiz profira sentença condenatória.

2. Com a mesma razão, o parecer do Ministério Público atuante como fiscal da lei em segunda instância (custos legis), no sentido da absolvição, ostenta caráter meramente opinativo, não tendo o condão, portanto, de vincular a atividade do julgador, a quem compete decidir observando-se o princípio do livre convencimento motivado.

3. Independentemente da ótica que se adote, não houve violação ao sistema acusatório, já que inexistiu confusão entre as funções de acusar, julgar e defender. Agravo regimental a que se nega provimento.*(Agravo Regimental no Habeas Corpus nº 231.717, STF, 2ª Turma, Rel. Min. André Mendonça, sessão virtual de 10.11.2023 a 20.11.2023, publicado no DJ em 13.12.2023)*

385.1 [...] O art. 385 do Código de Processo Penal é compatível com o sistema acusatório e não foi derrogado pelas inovações acrescidas ao art. 3º-A do mesmo diploma legal pela Lei n. 13.964/2019. Desse modo, ainda que o Ministério Público manifeste pedido absolutório, é possível haver decisão condenatória, sem que isso importe em ofensa ao princípio acusatório ((*ut*, AgRg no AREsp n. 2.363.953/SC, relator Ministro Ribeiro Dantas, Quinta Turma, DJe de 12/9/2023.) [...] *(Agravo Regimental no Recurso Especial nº 2.090.317-SC, STJ, 5ª Turma, Rel. Min. Reynaldo Soares da Fonseca, julgado em 12.12.2023, publicado no DJ em 15.12.2023)*

385.1 [...] A falta de interesse da acusação em promover a persecução penal em juízo, por falta de justa causa, em momento posterior à apresentação da denúncia não vincula o órgão judicial constitucionalmente competente para o exame da pretensão punitiva, que deve realizar o controle das razões declinadas. [...] *(Inquérito nº 4.342-Mérito, STF, Plenário, Rel. Min. Edson Fachin, sessão virtual de 10.11.2023 a 20.11.2023, publicado no DJ em 19.12.2023)*

385.1 [...] Não há vinculação do Poder Judiciário à manifestação do Ministério Público após o oferecimento de denúncia, seja por eventual desistência que não existe no nosso processo penal , seja inclusive por pedido de absolvição. O Ministério Público é o titular da ação penal pública; não é o titular de todo o processo. [...] *(Agravo Regimental no Recurso Extraordinário nº 1.429.448, STF, 1ª Turma, Rel. Min. Alexandre de Moraes, sessão virtual de 10.11.2023 a 20.11.2023, publicado no DJ em 5.12.2023)*

385.1 [...] Quanto à tese de inconstitucionalidade do art. 385 do Código de Processo Penal, ressalvada a compreensão pessoal acerca da temática, no sentido da revogação tácita do art. 385 do Código de Processo Penal, ante a manifesta incompatibilidade do referido preceito com a nova sistemática processual penal subsequente ao advento da Lei n. 13.964/2019, me curvo ao entendimento exarado pela maioria da Sexta Turma.

[...] Conforme dispõe o art. 385 do Código de Processo Penal, é possível que o juiz condene o réu ainda que o Ministério Público peça a absolvição do acusado em alegações finais. Esse dispositivo legal está em consonância com o sistema acusatório adotado no Brasil e não foi tacitamente derrogado pelo advento da Lei n. 13.964/2019, que introduziu o art. 3º-A no Código de Processo Penal. [...] O sistema processual penal brasileiro – em contraposição ao antigo modelo inquisitivo – é caracterizado, a partir da Constituição Federal de 1988, como acusatório, e não se confunde com o adversarial system, de matriz anglo-saxônica. É preciso louvar os benefícios que decorrem da adoção do processo com estrutura acusatória – grande conquista de nosso sistema pós-Constituição de 1988 e reforçado pelo novel art. 3º-A do CPP – sem, todavia, cair no equívoco de desconsiderar que o processo penal, concebido e mantido acima de tudo para proteger o investigado/réu contra eventuais abusos do Estado em sua atividade persecutória e punitiva, também tutela outros interesses, igualmente legítimos, como o da proteção da vítima e, mediatamente, da sociedade em geral. Ao Estado tanto interessa punir os culpados quanto proteger os inocentes, o que faz por meio de uma jurisdição assentada em valores indissociáveis, ainda que não absolutos, tais quais a verdade e a justiça. [...] Não obstante a proclamada adoção no Brasil de um processo com estrutura acusatória, a praxe judiciária tem agasalhado diversas situações em que se realizam atividades judiciais com inclinação inquisitorial. Em verdade, como bem observam Andrea Dalia e Marzia Ferraioli, "mais do que de sistema inquisitorial ou de sistema acusatório, com referência à legislação processual penal moderna, é mais usual falar de modelos com tendência acusatória ou de formato inquisitorial" (DALIA, Andrea; FERRAIOLI, Marzia. Manuale di Diritto Processual Penale. 5 ed. Milão: 2003, p. 27, trad. livre). [...] O Ministério Público, instituição a que o Constituinte de 1988 incumbiu, privativamente, de promover a ação penal pública (art. 129, I, da Constituição Federal), tem o dever de deduzir, presentes os pressupostos processuais e as condições da ação, a pretensão punitiva estatal, compromissado com a descoberta da verdade e a realização da justiça. Ao contrário de outros sistemas – em que o Ministério Público dispõe da ação penal por critérios de discricionariedade -, no processo penal brasileiro o Promotor de Justiça não pode abrir mão do dever de conduzir a actio penalis até seu desfecho, quer para a realização da pretensão punitiva, quer para, se for o caso, postular a absolvição do acusado, hipótese que não obriga o juiz natural da causa, consoante disposto no art. 385 do Código de Processo Penal, a atender ao pleito ministerial. [...] Deveras, o art. 385 do Código de Processo Penal prevê que, quando o Ministério Público pede a absolvição do acusado, ainda assim o juiz está autorizado a condená-lo, dada, também aqui, sob a ótica do Poder Judiciário, a soberania do ato de julgar. [...] Quando o Parquet pede a absolvição de um réu, não há, ineludivelmente, abandono ou disponibilidade da ação (Art. 42 do CPP), como faz o promotor norte-americano, que simplesmente retira a acusação (decision on prosecution motion to withdraw counts) e vincula o posicionamento do juiz. No sistema pátrio, é vedada similar iniciativa do órgão de acusação, em face do dever jurídico de promover a ação penal e de conduzi-la até o seu desfecho, mesmo que, eventualmente, possa o agente ministerial posicionar-se de maneira diferente – ou mesmo oposta – à do colega que, na denúncia, postulara a condenação do imputado. [...] No tocante à natureza dos interesses postos em conflito no Processo Penal, cabe reportar à oportuna e avalizada lição de Giovanni Leoni (Diritto Procesuale Penale. 7. ed., Napoli: Jovene, 1968, p. 497 ss, trad. livre), que assere: "No Processo Penal se estabelecem duas situações distintas: uma imanente de conflito entre o direito punitivo do estado e o direito de liberdade do agente; e, outra, contingente, de relação entre o Ministério Público e o acusado, que pode reproduzir a primeira situação ou divorciarse integralmente dela". E acrescenta o eminente professor italiano: "Na jurisdição criminal não há propriamente uma demanda do Ministério Público contra uma demanda do réu, mas uma posição estática de interesse punitivo que está atrás do Ministério Público. E uma posição estática de interesse à liberdade que fica às costas do agente". [...] As posições contingencialmente adotadas pelos representantes do Ministério Público no curso de um processo não eliminam o conflito que está imanente, permanente, na persecução penal, que é o conflito entre o interesse punitivo do Estado, representado pelo Parquet, Estado-acusador, e o interesse de proteção à liberdade do indivíduo acusado, ambos sob a responsabilidade do órgão incumbido da soberana função de julgar, por meio de quem, sopesadas as alegações e as provas produzidas sob o contraditório judicial, o Direito se expressa concretamente. [...] Portanto, mesmo que o órgão ministerial, em alegações finais, não haja pedido a condenação do acusado, ainda assim remanesce presente a pretensão acusatória formulada no início da persecução penal – pautada pelos princípios da obrigatoriedade, da indisponibilidade e pelo caráter publicista do processo -, a qual é julgada pelo Estado-juiz, mediante seu soberano poder de dizer o direito (juris dicere). [...] Tal como ocorre com os poderes instrutórios residuais do juiz no sistema acusatório, que se justificam excepcionalmente à vista do risco de se relegar a busca da verdade processual apenas às partes – as quais estão em situação de engajamento e têm interesse em ganhar a causa, e não necessariamente em demonstrar o que de fato aconteceu -, pela mesma razão se explica a possibilidade – também excepcional – de que o juiz condene o réu mesmo que o Ministério Público peça a absolvição dele. [...] O princípio da correlação vincula o julgador apenas aos fatos narrados na denúncia – aos quais ele pode, inclusive, atribuir qualificação jurídica diversa (art. 383 do CPP) -, mas não o vincula aos fundamentos jurídicos invocados pelas partes em alegações finais para sustentar seus pedidos. Dessa forma, uma vez veiculada a acusação por meio da denúncia e alterado o estado natural de inércia da jurisdição – inafastável do Poder Judiciário nos termos do art. 5º, XXXV, da Constituição -, o processo segue por impulso oficial e o juiz tem o dever – pautado pelo sistema da persuasão racional – de analisar, motivadamente, o mérito da causa submetida à sua apreciação, à vista da hipótese acusatória contida na denúncia, sem que lhe seja imposto o papel de mero homologador do que lhe foi proposto pelo Parquet. [...] A submissão do magistrado à manifestação final do Ministério Público, a pretexto de supostamente concretizar o princípio acusatório, implicaria, em verdade, subvertê-lo, transmutando o órgão acusador em julgador e solapando, além da independência funcional da magistratura, duas das basilares características da jurisdição: a indeclinabilidade e a indelegabilidade. [...] Com efeito, é importante não confundir a desistência da ação – que é expressamente vedada ao Ministério Público pela previsão contida no art. 42 do CPP e que levaria, se permitida, à extinção do processo sem resolução do mérito e sem a formação de coisa julgada material -, com a necessária vinculação do julgador aos fundamentos apresentados por uma das partes em alegações finais, cujo acolhimento leva à extinção com resolução do mérito da causa e à formação de coisa julgada material insuperável, porquanto proibida a revisão criminal pro societate em nosso ordenamento. [...] É de se notar, ainda, o grave déficit de sindicabilidade dos atos do membro do Ministério Público que o entendimento ora refutado acarreta. Isso porque eventual erro – a que todos estão sujeitos, falíveis que são os seres humanos – ou até mesmo algum comprometimento ético do representante do Parquet não seria passível de nenhum controle, diante da ausência de interesse em recorrer da decisão judicial que acolhe o pedido absolutório ou extintivo da punibilidade, cenário afrontoso aos princípios fundantes de qualquer Estado Democrático de Direito. [...] É dizer, nem o juiz, nem o Tribunal, tampouco a instância revisora do Ministério Público poderiam controlar o ato viciado, porquanto, diferentemente do que ocorre na sistemática do arquivamento do inquérito (art. 28 do CPP), não há previsão legal para remeter os autos ao órgão superior do Parquet nessa hipótese. Ainda que se aplicasse o referido dispositivo por analogia – o que mitigaria a falta de controle sobre o ato -, tal solução, em caso de insistência no pedido absolutório e vinculação do julgador, não resolveria o problema de afronta à independência funcional e à soberania do Poder Judiciário para dizer o direito, função que lhe é ínsita. [...] Ao atribuir privativamente ao Ministério Público o encargo de promover a ação penal pública, o Constituinte ressalvou no art. 129, I, que isso deveria ser exercido "na forma da lei", de modo a resguardar ao legislador ordinário alguma margem de conformação constitucional para tratar da matéria, dentro da qual se enquadra a disposição contida no art. 385 do CPP. Ou seja, mesmo sujeita a algumas críticas doutrinárias legítimas, a referida previsão normativa não chega ao ponto de poder ser considerada incompatível com o ordenamento jurídico brasileiro, tampouco com o sistema acusatório adotado no país. [...] É necessário fazer, entretanto, uma ponderação, à luz das pertinentes palavras do Ministro Roberto Barroso, no julgamento da Ap n. 976/PE, de que "[t]al norma, ainda que considerada constitucional, impõe ao julgador que decidir pela condenação um ônus de fundamentação elevado, para justificar a excepcionalidade de decidir contra o titular da ação penal". Vale dizer, uma vez formulado pedido de absolvição pelo dominus litis, caberá ao julgador, na sentença, apresentar os motivos fáticos e jurídicos pelos quais entende ser cabível a condenação e refutar não apenas os fundamentos suscitados pela defesa, mas também aqueles invocados pelo Parquet em suas alegações finais, a fim de demonstrar o equívoco da manifestação ministerial. Isso porque, tal como ocorre com os seus poderes instrutórios, a faculdade de o julgador condenar o acusado em contrariedade ao pedido de absolvição do Parquet também só pode ser exercida de forma excepcional, devidamente fundamentada à luz das circunstâncias do caso concreto (REsp n. 2.022.413/PA, Ministro Sebastião Reis Júnior, relator para acórdão Ministro Rogerio Schietti Cruz, Sexta Turma, DJe 7/3/2023).[...] *Recurso Especial nº 1.921.670-PR, STJ, 6ª Turma, Rel. Min. Sebastião Reis Júnior, julgado em 26.9.2023, publicado no DJ em 29.9.2023)*

385.1 [...] É pacífica a jurisprudência do Superior Tribunal de Justiça de que, "nos termos do art. 385 do Código de Processo Penal, nos crimes de ação pública, o juiz poderá proferir sentença condenatória, ainda que o Ministério Público tenha opinado pela absolvição. O artigo 385 do Código de Processo Penal foi recepcionado pela Constituição Federal" (AgRg no REsp n. 1.612.551/RJ, relator Ministro Reynaldo Soares da Fonseca, Quinta Turma, julgado em 2/2/2017, DJe 10/2/2017). [...] O fato de o órgão acusador requerer a absolvição do réu não acarreta vinculação do órgão julgador, em virtude do conteúdo dos arts. 155 e 385 do Código de Processo Penal. [...] *(Agravo Regimental no Habeas Corpus nº 793.110-GO STJ, 6ª Turma, Rel. Min. Antonio Saldanha Palheiro, sessão virtual de 8.8.2023 a 14.8.2023, publicado no DJ em 16.8.2023)*

385.1 [...] 7. Na fase apuratória da *persecutio criminis* é ônus exclusivo da acusação assegurar-se de que a denúncia está lastreada em elementos de informação capazes de configurar indícios de materialidade e autoria delitivas suficientes à configuração da justa causa. À míngua desses elementos, impor-se-á sua rejeição. 8. O entendimento jurisprudencial do Supremo Tribunal Federal é no sentido de que a alteração da opinio delicti ministerial, após o oferecimento da denúncia, não detém caráter vinculativo, ensejando à análise das razões apresentadas pela Procuradoria-Geral da República que a levaram ao superveniente pedido de rejeição da peça acusatória. [...] *(Inquérito nº 4.325-Mérito, STF, Plenário, Rel. Min. Edson Fachin, sessão virtual de 16.6.2023 a 23.6.2023, publicado no DJ em 2.8.2023)*

385.1 [...] Em recente julgado, a Sexta Turma dessa Corte concluiu, por maioria de votos, que o art. 385 do Código de Processo Penal é compatível com o sistema acusatório e não foi derrogado pelas inovações acrescidas ao art. 3º-A do mesmo diploma legal pela Lei n. 13.964/2019.

Desse modo, ainda que o Ministério Público manifeste pedido absolutório, é possível haver decisão condenatória, sem que isso importe em ofensa ao princípio acusatório. [...] *(Agravo Regimental no Habeas Corpus nº 777.610-RS, STJ, 5ª Turma, Rel. Min. Ribeiro Dantas, sessão virtual de 18.4.2023 a 24.4.2023, publicado no DJ em 27.4.2023)*

385.1 [...] 3. Conforme dispõe o art. 385 do Código de Processo Penal, é possível que o juiz condene o réu ainda que o Ministério Público peça a absolvição do acusado em alegações finais. Esse dispositivo legal está em consonância com o sistema acusatório adotado no Brasil e não foi tacitamente derrogado pelo advento da Lei n. 13.964/2019, que introduziu o art. 3º-A no Código de Processo Penal.

3.1. O sistema processual penal brasileiro – em contraposição ao antigo modelo inquisitivo – é caracterizado, a partir da Constituição Federal de 1988, como acusatório, e não se confunde com o *adversarial system*, de matriz anglo-saxônica. É preciso louvar os benefícios que decorrem da adoção do processo com estrutura acusatória – grande conquista de nosso sistema pós-Constituição de 1988 e reforçado pelo novel art. 3º-A do CPP – sem, todavia, cair no equívoco de desconsiderar que o processo penal, concebido e mantido acima de tudo para proteger o investigado/réu contra eventuais abusos do Estado em sua atividade persecutória e punitiva, também tutela outros interesses, igualmente legítimos, como o da proteção da vítima e, mediatamente, da sociedade em geral. Ao Estado tanto interessa punir os culpados quanto proteger os inocentes, o que faz por meio de uma jurisdição assentada em valores indissociáveis, ainda que não absolutos, tais quais a verdade e a justiça.

3.2. Não obstante a proclamada adoção no Brasil de um processo com estrutura acusatória, a praxe judiciária tem agasalhado diversas situações em que se realizam atividades judiciais com inclinação inquisitorial. Em verdade, como bem observam Andrea Dalia e Marzia Ferraioli, "mais do que de sistema inquisitorial ou de sistema acusatório, com referência à legislação processual penal moderna, é mais usual falar de modelos com tendência acusatória ou de formato inquisitorial" (DALIA, Andrea; FERRAIOLI, Marzia. *Manuale di Diritto Processual Penale*. 5 ed. Milão: 2003, p. 27, trad. livre).

3.3. O Ministério Público, instituição a que o Constituinte de 1988 incumbiu, privativamente, de promover a ação penal pública (art. 129, I, da Constituição Federal), tem o dever de deduzir, presentes os pressupostos processuais e as condições da ação, a pretensão punitiva estatal, compromissado com a descoberta da verdade e a realização da justiça. Ao contrário de outros sistemas – em que o Ministério Público dispõe da ação penal por critérios de discricionariedade –, no processo penal brasileiro o Promotor de Justiça não pode abrir mão do dever de conduzir a *actio penalis* até seu desfecho, quer para a realização da pretensão punitiva, quer para, se for o caso, postular a absolvição do acusado, hipótese que não obriga o juiz natural da causa, consoante disposto no art. 385 do Código de Processo Penal, a atender ao pleito ministerial.

3.4. Deveras, o art. 385 do Código de Processo Penal prevê que, quando o Ministério Público pede a absolvição do acusado, ainda assim o juiz está autorizado a condená-lo, dada, também aqui, sob a ótica do Poder Judiciário, a soberania do ato de julgar.

3.5. Quando o Parquet pede a absolvição de um réu, não há, ineludivelmente, abandono ou disponibilidade da ação (Art. 42 do CPP), como faz o promotor norte-americano, que simplesmente retira a acusação (*decision on prosecution motion to withdraw counts*) e vincula o posicionamento do juiz. No sistema pátrio, é vedada similar iniciativa do órgão de acusação, em face do dever jurídico de promover a ação penal e de conduzi-la até o seu desfecho, mesmo que, eventualmente, possa o agente ministerial posicionar-se de maneira diferente – ou mesmo oposta – à do colega que, na denúncia, postulara a condenação do imputado.

3.6. No tocante à natureza dos interesses postos em conflito no Processo Penal, cabe reportar à oportuna e avalizada lição de Giovanni Leoni (*Diritto Procesuale Penale*. 7. ed., Napoli: Jovene, 1968, p. 497 ss, trad. livre), que assere: "No Processo Penal se estabelecem duas situações distintas: uma imanente de conflito entre o direito punitivo do estado e o direito de liberdade do agente; e, outra, contingente, de relação entre o Ministério Público e o acusado, que pode reproduzir a primeira situação ou divorciar-se integralmente dela". E acrescenta o eminente professor italiano: "Na jurisdição criminal não há propriamente uma demanda do Ministério Público contra uma demanda do réu, mas uma posição estática de interesse punitivo que está atrás do Ministério Público. E uma posição estática de interesse à liberdade que fica às costas do agente".

3.7. As posições contingencialmente adotadas pelos representantes do Ministério Público no curso de um processo não eliminam o conflito que está imanente, permanente, na persecução penal, que é o conflito entre o interesse punitivo do Estado, representado pelo Parquet, Estado-acusador, e o interesse de proteção à liberdade do indivíduo acusado, ambos sob a responsabilidade do órgão incumbido da soberana função de julgar, por meio de quem, sopesadas as alegações e as provas produzidas sob o contraditório judicial, o Direito se expressa concretamente.

3.8. Portanto, mesmo que o órgão ministerial, em alegações finais, não haja pedido a condenação do acusado, ainda assim remanesce presente a pretensão acusatória formulada no início da persecução penal – pautada pelos princípios da obrigatoriedade, da indisponibilidade e pelo caráter publicista do processo –, a qual é julgada pelo Estado-juiz, mediante seu soberano poder de dizer o direito (*juris dicere*).

3.9. Tal como ocorre com os poderes instrutórios residuais do juiz no sistema acusatório, que se justificam excepcionalmente à vista do risco de se relegar a *busca da verdade processual* apenas às partes – as quais estão em situação de engajamento e têm interesse em ganhar a causa, e não necessariamente em demonstrar o que de fato aconteceu –, pela mesma razão se explica a possibilidade – também excepcional – de que o juiz condene o réu mesmo que o Ministério Público peça a absolvição dele.

3.10. O princípio da correlação vincula o julgador apenas aos fatos narrados na denúncia – aos quais ele pode, inclusive, atribuir qualificação jurídica diversa (art. 383 do CPP) –, mas não o vincula aos fundamentos jurídicos invocados pelas partes em alegações finais para sustentar seus pedidos. Dessa forma, uma vez veiculada a acusação por meio da denúncia e alterado o estado natural de inércia da jurisdição – inafastável do Poder Judiciário nos termos do art. 5º, XXXV, da Constituição –, o processo segue por impulso oficial e o juiz tem o dever – pautado pelo sistema da persuasão racional – de analisar, motivadamente, o mérito da causa submetida à sua apreciação, à vista da hipótese acusatória contida na denúncia, sem que lhe seja imposto o papel de mero homologador do que lhe foi proposto pelo Parquet.

3.11. A submissão do magistrado à manifestação final do Ministério Público, a pretexto de supostamente concretizar o princípio acusatório, implicaria, em verdade, subvertê-lo, transmutando o órgão acusador em julgador e solapando, além da independência funcional da magistratura, duas das basilares características da jurisdição: a indeclinabilidade e a indelegabilidade.

3.12. Com efeito, é importante não confundir a desistência da ação – que é expressamente vedada ao Ministério Público pela previsão contida no art. 42 do CPP e que levaria, se permitida, à extinção do processo sem resolução do mérito e sem a formação de coisa julgada material –, com a necessária vinculação do julgador aos fundamentos apresentados por uma das partes em alegações finais, cujo acolhimento leva à extinção com resolução do mérito da causa e à formação de coisa julgada material insuperável, porquanto proibida a revisão criminal *pro societate* em nosso ordenamento.

3.13. É de se notar, ainda, o grave déficit de sindicabilidade dos atos do membro do Ministério Público que o entendimento ora refutado acarreta. Isso porque eventual erro – a que todos estão sujeitos, falíveis que são os seres humanos – ou até mesmo algum comprometimento ético do representante do Parquet não seria passível de nenhum controle, diante da ausência de interesse em recorrer da decisão judicial que acolhe o pedido absolutório ou extintivo da punibilidade, cenário afrontoso aos princípios fundantes de qualquer Estado Democrático de Direito.

3.14. É dizer, nem o juiz, nem o Tribunal, tampouco a instância revisora do Ministério Público poderiam controlar o ato viciado, porquanto, diferentemente do que ocorre na sistemática do arquivamento do inquérito (art. 28 do CPP), não há previsão legal para remeter os autos ao órgão superior do Parquet nessa hipótese. Ainda que se aplicasse o referido dispositivo por analogia – o que mitigaria a falta de controle sobre o ato –, tal solução, em caso de insistência no pedido absolutório e vinculação do julgador, não resolveria o problema de afronta à independência funcional e à soberania do Poder Judiciário para dizer o direito, função que lhe é ínsita.

3.15. Ao atribuir privativamente ao Ministério Público o encargo de promover a ação penal pública, o Constituinte ressalvou no art. 129, I, que isso deveria ser exercido "na forma da lei", de modo a resguardar ao legislador ordinário alguma margem de conformação constitucional para tratar da matéria, dentro da qual se enquadra a disposição contida no art. 385 do CPP. Ou seja, mesmo sujeita a algumas críticas doutrinárias legítimas, a referida previsão normativa não chega ao ponto de poder ser considerada incompatível com o ordenamento jurídico brasileiro, tampouco com o sistema acusatório adotado no país.

3.16. É necessário fazer, entretanto, uma ponderação, à luz das pertinentes palavras do Ministro Roberto Barroso, no julgamento da Ap n. 976/PE, de que "[t]al norma, ainda que considerada constitucional, impõe ao julgador que decidir pela condenação um ônus de fundamentação elevado, para justificar a excepcionalidade de decidir contra o titular da ação penal". Vale dizer, uma vez formulado pedido de absolvição pelo *dominus litis*, caberá ao julgador, na sentença, apresentar os motivos fáticos e jurídicos pelos quais entende ser cabível a condenação e refutar não apenas os fundamentos suscitados pela defesa, mas também aqueles invocados pelo Parquet em suas alegações finais, a fim de demonstrar o equívoco da manifestação ministerial. Isso porque, tal como ocorre com os seus poderes instrutórios, a faculdade de o julgador condenar o acusado em contrariedade ao pedido de absolvição do Parquet também só pode ser exercida de forma excepcional, devidamente fundamentada à luz das circunstâncias do caso concreto. [...] *(Recurso Especial nº 2.022.413–PA, STJ, 6ª Turma, Rel. Min. Sebastião Reis Júnior, Rel. Para o acórdão Ministro Rogério Schietti Cruz, por maioria, julgado em 14.2.2023, publicado no DJ em 7.3.2023)*

385.1 [...] 2. A falta de interesse da acusação em promover a persecução penal em juízo, por falta de justa causa, em razão de fatores supervenientes à apresentação da denúncia, deve ser acatada neste estágio processual destinado a aferir a possibilidade de instauração da ação penal, sobretudo quando amparadas em fundadas razões ou modificação fática que influenciem no julgamento do feito.

3. A principal consequência da separação de funções entre investigação, acusação, defesa e julgamento, evidencia que a Constituição Federal de 1988 adota o sistema acusatório a orientar a persecução penal brasileira, o que impõe a impossibilidade de o juiz iniciar a relação processual por vontade própria e, por conseguinte, de atuar no lugar do órgão acusador tanto na fase investigativa quanto no curso da ação penal. [...] *(Inquérito nº 4.326-Mérito, STF, Plenário, Rel. Min. Edson Fachin, sessão virtual de 4.8.2023 a 14.8.2023, publicado no DJ em 24.8.2023)*

385.1 [...] A jurisprudência do Superior Tribunal de Justiça está fixada no sentido de que "[...] *a atuação dos membros do Ministério Público é independente, razão por que a emissão de parecer por um dos seus membros, pela incidência da prescrição, não impede que outro integrante do órgão, no mesmo processo, opine (com validade) em sentido oposto, devendo conviver em harmonia os princípios da unidade, indivisibilidade e independência funcional do Ministério Público enunciados no art. 127, § 1º, da CF.*" [...] *(Recurso Especial nº 2.064.684-PE, STJ, 6ª Turma, Rel. Min. Laurita Vaz, por maioria, julgado em 12.9.2023, publicado no DJ em 19.9.2023)*

385.1 [...] A circunstância de o Ministério Público requerer a absolvição do Acusado, seja como custos legis, em alegações finais ou em contrarrazões recursais, não vincula o Órgão Julgador, cujo mister jurisdicional funda-se no princípio do livre convencimento motivado, conforme interpretação sistemática dos arts. 155, caput, e 385, ambos do Código de Processo Penal. Precedentes do Supremo Tribunal Federal e do Superior Tribunal de Justiça. [...] "Quando o Ministério Público pede a absolvição de um réu, não há, ineludivelmente, abandono ou disponibilidade da ação, como faz o promotor norte-americano, que simplesmente retira a acusação (decision on prosecution motion to withdraw counts) e vincula o posicionamento do juiz. Em nosso sistema, é vedada similar iniciativa do órgão de acusação, em face do dever jurídico de promover a ação penal e de conduzi-la até o seu desfecho, ainda que, eventualmente, possa o agente ministerial posicionar-se de maneira diferente – ou mesmo oposta – do colega que, na denúncia, postulara a condenação do imputado" (STJ, REsp 1.521.239/MG, Rel. Ministro ROGERIO SCHIETTI CRUZ, Sexta Turma, julgado em 9/3/2017, DJe de 16/3/2017). [...] Ad argumentandum, vale referir que o Legislador Ordinário, ao editar a Lei n. 13.964/2019, acrescentou ao Código de Processo Penal o art. 3.º-A, segundo o qual "[o] processo penal terá estrutura acusatória, vedadas a iniciativa do juiz na fase de investigação e a substituição da atuação probatória do órgão de acusação". Todavia, qualquer interpretação que determine a vinculação do Julgador ao pedido absolutório do Ministério Público com fundamento, por si só, nessa regra, não tem legitimidade jurídica, pois o Supremo Tribunal Federal, em decisão monocrática proferida no dia 22/10/2020 pelo Ministro LUIZ FUX, "na condição de relator das ADIs 6.298, 6.299, 6.300 e 6305", suspendeu, "sine die a eficácia, ad referendum do Plenário, [...] da implantação do juiz das garantias e seus consectários (Artigos 3º-A, 3º-B, 3º-C, 3º-D, 3ª-E, 3º-F, do Código de Processo Penal)". [...] *(Habeas Corpus nº 623.598/PR, STJ, 6ª Turma, por maioria, Rel. Min. Laurita Vaz, julgado em 5.10.2021, publicado no DJ em 1º.2.2022)*

385.1 [...] A retratação manifestada pelo Ministério Público Federal em momento posterior à apresentação da denúncia não vincula o órgão judicial constitucionalmente competente para o exame da pretensão punitiva. [...] Agravo regimental parcialmente provido para, perante o órgão colegiado competente, rejeitar a denuncia oferecida pela Procuradoria-Geral da Republica em relacao ao acusado. *(Agravo Regimental no Inquérito nº 4.631-DF, STF, 2ª Turma, Rel. Min. Edson Fachin, julgado no Plenário virtual de 4.2.2022 a 11.2.2022, publicado no DJ em 25.2.2022)*

385.1 [...] Na esteira da orientação jurisprudencial desta Suprema Corte, "*A condenação em ação penal pública pelo juízo desvincula-se do pedido de absolvição efetuado em alegações finais pelo Ministério Público, assim como o pedido de arquivamento do inquérito policial e impronuncia. Precedentes: ARE 924.290 ED, Primeira Turma, Rel. Min. Roberto Barroso, DJe 11/03/2016, ARE 700.012 ED, Segunda Turma, Rel. Min. Carmen Lucia, DJe 10/10/2012*" (HC 125.645 AgR, Rel. Min. Luiz Fux, 1ª Turma, DJe 18.4.2017). [...] *(Agravo Regimental no Recurso Ordinário em Habeas Corpus nº 197.907/PI, STF, 1ª Turma, unânime, Rel. Min. Rosa Weber, julgado em sessão virtual de 7.5.2021 a 14.5.2021, publicado no DJ em 26.5.2021)*

385.2. Reconhecimento, de ofício, de agravantes não arguidas e sua invalidade: Nesse ponto, o texto parece-nos *irrecuperável.*

Ora, a falta de alegação da presença de alguma agravante implica a impossibilidade de se manter, em tese, qualquer discussão sobre ela, no curso do processo. E, assim, e, por isso, não se pode aceitar a validade da norma, por manifesta violação ao contraditório e à ampla defesa.

Se, ao contrário, a circunstância tiver sido debatida, ainda que não apontada na denúncia ou na queixa, pode-se reconhecê-la, se e desde que de caráter objetivo, como ocorre com a reincidência (art. 61, I, Código Penal). Todas as demais, do art. 61, II, CP, exigem não só a discussão sobre elas, mas também a efetiva imputação de sua ocorrência na peça acusatória, por se tratar de questões de fato – e, às vezes, também de direito –, exceção feita à hipótese da alínea *e* (ascendente, descendente, cônjuge ou irmão), quando, neste último caso, tais questões estiverem a salvo de qualquer objeção no processo.

Jurisprudência

385.2. [...] 1. Sob a alegação de ofensa ao princípio da correlação, discute-se a possibilidade de negativação do vetor culpabilidade com base em fato (embriaguez ao volante) não descrito na denúncia, 2. Descabe falar em violação do princípio da correlação. Isso porque, conforme a dicção do art. 385 do Código de Processo Penal, aplicável, igualmente, às circunstâncias judiciais do art. 59 do CP, "nos crimes de ação pública, o juiz poderá proferir sentença condenatória, ainda que o Ministério Público tenha opinado pela absolvição, bem como reconhecer agravantes, embora nenhuma tenha sido alegada". Ainda, em seu art. 387, II, o CPP estabelece que o Juiz, ao proferir sentença condenatória, "mencionará as circunstâncias agravantes ou atenuantes definidas no Código Penal, e cuja existência reconhecer" (HC n. 417.900/SP, Rel. Ministro Ribeiro Dantas, Quinta Turma, julgado em 8/2/2018, DJe 16/2/2018). [...] *(Agravo Regimental no HC nº 591.914-SC, STJ, 6ª Turma, julgado em 21.9.2021, publicado no DJ em 27.9.2021)*

Art. 386. O juiz absolverá o réu, mencionando a causa na parte dispositiva, desde que reconheça:

I – estar provada a inexistência do fato;

II – não haver prova da existência do fato;

III – não constituir o fato infração penal;

IV – estar provado que o réu não concorreu para a infração penal; (Redação dada pela Lei nº 11.690, de 2008)

V – não existir prova de ter o réu concorrido para a infração penal; (Redação dada pela Lei nº 11.690, de 2008)

VI – existirem circunstâncias que excluam o crime ou isentem o réu de pena (arts. 20, 21, 22, 23, 26 e § 1º do art. 28, todos do Código Penal), ou mesmo se houver fundada dúvida sobre sua existência; (Redação dada pela Lei nº 11.690, de 2008)

VII – não existir prova suficiente para a condenação. (Incluído pela Lei nº 11.690, de 2008)

Parágrafo único. Na sentença absolutória, o juiz:

I – mandará, se for o caso, pôr o réu em liberdade;

II – ordenará a cessação das medidas cautelares e provisoriamente aplicadas; (Redação dada pela Lei nº 11.690, de 2008)

III – aplicará medida de segurança, se cabível.

386.1. Sentença de absolvição sumária: O CPP prevê a decisão de absolvição *sumária* em duas oportunidades. Primeiro, no art. 397, CPP, ao permitir que o juiz, logo após a apresentação da resposta escrita, absolva o réu antes e independentemente de instrução.

E como se trata de uma decisão *antecipada*, recebeu a designação de *sumária*, exatamente por se fundar ou em questões unicamente de *direito*, ou em matéria já suficientemente provada. Tem-se ali, no art. 397, I e II, a possibilidade de absolvição sumária quando *estiver suficientemente provada* a existência de causa que exclua a ilicitude ou a culpabilidade do agente. Nesse caso, então, a decisão examina *prova*. E, mais que isso, julga que *não haveria a possibilidade de prova em contrário.*

Vê-se, portanto, o quão problemáticas podem ser tais decisões, já que retiram da acusação a possibilidade de produzir qualquer prova em sentido contrário. Saliente-se, contudo, que a exigência contida na Lei (estar provado!) só pode se reportar aos elementos produzidos na fase de investigação, eventualmente ampliados por documentos ou outros meios de prova trazidos com a resposta escrita da defesa (art. 396, CPP). Mas, ainda que assim seja, não há como negar que o fato de ter sido oferecido denúncia (ou queixa), mesmo a partir de eventuais dúvidas quanto à presença ou não de excludentes de ilicitude e/ou culpabilidade, demonstra que o órgão de acusação se comprometeria a comprovar o crime na instrução. É nesse aspecto que apontamos o problema da absolvição sumária fundada em elementos informativos colhidos na fase de investigação.

Por isso, pensamos que o manejo dessas decisões deve ser sempre excepcional, quando a prova colhida na investigação não deixar a menor dúvida quanto à presença da excludente (legítima defesa, por exemplo).

O mesmo não ocorre, porém, com as demais hipóteses de absolvição sumária fundadas nos incisos III e IV, do art. 397, CPP.

Os fundamentos da decisão naquelas hipóteses se reportam à matéria essencialmente de direito, quais sejam: o reconhecimento da *atipicidade* manifesta do fato narrado na peça acusatória (III) ou da extinção da punibilidade (IV). Daí ser mais amplo o espectro dessa modalidade de absolvição.

A outra previsão legal, e expressa, de absolvição sumária, está contida no art. 415 do CPP, a cuidar da antecipação de decisão absolutória no procedimento do Tribunal do Júri. As hipóteses ali previstas se assemelham em quase tudo àquelas do art. 397, CPP.

E o art. 416, CPP, esclarece que o recurso cabível contra a sentença de absolvição sumária será o de apelação, aplicável, também, ao art. 397, CPP, dada a identidade das decisões.

Jurisprudência

386.1. [...] A absolvição sumária por inimputabilidade do acusado constitui sentença absolutória imprópria, a qual impõe a aplicação de medida de segurança, razão por que ao magistrado incumbe proceder à análise da pretensão executiva, apurando-se a materialidade e autoria delitiva, de forma a justificar a imposição da medida preventiva. Reconhecida a existência do crime e a inimputabilidade do autor, tem-se presente causa excludente de culpabilidade, incumbindo ao juízo sumariante, em regra, a aplicação da medida de segurança. "Em regra, o *meritum causae* nos processos de competência do júri é examinado pelo juízo leigo. Excepciona-se tal postulado, por exemplo, quando da absolvição sumária, ocasião em que o juiz togado não leva a conhecimento do júri ação penal em que, desde logo, se identifica a necessidade de absolvição. Precluindo a pronúncia, deve a matéria da inimputabilidade ser examinada pelo conselho de sentença, mormente, se existe tese defensiva diversa, como a da legítima defesa" (HC 73.201/DF). Havendo tese defensiva relativa à excludente de ilicitude prevista no art. 23 do Código Penal (legítima defesa), não deve subsistir a sentença que absolveu sumariamente o paciente e aplicou-lhe medida de segurança, em face de sua inimputabilidade, por ser esta tese mais gravosa que aquela outra. Ordem concedida para anular o processo a partir da sentença que absolveu sumariamente o paciente para que outra seja proferida, a fim de que seja analisada a tese da legítima defesa exposta nas alegações finais (*Habeas Corpus nº 99.649, STJ, 5ª Turma, Rel. Min. Arnaldo Esteves Lima, julgado em 17.6.2010, publicado no DJ em 2.8.2010*).

386.2. Decisão absolutória e dispositivo da sentença: De modo geral, a legislação processual penal contempla expressamente os fundamentos legais das decisões absolutórias. Relativamente às (decisões) *condenatórias*, essa seria uma exigência constitucional (princípio da reserva legal e do devido processo legal).

Mas, ao menos em tese, pensamos aceitável a absolvição fundada em questões não subsumidas inteiramente nas situações descritas na *parte dispositiva* do art. 386, CPP (exemplo: para aqueles adeptos do *funcionalismo* penal, pode-se pensar em uma decisão motivada na *desnecessidade concreta* da pena, a se adotar a perspectiva de ROXIN, Claus – ver, dentre outros, *Funcionalismo e imputação objetiva.* Trad. Luís Greco, Editora Renovar, 2002). Nesse caso, pode-se até recorrer ao disposto no inciso VI, a tratar de hipóteses de exclusão do crime, incluindo a exclusão da culpabilidade. Contudo, para Roxin, a aludida categoria (da culpabilidade) foi enriquecida com a exigência da necessidade preventiva da pena (responsabilidade), o que implicaria a necessidade de um reforço de argumentação para a absolvição sob tal perspectiva.

De todo modo, a parte da sentença que *dispõe* sobre a pretensão deduzida em juízo – no caso, a condenação pleiteada – é denominada por *dispositiva,* isto é, a *parte dispositiva.*

386.3. Hipóteses de absolvição: (I e II) inexistência do fato e/ou falta de prova da existência dele; tem-se aqui hipótese de decisão fundada em prova material e também na ausência dela. Aliás, em processo penal, em matéria de *condenação,* já o vimos, o critério de certeza judicial jamais poderá ser *formal,* dependendo, sempre, de prova *provada,* isto é, da efetiva comprovação dos fatos e circunstâncias amparadas em provas (daí a expressão *verdade material* – ver art. 155, CPP e seguintes).

A decisão que julga provada a inexistência do fato tem consequências também civis, impedindo a reabertura de discussão em qualquer outro processo, inclusive de natureza cível, nos termos do disposto no art. 935 do Código Civil (ver art. 66, CPP). Já a decisão que absolve por falta de prova da existência do fato somente produz efeitos no âmbito criminal. E os efeitos são de coisa julgada *material,* já que se trata de sentença definitiva, de cuja autoridade (da sentença) se obtém eficácia preclusiva em quaisquer outros processos penais. Impõe-se aqui a aplicação do princípio da vedação da *revisão pro societate,* a impedir que aquele que tenha sido absolvido em processo penal seja de novo julgado pelo mesmo fato (Pacto de San José da Costa Rica, art. 8, § 4º, conforme Decreto nº 678/92).

(III) não constituir o fato infração penal; Há algumas divergências na doutrina, particularmente, na nacional, acerca dos elementos que comporiam o conceito analítico do crime. É conhecida a posição de Damásio, entre os poucos que excluem a culpabilidade como integrante (elemento) do crime, figurando, naquela doutrina, como pressuposto da pena.

Aqui não seria o espaço mais adequado ao exame da questão. No entanto, rejeitamos semelhante ponto de vista, como ocorre, aliás, em praticamente todo o direito comparado (a ressalva quanto ao *praticamente* é fruto de prudência: com efeito, nunca nos deparamos com posições doutrinárias relevantes adotando semelhante perspectiva). A culpabilidade é tão pressuposto da pena quanto a ilicitude e a tipicidade. O não culpável não tem acesso à normatividade e tampouco à compreensão do ilícito. Atribuir-lhe a prática de *crime* é operar com uma perspectiva meramente *causal* e *objetiva* da responsabilidade, algo cada dia mais longe na pós-modernidade.

Mesmo os mais recentes estudos em torno da imputação objetiva e da responsabilização do dolo *sem vontade* (ver GRECO, Luís em alentado artigo – *Revista Brasileira de Ciências Criminais,* São Paulo – v. 8, nº 32, 2000, p. 120-163) não dispensam a culpabilidade como marco da responsabilidade penal.

Tudo isso significa o seguinte: ao que parece, a se julgar pelos demais dispositivos alinhados no art. 386, o presente *dispositivo* para a absolvição se refere unicamente ao juízo de *tipicidade.* Os demais elementos do crime (ilicitude e culpabilidade) se conteriam no inciso VI, logo adiante. Mesmo a presença de eventual *erro de tipo,* que, segundo o direito brasileiro (à exceção do erro na descriminante putativa – art. 20, § 1º, CP), excluiria o dolo e o tipo, se encontra naquela parte dispositiva (VI).

(IV e V) ausência de prova da participação/autoria do acusado ou prova de sua não participação (e autoria); A ausência de prova da participação do réu no crime sempre foi fundamento para a absolvição no Código de Processo Penal.

A novidade, aparentemente dispensável (já veremos, de novo, sua utilidade), é a absolvição com fundamento na prova da *não participação,* trazida pela Lei nº 11.690/08.

Obviamente, os exemplos forenses nesse sentido serão raros, já que o juiz se contenta, em princípio, com a *dúvida* sobre a autoria ou a participação. É que qualquer juízo condenatório pressupõe *convencimento*, isto é, *certeza* judicial. Desnecessário, no ponto, recorrer-se ao *in dubio pro reo*, se assentada a compreensão, garantista, no sentido de que o ato de decisão há que ser sempre um ato essencialmente de *conhecimento*.

A vantagem de semelhante disposição é a possibilidade de eficácia preclusiva que também gerará efeitos no juízo cível, a impedir reabertura das discussões nesse sentido, o que não era e não é garantido pela absolvição com base da ausência de prova (da participação). Agora, a partir da nova redação, será efetivamente possível a *negativa de autoria*. Não como ausência de prova, mas como prova *provada*, ou seja, como fato devidamente comprovado em juízo, em contraditório e sob a ampla defesa.

(VI) excludentes de ilicitude, de culpabilidade e causas de isenção ou dúvida sobre sua existência; As referências aos arts. 20, 21, 22, 23, 26 e § 1º do art. 28, todos do CP, além de atualizar a referida norma (de dispositivo da sentença absolutória) à nova Parte Geral do Código Penal, trouxeram um acréscimo na redação que lhe deu a Lei nº 11.690/08.

Trata-se da inclusão, expressa, da incerteza judicial sobre a possível aplicação das excludentes (de tipicidade, por erro, de ilicitude e de culpabilidade): Leia-se: *se houver fundada dúvida sobre a sua existência.*

Ora, a dúvida sobre a presença de uma excludente não é outra senão a dúvida sobre a existência do crime, com todos os seus elementos. Se o juiz tem dúvida sobre a legítima defesa, ele terá dúvida sobre a prática do crime, notadamente sobre a configuração da ilicitude.

De todo modo, nada há que reparar no acolhimento da ressalva, enquanto dispositivo expresso para a absolvição.

O citado dispositivo cuida das hipóteses de erro (erro de tipo, erro na descriminante, erro de pessoa) no âmbito da tipicidade; do erro de proibição, da inimputabilidade e da exclusão da culpabilidade por embriaguez, no campo da culpabilidade, e, por fim, das situações configuradoras da exclusão da ilicitude (art. 23, CP).

Observe-se que o dispositivo não faz referência expressa ao quanto previsto no art. 24 e no art. 25, CP, relativamente ao conceito e consequências do estado de necessidade (art. 24) e da legítima defesa (art. 25).

Em primeiro lugar, a ausência de referência se justifica pela desnecessidade, tendo em vista a previsão expressa do art. 23, CP.

Em segundo lugar, há no art. 24, CP, uma ressalva quanto à impossibilidade de alegação do estado de necessidade para aquele que tem o dever, jurídico, de enfrentar o perigo (§ 1º, art. 24, CP). Assim, parece-nos, a exclusão do art. 24, CP, foi mera opção técnica, dado que a eventual aplicação do citado art. 24, § 1º, e § 2º, CP, implicaria a *condenação* e não a absolvição do réu. Por isso, limitar-se o dispositivo às hipóteses de efetiva aplicação das aludidas excludentes (estado de necessidade e legítima defesa).

De outro lado, acreditamos que também a legítima defesa *putativa* pode prestar-se à absolvição, mas não, todavia, com fundamento no art. 386, VI, e, sim, como hipótese de erro na *descriminante putativa*, segundo a qual o agente, *supondo existente situação ou circunstância que tornaria legítima a sua ação* (legítima defesa *putativa*, portanto) realiza fato típico (art. 20, § 1º, CP). Se escusável o erro, absolve-se; se inescusável, aplica-se a pena do crime culposo, se previsto em lei.

(VII) ausência de prova suficiente para a condenação; Eis um dos grandes exemplos de cláusula genérica.

Ora, se já prevista a hipótese de absolvição por ausência de prova quanto à existência do fato; por ausência de prova quanto à autoria ou à participação; de absolvição por fundada dúvida quanto às excludentes de ilicitude e de culpabilidade, além dos casos de erro de tipo, para que a hipótese de falta de prova *para a condenação*?

Com efeito, os incisos anteriores abrangem *o fato, a autoria/participação* e a sua (do fato) *valoração jurídico-penal,* parecendo-nos suficientes para a fundamentação da decisão absolutória.

Mas, como visto, em nada prejudicam o dispositivo; até, ao contrário, poderão facilitar absolvições não enquadráveis nos demais dispositivos, como vimos no exemplo atinente ao funcionalismo de Roxin.

Jurisprudência

386.3. [...] Cinge-se a controvérsia em verificar se a posterior absolvição do réu, por insuficiência probatória, é razão suficiente para ensejar o cancelamento da falta grave anotada. [...] Consoante entendimento pacificado, "Diante da independência das esferas criminal e administrativa, somente haverá repercussão no processo administrativo quando, na instância penal, a conclusão for pela inexistência material do fato ou pela negativa de autoria. Dessa forma, a absolvição judicial não descaracteriza a falta grave" (AgRg no HC 560.876/SC, relator o Ministro João Otávio de Noronha, Quinta Turma, julgado em 06/10/2020, DJe de 15/10/2020). [...] na espécie, conforme destacado pelo Tribunal de origem, "muito embora o reeducando tenha sido absolvido, em primeiro grau (autos de ação penal n. 0022681-80.2023.8.16.0019, mov. 150.1), a sentença foi proferida com fulcro no artigo 386, VII, do Código de Processo Penal. Ou seja, o reeducando não foi absolvido por estar provada a inexistência do fato (CPP, art. 386, I) ou por estar evidenciado que não concorreu para a infração penal (CPP, art. 386, II), mas sim diante da inexistência de prova suficiente para a condenação (CPP, art. 386, VII)" (e-STJ fl. 15). Dessa forma, não há como vincular a jurisdição administrativa à criminal, uma vez que não foi reconhecida a inexistência material do fato ou a negativa da autoria. [...] *(Agravo Regimental no Habeas Corpus n° 918.935-PR , STJ, 5ª Turma, Rel. Min. Daniela Teixeira, julgado em 7.10.2024, publicado no DJ em 15.10.2024)*

386.3. [...] A presunção de inocência, princípio cardeal no processo criminal, é tanto uma regra de prova como um escudo contra a punição prematura. Como regra de prova, a formulação mais precisa é o *standard* anglo-saxônico no sentido de que a responsabilidade criminal deve ser provada acima de qualquer dúvida razoável (*proof beyond a reasonable doubt)* e que foi consagrado no art. 66, item 3, do Estatuto de Roma do Tribunal Penal Internacional. [...] *(AP n. 580-SP, STF, 1ª Turma, Rel. Min. Roberto Barroso, julgado em 13.12.2016, publicado no DJ em 26.6.2017).*

386.3. [...] A jurisprudência do Superior Tribunal de Justiça entende que repercutem na esfera administrativa as sentenças penais absolutórias que atestem a comprovação da inexistência dos fatos ou da negativa de autoria. [...] (*Recurso Especial nº 1.567.627-MG, STJ, 3ª Seção, unânime, Rel. Min. Herman Benjamin, julgado em 15.12.2015, publicado no* DJ *em 18.5.2016*).

386.4. Efeitos imediatos da sentença absolutória: A primeira e mais importante consequência da sentença absolutória é a de colocar em liberdade o acusado que se encontre preso, ressalvados, é claro, os casos em que a prisão esteja fundamentada em outro processo.

É que, em tais situações, haverá inversão na interpretação da necessidade da prisão cautelar.

Ainda quando o acusado esteja praticando atos que justifiquem a sua custódia cautelar, a decisão absolutória determina a sua soltura imediata. Nesse caso, prevalece a afirmação judicial de inocência, eventualmente abalada com a decretação da prisão cautelar. Relembre-se que, dentre os requisitos das prisões, encontra-se, obviamente, o *fumus boni iuris*, ou seja, a aparência da existência de um crime (*fumus delicti*). Aliás, esse não seria mero requisito, mas verdadeiro *pressuposto*, do qual, e somente dele, se partiria para o exame das condições legais para a concessão da prisão preventiva (art. 312 e art. 387, parágrafo único, CPP) ou temporária (Lei nº 7.960/89) e para a manutenção da prisão em flagrante (art. 310, § 1º, CPP).

Em resumo: diante da decisão absolutória, qualquer necessidade cautelar de privação da liberdade cessa e cede passagem à consolidação da situação de inocência reconhecida judicialmente, ainda que sem o trânsito em julgado.

Para bem compreender a norma do inciso II, parágrafo único, art. 386, CPP, que dispõe que o juiz: "*ordenará a cessação das medidas cautelares e provisoriamente aplicadas*", parece-nos necessário entender o processo de evolução da legislação processual penal brasileira.

No início deste século, uma comissão de juristas presidida por Ada Pelegrini Grinover remeteu ao Congresso Nacional vários anteprojetos, visando à modificação do Código de Processo Penal. Um desses anteprojetos previa e prevê a alteração de grande parte do CPP, no que se refere ao tratamento legislativo da prisão e da liberdade.

Com base na legislação portuguesa e italiana, foram ali previstas várias medidas cautelares, de modo a diminuir a incidência da prisão preventiva (afastamento do lar, comparecimento mensal diante da autoridade policial e judiciária, proibição de viajar, proibição de frequentar determinados lugares e de visitar pessoas etc.). Atualmente, tais medidas também se encontram no PLS 156, que acena com a possibilidade de um novo Código de Processo Penal para o Brasil.

Por isso, a referência à *cessação das medidas cautelares* feita no inciso II, parágrafo único, art. 386, CPP, há que ficar em suspenso, isto é, no aguardo da vigência das alterações legislativas aqui referidas.

De todo modo, há também outras medidas cautelares em curso no nosso atual CPP, de que são exemplos *a restituição de coisa apreendida* (art. 118 e seguintes), além do *sequestro, do arresto e da especialização de hipoteca*, todas de natureza patrimonial, reunidas, estas últimas, sob a rubrica das *medidas assecuratórias* (art. 125, e seguintes, CPP).

No entanto, para cada uma delas há dispositivo expresso estabelecendo consequências jurídicas para a absolvição. No art. 131, por exemplo, o sequestro será *levantado* se absolvido o réu, por decisão passada em julgado, o que ocorre também em relação ao arresto (art. 141, CPP).

Teria havido revogação dos citados dispositivos (que exigem o trânsito em julgado da decisão absolutória para o levantamento de sequestro, arresto e especialização de hipoteca)?

A nosso aviso, sim. E, sem dúvida.

Como vimos, a decisão absolutória *inverte* o juízo de cautelaridade, no ponto em que afasta o *fumus boni iuris*; a presunção, aliás, passa a ser outra: a da inexistência do delito (*fumus comissi delicti*).

Assim, não vemos razão alguma para manter a antiga e superada lógica do CPP, que sempre partiu da presunção de culpabilidade e de periculosidade do agente aprisionado provisoriamente. A regra, com a decisão judicial de absolvição, é a não imposição de quaisquer medidas cautelares ao acusado.

Por fim, como não se aplica mais medida de segurança com fundamento em periculosidade na sentença condenatória (art. 387, V, CPP), com muito menor razão se poderá pensar em aplicar medida de segurança, *desde logo*, ao inimputável, *antes do trânsito em julgado*.

Nesse caso, a Lei brasileira cuida da chamada sentença *absolutória imprópria*, por meio da qual se impõe medida de segurança ao *inimputável* (art. 26 e art. 27, CP).

Faltando, então, a culpabilidade, não se poderia condenar o agente. Vem daí, provavelmente, a doutrina – equivocada, *data venia* – que vê a culpabilidade como pressuposto da pena e não como *elemento do crime*. Se efetivamente for esse um dos fundamentos, o equívoco seria ainda maior: na letra do CPP, ainda quando comprovadas a ilicitude e a tipicidade, não se condenaria o agente, por ausência justamente de um de seus *elementos*, a culpabilidade.

Pensamos, então, que somente um fundado prognóstico acerca do risco de novas ações lesivas por parte do inimputável, sobretudo quando estiver ele desamparado dos cuidados que sua situação esteja a exigir, justificaria a antecipação da medida de segurança, do mesmo modo que ocorre em relação às prisões cautelares previstas no art. 387, parágrafo único, do CPP.

Jurisprudência

386.4. [...] Nos termos do art. 63 da Lei 11.343/06, o magistrado, ao proferir sentença, deve decidir sobre o levantamento ou não de valores depositados em conta remunerada e a liberação dos bens apreendidos. Assim, a absolvição do réu em primeira instância, não impede o juiz sentenciante de condicionar a restituição ao trânsito em julgado do *decisum*. [...] *(Agravo Regimental no Recurso em Mandado de Segurança nº 65.414/RS, STJ, 5ª Turma, unânime, Rel. Min. Ribeiro Dantas, julgado em 23.3.2021, publicado no DJ em 26.3.2021)*

Art. 387. O juiz, ao proferir sentença condenatória: (Vide Lei nº 11.719, de 2008)

I – mencionará as circunstâncias agravantes ou atenuantes definidas no Código Penal, e cuja existência reconhecer;

II – mencionará as outras circunstâncias apuradas e tudo o mais que deva ser levado em conta na aplicação da pena, de acordo com o disposto nos arts. 59 e 60 do Decreto-Lei nº 2.848, de 7 de dezembro de 1940 – Código Penal; (Redação dada pela Lei nº 11.719, de 2008)

III – aplicará as penas de acordo com essas conclusões; (Redação dada pela Lei nº 11.719, de 2008)

IV – fixará valor mínimo para reparação dos danos causados pela infração, considerando os prejuízos sofridos pelo ofendido; (Redação dada pela Lei nº 11.719, de 2008)

V – atenderá, quanto à aplicação provisória de interdições de direitos e medidas de segurança, ao disposto no Título XI deste Livro;

VI – determinará se a sentença deverá ser publicada na íntegra ou em resumo e designará o jornal em que será feita a publicação (art. 73, § 1º, do Código Penal).

§ 1º O juiz decidirá, fundamentadamente, sobre a manutenção ou, se for o caso, imposição de prisão preventiva ou de outra medida cautelar, sem prejuízo do conhecimento da apelação que vier a ser interposta. (Renumerado pela Lei nº 12.736, de 2012).

§ 2º O tempo de prisão provisória, de prisão administrativa ou de internação, no Brasil ou no estrangeiro, será computado para fins de determinação do regime inicial de pena privativa de liberdade. (Incluído pela Lei nº 12.736, de 2012).

387.1. Sentença condenatória e fixação da pena: Os critérios de aplicação da pena se encontram no Código Penal (art. 59), a par das disposições aqui referidas, e também no art. 385, CPP.

E reiteramos o que lá dissemos acerca da possibilidade de reconhecimento de ofício das circunstâncias agravantes (genéricas), ainda quando não alegadas (ver arts. 61 e 62 do Código Penal).

Ora, há que se atentar para uma distinção fundamental.

As agravantes de caráter *objetivo*, isto, é, cuja demonstração é feita de plano, tal como ocorre com a reincidência e com a relação de parentesco e de casamento entre ofensor e ofendido (art. 61, I e II, *e*, CP) podem ser reconhecidas sem que se tenha feito qualquer referência a elas na peça acusatória. Exige-se apenas a sua cabal comprovação.

Já as circunstâncias de caráter *subjetivo,* isto é, que necessitam da demonstração da prática de determinado comportamento por parte do agente, como se constata em várias hipóteses do art. 61 e em todas do art. 62, ambos do Código Penal, devem ser objeto de *imputação* (do fato) e da respectiva *prova,* sem o que se violará, inexoravelmente, o princípio do contraditório e da ampla defesa.

Doutrina e jurisprudência majoritárias são em sentido contrário, contentando-se com a produção da prova do fato/circunstância, suficiente, segundo tal orientação, para o respeito aos citados princípios constitucionais (contraditório e ampla defesa).

Observe-se, contudo, que a própria redação do art. 61, CP, indica a *natureza* das aludidas circunstâncias agravantes: "[...] *quando não constituem ou qualificam o crime* [...]".

Ora, por que dar-se tratamento tão distinto *ao mesmo fato*? A diferença de ser ele (fato) *elementar* do tipo ou *circunstância* agravante nada tem que ver com a sua *essência.* Se o fato pode *constituir* ou *qualificar* o crime, não há como recusar-se a sua relevância, do ponto de vista das exigências de regulação normativa. Não será, por certo, a mudança quanto à denominação jurídica (elementar ou circunstância agravante) que dispensará o órgão da acusação de alegar a sua presença.

Já as *atenuantes* devem receber tratamento diferenciado.

E não se trata de mera abstração principiológica, como ocorre, por exemplo, com o *favor rei,* a recomendar interpretações favoráveis à defesa.

Na verdade, as circunstâncias atenuantes do art. 65, CP, sejam elas de natureza objetiva ou subjetiva, se impõem ao juiz como verdadeiros *limites legais* de punibilidade. Do ponto de vista processual, não há qualquer ônus imposto à defesa. Não lhe cabe, com efeito, sequer impugnar o fato exposto na denúncia ou na queixa. A fixação da pena pública não pode depender da melhor ou pior atuação defensiva. Os critérios e limites de sua aplicação se encontram na lei, independentemente da atuação do acusado e de seu defensor.

Quanto à dosimetria da pena, matéria mais ajustada aos estudos do Direito Penal, não podemos deixar de apontar alguns problemas, bastante frequentes na jurisprudência nacional.

A redação de nosso art. 59, CP, se encontra recheada de ambiguidades, quando não de superfetação de normas. O critério é o *trifásico:* primeiro, a fixação da pena mínima; depois as circunstâncias agravantes e atenuantes, e, por fim, as causas de aumento e de diminuição (art. 68, CP).

Não raramente, os *motivos* e *circunstâncias* mencionados no citado art. 59, CP, integram também o próprio tipo, ou, quando nada, aparecem como *qualificadoras* (do crime) ou *agravantes*. Por isso, não é incomum a *dupla consideração* deles (motivos e circunstâncias) na aplicação da pena.

De outro lado, em uma sociedade absolutamente desigual como a nossa não nos parece fazer sentido o exame da *conduta social* do agente, para fins de acréscimo de pena. Desigualdades endêmicas como as nossas produzem diferentes modalidades de *sociedades*. Não se podem exigir padrões de comportamento social em ambientes tão diversos.

Mais problemático ainda nos parece a aferição da *personalidade do agente*. Aqui, o risco é incalculável. Se realmente for possível a alguma instância do conhecimento humano a apreciação segura acerca da adequada qualificação da personalidade humana, não parece ser do Judiciário semelhante tarefa. Nesse terreno, corre-se até outro risco: o da inimputabilidade, se e quando o estudo da personalidade for indicativo de conhecidas patologias.

Já em relação às *consequências do crime*, estas, sim, merecem ponderação. A gradação ou graduação na lesão produzida justifica plenamente a imposição de pena acima do mínimo, na maioria esmagadora dos delitos.

Por fim, há que se mencionar, também, a inexistência de penas acessórias no Direito Penal brasileiro, a partir da reforma imposta pela Lei nº 7.209/84 à Parte Geral de nosso Código Penal.

Agora, consoante se extrai do disposto nos arts. 91 e 92, CP, o juiz poderá, e às vezes, deverá, impor aquilo que atualmente se denomina *efeitos* (genéricos e específicos) da condenação. Alguns (art. 92, CP) dependem do reconhecimento expresso na condenação; outros (art. 91, CP) dispensam a providência.

Jurisprudência

387.1. [...] A pena deve ser fixada com fundamentação concreta e vinculada, tal como exige o próprio princípio do livre convencimento fundamentado (arts. 157, 381 e 387 do CPP c/c o art. 93, inciso IX, segunda parte da Lex Maxima). Ela não pode ser estabelecida acima do mínimo legal com supedâneo em referências vagas e dados não explicitados (Precedentes do STF e STJ). *In casu*, verifica-se que a r. decisão de segundo grau apresenta em sua fundamentação incerteza denotativa ou vagueza, carecendo, na fixação da resposta penal, de fundamentação objetiva imprescindível, utilizando-se, entre outras, de expressões como: "[...] o grau de reprovabilidade e censurabilidade da conduta do acusado é de grande intensidade."; [...] personalidade do acusado demonstra ser de má índole". Não havendo elementos suficientes para a aferição da personalidade do agente, mostra-se incorreta sua valoração negativa a fim de supedanear o aumento da pena-base (Precedentes). *Habeas corpus* parcialmente concedido a fim de anular o v. acórdão, na parte que trata da dosimetria da pena, e determinar ao e. Tribunal *a quo* que realize fundamentadamente novo cálculo da pena privativa de liberdade com estrita observância do critério trifásico (art. 68 do Código Penal) e da proibição da *reformatio in pejus* (*Habeas Corpus nº 141.526-MS, STJ, 5ª Turma, Rel. Min. Felix Fischer, julgado em 3.12.2009, publicado no* DJ *em 1.2.2010*).

387.2. Fixação de valor mínimo pelos danos causados pela infração penal: Uma das mais importantes novidades da Lei nº 11.719/08 foi a introdução – inadequada, porquanto sem a menor técnica – da necessidade (ou possibilidade) de impor o juiz, na própria condenação, o valor mínimo para reparação dos danos causados pela infração, a ser considerado a partir dos prejuízos suportados pelo ofendido.

Em vários países europeus (Portugal, Espanha, Itália, Alemanha, por exemplo), adota-se a união de instâncias em matéria de responsabilização civil dos danos causados pela infração penal. Na verdade, em pelo menos um deles, Portugal, a união (de instâncias) é obrigatória (art. 71, CPP português), ressalvados alguns casos específicos (art. 72, CPP português). Por esse sistema, o ajuizamento da demanda penal determina a *unidade de juízo* para a apreciação da matéria cível, abrindo-se espaço, inclusive, em algumas dessas legislações, para a intervenção e participação de terceiros no processo penal.

Não foi o que fez a Lei nº 11.719/08.

A fim de bem e melhor tutelar os interesses da vítima, previu-se a fixação, desde logo, de determinada parcela para a reparação do prejuízo mínimo causado pela infração penal.

No entanto, nada se disse acerca do *procedimento* em que isso se faria. Não se previu, por exemplo, a *adesão* da parte civil à demanda criminal, por iniciativa e mediante legitimação processual ativa.

Assim, pode-se mesmo indagar: para a fixação do valor mínimo seria necessário um *pedido*?

Se a resposta for negativa, como parece ser o caso da Lei nº 11.719/08, poder-se-ia, então, qualificar a mencionada verba (o tal valor mínimo) como *pena pública*, no âmbito do Direito Penal e não do Direito Civil.

E quanto a isso não haveria o problema de se destinar o valor constante da condenação criminal diretamente à vítima. Basta ver o quanto dispõe atualmente o art. 45, § 1º, CP, no sentido de reservar a ela (vítima) a pena de *prestação pecuniária*, a ser descontada no valor devido pela responsabilidade civil. O problema é que teríamos uma nova modalidade de pena pública, como acréscimo a outra, já existente (a prestação pecuniária).

A outra alternativa, que nos parece a mais adequada, seria reconhecer no valor mínimo de reparação dos danos mais um dos *efeitos específicos* da sentença penal condenatória, como acréscimo do quanto previsto no art. 91, I, Código Penal, no ponto que ali se estabelece ser *efeito da sentença condenatória*, tornar certa a obrigação de indenizar o dano causado pela infração penal. De fato, se a Lei penal já prevê a eficácia executiva da sentença penal condenatória, não há que espantar o acréscimo *relativo*, não mais à certeza do crédito (art. 91, I, CP), mas *à liquidez*, parcial, do valor devido. No ponto, Jorge Figueiredo DIAS acolhe semelhante entendimento, ao analisar o direito processual português (anterior à reforma de 1987), desde que, como efetivamente ocorre no Brasil, se promova a compensação do valor fixado na sentença criminal com aquele relativo à ação civil (Ob. cit., p. 563).

O que nos parece inteiramente problemático e insolúvel é o reconhecimento da natureza *cível* da verba mínima para a condenação criminal.

É que, como nada se previu em relação ao procedimento de eventual união de instâncias (cível e criminal), inúmeros problemas surgem como decorrência dessa ausência de regulação.

Com efeito, se o valor a ser fixado refere-se à reparação civil, há que se exigir a satisfação, no mínimo, das seguintes exigências (devido processo legal): (a) será preciso a apresentação formal de *um pedido* de condenação; (b) o referido pedido haverá que ser feito por seu *titular* (do direito à indenização).

Bem. O Ministério Público não detém legitimidade para o ingresso de reparações civis (art. 68, CPP), diante da criação e estruturação das defensorias públicas da União e dos Estados. A se seguir orientação da Suprema Corte, no sentido de que a inconstitucionalidade (*rectius*: a revogação) do art. 68, CPP, seria *progressiva*, a depender do efetivo funcionamento das defensorias públicas nos Estados, poderia o Ministério Público pleitear a reparação civil do dano causado pela infração penal, desde que ingressasse com *pedido* nesse sentido, na peça acusatória e apenas nos locais onde não houvesse ainda tais instituições (defensorias).

A partir daí, então, com a presença do legitimado, e do pedido, se poderia pensar na instauração do contraditório acerca da efetiva comprovação dos valores mínimos para a reparação.

De todo modo, qualquer que seja a leitura que se faça do art. 387, IV, CPP, uma coisa é certa: seja como *pena pecuniária*, seja como *efeito penal da sentença condenatória*, seja, finalmente, como *condenação civil* no processo criminal, a demonstração dos valores mínimos devidos deve ser de modo cabal no processo penal, de tal modo que não se corra o risco de se aplicar condenação em valores superiores àqueles a serem futuramente obtidos no juízo cível. Há, portanto, que se estabelecer sobre ele (valor) o contraditório em torno de sua comprovação (prejuízo efetivamente causado) e razoabilidade da despesa empreendida.

Mais.

Parece-nos que a Lei não se reportou aos danos de natureza *moral*, limitando-se àqueles valores relativos aos danos *materiais*, de fácil comprovação (do prejuízo) no processo. O arbitramento do dano moral implicaria: (a) a afirmação de tratar-se de verba indenizatória, isto é, de natureza civil; e (b) a necessidade de realização de todo o devido processo penal para a sua imposição, o que não parece ser o caso da citada Lei nº 11.719/08. Entretanto, a jurisprudência vem reconhecendo a possibilidade da condenação em danos morais.

Por fim, um registro relevante: tratando-se de uma regra de natureza procedimental, a incidência é imediata, inclusive em relação aos feitos em curso. A propósito, no julgamento da Ação Penal nº 396, embora não conste da ementa, o Ministro Celso de Mello, do STF, reconheceu a incidência do dispositivo e condenou o réu a reparar os danos causados pela infração, restituindo ao erário o prejuízo causado.

Jurisprudência

387.2 [...] "A jurisprudência do Superior Tribunal de Justiça é no sentido de que "a fixação de valor mínimo para reparação dos danos materiais causados pela infração exige, além de pedido expresso na inicial, a indicação de valor e instrução probatória específica, de modo a possibilitar ao réu o direito de defesa com a comprovação de inexistência de prejuízo a ser reparado ou a indicação de quantum diverso" (AgRg no REsp 1.724.625/RS, Rel. Ministro Ribeiro Dantas, Quinta turma, julgado em 21/06/2018, DJe de 28/06/2018.)". (AgRg no REsp 1785526/MT, relatora Ministra Laurita Vaz, Sexta Turma, julgado em 25/6/2019, DJe 2/8/2019). [...] No presente caso, correto o afastamento da indenização por danos materiais pelo acórdão de origem, que consignou que houve apenas pedido genérico na denúncia, tendo a sentença fixado o valor da indenização com base apenas no valor do bem subtraído declarado pela própria vítima, sem que houvesse, portanto, respeito ao contraditório e à ampla defesa para que o réu pudesse discutir o quantum indenizatório. [...] *(Agravo Regimental no Recurso Especial nº 2.092.161-RS, STJ, 6ª Turma, Rel. Min.Antonio Saldanha Palheiro, julgado em 2.9.2024, publicado no DJ em 5.9.2024)*

387.2 [...] Recentemente, a Terceira Seção desta Corte, no julgamento do REsp n. 1.986.672/SC, Rel. Min. Ribeiro Dantas, DJe 21/11/2023, firmou a tese de que, "em situações envolvendo dano moral presumido, a definição de um valor mínimo para a reparação de danos: (I) não exige prova para ser reconhecida, tornando desnecessária uma instrução específica com esse propósito, todavia, (II) requer um pedido expresso e (III) a indicação do valor pretendido pela acusação na denúncia". [...] No caso, embora a inicial faça alusão ao pedido indenizatório, não apresenta expressamente o valor mínimo requerido com fundamento no art. 387, IV, do CPP, circunstância que impede a concessão da indenização na esfera penal, conforme a jurisprudência ora sedimentada no STJ. [...] Agravo regimental parcialmente provido, apenas para afastar a condenação pela indenização pela reparação civil. *(Agravo Regimental nos Embargos Declaratórios no Recurso Especial nº 2.097.561-SC, STJ, 6ª Turma, Rel. Min. Rogério Schietti Cruz, julgado em 2.9.2024, publicado no DJ em 4.9.2024)*

387.2 [...] 3. O ponto central da controvérsia é definir se a disposição contida no art. 387, IV, do CPP, alcançaria também os danos morais coletivos ou se estaria, quanto a esse aspecto, restrita à esfera individual.

4. Por ocasião do julgamento da Ação Penal 1.025/DF, ocorrido em 1/6/2023, o Plenário do Supremo Tribunal Federal compreendeu pela possibilidade de condenação à indenização por dano moral coletivo no âmbito do processo criminal.

5. Na ocasião, foi definido que a prática de ato ilícito, com grave ofensa à moralidade ou desrespeito aos princípios de observância obrigatória no âmbito da Administração Pública, com a intenção de satisfazer interesses pessoais, enseja a responsabilidade civil dos envolvidos por dano moral coletivo.

6. É em tese cabível no processo penal, então, a condenação ao pagamento de valor indenizatório mínimo por danos morais coletivos, nos termos do art. 387, IV, do CPP, cabendo às instâncias ordinárias a tarefa de aferir se tais danos realmente ocorreram. [...] *(Recurso Especial nº 2.018.442-RJ, STJ, 5ª Turma, Rel. Min. Ribeiro Dantas, julgado em 12.12.2023, publicado no DJ em 19.12.2023)*

387.2. [...] 1. A liquidação parcial do dano (material ou moral) na sentença condenatória, referida pelo art. 387, IV, do CPP, exige o atendimento a três requisitos cumulativos: (I) o pedido expresso na inicial; (II) a indicação do montante pretendido; e (III) a realização de instrução específica a fim de viabilizar ao réu o exercício da ampla defesa e do contraditório. Precedentes desta Quinta Turma.

2. A Quinta Turma, no julgamento do AgRg no REsp 2.029.732/MS em 22/8/ 2023, todavia, adotou interpretação idêntica à da Sexta Turma, no sentido de que é necessário incluir o pedido referente ao valor mínimo para reparação do dano moral na exordial acusatória, com a dispensa de instrução probatória específica. Esse julgamento não tratou da obrigatoriedade, na denúncia, de indicar o valor a ser determinado pelo juiz criminal. Porém, a conclusão foi a de que a indicação do valor pretendido é dispensável, seguindo a jurisprudência consolidada da Sexta Turma.

3. O dano moral decorrente do crime de estelionato que resultou na inclusão do nome da vítima em cadastro de inadimplentes é presumido. Inteligência da Súmula 385/STJ.

4. Com efeito, a possibilidade de presunção do dano moral in re ipsa, à luz das específicas circunstâncias do caso concreto, dispensa a obrigatoriedade de instrução específica sobre o dano. No entanto, não afasta a exigência de formulação do pedido na denúncia, com indicação do montante pretendido.

5. A falta de uma indicação clara do valor mínimo necessário para a reparação do dano almejado viola o princípio do contraditório e o próprio sistema acusatório, por na prática exigir que o juiz defina ele próprio um valor, sem indicação das partes. Destarte, uma medida simples e eficaz consiste na inclusão do pedido na petição inicial acusatória, juntamente com a exigência de especificar o valor pretendido desde o momento da apresentação da denúncia ou queixa-crime. Essa abordagem reflete a tendência de aprimoramento do contraditório, tornando imperativa a sua inclusão no âmbito da denúncia.

6. Assim, a fixação de valor indenizatório mínimo por danos morais, nos termos do art. 387, IV, do CPP, exige que haja pedido expresso da acusação ou da parte ofendida, com a indicação do valor pretendido, nos termos do art. 3º do CPP c/c o art. 292, V, do CPC/2015.

7. Na peça acusatória (apresentada já na vigência do CPC/2015), apesar de haver o pedido expresso do valor mínimo para reparar o dano, não se encontra indicado o valor atribuído à reparação da vítima. Diante disso, considerando a violação do princípio da congruência, dos princípios constitucionais do contraditório e da ampla defesa e do sistema acusatório, deve-se excluir o valor mínimo de indenização por danos morais fixado.

8. O entendimento aqui firmado não se aplica aos casos de violência doméstica e familiar contra a mulher, que continuam regidos pela tese fixada no julgamento do tema repetitivo 983/STJ.

9. Recurso especial provido para excluir a fixação do valor indenizatório mínimo. *(Recurso Especial nº 1.986.672-SC, STJ, 3ª Seção, por maioria, julgado em 8.11.2023, publicado no DJ em 21.11.2023)*

387.2. [...] "*A jurisprudência do Superior Tribunal de Justiça é firme no sentido de que a fixação de valor mínimo para reparação dos danos morais causados pela infração exige apenas pedido* *expresso na inicial, sendo desnecessárias a indicação de valor e a instrução probatória específica. No caso dos autos, como houve o pedido de indenização por danos morais na denúncia, não há falar em violação ao princípio do devido processo legal e do contraditório, pois a Defesa pôde se contrapor desde o início da ação penal" [...] (Agravo Regimental no Recurso Especial nº 2.044.183-TO, STJ, 6ª Turma, Rel. Min. Antonio Saldanha Palheiro, sessão virtual de 11.4.2023 a 17.4.2023, publicado no DJ em 19.4.2023)*

387.2. [...] O art. 387, IV, do CPP (incluído pela Lei n. 11.719/2008), que determina a fixação do valor indenizatório mínimo na sentença penal condenatória, é regra de direito processual e, como tal, tem aplicação imediata para os processos em andamento, mesmo que o delito tenha acontecido antes da entrada em vigor da Lei. [...] *(Agravo Regimental no Recurso Especial nº 2.075.455-RJ, STJ, 5ª Turma, Rel. Min. Ribeiro Dantas, sessão virtual de 7.11.2023 a 13.11.2023, publicado no DJ em 16.11.2023)*

387.2. [...] Danos morais coletivos fixados em R$ 20.000.000,00 (vinte milhões de reais), a ser adimplido solidariamente pelos condenados, em benefício do fundo a que alude o art. 13 da Lei 7.357/1985. [...] Perda, em favor da União, dos bens, direitos e valores objeto da lavagem de dinheiro em relação a qual foram os réus condenados, ressalvados os direitos do lesado ou terceiro de boa-fé. [...] *(Ação Penal Originária nº 1.025-Mérito, STF, Plenário, Rel. Min. Edson Fachin, por maioria, julgamento final em 31.5.2023, publicado no DJ em 21.9.2023)*

387.2. [...] A nova redação do artigo 387, IV, do Código de Processo Penal tornou possível, desde a sentença condenatória, a fixação de um valor mínimo para reparação dos danos causados pela infração, afastando, assim, a necessidade da liquidação do título. O objetivo da norma foi o de dar maior efetividade aos direitos civis da vítima no processo penal e, desde logo, satisfazer certo grau de reparação ou compensação do dano, além de responder à tendência mundial de redução do número de processos. [...] A *mens legis,* taxativamente, não é a estipulação do valor integral da recomposição patrimonial, mas, isto sim, a restauração parcial do *status quo* por indenização mínima, na medida do prejuízo evidenciado na instrução da ação penal. Despiciendo o aprofundamento específico da instrução probatória acerca dos danos, característico do processo civil. A existência do dano moral *ipso facto* é satisfatoriamente debatida ao longo do processo, já que o réu se defende dos fatos imputados na denúncia, porventura ensejadores de manifesta indenização, justamente para que não acarrete postergação do processo criminal. Assim, é possível a fixação de um mínimo indenizatório a título de dano moral, sem a necessidade de instrução probatória específica para fins de sua constatação (existência do dano e sua dimensão). [...] *(Agravo Regimental no Recurso Especial nº 2.029.732-MS, STJ, 5ª Turma, Rel. Min. Joel Ilan Paciornik, julgado em 22.8.2023, publicado no DJ em 25.8.2023)*

387.2. [...] Dano decorrente de ilícito penal. Imprescritibilidade. [...] O acórdão recorrido dissentiu da jurisprudência desta Corte ao reconhecer a prescritibilidade da pretensão do INSS em ver ressarcidos danos ao erário oriundos de ilícito penal (condenação da parte contrária pela prática do crime previsto no art. 171, § 3º, do CP). [...] *(Agravo Regimental no Recurso Extraordinário nº 1.416.037, STF, 1ª Turma, Rel. Min. Roberto Barroso, sessão virtual de 24.3.2023 a 31.3.2023, publicado no DJ em 10.4.2023)*

387.3. Medidas de segurança e periculosidade: Não contempla mais a ordem jurídica brasileira a possibilidade de aplicação de medida de segurança juntamente com a imposição de pena criminal, ao fundamento de periculosidade do agente. Atualmente, adota-se outro modelo no Brasil: o chamado *vicariante,* mediante o qual se aplica a pena apenas àquele que tenha capacidade para a responsabilidade, ou seja, o *imputável.*

As medidas de segurança somente são impostas ao *inimputável,* ou seja, àquele não portador de culpabilidade, em razão de sua incapacidade para entender o caráter ilícito do fato ou de determinar-se conforme esse entendimento (art. 26, Código Penal). Atualmente, tem-se entendido que o prazo máximo da medida de segurança seria o equivalente àquele das penas privativas de liberdade (40 anos).

387.4. Disposições relativas às interdições provisórias de direito e medidas de segurança: As normas previstas no Título XI a que se refere o presente dispositivo (V) foram inteiramente abarcadas pela Lei nº 7.210/84, que instituiu a Lei de Execuções Penais. A referência, portanto, não tem mais razão de ser.

387.5. Publicação da sentença: A citada norma, do inciso VI, não tem mais eficácia, dado que já revogado o antigo art. 73, § 1º, do Código Penal, que dispunha sobre a necessidade de publicação em periódico de grande circulação, às custas do acusado, ou, por órgão oficial, se inexistente aquele (inciso I). Previa também a publicação resumida da sentença, ressalvadas hipóteses especiais (inciso II).

Como se percebe, havia forte tendência à execração pública do condenado.

Idêntica previsão se encontra da Lei nº 8.078/90, relativamente aos delitos praticados contra o consumidor, conforme anota Guilherme NUCCI (Ob. cit., p. 573).

Embora se possa reconhecer a necessidade de uma proteção mais eficaz ao consumidor, sobretudo em relação a comportamentos de alta lesividade, a publicação da condenação em órgão de comunicação de grande circulação nos parece excessiva.

Podem-se tutelar os interesses do consumidor com a simples divulgação dos fatos, sem, contudo, referir-se expressamente ao produtor de serviços e/ou de bens. Naturalmente, quando de grande monta os prejuízos causados, e, mais, quando em risco novas reiterações de danos, a medida poderia ser excepcionalmente aceitável.

Fora de tais situações, a ampla divulgação do nome do condenado apresentará contornos de *linchamento moral*, tendo em vista desfrutarem o empresário individual e a sociedade empresária, merecida ou imerecidamente, de reputação comercial.

387.6. Manutenção ou decretação da prisão na sentença condenatória: Nesse ponto, a Lei nº 11.719/08 veio corrigir antigo defeito de nosso CPP, até então intocado na legislação a ele superveniente, e mesmo após a Constituição de 1988. As mudanças na matéria decorreram, então, por força de interpretação conforme (a Constituição).

No CPP, somente se podia decretar a prisão preventiva *até o final* da instrução criminal, como se percebe da leitura do seu art. 311.

É que o Código partia de outra lógica: a superveniência de condenação (na sentença) já implicaria automaticamente o recolhimento à prisão, situação essa que somente foi modificada em 1973, com a alteração produzida no já revogado art. 594, CPP (pela Lei nº 11.719/08), de modo a permitir o recurso em liberdade para os primários e de bons antecedentes. Posteriormente, como ainda veremos, o atual art. 310, § 1º, CPP, com a redação que lhe deu a Lei nº 6.416/77, veio a avançar novas compreensões sobre os aspectos essenciais da matéria: somente deve ser mantido preso aquele que se encontrar na presença de quaisquer das razões da prisão preventiva.

Portanto, o que estava disposto no parágrafo único do dispositivo em comento (transformado em § 1º com o advento da Lei nº 12.736, de 2012) vem realinhar a legislação processual brasileira, revogando, implicitamente e no ponto, a regra do art. 311, CPP, relativamente ao prazo de decretação da prisão preventiva.

Agora, então, por ocasião da sentença condenatória (se for absolutória, não há como impor prisão alguma!) deve o juiz fundamentar a necessidade de *manutenção* de eventual prisão já realizada. Poderá ele, do mesmo modo, julgando presentes razões para a prisão preventiva (art. 312, CPP), decretá-la, fundamentadamente (essa afirmativa exige a devida compatibilização às alterações feitas pela Lei nº 13.964/2019 e ao que aqui defendemos: de forma autônoma, a cautelar necessitará de prévio requerimento do Ministério Público, pois já no curso da ação penal).

A medida é muitíssimo bem-vinda e se encontra na linha das determinações constitucionais pertinentes, e, particularmente, ao disposto no art. 5º, LXI, no sentido de que "*ninguém será preso e nem mantido preso senão por ordem escrita e fundamentada da autoridade judiciária competente*", ressalvadas as hipóteses de flagrante delito e de crimes ou transgressões militares previstas em lei.

Perderá fôlego, assim, antiga jurisprudência consagradora da tese da desnecessidade de nova fundamentação para a prisão, nas hipóteses em que houvesse anterior motivação (na prisão realizada antes da sentença).

Nesse passo, cumpre observar: se a prisão anterior se reportou, por exemplo, à garantia de ordem pública, a nova fundamentação poderá se limitar aos elementos que ainda se fizerem presentes, esclarecendo a manutenção das mesmas circunstâncias de fato e de direito que teriam justificado a prisão anterior.

Já as prisões de natureza instrumental, isto é, destinadas a tutelar a efetividade do processo penal, reclamarão nova fundamentação, sobretudo aquela justificada na conveniência da instrução criminal (art. 312, CPP).

Pode-se até aceitar uma nova fundamentação em termos mais sintéticos; mas há que se exigir, de todo modo, a explicitação quanto à permanência, no tempo, das mesmas circunstâncias autorizativas da prisão anterior.

Jurisprudência

387.6. [...] A superveniência de um novo título judicial, decisão exarada pelo Juízo de primeiro grau, em consonância com o que determina o § 1º do art. 387 do Código de Processo Penal, com a redação que lhe foi dada pela Lei n. 12.736/2012, prejudica a impetração voltada à impugnação do decreto prisional original. No caso, o surgimento de novo título judicial a amparar prisão preventiva do agravante – a saber: a sentença condenatória – prejudica a análise do objeto do recurso ordinário, que se insurgia contra a ordem de custódia cautelar original. [...] *(Agravo Regimental no Recurso em Habeas Corpus nº 194.298-MG, STJ, 6ª Turma, Rel. Min. convocado Otávio de Almeida Toledo, julgado em 9.9.2024, publicado no DJ em 11.9.2024)*

[...] A prisão preventiva revela-se cabível tão somente quando estiver concretamente comprovada a existência do periculum libertatis, sendo impossível o recolhimento de alguém ao cárcere caso se mostrem inexistentes os pressupostos autorizadores da medida extrema, previstos na legislação processual penal. Nessa linha, esta Corte firmou orientação de ser indispensável, por ocasião da prolação da **sentença** condenatória, que o magistrado fundamente, com base em dados concretos extraídos dos autos, *a necessidade de manutenção ou imposição de segregação cautelar.* [...] *(RHC nº 151.037-RS, STJ, 6ª Turma, Rel. Min. Antônio Saldanha Palheiro, julgado em 26.10.2021, publicado no DJ em 28.10.2021)*

387.6 [...] Nos casos de omissão sobre a manutenção da prisão preventiva quando do proferimento da sentença condenatória, ou então da sentença de pronúncia, esta Corte Superior possui entendimento pacífico no sentido de que cabe ao Juízo de primeiro grau manifestar expressamente sobre a questão, devendo proferir nova decisão sobre a necessidade da custódia provisória, nos termos do art. 387, § 1º, do Código de Processo Penal. [...] *(HC n. 382.106-SP, STJ, 5ª Turma, unânime, Rel. Min. Felix Fischer, julgado em 23.5.2017, publicado no DJ em 12.6.2017).*

387.6. [...] A orientação jurisprudencial do Supremo Tribunal Federal é no sentido de que a superveniência de sentença penal condenatória prejudica a análise da impugnação dirigida contra a ordem de prisão anterior (v.g., HC 104.859, Rel. Min. Rosa Weber; RHC 112.705, Rel. Min. Dias Toffoli; HC 105.927, e HC 95.977, Redator para o acórdão Min. Luiz Fux, HC 104.859), não sendo o caso, portanto, de concessão da ordem de ofício. 3. Embargos de declaração rejeitados (*Embargos de Declaração no Habeas Corpus nº 124.187-SP, STF, 1ª Turma, maioria, Rel. Min. Roberto Barroso, julgado em 23.6.2015, publicado no DJ em 18.8.2015*).

387.7. O tempo de prisão provisória, administrativa ou internação e o regime inicial de pena: Novidade introduzida pela Lei nº 12.736, de 30.11.2012, houve inclusão do § 2º do art. 387 determinando-se que "*o tempo de prisão provisória, de prisão administrativa ou de internação, no Brasil ou no estrangeiro, será computado para fins de determinação do regime inicial de pena privativa de liberdade*".

De plano se pode visualizar uma modalidade *diferente* de detração a ser reconhecida na própria sentença condenatória. Impende destacar de início que *não* se trata de detração do *tempo* de privação de liberdade na *pena* e sim de sua consideração para a *fixação do regime* penitenciário para o início do seu cumprimento. Significa que o magistrado não poderá modificar a *pena definitiva* fixada. O total da pena imposta, sem a detração, deverá ser considerado para *todos* os demais efeitos penais e incidentes na execução. Nunca é demais ressaltar que o tempo de privação de liberdade anterior somente será considerado na sentença se estiver relacionado com o delito objeto da condenação. Se a prisão ocorrer por outro motivo de natureza cautelar e outra infração penal (ou seja, não decorrer de providências relacionadas ao crime objeto do processo) não poderá haver essa espécie de detração para o cálculo do regime de pena.

Importante frisar que não há se cogitar na detração, inclusive na prisão relativa à *outra* infração, quando absolvido de forma definitiva o acusado em outro processo, se naquele juízo tiver sido decretada prisão de natureza provisória. Por questão lógica, a lei não estabelece essa regra, até porque toda prisão antes do trânsito em julgado deverá ter fundamentação cautelar. Assim, a privação da liberdade decorreria de ato imputável ao agente. No entanto, como referido, pensamos que o princípio encampado pela alteração (de extrema valia, diga-se) é para *exclusivamente* decotar o tempo de prisão da sentença condenatória na fixação do *regime* da pena imposta no *respectivo* processo criminal.

Jurisprudência

387.7 [...] O § 2º do art. 387 do Código de Processo Penal, acrescentado pela Lei n. 12.736/2012, dispõe que o tempo de prisão cautelar deve ser considerado para a determinação do regime inicial de cumprimento de pena. Destarte, forçoso reconhecer que o § 2º do art. 387 do CPP não versa sobre progressão de regime prisional, instituto próprio da execução penal, mas, sim, acerca da possibilidade de se estabelecer regime inicial menos severo, descontando-se da pena aplicada o tempo de prisão cautelar do acusado. [...] *(Agravo Regimental no Habeas Corpus nº 747.387–SP, STJ, 5ª Turma, Rel. Min. Ribeiro Dantas, julgado em 27.9.2022, publicado no DJ em 3.10.2022)*

387.7 [...] Com o advento da Lei 12.736/12, o Juiz processante, ao proferir sentença condenatória, deverá detrair o período de custódia cautelar para fins de fixação do regime prisional. Forçoso reconhecer que o § 2º do art. 387 do Código de Processo Penal não versa sobre progressão de regime prisional, instituto próprio da execução penal, mas, sim, acerca da possibilidade de se estabelecer regime inicial menos severo, descontando-se da pena aplicada o tempo de prisão cautelar do acusado. [...] *(Agravo Regimental no Habeas Corpus nº 719.106-SP, STJ, 5ª Turma, Rel. Min. Ribeiro Dantas, julgado em 5.4.2022, unânime, publicado no DJ em 8.4.2022)*

387.7 [...] Não viola o art. 387, § 2º, do CPP a sentença que deixa de fazer a detração, quando o desconto do tempo de prisão cautelar não teria o condão de alterar o regime inicial de cumprimento de pena fixado ao réu.[...] *(Recurso Especial nº 1.843.481/PE, STJ, 6ª Turma, unânime, Rel. Min. Rogerio Schietti Cruz, julgado em 7.12.2021, publicado no DJ em 14.12.2021)*

387.7.[...] O instituto da detração, nos termos do art. 387, § 2º, do CPP, refere-se ao regime inicial de cumprimento de pena e não possui relação com o instituto da progressão de regime próprio da execução penal, devendo o juiz sentenciante verificar, no momento da prolação da sentença, a possibilidade de se fixar um regime mais brando em razão da detração, não havendo que se falar em análise dos requisitos objetivos e subjetivos, mas tão somente no tempo de prisão provisória naquele processo. [...] *(Agravo Regimental no Recurso em Habeas Corpus nº 133.548/BA, STJ, 5ª Turma, unânime, Rel. Min. Reynaldo Soares da Fonseca, julgado em 2.3.2021, publicado no DJ em 8.3.2021)*

Art. 388. A sentença poderá ser datilografada e neste caso o juiz a rubricará em todas as folhas.

Dificilmente se verá sentenças *datilografadas*, em tempos de acelerada informatização, especialmente em razão dos *processos eletrônicos*. Toda decisão (sentença) haverá que ser reduzida a termo, ainda quando produzida oralmente, para fins de intimação, sobretudo do acusado. A aposição de rubrica é de uma obviedade ululante, se observada com rigor a necessidade de segurança quanto à originalidade da decisão.

Em tempos de chegada do processo eletrônico (Lei nº 11.419/06), a referida norma é quase medieval.

Jurisprudência

388. [...] 5. O acórdão embargado afirmou que: "Nas alterações promovidas pela Lei n. 11.719/2008, não se estabeleceu a possibilidade de se dispensar a transcrição de sentença penal registrada por meio audiovisual (ex vi, do título XII do CPP). Ao contrário, manteve-se o art. 388 do CPP, que prevê a possibilidade da sentença 'ser datilografada', admitindo-se, na atualidade, a utilização de outros meios tecnológicos similares, como, por exemplo, o computador, para o seu registro escrito". Patente, portanto, que a análise do tema foi realizada no espectro infraconstitucional, não se mostrando necessária a observância da cláusula de reserva de plenário, nos termos do que dispõe o art. 97 da Constituição Federal. 6. Hipótese em que o acórdão embargado afirmou que "a ausência de registro escrito dos termos da sentença penal condenatória dificulta o exercício do contraditório e da ampla defesa – princípios consagrados no art. 5º, incisos LIV e LV, da Constituição Federal –, ainda que, nos autos, conste o registro de parte da sentença penal prolatada por meio audiovisual". Assim, o prejuízo à ampla defesa restou configurado, pois, "existindo apenas transcrição parcial do seu conteúdo, consistente nos fundamentos da dosimetria e no dispositivo da sentença, não havendo menção das razões do convencimento do magistrado acerca da autoria e da materialidade do crime, nem da sua convicção pela livre apreciação da prova produzida, em afronta do preceito inscrito no art. 155 do CPP." [...] (Embargos de Declaração no HC n. 336.112-SC, STJ, 5ª Turma, unânime, Rel. Min. Ribeiro Dantas, julgado em 17.4.2018, publicado no DJ em 25.4.2018).

Art. 389. A sentença será publicada em mão do escrivão, que lavrará nos autos o respectivo termo, registrando-a em livro especialmente destinado a esse fim.

A formalização do ato processual de sentença inclui o seu registro em livro próprio, providência que não constitui requisito de sua validade, se e desde que ela seja regularmente certificada nos autos do processo, a partir do que se deverá promover a respectiva intimação aos interessados, na forma do art. 392, CPP.

As sentenças também podem ser prolatadas oralmente, como visto, por ocasião da realização de determinados atos processuais, de que é exemplo o quanto previsto no art. 403, CPP, após o encerramento da instrução. Em tais situações, a decisão constará do termo de assentada, dispensando certidão nesse sentido.

Art. 390. O escrivão, dentro de três dias após a publicação, e sob pena de suspensão de cinco dias, dará conhecimento da sentença ao órgão do Ministério Público.

Disposição absolutamente retrógrada. Na verdade, como a legislação é de 1941, talvez ela não seja, em si, retrógrada, e, sim, sua aplicação. Ao que parece, a citada Lei se reporta ao tempo em que o Ministério Público exercia suas atividades unicamente no foro judicial. Por isso, o encaminhamento de sua intimação era muito mais fácil.

De outro lado, parece-nos inaceitável a previsão de punição administrativa com base em legislação processual penal. Pior: quase centenária.

As faltas e as infrações disciplinares dos servidores públicos, aí incluídos os escrivães, constam das respectivas legislações, tal como é o caso da Lei nº 8.112/90, a cuidar dos servidores públicos federais.

Renove-se: as intimações do Ministério Público e da Defensoria Pública devem ser feitas pessoalmente, nos autos e não por mandado, nos termos das Leis Complementares de nº 75/93 (art. 18, II, *h*) e nº 80/94 (art. 128, I), com redação dada a esta última pela Lei Complementar nº 132/09. A obrigatoriedade na celeridade da providência há que se estender a todos os interessados, não se justificando a previsão de prazo específico para o Ministério Público.

Releva notar que o prazo a que estamos aludindo não é aquele previsto para a interposição de recurso, mas aquele estipulado para a realização da intimação do *parquet* (três dias).

Jurisprudência

390. [...] Constitucionalidade do tratamento diferenciado em relação ao Ministério Público, à Defensoria Pública e ao defensor constituído, intimados pessoalmente. Jurisprudência reafirmada em decorrência do julgamento do Plenário, em 2.6.2016, da ADI 2.144/DF, rel. min. Teori Zavascki, *DJe* 14.6.2016. [...] (*Habeas Corpus nº 131.198, STF, 2ª Turma, unânime, Rel. Min. Gilmar Mendes, julgado em 6.9.2016, publicado no* DJ *em 21.9.2016*).

390. [...] A intimação do Ministério Público deve ser pessoal e o prazo para a interposição de recurso ministerial tem início na data da aposição do ciente pelo representante do *parquet* e, não, do ingresso dos autos na Procuradoria de Justiça. [...] Recurso conhecido e desprovido (*Recurso Especial nº 300.157-MG, STJ, 5ª Turma, Rel. Min. Gilson Dipp, julgado em 4.10.2001, publicado no* DJ *em 19.11.2001*).

Art. 391. O querelante ou o assistente será intimado da sentença, pessoalmente ou na pessoa de seu advogado. Se nenhum deles for encontrado no lugar da sede do juízo, a intimação será feita mediante edital com o prazo de 10 dias, afixado no lugar de costume.

Como estamos a ver, o CPP faz indevida discriminação no tratamento das intimações da sentença, prevendo regras específicas para os diferentes sujeitos que atuam no processo.

O *querelante* é o autor da ação penal privada, enquanto o *assistente* mencionado no dispositivo seria o da *acusação*, ou seja, o assistente de acusação.

Como ambos se fazem representar nos autos por advogado, e, mais, como ambos atuam nos interesses da *acusação, privada*, o art. 391, CPP dispõe sobre a intimação deles como se tratasse de questão de menor importância.

A parte deve ser sempre intimada pessoalmente.

Mesmo quando *constituído* (por ela, é claro) o advogado, o que já justificaria a publicação do ato na imprensa, *relativamente a ele* não se pode dispensar a expedição de mandado para a intimação da parte (querelante e assistente de acusação), como exigência do devido processo legal. É bem de ver que as sentenças nem sempre são proferidas em tempo razoável, o que autoriza a precaução quanto ao grau de proximidade entre o querelante e o assistente de acusação e respectivos advogados.

Naturalmente, e como ocorre em relação a quaisquer outros sujeitos do processo, a intimação poderá ser pessoal, nos autos, por certidão do escrivão, quando tais pessoas comparecerem na sede do juízo.

A intimação por edital, por fim, será realizada quando certificado o desconhecimento acerca do paradeiro dos *intimandos*. Em relação aos advogados por eles constituídos, não será necessária a referida certidão, a tanto bastando a publicação no órgão de imprensa. E como se trata de ato praticado no curso de um processo *já conhecido* pelos interessados, supondo-se a participação deles no processo, não será necessária a publicação do edital em órgão de imprensa, parecendo-nos suficiente a afixação na sede do juízo, como, aliás, determina expressamente a lei.

Art. 392. A intimação da sentença será feita:

I – ao réu, pessoalmente, se estiver preso;

II – ao réu, pessoalmente, ou ao defensor por ele constituído, quando se livrar solto, ou, sendo afiançável a infração, tiver prestado fiança;

III – ao defensor constituído pelo réu, se este, afiançável, ou não, a infração, expedido o mandado de prisão, não tiver sido encontrado, e assim o certificar o oficial de justiça;

IV – mediante edital, nos casos do nº II, se o réu e o defensor que houver constituído não forem encontrados, e assim o certificar o oficial de justiça;

V – mediante edital, nos casos do nº III, se o defensor que o réu houver constituído também não for encontrado, e assim o certificar o oficial de justiça;

VI – mediante edital, se o réu, não tendo constituído defensor, não for encontrado, e assim o certificar o oficial de justiça.

§ 1º O prazo do edital será de 90 dias, se tiver sido imposta pena privativa de liberdade por tempo igual ou superior a um ano, e de 60 dias, nos outros casos.

§ 2º O prazo para apelação correrá após o término do fixado no edital, salvo se, no curso deste, for feita a intimação por qualquer das outras formas estabelecidas neste artigo.

392.1. Réu preso: Estando o acusado preso, a Lei parece ter se compadecido de sua situação. Ou, por outro lado, pode o legislador ter se valido da facilidade de cumprimento do mandado de intimação, em razão do aprisionamento. Dispõe, então, o dispositivo, que o acusado preso será intimado pessoalmente (por mandado) da sentença.

Na verdade, essa é uma imposição aplicável a qualquer acusado, esteja ele solto ou preso. Parece-nos, na verdade, obrigação do Estado levar ao conhecimento daquele que se acha submetido ao seu poder de persecução todos os termos e atos do processo, sobretudo, a intimação da sentença, seja absolutória, seja – com redobradas razões – condenatória.

392.2. Réu solto: Repetimos, ainda mais uma vez: qualquer que seja a decisão judicial, deve o Estado intimar o acusado *pessoalmente*, preso ou solto, do resultado do processo penal por ele instaurado. Essa é uma exigência de um processo devido e legal, no qual o jurisdicionado é respeitado na sua condição jurídica de não culpado, até o trânsito em julgado de sentença penal condenatória.

Não se pode confundir a representação judicial que é feita pelo advogado constituído com os deveres estatais decorrentes do exercício do poder público. Não se pode *presumir* a realização de ato de tamanha importância, ainda quando absolutória a sentença.

Recusamos aplicação, portanto, da parte final do dispositivo (II), no ponto em que prevê a intimação do réu por intermédio de seu defensor, quando ele estiver em liberdade (mediante fiança ou nas infrações em que se livre solto – art. 321, CPP).

Se ele não for encontrado, deverá ser intimado por edital, sem prejuízo da intimação de seu defensor.

Jurisprudência

392.2. [...] A jurisprudência do Supremo Tribunal Federal alterou-se para reconhecer a desnecessidade de intimação da sentença condenatória ao réu solto, bastando a intimação ao defensor constituído. Precedentes.

4. Agravo regimental desprovido. *(Agravo Regimental no Habeas Corpus nº 245.115, STF, 2ª Turma, Rel. Min. Gilmar Mendes, julgado em 11.11.2024, publicado no DJ em 19.11.2024)*

392.2. [...] Consoante a jurisprudência do Superior Tribunal de Justiça e nos termos do art. 392, II, do Código de Processo Penal, não há se falar em constrangimento ilegal pela ausência de intimação pessoal do réu quanto à sentença condenatória quando respondeu ao processo em liberdade, mostrando-se suficiente a intimação da defesa técnica, como ocorreu no caso em tela. [...] *(Agravo Regimental no Habeas Corpus nº 860.050-RS, STJ, 6ª Turma, Rel. Min. Antônio Saldanha Palheiro, julgado em 16.10.2024, publicado no DJ em 23.10.2024)*

392.2. [...] "A jurisprudência desta Corte é firme no sentido de que a intimação pessoal somente é exigida para o réu preso e para ciência da sentença condenatória, não havendo previsão em caso para as decisões de segunda nos termos do art. 392 do CPP, e, mais, sendo o réu assistido por advogado constituído é suficiente a intimação por publicação no Diário Oficial, como ocorreu no presente caso" [...] *(Agravo Regimental no Agravo em Recurso Especial nº 2.411.896-SP, STJ, 5ª Turma, Rel. Min. Joel Ilan Paciornik, julgado em 16.4.2024, publicado no DJ em 18.4.2024).*

392.2. [...] Esta Corte vem se manifestando no sentido de que, nos termos do art. 392 do Código de Processo Penal, a intimação pessoal do acusado só é exigível quando se tratar de sentença proferida em primeiro grau de jurisdição, diante da existência de capacidade postulatória autônoma para interpor recursos em face de decisões exaradas pelo Juízo singular. [...] *(Embargos de Declaração no Agravo Regimental na Revisão Criminal nº 5.565-RS, STJ, 3ª Seção, Rel. Min. Messod Azulay Neto, julgado em 10.5.2023, publicado no DJ em 12.5.2023)*

392.2. [...] Segundo entendimento jurisprudencial consolidado no âmbito desta Corte Superior, é dispensável a intimação pessoal do réu solto, sendo suficiente a comunicação pelo órgão oficial de imprensa, no caso de estar assistido por advogado constituído, ou pessoal, nos casos de patrocínio pela Defensoria Pública ou por defensor dativo. A intimação pessoal somente é exigida da sentença que condena o réu preso, conforme o art. art. 392, inciso I, do Código de Processo Penal. [...] Neste caso, a defesa técnica foi regularmente intimada e deixou de apresentar tempestivamente o recurso contra a sentença condenatória. Cerca de um ano após a certificação do trânsito em julgado, o agravante compareceu ao cartório da Vara manifestando interesse em recorrer da sentença, de maneira que, no momento em que se declarou o encerramento da prestação jurisdicional, não havia informação a respeito do desejo do réu em se insurgir contra a decisão condenatória, sendo certo que a questão relativa a eventuais divergências sobre esse tema entre o réu e seus representantes técnicos não foi examinada pelo Tribunal de origem, de modo que, sem a delimitação das premissas fáticas, não é possível que esta Corte se pronuncie sobre o tema. [...] A inércia recursal do advogado constituído não caracteriza, por si só, vício ensejador do reconhecimento de nulidade processual, pois vige entre nós o princípio da voluntariedade recursal (art. 574 do Código de Processo Penal). [...] *(Agravo Regimental no HC nº 717.898-ES, STJ, 5ª Turma, Rel. Min. Reynaldo Soares da Fonseca, unânime, julgado em 22.3.2022, publicado no DJ em 25.3.2022)*

392.2. [...] Inexiste nulidade por não ter o Requerente sido intimado, pessoalmente, da decisão que deu provimento ao recurso especial para restabelecer a condenação. A necessidade de intimação pessoal do réu diz respeito tão-somente à sentença condenatória *stricto sensu*, não sendo aplicável às decisões prolatadas em graus superiores de jurisdição que condenam originariamente ou que restabelecem a condenação proferida em instância pretérita. Nesse caso, é suficiente, em relação a Acusados patrocinados por advogados constituídos, a intimação do causídico por meio da publicação no Diário da Justiça ou outro meio de intimação das decisões judiciais. Ofensa aos arts. 392, inciso II e 577, *caput*, do Código de Processo Penal, não caracterizada. [...] *(Revisão Criminal nº 5.525/DF, STJ, 3ª Seção, unânime, Rel. Min. Laurita Vaz, julgado em 8.9.2021, publicado no DJ em 17.9.2021)*

....

392.3. Defesa dativa e defesa constituída: O CPP, como logo se percebe, dá tratamento diferente ao réu que constitui advogado e àquele ao qual se nomeia um (defensor dativo).

Relativamente ao primeiro, defensor constituído, nossa legislação dispõe como se a *constituição* do defensor pelo réu implicasse um risco quanto aos resultados do processo, em decorrência da boa ou má atuação do profissional contratado.

Não é essa nossa compreensão do processo penal.

Não se tem aqui nenhum modelo de *disputa* ou de *duelo entre as partes.* O Estado deve se interessar, na mesma medida, tanto pela condenação do culpado quanto pela absolvição do inocente. E, se houver um mínimo de consciência quanto à possibilidade de erro judicial, há que ser na absolvição do culpado e não na hipótese contrária.

Por isso, e por todas as considerações que já lançamos, pouco importa tratar-se de defensor dativo ou de defensor constituído, *para fins de intimação da sentença.* O réu deverá ser sempre intimado pessoalmente.

E, em relação ao defensor dativo, a intimação da sentença deve ser sempre pessoal, por mandado. Já o defensor constituído poderá ser intimado pelo órgão de imprensa, segundo as regras gerais dos atos processuais. A distinção, nesse ponto, já foi devidamente explicada por ocasião de nossos comentários ao art. 370, CPP.

No entanto, não nos parece desarrazoado o entendimento no sentido de que, relativamente à intimação da sentença, sobretudo condenatória, a intimação do defensor constituído deva ser feita também pessoalmente. Aliás, a redação do art. 392 autoriza essa compreensão, de resto, alinhada com as exigências da ampla defesa.

392.4. Intimação por edital: Como toda intimação por edital, o aludido ato processual dependerá da ocorrência de um pressuposto fundamental. Trata-se do desconhecimento acerca do paradeiro da pessoa a ser intimada.

Como a sentença deve ser intimada tanto ao réu quanto ao seu advogado, constituído ou não, a realização do ato por edital pressupõe a frustração na intimação de ambos, ou, pelo menos de um deles.

Não tendo sido encontrado o réu nos endereços disponíveis no processo, far-se-á a sua intimação por edital, sem prejuízo da intimação do defensor. Repetimos: recusamos aplicação, por invalidade, à parte final do inciso II (art. 392, CPP).

Somente se o defensor *constituído* não for localizado – o que parece justificar a interpretação a que nos aludimos, no sentido da necessidade de intimação pessoal do defensor constituído – é que se fará a sua intimação por edital.

De outro lado, em relação ao defensor *dativo*, e tal como ocorre, por outras razões, com a Defensoria Pública, não se fará a intimação por edital, mesmo quando ele não for encontrado.

Em tais situações, como o defensor *dativo* foi *dado* (nomeado pelo juiz) pelo Estado, cumpre determinar a sua substituição, intimando-se outro para a ciência da intimação de sentença.

Em relação à Defensoria Pública, quando pobre o acusado, o problema sequer se coloca. É que aquela instituição goza de indivisibilidade quanto à atuação de seus membros, de tal maneira que a intimação de qualquer um deles parece-nos suficiente para a concretização do direito de defesa.

Jurisprudência

392.4. [...] Não há nulidade na intimação da sentença condenatória realizada via edital, se o réu foi suficientemente procurado e não veio a ser encontrado nos locais indicados. Precedentes. [...] Ordem denegada, em conformidade com o parecer ministerial (*Habeas Corpus nº 96.231-RO, STJ, 5ª Turma, Rel. Min. Napoleão Nunes Maia Filho, julgado em 14.4.2009, publicado no* DJ *em 25.5.2009*).

392.5. Prazo do edital: A intimação por edital terá o prazo de 90 (noventa) dias, quando imposta pena privativa por tempo igual ou superior a um ano, e será de 60 (sessenta) dias, quando inferior, ou quando não imposta pena privativa.

No caso de substituição da pena privativa por penas restritivas de direito, deverá ser observado o prazo daquela (privativa da liberdade), privilegiando-se o maior prazo para conhecimento do ato, com o que se prorrogará o prazo recursal.

392.6. Prazo recursal: O prazo para a interposição de recursos contra a sentença terá início após o encerramento do prazo previsto no edital, destinado, como se sabe, a levar os termos da sentença ao conhecimento da parte intimada, salvo, evidentemente, se, nesse interregno (intervalo), a intimação se realizar de outro modo (comparecimento pessoal do réu e/ou do defensor).

O prazo recursal, independentemente da modalidade de citação, somente se inicia *após a última intimação,* isto é, após o conhecimento do último dos interessados no ato (o acusado e seu defensor).

Se houver pluralidade de réus, o prazo começa a correr (mas não *contar*) da intimação de cada um, ou seja, é individualizado, mantendo-se, porém, a regra em relação à necessidade de intimação tanto do réu quanto do seu defensor.

392.7. Contagem do prazo recursal: Em primeiro lugar, há que se assentar o seguinte: em processo penal não se utiliza a regra do CPC, a ditar que o prazo recursal se iniciaria a partir da juntada do mandado de citação (ou carta precatória).

Embora essa solução seja mais cautelosa, o fato é que não se pode recorrer à analogia (com o CPC) pela simples razão de haver *norma expressa no CPP* regulando a matéria.

Veja-se, então, que o art. 798, § 5º, *a*, CPP, determina o início da contagem dos prazos no processo penal a partir *da intimação*, não havendo razão alguma para o descumprimento da lei. E é nesse sentido a jurisprudência da Suprema Corte, conforme se verá abaixo.

Uma coisa é o início da contagem, ou seja, a partir de quando *correm* os prazos processuais. Outra, é a data de sua *contagem*.

Assim, o prazo recursal se inicia na data da intimação (que, por sua vez, tem início após o prazo do edital, quando houver), *não se computando*, porém, o dia de seu começo (art. 798, § 1º, CPP). O termo (data final), porém, haverá que ser computado, consoante o disposto no mesmo dispositivo citado (art. 798, CPP).

Exceção: tanto a data de início quanto a data de encerramento dos prazos devem ocorrer em dias úteis (com exclusão, portanto, dos feriados, sábado, domingos e dias em que, por motivo justificado, não houver expediente forense).

Exemplo: a intimação feita na sexta-feira não determina o início do prazo no sábado, o que fatalmente ocorreria, a se considerar simplesmente a regra da exclusão do dia de início. Assim, o início do prazo somente se daria em dia útil, isto é, na segunda-feira subsequente. Veja-se o disposto na Súmula 310 do STF: "*Quando a intimação tiver lugar na sexta-feira, ou a publicação com efeito de intimação for feita nesse dia, o prazo judicial terá início na segunda-feira imediata, salvo se não houver expediente, caso em que começará no primeiro dia útil que se seguir.*"

Há quem sustentasse que também aqui se deveriam adotar as regras do CPC, notadamente do art. 240, parágrafo único, de tal modo que não só a contagem do prazo, mas também a própria intimação somente se consideraria realizada quando praticada em dias úteis. Por essa leitura, as intimações feitas aos sábados e domingos (e feriados) somente se considerariam realizadas na segunda-feira subsequente, iniciando-se a contagem no dia seguinte (com exclusão, portanto, do dia do começo). Nunca aderimos ao citado entendimento. E pelas mesmas razões expostas em relação ao início do prazo da intimação (que ocorre do ato de intimação e não da juntada do mandado ou da precatória aos autos, como previsto no art. 231, CPC de 2015 – nas antigas regras, art. 241, CPC de 1973).

De qualquer modo, há se ver que, nos termos da nova redação do art. 230, Lei nº 13.105/2015 (sem o parágrafo único do art. 240 da Lei nº 5.689/73), "o prazo para a parte, o procurador, a Advocacia Pública, a Defensoria Pública e o Ministério Público será contado da citação, da intimação ou da notificação".

Mais se dirá sobre os prazos processuais ao exame do respectivo tópico (art. 798 e seguintes do CPP).

Jurisprudência

392.7. [...] Agravo regimental. Interposição. Defensor-público estadual. Intimação via postal. Contagem do prazo. Termo inicial. Inaplicabilidade, a processos de natureza criminal, da Lei nº 8.710/93, que alterou o Código de Processo Civil. Recurso não conhecido. Súmula 710. Continua em vigor, em relação aos processos de natureza criminal, o art. 798, § 5º, do CPP, que estabelece que a contagem do prazo se inicia da intimação (*Agravo Regimental no Agravo de Instrumento nº 750.082, STF, 2ª Turma, Rel. Min. Cezar Peluso, julgado em 4.12.2009, publicado no* DJ *em 5.2.2010*).

392.7. [...] A jurisprudência do Supremo Tribunal Federal é firme no sentido de que "o início do prazo, em sede processual penal, há de se contar da data da efetiva ocorrência da intimação, e não da data em que se registrou, em momento ulterior, a juntada, aos autos, do respectivo mandado" (AI 557.351 AgR/RS, Rel. Min. Celso de Mello, DJ. 3.3.2006). Tal entendimento restou consolidado na Súmula 710 desta Suprema Corte. [...] *Habeas corpus* concedido (*Habeas Corpus nº 92.618, STF, 2ª Turma, Relator Ministra Ellen Gracie, julgado em 24.11.2009, publicado no* DJ *em 17.12.2009*).

Art. 393. São efeitos da sentença condenatória recorrível: (Revogado pela Lei nº 12.403, de 2011)

I – ser o réu preso ou conservado na prisão, assim nas infrações inafiançáveis, como nas afiançáveis enquanto não prestar fiança;

II – ser o nome do réu lançado no rol dos culpados.

393.1. A coisa julgada penal: Certamente que a abordagem em relação à coisa julgada penal não parecia adequada, topograficamente, ao art. 393, cujo objeto vinha a ser a sentença penal *recorrível*.

No entanto, talvez por isso, em argumento *a contrario sensu*, a empreitada se justificava, sem prejuízo de novas incursões ou remissões ao longo do texto (dos comentários).

Vimos, ao exame da *emendatio* e da *mutatio libelli*, que, em processo penal, não tem lugar, ao menos com a dimensão conhecida, a regra da exata correlação entre pedido e a sentença.

A rigor, como assentado, o único pedido que se espera na peça acusatória é o de condenação, pouco importando a correção na capitulação do crime ou o acerto na identificação da pena cabível.

Há, então, três possibilidades bem claras para a correta delimitação, no processo, da situação de fato efetivamente ocorrida.

No curso da ação penal, pode-se promover o *aditamento* à peça acusatória, tanto para incluir novos *fatos e circunstâncias* quanto para acrescentar réus no polo passivo. Semelhante modalidade de correção da acusação pode ocorrer até a instrução criminal, e dependerá, exclusivamente, da viabilidade processual da renovação dos atos processuais que se fizerem necessários em virtude dele (aditamento). Quando não for conveniente, caberá à acusação a instauração de *outra ação penal,* sobretudo quando houver independência entre os fatos já imputados e aqueles a serem *aditados.*

Outra possibilidade de melhor se adequar a acusação à realidade dos fatos ocorre exatamente na citada providência do art. 384, CPP, a conhecida *mutatio libelli,* para a qual, inclusive, há previsão de procedimento específico, com a reabertura bem delineada da instrução.

A *mutatio* se realiza, porém, na fase de *sentença* e não na fase de instrução. Na verdade, um de seus pressupostos é precisamente o surgimento, *na instrução,* de novos elementos de prova e de fatos ou circunstâncias.

Nas duas possibilidades haverá o incremento da acusação, com a alteração da peça acusatória, cada uma delas com determinadas e específicas características. Na *mutatio*, por exemplo, não se permite o acréscimo de novos autores, limitando-se ao *agregamento* de fatos/circunstâncias que se somariam àqueles narrados na denúncia.

Por fim, a *emendatio libelli* também permite uma correção na imputação. Contudo, não se poderá, com ela, alterar qualquer fato/circunstância e mesmo modificação na autoria. A *emenda* se limita à correção na capitulação jurídica da imputação.

De tudo quanto se disse, cumpre esclarecer nossos propósitos: conceituar e delimitar a coisa julgada penal, a partir de tais possibilidades de adequação da imputação à realidade perceptível ou percebida pelo órgão da acusação.

E adiantamos: não há correlação entre a coisa julgada e a matéria efetivamente decidida!

A coisa julgada se reporta à *realidade histórica*, independentemente de identidade entre os fatos imputados na peça acusatória e aqueles efetivamente ocorridos, ainda quando não tenham sido discutidos no processo.

Reportar-se à realidade histórica (a coisa julgada) tem por consequência o seguinte: (a) não poderá haver *renovação* da interpretação dos fatos já imputados; (b) a impossibilidade de agregar qualquer situação que, em tese, pudesse ter sido feita por meio do *aditamento*, no curso do processo, ou da *mutatio*, por ocasião da sentença.

Se a inicial imputava a subtração de coisa alheia móvel, a eventual condenação nas sanções do art. 155, CP, dá por encerrada a questão *de fato*, no que se refere a todas as circunstâncias que envolveram a ação/conduta principal do agente (subtração da coisa). Assim, não poderá o Ministério Público, após o trânsito em julgado da condenação, ingressar com ação penal pelo crime de violência (lesão corporal ou constrangimento ilegal) eventualmente praticada na subtração da coisa.

É que a referida conduta se encontraria na linha de *desdobramento causal* da ação originária. Nesse caso, o *núcleo* da conduta seria a subtração da coisa; a violência empregada deveria ser objeto de imputação *tempestiva*, seja por *aditamento* no curso do processo, seja por *aditamento* na *mutatio libelli*. Não tendo sido a violência objeto de imputação específica ao tempo da persecução (fase de instrução e fase de sentença), recairá também sobre ela a autoridade da coisa julgada penal, tornando imutável e indiscutível a matéria naquele e em qualquer outro processo.

Observe-se que estamos nos referindo aos fatos que caracterizam *acréscimos* de comportamentos já definidos em determinados tipos penais, ainda quando se obtenha a alteração para outro tipo mais adequado (de furto para roubo; de constrangimento ilegal para lesão corporal etc.). Na hipótese de concurso material de crimes (art. 69, CP) não se opera a coisa julgada na extensão aqui referida, diante da pluralidade de ações autônomas e dos bens jurídicos atingidos, do mesmo modo que pode ocorrer (isto é, não se operar a coisa julgada) no concurso formal e na continuidade delitiva (art. 70 e art. 71, CP).

Eis, então, a grande utilidade da *mutatio* no âmbito das garantias individuais.

Se, por um lado, ela se mostra favorável aos interesses acusatórios, prestando-se a corrigir defeitos da imputação e a manter a interrupção da prescrição lá no recebimento da denúncia, de outro (lado) contribui para a consolidação da coisa julgada penal, não nos limites *objetivos* da sentença, mas da própria realidade histórica do fato, independentemente de sua descrição nas acusações e na decisão final.

Impende observar que a coisa julgada se formará *para o acusado*, impondo-se aqui limites *subjetivos* ao seu alcance. Poderá a acusação voltar à carga em relação ao mesmo tipo penal, dando-lhe até nova configuração (capitulação e descrição), se e somente se em relação àquele que não tenha sido processado anteriormente pelos fatos.

No caso de sentença absolutória, a questão seguirá outro rumo, sob a perspectiva da proibição de *revisão pro societate*, como já examinado (art. 386, CPP).

Jurisprudência (à luz do *revogado* art. 393, CPP)

393.1. [...] A Lei nº 11.719/08, que alterou profundamente a sistemática do processo penal brasileiro e introduziu a proibição de prisão do réu para apelar, manteve, no entanto, o art. 393 do CPP, segundo o qual é efeito da sentença condenatória recorrível ser o réu preso ou conservado na prisão. [...] Ordem denegada, em conformidade com o parecer ministerial (*Habeas Corpus nº 183.680 – AC, 5ª Turma, unânime, Rel. Min. Napoleão Nunes Maia Filho, julgado em 12.4.2011, publicado no* DJ *em 18.5.2011*).

393.1. [...] Exatamente neste sentido andou a reforma processual penal de 2008, que apesar de introduzir a proibição de prisão do réu para apelar, manteve, no entanto, o art. 393 do CPP, segundo o qual, é efeito da sentença condenatória recorrível ser o réu preso ou conservado na prisão. *Writ* parcialmente conhecido e, nesta parte, denegado. Ordem concedida de ofício, nos termos do voto do relator (*Habeas Corpus nº 183.707-SP, STJ, 5ª Turma, unânime, Rel. Min. Gilson Dipp, julgado em 22.2.2011, publicado no* DJ *em 9.3.2011*).

393.1. [...] O Supremo Tribunal decidiu, inclusive pelo seu Plenário, que a prisão de réu condenado por decisão ainda pendente de recurso não afronta o princípio da presunção de não culpabilidade previsto no art. 5º, LVII, da Constituição. Não constitui constrangimento ilegal a determinação pela sentença de primeira instância, do lançamento do nome dos réus no rol dos culpados, após o trânsito em julgado. H.C. Indeferido (*Habeas Corpus nº 76.747, STF, 2ª Turma, Rel. Min. Carlos Velloso, julgado em 14.4.1998, publicado no* DJ *em 20.4.2001*).

393.1. [...] O princípio da presunção de inocência, insculpido no art. 5º, inciso LVII, da Constituição Federal, apenas impede que se lance o nome do réu no rol dos culpados, enquanto não houver transitado em julgado o decreto condenatório, mas não é obstáculo à prisão imediata do condenado após o esgotamento das instâncias ordinárias, consoante preconiza o art. 637 do CPP. Ordem denegada, em consonância com parecer ministerial (*Habeas Corpus nº 61.324-SP, STJ, 5ª Turma, Rel. Min. Napoleão Nunes Maia Filho, julgado em 29.8.2007, publicado no* DJ *em 15.10.2007*).

393.1. [...] Prisão preventiva decretada, a título de garantia da ordem pública, com base na gravidade do crime imputado ao Paciente, ressaltando a existência de indícios de autoria e prova da materialidade, fundamentos que não foram mantidos quando da prolação da sentença condenatória. Destaco que a matéria envolvendo o direito de recorrer em liberdade de réu condenado sem trânsito em julgado (HC 83.868, Rel. Min. Marco Aurélio; RHC 93.123, de minha relatoria), envolvendo a execução provisória de pena em caso de pendência (ou possibilidade) de interposição de recurso especial ou extraordinário – sem efeito suspensivo (RHC 93.287 e HC 93.172, ambos de minha relatoria; HC 84.078, Rel. Min. Eros Grau; HC 91.676, HC 92.578 e HC 92.691, estes da relatoria do Ministro Ricardo Lewandowski), teve sua apreciação pelo Plenário do Supremo Tribunal na sessão do dia 5.2.2009. Nesses casos, reviu-se a posição que vigorava no Supremo Tribunal Federal de que a pendência de recursos sem efeito suspensivo autorizava o recolhimento do condenado, ainda antes do trânsito em julgado da sentença condenatória. Firmou-se a posição, por maioria de votos do Pleno do Supremo Tribunal Federal, de que há óbice de prisão para execução ainda provisória de pena na pendência de recurso especial ou extraordinário. A única exceção ficou assentada no caso de prisão cautelar por decreto fundamentado. Ademais, a jurisprudência predominante deste Supremo Tribunal afasta a prisão preventiva que se funda na gravidade abstrata ou concreta do delito imputado, definido ou não como hediondo. Ordem concedida (*Habeas Corpus nº 98.217, STF, 1ª Turma, Rel. Min. Cármen Lúcia, julgado em 8.9.2009, publicado no* DJ *em 16.4.2010*).

393.1. [...] Existe constrangimento ilegal, a ser reparado pela via do habeas corpus, quando a decisão condenatória determina a expedição de mandado de prisão, independente de seu trânsito em julgado, sem, contudo, explicitar os pressupostos justificadores da segregação cautelar. Ordem concedida (*Habeas Corpus nº 97.318, STF, 1ª Turma, Rel. Min. Ricardo Lewandowski, julgado em 6.4.2010, publicado no* DJ *em 7.5.2010*).

....

LIVRO II

DOS PROCESSOS EM ESPÉCIE

TÍTULO I
DO PROCESSO COMUM

CAPÍTULO I
Da Instrução Criminal

Art. 394. O procedimento será comum ou especial. (Redação dada pela Lei nº 11.719, de 2008)

§ 1º O procedimento comum será ordinário, sumário ou sumaríssimo: (Incluído pela Lei nº 11.719, de 2008)

I – ordinário, quando tiver por objeto crime cuja sanção máxima cominada for igual ou superior a 4 (quatro) anos de pena privativa de liberdade; (Incluído pela Lei nº 11.719, de 2008)

II – sumário, quando tiver por objeto crime cuja sanção máxima cominada seja inferior a 4 (quatro) anos de pena privativa de liberdade; (Incluído pela Lei nº 11.719, de 2008)

III – sumaríssimo, para as infrações penais de menor potencial ofensivo, na forma da lei. (Incluído pela Lei nº 11.719, de 2008)

§ 2º Aplica-se a todos os processos o procedimento comum, salvo disposições em contrário deste Código ou de Lei especial. (Incluído pela Lei nº 11.719, de 2008)

§ 3º Nos processos de competência do Tribunal do Júri, o procedimento observará as disposições estabelecidas nos arts. 406 a 497 deste Código. (Incluído pela Lei nº 11.719, de 2008)

§ 4º As disposições dos arts. 395 a 398 deste Código aplicam-se a todos os procedimentos penais de primeiro grau, ainda que não regulados neste Código. (Incluído pela Lei nº 11.719, de 2008)

§ 5º Aplicam-se subsidiariamente aos procedimentos especial, sumário e sumaríssimo as disposições do procedimento ordinário. (Incluído pela Lei nº 11.719, de 2008)

394.1. Considerações gerais: Entendemos que o processo penal é o meio pelo qual se manifesta a jurisdição, motivo pelo qual deve ser analisado pelo prisma de sua finalidade, com a solução do problema apresentado e a concretização do Direito. Assim, há que se ver que os procedimentos constituem a forma de desenvolvimento do processo, delimitando os caminhos a serem seguidos na apuração jurisdicional do caso penal. É o rito processual a ser adotado que se constitui de atos encadeados de forma lógica com a finalidade de chegar ao termo almejado pela instrução. Por evidente, os procedimentos deverão sempre estar adequados aos princípios constitucionais, notadamente o do devido processo legal, existente com a finalidade de garantir, dentro de uma maximização possível, a realização da Justiça Penal.

Fixadas essas premissas, mesmo que sucintas, é de se ver que o *caput* do art. 394 estipula uma duplicidade de categorias de procedimentos, em comum e especial.

394.2. Procedimento comum: tripartição: O procedimento comum é tripartido em ritos ordinário, sumário e sumaríssimo.

Não temos dúvidas que as alterações trazidas pela Lei nº 11.719/08 foram bastante profundas no que diz respeito aos procedimentos processuais.

Inicialmente, merece destaque o fato de que, em todos os procedimentos (comuns e especiais), *salvo* nas hipóteses do procedimento do Júri e dos Juizados Especiais Criminais, deverá haver resposta escrita da defesa, após a citação do réu. Agora, a citação não mais se dará para interrogatório (realizado no final do procedimento), mas sim para apresentar defesa escrita.

Não se aplica ao procedimento do Júri por expressa disposição legal (§ 3º do art. 394), que ordena sejam observadas as regras procedimentais previstas nos arts. 406 a 497 do CPP. A razão é bastante óbvia, diante da natureza peculiar do procedimento para julgamento dos crimes dolosos contra a vida (e eventuais conexos, salvo se se tratarem de delitos de *competência de justiça especial* – vide art. 79, do CPP). Uma observação relevante: pela leitura isolada do § 4º, poderia haver (eventual) conclusão no sentido de que precisaria haver uma mescla dos procedimentos no caso do Júri, estando presente, então, uma *possibilidade* de dúplice *absolvição sumária*: uma na fase a que alude o art. 397, CPP; outra na fase do art. 415, CPP. Assim não compreendemos, dada a particularidade do procedimento do Júri, bipartido em duas fases, em que se faculta ao juiz absolver sumariamente apenas em casos excepcionais (só no momento do art. 415, CPP), pois o juiz natural da causa, em regra, é o Tribunal Popular.

Já no que se refere às infrações de *menor potencial ofensivo* (Lei nº 9.099/95), precisa haver maiores cuidados na interpretação da Lei, pois o § 4º do art. 394 estipulou que "*as disposições dos arts. 395 a 398 deste Código aplicam-se a* todos *os procedimentos penais de primeiro grau, ainda que não regulados neste Código*" (atente-se que o art. 398 do CPP foi revogado pelo art. 3º da Lei nº 11.719/08, mas não se fez a devida correção na redação do parágrafo em comento).

Compreendemos que, de regra, os ritos para os delitos de menor potencial ofensivo são procedimentos de primeiro grau, salvo nas situações de competências originárias, em que perfeitamente aplicáveis os institutos da transação e suspensão processuais. Nessa linha, não podemos concordar com a aplicação da regra do art. 396 do CPP ("*nos procedimentos ordinário e sumário, oferecida a denúncia ou a queixa, se não a rejeitar liminarmente, recebê-la-á e ordenará a citação do acusado para responder à acusação, por escrito, no prazo de 10 (dez) dias*") ao rito sumaríssimo dos juizados.

Primeiro por haver manifesta incompatibilidade, ao menos nessa parte que estipula *a possibilidade de defesa prévia,* pois, conforme expressa (e especial) disposição do art. 62 da Lei nº 9.099/95, na forma da redação da Lei nº 13.603/2018, o processo "*orientar-se-á pelos critérios da oralidade, simplicidade, informalidade, economia processual e celeridade*". Em segundo lugar, o próprio art. 396, CPP, refere-se unicamente aos procedimentos *ordinário e sumário*, não incluindo (corretamente) o sumaríssimo (previsto no inciso II *para as infrações penais de menor potencial* ofensivo) em sua redação.

Contudo, quanto às hipóteses dos arts. 395 e 397 (que tratam da rejeição liminar da peça acusatória ou de absolvição sumária), não visualizamos qualquer incompatibilidade com o rito sumaríssimo. É dizer: em se tratando de formalização de acusação, deve o juízo apreciar todas as questões pertinentes e, se for o caso, rejeitar a denúncia (ou queixa, porque cabível também em ações penais privadas, consoante entendimento do STF e do STJ, com o que anuímos). Não por outro motivo que a jurisprudência – corretamente – já vinha reconhecendo a possibilidade do ajuizamento de *habeas corpus* com a finalidade de trancar procedimento criminal em que *já* realizada transação ou suspensão processuais. Ou seja, se já se admitia o trancamento de procedimento em que realizada a transação ou suspensão processual porque sequer deveria ter havido a angularização que permitiu a incidência dos institutos, mais razão ainda agora em que se possibilita, desde já, pelo novo procedimento, a rejeição da peça acusatória ou a absolvição sumária.

Ainda: *não* vemos incompatibilidade de rito entre as disposições do § 4º do art. 394 do CPP e aquele previsto para as ações penais originárias de competência de tribunais (prerrogativa de foro). Não significa que se deva aplicar automaticamente o novo procedimento aos ritos previstos em ações penais que tramitem perante tribunais. Absolutamente não. O que estamos a afirmar é que, diante da *compatibilização* das novas regras ao que já existente em leis ou regimentos internos, é possível se cogitar que os tribunais passem também a adotar a possibilidade de absolvição sumária, se presentes as hipóteses elencadas no art. 397, CPP. Igualmente não vemos nenhuma incompatibilidade em que possa (faculdade, portanto) se adotar a *práxis* de realizar o interrogatório do réu como último ato do processo, antes do julgamento pelo colegiado. Mas que fique claro: trata-se de *analogia* e não de *abrangência* das novas regras.

Uma indagação cujo relevo vem sendo dado em tribunais *não* superiores: acaso admitida a aplicação da absolvição sumária nestes ritos, qual o procedimento se deveria adotar na sessão de julgamento em relação à ordem de sustentação oral?

Como já destacado, item 610.2 (ao que se remete), em se tratando de *recurso exclusivo* do Ministério Público, temos como absolutamente correta a posição do STF (HC nº 87.926-SP, Plenário, *DJ* de 25.4.2008) de que a sustentação oral será feita *primeiro* pelo *parquet*.

Note-se que a questão ora suscitada é *absolutamente diversa*, não se podendo falar – nem de longe – em eventual *aplicação analógica* do que decidido no referido *leading case*. A fase de absolvição sumária já pressupõe o anterior *recebimento da denúncia*. A defesa, portanto, já teria tido oportunidade de sustentar a inviabilidade da ação penal. Recebida a acusação, se houver fundamentação lastreada em absolvição sumária, caberia a ela, portanto, apresentar sua sustentação oral, querendo. A argumentação desenvolvida na defesa preliminar (verdadeiros fatos *desconstitutivos* – vide, a propósito, as anotações ao art. 156, CPP) tem por escopo *o encerramento abrupto* da persecução penal. Ora, o contraditório, que vem a ser a preocupação demonstrada na decisão da Suprema Corte a que aludimos, tem por objetivo garantir a *contrariedade*, probatória e também argumentativa, às teses desferidas por uma das partes. Nos tribunais, cabe ao Ministério Público sustentar a acusação, *para o recebimento da denúncia*, facultando-se à defesa a sua impugnação, *na mesma ocasião*. Tratando-se, porém, de fase processual *posterior*, deve-se permitir que o *parquet* se manifeste após *conhecer os argumentos* que lhe são desfavoráveis. Exigir, nesse caso, que o *parquet* fale primeiro que a defesa, viola, a mais não poder, o princípio do contraditório, enfraquecendo indevidamente a acusação, que ficaria na dependência do maior ou menor grau de *clarividência* ou de *adivinhação* do membro presente à sessão.

Imagine-se a hipótese em que alguém com foro por prerrogativa de função (e presente a *simetria* se previsto em Constituições Estaduais) está sendo processado por homicídio (prevalente a regra *ratione muneris*). Recebida a peça acusatória e aplicado (analogicamente) o procedimento aqui versado, haveria que se analisar a defesa preliminar para fins de eventual absolvição sumária. O argumento primeiro da defesa é de causa excludente de ilicitude pela *legítima defesa* (situação que se embasaria no inciso I do art. 397 do CPP). Mantido o raciocínio antes referido de alguns tribunais, a acusação deveria falar *antes* e *sustentar* que o réu *não teria agido* em legítima defesa, como se a ele coubesse algum ônus probatório nesse sentido!

Em resumo: seja no campo da prova, seja no campo da argumentação, compete a quem alega o ônus de sustentar, antes, a sua posição processual.

Prosseguindo.

Também houve inovação processual quanto aos critérios para o estabelecimento dos ritos *ordinário e sumário* (em verdade, este há muito era inaplicável, como se verá). Assim, nos termos dos incisos I e II do § 1º será adotado o rito ordinário quando se tratar de crime cuja sanção *máxima* cominada for igual ou superior a 4 (quatro) anos de pena privativa de liberdade. Se a pena *máxima* for *inferior* a 4 (quatro) anos, o rito será o sumário.

Uma observação: salvo melhor juízo, *na prática,* a regra será a utilização dos ritos ordinário ou sumaríssimo. Raramente será utilizado o rito sumário. É que para sua incidência a pena *máxima* deverá ser *inferior* a 4 (quatro) anos. Nessas situações, seguindo a tradição legislativa brasileira de cominação de penas (mínimo e máximo em abstrato), a maioria dos casos cuja pena *máxima* seja *inferior* a 4 (quatro) anos (que normalmente é três ou dois) tem como pena *mínima* patamar quase sempre de 1 (um) ano de pena privativa, o que possibilitará (desde que preenchidos os demais requisitos legais, especialmente os subjetivos) a suspensão do processo nos termos do art. 89 da Lei nº 9.099/95, ensejando, assim, a adoção do rito sumaríssimo. Apenas nas hipóteses em que não encontrado o acusado (art. 66, parágrafo único, da Lei nº 9.099/95), aí será adotado o procedimento sumário.

Registramos que, na linha do que sempre sustentamos, a jurisprudência do Supremo Tribunal Federal passou inicialmente a admitir a adoção do rito com interrogatório como último ato do processo, mesmo diante da previsão diversa na Lei nº 8.038/90. Posteriormente, a partir de decisão plenária no julgamento do HC n. 127.900/AM *(Rel. Min. Dias Toffoli, decisão de 3.6.2016, publicado no* DJ *em 3.8.2016),* fixou-se a orientação quanto à aplicação da norma do art. 400 do CPP – a partir daquela data – aos processos penais militares, aos processos penais eleitorais e a todos os procedimentos penais regidos por legislação especial, incidindo somente naquelas ações penais cuja instrução não se tenha encerrado (princípio do *tempus regit actum*). Difícil é compreender – e também explicar – ulterior decisão tomada em órgão fracionário do STF assentando, em sentido manifestamente contrário ao precedente do plenário, que "o disposto no artigo 400 do Código de Processo Penal, sobre o momento do interrogatório do acusado, não se aplica ao processo-crime militar, ante a especialidade". *(Habeas Corpus n. 132.847-MS, STF, 1ª Turma, unânime, julgado em 26.6.2018, publicado no* DJ *em 12.9.2018).*

Importante também aqui anotar que, nos termos do que disposto no § 1º-A do art. 81 da Lei nº 9.099/95 (redação conferida pela Lei nº 14.245, de 22.11.2021), mesmo em se tratando de procedimento sumaríssimo, durante a audiência de instrução, todas as partes deverão respeitar a dignidade da vítima, cabendo ao juiz velar por essa garantia, sendo expressamente vedadas a manifestação sobre circunstâncias ou elementos alheios aos fatos objeto de apuração nos autos, bem assim a utilização de linguagem, informação ou material que ofendam a dignidade da vítima ou testemunhas (remetemos para as anotações aos itens 400.4 e 474.3).

Jurisprudência

394.2. [...] Conforme assentado pelo Tribunal Pleno do Supremo Tribunal Federal, em 03.03.16, no julgamento do HC 127.900, Rel. Min. Dias Toffoli, deverá ser aplicada a regra geral do artigo 400 do Código de Processo Penal a todas as instruções processuais ainda não encerradas em procedimentos criminais especiais. Em observância aos princípios do contraditório e da ampla defesa, afasta-se o princípio da especialidade para assegurar ao acusado que, mesmo no rito processual de ação penal originária de Corte Superior, seja interrogado somente após a oitiva das testemunhas. *3. Agravo regimental provido (Agravo Regimental na Ação Penal nº 862-RJ, STF, 1ª Turma, Rel. Min. Marco Aurélio, julgado em 5.4.2016, publicado no* DJ *em 4.8.2016).*

394.2. [...] 1. O art. 7º da Lei n. 8.038/1990 determina que "recebida a denúncia ou a queixa, o relator designará dia e hora para o interrogatório, mandando citar o acusado ou querelado e intimar o órgão do Ministério Público, bem como o querelante ou o assistente, se for o caso". A interpretação literal do comando normativo é no sentido de que o interrogatório do réu, nos processos de competência originária do Supremo Tribunal Federal, deve ser o ato inaugural da instrução processual penal. 2. No entanto, o dispositivo não se coaduna com os princípios do contraditório e da ampla defesa, que impõem a realização do ato apenas ao término da instrução. 3. Nesse sentido é o entendimento do Pleno e dessa 1ª Turma (AP 528 AgR, rel. Min. Ricardo Lewandowski, Tribunal Pleno, *DJe* de 8.6.2011). (AP 988 AgR, rel. Min. Marco Aurélio, Relator(a) p/ Acórdão: Min. Alexandre de Moraes, 1ª Turma, julgado em 4.4.2017, acórdão eletrônico *DJe*-101 divulg. 15.5.2017 public. 16.5.2017). 4. Provimento do Agravo para reformar a decisão agravada, determinando que a instrução processual penal se inicie com a oitiva das testemunhas arroladas pela acusação, realizando-se o interrogatório ao final. *(Agravo Regimental na Ação Penal n. 1.027-DF, STF, 1ª Turma, Rel. Min. Marco Aurélio, Rel. para o acórdão Min. Roberto Barroso, julgado em 2.10.2018, publicado no* DJ *em 25.10.2018).*

394.2. [...] Ao rito especial da Lei n. 8.038/90 aplicam-se, subsidiariamente, as regras do procedimento ordinário (art. 394, § 5º, CPP), razão pela qual eventual rejeição da denúncia é balizada pelo art. 395 do CPP, ao passo que a improcedência da acusação (absolvição sumária) é pautada pelo disposto no art. 397 do CPP. [...] *(Ação Penal n. 819-DF, STJ, Corte Especial, unânime, Rel. Min. Nancy Andrighi, julgado em 7.3.2018, publicado no* DJ *em 23.3.2018).*

394.2. [...] A norma contida no art. 400 do Código de Processo Penal comum aplica-se, a partir da publicação da ata do presente julgamento, aos processos penais militares, aos processos penais eleitorais e a todos os procedimentos penais regidos por legislação especial, incidindo somente nas ações penais cuja instrução não se tenha encerrado. [...] (*Habeas Corpus nº 132.078, STF, 2ª Turma, unânime, Rel. Min. Cármen Lúcia, julgado em 6.9.2016, publicado no* DJ *em 22.9.2016*).

394.2. [...] 3. No rito estabelecido para o processo penal de competência originária dos Tribunais, em razão de foro por prerrogativa de função, apresentada a denúncia e a resposta prevista no art. 4º da Lei 8.038/90, não pode o Ministério Público reforçar os elementos de convicção, produzindo mais provas antes de proferido o juízo de admissibilidade da denúncia. 4. Às partes não é dado produzir provas nas fases postulatórias. No rito da Lei 8.038/90, entre o oferecimento da denúncia e o juízo de admissibilidade a ser proferido pelo Tribunal, não há espaço para dilações probatórias tais como diligências, oitivas e perícias. O pedido de juntada de documentos é permitido (art. 231, do CPP), cabendo ao relator indeferir a providência, caso tenha caráter irrelevante, impertinente, protelatório ou tumultuário, nos termos do art. 400, § 1º, do CPP. 5. Agravo regimental improcedente. (*Agravo Regimental no Inquérito n. 3.998 – DF, STF, 2ª Turma, Rel. Min. Edson Fachin, julgado em 8.8.2017, publicado no DJ em 20.10.2017*).

394.2. [...] Não é possível a aplicação dos arts. 396 e 396-A do CPP ao regime da Lei 8.038/90, haja vista a existência de oportunidade para resposta preliminar com regramento próprio (art. 4º da Lei 8.038/90), momento em que é possível alegar toda a matéria pertinente, inclusive meritória, o que permite não somente o recebimento ou a rejeição da peça acusatória, como também a possibilidade de improcedência imediata das imputações. [...] (*Habeas Corpus nº 361.375-*

MA, STJ, 6ª Turma, unânime, Rel. Min. Maria Thereza de Assis Moura, julgado 1º.9.2016, publicado no DJ *em 12.9.2016*).

394.2. [...] A especialidade da disposição contida no art. 57 da Lei nº 11.343/2006 prevalece sobre a regra geral do Código de Processo Penal (art. 400), de modo que o interrogatório do réu deve ocorrer antes da oitiva das testemunhas. [...] (*Recurso em Habeas Corpus nº 37.373-SP, STJ, 5ª Seção, unânime, Rel. Min. Gurgel de Faria, julgado em 3.9.2015, publicado no* DJ *em 9.9.2015*).

394.2. [...] O art. 400 do Código de Processo Penal, com a redação dada pela Lei nº 11.719/2008, projetou o interrogatório do réu para o final da instrução criminal, prestigiando a máxima efetividade das garantias constitucionais do contraditório e da ampla defesa (CRFB, art. 5º, LV), dimensões elementares do devido processo legal (CRFB, art. 5º, LIV) e cânones essenciais do Estado Democrático de Direito (CRFB, art. 1º, *caput*). Por isso que a nova regra do Código de Processo Penal comum também deve ser observada no processo penal militar, em detrimento da norma específica prevista no art. 302 do Decreto-lei nº 1.002/69, conforme precedente firmado pelo Pleno do Supremo Tribunal Federal nos autos da Ação Penal nº 528 AgR, rel. Min. Ricardo Lewandowski, j. em 24/03/2011, *DJe*-109 divulg. 7.6.2011, impondo a observância do novo preceito modificador em relação aos processos regidos pela Lei Especial nº 8.038/90, providência que se impõe seja estendida à Justiça Penal Militar, posto que *ubi eadem ratio ibi idem jus*. 2. Em situação idêntica à sub examine, a Primeira Turma desta Corte deferiu os HCs 115.530 e 115.698, rel. Min. Luiz Fux, *DJe* de 14.8.2012, para determinar ao Superior Tribunal Militar a realização do interrogatório após o término da instrução criminal. [...] 4. Ordem de habeas corpus concedida para determinar a realização de novo interrogatório do paciente, após o término da instrução criminal, à luz da Lei nº 11.719/2008, que deu nova redação ao art. 400 do Código de Processo Penal *(Habeas Corpus nº 121.877-RJ, STF, 1ª Turma, Rel. Min. Luiz Fux, julgado em 3.6.2014, publicado no* DJ *em 24.6.2014*).

394.2. [...] Procedimento especial da Lei nº 8.038/90: acusado com possibilidade de se manifestar sobre a acusação antes de se tornar réu na ação penal; procedimento comum (Código de Processo Penal): primeira manifestação do acusado ocorre quando ele já é réu no processo. 2. Procedimento da Lei nº 8.038/90 mais benéfico ao acusado quanto ao objeto desta impetração, devendo prevalecer sobre o procedimento comum do Código de Processo Penal. 3. A opção pelo rito da Lei nº 8.038/90 privilegia o princípio da especialidade, aplicando-se a norma especial em aparente conflito com a norma geral, que cede ante a incidência de norma constitucional, como a do art. 5º, inc. LV, da Constituição Federal, que tutela o direito fundamental de ampla defesa. 4. Mesclagem do procedimento especial da Lei nº 8.038/90 com o procedimento comum do Código de Processo Penal importaria, no caso, a criação de novas fases processuais, selecionando o que cada uma tem de mais favorável ao acusado, gerando um hibridismo (*tertium genus*) incompatível com o princípio da reserva legal. Ordem denegada (*Habeas Corpus nº 116.653-RJ, STF, 2ª Turma, Rel. Min. Cármen Lúcia, julgado em 18.2.2014, publicado no* DJ *em 11.4.2014*).

Art. 394-A. Os processos que apurem a prática de crime hediondo ou violência contra a mulher terão prioridade de tramitação em todas as instâncias. (Lei nº 14.994, de 9.10.2024)

§ 1º Os processos que apurem violência contra a mulher independerão do pagamento de custas, taxas ou despesas processuais, salvo em caso de má-fé. (Lei nº 14.994, de 9.10.2024)

§ 2º As isenções de que trata o § 1º deste artigo aplicam-se apenas à vítima e, em caso de morte, ao cônjuge, ascendente, descendente ou irmão, quando a estes couber o direito de representação ou de oferecer queixa ou prosseguir com a ação." (Lei nº 14.994, de 9.10.2024)

O dispositivo foi acrescido pela Lei nº 13.285, de 10.5.2016, com alterações promovidas pela Lei nº 14.994, de 9.10.2024.

Como se sabe, os crimes hediondos são aqueles elencados no art. 1º da Lei nº 8.072/1990 (com as alterações tipológicas pela Lei nº 13.497, de 2017, e também pela Lei nº 13.964/2019), prevendo-se que nesses delitos, na prática da tortura, no tráfico ilícito de entorpecentes e drogas afins e no terrorismo não pode haver a concessão de anistia, graça, indulto e fiança (sobre a inafiançabilidade de delitos e a questão das prisões cautelares, remetemos às anotações específicas dos itens 304 e 310.8). Também foram inseridos no rol de prioridade de tramitação os crimes cometidos com violência contra mulheres.

Com as modificações inseridas especialmente após a Lei nº 13.964/2019 e 14.688/2023, passaram a ser considerados hediondos os seguintes crimes:

> Art. 1º São considerados hediondos os seguintes crimes, todos tipificados no Decreto-Lei nº 2.848, de 7 de dezembro de 1940 – Código Penal, consumados ou tentados:
>
> I – homicídio (art. 121), quando praticado em atividade típica de grupo de extermínio, ainda que cometido por um só agente, e homicídio qualificado (art. 121, § 2º, incisos I, II, III, IV, V, VI, VII e VIII); *(observação nossa: o acréscimo fora do inciso VIII, que, porém, foi vetado nessa parte)*
>
> I-A – lesão corporal dolosa de natureza gravíssima (art. 129, § 2º) e lesão corporal seguida de morte (art. 129, § 3º), quando praticadas contra autoridade ou agente descrito nos arts. 142 e 144 da Constituição Federal, integrantes do sistema prisional e da Força Nacional de Segurança Pública, no exercício da função ou em decorrência dela, ou contra seu cônjuge, companheiro ou parente consanguíneo até terceiro grau, em razão dessa condição;
>
> II – roubo:
>
> a) circunstanciado pela restrição de liberdade da vítima (art. 157, § 2º, inciso V);
>
> b) circunstanciado pelo emprego de arma de fogo (art. 157, § 2º-A, inciso I) ou pelo emprego de arma de fogo de uso proibido ou restrito (art. 157, § 2º-B);
>
> c) qualificado pelo resultado lesão corporal grave ou morte (art. 157, § 3º);
>
> III – extorsão qualificada pela restrição da liberdade da vítima, ocorrência de lesão corporal ou morte (art. 158, § 3º);
>
> IV – extorsão mediante sequestro e na forma qualificada (art. 159, *caput*, e §§ 1º, 2º e 3º)
>
> V – estupro (art. 213, caput e §§ 1º e 2º);
>
> VI – estupro de vulnerável (art. 217-A, *caput* e §§ 1º, 2º, 3º e 4º);
>
> VII – epidemia com resultado morte (art. 267, § 1º).
>
> VII-A – (vetado)
>
> VII-B – falsificação, corrupção, adulteração ou alteração de produto destinado a fins terapêuticos ou medicinais (art. 273, *caput* e § 1º, § 1º-A e § 1º-B, com a redação dada pela Lei nº 9.677, de 2 de julho de 1998).
>
> VIII – favorecimento da prostituição ou de outra forma de exploração sexual de criança ou adolescente ou de vulnerável (art. 218-B, *caput*, e §§ 1º e 2º);
>
> IX – furto qualificado pelo emprego de explosivo ou de artefato análogo que cause perigo comum (art. 155, § 4º-A).
>
> X – induzimento, instigação ou auxílio a suicídio ou a automutilação realizados por meio da rede de computadores, de rede social ou transmitidos em tempo real (art. 122, *caput* e § 4º); (Incluído pela Lei 14.811, de 2024)

> XI – sequestro e cárcere privado cometido contra menor de 18 (dezoito) anos (art. 148, § 1º, inciso IV); (Incluído pela Lei 14.811, de 2024)
>
> XII – tráfico de pessoas cometido contra criança ou adolescente (art. 149-A, *caput,* incisos I a V, e § 1º, inciso II). (Incluído pela Lei 14.811, de 2024)
>
> Parágrafo único. Consideram-se também hediondos, tentados ou consumados:
>
> I – o crime de genocídio, previsto nos arts. 1º, 2º e 3º da Lei nº 2.889, de 1º de outubro de 1956;
>
> II – o crime de posse ou porte ilegal de arma de fogo de uso proibido, previsto no art. 16 da Lei nº 10.826, de 22 de dezembro de 2003;
>
> III – o crime de comércio ilegal de armas de fogo, previsto no art. 17 da Lei nº 10.826, de 22 de dezembro de 2003;
>
> IV – o crime de tráfico internacional de arma de fogo, acessório ou munição, previsto no art. 18 da Lei nº 10.826, de 22 de dezembro de 2003;
>
> V – o crime de organização criminosa, quando direcionado à prática de crime hediondo ou equiparado;
>
> VI – os crimes previstos no Decreto-Lei nº 1.001, de 21 de outubro de 1969 (Código Penal Militar), que apresentem identidade com os crimes previstos no art. 1º desta Lei. (Incluído pela Lei nº 14.688, de 2023)
>
> VII – os crimes previstos no § 1º do art. 240 e no art. 241-B da Lei nº 8.069, de 13 de julho de 1990 (Estatuto da Criança e do Adolescente). (Incluído pela Lei 14.811, de 2024)

Há de se ver ainda que as penas dos crimes hediondos deveriam ser cumpridas em regime inicialmente fechado e que a progressão dependia do cumprimento de 2/5, para primários, e de 3/5, para reincidentes. Porém é importante destacar que, também com o advento da Lei nº 13.964/2019, modificaram-se os critérios para progressão de regime (que, por serem mais gravosos, aplicam-se apenas aos crimes cometidos a partir de sua vigência), sendo os seguintes, nos termos da nova redação do art. 112 da LEP (tendo-se revogado expressamente o § 2º do art. 2º da Lei nº 8.072/1990 pelo art. 19 da Lei nº 13.964/2019):

> Art. 112. A pena privativa de liberdade será executada em forma progressiva com a transferência para regime menos rigoroso, a ser determinada pelo juiz, quando o preso tiver cumprido ao menos:
>
> I – 16% (dezesseis por cento) da pena, se o apenado for primário e o crime tiver sido cometido sem violência à pessoa ou grave ameaça;
>
> II – 20% (vinte por cento) da pena, se o apenado for reincidente em crime cometido sem violência à pessoa ou grave ameaça;
>
> III – 25% (vinte e cinco por cento) da pena, se o apenado for primário e o crime tiver sido cometido com violência à pessoa ou grave ameaça;
>
> IV – 30% (trinta por cento) da pena, se o apenado for reincidente em crime cometido com violência à pessoa ou grave ameaça;
>
> V – 40% (quarenta por cento) da pena, se o apenado for condenado pela prática de crime hediondo ou equiparado, se for primário;
>
> VI – 50% (cinquenta por cento) da pena, se o apenado for:

a) condenado pela prática de crime hediondo ou equiparado, com resultado morte, se for primário, vedado o livramento condicional;

b) condenado por exercer o comando, individual ou coletivo, de organização criminosa estruturada para a prática de crime hediondo ou equiparado; ou

c) condenado pela prática do crime de constituição de milícia privada;

VII – 60% (sessenta por cento) da pena, se o apenado for reincidente na prática de crime hediondo ou equiparado;

VIII – 70% (setenta por cento) da pena, se o apenado for reincidente em crime hediondo ou equiparado com resultado morte, vedado o livramento condicional.

§ 1º Em todos os casos, o apenado só terá direito à progressão de regime se ostentar boa conduta carcerária, comprovada pelo diretor do estabelecimento, respeitadas as normas que vedam a progressão.

§ 2º A decisão do juiz que determinar a progressão de regime será sempre motivada e precedida de manifestação do Ministério Público e do defensor, procedimento que também será adotado na concessão de livramento condicional, indulto e comutação de penas, respeitados os prazos previstos nas normas vigentes.

§ 3º No caso de mulher gestante ou que for mãe ou responsável por crianças ou pessoas com deficiência, os requisitos para progressão de regime são, cumulativamente:

I – não ter cometido crime com violência ou grave ameaça a pessoa;

II – não ter cometido o crime contra seu filho ou dependente;

III – ter cumprido ao menos 1/8 (um oitavo) da pena no regime anterior;

IV – ser primária e ter bom comportamento carcerário, comprovado pelo diretor do estabelecimento;

V – não ter integrado organização criminosa.

§ 4º O cometimento de novo crime doloso ou falta grave implicará a revogação do benefício previsto no § 3º deste artigo.

§ 5º Não se considera hediondo ou equiparado, para os fins deste artigo, o crime de tráfico de drogas previsto no § 4º do art. 33 da Lei nº 11.343, de 23 de agosto de 2006.

§ 6º O cometimento de falta grave durante a execução da pena privativa de liberdade interrompe o prazo para a obtenção da progressão no regime de cumprimento da pena, caso em que o reinício da contagem do requisito objetivo terá como base a pena remanescente.

§ 7º O bom comportamento é readquirido após 1 (um) ano da ocorrência do fato, ou antes, após o cumprimento do requisito temporal exigível para a obtenção do direito."

No que se refere ao tema, aponte-se que, nos termos do § 9º acrescido ao art. 2º da Lei nº 12.850/2013 (também pela Lei nº 13.964/2019), o condenado em sentença por integrar organização criminosa não poderá progredir de regime de cumprimento de pena ou obter o livramento condicional ou outros benefícios se houver elementos probatórios que indiquem a manutenção do vínculo associativo.

Prosseguindo no tema central, há de se ver que a finalidade da lei, ao que parece, foi tentar estabelecer a necessidade de uma prioridade dos trâmites processuais para esse tipo de crime. Porém, como sabido, os prazos judiciais não são peremptórios e pouco ajuda, na prática, essa disposição, especialmente porque, na grande maioria das vezes, esse tipo de crime é de complexidade e demanda uma dilação dos prazos além dos fixados em lei, sem que com isso – se devidamente justificada a necessidade – se reconheçam excessos de prazo.

Em síntese: mais uma regra – dentre tantas – que pouco ajuda para a eficiência do processo penal brasileiro.

Jurisprudência

394-A. [...] 1. A Constituição da República (art. 5°, XXXIX) assegura que *"não há crime sem lei anterior que o defina, nem pena sem prévia cominação legal"*, postulado que exige a subsunção estrita das condutas e das sanções criminais à moldura normativa. 2. A Lei 13.964/2019, ao alterar o art. 112 da LEP, não tratou, de forma expressa, das condições para progressão de regime do condenado por crime hediondo ou equiparado reincidente em crime comum, somente disciplinando a gradação da reprimenda do apenado primário (inciso V) e do reincidente específico (inciso VII). 3. O silêncio normativo, contudo, deve ser saneado em atenção aos princípios norteadores da hermenêutica penal, cumprindo observar a proscrição à analogia in *malam partem.* 4. Havendo dois incisos que, por analogia, poderiam ser aplicados ao apenado (no caso, o inciso V e o inciso VII), o dispositivo mais benéfico ao acusado (inciso V) é a única solução possível, pois a adoção do critério mais gravoso inevitavelmente importaria afronta ao princípio da vedação à analogia *in malam partem e do favor rei.* Doutrina. 5. Recurso ordinário em *habeas corpus* a que se dá provimento a fim restabelecer a decisão de 1° grau, que aplicou ao apenado o patamar mais benéfico para a progressão de regime (art. 112, inciso V, da LEP). *(Recurso Extraordinário em Habeas Corpus n° 200.879/SC, STF, 2ª Turma, unânime, Rel. Min. Edson Fachin, julgado em sessão virtual de 14.5.2021 a 21.5.2021, publicado no DJ em 14.6.2021)*

394-A. [...] 1. Esta Corte vem decidindo no sentido de que, com a nova redação do art. 112 da Lei de Execução Penal, alterada pela Lei n. 13.964/2019, quedou omissa a situação dos agentes condenados por crime hediondo com reincidência não específica, de maneira que tal situação, como prescrevem os princípios gerais do direito penal, deve sempre ser interpretada em favor do réu, o que impede a aplicação por analogia da fração de 3/5 (ou **60%**) realizada pelas instâncias ordinárias no caso em tela, por se tratar de analogia in malam partem, possibilidade vedada em nosso ordenamento. Precedentes. 2. Aliás, recentemente, a Terceira Seção desta Corte examinou o tema em recurso especial representativo da controvérsia, ocasião em que firmou a seguinte tese: "É reconhecida a retroatividade do patamar estabelecido no art. 112, V, da Lei n. 13.964/2019, àqueles apenados que, embora tenham cometido crime hediondo ou equiparado sem resultado morte, não sejam reincidentes em delito de natureza semelhante." (REsp n. 1.910.240/MG, relator Ministro Rogério Schietti Cruz, Terceira seção, julgado em 26/5/2021, DJe 31/5/2021). [...] *(Agravo Regimental no HC n° 689.920-SP, STJ, 6ª Turma, julgado em 5.10.2021, publicado no DJ em 8.10.2021)*

394-A. [...] 1. A Lei n. 13.964/2019, intitulada Pacote Anticrime, promoveu profundas alterações no marco normativo referente aos lapsos exigidos para o alcance da progressão a regime menos gravoso, tendo sido expressamente revogadas as disposições do art. 2°, § 2°, da Lei n. 8.072/1990 e estabelecidos patamares calcados não apenas na natureza do delito, mas também no caráter da reincidência, seja ela genérica ou específica. 2. Evidenciada a ausência de previsão dos parâmetros relativos aos apenados condenados por crime hediondo ou equiparado, mas reincidentes genéricos, impõe-se ao Juízo da execução penal a integração da norma sob análise, de modo que, dado o óbice à analogia *in malam partem*, é imperiosa a aplicação aos reincidentes genéricos dos lapsos de progressão referentes aos sentenciados primários. 3. Ainda que provavelmente não tenha sido essa a intenção do legislador, é irrefutável que *de lege lata*, a incidência retroativa do art. 112, V, da Lei n. 7.210/1984, quanto à hipótese da lacuna legal relativa aos apenados condenados por crime hediondo ou equiparado e reincidentes genéricos, instituiu conjuntura mais favorável que o anterior lapso de 3/5, a permitir, então, a retroatividade da lei penal mais benigna. 4. Dadas as ponderações acima, a hipótese em análise trata da incidência de lei penal mais benéfica ao apenado, condenado por tráfico de drogas, porém reincidente genérico, de forma que é mister o reconhecimento de sua retroatividade, dado que o percentual por ela estabelecido – qual seja, de cumprimento de 40%

das reprimendas impostas –, é inferior à fração de 3/5, anteriormente exigida para a progressão de condenados por crimes hediondos, fossem reincidentes genéricos ou específicos. 5. Recurso especial representativo da controvérsia não provido, assentando-se a seguinte tese: É reconhecida a retroatividade do patamar estabelecido no art. 112, V, da Lei n. 13.964/2019, àqueles apenados que, embora tenham cometido crime hediondo ou equiparado sem resultado morte, não sejam reincidentes em delito de natureza semelhante. *(Recurso Especial nº 1.918.338/MT, STJ, 3ª Seção, unânime, Rel. Min. Rogerio Schietti Cruz, julgado em 26.5.2021, publicado no DJ em 31.5.2021)*

Art. 395. A denúncia ou queixa será rejeitada quando: (Redação dada pela Lei nº 11.719, de 2008)

I – for manifestamente inepta; (Incluído pela Lei nº 11.719, de 2008)

II – faltar pressuposto processual ou condição para o exercício da ação penal; ou (Incluído pela Lei nº 11.719, de 2008)

III – faltar justa causa para o exercício da ação penal. (Incluído pela Lei nº 11.719, de 2008)

Parágrafo único. (Revogado). (Incluído pela Lei nº 11.719, de 2008)

395.1. Considerações gerais: Uma vez oferecida a denúncia ou a queixa, impõe-se (tal como se fazia no sistema anterior às minirreformas de 2008) que o juiz analise se não se enquadra em algumas hipóteses de sua rejeição liminar. É de se ver, contudo, que o (então) art. 43, CPP (revogado expressamente pelo art. 3º da Lei nº 11.719/08) previa a rejeição da denúncia ou da queixa quando:

a) o fato narrado não constituísse crime;
b) já tivesse extinta a punibilidade;
c) fosse manifesta a ilegitimidade de parte ou faltasse condição exigida pela lei para o exercício da ação penal.

De início se pode constatar que a circunstância de o fato narrado não constituir crime (art. 43, I, CPP) *não é* mais causa de *rejeição* da denúncia ou da queixa (limitadas às hipóteses, agora, do art. 396, do CPP), mas sim de absolvição sumária. Desse modo, e, por exemplo, constatada a atipicidade de conduta pela aplicação do denominado princípio da insignificância (para nós que o tema se resolve em sede de tipicidade), não será caso de rejeição da peça acusatória, mas de ulterior absolvição sumária no devido momento previsto atualmente pela legislação.

Analisemos as hipóteses detalhadamente.

Jurisprudência

395.1. [...] Além da presença dos requisitos do art. 41 do CPP, está presente a "justa causa" para a ação penal (CPP, art. 395, III), analisada a partir de seus três componentes – tipicidade, punibilidade e viabilidade –, de maneira a garantir a presença de um "suporte probatório mínimo a indicar a legitimidade da imputação e se traduz na existência, no inquérito policial ou nas peças de informação que instruem a denúncia, de elementos sérios e idôneos que demonstrem a materialidade do crime e de indícios razoáveis de autoria" (Inq. 3.719, Rel. Min. Dias Toffoli, Primeira Turma, DJe de 30/10/2014). [...] *(Petição nº 9.456/DF, STF, Plenário, por maioria, vencido Min. Marco Aurélio, Rel. Min. Alexandre de Moraes, julgado em 28.4.2021, publicado no DJ em 21.6.2021)*

395.1 [...] A denúncia deve ser recebida desde que, atendido seu aspecto formal (art. 41, c/c o art. 395, I, do CPP) e identificada a presença tanto dos pressupostos de existência e validade da relação processual quanto das condições para o exercício da ação penal (art. 395, II, do CPP), venha acompanhada de lastro probatório mínimo a amparar a acusação (art. 395, III, do CPP). [...] *(Habeas Corpus nº 426.807/RJ, STJ, 6ª Turma, unânime, Rel. Min. Rogerio Schietti Cruz, julgado em 11.5.2021, publicado no DJ em 18.5.2021)*

395.1. [...] Quando se trata de apreciar a alegação de inépcia da denúncia ou de sua esqualidez por qualquer outro motivo, dois são os parâmetros objetivos que orientam tal exame: os arts. 41 e 395 do Código de Processo Penal. O art. 41 indica um necessário conteúdo positivo para a denúncia, pois ela, denúncia, deve conter a exposição do fato criminoso, ou em tese criminoso, com todas as suas circunstâncias, de par com a qualificação do acusado, ou, de todo modo, conter esclarecimentos que possam viabilizar a defesa do acusado. Isso para que o contraditório se estabeleça nos devidos termos. Já o artigo 395, este impõe a peça de acusação um conteúdo negativo. Se no primeiro (art. 41) há uma obrigação de fazer por parte do Ministério Público, no segundo (art. 395) há uma obrigação de não fazer; ou seja, a denúncia não pode incorrer nas impropriedades indicadas no mencionado art. 395 do CPP. 5. [...] Ordem indeferida (*Habeas Corpus nº 98.134, STF, 2ª Turma, unânime, Rel. Min. Ayres Britto, julgado em 30.11.2010, publicado no DJ em 4.3.2011*).

395.2. Se a denúncia for manifestamente inepta: No inciso I, prevê-se a rejeição da denúncia quando ela *for manifestamente inepta*. A inépcia da denúncia (para nós seria desnecessário o advérbio *manifestamente*) se dá quando não reúne as condições necessárias para a instauração da ação penal.

395.3. Falta de pressuposto processual ou condição para o exercício da ação penal: No inciso II, repele-se a peça acusatória quando faltar pressuposto processual ou condição para o exercício da ação penal.

A) Pressupostos processuais

O Direito Processual brasileiro adota critérios mais ou menos bem demarcados quanto à titularidade, oportunidade e viabilidade do exercício da ação penal, bem como acerca dos requisitos de validade da relação processual veiculada no processo. Em relação às primeiras, teríamos as chamadas *condições da ação*, enquanto, relativamente aos demais, os denominados *pressupostos processuais*.

Compreendemos que, por *pressuposto* processual, deve-se entender apenas o antecedente logicamente necessário à própria existência do objeto, em cujo campo se poderá afirmar a validade ou invalidade das atividades nele desenvolvidas. Desse modo, ao menos em nosso entendimento, é possível falar somente em *pressupostos* de existência do processo e da relação jurídica processual, bem como de *requisitos de* validade de seu regular desenvolvimento.

1. Pressupostos de existência: Inicialmente, é importante fazer uma distinção fundamental: pressuposto de existência do *processo* não significa o mesmo que pressuposto de existência da *relação processual*. Independentemente da teoria que se adote em relação ao tema (se angular ou triangular), a relação *processual* exige sempre o concurso ou a participação de autor e acusado, perante alguém com jurisdição.

Para demonstrar a necessidade da distinção, veja-se a hipótese da decisão que rejeita liminarmente a denúncia ou a queixa (art. 395, CPP). Nessa situação, malgrado incompleta a relação processual, já que o acusado sequer teria sido chamado em juízo, é bem de ver que, ao menos para nós, teria existido *processo*. Desse modo, insistimos, não nos parece mais abalizada a doutrina que inclui, entre os pressupostos de *existência* do processo, a presença de partes, autor e réu, exigência essa ligada apenas à existência da relação jurídica processual penal.

Destacamos também que não se adere aos posicionamentos que afirmam como *pressuposto* de *existência* do *processo* a presença do órgão jurisdicional constitucionalmente competente, em razão à garantia constitucional do juiz natural. Primeiro porque a função jurisdicional é una, prestando-se à repartição de competências unicamente à adequada operacionalidade da jurisdição, consoante os critérios de especialização (em razão da matéria ou em razão das funções ocupadas pelo autor do fato, competência *ratione muneris*). Assim, quando é provocada a jurisdição (cível ou penal), é o Estado quem atua nos autos, materializando-se a atuação no processo.

Nesse contexto, inevitável deixar de referir que perante juiz absolutamente incompetente o processo existe, porém é nulo. Com uma ressalva. Como se sabe, do ato inexistente não resulta efeito algum, ao contrário do que ocorre com o ato nulo. Neste, embora, em regra, não se admita a produção dos efeitos que lhe são próprios, é possível, diante de previsão normativa, atribuir-lhe consequências jurídicas. Eis a razão (e a referência à *ressalva* anteriormente) pela qual não se pode processar novamente pelo mesmo fato quem já tenha sido *absolvido* em outro processo, ainda que desenvolvido com violação à regra do juiz natural (art. 8º, 4, do Pacto de San José da Costa Rica c/c Decreto nº 678/92). Não por outro motivo que o Supremo Tribunal Federal vem decidindo em dias atuais que o vício de incompetência constitucional é causa de nulidade absoluta, e não de inexistência do processo.

2. Pressupostos de validade: De modo similar ao processo civil, também no processo penal exige-se o cumprimento de alguns requisitos sem os quais a relação processual não terá como se desenvolver *validamente*. Os requisitos de validade do processo podem ser subjetivos (dizem respeito ao juiz e às partes) ou objetivos (relacionam-se ao próprio objeto da ação penal).

2.1. Requisitos subjetivos:

2.1.1. Quanto ao juiz: a competência e a imparcialidade (ausência de suspeição, impedimento ou incompatibilidade, mesmo que o art. 564, I, CPP, se refira unicamente à suspeição e ao suborno do magistrado – vide anotações ao item 564.2).

2.1.2. Quanto às partes:

a) capacidade e legitimidade processual;

b) capacidade postulatória: se não habilitada, a parte deve ser representada por advogado em juízo. Excetuam-se de tal exigência o *habeas corpus* (art. 654, CPP), revisão criminal (art. 623, CPP), alguns recursos (art. 577, CPP – em primeiro grau) e incidentes de execução, como a hipótese de reconhecimento de anistia ou indulto (art. 187, LEP) e reabilitação (art. 743, CPP).

2.2. Requisitos objetivos:

2.2.1. Citação válida: a citação é elemento fundamental para que seja instaurada a relação processual. A inobservância da citação válida acarreta a nulidade absoluta *do ato* (art. 564, III, *e*, CPP), embora esse vício seja considerado suprido pelo comparecimento espontâneo da parte (vide anotação ao item 564.10 e ao art. 570, CPP).

2.2.2. Necessidade de atendimento aos requisitos da denúncia ou queixa (art. 41, CPP), no que se refere à idoneidade formal da peça exordial.

Embora se encontrem posicionamentos defendendo que a coisa julgada e a litispendência também seriam requisitos objetivos de validade, assim não compreendemos. Tem-se que ambas não dizem respeito à validade do processo, até porque o vício – se e quando existente – se encontra fora do processo, ou seja, decorre unicamente da existência de outro feito, versando (ou então já decidindo) a mesma pretensão. Assim, a hipótese estaria ligada à admissibilidade da mais recente ação, e não propriamente a uma questão de invalidade do processo.

B) Condições da ação

As condições da ação estipulam limites para o conhecimento e julgamento de pretensão veiculada pela demanda relacionados ao preenchimento prévio de determinadas exigências ligadas à identidade das partes, com referência ao objeto da relação de direito material ou ainda à comprovação da efetiva necessidade da atuação jurisdicional.

Assim, as condições da ação se constituiriam em determinados condicionamentos ao exercício da provocação do poder jurisdicional, cujo desatendimento não impediria o direito à jurisdição ou ao processo, mas sim ao julgamento da pretensão de direito material a ela apresentada (mérito). Mister destacar que mérito na ação penal deve ser entendido como sendo: (a) existência de um fato (materialidade); (b) ser esse fato imputável ao acusado (autoria); (c) constituir esse fato uma ação típica, ilícita e culpável; (d) não se encontrar extinta a punibilidade.

Jurisprudência

395.3. [...] O Tribunal, ao julgar apelação do Ministério Público contra sentença absolutória, não pode acolher nulidade – ainda que absoluta –, não veiculada no recurso da acusação. Interpretação da Súmula 160/STF que não faz distinção entre nulidade absoluta e relativa. Os atos praticados por órgão jurisdicional constitucionalmente incompetente são atos nulos e não inexistentes, já que proferidos por juiz regularmente investido de jurisdição, que, como se sabe, é una. Assim, a nulidade decorrente de sentença prolatada com vício de incompetência de juízo precisa ser declarada e, embora não possua o alcance das decisões válidas, pode produzir efeitos. Precedentes. A incorporação do princípio do *ne bis in idem* ao ordenamento jurídico pátrio, ainda que sem o caráter de preceito constitucional, vem, na realidade, complementar o rol dos direitos e garantias individuais já previstos pela Constituição Federal, cuja interpretação sistemática leva à conclusão de que a Lei Maior impõe a prevalência do direito à liberdade em detrimento do dever de acusar. Nesse contexto, princípios como o do devido processo legal e o do juízo natural somente podem ser invocados em favor do réu e nunca em seu prejuízo. Por isso, estando o Tribunal, quando do julgamento da apelação, adstrito ao exame da matéria impugnada pelo recorrente, não pode invocar questão prejudicial ao réu não veiculada no referido recurso, ainda que se trate de nulidade absoluta, decorrente da incompetência do juízo. *Habeas corpus* deferido em parte para que, afastada a incompetência, seja julgada a apelação em seu mérito (*HC nº 80.263-SP, Rel. Min. Ilmar Galvão, Plenário, julgado em 20.2.2003, publicado no* DJ *em 27.6.2003*).

395.3.1. Interesse de agir: No âmbito das ações penais condenatórias, está relacionado diretamente com a viabilidade do acionamento da máquina judiciária por quem detém legitimidade ativa com a finalidade de buscar a responsabilização de quem tenha praticado o fato ilícito. Contudo, a imposição da pena (efetividade) somente poderá ocorrer, por evidente, após a observância do devido processo legal. Dentro desses parâmetros, embora com algumas nuances diversas, o interesse de agir no âmbito do processo penal se assemelha ao do processo civil. Entretanto, uma observação: no processo penal, compreendemos que o interesse de agir está relacionado diretamente com a efetividade do processo, de modo ser possível assentar que este, enquanto instrumento da jurisdição, deve apresentar, em juízo prévio e anterior, uma viabilidade mínima de satisfação futura da pretensão que é trazida em seu bojo. Noutras palavras, pela ótica da efetividade, o processo criminal deve mostrar-se, desde a sua instauração, apto a realizar (em tese) os diversos escopos da jurisdição.

Malgrado o teor da Súmula 438, STJ: "*É inadmissível a extinção da punibilidade pela prescrição da pretensão punitiva com fundamento em pena hipotética, independentemente da existência ou sorte do processo penal*" – publicada no *DJ* em 13.5.2010; defendemos a possibilidade da chamada *prescrição em perspectiva* (ou pela pena concreta projetada) nos casos em que, de modo certo hialino, pelo que se tem conhecimento desde já (início do processo criminal), a pena concretizada redundará, no futuro, em prescrição retroativa (art. 110, § 1º, CP). Importante repisar: o reconhecimento da falta de interesse de agir pela *prescrição em perspectiva* deve-se dar sempre de modo *excepcional*, para aquelas situações flagrantes que gerarão ulterior prescrição. É dizer: não há qualquer utilidade na utilização do processo criminal nessas situações.

Não há uma *fórmula matemática* para assentar a ausência de interesse de agir em face da prescrição em perspectiva. Pela excepcionalidade do instituto – de criação doutrinária e jurisprudencial (embora com dissensos, como adiante se verá) –, entendemos que deva se dar da seguinte maneira (sempre à luz do caso concreto).

O art. 109 do CP, adaptado aqui porque aplicável para fins de prescrição retroativa (art. 110, § 1º, do CP), estipula os seguintes marcos prescricionais: (a) em 20 anos, se o máximo da pena (em concreto) é superior a 12; (b) em 16 anos, se o máximo da pena (em concreto) é superior a 8 anos e não excede a 12; (c) em 12 anos, se o máximo da pena (em concreto) é superior a 4 anos e não excede a 8; (d) em 8 anos, se o máximo da pena (em concreto) é superior a 2 anos e não excede a 4; (e) em 4 anos, se o máximo da pena (em concreto) é igual a 1 ou, sendo superior, não excede a 2; (f) em 3 anos, se o máximo da pena (em concreto) é inferior a 1 ano (*a Lei nº 12.234, publicada em 5.5.2010, alterou o prazo mínimo prescricional de 2 para 3 anos. Assim, somente aos crimes cometidos a partir da vigência da nova Lei se aplica o marco de 3 anos. Para os fatos anteriores, o prazo prescricional é de 2 anos*).

De relevo acrescer que, nos termos do § 1º do art. 110 do CP, na redação conferida pela Lei nº 12.234, "*a prescrição, depois da sentença condenatória com trânsito em julgado para a acusação ou depois de improvido seu recurso, regula-se pela pena aplicada, não podendo, em nenhuma hipótese, ter por termo inicial data anterior à da denúncia ou queixa*". Ou seja, para os fatos criminosos cometidos a partir das novas regras, não há mais se falar na possibilidade de reconhecimento da prescrição retroativa entre o fato e o recebimento da denúncia.

Se existir a possibilidade – ainda que mínima, mas razoável – de a pena em concreto ser fixada um dia acima do mínimo em abstrato e daí decorrer a alteração de parâmetros do prazo prescricional, entendemos que *não* se deva aplicar o instituto da prescrição em perspectiva.

Por exemplo, para melhor visualização: um delito "X" tem pena de 2 a 5 anos de reclusão. Se fixada a pena no mínimo legal (2 anos), a prescrição dar-se-á em 4 anos (inciso V do art. 109 do CP). Contudo, fixada pelo menos em 1 dia a mais, a prescrição será regulada pelo inciso IV, cujo prazo será de 8 (oito) anos. Altera-se substancialmente o prazo prescricional: de 4 para 8 anos. Nesses casos em que a diferença é bastante tênue (apenas 1 dia como marco modificador da prescrição retroativa, e, consequentemente, para fins de utilização da prescrição em *perspectiva*), entendemos que *não se pode declarar* (antecipadamente) a prescrição em perspectiva. Aqui bastará o conhecimento (ulterior, na instrução processual) de uma circunstância (não sabida eventualmente no início da ação penal) que possa justificar o aumento da pena-base e sua manutenção acima do mínimo legal para afastar a ocorrência da prescrição.

Porém, tomando-se ainda as mesmas penas do delito exemplificativo, se transcorridos 12 anos entre a prática do fato e o recebimento da denúncia (ainda não ocorrido, pendente de análise a peça acusatória), a situação mostra-se um pouco diversa: para que não ocorra prescrição retroativa no futuro, é fundamental que a pena fixada (sem a consideração de eventuais acréscimos pelo crime continuado ou concurso formal – art. 119, CP e Súmula 497 do STF) na primeira e segunda fases supere 4 anos, chegando muito próximo do máximo, 5 anos (ultrapassando inclusive o chamado "termo médio", que, no caso, é de 3 anos e 6 meses de reclusão).

Malgrado as considerações acima, fundamental assentar que o Supremo Tribunal Federal e o Superior Tribunal de Justiça não têm admitido o reconhecimento da prescrição em *perspectiva*, objeto, inclusive, da Súmula 438, STJ.

Jurisprudência

395.3.1. [...] Extinção da punibilidade. Prescrição da pretensão punitiva "em perspectiva, projetada ou antecipada". Ausência de previsão legal. Inadmissibilidade. Jurisprudência reafirmada. Repercussão geral reconhecida. Recurso extraordinário provido. Aplicação do art. 543-B, § 3º, do CPC. É inadmissível a extinção da punibilidade em virtude de prescrição da pretensão punitiva com base em previsão da pena que hipoteticamente seria aplicada, independentemente da existência ou sorte do processo criminal (*Repercussão Geral na Questão de Ordem no Recurso Extraordinário nº 602.527-RS, Rel. Min. Cezar Peluso, Plenário, unânime, julgado em 19.11.2009, publicado no* DJ *em 18.12.2009*).

395.3.1. [...] Recentemente, o Plenário desta Suprema Corte, na Repercussão Geral por Questão de Ordem no RE nº 602.527/RS, de Relatoria do Ministro Cezar Peluso (DJe de 18/12/09), reafirmou a jurisprudência no sentido da impossibilidade de aplicação da chamada prescrição antecipada ou em perspectiva por ausência de previsão legal. [...] Ordem denegada (*Habeas Corpus nº 97.599-SC, Rel. Min. Dias Toffoli, STF, 1ª Turma, publicado no* DJ *em 16.4.2010*).

395.3.2. Legitimidade: Nas ações penais condenatórias, há uma prévia estipulação de quem são os legitimados a mover a justiça criminal. Como regra, a atividade persecutória é privativa do Ministério Público (art. 129, CF). São as hipóteses das ações penais públicas incondicionadas e das condicionadas à representação. Em caso de inércia estatal (desde que preenchidas as demais condições), reserva-se a determinadas pessoas a possibilidade de atuar em substituição ao Estado. Trata-se das ações penais privadas subsidiárias das públicas. Nestas, acaso ajuizadas, a titularidade poderá ser retomada pelo Ministério Público em qualquer momento. Por fim, há as ações exclusivamente privadas, em decorrência de peculiaridades de algumas infrações penais e das consequências que delas resultam.

É de se ver ainda que, mesmo se tratando da legitimidade do Ministério Público, não se pode descurar das *atribuições* respectivas previstas em sede constitucional. É dizer: nos crimes de competência federal (em razão da matéria), somente ao Ministério

Público Federal é garantida a possibilidade do ajuizamento da ação penal perante a Justiça Federal. Na competência residual (também em razão da matéria), as atribuições serão do Promotor de Justiça que atua perante a Justiça Estadual. Uma observação ainda em sede de atribuições ministeriais em primeiro grau: o art. 109, § 3º, CF, estipula que a "*lei poderá permitir que outras causas sejam também processadas e julgadas pela justiça estadual*". Dentre essas causas podem se incluir também as de natureza penal, como ocorria (até a expressa revogação do art. 27 da Lei nº 6.368/76 pelo art. 70, parágrafo único, da Lei nº 11.343/06) nos delitos de tráfico internacional, em que se permitia (com recurso para o então TFR e, depois de 1989, para os TRFs respectivos) que os Promotores de Justiça ajuizassem ações penais por tráfico internacional de entorpecentes (agora denominado de *transnacional* – questão meramente semântica) perante a Justiça Estadual.

Também se admite a formulação de denúncia pelo membro do Ministério Público Federal por crimes de competência (residual) estadual perante a Justiça Federal desde que haja a conexão ou continência com os crimes federais (Súmula 122 do STJ).

A questão da legitimidade ativa já tinha regulação no ordenamento pátrio. O art. 95, IV, CPP, prevê a possibilidade de oposição da exceção de *ilegitimidade de parte*. Por óbvio, trata-se de exceção de *parte ativa*, porque – diferentemente do processo civil – não há, no processo penal, como discutir ilegitimidade de *parte passiva* em exceção (vide item 95.6). Tecnicamente o tema está relacionado à autoria do fato delitivo, que demanda solução, como regra, na ação penal, e, excepcionalmente, em casos flagrantes, em *habeas corpus* ou até revisão criminal.

De igual modo há de se atentar para as atribuições ministeriais no âmbito da competência dos Tribunais (prerrogativa de foro – competência *ratione muneris*). Em sendo delitos de competência dos Tribunais Regionais Federais, as atribuições estarão afetas aos Procuradores Regionais da República. Se dos Tribunais de Justiça, ao Procurador-Geral de Justiça ou os Procuradores de Justiça designados. Já em relação aos delitos de competência do Superior Tribunal de Justiça, somente os Subprocuradores-Gerais da República com assento na Corte Especial daquele Tribunal têm legitimidade ativa para promover ação penal. De igual modo, os delitos de competência do STF são de titularidade do Procurador-Geral da República ou dos Subprocuradores-Gerais por ele designados para atuar por delegação.

395.3.3. Possibilidade Jurídica do Pedido: De modo geral, diz-se que a possibilidade jurídica do pedido estaria diretamente relacionada com a previsão no ordenamento jurídico da providência que se quer ver atendida. Sem ela a situação importaria em carência de ação penal por absoluta falta de *condição da ação*.

Há algumas peculiaridades, contudo. É que, mesmo formulado pedido absolutamente descabido, como o requerimento de condenação do denunciado à pena de morte (absolutamente repelida pelo ordenamento no que se refere ao processo criminal), entendemos não haver nenhum óbice ao regular desenvolvimento da ação penal só em face dessa circunstância, pois deverá o juízo competente adequar a providência sancionatória de acordo com a legislação vigente e não de acordo com o pedido formulado (*emendatio libelli* – art. 383, CPP).

Dessa maneira, compreendemos que, no que se refere ao *pedido*, na ação penal condenatória, a exigência de previsibilidade abstrata da providência solicitada não constitui qualquer óbice (isoladamente vista) à admissibilidade e ao conhecimento da pretensão deduzida pelo legitimado ativo.

395.3.4. Condições de procedibilidade: Em algumas situações, a legislação exige o preenchimento de determinadas condições para o exercício da ação penal. É o que se verifica, exemplificativamente, nas ações penas públicas condicionadas, nas quais o Ministério Público somente poderá ingressar com a respectiva ação se formulada a necessária *representação* (há de se atentar para o teor da Súmula 714 do STF no que se refere aos crimes cometidos contra funcionários públicos relacionados com o exercício de suas funções), ou então somente após a requisição do Ministro da Justiça quando presentes hipóteses, dentre outras, dos crimes referidos no art. 7º, § 3º, *b*, CP, e daqueles praticados contra a honra do Presidente da República ou chefe de governo estrangeiro (art. 145, parágrafo único, CP). Mais outras hipóteses: os arts. 525 e 526, CPP, determinam a necessidade de a denúncia ou a queixa estarem instruídas com o exame pericial dos objetos que constituam o corpo de delito nos crimes contra a propriedade imaterial.

Mais recentemente, a nova Lei de Falências (Lei nº 11.101/05) manteve a antiga exigência de decretação da sentença (de falência e, agora, da que concede a recuperação judicial e que homologa a recuperação extrajudicial) como condição de procedibilidade para o ajuizamento da ação penal. O art. 180 da Lei nº 11.101/05 assenta que o ato judicial que declara a falência, concede a recuperação judicial ou homologa a recuperação judicial se constitui em *condição objetiva de punibilidade.*

395.3.4.1. Crimes tributários de natureza material e o problema do exaurimento da esfera administrativa: A partir do exemplo da Lei de Falências, que estipula referida *condição objetiva de punibilidade*, o Supremo Tribunal Federal – *ao menos em nossa avaliação, como há muito sustentamos* (PACELLI, Eugênio. *Curso de processo penal.* 28. ed. São Paulo: Juspodivm, 2024; FISCHER, Douglas. *Delinquência econômica e estado social e democrático de direito.* Porto Alegre: Verbo Jurídico, 2006) –, cometeu grave incoerência dogmática quando do julgamento do HC nº 81.611-SP, assentando que, enquanto não exaurida a esfera administrativa nos delitos materiais (art. 1º da Lei nº 8.137/90 e art. 337-A, CP), não poderia ser instaurada a ação penal criminal. Eis o teor da ementa do julgado referido:

> Crime material contra a ordem tributária (Lei nº 8.137/90, art. 1º): lançamento do tributo pendente de decisão definitiva do processo administrativo: falta de justa causa para a ação penal, suspenso, porém, o curso da prescrição enquanto obstada a sua propositura pela falta do lançamento definitivo.
>
> Embora não condicionada a denúncia à representação da autoridade fiscal (ADInMC 1571), falta justa causa para a ação penal pela prática do crime tipificado no art. 1º da Lei nº 8.137/90 – que é material ou de resultado –, enquanto não haja decisão definitiva do processo administrativo de lançamento, *quer se considere o lançamento definitivo uma condição objetiva de punibilidade ou um elemento normativo de tipo.*
>
> Por outro lado, admitida por Lei a extinção da punibilidade do crime pela satisfação do tributo devido, antes do recebimento da denúncia (Lei nº 9.249/95, art. 34), princípios e garantias constitucionais eminentes não permitem que, pela antecipada propositura da ação penal, se subtraia do cidadão os meios que a Lei mesma lhe propicia para questionar, perante o Fisco, a exatidão do lançamento provisório, ao qual se devesse submeter para fugir ao estigma e às agruras de toda sorte do processo criminal.

> No entanto, enquanto dure, por iniciativa do contribuinte, o processo administrativo suspende o curso da prescrição da ação penal por crime contra a ordem tributária que dependa do lançamento definitivo.

O voto do Relator do precedente acima citado, fazendo inúmeras digressões, concluiu que o exaurimento seria uma *condição objetiva de punibilidade, chegando inclusive a comparar a situação ao delito falimentar.*

Em seu voto, o Ministro Joaquim Barbosa demonstrou a inconsistência da tese levantada no voto do relator. Jamais se poderia cogitar de condição objetiva de punibilidade, disse na divergência, porque essa pressupõe a *existência prévia* do crime, mas sua *punição condicionada* a fator ulterior. Valendo-se de Nelson HUNGRIA (*Comentários ao Código Penal*. 5. ed. Rio de Janeiro: Forense, 1978. v. I, tomo II, p. 28-9), salientou que para ele "*o Direito Penal cogita de condições objetivas de punibilidade quando a punição da conduta penalmente ilícita fica condicionada a certas 'circunstâncias extrínsecas ao crime, isto é, diversas da tipicidade, da injuridicidade e da culpabilidade*'". Na senda ainda de Hungria, reafirmou que são chamadas de condições objetivas "*porque são alheias à culpabilidade do agente. Nada têm a ver com o crime em si mesmo, pois estão fora dele (não há confundir as condições em apreço com os chamados 'pressupostos' do crime, isto é, fatos ou situações preexistentes, a que a Lei subordina o reconhecimento de determinado crime ou grupo de crimes)*".

De fato, dos ensinamentos de Giuseppe BETTIOL (*Direito penal*, v. 1, p. 240, 243-244) colhe-se que há "*casos determinados nos quais o legislador, embora considerando estruturalmente perfeito um crime, faz depender a punibilidade do fato delituoso da verificação de um ulterior evento, que Código e doutrina chamam de condições de punibilidade*". Assim, o critério apresentado "*isola a condição de punibilidade dos elementos do fato, e enquanto o fato é o complexo dos elementos materiais reconduzíveis à ação humana, a condição de punibilidade deve encontrar-se fora de qualquer repercussão que a ação humana possa ter sob o aspecto da causalidade física ou do da psicológica. Como afirmou Delitala com exatidão, a condição de punibilidade deve encontrar-se fora de qualquer relação causal com a ação humana*". Assim, encerra o doutrinador, se a condição se "*encontra em relação de dependência causal com a ação* [...]" – é o caso, dizemos nós: a sonegação do tributo se encontra em relação de dependência causal com a ação do agente criminoso, de modo que *não pode ser*, tecnicamente, condição objetiva de punibilidade – "[...] *no sentido de que possa ser considerado como efeito embora remoto da ação, tal evento não poderá ser considerado condição de punibilidade, mas será elemento constitutivo do fato*".

Não por outro motivo que (e para nós com razão) concluiu o Ministro Joaquim Barbosa que a conciliação realizada entre os conceitos de *condição de punibilidade* e de prescrição redundaria em situação dogmaticamente incoerente. Se o *ius puniendi* nasce com o fato punível, em regra isso ocorre com a consumação do delito, pois a punibilidade normalmente não está subordinada a qualquer outro evento futuro. Nos casos em que se faz presente a condição objetiva de punibilidade, embora consumado o delito, o fato ainda não será punível, de forma que não há como se falar em pretensão penal.

Em outras palavras: se houver o reconhecimento de que é com a decisão administrativa que há a definição da supressão ou redução de tributo (elementar do tipo), porque se trata de crime material (de resultado), impossível falar de hipótese que se amolde à condição objetiva de punibilidade. *Uma exclui a outra*. Necessariamente.

O Ministro Cezar Peluso defendeu, em seu voto, que não se estaria diante de *condição objetiva de punibilidade* e *muito menos de condição de procedibilidade*, mas de elemento *normativo* do tipo (confira-se na ementa do julgado a referência expressa a tal conclusão, que é reflexo do que defendido em seu voto).

Cremos que também não se trata, tecnicamente, de elemento *normativo* do tipo, mas sim de elemento *objetivo* do tipo (para quem adere a essa corrente). Saber o que é *tributo* (art. 1º, Lei nº 8.137/90) ou *contribuição social previdenciária* (art. 337-A, CP) *suprimidos* ou *reduzidos* não depende de qualquer valoração ou interpretação, mas de pura constatação à luz do que determina a legislação própria (e constatação que, ao menos para nós, *não é* exclusiva dos órgãos de fiscalização que somente se daria após o exaurimento da discussão naquela sede). É dizer: para a existência do *tributo* não há dependência do lançamento tributário a ser realizado pela autoridade competente (funcionário público) e sua ulterior confirmação nas instâncias administrativas.

Na verdade, a legislação pátria adotou a denominada *Teoria da Atividade*, considerando-se "*praticado o crime no momento da* ação *ou omissão, ainda que outro seja o momento do resultado*" (art. 4º, CP). Portanto, o crime se consuma com a ação (no caso, necessariamente comissiva), *supressão* ou *redução* (*caput* do art. 1º) de tributo mediante alguma conduta, fraudulenta ou não (porque nem todas as condutas-meio pressupõem a fraude), prevista nos incisos do art. 1º da Lei nº 8.137/90 ou do art. 337-A, CP.

Um destaque: o STF (e boa parte dos tribunais que o seguem no *precedente*), malgrado dizendo que o tema engloba discussão acerca de uma condição *objetiva de punibilidade*, reconhece explicitamente que o delito somente se consuma quando do exaurimento da esfera administrativa. Com o devido respeito, não há lógica.

Prosseguindo. Segundo defendemos, a ocorrência da infração não pode ser *condicionada* a eventual *lançamento tributário*. A lesão ao bem jurídico tutelado pelo delito material do art. 1º da Lei nº 8.137/90 ou por aquele ora previsto no art. 337-A, CP, se dá com a *conduta* (ação) de *supressão* ou *redução* de *tributo*, que, insiste-se, estando ligado à obrigação tributária, existe independentemente do *lançamento* (ato administrativo para, em consequência, gerar o *crédito tributário*, que em nada se identifica com a exigência perfectibilizadora do tipo *penal*).

Essencial atentar que, no bojo do HC nº 81.611-SP, se trazia impugnação a denúncia que continha fatos pelos quais o paciente estava sendo processado por violação ao art. 1º, inciso I ("*omitir informação, ou prestar declaração falsa às autoridades fazendárias*") e II ("*fraudar a fiscalização tributária, inserindo elementos inexatos, ou omitindo operação de qualquer natureza, em documento ou livro exigido pela Lei fiscal*"), ambos da Lei nº 8.137/90, porque teria omitido do fisco receitas decorrentes da prestação de serviços.

Em época mais recente, no julgamento do HC nº 90.795-PE (4.12.2007, publicado no *Diário Eletrônico do STF* em 29.2.2008), Rel. Min. Marco Aurélio, constou resumo do entendimento consolidado na ementa assim redigida:

> [...] CRIME TRIBUTÁRIO – PROCESSO ADMINISTRATIVO – DISPENSA. Uma vez versada situação concreta em que, mediante o exercício do poder de polícia, deu-se a apreensão de mercadoria acompanhada de notas fiscais e guias falsas, possível é a propositura da ação penal, independentemente da responsabilidade administrativo-fiscal. [...]

Da leitura pura e simples da ementa do aresto, embora não se refira a qual crime se está tratando, deflui que se deixou bem claro, ao contrário do acórdão-paradigma citado, que *seria desnecessário o exaurimento do processo administrativo fiscal* quando existentes outras provas cabais da ocorrência do crime tributário.

Os fatos objeto da denúncia relacionavam-se efetivamente ao crime do art. 1º da Lei nº 8.137/90, porque teria havido "*fiscalização de veículos mediante a qual se constatou que os condutores utilizavam notas fiscais e guias de acompanhamento de combustíveis e lubrificantes forjadas, delas constando declarações de destino falsas. Aludiu-se o conluio dos administradores das empresas* [...] *e* [...] *para suprimir-se o Imposto sobre Circulação de Mercadorias e Serviços referente aos combustíveis transportados.* [...]"

Por sua vez, disse o saudoso Ministro Menezes Direito que a "*questão posta, no que concerne ao procedimento administrativo para a constituição de crédito tributário, pelo que pude deduzir, significa o eixo da sustentação feita nesta impetração, e parece-me superada pela jurisprudência. Porque, tal como posto no parecer da Procuradoria-Geral da República, aguardar-se o exaurimento da instância administrativa, impedindo a ação do Ministério Público para a apuração do crime tributário, significaria, pelo menos na minha compreensão, dar um* bill *de identidade, condicionado a procedimento criminal diante do procedimento administrativo a ser instaurado pelo Ministério Público.* [...] *Nesta corte, já temos observado que o crime societário, envolvendo este tipo de procedimento que diz com a falsificação de notas fiscais e com a circulação indevida de mercadorias, dispensa, na denúncia, o detalhamento exauriente de todos os fatos que foram susceptíveis de provocar a iniciativa do Ministério Público, sendo o bastante a denúncia conter, explicitamente, elementos suficientes para que a defesa possa ser exercida*".

Novamente o eminente Relator defendeu que tem votado quanto "*à necessidade de esgotar-se o meio administrativo, de formalizar-se o processo-administrativo fiscal, mas, no caso, existe situação peculiar: houve a apreensão de notas fiscais frias. Não se trata de insuficiência de recolhimento de tributo, quando essa insuficiência deve estar demonstrada no campo administrativo*".

Ora, observa-se: se se cuidasse de *mera ausência de recolhimento* de tributos, não haveria crime. O caso, indubitavelmente, tratava, dentre outras, de apreensão de notas fiscais falsas, que gerou denúncia pelo crime (material/fraudulento) do art. 1º da Lei nº 8.137/90 (incisos I, II, III e IV).

Derradeiramente, em nova manifestação, o Ministro Menezes Direito reconheceu que se "*tolhêssemos a ação do Ministério Público, diante das circunstâncias postas nos autos, condicionaríamos a iniciativa do procedimento administrativo ao Código Penal. Em uma palavra: não haveria mais flagrante quando se constatasse negligência relativamente ao dispositivo legal permitido*".

Duas conclusões parciais acerca dos julgados retromencionados são de relevo.

A primeira que, malgrado as ressalvas feitas pelos nobres ministros, os casos do HC nº 81.611-SP e HC nº 90.795-PE são *absolutamente idênticos* em suas essências: tratam, ambos, de ataque a denúncias criminais por delitos materiais previstos no art. 1º da Lei nº 8.137/90. A única diferença está em que, no primeiro, as condutas-meio narradas estão enquadradas nos incisos I e II, enquanto, neste último, nos incisos I, II, III e IV. Não há diferença quanto ao tipo penal. Em ambos, na lítera do HC nº 81.611-SP, enquanto não exaurida a esfera administrativa, não poderia o Ministério Público iniciar a ação penal. Contudo, não foi o que restou decidido neste último julgado.

A segunda que a parte final das conclusões do Ministro Menezes Direito, expostas em sua última manifestação, é irrepreensível. Efetivamente, do entendimento consagrado no HC nº 81.611-SP decorre que é impossível, atualmente, haver flagrante delito nos delitos *materiais* de sonegação fiscal. O motivo é evidente: na linha perfilhada no precedente invocado, o delito ocorre não quando da prática da sonegação por intermédio das condutas-meio, mas quando do exaurimento da discussão na esfera administrativa, momento no qual se saberá então o *quantum* sonegado. Para ocorrer flagrante delito, o agente deve estar *praticando o delito* (*lato sensu,* sem adentrar na discussão aqui das *formas* possíveis de flagrante). É impossível haver flagrante delito em ação (apreensão de documentos, quaisquer que sejam, notas fiscais, declarações falsas etc. – todas *meio*) que, pela construção jurisprudencial havida no HC nº 81.611-SP, só se consumará no futuro, com o *exaurimento da esfera administrativa.*

Outro problema quanto às conclusões estampadas no julgado diz com a prescrição. À época dos debates do HC 81.611-SP, abordando a eventual perda da pretensão punitiva do Estado nos *crimes tributários materiais,* já advertira a Ministra Ellen Gracie que "*ela surgiria quando a autoridade fazendária deixasse transcorrer o prazo de 5 anos para o lançamento. Nesta hipótese, mesmo havendo ocorrido a supressão de tributo, o delito, que tem prazo prescricional de 12 anos, não seria punível. A demonstração pelo absurdo serve para revelar que as esferas, administrativa e penal, são efetivamente independentes*".

Realmente, pela Lei vigente, o prazo prescricional dos delitos materiais previstos no art. 1º da Lei nº 8.137/90 e no art. 337-A, CP, é de 12 anos (pena privativa de liberdade de 2 a 5 anos de reclusão, incidindo ao caso o inciso III do art. 109 do CP). Mas estará prescrito o crime se passados 5 anos para a constituição do crédito tributário (que não é elemento do tipo, referindo-se a tributo, não se perca de vista). É o que vêm decidindo há muito tempo os tribunais, especialmente o STF e o STJ (*v. g.* HC 84.555-0-RJ, 2ª Turma, publicado no *DJ* em 14.9.2007; HC 77.986/MS, 5ª Turma, publicado no *DJ* em 6.4.2008).

Gize-se que o *onus probandi* no tocante à prática do crime doloso – inclusive a materialidade – incumbe sempre ao órgão ministerial. O devido processo legal assim impõe. Dessa maneira, quando a tese da defesa for plausível e respaldada no conjunto probatório, bem como insuficientes os elementos trazidos pelo Ministério Público, não há como autorizar a condenação do denunciado, ao qual é assegurado o benefício da dúvida (*in dubio pro reo*).

Compreendemos que as provas produzidas na esfera administrativa podem servir como elementos a mais (mas não únicos) para a decisão por quem tem o poder de resolver a questão: o Poder Judiciário. Até porque as provas produzidas no âmbito administrativo são, muitas vezes, diversas daquelas apuradas em sede criminal.

Prosseguindo, é de se ver que, com base no precedente do STF, a jurisprudência tem assentado – de modo geral – que sequer inquérito policial pode haver enquanto não exaurida a discussão administrativa. Porém, se exaurida a esfera administrativa e existente qualquer discussão judicial cível acerca da exigência fiscal, tem-se entendido não ser óbice para a instauração da ação penal, porque presente, no caso, uma *faculdade* ao juiz criminal de suspender a ação penal (art. 93, CPP – questão prejudicial *facultativa*). Respeitosamente, um *paradoxo*: enquanto a discussão administrativa barra a ação penal ou a própria investigação criminal, a discussão em sede judicial *pode* (dependendo do caso) impedir o regular andamento da ação penal.

Registre-se ainda que pende de julgamento a ADI n. 4.273 (2009), em que se questiona a validade dos arts. 67, 68 e 69 da Lei n. 11.941/2009, os quais permitem parcelamentos e extinção da punibilidade de crimes cometidos em razão da mera devolução dos valores no caso de fraudes fiscais. Nessa linha, há inúmeras decisões dos tribunais, inclusive STJ e STF, aplicando indistintamente os regramentos, suspendendo ações penais enquanto vigentes parcelamentos e extinguindo a punibilidade de inúmeros casos envolvendo crimes decorrentes de fraudes fiscais (aliás, a regra é o crime fraudulento, e.g., art. 1º da Lei n. 8.137/90 e art. 337-A, CP). Entretanto, causa realmente estranheza (por total ausência de organicidade) decisões do próprio STJ que acabam reconhecendo a impossibilidade de concessão de parcelamentos quando houver dolo, simulação ou fraude (a tônica dos crimes, pelo menos os materiais, antes referidos), nos termos do art. 154, parágrafo único, CTN (*A moratória não aproveita aos casos de dolo, fraude ou simulação do sujeito passivo ou do terceiro em benefício daquele*). A propósito e exemplificativamente, no Agravo Interno no Recurso Especial n. 1.620.036-SC (*DJ* 20.8.2018), no qual se discutia a aplicabilidade da Lei n. 11.941/2009, o STJ reconheceu expressamente que *"possui entendimento pela impossibilidade de inclusão em programa de parcelamento fiscal de débitos oriundos de dolo, fraude ou simulação se a legislação que instituiu o referido parcelamento não contempla expressamente a hipótese"*.

Prosseguindo, há se ver, de modo sintético e inicial, que são os seguintes argumentos pelos quais se entende não ser a melhor solução aquela firmada no HC 81.611-P:

a) no sistema vigente, o Poder Judiciário não pode(ria) ficar vinculado e jungido às conclusões advindas da seara administrativa, embora a *vinculação* só exista, em verdade, nos delitos desse jaez, por conta dos *precedentes*;

b) contraria-se frontalmente o contido no art. 5º, XXXV, CF/88, que determina que a Lei (e as conclusões derivadas da construção jurisprudencial, complementa-se) não excluirá da apreciação do Poder Judiciário lesão ou ameaça de direito;

c) no âmbito criminal não se discute "crédito tributário", mas *tributo* (vinculado à *obrigação* tributária);

d) as provas acerca da materialidade do crime (tributo, *suprimido* ou *reduzido*) não podem ficar restritas àquelas eventualmente produzidas na esfera administrativa. É dizer: na ação penal há possibilidade de outras provas a demonstrar a materialidade e prática do crime, independentemente da decisão administrativa;

e) as conclusões tomadas no âmbito administrativo devem(riam) servir tão somente como elementos a mais para formar a convicção do juiz, mas jamais como meio de coarctação do Ministério Público para o ajuizamento de uma ação penal (que sempre se entendeu ser pública incondicionada);

f) o prazo prescricional para a constituição do *crédito tributário*, de regra, é de 5 (cinco anos), enquanto, à luz do Código Penal, os delitos em voga têm prescrição em abstrato no marco de 12 (doze) anos;

g) a decisão proferida no acórdão-paradigma importa conferir, na prática, efeito vinculante a uma decisão administrativa, quando, salvo exceções, sequer decisões emanadas do próprio STF ostentam tal característica;

h) o Código Penal (art. 4º, CP) adotou a denominada *Teoria da Atividade*, considerando-se "*praticado o crime no momento da* ação *ou omissão, ainda que outro seja o momento do resultado*". Portanto, o crime se consuma com a ação (no caso, necessariamente comissiva), *supressão* ou *redução* (*caput* do art. 1º) de tributo mediante alguma conduta, fraudulenta ou não, prevista nos incisos do art. 1º da Lei nº 8.137/90;

i) o fato de existirem as benesses de extinção da punibilidade pelo pagamento dos tributos, como aquelas previstas no art. 9º, § 2º, da Lei nº 10.684/03 e arts. 67, 68 e 69 da Lei nº 11.941/09 (para nós, materialmente inconstitucionais, por violação da Proibição de Proteção Deficiente, *unterma/verbot* – a propósito, vide argumentos na ADI nº 4.273/09, originária de representação de um dos autores desta obra), não poderia alterar em absolutamente nada a discussão acerca do crime (ocorrência e tempo), como quis fazer crer especialmente o relator do precedente, invocando, à época, o art. 34 da Lei nº 9.249/95 (*que admitia como causa de extinção da punibilidade se o pagamento dos tributos fosse realizado antes do recebimento da denúncia*). O ilustre Ministro Sepúlveda Pertence argumentou, com alguns apoios, que, enquanto não exaurida a esfera administrativa, não saberia o "contribuinte" (para nós, contribuinte e sonegador fraudulento têm distinções fundamentais) o montante dos valores a serem recolhidos como forma de se beneficiar da extinção da punibilidade. O equívoco está em considerar o modo de perfectibilização do delito a futura (e absolutamente independente, para não dizer *casuísta*) causa de exclusão de punibilidade. O crime existe desde que implementadas as condições dos seus elementos. Mantidas as premissas da tese preponderante, revogadas as regras extintivas de punibilidade (como já acontecera quando o art. 14 da Lei nº 8.137/90 fora revogado pela Lei nº 8.383), a forma e o momento da ocorrência do crime restariam alterados. Portanto, o exaurimento da discussão acerca da exigibilidade do tributo sonegado não pode ser classificado nem como condição de procedibilidade, muito menos como condição objetiva de punibilidade, podendo haver o ajuizamento da ação penal (se demonstrados os requisitos legais para tanto) antes daquele marco administrativo.

Malgrado todas essas considerações, a matéria foi objeto da Súmula Vinculante nº 24, editada no ano de 2009, em que se assentou:

Não se tipifica crime material contra a ordem tributária, previsto no art. 1º, incisos *I a IV*, da Lei nº 8.137/90, antes do lançamento definitivo do tributo.

A precipitação foi imensa. Não só por causa do que restou declinado em alguns votos da sessão do STF em que se editou o comando sumulado, como também porque não se fez referência – e seria o caso – aos crimes (correlatos) do art. 337-A, do CP.

Pior: não há como se compreender – racional e tecnicamente – o motivo pelo qual se deixou fora da redação do comando sumulado o inciso V do art. 1º da Lei nº 8.137/90. Nunca é demais ressaltar que o crime tributário sob enfoque *não está* na conduta-meio (no caso concreto do inciso V, uma verdadeira infração administrativa), mas sim na *supressão* ou na *redução* do tributo ou da contribuição previdenciária (*caput*). Talvez a limitação tenha ocorrido porque a Corte Suprema ainda olhe para o crime tributário como se estivesse na conduta-meio (o que é absolutamente hialino se comparados os julgamentos do HC nº 81.611-SP e do HC nº 90.795-PE).

De alguns julgados, exsurge a suspeita acima, como se vê de decisão do STJ em que, na primeira parte do precedente, se reconheceu que a controvérsia cingia "à análise da necessidade de esgotamento da instância administrativo-fiscal para o desencadeamento da persecução penal na hipótese do inciso V do artigo 1º da Lei nº *8.137/1990, considerando que o Supremo Tribunal Federal, na Súmula Vinculante nº 24, reconheceu tão somente que 'não se tipifica crime material contra a ordem tributária, previsto no art. 1º, incisos I a IV, da Lei nº 8.137/90, antes do lançamento definitivo do tributo'*", tendo-se concluído que "*nos termos da jurisprudência desta Corte, o crime descrito no art. 1º, V, da Lei nº 8.137/1990 ostenta natureza formal, ao contrário das condutas elencadas nos incisos I e IV do referido dispositivo, e a sua consumação prescinde da constituição definitiva do crédito tributário*", e, assim "*o prévio exaurimento da via administrativa não configura condição objetiva de punibilidade*" (*RHC nº 31.062-DF, STJ, 5ª Turma, unânime, julgado em 2.8.2016, publicado no* DJ *em 12.8.2016*). Esse entendimento vem sendo repetido à exaustação em julgados, literalmente: "*O crime de negar ou deixar de fornecer, quando obrigatório, nota fiscal, previsto no art. 1º, V, da Lei 8.137/90, é formal e prescinde de prévio exaurimento de processo fiscal, consumando-se no exato instante em que o agente deixa de emitir a respectiva nota fiscal, motivo pelo qual, nesses casos, o início da contagem do prazo prescricional ocorre a partir dos fatos delituosos e não da constituição definitiva do débito tributário. [...]*" (Agravo Regimental no Habeas Corpus n. 509.346-RN, STJ, 6ª Turma, unânime, Rel. Min. Nefi Cordeiro, julgado em 12.5.2020, publicado no *DJ* em 18.5.2020). E noutro, igual: "*Nos termos da jurisprudência desta Corte, o crime descrito no art. 1º, inciso V, da Lei n. 8.137/1990 ostenta natureza formal, ao contrário das condutas elencadas nos incisos I e IV do referido dispositivo, e a sua consumação prescinde da constituição definitiva do crédito tributário. Por consectário, o prévio exaurimento da via administrativa não configura condição objetiva de punibilidade [...]*" (Agravo Regimental no Agravo em Recurso Especial nº 1.616.971-MG, STJ, 5ª Turma, unânime, rel. Min. Reynaldo Soares da Fonseca, julgado em 3.3.2020, publicado no *DJ* em 10.3.2020).

Ora, se o crime está no *caput* ("suprimir" ou "reduzir" tributo), não há como, tecnicamente, fazer a distinção entre os incisos I a IV (constantes da súmula) e o inciso V (não constante). Os equívocos dogmáticos e teóricos são gravíssimos, especialmente por ficar hialina a confusão entre como se configura, efetivamente, o delito em comento.

Confirmando a total ausência de racionalidade, juridicidade e técnica na referida SV 24, veja-se o contrassenso do que decidido *supra* com o que consolidado, também em 2016, pelo STJ, no HC nº 269.546-SP (6ª Turma, decisão de 3.5.2016, publicada no *DJ* em 11.5.2016), quando se reconheceu que, "*consoante recente precedente desta Sexta Turma, a instauração de inquérito policial antes da constituição definitiva do crédito tributário não é causa de nulidade da ação penal, se demonstrado o encerramento anterior do procedimento administrativo, com o lançamento do tributo*". Idêntico equívoco se verifica em julgado do Supremo Tribunal Federal em que se reconheceu que, "*apesar da jurisprudência desta Suprema Corte condicionar a persecução penal à existência do lançamento tributário definitivo (Súmula Vinculante nº 24), o mesmo não ocorre quanto à investigação preliminar [...]*" (*Habeas Corpus nº 106.152, STF, 1ª Turma, unânime, julgado em 29.3.2016, publicado no* DJ *em 24.5.2016*). Ora, como dito no anterior julgado (do que discordamos, importante repetir), se antes do encerramento da esfera administrativa não há qualquer indício do crime material de sonegação fiscal (a justificar a investigação da lavagem de dinheiro, no primeiro precedente), não há como se admitir, racionalmente, a instauração de um inquérito por um fato que, segundo se sustenta, só passa a "existir" com a decisão administrativa.

Essa verdadeira "confusão" é recorrente, inclusive entre as turmas do STJ. Veja-se que, no julgamento do Agravo Regimental nos Embargos de Declaração no Agravo em Recurso Especial n° 2.509.472-SP (6ª Turma, publicado no DJ em 18.9.2024), assentou-se que "mesmo eventual investigação penal não pode ser deflagrada antes que haja o término definitivo do procedimento administrativo de constituição do crédito tributário, o que significa dizer que todos os atos anteriores a esse momento não representam a ação delituosa (não há interesse na persecução penal)". Já um dia após, a e. 5ª Turma assentou posicionamento diametralmente oposto no Agravo Regimental no Recurso em *Habeas Corpus* n° 182.363-GO (DJ em 17.9.2024), reconhecendo-se que "*quando realiza-se conduta fraudulenta, que constitui o Fisco em erro, já está configurado o desvalor da conduta dos crimes tributários do art. 1º da Lei nº 8.137/90, já há possibilidade de que se trate de crime de falsidade e já há impossibilidade de fiscalização tributária. Tais aspectos permitem a instauração de inquérito policial sem prévia constituição definitiva do crédito tributário*" (o que contraria a essência da SV nº 24/STF, pois, apesar de tecnicamente errada, como defendemos, ela exatamente trata das fraudes nos incisos nela mencionados).

Pior que isso: veja-se que a (péssima) construção jurisprudencial tem uma consequência inafastável contra os próprios princípios gerais do Direito Penal (irretroatividade da norma penal mais gravosa). Veja-se que, por exemplo (dentre tantos), no Recurso Especial nº 1.860.031-SC (5ª Turma, *DJ* de 13.8.2020) afastou-se a prescrição retroativa entre o fato e a denúncia com o seguinte argumento: "*O reconhecimento da prescrição entre a data do fato e o recebimento da denúncia, baseando-se na pena em concreto, somente é possível quanto a fatos ocorridos antes de 5/5/2010, pois a nova redação dada pela Lei n. 12.234 ao § 1º do art. 110 do CP veda expressamente o reconhecimento da prescrição que tem por marco inicial a data anterior à da denúncia ou queixa*". Ocorre que, no caso em tela, os fatos eram sim anteriores à nova lei (que afastou a possibilidade de prescrição retroativa até a denúncia), porém a data da constituição do crédito tributário foi em 3.8.2020 (que é a considerada como marco da ocorrência do fato criminoso). Não existisse o referido comando sumulado (que precisa ser aplicado em sua inteireza), seria hipótese de declaração da prescrição retroativa. E tudo isso conta com o expresso aval e reconhecimento do STF e do STJ, que assentam a possibilidade de que a Súmula Vinculante nº 24 se aplique inclusive a "fatos anteriores à sua edição" *(v.g. Agravo Regimental no Recurso Extraordinário com Agravo n. 1.243.137-SP, STF, 2ª Turma, unânime,* DJ *de 15.5.2020; Agravo Regimental no Agravo em Recurso Especial n. 1.504.702-SP, STJ, 5ª Turma, unânime,* DJ *de 10.9.2019).*

Também se disse expressamente noutro feito que, "*embora os fatos delitivos tenham sido cometidos entre 1994 e 1996, a constituição definitiva do crédito tributário somente ocorreu em 24/3/08, tendo a denúncia sido recebida em 27/4/10 e a sentença condenatória foi publicada em 1º/7/14, motivo pelo qual não alcançado o lapso prescricional de 8 anos aplicado para a pena dosada em concreto".(AgReg nos ED no AgReg no Agravo em Recurso Especial nº 1.739.913/SC, STJ, 5ª Turma, unânime, Rel. Min. Joel Ilan Paciornik, julgado em 9.3.2021, publicado no DJ em 24.3.2021).*

Igualmente a aplicação desse comando sumulado revela outras consequências nefastas para os réus, além das supraindicadas (a única solução seria, definivitamente, a revogação *integral* da súmula).

Atente-se para o caso em que a conduta (ação) foi praticada quando o réu tinha menos de 21 anos, porém o exaurimento ("tipificação ou existência do crime", segundo a SV 24) se deu somente após esse marco. Neste caso, não se pode contar a prescrição pela metade, conforme previsto no art. 115 do CP ("*São reduzidos de metade os prazos de prescrição quando o criminoso era,* ***ao tempo do crime****, menor de 21 anos* [...]"), pois, quando da existência do crime (exaurimento da esfera administrativa), o réu já tinha mais de 21 anos. É o que se vê expressamente nesse caso em que o STJ assentou que, "*[...] conforme a jurisprudência consolidada por este Superior Tribunal de Justiça, em consonância com o entendimento adotado pelo Supremo Tribunal Federal, os crimes previstos no art. 1º da Lei nº 8.137/90 se consumam com a constituição definitiva do credito tributário. Portanto, e nesse momento que deve ser aferida a idade do Acusado para o fim de aplicação do disposto no art. 115 do Código Penal. No caso, o lançamento definitivo do débito ocorreu em 16/03/2007, data em que a Acusada, nascida em 18/07/1984, possuía 22 (vinte e dois) anos. Dessa forma, não se aplica a redução do prazo prescricional e, por conseguinte, não se verifica a ocorrência da prescrição da pretensão punitiva em nenhuma de suas modalidades" (Agravo Regimental nos Embargos de Declaração no Recurso Especial 1.275.760-RS, 5ª Turma, julgado em 26.11.2013, publicado no* DJ *em 9.12.2013).*

Outra linha de incongruência pode ser vista, também por exemplo, nos *Habeas Corpus* nos 92.299-SP (*DJ* de 3.8.2009) e 79.880-MG (*DJ* de 10.8.2009), ambos do Superior Tribunal de Justiça. Ficou expresso em ambos (no caso, cita-se o último) que, "*na esteira da compreensão firmada pelo Supremo Tribunal Federal, esta Corte vem entendendo não ser possível a deflagração de ação penal pela prática dos crimes previstos no artigo 337-A do Código Penal e no art. 1º da Lei nº 8.137/90 enquanto não houver lançamento definitivo do tributo*", porém esse entendimento "*deve ser afastado nas hipóteses em que o processo administrativo é concluído durante o curso do processo-crime, antes da prolação da sentença*".

Veja-se: segundo reiteradamente decidido (do que discordamos, enfatize-se uma vez mais), o crime somente se consuma com o *exaurimento da esfera administrativa*. Em verdade, desde a edição do HC nº 81.611-SP, afirma-se que *não há materialidade* nenhuma antes desse marco. O que se disse nos precedentes acima foi que a ação penal poderia iniciar (validamente) sem prova da materialidade (sem o crime ter-se consumado, portanto), desde que ela surja (definitivamente) até a prolação da sentença.

Ainda, no julgamento do RHC nº 29.878-SP (STJ, 6ª Turma, julgado em 14.3.2017, publicado no DJ em 22.3.2017), assentou-se que "*a responsabilidade penal, nos crimes contra a ordem tributária, recai sobre aqueles que, à época do fato gerador do tributo, eram os representantes legais da empresa*". Esse entendimento está correto, mas conflita diretamente com o comando sumulado. Ora, se somente pode cogitar da *existência* do crime no exaurimento da esfera administrativa, não há sentido dizer que os responsáveis pelos crimes seriam os administradores na data do fato gerador do tributo suprimido ou reduzido (data bem anterior), o que reafirma a total incongruência do que consta na SV n. 24/STF.

Mais. A Corte Superior reconheceu que a "*decisão administrativa, por si só, não afasta a responsabilidade tributária dos recorrentes, sobretudo quando as instâncias ordinárias reconhecem a existência de indícios do envolvimento de todos os denunciados na formação de grupo econômico de fato, o qual teria suprimido, ou reduzido, tributos federais, a exigir, desse modo, seja a matéria apreciada durante a instrução processual" (Agravo Interno no RHC n. 85.754-RJ, STJ, 5ª Turma, unânime, Rel. Min. Felix Fischer, julgado em 19.4.2018, publicado no* DJ *em 27.4.2018).*

Se a esfera administrativa afasta a responsabilidade de alguns, não há racionalidade – dentro do parâmetro dos precedentes (equivocados, reiteramos) – em admitir a possibilidade da discussão do tema na esfera penal. Ou bem a decisão influencia na esfera penal, ou não influencia. Os casuísmos não se sustentam e demonstram, a mais não poder, a incongruência da tese consubstanciada nessa "condição" para existência do crime e/ou processamento criminal.

Não só. É manifesta a violação da Teoria da Atividade pelo que decidido no RCH n. 53.434-SP (STJ, 5ª Turma, julgado em 7.3.2017, publicado no *DJ* em 15.3.2017), em que se reconheceu que "*no caso dos autos, ainda que as condutas assestadas aos recorrentes tenham sido praticadas em Londrina/PR, a competência para processá-los e julgá-los é da Justiça Federal de Marília/SP, local em que a pessoa jurídica por eles administrada possuía domicílio fiscal ao tempo em que esgotada a via administrativa e consumado o delito contra a ordem tributária*".

Outro grave problema sem solução coerente: a questão do crime continuado. Como se sabe, é muito comum que crimes de natureza tributária sejam praticados mais de uma vez, possibilitando, se presentes os requisitos legais, o reconhecimento do crime continuado (salvo hipótese de habitualidade delitiva). Nessa área, segundo a Teoria da Atividade (já abordada, art. 4º, CPP), o crime se consuma de acordo com o período de apuração tributária, o que varia muito. Assim, e por exemplo, se numa autuação fiscal forem apurados quatro crimes de sonegação fiscal de imposto de renda da pessoa física (IRPF) – cuja apuração é anual –, todos eles se consumarão no mesmo momento (com o "exaurimento da esfera administrativa"). Significa então que, pela construção jurisprudencial (SV 24 STF), os quatro crimes ocorreram juntos, no mesmo momento. Logo, crime continuado não poderá ser: ou será concurso material ou então concurso formal impróprio (embora não se possa falar tecnicamente em ações do réu porque, pelo paradoxo tantas vezes referido, o tema da "consumação" está fora da sua esfera de ação, já que depende exclusivamente da constituição administrativa do "crédito tributário").

A tentativa de *conserto* ou *emenda* da tese originária – diante de sua insustentabilidade, para nós – gera esses paradoxos da criação jurisprudencial frente à multiplicidade dos fatos da realidade.

Mais: a relativização do precedente vem-se dando também de outra forma. Originariamente, o STF (seguido pelos demais tribunais) assentava que sequer se poderia cogitar de investigação criminal mediante inquérito policial enquanto não exaurida a discussão na esfera administrativa, e que, passados cinco anos, operando-se a decadência tributária, inviável seria qualquer atividade investigatória complementar para apurar o *crime* eventualmente cometido.

Atualmente, o Supremo Tribunal Federal já exarou precedentes admitindo a investigação criminal mesmo antes do exaurimento da esfera administrativa, sobretudo quando impossível a atividade fiscalizatória realizar a apuração *(v.g. HC 106.152, Relª. Minª. Rosa Weber; HC 130596 AgR, Rel. Alexandre de Moraes; Agravo Regimental na Reclamação nº 46.215/SP, STF, 1ª Turma, unânime, Rel. Min. Roberto Barroso, julgado em sessão virtual de 16.4.2021 a 26.4.2021, publicado no DJ em 5.5.2021).*

Um dos paradoxos criados pela referida súmula vem sendo *contornado* pelo reconhecimento de *excepcionalidade* (ou *distinguish*), quando, em verdade, revela a procedência da crítica ora feita diante da inconsistência da tese resumida na súmula.

Veja-se que, em outro julgado, o STJ reconheceu que "*na espécie, embora efetivamente não haja sido constituído o crédito tributário definitivo, isso somente não ocorreu porque os mecanismos de apuração na esfera administrativa, disponíveis à autoridade fiscal, mostraram-se insuficientes para depurar a engenhosidade, a complexidade e a dimensão das conjecturadas fraudes que deram ensejo à sonegação fiscal. Vale dizer, a constituição do crédito tributário não ocorreu porque a receita estadual não disporia, no âmbito de sua atuação administrativa, de mecanismos investigativos somente existentes na seara penal*". É que, prossegue o aresto, "*nos casos em que o agente usa de fraude (ideológica e/ou documental), para supressão ou redução do imposto, a autoridade administrativa fica alheia à ação delituosa sem a apreensão dos documentos falsificados – a fraude documental – e/ou emitidos em desacordo com a legislação de regência – a fraude ideológica –, pois, por óbvio, sem esses documentos a Administração Fiscal não tem conhecimento dos valores supostamente sonegados*". Assim, em complemento, "*a peculiaridade existente no caso permite, até mesmo nos casos em que praticadas as condutas previstas no art. 1º da Lei n. 8.137/1990, a instauração de inquérito policial ou procedimento investigativo junto ao Ministério Público, para apuração de crime contra a ordem tributária antes do encerramento do procedimento administrativo fiscal. Aqui se configura o distinguishing usado para justificar a inaplicabilidade de um precedente em hipótese diversa da que motivou a confecção de enunciado vinculativo*". (*RHC nº 143.516/RJ, STJ, 6ª Turma, unânime, Rel. Min. Rogério Schietti Cruz, julgado em 22.6.2021, publicado no DJ em 28.6.2021).*

Respeitosamente, não se trata de nenhuma *particularidade.* Trata-se de hipótese comuníssima de meio da prática criminosa que, sem a apuração prévia autônoma, não permite a investigação do fato diante das *condutas-meio* praticadas pelos agentes criminosos.

Cria-se um *círculo vicioso* intransponível: a investigação não pode ser feita, pois não há *crédito tributário*; mas para a apuração do *fato* (relacionado a *possível crédito tributário* futuro), somente mediante apuração criminal, com todos os meios de prova possíveis (e não restritos aos instrumentos e mecanismos da *esfera administrativo-tributária).*

Ainda: alguns precedentes – especialmente do STJ – têm difundido que, no julgamento do Inquérito nº 2.537-GO, o STF *teria decidido* que também em relação aos delitos (formais) do art. 168-A, § 1º, I, do CP, seria necessário o exaurimento da esfera administrativa para a realização do tipo. Respeitosamente, *não decidiu* assim.

É verdade que a ementa (vinculativa para muitos e citada sem a devida cautela em alguns casos) tem equívocos sobre o que efetivamente decidido pelos sete ministros presentes na sessão daquele feito. À exceção do relator, Ministro Marco Aurélio, que deixou claro seu entendimento a respeito do tema (e era mesmo nesse sentido), a Corte Plenária acompanhou o voto da relatoria por motivos diversos.

Tanto foi assim que, nos embargos de declaração movidos pelo Ministério Público Federal, o Ministro Cezar Peluso disse explicitamente que o embargante "*pretende é dissipar a preocupação de que, deste julgado, se tire a tese de que o crime, no caso de desconto, pelo empregador, de verba devida à previdência social, dependa de prévio procedimento administrativo para caracterizar-se como tal. No debate, entendi não ser o caso, porque, quando o empregador, ele mesmo, desconta, sabe o valor que descontou e que tem de repassar. Portanto, não há necessidade nenhuma de instaurar-se prévio procedimento administrativo para saber o que ele devia ter recolhido. É ele mesmo que toma a iniciativa, logo sabe o valor que desconta e deveria recolher. E o Ministério Público está preocupado que, deste julgamento, se extraia a tese de que, ainda nesse caso, quando o empregador desconte e não recolha, seria necessário procedimento administrativo prévio para saber qual é o valor para efeito de caracterização do tributo.* [...] *É só para fazer constar esse pronunciamento, deixar claro. Eu também rejeito os embargos. O Tribunal deixa claro que não concorda com a tese de que é necessário breve procedimento administrativo para caracterizar o tributo*" (publicado no *DJ* em 14.11.2008). Infelizmente, muitos julgados ainda estão fixados na ementa da primeira publicação, sem atentar para essas particularidades.

Tal entendimento foi ratificado ulteriormente no julgamento dos embargos de declaração no RHC nº 90.532-CE (publicado no *DJ* em 5.11.2009), no qual, tratando-se de delito do art. 2º, I (formal tal qual o do inciso II), da Lei nº 8.137/90, se reconheceu que a consumação do crime independe de conclusão do procedimento administrativo para configurar a justa causa legitimadora da persecução.

Não só: "novo" (e igualmente *suposto*) problema surgiu com a redação que foi conferida ao art. 83 da Lei nº 9.430/96 pela Lei nº 12.350/10, pois lá se consignou que "*a representação fiscal para fins penais relativa aos crimes contra a ordem tributária previstos nos arts. 1º e 2º da Lei nº 8.137, de 27 de dezembro de 1990, e aos crimes contra a Previdência Social, previstos nos arts. 168-A e 337-A do Decreto-lei nº 2.848, de 7 de dezembro de 1940 (Código Penal), será encaminhada ao Ministério Público depois de proferida a decisão final, na esfera administrativa, sobre a exigência fiscal do crédito tributário correspondente*". Ao que parece, agora é a "lei" quem busca este desiderato: sem alterar o tipo penal (e especialmente *sua natureza*), cria-se um empeço por regra procedimental.

Desde já deixamos bem clara nossa posição: mesmo após o advento da Lei nº 12.350/10, não houve alteração acerca da *natureza* dos delitos previstos no art. 168-A, § 1º, I, CP, e no art. 2º, Lei nº 8.137/90. Não há qualquer necessidade de demonstração, eventualmente, do denominado *animus rem sibi habendi*, pois o delito se consuma exclusivamente com o não repasse no prazo legal dos valores anteriormente descontados (*Embargos de Divergência em REsp nº 1.207.466-ES, STJ, Corte Especial, maioria, Rel. Min. Gurgel de Faria, julgado em 22.10.2014, publicado no* DJ *em 6.11.2014*), bem assim continuam sendo formais. No mesmo sentido, reiterada jurisprudência do Supremo Tribunal Federal, segundo a qual "para a configuração do delito de apropriação indébita previdenciária não é necessário um fim específico, ou seja, o *animus rem sibi habendi*, bastando para nesta incidir a vontade livre e consciente de não recolher as importâncias descontadas dos salários dos empregados da empresa pela qual responde o agente" (*Agravo Regimental no Habeas Corpus nº 122.766-SP, STF, 2ª Turma, Rel. Min. Cármen Lúcia, julgado em 28.10.2014, publicado no* DJ *em 13.11.2014*).

Como dito, com base em entendimento que, de fato, nunca existiu (o do Inquérito n. 2.537-GO, no STF), há muito tempo o STJ continua emitindo vários precedentes no sentido de que o crime previsto no art. 168-A, § 1º, I, do CP seria *material*, necessitando o exaurimento da esfera administrativa.

Veja-se, exemplificativamente, que a Corte Superior tem dito que "a partir do julgamento do AgRg no Inq. n. 2.537/GO pelo Supremo Tribunal Federal, orientou-se no sentido de que o crime de apropriação indébita previdenciária, previsto no art. 168-A, § 1º, I, do Código Penal, possui natureza de delito material, a exigir, para sua consumação, a ocorrência de resultado naturalístico consistente no efetivo dano à Previdência. Tem-se, portanto, que o momento consumativo do delito em apreço não correspondente àquele da supressão ou da redução do desconto da contribuição, mas, sim, ao momento da constituição definitiva do crédito tributário, com o exaurimento da via administrativa" *(Agravo Regimental nos Embargos de Divergência n. 1.734.799/SP, STJ, 3ª Seção, unânime, Rel. Min. Sebastião Reis Júnior, julgado em 26.6.2019, publicado no* DJ *em 1º.8.2019).*

E, por isso, insiste em afirmar que *"o termo inicial da contagem do prazo prescricional do crime de apropriação indébita previdenciária, tipificado no art. 168-A do Código Penal, é a data de sua consumação, que se dá com a constituição definitiva do crédito tributário, com o exaurimento da via administrativa. [...] 5. Habeas corpus não conhecido" [...] (Agravo Regimental no Recurso Especial n. 1.733.654-SP, STJ, 5ª Turma, unânime, Rel. Min. Felix Fischer, julgado em 7.8.2018, publicado no* DJ *em 15.8.2018).*

Paradoxalmente, a mesma turma que assenta que o crime é de natureza material, reconhece noutro julgado que *"o crime de apropriação indébita previdenciária é omissivo próprio, em que o tipo objetivo é realizado pela simples conduta de não repassar aos cofres previdenciários as contribuições descontadas dos salários de empregados, e, quanto ao resultado, formal, já que a simples realização do verbo nuclear 'deixar de recolher', no prazo legal, enseja a consumação do ilícito penal, prescindindo, para tanto, de prévia constituição definitiva do crédito tributário" (Agravo Regimental no Agravo em Recurso Especial n. 1.040.813-SP, STJ, 5ª Turma, unânime, Rel. Min. Felix Fischer, julgado em 17.5.2018, publicado no* DJ *em 23.5.2018).*

Não há como o crime ser *material* e, ao mesmo tempo, ser um crime que, realizado pela conduta de não repassar os valores descontados dos salários, seja formal. A contradição é evidente e insuperável.

Com todas as *vênias,* a demonstração de que o Superior Tribunal de Justiça continua cometendo equívocos graves a respeito do tema verifica-se em novo julgado da própria 5ª Turma, no qual reconheceu que *"o acórdão recorrido está em consonância com o entendimento deste Superior Tribunal de que o crime previsto no art. 2°, II, da Lei n. 8.137/1990 é de natureza formal, ou seja, prescinde da constituição definitiva do crédito tributário para sua caracterização. Para o reconhecimento do crime em apreço, é suficiente a omissão livre e consciente do réu de não recolher valor de tributo descontado ou cobrado de terceiro, sem necessidade de especial fim de se apropriar de tal numerário ou de obter proveito particular com o crime. [...]" (Agravo Regimental no Recurso Especial n. 1.712.038-SC, STJ 6ª Turma, unânime, Rel. Min. Rogério Schietti Cruz, julgado em 7.8.2018, publicado no* DJ *em 21.8.2018).*

Como se sabe, os tipos penais do art. 168-A, § 1º, I, do CP e do art. 2º, II, da Lei n. 8.137/90 são absolutamente *idênticos*, ambos formais, não comportando tratamento diverso.

Não se olvide que a jurisprudência do STJ é tranquila no sentido de que os crimes do art. 2º da Lei nº 8.137/90 são formais (e o art. 168-A do CP guarda a similitude ao art. 2º, II), como se vê o expresso reconhecimento da "*inaplicabilidade da Súmula vinculante n. 24/STF, pois os delitos pelos quais o recorrente responde, previstos no art. 2º, II e IV, da Lei n. 8.137/1990, são crimes tributários formais. [...] (Agravo Regimental no Recurso em Habeas Corpus nº 148.940/AM, STJ, 5ª Turma, unânime, Rel. Min. Reynaldo Soares da Fonseca, julgado em 3.8.2021, publicado no DJ em 9.8.2021).* Ora, se os delitos do art. 2º, II, Lei nº 8.137/90 são formais, não há como, juridicamente, dizer (sem violar a racionalidade) que os crimes do art. 168-A do CP sejam *materiais.*

O problema está exatamente aí: como os crimes do art. 168-A, § 1º, I, do CP continuam sendo *formais* (como sempre foram), a prescrição começará a correr a partir da verificação da conduta omissiva (deixar de repassar no prazo legal). Ou seja, aqui, *diferentemente* do que constante na Súmula Vinculante nº 24 (para quem a tem como correta para os delitos *materiais*), por serem crimes formais, a prescrição começará a correr igualmente com fundamento no art. 111, I, CP, mas com marco temporal *não* no exaurimento da esfera administrativa, e sim na conduta *omissiva* de não repasse no tempo previsto dos valores eventualmente descontados ou cobrados. Em síntese: a prescrição já estará fluindo pela consumação, mas se está impondo pela regra alterada pela Lei nº 12.350/10 que a Receita Federal somente comunique o fato criminoso (já consumado e integralizado) após as (eventualmente longas) discussões na esfera administrativa. Resumo: *mais um estímulo à impunidade* se persistir esta "interpretação".

Registramos que, em 2023, em sede de solução de recursos repetitivos, o STJ assentou a tese de que "o crime de apropriação indébita previdenciária, previsto no art. 168-A, § 1.º, inciso I, do Código Penal, possui natureza de delito material, que só se consuma com a constituição definitiva, na via administrativa, do crédito tributário, consoante o disposto na Súmula Vinculante n. 24 do Supremo Tribunal Federal" *(Recurso Especial nº 1.982.304-SP, Rel. Min. Laurita Vaz, 3ª Seção, julgado em 17.10.2023, publicado no DJ em 20.10.2023)*

O erro dogmático é monumental. Pior. Encontra-se na fundamentação do voto-condutor a afirmativa de que "a partir de julgamento realizado pelo Plenário do Supremo Tribunal Federal (AgRg no Inq. n. 2.537/GO), este Superior Tribunal de Justiça passou a adotar a orientação no sentido de que o crime de apropriação indébita previdenciária, previsto no art. 168-A do Código Penal, possui natureza de delito material, sendo imprescindível, para sua consumação, a constituição definitiva do crédito tributário, com o esgotamento da via administrativa".

Vamos insistir na advertência: o STJ cita repetidamente a ementa de uma decisão que, em sede de embargos de declaração, o STF assentou exatamente o contrário do que se estava originariamente na ementa. Bastaria uma leitura atenta do que efetivamente julgado para não se incorrer em tamanho equívoco. Mas os "precedentes" são criados pela repetição de ementas que não condizem com a realidade e geram verdadeiras catástrofes jurídicas.

E vamos além: com o máximo respeito, a demonstração de que realmente o STJ não compreende o tema é que a diz que o crime do art. 168-A, CP é de natureza material, mas o crime do art. 1º, V, da Lei nº 8.137/90 seria formal (como demonstrado acima). A confusão de conceitos sob a ótica penal é manifesta. São decisões completamente incompatíveis com uma mínima racionalidade jurídica, inclusive pelo prisma de visão sistêmica.

De se ver, ainda, os problemas da redação da Súmula Vinculante 24 diante das alterações promovidas pela Lei nº 9.613 (Lei de Lavagem de Dinheiro). Como explorado mais detalhadamente em outro espaço (vide FISCHER, Douglas. *Súmulas Vinculantes*: requisitos, análise críticas e cautelas especiais na edição em matérias penal e processual penal. Porto Alegre: Verbo Jurídico, 2014, p. 97 e seguintes) ora destacamos considerações no sentido de que, "após a edição da Lei nº 12.683/2012, a redação do tipo penal foi alterada para considerar crime '*ocultar ou dissimular a natureza, origem, localização, disposição, movimentação ou propriedade de bens, direitos ou valores provenientes, direta ou indiretamente,* ***de infração penal***'.

As modificações nessa parte foram substanciais, na medida em que, avançando-se para o que se chama de lei de lavagem de dinheiro de terceira geração, não há mais o rol exaustivo das hipóteses que podem ser os antecedentes, passando-se à possibilidade de punição de fatos que se caracterizem não apenas como crimes, mas abarcados pela expressão 'infração penal', com mais largo alcance. No § 1º do art. 2º da Lei nº 12.683/2012 tem-se que '*a denúncia será instruída com* ***indícios suficientes da existência*** *da infração* *penal antecedente, sendo puníveis os fatos previstos nesta Lei, ainda que desconhecido ou isento de pena o autor, ou extinta a punibilidade da infração antecedente'.*

Em nossa compreensão, mantida a Súmula Vinculante, a dúvida sempre poderá ser arguida no sentido de que sem o exaurimento da esfera administrativa *não existiria* crime de *sonegação fiscal*, de modo que seria inviável inclusive o processamento criminal pela lavagem, porque, diz-se, não se poderia cogitar da existência de indícios do crime. Vê-se que o raciocínio que se pode empregar para gerar o empeço é o mesmo para aquele em que – anteriormente analisado – temos visto o reconhecimento da impossibilidade de utilização de medidas cautelares prévias para a apuração dos próprios delitos fiscais de natureza material. [...] No âmbito internacional, nunca é demais ressaltar a *importância dos compromissos assumidos* pelo Brasil, especialmente no que tange à repressão – eficaz e eficiente – de determinados delitos. Como bem ressalta Baltazar Júnior, essa visão de hipertrofia de direitos de defesa '*anula qualquer possibilidade de persecução penal efetiva*'. A propósito, cumpre rememorar que, em 2012, ao revisar suas recomendações, o GAFI incluiu os delitos fiscais na categoria de crimes designados como antecedentes da lavagem, o que denota a *gravidade* e *importância* para os organismos internacionais de tais condutas por estarem diretamente relacionadas com a lavagem de capitais".

Douglas Fischer é de ver, e assim já assentou em outro trabalho (*O manifesto equívoco técnico, dogmático, sistêmico e lógico da Súmula Vinculante n. 24 do STF*. In: PEDROSO, Fernando Gentil Gizzi de Almeida e HERNANDES, Luiz Eduardo Camargo Outeiro Hernandes (org.). Direito Penal Econômico – Temas essenciais para a compreensão da macrocriminalidade atual. Salvador: Editora Juspodivm, 2017, p. 221-263), "*sob a ótica do direito comparado, reportamos a Enrique Bacigalupo (Sobre el concurso del delito fiscal y blanqueo de dinero, Civitas, 2012, p. 13), "aunque se considerara que los hechos imputados a un mismo autor pueden ser formalmente subsumidos bajo los tipos del delito fiscal y del blanqueo de dinero, ambos tipos concurren em la forma de un concurso (aparente) de normas que excluye el delito del blanqueo por ser un hecho posterior copenado de acuerdo com el art. 8.3, CP"*. Entretanto, todas as premissas utilizadas pelo doutrinador espanhol estão calcadas na circunstância elementar (e diversa do sistema brasileiro e da grande maioria dos demais países que adotam o sistema de leis de terceira geração) de que, por expressa disposição legal não se admite na Espanha o delito de autolavagem *(selflaudering)*. De fato, como ainda refere Enrique Bacigalupo *(Sobre el concurso del delito fiscal y blanqueo de dinero, Civitas, 2012, p. 51), "no es imposible que concurran el delito fiscal (art. 305, CP) y el de blanqueo de dinero (art. 301, CP). Pero, lo que non es posible es condenar a una persona por ambos delitos cuando ella es quien, a la vez, realiza alguna de las acciones del art. 301 CP sobre el dinero correspondiente a la cuota de un impuesto que omitió declarar a la Hacienda Pública". Na Itália, o Código Penal faz a reserva da autolavagem (art. 648, bis)*. Também em Portugal (art. 368-A) faz-se referência direta à punição da autolavagem como concurso de crimes. Não tardará, porém, para vermos posicionamentos de doutrinadores brasileiros (quando não ocultando essa circunstância fundamental) defendendo a necessidade de não punição da lavagem nestes casos por questão de conveniência ou até de "justiça". Nada obstante, espera-se que a Corte Suprema brasileira mantenha coerência com o que já assentou no julgamento da Ação Penal n. 470, ao reconhecer expressamente a possibilidade de autolavagem. Relembre-se, por exemplo, o que dito pelo Ministro Cezar Peluso: *"se, por exemplo, alguém que recebe um dinheiro ilicitamente, ao invés de usá-lo por si, incumbe outrem de, em nome deste, adquirir-lhe bem ou bens, caso em que pratica duas ações típicas distintas, a do primeiro cri-*

me, consistente em receber ilicitamente, e a do segundo, que é a ocultação do produto do primeiro crime. Isso é autolavagem" (fl. 2.173 do acórdão). Na mesma linha, as ponderações do Ministro Ayres Britto, ao dizer que a legislação brasileira "não proíbe a incriminação do agente responsável pelo delito antecedente, muito menos exige que o suposto 'lavador' do dinheiro espúrio haja sido denunciado por formação de quadrilha (artigo 288 do CP). É dizer: a lei não vedou expressamente a chamada 'autolavagem', sendo possível, portanto, imputar à mesma pessoa a responsabilidade tanto pela lavagem de dinheiro quanto pela infração antecedente, caso haja concorrido para ambos os crimes. Noutros termos: sempre que o autor do delito antecedente se utilizar de manobras (operações financeiras e comerciais, por exemplo) para conferir aos valores obtidos com o crime anterior a aparência de licitude, incorrerá no delito do art. 1º da Lei 9.613/98" (fl. 4.506 do acórdão)".

A nosso aviso, porém, a questão apresenta algumas singularidades que estão a merecer cuidados especiais. Por certo o direito penal brasileiro não impossibilita a punição, em tese, pela "autolavagem", mas há de se ter em mente que muitas vezes a situação se enquadrará unicamente como *exaurimento* do crime anterior. Naturalmente, aquele que obtém dinheiro de forma ilícita não irá declará-lo ao Fisco, pelas considerações mais elementares. Neste cenário, guardar o dinheiro em um cofre ou empregá-lo na aquisição de imóveis devidamente declarados, ou, ainda, a sua utilização cotidiana, em espécie, na compra de produtos ou utensílios, não nos parece caracterizar a "ocultação" apta à tipificação da lavagem de capital. Fosse assim, todo e qualquer delito patrimonial necessariamente seria sucedido pelo crime de lavagem, em manifesto *bis in idem*. O delito de *lavagem de ativos ou de dinheiro* somente poderá emergir naquelas situações em que, para além da *utilização* do produto do crime, haja também a sua *introdução* em *atividade lícita*, essa sim suficiente a *ocultar* a sua origem, por meio da *mistura* do produto do crime com os recursos lícitos da aludida atividade. Ou seja, pela inserção de tal produto na cadeia de produção lícita, de modo a forjar *faturamento inexistente*. O que se pune é a ocultação *voltada ao procedimento de lavagem*, não a ocultação em si. Apenas nessas específicas hipóteses, portanto, é que se poderá falar em *autolavagem*.

Nada obstante essas considerações, mas adotando o mesmo raciocínio quanto ao tema das medidas cautelares em relação aos delitos tributários, enfatizamos que também aqui não há o óbice para o processamento criminal pela lavagem de dinheiro, pois o que se exige não é a demonstração da existência do crime (que, segundo o STF, só se daria com o exaurimento da esfera administrativa), mas sim, na lítera da lei, de *indícios da existência* do crime antecedente, o que não demanda a certeza do crime, mas a demonstração de elementos de que houve a prática delitiva antecedente, circunstância que pode ser demonstrada por várias formas e não apenas com a final confirmação da decisão na esfera administrativa.

De qualquer modo, a manutenção dos termos do comando sumulado gera – *e com certeza gerará com maior intensidade em breve* – muitas discussões, acarretando a grande probabilidade de impunidade especialmente no que tange à lavagem de dinheiro, o que importará em violação, pelo Brasil, de relevantes compromissos internacionais assumidos na repressão de tão graves condutas criminosas. Nossa preocupação em abstrato até a oitava edição da presente obra não era em vão, tanto que, posteriormente, vê-se decisão do Superior Tribunal de Justiça (em nosso ver equivocada, pelos fundamentos já elencados anteriormente) assentando que, "*embora tenham duas das denúncias tipificado a conduta criminosa antecedente no art. 1º, inciso V, da Lei nº 8.137/90, a descrição fática claramente imputa não somente o formal descumprimento do correto re-*

gistro de venda mas a efetiva sonegação tributária, crime material a exigir na materialidade a constituição definitiva do tributo – Súmula Vinculante nº 24 do STF", bem assim que, conquanto "*independa a persecução pelo crime de lavagem de valores do processo e julgamento pelo crime antecedente, na forma do art. 2º, II, da Lei nº 9.613/1998, exigido é que a denúncia seja instruída com indícios suficientes da existência da infração penal antecedente (art. 2º, § 1º, da Lei nº 9613/1998, com redação dada pela Lei nº 12.683, de 2012)*", razão pela qual "*na espécie sequer se discute a falta de prova do crime antecedente, mas, ao contrário, certa é a inexistência do crime, pois indispensável à configuração do delito de sonegação tributária é a prévia constituição definitiva do tributo*", concluindo que, "*sem crime antecedente, resta configurado o constrangimento ilegal na persecução criminal por lavagem de dinheiro*" (*RHC nº 73.599-SC, STJ, 6ª Turma, unânime, julgado em 13.9.2016, publicado no* DJ *em 20.9.2016*).

Por fim, diante de alguns e esparsos precedentes, fundamental assentar nossa posição de que é descabida a aplicação analógica do *leading case* que originou a Súmula Vinculante nº 24 aos delitos de descaminho. Primeiro porque o descaminho é delito formal e não material. Segundo porque um dos tributos que normalmente incidem na conduta que caracteriza o descaminho é o Imposto de Importação, nitidamente *sem qualquer* caráter de arrecadação (parafiscalidade). Nesse passo, o STJ retomou sua posição original, no sentido de que o delito de descaminho efetivamente é formal, prescindindo qualquer constituição de crédito tributário, até porque, quando há a apreensão dos bens, é vedada legalmente a providência que então era exigida pela jurisprudência. A propósito do tema, com mais detalhes, remete-se ao texto de Douglas Fischer intitulado "A Desordem (ainda maior) do caos: acabou a possibilidade de prisão em flagrante de 'contrabandistas'" (in *Revista de Doutrina do TRF* – Disponível em: <www.revistadoutrina.trf4.jus.br>, nº 57, publicada em 30.8.2012).

Jurisprudência

395.3.4.1. . [...]. Crime contra a ordem tributária. Incs.I e II do art. 1º da Lei nº 8.137/1990. Prescrição da pretensão punitiva. Inocorrência. Aplicação da súmula vinculante nº 24 a fatos anteriores à sua edição. Possibilidade. [...] *(Agravo Regimental no Recurso Extraordinário com Agravo nº1.511.875, STF, 1ª Turma, Rel. Min. Cármen Lúcia, julgado em 18.10.2024, publicado no DJ em 23.10.2024)*

395.3.4.1. [...] 1. Como reconhecido pelo STF, somente poderá haver o delito de sonegação fiscal com a constituição definitiva do crédito tributário, momento em que se considera caracterizada a ação delituosa, visto que esse fato integra, na visão da Suprema Corte, a própria tipicidade. 2. Mesmo eventual investigação penal não pode ser deflagrada antes que haja o término definitivo do procedimento administrativo de constituição do crédito tributário, o que significa dizer que todos os atos anteriores a esse momento não representam a ação delituosa (não há interesse na persecução penal). [...] *(Agravo Regimental nos Embargos de Declaração no Agravo em Recurso Especial nº 2.509.472-SP, STJ, 6ª Turma, Rel. Min. Rogério Schietti Cruz, julgado em 10.9.2024, publicado no DJ em 18.9.2024)*

395.3.4.1. [...] 2. Alegação de que o inquérito policial não poderia ser instaurado, pois não há constituição definitiva do crédito tributário. Pedido de trancamento da investigação.

3. Quando realiza-se conduta fraudulenta, que constitui o Fisco em erro, já está configurado o desvalor da conduta dos crimes tributários do art. 1º da Lei nº 8.137/90, já há possibilidade de que se trate de crime de falsidade e já há impossibilidade de fiscalização tributária. Tais aspectos permitem a instauração de inquérito policial sem prévia constituição definitiva do crédito tributário.

4. Entendimento em consonância com as exceções apresentadas pelos Tribunais Superiores para a instauração de inquérito policial sem constituição definitiva do crédito tributário.

LIVRO II – DOS PROCESSOS EM ESPÉCIE

5. Para aplicação desse entendimento não é necessária a identificação de ato concreto de embaraço à fiscalização tributária que seja diverso das fraudes típicas dos incisos do art. 1º da Lei nº 8.137/90.

6. No caso, os agravantes são suspeitos de realizarem vendas de veículos de luxo por meio de sua empresa, mas registrarem as vendas em nome de pessoas físicas, bem como de declarar valor da venda a menor.

7. *Presença de todos os requisitos exigidos para que se possa instaurar inquérito policial independentemente de constituição definitiva do crédito tributário. [...] (Agravo Regimental no Recurso em Habeas Corpus nº 182.363-GO, STJ, 5ª Turma, Rel. Min. Daniela Teixeira, julgado em 10.9.2024, publicado no DJ em 17.9.2024)*

395.3.4.1. [...] 1. Agravante foi denunciado pela prática de crimes contra a ordem tributária (art. 1º, inc. I e III, da Lei n. 8.137/90) após constituição definitiva do crédito tributário. Posteriormente, houve possível revisão da dívida ativa e prescrição dos débitos tributários. 2. Argumentou pela falta de justa causa para a ação penal, por violação à súmula vinculante nº 24 do STF, e requereu trancamento da ação penal. 3. A situação fática da espécie difere da inexistência de constituição definitiva do crédito tributário, pois se trata de possível desconstituição posterior da dívida ativa e da prescrição dos débitos tributários, a ensejar discussão sobre suas repercussões na ação penal já em curso. *[...] (Agravo Regimental no Habeas Corpus nº 854.151-PA, STJ, 5ª Turma, Rel. Min. Daniela Teixeira, sessão virtual de 27.2.2024 a 4.3.2024, publicado no DJ em 6.3.2024)*

395.3.4.1. [...] 2. Configurado, em princípio, o crime do art. 1º, inciso V, da Lei n. 8.137/1990, o qual não se insere nas hipóteses da Súmula Vinculante n. 24/STF, não há se falar em ilegalidade. 3. Na hipótese, o entendimento do Tribunal de origem encontra-se em consonância com a jurisprudência desta Corte Superior, que é no sentido de que a Súmula Vinculante 24 do Supremo Tribunal Federal não se aplica aos crimes formais contra a ordem tributária. [...] *(Agravo Regimental no Recurso em Habeas Corpus nº 193.025-PI, STJ, 5ª Turma, Rel. Min. Reynaldo Soares da Fonseca, julgado em 20.2.2024, publicado no DJ em 26.2.2024)*

395.3.4.1. [...] Crime contra a ordem tributária. [...] Pretendido reconhecimento da prescrição da pretensão punitiva. Inocorrência. Prazo com fluência somente a partir da constituição definitiva do crédito. Precedentes. Súmula Vinculante 24 STF. [...] *(Agravo Regimental no Recurso Extraordinário com Agravo nº 1.450.480, STF, 1ª Turma, Rel. Min. Luiz Fux, sessão virtual de 22.9.2023 a 29.9.2023, publicado no DJ em 10.10.2023)*

395.3.4.1. [...] A instauração de procedimento investigatório para apurar outros crimes, além das condutas típicas previstas no art. 1º, I a IV, da Lei nº 8.137/90, não ofende a autoridade da Súmula Vinculante 24. [...] *(Agravo Regimental na Reclamação nº 55.850, STF, 1ª Turma, Rel. Min. Roberto Barroso, sessão virtual de 3.3.2023 a 10.3.2023, publicado no DJ em 15.3.2023)*

395.3.4.1. [...] O aresto recorrido alinha-se à mansa orientação jurisprudencial, firme no sentido de que "A contagem do prazo prescricional, em relação ao crime previsto no art. 1º, I a IV, da Lei n. 8.137/1990, inicia-se no momento da constituição definitiva do crédito tributário (Súmula Vinculante 24 do STF), ocasião em que é, efetivamente, consumado o delito e preenchida a condição objetiva de punibilidade necessária para a deflagração da ação penal" (AgRg no HC n. 460.261/MG, relator Ministro Rogério Schietti Cruz, Sexta Turma, julgado em 13/2/2023, DJe de 15/2/2023). [...] *(Agravo Regimental no Recurso Especial nº 2.078.420-RS, STJ, 5ª Turma, Rel. Min. Reynaldo Soares da Fonseca, julgado em 22.8.2023, publicado no DJ em 28.8.2023)*

395.3.4.1. [...] Hipótese em que o paciente foi denunciado pela suposta prática do crime previsto no art. 1º, II e V, da Lei n. 8.137/90 (trinta e três vezes), na forma do art. 71 do Código Penal. Situação concreta em que o Ministério Público restringiu-se a acessar notificação de procedimento administrativo instaurado em desfavor do acusado, por meio de sistema virtual alimentado pela Fazenda Pública, e, diante de indícios da perpetração do crime de sonegação fiscal, iniciou investigação preliminar no âmbito interno do órgão. Entretanto, somente após a finalização do PAD, com consequente constituição do crédito tributário, houve a deflagração da penal mediante o oferecimento da denúncia. [...] *(Agravo Regimental no Habeas Corpus nº 229.090, STF, 1ª Turma, Rel. Min. Roberto Barroso, sessão virtual de 11.8.2023 a 21.8.2023, publicado no DJ em 25.8.2023)*

395.3.4.1. [...] A análise da prescrição dos crimes materiais contra a ordem tributária deve se dar à luz da Súmula Vinculante n. 24 do Supremo Tribunal Federal, que dispõe: "não se tipifica crime material contra a ordem tributária, previsto no art. 1º, incisos I a IV, da Lei 8.137/1990, antes do lançamento definitivo do tributo". Desse modo, nos termos do art. 111, do Código Penal, a prescrição da pretensão punitiva somente tem seu início com a constituição definitiva do crédito, momento em que se consuma o delito. [...] Constituindo a súmula vinculante n. 24 mera consolidação de remansosa interpretação judicial, tem aplicação aos fatos ocorridos anteriormente à sua edição. Precedentes (EREsp n. 1.318.662/PR, Ministro Felix Fischer, Terceira Seção, DJe 4/12/201). [...] *(Recurso Especial nº 1.993.272-RN, STJ, 6ª Turma, Rel. Min. Sebastião Reis Júnior, julgado em 15.8.2023, publicado no DJ em 21.8.2023)*

395.3.4.1. [...] Nos termos da jurisprudência desta Corte Superior de Justiça e da Súmula Vinculante n. 24/STF, "*os crimes previstos no art. 1.º da Lei n. 8.137/1990 somente se tipificam com a constituição definitiva do crédito tributário. Na hipótese, como a constituição definitiva do crédito tributário se deu em 2011, a condenação pretérita (ocorrida em 2008) pode ser considerada para fins de reincidência.*" (AgRg no AREsp n. 1.268.981/SP, relator Ministro Reynaldo Soares da Fonseca, Quinta Turma, julgado em 17/05/2018, DJe 30/05/2018). [...] *(Agravo Regimental no Agravo em Recurso Especial nº 2.220.950-SP, STJ, 6ª Turma, Rel. Min. Laurita Vaz, julgado em 6.6.2023, publicado no DJ em 13.6.2023)*

395.3.4.1. [...] Na hipótese, o paciente foi condenado pelo delito previsto no art. 1º, inciso II, da Lei n. 8.137/1990, que é de natureza material, de forma que o termo inicial do lapso prescricional é a data da constituição definitiva do crédito tributário, consoante se depreende da Súmula Vinculante n. 24 do STF. Desse modo, não há que se falar em prescrição da pretensão punitiva na modalidade retroativa, uma vez que não houve o transcurso de oito anos (art. 109, IV, do Código Penal), entre o lançamento definitivo do crédito tributário (26/11/2018) e a data do recebimento da denúncia (19/12/2019). [...] *(Agravo Regimental no Habeas Corpus nº 755.292-PB, STJ, 5ª Turma, Rel. Min. Joel Ilan Paciornik, sessão virtual de 30.5.2023 a 5.6.2023, publicado no DJ em 9.6.2023)*

395.3.4.1. [...] Muito embora os fatos imputados ao insurgente hajam ocorrido de 2007 a 2009, a constituição do credito tributário somente se deu em 3/5/2012. A incidência ou não da modificação operada pela Lei n. 12.382/2011 – que é mais gravosa e não pode retroagir para alcançar casos anteriores a sua entrada em vigor – deve ser aferida pela data da constituição do crédito tributário e não pelos anos em que supostamente não houve o pagamento do tributo devido, na esteira da Súmula Vinculante n. 24 do STF. [...] Assim, no caso, o lançamento definitivo do crédito tributário se deu 3/5/2012 e a denúncia foi recebida em 19/6/2013, com o requerimento de parcelamento do crédito tributário apresentado somente em 26/12/2013, após, portanto, a alteração do art. 83, § 2º, da Lei n. 9.430/1996, pela Lei n. 12.382/2011, que impedia a suspensão da ação penal quando o parcelamento fosse realizado após o recebimento da denúncia, conforme firme orientação desta Corte. [...] *(Agravo Regimental no Recurso em Mandado de Segurança nº 62.925–BA, STJ, 6ª Turma, Rel. Min. Rogério Schietti Cruz, julgado em 13.12.2022, publicado no DJ em 16.12.2022)*

395.3.4.1. [...] [...] 1. O entendimento do Tribunal de origem encontra-se em consonância com a jurisprudência desta Corte Superior, que é no sentido de que a Súmula Vinculante 24 do Supremo Tribunal Federal não se aplica aos crimes formais contra a ordem tributária. No que concerne à alegação de que, "embora formal, a conduta-meio do inciso V, nos casos em que a conduta imputada vai além da mera irregularidade no fornecimento de NF ou documento equivalente, para fins e sonegação, há de se exigir o esgotamento do respectivo processo administrativo", tem-se que não houve manifestação do Tribunal de origem sobre a matéria, o que impede o exame direto pelo Superior Tribunal de Justiça, sob pena de indevida supressão de instância. *[...] (Agravo Regimental no Recurso em Habeas Corpus nº 178.794-PI, STJ, 5ª Turma, Rel. Min. Reynaldo Soares da Fonseca, julgado em 9.5.2023, publicado no DJ em 15.5.2023)*

395.3.4.1. [...] A contagem do prazo prescricional, em relação ao crime previsto no art. 1º, I a IV, da Lei n. 8.137/1990, inicia-se no momento da constituição definitiva do crédito tributário (Súmula Vinculante n. 24 do STF), *ocasião em que é, efetivamente, consumado o delito* e preenchida a condição objetiva de punibilidade necessária para a deflagração da ação penal. [...] *(Agravo*

Regimental no Habeas Corpus nº 460.261–MG, STJ, 6ª Turma, Rel. Min. Rogério Schietti Cruz, sessão virtual de 7.2.2023 a 13.2.2023, publicado no DJ em 15.2.2023)

395.3.4.1. [...] O delito do art. 337-A, inciso III, do Código Penal, é de natureza material, somente se consumando com o lançamento definitivo do crédito tributário. [...] Não obstante a sentença trabalhista seja apta para reconhecer a existência do crédito tributário, ela não substituiu lançamento e a constituição definitiva, os quais somente podem ser feitos após regular procedimento administrativo fiscal. Precedentes da Sexta Turma e do Supremo Tribunal Federal. [...] Se não houve o lançamento definitivo do crédito tributário, o delito do art. 337-A, inciso III, do Código Penal não se consumou, inexistindo justa causa para a ação penal, nos termos da Súmula Vinculante n. 24, do Supremo Tribunal Federal, sendo devida a rejeição da denúncia. [...] *(Recurso Especial nº 1.959.871-SP, STJ, 6ª Turma, Rel. Min. Laurita Vaz, julgado em 25.4.2023, publicado no DJ em 2.5.2023)*

395.3.4.1. [...] 3. A Súmula vinculante n. 24 do STF estabelece que os crimes contra a ordem tributária, notadamente os do art. 1º da Lei n. 8.137/1990, são materiais, cuja consumação somente ocorre com a constituição definitiva do crédito, ao fim do procedimento administrativo fiscal. 4. Sem embargo, admite-se a mitigação do referido enunciado vinculante, se houver embaraço à apuração da autoridade fiscal ou indícios de outros delitos de natureza não tributária. Precedentes. [...] *(Agravo Regimental no Habeas Corpus nº 699.965-PR, STJ 6ª Turma, Rel. Min. Rogério Schietti Cruz, julgado em 21.6.2022, publicado no DJ em 27.6.2022)*

395.3.4.1. [...] O art. 83 da Lei n. 9.430/1996, com a redação da Lei n. 12.350/2010, apenas estabelece requisito, direcionado ao agente administrativo, quanto ao encaminhamento da representação fiscal para fins penais ao Ministério Público. Em nada modifica a natureza jurídica do crime de apropriação indébita previdenciária, tampouco trata da justa causa para os delitos contra a ordem tributária. [...] A validade da norma atacada independe da controvérsia relacionada à natureza dos delitos nela mencionados – se material ou formal –, notadamente o de apropriação indébita previdenciária. [...] *(ADI nº 4.980-DF, STF, Plenário, Rel. Min. Nunes Marques, julgado em 10.3.2022, publicado no DJ em 26.5.2022)*

395.3.4.1. [...] Acerca da Súmula Vinculante n. 24, conforme uníssona jurisprudência dos Tribunais Superiores, é prescindível o prévio exaurimento de processo fiscal para o desencadeamento de persecução penal nos casos em que houver embaraço à fiscalização tributária ou diante de indícios da prática de outras infrações de natureza não tributária. [...] *(Agravo Regimental no Recurso em Habeas Corpus nº 155.730-RJ, STJ, 5ª Turma, Rel. Min. Ribeiro Dantas, unânime, julgado em 19.4.2022, publicado no DJ em 26.4.2022)*

395.3.4.1. [...] I – O Supremo Tribunal Federal *tem* admitido a aplicação da Súmula Vinculante 24 a fatos anteriores a sua edição, porquanto o respectivo enunciado apenas sintetiza a jurisprudência dominante desta Corte e, dessa forma, não pode ser considerada como retroação de norma mais gravosa ao réu. [...] *(Agravo Regimental no Recurso Extraordinário com Agravo n. 1.053.709-MG, STF, 2ª Turma, unânime, Rel. Min. Ricardo Lewandowski, julgado em 15.3.2018, publicado no DJ em 27.3.2018).*

395.3.4.1 [...] Apesar da jurisprudência desta Suprema Corte condicionar a persecução penal à existência do lançamento tributário definitivo (Súmula Vinculante n. 24), o mesmo não ocorre quanto à investigação preliminar. [...] *(Habeas Corpus n. 106.152, STF, 1ª Turma, unânime, Rel. Min. Rosa Weber, julgado em 29.3.2016, publicado no DJ em 24.5.2016).*

395.3.4.1 [...] 1. A Súmula Vinculante nº 24 tem por objetivo garantir que o processo penal no qual foram imputados os crimes materiais tributários somente se inicie após a constituição definitiva do crédito. 2. Se, ao tempo do recebimento da denúncia, o crédito havia sido definitivamente constituído na esfera administrativa, o recebimento da denúncia ocorreu de modo válido. 3. A superveniência de cancelamento da inscrição em dívida ativa, por vícios formais relacionados à intimação no procedimento administrativo fiscal, não enseja a nulidade do recebimento da denúncia, nem o trancamento da ação penal, pois não foram anuladas as premissas fáticas e jurídicas que embasaram o lançamento tributário. A materialidade do crime tributário ficou, assim, preservada. [...] *(Agravo Regimental na Reclamação n. 31.194-RS, STF, 1ª Turma, unânime, Rel. Min. Roberto Barroso, julgado em Sessão Virtual de 22.11.2019 a 28.11.2019, publicado no DJ em 13.12.2019).*

395.3.4.1 [...] Não há afronta à Súmula Vinculante 24/STF. Embora se exija o lançamento definitivo do crédito tributário para o início da persecução penal nos crimes de sonegação fiscal, o mesmo não se aplica à mera fase investigatória (HC 106.152, rel. Min. Rosa Weber, 1ª Turma, *DJe* de 24.5.2016). Tampouco há nulidade se a medida cautelar teve como finalidade apurar não só a suposta prática do delito de sonegação fiscal, mas também de outros crimes, como formação de quadrilha, lavagem de dinheiro e corrupção. [...] *(Agravo Regimental no Habeas Corpus n. 130.596, STF, 1ª Turma, Rel. Min. Alexandre de Moraes, julgado em 16.8.2018, publicado no* DJ *em 30.8.2018).*

395.3.4.1. [...] É possível a quebra do sigilo telefônico antes da constituição definitiva do crédito tributário quando as investigações não se destinam, unicamente, à averiguação da prática do crime de sonegação fiscal, havendo a suspeita de que outros delitos, como o de formação de quadrilha, falsidade ideológica e de documentos públicos e particulares, além de lavagem de dinheiro, teriam sido cometidos. Precedentes do STJ e do STF. [...] (*Recurso em Habeas Corpus nº 51.487-SP, STJ, 5ª Turma, unânime, Rel. Min. Leopoldo de Arruda Raposo, julgado em 23.6.2015, publicado no* DJ *em 24.9.2015*).

395.3.4.1. [...] Nos termos da Súmula Vinculante 24, a persecução criminal nas infrações contra a ordem tributária (art. 1º, incisos I a IV, da Lei nº 8.137/90) exige a prévia constituição do crédito tributário. Entretanto, não se podendo afastar de plano a hipótese de prática de outros delitos não dependentes de processo administrativo não há falar em nulidade da medida de busca e apreensão. É que, ainda que abstraídos os fatos objeto do administrativo fiscal, o inquérito e a medida seriam juridicamente possíveis. [...] (*Habeas Corpus nº 107.362-PR, STF, 2ª Turma, unânime, Rel. Min. Teori Zavascki, julgado em 10.2.2015, publicado no* DJ *em 2.3.2015*).

395.3.4.1. [...] na espécie, por se tratar de crime contra a ordem tributária, deve ser considerado, para fins de contagem da prescrição, a constituição definitiva do crédito tributário. 5. Nos termos da Súmula Vinculante 24, "não se tipifica crime material contra a ordem tributária, previsto no art. 1º, incisos I a IV, da Lei nº 8.137/90, antes do lançamento definitivo do tributo". [...] *(EDcl nos EDcl nos EDcl no AgRg no RE no AgRg nos EDv em Ag em REsp n. 680.850-RJ, STJ, Corte Especial, unânime, Rel. Min. Humberto Martins, julgado em 16.5.2018, publicado no* DJ *em 25.5.2018).*

395.3.4.1. [...] Agravo regimental em recurso extraordinário com agravo. 2. Penal e processo penal. 3. Crime tributário. 4. Momento da consumação. 5. Fatos ocorridos na vigência de lei que permitia a suspensão da pretensão punitiva. 6. Crédito constituído na vigência de lei que a restringe. Alegação de retroação penal maléfica. 7. Inocorrência. 8. Consumação do crime no momento da constituição do crédito fiscal. 9. Agravo regimental a que se nega provimento. *(AgR no RE com Ag n. 1.121.176, STF, 2ª Turma, unânime, Rel. Min. Gilmar Mendes, julgado em 16.8.2018, publicado no* DJ *em 27.8.2018).*

395.3.4.1. [...] I – Não é possível analisar em recurso extraordinário a compatibilidade do art. 168-A do CP com o art. 7º, n. 7, da Convenção Americana de Direitos Humanos, tendo em vista o disposto no art. 102, III, da Constituição Federal. Precedentes. II – O Supremo Tribunal Federal firmou entendimento no sentido de que o art. 168-A do Código Penal – CP não viola o art. 5º, LXVII, da Carta Magna, em virtude de o dispositivo ter caráter penal, além de não se relacionar com a prisão civil por dívida. Precedentes. III – No caso em tela, não se trata de punir simplesmente a inadimplência do contribuinte com o Fisco, pois, para a incidência do tipo penal estabelecido no art. 168-A do CP, e necessário que exista o recolhimento das contribuições previdenciárias dos empregados e a ausência de repasse dos valores a previdência social, sendo essas as condutas que se objetiva coibir com o referido dispositivo. [...] *(Embargos de Declaração no Agravo Regimental no Recurso Extraordinário com Agravo n. 1.220.322-SP, STF, 2ª Turma, unânime, rel. Min. Ricardo Lewandowski, julgado em sessão virtual de 6.12.2019 a 12.12.2019, publicado no* DJ *em 3.2.2020).*

395.3.4.1. [...] a infração penal tipificada no art. 168-A do Código Penal constitui-se em delito omissivo próprio. O núcleo do tipo é o verbo deixar, que se perfaz com a simples conduta negativa do sujeito, caracterizando-se com o não fazer o que a lei determina, sendo desnecessária, para a configuração do crime, a comprovação do fim específico de apropriar-se dos valores destinados à Previdência Social consistente no *animus rem sibi habendi.* II – Não se deve emprestar maior relevo à nomenclatura utilizada pelo legislador na edição da Lei nº 9.983/2000, para definir o crime – apropriação indébita previdenciária –, de modo a se considerar como elemento do tipo o dolo específico, a vontade livre e consciente do sujeito de se apropriar dos valores relativos às contribuições, a exemplo do que ocorre no crime de apropriação indébita. Ao contrário deste, que é crime de resultado, a apropriação indébita previdenciária é crime formal; a intenção específica ou vontade de se beneficiar com a ausência do recolhimento nada tem a ver com a consumação do fato que ocorre no momento que ele deixa de recolher as contribuições no prazo legal. III – A Terceira Seção, no julgamento do EREsp 1296631/RN, relatora Ministra Laurita Vaz, Terceira Seção, *DJe* 17/09/2013, pacificou o entendimento da desnecessidade do dolo específico para se configurar o delito de apropriação indébita previdenciária. IV – Embargos acolhidos (*Embargos de Divergência em REsp nº 1.207.466-ES, STJ, Corte Especial, maioria, Rel. Min. Gurgel de Faria, julgado em 22.10.2014, publicado no* DJ *em 6.11.2014*).

395.3.4.1. [...] Embora a tipificação da lavagem de dinheiro dependa da existência de um crime antecedente, é possível a autolavagem – isto é, a imputação simultânea, ao mesmo réu, do delito antecedente e do crime de lavagem –, desde que sejam demonstrados atos diversos e autônomos daquele que compõe a realização do primeiro crime, circunstância na qual não ocorrerá o fenômeno da consunção. [...] *(Ação Penal n. 856-DF, STJ, Corte Especial, maioria, Rel. Min. Nancy Andrighi, julgado em 18.10.2017, publicado no* DJ *em 6.2.2018).*

395.3.4.1. [...] 1. Não há ilegalidade na autorização de interceptação telefônica, busca e apreensão e quebra de sigilo bancário e fiscal, antes do lançamento do crédito tributário, quando as medidas investigatórias são autorizadas para apuração dos crimes de quadrilha e falsidade ideológica, também imputados ao Paciente, que supostamente se utilizava de intrincado esquema criminoso, com o claro e primordial intento de lesar o Fisco. Inexiste a aventada nulidade processual, tampouco a alegada ausência de elementos indiciários para fundamentar a acusação. As medidas investigatórias atenderam aos pressupostos e fundamentos de cautelaridade e, quando do oferecimento da denúncia, os créditos tributários já tinham sido definitivamente lançados. [...] (*Habeas Corpus nº 148.829-RS, STJ, 5ª Turma, Rel. Min. Laurita Vaz, julgado em 21.8.2012, publicado no* DJ *em 27.8.2012*).

395.3.4.1. [...] A questão posta no presente *writ* diz respeito à possibilidade de instauração de inquérito policial para apuração de crime contra a ordem tributária, antes do encerramento do procedimento administrativo-fiscal. O tema relacionado à necessidade do prévio encerramento do procedimento administrativo-fiscal para configuração dos crimes contra a ordem tributária, previstos no art. 1º, da Lei nº 8.137/90, já foi objeto de aceso debate perante esta Corte, sendo o precedente mais conhecido o HC nº 81.611 (Min. Sepúlveda Pertence, Pleno, julg. 10.12.2003). A orientação que prevaleceu foi exatamente a de considerar a necessidade do exaurimento do processo administrativo-fiscal para a caracterização do crime contra a ordem tributária (Lei nº 8.137/90, art. 1º). No mesmo sentido do precedente referido: HC 85.051/MG, Rel. Min. Carlos Velloso, *DJ* 1.7.2005, HC 90.957/RJ, Rel. Min. Celso de Mello, *DJ* 19.10.2007 e HC 84.423/RJ, Rel. Min. Carlos Britto, DJ 24.9.2004. Entretanto, o caso concreto apresenta uma particularidade que afasta a aplicação dos precedentes mencionados. Diante da recusa da empresa em fornecer documentos indispensáveis à fiscalização da Fazenda estadual, tornou-se necessária a instauração de inquérito policial para formalizar e instrumentalizar o pedido de quebra do sigilo bancário, diligência imprescindível para a conclusão da fiscalização e, consequentemente, para a apuração de eventual débito tributário. Deste modo, entendo possível a instauração de inquérito policial para apuração de crime contra a ordem tributária, antes do encerramento do processo administrativo-fiscal, quando for imprescindível para viabilizar a fiscalização. Ante o exposto, denego a ordem de *habeas corpus* (*Habeas Corpus nº 95.443/SC, Rel. Min. Ellen Gracie, 2ª Turma, unânime, julgado em 2.2.2010, publicado no* DJ *em 19.2.2010*).

....

395.4. Falta de justa causa para a ação penal: Por último, no inciso III o não acatamento da imputação criminal se dará quando faltar justa causa para o exercício da ação penal.

Sempre entendemos a *justa causa* como sendo uma condição da ação, inserta no contexto da demonstração do interesse de agir, inclusive quanto à necessidade da existência de lastro probatório mínimo a comprovar a imputação. De outro lado, e aí a racionalidade da novel inserção, tanto a doutrina e a jurisprudência já vinham admitindo a justa causa também como condição da ação exatamente em face do disposto no inciso I do art. 648 do CPP, que prevê a hipótese de trancamento de ação penal instaurada por coação ilegal quando não houvesse *justa causa* para o feito criminal, tanto para solução de questões processuais (*e.g.*, falta de prova mínima para embasar a acusação, inépcia da inicial etc.) quanto para aquelas pertinentes ao próprio *mérito* da ação criminal.

É de se ver que a inclusão expressa da justa causa como condição da ação no inciso III do art. 395 do CPP não revogou o inciso I do art. 648 do CPP, com o que também questões de mérito – particularmente a atipicidade e as causas extintivas da punibilidade – poderão continuar sendo veiculadas em sede de *habeas corpus* para postular o eventual trancamento de ação penal instaurada.

Nesse ponto relativo à justa causa, uma anotação complementar precisa ser feita diante da especificidade de vários tipos penais inseridos no ordenamento pela Lei nº 13.869/2019, que tratou dos chamados crimes de abuso de autoridade. Os tipos penais ali previstos são evidentemente todos dolosos e demandam a demonstração prévia não apenas de eventual erro ou interpretação de determinada situação, mas adoção das condutas que preencham os verbos nucleares dos tipos de forma induvidosamente dolosa. Exatamente por isso que o § 2º do art. 1º da Lei nº 13.869/2019 previu expressamente que "a divergência na interpretação da lei ou na avaliação de fatos e provas não configura abuso de autoridade.

Jurisprudência

395.4. [...] A caracterização do crime de tráfico de drogas prescinde de apreensão de droga em poder de cada um dos acusados; basta que, evidenciado o liame subjetivo entre os agentes, haja a apreensão de drogas com apenas um deles para que esteja evidenciada, ao menos em tese, a prática do delito em questão. Assim, a mera ausência de apreensão de drogas na posse direta do agente "não afasta a materialidade do delito de tráfico quando estiver delineada a sua ligação com outros integrantes da mesma organização criminosa que mantinham a guarda dos estupefacientes destinados ao comércio proscrito", conforme decidido por ocasião do julgamento do HC n. 536.222/SC, de relatoria do Ministro Jorge Mussi (5ª T., DJe de 4/8/2020). [...] Apesar das diversas diligências empreendidas pela acusação, que envolveram o monitoramento dos acusados, a realização de interceptações telefônicas, a oitiva de testemunhas (depoimentos de policiais) etc., não houve a apreensão de droga, pressuposto da materialidade delitiva. Assim, mesmo sendo possível extrair dos autos diversas tratativas de comercialização de entorpecentes pelos acusados, essas provas podem caracterizar o crime de associação para o tráfico de drogas, mas não o delito de tráfico em si. [...] *(Habeas Corpus nº 686.312-MS, STJ, 3ª Seção, Rel. Min. Sebastião Reis Júnior, Relator para o acórdão Min. Rogerio Schietti Cruz, por maioria, julgado em 12.4.2023, publicado no DJ em 19.4.2023)*

395.4. [...] Justa causa para a ação penal condenatória é o suporte probatório mínimo ou o conjunto de elementos de fato e de direito (*fumus comissi delicti*) que evidenciam a probabilidade de confirmar-se a hipótese acusatória deduzida em juízo. Constitui, assim, uma plausibilidade do direito de punir, extraída dos elementos objetivos coligidos nos autos, os quais devem demonstrar satisfatoriamente a prova de materialidade e os indícios de que o denunciado foi o autor de conduta típica, ilícita (antijurídica) e culpável. [...] *(Agravo Regimental no Recurso em Habeas Corpus nº 124.867-PR, STJ, 5ª Turma, unânime, Rel. Min. Felix Fischer, julgado em 18.8.2020, publicado no* DJ *em 4.9.2020).*

395.4. [...] A justa causa é exigência legal para o recebimento da denúncia, instauração e processamento da ação penal, nos termos do artigo 395, III, do Código de Processo Penal, e consubstancia-se pela somatória de três componentes essenciais: (a) Tipicidade (adequação de uma conduta fática a um tipo penal); (b) Punibilidade (além de típica, a conduta precisa ser punível, ou seja, não existir quaisquer das causas extintivas da punibilidade); e (c) Viabilidade (existência de fundados indícios de autoria). [...] *(Agravo Regimental no Habeas Corpus nº 187.146-MG, STF, 1ª Turma, unânime, rel. Min. Alexandre de Moraes, julgado em sessão virtual de 14.8.2020 a 21.8.2020, publicado no DJ em 31.8.2020).*

395.4. [...] 3. A falta de justa causa (art. 395, III, do CPP) é hipótese de rejeição da denúncia, mas não de absolvição sumária. A absolvição sumária possui hipóteses restritas (art. 397 do CPP), notadamente porque encerra juízo de mérito a respeito do cometimento do delito denunciado. [...] *(Agravo Regimental no Agravo em Recurso Especial n. 1.427.631-SP, STJ, 5ª Turma, unânime, Rel. Min. Joel Ilan Paciornik, julgado em 17.9.2019, publicado no DJ em 23.9.2019).*

395.4. [...] Ao rito especial da Lei 8.038/90 aplicam-se, subsidiariamente, as regras do procedimento ordinário (art. 394, § 5º, CPP), razão pela qual eventual rejeição da denúncia é balizada pelo art. 395 do CPP, ao passo que a improcedência da acusação (absolvição sumária) é pautada pelo disposto no art. 397 do CPP. [...] *(Ação Penal n. 923-DF, STJ, Corte Especial, unânime, Rel. Min. Nancy Andrighi, julgado em 23.9.2019, publicado no DJ em 26.9.2019).*

....

395.5. Procedimento em caso de denúncia contra Presidente da República por crimes cometidos na vigência do seu mandato: O § 4º do art. 86 da CF dispõe que "o Presidente da República, na vigência de seu mandato, não pode ser *responsabilizado* por atos estranhos ao exercício de suas funções" (essa regra tem aplicação *restritiva*, não podendo ser ampliada para outros chefes de Poder, Inquérito n. 3.983-DF, STF, Plenário, julgado em 3.3.2016, publicado no DJ em 12.5.2016). É preciso compreender que esse dispositivo não impede eventual *investigação* do Presidente por atos *anteriores e/ou estranhos* ao exercício do mandato, mas tão somente o seu processamento *penal* acaso existam elementos suficientes para tanto. A propósito, o STF já decidiu que não há qualquer óbice, nesse caso, para eventual *investigação*, assentando-se que "*o que o art. 86, parágrafo 4 confere ao Presidente da República não é imunidade penal, mas imunidade temporária à persecução penal: nele não se prescreve que o Presidente é irresponsável por crimes não funcionais praticados no curso do mandato, mas apenas que, por tais crimes, não poderia ser responsabilizado, enquanto não cesse a investidura na Presidência*", havendo "*impossibilidade, segundo o art. 86, parágrafo 4, de que, enquanto dure o mandato, tenha curso ou se instaure processo penal contra o Presidente da República por crimes não funcionais*" (Questão de Ordem no Inquérito n. 567-DF, STF, Plenário, Rel. Ministro Sepúlveda Pertence, julgado em 20.8.1992, publicado no DJ em 9.10.1992).

Já pelos atos que eventualmente tenha praticado *no exercício do mandato e a ele relacionado* que possuam conformação criminal, uma vez ofertada a denúncia, a Câmara dos Deputados necessita conceder uma licença – de cunho político – para o processamento (art. 51, I, CF). Apresentada a denúncia pelo Procurador(a) Geral da República, a Presidência do STF deve remetê-la imediatamente ao Presidente da Câmara dos Deputados, que deverá inaugurar o rito próprio segundo o regimento interno. Somente se for concedida a autorização é que será ele "submetido a julgamento perante o Supremo Tribunal Federal, nas infrações penais comuns". Mas a submissão a *julgamento* pressupõe, obviamente, a realização de um *juízo técnico* acerca da presença ou não dos requisitos da denúncia (art. 395 e 41, ambos do CPP) sejam feitos pelo Supremo Tribunal Federal (Plenário), adotando-se o rito próprio das ações penais originárias. É dizer: somente se recebida a peça acusatória, é que, nesse caso, haverá a suspensão das funções, nos termos do § 1º do art. 86 da CF.

Jurisprudência

395.5 [...] Crime comum imputado ao Presidente da República. Incidência dos arts. 395 e 396 do CPP. Aferição dos requisitos mínimos de viabilidade da inicial acusatória. Análise judicial prévia à remessa à Câmara dos Deputados. Poder-dever do Relator. [...] o juízo de admissibilidade previsto no art. 396 do Código de Processo Penal, cujos requisitos estão estampados no art. 395 do mesmo código, é aplicável aos casos envolvendo a alegada prática de crimes comuns pelo Presidente da República, hipótese dos autos, e deve ser exercido antes da remessa da inicial acusatória a Câmara dos Deputados, para que essa casa legislativa decida sobre a autorização da instauração do respectivo processo, prevista no art. 51 da Constituição Federal. [...] *(Agravo na Petição nº 9.401-DF, STF, Plenário virtual, julgamento encerrado em 14.5.2021, publicado no DJ em 6.7.2021)*

Art. 396. Nos procedimentos ordinário e sumário, oferecida a denúncia ou queixa, o juiz, se não a rejeitar liminarmente, recebê-la-á e ordenará a citação do acusado para responder à acusação, por escrito, no prazo de 10 (dez) dias. (Redação dada pela Lei nº 11.719, de 2008)

Parágrafo único. No caso de citação por edital, o prazo para a defesa começará a fluir a partir do comparecimento pessoal do acusado ou do defensor constituído. (Redação dada pela Lei nº 11.719, de 2008)

396.1. Recebimento ou rejeição da denúncia: As alterações introduzidas pela Lei nº 11.719/08 foram substanciais no procedimento processual penal, tudo com a finalidade de modernizá-lo e tentar compatibilizá-lo ao sistema constitucional vigente. Não que o sistema anterior fosse incompatível *nesta* parte com a Constituição (em nossa compreensão, era), mas se procurou *ampliar* os meios de defesa e as possibilidades de controle jurisdicional em primeiro grau como forma de evitar a instauração de ações penais sem antes propiciar ao acusado a apresentação de sua versão sobre os fatos imputados (*tal como já era realizado de* forma similar *em relação aos crimes próprios e afiançáveis praticados por servidores públicos, art. 514 do CPP, embora aqui o recebimento da denúncia se dê* posteriormente *à defesa prévia, consoante o art. 516 do CPP – a propósito, confira-se o teor dos precedentes que originaram a Súmula 330 do STJ*). Assim, é de se ver que, pelo sistema anterior, e exemplificativamente segundo a regra do (então) art. 394 do CPP, presentes os requisitos legais, o juiz imediatamente recebia a denúncia e designava dia e hora para o interrogatório do réu, ordenando a citação e a notificação do Ministério Público e, se fosse o caso, do querelante ou do assistente.

Excluído o procedimento comum sumaríssimo para hipóteses de delitos de *menor potencial ofensivo* (porque, em quase sua totalidade – adiante detalhado –, incompatível com a sistemática – § 1º do art. 394 do CPP), estipula-se agora, no procedimento comum ordinário e sumário, uma vez recebida a denúncia, a necessidade de o juiz determinar a *citação* do acusado para *responder* à imputação por escrito no prazo de dez dias.

Existia certa controvérsia (ao menos em sede doutrinária) acerca de em qual momento se daria tecnicamente o *recebimento* da denúncia ou da queixa, especialmente em face do que disposto no (subsequente) art. 399, CPP ("*recebida a denúncia ou queixa, o juiz designará dia e hora para a audiência, ordenando a intimação do acusado, de seu defensor, do Ministério Público e, se for o caso, do querelante e do assistente*").

Sempre compreendemos que o *recebimento* da peça acusatória se dá no momento estipulado no art. 396, CPP. Como já destacamos noutra oportunidade, a razão nos parece "*óbvia por duas circunstâncias essenciais. A primeira: o art. 396 do CPP expressamente fala que, nas hipóteses dos procedimentos ordinário e sumário, se não rejeitada a denúncia o juiz* 'recebê-la-á *e ordenará a citação do acusado para responder à acusação, por escrito, no prazo de 10 (dez). dias*'. *Adotados os trâmites a seguir previstos (arts. 396-A e 397, CPP), há se compreender a redação do art. 399 do CPP no sentido de que (já). recebida a denúncia (art. 396 do CPP), aí então (agora) o juiz 'designará dia e hora para a audiência, ordenando a* intimação *do acusado, de seu defensor, do Ministério Público e, se for o caso, do querelante e do assistente*'" (Fischer, Douglas et al. *Reformas do processo penal*. 2. ed. Porto Alegre: Verbo Jurídico, 2009). Também assentamos explicitamente (Pacelli, Eugênio. *Curso de processo penal*. 28. ed. São Paulo: Juspodivm, 2024) que "*não rejeitada a peça acusatória, deve o juiz recebê-la, determinando, em seguida, a citação do acusado para responder à acusação, por escrito* [...]." Na mesma senda, é o escólio de Andrey Borges de Mendonça (*Nova reforma do Código de Processo Penal*, São Paulo, Método: 2008, p. 264-265), para quem o art. 363 do CPP (na redação também da reforma havida) estipulou de forma bastante explícita que o processo terá completada a sua formação quando realizada a citação do acusado. Assim, adiciona, se o juiz determinou que a citação devesse ocorrer, é porque não verificou hipótese de indeferimento liminar da peça acusatória. E o recebimento da peça acusatória é imperativo, salvo se não for situação do indeferimento liminar. Por fim, e em complemento, somente se poderá cogitar de absolvição sumária (art. 397, CPP) se regularmente instaurada a ação penal. Assim, é pressuposto da angularização processual (inclusive posterior citação) o (já) recebimento da denúncia.

É preciso reconhecer – e Andrey Borges de Mendonça bem destaca (op. cit., p. 267) – que no projeto de Lei que originou a alteração em comento não constava a expressão "*recebê-la-á*" e que se pretendeu no âmbito do Senado Federal a alteração da redação do dispositivo, suprimindo-se o termo em voga, que deveria ocorrer no momento estipulado no art. 399, CPP.

Além de não ter sido aprovada a pretensão legislativa de alteração do projeto, insistimos que não teria qualquer sustentação lógico-sistêmica a pretensão que restou infrutífera, pois, ratificando-se o que já dito, somente se poderia cogitar de angularização processual penal (e até absolvição sumária) *após* o recebimento da denúncia, o que, à evidência, somente poderia ocorrer em momento anteriormente oportuno, consoante preconizado no art. 396, CPP.

Mais: o art. 399, CPP, é hialino no sentido de que – acaso não decretada a absolvição sumária, art. 397, CPP – deverá o juiz designar dia e hora para a audiência, ordenando a *intimação* do acusado (na verdade, já *réu*), de seu defensor, do Ministério Público e, se for o caso, do querelante e do assistente. Se fosse plausível a tese de que o recebimento da denúncia se dá na fase do art. 399, CPP, o juiz não deveria determinar a *intimação*, mas sim a *citação*.

Se houver a proposta de suspensão condicional do processo (art. 89, Lei nº 9.099/95), o juiz deverá ouvir o acusado e, uma vez aceita a proposta, receber a peça acusatória, suspendendo o curso do processo. Não havendo a proposição (que tanto pode ser feita em sede de ação penal pública quanto no bojo de ação penal privada – vide, *e. g, HC nº 81.720-SP, Rel. Min. Sepúlveda Pertence, STF, publicado no* DJ *em 29.4.2002*), deverá o membro do Ministério Público encaminhar para revisão na instância superior nos termos da novel redação do art. 28 do CPP (Lei nº 13.964/2019), vedada a atuação do juízo de remessa. Em caso de manutenção da negativa de proposta, mas sendo manifestamente ilegal o ato, cremos que poderá o Juiz atuar de ofício, deferindo o benefício mediante condições legais.

Registramos que, no ano de 2024, o STJ editou a Súmula **667 fixando entendimento de que** "eventual aceitação de proposta de suspensão condicional do processo não prejudica a análise do pedido de trancamento de ação penal."

Partimos da premissa de que não se revela mais adequada referida interpretação, pois estaria sendo violada a boa-fé objetiva, na medida em que o beneficiário primeiro aceita suspender o processo (mediante as condições estabelecidas em lei) e depois contesta o acordo que realizou, pugnando o trancamento da ação penal. Entendemos que o correto seria permitir sim a impugnação previamente, sem embargo de, posteriormente, em caso de insucesso, ser realizada a suspensão do processo.

Quanto ao *ato de recebimento da denúncia*, discute-se especialmente em nível doutrinário se a decisão deveria ser *fundamentada* ou não. Sempre entendemos que o recebimento da denúncia deva ser minimamente fundamentado (sucinto), malgrado o entendimento quase unânime da doutrina e da jurisprudência em sentido contrário, especialmente no âmbito do Supremo Tribunal Federal, em que se compreende que o ato de recebimento da denúncia, se possui carga decisória, não é ato decisório a que aludia o art. 567 do CPP (e se não é ato decisório, não há de se falar em necessidade de ratificação em caso de incompetência relativa). Em decisão mais moderna, a 6ª Turma do Superior Tribunal de Justiça acabou reconhecendo que, à luz do que firmado no art. 516 do CPP, "*se se exige a rejeição da denúncia* (*ato negativo*), *em despacho fundamentado, também a decisão que a recebe* (*ato positivo*) *há de ser fundamentada*" (*Habeas Corpus* nº 76.319-SC, julgado em 11.12.2008, publicado no *DJ* em 23.3.2009). Mas há julgado da 5ª Turma do STJ (correto em nosso sentir) assentando que, se a ação penal se iniciou antes da entrada em vigor da Lei nº 11.719, que modificou o procedimento comum, não há de se exigir a fundamentação se "*à época, era pacífico o entendimento desta Corte e do colendo STF sobre a desnecessidade de fundamentação do despacho de recebimento da denúncia*" (*Recurso em Habeas Corpus nº 26.446/RN, Rel. Min. Napoleão Nunes Maia Filho, 5ª Turma, unânime, julgado em 20.10.2009, publicado no* DJ *em 7.12.2009*). Corretamente, aplicou-se o princípio do *tempus regit actum*.

Duas considerações fundamentais:

a) a primeira: se a compreensão é no sentido de que um mero "*recebo a denúncia*" não se apresenta como suficiente, não há de se exigir do magistrado – nesse juízo inicial, quando da instauração da persecução – que faça longa exposição declinando os motivos pelos quais recebe a denúncia ou a queixa. Não é disso que se trata, até porque se adentrasse em minúcias quanto aos *indícios* da autoria e *prova* da materialidade poderia estar se antecipando aos elementos mais seguros a serem colhidos no decorrer da instrução processual, podendo ensejar inclusive sua suspeição. Aliás, não raras são arguições defensivas apontando para suposta suspeição do juízo quando, pela necessidade do caso concreto, faz uma decisão de recebimento da peça acusatória mais longa;

b) a segunda, e talvez mais relevante: enquanto a matéria se apresenta com dissenso e frente ao posicionamento do Supremo Tribunal Federal no sentido de que não há necessidade de fundamentação no ato de recebimento da denúncia, somente será caso de dar efeito *retroativo* a tal compreensão jurisprudencial a partir do momento em que se torne – pelo menos – compreensão majoritária da jurisprudência a necessidade de fundamentação do ato de recebimento da peça acusatória. É verdade que há um precedente do STF (vide *Habeas Corpus nº 84.919-SP, publicado no* DJ *em 26.3.2010*) entendendo ser nula a decisão que desconsidera as alegações preliminares e não fundamenta a aceitação da peça acusatória. Entretanto, reiteramos, ainda é posicionamento minoritário.

Não se pode perder de vista que, tal como a Lei *stricto sensu*, também a jurisprudência acerca da interpretação dos dispositivos processuais penais vigentes tem igualmente *força normativa*. Como se tratam de regras procedimentais, não há de se dar efeito retroativo se, quando praticado o ato, o entendimento vigorante era no sentido (se não unânime, pelo menos majoritariamente nessa linha) de que não havia a necessidade de fundamentação. Caso contrário, estar-se-ia exigindo do magistrado e dos demais aplicadores do direito verdadeiro exercício de imaginação acerca do que se dirá no futuro sobre determinada regra procedimental que, no momento em que praticado o ato, tem determinado regramento ou compreensão doutrinária e/ou jurisprudencial.

Destacamos ainda que, no ano de 2024, o Supremo Tribunal Federal reconheceu a aplicabilidade subsidiária dos arts. 396 e 396-A do CPP ao processo penal militar, com efeitos *ex nunc,* ressalvada a hipótese em que a parte tenha requerido expressamente a concessão da oportunidade de resposta à acusação anteriormente.

Jurisprudência

396.1. [...] O Tribunal Pleno do Supremo Tribunal Federal STF, decidindo a matéria nos autos do RHC 142.608/SP, concluiu ser viável a aplicação subsidiária dos arts. 396 e 396-A do Código de Processo Penal CPP ao processo penal militar, como corolário da máxima efetividade das garantias constitucionais do contraditório e da ampla defesa e do devido processo legal (art. 5º, LIV e LV, da Constituição Federal). [...] Modulou, no entanto, os efeitos dessa decisão, assentando que o rito dos arts. 396 e 396-A do CPP seja aplicado aos processos penais militares cuja instrução não tenha se iniciado até a publicação da ata daquele julgamento, ou seja, com efeitos ex nunc, ressalvada a hipótese em que a parte tenha requerido expressamente a concessão de oportunidade para apresentação da resposta à acusação no momento oportuno. [...] *(Agravo Regimental em Habeas Corpus nº 242.762, STF, 1ª Turma, Rel. Min. Cristiano Zanin, julgado em 6.9.2024, publicado no DJ em 11.9.2024)*

396.1. [...] A fase processual em que o juiz analisa os termos da resposta à acusação, prevista no art. 396-A, c/c o art. 397 do Código de Processo Penal – CPP, pode se limitar a ratificar os fundamentos da decisão que recebe a denúncia, proferida nos moldes do art. 396 do CPP, desde que tenha sido devidamente fundamentada e a resposta à acusação não traga nenhum outro elemento que demande nova análise das hipóteses legais para o prosseguimento da ação penal. [...] *(Agravo Regimental no Recurso em Habeas Corpus nº 195.207-MG, STJ, 6ª Turma, Rel. Min. Antonio Saldanha Palheiro, sessão virtual de 14.5.2024 a 20.5.2024, publicado no DJ em 23.5.2024)*

396.1. [...] A partir da publicação da ata da sessão deste julgamento, o rito dos arts. 396 e 396-A do Código de Processo Penal aplica-se aos processos penais militares cuja instrução não tenha se iniciado, ressalvada a hipótese em que a parte tenha requerido expressamente a concessão da oportunidade para a apresentação de resposta à acusação no momento oportuno. *[...]* O Tribunal Pleno, ao julgar o HC nº 127.900/AM, legitimou, nas ações penais em trâmite na Justiça Militar, a realização do interrogatório ao final da instrução criminal (CPP, art. 400 - redação da Lei nº 11.719/08), em detrimento do art. 302 do Decreto-Lei nº 1.002/69. [...] O escopo de se conferir maior efetividade aos preceitos constitucionais da Constituição, notadamente os do contraditório e da ampla defesa (art. 5º, inciso LV), cabe ser invocado como justificativa para a aplicação dos arts. 396 e 396-A do Código de Processo Penal ao processo penal militar, sendo certo, ademais, que, em detrimento do princípio da especialidade, o Supremo Tribunal Federal tem assentado a prevalência das normas contidas no CPP em feitos criminais de sua competência originária, os quais, como se sabe, são regidos pela Lei nº 8.038/90. [...] É certo, portanto, que apresentar resposta à acusação é uma prática benéfica à defesa, devendo prevalecer nas ações penais em trâmite perante a Justiça Militar, como corolário da máxima efetividade das garantias constitucionais do contraditório e da ampla defesa (CRFB, art. 5º, inciso LV) e do devido processo legal (art. 5º, incisos LV e LIV, da Constituição Federal). [...] Recurso provido parcialmente para i) reconhecer a competência da Justiça Militar; e ii) resolver o caso concreto no sentido de manter o recebimento da denúncia e anular os atos processuais subsequentes na Ação Penal Militar nº 35-85.2015.7.11.0211, para que se propicie ao recorrente a oportunidade de apresentar resposta à acusação, nos termos dos arts. 396 e 396-A do CPP. [...] Modulação da decisão, nos termos do voto médio, para que, a partir da publicação da ata deste julgamento, o rito dos arts. 396 e 396-A do Código de Processo Penal seja aplicado aos processos penais militares cuja instrução não tenha se iniciado, ressalvada a hipótese em que a parte tenha requerido expressamente a concessão de oportunidade para apresentação da resposta à acusação no momento oportuno.*(Recurso Ordinário no Habeas Corpus nº 142.608-Mérito, STF, Plenário, Rel. Min. Edson Fachin, por maioria, sessão virtual de 1.12.2023 a 11.12.2023, publicado no DJ em 20.3.2024)*

396.1. [...] Tanto a decisão que recebe a denúncia (CPP, art. 396) tanto aquela que rejeita o pedido de absolvição sumária (CPP, art. 397) não demandam motivação profunda ou exauriente, considerando a natureza interlocutória de tais manifestações judiciais, sob pena de indevida antecipação do juízo de mérito. [...] *(Agravo Regimental no Recurso em Habeas Corpus nº 184.105-SP, STJ, 5ª Turma, Rel. Min. Ribeiro Dantas, sessão virtual de 10.10.2023 a 16.10.2023, publicado no DJ em 19.10.2023)*

396.1. [...] Conforme artigo 396 do Código de Processo Penal – CPP, a rejeição da denúncia de ofício deve ser operada antes da resposta à acusação. 2.1. Para além disso, a rejeição da denúncia em juízo de reconsideração ou retratação é admissível na análise da resposta à acusação (art. 396-A do CPP), se a defesa houver apresentado tese neste sentido. [...] *(Agravo Regimental no Recurso Especial n. 1.610.964/RJ, STJ, 5ª Turma, unânime, parcial procedência, Rel. Min. Joel Ilan Paciornik, julgado em 23.4.2019, publicado no* DJ *em 30.4.2019).*

396.1. [...] I – No procedimento comum ordinário, aplicável ao crime imputado ao recorrente, o art. 89 da Lei n. 9.099/95 deve ser aplicado com adaptações e à luz das inovações trazidas pela Lei n. 11.719/2008, ante a omissão no ordenamento jurídico quanto ao momento para a aceitação da proposta de suspensão condicional do processo, uma vez que no rito ordinário não há designação de audiência preliminar para o recebimento da denúncia. Assim, não se mostra possível aplicar, em sua literalidade, a regra prevista no art. 89, § 1º, da Lei n. 9.099/95. II – A apreciação da proposta de suspensão condicional do processo no procedimento comum ordinário deve ser realizada em audiência específica designada exclusivamente para tal finalidade, depois de recebida a denúncia e afastadas as hipóteses de absolvição sumária, e antes da audiência de instrução e julgamento. Inteligência dos arts. 395, 396, 396-A e 397 do Código de Processo Penal, bem como do art. 89 da Lei n. 9.099/95. Doutrina e Precedentes. III – Desta forma, não há que se falar em nulidade da r. decisão que recebeu a denúncia antes da análise da proposta de suspensão condicional do processo, pois o crime imputado ao recorrente não constitui infração penal de menor potencial ofensivo, estando sujeito ao procedimento comum ordinário. Recurso ordinário em *habeas corpus* desprovido. *(RHC n. 100.008-SP, STJ, 5ª Turma, unânime, Rel. Min. Felix Fischer, julgado em 2.10.2018, publicado no* DJ *em 8.10.2018).*

396.1 [...] Não há sentido algum na aplicação dos arts. 396 e 396-A do CPP ao regime da Lei nº 8.038/90, mesmo porque, antes do recebimento da denúncia, há oportunidade para resposta preliminar dos denunciados (art. 4º da Lei nº 8.038/90), momento em que podem alegar toda a matéria pertinente, inclusive meritória. O recebimento ou não da denúncia, no regime da Lei nº 8.038/90, é ato mais aprofundado do que aquele feito pelo juízo singular (art. 396-A, CPP), tanto que a Lei nº 8.038/90 prevê, além do recebimento ou rejeição da peça acusatória, até a possibilidade do reconhecimento da improcedência imediata das imputações. Seria um contrassenso exigir duas vezes a mesma análise. A alegação de que a apresentação de defesa prévia (art. 8º da Lei nº 8.038/90) enseja novo exame do recebimento da denúncia, em aplicação subsidiária do Código de Processo Penal à Lei nº 8.038/90, seria incompatível com o regime das ações penais originárias, valendo a presente demanda como caso paradigmático, tendo em vista que o recebimento da denúncia se deu pelo Plenário da Suprema Corte (época em que um dos réus detinha prerrogativa de foro naquele Tribunal). O reexame, pelo órgão monocrático (Relator) ou pela Corte Especial deste Superior Tribunal de Justiça, de decisão do Supremo Tribunal Federal, seria verdadeira inversão de instâncias. [...] (*Agravo Regimental na Ação Penal nº 697-RJ, STJ, Corte Especial, unânime, Rel. Min. Og Fernandes, julgado em 17.2.2016, publicado no DJ em 15.3.2016*).

396.1. [...] 1. O instituto da suspensão condicional do processo deve ser lido em harmonia com as novas disposições do Código de Processo Penal, franqueando-se ao acusado a possibilidade de ter sua resposta à acusação previamente analisada, a fim de se verificar se o caso se trata de hipótese de absolvição sumária, antes da designação da audiência admonitória. 2. Recurso em *habeas corpus* a que se dá provimento, para anular a audiência admonitória, para que o paciente seja previamente citado para responder à acusação, com a possibilidade de ser absolvido sumariamente, antes da análise da suspensão condicional do processo (*Recurso em Habeas Corpus nº 39.440-MG, STJ, 5ª Turma, unânime, Rel. Min. Reynaldo Soares da Fonseca, julgado em 8.3.2016, publicado no DJ em 11.3.2016*).

396.1. [...] embora o artigo 89 da Lei 9.099/1995 estabeleça que a proposta de suspensão condicional do processo deve ser feita no momento do oferecimento da denúncia, tal dispositivo deve ser compatibilizado com as modificações promovidas no procedimento comum ordinário pela Lei 11.719/2008. Diante da possibilidade de absolvição sumária, mostra-se desarrazoado admitir que a suspensão condicional do processo seja oferecida ao denunciado antes da análise de sua resposta à acusação, na qual pode veicular teses que, se acatadas, podem encerrar a ação penal. 3. Não se pode exigir que o acusado aceite a suspensão condicional do processo antes mesmo que suas alegações de inépcia da denúncia, de falta de justa causa para a persecução penal, ou de questões que possam ensejar a sua absolvição sumária sejam devidamente examinadas e refutadas pelo magistrado singular. 4. Ademais, revela-se extremamente prejudicial ao réu o entendimento de que a suspensão condicional do processo deve ser ofertada antes mesmo do exame da sua resposta à acusação, pois seria obrigado a decidir sobre a aceitação do benefício sem que a própria viabilidade da continuidade da ação penal seja verificada (*Habeas Corpus nº 239.093-MG, STJ, 5ª Turma, Rel. Min. Jorge Mussi, julgado em 22.10.2013, publicado no DJ em 29.10.2013*).

396.1. [...] Não há se falar em [...] O fato de a denúncia já ter sido recebida não impede o Juízo de primeiro grau de, logo após o oferecimento de nova defesa após o recebimento da denúncia, nos termos do art. 396-A do Código de Processo Penal, porquanto já apresentada defesa preliminar antes do seu recebimento, conforme disciplina o art. 514 do referido Diploma. Note-se que a mescla dos ritos se mostra não apenas inviável mas também desnecessária, uma vez que o réu já teve a chance de refutar os termos da inicial acusatória, antes mesmo do seu recebimento. [...] (*Habeas Corpus nº 334.868-MG, STJ, 5ª Turma, unânime, Rel. Min. Reynaldo Soares da Fonseca, julgado em 27.10.2015, publicado no DJ em 4.11.2015*).

396.1. [...] Após a reforma legislativa operada pela Lei 11.719/2008, o momento do recebimento da denúncia se dá, nos termos do artigo 396 do Código de Processo Penal, após o oferecimento da acusação e antes da apresentação de resposta à acusação, seguindo-se o juízo de absolvição sumária do acusado, tal como disposto no artigo 397 do aludido diploma legal. [...] (*Recurso em Habeas Corpus nº 54.363-PE, STJ, 5ª Turma, unânime, Rel. Min. Jorge Mussi, julgado em 3.3.2015, publicado no DJ em 11.3.2015*).

396.2. Parágrafo único: A regra tem lógica em seu sentido: em caso de citação por edital (ficta), não se poderia cogitar de início do prazo para a *defesa prévia* sem o comparecimento pessoal do acusado ou do defensor constituído. Mas essa disposição precisa ser concatenada com o que disposto no art. 366, CPP: se o acusado (melhor e tecnicamente dizendo, réu – porque já *recebida a denúncia ou a queixa*), citado por edital, não comparecer, nem constituir advogado, ficarão suspensos o processo e o curso do prazo prescricional.

Uma observação importante, em nosso sentir: como o § 4º do art. 394 do CPP determina que "as disposições dos arts. 395 a 398 deste Código aplicam-se a todos os procedimentos penais de primeiro grau, *ainda que não regulados neste Código*", entendemos que, a partir da vigência na nova legislação, houve revogação implícita do § 2º do art. 2º da Lei nº 9.613/98, que expressamente vedava a aplicação do art. 366, CPP, no procedimento de apuração daqueles delitos, mantidos hígidos os atos praticados anteriormente (não há de se falar em retroatividade da norma de natureza processual, malgrado contida no contexto do art. 366, CPP, também disposição penal – suspensão da prescrição –, porque impossível a cisão das normas, com o que nos colocamos de acordo).

Art. 396-A. Na resposta, o acusado poderá arguir preliminares e alegar tudo o que interesse à sua defesa, oferecer documentos e justificações, especificar as provas pretendidas e arrolar testemunhas, qualificando-as e requerendo sua intimação, quando necessário. (Incluído pela Lei nº 11.719, de 2008)

§ 1º A exceção será processada em apartado, nos termos dos arts. 95 a 112 deste Código. (Incluído pela Lei nº 11.719, de 2008)

§ 2º Não apresentada a resposta no prazo legal, ou se o acusado, citado, não constituir defensor, o juiz nomeará defensor para oferecê-la, concedendo-lhe vista dos autos por 10 (dez) dias. (Incluído pela Lei nº 11.719, de 2008)

396-A.1. Defesa preliminar: Entendemos que a obviedade do dispositivo do *caput* é tamanha que sequer precisaria ter sido acrescentado ao corpo da Lei processual. Exsurge que essa resposta diverge substancialmente daquelas previstas, por exemplo, no art. 55 e § 1º, Lei nº 11.343 ("*Art. 55. Oferecida a denúncia, o juiz ordenará a notificação do acusado para oferecer defesa prévia, por escrito, no prazo de 10 (dez). dias. § 1º Na resposta, consistente em defesa preliminar e exceções, o acusado poderá arguir preliminares e invocar todas as razões de defesa, oferecer documentos e justificações, especificar as provas que pretende produzir e, até o número de 5 (cinco), arrolar testemunhas*") e no art. 514, CPP ("*Art. 514. Nos crimes afiançáveis, estando a denúncia ou queixa em devida forma, o juiz mandará autuá-la e ordenará a notificação do acusado, para responder por escrito, dentro do prazo de 15 (quinze) dias*"), na medida em que o recebimento da denúncia somente se dará ulteriormente à manifestação ou decurso de prazo sem ela (pois se trata de mera faculdade). Aliás, em nossa compreensão o art. 514, CPP, restou inaplicável, pois, consoante o § 4º do art. 394 do CPP, deve-se adotar o rito agora estabelecido nos arts. 396 e seguintes para todos os ritos, comuns ou especiais. E não vemos nenhum sentido que se aplique o procedimento do art. 514, CPP, e, depois, do art. 396 e seguintes, CPP, para os crimes de funcionários públicos.

Se no caso da citação por edital o prazo para a resposta somente começa a fluir após o comparecimento pessoal do réu, aqui a situação é diversa: o prazo começará a fluir a partir da *efetiva intimação* do réu, consoante disposição expressa do art. 798, § 5º, *a*, CPP, hoje preconizado também na Súmula 710 do STF ("*No processo penal, contam-se os prazos da data da intimação, e não da juntada aos autos do mandado ou da carta precatória ou de ordem*").

É certo que, por intermédio do novel procedimento, se pretendeu ampliar as possibilidades defensivas, oportunizando-se ao *réu* (porque já recebida a denúncia, insiste-se) realizar verdadeira *antecipação* da tese defensiva com a finalidade de obter, já de início, o reconhecimento de uma das causas que possam conduzir à *absolvição sumária*. Dentro deste espectro, poderá *optar* pela declinação de todos os argumentos que efetivamente *interessem* à defesa. Assim, estará dentro da estratégia processual adotada pela defesa lançar mão ou não dos argumentos que se entender necessários. Entretanto, compreendemos que a apresentação da peça é obrigatória, diversamente do que ocorria no sistema anterior no que se refere à (então chamada) *defesa prévia*.

A resposta escrita tem funções essenciais: a fixação do prazo para o oferecimento do rol de testemunhas e de provas periciais para o réu, além da apresentação das exceções (arts. 95 e seguintes, CPP).

Jurisprudência

396-A.1. [...] 3. De acordo com o art. 396-A do Código de Processo Penal (CPP), o rol de testemunhas deve ser apresentado no momento da resposta à acusação, sob pena de preclusão. A apresentação extemporânea não gera cerceamento de defesa, conforme entendimento consolidado na jurisprudência. (AgRg no HC n. 790.402/PR, Rel. Min. Reynaldo Soares da Fonseca).

4. A mudança de patrocínio de defesa não justifica a devolução do prazo, conforme reiterado pela jurisprudência desta Corte, para evitar tumulto processual. (AgRg no HC n. 728.360/SP, Rel. Min. Joel Ilan Paciornik).

5. Embora haja a preclusão temporal para a oitiva de testemunhas arroladas extemporaneamente, o magistrado, no exercício de sua discricionariedade e visando à busca da verdade real, pode ouvir testemunhas como testemunhas do juízo, nos termos do art. 156, II, e art. 209 do CPP. Todavia, essa providência não constitui direito subjetivo da defesa. (AgRg no AREsp n. 1.937.337/DF, Rel. Min. Reynaldo Soares da Fonseca). [...] *(Recurso em Habeas Corpus nº 188.455-BA, STJ, 5ª Turma, Rel. Min. Daniela Teixeira, julgado em 14.11.2024, publicado no DJ em 19.11.2024)*

396-A.1. [...] O Código de Processo Penal, no art. 396-A, estabelece que o momento oportuno para a defesa arrolar testemunhas é na resposta à acusação. A substituição posterior é excepcional e somente admitida nas hipóteses previstas no artigo 451 do CPC, combinado com o artigo 3º do CPP, ou em circunstâncias concretas supervenientes. [...] *(Agravo Regimental no Habeas Corpus nº 832.291-RJ, STJ, 5ª Turma, Rel. Min. Daniela Teixeira, julgado em 21.10.2024, publicado no DJ em 23.10.2024)*

396-A.1. [...] 4. O Código de Processo Penal, no art. 396-A, estabelece que o momento oportuno para a defesa arrolar testemunhas é na resposta à acusação. A substituição posterior é excepcional e somente admitida nas hipóteses previstas no artigo 451 do CPC, combinado com o artigo 3º do CPP, ou em circunstâncias concretas supervenientes. 5. A defesa não comprovou circunstância concreta superveniente à apresentação do rol que justificasse a substituição das testemunhas, conforme jurisprudência consolidada. [...] *(Agravo Regimental no RHC nº 196.341-PA, STJ, 5ª Turma, Rel. Min. Daniela Teixeira, julgado em 21.10.2024, publicado no DJ em 23.10.2024)*

396-A.1. [...] 1. Não se olvida que *"o momento processual legalmente definido para apresentação do rol de testemunhas é a resposta à acusação, sob pena de preclusão, nos termos do art. 396-A do Código de Processo Penal"* (AgRg no RHC n. 178.052/RJ, relator Ministro Reynaldo Soares da Fonseca, Quinta Turma, julgado em 19/6/2023, DJe de 21/6/2023). 2. Contudo, *"consoante disposto no artigo 209 do CPP, ocorrendo a preclusão no tocante ao arrolamento de testemunhas, é permitido ao Magistrado, uma vez entendendo ser imprescindível à busca da verdade real, proceder à oitiva como testemunhas do Juízo, contudo, tal providência não constitui direito subjetivo da parte"* (AgRg no AREsp n. 1.937.337/DF, relator Ministro Reynaldo Soares da Fonseca, Quinta Turma, julgado em 23/11/2021, DJe de 29/11/2021). Precedentes. [...] *(Agravo Regimental no Recurso Especial nº 2.044.646-RS, STJ, 6ª Turma, Rel. Min. Antonio Saldanha Palheiro, sessão virtual de 5.9.2023 a 11.9.2023, publicado no DJ em 14.9.2023)*

396-A.1. [...] 1. O art. 396-A do CPP dispõe que o momento oportuno para se apresentar o rol de testemunhas é por ocasião da apresentação da resposta à acusação. O verbo "poderá", constante do referido dispositivo legal, realmente não indica uma obrigação, significa que a parte pode ou não apresentar seu rol de testemunhas na resposta à acusação. No entanto, optando a parte pela faculdade de não apresentar, não surge o direito de apresentar o rol em outro momento processual, tornando-se preclusa sua faculdade processual. – “A Jurisprudência desta Corte, é firme ao afirmar que inexiste nulidade na desconsideração do rol de testemunhas quando apresentado fora do prazo estabelecido no art. 396-A do Código de Processo Penal – CPP. 2. Agravo regimental desprovido”. (AgRg no HC n. 728.360/SP, relator Ministro Joel Ilan Paciornik, Quinta Turma, julgado em 14/11/2022, DJe de 17/11/2022.) [...] *(Agravo Regimental no Habeas Corpus nº 847.952-SP, STJ, 5ª Turma, Rel. Min. Reynaldo Soares da Fonseca, julgado em 5.9.2023, publicado no DJ em 8.9.2023)*

396-A.1. [...] a manifestação do Ministério Público após a juntada da resposta à acusação e antes da apreciação das teses da defesa não viola os princípios do contraditório e da ampla defesa. [...] (*Habeas Corpus nº 164.490-PE, STJ, 5ª Turma, unânime, Rel. Min. Ribeiro Dantas, julgado em 14.6.2016, publicado no* DJ *em 21.6.2016*).

396-A.1. [...] A manifestação acusatória após a defesa inicial, embora não prevista em lei, vem justamente a atender ao princípio do contraditório, como oportunidade de ambas as partes se manifestarem sobre teses e fatos do processo, sob pena de vir o magistrado a diretamente acolher preliminares arguidas na defesa preliminar sem jamais a respeito ter-se manifestado a parte contrária. [...] (*Recurso em Habeas Corpus nº 66.376-SP, STJ, 6ª Turma, Rel. Min. Nefi Cordeiro, julgado em 5.5.2016, publicado no* DJ *em 19.5.2016*).

396-A.1. [...] 1. Não há se falar em oferecimento de nova defesa após o recebimento da denúncia, nos termos do art. 396-A do Código de Processo Penal, porquanto já apresentada defesa preliminar antes do seu recebimento, conforme disciplina o art. 514 do referido Diploma. Note-se que a mescla dos ritos se mostra não apenas inviável, mas também desnecessária, uma vez que o réu já teve a chance de refutar os termos da inicial acusatória, antes mesmo do seu recebimento. [...] (*Habeas Corpus nº 131.504-MG, STF, monocrática, Rel. Min. Edson Fachin, julgado em 2.12.2015, publicado no* DJ *em 14.12.2015*).

396-A.1. [...] De acordo com o sistema da instrumentalidade das formas, abertamente adotado pela jurisprudência dos Tribunais Superiores, não se declara a nulidade do ato sem a demonstração do efetivo prejuízo para a parte em razão da inobservância da formalidade prevista em lei. Precedentes. Na hipótese dos autos, os patronos da recorrente deixaram de demonstrar qual o efetivo prejuízo suportado pela defesa com a omissão do defensor dativo, já que, antes do advento da Lei nº 11.719/2008, a defesa prévia não era considerada peça obrigatória, razão pela qual a sua falta, por si só, não implica na nulidade do processo. Precedentes. Ademais, quedando-se os causídicos em apontar quais questionamentos seriam relevantes para a sustentação da tese defensiva, inviável o reconhecimento do alegado constrangimento ilegal, nos termos do entendimento já consolidado nos Tribunais Superiores, retratado no enunciado da Súmula nº 523 do Supremo Tribunal Federal. Recurso improvido (*Recurso em Habeas Corpus nº 22.387/SP, STJ, Rel. Min. Jorge Mussi, 5ª Turma, unânime, publicado no* DJ *em 10.5.2010*).

....

396-A.2. Processamento das exceções: A obrigatoriedade do processamento em apartado das exceções já se encontrava prevista no art. 111, CPP (“*Art. 111. As exceções serão processadas em autos apartados e não suspenderão, em regra, o andamento da ação penal*”), de modo que, pensamos, seria desnecessária a novel disposição expressa. Contudo, remetemos aos termos das anotações ao item 95.8, em que se procurou demonstrar que *apenas* as exceções de suspeição, de impedimento e incompatibilidade justificam o processamento em separado.

O art. 95, CPP, estipula a possibilidade de ajuizamento das exceções de: (a) suspeição; (b) incompetência do juízo; (c) litispendência; (d) ilegitimidade de parte (parte *ativa*, explicite-se – vide item 95.6); (e) coisa julgada. À exceção da prova documental, que permite sua produção a qualquer tempo (art. 231, CPP), com as ressalvas temporais específicas para o procedimento do Tribunal do Júri (“*Art. 479. Durante o julgamento não será permitida a leitura de documento ou a exibição de objeto que não tiver sido juntado aos autos com a antecedência mínima de 3 (três) dias úteis*”, *dando-se ciência à outra parte*), entendemos que as demais (testemunhas e perícias, *v. g.*) submetem-se à preclusão se não requeridas no momento da defesa (resposta) escrita.

Uma característica especial do procedimento processual penal impõe destaque: nos termos do art. 109, CPP, diversamente do que ocorre no âmbito do processo civil, "*se em qualquer fase do processo o juiz reconhecer motivo que o torne incompetente, declará-lo-á nos autos, haja ou não alegação da parte, prosseguindo-se na forma do artigo anterior*". Por evidente, o dispositivo em tela regula a incompetência relativa, pois, quanto à absoluta (em razão da matéria ou em razão das funções – *ratione muneris*), não haveria necessidade de previsão: ela é obrigatória por imperativo constitucional. Assim, fundamental se atentar que, no processo penal, a preclusão para a discussão mediante exceção se dá *apenas para as partes, não atingindo o juízo*, que, inclusive quanto à competência territorial, poderá declina-la de ofício, havendo ou não arguição, ou mesmo ultrapassado o prazo para sua apresentação. O que não mais poderá haver é a oposição procedimental de *exceção de incompetência*.

Nem há de se pretender a aplicação subsidiária da Súmula 33 do STJ. O motivo é bastante singelo: referido comando sumulado foi editado com base em regras específicas do processo civil, e os precedentes que o originaram tratavam de discussão de competência *territorial* em feitos civis. A aplicação analógica dos dispositivos legais ou até sumulares do processo civil ao processo penal reclama – no mínimo – uma lacuna na legislação, que, no caso, não existe: é expressa a disposição no processo penal acerca da possibilidade de o juiz declinar de ofício a competência, inclusive a de natureza relativa (territorial). Nesse ponto, portanto, não concordamos com alguns entendimentos jurisprudenciais – especialmente do STJ – que aplicam de forma *subsidiária* a Súmula 33 do STJ ao processo penal (*v. g.*, como se vê, apenas a título exemplificativo, no *CC nº 37.149-RN, STJ, 3ª Seção, unânime, julgado em 27.4.2005, publicado no* DJ *em 9.5.2005*).

Mas há um dado novo que merece consideração: a Lei nº 11.719/08 introduziu no sistema processual penal o princípio da identidade física do juiz. O art. 399, § 2º, CPP, é pontual: o juiz que presidiu a instrução deverá proferir a sentença (sobre sua aplicabilidade e exceções, vide nossas anotações ao art. 399, CPP). Em nosso entendimento, daí decorre uma necessária *modulação* da autorização contida no art. 109, CPP, inclusive para o magistrado. Significa que, como o juiz que presidiu a instrução deverá sentenciar, não se poderá mais admitir o reconhecimento de incompetência relativa *após iniciada a instrução*. Quer-se dizer que a declaração de ofício da incompetência relativa pelo magistrado de primeiro grau somente poderá ser realizada até o início da audiência de instrução e julgamento. A partir daí a matéria estará preclusa também para o juiz. Mas tal posicionamento não invalida todas as situações em que declinada a incompetência relativa após este momento, mas anteriores à edição da novel legislação em face do princípio *tempus regit actum*.

396-A.3. Nomeação de defensor ao acusado: O § 2º do art. 396-A do CPP revela uma característica marcante da resposta prévia: ela é obrigatória. Ou seja, se o réu foi regularmente citado e não apresentar resposta no prazo legal ou então não constituir defensor para sua produção, o juiz *deverá* nomear um defensor para oferecê-la, dando-lhe prazo de 10 (dez) dias para a análise dos autos.

Pelo sistema vigente até o advento da Lei nº 11.719/08, a apresentação da (então denominada) *defesa prévia* era facultativa (o art. 395, CPP, era taxativo nesse sentido), não gerando nulidade no feito criminal sua ausência nos autos. A hipótese *não* pode ser confundida com aquelas em que não se abria oportunidade (ausência de intimação) para a produção da defesa prévia, situação na qual o entendimento jurisprudencial era (de modo correto) no sentido de haver nulidade absoluta no feito.

A situação agora é diversa, por conta especialmente da necessidade de especificação de todos os meios probatórios a que alude o art. 396-A, *caput*, CPP. Atualmente a obrigatoriedade de apresentação da resposta se impõe. E a não apresentação da peça é-nos hipótese de nulidade absoluta, porque relacionada diretamente com a (não) realização (efetiva) de procedimento intrinsecamente relacionado com a ampla defesa. Essa situação – é preciso ser enfático – não se identifica, ao menos para nós, com as hipóteses de não oportunização de defesas prévias no procedimento da Lei de Drogas, por exemplo. Reportando-se aos comentários feitos quando da análise do art. 563, CPP, é fundamental observar que a ausência de oportunização da defesa prévia (verdadeira e exclusivamente *protocolar*, sem efeito prático algum em quase todas as situações, em nossa compreensão) se dava *antes* do recebimento da denúncia. Agora não: a oportunidade para a resposta do réu se dará *após* o recebimento da denúncia. Já há ação penal, e é o momento específico e essencial para a delimitação dos elementos probatórios que serão delineados no curso do feito criminal com a finalidade de propiciar ao réu a mais ampla defesa possível diante da acusação que lhe é apresentada.

Jurisprudência

396-A.3. [...] Não constitui nulidade a nomeação de defensor público para apresentação de resposta à acusação quando o advogado constituído não o faz, uma vez que expressamente previsto no art. 396-A, § 2º, do Código de Processo Penal. Da mesma forma, não constitui nulidade a ausência de apresentação de resposta à acusação, uma vez que oportunizado o momento à Defesa, nos termos do art. 396-A, do Código de Processo Penal. [...] (*Habeas Corpus nº 153.718-RJ, STJ, 5ª Turma, Rel. Min. Laurita Vaz, julgado em 27.3.2012, publicado no* DJ *em 3.4.2012*).

396-A.3. [...] Não configura nulidade (por ofensa ao princípio da ampla defesa), a nomeação, pelo Julgador, de defensor dativo para oferecer alegações finais em favor do réu, na hipótese de o defensor constituído, devidamente intimado para tanto, permanecer inerte. Nesses casos, tem a jurisprudência desta Corte entendido que *não* se faz necessário que, antes da nomeação do defensor dativo pelo Juiz, seja o réu previamente intimado para, querendo, constituir outro advogado. Ademais, no processo penal só se declara nulidade se houver efetivo prejuízo, conforme dispõe o art. 563 do Código de Processo Penal, que materializa a máxima francesa *pas de nulitté sans grief*, que restou não foi demonstrado na espécie. [...] (*Recurso em Habeas Corpus nº 26.252-DF, STJ, 5ª Turma, Rel. Min. Laurita Vaz, julgado em 22.11.2011, publicado no* DJ *em 2.12.2011*).

Art. 397. Após o cumprimento do disposto no art. 396-A, e parágrafos, deste Código, o juiz deverá absolver sumariamente o acusado quando verificar: (Redação dada pela Lei nº 11.719, de 2008)

I – a existência manifesta de causa excludente da ilicitude do fato; (Incluído pela Lei nº 11.719, de 2008)

II – a existência manifesta de causa excludente da culpabilidade do agente, salvo inimputabilidade; (Incluído pela Lei nº 11.719, de 2008)

III – que o fato narrado evidentemente não constitui crime; ou (Incluído pela Lei nº 11.719, de 2008)

IV – extinta a punibilidade do agente. (Incluído pela Lei nº 11.719, de 2008)

397. Constata-se que a Lei nº 11.719/08 ampliou sobremaneira as hipóteses de absolvição sumária, que, sob o pálio do sistema anterior, se limitava às excludentes de ilicitude e de culpabilidade (na linha da antiga redação do art. 411 do CPP, com referência ao Código Penal - arts. 20, 21, 22, 23, 26 e 28, § 1º). Elas foram mantidas nos incisos I e II. Mas os pressupostos fundamentais para seus reconhecimentos continuam hígidos: fundamental haver certeza inabalável das suas ocorrências para que se possa firmar o decreto absolutório de forma *sumária*. Se houver alguma dúvida, não há de se cogitar da absolvição sumária. O raciocínio é o mesmo que se aplicava - e também ainda se aplica - às hipóteses de absolvição sumária no procedimento específico do Júri.

Por conta da expressa revogação do art. 43, CPP (art. 3º da Lei nº 11.719/08), a circunstância de o fato narrado não constituir crime (art. 43, I, CPP) *não é* mais causa de rejeição da denúncia ou da queixa (limitadas às hipóteses, agora, do art. 396, CPP), mas sim de absolvição sumária. Está correta a alteração legislativa nessa parte: na hipótese de atipicidade está-se diante de decisão sobre o mérito da causa.

Contudo, entende-se que não andou bem o legislador ao incluir a extinção da punibilidade como hipótese de absolvição sumária, ainda que os efeitos de ambas possam ser aproximados. A decisão que julga extinta a punibilidade *não* decide o *mérito* do processo criminal, senão e apenas declara extinta a pretensão punitiva do Estado. Noutras palavras, não se decide se o agente praticou ou não o fato ou se o fato é crime ou não, mas tão somente se reconhece a ausência de possibilidade de o Estado aplicar ou promover a aplicação da pena ao agente processado.

Ainda na questão atinente à absolvição sumária em hipótese de ocorrer a *extinção da punibilidade do agente*, fundamentais algumas considerações, embora também tecidas quando da análise do art. 581, VIII, CPP.

Com efeito, o art. 4º da Lei nº 11.689/08 revogou expressamente o inciso VI do *caput* do art. 581 do CPP, não mais se falando em recurso em sentido estrito da absolvição sumária nos casos do procedimento do Júri, passando a irresignação a ser, doravante, a apelação, nos termos da redação do (agora) art. 416 do CPP (que também se aplica nas hipóteses de impronúncia).

Outra premissa fundamental, já comentada anteriormente: a novel redação do art. 394, CPP, estabeleceu que o procedimento será comum ou especial. O procedimento comum é tripartido: ordinário, sumário e sumaríssimo.

Contudo, fez-se expressa ressalva no § 3º do art. 394 no sentido de que "*nos processos de competência do Tribunal do Júri, o procedimento observará as disposições estabelecidas nos arts. 406 a 497 deste Código*" (é específico, portanto).

Em nossa compreensão, também já destacado anteriormente (remetendo-se para os comentários lá tecidos), o recebimento da denúncia (se preenchidos os requisitos legais) dá-se no momento estabelecido no art. 396, CPP.

Feitas essas considerações preliminares, a questão fundamental está em como (e se possível) compatibilizar as disposições dos arts. 397, IV, 415, 416 e 581, VIII, todos do CPP.

Conforme se percebe das novas disposições (vide também item 581.8), o art. 397 do CPP trouxe uma inovação aplicável a todo procedimento processual penal comum ordinário e sumário (*que não se confunde* processualmente *com aquele previsto especificamente no art. 416, CPP*), a possibilidade de absolvição sumária do acusado quando se verificar: I - a existência manifesta de causa excludente da ilicitude do fato; II - a existência manifesta de causa excludente da culpabilidade do agente, salvo inimputabilidade; III – que o fato narrado evidentemente não constitui crime; ou IV – se extinta a punibilidade do agente.

A absolvição sumária introduzida pela novel legislação é aplicável para todas as infrações que se amoldem aos procedimentos comum ordinário e sumário. Mas é de se ver que houve a manutenção da *absolvição sumária* no procedimento específico do Júri (art. 415, CPP) nas hipóteses em que: I – restar provada a inexistência do fato; II – restar provado não ser ele autor ou partícipe do fato; III – o fato não constituir infração penal; IV – demonstrada causa de isenção de pena ou de exclusão do crime. Embora coincidentes em algumas das hipóteses, guardam suas peculiaridades próprias em face especialmente do procedimento diverso do procedimento do Júri. Um destaque: no procedimento do Júri, *não* há duas possibilidades de absolvição sumária. É apenas na fase específica de que trata o rito do Júri, diante de ressalva do § 3º do art. 394 do CPP (que não comporta, assim, aplicação do seu § 4º).

Para nós, se houver a absolvição sumária ou impronúncia no procedimento *específico* do Júri o recurso a ser manejado será o de apelação com fundamento no art. 416, CPP (revogado expressamente o VI e derrogado o inciso IV, ambos do art. 591 do CPP). Se a absolvição sumária (de *caráter geral*) for prolatada na fase procedimental do art. 397, CPP, também o recurso será o de apelação, mas o fundamento central, em nossa compreensão, será o disposto no inciso I do art. 593 do CPP (que não deixa de ser o anteparo também da situação preconizada expressamente no art. 416, CPP).

A questão que demanda uma análise complementar relaciona-se com o disposto no art. 397, IV e no art. 581, VIII, ambos do CPP. Enquanto o art. 581, VIII, prescreve a possibilidade de interposição de recurso em sentido estrito da decisão que "*decretar a prescrição ou julgar, por outro modo, extinta a punibilidade*", o inciso IV do art. 397 do CPP refere que haverá absolvição sumária (*passível de impugnação mediante apelação, art. 593, I, CPP*, consoante antes dito) nos casos em que estiver "*extinta a punibilidade do agente*".

Como já assentamos em outro espaço,

> "*a Lei nº 11.719/08 mudou inteiramente o tratamento processual das causas de extinção da punibilidade*", defendendo ainda que "*embora não tenha havido a revogação expressa do citado dispositivo, o fato de se prever a apelação para a absolvição sumária – e também para a impronúncia (art. 416, CPP) – implica a revogação implícita da referida disposição, a salvo de qualquer dúvida [...]*". [...] "*a nova redação do art. 397, IV, do CPP, corrige o antigo defeito, ao menos ao dar tratamento recursal diferente para a matéria, prevendo a absolvição sumária, cujo recurso é o de apelação (art. 416, CPP). [...] Assim, a decisão que extingue a punibilidade não pode mais ser incluída entre as interlocutórias mistas. Trata-se de sentença ou de decisão de* absolvição sumária. *E como ela não se ajusta também ao conceito de sentença absolutória do art. 593, I, CPP, na medida em que não julga o mérito, resolvendo-o apenas, e, mais, não se ajusta, do mesmo modo, à definição de decisões definitivas ou com força de definitivas do art. 593, II, CPP, pensamos que a classificação mais adequada a essa modalidade decisória deve respeitar a opção legislativa, ou seja: trata-se de* absolutória sumária, *cujo fundamental recursal legal específico (de apelação – art. 416, CPP), ainda que essencialmente tenha conteúdo distinto das demais sentenças submetidas à apelação (art. 593, I e II, CPP)*" (PACELLI, Eugênio. *Curso de processo penal*. 28. ed. São Paulo: Juspodivm, 2024)

Já Andrey Borges de Mendonça (*Nova reforma do CPP*, Método, 1. ed., p. 278-279) defende que, na hipótese em que se absolve sumariamente por conta de uma causa extintiva da punibilidade, o recurso *não* será de apelação, pois a decisão não se enquadra no conceito de sentença definitiva de absolvição, não sendo aplicável o disposto no art. 593, I, CPP. Fundamenta em três questões centrais seu entendimento. Primeiro: o art. 581, VIII, CPP, não revogado (ao menos expressamente), dispõe claramente que o recurso cabível em caso de extinção da punibilidade é o em sentido estrito. Segundo: porque foi manifesto equívoco do legislador chamar de absolvição sumária uma decisão que não julga o mérito da pretensão punitiva. Terceiro: se houvesse reconhecimento de uma causa extintiva da punibilidade noutra fase processual posterior às determinações dos arts. 395 a 398, CPP (fora da fase própria da absolvição sumária), seria caso de recurso em sentido estrito.

Também entre os autores desta obra, como já se verá, há pequeno dissenso.

Douglas FISCHER vê possibilidade da compatibilização entre os dispositivos (art. 397, IV, e art. 581, VIII – *vide anotações específicas*), a depender do momento processual em que se reconheceria a extinção da punibilidade, uma vez que não revogado o art. 61, CPP. Assim, se a causa de extinção ocorresse na fase do art. 397, impor-se-ia o recurso de apelação; do contrário, não (e sim o recurso em sentido estrito).

Eugênio PACELLI pensa de modo diverso. Em primeiro lugar, porque os erros dogmáticos do legislador não se corrigem por meios de *conceitos*, formulações abstratas de corte teórico ou teorético. A força normativa de qualquer conceito jurídico *depende de lei*. Assim, é claro que a extinção da punibilidade não traduz decisão de absolvição. Mas *nenhum conceito dogmático* pode impedir a sua regulação (em lei) nesse sentido.

De outra parte, se é verdade que a causa extintiva da punibilidade pode ser reconhecida a qualquer tempo (art. 61, CPP), nada deveria impedir o magistrado de reconhecer uma *atipicidade* ou uma *causa excludente da ilicitude*, antes da realização da instrução. Sabe-se o quão burocrático pode ser o despacho que determina a realização de instrução e julgamento (art. 399, CPP). Não fosse assim, estaríamos *criando um novo despacho saneador*, compelindo o juiz a declinar as razões pelas quais ele *não absolve sumariamente* o réu.

Então, não é porque o juiz não reconheceu a atipicidade logo após a apresentação de defesa escrita que estaria ele *obrigado, necessariamente*, a proceder à *instrução*, para, só depois, *absolver definitivamente*, pelo mesmo fundamento (atipicidade, que, aliás, independe de prova!). Não nos parece adequado prosseguir nessa leitura inflexível da obrigatoriedade da ação penal.

Mas não é só.

Parece-nos impensável a elaboração de qualquer sistema recursal fundado, não no tipo de decisão judicial a ser atacada, mas no *momento processual* em que prolatada. A extinção da punibilidade passou a ser hipótese de absolvição sumária, certo ou errado, do ponto de vista técnico. E, para a absolvição, o recurso cabível é a apelação.

Por fim: se houver impetração de *habeas corpus* junto ao Tribunal, no curso da instrução (ainda em primeiro grau), deverá aquela Corte conceder a ordem por motivo de absolvição sumária (art. 397, IV) ou com fundamento no art. 386 (sentença definitiva)?

Jurisprudência

397. [...] 2. Malgrado o inciso IV do art. 397 do Código de Processo Penal preveja o reconhecimento da extinção da punibilidade como hipótese de absolvição sumária, tendo, assim, força de definitiva, não se trata, porém, de verdadeira absolvição, isto é, de sentença de mérito stricto sensu. 3. De fato, referida sentença absolutória prolatada com espeque no art. 397, IV, do CPP não julga a imputação em si, absolvendo ou condenando o acusado, mas apenas declara não mais possuir o Estado o direito de buscar a punição pelo fato narrado, tendo em vista a morte do agente; a concessão de anistia, graça ou indulto; a superveniência de abolitio criminis; a incidência da prescrição, decadência ou perempção; a renúncia do direito de queixa; o perdão do ofendido; a retratação do agente ou o perdão judicial. 4. Sob tal perspectiva, e também em observância ao princípio da dialeticidade, correta a conclusão do Tribunal a quo, pelo não conhecimento do recurso em sentido estrito, pois interposto contra decisão que recebe a denúncia, não encontra guarida legal. Enquanto a legislação processual penal prevê o referido recurso como o meio impugnativo adequado contra a decisão declaratória da perda da pretensão punitiva estatal, não anteviu a possibilidade de interposição de recurso próprio para as demais hipóteses de rejeição in limine da lide, insertas nos incisos I, II e III do art. 397 do CPP, restando ao réu que se sentir prejudicado aventar as referidas teses como preliminar de apelação ou impetrar habeas corpus. [...] *(Agravo Regimental no Recurso Especial nº 1.973.103-SC, STJ, 5ª Turma, Rel. Min. Reynaldo Soares da Fonseca, julgado em 24.05.2022, publicado no DJ em 30.5.2022)*

397. [...] A falta de justa causa (art. 395, III, do CPP) é caso de rejeição da denúncia, mas não de absolvição sumária. A absolvição sumária possui hipóteses restritas (art. 397 do CPP), notadamente porque encerra juízo de mérito a respeito do cometimento do delito denunciado [...] *(Embargos de Declaração no Agravo Regimental no Agravo em Recurso Especial nº 1.461.818/RJ, STJ, 6ª Turma, unânime, Rel. Min. Sebastião Reis Júnior, julgado em 1.6.2021, publicado no DJ em 8.6.2021)*

397 [...] Ao rito especial da Lei 8.038/90 aplicam-se, subsidiariamente, as regras do procedimento ordinário (art. 394, § 5º, CPP), razão pela qual eventual rejeição da denúncia é balizada pelo art. 395 do CPP, ao passo que a improcedência da acusação (absolvição sumária) é pautada pelo disposto no art. 397 do CPP. [...] *(Ação Penal nº 923/DF, STJ, Corte Especial, unânime, Rel. Min. Nancy Andrighi, julgado em 23.9.2019, publicado no* DJ *em 26.9.2019).*

397. [...] É possível assegurar, também no âmbito da Lei 8.038/1990, o direito ao órgão acusador de réplica às respostas dos denunciados, especialmente quando suscitadas questões que, se acolhidas, poderão impedir a deflagração da ação penal. Só assim se estará prestigiando o princípio constitucional do contraditório (art. 5º, LV, CF), que garante aos litigantes, e não apenas à defesa, a efetiva participação na decisão judicial. [...] (*Inquérito nº 3.997, STF, 2ª Turma, unânime, Rel. Min. Teori Zavascki, julgado em 21.6.2016, publicado no* DJ *em 26.9.2016*).

397. [...] Esta Corte Superior firmou o entendimento no sentido de que a manifestação do Ministério Público após a juntada da resposta à acusação e antes da apreciação das teses da defesa, não viola os princípios do contraditório e da ampla defesa. [...] (*RHC nº 50.381-SP, STJ, 5ª Turma, unânime, Rel. Min. Joel Ilan Pacionik, julgado em 1.9.2016, publicado no* DJ *em 21.9.2016*).

397. [...] A diplomação do acusado, subsequente ao recebimento da denúncia pelo juízo de primeira instância, conduz à análise, pelo Supremo Tribunal Federal, da possibilidade de incidência do art. 397 do Código de Processo Penal. [...] (*Questão de Ordem na AP nº 977-MA, STF, 2ª Turma, unânime, Rel. Min. Teori Zavascki, julgado em 2.8.2016, publicado no* DJ *em 26.8.2016*).

397. [...] Questão de ordem na ação penal. Processual Penal. Procedimento instituído pela Lei nº 11.719/08, que alterou o Código de Processo Penal. Aplicação em matéria eleitoral, em primeiro grau de jurisdição. Admissibilidade. Denúncia. Recebimento, em primeira instância, antes da diplomação do réu como deputado federal. Resposta à acusação. Competência do Supremo Tribunal Federal para examinar eventuais nulidades nela suscitadas e a possibilidade de absolvição sumária (art. 397, CPP), mesmo que o rito passe a ser o da Lei 8.038/90. [...] Apuração criminal em primeiro grau de jurisdição, com indiciamento do prefeito. Inadmissibilidade. Usurpação de competência caracterizada. Impossibilidade de os elementos colhidos nesse inquérito servirem de substrato probatório válido para embasar a denúncia contra o titular de prerrogativa de foro. [...] Recebida a denúncia, em primeira instância, antes de o réu ter sido diplomado como deputado federal e apresentada a resposta à acusação, compete ao Supremo Tribunal Federal, em face do deslocamento de competência, examinar, em questão de ordem, eventuais nulidades suscitadas e a possibilidade de absolvição sumária (art. 397 CPP), mesmo que o rito passe a ser o da Lei 8.038/90. Precedentes. [...] 4. Na espécie, no limiar das investigações, havia indícios de que o então Prefeito teria praticado crime eleitoral, por ter supostamente oferecido emprego a eleitores em troca de voto, valendo-se, para tanto, de sua condição de alcaide, por intermédio de uma empresa contratada pela municipalidade. 5. Nesse contexto, não poderia o inquérito ter sido supervisionado por juízo eleitoral de primeiro grau nem, muito menos, poderia a autoridade policial direcionar as diligências apuratórias para investigar o Prefeito e tê-lo indiciado. 6. A usurpação da competência do Tribunal Regional Eleitoral para supervisionar as investigações constitui vício que contamina de nulidade a investigação realizada em relação ao detentor de prerrogativa de foro, por violação do princípio do juiz natural (art. 5º, LIII, CF). Precedentes. 7. Questão de ordem que se resolve pela concessão de *habeas corpus*, de ofício, em favor do acusado, para extinguir a ação penal, por falta de justa causa (art. 395, III, CPP) (*Questão de Ordem na Ação Penal nº 933-PB, STF, 2ª Turma, unânime, Rel. Min. Dias Toffoli, julgado em 6.10.2015, publicado no DJ em 3.2.2016*).

397. [...] Falta de motivação da decisão que deu prosseguimento à ação penal. Afastamento das hipóteses de absolvição sumária do artigo 397 do Código de Processo Penal. **[...]** Esta Corte Superior de Justiça firmou o entendimento de que a motivação acerca das teses defensivas apresentadas por ocasião da resposta escrita deve ser sucinta**,** limitando-se à admissibilidade da acusação formulada pelo órgão ministerial, evitando--se, assim, o prejulgamento da demanda. Precedentes. [...] 3. Recurso improvido (*Recurso em Habeas Corpus nº 47.291-RS, STJ, 5ª Turma, Rel. Min. Jorge Mussi, julgado em 7.8.2014, publicado no DJ em 19.8.2014*).

Art. 398. (Revogado pela Lei nº 11.719, de 2008)

Art. 399. Recebida a denúncia ou queixa, o juiz designará dia e hora para a audiência, ordenando a intimação do acusado, de seu defensor, do Ministério Público e, se for o caso, do querelante e do assistente. (Redação dada pela Lei nº 11.719, de 2008)

§ 1º O acusado preso será requisitado para comparecer ao interrogatório, devendo o poder público providenciar sua apresentação. (Incluído pela Lei nº 11.719, de 2008)

§ 2º O juiz que presidiu a instrução deverá proferir a sentença. (Incluído pela Lei nº 11.719, de 2008)

399.1. Designação de audiência e demais providências: Remetendo-se aos comentários ao art. 396, CPP, ora apenas se reitera que, em nossa compreensão, o recebimento da denúncia *não se dá* na fase prevista no art. 399, CPP. Ela já ocorreu anteriormente, consoante preconiza expressamente o art. 396, CPP. O seu dispositivo é claro no sentido de que – acaso não decretada a absolvição sumária, art. 397, CPP – deverá o juiz designar dia e hora para a audiência, ordenando a *intimação* do acusado (na verdade, *já réu*), de seu defensor, do Ministério Público e, se for o caso, do querelante e do assistente. Veja-se, de modo derradeiro: se fosse plausível a tese de que o recebimento da denúncia deveria se dar na fase do art. 399, CPP, o juiz não deveria determinar a *intimação*, mas sim a *citação.*

Ainda uma outra questão prefacial: a decisão que *não acolher* as teses defensivas de absolvição sumária deverá trazer em seu bojo fundamentação suficiente (como é óbvia exigência constitucional), mas não deverá adentrar em detalhes acerca dos elementos da prova e da autoria exatamente para não ensejar uma antecipação do juízo de mérito. E daí que não se pode cogitar de nulidade das decisões nessas circunstâncias.

Jurisprudência

399.1. [...] Esta Corte Superior tem entendimento pacífico no sentido de que a prática de atos dando prosseguimento a ação penal demonstra, tacitamente, o recebimento da denúncia, o que, no caso, supriu perfeitamente a omissão momentânea e não acarretou qualquer prejuízo a instrução criminal, não cabendo se falar em excesso de prazo por demora no recebimento da denúncia. [...] 4. *Habeas corpus* denegado (*Habeas Corpus nº 299.932-RS, STJ, 6ª Turma, unânime, Rel. Min. Nefi Cordeiro, julgado em 8.9.2015, publicado no* DJ *em 29.9.2015*).

399.1. [...] Esta Corte já se pronunciou no sentido de que, não sendo a hipótese de absolvição sumária do acusado, a manifestação do Juízo processante não há de ser exaustiva, sob pena de antecipação prematura de um juízo meritório que deve ser naturalmente realizado ao término da instrução criminal, em estrita observância aos princípios da ampla defesa e do contraditório. Precedente. Na hipótese, o Juízo de primeira instância, após analisar a resposta à acusação oferecida pelo ora Paciente, examinou, ainda que de modo conciso, as arguições apresentadas, concluindo por determinar o prosseguimento da ação penal. Nesse contexto, não se verifica a nulidade apontada. Conforme entendimento deste Tribunal Superior, eventual ausência de fundamentação da decisão que recebe a denúncia fica superada pela superveniência de sentença condenatória. Essa orientação aplica-se, *mutatis mutandis*, quanto à análise das teses defensivas apresentadas na fase do art. 396-A do Código de Processo Penal. Isso porque a sentença condenatória emite um juízo definitivo a respeito de eventuais causas de absolvição sumária do acusado, suscitadas pela defesa, nos termos do art. 397 do Código de Processo Penal. *Ordem denegada* (*Habeas Corpus nº 167.378-SE, STJ, 5ª Turma, unânime, Rel. Min. Laurita Vaz, julgado em 23.8.2011, publicado no* DJ *em 8.9.2011*).

399.2. Interrogatório como meio de defesa: O interrogatório continua sendo – com o que concordamos – um dos principais meios de defesa (e pessoal) do réu perante o juízo. Daí a necessidade de que, acaso esteja preso, seja requisitado para comparecer ao seu interrogatório (v. arts. 185 a 187, CPP), não se dará não mais no início do processo criminal, mas sim ao final da instrução criminal, conforme expressa disposição dos arts. 400 e 531, CPP. A sua apresentação obrigatória não exclui seu direito constitucional de permanecer em silêncio e não produzir prova contra si. Se não estiver preso, é fundamental apenas que lhe seja facultado o interrogatório. Se ausente, nenhuma nulidade haverá.

399.3. Princípio da Identidade Física do Juiz: Talvez uma das maiores inovações trazidas pelas alterações processuais havidas no ano de 2008: introduziu-se no sistema processual penal o denominado *princípio da identidade física do juiz*. Como novidade, afora outras questões adiante enfrentadas, não se pode deixar de relembrar a incidência, nesses casos, do *princípio tempus regit actum*, ou seja, só há se falar de sua aplicabilidade para as situações futuras à incorporação ao ordenamento processual penal.

De fato, é preciso bem compreendê-lo e, mais, atentar como aplicá-lo.

Não podemos deixar de registrar que a modificação foi muito importante, pois a coleta da prova – especialmente os depoimentos testemunhais e o próprio interrogatório do réu, algumas vezes também o depoimento do ofendido – tem grande significado para o convencimento judicial, direcionado sempre na busca de um juízo de certeza (preferimos *não falar* na busca da verdade *real*, por compreendermos que o que se pode *reconstruir* nos autos é, no máximo, também aqui, uma *verdade processual*).

Mas o dispositivo em voga não pode ser aplicado a ponto de gerar uma total imobilidade do sistema jurídico processual penal. O reconhecimento expresso do princípio da identidade física do juiz não importa que, necessariamente, o mesmo magistrado que coletou a prova deverá – e só ele – proferir a sentença. Não pode ser assim. O novel instituto precisa ser interpretado sistemicamente. É dizer: à falta de explicitação acerca de sua aplicação específica no âmbito do processo penal, por força do disposto no art. 3º,

CPP, se invocava suplementarmente a regra do art. 132 do Código de Processo Civil de 1973: "*Art. 132. O juiz, titular ou substituto, que concluir a audiência julgará a lide, salvo se estiver convocado, licenciado, afastado por qualquer motivo, promovido ou aposentado, casos em que passará os autos ao seu sucessor*" (regra similar não consta de forma expressa na Lei nº 13.105/2015, o NCPC). Nem poderia ser de forma diversa, pensamos. Mesmo que não reproduzido no atual CPC, seus princípios reitores devem permanecer ativos. Assim, aplicado de forma isolada, o disposto agora no § 2º do art. 399 do CPP poderia conduzir a absurdos, como, por exemplo, mesmo diante de réu preso, o processo ter de aguardar o retorno da fruição das (legais e constitucionais) férias do juiz que coletou a prova. Igualmente poderia gerar situações em que, concluída a instrução processual, restasse promovido ou aposentado o magistrado que coletou toda a prova, o que impossibilitaria seu substituto legal de analisar o processo. Invocando o dispositivo em voga, não faltarão vozes que sustentarão que a coleta deverá ser integralmente realizada novamente por *novo* juízo, reiniciando-se o processo. Insiste-se: não é assim que se trata o princípio em tela. Aliás, em qualquer procedimento hermenêutico, a invocação isolada (mais ainda, a *literal*) de regra legal é um dos maiores equívocos procedimentais que se pode cometer nessa seara. Deve-se interpretar o novel princípio como sendo uma determinação não absoluta, relativizada quando, presentes os requisitos legais, restar impossível – diante do caso concreto – que o juízo que coletou as provas não possa, por absoluta impossibilidade, proferir a sentença.

Há um precedente do STJ (Recurso Especial nº 1.508.167-SP) em que, em nossa compreensão, o reconhecimento da nulidade por suposta violação do Princípio da Identidade Física ensejou verdadeiro paradoxo, ademais de não demonstrado prejuízo algum para a defesa (muito antes pelo contrário). No caso concreto, o juiz de primeiro grau estava processando um caso que envolvia fato por suposto latrocínio. No curso do processo, proferiu decisão dizendo que, em sua compreensão, o caso era de homicídio seguido de furto (competência do Tribunal do Júri). O Ministério Público entrou com recurso em sentido estrito. O TJSP acolheu o recurso, mas diante de recurso especial da defesa, o STJ manteve a decisão originária. Retornando os autos para primeiro grau, e de forma absolutamente excepcional diante do que se discutia nos autos, o juiz titular achou prudente que a sentença foi proferida pelo seu substituto. Sem provar qualquer prejuízo decorrente desse ato (que indicava uma conduta absolutamente prudente do juízo monocrático em nossa avaliação), a defesa foi até o STJ, que proveu o recurso para anular o feito. Não se encontra no aresto nenhuma demonstração de prejuízo efetivo, apenas a alegação de que o juiz titular deveria ter sentenciado porque a conclusão originária dele não geraria seu "impedimento" ou "suspeição".

Observação final: não há de se cogitar da aplicação da identidade física do juiz em relação aos procedimentos previstos no Estatuto da Criança e do Adolescente. Primeiro, porque há expressamente previsto o fracionamento do rito em várias audiências, peculiaridade que, ao menos para nós, não se apresenta passível de coadunação com a identidade física. Segundo, porque a aplicação das regras do CPP ao regime específico somente se dará de forma subsidiária (art. 152, Lei nº 8.069/90) e quando não houver incompatibilidades.

Jurisprudência

399.3. [...] "O princípio da identidade física do juiz não pode ser interpretado de maneira absoluta e admite exceções que devem ser verificadas caso a caso, à vista, por exemplo, de promoção, remoção, convocação ou outras hipóteses de afastamento justificado do magistrado que presidiu a instrução criminal" (HC n. 496.662/SP, relator Ministro Rogerio Schietti Cruz, Sexta Turma,

DJe de 27/9/2022). [...] *(Agravo Regimental no Habeas Corpus nº 739.183-RJ, STJ, 5ª Turma, Rel. Min. Joel Ilan Paciornik, sessão virtual de 14.3.2023 a 20.3.2023, publicado no DJ em 24.3.2023)*

399.3. [...] O princípio da identidade física do juiz não pode ser interpretado de maneira absoluta e admite exceções que devem ser verificadas caso a caso, à vista, por exemplo, de promoção, remoção, convocação ou outras hipóteses de afastamento justificado do magistrado que presidiu a instrução criminal. [...] *(Habeas Corpus nº 496.662–SP, STJ, 6ª Turma, Rel. Min. Rogério Schietti Cruz, julgado em 13.9.2022, publicado no DJ em 27.9.2022)*

399.3. [...] O rol constante no art. 132 do Código de Processo Civil não é taxativo – haja vista a expressão “afastado por qualquer motivo”, contida no caput –, razão pela qual a substituição é admitida também na hipótese de afastamento, tal como no caso em que esse fato decorreu da promoção, por merecimento, da magistrada até então lotada na respectiva vara, que assumiu a titularidade de vara em comarca diversa. [...] *(Habeas Corpus nº 496.662–SP, STJ, 6ª Turma, Rel. Min. Rogério Schietti Cruz, julgado em 13.9.2022, publicado no DJ em 27.9.2022)*

399.3. [...] O entendimento deste Tribunal Superior está no sentido do abrandamento do princípio da identidade física do juiz em casos de férias e outros afastamentos legais. [...] *(Agravo Regimental nos ED no Agravo em Recurso Especial nº 1.205.005-SP, STJ, 5ª Turma, Rel. Ministro Joel Ilan Paciornik, julgado em 25.5.2021, publicado no DJ em 31.5.2021)*

399.3. [...] 1. “O princípio da identidade física do juiz pode ser excepcionado nos casos de convocação, licença, promoção, férias, ou outro motivo legal que impeça o (a) Magistrado (a) que presidiu a instrução sentenciar o feito” (RHC n. 111.670/SP, relatora Ministra Laurita Vaz, Sexta Turma, julgado em 4/6/2019, DJe 13/6/2019), o que se verificou no presente caso. [...] *(Agravo Regimental no Agravo Regimental no Agravo em Recurso Especial nº 1.644.448-SP, STJ, 6ª Turma, Rel. Min. Antônio Saldanha Palheiro, julgado em 27.10.2020, publicado no DJ em 3.11.2020)*

399.3. [...] I – O princípio da identidade física do juiz (art. 399, § 2º, do CPP) deve ser aplicado com temperamentos, de modo que a sentença só deverá ser anulada nos casos em que houver um prejuízo flagrante para o réu ou uma incompatibilidade entre aquilo que foi colhido na instrução e o que foi decidido. Precedentes. II – Os autos foram conclusos para sentença quando o magistrado titular encontrava-se em gozo de férias, situação que se enquadra na expressão “afastado por qualquer motivo” disposta no art. 132 do Código de Processo Civil, que deve ser aplicado por analogia ao processo penal (art. 3º do CPP). III – Recurso ordinário improvido. [...] *(RHC nº 116.205, STF, 2ª Turma, Rel. Min. Ricardo Lewandowski, julgado em 16.04.2013, publicado no DJ em 30.4.2013)*

399.3. [...] Confusão entre os Princípios do Juiz Natural e da Identidade Física do Juiz (Art. 399, § 2º, do Código de Processo Penal). Não enseja nulidade ou prejuízo à ampla defesa a não preservação da identidade física do julgador quando da apreciação de embargos declaratórios [...] *(Agravo Regimental no Habeas Corpus nº 174.412/ES, STF, 2ª Turma, unânime, Rel. Min. Gilmar Mendes, julgado em sessão virtual de 11.10.2019 a 17.10.2019, publicado no* DJ *em 29.10.2019).*

399.3 [...] O mandato de dois anos para a ocupação da titularidade da Vara especializada em crimes organizados, a par de afrontar a garantia da inamovibilidade, viola a regra da identidade física do juiz, componente fundamental do princípio da oralidade, prevista no art. 399, § 2º, do CPP (“O juiz que presidiu a instrução devera proferir a sentença”), impedindo, por via oblíqua, a aplicação dessa norma cogente prevista em Lei nacional, em desfavor do Réu, usurpando a competência privativa da União (art. 22, I, CRFB). [...] *(Ação Direta de Inconstitucionalidade n.o 4.414-AL, Rel. Ministro Luiz Fux, Plenário, julgado em 31.5.2012, publicado no* DJ *em 3.6.2019).*

....

399.4. Identidade física e os Colegiados de primeiro grau (Lei nº 12.694/12): A Lei nº 12.694/12 instituiu grande novidade entre nós. Trata-se da possibilidade de formação de Colegiado de juízes ainda no primeiro grau.

A nova legislação pretende ampliar a margem de segurança dos magistrados quando se estiver diante de crimes praticados por meio de estrutura organizada e, também, quando houver ameaça e/ou risco à integridade física do juiz do processo.

A questão que se poderá levantar é: a nova regra, de formação de colegiados para *determinados e específicos atos processuais* não violaria o princípio da identidade física?

E, em primeiro lugar, há que se observar que aludido princípio (identidade física) não tem assento constitucional, incluindo-se, portanto, entre as matérias submetidas à conformação legislativa, isto é, às escolhas da Lei. Por isso, sendo posterior ao texto do art. 399, § 2º, CPP, a instituição dos Colegiados seria especial em relação à citada previsão legal.

De outro lado, nada impede que o Colegiado participe também da instrução, afastando qualquer objeção no caso de vir também a participar do julgamento.

Mas, ainda quando ele não esteja presente aos atos de instrução, a aplicação do art. 132 do CPC/1973 era perfeitamente ajustada à hipótese (sem previsão expressa similar na Lei nº 13.105/2015, NCPC), inserindo-se o Colegiado como *outra* hipótese legal de afastamento da identidade física do juiz, do mesmo modo que ocorre com a aposentadoria, a promoção, férias e licenças do juiz da instrução. Naturalmente, aqui os fundamentos seriam outros e não a celeridade do processo. De todo modo, pensamos que o risco à integridade física do magistrado, bem como a excepcionalidade do crime praticado mediante organização criminosa, parecem suficientes para legitimar a exceção ao princípio.

Também importante destacar que a Lei nº 13.964/2019 incluiu o art. 1º-A à Lei nº 12.694/2012, prevendo a possibilidade de os tribunais (estaduais e regionais federais) instalarem (mediante resoluções) *varas criminais colegiadas* com competência para processo e julgamento: (a) de crimes relacionados a organizações criminosas *armadas* ou que tenham armas *à disposição*; (b) do crime do art. 288-A CP (associação criminosa); e (c) de infrações penais conexas aos crimes anteriores.

Excepcionando-se a regra do "juiz de garantias" (art. 3º-A e seguintes, CPP), o § 1º do art. 1º-A da Lei nº 12.694/2012 dispôs expressamente que as varas criminais colegiadas terão competência para *todos os atos jurisdicionais* no decorrer da *investigação, da ação penal e da execução da pena*, inclusive a transferência do preso para estabelecimento prisional de segurança máxima ou para regime disciplinar diferenciado. Conforme previsão do § 2º, é obrigação do juiz declinar de sua competência e remeter os autos à vara criminal colegiada de sua circunscrição ou seção judiciária desde que o feito que lhe foi distribuído trate da matéria referida no art. 1º-A (não se olvide que a declinação de *ofício* no processo penal se dá – ou *deveria* se dar – inclusive de ofício, mesmo em se tratando de competência relativa (art. 109, CPP). Veja-se que, claramente, excepcionou-se também aqui o princípio da *perpetuatio jurisdicionis*. Assim, feito o declínio, a vara criminal terá competência para *todos os atos processuais posteriores*, inclusive de execução (§ 3º).

Mais e outras considerações são feitas ao exame dos procedimentos (art. 394, CPP).

Art. 400. Na audiência de instrução e julgamento, a ser realizada no prazo máximo de 60 (sessenta) dias, proceder-se-á à tomada de declarações do ofendido, à inquirição das testemunhas arroladas pela acusação e pela defesa, nesta ordem, ressalvado o disposto no art. 222 deste Código, bem como aos esclarecimentos dos peritos, às acareações e ao reconhecimento de pessoas e coisas, interrogando-se, em seguida, o acusado. (Redação dada pela Lei nº 11.719, de 2008)

§ 1º As provas serão produzidas numa só audiência, podendo o juiz indeferir as consideradas irrelevantes, impertinentes ou protelatórias. (Incluído pela Lei nº 11.719, de 2008)

§ 2º Os esclarecimentos dos peritos dependerão de prévio requerimento das partes. (Incluído pela Lei nº 11.719, de 2008)

Jurisprudência

400. [...] Novo entendimento firmado pelo Pretório Excelso no bojo do HC 127.900-AM. Acusados interrogados no início da instrução. Situação que não aponta para a existência de nulidade. Ato praticado com auxílio da defesa e sem a contestação desta. Razoabilidade. Princípio do prejuízo e do interesse. Lógica do Sistema de Nulidades. [...] 2. Embora o entendimento da Suprema Corte deva prevalecer desde o dia 11.3.2016, é preciso ter em conta que a razoabilidade do sistema de anulação dos atos processuais previsto no Código de Processo Penal torna evidente não ser possível a interrupção e o retrocesso da "marcha processual" quando se observa, no nascedouro do vício, a participação direta do sujeito processual a quem aproveitaria a nulidade, assim como, a lógica do mesmo sistema impõe examinar, antes de mais nada, a existência de prejuízo que pudesse ser reposto com o refazimento da fase processual. 3. No caso dos autos, aplicando-se os princípios do prejuízo e do interesse, verifica-se que a nulidade não existiu, a uma porque a própria defesa participou diretamente da realização do interrogatório em primeiro lugar, dele não se insurgindo e, inclusive, aceitando expressamente a oitiva das testemunhas sem a presença do réu, e, a duas porque as declarações do paciente foram no sentido de negar a acusação, circunstância evidentemente importante para compreender a pretensão de nulidade como um resultado em si mesmo e não como um benefício concreto ao processo justo. [...] *(Habeas Corpus n. 428.034-MG, STJ, 6ª Turma, unânime, Rel. Min. Maria Thereza de Assis Moura, julgado em 13.3.2018, publicado no DJ em 26.3.2018).*

400. [...] No julgamento do HC 127.900/AM, de relatoria do Ministro Dias Toffoli, este Supremo Tribunal Federal decidiu que a norma inscrita no art. 400 do Código de Processo Penal aplica-se, a partir da publicação da ata de julgamento - 11.3.2016 -, a todos os procedimentos penais regidos por legislação especial incidindo somente naquelas ações penais cuja instrução não se tenha encerrado. Na hipótese, a Corte Estadual registrou que "no caso dos autos, como também explicitado pelo insigne Relator, a instrução foi encerrada antes de referida data". [...] *(Agravo Regimental no Habeas Corpus n° 246.359, STF, 1ª Turma, Rel. Min.Flávio Dino, julgado em 5.11.2024, publicado no DJ em 14.11.2024)*

400. [...] 1. A defesa da apelante requereu que os interrogatórios dos denunciados fossem o último ato da instrução, ou seja, após as oitivas de todas testemunhas de acusação, o pedido foi indeferido pelo magistrado, de acordo com termo de audiência.

2. O interrogatório é, essencialmente, um ato de autodefesa, mas não foi dada a ré a possibilidade de se manifestar, ao final da instrução, sobre os fatos apontados pela testemunha ou sobre as provas da acusação – com o que poderia ter influenciado na formação do convencimento do juiz.

3. Assim, o disposto no art. 222, § 1°, do Código de Processo Penal, aplica-se a oitiva de testemunha, não alcançando o interrogatório da acusada, que deve ser o último ato.

4. Em 2016, no julgamento do HC n. 127.900/AM, a Suprema Corte fixou a orientação de que a norma inscrita no art. 400 do Código de Processo Penal comum aplica-se, a partir da publicação da ata do presente julgamento, aos processos penais militares, aos processos penais eleitorais e a todos os procedimentos penais regidos por legislação especial incidindo somente naquelas ações penais cuja instrução não se tenha encerrado.

5. *"Por outro lado, a redação do art. 400 do CPP elenca, nitidamente, a ordem a ser observada na audiência de instrução e julgamento, de forma que a alusão expressa ao art. 222, em seu texto, apenas indica a possibilidade de inquirição de testemunhas, por carta precatória, fora da ordem estabelecida. Neste caso, o Código viabiliza, em princípio, a oitiva de testemunha de acusação após a arrolada pela defesa, e não que se interrogue o acusado antes da inquirição das testemunhas."* (HC n. 585.942/MT, relator Ministro Sebastião Reis Júnior, Terceira Seção, julgado em 9/12/2020, DJe de 14/12/2020.) [...] *(Recurso Especial nº 2.091.667-MG, STJ, 5ª Turma, Rel. Min. Daniela Teixeira, julgado em 21.5.2024, publicado no DJ em 28.5.2024)*

400. [...] 3. O reconhecimento de nulidade por inversão da ordem do interrogatório do réu, prevista no art. 400 do CPP, exige a demonstração de prejuízo, que não se confunde com a própria condenação. A jurisprudência desta Corte Superior há muito se firmou no sentido de que a declaração de nulidade exige a comprovação de prejuízo, em consonância com o princípio pas de nullité sans grief, previsto no art. 563 do Código de Processo Penal. [...] *(Agravo Regimental no Recurso Especial nº 2.016.123–PR, STJ, 5ª Turma, Rel. Min. Ribeiro Dantas, sessão virtual de 22.11.2022 a 28.11.2022, publicado no DJ em 6.12.2022)*

400. [...] Na forma do art. 2º, do CPP, a alteração da lei processual penal deve respeitar os atos praticados na vigência da lei anterior, razão pela qual a realização de interrogatório no início do curso procedimental, na forma então prevista na redação anterior do art. 411, *caput*, do CPP, não confere direito subjetivo a novo ato processual ao final. [...] *(Agravo Regimental nos Embargos de Declaração no Agravo em Recurso Especial nº 359.271/PR, STJ, 5ª Turma, unânime, Rel. Min. Ribeiro Dantas, julgado em 2.3.2021, publicado no DJ em 8.3.2021)*

400. [...] A norma contida no art. 400 do Código de Processo Penal comum aplica-se, a partir da publicação da ata do presente julgamento, aos processos penais militares, aos processos penais eleitorais e a todos os procedimentos penais regidos por legislação especial, incidindo somente nas ações penais cuja instrução não se tenha encerrado. [...] (*Habeas Corpus nº 132.078, STF, 2ª Turma, unânime, Rel. Min. Cármen Lúcia, julgado em 6.9.2016, publicado no DJ em 22.9.2016*).

....

400.1. Ordem dos atos processuais na instrução e julgamento: A ordem de produção probatória prevista no art. 400, CPP, é bastante clara. Primeiro, e se for o caso (dependendo do delito praticado e da necessidade no caso concreto), deverá ser ouvido o *ofendido*. Depois, a oitiva das testemunhas da acusação e, ulteriormente, as da defesa. De forma coerente, a legislação foi cuidadosa ao ressalvar o disposto no art. 222, CPP. Ou seja, a expedição de carta precatória não suspenderá a instrução criminal e, tendo ultimado o prazo fixado pelo juízo, poderá ser realizado o julgamento sem a juntada aos autos da carta (que será procedido a qualquer tempo para análise na fase em que se encontram os autos). Se necessário e também aplicável ao caso concreto, procede-se aos esclarecimentos aos peritos, às acareações e ao reconhecimento de pessoas e coisas.

Uma observação fundamental: como há obrigatoriedade de inquirição das testemunhas de acusação em primeiro lugar, se houver expedição de cartas precatórias para tal finalidade, *não* se poderá ouvir as testemunhas de defesa eventualmente presentes em audiência (salvo as abonatórias), pena de inversão do devido processo legal, notadamente o contraditório.

Consequência inabalável será a quebra da unidade da audiência de instrução e julgamento diante da prevalência de princípio de maior envergadura.

Por fim – e aqui mais uma das inovações processuais trazidas na reforma de 2008 –, o *interrogatório será o último ato* processual (veja-se também o art. 531 do CPP). Há sentido na alteração processual: de forma expressa, consignou-se que, mediante uma maximização dos princípios do contraditório e da ampla defesa, terá (faculdade) o réu o direito de *falar por último nos autos* acerca da prova que foi produzida.

Não restam dúvidas de que a estratégia processual defensiva poderá ser traçada de forma definitiva somente após a coleta especialmente das provas testemunhais e documentais. Dentro de uma concepção mais consequente do *garantismo* (ver, no ponto: CALABRICH, Bruno; FISCHER, Douglas; PELELLA, Eduardo. *Garantismo penal integral*: questões processuais e penais, criminalidade moderna e a aplicação do modelo garantista no Brasil. Salvador: Juspodivm, 2010. Também em Fischer, Douglas. Garantismo penal integral (e não o garantismo hiperbólico monocular) e o princípio da proporcionalidade: breves anotações de compreensão e aproximação dos seus ideais. *Revista de Doutrina da 4ª Região*, Porto Alegre, nº 28, mar. 2009. Disponível em: <http://www.revistadoutrina.trf4.jus.br/artigos/edicao028/douglas_fischer.html>), loas ao legislador, que conferiu mais autenticidade ao sistema acusatório, amparado constitucionalmente. Como já defendido, numa concepção de processo na qual o réu é um sujeito de direitos, o interrogatório se encontra inserido, essencialmente, no princípio da ampla defesa. Não mais como unicamente meio de prova (que continua sendo), mas substancialmente o interrogatório é uma *oportunidade* à defesa pessoal trazer sua versão. Aliás, essa defesa pessoal realizada por intermédio do interrogatório – quiçá a mais relevante, ao menos pelo prisma da *opção defensiva* – trará a coroação da contraposição à acusação formulada na peça exordial. Importante destacar que, em 3.3.2016, o Supremo Tribunal Federal reconheceu no julgamento do HC n. 127.900 que o interrogatório deverá ser o último ato, mesmo nas hipóteses de legislações especiais a todas as instruções processuais ainda não encerradas em procedimentos criminais especiais. É dizer: para os casos em que a instrução já tiver sido encerrada em data anterior ao julgamento pela Suprema Corte deve-se reconhecer como hígidos os atos processuais realizados, presente o princípio *tempus regit actum*.

Diante dessa inovação, entendemos que implicitamente não há mais como se aplicar a primeira parte do art. 260, CPP, na medida em que o réu não mais poderá ser conduzido coercitivamente para ser interrogado. Ressalva-se, contudo, que, mesmo diante do direito constitucional a permanecer em silêncio, a sua condução coercitiva para o reconhecimento de pessoas continua hígida, não arranhando qualquer princípio constitucional ou legal.

Também houve inovação quanto ao interrogatório ao se permitir, com o advento da Lei nº 11.900/09, a realização do ato por videoconferência. Remetendo à análise do art. 185 do CPP, destaca-se que os §§ 2º e 3º do art. 185 do CPP são expressos:

> § 2º Excepcionalmente, o juiz, por decisão fundamentada, de ofício ou a requerimento das partes, poderá realizar o interrogatório do réu preso por sistema de videoconferência ou outro recurso tecnológico de transmissão de sons e imagens em tempo real, desde que a medida seja necessária para atender a uma das seguintes finalidades: (*Redação dada pela Lei nº 11.900, de 2009*)
>
> I – prevenir risco à segurança pública, quando exista fundada suspeita de que o preso integre organização criminosa ou de que, por outra razão, possa fugir durante o deslocamento; (*Incluído pela Lei nº 11.900, de 2009*)
>
> II – viabilizar a participação do réu no referido ato processual, quando haja relevante dificuldade para seu comparecimento em juízo, por enfermidade ou outra circunstância pessoal; (*Incluído pela Lei nº 11.900, de 2009*)
>
> III – impedir a influência do réu no ânimo de testemunha ou da vítima, desde que não seja possível colher o depoimento destas por videoconferência, nos termos do art. 217 deste Código; (*Incluído pela Lei nº 11.900, de 2009*)
>
> IV – responder à gravíssima questão de ordem pública. (Incluído pela Lei nº 11.900, de 2009)
>
> § 3º Da decisão que determinar a realização de interrogatório por videoconferência, as partes serão intimadas com 10 (dez) dias de antecedência.

Mais: viu-se nos precedentes anexados aos comentários do artigo anterior que a jurisprudência continua reconhecendo como válida a possibilidade (sempre excepcional) do interrogatório mediante carta precatória, mesmo diante do princípio da identidade física do juiz. Além disto, também o Supremo Tribunal Federal continua reconhecendo como válido o interrogatório por carta de ordem.

Jurisprudência

400.1. [...] 1. De acordo com o entendimento consolidado no Tema n. 1.114 pela Terceira Seção desta Corte Superior, "o interrogatório do réu é o último ato da instrução criminal. A inversão da ordem prevista no art. 400 do CPP tangencia somente à oitiva das testemunhas e não ao interrogatório. O eventual reconhecimento da nulidade se sujeita à preclusão, na forma do art. 571, I e II, do CPP, e à demonstração do prejuízo para o réu".

2. Na hipótese, contudo, não se verifica nulidade decorrente da inversão da ordem prevista no art. 400 do CPP, com a realização do interrogatório do recorrente antes do retorno da carta precatória para a oitiva de testemunhas de acusação, pois ele nem sequer apontou o prejuízo eventualmente ocasionado à defesa, o que tampouco foi mencionado pelo Tribunal de origem.

3. Somado a isso, a sentença condenatória foi prolatada em 22/1/2015, data, portanto, anterior à alteração do entendimento jurisprudencial quanto ao § 1º do art. 222 do CPP, devendo-se reconhecer a higidez do procedimento adotado pelas instâncias ordinárias, em razão da observância do princípio da segurança jurídica. [...] *(Agravo Regimental no Recurso Especial nº 1.627.303-PE , STJ, 6ª Turma, Rel.Min. Antônio Saldanha Palheiro, julgado em 23.9.2024, publicado no DJ em 25.9.2024)*

400.1. [...] a Terceira Seção deste STJ, ao julgar o Tema Repetitivo 1114, pacificou a compreensão da controvérsia suscitada no recurso especial no sentido de que: "*O interrogatório do réu é o último ato da instrução criminal. A inversão da ordem prevista no art. 400 do CPP tangencia somente à oitiva das testemunhas e não ao interrogatório.* O eventual reconhecimento da nulidade se sujeita à preclusão, na forma do art. 571, I e II, do CPP, e à demonstração do prejuízo para o réu."

2. Fixadas as premissas acima, verifico que, no caso, existem singularidades que tornam inviável o acolhimento da nulidade suscitada pela Defesa. Isso porque o Tribunal de origem concluiu que, embora o interrogatório dos réus não tenha sido o último ato da instrução, não ficou caracterizado prejuízo à ampla defesa.

3. Com efeito, o processo penal é orientado pelo princípio da instrumentalidade dos atos e pelo princípio insculpido no brocado "pas de nullité sans grief", segundo o qual a declaração de nulidade depende da comprovação do prejuízo. Agrega-se a esse entendimento a observância do binômio "prejuízo/finalidade", isto é, além da necessidade de comprovação do agravo pela inobservância da forma, é imprescindível que, em razão da eiva, não se tenha alcançado a finalidade do ato processual.

4. Nesse contexto, a jurisprudência desta Corte de Justiça, há muito, firmouse no sentido de que a declaração de nulidade exige a comprovação de prejuízo, em consonância com o princípio pas de nullité sans grief, consagrado no art. 563 do Código de Processo Penal, o que não ocorreu na hipótese vertente.

5. Ademais, ao compulsar os autos, verifico que a nulidade não foi arguida por ocasião da audiência de instrução e julgamento (fls. 309-319), tampouco em sede de alegações finais (340-346), o que determinou a ausência de análise do tema na sentença condenatória (fls. 355-394). Ou seja, a nulidade arguida pela defesa só ingressou no contexto da ação penal por ocasião da interposição de apelação criminal na origem (fls. 456-471), elemento que torna inafastável a conclusão de que a matéria se encontra encoberta pelo manto da preclusão. Agravo regimental desprovido. *(Agravo Regimental no Agravo em Recurso Especial nº 1.881.613-MG, STJ, 5ª Turma, Rel. Min. Messod Azulay Neto, julgado em 6.8.2024, publicado no DJ em 12.8.2024)*

400.1. [...] 1. A defesa da apelante requereu que os interrogatórios dos denunciados fossem o ultimo ato da instrução, ou seja, após as oitivas de todas testemunhas de acusação, o pedido foi indeferido pelo magistrado, de acordo com termo de audiência.

2. O interrogatório é, essencialmente, um ato de autodefesa, mas não foi dada a ré a possibilidade de se manifestar, ao final da instrução, sobre os fatos apontados pela testemunha ou sobre as provas da acusação – com o que poderia ter influenciado na formação do convencimento do juiz.

3. Assim, o disposto no art. 222, § 1º, do Código de Processo Penal, aplica-se a oitiva de testemunha, não alcançando o interrogatório da acusada, que deve ser o último ato.

4. Em 2016, no julgamento do HC n. 127.900/AM, a Suprema Corte fixou a orientação de que a norma inscrita no art. 400 do Código de Processo Penal comum aplica-se, a partir da publicação da ata do presente julgamento, aos processos penais militares, aos processos penais eleitorais e a todos os procedimentos penais regidos por legislação especial incidindo somente naquelas ações penais cuja instrução não se tenha encerrado.

5. "Por outro lado, a redação do art. 400 do CPP elenca, nitidamente, a ordem a ser observada na audiência de instrução e julgamento, de forma que a alusão expressa ao art. 222, em seu texto, apenas indica a possibilidade de inquirição de testemunhas, por carta precatória, fora da ordem estabelecida. Neste caso, o Código viabiliza, em princípio, a oitiva de testemunha de acusação após a arrolada pela defesa, e não que se interrogue o acusado antes da inquirição das testemunhas." (HC n. 585.942/MT, relator Ministro Sebastião Reis Júnior, Terceira Seção, julgado em 9/12/2020, DJe de 14/12/2020.) [...] *(Recurso Especial nº 2.091.667-MG, STJ, 5ª Turma, Rel. Min. Daniela Teixeira, julgado em 21.5.2024, publicado no DJ em 28.5.2024).*

400.1. [...] No caso em análise, muito embora a defesa tenha alegado em tempo a apontada eiva, não logrou demonstrar o prejuízo decorrente da inobservância do art. 400 do CPP que, de fato, não ocorreu, consoante se denota do teor da sentença e do acórdão condenatório, entendimento em consonância com a Tese n. 1114: "O interrogatório do réu é o último ato da instrução criminal. A inversão da ordem prevista no art. 400 do CPP tangencia somente à oitiva das testemunhas e não ao interrogatório. O eventual reconhecimento da nulidade se sujeita à preclusão, na forma do art. 571, I e II, do CPP, e à demonstração do prejuízo para o réu". [...]*(Agravo Regimental no Agravo Regimental no Agravo em Recurso Especial nº 2.074.265-MG, STJ, 5ª Turma, Rel. Min. Messod Azulay Neto, julgado em 14.5.2024, publicado no DJ em 16.5.2024).*

400.1. [...] A Terceira Seção desta Corte Superior, no julgamento da RvCr n. 5.663/DF, "reafirmou o entendimento de que a nulidade decorrente da inversão da ordem do interrogatório, prevista no artigo 400 do Código de Processo Penal (CPP), está sujeita à preclusão e demanda a demonstração de prejuízo, sendo esta a orientação do Supremo Tribunal Federal." (RvCr n. 5.663/DF, relator Ministro Joel Ilan Paciornik, Terceira Seção, julgado em 11/5/2022, DJe de 18/5/2022). [...] *(Agravo Regimental no Habeas Corpus nº 848.786-PE, STJ, 6ª Turma, Rel. Min. convocado Jesuíno Rissato, sessão virtual de 5.3.2024 a 11.3.2024, publicado no DJ em 14.3.2024).*

400.1. [...] 6. Em 2016, no julgamento do HC n. 127.900/AM, a Suprema Corte fixou a orientação de que *a norma inscrita no art. 400 do Código de Processo Penal comum aplica-se, a partir da publicação da ata do presente julgamento, aos processos penais militares, aos processos penais eleitorais e a todos os procedimentos penais regidos por legislação especial incidindo somente naquelas ações penais cuja instrução não se tenha encerrado.*

7. No caso concreto, verifica-se a presença de atos instrutórios em 14/10/2019 (fls. 368/369), e o Superior Tribunal de Justiça, ao acompanhar o entendimento firmado pela Suprema Corte, pontuou-se modular os efeitos da decisão para se aplicar a nova compreensão somente aos processos em que a instrução não tenha se encerrado até a publicação da ata daquele julgamento.

10. [...] *a Suprema Corte modulou os efeitos da interpretação atribuída ao art. 400 do Código de Processo Penal, para que incidissem apenas nos processos em que a instrução ainda não havia sido encerrada, na data em que publicada a ata da sessão de julgamento em que houve a apreciação do referido writ pelo Pretório Excelso, o que o ocorreu em 02/08/2016.* (REsp n. 1.815.123/SP, Ministra Laurita Vaz, Sexta Turma, DJe de 18/12/2020). [...] *Não se desconhece o novel posicionamento do Supremo Tribunal Federal no bojo do HC n. 127.900/AM, que determinou a aplicação do rito do art. 400 do Código de Processo Penal inclusive às ações regidas por legislação especial, como a Lei de Drogas, aplicável ao caso em tela.* [...], *como determinado no próprio julgado, tal orientação teve seus efeitos modulados para atingir tão somente os feitos cuja instrução não houvesse sido encerrada antes da publicação do referido julgamento, que se deu em 11/3/2016* (AgRg no HC n. 565.163/SP, Ministro Antonio Saldanha Palheiro, Sexta Turma, DJe de 27/10/2020). [...] *(Agravo Regimental no Agravo em Recurso Especial nº 2.318.134-CE, STJ, 6ª Turma, Rel. Min. Sebastião Reis Júnior, sessão virtual de 13.6.2023 a 19.6.2023, publicado no DJ em 21.6.2023)*

400.1. [...] *"A nova redação do art. 400 do Código de Processo Penal, exigindo o interrogatório ao final da audiência, entrou em vigor 60 dias após a publicação da Lei n. 11.719, de 23/6/08. Essa regra não causa prejuízo aos atos processuais realizados sob o rito procedimental anterior"* (AgRg no HC n. 430.514/AM, relator Ministro Joel Ilan Paciornik, Quinta Turma, julgado em 20/9/2018, DJe de 2/10/2018.) [...] *(Agravo Regimental no Habeas Corpus nº 682.845-RS, STJ, 6ª Turma, Rel. Min. Antonio Saldanha Palheiro, sessão virtual de 6.6.2023 a 12.6.2023, publicado no DJ em 15.6.2023)*

400.1. [...] Interrogatório. Realização ao final da instrução (art. 400, CPP). Obrigatoriedade. [...] Adequação do sistema acusatório democrático aos preceitos constitucionais da Carta de República de 1988. Máxima efetividade dos princípios do contraditório e da ampla defesa (art. 5º, inciso LV). Incidência da norma inscrita no art. 400 do Código de Processo Penal *comum* aos processos penais militares cuja instrução não se tenha encerrado, o que não é o caso. Ordem denegada. Fixada orientação quanto a incidência da norma inscrita no art. 400 do Código de Processo Penal comum a partir da publicação da ata do presente julgamento, aos processos penais militares, aos processos penais eleitorais e a todos os procedimentos penais regidos por legislação especial, incidindo somente naquelas ações penais cuja instrução não se tenha encerrado. [...] 4. A Lei nº 11.719/08 adequou o sistema acusatório democrático, integrando-o de forma mais harmoniosa aos preceitos constitucionais da Carta de República de 1988, assegurando-se maior efetividade a seus princípios, notadamente, os do contraditório e da ampla defesa (art. 5º, inciso LV). 5. Por ser mais benéfica (*lex mitior*) e harmoniosa com a Constituição Federal, há de preponderar, no processo penal militar (Decreto-Lei nº 1.002/69), a regra do art. 400 do Código de Processo Penal. 6. De modo a não comprometer o princípio da segurança jurídica (CF, art. 5º, XXXVI) nos feitos já sentenciados, essa orientação deve ser aplicada somente aos processos penais militares cuja instrução não se tenha encerrado, o que não é o caso dos autos, já que há sentença condenatória proferida em desfavor dos pacientes desde 29/7/14. 7. Ordem denegada, com a fixação da seguinte orientação: a norma inscrita no art. 400 do Código de Processo Penal comum aplica-se, a partir da publicação da ata do presente julgamento, aos processos penais militares, aos processos penais eleitorais e a todos os procedimentos penais regidos por legislação especial incidindo somente naquelas ações penais cuja instrução não se tenha encerrado. *(HC n. 127.900-AM, STF, Plenário, Rel. Ministro Dias Tóffoli, julgado em 3.6.2016, publicado no DJ em 3.8.2016).*

400.1. [...] A jurisprudência do Supremo Tribunal Federal consolidou o entendimento de que "a inobservância da ordem de inquirição de testemunhas não constitui vício capaz de inquinar de nulidade o ato processual ou a ação penal, razão por que a demonstração do efetivo prejuízo se faz necessária para a invalidação do ato" (HC 114.787, Rel. Min. Luiz Fux). [...] (*Habeas Corpus nº 109.051-RJ, STF, 1ª Turma, Rel. Min. Roberto Barroso, julgado em 23.9.2014, publicado no DJ em 21.10.2014*).

400.1. [...] O interrogatório do paciente ocorreu em data anterior à publicação da Lei nº 11.719/2008, o que, pela aplicação do princípio do *tempus regit actum*, exclui a obrigatoriedade de renovação do ato validamente praticado sob a vigência de Lei anterior. Esta Corte já firmou entendimento no sentido de que não se declara a nulidade de ato processual se a alegação não vier acompanhada da prova do efetivo prejuízo sofrido pelo réu. Precedentes. Ordem denegada (*Habeas Corpus nº 104.555-SP, STF, 1ª Turma, Rel. Min. Ricardo Lewandowski, julgado em 28.9.2010, publicado no DJ em 14.10.2010*).

400.1.1. A exceção de ordem dos atos processuais na instrução e julgamento trazida pela Lei nº 12.483/11: Em vigor desde 9 de setembro de 2011, a Lei nº 12.483 introduziu o art. 19-A à Lei nº 9.807/99 (*que, dentre outras, estabelece normas para a organização e a manutenção de programas especiais de proteção a vítimas e a testemunhas ameaçadas*), dispondo que (*caput*) *"terão prioridade na tramitação o inquérito e o processo criminal em que figure indiciado, acusado, vítima ou réu colaboradores, vítima ou testemunha protegidas pelos programas"* de que trata a lei.

A questão relevante que aqui merece destaque é o fato de, no parágrafo único, ter-se estipulado que *"qualquer que seja o rito processual criminal, o juiz, após a citação, tomará antecipadamente o depoimento das pessoas incluídas nos programas de proteção previstos nesta Lei, devendo justificar a eventual impossibilidade de fazê-lo no caso concreto ou o possível prejuízo que a oitiva antecipada traria para a instrução criminal"*. Verifica-se claramente que estipulou-se uma inversão do rito, sendo que, após a citação, o primeiro ato processual será a tomada antecipada do depoimento das pessoas incluídas nos programas de proteção previstos na lei. Mais: a não obediência da regra impõe que o juiz justifique (obviamente com a devida fundamentação) a impossibilidade de tomar os depoimentos naquele momento ou o eventual prejuízo que a oitiva antecipada traria para a instrução criminal. "De todo modo, pensamos que, apenas nas hipóteses de maior risco aos envolvidos no Programa de Proteção, risco este a ser aferido segundo a gravidade das infrações em apuração, a natureza dos delitos e a posição da pessoa protegida no contexto dos autores e demais testemunhas, a regra deverá ser a apresentação da defesa escrita, *antes da antecipação dos depoimentos.*

É que, com isso, se preservariam, tanto os interesses da acusação, que *não se anteciparia sobre parte relevante do material probatório* já por ocasião da resposta escrita (art. 396, CPP), quanto aqueles (interesses) da defesa, abrindo-se possibilidade ao juiz de examinar o eventual cabimento de *absolvição sumária* (art. 397, CPP), sem os transtornos da instrução. E que não se queira ler, aqui, na primeira afirmação, a defesa de qualquer *segredo* da acusação. Obviamente que jamais cometeríamos tamanho despautério! A defesa sempre terá oportunidade de confrontar, *por escrito, por documentos, por testemunhas* e por quaisquer outros meios de prova, o conjunto de elementos trazidos pela acusação" (PACELLI, Eugênio. *Curso de processo penal.* 28. ed. São Paulo: Juspodivm, 2024).

400.2. Unidade da audiência de instrução e julgamento: Também aqui uma das inovações legislativas: a expressa determinação – ao menos *formal* – de que a produção de provas deverá ser realizada em audiência *una.* A mudança, que determinou uma concentração dos atos de prova, imprimindo (em princípio) um ritmo mais célere ao procedimento processual penal, permite também ao acusado um exame mais amplo acerca de seu comportamento no processo. Mas a *unicidade* da produção probatória também merece destaque para sua melhor compreensão.

Nada obstante possa ser elogiável em primeiro momento a pretensão do legislador em deixar expressa a necessidade de o processo criminal ser mais célere mediante a realização de uma audiência *una* de instrução, na prática a coleta de toda a prova poderá assim não ocorrer. Em nossa compreensão, especialmente em feitos mais complexos ou envolvendo inúmeros réus, a regra não será a instrução e a produção de provas em audiência una. A simples circunstância de haver testemunhas de acusação e/ou de defesa a serem ouvidas mediante carta precatória inviabilizará a unicidade da audiência de instrução, na medida em que, para se respeitar o princípio do contraditório, é fundamental a oitiva prévia das testemunhas da acusação, mesmo em relação às da defesa que puderem ser ouvidas perante o juízo processante. Assim, basta haver uma testemunha arrolada pela acusação e que não possa ser ouvida perante o juiz competente para já ocasionar – em detrimento de princípio mais relevante, o contraditório – a ausência de unicidade da audiência de instrução e julgamento.

Não se pode perder de vista que há apenas um direito *à oportunidade* ao interrogatório. Ou seja, se o réu é intimado regularmente e não comparece à audiência, não se pode invocar em *direito* ulterior à *repetição* do interrogatório, salvo se demonstrar a impossibilidade de comparecer ao ato na data que agendado. O direito a ser ouvido persiste, mas não quando for conveniente exclusivamente ao acusado. Essa garantia existe não apenas à luz do art. 185, CPP, mas também em face do que disposto no art. 8º, § 1º, do Pacto de San Jose da Costa Rica, integralizado ao sistema pátrio pelo Decreto nº 678/92. É preciso ver que o exercício desse direito se dará segundo o *devido processo legal*, e não segundo a vontade *exclusiva* do réu. Assim, defende-se que o não comparecimento na data de audiência para instrumento e julgamento – se não justificado – pode e deve ser entendido como manifestação (porque é opção da defesa) do direito ao silêncio.

Na segunda parte do dispositivo em voga, estipula-se a possibilidade de o juiz indeferir as provas que considerar "*irrelevantes, impertinentes e protelatórias*". Não faltarão vozes dizendo que o dispositivo seria inconstitucional por (supostamente) violar os princípios do contraditório e, especialmente, da ampla defesa.

Não vemos assim. Em verdade, a ampla defesa não pode ser confundida com a possibilidade de a defesa querer realizar todo e qualquer ato processual que pretenda, mesmo que sem qualquer utilidade prática. Ampla defesa não é o que a defesa quer, mas o que pode fazer à luz da concretização de todos os princípios constitucionais no processo penal. Portanto, não está em jogo apenas a ampla defesa, mas também o devido processo legal (que é devido processo para ambas as partes), em que um dos princípios reguladores *também* é a celeridade processual. Com efeito, há muito dizemos, e aqui reiteramos, ampla defesa não se confunde com abuso (atos) de defesa. Noutra oportunidade (FISCHER, Douglas. O princípio da ampla defesa e as condutas com intuito meramente protelatório no procedimento processual penal, *RT*, n. 761, março/99, p. 509-512), já assentamos que o juiz não deve ser um espectador da vontade das partes, impassível diante de fatos que dificultem a aplicação da Lei penal.

É certo que o indeferimento de diligências e provas não poderá estar no livre arbítrio do juízo: por imperativo constitucional, deverão estar devidamente fundamentadas (art. 93, X, CF). Assim, concluímos na oportunidade antes destacada, o princípio da lealdade processual deve ser obedecido por todos os que se envolvam na causa. Ele é a guia-mestra que deve conduzir a ação do Juízo para, em sendo necessário, intervir no processo com o objetivo de impedir que o procedimento persecutório venha a perder sua finalidade em nome da ampla defesa.

Destaca-se que dispositivo similar foi expressamente incluído no procedimento do Júri (art. 411, § 2º, CPP).

Jurisprudência

400.2. [...] A dinâmica probatória no processo penal confere competência ao Juiz para controlar a produção das provas mediante critérios de liberdade regrada, a quem atribuída a sindicância sobre requerimentos impertinentes, irrelevantes ou protelatórios (art. 400, § 1º, do CPP). [...] *(Agravo Regimental no HC nº 240.316, STF, 1ª Turma, Rel. Min. Flávio Dino, julgado em sessão virtual de de 17.5.2024 a 24.5.2024, publicado no DJ em 6.6.2024)*

400.2. [...] O direito a novo interrogatório não possui caráter absoluto, sendo possível o indeferimento, desde que fundamentado pelo juiz, nos termos do art. 400, § 1º, do Código de Processo Penal, se o reputar irrelevante, impertinente ou protelatório. [...] *(Agravo Regimental no Habeas Corpus nº 233.093, STF, 2ª Turma, Rel. Min. Nunes Marques, sessão virtual de 22.3.2024 a 3.4.2024, publicado no DJ em 12.4.2024)*

400.2. [...] O art. 400, § 1º, do Código de Processo Penal autoriza ao Magistrado indeferir as provas que considerar irrelevantes, impertinentes ou protelatórias, uma vez que é ele o destinatário da prova. Nessa linha, a jurisprudência desta Corte Superior é no sentido de que a necessidade de realização de laudo de dependência toxicológica deve ser demonstrada com base em elementos concretos, de modo que a simples alegação da condição de usuário não é suficiente para justificar a submissão do réu à referida perícia. [...] *(Agravo Regimental no Recurso Especial nº 2.053.189-SP, STJ, 5ª Turma, Rel. Min. Reynaldo Soares da Fonseca, julgado em 23.5.2023, publicado no DJ em 29.5.2023)*

400.2. [...] 1. A caracterização de cerceamento do direito de defesa pelo indeferimento de alguma prova requerida pela parte possui como condicionante possível arbitrariedade praticada pelo órgão julgador, e não simplesmente a consideração ou entendimento da parte pela indispensabilidade de sua realização. Logo, poderá o magistrado, em estrita observância à legislação de regência e com fito de formar sua convicção, concluir pela necessidade ou não da produção de determinada prova, desde que fundamente o seu entendimento de forma adequada e oportuna. 2. Portanto, pode o juízo indeferir as provas consideradas irrelevantes, impertinentes ou protelatórias, nos termos do art. 400, § 1º, do Código de Processo Penal. Na hipótese ficou consignado, no acórdão recorrido, que nenhum prejuízo foi observado para a defesa e que o habeas corpus não se presta ao revolvimento da matéria fática constante do processo. Fica claro que infirmar tal entendimento, no intuito de se concluir pela necessidade ou não de produção da prova, é expediente defeso na angusta via do recurso ordinário em habeas corpus. [...] *(Agravo Regimental no RHC nº 159.681-SP, STJ, 6ª Turma, Rel. Min. Antônio Saldanha Pinheiro, julgado em 21.6.2022, publicado no DJ em 24.6.2022)*

400.3. Condições para esclarecimentos de peritos: A razão do dispositivo do § 2º é evidente: como a audiência (em tese) deverá ser una, para que os peritos possam esclarecer eventuais dúvidas das partes acerca dos laudos que tenham firmado, deverão ser intimados *previamente* pelo juízo para estarem presentes à sessão. Sendo assim, fundamental que as partes que tenham o interesse na produção dessa prova o façam antecipadamente, de molde a permitir seja expedida notificação aos expertos para prestarem seus depoimentos. Como se vê, a Lei não previu prazo específico para o requerimento de esclarecimentos. Pensamos que, em princípio, o prazo suficiente seria aquele destinado à intimação (do *expert*) para o comparecimento à audiência. Se a questão for de maior complexidade, a demandar maiores cautelas no exame das objeções levantadas ao laudo oficial, deverá o juiz adiar o ato (de instrução).

Art. 400-A. Na audiência de instrução e julgamento, e, em especial, nas que apurem crimes contra a dignidade sexual, todas as partes e demais sujeitos processuais presentes no ato deverão zelar pela integridade física e psicológica da vítima, sob pena de responsabilização civil, penal e administrativa, cabendo ao juiz garantir o cumprimento do disposto neste artigo, vedadas:

I – a manifestação sobre circunstâncias ou elementos alheios aos fatos objeto de apuração nos autos;

II – a utilização de linguagem, de informações ou de material que ofendam a dignidade da vítima ou de testemunhas.

400.A. O dever de urbanidade e o direito das vítimas no processo penal.

Após rumoroso episódio ocorrido em audiência de instrução, em que a vítima se viu submetida a tratamento humilhante, indecoroso e verdadeiramente covarde, e, pior, sob os olhares passivos e alheios do magistrado e do membro do Ministério Público presente, veio à lume a Lei nº 14.245, de 22.11.2021, já sob a alcunha de sua origem, cujo nome de batismo será aqui omitido, em respeito a ela e em desapreço à atitude dos órgãos do Estado envolvidos.

Na perspectiva processual, a lei trouxe alguns acréscimos, todos relacionados ao dever de urbanidade já imposto às partes, em ordem a melhor tutelar a exigência de tratamento digno e humano aos jurisdicionados em geral, e às vítimas de crimes, em especial. Não podemos esquecer que, no âmbito da Corte IDH, já somam, em 2024, treze (13) as condenações impostas ao Brasil, todas pelo desrespeito aos procedimentos impostos na proteção dos interesses das vítimas dos crimes.

O que se pretende com tais regras é um *reforço* da obrigação, dentro de uma investigação e/ou processo criminal, de evitar a ocorrência da chamada *vitimização secundária* de quem já sofreu, anteriormente, com as consequências do próprio crime.

Não por outra razão que a Resolução nº 40/34 da Organização das Nações Unidas prevê, no anexo que contém a Declaração de Princípios Básicos de Justiça relativos à vítima da criminalidade e abuso de poder, que *"as vítimas devem ser tratadas com compaixão e respeito pela sua dignidade. Têm direito ao acesso às instâncias judiciárias e a uma rápida reparação do prejuízo por si sofrido, de acordo com o disposto na legislação nacional"* (art. 4º).

Exatamente isso que é defendido por Frederico Valdez Pereira e Douglas Fischer (Obrigações processuais penais positivas, 4. ed., 2023) quando destacam que *"a preocupação dos interesses das vítimas e seus familiares apresenta-se com a mesma intensidade nos julgados da Corte Interamericana de Direitos Humanos. E nem poderia ser diferente, pois os direitos fundamentais a serem observados não estão, exclusivamente, na esfera daqueles relacionados com os autores de infrações que atinjam interesses dos demais em sociedade" (p. 95-96). E concluem que, para "assegurar o objetivo de uma tutela penal efetiva dos direitos humanos, é indeclinável levar em consideração a maneira como foi conduzido o procedimento penal, principalmente para verificar a qualidade do mecanismo de acertamento dos fatos posto em prática pelas autoridades investigativas e judiciais"* (p. 251).

O art. 400-A passou a disciplinar que, na audiência de instrução e julgamento (notadamente nos que apurem crimes contra a dignidade sexual), todas as partes e demais sujeitos processuais devem zelar pela integridade física e psicológica da vítima, sob pena de responsabilização civil, penal e administrativa, impondo o dever de o juiz, também aqui, de fazer cumprir essas disposições, havendo expressa vedação de quaisquer manifestações alheias aos fatos apurados e a utilização de linguagem, informações ou de material que ofenda a dignidade da vítima ou de testemunhas, sem prejuízo do amplo direito de defesa.

Como defendemos em inúmeras passagens na presente obra, a ampla defesa não pode ser confundida com a possibilidade de a defesa querer realizar todo e qualquer ato processual que pretenda, mesmo que sem qualquer utilidade prática. Ampla defesa não é o que a defesa quer, mas o que pode fazer à luz da concretização de todos os princípios constitucionais no processo penal.

Essas foram inclusive as principais razões para o STF, na ADPF nº 1.107, em 26.8.2024, conferir interpretação conforme à Constituição à expressão elementos alheios aos fatos objeto de apuração posta no art. 400-A do Código de Processo Penal, para excluir a possibilidade de invocação, pelas partes ou procuradores, de elementos referentes à vivência sexual pregressa da vítima ou ao seu modo de vida em audiência de instrução e julgamento de crimes contra a dignidade sexual e de violência contra a mulher, sob pena de nulidade do ato ou do julgamento, nos termos dos arts. 563 a 573 do Código de Processo Penal.

Jurisprudência

400-A. [...] Arguição de descumprimento de Preceito Fundamental. Alegada conduta omissiva e comissiva do Poder Público no combate à violência contra a mulher. Processos de apuração e julgamento de crimes contra a dignidade sexual. Questionamentos quanto ao modo de vida e à vivência sexual pregressa da vítima. Ofensa aos Princípios da Igualdade e da Dignidade da Pessoa Humana. Ação julgada procedente.

1. Ofende os princípios da igualdade e da dignidade da pessoa humana a perquirição da vítima, em processos apuratórios e julgamentos de crimes contra a dignidade sexual, quanto ao seu modo de vida e histórico de experiências sexuais.

2. A despeito da atuação dos Poderes da República, pela análise dos argumentos postos na presente arguição de descumprimento de preceito fundamental, é de se concluir necessário que este Supremo Tribunal, no exercício de sua competência constitucional, interprete os dispositivos impugnados pelo arguente conforme a Constituição da República, para conferir máxima efetividade aos direitos constitucionalmente postos e coibir a perpetuação de práticas que impliquem na revitimização de mulheres agredidas sexualmente.

3. Arguição julgada procedente para i) conferir interpretação conforme à Constituição à expressão elementos alheios aos fatos objeto de apuração posta no art. 400-A do Código de Processo Penal, para excluir a possibilidade de invocação, pelas partes ou procuradores, de elementos referentes à vivência sexual pregressa da vítima ou ao seu modo de vida em audiência de instrução e julgamento de crimes contra a dignidade sexual e de violência contra a mulher, sob pena de nulidade do ato ou do julgamento, nos termos dos arts. 563 a 573 do Código de Processo Penal; ii) fica vedado o reconhecimento da nulidade referida no item anterior na hipótese de a defesa invocar o modo de vida da vítima ou a questionar quanto a vivência sexual pregressa com essa finalidade, considerando a impossibilidade do acusado se beneficiar da própria torpeza; iii) conferir interpretação conforme ao art. 59 do Código Penal, para assentar ser vedado ao magistrado, na fixação da pena em crimes sexuais, valorar a vida sexual pregressa da vítima ou seu modo de vida e iv) assentar ser dever do magistrado julgador atuar no sentido de impedir essa prática inconstitucional, sob pena de responsabilização civil, administrativa e penal. *(Arguição de Descumprimento de Preceito Fundamental nº 1.107, STF, Plenário, Rel. Min. Cármen Lúcia, julgado em 23.5.2024, publicado no DJ em 26.8.2024)*

Art. 401. Na instrução poderão ser inquiridas até 8 (oito) testemunhas arroladas pela acusação e 8 (oito) pela defesa. (Redação dada pela Lei nº 11.719, de 2008)

§ 1º Nesse número não se compreendem as que não prestem compromisso e as referidas. (Incluído pela Lei nº 11.719, de 2008)

§ 2º A parte poderá desistir da inquirição de qualquer das testemunhas arroladas, ressalvado o disposto no art. 209 deste Código. (Incluído pela Lei nº 11.719, de 2008)

401.1. Número de testemunhas: No *caput* do art. 401 do CPP, nenhuma alteração substancial em relação ao sistema anterior, que, na redação (antiga) do art. 398, CPP, dispunha que *"na instrução do processo serão inquiridas no máximo oito testemunhas de acusação e até oito de defesa"*. O fato de a nova redação utilizar a expressão *"poderão"* (e não *"serão"*, como constava) não altera em absolutamente nada a situação. Mas: já consolidado doutrinária e jurisprudencialmente, o número de testemunhas seria *por fato criminoso narrado*, não por peça acusatória. Assim, exemplificativamente, sendo um réu e um fato criminoso, cada parte (acusação e defesa) poderão arrolar até 8 testemunhas. Dois réus e um fato criminoso, até 8 testemunhas para a acusação e até 8 testemunhas para cada um dos processados. E assim por diante.

Jurisprudência

401.1. [...] A jurisprudência deste Superior Tribunal de Justiça sedimentou-se no sentido de que se admite a indicação, para cada fato criminoso imputado na denúncia, de 8 (oito) testemunhas, tanto pela defesa quanto pela acusação, podendo o magistrado, respeitando os princípios da proporcionalidade e da razoabilidade limitar esse número. [...] *(Agravo Regimental no RHC nº 126.551-MG, STJ, 5ª Turma, Rel. Ministro Reynaldo Soares da Fonseca, julgado em 18.8.2020, publicado no DJ em 24.8.2020)*

401.1. [...] O limite máximo de 8 (oito) testemunhas descrito no art. 401, do Código de Processo Penal, deve ser interpretado em consonância com a norma constitucional que garante a ampla defesa no processo penal (art. 5º, LV, da CF/88). Para cada fato delituoso imputado ao acusado, não só a defesa, mas também a acusação, poderá arrolar até 8 (oito) testemunhas, levando-se em conta o princípio da razoabilidade e proporcionalidade. O indeferimento para que sejam ouvidas testemunhas em número superior ao máximo previsto em lei, mormente no procedimento bifásico do Tribunal do Júri, não acarreta nulidade do feito, porquanto sua oitiva poderá ser requerida e, caso oportuna, deferida na segunda fase do procedimento. Superada a fase do *iudicium acusationis*, com a superveniência da sentença de pronúncia, não há falar em prejuízo ao acusado pela falta de oitiva das testemunhas arroladas além do número máximo previsto em lei, em razão do encerramento da competência daquele juízo, cabendo ao juízo do Tribunal do Júri a apreciação de novos pedidos. *Habeas Corpus* denegado (*Habeas Corpus nº 55.702/ES, STJ, 5ª Turma, Rel. Min. convocado Honildo Amaral de Mello Castro, julgado em 5.10.2010, publicado no* DJ *em 25.10.2010*).

401.1. Prova – testemunhas – número – artigo 398 do código de processo penal. Havendo vários réus, com advogados diferentes e defesas próprias, o número máximo de testemunhas previsto no artigo 398 do código de processo penal – oito – é de ser observado em relação a cada um deles, sendo impertinente o rateio. [...] (*Habeas Corpus nº 72.402-PA, STF, Rel. Min. Marco Aurélio, publicado no* DJ *em 29.9.1995*).

401.2. Exceção à regra do *caput*: O disposto no § 1º trouxe uma novidade, assentando que, no número de testemunhas que as partes têm direito, não se incluem as que não prestam compromisso (vide arts. 203, 206 e 208, todos do CPP), bem como aquelas consideradas como testemunhas referidas (art. 209, § 1º, CPP: *"Se ao juiz parecer conveniente, serão ouvidas as pessoas a que as testemunhas se referirem"*).

Problema que poderá eventualmente surgir: o § 2º do art. 209 do CPP determina ainda que *"não será computada como testemunha a pessoa que nada souber que interesse à decisão da causa"*. A compatibilização do dispositivo retromencionado ao § 1º, ora em análise, é imperiosa. Significa que *poderá* o magistrado – desde que de modo fundamentado – reconhecer a possibilidade de inclusão de outras testemunhas que não as arroladas previamente, desde que demonstrado – pelas partes interessadas – que a testemunha que se pede seja incluída agora possa efetivamente colaborar na apuração dos fatos e que o ato inicial de arrolamento da testemunha tida como irrelevante (especialmente pela defesa) não se constitua em ato processual praticado com finalidade meramente procrastinatória.

401.3. Desistência de testemunhas: Por igual, a possibilidade de desistência de testemunha não traz novidade *efetiva* ao processo penal. A desistência da oitiva é direito da parte (acusação ou defesa). Embora praxe na jurisprudência a homologação do pedido (muitas vezes com a desnecessária oitiva da parte adversa), tecnicamente pensamos que se trata de hipótese de mera chancela formal do pedido formulado. É dizer: a desistência encontra-se na esfera de disponibilidade das partes, que, se assim entenderem, podem declinar da testemunha que arrolaram anteriormente. Claro: o expediente não pode servir para, de forma direta ou até indireta, querer burlar o devido processo legal, que determina o momento próprio para a indicação das testemunhas tidas como relevantes.

Há de se dizer ainda, em complemento e por fim, que a novel legislação foi silente quanto à possibilidade ou não de substituição de testemunhas que não forem eventualmente encontradas (como disposto na antiga redação do art. 397, CPP). O silêncio não pode significar – ao menos para nós – o descabimento da providência, que deverá ser adotada pelo juízo quando *realmente* comprovado pela parte a necessidade de substituição da testemunha originariamente arrolada. Se é certo que o Código de Processo Penal agora é omisso (talvez pela reforma *pontual*, não atentando o legislador para a substituição da redação do *antigo* art. 397, CPP), não se pode olvidar que o Código de Processo Civil tem expressa disposição quanto à possibilidade de substituição de testemunhas, regra essa que deverá ser aplicada de forma subsidiária e complementar ao processo penal à luz do disposto no art. 3º, CPP. Não por outro motivo que, e apenas a título exemplificativo, no julgamento do Agravo Regimental na Ação Penal nº 470 (*Rel. Min. Joaquim Barbosa, sessão de 23.10.2008*), o Supremo Tribunal Federal firmou (corretamente, em nossa compreensão) a possibilidade de aplicação subsidiária do art. 451, CPC/2015, que dispõe que, "*depois de apresentado o rol de que tratam os §§ 4º e 5º do art. 357, a parte só pode substituir a testemunha: I – que falecer; II – que, por enfermidade, não estiver em condições de depor; III – que, tendo mudado de residência ou de local de trabalho, não for encontrada*". Vide o art. 408, CPC de 1973, com redação praticamente idêntica, sem alteração de sentido.

Jurisprudência

401.3. [...] Não havendo previsão legal específica, aplica-se o disposto no art. 451 do Código de Processo Civil, na forma do art. 3º do Código de Processo Penal e do art. 9º da Lei n. 8.038/1990, para o regramento do pleito de substituição de testemunhas no processo penal. [...] (AP 1002 AgR-terceiro, Relator: Edson Fachin, Segunda Turma, DJe de 7/12/2017) [...] *(Medida Cautelar em Mandado de Segurança nº 38.099/DF, STF, Rel. Min. Ricardo Lewandowski, julgado em 30.7.2021, publicado no DJ em 3.8.2021)*

401.3. [...] A jurisprudência predominante nesta Corte Superior de Justiça entende só ser possível a substituição de testemunhas previamente arroladas em sede de resposta à acusação nas hipóteses de sua não localização, enfermidade ou falecimento, não verificadas no caso, tudo nos termos do novel art. 451, do CPC/2015, aplicado ao processo penal por força do art. 3º, do CPP. Recurso ordinário desprovido (*RHC nº 67.589-PA, STJ, 5ª Turma, unânime, Rel. Min. Félix Fischer, julgado em 9.8.2016, publicado no* DJ *em 22.8.2016*).

401.3. [...] A recente Reforma Processual Penal alterou capítulos inteiros e inúmeros dispositivos do Código de Processo Penal. No contexto dessa reforma, a Lei nº 11.719/2008 deu nova redação a inúmeros artigos e revogou diretamente outros. Dentre os dispositivos cujo texto foi alterado, encontra-se o art. 397, que previa a possibilidade de o juiz deferir a substituição de testemunha que não fosse localizada. A ausência de previsão específica do Código de Processo Penal acerca do direito à substituição não pode ser interpretada como "silêncio eloquente" do legislador. A busca por um provimento jurisdicional final justo e legítimo não pode ser fulminado pelo legislador, sob pena de o processo não alcançar sua finalidade de pacificação da lide. A prova testemunhal é uma das mais relevantes no processo penal. Por esta razão, o juiz pode convocar, de ofício, testemunhas que considere importantes para a formação do seu convencimento. Daí porque não se pode usurpar o direito da parte de, na eventualidade de não ser localizada uma das testemunhas que arrolou para comprovar suas alegações, substituí-la por outra que considere apta a colaborar com a instrução. É inadmissível a interpretação de que a "vontade do legislador", na Reforma Processual Penal, seria no sentido de impedir quaisquer substituições de testemunhas no curso da instrução, mesmo quando não localizada a que fora originalmente arrolada. Tal interpretação inviabilizaria uma prestação jurisdicional efetiva e justa, mais próxima possível da "verdade material". Perfeitamente aplicável, à espécie, o art. 408, III, do Código de Processo Civil, tendo em vista que a testemunha substituída não foi localizada em razão de mudança de endereço. O fato de a testemunha arrolada em substituição ser conhecida desde a época do oferecimento da denúncia não impede seu aproveitamento, quando houver oportunidade legal para tanto. No caso, não é possível vislumbrar fraude processual ou preclusão temporal para o arrolamento da testemunha substituta, tendo em vista que a testemunha que não foi encontrada existe e prestou depoimento na fase policial. Sua não localização no curso da instrução abre a possibilidade legal de sua substituição. Agravo regimental desprovido (*Segundo Agravo Regimental na Ação Penal 470-1/MG, Rel. Min. Joaquim Barbosa, Plenário, por maioria, julgado em 23.10.2008, publicado no* DJ *em 30.4.2009*).

Art. 402. Produzidas as provas, ao final da audiência, o Ministério Público, o querelante e o assistente e, a seguir, o acusado poderão requerer diligências cuja necessidade se origine de circunstâncias ou fatos apurados na instrução. (Redação dada pela Lei nº 11.719, de 2008)

Revogado expressamente (dentre outros) o art. 499, CPP (art. 3º da Lei nº 11.719), dispõe agora o art. 402, CPP, que, *logo após* encerrada a instrução, as diligências necessárias deverão ser requeridas ao juízo, desde que relacionadas – e essenciais – com as circunstâncias ou fatos apurados na instrução. É preciso que o esclarecimento pendente decorra necessariamente das *circunstâncias ou fatos apurados*. Portanto, não é qualquer diligência que poderá ser requerida, como até então se procedia normalmente quando os autos se encontravam na fase do (extinto) art. 499, CPP. Em nossa compreensão o então procedimento previsto no art. 499, CPP, agora se encontra localizado na disposição em tela, mas com algumas peculiaridades.

Primeiro que o prazo não é mais de 24 horas (em verdade e na prática, não era contado em *horas*, mas adotava-se a sistemática prevista no art. 798 e parágrafos, CPP, redundando num prazo de 1 dia), mas "*ao final da audiência*". Uma ressalva: se o encerramento da instrução não ocorrer em audiência, mas sim, e por exemplo, quando pendente de retorno ao juízo carta precatória para oitiva de uma testemunha de defesa, parece-nos incompatível adotar o rito agora estabelecido.

Depois, entendemos que – acaso não encerrada a instrução na audiência própria (como na hipótese exemplificativa acima) – deverá o juízo intimar as partes para que se manifestem se têm diligências a serem requeridas. Insiste-se: essas diligências deverão decorrer como essenciais e serem decorrentes do que apurado na instrução. Então, nessas circunstâncias, deverá fixar um prazo às partes (por absoluta falta de previsão legislativa, não vemos nenhum óbice para a continuidade do procedimento até então vigorante: 1 dia).

Jurisprudência

402. [...] As diligências requeridas na fase do art. 402 do CPP devem guardar relação com eventual necessidade que tenha surgido de circunstâncias ou fatos apurados na instrução. [...] *(Agravo Regimental nos Embargos de Declaração na Petição na Ação Penal nº 623-DF, STJ, Corte Especial, Rel. Min. Francisco Falcão, julgado em 20.9.2023, publicado no DJ em 29.9.2023)*

402. [...] O art. 402 do CPP não garante, sem a devida comprovação de imprescindibilidade, a realização de diligências. O juiz tem o poder de indeferir requerimentos que considere irrelevantes para o deslinde da causa ou que não dependam de sua intervenção para serem atendidos. [...] *(RHC nº 138.002-RJ, STJ, 6ª Turma, Rel. Min. Rogério Schietti Cruz, julgado em 10.8.2021, publicado no DJ em 16.8.2021)*

402. [...] A inobservância da formalidade do art. 402 do Código de Processo Penal não implica nulidade por si só, quando ausente demonstração de prejuízo. [...] *(EDcl no AgRg no Ag em REsp nº 540.925-SP, STJ, 6ª Turma, STJ, unânime, Rel. Min. Sebastião Reis Júnior, julgado em 13.9.2016, publicado no DJ em 22.9.2016)*.

Art. 403. Não havendo requerimento de diligências, ou sendo indeferido, serão oferecidas alegações finais orais por 20 (vinte) minutos, respectivamente, pela acusação e pela defesa, prorrogáveis por mais 10 (dez), proferindo o juiz, a seguir, sentença. (Redação dada pela Lei nº 11.719, de 2008)

§ 1º Havendo mais de um acusado, o tempo previsto para a defesa de cada um será individual. (Incluído pela Lei nº 11.719, de 2008)

§ 2º Ao assistente do Ministério Público, após a manifestação desse, serão concedidos 10 (dez) minutos, prorrogando-se por igual período o tempo de manifestação da defesa. (Incluído pela Lei nº 11.719, de 2008)

§ 3º O juiz poderá, considerada a complexidade do caso ou o número de acusados, conceder às partes o prazo de 5 (cinco) dias sucessivamente para a apresentação de memoriais. Nesse caso, terá o prazo de 10 (dez) dias para proferir a sentença. (Incluído pela Lei nº 11.719, de 2008)

403. A fase de alegações finais: Outra novidade. Pelo sistema expresso da legislação, não requeridas diligências complementares, inviável se falar em abertura de prazo para juntada de alegações finais, como existia no (extinto) art. 500, CPP. A homenagem à celeridade é elogiável, mas crê-se que, em determinados feitos (notadamente aqueles mais *complexos*), a providência poderá não só tumultuar a instrução como, especialmente, dificultar o exercício da mais ampla defesa. O prazo de 20 minutos, prorrogável por mais 10 minutos (que é individual – § 1º), pode-se revelar diminuto e insuficiente para o declínio de todos os argumentos acusatórios e defensivos. Não se olvide que, nos termos do § 3º, em feitos complexos ou com grande número de acusados, juízo poderá conceder às partes o prazo complementar de 5 dias para a apresentação de memoriais.

Ao assistente é garantida a possibilidade de falar em suplementação (porque essa é a nota de sua atuação em relação ao titular da ação penal pública), ao que sustentado pelo Ministério Público pelo prazo de 10 minutos (§ 2º). Em ocorrendo, há necessidade de facultar à defesa, por igual tempo, contrapor-se aos argumentos do assistente. Diferentemente das hipóteses do *caput* (para o titular da acusação e para a defesa), não há previsão expressa de prorrogação do prazo para o assistente da acusação.

Malgrado a taxatividade e a exceção já aberta em Lei para os casos complexos, inclusive com prorrogação de prazo (também taxativa), não vemos incompatibilidade de o magistrado, mediante devida fundamentação, ampliar os prazos de acordo com a necessidade do caso concreto, desde que, por evidente, mantida a paridade de armas e proporcionalidade do tempo, inclusive quanto ao assistente da acusação.

De qualquer forma, mesmo nessas situações de complexidade ou de elevado número de partes envolvidas, entendemos não haver nenhum empeço para que, *em audiência*, as partes juntem suas alegações finais escritas. Aliás, em as partes juntando suas alegações escritas ao final da instrução processual (sem a necessidade de que se abra prazo complementar para a apresentação de *memoriais*), mais célere será o processamento criminal.

Jurisprudência

403. [...] Sobre a não apresentação de alegações finais pelo d. Parquet, não passou de mera irregularidade, na medida em que o acusado, no processo penal, defende-se, não das alegações finais, mas dos fatos narrados na denúncia, a qual fora adequadamente apresentada pelo órgão acusatório. Precedente (AgRg no REsp n. 2.007.186/PE, Quinta Turma, Rel. Min. Reynaldo Soares da Fonseca, DJe de 7/11/2022). Além disso, nenhum prejuízo foi demonstrado, nos termos do art. 563 do Código de Processo Penal. [...] *(Agravo Regimental no Habeas Corpus* *nº 780.811-BA, STJ, 5ª Turma, Rel. Min. Messod Azulay Neto, sessão virtual de 18.4.2023 a 24.4.2023, publicado no DJ em 28.4.2023)*

403. [...] O juiz tem poderes diante da omissão de alegações finais para oportunizar à parte a substituição do causídico ou, na inércia, para requerer que a defensoria pública ofereça as alegações finais. [...] Admitir, por hipótese, a validade de tal conduta implicaria, em última instância, conferir o poder de definir a legalidade da atuação do juiz não aos Tribunais, mas ao próprio advogado. [...] *(Recurso em Mandado de Segurança nº 47.680/RR, STJ, 6ª Turma, unânime, Rel. Min. Rogério Schietti Cruz, julgado em 5.10.2021, publicado no DJ em 11.10.2021)*

403. [...] Ao se limitar a reiterar os memoriais da acusação, com pedido de condenação, a defesa não apresentou alegações finais em benefício do paciente, o que, como é de conhecimento, é causa de nulidade no processo penal. Com efeito, "as alegações finais consubstanciam-se em termo essencial do processo penal, razão pela qual, a sua ausência implica em vício insanável que requer a sua declaração de nulidade, por ofensa aos princípios constitucionais da ampla defesa e do contraditório". [...] A ausência de alegações finais não revela mera deficiência, mas verdadeira ausência de defesa, ensejando a nulidade do processo, nos termos do enunciado n. 523 da Súmula do Supremo Tribunal Federal. De fato, "a ausência de alegações finais defensivas leva à nulidade do processo desde a fase em que deveriam ter sido oferecidas". [...] *(Habeas Corpus nº 659.188/SP, STJ, 5ª Turma, unânime, Rel. Min. Reynaldo Soares da Fonseca, julgado em 11.5.2021, publicado no DJ em 14.5.2021)*

....

403.1. Ordem de alegações finais e produção de prova do réu colaborador. Até as alterações promovidas pela Lei nº 13.964/19, a Lei 12.850/13 não se preocupou em determinar com maior clareza a posição processual do colaborador na instrução criminal.

É certo, todavia, que ele, do ponto de vista *material*, isto é, em relação ao conteúdo do processo, se coloca ao lado da acusação. Mais que isso, ele tem o dever de sustentar as alegações constantes de seus anexos de colaboração, o que inclui, evidentemente, o dever de *aderir* à acusação, atuando em favor dos interesses persecutórios.

Por isso mesmo, parece-nos, ele deveria ocupar a posição de testemunha de acusação, se não houvesse, no direito brasileiro, o *interrogatório* dos réus, o que, à vista disso, inclui o colaborador. No direito estadunidense, por exemplo, em que não há o *interrogatório*, a posição do colaborador seria de testemunha de acusação, enquanto o depoimento do acusado seria o de testemunha de defesa, sendo facultativo esse último.

Ao contrário do que ocorre em relação à *chamada de corréu*, em que os réus se acusam reciprocamente – ou um deles em relação ao outro – o depoimento do colaborador estará sempre alinhado com todos os termos da acusação, no que toca à imputação em relação a ele e à pessoa por ele delatada. Para a divergência entre corréus o nosso CPP até contempla um arremedo de solução: a acareação entre eles, o que, quando nada, permitiria o *direito ao confronto*.

Assim, pensamos fora de maiores indagações a necessidade de se ouvir o colaborador antes dos demais interrogatórios, bem como de se ouvi-lo antes dos demais corréus na fase de alegações finais. Em favor do devido processo legal e da ampla defesa. E as testemunhas por ele arroladas deverão ser ouvidas *antes* das testemunhas dos demais acusados, não colaboradores.

O argumento da inexistência de lei prevendo semelhante posição, *data venia*, é insustentável. Fosse assim, toda lacuna do direito processual penal implicaria a impossibilidade de aplicação de norma mais favorável em favor do sistema de garantias individuais, cujo estatuto é constitucional, como bem se sabe. Há inúmeros precedentes no STF, no sentido de se ouvir o acusado por último, nas ações penais originárias, a despeito de inexistir previsão legal nesse sentido na Lei 8.038/90, que regula a matéria.

Em recentes julgados (HC 157.627 – Segunda Turma, e HC 166.373 – Plenário) a Suprema Corte decidiu que os réus colaboradores devem apresentar suas alegações finais antes dos demais corréus, sob pena de nulidade. Não parece ter ficado muito clara a natureza desse vício, se absoluta ou relativa.

Todavia, colhe-se de alguns dos votos vencidos o argumento no sentido de que as alegações finais não constituiriam fase processual de tamanho relevo, para fins de invalidação do ato, dado que elas não se prestariam à produção de prova, nem constituiriam momento adequado para inovações argumentativas.

Com o devido respeito à tese, as coisas não se passam dessa maneira em processo penal. As alegações finais, a bem da verdade, constituem a *cumeada* da atuação das partes no processo. É ali que acusação e defesa examinam as provas produzidas e as respectivas consequências, as questões de direito e as soluções possíveis quanto à matéria de fato. Aliás, pode ocorrer – e frequentemente ocorre – que a defesa sequer tenha enfrentado a acusação da fase de resposta escrita (art. 396, CPP), deixando para fazê-lo justamente nas alegações finais.

Não é por outra razão que a defesa se manifesta após a acusação. Ou alguém sustentaria a *constitucionalidade* de norma que, convencida da inutilidade das alegações finais, estabelecesse que a acusação deveria apresentá-las por último?

Solvendo a lacuna legislativa, a Lei nº 13.964/2019 incluiu o § 10-A ao art. 4º da Lei nº 12.850/2013, passando a dispor, expressamente, que "em todas as fases do processo, deve-se garantir ao réu delatado a oportunidade de manifestar-se após o decurso do prazo concedido ao réu que o delatou".

403.1.1. Violação da precedência e nulidades. Se a solução em relação à ordem dos depoimentos nos parece das mais simples, tanto em relação aos colaboradores, e, sobretudo, no que toca às testemunhas por eles arroladas, eventual descumprimento dessa ritualística pode conduzir a problemas mais complexos.

Como visto, o Supremo Tribunal Federal reconheceu a nulidade de processo em que havia sido violada essa regra, relativamente ao exercício das alegações finais. Alegou-se que teria havido prejuízo à ampla defesa, no fato de ter o juiz determinado prazo comum para a apresentação das alegações finais.

A questão que se põe é a seguinte: haveria preclusão para as defesas que não levantassem o prejuízo em tempo oportuno? Ou, outra: seria absoluta a nulidade assim reconhecida?

A nosso aviso, a solução da dúvida não poderá ser formulada abstratamente. Ou seja, dependerá do exame de cada caso concreto, desde que se inverta o ônus da demonstração do prejuízo.

É dizer, em princípio, o vício deveria conduzir à nulidade absoluta, se não comprovada a ausência de prejuízo. Na verdade, a demonstração de prejuízo nesse caso é muito mais difícil para a defesa, diante da impossibilidade de se retroagir no tempo e de se especular acerca do que teria sido possível alegar na hipótese contrária, isso é, da ausência do vício.

No entanto, parece-nos de fácil comprovação a *ausência de prejuízo* para a defesa, se e quando consideradas, *concretamente*, as alegações finais apresentadas efetivamente pelos colaboradores. Se tais manifestações não trouxerem qualquer acréscimo à atividade desenvolvida na instrução, não inovarem em qualquer ponto de fato ou de direito, não haverá por que se reconhecer a nulidade do referido ato processual, desde que todas as questões por ele levantadas tenham sido efetivamente abarcadas nas alegações finais dos acusados não colaboradores.

Mais problemática será a hipótese de violação à ordem do interrogatório. O colaborador sempre deverá falar primeiro. Nesse campo, o risco de prejuízo poderá ser maior, tudo a depender do prudente do caso sob exame, dado que, em tais situações, o colaborador-acusador se pronunciará sobre questões de fato depois do delatado. Nessa hipótese específica, pensamos que a acusação terá que comprovar, em níveis mais elevados de consistência jurídico-probatória, a absoluta ausência de prejuízo na inversão.

403.1.2. Posição de Douglas Fischer. Como ocorre em algumas passagens da presente obra, as posições dos autores não são unívocas em todos os termos. Há consenso sobre a ordem dos interrogatórios, mas não sobre a modificação (com efeitos retroativos) da ordem da apresentação de memoriais. Portanto, eis aqui mais um pequeno dissenso que entendemos importante registrar. Em sua posição, Douglas Fischer refere que os arts. 403 e 404 do CPP (que dispõem que as alegações finais – orais ou escritas, conforme o caso – serão apresentadas pela acusação e pela defesa, sucessivamente) nada referem que, em caso de haver réu colaborador, deveria ele (após o Ministério Público) apresentar primeiro as suas alegações e, depois, os demais réus.

Como noticiado, em dois julgamentos realizados no ano de 2019, o STF decidiu, majoritariamente, que, sob pena de nulidade do feito (desde que tenha havido a arguição no devido tempo), a ordem das alegações deveria ser sucessivamente: acusação, defesa de réu colaborador e, por último, defesas dos demais réus. O primeiro julgado foi no HC n. 157.627 (2ª Turma, decisão de 27.8.2019), e o segundo do Plenário (HC n. 166.373, decisão de 2.10.2019).

A consequência desse entendimento foi a anulação das sentenças condenatórias, devendo-se reabrir os prazos para as alegações na forma estabelecida.

Defende que, embora seja importante a especificação da ordem (inclusive por expressa previsão legal), o réu colaborador não deixa de ser réu.

Parte da ideia inicial de que se houvesse uma alteração legislativa (e, insiste, seria interessante que existisse) dispondo, expressamente, que, se houver colaboração premiada no bojo da ação penal, os memoriais serão apresentados primeiro pelo Ministério Público, depois pelos réus colaboradores e por último pelos demais corréus. E, de fato, como já anunciado, essa alteração foi realizada – e com maior amplitude do que aqui falado – pela Lei nº 13.964/2019, que incluiu o § 10-A ao art. 4º da Lei nº 12.850/2013, passando a dispor, expressamente, que "em todas as fases do processo, deve-se garantir ao réu delatado a oportunidade de manifestar-se após o decurso do prazo concedido ao réu que o delatou" (grifos nossos). Nesse caso, deve incidir a regra do art. 2º do CPP, presente o princípio *tempus regit actum*: o novel e expresso procedimento seria aplicado unicamente para os casos futuros, jamais retroativamente (tanto para a interpretação da lei, como para a nova disposição legal). Se assim o é, não se poderia conferir efeito retroativo a ulterior interpretação do dispositivo legal que não prevê expressamente essa ordem. Esse é o entendimento de muito tempo do STF, como se vê, por exemplo, no julgamento do HC n. 127.900-AM (fixando-se o interrogatório como último ato do processo para todos os procedimentos).

Em sua compreensão, o segundo equívoco do STF estaria no fato de, contrariando seus reiterados precedentes das turmas e do plenário (anteriores e posteriores a esses dois julgados paradigmáticos), *presumir* prejuízo pelo fato de os demais réus apresentarem suas alegações finais *concomitantemente* com as de réu colaborador. Tal não poderia ser assim: seria imprescindível a demonstração, *objetiva e clara*, de que, nos casos passados, a não permissão de apresentação das alegações pelos demais réus não colaboradores por último tenha causado um prejuízo *efetivo* para o exercício do contraditório e da ampla defesa. Como reconhecido noutros feitos de forma reiterada "*o pedido deve expor, claramente, como o novo ato beneficiaria o réu" pois, sem isso, "estar-se-ia diante de um exercício de formalismo exagerado, que certamente comprometeria o objetivo maior da atividade jurisdicional*" (Agravo Regimental no RHC n. 133.298, STF, 2ª Turma, unânime, Rel. Min. Ricardo Lewandowski, julgado em 23.8.2018, publicado no *DJ* em 3.9.2018). Como destacado, não se indicou "*de que modo a renovação dos referidos atos processuais poderia beneficiar o paciente, limitando-se a tecer considerações genéricas sobre o princípio do devido processo legal*" (Habeas Corpus n. 120.759-SE, STF, 2ª Turma, unânime, Rel. Min. Teori Zavascki, julgado em 28.10.2014, publicado no *DJ* em 13.11.2014). De fato, como destacamos na presente obra (vide anotações ao art. 563 do CPP), o entendimento do STF (antes e depois dos dois julgados retromencionados) *sempre* foi no sentido "*de que, para o reconhecimento de eventual nulidade, ainda que absoluta, faz-se necessária a demonstração do prejuízo*". Nesse sentido, o Tribunal tem reafirmado que essa demonstração, "*a teor do art. 563 do CPP, é essencial à alegação de nulidade, seja ela relativa ou absoluta, eis que [...] o âmbito normativo do dogma fundamental da disciplina das nulidades pas de nullité sans grief compreende as nulidades absolutas*" (Embargos de Declaração no Habeas Corpus nº 174.888/ SP, STF, 2ª Turma, unânime, Rel. Min. Ricardo Lewandowski, julgado em sessão virtual de 18.10.2019 a 24.10.2019, publicado no *DJ* em 6.11.2019).

Malgrado posicionamentos em sentido contrário, entende que o réu colaborador não possui interesse jurídico algum na condenação dos demais envolvidos. Sua obrigação por intermédio do acordo de colaboração premiada é exclusivamente de meio, de produção de provas (já encartadas aos autos pelo titular da ação penal antes das alegações finais de todos os réus). Mesmo que elas não sirvam para eventual condenação dos demais envolvidos, o colaborador terá direito ao benefício pactuado (HC n. 127.483-PR, Plenário, unânime: "*11. Os princípios da segurança jurídica e da proteção da confiança tornam indeclinável o dever estatal de honrar o compromisso assumido no acordo de colaboração, concedendo a sanção premial estipulada, legítima contraprestação ao adimplemento da obrigação por parte do colaborador*").

Mais que isso: nas alegações finais, o colaborador não junta prova alguma, senão colaciona as suas teses jurídicas de defesa. Não postula a condenação de absolutamente ninguém, apenas reforça sua versão dos fatos (pelo prisma defensivo). Essas suas alegações, se contiverem alguma assertiva em desfavor de algum outro corréu, jamais servirão para impor condenação isoladamente, conforme dispõe expressamente o inciso III do § 16º do art. 4º da Lei nº 12.850/2013, na redação da Lei nº 13.964/2019. Ou seja, não haveria como as alegações (defensivas) de réu colaborador causar efetivo prejuízo para os demais réus se todas as teses por eles desenvolvidas nos memoriais finais devem estar em consonância com as provas produzidas e já juntadas aos autos (pelo Ministério Público) e no interrogatório (igualmente prestado anteriormente) pelo réu colaborador. Não há, em tese, como supor a existência de surpresa com consequente não possibilidade do exercício do contraditório e da ampla defesa.

Faz destaque que, pouco tempo antes desses julgados, a 1ª Turma do STF reconheceu, de forma unânime, que "*inexiste previsão legal de nulidade decorrente da mera inversão na ordem das alegações finais, sendo certo que as nulidades processuais são* numerus clausus *e, à luz do princípio da instrumentalidade das formas, rege-se pelo princípio* pas de nullité sans grief" (Ação Penal n. 968-SP, STF, 1ª Turma, unânime, Rel. Min. Luiz Fux publicado no *DJ* em 2.8.2019). Se não há nulidade automática (com prejuízo presumido) pela alteração da ordem das alegações finais entre a acusação e a defesa, não há sentido a conclusão de que haveria o prejuízo pela apresentação concomitante das alegações finais de todos os réus (colaboradores e não colaboradores) após as alegações do Ministério Público com todas as provas e teses *condenatórias* já apresentadas claramente nos autos para fins do exercício do contraditório e da ampla defesa.

Em argumentos complementares, destaca o fato de que ficou bem expresso no voto-condutor do HC nº 157.627-PR que, no caso concreto, a defesa sequer alegou "*que a ordem entre as alegações finais apresentadas pelas respectivas defesas de agentes colaboradores e não colaboradores teria causado efetivo, concreto e específico prejuízo, tampouco se articula que as alegações oferecidas pela defesa dos colaboradores contiveram argumentos inovadores em relação às etapas processuais anteriores ou não passíveis de enfrentamento*". Mais que isso. Destacou explicitamente que, no caso concreto, "*foi garantido ao paciente, na respectiva ação penal, a plena concretização do contraditório, por meio do exercício da sua mais ampla defesa (cabendo mencionar que mesmo encerrada a instrução processual, foi possibilitado novamente o seu reinterrogatório, uma vez que optou por ficar em silêncio no primeiro ato)*". Esse dado é relevantíssimo para corroborar a posição de que, efetivamente, foi garantido o contraditório e a mais ampla defesa, considerando ainda que, na época, a previsão legal era de que as alegações finais seriam apresentadas conjuntamente pelos réus, sem quaisquer distinções entre colaborador e "delatado" (somente modificado após a edição da Lei nº 13.964/2019, que deu redação ao novo art.§ 10-A ao art. 4º da Lei nº 12.850/2013, dispondo expressamente que, "*em todas as fases do processo, deve-se garantir ao réu delatado a oportunidade de manifestar-se após o decurso do prazo concedido ao réu que o delatou*").

Refere ainda que, exatamente pela necessidade de sempre se verificar o caso concreto, em razão de não ter havido qualquer insurgência em tempo oportuno (e demonstração de *possível* e *efetivo* prejuízo), foi o motivo de o STJ ter denegado pretensão à anulação de feito em caso "similar". No bojo do Habeas Corpus nº 549.850-PR, deixou-se claro que, no precedente invocado, a defesa, *desde o primeiro grau de jurisdição, vinha requerendo a concessão de prazo sucessivo para a manifestação processual*. Além disso, no precedente do HC nº 166.373-PR, houve claros indicativos com a possibilidade de modulação dos efeitos desse entendimento (tema não solvido até o julgamento do *writ* em tela). Assim, como o STF não estabeleceu critérios, "*inclusive temporais e circunstanciais, para aplicação da conclusão alcançada no caso singular, não se revela possível aplicá-la de maneira geral, irrestrita e indiscriminada se a objetivação da tese, que eventualmente lhe poderá outorgar efeito* erga omnes, *ainda não ocorreu*". Exatamente por isso é que, fazendo o devido *distinguish* do caso concreto, em que não houve qualquer insurgência a tempo e modo cabíveis, não haveria como se anular o processo, notadamente pela ausência de demonstração de prejuízo.

Vide anotações também no item 155.7, onde há outras referências sobre o tema, inclusive precedentes jurisprudenciais mais detalhados.

Jurisprudência

403.1. [...] A apresentação de razões finais simultaneamente aos corréus delatores não é causa de nulidade automática, sendo necessária a demonstração do prejuízo, o que não foi feito. Inteligência do art. 563 do CPP. [...]. *(Recurso Especial nº 1.879.241/PR, STJ, 5ª Turma, unânime, Rel. Min. Ribeiro Dantas, julgado em 3.8.2021, publicado no DJ em 10.8.2021)*

403.1. [...] Apresentação de memoriais escritos por réus colaboradores e delatados. Prazo comum. Inadmissibilidade. Ofensa às regras do contraditório e da ampla defesa. Nulidade. Existência de prejuízo. [...] III – Memoriais escritos de réus colaboradores, com nítida carga acusatória, deverão preceder aos dos réus delatados, sob pena de nulidade do julgamento. Exegese imediata dos preceitos fundamentais do contraditório e da ampla defesa (art. 5º, LV, da CF/88) que prescindem da previsão expressa de regras infraconstitucionais. [...] *(Agravo Regimental no Habeas Corpus nº 157.627-PR, STF, 2ª Turma, por maioria, Rel. Min. Edson Fachin, Redator do acórdão Min. Ricardo Lewandowski, julgado em 27.8.2019, publicado no* DJ *em 17.3.2020).*

403.1. [...] Nulidade processual. Devido processo legal. Ampla defesa. Contraditório. Ordem de alegações finais. Réus colaboradores. Réus não colaboradores. [...] Fixação de tese pelo STF. [...] *Distinguish*. [...] Prazo sucessivo não requerido a tempo e modo oportunos. [...] IV – O Tribunal Pleno do Supremo Tribunal Federal, em julgamento realizado em 2/10/2019, nos autos do HC n. 166.373/PR, decidiu, por maioria de votos, que ao réu delatado deve-se conferir a oportunidade de apresentar alegações finais em momento posterior ao dos réus colaboradores, em atenção aos princípios do devido processo legal, da ampla defesa e do contraditório. V – O Supremo Tribunal Federal, no caso concreto, reconheceu o direito de apresentar as alegações finais por último do paciente daqueles autos, cuja defesa, *desde o primeiro grau de jurisdição, vinha requerendo a concessão de prazo sucessivo para a manifestação processual*. Na oportunidade, por decisão majoritária, deliberou por fixar tese a respeito do tema debatido em assentada posterior, havendo sinalizado com a possibilidade de modulação dos efeitos do entendimento. VI – Não tendo o Supremo Tribunal Federal estabelecido os critérios, inclusive temporais e circunstanciais, para aplicação da conclusão alcançada no caso singular, não se revela possível aplicá-la de maneira geral, irrestrita e indiscriminada se a objetivação da tese, que eventualmente lhe poderá outorgar efeito *erga omnes*, ainda não ocorreu. VII – No HC n. 157.627/PR e HC n. 166.373/PR, nos quais o STF concluiu pela necessidade de abrir prazo sucessivo aos réus colaboradores e aos réus não colaboradores, os acusados haviam requerido expressa e oportunamente, durante todas as instâncias judiciárias, a concessão de prazo sucessivo para apresentar as alegações finais, ao passo que, no caso *sub judice*, em nenhum momento, seja antes das alegações finais, seja nas razões do recurso de apelação, o recorrente postulou a concessão de prazo ou suscitou a nulidade processual por haver sido franqueado prazo simultâneo. VIII – Evidencia-se substancial distinção (*distinguishing*) entre o cenário jurídico-processual ora em exame e os fundamentos que determinaram a tese jurídica formulada nos precedentes citados. Nessas circunstâncias, ausentes ainda os critérios para sua aplicação, deve aguardar-se que o Supremo Tribunal Federal fixe tese definitiva sobre a matéria. [...] *(Agravo Regimental no Habeas Corpus nº 549.850-PR, STJ, 5ª Turma, Rel. Min. Félix Fischer, julgado em 8.9.2020, publicado no* DJ *em 15.9.2020).*

Art. 404. Ordenado diligência considerada imprescindível, de ofício ou a requerimento da parte, a audiência será concluída sem as alegações finais. (Redação dada pela Lei nº 11.719, de 2008)

Parágrafo único. Realizada, em seguida, a diligência determinada, as partes apresentarão, no prazo sucessivo de 5 (cinco) dias, suas alegações finais, por memorial, e, no prazo de 10 (dez) dias, o juiz proferirá a sentença. (Incluído pela Lei nº 11.719, de 2008)

404. Limites da atuação do juiz na produção de provas: Se houver a necessidade de diligências complementares, diz a regra em comento, será inviável a conclusão, em audiência, da instrução processual. Parece-nos que a situação aqui versada poderá ser bastante frequente.

Outra questão importante que merece destaque: consignou-se expressamente a possibilidade de o juiz determinar de ofício a realização dessa diligência. Nenhuma incompatibilidade com o sistema penal acusatório, acolhido pela Constituição. Não há aqui, tecnicamente, *iniciativa probatória* do juiz, mas unicamente – a partir das provas já requeridas pelas partes envolvidas – a necessidade de se buscar a complementação dos dados para ensejar a conclusão judicial. Alguns posicionamentos – notadamente doutrinários – defendem que regras desse jaez seriam inconstitucionais, na medida em que o julgador estaria se *antecipando* para produzir provas e, consequentemente, comprometendo sua imparcialidade. Defendem, ainda, que em caso de as provas não serem suficientes para a conclusão a ser exarada na sentença, a única alternativa seria a absolvição (nem que por ausência de provas). Com todas as *venias*, não podemos concordar. Ao menos nesses termos.

Embora se remeta aos comentários (mais detalhados) ao art. 156, CPP, impende aqui registrar, uma vez mais, que o art. 156, II, CPP, consignou que o juiz, de ofício, poderá "*determinar, no curso da instrução, ou antes de proferir sentença, a realização de diligências para dirimir dúvida sobre ponto relevante*". A medida deve ser aceita, mas com limites.

Com efeito, por imposição constitucional, o sistema acusatório deverá funcionar como um redutor e/ou controlador da aplicação dos dispositivos em tela (art. 404, parágrafo único e 156, II, ambos do CPP) em face da imparcialidade que deve nortear a ação do juiz. A imparcialidade deve ser visualizada aqui como um modo de impedir que o juízo adote uma postura tipicamente acusatória – e, portanto, incompatível com o sistema acusatório. É dizer: o juiz não pode desigualar as forças também quanto à produção da prova no processo. Daí as razões pelas quais entendemos ser absolutamente inconstitucional o art. 156, I, CPP, que permite que o juiz, *mesmo antes de iniciar a ação penal*, produza provas consideradas urgentes e relevantes (remetemos aos comentários ao art. 156, CPP).

Compreendemos ser possível construir uma linha divisória entre o que denominamos de *iniciativa probatória* e *iniciativa acusatória* do juiz penal. A iniciativa acusatória, já dissemos há muito, estará sempre presente quando o juiz empreenda atividade probatória de *iniciativa* exclusiva da acusação, sendo, em verdade, uma atuação substitutiva ou supletiva daquele ônus imposto ao Ministério Público (art. 156, CPP). Hipótese diversa é aquela em que a atividade do juiz se destina a resolver tão somente uma dúvida sobre pontos relevantes, nos termos do que disposto no art. 156, II, CPP. Por *dúvida* – que deve se dirigir ao questionamento acerca da *qualidade* ou da *idoneidade* da prova – não se pode entender a ausência da prova, como na situação anterior. A dúvida somente instala-se no espírito a partir da confluência de proposições em sentido diverso sobre determinado objeto ou ideia. Assim, somente se pode admitir a dúvida do juiz sobre *prova já produzida*, e não sobre a (eventual) *insuficiência ou ausência* da atividade persecutória.

Atente-se que, no julgamento das ADIs 6.398, 6.399, 6.400 e 6.405, reconheceu-se expressamente que a "legítima vedação à substituição da atuação probatória do órgão de acusação significa que o juiz não pode, em hipótese alguma, tornar-se protagonista do processo. Remanesce, contudo, a possibilidade de: (a) "*determinar, no curso da instrução, ou antes de proferir sentença, a realização de diligências para dirimir dúvida sobre ponto relevante*" (artigo 156, II); (b) determinar a oitiva de uma testemunha (artigo 209); (c) complementar a sua inquirição (artigo 212) e d) "*proferir sentença condenatória, ainda que o Ministério Público tenha opinado pela absolvição*" (artigo 385).

Por evidente, provas não requeridas eventualmente pela defesa poderão ser determinadas de ofício pelo juiz quando verificar a possibilidade de demonstração da inocência do réu.

A novel legislação estipulou ainda que, nos casos em que houver a necessidade de realização de diligências complementares, deverá ser concedido prazo às partes para a apresentação de suas alegações finais *por memoriais* (parágrafo único). Há de se admitir que esses *memoriais* nada mais são do que o que sempre denominou de *alegações finais*. Além disso, a referência aos memoriais também se encontra no art. 403, CPP, o que, pensa-se, reforça nossos argumentos declinados anteriormente pela possibilidade de apresentação de alegações escritas *em* audiência, acaso não haja diligências pendentes, tornando ainda mais célere o procedimento, sem qualquer mitigação do processo legal quanto à maximização constitucional da ampla defesa.

Jurisprudência

404. [...] O art. 404 do CPP prevê a realização de diligências consideradas imprescindíveis, inclusive autorizadas de ofício pelo magistrado, sem que isso caracterize nulidade, desde que observados o contraditório e demais princípios reguladores do devido processo legal. [...] *(Recurso em Habeas Corpus n. 116.213-GO, STJ, 5ª Turma, unânime, Rel. Min. Ribeiro Dantas, julgado em 3.9.2019, publicado no DJ em 10.9.2019).*

404. [...] O art. 404 do CPP prevê a realização de diligências consideradas imprescindíveis, inclusive autorizadas de ofício pelo magistrado, sem que isso caracterize nulidade, desde que observados o contraditório e demais princípios reguladores do devido processo legal. 7. Vale destacar que, "Consoante disposto no art. 209 do Código de Processo Penal, ocorrendo a preclusão no tocante ao arrolamento de testemunhas, é permitido ao magistrado, uma vez entendendo serem imprescindíveis à busca da verdade real, proceder à oitiva como testemunhas do juízo, contudo, tal providência não constitui direito subjetivo da parte" (AgRg no REsp 1671234/PR, Rel. Ministro Sebastião Reis Júnior, Sexta Turma, DJe 03/04/2018). [...] *(RHC nº 451.745-RJ, STJ, 5ª Turma, Rel. Min. Ribeiro Dantas, julgado em 23.10.2018, publicado no DJ em 31.10.2018)*

Art. 405. Do ocorrido em audiência será lavrado termo em livro próprio, assinado pelo juiz e pelas partes, contendo breve resumo dos fatos relevantes nela ocorridos. (Redação dada pela Lei nº 11.719, de 2008)

§ 1º Sempre que possível, o registro dos depoimentos do investigado, indiciado, ofendido e testemunhas será feito pelos meios ou recursos de gravação magnética, estenotipia, digital ou técnica similar, inclusive audiovisual, destinada a obter maior fidelidade das informações. (Incluído pela Lei nº 11.719, de 2008)

§ 2º No caso de registro por meio audiovisual, será encaminhado às partes cópia do registro original, sem necessidade de transcrição. (Incluído pela Lei nº 11.719, de 2008)

405.1. Registro dos atos de audiência: As determinações do *caput* e do § 1º do art. 405 do CPP têm a finalidade de que os registros de toda a instrução fiquem bem documentados nos autos, para que se permita às partes – não só na origem, mas também em grau recursal, se necessário – a utilização de todos os elementos produzidos, garantindo-se a fidelidade das provas.

A importância do disposto no § 1º é grande: previsto agora expressamente em Lei nessa extensão, consta que o *registro* poderá ser feito pelos meios ou recursos de gravação magnética, estenotipia, digital ou técnica similar, *inclusive* audiovisual. Para os casos mais complexos ou que demandem uma análise demasiada dos detalhes das provas (notadamente as testemunhais), nada melhor do que a realização da instrução mediante a gravação audiovisual, permitindo-se (como já feito hodiernamente em algumas situações) que a prova produzida em audiência (de modo especial o interrogatório – principal meio de defesa do réu, insiste-se – e depoimentos das testemunhas) possa ser analisada pelos tribunais de apelação, que, não raro, ficam jungidos à análise do que foi reproduzido no papel a partir de determinação do juízo, o qual, por mais fiel que procure ser ao que foi dito pelas partes, não tem a possibilidade de revelar na fria letra do papel o momento, as circunstâncias e os detalhes efetivamente declinados na produção das provas.

A providência insculpida no § 2º veio em boa hora, acompanhando a expressa disposição anterior. Dispõe-se que, no caso da realização da prova mediante o *recurso* audiovisual, deverá ser encaminhado às partes (acusação – inclusive assistência, se for o caso – e defesa) cópia do registro original, sem qualquer necessidade de transcrição.

Jurisprudência

405.1. [...] II – Ausência de nulidade alegada. "Da leitura do art. 405, § 1º, observa-se que não foi imposta a obrigatoriedade do registro dos depoimentos em sistema técnico de gravação, afinal, o processo penal é regido pelo princípio da instrumentalidade das formas. Na espécie, como houve a transcrição da prova oral colhida durante a instrução, tornou-se possível a reavaliação da prova pela instância superior, na apelação, não tendo a defesa demonstrado o efetivo prejuízo, no caso concreto, advindo desta forma de registro, impossibilitando o reconhecimento da nulidade, conforme disciplina o art. 563 do Código de Processo Penal' (RHC n. 95.771/RJ, Quinta Turma, Rel. Min. Reynaldo Soares da Fonseca, DJe de 30/05/2018). [...] *(Agravo Regimental no HC nº 601.155-RJ, STJ, 5ª Turma, Rel. Min. Félix Fischer, julgado em 6.10.2020, publicado no DJ em 15.10.2020)*

405.1. [...] O art. 405, § 1.º, do CPP não impõe a obrigatoriedade do sistema técnico de gravação em audiência na hipótese em que não esteja disponível para tanto, pois vigora no processo penal o princípio da instrumentalidade. Contudo, sendo possível a gravação audiovisual do interrogatório, o texto legal expressamente prioriza sua utilização para o registro dos atos de audiência, não sendo facultado ao Magistrado processante optar por outro método de registro, sob pena de violação do postulado do devido processo legal. [...] *(Habeas Corpus n. 455.754-RJ, STJ, 6ª Turma, unânime, Rel. Min. Laurita Vaz, julgado em 6.8.2019, publicado no DJ em 19.8.2019).*

405.2. Desnecessidade de transcrição: De fato, a transcrição não se faz necessária. Como há muito sustentamos, a prova não está na transcrição, mas sim nos registros efetuados e postos ao alcance das partes para que, querendo, possam utilizá-los no processo penal como melhor aprouver.

Impende registrar que, num passado bastante recente, quase que invariavelmente o registro das interceptações telefônicas era realizado em fitas magnéticas. Atualmente, na maioria das vezes, os registros são efetuados em discos rígidos (HDs) de computadores dos órgãos responsáveis pela realização da diligência e depois gravados em CDs ou DVDs, ao final juntados ao inquérito ou investigação. Nessas situações, nunca se exigiu do órgão responsável pela investigação ou da acusação a necessidade de transcrever os registros ou mesmo ter acesso ao conteúdo dos computadores em que gravadas, originalmente, as conversas. Nunca se exigiu – nem no artigo em comento se exige – que seja colocado à disposição das partes a tecnologia adotada para a gravação (telefônica ou, no caso, audiovisual), e sim, como dito e ora enfatizado, unicamente o resultado da providência investigatória ou probatória. É disso que trata agora – de forma explícita – o dispositivo em tela, pelo menos no que se refere à prova realizada mediante o recurso tecnológico do audiovisual.

Jurisprudência

405.2. [...] 1. Em recente julgamento realizado pela Terceira Seção desta Corte Superior, no HC n. 462.253/SC, de relatoria do Ministro Nefi Cordeiro, foi firmado o entendimento de que a ausência da degravação completa da sentença registrada por meio audiovisual não representa ofensa aos princípios do contraditório e ampla defesa. [...] *(Agravo Regimental no Habeas Corpus n. 480.630-SC, STJ, 5ª Turma, unânime, Rel. Min. Joel Ilan Paciornik, julgado em 6.6.2019, publicado no DJ em 21.6.2019).*

405.2. [...] 2. O legislador federal, por meio da Lei n. 11.719/2008, promoveu, entre outras, alteração no Código de Processo Penal consistente na inserção do atual § 1º do artigo 405, o qual determina que os depoimentos de investigados, indiciados, ofendidos e testemunhas serão registrados, "sempre que possível", por "meios ou recursos de gravação magnética, estenotipia, digital ou técnica similar, inclusive audiovisual". 3. Não há motivo para que o registro de interrogatório do réu deixe de observar a mesma sistemática exigida para a colheita dos depoimentos de investigado, indiciado, ofendido e testemunha, apesar da omissão do legislador. 4. Verifica-se, a partir da leitura da parte final do aludido § 1º do art. 405, que as alterações promovidas pela Lei n. 11.719/2008 objetivaram a implementação não só dos princípios da razoável duração do processo e da celeridade processual (art. 5º, LXXVIII, da CF), mas, também, do contraditório e da ampla defesa (art. 5º, LX, da CF), na medida em que a utilização de meios ou recursos de gravação audiovisual, para o registro de depoimentos, é "destinada a obter maior fidelidade das informações". 5. A expressão legal "sempre que possível" apenas ressalta a manutenção do registro de depoimento por meio do método tradicional, sem gravação audiovisual, na hipótese em que não exista, faticamente, sistema disponível para tanto. 6. A partir da entrada em vigor da Lei n. 11.719/2008, a melhor exegese da disposição legal que regula a matéria não comporta outra interpretação, senão a de que o juiz que disponha de meio ou recurso para gravação deverá, obrigatoriamente, utilizá-lo para o registro dos depoimentos de investigado, indiciado, ofendido, testemunha e, inclusive, de réu. Excepcionalmente, ante impedimento fático, poderá o magistrado proceder à colheita dos depoimentos por meio da sistemática tradicional, desde que motivadamente justifique a impossibilidade, sem que isso inquina de ilegalidade o ato. [...] (Habeas Corpus n. 428.511-RJ, STJ, 5ª Turma, Rel. Min. Ribeiro Dantas, julgado em 19.4.2018, publicado no DJ em 25.4.2018).

CAPÍTULO II
Do Procedimento Relativo aos Processos da Competência do Tribunal do Júri (Redação dada pela Lei nº 11.689, de 2008)

Seção I
Da Acusação e da Instrução Preliminar

Art. 406. O juiz, ao receber a denúncia ou a queixa, ordenará a citação do acusado para responder a acusação, por escrito, no prazo de 10 (dez) dias. (Redação dada pela Lei nº 11.689, de 2008)

§ 1º O prazo previsto no *caput* deste artigo será contado a partir do efetivo cumprimento do mandado ou do comparecimento, em juízo, do acusado ou de defensor constituído, no caso de citação inválida ou por edital. (Redação dada pela Lei nº 11.689, de 2008)

§ 2º A acusação deverá arrolar testemunhas, até o máximo de 8 (oito), na denúncia ou na queixa.

§ 3º Na resposta, o acusado poderá arguir preliminares e alegar tudo que interesse a sua defesa, oferecer documentos e justificações, especificar as provas pretendidas e arrolar testemunhas, até o máximo de 8 (oito), qualificando-as e requerendo sua intimação, quando necessário. (Incluído pela Lei nº 11.689, de 2008)

406.1. Recebimento da peça acusatória no procedimento do Júri: O § 3º do art. 394 do CPP é expresso no sentido de que, nos casos de competência do Tribunal do Júri, o procedimento observará as disposições estabelecidas nos arts. 406 a 497, CPP. Embora previsto expressamente no âmbito do procedimento do Júri, o *caput* do art. 406, CPP, guarda similitude com a regra (agora geral) do art. 396, CPP.

Assim, *após* o recebimento da denúncia ou da queixa, deverá ser determinada a citação do acusado para apresentar sua defesa escrita, no prazo de 10 (dez) dias. Não custa referir que a norma em tela – na senda também do art. 396, CPP – difere, por exemplo, daquela que, no procedimento específico para a Lei de drogas, prevê (art. 55 da Lei nº 11.343/06) a necessidade de o juiz, *antes* do recebimento da denúncia, determinar a intimação do denunciado para que apresente a defesa prévia.

Reitera-se, ainda, que não se aplicam as regras do § 4º do art. 394 do CPP ao procedimento do Júri diante da expressa ressalva do § 3º.

Convém anotar também aqui que, em vigor desde 9 de setembro de 2011, a Lei nº 12.483/11 introduziu o art. 19-A à Lei nº 9.807/99 (*que, dentre outros, estabelece normas para a organização e a manutenção de programas especiais de proteção a vítimas e a testemunhas ameaçadas*), dispondo que (*caput*) *"terão prioridade na tramitação o inquérito e o processo criminal em que figure indiciado, acusado, vítima ou réu colaboradores, vítima ou testemunha protegidas pelos programas"* de que trata a Lei.

A questão relevante que aqui merece destaque é o fato de, no parágrafo único, ter-se estipulado que *"qualquer que seja o rito processual criminal, o juiz,* ***após a citação,*** *tomará antecipadamente o depoimento das pessoas incluídas nos programas de proteção previstos nesta Lei, devendo justificar a eventual impossibilidade de fazê-lo no caso concreto ou o possível prejuízo que a oitiva antecipada traria para a instrução criminal"*. Verifica-se claramente que estipulou-se uma inversão do rito, sendo que, após a citação, o primeiro ato processual será a tomada antecipada do depoimento das pessoas incluídas nos programas de proteção previstos na Lei. Mais: a não obediência da regra impõe que o juiz justifique (obviamente com a devida fundamentação) a impossibilidade de tomar os depoimentos naquele momento ou o eventual prejuízo que a oitiva antecipada traria para a instrução criminal.

406.2. Contagem do prazo previsto no caput: O que se tem aqui é a reafirmação da regra objeto do art. 798, § 5º, *a*, CPP, consubstanciado hoje também na Súmula 710 do STF: *"no processo penal, contam-se os prazos da data da intimação, e não da juntada aos autos do mandado ou da carta precatória ou de ordem"*.

Diversamente do que se dá no âmbito do processo civil (em que os prazos são contados das juntadas dos mandados ou das cartas precatórias ou de ordem aos autos), a razão da norma no processo penal é evidente (ainda mais com o advento das determinações da reforma de 2008, ora em análise): a necessidade de otimização e prestação célere da resposta estatal na apuração dos fatos criminosos. A providência insculpida aqui nem de longe arranha a ampla defesa e o contraditório, na medida em que determina tão somente que, realizado o ato de intimação (propiciando-se, assim, o exercício da faculdade da defesa), o prazo iniciará a fluir. Evidente, o sistema de contagem do prazo é geral, conforme os dispositivos específicos do art. 798, CPP. É dizer: não se computará no prazo o dia do começo, incluindo-se, porém, o do vencimento (§ 1º), bem como o prazo que terminar em domingo ou dia feriado considerar-se-á prorrogado até o dia útil imediato (§ 3º).

Por coerência (especialmente com o que preconiza o art. 570, CPP: *"a falta ou nulidade da citação, da intimação ou notificação estará sanada, desde que o interessado compareça, antes de o ato consumar-se, embora declare que o faz para o único fim de argui-la"*), restou estabelecida uma condição: em caso de citação inválida ou por edital, o prazo somente começará a fluir a partir do comparecimento do acusado em cartório, pessoalmente ou mediante seu defensor constituído.

406.3. Número de testemunhas que podem ser arroladas pela acusação: Entendemos que o direito da acusação a arrolar 8 (oito) testemunhas merece uma explicitação, tal como na hipótese do art. 401 do CPP: o número máximo deve ser compreendido como sendo *por fato criminoso* narrado na denúncia.

406.4. Número de testemunhas que podem ser arroladas pela defesa: A regra do § 3º é idêntica ao que disposto no art. 396-A, CPP, embora a redação *não* seja *literalmente* a mesma.

Insiste-se no que anteriormente dito: a *resposta preliminar* de que trata a norma em comento diverge substancialmente daquela prevista, por exemplo, no art. 55 e § 1º, Lei nº 11.343/06 (*"Art. 55. Oferecida a denúncia, o juiz ordenará a notificação do acusado para oferecer defesa prévia, por escrito, no prazo de 10 (dez) dias. § 1º Na resposta, consistente em defesa preliminar e exceções, o acusado poderá arguir preliminares e invocar todas as razões de defesa, oferecer documentos e justificações, especificar as provas que pretende produzir e, até o número de 5 (cinco), arrolar testemunhas"*).

Por intermédio do dispositivo em tela, se pretendeu ampliar as possibilidades defensivas, permitindo-se ao *réu* realizar verdadeira *antecipação* da tese defensiva com a finalidade de obter, já de início, o reconhecimento de uma das causas que possam conduzir à absolvição (sumária). Dentro desse espectro, poderá optar pela declinação de todos os argumentos que efetivamente *interessem* à defesa. Assim, estará dentro da estratégia processual adotada pela defesa lançar mão ou não dos argumentos que se entenderem necessários.

Este será também o momento processual adequado para a arguição das exceções, previstas no art. 95, CPP (vide art. 407, CPP).

Art. 407. As exceções serão processadas em apartado, nos termos dos arts. 95 a 112 deste Código. (Redação dada pela Lei nº 11.689, de 2008)

407. Ajuizamento de exceções: Embora o procedimento do Júri tenha suas características, fácil ver que nas partes ora em análise estipularam-se condições bastante similares à regra geral. Nesse diapasão, a norma do art. 407 do CPP é idêntica àquela do art. 396-A, § 1º, do CPP.

Mesmo que se repitam os argumentos tecidos anteriormente, é de enfatizar que a obrigatoriedade do processamento em apartado das exceções já se encontrava prevista no art. 111 do CPP (*"Art. 111. As exceções serão processadas em autos apartados e não suspenderão, em regra, o andamento da ação penal"*), de modo que, pensamos, desnecessária ser a disposição expressa.

O art. 95, CPP, estipula a possibilidade de ajuizamento das exceções de: (a) suspeição; (b) incompetência do juízo; (c) litispendência; (d) ilegitimidade de parte (parte ativa, explicite-se); (e) coisa julgada. A produção das provas é permitida em qualquer tempo, à exceção da prova documental, com as ressalvas específicas para o procedimento do Júri, sob análise. É o que se vê do art. 479, CPP, que dispõe que *"durante o julgamento não será permitida a leitura de documento ou a exibição de objeto que não tiver sido juntado aos autos com a antecedência mínima de 3 (três) dias úteis, dando-se ciência à outra parte"*. As demais provas (testemunhas e perícias, *v. g.*) entendemos que se submetem à preclusão se não requeridas no momento da defesa (resposta) escrita.

Não arguidas as exceções no momento oportuno, estarão elas preclusas, não mais sendo passíveis de objeção *pelas partes*. Uma característica especial do procedimento processual penal impõe destaque: nos termos do art. 109, CPP, diversamente do que ocorre no âmbito do processo civil, *"se em qualquer fase do processo o juiz reconhecer motivo que o torne incompetente, declará-lo-á nos autos, haja ou não alegação da parte, prosseguindo-se na forma do artigo anterior"*. Por evidente, o dispositivo em tela regula a incompetência relativa, pois, quanto à absoluta (em razão da matéria ou em razão das funções – *ratione muneris*), não haveria necessidade de previsão: ela é obrigatória por imperativo constitucional. Assim, fundamental se atentar que, no processo penal, a preclusão para a discussão mediante exceção se dá *apenas para as partes, não atingindo o juízo*, que, inclusive quanto à competência territorial, poderá decliná-la de ofício, havendo ou não arguição, ou mesmo ultrapassado o prazo para sua apresentação. O que não mais poderá haver é a oposição procedimental de *exceção de incompetência*. Do mesmo modo, outras matérias (coisa julgada, ilegitimidade de parte etc.) não impedem o seu reconhecimento *fora das exceções*.

Nem há de se falar – ou pretender – a aplicabilidade subsidiária da Súmula 33 do STJ. O motivo é bastante singelo: referido comando sumulado foi editado com base em regras específicas do processo civil, e os precedentes que o originaram tratavam de discussão de competência *territorial* em feitos civis. A aplicação analógica dos dispositivos legais ou até sumulares do processo civil ao processo penal reclama – no mínimo – uma lacuna na legislação, que, no caso, não existe: é expressa a disposição no processo penal acerca da possibilidade de o juiz declinar de ofício a competência, inclusive a de natureza relativa (territorial). Nesse ponto, portanto, não concordamos com alguns entendimentos jurisprudenciais – especialmente do STJ – que aplicam de forma *subsidiária* a Súmula 33 do STJ ao processo penal (*v. g.*, como se vê apenas a título exemplificativo, no *CC. nº 37.149-RN, STJ, 3ª Seção, unânime, julgado em 27.4.2005, publicado no* DJ *em 9.5.2005*).

Mas há um dado novo que merece consideração: a Lei nº 11.719/08 introduziu no sistema processual penal o princípio da identidade física do juiz. O art. 399, § 2º, CPP é pontual: o juiz que presidiu a instrução deverá proferir a sentença (sobre sua aplicabilidade e exceções, vide nossas anotações ao art. 399, CPP). Em nosso entendimento, daí decorre uma necessária *modulação* da autorização contida no art. 109, CPP, inclusive para o magistrado. Significa que, como o juiz que presidiu a instrução deverá sentenciar, não se poderá mais admitir o reconhecimento de incompetência relativa *após iniciada a instrução*. Quer-se dizer que o acolhimento de ofício da incompetência relativa pelo magistrado de primeiro grau somente poderá ser realizado até o início da audiência de instrução e julgamento. A partir daí a matéria também estará preclusa para o juiz.

Art. 408. Não apresentada a resposta no prazo legal, o juiz nomeará defensor para oferecê-la em até 10 (dez) dias, concedendo-lhe vista dos autos. (Redação dada pela Lei nº 11.689, de 2008)

408. Procedimento em caso de ausência de defesa escrita: Por sua vez, o art. 408 do CPP guarda *similitude* com o § 2º do art. 396-A do CPP. A diferença em razão deste último dispositivo ("*Não apresentada a resposta no prazo legal, ou se o acusado, citado, não constituir defensor, o juiz nomeará defensor para oferecê-la, concedendo-lhe vista dos autos por 10 (dez) dias*") está no fato de que, na fase do procedimento do Júri em que ora se encontra o feito, o réu já foi citado anteriormente. Assim, diante da ausência de resposta – que passou a ser obrigatória como corolário do princípio da ampla defesa (diversamente do que ocorria em relação à então *defesa prévia* do procedimento processual penal revogado) – deverá o magistrado nomear um defensor para o oferecimento da defesa no prazo de 10 (dez) dias.

Art. 409. Apresentada a defesa, o juiz ouvirá o Ministério Público ou o querelante sobre preliminares e documentos, em 5 (cinco) dias. (Redação dada pela Lei nº 11.689, de 2008)

409. Manifestação do titular da ação penal sobre preliminares e documentos: Apresentada e recebida a peça acusatória, estabelecendo-se a relação processual, é fundamental a citação e oportunização à defesa para que se contraponha efetivamente à pretensão exordial. Entretanto, formalizada a defesa (com a peculiaridade, aqui, do procedimento adotado em relação ao Júri), dos (eventuais) documentos juntados e preliminares arguidas é essencial dar-se o conhecimento a quem fez sustentar o pedido originário, Ministério Público ou querelante. Se de um lado se deve permitir o conhecimento à defesa de todas as provas pretendidas pela acusação, igual situação deve se dar em relação às pretensões defensivas. É dizer: deve o magistrado velar para que as partes tenham as mesmas possibilidades (paridade de armas) de contrapor-se às pretensões adversas. É uma das demonstrações claras de que o contraditório não existe apenas para a *defesa*.

Jurisprudência

409 [...] O direito fundamental ao contraditório não garante um direito a réplica pela defesa, quando coube a ela mesma a arguição de determinada nulidade processual. Pelo contrário, sendo o contraditório uma garantia de todos os litigantes, a provocação do Judiciário pela defesa impõe a aplicação da garantia em favor do Ministério Público. [...] *(Agravo Regimental na Ação Penal nº 1.040-DF, STJ, Corte Especial, Rel. Min. Raul Araújo, julgado em 18.10.2023, publicado no DJ em 14.11.2023)*

409 [...] O Tribunal de origem também não constatou prejuízo à defesa, ao expor que "*A intimação do parquet se deu justamente para tomar conhecimento de que a defesa apresentou questionamentos técnicos, que foram respondidos por peritos oficiais, e que juntou peça denominada complementação de alegações finais; logo, o contraditório — que, como bem ressaltou o parquet em suas contrarrazões, é garantia assegurada a ambas as partes no processo penal, e* *não somente à defesa do réu — devia de fato ser observado da forma como fora". [...] (Agravo Regimental no Habeas Corpus nº 806.147-BA, STJ, 6ª Turma, Rel. Min. convocado Jesuíno Rissato, sessão virtual de 22.8.2023 a 28.8.2023, publicado no DJ em 30.8.2023)*

409. [...] Esta Corte já assentou que "*a inversão processual, falando antes a defesa e depois a acusação nas alegações finais, implica em nulidade tanto quanto no caso da sustentação oral (RECrim nº 91.661-MG, in RTJ 92/448), por ofensa ao princípio da ampla defesa e do contraditório. Entretanto, quando a defesa argui questão preliminar nas alegações finais, é legítima a abertura de vista e a manifestação do Ministério Público, ambos com respaldo legal na aplicação analógica do art. 327, primeira parte, do Código de Processo Civil, como previsto no art. 3º do Código de Processo Penal, pois em tal caso é de rigor que a outra parte se manifeste, em homenagem ao* ***princípio do contraditório, cujo exercício não é monopólio da defesa***" (HC nº 76.240/SP, Segunda Turma, da relatoria do Min. Maurício Corrêa, *DJ* de 14.8.1998). [...] (*Recurso Ordinário em Habeas Corpus nº 104.261, STF, Plenário, Relator Min. Dias Toffoli, julgado em 15.3.2012, publicado no DJ em 7.8.2012*).

Art. 410. O juiz determinará a inquirição das testemunhas e a realização das diligências requeridas pelas partes, no prazo máximo de 10 (dez) dias. (Redação dada pela Lei nº 11.689, de 2008)

410. Prazo para oitiva de testemunhas e diligências: Da necessidade da otimização da razoável duração do processo (celeridade) decorreu a imposição de prazo para que sejam realizadas diligências e inquirição de testemunhas. É importante destacar que, dependendo das provas solicitadas (perícias complexas complementares, por exemplo) ou de testemunhas tidas como imprescindíveis (via carta precatória ou até mediante rogatória), não se poderá cumprir o prazo estipulado em lei. Daí se dizer que o prazo aqui fixado não é peremptório, mas um indicador da necessidade de que o juízo, tanto quanto possível, realize ou determine a realização dos atos solicitados (e deferidos) dentro de 10 (dez) dias.

Art. 411. Na audiência de instrução, proceder-se-á à tomada de declarações do ofendido, se possível, à inquirição das testemunhas arroladas pela acusação e pela defesa, nesta ordem, bem como aos esclarecimentos dos peritos, às acareações e ao reconhecimento de pessoas e coisas, interrogando-se, em seguida, o acusado e procedendo-se o debate. (Redação dada pela Lei nº 11.689, de 2008)

1º Os esclarecimentos dos peritos dependerão de prévio requerimento e de deferimento pelo juiz. (Incluído pela Lei nº 11.689, de 2008)

§ 2º As provas serão produzidas em uma só audiência, podendo o juiz indeferir as consideradas irrelevantes, impertinentes ou protelatórias. (Incluído pela Lei nº 11.689, de 2008)

§ 3º Encerrada a instrução probatória, observar-se-á, se for o caso, o disposto no art. 384 deste Código. (Incluído pela Lei nº 11.689, de 2008)

§ 4º As alegações serão orais, concedendo-se a palavra, respectivamente, à acusação e à defesa, pelo prazo de 20 (vinte) minutos, prorrogáveis por mais 10 (dez). (Incluído pela Lei nº 11.689, de 2008)

§ 5º Havendo mais de 1 (um) acusado, o tempo previsto para a acusação e a defesa de cada um deles será individual. (Incluído pela Lei nº 11.689, de 2008)

§ 6º Ao assistente do Ministério Público, após a manifestação deste, serão concedidos 10 (dez) minutos, prorrogando-se por igual período o tempo de manifestação da defesa. (Incluído pela Lei nº 11.689, de 2008)

§ 7º Nenhum ato será adiado, salvo quando imprescindível à prova faltante, determinando o juiz a condução coercitiva de quem deva comparecer. (Incluído pela Lei nº 11.689, de 2008)

§ 8º A testemunha que comparecer será inquirida, independentemente da suspensão da audiência, observada em qualquer caso a ordem estabelecida no *caput* deste artigo. (Incluído pela Lei nº 11.689, de 2008)

§ 9º Encerrados os debates, o juiz proferirá a sua decisão, ou o fará em 10 (dez) dias, ordenando que os autos para isso lhe sejam conclusos. (Incluído pela Lei nº 11.689, de 2008)

411.1. Ordem dos atos de instrução: Não há como ser diferente: o art. 411, CPP, também guarda certa simetria com a regra (geral) do art. 400, CPP. A diferença inicial está em que, aqui, não se cogita de audiência de instrução e *julgamento*, mas unicamente de *instrução*: o julgamento do mérito competirá ao plenário (juiz natural) em caso de pronúncia (art. 413, CPP).

As testemunhas deverão ser ouvidas na sequência lógica: primeiro as da acusação, por último as da defesa. Não se fez ressalva aqui ao disposto no art. 222, CPP (como expressamente existe no art. 400, CPP). A razão é óbvia: o juiz natural é o Tribunal do Júri, de modo que as cartas deverão ter retornado até a fase de plenário, mormente para possibilitar, se for o caso, o arrolamento de testemunhas.

Jurisprudência

411.1. [...] O fato de a lei facultar às partes a apresentação de um número determinado de testemunhas não significa que todas aquelas que venham a ser arroladas serão, obrigatoriamente, ouvidas no deslinde da instrução. O cotejo das provas relevantes à elucidação da verdade real inclui-se na esfera de discricionariedade mitigada do juiz do processo, o qual, vislumbrando a existência de diligências lato sensu protelatórias, desnecessárias ou impertinentes aos autos, poderá indeferi-las mediante decisão fundamentada. Exegese do art. 411, § 2.º, do Código de Processo Penal. [...] *(HC nº 507.207-DF, STJ, 6ª Turma, Rel. Ministra Laurita Vaz, julgado em 19.5.2020, publicado no DJ em 12.6.2020)*

411.1. [...] 2. A obrigatoriedade de oitiva da vítima deve ser compreendida à luz da razoabilidade e da utilidade prática da colheita da referida prova. Hipótese de imputação da prática de 638 (seiscentos e trinta e oito) homicídios tentados, a revelar que a inquirição da integralidade dos ofendidos constitui medida impraticável. Indicação motivada da dispensabilidade das inquirições para informar o convencimento do Juízo, forte em critérios de persuasão racional, que, a teor do artigo 400, § 1°, CPP, alcançam a fase de admissão da prova. Ausência de cerceamento de defesa. [...] *4. O rito especial do Tribunal do Júri limita o número de* testemunhas a serem inquiridas e, ao contrário do procedimento comum, não exclui dessa contagem as testemunhas que não prestam compromisso legal. Ausência de lacuna a ensejar a aplicação de norma geral, preservando-se, bem por isso, a imperatividade da regra especial. [...] (*Habeas Corpus nº 131.158-RS, STF, 1ª Turma, Rel. Min. Edson Fachin, julgado em 26.4.2016, publicado no* DJ *em 14.9.2016*).

411.2. Esclarecimentos aos peritos: O § 2º do art. 400 do CPP (procedimento geral) fala unicamente que os esclarecimentos dos peritos dependerão de prévio requerimento das partes, enquanto a norma do § 1º do art. 411 refere ser essencial, ainda, o "*deferi-*

mento pelo juiz". Nas situações da regra geral, a apreciação da prova será feita pelo próprio juiz. Aqui, o competente para analisar as provas produzidas será o tribunal popular.

411.3. Unidade da audiência de instrução e o indeferimento de provas: A redação do § 2º do art. 411 é idêntica à do § 1º do art. 400, ambos do CPP. Tal como lá assentado, é de se ver que a ampla defesa não pode ser confundida com a possibilidade de a defesa querer realizar todo e qualquer ato processual que pretenda, mesmo que sem qualquer utilidade prática.

Ampla defesa não é o que a defesa *quer*, mas o que *pode* fazer à luz da concretização de todos os princípios constitucionais no processo penal. Portanto, não está em jogo apenas a ampla defesa, mas também o devido processo legal (que é *devido processo* para ambas as partes) e a própria celeridade processual.

Há muito dizemos, e aqui reiteramos, *ampla* defesa não se confunde com *abuso* (atos) de defesa. Noutra oportunidade (O princípio da ampla defesa e as condutas com intuito meramente protelatório no procedimento processual penal, *RT*, n. 761, março/99, p. 509-512), já assentamos que o juiz não deve ser um espectador da vontade das partes, impassível diante de fatos que dificultem a aplicação da Lei penal. Ele é o condutor do processo e, provavelmente melhor do que ninguém, conhece o processo que está sob seus olhos. Diante de uma sociedade que reclama Justiça rápida e eficiente, tem o dever de, protegendo direitos fundamentais individuais, evitar ainda atos que levem ao desprestígio da Justiça. É certo que o indeferimento de diligências e provas não poderá estar no livre arbítrio do juízo: por imperativo constitucional, deverão estar devidamente fundamentadas (art. 93, X, CF). Assim, concluímos na oportunidade antes destacada, o princípio da lealdade processual deve ser obedecido por todos que se envolvam na causa. Ele é a guia-mestra que deve conduzir a ação do Juízo para, em sendo necessário, intervir no processo com o objetivo de impedir que o procedimento persecutório venha a perder sua finalidade em nome da ampla defesa.

Jurisprudência

411.3. [...] Conforme dispõe o art. 411, § 2º, do Código de Processo Penal, é facultado ao julgador indeferir, de forma fundamentada, o requerimento de produção de provas que considerar protelatórias, irrelevantes ou impertinentes. É dizer, o deferimento de realização de diligências incumbe ao juiz, no exercício de sua discricionariedade motivada. [...] *(Agravo Regimental no Habeas Corpus n° 776.538 STJ, 6ª Turma, Rel. Rogério Schietti Cruz, julgado em 28.10.2024, publicado no DJ em 4.11.2024)*

411.4. ***Mutatio libelli:*** O art. 384, CPP (na redação que lhe deu o art. 1º da Lei nº 11.719/08), tem agora o seguinte teor:

> Art. 384. Encerrada a instrução probatória, se entender cabível nova definição jurídica do fato, em consequência de prova existente nos autos de elemento ou circunstância da infração penal não contida na acusação, o Ministério Público deverá aditar a denúncia ou queixa, no prazo de 5 (cinco) dias, se em virtude desta houver sido instaurado o processo em crime de ação pública, reduzindo-se a termo o aditamento, quando feito oralmente.
>
> § 1º Não procedendo o órgão do Ministério Público ao aditamento, aplica-se o art. 28 deste Código.

§ 2º Ouvido o defensor do acusado no prazo de 5 (cinco) dias e admitido o aditamento, o juiz, a requerimento de qualquer das partes, designará dia e hora para continuação da audiência, com inquirição de testemunhas, novo interrogatório do acusado, realização de debates e julgamento.

§ 3º Aplicam-se as disposições dos §§ 1º e 2º do art. 383 ao *caput* deste artigo.

§ 4º Havendo aditamento, cada parte poderá arrolar até 3 (três) testemunhas, no prazo de 5 (cinco) dias, ficando o juiz, na sentença, adstrito aos termos do aditamento.

§ 5º Não recebido o aditamento, o processo prosseguirá.

Remetendo aos comentários ao art. 384, CPP, assenta-se, também aqui, que se previu a possibilidade de o juiz, uma vez encerrada a instrução, proceder à *mutatio libelli*. A relevância da expressa disposição em voga, pensamos, teve por finalidade suplantar eventuais discussões se a *mutatio libelli* poderia ser aplicada ou não na primeira fase do procedimento do Júri. Antes, discutia-se acerca da possibilidade da *mutatio libelli* frente ao disposto no § 4º do art. 408 do CPP. Agora não há espaço para questionamentos.

411.5. Alegações orais: Embora estipulado para o rito geral e não específico do Júri, é de se destacar que o art. 403, CPP, dispõe de maneira similar ao § 4º do art. 411: "*Não havendo requerimento de diligências, ou sendo indeferido, serão oferecidas alegações finais orais por 20 (vinte) minutos, respectivamente, pela acusação e pela defesa, prorrogáveis por mais 10 (dez), proferindo o juiz, a seguir, sentença*".

Insiste-se que, em determinadas circunstâncias (especialmente em feitos complexos e envolvendo vários fatos e réus), o prazo de 20 minutos, prorrogável por mais 10 minutos, mesmo que individual (§ 5º), pode-se revelar diminuto e insuficiente para o declínio de todos os argumentos acusatórios (mesmo que ao assistente se garanta, suplementarmente, o prazo de 10 minutos – § 6º) e defensivos.

411.6. Manifestação do assistente da acusação: Também aqui, havendo manifestação do assistente da acusação, deverá ser oportunizada à defesa a possibilidade de contrapor-se aos argumentos por igual tempo.

Malgrado a taxatividade e a exceção já aberta em Lei para os casos complexos, inclusive com prorrogação de prazo (também taxativa), não vemos incompatibilidade de o magistrado, mediante devida fundamentação, ampliar os prazos de acordo com a necessidade do caso concreto, desde que, por evidente, mantida a paridade de armas e proporcionalidade do tempo, inclusive quanto ao assistente da acusação.

De qualquer forma, mesmo nessas situações de complexidade ou de elevado número de partes envolvidas, entendemos não haver nenhum empeço para que, em audiência, as partes juntem suas alegações finais escritas. Aliás, em as partes juntando suas alegações escritas ao final da instrução processual (sem a necessidade de que se abra prazo complementar para a apresentação de *memoriais*), mais célere será o processamento criminal.

411.7. Regra da unidade da audiência: O disposto no § 7º está relacionado diretamente com a *unidade* da audiência de instrução e julgamento. Pretende-se que, como regra, a instrução seja realizada num só momento, ouvindo-se todas as testemunhas de acusação e defesa e realizando-se todas as provas requeridas. Contudo, não se pode olvidar que muitas vezes não será possível a realização concentrada desses atos num só momento. Daí a razão de a legislação ter aberto a possibilidade de adiamento de qualquer um dos atos quando for imprescindível à prova faltante. A *imprescindibilidade* deverá ser analisada pelo juízo diante do caso concreto, mas reiteramos que a possibilidade de quebra da unidade (razão temporal) da audiência é bastante grande, podendo tornar a exceção a regra procedimental.

Em relação à condução coercitiva, não há maiores novidades insertas no ordenamento, mas compreendemos que ela não abarca o réu, que não é obrigado a comparecer em juízo, ato que, agora, se realizará no final da instrução.

411.8. Ordem de oitiva das testemunhas: Havendo ou não suspensão da audiência, impõe-se a oitiva da testemunha que se fizer presente. Com uma ressalva, pela obviedade do procedimento processual penal à luz, especialmente, do princípio do contraditório: primeiro deverão ser ouvidas as testemunhas de acusação, depois as da defesa. Assim, mesmo que presentes testemunhas de defesa à audiência e não for possível a oitiva de todas as da acusação naquele momento processual (tanto pela ausência de alguma quanto pela necessidade de expedição de carta precatória para sua oitiva), *não* será possível a continuidade do ato processual uno. A cisão será impositiva, ouvindo-se as testemunhas de defesa noutro momento, somente após esgotada toda produção probatória da acusação.

Fizemos uma anotação: se as testemunhas de defesa que eventualmente sejam ouvidas *antes* das da acusação não contribuírem em absolutamente nada para a apuração dos fatos (como, por exemplo, testemunhas abonatórias ou que nada saibam sobre os fatos), não vemos nenhum empecilho às suas oitivas imediatas (mesmo com a inversão), por três fundamentos basilares: (a) não haverá qualquer prejuízo para a defesa (art. 563, CPP); (b) não irá influir na apuração dos fatos ou na decisão da causa (art. 566, CPP); e (c) se estará otimizando o princípio da celeridade processual.

411.9. Prazo para a decisão do juiz: A primeira parte do dispositivo reforça – vez mais – a unidade do ato de instrução e julgamento e o agora expresso princípio da identidade física do juiz no processo penal: impõe que, encerrados os debates, como regra, o juízo profira sua decisão. Mas abre uma exceção ao estipular a possibilidade de que determine a conclusão dos autos para sentença, que deverá ser expedida no prazo de 10 (dez) dias. Entendemos que a possibilidade aqui prevista esteja reservada apenas para os casos complexos, em que o caso concreto (seja pela natureza dos fatos apurados e/ou número de réus) imponha enorme dificuldade ao magistrado – especialmente em face do tempo necessário para tanto – para proferir sua decisão em audiência.

Sob a ótica processual, pela obviedade patente que daí deflui, o prazo não é peremptório: porém, tanto quanto possível, deverá ser observado pelo juízo. De qualquer forma, compreendemos que da não observância do prazo de 10 (dez) dias impõe-se necessariamente ao julgador a necessidade de fundamentar a demora.

Art. 412. O procedimento será concluído no prazo máximo de 90 (noventa) dias. (Redação dada pela Lei nº 11.689, de 2008)

412. Prazo para a conclusão do procedimento inicial: Sempre observados todos os princípios constitucionais relacionados especialmente à ampla defesa e ao contraditório, novamente aqui se vê a preocupação do legislador em privilegiar de forma compatível àqueles o princípio da celeridade processual. Também aqui compreendemos que o prazo não é peremptório: o dispositivo em voga deve ser interpretado no sentido de que, tanto quanto possível diante do caso concreto, o prazo máximo para a conclusão do procedimento seja de 90 (noventa) dias. Em inúmeras situações – especialmente naquelas que demandarem instrução probatória com expedição de cartas precatórias e dependerem de provas periciais –, dificilmente o prazo aqui estabelecido poderá ser atendido.

Seção II
Da Pronúncia, da Impronúncia e da Absolvição Sumária
(Redação dada pela Lei nº 11.689, de 2008)

Art. 413. O juiz, fundamentadamente, pronunciará o acusado, se convencido da materialidade do fato e da existência de indícios suficientes de autoria ou de participação. (Redação dada pela Lei nº 11.689, de 2008)

§ 1º A fundamentação da pronúncia limitar-se-á à indicação da materialidade do fato e da existência de indícios suficientes de autoria ou de participação, devendo o juiz declarar o dispositivo legal em que julgar incurso o acusado e especificar as circunstâncias qualificadoras e as causas de aumento de pena. (Incluído pela Lei nº 11.689, de 2008)

§ 2º Se o crime for afiançável, o juiz arbitrará o valor da fiança para a concessão ou manutenção da liberdade provisória. (Incluído pela Lei nº 11.689, de 2008)

§ 3º O juiz decidirá, motivadamente, no caso de manutenção, revogação ou substituição da prisão ou medida restritiva de liberdade anteriormente decretada e, tratando-se de acusado solto, sobre a necessidade da decretação da prisão ou imposição de quaisquer das medidas previstas no Título IX do Livro I deste Código. (Incluído pela Lei nº 11.689, de 2008)

413.1. Hipóteses de pronúncia: A redação anterior do dispositivo em tela e que tratava da pronúncia encontrava-se no art. 408, CPP, *in verbis*:

> "Art. 408. Se o juiz se convencer da existência do crime e de indícios de que o réu seja o seu autor, pronunciá-lo-á, dando os motivos do seu convencimento."

A redação foi parcialmente alterada, mas sua essência, mantida.

Com efeito – e diversamente da impronúncia (em que não há submissão do réu a julgamento pela ausência de provas da existência do fato ou de elementos suficientes da autoria) –, na pronúncia há de se ter *certeza* da *materialidade* e *indícios* suficientes de *autoria* ou de participação do agente. É de se ver que bastam *indícios* acerca da autoria ou participação. Indubitavelmente, há certa similitude com os próprios requisitos para a admissão da peça acusatória, com a circunstância de que aqui há necessidade de que se trate de delito doloso (ou conexo a ele) contra a vida.

A pronúncia é a decisão pela qual o juízo monocrático (ainda na fase do denominado *judicium accusationis*) verifica a existência de um juízo de probabilidade – e não de certeza – acerca *da autoria* ou participação do delito e de provas suficientes acerca da materialidade.

Trata-se de uma decisão interlocutória mista, tendo como efeito o encerramento da fase procedimental delimitada, que ainda é passível de impugnação mediante recurso em sentido estrito (diversamente do que – corretamente se deu – em relação à impronúncia e à absolvição sumária). Não tem eficácia de *coisa julgada* na medida em que não vincula o Tribunal do Júri, que poderá, por exemplo, até mesmo desclassificar o crime para outro que não incluído na sua competência. Contudo, sujeita-se às peias da preclusão, quando então terá prosseguimento o rito. A preclusão importa que não poderá ser mais alterado o seu conteúdo, à exceção unicamente da superveniência de fato novo que repercuta diretamente no próprio conteúdo do fato, importando em sua alteração jurídica (art. 421, § 1º, CPP). Exemplo bastante elucidativo dessa hipótese é a superveniência da morte da vítima à decisão de pronúncia transitada em julgado em face da tentativa de homicídio: o delito doloso não mais será tentado, e sim consumado.

Há entendimento jurisprudencial e doutrinário no sentido de que, nessa fase procedimental, a submissão ao Tribunal Popular decorreria do princípio do *in dubio pro societate*. Compreendemos que, num sistema orientado por uma Constituição *garantista*, não poderia em sua essência o princípio invocado servir como supedâneo para a submissão ao Tribunal Popular. De fato, a regra é a remessa para julgamento perante o juízo natural nessas circunstâncias (eventual dúvida). Mas não pelo *in dubio pro societate*. Parece-nos que esse é o fundamento preponderante: como regra, apenas o Tribunal do Júri é quem pode analisar e julgar os delitos dolosos contra a vida (também os conexos – art. 78, I, CPP). É dizer, o juiz natural para a apreciação dos delitos contra a vida é o Tribunal do Júri, a quem, como regra (salvo nas hipóteses de absolvição sumária ou desclassificação), deverá ser regularmente encaminhado o processo.

Na fase da pronúncia, exige-se do juiz unicamente o exame do material probatório produzido até então, especialmente para a comprovação da inexistência de qualquer das possibilidades legais de afastamento da competência ou então de absolvição sumária (situações estas em que, ao contrário da pronúncia, deverá haver convencimento judicial pleno). Na verdade, compreendemos – e ora deixamos mais expresso também aqui – que os elementos para a pronúncia devam estar relacionados com os aportes probatórios existentes. Havendo elementos que indiquem a materialidade, bem assim elementos suficientes acerca da autoria, deve haver a pronúncia, encaminhando-se o feito para deliberação do juízo natural, o júri. Se não houver elementos suficientes, a situação deve ser de impronúncia (vide adiante).

Registramos, ainda, que existem posicionamentos do STJ no sentido de não ser possível haver a pronúncia com base em "testemunhos indiretos", abrindo-se exceção para os casos em que se trate de crimes cometidos por "grupos de extermínio" (vide anotações complementares e mais detalhadas no item 413.1.1).

Uma observação acerca da competência: praticado delito doloso contra a vida por alguém que possui foro por prerrogativa de função, e enquanto nessa condição estiver, deverá preponderar a regra *ratione muneris* (*v. g.* Ação Penal nº 333-PB, STF, Rel. Min. Joaquim Barbosa, Plenário, publicado no *DJ* em 11.4.2008). O Supremo Tribunal Federal e o Superior Tribunal de Justiça têm entendido ainda (contrastando o que decidido por sua composição plenária do STF no julgamento do HC nº 69.325-GO, publicado no *DJ* em 4.12.1992) que, em caso de concurso de agentes que não possuam foro por prerrogativa de função ou nas hipóteses de delitos que não os dolosos contra a vida, haveria *atração* de competência (pela continência ou conexão) ao órgão colegiado, por sua competência ter *maior graduação* frente ao disposto na Súmula 704 do STF (*"Não viola as garantias do juiz natural, da ampla defesa e do devido processo legal a atração por continência ou conexão do processo do corréu ao foro por prerrogativa de função de um dos denunciados"*). Nesse sentido, apenas exemplificativamente, encontram-se os julgados nos HC nº 83.583-PE, STF, 2ª Turma, publicado no *DJ* em 7.5.2004; HC nº 91.437, STF, 2ª Turma, unânime, publicado no *DJ* em 18.10.2007; Agravo Regimental na Ação

Penal nº 530, STJ, Corte Especial, unânime, publicado no *DJ* em 1º.12.2008; Agravo Regimental na Ação Penal nº 527, Corte Especial, unânime, publicado no *DJ* em 6.10.2008.

A matéria demanda algumas indagações, quanto ao acerto ou não da citada jurisprudência.

Há mesmo divergências, ponderáveis, sobre o tema. E mesmo entre os autores desta obra. Leia-se nesse sentido (Fischer, Douglas; Marques, Claiton Renato Macedo. Considerações sobre a correta aplicação da Súmula 704 do STF. *Boletim dos Procuradores da República*, n. 80, maio 2008 e *Revista da Associação dos Juízes do Estado do Rio Grande do Sul - AJURIS*, n. 111, set. 2008, p. 81) – Nesse texto retromencionado, a divergência está expressa quanto à conexão e continência, porém ulteriormente Fischer passou a reconhecer que a continência tem justificativa constitucional na unicidade de prestação jurisdicional, devendo haver a unidade de julgamento.

O argumento da divergência era de que normas infraconstitucionais (conexão ou continência, insertas no CPP) não poderiam modificar a competência que está explicitamente prevista em norma hierarquicamente superior, a Constituição Federal. Assim, mesmo prevendo a Carta Magna foros em diversas "*graduações*" (*adotando-se a expressão constante nos julgados da Corte Suprema para justificar o deslocamento de competências constitucionais com base na Súmula 704*), todas elas estariam calcadas em normas *hierarquicamente* idênticas, não podendo, por isso, ser alteradas mediante a incidência de regras infraconstitucionais.

Sob tal fundamentação, a modificação de competência jurisdicional acolhida na Súmula 704, STF, nesses casos, ensejaria violação dos cânones objeto dos princípios do juiz natural e do devido processo legal. Como reconhecido pelo STF no julgamento do HC nº 69.325-GO (antes referido), "*a competência do Tribunal do Júri não é absoluta. Afasta-a a própria Constituição Federal, no que prevê, em face da dignidade de certos cargos e da relevância destes para o Estado, a competência de tribunais – artigos 29, inciso VIII; 96, inciso III; 108, inciso I, alínea* a; *105, inciso I, alínea* a, *e 102, inciso I, alíneas* b *e* c". Desse modo, prossegue, "*a conexão e a continência – artigos 76 e 77 do Código de Processo Penal – não consubstanciam formas de fixação da competência, mas de alteração, sendo que nem sempre resultam na unidade de julgamentos – arts. 79, incisos I, II e §§ 1º e 2º, e 80 do Código de Processo Penal*", concluindo-se que a "*continência, porque disciplinada mediante normas de índole instrumental comum, não é conducente, no caso, à reunião dos processos. A atuação de órgãos diversos integrantes do Judiciário, com duplicidade de julgamento, decorre do próprio texto constitucional, isto por não se lhe poder sobrepor preceito de natureza estritamente legal*". Mas, como referido, a partir da 14ª edição da presente obra, Douglas Fischer passou a entender também que, no caso de continência, deveria haver unicidade de julgamentos.

Na verdade, também a aludida decisão (HC 69.325-GO) pode ser mais bem justificada, para que seja acolhida. De fato, em se tratando de crime doloso contra a vida – caso específico daquele julgamento –, a jurisdição do Tribunal do Júri, diante de suas peculiaridades, pode ser entendida como uma garantia que se situa no mesmo plano do princípio da unidade da jurisdição.

Relativamente à *conexão*, que diz respeito aos critérios utilizados para a garantia de uma instrução criminal de maior qualidade, a modificação de competência, para fins de otimização dos processos, pode esbarrar mesmo no princípio do juiz natural.

Portanto, quando a hipótese for de *continência*, caracterizada pela *unidade de conduta, é de rigor* a *unidade de julgamento*, sob pena de se oferecer respostas diferentes para um mesmo comportamento ilícito. Preponderaria aqui o princípio da coerência lógica dos atos do Poder Público, em face da impessoalidade no trato com o jurisdicionado/administrado. Remetemos o leitor aos comentários constantes do art. 69 e seguintes do CPP.

A respeito da impossibilidade de uso dos fundamentos da decisão de pronúncia em plenário como "argumento de autoridade", vide anotações ao art. 478 do CPP.

Jurisprudência

413.1 [...] a fim de reduzir o erro judiciário (art. 5º, LXXV, CF), seja para absolver, seja para condenar, exige-se uma prévia instrução, sob o crivo do contraditório e com a garantia da ampla defesa, perante o juiz togado, com a finalidade de submeter a julgamento no Tribunal do Júri somente os casos em que se verifiquem a comprovação da materialidade e a existência de indícios suficientes de autoria, nos termos do art. 413, § 1º, do CPP, que encerra a primeira etapa do procedimento previsto no Código de Processo Penal. 3. Logo, embora a análise aprofundada das provas seja feita somente pelo Tribunal Popular, não se pode admitir a pronúncia do réu, dada a sua carga decisória, sem qualquer lastro probatório judicializado, fundamentada exclusivamente em elementos informativos colhidos na fase inquisitorial, mormente quando isolados nos autos e até em oposição parcial ao que se produziu sob o contraditório judicial. [...] *(Agravo Regimental no Habeas Corpus nº 2.695.280, 6ª Turma, Rel. Min. Rogerio Schietti Cruz, julgado em 28.10.2024, publicado no DJ em 29.10.2024)*

413.1 [...] A exclusão de qualificadora na fase de pronúncia é possível apenas se manifestamente improcedente, para não usurpar a competência dos jurados. [...] *(Agravo Regimental no Agravo em Recurso Especial nº 2.564.661-MG, STJ, 5ª Turma, Rel. Ribeiro Dantas, julgado em 8.10.2024, publicado no DJ em 16.10.2024)*

413.1 [...]As duas Turmas deste STJ especializadas em direito penal rechaçam a pronúncia baseada exclusivamente em testemunhos indiretos, bem como compreendem que não é a dúvida mínima sobre a autoria que justifica a pronúncia. Ao contrário: o réu só pode ser pronunciado se houver certeza da materialidade e comprovação da autoria com elevado nível de probabilidade, com corroboração da hipótese acusatória por provas diversas, claras e convincentes, sem lacunas relevantes no conjunto probatório. [...] *(Agravo Regimental no Agravo em Recurso Especial nº 2.495.661-MG, STJ, 5ª Turma, Rel. Min. Ribeiro Dantas, julgado em 17.9.2024, publicado no DJ em 20.9.2024)*

413.1 [...] 1. O entendimento dogmático (outrora) firmado quanto à aplicabilidade do princípio do *in dubio pro societate*, na rarefeita fase de pronúncia (ora aplicado pelo Tribunal a quo e suplicado pelo Órgão ministerial), vem sendo arrefecido – à luz da subjacente teoria da dissonância cognitiva (Festinger, 1957) – por ambas Cortes de Superposição.

2. Com efeito, não mais se aplica a referida "pseudonorma", com base nos edificantes princípios da legalidade, do devido processo legal e, sobretudo, da presunção de inocência, conjugados à interpretação sistêmica dos arts. 413 e 414, ambos do CPP, quando o standard probatório delineado nos autos não preenche necessário juízo de probabilidade (mas de mera prospecção/possibilidade) da acusação. [...] *(Agravo Regimental no Agravo em Recurso Especial nº 2.221.624-AL, STJ, 6ª Turma, Rel. Min. Otávio de Almeida Toledo, julgado em 10.9.2024, publicado no DJ em 13.9.2024)*

413.1. [...] Na elaboração da pronúncia – peça processual exclusiva do procedimento especial e escalonado do Júri – o magistrado deve se limitar à demonstrar existência de prova da materialidade e de indícios de autoria, abstendo-se de realizar qualquer juízo de valor que possa influenciar no ânimo dos jurados, conforme determina o art. 413, § 1º, do Código de Processo Penal – CPP. Com efeito, a decisão de pronúncia possui natureza interlocutória mista, tendo como escopo decidir somente a admissibilidade da acusação, sem avançar no mérito, cuja análise compete ao Conselho de Sentença, Juízo natural da causa nos termos do art. 5º, XXXVIII, "d" da Constituição Federal – CF. Destarte, a pronúncia é tarefa delicada, porque o magistrado deve, de forma equilibrada, debruçar-se tão somente sobre a prova da materialidade e indícios de autoria, com fundamentação suficiente e adequada, sem valorações que possam tisnar sua imparcialidade. Igualmente delicado é o julgamento de recurso em sentido estrito no qual a defesa pleiteia a impronúncia do réu. No caso, a Magistrada sentenciante descreveu os fatos narrados na denúncia e ressaltou, com a expressão "indícios de autoria", de forma cautelosa, demonstrando a plausibilidade da acusação para a fase de pronúncia, sem prejuízo de os jurados, futuramente, acolherem a tese da negativa de autoria em outra fase do processo. Diante disso, não se cogita de excesso de linguagem, assim como destacado pela Corte Estadual, que manteve incólume a sentença de pronúncia proferida, asseverando que a Magistrada a quo "reconheceu, acertadamente, os elementos que respaldam a tese acusatória em relação ao paciente, apontando as provas da materialidade do crime, e a existência de indícios de autoria, com o intuito de atender à exigência constitucional da fundamentação das decisões judiciais (art. 93, inciso IX, da CF/88)". [...] *(Agravo Regimental no Habeas Corpus nº 866.856-ES, STJ, 5ª Turma, Rel. Min. Joel Ilan Paciornik, julgado em 2.9.2024, publicado no DJ em 5.9.2024)*

413.1. [...] 2. É ilegal a sentença de pronúncia baseada, unicamente, em testemunhos colhidos no inquérito policial, de acordo com o art. 155 do Código de Processo Penal, por não constituir fundamento idôneo para a submissão da acusação ao Plenário do Tribunal do Júri. 3. No caso em apreço, as únicas provas que apontam a autoria do réu foram o testemunho da vítima de roubo colhido durante o inquérito policial e os depoimentos indiretos judiciais das testemunhas que não viram o que aconteceu, o que destoa do atual entendimento desta Corte Superior de Justiça. [...] *(Agravo Regimental em Habeas Corpus nº 832.912-RS, STJ, 6ª Turma, Rel. Min. Sebastião Reis Júnior, julgado em 14.8.2024, publicado no DJ em 15.8.2024)*

413.1. [...] II. Questão em discussão. O presente recurso discute se a decisão que negou seguimento ao recurso extraordinário ofendeu a tese jurídica firmada no RE 593.443-RG/SP (Tema 154), ao manter a decisão de impronúncia do réu, pautada na ausência de lastro probatório judicializado.

III. Razões de decidir. A decisão reclamada, ao negar seguimento ao recurso extraordinário mediante aplicação da tese jurídica firmada no Tema 154, longe de afrontar precedente deste Supremo Tribunal Federal, harmoniza-se com a decisão firmada por esta Casa no julgamento do mencionado paradigma, a refutar teratologia na aplicação da sistemática de repercussão geral. Precedentes. A premissa fixada encontra-se consentânea com a jurisprudência desta Suprema Corte, firmada no sentido de que "o sistema jurídico-constitucional brasileiro não admite nem tolera a possibilidade de prolação de decisão de pronúncia com apoio exclusivo em elementos de informação produzidos, única e unilateralmente, na fase de inquérito policial ou de procedimento de investigação criminal instaurado pelo Ministério Público, sob pena de frontal violação aos postulados fundamentais que asseguram a qualquer acusado o direito ao contraditório e à plenitude de defesa" (HC 180.144, Rel. Min. Celso de Mello, Segunda Turma, DJe 21.10.2020). Para dissentir das premissas expostas no ato reclamado e concluir no sentido de que há vertente probatória confirmada em juízo e apta a respaldar a versão acusatória, seria necessário o reexame do conjunto fático-probatório dos autos, procedimento inviável em sede de reclamação. [...] *(Agravo Regimental na Reclamação nº 68.368, 1ª Turma, Rel. Min. Flávio Dino, julgado em Sessão Virtual de 21.6.2024 a 28.6.2024, publicado no DJ em 11.7.2024)*

413.1. [...] Referendo na medida cautelar no habeas corpus. [...] Tribunal do Júri. Decisão de pronúncia amparada exclusivamente em elementos de informação produzidos no inquérito policial. Impossibilidade. [...] Não se admite decisão de pronúncia embasada de modo exclusivo em elementos de informação produzidos no inquérito policial. Jurisprudência desta Turma. [...] ***(Referendo na Medida Cautelar no Habeas Corpus nº 239.207, STF, 2ª Turma, Rel. Min. Edson Fachin, sessão virtual de 12.4.2024 a 19.4.2024, publicado no DJ em 29.4.2024)***

413.1 [...] No caso, a vítima sobrevivente relatou ao seu próprio pai (testemunha ouvida em juízo) ser o paciente o autor do crime de homicídio consumado e tentado, inexistindo a figura abominável do "testemunho de ouvir dizer" (testemunho prestado com apoio em boatos, sem indicação da fonte). [...] Por outro lado, a vítima sobrevivente, no seu depoimento em sede policial, apontou ser o paciente o autor dos disparos de arma de fogo. Seu depoimento deixou de ser colhido em sede judicial em razão de seu falecimento no curso das investigações, o que tornou a prova irrepetível, o afasta a afronta ao art. 155 do CPP. [...] (Agravo Regimental no Habeas Corpus nº 879.330-BA, STJ, 5ª Turma, Rel. Min. Reynaldo Soares da Fonseca, julgado em 27.2.2024, publicado no DJ em 1º.3.2024)

413.1 [...] A pronúncia não pode se basear exclusivamente em testemunhos indiretos e elementos informativos do inquérito. Precedentes. 3. O depoimento do policial civil sobre o que ouviu dizer de outras pessoas no inquérito não "judicializa" aqueles elementos da fase inquisitorial, (até pela natureza indireta do testemunho do policial), o que configuraria burla ao art. 155 do CPP. Entendimento das duas Turmas especializadas em direito penal. [...] *(Agravo Regimental no Recurso Especial nº 2.090.160-RS, STJ, 5ª Turma, Rel. Min. Ribeiro Dantas, sessão virtual de 7.11.2023 a 13.11.2023, publicado no DJ em 16.11.2023)*

413.1 [...] Pelo entendimento deste colegiado, vale na etapa da pronúncia o brocardo *in dubio pro societate*. Em minha visão pessoal, a rigor, o *in dubio pro societate* não existe. Quando nos referimos a ele como "princípio", o utilizamos na verdade como uma simples metáfora ou um atalho argumentativo, para expressar, em poucas palavras, que a pronúncia tem *standards* probatórios próprios, não se confundindo com uma sentença condenatória. [...] Não obstante essa breve ressalva, permanece na fase de pronúncia o ônus da acusação (art. 156 do CPP) de comprovar, com provas produzidas sob o crivo do contraditório (art. 155 do CPP), a hipótese por ela vertida na denúncia, com um nível de corroboração suficiente para aquela etapa processual (art. 413 do CPP). [...] [...] A pronúncia é uma garantia do réu contra o risco de ocorrência de erros judiciários. Para que o acusado seja pronunciado, então, não basta à hipótese acusatória sobre a autoria ser possível, coerente ou a melhor; além de tudo isso, a pronúncia exige que a imputação esteja fortemente corroborada, com alto grau de probabilidade, por provas claras e convincentes, e que o conjunto probatório seja completo, sem a omissão de provas importantes para a elucidação dos fatos. Suspeitas, boatos e a mera possibilidade de que o réu tenha sido o autor do crime não bastam para a pronúncia. Inteligência dos arts. 155, 156, 413 e 414 do CPP. [...] *(Agravo em Recurso Especial nº 2.236.994-SP, STJ, 5ª Turma, Rel. Min. Ribeiro Dantas, julgado em 21.11.2023, publicado no DJ em 28.11.2023)*

413.1 [...] 1. A questão trazida nos presentes autos se refere à inclusão ou não das decisões proferidas pelo STJ no conceito de "decisão confirmatória da pronúncia", constante no art. 117, III, do CP.

2. O vocábulo "decisão" constante do dispositivo legal retromencionado possui, de fato, significado genérico e, portanto, abrangente. Cuida-se de expressão que diz respeito ao gênero dos pronunciamentos judiciais. - No entanto, não é possível considerar que a generalidade do vocábulo autoriza a interrupção da prescrição a cada decisão proferida após a pronúncia, sob pena de se desvirtuar a própria sistemática trazida no art. 117 do Código Penal. - As causas interruptivas da prescrição da pretensão punitiva listadas no referido dispositivo legal guardam íntima relação com o curso da ação penal em primeira e segunda instâncias, que são as instâncias nas quais, em regra, é formada a culpa.

3. Já tendo a pronúncia sido confirmada pelo Tribunal de origem, autorizando, inclusive, o julgamento pelo Conselho de Sentença, conforme jurisprudência uníssona do STJ e do STF, não há se falar em nova confirmação da decisão de pronúncia, no julgamento dos recursos manejados para as instâncias extraordinárias. – "'A preclusão da decisão de pronúncia, dada a ausência de efeito suspensivo aos recursos de natureza extraordinária (recursos especial e extraordinário – art. 637 do CPP), coincide com o exaurimento da matéria em recursos inerentes ao procedimento do Júri apreciados pelas instâncias ordinárias. A interposição de recursos especial ou extraordinário contra acórdão confirmatório da decisão de pronúncia não obstaculiza a realização do julgamento pelo Tribunal do Júri' (AgR no HC n. 118.357/PE, Primeira Turma, Relª. Ministra. ROSA WEBER, DJe 27/10/2017)". (EDcl no AgRg no AgRg no AREsp n. 1.027.534/BA, Relator Ministro FELIX FISCHER, Quinta Turma, julgado em 14/11/2017, DJe de 22/11/2017).

4. Os recursos interpostos para o STJ não confirmam, propriamente, uma decisão de pronúncia ou mesmo uma sentença condenatória, porquanto incabível o reexame fático-probatório. [...] *(Habeas Corpus nº 826.977-SP, STJ, 5ª Turma, Rel. Min. Ribeiro Dantas, por maioria, julgado em 5.12.2023, publicado no DJ em 19.12.2023)*

413.1 [...] Nos termos do artigo 413 do Código de Processo Penal, a decisão de pronúncia configura juízo de admissibilidade da acusação, aplicável nas situações em que o julgador se mostra convencido (a) da materialidade do delito e (b) da existência de indícios e não certeza de autoria ou de participação. Além de não ser necessária prova plena de autoria, bastando a probabilidade de que o denunciado tenha sido o autor do crime, o fim da primeira etapa do procedimento do Júri não significa que a instrução probatória esteja encerrada. É o que estabelece, por exemplo, a regra do art. 422 do Código de Processo Penal. [...] *(Agravo Regimental no Recurso*

Extraordinário com Agravo nº 1.426.879, STF, 1ª Turma, Rel. Min. Alexandre de Moraes, sessão virtual de 21.4.2023 a 2.5.2023, publicado no DJ em 12.5.2023)

413.1 [...] A pronúncia não pode se basear exclusivamente em testemunhos indiretos e elementos informativos do inquérito. [...] A falta de produção de provas essenciais ao deslinde da controvérsia configura perda da chance probatória e torna impossível a pronúncia, consoante a firme jurisprudência superior. Segundo o Tribunal local, as testemunhas presenciais do delito (os tais "populares") não foram ao menos identificadas pela polícia, para permitir, sua ouvida em juízo, enquanto a camisa do réu, aparentemente manchada, não foi examinada sequer para descobrir se o material era mesmo sangue. [...] .*(Agravo Regimental no Recurso Especial nº 2.090.160-RS, STJ, 5ª Turma, Rel. Min. Ribeiro Dantas, sessão virtual de 7.11.2023 a 13.11.2023, publicado no DJ em 16.11.2023)*

413.1 [...] De acordo com a jurisprudência desta Corte Superior, a ausência do exame de corpo de delito não é um impedimento absoluto para uma decisão de pronúncia, especialmente quando há outros meios probatórios confiáveis disponíveis para comprovar os fatos. [...] *(Agravo Regimental no Recurso Especial nº 2.041.468-MT, STJ, 5ª Turma, Rel. Min. Ribeiro Dantas, sessão virtual de 13.6.2023 a 19.6.2023, publicado no DJ em 23.6.2023)*

413.1 [...] Cumpre destacar, a propósito, que: "Configura perda da chance probatória, a inviabilizar a pronúncia, a omissão estatal quanto à produção de provas relevantes que poderiam esclarecer a autoria delitiva, principalmente quando a acusação se contenta com testemunhos indiretos e depoimentos colhidos apenas no inquérito" (AgRg no AREsp n. 2.097.685/MG, relator Ministro Ribeiro Dantas, Quinta Turma, julgado em 16/8/2022, DJe de 22/8/2022). [...] *(Agravo Regimental no Habeas Corpus nº 808.980-GO, STJ, 5ª Turma, Rel. Min. Reynaldo Soares da Fonseca, julgado em 25.4.2023, publicado no DJ em 28.4.2023)*

413.1 [...] 2. O Plenário do STF, no julgamento do HC 176.473, Rel. Min. Alexandre de Moraes, decidiu que [a] prescrição é o perecimento da pretensão punitiva ou da pretensão executória pela inércia do próprio Estado; prendendo-se à noção de perda do direito de punir por sua negligência, ineficiência ou incompetência em determinado lapso de tempo.

3. Na concreta situação dos autos, a prolação da sentença de pronúncia fez cessar o estado de inércia estatal, atraindo a incidência do inciso II do art. 117 do CP. De modo que não é possível cogitar de desídia, negligência ou mesmo ineficiência estatal que justifique o reconhecimento da prescrição.

4. A sentença de pronúncia interrompe o curso do prazo prescricional, que volta a correr por inteiro a partir de sua publicação (art. 117, inciso I, § 2º). 2. Esse efeito interruptivo subsiste, mesmo que, posteriormente, o Tribunal do Júri venha a desclassificar o delito, pelo qual o réu foi pronunciado, para outro que, em princípio, não comportaria pronúncia (HC 73.774, Rel. Min. Sydney Sanches). [...] *(Agravo Regimental no Habeas Corpus nº 220.541, STF, 1ª Turma, Rel. Min. Roberto Barroso, sessão virtual de 24.3.2023 a 31.3.2023, publicado no DJ em 10.4.2023)*

413.1 [...] 1. A decisão de pronúncia funciona como um filtro pelo qual apenas são submetidas as acusações fundadas, viáveis, plausíveis e idôneas a serem objeto de decisão pelo Conselho de Sentença.

2. Exige-se, em termos de standard probatório, a existência de lastro probatório judicializado, produzido com observância do contraditório e da ampla defesa, na presença das partes e do juiz.

3. Não cabe às instâncias ordinárias, tampouco a esta Corte Superior, valorar as provas dos autos e decidir pela tese prevalente, sob pena de violação da competência constitucional conferida ao Conselho de Sentença. É adequado, tão somente, averiguar se a pronúncia encontra respaldo no caderno probatório, o que ficou demonstrado no caso em exame.

4. O laudo pericial impugnado neste writ foi elaborado em fase inquisitorial. Nesse contexto, o simples pedido de cooperação da Delegada-chefe ao Instituto Médico Legal, que integra a estrutura da própria Polícia Civil do Distrito Federal, não é capaz de macular, por si só, a lisura da expert, que foi convocada para atuar dentro da sua área de conhecimento técnico. Ademais, o laudo pericial foi subscrito por outras duas pessoas, que não tiveram sua parcialidade impugnada.

5. É uníssona a compreensão de que a busca pela verdade no processo penal encontra limitação nas regras de admissão, de produção e de valoração do material probatório, o qual servirá

de suporte ao convencimento do julgador; afinal, os fins colimados pelo processo são tão importantes quanto os meios que se utilizam para alcançar seus resultados.

6. Não vigora no campo penal um sistema rígido de taxatividade dos meios de prova, sendo admitida a produção de provas não disciplinadas em lei, desde que obedecidas determinadas restrições. A análise sobre a validade da prova atípica perpassa, pois, pelo campo epistemológico.

7. É necessário que se estabeleçam critérios de verificabilidade das provas científicas, que não são infalíveis, com o intuito de se evitar o cometimento de injustiças epistêmicas.

8. A "autópsia psicológica", raras vezes utilizada na praxis forense brasileira, consiste em exame retrospectivo que busca compreender os aspectos psicológicos envolvidos em mortes não esclarecidas. Trata-se de meio de prova ainda não padronizado pela comunidade científica e erigido, inegavelmente, em aspectos subjetivos.

9. Na espécie, o laudo foi subscrito por um agente policial e dois peritos médicos legistas e se baseou em entrevistas acostadas aos autos, permitindo às partes a sindicabilidade e o confronto com a fonte originária de prova. Ademais, os assistentes técnicos puderam contestar sua cientificidade no curso do processo e uma das peritas subscritoras será inquirida em plenário. 10. Assim, incumbirá aos jurados, no exercício da sua soberana função constitucional, realizar o devido cotejo do laudo com o acervo probatório acostado aos autos para decidir acerca da existência de autoria e materialidade delitivas.

11. Ordem denegada. *(Habeas Corpus nº 740431 – DF, STJ, 6ª Turma, Rel. Min. Rogério Schietti Cruz, julgado em 13.9.2022, publicado no DJ em 19.9.2022)*

....

413.1.1 Pronúncia em caso de crimes dolosos contra a vida praticados por integrantes de "organizações criminosas, facções, grupos de extermínio, milícias ou atuações similares".

Há a Proposta de Afetação no Recurso Especial nº 2.048.687-BA (decisão publicada no DJ em 29.5.2024) para delimitar as seguintes controvérsias e definir: a) se, nos termos do art. 155 do CPP, a pronúncia não pode se fundamentar exclusivamente em elementos colhidos durante o inquérito policial; b) se o testemunho indireto, ainda que colhido em juízo, não constitui, isoladamente, meio de prova idôneo para a pronúncia.

Independentemente do resultado, há se apresentar desde já a necessidade de um *distinguish* necessário às situações elencadas acima, para além dos limites e fundamentos que constam no julgamento, pelo STJ, do HC nº 810.692-RJ (DJ de 14.9.2023)

Não há dúvidas que é fundamental haver um lastro probatório suficiente para fins de pronúncia, especialmente quanto à autoria do fato imputado na denúncia já recebida.

Mas é importante considerar que, mesmo com requisitos diversos, se a denúncia é recebida (presentes os pressupostos dos arts. 41 e 395, ambos do CPP), há uma "viabilidade da imputação", especialmente quanto a um suporte mínimo a indicar a legitimidade da peça acusatória (vide, e.g., *Inquérito nº 4.922, STF, Plenário, Rel. Min. Alexandre de Moraes, por maioria, sessão virtual de 18.4.2023 a 24.4.2023, publicado no DJ em 9.5.2023*).

Se tais premissas foram reconhecidas no juízo de recebimento da peça acusatória e é vedado incursionar mais detalhadamente nos elementos da prova exatamente para não "influenciar os jurados" acaso submetido o feito ao plenário, *há um indicativo positivo* da suficiência da acusação. Claro que deve haver uma demonstração na fundamentação da decisão de pronúncia dos indícios da autoria e da certeza do crime. Do contrário jamais teríamos possibilidade de cogitar impronúncia ou despronúncia de ações penais já instauradas.

Que fique bem claro: não estamos fazendo uma "vinculação" no sentido de que o recebimento da denúncia geraria uma presunção que não pode ser desfeita no momento decisivo da pronúncia/impronúncia. Claro que não. Pois, do contrário, não poderíamos tratar de impronúncia ou despronúncia em feitos com ações penais recebidas.

Entretanto, temos que considerar que, em crimes cometidos por organizações criminosas, facções, milícias ou grupos de extermínio, dentre outros similares, impera o "medo" por intimidações ou retaliações que essas testemunhas que já tenham falado na investigação possam não ter condições de "ratificar" em ambas as fases do júri o que informaram na fase de investigação.

Seguidamente invocado para não admitir a pronúncia quando existentes elementos probatórios apenas na fase investigativa, o art. 155 do CPP dispõe que "o juiz formará sua convicção pela livre apreciação da prova produzida em contraditório judicial, não podendo fundamentar sua decisão exclusivamente nos elementos informativos colhidos na investigação, ressalvadas as provas cautelares, não repetíveis e antecipadas".

De fato, são inúmeras as decisões reconhecendo que, "a teor do art. 155 do Código de Processo Penal, é inadmissível que a condenação do réu seja fundada exclusivamente em elementos de informação colhidos durante o inquérito e não submetidos ao crivo do contraditório e da ampla defesa, ressalvadas as provas cautelares e irrepetíveis". [...] (Agravo Regimental no Agravo em Recurso Especial nº 2.365.210-MG, STJ, 5ª Turma, Rel. Min. Ribeiro Dantas, julgado em 5.9.2023, publicado no DJ em 12.9.2023). A maioria dos casos trata da condenação proferida pelo juiz singular na apreciação da prova.

O *distinguish* necessário e essencial está exatamente aí: em casos de crimes cometidos por organizações criminosas/facções/grupos de extermínio/milícias, cuja competência não é do juiz singular, mas do júri, quando não puderem ser ratificados em juízo, esses testemunhos devem ser considerados, por equiparação, a provas irrepetíveis.

O julgador não pode se afastar da realidade das coisas, é preciso considerar que essa premissa, embora não absoluta, é de uma enorme plausibilidade fática.

O STJ já reconheceu que determinada pronúncia se deu porque se entendeu "haver elemento probatório suficiente para submetê-lo a julgamento pelo Tribunal do Júri - notadamente pelo depoimento colhido na fase inquisitória. Além disso, destacou ser o testemunho em questão prova irrepetível, diante da morte do depoente. [...]" (AgRg no AREsp n. 1.609.833/RS, relator Ministro Rogerio Schietti Cruz, Sexta Turma,julgado em 6/10/2020, DJe de 16/10/2020).

Claro que um testemunho de pessoa (ainda) viva não é o mesmo de uma que já morreu. Mas, faticamente, de regra, não é desarrazoado fazer uma interpretação de que esse testemunho que não consegue ser ratificado em juízo possa ser equiparável a uma prova irrepetível. Como sempre advertido com maestria pelo Ministro Néri da Silveira ao solucionar uma questão diversa, mas aplicável em sua inteireza aqui pela objetividade: "Não se trata de pura e simples presunção, mas de compreender os fatos consoante a realidade das coisas" (HC nº 77.444-1, DJ 23.4.1999).

Diga-se mais: para fins de pronúncia, o juiz deverá analisar se os testemunhos não ratificados em juízo possuem uma credibilidade, sustentabilidade e, sobretudo, logicidade com a narrativa posta da denúncia. Noutras palavras, ele fará um juízo de cognição sim, mas partindo da análise se esses elementos reforçam a conclusão da denúncia já recebida, dentro do contexto probatório, pois a competência para uma análise mais aprofundada – mesmo que sob o pálio da "íntima convicção" – será dos jurados.

E deixe-se também bem claro: a íntima convicção não autorizará os jurados proferir uma decisão que seja totalmente dissociada da prova eminentemente preponderante nos autos. Nem para condenar, nem para absolver. Íntima convicção não autoriza decisões discricionárias e/ou arbitrárias (a propósito, remetemos a textos em que abordamos mais detalhadamente essa questão diante da existência do chamado "quesito genérico de clemência": https://temasjuridicospdf.com/relatorio-da-cidh-clemencia-no-juri-e-prerrogativa-de-foro-podem-ensejar-nova-condenacao-do-brasil/).

Nossas premissas ora defendidas não são uma "inovação".

Traçamos apenas algumas linhas complementares de reforço.

É que, sem abordar o tema da "prova irrepetível" (que é o que sustentamos como argumento de reforço), o próprio STJ já reconheceu que "apesar de nenhuma testemunha ocular ter sido ouvida perante o juízo, diante das peculiaridades do caso, entendo não assistir razão à defesa, isso porque, extrai-se dos autos que todas as pessoas da comunidade tinham medo ou pavor dos denunciados, que integravam um grupo extremamente temido pela comunidade, visto que agiam, habitualmente, como grupo de extermínio, matando "sem medo nenhum de represália por parte da polícia", de "cara limpa". Nessa situação, prossegue o julgado, "uma testemunha, atuando como policial civil, esteve no local dos fatos no dia seguinte aos assassinatos e que escutou de diversas pessoas que os acusados foram os autores do delito, o que se confirmou no decorrer das investigações, porém, em razão do medo generalizado na comunidade do referido grupo de extermínio, nenhuma das testemunhas oculares prestou depoimento na delegacia. Ressalta que várias pessoas sabiam da autoria delitiva, mas que todas tinham medo ou pavor dos acusados, razão pela qual se negaram a prestar depoimento". Para essa muito particular hipótese, o STJ assentou que, apesar de sua jurisprudência "entender pela insuficiência do testemunho indireto para consubstanciar a decisão de pronúncia, entendo, excepcionalmente, que o presente caso, em razão de sua especificidade, merece um distinguishing, pois extrai-se dos autos que a comunidade tem pavor dos denunciados, tendo em vista que eles constituem um grupo de extermínio com atuação habitual no local, razão pela qual não se prestaram a depor perante as autoridades policial e judicial"(Agravo Regimental no HC nº 810.692-RJ, DJ em 14.9.2023).

É disso que estamos tratando aqui, embora com uma especificidade agregada muito importante: é fundamental considerar que esse testemunho deva ser tido como uma *possível prova irrepetível*, ancorada na própria legislação vigente, o art. 155 do CPP, *in fine*. Exatamente essa conclusão foi exarada em brilhante julgado no RSE nº 5000099-73.2024.8.21.0165/RS (TJRS), da lavra do Des. David Medina da Silva.

Noutras palavras, a restrição vigente pelo STJ quando às provas não judicializadas não resta arranhada pela interpretação ora proposta, pois se coaduna com a essência da parte final da regra retromencionada.

Evidentemente que a prudência recomenda que não se faça dessa proposta um "automatismo" para casos futuros, ensejando pronúncias em série mediante a invocação de "irrepetibilidade" de provas. Caberá ao juiz sempre decidir diante do caso concreto mediante a devida e racional fundamentação.

Se é verdade que o juiz deve levar em consideração os direitos e garantias do investigado ou processado, de outro (e na mesma medida) deve proteger igualmente os direitos das vítimas dos crimes ou de seus familiares.

A busca de uma *decisão mais justa* de viabilidade de submissão ao tribunal popular (embora, nesses crimes o mérito caiba aos jurados) deve ser considerada pelo julgador no momento da pronúncia ou impronúncia.

A realização dos *direitos humanos* em sua plenitude não deve considerar exclusivamente os direitos dos investigados/réus. Na linha do que defendido por Douglas Fischer e Frederico Valdez Pereira[1], "desde o caso Velásquez-Rodríguez a Corte IDH claramente rejeitou a concepção clássica de que os direitos fundamentais somente impulsionam obrigações negativas aos poderes estatais, atestando a importância da justiça penal na efetiva proteção de direitos fundamentais".

Na décima condenação (dentre as 13 já proferidas contra o Brasil, todas por violações dos direitos das vítimas), analisando o caso do homicídio praticado contra Márcia Barbosa, a Corte IDH deixou expresso, dentre tantas questões, que o "direito de acesso à justiça em casos de violações aos direitos humanos deve assegurar, em tempo razoável, o direito das supostas vítimas ou de seus familiares a que se faça todo o necessário para conhecer a verdade sobre o ocorrido e investigar, julgar e, se for o caso, sancionar os eventuais responsáveis" (§ 134).

Não se admitir a pronúncia em situações excepcionais como as demonstradas aqui pode gerar a impunidade de inúmeros casos, pela consideração de premissas que protejam exclusivamente interesses dos supostos autores do fato criminoso.

Deve-se sempre considerar que, na linha do entendimento expresso da Corte de Direitos Humanos,"a falta em seu conjunto de investigação, persecução, captura, instrução processual e condenação dos responsáveis pelas violações dos direitos protegidos pela Convenção Americana, uma vez que o Estado tem a obrigação de combater tal situação por TODOS os meios legais disponíveis, já que a impunidade propicia a repetição crônica das violações dos direitos humanos e total desproteção das vítimas e seus familiares" (Corte IDH, Caso Ivcher Bronstein. Sentença de 6 de fevereiro de 2001. Série C, n. 74, par. 186; Corte IDH, Caso do Tribunal Constitucional. Sentença de 31 de janeiro de 2001. Série C, n, 71, par. 123; Corte IDH, Caso Bámaca Velásquez. Sentença de 25 de novembro de 2000. Série C n. 70, par. 211).

Não se quer a punição de alguém que seja inocente. Mas se a Constituição Federal atribuiu ao júri a competência para decidir pelo mérito esses crimes, o julgador deve sim considerar para fins de pronúncia que, quando praticados por organizações criminosas/facções, desde que presente uma logicidade e plausibilidade, o testemunho não ratificado em sede judicial deve ser considerado como equiparado a prova irrepetível e, portanto, em tese, válido para possível decisão de pronúncia.

Jurisprudência

413.1.1. [...] 1. A alegação referente à impossibilidade de a pronúncia estar embasada apenas em testemunhos de "ouvir dizer" não foi decidida no acórdão ora impugnado. Com efeito, a ausência de debate da ilegalidade aventada na Corte de origem, sob o enfoque suscitado, indica supressão de instância, circunstância que, por si só, obsta a análise da presente insurgência nesta Corte.

2. Das informações prestadas pelo Juízo singular, verifica-se que já houve sessão plenária do Júri, ocasião em que o paciente foi condenado à pena de 72 anos e 8 meses de reclusão. Ora,

1 FISCHER, Douglas, PEREIRA, Frederico Valdez. As Obrigações Processuais Penais Positivas – Segundo as Cortes Europeia e Interamericana de Direitos Humanos. 4ª ed., rev., atual. e ampl. Porto Alegre: Livraria do Advogado, 2023, p. 19.

a jurisprudência deste eg. Tribunal Superior é firme no sentido de que "O recurso contra a decisão que pronunciou o acusado encontra-se prejudicado, na linha da jurisprudência dominante acerca do tema, quando o recorrente já foi posteriormente condenado pelo Conselho de Sentença" (AgRg no AREsp n. 1.412.819/SP, Quinta Turma, Rel. Min. Ribeiro Dantas, DJe 17/8/2021) – (AgRg no HC n. 693.382/PE, Ministro Jesuíno Rissato, Desembargador convocado do TJDFT, Quinta Turma, DJe 28/10/2021).

3. Adentrando ao mérito, verifica-se que apesar de nenhuma testemunha ocular ter sido ouvida perante o juízo, diante das peculiaridades do caso, entendo não assistir razão à defesa, isso porque, extrai-se dos autos que todas as pessoas da comunidade tinham medo ou pavor dos denunciados, que integravam um grupo extremamente temido pela comunidade, visto que agiam, habitualmente, como grupo de extermínio, matando "sem medo nenhum de represália por parte da polícia", de "cara limpa".

4. Ademais, consta dos autos, que uma testemunha, atuando como policial civil, esteve no local dos fatos no dia seguinte aos assassinatos e que escutou de diversas pessoas que os acusados foram os autores do delito, o que se confirmou no decorrer das investigações, porém, em razão do medo generalizado na comunidade do referido grupo de extermínio, nenhuma das testemunhas oculares prestou depoimento na delegacia. Ressalta que várias pessoas sabiam da autoria delitiva, mas que todas tinham medo ou pavor dos acusados, razão pela qual se negaram a prestar depoimento.

5. Apesar da jurisprudência desta Corte entender pela insuficiência do testemunho indireto para consubstanciar a decisão de pronúncia, entendo, excepcionalmente, que o presente caso, em razão de sua especificidade, merece um ***distinguishing***, pois extrai-se dos autos que a comunidade tem pavor dos denunciados, tendo em vista que eles constituem um grupo de extermínio com atuação habitual no local, razão pela qual não se prestaram a depor perante as autoridades policial e judicial. *(Agravo Regimental no HC nº 810.692-RJ, STJ, 6ª Turma, Rel. Min. Sebastião Reis Nunes, julgado em 11.9.2023, publicado no DJ em 14.9.2023)*

....

413.2. Limites da fundamentação da decisão de pronúncia: Como peculiaridade específica dessa fase, agora o § 1º estipula de forma bastante clara que o juiz deverá *limitar-se* a *indicar* a materialidade do fato e da existência dos indícios suficientes da autoria ou participação, além de indicar o dispositivo em que se encontrar em princípio incurso o acusado, bem ainda especificando as qualificadoras e causas de aumento.

Houve a concretização do que há muito já vinha dizendo, e com razão, boa parte da doutrina e quase que de forma unânime a Jurisprudência: ao proferir a decisão de pronúncia, deverá o juiz ser bastante comedido na fundamentação, tudo com a finalidade de que não fossem utilizados os argumentos declinados (especialmente pela acusação ou assistência) como forma de influir no livre convencimento dos jurados, que, como dito, compõem o juízo natural para o *judicium causae*.

Além da interrupção da prescrição (art. 117, II, CP) e da consequência natural do envio dos autos ao Tribunal Popular após a preclusão da decisão (art. 421, CPP), a pronúncia traz a delimitação do que poderá ser analisado no *judicium causae*. Tanto é assim que é fundamental a indicação de quais as qualificadoras que serão quesitadas (somente pode haver a exclusão das qualificadoras quando manifestamente improcedentes – impronúncia) e as causas de aumento de pena. Uma anotação nossa: a legislação não especifica, mas cremos que se trata unicamente das causas de aumento previstas na parte especial do Código Penal e de causas de aumento específicas de crimes conexos aos dolosos contra a vida. Como as causas de aumento previstas na parte geral (hipóteses de crime continuado e concurso formal) dizem respeito à aplicação da pena diante da dinâmica e circunstâncias em que praticados os fatos, e presentes no ordenamento inclusive para beneficiar o réu (salvo nas hipóteses de concurso formal imperfeito – art. 70, segunda parte, CP –, que impõe a aplicação do concurso material, e também no caso previsto no parágrafo único do art. 71 do CP), entendemos que elas não se incluem no dispositivo em tela. Já as privilegiadoras e as causas de diminuição de pena, bem como as atenuantes e as agravantes poderão ser reconhecidas ainda que não constantes na pronúncia.

Jurisprudência

413.2. [...] É assente nesta Corte Superior o entendimento no sentido de que, "não tendo sido interposto recurso próprio no momento oportuno acerca de eventual excesso de linguagem da sentença de pronúncia, o questionamento mais de quinze anos após, já prolatada sentença condenatória, evidencia a preclusão do tema. Precedentes desta Corte". (HC n. 265.250/PA, relator Ministro NEFI CORDEIRO, Sexta Turma, julgado em 16/2/2016, DJe de 25/2/2016.) [...] *(Agravo Regimental no Habeas Corpus nº 768.209–PE, STJ, 5ª Turma, Rel. Min. Reynaldo Soares da Fonseca, sessão virtual de 18.10.2022 a 24.10.2022, publicado no DJ em 28.10.2022)*

413.2. [...] O Tribunal de origem, ao decidir pela pronúncia da ré, entendeu pela existência de materialidade e indícios suficientes de autoria do delito em questão. Dispõe o artigo 413 do CPP que o juiz, fundamentadamente, pronunciará o acusado, se convencido da materialidade do fato e da existência de indícios suficientes de autoria ou de participação, ficando tal fundamentação limitada à indicação da materialidade do fato e da existência de indícios suficientes de autoria ou de participação, devendo o juiz declarar o dispositivo legal em que julgar incurso o acusado e especificar as circunstâncias qualificadoras e as causas de aumento de pena. [...] *(Agravo Regimental no Agravo em Recurso Especial nº 1.939.691-ES, STJ, 5ª Turma, julgado em 5.10.2021, publicado no DJ em 13.10.2021)*

413.2. [...] "A jurisprudência desta Corte Superior consolidou-se no sentido de que a decisão de pronúncia pode ser baseada em elementos colhidos na fase policial" (AgRg no AREsp 734.302/SC, Rel. Ministro Jorge Mussi, Quinta Turma, *DJe* 1/8/2018). [...] *(Habeas Corpus n. 483.788-RS, STJ, 5ª Turma. Rel. Min. Joel Ilan Paciornick, julgado em 19.3.2019, publicado no* DJ *em 28.3.2019).*

413.2. [...] Para a pronúncia, que encerra simples juízo de admissibilidade da acusação, exige o ordenamento jurídico somente o exame da ocorrência do crime e de indícios de sua autoria, não se demandando aqueles requisitos de certeza necessários à prolação de um édito condenatório, sendo que as dúvidas, nessa fase processual, resolvem-se contra o réu, ou pela sociedade. É o mandamento do antigo art. 408 e atual art. 413 do Código Processual Penal. [...] Ordem denegada (*Habeas Corpus n. 173.014-DF, STJ, 5ª Turma, unânime, Rel. Min. Jorge Mussi, julgado em 15.2.2011, publicado no* DJ *em 8.4.2011*).

413.2. [...] Na pronúncia, o dever de fundamentação imposto ao magistrado é de ser cumprido dentro de limites estreitos. Fundamentação que é de se restringir à comprovação da materialidade do fato criminoso e à indicação dos indícios da autoria delitiva. Tudo o mais, todas as teses defensivas, todos os elementos de prova já coligidos hão de ser sopesados pelo próprio Conselho de Sentença, que é soberano em tema de crimes dolosos contra a vida. É vedado ao juízo de pronúncia o exame conclusivo dos elementos probatórios constantes dos autos. Além de se esperar que esse juízo pronunciante seja externado em linguagem sóbria, comedida, para que os jurados não sofram nenhuma influência na formação do seu convencimento. É dizer: o Conselho de Sentença deve mesmo desfrutar de total independência no exercício de seu múnus constitucional. No caso, o acórdão proferido pelo Tribunal de Justiça do Estado de São Paulo, ao confirmar a sentença de pronúncia, não incorreu em exagero vernacular. Acórdão que se limitou a demonstrar a impossibilidade de absolvição sumária do paciente, rechaçando a tese de que o acusado agiu em estrito cumprimento do dever legal. Acresce que as partes não poderão fazer, em Plenário, referências ao conteúdo tanto da pronúncia quanto das decisões posteriores que julgaram admissível a acusação (art. 478 do CPP, na redação dada pela Lei nº 11.689/08). O que significa dizer que não será possível uma indevida influência ao Tribunal Popular. Precedente: HC 86.414, da relatoria do ministro Marco Aurélio (Primeira Turma). Ordem denegada (*Habeas Corpus nº 94.274-SP, STF, Rel. Min. Ayres Britto, 1ª Turma, publicado no* DJ *em 4.2.2010*).

413.3. Hipóteses de fiança e decretação de prisão: Na redação do anterior § 2º do art. 408 do CPP constava que "*se o réu for primário e de bons antecedentes, poderá o juiz deixar de decretar-lhe a prisão ou revogá-la, caso já se encontre preso*". Defluía daí que a regra era a decretação da prisão por conta da pronúncia se não fosse o réu primário e de bons antecedentes. Há muito – e corretamente – a jurisprudência já vinha reconhecendo que para a decretação da prisão por ocasião da pronúncia era fundamental a presença dos requisitos da prisão preventiva (art. 312, CPP), sendo a prisão uma exceção.

Mudou, e bem, a legislação nessa parte, como também – por simetria – restou corretamente revogado o inconstitucional art. 594, CPP (art. 3º, Lei nº 11.719/08). Amoldando-se aos contornos garantistas trazidos pela Constituição de 1988, exige-se agora (§ 3º), tanto para se manter quem já está preso quanto para o recolhimento à prisão nessa fase procedimental, a demonstração, pelo juízo, mediante fundamentos idôneos, da necessidade do recolhimento cautelar do réu. Não só: a regra expressamente se reporta a todas as medidas constritivas de que tratam os arts. 282 a 350, CPP.

Em sintonia, o § 2º também estipulou que se o crime for afiançável (e, por evidente, não estiverem presentes os pressupostos da preventiva) o juiz arbitrará o valor da fiança para a concessão da liberdade (em caso de réu preso) ou então adotará o mesmo procedimento em caso de manutenção da liberdade (réu já solto).

No ponto, remetemos o leitor às observações feitas ao exame do art. 310 e do art. 323, nos quais se esclarece a perda de utilidade e eficácia da fiança.

Jurisprudência

413.3. [...] "A manutenção da custódia cautelar no momento da sentença de pronúncia, nos casos em que o Acusado permaneceu preso durante toda a instrução criminal, não requer fundamentação exaustiva, sendo suficiente o entendimento de que permanecem inalterados os motivos que levaram à decretação da medida extrema em um primeiro momento, desde que estejam, de fato, preenchidos os requisitos legais do art. 312 do Código de Processo Penal" (AgRg no *HC n. 775.947/MG, relatora Ministra Laurita Vaz, Sexta Turma, julgado em 6/12/2022, DJe de 15/12/2022). [...] (Agravo Regimental no Habeas Corpus nº 803.973-CE, STJ, 5ª Turma, Rel. Min. Reynaldo Soares da Fonseca, julgado em 14.3.2023, publicado no DJ em 17.3.2023)*

413.3. [...] Havendo prova da existência do crime e indícios suficientes de autoria, a prisão preventiva, nos termos do art. 312 do Código de Processo Penal, poderá ser decretada para garantia da ordem pública, da ordem econômica, por conveniência da instrução criminal ou para assegurar a aplicação da lei penal. 4. Na hipótese, verifica-se que o Julgador, atento ao disposto no art. 413, § 3º, do Código de Processo Penal, manteve, fundamentadamente, a prisão cautelar do paciente decretada para assegurar a aplicação da lei penal, a garantia da ordem pública e a conveniência da instrução criminal, porque inalteradas as razões que a justificaram. Acrescentou, ainda, o Juízo monocrático, outra justificativa para manutenção da segregação cautelar, qual seja, o fato de que o paciente possui em seu desfavor sentença condenatória na 1ª Vara Criminal da Comarca de Ilhéus no Estado da Bahia. [...] *(HC nº 681.915-AC, STJ, 5ª Turma, Rel. Ministro Ribeiro Dantas, julgado em 5.10.2021, publicado no DJ em 8.10.2021)*

413.3. [...] A nova redação do art. 413, § 3º, do Código de Processo Penal, com as alterações promovidas pela Lei nº 11.689/08, determina que o juiz fundamente a necessidade da manutenção da segregação provisória na decisão de pronúncia, devendo tal título ser alvo de impugnação específica no Tribunal de origem, a fim de que esta Corte possa analisar a questão sem incorrer em indevida supressão de instância. [...] (*Agravo Regimental no Recurso em Habeas Corpus nº 26.208-RS, STJ, 5ª Turma, Rel. Min. Campos Marques, julgado em 27.11.2012, publicado no DJ em 3.12.2012*).

413.3. [...] "Ninguém será levado à prisão ou nela mantido, quando a Lei admitir a liberdade provisória, com ou sem fiança" (art. 5º, LXVI, da CF). A fiança, regulada no Código de Processo Penal nos arts. 321 e seguintes, não será imposta nas hipóteses das infrações em que o agente livra-se solto, isto é, naquelas punidas tão somente com multa ou com pena privativa de liberdade não superior a 3 meses (art. 312 do CPP). Nos crimes apenados com detenção ou prisão simples, a fiança poderá ser arbitrada pela autoridade policial, permitindo ao agente, mediante pagamento, ser liberado (art. 322 do CPP). Nos crimes apenados com reclusão, a fiança só poderá ser fixada pelo juiz, desde que o agente não incida nas hipóteses dos arts. 323 e 324 do CPP. O inciso IV do art. 324 do CPP prevê que não será concedida fiança "quando presentes os motivos que autorizam a decretação da prisão preventiva". A Lei nº 9.099/95, modificada pela Lei nº 10.259/01, estabeleceu nova sistemática nos casos das infrações definidas como de menor potencial ofensivo: não se lavrará auto de prisão em flagrante e não se exigirá fiança sempre que o agente for encaminhado imediatamente ao Juizado ou quando assumir o compromisso de fazê-lo. A Lei nº 6.416/77 acrescentou ao art. 310 do CPP o parágrafo único estabelecendo que o juiz concederá a liberdade provisória, independentemente de fiança, nos casos em que estiverem ausentes as hipóteses que autorizam a prisão preventiva, esvaziando, destarte, o instituto da caução real. Ausentes os requisitos da liberdade provisória, não há falar em prisão preventiva, ainda que aquela tenha sido deferida de forma condicionada. [...] (*Petição nº 6.906/SC, Rel. Min. Arnaldo Esteves Lima, 5ª Turma, unânime, julgado em 23.3.2010, publicado no* DJ *em 26.4.2010*).

Art. 414. Não se convencendo da materialidade do fato ou da existência de indícios suficientes de autoria ou de participação, o juiz, fundamentadamente, impronunciará o acusado. (Redação dada pela Lei nº 11.689, de 2008)

Parágrafo único. Enquanto não ocorrer a extinção da punibilidade, poderá ser formulada nova denúncia ou queixa se houver prova nova. (Incluído pela Lei nº 11.689, de 2008)

414.1. Decisão de impronúncia: A impronúncia ocorre exatamente em situação oposta à pronúncia: em caso de o juiz não se convencer da materialidade do fato ou da existência de indícios suficientes de autoria ou de participação, deverá proferir decisão *não* submetendo o réu e/ou partícipe ao Tribunal do Júri. Quando houver a impronúncia em grau recursal (provendo-se recurso em sentido estrito *em favor da defesa*), fala-se em *despronúncia*, cujos efeitos são exatamente os mesmos da impronúncia.

Além disto, conforme já referido anteriormente (413.2), somente pode haver a exclusão de eventuais qualificadoras quando *manifestamente* improcedentes.

Sempre defendemos que a decisão de impronúncia também se classificava como interlocutória mista. Contudo, em face das alterações legislativas (art. 416, CPP), estipulando-se que o recurso cabível será a apelação, não resta alternativa (ao menos para fins de *classificação*) em incluí-la doravante como *sentença*. Mas insistimos: *tecnicamente* não é sentença.

Entendemos relevante acrescer algumas considerações no tema em face de decisão proferida no ano de 2019 pelo STF no julgamento do Recurso Extraordinário com Agravo nº 1.067.392-CE (*DJ* de 2.7.2020).

Há se ver que, originariamente, se previa no art. 408 do CPP que, "*se o juiz se convencer da existência do crime e de* ***indícios*** *de que o réu seja o seu autor, pronunciá-lo-á, dando os motivos do seu convencimento*". Nos termos da Lei nº 11.689/2008, como destacado, a redação atual dispõe – agora topologicamente no art. 413 do CPP – que "o juiz, fundamentadamente, pronunciará o acusado, se convencido da *materialidade do fato e da existência de* ***indícios suficientes*** de autoria ou de participação".

A essência continua a mesma, parece não haver dúvidas quanto a isso, embora a ênfase da nova redação de que os indícios devam ser *suficientes*. Dizemos nós: sempre se exigiu que fossem *minimamente suficientes*.

Nesse procedimento bipartido do tribunal do Júri, como já destacamos no item anterior, compete ao juiz togado aferir se existem os requisitos legais para submissão do caso a quem compete, constitucionalmente, "julgar" o mérito dos delitos dolosos contra a vida (e dos conexos, eventualmente): o tribunal do Júri (art. 5º, XXXVIII, *d*, CF: XXXVIII – "*é reconhecida a instituição do júri, com a organização que lhe der a lei, assegurados: a competência para o julgamento dos crimes dolosos contra a vida*").

Essa bipartição permite inclusive que, em casos extremos e excepcionais, o próprio juiz togado possa realizar a denominada "absolvição sumária" (art. 415, CPP), desde que: I – provada a inexistência do fato; II – provado não ser ele autor ou partícipe do fato; III – o fato não constituir infração penal; IV – demonstrada causa de isenção de pena ou de exclusão do crime.

A questão que merece ser um pouco detalhada é saber quando deve ocorrer a pronúncia e quando deve ser decretada a impronúncia (ou despronúncia no caso de pronúncia já efetivada, mas reformada).

Reconhecemos que há muito existe entendimento jurisprudencial e doutrinário (repetidos quase à exaustão) no sentido de que, nessa fase procedimental, a submissão do julgamento ao Tribunal Popular deveria atender ao *in dubio pro societate*. Entretanto, desde a origem de nossa obra, deixamos claro e expresso (item 413.1) que, num sistema orientado por uma Constituição garantista, não poderia em sua essência o princípio invocado servir como supedâneo para a submissão ao Tribunal Popular. De fato, a regra é a remessa para julgamento perante o juízo natural nessas circunstâncias (eventual dúvida), mas não pelo *in dubio pro societate*. Parece-nos que este é o fundamento preponderante: como regra, apenas o Tribunal do Júri é quem pode analisar e julgar os delitos dolosos contra a vida (também os conexos – art. 78, I, CPP). É dizer, o juiz natural para a apreciação dos delitos contra a vida é o Tribunal do Júri, a quem, como regra (salvo nas hipóteses de absolvição sumária ou desclassificação), deverá ser regularmente encaminhado o processo.

É fundamental deixar bem claro que, nesse primeiro momento, se exige do julgador unicamente o exame das *provas* produzidas até então: se há prova do crime (materialidade) e *indícios suficientes* da autoria.

Então, uma pergunta: e se o juiz tiver alguma dúvida, especialmente sobre a presença ou não dos *indícios suficientes*, nessa nova mais explícita redação legal vigente, o que deve fazer?

Se houver dúvidas (*sobre os elementos mínimos*, grife-se "mínimos", "suficientes"), ele deve impronunciar.

Disso nunca houve dúvidas, pois, "*não se convencendo da materialidade do fato* ***ou da existência de indícios suficientes*** *de autoria ou de participação, o juiz, fundamentadamente, impronunciará o acusado*". Ou seja, o juiz faz (e sempre teve que fazer) um juízo prévio acerca desses requisitos. Obviamente que ele não adentra em detalhes, não exara suas conclusões. Se houver elementos de autoria num sentido e outros elementos em sentido oposto, ele deve pronunciar. Eles são elementos *suficientes* para encaminhar para julgamento. Não pelo *in dubio pro societate*, mas porque a análise do *mérito* da autoria (se esses elementos probatórios são *suficientes* ou não para *condenar*) está fora de sua atribuição legal e constitucional.

Em nossa interpretação, se o juiz não estiver convencido suficientemente sobretudo dos indícios mínimos da autoria, ele deve proceder como sempre fez: impronunciando. Tanto é que essa decisão não faz coisa julgada material, na medida em que podem surgir, ulteriormente, novos elementos que sejam tidos como *indícios suficientes* da autoria, permitindo aí a pronúncia. Caso contrário, não teria sentido a previsão legal da *impronúncia* (ou despronúncia, em sede de reforma da pronúncia).

A compreensão desses "limites" de cognição é essencial para bem esquadrinhar essa dualidade de atribuições.

A partir disso é que se tem que analisar uma decisão tomada pelo STF no ano de 2019 (e publicada em 2020) em que, quiçá inadvertidamente, alguns posicionamentos chegaram a ponto de dizer ter havido "mudança de entendimento" do STF a respeito dos requisitos da pronúncia.

Há de se ter o devido cuidado no exame desse julgado, especialmente se começarmos a reproduzir (acriticamente) a sua *ementa*, sem analisar a *fundamentação* do julgado (nem se fala em "precedente"). Além disso, a posição externada é exclusivamente de três ministros do STF. Ou seja, *só por isso*, está bem distante a afirmativa de *mudança de orientação* jurisprudencial.

Mas já adiantamos nossa compreensão: o voto-condutor afastou a possibilidade de invocação do *in dubio pro societate* como argumento para pronúncia (e, como referimos, há muito essa é nossa posição), embora no Agravo Regimental no RHC nº 192.846-SC (DJ 27.5.2021) o mesmo julgador afirmou que *"o princípio in dubio pro societate deve prevalecer na sentença de pronúncia"*.

A questão é que, na essência, essa decisão a seguir analisada (já antecipamos aqui) *não mudou nada* quanto aos verdadeiros requisitos da pronúncia, devendo-se ter um cuidado muito grande para não se incorrer na tese de que o juiz deverá ele considerar o conjunto probatório de elementos de uma forma mais detalhada (aí se fará adiante uma observação e ressalva com parte final da fundamentação do voto-condutor).

Então, é mister fazer alguns destaques da espinha dorsal do voto-condutor, embora de forma sintética, mas sem desnaturar o que lá desenvolvido:

a) o juiz de primeiro grau impronunciou os réus (que foram pronunciados no Tribunal de apelação mediante recurso do Ministério Público), fundamentando que não visualizava "*nos autos* ***qualquer indício de autoria*** *do crime ora perpetrado que possa ser atribuída aos referidos réus*", pois as testemunhas presenciais não os viram chutando ou arremessando pedras na vítima; é que, disse antes, "*todas as testemunhas oculares afirmam que não viram os réus agredirem a vítima, de forma que sobre elas não pairam sequer indícios de autoria* [...]". Assim, "*o simples fato dos denunciados (JR e CC) terem corrido atrás da vítima não indica sua adesão à conduta do corréu B [...]*", sob pena de se caracterizar uma inadmissível responsabilização objetiva em Direito Penal". Para justificar sua decisão, reproduziu o depoimento de seis testemunhas presenciais (nenhuma delas apontou a participação dos réus que estavam recorrendo ao STF), destacando-se que os "*únicos relatos que incriminam B [...] e JR são de AS, da mãe e da esposa da vítima, mas nenhum deles presenciou efetivamente os fatos*" (fls. 7-8 do acórdão);

b) atente-se também que a mãe da vítima teria dito em juízo que "*no hospital em Fortaleza seu filho afirmou que tinham muitas pessoas correndo atrás dele e atirando pedras; que o mesmo disse que o principal foi B; que afirmou também que C e R arremessaram pedras; que disse ainda que a pedrada que o deixou paralisado foi arremessada por B, que a vítima não disse que havia motivado a confusão; que haviam sinais de várias pedradas na cabeça da vítima; que a vítima sequer deixava mexer em sua cabeça porque doía muito; que a vítima informou ainda que escutou na hora me que disseram: vamos matá-lo;* ***que acredita que*** *quem disse isso foram os três réus*'" (fl. 9 do acórdão);

c) "*[...] fortalece-se a necessidade de uma teoria racionalista da prova, em que, embora inexistam critérios de valoração rigidamente definidos na lei, o juízo sobre fatos deva ser orientado por critérios de lógica e racionalidade, podendo ser controlado em âmbito recursal ordinário. (Ferrer Beltrán, Jordi.* La valoración racional de la prueba. *Marcial Pons, 2007. p. 64). Para tanto, a valoração racional da prova impõe-se constitucionalmente, a partir do direito à prova (art. 5º, LV, CF) e do dever de motivação das decisões judiciais (art. 93, IX, CF)*" (fl. 11 do acórdão);

d) "*Entretanto, em lugar de considerar a motivação do juízo de primeiro grau, formada a partir de relatos de testemunhas presenciais ouvidas em juízo os quais afastaram a participação dos pacientes nas agressões, o TJ optou por dar maior valor a depoimento de ouvir-dizer e declarações prestadas na fase investigatória e não reiteradas em juízo com respeito ao contraditório*" (fl. 11 do acórdão);

e) "*diante de um estado de dúvida, em que há uma preponderância de provas no sentido da não participação dos acusados nas agressões e alguns elementos incriminatórios de menor força probatória, o Tribunal optou por alterar a decisão de primeiro grau e pronunciar os imputados*" (fl. 12 do acórdão);

f) reconheceu expressamente que, "*sem dúvidas, para a pronúncia, não se exige uma certeza além da dúvida razoável, necessária para a condenação. Contudo, a submissão de um acusado ao julgamento pelo Tribunal do Júri pressupõe a existência de um lastro probatório consistente no sentido da tese acusatória. Ou seja, requer-se um* standard *probatório um pouco inferior, mas ainda assim dependente de uma preponderância de provas incriminatórias*" (fl. 13 do acórdão).

Como se verifica, a fundamentação central do acórdão está na questão de que o lastro probatório acerca dos indícios da autoria era, *efetivamente*, muito aquém da exigência legal de *indícios suficientes*.

Nenhuma prova dos autos indicou a provável participação dos dois réus, senão apenas o testemunho de que *ouviu dizer* que *poderiam ter* participado (mãe da vítima e testemunha não presencial).

Essa posição não é novidade no STF, que (corretamente) já assentara que "*o aforismo* in dubio pro societate *[...] jamais vigorou no tocante à existência do próprio crime, em relação à qual se reclama esteja o juiz convencido. O convencimento do juiz, exigido na lei, não é obviamente a convicção íntima do jurado, que os princípios repeliriam, mas convencimento fundado na prova: donde, a exigência – que aí cobre tanto a da existência do crime, quanto da ocorrência de indícios de autoria, de que o juiz decline, na decisão, 'os motivos do seu convencimento'*" *(Habeas Corpus nº 81.646-PE, Rel. Min. Sepúlveda Pertence,* DJ *de 9.8.2002).*

Diante dos elementos dos autos, a situação concreta revelava hipótese de impronúncia, estando então correta a *conclusão* tomada nessa parte para, tecnicamente, despronunciar os recorrentes.

Há um outro detalhe que é pouco observado e constou no voto da Ministra Cármen Lúcia. A decisão foi tomada em julgamento de agravo em recurso extraordinário. Embora vencida na questão de fundo, com toda razão disse que "*o recurso extraordinário teria que se submeter ao reconhecimento da repercussão geral, se fosse o caso, que até parece realmente haver; teria que se submeter ao processo formal de reconhecimento da repercussão geral, e, de toda sorte, ainda que se afirmasse sobre a questão da valoração das provas apresentadas, tenho para mim que, pelo menos nesta fase, não é o caso de superação como aqui exposto*".

Só esse detalhe relevante já impõe a certeza de que não se pode falar que houve *mudança de entendimento* do STF. O procedimento correto para ensejar eventual *tese de mudança* deveria ser mediante discussão em sede de repercussão geral (requisito essencial para conhecimento e provimento de recursos extraordinários desde 3.5.2007). Na verdade, o que o tribunal realizou – excepcionalmente – foi o reconhecimento de uma hipótese de *manifesta* ilegalidade (pronúncia indevida), deferindo a pretensão como se fosse um *habeas corpus* de ofício, exatamente o motivo determinante que ensejou o acompanhamento da tese pelo Ministro Celso de Mello, ao assentar: "*passo à análise da presente causa. E, ao fazê-lo, entendo viável a concessão, de ofício, de ordem de 'habeas corpus'*" (fl. 28 do acórdão).

Registramos, por fim, uma crítica em parte da "complementação" da fundamentação trazida pelo voto-condutor, no seu final. Depois das digressões sobre aportes probatórios, consta expressamente na posição externada pelo relator que, "*neste caso concreto, conforme reconhecido pelo juízo de primeiro grau e também em conformidade com os argumentos aportados pelo Tribunal, há uma preponderância de provas no sentido da não participação dos imputados JR e C nas agressões que ocasionaram o falecimento da vítima. Ainda que se considere os elementos indicados para justificar a pronúncia em segundo grau e se reconheça um estado de dúvida diante de um lastro probatório que contenha elementos incriminatórios e absolutórios, igualmente a impronúncia se impõe. Se houver uma dúvida sobre a preponderância de provas, deve então ser aplicado o* in dubio pro reo, *imposto nos termos constitucionais (art. 5º, LVII, CF), convencionais (art. 8.2, CADH) e legais (arts. 413 e 414, CPP) no ordenamento brasileiro*".

Nessa parte não podemos concordar com a fundamentação (e sobre isso nada disseram os demais votos). É que, se houver *dúvida* sobre a *preponderância das provas* (contendo elementos incriminatórios e não incriminatórios), a solução é de pronúncia, submetendo-se o caso ao juiz natural da causa, o Tribunal Popular. Aí não cabe o juiz togado se imiscuir em atribuição que não é sua, violando expressamente a competência constitucional, pois a exigência legal, não esqueçamos, é de existência de *indícios suficientes* da autoria.

Temos como descabido invocar a incidência do art. 8.2. da Convenção Americana de Direitos Humanos, que dispõe que "*toda pessoa acusada de um delito tem direito a que se presuma sua inocência, enquanto não for legalmente comprovada sua culpa*". É que quem decide sobre a *culpa* é o Tribunal Popular (salvo a excepcional *absolvição sumária*), com os recursos cabíveis subsequentemente.

Com efeito, dentro do sistema jurídico brasileiro, há expressa previsão de que, nos casos dos crimes dolosos contra a vida, o juiz natural deverá ser o Tribunal do Júri (que não conflita em absolutamente nada com a referida norma convencional). Ele quem será o *julgador* do caso, não se podendo presumir culpa de ninguém até então. Aliás, nunca se teve dúvida de que a submissão ao tribunal do júri, por si só, violaria qualquer regra de presunção de não culpabilidade ou de inocência. Repita-se à exaustão: o que o juiz togado faz é unicamente verificar se existem *indícios suficientes* (e não exaurientes, muito menos *preponderância de provas*) para submissão ao júri. Se o juiz fizer um juízo de valor diante de elementos claramente presentes para um ou outro lado, estará ele sim infringindo frontalmente o sistema, arvorando-se em julgador de mérito de uma causa que não lhe compete constitucionalmente e que desborda completamente da excepcional hipótese do art. 415 do CPP. Tanto é assim que, repita-se, só lhe é permitido "absolver" na fase primeira se houver a demonstração, de forma indiscutível, de elementos sólidos de alguns dos requisitos do art. 415 do CPP (antes transcrito).

Aliás, se superada essa questão, talvez o relator do caso não tenha atentado que sua fundamentação – nessa parte – irá trazer uma situação de grave prejuízo para o próprio julgamento em desfavor de réus. É que, se o juiz tiver que fazer um juízo do lastro probatório como pretendido (afirmando ser *preponderante* em face dos outros que seriam em prol da defesa, para fins de *pronúncia*), certamente isso poderá – e irá! – ser utilizado *contra* o réu em plenário. É verdade que não se pode utilizar, como "argumentos de autoridade", aqueles declinados na decisão de pronúncia. Mas certamente isso repercutirá, pois a acusação, sem se reportar ao conteúdo e aos fundamentos da decisão, poderá sim dizer, sem qualquer problema, que para pronunciar o juiz fez uma análise das provas e chegou à conclusão de que eram eminentemente *preponderantes* contra o réu, tanto que o pronunciou. Evidente que o mesmo poderá ser feito pela defesa, mas essa ênfase reforça o equívoco técnico de fundamentação adotada pelo voto, que, nessa parte, diga-se de novo, não foi objeto de acompanhamento por nenhum dos outros julgadores de forma expressa.

Jurisprudência

414.1. [...] 2. Assim, tem essa fase inicial do procedimento bifásico do Tribunal do Júri o objetivo de avaliar a suficiência ou não de razões para levar o acusado ao seu juízo natural. O juízo da acusação (*judicium accusationis*) funciona como um importante filtro pelo qual devem passar somente as acusações fundadas, viáveis, plausíveis e idôneas a serem objeto de decisão pelo juízo da causa (*judicium causae*). A pronúncia consubstancia, dessa forma, um juízo de admissibilidade da acusação, razão pela qual o Juiz precisa estar "convencido da materialidade do fato e da existência de indícios suficientes de autoria ou de participação" (art. 413, *caput*, do CPP).

3. A leitura do referido dispositivo legal permite extrair dois *standards* probatórios distintos: um para a materialidade, outro para a autoria e a participação. Ao usar a expressão "convencido da materialidade", o legislador impôs, nesse ponto, a certeza de que o fato existiu; já em relação à autoria e à participação, esse convencimento diz respeito apenas à presença de indícios suficientes, não à sua demonstração plena, exame que competirá somente aos jurados.

4. A desnecessidade de prova cabal da autoria para a pronúncia levou parte da doutrina – acolhida durante tempo considerável pela jurisprudência – a defender a existência do *in dubio pro societate*, princípio que alegadamente se aplicaria a essa fase processual. Todavia, o fato de não se exigir um juízo de certeza quanto à autoria nessa fase não significa legitimar a aplicação da máxima *in dubio pro societate* – que não tem amparo no ordenamento jurídico brasileiro – e admitir que toda e qualquer dúvida autorize uma pronúncia. Aliás, o próprio nome do suposto

princípio parte de premissa equivocada, uma vez que nenhuma sociedade democrática se favorece pela possível condenação duvidosa e injusta de inocentes.

5. O *in dubio pro societate*, "na verdade, não constitui princípio algum, tratando-se de critério que se mostra compatível com regimes de perfil autocrático que absurdamente preconizam, como acima referido, o primado da ideia de que todos são culpados até prova em contrário (!?!?), em absoluta desconformidade com a presunção de inocência [...]" (Voto do Ministro Celso de Mello no ARE n. 1.067.392/AC, Rel. Ministro Gilmar Mendes, 2ª T., DJe 2/7/2020). Não pode o juiz, na pronúncia, "lavar as mãos" – tal qual Pôncio Pilatos – e invocar o "*in dubio pro societate*" como escusa para eximir-se de sua responsabilidade de filtrar adequadamente a causa, submetendo ao Tribunal popular acusações não fundadas em indícios sólidos e robustos de autoria delitiva.

[...] 7. Segundo Ferrer-Beltrán, "o grau de exigência probatória dos distintos *standards* de prova para distintas fases do procedimento deve seguir uma tendência ascendente" (*op. cit.*, p. 102), isto é, progressiva, pois, como explica Caio Massena, "não seria razoável, a título de exemplo, para o recebimento da denúncia – antes, portanto, da própria instrução probatória, realizada em contraditório – exigir um *standard* de prova tão alto quanto aquele exigido para a condenação" (MASSENA, Caio Badaró. Prisão preventiva e standards de prova: propostas para o processo penal brasileiro. *Revista Brasileira de Direito Processual Penal*, v. 7, n. 3, p. 1.631-1.668, set./dez. 2021).

8. Essa tendência geral ascendente e progressiva decorre, também, de uma importante função política dos *standards* probatórios, qual seja, a de distribuir os riscos de erro entre as partes (acusação e defesa), erros estes que podem ser tanto falsos positivos (considerar provada uma hipótese falsa, por exemplo: condenação de um inocente) quanto falsos negativos (considerar não provada uma hipótese verdadeira, por exemplo: absolvição de um culpado) (FERRER-BELTRÁN, *op. cit.*, p. 115-137). Deveras, quanto mais embrionária a etapa da persecução penal e menos invasiva, restritiva e severa a medida ou decisão a ser adotada, mais tolerável é o risco de um eventual falso positivo (atingir um inocente) e, portanto, é mais atribuível à defesa suportar o risco desse erro; por outro lado, quanto mais se avança na persecução penal e mais invasiva, restritiva e severa se torna a medida ou decisão a ser adotada, menos tolerável é o risco de atingir um inocente e, portanto, é mais atribuível à acusação suportar o risco desse erro.

9. [...] Como a pronúncia se situa na penúltima etapa (antes apenas da condenação) e se trata de medida consideravelmente danosa para o acusado – que será submetido a julgamento imotivado por jurados leigos –, o *standard* deve ser razoavelmente elevado e o risco de erro deve ser suportado mais pela acusação do que pela defesa, ainda que não se exija um juízo de total certeza para submeter o réu ao Tribunal do Júri.

10. Deve-se distinguir a dúvida que recai sobre a autoria – a qual, se existentes indícios suficientes contra o acusado, só será dirimida ao final pelos jurados, porque é deles a competência para o derradeiro juízo de fato da causa – da dúvida quanto à própria presença dos indícios suficientes de autoria (metadúvida, dúvida de segundo grau ou de segunda ordem), que deve ser resolvida em favor do réu pelo magistrado na fase de pronúncia. Vale dizer, também na pronúncia – ainda que com contornos em certa medida distintos – tem aplicação o *in dubio pro reo*, consectário do princípio da presunção de inocência, pedra angular do devido processo legal. Assim, o *standard* probatório para a decisão de pronúncia, quanto à autoria e a participação, situa-se entre o da simples preponderância de provas incriminatórias sobre as absolutórias (mera probabilidade ou hipótese acusatória mais provável que a defensiva) – típico do recebimento da denúncia – e o da certeza além de qualquer dúvida razoável (BARD ou outro *standard* que se tenha por equivalente) – necessário somente para a condenação. Exige-se para a pronúncia, portanto, elevada probabilidade de que o réu seja autor ou partícipe do delito a ele imputado. *[...]. (Recurso Especial nº 2.091.647-DF, STJ, 6ª Turma, Rel. Min. Rogerio Schietti Cruz, julgado em 26.9.2023, publicado no DJ em 3.10.2023)*

414.1.[...] Nos termos do art. 413, § 1º, do Código de Processo Penal – CPP, a sentença de pronúncia configura um juízo de admissibilidade da acusação, não demandando a certeza necessária à sentença condenatória, uma vez que eventuais dúvidas, nessa fase processual, resolvem-se em favor da sociedade – in dubio pro societate. *[...] (Agravo Regimental no Habeas Corpus nº 765.810-RS, STJ, 5ª Turma, Rel. Min. Joel Ilan Paciornik, sessão virtual de 2.5.2023 a 8.5.2023, publicado no DJ em 10.5.2023)*

414.1. [...] 2. Não se desconhece também o entendimento consolidado de que, na fase processual do *judicium accusationis*, eventual dúvida acerca da robustez dos elementos de prova, resolve-se em favor da sociedade, consoante o princípio do *in dubio pro societate*. Precedentes. Ocorre, porém, que esses entendimentos vêm sendo criticados por alguns doutrinadores que ensinam que, havendo dúvida quanto à materialidade delitiva, ou em relação à existência de indícios suficientes de autoria ou de participação, deve prevalecer a presunção constitucional de inocência. [...] Assim, não se vislumbra elementos probatórios aptos para demonstrar a existência de indícios suficientes de autoria em relação aos acusados Helton e Paulo Euzébio, diante da prova testemunhal ouvida em juízo, sendo a impronúncia medida que se impõe. [...] *(Agravo Regimental no Habeas Corpus nº 761.529–RS, STJ, 5ª Turma, Min. Rel. Ribeiro Dantas, julgado em 25.10.2022, publicado no DJ em 4.11.2022)*

414.1. Júri. 3. Pronúncia e *standard* probatório: a decisão de pronúncia requer uma preponderância de provas, produzidas em juízo, que sustentem a tese acusatória, nos termos do art. 414, CPP. 4. Inadmissibilidade *in dubio pro societate*: além de não possuir amparo normativo, tal preceito ocasiona equívocos e desfoca o critério sobre o *standard* probatório necessário para a pronúncia. 5. Valoração racional da prova: embora inexistam critérios de valoração rigidamente definidos na lei, o juízo sobre fatos deve ser orientado por critérios de lógica e racionalidade, pois a valoração racional da prova é imposta pelo direito à prova (art. 5º, LV, CF) e pelo dever de motivação das decisões judiciais (art. 93, IX, CF). 6. Critérios de valoração utilizados no caso concreto: em lugar de testemunhas presenciais que foram ouvidas em juízo, deu-se maior valor a relato obtido somente na fase preliminar e à testemunha não presencial, que, não submetidos ao contraditório em juízo, não podem ser considerados elementos com força probatória suficiente para atestar a preponderância de provas incriminatórias. 7. Dúvida e impronúncia: diante de um estado de *dúvida*, em que há uma preponderância de provas no sentido da não participação dos acusados nas agressões e alguns elementos incriminatórios de menor força probatória, impõe-se a impronúncia dos imputados, o que não impede a reabertura do processo em caso de provas novas (art. 414, parágrafo único, CPP). Primazia da presunção de inocência (art. 5º, LVII, CF e art. 8.2, CADH). 8. Função da pronúncia: a primeira fase do procedimento do Júri consolida um filtro processual, que busca impedir o envio de casos sem um lastro probatório mínimo da acusação, de modo a se limitar o poder punitivo estatal em respeito aos direitos fundamentais. 9. Inexistência de violação a soberania dos veredictos: ainda que a Carta Magna preveja a existência do Tribunal do Júri e busque assegurar a efetividade de suas decisões, por exemplo ao limitar a sua possibilidade de alteração em recurso, a lógica do sistema bifásico é inerente à estruturação de um procedimento de júri compatível com o respeito aos direitos fundamentais e a um processo penal adequado às premissas do Estado Democrático de Direito. 10. Negativa de seguimento ao Agravo em Recurso Extraordinário. *Habeas corpus* concedido de ofício para restabelecer a decisão de impronúncia proferida pelo juízo de primeiro grau, nos termos do voto do relator *(Recurso Extraordinário com Agravo nº 1.067.392-CE, Rel. Min. Gilmar Mendes, julgado em 26.3.2019, publicado em 2.7.2020).*

414.1. [...] Em respeito ao princípio do juiz natural, somente é cabível a exclusão das qualificadoras na sentença de pronúncia quando manifestamente improcedentes e descabidas, porquanto a decisão acerca da sua caracterização ou não deve ficar a cargo do Conselho de Sentença, conforme já decidido por esta Corte. Na hipótese em apreço, não se pode dizer que a incidência das qualificadoras do motivo fútil e do recurso que impossibilitou a defesa da vítima na decisão de pronúncia seria manifestamente improcedente ou descabida, tendo em vista que esta apenas traz a descrição da conduta, sem realizar qualquer juízo de valor sobre a sua caracterização na hipótese fática, em respeito à competência constitucionalmente atribuída ao Tribunal do Júri. Afirmar se o paciente agiu com sentimento fútil e se, ao atuar enquanto a vítima estava desequilibrada, empregou recurso que impossibilitou a sua defesa, é tarefa que deve ser analisada de acordo com a narrativa dos fatos constantes da denúncia, com o auxílio do conjunto fático-probatório produzido no âmbito do devido processo legal, pela Corte Popular, juiz natural da causa, o que impede a afirmação ou exclusão acerca das qualificadoras por este Sodalício. Ordem denegada (*Habeas Corpus nº 111.552/MG, STJ, Rel. Min. Jorge Mussi, 5ª Turma, publicado no* DJ *em 26.4.2010*).

414.1. [...] Não é questão de prova, mas de direito probatório – que comporta deslinde em *habeas corpus* –, a de saber se é admissível a pronúncia fundada em dúvida declarada com relação à existência material do crime. Pronúncia: inadmissibilidade: invocação descabida do *in dubio pro societate* na dúvida quanto à existência do crime. O aforismo *in dubio pro societate* que – malgrado as críticas procedentes à sua consistência lógica, tem sido reputada adequada a exprimir a inexigibilidade de certeza da autoria do crime, para fundar a pronúncia , jamais vigorou no tocante à existência do próprio crime, em relação à qual se reclama esteja o juiz convencido. O convencimento do juiz, exigido na lei, não é obviamente a convicção íntima do jurado, que os princípios repeliriam, mas convencimento fundado na prova: donde, a exigência – que aí cobre tanto a da existência do crime, quanto da ocorrência de indícios de autoria, de que o juiz decline, na decisão, "os motivos do seu convencimento". Caso em que, à frustração da prova pericial – que concluiu pela impossibilidade de determinar a causa da morte investigada –, somou-se a contradição invencível entre a versão do acusado e a da irmã da vítima: consequente e confessada dúvida do juiz acerca da existência de homicídio, que, não obstante, pronunciou o réu sob o pálio da invocação do *in dubio pro societate*, descabido no ponto. *Habeas corpus* deferido por falta de justa causa para a pronúncia *(Habeas Corpus nº 81.646-PE, Rel. Min. Sepúlveda Pertence, 1ª Turma, publicado no* DJ *em 9.8.2002).*

414.2. Possibilidade de nova denúncia ou queixa? É de se ver que, previsto expressamente no § 1º (como era no § 1º do então art. 409 do CPP), enquanto não ocorrer a extinção da punibilidade, poderá ser formulada nova denúncia ou queixa se houver prova nova.

Não concordamos com essa exceção, ao menos nos moldes em que agora apresentada se feita uma interpretação conjugada com o sistema constitucional vigente.

A rejeição da denúncia por ausência de provas suficientes ou pela total ausência de correspondência entre a imputação e o conjunto probatório existente nos autos não impede nova acusação se supridas as deficiências apontadas e ainda não extinta a punibilidade. Não há maiores questionamentos – e, parece, não há motivos plausíveis – acerca do tema. Tanto que não há nenhum óbice à reabertura de *investigação* se houver novas provas diante da hipótese de arquivamento de inquérito por ausência de provas (art. 18, CPP c/c Súmula 524 do STF).

Entretanto, cremos ser diversa a situação narrada com a prevista no parágrafo único do art. 414, CPP. Aqui, após esgotados todos os meios de prova (não é procedimento investigatório preliminar *lato sensu*, mas ação penal), mediante (como visto) a adoção do contraditório e da ampla defesa dos interessados, não há como se permitir ulterior *reabertura* do feito se *surgirem novas provas*. A situação – que diverge substancialmente da anterior – importa, ao menos para nós, em verdadeira, porém disfarçada, *revisão criminal pro societate.*

É importante atentar para a circunstância de que a impronúncia guarda semelhanças com a absolvição sumária quando fundada na ausência de prova de ter o réu concorrido para a infração penal ou quando não existir prova suficiente para a condenação (art. 386, IV e VI, CPP). Indubitável que são situações reguladas por ritos distintos, especialmente no Júri, em que há as fases bem características, do juízo de acusação e do julgamento de mérito. Entretanto, a razão que embasa ambas decisões se identifica na raiz: o julgador não se convence da materialidade ou da existência de indícios suficientes de autoria ou de participação. É dizer e insistindo: sob o crivo do contraditório (e não meramente em fase de rejeição da denúncia, ainda em fase de investigações), conclui-se que não há elementos acerca da materialidade e/ou indícios acerca da autoria.

Mesmo que surjam novas provas ulteriormente, não há como se admitir o reinício da persecução, já rechaçada em juízo (se bem que pelo juízo monocrático ou em razão da despronúncia), porque ausentes mínimos elementos acerca da materialidade e/ou autoria e participação. Tanto que se houver elementos mínimos, a imposição é de pronúncia.

Art. 415. O juiz, fundamentadamente, absolverá desde logo o acusado, quando: (Redação dada pela Lei nº 11.689, de 2008)

I – provada a inexistência do fato; (Redação dada pela Lei nº 11.689, de 2008)

II – provado não ser ele autor ou partícipe do fato; (Redação dada pela Lei nº 11.689, de 2008)

III – o fato não constituir infração penal; (Redação dada pela Lei nº 11.689, de 2008)

IV – demonstrada causa de isenção de pena ou de exclusão do crime. (Redação dada pela Lei nº 11.689, de 2008)

Parágrafo único. Não se aplica o disposto no inciso IV do *caput* deste artigo ao caso de inimputabilidade prevista no *caput* do art. 26 do Decreto-Lei nº 2.848, de 7 de dezembro de 1940 – Código Penal, salvo quando esta for a única tese defensiva. (Incluído pela Lei nº 11.689, de 2008)

415.1. Absolvição sumária: considerações gerais: A absolvição sumária, antes prevista no art. 411, CPP, agora é regulada pelo art. 415, CPP, que, comparativamente, ampliou as hipóteses nas quais é facultado ao juiz proferir a decisão absolutória.

Em sua redação antiga, previa o art. 411, CPP que, havendo a absolvição sumária, o juiz deveria "recorrer de ofício" da sua decisão, o que guardava consonância com o disposto no inciso II do art. 574 do CPP. Atualmente, não há mais previsão do chamado *reexame necessário*. A novel regra, porque de natureza processual, é aplicável às decisões publicadas a partir da vigência da Lei nº 11.689/08. Veio em boa hora a alteração. Em nosso sentir, embora houvesse uma *certa* justificação da existência deste condicionamento (não compreendíamos como recurso, mas como uma condição de eficácia plena da sentença) em hipóteses de absolvição sumária, não guardava uma sintonia muito fina com o verdadeiro princípio acusatório, adotado como basilar pela Constituição Federal.

415.2. Absolvição sumária: considerações específicas: Enquanto no sistema anterior havia uma limitação da absolvição sumária às excludentes de ilicitude e culpabilidade, agora são quatro as hipóteses em que permitida a absolvição sumária. Se: (a) provada a inexistência do fato; (b) provado não ser o réu o autor ou partícipe do fato; (c) o fato não constituir infração penal; (d) demonstrada causa de isenção de pena ou de exclusão do crime.

De fato, as excludentes de ilicitude (ou causas de justificação) e de culpabilidade excluem o crime e a respectiva punibilidade, por força do disposto nos arts. 20 (erro sobre o elemento do tipo), 21 (erro sobre a ilicitude do fato), 22 (coação irresistível e obediência hierárquica), 23 (exclusão de ilicitude pela ocorrência do estado de necessidade, legítima defesa, estrito cumprimento do dever legal ou exercício regular de direito), 26 (inimputabilidade) e 28, § 1º (embriaguez completa decorrente de caso fortuito ou força maior), todos do Código Penal. Essas hipóteses estão contempladas hoje nos incisos III e IV do art. 415 do CPP.

As *novidades* são as dos incisos I e II: se provada a inexistência do fato ou não ser o autor ou partícipe do fato.

Como regra, insiste-se, os delitos dolosos contra a vida deveriam ser examinados apenas pelo Tribunal do Júri. Contudo, as peculiaridades do procedimento e da jurisdição do Júri popular, integrado por leigos, recomendam a adoção de algumas cautelas, reservando-se ao Poder Judiciário a apreciação de algumas questões ligadas à real existência de crime doloso contra a vida.

Não se pode negar que parte da doutrina já sustentava a necessidade de ampliação de competência do juiz togado, possibilitando-se a absolvição sumária do réu quando ficasse suficientemente provado que o fato não ocorreu ou então quando provado ter sido outro o autor do crime ou não ser o réu o autor.

A circunstância de este entendimento estar hoje consagrado em Lei não nos permite apenas aderir ao que firmado. Continuamos entendendo que deve haver uma limitação às hipóteses de absolvição sumária, sendo corretas as restritas situações previstas anteriormente. Se deriva do texto constitucional a competência do Tribunal Popular para o julgamento (pelo menos – vide Habeas Corpus nº 101.542/SP, Rel. Min. Ricardo Lewandowski, STF, 1ª Turma, publicado no *DJ* em 28.5.2010) dos delitos dolosos contra a vida, apenas há sentido na absolvição sumária nas situações versadas originariamente porque se trata de questões de *direito*, passíveis de uma análise mais acurada pelo juiz togado. Já os aspectos acerca da inexistência do fato e da prova da não autoria ultrapassam muito os limites das questões meramente de *direito*, incursionando definitivamente naqueles atinentes aos *fatos*, importando, assim, ao menos em nosso juízo, supressão via Lei infraconstitucional da competência constitucional do Tribunal do Júri. Atente-se que a decisão fundada na prova da inexistência do fato (inciso I) ou da comprovada não autoria (II) abrange a parte do núcleo central do mérito da matéria criminal: a materialidade e autoria. Ou seja, houve uma grande restrição do que efetivamente será submetido ao Tribunal Popular.

Nunca é demais insistir que a Constituição fixa que os delitos dolosos contra a vida serão *necessariamente* julgados pelo Júri (art. 5º, XXXVIII, *d*). Mas não há nenhum óbice – sequer constitucional – para que seja ampliada a competência constitucional do Tribunal do Júri para outros delitos que não os dolosos contra a vida. Essa é a razão pela qual não há nenhuma inconstitucionalidade no art. 78, I, do CPP que permite ao órgão popular julgar também os delitos conexos aos dolosos contra a vida. Aliás, temos por pertinente a expressa disposição agora no sentido de que, se houver eventual desclassificação pelo Tribunal do Júri, competirá ao Juiz-Presidente o julgamento dos delitos conexos *não dolosos* contra a vida (art. 492, § 2º, CPP).

O que não se pode aceitar, ao menos para nós, é restringir a competência constitucional do Júri em decorrência de questões não de direito, mas *de fato*. Por estes motivos, entendemos inconstitucionais as hipóteses de absolvição sumária introduzidas nos incisos I e II do art. 415 do CPP.

Jurisprudência

415.2. [...] A jurisprudência do Superior Tribunal de Justiça entende que repercutem na esfera administrativa as sentenças penais absolutórias que atestem a comprovação da inexistência dos fatos ou da negativa de autoria. [...] (*Recurso Especial nº 1.567.627-MG, STJ, 3ª Seção, unânime, Rel. Min. Herman Benjamin, julgado em 15.12.2015, publicado no* DJ *em 18.5.2016*).

415.2. [...] Inquérito. 2. Competência originária. 3. Penal e Processual Penal. 4. "Operação Sanguessuga". Art. 1º, I, do Decreto-Lei 201/67 (peculato do prefeito). Crime próprio, que admite participação. Justa causa. Indicativos suficientes de participação do denunciado no direcionamento de licitação para compra de ambulância com sobrepreço. 5. Denúncia recebida (*Inquérito nº 3.634-DF, STF, 2ª Turma, unânime, Rel. Min. Gilmar Mendes, julgado em 2.06.2015, publicado no DJ em 22.06.2015*).

415.2. [...] A competência do Tribunal do Júri, fixada no art. 5º, XXXVIII, d, da CF, quanto ao julgamento de crimes dolosos contra a vida é passível de ampliação pelo legislador ordinário. A regra estabelecida no art. 78, I, do CPP de observância obrigatória, faz com que a competência constitucional do tribunal do Júri exerça uma *vis atractiva* sobre delitos que apresentem relação de continência ou conexão com os crimes dolosos contra a vida. Precedentes. A manifestação dos jurados sobre os delitos de sequestro e roubo também imputados ao réu não maculam o julgamento com o vício da nulidade. O *habeas corpus*, ademais, em que pese configurar remédio constitucional de largo espectro, não pode ser utilizado como sucedâneo da revisão criminal, salvo em situações nas quais se verifique flagrante nulidade processual seja na sentença condenatória, seja no acórdão que a tenha confirmado. Ordem denegada (*Habeas Corpus nº 101.542/SP, Rel. Min. Ricardo Lewandowski, STF, 1ª Turma, publicado no DJ em 28.5.2010*).

....

415.3. Exceção da absolvição sumária em caso de inimputabilidade: Nessa parte, correta em nossa compreensão a inserção legislativa no parágrafo único do art. 415 do CPP, já acolhida pela jurisprudência, impedindo-se a ocorrência da chamada absolvição imprópria. Crime é fato típico, antijurídico e culpável. Portanto, antes da análise da culpabilidade é imprescindível a verificação se o fato praticado efetivamente encontra adequação criminal e ainda se é antijurídico (não apresenta nenhuma causa excludente da ilicitude). Nessa senda, se essa for a tese defensiva, ao inimputável deve ser garantido o direito de ser absolvido pela negativa de autoria ou diante de alegada excludente de antijuridicidade porque a decorrência lógica do provimento judicial (do Tribunal popular ou do próprio juiz monocrático) que a reconhece será a *não* imposição de medida de segurança. Não havia sentido na aplicação de medida de segurança a réu inimputável que eventualmente sustentasse tivesse agido em legítima defesa porque se estaria agravando sua situação, considerando-se que a medida de segurança implica em restrições aos direitos fundamentais de locomoção, dela decorrendo tratamento ambulatorial até cessação da periculosidade ou internação em instituto próprio.

Jurisprudência

415.3. [...] Nos termos do artigo 415, parágrafo único, do Código de Processo Penal, o juiz poderá absolver desde logo o acusado pela prática de crime doloso contra a vida se restar demonstrada a sua inimputabilidade, salvo se esta não for a única tese defensiva. [...] (*Recurso em Habeas Corpus nº 39.920-RJ, STJ, 5ª Turma, Rel. Min. Jorge Mussi, julgado em 6.2.2014, publicado no DJ em 11.2.2014*).

415.3. [...] Hipótese em que a perícia, reconhecendo a inimputabilidade do réu, foi impugnada pela defesa. O acórdão afirmou que, na fase da pronúncia, só pode o juiz absolver sumariamente o réu, com base na "imputabilidade psíquica", quando a defesa não sustentar tese fundamental excludente do crime. No caso concreto, sendo controvertida a inimputabilidade do réu, afirmada pelo laudo psiquiátrico e contestada pela defesa, acrescido o fato de ter sido invocada a tese da legítima defesa, não reconhecida de imediato, as instâncias ordinárias entenderam prudente adotar a solução da pronúncia, deixando para o Júri, juiz natural e soberano da causa, a decisão final. Questão vinculada imediatamente à exegese do art. 411, do Código de Processo Penal. Não há matéria constitucional prequestionada. Súmulas 282 e 356. De qualquer sorte, se ofensa à Constituição, no caso, se verificasse, somente se poderia surpreendê-la, por via oblíqua, o que não se tem admitido. Recurso extraordinário não conhecido (*Recurso Extraordinário nº 156.169, STF, Rel. Min. Néri da Silveira, 2ª Turma, publicado no DJ em 5.8.1994*).

415.3 [...]A absolvição sumária pode ser alcançada ao final do *iudicium accusationis,* constatada a inimputabilidade do réu. Entretanto, operado o trânsito em julgado da decisão que pronunciou o paciente, não pode ser esta decisão alterada pelo mesmo juiz togado em decorrência da superveniência de laudo que atesta a insanidade mental do acusado, pois já não mais ostentará competência, agora transferida ao Conselho de Sentença, juiz natural da causa (Precedentes). Antes do advento da Lei nº 11.689/2008, o trânsito em julgado da decisão que absolvia sumariamente o réu somente ocorria após a remessa voluntária ao e. Tribunal de origem, a teor da Súmula nº 423, da Suprema Corte: "*Não transita em julgado a sentença por haver omitido o recurso* ex officio, *que se considera interposto* ex lege." Assim, na espécie, não há que se falar em revisão *pro societate.* A uma, porque ainda não há decisão transitada em julgado. E, a duas, porque ao paciente foi indevidamente subtraída a possibilidade de ter a acusação contra ele formulada julgada pelos juízes competentes, os quais, poderão, em tese, até mesmo absolvê-lo (absolvição própria). O período em que o paciente ficou internado ao longo do feito deve, a teor do disposto no art. 42 do CP, eventualmente, ser considerado para fins de detração. Ordem denegada (*Habeas Corpus nº 141.887/ES, STJ, Rel. Min. Felix Fischer, 5ª Turma, por unanimidade, publicado no* DJ *em 29.3.2010).*

Art. 416. Contra a sentença de impronúncia ou de absolvição sumária caberá apelação. (Redação dada pela Lei nº 11.689, de 2008)

416. Recurso cabível da decisão de impronúncia ou absolvição sumária: A regra em tela é novidade e importou em expressa modificação dos incisos IV do art. 581 (revogado pelo art. 4º, Lei nº 11.689/08) e V (alterado parcialmente pelo art. 2º, Lei nº 11.689). Doravante, as decisões de impronúncia ou absolvição sumária publicadas a partir do dia 11.8.2008, primeiro dia útil após o término da *vacatio legis,* nos termos do § 1º do art. 8º da LC nº 95/1998 c/c § 3º do art. 798 do CPP, deverão ser atacadas mediante o recurso de apelação.

Já referido anteriormente (art. 415, CPP), em sua redação anterior, previa o art. 411, CPP, que, nas hipóteses de absolvição sumária própria do Júri, o juiz deveria "recorrer de ofício" da sua decisão, o que guardava consonância com o disposto no inciso II do art. 574 do CPP. Atualmente, não há mais previsão do chamado *reexame necessário.* A novel regra, porque de natureza processual, igualmente é aplicável às decisões publicadas a partir da vigência da Lei nº 11.689/08.

A seguir, deve-se reiterar que o art. 397, CPP, trouxe uma inovação aplicável a todo procedimento processual penal comum ordinário e sumário (*que não se confunde* processualmente *com aquele previsto especificamente no art. 416 do CPP*): a possibilidade de absolvição sumária do acusado quando se verificar: (a) a existência manifesta de causa excludente da ilicitude do fato; (b) a existência manifesta de causa excludente da culpabilidade do agente, salvo inimputabilidade; (c) que o fato narrado evidentemente não constitui crime; ou (d) extinta a punibilidade do agente. A (nova) absolvição sumária, introduzida pela legislação em 2008, é aplicável para todas as infrações que se amoldem aos procedimentos comum ordinário e sumário. Mas é de se ver que houve a manutenção da absolvição sumária no procedimento *específico* do Júri, agora regulada no art. 415, CPP. Nessa senda, parece não haver ressaibo de dúvidas no sentido de que se houver a absolvição sumária ou impronúncia no procedimento *específico* do Júri o recurso a ser manejado será o de apelação, com fundamento no art. 416, do CPP. Igualmente, caberá apelação se a impronúncia se referir à exclusão de qualificadoras narradas na denúncia, por exemplo, porém, se a absolvição sumária (de *caráter geral*) for prolatada na fase procedimental do art. 397, CPP, também o recurso será o de apelação, mas o fundamento central, em nossa compreensão, será o disposto no inciso I do art. 593 do CPP. Uma coisa ao menos para nós é certa: diversamente do que sustentado por alguns segmentos da doutrina, o Júri não comporta a absolvição sumária da fase do art. 397, CPP, porque o § 3º do art. 394 do CPP é expresso nesse sentido, não se aplicando as regras (gerais) do § 4º do mesmo artigo.

Jurisprudência

416. [...] Em atenção à análise histórica e da conjuntura atual do ordenamento vigente, o princípio da fungibilidade no processo penal deve ser aplicado quando ausente a má-fé e presente o preenchimento dos pressupostos do recurso cabível. [...] Na hipótese dos autos, houve erro grosseiro do MP na interposição de recurso em sentido estrito quando cabível apelação, pois inobservado o expressamente contido no art. 416 do CPP (Contra a sentença de impronúncia ou de absolvição sumária caberá apelação). Contudo, não houve má-fé, eis que não preenchidas as hipóteses do artigo 80 do CPC, bem como não se verifica qualquer inadequação para processamento pelo rito do recurso cabível, pois interposto no prazo recursal dele (tempestividade), com fundamentação e pleito que visavam a reforma da decisão recorrida, assim como se um apelo fosse.[...] *(Embargos de Declaração no Agravo Regimental nos Embargos de Divergência em Agravo em Recurso Especial nº 1.240.307-MT, STJ, 3ª Seção, Rel. Min. Joel Ilan Paciornik, julgado em 8.2.2023, publicado no DJ em 13.2.2023)*

416. [...] Conforme previsão expressa do art. 416, do Código de Processo Penal, contra a decisão de impronúncia caberá recurso de apelação. 3. A interposição de recurso em sentido estrito contra a decisão de impronúncia configura erro grosseiro, não havendo que se falar em incidência do princípio da fungibilidade recursal. [...] *(Habeas Corpus nº 367.761-SP, STJ, 6ª Turma, Rel. Min. Néfi Cordeiro, julgado em 11.10.2016, publicado no DJ em 4.11.2016)*

Art. 417. Se houver indícios de autoria ou de participação de outras pessoas não incluídas na acusação, o juiz, ao pronunciar ou impronunciar o acusado, determinará o retorno dos autos ao Ministério Público, por 15 (quinze) dias, aplicável, no que couber, o art. 80 deste Código. (Redação dada pela Lei nº 11.689, de 2008)

417. Não há novidade essencial no dispositivo em voga frente ao que disposto no revogado § 5º do art. 408 do CPP: "*se dos autos constarem elementos de culpabilidade de outros indivíduos não compreendidos na queixa ou na denúncia, o juiz, ao proferir a decisão de pronúncia ou impronúncia, ordenará que os autos voltem ao Ministério Público para aditamento da peça inicial do processo e demais diligências do sumário*".

A regra é bastante clara: se a prova dos autos revelar a autoria e participação de outras pessoas que não os já réus, no momento da pronúncia ou mesmo da impronúncia, a Lei não refere nas situações em que houver absolvição sumária ou desclassificação, o juiz deverá determinar o retorno aos autos ao *parquet* para, querendo, promover o aditamento da peça acusatória. Difere em termos da situação prevista no art. 384, CPP, tendo em conta que, na *mutatio libelli*, o juiz entende cabível nova definição jurídica do *fato narrado* em consequência de prova existente nos autos de elemento ou circunstância da infração penal não contida na acusação. Já aqui há o reconhecimento de que, em princípio, existem outras pessoas envolvidas na prática criminosa, além das já denunciadas (e no momento pronunciadas ou não). De qualquer sorte, há similitude do instituto. Em caso de negativa do *parquet* em aditar a peça, não resta outra alternativa senão fazer incidir – de forma subsidiária – no âmbito dos Estados o art. 28, CPP (*v. g.*, § 1º do art. 384 do CPP) e, em âmbito federal, do art. 62, IV, LC nº 75/93.

Como se vê, a inovação permite a adoção do procedimento nas fases da pronúncia ou impronúncia. Não se refere às situações de desclassificação ou absolvição sumária. Para a desclassificação, o sentido é lógico: se o juiz reconhecer que não é competente para processar o feito (preliminar de incompetência), descabe incursionar nas questões de mérito do processo, aí inclusas as da autoria. Igualmente pela hipótese da absolvição sumária, mas aqui a justificativa está em que o juiz terá a faculdade legal de afastar qualquer possibilidade de persecução penal em detrimento do(s) réu(s). É de se ver que, em ambas as hipóteses, nenhum óbice existe para que, ulteriormente, seja ajuizada ação penal em detrimento dos responsáveis, mormente porque inaplicável na ação penal pública o princípio da indivisibilidade.

Derradeiramente, garante-se de modo expresso a aplicabilidade – se e como cabível – do art. 80, CPP, que faculta ao magistrado separar os processos "*quando as infrações tiverem sido praticadas em circunstâncias de tempo ou de lugar diferentes, ou, quando pelo excessivo número de acusados e para não lhes prolongar a prisão provisória, ou por outro motivo relevante, o juiz reputar conveniente a separação*". Novamente há uma razão lógica: havendo aditamento à denúncia, deverá ser adotado o rito processual normal dessa fase preliminar do Júri em relação a quem passou a ingressar no polo passivo da ação criminal. Mesmo com a concentração dos atos processuais em audiência una (prazo, em tese, de 90 dias), poderá ocorrer (especialmente quando os demais corréus, já pronunciados, estiverem presos, por exemplo) uma demora injustificada no aguardo na conclusão do processo na parte que se iniciou por conta do aditamento. Além disto, os feitos estarão em fases completamente diversas. Com muito mais razão para a separação se houver a recusa do Ministério Público e for adotada a providência do art. 28, CPP, nos moldes da redação da Lei nº 13.964/2019 (ou art. 62, IV, LC nº 75/93, na esfera federal). Assim, competirá ao juiz analisar a situação no caso concreto e decidir se é caso ou não de separação dos processos.

Art. 418. O juiz poderá dar ao fato definição jurídica diversa da constante da acusação, embora o acusado fique sujeito a pena mais grave. (Redação dada pela Lei nº 11.689, de 2008)

418. *Emendatio libelli:* De forma simétrica ao que consta no art. 383, CPP, dispôs-se aqui procedimento similar: a realização da *emendatio libelli*. Cediço há muito que a relevância penal está na descrição do *fato* com todas as suas circunstâncias, permitindo-se ao réu, desse modo, que possa realizar sua defesa segundo sua melhor estratégia. Se houver tipificação equivocada pelo titular da ação penal, nenhum óbice se apresenta ao juiz que faça o correto enquadramento (daí a *correção da inicial*) da conduta penal *narrada*, ainda que o processado possa ser condenado a pena mais grave. Antes a matéria era regulada no (agora revogado) § 4º do art. 408 do CPP, que dispunha que "*o juiz não ficará adstrito à classificação do crime, feita na queixa ou denúncia, embora fique o réu sujeito à pena mais grave, atendido, se for o caso, o disposto no art. 410 e seu parágrafo*".

Há posicionamentos doutrinários no sentido de que mesmo na hipótese da *emendatio libelli* deveria ser proporcionado à defesa se manifestar como corolário do princípio da ampla defesa. Assim não pensamos. Como a correta adequação do fato narrado se trata de questão de *direito*, o acusado terá todas as possibilidades de defender-se. É de se ver que o titular da ação penal não tem a prerrogativa de *escolher* a definição jurídica do fato. Tanto quanto possível deverá fazer a correta adequação. Essa missão é atribuída constitucionalmente, de forma derradeira, ao Poder Judiciário, daí a razão pela qual a defesa deve voltar-se para o ordenamento jurídico, e não para a escolha eventualmente equivocada da tipificação pelo titular da ação penal.

Parece-nos que também aqui precisam ser aplicadas – de forma complementar – as novidades trazidas pela Lei nº 11.718/08, que acrescentou dois parágrafos ao art. 383, CPP.

O § 1º do art. 383 dispõe que "*se, em consequência de definição jurídica diversa, houver a possibilidade de proposta de suspensão condicional do processo, o juiz procederá de acordo com o disposto na lei*". A suspensão condicional do processo, novidade incorporada ao ordenamento jurídico pela Lei nº 9.099/95, é um instituto que, ao tempo em que se revela como uma forma de evitar o desenvolvimento normal do processo penal tradicional, se apresenta como norma que traz um benefício ao suposto autor do fato criminoso. Desse modo, se a tipificação correta do fato narrado propiciar, em princípio, a realização da suspensão (o que não se verificava anteriormente, com a tipificação originária), é dever do Juízo fazer o reenquadramento, remetendo-se os autos ao Ministério Público ou ao querelante (porque também passível de suspensão do processo a ação penal privada). Ocorrendo negativa do *parquet* em propor a suspensão (insistindo, por exemplo, na tipificação que não permite a suspensão), deverá ser adotada pelo próprio Ministério Público (após a edição da Lei nº 13.964/2019) a sistemática disposta no art. 28, CPP (ou do art. 62 da LC nº 75/93, em caso de processo perante a Justiça Federal). Se idêntica providência é possível no início da ação penal (e assim já decidiu o Supremo Tribunal Federal, *e. g.* no HC nº 89.686, Rel. Min. Sepúlveda Pertence, 1ª Turma, unânime, julgado em 12.6.2007, publicado no *DJ* em 17.8.2007), nenhum empeço pode ser apresentado para que, no procedimento peculiar dos crimes dolosos contra a vida, se adote idêntica postura.

Já o § 2º assenta que "*tratando-se de infração da competência de outro juízo, a este serão encaminhados os autos*". Em se tratando de competência absoluta (em razão da matéria ou em razão das funções do acusado), é obrigação do juiz – em qualquer fase do processo, havendo ou não alegação das partes – declará-la de ofício, com a consequente remessa dos autos ao juízo competente.

No art. 109, CPP, que trata do procedimento a ser adotado nas situações de incompetência relativa no processo penal (diversamente do processo civil), dispõe-se que "*se em qualquer fase do processo o juiz reconhecer motivo que o torne incompetente, declará-lo-á nos autos, haja ou não alegação da parte, prosseguindo-se na forma do artigo anterior*". Remetendo ao que já exposto no art. 396-A, § 1º, CPP, há de se atentar que, no processo penal, a preclusão para a discussão mediante exceção de incompetência (também das demais) se dá *apenas para as partes, não atingindo o juízo*, que, inclusive quanto à competência territorial, poderá decliná-la de ofício, havendo ou não arguição, ou mesmo ultrapassado o prazo para sua apresentação. O que não mais poderá haver é a oposição procedimental de *exceção de incompetência*. Nem há de se cogitar em aplicação – mesmo que subsidiária – da Súmula 33 do STJ. O motivo é bastante singelo: referido comando sumulado foi editado com base em regras específicas do processo civil, e os precedentes que o originaram tratavam de discussão de competência *territorial* em feitos civis.

Nada obstante, e já falamos alhures sobre o tema, existe um dado superveniente que merece consideração: a Lei nº 11.719/08 introduziu no sistema processual penal o princípio da identidade física do juiz. O art. 399, § 2º, CPP, é bastante claro: o juiz que presidiu a instrução deverá proferir a sentença (sobre sua aplicabilidade e exceções, vide nossas anotações ao art. 399, CPP). Em nosso entendimento, daí decorre uma necessária *modulação* da autorização contida no art. 109 do CPP inclusive para o magistrado. Significa que, como o juiz que presidiu a instrução deverá sentenciar, não se poderá mais admitir o reconhecimento de incompetência relativa *após o início da instrução*. Quer-se dizer que o acolhimento de ofício da incompetência relativa pelo magistrado de primeiro grau somente poderá ser realizado até o início da audiência de instrução e julgamento. A partir daí a matéria também estará preclusa também para o juiz.

Jurisprudência

418. [...] nos termos do art. 418 do CPP, *a emendatio libelli* consiste na atribuição de definição jurídica diversa ao arcabouço fático descrito na inicial acusatória, ainda que isso implique agravamento da situação jurídica do réu, mantendo-se, contudo, intocada a correlação fática entre acusação e sentença, afinal, o réu defende-se dos fatos no processo penal. O momento adequado à realização da emendatio libelli pelo órgão jurisdicional é o momento de proferir sentença, haja vista que o Parquet é o titular da ação penal, a quem se atribui o poder-dever da capitulação jurídica do fato imputado. [...] *(Habeas Corpus nº 442.758-SP, STJ, 5ª Turma, Rel. Ministro Ribeiro Dantas, julgado em 19.3.2019, publicado no DJ em 25.3.2019)*

Art. 419. Quando o juiz se convencer, em discordância com a acusação, da existência de crime diverso dos referidos no § 1º do art. 74 deste Código e não for competente para o julgamento, remeterá os autos ao juiz que o seja. (Redação dada pela Lei nº 11.689, de 2008)

Parágrafo único. Remetidos os autos do processo a outro juiz, à disposição deste ficará o acusado preso. (Incluído pela Lei nº 11.689, de 2008)

419.1. Desclassificação pelo juiz na primeira fase do procedimento do Júri: Esta é outra opção do julgador na fase do juízo de acusação: proceder à desclassificação, decisão contra a qual será possível o ajuizamento do recurso em sentido estrito (art. 581, II, CPP).

A competência do Tribunal do Júri é constitucional (art. 5º, inciso XXXVIII, alínea *d*, CF – "*É reconhecida a instituição do Júri, com a organização que lhe der a lei, assegurados: d) a competência para o julgamento dos crimes dolosos contra a vida*"), reafirmada em sede legal (art. 74, § 1º, do CPP – *Compete ao Tribunal do Júri o julgamento dos crimes previstos nos arts. 121, §§ 1º e 2º, 122, parágrafo único, 123, 124, 125, 126 e 127 do Código Penal, consumados ou tentados*).

Destaca-se uma vez mais: nenhum empecilho existe para a eventual ampliação legal (art. 74, § 1º, CPP) dos crimes que deverão ser submetidos ao Tribunal Popular. O que não pode haver é, direta ou indiretamente, mediante Lei infraconstitucional, a exclusão dos crimes dos delitos dolosos do rol da competência do Tribunal do Júri, porque assegurados constitucionalmente ao respectivo juízo natural.

Sendo competência constitucional em razão da matéria (natureza absoluta), uma vez existindo convencimento do juiz que o delito *não é doloso* contra a vida, é imperativo o reconhecimento de ofício da incompetência, com a consequente remessa dos autos ao que se entender competente.

Como compete ao Júri o julgamento dos crimes dolosos contra vida e os conexos a ele (art. 78, I, CPP), em caso de desclassificação do delito doloso contra a vida competirá ao juiz a quem remetidos os autos o julgamento de *todos os delitos*. O § 2º do art. 74 do CPP é expresso: "*Se, iniciado o processo perante um juiz, houver desclassificação para infração da competência de outro, a este será remetido o processo, salvo se mais graduada for a jurisdição do primeiro, que, em tal caso, terá sua competência prorrogada.*" Em complemento, o parágrafo único do art. 81 do CPP é peremptório: "*reconhecida inicialmente ao Júri a competência por conexão ou continência, o juiz, se vier a desclassificar a infração ou impronunciar ou absolver o acusado, de maneira que exclua a competência do Júri, remeterá o processo ao juízo competente*".

Em síntese, para o que interessa aqui, afastada a competência do juiz para o processamento dos delitos dolosos contra a vida, não há como prosseguir no julgamento dos demais delitos conexos que não sejam de competência do Tribunal do Júri.

É importante atentar, derradeiramente, que nos casos de desclassificação dos crimes dolosos realizada pelo Tribunal do Júri incide a regra do art. 492, § 2º, CPP, na redação que lhe conferiu a Lei nº 11.689/08.

Jurisprudência

419. [...] O mesmo entendimento se aplica à tese da desclassificação do delito, prevista no art. 419 do Código de Processo Penal, ou seja, o juiz só desclassificará o delito diante da certeza da ausência de dolo na conduta imputada ao réu ou de provas inequívocas de que o recorrente desistiu voluntariamente de ceifar a vida da vítima. Em caso de dúvida, compete ao Tribunal do Júri decidir. [...] *(Embargos de Declaração no Agravo Regimental nos Embargos de Declaração no Agravo em Recurso Especial nº 2.175.413–PB, STJ, 6ª Turma, Rel. Min. Rogério Schietti Cruz, julgado em 7.3.2023, publicado no DJ em 14.3.2023)*

419. [...] Tratando-se de intimação de sentença desclassificatória no procedimento do júri, nos termos do artigo 419 do CPP, não há obrigação legal de intimação do acusado, bastando a intimação da defesa, ainda que nomeada. No caso, não obstante, não apenas a defesa técnica fora intimada, como também o próprio acusado, por edital. A Defensoria Pública não vislumbrou interesse em recorrer, entendendo pertinente a desclassificação operada pelo juiz. [...] *(Agravo Regimental nos Embargos de Declaração no Habeas Corpus nº 639.822-RS, STJ, 5ª Turma, Rel. Min. Ribeiro Dantas, julgado em 25.5.2021, publicado no DJ em 28.5.2021)*

419.2. Remessa dos autos ao juízo competente: A então redação do art. 410, CPP, dispunha que, recebidos os autos pelo juiz declarado incompetente, deveria, em qualquer caso, reabrir ao acusado prazo para defesa e indicação de testemunhas, prosseguindo-se, depois de encerrada a inquirição, às diligências e alegações (então previstas nos arts. 499 e seguintes, CPP).

Na presente redação, nada se dispôs nesse sentido, e sim, unicamente, que o réu preso ficará à disposição do juízo declarado competente. O parágrafo único do art. 419 guarda simetria com o que inserto no então parágrafo único do art. 410 do CPP.

A questão que reclama solução diz relação com quais procedimento e providências poderão (melhor, deverão) adotar o juízo para quem remetidos os autos.

Se já realizada toda a instrução probatória, tendo havido unicamente a desclassificação, e em concordando com ela, em nosso aviso o juízo competente deverá pronunciar sua decisão de mérito. Se não concordar com a desclassificação, não vemos nenhum óbice (até porque se trata de matéria de ordem constitucional, a competência absoluta em razão da matéria) que suscite eventual conflito de competência negativo, salvo se a desclassificação tiver sido operada por decisão do Tribunal, hipótese em que estará vinculado à competência já definida.

Art. 420. A intimação da decisão de pronúncia será feita: (Redação dada pela Lei nº 11.689, de 2008)

I – pessoalmente ao acusado, ao defensor nomeado e ao Ministério Público; (Incluído pela Lei nº 11.689, de 2008)

II – ao defensor constituído, ao querelante e ao assistente do Ministério Público, na forma do disposto no § 1º do art. 370 deste Código. (Incluído pela Lei nº 11.689, de 2008)

Parágrafo único. Será intimado por edital o acusado solto que não for encontrado. (Incluído pela Lei nº 11.689, de 2008)

420. Intimação da decisão de pronúncia: A redação anterior do art. 413, CPP, assentava expressamente que o processo não poderia seguir até que o réu fosse intimado da sentença de pronúncia. No art. 414, CPP, em complemento, estipulava-se que, em se tratando de crime inafiançável, a intimação deveria ser sempre pessoal ao réu. Já no art. 415, CPP, cuidava-se da intimação se o crime fosse afiançável.

A distinção entre crimes afiançáveis e inafiançáveis não mais subsiste. A regra do art. 420, CPP, é aplicável para ambas as situações. Pela atual sistemática, com requisitos procedimentais bem mais simples de intimação da sentença de pronúncia, poderá inclusive prosseguir o feito e ser realizada a sessão de julgamento sem a presença do réu. Agora, por força de alteração da Lei nº 11.689/08, o julgamento não será adiado pelo não comparecimento do acusado solto (também do assistente da acusação ou do advogado do querelante, desde que regularmente intimados). Em reforço, veja-se que da ata do julgamento deverá constar, dentre outras providências, apenas a presença do Ministério Público, do querelante e do assistente, quando houver, e a do defensor do acusado – art. 495, VI, CPP). Sem descurar da garantia fundamental da ampla defesa (o defensor sempre deverá se fazer presente), o objetivo da reforma foi exatamente evitar procedimentos adotados com a finalidade de obstaculizar o regular andamento do feito.

Pela sistemática atual, a regra deverá ser a intimação pessoal ao acusado, ao defensor e ao Ministério Público (inciso I). Já em relação ao defensor constituído (que difere do nomeado, que poderá ser o defensor dativo ou então o defensor público), ao querelante e ao assistente do Ministério Público, a intimação deverá se dar na forma do disposto no § 1º do art. 370 do CPP, ou seja, mediante divulgação no órgão incumbido da publicidade dos atos judiciais da comarca, incluindo-se, sob pena de nulidade, o nome do acusado. Se não houver possibilidade de intimação mediante a forma supramencionada, mesmo com a omissão legal, não vemos qualquer óbice em aplicação suplementar do § 2º do art. 370 do CPP, devendo-se então a intimação se dar diretamente pelo escrivão, por mandado, por via postal com comprovante de recebimento, ou então por qualquer outro meio idôneo em que fique comprovado que efetivamente houve a realização do ato.

Em nossa análise, a modificação substancial ocorrida está plasmada no parágrafo único do art. 420 do CPP, que, por ser regra processual, se aplica de imediato: se o réu estiver solto e não for encontrado, poderá ser intimado por edital (se estiver preso, necessariamente a intimação deverá ser pessoal), independentemente da afiançabilidade ou não da conduta praticada.

A alteração veio em boa hora. Primeiramente, é fundamental atentar para o fato que, nos termos do art. 411, CPP, já se facultou ao réu, depois de realizada toda instrução, ser interrogado ao final da fase inicial do procedimento do Tribunal do Júri (*judicio accusationis*). Havendo a pronúncia, mas já ciente da imputação que lhe foi feita (que pode discrepar – mas sempre para *menos* – daquela constante na denúncia originária), não há como se aceitar o eventual ardil do réu solto (aí compreendida a situação do réu *foragido*, por questões óbvias de compreensão da situação jurídica do réu nos autos) em se furtar para não ser intimado – e consequentemente, como era no sistema anterior – evitar a realização do julgamento. Mais: mesmo se não houver o ardil, é de se ver que a intimação por edital (parágrafo único) somente poderá ocorrer se não possível a intimação pessoal (inciso I). É dizer: se o réu não for encontrado nos endereços em que tiver indicado nos autos, sua intimação por edital será decorrência de sua própria conduta. Noutras palavras, não poderá arguir nenhuma nulidade para a qual diretamente tenha contribuído (art. 565, CPP).

Há uma grave omissão legislativa: não houve disposição acerca do prazo para as hipóteses de intimação por edital, como então se verificava no revogado § 1º do art. 415 do CPP.

Após as alterações havidas pelas Leis nos 11.689, 11.690 e 11.719, todas de 2008, a única regra que ainda trata de *citações* por edital é aquela inserta no art. 361, CPP. Aqui não se trata de *citação*, mas de *intimação*. Não se pode esquecer, porém, o disposto na parte final do art. 370, CPP, que prescreve que, nas intimações dos acusados (também das testemunhas e demais pessoas que devam tomar conhecimento de qualquer ato) será observado, no que for aplicável, o disposto no capítulo anterior (*das citações*). É dizer: de forma integrativa e analógica, entendemos que o prazo para a intimação por edital a que alude o parágrafo único do art. 420, CPP, deverá ser de 15 (quinze) dias.

Jurisprudência

420. [...] o art. 572, I, deve ser interpretado, sistematicamente, com o art. 457 do Código de Processo Penal, no sentido de que, a despeito de ser possível a realização da sessão plenária do Júri sem a presença do pronunciado, imprescindível, para tanto, que este tenha sido previamente intimado. E, nos termos do art. 420, parágrafo único, do CPP, não sendo o acusado solto encontrado para intimação pessoal, imprescindível sua intimação via edital, o que não ocorreu no caso dos autos (HC n. 374.752/MT, Ministro Reynaldo Soares da Fonseca, Quinta Turma, DJe 17/2/2017). 5. A propósito: *O art. 420, parágrafo único, do Código de Processo Penal, na redação atribuída pela Lei n. 11.689, de 09 de junho de 2008, estabelece que será intimado por edital o acusado solto que não for encontrado. [...] No caso dos autos, a única tentativa de intimação do acusado para a sessão foi feita através do oficial de justiça, a qual foi infrutífera em razão de ele não ter sido encontrado. Se o acusado tem direito à autodefesa, sua não intimação para a sessão do júri é causa de nulidade, consoante se extrai do art. 564 do Estatuto Processual Repressivo. [...] Apesar de não se mostrar imprescindível o comparecimento do acusado na sessão de julgamento pelo Conselho de Sentença, é imperioso que se possibilite a ele exercer tal faculdade, o que somente se dará com sua prévia intimação pessoal ou ficta. [...] Nesta esteira, diante da garantia constitucional da plenitude de autodefesa, mister se faz considerar tal nulidade como absoluta, não havendo se falar em preclusão, nos termos dos art. 571, VIII, do CPP. Precedentes* (AgRg no REsp n. 1.310.997/SE, Ministro Ribeiro Dantas, Quinta Turma, DJe

11/5/2018). [...] *(Agravo Regimental nos Embargos de Declaração no Agravo em Recurso Especial nº 2.466.616-MG, STJ, 6ª Turma, Rel. Min. Sebastião Reis Júnior, julgado em 14.5.2024, publicado no DJ em 24.5.2024)*

420. [...] 1. Hipótese em que o acusado, citado por edital, constituiu advogado particular para atuar no feito, o que evidencia a plena ciência da existência da presente ação penal. Assim, é incontroverso que o réu conhece formalmente a acusação e tem ciência da imputação penal, pois chegou a comparecer na sessão de julgamento. 2. *Diferentemente da hipótese em que o acusado ignora, por completo, a ação penal ajuizada em seu desfavor, uma vez que citado e intimado exclusivamente por via editalícia, a espécie impõe a incidência do parágrafo único do art. 420 do Código de Processo Penal, dada a inequívoca ciência quanto à persecução penal.* [...] *(Recurso em Habeas Corpus nº 132.453/RR, STJ, 6ª Turma, unânime, Rel. Min. Sebastião Reis Júnior, julgado em 10.8.2021, publicado no DJ em 16.8.2021)*

420. [...] 3. O artigo 420 do Código de Processo Penal, com a redação determinada pela Lei nº 11.689/2008, não viola a ampla defesa, pois, ainda que procedida a intimação ficta por não ser o acusado encontrado para ciência pessoal da pronúncia, o ato foi precedido por anterior citação pessoal após o recebimento da denúncia, ainda na fase inicial do processo. 4. A norma processual penal aplica-se de imediato, incidindo sobre os processos futuros e em curso, mesmo que tenham por objeto crimes pretéritos. 5. O art. 420 do Código de Processo Penal, com a redação determinada pela Lei nº 11.689/08, como norma processual, aplica-se de imediato, inclusive aos processos em curso, e não viola a ampla defesa. 6. Recurso ordinário em *habeas corpus* a que se nega provimento. (*Recurso Ordinário em Habeas Corpus nº 108.070, STF, 1ª Turma, Rel. Min. Rosa Weber, unânime, julgado em 4.9.2012, publicado no* DJ *em 5.10.2012*).

420. [...] A Lei nº 11.689/2008 compreende normas de cunho eminentemente processual. Por essa razão, o parág. único do art. 420 do CPP tem aplicação imediata, *mesmo em relação aos processos já em curso*, nos termos do art. 2º do CPP (princípio do efeito imediato da norma processual penal ou *tempus regit actum*). Segue-se a regra de que a norma processual tem aplicação para o futuro, respeitados os atos processuais já praticados. [...] (*Habeas Corpus nº 171.818-RJ, STJ, 5ª Turma, unânime, Rel. Min. Napoleão Nunes Maia Filho, julgado em 3.2.2011, publicado no* DJ *em 21.2.2011*).

420. [...] Antes do advento da Lei nº 11.689/08, a sentença de pronúncia que determinava a submissão do réu ao julgamento perante o Tribunal do Júri somente produzia efeitos a partir da intimação pessoal desse. Com o advento da Reforma Processual de 2008, operou-se em nosso ordenamento jurídico importante alteração legislativa, tornando possível a submissão do réu pronunciado à sessão de julgamento no Tribunal do Júri, ainda que não tenha sido pessoalmente intimado da decisão de pronúncia, e a sua presença já não é mais imprescindível em Plenário. A Lei nova aplica-se imediatamente na instrução criminal em curso, em decorrência do princípio estampado no brocardo jurídico *tempus regit actum,* respeitando-se, contudo, a eficácia jurídica dos atos processuais já constituídos. A nova redação conferida aos arts. 420, parágrafo único, e 457, ambos do CPP não pode ser aplicada aos processos submetidos ao rito escalonado do Júri, em que houve a citação por edital e o réu não compareceu em juízo ou constituiu advogado para defendê-lo, os fatos apurados ocorreram antes da Lei nº 9.271/96 e ocorreu a paralisação do feito, decorrente da regra anterior inscrita no art. 414 do CPP. Os princípios constitucionais do devido processo legal – em seus consectários do contraditório e da ampla defesa – impossibilitam que um acusado seja condenado pelo Conselho de Sentença sem nunca ter tomado conhecimento da acusação. Hipótese dos autos em que a conduta delituosa imputada ao paciente ocorreu em 6.1.1992. Não tendo ele sido citado pessoalmente da acusação, por consequência também não poderia ser intimado da pronúncia por edital. Ordem concedida (*Habeas Corpus nº 172.382-RJ, STJ, 5ª Turma, Rel. Min. Gilson Dipp, julgado em 24.5.2011, publicado no* DJ *em 15.6.2011*).

Art. 421. Preclusa a decisão de pronúncia, os autos serão encaminhados ao juiz presidente do Tribunal do Júri. (Redação dada pela Lei nº 11.689, de 2008)

§ 1º Ainda que preclusa a decisão de pronúncia, havendo circunstância superveniente que altere a classificação do crime, o juiz ordenará a remessa dos autos ao Ministério Público. (Incluído pela Lei nº 11.689, de 2008)

§ 2º Em seguida, os autos serão conclusos ao juiz para decisão. (Incluído pela Lei nº 11.689, de 2008)

421. Encerramento da primeira fase do Júri: Consoante disposto no art. 413, CPP, a decisão de pronúncia caracteriza-se como interlocutória mista, tendo como efeito o encerramento da fase procedimental do *juízo de acusação*. Não faz *coisa julgada* na medida em que não vincula o Tribunal do Júri. Contudo, a preclusão a que se sujeita a decisão de pronúncia (quando então terá prosseguimento o rito) importa apenas que não poderá ser mais alterado o seu conteúdo. Mas há uma exceção: a superveniência de fato novo que repercuta diretamente no próprio conteúdo do fato, desde que importe em sua alteração *jurídica*, permite se modifique a situação até então consolidada (desde que possível, diante da fase processual em que se encontram os autos). É exatamente o que dispõe o § 1º do art. 421 do CPP. Exemplificativamente, talvez a situação mais corriqueira em se tratando de delitos dolosos contra a vida se verifica na superveniência da morte da vítima à decisão de pronúncia transitada em julgado pela tentativa de homicídio: o delito doloso não mais será tentado, e sim consumado.

Jurisprudência

421. [...] 5. A pendência de recursos especial e extraordinário, que tenham sido interpostos contra a decisão de pronúncia, não deve ser óbice a realização do julgamento pelo Tribunal do Júri. O artigo 421 do Código de Processo Penal, no que condiciona a realização do Júri à preclusão da decisão de pronúncia deve ser interpretado como significando o esgotamento dos recursos ordinários. [...] *(Habeas Corpus n. 134.900, STF. 2ª Turma, unânime, Rel. Min. Gilmar Mendes, julgado em 11.10.2016, publicado no DJ em 28.6.2017).*

Seção III
Da Preparação do Processo para Julgamento em Plenário (Redação dada pela Lei nº 11.689, de 2008)

Art. 422. Ao receber os autos, o presidente do Tribunal do Júri determinará a intimação do órgão do Ministério Público ou do querelante, no caso de queixa, e do defensor, para, no prazo de 5 (cinco) dias, apresentarem rol de testemunhas que irão depor em plenário, até o máximo de 5 (cinco), oportunidade em que poderão juntar documentos e requerer diligência. (Redação dada pela Lei nº 11.689, de 2008)

422. Procedimentos iniciais para julgamento em plenário: Nesse momento processual é que se inicia a segunda fase do procedimento do Júri. Uma alteração substancial foi realizada pela Lei nº 11.689/08: não há mais o *libelo* acusatório, que, conforme previa o então (hoje revogado) art. 416 deveria ser apresentado pelo Ministério Público no prazo de cinco dias após o trânsito em julgado da decisão de pronúncia. Também não há mais a contrariedade ao libelo (art. 421, CPP). Os requisitos do libelo estavam especificados no art. 417, CPP (também revogado).

Houve verdadeira e – para nós – pertinente simplificação do procedimento do Júri. O art. 422, CPP, estipula, agora, que as partes (acusação ou querelante e defesa) deverão indicar até o máximo de 5 (cinco) testemunhas para depor em plenário, além de juntar documentos e requererem diligências. Atuando sempre de forma supletiva, deverá ser facultado ao assistente da acusação complementar – se assim entender pertinente – o número de testemunhas *se* o Ministério Público não esgotar o número legal e até requerer eventuais diligências (v. art. 271, CPP).

O dispositivo em tela não explicita se o número de testemunhas é em relação a todos os fatos, mas é preciso bem compreendê-lo. Não há de se olvidar que compete ao Tribunal do Júri processar e julgar os delitos dolosos contra a vida e os conexos a ele (art. 78, I, CPP), salvo se, nesse caso, houver cisão processual facultada pelo art. 80, CPP. Em nossa compreensão, a determinação do art. 422, CPP, deve ser interpretada como limitação de 5 testemunhas por fato a ser julgado.

Em relação às testemunhas, fundamental se destacar ainda que a novel redação do art. 461, CPP (art. 455, CPP, na redação antiga) dispõe sobre a cláusula de imprescindibilidade: "*o julgamento não será adiado se a testemunha deixar de comparecer, salvo se uma das partes tiver requerido a sua intimação por mandado, na oportunidade de que trata o art. 422 deste Código, declarando não prescindir do depoimento e indicando a sua localização*".

Se não localizada a testemunha no endereço indicado (ônus de quem a arrola com a cláusula), o julgamento será realizado sem sua presença. Se, intimada pessoalmente (e deverá ser sempre pessoalmente, por mandado) e não comparecer, a solução deverá ser sua condução coercitiva. Nunca é demais reforçar que agora a presença do réu em plenário não é mais obrigatória e, em relação a ele, por consequência, não há como realizar diligência similar.

Jurisprudência

422. [...] No procedimento dos crimes dolosos contra a vida, a lei processual penal admite a juntada de documentos pelas partes, mesmo após a sentença de pronúncia, a teor do art. 422 do Código de Processo Penal (HC n. 373.991/SC, Relator Ministro Jorge Mussi, 5ª Turma, DJe de 1º/2/2017). [...] *(Agravo Regimental nos Embargos Declaratórios no Habeas Corpus nº 920.362-RS, STJ, 5ª Turma, Rel. Min. Reynaldo Soares da Fonseca, julgado em 2.9.2024, publicado no DJ em 4.9.2024)*

422. [...] 1. A juntada da certidão de antecedentes em data anterior à sessão de julgamento não é causa de ilegalidade, pois se trata de documento que integra o processo e subsidia a aplicação da pena, não se tratando de prova ilícita ou imoral, desde que não sejam submetidos à apreciação e julgamento dos jurados, sendo a fase prevista no art. 422 do CPP o momento oportuno para a juntada de documentos e para o requerimento de diligências pelas partes. 2. Não pode haver censura prévia ao direito de manifestação da parte. Pretender impedir conhecimento pelos jurados de fatos da vida prévia do acusado é pretendida limitação indevida ao direito probatório da parte: tanto podem formular livres razões a acusação como a defesa; tanto pode a acusação indicar maus antecedentes do acusado, como pode a defesa justificar a elogiável inserção social do agente. Não há como impedir arrazoado livre das partes – vedado apenas, como a qualquer prova, o que é ilícito ou imoral. 3. Recurso em habeas corpus improvido *(RHC nº 93.089/RS, STJ, 6ª Turma, unânime, Rel. Min. Nefi Cordeiro, julgado em 27.11.2018, publicado no DJ em 05.12.2018)*.

422. [...] O Superior Tribunal de Justiça possui o entendimento de que a faculdade de o magistrado indeferir, de forma fundamentada, a produção de provas que julgar protelatórias, irrelevantes ou impertinentes estende-se aos feitos de competência do Tribunal do Júri, na fase do art. 422 do Código de Processo Penal. [...] (*RHC nº 64.207/DF, STJ, 5ª Turma, unânime, Rel. Min. Gurgel de Faria, julgado em 16.2.2016, publicado no* DJ *em 23.2.2016*).

Art. 423. Deliberando sobre os requerimentos de provas a serem produzidas ou exibidas no plenário do júri, e adotadas as providências devidas, o juiz presidente: (Redação dada pela Lei nº 11.689, de 2008)

I – ordenará as diligências necessárias para sanar qualquer nulidade ou esclarecer fato que interesse ao julgamento da causa; (Incluído pela Lei nº 11.689, de 2008)

II – fará relatório sucinto do processo, determinando sua inclusão em pauta da reunião do Tribunal do Júri. (Incluído pela Lei nº 11.689, de 2008)

423. Prevê-se aqui verdadeiro despacho saneador, em que deverá o juiz presidente resolver eventuais irregularidades e determinar as providências necessárias, analisando os requerimentos apresentados pelas partes, admitindo ou não as provas requeridas.

Nos moldes em que sustentado na análise dos arts. 156 e 404, ambos do CPP, compreendemos ser possível ao juiz – sempre excepcionalmente – determinar a realização de diligência fundamental para o desenvolvimento dos trabalhos em plenário. Mas há de se estabelecer uma linha bastante clara entre o que denominamos de *iniciativa probatória* e *iniciativa acusatória* do juiz penal. A iniciativa acusatória, que lhe é vedada, estará sempre presente quando o juiz empreenda atividade probatória de *iniciativa* exclusiva da acusação, sendo, em verdade, uma atuação substitutiva ou supletiva daquele ônus imposto ao Ministério Público (art. 156, CPP). Hipótese diversa é aquela em que a atividade do juiz se destina a resolver tão somente uma dúvida sobre pontos relevantes, nos termos do que disposto no art. 156, II, CPP. Por *dúvida* – que deve se dirigir ao questionamento acerca da *qualidade* ou da *idoneidade* da prova – não se pode entender a ausência da prova, como na situação anterior. A dúvida somente instala-se no espírito a partir da confluência de proposições em sentido diverso sobre determinado objeto ou ideia. Assim, somente se pode admitir a dúvida do juiz sobre *prova já produzida*, e não sobre a (eventual) insuficiência ou ausência da atividade persecutória.

Ao final, deverá fazer um relatório sucinto sobre o processo, sem quaisquer considerações subjetivas, relatório esse que, no sistema anterior, era realizado somente em plenário.

Art. 424. Quando a Lei local de organização judiciária não atribuir ao presidente do Tribunal do Júri o preparo para julgamento, o juiz competente remeter-lhe-á os autos do processo preparado até 5 (cinco) dias antes do sorteio a que se refere o art. 433 deste Código. (Redação dada pela Lei nº 11.689, de 2008)

Parágrafo único. Deverão ser remetidos, também, os processos preparados até o encerramento da reunião, para a realização de julgamento. (Redação dada pela Lei nº 11.689, de 2008)

424. A previsão é específica para algumas localidades, pois nem sempre o juiz presidente do Tribunal do Júri é o magistrado encarregado pelo preparo para o julgamento. Assim, efetuado o preparo pelo juiz a quem couber a atribuição, dentro do prazo de 5 (cinco) dias antes do sorteio dos jurados (v. art. 433, CPP) deverá ele encaminhar os autos ao juiz presidente. Igual procedimento deverá ser adotado em relação aos processos preparados até o encerramento da reunião (parágrafo único).

Seção IV
Do Alistamento dos Jurados
(Redação dada pela Lei nº 11.689, de 2008)

Art. 425. Anualmente, serão alistados pelo presidente do Tribunal do Júri de 800 (oitocentos) a 1.500 (um mil e quinhentos) jurados nas comarcas de mais de 1.000.000 (um milhão) de habitantes, de 300 (trezentos) a 700 (setecentos) nas comarcas de mais de 100.000 (cem mil) habitantes e de 80 (oitenta) a 400 (quatrocentos) nas comarcas de menor população. (Redação dada pela Lei nº 11.689, de 2008)

§ 1º Nas comarcas onde for necessário, poderá ser aumentado o número de jurados e, ainda, organizada lista de suplentes, depositadas as cédulas em urna especial, com as cautelas mencionadas na parte final do § 3º do art. 426 deste Código. (Incluído pela Lei nº 11.689, de 2008)

§ 2º O juiz presidente requisitará às autoridades locais, associações de classe e de bairro, entidades associativas e culturais, instituições de ensino em geral, universidades, sindicatos, repartições públicas e outros núcleos comunitários a indicação de pessoas que reúnam as condições para exercer a função de jurado. (Incluído pela Lei nº 11.689, de 2008)

425.1. Número de jurados alistados de acordo com a população: Na redação anterior às reformas introduzidas pela Lei nº 11.689/08, a matéria *estava* regulada no *caput* do art. 439, CPP (*"Art. 439. Anualmente, serão alistados pelo juiz-presidente do Júri, sob sua responsabilidade e mediante escolha por conhecimento pessoal ou informação fidedigna, 300 (trezentos) a 500 (quinhentos) jurados no Distrito Federal e nas comarcas de mais de 100.000 (cem mil) habitantes, e 80 (oitenta) a 300 (trezentos) nas comarcas ou nos termos de menor população [...]"*). (Observação: a redação do art. 439, CPP, foi *novamente* modificada com a Lei nº 12.403/11 – antes pela Lei nº 11.689/08 –, passando a vigorar nas seguintes letras: *"O exercício efetivo da função de jurado constituirá serviço público relevante e estabelecerá presunção de idoneidade moral"*).

Algumas modificações foram substanciais. A primeira foi o aumento do número de jurados que deverão ser alistados pelo presidente do Tribunal do Júri (ou então pelo juiz responsável - art. 424, CPP). A razão fundamental da alteração foi se adequar à realidade, especialmente das grandes comarcas. O escalonamento estabelecido pelo legislador foi decrescente. Naquelas em que houver mais de um milhão de habitantes, a listagem deverá conter, em princípio, entre 800 (oitocentos) e 1.500 (mil e quinhentos) jurados (*antes era para comarcas com mais de 100.000 habitantes e necessariamente no DF, com lista composta de jurados entre 300 a 500*). Quando a população for entre 100.000 (cem mil) e 1.000.000 (um milhão) de habitantes, o número será de 300 (trezentos) a 700 (setecentos) jurados (*anteriormente, como não havia esta subdivisão, era de 300 a 500 jura-*

dos). E nas comarcas com menos de 100.000 (cem mil) habitantes, o número de jurados será de 80 a 400 (e não mais de 80 a 300, como era).

425.2. Possibilidade de aumento do número de jurados: Mesmo com o novo escalonamento e a tarifação do número de jurados, a legislação atentou para prever situações ainda excepcionais: no § 1º do art. 425 previu-se a possibilidade de, nas comarcas (quaisquer) onde for necessário (obviamente pela demonstração no caso concreto), poderá ser aumentado o número de jurados previamente estabelecido. Será elaborada uma lista de jurados suplentes, observando-se o que disposto na parte final do § 3º do art. 426 do CPP (a urna será fechada a chave, sob a responsabilidade do juiz a quem atribuída a organização do julgamento).

425.3. Requisições de nomes possíveis para integrar a lista de jurados: Na parte final do *então* art. 439, CPP (veja-se a redação que lhe foi conferida pela Lei nº 12.403/11, em substituição àquela da Lei nº 11.689/08), estipulava-se que o juiz poderia "*requisitar às autoridades locais, associações de classe, sindicatos profissionais e repartições públicas a indicação de cidadãos que reúnam as condições legais*". Agora, ampliando o leque de opções, determinou-se que as requisições serão feitas "*às autoridades locais, associações de classe e de bairro, entidades associativas e culturais, instituições de ensino em geral, universidades, sindicatos, repartições públicas e outros núcleos comunitários a indicação de pessoas que reúnam as condições para exercer a função de jurado*". A razão é bastante clara: dentro de um sistema democrático, procurou-se ampliar a possibilidade de participação da sociedade, cujos integrantes são incumbidos de realizar o julgamento popular, razões reconhecidas de modo explícito na exposição de motivos do projeto de Lei que redundou no dispositivo em voga.

Art. 426. A lista geral dos jurados, com indicação das respectivas profissões, será publicada pela imprensa até o dia 10 de outubro de cada ano e divulgada em editais afixados à porta do Tribunal do Júri. (Redação dada pela Lei nº 11.689, de 2008)

§ 1º A lista poderá ser alterada, de ofício ou mediante reclamação de qualquer do povo ao juiz presidente até o dia 10 de novembro, data de sua publicação definitiva. (Incluído pela Lei nº 11.689, de 2008)

§ 2º Juntamente com a lista, serão transcritos os arts. 436 a 446 deste Código. (Incluído pela Lei nº 11.689, de 2008)

§ 3º Os nomes e endereços dos alistados, em cartões iguais, após serem verificados na presença do Ministério Público, de advogado indicado pela Seção local da Ordem dos Advogados do Brasil e de defensor indicado pelas Defensorias Públicas competentes, permanecerão guardados em urna fechada a chave, sob a responsabilidade do juiz presidente. (Incluído pela Lei nº 11.689, de 2008)

§ 4º O jurado que tiver integrado o Conselho de Sentença nos 12 (doze) meses que antecederem à publicação da lista geral fica dela excluído. (Incluído pela Lei nº 11.689, de 2008)

§ 5º Anualmente, a lista geral de jurados será, obrigatoriamente, completada. (Incluído pela Lei nº 11.689, de 2008)

426.1. Publicação da lista geral de jurados: Tal como dispunha o então art. 440, CPP, nos *cartões* onde são colocados os nomes dos jurados (depois depositados nas urnas) constarão apenas as suas profissões. Mas agora procurou-se *antecipar* as publicações das listas. Anteriormente (primeira parte do parágrafo único do *então* art. 439, CPP – antes das alterações das Leis nos 11.689/08 e 12.403/11), a listagem era publicada em novembro. Agora necessariamente será até o dia 10 de outubro.

426.2. Alteração da lista de jurados: A lista pode ser alterada em duas hipóteses: de ofício ou então mediante *reclamação* de qualquer do povo ao juiz presidente (em nossa compreensão, melhor teria sido constar "juiz responsável", e não "juiz presidente" face ao disposto no art. 424, CPP). O prazo para a retificação é de 30 dias, quando então deverá haver a publicação da lista definitiva (anteriormente se dava na segunda quinzena de dezembro). Não houve modificações quanto às hipóteses de alteração da lista, mas apenas do prazo das publicações.

426.3. Recurso da decisão do juiz: A novel legislação (art. 426, § 1º, CPP) nada falou (*como assim fazia a parte final do parágrafo único do* então *revogado art. 439, CPP – atente-se, uma vez mais, para as redações posteriores das Leis* nos *11.689/08 e 12.403/11*) que, da publicação definitiva, caberia recurso, "*dentro de vinte dias, para a superior instância, sem efeito suspensivo*". Compreendemos que a omissão da legislação não implicou revogação implícita do recurso previsto no inciso XIV do art. 581 do CPP (vide item 581.14). Quando da análise do *reexame necessário* em face da decisão de absolvição sumária (prevista explicitamente na legislação anterior no art. 411, CPP), sustentamos que, em face da nova redação conferida ao art. 415, CPP, não mais subsistiria o reexame necessário a que alude o inciso II do art. 574 do CPP. Pensamos que a situação aqui é diversa. Primeiro porque o reexame necessário, *tecnicamente*, não é (era) *recurso*, e sim uma condição de eficácia plena da sentença (que, para nós, reitere-se, era de duvidosa constitucionalidade, diante de princípios constitucionais). Segundo, porque a omissão legislativa na alteração havida não se revela incompatível com a previsão recursal ainda vigente no inciso XIV do art. 581 do CPP. Terceiro, porque a possibilidade de controle da exclusão ou inclusão de jurados se revela plenamente compatível com a exigência contida na parte final do § 2º do art. 425 do CPP (redação da Lei nº 11.689/08).

426.4. Exigência da transcrição dos arts. 436 a 446 com a publicação da lista: A razão da exigência legal está em explicitar aos jurados que constam da lista quais são suas funções, a obrigatoriedade do exercício do *múnus* público (e suas exceções), possibilidade de recusa e penalidades.

426.5. Guarda dos cartões com os nomes dos jurados após a conferência: Os endereços dos alistados não devem constar na lista publicada, senão apenas nos cartões iguais que serão depositados em urna fechada à chave aos cuidados do juiz responsável pela organização do tribunal popular (remetemos à análise do art. 424, CPP).

Enquanto na legislação revogada exigia-se a presença unicamente do Ministério Público, agora há necessidade de o ato se dar mediante o comparecimento também de um advogado indicado pela seção local da OAB e de um defensor público.

426.6. Restrição à nova participação de jurado: O *então* revogado art. 439, CPP (*antes da redação das Leis nos 11.689/08 e 12.403/11*), dispunha que as listagens de jurados seriam feitas anualmente, mas não havia imposição de exclusão, tal como acrescido agora pelo § 4º do art. 426 do CPP. Deve-se compreender a alteração com a intenção de se ampliar a possibilidade de participação da sociedade no Conselho de Sentença e, ao mesmo tempo, excluir-se aqueles jurados que participam seguidamente de julgamentos.

Exatamente por haver agora a obrigatoriedade de exclusão de jurados que tenham integrado o Conselho nos 12 meses que antecederam à publicação da lista geral, dispôs-se no § 5º a necessidade de complementação da lista de modo anual. Por evidente, a complementação não se dará unicamente em virtude das exclusões objeto da determinação do § 4º, mas sim em decorrência de qualquer fato superveniente no transcurso do ano (*v.g.*, a morte de algum alistado) que gere a deficiência no número mínimo exigido de jurados para cada localidade.

Jurisprudência

426. [...] O art. 426, § 4º, do Código de Processo Penal proíbe a participação de um mesmo jurado na lista geral em dois anos consecutivos, mas não impede que seja convocado para participar de mais de um julgamento no Tribunal do Júri naquele período de 12 meses. [...] *(Embargos Declaratórios no Habeas Corpus n. 167.348-RJ, STF, 1ª Turma, Rel. Min. Alexandre de Moraes, julgado em 28.3.2019, publicado no DJ em 5.4.2019).*

426. [...] II – O alistamento de jurados, segundo o disposto no art. 425 e §§ do CPP, é realizado para que exerçam suas funções durante o curso do ano respectivo. Não pode o jurado que integrou o Conselho de Sentença participar na lista geral do ano seguinte, a fim de se evitar a figura do "jurado profissional". Inteligência do art. 426 do CPP. No caso, não ficou comprovada a presença, na lista geral do ano de 2016, de jurado que tenha integrado o Conselho de Sentença no ano de 2015. III – Restou consignado no v. acórdão que o erro material na publicação do nome de jurado da lista geral, foi devidamente equacionado, o que afasta a alegação de nulidade no particular. [...] *(Agravo Regimental no HC nº 96.462-RJ, STJ, 5ª Turma, Rel. Min. Félix Fischer, julgado em 16.8.2018, publicado no DJ em 22.8.2018)*

Seção V
Do Desaforamento
(Redação dada pela Lei nº 11.689, de 2008)

Art. 427. Se o interesse da ordem pública o reclamar ou houver dúvida sobre a imparcialidade do Júri ou a segurança pessoal do acusado, o Tribunal, a requerimento do Ministério Público, do assistente, do querelante ou do acusado ou mediante representação do juiz competente, poderá determinar o desaforamento do julgamento para outra comarca da mesma região, onde não existam aqueles motivos, preferindo-se as mais próximas. (Redação dada pela Lei nº 11.689, de 2008)

§ 1º O pedido de desaforamento será distribuído imediatamente e terá preferência de julgamento na Câmara ou Turma competente. (Incluído pela Lei nº 11.689, de 2008)

§ 2º Sendo relevantes os motivos alegados, o relator poderá determinar, fundamentadamente, a suspensão do julgamento pelo Júri. (Incluído pela Lei nº 11.689, de 2008)

§ 3º Será ouvido o juiz presidente, quando a medida não tiver sido por ele solicitada. (Incluído pela Lei nº 11.689, de 2008)

§ 4º Na pendência de recurso contra a decisão de pronúncia ou quando efetivado o julgamento, não se admitirá o pedido de desaforamento, salvo, nesta última hipótese, quanto a fato ocorrido durante ou após a realização de julgamento anulado. (Incluído pela Lei nº 11.689, de 2008)

427.1. Desaforamento: considerações gerais: Diferentemente do Incidente de Deslocamento de Competência (introduzido pela EC nº 45/2004, acrescendo o § 5º do art. 109 da CF – vide o IDC nº 1-PA, STJ, publicado no *DJ* em 10.10.2005), em que há verdadeira modificação da competência em razão da *matéria*, no desaforamento – por fundamentos bem diversos, como se verá – a alteração se dá unicamente em razão do local (competência relativa).

Uma das consequências do desaforamento é a não realização da sessão plenária perante o juiz natural (Conselho de Sentença composto por pessoas do local em que praticado o fato). Deve-se ver que a alteração da competência – unicamente relativa (territorial) – traz em seu bojo fundamentos plenamente justificáveis, sempre com a finalidade precípua de garantir os interesses do réu-processado. Nunca é demais realçar que todas as situações que ensejam o desaforamento têm o objetivo fundamental de evitar a violação de direitos fundamentais do processado. Desse modo, não se deve falar em violação do princípio do juiz natural, mormente porque o feito continuará sob a presidência de um Juiz (Estadual ou Federal, conforme o caso) e o tribunal popular continuará apreciando os crimes dolosos contra a vida (também os conexos, se for o caso), conforme expressa determinação constitucional (art. 5º, XXXVIII, *d*, CF/88).

427.2. Requisitos: Os requisitos constantes no art. 427, CPP, são idênticos àqueles insertos no revogado art. 424, CPP (foi acrescida uma situação pelo art. 428, CPP, enfrentado separadamente):

a) se houver interesse de ordem pública;
b) se houver dúvida sobre a imparcialidade do Júri;
c) se houver dúvida acerca da segurança pessoal do acusado.

Mediante uma relativização do princípio do juiz natural (territorial), a razão do dispositivo é a garantia de que o julgamento não somente seja justo (pelo prisma da ausência de influências externas indevidas sobre o corpo de jurados), como também se possa garantir da segurança pessoal do réu. Deve-se atentar que o desaforamento se dá mediante a alteração do julgamento em plenário e não daquele em que se desenvolve a instrução preliminar.

Malgrado embasada em expressão bastante aberta ("se o interesse da ordem pública o reclamar"), compreendemos que a primeira hipótese em verdade engloba as outras duas situações previstas. Como referido, há permissão de deslocamento da competência territorial quando estiver comprometido o julgamento no local originário em razão da falta de segurança para a realização da sessão. Essa comprovação deve ser cabal de que o julgamento poderá ocasionar distúrbios locais (por conta de eventual comoção local, mormente em pequenas localidades) ou até o comprometimento (isenção) do conselho de sentença. Nessas situações, os autos deverão ser encaminhados para a comarca (ou então "seção judiciária", no âmbito federal) mais próxima onde a situação que ensejou a decisão não se verifique presente.

A Súmula 712, STF, prevê ser nula a decisão que determina o desaforamento de processo da competência do Júri sem audiência da defesa. Não poderia ser diferente, pois o objetivo primaz do desaforamento é a proteção dos interesses do réu. Diretamente relacionado com os princípios da ampla defesa e contraditório, o comando estampado no verbete retronominado procura garantir uma vez mais que a defesa se manifeste necessariamente antes da decisão acerca do desaforamento. Eventual discordância da defesa não ocasiona o indeferimento do desaforamento, pois o Tribunal – forte na necessária e efetiva proteção dos interesses do réu – poderá determinar o deslocamento da competência acaso conclua presentes os requisitos legais.

Jurisprudência

427.2. [...] 2. Nos termos do art. 427 do Código de Processo Penal, se o interesse da ordem pública o reclamar ou se houver dúvida sobre a imparcialidade do Tribunal do Júri ou sobre a segurança pessoal do réu, o órgão colegiado de segundo grau poderá determinar a modificação da comarca para o julgamento, onde não subsistam tais motivos. 3. A eventual repercussão do crime na localidade, a costumeira movimentação dos parentes das vítimas e a divulgação dos fatos pela mídia são atitudes corriqueiras em hipóteses de delitos de maior gravidade, de modo que não justificam, per se, o desaforamento da sessão em Plenário. *(Agravo Regimental no HC nº 627.631-PB, STJ, 6ª Turma, Rel. Min. Rogério Schietti Cruz, julgado em 3.8.2021, publicado no DJ em 12.8.2021)*

427.2. [...] O art. 427 do Código de Processo Penal não comporta interpretação ampliativa, de modo que o deslocamento de competência por desaforamento dar-se-á tão-somente para julgamento pelo Tribunal Popular, preservada a competência do Juízo originário. Assim, insubsistente a tese de ilegitimidade do Ministério Público da Comarca de origem para apelar do veredicto absolutório, porque não participou do julgamento plenário. [...] *(Habeas Corpus nº 620.955/MG, STJ, 6ª Turma, unânime, Rel. Min. Laurita Vaz, julgado em 25.5.2021, publicado no DJ em 2.6.2021)*

427.2. [...] Não tendo o pedido de desaforamento sido originado de pleito do Ministério Público ou do Juízo processante, mas de um dos corréus, não há nulidade na ausência manifestação por parte da defesa dos coacusados. Não obstante, deferido o pedido em relação àquele correu, os demais agentes são também atingidos pela decisão. [...] *(Habeas Corpus nº 634.997/RN, STJ, 5ª Turma, unânime, Rel. Min. Reynaldo Soares da Fonseca, julgado em 18.5.2021, publicado no DJ em 24.5.2021)*

427.2. [...] Sob o panorama da interpretação sistemática que deve ser conferida no caso *sub exame*, forçoso concluir que o art. 427 do Código de Processo Penal não comporta interpretação ampliativa, de modo que o deslocamento de competência dar-se-á tão somente quanto ao Tribunal Popular, ao passo que, uma vez realizado, esgota-se a competência da comarca destinatária, inexistindo, *in casu*, qualquer violação quanto à execução provisória determinada pelo juízo originário da causa, em observância à exegese do art. 70 do CPP. [...] *(HC n. 374.713-RS STJ, 6ª Turma, unânime, Rel. Min. Antônio Saldanha Palheiro, julgado em 6.6.2017, publicado no DJ em 13.6.2017).*

427.2. [...] O art. 427 do Código de Processo Penal não exige que o desaforamento seja feito para localidade mais próxima dos fatos, basta que seja escolhida comarca da mesma região, em que o Tribunal do Júri possa ser realizado com imparcialidade. [...] (Habeas Corpus nº 322.923-SE, STJ, 5ª Turma, unânime, Rel. Min. Reynaldo Soares da Fonseca, julgado em 23.6.2015, publicado no DJ em 29.6.2015).

427.2. [...] O desaforamento desloca o julgamento da ação penal para outra comarca da região, quando "*o interesse da ordem pública o reclamar ou houver dúvida sobre a imparcialidade do júri ou a segurança pessoal do acusado*" (art. 427, *caput*, do Código de Processo Penal), ou, ainda, "*comprovado excesso de serviço*" impeditivo da realização do júri no prazo de 6 (seis) meses após o trânsito em julgado da decisão de pronúncia (art. 428, *caput*, do Código de Processo Penal). 3. A mera alegação de dúvida sobre a imparcialidade dos jurados sem a devida comprovação não autoriza o desaforamento. Precedentes. 4. A divulgação do fato criminoso pela mídia não reflete o ânimo dos membros integrantes do Conselho de Sentença. Precedente (*RHC nº 118.615-DF, STF, 1ª Turma, unânime, Rel. Min. Rosa Weber, julgado em 17.12.2013, publicado no DJ em 14.2.2014*).

....

427.3. Legitimados: Enquanto no revogado dispositivo a decisão competia ao Tribunal (de segunda instância) mediante requerimento de qualquer das partes (acusação ou defesa) ou representação do juiz, agora incluiu-se expressamente a possibilidade de o assistente da acusação e do querelante também formularem pedido de desaforamento.

427.4. Preferência de julgamento do desaforamento: O § 1º do art. 427 é autoexplicativo: dada a natureza do delito em voga e da excepcional circunstância de deslocamento de competência, o pedido de desaforamento terá preferência de julgamento perante o órgão superior competente.

427.5. Possibilidade de suspensão de realização do Júri: Dependendo do momento processual e temporal em que realizado, o incidente de desaforamento pode não estar concluído a tempo de ser apreciado antes da realização da sessão do tribunal popular. Nesses casos, permite-se ao relator do pedido determinar – em decisão liminar devidamente fundamentada – a suspensão do julgamento pelo Júri (§ 2º).

Jurisprudência

427.5. [...] A decisão que indefere o pedido de desaforamento não obsta o julgamento pelo Tribunal do Júri. O § 2º do art. 427 do Código de Processo Penal estabelece que, em regra, o pedido de desaforamento não seja dotado de efeito suspensivo; excepcionalmente, sendo relevantes os motivos alegados, o relator poderá determinar, fundamentadamente, a suspensão do julgamento pelo júri, o que não ocorreu na hipótese. [...] *(Habeas Corpus n. 272.673-SC, STJ, 5ª Turma, unânime, Rel. Min. Ribeiro Dantas, julgado em 20.6.2017, publicado no DJ em 28.6.2017).*

427.6. Solicitação de informações ao juiz presidente do Tribunal do Júri: Como o rol de legitimados inclui diversas pessoas (agora inclusive ampliado), na forma do § 3º há obrigatoriedade que sejam solicitadas informações ao juiz responsável pela organização do tribunal, pois, estando presente no local dos fatos, poderá dar maiores subsídios ao tribunal para apreciação dos motivos declinados no pedido de desaforamento.

Jurisprudência

427.6. [...] Nos pedidos de desaforamento, por ser medida de exceção, há enorme relevância da opinião do magistrado que preside a causa sobre a possível parcialidade do júri, porquanto é quem detém a relação direta com a sociedade onde seria formado o corpo de jurados, sendo apto a informar a realidade concreta da repercussão do delito na comarca. [...] Assim, havendo a demonstração de elementos concretos e específicos passíveis de interferir na imparcialidade dos jurados e aptos a justificar o deslocamento da competência para o Tribunal do Júri da comarca da capital, não se vislumbra o alegado constrangimento ilegal suportado. [...] (*Habeas Corpus nº 219.739-RJ, STJ, 5ª Turma, Rel. Min. Jorge Mussi, julgado em 6.3.2012, publicado no* DJ *em 20.3.2012*).

427.7. Restrição ao pedido de desaforamento: Como regra, há empeço para o ajuizamento do desaforamento quando houver pendência de recurso (em sentido estrito) contra decisão de pronúncia ou quando já efetivado o julgamento (§ 4º).

A razão da exigibilidade de haver necessidade da confirmação da pronúncia é que pode haver a denominada *despronúncia* (provimento do recurso contra a pronúncia) pelo Tribunal, decorrendo daí que o réu não será submetido ao tribunal popular. Assim, pelo primeiro requisito, é fundamental a certeza de que o réu será julgado perante o tribunal popular.

Abre-se exceção para apreciação quando o motivo que ensejar o desaforamento esteja relacionado a fato ocorrido durante ou após a sessão de julgamento anulado. Há se atentar que o fato tenha ocorrido durante ou após a realização do *julgamento anulado*. Noutras palavras, não basta a ocorrência do motivo justificante ter existido durante ou após julgamento do tribunal popular: aliado a tal requisito é fundamental que o julgamento tenha sido anulado. A questão é de lógica: se fosse admitido o desaforamento *após* o julgamento, poderia o instituto ser manejado para violar a soberania dos vereditos do Júri.

Art. 428. O desaforamento também poderá ser determinado, em razão do comprovado excesso de serviço, ouvidos o juiz presidente e a parte contrária, se o julgamento não puder ser realizado no prazo de 6 (seis) meses, contado do trânsito em julgado da decisão de pronúncia. (Redação dada pela Lei nº 11.689, de 2008)

§ 1º Para a contagem do prazo referido neste artigo, não se computará o tempo de adiamentos, diligências ou incidentes de interesse da defesa. (Incluído pela Lei nº 11.689, de 2008)

§ 2º Não havendo excesso de serviço ou existência de processos aguardando julgamento em quantidade que ultrapasse a possibilidade de apreciação pelo Tribunal do Júri, nas reuniões periódicas previstas para o exercício, o acusado poderá requerer ao Tribunal que determine a imediata realização do julgamento. (Incluído pela Lei nº 11.689, de 2008)

428.1. Requisitos para o desaforamento em razão de comprovado excesso de serviço: Uma das principais inovações em relação ao desaforamento foi trazida pela Lei nº 11.689. Seguindo-se as diretrizes constitucionais estabelecidas agora de forma expressa pela necessidade do julgamento do processo em prazo razoável (art. 5º, LXXVII – "*a todos, no* âmbito *judicial e administrativo, são assegurados a razoável duração do processo e os meios que garantam a celeridade de sua tramitação*" (Emenda Constitucional nº 45/2004), foi revogado o parágrafo único do art. 424 do CPP, que então dispunha que o "*Tribunal de Apelação poderá ainda, a requerimento do réu ou do Ministério Público, determinar o desaforamento, se o julgamento não se realizar no período de um ano, contado do recebimento do libelo, desde que para a demora não haja concorrido o réu ou a defesa*".

Atualmente, são basicamente dois os requisitos fundamentais para embasar o desaforamento: (a) que já tenham transcorrido mais de 6 (seis) meses do trânsito em julgado da sentença de pronúncia; (b) que haja comprovação de *excesso de serviço*, que impossibilite o julgamento imediato do réu pronunciado.

Nesse prazo, não será contabilizado o tempo de eventuais adiamentos, diligências ou incidentes diretamente relacionados ao interesse da defesa (§ 1º).

Referidas regras reclamam aplicação cuidadosa. De um lado, estipulou-se a exceção de cálculo do prazo no § 1º como forma de evitar que, mediante procedimento previamente determinado, a defesa tente em determinadas situações retardar o regular andamento do processo na fase instrutória como forma de, ulteriormente e de modo transverso, postular o desaforamento pelo excesso de prazo. Noutras palavras, quer-se evitar que a defesa crie situação para ensejar eventual (e daí *indevido*) deslocamento de competência territorial. De outro lado, compreendemos que não é qualquer excesso matemático de prazo aliado a grande quantidade de serviço que poderá ensejar o desaforamento. Não há de se esquecer: o que enseja o desaforamento é o julgamento em plenário e não aquele em que se desenvolve a instrução preliminar, até porque, para ter lugar o deslocamento, sob tal perspectiva, é essencial que já tenha sido encerrada a fase do juízo de acusação.

Pela sistemática anterior, em face da restrição existente no (revogado) parágrafo único do art. 424 do CPP, entendia-se que o desaforamento por excesso de prazo somente poderia ser formulado a requerimento do réu ou do Ministério Público.

Como disposto hoje na legislação, entendemos que não mais haveria o empecilho ao juiz reconhecer também o excesso de prazo, na medida em que os legitimados encontram-se elencados no art. 427, CPP, tendo sido fixada a hipótese de excesso de prazo (mais reduzido) no art. 428, CPP. É verdade que o art. 428 refere que deverão ser ouvidos o *juiz presidente* e a parte contrária (notadamente quando for feito o pedido pelo Ministério Público ou pelo assistente ou querelante – Súmula 712, STF), podendo ensejar interpretação no sentido de que, implicitamente, haveria a vedação ao magistrado em reconhecer *ex officio* o excesso de serviço para justificar o desaforamento. Outro problema que não pode ser descartado, apenas a título de argumentação acerca da necessidade de uma interpretação bastante cuidadosa do dispositivo em voga: não se pode excluir eventual situação em que o juiz presidente alegue excesso de serviço quando tal não se verifica de modo a justificar o deslocamento.

Malgrado tais situações – mormente diante da possibilidade de *controle* do eventual desvirtuamento de fundamentação quando requerido o desaforamento pelo próprio juiz presidente –, continuamos firmes acerca da possibilidade de o magistrado responsável pelo caso suscitar a questão perante o Tribunal de Apelação. Mister se compreender que o juiz não pode ficar impassível diante de eventual constatação de frustração de direitos fundamentais do réu-processado se não houver uma razoável justificação para a demora. Quer-se dizer com isso que, mesmo diante da ausência de pedido das partes, pode o magistrado reconhecer o excesso de prazo e submeter o tema para apreciação do Tribunal de Apelação, que, se entender de modo diverso, poderá não deferir o desaforamento.

Jurisprudência

428 [...] 2. No rito do julgamento pelo Tribunal do Júri, o desaforamento encontra disciplina nos arts. 427 e 428 do Código de Processo Penal, possibilitando a modificação episódica da regra de competência territorial para o julgamento popular. 3. Por força de regramento legal, nos casos de interesse da ordem pública, de dúvidas acerca da imparcialidade do júri, de necessidade de segurança pessoal do acusado ou de excesso de serviço no foro original, desloca-se o julgamento do acusado em Plenário para outra comarca que esteja livre dos vícios apontados. [...] *(Agravo Regimental no HC nº 654.613-RJ, STJ, 6ª Turma, Rel. Ministro Antônio Saldanha Palheiro, julgado em 5.10.2021, publicado no DJ em 8.10.2021)*

428.2. Incidente para imediato julgamento do processo: Outra novidade: mesmo quando não houver excesso de serviço ou a existência de processos aguardando julgamento em quantidade que ultrapasse a possibilidade de apreciação pelo Tribunal do Júri nas reuniões previstas para o exercício, criou-se um instrumento (§ 2º) para permitir que seja postulado ao Tribunal que determine a imediata realização do julgamento. A finalidade é uma só: dar efetividade ao comando constitucional da necessidade de observância da razoável duração do processo. O que impende frisar é que o pedido em tela *não implica* deslocamento de competência, mas tão somente a imposição pelo Tribunal que o juízo monocrático proceda à realização imediata do julgamento pelo tribunal popular.

428.3. Desaforamento por excesso de prazo e incidente para julgamento imediato do processo: Embora inter-relacionados em certos aspectos, *não há de se confundir* o instituto de desaforamento por excesso de prazo com a previsão do incidente para julgamento imediato do processo.

No desaforamento justificado pelo excesso de prazo, postula-se o deslocamento de competência territorial (insiste-se que a medida deverá ser sempre adotada de forma excepcional). Já no incidente para julgamento imediato, há o excesso de prazo, mas não o excesso de serviço. É dizer: sem qualquer justificativa plausível, o processo não é incluído para julgamento. Pode-se compreender então que, nessas situações, o pedido de julgamento imediato está contido dentro do pleito de desaforamento. Assim, acaso indeferido o pedido de desaforamento por excesso de prazo porque não comprovado o excesso de serviço, compreendemos que não existe óbice ao Tribunal que determine o imediato julgamento no foro então competente. Já o inverso não compreendemos possível. Formulado apenas o pedido de julgamento imediato, não pode o Tribunal determinar *ex officio* o desaforamento.

428.4. Legitimidade para o incidente de julgamento imediato: No que diz respeito à legitimidade, o § 2º limita apenas ao acusado. Entendemos que uma interpretação conforme à Constituição não poderia justificar a limitação. Em primeiro lugar, porque o pedido é feito *em favor* do acusado, não necessariamente *pelo* acusado. Não há nenhum óbice ao Ministério Público que, mesmo sendo parte no processo, atue em favor dos interesses da defesa (quando assim estiver *efetivamente* agindo), conforme imperativo do art. 127, CF. Tanto que não há maiores questionamentos na doutrina e na jurisprudência acerca da legitimidade de o *parquet* recorrer (e até impetrar *habeas corpus*) em favor (se e realmente em favor) da defesa. Em segundo lugar, se é expressamente garantido ao Ministério Público a possibilidade de postular o desaforamento por excesso de prazo (arts. 427 c/c 428, CPP), não se pode limitar a interpretação isolada do § 2º no sentido de que estaria ausente a legitimidade para pleitear o que se revela menor do que o próprio desaforamento: o julgamento imediato do feito. De outro bordo e derradeiramente, não se pode olvidar que a razoável duração do processo não é *apenas* uma garantia fundamental individual do réu-processado. A necessidade de que se realize um processo dentro do prazo razoável está intrinsecamente ligada *também* às circunstâncias de que se devam equilibrar os direitos fundamentais do réu com a garantia social de que se evite a impunidade decorrente da prescrição quando injustificada a demora judicial.

Não se olvide que o STF reconheceu expressamente, dentre outros inúmeros feitos, que "*Constituição de 1988, nos termos do inciso LXXVIII do art. 5º, assegura a razoável duração do processo como direito fundamental dos investigados e de todos os cidadãos. A duração razoável do processo é uma garantia da pretensão de justiça dos indivíduos em toda sociedade regida por uma Constituição liberal-democrática*" (ADIs 6.298, 6.299, 6.300 e 6.205). Remetemos também a anotações sobre o tema em outro espaço ("Duração razoável do processo, para quem e quais critérios ? In https://temasjuridicospdf.com/cuidado-duracao-razoavel-do-processo-para-quem-e-quais-criterios/).

Portanto, interpretamos o dispositivo no sentido de que também é facultado ao Ministério Público postular o imediato julgamento na forma preconizada no § 2º do art. 428 do CPP.

Seção VI
Da Organização da Pauta
(Incluída pela Lei nº 11.689, de 2008)

Art. 429. Salvo motivo relevante que autorize alteração na ordem dos julgamentos, terão preferência: (Redação dada pela Lei nº 11.689, de 2008)

I – os acusados presos; (Incluído pela Lei nº 11.689, de 2008)

II – dentre os acusados presos, aqueles que estiverem há mais tempo na prisão; (Incluído pela Lei nº 11.689, de 2008)

III – em igualdade de condições, os precedentemente pronunciados. (Incluído pela Lei nº 11.689, de 2008)

§ 1º Antes do dia designado para o primeiro julgamento da reunião periódica, será afixada na porta do edifício do Tribunal do Júri a lista dos processos a serem julgados, obedecida a ordem prevista no *caput* deste artigo. (Redação dada pela Lei nº 11.689, de 2008)

§ 2º O juiz presidente reservará datas na mesma reunião periódica para a inclusão de processo que tiver o julgamento adiado. (Redação dada pela Lei nº 11.689, de 2008)

429.1. Ordem de julgamentos pelo Tribunal do Júri: Nenhuma novidade no art. 429, *caput,* e § 1º: guardam similitude com o que então previsto, respectivamente, nos arts. 431 e 432, CPP, antes das alterações trazidas pela Lei nº 11.689, embora a redação se apresente um pouco diferente, talvez mais esclarecedora.

No art. 429, CPP, estipula-se a ordem de preferência de quem será julgado. Pela excepcionalidade da prisão cautelar no sistema pátrio, a preferência é exatamente de quem se encontra preso (inciso I). Se dentre os pronunciados vários estiverem recolhidos preventivamente, a preferência recairá sobre aquele que estiver há mais tempo recolhido cautelarmente (inciso II). Por fim, estando em igualdade de condições os réus, a preferência será regulada de acordo com as datas das pronúncias, com prevalência dos mais antigos. A ordem estipulada no *caput* somente poderá ser quebrada se, nos termos da legislação, houver *motivo relevante.* Trata-se de preceito aberto, cuja avaliação compete ao juiz responsável pela organização do tribunal verificar – e declinar fundamentadamente – para justificar a alteração da ordem estipulada de forma abstrata pelo legislador.

No § 1º, determina-se a obrigatoriedade de fixação na porta do edifício onde são realizadas as sessões do Tribunal do Júri a lista – com a respectiva ordem – dos processos a serem julgados.

429.2 Reserva de datas para processos adiados: A norma inserta no § 2º é uma novidade. Não raro se verifica o adiamento de julgamentos pelo Tribunal do Júri especialmente em face da ausência de advogados de defesa (mais raramente do Ministério Público) ou de *quórum* necessário entre os jurados para o regular desenvolvimento dos trabalhos. Impende relembrar que, diferentemente do que ocorria antes das alterações trazidas pela Lei nº 11.689/08 (*em que se permitia a realização da sessão de julgamento sem a presença de réu solto apenas quando a infração fosse afiançável*), agora, independentemente da gravidade da infração, o julgamento não será adiado pelo não comparecimento do acusado solto (art. 457, CPP).

Mesmo tendo sido reduzidas as possibilidades de adiamento, a preocupação ainda persiste: daí a razão de ter-se estipulado de modo expresso ao juiz responsável pela organização do tribunal que deixe reservadas datas para a ulterior inclusão de feitos que venham a ser adiados anteriormente. A razão é bastante simples: privilegiar a realização da sessão de julgamento o mais rápido possível, se preenchidos os requisitos legais para tanto (a propósito, vide anotações aos arts. 453 e seguintes).

Art. 430. O assistente somente será admitido se tiver requerido sua habilitação até 5 (cinco) dias antes da data da sessão na qual pretenda atuar. (Redação dada pela Lei nº 11.689, de 2008)

430. Admissão do assistente da acusação: A regra geral de atuação do assistente da acusação encontra-se no art. 269, CPP: "*O assistente será admitido enquanto não passar em julgado a sentença e receberá a causa no estado em que se achar.*" Contudo, no âmbito da especificidade dos processos de competência do Tribunal do Júri há uma limitação para a sua atuação se pretender participar da sessão de julgamento do Conselho de Sentença. Embora parcial, houve alteração trazida pela Lei nº 11.689: o prazo para o assistente da acusação ser admitido no processo criminal de competência do Tribunal do Júri não é mais de até três dias (como previsto no então parágrafo único do art. 447, CPP), mas de 5 (cinco) dias antes da data da sessão na qual pretenda atuar.

Compreendemos que a finalidade de ampliação do prazo é dúplice. De um lado, há de se ver que o assistente da acusação precisa ser visto como parte interessada na melhor solução do processo, e não apenas – na linha do que difundido ainda hoje em certas decisões e posicionamentos – como alguém interessado em ulterior reparação no âmbito civil. Desse modo, a admissão até o prazo de cinco dias irá propiciar que tenha possibilidades maiores de melhor conhecer o teor dos autos. De outro lado, embora a ampliação do prazo não tenha sido muito maior (de 3 para 5 dias), fato é que diminui a possibilidade de incidentes próximos da sessão plenária.

Jurisprudência

430 [...] a assistência é deferida ao ofendido, ao seu representante legal, ou, no caso de morte da vítima, ao seu cônjuge, ascendente, descendente ou irmão, na forma do na forma do art. 268, do CPP, não se confundindo a figura do assistente com a do seu advogado, embora este deva ser constituído para atuar no processo no interesse daquele. Na hipótese vertente, não há se falar na incidência do prazo previsto no art. 430, do CPP, visto que este se refere ao "requerimento de habilitação" de assistente de acusação, e não à mera "substituição do patrono" do assistente de acusação já habilitado no feito. [...] *(Agravo Regimental no Recurso Especial nº 1.814.988-PR, STJ, 5ª Turma, Rel. Ministro Reynaldo Soares da Fonseca, julgado em 17.12.2019, publicado no DJ em 19.12.2019)*

Art. 431. Estando o processo em ordem, o juiz presidente mandará intimar as partes, o ofendido, se for possível, as testemunhas e os peritos, quando houver requerimento, para a sessão de instrução e julgamento, observando, no que couber, o disposto no art. 420 deste Código. (Redação dada pela Lei nº 11.689, de 2008)

431. Intimação para a sessão de instrução e julgamento: Segundo se infere da redação do (revogado) art. 429, CPP, as partes, jurados, réus e testemunhas somente eram intimadas após a realização do sorteio dos 21 (vinte e um) jurados (art. 428, CPP). Agora, além de haver a obrigatoriedade de intimação (se possível) do ofendido (mormente porque se trata aqui de delitos dolosos contra a vida, tentados ou consumados) e dos peritos (quando houver requerimento para tanto), a intimação não mais se dará após a sessão de sorteio dos jurados, e sim antes, desde que adotadas as providências previstas até o disposto no artigo em tela.

Seção VII
Do Sorteio e da Convocação dos Jurados
(Incluída pela Lei nº 11.689, de 2008)

Art. 432. Em seguida à organização da pauta, o juiz presidente determinará a intimação do Ministério Público, da Ordem dos Advogados do Brasil e da Defensoria Pública para acompanharem, em dia e hora designados, o sorteio dos jurados que atuarão na reunião periódica. (Redação dada pela Lei nº 11.689, de 2008)

432. Providências para sorteio dos jurados: Conforme deflui do art. 433, CPP, o procedimento para sorteio dos jurados restou parcialmente modificado. É de se ver que o sorteio previsto nesse dispositivo se refere aos jurados que irão participar da sessão de julgamento (adiante se verá – art. 433, CPP – não são mais 21, e sim 25 jurados), cujos nomes serão retirados da urna que contenha o nome de todos os jurados da localidade (art. 426, § 3º, CPP).

Não havendo correlação com nenhum dispositivo antes vigente, compreendemos que a previsão existente no art. 432, CPP, está diretamente relacionada com a preocupação em se estabelecer uma máxima publicidade e transparência dos atos procedimentais para a realização da sessão de julgamento. Assim, procedida à organização da pauta, deverá ser determinado pelo juiz presidente a intimação do Ministério Público, da Ordem dos Advogados do Brasil (na pessoa do seu representante local) e da Defensoria Pública para, querendo, acompanharem o sorteio dos jurados que atuarão na reunião periódica. Se a ausência das partes não implica adiamento da audiência de sorteio (§ 2º do art. 433 do CPP), por certo que também a ausência do representante da OAB e da Defensoria Pública também não influenciará na continuidade do procedimento.

Jurisprudência

432. [...] O artigo 432 do Código de Processo Penal prevê a notificação do Ministério Público, da Ordem dos Advogados do Brasil e da Defensoria Pública para acompanharem o sorteio da lista de jurados, inexistindo qualquer previsão legal para a cientificação dos patronos dos acusados para tal ato. [...] *(Agravo Regimental no Agravo no Recurso Especial n. 1.260.812-MG, STJ, 5ª Turma, unânime, Rel. Min. Jorge Mussi, julgado em 7.6.2018, publicado no DJ em 15.6.2018)*

Art. 433. O sorteio, presidido pelo juiz, far-se-á a portas abertas, cabendo-lhe retirar as cédulas até completar o número de 25 (vinte e cinco) jurados, para a reunião periódica ou extraordinária. (Redação dada pela Lei nº 11.689, de 2008)

§ 1º O sorteio será realizado entre o 15º (décimo quinto) e o 10º (décimo) dia útil antecedente à instalação da reunião. (Incluído pela Lei nº 11.689, de 2008)

§ 2º A audiência de sorteio não será adiada pelo não comparecimento das partes. (Incluído pela Lei nº 11.689, de 2008)

§ 3º O jurado não sorteado poderá ter o seu nome novamente incluído para as reuniões futuras. (Incluído pela Lei nº 11.689, de 2008)

433.1. Sorteio dos 25 jurados: O sorteio dos jurados não mais é realizado por um "menor de dezoito anos", como na legislação revogada (art. 428, CPP), mas sim pelo juiz presidente. A alteração foi oportuna, pois não havia qualquer justificativa plausível para que o sorteio fosse realizado por um menor de 18 (dezoito) anos, nem mesmo a implícita (e equivocada) presunção de que teria ele maior *isenção* no ato.

Também agora não mais serão sorteados apenas 21 (vinte e um) jurados (conforme o revogado art. 427, CPP), mas 25 (vinte e cinco). A razão é bastante simples: evitar que, com as recusas e eventuais faltas, tenha que ser adiada a sessão de julgamento, para cuja instalação será necessária a presença de pelo menos 15 (quinze) jurados (art. 463, CPP: "*comparecendo, pelo menos, 15 (quinze) jurados, o juiz presidente declara instalados os trabalhos, anunciado o processo que será submetido a julgamento*").

433.2. Momento da realização do sorteio: Nos termos do § 1º, o sorteio deverá ser realizado entre o décimo quinto e o décimo dia *útil* que antecederem à instalação da reunião. Também aqui houve ampliação do prazo, antes previsto como sendo de "*dez a quinze dias antes do primeiro julgamento marcado*" apenas no Distrito Federal, havendo delegação para os Estados e territórios o que estabelecido na legislação local. Agora a regra é geral e o prazo é contado em dias úteis, e não – como então previsto – em dias, que poderia englobar dias não úteis (finais de semana e feriados).

433.3. Impossibilidade de adiamento do sorteio pela ausência das partes: De modo coerente com a intenção de evitar ao máximo o cancelamento dos atos relacionados com o julgamento (e inclusive o próprio julgamento), o § 2º do art. 432 do CPP estipula que a audiência de sorteio não deverá ser adiada se ausentes quaisquer das partes. É dizer: é necessária a *intimação* das partes, mas o comparecimento é facultativo.

433.4. Possibilidade de jurado não sorteado participar de reuniões futuras: Derradeiramente, no § 3º do art. 433 do CPP dispõe-se que "*o jurado que não for sorteado poderá ter seu nome novamente incluído para as reuniões futuras*". A regra guarda coerência com o que agora disposto no § 4º do art. 426 do CPP: ao tempo em que ficará automaticamente excluído o jurado que tiver integrado o Conselho de Sentença nos 12 meses que antecederam à publicação da lista geral, nenhum óbice se apresenta para que os jurados não sorteados tenham seus nomes mantidos "na urna geral" para sorteios futuros. Aliás, compreendemos ser de uma certa obviedade o dispositivo em voga: se o nome do jurado não foi sorteado, não haveria sentido se cogitar que seu nome não mais permanecesse incluído para as reuniões futuras se o cartão com seu nome não fosse retirado da urna geral.

Art. 434. Os jurados sorteados serão convocados pelo correio ou por qualquer outro meio hábil para comparecer no dia e hora designados para a reunião, sob as penas da lei. (Redação dada pela Lei nº 11.689, de 2008)

Parágrafo único. No mesmo expediente de convocação serão transcritos os arts. 436 a 446 deste Código. (Incluído pela Lei nº 11.689, de 2008)

434.1. Comunicação aos jurados sorteados: Do revogado § 2º do art. 429 do CPP extrai-se que, na sistemática processual penal anterior, a intimação dos jurados deveria ser realizada por mandado cumprido por Oficial de Justiça. Notadamente em localidades com grande número de sessões, era enorme a quantidade de atribuições conferidas aos Oficiais de Justiça só com as intimações. Não por outro motivo que muitas intimações já vinham sendo realizadas por intermédio de correspondência com aviso de recebimento, tal como feito no âmbito do processo civil. Uma observação, em nosso aviso: a adoção da analogia não se revelava como melhor remédio, na medida em que havia expressa disposição no Código de Processo Penal de qual sistemática deveria ser utilizada. Efetivamente, o arcaísmo e rigidez da hipótese de intimação não mais se justificava, notadamente nos dias atuais em que o sistema postal (especialmente com aviso de recebimento) se mostra bastante seguro e eficiente.

Exatamente por isso é que, hoje, dispõe-se expressamente que os jurados sorteados serão convocados pelo correio (entendemos que a providência da correspondência com aviso de recebimento ainda se revela mais segura) ou então por qualquer outro meio eficaz para a cientificação do jurado. Não se pode afastar que, em localidades pequenas que sejam comarcas (Justiça Estadual) ou em que instaladas seções judiciárias (Justiça Federal), pela circunstância de serem conhecidas as pessoas do público em geral, ser mais rápida a cientificação que não por meio dos correios, como via telefone ou então a notificação – sempre excepcional, porque não há vedação – via mandado judicial. Mas também não se pode esquecer que os meios tecnológicos atuais permitem uma comunicação com o uso da Internet, daí não se podendo excluir eventual notificação de jurado por intermédio de *e-mails*. Por evidente, na linha do que disposto no art. 5º, Lei nº 11.419/06 (Lei que dispõe sobre a *informatização do processo judicial*, aplicável também ao processo penal – art. 1º, § 1º), a cientificação por telefone ou meio eletrônico somente poderá ser aceita se houver um cadastro prévio do jurado consoante preconizado no art. 2º, Lei nº 11.419/06.

É dizer: qualquer meio que se enquadre na previsão aberta e ampla de *meio hábil* deverá ser aceita como eficaz se restar efetivamente cumprido o objetivo fundamental, que é a cientificação do jurado da data da sessão à qual deverá comparecer para novo sorteio e, eventualmente, compor o Conselho de Sentença.

434.2. Penalidade: O não comparecimento do jurado no dia e hora designados para a reunião implicará penalidade, nos termos legais (*parte final do art. 434, CPP*). Sendo serviço eminentemente público (art. 436, CPP), a *recusa* injustificada (inclusive pela simples ausência) acarretará multa no valor de um a dez salários mínimos, de acordo com a condição econômica do jurado (§ 2º do art. 436 do CPP). Também segundo disposto no art. 442, ao jurado que, sem legítima causa, deixar de comparecer no dia marcado para a sessão ou retirar-se antes de ser dispensado pelo presidente será aplicada a multa. Há se atentar que as situações são diversas. Numa, há *recusa* em participar. Noutra, o jurado *não comparece* para a sessão ou se retira antes de ser dispensado pelo juiz presidente do Tribunal. De qualquer modo, em ambas as situações há penalidades de natureza pecuniária.

434.3. Exigência da transcrição dos arts. 436 a 446: Tal como previsto nas hipóteses do § 2º do art. 426 do CPP (publicação da lista de jurados), também aqui se faz a mesma exigência, cuja razão, idêntica de lá, está em explicitar aos jurados (agora sorteados) quais são suas funções, a obrigatoriedade do exercício do *múnus* público (e suas exceções), possibilidade de recusa e penalidades.

Art. 435. Serão afixados na porta do edifício do Tribunal do Júri a relação dos jurados convocados, os nomes do acusado e dos procuradores das partes, além do dia, hora e local das sessões de instrução e julgamento. (Redação dada pela Lei nº 11.689, de 2008)

435. Afixação de lista no edifício do Tribunal do Júri: Dentro da máxima publicidade que deva ser dada em relação ao procedimento, a finalidade de ser disponibilizada notadamente a lista dos jurados convocados está em permitir que as partes tenham condições – se assim quiserem – de averiguar com antecedência a situação e características de cada um dos integrantes sorteados que possam vir a serem os juízes do caso. Como os jurados exercem verdadeira função jurisdicional, a eles será exigido o compromisso da imparcialidade. Se assim é, valem em relação a eles as regras de impedimento, suspeição e incompatibilidade previstas nos arts. 112, 252, 253 e 254, CPP. Desse modo, com a publicação antecipadamente, possibilita-se às partes a aferição de impedimentos, incompatibilidades ou suspeições (art. 470, CPP), e até mesmo seja traçada a estratégia das partes acerca das recusas imotivadas – também denominadas de *peremptórias* (art. 468, CPP).

Seção VIII
Da Função do Jurado
(Incluída pela Lei nº 11.689, de 2008)

Art. 436. O serviço do Júri é obrigatório. O alistamento compreenderá os cidadãos maiores de 18 (dezoito) anos de notória idoneidade. (Redação dada pela Lei nº 11.689, de 2008)

§ 1º Nenhum cidadão poderá ser excluído dos trabalhos do Júri ou deixar de ser alistado em razão de cor ou etnia, raça, credo, sexo, profissão, classe social ou econômica, origem ou grau de instrução. (Incluído pela Lei nº 11.689, de 2008)

§ 2º A recusa injustificada ao serviço do júri acarretará multa no valor de 1 (um) a 10 (dez) salários mínimos, a critério do juiz, de acordo com a condição econômica do jurado. (Incluído pela Lei nº 11.689, de 2008)

436.1. Obrigatoriedade do serviço do Júri: Enquanto pela sistemática anterior o serviço era obrigatório para os maiores de 21 (vinte e um) anos (art. 434, CPP, revogado), hodiernamente houve ampliação: o serviço (público) de ser jurado é obrigatório e a convocação poderá abranger os cidadãos maiores de 18 (dezoito) anos. Tem sentido a alteração, mormente após as modificações introduzidas no atual Código Civil, art. 5º, que expressamente dispõe que *"a menoridade cessa aos dezoito anos completos, quando a pessoa fica habilitada à prática de todos os atos da vida civil"*. Não poderia ser diferente aqui. Aliás, a manutenção da redação anterior – enquanto vigorou concomitantemente com o atual Código Civil (Lei nº 10.406, em vigor somente a partir de 12.1.2003) – gerava verdadeiro paradoxo: enquanto se reconhecia civilmente a maioridade para a prática de todos os atos da vida civil quando completados 18 (dezoito) anos, impedia-se a participação como jurado porque não ainda maior de 21 (vinte e um) anos.

Há um requisito complementar: o jurado deve ter notória idoneidade (v. art. 425, § 2º, CPP). A finalidade é exigir que a pessoa que possa vir integrar o Conselho de Sentença tenha reputação irretocável perante seus pares. Se demonstrado o contrário, poderá ensejar irresignação dos interessados (sobre o tema e nossa posição acerca *ainda* da possibilidade de interposição de recurso em sentido estrito, malgrado a omissão constante no art. 426, CPP, vide anotações ao art. 581, XIV, CPP).

436.2. Vedação à discriminação de quem possa ser jurado: A disposição do § 1º (*"Nenhum cidadão poderá ser excluído dos trabalhos do Júri ou deixar de ser alistado em razão de cor ou etnia, raça, credo, sexo, profissão, classe social ou econômica, origem ou grau de instrução"*) guarda sintonia com o disposto no art. 5º, *caput*, da Constituição Federal.

Uma observação: parece-nos bastante questionável a amplitude da abertura de composição do Tribunal do Júri. Imagine-se a hipótese daquele que tenha sido condenado – e mesmo de outro, que tenha sido absolvido em julgamento anterior, no Júri. Não seria possível duvidar da *neutralidade* do jurado em semelhante caso? Note-se que as regras de impedimento e de suspeição do juiz (art. 252 e seguintes do CPP) são também extensivas ao jurado. E há ali situações equivalentes ao exemplo aqui aventado, relativamente à suspeição (ver art. 254, II). Obviamente, não é a mesma coisa, e também sabemos que as causas de suspeição se enquadram nas matérias de reserva legal. No entanto, parece-nos a hipótese de *incompatibilidade* prevista no art. 112, CPP.

Obviamente, se não for mais o caso de recusa do jurado.

436.3. Recusa injustificada ao serviço de jurado: No § 2º, a previsão de penalidade em caso de recusa injustificada de quem for convocado ao serviço de jurado: imposição de 1 a 10 salários mínimos, de acordo com a situação econômica de quem restar punido.

Art. 437. Estão isentos do serviço do Júri: (Redação dada pela Lei nº 11.689, de 2008)

I – o Presidente da República e os Ministros de Estado; (Incluído pela Lei nº 11.689, de 2008)

II – os Governadores e seus respectivos Secretários; (Incluído pela Lei nº 11.689, de 2008)

III – os membros do Congresso Nacional, das Assembleias Legislativas e das Câmaras Distrital e Municipais; (Incluído pela Lei nº 11.689, de 2008)

IV – os Prefeitos Municipais; (Incluído pela Lei nº 11.689, de 2008)

V – os Magistrados e membros do Ministério Público e da Defensoria Pública; (Incluído pela Lei nº 11.689, de 2008)

VI – os servidores do Poder Judiciário, do Ministério Público e da Defensoria Pública; (Incluído pela Lei nº 11.689, de 2008)

VII – as autoridades e os servidores da polícia e da segurança pública; (Incluído pela Lei nº 11.689, de 2008)

VIII – os militares em serviço ativo; (Incluído pela Lei nº 11.689, de 2008)

IX – os cidadãos maiores de 70 (setenta) anos que requeiram sua dispensa; (Incluído pela Lei nº 11.689, de 2008)

X – aqueles que o requererem, demonstrando justo impedimento. (Incluído pela Lei nº 11.689, de 2008)

437. Isenção do serviço do Júri: A lista dos que estão isentos do serviço público do Júri foi ampliada e parcialmente modificada se comparados os dispositivos atual e revogado. Também foram feitas algumas correções: (a) a exclusão das (agora inexistentes) figuras dos *interventores de Estados e Territórios e do prefeito do Distrito Federal* (parcial redação do revogado inciso II do art. 436); (b) a substituição (porque mais técnica) da expressão *Parlamento Nacional* (inciso III) por *Congresso Nacional* (inciso III); (c) fez-se referência agora geral às Assembleias Legislativas e referiu-se a existência das Câmaras Distrital (DF) e Municipais, excluindo-se a exceção da isenção, pois, antes, fora do período das reuniões dos respectivos órgãos legislativos era possível a convocação como jurados de seus membros; (d) em bom tempo, diante da realidade existente após décadas de vigência do CPP, excluiu-se também a previsão de isenção às mulheres que exercessem função pública e provassem que, em virtude de *ocupações domésticas*, o serviço do Júri lhes seria *particularmente difícil*.

Primeira inovação foi, juntamente com os servidores do Poder Judiciário, a concessão de isenção aos do Ministério Público e da Defensoria Pública (inciso VI). Antes, apenas os "*serventuários e funcionários da Justiça*" estavam isentos. Parece-nos que a premissa para o reconhecimento da isenção é procurar valorizar sobremaneira a presença de *jurados leigos* no Tribunal Popular, mas principalmente preservar a isenção dos julgadores. É que os servidores do Poder Judiciário, do Ministério Público e da Defensoria Pública podem ter contato (quando não acesso, dependendo do tipo de suas funções) aos autos do processo criminal que venha a ser por eles julgado.

Também foram incluídos na isenção – mas desde que assim requeiram – aqueles cidadãos que tiverem mais de 70 (setenta) anos (anteriormente, a previsão era do limite de 60 anos, como se vê da redação do revogado art. 434: "*O serviço do júri será obrigatório. O alistamento compreenderá os cidadãos maiores de 21 (vinte e um) anos, isentos os maiores de 60 (sessenta)*." A alteração decorreu da necessidade de compatibilização com o disposto no art. 14, § 1º, II, *b*, CF, que assenta expressamente que o voto (também o alistamento eleitoral) é facultativo para os maiores de 70 anos. É dizer, em nossa compreensão: desde o advento da novel Constituição, em 5.10.1988, não se revelava mais compatível com o ordenamento maior o disposto na parte final do art. 434, CPP.

Enquanto se reconhecia a possibilidade de *dispensa* dos jurados médicos, ministros de confissão religiosa, farmacêuticos e parteiras (expressão última que revela o quão vetustas eram as previsões processuais, malgrado ainda existam as *parteiras* pelo Brasil afora), hoje há *isenção* àqueles que o requererem, desde que demonstrem *justo impedimento*. Compreendemos que a expressão *impedimento* não pode ser levada na acepção técnica.

Reiterando o que declinado anteriormente, exercendo as funções de juízes leigos (art. 112, CPP) aos jurados também são aplicadas as regras de impedimento, não podendo atuar naquelas situações previstas no art. 252, CPP. Adaptado ao caso, os jurados sorteados estão *impedidos* de atuar nos processos em que: (a) estiver funcionado seu cônjuge ou parente, consanguíneo ou afim, em linha reta ou colateral até o terceiro grau, inclusive, como defensor ou advogado, órgão do Ministério Público, autoridade policial, auxiliar da justiça ou perito; (b) ele próprio houver desempenhado qualquer dessas funções ou servido como testemunha; (c) ele próprio ou seu cônjuge ou parente, consanguíneo ou afim em linha reta ou colateral até o terceiro grau, inclusive, for parte ou diretamente interessado no feito.

Nessa linha, o *impedimento* decorre das hipóteses legais, não dependendo de qualquer *requerimento* da parte envolvida. Não se encontra na esfera de disponibilidade do jurado entender que pode ou não pode atuar naquele feito. Ele tem a obrigação de declarar se preenche alguma das situações previstas em lei. Em caso positivo, o impedimento é automático. É o que dispõe o art. 112, CPP: "*o juiz, o órgão do Ministério Público, os serventuários ou funcionários de justiça e os peritos ou intérpretes abster-se-ão de servir no processo, quando houver incompatibilidade ou impedimento legal, que declararão nos autos. Se não se der a abstenção, a incompatibilidade ou impedimento poderá ser arguido pelas partes, seguindo-se o processo estabelecido para a exceção de suspeição*".

Diante do exposto, há de se interpretar o disposto no inciso X como uma hipótese de *dispensa* de participação do Tribunal (mais ampla do que as restritas situações abarcadas pelo revogado inciso XI do art. 436 do CPP), cabendo a juiz presidente decidir se há fundamentos ou não para a pretensão de se eximir da função de jurado.

Art. 438. A recusa ao serviço do Júri fundada em convicção religiosa, filosófica ou política importará no dever de prestar serviço alternativo, sob pena de suspensão dos direitos políticos, enquanto não prestar o serviço imposto. (Redação dada pela Lei nº 11.689, de 2008)

§ 1º Entende-se por serviço alternativo o exercício de atividades de caráter administrativo, assistencial, filantrópico ou mesmo produtivo, no Poder Judiciário, na Defensoria Pública, no Ministério Público ou em entidade conveniada para esses fins. (Incluído pela Lei nº 11.689, de 2008)

§ 2º O juiz fixará o serviço alternativo atendendo aos princípios da proporcionalidade e da razoabilidade. (Incluído pela Lei nº 11.689, de 2008)

438. Recusa à prestação do serviço público de jurado: São imperativos constitucionais o princípio da igualdade sem qualquer distinção (art. 5º, *caput*) e a garantia de que ninguém será privado de direitos por motivo de crença religiosa ou de convicção filosófica ou política, *salvo* se as invocar para se eximir de obrigação legal a todos imposta e recusar-se a cumprir prestação alternativa, nos termos legais (art. 5º, VIII). Da conjugação de ambos os dispositivos decorreu alteração no que se refere ao sistema de recusas à participação como jurado.

Anteriormente, até porque assim previa a Constituição (art. 119, *b*), o art. 435, CPP, dispunha que a recusa importaria *automaticamente* a perda dos direitos políticos.

No sistema atual, a perda dos direitos políticos não se dá assim.

Importante notar que a conformidade do dispositivo infraconstitucional ao ordenamento constitucional atual é evidente: como se trata de serviço público imposto a todos (*com as exceções de isenções previstas no artigo anterior, racionalmente justificadas – ainda mais agora, com a adaptação à realidade vigente*), a invocação de questões religiosas, filosóficas ou políticas poderá ensejar a não participação do requerente como jurado, mas *estará condicionada* ao dever de prestar serviço alternativo (definição no § 1º). É dizer: a recusa pura e simples (fora dos casos legais de isenção) importaria em malferimento ao princípio isonômico, de modo que deve haver uma *compensação*: eis a razão – e racional, para nós – de imposição de prestação de serviço alternativo. Se a recusa for peremptória tanto à prestação do serviço público de jurado quanto de prestação de serviços alternativos, aí sim a consequência será a (constitucional, porque relegado o tema à matéria legal) perda dos direitos políticos.

Por fim, da preocupação com que haja coerência e adequação do serviço público a ser prestado de forma substitutiva, estipulou-se que a fixação atenda aos princípios da proporcionalidade e razoabilidade.

Jurisprudência

438. [...] 2. O art. 436 do Código de Processo Penal estabelece a regra geral segundo a qual "o serviço do júri é obrigatório", sendo que a "recusa injustificada ao serviço do júri acarretará multa", nos termos do § 2º do aludido dispositivo legal. Excepcionalmente, determina o art. 437 do mesmo Código hipóteses de isenção desse serviço, entre elas a hipótese em que, mediante requerimento, houver efetiva demonstração de "justo impedimento" (inciso X). Além disso, em caso de "recusa ao serviço do júri fundada em convicção religiosa, filosófica ou política", o art. 438 do mesmo diploma impõe ao recusante o "dever de prestar serviço alternativo", o que encontra respaldo na regra prescrita pelo art. 5º, VIII, da CF, segundo a qual "ninguém será privado de direitos por motivo de crença religiosa ou de convicção filosófica ou política, salvo se as invocar para eximir-se de obrigação legal a todos imposta e recusar-se a cumprir prestação alternativa, fixada em lei". 3. No caso em exame, a paciente, ao requerer a retirada do seu nome da lista de participantes do corpo de jurados, informou que não teria "condições psicológicas para participar do Conselho de Sentença, na qualidade de jurada em sessão de julgamento", pois teria "prévia disposição para absolver (art. 449, III, CPP), em razão de seu posicionamento no sentido de que nenhum cidadão comum é competente o suficiente para julgar seus semelhantes", fundamento que transparece convicção filosófica, o que justifica a aplicação do dever de prestar serviço alternativo, nos moldes do art. 438 do CPP. [...] *(Habeas Corpus nº 299.553-MG, STJ, 5ª Turma, Rel. Ministro Ribeiro Dantas, julgado em 19.9.2017, publicado no DJ em 27.9.2017)*

Art. 439. O exercício efetivo da função de jurado constituirá serviço público relevante e estabelecerá presunção de idoneidade moral. (Redação dada pela Lei nº 12.403, de 2011)

439. Benefícios pelo serviço de jurado: O que antes se encontrava previsto (embora de modo mais restrito) no (revogado) art. 437, CPP, agora se mantém na novel redação, em que se reconhece expressamente a relevância do serviço público de jurado, com o estabelecimento de *presunção* (*juris tantum*) *de idoneidade moral*.

A redação dada pela Lei nº 12.403/11 veio, e em boa hora, retirar a possibilidade de assegurar prisão especial ao jurado, em caso de crime comum, até o julgamento definitivo (nos termos da redação que *fora* conferida pela Lei nº 11.689/08). Na linha do que já dizíamos anteriormente à mudança trazida pela Lei nº 12.403/11, não se via aqui, por esse motivo, razão para o tratamento distinto. Se o fundamento fosse o risco decorrente do exercício da função, aí sim, se justificaria a desigualdade. Mas o benefício era unicamente por conta da circunstância de *ter sido jurado*.

Art. 440. Constitui também direito do jurado, na condição do art. 439 deste Código, preferência, em igualdade de condições, nas licitações públicas e no provimento, mediante concurso, de cargo ou função pública, bem como nos casos de promoção funcional ou remoção voluntária. (Redação dada pela Lei nº 11.689, de 2008)

440. Outros benefícios ao jurado: Há de se compreender bem o dispositivo: estabelecido um empate com outras pessoas que não tenham exercido as funções de jurado, terá ele preferência em licitações públicas, no provimento, mediante concurso, de cargo ou função pública, além dos casos de remoções voluntárias ou promoções. Pela redação anterior vigente (art. 437, CPP), a vantagem do desempate estava prevista unicamente para as *"concorrências públicas"*.

Art. 441. Nenhum desconto será feito nos vencimentos ou salário do jurado sorteado que comparecer à sessão do Júri. (Redação dada pela Lei nº 11.689, de 2008)

441. Impossibilidade de descontos por estar prestando o serviço de jurado: Se o serviço de jurado é de alta relevância pública, com consequências benéficas mais ampliadas (como se vê do próprio art. 440, CPP), não haveria sentido realizar desconto se o jurado servidor público *faltasse* ao trabalho exatamente para participar da sessão do Júri. A Lei é bastante clara no sentido de que o não desconto será para o jurado sorteado e que efetivamente comparecer à sessão do Júri. Portanto, não basta apenas o *sorteio*, é preciso o efetivo exercício das funções de jurado.

Art. 442. Ao jurado que, sem causa legítima, deixar de comparecer no dia marcado para a sessão ou retirar-se antes de ser dispensado pelo presidente será aplicada multa de 1 (um) a 10 (dez) salários mínimos, a critério do juiz, de acordo com a sua condição econômica. (Redação dada pela Lei nº 11.689, de 2008)

442. Ausência ou retirada do jurado sem legítima causa: Devendo ser analisado de forma concatenada com os arts. 426, § 2º, e 443, ambos do CPP, o dispositivo em tela obriga a imposição de pena de multa ao jurado que não apresentar *previamente* uma causa legítima e: (a) não comparecer à sessão de julgamento; ou (b) se retirar antes de ser dispensado pelo juiz presidente do Tribunal.

Realizou-se uma compatibilização à realidade atual: a multa, que era fixada até a minirreforma em *réis* (o padrão monetário *réis* vigorou até 31.10.1942, pouco mais de um ano depois de editado o Código de Processo Penal, em 3.10.1941), agora é fixada entre 1 (um) e 10 (dez) salários mínimos, devendo o juiz levar em consideração as condições econômicas do jurado penalizado.

Art. 443. Somente será aceita escusa fundada em motivo relevante devidamente comprovado e apresentada, ressalvadas as hipóteses de força maior, até o momento da chamada dos jurados. (Redação dada pela Lei nº 11.689, de 2008)

443. Justificativa do jurado: A escusa somente deverá ser aceita pelo juiz se apresentada até o momento da chamada dos jurados. Caso não aceita ou não comprovada, haverá a imposição da multa. A multa somente poderá ser afastada se, ulteriormente, por demonstração de *força maior*, se comprovar a impossibilidade de o jurado ter comparecido à sessão ou até ter-se retirado antes da dispensa pelo Juiz-presidente do Tribunal.

Art. 444. O jurado somente será dispensado por decisão motivada do juiz presidente, consignada na ata dos trabalhos. (Redação dada pela Lei nº 11.689, de 2008)

444. Momento da dispensa do jurado: Devendo ser necessariamente prévia ao início da sessão de julgamento, a *dispensa* de jurado somente pode ser feita por decisão do juiz presidente, cujos fundamentos deverão estar consignados na ata dos trabalhos da instalação da sessão.

Art. 445. O jurado, no exercício da função ou a pretexto de exercê-la, será responsável criminalmente nos mesmos termos em que o são os juízes togados. (Redação dada pela Lei nº 11.689, de 2008)

445. Equiparação expressa para fins criminais dos jurados aos juízes togados: Na redação do dispositivo similar anterior (art. 438, CPP), havia limitação do rol dos crimes que, em tese, poderiam cometer os jurados no exercício de suas funções: concussão, corrupção ou prevaricação.

Atualmente – e de modo correto –, dispõe-se que a responsabilização penal dos jurados (porque efetivos servidores públicos) será exatamente a mesma dos juízes togados. É dizer: houve a devida e integral equiparação para fins penais dos jurados nos crimes que eventualmente possam cometer no exercício do mister.

Outra novidade: guardando simetria ao que disposto em relação aos crimes de corrupção passiva (art. 317, CP) e concussão (art. 316, CP), a responsabilização criminal não se dá apenas em face do exercício das funções de jurado, mas também naquelas situações em que o crime é cometido pela pessoa que *venha a exercer* as funções de jurado e em razão dessa condição.

Art. 446. Aos suplentes, quando convocados, serão aplicáveis os dispositivos referentes às dispensas, faltas e escusas e à equiparação de responsabilidade penal prevista no art. 445 deste Código. (Redação dada pela Lei nº 11.689, de 2008)

446. Suplentes de jurados: Compreendemos não haver sentido na parte inicial da disposição em tela: se o suplente for convocado, deixará dessa condição e passará a jurado efetivo. Se for jurado efetivo, pelos dispositivos anteriores já vistos, incidirão automaticamente as regras referentes às dispensas, faltas e escusas e equiparação de responsabilidade penal prevista no art. 445, CPP.

Pela redação anterior, nada se dispunha expressamente acerca da *responsabilidade penal* do suplente. Constava apenas (art. 446, CPP, revogado) que "*aos suplentes são aplicáveis os dispositivos referentes às dispensas, faltas, escusas e multas*". Malgrado acrescida agora hialinamente a responsabilidade penal, houve verdadeira restrição da aplicação do dispositivo (com o paradoxo já enunciado): somente ao jurado suplente convocado (portanto, jurado efetivo) serão aplicados os dispositivos atinentes aos temas referidos.

E se o jurado suplente exigir ou solicitar determinada vantagem para votar em determinado sentido, acaso seja convocado, estaria isento de qualquer responsabilização penal? Entendemos que não. Pela nova redação do art. 445, CPP, o jurado que, a pretexto de exercer as funções (é dizer: ainda não está na condição de jurado convocado), incidir em qualquer conduta criminal (taxatividade e legalidade), deverá ser responsabilizado criminalmente.

Seção IX
Da Composição do Tribunal do Júri e da Formação do Conselho de Sentença (Incluída pela Lei nº 11.689, de 2008)

Art. 447. O Tribunal do Júri é composto por 1 (um) juiz togado, seu presidente e por 25 (vinte e cinco) jurados que serão sorteados dentre os alistados, 7 (sete) dos quais constituirão o Conselho de Sentença em cada sessão de julgamento. (Redação dada pela Lei nº 11.689, de 2008)

Uma das mais significantes alterações trazidas pela Lei nº 11.689 foi a ampliação da composição do Tribunal do Júri: não são mais 21 (vinte e um), mas 25 (vinte e cinco) os jurados que serão sorteados dentre os alistados, dos quais serão extraídos 7 (sete) para a constituição do Conselho de Sentença em cada sessão de julgamento.

Como se vê do art. 463, CPP (antes art. 442, CPP), são necessários pelo menos 15 (quinze) jurados para a instalação dos trabalhos. Com a ampliação do número de jurados que compõem o Tribunal do Júri, diminuíram as possibilidades de não realização da sessão em decorrência das recusas (ver art. 468, CPP) e de ausências de jurados.

Jurisprudência

447 [...] Não há nulidade no ato de se convocar suplentes a fim de evitar a ocorrência de estouro de urna, possibilidade concretamente extraída do cotejo do número de réus com o número de jurados a serem sorteados. Na espécie, a Juíza Presidente do Tribunal do Júri sorteou dez suplentes para suprir os ausentes em igual quantidade e, assim, formar a lista de 25 jurados. A conduta da julgadora foi fundamentada na real possibilidade de ocorrer estouro de urna, uma vez que as defesas dos cinco réus informaram que fariam as recusas imotivadas separadamente. [...] *(Recurso Especial nº 1.843.481/PE, STJ, 6ª Turma, unânime, Rel. Min. Rogerio Schietti Cruz, julgado em 7.12.2021, publicado no DJ em 14.12.2021)*

Art. 448. São impedidos de servir no mesmo Conselho: (Redação dada pela Lei nº 11.689, de 2008)

I – marido e mulher; (Incluído pela Lei nº 11.689, de 2008)

II – ascendente e descendente; (Incluído pela Lei nº 11.689, de 2008)

III – sogro e genro ou nora; (Incluído pela Lei nº 11.689, de 2008)

IV – irmãos e cunhados, durante o cunhadio; (Incluído pela Lei nº 11.689, de 2008)

V – tio e sobrinho; (Incluído pela Lei nº 11.689, de 2008)

VI – padrasto, madrasta ou enteado. (Incluído pela Lei nº 11.689, de 2008)

§ 1º O mesmo impedimento ocorrerá em relação às pessoas que mantenham união estável reconhecida como entidade familiar. (Incluído pela Lei nº 11.689, de 2008)

§ 2º Aplicar-se-á aos jurados o disposto sobre os impedimentos, a suspeição e as incompatibilidades dos juízes togados. (Incluído pela Lei nº 11.689, de 2008)

Jurisprudência

447 [...] Não há nulidade no ato de se convocar suplentes a fim de evitar a ocorrência de estouro de urna, possibilidade concretamente extraída do cotejo do número de réus com o número de jurados a serem sorteados. Na espécie, a Juíza Presidente do Tribunal do Júri sorteou dez suplentes para suprir os ausentes em igual quantidade e, assim, formar a lista de 25 jurados. A conduta da julgadora foi fundamentada na real possibilidade de ocorrer estouro de urna, uma vez que as defesas dos cinco réus informaram que fariam as recusas imotivadas separadamente. [...] *(Recurso Especial nº 1.843.481/PE, STJ, 6ª Turma, unânime, Rel. Min. Rogerio Schietti Cruz, julgado em 7.12.2021, publicado no DJ em 14.12.2021)*

448.1. Impedimentos para servir no mesmo Conselho de Sentença: Trata-se aqui das hipóteses *expressas* de impedimento de jurados a funcionarem no mesmo Conselho de Sentença e que ligadas a relacionamentos pessoais. A previsão guarda similitude com o que disposto em relação aos impedimentos dos juízes togados previsto no art. 252, CPP.

Sendo pilares norteadores dos julgamentos proferidos pelo Tribunal do Júri, dos princípios da imparcialidade e da soberania dos veredictos decorre a imposição legal que impeça a um dos integrantes (o segundo sorteado, como se verá adiante) que guarde as relações de parentesco ou relação enumeradas no artigo em voga.

O § 1º é novidade, mas não causa surpresa. Pelo contrário. O que se fez foi incluir regramento que decorre do influxo do disposto no § 3º do art. 226 da Constituição Federal: expressamente se estabeleceu o impedimento em relação às pessoas que mantenham união estável reconhecida como entidade familiar. E, em nossa compreensão, complemente-se, idêntica proibição deverá ser reconhecida em casos de jurados que mantenham uniões homoafetivas. Malgrado a ausência de regramento expresso, se há direitos que decorrem diretamente dos dispositivos constitucionais, não há motivos para não se reconhecer também impedimentos referentes à relação.

No § 2º, estabeleceu-se que as regras gerais de impedimentos, suspeição e incompatibilidades atinentes aos juízes togados serão aplicadas aos jurados. A novidade está na fixação expressa dessas cláusulas, pois elas já decorriam do próprio sistema: se não havia (há) nenhuma graduação hierárquica funcional entre o juiz togado e o juiz leigo (senão e apenas estipulação de *competências* diversas), logicamente deveriam (como eram aplicadas) as referidas regras gerais serem aplicadas também aos jurados.

Jurisprudência

448.1. [...] 5. O *caput* do artigo 448 do Código de Processo Penal estabelece que são impedidos de servir no mesmo Conselho marido e mulher, ascendente e descendente, sogro e genro ou nora, irmãos e cunhados, durante o cunhadio, tio e sobrinho, padrasto, madrasta ou enteado, ao passo que o § 1º do referido dispositivo acrescenta que "*o mesmo impedimento ocorrerá em relação às pessoas que mantenham união estável reconhecida como entidade familiar*", e o § 2º dispõe que "*aplicar-se-á aos jurados o disposto sobre os impedimentos, a suspeição e as incompatibilidades dos juízes togados*". 6. O fato de um dos jurados ser marido da cunhada da irmã da vítima não se enquadra em quaisquer das hipóteses de impedimento ou suspeição, tratando-se de vínculo que, por si só, não demonstra amizade íntima entre as partes. [...] *(Habeas Corpus n. 535.530-PE, STJ, 5ª Turma, unânime, Rel. Min. Jorge Mussi, julgado em 3.12.2019, publicado no* DJ *em 16.12.2019).*

448.1. [...] Não há se falar em violação dos arts. 448, 252 e 253, todos do Código de Processo Penal, uma vez que referidos dispositivos não disciplinam o impedimento ou suspeição de parentes em 4º grau, não fazendo referência, portanto, ao parentesco de primos. Nesse contexto, o recurso especial atrai a incidência do enunciado n. 284 da Súmula do Supremo Tribunal Federal, haja vista as normas apontadas como violadas não possuírem a abrangência pretendida pela recorrente, inviabilizando, assim, a adequada compreensão da controvérsia. [...] *(Agravo Regimental em Recurso Especial n. 1.011.683-RJ, STJ, 5ª turma, unânime, Rel. Min. Reynaldo Soares da Fonseca, julgado em 4.6.2019, publicado no* DJ *em 13.6.2019).*

448.2. Consequências pela inobservância das regras dos impedimentos: Segundo entendimento majoritário da jurisprudência, até as reformas processuais introduzidas em 2008 a inobservância das regras atinentes aos impedimentos dos jurados era considerada como relativa. Numa *concepção clássica* da teoria das nulidades (vide anotações ao art. 563, CPP), era imprescindível ao arguinte demonstrasse que a participação do jurado impedido ou suspeito influenciou diretamente no resultado do Conselho de Sentença. Nesse sentido, apenas a título exemplificativo, confira-se: HC nº 65.247-GO, STF, 1ª Turma, julgado em 29.9.1987; HC nº 57.726-AP, STJ, 5ª Turma, unânime, publicado no *DJ* em 7.2.2008.

Não há mais como seguir nesta linha, diante de novidade trazida pelo art. 483, § 1º, CPP. É que, ao fazer a contagem, agora deverá o juiz encerrar a votação sempre que houver 4 votos em um determinado sentido. Essa circunstância é extremamente pertinente, na medida em que se não se souber se o voto do jurado impedido foi ou não computado quando encerrada a contabilização dos votos, daí decorrerá – ao menos para nós – que a nulidade é absoluta e, por isso, não comporta ponderação da existência ou não de prejuízo.

Jurisprudência *(anterior às alterações da Lei nº 11.689)*

448.2. [...] Em tese, o impedimento existe (artigos 458 e 252, I, do CPP). Porém, conforme a jurisprudência atual da Corte, não induz a nulidade do julgamento. No caso, além de o parentesco não ter sido satisfatoriamente demonstrado, também não se evidenciou prejuízo para o réu, cujo defensor aceitou o jurado, não formulou qualquer protesto antes ou depois do julgamento, só ventilando a matéria na apelação, em tese, e sem sucesso. [...] (*Habeas Corpus nº 65.247-GO, STF, Rel. Min. Sydney Sanches, 1ª Turma, unânime, publicado no* DJ *em 4.12.1987*).

448.2. [...] Quanto ao pedido de decretação de nulidade do processo, a partir do Edital de Convocação dos Jurados, em razão do Conselho de Sentença ter sido composto exclusivamente por mulheres, melhor sorte não assiste ao impetrante, visto que a defesa não apontou qualquer irregularidade no momento oportuno, tratando-se de questão preclusa, arguida somente após a condenação. De ressaltar que, por ocasião do sorteio de jurados, as partes, por critérios subjetivos, têm o direito de recusar até três deles, cada uma, a teor do disposto no § 2º do art. 459 do Código de Processo Penal, que contempla a recusa imotivada, não estabelecendo qualquer condição para o exercício deste direito, o que ocorreu no presente caso, tendo a acusação e a defesa recusado um jurado apenas. De outra parte, não consta que tenha ocorrido quaisquer das hipóteses de suspeição ou impedimento de jurado previstas nos arts. 458 e 462 do Código de Processo Penal, sequer arguida por qualquer das partes. Como é sabido, a imparcialidade é condição para compor o Conselho de Sentença, independentemente do sexo, raça, credo religioso, poder econômico, orientação sexual etc.; portanto, não se vislumbra nenhuma ilegalidade no julgamento do paciente. [...] (*HC nº 45.511/RO, Rel. Min. Og Fernandes, 6ª Turma, unânime, julgado em 10.3.2009, publicado no* DJ *em 30.3.2009*).

Art. 449. Não poderá servir o jurado que: (Redação dada pela Lei nº 11.689, de 2008)

I – tiver funcionado em julgamento anterior do mesmo processo, independentemente da causa determinante do julgamento posterior; (Incluído pela Lei nº 11.689, de 2008)

II – no caso do concurso de pessoas, houver integrado o Conselho de Sentença que julgou o outro acusado; (Incluído pela Lei nº 11.689, de 2008)

III – tiver manifestado prévia disposição para condenar ou absolver o acusado. (Incluído pela Lei nº 11.689, de 2008)

449. Vedações para funcionar como jurado: No artigo em voga, novidades trazidas pela Lei nº 11.689/08.

No inciso I, o disciplinamento guarda compatibilidade com o que já estipulado na antiga Súmula 206 do Supremo Tribunal Federal (aprovada em sessão plenária de 13.12.1963), que dispunha ser "*nulo o julgamento ulterior pelo Júri com a participação de jurado que funcionou em julgamento anterior do mesmo* processo". A razão é bastante óbvia: privilegiar-se sempre a imparcialidade dos julgadores (independentemente do sentido em que votaram no julgamento anterior).

No inciso II, fixou-se que haverá impedimento ao jurado que, em caso de concurso de pessoas, houver integrado o Conselho de Sentença que julgou o outro acusado. Em nossa compreensão, apenas um desdobramento do conteúdo da Súmula 206, STF. Há de se atentar que o comando sumulado – corretamente – dispunha haver o impedimento se houvesse o jurado participado de julgamento anterior do mesmo "processo". Mesmo que tenha havido desmembramento dos julgamentos, certo é que o processo era um só. Também aqui a causa justificante é a imparcialidade.

Por fim, no inciso III se revela a situação mais tradicional de impedimento: se houver demonstração clara de que o jurado tenha manifestado *previamente* qualquer tendência ou disposição a condenar ou absolver o réu sua imparcialidade estará direta e inabalavelmente comprometida.

Jurisprudência

449. [...] O disposto no art. 449 do Código de Processo Penal elenca o impedimento do jurado que (I) tiver funcionado em julgamento anterior do mesmo processo, (II) houver integrado o Conselho de Sentença que julgou outro ou outros acusados, no caso de concurso de pessoas, (III) que tiver manifestado prévia disposição para condenar ou absolver o acusado. 2. Esta última hipótese não pode ser aferida a partir de julgamento de processo diverso, mas isto sim, desde que tenha manifestado, por qualquer forma, a predisposição para condenar ou absolver o réu. [...] *(Habeas Corpus nº 139.835-SP, STJ, 5ª Turma, Rel. Ministro Campos Marques, julgado em 27.8.2013, publicado no DJ em 2.9.2013)*

Art. 450. Dos impedidos entre si por parentesco ou relação de convivência, servirá o que houver sido sorteado em primeiro lugar. (Redação dada pela Lei nº 11.689, de 2008)

450. Forma de exclusão dos jurados impedidos entre si: A regra em comento – que guarda similitude com o que *então previsto* no § 2º do art. 458 do CPP – disciplina unicamente as hipóteses de impedimento previstas no art. 448, CPP. Há uma lógica: dentro das relações de impedimento, o primeiro que passar a integrar o Conselho de Sentença gerará automaticamente a impossibilidade de sorteio do segundo. Uma observação: a Lei repete que servirá o que houver sido "*sorteado*" em primeiro lugar. Entendemos que não basta o sorteio, é preciso que não tenha havido recusa e o sorteado efetivamente passe a integrar o Conselho. Assim, e por exemplo, se sorteado primeiro o marido, mas for recusado por qualquer das partes (recusa motivada ou imotivada, desde que legal), não vemos óbice para, se for o caso, a esposa integrar o Conselho (se outro motivo - que não a relação marital - não a torne impedida, por evidente).

Art. 451. Os jurados excluídos por impedimento, suspeição ou incompatibilidade serão considerados para a constituição do número legal exigível para a realização da sessão. (Redação dada pela Lei nº 11.689, de 2008)

451. Nenhuma novidade também aqui, embora a redação mais detalhada: Anteriormente, dispunha-se que os jurados excluídos por impedimento ou suspeição seriam computados para a constituição do número legal (art. 459, CPP). Atualmente, refere-se também à exclusão por *incompatibilidade*.

Art. 452. O mesmo Conselho de Sentença poderá conhecer de mais de um processo, no mesmo dia, se as partes o aceitarem, hipótese em que seus integrantes deverão prestar novo compromisso. (Redação dada pela Lei nº 11.689, de 2008)

452. Repete-se o que constava na redação do revogado art. 463, CPP: É possível que o mesmo Conselho de Sentença já formado para julgamento de um processo seja "aproveitado" para eventual julgamento que seja realizado *no mesmo dia*. Foram impostas duas condições: a primeira, que as partes (acusação e defesa) aceitem; a segunda, que ocorra a formalidade de prestarem *novo* compromisso. A razão para a manutenção do procedimento é evidente: dar celeridade aos julgamentos subsequentes do dia (se houver), evitando-se o (muitas vezes demorado) sorteio dos jurados para compor (novo) Conselho de Sentença.

Seção X
Da Reunião e das Sessões do Tribunal do Júri
(Incluída pela Lei nº 11.689, de 2008)

Art. 453. O Tribunal do Júri reunir-se-á para as sessões de instrução e julgamento nos períodos e na forma estabelecida pela Lei local de organização judiciária. (Redação dada pela Lei nº 11.689, de 2008)

453. Reuniões e sessões: A seção em voga trata das *reuniões* e *sessões* do Tribunal do Júri. As reuniões são as junções das pessoas que integram a composição do Tribunal do Júri, independentemente do tempo que dure o julgamento. Já a *sessão* se constitui no funcionamento diário do Tribunal do Júri para julgamento dos processos pautados.

Para permitir a compatibilização das reuniões e sessões às características dos Estados, o Código de Processo Penal dispôs que a forma de realização será estabelecida em leis locais de organização judiciária.

Jurisprudência

453. [...] Sessão virtual do tribunal do júri. Ausência de ameaça direta ou indireta à liberdade de locomoção do paciente. [...] *(Agravo Regimental no Habeas Corpus nº 189.511/SP, STF, 1ª Turma, unânime, Rel. Min. Dias Toffoli, julgado em sessão virtual de 2.4.2021 a 12.4.2021, publicado no DJ em 11.5.2021)*

Art. 454. Até o momento de abertura dos trabalhos da sessão, o juiz presidente decidirá os casos de isenção e dispensa de jurados e o pedido de adiamento de julgamento, mandando consignar em ata as deliberações. (Redação dada pela Lei nº 11.689, de 2008)

454. Momento para decisão de isenção e dispensa de jurados e de adiamento de julgamento: Diversamente do que anteriormente disposto no art. 447, CPP, agora o juiz presidente deverá decidir os casos de isenção e dispensa de jurados antes da abertura dos trabalhos da sessão. Também deverá solucionar nesse momento eventual pedido ou hipótese de adiamento de julgamento. Todas as deliberações deverão ser consignadas em ata da sessão.

Art. 455. Se o Ministério Público não comparecer, o juiz presidente adiará o julgamento para o primeiro dia desimpedido da mesma reunião, cientificadas as partes e as testemunhas. (Redação dada pela Lei nº 11.689, de 2008)

Parágrafo único. Se a ausência não for justificada, o fato será imediatamente comunicado ao Procurador-Geral de Justiça com a data designada para a nova sessão. (Incluído pela Lei nº 11.689, de 2008)

455. Ausência do Ministério Público: Providências: Sendo titular da ação penal, o Ministério Público é obrigado se fazer presente à sessão de julgamento. Sua ausência (justificada ou não) será hipótese automática de impossibilidade de instalação da sessão de julgamento. Assim, ausente o representante do Ministério Público, deverá o juiz presidente adiar o julgamento e desde já determinar nova data para sessão. Eis a razão também pela qual se dispôs no § 2º do art. 429 do CPP que deverão ser reservadas datas na mesma reunião periódica para inclusão de processo que, por qualquer motivo, tiver julgamento adiado. A designação deverá ser para o primeiro dia desimpedido da mesma reunião, desde já notificando-se as partes para que se façam presentes na data aprazada. Se o Ministério Público esteve ausente, sua notificação deverá ser posterior e ser feita pessoalmente.

Se não justificada a ausência do Ministério Público, o fato deverá ser comunicado ao Procurador-Geral de Justiça (se no âmbito estadual), ao Procurador-Geral da República (no âmbito federal) e ao Procurador-Geral do MPDFT (competência não federal no âmbito do Distrito Federal) com a data designada para a nova sessão.

Art. 456. Se a falta, sem escusa legítima, for do advogado do acusado, e se outro não for por este constituído, o fato será imediatamente comunicado ao presidente da seccional da Ordem dos Advogados do Brasil, com a data designada para a nova sessão. (Redação dada pela Lei nº 11.689, de 2008)

§ 1º Não havendo escusa legítima, o julgamento será adiado somente uma vez, devendo o acusado ser julgado quando chamado novamente. (Incluído pela Lei nº 11.689, de 2008)

§ 2º Na hipótese do § 1º deste artigo, o juiz intimará a Defensoria Pública para o novo julgamento, que será adiado para o primeiro dia desimpedido, observado o prazo mínimo de 10 (dez) dias. (Incluído pela Lei nº 11.689, de 2008)

456.1. Consequências pela ausência do advogado do acusado: Se agora a presença do acusado não é mais obrigatória, a do seu defensor constituído é fundamental. Diferentemente do que se previa anteriormente (art. 450, CPP), não poderá mais o juiz presidente nomear um defensor para poder realizar a sessão de julgamento. A razão está em que seria praticamente impossível o defensor nomeado, pela ausência do constituído, ter condições de analisar os autos e fazer uma defesa consistente em favor do acusado. Agora, o tratamento é bastante similar à ausência do Ministério Público. Se não estiver presente o defensor constituído e se outro não for constituído pelo acusado, o adiamento do julgamento será inevitável, comunicando-se ao presidente da seccional da OAB, indicando-se a data designada para a nova sessão.

Entretanto, podem acontecer situações em que a renúncia do defensor constituído seja fruto de mera manobra protelatória, visando o adiamento do ato. Nesse caso, e sendo possível a antecipação nesse sentido, deverá o juiz intimar a Defensoria Pública (§ 2º) para acompanhamento do julgamento. Insistimos: manobras e *chicanas* no processo não se compatibilizam nem com a ampla defesa e nem com a dignidade do cargo e do grau (superior) da formação e da carreira do advogado.

Jurisprudência

456.1. [...] Não viola o art. 565 do Código de Processo Penal o julgado que reconhece a ausência de nulidade na nomeação de defensor dativo que já atuara nos autos para representar o réu em sessão plenária do Tribunal do Júri, após seis adiamentos sucessivos da sessão de julgamento e após a recusa da advogada constituída em comparecer ao julgamento, sob o pretexto de que o réu não teria recursos suficientes para custear sua viagem até a Comarca em que ocorreria o julgamento, tanto mais quando o magistrado de 1º grau havia tomado a cautela de advertir, previamente, à defesa do acusado que manteria a designação de defensor dativo, para o caso de não comparecimento da defesa ao julgamento, o que efetivamente se verificou. [...] No caso concreto, ainda que alguns dos adiamentos tenham tido motivo justificado, a grande maioria deles correspondeu a manobras nitidamente protelatórias da defesa com o intuito de adiar o julgamento do réu. [...] Da mesma forma, caracteriza-se como manobra protelatória a nomeação de nova causídica apenas dois dias antes da data do novo julgamento, quando o réu fora intimado três meses antes para substituir seu anterior advogado que renunciara, e há evidências nos autos de que a advogada em questão já o representava em outros processos criminais há pelo menos nove meses. [...] *(Revisão Criminal nº 5.516/SP, STJ, 3ª Seção, unânime, Rel. Min. Reynaldo Soares da Fonseca, julgado em 10.3.2021, publicado no DJ em 29.3.2021)*

456.1 [...] Constatada a ausência injustificada do defensor constituído, não obstante intimado, é dever do Juiz Presidente do Tribunal do Júri adiar o julgamento e nomear outro profissional para patrocinar a defesa do réu (Precedente). Não implica cerceamento de defesa a realização do julgamento para o dia seguinte à designação do novo defensor se comprovado nos autos a sua capacidade profissional e experiência, além do relevante fato de já possuir cópias dos autos três meses antes do julgamento e, portanto, ter conhecimento da causa. A circunstância de ter o advogado dativo utilizado a mesma tese defensiva eleita pelo defensor que atuou no primeiro julgamento posteriormente anulado, corrobora que foi observada a plenitude de defesa a que alude o texto constitucional, *ex vi* do art. 5º, XXXVIII, *a*, da CR/88. Ordem denegada (*Habeas Corpus nº 106.317/PR, 5ª Turma, Rel. Min. Felix Fischer, julgado em 19.8.2010, publicado no* DJ *em 25.10.2010*).

....

456.2. Possibilidade de adiamento do julgamento uma única vez: No § 1º previu-se que, não sendo legítima a escusa do defensor em se fazer presente na sessão, o julgamento será adiado *uma única vez*, para a primeira sessão em que seja possível o julgamento. O motivo é evidente: evitar-se que, mediante condutas procrastinatórias (que, como dito, não estão abarcadas pelo princípio da *ampla defesa*), a defesa adote estratégias para a não realização do julgamento. Se a escusa for legítima, deflui que não há empeço para o adiamento se dar mais de uma vez, pois o acusado tem o direito a ser defendido por seu advogado constituído. Entretanto, e de igual modo, faz-se a mesma ressalva do item anterior.

456.3. Notificação da Defensoria Pública: Em sendo injustificada a ausência do defensor constituído, o juiz presidente deverá intimar a Defensoria Pública para que, tomando ciência do teor dos autos, proceda à defesa do acusado. O interregno entre o julgamento suspenso e a nova data designada deverá ser de, no mínimo, 10 (dez) dias, prazo esse tido como suficiente e razoável pelo legislador para que possa a Defensoria Pública traçar estratégia para realizar a melhor defesa possível do acusado.

Art. 457. O julgamento não será adiado pelo não comparecimento do acusado solto, do assistente ou do advogado do querelante, que tiver sido regularmente intimado. (Redação dada pela Lei nº 11.689, de 2008)

§ 1º Os pedidos de adiamento e as justificações de não comparecimento deverão ser, salvo comprovado motivo de força maior, previamente submetidos à apreciação do juiz presidente do Tribunal do Júri. (Incluído pela Lei nº 11.689, de 2008)

§ 2º Se o acusado preso não for conduzido, o julgamento será adiado para o primeiro dia desimpedido da mesma reunião, salvo se houver pedido de dispensa de comparecimento subscrito por ele e seu defensor. (Incluído pela Lei nº 11.689, de 2008)

457. Ausência do réu solto e outras questões: Ao contrário do que dispunha a legislação anterior, uma das grandes inovações introduzidas pela Lei nº 11.689/08 foi a possibilidade de realização da sessão de julgamento se o acusado não se fizer presente.

E se houver solicitação do Ministério Público para que se faça presente o acusado para eventual reconhecimento pessoal perante o Conselho de Sentença, como proceder se o réu se recusar ou estiver foragido? Diversamente do que se dá com as testemunhas, temos que, solto o réu, não haverá como ser feita sua condução coercitiva.

Em caso de o réu estar preso (porque presentes pressupostos da prisão preventiva – art. 312, CPP), sua condução para presença em plenário é fundamental. Se não for conduzido, o julgamento será adiado para o primeiro dia desimpedido na mesma reunião (§ 2º). Excetua-se a aplicação da regra se houver expresso pedido de dispensa de comparecimento subscrito pelo acusado e pelo defensor constituído.

Jurisprudência

457.1. [...] o art. 572, I, deve ser interpretado, sistematicamente, com o art. 457 do Código de Processo Penal, no sentido de que, a despeito de ser possível a realização da sessão plenária do Júri sem a presença do pronunciado, imprescindível, para tanto, que este tenha sido previamente intimado. E, nos termos do art. 420, parágrafo único, do CPP, não sendo o acusado solto encontrado para intimação pessoal, imprescindível sua intimação via edital, o que não ocorreu no caso dos autos (HC n. 374.752/MT, Ministro Reynaldo Soares da Fonseca, Quinta Turma, DJe 17/2/2017).

5. A propósito: *O art. 420, parágrafo único, do Código de Processo Penal, na redação atribuída pela Lei n. 11.689, de 09 de junho de 2008, estabelece que será intimado por edital o acusado solto que não for encontrado.* [...] *No caso dos autos, a única tentativa de intimação do acusado para a sessão foi feita através do oficial de justiça, a qual foi infrutífera em razão de ele não ter sido encontrado. Se o acusado tem direito à autodefesa, sua não intimação para a sessão do júri é causa de nulidade, consoante se extrai do art. 564 do Estatuto Processual Repressivo.* [...] *Apesar de não se mostrar imprescindível o comparecimento do acusado na sessão de julgamento pelo Conselho de Sentença, é imperioso que se possibilite a ele exercer tal faculdade, o que somente se dará com sua prévia intimação pessoal ou ficta.* [...] *Nesta esteira, diante da garantia constitucional da plenitude de autodefesa, mister se faz considerar tal nulidade como absoluta, não havendo se falar em preclusão, nos termos dos art. 571, VIII, do CPP. Precedentes* (AgRg no REsp n. 1.310.997/SE, Ministro Ribeiro Dantas, Quinta Turma, DJe 11/5/2018). [...] *(Agravo Regimental nos Embargos de Declaração no Agravo em Recurso Especial nº 2.466.616-MG, STJ, 6ª Turma, Rel. Min. Sebastião Reis Júnior, julgado em 14.5.2024, publicado no DJ em 24.5.2024)*

457.1. [...] No âmbito do direito processual penal, quando se fala em aplicação da lei no tempo, vige o princípio do efeito imediato, representado pelo brocardo latino *tempus regit actum*, conforme previsão contida no artigo 2º do Código de Processo Penal. Os artigos 420, parágrafo único, e 457 do Código de Processo Penal, com a redação que lhes foi dada pela Lei nº 11.689/08, são normas de natureza processual, motivo pelo qual devem ser aplicadas de forma imediata sobre os atos processuais pendentes. [...] (*Habeas Corpus nº 216.684/MS, STJ, 5ª Turma, Rel. Min. Jorge Mussi, julgado em 18.9.2012, publicado no* DJ *em 3.10.2012*).

457.1. [...] Com o advento da Reforma Processual de 2008, operou-se em nosso ordenamento jurídico importante alteração legislativa, tornando possível a submissão do réu pronunciado à sessão de julgamento no Tribunal do Júri, ainda que não tenha sido pessoalmente intimado da decisão de pronúncia, e a sua presença já não é mais imprescindível em Plenário. A Lei nova aplica-se imediatamente na instrução criminal em curso, em decorrência do princípio estampado no brocardo jurídico *tempus regit actum*, respeitando-se, contudo, a eficácia jurídica dos atos processuais já constituídos. A nova redação conferida aos arts. 420, parágrafo único, e 457, ambos do CPP não pode ser aplicada aos processos submetidos ao rito escalonado do Júri, em que houve a citação por edital e o réu não compareceu em juízo ou constituiu advogado para defendê-lo, os fatos apurados ocorreram antes da Lei nº 9.271/96 e ocorreu a paralisação do feito, decorrente da regra anterior inscrita no art. 414 do CPP. Ordem denegada (*Habeas Corpus nº 187.385-RJ, STJ, 5ª Turma, unânime, Rel. Min. Gilson Dipp, julgado em 6.10.2011, publicado no* DJ *em 14.10.2011*).

Art. 458. Se a testemunha, sem justa causa, deixar de comparecer, o juiz presidente, sem prejuízo da ação penal pela desobediência, aplicar-lhe-á a multa prevista no § 2º do art. 436 deste Código. (Redação dada pela Lei nº 11.689, de 2008)

458. Ausência de testemunha em plenário: Se houver ausência não justificada da testemunha em plenário, há determinação de que seja aplicada multa de 1 (um) a 10 (dez) salários mínimos (e não mais em valor fixo, como dispunha o art. 453, CPP), de acordo com a condição econômica da testemunha, tal como se aplica às ausências injustificadas dos jurados, sem prejuízo de eventual ação penal por desobediência (trata-se de ação penal pública incondicionada, cujo titular é o Ministério Público). O julgamento será realizado normalmente (vide art. 461, CPP), mas não se pode negar, em determinadas situações, a ausência da testemunha poderia ser fundamental para a (melhor) solução do julgado pelo Tribunal do Júri.

Jurisprudência

458. [...] As testemunhas que residem em comarca diversa do local de julgamento estão desobrigadas de comparecer à sessão plenária. Nesse contexto, sua presença no julgamento pelo Tribunal do Júri é ônus das partes, inexistindo ilegalidade na decisão de dispensa proferida pelo Juízo a quo. [...] Agravo regimental não provido. *(Agravo Regimental no Recurso Especial nº 1.966.376 – SP, STJ, 6ª Turma, Rel. Min. Rogerio Schietti Cruz, julgado em 25.10.2022, publicado no DJ em 17.11.2022)*

Art. 459. Aplicar-se-á às testemunhas a serviço do Tribunal do Júri o disposto no art. 441 deste Código. (Redação dada pela Lei nº 11.689, de 2008)

459. Impossibilidade de descontos nos salários das testemunhas: Tal como se dá em relação aos jurados, também às testemunhas que compareçam para a sessão do Júri não se poderá realizar nenhum desconto nos vencimentos ou salário. Também a condição de testemunha é de extrema relevância para o julgamento do Tribunal do Júri, razão pela qual não haveria sentido em haver a obrigatoriedade da presença em plenário se pudesse daí decorrer prejuízos financeiros para a testemunha.

Art. 460. Antes de constituído o Conselho de Sentença, as testemunhas serão recolhidas a lugar onde umas não possam ouvir os depoimentos das outras. (Redação dada pela Lei nº 11.689, de 2008)

460. Incomunicabilidade das testemunhas: Para garantir a incomunicabilidade, é fundamental que as testemunhas sejam colocadas em ambiente no qual não possam ouvir os depoimentos das outras. A finalidade é bastante clara: garantir a fidedignidade dos depoimentos, sem qualquer influência externa a respeito do que sabe a testemunha.

Art. 461. O julgamento não será adiado se a testemunha deixar de comparecer, salvo se uma das partes tiver requerido a sua intimação por mandado, na oportunidade de que trata o art. 422 deste Código, declarando não prescindir do depoimento e indicando a sua localização. (Redação dada pela Lei nº 11.689, de 2008)

§ 1º Se, intimada, a testemunha não comparecer, o juiz presidente suspenderá os trabalhos e mandará conduzi-la ou adiará o julgamento para o primeiro dia desimpedido, ordenando a sua condução. (Incluído pela Lei nº 11.689, de 2008)

§ 2º O julgamento será realizado mesmo na hipótese de a testemunha não ser encontrada no local indicado, se assim for certificado por oficial de justiça. (Incluído pela Lei nº 11.689, de 2008)

461. Cláusula de imprescindibilidade da testemunha: A novel redação conferida ao art. 461, CPP (art. 455, CPP, na redação antiga) dispõe sobre a cláusula de imprescindibilidade: *o julgamento não será adiado se a testemunha deixar de comparecer,* salvo *se uma das partes tiver requerido a sua intimação por mandado,* na oportunidade de que trata o art. 422 deste Código, *declarando não prescindir do depoimento e indicando a sua localização.*

Portanto, se não localizada no endereço indicado (ônus de quem a arrola com a cláusula), o julgamento será realizado *sem* sua presença. Tal como no sistema anterior, não haverá qualquer nulidade. Se intimada pessoalmente e não comparecer, a solução deverá ser sua condução coercitiva.

Certificado por Oficial de Justiça que a testemunha não foi localizada no local indicado, a solução então será a realização do julgamento sem sua presença (§ 2º).

Jurisprudência

461. [...] 1. *"Em uma leitura a contrario sensu do art. 461 do CPP, a sessão plenária será adiada se a testemunha arrolada em caráter de imprescindibilidade não comparecer. O fato de a defesa haver sido informada, somente no dia do julgamento, que as testemunhas arroladas não foram encontradas viola o referido dispositivo legal"* (AgRg no RHC n. 130.259/PR, relator Ministro Rogerio Schietti Cruz, Sexta Turma, julgado em 18/4/2023, DJe de 4/5/2023).

2. O art. 461 do Código de Processo Penal se refere a ambas as partes, dispondo pelo adiamento em todos os casos onde não tenha sido localizada a testemunha imprescindível. A indicação de testemunha deste porte pressupõe que sua oitiva é importante, notadamente em plenário, quando os elementos probatórios são construídos por um juiz leigo. Caso em que a supressão de informações essenciais ao corpo de jurados enseja grave violação do princípio da soberania dos veredictos. *[...] (Agravo Regimental no Recurso Especial nº 1.989.459-MG, STJ, 5ª Turma, Rel. Min. Joel Ilan Paciornik, sessão virtual de 21.11.2023 a 27.11.2023, publicado no DJ em 29.11.2023)*

461. [...] O abandono do Tribunal do Júri se deu em virtude de alegado cerceamento de defesa, uma vez que a Magistrada indeferiu o pedido de adiamento da sessão, em razão do não comparecimento de testemunha, e indeferiu o pedido de oitiva de testemunha referida. Contudo, como é de conhecimento, o art. 461, *caput*, do CPP dispõe que o julgamento não será adiado se a testemunha deixar de comparecer, salvo se uma das partes tiver requerido sua intimação com cláusula de imprescindibilidade, o que não é a hipótese dos autos. Da mesma forma, o art. 400, § 1º, do mesmo Diploma autoriza o juiz a indeferir as provas consideradas irrelevantes, impertinentes ou protelatórias. Nesse contexto, estando devidamente fundamentado o indeferimento do pleito da defesa, nos estritos termos da lei, considero que a justificativa apresentada pelo Defensor Público não revela motivo imperioso para abandono do Plenário do Júri. Não se pode descurar, ademais, que existem meios processuais próprios para que a defesa possa se insurgir contra o indeferimento de seus pleitos, motivo pelo qual não se pode ressalvar a conduta sancionada. [...] *(Recurso em Mandado de Segurança n. 54.183-SP, STJ, 5ª Turma, Rel. Min. Ribeiro Dantas, Red. do Acórdão Min. Reynaldo Soares da Fonseca, julgado em 13.8.2019, publicado no* DJ *em 2.9.2019).*

461. [...] "A não inquirição de testemunha declarada como imprescindível não caracteriza nulidade no julgamento, quando a mesma não for encontrada no local indicado" (STF – RHC 82.401/RS, 2ª Turma, Rel. Min. Nelson Jobim, *DJU* de 19/12/02). *In casu*, tendo em vista que a testemunha indicada não foi ouvida porque não foi encontrada no local indicado, não há o que se falar em nulidade processual. Recurso desprovido (*RHC nº 22.241-RS, STJ, 5ª Turma, Rel. Min. Felix Fischer, publicado no* DJ *em 4.8.2008*) – precedente exarado à luz do art. 455, CPP, na redação antiga.

Art. 462. Realizadas as diligências referidas nos arts. 454 a 461 deste Código, o juiz presidente verificará se a urna contém as cédulas dos 25 (vinte e cinco) jurados sorteados, mandando que o escrivão proceda à chamada deles. (Redação dada pela Lei nº 11.689, de 2008)

462. Verificação da urna: Conforme disposto no art. 447, CPP, o Tribunal do Júri é composto – além do juiz togado – por 25 (vinte e cinco) jurados, e não mais 21, que serão sorteados dentre os alistados, sendo que 7 (sete) constituirão o Conselho de Sentença. Desse modo, realizados os procedimentos previstos nos arts. 454 a 461, CPP, deverá ser verificado se efetivamente a urna contém as cédulas dos jurados necessários para o início da composição do Conselho. A disposição é bastante similar ao que então previsto no art. 442, CPP.

Art. 463. Comparecendo, pelo menos, 15 (quinze) jurados, o juiz presidente declarará instalados os trabalhos, anunciando o processo que será submetido a julgamento. (Redação dada pela Lei nº 11.689, de 2008)

§ 1º O oficial de justiça fará o pregão, certificando a diligência nos autos. (Incluído pela Lei nº 11.689, de 2008)

§ 2º Os jurados excluídos por impedimento ou suspeição serão computados para a constituição do número legal. (Incluído pela Lei nº 11.689, de 2008)

463. Número mínimo de jurados para instalação da sessão: Para a instalação dos trabalhos da sessão do Tribunal é fundamental que compareçam pelo menos 15 (quinze) dos 25 (vinte e cinco) jurados. Nesse número mínimo necessário de 15 jurados deverão ser contabilizados os jurados excluídos por impedimento ou suspeição (§ 2º). A regra desse parágrafo único é idêntica ao que existente no então art. 459, CPP. Não havendo o número mínimo, deverá ser feito o sorteio dos suplentes, conforme previsto no art. 464, CPP.

Jurisprudência

463. [...] 1. A complementação, com membros de outro plenário do mesmo Tribunal do Júri, do número legal mínimo de quinze jurados para que sejam instalados os trabalhos da sessão do júri não enseja a nulidade do julgamento do acusado. 2. Declarada aberta a sessão plenária de julgamento, a defesa, em nenhum momento, se insurgiu contra a formação do Conselho de Sentença; pelo contrário, consta da referida ata que ambas as partes concordaram com o empréstimo de três jurados de outro plenário. [...] *(Habeas Corpus nº 168.263-SP, STJ, 6ª Turma, Rel. Min. Rogério Schietti Cruz, julgado em 20.8.2015, publicado no DJ em 8.9.2015)*

463. [...] O Superior Tribunal de Justiça já decidiu que a convocação de jurado de um dos plenários do Tribunal do Júri da Capital de São Paulo para complementar o número regulamentar mínimo de quinze jurados do conselho de sentença de outro plenário não caracteriza nulidade por violação da regra do art. 442 do CPP (redação anterior à da Lei nº 11.689, de 6.6.2008). [...] (Habeas Corpus nº 227.169-SP, STJ, 5ª Turma, unânime, Rel. Min. Gurgel de Faria, julgado em 3.2.2015, publicado no *DJ* em 11.2.2015).

Art. 464. Não havendo o número referido no art. 463 deste Código, proceder-se-á ao sorteio de tantos suplentes quantos necessários, e designar-se-á nova data para a sessão do Júri. (Redação dada pela Lei nº 11.689, de 2008)

464. Sorteio de jurados suplentes: Se não houver o número necessário de jurados para a instalação da sessão, deverá o juiz presidente proceder ao sorteio de tantos suplentes quantos forem necessários e deverá designar nova data para a sessão do Júri conforme possibilidade de pauta e reserva de datas (vide § 2º do art. 429 do CPP).

Art. 465. Os nomes dos suplentes serão consignados em ata, remetendo-se o expediente de convocação, com observância do disposto nos arts. 434 e 435 deste Código. (Redação dada pela Lei nº 11.689, de 2008)

465. Anotação dos nomes dos suplentes em ata: Feito o sorteio dos jurados suplentes (e com a consequente designação de nova data para a sessão de julgamento), deverá o juiz presidente determinar que os sorteados sejam convocados pelo correio ou por qualquer outro meio hábil para comparecer no dia e hora designados para a sessão (art. 434, CPP). Deverá determinar, também, que seja afixada na porta do Tribunal do Júri a relação dos convocados juntamente com os nomes do acusado, procuradores das partes, dia, hora e local da sessão de instrução e julgamento. O disposto no artigo em tela tinha certa similitude com a redação do § 2º do art. 445 do CPP ("*Os nomes dos suplentes serão consignados na ata, seguindo-se a respectiva notificação para comparecimento*").

Art. 466. Antes do sorteio dos membros do Conselho de Sentença, o juiz presidente esclarecerá sobre os impedimentos, a suspeição e as incompatibilidades constantes dos arts. 448 e 449 deste Código. (Redação dada pela Lei nº 11.689, de 2008)

§ 1º O juiz presidente também advertirá os jurados de que, uma vez sorteados, não poderão comunicar-se entre si e com outrem, nem manifestar sua opinião sobre o processo, sob pena de exclusão do Conselho e multa, na forma do § 2º do art. 436 deste Código. (Redação dada pela Lei nº 11.689, de 2008)

§ 2º A incomunicabilidade será certificada nos autos pelo oficial de justiça. (Redação dada pela Lei nº 11.689, de 2008)

466. Esclarecimentos e advertências do juiz presidente aos jurados: A regra em voga guarda similitude com o então art. 458 e § 1º, CPP. Como os jurados são leigos, é fundamental que, antes de efetuar o sorteio, o juiz presidente esclareça todos em que situações estariam caracterizados os impedimentos, suspeições e incompatibilidades legais constantes nos arts. 448 e 449, CPP. Também deverá ser feita advertência que, uma vez efetuado o sorteio do nome do jurado para integrar o Conselho de Sentença, passa a vigorar, imediatamente, a cláusula da incomunicabilidade. Significa que, a partir do momento do sorteio efetivado, está vedado ao jurado se comunicar com outras pessoas e externar sua opinião sobre o processo, porque o voto é secreto, sob pena de exclusão do Conselho e aplicação de multa, consoante preconizado no § 2º do art. 436 do CPP.

Como destacado no item 564.15, entendemos que não é qualquer circunstância de *incomunicabilidade* que gerará eventual nulidade no processo. Temos que é fundamental que a *comunicabilidade* inaceitável esteja relacionada com o mérito do processo que está em pauta. Estando jungida a qualquer questão extrínseca ao julgamento em plenário, malgrado não recomendável a atitude, nulidade não haverá, devendo o juiz presidente advertir e insistir na vedação de *qualquer* comunicação entre os jurados.

Jurisprudência

466. [...] 1. É vedado aos jurados, segundo disposição processual penal, comunicarem-se entre si acerca do mérito do julgamento. 2. Na espécie, em plena fala da acusação, em plenário, uma jurada afirmou que havia crime. O juiz togado limitou-se, segundo a ata do julgamento, a repreendê-la, seguindo o Júri até o final. 3. *Segundo o art. 466, § 1º do Código de Processo Penal, acontecimento deste jaez seria motivo para dissolução do conselho de sentença que, se não realizada, mostra a existência de nulidade flagrante.* [...] *(Habeas Corpus n. 436.241-SP, STJ, 6ª Turma, unânime, Rel. Min. Maria Thereza de Assis Moura, julgado em 19.6.2018, publicado no DJ em 27.6.2018).*

....

Art. 467. Verificando que se encontram na urna as cédulas relativas aos jurados presentes, o juiz presidente sorteará 7 (sete) dentre eles para a formação do Conselho de Sentença. (Redação dada pela Lei nº 11.689, de 2008)

467. Sorteio dos 7 jurados: Tal como disposto no então art. 457, CPP, estando presentes pelo menos 15 (quinze) jurados (vide art. 463, CPP), e verificado que seus nomes constam nas cédulas que se encontram dentro da urna, o juiz presidente deverá proceder ao sorteio dos 7 (sete) que passarão a integrar o Conselho de Sentença.

Art. 468. À medida que as cédulas forem sendo retiradas da urna, o juiz presidente as lerá, e a defesa e, depois dela, o Ministério Público poderão recusar os jurados sorteados, até 3 (três) cada parte, sem motivar a recusa. (Redação dada pela Lei nº 11.689, de 2008)

Parágrafo único. O jurado recusado imotivadamente por qualquer das partes será excluído daquela sessão de instrução e julgamento, prosseguindo-se o sorteio para a composição do Conselho de Sentença com os jurados remanescentes. (Incluído pela Lei nº 11.689, de 2008)

468. Procedimentos de recusas de jurados: Trata-se aqui da denominada recusa imotivada ou peremptória. Já havia previsão na redação do revogado § 2º do art. 459 do CPP. Retirada a cédula da urna, as partes – sempre primeiro a defesa, depois o Ministério Público – poderão recusar o nome sorteado sem necessidade de fundamentação, até o número de 3 cada uma. A consequência da recusa será a automática exclusão do jurado daquela sessão de instrução e julgamento, não havendo nenhum óbice para que participe novamente do sorteio em outra sessão e relativo a outro processo.

Jurisprudência

468 [...] O direito às recusas imotivadas previsto no art. 468 do CPP é garantia do próprio réu, de modo que cada acusado poderá recusar, sem necessidade de motivação, três pessoas sorteadas para compor o Conselho de Sentença.[...] *(Recurso Especial nº 1.843.481/PE, STJ, 6ª Turma, unânime, Rel. Min. Rogerio Schietti Cruz, julgado em 7.12.2021, publicado no DJ em 14.12.2021)*

468. [...] A recusa peremptória de jurado (art. 468, CPP), em que as partes não precisam esclarecer os motivos dessa recusa, constitui típico exercício de poder discricionário, que prescinde da necessária justificação lógico-racional, razão por que é incontrastável judicialmente. 2. O legislador cometeu à defesa e ao Ministério Público o poder de declinar imotivadamente de um jurado, no pressuposto de que a escolha do juiz leigo que melhor se enquadre nas expectativas de êxito da parte constitui estratégia inerente à dinâmica do Tribunal do Júri. 3. Nesse contexto, é irrelevante que o Ministério Público tenha direcionado suas escolhas a que jurados do sexo feminino integrassem o conselho de sentença, razão por que não há falar-se em comportamento discriminatório de sua parte. [...] *(RHC n. 126.884-RJ, STF, 2ª Turma, unânime, Rel. Min. Dias Toffoli, julgado em 27.9.2016, publicado no* DJ *em 11.10.2016).*

468. [...] De ressaltar que, por ocasião do sorteio de jurados, as partes, por critérios subjetivos, têm o direito de recusar até três deles, cada uma, a teor do disposto no § 2º do art. 459 do Código de Processo Penal, que contempla a recusa imotivada, não estabelecendo qualquer condição para o exercício deste direito, o que ocorreu no presente caso, tendo a acusação e a defesa recusado um jurado apenas. [...] (*Habeas Corpus nº 45.511-RO, STJ, 6ª Turma, Rel. Min. Og Fernandes, publicado no* DJ *em 30.3.2009) – precedente à luz do § 2º do art. 459 do CPP.*

Art. 469. Se forem 2 (dois) ou mais os acusados, as recusas poderão ser feitas por um só defensor. (Redação dada pela Lei nº 11.689, de 2008)

§ 1º A separação dos julgamentos somente ocorrerá se, em razão das recusas, não for obtido o número mínimo de 7 (sete) jurados para compor o Conselho de Sentença. (Incluído pela Lei nº 11.689, de 2008)

§ 2º Determinada a separação dos julgamentos, será julgado em primeiro lugar o acusado a quem foi atribuída a autoria do fato ou, em caso de coautoria, aplicar-se-á o critério de preferência disposto no art. 429 deste Código. (Incluído pela Lei nº 11.689, de 2008)

469. Recusas quando for mais de um réu: Pela sistemática anterior (art. 461, CPP), se não houvesse coincidência das recusas dar-se-ia a separação obrigatória dos julgamentos, julgando-se primeiro o réu que não tivesse dado causa à separação e, no primeiro dia desimpedido, aquele que, em razão da recusa, ocasionou a cisão processual. Pela previsão então existente, a cisão era bastante simples: bastava haver um acordo entre os defensores para fazer recusas em relação a determinados jurados que deveria, necessariamente, haver a cisão processual, com julgamentos em separado.

Manteve-se a possibilidade no *caput* da opção de, existindo dois ou mais acusados, as recusas serem feitas por um só defensor.

Mas a alteração substancial encontra-se no § 1º, com a finalidade de evitar o que se denomina de *estouro de urna*: somente haverá cisão processual se, em razão das recusas, não for possível compor o Conselho de Sentença, com o mínimo de sete jurados. Noutras palavras, mesmo que haja recusa por um dos acusados em relação a um ou mais jurados, não haverá mais – como então se dava – a cisão necessária dos julgamentos. Doravante, somente há de se cogitar dos julgamentos separados se, contabilizadas todas as recusas, não for atingido o número legal de 7 (sete) jurados para compor o Conselho de Sentença.

Ocorrendo a cisão processual (§ 2º), será julgado em primeiro lugar o acusado a quem foi atribuída a autoria do fato. Se for hipótese de coautoria, a solução se dará pela aplicação da preferência disposta no art. 429, CPP. Assim, salvo motivo relevante que autorize a alteração na ordem dos julgamentos, terão preferência (nesta ordem): (I) os acusados presos; (II) dentre os presos (se mais de um), aqueles que estiverem há mais tempo na prisão; (III) em igualdade de condições, os que precedentemente pronunciados.

Art. 470. Desacolhida a arguição de impedimento, de suspeição ou de incompatibilidade contra o juiz presidente do Tribunal do Júri, órgão do Ministério Público, jurado ou qualquer funcionário, o julgamento não será suspenso, devendo, entretanto, constar da ata o seu fundamento e a decisão. (Redação dada pela Lei nº 11.689, de 2008)

470. Nenhuma novidade no dispositivo, que guardou similaridade com o que disposto na então redação do art. 460, CPP. A necessidade de constar na ata de julgamento o fundamento e a decisão tomada que não acolher a arguição de impedimento, suspeição ou incompatibilidade é para permitir, ulteriormente, se for o caso, eventual recurso da parte interessada.

Art. 471. Se, em consequência do impedimento, suspeição, incompatibilidade, dispensa ou recusa, não houver número para a formação do Conselho, o julgamento será adiado para o primeiro dia desimpedido, após sorteados os suplentes, com observância do disposto no art. 464 deste Código. (Redação dada pela Lei nº 11.689, de 2008)

471. Outra hipótese de adiamento do julgamento: No art. 464, CPP, há previsão de que "*não havendo o número referido no art. 463 deste Código, proceder-se-á ao sorteio de tantos suplentes quantos necessários, e designar-se-á nova data para a sessão do Júri*". Enquanto a previsão referida no dispositivo retromencionado trata das hipóteses em que não há presença de jurados suficientes para a *instalação* dos trabalhos (no caso, pelo menos de 15 jurados - art. 463, CPP), a situação aqui versada decorre do fato de não se atingir o número mínimo para a formação do Conselho de Sentença (7 jurados) em decorrência de impedimentos, suspeições, incompatibilidades, dispensas ou recusas. A consequência será a mesma: sorteados imediatamente os jurados suplentes, o julgamento será adiado para o primeiro dia desimpedido, observando-se o disposto no art. 464, CPP. A situação aqui prevista, em linhas gerais, já encontrava embasamento no então revogado § 1º do art. 459 do CPP.

Art. 472. Formado o Conselho de Sentença, o presidente, levantando-se, e, com ele, todos os presentes, fará aos jurados a seguinte exortação: (Redação dada pela Lei nº 11.689, de 2008)

– Em nome da lei, concito-vos a examinar esta causa com imparcialidade e a proferir a vossa decisão de acordo com a vossa consciência e os ditames da justiça.

Os jurados, nominalmente chamados pelo presidente, responderão:

– Assim o prometo.

Parágrafo único. O jurado, em seguida, receberá cópias da pronúncia ou, se for o caso, das decisões posteriores que julgaram admissível a acusação e do relatório do processo. (Incluído pela Lei nº 11.689, de 2008)

472. Formalidade e juramento prestado pelo Conselho de Sentença: Procedimento formal essencial é a prestação de juramento pelos integrantes do Conselho de Sentença que restar formado. Segundo previsão legal (que já existia no então art. 464, CPP), o juiz presidente deverá exortar que todos deverão examinar a causa com imparcialidade e proferir decisão de acordo com a consciência de cada um e os ditames da Justiça, sendo obrigatório que cada um diga expressamente "assim o prometo".

Ato subsequente, de modo similar ao que previsto no então (e agora revogado) § 2º do art. 466 do CPP, será a entrega a cada um dos jurados de cópias da decisão que determinou a pronúncia (em primeiro grau ou em grau recursal), bem como do relatório do processo, para que possam ter informações documentais iniciais e essenciais dos autos que irão julgar. Há entendimentos no sentido de que, pelo sistema anterior, não haveria obrigatoriedade da distribuição das peças aos jurados. Compreendemos que, atualmente, pela redação vigente, há a obrigatoriedade da distribuição das peças, mas o descumprimento do dispositivo não pode acarretar, automaticamente, a nulidade do processo. A propósito do tema, remetemos às anotações do art. 478, I, CPP.

Jurisprudência

472. [...] Nos termos do art. 466, § 2º, do Código de Processo Penal, é faculdade do juiz determinar a distribuição de cópias datilografadas ou impressas, da pronúncia, do libelo e da contrariedade, além de outras que considerar úteis para o julgamento. Na espécie, contudo, ficou a critério do magistrado, como presidente da sessão de julgamento, deferir ou indeferir a pretensão do *parquet* estadual, conforme lhe faculta o art. 497 do referido estatuto processual penal, não constituindo direito potestativo das partes o fornecimento de cópias de peças dos autos aos jurados. O indeferimento do pedido de distribuição, aos jurados, de documentos constantes do processo e da legislação penal, no caso, não resultou em prejuízo para a acusação, porquanto não foi obstada ao representante ministerial a sua leitura ou exibição, em plenário, no momento dos debates. Recurso não conhecido (*Recurso Especial nº 422.891-DF, STJ, 5ª Turma, Rel. Min. Arnaldo Esteves Lima, publicado no* DJ *em 5.6.2006*) – precedente exarado à luz do § 2º do art. 466 do CPP, atentando-se que o dispositivo assentava que "*onde for possível, o presidente mandará distribuir aos jurados cópias datilografadas ou impressas, da pronúncia, do libelo e da contrariedade, além de outras peças que considerar úteis para o julgamento da causa*".

Seção XI
Da Instrução em Plenário
(Incluída pela Lei nº 11.689, de 2008)

Art. 473. Prestado o compromisso pelos jurados, será iniciada a instrução plenária quando o juiz presidente, o Ministério Público, o assistente, o querelante e o defensor do acusado tomarão, sucessiva e diretamente, as declarações do ofendido, se possível, e inquirirão as testemunhas arroladas pela acusação. (Redação dada pela Lei nº 11.689, de 2008)

§ 1º Para a inquirição das testemunhas arroladas pela defesa, o defensor do acusado formulará as perguntas antes do Ministério Público e do assistente, mantidos no mais a ordem e os critérios estabelecidos neste artigo. (Incluído pela Lei nº 11.689, de 2008)

§ 2º Os jurados poderão formular perguntas ao ofendido e às testemunhas, por intermédio do juiz presidente. (Incluído pela Lei nº 11.689, de 2008)

§ 3º As partes e os jurados poderão requerer acareações, reconhecimento de pessoas e coisas e esclarecimento dos peritos, bem como a leitura de peças que se refiram, exclusivamente, às provas colhidas por carta precatória e às provas cautelares, antecipadas ou não repetíveis. (Incluído pela Lei nº 11.689, de 2008)

473.1. Procedimento (e ordem) para inquirição do (eventual) ofendido e das testemunhas: A regra geral de inquirição para os demais procedimentos (vide art. 212, CPP, na redação que lhe deu também a Lei nº 11.689/08) é que as perguntas serão formuladas pelas partes diretamente à testemunha, podendo o juiz complementar a inquirição sobre os pontos não esclarecidos (parágrafo único do art. 212 do CPP). Portanto, o juiz deverá perguntar por último, *se* necessário.

Entretanto, no procedimento específico do Júri, iniciada a instrução em plenário, serão tomadas em primeiro lugar as declarações do ofendido (se possível) e das testemunhas arroladas pela acusação. As perguntas deverão ser feitas diretamente, adotando-se a seguinte ordem (diversamente do que se dá em relação à previsão do art. 212, CPP): juiz presidente, Ministério Público, assistente da acusação (quando houver), querelante (quando houver) e defensor do acusado.

Decorrente da *interpretação* do então art. 467, CPP, entendia-se que as perguntas deveriam ser feitas *diretamente* pelos autorizados legalmente. Agora a Lei é clara e expressa nesse sentido.

Eventual inversão na ordem das oitivas (tal como se dá no processamento comum) somente acarretará eventual nulidade se resultar demonstrado efetivo prejuízo à parte que arguir a inversão.

Jurisprudência

473.1. [...] O rito especial do Tribunal do Júri limita o número de testemunhas a serem inquiridas e, ao contrário do procedimento comum, não exclui dessa contagem as testemunhas que não prestam compromisso legal. Ausência de lacuna a ensejar a aplicação de norma geral, preservando-se, bem por isso, a imperatividade da regra especial. [...] (*HC nº 131.158-RS, STF, 1ª Turma, Rel. Min. Edson Fachin, julgado em 26.4.2016, publicado no* DJ *em 14.9.2016*).

473.1. [...] Tribunal do Júri. Assistente da acusação. Direito de réplica indeferido. Cerceamento de acusação caracterizado. [...] Os arts. 271 e 473 do Código de Processo Penal conferem ao Assistente da Acusação o direito à réplica, ainda que o Ministério Público tenha anuído à tese de legítima defesa do Réu e declinado do direito de replicar, razão pela qual deve ser anulado o julgamento. Recurso especial provido para determinar novo julgamento (*Recurso Especial nº 1.343.402-SP, STJ, 5ª Turma, Rel. Min. Laurita Vaz, julgado em 21.8.2014, publicado no* DJ *em 3.9.2014*).

473.1. [...] A Lei nº 11.690, de 9 de junho de 2008, alterou a redação do art. 212 do Código de Processo Penal, passando-se a adotar o procedimento do Direito Norte-Americano, chamado *cross-examination*, no qual as testemunhas são questionadas diretamente pela parte que as arrolou, facultada à parte contrária, a seguir, sua inquirição (exame direto e cruzado), e ao juiz os esclarecimentos remanescentes e o poder de fiscalização. [...] Entretanto, ainda que se admita que a nova redação do art. 212 do Código de Processo Penal tenha estabelecido uma ordem de inquiridores de testemunhas, à luz de uma interpretação sistemática, a não observância dessa regra pode gerar, no máximo, nulidade relativa, por se tratar de simples inversão, dado que não foi suprimida do juiz a possibilidade de efetuar as suas perguntas, ainda que subsidiariamente, para o esclarecimento da verdade real, sendo certo que, aqui, o interesse protegido é exclusivo das partes. Não se pode olvidar, ainda, o disposto no art. 566 do CPP: "não será declarada a nulidade de ato processual que não houver influído na apuração da verdade substancial ou na decisão da causa". [...] Ordem denegada (*Habeas corpus nº 151.357-RJ, 6ª Turma, unânime, Rel. Min. Og Fernandes, julgado em 21.10.2010, publicado no* DJ *em 16.11.2010*).

473.1. [...] A nova redação dada ao art. 212 do CPP pela Lei nº 11.690/08 determina que as vítimas, as testemunhas e o acusado sejam ouvidos direta e primeiramente pela acusação e na sequência pela defesa, possibilitando ao magistrado complementar a inquirição se entender necessários esclarecimentos. Havendo a inversão na inquirição das testemunhas, procedendo o Juízo Singular em *error in procedendo*, patente o constrangimento por ofensa ao devido processo legal. Precedente do STJ. Ordem concedida para, confirmando a liminar, anular a audiência de instrução e julgamento realizada em desconformidade com a previsão contida no art. 212 do Código de Processo Penal, bem como os atos subsequentes, determinando que outra seja realizada, consoante as disposições do referido dispositivo (*Habeas Corpus nº 151.057-GO, STJ, 5ª Turma, Rel. Min. Arnaldo Esteves Lima, publicado no* DJ *em 19.4.2010*).

473.2. Perguntas dos jurados ao ofendido e às testemunhas: No § 2º do art. 473, permite-se que os jurados também poderão formular perguntas ao ofendido e às testemunhas, mas *por intermédio do juiz presidente*. A questão é saber em que momento podem os jurados fazer seus questionamentos. Mediante uma análise puramente cronológica dos dispositivos, poderia transparecer que os jurados seriam os últimos a questionar. Assim não pensamos. Os jurados – verdadeiros juízes da causa – são os mais interessados em conhecer como os fatos se deram. Compreendendo e contextualizando a exceção à sistemática apresentada especificamente para o procedimento do Júri, defendemos que, por exercerem jurisdição, os jurados deverão realizar seus questionamentos logo após os efetuados pelo juiz presidente, seguindo-se a ordem, depois, estabelecida no *caput* do art. 473 do CPP.

473.3. Inquirição de testemunhas da defesa: Em relação às testemunhas de defesa, a ordem de quem fará os questionamentos está fixada no § 1º do art. 473. Maximizando o verdadeiro conteúdo dos princípios da ampla defesa e contraditório, há apenas a inversão de ordem tradicional entre os questionamentos da defesa e do Ministério Público, falando primeiro aquela, depois o *parquet*, mantido quanto ao mais o estabelecido no *caput*.

É dizer: em relação às testemunhas arroladas pela defesa, quem as questiona primeiramente é a defesa e depois o Ministério Público e o assistente da acusação, se houver. Nenhuma irregularidade nesse procedimento, pois maximiza a verdadeira razão de ser do contraditório, que não pode ser compreendido como prerrogativa exclusiva da defesa. A propósito do tema do contraditório e da ampla defesa, remetemos a nosso estudo intitulado "A ordem da sustentação oral nos processos criminais perante os Tribunais: uma leitura acerca do espectro do que decidido pelo STF no HC nº 87.9269-SP", *Boletim do IBCCRIM*, v. 196, ano 2009, p. 1.

Assim, a ordem de questionamentos deverá ser: juiz presidente, jurados, defesa, Ministério Público, assistente (quando houver) e querelante (quando houver).

Jurisprudência

473.3. [...] Torna-se irrepetível, nos termos do artigo 473, § 3º, do Código de Processo Penal, a inquirição em plenário de testemunha cuja intimação restou frustrada, por se encontrar em lugar incerto e não sabido. Assim, viável a exibição de seu depoimento colhido de forma audiovisual, sob contraditório, no sumário da culpa, eis que equivale à "leitura de peça a que se refiram" que dispõe o citado dispositivo legal. [...] (*Agravo Regimental no Agravo Regimental no Agravo em Recurso Especial nº 1.201.518-RN, STJ, 5ª Turma, Rel. Min. Jorge Mussi, julgado em 21.2.2019, publicado no DJ em 1º.3.2019*)

473.4. Acareações, reconhecimento de pessoas e esclarecimento dos peritos: Por fim, o § 3º especifica que as partes (acusação e defesa) e os jurados poderão requerer acareações, reconhecimento de pessoas e coisas e esclarecimento dos peritos, bem como a leitura de peças que se refiram, exclusivamente, às provas colhidas por carta precatória e às provas cautelares ou não repetíveis. A norma possui simetria com o que disposto no art. 411, § 1º, CPP (aplicável na primeira fase do procedimento do Júri *o iudicium accusationis*).

Fundamental atentar para o fato de que o art. 479, CPP, veda a leitura de documento ou exibição de objeto que não tiver sido juntado aos autos com antecedência mínima de três dias úteis ao julgamento, com ciência prévia à parte contrária.

Não se pode olvidar também que, pela sistemática atual, não há mais a (muitas vezes, a cansativa e desnecessária) leitura de *quaisquer* peças dos autos, desde que requeridas pelas partes (redação do revogado § 1º do art. 466 do CPP). A leitura das peças agora é restrita às provas colhidas por carta precatória e às provas cautelares ou não repetíveis.

Segundo o inciso I do § 5º do art. 159 do CPP (na redação da Lei nº 11.689), durante o curso do processo judicial é permitido às partes "*requerer a oitiva dos peritos para esclarecerem a prova ou para responderem a quesitos, desde que o mandado de intimação e os quesitos ou questões a serem esclarecidas sejam encaminhados com antecedência mínima de 10 (dez) dias, podendo apresentar as respostas em laudo complementar*". As solicitações feitas pelas partes (acusação e defesa) relacionadas a esclarecimentos dos peritos deverão obedecer à regra retromencionada.

Entretanto, não há como aplicá-la em relação aos jurados, cujo Conselho de Sentença será constituído no dia da sessão de julgamento. Desse modo, acaso solicitem esclarecimentos aos peritos, as hipóteses que se nos apresentam são as seguintes: (a) estando presente o perito e tendo condições de esclarecer a dúvida, será permitido atender ao pleito do jurado; (b) presente o perito, mas não tendo condições de atender ao solicitado, ou estando ausente e verificando-se que se trata de providência imprescindível, não restará outra alternativa ao juiz presidente senão dissolver o conselho, procedendo conforme previsão estabelecida no art. 481, CPP: "*Se a verificação de qualquer fato, reconhecida como essencial para o julgamento da causa, não puder ser realizada imediatamente, o juiz presidente dissolverá o Conselho, ordenando a realização das diligências entendidas necessárias.*" Ainda, "*se a diligência consistir na produção de prova pericial, o juiz presidente, desde logo, nomeará perito e formulará quesitos, facultando às partes também formulá-los e indicar assistentes técnicos, no prazo de 5 (cinco) dias.*"

Jurisprudência

473.4. [...]o reconhecimento pessoal do paciente em Plenário não corresponde a prejuízo, do contrário, possibilita, novamente, a manifestação da d. Defesa e reforça os princípios constitucionais do devido processo legal, do contraditório e da ampla defesa. Além disso, é situação amparada no art. 473, § 3º do Código de Processo Penal: "Art. 473. Prestado o compromisso pelos jurados, será iniciada a instrução plenária quando o juiz presidente, o Ministério Público, o assistente, o querelante e o defensor do acusado tomarão, sucessiva e diretamente, as declarações do ofendido, se possível, e inquirirão as testemunhas arroladas pela acusação. (...) § 3º As partes e os jurados poderão requerer acareações, reconhecimento de pessoas e coisas e esclarecimento dos peritos, bem como a leitura de peças que se refiram, exclusivamente, às provas colhidas por carta precatória e às provas cautelares, antecipadas ou não repetíveis." [...] *(Habeas Corpus nº 687.712-PR, STJ, 5ª Turma, Rel. Min. Jesuíno Rissato, julgado em 14.9.2021, publicado no DJ em 22.9.2021)*

Art. 474. A seguir será o acusado interrogado, se estiver presente, na forma estabelecida no Capítulo III do Título VII do Livro I deste Código, com as alterações introduzidas nesta Seção. (Redação dada pela Lei nº 11.689, de 2008)

§ 1º O Ministério Público, o assistente, o querelante e o defensor, nessa ordem, poderão formular, diretamente, perguntas ao acusado. (Redação dada pela Lei nº 11.689, de 2008)

§ 2º Os jurados formularão perguntas por intermédio do juiz presidente. (Redação dada pela Lei nº 11.689, de 2008)

§ 3º Não se permitirá o uso de algemas no acusado durante o período em que permanecer no plenário do Júri, salvo se absolutamente necessário à ordem dos trabalhos, à segurança das testemunhas ou à garantia da integridade física dos presentes. (Incluído pela Lei nº 11.689, de 2008)

474.1. Interrogatório do réu: Alterada a sistemática então vigente, o interrogatório do réu *não* é mais obrigatório, diante da facultatividade de sua presença em plenário. Assim, somente será interrogado se estiver presente, garantindo-se-lhe o direito a não responder perguntas que possam importar em autoincriminação ou trazer prejuízo para sua defesa. A advertência ao direito ao silêncio é fundamental.

Em relação ao rito comum, estabelece o 188, CPP, que, "*após proceder ao interrogatório, o juiz indagará das partes se restou algum fato para ser esclarecido, formulando as perguntas correspondentes se o entender pertinente e relevante*".

Já o art. 212 e parágrafo único, CPP, estipulam que "*as perguntas serão formuladas pelas partes diretamente à testemunha, não admitindo o juiz aquelas que puderem induzir a resposta, não tiverem relação com a causa ou importarem na repetição de outra já respondida*" e que "*sobre os pontos não esclarecidos, o juiz poderá complementar a inquirição*".

Como se vê, no rito comum, o juiz *complementa* a inquirição das *testemunhas* (e ofendido, se for o caso), que é realizada inicial e diretamente pelas partes. Já no que se refere ao *interrogatório, o juiz é quem inicia*, cabendo às partes complementá-lo, sendo silente a legislação sobre previsão de inquirição direta no interrogatório no processo comum, o que não se revela no procedimento em plenário do Júri, como se vê *agora* da expressa previsão do § 1º do art. 474 do CPP. Já em relação ao rito do Júri, o juiz é quem *inicia diretamente* a inquirição das testemunhas. Quanto ao interrogatório, sequer há previsão de perguntas pelo juiz, cabendo apenas às partes fazê-lo diretamente.

Fácil verificar que *não há* uma univocidade procedimental.

Segundo compreendemos, melhor seria uma unificação dos procedimentos de inquirição, de tal modo que: (a) em qualquer interrogatório, as partes devem iniciar a inquirição, cabendo ao juiz complementá-lo, se entender pertinente; (b) as perguntas devem ser feitas diretamente, sem a mediação do juiz; e (c) em relação às testemunhas, as partes iniciam perguntando diretamente, competindo ao juiz complementar se entender necessário. As testemunhas de defesa devem ser inquiridas primeiro pelo defensor e depois pelo Ministério Público e o assistente. *(remetemos para as anotações do item 186.5, que trata do "silêncio parcial").*

Jurisprudência

474.1. [...] I – A realização de interrogatório por meio de videoconferência é medida que objetiva a desburocratização, agilização e economia da justiça, podendo ser determinada excepcionalmente nas hipóteses previstas no rol elencado no § 2º do art. 185 do Código de Processo Penal. II – Assim, deve-se ressaltar que não há qualquer incompatibilidade de realização de interrogatório por videoconferência em sessão plenária do Júri, sendo imprescindível apenas a observância da excepcionalidade da medida e da necessidade de devida fundamentação na sua determinação, em respeito ao disposto no art. 93, inciso IX, da Constituição Federal, bem como aos princípios da razoabilidade e proporcionalidade. [...] *(RHC n. 80.358 – RJ, STJ, 5ª Turma, unânime, Rel. Min. Felix Fischer, julgado em 14.3.2017, publicado no DJ em 22.3.2017).*

....

474.2. Uso de algemas: Por fim, dispõe o § 3º que não será permitido o uso de algemas no acusado durante o período em que permanecer em plenário, salvo se absolutamente necessário à ordem dos trabalhos, à segurança das testemunhas ou à garantia à integridade física dos presentes.

Exarada em apreciação de caso que envolvia manutenção de réu algemado durante a sessão de julgamento em plenário, a Súmula Vinculante 11 do STF guarda consonância com o dispositivo em tela, cujo teor é o seguinte:

> Só é lícito o uso de algemas em casos de resistência e de fundado receio de fuga ou de perigo à integridade física própria ou alheia, por parte do preso ou de terceiros, justificada a excepcionalidade por escrito, sob pena de responsabilidade disciplinar, civil e penal do agente ou da autoridade e de nulidade da prisão ou do ato processual a que se refere, sem prejuízo da responsabilidade civil do Estado. (Publicada no *DJ* de 22.8.2008)

Prefacialmente, destacamos que, quando exarada a súmula, ao menos segundo compreendemos, não se fazia presente o requisito constitucional do § 1º do art. 103-A (incluído pela Emenda Constitucional nº 45, de 2004), que exige a presença de *controvérsia atual* entre órgãos judiciários ou entre esses e a administração pública que acarrete grave insegurança jurídica e relevante multiplicação de processos sobre questão idêntica.

No caso concreto que originou a edição da súmula (*Habeas Corpus* nº 91.952-SP, Plenário do STF, julgado em 7.8.2008), o réu permaneceu algemado durante toda a sessão do Júri, tendo sido indeferido o pedido da defesa para que as algemas fossem retiradas, ao fundamento de inexistência de constrangimento ilegal, sobretudo porque tal circunstância se faria necessária ao bom andamento dos trabalhos, uma vez que a segurança, naquele momento, estaria sendo realizada por apenas 2 (dois) policiais civis, e, ainda, porque o réu permanecera algemado em todas as audiências ocorridas antes da pronúncia.

O plenário do Supremo Tribunal Federal compreendeu que o uso das algemas, *no caso*, estaria em confronto com a ordem jurídico-constitucional, tendo em conta que não havia uma justificativa socialmente aceitável para submeter o acusado à permanência durante horas algemado, quando do julgamento no Tribunal do Júri, não tendo sido, ademais, apontado um único dado concreto, relativo ao perfil do acusado, que estivesse a exigir, em prol da segurança, a permanência com algemas.

A Corte partiu também da premissa de que o julgamento perante o Tribunal do Júri não requer a custódia preventiva do acusado (CF, art. 5º, LVII), sequer sendo necessária sua presença (art. 474, *caput*, do CPP, na forma da redação que lhe deu a Lei nº 11.689/08).

Considerou, igualmente, que incidiriam ao caso as vetoriais do princípio da não culpabilidade, asseverando-se que a pessoa acusada da prática de crime doloso contra a vida mereceria o tratamento devido aos humanos, aos que vivem em um Estado Democrático de Direito.

Diz-se mais: quc o art. 1º da CF tem como fundamento a dignidade da pessoa humana, e que, da leitura do rol das garantias constitucionais previstas no art. 5º (incisos XLVI, XLIX, LXI, LXII, LXIII, LXIV, LXV, LXVI), depreende-se a preocupação em se resguardar a figura do preso, repousando tais preceitos no inafastável tratamento humanitário do cidadão, na imprescindibilidade de lhe ser preservada a dignidade.

Por fim, concluiu a Corte Suprema que manter o acusado algemado em audiência, sem que demonstrada a periculosidade, implicaria colocar a defesa, antecipadamente, em patamar inferior. Assim, em razão de o julgamento no Júri ser procedido por pessoas leigas que tiram ilações diversas do contexto observado, a permanência do réu algemado poderia indicar que se estaria a tratar de criminoso de alta periculosidade, o que acarretaria desequilíbrio no julgamento, por estarem os jurados influenciados.

Já examinamos as consequências da citada Súmula. Remetemos o leitor ao referido tópico (item 284.2, *retro*) e seus desacertos.

Jurisprudência

474.2. [...] O uso de algemas surge excepcional somente restando justificado ante a periculosidade do agente ou risco concreto de fuga. [...] Implica prejuízo à defesa a manutenção do réu algemado na sessão de julgamento do Tribunal do Júri, resultando o fato na insubsistência do veredicto condenatório (*Habeas Corpus nº 91.952-SP, Rel. Min. Marco Aurélio, Plenário, publicado no* DJ *em 19.12.2008*).

474.2. [...] o emprego de algemas durante o julgamento plenário não viola a Súmula vinculante n.º 11 do Supremo Tribunal Federal, quando necessário para garantir a segurança de todos os presentes, como demonstrado pelo Juiz Presidente do Tribunal do Júri no caso (HC n. 507.207/DF, Ministra Laurita Vaz, Sexta Turma, DJe 12/6/2020). [...] *(Agravo Regimental no Recurso Especial nº 1.894.634-SP, STJ, 6ª Turma, Relator Min. Sebastião Reis Júnior, julgado em 24.8.2021, publicado no DJ em 31.8.2021)*

474.2. [...] Nos termos do que dispõe o Enunciado 11 da Súmula Vinculante do Supremo Tribunal Federal – STF, o uso de algemas constitui medida que somente deve ser empregada em casos excepcionais, que devem ser justificados. No caso dos autos, não há falar em nulidade na prisão em flagrante, uma vez que, conforme se verifica dos autos, na audiência de custódia, a Magistrada justificou satisfatoriamente a necessidade do uso de algemas no momento da prisão em flagrante do recorrente, ressaltando que os policiais militares depararam-se com "situação extrema, com vítima fatal". Ademais, é certo que, com a decretação da preventiva, fica superada a alegação da existência de irregularidades no flagrante, tendo em vista a superveniência de novo título apto a justificar a segregação. [...] *(RHC nº 91.748-SP, STJ, 5ª Turma, Rel. Min. Joel Ilan Paciornik, julgado em 7.6.2018, publicado no DJ em 20.6.2018)*

Art. 474-A. Durante a instrução em plenário, todas as partes e demais sujeitos processuais presentes no ato deverão respeitar a dignidade da vítima, sob pena de responsabilização civil, penal e administrativa, cabendo ao juiz presidente garantir o cumprimento do disposto neste artigo, vedadas:

I – a manifestação sobre circunstâncias ou elementos alheios aos fatos objeto de apuração nos autos;

II – a utilização de linguagem, de informações ou de material que ofendam a dignidade da vítima ou de testemunhas.

474.3. O dever de urbanidade no júri e o direito das vítimas no processo penal. Ao se registrar as novas regras trazidas pela Lei nº 14.245, de 22.11.2021, a cuidar do dever de observância do respeito e urbanidade que deve orientar a atuação das partes, especialmente em relação à vítima.

Tais disposições crescem de importância no processo do júri, tanto porque o julgamento é feito por jurados leigos, sem formação jurídica, como também porque, às vezes, as inquirições, interrogatórios e debates entre as partes podem ganhar contornos de maior passionalidade e intensidade que demandarão maior rigor do juiz, no exercício do *controle* de legalidade, urbanidade e respeito às partes no processo. Salvo decisão judicial em contrário, a vítima há de ser tratada como vítima pelas partes e pelo juiz, do mesmo modo que ao réu se garante a situação jurídica de inocente, até que decisão condenatória passada em julgado o aponte como culpado.

Art. 475. O registro dos depoimentos e do interrogatório será feito pelos meios ou recursos de gravação magnética, eletrônica, estenotipia ou técnica similar, destinada a obter maior fidelidade e celeridade na colheita da prova. (Redação dada pela Lei nº 11.689, de 2008)

Parágrafo único. A transcrição do registro, após feita a degravação, constará dos autos. (Incluído pela Lei nº 11.689, de 2008)

475. Registro de depoimentos e interrogatórios: Enquanto previsto na legislação anterior (art. 469) apenas que os depoimentos seriam reduzidos a termo escrito, resumidamente, assinado pela testemunha, pelo juiz e pelas partes, previu-se agora que o registro dos depoimentos e interrogatórios deverão ser feitos por meios tecnológicos modernos existentes (gravação magnética, eletrônica, estenotipia ou técnica similar), tudo com a finalidade de garantir maior fidelidade e celeridade na colheita da prova.

De fato, o procedimento então existente de *resumir* os teores dos depoimentos e interrogatórios – por mais detalhista que pudesse ser o magistrado(a) – jamais garantia fidelidade ao que e como efetivamente dito nos depoimentos e interrogatórios. Já de muito tempo se vinha utilizando nos foros – ao menos para os processos considerados *mais complexos* – gravações de interrogatórios e depoimentos das testemunhas, depois juntados aos autos em forma de meio eletrônico (CDs ou DVDs), normalmente com a degravação integral. Agora há imposição expressa que a transcrição do registro, após feita a degravação, deva constar dos autos (parágrafo único). Não se olvide ainda de outros recursos de gravação em meios magnéticos, sobretudo em processos *eletrônicos*.

Importante anotar ainda que, com o advento da Lei nº 11.900/09, passou a ser admitido na legislação o interrogatório por videoconferência ou outro recurso tecnológico de transmissão de sons e imagens em tempo real, desde que a medida seja necessária para atender às finalidades expressas no § 2º do art. 185 do CPP. Não há mais o empeço de alegação de inconstitucionalidade formal debatida durante certo tempo nos tribunais pátrios, embora tenhamos sustentado desde a origem da controvérsia que o interrogatório por videoconferência não violava quaisquer princípios constitucionais.

Realizado o interrogatório por videoconferência, os registros de seu conteúdo deverão ser trazidos aos autos na forma preconizada no artigo em comento.

Seção XII
Dos Debates
(Incluída pela Lei nº 11.689, de 2008)

Art. 476. Encerrada a instrução, será concedida a palavra ao Ministério Público, que fará a acusação, nos limites da pronúncia ou das decisões posteriores que julgaram admissível a acusação, sustentando, se for o caso, a existência de circunstância agravante. (Redação dada pela Lei nº 11.689, de 2008)

§ 1º O assistente falará depois do Ministério Público. (Incluído pela Lei nº 11.689, de 2008)

§ 2º Tratando-se de ação penal de iniciativa privada, falará em primeiro lugar o querelante e, em seguida, o Ministério Público, salvo se este houver retomado a titularidade da ação, na forma do art. 29 deste Código. (Incluído pela Lei nº 11.689, de 2008)

§ 3º Finda a acusação, terá a palavra a defesa. (Incluído pela Lei nº 11.689, de 2008)

§ 4º A acusação poderá replicar e a defesa treplicar, sendo admitida a reinquirição de testemunha já ouvida em plenário. (Incluído pela Lei nº 11.689, de 2008)

476. Sustentações em plenário da acusação e da defesa: Como não há mais de se falar em libelo (antiga redação do art. 471, CPP), após o encerramento da instrução de plenário, primeiramente será concedida a palavra ao Ministério Público e, se existir, depois ao assistente (§ 1º). Como a acusação necessariamente se manifesta primeiro, se a ação for de iniciativa privada (como subsidiária da pública), aí falará em primeiro lugar o autor (§ 2º) e depois o Ministério Público, salvo se o *parquet* houver retomado a titularidade da ação penal na forma do art. 29, CPP. Nessa situação, falará primeiro também o Ministério Público. O prazo para a acusação falar será de 90 minutos (art. 477, CPP), sendo de relevo destacar que o prazo é uno.

Seguindo a sistemática do processo acusatório, encerrado o prazo para a acusação falará a defesa por igual tempo (90 minutos). Se houver mais de um réu, o tempo para a acusação e para a defesa será acrescido de 1(uma) hora, nos termos do § 2º do art. 477 do CPP.

Repetindo a lítera do então art. 473, CPP, o § 4º da redação atual ao art. 476 do CPP estipula que a acusação poderá replicar aos termos da defesa. Nesse caso, há de se permitir a tréplica defensiva. Em qualquer situação, se for requerido e necessário, poderá ser realizada a reinquirição da testemunha já ouvida em plenário.

Art. 477. O tempo destinado à acusação e à defesa será de uma hora e meia para cada, e de uma hora para a réplica e outro tanto para a tréplica. (Redação dada pela Lei nº 11.689, de 2008)

§ 1º Havendo mais de um acusador ou mais de um defensor, combinarão entre si a distribuição do tempo, que, na falta de acordo, será dividido pelo juiz presidente, de forma a não exceder o determinado neste artigo. (Incluído pela Lei nº 11.689, de 2008)

§ 2º Havendo mais de 1 (um) acusado, o tempo para a acusação e a defesa será acrescido de 1 (uma) hora e elevado ao dobro o da réplica e da tréplica, observado o disposto no § 1º deste artigo. (Incluído pela Lei nº 11.689, de 2008)

477. Tempos para manifestações em plenário: O art. 477, CPP, estipula os tempos que as partes terão para falar em plenário. O prazo para a acusação (Ministério Público e assistente) é uno (90 minutos e não mais 120 minutos, como então disposto na legislação revogada), sendo igual prazo concedido à defesa. Para a réplica (acusação) e tréplica (defesa), o prazo foi ampliado de 30 para 60 minutos.

No caso de haver mais de um acusador e/ou defensor, deverão combinar entre si a forma de distribuição do tempo. Se não houver ajuste, competirá ao juiz presidente dividir o tempo.

Em existindo mais de um acusado, o tempo para a acusação e defesa será ampliado em 1 (uma) hora, totalizando duas horas e meia para cada um. A réplica e a tréplica, se utilizadas, terão prazo de 2 (duas) horas cada uma.

Num quadro sinótico, pode-se assim visualizar a distribuição de tempo:

	MINISTÉRIO PÚBLICO OU QUERELANTE	ASSISTENTE DA ACUSAÇÃO	DEFESA
HIPÓTESE DE UM RÉU	Tempo para acusação e defesa	1 hora e meia (90 minutos)	1 hora e meia (90 minutos)
	Réplica	1 hora (60 minutos)	1 hora (60 minutos)
	Tréplica	1 hora (60 minutos)	1 hora (60 minutos)
HIPÓTESE DE MAIS DE UM RÉU	Tempo para acusação e defesa	Duas horas e meia (150 minutos)	Duas horas e meia (150 minutos)
	Réplica	2 horas (120 minutos)	2 horas (120 minutos)
	Tréplica	2 horas (120 minutos)	2 horas (120 minutos)

Pela sistemática atual, diminuíram-se os tempos de falas iniciais da defesa e da acusação, mas foram ampliados os prazos de réplica e tréplica. Parece-nos que há melhor harmonia agora na distribuição do tempo.

Diante dos prazos fixados no artigo em tela, surge uma questão relevante: havendo união dc julgamento (que, sempre que possível, deve ser realizada) em que se façam presentes mais do que dois réus (*acusados*, na lítera da lei), há de se manter os tempos rígidos fixados em lei? Cremos que não.

Diante de casos excepcionais em que se façam presentes *mais de* dois acusados (sobretudo quando se trata de fatos complexos), compreendemos que não há óbice que o juiz presidente (especialmente se tiver a concordância das partes) assegure prazos mais largos, desde que mantida a proporcionalidade dos tempos estabelecidos em lei, levando em conta sempre a razoabilidade do elastecimento desses prazos.

Art. 478. Durante os debates as partes não poderão, sob pena de nulidade, fazer referências: (Redação dada pela Lei nº 11.689, de 2008)

I – à decisão de pronúncia, às decisões posteriores que julgaram admissível a acusação ou à determinação do uso de algemas como argumento de autoridade que beneficiem ou prejudiquem o acusado; (Incluído pela Lei nº 11.689, de 2008)

II – ao silêncio do acusado ou à ausência de interrogatório por falta de requerimento, em seu prejuízo. (Incluído pela Lei nº 11.689, de 2008)

478.1. Impossibilidade de referências a decisões judiciais como argumento de autoridade: Consoante iterativos entendimentos doutrinários e jurisprudenciais – com os quais nos alinhamos –, há muito sempre se defendeu que, na sentença de pronúncia, o juiz (ou o Tribunal provendo o recurso contra a impronúncia) deveria ser o mais comedido possível na fundamentação. O que constava expressamente no art. 408 do CPP agora é regulado pelo § 1º do art. 413 do CPP, que dispõe que "*a fundamentação da pronúncia limitar-se-á à indicação da materialidade do fato e da existência de indícios suficientes de autoria ou de participação, devendo o juiz declarar o dispositivo legal em que julgar incurso o acusado e especificar as circunstâncias qualificadoras e as causas de aumento de pena*". A razão do dispositivo – antes *apenas* na doutrina e jurisprudência – estava em que a decisão judicial não poderia servir como forma de influenciar no livre convencimento dos jurados, que compõem o juízo natural para o *judicium causae*. É dizer: poderiam eles ser influenciados por eventual decisão de juiz ou tribunal que, mais incisivamente, reconhecesse algum elemento dos autos que pudesse favorecer especialmente a acusação.

Crê-se que a finalidade do dispositivo estaria em garantir a imparcialidade dos jurados, pois, na primeira parte do inciso I, se estipulou vedação às partes fazerem referências à decisão de pronúncia ou decisões posteriores que tenham admitido a procedência da acusação para ir a plenário.

Entretanto, entendemos que o dispositivo é inútil, diante da previsão do parágrafo único do art. 472 do CPP (na redação que lhe deu a Lei nº 11.689) e do § 3º do art. 480 do CPP (É de se ver que aquele dispositivo guarda *certa similitude* com o que então disposto no revogado § 2º do art. 466 do CPP).

É que, feito o juramento, cada jurado receberá "*cópias da pronúncia ou, se for o caso, das decisões posteriores que julgaram admissível a acusação e do relatório do processo*". E depois de concluídos os debates, os jurados poderão ter acesso aos autos e aos instrumentos do crime se solicitarem ao juiz presidente. Assim, se, desde o juramento (parágrafo único do art. 472 do CPP), os próprios jurados recebem teor das decisões de pronúncia ou de tribunais que julgaram admissível a acusação, não há sentido na interpretação isolada da norma que proíbe as partes de efetuar as leituras de seus conteúdos em sessão. Mais: a proibição é para ambas as partes, acusação e defesa.

Repita-se, porém: o conteúdo das decisões deverá atender ao estritamente necessário, evitando-se detalhamento na fundamentação para, por isso, não influir na convicção dos jurados.

Malgrado essas considerações, o entendimento que prepondera é a aplicação da nulidade se procedida à leitura, tal como previsto na lítera do inciso I do art. 478 do CPP.

Importante ainda outra observação. Colhe-se de decisão proferida no ano de 2023 pela 6ª Turma do STJ que "*o standard probatório para a decisão de pronúncia, quanto à autoria e a participação, situa-se entre o da simples preponderância de provas incriminatórias sobre as absolutórias (mera probabilidade ou hipótese acusatória mais provável que a defensiva) – típico do recebimento da denúncia – e o da certeza além de qualquer dúvida razoável (BARD ou outro standard que se tenha por equivalente) – necessário somente para a condenação. Exige-se para a pronúncia, portanto, elevada probabilidade de que o réu seja autor ou partícipe do delito a ele imputado" (Recurso Especial nº 2.091.647-DF, STJ, 6ª Turma, Rel. Min. Rogerio Schietti Cruz, julgado em 26.9.2023, publicado no DJ em 3.10.2023)*. Igualmente é a posição da 5ª Turma, que, posteriormente, também assentou que para que o acusado seja pronunciado "não basta à hipótese acusatória sobre a autoria ser possível, coerente ou a melhor; além de tudo isso, a pronúncia exige que a imputação esteja fortemente corroborada, com alto grau de probabilidade, por provas claras e convincentes, e que o conjunto probatório seja completo, sem a omissão de provas importantes para a elucidação dos fatos. Suspeitas, boatos e a mera possibilidade de que o réu tenha sido o autor do crime não bastam para a pronúncia. Inteligência dos arts. 155, 156, 413 e 414 do CPP. [...] *(Agravo em Recurso Especial nº 2.236.994-SP, STJ, 5ª Turma, Rel. Min. Ribeiro Dantas, julgado em 21.11.2023, publicado no DJ em 28.11.2023)*

Se a linha dos julgados seguir esse caminho, visualizamos sério comprometimento em detrimento dos interesses dos réus, sem que se possa falar em nulidades.

Explicamos melhor.

Mas antes destacamos que, na linha do que defendemos há muito tempo e inserto na presente obra, não se afigura a melhor interpretação invocar o brocardo *in dubio pro societate* na fase da pronúncia. De fato, a questão é probatória: se houver indícios mínimos da autoria e prova da materialidade, deve-se submeter o caso para a decisão do juízo natural, o tribunal popular.

Retornando ao tema, deve-se ver que, com a decisão acima destacada, o STJ criou uma situação que possa ser prejudicial aos interesses dos réus em plenário.

Se é verdade que não se pode ler a decisão de pronúncia do caso concreto como "argumento de autoridade" aos jurados, não menos verdadeiro é que, porque não há nenhum empecilho para tanto, a acusação e/ou a assistência (nos casos que houver) poderá invocar – de forma absolutamente genérica – que os precedentes do STJ dizem, explicitamente, que, para fins de pronúncia, é necessária a elevada probabilidade de que o réu seja o autor ou o partícipe do delito. Trazer essas decisões (que não do caso concreto, repise-se) aos jurados, de forma genérica, não é vedado por lei *(porque, repita-se, não trata de revelar os fundamentos da pronúncia no caso concreto, embora qualquer jurado sempre possa analisar a decisão nos autos durante a sessão, se quiser).* E tal fato poderá sim repercutir na formação da convicção dos integrantes do Tribunal Popular, na medida em que os julgadores leigos poderão considerar, na formação de suas convicções íntimas, que se um juiz togado, genericamente, precisa dessa "elevada probabilidade" para submeter ao júri é porque esses elementos existem também no caso concreto, por dedução.

Jurisprudência

478.1. [...] É entendimento pacífico deste Superior Tribunal no sentido de que o rol constante no art. 478, inciso I, do Código de Processo Penal é taxativo, não comportando interpretações ampliativas, sendo vedada a leitura em plenário apenas da decisão de pronúncia ou das decisões posteriores que julgaram admissível a acusação e desde que essa referência seja feita com argumento de autoridade para beneficiar ou prejudicar o réu, não havendo quaisquer óbices, portanto, a que sejam feitas menções pelo Parquet em plenário a boletins de ocorrência, à folha de antecedentes ou a decisões proferidas em medidas protetivas contra o acusado. [...] *(Agravo Regimental no Recurso Especial nº 1.879.971-RS, STJ, 5ª Turma, Rel. Min. Messod Azulay Neto, sessão virtual de 11.4.2023 a 17.4.2023, publicado no DJ em 20.4.2023)*

478.1. [...] Esta Corte Superior, em inúmeros julgados, já reconheceu que a mera leitura da pronúncia, ou de outros documentos em plenário, não implica, obrigatoria*mente, a nulidade do julgamento, notadamente porque os jurados possuem amplo acesso aos autos. Assim, somente fica configurada a ofensa ao art. 478, I, do Código de Processo Penal, se as referências forem feitas como argumento de autoridade que beneficie ou prejudique o réu [...] No presente caso, a Corte de origem concluiu que a entrega de cópia da Decisão de Pronúncia aos Jurados não se mostra ilegal, pelo contrário, tem o condão de dar ciência adequada ao Conselho de Sentença acerca do caso que será submetido a julgamento, não configurando prejuízo à Defesa [...].* Assim, verifica-se que a entrega de cópias da pronúncia, nos termos da previsão inserta no artigo 472 do CPP, não pode ser tida como prejudicial a acusada, uma vez que não atingiu o ânimo dos jurados. [...] *(Agravo Regimental no Agravo Regimental no Agravo em Recurso Especial nº 2.144.022–MG, STJ, 5ª Turma, Rel. Min. Reynaldo Soares da Fonseca, julgado em 25.10.2022, publicado no DJ em 7.11.2022)*

478.1. [...] Não se encontra no rol de vedações do art. 478, I, do CPP, a referência a condenação de corréu em autos autônomos. Assim, a menção pelo Membro do Ministério Público de que o corréu fora condenado anteriormente não caracteriza nulidade. [...] *(Agravo Regimental no Agravo Regimental no Agravo em Recurso Especial nº 2.144.022–MG, STJ, 5ª Turma, Rel. Min. Reynaldo Soares da Fonseca, julgado em 25.10.2022, publicado no DJ em 7.11.2022)*

478.1. [...] "*A teor do art. 478, I, do Código de Processo Penal, é vedada a referência de certas peças que integram os autos da ação penal em plenário do Tribunal do Júri, a impingir aos jurados o argumento da autoridade. A jurisprudência desta Corte Superior é firme em assinalar que o rol previsto nesse dispositivo legal é taxativo. "A folha de antecedentes do acusado é peça que compõe a instrução processual de qualquer feito criminal e não há nenhum constrangimento em juntar tal documento aos autos. Ademais, o próprio Código de Processo Penal impõe que seja perguntado ao acusado, em plenário, sobre seus antecedentes criminais, nos termos da previsão do art. 474 do diploma processual penal, ao dispor sobre a aplicabilidade das disposições do art. 187 da lei adjetiva ao interrogatório no júri.*" (AgRg no REsp n. 1.815.618/RS, relator Ministro Rogério Schietti Cruz, Sexta Turma, julgado em 18/8/2020, DJe 26/8/2020). [...] *(Agravo Regimental no Recurso Especial nº 1.738.292/RS, STJ, 6ª Turma, unânime, Rel. Min. Antônio Saldanha Palheiros, julgado em 1.6.2021, publicado no DJ em 7.6.2021)*

478.1 [...] A teor do art. 478, I, do Código de Processo Penal, é vedada a referência de certas peças que integram os autos da ação penal em plenário do Tribunal do Júri, a impingir aos jurados o argumento da autoridade. A jurisprudência desta Corte Superior é firme em assinalar que o rol previsto nesse dispositivo legal é taxativo. [...] A folha de antecedentes do acusado é peça que compõe a instrução processual de qualquer feito criminal e não há nenhum constrangimento em juntar tal documento aos autos. Ademais, o próprio Código de Processo Penal impõe que seja perguntado ao acusado, em plenário, sobre seus antecedentes criminais, nos termos da previsão do art. 474 do diploma processual penal, ao dispor sobre a aplicabilidade das disposições do art. 187 da lei adjetiva ao interrogatório no júri. [...] *(Agravo Regimental no Recurso Especial nº 1.815.618/RS, STJ, 6ª Turma, unânime, rel. Min. Rogério Schietti Cruz, julgado em 18.8.2020, publicado no* DJ *em 26.8.2020).*

478.1. [...] A atual redação do art. 479 do CPP estabelece que não será permitida a leitura de documento ou a exibição de objeto que não tenha sido juntado aos autos com antecedência mínima de 3 dias úteis e cuja ciência não tenha sido dada à outra parte. Assim sendo, não há nenhuma vedação legal à apresentação de documentos que auxiliem a parte na sustentação de sua tese, desde que para aferição de outros aspectos não ligados à culpa, sob a vigilância e tutela do juiz presidente quanto a eventual excesso por parte da acusação. [...] É certo que da ação de indenização a defesa já tinha pleno conhecimento, razão por que a utilização do referido documento pela acusação, em defesa de sua tese acusatória, deve-se ater ao comando estabelecido no inciso I do art. 478 do Código de Processo Penal, evitando o "argumento de autoridade" que prejudique o acusado. [...] Registre-se que esta Corte Superior, em inúmeros julgados, já reconheceu que a mera leitura da pronúncia, ou de outros documentos em plenário, não implica, obrigatoriamente, a nulidade do julgamento, notadamente porque os jurados possuem amplo acesso aos autos. Assim, somente fica configurada a ofensa ao art. 478, I, do Código de Processo Penal, se as referências forem feitas como argumento de autoridade que beneficie ou prejudique o réu. [...] *(Habeas Corpus nº 149.007-MT, STJ, 5ª Turma, unânime, Rel. Min. Gurgel de Faria, julgado em 5.5.2015, publicado no* DJ *em 21.5.2015).*

478.1. [...] O texto do art. 478 deve ser analisado em cotejo com o art. 480, do Código de Processo Penal, que possibilita aos jurados e às partes "a qualquer momento e por intermédio do juiz presidente, pedir ao orador que indique a folha dos autos onde se encontra a peça por ele lida ou citada, facultando-se, ainda, aos jurados solicitar-lhe, pelo mesmo meio, o esclarecimento de fato por ele alegado". E o art. 480, § 3º, acrescenta que "os jurados, nesta fase do procedimento, terão acesso aos autos e aos instrumentos do crime se solicitarem ao juiz presidente". Portanto, não há ilegalidade na menção do antecedente do réu que já constava dos autos, ao qual os jurados têm amplo e irrestrito acesso, com a possibilidade de requerer esclarecimentos. Ademais, a menção de tal peça processual não foi feita como argumento de autoridade. 2. "A Suprema Corte possui precedentes no sentido de que 'a demonstração de prejuízo, a teor do art. 563 do CPP, é essencial à alegação de nulidade, seja ela relativa ou absoluta' (HC 85.155/SP, Segunda Turma, de relatoria da Ministra Ellen Gracie, DJ de 15/4/05). 7. A declaração de nulidade no direito penal não prescinde da demonstração do efetivo prejuízo para à defesa, consoante dispõe o art. 563 do Código de Processo Penal, o que importa dizer que a desobediência às formalidades estabelecidas na legislação processual somente poderá implicar o reconhecimento da invalidade do ato quando a sua finalidade estiver comprometida em virtude do vício verificado" (RHC 114739/PA, Rel. Min. Dias Toffoli, Primeira Turma, julgado em 30/10/2012, DJE 10/12/2012). 3. O Tribunal de origem, ao analisar a questão referente à nulidade do Júri, consignou apenas que não houve violação ao art. 478, do Código de Processo Penal, deixando de analisar as questões referentes à aplicabilidade dos arts. 3º, 476 e 564, do Código de Processo Penal. Ausente, portanto, o devido prequestionamento, nos termos das Súmulas 282 e 356, do STF, aplicáveis por analogia. 4. Recurso especial conhecido em parte e nela não provido (*Recurso Especial nº 1.407.113-SP, STJ, 5ª Turma, Rel. Min. Moura Ribeiro, julgado em 26.8.2014, publicado no* DJ *em 1º.9.2014*).

478.2. Uso de algemas: Partindo da mesma linha de raciocínio, a regra também estipulou a impossibilidade de determinação do uso de algemas como argumento de autoridade que possa beneficiar ou prejudicar o acusado. Aqui há relevância, e que, para nós, diverge da situação anterior. Reportando-se às anotações do § 3º do art. 474 do CPP, assinala-se que a possibilidade de influenciar os jurados de forma indevida foi um dos motivos pelos quais o Supremo Tribunal Federal deferiu o *Habeas Corpus* nº 91.952-SP, originando-se a Súmula Vinculante de nº 11:

> Só é lícito o uso de algemas em casos de resistência e de fundado receio de fuga ou de perigo à integridade física própria ou alheia, por parte do preso ou de ter-

ceiros, justificada a excepcionalidade por escrito, sob pena de responsabilidade disciplinar, civil e penal do agente ou da autoridade e de nulidade da prisão ou do ato processual a que se refere, sem prejuízo da responsabilidade civil do Estado (*Publicada no* DJ *de 22.8.2008*).

Em síntese, só poderá ser determinado o uso de algemas no réu em plenário em situações devidamente justificadas no caso concreto.

Jurisprudência

478.2. [...] O uso de algemas surge excepcional somente restando justificado ante a periculosidade do agente ou risco concreto de fuga. [...] Implica prejuízo à defesa a manutenção do réu algemado na sessão de julgamento do Tribunal do Júri, resultando o fato na insubsistência do veredicto condenatório (*Habeas Corpus nº 91.952-SP, STF, Plenário, publicado no* DJ *em 18.12.2008*).

478.2. [...] A excepcionalidade do uso de algemas, consignada principalmente na Súmula Vinculante 11 do STF – que dispõe que só é lícito o uso de algemas em casos de resistência e de fundado receio de fuga ou de perigo à integridade física própria ou alheia, por parte do preso ou de terceiros, justificada a excepcionalidade por escrito – não obsta o seu emprego se demonstrada, por decisão fundamentada, a necessidade de serem precavidos os riscos antevistos no próprio enunciado sumular. Na hipótese, a premência no uso do referido instrumento de jugo foi irrepreensivelmente declinada pelo Juiz condutor da audiência de apresentação ao esclarecer que o menor em questão possui alto grau de periculosidade, entrevisto pelo seu profundo envolvimento com o tráfico de drogas e pela forma de execução do ato sob investigação, caracterizado por desmedida violência, uma vez que teria promovido a morte de morador que se opôs à instalação da sede do tráfico em sua residência, alvejando-a com vários tiros e jogando seu corpo em uma lixeira e acertando sua cabeça com uma pedra. Parecer ministerial pela denegação da ordem. Ordem denegada (*Habeas Corpus nº 140.982-RJ, STJ, 5ª Turma, Rel. Min. Napoleão Nunes Maia, publicado no* DJ *em 22.2.2010*).

478.3. Efeitos do silêncio do acusado: O interrogatório do réu não é obrigatório. Porém, sob pena de nulidade absoluta, é fundamental garantir-lhe direito de ser interrogado. Diante do caso concreto, não se pode afastar a possibilidade de decorrer de estratégia defensiva o não comparecimento do réu para ser interrogado (mormente se estiver foragido, por exemplo).

De outro bordo, o silêncio é direito constitucional do réu ("*art. 5º, LXIII – o preso será informado de seus direitos, entre os quais o de permanecer calado, sendo-lhe assegurada a assistência da família e de advogado*"). Se é vedado ao juiz considerar o silêncio em desfavor do réu (parágrafo único do art. 186 do CPP: "*o silêncio, que não importará em confissão, não poderá ser interpretado em prejuízo da defesa*"), também não poderá ser arguido como fundamento para reforçar a procedência da acusação perante o plenário do Júri. Portanto, o dispositivo em tela – sem similar no CPP anterior – guarda estrita consonância com o art. 5º, LXIII, CF/88.

Jurisprudência

478.3. [...] *A menção ao silêncio do acusado, em seu prejuízo, no Plenário do Tribunal do Júri, é procedimento vedado pelo art. 478, II, do Código de Processo Penal. No entanto, a mera referência ao silêncio do acusado, sem a exploração do tema, não enseja a nulidade. Na hipótese, não é possível extrair dos elementos constantes dos autos se houve ou não a exploração, pela acusação em plenário, do silêncio do réu em seu desfavor [...] (Agravo Regimental no Recurso Especial nº 1.894.634/SP, STJ, 6ª Turma, unânime, Rel. Min. Sebastião Reis Júnior, julgado em 24.8.2021, publicado no DJ em 31.8.2021)*

Art. 479. Durante o julgamento não será permitida a leitura de documento ou a exibição de objeto que não tiver sido juntado aos autos com a antecedência mínima de 3 (três) dias úteis, dando-se ciência à outra parte. (Redação dada pela Lei nº 11.689, de 2008)

Parágrafo único. Compreende-se na proibição deste artigo a leitura de jornais ou qualquer outro escrito, bem como a exibição de vídeos, gravações, fotografias, laudos, quadros, croqui ou qualquer outro meio assemelhado, cujo conteúdo versar sobre a matéria de fato submetida à apreciação e julgamento dos jurados. (Incluído pela Lei nº 11.689, de 2008)

479. Leitura de documento ou exibição de objeto em plenário: Especificou-se mais detalhadamente na redação do artigo o que constava anteriormente no art. 475, CPP. No *caput* prevê-se agora a impossibilidade não só de leitura de documento como também a exibição de objeto que não tiver sido juntado aos autos com antecedência mínima de três dias úteis da sessão de julgamento.

Agora a *juntada* dos documentos aos autos deve ser com antecedência *mínima* de três dias úteis, enquanto apenas se exigia anteriormente que a parte contrária fosse *comunicada* em três dias (inclusive não úteis) de que haveria a leitura. Entendemos que os três dias úteis devem anteceder o dia do início da sessão de julgamento, *sem* incluí-lo no cômputo.

Calcado nos princípios do contraditório (para ambas as partes) e da ampla defesa (no caso de documento juntado pela acusação), quer-se com o dispositivo em tela evitar *surpresas* à parte adversária em face das *provas já produzidas e juntadas aos autos*. Fácil visualizar que há, no caso, exceção à regra geral prevista no art. 231, CPP ("*Salvo os casos expressos em lei, as partes poderão apresentar documentos em qualquer fase do processo*"). Exatamente por isso é que há de se compreender que não só a juntada, mas também a cientificação da parte contrária deverá ser realizada dentro do tríduo mínimo previsto em lei. De nada adiantaria haver previsão legal de *juntada* dos documentos no prazo de três dias úteis se a intimação se desse, por exemplo, no dia imediatamente anterior ao julgamento.

No parágrafo único, não exaustivo, apenas exemplificam-se algumas hipóteses tidas como integrantes da proibição do *caput*.

Compreendemos que se houver concordância com a leitura de documento ou exibição de objeto fora do prazo mínimo pela parte contrária não há de se falar em nulidade processual.

Derradeiramente, a não observância do dispositivo – em nossa interpretação – importa em nulidade relativa, na medida em que é fundamental a demonstração de que a infringência ao dispositivo vulnerou a ampla defesa. Mesmo que se diga que a nulidade seja absoluta, ainda assim sustentamos a necessidade de *ponderação* se houve ou não prejuízo. Como defendemos, não há de se confundir *nulidade do ato* com *nulidade do processo ou do julgamento* (a propósito, remetemos para nossas considerações ao art. 563, CPP).

Jurisprudência

479. [...] No caso, o Tribunal de origem consignou que a nulidade, decorrente da leitura de documento (mandado de prisão contra a vítima) não juntado aos autos no prazo previsto no art. 479 do CPP, foi consignada na ata de julgamento e ocasionou prejuízo à acusação, pois certamente influenciou no ânimo dos jurados de que a vítima poderia ser pessoa perigosa, subsidiando a tese defensiva de legítima defesa ou desclassificação. [...] *(Agravo Regimental no Recurso Especial nº 2.012.667–PA, STJ, 6ª Turma, Rel. Min. Sebastião Reis Júnior, sessão virtual de 28.2.2023 a 6.3.2023, publicado no DJ em 10.3.2023)*

479. [...] Nos termos do art. 479 do Código de Processo Penal, durante o julgamento no tribunal do júri, só será permitida a leitura de documento ou a exibição de objeto que tenha sido juntado aos autos com a antecedência mínima de 3 dias úteis, prazo no qual deve ocorrer a ciência da parte contrária. [...] *(Agravo Regimental no HC nº 602.291-SC, STJ, 5ª Turma, Rel. Min. João Otávio de Noronha, julgado em 1º.12.2020, publicado no DJ em7.12.2020)*

479. [...] 2. É válido julgamento feito por Tribunal de Júri mesmo tendo permanecido nos autos documento juntado pela acusação em desconformidade com o art. 479 do Código de Processo Penal, diante da não demonstração pela defesa de nenhum prejuízo concreto (art. 563 do CPP). [...] *(Embargos de Declaração no Recurso Especial n. 1.637.288-SP, STJ, 6ª Turma, unânime, Rel. Min. Sebastião Reis Júnior, julgado em 27.2.2018, publicado no* DJ *em 26.3.2018).*

479. [...] Não houve prejuízo à isonomia entre as partes no ato de entregar aos jurados cópia de peças processuais, uma vez que foram distribuídas cópias de folhas que já constavam dos autos. No mais, não se tratando de documento novo, não incide *in casu* a regra do atual art. 479 e antigo art. 475 do Código de Processo Penal e, por isso, não existe óbice algum. [...] (*Recurso Especial nº 1.445.392-MG, STJ, 6ª Turma, unânime, Rel. Min. Sebastião Reis Júnior, julgado em 14.6.2016, publicado no* DJ *em 27.6.2016*).

479. [...] Esta Corte já assentou que "*a inversão processual, falando antes a defesa e depois a acusação nas alegações finais, implica em nulidade tanto quanto no caso da sustentação oral (RECrim nº 91.661-MG, in RTJ 92/448), por ofensa ao princípio da ampla defesa e do contraditório. Entretanto, quando a defesa argui questão preliminar nas alegações finais, é legítima a abertura de vista e a manifestação do Ministério Público, ambos com respaldo legal na aplicação analógica do art. 327, primeira parte, do Código de Processo Civil, como previsto no art. 3º do Código de Processo Penal, pois em tal caso é de rigor que a outra parte se manifeste, em homenagem ao princípio do contraditório, cujo exercício não é monopólio da defesa*" (HC nº 76.240/SP, Segunda Turma, da relatoria do Ministro Maurício Corrêa, DJ de 14/8/98). [...] (*Recurso Ordinário em Habeas Corpus nº 104.261, STF, Plenário, Relator Min. Dias Toffoli, julgado em 15.3.2012, publicado no* DJ *em 7.8.2012*).

479. [...] O pedido da defesa para juntada de documentos, cuja leitura pretendia realizar em plenário, não poderia ter sido indeferido, pois foi protocolizado exatos três dias antes da data do julgamento. Artigo 475 do Código de Processo Penal. Impossibilidade de interpretação extensiva para prejudicar o réu. O prejuízo causado pelo indeferimento ofende o próprio interesse público, pois conduziu à prolação de um veredicto sem que todas as provas existentes fossem submetidas ao conhecimento dos jurados. Garantias do contraditório e da ampla defesa violadas. Tratando-se de nulidade absoluta, não há de se falar em preclusão pelo mero fato de a irregularidade não ter sido arguida logo após o pregão, como determina o art. 571 do Código de Processo Penal. Ordem concedida, para que novo julgamento seja realizado pelo Tribunal Popular, garantida a leitura dos documentos cuja juntada foi indeferida pelo ato impugnado. Impossibilidade de *reformatio in pejus* (*Habeas Corpus nº 92.958-SP, STF, Rel. Min. Joaquim Barbosa, 2ª Turma, publicado no* DJ *em 2.5.2008*).

Art. 480. A acusação, a defesa e os jurados poderão, a qualquer momento e por intermédio do juiz presidente, pedir ao orador que indique a folha dos autos onde se encontra a peça por ele lida ou citada, facultando-se, ainda, aos jurados solicitar-lhe, pelo mesmo meio, o esclarecimento de fato por ele alegado. (Redação dada pela Lei nº 11.689, de 2008)

§ 1º Concluídos os debates, o presidente indagará dos jurados se estão habilitados a julgar ou se necessitam de outros esclarecimentos. (Incluído pela Lei nº 11.689, de 2008)

§ 2º Se houver dúvida sobre questão de fato, o presidente prestará esclarecimentos à vista dos autos. (Incluído pela Lei nº 11.689, de 2008)

§ 3º Os jurados, nesta fase do procedimento, terão acesso aos autos e aos instrumentos do crime se solicitarem ao juiz presidente. (Incluído pela Lei nº 11.689, de 2008)

480. Leitura de peças, esclarecimentos e habilitação para o julgamento: A previsão do *caput* justifica-se no sentido de que se houver qualquer remissão a documento para fundamentar a tese defendida por uma das partes, havendo dúvida de quaisquer dos envolvidos (acusação, defesa ou jurados) poderá ser solicitada a leitura da peça citada ou lida.

Encerrados os debates, os jurados serão indagados se estão habilitados a proferir o veredicto ou se necessitam esclarecimentos complementares. É importante se destacar que qualquer manifestação dos jurados deve ser feita ao juiz presidente, incumbido de esclarecer eventuais dúvidas sobre questões de *fato* (§ 2º).

Por fim, e como inovação, os jurados poderão ter acesso aos autos e aos instrumentos do crime se solicitarem ao juiz presidente. Pela sistemática anterior, aos jurados seriam entregues os autos e, se solicitassem, os instrumentos do crime somente após o ingresso na *sala reservada* (art. 476, CPP).

Jurisprudência

480. [...] o art. 480 do Código de Processo Penal autoriza a leitura de documentos durante a sessão de julgamento, podendo os jurados inclusive solicitar o acesso integral aos autos, hipótese na qual poderiam ler as decisões mencionadas sem que isso configurasse qualquer irregularidade. [...] *(Habeas Corpus nº 373.351-RS, STJ, 5ª Turma, Rel. Min. Félix Fischer, julgado em 14.9.2017, publicado no DJ em 25.9.2017)*

480. [...] O inciso I do art. 478 do Código de Processo Penal veda às partes fazerem referência à decisão de pronúncia e às posteriores que julgaram admissível a acusação, mas os jurados podem ter acesso aos autos e, obviamente, ao conteúdo da pronúncia, caso solicitem ao juiz presidente, consoante dispõe o art. 480, § 3º, do mesmo diploma legal. Portanto, haverá nulidade sempre que as referidas peças processuais apresentarem excesso de linguagem capaz de alterar o ânimo dos jurados, sobretudo quando a leitura, reforçada pelas palavras proferidas pelo Promotor ao final da sessão, resulta em evidente prejuízo à defesa, consubstanciado na condenação do réu, como ocorreu no presente caso. [...] (*Habeas Corpus nº 193.734-SP, STJ, 5ª Turma, Rel. Min. Marco Aurélio Bellizze, julgado em 11.6.2013, publicado no DJ em 21.6.2013*).

480. [...] O artigo 478, I, do CPP, mercê de vedar, durante os debates, referências a decisão de pronúncia e as posteriores que julgaram admissível a acusação, não impede, na forma do artigo 480, § 3º, do mesmo Código, que os jurados tenham acesso aos autos e, obviamente, ao conteúdo da pronúncia, caso solicitem ao juiz presidente, do que resulta a possibilidade de serem influenciados pelo excesso de linguagem que, *in casu*, ocorreu. [...] (*Recurso Ordinário em Habeas Corpus nº 109.068-DF, STF, 1ª Turma, Rel. Min. Luiz Fux, julgado em 14.2.2012, publicado no DJ em 14.3.2012*).

480. [...] Pela letra do artigo 478 do Código de Processo Penal, as partes não podem fazer referências, durante os debates, "à decisão de pronúncia, às decisões posteriores que julgaram admissível a acusação ou à determinação do uso de algemas como argumento de autoridade que beneficiem ou prejudiquem o acusado", bem como "*ao silêncio do acusado ou à ausência de interrogatório por falta de requerimento, em seu prejuízo*". A decisão por meio da qual a denúncia é recebida, assim como aquela que decreta a segregação cautelar do acusado, não constam dos incisos I e II do artigo 478 da Lei Processual Penal, inexistindo óbice à sua menção por quaisquer das partes. Aliás, o próprio *caput* do artigo 480 do Código de Processo Penal estabelece a possibilidade de leitura de peças processuais pelas partes, podendo a acusação, a defesa e os jurados, a qualquer momento e por intermédio do Juiz Presidente, pedir que o orador indique a folha dos autos onde se encontra o trecho lido ou citado. Desse modo, não se pode afirmar que a leitura pelo membro do Ministério Público da decisão que admitiu a inicial acusatória e decretou a custódia preventiva do paciente tenha se dado em dissonância com o que prevê a legislação processual penal pertinente, não se vislumbrando a ocorrência da eiva indicada pelos impetrantes. [...] Ordem denegada (*Habeas Corpus nº 153.121-SP, 5ª Turma, unânime, Rel. Min. Jorge Mussi, julgado em 23.8.2011, publicado no DJ em 1º.9.2011*).

Art. 481. Se a verificação de qualquer fato, reconhecida como essencial para o julgamento da causa, não puder ser realizada imediatamente, o juiz presidente dissolverá o Conselho, ordenando a realização das diligências entendidas necessárias. (Redação dada pela Lei nº 11.689, de 2008)

Parágrafo único. Se a diligência consistir na produção de prova pericial, o juiz presidente, desde logo, nomeará perito e formulará quesitos, facultando às partes também formulá-los e indicar assistentes técnicos, no prazo de 5 (cinco) dias. (Redação dada pela Lei nº 11.689, de 2008)

481. Outra hipótese de dissolução do Conselho de Sentença: Guarda similitude com o disposto no revogado art. 477, CPP. A razão de ser da regra encontra amparo em sede constitucional: garantir que, diante de sua soberania, o Tribunal do Júri tenha conhecimento de todas as provas possíveis e circunstâncias de fato que possam influenciar a solução final. Por isto, se inviável realizar imediatamente a verificação da circunstância fática que surgiu ou então a diligência (parágrafo único) consistir em produção de prova pericial essencial, a solução será a dissolução do Conselho de Sentença.

Normalmente, todas as questões atinentes a perícias deveriam ser solvidas quando da fase do art. 411, CPP, ou ainda, dependendo da circunstância, no momento processual da instrução previsto no art. 473, CPP. Como já consignamos anteriormente (vide item 473.4), acaso haja solicitação de esclarecimento aos peritos, estando presentes e tendo condições de esclarecer a dúvida, será permitido atender o pleito do jurado. Porém, se não tiver condições de atender ao solicitado, ou estando ausente e verificando-se que se trata de providência imprescindível, não restará outra alternativa ao juiz presidente senão dissolver o conselho, procedendo conforme previsto no artigo em comento.

Entretanto, deve-se compreender que a circunstância aqui surgida a demandar a diligência complementar surge exatamente em decorrência dos debates havidos em plenário.

Jurisprudência

481. [...] 1. O art. 481 do CPP estabelece que o juiz presidente do Tribunal do Júri poderá dissolver o conselho de sentença, quando da determinação de realização de diligências, no sentido de verificar qualquer fato que não possa ser realizado imediatamente. 2. No caso dos autos, diante da declaração da vítima da impossibilidade de reconhecer o acusado, o Juiz Presidente, de forma coerente, dissolveu o Conselho de Sentença para diligenciar no sentido de colher provas, a fim de dirimir a dúvida existente, determinando a requisição de fotografia junto ao Instituto de Identificação e Secretaria de Defesa Social. [...] *(RHC nº 39.182-MG, STJ, 5ª Turma, Rel. Min. Ribeiro Dantas, julgado em 17.8.2017, publicado no DJ em 28.8.2017)*

Seção XIII
Do Questionário e sua Votação
(Incluída pela Lei nº 11.689, de 2008)

Art. 482. O Conselho de Sentença será questionado sobre matéria de fato e se o acusado deve ser absolvido. (Redação dada pela Lei nº 11.689, de 2008)

Parágrafo único. Os quesitos serão redigidos em proposições afirmativas, simples e distintas, de modo que cada um deles possa ser respondido com suficiente clareza e necessária precisão. Na sua elaboração, o presidente levará em conta os termos da pronúncia ou das decisões posteriores que julgaram admissível a acusação, do interrogatório e das alegações das partes. (Incluído pela Lei nº 11.689, de 2008)

482. Quesitos formulados aos jurados: O modo de quesitação previsto na sistemática anterior era muito complexo e de difícil compreensão inclusive para quem tivesse conhecimentos jurídicos. Nos dispositivos que tratam do *questionário e sua votação* é fácil visualizar a simplificação havida. Resta claro que as vigas-mestras da quesitação deverão seguir duas linhas: sobre o fato (materialidade) e sobre a autoria (partindo-se da premissa, sempre, para não induzir os jurados, se o acusado deve ou não ser absolvido).

Mesmo assim não se pode negar que nem sempre resta fácil ou factível responder a uma pergunta apenas com um *sim* ou com um *não*. De qualquer forma, o sistema que se nos apresenta é este e, dentro desses limites, há de se procurar a melhor forma de indagar os jurados acerca do que está em julgamento.

O parágrafo único determina que os quesitos deverão ser apresentados aos jurados em proposições afirmativas, simples e distintas, permitindo-se que cada um possa ser respondido com clareza e necessária precisão. Não mais havendo libelo acusatório, os quesitos deverão seguir os termos da pronúncia (seja a decisão de pronúncia em si ou as de tribunais que, em recurso da acusação, admitiram que a imputação fosse levada a plenário, ou então em recurso da defesa excluíram alguns tópicos), do interrogatório (se houver, valorizando-se, assim, a linha argumentativa da defesa) e das alegações das partes.

Art. 483. Os quesitos serão formulados na seguinte ordem, indagando sobre: (Redação dada pela Lei nº 11.689, de 2008)

I – a materialidade do fato; (Incluído pela Lei nº 11.689, de 2008)

II – a autoria ou participação; (Incluído pela Lei nº 11.689, de 2008)

III – se o acusado deve ser absolvido; (Incluído pela Lei nº 11.689, de 2008)

IV – se existe causa de diminuição de pena alegada pela defesa; (Incluído pela Lei nº 11.689, de 2008)

V – se existe circunstância qualificadora ou causa de aumento de pena reconhecidas na pronúncia ou em decisões posteriores que julgaram admissível a acusação. (Incluído pela Lei nº 11.689, de 2008)

§ 1º A resposta negativa, de mais de 3 (três) jurados, a qualquer dos quesitos referidos nos incisos I e II do *caput* deste artigo encerra a votação e implica a absolvição do acusado. (Incluído pela Lei nº 11.689, de 2008)

§ 2º Respondidos afirmativamente por mais de 3 (três) jurados os quesitos relativos aos incisos I e II do *caput* deste artigo será formulado quesito com a seguinte redação: (Incluído pela Lei nº 11.689, de 2008)

O jurado absolve o acusado?

§ 3º Decidindo os jurados pela condenação, o julgamento prossegue, devendo ser formulados quesitos sobre: (Incluído pela Lei nº 11.689, de 2008)

I – causa de diminuição de pena alegada pela defesa; (Incluído pela Lei nº 11.689, de 2008)

II – circunstância qualificadora ou causa de aumento de pena, reconhecidas na pronúncia ou em decisões posteriores que julgaram admissível a acusação. (Incluído pela Lei nº 11.689, de 2008)

§ 4º Sustentada a desclassificação da infração para outra de competência do juiz singular, será formulado quesito a respeito, para ser respondido após o 2º (segundo) ou 3º (terceiro) quesito, conforme o caso. (Incluído pela Lei nº 11.689, de 2008)

§ 5º Sustentada a tese de ocorrência do crime na sua forma tentada ou havendo divergência sobre a tipificação do delito, sendo este da competência do Tribunal do Júri, o juiz formulará quesito acerca destas questões, para ser respondido após o segundo quesito. (Incluído pela Lei nº 11.689, de 2008)

§ 6º Havendo mais de um crime ou mais de um acusado, os quesitos serão formulados em séries distintas. (Incluído pela Lei nº 11.689, de 2008)

483.1. Ordem da formulação dos quesitos: Considerações gerais: Analisemos aqui a ordem da quesitação. Na sequência, as consequências das respostas, com a observância de que, por expressa disposição do § 6º, havendo mais de um crime (doloso ou conexo a ele) e/ou mais de um acusado, os quesitos serão formulados em séries distintas, ou seja, separadamente.

483.2. Questionamento sobre a materialidade do fato (inciso I): Primeiro será indagado acerca da materialidade, isto é, sobre a existência do fato, nos limites em que se atribui ao acusado. A indagação deverá abranger, especialmente, o *resultado*, ou seja, a efetiva lesão ao bem jurídico, exatamente como narrado na acusação e reconhecido na decisão de pronúncia, que submeteu o réu ao conselho de sentença. Embora o § 5º do presente artigo estabeleça que a quesitação acerca da consumação ou tentativa deva ser feita apenas após o segundo quesito (autoria e participação), compreendemos que aqui seria o momento mais apropriado para o esclarecimento do tema.

483.3. Questionamento sobre a autoria ou participação (inciso II): Reconhecida a existência do fato (e em quais limites), há de se questionar aos jurados acerca da autoria ou participação. Imputação de autoria é diversa de quando verificada a participação, na medida em que esta não abrange, necessariamente, os elementos do tipo penal de competência do Júri. Mas não se pode olvidar que a participação pode ser compreendida como hipótese de autoria, mesmo que não realizados pelo agente os elementos e circunstâncias do tipo.

Há de se atentar para o disposto nos §§ 4º e 5º. Mais detalhadas adiante as consequências do que inserto no § 4º, fundamental ora se destacar que, consoante preconiza o § 5º, havendo tese da ocorrência de crime tentado ou acerca da tipificação do delito (para outra que *ainda* se inclua na competência do Júri, de homicídio para infanticídio, por exemplo), o juiz deverá formular quesito acerca dessas questões, após respondido o segundo quesito. Por questão lógica, proceder-se-á à discussão da desclassificação desde que a resposta acerca da autoria ou participação seja afirmativa por pelo menos quatro jurados, pois, do contrário, estará desde logo absolvido o acusado.

Jurisprudência

483.3.[...] conforme destacado pelo Tribunal de origem, é assente nesta Corte Superior o entendimento no sentido de que a resposta afirmativa dos jurados quanto à existência do crime de homicídio, na forma tentada, torna dispensável a indagação em quesito específico a respeito da tese de desclassificação, haja vista a incompatibilidade entre os quesitos. [...] *(Agravo Regimental no Habeas Corpus nº 856.483-GO, STJ, 5ª Turma, Rel. Min. Reynaldo Soares da Fonseca, julgado em 17.10.2023, publicado no DJ em 30.10.2023)*

483.3. [...] É obrigatória quesitação referente à tentativa, antes da pergunta sobre a eventual absolvição do réu, a teor do art. 483, § 5º, do Código de Processo Penal. [...] (*Habeas Corpus nº 232.236-SP, STJ, 5ª Turma, Rel. Min. Laurita Vaz, julgado em 28.5.2013, publicado no* DJ *em 6.6.2013*).

483.3. [...] Se a tese da defesa é desclassificação para homicídio culposo, sem negativa de autoria, mostra-se correta a quesitação em que logo após os quesitos sobre o fato principal (materialidade, autoria e letalidade) vêm as perguntas sobre as formas de culpa, não havendo nulidade em face da ausência de quesito específico sobre dolo eventual. [...] *(Habeas Corpus nº 81.522-RJ, STJ, 6ª Turma, unânime, Rel. Min. Nefi Cordeiro, julgado em 19.5.2015, publicado no* DJ *em 28.5.2015).*

....

483.4. Quesito genérico de absolvição (inciso III): Uma vez reconhecidas materialidade e autoria ou participação, deverá ser formulado um quesito genérico superveniente se o acusado deverá ser absolvido, independentemente da tese ou teses defensivas que embasam o pleito absolutório. Aqui uma das grandes novidades no processo penal com o advento da Lei nº 11.689/08.

É certo que se houver pelo menos mais de três votos afirmativos diante de várias teses defensivas, não será possível identificar em qual delas se basearam os jurados que *absolveram* o réu. Mesmo diante da valorização da convicção íntima dos jurados (correlacionada com a soberania dos veredictos – art. 5º, XXXVIII, *c*, CF), entendemos que poderá haver *excepcional* controle para evitar arbitrariedades (mesmo que absolutórias). É que a soberania dos veredictos não pode ser interpretada no sentido que possa a conclusão do Conselho de Sentença ser dissociada *integralmente* do que apurado nos autos, por mais que o espírito dos jurados (unânime ou majoritário) esteja correlacionado com a intenção de absolver em ideia genérica de *justiça* para com o autor ou partícipe do fato. Anotamos importante decisão do STF na ADPF nº 779, de 2021, reconhecendo que a legítima defesa da honra não pode ser invocada como argumento inerente à plenitude de defesa própria do tribunal do júri, a qual não pode constituir instrumento de salvaguarda de práticas ilícitas.

Assim, em situações excepcionais, nas quais a absolvição for totalmente dissonante das provas carreadas aos autos, poderá haver a anulação do julgado acaso promovido recurso de apelação forte no art. 593, III, *d*, CPP (a propósito, vide Súmula 713, STF: "*o efeito devolutivo da apelação contra decisões do Júri é adstrito aos fundamentos da sua interposição*").

Acerca da *forma de apresentação* do quesito *genérico* de absolvição, vide item 483.8.

Sobre o tema da possibilidade (ou não) de recurso contra a decisão absolutória de clemência, vide anotações ao item 593.5.4.1.

Jurisprudência

483.4. [...] 1. A "legítima defesa da honra" é recurso argumentativo/retórico odioso, desumano e cruel utilizado pelas defesas de acusados de feminicídio ou agressões contra a mulher para imputar às vítimas a causa de suas próprias mortes ou lesões. Constitui-se em ranço, na retórica de alguns operadores do direito, de institucionalização da desigualdade entre homens e mulheres e de tolerância e naturalização da violência doméstica, as quais não têm guarida na Constituição de 1988.

2. Referido recurso viola a dignidade da pessoa humana e os direitos à vida e à igualdade entre homens e mulheres (art. 1º, inciso III , e art. 5º, caput e inciso I, da CF/88), pilares da ordem constitucional brasileira. A ofensa a esses direitos concretiza-se, sobretudo, no estímulo à perpetuação do feminicídio e da violência contra a mulher. O acolhimento da tese teria o potencial de estimular práticas violentas contra as mulheres ao exonerar seus perpetradores da devida sanção.

3. A "legítima defesa da honra" não pode ser invocada como argumento inerente à plenitude de defesa própria do tribunal do júri, a qual não pode constituir instrumento de salvaguarda de práticas ilícitas. Devem prevalecer a dignidade da pessoa humana, a vedação de todas as formas de discriminação, o direito à igualdade e o direito à vida, tendo em vista os riscos elevados e sistêmicos decorrentes da naturalização, da tolerância e do incentivo à cultura da violência doméstica e do feminicídio.

4. Na hipótese de a defesa lançar mão, direta ou indiretamente, da tese da "legítima defesa da honra" (ou de qualquer argumento que a ela induza), seja na fase pré-processual, na fase processual ou no julgamento perante o tribunal do júri, caracterizada estará a nulidade da prova, do ato processual ou, caso não obstada pelo presidente do júri, dos debates por ocasião da sessão do júri, facultando-se ao titular da acusação apelar na forma do art. 593, inciso III, alínea a, do Código de Processo Penal.

5. É inaceitável, diante do sublime direito à vida e à dignidade da pessoa humana, que o acusado de feminicídio seja absolvido, na forma do art. 483, inciso III, § 2º, do Código de Processo Penal, com base na esdrúxula tese da "legítima defesa da honra". Há de se exigir um controle mínimo do pronunciamento do tribunal do júri quando a decisão de absolvição se der por quesito genérico, de forma a avaliar, à luz dos atos processuais praticados em juízo, se a conclusão dos jurados se deu a partir de argumentação discriminatória, indigna, esdrúxula e inconstitucional referente ao uso da tese da legítima defesa da honra.

6. Arguição de descumprimento de preceito fundamental julgada parcialmente procedente para (i) firmar o entendimento de que a tese da legítima defesa da honra é inconstitucional, por contrariar os princípios constitucionais da dignidade da pessoa humana (art. 1º, inciso III, da CF), da proteção da vida e da igualdade de gênero (art. 5º, caput, da CF); (ii) conferir interpretação conforme à Constituição ao art. 23, inciso II, ao art. 25, caput e parágrafo único, do Código Penal e ao art. 65 do Código de Processo Penal, de modo a excluir a legítima defesa da honra do âmbito do instituto da legítima defesa; (iii) obstar à defesa, à acusação, à autoridade policial e ao juízo que utilizem, direta ou indiretamente, a tese de legítima defesa da honra (ou qualquer argumento que induza à tese) nas fases pré-processual ou processual penais, bem como durante o julgamento perante o tribunal do júri, sob pena de nulidade do ato e do julgamento; e (iv) diante da impossibilidade de o acusado beneficiar-se da própria torpeza, fica vedado o reconhecimento da nulidade referida no item anterior na hipótese de a defesa ter-se utilizado da tese da legítima defesa da honra com essa finalidade.

7. Procedência do pedido sucessivo apresentado pelo requerente, conferindo-se interpretação conforme à Constituição ao art. 483, inciso III, § 2º, do Código de Processo Penal, para entender que não fere a soberania dos vereditos do tribunal do júri o provimento de apelação que anule a absolvição fundada em quesito genérico, quando, de algum modo, possa implicar a repristinação da odiosa tese da legítima defesa da honra. *(Arguição de Descumprimento de Preceito Fundamental nº 779-Mérito, STF, Plenário, Rel. Min. Dias Toffoli, julgamento final em 1º.8.2023, publicado no DJ em 6.10.2023)*

483.4. [...] Absolvição com fundamento no quesito genérico. Determinação de submissão a novo júri em recurso da acusação. Possibilidade. [...] O Plenário do Supremo Tribunal Federal julgou o ARE 1.225.185 e fixou a seguinte tese: É cabível recurso de apelação, com base no art. 593, III, d, do Código de Processo Penal, nas hipóteses em que a decisão do Tribunal do Júri, amparada em quesito genérico, for considerada pela acusação como manifestamente contrária à prova dos autos. O Tribunal de Apelação não determinará novo júri quando tiver ocorrido apresentação constante em ata de tese conducente à clemência ao acusado, e esta for acolhida pelos jurados, desde que seja compatível com a Constituição, com os precedentes vinculantes do Supremo Tribunal Federal e com as circunstâncias fáticas apresentadas nos autos. 4. Agravo improvido. (*Agravo Regimental no Habeas Corpus nº 220.519, STF, 2ª Turma, Rel. Min. Gilmar Mendes, julgado em 11.11.2024, publicado no DJ em 19.11.2024*)

483.4. [...] 1. Ao julgar apelação que pretende desconstituir o julgamento proferido pelo Tribunal do Júri, sob o argumento de que a decisão foi manifestamente contrária à prova dos autos, à Corte de origem se permite, apenas, a realização de um juízo de constatação acerca da *existência de suporte probatório para a decisão tomada pelos jurados integrantes da Corte Popular. Se o veredito estiver flagrantemente* desprovido de elementos mínimos de prova capazes de sustentá-lo, admite-se a sua cassação. Caso contrário, deve ser preservado o juízo feito pelos jurados no exercício da sua soberana função constitucional.
2. Não se desconhece a celeuma existente na doutrina a respeito da natureza jurídica do interrogatório, porém, de acordo com a interpretação literal e topográfica do Código de Processo Penal, prevalece o enquadramento do interrogatório como meio de prova. Portanto, não há como entender que a decisão dos jurados foi manifestamente contrária à prova dos autos, se a tese defensiva é respaldada pelo interrogatório, que é meio típico de prova previsto no CPP e foi produzido sob o crivo do contraditório judicial.
3. Na hipótese dos autos, a defesa sustentou, em plenário, a tese de homicídio privilegiado pela violenta emoção, o que foi acolhido pelo Conselho de Sentença com base no interrogatório do réu. Desse modo, os jurados apenas escolheram a versão que lhes pareceu mais verossímil e decidiram a causa conforme suas convicções.

4. Não cabe ao Tribunal *a quo*, tampouco a esta Corte Superior, valorar as provas dos autos e decidir pela tese prevalente, sob pena de violação da competência constitucional conferida ao Conselho de Sentença. Ao anular o julgamento, o órgão de segundo grau fez indevida incursão valorativa e violou a soberania dos vereditos, uma vez que lhe cabia apenas constatar se era uma versão minimamente plausível, à luz do contexto fático-probatório dos autos. [...] *(Agravo Regimental no Agravo em Recurso Especial nº 2153122 – SC, STJ, 6ª Turma, Rel. Min. Rogerio Schietti Cruz, julgado em 8.11.2022, publicado no DJ em 16.11.2022)*

483.4 [...] 2. A introdução do quesito genérico na legislação processual penal (Lei 11.689/2008) veio claramente com o intuito de simplificar a votação dos jurados – reunindo as teses defensivas em um quesito –, e não para transformar o corpo de jurados em "*um poder incontrastável e ilimitado*". 3. Em nosso ordenamento jurídico, embora soberana enquanto decisão emanada do Juízo Natural constitucionalmente previsto para os crimes dolosos contra a vida, o específico pronunciamento do Tribunal do Juri não é inatacável, incontrastável ou ilimitado, devendo respeito ao duplo grau de jurisdição. Precedentes. [...] *(Agravo Regimental no Recurso Ordinário em Habeas Corpus nº 218.697, STF, Rel. Min. Dias Toffoli, sessão virtual de 2.9.2022 a 13.9.2022, publicado no DJ em 5.10.2022)*

483.4. [...] 1. Não ofende a soberania dos veredictos a anulação de decisão do Tribunal do Júri que se mostre manifestamente contrária a prova dos autos, ainda que os jurados tenham respondido positivamente ao terceiro quesito formulado nos termos do art. 483, § 2º, do Código de Processo Penal – CPP. [...] *(Agravo Regimental no Agravo em Recurso Especial nº 1.676.132/CE, STJ, 5ª Turma, unânime, Rel. Min. Joel Ilan Paciornik, julgado em 9.12.2020, publicado no DJ em 14.12.2020).*

483.4. [...] 1. A soberania dos veredictos e garantia constitucional do Tribunal do Juri, órgão competente para o julgamento dos crimes dolosos contra a vida; sendo a única instância exauriente na apreciação dos fatos e provas do processo. Impossibilidade de suas decisões serem materialmente substituídas por decisões proferidas por juízes ou Tribunais togados. Exclusividade na análise do mérito.

2. A introdução do quesito genérico na legislação processual penal (Lei n. 11.689, de 09 de junho de 2008) veio claramente com o intuito de simplificar a votação dos jurados – reunindo as teses defensivas em um quesito –, e não para transformar o corpo de jurados em "*um poder incontrastável e ilimitado*".

3. Em nosso ordenamento jurídico, embora soberana enquanto decisão emanada do Juízo Natural constitucionalmente previsto para os crimes dolosos contra a vida, o específico pronunciamento do Tribunal do Juri não é inatacável, incontrastável ou ilimitado, devendo respeito ao duplo grau de jurisdição. Precedentes.
4. A apelação não substitui a previsão constitucional de exclusividade do Tribunal do Juri na análise de mérito dos crimes dolosos contra a vida, pois, ao afastar a primeira decisão do Conselho de Sentença, simplesmente, determina novo e definitivo julgamento de mérito pelo próprio Juri.

5. Sendo constitucionalmente possível a realização de um novo julgamento pelo próprio Tribunal do Juri, dentro do sistema acusatório consagrado pelo nosso ordenamento jurídico como garantia do devido processo legal, não é possível o estabelecimento de distinção interpretativa para fins de recursos apelatórios entre acusação e defesa, sob pena de ferimento ao próprio princípio do contraditório, que impõe a condução dialética do processo (par conditio). [...] *(Habeas Corpus nº 182.467/MG, STF, 1ª Turma, por maioria, Rel. Min. Marco Aurélio, Redator do acórdão Min. Alexandre de Moraes, julgado em sessão virtual de 21.8.2020 a 28.8.2020, publicado no DJ em 2.12.2020).*

483.4. [...] 2. A Lei n. 11.689/2008 simplificou os quesitos a serem submetidos ao Conselho de Sentença. Após responder acerca da materialidade e da autoria delitiva, os jurados decidirão se o réu deve ser condenado ou absolvido. Ainda que o Conselho de Sentença tenha respondido positivamente aos quesitos da autoria e da materialidade, é possível a absolvição do réu amparada em qualquer tese defensiva, mesmo que não sustentada em plenário, como decorrência lógica do sistema da íntima convicção e consagrado na norma insculpida no inciso III do art. 483 do Código de Processo Penal. Contudo, os veredictos do Tribunal do Júri não escapam completamente do controle judicial. O art. 593, § 3°, do CPP estabelece a possibilidade de recurso contra decisão do Conselho de Sentença que se divorcia da prova dos autos, mas limita essa supervisão a uma única vez. 3. A melhor exegese dos comandos normativos vertidos nos arts. 483, III, § 2°, e 593, III, *d*, § 3°, do CPP é a de ser possível a absolvição do acusado, mesmo que haja o reconhecimento da materialidade e da autoria delitiva, ainda que única tese defensiva seja a de negativa de autoria. Entretanto, o referido juízo absolutório é passível de ser questionado pela acusação, que poderá manejar apelo fundado no art. 593, III, *d*, do CPP, sem que o referido recurso signifique desrespeito ou afronta à soberania dos veredictos do Tribunal do Júri. Nesse passo, o juízo absolutório dos jurados se estabilizará e ganhará contornos de plenitude somente após novo julgamento pelo Tribunal Popular que tenha sido determinado em razão de provimento de apelação embasada em contrariedade manifesta à prova dos autos. Isso porque, segundo o § 3° do art. 593 do CPP, não se admitirá novo recurso fundado na alínea "d" do inciso III do referido dispositivo. Precedentes. [...] *(Agravo Regimental no Habeas Corpus n. 531.006-RJ, STJ, 5ª Turma, unânime, Rel. Min. Ribeiro Dantas, julgado em 3.12.2019, publicado no* DJ *em 16.12.2019).*

483.4. [...] 1. No Tribunal do Júri, a formulação dos quesitos atende a ordem legal do art. 483 do CPP. Dispondo o § 4º do referido artigo do CPP acerca da possibilidade de se quesitar a tese de desclassificação após o 2º (autoria e participação) ou 3º (absolvição) quesitos, cabe às instâncias de origem analisarem qual seria a tese principal e subsidiária da defesa. 2. A jurisprudência desta Corte Superior de Justiça firmou-se no sentido de que estando a defesa assentada em tese principal absolutória (legítima defesa) e tese subsidiária desclassificatória (ausência de animus necandi), e havendo a norma processual permitido a formulação do quesito sobre a desclassificação antes ou depois do quesito genérico da absolvição, a tese principal deve ser questionada antes da tese subsidiária, pena de causar enorme prejuízo para a defesa e evidente violação ao princípio da amplitude da defesa (REsp n. 1.509.504/SP, Rel. Ministra Maria Thereza de Assis Moura, Sexta Turma, julgado em 27/10/2015, *DJe* 13/11/2015). 3. No presente caso, não houve absolvição, mesmo especificamente questionada. Embora em momento inadequado, os jurados responderam de maneira negativa ao quesito referente à desclassificação para o delito, mantendo o Tribunal do Júri competente para o julgamento do feito. E, posteriormente, o Conselho de Sentença foi questionado a respeito da absolvição, denegando-a (STJ fls. 427 e 431). Assim, mesmo sendo incorreta a ordem de questionamento, não houve alteração no resultado do julgamento, mantendo-se a condenação por homicídio qualificado (art. 121, § 2º, incisos I e IV, do CP). Houvesse sido estabelecida a ordem correta, seria negada a absolvição e após mantido o reconhecimento do crime de homicídio, com igual condenação. As duas teses foram devidamente analisadas e respondidas pelos jurados, não podendo se falar em prejuízo para o envolvido. [...] *(Agravo Regimental no Recurso Especial n. 1.758.658/TO, STJ, 5ª Turma, unânime, Rel. Min. Reynaldo Soares da Fonseca, julgado em 6.6.2019, publicado no* DJ *em 13.6.2019).*

483.4. [...] Absolvição pelo Conselho de Sentença. Determinação, em sede de apelação, de novo júri. Decisão dos jurados manifestamente contrária à prova dos autos. Artigos 593, III, "d" e 483, § 2º, do Código de Processo Penal. Quesito absoluto genérico. Tese defensiva única. [...] 1. O Tribunal do Júri (art. 5º, XXXVIII, da CRFB/88) é conformado pelas balizas da plenitude de defesa, do sigilo das votações, da soberania dos veredictos e da competência para o julgamento dos crimes dolosos contra a vida, mercê de observar princípios constitucionais, como o contraditório e a proteção penal eficiente dos bens jurídicos fundamentais. 2. A Lei 11.689/2008 incluiu o quesito obrigatório e genérico de absolvição (art. 483, § 2º, do CPP), de sorte que todas as teses defensivas arguidas em Plenário passaram a ser concentradas em uma única pergunta direcionada aos jurados, que as acolhem ou desacolhem sem indicação do motivo ou fundamentação conducente a absolvição ou condenação do acusado. 3. A ordem legal de quesitação prevista no art. 483 do CPP, em que se indaga sobre a materialidade do fato, a autoria ou participação e posteriormente se o acusado deve ser absolvido, impõe concluir que a resposta positiva a esses três quesitos mostra-se manifestamente contraditória quando a única tese defensiva seja a negativa de autoria. 4. *In casu*, reconhecida a materialidade do fato e a autoria do réu, sendo a negativa de autoria a única tese defensiva, a resposta positiva ao quesito genérico de absolvição enseja a possibilidade de interposição de apelação singular pelo Ministério Público, sob a alegação de decisão manifestamente contrária à prova dos autos (art. 593, III, "d", do CPP), cujo provimento implicara tão somente na realização de novo júri, sem que esse substitua a decisão do Conselho de Sentença. 5. Exsurge contraditória a decisão dos jurados que diverge da própria tese defensiva da negativa de autoria, desacompanhada de eventual causa excludente da ilicitude ou da culpabilidade do acusado, e absolve o réu quando anteriormente reconhecida sua autoria do delito de materialidade assentada. 6. A exegese da lei ora conferida e harmônica com a possibilidade de absolvição por clemência dos jurados, mercê das limitações que o próprio sistema recursal prevê na interposição única de apelação sob esse fundamento (art. 593, § 3º, do CPP). 7. A soberania dos veredictos e a prerrogativa da íntima convicção são incapazes de tornar definitiva ou irrecorrível decisão absolutória arbitrária ou manifestamente contrária à prova dos autos, sob pena de violação à tutela penal eficiente de bens jurídicos relevantes; a higidez do sistema processual penal e ao princípio do duplo grau de jurisdição (artigo 8, nº 2, "h", da Convenção Americana sobre Direitos Humanos). 8. Revela-se possível a interposição pela acusação de apelação em que se alega decisão manifestamente contrária à prova dos autos (art. 593, III, "d", do CPP) quando, reconhecida a materialidade do crime e a autoria ou participação do acusado, e os jurados absolvem o réu acolhendo a tese defensiva única de negativa de autoria; situação em que o provimento do recurso implicará na determinação de novo júri, vedada a interposição de nova apelação sob o mesmo fundamento. [...] *(Habeas Corpus nº 146.672-DF, STF, 1ª Turma, por maioria, Rel. Min. Marco Aurélio, Redator do acórdão Min. Luiz Fux, julgado em 14.4.2020, publicado no* DJ *em 18.8.2020).*

483.4. [...] 1. O entendimento de que o Júri não poderia absolver o acusado, quando reconhecesse a materialidade e autoria, é diretamente contrário às determinações do art. 483 do Código de Processo Penal, pois, conforme seus §§ 1º e 2º, a votação do quesito absolutório genérico somente ocorre quando há resposta afirmativa em relação aos quesitos referentes à materialidade e à autoria. 2. O Superior Tribunal de Justiça tem jurisprudência firme no sentido de que o quesito absolutório é genérico, ou seja, deve ser formulado independentemente das teses apresentadas em Plenário, em observância ao princípio da plenitude da defesa e soberania dos veredictos. [...] 4. A viabilidade da absolvição por clemência ou qualquer outro motivo de foro íntimo dos jurados é decorrência lógica da própria previsão legal de formulação de quesito absolutório genérico, ou seja, não está vinculado a qualquer tese defensiva específica, sendo votado obrigatoriamente mesmo quando o Júri já reconheceu a materialidade e a autoria. 5. A possibilidade de absolvição por clemência traz um diferencial a mais quando se trata de anular o veredicto por suposta contrariedade a provas dos autos, quando aquela for postulada pela defesa. Nessa hipótese, deverá o Tribunal de Apelação, além de evidenciar concretamente que o veredicto absolutório não encontra nenhum respaldo nas provas dos autos, também demonstrar que a aplicação da clemência está desprovida de qualquer elemento fático que autorize a sua concessão. [...] *(Habeas Corpus n. 350.895 – RJ, STJ, 6ª Turma, Rel. Min. Maria Thereza de Assis Moura, julgado em 14.3.2017, publicado no DJ em 17.5.2017).*

483.5. Quesito sobre causas de diminuição de pena arguida pela defesa (inciso IV): Não havendo a absolvição do réu, deve ser questionado aos jurados se existe alguma causa de diminuição de pena *alegada pela defesa*. Observamos que, em nossa compreensão, mesmo que não alegada pela defesa (ou até pelo Ministério Público *em favor da defesa*, o que não se revela impossível ocorrer), deverá ser feita a quesitação, até porque se trata de causa obrigatória de diminuição de pena.

483.6. Quesitos acerca de qualificadoras ou causas de aumento (inciso V): Somente após as causas de diminuição é que deverá ser questionada a existência de qualificadora ou causa de aumento de pena. Aliás, há muito já está consagrado pela jurisprudência do STF que seria absoluta a nulidade do julgamento quando os quesitos da defesa não precedem aos das circunstâncias agravantes (Súmula 162, STF). As circunstâncias qualificadoras dizem respeito ao tipo penal em que está incurso o acusado, e devem constar, inicialmente, na denúncia e também na decisão que submeteu o acusado ao plenário. De outro lado, as causas de aumento de pena são aquelas que determinam os acréscimos em percentuais da pena cominada. Não há de se olvidar que, ao aplicar as causas de diminuição ou aumento de pena, o magistrado poderá ultrapassar os limites mínimos e máximos estabelecidos em abstrato pelo tipo penal porque há previsão expressa em Lei do montante de acréscimo ou diminuição – diversamente das agravantes e atenuantes (Súmula 231 do STJ: "*A incidência da circunstância atenuante não pode conduzir à redução da pena abaixo do mínimo legal*").

No revogado parágrafo único do art. 484 do CPP dispunha-se que seriam formulados quesitos relativamente às circunstâncias agravantes e atenuantes. A nova legislação é silente nesse sentido, motivo pelo qual compreendemos que seu reconhecimento é atribuído ao juiz presidente na aplicação da pena acaso condenado o acusado.

Vide anotações ao item 492.1.

Jurisprudência

483.6. [...] A alteração procedimental decorrente da Lei 11.689/2008 expurgou da *cognitio* dos jurados os quesitos relativos a agravantes e atenuantes, cabendo ao juiz presidente decidi-las por ocasião da fixação da pena, bastando que sejam alegados os fatos ensejadores das agravantes e atenuantes nos debates, salvo quando de forma concomitante configurarem qualificadoras (CP, art. 121, § 2º), caso em que deve constar desde o início na imputação e, posteriormente, na pronúncia e para então ser quesitada. É, pois, vedado ao órgão acusador suscitar na sessão de julgamento agravante correspondente à figura de qualificadora, como se constituísse fato diverso, sob pena de violação ao art. 483, V, e § 3º, II, do Código de Processo Penal. [...] 9. *Writ* não conhecido. Ordem concedida, de ofício, a fim de reduzir a reprimenda a 7 anos e 9 meses de reclusão *(Habeas Corpus n. 567.027-PE, STJ, 5ª Turma, unânime, Rel. Min. Ribeiro Dantas, julgado em 12.5.2020, publicado em 18.5.2020).*

483.6. [...] Nos termos do art. 483, § 3º, II, do Código de Processo Penal, decidindo os jurados pela condenação, deverão ser formulados quesitos "sobre circunstância qualificadora ou causa de aumento de pena, reconhecidas na pronúncia ou em decisões posteriores que julgaram admissível a acusação". 12. Logo, por expressa e claríssima determinação legal, deverá ser formulado quesito sobre quaisquer causas de aumento de pena, desde que reconhecidas na pronúncia ou em decisões posteriores que julgaram admissível a acusação. [...] Logo, não poderia o Tribunal de Justiça, ao prover recurso do Ministério Público, majorar a pena do recorrente com base em causa de aumento não reconhecida pelo Conselho de Sentença, sob pena de manifesta ofensa aos princípios da legalidade e da soberania dos veredítos do Júri (art. 5º, II e XXXVIII, "c", CF). [...] Em verdade, pouco importa se a causa de aumento de pena tem caráter objetivo ou subjetivo: é obrigatória, por determinação legal, sua quesitação. [...] *(RHC n. 126.884-RJ, STF, 2ª Turma, unânime, Rel. Min. Dias Toffoli, julgado em 27.9.2016, publicado no* DJ *em 11.10.2016).*

483.6. [...] Com a nova redação dada ao artigo 483 do CPP, pela Lei 11.689/2008, não há mais obrigatoriedade de submeter aos jurados quesitos acerca da existência de circunstâncias agravantes ou atenuantes, sendo certo que, somente poderão ser consideradas pelo Juiz presidente, na formulação da dosimetria penal, as agravantes e atenuantes alegadas e debatidas em plenário, nos termos da regra constante do artigo 492, I, *b*, do CPP, circunstância não ocorrida na hipótese dos autos. [...] *(Agravo Regimental no Recurso Especial n.*

1.803.578/AL, STJ, 5ª Turma, unânime, Rel. Min. Ribeiro Dantas, julgado em 4.6.2019, publicado no DJ em 10.6.2019).

483.6. [...] Não obstante o advento da inovação processual no sentido de que as circunstâncias atenuantes e agravantes não mais são objeto de quesitação, constata-se que o paciente foi submetido a julgamento pelo Tribunal do Júri em sessão realizada em 14/3/2006, isto é, em momento anterior à entrada em vigor da Lei nº 11.689/2008. Logo, no presente caso, ainda se fazia necessária a inclusão das circunstâncias atenuantes e agravantes no questionário a ser apreciado pelo Júri Popular, consoante determinava a antiga redação do art. 484, parágrafo único, I e II, do Código de Processo Penal. [...] (*Habeas Corpus n. 107.742 DF, STJ, 5ª Turma, Rel. Min. Marco Aurélio Bellizze, julgado em 1º.12.2011, publicado no DJ em 1º.2.2012*).

483.7. Forma de apuração do quórum das votações: Também novidade introduzida pela Lei nº 11.689/08, o § 1º do art. 483 do CPP determina que, havendo resposta negativa aos quesitos previstos no inciso I (materialidade) e no inciso II (autoria ou participação) por mais de três jurados (ou seja, quatro), a votação estará encerrada e o acusado, absolvido. A novidade é relevante e, para nós, guarda estreita correlação ao princípio do sigilo das votações, insculpido na alínea *b* do inciso XXXVIII do art. 5º da CF. Pelo modo ora estabelecido – e o raciocínio se aplica também ao que estatuído no § 2º do art. 483 do CPP –, evitam-se as situações *especialmente* em que o resultado condenatório era 7 × 0 (sabia-se que todos os jurados tinham votado pela condenação).

Jurisprudência

483.7. [...] O procedimento adotado pelo Presidente do Tribunal do Júri, de interrupção na apuração dos votos de determinado quesito, quando já atingido *quorum* necessário para se alcançar o resultado final, não macula o feito, eis que dessa prática não decorre prejuízo ao acusado, não caracterizando, desse modo, nulidade sequer relativa (Precedentes). Outrossim, além de tal procedimento há muito ser chancelado por esta Corte, a Lei nº 11.698/2008, ao alterar o art. 483 do CPP, previu, expressamente, nos §§ 1º e 2º, que se adote esta orientação. Recurso especial provido para determinar a remessa dos autos ao e. Tribunal *a quo*, a fim de que julgue o apelo interposto pelo recorrido contra a r. sentença condenatória (*Recurso Especial nº 957.993-RN, STJ, 5ª Turma, Rel. Min. Felix Fischer, publicado no DJ em 22.6.2009*).

483.8. Forma de apresentação do quesito genérico de absolvição: Acaso vencidas as duas primeiras séries de quesitos, no § 2º especifica-se como deverá ser formulado o quesito genérico de absolvição, que, como dito, é novidade trazida pela Lei nº 11.689/08. Assim, se pelo menos quatro jurados reconhecerem que estão presentes a materialidade e a autoria ou participação, deverão ser questionados na sequência se, por *algum motivo, absolvem o acusado*. Em sendo positiva a afirmação absolutória de pelo menos quatro jurados o acusado estará absolvido, encerrando-se o julgamento. Se não houver pelo menos quatro respostas positivas, prossegue-se na quesitação, estando em decorrência condenado o acusado.

483.9. Ordem dos quesitos após a conclusão pela condenação: Como analisado anteriormente (vide anotações aos incisos IV e V do *caput* do art. 483 do CPP), firmado o decreto condenatório deverão ser formulados os quesitos atinentes às causas de diminuição de pena (alegadas ou não, porque obrigatórias, malgrado a redação da lei) e, só depois, as circunstâncias qualificadoras ou causas de aumento de pena, desde que reconhecidas na decisão que determinou a submissão do acusado ao plenário do Tribunal do Júri.

483.10. Tese da desclassificação do delito: Pela sistemática atual prevista na Constituição Federal, o Tribunal do Júri somente pode julgar os crimes dolosos contra a vida, consumados ou tentados (art. 5º, XXXVIII, *d*, CF), e também os a eles conexos (art. 78, I, CPP), mas não há empeço que a legislação ordinária acresça outros delitos na competência do Júri.

Efetivamente, a competência (no caso, *ratione materiae*) delimita as hipóteses que serão submetidas ao Conselho de Sentença. Nessa linha, se houver *desclassificação* da infração para outra que não se inclua na competência do Tribunal do Júri, imediatamente cessará a competência dos jurados para apreciar os fatos. Não há de se confundir *desclassificação* com *absolvição*. Nessa última hipótese, decretada a absolvição e havendo conexão ou continência, o tribunal continuará julgando os demais fatos e/ou envolvidos.

O dispositivo determina que o quesito acerca da desclassificação deverá ser formulado após as respostas ao segundo ou terceiro quesitos, *conforme o caso*. Resta simples compreender a previsão. Como já acentuado, a defesa pode trazer inúmeras teses perante o tribunal. Se o fundamento principal for a tese absolutória, o quesito da desclassificação deverá ser formulado após o terceiro quesito (da *absolvição genérica*). Porém, se o fundamento central da defesa for a desclassificação, o quesito deverá ser feito após o segundo quesito (da autoria ou participação).

Importantes dispositivos merecem aqui destaques, malgrado adiante mais detalhados comentários serão lançados: consoante preconizado (agora) de forma expressa no § 2º do art. 492 do CPP, "*em caso de desclassificação, o crime conexo que não seja doloso contra a vida será julgado pelo juiz presidente do Tribunal do Júri, aplicando-se, no que couber, o disposto no § 1º deste artigo*". Por sua vez, dispõe o § 1º que se "*houver desclassificação da infração para outra, de competência do juiz singular, ao presidente do Tribunal do Júri caberá proferir sentença em seguida, aplicando-se, quando o delito resultante da nova tipificação for considerado pela Lei como infração penal de menor potencial ofensivo, o disposto nos arts. 69 e seguintes da Lei nº 9.099, de 26 de setembro de 1995*".

Não há mais ressaibo de dúvidas que, afastada a competência do Tribunal Popular para o delito doloso contra a vida, competirá ao juiz presidente proferir a sentença em relação ao delito desclassificado, bem assim (se houver) quanto aos delitos a ele conexos. Só não se aplicará essa regra se, em virtude da desclassificação, o juiz presidente não tiver a competência *em razão da matéria* (como, por exemplo, crime militar ou eleitoral).

Compreendemos, ainda, que o *caput* do art. 81, CPP, não poderá mais ser aplicado ao Tribunal do Júri diante da previsão expressa, agora, do § 1º do art. 492 do CPP. Assim, em matéria de desclassificação, o art. 81, CPP, somente poderá ser aplicado no juízo singular e nos tribunais.

Maiores questionamentos podem surgir se a Lei poderia dispor acerca da modificação da competência dos Juizados Especiais, permitindo ao juiz presidente proferir sentença em caso de conexão com delito doloso desclassificado. Nessa parte, remete-se aos comentários dos §§ 1º e 2º do art. 492 do CPP.

Jurisprudência

483.10. [...] De outra parte, de acordo com o art. 81 do Código de Processo Penal, compete ao Tribunal do Júri o julgamento dos delitos conexos, ainda que o réu venha a ser absolvido pelo crime doloso contra a vida que atraiu aquela competência. Precedente desta Corte. O Juiz Presidente do Tribunal do Júri absolveu o réu da imputação do crime referente ao cárcere privado, com base no art. 386, II, do CPP, sem submeter os fatos à apreciação do Conselho de Sentença, mostrando-se correta a decisão da Corte Estadual ao anular o julgamento também nesse aspecto. *Habeas corpus* denegado (*Habeas Corpus nº 89.399/SP, STJ, Rel. Min. Og Fernandes, 6ª Turma, publicado no DJ em 24.11.2008*).

483.11. Momento para o quesito da tentativa ou da desclassificação para outro crime ainda de competência do Júri: A previsão de quesito específico do § 5º está relacionada à tese defensiva que sustenta a desclassificação do crime pelo qual pronunciado o acusado, mas que ainda persista na competência do Tribunal do Júri. Exemplificativamente tem-se a situação do caso em que a pronúncia foi por homicídio (art. 121, CP) e a defesa sustenta que o delito foi infanticídio (art. 123, CP). As penas são substancialmente diversas.

483.12. Quesitação em séries distintas quando houver mais de um crime ou de um acusado: O § 6º é bastante claro: a quesitação deverá ser formulada em séries distintas se houver mais de um crime e/ou mais de um acusado.

Art. 484. A seguir, o presidente lerá os quesitos e indagará das partes se têm requerimento ou reclamação a fazer, devendo qualquer deles, bem como a decisão, constar da ata. (Redação dada pela Lei nº 11.689, de 2008)

Parágrafo único. Ainda em plenário, o juiz presidente explicará aos jurados o significado de cada quesito. (Redação dada pela Lei nº 11.689, de 2008)

484. Leitura de quesitos, indagação ou reclamação das partes: Ao contrário do que previsto na sistemática anterior, a leitura dos quesitos e explicação dos seus conteúdos não mais é feita na *sala especial* (reservada), mas sim ainda em plenário.

Previamente ao ingresso na sala especial, o juiz presidente apresentará às partes e aos jurados os quesitos que irá formular, explicando o significado e, sobretudo, as consequências das respostas a cada quesito. Malgrado ainda possam existir situações mais complexas, com a simplificação trazida pela Lei nº 11.689, em princípio ficou menos complicado explicar aos jurados o significado dos quesitos.

Jurisprudência

484. [...] 1. Segundo o art. 484, parágrafo único, do CPP, ainda em plenário, o juiz presidente explicará aos jurados o significado de cada quesito. No presente caso, a Juíza explicou aos jurados que, segundo entendimento do STJ, é preciso apenas a participação do menor para configurar o crime de corrupção de menores. Ora, não há que se falar em nulidade processual em razão do suposto excesso de atuação dos atos da magistrada que presidiu a sessão de julgamento, uma vez que esta apenas explicou o significado do quesito relacionado à materialidade do crime de corrupção de menores, posto em julgamento aos jurados, facilitando, com isso, a votação. [...] *(Agravo Regimental no Agravo em Recurso Especial nº 1.423.025-AL, STJ, 5ª Turma, Rel. Min. Reynaldo Soares da Fonseca, julgado em 4.8.2020, publicado no DJ em 13.8.2020)*

484. [...] 1. A afirmação da Juíza Presidente do Tribunal de Júri de que a resposta negativa aos quesitos nº 1 e 2 conduziria à nulidade do julgamento por ser contrária à prova dos autos, extrapolou a mera explicação, prevista no art. 484, parágrafo único, do CPP, influenciando indevidamente a íntima convicção dos jurados, a ponto de induzir a resposta dos julgadores leigos, em clara violação do princípio da soberania do veredictos. [...] *(Agravo Regimental no Recurso Especial nº 1.405.907-RS, STJ, 6ª Turma, julgado em 11.9.2018, publicado no DJ em 25.9.2018)*

484. [...] o art. 484, *caput*, do CPP estabelece que, após a leitura dos quesitos pelo Juiz-Presidente, *indagará das partes se têm requerimento ou reclamação a fazer, o que deve constar em ata. Portanto, tem-se que "a alegação de nulidade por vício na quesitação deverá ocorrer no momento oportuno, isto é, após a leitura dos quesitos e a explicação dos critérios pelo Juiz-presidente, sob pena de preclusão, nos termos do art. 571 do CPP"* (HC 217.865/RJ, Rel. Ministro Rogerio Schietti Cruz, Sexta Turma, *Dje* 24/05/2016). Assim, como no presente caso, após a leitura dos quesitos e a explicação dos critérios pelo Juiz-presidente, a defesa nada pronunciou, apenas o fazendo após encerrada a votação e retornando todos ao plenário, houve a preclusão quanto ao ponto. [...] *(Agravo Regimental no Agravo em Recurso Especial nº 942.033/SP, 5ª Turma, unânime, Relator Min. Reynaldo Soares da Fonseca, julgado em 3.8.2017, publicado no DJ em 16.8.2017).*

Art. 485. Não havendo dúvida a ser esclarecida, o juiz presidente, os jurados, o Ministério Público, o assistente, o querelante, o defensor do acusado, o escrivão e o oficial de justiça dirigir-se-ão à sala especial a fim de ser procedida a votação. (Redação dada pela Lei nº 11.689, de 2008)

§ 1º Na falta de sala especial, o juiz presidente determinará que o público se retire, permanecendo somente as pessoas mencionadas no *caput* deste artigo. (Incluído pela Lei nº 11.689, de 2008)

§ 2º O juiz presidente advertirá as partes de que não será permitida qualquer intervenção que possa perturbar a livre manifestação do Conselho e fará retirar da sala quem se portar inconvenientemente. (Incluído pela Lei nº 11.689, de 2008)

485. Encaminhamento à sala reservada de votações: Realizados todos os esclarecimentos necessários, o juiz presidente, jurados, Ministério Público, assistente e querelante (quando houver), defensores, escrivão e oficial de justiça deverão dirigir-se à *sala especial* (referida por muitos como *sala secreta*). Em verdade, é fundamental a presença das pessoas declinadas numa sala onde haja privacidade para a realização da *votação* dos quesitos. Tanto é que, na falta de *sala especial*, o juiz presidente deverá determinar que o público que assiste à sessão se retire, nela permanecendo apenas as pessoas antes referidas (§ 1º).

Art. 486. Antes de proceder-se à votação de cada quesito, o juiz presidente mandará distribuir aos jurados pequenas cédulas, feitas de papel opaco e facilmente dobráveis, contendo 7 (sete) delas a palavra sim, 7 (sete) a palavra não. (Redação dada pela Lei nº 11.689, de 2008)

486. Distribuição das cédulas aos jurados: Tal como disposto no revogado art. 485, CPP, cada jurado deverá receber duas cédulas para a votação de cada quesito: uma contendo a palavra *sim*, outra contendo a palavra *não*. Na votação, o jurado irá depositar a cédula (sim ou não) na urna que lhe for primeiro apresentada. A segunda cédula *não* terá valor algum naquela série de quesito, devendo apenas ser depositada em outra urna (vide art. 487, CPP) separada, como forma de garantir a máxima sigilosidade do julgamento, mesmo que por eventual descuido do jurado. As cédulas devem ser facilmente dobráveis para que se evite a visualização do que escrito na cédula depositada na urna de votação. Assim, votado "*não*" ao quesito da materialidade, a cédula que contém a palavra *sim* deverá ser colocada na urna separada, evitando-se que se saiba o seu conteúdo – e, indiretamente – o teor do voto no quesito formulado.

Art. 487. Para assegurar o sigilo do voto, o oficial de justiça recolherá em urnas separadas as cédulas correspondentes aos votos e as não utilizadas. (Redação dada pela Lei nº 11.689, de 2008)

487. Separação das cédulas em urnas distintas: A razão do dispositivo é simples e já referida quando da análise ao art. 486, CPP. São fundamentais todos os cuidados para que se garanta o imperativo constitucional do *sigilo* das votações (art. 5º, XXXVIII, *b*, CF). Assim, para que não seja revelado - sequer por descuido - o conteúdo da cédula em mãos do jurado (e que não *depositada* na urna acerca do quesito formulado), deverá ela, depois de dobrada, ser colocada em urna separada. Encerrada a votação daquele quesito e reduzidas a termo as conclusões (art. 488, CPP), serão reunidas novamente as 7 cédulas *sim* e 7 cédulas *não* e, se houver novo quesito, distribuídas uma de cada aos jurados.

Art. 488. Após a resposta, verificados os votos e as cédulas não utilizadas, o presidente determinará que o escrivão registre no termo a votação de cada quesito, bem como o resultado do julgamento. (Redação dada pela Lei nº 11.689, de 2008)

Parágrafo único. Do termo também constará a conferência das cédulas não utilizadas. (Incluído pela Lei nº 11.689, de 2008)

488. Procedimentos após a resposta a cada quesito: Já havia previsão similar no revogado art. 487, CPP. Após a votação de cada quesito e checados os conteúdos das cédulas não utilizadas, o escrivão deverá registrar no termo de votação o resultado da votação, bem como do resultado final do julgamento. As cédulas não utilizadas também deverão ser conferidas em cada série de quesitos, restando nessa urna cédulas com conteúdos de respostas inversos aos da urna de *votação* até o patamar de sete. Exemplificando: se votado *sim* em relação à autoria por 5 x 2, necessariamente deverão estar na urna complementar cinco cédulas com a palavra *não* e duas cédulas com a palavra *sim*.

Jurisprudência

488. [...] O veredicto do Júri obedecia ao disposto no art. 487 do Código de Processo Penal, que dispunha: "*Após a votação de cada quesito, o presidente, verificados os votos e as cédulas não utilizadas, mandará que o escrivão escreva o resultado em termo especial e que sejam declarados o número de votos afirmativos e o de negativos.*" A Lei nº 11.689/2008 alterou a regra, passando a dispor, *verbis*: "*Art. 488. Após a resposta, verificados os votos e as cédulas não utilizadas, o presidente determinará que o escrivão registre no termo a votação de cada quesito, bem como o resultado do julgamento.*" [...] O artigo 487 do CPP foi revogado pela Lei nº 11.689/2008, aprimorando assim o sistema de votação do Júri, já que não se faz mais necessário constar quantos votos foram dados na forma afirmativa ou negativa, respeitando-se, portanto, o sigilo das votações e, consectariamente, a soberania dos veredictos. [...] Ordem denegada (*Habeas Corpus nº 104.308-RN, STF, 1ª Turma, Rel. Min. Luiz Fux, julgado em 31.5.2011, publicado no DJ em 29.6.2011*).

Art. 489. As decisões do Tribunal do Júri serão tomadas por maioria de votos. (Redação dada pela Lei nº 11.689, de 2008)

489. Decisão por maioria de votos: Exatamente para que se possa garantir a tomada de votos por maioria é que o Conselho de Sentença é composto de 7 (sete) jurados, inviabilizando-se o empate (a redação é similar à do revogado art. 488, CPP). Nesse aspecto, a novidade trazida pela Lei nº 11.689/08 é que havendo a resposta negativa por *mais de três* jurados (quatro, portanto) a quaisquer dos quesitos atinentes à materialidade *ou* autoria deverá ser encerrada a votação, implicando a absolvição do acusado (§ 1º do art. 483 do CPP). Outrossim, se verificado que, pela resposta dada a um dos quesitos, os demais estão prejudicados, o juiz presidente deverá assim declarar, também dando por finda a votação (parágrafo único do art. 490 do CPP).

Art. 490. Se a resposta a qualquer dos quesitos estiver em contradição com outra ou outras já dadas, o presidente, explicando aos jurados em que consiste a contradição, submeterá novamente à votação os quesitos a que se referirem tais respostas. (Redação dada pela Lei nº 11.689, de 2008)

Parágrafo único. Se, pela resposta dada a um dos quesitos, o presidente verificar que ficam prejudicados os seguintes, assim o declarará, dando por finda a votação. (Incluído pela Lei nº 11.689, de 2008)

490. Contradições nas respostas aos quesitos: Não há novidades nas regras em comento, que estavam, antes, nos arts. 489 e 490, CPP. Mesmo com a simplificação do modo de quesitação, pode ocorrer que, especialmente por serem *juízes leigos*, os jurados incorram em contradições na sequência das respostas que deem aos quesitos que lhes são formulados. Nesse caso, reiterando a orientação a que alude o parágrafo único do art. 484 do CPP, o juiz presidente deverá explicitar aos jurados em que consiste a contradição. Reconhecendo inválidas as séries quesitadas em face das contradições havidas, deverá novamente submeter à votação os quesitos a que se referirem tais respostas.

Jurisprudência

490. [...] A prestação de esclarecimentos por parte do Juiz-presidente, mesmo apos iniciada a votação, não é causa de nulidade, exatamente porque e procedimento autorizado pelo Código de Processo Penal. [...] Nos termos da lei processual, se a resposta a qualquer dos quesitos estiver em contradição com outra ou outras já dadas, o presidente, explicando aos jurados em que consiste a contradição, submetera novamente a votação os quesitos a que se referirem tais respostas. [...] *(Agravo Regimental no Habeas Corpus nº 237.097, STF, 2ª Turma, Rel. Min. Gilmar Mendes, sessão virtual de 22.3.2024 a 3.4.2024, publicado no DJ em 10.4.2024)*

490. [...] 1. A contradição entre as respostas aos quesitos formulados aos jurados, quando não sanada pela repetição da votação dos quesitos em contradição na própria sessão de julgamento (art. 490 do Código de Processo Penal), acarreta a sua nulidade. 2. Os jurados responderam afirmativamente tanto ao quesito referente ao crime tentado (3.º quesito) quanto ao quesito referente à desistência voluntária (4.º quesito), havendo insanável contradição na conclusão alcançada, pois estes institutos jurídicos são logicamente incompatíveis. [...] *(Agravo Regimental no Agravo em Recurso Especial nº 1.929.954-SC, STJ, 6ª Turma, Rel. Min. Laurita Vaz, julgado em 22.2.2022, publicado no DJ em 3.3.2022)*

490. [...] A contradição entre as respostas aos quesitos apresentados ao Conselho de Sentença, quando não sanada por ocasião da votação realizada, diante do que se depreende do art. 490 do Código de Processo Penal, justifica a anulação do julgamento, dada a nulidade absoluta acarretada. Precedentes. *(Recurso Especial nº 846.999-DF, STJ, 6ª Turma, Rel. Min. Antônio Saldanha Palheiro, julgado em 10.12.2019, publicado no DJ em 19.12.2019)*

490. [...] 1. Se a tese da defesa foi, única e exclusivamente, negativa de autoria, a absolvição reconhecida pelos jurados, no terceiro quesito (obrigatório) conflita com a resposta afirmativa dos leigos para os dois primeiros. 2. Plausível, portanto, e até recomendada a repetição da série quesitária, após explicação aos jurados sobre o ocorrido, nos termos do art. 490 do Código de Processo Penal. 3. Agravo regimental improvido. *(Agravo Regimental no Recurso Especial* *n. 1.610.764-SP, STJ, 6ª Turma, unânime, Rel. Min. Maria Thereza de Assis Moura, julgado em 14.8.2018, publicado no DJ em 29.8.2018).*

490. [...] O art. 490 do Código de Processo Penal autoriza ao Juiz Presidente a renovação da votação dos quesitos contraditórios, sem que isso revele afronta ao princípio da soberania dos veredictos. De fato, não se pode descurar que o Tribunal do Júri é composto por juízes leigos, razão pela qual é imperativa a necessidade de esclarecimentos quando houver dúvidas ou contradições, conforme se verificou ser o caso dos autos. [...] (*Habeas Corpus nº 269.764-SP, STJ, 5ª Turma, maioria, Rel. Min. Reynaldo Sares da Fonseca, julgado em 5.5.2016, publicado no DJ em 13.5.2016).*

Art. 491. Encerrada a votação, será o termo a que se refere o art. 488 deste Código assinado pelo presidente, pelos jurados e pelas partes. (Redação dada pela Lei nº 11.689, de 2008)

É essencial que o termo em que constem os resultados de cada quesito e da votação seja assinado pelo juiz presidente, pelos jurados e pelas partes (Ministério Público, querelante e/ou assistente).

Seção XIV
Da Sentença
(Incluída pela Lei nº 11.689, de 2008)

Art. 492. Em seguida, o presidente proferirá sentença que: (Redação dada pela Lei nº 11.689, de 2008)

I – no caso de condenação: (Redação dada pela Lei nº 11.689, de 2008)

a) fixará a pena-base; (Incluído pela Lei nº 11.689, de 2008)

b) considerará as circunstâncias agravantes ou atenuantes alegadas nos debates; (Incluído pela Lei nº 11.689, de 2008)

c) imporá os aumentos ou diminuições da pena, em atenção às causas admitidas pelo Júri; (Incluído pela Lei nº 11.689, de 2008)

d) observará as demais disposições do art. 387 deste Código; (Incluído pela Lei nº 11.689, de 2008)

e) mandará o acusado recolher-se ou recomendá-lo-á à prisão em que se encontra, se presentes os requisitos da prisão preventiva, ou, no caso de condenação a uma pena igual ou superior a 15 (quinze) anos de reclusão, determinará a execução provisória das penas, com expedição do mandado de prisão, se for o caso, sem prejuízo do conhecimento de recursos que vierem a ser interpostos; (Redação dada pela Lei nº 13.964, de 2019)

f) estabelecerá os efeitos genéricos e específicos da condenação; (Incluído pela Lei nº 11.689, de 2008)

II – no caso de absolvição: (Redação dada pela Lei nº 11.689, de 2008)

a) mandará colocar em liberdade o acusado se por outro motivo não estiver preso; (Redação dada pela Lei nº 11.689, de 2008)

b) revogará as medidas restritivas provisoriamente decretadas; (Redação dada pela Lei nº 11.689, de 2008)

c) imporá, se for o caso, a medida de segurança cabível. (Redação dada pela Lei nº 11.689, de 2008)

§ 1º Se houver desclassificação da infração para outra, de competência do juiz singular, ao presidente do Tribunal do Júri caberá proferir sentença em seguida, aplicando-se, quando o delito resultante da nova tipificação for considerado pela Lei como infração penal de menor potencial ofensivo, o disposto nos arts. 69 e seguintes da Lei nº 9.099, de 26 de setembro de 1995. (Redação dada pela Lei nº 11.689, de 2008)

§ 2º Em caso de desclassificação, o crime conexo que não seja doloso contra a vida será julgado pelo juiz presidente do Tribunal do Júri, aplicando-se, no que couber, o disposto no § 1º deste artigo. (Redação dada pela Lei nº 11.689, de 2008)

§ 3º O presidente poderá, excepcionalmente, deixar de autorizar a execução provisória das penas de que trata a alínea e do inciso I do caput deste artigo, se houver questão substancial cuja resolução pelo tribunal ao qual competir o julgamento possa plausivelmente levar à revisão da condenação. (Incluído pela Lei nº 13.964, de 2019)

§ 4º A apelação interposta contra decisão condenatória do Tribunal do Júri a uma pena igual ou superior a 15 (quinze) anos de reclusão não terá efeito suspensivo. (Incluído pela Lei nº 13.964, de 2019)

§ 5º Excepcionalmente, poderá o tribunal atribuir efeito suspensivo à apelação de que trata o § 4º deste artigo, quando verificado cumulativamente que o recurso: (Incluído pela Lei nº 13.964, de 2019)

I – não tem propósito meramente protelatório; e (Incluído pela Lei nº 13.964, de 2019)

II – levanta questão substancial e que pode resultar em absolvição, anulação da sentença, novo julgamento ou redução da pena para patamar inferior a 15 (quinze) anos de reclusão. (Incluído pela Lei nº 13.964, de 2019)

§ 6º O pedido de concessão de efeito suspensivo poderá ser feito incidentemente na apelação ou por meio de petição em separado dirigida diretamente ao relator, instruída com cópias da sentença condenatória, das razões da apelação e de prova da tempestividade, das contrarrazões e das demais peças necessárias à compreensão da controvérsia. (Incluído pela Lei nº 13.964, de 2019)

492.1. Procedimento para sentença em caso de condenação (inciso I): A sentença deverá ser proferida pelo juiz presidente logo após encerrada a votação aos quesitos, que será lida em plenário (art. 493, CPP). Em caso de condenação, o procedimento é bastante similar ao que previsto no art. 387, CPP. Aliás, há expressa remissão para que sejam observadas as demais disposições do art. 387, CPP (alínea *d* do inciso I do art. 492).

O apenamento deverá obedecer ao critério trifásico. No primeiro momento, fixada a pena-base, considerando-se as circunstâncias judiciais (art. 59, CP). Após, deverá aplicar (se houver e restarem alegadas nos debates) as agravantes (sempre em primeiro lugar) e as atenuantes. Por fim, no que se refere à pena privativa de liberdade, deverá proceder à incidência das causas de aumento ou de diminuição de pena (majorantes e minorantes), sempre tendo por baliza o que foi "admitido" pelo Júri.

É de se ver que, no revogado parágrafo único do art. 484 do CPP, dispunha-se que seriam formulados quesitos relativamente às circunstâncias agravantes e atenuantes. A nova legislação é silente nesse sentido, motivo pelo qual compreendemos que seu reconhecimento é atribuído ao juiz presidente na aplicação da pena acaso condenado o acusado.

Já diversamente do que ocorre com as agravantes e atenuantes (em relação às quais não há quesitação aos jurados), as causas de aumento e de diminuição de pena precisam ser reconhecidas e são objeto de expressa quesitação (art. 483, incisos IV e V, CPP).

Jurisprudência

492.1. [...] Esta Corte possui o entendimento de que a Lei 11.689/2008, alterando a redação do art. 492 do CPP, conferiu ao juiz presidente do Tribunal do Júri a atribuição de aplicar as atenuantes e agravantes alegadas nos debates. [...] *(Habeas Corpus nº 161.602-PB, STJ, 5ª Turma, unânime, Rel. Min. Gurgel de Faria, julgado em 18.11.2014, publicado no* DJ *em 26.11.2014).*

492.1. [...] Pode o Juiz Presidente do Tribunal do Júri reconhecer a atenuante genérica atinente à confissão espontânea, ainda que não tenha sido debatida no plenário, quer em razão da sua natureza objetiva, quer em homenagem ao predicado da amplitude de defesa, consagrado no art. 5º, XXXVIII, *a*, da Constituição da República. É direito público subjetivo do réu ter a pena reduzida, quando confessa espontaneamente o envolvimento no crime. A regra contida no art. 492, I, do Código de Processo Penal, deve ser interpretada em harmonia aos princípios constitucionais da individualização da pena e da proporcionalidade. [...] (*Habeas Corpus nº 106.376-MG, STF, 1ª Turma, unânime, Rel. Min. Cármen Lúcia, julgado em 1.3.2011, publicado no* DJ *em 1º.6.2011*).

492.1. [...] Com a reforma introduzida pela Lei nº 11.698/08 não há mais necessidade de submeter aos jurados quesitos acerca da existência de circunstâncias agravantes ou atenuantes. Não obstante, embora tenha sido transferido o exame da presença das referidas circunstâncias ao Juiz Presidente do Tribunal do Júri, elas somente serão consideradas na dosimetria da pena desde que suscitadas nos debates orais, a teor do que prescreve o art. 492, inciso I, alínea *b* do CPP. Recurso especial provido. (*Recurso Especial nº 1.157.292/MG, STJ, 5ª Turma, Rel. Min. Felix Fischer, julgado em 2.9.2010, publicado no* DJ *em 4.10.2010*).

492.1. [...] O recurso interposto contra a sentença proferida em plenário do Tribunal do Júri tem o seu prazo contado a partir da data da respectiva sessão de julgamento, nos termos do art. 798, § 5º, *b*, do Código de Processo Penal. É irrelevante se a sentença foi ou não impressa no momento de sua leitura em plenário, pois o advogado poderia ter recorrido oralmente, deixando para apresentar as razões em momento posterior, além do que não consta qualquer insurgência da defesa no sentido de não ter tido acesso ao inteiro teor do provimento judicial. Ordem denegada (*Habeas Corpus nº 92.484-SP, STJ, 6ª Turma, Unânime, Rel. Min. Maria Thereza de Assis Moura, julgado em 5.8.2010, publicado no* DJ *em 23.8.2010*).

492.2. Obrigatoriedade de fundamentar o decreto ou manutenção da preventiva: A obrigatoriedade de manifestação do juiz presidente quanto à eventual prisão (primeira parte da alínea *e* do inciso I do art. 492 do CPP, depois das alterações da Lei nº 13.964/2019) guarda sintonia com a nova ordem constitucional. Se o réu estiver preso e o juiz entender que ainda estão presentes os pressupostos da preventiva, deverá declinar nos autos e recomendá-lo ao local onde já estava recolhido. Se estiver solto, mas se compreender que é necessária a prisão (art. 312, CPP), deverá igualmente declinar e fundamentar na sentença, determinando o seu recolhimento. Reportamos às anotações mais detalhadas nos itens 387.6 e 413.3.

492.2.1. A possibilidade de execução provisória de penas iguais ou superiores a 15 anos. Novidade acrescida pela Lei nº 13.964/2019, permite-se agora que, no caso de condenação pelo tribunal do júri a uma pena (fixada pelo juiz) superior a 15 anos de reclusão, seja determinada a execução provisória das penas, independentemente dos recursos que venham a ser interpostos.

É verdade que, nos §§ 3º a 6º, acrescidos também pela Lei nº 13.964/2019, foram estabelecidas algumas regras excepcionando a execução (provisória) das penas.

Em síntese:

1) pode-se suspender a execução provisória da pena se houver questão substancial cuja resolução pelo tribunal ao qual competir o julgamento possa plausivelmente levar à revisão da condenação (§ 3º);
2) embora a apelação interposta contra decisão condenatória do tribunal popular a uma pena superior a 15 (quinze) anos não tenha efeito suspensivo (§ 4º), também excepcionalmente poderá o tribunal atribuir efeito suspensivo (§ 5º) quando verificado, de forma, cumulativa, que o recurso não tem efeito protelatório e, também, traz questão substancial que pode resultar em absolvição, anulação de sentença, novo julgamento ou redução da pena para patamar inferior a 15 (quinze) anos de reclusão;
3) esse pedido de efeito suspensivo poderá ser feito incidentemente na apelação ou por meio de petição dirigida ao relator (no tribunal, para onde irá ou já esteja o recurso), instruindo-se com cópias da sentença condenatória, das razões de apelação, de prova de sua tempestividade, das contrarrazões e das demais peças que sejam consideradas relevantes para a compreensão da controvérsia (§ 6º).

Para além das questões que a seguir serão analisadas, a lei traz hipóteses com conceitos bastante indeterminados e subjetivos. O que seria uma questão substancial cuja resolução pelo tribunal ao competir o julgamento possa plausivelmente levar à revisão da condenação? Ou então como se compreenderia o requisito cumulativo de demonstração de que o recurso interposto traz (também aqui) questão substancial que pode resultar em absolvição, anulação da sentença, novo julgamento ou redução da pena para patamar inferior a 15 anos? Quais critérios seriam utilizados para aferir esses "requisitos" que poderiam ensejar a não execução (provisória) da condenação igual a superior a 15 anos imposta em razão do veredito do tribunal popular?

Enfim, ao trazer uma presunção de possibilidade de execução de penas iguais ou superiores a 15 anos, excepcionando-se a aplicação mediante presença de hipóteses com conceitos bastante indeterminados e subjetivos, a legislação efetivamente trouxe um complicador maior ainda.

De qualquer modo, há outro problema sério, de difícil superação. Conforme se verifica das anotações constantes dos itens 637.1 e 637.1.1, há dissenso entre os autores a respeito da possibilidade da chamada execução da pena enquanto não exauridas todas as instâncias recursais. Entretanto, como expressamente mencionado no bojo dos comentários ao item 637, há consenso expresso entre ambos no sentido de discordar do entendimento do STF, que possui precedentes no sentido de que não violaria a presunção de inocência a execução da condenação pelo Tribunal do Júri, independentemente do julgamento da apelação ou de qualquer outro recurso. Mesmo com a limitação dessa possibilidade agora a uma pena igual ou superior a 15 anos, o argumento central do STF (então para admitir a execução de toda e qualquer pena imposta decorrente de veredito popular) é que, ante a soberania do júri, não caberia ao tribunal de apelação reapreciar os fatos e provas. Assentou-se a tese de que: "*A prisão de réu condenado por decisão do Tribunal do Júri, ainda que sujeita a recurso, não viola o princípio constitucional da presunção de inocência ou não culpabilidade*". Com efeito, e independentemente da soberania dos veredictos do júri (princípio constitucional), defendemos que há de se compatibilizar esse vetor com os demais constitucionalmente previstos, notadamente o duplo grau de jurisdição. Não se pode perder de vista que o tribunal popular é composto de pessoas leigas e, nessa linha, existe a possibilidade (quiçá mais real) de erros na apreciação dos fatos e provas. Para reduzir essa possibilidade (do erro) é que garante, também constitucionalmente, o duplo grau de jurisdição (como regra, salvo naquelas situações incompatíveis, como da prerrogativa de foro perante o Plenário do STF, por exemplo). A soberania da decisão do tribunal popular precisa ceder, nesse momento, sob a ótica da possibilidade de execução da pena, à garantia mínima do uso de um recurso (facultativo que sempre é) em grau ordinário de apelação (raciocínio que não se aplica quando se tratar de competência originária de tribunais formados por juízes togados). De qualquer modo, reconhecemos de relevo doutrina que sustenta posição em contrário, como se vê, exemplificativamente, do entendimento de Rafael Schwez Kurkowski, em sua obra *Execução provisória da pena no júri*: fundamentos políticos e jurídicos (2019).

Prosseguindo, não descartamos a possibilidade de construção da tese jurídica de que, com condenação pelo tribunal do júri a uma pena igual ou superior a 15 anos, sempre a depender do caso concreto e da devida fundamentação, seria possível cogitar de estarem (agora, com a condenação) presentes os requisitos da prisão preventiva. Mas impor a execução (provisória) automaticamente e como regra vai uma distância muito larga.

Mais que isso. Independentemente das posições externadas nos itens 637.1 e 637.1.1, fato indiscutível é que, em 7.11.2019, por maioria de 6 x 5 votos (antes da aprovação e sanção da Lei nº 13.964), julgando procedentes as ADCs 43, 44 e 54, o STF retornou à posição anterior no sentido da impossibilidade da execução das penas enquanto não exauridas todas as instâncias recursais, reconhecendo a constitucionalidade do disposto no art. 283 do CPP (votaram vencidos os Ministros Edson Fachin, Roberto Barroso, Luiz Fux, Cármen Lúcia e Alexandre de Moraes). Nessa linha, cremos que não há outra solução senão reconhecer que essas novas regras violam o princípio constitucional de inocência, na medida em que, antes do trânsito em julgado, somente se poderá cogitar de prisão quando devidamente justificada a cautelaridade da medida (arts. 283, 312, § 2º e 315, todos do CPP).

Por fim, calha mencionar que, no ano de 2024, o Plenário do Supremo Tribunal Federal firmou tese em repercussão geral que "*a soberania dos veredictos do Tribunal do Júri autoriza a imediata execução de condenação imposta pelo corpo de jurados, independentemente do total da pena aplicada*" (Tema 1.068, Recurso Extraordinário nº 1.235.340, publicado no DJ em 13.11.2024).

A discussão estava em se saber se seria constitucional o disposto no inciso I do art. 492 do CPP que determina que, para além dos casos de prisão preventiva, no caso de fixação de uma *pena igual ou superior* a 15 anos de reclusão seria possível a imediata execução das penas, sem exigência do trânsito em julgado.

A Suprema Corte primeiro reconheceu que não haveria violação da Presunção de Inocência ou da não culpabilidade ao se admitir a execução imediata das penas, pois, diferentemente do que se passa em relação aos demais crimes, nenhum tribunal tem o poder de substituir a decisão do júri (relembrando que sempre será possível, no caso concreto, conferir efeito suspensivo a recurso, conforme previsto no § 5º do art. 492 do CPP – o que também foi expressamente consignado na decisão colegiada, vide fundamentação e item 10 da ementa do julgado a seguir).

De relevo anotar que o STF também fez uma importante consideração em relação às vítimas e/ou familiares, ao assentar que violaria "os sentimentos mínimos de justiça, bem como a própria credibilidade do Poder Judiciário, que o homicida condenado saia livre após o julgamento, lado a lado com a família da vítima".

Conferindo interpretação conforme à Constituição *com redução de* texto para excluir a limitação de quinze anos de reclusão como limite mínimo para a execução imediata das penas, de modo que tal procedimento deverá ser adotado independentemente do montante de pena fixado após a condenação pelo Tribunal Popular.

Jurisprudência *(posterior à Lei nº 13.964, de 2019)*

492.2. [...] 1. Recurso extraordinário, com repercussão geral, interposto pelo Ministério Público de Santa Catarina contra acórdão em que o Superior Tribunal de Justiça considerou ilegítima a execução imediata da pena imposta ao recorrido, condenado pelo Júri a 26 anos e 8 meses de reclusão, no regime inicial fechado, pelo crime de feminicídio.

2. Hipótese em que o acusado, inconformado com o término do relacionamento, dirigiu-se à casa da sua ex-companheira e, após uma discussão, sacou da faca que portava e desferiu uma sequência de no mínimo quatro estocadas na vítima, provocando nela as lesões que foram a causa da sua morte. Após a consumação do homicídio qualificado, o acusado empreendeu fuga, havendo sido encontradas na sua residência arma e munições.

II. Questões em discussão

3. Saber se é possível a imediata execução da pena imposta pelo Tribunal do Júri, tendo em vista a soberania dos veredictos.

4. Saber se é constitucional o art. 492, I, e, do CPP, que impõe ao magistrado sentenciante, se presentes os requisitos da prisão preventiva, ou, no caso de condenação a uma pena igual ou superior a 15 (quinze) anos de reclusão, [...] a execução provisória das penas, com expedição do mandado de prisão, se for o caso, sem prejuízo do conhecimento de recursos que vierem a ser interpostos.

III. Razões de decidir

5. O direito à vida é expressão do valor intrínseco da pessoa humana, constituindo bem jurídico merecedor de proteção expressa na Constituição e na legislação penal (CF, art. 5º, caput, e CP, art. 121).

6. A Constituição prevê a competência do Tribunal do Júri para o julgamento de crimes dolosos contra a vida (CF, art. 5º, XXXVIII, d). Prevê, ademais, a soberania do Tribunal do Júri, a significar que sua decisão não pode ser substituída por pronunciamento de qualquer outro tribunal.

7. É certo que o Tribunal de Justiça ou mesmo um tribunal superior pode anular a decisão em certos casos, seja ela condenatória ou absolutória, determinando a realização de um novo júri. Todavia, é estatisticamente irrelevante o número de condenações pelo Tribunal do Júri que vêm a ser invalidadas.

8. Não viola o princípio da presunção de inocência ou da não culpabilidade a execução imediata da condenação pelo Tribunal do Júri, independentemente do julgamento da apelação ou de qualquer outro recurso. É que, diferentemente do que se passa em relação aos demais crimes, nenhum tribunal tem o poder de substituir a decisão do júri.

9. Viola sentimentos mínimos de justiça, bem como a própria credibilidade do Poder Judiciário, que o homicida condenado saia livre após o julgamento, lado a lado com a família da vítima. Essa situação se agrava pela indefinida procrastinação do trânsito em julgado, mediante recursos sucessivos, fazendo com que a pena prescreva ou seja cumprida muitos anos após o fato criminoso.

10. Em situações excepcionais, caso haja indícios de nulidade ou de condenação manifestamente contrária à prova dos autos, o tribunal, valendo-se do poder geral de cautela, poderá suspender a execução da decisão até o julgamento do recurso.

11. A exequibilidade das decisões tomadas pelo corpo de jurados não se fundamenta no montante da pena aplicada, mas na soberania dos seus veredictos. É incompatível com a Constituição Federal legislação que condiciona a execução imediata da pena imposta pelo Tribunal do Júri ao patamar mínimo de 15 anos de reclusão. Necessidade de interpretação conforme à Constituição, com redução de texto, para excluir a limitação de quinze anos de reclusão contida nos seguintes dispositivos do art. 492 do CPP, na redação da Lei nº 13.964/2019: (i) alínea e do inciso I; (ii) parte final do § 4º; (iii) parte final do inciso II do § 5º.

12. No caso específico em exame, o réu matou a mulher dentro da própria casa, com quatro facadas, inconformado com o término do relacionamento. O episódio se passou na frente da filha do casal. Após a consumação do homicídio, o acusado fugiu, tendo sido encontradas na sua residência arma e munições. Feminicídio por motivo torpe, por agente perigoso. Prisão que se impõe como imperativo de ordem pública.

IV. Dispositivo e tese

13. Recurso extraordinário conhecido e provido para negar provimento ao recurso ordinário em habeas corpus.

14. Tese de julgamento: A soberania dos veredictos do Tribunal do Júri autoriza a imediata execução de condenação imposta pelo corpo de jurados, independentemente do total da pena aplicada. *(Recurso Especial nº 1.235.340 STF, Plenário, Rel. Min. Luís Roberto Barroso, julgado em 12.09.2024, publicado no DJ em 13.11.2024)*

492.2. [...] 1. Após o julgamento do STF, nas Ações Declaratórias de Constitucionalidade 43, 44 e 54, houve alteração legal no art. 492, I, alínea "e", do CPP, em 24/12/2019 (Lei 13.964, de 24/12/2019), no sentido de que Presidente do Tribunal de Júri, em caso de condenação, "mandará o acusado recolher-se ou recomendá-lo-á à prisão em que se encontra, se presentes os requisitos da prisão preventiva, ou, no caso de condenação a uma pena igual ou superior a 15 (quinze) anos de reclusão, determinará a execução provisória das penas, com expedição do mandado de prisão, se for o caso, sem prejuízo do conhecimento de recursos que vierem a ser interpostos". 2. Sobre esse tema, entretanto, vem decidindo esta Corte que é ilegal a prisão preventiva, ou a execução provisória da pena, como decorrência automática da condenação proferida pelo Tribunal do Júri (HC 538.491/PE, Rel. Ministro Sebastião Reis Júnior, Sexta Turma, julgado em 04/08/2020, DJe 12/08/2020). A letra da Constituição, que não faz acepção de situações jurídicas (art. 5º, LVII), deve estender-se às decisões do Júri. [...] *(Agravo Regimental no Pedido de Tutela Provisória nº 2.998-RS, STJ, 6ª Turma, Rel. Min. Olindo Menezes, julgado em 21.9.2021, publicado no DJ em 27.9.2021)*

Jurisprudência *(anterior à Lei nº 13.964, de 2019)*

492.2. [...] A prisão após a condenação pelo Júri à pena de reclusão em regime fechado não é preventiva. Trata-se, na verdade, de execução da pena privativa de liberdade imposta pelo órgão competente para o julgamento dos crimes contra a vida, cujos vereditos gozam de soberania, por expressa disposição constitucional. Precedente: HC 118.770, Redator p/o acórdão o Ministro Luís Roberto Barroso. Agravo regimental a que se nega provimento. *(Agravo Regimental na Reclamação n. 27.011-SP, STF, 1ª Turma, Rel. Min. Roberto Barroso, julgado em 19.4.2018, publicado no DJ em 4.5.2018).*

492.3. Efeitos genéricos e específicos da condenação: O estabelecimento dos efeitos genéricos e específicos da condenação guarda pertinência com o que disposto nos arts. 91 e 92, Código Penal, que estipulam:

Art. 91. São efeitos da condenação: (*Redação dada pela Lei nº 7.209, de 11.7.1984*)

I – tornar certa a obrigação de indenizar o dano causado pelo crime; (*Redação dada pela Lei nº 7.209, de 11.7.1984*)

II – a perda em favor da União, ressalvado o direito do lesado ou de terceiro de boa-fé: (*Redação dada pela Lei nº 7.209, de 11.7.1984*)

a) dos instrumentos do crime, desde que consistam em coisas cujo fabrico, alienação, uso, porte ou detenção constitua fato ilícito;

b) do produto do crime ou de qualquer bem ou valor que constitua proveito auferido pelo agente com a prática do fato criminoso.

§ 1º Poderá ser decretada a perda de bens ou valores equivalentes ao produto ou proveito do crime quando estes não forem encontrados ou quando se localizarem no exterior. *(Incluído pela Lei nº 12.694, de 2012).*

§ 2º Na hipótese do § 1º, as medidas assecuratórias previstas na legislação processual poderão abranger bens ou valores equivalentes do investigado ou acusado para posterior decretação de perda. *(Incluído pela Lei nº 12.694, de 2012).*

Art. 91-A. Na hipótese de condenação por infrações às quais a lei comine pena mínima superior a 6 (seis) anos de reclusão, poderá ser decretada a perda, como produto ou proveito do crime, dos bens correspondentes à diferença entre o valor do patrimônio do condenado e aquele que seja compatível com o seu rendimento lícito.

§ 1º Para efeito da perda prevista no *caput* deste artigo, entende-se por patrimônio do condenado todos os bens:

I – de sua titularidade, ou em relação aos quais ele tenha o domínio e o benefício direto ou indireto, na data da infração penal ou recebidos posteriormente; e

II – transferidos a terceiros a título gratuito ou mediante contraprestação irrisória, a partir do início da atividade criminal.

§ 2º O condenado poderá demonstrar a inexistência da incompatibilidade ou a procedência lícita do patrimônio.

§ 3º A perda prevista neste artigo deverá ser requerida expressamente pelo Ministério Público, por ocasião do oferecimento da denúncia, com indicação da diferença apurada.

§ 4º Na sentença condenatória, o juiz deve declarar o valor da diferença apurada e especificar os bens cuja perda for decretada.

§ 5º Os instrumentos utilizados para a prática de crimes por organizações criminosas e milícias deverão ser declarados perdidos em favor da União ou do Estado, dependendo da Justiça onde tramita a ação penal, ainda que não ponham em perigo a segurança das pessoas, a moral ou a ordem pública, nem ofereçam sério risco de ser utilizados para o cometimento de novos crimes. *(Redação dada pela Lei nº 13.964/2019, de 24.12.2019)*

Art. 92. São também efeitos da condenação: (*Redação dada pela Lei nº 7.209, de 11.7.1984*)

I – a perda de cargo, função pública ou mandato eletivo, nos crimes praticados com abuso de poder ou violação de dever para com a Administração Pública quando a pena aplicada for superior a quatro anos; (*Redação dada pela Lei nº 7.209, de 11.7.1984*)

I – a perda de cargo, função pública ou mandato eletivo: (*Redação dada pela Lei nº 9.268, de 1º.4.1996*)

a) quando aplicada pena privativa de liberdade por tempo igual ou superior a um ano, nos crimes praticados com abuso de poder ou violação de dever para com a Administração Pública; (*Incluído pela Lei nº 9.268, de 1º.4.1996*)

b) quando for aplicada pena privativa de liberdade por tempo superior a 4 (quatro) anos nos demais casos. (*Incluído pela Lei nº 9.268, de 1º.4.1996*)

II – a incapacidade para o exercício do poder familiar, da tutela ou da curatela nos crimes dolosos sujeitos à pena de reclusão cometidos contra outrem igualmente titular do mesmo poder familiar, contra filho, filha ou outro descendente, tutelado ou curatelado, bem como nos crimes cometidos contra a mulher por razões da condição do sexo feminino, nos termos do § 1º do art. 121-A deste Código; *(Redação dada pela Lei nº 14.994, de 2024)*

III – a inabilitação para dirigir veículo, quando utilizado como meio para a prática de crime doloso. (*Redação dada pela Lei nº 7.209, de 11.7.1984*)

§ 1º Os efeitos de que trata este artigo não são automáticos, devendo ser motivadamente declarados na sentença pelo juiz, mas independem de pedido expresso da acusação, observado o disposto no inciso III do § 2º deste artigo. (Incluído pela Lei nº 14.994, de 2024)

§ 2º Ao condenado por crime praticado contra a mulher por razões da condição do sexo feminino, nos termos do § 1º do art. 121-A deste Código serão: (Incluído pela Lei nº 14.994, de 2024)

I – aplicados os efeitos previstos nos incisos I e II do *caput* deste artigo; (Incluído pela Lei nº 14.994, de 2024)

II – vedadas a sua nomeação, designação ou diplomação em qualquer cargo, função pública ou mandato eletivo entre o trânsito em julgado da condenação até o efetivo cumprimento da pena; *(Incluído pela Lei nº 14.994, de 2024)*

III – automáticos os efeitos dos incisos I e II do *caput* e do inciso II do § 2º deste artigo. (Incluído pela Lei nº 14.994, de 2024)

Um dos efeitos genéricos da condenação é a obrigação de indenizar o dano causado pelo crime (art. 91, I, CP). Por remissão expressa ao art. 387, CPP (alínea *d* do inciso I do art. 492 do CPP, redação que lhe deu a Lei nº 11.689), desde a vigência da Lei nº 11.719/08 há imposição que o juízo sentenciante também *fixará valor mínimo de reparação dos danos causados pela infração, considerando os prejuízos sofridos pelo ofendido* (inciso IV do art. 387 do CPP). Não vemos incompatibilidade entre os dispositivos, ambos ordenadores do que deva fazer o juiz presidente ao proferir a sentença em caso de condenação.

A sentença penal condenatória é título executivo para fins de *liquidação* no âmbito cível quanto aos danos causados pelo crime praticado. Aí se enquadram danos materiais, pessoais (embora seja irreparável a *vida*, em caso de delito doloso consumado) e também danos morais. Entretanto, por inovação trazida com o advento da Lei nº 11.719/08, deverá o juiz criminal fixar um valor mínimo para a reparação dos danos causados pela infração. Esse valor já é garantido ao ofendido ou seus sucessores, sem prejuízo de que, no âmbito cível, sejam estabelecidos outros valores a maior.

A Lei nº 13.869/2019, que tratou dos crimes de abuso de autoridade, trouxe regras mais específicas quanto aos efeitos da sentença penal condenatória:

Art. 4º São efeitos da condenação:

> I – tornar certa a obrigação de indenizar o dano causado pelo crime, devendo o juiz, a requerimento do ofendido, fixar na sentença o valor mínimo para reparação dos danos causados pela infração, considerando os prejuízos por ele sofridos;
>
> II – a inabilitação para o exercício de cargo, mandato ou função pública, pelo período de 1 (um) a 5 (cinco) anos;
>
> III – a perda do cargo, do mandato ou da função pública.
>
> Parágrafo único. Os efeitos previstos nos incisos II e III do *caput* deste artigo são condicionados à ocorrência de reincidência em crime de abuso de autoridade e não são automáticos, devendo ser declarados motivadamente na sentença.

Também previu expressamente a alteração da Lei nº 8.069, de 13 de julho de 1990 (Estatuto da Criança e do Adolescente), que passou a vigorar com a redação acrescida do art. 227-A:

> Art. 227-A. Os efeitos da condenação prevista no inciso I do *caput* do art. 92 do Decreto-Lei nº 2.848, de 7 de dezembro de 1940 (Código Penal), para os crimes previstos nesta Lei, praticados por servidores públicos com abuso de autoridade, são condicionados à ocorrência de reincidência.
>
> Parágrafo único. A perda do cargo, do mandato ou da função, nesse caso, independerá da pena aplicada na reincidência.

De relevo destacar aqui também a disposição inserida na Lei Maria da Penha (Lei nº 11.340/2006) pela Lei nº 13.871, de 17 de setembro de 2019, que previu expressamente outra hipótese complementar de pagamento dos custos relacionados aos serviços de saúde prestados pelo Sistema Único de Saúde (SUS) às vítimas de violência doméstica e familiar e aos dispositivos de segurança por elas utilizados. Foram acrescidos os §§ 4º, 5º e 6º ao art. 9º da Lei nº 11.340, com as seguintes determinações:

> § 4º Aquele que, por ação ou omissão, causar lesão, violência física, sexual ou psicológica e dano moral ou patrimonial a mulher fica obrigado a ressarcir todos os danos causados, inclusive ressarcir ao Sistema Único de Saúde (SUS), de acordo com a tabela SUS, os custos relativos aos serviços de saúde prestados para o total tratamento das vítimas em situação de violência doméstica e familiar, recolhidos os recursos assim arrecadados ao Fundo de Saúde do ente federado responsável pelas unidades de saúde que prestarem os serviços.
>
> § 5º Os dispositivos de segurança destinados ao uso em caso de perigo iminente e disponibilizados para o monitoramento das vítimas de violência doméstica ou familiar amparadas por medidas protetivas terão seus custos ressarcidos pelo agressor.
>
> § 6º O ressarcimento de que tratam os §§ 4º e 5º deste artigo não poderá importar ônus de qualquer natureza ao patrimônio da mulher e dos seus dependentes, nem configurar atenuante ou ensejar possibilidade de substituição da pena aplicada.

Cronologicamente também importantes as novas regras introduzidas pela Lei nº 13.964/2019 ao (agora) novo art. 91-A do Código Penal.

Estabeleceram-se novos critérios para a adoção de perda de bens ou valores nas condições especificadas (sem embargo da aplicação das regras do art. 91, CP). Em primeiro lugar, o tipo penal deve prever, em abstrato, pena máxima superior a seis anos. Nesses casos (e guardando certa similitude com os requisitos do § 1º do art. 91), pode-se decretar a perda não apenas dos bens que sejam produto ou proveito da infração criminosa, mas (em caso de insuficiência para a reparação) de bens (que aí serão lícitos) correspondentes à diferença entre o valor do patrimônio do condenado e aquele que seja compatível com seu rendimento lícito. A finalidade da lei é bastante clara: evitar uma "blindagem" patrimonial por agentes criminosos que apresentem patrimônio que seja incompatível com seus rendimentos lícitos declarados.

A lei estabeleceu quais são os parâmetros para consideração do que seria o "patrimônio do condenado". Serão os bens que lhe pertençam diretamente ou então também aqueles de que tenha domínio e o benefício direto ou indireto, na data da infração penal ou recebidos posteriormente (é dizer, em tese, patrimônio adquirido antes da prática criminosa apurada não poderá ser objeto de constrição). Igualmente são considerados aqueles bens que tenham sido transferidos a terceiros gratuitamente ou mediante contraprestação irrisória (totalmente desproporcional), considerando-se igualmente o marco temporal da data da infração criminosa.

Garante-se a possibilidade de o réu condenado demonstrar a total compatibilidade do seu patrimônio ou então a procedência lícita dos valores. Não se trata aqui de inversão probatória alguma, tal como já existe na legislação de lavagem de capitais (art. 4º, § 2º, Lei nº 9.613). Não se pode deixar de considerar que, para a decretação dessa perda, é imprescindível a existência de prévio requerimento do Ministério Público por ocasião do oferecimento da denúncia (para possibilitar o exercício do contraditório e ampla defesa), indicando-se o valor da diferença apurada e os bens sobre os quais deve incidir o gravame complementar.

No § 5º do art. 91-A, CP, há a obrigatoriedade de que os instrumentos utilizados para a prática de crimes por organizações criminosas e milícias deverão ser declarados perdidos em favor da União ou do Estado, dependendo da Justiça onde tramita a ação penal: se na Justiça Federal, para a União; se na Justiça Estadual, para a respectiva unidade da federação.

Jurisprudência

492.3. [...] A perda em favor da União do produto ou do proveito do crime ou, quando estes não forem encontrados ou se situarem no exterior, de bens ou valores equivalentes ao produto ou proveito do crime é efeito automático da condenação, conforme o art. 91, §§ 1º e 2º, do Código Penal, prescindindo, por conseguinte, de requerimento expresso. [...] *(Agravo Regimental na Restituição de Coisas Apreendidas nº 145-DF, STJ, Corte Especial, Rel. Min. Félix Fischer, julgado em 11.5.2021, publicado no DJ em 18.5.2021)*

492.3. [...] Ambas as Turmas que compõem a 3ª Seção têm entendido que, em que pese a perda da função pública não ser decorrência automática da condenação, há a possibilidade de aplicação da referida penalidade pelo juiz sentenciante como efeito da reprimenda fixada, devendo o magistrado apenas fundamentar suas conclusões em critérios objetivos e subjetivos inseridos nos autos, que demonstrem a incompatibilidade do ato criminoso com o cargo ocupado pelo acusado [...] *(Agravo Regimental nos Embargos de Divergência em Recurso Especial nº 1.571.320-AL, STJ, 3ª Seção, unânime, Rel. Min. Reynaldo Soares da Fonseca, julgado em 26.8.2020, publicado no DJ em 28.8.2020).*

492.4. Procedimento para sentença em caso de absolvição (inciso II): Consequência lógica e imediata da absolvição será colocar o acusado em liberdade, *se* não estiver preso por outros motivos. Se a prisão cautelar se justifica no processo criminal em razão da presença dos requisitos previstos no art. 312, CPP, inclusive antes do início da ação penal), não há sentido após a sentença absolutória manter o acusado preso. Contudo, havendo motivos relacionados a outros processos que mantenham hígida a necessidade da prisão cautelar não poderá ser determinada a liberdade. Se não há mais sentido na manutenção da constrição da liberdade, igualmente em caso de absolvição deverão ser revogadas as medidas restritivas decretadas.

492.4.1. Aplicação de medida de segurança: Poderá acontecer também que seja reconhecida a inimputabilidade do acusado. Nesse caso, deverá ser absolvido o réu, mas, diz a lei, o juiz presidente imporá medida de segurança.

Há um problema, segundo visualizamos: segundo novel e expressa previsão do parágrafo único do art. 415, CPP (na redação da Lei nº 11.689/08), "*não se aplica o disposto no inciso IV do* caput *deste artigo ao caso de inimputabilidade prevista no* caput *do art. 26 do Decreto-Lei nº 2.848, de 7 de dezembro de 1940 – Código Penal, salvo quando esta for a única tese defensiva*". Significa que quando houver mais de uma tese defensiva o juiz está impedido de absolver sumariamente o réu.

Malgrado eventual inimputabilidade do acusado, e se a defesa trouxer ao plenário mais de uma tese defensiva, como saber qual foi a tese acolhida pelos jurados ao serem questionados sobre o quesito genérico de absolvição (art. 483, III, CPP)? Salvo melhor juízo, restará impossível saber.

Marcelo RIBEIRO (*Reformas do processo penal.* Porto Alegre: Verbo Jurídico, 2008, p. 61) destaca a seguinte situação: um réu traz ao plenário teses de legítima defesa real própria e inimputabilidade e os jurados respondem ao terceiro quesito (genérico) afirmativamente. O *sim* refere-se à tese da legítima defesa ou da inimputabilidade (lembre-se que não há especificação nesse terceiro quesito sobre qual tese defensiva dá-se a *absolvição genérica*)? Se pela legítima defesa, há excludente de antijuridicidade, afastando-se a tipicidade e a sanção criminal. Se pela inimputabilidade haverá uma *sanção*: a medida de segurança. Há quem defenda que, mesmo sem expressa previsão legal, após o terceiro quesito deveria ser feito um novo quesito acerca da inimputabilidade do acusado. Ribeiro é manifestamente contra, acentuando que, se o réu foi absolvido pelo reconhecimento da tese de legítima defesa real, não há de se quesitar o conselho sobre a necessidade de imposição de medida de segurança: o réu foi absolvido, entendendo-se que não praticou crime diante da existência de excludente de ilicitude.

Temos um posicionamento pouco diverso. Se houver mais de uma tese defensiva e dentre elas a da inimputabilidade, quando da formulação do terceiro quesito o juiz presidente deverá deixar bem claro que os jurados *não* deverão levar em consideração de suas respostas a alegada inimputabilidade do acusado. Ainda: se dentre as teses defendidas (além da inimputabilidade) houver também a arguição de excludentes de ilicitude (art. 23, CP), compreendemos que os jurados deverão ser quesitados separadamente (mesmo diante da ausência de previsão legal) acerca dessa tese de exclusão da tipicidade. É que se o réu (mesmo inimputável) for absolvido por legítima defesa própria ou no exercício regular de um direito reconhecido (art. 188, I, Código Civil) seu ato *não* será considerado ilícito também na esfera civil, afastando-se automaticamente a responsabilidade civil do acusado (e de seus eventuais sucessores legais na medida de seus quinhões). A restrição acima é importante porque, nos termos do art. 188, II e parágrafo único, do Código Civil, também não serão considerados atos ilícitos "*a deterioração ou destruição de coisa alheia, ou a lesão a pessoa, a fim de remover perigo iminente*", porém o ato somente será legítimo quando "*as circunstâncias o tornarem absolutamente necessário, não excedendo os limites do indispensável para a remoção do perigo*". E conforme o art. 930 do Código Civil, no caso do inciso II do art. 188 do CC, "*se o perigo ocorrer por culpa de terceiro, contra este terá o autor do dano ação regressiva para haver a importância que tiver ressarcido ao lesado*". *(vide anotações complementares no item 415.3).*

E não só. Se reconhecida qualquer causa que importe exclusão da antijuridicidade da conduta (mesmo que haja eventuais repercussões na esfera cível), não se poderá impor medida de segurança. Há de se manter coerência com o que defendido em relação ao disposto no parágrafo único do art. 415, CPP (na redação que lhe deu a Lei nº 11.689/2008), bem como em face do que disposto no parágrafo único do art. 96 do Código Penal, no qual resta assentado que, "*extinta a punibilidade, não se impõe medida de segurança nem subsiste a que tenha sido imposta*". Ora, se a extinção da punibilidade é óbice para a aplicação da medida de segurança (ou afastamento da que tenha sido imposta), com mais razão ainda não há de se falar em sua incidência no caso de ser reconhecido que a conduta é penalmente atípica pela presença de uma circunstância que exclua sua antijuridicidade.

Embora não em situação idêntica, compreende-se, por motivos similares, decisão do Superior Tribunal de Justiça, no sentido de que "*havendo tese defensiva relativa à excludente de ilicitude prevista no art. 23 do Código Penal (legítima defesa), não deve subsistir a sentença que absolveu sumariamente o paciente e aplicou-lhe medida de segurança, em face de sua inimputabilidade, por ser esta tese mais gravosa que aquela outra*" (Habeas Corpus *nº 99.649, STJ, 5ª Turma, Rel. Min. Arnaldo Esteves Lima, julgado em 17.6.2010, publicado no* DJ *em 2.8.2010*).

Por fim, se o réu for semi-imputável, não será causa de aplicação de medida de segurança, mas redução de pena. Consoante redação do parágrafo único do art. 26, CP, "*a pena pode ser reduzida de um a dois terços, se o agente, em virtude de perturbação de saúde mental ou por desenvolvimento mental incompleto ou retardado não era inteiramente capaz de entender o caráter ilícito do fato ou de determinar-se de acordo com esse entendimento*". Afastada a possibilidade de absolvição genérica, na sequência deverão ser votados os quesitos relacionados às causas de diminuição de pena alegadas em prol da defesa (art. 483, IV, CPP).

Jurisprudência

492.4.1. [...] A absolvição sumária por inimputabilidade do acusado constitui sentença absolutória imprópria, a qual impõe a aplicação de medida de segurança, razão por que ao magistrado incumbe proceder à análise da pretensão executiva, apurando-se a materialidade e autoria delitiva, de forma a justificar a imposição da medida preventiva. Reconhecida a existência do crime e a inimputabilidade do autor, tem-se presente causa excludente de culpabilidade, incumbindo ao juízo sumariante, em regra, a aplicação da medida de segurança. "Em regra, o *meritum causae* nos processos de competência do Júri é examinado pelo juízo leigo. Excepciona-se tal postulado, por exemplo, quando da absolvição sumária, ocasião em que o juiz togado não leva a conhecimento do Júri ação penal em que, desde logo, se identifica a necessidade de absolvição. Precluindo a pronúncia, deve a matéria da inimputabilidade ser examinada pelo conselho de sentença, mormente, se existe tese defensiva diversa, como a da legítima defesa" (HC 73.201/DF). Havendo tese defensiva relativa à excludente de ilicitude prevista no art. 23 do Código Penal (legítima defesa), não deve subsistir a sentença que absolveu sumariamente o paciente e aplicou-lhe medida de segurança, em face de sua inimputabilidade, por ser esta tese mais gravosa que aquela outra. Ordem concedida para anular o processo a partir da sentença que absolveu sumariamente o paciente para que outra seja proferida, a fim de que seja analisada a tese da legítima defesa exposta nas alegações finais (*Habeas Corpus nº 99.649, STJ, 5ª Turma, Rel. Min. Arnaldo Esteves Lima, julgado em 17.6.2010, publicado no* DJ *em 2.8.2010*).

492.5. Desclassificação e a *perpetuatio jurisdictionis*: competência para julgamento atribuída ao Presidente do Tribunal do Júri.

492.5.1. Considerações gerais sobre a *perpetuatio jurisdictionis:* O tema da *perpetuatio jurisdictionis* não possui tratamento bem claro no sistema processual penal. Embora aplicável especificamente agora ao Júri o § 1º do art. 492 do CPP (vide nota

483.10), apenas a título de referência destacamos que essa regra e o disposto no art. 81, CPP, precisam ser interpretados, segundo compreendemos, conjugadamente com o art. 43, CPC/2015 (art. 87, segunda parte, CPC/1973), por força do art. 3º, CPP. É dizer: se é determinada a competência no momento em que se propõe a ação penal, a alteração superveniente da competência em razão da matéria – notadamente pela desclassificação – implicará na perda da competência do juízo processante.

Não se pode esquecer que é da competência do Júri o julgamento dos delitos dolosos contra a vida (consumados ou tentados) e os conexos a eles.

A nosso aviso, se os delitos conexos decorrerem de competência constitucional em razão da matéria ou em razão do cargo ocupado por um dos acusados, *não* poderá haver a reunião processual: a cisão é obrigatória, na medida em que regras *infraconstitucionais de modificação de competência* não podem alterar dispositivos constitucionais que *fixam* a competência. Portanto, o art. 78, II, CPP, precisa ser *lido e interpretado* no sentido de que, *no concurso entre a competência do Júri e a de outro órgão da jurisdição comum* (dizemos nós: *comum e de primeiro grau*), prevalecerá a competência do Júri. Nessa parte, não há de se falar na aplicação da Súmula 704 do STF, consoante já defendemos alhures (Considerações sobre a correta aplicação da Súmula 704 do STF. Fischer, Douglas; Marques, Claiton Renato Macedo. *Boletim dos Procuradores da* República n. 80, maio de 2008 e *Revista da Associação dos Juízes do Estado do Rio Grande do Sul – AJURIS* n. 111, set. de 2008, p. 81), inclusive em consonância com precedentes do Plenário do STF (HC nº 69.325-GO, publicado no *DJ* em 4.12.1992), de certa forma ratificado por uma das turmas (HC nº 89.083-1-MS, publicado no *DJ* em 5.2.2009). Nesse texto retromencionado, encontra-se entendimento no sentido de que tanto a conexão quanto a continência não deveriam justificar a modificação de competências. A análise aqui tratada é de conexão, mas é de relevo destacar esse ponto, pois, ulteriormente, Fischer passou a reconhecer que a continência tem justificativa constitucional na unicidade de prestação jurisdicional, devendo haver, só quanto à continência, a unidade de julgamento (vide anotações quanto a isso no item 413.1).

492.5.2. Considerações específicas: Tal como referido no art. 483, CPP, por força dos §§ 1º e 2º, agora não há mais dúvidas de como proceder quando houver desclassificação do delito doloso realizada pelo Tribunal Popular: competirá ao juiz presidente proferir a sentença em relação ao delito desclassificado, bem assim (se houver) quanto aos delitos a ele conexos. Só não se aplicará essa regra se, em virtude da desclassificação, o juiz presidente não tiver a competência *em razão da matéria* (como, por exemplo, crime militar ou eleitoral).

Compreendemos, ainda, que o *caput* do art. 81, CPP, não poderá mais ser aplicado ao Tribunal do Júri diante da previsão expressa, *agora*, do § 1º do art. 492 do CPP. Assim, em matéria de desclassificação, o art. 81, CPP (se bem interpretado, diga-se), somente poderá ser aplicado no juízo singular e nos tribunais.

492.5.3. A desclassificação e a conexão com delitos de menor potencial ofensivo: O dispositivo do § 1º tem correlação com a redação que foi conferida aos arts. 60 e 61 da Lei nº 9.099 pelo art. 1º da Lei nº 11.313/06:

> Art. 1º Os arts. 60 e 61 da Lei nº 9.099, de 26 de setembro de 1995, passam a vigorar com as seguintes alterações:
>
> "Art. 60. O Juizado Especial Criminal, provido por juízes togados ou togados e leigos, tem competência para a conciliação, o julgamento e a execução das infrações penais de menor potencial ofensivo, respeitadas as regras de conexão e continência.

> Parágrafo único. Na reunião de processos, perante o juízo comum ou o tribunal do Júri, decorrentes da aplicação das regras de conexão e continência, observar-se-ão os institutos da transação penal e da composição dos danos civis. (NR)
>
> Art. 61. Consideram-se infrações penais de menor potencial ofensivo, para os efeitos desta Lei, as contravenções penais e os crimes a que a Lei comine pena máxima não superior a 2 (dois) anos, cumulada ou não com multa."

Importante destacar que, em 4.12.2012, o STF julgou improcedente a ADI nº 5.264-DF, reconhecendo que os Juizados Especiais Criminais são dotados de competência relativa para julgamento das infrações penais de menor potencial ofensivo, razão pela qual se permite que essas infrações sejam julgadas por outro juízo com atração para o crime de maior gravidade, pela conexão ou continência, observados, quanto àqueles, os institutos despenalizadores, quando cabíveis.

Destacou-se que o art. 98, I, da Constituição Federal garante aos processos nos quais julgados infrações penais de menor potencial ofensivo a observância de peculiaridades procedimentais e a incidência de institutos despenalizadores. Entretanto, nessa norma constitucional, não há determinação de exclusividade dos Juizados Especiais Criminais para o julgamento dos crimes de menor potencial ofensivo. Nessa linha de argumentação, acresceu-se que os institutos despenalizadores dos juizados constituem garantias individuais do acusado e devem ser asseguradas, independente do juízo em que tramitarem as infrações penais.

Assim, se praticada infração penal de menor potencial ofensivo em concurso com outra infração penal comum e deslocada a competência para a Justiça comum ou Tribunal do Júri, há determinação constitucional de aplicação dos institutos despenalizadores da transação penal e da composição civil dos danos quanto à infração de menor potencial ofensivo, em respeito ao devido processo legal.

Merece ênfase a decisão no ponto em que, expressamente, reconheceu que não se deve somar à pena máxima da infração de menor potencial ofensivo com a da infração conexa (de maior gravidade) para excluir a incidência da fase consensual e ser invocada como fator impeditivo da transação penal ou composição civil dos danos.

Art. 493. A sentença será lida em plenário pelo presidente antes de encerrada a sessão de instrução e julgamento. (Redação dada pela Lei nº 11.689, de 2008)

493. Leitura da sentença em plenário e intimação das partes: Determina o art. 798, § 5º, *a*, CPP, que, salvo os casos expressos, os prazos correrão da data da *intimação*. Como a leitura da sentença é obrigatória em plenário por força do art. 493, CPP, a intimação das partes se dá nesse momento, em que se torna *pública*. Se o réu estiver em plenário (o que agora não é mais obrigatório), sua intimação e de seu advogado implicará o início da contagem de eventuais prazos recursais, na forma dos §§ 1º e 3º do art. 798 do CPP, não se computando no prazo o dia do começo e incluindo-se o do vencimento. Se o prazo terminar em domingo ou dia feriado considerar-se-á prorrogado até o dia útil imediato.

Como os prazos são contados a partir da respectiva intimação (e contada da última intimação: do advogado e do réu), poderá acontecer que, diante de eventual ausência do réu em plenário, seu prazo tenha o curso não iniciado senão antes de realizada sua intimação. Destaca-se que, mesmo revel, o réu tem direito fundamental à intimação pessoal da sentença, mormente a condenatória. A revelia tem como consequência a não intimação do réu dos atos processuais, salvo da sentença. Por evidente que, se estiver foragido ou não restar encontrado no endereço declinado nos autos, há de se aplicar subsidiariamente a intimação por edital (art. 370 c/c art. 363, § 1º, na redação da Lei nº 11.719, ambos do CPP).

Se houver qualquer manifestação das partes de que deseja apelar da sentença proferida em plenário, deverá o juiz presidente consignar em ata, considerando-se que, para fins do que previsto e admitido no âmbito do processo penal, notadamente pelo princípio da voluntariedade (art. 574, CPP), o recurso *tecnicamente* já está *interposto*. Nada mais havendo, poderá ser então encerrada a sessão de instrução e julgamento.

Seção XV
Da Ata dos Trabalhos
(Incluída pela Lei nº 11.689, de 2008)

Art. 494. De cada sessão de julgamento o escrivão lavrará ata, assinada pelo presidente e pelas partes. (Redação dada pela Lei nº 11.689, de 2008)

494. Obrigatoriedade de ata de julgamento: Na sistemática anterior, a ata era assinada apenas pelo juiz e pelo Ministério Público. Corretamente, dispôs o legislador que a ata deva ser assinada pelo juiz e pelas *partes*, não só pelo Ministério Público. A razão da exigência da ata é que, maximizando-se a publicidade da sessão, conste o resumo dos eventos ocorridos na sessão conforme exigido no art. 495, CPP. Compreendemos que a ausência de assinaturas da ata não induz em nulidade absoluta. Ademais, a irregularidade, melhor dizendo, poderá ser sanada em tempo ulterior.

Jurisprudência

494. [...] VI - A prolação de sentença, em audiência, visa imprimir celeridade processual, tornando desnecessária a expedição de mandado de intimação do réu. As intimações da sentença se deram de forma regular e de acordo com as regras dispostas no Código de Processo Penal, inexistindo qualquer ilegalidade ou teratologia a ser reparada.

VII - A ata de julgamento, nos termos do artigo 494 do Código de Processo Penal, é documento que goza de fé pública, que não pode ser desconstituído por meras ilações do agravante, despidas de suporte probatório mínimo. [...] *(Agravo Regimental no Recurso em Habeas Corpus nº 184.350-SP, STJ, 5ª Turma, Rel. Min. Messod Azulay Neto, sessão virtual de 27.2.2024 a 4.3.2024, publicado no DJ em 11.3.2024)*

494. [...] Na linha da jurisprudência deste STJ, "a ausência da assinatura da defesa, na ata de julgamento, não representa nulidade, pois, a teor do art. 494 do CPP, somente o Juiz e o Ministério Público estão obrigados a assinar referida peça", não se justificando "a anulação do julgamento quando não demonstrado efetivo prejuízo à defesa" [...] *(Recurso Especial nº 514.583-ES, STJ, 6ª Turma, julgado em 17.8.2010, publicado no DJ em 6.9.2010)*

Art. 495. A ata descreverá fielmente todas as ocorrências, mencionando obrigatoriamente: (Redação dada pela Lei nº 11.689, de 2008)

I – a data e a hora da instalação dos trabalhos; (Redação dada pela Lei nº 11.689, de 2008)

II – o magistrado que presidiu a sessão e os jurados presentes; (Redação dada pela Lei nº 11.689, de 2008)

III – os jurados que deixaram de comparecer, com escusa ou sem ela, e as sanções aplicadas; (Redação dada pela Lei nº 11.689, de 2008)

IV – o ofício ou requerimento de isenção ou dispensa; (Redação dada pela Lei nº 11.689, de 2008)

V – o sorteio dos jurados suplentes; (Redação dada pela Lei nº 11.689, de 2008)

VI – o adiamento da sessão, se houver ocorrido, com a indicação do motivo; (Redação dada pela Lei nº 11.689, de 2008)

VII – a abertura da sessão e a presença do Ministério Público, do querelante e do assistente, se houver, e a do defensor do acusado; (Redação dada pela Lei nº 11.689, de 2008)

VIII – o pregão e a sanção imposta, no caso de não comparecimento; (Redação dada pela Lei nº 11.689, de 2008)

IX – as testemunhas dispensadas de depor; (Redação dada pela Lei nº 11.689, de 2008)

X – o recolhimento das testemunhas a lugar de onde umas não pudessem ouvir o depoimento das outras; (Redação dada pela Lei nº 11.689, de 2008)

XI – a verificação das cédulas pelo juiz presidente; (Redação dada pela Lei nº 11.689, de 2008)

XII – a formação do Conselho de Sentença, com o registro dos nomes dos jurados sorteados e recusas; (Redação dada pela Lei nº 11.689, de 2008)

XIII – o compromisso e o interrogatório, com simples referência ao termo; (Redação dada pela Lei nº 11.689, de 2008)

XIV – os debates e as alegações das partes com os respectivos fundamentos; (Redação dada pela Lei nº 11.689, de 2008)

XV – os incidentes; (Redação dada pela Lei nº 11.689, de 2008)

XVI – o julgamento da causa; (Redação dada pela Lei nº 11.689, de 2008)

XVII – a publicidade dos atos da instrução plenária, das diligências e da sentença. (Redação dada pela Lei nº 11.689, de 2008)

495. Registros obrigatórios na ata: A ata é fundamental para que fiquem registradas todas as ocorrências da sessão de instrução e julgamento, inclusive possibilitando a alegação ulterior de nulidades se devidamente registrados os procedimentos adotados. Legalmente, há exigência de que constem pelo menos os itens relacionados no art. 495, CPP. Mas não há óbice a que outros eventos relevantes sejam dignos de registro. Aliás: quanto mais detalhes relevantes na avaliação do juízo forem consignados, melhor se revela a publicização dos atos da sessão de julgamento.

De relevo e digno de análise, inicia-se o registro pelo dia e horário em que instalados os trabalhos, quando então deverão ser adotadas as providências previstas a partir do art. 454, CPP. Para a instalação dos trabalhos, fundamental a presença do Ministério Público (art. 455, CPP), da defesa (art. 456, CPP) e de, pelo menos, 15 jurados (art. 463,

CPP). Na sequência, deve-se registrar o nome do juiz togado que presidiu a sessão, bem como dos jurados que estiverem presentes para a formação do Conselho de Sentença. Se não houver a presença de algum jurado convocado para a sessão (com ou sem justificativa), deverá ser consignado em ata, bem como as eventuais sanções aplicadas. Só a existência de ofício (hipótese para servidores públicos) ou requerimento de isenção ou dispensa também merece registro obrigatório. Não havendo o número mínimo de jurados (15), deverá ser procedido ao sorteio dos suplentes, designando-se nova data para a sessão de julgamento (art. 464, CPP). Quaisquer hipóteses que ensejarem o adiamento da sessão deverão ser devidamente declinadas. A formação do Conselho de Sentença deverá ser objeto de anotação expressa, constando os nomes dos jurados sorteados e recusados. Depois de iniciada a sessão, é fundamental que se garanta a incomunicabilidade das testemunhas, impedindo-se inclusive que tenham conhecimento do teor dos depoimentos das outras (inciso X do art. 495). O teor dos debates, as alegações das partes e os respectivos fundamentos deverão ser declinados de forma sintética, de modo que se compreenda os limites das discussões travadas em plenário. Além dos incidentes, se existirem, deverá constar por último o julgamento da causa, quando se encerram as atribuições do Tribunal Popular.

Jurisprudência

495. [...] Nos termos do art. 495 do Código de Processo Penal, a Ata da Sessão de Julgamento deve conter a descrição dos acontecimentos sucedidos no decorrer da sessão, sendo, por isso, desnecessária a expedição de certidão para atestar os mesmos fatos/atos, tanto mais quando a parte interessada não chega a alegar que algum fato ocorrido durante a sessão do tribunal do júri tenha sido omitido na ata. [...] *(RMS n. 59.180-MA, STJ, 5ª Turma, unânime, Rel. Min. Reynaldo Soares da Fonseca, julgado em 19.2.2019, publicado no DJ em 1°.3.2019).*

Art. 496. A falta da ata sujeitará o responsável a sanções administrativa e penal. (Redação dada pela Lei nº 11.689, de 2008)

496. Efeitos de eventual ausência da ata: As penalidades aqui previstas não padecem mais do engessamento (legalidade) da disposição expressa da redação revogada, que previa que a falta da ata sujeitaria o responsável à multa de duzentos a quinhentos *mil réis*, além da responsabilidade criminal em que eventualmente incorrer. Sem olvidar da necessidade que se observem os princípios da legalidade, optou o legislador por remeter as eventuais penalidades às sanções (vigentes quando aplicáveis) *administrativa e penal.*

Seção XVI
Das Atribuições do Presidente do Tribunal do Júri
(Incluída pela Lei nº 11.689, de 2008)

Art. 497. São atribuições do juiz presidente do Tribunal do Júri, além de outras expressamente referidas neste Código: (Redação dada pela Lei nº 11.689, de 2008)

I – regular a polícia das sessões e prender os desobedientes; (Redação dada pela Lei nº 11.689, de 2008)

II – requisitar o auxílio da força pública, que ficará sob sua exclusiva autoridade; (Redação dada pela Lei nº 11.689, de 2008)

III – dirigir os debates, intervindo em caso de abuso, excesso de linguagem ou mediante requerimento de uma das partes; (Redação dada pela Lei nº 11.689, de 2008)

IV – resolver as questões incidentes que não dependam de pronunciamento do júri; (Redação dada pela Lei nº 11.689, de 2008)

V – nomear defensor ao acusado, quando considerá-lo indefeso, podendo, neste caso, dissolver o Conselho e designar novo dia para o julgamento, com a nomeação ou a constituição de novo defensor; (Redação dada pela Lei nº 11.689, de 2008)

VI – mandar retirar da sala o acusado que dificultar a realização do julgamento, o qual prosseguirá sem a sua presença; (Redação dada pela Lei nº 11.689, de 2008)

VII – suspender a sessão pelo tempo indispensável à realização das diligências requeridas ou entendidas necessárias, mantida a incomunicabilidade dos jurados; (Redação dada pela Lei nº 11.689, de 2008)

VIII – interromper a sessão por tempo razoável, para proferir sentença e para repouso ou refeição dos jurados; (Redação dada pela Lei nº 11.689, de 2008)

IX – decidir, de ofício, ouvidos o Ministério Público e a defesa, ou a requerimento de qualquer destes, a arguição de extinção de punibilidade; (Redação dada pela Lei nº 11.689, de 2008)

X – resolver as questões de direito suscitadas no curso do julgamento; (Redação dada pela Lei nº 11.689, de 2008)

XI – determinar, de ofício ou a requerimento das partes ou de qualquer jurado, as diligências destinadas a sanar nulidade ou a suprir falta que prejudique o esclarecimento da verdade; (Redação dada pela Lei nº 11.689, de 2008)

XII – regulamentar, durante os debates, a intervenção de uma das partes, quando a outra estiver com a palavra, podendo conceder até 3 (três) minutos para cada aparte requerido, que serão acrescidos ao tempo desta última. (Incluído pela Lei nº 11.689, de 2008)

497. Atribuições do Juiz Presidente: Embora não seja o *julgador natural* para as causas atribuídas ao Júri, o juiz presidente exerce todas as atribuições diretamente relacionadas com o *poder de condução* dos trabalhos da sessão de instrução e julgamento. A finalidade precípua é que, na condução dos trabalhos, garanta a regularidade e ordem do julgamento.

No inciso I, confere-se ao juiz presidente os poderes gerais de polícia, inclusive, se for o caso, com a possibilidade de determinar prisão a quem infrinja dispositivos legais. Se entender necessário, poderá requisitar auxílio de força pública (normalmente órgãos policiais militares), servidores esses que ficarão sob sua exclusiva autoridade (vide art. 794, CPP).

Sendo o fiscal maior do ato, além de ter os poderes de *direção* dos debates, deverá intervir em casos de abusos, excessos de linguagem ou quando houver eventual requerimento expresso das partes. Como já visto anteriormente (art. 479, CPP), não se permite a leitura de documento ou exibição de objeto que não tiver sido juntado aos autos com a devida ciência à parte contrária com antecedência mínima de três dias úteis. Havendo alguma pretensão que vulnere essa disposição, é obrigação do juiz presidente impedir a leitura ou exibição. Embora natural a verve desenvolvida em plenário, também lhe compete evitar a ocorrência de situações manifestamente abusivas no excesso de linguagem pelas partes debatedoras.

Quaisquer decisões a questões incidentais que não relacionadas com o mérito da causa (atribuição constitucional exclusiva do Conselho de Sentença) também deverão ser resolvidas pelo juiz presidente (inciso IV).

Constatando que o acusado se encontra indefeso, a legislação faculta ao juiz nomear defensor. Nesse caso, dispõe o inciso V, poderá (e normalmente é isso que ocorrerá) dissolver o conselho e designar novo dia para julgamento. É preciso bem compreender a situação e qual o procedimento a ser adotado. Com efeito, é regra expressa do art. 456 do CPP que não poderá haver o início da sessão de julgamento se não estiver presente o advogado. Se não houver outro advogado constituído e for ilegítima a escusa do ausente, impõe-se o adiamento do julgamento, com comunicação à Defensoria Pública para que proceda à defesa na data que for designada (§ 2º do art. 456 do CPP), sendo que não poderá ser em prazo inferior a dez dias. Também está assentado no art. 481, CPP que, se for verificada a inexistência de qualquer fato tido como *essencial* para o julgamento que não possa ser suprida no ato, deverá haver a dissolução do conselho.

Não nos restam dúvidas de que: (a) é *essencial* que a defesa seja *real e* efetiva, portanto, a ausência de defesa por qualquer circunstância preenche o primeiro requisito previsto abstratamente no art. 481, CPP; (b) dificilmente haverá a possibilidade de suprir a substituição de defensor no ato da sessão, pois é fundamental que o novo constituído ou designado conheça o teor da acusação e as provas produzidas. Aliás, exatamente para propiciar que quem vá realizar a defesa em face do que disposto no art. 456, CPP, é que se determinou no § 2º do mesmo artigo que o prazo da nova sessão designada não poderá ser inferior a 10 (dez) dias.

Em síntese: a constatação de ausência de defesa em plenário vai acarretar, quase que certamente, a dissolução do conselho de sentença.

Pela leitura do inciso V do art. 497 poderá haver a indução que o magistrado presidente poderá imediatamente nomear defensor para o acusado. Não é assim, segundo pensamos. A situação precisa ser compatibilizada com a regra do art. 456, CPP (cujo procedimento, de certa forma, já encontra base jurisprudencial). Desse modo, é essencial que seja facultado inicialmente ao acusado constituir novo advogado (vide item 564.8.2).

Se não constituir ou disser que não pretende constituir, aí sim – e somente nesse momento – é que poderá haver a designação. Não por outro motivo que, exemplificativamente, em matéria de recursos, já decidiu o Superior Tribunal de Justiça que não ofertadas as razões de recurso pelo patrono devidamente constituído e intimado para tanto, *"é obrigatório oportunizar ao réu, por intimação, a sua substituição, tanto quanto, permanecendo indiferente, que se lhe nomeie defensor dativo, pena de nulidade do processo"* (*Habeas Corpus* nº 50.175-PR, Rel. Min. Hamilton Carvalhido, publicado no *DJ* em 5.2.2007). Na mesma toada é o disposto na Súmula 708 do STF ("É nulo o julgamento da apelação se, após a manifestação nos autos da renúncia do único defensor, o réu não foi previamente intimado para constituir outro"), que restou aplicada, por exemplo, no julgamento do *Habeas Corpus* nº 94.282-2-GO (Rel. Min. Joaquim Barbosa, 2ª Turma, publicado no *DJ* em 25.4.2009).

Uma das inovações trazidas pela Lei nº 11.689/08 foi a possibilidade de o julgamento se realizar sem a presença do réu (art. 474, CPP). Trata-se de uma opção defensiva que deflui inclusive do direito constitucional ao silêncio. Mas não se pode deixar de consignar que a presença do réu em plenário é um direito constitucional que se lhe assiste, tanto que deverá ser intimado da designação da data da sessão de instrução e julgamento em plenário (art. 431 c/c art. 420, parágrafo único, CPP). Entretanto, se o seu comportamento em plenário acarretar dificuldades para a realização do julgamento, poderá o juiz presidente mandar retirá-lo da sala, prosseguindo sem a sua presença, salvo da leitura da sentença, ato para o qual deverá ser conduzido novamente ao plenário, segundo compreendemos.

Dentre os poderes específicos do presidente também se encontra a possibilidade de ordenar – inclusive *ex officio* – as diligências destinadas a sanar nulidade ou a suprir a falta que prejudique o esclarecimento da verdade (inciso XI). O dispositivo guarda certa similitude com o que previsto no art. 404, CPP (com remissão também ao art. 156, CPP).

Parece não haver motivos para questionar a possibilidade de o juiz determinar, inclusive de ofício, diligência necessária a sanar nulidade no processo criminal. Compreendemos ser ínsita às funções do juiz no processo criminal realizar constantemente procedimentos de natureza *saneadora*. O que pode gerar dúvidas sobre a extensão de sua aplicabilidade é a parte do dispositivo que reconhece ao juiz a possibilidade, mesmo sem requerimento das partes, para que determine a realização de diligências necessárias a "*suprir falta que prejudique o esclarecimento da verdade*".

Insistimos que, em tese, inexiste incompatibilidade do dispositivo com o sistema penal acusatório, acolhido pela Constituição. Há de se compreender que não se apresenta propriamente uma *iniciativa probatória* do juiz, mas unicamente – a partir das provas já requeridas pelas partes envolvidas – a necessidade de se buscar a complementação dos dados para ensejar a conclusão judicial. Alguns posicionamentos – notadamente doutrinários – defendem que regras desse jaez seriam inconstitucionais, na medida em que o julgador estaria comprometendo sua imparcialidade. Defendem, ainda, que em caso de as provas não serem suficientes para a conclusão a ser exarada na sentença, a única alternativa seria a absolvição (nem que por ausência de provas). Com todas as vênias, não podemos concordar.

Embora novamente se remeta aos comentários (mais detalhados) ao art. 156, CPP, impende aqui registrar, uma vez mais, que o art. 156, II, CPP, consignou que o juiz, de ofício, poderá "*determinar, no curso da instrução, ou antes de proferir sentença, a realização de diligências para dirimir dúvida sobre ponto relevante*". A medida deve ser aceita, *mas com limites*.

Por imposição constitucional, o sistema acusatório deverá funcionar como um redutor e/ou controlador da aplicação dos dispositivos em tela (arts. 497, IX, e 156, II, CPP) em face da imparcialidade que deve nortear a ação do juiz. A imparcialidade aqui deve ser visualizada como um modo de impedir que o juízo adote uma postura tipicamente acusatória – e, portanto, incompatível com o sistema acusatório. Numa frase: o juiz não pode desigualar as forças também quanto à produção da prova no processo.

Compreendemos ser possível construir uma linha divisória entre o que denominamos de *iniciativa probatória* e *iniciativa acusatória* do juiz penal. A iniciativa acusatória estará sempre presente quando o juiz empreenda atividade probatória de *iniciativa* exclusiva da acusação, sendo, em verdade, uma atuação substitutiva ou supletiva daquele ônus imposto ao Ministério Público (art. 156, CPP). Hipótese diversa é aquela em que a atividade do juiz se destina a resolver tão somente uma dúvida sobre pontos relevantes, nos termos do que disposto no art. 156, II, CPP. Por *falta* que prejudique o esclarecimento da verdade – que deve se dirigir ao questionamento acerca da *qualidade* ou da *idoneidade* da prova – não se pode entender a ausência da prova. Na mesma linha do raciocínio desenvolvido quanto à *dúvida* de que trata o inciso II do art. 156 do CPP, a *falta* a que alude o dispositivo ora em comento também somente pode se considerar sobre *provas já produzidas*, e não sobre a (eventual) insuficiência ou ausência da atividade persecutória. Contudo, não há nenhum empecilho para que provas *faltantes* não requeridas eventualmente pela defesa possam ser determinadas de ofício pelo juiz quando verificar a possibilidade de demonstração da inocência do réu.

Se necessário, poderá suspender a sessão por tempo indispensável à realização das diligências requeridas ou entendidas necessárias, mantida, porém, a incomunicabilidade dos jurados. Em não sendo possível a realização das diligências imediatamente, o conselho deverá ser dissolvido, adotando-se as providências previstas no art. 481 e parágrafo único do CPP.

Por fim, e como novidade, estipulou-se no inciso XII a atribuição de o juiz regulamentar, durante os debates, a intervenção de uma das partes quando a outra estiver com a palavra, podendo conceder até três minutos para cada aparte requerido, que serão acrescidos ao tempo desta última. Houve expresso reconhecimento pela legislação acerca do que faticamente era quase corriqueiro em julgamentos perante o tribunal: a concessão de *apartes*. As regras de como serão realizados serão traçadas pelo juiz presidente. A Lei fala que o tempo do *aparte* não poderá ultrapassar três minutos. Contudo, em situações excepcionais, não vemos impossibilidade de que seja ultrapassado esse limite, desde que presente a necessidade e a concordância da outra parte. Evidentemente, todo tempo de *apartes* deverá ser *descontado* do prazo concedido a quem estava com a palavra no momento.

Jurisprudência

497.[...] No procedimento dos processos da competência do Tribunal do Júri, o magistrado presidente não é um mero espectador inerte do julgamento, possuindo, não apenas o direito, mas o dever de conduzi-lo de forma eficiente e isenta na busca da verdade real dos fatos, em atenção a eventual abuso de uma das partes durante os debates, nos termos do art. 497 do CPP. A atuação firme do magistrado na condução da sessão plenária do Tribunal do Júri não deve ser confundida com eventual parcialidade do julgador e também não acarreta, necessariamente, a quebra da imparcialidade dos jurados. [...] *(Habeas Corpus nº 780.310 – MG, STJ, 5ª Turma, Rel. Min. Ribeiro Dantas, julgado em 14.2.2023, publicado no DJ em 22.2.2023)*

497. [...] Em atenção ao art. 497 do Código de Processo Penal, tem-se que, no procedimento relativo aos processos da competência do Tribunal do Júri, o magistrado presidente não é mero espectador inerte do julgamento, possuindo, não apenas o direito, mas o dever de conduzi-lo de forma eficiente e isenta na busca da verdade real dos fatos, em atenção a eventual abuso de uma das partes durante os debates. [...] Esta Corte Superior já se manifestou no sentido de que a firmeza do magistrado presidente na condução do julgamento, assim como no caso em exame, não acarreta, necessariamente, a quebra da imparcialidade dos jurados, somente sendo possível a anulação do julgamento se o prejuízo à acusação ou à defesa for isento de dúvidas, nos termos do artigo 563 do CPP, o que não ocorreu na situação retratada nos autos. [...] *(Habeas Corpus nº 694.450/SC, STJ, 5ª Turma, unânime, Rel. Min. Reynaldo Soares da Fonseca, julgado em 5.10.2021, publicado no DJ em 8.10.2021)*

CAPÍTULO III
Do Processo e do Julgamento dos Crimes da Competência do Juiz Singular

Art. 498. (Revogado pela Lei nº 11.719, de 2008)

Art. 499. (Revogado pela Lei nº 11.719, de 2008)

Art. 500. (Revogado pela Lei nº 11.719, de 2008)

Art. 501. (Revogado pela Lei nº 11.719, de 2008)

Art. 502. (Revogado pela Lei nº 11.719, de 2008)

TÍTULO II
DOS PROCESSOS ESPECIAIS

CAPÍTULO I
Do Processo e do Julgamento dos Crimes de Falência

Arts. 503 a 512. (Revogados pela Lei nº 11.101, de 2005)

Embora não mais previsto no CPP, há um novo rito para os crimes falimentares a partir da vigência da Lei n. 11.101/2005, que passou a regular a "recuperação judicial, a extrajudicial e a falência do empresário e da sociedade empresária".

Os crimes estão previstos nos arts. 168 a 178 da Lei n. 11.101/2005.

A ação penal será sempre pública incondicionada (art. 184), sendo que a competência para a ação penal será do juízo criminal onde tenha sido decretada a falência, concedida a recuperação judicial ou homologado o plano de recuperação extrajudicial (art. 183).

É preciso concatenar as disposições dos arts. 180, 184 e 187 da Lei n. 11.101/2005: assim que o Ministério Público for intimado da sentença que decreta a falência ou concede a recuperação judicial, tem duas opções se verificar a ocorrência da prática de crime: (a) apresenta denúncia criminal; ou (b) requisitará a abertura de inquérito policial ou determinará a realização de investigação criminal própria, se assim entender necessário.

Se não houver o ajuizamento da ação penal pública incondicionada no prazo legal, poderá ser promovida a ação penal privada subsidiária da pública, no prazo decadencial de seis meses. Os legitimados para tanto serão quaisquer dos credores habilitados ou o administrador judicial (parágrafo único do art. 184).

Importante atentar ainda para o art. 180, que prevê uma condição objetiva de punibilidade: "*Art. 180. A sentença que decreta a falência, concede a recuperação judicial ou concede a recuperação extrajudicial de que trata o art. 163 desta Lei é condição objetiva de punibilidade das infrações penais descritas nesta Lei*".

A lei previu uma situação especial e complementar de modo de cálculo de prescrição. Segundo disposto no art. 182, a prescrição rege-se pelas regras gerais do CPP, começando a "*correr do dia da decretação da falência, da concessão da recuperação judicial ou da homologação do plano de recuperação extrajudicial*", complementando-se com a regra do parágrafo único de que "*a decretação da falência do devedor interrompe a prescrição cuja contagem tenha iniciado com a concessão da recuperação judicial ou com a homologação do plano de recuperação extrajudicial*".

Ou seja, não há se falar em fluência do prazo prescricional sem que implementada a condição para a punição criminal. No Código Penal, a previsão é da contagem do prazo a partir da ocorrência do crime (art. 111, I, CP). Como os crimes são cometidos antes da decretação da falência (por exemplo) – presente a Teoria da Atividade, art. 4º, CP –, se não houvesse essa previsão abriria hipótese para início do curso do prazo prescricional sem que pudesse haver a devida responsabilização.

Significa que o crime somente poderá ser punido se, posteriormente, houver algumas das circunstâncias nele previstos. É uma condição objetiva porque independe da ação do agente criminoso (repita-se: o crime já foi cometido). E de "punibilidade", pois é uma circunstância da qual depende a própria viabilidade da ação penal. Sem essa condição não se pode cogitar do ajuizamento da demanda criminal (cuja denúncia, por óbvio, deverá atender todos os demais requisitos e pressupostos do art. 41 e 395, CPP).

Não é demais ressaltar que essa regra prescricional somente se aplica aos crimes cometidos após a vigência da novel lei (que regula exclusivamente os crimes nela previstos), vedada sua aplicação retroativa, pois mais gravosa.

De modo geral os prazos para ajuizamento da ação penal estão concatenados com o art. 46 do CPP: o prazo para oferecimento da denúncia, estando o réu preso, será de 5 dias, contado da data em que o órgão do Ministério Público receber os autos do inquérito policial, e de 15 dias, se o réu estiver solto ou afiançado. Nessa última hipótese, se houver devolução do inquérito à autoridade policial (art. 16), contar-se-á o prazo da data em que o órgão do Ministério Público receber novamente os autos. Se o Ministério Público dispensar o inquérito policial, o prazo para o oferecimento da denúncia contar-se-á da data em que tiver recebido as peças de informações ou a representação. E o prazo para o aditamento da queixa será de 3 dias, contado da data em que o órgão do Ministério Público receber os autos, e, se este não se pronunciar dentro do tríduo, entender-se-á que não tem o que aditar, prosseguindo-se nos demais termos do processo

Entretanto, se o réu estiver solto, e o Ministério Público resolver aguardar a exposição circunstanciada de que trata o art. 186 da lei, pode, em seguida, oferecer a denúncia no prazo de 15 dias (do recebimento do relatório) – *este relatório deve ser apresentado pelo administrador judicial ao juiz e está previsto na alínea e do inciso III do* **caput** *do art. 22, documento no qual deverá considerar as causas da falência, o procedimento do devedor, antes e depois da sentença, e outras informações detalhadas a respeito da conduta do devedor e de outros responsáveis, se houver, por atos que possam constituir crime relacionado com a recuperação judicial ou com a falência, ou outro delito conexo a estes).*

O rito será o sumário. Ou seja, de acordo com o disposto no art. 531 do CPP, "*na audiência de instrução e julgamento, a ser realizada no prazo máximo de 30 (trinta) dias, proceder-se-á à tomada de declarações do ofendido, se possível, à inquirição das testemunhas arroladas pela acusação e pela defesa, nesta ordem, ressalvado o disposto no art. 222 deste Código, bem como aos esclarecimentos dos peritos, às acareações e ao reconhecimento de pessoas e coisas, interrogando-se, em seguida, o acusado e procedendo-se, finalmente, ao debate. (Redação dada pela Lei nº 11.719, de 2008)*".

Sintetizando, apresentada a peça acusatória, poderá: a) ser rejeitada, nos termos do art. 395 do CPP; b) recebida, será determinada a citação do (agora) réu para apresentar resposta escrita em 10 dias (arts. 396 e 396-A, CPP); c) com a resposta, o juiz poderá absolver sumariamente o réu, se presentes as hipóteses do art. 397 do CPP; d) se não houver absolvição sumária, segue com designação de audiência de instrução e julgamento.

Além de prever a aplicabilidade subsidiária das regras do CPP no que não houver incompatibilidade (art. 188), a lei previu também efeitos específicos da condenação criminal (para além daqueles previstos no Código Penal). Eles estão no art. 181 da Lei n. 11.101/2005: I – a inabilitação para o exercício de atividade empresarial; II – o impedimento para o exercício de cargo ou função em conselho de administração, diretoria ou gerência das sociedades sujeitas a esta Lei; III – a impossibilidade de gerir empresa por mandato ou por gestão de negócio.

Reconhece-se também que esses efeitos são automáticos (§ 1º), devendo ser motivadamente declarados na sentença, perdurando até 5 anos após a extinção da punibilidade (salvo se houver reabilitação). Após o trânsito em julgado, deverá ser notificado o Registro Público de Empresas para que tome as medidas para impedir novo registro em nome dos inabilitados (§ 2º).

Jurisprudência

[...] Crimes falimentares. Prescrição. Art. 199, *caput*, do Decreto-Lei nº 7.661-45 e art. 182 da Lei 11.101/2005. Vedação à combinação de leis. Princípio da retroatividade da lei penal mais benéfica (art. 5º, inciso XL da CF/88) que impõe o exame, no caso concreto, de qual regra, em sua integralidade, é mais favorável ao recorrido. Prescrição. Ocorrência. Habeas Corpus concedido de ofício.

I – A Constituição Federal reconhece, no art. 5º inciso XL, como garantia fundamental, o princípio da retroatividade da lei penal mais benéfica. Desse modo, o advento de lei penal mais favorável ao acusado impõe sua imediata aplicação, mesmo após o trânsito em julgado da condenação. Todavia, a verificação da *lex mitior*, no confronto de leis, é feita *in concreto*, visto que a norma aparentemente mais benéfica, num determinado caso, pode não ser. Assim, pode haver, conforme a situação, retroatividade da regra nova ou ultra-atividade da norma antiga.

II – A norma insculpida no art. 182, *caput*, da Lei 11.101/2005 (Nova Lei de Falências e Recuperação judicial e extrajudicial) explicitou que a disciplina relativa à prescrição dos crimes falimentares reger-se-á de acordo com as disposições contidas no Código Penal, estabelecendo, além disso, novo *dies a quo* para o início da contagem do lapso prescricional, começando a correr o prazo do dia da decretação da falência, da concessão da recuperação judicial ou da homologação do plano de recuperação extrajudicial.

III – Em contrapartida, verifica-se que o artigo 199 e parágrafo único do Decreto-lei nº 7.661/45 (Antigo diploma de Falências e Concordatas), definia o prazo prescricional para delitos falimentares como sendo de 2 (dois) anos, começando a correr da data em que transitar em julgado a sentença que encerrar a falência ou que julgar cumprida a concordata.

IV – Assim sendo, não há que se admitir a aplicação em combinação do prazo prescricional de 2 (dois) anos descrito no Decreto-lei revogado, com o novo *dies a quo* estabelecido na Lei nº 11.101/2005, qual seja, a partir da data de decretação da falência, gerando daí uma terceira norma não elaborada e jamais prevista pelo legislador.

V – Em homenagem ao princípio da extra-atividade (retroatividade ou ultra-atividade) da lei penal mais benéfica deve-se, caso a caso, verificar qual a situação mais vantajosa ao condenado: se a aplicação do prazo prescricional do revogado Decreto-lei nº 7.661/45, com início de contagem definido no parágrafo único do artigo 199, ou a aplicação da nova Lei de Falências, na qual os prazos prescricionais dos delitos são regidos pelo art. 109 do Código Penal, mas possuem *dies a quo* diferenciado. Contudo, jamais a combinação dos textos que levaria a uma regra inédita.

VI – A vedação à combinação de leis é sufragada por abalizada doutrina. No âmbito nacional, *v.g.*: Nelson Hungria, Aníbal Bruno e Heleno Cláudio Fragoso. Dentre os estrangeiros, *v.g.*: Jiménez de Asúa, Sebastián Soler, Reinhart Maurach, Edgardo Alberto Donna, Gonzalo Quintero Olivares, Francisco Muñoz Conde, Diego-Manuel Luzón Peña, Guillermo Fierro, José Cerezo Mir, Germano Marques da Silva e Antonio Garcia-Pablos de Molina.

VII – Entretanto, na hipótese, levando-se em consideração o início da contagem do lapso prescricional de acordo com o Decreto-Lei nº 7.661/45, qual seja, a data de declaração da falência (20/09/2005), e a data em que ela deveria ter sido encerrada (20/09/2007), conforme o comando inserto no art. 132, § 1º, do mencionado Decreto-Lei ("1º Salvo caso de fôrça maior, devidamente provado, o processo da falência deverá estar encerrado dois anos depois do dia da declaração"), bem como do disposto na Súmula nº 147 do Pretório Excelso ("A prescrição do crime falimentar começa a correr da data em que deveria estar encerrada a falência, ou trânsito em julgado que a encerrar ou que julgar cumprida a concordata"), tem-se que o prazo prescricional de dois anos referente aos delitos falimentares operou-se em 19/09/2009.

VIII – Deve-se reconhecer, portanto, *in casu*, a prescrição da pretensão punitiva quanto aos delitos falimentares eventualmente praticados pelo ora recorrido até o ano de 2004, quando ainda vigente o Decreto-Lei 7.661/45. Recurso especial provido.

Habeas corpus concedido de ofício para trancar parcialmente o Inquérito Policial nº 813/2007, do 1º Distrito Policial de São Paulo, apenas no que se refere a apuração dos delitos falimentares. *(Recurso Especial n. 1.107.275/SP, 5ª Turma, Relator Ministro Felix Fischer, julgado em 2.9.2010, publicado no DJ em 4.10.2010).*

[...] 1. Nos termos da jurisprudência deste Sodalício, em homenagem ao princípio da unicidade, havendo pluralidade de condutas praticadas no intuito de fraudar os créditos da empresa durante o processo de falência deve ser considerada a prática de apenas um crime, de forma que, para fins de contagem do prazo prescricional, seja aplicada a legislação vigente à época do último ato fraudulento. 2. Considerando-se, no caso, que o último ato fraudulento foi praticado no ano de 2012, tendo, inclusive, o órgão acusatório enquadrado os ilícitos atribuídos aos acusados na Lei n. 11.101/05, não há dúvidas de que as regras a serem utilizadas para a contagem do prazo prescricional devem ser as previstas na nova Lei de Falências. 3. E, sendo a Lei n. 11.101/2005 a que incide em relação aos crimes falimentares examinados, não há que se falar em prescrição da pretensão punitiva do Estado pelo transcurso do lapso de tempo entre os marcos interruptivos. Isto porque, condenados à pena de 3 anos de reclusão, entre a data da decretação da falência (18.8.2008), termo inicial da contagem do prazo prescricional, consoante o artigo 182 da Lei 11.101/2005, e o dia em que recebida a inicial acusatória (10.4.2013), e entre este e a sentença condenatória, não transcorreram mais de 8 (oito) anos, nos termos do art. 109, inciso IV do CP. 4. Agravo improvido. *(Agravo Regimental no Agravo no Recurso Especial n. 986.276-RS, STJ, 5ª Turma, Relator Ministro Jorge Mussi, julgado em 7.8.2018, publicado no DJ em 17.8.2018).*

[...] 4. No que concerne à decisão que recebeu a denúncia, tem-se que é assente no Superior Tribunal de Justiça que, na fase do art. 395 do Código de Processo Penal, ou seja, antes da citação do acusado, basta uma fundamentação concisa acerca da presença dos requisitos do art. 41 do referido diploma legal, até mesmo para evitar o pré-julgamento da ação penal. Assim, não verifico nulidade na decisão que recebeu a denúncia. 5. Não há se falar em prescrição, uma vez que, nos termos do art. 182 da Lei n. 11.101/2005, a prescrição nos crimes falimentares se regula pelo Código Penal. Na hipótese, a pena máxima em abstrato é 6 (seis) anos, a qual prescreve, portanto, em 12 anos, nos termos do art. 109, inciso III, do Código Penal, lapso não alcançado entre os marcos interruptivos e cujo início se dá com a decretação da falência, em 14/2/2007. *(Agravo no RHC n. 78.686-SP, STJ, 5ª Turma, Rel. Ministro Reynaldo Soares da Fonseca, julgado em 8.2.2018, publicado no DJ em 21.2.2018).*

[...] 1. O artigo 192 da Lei 11.101/2005 prevê a sua não aplicação "aos processos de falência ou concordata ajuizados anteriormente ao início de sua vigência, que serão concluídos nos termos do Decreto-lei nº 7.661, de 21 de junho de 1945". 2. O referido dispositivo legal se refere aos processos de falência ou concordata propriamente ditos, e não aos crimes falimentares que lhes são correlatos, cuja legislação de regência é estabelecida a partir da data em que os supostos fatos delituosos foram praticados. Conclusão diversa conflitaria com o princípio da anterioridade, previsto no artigo 5º, inciso XXXIX, da Constituição Federal e reproduzido no artigo 1º do Código Penal. 3. No caso dos autos, da leitura da denúncia, depreende-se que os delitos imputados ao recorrente teriam ocorrido posteriormente à decretação da falência aos 23.2.2007, ou seja, quando já estava em vigor a Lei 11.101/2005. 4. Embora o órgão acusatório tenha enquadrado os ilícitos atribuídos aos acusados no Decreto-lei 7.661/1945, não há dúvidas de que as condutas a eles assestadas teriam ocorrido já na vigência da nova Lei de Falências, diploma legal aplicável à espécie, que suprimiu a necessidade de instauração de inquérito judicial antes da deflagração da ação penal, motivo pelo qual não há que se falar em nulidade do processo ante a ausência da referida formalidade.[...] *(RHC n. 31.811-ES, STJ, 5ª Turma, Rel. Ministro Jorge Mussi, julgado em 11.3.2014, publicado no DJ em 25.3.2014).*

CAPÍTULO II
Do Processo e do Julgamento dos Crimes de Responsabilidade dos Funcionários Públicos

Art. 513. Os crimes de responsabilidade dos funcionários públicos, cujo processo e julgamento competirão aos juízes de direito, a queixa ou a denúncia será instruída com documentos ou justificação que façam presumir a existência do delito ou com declaração fundamentada da impossibilidade de apresentação de qualquer dessas provas.

Vide anotações ao art. 514 do CPP.

Art. 514. Nos crimes afiançáveis, estando a denúncia ou queixa em devida forma, o juiz mandará autuá-la e ordenará a notificação do acusado, para responder por escrito, dentro do prazo de quinze dias.

Parágrafo único. Se não for conhecida a residência do acusado, ou este se achar fora da jurisdição do juiz, ser-lhe-á nomeado defensor, a quem caberá apresentar a resposta preliminar.

514. Defesa preliminar de funcionário público: Em casos de delitos *afiançáveis* e desde que enquadráveis na categoria de *crimes praticados por servidores públicos*, após o *oferecimento* da denúncia (mas antes do seu *recebimento*), o juiz *deveria notificar* o acusado para, querendo, responder por escrito no prazo de 15 dias. A jurisprudência vinha entendendo que *não se faria necessária* a observância do dispositivo em voga quando:

a) a imputação fosse de delitos inafiançáveis (embora entendamos não haver sentido na distinção entre delitos afiançáveis e inafiançáveis para fins de determinação de procedimento a ser adotado);
b) houvesse a prática de *outros crimes* que não *próprios* de servidores públicos;
c) o agente criminoso não mais fosse servidor público (o que reforça a ideia, adiante esmiuçada, de que o objetivo da norma é a proteção ao *cargo* ocupado pelo sujeito ativo);
d) a denúncia estivesse amparada em procedimento administrativo disciplinar ou inquérito policial em que constasse a versão do (agora) acusado. Uma anotação importante: a Súmula 330 do Superior Tribunal de Justiça dispõe que *"é desnecessária a resposta preliminar de que trata o art. 514 do Código de Processo Penal na ação penal instruída por inquérito policial"*. Com a devida *venia*, a Súmula não apresenta a *melhor redação*. Compreendemos que não basta que a ação penal tenha sido oferecida com base em inquérito policial ou até em procedimento administrativo. É fundamental que, no procedimento prévio que embasa a denúncia, esteja presente a versão do acusado sobre os fatos que ora se lhe imputam. Se houver inquérito policial ou procedimento administrativo no qual não tenha sido ouvido (ou ao menos ofertado ao investigado a possibilidade de apresentar sua versão), não haveria como se aplicar o comando sumulado, dispensando-se a providência do art. 514 do CPP. A finalidade do dispositivo era exatamente evitar que houvesse a instauração de ação penal sem que existisse nos autos a *versão* do acusado sobre os *fatos narrados*.

Quanto à inobservância do disposto no art. 514, CPP, oscilavam os entendimentos jurisprudenciais. Alguns para reconhecer que a vulneração da regra implicava nulidade absoluta, outros no sentido da nulidade relativa. Sempre entendemos que a não observância do dispositivo processual em relação ao *ato* não poderia levar, automaticamente, à nulidade *processual*. É que se não restar demonstrado que houve a instauração de ação penal de forma indevida (e essa é a razão de ser do dispositivo) não há quaisquer motivos para a decretação da nulidade. Adotar tal raciocínio implica valorizar desproporcionalmente o mero formalismo procedimental.

De qualquer forma, entendemos que o procedimento previsto nos arts. 513 a 518 do CPP restou incompatível e não mais aplicável com a superveniência da Lei nº 11.719/08.

Como destacamos quando da análise do art. 396, CPP – e ora reproduzimos –, as alterações introduzidas pela Lei nº 11.719/08 foram substanciais no procedimento processual penal, tudo com a finalidade de modernizá-lo e tentar compatibilizá-lo ao sistema constitucional vigente. Não que o sistema anterior fosse incompatível nessa parte com a Constituição (em nossa compreensão, era), mas se procurou *ampliar* os meios de defesa e as possibilidades de controle jurisdicional em primeiro grau como forma de evitar a instauração de ações penais sem antes propiciar ao acusado a apresentação de sua versão sobre os fatos imputados. De certo modo, era o que previa o disposto no art. 514, CPP (mas limitadas, na lítera da lei, às situações em que a imputação era de crimes afiançáveis praticados por servidores públicos), embora aqui *o recebimento* da denúncia se dava posteriormente *à defesa prévia, consoante o art. 516, CPP*.

Encontram-se alguns posicionamentos doutrinários no sentido de que deveriam ser *compatibilizados* os ritos previstos nos arts. 514 a 518, CPP, e 394 e seguintes, CPP. Segundo difundido, da conjugação dos dispositivos, oferecida a denúncia, deveria ser, automaticamente, propiciado ao acusado (mediante *notificação*) oferecer a *defesa preliminar* a que alude o art. 514, CPP. Entendendo ausentes os requisitos essenciais, deveria o juiz rejeitar a denúncia. Caso contrário, recebê-la-ia com fundamento no art. 517, CPP. Na sequência seria então *citado* o (agora) réu para apresentar a resposta escrita no prazo de 10 (dez) dias, podendo, ainda, o juiz absolvê-lo sumariamente nas hipóteses mencionadas no art. 397, CPP.

Não podemos concordar com tal raciocínio. Conforme previsto no § 4º do art. 394 do CPP (na redação da Lei nº 11.719/08), as disposições dos arts. 395 a 398, CPP, aplicam-se (imediatamente) a todos os procedimentos penais de primeiro grau (salvo nas hipóteses de delitos de competência do Tribunal do Júri e dos Juizados Especiais Criminais).

Não há qualquer razão lógica ou jurídica (salvo a leitura isolada do procedimento previsto no art. 514, CPP, e uma concepção absolutamente formalista) para justificar o procedimento acima proposto. A mais não poder, como já anunciado, a novel sistemática amplificou sobremaneira a possibilidade de o réu exercer sua defesa no processo, possibilitando-se inclusive a absolvição sumária. A defesa prévia aqui prevista não tem mais qualquer utilidade. Aliás, na prática (e processo é *também* a *realidade* das coisas), na grande maioria dos casos, já não tinha qualquer efeito prático.

Portanto, com as alterações procedimentais, o rito previsto agora também para os delitos praticados por funcionários públicos é o ordinário, cujo procedimento determina que:

a) a peça acusatória poderá ser rejeitada por questões processuais alinhadas no art. 395, CPP;

b) se não for o caso, a denúncia ou a queixa será recebida, determinando-se a citação do acusado para a apresentação de resposta escrita no prazo de 10 (dez) dias (observado que pode haver hipótese de suspensão condicional do processo – art. 89, Lei nº 9.099/95);

c) com a resposta, o juiz poderá absolver sumariamente o acusado, nas hipóteses mencionadas no art. 397, CPP.

Jurisprudência

514. [...] 1. Embora o inquérito policial não estivesse disponível à defesa quando da resposta à acusação, o acesso lhe foi franqueado durante a tramitação do processo em primeira instância, como constatou a Corte local. Vício sanado. 2. É desnecessário o interrogatório do réu, então investigado, durante o inquérito policial. 3. Quando a denúncia imputa aos acusados crimes funcionais e não funcionais, é dispensável a defesa prévia do art. 514 do CPP. [...] *(Agravo Regimental no Recurso Especial nº 1.840.917-TO, STJ, 5ª Turma, Rel. Min. Ribeiro Dantas, julgado em 22.6.2021, publicado no DJ em 28.6.2021)*

514. [...] 1. Teses defensivas apresentadas no âmbito da Resposta à Acusação que foram anteriormente rechaçadas por decisão do Juízo Federal de 1º grau na etapa do art. 514 do CPP, ocasião em que se constatou a presença dos requisitos do art. 41 do mesmo diploma legal, não ensejam nulidade do feito por ausência de nova reapreciação do Magistrado quando da análise das defesas preliminares na fase do art. 396-A do Estatuto Processual Penal. 2. Na hipótese dos autos, o Juízo de 1º grau, antes da apresentação da defesa preliminar do ora recorrente, analisou detidamente a impossibilidade de rejeição total da denúncia, por existir justa causa consubstanciada nos autos e pela inexistência de quaisquer das hipóteses previstas no art. 395 do Código de Processo Penal. Na segunda decisão judicial, que ratificou o recebimento parcial da denúncia, o Magistrado pontuou que as questões levantadas pelo ora recorrente foram analisadas no ato judicial anterior, motivo pelo qual resta superada a questão. [...] *(RHC n. 107.334 – RJ, STJ, 5ª Turma, unânime, Rel. Min. Reynaldo Soares da Fonseca, julgado em 26.3.2019, publicado no DJ em 22.4.2019)*

514 [...] 1. Não há se falar em oferecimento de nova defesa após o recebimento da denúncia, nos termos do art. 396-A do Código de Processo Penal, porquanto já apresentada defesa preliminar antes do seu recebimento, conforme disciplina o art. 514 do referido Diploma. Note-se que a mescla dos ritos se mostra não apenas inviável mas também desnecessária, uma vez que o réu já teve a chance de refutar os termos da inicial acusatória, antes mesmo do seu recebimento. [...] (*Habeas Corpus nº 131.504-MG, STF, monocrática, Rel. Min. Edson Fachin, julgado em 2.12.2015, publicado no DJ em 14.12.2015*).

514. [...] Havendo imputação de crimes funcionais e não funcionais, não se aplica o procedimento previsto nos arts. 513 e seguintes do Código de Processo Penal, a tornar prescindível a fase de resposta preliminar nele prevista. Precedentes. [...] *(Agravo Regimental no Recurso Extraordinário com Agravo n. 1.072.424-SC, STF, 2ª Turma, unânime, Rel. Min. Dias Toffoli, julgado em 4.5.2018, publicado no DJ em 28.5.2018).*

514. [...] A finalidade da resposta preliminar prevista no art. 514 do Código de Processo Penal é "permitir que o denunciado apresente argumentos capazes de induzir a conclusão de inviabilidade da ação penal" (HC nº 89.517/RJ, Segunda Turma, Relator o Ministro Cezar Peluso, *DJe* de 12.2.2010). [...] (*Recurso não provido (Recurso Ordinário em Habeas Corpus nº 127.296-PR, STF, 2ª Turma, unânime, Rel. Min. Dias Toffoli, julgado em 2.6.2015, publicado no DJ em 1.7.2015*).

514. [...] A partir do julgamento do HC 85.779/RJ, passou-se a entender, nesta Corte, que é indispensável a defesa prévia nas hipóteses do art. 514 do Código de Processo Penal, mesmo quando a denúncia é lastreada em inquérito policial (Informativo 457/STF). O entendimento deste Tribunal, de resto, é o de que, para o reconhecimento de eventual nulidade, ainda que absoluta, faz-se necessária a demonstração do prejuízo, o que não ocorreu na espécie. Nesse sentido, o Tribunal tem reafirmado que a demonstração de prejuízo, *"a teor do art. 563 do CPP, é essencial à alegação de nulidade, seja ela relativa ou absoluta, eis que*

[...] o âmbito normativo do dogma fundamental da disciplina das nulidades pas de nullité sans grief *compreende as nulidades absolutas"* (HC 85.155/SP, Rel. Min. Ellen Gracie). Esta Corte decidiu, por diversas vezes, que a defesa preliminar de que trata o art. 514 do Código de Processo Penal tem como objetivo evitar a propositura de ações penais temerárias contra funcionários públicos e, por isso, a falta de defesa preliminar constitui apenas nulidade relativa. [...] A jurisprudência desta Corte é firme no sentido de que o procedimento previsto no art. 514 do Código de Processo Penal cinge-se apenas as hipóteses em que a denúncia veicule tão somente crimes funcionais típicos. Ordem denegada (*Habeas Corpus nº 121.100-SP, STF, 2ª Turma, Rel. Min. Ricardo Lewandowski, julgado em 25.3.2014, publicado no DJ em 6.6.2014*).

514. [...] Embora do mandado de citação tenha constado, por equívoco, referência ao art. 514 do CPP, que trata da notificação para apresentação de defesa preliminar nos processos em que se apura crimes afiançáveis de responsabilidade dos funcionários públicos, nas defesas apresentadas, o paciente teve a chance de defender-se de todos os fatos que lhe eram imputados na denúncia, inclusive por mais de uma vez. Assim, ponderável exigir da parte, para que se proclame a nulidade do ato processual, a demonstração inequívoca de prejuízo concreto à defesa técnica. O impetrante sequer indicou de que modo a renovação de todo o procedimento poderia beneficiá-lo, limitando-se a tecer considerações genéricas sobre cerceamento de defesa e de nulidade processual. [...] (*Habeas Corpus nº 109.577-MT, STF, 2ª Turma, Rel. Min. Teori Zavascki, julgado em 17.12.2013, publicado no DJ em 13.2.2014*).

514. [...] O procedimento especial estabelecido nos artigos 513 a 516 do Código de Processo Penal não é aplicável ao servidor público aposentado. Circunstância omitida na impetração, mas comprovada documentalmente pelo Ministério Público Federal. Embargos declaratórios acolhidos, com efeitos infringentes, a fim de determinar o prosseguimento da ação penal (*Embargos de Declaração no Habeas Corpus nº 96.058, Rel. Min. Eros Grau, 2ª Turma, publicado no DJ em 30.4.2010*).

514. [...] A ausência da notificação prévia de que trata o art. 514 do Código de Processo Penal constitui vício que gera nulidade relativa e deve ser arguida oportunamente, sob pena de preclusão. Precedentes. O princípio do *pas de nullité sans grief* exige a demonstração de prejuízo concreto à parte que suscita o vício, independentemente da sanção prevista para o ato, pois não se declara nulidade processual por mera presunção. Precedentes. A jurisprudência deste Supremo Tribunal Federal assentou o entendimento de que o art. 514 do Código de Processo Penal tem por objetivo "*dar ao réu-funcionário a possibilidade de evitar a instauração de processo temerário, com base em acusação que já a defesa prévia ao recebimento da denúncia poderia, de logo, demonstrar de todo infundada. Obviamente, após a sentença condenatória, não se há de cogitar de consequência de perda dessa oportunidade de todo superada com a afirmação, no mérito, da procedência da denúncia*" (HC 72.198, *DJ* 26.5.1995). Se a alegação de excesso de prazo não foi apreciada pelas instâncias antecedentes não cabe ao Supremo Tribunal dela conhecer, sob pena de supressão de instância. *Habeas corpus* parcialmente conhecido e na parte conhecida denegado (*Habeas Corpus nº 97.033-8/SP, STF, Rel. Min. Cármen Lúcia, 1ª Turma, por maioria, publicado no DJ em 12.6.2009*).

Art. 515. No caso previsto no artigo anterior, durante o prazo concedido para a resposta, os autos permanecerão em cartório, onde poderão ser examinados pelo acusado ou por seu defensor.

Parágrafo único. A resposta poderá ser instruída com documentos e justificações.

515. Já assinalado, a finalidade do procedimento era propiciar ao acusado funcionário público por crime afiançável que apresentasse defesa (faculdade) juntando documentos e justificações que entendesse suficientes e necessárias para inviabilizar a persecução penal. Nesse caso, não seria recebida a denúncia acaso convencido o juízo que a imputação não se apresentava como suficiente diante *inclusive* dos elementos trazidos aos autos.

Art. 516. O juiz rejeitará a queixa ou denúncia, em despacho fundamentado, se con vencido, pela resposta do acusado ou do seu defensor, da inexistência do crime ou da improcedência da ação.

516. Rejeição da denúncia ou da queixa: Quando aplicável o dispositivo em tela (porque, reitere-se, compreendemos não mais ser compatível com o rito ordinário após as alterações de 2008), a rejeição da denúncia era imperativa não só se a resposta indicasse cabalmente a insubsistência da denúncia porque inexistente o crime ou improcedente a pretensão. Mesmo que não houvesse resposta (porque se tratava de uma faculdade), o juízo deveria rejeitar a denúncia se presentes os pressupostos declinados no dispositivo.

A reforçar nossa compreensão no sentido de sua não mais aplicabilidade, é de se ver que, atualmente, por força do art. 397, CPP, se o fato não constituir crime, será hipótese de *absolvição sumária*, e não mais rejeição da denúncia (art. 395, CPP).

Art. 517. Recebida a denúncia ou a queixa, será o acusado citado, na forma estabelecida no Capítulo I do Título X do Livro I.

517. Citação do réu: Na mesma linha do que destacado quando dos comentários ao art. 514, CPP, o rito previsto agora também para os delitos praticados por funcionários públicos é o ordinário, cujo procedimento determina que:

a) a peça acusatória poderá ser rejeitada por questões processuais alinhadas no art. 395, CPP;

b) se não for o caso, a denúncia ou a queixa será recebida, determinando-se a citação do acusado para a apresentação de resposta escrita no prazo de 10 (dez) dias (observado que pode haver hipótese de suspensão condicional do processo – art. 89, Lei nº 9.099/95);

c) com a resposta, o juiz poderá absolver sumariamente o acusado, nas hipóteses mencionadas no art. 397, CPP.

Art. 518. Na instrução criminal e nos demais termos do processo, observar-se-á o disposto nos Capítulos I e III, Título I, deste Livro.

518. Aplicação subsidiária de outros ritos: Havia a previsão – hoje prejudicada – para a possibilidade de aplicação complementar dos termos previstos para os capítulos I (instrução criminal do processo comum) e III (processo e julgamento dos crimes da competência do juiz singular – arts. 498 e seguintes, CPP, hoje todos revogados expressamente).

CAPÍTULO III
Do Processo e do Julgamento dos Crimes de Calúnia e Injúria, de Competência do Juiz Singular

Art. 519. No processo por crime de calúnia ou injúria, para o qual não haja outra forma estabelecida em Lei especial, observar-se-á o disposto nos Capítulos I e III, Título I, deste Livro, com as modificações constantes dos artigos seguintes.

519. Procedimento dos crimes contra a honra: Embora ainda constantes aqui no Código de Processo Penal como procedimento especial, os crimes contra a honra agora se submetem ao rito sumaríssimo (art. 394, § 1º, III, do CPP) dos Juizados Especiais Criminais, constituindo infrações de menor potencial ofensivo.

Havendo reconciliação (e nessa parte não há incompatibilidade com o rito), o querelante deverá assinar um termo de desistência da queixa, cuja consequência será a absolvição por extinção da punibilidade (art. 397, IV, CPP, por analogia).

Jurisprudência

519. [...] 1. A interpelação judicial, prevista no art. 144 do Código Penal, é medida de cunho cautelar e natureza preparatória, todavia, não obrigatória com o escopo de "aparelhar e instruir futura e eventual ação penal condenatória pela prática de crimes contra a honra" *(AgRg na IJ n. 158/MG, relatora Ministra Nancy Andrighi, Corte Especial, julgado em 22/9/2020, DJe de 24/9/2020).*

2. A interpelação judicial tem como pressuposto processual a equivocidade de expressões ou frases das supostas ofensas que, em tese, podem caracterizar delito contra a honra (calúnia, difamação ou injúria), bem como dúvida quanto aos seus destinatários, constituindo-se, assim, em etapa facultativa da persecutio criminis. Doutrina. Precedentes. (EDcl na IJ n. 159/MG, relatora Ministra Nancy Andrighi, Corte Especial, julgado em 1/9/2021, DJe de 8/9/2021. Pet 4444 AgR, Relator(a): CELSO DE MELLO, Tribunal Pleno, julgado em 26-11-2008, DJe-241 DIVULG 18-12-2008 PUBLIC 19-12-2008 EMENT VOL-02346-01 PP-00154 RTJ VOL-00208-01 PP-00040 RSJADV fev., 2009, p. 43-48 RT v. 98, n. 881, 2009, p. 494-505. AgR, Relator(a): LUIZ FUX, Primeira Turma, julgado em 30-10-2023, PROCESSO ELETRÔNICO DJe-s/n DIVULG 08-11-2023 PUBLIC 09-11- 2023. AC 2853 AgR, Relator(a): GILMAR MENDES, Tribunal Pleno, julgado em 18-08-2011, PROCESSO ELETRÔNICO DJe-034 DIVULG 15-02-2012 PUBLIC 16-02-2012).

3. A medida cautelar preparatória não se presta à produção de provas acerca do elemento subjetivo do injusto dos crimes contra a honra (*animus injuriandi, caluniandi vel difamandi*), questão a ser dirimida no bojo da ação penal competente.

4. Na espécie, conforme narrativa fática descrita na inicial, bem como da análise totalmente processual das transcrições das manifestações do agravado durante as sessões no Tribunal de origem, não se revela nenhuma equivocidade no tocante ao conteúdo das declarações do Desembargador, seja do prisma objetivo, seja subjetivo.

5. Portanto, a presente interpelação não possui substrato objetivo mínimo que autorize seu processamento. Verifica-se que as indagações arroladas na petição inicial, em larga medida, destinam-se à confirmação das intenções do interpelado, o que refoge à disciplina legal do instrumento e torna inadequada sua utilização. [...] *(Agravo Regimental na Interpelação Judicial nº 180-DF, STJ, Corte Especial, Rel. Min. Antonio Carlos Ferreira, sessão virtual de 3.4.2024 a 9.4.2024, publicado no DJ em 15.4.2024)*

Art. 520. Antes de receber a queixa, o juiz oferecerá às partes oportunidade para se reconciliarem, fazendo-as comparecer em juízo e ouvindo-as, separadamente, sem a presença dos seus advogados, não se lavrando termo.

Vide observação anterior.

Jurisprudência

520. [...] O crime de calúnia é de ação penal privada e embora se possa, em teoria, cogitar constrangimento ilegal ao recorrente no ato do recebimento da queixa-crime sem antes permitir a realização da audiência de reconciliação, prevista no art. 520 do CPP, não restou evidenciado o prejuízo diante da não realização do procedimento. É assente no STJ que não se anulam atos pretensamente violadores de direitos sem a demonstração de prejuízo (*pás de nullité sans grief*). [...] *(Agravo Regimental no Agravo em Recurso Especial nº 2.235.253-SP, STJ, 5ª Turma, Rel. Min. Joel Ilan Paciornik, julgado em 16.5.2023, publicado no DJ em 23.5.2023)*

Art. 521. Se depois de ouvir o querelante e o querelado, o juiz achar provável a reconciliação, promoverá entendimento entre eles, na sua presença.

Vide observação anterior.

Art. 522. No caso de reconciliação, depois de assinado pelo querelante o termo da desistência, a queixa será arquivada.

Vide observação anterior.

Art. 523. Quando for oferecida a exceção da verdade ou da notoriedade do fato imputado, o querelante poderá contestar a exceção no prazo de dois dias, podendo ser inquiridas as testemunhas arroladas na queixa, ou outras indicadas naquele prazo, em substituição às primeiras, ou para completar o máximo legal.

523. Exceção da verdade: Cabível em algumas situações de delitos contra a honra, a *exceção da verdade* é procedimento bastante peculiar. Significa que, quando passível de afastamento da tipicidade, o querelado poderá comprovar que suas afirmações são verdadeiras. Nesse caso, uma vez ajuizada a exceção da verdade, deverá ser propiciado ao querelante contestar a pretensão do réu. Se o querelante tiver foro por prerrogativa de função, a exceção deverá ser oposta naquele juízo, isto é, perante o Tribunal competente para eventual processo criminal contra aquele que detém o foro privativo.

CAPÍTULO IV
Do Processo e do Julgamento dos Crimes Contra a Propriedade Imaterial

Art. 524. No processo e julgamento dos crimes contra a propriedade imaterial, observar-se-á o disposto nos Capítulos I e III do Título I deste Livro, com as modificações constantes dos artigos seguintes.

524. Regras gerais no processo dos crimes contra a propriedade imaterial: Os crimes contra a propriedade imaterial (ou intelectual), com amparo constitucional expresso (art. 216, CF/88), estão previstos tanto no Código Penal (arts. 184 a 186, CP) quanto na Lei nº 9.279/96 (arts. 183 a 195).

A grande maioria dos delitos será objeto de ação penal (exclusivamente) privada. Aliás, dispõe expressamente o art. 199, Lei nº 9.279/96, que nos crimes previstos naquele título (*contra os desenhos industriais, contra as patentes, contra as marcas, cometidos por meio de marca, contra indicações geográficas e demais indicações e dos crimes de concorrência desleal*) somente se procede mediante queixa, salvo quanto ao crime do art. 191 (*Reproduzir ou imitar, de modo que possa induzir em erro ou confusão, armas, brasões ou distintivos oficiais nacionais, estrangeiros ou internacionais, sem a necessária autorização, no todo ou em parte, em marca, título de estabelecimento, nome comercial, insígnia ou sinal de propaganda, ou usar essas reproduções ou imitações com fins econômicos*), em que a ação penal será pública. Já naquelas hipóteses que se enquadrarem nos arts. 530-B e seguintes, CPP (na redação da Lei nº 10.695/2003), a ação será pública incondicionada ou condicionada à representação (delitos previstos no art. 184, §§ 1º a 3º, CP), conforme expressa disposição do art. 530-I, CPP.

Jurisprudência

524. [...] 1. O procedimento a ser observado nos casos de crimes contra a propriedade imaterial perseguidos mediante ação penal pública, como é o caso dos autos, encontra-se disposto nos artigos 530-B a 530-H do Código de Processo Penal, merecendo destaque o que contido nos artigos 530-B a 530-D, pelos quais a autoridade policial apreenderá os bens objeto do delito, que serão submetidos à perícia, que integrará os autos do processo. [...] *(RHC nº 45.543-PR, STJ, 5ª Turma, Rel. Min. Jorge Mussi, julgado em 7.8.2014, publicado no DJ em 19.8.2014)*

Art. 525. No caso de haver o crime deixado vestígio, a queixa ou a denúncia não será recebida se não for instruída com o exame pericial dos objetos que constituam o corpo de delito.

525. Condição de procedibilidade: Em verdade, o art. 525 do CPP (também o art. 526, CPP) estabelece uma *condição de procedibilidade* para a ação penal (quase sempre de natureza exclusivamente privada): se o delito tiver deixado vestígios, não há como se receber a denúncia ou a queixa se não acompanhadas do exame pericial (que deverá ser prévio e juntado à inicial) dos objetos que constituam o corpo de delito.

Jurisprudência

526. [...] Tratando-se de crimes contra a propriedade industrial, daqueles que deixam vestígios, a perícia técnica comprobatória da materialidade é condição de procedibilidade para o recebimento da queixa. [...] (*Recurso Especial nº 738.328-SP, 5ª Turma, Rel. Min. Gilson Dipp, publicado no DJ em 3.4.2006*).

Art. 526. Sem a prova de direito à ação, não será recebida a queixa, nem ordenada qualquer diligência preliminarmente requerida pelo ofendido.

526. Rejeição da inicial quando ausente a prova exigida no art. 525, CPP: A consequência lógica do não atendimento da condição de procedibilidade estabelecida no art. 525, CPP, é o não recebimento da queixa, muito menos a realização de qualquer diligência preliminar solicitada pelo ofendido (autor).

Art. 527. A diligência de busca ou de apreensão será realizada por dois peritos nomeados pelo juiz, que verificarão a existência de fundamento para a apreensão, e quer esta se realize, quer não, o laudo pericial será apresentado dentro de 3 (três) dias após o encerramento da diligência.

Parágrafo único. O requerente da diligência poderá impugnar o laudo contrário à apreensão, e o juiz ordenará que esta se efetue, se reconhecer a improcedência das razões aduzidas pelos peritos.

527. Diligência de busca ou de apreensão: Praticamente em todas as situações, a prova dos vestígios essenciais para a propositura da peça acusatória (de iniciativa privada) dependerá da busca ou apreensão. Daí a diligência de que trata o art. 527, CPP. Este dispositivo regulará apenas as providências para os casos em que apurados crimes que se procedem mediante queixa. Nas hipóteses em que se estiver diante de crime de ação penal pública, e necessárias medidas de busca ou apreensão, há de se adotar o procedimento previsto no art. 240, CPP. Importante atentar: exige-se a presença de *dois peritos* para a busca e realização do laudo pericial (vide anotações à regra – geral – do art. 159, CPP. Também ao art. 564, III, *b*, CPP, e ao art. 530-D, CPP).

Jurisprudência

527. [...] Tratando-se de ação penal privada, a diligência de busca e apreensão deve ser realizada por dois peritos nomeados pelo juiz, a fim de que possam verificar a existência de fundamento para a apreensão, de modo a evitar o recolhimento de provas dispensáveis à instrução do feito, conforme disposto no art. 527 do Código de Processo Penal. [...] *(RHC nº 27.964-RS, STJ, 5ª Turma, Rel. Min. Laurita Vaz, julgado em 26.6.2012, publicado no DJ em 1º8.2012)*

527. [...] O fato de o exame de corpo de delito ter sido efetivado por apenas um perito oficial não induz à nulidade do procedimento. Tal conclusão decorre da interpretação sistemática dos arts 527 e 159 da Lei adjetiva, com a redação dada pela Lei nº 11.690/08, que passou a exigir a presença de duas pessoas para realização do exame tão somente na falta de perito oficial. [...] *(RMS nº 31.050-RS, STJ, 6ª Turma, julgado em 28.6.2011, publicado no DJ em 13.10.2011)*

527. [...] nos crimes sujeitos à ação penal de iniciativa privada, a medida preparatória criminal deverá ser realizada por dois peritos nomeados pelo juiz, que verificarão a existência de fundamento para a constrição do material a ser submetido à perícia, consoante o disposto nos arts. 527 e 530-A do Código de Processo Penal. No caso, apesar de o mandado de busca e apreensão ter sido deferido com fundamento no art. 240 do Código de Processo Penal, a diligência seguiu o rito especial disposto na legislação de regência, à exceção da presença de duas testemunhas, exigida pelo art. 530-C do mesmo diploma legal. O fato de o exame de corpo de delito ter sido efetivado por apenas um perito oficial não induz à nulidade do procedimento. Tal conclusão decorre da interpretação sistemática dos arts. 527 e 159 da Lei adjetiva, com a redação dada pela Lei nº 11.690/08, que passou a exigir a presença de duas pessoas para realização do exame tão somente na falta de perito oficial. De outra parte, a circunstância de não constar no termo de busca e apreensão a assinatura de testemunhas, especificamente designadas para tal fim, conforme dispõem os arts. 245, § 7º, e 530-C do CPP, não tem o condão de ensejar a nulidade da diligência *sub judice*, por se tratar de mera irregularidade formal. [...] Recurso a que se nega provimento (*Recurso em Mandado de Segurança nº 31.050-RS, STJ, 6ª Turma, unânime, Rel. Min. Og Fernandes, julgado em 28.6.2011, publicado no* DJ *em 13.10.2011*).

Art. 528. Encerradas as diligências, os autos serão conclusos ao juiz para homologação do laudo.

528. Homologação do laudo: Segundo previsto no dispositivo anterior, o laudo pericial será apresentado dentro de três dias após o encerramento da diligência. Para sua validade, o laudo, que pode ser impugnado (vide parágrafo único do art. 527), deverá ser homologado pelo juiz.

Art. 529. Nos crimes de ação privativa do ofendido, não será admitida queixa com fundamento em apreensão e em perícia, se decorrido o prazo de 30 dias, após a homologação do laudo.

Parágrafo único. Será dada vista ao Ministério Público dos autos de busca e apreensão requeridas pelo ofendido, se o crime for de ação pública e não tiver sido oferecida queixa no prazo fixado neste artigo.

529. Prazo de decadência especial: O que se tem no dispositivo em tela é a previsão de um prazo decadencial: decorridos mais de 30 dias da homologação do laudo pelo juiz competente, inviável a propositura da ação penal privada. Uma observação merece destaque: compreendemos que o prazo de trinta dias deverá ser contado da data da intimação ou da ciência da homologação do laudo pericial pelo juízo (art. 528, CPP), mas *não* levando-se em conta o sistema geral de contagem de prazos (art. 798, CPP). É dizer: como o prazo é decadencial, o dia da ciência já é contabilizado como primeiro dia do prazo. Não haverá interrupção dos prazos e, acaso o término se dê em dia considerado feriado, deverá o interessado se *antecipar* no ajuizamento eventual da ação penal.

Há de se atentar, ainda, para o prazo decadencial (mais restrito) quando o eventual querelado estiver preso (art. 530, CPP).

Jurisprudência

529. [...] O conhecimento pelo ofendido da autoria do fato criminoso dá início à contagem do prazo decadencial de 6 meses para a propositura da ação penal privada (art. 38 do CPP); contudo, iniciado procedimento judicial de apuração, em que se objetiva averiguar a autoria ou a materialidade do delito, o prazo decadencial a ser aplicado deve ser o de 30 dias, *ex vi* do art. 529 do CPP. Eventual defeito na representação processual do querelante só pode ser sanado dentro do prazo decadencial que, *in casu*, é de 30 dias a partir da homologação do laudo pericial. Precedentes do STJ e STF. No caso *sub judice*, a publicação da homologação do laudo pericial se deu em 21.7.2006. Ora, apesar de a ação ter sido ofertada dentro deste prazo (17.8.2006), esta foi instruída com uma procuração com poderes genéricos datada de 2003, sendo regularizada apenas em 18.9.2006, ou seja, fora do prazo decadencial de 30 dias. *Habeas Corpus* concedido para declarar a extinção da punibilidade do paciente pela ocorrência da decadência (art. 107, IV do CPB) e estendida aos demais querelados, em conformidade com o parecer ministerial (*Habeas Corpus nº 91.101-RJ, STJ, 5ª Turma, Rel. Min. Napoleão Nunes Maia Filho, publicado no* DJ *em 30.6.2008*).

529. [...]O prazo para a decadência do direito de queixa nos crimes contra a propriedade industrial é aquele previsto no art. 529 do CPP, tendo início na data da intimação da homologação do laudo pericial, quando o interessado tem ciência e certeza da materialidade do delito. Precedente. Recurso desprovido (*Recurso Especial nº 738.328-SP, 5ª Turma, Rel. Min. Gilson Dipp, publicado no* DJ *em 3.4.2006*).

529. [...] Se a descrição contida na queixa é de crime de concorrência desleal, não há que se exigir do querelante, como condição para a propositura da ação, que detenha a propriedade de marca ou patente, visto que não são estes os bens jurídicos tutelados, mas sim a liberdade de competir com lisura e correção. Nos crimes contra a propriedade imaterial que deixam vestígio, o prazo decadencial para o oferecimento da queixa é de trinta dias após a homologação do laudo pericial, conforme dispõe o artigo 529 do Código de Processo Penal, e não de seis meses contados da ciência da autoria delitiva. O exame da peça acusatória deixa certo que o resultado da medida cautelar preparatória de busca e apreensão mostrou-se essencial para a propositura da subsequente ação penal, tudo a demonstrar que as condutas de concorrência desleal ali descritas deixaram vestígio, de modo a atrair a incidência do artigo 529 do Código de Processo Penal. Deve ser considerada, no caso, como termo inicial do prazo de decadência, a data da publicação em cartório da decisão que homologa o laudo pericial, visto que os autos deixam certo que não houve qualquer intimação dos pacientes em momento anterior. Recurso desprovido (*RHC nº 15.992-SP, STJ, 6ª Turma, Rel. Min. Paulo Gallotti, publicado no* DJ *em 8.6.2009*).

Art. 530. Se ocorrer prisão em flagrante e o réu não for posto em liberdade, o prazo a que se refere o artigo anterior será de 8 (oito) dias.

530. Prazo decadencial quando houver réu preso: Como regra, o prazo para o oferecimento da denúncia ou queixa é de quinze dias, quando o acusado estiver solto, ou de cinco dias, quando preso. Aqueles são prazos processuais. Porém, aqui há uma regra especial: havendo prisão em flagrante e não posto em liberdade (porque presentes os requisitos da preventiva), o prazo máximo para o ajuizamento da ação penal privada não será mais de 30 dias, e sim de 8 dias. Este prazo será aplicável apenas para as hipóteses de ações penais privadas. Não intentada a ação no prazo, a liberdade deverá ser restabelecida, salvo se por outro motivo estiver preso.

Art. 530-A. O disposto nos arts. 524 a 530 será aplicável aos crimes em que se proceda mediante queixa. (Incluído pela Lei nº 10.695, de 1º.7.2003)

530-A. Procedimento específico para as ações privadas: Como já referido no art. 524, CPP, o procedimento ali previsto e nos dispositivos seguintes aplica-se às ações privadas. Quando se tratar de ação penal pública incondicionada ou condicionada à representação, o processamento se dará conforme normativos específicos dos arts. 530-B a 530-I, introduzidos no sistema brasileiro pela Lei nº 10.695, de 2003.

Jurisprudência

530. [...] O procedimento a ser observado nos casos de crimes contra a propriedade imaterial perseguidos mediante ação penal pública, como é o caso dos autos, encontra-se disposto nos artigos 530-B a 530-H do Código de Processo Penal, merecendo destaque o que contido nos artigos 530-B a 530-D, pelos quais a autoridade policial apreenderá os bens objeto do delito, que serão submetidos à perícia, que integrará os autos do processo. [...] (*Recurso em Habeas Corpus nº 45.543-PR, STJ, 5ª Turma, unânime, Rel. Min. Jorge Mussi, julgado em 7.8.2014, publicado no* DJ *em 19.8.2014*).

530. [...] nos crimes sujeitos à ação penal de iniciativa privada, a medida preparatória criminal deverá ser realizada por dois peritos nomeados pelo juiz, que verificarão a existência de fundamento para a constrição do material a ser submetido à perícia, consoante o disposto nos arts. 527 e 530-A do Código de Processo Penal. No caso, apesar de o mandado de busca e apreensão ter sido deferido com fundamento no art. 240 do Código de Processo Penal, a diligência seguiu o rito especial disposto na legislação de regência, à exceção da presença de duas testemunhas, exigida pelo art. 530-C do mesmo diploma legal. O fato de o exame de corpo de delito ter sido efetivado por apenas um perito oficial não induz à nulidade do procedimento. Tal conclusão decorre da interpretação sistemática dos arts. 527 e 159 da Lei adjetiva, com a redação dada pela Lei nº 11.690/08, que passou a exigir a presença de duas pessoas para realização do exame tão somente na falta de perito oficial. De outra parte, a circunstância de não constar no termo de busca e apreensão a assinatura de testemunhas, especificamente designadas para tal fim, conforme dispõem os arts. 245, § 7º, e 530-C do CPP, não tem o condão de ensejar a nulidade da diligência *sub judice*, por se tratar de mera irregularidade formal. [...] Recurso a que se nega provimento (*Recurso em Mandado de Segurança nº 31.050-RS, STJ, 6ª Turma, unânime, Rel. Min. Og Fernandes, julgado em 28.6.2011, publicado no* DJ *em 13.10.2011*).

....

Art. 530-B. Nos casos das infrações previstas nos §§ 1º, 2º e 3º do art. 184 do Código Penal, a autoridade policial procederá à apreensão dos bens ilicitamente produzidos ou reproduzidos, em sua totalidade, juntamente com os equipamentos, suportes e materiais que possibilitaram a sua existência, desde que estes se destinem precipuamente à prática do ilícito. (Incluído pela Lei nº 10.695, de 1º.7.2003)

530-B. Hipóteses de ação penal pública: Dispõe o art. 184, §§ 1º a 4º, do Código Penal:

> Art. 184. Violar direitos de autor e os que lhe são conexos: (*Redação dada pela Lei nº 10.695, de 1º.7.2003*)
>
> Pena – detenção, de 3 (três) meses a 1 (um) ano, ou multa. (*Redação dada pela Lei nº 10.695, de 1º.7.2003*)
>
> § 1º Se a violação consistir em reprodução total ou parcial, com intuito de lucro direto ou indireto, por qualquer meio ou processo, de obra intelectual, interpretação, execução ou fonograma, sem autorização expressa do autor, do artista intérprete ou executante, do produtor, conforme o caso, ou de quem os represente: (*Redação dada pela Lei nº 10.695, de 1º.7.2003*)
>
> Pena – reclusão, de 2 (dois) a 4 (quatro) anos, e multa. (*Redação dada pela Lei nº 10.695, de 1º.7.2003*)
>
> § 2º Na mesma pena do § 1º incorre quem, com o intuito de lucro direto ou indireto, distribui, vende, expõe à venda, aluga, introduz no País, adquire, oculta,

tem em depósito, original ou cópia de obra intelectual ou fonograma reproduzido com violação do direito de autor, do direito de artista intérprete ou executante ou do direito do produtor de fonograma, ou, ainda, aluga original ou cópia de obra intelectual ou fonograma, sem a expressa autorização dos titulares dos direitos ou de quem os represente. (*Redação dada pela Lei nº 10.695, de 1º.7.2003*)

§ 3º Se a violação consistir no oferecimento ao público, mediante cabo, fibra ótica, satélite, ondas ou qualquer outro sistema que permita ao usuário realizar a seleção da obra ou produção para recebê-la em um tempo e lugar previamente determinados por quem formula a demanda, com intuito de lucro, direto ou indireto, sem autorização expressa, conforme o caso, do autor, do artista intérprete ou executante, do produtor de fonograma, ou de quem os represente: (*Redação dada pela Lei nº 10.695, de 1º.7.2003*)

Pena – reclusão, de 2 (dois) a 4 (quatro) anos, e multa. (*Incluído pela Lei nº 10.695, de 1º.7.2003*)

§ 4º O disposto nos §§ 1º, 2º e 3º não se aplica quando se tratar de exceção ou limitação ao direito de autor ou os que lhe são conexos, em conformidade com o previsto na Lei nº 9.610, de 19 de fevereiro de 1998, nem a cópia de obra intelectual ou fonograma, em um só exemplar, para uso privado do copista, sem intuito de lucro direto ou indireto. (*Incluído pela Lei nº 10.695, de 1º.7.2003*)

Nos casos em que as condutas apuradas se amoldarem ao tipo penal retromencionado, a eventual ação penal será pública. Uma das diferenças fundamentais, nessas hipóteses, é que o Estado pode agir de ofício, inclusive na investigação, não dependendo de ação de interesse exclusivamente privado.

Art. 530-C. Na ocasião da apreensão será lavrado termo, assinado por 2 (duas) ou mais testemunhas, com a descrição de todos os bens apreendidos e informações sobre suas origens, o qual deverá integrar o inquérito policial ou o processo. (Incluído pela Lei nº 10.695, de 1º.7.2003)

530-C. Formalidades do termo de apreensão: Como referido, o procedimento investigatório independe de qualquer impulso de natureza exclusivamente privada. Sendo regra geral como em todos os demais casos de ação penal pública, a autoridade poderá proceder à apreensão de bens ou elementos que comprovem a prática delitiva. Desse ato será lavrado, necessariamente, um laudo, assinado por no mínimo duas testemunhas, que integrará o inquérito ou o (ulterior) processo criminal.

Art. 530-D. Subsequente à apreensão, será realizada, por perito oficial, ou, na falta deste, por pessoa tecnicamente habilitada, perícia sobre todos os bens apreendidos e elaborado o laudo que deverá integrar o inquérito policial ou o processo. (Incluído pela Lei nº 10.695, de 1º.7.2003)

530-D. Realização de perícia por experto oficial: Não basta apenas o termo a apreensão. Também aqui se exige a realização de uma perícia. O dispositivo em tela fala que deverá ser feito por *perito oficial*, ou, na falta deste, por pessoa tecnicamente habilitada.

É importante se ver que, em sua redação atual (conferida pela Lei nº 11.690/08), o art. 159 e § 1º, CPP, determina que o exame de corpo de delito e outras perícias serão realizados por perito oficial, portador de diploma de curso superior, e, em sua falta, por duas pessoas idôneas, portadoras de diploma de curso superior preferencialmente na área específica. *Antes das alterações* (e há se atentar para o princípio do *tempus regit actum*), exigia-se a presença de dois peritos ou duas pessoas idôneas. De qualquer maneira, sendo regra especial, o art. 530-D prevalece sobre os (gerais) normativos do art. 159, CPP (vide anotações ao art. 564, III, *b*, CPP e ao art. 527, CPP).

Art. 530-E. Os titulares de direito de autor e os que lhe são conexos serão os fiéis depositários de todos os bens apreendidos, devendo colocá-los à disposição do juiz quando do ajuizamento da ação. (Incluído pela Lei nº 10.695, de 1º.7.2003)

530-E. Nomeação de depositário fiel de bens apreendidos: A lógica do dispositivo é-nos clara: quer-se preservar os direitos autorais e os eventualmente conexos. Se houver apreensão de bens, garante-se a possibilidade de que os titulares sejam indicados como fiéis depositários deles. E não haveria sentido haver algum dispositivo em contrário, pois, nos termos do art. 91, II, *b*, Código Penal, são efeitos genéricos da condenação a perda dos bens em favor da União, *ressalvado o direito do lesado* ou de terceiro de boa-fé. É dizer: primeiro será garantida a reparação ao lesado, depois ao eventual terceiro de boa-fé, e, por fim, se restar, os valores ou bens serão destinados à União. Ora, se se souber desde o início quem seja o titular do direito (o lesado), não haveria sentido impossibilitar ficasse ele sem a guarda dos bens se, ao final, seria garantia sua reparação em primeiro lugar. A condição de fiel depositário implica que os bens deverão ser colocados à disposição do juízo. Registra-se que, por conta de superveniente decisão do Supremo Tribunal Federal em 3.12.2008 (vide HCs nos 87.585 e 92.566 e RE nos 463.343 e 349.703), não há mais possibilidade de prisão civil em detrimento do depositário infiel.

Art. 530-F. Ressalvada a possibilidade de se preservar o corpo de delito, o juiz poderá determinar, a requerimento da vítima, a destruição da produção ou reprodução apreendida quando não houver impugnação quanto à sua ilicitude ou quando a ação penal não puder ser iniciada por falta de determinação de quem seja o autor do ilícito. (Incluído pela Lei nº 10.695, de 1º.7.2003)

530-F Destruição dos bens apreendidos: O dispositivo em tela permite que, mantendo-se bens suficientes para a comprovação da materialidade do crime, os demais (sobretudo quando em grandes quantidades) poderão ser objeto de destruição (de certa forma, o procedimento é similar ao previsto na Lei de Drogas, art. 32 da Lei nº 11.343). O procedimento demandará o preenchimento de três requisitos fundamentais: (a) a preservação de provas acerca da materialidade (já referido); (b) requerimento da vítima; (c) não houver impugnação à ilicitude ou não puder ser iniciada por não se saber quem seja o autor do ilícito.

Art. 530-G. O juiz, ao prolatar a sentença condenatória, poderá determinar a destruição dos bens ilicitamente produzidos ou reproduzidos e o perdimento dos equipamentos apreendidos, desde que precipuamente destinados à produção e reprodução dos bens, em favor da Fazenda Nacional, que deverá destruí-los ou doá-los aos Estados, Municípios e Distrito Federal, a instituições públicas de ensino e pesquisa ou de assistência social, bem como incorporá-los, por economia ou interesse público, ao patrimônio da União, que não poderão retorná-los aos canais de comércio. (Incluído pela Lei nº 10.695, de 1º.7.2003)

530-G. Providências na sentença: Na sentença, poderá o juiz determinar:

a) a destruição dos bens ilicitamente produzidos ou reproduzidos (quando não for possível a doação a Estados, Municípios, Distrito Federal, a instituições públicas de ensino e pesquisa ou de assistência social, bem como também não puderem ser incorporados, por economia ou interesse público, ao patrimônio da União); ou

b) o perdimento dos equipamentos, desde que destinados à produção ou reprodução dos bens: guarda sintonia com a regra (geral) do art. 91, II, *a*, do Código Penal.

Art. 530-H. As associações de titulares de direitos de autor e os que lhes são conexos poderão, em seu próprio nome, funcionar como assistente da acusação nos crimes previstos no art. 184 do Código Penal, quando praticado em detrimento de qualquer de seus associados. (Incluído pela Lei nº 10.695, de 1º.7.2003)

530-H. Assistente de acusação: Como se trata aqui de regramento específico para as ações penais públicas, permitiu-se expressamente, com a nominação dos possíveis interessados, a figura do assistente da acusação. Em nossa compreensão, a possibilidade ativa é mais ampla do que aquelas previstas (em critério geral) nos arts. 31 e 268, ambos do CPP. Já os limites de intervenção serão os mesmos que conferidos legalmente (também jurisprudencialmente) às demais situações em que figure o assistente da acusação no processo.

Art. 530-I. Nos crimes em que caiba ação penal pública incondicionada ou condicionada, observar-se-ão as normas constantes dos arts. 530-B, 530-C, 530-D, 530-E, 530-F, 530-G e 530-H. (Incluído pela Lei nº 10.695, de 1º.7.2003)

530-I. Procedimento específico para as ações penais públicas: Como já referido na análise do art. 524 do CPP, nas hipóteses de fatos que se enquadrarem nos arts. 530-B e seguintes do CPP (na redação da Lei nº 10.695/03), a ação será pública incondicionada ou condicionada à representação (delitos previstos no art. 184, §§ 1º a 3º, do CP), conforme expressa disposição do art. 530-I, do CPP. E também serão de ação penal pública incondicionada os delitos previstos no art. 191 da Lei nº 9.279/96. Nos demais casos, a ação penal será privada.

CAPÍTULO V
Do Processo Sumário

Art. 531. Na audiência de instrução e julgamento, a ser realizada no prazo máximo de 30 (trinta) dias, proceder-se-á à tomada de declarações do ofendido, se possível, à inquirição das testemunhas arroladas pela acusação e pela defesa, nesta ordem, ressalvado o disposto no art. 222 deste Código, bem como aos esclarecimentos dos peritos, às acareações e ao reconhecimento de pessoas e coisas, interrogando-se, em seguida, o acusado e procedendo-se, finalmente, ao debate. (Redação dada pela Lei nº 11.719, de 2008)

531.1. Considerações gerais sobre o processo sumário: O processo sumário é previsto apenas para aqueles crimes em que a pena privativa de liberdade *máxima* cominada seja *inferior* a quatro anos (art. 394, § 1º, II, do CPP).

Conforme já destacamos quando do item 394.2, ocorreu inovação processual para o estabelecimento dos ritos *ordinário e sumário*. Assim, nos termos dos incisos I e II do § 1º será adotado o rito ordinário quando se tratar de crime cuja sanção *máxima* cominada for igual ou superior a 4 (quatro) anos de pena privativa de liberdade. Se a pena *máxima* for *inferior* a 4 (quatro) anos, o rito será o sumário.

Repetimos aqui a observação que já antecipáramos: "*salvo melhor juízo, a regra, na prática, será a utilização dos ritos ordinário ou sumaríssimo. Raramente será utilizado o rito sumário. É que para sua incidência a pena máxima deverá ser inferior a 4 (quatro) anos. Nessas situações, seguindo a tradição legislativa brasileira de cominação de penas (mínimo e máximo em abstrato), a maioria dos casos cuja pena máxima seja inferior a 4 (quatro) anos (que normalmente é três ou dois) tem como pena mínima patamar quase sempre de 1 (um) ano de pena privativa, o que possibilitará (desde que preenchidos os demais requisitos legais, especialmente os subjetivos) a suspensão do processo nos termos do art. 89 da Lei nº 9.099/95, ensejando, assim, a adoção do rito sumaríssimo. Nas hipóteses em que não encontrado o acusado (art. 66, parágrafo único, da Lei nº 9.099/95), aí será adotado o procedimento sumário*".

531.2. Considerações específicas: O disposto no *caput* do art. 531, CPP, é bastante similar ao art. 400, CPP (que trata do processo *ordinário*), tendo como diferenciação fundamental o prazo: enquanto no ordinário o prazo para conclusão da instrução e julgamento é de 60 (sessenta) dias, aqui o limite é de 30 (trinta) dias.

Reportando-se a todas as considerações tecidas quando da análise do art. 400, CPP (até porque o art. 533, CPP, é claro no sentido da aplicabilidade do disposto nos parágrafos do art. 400 ao processo sumário), repisa-se aqui a síntese do rito. Primeiro, se for o caso e possível, deverá ser ouvido o *ofendido*. Depois, a oitiva das testemunhas da acusação e, ulteriormente, as da defesa (que são 5, e não 8 – vide art. 532, CPP). De forma coerente, a legislação foi cuidadosa ao ressalvar o disposto no art. 222, CPP. Ou seja, a expedição de carta precatória não suspenderá a instrução criminal e, tendo ultimado o prazo fixado pelo juízo, poderá ser realizado o julgamento sem a juntada aos autos da carta (que será procedido a qualquer tempo para análise na fase em que se encontram os autos). Se necessário e também aplicável ao caso concreto, procede-se aos esclarecimentos aos peritos, às acareações e ao reconhecimento de pessoas e coisas.

Também aqui é importante referir que, como há obrigatoriedade de oitiva das testemunhas de acusação em primeiro lugar, se houver expedição de cartas precatórias para suas oitivas, *não* se poderá proceder a oitivas das testemunhas de defesa eventualmente presentes em audiência (salvo as abonatórias), pena de inversão do devido processo legal, notadamente o contraditório. Consequência lógica será a quebra da unidade da audiência de instrução e julgamento diante da prevalência de princípio de maior envergadura.

Por fim – e aqui mais uma das inovações processuais trazidas na reforma de 2008 –, o *interrogatório será o último ato* processual. Há sentido na alteração processual: de forma expressa, consignou-se que, mediante uma maximização dos princípios do contraditório e da ampla defesa, terá (faculdade) o réu o direito de *falar por último nos autos* acerca da prova que foi produzida. Não restam dúvidas de que a estratégia processual defensiva poderá ser traçada de forma definitiva somente após a coleta especialmente das provas testemunhais e documentais. Loas ao legislador, que conferiu mais autenticidade ao sistema acusatório, amparado constitucionalmente. Como já defendido, numa concepção de processo na qual o réu é um sujeito de direitos, o interrogatório se encontra inserido fundamentalmente no princípio da ampla defesa. Não mais como unicamente meio de prova (que continua sendo), mas substancialmente o interrogatório é uma *oportunidade* à defesa pessoal trazer sua versão. Aliás, essa defesa pessoal realizada por intermédio do interrogatório – quiçá a mais relevante, ao menos pelo prisma da *opção defensiva* – trará a coroação da contraposição à acusação formulada na peça exordial.

Mais: diante dessa inovação, entendemos que implicitamente encontra-se revogada a primeira parte do art. 260, CPP, na medida em que o réu não mais poderá ser conduzido coercitivamente para ser interrogado. Ressalva-se, contudo, que, mesmo diante do direito constitucional a permanecer em silêncio, a condução coercitiva para o reconhecimento de demais pessoas que não o(s) réu(s) continua hígida e não arranha qualquer princípio constitucional ou legal.

Também houve inovação quanto ao interrogatório ao se permitir, com o advento da Lei nº 11.900/2009, o interrogatório por videoconferência. Remetendo-se à análise do art. 185, CPP, destaca-se que os §§ 2º e 3º do art. 185 do CPP são expressos:

> § 2º Excepcionalmente, o juiz, por decisão fundamentada, de ofício ou a requerimento das partes, poderá realizar o interrogatório do réu preso por sistema de videoconferência ou outro recurso tecnológico de transmissão de sons e imagens em tempo real, desde que a medida seja necessária para atender a uma das seguintes finalidades: (*Redação dada pela Lei nº 11.900, de 2009*)
>
> I – prevenir risco à segurança pública, quando exista fundada suspeita de que o preso integre organização criminosa ou de que, por outra razão, possa fugir durante o deslocamento; (*Incluído pela Lei nº 11.900, de 2009*)
>
> II – viabilizar a participação do réu no referido ato processual, quando haja relevante dificuldade para seu comparecimento em juízo, por enfermidade ou outra circunstância pessoal; (*Incluído pela Lei nº 11.900, de 2009*)
>
> III – impedir a influência do réu no ânimo de testemunha ou da vítima, desde que não seja possível colher o depoimento destas por videoconferência, nos termos do art. 217 deste Código; (*Incluído pela Lei nº 11.900, de 2009*)
>
> IV – responder à gravíssima questão de ordem pública. (*Incluído pela Lei nº 11.900, de 2009*)
>
> § 3º Da decisão que determinar a realização de interrogatório por videoconferência, as partes serão intimadas com 10 (dez) dias de antecedência. (*Incluído pela Lei nº 11.900, de 2009*)

531.2.1. Exceção: Convém anotar também aqui que, em vigor desde 9 de setembro de 2011, a Lei nº 12.483 introduziu o art. 19-A à Lei nº 9.807/99 (*que, dentre outros, estabelece normas para a organização e a manutenção de programas especiais de proteção a vítimas e a testemunhas ameaçadas*), dispondo que (*caput*) *"terão prioridade na tramitação o inquérito e o processo criminal em que figure indiciado, acusado, vítima ou réu colaboradores, vítima ou testemunha protegidas pelos programas"* de que trata a lei.

A questão relevante que aqui merece destaque é o fato de, no parágrafo único, ter-se estipulado que *"qualquer que seja o rito processual criminal, o juiz,* ***após a citação,*** *tomará antecipadamente o depoimento das pessoas incluídas nos programas de proteção previstos nesta Lei, devendo justificar a eventual impossibilidade de fazê-lo no caso concreto ou o possível prejuízo que a oitiva antecipada traria para a instrução criminal"*. Verifica-se claramente que se estipulou uma inversão do rito, sendo que, após a citação, o primeiro ato processual será a tomada antecipada do depoimento das pessoas incluídas nos programas de proteção previstos na lei. Mais: a não obediência da regra impõe que o juiz justifique (obviamente com a devida fundamentação) a impossibilidade de tomar os depoimentos naquele momento ou o eventual prejuízo que a oitiva antecipada traria para a instrução criminal.

Art. 532. Na instrução, poderão ser inquiridas até 5 (cinco) testemunhas arroladas pela acusação e 5 (cinco) pela defesa. (Redação dada pela Lei nº 11.719, de 2008)

532.1. Número de testemunhas: No procedimento sumário, o número máximo de testemunhas que poderão ser inquiridas são 5 (cinco) pela acusação e 5 (cinco) pela defesa, e não 8 (oito), como no procedimento ordinário.

Diversamente do previsto no rito ordinário, nada se dispôs de forma similar ao que lá constante nos §§ 1º e 2º do art. 401 do CPP: (a) expressa referência que no número máximo não se compreendem as testemunhas que não prestem compromisso e também as referidas; (b) a possibilidade de desistência de inquirição de testemunhas, ressalvado o disposto no art. 209, CPP.

Poderia se imaginar que aquelas exceções não se aplicariam aqui. Assim não pensamos. É de se ver que o § 5º do art. 394 do CPP é expresso no sentido de que *"aplicam-se subsidiariamente aos procedimentos especial,* sumário *e sumaríssimo as disposições do procedimento ordinário"*. Nesse diapasão, não é o silêncio legislativo que poderá impedir a incidência daquelas regras dos §§ 1º e 2º do art. 401 do CPP ao procedimento sumário. Sistemicamente, e até pela ressalva expressa do § 5º do art. 394 do CPP, não vemos nenhuma incompatibilidade para que, também no rito sumário, se permita a desistência de testemunhas, bem como não se sejam incluídas no cômputo do limite máximo as testemunhas referidas ou que não prestem compromisso. Como se vê, as diferenças entre o procedimento ordinário e o sumário são mínimas: além do número de testemunhas, basicamente determinou-se a redução do prazo para a conclusão da instrução, a impossibilidade de fracionamento da instrução (não se aplicando as regras dos arts. 402 a 404, CPP) e a ausência de debates (vide art. 534, CPP).

Jurisprudência

533.1. [...] Se o depoimento de testemunha arrolada pela acusação também é de interesse defensivo, deve constar no rol ofertado quando da resposta à acusação, porque o poder de desistir da testemunha até o início da produção é unilateral da parte que arrolou (CPP, art. 400, § 2º), dispensada a concordância da parte adversa (defesa ou acusação) ou de homologação do julgador.

2. Não configura cerceamento de defesa a negativa jurisdicional ao pedido formulado pela parte adversa, após a desistência da produção de prova testemunhal, para oitiva como prova do Juízo (CPP, art. 209, I). A atividade probatória do julgador é excepcional, vedada a substituição da parte.

3. O Princípio da Unidade da Prova aplica-se somente após a produção da prova. É inválido o argumento de incorporação da prova meramente requerida e admitida, porque não atende ao pressuposto de existência. A incidência do Princípio da Unidade da Prova se refere exclusivamente à prova produzida. *(Agravo Regimental no Habeas Corpus nº 225.205, STF, 2ª Turma, Rel. Min. Gilmar Mendes, sessão virtual de 28.4.2023 a 8.5.2023, publicado no DJ em 18.5.2023)*

Art. 533. Aplica-se ao procedimento sumário o disposto nos parágrafos do art. 400 deste Código. (Redação dada pela Lei nº 11.719, de 2008)

§ 1º (Revogado pela Lei nº 11.719, de 2008)

§ 2º (Revogado pela Lei nº 11.719, de 2008)

§ 3º (Revogado pela Lei nº 11.719, de 2008)

§ 4º (Revogado pela Lei nº 11.719, de 2008)

533.1. Regras aplicáveis subsidiariamente: Dispõe expressamente o *caput* do artigo que serão aplicáveis ao procedimento sumário as previsões dos §§ 1º e 2º do art. 400 do CPP:

> § 1º As provas serão produzidas numa só audiência, podendo o juiz indeferir as consideradas irrelevantes, impertinentes ou protelatórias. (*Incluído pela Lei nº 11.719, de 2008*)
>
> § 2º Os esclarecimentos dos peritos dependerão de prévio requerimento das partes. (*Incluído pela Lei nº 11.719, de 2008*)

533.2. Unidade da audiência de instrução e julgamento: Igualmente como referido nos comentários ao art. 400, CPP, aqui está uma das inovações legislativas: a expressa determinação – ao menos *formal* – de que a produção de provas deverá ser realizada em audiência *una*. A mudança, que determinou uma concentração dos atos de prova, imprimindo (em princípio) um ritmo mais célere ao procedimento processual penal, permite também ao acusado um exame mais amplo acerca de seu comportamento no processo. Mas a *unicidade* da produção probatória também merece destaque para sua melhor compreensão.

Em nossa compreensão, especialmente em feitos mais complexos ou envolvendo inúmeros réus (que pode acontecer também quando o rito for sumário), a regra não será a instrução e a produção de provas em audiência una. Como referido anteriormente (531.2), a simples circunstância de haver testemunhas de acusação e/ou de defesa a serem ouvidas mediante carta precatória inviabilizará a unicidade da audiência de instrução, na medida em que, para se respeitar o princípio do contraditório, é fundamental a oitiva prévia das testemunhas da acusação, mesmo em relação às da defesa que puderem ser ouvidas perante o juízo processante. Assim, basta haver uma testemunha arrolada pela acusação e que não possa ser ouvida perante o juiz competente para já ocasionar – em detrimento de princípio mais relevante: o contraditório – a ausência de unicidade da audiência de instrução e julgamento.

Outra consequência específica decorrente da unicidade processual e relacionada diretamente ao interrogatório do réu. Reiterando-se o que assentado anteriormente, há um direito à oportunidade ao interrogatório. Ou seja, se o réu é intimado regularmente e não comparece à audiência (que, agora, é *una*), não se pode invocar em *direito* ulterior à *repetição* do interrogatório. O direito a ser ouvido persiste, mas não quando for conveniente exclusivamente ao acusado. Não apenas à luz do art. 185 do CPP há essa garantia, mas também em face do que disposto no art. 8º, § 1º, do Pacto de San José da Costa Rica, integralizado ao sistema pátrio pelo Decreto nº 678/92. Mas é preciso se ver que o exercício deste direito se dará segundo o *devido processo legal*, e não segundo a vontade *exclusiva* do réu. Assim, defende-se que o não comparecimento na data de audiência para instrumento e julgamento – se não justificado – pode e deve ser entendido como manifestação (porque é opção da defesa) do direito ao silêncio.

Na segunda parte do dispositivo em voga, estipula-se a possibilidade de o juiz indeferir as provas que considerar "*irrelevantes, impertinentes e protelatórias*". Não faltarão vozes dizendo que o dispositivo seria inconstitucional por (supostamente) violar os princípios do contraditório e, especialmente, da ampla defesa.

Não vemos assim. Em verdade, a ampla defesa não pode ser confundida com a possibilidade de a defesa querer realizar todo e qualquer ato processual que pretenda, mesmo que sem qualquer utilidade prática. Ampla defesa não é o que a defesa quer, mas o que pode fazer à luz da concretização de todos os princípios constitucionais no processo penal.

Há muito dizemos, e aqui reiteramos, ampla defesa não se confunde com abuso (atos) de defesa. Noutra oportunidade (*O princípio da ampla defesa e as condutas com intuito meramente protelatório no procedimento processual penal,* RT *nº 761, mar./99, p. 509/512*), já assentamos que o juiz não deve ser um espectador da vontade das partes, impassível diante de fatos que dificultem a aplicação da Lei penal. Ele é o condutor do processo e, provavelmente melhor do que ninguém, conhece o processo que está sob seus olhos. É certo que o indeferimento de diligências e provas não poderá estar no livre-arbítrio do juízo: por imperativo constitucional, deverão estar devidamente fundamentadas (art. 93, X, CF). Assim, concluímos na oportunidade antes destacada, o princípio da lealdade processual deve ser obedecido por todos que se envolvam na causa. Ele é a guia-mestra que deve conduzir a ação do Juízo para, em sendo necessário, intervir no processo com o objetivo de impedir que o procedimento persecutório venha a perder sua finalidade "em nome da ampla defesa".

Destaca-se que dispositivo similar foi expressamente incluído no procedimento do Júri (art. 411, § 2º, CPP).

Jurisprudência

533.2. [...] 2. A fase de diligências do art. 10 da Lei 8.038/90 não constitui fase probatória autônoma, tendo seu escopo restrito à complementação das provas, caso necessária e pertinente, de fatos que se tornaram controvertidos durante a produção probatória realizada na instrução, não servindo, ademais, para a desconstituição de efeitos decorrentes da inércia das partes. 3. Apesar de as partes terem direito de ampla produção de provas que embasem suas teses, o magistrado tem o dever de conduzir a instrução criminal com celeridade e eficiência, o que implica indeferir as diligências protelatórias, irrelevantes ou impertinentes, sobretudo na circunstância de o processo já se encontrar suficientemente instruído. Precedentes. [...] *(Agravo Regimental na Ação Penal n. 702-AP, STJ, Corte Especial, unânime, Rel. Min. Nancy Andrighi, julgado em 4.4.2018, publicado no DJ 10.4.2018)*

....

533.3. Condições para esclarecimentos de peritos: A razão do dispositivo do § 2º é evidente: como a audiência (em tese) deverá ser uma, para que os peritos possam esclarecer eventuais dúvidas das partes acerca dos laudos que tenham firmado, deverão ser intimados *previamente* pelo juízo para estarem presentes à sessão. Sendo assim, fundamental que as partes que tenham o interesse na produção dessa prova o façam antecipadamente, de molde a permitir seja expedida notificação aos expertos para prestarem seus depoimentos.

Art. 534. As alegações finais serão orais, concedendo-se a palavra, respectivamente, à acusação e à defesa, pelo prazo de 20 (vinte) minutos, prorrogáveis por mais 10 (dez), proferindo o juiz, a seguir, sentença. (Redação dada pela Lei nº 11.719, de 2008)

§ 1º Havendo mais de um acusado, o tempo previsto para a defesa de cada um será individual. (Incluído pela Lei nº 11.719, de 2008)

§ 2º Ao assistente do Ministério Público, após a manifestação deste, serão concedidos 10 (dez) minutos, prorrogando-se por igual período o tempo de manifestação da defesa. (Incluído pela Lei nº 11.719, de 2008)

534.1. Alegações finais orais e impossibilidade de diligências ou de apresentação de alegações escritas ulteriormente à audiência: Aqui, uma das marcantes diferenças entre o procedimento ordinário e o sumário. No processo sumário, pela sua característica se comparado com o ordinário (ao menos no ideal: maior celeridade), *não* há, em tese (vide anotações ao art. 535, CPP), a possibilidade de diligências, tal como previsto nos arts. 402 a 404, CPP, para o procedimento ordinário. Também *não há* a possibilidade (vide § 3º do art. 403 e parágrafo único do art. 404, ambos do CPP) de que as partes apresentem, no prazo sucessivo de 5 (cinco) dias, suas alegações finais por memorial. Necessariamente as alegações serão finais em audiência. Mas não vemos óbice para que as partes juntem *em audiência* alegações escritas do que sustentarem oralmente. Nessa parte, por evidente, *não* há de se invocar o § 5º do art. 394 do CPP, na medida em que há previsão de disposição expressa e diversa para o procedimento sumário.

534.2. Prazo para alegações finais orais: Já o *caput* (no que tange aos prazos para debates orais) e os §§ 1º e 2º do art. 534 do CPP guardam identidade com o disposto no *caput* e nos §§ 1º e 2º do art. 403 do CPP.

O prazo para debates orais em audiência é de 20 minutos, prorrogável por mais 10 minutos (que é individual – § 1º). Ao assistente é garantida a possibilidade de falar em suplementação (porque essa é a nota de sua atuação em relação ao titular da ação penal pública) ao que sustentado pelo Ministério Público pelo prazo de 10 minutos (§ 2º). Em ocorrendo, há necessidade de facultar à defesa, por igual tempo, contrapor-se aos argumentos do assistente. Diferentemente das hipóteses do *caput* (para o titular da acusação e para a defesa), não há previsão expressa de prorrogação do prazo para o assistente da acusação.

Malgrado a taxatividade, não vemos, também aqui, incompatibilidade de o magistrado, mediante devida fundamentação, ampliar os prazos de acordo com a necessidade do caso concreto, desde que, por evidente, mantida a paridade de armas e proporcionalidade do tempo, inclusive quanto ao assistente da acusação.

Por fim: como dito no item anterior, mesmo nessas situações de complexidade ou de elevado número de partes envolvidas, entendemos não haver nenhum empeço para que, *em audiência*, depois de fazer suas alegações finais orais, as partes juntem alegações escritas.

Art. 535. Nenhum ato será adiado, salvo quando imprescindível a prova faltante, determinando o juiz a condução coercitiva de quem deva comparecer. (Redação dada pela Lei nº 11.719, de 2008)

§ 1º (Revogado pela Lei nº 11.719, de 2008)

§ 2º (Revogado pela Lei nº 11.719, de 2008)

535. Regra de não adiamento dos atos: Referido anteriormente, o procedimento sumário é marcado pela maior celeridade se comparado com o ordinário. O objetivo é que a instrução e julgamento sejam efetuados o mais rápido possível, não havendo previsões de realizações de diligências. Aqui reforça-se essa circunstância ao se assentar que, como regra, "nenhum ato será adiado". Entretanto, a própria Lei excepciona reconhecendo a possibilidade de adiamento quando "imprescindível prova faltante, determinando o juiz a condução coercitiva de quem deva comparecer". Não há de se esquecer (vide art. 394, I e II, CPP, e itens 394.2 e 531.1), o fundamento basilar *para o legislador* diferenciar a aplicação de um rito (ordinário) e outro (sumário) são as penas previstas em abstrato. Para o rito sumário, a pena máxima deverá ser *inferior* a 4 anos. Para o ordinário, a pena *máxima* deverá ser *igual ou superior a* 4 anos.

Entretanto, o que fazer quando, mesmo num caso de procedimento sumário, for imprescindível a realização de alguma diligência ou de alguma prova faltante? Simplesmente vedar a produção probatória unicamente em face do rito que se adota por conta da pena prevista para o delito apurado? Cremos que não se apresenta como a melhor solução. É dizer: não vemos incompatibilidade como a aplicação subsidiária dos arts. 402 a 404, CPP, também ao rito ordinário, quando absolutamente necessário.

Art. 536. A testemunha que comparecer será inquirida, independentemente da suspensão da audiência, observada em qualquer caso a ordem estabelecida no art. 531 deste Código. (Redação dada pela Lei nº 11.719, de 2008)

536. Inquirição de testemunha independentemente da suspensão da audiência: Não há de se esquecer: na *ordem* estabelecida no art. 531, CPP, impõe-se que, necessariamente, as testemunhas de acusação sejam ouvidas *antes* das testemunhas de defesa (salvo as abonatórias), como forma de maximizar o contraditório e não inverter o devido processo legal. Nessa linha é que precisa ser compreendido o dispositivo em tela. Assim, se a testemunha que comparecer for da defesa e for necessária a oitiva de testemunha de acusação por precatória, por exemplo, a audiência deverá ser suspensa, sem a oitiva (prévia) da testemunha de defesa.

Art. 537. (Revogado pela Lei nº 11.719, de 2008)

Art. 538. Nas infrações penais de menor potencial ofensivo, quando o juizado especial criminal encaminhar ao juízo comum as peças existentes para a adoção de outro procedimento, observar-se-á o procedimento sumário previsto neste Capítulo. (Redação dada pela Lei nº 11.719, de 2008)

§ 1º (Revogado pela Lei nº 11.719, de 2008)

§ 2º (Revogado pela Lei nº 11.719, de 2008)

§ 3º (Revogado pela Lei nº 11.719, de 2008)

§ 4º (Revogado pela Lei nº 11.719, de 2008)

538. **Adoção do rito sumário dos feitos originários dos Juizados Especiais Criminais:** Nas infrações de menor potencial ofensivo, a regra é a adoção do rito sumaríssimo (art. 394, III, CPP). Entretanto, conforme o parágrafo único do art. 66 da Lei nº 9.099/95, "*não encontrado o acusado para ser citado, o Juiz encaminhará as peças existentes ao Juízo comum para adoção do procedimento previsto em lei*". O art. 538, CPP, determina que, nesse caso, o rito a ser adotado será o sumário.

Art. 539. (Revogado pela Lei nº 11.719, de 2008)

Art. 540. (Revogado pela Lei nº 11.719, de 2008)

CAPÍTULO VI
Do Processo de Restauração de Autos Extraviados ou Destruídos

Art. 541. Os autos originais de processo penal extraviados ou destruídos, em primeira ou segunda instância, serão restaurados.

§ 1º Se existir e for exibida cópia autêntica ou certidão do processo, será uma ou outra considerada como original.

§ 2º Na falta de cópia autêntica ou certidão do processo, o juiz mandará, de ofício, ou a requerimento de qualquer das partes, que:

a) o escrivão certifique o estado do processo, segundo a sua lembrança, e reproduza o que houver a respeito em seus protocolos e registros;

b) sejam requisitadas cópias do que constar a respeito no Instituto Médico-Legal, no Instituto de Identificação e Estatística ou em estabelecimentos congêneres, repartições públicas, penitenciárias ou cadeias;

c) as partes sejam citadas pessoalmente, ou, se não forem encontradas, por edital, com o prazo de dez dias, para o processo de restauração dos autos.

§ 3º Proceder-se-á à restauração na primeira instância, ainda que os autos se tenham extraviado na segunda.

541. **Restauração de autos:** O capítulo em tela trata do procedimento para restauração de autos que tenham sido extraviados (culposa ou dolosamente) ou então destruídos. A finalidade é recompor fisicamente os autos do processo, permitindo-se o regular processamento do feito.

Segundo o Código, independentemente do local onde se constate a destruição ou extravio, a restauração deverá ser processada em primeiro grau (§ 3º). Entretanto, por construção jurisprudencial, tem o Superior Tribunal de Justiça entendido ser sua a competência para a restauração quando se tratar de processo ainda não transitado em julgado, mas com recurso especial apreciado naquela Corte. Compreendemos, igualmente, que a restauração de autos de competência originária dos tribunais (*ratione muneris*) não deva ser feita em primeiro grau.

Há várias providências iniciais para que se possam recompor os autos físicos do processo.

Primeiro, deve-se verificar se existem cópias autênticas ou certidões do processo. Bastante comum é as partes manterem em seus acervos cópias das peças protocoladas em juízo. As partes devem ser citadas pessoalmente (se não encontradas, por edital), para o processo de restauração (alínea *c* do § 2º). A não observância da citação gera nulidade do processo.

Se não existirem ou existirem parcialmente, será determinado (*ex officio* ou por requerimento das partes) que o escrivão certifique o estado do processo segundo for possível pelos registros existentes. Também deverão ser requisitadas cópias de perícias ou documentos similares aos órgãos responsáveis, quando for o caso (por exemplo, delito de homicídio).

Anotamos complementarmente que, em razão de muitos processos serem *atualmente eletrônicos*, o dispositivo perdeu um pouco de sentido, necessitando-se apenas que existam *cópias digitais* dos procedimentos processuais penais (*backups*).

Jurisprudência

541. [...] Dispõe o Código de Processo Penal – art. 541, caput, e § 1.º –, que sendo os autos originais de ação penal extraviados ou destruídos, a cópia autenticada do processo, se existir e for apresentada, será considerada como original. O incidente de restauração dos autos possui caráter subsidiário, sendo providência dispensável na hipótese, pela existência de cópia integral do Processo em cartório. [...] *(Habeas Corpus nº 273.583-GO, STJ, 5ª Turma, Rel. Min. Laurita Vaz, julgado em 18.2.2014, publicado no DJ em 5.3.2014)*

Art. 542. No dia designado, as partes serão ouvidas, mencionando-se em termo circunstanciado os pontos em que estiverem acordes e a exibição e a conferência das certidões e mais reproduções do processo apresentadas e conferidas.

542. Oitiva das partes: A providência é exatamente para fixar circunstâncias do passado sobre os autos em relação aos quais não há dissenso entre as partes, além de permitir que sejam exibidas e conferidas as certidões que tiverem sido apresentadas. Nesse momento, diante de eventual discordância de alguma providência, deverá ser feita a objeção por quem se sentir prejudicado.

Art. 543. O juiz determinará as diligências necessárias para a restauração, observando-se o seguinte:

I – caso ainda não tenha sido proferida a sentença, reinquirir-se-ão as testemunhas podendo ser substituídas as que tiverem falecido ou se encontrarem em lugar não sabido;

II – os exames periciais, quando possível, serão repetidos, e de preferência pelos mesmos peritos;

III – a prova documental será reproduzida por meio de cópia autêntica ou, quando impossível, por meio de testemunhas;

IV – poderão também ser inquiridas sobre os atos do processo, que deverá ser restaurado, as autoridades, os serventuários, os peritos e mais pessoas que tenham nele funcionado;

V – o Ministério Público e as partes poderão oferecer testemunhas e produzir documentos, para provar o teor do processo extraviado ou destruído.

543. Diligências necessárias a serem designadas pelo juiz: Como se vê, o processo de restauração decorre de impulso oficial também do juízo. Não há aqui nenhum malferimento ao devido processo legal ou desvirtuamento do sistema probatório. A finalidade, repita-se, é unicamente reconstruir o que já havia sido produzido segundo o devido processo legal. Daí a previsão para que sejam determinadas algumas providências:

a) se não houver sido proferida sentença, poderão ser reinquiridas as testemunhas (se não se tiver os termos de seus depoimentos em outro arquivo), permitindo-se a substituição das que tiverem eventualmente falecido ou não encontradas. Insiste-se: não se trata de produção de *novas provas*, mas de restauração do que já havia sido produzido;
b) em qualquer circunstância, as perícias deverão ser repetidas. Compreendemos que se a perícia tiver sido arquivada no setor competente por cópia equivalente ao original, desnecessária sua realização novamente;
c) os documentos deverão ser trazidos aos autos por originais. Quando impossível, cópias com depoimentos testemunhais deverão ser admitidas para esse fim;
d) quando (e se) necessário, autoridades, serventuários, peritos e pessoas que tenham atuado no processo poderão ser ouvidas como testemunhas.

Art. 544. Realizadas as diligências que, salvo motivo de força maior, deverão concluir-se dentro de vinte dias, serão os autos conclusos para julgamento.

Parágrafo único. No curso do processo, e depois de subirem os autos conclusos para sentença, o juiz poderá, dentro em cinco dias, requisitar de autoridades ou de repartições todos os esclarecimentos para a restauração.

544. Prazo para conclusão das diligências: No *caput*, fixa-se o prazo de 20 (vinte) dias para a realização das diligências de restauração dos autos. Não se trata de prazo peremptório, independentemente da existência da condicionante que excepciona a possibilidade de ultrapassar o limite, quando houver motivo de força maior.

No parágrafo único, estabelece-se a possibilidade de o juízo competente, com os autos conclusos, requisitar esclarecimentos a repartições ou autoridades quando entender necessário. Insiste-se que este poder conferido ao juízo não pode ultrapassar os limites da *restauração*, encontrando os óbices normais à produção de outras provas que impliquem malferimento ao princípio acusatório (a propósito, remetemos as anotações ao art. 156, CPP).

Art. 545. Os selos e as taxas judiciárias, já pagos nos autos originais, não serão novamente cobrados.

545. Dispensa do pagamento de despesas processuais: Não haveria qualquer sentido lógico a exigência novamente do pagamento de despesas, tendo em vista que, se cabíveis, já foram recolhidas aos cofres públicos.

Art. 546. Os causadores de extravio de autos responderão pelas custas, em dobro, sem prejuízo da responsabilidade criminal.

546. Pagamento das custas em dobro pelo autor do extravio: A situação aqui prevista diverge da previsão anterior. Uma vez identificado o responsável pelo extravio (dolo ou culpa), será ele condenado nas custas do processo de restauração, inclusive em dobro. É a penalidade no âmbito civil. Mas se prevê também a possibilidade de responsabilidade criminal. Na legislação, preveem-se várias hipóteses de responsabilidade penal, como, *e. g.*, art. 305 e 314 do CP (este último guarda correlação com o art. 3º, I, da Lei nº 8.137/90). Porém, somente podem ser punidos a título de dolo.

Art. 547. Julgada a restauração, os autos respectivos valerão pelos originais.

Parágrafo único. Se no curso da restauração aparecerem os autos originais, nestes continuará o processo, apensos a eles os autos da restauração.

547. Validade dos autos restaurados: Se a finalidade da restauração é permitir o regular processamento do feito, consequência natural do julgamento é que os autos refeitos valham pelo original (*caput*). No parágrafo único, estipulou-se que se, no curso da restauração, reaparecem os autos originais, serão a eles apensados os autos da restauração, prosseguindo-se o feito nos originais. Compreendemos que se os autos reaparecerem *após* a decisão de restauração, idêntico processamento (parágrafo único) deverá ser adotado.

Art. 548. Até à decisão que julgue restaurados os autos, a sentença condenatória em execução continuará a produzir efeito, desde que conste da respectiva guia arquivada na cadeia ou na penitenciária, onde o réu estiver cumprindo a pena, ou de registro que torne a sua existência inequívoca.

548. Validade da decisão condenatória para fins de execução: Não haveria sentido admitir-se a interrupção da execução da sentença penal condenatória se necessário fosse a restauração dos autos onde exarada. Por evidente, estabelece-se uma condicionante: a execução surtirá efeitos desde que conste da respectiva guia ou de algum registro que revele inequivocamente que a execução ou a prisão decorre daquela sentença cujos autos estão sendo objeto de restauração. Registramos que, em 17.2.2016, por 7x4 votos, e revisando o entendimento do julgamento do HC nº 84.078-MG, o Plenário do STF passou a admitir a execução da pena como regra após o exaurimento das instâncias ordinárias (HC 126.292-SP, Rel. Min. Teori Zavascki). Anota-se, ainda, que, no dia 5.10.2016, por 6x5 votos, apreciando pedidos de liminares nas ADCs nos 43 e 44, o Plenário do Supremo Tribunal Federal reafirmou o entendimento consolidado no julgamento do HC nº 126.292-SP, reconhecendo que o disposto no art. 283 do CPP não impede o início da execução da pena após decisão de segunda instância, não havendo como se falar em violação ao Princípio da Presunção de Inocência ou da Não Culpabilidade. Votaram vencidos os Ministros Marco Aurélio, Celso de Mello, Rosa Weber e Ricardo Lewandowski, que concluíram que seria necessário o exaurimento de todas as instâncias recursais para o início da execução da pena. O Ministro Dias Toffoli deu nova interpretação, entendendo que, após o exaurimento da instância recursal perante o STJ, seria possível a execução da pena, mesmo que interpostos eventuais recursos extraordinários ao STF.

Contudo, em 7.11.2019, por maioria de 6 x 5 votos, julgando procedentes as ADCs 43, 44 e 54, o STF retornou à posição anterior no sentido da impossibilidade da execução das penas enquanto não exauridas todas as instâncias recursais, reconhecendo a constitucionalidade do disposto no art. 283 do CPP (votaram vencidos os ministros Edson Fachin, Roberto Barroso, Luiz Fux, Cármen Lúcia e Alexandre de Moraes).

Jurisprudência

548. [...] A destruição dos autos do processo penal de conhecimento, embora viabilize a adoção de medidas de restauração (CPP, arts. 541 a 548), não impede a execução da sentença penal condenatória transitada em julgado, desde que haja, nos órgãos estatais competentes, prova inequívoca da existência da condenação penal imposta ao sentenciado. Doutrina. Precedentes (*Habeas Corpus nº 69.841-BA, STF, 1ª Turma, Rel. Min. Celso de Mello, publicado no* DJ *em 24.11.2006*).

CAPÍTULO VII
Do Processo de Aplicação de Medida de Segurança por Fato Não Criminoso

O capítulo em tela regulava o processo de aplicação de medida de segurança em face de ato *não criminoso*. Contudo, os arts. 549 a 555, CPP, restaram incompatíveis com o sistema atual, pois, com o advento das reformas penais em 1984, não mais se admite a imposição de medida de segurança em face de ato *não criminoso*. De acordo com o art. 26, CP (na redação que lhe conferiu a Lei nº 7.209/84), é "*isento de pena o agente que, por doença mental ou desenvolvimento mental incompleto ou retardado, era, ao tempo da ação ou da omissão, inteiramente incapaz de entender o caráter ilícito do fato ou de determinar-se de acordo com esse entendimento*". É dizer: somente se pode cogitar da aplicação de medida de segurança pela prática de fato *criminoso*.

Art. 549. Se a autoridade policial tiver conhecimento de fato que, embora não constituindo infração penal, possa determinar a aplicação de medida de segurança (Código Penal, arts. 14 e 27), deverá proceder a inquérito, a fim de apurá-lo e averiguar todos os elementos que possam interessar à verificação da periculosidade do agente.

Art. 550. O processo será promovido pelo Ministério Público, mediante requerimento que conterá a exposição sucinta do fato, as suas circunstâncias e todos os elementos em que se fundar o pedido.

Art. 551. O juiz, ao deferir o requerimento, ordenará a intimação do interessado para comparecer em juízo, a fim de ser interrogado.

Art. 552. Após o interrogatório ou dentro do prazo de dois dias, o interessado ou seu defensor poderá oferecer alegações.

Parágrafo único. O juiz nomeará defensor ao interessado que não o tiver.

Art. 553. O Ministério Público, ao fazer o requerimento inicial, e a defesa, no prazo estabelecido no artigo anterior, poderão requerer exames, diligências e arrolar até três testemunhas.

Art. 554. Após o prazo de defesa ou a realização dos exames e diligências ordenados pelo juiz, de ofício ou a requerimento das partes, será marcada audiência, em que, inquiridas as testemunhas e produzidas alegações orais pelo órgão do Ministério Público e pelo defensor, dentro de dez minutos para cada um, o juiz proferirá sentença.

Parágrafo único. Se o juiz não se julgar habilitado a proferir a decisão, designará, desde logo, outra audiência, que se realizará dentro de cinco dias, para publicar a sentença.

Art. 555. Quando, instaurado processo por infração penal, o juiz, absolvendo ou impronunciando o réu, reconhecer a existência de qualquer dos fatos previstos no art. 14 ou no art. 27 do Código Penal, aplicar-lhe-á, se for caso, medida de segurança.

TÍTULO III
DOS PROCESSOS DE COMPETÊNCIA DO SUPREMO TRIBUNAL FEDERAL E DOS TRIBUNAIS DE APELAÇÃO

CAPÍTULO I
Da Instrução

Arts. 556 a 560. (Revogados pela Lei nº 8.658, de 1993)

CAPÍTULO II
Do Julgamento

Arts. 561 e 562. (Revogados pela Lei nº 8.658, de 1993)

LIVRO III

DAS NULIDADES E DOS RECURSOS EM GERAL

TÍTULO I
DAS NULIDADES

Art. 563. Nenhum ato será declarado nulo, se da nulidade não resultar prejuízo para a acusação ou para a defesa.

563.1. Considerações gerais e fundamentais: O processo é uma atividade ordenada no sentido de chegar ao ato final que é a decisão judicial. É um caminhar para frente, não para os lados, nem para trás. Está moldado segundo determinados ritos e não admite atos írritos (fora do rito estabelecido), nem se compadece com atos inúteis ou onerosos (economia processual), nem solertes, muito menos insinceros (*O princípio da ampla defesa e as condutas com intuito meramente protelatório no procedimento processual penal*, FISCHER, Douglas, *RT*, v. 761, 1999, p. 509-512). Significa que o processo penal cumpre as suas missões constitucionais também por meio de procedimentos, nos quais os atos processuais praticados pelas partes e pelo juízo (assim como por terceiros que participem eventualmente do feito) desdobram-se em sequência rumo a uma decisão judicial (PACELLI, Eugênio. *Curso de processo penal*. 28. ed. São Paulo: Juspodivm, 2024).

Uma importante advertência inicial: a essência fundamental da matéria atinente às nulidades relaciona-se com a necessidade de que o juiz, na aplicação das leis (desde que conformadas estas também com os comandos maiores da Constituição), consiga manter a igualdade entre as partes envolvidas com a questão debatida em juízo e respeite o devido processo legal.

A interpretação dos tópicos que tratam de nulidades está centrada no denominado princípio (para alguns um sistema, dentro do qual estariam outros princípios) da *instrumentalidade das formas*, que, ao menos para nós, nada mais é do que a consagração da já conhecida parametrização trazida pelo princípio *pas de nullité sans grief*, o qual, por sua vez, é o comando fulcral do artigo de abertura do presente tópico. Em síntese, não há de se declarar nulidade de determinados atos se da nulidade não resultar prejuízo para a acusação e para a defesa.

Impende registrar, porque nos parece pouco enfatizado na doutrina e jurisprudência pátrias: a declaração de nulidade do ato não aproveita unicamente à defesa, mas *também* à acusação. Repise-se a razão de ser de tal normativo: na aplicação dos institutos processuais previstos pela legislação, há de se manter a paridade de armas, devendo-se declarar a nulidade, sejam elas absolutas ou relativas, embora, como adiante visto, reclamem interpretações um pouco diversas, notadamente quanto a seus efeitos.

Sobre paridade de armas e equidade processual, registre-se que, em nosso ver corretamente, a jurisprudência vem reconhecendo que a disposição física do Ministério Público em sala de sessões e julgamentos normalmente ao lado do juiz-presidente não ofende o devido processo legal, na medida em que não traz igualmente nenhum prejuízo para o exercício da ampla defesa *(v.g. Agravo Regimental nos Embargos de Declaração no Recurso Especial nº 1.635.344-SC, STJ, 6ª Turma, Rel. Min. Sebastião Reis Júnior, julgado em 23.8.2022, publicado no DJ em 29.8.2022).*

Jurisprudência

563.1. [...] A defesa busca, em síntese, a nulidade do processo, desde o recebimento da denúncia, ao argumento de que a inicial não se encontrava devidamente instruída. Contudo, conforme bem destacado pela Corte local, "a denúncia foi recebida em 17/10/2018, há mais de cinco anos, estando Luciana – também advogada – formalmente ciente da denúncia desde 1º/12/2018, quando foi citada". Registrou-se, ademais, que "a nulidade suscitada pela defesa trata-se daquilo que a doutrina e a jurisprudência entendem por 'nulidade de algibeira', ou seja, uma tese defensiva que é deixada para ser alegada em momento conveniente. Consigna-se que tal conduta fere o princípio da boa-fé processual".- Constata-se, portanto, que o acórdão recorrido encontra-se em consonância com a jurisprudência desta Corte Superior, que "não tolera a referida nulidade de algibeira - eiva esta que, podendo ser sanada pela insurgência imediata da defesa após ciência do vício, não é alegada como estratégia, numa perspectiva de melhor conveniência futura" [...] *(Agravo Regimental no Recurso em Habeas Corpus nº 201.176-PR, STJ, 5ª Turma, Rel. Min. Reynaldo Soares da Fonseca, julgado em 14.11.2024, publicado no DJ em 18.11.2024)*

563.1. [...] 2. A jurisprudência desta Suprema Corte entende ser imprescindível a arguição de nulidade a tempo e modo adequados, sob pena de preclusão. Precedentes.

3. A jurisprudência desta Suprema Corte exige, como regra, a demonstração concreta de prejuízo tanto para as nulidades absolutas quanto para as nulidades relativas, marcadas que são pelo princípio do pas de nullité san grief previsto no artigo 563 do CPP. [...] *(Agravo Regimental no Habeas Corpus nº 246.359, STF, 1ª Turma, Rel. Min.Flávio Dino, julgado em 5.11.2024, publicado no DJ em 14.11.2024)*

563.1. [...] Estabelece o art. 563, do Código de Processo Penal, que nenhum ato será declarado nulo, se da nulidade não resultar prejuízo para a acusação ou para a defesa. Assim, para o reconhecimento de eventual nulidade, mesmo que absoluta, faz-se necessária a demonstração do prejuízo alegado, o que, no caso, não ocorreu. [...] *(Agravo Regimental no RHC nº 246.874, STF, 1ª Turma, Rel. Min. Cristiano Zanin, julgado em Sessão Virtual de 18.10.2024 a 25.10.2024, publicado no DJ em 30.10.2024)*

563.1 [...] O regime normativo das nulidades no sistema jurídico brasileiro é ordenado pelo postulado básico *pas de nullité sans grief,* disposto no art. 563 do Código de Processo Penal, segundo o qual não se reconhece nulidade de um ato processual sem que demonstrado prejuízo aos interesses da parte e ao regular interesse da jurisdição. Precedentes. [...] *(Agravo Regimental no Habeas Corpus nº 242.384, STF, 2ª Turma, Rel. André Mendonça, julgado em 20.9.2024, publicado no DJ em 16.10.2024)*

563.1 [...] "a jurisprudência dos Tribunais Superiores não tolera a referida nulidade de algibeira - eiva esta que, podendo ser sanada pela insurgência imediata da defesa após ciência do vício, não é alegada como estratégia, numa perspectiva de melhor conveniência futura" (AgRg na RvCr n. 5.565/RS, Relator Ministro JESUÍNO RISSATO (Desembargador Convocado do TJDFT), Terceira Seção, julgado em 23/11/2022, DJe de 29/11/2022). [...] *(Agravo Regimental nos Embargos Declaratórios no Habeas Corpus nº 924.179-SP, STJ, 5ª Turma, Rel. Min.Reynaldo Soares da Fonseca, julgado em 2.9.2024, publicado no DJ em 4.9.2024)*

563.1 [...] 1. No ordenamento jurídico pátrio, a alegação de perda de uma chance probatória é uma tese de defesa que merece análise meticulosa para assegurar que não seja utilizada de forma abusiva, especialmente quando se almeja o trancamento de uma ação penal sob o pretexto de inobservância ao exercício do contraditório e da ampla defesa ante a destruição de prova.

2. No caso em concreto, a defesa técnica se omitiu quanto à relevância da prova supostamente perdida (e-mails funcionais) para a construção da sua tese de inocência do paciente. Inclusive, a meu ver, não detalhou de que maneira a ausência dessa prova específica comprometeria peremptoriamente o direito do paciente a um julgamento justo e equilibrado, a aparentemente interferir no seu exercício do contraditório e da ampla defesa.

3. Após análise detida dos autos e na esteira das conclusões do Tribunal de origem, incabível a anulação do *decisum* a quo, porque, etimologicamente, processo significa marcha avante, do latim procedere. Logo, a interrupção de seu seguimento, por meio da imposição de nulidades infundadas, fere peremptoriamente o instituto jurídico. Em razão disso, segundo a legislação processual penal em vigor, é imprescindível – quando se trata de nulidade de ato processual – a demonstração do prejuízo sofrido, em consonância com o princípio *pas de nullité sans grief*, o que não ocorreu na espécie (AgRg no RHC n. 180.713/SP, da minha relatoria, Sexta Turma, DJe 21/9/2023). [...] *(Habeas Corpus n° 908.010-SC , STJ, 6ª Turma, Rel. Min. Sebastião Reis Júnior, julgado em 17.9.2024, publicado no DJ em 23.9.2024)*

563.1. [...] 1. A jurisprudência desse Superior Tribunal de Justiça entende que em respeito à segurança jurídica e a lealdade processual, tem se orientado no sentido de que mesmo as nulidades denominadas absolutas também devem ser arguidas em momento oportuno, sujeitando-se à preclusão temporal.

2. No campo das nulidades no processo penal, seja relativa ou absoluta, o art. 563 do CPP institui o conhecido princípio *pas de nullité sans grief*, segundo o qual o reconhecimento de nulidade exige a comprovação de efetivo prejuízo, o que não ocorreu na espécie, na medida em que a defesa apenas alega, genericamente, possível prejuízo advindo da condenação criminal. [...] *(Agravo Regimental no Habeas Corpus n° 863.837-PR, STJ, 5ª Turma, Rel. Min.Ribeiro Dantas, julgado em 9.9.2024, publicado no DJ em 12.9.2024)*

563.1. [...] Nos termos do art. 563 do Código de Processo Penal, sabe-se que eventual alegação de nulidade deve vir acompanhada da demonstração do efetivo prejuízo (princípio pas de nullité sans grief). Contudo, no caso, verifica-se que a defesa sequer demonstrou em que medida o efetivo deferimento das referidas perguntas poderiam ter repercutido de forma positiva na situação processual do paciente. Dessa forma, à míngua de indicação de prejuízo concreto, não há se falar em nulidade. [...] *(Agravo Regimental no Habeas Corpus n° 883.848-SP, STJ, 5ª Turma, Rel. Min.Reynaldo Soares da Fonseca, julgado em 9.9.2024, publicado no DJ em 12.9.2024)*

563.1. [...] A nulidade alegada pressupõe a comprovação do prejuízo, nos termos do artigo 563 do Código de Processo Penal, sendo descabida a sua presunção, no afã de se evitar um excessivo formalismo em prejuízo da adequada prestação jurisdicional. Precedentes: HC 228.112-AgR, Segunda Turma, Rel. Min. Gilmar Mendes, DJe de 21/11/2023; RHC 125.242-AgR, Segunda Turma, Rel. Min. Celso de Mello, DJe de 15/03/2017; RHC 126.885, Segunda Turma, Rel. Min. Cármen Lúcia, DJe de 1°/2/2016.[...] *(Agravo Regimental no HC n° 241.582, STF, 1ª Turma, sessão virtual encerrada em 21.6.2024, publicado no DJ em 1°.7.2024)*

563.1. [...] No que diz respeito à alegada ofensa ao sistema acusatório, em virtude de o magistrado ter formulado perguntas ao paciente, tem-se que a Corte local assentou não ser possível "constatar qualquer sinal externo de parcialidade do d. juízo a quo". Além da ausência de indicação de prejuízo, a defesa não se insurgiu oportunamente, estando preclusa a matéria. – "Admitir a nulidade sem nenhum critério de avaliação, mas apenas por simples presunção de ofensa aos princípios constitucionais, é permitir o uso do devido processo legal como mero artifício ou manobra de defesa e não como aplicação do justo a cada caso, distanciando-se o direito do seu ideal, qual seja, a aplicação da justiça" (HC 117.952/PB, Relator Ministro Napoleão Nunes Maia Filho, Quinta Turma, julgado em 27/05/2010, DJe 28/06/2010). [...] *(Agravo Regimental no Habeas Corpus n° 900.367-MT, STJ, 5ª Turma, Rel. Min. Reynaldo Soares da Fonseca, sessão virtual de 7.5.2024 a 13.5.2024, publicado no DJ em 15.5.2024)*

563.1. [....] Como é de conhecimento, "a jurisprudência dos Tribunais Superiores não tolera a referida nulidade de algibeira - eiva esta que, podendo ser sanada pela insurgência imediata da defesa após ciência do vício, não é alegada como estratégia, numa perspectiva de melhor conveniência futura" *(AgRg na RvCr n. 5.565/RS, Relator Ministro Jesuíno Rossato (Desembargador Convocado do TJDFT), Terceira Seção, julgado em 23/11/2022, DJe de 29/11/2022).*

Anote-se que é irrelevante se tratar ou não de erro de estratégia dos advogados anteriores, porquanto, como é de conhecimento, "não é possível suprir as máculas anteriores ao seu ingresso no feito, sendo recebido o processo no estado em que se encontra". (AgRg no AREsp n. 2.269.765/CE, relator Ministro Teodoro Silva Santos, Sexta Turma, julgado em 12/12/2023, DJe de 15/12/2023.) [...] *(Agravo Regimental no Embargos de Declaração no Habeas Corpus nº 887.087-SP, STJ, 5ª Turma, Rel. Min. Reynaldo Soares da Fonseca, sessão virtual de 9.4.2024 a 15.4.2024, publicado no DJ em 18.4.2024)*

563.1. [...] Esta Suprema Corte possui entendimento consagrado no sentido de que, para o reconhecimento de eventual nulidade, ainda que absoluta, faz-se necessária a demonstração do efetivo prejuízo, o que não ocorreu na espécie. Isso porque a demonstração de prejuízo, "[a] teor do art. 563 do CPP, é essencial à alegação de nulidade, seja ela relativa ou absoluta, eis que (...) 'o âmbito normativo do dogma fundamental da disciplina das nulidades – pas de nullité sans grief – compreende as nulidades absolutas'" (HC 85.155/SP, Rel. Min. Ellen Gracie, DJe de 15/4/2005). [...] *(Agravo Regimental no Habeas Corpus nº 115.114, STF, 2ª Turma, Rel. Min. Cristiano Zanin, sessão virtual de 1.12.2023 a 11.12.2023, publicado no DJ em 18.12.2023)*

563.1. [...] A jurisprudência dos Tribunais Superiores é pacífica em rechaçar a estratégia processual denominada nulidade de algibeira, a qual ocorre quando a Defesa não alega a existência de vício formal em momento oportuno, quedando-se inerte até que seja verificado, no futuro, que a tese acarretará mais benefícios ao Agente, em explícita ofensa aos princípios da boa-fé processual e da cooperação. [...] *(Agravo Regimental no Habeas Corpus nº 746.715-SE, STJ, 6ª Turma, Rel. Min. Laurita Vaz, sessão virtual de 16.5.2023 a 22.5.2023, publicado no DJ em 26.5.2023)*

563.1. [...] 1. Nos termos da jurisprudência desta Corte Superior, "a discordância do atual Defensor com os pleitos, teses e estratégias adotados ou não pelo Causídico anterior não caracteriza ausência/deficiência de defesa capaz de gerar nulidade processual". (AgRg no RHC n. 176.203/RN, Relatora Ministra Laurita Vaz, Sexta Turma, julgado em 22/5/2023, DJe de 26/5/2023.) - Ainda que se pudesse falar em eventual deficiência da defesa, o que não é o caso, não é possível identificar o suposto prejuízo indicado pela defesa, uma vez que a condenação, por si só, não pode ser considerada como prejuízo, pois, para tanto, caberia à parte demonstrar que a nulidade apontada, acaso não tivesse ocorrido, ensejaria a absolvição do acusado, a desclassificação de sua conduta ou qualquer outro benefício processual, o que não ficou demonstrado na hipótese dos autos. [...] *(Agravo Regimental no Habeas Corpus n° 933.339-RO , STJ, 5ª Turma, Rel.Min. Reynaldo Soares da Fonseca, julgado em 23.9.2024, publicado no DJ em 26.9.2024)*

563.1. [...] 4. No campo das nulidades no processo penal, seja relativa ou absoluta, o art. 563 do CPP institui o conhecido princípio *pas de nullité sans grief,* segundo o qual o reconhecimento de nulidade exige a comprovação de efetivo prejuízo e, na mesma linha, a Súmula 523/STF enuncia que "no processo penal, a falta da defesa constitui nulidade absoluta, mas a sua deficiência só o anulará se houver prova de prejuízo para o réu". 5. Ora, "o fato de a nova defesa não concordar com a linha defensiva adotada pela defesa anterior também não revela nulidade. Com efeito, "a simples discordância do atual Defensor com a pretensão deduzida ou não pelo defensor anterior em suas manifestações não caracteriza deficiência/ausência de defesa capaz de gerar nulidade processual". *(AgRg no HC 463.316/GO, Rel. Ministra Laurita Vaz, Sexta Turma, julgado em 10/3/2020, DJe 24/3/2020).[...] (Habeas Corpus nº 780.310 – MG, STJ, 5ª Turma, Rel. Min. Ribeiro Dantas, julgado em 14.2.2023, publicado no DJ em 22.2.2023)*

563.1. [...] A orientação jurisprudencial do Supremo Tribunal Federal (STF) é no sentido de que o princípio do pas de nullité sans grief exige, em regra, a demonstração de prejuízo concreto à parte que suscita o vício, podendo ser ela tanto a nulidade absoluta quanto a relativa, pois não se decreta nulidade processual por mera presunção (HC 132.149-AgR, Rel. Min. Luiz Fux). [...] Indispensável que o interessado ao menos sinalize nexo causal mínimo entre a irregularidade articulada e o resultado processual desfavorável, sob pena de adoção de exacerbado formalismo que não se conforma com o postulado pas de nullité sans grief, cristalizado no art. 563, CPP. [...] *(Agravo Regimental no Habeas Corpus nº 221.838, STF, 1ª Turma, Rel. Min. Roberto Barroso, sessão virtual de 9.12.2022 a 16.12.2022, publicado no DJ em 6.2.2023)*

563.1[...] Cuidando-se de sentença condenatória proferida há mais de 15 anos, contra a qual já foi interposto o competente recurso de apelação, no qual se afirmou não haver nulidade na juntada tardia de provas não utilizadas, porquanto manifesta a ausência de prejuízo, recorde-se que a renovação da irresignação nesse momento processual pode ser igualmente considerada uma "nulidade de algibeira". *"Observe-se que tal atitude não encontra ressonância no sistema jurídico vigente, pautado no princípio da boa-fé processual, que exige lealdade de todos os agentes processuais"* (AgRg no HC n. 732.642/SP, relator Ministro Jesuíno Rissato (Desembargador Convocado do TJDFT), Quinta Turma, DJe de 30/5/2022). Registre-se, por oportuno, que a boa-fé e a lealdade processual foram tratadas de forma objetiva e não subjetiva. Quer dizer que não se está a afirmar que o nobre causídico teve a intenção de agir de má-fé ou com deslealdade, mas apenas que a conduta adotada, ou seja, seu comportamento, de renovar a alegação de nulidade já refutada há 15 anos, não se coaduna com o que se espera, em regra, dos atores processuais. [...] *(Agravo Regimental no Habeas Corpus nº 787.595–RS, STJ, 5ª Turma, Rel. Min. Reynaldo Soares da Fonseca, julgado em 13.12.2022, publicado no DJ em 19.12.2022)*

563.1. [...] No caso, o Tribunal de origem consignou que a nulidade, decorrente da leitura de documento (mandado de prisão contra a vítima) não juntado aos autos no prazo previsto no art. 479 do CPP, foi consignada na ata de julgamento e ocasionou prejuízo à acusação, pois certamente influenciou no ânimo dos jurados de que a vítima poderia ser pessoa perigosa, subsidiando a tese defensiva de legítima defesa ou desclassificação. [...] *(Agravo Regimental no Recurso Especial nº 2.012.667–PA, STJ, 6ª Turma, Rel. Min. Sebastião Reis Júnior, sessão virtual de 28.2.2023 a 6.3.2023, publicado no DJ em 10.3.2023)*

563.1. [...] 1. Sobre a suposta deficiência da defesa, é importante lembrar que, no campo das nulidades no processo penal, o art. 563 do CPP institui o conhecido princípio pas de nullité sans grief; na mesma linha, a Súmula 523/STF enuncia que "no processo penal, a falta da defesa constitui nulidade absoluta, mas a sua deficiência só o anulará se houver prova de prejuízo para o réu". 2. Como constatou o Tribunal de origem, não se encontra provado o prejuízo imposto ao réu, que teve representação técnica em todas as fases do processo. A atual defesa pode discordar da linha adotada pela Defensoria, ou mesmo considerá-la deficiente, mas isso não é suficiente para a demonstração do prejuízo, nos termos da Súmula 523/STF.[...] *(Agravo Regimental no Recurso em Habeas Corpus nº 165.239–GO, STJ, 5ª Turma, Rel. Min. Ribeiro Dantas, julgado em 18.10.2022, publicado no DJ em 24.10.2022)*

563.1. [...] A jurisprudência desta Corte é firme no sentido de que eventuais nulidades, absolutas ou relativas, devem ser aduzidas em momento oportuno, além de demonstrado o prejuízo suportado pela parte. Não houve referência às nulidades em momento oportuno, razão pela qual não verifico a ocorrência de violação aos postulados do devido processo legal, do contraditório e do sistema acusatório. [...] O interrogatório do acusado não ocorreu por sua culpa exclusiva, já que ele, mesmo ciente do processo em seu desfavor e, ainda que de fato tivesse sido avisado da redesignação da audiência, deixou de se informar acerca da nova data do ato, tanto que foi considerado revel, motivo pelo qual não poderia, agora, alegar o vício, porquanto, nos termos do art. 565 do Código de Processo Penal, a parte não poderá arguir nulidade a que deu causa ou para a qual de alguma forma contribuiu. É o caso de se aplicar a regra contida no art. 367 do CPP: "o processo seguirá sem a presença do acusado que, citado ou intimado pessoalmente para qualquer ato, deixar de comparecer sem motivo justificado, ou, no caso de mudança de residência não comunicar o novo endereço ao Juízo".[...] O reconhecimento de nulidade no curso do processo penal, seja absoluta ou relativa, reclama efetiva demonstração de prejuízo, à luz do art. 563 do Código de Processo Penal, segundo o princípio *pas de nullité sans grief*, o que não ocorreu no presente caso, até por que a versão do réu, no sentido de que não teria participado do roubo, "tendo sido *contratado por uma pessoa apenas para levar a motocicleta ao Paraguai por seiscentos reais" foi devidamente examinada e rechaçada pela Corte Estadual*, com base nas provas constantes dos autos.[...] *(Agravo Regimental no Habeas Corpus nº 627.963–MS, STJ, 5ª Turma, Rel. Min. Ribeiro Dantas, julgado em 6.9.2022, publicado no DJ em 13.9.2022)*

563.1. [...] Prevalece no moderno sistema processual penal que eventual alegação de nulidade (relativa ou absoluta), deve vir acompanhada da demonstração do efetivo prejuízo. Não se proclama uma nulidade sem que se tenha verificado prejuízo concreto à parte, sob pena de a forma superar a essência. Vigora, portanto, o princípio pas de nulitté sans grief, a teor do que dispõe o art. 563 do Código de Processo Penal. - "É evidente que a tipicidade dos atos processuais funciona somente como instrumento para a correta aplicação do direito. Sendo assim, eventual desrespeito às formalidades prescritas em lei apenas deverá acarretar a invalidação do ato processual quando a finalidade para a qual foi instituída a forma for comprometida pelo vício. Somente a atipicidade relevante, bastante a evidenciar dano concreto às partes, autoriza o reconhecimento do vício". (AgRg no REsp n. 1.359.840/RS, relator Ministro Antonio Saldanha Palheiro, Sexta Turma, DJe de 18/3/2022.) - Não tendo sido sequer indicado em consistiria eventual prejuízo pela ausência da lavratura de auto circunstanciado do cumprimento do mandado de busca e apreensão, o qual acabou sendo substituído pelo auto de prisão em flagrante, não há se falar em nulidade. [...] *(Agravo Regimental nos Embargos de Declaração no Recurso Especial nº 1.977.869-SP, STJ, 5ª Turma, Rel. Min. Reynaldo Soares da Fonseca, julgado em 14.6.2022, publicado no DJ em 20.6.2022)*

....

563.2. Da conceituação (clássica) e diferenciação dos atos inexistentes e dos atos nulos (relativos ou absolutos): Não há univocidade doutrinária no trato da diferenciação que ora se fará, mas é importante traçar a conceituação para, firmadas as premissas, desenvolver aquela que se considera a mais adequada e racional teoria relativa às nulidades no processo penal.

Pela ótica jurídica, atos inexistentes seriam aqueles que não teriam nenhuma possibilidade de gerar ou produzir efeitos em relação ao processo criminal (exemplo clássico se verifica no caso de sentença assinada por alguém que não seja juiz, portanto não investido do poder jurisdicional). Se não produzem efeitos, os atos inexistentes jamais serão passíveis de convalidação, até por uma questão óbvia: a convalidação, se admitida, incidiria sobre a própria instituição do ato, sem qualquer efeito pretérito. É preciso compreender, portanto, que aos atos inexistentes não se fazem presentes os elementos essenciais para a produção de consequências jurídicas.

Já os atos nulos produzem efeitos, mas, pelo desvio e pela gravidade que reverberam sobre o processo, gerarão ou não a ineficácia do ato, dependendo da gravidade e das consequências previstas (e, segundo pensamos, diante do *caso concreto*), daí havendo a bifurcação em atos nulos e atos anuláveis. É preciso compreender que a não observação do que estiver prescrito em Lei não significa *necessariamente* tenha havido nulidade processual. A inobservância dos ditames processuais terá unicamente relevância para a matéria em foco se dela decorrer algo que interfira de modo significativo e relevante no devido processo (processo justo). Numa frase: em ocorrendo um desequilíbrio do tratamento material das partes (*par conditio*) ou então se restar afetado o exercício da função jurisdicional haverá de ser declarada a nulidade dos atos realizados.

Tal conceituação se faz de extrema relevância notadamente quando se está diante de um dos princípios garantistas mais relevantes: o do juízo natural. Como premissa ainda inicial do raciocínio (embora posicionamentos dissonantes nessa parte), é preciso fixar que a unidade da jurisdição não pode permitir que se considere a competência jurisdicional como pressuposto da existência do processo (conquanto alguns paradoxos possam daí advir, ulteriormente pontuados). De qualquer modo, já se adverte para posicionamento adiante desenvolvido sobre a questão da *reformatio in pejus* quando não observado o devido processo legal, especialmente o juízo natural.

Com efeito, se o processo é precipuamente o meio de desenvolvimento do poder estatal para a aplicação da Lei no caso concreto, a competência (mesmo que estipulada em nível constitucional) nada mais é do que uma *repartição* de tarefas. Noutras palavras, já se disse outrora, a distribuição de competências *atende a necessidades operacionais, não descaracterizando a juridicidade da função os eventuais equívocos praticados pelos órgãos que nela atuam* (*Curso de processo penal*, 28 ed, 2024).

Partindo de uma *concepção clássica*, nulidade relativa há quando, pela não observância da forma prevista para o devido processo, for atingido interesse que só à parte envolvida caberá valorar e ponderar para aferir se houve ou não prejuízo efetivo, o qual, para tanto, deverá ser demonstrado de forma objetiva.

Exatamente por essa circunstância é que, para as partes, diz-se que há o efeito preclusivo no que tange às nulidades. Significa que, não tendo sido adotado em momento oportuno o instrumento adequado para impugnar o ato, restará ele convalidado.

Entretanto, a preclusão, em determinadas situações, não opera para o juízo, que não é um mero espectador do processo, porque se lhe atribui a função de efetivar todas as garantias fundamentais das partes sobre a qual se debruça a lide. Diante de tal assertiva, cumpre destacar que, em se tratando de violação da competência relativa (territorial), o CPP prevê regra diversa – e com consequências diversas também – daquela adotada no âmbito do processo civil.

O art. 109, CPP, é expresso no sentido de que, mesmo em se tratando de hipótese de incompetência relativa, é dever do juízo monocrático, acaso verificar tal circunstância, mesmo que não haja alegação das partes no momento oportuno (por meio da devida exceção, art. 95, CPP), deverá se declarar incompetente (*não há a preclusão para o juiz, como opera para as partes, no processo penal*). Daí a razão relevante de se alertar para a *inaplicabilidade* da Súmula 33 do Superior Tribunal de Justiça (*A incompetência relativa não pode ser declarada de ofício*), de origem única em questões de natureza processual civil, no âmbito do processo penal, pois este trata de forma diversa a questão da preclusão, que, frise-se, *não* ocorre para quem exerce o poder jurisdicional. Com efeito, apenas a título argumentativo para justificar a dissonância adiante firmada, somente se poderia cogitar da incidência do referido comando sumulado acaso nada dispusesse a legislação processual penal e houvesse compatibilidade de aplicação por analogia, nos exatos termos do que previsto no art. 3º do CPP (*A Lei processual penal admitirá interpretação extensiva e aplicação analógica, bem como o suplemento dos princípios gerais de direito*). A incidência da Súmula nominada simplesmente se revela impossível porque a interpretação analógica haveria de incidir diante de omissão legislativa, o que, à evidência, não há. Diante do exposto, firma-se posicionamento bastante claro em sentido diametralmente oposto a decisões que procuram aplicar suplementarmente a Súmula 33 do STJ no processo penal (*v. g.* CC nº 37.149-RN, 3ª Seção, STJ, publicado no *DJ* em 9.5.2005).

Retomando a questão da diferenciação (clássica) substancial entre as nulidades, mister complementar que se terá hipótese de *nulidade absoluta* quando os vícios decorrentes do ato realizado em desconformidade com o que determinado de forma abstrata atingir diretamente a própria função jurisdicional.

Tem-se dito que o que diferenciaria na essência as nulidades absolutas das relativas seria que aquelas teriam o prejuízo presumido pela legislação, enquanto estas demandariam demonstração concreta do prejuízo. De presunção não se trata, salvo melhor juízo. Trata-se de considerar que o prejuízo existiria pela simples circunstância de o ato não ter sido realizado conforme determinado pela legislação.

563.3. Um contributo para a modificação das premissas em matéria de nulidades no processo penal: A necessidade da ponderação. Neste tópico, releva destacar inicialmente peculiar questão ao se formular a seguinte indagação: será sempre caso de reconhecimento automático da nulidade *absoluta* se não realizado *o ato* de acordo com a Lei, gerando-se, na sequência, a nulidade do *processo*?

Não nos restam dúvidas que a nulidade absoluta *pode* repercutir sobre o *ato* processual, pois ele não terá como ser *convalidado*. Mas nos parece que *não* se pode fazer a afirmativa peremptória e cartesiana de que, necessariamente, sempre deverá haver a nulidade do *processo*. Quer-se dizer com isso que, mesmo em se tratando de nulidades absolutas, é fundamental fazer a análise de ponderação se, do modo como praticado o ato (contra a lei), haveria, efetivamente, prejuízo para o *processo* (para as partes). E, em caso positivo, quais atos subsequentes deveriam ser declarados nulos (art. 573, §§ 1º e 2º, CPP).

É preciso assumir posição – sempre prudente, claro – de que o processo é regulado pela instrumentalidade das formas. Assim, se o ato for nulo – embora plenamente explicável o equívoco que o gerou – há de se ponderar diante do caso concreto se é hipótese de declaração de nulidade dos atos subsequentes ou não.

De outro modo: temos claro posicionamento no sentido de que nem toda nulidade (absoluta ou relativa) do *ato* processual deverá implicar nulidade do *processo*. Visualizamos uma teoria de nulidades que deve estar preocupada não com a natureza do vício, mas dos *efeitos* que são gerados *sobre o processo*, e, nesse aspecto, se há violação da paridade de armas, causando-se prejuízo para alguma das partes.

Exatamente por isso, fazemos loas às excelentes considerações de Antônio do Passo Cabral (*Nulidades no processo moderno*, Forense, 2009), em que, com extrema habilidade e profunda pesquisa, demonstra que a *importação* de conceitos de nulidades do processo civil para o processo penal (que efetivamente ocorreu) tem gerado situações de perplexidade especialmente no âmbito criminal

Mais: aponta o ilustre autor que, no Brasil, há um "fetiche da formalidade" (*Op. cit.*, p. 13). E há mesmo! Cultua-se o que denominamos de *formalidade do instrumento*, e não *instrumentalidade da forma* (embora a premissa que utilize para seu trabalho seja uma discussão pouco diversa da aferição de *prejuízo*).

Ao prosseguir, aprofunda a discussão para trazer dado extremamente relevante às nossas ponderações e pouco considerado quando se analisam as nulidades (sob o aspecto do *processo* geral, não só no âmbito penal). A respeito de posicionamentos no sentido de que as nulidades absolutas poderiam ser declaradas de ofício pelo juiz e as relativas não, assenta que "*essas afirmações, encontradas em vários países, são fruto sobretudo da influência da doutrina italiana, que comumente diferencia as nulidades absolutas e relativas pela possibilidade de conhecimento de ofício ou necessidade de reconhecimento*". Defende (com razão, para nós) ser "*problemático fulcrar na ordem pública ou no interesse público o traço distintivo da nulidade absoluta. Trata-se de conceitos fluidos, de significação imprecisa, ensejando decisões subjetivas ou com alto grau de arbitrariedade. Curiosamente, grande parte da doutrina brasileira aplaudiu a formulação de Galeno Lacerda, p. ex., ao diferenciar, com base no interesse público estatal, as nulidades absolutas ou relativas*" (*Op. cit.*, p. 88).

Não concordamos com a ideia de que o simples descumprimento da "forma" geraria automaticamente a nulidade do processo.

A propósito, são precisas as considerações de Américo Bedê Jr quando demonstra, com base no entendimento de Ferrajoli, que se desfaz "o mito de que, no processo penal garantista, qualquer forma quer significar garantia e que a lei não prevê inutilidades ou formalidades que em nada contribuem para o escopo do processo". Deixa bem claro que "Ferrajoli cita que o apogeu e o lugar desse formalismo espúrio são típicos dos velhos regimes inquisitivos" (in "Justiça Criminal – A prova no processo penal na ótica dos juízes brasileiros", v. 2, 2023, p. 37). E observa, como também deixamos expresso aqui, que não se pode aceitar que qualquer violação a direito seja tolerada pelo garantismo.

Já ficou claro que defendemos abertamente (malgrado cientes de que, ao menos por ora, é posição minoritária explícita na doutrina e na jurisprudência no âmbito processual penal) que, em tema de nulidades, há de se fazer a ponderação diante de todos os princípios orientadores do tema (especialmente a *instrumentalidade das formas, o prejuízo, o interesse e a causalidade*). Não negamos que há situações em que a nulidade do ato é evidente. Mas não pela nulidade em si (desrespeito à forma), mas sim pelo prejuízo efetivo que causa a uma das partes (mormente à defesa), ou seja, como dito anteriormente, pelos *efeitos que são gerados sobre o processo.*

Com efeito, se o processo é dinâmico (como deve ser!), fundamental se afastar do abstracionismo generalista e, a partir de algumas premissas, trabalhar com questões fáticas para (tentar) solucionar os problemas naturais do processo penal.

Na matéria em voga, não há tratamento uniforme, notadamente pela jurisprudência. A ausência de coerência científica ou lógica em matérias de nulidades no processo penal brasileiro é algo ímpar, gerando situações verdadeiramente paradoxais, como adiante se verá.

Portanto, crê-se que, também em sede de nulidades absolutas, dependendo do caso, se for possível *realizar novamente* (*outro*) *ato* e não houver prejuízo (especialmente) ao réu, *não* há de se declarar a nulidade do *processo*. No máximo, há de se declarar a nulidade *apenas do ato*, que, repise-se, não admite convalidação. E se houver nulidade do *processo*, que sejam mantidos hígidos ao máximo os demais atos, respeitando-se, na máxima proporção, a causalidade (art. 573, CPP).

Jurisprudência

563.3 [...] 1. A disciplina das nulidades no âmbito do processo penal é guiada pela estrita observância das garantias constitucionais, sem tolerar arbitrariedades ou excessos que desequilibrem a dialética processual em prejuízo do acusado. Por isso, o reconhecimento de nulidades é necessário toda vez que se constatar a supressão ou a mitigação de garantia processual que possa trazer agravos ao exercício do contraditório e da ampla defesa. Por outro lado, o respeito às formalidades processuais não pode ser utilizado como instrumento a serviço da prevalência da forma em detrimento do conteúdo do ato. Por isso, exige-se daquele que alegar vício ensejador de nulidade processual a demonstração de efetivo prejuízo experimentado pela defesa, materializado na mitigação ou supressão de garantias constitucionais inerentes ao processo penal, dentre as quais, as de maior relevo são o contraditório e a ampla defesa.

2. Neste caso, extrai-se da sentença que a vítima foi submetida a entrevista psicológica, objetivando menor dano à criança, que contava com cinco anos de idade à época. Conforme a sentença, o depoimento serve de reforço aos relatos de abuso por parte da menor, a qual externa agressividade ao falar sobre os réus e aversão ao nome da mãe. A sentença destacou, ainda, que o advogado encarregado de patrocinar os interesses da acusada teve plena ciência do teor da avaliação, podendo impugná-la, o que não fez, de modo que a questão, inclusive, encontra-se preclusa.[...] *(Agravo Regimental no Habeas Corpus nº 904.111-PR, STJ, 5ª Turma, Rel. Min. Reynaldo Soares da Fonseca, julgado em 2.9.2024, publicado no DJ em 4.9.2024)*

563.3 [...] diante do moderno processo penal, o qual preza pela manutenção dos atos que tenham efetivamente atingido seu objetivo (instrumentalidade das formas), tem-se que não há falar em nulidade na presente hipótese. Não se pode descurar, ademais, que eventual alegação de nulidade (relativa ou absoluta), deve vir acompanhada da demonstração do efetivo prejuízo, inocorrente na espécie. Não se proclama uma nulidade sem que se tenha verificado prejuízo concreto à parte, sob pena de a forma superar a essência. Vigora, portanto, o princípio *pas de nulitté sans grief*, a teor do que dispõe o art. 563 do Código de Processo Penal. [...] *(Agravo*

Regimental no Agravo em Recurso Especial nº 2.460.025-SP, STJ, 5ª Turma, Rel. Min. Reynaldo Soares da Fonseca, julgado em 6.2.2024, publicado no DJ em 14.2.2024)

563.3 [...] I – O princípio do juiz natural constitui garantia de natureza constitucional e, nesse aspecto, impõe, num primeiro viés, que *"ninguém será processado nem sentenciado senão pela autoridade competente"* (art. 5º, LIII, da CF) e, por outro, que *"não haverá juízo ou tribunal de exceção"* (art. 5º, XXXVII, da CF). Em reverência à dignidade da pessoa humana – ponto nuclear das diretrizes principiológicas e programáticas da Constituição Federal de 1988 –, o princípio do juiz natural constitui, a um só tempo, faceta e percurso do princípio do devido processo legal, garantia que torna eventual édito condenatório devido e justo. II – O desrespeito das normas que promovem o devido processo legal implica, em regra, *nulidade do ato* nas hipóteses de descumprimento da sua finalidade e da ocorrência de efetivo e comprovado prejuízo, segundo orientação dos princípios pas de nullité sans grief e da instrumentalidade, que, por sua vez, reforça a manutenção de determinados atos não só pela economia processual, mas pela agilidade que se deve empreender em busca do ato final do processo, a sentença, a teor dos arts. 565 a 572 do CPP. III – A competência por prevenção, discutida no presente mandamus é, em regra, entendida como critério subsidiário de fixação da competência territorial, definindo como juízo prevento aquele para quem foi precedida a distribuição do feito concreto, dentre outros igualmente competentes, e que inaugurou o exercício da atividade jurisdicional no feito concreto, antes mesmo do oferecimento da denúncia ou da queixa. No âmbito do segundo grau, referidas regras encontram relativa incidência em face da normatização própria pelos regimentos internos dos Tribunais a quo visando atendimento das especificidades do colegiado. [...] *(Agravo Regimental no Recurso em Habeas Corpus nº 150.457/SP, STJ, 5ª Turma, unânime, Rel. Min. Jesuíno Rissato, julgado em 26.10.2021, publicado no DJ em 4.11.2021)*

563.3. [...] Não há se falar em nulidade da intimação, pela ausência do nome do advogado na publicação, quando o ato processual atinge seu objetivo, ao permitir a ciência da parte quanto ao teor da decisão a ser impugnada. [...] *(Embargos Declaratórios nos Embargos Declaratórios no Agravo Regimental nos Embargos Divergentes nos Embargos de Divergência em Agravo em Recurso Especial nº 1.377.917/PR, STJ, 3ª Seção, unânime, Rel. Min. João Otávio de Noronha, julgado em 10.11.2021, publicado no DJ em 12.11.2021)*

563.3. [...] a jurisprudência desta Corte Superior de Justiça firmou entendimento no sentido de que o reconhecimento de nulidade no curso do processo penal, seja ela absoluta ou relativa, reclama efetiva demonstração de prejuízo, à luz do art. 563 do Código de Processo Penal, segundo o princípio *pas de nullité sans grief*, o que não restou comprovado pelo impetrante na espécie. [...] *(Agravo Regimental no Habeas Corpus n. 223.667-SP, STJ, 5ª Turma, unânime, Rel. Min. Ribeiro Dantas, julgado em 2.8.2018, publicado no DJ em 14.8.2018).*

563.3. [...] A jurisprudência desta Corte Superior é pacífica no sentido de que, em observância ao princípio *pas de nullité sans grief*, não se declarará nulidade se dela não resultar prejuízo para as partes. Em que pese a argumentação deduzida na impetração, não se logrou demonstrar de que forma a ausência da intimação pessoal prejudicou o paciente, notadamente quando considerado que foi interposta apelação pelo seu defensor contra a sentença condenatória. [...] *(Habeas Corpus nº 316.152-SE, STJ, 5ª Turma, unânime, Rel. Min. Joel Ilan Paciornik, julgado em 14.8.2018, publicado no DJ em 24.8.2018).*

563.3 [...] O sistema de nulidades previsto no Código de Processo Penal, no qual vigora o princípio do *pas de nullité sans grief*, orienta que, inexistindo prejuízo, não se proclama a nulidade do ato processual. Esta Suprema Corte tem, reiteradamente, se posicionado no sentido de que se faz necessária a demonstração de efetivo prejuízo para a decretação de nulidade, seja ela absoluta ou relativa [...] *(Agravo Regimental no Habeas Corpus n. HC 125.215-SP, STF, 1ª Turma, Rel. Min. Rosa Weber, julgado em 1º.6.2018, publicado no DJ em 13.6.2018).*

563.3. [...] 3. Não há se falar em nulidade por ausência de defesa, pois eventual deficiência da defesa técnica demanda demonstração do prejuízo, conforme dispõe o verbete n. 523 do Supremo Tribunal Federal: "No processo penal, a falta da defesa constitui nulidade absoluta, mas a sua deficiência só o anulará se houver prova de prejuízo para o réu". *A condenação do paciente não revela, por si só, prejuízo advindo da alegada deficiência da defesa. Dessarte, não se tendo demonstrado de que forma a situação processual do paciente teria sido modificada positivamente, por eventual atuação diversa, não se verifica prejuízo e, por conseguinte, não há se fa-*

lar em nulidade. [...] *(Habeas Corpus n. 435.760-SP, STJ, 5ª Turma, unânime, Rel. Min. Reynaldo Soares da Fonseca, julgado em 15.5.2018, publicado no* DJ *em 24.5.2018).*

563.3. [...] Além de não se verificar ofensa às normas legais ou aos princípios constitucionais, não se vislumbra eventual prejuízo acarretado à defesa, o qual nem ao menos foi apontado. "Admitir a nulidade sem nenhum critério de avaliação, mas apenas por simples presunção de ofensa aos princípios constitucionais, é permitir o uso do devido processo legal como mero artifício ou manobra de defesa e não como aplicação do justo a cada caso, distanciando-se o direito do seu ideal, qual seja, a aplicação da justiça" (HC 117.952/PB, Relator o Ministro Napoleão Nunes Maia Filho, *DJe* 28.06.2010). [...] *(RHC nº 45.539-CE, STJ, 5ª Turma, unânime, Rel. Min. Reynaldo Soares da Fonseca, julgado em 9.8.2016, publicado no* DJ *em 17.8.2016).*

563.3. [...] O sistema das nulidades no processo penal brasileiro é norteado pelos princípios do prejuízo, da causalidade, do interesse e da convalidação, pelos quais, em síntese, os mecanismos processuais e formalidades do processo devem objetivar à solução do caso concreto, urgindo que os modelos legais sofram temperamentos. [...] *(Agravo Regimental no HC nº 285.221-SP, STJ, 6ª Turma, unânime, Rel. Min. Antônio Saldanha Palheiro, julgado em 10.5.2016, publicado no* DJ *em 19.5.2016).*

563.3. [...] Não há nulidade pela adoção do rito procedimental previsto na Lei de Drogas, uma vez que se trata de rito especial, o qual pode ser aplicado igualmente aos crimes conexos. Ademais, ainda que o rito ordinário seja mais amplo, imprescindível a demonstração do efetivo prejuízo na adoção do rito especial, o que não se verificou no caso dos autos. [...] *(Recurso em Habeas Corpus nº 42.598-SP, STJ, 5ª Turma, unânime, Rel. Min. Reynaldo Soares da Fonseca, julgado em 3.5.2016, publicado no* DJ *em 11.5.2016).*

563.3. [...] 1. A citação, no processo penal, é o ato por meio do qual o acusado é chamado para integrar a relação processual, no seio da qual poderá usufruir de todas as garantias previstas na Constituição Federal para exercer o seu direito ao contraditório e à ampla defesa. Constitui, pois, exigência fundamental que todo acusado seja cientificado da existência do processo e do seu desenvolvimento, pois, sem a adequada informação dos atos já praticados em seu desfavor, sua participação seria ilusória e incapaz de influenciar o convencimento do magistrado. 2. Não obstante tenha o mandado de citação sido firmado pelo esposo da recorrente, os autos dão conta de que ela teve ciência da ação penal, tanto que compareceu ao cartório do Juízo, por duas vezes, para atualizar seu endereço. Tal providência demonstra, de maneira inequívoca, que tomou ciência da ação penal deflagrada em seu desfavor, não havendo motivos para anular a ação penal. [...] 4. A anulação de toda a decisão é um resultado muito grave para algo que não se configure um prejuízo à defesa, motivo pelo qual a solução menos drástica de decotar o trecho viciado atende a *mens legis*, ao valorizar a celeridade processual e a paridade das armas. [...] *(Recurso Especial nº 1.362.882-DF, STJ, 6ª Turma, Rel. Min. Sebastião dos Reis Júnior, julgado em 1º.3.2016, publicado no* DJ *em 12.4.2016).*

563.3. [...] o sistema processual penal consagra o princípio do *pas de nullité sans grief*, segundo o qual, a teor do disposto no art. 565, do CPP, "*nenhum ato será declarado nulo, se da nulidade não resultar prejuízo para a acusação ou para a defesa*". 3. O dano deve ser concreto e efetivamente demonstrado para fins de reconhecimento de eventual nulidade. [...] *(Agravo Regimental na Reclamação nº 9.248-PE, STF, 1ª Turma, Rel. Min. Edson Fachin, julgado em 16.2.2016, publicado no* DJ *em 9.3.2016).*

563.3. [...] à luz da norma inscrita no art. 563 do Código de Processo Penal, a jurisprudência desta Corte firmou o entendimento de que o reconhecimento de nulidade dos atos processuais demanda, em regra, a demonstração do efetivo prejuízo causado à parte. Vale dizer, o pedido deve expor, claramente, como o novo ato beneficiaria o acusado. Sem isso, estar-se-ia diante de um exercício de formalismo exagerado, que certamente comprometeria o objetivo maior da atividade jurisdicional. [...] *(Embargos de Declaração no Agravo Regimental no RHC nº 131.538-GO, STF, 2ª Turma, unânime, Rel. Min. Cármen Lúcia, julgado em 16.2.2016, publicado no* DJ *em 2.3.2016).*

563.3. [...] Além da arguição *opportune tempore* da suposta nulidade, seja ela relativa ou absoluta, a demonstração de prejuízo concreto é igualmente essencial para o seu reconhecimento, de acordo com o princípio do *pas de nullité sans grief*, presente no art. 563 do Código de Processo Penal. Precedentes. [...] *(Embargos de Declaração nos Embargos Infringentes na Ação Penal nº 481-PA, STF, Plenário, Rel. Min. Dias Toffoli, julgado em 20.3.2014, publicado no* DJ *em 12.8.2014).*

563.3. [...] 1. Conforme entendimento já consolidado na jurisprudência deste Superior Tribunal de Justiça, a realização da audiência de oitiva de testemunhas sem a presença do acusado que se encontra preso é causa de nulidade relativa, cuja declaração depende de arguição oportuna e demonstração de efetivo prejuízo. Da leitura da inicial do *writ* percebe-se que a defesa cingiu-se a ventilar que o feito seria nulo e que teria havido cerceamento de defesa, sem apontar, objetivamente, quais teriam sido os prejuízos suportados pelo paciente, e em que medida a sua participação na audiência poderia auxiliar seu advogado no questionamento às testemunhas de acusação inquiridas, não logrando demonstrar a ocorrência dos danos efetivos que teriam sido por ele suportados, o que impede o reconhecimento da mácula suscitada. [...] (*Habeas Corpus nº 172.972/SP, STJ, 5ª Turma, Rel. Min. Jorge Mussi, julgado em 4.9.2012, publicado no* DJ *em 18.9.2012*).

563.3. [...] Sentença condenatória. Recurso. Manifestação pessoal pelos réus. Razões apresentadas pelo patrono que não fora intimado da sentença. Apelação regularmente processada. Prejuízo inexistente. Nulidade absoluta presumida não caracterizada. HC denegado. Precedente. Não há, no processo penal, nulidade ainda que absoluta, quando do vício alegado não haja decorrido prejuízo algum ao réu (*Habeas Corpus nº 92.568-5-SP, STF, Rel. Min. Cezar Peluso, 2ª Turma, publicado no* DJ *em 5.12.2008*).

563.3. [...] A nulidade decorrente da juntada tardia do laudo de exame toxicológico no crime de tráfico de drogas tem como pressuposto a comprovação do prejuízo ao réu. (Precedentes: HC 104.871/RN, Relator Min. Dias Toffoli, Primeira Turma, *DJe* 7.10.2011; HC 82.035/MS, Relator Min. Sydney Sanches, Primeira Turma, *DJ* 4.4.2003; HC 85.173/SP, Relator Min. Joaquim Barbosa, Segunda Turma, *DJe* 15.2.2005; HC 69.806/GO, Relator Min. Celso de Mello, Primeira Turma, *DJ* 4.6.1993). [...] 3. O processo penal rege-se pelo princípio da instrumentalidade das formas, do qual se extrai que as formas, ritos e procedimentos não existem como fins em si mesmos, mas como meios de se garantir um processo justo, equânime, que confira efetividade aos postulados constitucionais da ampla defesa, do contraditório, e do devido processo legal. É cediço na Corte que: a) no processo penal vigora o princípio geral de que somente se proclama a nulidade de um ato processual quando há a efetiva demonstração de prejuízo, nos termos do que dispõe o art. 563 do CPP, *verbis*: Nenhum ato será declarado nulo, se da nulidade não resultar prejuízo para a acusação ou para a defesa; b) nesse mesmo sentido é o conteúdo do Enunciado da Súmula nº 523 do Supremo Tribunal Federal [...] (*Recurso Ordinário em Habeas Corpus nº 110.429-MG, STF, 1ª Turma, Rel. Min. Luiz Fux, julgado em 6.3.2012, publicado no* DJ *em 21.3.2012*).

563.3. [...] O âmbito normativo do dogma fundamental da disciplina das nulidades – *pas de nullité sans grief* – compreende as nulidades absolutas – qual, no caso, a incompetência do Juizado Especial – se a falta do inquérito policial – que não é garantia de defesa –, e a sequência do procedimento da Lei 9.099/95, perante Juíza que, na comarca, era a titular exclusiva da jurisdição penal, nenhum prejuízo em concreto acarretou à defesa do paciente. [...] (*Habeas Corpus nº 81.510-PR, STF, 1ª Turma, Rel. Min. Sepúlveda Pertence, publicado no* DJ *em 12.4.2002*).

563.3.1. Interrogatório por videoconferência: Exemplificativamente, e reportando ao que já declinado nos itens 792.3.3 e 792.3.1, nunca tivemos dúvidas de que o interrogatório sempre foi um dos principais meios de defesa do réu. É nele que se garante ao acusado a possibilidade de apresentar diretamente ao juízo da causa seus argumentos diante dos fatos que lhes são imputados na ação penal. Tanto assim é que, corretamente em nosso juízo, o interrogatório passou a ser o último ato da instrução processual (ao menos em ritos processuais ordinários e sumário em primeiro grau), consoante disposto nos arts. 400 e 531, CPP (Lei nº 11.719/08).

Mediante uma maximização dos princípios do contraditório e da ampla defesa, terá (faculdade) o réu o direito de *falar por último nos autos* acerca da prova que foi produzida. No ano de 2005, no âmbito do Estado de São Paulo, foi editada a Lei nº 11.819, dispondo sobre a possibilidade de interrogatório por intermédio da videoconferência. No julgamento do *Habeas Corpus* nº 90.900/SP, o Plenário do Supremo Tribunal Federal declarou a inconstitucionalidade formal do regramento por ferimento ao disposto no art.

22, I, CF/88, na medida em que seria de competência exclusiva da União Federal legislar sobre matéria *processual*.

Primeiramente, há de se ver que nunca existiu legislação processual (federal) regulando as hipóteses de interrogatório por intermédio de carta precatória. Nessas situações, admitia-se (*e continua admitindo-se, vide CC nº 99.023-PR, STJ, publicado no* DJ *em 28.8.2009*) a validade dos atos. Igualmente nas hipóteses de carta de ordem (*Questão de Ordem na Ação Penal nº 470-1-DF, STF, Plenário, Rel. Min. Joaquim Barbosa, publicado no* DJ *em 14.3.2008*). Por esse motivo, não vemos qualquer sentido lógico diante dos precedentes jurisprudenciais (se interpretados harmonicamente) admitir o interrogatório por carta precatória e não por videoconferência.

Atente-se que, mesmo antes da edição de Lei federal, o interrogatório por videoconferência era realizado assegurando-se todas as garantias do réu-interrogado: presença de advogado ao seu lado no local onde se encontrasse, outro advogado na sala de audiências (a distância), canal privativo de comunicação entre os advogados etc. Só não havia a "presença física" do interrogado perante o juiz, que, porém, poderia perceber todas as suas reações, como se presente fisicamente estivesse. Enfim: garantia-se a ampla defesa e maximizava-se a necessidade excepcional do ato. Malgrado todas essas considerações, a jurisprudência passou a entender que o ato malferia a ampla defesa. Pior: muitos precedentes de tribunais (que admitiam o interrogatório por carta precatória) simplesmente passaram a *repetir sistematicamente* que o interrogatório por videoconferência violava a ampla defesa, mas sem dizer os motivos, de como haveria, efetivamente, o malferimento.

O problema central: mesmo que se partisse da premissa de que o *ato* (interrogatório) fosse nulo, deveria ser decretada a nulidade do *processo* desde o início? Não haveria como, realizando *novo ato*, maximizar a ampla defesa, evitando-se a nulidade do *processo*?

Indubitavelmente, ao menos para nós, a resposta é positiva: bastaria realizar *novo* interrogatório (com presença física ou por videoconferência, se já vigente a nova lei) como último ato do processo.

Que posição adotaram os tribunais, regra geral? Por apego ao formalismo, sem qualquer preocupação com o *processo*, determinavam a anulação do *ato* (interrogatório) *e* de *todo o processo* novamente. Paradoxo: quando já em vigor a Lei nº 11.719/08, anulavam (*e. g.*, vide HC nº 123.762-SP, STJ, publicado no *DJ* em 5.4.2010) *todos os atos do processo* e mandavam adotar o novo rito processual, em que o interrogatório seria o último ato a ser realizado. Tivesse sido compreendido o problema de forma sistêmica, a solução seria simples (se nulidade houvesse no *primeiro interrogatório*): determinar unicamente a realização de *novo* interrogatório, como ato último, expedindo-se, ao final, a sentença, sem qualquer nulificação do *processo* penal. Mas preponderou a *formalidade do instrumento.*

Vide anotações ao item 185.4.

Jurisprudência

563.3.1. [...] A jurisprudência do STJ é unânime no sentido de que não é possível reconhecer a nulidade do interrogatório de réu foragido que possui advogado constituído nos autos. O réu não pode se beneficiar de sua própria torpeza, alegando a sua condição de foragido para ser interrogado por videoconferência, o que configuraria um desrespeito às determinações judiciais. [...] *(Agravo Regimental no Habeas Corpus nº 811.017-RJ, STJ, 5ª Turma, Rel. Min. Ribeiro Dantas, sessão virtual de 13.6.2023 a 19.6.2023, publicado no DJ em 23.6.2023)*

563.3.1. [...] A escassez de agentes penitenciários para realizar a escolta de detentos é argumento válido para justificar a excepcionalidade da audiência por meio remoto. [...] *(Agravo Regi-*

mental no Habeas Corpus nº 587.424-SC, STJ, 5ª Turma, Rel. Min. João Otávio de Noronha, julgado em 6.10.2020, publicado no DJ *em 15.10.2020).*

563.3.1. [...] No que concerne à apontada violação ao princípio da identidade física do juiz, em virtude da oitiva do réu ter sido realizada por carta precatória, a irresignação igualmente não merece prosperar. [...] (*RHC nº 47.729-SC, STJ, 5ª Turma, unânime, Rel. Min. Reynaldo Soares da Fonseca, julgado em 28.6.2016, publicado no* DJ *em 1º.8.2016*).

563.3.1. [...] É firme é o entendimento desta Corte e do STF quanto à inadmissibilidade do interrogatório virtual, anteriormente à edição da Lei nº 11.900/09. Todavia, no caso concreto, deve ser aplicado o mesmo raciocínio encampado por esta 5ª Turma quando da discussão sobre a ausência de intimação prévia do acusado para apresentação de defesa preliminar nos moldes do art. 38 da Lei nº 10.409/2002, de que, arguida a referida nulidade somente após encerrada a instrução criminal, a questão encontra-se acobertada pela preclusão. [...] Ordem denegada, em consonância com o parecer ministerial (*Habeas Corpus nº 124.767, STJ 5ª Turma, Rel. Min. Napoleão Nunes Maia Filho, julgado em 15.6.2010, publicado no* DJ *em 2.8.2010*).

563.3.1. [...] Na linha da jurisprudência deste Superior Tribunal de Justiça, é nulo o ato do interrogatório realizado pelo sistema de videoconferência antes da vigência da Lei nº 11.900/2009. Precedente. Não se justifica, com base em vício existente especificamente no ato do interrogatório, a anulação dos demais atos da instrução, que dele não dependem e, portanto, devem ser preservados. Inteligência do artigo 573, § 1º, do Código de Processo Penal. A anulação do interrogatório e do processo somente a partir das alegações finais – inclusive –, preservando-se os demais atos da instrução, além de atender, de uma só vez, ao princípio da instrumentalidade das formas e à exigência de duração razoável dos processos (Constituição da República, artigo 5º, LXXVIII, incluído pela Emenda Constitucional nº 45/2004), está em consonância com a legislação processual, seja porque o Código de Processo Penal sempre permitiu que o interrogatório fosse realizado a qualquer tempo (CPP, artigo 196), seja porque a sua realização como último ato da instrução, antes de prejudicar, constitui um benefício para a defesa do réu, que poderá apresentar a sua versão dos fatos com o conhecimento de tudo o que já foi levado aos autos, sistemática, aliás, hoje adotada pela novel legislação (CPP, artigo 400, *caput*, com a redação determinada pela Lei nº 11.719/2008), e com a qual se buscou exatamente fortalecer o exercício do direito à ampla defesa e ao contraditório. Precedentes. [...] *Habeas corpus* concedido em parte, para anular o ato do interrogatório e o processo a partir das alegações finais – inclusive –, ficando prejudicadas as demais questões suscitadas na impetração. Concessão da ordem, de ofício, para relaxar a prisão, em razão do excesso de prazo verificado, sob compromisso de comparecimento a todos os atos do processo (*Habeas Corpus nº 132.416/SP, Rel. Min. Celso Limongi, STJ, 6ª Turma, publicado no* DJ *em 7.6.2010*).

563.3.1. [...] O Pretório Excelso, pelo seu Tribunal Pleno, no julgamento do HC 90.900, declarou incidentalmente a inconstitucionalidade formal da Lei nº 11.819/05 do Estado de São Paulo. Esta Corte de Justiça e o Supremo Tribunal Federal, antes da edição da Lei nº 11.900/2009, não admitiam o interrogatório virtual à míngua de previsão legal que garantisse os direitos constitucionais referentes ao devido processo legal e à ampla defesa e ao fundamento de que todo denunciado tem o direito de ser ouvido na presença do juiz, sob pena de macular a autodefesa e a defesa técnica albergadas pela Carta Política Federal. Independentemente da comprovação de evidente prejuízo, é absolutamente nulo o interrogatório realizado por videoconferência, se o método televisivo ocorreu anteriormente à alteração do ordenamento processual, porquanto a nova legislação, apesar de admitir que o ato seja virtualmente procedido, simultaneamente exige que se garanta ao agente todos os direitos constitucionais que lhes são inerentes. A nulidade do interrogatório necessariamente não importa na invalidade de todos os demais atos subsequentes praticados, sendo que, diferentemente daquele, para a invalidação destes, é imprescindível que reste demonstrado o efetivo prejuízo à defesa do paciente, *a contrario sensu*, devem ser mantidos como escorreitos no feito. Ordem concedida para anular o interrogatório do paciente, devendo outro ser realizado dentro dos ditames legais, bem como o processo a partir das razões finais, inclusive; mantida a prisão do paciente (*Habeas Corpus nº 131.940/SP, STJ, Rel. Min. Jorge Mussi, 5ª Turma, unânime, julgado em 4.2.2010, publicado no* DJ *em 10.5.2010*).

563.3.2. Inobservância do art. 38, Lei nº 10.409/02: Malgrado as considerações adiante traçadas (vide idem 563.4), aqui cabe destaque para outro enfoque acerca das nulidades pela não observância do rito (então) previsto na Lei nº 10.409/02 para os crimes de tráfico da Lei nº 6.368/76.

O art. 38, Lei nº 10.409/02, previa a necessidade de, uma vez ofertada a denúncia, o juiz determinar a citação do acusado para, querendo, no prazo de dez dias, responder à acusação. Não ofertada resposta, deveria ser nomeado defensor para oferecê-la. O grande problema é que as regras processuais criadas eram bastante claras: deveriam ser aplicáveis aos crimes previstos na Lei nº 10.409/02. Ocorre que a parte *material* (crimes) da Lei foi inteiramente vetada, mantendo hígidos os tipos (na época) da Lei nº 6.368/76.

Problema: deveria ser aplicado, por analogia, o procedimento da Lei nº 10.409 aos crimes da Lei nº 6.368/76?

De início, entendeu-se que não. Depois partiu-se para consideração de que a aplicação deveria ser feita (em homenagem à ampla defesa, este era o argumento), porém sendo hipótese de nulidade relativa a não adoção do procedimento. Depois, a partir de um precedente de uma turma do STF, repetiram-se inúmeros outros pela consideração de que se trataria de nulidade absoluta. Hodiernamente, voltou-se à consideração de que a nulidade seria relativa. Para nós, independentemente da qualificação que se desse à nulidade (relativa ou absoluta), a questão demandaria uma análise um pouco mais detalhada: saber se houve ou não prejuízo. Mais especificamente: a inobservância da regra causou mitigação à ampla defesa?

Como regra, sempre defendemos que não. A razão estava em que, malgrado o procedimento (bastante célere, diga-se) da Lei nº 6.368/76, na verdade o processo acabava tomando o rito ordinário, com a apresentação (*na época*) da solicitação de diligências (art. 499, CPP) e alegações finais escritas (art. 500, CPP). É dizer: o procedimento adotado (mesmo *sem* a defesa preliminar do art. 38 da Lei nº 10.409/02) era muito mais amplo, propiciava uma defesa técnica muito mais detalhada do que o próprio procedimento da Lei nº 6.368/76. Raríssimos precedentes se apercebiam deste detalhe, para nós fundamental. Na grande maioria dos casos, quiçá até de forma automática, aplicavam os "precedentes" (para não dizer somente as "ementas") de julgados: nulo estava o processo, desde a origem. Por ausência de uma formalidade que, de modo algum, influenciou na (verdadeira) ampla defesa.

Pior: havia situações como acima narradas em que o réu, no interrogatório (ainda como primeiro ato do processo), arguindo seu direito constitucional, ficava em silêncio. Depois de anos de tramitação do feito criminal (quando não já com sentença e confirmação do acórdão), aportavam *habeas corpus* nos tribunais superiores arguindo a nulidade (atente-se, ainda, que em quase todos esses casos, quando da defesa prévia, a jurisprudência era no sentido da ausência de nulidade – vide item 563.4). Qual posicionamento se adotou? Anulavam-se o ato e o processo, desde a origem, quando não com a soltura do réu por excesso de prazo. Consequência: abria-se o prazo para defesa prévia (muitas vezes não apresentada), o réu era reinterrogado (e continuava em silêncio), adotava-se (novamente) o rito processual ordinário. E o processo fora anulado unicamente pela inobservância de uma forma (absolutamente questionável se deveria ser aplicada ou não, pois decorria de interpretação jurisprudencial), sem atentar que, efetivamente, a ampla defesa fora propiciada de outras formas, muito mais eficazmente. Quase sempre o resultado foi um só: a prescrição.

Jurisprudência

563.3.2. [...] A jurisprudência de ambas as Turmas do Supremo Tribunal Federal tem-se firmado no sentido de que, para o reconhecimento da nulidade em razão da não observância do rito da Lei nº 10.409/2002, é indispensável a demonstração do prejuízo, o que não se tem no caso dos autos. Precedentes. Tratando-se, na espécie vertente, de imputação de crimes conexos de tráfico de entorpecente e posse de arma de fogo, a adoção do rito comum ordinário possibilita o exercício mais amplo do direito de defesa. Precedentes. Recurso ordinário em *habeas corpus* ao qual se nega provimento (*Recurso Ordinário em Habeas Corpus nº 105.154-SP, STF, 1ª Turma, Rel. Min. Cármen Lúcia, julgado em 26.10.2010, publicado no* DJ *em 24.11.2010*).

563.3.2. [...] A questão de direito arguida neste *habeas corpus* corresponde à possível nulidade do processo por inobservância do rito previsto no art. 38 da Lei nº 10.409/02, em vigor na época em que foi deflagrada a ação penal. Considero que, efetivamente, não há como simplesmente reconhecer a nulidade do processo tão somente pela inobservância do rito procedimental ditado pela Lei nº 10.409/02, ao não ser oportunizada a apresentação de resposta prévia do paciente antes do ato de recebimento da denúncia. Esta Turma já teve oportunidade de analisar situação assemelhada à presente, sob o fundamento da inexistência de comprovação do prejuízo: *o dano que gera nulidade deve ser concreto e oportunamente demonstrado em cada situação*, razão pela qual considerou-se que não houve configuração da nulidade do processo (HC 86.789/SP, Rel. Min. Gilmar Mendes, *DJ* 24.3.2006). *Habeas corpus* denegado (*Habeas Corpus nº 101.506, STF, 2ª Turma, unânime, Rel. Min. Ellen Gracie, julgado em 14.9.2010, publicado no* DJ *em 1º.10.2010*).

563.3.2. [...] Os autos versam sobre a ocorrência ou não de nulidade absoluta no processo criminal instaurado contra o recorrente ante a inobservância do rito processual estabelecido pela Lei nº 11.343/06. O magistrado do feito adotou o rito comum ordinário em razão da imputação ao recorrente de crimes conexos – tráfico de drogas e posse de arma de fogo –, cada qual com rito processual distinto. Tratando-se de apuração de crime conexo ao de tráfico de entorpecentes, não há nulidade na adoção do rito ordinário, que se mostra mais consentâneo ao exercício da ampla defesa. Precedentes. A demonstração de prejuízo, nos termos do art. 563 do CPP, é essencial à alegação de nulidade, seja ela relativa ou absoluta. Precedentes. Recurso desprovido (*Recurso ordinário em Habeas Corpus nº 105.243, STF, 2ª Turma, unânime, Rel. Min. Ellen Gracie, julgado em 14.9.2010, publicado no* DJ *em 1º.10.2010*).

563.3.2. [...] Constitui ônus do impetrante instruir adequadamente o *writ* com os documentos necessários ao exame da pretensão posta em juízo. Para o reconhecimento da existência de nulidade absoluta, em razão da inobservância do rito previsto no art. 38 da Lei nº 10.409/2002, torna-se necessária a demonstração do prejuízo causado pelo não oferecimento da defesa prévia. *Habeas Corpus* não conhecido (*Habeas Corpus nº 95.434-1/SP, STF, Rel. Min. Ricardo Lewandowski, 1ª Turma, por maioria, julgado em 25.8.2009, publicado no* DJ *em 2.10.2009*)

563.4. Mudança de orientação jurisprudencial então pacificada a respeito de tema de nulidades no processo penal: Em sede de direito processual, a Lei aplicar-se-á desde logo, sem prejuízo da validade dos atos realizados sob a vigência da Lei anterior (art. 2º, CPP). Tal parametrização deve ser adotada também quando da alteração de entendimento jurisprudencial até então pacificado, porque, não se pode negar, a jurisprudência fixada (unânime ou amplamente majoritária, especialmente do Supremo Tribunal Federal e pelo Superior Tribunal de Justiça) nada mais é do que a explicitação do entendimento jurisdicional sobre determinadas leis.

Tal como destacado no item 798.6, deve-se compreender aqui também que, processualmente, não há aplicação de regras novas se o ato (processual) foi praticado na vigência da Lei anterior. Tal raciocínio é idêntico para a aplicação do entendimento jurisprudencial e sua eventual alteração. Assim, a mudança de entendimento jurisprudencial (futuro) acerca de *como* deveria ser praticado determinado ato não pode retroagir para desfazer ou alterar o que (no passado) foi praticado segundo os ditames vigentes (mesmo que em decorrência de compreensão jurisprudencial, *desde* que pacificada).

A jurisprudência *da época* em que praticado o ato processual (mormente porque pacificada quanto a esse tópico) era a "lei vigente". Se atendidos os preceitos da Lei (e sua interpretação à época), o ato seria absolutamente válido, não podendo, em hipótese alguma, ser desfeito em face de superveniente mudança legislativa ou entendimentos jurisprudenciais. O destaque é essencial, pois alguns entendimentos (muitos sem se dar conta deste detalhe fundamental) conferiram efeito retroativo à Lei processual, causando verdadeira surpresa processual às partes (independentemente de quem seja), como se fosse possível antever a mudança de entendimento.

Evidentemente, não se *equipara Lei* e jurisprudência, mas apenas assenta-se o caráter *modulatório* que deve informar a aplicação do direito, quando alterada a jurisprudência dos tribunais superiores acerca de matéria anteriormente consolidada.

Quer-se dizer com isso que *também não* se deverá declarar a nulidade do ato que foi realizado segundo as *regras do jogo* (lei ou jurisprudência) então vigorante se posteriormente houve alteração de referido posicionamento interpretativo.

Para compreender melhor, acorremos novamente a situações objeto de destaque anterior (item 563.3 e jurisprudência).

Dispunha o (hoje revogado) art. 38, Lei nº 10.409, que "*oferecida a denúncia, o juiz, em 24 (vinte e quatro) horas, ordenará a citação do acusado para responder à acusação, por escrito, no prazo de 10 (dez) dias, contado da data da juntada do mandado aos autos ou da primeira publicação do edital de citação, e designará dia e hora para o interrogatório, que se realizará dentro dos 30 (trinta) dias seguintes, se o réu estiver solto, ou em 5 (cinco) dias, se preso. § 1º Na resposta, consistente de defesa prévia e exceções, o acusado poderá arguir preliminares e invocar todas as razões de defesa, oferecer documentos e justificações, especificar as provas que pretende produzir e arrolar testemunhas. § 2º As exceções serão processadas em apartado, nos termos dos arts. 95 a 113 do Código de Processo Penal. § 3º Se a resposta não for apresentada no prazo, o juiz nomeará defensor para oferecê-la em 10 (dez) dias, concedendo-lhe vista dos autos no ato de nomeação. § 4º Apresentada a defesa, o juiz concederá prazo de 5 (cinco) dias para manifestar-se o representante do Ministério Público e em igual prazo proferirá decisão. § 5º Se entender imprescindível, o juiz determinará a realização de diligências, com prazo máximo de 10 (dez) dias. § 6º Aplica-se o disposto na Lei nº 9.271, de 17 de abril de 1996, ao processo em que o acusado, citado pessoalmente ou por edital, ou intimado para qualquer ato processual, deixar de comparecer sem motivo justificado*".

Originariamente, os tribunais entendiam que, como a Lei nº 10.409/95 determinava a aplicação dos procedimentos estipulados aos delitos *nela previstos* e tendo havido o veto presidencial à parte material da Lei, não haveria se cogitar de aplicação suplementar da novel legislação em relação aos crimes previstos na Lei nº 6.368/76 ("*O procedimento referente aos crimes que envolvem substâncias entorpecentes continua a ser regulado pela Lei nº 6.368/76, eis que o art. 59 da Lei nº 10.409/02, que revogava a Lei Antitóxicos, foi vetado por ocasião da sanção presidencial*" RHC nº 14.557-SP, 5ª Turma, STJ, unânime, publicado no *DJ* em 3.11.2003).

Na sequência da evolução do entendimento jurisprudencial, fixou-se orientação no sentido de que "*o descumprimento do rito procedimental instituído pela Lei nº 10.409/02, sobretudo no que se refere à defesa preliminar, só gera nulidade se demonstrado o efetivo prejuízo à ampla defesa do acusado*" (RHC nº 16.711-RJ, 5ª Turma, STJ, unânime, publicado no *DJ* em 6.12.2004).

Por fim, adveio precedente (o primeiro, e em órgão fracionário) da 1ª Turma do Supremo Tribunal no HC nº 84.835-4-SP (julgamento em 9.8.2005 e publicado no *DJ* em 26.8.2005), no qual, *modificando* o entendimento vigorante, se declarou a nulidade do processo pela não observância do rito da Lei nº 10.409 porque a prova de tal prejuízo seria impossível. Sem discutir os fundamentos do julgado (se seria ou não hipótese de *prova impossível*), para nós é certo que *somente a partir desse momento* é que a matéria começou ser objeto de questionamentos se seria nulidade absoluta ou relativa (atualmente, voltou-se à compreensão de que, pela *concepção clássica*, a nulidade seria relativa).

Contudo, o que se apresenta de relevo no caso é que, partindo-se da premissa fixada, somente se poderia cogitar de anulação de processos penais (efeito retroativo à interpretação da Lei) quando *não* adotado o procedimento da Lei nº 10.409 *posteriormente à mudança de entendimento* por, pelo menos, uma das turmas do Supremo Tribunal Federal (quando não mais pacífica a orientação jurisprudencial). Quer-se dizer que em relação aos processos cujos atos processuais foram realizados *anteriormente* a este marco sem a aplicação do novo procedimento, não há de se declarar a nulidade, pelo menos sem se demonstrar o efetivo prejuízo havido pela defesa.

A razão de ser é que – para nós – não é razoável, nem racional, dar efeito retroativo à novel interpretação para desconstituir os atos que foram realizados à luz de entendimento pacífico até então vigorante. Embora em tema diverso (*tratando do termo inicial do prazo para o Ministério Público, se do ciente ou da entrada dos autos na instituição*), exatamente por esse motivo foi a conclusão (tanto do STF quanto do STJ) que o modo de cálculo dos prazos recursais (não mais contando-se do *ciente*, e sim da data da entrada dos autos na instituição) somente se poderia adotar para os atos processuais praticados *após* a mudança de orientação jurisprudencial.

Jurisprudência

563.4. [...] A alteração jurisprudencial que definiu a necessidade de justa causa comprovada de forma objetiva para a abordagem pessoal foi esquadrinhada no julgamento do RHC n. 158.580/BA, de relatoria do Ministro Rogerio Schietti Cruz (DJe de 25/4/2022), data posterior ao trânsito em julgado da condenação do agravante. [...] Como o tema em debate diz respeito a matéria eminentemente processual, o princípio que a norteia é o do *tempus regit actum*, conforme previsão contida no art. 2º do Código de Processo Penal, sendo inconfundível com o princípio da retroatividade mais benéfica, que se aplica nos casos de norma penal razão pela qual inexiste ilegalidade ou teratologia a ser reparada. *(Agravo Regimental no Habeas Corpus nº 868.665-AL, STJ, 5ª Turma, Rel. Min. Daniela Teixeira, julgado em 9.9.2024, publicado no DJ em 11.9.2024)*

563.4 [...] Não há nulidade processual sem demonstração da ocorrência de efetivo prejuízo para o réu, nos termos do art. 563 do Código de Processo Penal. Trata-se do princípio de direito *pas de nullité sans grief*. Apesar de a legislação garantir ao interrogado a prévia entrevista com seu defensor (art. 185, § 2º, do Código de Processo Penal), não pode ser declarado nulo o ato ora impugnado, uma vez que, na audiência em questão, a Paciente – acompanhada de advogada nomeada pela magistrada singular – negou a autoria do crime que lhe fora imputado, não se evidenciando nenhum prejuízo ao devido processo legal. A Defesa não impugnou o interrogatório no momento apropriado, isto é, na primeira oportunidade posterior ao ato considerado nulo. Na verdade, a Defesa não apontou o problema nem nas alegações finais, nem nas razões de apelação, conforme se depreende dos relatórios da sentença e do acórdão. Portanto, evidencia-se a preclusão da matéria. Ordem denegada (*Habeas Corpus nº 132.254/SP, Rel. Min. Laurita Vaz, unânime, STJ, 5ª Turma, publicado no* DJ *em 21.6.2010*).

563.5. A impossível (diabólica?) demonstração do prejuízo: É preciso atentar-se ao fato de que, em determinadas situações, torna-se impossível a realização da prova do prejuízo, seja pela acusação, seja pela defesa.

Não temos nenhum receio em reafirmar que a prova da materialidade de um crime e de sua autoria incumbem à acusação (Ministério Público ou querelante). As demais circunstâncias, como ilicitude, ausência ou não do dolo, causas excludentes de culpabilidade, não demandam *tecnicamente prova*, na medida em que são aferidas pelo meio da dedução. Exceção feita, naturalmente, aos *fatos* que configurem excludentes de ilicitude ou mesmo de culpabilidade. Significa que essas circunstâncias, que não a autoria e a materialidade, são mensuradas utilizando-se um critério de referência a regra da experiência comum do que acontece no mundo ordinário das coisas.

Devidamente adaptadas ao caso que aqui se trata, calham ao caso as percucientes ponderações (de muito tempo, mas sempre atuais) de Nicola Framarino dei Malatesta, quando diz que "*quem afirma [...] o que está fora do curso ordinário dos acontecimentos, tem contra si a voz universal das coisas, afirmada pela experiência universal das pessoas; tem a obrigação, portanto, de sustentar com prova particular sua asserção: o extraordinário se prova*" (*A lógica das provas em matéria criminal.* Bookseller, 1996, v. I, p. 126).

A viga fundamental acerca das provas está elencada na primeira parte do art. 156, CPP, ao determinar que a *prova da alegação incumbirá a quem a fizer.*

Se a acusação apresenta uma denúncia criminal em desfavor de alguém, para seu recebimento deverá haver elementos informativos do crime (certeza da materialidade e indícios suficientes da autoria). Já para a condenação, precisa-se mais: não bastarão meros indícios, mas provas suficientes da efetiva autoria (sobre indícios e provas, vide anotações ao art. 239, CPP), além da ratificação da prova da ocorrência do crime. Significa que a defesa *não* precisa demonstrar qualquer prova *negativa* desses requisitos, pois incumbe à acusação prová-los. É do curso normal das coisas (devido processo legal) que assim seja. O ônus (natural) da parte que acusa é demonstrar esses requisitos fundamentais. Desse modo, ausentes provas suficientes da autoria e não comprovada a materialidade, mesmo diante de inércia da defesa, não cabe outra solução senão a absolvição do réu.

Entretanto, se a defesa alegar a existência de qualquer fato que *afaste* quaisquer dos elementos que compõem o *crime,* caberá a ela demonstrá-lo. Por uma razão bem simples: não há *imputação* da excludente na peça acusatória. Ao autor cabe a prova do fato *alegado.* Em visão mais abrangente, com o recurso à teoria do processo (nem sempre oportuna, reafirma-se!), poder-se-ia insinuar a observância da regra contida no art. 373, CPC/2015 (art. 333, CPC/1973), que cuida dos fatos *impeditivos, modificativos* ou *extintivos* da pretensão do autor. Tal como na situação anterior, mas aqui de forma inversa, ora não cabe se exigir da *acusação* que faça prova *negativa* de algo que não é normal à realidade das coisas e que foi arguida como meio de defesa (opção defensiva) e que não se enquadra naqueles tópicos cuja prova é *privativa da acusação.*

Cremos que estas normas e as premissas declinadas devem orientar também a análise das nulidades no processo penal em se tratando da matéria da *prova impossível do prejuízo*. Noutras palavras, a parte que arguir a nulidade (absoluta ou relativa, insiste-se), deverá demonstrar, de *forma objetiva* e hialina, como o *ato* acoimado de nulo influenciou na violação do devido processo legal, o prejuízo que trouxe pela não observância da forma prescrita em Lei e, sobretudo, os efeitos que irradiou sobre o *processo.* Repise-se: partimos das premissas de que *não há de se confundir* nulidade *do ato* com nulidade (automática) do *processo.*

Não negamos que há situações nas quais tal comprovação realmente é impossível de ser feita. E isso acontece tanto para a acusação (mais raramente) quanto para a defesa (menos raramente).

Mas é fundamental ter o cuidado para que a *tese da prova diabólica ou impossível* não seja utilizada como argumento reducionista para decretação de nulidades de *processos* criminais. Sua utilização deve ser excepcional, mediante a devida fundamentação *no caso concreto.*

Em um dos primeiros julgados mais explícitos do Supremo Tribunal Federal a respeito do tema (HC nº 69.142-SP, publicado no *DJ* em 10.4.1992), havia sido frustrado o direito de o advogado do réu sustentar oralmente na sessão de julgamento de recurso perante tribunal, pois não fora realizada a prévia intimação. Não se poderia exigir do advogado fosse demonstrado – para que *não* se decretasse a nulidade – que a sustentação oral, acaso realizada, daria outro desfecho ao resultado do recurso. A prova era e é praticamente impossível de ser feita. Mas o motivo é óbvio: a exigência refoge ao curso normal das coisas. Registre-se que o voto do eminente relator foi um pouco além, dizendo que bastaria *"evidência de que se frustrou a utilização de um meio de defesa assegurado em lei"* para a decretação da nulidade. Não chegamos a tanto, pois, já dissemos alhures, não é todo meio de defesa que, malgrado não oportunizado e contrário ao que dispõe a legislação, gerará a nulidade do *ato* ou do *processo*. Porém, no caso concreto, com absoluta razão o que foi decidido.

Noutro caso (HC nº 88.801-SP, publicado no *DJ* em 8.9.2006), impugnava-se julgamento no qual foram aproveitados quatro jurados de outro "Tribunal do Júri" (na capital paulista são vários tribunais) para compor o quórum mínimo de 15 jurados para início dos trabalhos (hoje a exigência está contida no art. 463, CPP). A defesa protestou, dizendo que não teve condições de analisar quem seriam os jurados para, eventualmente, justificar uma recusa, inclusive *imotivada*. O voto-condutor decidiu que haveria a nulidade, pois está presente situação de prova impossível para a defesa. É que, como dos 4 jurados "aproveitados", apenas 1 (um) foi sorteado e efetivamente integrou o conselho de sentença, haveria uma situação particular, pois o conselho de sentença afastou, por 4 votos a 3, a atenuante proposta. Assim, seria impossível saber a efetiva influência do jurado no resultado do julgamento diante da sigilosidade dos votos.

Com todo respeito, a situação aqui era diversa, porque presente outra peculiaridade fundamental. Quando efetivado o sorteio deste jurado, a defesa *não* fez qualquer ressalva, muito menos o recusou. Só arguiu a nulidade ulteriormente, diante da condenação e do quórum da votação, partindo do pressuposto de que ele *poderia* ter influenciado na decisão contrária às pretensões defensivas. O erro da premissa do julgado não está em considerar como impossível esta prova: ela realmente era impossível, pois se fosse conhecido o teor do voto, teria havido violação do sigilo do voto. O equívoco ao se decretar a invalidade do julgamento se deu em não se considerar que a defesa não teria arguido qualquer nulidade pelo *sorteio* do jurado aproveitado.

Veja-se, ainda exemplificativamente, o que foi decidido no HC nº 53.211-SP (STJ, publicado no *DJ* em 21.5.2007). Nesse feito, houve a decretação de nulidade do processo desde o início porque não oportunizada a "defesa preliminar" de que tratava a Lei nº 10.409. Reconheceu-se que, *"pela impossibilidade de se demonstrar o efetivo prejuízo, não se exige sua demonstração para decretar a nulidade"*. Respeitosamente, é extravagante a alegação de prova impossível no caso concreto.

Reportando-se a considerações anteriores (563.3 e 563.3.2), é de se ver que, no caso, não havia impossibilidade de prova. A defesa tinha plenas condições de demonstrar, objetivamente, quais as consequências que a não observância do dispositivo teria trazido para a (verdadeira) ampla defesa. Mais que isso. Desconsiderou-se por completo o rito adotado ulteriormente no processo (muitas vezes ordinarizado e mais amplo), e, se teria havido alguma alegação no curso do processo que, se feito anteriormente (na defesa preliminar), impediria o regular desenvolvimento do processo.

Portanto, todo cuidado é pouco ao se tratar do tema. Apenas nas situações extremas, em que se exigir efetiva prova *negativa* impossível de ser atendida pelo curso normal das coisas é que há de se decretar a nulidade *do ato* processual.

Jurisprudência

563.5. [...] Viola a garantia da ampla defesa o julgamento de apelação criminal, não obstante já deferido o pedido de adiamento formulado pelo defensor do acusado. Frustrado, assim, o direito da parte a sustentação oral, e nulo o julgamento, não cabendo reclamar para declará-lo a prova impossível de que, se utilizada aquela oportunidade legal de defesa, outra teria sido a decisão do recurso (*Habeas Corpus nº 69.142-SP, STF, 1ª Turma, Rel. Min. Sepúlveda Pertence, publicado no* DJ *em 10.4.1992*).

563.5. [...] Defesa: Defensoria Pública: ausência de intimação pessoal da pauta de julgamento do recurso em sentido estrito: nulidade absoluta: precedentes. Sustentação oral frustrada pela ausência de intimação da pauta de julgamento: demonstração de prejuízo: prova impossível (*v. g.*, HC 69.142, 1ª T., 11.2.92, Pertence, *RTJ* 140/926). Frustrado o direito da parte à sustentação oral, nulo o julgamento, não cabendo reclamar, a título de demonstração de prejuízo, a prova impossível de que, se utilizada aquela oportunidade legal de defesa, outra teria sido a decisão do recurso (*RHC nº 85.443-SP, STF, 1ª Turma, Rel. Min. Sepúlveda Pertence, publicado no* DJ *em 13.5.2005) – solução similar ao HC nº 69.142-SP.*

Art. 564. A nulidade ocorrerá nos seguintes casos:

I – por incompetência, suspeição ou suborno do juiz;

II – por ilegitimidade de parte;

III – por falta das fórmulas ou dos termos seguintes:

a) a denúncia ou a queixa e a representação e, nos processos de contravenções penais, a portaria ou o auto de prisão em flagrante;

b) o exame do corpo de delito nos crimes que deixam vestígios, ressalvado o disposto no Art. 167;

c) a nomeação de defensor ao réu presente, que o não tiver, ou ao ausente, e de curador ao menor de 21 anos;

d) a intervenção do Ministério Público em todos os termos da ação por ele intentada e nos da intentada pela parte ofendida, quando se tratar de crime de ação pública;

e) a citação do réu para ver-se processar, o seu interrogatório, quando presente, e os prazos concedidos à acusação e à defesa;

f) a sentença de pronúncia, o libelo e a entrega da respectiva cópia, com o rol de testemunhas, nos processos perante o Tribunal do Júri;

g) a intimação do réu para a sessão de julgamento, pelo Tribunal do Júri, quando a Lei não permitir o julgamento à revelia;

h) a intimação das testemunhas arroladas no libelo e na contrariedade, nos termos estabelecidos pela Lei;

i) a presença pelo menos de 15 jurados para a constituição do Júri;

j) o sorteio dos jurados do conselho de sentença em número legal e sua incomunicabilidade;

k) os quesitos e as respectivas respostas;

l) a acusação e a defesa, na sessão de julgamento;

m) a sentença;

n) o recurso de ofício, nos casos em que a Lei o tenha estabelecido;

o) a intimação, nas condições estabelecidas pela Lei, para ciência de sentenças e despachos de que caiba recurso;

p) no Supremo Tribunal Federal e nos Tribunais de Apelação, o *quorum* legal para o julgamento;

IV – por omissão de formalidade que constitua elemento essencial do ato.

V – em decorrência de decisão carente de fundamentação. (Incluído pela Lei nº 13.964, de 2019)

Parágrafo único. Ocorrerá ainda a nulidade, por deficiência dos quesitos ou das suas respostas, e contradição entre estas.

564.1. Nulidade por incompetência (inciso I): O motivo da nulidade em razão da incompetência está diretamente relacionado com o que referido no art. 567, CPP (vide também itens 396.2, 399.3, 407, 418, 563.2, 581.4), de modo que se faz imperioso igualmente aqui declinar boa parte dos argumentos lá expendidos. Também está relacionado com o tema abordado especialmente nos arts. 108 e 109, CPP, aos quais se remete.

Com efeito, a questão fundamental está em se estabelecer as diferenças entre as nulidades diante de hipóteses de incompetências relativa ou absoluta.

De acordo com o art. 109, CPP, que, "*se em qualquer fase do processo o juiz reconhecer motivo que o torne incompetente, declará-lo-á nos autos, haja ou não alegação da parte, prosseguindo-se na forma do artigo anterior*".

Diversamente do que sustentado por alguns segmentos da doutrina (procedimento no qual incorrem também alguns julgados inclusive do STJ), *não* há de se invocar a Súmula 33 do STJ (*A incompetência relativa não pode ser declarada de ofício*), de origem única em questões de natureza processual civil. É dizer: o juiz pode (melhor: deve!) declarar sua incompetência, mesmo relativa, uma vez constatando o evento. Como há muito defendemos, em face da superveniência do princípio da identidade física do juiz (art. 399, § 2º, CPP), o juiz não mais poderá declinar de ofício sua incompetência relativa depois de iniciada a instrução do processo.

Em relação à incompetência absoluta, deverá ser alegada e mesmo declarada *ex officio* em qualquer momento, havendo ou não alegação das partes, mesmo após o trânsito em julgado.

Se não reconhecida de ofício no início do processo, a incompetência pode ser arguida pelas partes por intermédio da respectiva *exceção de incompetência* (art. 95, II, CPP). Julgada procedente a exceção, a consequência será a remessa dos autos ao juízo reconhecido como competente. Nesse caso, a parte adversa poderá utilizar o recurso em sentido estrito (art. 581, III, CPP). Julgada improcedente a exceção, não cabe, *tecnicamente*, nenhum recurso, salvo o manejo imediato do *habeas corpus* ou então a reiteração em momento posterior oportuno da matéria (vide anotações no item 581.5).

A questão específica é que, de modo diverso do que previsto no art. 573, CPP (causalidade), a nulidade de um ato (no caso, de natureza decisória) pela incompetência relativa não importa na contaminação necessária dos subsequentes que lhe sejam posteriores e diretamente dependentes, inclusive os não decisórios.

Já quando se estiver diante de nulidade absoluta (por violação da competência em razão da matéria ou *ratione muneris*), as consequências são bem diversas (vide 567.2). Aqui o malferimento está diretamente relacionado ao princípio do juiz natural, na medida em que constitucionalmente é determinado que ninguém será processado nem condenado senão pela autoridade competente. Reconhecido que um ato foi praticado por juiz absolutamente incompetente, a consequência (com a observância da Súmula 160, STF) será a imediata anulação do ato e dos que dele diretamente dependam (art. 573, CPP), sendo inviável a possibilidade de haver unicamente *ratificação* dos atos no juízo que passou a ser o competente.

564.2. Nulidade por suspeição (impedimentos e incompatibilidades) do juiz (inciso I): As nulidades aqui previstas estão correlacionadas com a imparcialidade do juízo, que é requisito de validade não só do processo penal como, especialmente, da jurisdição penal. Não basta que o juízo tenha competência constitucional para o desenvolvimento de seu mister, é fundamental que tenha imparcialidade no trato da causa que lhe é posta.

Exatamente por isto é que a legislação prevê hipóteses de suspeição (art. 254, CPP) e também (que entendemos aqui abarcadas) de impedimentos (art. 252 e 253, CPP) e incompatibilidades (art. 112, CPP).

As hipóteses de suspeição estão elencadas no art. 254, CPP:

> Art. 254. O juiz dar-se-á por suspeito, e, se não o fizer, poderá ser recusado por qualquer das partes:
>
> I – se for amigo íntimo ou inimigo capital de qualquer deles;
>
> II – se ele, seu cônjuge, ascendente ou descendente, estiver respondendo a processo por fato análogo, sobre cujo caráter criminoso haja controvérsia;
>
> III – se ele, seu cônjuge, ou parente, consanguíneo, ou afim, até o terceiro grau, inclusive, sustentar demanda ou responder a processo que tenha de ser julgado por qualquer das partes;
>
> IV – se tiver aconselhado qualquer das partes;
>
> V – se for credor ou devedor, tutor ou curador, de qualquer das partes;
>
> VI – se for sócio, acionista ou administrador de sociedade interessada no processo.

Já as hipóteses de impedimento estão nos arts. 252 e 253, CPP:

> Art. 252. O juiz não poderá exercer jurisdição no processo em que:
>
> I – tiver funcionado seu cônjuge ou parente, consanguíneo ou afim, em linha reta ou colateral até o terceiro grau, inclusive, como defensor ou advogado, órgão do Ministério Público, autoridade policial, auxiliar da justiça ou perito;
>
> II – ele próprio houver desempenhado qualquer dessas funções ou servido como testemunha;

> III – tiver funcionado como juiz de outra instância, pronunciando-se, de fato ou de direito, sobre a questão;
>
> IV – ele próprio ou seu cônjuge ou parente, consanguíneo ou afim em linha reta ou colateral até o terceiro grau, inclusive, for parte ou diretamente interessado no feito.
>
> Art. 253. Nos juízos coletivos, não poderão servir no mesmo processo os juízes que forem entre si parentes, consanguíneos ou afins, em linha reta ou colateral até o terceiro grau, inclusive.

As hipóteses aqui previstas independem de eventual *reconhecimento* pelo juízo em sua avaliação subjetiva. São dados objetivos que o impedem de atuar, de forma automática, no processo que eventualmente lhe seja atribuído.

Já as incompatibilidades (art. 112, CPP) compreenderão todas as demais situações que possam interferir na imparcialidade do juiz e que não se enquadrem nas hipóteses de suspeição ou impedimento.

Remetemos aos precedentes específicos de cada um dos artigos de lei acima enumerados e objeto de análise na presente obra.

Jurisprudência

564.2. [...] A jurisprudência do Supremo Tribunal Federal é firme no sentido de que a participação de julgador impedido, quando do julgamento do recurso no órgão colegiado do tribunal, não acarreta automática nulidade da decisão proferida se, excluindo-se o voto do referido magistrado, o resultado da votação permanecesse incólume. [...] (*Habeas Corpus nº 125.610-PR, STF 1ª Turma, Rel. Min. Marco Aurélio, julgado em 29.3.2016, publicado no* DJ *em 4.8.2016*).

564.2. [...] O art. 252, inc. III, do Código de Processo Penal ("*o juiz não poderá exercer jurisdição no processo em que tiver funcionado como juiz de outra instância*") não preceitua qualquer ilegalidade em razão do juízo de admissibilidade dos recursos especial e extraordinário ser realizado pelo juiz que julgou o recurso de apelação criminal. [...] Ordem denegada (*Habeas Corpus nº 97.293/SP, STF, Rel. Min. Carmen Lúcia, 1ª Turma, publicado no* DJ *em 16.4.2010*).

564.2. [...] Embora o Superior Tribunal de Justiça tenha afirmado, na ementa do acórdão impugnado, que não conhecia do pedido, o mérito foi apreciado e a ordem denegada. Assim, conhece-se do presente *habeas corpus*. O desembargador relator do recurso administrativo pronunciou-se de direito sobre a questão e manteve a pena de demissão, com análise detalhada dos fatos imputados ao paciente. Considerações que, no mínimo, tangenciam o mérito da ação penal. Posterior participação no julgamento do apelo criminal fere o princípio do devido processo legal. Ordem concedida, para que se determine a realização de novo julgamento, declarado nulo o acórdão de que participou o magistrado impedido, nos termos do art. 252, III, do Código de Processo Penal. Como o paciente está preso em razão do trânsito em julgado da sentença condenatória confirmada pelo acórdão que ora se anula, deve ser expedido alvará de soltura em seu favor (*Habeas Corpus nº 86.963-RJ, STF, 2ª Turma, Rel. Min. Joaquim Barbosa, publicado no* DJ *em 16.8.2007*).

564.2. [...] Dado que o eventual reconhecimento da suspeição do juiz implica nulidade de todos os atos por ele praticados no processo, o afastamento do juiz excepto, por força de promoção, não prejudica a exceção de suspeição oposta, tanto mais quanto – não se aplicando ao processo penal o princípio da identidade física (STF, HC 67.420, Sydney Sanches) – os atos instrutórios presididos pelo excepto, em princípio, permanecem validos e eficazes (*Habeas Corpus nº 68.970-SP, STF, 1ª Turma, Rel. Min. Sepúlveda Pertence, publicado no* DJ *em 6.2.1992*).

564.2. [...] Hipótese em que Juiz Federal, potencial vítima do "grampo telefônico", deferiu diligências investigatórias requeridas pela Força-Tarefa composta por membros do Ministério Público e da Polícia Federal. Posteriormente, depois de ter-se deparado com provas contundentes da existência do crime, quando o próprio autor material do "grampo" confessou o delito, acolhendo a exceção oposta pelo Ministério Público Federal, deu-se por impedido/suspeito, remetendo os autos da investigação em andamento para o substituto. É mister observar que a atuação do Magistrado impedido, até aquele momento, se restringiu a deferir diligências as quais se mostravam absolutamente pertinentes e necessárias à continuidade do trabalho inquisitivo-investigatório em andamento. Também não se pode olvidar que o foco central das investigações estava em outros episódios que caracterizariam, em tese, exploração de prestígio ou tráfico de influência, e lavagem de dinheiro. As providências investigatórias determinadas pelo Juízo Federal – que não agiu de ofício, mas sim acolheu requerimento da Força-Tarefa – eram mais do que razoáveis e pertinentes naquelas circunstâncias, razão pela qual se evidenciaram proporcionais e adequadas, sem malferimento a direito fundamental do investigado. E, mesmo que o Juízo quisesse proceder de modo tendencioso, pretendendo interferir no resultado da prova a ser colhida, nem assim poderia fazê-lo, simplesmente porque não detinha o domínio das diligências em questão, que, é claro, foram realizadas pelo aparato policial. O juiz, ainda que formalmente impedido para a futura ação penal, não teve interferência direta na produção dos elementos de prova na fase pré-processual, porque sobre estes não teve ingerência, razão pela qual não se pode tê-los como de origem ilícita. [...] Ordem denegada (*Habeas Corpus nº 70.878-PR, STJ, 5ª Turma, Rel. Min. Laurita Vaz, publicado no* DJ *em 16.6.2008*).

564.2.1. Modo de reconhecimento ou arguição da suspeição ou impedimento (inciso I): Malgrado todas as considerações que na sequência serão objeto de ponderações, temos que uma observação fundamental aqui se faz necessária. Como os motivos que ensejam eventual nulidade aqui tratada (suspeição, impedimento ou incompatibilidade) estão ligados diretamente ao devido processo legal, defendemos que eles deverão ser reconhecidos em qualquer fase do processo, mesmo após o trânsito em julgado (com uma ressalva, por evidente: se houver a absolvição do réu). É dizer: embora se fale muito na necessidade de provocação das partes e se estipulem alguns momentos tidos como mais adequados, nenhum empeço existe (ao menos assim compreendemos) para que o tema seja reavivado ou até arguido pela primeira vez em qualquer momento. Se passado o momento processual adequado, por óbvio não se poderá cogitar do manejo das respectivas *exceções*. Mas se a nulidade é evidente e de plano comprovável, a via do *habeas corpus* permitirá, em qualquer momento, a discussão.

Com efeito, nos casos que tramitam em primeiro grau, se a causa for anterior à proposição da ação e da ciência das partes, deverá ser oposta quando da resposta escrita (art. 396-A, CPP: *Na resposta, o acusado poderá arguir preliminares e alegar tudo o que interesse à sua defesa, oferecer documentos e justificações, especificar as provas pretendidas e arrolar testemunhas, qualificando-as e requerendo sua intimação, quando necessário*).

Não havendo a declaração de ofício da suspeição, prevê-se no art. 95, I, CPP, a possibilidade de as partes recusarem o juízo, opondo exceção de suspeição (cremos que igualmente a de impedimento). Dispõe-se ainda no art. 96, CPP, que a arguição de suspeição deverá preceder a qualquer outra, salvo quando fundada em motivo superveniente. Da decisão que julgar procedente a exceção de suspeição, não cabe recurso algum (art. 581, III, *in fine*, CPP). Quando reconhecê-la, competirá ao juiz ordenar a remessa ao seu substituto (art. 99, CPP).

Se o juiz *não* reconhecer sua suspeição ou impedimento, deverá ser adotado o procedimento previsto no art. 100, CPP: mandará autuar em apartado o pedido, dará resposta em três dias, podendo instruí-la e oferecer testemunhas, e, em seguida, determinará que os autos sejam remetidos ao tribunal a quem competir o julgamento, podendo ser rejeitada liminarmente se for manifesta sua improcedência (§ 2º do art. 100 do CPP). (A propósito, vide anotações ao item 581.5.)

Julgada procedente a suspeição, serão declarados nulos os atos do processo em que suscitada.

Aos jurados que atuem perante o Tribunal do Júri também é viável a recusa pela presença de suspeição, impedimento ou incompatibilidade. Segundo previsto expressamente no art. 466, *caput*, CPP, antes do sorteio, o juiz presidente do Tribunal esclarecerá sobre os impedimentos, a suspeição e as incompatibilidades constantes dos arts. 448 e 449 do CPP. Afora as previsões específicas, o § 2º do art. 448 do CPP é igualmente hialino no sentido de que será aplicado aos jurados o disposto sobre impedimentos, suspeição e incompatibilidades dos juízes togados.

Por sua vez, diz o art. 106, CPP, que deverá ser arguida oralmente, decidindo de plano, o juiz presidente, que, se negada pelo recusado, não for imediatamente comprovada. O ulterior reconhecimento da manifesta suspeição do jurado implicará a nulidade do julgamento.

Possível igualmente o reconhecimento das suspeições, impedimentos ou incompatibilidades perante os Tribunais. O procedimento geral está no art. 103, CPP, mas também normalmente especificado nos regimentos internos dos tribunais.

Ainda se possibilita a arguição de suspeição de peritos, intérpretes e serventuários ou funcionários da Justiça (art. 105, CPP).

564.3. Nulidade por suborno do juiz (inciso I): Desnecessárias maiores considerações neste tópico diante da logicidade do que aqui tratado: se a imparcialidade do juiz estiver comprometida em decorrência de seu suborno, os atos que ele tenha praticado nos autos deverão ser declarados nulos, além das consequências penais e administrativas que se lhe devam imputar. É importante uma observação apenas: se comprovado o suborno, mas o juiz não praticou nenhum ato processual decisório (o que vale também para os não decisórios), não há de se declarar nulidade de absolutamente nada. Apenas deverá haver a imediata remessa dos autos para o substituto legal. Por fim, um destaque: mesmo que não tenha praticado atos no processo, não há óbice para eventuais responsabilizações administrativas e criminais, tendo em vista a natureza dos crimes deste jaez (quase todos formais).

564.4. Extensão das suspeições, impedimentos ou incompatibilidades ao Ministério Público (inciso I): Todas as circunstâncias até aqui analisadas especialmente em relação aos membros do Poder Judiciário são aplicáveis também ao Ministério Público. Conforme preconizado no art. 258, CPP (anotações às quais se remete), "*os órgãos do Ministério Público não funcionarão nos processos em que o juiz ou qualquer das partes for seu cônjuge, ou parente, consanguíneo ou afim, em linha reta ou colateral, até o terceiro grau, inclusive, e a eles se estendem, no que lhes for aplicável, as prescrições relativas à suspeição e aos impedimentos dos juízes*".

Apenas uma observação, essencial para a matéria de nulidades, já repetida inúmeras vezes: se não houver efetivo prejuízo às partes envolvidas diante do caso concreto, não se declara a nulidade do ato.

Reporta-se às anotações ao art. 104, CPP.

Jurisprudência

564.4. [...] A suspeição do órgão do Ministério Público implica em nulidade relativa, passível de preclusão. (Precedentes desta Corte e do Pretório Excelso). Por outro lado, ainda que se reconheça que o em. Procurador de Justiça que participou da sessão de julgamento como *custos legis* seja pai da Promotora de Justiça que ofereceu denúncia em desfavor do réu, não há que se falar em declaração de nulidade por ausência de efetivo prejuízo (princípio *pas de nullité sans grief*), não havendo sequer notícias que aquele tenha proferido qualquer manifestação na referida sessão. (Precedentes desta Corte e do Pretório Excelso). *Writ* denegado (*Habeas Corpus nº 38.823-RS, STJ, 5ª Turma, Rel. Min. Felix Fischer, publicado no* DJ *em 30.5.2005*).

564.5. Nulidade pela ilegitimidade de parte (inciso II): A ilegitimidade *de parte* aqui tratada (e que permite a exceção prevista no art. 95, IV, CPP) diz, unicamente, com a *titularidade* da ação penal. Segundo compreendemos, não há espaço no âmbito do processo penal para utilização de exceção de ilegitimidade de parte *passiva.*

Mais, essa ilegitimidade para o processo não se confunde com as hipóteses previstas no art. 568, CPP, que trata da ilegitimidade do *representante* da parte, que é destinada para as hipóteses de irregularidade na *representação* judicial (capacidade postulatória) ou, então, quando houver incapacidade (representante de menores ou incapazes).

Como dito, a questão é relacionada à titularidade da ação penal.

Primeiro, há se atentar que, em ações penais privadas, o Ministério Público carece de legitimidade ativa para sua *propositura.* Já nas ações penais públicas incondicionadas, a titularidade é do Ministério Público, remanescendo apenas a possibilidade do manejo da ação penal privada subsidiária se não ajuizada (ou não tomadas medidas pelo titular) no prazo legal. De qualquer modo, não perde a característica de ação penal pública, podendo a titularidade ser retomada em qualquer instante pelo Ministério Público. *(A Lei nº 13.869/2019, que tratou de novas tipificações de abuso de autoridade, expressamente reconheceu que os crimes previstos na lei são de ação penal pública incondicionada – art. 3º,* caput, *mas igualmente deixou claro que será admitida ação privada se a ação penal pública não for intentada no prazo legal, cabendo ao Ministério Público aditar a queixa, repudiá-la e oferecer denúncia substitutiva, intervir em todos os termos do processo, fornecer elementos de prova, interpor recurso e, a todo tempo, no caso de negligência do querelante, retomar a ação como parte principal" (§ 1º) e que a ação privada subsidiária "será exercida no prazo de 6 (seis) meses, contado da data em que se esgotar o prazo para oferecimento da denúncia" (§ 2º). Ou seja, o prazo decadencial da ação subsidiária da pública começa a correr no dia imediatamente seguinte ao esgotamento do prazo (do Ministério Público) para o oferecimento da denúncia).*

Por fim, a ação penal pública condicionada à representação: a titularidade também é só do Ministério Público, porém condicionada à manifestação inequívoca de determinadas partes. Nessa parte, destaca-se a particularidade da Súmula 714 do STF: "*É concorrente a legitimidade do ofendido, mediante queixa, e do Ministério Público, condicionada à representação do ofendido, para a ação penal por crime contra a honra de servidor público em razão do exercício de suas funções*" (a propósito, vide anotações ao item 577.1.4).

A violação dessa distribuição geral de atribuições gera a nulidade da ação penal pela ilegitimidade de parte. Mas não é só.

Deve-se atentar ainda que, mesmo dentro das hipóteses em que a titularidade é do Ministério Público, há se respeitar a própria divisão de atribuições em relação a todos os demais ramos e, inclusive, dentro da própria carreira. Assim, os crimes de competência federal em razão da matéria somente podem ser objeto de denúncia por membros do Ministério Público Federal (Procuradores da República). Os de natureza estadual ou distrital, por Promotores de Justiça ou do MPDFT, respectivamente, embora estes integrem o MPU (*Atente-se para a ressalva da Súmula 122 do STJ, quando existirem crimes federais conexos com crimes estaduais*). Os crimes militares, por membros do Ministério Público Militar (estadual ou federal, conforme o caso). Também se deverá respeitar a competência em razão das funções (*ratione muneris*), em que são conferidas constitucionalmente algumas prerrogativas a detentores de cargos (unicamente enquanto titulares deles) a serem processados perante órgãos colegiados. Deste modo, respeitando-se as competências jurisdicionais previstas na Constituição Federal e também nas Constituições Estaduais por simetria (art. 125, § 1º, CF), as atribuições dos respectivos membros deverão ser devidamente atendidas, pena de violação do disposto em tela.

Jurisprudência

564.5. (*vide também decisões do item 567.2*).

564.5. [...] Não é possível o processamento e julgamento no STJ de denúncia originariamente apresentada pelo Ministério Público estadual na Justiça estadual, posteriormente encaminhada a esta corte superior, se a exordial não for ratificada pelo Procurador-Geral da República ou por um dos Subprocuradores-Gerais da República. A partir do momento em que houve modificação de competência para o processo e julgamento do feito, a denúncia oferecida pelo *parquet* estadual somente poderá ser examinada por esta Corte se for ratificada pelo MPF, órgão que tem legitimidade para atuar perante o STJ, nos termos dos arts. 47, § 1º, e 66 da LC n. 35/1979, dos arts. 61 e 62 do RISTJ e em respeito ao princípio do promotor natural. Precedentes citados: AgRg no Ag 495.934-GO, *DJ* 3.9.2007, e AgRg na SS 1.700-CE, *DJ* 14.5.2007 (*Ação Penal nº 689-BA, STJ, Corte Especial, Rel. Ministra Eliana Calmon, julgado em 17.12.2012*).

564.5. [...] O Ministério Público do Trabalho integra a estrutura do Ministério Público da União (art. 128, I, da CF), sendo o princípio da unicidade do Ministério Público (art. 127, § 1º, CF) importante fundamento conformador de sua atuação institucional. 2. As funções do Ministério Público junto ao Supremo Tribunal Federal competem privativamente ao Procurador-Geral da República. 3. O Ministério Público do Trabalho não possui legitimidade para atuar, em sede processual, perante o Supremo Tribunal Federal. [...] (*Agravo Regimental na Reclamação nº 7.318-PB, STF, Plenário, Rel. Min. Dias Toffoli, julgado em 23.5.2012, publicado no* DJ *em 26.10.2012*).

564.6. Nulidade pela falta de denúncia, queixa ou a representação, quando exigida (inciso III, *a*): Remetendo-se as anotações feitas ao art. 569, CPP, é imperioso dizer que *lá* são tratadas as hipóteses de sanabilidade das omissões referentes a dados que *não* são essenciais e desde que não impliquem modificação da imputação. Recorde-se igualmente que não mais se admite o início de persecução mediante portaria (o titular da ação é o Ministério Público ou o ofendido, cabendo exclusivamente, noutras situações, a ação penal privada subsidiária da pública), bem como as falhas do flagrante conduzirão, eventualmente, ao relaxamento da prisão pela ausência do preenchimento dos requisitos legais.

Aqui a questão é diversa: se reconhece nulidade quando não iniciado o processo penal diante dos requisitos específicos: denúncia, queixa ou de representação nas hipóteses de ação pública condicionada. A obviedade do dispositivo é evidente.

564.7. Nulidade pela ausência de exame do corpo de delito nos crimes que deixam vestígios, ressalvado o disposto no art. 167 (inciso III, *b*): Reportando às anotações feitas aos arts. 158 e seguintes, CPP, cumpre ora repristinar o seu conteúdo, bem como o do art. 167, ambos do CPP:

> Art. 158. Quando a infração deixar vestígios, será indispensável o exame de corpo de delito, direto ou indireto, não podendo supri-lo a confissão do acusado.
>
> (...)
>
> Art. 167. Não sendo possível o exame de corpo de delito, por haverem desaparecido os vestígios, a prova testemunhal poderá suprir-lhe a falta.

São requisitos fundamentais para a persecução penal haver indícios da autoria e certeza (prova) da materialidade. Para condenação, há necessidade de *reforço* dos meros indícios. Entretanto, o que interessa ao caso é a exigência da demonstração da prova do crime, requisito fundamental para validade da ação penal.

Em delitos que deixam vestígios (como homicídio, lesões corporais etc.), a legislação exige que seja feito o respectivo exame de *corpo de delito*, direto ou indireto, sendo insuficiente (isoladamente vista) a confissão do acusado pela prática do fato em apuração. O problema que se apresenta é como se deve proceder em casos nos quais não for possível fazer o exame do corpo de delito. Basta imaginar a hipótese em que o corpo da vítima é destruído (queimado) e suas cinzas jogadas num rio ou no mar. Será impossível cogitar a demonstração da materialidade pelo *corpo de delito*. A isolada confissão do eventual responsável não poderá servir como supedâneo para sequer embasar a denúncia criminal. Entretanto, havendo testemunhos que indiquem que efetivamente foi o acusado quem matou (a destruição do corpo poderá ter sido feita por terceiros) ou até jogou as cinzas em determinado local, poderão eles servir como suprimento da prova da materialidade. Por evidente: a suficiência deles passará pelo convencimento devidamente fundamentado do juízo competente.

Muito se discutiu na doutrina e na jurisprudência se seria válido (e, portanto, existente juridicamente) um exame de corpo de delito que tivesse sido assinado por um só perito. Hoje não há maior ressaibo de dúvidas, pois, de acordo com o art. 159, CPP (na redação que lhe deu a Lei nº 11.690/08), "*o exame de corpo de delito e outras perícias serão realizados por perito oficial, portador de diploma de curso superior*", sendo que, "*na falta de perito oficial, o exame será realizado por 2 (duas) pessoas idôneas, portadoras de diploma de curso superior preferencialmente na área específica, dentre as que tiverem habilitação técnica relacionada com a natureza do crime*" (§ 1º do art. 159 do CPP).

Mas nem sempre foi assim. Na redação vigente até 2008, dispunha o art. 159, CPP (na redação da Lei nº 8.862/94), que "*os exames de corpo de delito e as outras perícias serão feitos por* dois *peritos oficiais*". Não havendo peritos oficiais, "*o exame será feito por duas pessoas idôneas, portadoras de diploma de curso superior, escolhidas, de preferência, entre as que tiverem habilitação técnica relacionada à natureza do exame*" (§ 1º). Antes da Lei nº 8.862/94, o (original) art. 159, CPP, dispunha que "*os exames de corpo de delito e as outras perícias serão em regra feitos por peritos oficiais. § 1º. Não havendo peritos oficiais, o exame será feito por duas pessoas idôneas, escolhidas de preferência as que tiverem habilitação técnica*".

Como resolver o problema diante do princípio *tempus regit actum*?

Desde a edição do CPP até o advento da Lei nº 8.862/94, a Lei vigente dizia que a perícia deveria ser feita por "*peritos oficiais*", não declinando o número. Interpretando o dispositivo, acabou solidificando-se na jurisprudência (especialmente do STF) que seria válida a perícia feita só por *um perito oficial*. A expressão *peritos oficiais* não significaria que deveriam ser *mais de um*, mas apenas um *dentre* os peritos que fossem *oficiais*. Somente haveria a necessidade do ato assinado por *duas pessoas* quando *não fossem peritos oficiais*, incidindo a exceção do § 1º do art. 159 do CPP (vide, exemplificativamente, HC nº 73.148-SP, 2ª Turma, publicado no *DJ* em 12.4.1996). Assim, todas as perícias realizadas até a alteração pela Lei nº 8.862/94 eram absolutamente válidas se realizadas por apenas um perito oficial ou então por duas pessoas habilitadas para tanto, não se podendo cogitar de nulidade de um processo que tivesse exame de corpo de delito que atendesse a esses requisitos nesse período.

Um esclarecimento complementar, ainda à luz da redação original do CPP. Dispunha a Súmula 361 do STF (aprovada em 13.12.1963) que "*no processo penal é nulo o exame realizado por um só perito, considerando-se impedido o que tiver funcionado, anteriormente, na diligência de apreensão*". Se *não* bem compreendido, poderia parecer incongruente o dispositivo sumulado com o que acima afirmado. Na verdade, a redação da Súmula referia-se aos peritos *não oficiais* (exceção do § 1º do art. 159 do CPP), pois sempre se considerou absolutamente válida a perícia assinada por um só perito *oficial*.

E no interregno da redação conferida ao art. 159, CPP, pela Lei nº 8.862/94 até o advento da Lei nº 11.690/2008, aí não pairam maiores questionamentos: passou-se a exigir, em todas as perícias então realizadas, a presença de *dois peritos oficiais*.

Por relevante, atente-se para as particularidades das perícias em se tratando de crimes contra a propriedade imaterial. Para os casos em que se prevê a ação penal privada, exigem-se dois peritos (art. 527, CPP). Quando a ação penal for pública (arts. 530-B e seguintes, CPP), há consonância com a regra aqui em análise, exigindo-se (desde a edição da Lei nº 10.695/03) a presença de apenas um perito.

Uma observação derradeira, que entendemos fundamental para compatibilizar com o sistema acusatório, nitidamente acolhido pela Constituição Federal. O dispositivo em tela fala que deverá ser declarada a *nulidade* do processo se não houver a perícia ou se esta não tiver sido suprida por testemunhos suficientes. Cremos que em se tratando de hipótese de recurso de acusação contra sentença que absolve o réu por entender ausente prova suficiente da materialidade não há de se aplicar o dispositivo em tela. Importante visualizar como premissa fundamental que o ônus da prova da materialidade é da acusação. Nessa linha, se houver a absolvição (e há de se atentar para os limites da produção de provas pelo juízo – vide arts. 156, e seguintes, CPP) por ausência de elementos seguros para firmar o decreto, diante de recurso do Ministério Público não poderá o tribunal anular (por esse motivo) o processo. O caso será de manutenção da absolvição, uma vez não alterada a situação jurídica que embasou o decreto do juízo monocrático (art. 386, II ou VII, CPP).

Jurisprudência

564.7. [...] 1. No julgamento do EREsp n. 1.544.057/RJ, de minha relatoria, julgado em 26/10/2016, DJe 09/11/2016, a Terceira Seção uniformizou o entendimento de que o laudo toxicológico definitivo é imprescindível à demonstração da materialidade delitiva do delito e, nesse sentido, tem a natureza jurídica de prova, não podendo ser confundido com mera nulidade, implicando a absolvição do acusado. Foi ressalvada, ainda, a possibilidade de se manter o édito condenatório quando a prova da materialidade delitiva está amparada em laudo preliminar, dotado de certeza idêntica ao do definitivo, certificado por perito oficial e em procedimento equivalente, o que não ocorreu na hipótese. [...] *(Agravo Regimental no Agravo em Recurso Especial nº 2.668.177-MG, STJ, 5ª Turma, Rel. Min. Reynaldo Soares da Fonseca, julgado em 24.9.2024, publicado no DJ em 1º.10.2024)*

564.7. [...] 1. Nos casos em que ocorre a apreensão do entorpecente, o laudo toxicológico definitivo é imprescindível à demonstração da materialidade delitiva do delito e, nesse sentido, tem a natureza jurídica de prova, não podendo ser confundido com mera nulidade, que corresponde a sanção cominada pelo ordenamento jurídico ao ato praticado em desrespeito a formalidades legais. Precedente: HC 350.996/RJ, Rel. Min. Nefi Cordeiro, 3ª Seção, julgado em 24.08.2016, publicado no *DJe* de 29.08.2016. 2. Isso, no entanto, não elide a possibilidade de que, em situação excepcional, a comprovação da materialidade do crime de drogas possa ser efetuada pelo próprio laudo de constatação provisório, quando ele permita grau de certeza idêntico ao do laudo definitivo, pois elaborado por perito oficial, em procedimento e com conclusões equivalentes. Isso porque, a depender do grau de complexidade e de novidade da droga apreendida, sua identificação precisa como entorpecente pode exigir, ou não, a realização de exame mais complexo que somente é efetuado no laudo definitivo. 3. Os testes toxicológicos preliminares, além de efetuarem constatações com base em observações sensoriais (visuais, olfativas e táteis) que comparam o material apreendido com drogas mais conhecidas, também fazem uso de testes químicos pré-fabricados também chamados "narcotestes" e são capazes de identificar princípios ativos existentes em uma gama de narcóticos já conhecidos e mais comercializados. 4. Nesse sentido, o laudo preliminar de constatação, assinado por perito criminal, identificando o material apreendido como cocaína em pó, entorpecente identificável com facilidade mesmo por narcotestes pré-fabricados, constitui uma das exceções em que a materialidade do delito pode ser provada apenas com base no laudo preliminar de constatação. [...] (*Embargos de Divergência em Recurso Especial nº 1.544.057-RJ, STJ, 3ª Seção, Rel. Min. Reynaldo Soares da Fonseca, julgado em 26.10.2016, publicado no DJ em 9.11.2016*).

.....

564.8. Nulidade pela ausência de nomeação de defensor ao réu presente ou ao ausente – e, quando vigorou a exigência, de curador ao réu menor (inciso III, *c*).

564.8.1. Nomeação de curador a réu menor: Atualmente, não mais se exige a nomeação de curador a réu menor, tal como disposto na redação original do CPP. Primeiro, porque, com edição do novo Código Civil (Lei nº 10.406, em 10.1.2002), dispôs-se no art. 5º que "*a menoridade cessa aos dezoito anos completos, quando a pessoa fica habilitada à prática de todos os atos da vida civil*". Depois, porque o art. 194, CPP (*Se o acusado for menor, proceder-se-á ao interrogatório na presença de curador*) foi revogado pela Lei nº 10.792, de 1º de dezembro de 2003. Salta aos olhos a falta de cuidado do legislador que "esqueceu" de, formalmente, revogar também o art. 262, CPP, que (ainda) dispõe que "*ao acusado menor dar-se-á curador*". Seu conteúdo, porém, é totalmente inaplicável.

De qualquer maneira, restou corrente o entendimento doutrinário e jurisprudencial no sentido de que, *quando exigível*, a ausência de curador no interrogatório de réu "menor" (na época, entre 18 e 21 anos) não gerava a nulidade absoluta do ato (malgrado, *a contrario sensu* do disposto no art. 572, CPP, a nulidade aqui prevista seria de natureza absoluta).

Jurisprudência

564.8.1. [...] A ausência de defensor e curador ao interrogatório do réu menor de 21 anos não é nulo se este negou serem verdadeiros os fatos narrados na denúncia. Paciente devidamente assistido durante a instrução. Não houve prejuízo para a defesa. *Habeas corpus* indeferido (*Habeas Corpus nº 74.721-3-SP, STF, 2ª Turma, Rel. Min. Nelson Jobim, publicado no DJ em 20.6.1997*).

564.8.1. [...] A ausência de curador no interrogatório policial, assim como na fase judicial, não é causa de nulidade absoluta do processo, sendo imprescindível a demonstração de prejuízo para a defesa. Precedentes. [...] Ordem parcialmente conhecida e denegada (*Habeas Corpus nº 71.164/PI, STJ, 5ª Turma, Rel. Min. Laurita Vaz, publicado no DJ em 9.6.2008*).

564.8.1. [...] A ausência de curador no interrogatório judicial, antes da publicação da Lei nº 10.792/2003, *não* é causa de nulidade absoluta do processo, sendo imprescindível a demonstração de prejuízo para a defesa, o que não aconteceu no caso, em que o Paciente limitou-se a negar a autoria do crime. [...] Ordem denegada. (*HC nº 58.752-RN, STJ, 5ª Turma, Rel. Min. Laurita Vaz, publicado no DJ em 24.3.2008*).

.....

564.8.2. Nomeação de advogado a réu presente: O direito à defesa mediante presença de advogado está correlacionado diretamente com a ampla defesa. Assim, a ausência de defesa (técnica) gerará a nulidade do processo, como há muito preconizado na Súmula 523, STF. Já a deficiência da defesa, diz o mesmo comando sumulado, somente gerará nulidade do processo se houver prova do efetivo prejuízo ao réu.

Reforçando a ideia da necessidade da ampla defesa, dispôs-se no art. 185, CPP (na redação da Lei nº 10.792/03), que "*o acusado que comparecer perante a autoridade judiciária, no curso do processo penal, será qualificado e interrogado na presença de seu defensor,* constituído ou nomeado". Posteriormente, ratificou-se a imprescindibilidade da defesa, com as alterações introduzidas pela Lei nº 11.719/08 especialmente aos arts. 396 e 396-A, CPP. Assim, se o réu for citado regularmente, não constituir defensor e não apresentar defesa escrita, deverá o juízo obrigatoriamente nomear defensor para a realização da defesa. Havendo recusa justificada do advogado, nenhum empeço para que, imediatamente, outro advogado seja nomeado, independentemente de intimação do réu ausente.

Se o réu constituir advogado para sua defesa, as situações podem ser variáveis no curso do processo.

Como deverá proceder o juízo diante da inércia do advogado constituído em praticar os atos que lhe competem para os quais foi devidamente intimado, notadamente quando se trata de realização de audiência? Diante de alguns dissensos, notadamente jurisprudenciais, parece que a Lei trouxe a melhor solução para o caso. Ante a ausência de demonstração do defensor constituído que não poderá comparecer à audiência, o juiz *não determinará* o adiamento de ato algum do processo, devendo nomear defensor substituto, ainda que provisoriamente ou só para o ato (§ 2º do art. 265 do CPP).

A situação é bem diversa quando houver *renúncia* do advogado. A renúncia é admitida apenas em situações excepcionais, a teor do art. 265, *caput*, CPP. Nesse caso, o juízo *não* poderá nomear um advogado para o réu. Se houver ato por praticar, deverá ser suspenso. A providência necessária será a intimação do réu para que indique *novo* advogado, alertando-se que, diante de sua inércia, ser-lhe-á nomeado defensor dativo. Exatamente nesse sentido que dispõe a Súmula 708, STF (que é aplicável não apenas para a situação que trata): "*É nulo o julgamento da apelação se, após a manifestação nos autos da renúncia do único defensor, o réu não foi previamente intimado para constituir outro.*"

Na linha desse entendimento, atente-se ainda que, além da alteração do *caput* do art. 265 do CPP pela Lei nº 14.752/2013, incluiu-se o § 3º, prevendo-se que "em caso de abandono do processo pelo defensor, o acusado será intimado para constituir novo defensor, se assim o quiser, e, na hipótese de não ser localizado, deverá ser nomeado defensor público ou advogado dativo para a sua defesa."

Há outra particularidade, que merece uma ressalva, segundo compreendemos. O art. 497, V, CPP, permite que o juiz presidente do Tribunal do Júri nomeie defensor ao acusado quando considerá-lo indefeso. Nesse caso, tecnicamente não há *renúncia* do advogado. Seu procedimento, eventual falta de conhecimento dos autos ou até mesmo a incapacidade técnica para o Júri é que implicou reconhecimento de *ausência de defesa*. O dispositivo é expresso: poderá (na verdade, *deverá*) o juiz presidente "*nomear defensor ao acusado, quando considerá-lo indefeso, podendo, nesse caso, dissolver o Conselho e designar novo dia para o julgamento, com a nomeação ou a constituição de novo defensor*". Há de se compreender que não poderá o juiz nomear de imediato novo defensor. Deverá facultar ao réu que indique outro advogado (porque há permissão expressa de *constituição de novo defensor*). Se houver silêncio, aí sim poderá nomear um defensor (vide anotações ao art. 497, CPP).

Por fim, vide anotações aos itens 261.2, 261.4 e 265.3.

Jurisprudência

564.8.2. [...] Nos termos do art. 564, IV, do CPP, a intimação do réu para constituir novo defensor somente é devida nos casos em que o advogado por ele constituído, embora devidamente intimado, permanece inerte na fase das alegações finais, sendo que o mesmo não se exige no tocante aos recursos especial e extraordinário, pois compete à defesa promover a análise da conveniência e oportunidade da interposição, o que não caracteriza deficiência na defesa técnica. Entendimento diverso violaria os princípios da segurança jurídica, da lealdade processual, da razoabilidade e da boa-fé objetiva, pois permitiria manobras ardilosas objetivando a reabertura de prazo recursal diante da inércia da defesa dentro do prazo previsto em lei. [...] (*HC nº 345.492-ES, STJ, 5ª Turma, unânime, Rel. Min. Ribeiro Dantas, julgado em 6.10.2016, publicado no* DJ *em 26.10.2016*).

564.8.2. [...] Não importa em constrangimento ilegal a nomeação pelo magistrado de defensor dativo para o acusado quando constatada a ausência do causídico constituído na audiência de oitiva das testemunhas arroladas pela acusação, preservando-se, assim, as garantias à ampla defesa e ao contraditório constitucionalmente previstos. Precedentes. Esta Corte firmou posicionamento, na esteira do entendimento pacificado pelo Pretório Excelso por meio do enunciado da Súmula nº 523, no sentido de que, embora a ausência de defesa no processo penal seja causa de sua nulidade absoluta, a mera deficiência só autoriza o reconhecimento da eiva quando comprovado o prejuízo suportado pelo acusado – aplicação da expressão *pas de nullité sans grief* –, ônus do qual não se desincumbiu o impetrante. Ordem parcialmente conhecida e, nesta parte, denegada (*Habeas Corpus nº 96.059/GO, STJ, Rel. Min. Jorge Mussi, 5ª Turma, unânime, publicado no* DJ *em 19.4.2010*).

564.8.3. Nomeação de advogado a réu ausente: Se o réu estiver ausente, é preciso distinguir as hipóteses.

Se for citado regular e pessoalmente, mas não comparecer nem constituir advogado, adota-se o que referido anteriormente (564.8.2). Entretanto, se, citado por edital, não comparecer e nem constituir advogado, deverá ser suspenso o processo e o curso do prazo prescricional (art. 366, CPP – na redação da Lei nº 9.271/96). Como o dispositivo tem natureza mista (suspensão do processo e suspensão da prescrição), sendo impossível cindi-lo (ao menos no entendimento majoritário da jurisprudência, ao que aderimos), o comando somente pode ser aplicado aos crimes cometidos após o advento da Lei nº 9.271/96. Aos crimes anteriores, deverá o processo ter seu curso normal, devendo o juiz nomear um advogado ao réu para todo o processo.

Pode acontecer, também, que, citado regular e pessoalmente, o réu torne-se revel, cuja pena (apenas para ele) é de não mais ser intimado nem notificado dos atos do processo (salvo da sentença). Seu advogado porventura constituído antes da decretação da revelia continuará sendo notificado regularmente para prática de atos processuais e intimado de decisões tomadas. Entretanto, ocorrendo a renúncia do advogado do réu revel e ausente, como proceder? Segundo compreendemos, porque a revelia foi no curso do processo, melhor seria intimar pessoalmente o réu *apenas* para que, se quiser, constitua novo advogado. Se silenciar, aí nenhum óbice que se nomeie advogado dativo para realizar toda sua defesa.

Jurisprudência

564.8.3. [...] Processo. Cerceamento de defesa. Não ocorrência. Acusada citada por editais que conteriam supostos vícios. Constituição de defensor antes do interrogatório. Realização deste anterior ao início de vigência da Lei nº 9.271/96. Irretroatividade do art. 366 do CPP, na nova redação. Exercício amplo dos poderes da defesa no curso do processo. Prejuízo inexistente. Nulidade processual não caracterizada. HC denegado. Aplicação dos arts. 563 e 570 do CPP. Não há nulidade no processo penal, se o réu citado por editais, ainda que supostamente defeituosos, comparece ao processo, antes do interrogatório, mediante defensor constituído, que exerce, sem peias, todos os poderes processuais da defesa (*Habeas Corpus nº 85.851-1/PR, STF, 2ª Turma, Rel. Min. Cezar Peluso, publicado no* DJ *em 26.6.2009*)

564.9. Nulidade pela ausência de intervenção do Ministério Público (inciso III, alínea *d*): O dispositivo especifica que haverá nulidade pela ausência de intervenção do Ministério Público em todos os termos da ação por ele intentada e nos casos de ação penal privada subsidiária da pública.

O comando precisa ser bem compreendido, pois a mera ausência de atuação do Ministério Público não gera, automaticamente, nulidade do feito criminal. Deve-se analisar o caso concreto, pois, por exemplo, na oitiva de uma testemunha de defesa que foi meramente abonatória, além de incidir o art. 565, CPP, não há de se declarar a nulidade do ato se o Ministério Público não se fez presente. Mesmo em relação à ausência de notificação do *parquet* para oitiva de testemunha de acusação não deverá gerar nulidade se a ouvida não trouxe nenhum elemento de fato a influenciar na apuração (art. 566, CPP).

Com efeito, pressuposto inarredável é que o Ministério Público seja notificado e intimado de forma pessoal nos autos. Também aqui compreendemos que a ausência da formalidade não poderá conduzir à *automática* nulificação dos posteriores atos se não houver prejuízo para a acusação ou para defesa. Significa que se, aceitando a intimação por outra forma, vier atuar no processo, incidirão os princípios da ausência de prejuízo e também da instrumentalidade das formas.

Jurisprudência

564.9. [...] A ausência de membro do Ministério Público, quer no interrogatório, quer em audiência de instrução, consubstancia nulidade relativa, a reclamar arguição oportuna e efetiva demonstração de prejuízo, uma e outra inocorrentes na espécie (Intelecção dos artigos 572 e 564, inciso III, alínea *d*, do Código de Processo Penal). Ordem denegada (*Habeas Corpus nº 22.045-RS, STJ, 6ª Turma, Rel. Min. Hamilton Carvalhido, publicado no* DJ *em 6.2.2006*).

564.10. Nulidade pela ausência de citação do réu para ver-se processar, o seu interrogatório, quando presente, e os prazos concedidos à acusação e à defesa (inciso III, alínea *e*): Reportando-se ao que já destacado quando da análise do art. 570, CPP, a citação é um dos atos mais relevantes dentro de um processo que se ancore em premissas constitucionais como o devido processo legal, o contraditório e a ampla defesa. Por intermédio da citação é que se concederá ao réu a possibilidade de, querendo, exercer sua defesa, inclusive pessoalmente, mediante interrogatório. É importante destacar que, pelo menos em relação aos ritos comum e sumário, o interrogatório agora é o último ato antes da sentença. Portanto, o réu não é mais citado para ser interrogado, mas sim para apresentar sua defesa escrita, na forma do art. 396, CPP.

Destaque: não vemos nenhuma incompatibilidade do art. 570, CPP, com o novo procedimento previsto a partir das alterações promovidas pela Lei nº 11.719/08, notadamente em face da redação do art. 363, CPP. A única diferença é que o réu não mais será citado para ser imediatamente interrogado. A ausência de citação ou de citação válida, mas com a apresentação de defesa escrita e comparecimento do réu aos atos subsequentes não poderá implicar nulidade do processo. A angularização processual restará suprida por esses fatos supervenientes. Não compreendemos como deva ser de modo diverso, sob pena de maximizar, e de modo absoluto, a formalidade da citação.

Preconiza ainda que haverá nulidade pela não observância da forma na concessão dos prazos à acusação e à defesa. Novamente aqui aflora tema relacionado não só à ampla defesa, como também ao contraditório. Segundo compreendemos, o contraditório não é *privilégio* defensivo (a ampla defesa sim), na medida em que se deve assegurar também à acusação a possibilidade de contraditar os argumentos, teses e documentos trazidos pela defesa. A violação da regra não deverá acarretar automática nulidade do *processo* pela ausência do regular ato de intimação, na exata dicção do art. 563, CPP. Assim, somente diante do caso concreto se poderá declinar resposta exata se há ou não nulidade.

Jurisprudência

564.10. [...] a citação ocorreu no mesmo dia em que o interrogatório foi realizado. Ao ser citado, teve o recorrente acesso ao inteiro teor da denúncia. O fato de ter sido o recorrente interrogado no mesmo dia em que cientificado do teor da acusação não acarreta a nulidade do processo, a menos que se demonstre ter havido efetivo prejuízo para a defesa, que, no caso, se fez presente ao ato. Aplicação do princípio *pas de nullité sans grief*, insculpido no art. 563 do Código de Processo Penal. [...] (*Recurso em Habeas Corpus nº 114.739-PA, STF, 1ª Turma, Rel. Min. Dias Toffoli, julgado em 30.10.2012, publicado no* DJ *em 10.12.2012*).

564.10. [...] Inexiste prejuízo e, portanto, a alegada nulidade se, apesar de não ter sido citado pessoalmente, o réu preso foi requisitado para o interrogatório e compareceu ao ato acompanhado por advogados constituídos que assistiram à audiência e desde já ficaram intimados a apresentar defesa prévia e contraditório efetivo. [...] *Habeas Corpus* denegado, em conformidade com o parecer ministerial (*Habeas Corpus nº 89.149-RN, STJ, 5ª Turma, Rel. Min. Napoleão Nunes Maia, publicado no* DJ *em 7.2.2008*).

564.10. [...] Hipótese em que o Juízo de primeiro grau proferiu sentença absolutória, suprimindo as fases de diligências e de apresentação de alegações finais, em total desacordo com o disposto nos arts. 499 e 500 do CPP. O art. 564, III, do CPP relaciona as hipóteses de nulidade por falta de fórmulas ou de termos no processo comum, dentre as quais o disposto em sua alínea "e": "...os prazos concedidos à acusação e à defesa." A supressão das fases dos arts. 499 e 500 do CPP são causa de nulidade absoluta, na medida em que traduzem ofensa aos princípios constitucionais do devido processo legal, do contraditório e da ampla defesa. Recurso provido, nos termos do voto do Relator (Recurso Especial nº 824.907/CE, Rel. Min. Gilson Dipp, 5ª Turma, publicado no *DJ* em 1º.8.2006) – *Observação: nos ritos atuais, não há mais a oportunidade dos prazos a que aludiam os arts. 499 e 500, CPP.*

564.10. [...] Esta Corte já assentou que "*a inversão processual, falando antes a defesa e depois a acusação nas alegações finais, implica em nulidade tanto quanto no caso da sustentação oral (RECrim nº 91.661-MG, in RTJ 92/448), por ofensa ao princípio da ampla defesa e do contraditório. Entretanto, quando a defesa argui questão preliminar nas alegações finais, é legítima a abertura de vista e a manifestação do Ministério Público, ambos com respaldo legal na aplicação analógica do art. 327, primeira parte, do Código de Processo Civil, como previsto no art. 3º do Código de Processo Penal, pois em tal caso é de rigor que a outra parte se manifeste, em homenagem ao princípio do contraditório, cujo exercício não é monopólio da defesa*" (HC nº 76.240/SP, Segunda Turma, da relatoria do Ministro Maurício Corrêa, DJ de 14/8/98). [...] (*Recurso Ordinário em Habeas Corpus nº 104.261, STF, Plenário, Relator Min. Dias Toffoli, julgado em 15.3.2012, publicado no* DJ *em 7.8.2012*).

564.11. Nulidade pela falta da decisão de pronúncia, libelo e a entrega da respectiva cópia, com rol de testemunhas, nos processos perante o Tribunal do Júri (in-

ciso III, *f*): Já referido nos comentários ao art. 422, CPP, uma alteração substancial foi realizada pela Lei nº 11.689/08: não há mais o *libelo* acusatório, que, conforme previa o então (hoje revogado) art. 416, CPP, deveria ser apresentado pelo Ministério Público no prazo de cinco dias após o trânsito em julgado da decisão de pronúncia.

Remanesce apenas como aplicáveis ainda questões atinentes à nulidade da decisão de pronúncia.

Procuramos estabelecer que os aspectos a serem examinados podem ser procedimentais ou materiais (da própria decisão de pronúncia).

Sob os aspectos procedimentais, diz o art. 420, CPP, que a intimação da *decisão* de pronúncia será feita: (a) pessoalmente ao acusado, ao defensor nomeado e ao Ministério Público; (b) ao defensor constituído, ao querelante e ao assistente do Ministério Público, na forma do § 1º do art. 370 do CPP. Permitiu-se, ainda, a intimação por edital do acusado solto que não for encontrado (parágrafo único). Se efetivamente não se adotar o procedimento ali previsto, a hipótese será de nulidade. Entretanto, em situações nas quais restar comprovado que, malgrado desobedecida a formalidade, não houver prejuízo para a parte envolvida, compreendemos que se deve decretar a nulidade do processo.

Pelo prisma dos aspectos materiais, o § 1º do art. 413 do CPP é expresso no sentido de que a fundamentação da pronúncia deverá se limitar à indicação da materialidade e da existência de indícios suficientes de autoria ou participação, declarando-se o dispositivo legal em que se julgar incurso o acusado, especificando-se, ainda, as qualificadoras e as causas de aumento de pena.

É importante frisar uma vez mais: o juiz, ao fundamentar, deve ser *extremamente comedido*, evitando excesso de linguagem (vide item 413.2) que, ulteriormente, poderá influenciar no convencimento dos jurados (que recebem cópia também da decisão de pronúncia). Aqui a situação é mais complexa, pois, se houver excesso de linguagem (arguida oportunamente – vide art. 572, CPP), fica extremamente difícil (senão impossível) comprovar que a decisão judicial de pronúncia (*aqui compreendida a decisão do tribunal que confirma a pronúncia ou dá provimento a recurso interposto contra a impronúncia*) tenha influenciado no ânimo e das conclusões dos jurados. Acaso se reconheça o excesso e houver a condenação, a solução será anular o processo, submetendo o réu a novo julgamento.

564.12. Nulidade pela falta de intimação do réu para a sessão de julgamento, pelo Tribunal do Júri, quando a Lei não permitir o julgamento à revelia (inciso III, *g*): O dispositivo está *parcialmente* prejudicado, segundo compreendemos. É que, com o advento da Lei nº 11.689/08, alterou-se o sistema: agora o julgamento não mais "*será adiado pelo não comparecimento do acusado solto, do assistente ou do advogado do querelante, que tiver sido regularmente intimado*" (art. 457, CPP). É dizer: não haverá a nulidade, desde que o réu solto tenha sido intimado e não comparecer. A sessão será realizada normalmente. E mais. Mesmo que haja algum vício insanável na intimação do réu solto, se comparecer igualmente a sessão será realizada, diante da ausência de qualquer prejuízo: a intimação era exatamente para que o réu, querendo, comparecesse em plenário.

A situação é um pouco diversa do caso de réu preso. Se o acusado preso não for conduzido, aí o julgamento deverá ser adiado para o primeiro dia desimpedido da mesma reunião, com uma exceção: se o réu solicitar expresso requerimento de dispensa de presença em plenário (que, repise-se, não é obrigatório), assinado por ele e por seu advogado (por ambos, portanto). É o que está no § 1º do art. 457 do CPP.

Jurisprudência

564.12. [...] A intimação é a formalidade de que se vale o Poder Público para dar ao acusado e seu patrono, ciência dos atos processuais ocorridos no curso da ação e daqueles que irão se realizar. 2. Antes da edição da Lei nº 11.689/2008, não havia previsão específica quanto a intimação do acusado para a sessão de julgamento do Tribunal do Júri, tampouco qualquer determinação no sentido de que se realizasse pessoalmente. 3. Contudo, a intimação efetuada por meios que destoam do comum se realiza em última hipótese, quando os esforços anteriores, comprovadamente, não lograram êxito. 4. No caso concreto, o próprio julgador monocrático manifestou-se afirmando que, diretamente, o acusado não deu causa aos aditamentos anteriores, o endereço informado ainda é o mesmo onde reside o réu e a ciência da sessão de julgamento apenas não ocorreu por desídia do Estado. 5. Consoante o disposto no art. 563 do Código de Processo Penal, nenhum ato será declarado nulo, se da nulidade não resultar prejuízo para a acusação ou para a defesa. 6. A intimação por via telefônica é inadequada, nao possui previsão na lei processual e não atende à sua finalidade, porquanto não há certeza sobre a identidade do interlocutor, o que torna patente sua inexistência. [...] (*Habeas Corpus nº 46.624-MG, STJ, 6ª Turma, Rel. Ministra Alderita Ramos de Oliveira, julgado em 9.8.2012, publicado no* DJ *em 20.8.2012*).

564.13. Nulidade pela falta de intimação das testemunhas arroladas no libelo e na contrariedade, nos termos estabelecidos pela Lei (inciso III, *h*): Já referido alhures, não há mais o libelo acusatório e sua contrariedade. Entretanto, cremos que o dispositivo merece compatibilização com o que disposto no art. 422, CPP (na redação da Lei nº 11.689/08). Remetendo às integrais anotações que lá declinamos, cumpre aqui repisar que, "*ao receber os autos, o presidente do Tribunal do Júri determinará a intimação do órgão do Ministério Público ou do querelante, no caso de queixa, e do defensor, para, no prazo de 5 (cinco) dias, apresentarem rol de testemunhas que irão depor em plenário, até o máximo de 5 (cinco), oportunidade em que poderão juntar documentos e requerer diligência*".

Portanto, as testemunhas indicadas pela acusação e pela defesa devem ser intimadas para comparecer em plenário. Evidente: se houver vício na intimação, mas mesmo assim comparecerem as testemunhas, nenhuma nulidade deverá ser declarada.

Se as testemunhas forem intimadas regularmente e não comparecerem, a solução encontra-se no art. 461, CPP, a cujas anotações integrais se remete. De qualquer modo, refere-se, sinteticamente, que a regra será o não adiamento do julgamento pela ausência de testemunha arrolada, salvo se declinada sua imprescindibilidade. Neste último caso, há duas opções ao julgador: (a) se possível, suspenderá os trabalhos e mandará conduzi-la para testemunhar (o que poderá ocorrer em cidades menores em que as testemunhas são conhecidas e de fácil localização); (b) ou, então, adiará o julgamento para o primeiro dia desimpedido, ordenando, igualmente, a condução da testemunha.

564.14. Nulidade se não houver presença de pelo menos 15 jurados para a constituição do Júri (inciso III, *i*): Originalmente eram sorteados 21 (vinte e um) jurados. Atualmente, pela redação conferida ao art. 447, CPP, são sorteados 25 (vinte e cinco) jurados. O motivo da ampliação do número de jurados é para evitar o chamado *estouro de urna*, que implica a não realização da sessão em face das eventuais recusas (art. 468, CPP) ou de ausência de jurados.

A Lei estabelece que, mesmo sorteados 25, deverão comparecer pelo menos 15 jurados. Nesse número mínimo necessário deverão ser contabilizados os jurados excluídos por impedimento ou suspeição (§ 2º). Em não havendo o número mínimo, deverá ser feito o sorteio dos suplentes, conforme previsto no art. 464, CPP.

Se não comparecerem os 15 (quinze) jurados mínimos, não poderão ser instalados os trabalhos do Tribunal.

564.15. Nulidade pela ausência do número mínimo legal de jurados e se não mantidas suas incomunicabilidades (inciso III, *j*): De acordo também com a previsão do art. 447, CPP, o Conselho de Sentença é composto por 7 (sete) jurados. Nessa parte, a obviedade é tamanha que, não existindo no mínimo sete jurados, não há como se cogitar a realização do julgamento. Sequer se pode imaginar tenha um julgamento iniciado com número inferior ao legal.

Questão que merece maior cuidado diz quanto à incomunicabilidade. Está expresso no § 1º do art. 466 do CPP que os jurados serão advertidos pelo juiz presidente de que, *uma vez sorteados*, não mais poderão se comunicar entre si ou com outrem, nem manifestar sua opinião sobre o processo, sob pena de exclusão do Conselho.

A razão é evidente: manter a imparcialidade dos julgadores e garantir o sigilo das votações, evitando-se que influenciem ou sejam influenciados nas suas convicções diante das provas que serão apresentadas ao Conselho de Sentença que integram.

Compreendemos, porém, que não é qualquer circunstância de *incomunicabilidade* que gerará a nulidade. Além de o tema estar relacionado à oportuna alegação (art. 571, VIII, CPP) e mediante a demonstração de prejuízo, é fundamental que a *comunicabilidade* inaceitável esteja relacionada com o mérito do processo que está em pauta. Estiver jungida a qualquer questão extrínseca ao julgamento em plenário, malgrado não recomendável a atitude, nulidade não haverá, devendo o juiz presidente advertir e insistir na vedação de *qualquer* comunicação entre os jurados (vide anotações ao art. 466, CPP).

Jurisprudência

564.15. [...] Não se constitui em quebra da incomunicabilidade dos jurados o fato de que, logo após terem sido escolhidos para o Conselho de Sentença, eles puderam usar telefone celular, na presença de todos, para o fim de comunicar a terceiros que haviam sido sorteados, sem qualquer alusão a dados do processo. Certidão de incomunicabilidade de jurados firmada por oficial de justiça, que goza de presunção de veracidade. Desnecessidade da incomunicabilidade absoluta. Precedentes. Nulidade inexistente (*Ação Originária nº 1.047-RR, STF, Plenário, Rel. Min. Joaquim Barbosa, publicado no* DJ *em 10.4.2008*).

564.16. Nulidade nos quesitos e nas respectivas respostas (inciso III, *k*): Encontra-se aqui uma das recorrentes hipóteses de nulidades em julgamentos pelo Tribunal do Júri. Não se pode negar que o sistema de quesitos adotado no Brasil, como regra, é extremamente complexo, amplificado pela circunstância de que os julgadores são pessoas leigas. E, cremos, a complexidade é maior ainda agora diante da *mescla* do sistema francês (adotado exclusivamente até as reformas de 2008) com o anglo-americano (consubstanciado na inclusão do chamado terceiro quesito genérico de absolvição – § 2º do art. 483 do CPP, porém sem a possibilidade, como na origem, de comunicabilidade entre os jurados).

Todo cuidado é pouco, notadamente para simplificar as (normais complexas) situações que envolvem julgamentos perante o Júri, ao fim e ao cabo exigindo-se um binômio nas respostas: sim ou não.

A ordem da quesitação encontra-se estabelecida, em linhas gerais, no art. 483, CPP (a cujas anotações e jurisprudência ora se remete).

A quesitação deverá manter a correlação entre a acusação (nos limites da pronúncia) e de todas as teses levantadas pela defesa. Esse postulado é indeclinável. No ponto, é de se incluir na matéria submetida à quesitação a versão (autodefesa) apresentada pelo acusado no interrogatório judicial.

Com efeito, dispõe a Súmula 156, STF, que "*é absoluta a nulidade do julgamento pelo júri por falta de quesito obrigatório*". Também está expresso na Súmula 162, STF, que "*é absoluta a nulidade do julgamento pelo Júri, quando os quesitos da defesa não precedem aos das circunstâncias agravantes*".

É preciso ver e tratar com certa cautela os comandos sumulados diante dos casos concretos. É que, na prática, ao menos do que se vê, os tribunais (especialmente o STF e o STJ) têm relativizado ambas as súmulas (vide jurisprudência a seguir colacionada).

Como premissa inicial, compreendemos que as nulidades havidas na quesitação demandarão a demonstração de prejuízo efetivo às partes, o que não exclui, por evidente, as situações em que o prejuízo é manifesto e a nulidade é indiscutível. Basta imaginar a tese de legítima defesa não quesitada, restando condenado o réu. Não há o que ponderar, o prejuízo é inerente à inobservância da forma do *ato*, que obriga a realização do quesito, implicando se declare a nulidade *do julgamento*, mesmo diante de trânsito em julgado da decisão.

Entretanto, se o quesito obrigatório (mas não realizado) fosse em prol da acusação e, acaso formulado e respondido afirmativamente, importasse em pena ou circunstância mais grave ao réu, não haverá de se declarar a nulidade se o recurso é exclusivo da defesa (Súmula 160, STF).

Mais: embora encontrem-se alguns precedentes apontando que a arguição de nulidade em se tratando de quesitação precluiria se não apontada em momento oportuno (art. 571, VIII, CPP), assim não pensamos. Como premissa geral, nos posicionamos de acordo com a ideia de que a alegação de nulidade deverá ser oportuna. Entretanto, há situações extremas em que, como dito acima, não há o que ponderar, mesmo diante de eventual inércia da defesa. Exatamente por isso é que a jurisprudência vem reconhecendo que quando houver nulidade na quesitação que gerar perplexidade aos jurados, a nulidade será inafastável, mesmo se não arguida oportunamente.

Jurisprudência

564.16. [...] A elaboração dos quesitos é uma das fases processuais mais sensíveis da instituição do Júri. Isso porque, diante das variáveis que se materializam na trama dos crimes dolosos contra a vida – tentativas, qualificadoras, causas de aumento e de diminuição de pena, concursos de agentes e outras mais –, condensá-las em quesitos precisos é uma tarefa árdua e não raras vezes ingrata. Na concreta situação dos autos, logo se percebe que os quesitos retrataram as teses sustentadas pela acusação e pela defesa em Plenário. Tanto é assim que as partes anuíram à quesitação, conforme se depreende da ata de julgamento. Pelo que o caso é de preclusão da matéria, nos exatos termos do inciso VIII do art. 571 do Código de Processo Penal. [...] Ordem indeferida (*Habeas Corpus nº 96.469-RJ, STF, 1ª Turma, Rel. Min. Ayres Britto, publicado no DJ em 13.8.2009*).

564.16. [...] Homicídio doloso. Tribunal do Júri. Condenação. Alegação de nulidade processual relativa. Vício na formulação de quesitos. Incognoscibilidade. Falta de protesto oportuno durante a sessão de julgamento. Preclusão consumada. HC denegado. Inteligência dos arts. 494, 495 e 572, I, cc. 571, VIII, do CPP. Precedentes. Não se cogitando de nulidade absoluta, as que eventualmente gravem a sessão de julgamento em plenário do Júri hão de ser, sob pena de preclusão, arguidas logo depois de ocorrerem (*Habeas Corpus nº 93.753-SP, STF, 2ª Turma, Rel. Min. Cezar Peluso, publicado no* DJ *em 6.11.2008*).

....

564.17. Nulidade por (ausência) da acusação ou defesa na sessão de julgamento (inciso III, *l*).

564.17.1. Ausência perante o Tribunal do Júri: Como dito no item 564.12, pela sistemática introduzida pela Lei nº 11.689/08, o julgamento perante o Tribunal do Júri *não* mais será adiado se, solto, o réu não comparecer, ou, preso, solicitar sua dispensa de comparecimento em plenário.

A situação é diversa quando ausentes as partes (acusação e defesa). Se o Ministério Público não comparecer, o adiamento será obrigatório (art. 455, CPP). Igualmente, se o advogado faltar sem escusa legítima e outro não for constituído pelo réu (art. 456, CPP). Se a escusa for ilegítima, o julgamento será adiado uma única vez (§ 1º), sendo que, nessa hipótese, será intimada a Defensoria Pública para o novo julgamento (§ 2º).

Como destacamos no item 456.1, podem acontecer situações em que, dolosamente, haja indícios veementes de que será adotada a "estratégia" de renúncia do defensor constituído, muitas vezes instantes antes da sessão de julgamento, exatamente para inviabilizar o julgamento (a propósito, sobre o tema, vide no STJ o HC nº 61.432-RJ, publicado no *DJ* em 2.2.2009, e, perante o STF, o HC nº 96.905-RJ, julgado em 25.8.2009). Não vemos óbice para que o juiz presidente, antevendo esta situação, propicie, unicamente como precaução, que a Defensoria Pública (§ 2º) já tenha vista dos autos antecipadamente para, se houver a renúncia, estar habilitada a realizar o julgamento na data aprazada com a efetiva e ampla defesa.

Entretanto, há de se ver que não apenas a situação de ausência do defensor merece considerações. E se sua atuação for manifestamente (dolosa ou não) deficiente? A nosso aviso, incidirá o (já falado, vide item 564.8.2) art. 497, V, CPP. Verificando a *ausência real de defesa*, deverá o juiz presidente dissolver o Conselho de Sentença, oportunizando ao réu que constitua novo advogado, imediatamente designando nova data. Se não constituir, o juiz nomeará um para realizar sua defesa, quando não integrante dos quadros da Defensoria Pública.

564.17.2. Nulidade pela não intimação da sessão de julgamento de recursos ou em caso de competência originária: Entendemos que não é obrigatória a presença de advogado na data da sessão de julgamento, em razão de recurso ou em face de competência originária dos tribunais. Entretanto, é fundamental que seja garantido ao defensor o direito a ser previamente intimado da data da sessão de julgamento, para que, se quiser, realize a defesa (inclusive oral) como for mais conveniente de acordo com a estratégia traçada. A ausência da intimação normalmente causará a nulidade do ato, salvo se não houver prejuízo para o réu (como o caso, hialino, de absolvição – até porque faltaria, também, o interesse – art. 565, CPP).

Destacamos também aqui a inserção do § 2º-B à Lei nº 8.906/94 (Estatuto da Advocacia) pela Lei nº 14.365/2022, prevendo expressamente a garantia aos advogados para fazerem sustentações orais em recursos interpostos contra decisões monocráticas de relatores que julguem o mérito ou não conheçam as seguintes irresignações ou recursos: apelação, recurso ordinário, recurso especial, recurso extraordinário, embargos de divergência, ação rescisória, mandado de segurança, reclamação, *habeas corpus* e outras ações de competência originária.

Em relação ao *habeas corpus* há regras específicas. De acordo com o art. 664, CPP, uma vez recebidas as informações, ou até dispensadas, o *writ* será julgado na primeira sessão, podendo adiar-se o julgamento para a sessão seguinte, independentemente de intimação do defensor. Reiterando o que anotado (vide comentários ao art. 664, CPP), entendemos que, se houver pedido da defesa para que seja intimada da sessão de julgamento com a finalidade de estar certificada da possibilidade de realizar sustentação oral, o pedido deverá ser atendido.

O Supremo Tribunal Federal sempre teve posicionamento firme no sentido de que seria incumbência do impetrante acompanhar o regular andamento do *habeas corpus*, por não depender de pauta ou de qualquer outra comunicação, consoante preconizado em sua Súmula 431: "*É nulo o julgamento de recurso criminal, na segunda instância, sem prévia intimação ou publicação da pauta, salvo em* habeas corpus."

Contudo, a partir da Emenda Regimental nº 17, de 9.2.2006 (RHC nº 90.891-GO, Rel. Min. Cezar Peluso, publicado no *DJ* em 24.4.2007), foi conferida nova redação ao art. 192, parágrafo único-A do Regimento Interno do Supremo Tribunal Federal, estando assim redigido: "*Parágrafo único-A. Não ocorrendo a apresentação em mesa na sessão indicada no* caput, *o impetrante do* habeas corpus *poderá requerer seja cientificado pelo Gabinete, por qualquer via, da data do julgamento.*"

Em homenagem ao princípio da ampla defesa, compreendemos que há de se aplicar tal entendimento nas situações (fora dos casos expressos em lei, por evidente) nas quais a defesa requerer expressamente seja intimada para realizar manifestação perante a sessão de julgamento. Assim, e por exemplo, apregoado processo para julgamento de recurso, se houver o adiamento e havendo requerimento, deverá o advogado ser intimado da data em que o feito será levado em mesa para deliberação, salvo se já antecipado pelo relator em qual data trará os autos novamente perante a Corte.

Jurisprudência

564.17.2. [...] O art. 7º, § 2º-B, da Lei 8.906/1994, incluído pela Lei 14.365/2022, não previu sustentação oral em recursos interpostos contra decisão monocrática que não conhece do agravo em recurso especial. [...] *(Agravo Regimental na Petição no Agravo em Recurso Especial nº 2.295.539-SP, STJ, STJ, 5ª Turma, Rel. Min. Reynaldo Soares da Fonseca, julgado em 23.5.2023, publicado no DJ em 29.5.2023)*

564.17.2. *[...] "Como se extrai do art. 7º, § 2º-B, III, da Lei 8.906/1994, a inovação introduzida no EOAB pela Lei 14.365/2022 garantiu ao advogado o direito de sustentação no agravo interno ou regimental em sede de recurso especial, mas nada dispôs sobre o julgamento de agravo regimental no agravo em recurso especial"* (AgRg no AREsp n. 2.170.433/PA, Quinta Turma, Rel. Min. Ribeiro Dantas, DJe de 10/10/2022). [...] *(Agravo Regimental no Agravo em Recurso Especial nº 2.172.439-RS, STJ, 5ª Turma, Rel. Min. convocado Jesuíno Rissato, julgado em 22.11.2022, publicado no DJ em 2.12.2022)*

564.17.2. Requerida intimação ou ciência prévia para tanto, deve ser garantido à defesa, sob pena de nulidade, o exercício do ônus de comparecer à sessão de julgamento de *habeas corpus* e expor oralmente as razões da impetração (*Habeas Corpus nº 91.743-7/BA, STF, Rel. Min. Cezar Peluso, 2ª Turma, publicado no* DJ *em 25.4.2008*).

564.17.2. [...] Até recentemente a jurisprudência do Pretório Excelso, com precedentes de ambas as turmas (HC 86.186/GO, Segunda Turma, Rel. Min. Gilmar Mendes, *DJU* de 17.8.2007) era no sentido de que seria incumbência do advogado (impetrante) acompanhar o regular andamento do processo, em razão de o *habeas corpus* não depender de pauta ou de qualquer outra comunicação, caso pretendesse fazer sustentação oral quando de seu julgamento (HC 92.829/SP, Primeira Turma, Rel. Min. Menezes Direito, *DJU* de 26/10/2007 – medida liminar), sendo que este ato não era reconhecido como essencial à defesa (HC 85.845/BA, Segunda Turma, Rel. Min. Carlos Velloso, *DJU* de 23.9.2005). Nesse sentido, inclusive é o teor da Súmula nº 431 da Augusta Corte: "*É nulo o julgamento de recurso criminal, na Segunda instância, sem prévia intimação ou publicação da pauta, salvo em 'habeas corpus'.*" No entanto, a orientação adotada em relação às sustentações orais em sede de *habeas corpus* foi alterada a partir da Emenda Regimental nº 17 de 9 de fevereiro de 2006 (RHC 90.891/GO, Segunda Turma, Rel. Min. Cezar Peluso, *DJU* de 24.4.2007) que deu nova redação ao art. 192, parágrafo único – A do RI/STF. Assim, atualmente, prepondera o entendimento segundo o qual requerida a intimação ou ciência prévia da data em que o processo será levado em mesa para julgamento, deve ser garantido à defesa, sob pena de nulidade, o exercício do ônus de comparecer à sessão de julgamento do *habeas corpus* e expor oralmente as razões da impetração (RHC 89.165/SP, Segunda Turma, Rel. Min. Cezar Peluso, *DJU* de 29.9.2006). [...]– A comunicação, contudo, poderá ser feita por qualquer meio, de modo a não descaracterizar a celeridade e a urgência ínsitas ao processamento do *habeas corpus*. Acolhido o pleito para anular o julgamento do *habeas corpus* impetrado perante o e. Tribunal *a quo*, resta prejudicado, por ora, o outro pedido. *Habeas corpus* concedido para anular o julgamento do writ impetrado perante o e. Tribunal de Justiça de São Paulo, a fim de que se proceda a outro, ciente o impetrante, com antecedência, da data que venha a ser designada (*Habeas Corpus nº 89.469/SP, STJ, Rel. Min. Felix Fischer, 5ª Turma, unânime, publicado no* DJ *em 26.5.2008*).

....

564.18. Nulidade por (ausência) da sentença (inciso III, *m*): A previsibilidade do dispositivo em tela nos é extravagante, pois a ausência de sentença não é hipótese apenas de nulidade do processo, mas de própria inexistência do ato. Mais. A par da previsão, dizendo tratar-se de nulidade, há de se ver que, diversamente dos atos nulos, os atos inexistentes não produzem qualquer efeito. Portanto, tecnicamente, compreendemos que não seria hipótese de nulidade, mas de inexistência do ato. É o caso de sentença sem assinatura ou proferida por alguém que *não* é juiz. Não há como convalidar o ato inexistente por uma questão lógica: a convalidação seria a própria instituição do ato sem qualquer efeito pretérito. É dizer: faltam aos atos inexistentes elementos essenciais para a produção de quaisquer consequências jurídicas.

564.19. Nulidade pela ausência de recurso de ofício, nos casos em que a Lei o tenha estabelecido (inciso III, *n*): Ao tempo em que se remete a todas as considerações tecidas no item 574.3, ora se declina, mais sinteticamente, que, de acordo com o art. 574, CPP, há previsão ali de duas exceções ao Princípio da Voluntariedade, situações nas quais deve ser o processo submetido à instância superior, para que se confira a eficácia plena à decisão:

a) da sentença que conceder *habeas corpus* (contra a qual cabe recurso em sentido estrito, na forma do inciso X do art. 581 do CPP);
b) da decisão que absolver desde logo o réu com fundamento na existência de circunstância que exclua ou isente o réu de pena, nos termos do art. 411, CPP (contra a qual *cabia* recurso em sentido estrito, na forma do inciso VI do art. 581 do CPP. Atualmente, a absolvição sumária do procedimento do Júri é regulada pelo art. 415, CPP).

Segundo compreendemos, o disposto no *inciso II* do art. 574 do CPP não tem mais aplicabilidade *formal* após a vigência da Lei nº 11.689/08, na medida em que, diferentemente do que dispunha o art. 411, CPP, a nova redação conferida ao (agora) art. 416,

CPP, não mais refere o cabimento de *reexame necessário* da decisão que absolver sumariamente o réu. Assim, entende-se que tacitamente perdeu a aplicabilidade o inciso II do art. 574 do CPP.

É de se ver, ainda, que outras exceções também são encontradas no art. 746, CPP (*conferindo a obrigatoriedade de recurso de ofício quando concedida a reabilitação*) e no art. 7º da Lei nº 1.521/50 (*da decisão absolutória e de arquivamento de inquérito, em processos por crimes previstos na denominada Lei de economia popular*).

Nada obstante o termo que se utiliza (*recurso de ofício*), compreende-se que a providência determinada pela Lei se amolda com maior tecnicidade a um requisito de *eficácia integral* da decisão monocrática. Assim, à luz (formal) da legislação processual penal, mesmo que não interpostos recursos pelas partes interessadas, preenchidas as hipóteses abstratas de incidência da lei, o magistrado singular deverá, *sob pena de nulidade* (art. 564, III, *n*, CPP), remeter os autos para que haja uma verdadeira chancela pela instância superior ao que decidido na origem, sem o que não teria, a decisão de primeiro grau, eficácia plena.

No âmbito da compatibilidade material (substancial), há divergências doutrinárias – em sede jurisprudencial também – se as regras infraconstitucionais que estabelecem o reexame necessário teriam sido recepcionadas pelo disposto no inciso I do art. 129 da CF/88, que dispõe ser função institucional do Ministério Público "*promover, privativamente, a ação penal pública, na forma da lei*". Com outras palavras: se somente cabe ao *parquet* (*ou então aos legitimados nas hipóteses de ação penal privada subsidiária da ação penal pública incondicionada* – art. 5º, LIX, CF/88) a propositura da ação penal (e as decorrentes inconformidades processuais dela decorrentes), não se poderia admitir que o Poder Judiciário pudesse se sobrepor a tal comando constitucional a ponto de se continuar permitindo, à luz da legislação infraconstitucional, que tivesse iniciativa "recursal" em face de suas próprias decisões.

Majoritariamente, prepondera o entendimento da constitucionalidade dos dispositivos. Insistimos que se deva distar das posições extremadas. Há uma razão teleológica que dá substrato a tais dispositivos infraconstitucionais, que preveem o (denominemos assim) *reexame necessário*: o interesse público que se apresenta em tensão conflitiva com os interesses individuais daquele que se encontra no polo passivo do feito criminal.

Harmonizando-se ao estatuído no art. 129, I, CF/88, sempre entendemos que se *apresentava* como razoável admitir que a hipótese prevista (pelo menos) no inciso II do art. 574 do CPP se *revelava* como situação excepcional, na qual o juízo monocrático, em verdadeiro juízo *antecipatório* do mérito do processo (em tese, de competência do Tribunal Popular), acabava não submetendo o réu ao plenário diante de circunstância que, em sua compreensão, importasse em exclusão ou isenção de pena (tal como previsto agora nos arts. 415 e seguintes, CPP).

Assim, defendia-se que apenas no caso de absolvição sumária nos procedimentos do Júri é que se poderia justificar um *conceito mínimo de interesse público* para sustentar a manutenção do reexame necessário (preponderando sobre os direitos fundamentais daquele que se encontra no polo passivo do processo penal). Nas demais hipóteses, ao menos para nós, não remanesceria qualquer fundamento que sustentasse a compatibilidade vertical (constitucionalidade) dos dispositivos infraconstitucionais que tratam do recurso *ex officio*. Mas, como dito, este não é o entendimento majoritário – ao menos até o momento – da doutrina e da jurisprudência.

Aliás, e por fim, na hipótese da decisão que concede reabilitação *não visualizamos* mínimo *interesse público*, pois se trata de réu já condenado e a decisão anterior que impôs a pena não tem o chamado *reexame necessário*. Verdadeiro contrassenso, *data venia*.

Jurisprudência

564.19. [...] A absolvição sumária pode ser alcançada ao final do *iudicium accusationis*, constatada a inimputabilidade do réu. Entretanto, operado o trânsito em julgado da decisão que pronunciou o paciente, não pode ser esta decisão alterada pelo mesmo juiz togado em decorrência da superveniência de laudo que atesta a insanidade mental do acusado, pois já não mais ostentará competência, agora transferida ao Conselho de Sentença, juiz natural da causa (Precedentes). Antes do advento da Lei nº 11.689/2008, o trânsito em julgado da decisão que absolvia sumariamente o réu somente ocorria após a remessa voluntária ao e. Tribunal de origem, a teor da Súmula nº 423, da Suprema Corte: "*Não transita em julgado a sentença por haver omitido o recurso* ex officio, *que se considera interposto* ex lege." Assim, na espécie, não há que se falar em revisão *pro societate*. A uma, porque ainda não há decisão transitada em julgado. E, a duas, porque ao paciente foi indevidamente subtraída a possibilidade de ter a acusação contra ele formulada julgada pelos juízes competentes, os quais, poderão, em tese, até mesmo absolvê-lo (absolvição própria). O período em que o paciente ficou internado ao longo do feito deve, a teor do disposto no art. 42 do CP, eventualmente, ser considerado para fins de detração. Ordem denegada (*Habeas Corpus nº 141.887/ES, STJ, Rel. Min. Felix Fischer, 5ª Turma, publicado no* DJ *em 29.3.2010*).

564.19. [...] A intempestividade do recurso interposto pela acusação não impede o Tribunal de segunda instância de rever o ato sentencial se, contra este, foi manejado recurso de ofício pelo próprio Juízo recurso de ofício (CPP, art. 574). [...] 5. Ordem denegada (*Habeas Corpus nº 88589/GO, STF, Rel. Min. Ayres Britto, 1ª Turma, publicado no* DJ *em 23.3.2007*).

564.20. Nulidade pela não realização da intimação, nas condições estabelecidas em lei, para ciência de sentenças e despachos de que caiba recurso (inciso III, *o*): A razão do dispositivo está em nível constitucional. Segundo o art. 5º, LV, "*aos litigantes, em processo judicial ou administrativo, e aos acusados em geral são assegurados o contraditório e ampla defesa*, com os meios e recursos a ela inerentes". Desse modo, é fundamental que, de acordo com as regras previstas na legislação, as partes sejam devida e *regularmente* intimadas de decisões das quais caibam recursos. Salvo a hipótese de demonstração de ausência de prejuízo ou até de interesse no recurso, a inobservância da formalidade implicará nulidade do ato, devendo, conforme o caso, ser reaberta a oportunidade à(s) parte(s), inclusive com o afastamento (se já ocorreu) do trânsito em julgado.

De registro que a interposição da irresignação não é obrigatória (nem pela Defensoria Pública, diga-se), mas é fundamental seja o ato formal de *intimação* realizado, propiciando-se o manejo da inconformidade frente ao princípio da voluntariedade.

Destacamos ainda a existência de julgados (inclusive do STJ) reconhecendo que, quando houver pedido para tanto, a intimação deve se dar em nome de todos os advogados e não apenas de um dos representantes do réu, sob pena de nulidade. Há decisão em que se reconheceu expressamente que o uso dessa estratégia de forma equivocada poderia gerar vários incidentes e verdadeira inviabilização dos andamentos processuais.

Realmente, as intimações tanto quanto possível devem ser realizadas em nome de todos os defensores constituídos. Entretanto, não podemos concordar com o raciocínio acerca da necessidade de intimar todos os advogados sob pena de nulidade. As intimações e notificações estão previstas na legislação como forma de comunicação dos atos para o impulso processual. Não cabe às partes gerenciar quem serão os intimados de determinados atos. Isso não ocorre com os demais órgãos, notadamente Ministério Público e Defensoria Pública, que são representados por quem receber a intimação ou notificação. Não há sentido invocar regras do processo civil de forma analógica (art. 272, § 5º, CPP), pois há uma verdadeira quebra de paridade, bem assim um campo fértil para o desvirtuamento do procedimento.

Sobre as formas de contagem dos prazos e modo de realização das intimações, vide anotações ao art. 798, CPP. *Vide ainda anotações e precedentes no item 574.1.*

Jurisprudência

564.20. [...] nulidade processual decorrente da intimação realizada apenas em nome de um dos advogados constituídos, não observando o pedido expresso de que as intimações fossem feitas em nome de dois advogados.

2. Há duas questões em discussão: (i) definir se o pedido expresso de intimação em nome de dois advogados exige que ambas as intimações sejam realizadas, sob pena de nulidade; (ii) verificar se a intimação feita exclusivamente em nome de um advogado, em desrespeito ao pedido expresso, gera prejuízo ao acusado.

3. O § 5º do art. 272 do Código de Processo Civil – CPC/2015 determina que, havendo requerimento expresso para que as intimações sejam realizadas em nome de advogados específicos, o ato processual deve respeitar essa solicitação, sob pena de nulidade.

4. A utilização do termo "e" ao indicar os advogados para intimação demonstra a intenção de que ambos sejam intimados, não sendo suficiente a intimação de apenas um deles.

5. A não observância do requerimento expresso acarreta prejuízo à defesa, pois impede a plena atuação dos advogados escolhidos pela parte, em violação aos princípios do contraditório e da ampla defesa. No caso, o prejuízo foi concretizado pela perda do prazo recursal.

6. Reconhece-se a possibilidade de uso malicioso dessa prerrogativa por bancas de advocacia que requeiram intimações em nome de diverso advogados, o que poderia inviabilizar o andamento processual. Todavia, essa circunstância deverá ser tratada como exceção, devendo a regra geral observar a validade do requerimento, salvo abuso devidamente comprovado.

7. A jurisprudência do Superior Tribunal de Justiça – STJ reconhece anulidade de intimação quando não observada a solicitação expressa de intimação em nome de todos os advogados indicados, conforme precedente da Segunda Seção (EAREsp n. 1.306.464/SP).

8. Agravo regimental provido. *(Agravo Regimental no Habeas Corpus nº 880.361-BA, STJ, 5ª Turma, Rel. Min. Joel Ilan Paciornik, julgado em 10.9.2024, publicado no DJ em 17.9.2024)*

564.20 [...] A insurgência a destempo, em recurso de apelação contra a sentença condenatória, não viola o princípio do duplo grau de jurisdição, tampouco o princípio da ampla defesa. [...] *(Agravo Regimental no Recurso em Habeas Corpus nº 184.350-SP, STJ, 5ª Turma, Rel. Min. Messod Azulay Neto, sessão virtual de 27.2.2024 a 4.3.2024, publicado no DJ em 11.3.2024)*

564.20. [...] Falta de intimação da sentença de pronúncia que não impediu o paciente de recorrer da decisão e inclusive desistir, posteriormente, do recurso. A intimação não é um fim em si mesmo, mas apenas meio para a comunicação da realização de ato processual. Não se prestigia a forma pela forma. À falta de prejuízo (art. 563 do Código de Processo Penal), e tendo o ato apontado como viciado cumprido o seu objetivo (art. 570 do Código de Processo Penal), oportunizando ao paciente o exercício, ao seu tempo, do direito de recorrer, não há invalidade a ser reconhecida. *Habeas corpus* denegado (*Habeas Corpus 103.553, STF, 1ª Turma, Rel. Min. Rosa Weber, julgado em 26.6.2012, publicado no* DJ *em 11.9.2012*).

564.20. [...] 4. Para reconhecimento de eiva no processo penal, deve a alegação ser feita oportunamente e com a efetiva demonstração do prejuízo, conforme reza o art. 563 do Diploma Processual Penal, o que não se verificou *in casu*. De fato, ainda que não tenha havido a intimação pessoal do réu da sentença condenatória, o que não ficou demonstrado, houve efetiva interposição de recurso de apelação, a atrair a incidência da máxima *pas de nullité sans grief*. [...] (*Habeas Corpus nº 226.757/PR, STJ, 5ª Turma, Rel. Min. Marco Aurélio Bellizze, julgado em 25.09.2012, publicado no* DJ *em 3.10.2012*).

564.20. [...] 1. Conforme o posicionamento firmado pelo Supremo Tribunal Federal e por este Superior Tribunal de Justiça, a ausência de interposição de recurso cabível pelo advogado do réu, ainda que este seja assistido por defensor público ou dativo, não constitui falta de defesa, uma vez que, no art. 574, *caput*, do Código de Processo Penal, é adotado o princípio da voluntariedade dos recursos. [...] (*Recurso em Habeas Corpus nº 28.674/SP, 5ª Turma, unânime, Rel. Min. Laurita Vaz, julgado em 13.11.2012, publicado no* DJ *em 23.11.2012*).

564.21. Nulidade pela ausência de quórum legal para julgamento no Supremo Tribunal Federal e nos Tribunais de apelação (inciso III, *p*): Em julgamentos colegiados (como é o caso também do Júri), há exigência da presença de um número mínimo dos membros do Tribunal para a realização da sessão. Como regra, o número de participantes mínimo não está estabelecido na Lei *stricto sensu*, mas sim nos regimentos internos dos tribunais. Por evidente, os regimentos internos não podem dispor de forma contrária à legislação. A desobediência da regra de quórum mínimo gerará a nulidade do julgamento em qualquer órgão colegiado que possua atribuição de natureza penal ou processual penal.

564.22. Nulidade pela omissão de formalidade que constitua elemento essencial do ato (inciso IV): Transbordando das especificações insertas no inciso III, o dispositivo em voga estabelece regra ampla no sentido de que haverá nulidade pela omissão de formalidade que constitua elemento essencial do ato. A amplitude é tal que resta impossível fazer uma enumeração de quantas situações poderiam ser aqui abarcadas. O que se faz de relevo destacar é que o dispositivo merece uma interpretação criteriosa diante do caso concreto à luz de todos os princípios que regulam a matéria de nulidades, na linha do que já enfrentado *especialmente* nos itens 563, 565 e 566.

Porém uma advertência nos é essencial: o art. 572, CPP, refere em seu *caput* que as nulidades previstas *inclusive* no inciso IV considerar-se-ão sanadas se: (a) não forem arguidas em tempo oportuno, nos termos do art. 571, CPP; (b) se, praticado por outra forma, o ato tiver atingido o seu fim (aqui aflora o inter-relacionamento com o princípio da instrumentalidade das formas); e (c) se a parte, ainda que tacitamente, tiver aceitado os seus efeitos.

A interpretação e a aplicação do dispositivo em tela devem ser conduzidas com cautela, embora já tenhamos destacado anteriormente (vide item 563.3) que nosso posicionamento caminha no sentido de que nem toda nulidade (absoluta ou relativa) do *ato* processual deverá implicar nulidade do *processo*.

Jurisprudência

564.22. [...] Nos termos do art. 564, IV, do CPP, a intimação do réu para constituir novo defensor somente é devida nos casos em que o advogado por ele constituído, embora devidamente intimado, permanece inerte na fase das alegações finais, sendo que o mesmo não se exige no tocante aos recursos especial e extraordinário, pois compete à defesa promover a análise da conveniência e oportunidade da interposição, o que não caracteriza deficiência na defesa técnica. Entendimento diverso violaria os princípios da segurança jurídica, da lealdade processual, da razoabilidade e da boa-fé objetiva, pois permitiria manobras ardilosas objetivando a reabertura de prazo recursal diante da inércia da defesa dentro do prazo previsto em lei. [...] (*HC nº 345.492-ES, STJ, 5ª Turma, unânime, Rel. Min. Ribeiro Dantas, julgado em 6.10.2016, publicado no* DJ *em 26.10.2016*).

564.23. Nulidade por deficiência dos quesitos ou das suas respostas e contradição entre estas (parágrafo único): Reporta-se às anotações feitas no item 564.16, na medida em que não visualizamos razão de haver dúplice tratamento ao tema de quesitos no âmbito da especificação das nulidades de que trata o art. 564, CPP.

564.24. Nulidade em decorrência de decisão carente de fundamentação: O inciso V foi inserido no art. 564 do CPP pela Lei nº 13.964/2019. Nunca se teve dúvida alguma (mesmo antes dessa inserção) de que, nos termos do previsto de forma geral na Constituição (art. 93, IX, primeira parte, CF), toda decisão judicial deve ser devidamente *fundamentada*. O que se fez agora foi trazer um detalhamento das condições em que se considera uma decisão sem a devida fundamentação (incisos do § 2º do art. 315 do CPP, também na redação da Lei nº 13.964/2019).

Diante dessa nova *especificação* legislativa, antevê-se que, doravante, serão muitas as arguições de *nulidades* embasadas na tese de que a decisão judicial (*interlocutória, sentença ou acórdão*) é carente de fundamentação.

Duas observações relevantes precisam ser aqui feitas.

A primeira, que é preciso afastar subjetivismos e teses *genéricas* de que a decisão da qual se discorda não tem fundamentação suficiente. Como alertamos no item 315 *retro* – e que tem aplicabilidade para todas as discussões acerca de suposta ausência de fundamentação –, quem arguir nulidade por *carência* de fundamentação deverá indicar, de *forma objetiva*, qual a falha na decisão e onde ela contrasta com a tese desenvolvida pela parte interessada.

A segunda, conforme já destacamos alhures (563.1) e na exata compreensão da jurisprudência do STJ e do STF, para o reconhecimento de eventual nulidade (absoluta ou relativa), a regra é a necessidade da demonstração do prejuízo concreto advindo da decisão atacada.

Portanto, há de se ter o devido cuidado com esse dispositivo, que, repita-se, não poderá ser utilizado como uma *tábua de salvação* para sustentar, de forma genérica e abstrata, nulidade de decisões judiciais *supostamente* carentes de fundamentação.

Por fim, destacamos que melhor seria considerar a existência de *nulidade* unicamente quando uma decisão *não possuir fundamentação* (que difere, e muito, de uma decisão que possui *fundamentação insuficiente*). No caso de fundamentação insuficiente, tecnicamente se deveria falar em reforma da decisão, e não de sua *nulidade*.

Art. 565. Nenhuma das partes poderá arguir nulidade a que haja dado causa, ou para que tenha concorrido, ou referente a formalidade cuja observância só à parte contrária interesse.

565.1. Considerações gerais e fundamentais: Também um dos vértices fundamentais da matéria regulatória das nulidades no processo penal, o dispositivo em foco traz três ordens determinantes para o desenvolvimento do raciocínio na análise dos casos concretos em que se afere a existência (ou não) da nulidade.

565.1.1. A primeira: Nenhuma das partes poderá arguir nulidade a que haja dado causa. Embora não tenha somente essa característica, mas há de se fincar que a razão ética deste dispositivo é hialina. Com efeito, a lealdade processual precisa ser observada. Não só como imperativo moral essencial que decorre de um devido processo legal que se desenvolve num Estado Social e Democrático de Direito, como porque também há dispositivo expresso da legislação (art. 14, II, CPC/1973 – *Compete às partes e aos seus procuradores: [...] proceder com lealdade e boa-fé*) que se revela aplicável *in totum* ao processo penal (art. 3º, CPP). Nos termos do CPC/2015 (Lei nº 13.105/2015), art. 5º, "aquele que de qualquer forma participa do processo deve comportar-se de acordo com a boa-fé".

Fácil visualizar que se procura afastar a eventual torpeza das partes na condução de seus comportamentos írritos no processo penal. Noutras palavras, quer-se impedir que a parte que age com o fim premeditado de gerar a nulidade venha, no futuro, querer dela se beneficiar. Em síntese, o Juiz não pode aceitar e chancelar atos abusivamente praticados sob o suposto pálio da ampla defesa, quando, em verdade, de forma até camaleônica, estariam sendo desvirtuados os fins das normas e dos procedimentos criados para outra finalidade.

Assim, em algumas vezes são constatadas situações em que a defesa, com o fim único de retardar o processo penal (quando não na busca de eventual prescrição retroativa), arrola dolosamente testemunhas (normalmente para serem ouvidas por intermédio de cartas precatórias) com endereços equivocados ou até inexistentes. Não localizadas as testemunhas (fim pretendido desde o início) e já decorrido certo lapso de tempo, pede a substituição por outras testemunhas, muitas vezes por intermédio de outras precatórias. Acaso ficar demonstrado o agir doloso e que as novas testemunhas arroladas efetivamente não servem para qualquer elucidação dos *fatos* apurados no processo penal, o indeferimento do pleito é de rigor, sem que daí decorra qualquer malferimento às regras atinentes ao devido processo, e, especificamente, à ampla defesa. É que de ampla defesa tecnicamente não se trata, e sim o que denominamos de *abuso desvirtuado da defesa*, que não se compatibiliza – nem de longe – com os cânones constitucionais atinentes à matéria.

Compreendemos, porém, que, em determinadas situações (sempre excepcionalmente, mediante a prudente análise do caso concreto), diante da aplicação *real* do princípio da ampla defesa, não haverá outra alternativa senão a declaração da nulidade, mesmo que provocada pela parte que a pretende aproveitar.

Novo exemplo pode auxiliar para a melhor compreensão do que afirmado.

Diz (corretamente) a Súmula 523 do Supremo Tribunal Federal que "*no processo penal, a falta da defesa constitui nulidade absoluta, mas a sua deficiência só o anulará se houver prova de prejuízo para o réu*". Imagine-se que, desbordando de todos os seus deveres fundamentais, dolosamente determinado defensor deixa seu cliente sem defesa, sequer arrolando testemunhas, quando elas, sabidamente, existiam e seriam essenciais para o réu. Indubitável que a ausência de defesa (e parece não haver dúvidas de que, no exemplo, se está diante de *ausência* de defesa) decorreu de comportamento atribuível unicamente à defesa. Melhor dizendo: ao defensor.

Numa aplicação meramente subsuntiva da primeira parte do art. 565, CPP, poderá decorrer aparente conclusão no sentido de que não se deveria declarar a nulidade. Tal não nos parece. Ao réu não se pode aplicar *penalidade* decorrente de ato atribuível ao seu defensor. O processo é nulo sim por absoluta falta de defesa, devendo ser reiniciado mediante a aplicação do disposto no art. 573, CPP (Princípio da Causalidade), com a indicação de novo defensor (dando-se a oportunidade ao réu de fazê-lo, ou, diante de seu eventual silêncio, deverá ser indicado pelo julgador). É verdade que se poderá contra-argumentar que a conduta hipotética imaginada acima e adotada pela defesa esteja sendo compactuada pelo réu.

Nesse caso, compete não só ao Ministério Público (como fiscal da lei), mas também ao juiz atuar preventivamente e não permitir que atos de jaez sejam praticados no processo penal. Como diz Hélio Tornagui (*Curso de processo penal,* Saraiva, p. 475), cabe ao juiz prover a regularidade do processo, que se dá mediante dupla ação: positiva, ao determinar o que há de ser feito; negativa, ao desfazer (ou evitar que se faça) o mal feito por seus auxiliares, pelas partes ou até por terceiros que intervenham no processo. Reiteramos entendimento de que o Juiz não pode ser um espectador da vontade das partes, impassível diante de fatos que dificultem a aplicação da Lei penal. Ele é o condutor do processo e, provavelmente melhor do que ninguém, conhece o processo que está sob seus olhos. Diante de uma sociedade que reclama Justiça rápida e eficiente, mas sem desbordar jamais dos princípios garantistas, tem o dever de evitar atos que levem ao desprestígio do próprio devido processo.

Entendemos necessário ainda complementar as observações. Com efeito, e correlacionado diretamente com o tema das obrigações processuais penais positivas, o art. 6º do NCPC refere que "*todos os sujeitos do processo devem cooperar entre si para que se obtenha, em tempo razoável, decisão de mérito justa e efetiva*". Importante deixar claro: num procedimento processual penal (investigativo ou já ação penal), a defesa *não tem* qualquer *dever* de cooperar quanto ao *objeto* da discussão. Ou seja, não tem dever de *cooperar e produzir provas contra* o interesse do réu ou investigado. Há se manter intangível o princípio "*nemo tenetur se detegere*", na medida em que o ônus da prova acerca da autoria e materialidade é da acusação.

A cooperação no processo não importará jamais produção de provas contra os interesses da defesa, mas não adotar procedimentos írritos com a finalidade de atrapalhar a busca das provas essenciais ao processo. Significa, apenas, que as partes deverão agir de modo a não comprometer o *regular andamento do processo*, já que o "*fim da colaboração está em servir de elemento para organização de um processo justo idôneo a alcançar uma decisão de mérito justa e efetiva*" (MARINONI, Luiz Guilherme; ARENHART, Sérgio Cruz; MITIDIERO, Daniel. *Novo Código de Processo Civil comentado.* São Paulo: Revista dos Tribunais, 2016, p. 101), inclusive em âmbito processual penal. Ou, como dizem ainda os mesmos autores, o "*Estado Constitucional é um Estado marcado pelo seu dever de dar tutela aos direitos, com o que deve promover os fins ligados à pessoa humana e não antepor barreiras para o seu adequado desenvolvimento*" (op. cit., p. 101). A equação é simples: por meio desse *standard* de comportamento, estimula-se e impõe-se que as partes adotem condutas compatíveis (e não *írritas*) para o desenvolvimento *efetivo* de seus papéis, inclusive na produção probatória. Sem excessos, nem deficiências. Sem abusos, muito menos prejuízos, compreendendo-se que o processo é *instrumento* para a efetiva realização do direito material, que se constitui naquilo que foi possível reconstruir e de forma célere no âmbito do processo, sobre o que se debruçará o juiz para decidir à luz do sistema vigente.

Jurisprudência

565.1.1. [...] 1. Defensor constituído interpôs apelação, mas não apresentou as respectivas razões, motivo pelo qual os autos foram baixados em diligência para ser constituído novo defensor, ocasião em que não foi localizado, quando então foram remetidos os autos à Defensoria Pública, que apresentou razões de apelação.[..]

3. Inviável a defesa valer-se de suposto prejuízo decorrente de sua omissão, para invalidar a ação penal (CPP, art. 565). Vige no sistema processual penal o princípio da lealdade, da boa-fé objetiva e da cooperação entre os sujeitos processuais.

4. Além disso, sem a demonstração de efetivo prejuízo causado à parte, em atenção ao disposto no art. 563 do Código de Processo Penal, não se reconhece nulidade no processo penal. E, no

particular, nomeada a Defensoria Pública e apresentadas razões a contento, não há de se falar em prejuízo à defesa [...] (*Agravo regimental no Habeas corpus n° 246.772 STF, 1a Turma, Rel. Min. Alexandre de Moraes, julgado em 05.11.2024, publicado no DJ em 13.11.2024*)

565.1.1. [...] 1. Na hipótese dos autos, a defesa se insurge, em síntese, contra acórdão de apelação que condenou o paciente pelos crimes de receptação e posse ilegal de arma de fogo. Contudo, o acórdão impugnado foi proferido há mais de 19 anos, em 2/6/2005, tendo a defesa se insurgido contra as alegadas nulidades apenas na presente oportunidade, o que se assemelha à rechaçada nulidade de algibeira. 2. *Relevante destacar, outrossim, que o tema foi tratado de forma objetiva e não subjetiva. Quer dizer que não se está a afirmar que a defesa, deliberadamente, teve a intenção de "guardar a nulidade no bolso", mas que a não alegação de uma nulidade oportunamente revela sua aceitação e a suscitação posterior denota comportamento contraditório, o que não é aceito pela jurisprudência pátria.* (AgRg no HC n. 792.187/SC, relator Ministro Reynaldo Soares da Fonseca, Quinta Turma, julgado em 6/3/2023, DJe de 10/3/2023.) [...] (*Agravo Regimental no Habeas Corpus n° 891.779-RJ, STJ, 5ª Turma, Rel. Min. Reynaldo Soares Da Fonseca, julgado em 5.11.2024, publicado no DJ em 6.11.2024*)

565.1.1. [...] Inviável a defesa valer-se de suposto prejuízo decorrente de sua omissão, para invalidar a ação penal (CPP, art. 565). Vige no sistema processual penal o princípio da lealdade, da boa-fé objetiva e da cooperação entre os sujeitos processuais. Ainda, sem a demonstração de efetivo prejuízo causado à parte, em atenção ao disposto no art. 563 do CPP, não se reconhece nulidade no processo penal. [...] (*Agravo Regimental no RHC nº 241.647, STF, 1ª Turma, Rel. Min. Alexandre de Moraes, julgado em sessão virtual encerrada em 21.6.2024, publicado no DJ em 28.6.2024*)

565.1.1. [...] O Superior Tribunal de Justiça tem entendido que, concorrendo a defesa para a ocorrência da alegada nulidade, não se acolhe o pedido em razão da inobservância ao princípio da boa-fé processual. [...] Portanto, operou-se a preclusão, porquanto o advogado constituído não apresentou as razões no prazo adequado e, somente após a apresentação de razões pela Defensoria Pública, manifestou-se apresentando a referida peça processual, o que faz parecer querer valer-se a defesa da própria torpeza a fim de fazer retroceder a ação penal e beneficiar-se da repetição de atos que retardariam sobremaneira o deslinde da ação. [...] (*Agravo Regimental no HC nº 893.866-MG, STJ, 6ª Turma, Rel. Min. Antônio Saldanha Plaheiro, julgado em 27.5.2024, publicado no DJ em 31.5.2024*)

565.1.1. [...] 3. Na hipótese, a despeito de o paciente encontrar-se foragido desde a data dos fatos e de serem infrutíferas as diversas tentativas de intimação pessoal do acusado, durante toda a instrução processual ele foi devidamente assistido, tendo respondido a todos os atos processuais por meio de advogado constituído, de modo que a finalidade da citação foi integralmente alcançada. 4. Desse modo, não há como reconhecer a nulidade por cerceamento de defesa, mormente porque não comprovado prejuízo decorrente da citação por edital, sendo certo que o paciente não pode beneficiar-se de sua própria torpeza a fim de nulificar os atos processuais a que deu causa. [...] (*Agravo Regimental no Habeas Corpus nº 823.208-RJ, STJ, 6ª Turma, Rel. Min. Antonio Saldanha Palheiro, sessão virtual de 23.4.2024 a 29.4.2024, publicado no DJ em 3.5.2024*)

565.1.1. [...] A Segunda Turma entende possível a oferta de ANPP nos processos em curso à época da nova norma. Todavia, cabe à defesa requerê-la em sua primeira intervenção nos autos após a vigência do art. 28-A do CPP, sob pena de preclusão, em observância da boa-fé objetiva e do princípio da cooperação processual" [...] (*Agravo Regimental no Habeas Corpus nº 216.453, STF, 2ª Turma, Rel. Min. Gilmar Mendes, por maioria, sessão virtual de 20.10.2023 a 27.10.2023, publicado no DJ em 24.11.2023*)

565.1.1. *[...] Este Tribunal entende que tendo a defesa contribuído para a ocorrência da alegada nulidade, não lhe é lícito, depois, suscitar o vício, observada a vedação à proibição de atos contraditórios, consubstanciado no princípio do "Venire Contra Factum Proprium". A propósito: AgRg no HC n. 784.940/MS, relatora Ministra Laurita Vaz, Sexta Turma, DJe de 29/3/2023. [...] (Agravo Regimental nos Embargos de Declaração no Agravo em Recurso Especial nº 2.436.138-SP, STJ, 5ª Turma, Rel. Min. Reynaldo Soares da Fonseca, julgado em 21.11.2023, publicado no DJ em 27.11.2023)*

565.1.1. [...] Por fim, conforme bem destacado pelo Ministério Público Federal, em seu parecer, na fase do art. 402 do Código de Processo Penal, as partes dispensaram a realização de diligências complementares, não sendo possível, portanto, alegar cerceamento de defesa, haja vista a inércia defensiva. De fato, conforme disciplina o art. 565 do Código de Processo Penal, a defesa não pode alegar vício processual a que deu causa. [...] *(Agravo Regimental no Recurso em Habeas Corpus nº 187.215-GO, STJ, 5ª Turma, Rel. Min. Reynaldo Soares da Fonseca, sessão virtual de 7.11.2023 a 13.11.2023, publicado no DJ em 16.11.2023)*

565.1.1. [...] 5. Não pode a defesa valer-se de suposto prejuízo a que venha a dar causa ou para o qual concorra, nos termos do artigo 565 do Código de Processo Penal. Precedente. 6. Vigoram no ordenamento jurídico brasileiro os princípios da lealdade e boa-fé objetiva, de sorte que não se coaduna com os referidos institutos a intenção da defesa de, sob o pretexto de observância do devido processo legal, subverter o sistema processual por meio de formulação pretensão que não encontra amparo legal. [...] *(Agravo Regimental na Revisão Criminal nº 5.532, STF, 1ª Turma, Rel. Min. Luiz Fux, sessão virtual final de 29.9.2023 a 6.10.2023, publicado no DJ em 24.10.2023)*

565.1.1. [...] A decisão que, no âmbito da negativa do fato ou da negativa da autoria, seja por sentença de mérito ou rejeição da denúncia, paralisa a instância administrativa. [...] O fundamento protetivo do *ne bis in idem* refere-se à boa-fé objetiva e à vedação do comportamento contraditório por parte do Estado, por seus órgãos ou agentes, na perspectiva do *venire contra factum proprium* (vedação de comportamento contraditório), consistente na estabilização de sua situação jurídica doarguido perante o Estado, desde que exauriente a decisão quanto à negativa da autoria ou à inexistência dos fatos. [...] A pretensão de somente alcançar situações acobertadas pela coisa julgada decorrente de sentença absolutória de mérito é incompatível com a noção de estabilidade decisória orientada pela boa-fé objetiva e a dimensão material do ne bis in idem. A perspectiva de ampliação do espectro de garantias impõe a extensão de efeitos da decisão penal desde que a instância penal tenha exaurido, por decisão definitiva (sentença ou rejeição da denúncia por ausência de justa causa material.*(Reclamação nº 57.215-Mérito, STF, 2ª Turma, Rel. Min. Gilmar Mendes, por maioria, sessão virtual final de 23.6.2023 a 30.6.2023, publicado no DJ em 2.10.2023)*

565.1.1. [...] O art. 6.º do Código de Processo Civil dispõe que *"todos os sujeitos do processo devem cooperar entre si para que se obtenha, em tempo razoável, decisão de mérito justa e efetiva"*. Ou seja, não compete apenas ao Estado-Juiz a condução da causa. É essencial que as partes formulem suas pretensões de forma clara, objetiva, acompanhadas dos documentos que amparem de forma precisa o direito invocado, tanto para evitar o prolongamento desnecessário da marcha processual, como o indeferimento de seus pedidos por questões formais que lhes competem observar. [...] *(Agravo Regimental no Habeas Corpus nº 764.898-SP, STJ, 6ª Turma, Rel. Min. Laurita Vaz, sessão virtual de 15.8.2023 a 21.8.2023, publicado no DJ em 25.8.2023)*

565.1.1. [...] No sistema processual penal vigora o princípio da lealdade e da boa-fé objetiva, não sendo lícito à parte arguir vício com o qual tenha concorrido, sob pena de se violar o princípio do *nemo auditur propriam turpitudinem allegans*. [...] *(Agravo Regimental no Habeas Corpus nº 808.230-PE, STJ, 5ª Turma, Rel. Min. Reynaldo Soares da Fonseca, julgado em 6.6.2023, publicado no DJ em 15.6.2023)*

565.1.1. [...] A parte recorrente apresentou, voluntariamente, as alegações finais enquanto os autos ainda estavam com vistas ao Ministério Público, de forma que é incabível a pretensão de se buscar nulidade por tal fato. A regra que veda o comportamento contraditório (*venire contra factum proprio*) aplica-se a todos os sujeitos processuais. Não é aceitável, portanto, que a defesa tenha apresentado voluntariamente suas alegações finais, antes da acusação e, agora, venha arguir a ocorrência de nulidade por tal fato. A teor do art. 565 do CPP: *nenhuma das partes poderá arguir nulidade a que haja dado causa, ou para que tenha concorrido.* [...] *(Agravo Regimental no Agravo em Recurso Especial nº 2.321.892-SP, STJ, 5ª Turma, Rel. Min. Reynaldo Soares da Fonseca, julgado em 27.6.2023, publicado no DJ em 30.6.2023)*

565.1.1 [...] A advogada que patrocina o agravante perante esta Corte Superior é a mesma que o representou perante as instâncias ordinárias. Há aqui um comportamento contraditório da defesa, que foi devidamente intimada e não compareceu à sessão virtual de julgamento, e, ainda assim, insurge-se contra o julgamento do recurso levado a efeito pelo Tribunal, o que afasta a possibilidade de reconhecimento de qualquer mácula, em observância ao princípio do *venire contra factum proprium*, previsto no art. 565 do Código de Processo Penal. *[...] (Agravo Regimental* *nos Embargos de Declaração no Habeas Corpus nº 800.437-BA, STJ, 6ª Turma, Rel. Min. Antonio Saldanha Palheiro, sessão virtual de 16.5.2023 a 22.5.2023, publicado no DJ em 25.5.2023)*

565.1.1 [...] A regra que veda o comportamento contraditório (*venire contra factum proprium*) aplica-se a todos os sujeitos processuais. Não é aceitável, portanto, que, após o desinteresse em acompanhar o processo, com a mudança de endereço sem informar o endereço ao Juízo, venha o acusado agora a arguir a nulidade da revelia. [...] *(Agravo Regimental no Agravo em Recurso Especial nº 2.265.981–SC, STJ, 5ª Turma, Rel. Min. Reynaldo Soares da Fonseca, julgado em 28.2.2023, publicado no DJ em 6.3.2023)*

565.1.1 [...] Nos termos do art. 565 do Código de Processo Penal, não cabe à parte arguir nulidade a que haja dado causa, ou para que tenha concorrido. 5. Aquele que concorre para o vício processual não pode arguir nulidade, conforme dispõe o art. 565 do CPP (RMS n. 46.048/SP, Ministro Rogerio Schietti Cruz, Sexta Turma, DJe de 1º/10/2021). [...] *Nos termos do artigo 565 do CPP, nenhuma das partes poderá arguir nulidade a que haja dado causa, ou para que tenha concorrido, ou referente a formalidade cuja observância só à parte contrária interesse* (AgRg no REsp n. 1.935.350/SC, Ministro Reynaldo Soares da Fonseca, Quinta Turma, DJe de 20/8/2021). [...] *(Recurso Especial nº 1.807.298–PB, STJ, 6ª Turma, Rel. Min. Sebastião Reis Júnior, julgado em 11.10.2022, publicado no DJ em 14.10.2022)*

565.1.1. [...] 4. Nos termos do art. 565 do Código Processo Penal, nenhuma das partes poderá arguir nulidade a que haja dado causa, ou para que tenha concorrido, como no caso em apreço, tendo em vista que ninguém pode se beneficiar da própria torpeza, diante do princípio da lealdade processual. 5. O princípio da boa-fé deve ser observado não só como uma máxima, mas, também, porque o art. 5.º do Código de Processo Civil de 2015, pelo qual "*[a]quele que de qualquer forma participa do processo deve comportar-se de acordo com a boa-fé*", tem aplicação no Código de Processo Penal, por força do art. 3.º, verbis: ***"Art. 3º A lei processual penal admitirá interpretação extensiva e aplicação analógica, bem como o suplemento dos princípios gerais de direito."*** 6. Além da atipicidade processual do ato praticado, certo é que, independentemente do grau da nulidade, a teor do art. 563 do Código de Processo Penal, "*nenhum ato será declarado nulo, se da nulidade não resultar prejuízo para a acusação ou para a defesa.*", conforme o princípio pas de nullité sans grief. 7. *In casu*, não demonstrado o alegado prejuízo decorrente da intimação por telefone, especialmente porque o ato processual atingiu seu desiderato, qual seja, dar ciência ao Agravante da data da audiência. 8. Conforme a jurisprudência do STJ, "*[d]iante do moderno processo penal, o qual preza pela manutenção dos atos que, embora praticados sem observância ao regramento legal, tenham efetivamente atingido seu objetivo, tem-se que não há se falar em nulidade na presente hipótese*"[...] *(Agravo Regimental no Agravo em Recurso Especial nº 2.000.331-TO, STJ, 6ª Turma, Rel. Min . Laurita Vaz, julgado em 22.2.2022, publicado no DJ em 3.3.2022)*

565.1.1. [...] A jurisprudência desta Corte Superior entende que não pode arguir nulidade a parte que lhe tenha dado causa ou que para ela tenha concorrido, conforme ocorrido na espécie. Inteligência do art. 565 do CPP. [...] É dever das partes contribuir para uma prestação jurisdicional célere e efetiva e evitar atuação contraditória a seus próprios atos (princípio da lealdade processual). [...] *(Agravo Regimental no Recurso em Habeas Corpus nº 88547/PE, STJ, 6ª Turma, unânime, Rel. Min. Rogerio Schietti Cruz, julgado em 15.6.2021, publicado no DJ em 22.6.2021)*

565.1.1. [...] No sistema processual penal vigoram os princípios da lealdade, da boa-fé objetiva e da cooperação entre os sujeitos processuais, não sendo lícito à parte arguir vício para o qual concorreu em sua produção, sob pena de se violar o princípio de que ninguém pode se beneficiar da própria torpeza – *nemo auditur propriam turpitudinem allegans*. O não comparecimento da advogada constituída do embargante à Sessão de Julgamento do Órgão Especial do Tribunal de Justiça do Estado de São Paulo em nada maculou o referido julgamento, afinal, de acordo com a jurisprudência desta Suprema Corte, a sustentação oral prevista no art. 12, I e II, da Lei n. 8.038/90, não é ato essencial à defesa, mas sim mera faculdade da parte: [...] *(Embargos Declaratórios no Recurso Ordinário em Habeas Corpus nº 187.927-SP, STF, 1ª Turma, por maioria, Rel. Min. Alexandre de Moraes, julgado em sessão virtual de 28.8.2020 a 4.9.2020, publicado no DJ em 5.10.2020).*

565.1.1. [...] Se o próprio réu constitui novo advogado em audiência, na forma *apud acta*, não pode alegar nulidade decorrente da falta de intimação da sentença quanto às antigas defensoras. Inteligência dos arts. 266 e 565 do CPP. [...] (*Agravo Regimental nos Embargos Declaratórios no Agravo em Recurso Especial nº 1.942.255/PR, STJ, 5ª Turma, unânime, Rel. Min. Ribeiro Dantas, julgado em 26.10.2021, publicado no DJ em 4.11.2021)*

565.1.1. [...] 1. Conforme o art. 565 do Código de Processo Penal, é inviável o reconhecimento de nulidade a que a própria parte deu causa. Nesse viés, tem-se que um dos alicerces do sistema processual pátrio é o princípio da boa-fé objetiva, que obriga todas as partes e interessados no processo a agir com lealdade. 2. Não se afigura a nulidade em razão da ausência do instrumento formal de mandato procuratório, visto que a parte, ciente da não juntada de instrumento procuratório, uma vez que o antigo causídico havia firmado termo de responsabilidade pelos atos praticados, alegou o vício apenas após a certificação do trânsito em julgado da condenação, sendo a defesa anteriormente intimada, por diversas vezes, para regularizar a representação processual, contudo, não o fez. [...] *(Recurso em Habeas Corpus nº 131.219-PR, STJ, 5ª Turma, unânime, Rel. Min. Reynaldo Soares da Fonseca, julgado em 22.9.2020, publicado no* DJ *em 28.9.2020).*

565.1.1. [...] Incidência do Princípio *Nemo auditur propriam turpitudinem allegans* (ninguém pode ser beneficiar da própria torpeza). Art. 565 do CPP. Princípio da Boa-fé e da lealdade processual. [...] Nos termos do art. 565 do Código de Processo Penal, *nenhuma das partes* poderá arguir nulidade a que haja dado causa, ou para que tenha *concorrido*. Daí decorre o princípio da lealdade processual, derivado da boa-fé. 3. Conforme a doutrina, *o legislador cuidou de afastar eventuais manobras* engendradas pela parte unicamente com a finalidade de obter a declaração de nulidade de seu ato, alcançando, com isso, o retrocesso na marcha processual, em prejuízo da parte contrária e da própria atuação jurisdicional. 4. De acordo com precedente desta Casa, *o Poder Judiciário não pode* compactuar com a chamada nulidade guardada, em que falha processual sirva como uma "carta na manga", para utilização eventual e oportuna pela parte, apenas caso seja do seu interesse. [...] *(Habeas Corpus nº 452.528-SP, STJ, 6ª Turma, unânime, Rel. Min. Sebastião Reis Júnior, julgado em 12.5.2020, publicado no* DJ *em 19.5.2020).*

565.1.1. [...] 4. De acordo com o artigo 565 do Código de Processo Penal, "*nenhuma das partes poderá arguir nulidade a que haja dado causa, ou para que tenha concorrido, ou referente a formalidade cuja observância só à parte contrária interesse*". 5. No caso dos autos, da leitura da ata da audiência verifica-se o réu estava acompanhado de seu advogado, que em momento algum contestou ou questionou o fato de seu cliente haver sido ouvido no início da assentada, não podendo, depois de concluída a fase instrutória, requerer a anulação do ato, uma vez que o ordenamento jurídico repudia a adoção de comportamentos contraditórios em sede processual. 6. O impetrante não logrou comprovar em que medida o paciente teria sido prejudicado com o fato de haver sido interrogado antes da colheita dos depoimentos das testemunhas de acusação e defesa, circunstância que reforça a impossibilidade de reconhecimento mácula aventada, nos termos do artigo 563 do Código de Processo Penal, que prescreve que "*nenhum ato será declarado nulo, se da nulidade não resultar prejuízo para a acusação ou para a defesa*". Precedentes do STJ e do STF. [...] *(Agravo Regimental no Habeas Corpus n. 499.104-SP, STJ, 6ª Turma, unânime, Rel. Min. Jorge Mussi, julgado em 2.4.2019, publicado no* DJ *em 9.4.2019).*

565.1.1 [...] Quanto à apontada negativa de vigência aos arts. 185 e 188, ambos do Código de Processo Penal, em virtude da falha no sistema de gravação do interrogatório, tem-se que o magistrado de origem questionou se a parte tinha interesse na realização de novo interrogatório, tendo a acusada manifestado "o desejo constitucional de permanecer em silêncio". Dessarte, revela-se, no mínimo, contraditório o pedido de nulidade por ausência de interrogatório, haja vista a própria recorrente ter afirmado que preferia permanecer em silêncio. Ademais, nos termos do art. 565 do Código de Processo Penal, "nenhuma das partes poderá arguir nulidade a que haja dado causa, ou para que tenha concorrido, ou referente a formalidade cuja observância só à parte contrária interesse". [...] *(Agravo Regimental em Recurso Especial n. 1.011.683-RJ, STJ, 5ª Turma, unânime, Rel. Min. Reynaldo Soares da Fonseca, julgado em 4.6.2019, publicado no* DJ *em 13.6.2019).*

565.1.1. [...] A multa por ato atentatório à dignidade da justiça prevista no art. 14, V e parágrafo único, do CPC/1973 e reproduzida, com os mesmos contornos, no art. 77, IV e § 2º, do CPC/2015, tem fundamento no dever de boa-fé para com a solução do litígio e, nesse sentido, pode ser imposta igualmente às partes ou a terceiros que sejam chamados de alguma forma a participar na solução da controvérsia, aí incluídos, é claro os auxiliares da justiça, dentre eles, o perito. 2. O embaraço ao exercício da jurisdição, inspirado *no contempt of court* do direito norte-americano, embora descrito no Código de Processo Civil, pode, também, ocorrer no processo penal, admitindo-se, assim, a imposição de multa por descumprimento de ordem judicial, também na seara penal, tanto em virtude da permissão de aplicação analógica admitida no art. 3º do Código de Processo Penal, quanto em razão da teoria dos poderes implícitos, segundo a qual, uma vez estabelecidas expressamente as competências e atribuições de um órgão estatal, ele está implicitamente autorizado a utilizar os meios necessários para poder exercer essas competências. 3. Esta Corte tem admitido a aplicação de multas diárias coercitivas (astreintes), instituto que também tem origem no processo civil (art. 461, § 4º, CPC/1973 ou art. 537 do CPC/2015), a terceiros que descumprem ordens judiciais proferidas na seara penal, mesmo em sede de inquérito policial. Confiram-se, a propósito, os seguintes precedentes: RMS 55.109/PR, rel. Min. Reynaldo Soares da Fonseca, 5ª Turma, julgado em 7.11.2017, DJe 17.11.2017; AgRg no RMS 54.105/RS, rel. Min. Felix Fischer, 5ª Turma, julgado em 24.4.2018, DJe 9.5.2018; RMS 55.019/DF, rel. Min. Joel Ilan Paciornik, 5ª Turma, julgado em 12.12.2017, DJe 1º.2.2018; RMS 54.444/RJ, rel. Min. Maria Thereza de Assis Moura, 6ª Turma, julgado em 12.9.2017, DJe 13.10.2017. [...] *(RMS n. 45.525-RN, STJ, 5ª Turma, unânime, Rel. Min. Reynaldo Soares da Fonseca, julgado em 19.6.2018, publicado no DJ em 29.6.2018)*

565.1.1. [...] V – No sistema processual penal aplicam-se os princípios da lealdade, da boa-fé objetiva e da cooperação entre os sujeitos processuais, não sendo lícito à parte arguir vício para o qual concorreu, sob pena de violação ao princípio de que ninguém pode se beneficiar da própria torpeza – *nemo auditur propriam turpitudinem allegans (RHC n. 94.446-MS, STJ, 5ª Turma, unânime, Rel. Min. Felix Fischer, julgado em 15.5.2018, publicado no DJ em 25.5.2018).*

565.1.1. [...] 3. A Defensoria Pública, ao reconhecer, nas razões do agravo regimental que, embora intimada pessoalmente, não compareceu à audiência de instrução e julgamento, acabou por admitir que deu causa e concorreu para a suposta nulidade cujo reconhecimento é por ela buscado, a qual, conforme sua postulação, decorreria da nomeação de defensor dativo para o ato e para a apresentação de alegações finais. 4. Situação em que o reconhecimento da existência de ilegalidade, ainda que por *habeas corpus* de ofício encontraria vedação no art. 565 do Código de Processo Penal, segundo o qual *nenhuma das partes poderá arguir nulidade a que haja dado causa, ou para que tenha concorrido.* [...] *(Agravo Regimental no Recurso Especial n. 1.569.920-PE, STJ, 6ª Turma, unânime, Rel. Min. Sebastião Reis Júnior, julgado em 4.4.2017, publicado no DJ em 17.4.2017).*

565.1.2. A segunda: Como (assim compreendemos) desdobramento da primeira, tem-se agora que, igualmente, não poderá a parte arguir nulidade se concorreu para sua realização. Aqui a parte não causa originariamente o ato, mas em razão de seu comportamento acaba por anuir (tácita ou até expressamente) com o ato realizado.

A solução a ser adotada é a mesma para a hipótese anterior.

Novamente recorrendo a exemplo, imagine-se a situação em que testemunha de defesa a ser ouvida por precatória, devidamente intimada no juízo deprecado, não comparece para o ato. O juízo deprecante é comunicado da não realização da audiência. A defesa insiste na oitiva, tendo-a por testemunha de suma relevância. Como, no exemplo imaginado, o réu se encontra preso preventivamente, para não prolongar mais o processo penal, o magistrado consigna nos autos se a defesa, ao insistir na oitiva, se compromete a levar a testemunha (imprescindível) para prestar seu depoimento independentemente de intimação (da defesa, que deve ser somente da expedição da carta precatória, e da própria testemunha), sob pena de desistência. A defesa concorda com o ato e com a condição. No dia novamente marcado no juízo deprecado para a tomada de depoimento, a testemunha (quando não também a própria defesa constituída) não se faz presente. Do reconhecimento ulterior da desistência, porque expressamente aceito pela defesa, não se poderá arguir qualquer nulidade (a não ser que se comprove cabalmente fato impeditivo do comparecimento na data aprazada). Indubitavelmente, na situação imaginada, a defesa concorreu para a não realização do ato pretendido. Assim, não há qualquer nulidade a ser declarada.

Jurisprudência

565.1.2. [...] No caso em apreço, tendo a defesa dispensado expressamente a presença do paciente nas audiências em que foram inquiridas as testemunhas arroladas pelas partes, não pode ela, agora, pretender a anulação da açao penal, uma vez que, de acordo com o artigo 565 do Código de Processo Penal, não possui interesse no reconhecimento da nulidade para a qual concorreu (*Habeas Corpus nº 236.202/SP, STJ, 5ª Turma, Rel. Min. Jorge Mussi, julgado em 20.9.2012, publicado no* DJ *em 3.10.2012*).

565.1.2. [...] Segundo consta dos autos, desde o início da ação penal, todos os CD's com o áudio das gravações telefônicas esteve à disposição da defesa, tendo, ainda, o magistrado de primeiro grau possibilitado a realização de audiência conjunta para a oitiva das mídias, oportunidade em que o paciente teria acesso ao seu conteúdo, contudo a defesa rejeitou a proposta. Ao rejeitar a realização da audiência para a oitiva das mídias, a defesa concorreu para a suposta nulidade que é por ela mesma agora suscitada, razão pela qual tem aplicação a regra do art. 565 do Código de Processo Penal. [...] *Habeas Corpus* parcialmente conhecido e, nessa parte, ordem denegada (*Habeas Corpus nº 218.200/PR, STJ, 6ª Turma, Rel. Min. Sebastião Reis Júnior, julgado em 21.6.2012, publicado no* DJ *em 29.8.2012*).

565.1.3. A terceira: Nenhuma das partes poderá arguir nulidade referente a formalidade cuja observância só à parte contrária interesse. Aqui um cuidado maior. Não há de se aplicar de forma cartesiana o dispositivo. É preciso bem compreendê-lo e como se dá sua aplicação.

No processo penal, as partes são acusação e defesa. Quando o Ministério Público é parte, sua ação e atuação desborda dos meros limites da acusação. Suas funções são de verdadeiro *custos iuris ou juris*. Como disse o Ministro Ayres Britto (HC nº 87.926-SP, publicado no *DJ* em 25.4.2008), ao que aderimos, "custos legis *é uma expressão ultrapassada: defesa da lei, defesa da legalidade. O Ministério Público defende toda a ordem jurídica, não só a lei; por exemplo, vela pela impessoalidade, pelo princípio da publicidade, pelo princípio da moralidade, pelo princípio da eficiência, não só pelo princípio da legalidade. Então, melhor seria chamar o Ministério Público de custos* iuris *ou júris. Ele é um defensor, custodiador de toda a ordem jurídica. Está assim na Constituição: 'incumbindo-lhe a defesa da ordem jurídica' – e em seguida –, 'do regime democrático' – e, por último – 'e dos interesses sociais e individuais indisponíveis'*". Esse entendimento também é corroborado pelo Superior Tribunal de Justiça quando reconhece que "*o Ministério Público, no exercício da ação penal pública, atua de forma dúplice, ou seja, intervém tanto como parte quanto como fiscal da lei* (rectius: *fiscal do Direito*), *em qualquer instância de jurisdição*" (*Habeas Corpus* nº 212.710-SP, STJ, 6ª Turma, unânime, Rel. Min. Rogério Schietti Cruz, julgado em 10.5.2016, publicado no *DJ* em 19.5.2016).

A partir dessas premissas, compreendemos que é dever do Ministério Público arguir nulidades também *em prol* do réu, mas com uma condicionante: o objetivo deve ser, efetivamente, proteção dos interesses do réu, que, sequer indireta e ulteriormente, poderá ser prejudicado (*vide anotações do item 577.1.2. Legitimidade do Ministério Público para impetrar* habeas corpus).

Na linha do que sustenta Alexander Araújo de Souza, "*como instituição de garantia (secundária), deve o Parquet tutelar, com base no princípio da isonomia, os direitos fundamentais de todos" (O Ministério Público como instituição de garantia. 2020, p. 138).* Essa compreensão não deve ser feita ainda exclusivamente sob a ótica dos mandamentos constitucionais, mas também à luz de um controle de convencionalidade, que deve ser exercido pelo Ministério Público. Assim, o processo penal deve ser "*alçado a meio de organização de um julgamento justo, destinado à realização efetiva dos direitos humanos e fundamentais, em favor de réus e investigados, vítimas da criminalidade e dos interesses objetivos de proteção da sociedade*". É que não se pode olvidar que "*deve todo membro do Ministério Público exercitar o controle de convencionalidade na integralidade do curso da persecução penal e em cada uma das oportunidades processuais que a ordem jurídica determina ao sistema de justiça a manifestação do Ministério Público. Nesse processo permanente de fiscalização deve se fazer sempre presente a consideração das normas convencionais e a jurisprudência da Corte IDH em face das normas da ordem jurídica interna que compõem o processo penal brasileiro*" (Mazzuoli, Valério; et alli. *O controle de convencionalidade pelo Ministério Público, 2020, p.164 -165).*

Já o contrário não visualizamos como possível: como todos os interesses da defesa são voltados (em tese) para a absolvição, falta-lhe legitimidade para postular nulidade de processo cuja inobservância em nenhum momento possa lhe beneficiar, e sim unicamente o titular da ação penal.

Jurisprudência

565.1.3. [...] 1. Segundo o entendimento majoritário desta Corte, não há nenhum vício a ser sanado nas hipóteses em que, apesar de intimado, o Ministério Público deixa de comparecer à audiência de instrução e o Magistrado, condutor do processo, formula perguntas às testemunhas sobre os fatos constantes da denúncia, mormente nas hipóteses em que a defesa não se insurge no momento oportuno e não há demonstração de efetivo prejuízo. 2. Eventual nulidade sobre a ausência do Membro do *Parquet* na audiência, que ouviu apenas as testemunhas de acusação, só poderia ser arguida pelo próprio Ministério Público, conforme prescreve o art. 565 do Código de Processo Penal, segundo o qual: "Nenhuma das partes poderá arguir nulidade a que haja dado causa, ou para que tenha concorrido, ou referente a formalidade cuja observância só à parte contrária interesse". [...] *(Agravo Regimental no RHC n. 62.461 – MG, STJ, 6ª Turma, unânime, Rel. Min. Rogerio Schietti Cruz, julgado em 3.10.2017, publicado no DJ em 9.10.2017)*

565.1.3. [...] Inexiste nulidade na ação penal por ter o Magistrado conduzido audiência de oitiva das testemunhas de acusação, inquirindo-as sobre os fatos constantes da denúncia, sem a presença do Membro do Ministério Público. Eventual prejuízo pela ausência do representante do Parquet, caso houvesse, só interessaria à acusação, sendo inadmissível o reconhecimento de nulidade relativa que só à parte contrária interessa. [...] (*Ag. Reg. no Recurso Especial nº 1.491.961-RS, STJ, 5ª Turma, unânime, Rel. Min. Reynaldo Soares da Fonseca, julgado em 8.9.2015, publicado no DJ em 14.9.2015*).

565.1.3. [...] No caso em tela, constata-se que, embora tenha havido defeito na formulação dos quesitos – na medida em que os quesitos relativos às qualificadoras foram questionados aos jurados antes do concernente à participação do Recorrente no delito – ou tenha ocorrido vícios no libelo acusatório, tais hipóteses, dissociadas da demonstração de efetivo prejuízo, sujeitam-se à preclusão quando não arguidas *opportuno tempore*, como *in casu*. "*Para efeito de invalidação do processo penal perante o Júri, não basta à parte meramente alegar inversão da or-*

dem de formulação dos quesitos (CPP, art. 484), eis que se impõe, a quem suscita a ocorrência de tal vício formal, o ônus de comprovar a efetiva verificação de prejuízo (CPP, art. 563), pois nenhum ato será declarado nulo, se da nulidade não resultar prejuízo para a acusação ou para a defesa (pas de nullité sans grief)." (STF – HC 83107, Rel. Min. Celso de Mello, 2ª Turma, julgado em 19.8.2003, DJ 11.3.2005.) [...] Recurso parcialmente conhecido e, nessa parte, desprovido (*Recurso em Habeas Corpus nº 21.665/SP, STJ, Rel. Min. Laurita Vaz, 5ª Turma, unânime, publicado no* DJ *em 10.5.2010*).

Art. 566. Não será declarada a nulidade de ato processual que não houver influído na apuração da verdade substancial ou na decisão da causa.

O dispositivo em voga nada mais é do que uma decorrência da viga-mestra das nulidades, estampada no art. 563, CPP: não há de se declarar nulidade se não houver prejuízo para as partes. Significa que se o ato processual foi realizado fora das previsões legais, mas sem gerar nenhum reflexo de relevo sobre o processo, deve-se simplesmente desconsiderá-lo, porque não influiu em absolutamente nada na apuração dos fatos ou na decisão da causa. Se a decisão judicial estiver ancorada em outros elementos que sejam suficientes por si sós para justificarem as conclusões havidas, nenhum óbice existe para simplesmente se desconsiderar o ato nulo que em absolutamente nada tenha influenciado o silogismo jurídico.

Portanto, o cerne fundamental é analisar qual a capacidade que o ato nulo teria de influenciar na decisão da causa.

Não por outro motivo já se disse que a ponderação acerca da existência ou não dos prejuízos deva ser realizada independentemente da categoria da nulidade em que se enquadre o ato, malgrado, repise-se, a divergência existente nessa parte em sede doutrinária e jurisprudencial.

Compreenda-se melhor o dispositivo.

Segundo a Constituição Federal, é vedada a utilização de provas ilícitas no processo (art. 5º, LVI – são inadmissíveis, no processo, as provas obtidas por meios ilícitos). Interpretando o dispositivo, já faz muito o STF é expresso: não há de se admitir a prova ilícita, nem mesmo diante da invocação do princípio da proporcionalidade (*v. g.* HC nº 80.949-RJ, 1ª Turma, Rel. Min. Sepúlveda Pertence, publicado no *DJ* em 14.12.2001). Entretanto, a existência de prova ilícita no processo não pode gerar, *por si só*, o condão de nulificar a ação penal se ficar expresso em eventual sentença ou decisão do juiz que, malgrado a prova ilícita, ela *não* está sendo considerada como elemento de convicção para o julgado.

Claro: o cuidado da solução do problema nessa circunstância (extrema) deve ser redobrado e analisado caso a caso. Não se pode negar a possibilidade, ainda dentro do exemplo formulado, que a prova ilícita existente nos autos seja aquela que, subjetiva e definitivamente, diante das demais existentes, convenceu o juízo acerca do veredicto, embora diga ele, expressamente, que não a está valorando. Tudo passará pela fundamentação, indubitavelmente, sujeita a controle pelas vias recursais próprias, se for o caso. Mas o que importa é que, diante do dispositivo, nem toda a nulidade do ato importará nulificação do processo. Se não influir na decisão, não trazendo consequentemente prejuízo, há de se manter a regularidade do *processo*, malgrado a nulidade do *ato*.

Jurisprudência

566. [...] Revelando-se irrelevante ao convencimento judicial, não cabe reconhecer nulidade de ato processual – artigo 566 do Código de Processo Penal. *(Habeas Corpus nº 190.557/ES, STF, 1ª Turma, unânime, Rel. Min. Marco Aurélio, julgado em sessão virtual de 30.4.2021 a 11.4.2021, publicado no DJ em 16.6.2021)*

566. [...] 1. Nos moldes do art. 563 do Código de Processo Penal, nenhum ato será declarado nulo se da nulidade não resultar danos às partes. Nessa toada, é evidente que a tipicidade dos atos processuais funciona somente como instrumento para a correta aplicação do direito. Desse modo, eventual desrespeito às formalidades prescritas em lei apenas deverá acarretar a invalidação do ato processual quando a finalidade para a qual foi instituída a forma resultar comprometida pelo vício. Na mesma linha intelectiva, elucida o art. 566 do Código de Processo Penal que não será declarada a nulidade do ato processual quando não houver influído na verdade substancial ou na decisão da causa. [...] *(Agravo Regimental no RHC n. 74.296 – RJ, STJ, 6ª Turma, unânime, Rel. Min. Antônio Saldanha Palheiro, julgado em 19.6.2018, publicado no DJ em 1º.8.2018)*

Art. 567. A incompetência do juízo anula somente os atos decisórios, devendo o processo, quando for declarada a nulidade, ser remetido ao juiz competente.

567.1. Incompetência relativa: Novamente aflora ao caso o que já dito noutras oportunidades e referido mais recentemente no item 563.2: no âmbito do processo penal há regras específicas que tratam do procedimento a ser adotado no caso de declaração de nulidade pela inobservância do juízo competente.

Em se tratando de incompetência relativa, diz o art. 109, CPP, que, "*se em qualquer fase do processo o juiz reconhecer motivo que o torne incompetente, declará-lo-á nos autos, haja ou não alegação da parte, prosseguindo-se na forma do artigo anterior*". Portanto, não há de se invocar a Súmula 33 do STJ (*A incompetência relativa não pode ser declarada de ofício*), de origem única em questões de natureza processual civil.

Assim, nos termos do art. 109, CPP, aceita a declinatória ou realizada *ex officio* (*para nós, até o* início da instrução *do processo, agora por força do princípio da identidade física do juiz – art. 399, § 2º, CPP*), o processo deverá prosseguir no juízo competente após a ratificação dos atos.

Como se vê aqui, e de maneira um pouco diversa do que previsto no art. 573, CPP (causalidade), a nulidade de um ato (no caso, de natureza decisória) pela incompetência relativa *não* importa na contaminação necessária dos subsequentes que lhe sejam posteriores e diretamente dependentes, inclusive os não decisórios. A ratificação se apresenta possível apenas em relação a estes, não quanto àqueles.

Compreendemos que, em se tratando de nulidade decorrente de incompetência absoluta, não se poderá aplicar o disposto no art. 567, CPP (vide item 567.2), incidente unicamente às nulidades decorrentes da incompetência *relativa*. É que, em se tratando de incompetência absoluta, quando recebidos pelo juízo natural, necessariamente os autos deverão ser encaminhados ao titular da ação penal (Promotor Natural) para que exerça a *opinio delicti*. Se for o caso, será hipótese de *nova denúncia* com *novo recebimento de denúncia*, e, *ipso facto*, nova circunstância interruptiva da prescrição, afastando-se todas aquelas porventura ocorrentes no juízo absolutamente incompetente.

A propósito, quanto ao ato de recebimento da denúncia, não nos restam dúvidas de que possui *certo* conteúdo decisório, na medida em que admite a instauração de ação penal em detrimento de alguém. O que há de ser abrandada aqui – não afastada – é a necessidade de *extensa* fundamentação. A decisão pode ser sucinta. O juízo de cognição que se exerce no recebimento da denúncia está na admissão da existência de parâmetros mínimos para a viabilidade da acusação: se o juízo é o natural, se há indícios da autoria e prova da materialidade. Mas a jurisprudência dos tribunais, notadamente os superiores, ao que parece, com raríssimas exceções, ainda centra-se na concepção de que se trataria de decisões meramente interlocutórias.

Continuando no tema da causalidade e da nulidade (seja a partir da denúncia ou de outro ato que demande conteúdo decisório posterior a ela), mas restrito à hipótese de incompetência relativa do juízo, pensamos que a norma permite a ratificação de atos não decisórios ainda que praticados posteriormente ao ato nulo. Noutras palavras, autoriza-se a ratificação dos atos instrutórios, mesmo com a nulidade do ato de recebimento da denúncia.

Jurisprudência

567.1. [...] Foro com prerrogativa de função. Alteração da competência pela não recondução ao cargo eletivo. Ratificação dos atos anteriormente praticados pelo juízo então competente. Desnecessidade. Princípio do *tempus regit actum.* [...] em razão do cargo eletivo então ocupado pelo ora Agravante, a competência para processar e julgar o feito era do Órgão Especial do Tribunal de Justiça do Estado do Rio de Janeiro, sendo certo que, à vista da não recondução daquele ao referido posto público, o processo foi encaminhado à primeira instância, ou seja, não foi prolatado por juízo incompetente qualquer ato decisório ou instrutório que necessitasse ser ratificado pelo órgão judicial competente, a fim de que fosse corroborada a respectiva validade. [...] Para casos como o presente, a jurisprudência do Supremo Tribunal Federal e do Superior Tribunal de Justiça estão fixadas no sentido de que, em obediência ao princípio do *tempus regit actum*, não há necessidade de ratificação. [...] *(Agravo Regimental no Agravo em Recurso Especial n° 1.592.993-RJ, STJ, 6ª Turma, unânime, Rel. Min. Laurita Vaz, julgado em 3.3.2020, publicado no* DJ *em 13.3.2020).*

567.1. [...] 2. Constatada a incompetência do juízo, os autos devem ser remetidos ao Juízo competente, que pode ratificar ou não os atos já praticados. Por outro lado, a ratificação dos atos praticados pelo Juízo incompetente pode ser implícita, ou seja, por meio da prática de atos que impliquem a conclusão de que o Magistrado validou os referidos atos. [...] 3. Na espécie, o ato do Juízo competente, de receber a denúncia, determinar a citação dos acusados para oferecimento da resposta à acusação e a prestação de informações quanto à custódia processual do recorrente, deve ser considerado como ratificação implícita da prisão preventiva, inexistindo o [...] *(RHC n. 79.598-GO, STJ, 5ª Turma, unânime, Rel. Min. Reynaldo Soares da Fonseca, julgado em 20.4.2017, publicado no DJ em 28.4.2017).*

567.1. [...] Na fase de instauração da ação penal, com o oferecimento e recebimento da denúncia, o Juízo de primeiro grau era o competente. Desnecessária, em decorrência, a ratificação da decisão de recebimento da denúncia, e válidos os atos praticados até a diplomação do réu como Parlamentar Federal. Meros atos de instrução da causa não são atos decisórios, não incidindo a norma do artigo 567 do Código de Processo Penal. É possível o aproveitamento dos atos da instrução. Além disso, foi assegurada à defesa a reinquirição de testemunhas. As partes poderão, ainda, apresentar, requerer ou renovar requerimento de juntada de prova documental em qualquer fase do processo. *Agravo regimental conhecido e não provido (Agravo Regimental na Ação Penal n° 695-MT, STF, Plenário, unânime, Rel. Min. Rosa Weber, julgado em 13.2.2014, publicado no* DJ *em 11.3.2014).*

567.1. [...] A teor do art. 567 do Código de Processo Penal, "a incompetência do juízo anula somente os atos decisórios, devendo o processo, quando for declarada a nulidade, ser remetido ao juiz competente", podendo, conforme entendimento desta Corte, ser ratificado o recebimento da denúncia, revelando-se plenamente justificada a anulação apenas da sentença condenatória, com o envio dos autos ao juízo competente para que outra seja proferida. A anulação da sentença condenatória não gera o efeito automático de revogar a prisão preventiva, somente se justificando sua invalidação se não mais subsistirem os fundamentos que autorizaram a segregação cautelar. [...] Ordem denegada (*Habeas Corpus nº 55.633/SC, Rel. Min. Paulo Gallotti, 6ª Turma, julgado em 3.8.2006, publicado no DJ em 4.12.2006*).

....

567.2. Incompetência absoluta: Conforme defendido no item 567.1, compreendemos que não se pode falar em possibilidade de ratificação de atos decisórios quando violada a competência absoluta.

É que há preceito constitucional que impede se adote essa postura: o art. 5º, LII, CF, determina expressamente que ninguém será processado nem sentenciado senão pela autoridade competente. É-nos hialina uma consequência: não há preclusão para o reconhecimento da incompetência absoluta, e, uma vez proferida, não podem ser ratificados os atos decisórios. Mais: a nulidade se apresenta desde a origem, o próprio oferecimento da denúncia. Corolário lógico é que se deva iniciar novamente todo o rito processual no juízo reconhecido como competente, mediante a apresentação da denúncia pelo titular respectivo.

Uma observação relevante, notadamente para os casos anteriores à decisão do STF na Ação Penal n. 937: se houver deslocamento de competência em razão de funções assumidas pelo réu, todos os atos praticados até o momento que gerou a necessidade de modificação serão absolutamente válidos, presente o princípio do *tempus regit actum*. Aqui não deverá ser anulada a ação penal, mas reconhecidos como nulos os atos eventualmente praticados quando o juízo anterior não mais tinha competência. Noutras palavras: todos os atos praticados pelo juízo *então competente* (e somente eles) serão absolutamente válidos e, mais relevante, não necessitarão de qualquer ratificação pelo juízo que passou a ser o competente. A ratificação seria obrigatória (quando cabível) apenas quando os atos praticados não observaram a competência processual própria e no momento adequado.

Prosseguindo, impende ressaltar que, mais recentemente, o Supremo Tribunal Federal e, em alguns julgados mais escassos, também o Superior Tribunal de Justiça vêm entendendo (ao menos pela leitura do teor das *ementas*) ser possível a ratificação inclusive dos atos decisórios quando a anulação tiver decorrido de inobservância do juízo absolutamente incompetente.

É preciso *melhor compreender* o que decidido nesses arestos (destacados abaixo), e desde já adiantamos: em verdade, o que se teve, ao menos no *leading case* (*HC nº 83.006-SP*), foram *novos* atos processuais (nova denúncia, novo recebimento, e assim por diante).

Vejamos.

Jurisprudência

567.2. [...] 2. Nos termos do art. 567 do Código de Processo Penal, o reconhecimento de incompetência do Juízo implica a nulidade dos atos decisórios, preservando-se os demais atos processuais. 3. O Supremo Tribunal Federal tem decidido que até mesmo os atos decisórios proferidos por Juízo absolutamente incompetente podem ser ratificados, em evolução à jurisprudência até então prevalecente.

4. Pacificou-se entendimento no sentido de que o recebimento da denúncia, quando efetuado por órgão judiciário absolutamente incompetente, não se reveste de eficácia interruptiva da prescrição penal, eis que decisão nula não pode gerar a conseqüência jurídica a que se refere o art. 117, I, do Código Penal. (Inq nº 1.544-QO/PI, Rel. Min. Celso de Mello, Tribunal Pleno, j. 07/11/2001, p. 14/12/2001). [...] *(Agravo Regimental no Habeas Corpus nº 228.998, STF, 2ª Turma, Rel. Min. André Mendonça, sessão virtual de 15.3.2024 a 22.3.2024, publicado no DJ em 28.5.2024)*

567.2. [...] a incompetência do Juízo não acarreta, por si só, a nulidade dos atos decisórios, sendo possível ao Juízo competente, ao receber o feito, ratificá-los, de acordo com a sua conveniência. Precedentes desta Corte. [...] *(Agravo Regimental no Agravo em Recurso Especial nº 2.317.394-SP, STJ, 5ª Turma, Rel. Min. Joel Ilan Paciornik, julgado em 30.11.2023, publicado no DJ em 6.12.2023)*

567.2. [...] O fato de ter havido o declínio da competência com posterior rejeição da queixa-crime, não desconstitui o marco interruptivo verificado em 9/8/2022, por ocasião do recebimento da queixa-crime pelo Juízo anterior, porquanto não há notícia de que referido recebimento foi anulado. Ademais, a rejeição da queixa-crime foi reformada pela Corte local, o que confirma a higidez do referido marco interruptivo, ratificado pelo Tribunal de origem. – Anote-se que a Corte Especial desta Corte Superior já se manifestou no sentido de que "até mesmo atos decisórios são ratificáveis, de acordo com o que dispõe o artigo 108, § 1º, do Código de Processo Penal: 'Se, ouvido o Ministério Público, for aceita a declinatória, o feito será remetido ao juízo competente, onde, ratificados os atos anteriores, o processo prosseguirá'. Acrescente-se que o STF e o STJ, nos casos de incompetência absoluta, firmaram entendimento que os atos decisórios são ratificáveis". (QO na APn n. 843/DF, relator Ministro Herman Benjamin, Corte Especial, julgado em 6/6/2018, DJe de 14/6/2018.) [...] *(Agravo Regimental no Habeas Corpus nº 856.269-GO, STJ, 5ª Turma, Rel. Min. Reynaldo Soares da Fonseca, julgado em 3.10.2023, publicado no DJ em 11.10.2023)*

567.2. [...] Reconhecimento de incompetência que não resulta na absoluta necessidade de anulação dos atos decisórios. Possibilidade de ratificação dos atos pelo juiz declarado competente. [...] em que pese a existência de parecer favorável do Ministério Público Federal, no qual colaciona dois julgados em sede de conflito de competência em que este Pretório assentou que cabe ao Tribunal de segundo grau a declaração de nulidade dos atos praticados, disso não decorre a obrigatoriedade de anulação pois, como já demonstrado, é possível a preservação dos atos decisórios já praticados que poderão, ou não, ser ratificados pelo juiz declarado competente. [...] *(Recurso Especial nº 1.972.098-SC, STJ, 5ª Turma, Rel. Min. Ribeiro Dantas, julgado em 14.6.2022, publicado no DJ em 20.6.2022)*

567.2. [...] A orientação jurisprudencial do Supremo Tribunal Federal é no sentido da possibilidade de ratificação de atos decisórios pelo Juízo competente. Nessa linha, vejam-se: HC 83.006, Relª. Minª. Ellen Gracie; RHC 122.966, de minha relatoria; RHC 153.869-AgR, Rel. Min. Celso de Mello; HC 137.438-AgR, Rel. Min. Luiz Fux; e RHC 198.182-AgR, Relª. Minª. Rosa Weber. [...] *(Agravo Regimental no RHC nº 209.411-SP, STF, 1ª Turma, Rel. Min. Roberto Barroso, unânime, julgado na sessão virtual de 11.3.2022 a 18.3.2022)*

567.2. [...] 1. Hipótese em que o processo judicial foi deflagrado na 2ª Vara Cível e Criminal da Comarca de Simão Dias/SE, que, ao final da instrução processual, declinou da sua competência para a Justiça Federal, depois de desclassificar a conduta imputada aos imputados do crime de estelionato (art. 171 – CP) para o crime do art. 16 da Lei nº 7.492/86.

2. Aportando os autos na Justiça Federal, sobreveio a ratificação dos atos praticados na Justiça Estadual, opção processual mantida pelo Tribunal de origem em decisão devidamente fundamentada, apontando os motivos para a denegação do *writ*, e não apenas fazendo referências às decisões do Juiz de primeiro grau.

3. A Terceira Seção do STJ, no julgamento do MS 14.181/DF, assentou a necessidade de, no âmbito do processo penal, observar-se o princípio do aproveitamento dos atos processuais, de modo a permitir a utilização, mediante ratificação, de atos processuais produzidos por Juízo incompetente. [...] *(Agravo Regimental no Recurso em Habeas Corpus nº 145.793/SE, STJ, 6ª Turma, unânime, Rel. Min. Olindo Menezes, julgado em 9.11.2021, publicado no DJ em 16.11.2021)*

567.2. [...] Prisão preventiva. Nulidade. Juízo incompetente. Inocorrência. Remessa ao juízo competente. Recebimento da denúncia. Ratificação tácita ou implícita do decreto prisional. Possibilidade. [...] I – No que pertine à arguição de nulidade absoluta do decreto prisional ante a incompetência do juízo, a jurisprudência deste Superior Tribunal de Justiça admite a possibilidade de ratificação implícita dos atos decisórios – inclusive da ordem de prisão cautelar – quando o juízo competente dá normal seguimento ao processo. [...] *(Agravo Regimental no Habeas Corpus nº 563.330-SP, STJ, 5ª Turma, unânime, Rel. Min. Felix Fischer, julgado em 5.5.2020, publicado no* DJ *em 18.5.2020).*

567.2. [...] Esta Corte tem entendimento assente de que, nos casos de incompetência absoluta, há a possibilidade de ratificação dos atos decisórios pelo Juízo competente. Precedentes. [...] *(Embargos de Declaração no Agravo Regimental no Recurso Especial nº 1.853.262 (2019/0371924-9) /AC, STJ, 5ª Turma, unânime, Rel. Min. Jorge Mussi, julgado em 5.5.2020, publicado no* DJ *em 1º.7.2020).*

567.2. [...] 1. O princípio do juiz natural deve ser examinado com cautela na fase investigativa, sobretudo quando necessária a tomada de medidas urgentes, como no caso em apreço, com especial enfoque à proteção dos interesses da criança. [...] 3. A jurisprudência desta Corte Superior e do Supremo Tribunal Federal firmou-se no sentido de ser possível à autoridade competente a ratificação dos atos instrutórios e decisórios proferidos pelo Juízo incompetente. Precedentes. [...] *(Recurso em Habeas Corpus n. 89.896-SP, STJ, 5ª Turma, unânime, Rel. Min. Ribeiro Dantas, julgado em 13.8.2019, publicado no* DJ *em 19.8.2019).*

567.2. [...] Segundo variados julgados desta Corte, mesmo em caso de incompetência absoluta, é possível ao juízo que recebe os autos do processo ratificar ou não os atos decisórios e provas colhidas. [...] *(RHC n. 76.745 – RJ, STJ, 6ª Turma, Rel. Min. Maria Thereza De Assis Moura, julgado em 28.2.2017, publicado no DJ 4.4.2017).*

567.2. [....] Não há que se falar em alteração do rito procedimental em razão do superveniente deslocamento do processo para a competência da Justiça Federal quando os atos decisórios forem ratificados e aproveitados os atos instrutórios, na forma do art. 567 do Código de Processo Penal. 2. Na espécie, fixado o juízo competente para processar e julgar a ação penal, pelo Superior Tribunal de Justiça, o Magistrado da 23ª Vara Federal da Seção Judiciária de Pernambuco anulou apenas os atos decisórios até então praticados pelo Juízo estadual, tomou medidas para o aproveitamento dos atos instrutórios e deu prosseguimento ao processo pelo rito originalmente definido, não havendo constrangimento ilegal. [...] *(Habeas Corpus nº 37.105-PE, STJ, 5ª Turma, Rel. Min. Marco Aurélio Belizze, julgado em 26.8.2014, publicado no* DJ *em 4.9.2014).*

567.2. [...] Tratando-se de incompetência superveniente, em razão da diplomação do acusado em cargo detentor de foro por prerrogativa, remanescem válidos os atos praticados pelas autoridades inicialmente competentes, afigurando-se desnecessária a ratificação da exordial oferecida, assim como a intimação da defesa para confirmar sua resposta preliminar [...] *(Habeas Corpus nº 202.701-AM, STJ, 5ª Turma, Rel. Min. Jorge Mussi, julgado em 14.5.2013, publicado no* DJ *em 29.5.2013).*

567.2. [...] Este Tribunal fixara anteriormente entendimento no sentido de que, nos casos de incompetência absoluta, somente os atos decisórios seriam anulados, sendo possível a ratificação dos atos sem caráter decisório. Posteriormente, passou a admitir a possibilidade de ratificação inclusive dos atos decisórios. Precedentes. Agravo regimental a que se nega seguimento. *(Agravo Regimental no Recurso Extraordinário nº 464.894-6/PI, Rel. Min. Eros Grau, 2ª Turma, unânime, publicado no* DJ *em 15.8.2008).*

567.2. [...] "Tanto a denúncia quanto o seu recebimento emanados de autoridades incompetentes *rationae materiae* são ratificáveis no juízo competente". Precedentes. Caso em que a notificação para a apresentação de resposta (art. 4º da Lei nº 8.038/90), fase anterior ao julgamento em que o Tribunal deliberará pelo recebimento ou rejeição da denúncia (art. 6º da Lei nº 8.038/90), não permite se inferir que tenha o relator do inquérito ratificado o ato de recebimento da denúncia, exarado pelo juízo de origem. Alegações formuladas a respeito da inépcia da denúncia que, além de demandarem o exame de provas, insuscetível de realização em sede de *habeas corpus*, inserem-se no âmbito da deliberação a ser realizado oportunamente pelo Tribunal em julgamento que está previsto no art. 6º da Lei nº 8.038/90. Ordem indeferida *(HC nº 83.006-SP, Rel. Min. Ellen Gracie, Plenário, publicado no* DJ *em 29.8.2003).*

567.2.1. No **HC nº 83.006-SP** (Plenário do STF, publicado no *DJ* em 29.8.2003), atacava-se ato do Procurador-Geral da República que aprovou manifestação de Subprocurador-Geral da República pela ratificação de denúncia (*originariamente oferecida pelo MP de São Paulo*) contra o paciente. Nas informações, a autoridade coatora, o PGR, destacou que o MP Estadual havia ofertado a denúncia (que fora recebida) sem que se tivesse atentado para a circunstância de que o acusado *já* detinha foro por prerrogativa de função, porque eleito Deputado Federal. Por concordar com os exatos termos da denúncia ofertada perante juízo incompetente, o Procurador-Geral da República *encampou* a manifestação do subprocurador-geral, ratificando-a (a denúncia) integralmente. É dizer: *tecnicamente*, ofereceu *nova* denúncia. Prosseguindo, propiciou-se ao acusado a possibilidade de apresentar defesa preliminar (art. 6º, Lei nº 8.038), sem que, em nenhum momento, tivesse o relator ainda deliberado sobre recebimento da (tecnicamente, *nova*) peça acusatória, competência da Corte Plenária, diga-se.

Fácil visualizar que, em verdade, a *ratificação* referida foi, tecnicamente, *nova denúncia*, assim como o recebimento da peça acusatória também seria *novo ato* processual (praticado pelo juízo natural). Por evidente, todos os atos anteriores no juízo de primeiro grau (desde a denúncia) eram manifestamente nulos, não sendo passíveis de ratificação, que gera consequência relevante para o processo penal: os marcos interruptivos da prescrição se darão frente aos atos praticados pelo juízo (agora) competente.

Uma observação relevante, diante do caso concreto com uma variável que se acresce: se quando do oferecimento e do recebimento da peça acusatória perante o juízo de primeiro grau em São Paulo o paciente ainda não fosse *diplomado* Deputado Federal, os atos lá realizados seriam absolutamente válidos e não demandariam qualquer ulterior ratificação. Significa que, por força de diplomação posterior, haveria automaticamente *apenas* a modificação de competência (inaplicável a *perpetuatio jurisdictionis* quando houver a alteração da competência em razão da matéria ou da prerrogativa de foro), válidos os atos anteriormente praticados, devendo o juízo que passou a ser o competente adotar o (novo) rito à fase em que deslocada a competência. Mais especificamente, ainda dentro do mesmo exemplo: tivesse havido o recebimento (válido) da peça acusatória em primeiro grau (na época, sem as providências dos arts. 395 e seguintes do CPP, na redação da Lei nº 11.689), não seria caso de abrir a defesa preliminar a que alude o art. 6º, Lei nº 8.038. Seria hipótese de aplicação do art. 7º, subsequente: *"recebida a denúncia ou a queixa, o relator designará dia e hora para o interrogatório, mandando citar o acusado ou querelado e intimar o órgão do Ministério Público, bem como o querelante ou o assistente, se for o caso"*.

567.2.2. Já no **HC nº 88.262-5-SP** (STF, 2ª Turma, publicado no *DJ* em 29.8.2003) atacava-se decisão de relator de outro *writ* perante o STJ em que o paciente havia sido denunciado por infração (inúmeras vezes) aos arts. 171 e 288, ambos do CP, juntamente com outros 13 corréus. Além de outros motivos, argumentava (ao que interessa aqui) que, no caso, haveria ofensa aos princípios do promotor e do juiz natural, pois o processo, que se originou na Justiça Estadual, teve todos os atos ratificados pelo Juízo Federal, após o reconhecimento da incompetência *absoluta*.

Em seu voto, disse o relator que, *"com relação ao tema da plausibilidade do oferecimento da denúncia e de seu recebimento, ainda que emanado de autoridade incompetente, observo como plenamente possível, no caso concreto, a ratificação do recebimento da denúncia pelo juízo competente"*. Prosseguiu: *"Em síntese, observa-se que, embora inicialmente o STF tenha entendido que a incompetência do juízo anularia somente os atos de-*

cisórios, a partir do HC nº 83.006-SP, essa posição foi, de certo modo, superada, no sentido de que, em determinadas situações, é possível a ratificação, pelo juízo competente, com relação a atos decisórios, ainda que emanados de autoridades incompetentes."

É preciso referir uma informação relevantíssima: como consta expressamente do voto do e. relator (fl. 8), os autos estavam originariamente correndo perante o Juízo Estadual e foram remetidos para a 8ª Vara Federal Criminal de São Paulo. *Sem abrir vista dos autos* ao titular da ação penal (MPF), a autoridade judicial ratificou o recebimento da acusatória, a necessidade da preventiva e também das medidas assecuratórias (art. 125, CPP) decretadas no âmbito estadual.

Ao tratar especificamente da "regularidade do recebimento da denúncia" (diretamente pelo Juízo Federal), o aresto da Corte Suprema entendeu que, efetivamente, a denúncia reunia os requisitos fundamentais para seu prosseguimento (vide fl. 10), porque bem descrita a participação do paciente nos supostos delitos.

Temos que o precedente invocado (HC nº 83.006-SP) tinha particularidade aqui não presente: lá fora ratificada a denúncia (portanto, como dito, havia tecnicamente *nova denúncia*), aqui não. De forma automática, sem denúncia formulada (sequer ratificada ou encampada) pelo titular da ação penal (MPF), o juízo federal, *ex officio*, ratificou o ato decisório. Não podemos concordar, pelos fundamentos já expostos exaustivamente.

567.2.3. Por sua vez, no **Agravo Regimental no RE nº 464.894-6-PI** (STF, 2ª Turma, publicado no *DJ* em 15.8.2008), tinha-se caso de irresignação envolvendo discussão acerca da competência para processar e julgar Prefeito Municipal pelo crime de fraude à licitação, com desvio de recursos do FUNDEF. O Tribunal *a quo* decidira que, no caso, a competência era da Justiça Estadual. Em decisão monocrática, o relator reconheceu a competência da Justiça Federal, dando provimento ao recurso. O agravo regimental foi interposto porque a decisão individual "não se manifestou sobre a nulidade dos atos praticados". Defendia o agravante que o ato realizado pelo juízo incompetente deveria ser anulado. O voto-condutor (acolhido pelos demais ministros) reiterou a existência de *precedentes* da Corte que admitem a "*ratificação pelo juízo competente inclusive quanto aos atos decisórios*". Concluindo, disse que incumbiria ao "*juízo competente decidir sobre a anulação ou a ratificação dos atos praticados perante a Justiça Estadual*".

Entendemos que, também aqui, a solução não foi bem encaminhada, tal como na anterior. Não atentando para as particularidades do precedente citado no voto (HC nº 83.006, acima analisado), a solução não poderia ser idêntica: é que se revela impossível ao juízo competente – mesmo que queira! – apenas *ratificar* os atos do juízo reconhecido como incompetente, se sequer nova denúncia existe, ou pelo menos tenha sido oferecida perante ele.

É bem verdade que houve a ressalva no julgamento: consignou-se que poderia o juiz reconhecer a nulidade dos atos anteriormente praticados no âmbito absolutamente incompetente. Oxalá tenha assim procedido.

567.2.4. Posteriormente, no ***Habeas Corpus*** **nº 98.373-SP** (STF, 1ª Turma, publicado no *DJ* em *23.4.2010*), uma situação bastante similar ao que efetivamente decidido no HC nº 83.006-SP (item 567.2). No caso concreto, o réu fora denunciado por tráfico internacional de entorpecentes perante Vara Criminal de Jundiaí/SP, tendo, no curso do processo, o juiz declinado da competência para o âmbito federal pela superveniente edição da Lei nº 11.343/06, que, em seu art. 70, parágrafo único, não mais possibilitou a delegação (antes permitida pelo art. 27, Lei nº 6.368/76 c/c § 3º do art. 109 da CF). Ulteriormente, o processo foi anulado pelo TRF da 3ª Região, porque não observado o rito da Lei nº 10.409/02. Segundo os impetrantes, o processo retornou ao juiz competente e este teria ratificado os atos anteriores, inclusive os decisórios, o que seria vedado. Porém, no caso em tela, o Ministério Público Federal *ratificou* a denúncia originalmente oferecida perante a Justiça Estadual (*aliás, não tivesse havido a nulidade reconhecida pelo TRF, não seria necessária qualquer ratificação, pois o ato, na época, fora praticado por juízo competente pela delegação admitida*), tendo-se adotado o rito estabelecido na Lei nº 10.409/02, conforme determinação do julgado do TRF/3ª Região. Denegando a ordem, o relator reiterou que é entendimento do STF que eventual nulidade, *ainda que absoluta*, reclama a demonstração de prejuízo, o que, no caso, não havia. Por fim, reportou-se (corretamente) ao que decidido no HC nº 83.006-SP.

567.2.5. A matéria repercutiu também no âmbito do STJ. No **HC nº 76.946-SP** (5ª Turma, publicado no *DJ* em 26.3.2009), dizia-se que o paciente fora denunciado pelo Ministério Público Federal, mas houve a declinação de competência diante da inexistência de internacionalidade do tráfico. O Ministério Público Estadual (*sem ratificar* a denúncia ou oferecer nova peça) pugnou a convalidação dos atos praticados perante a Justiça Estadual, o que foi deferido. Requerendo a nulidade desde o início do processo perante a Justiça Estadual, o impetrante sustentava que "*o Ministério Público Estadual não ofereceu a sua competente denúncia, apenas requereu a convalidação dos atos praticados perante a Justiça Federal, sequer ratificando o ato, o que é inaceitável*" (fl. 9).

No voto-condutor, consta expressa justificativa no sentido do que, "*ao contrário do que concebe, reconhecida a incompetência do Juízo para processar o feito, não há qualquer óbice à ratificação da denúncia, bem como do despacho que a recebe, no órgão jurisdicional competente. Com efeito, consoante dispõe o art. 567 do Código de Processo Penal, a incompetência do juízo somente anula os atos decisórios, sendo possível a ratificação da peça acusatória perante o juízo competente, posto que constitui ato de natureza postulatória. Nesse contexto, portanto, afigura-se desnecessário o oferecimento de nova denúncia*".

Por fim, disse que a jurisprudência admitia a válida ratificação da denúncia inicialmente oferecida em juízo incompetente até mesmo de forma implícita ou tácita. Citou as *ementas* do HC nº 83.006-SP (STF) e de outros dois julgados do próprio STJ que assentavam que "*a validação dos atos praticados pelo Juízo incompetente não precisa ocorrer por meio de decisão fundamentada, podendo ser implícita, por meio da prática de atos que impliquem na conclusão de que o Magistrado ratifica os referidos atos*".

Também aqui percebemos que a situação era diversa. Ao contrário do que decidido no *leading case* do HC nº 83.006-SP, aqui não houve (ao menos para nós e sequer implicitamente) ratificação da denúncia pelo MP Estadual (seria muito simples fazê-lo, é verdade). Portanto, *tecnicamente* não havia denúncia válida (promotor natural), muito menos podia, de forma automática, o Juízo Estadual *ratificar* os atos (decisórios) tomados no âmbito federal.

Art. 568. A nulidade por ilegitimidade do representante da parte poderá ser a todo tempo sanada, mediante ratificação dos atos processuais.

Já visto, as nulidades relativas têm a característica da preclusão acaso não arguidas ou declaradas *ex officio* (quando cabível) no processo. A preclusão implica a convalidação dos atos processuais eventualmente tidos como nulos. No art. 572, CPP (adiante visto), há rol de várias situações abstratas em que, não arguidas as nulidades em tempo oportuno, considerar-se-ão sanadas, restando preclusa qualquer discussão a seu respeito.

Fácil verificar que a regra é destinada para as hipóteses de irregularidade na representação judicial (capacidade postulatória) ou, então, quando houver incapacidade (representante de menores ou incapazes). Assim, se houver alguma irregularidade acerca da ilegitimidade do representante da parte, essa circunstância poderá ser sanada mediante a devida regularização.

A grande maioria dos casos que assim se apresentam é de situações nas quais a procuração ao advogado não está assinada (pode ser feita ulteriormente), ou então não foram conferidos poderes especiais a ele, com indicação do fato criminoso, para o ajuizamento de ação penal privada (vide art. 44, CPP).

Jurisprudência

568. [...] "Preceitua o art. 568 do CPP que a nulidade por ilegitimidade do representante da parte poderá ser a todo tempo sanada, mediante ratificação dos atos processuais, respeitando-se, contudo, o prazo decadencial de 6 meses previsto no art. 38 do CPP" [...] *(Embargos de Declaração no Recurso Especial nº 1.753.716-SP, STJ, 6ª Turma, Rel. Min. Antônio Saldanha Palheiro, julgado em 6.12.2018, publicado no DJ em 17.12.2018)*

568. [...] Ação penal privada: crime de calúnia (L. 5.250/67: decadência: C. Pr. Penal, art. 44. 1. O defeito da procuração outorgada pelo querelante ao seu advogado, para propor queixa-crime, sem menção do fato criminoso, constitui hipótese de ilegitimidade do representante da parte, que, a teor do art. 568 C. Pr. Pen., "poderá ser a todo o tempo sanada, mediante ratificação dos atos processuais" (RHC 65.879, Célio Borja). A presença do querelante nas audiências que se seguiram ao recebimento da queixa basta a evidenciar o seu interesse na persecução criminal quanto ao fato objeto da ação penal e, em consequência, suprir o defeito da procuração. Precedentes. Crime contra a honra: calúnia (L. 5.250/67, art. 20): queixa: aptidão. Queixa que, após a narrativa dos fatos, pede a punição do querelado, o que traduz inequívoco pedido de condenação que, apesar de não repetido na parte final da queixa, não basta a torná-la inepta. Ademais, na ação penal privada, o momento em que se deve pedir a condenação – sob pena de perempção – é nas alegações finais (C. Pr. Penal, art. 60, III, parte final) (*Habeas Corpus nº 86.994-RJ, STF, 1ª Turma, Rel. Min. Sepúlveda Pertence, publicado no* DJ *em 31.3.2006*).

....

Art. 569. As omissões da denúncia ou da queixa, da representação, ou, nos processos das contravenções penais, da portaria ou do auto de prisão em flagrante, poderão ser supridas a todo o tempo, antes da sentença final.

569. Suprimento de omissões da denúncia, queixa ou representação: As irregularidades aqui tratadas estão relacionadas com as peças que inauguram a ação penal: denúncia, queixa ou da representação (para o caso de ação penal pública condicionada). Antes de explorar mais detidamente em relação a elas, impende referir que *não há mais de se* falar de regularização de portaria ou do auto de prisão em flagrante em contravenções penais. É que não se admite mais o início de persecução mediante portaria (o titular da ação é o Ministério Público ou o ofendido, cabendo exclusivamente, noutras situações, a ação penal privada subsidiária da pública), bem como as falhas do flagrante conduzirão, eventualmente, ao relaxamento da prisão pela ausência do preenchimento dos requisitos legais.

As omissões a que se refere o dispositivo, por evidente, são aqueles dados que *não são essenciais* e desde que não impliquem modificação da imputação. Esse destaque é fundamental, às vezes não atentado por doutrina e precedentes, que o invocam como forma a justificar aditamento à peça acusatória. Com efeito, se houver necessidade de incluir novos acusados e/ou fatos na peça acusatória, narrar *integralmente* o fato (porque o constante até então, pela incompletude, não se reveste de todos os elementos da *tipicidade*) ou se *não* há narrativa do nexo de causalidade entre o autor e fato (importando em responsabilidade penal objetiva, inadmitida no sistema pátrio), impossível cogitar da solução albergada pelo artigo em voga. Tais situações, exemplificativas apenas, não demandariam saneamento da omissão pura e simplesmente. Imprescindível seria o *aditamento* à denúncia ou à queixa para permitir validamente a persecução penal. E desse tema, em hipótese alguma, o dispositivo alberga.

Como referido, aqui se trata de dados referentes apenas quanto à matéria de fato ou de direito, ou até mesmo a respeito da própria identificação do acusado. Quer dizer e por exemplo: a eventual ausência do endereço correto do réu na denúncia (para que se proceda sua citação) não demanda que se ofereça *nova* denúncia (com novo *recebimento*). A sanabilidade da irregularidade (sem qualquer vinculação com o fato ou a responsabilidade em si a ser apurada) se dará apenas pela indicação, mesmo que *fora* da denúncia, do correto endereço no exemplo criado.

Ainda como já destacado (PACELLI, Eugênio. *Curso de processo penal*. 28. ed. São Paulo: Juspodivm, 2024), em relação à ação pública condicionada à representação a jurisprudência dos tribunais vem admitindo o *aproveitamento* da ação penal já instaurada, ainda que mediante representação oferecida por quem não tinha a capacidade. Há uma condicionante: que ratificação seja feita por quem a tenha antes da decisão final. A solução não parece das melhores, mas, levando-se em consideração o fato de já ter sido divulgada a existência do crime e, ainda, a intenção posteriormente manifestada de sua punibilidade (pela aludida ratificação), é-nos compreensível a orientação jurisprudencial.

Jurisprudência

569. [...] A jurisprudência desta Corte tem entendido ser admissível o aditamento da denúncia, na forma do disposto no artigo 569 do Código de Processo Penal, em qualquer fase do processo, até o momento imediatamente anterior à prolação da sentença, desde que seja garantido, ao acusado, o exercício do devido processo legal, da ampla defesa e do contraditório. [...] *(Agravo Regimental no HC nº 142.747-RS, STJ, 5ª Turma, Rel. Min. Reynaldo Soares da Fonseca, julgado em 13.4.2021, publicado no DJ em 19.4.2021)*

569. [...] Ante a constatação de omissão de circunstâncias, escorreito o aditamento da denúncia, na modalidade conhecida como aditamento impróprio, amparada no art. 569 do CPP, que prescinde da apuração de fato novo. [...] *(Agravo Regimental no Recurso Especial nº 1.877-935-RS, STJ, 5ª Turma, Rel. Min. Joel Ilan Paciornik, julgado em 23.2.2021, publicado no DJ em 1º.3.2021)*

569. [...] O que o art. 569 C. Pr. Pen admite é o suprimento, a qualquer tempo antes da sentença, das omissões da denúncia que não lhe comprometem a idoneidade, cujo primeiro e essencial requisito é a tipicidade do fato imputado. Do mesmo modo, a eventualidade da *mutatio libelli* – prevista no parágrafo único do artigo 384, C. Pr. Pen, não se presta a sanar antecipadamente a inaptidão da denúncia que, não aditada, imputa ao acusado fato que não é típico. *Habeas corpus* deferido, para trancar o processo (AP 258-STJ), sem prejuízo de que os fatos objeto da denúncia recebida possam servir de base à formulação de outra, por delitos diversos (*Habeas Corpus nº 84.492-RJ, STF, 1ª Turma, Rel. Min. Sepúlveda Pertence, publicado no* DJ *em 1º.9.2006*).

Art. 570. A falta ou a nulidade da citação, da intimação ou notificação estará sanada, desde que o interessado compareça, antes de o ato consumar-se, embora declare que o faz para o único fim de argui-la. O juiz ordenará, todavia, a suspensão ou o adiamento do ato, quando reconhecer que a irregularidade poderá prejudicar direito da parte.

Não nos restam dúvidas de que a citação é um dos atos mais relevantes (senão o mais) dentro de um processo que se ancore em premissas constitucionais como o devido processo legal, o contraditório e a ampla defesa. Não se olvide: a garantia da citação válida encontra-se expressa também em tratados internacionais, como se vê do art. 8º, 1, 2, *c*, do Pacto de San José da Costa Rica, que reconhece como direito fundamental do acusado "*ser ouvido com as garantias e dentro de um prazo razoável*", atentando-se, ainda, que sejam observadas as circunstâncias "*de tempo e dos meios adequados para a* preparação *de sua defesa*".

Por intermédio da citação – absolutamente formal e essencial – é que se concederá ao réu a possibilidade de exercer sua defesa, inclusive pessoalmente, mediante interrogatório (agora, com ato último, ao menos em relação aos procedimentos ordinário e sumário).

É bem verdade que se for citado pessoalmente e não comparecer, será decretada sua revelia, nomeando-se defensor para o feito (ampla defesa técnica) – art. 367, CPP. Se for citado por edital e não comparecer ou não constituir defensor (sendo o crime posterior à Lei nº 9.271/96, que alterou o CPP nessa parte), o processo será suspenso, bem assim a prescrição (art. 366, CPP).

Entretanto, como proceder processualmente se houver a ausência de citação ou então a realização dela com grave vício procedimental? E se houver alguma nulidade similar na intimação ou na notificação? Há de se anular o processo?

Partindo das premissas *clássicas* acerca das nulidades, não hesitaríamos em nenhum instante em reconhecer que qualquer mácula na citação (formalidade) seria hipótese de nulidade absoluta, não demandando saneabilidade. De fato, não há como *sanar* a nulidade havida. Mas a nulidade do *ato* não deverá repercutir no *processo*.

Eis aqui a demonstração pela própria legislação que, em determinados casos de nulidades absolutas (cominadas em Lei e relacionadas com o devido processo legal), há de se realizar a *ponderação*, especialmente considerando-se o princípio do prejuízo.

Diz o art. 570, CPP, que não só o vício, mas a própria falta da citação (também a notificação e a intimação) restará *sanada*, desde que o réu compareça, antes de o ato consumar-se, mesmo que seja unicamente para o fim único de arguir a mácula existente.

Assim, estará impedido o juiz de determinar a realização do ato processual em que não foi observado o devido processo para permitir a ampla defesa (citação, intimação ou notificação)?

A regra é bastante clara (como maximização da *instrumentalidade das formas* e da *ausência de prejuízo*): poderá ser o ato realizado, desde que não prejudique direito da parte, que é de natureza constitucional.

É bem de ver que o cuidado neste momento (realização ou não do ato) deve ser redobrado, procedendo-se à devida ponderação para se evitar nulidade. Diríamos mais: em se tratando de citação viciada, a prudência recomendaria ter como regra a suspensão do ato, notadamente se houver pouco tempo para a *preparação* da defesa técnica.

Apenas em situações excepcionais se deveria realizar o ato de imediato. Um exemplo: há vício manifesto na citação, mas o advogado do réu, devidamente constituído, comparece e apresenta a defesa preliminar, pugnando pela absolvição sumária (art. 396-A, CPP). Há de se dar o normal andamento do feito, sem qualquer suspensão dos atos.

Jurisprudência

570. [...] O STF tem precedentes no sentido de que a demonstração inequívoca de que o acusado tem ciência da instauração da ação penal obsta a declaração de nulidade em razão da ausência da citação. Nessa linha, vejam-se os seguintes precedentes: HC 81.353, Relª. Minª. Ellen Gracie; RHC 154.782-AgR, Rel. Min. Edson Fachin; e HC 111.472, Rel. Min. Luiz Fux. [...] *(Agravo Regimental nos Embargos de Declaração no Habeas Corpus nº 221.146, STF, 1ª Turma, Rel. Min. Roberto Barroso, sessão virtual de 18.11.2022 a 25.11.2022, publicado no DJ em 1º.12.2022)*

570. [...] 1. Como é de conhecimento, a orientação jurisprudencial do Superior Tribunal de Justiça, com base no princípio do *pas de nullité sans grief*, previsto no art. 563 do Código de Processo Penal, é no sentido de que eventual nulidade decorrente da falta de citação pessoal do réu é sanada quando ocorre o comparecimento do réu aos autos. 2. No caso, o agravante, por estar foragido, não fora encontrado para ser citado pessoalmente, contudo compareceu ao processo e apresentou resposta à acusação por advogado constituído, bem como, mesmo antes da apresentação de referida peça processual, já havia impetrado *habeas corpus* perante o Tribunal de origem, o que reforça que tinha conhecimento do processo e do teor da acusação. Dessa maneira, não se constata prejuízo apto a autorizar o reconhecimento da *nulidade indicada.* [...] *(Agravo Regimental no Habeas Corpus nº 737.669–BA, STJ, 5ª Turma, Rel. Min. Reynaldo Soares da Fonseca, julgado em 27.9.2022, publicado no DJ em 4.10.2022)*

570. [...] Nos termos do art. 570 do CPP, a falta de intimação estará sanada desde que o interessado compareça, sendo possível o adiamento do ato na hipótese de o juiz reconhecer que "a irregularidade poderá prejudicar direito da parte". Na hipótese, o paciente efetivamente compareceu ao ato, mesmo sem intimação, e não indicou qualquer prejuízo em virtude da ausência desta. Dessa forma, não há se falar em nulidade. [...] *(Agravo Regimental no Habeas Corpus nº 727.709–MG, STJ, 5ª Turma, Rel. Min. Reynaldo Soares da Fonseca, julgado em 16.8.2022 e publicado no DJ de 22.8.2022)*

570. [...]. *Quanto à ocorrência de nulidade, por alegada ausência de citação pessoal, consta no acórdão recorrido que todos os recorrentes foram regularmente citados, e apresentaram resposta à acusação. Mesmo que fosse hipoteticamente constatada a ausência de regularidade na convocação de quaisquer dos interessados para integrar a relação processual, a apresentação de resposta supriria a falta.* [...] No presente caso, conforme consta na sentença, recebida a denúncia, fora apresentada resposta à acusação e alegações finais. [...] *(Agravo Regimental no Agravo em Recurso Especial nº 1.764.654/RJ, STJ, 5ª Turma, unânime, Rel. Min. Reynaldo Soares da Fonseca, julgado em 10.8.2021, publicado no DJ em 16.8.2021)*

570. [...] 5. O art. 570 do CPP estabelece que: *"A falta ou nulidade da citação, da intimação ou notificação estará sanada desde que o interessado compareça, antes de o ato consumar-se, embora declare que o faz para o único fim de argui-la"*. 6. Hipótese em que se encontra sanada a alegada nulidade por ausência de intimação, em razão do comparecimento da defesa nos atos processuais posteriores ao indeferimento do pleito de perícia. [...] *(Habeas Corpus n. 283.746-SP, STJ, 5ª Turma, unânime, Rel. Min. Ribeiro Dantas, julgado em 22.5.2018, publicado no DJ em 30.5.2018)*

570. [...] Pertinente o art. 570 do Código de Processo Penal, que impõe que "a falta ou a nulidade da citação, da intimação ou notificação estará sanada, desde que o interessado compareça, antes de o ato consumar-se, embora declare que o faz para o único fim de argui-la. O juiz ordenará, todavia, a suspensão ou o adiamento do ato, quando reconhecer que a irregularidade poderá prejudicar direito da parte". [...] No ponto, destaca-se que, segundo entendimento pacífico desta Corte Superior, a vigência no campo das nulidades do princípio *pas de nullité sans grief* impõe a manutenção do ato impugnado que, embora praticado em desacordo com a formalidade legal, atinge a sua finalidade, restando à parte demonstrar a ocorrência de efetivo prejuízo.

[...] *(RHC n. 71.298-PR, STJ, 5ª Turma, unânime, Rel. Min. Ribeiro Dantas, julgado em 21.3.2017, publicado no DJ em 27.3.2017)*

570. [...] 1. A citação, no processo penal, é o ato por meio do qual o acusado é chamado para integrar a relação processual, no seio da qual poderá usufruir de todas as garantias previstas na Constituição Federal para exercer o seu direito ao contraditório e à ampla defesa. Constitui, pois, exigência fundamental que todo acusado seja cientificado da existência do processo e do seu desenvolvimento, pois, sem a adequada informação dos atos já praticados em seu desfavor, sua participação seria ilusória e incapaz de influenciar o convencimento do magistrado. 2. Não obstante tenha o mandado de citação sido firmado pelo esposo da recorrente, os autos dão conta de que ela teve ciência da ação penal, tanto que compareceu ao cartório do Juízo, por duas vezes, para atualizar seu endereço. Tal providência demonstra, de maneira inequívoca, que tomou ciência da ação penal deflagrada em seu desfavor, não havendo motivos para anular a ação penal. [...] 4. A anulação de toda a decisão é um resultado muito grave para algo que não se configure um prejuízo à defesa, motivo pelo qual a solução menos drástica de decotar o trecho viciado atende a *mens legis*, ao valorizar a celeridade processual e a paridade das armas. [...] (*Recurso Especial nº 1.362.882-DF, STJ, 6ª Turma, Rel. Min. Sebastião dos Reis Júnior, julgado em 1º.3.2016, publicado no DJ em 12.4.2016*).

570. [...] a citação ocorreu no mesmo dia em que o interrogatório foi realizado. Ao ser citado, teve o recorrente acesso ao inteiro teor da denúncia. O fato de ter sido o recorrente interrogado no mesmo dia em que cientificado do teor da acusação não acarreta a nulidade do processo, a menos que se demonstre ter havido efetivo prejuízo para a defesa, que, no caso, se fez presente ao ato. Aplicação do princípio *pas de nullité sans grief*, insculpido no art. 563 do Código de Processo Penal. [...] (*Recurso em Habeas Corpus nº 114.739-PA, STF, 1ª Turma, Rel. Min. Dias Toffoli, julgado em 30.10.2012, publicado no DJ em 10.12.2012*).

570. [...] Não há nulidade no processo penal, se o réu citado por editais, ainda que supostamente defeituosos, comparece ao processo, antes do interrogatório, mediante defensor constituído, que exerce, sem peias, todos os poderes processuais da defesa (*Habeas Corpus nº 85.851-1/PR, STF, Rel. Min. Cezar Peluso, STF, 2ª Turma, publicado no DJ em 26.6.2009*).

Art. 571. As nulidades deverão ser arguidas:

I – as da instrução criminal dos processos da competência do júri, nos prazos a que se refere o art. 406;

II – as da instrução criminal dos processos de competência do juiz singular e dos processos especiais, salvo os dos Capítulos V e VII do Título II do Livro II, nos prazos a que se refere o art. 500;

III – as do processo sumário, no prazo a que se refere o art. 537, ou, se verificadas depois desse prazo, logo depois de aberta a audiência e apregoadas as partes;

IV – as do processo regulado no Capítulo VII do Título II do Livro II, logo depois de aberta a audiência;

V – as ocorridas posteriormente à pronúncia, logo depois de anunciado o julgamento e apregoadas as partes (art. 447);

VI – as de instrução criminal dos processos de competência do Supremo Tribunal Federal e dos Tribunais de Apelação, nos prazos a que se refere o art. 500;

VII – se verificadas após a decisão da primeira instância, nas razões de recurso ou logo depois de anunciado o julgamento do recurso e apregoadas as partes;

VIII – as do julgamento em plenário, em audiência ou em sessão do tribunal, logo depois de ocorrerem.

571.1. Observação geral: O estudo criterioso das circunstâncias previstas no artigo em voga é relevante, pois, ao menos em tese, dispõe o art. 572, I, CPP, que (pelo menos) as nulidades previstas no art. 564, III, *d* e *e*, segunda parte, *g* e *h*, e IV, CPP, restarão sanadas se não forem arguidas em tempo oportuno, na forma do que aqui disposto.

Não é bem assim. É preciso cuidar para não gerar situações de perplexidade a afirmação – simples e genérica – de que nulidades havidas e não alegadas oportunamente restarão preclusas. Como regra, é assim mesmo, não há a nulidade. Insistimos que é preciso *sempre* ver o caso concreto. Assim, não deverá ser declarada a nulidade do *ato* (ou então do *processo*) se: (a) não houver prejuízo efetivo para as partes; (b) o ato, malgrado nulo, tiver atingido a finalidade por outra forma; (c) não influenciar na apuração da verdade ou decisão da causa.

A Lei nº 11.719/08 trouxe importantes modificações na ritualística procedimental, com consequências também no campo das alegações de prejuízo, por não observância de formas. Veja-se o caso, por exemplo, do art. 396-A, CPP, que define a abrangência da matéria cabível na resposta escrita. Há ali, pensamos, faculdades processuais cujo não exercício oportuno implicará a preclusão da matéria, *para as partes*. É o que ocorre, *v. g.*, com a exceção de incompetência relativa.

571.2. Prazo para arguição das nulidades havidas na instrução criminal (*judicium accusationis*) dos processos de competência do Júri (inciso I): O rito do Júri tem procedimento próprio: o § 3º do art. 394 do CPP é bastante claro no sentido de que, nesses procedimentos (e referentes à *primeira fase* do Júri – *judicium accusationis*), deverão ser observadas as disposições estabelecidas nos arts. 406 a 497, CPP. Portanto, os prazos aqui tratados estão correlacionados *unicamente* a essa primeira fase do procedimento específico para os crimes de competência do Tribunal do Júri, sequer se podendo falar em conjugação dessas regras com as do processo ordinário, porque inaplicável o § 4º do art. 394 do CPP.

Em síntese, segundo compreendemos, o rito é o seguinte: (a) recebimento da denúncia ou queixa; (b) citação do acusado para resposta escrita no prazo de 10 dias; (c) possibilidade de arrolamento de até 8 testemunhas (por fato); (d) possibilidade do ajuizamento de exceções; (e) se houver preliminares ou documentos acostados, é obrigatório oportunizar ao MP ou ao querelante se manifestar; (f) inquirição de testemunhas; (g) audiência de instrução e julgamento, com: tomada de declarações do ofendido, se possível; oitiva de testemunhas da acusação e defesa, nesta ordem; eventuais esclarecimentos dos peritos, acareações e reconhecimento de pessoas ou coisas; interrogatório e, *por fim, debates, sendo possível apresentação de alegações escritas por memoriais* (art. 411, CPP); (h) concluído, poderá o juiz: exarar decisão de pronúncia (art. 413, CPP); de impronúncia (art. 414, CPP); absolvição sumária (art. 415, CPP); desclassificar (art. 419, CPP); (i) proferida pronúncia, as intimações dos interessados deverão obedecer ao que disposto no art. 420, CPP; (j) preclusa a decisão de pronúncia, serão os autos encaminhados ao juiz presidente do Tribunal do Júri.

Impõe-se esclarecer que não mais se aplica a remissão contida no inciso I do art. 571 do CPP. A redação original do CPP estipula(va) que o prazo fatal para a arguição de nulidades seria aquele previsto no art. 406, CPP ("*terminada a inquirição das testemunhas, mandará o juiz dar vista dos autos, para alegações, ao Ministério Público, pelo prazo de cinco dias, e, em seguida, por igual prazo, e em cartório, ao defensor do réu*"). Agora, e para o que interessa analisar aqui, o encerramento da instrução se dá com os debates orais ou então, quando facultado, com a apresentação de alegações escritas por memoriais (art. 411, CPP). Portanto, conforme o caso, estes serão os momentos preclusivos para a arguição das nulidades havidas *na primeira fase* do procedimento do Júri.

Jurisprudência

571.2. [...] O artigo 571, I, do CPP, estabelece que as nulidades ocorridas na fase da instrução, nos processos de competência do Tribunal do Júri, devem ser suscitadas até as alegações finais, antes do fim da 1ª etapa do procedimento, havendo preclusão quando a arguição acontece apenas após a chamada preclusão pro judicato, ou seja, depois da solução definitiva sobre a pronúncia. *[...] (RHC nº 133.694-RS, STJ, 5ª Turma, Rel. Min. Ribeiro Dantas, julgado em 14.9.2021, publicado no DJ em 20.9.2021)*

571.2. [...] À defesa incumbe alegar a suposta nulidade na primeira oportunidade de falar nos autos ou, conforme expressamente determinado no art. 571, I, do Código de Processo Penal, nos prazos a que se referem o art. 406 do mesmo Códex, sob pena de preclusão. [...] *(Embargos de Declaração no Habeas Corpus nº 174.888, STF, 2ª Turma, Rel. Min. Ricardo Lewandowski, julgado em 25.10.2019, publicado no DJ em 6.11.2019)*

571.2. [...] Esta Corte já se pronunciou no sentido de que, nos termos do artigo 571, inciso I, do Código de Processo Penal, as máculas ocorridas no decorrer da instrução criminal dos processos de competência do júri devem ser arguidas em sede de alegações finais, sob pena de preclusão. Precedentes. [...] *(Embargos de Declaração no Habeas Corpus nº 589.549-CE, STJ, 6ª Turma, Rel. Min. Néfi Cordeiro, julgado em 1º.9.2020, publicado no DJ em 16.9.2020)*

571.3. Prazo para arguição das nulidades havidas na instrução criminal dos processos de competência do juiz singular e dos processos especiais (inciso II): Na redação original, dispunha a regra em comento que as nulidades deveriam ser arguidas: "*II – as da instrução criminal dos processos de competência do juiz singular e dos processos especiais, salvo os dos Capítulos V e VII do Título II do Livro II, nos prazos a que se refere o art. 500.*"

O dispositivo merece a devida adaptação aos tempos atuais. Em primeiro lugar, sua remissão (como exceção) ao capítulo VII está totalmente prejudicada, na medida em que não mais se pode falar em aplicação de medida de segurança por fato *não* criminoso (vide anotações aos arts. 549, CPP). Além disso, tecnicamente, não há mais *processo* sumário (capítulo V do título II) na redação *originária* de que tratava o art. 531, CPP (*O processo das contravenções terá forma sumária, iniciando pelo auto de prisão em flagrante ou mediante portaria expedida pela autoridade policial ou pelo juiz, de ofício ou a requerimento do Ministério Público*). O rito sumário tratado agora no art. 531, CPP, nada mais é do que uma das formas do procedimento comum (vide art. 394, § 1º, II, CPP), de competência do juiz singular também, e determinado segundo as penas fixadas para os delitos. Desse modo, totalmente inaplicável a regra do inciso III do art. 571 do CPP.

Não só. O dispositivo em análise estabelecia como marco final o prazo do art. 500, CPP. Sabidamente não há mais referida hipótese, então conhecido como prazo para apresentação das *alegações finais*.

Em se tratando do rito comum ordinário, a instrução se encerra, como regra, nas alegações orais a que se refere o art. 403, CPP. Se não encerrado nesse momento, porque pendentes diligências imprescindíveis (art. 404, CPP), será oportunizado às partes a apresentação de *alegações finais, por memorial,* no prazo de 5 (cinco) dias (parágrafo único do art. 404 do CPP). O marco final, então, será aqui.

Em se tratando do rito comum sumário, o prazo fatal será no momento das *alegações orais*, na forma em que estipulado no art. 534, CPP. Tal como já destacamos (vide item 534.2), entendemos não haver incompatibilidade para que, *em audiência*, depois de fazer suas alegações orais, as partes juntem alegações escritas, em que poderão consignar também a arguição de eventual nulidade.

Por fim, o rito sumaríssimo está previsto para as infrações penais de menor potencial ofensivo (art. 394, § 1º, III, CPP). De acordo com o art. 81, Lei nº 9.099/95, uma vez recebida a denúncia (e não realizada *transação penal* – art. 76, Lei nº 9.099/95), serão ouvidas a vítima e as testemunhas de acusação e defesa, interrogando-se a seguir o acusado se estiver presente, prosseguindo-se aos debates orais, culminando com a sentença proferida em audiência. Segundo compreendemos, também aqui o marco preclusivo será os debates orais.

Importante anotar em complemento que, nos termos do que disposto no § 1º-A do art. 81 da Lei nº 9.099/95 (redação pela Lei nº 14.245, de 22.11.2021), durante a audiência de instrução, todas as partes deverão respeitar a dignidade da vítima, cabendo ao juiz velar por essa garantia, sendo expressamente vedadas a manifestação sobre circunstâncias ou elementos alheiros aos fatos objeto de apuração nos autos, bem assim a utilização de linguagem, informação ou material que ofendam a dignidade da vítima ou testemunhas (remetemos para as anotações aos itens 400.4 e 474.3).

Jurisprudência

571.3. [...] Diante de ciência da parte em relação à negativa de juntada da denúncia anônima requisitada à DISE e à ausência de qualquer manifestação nos autos pela defesa ou em suas alegações finais, houve preclusão do pleito. "De acordo com o artigo 571, inciso II, do Código de Processo Penal, as nulidades ocorridas no decorrer da ação penal devem ser arguidas até as alegações finais, sob pena de preclusão" (AgRg no HC 502.210/PR, Rel. Ministro Jorge Mussi, Quinta turma, julgado em 7/5/2019, DJe 14/5/2019). [...] *(Agravo Regimental no Agravo em Recurso Especial nº 746.463-SP, STJ, 5ª Turma, Rel. Min. Ribeiro Dantas, julgado em 22.6.2021, publicado no DJ em 29.6.2020)*

571.3. [...] As nulidades ocorridas no decorrer da ação penal devem ser arguidas até as alegações finais, sob pena de preclusão, nos termos do art. 571, inciso II, do Código de Processo Penal. [...] *(Agravo Regimental no Habeas Corpus nº 643.437-PR, STJ, 6ª Turma, Rel. Min. Laurita Vaz, julgado em 13.4.2021, publicado no DJ em 29.4.2021)*

571.4. Prazo para arguição das nulidades havidas no processo sumário (inciso III): Compreendemos totalmente inaplicável o dispositivo em tela. A redação da regra diz que as nulidades do processo sumário deverão ser arguidas *no prazo a que se refere o art. 537, ou, se verificadas depois desse prazo, logo depois de aberta a audiência e apregoadas as partes*). Consoante referido no item 571.3, o processo sumário de que *tratava* o dispositivo era relacionado àqueles feitos que (hoje não mais admitido) diziam ao *processo das contravenções*, iniciando-se com a prisão em flagrante ou mediante portaria expedida pela autoridade policial ou pelo juiz, de ofício ou a requerimento do Ministério Público. Disse-se, ainda, que o procedimento sumário tratado agora no art. 531, CPP, nada mais é do que uma das formas do procedimento comum (vide art. 394, § 1º, II, CPP), de competência do juiz singular também.

571.5. Prazo para arguição das nulidades havidas no (então) processo de aplicação de medida de segurança por fato não criminoso (inciso IV): Na mesma linha do que referido no item 573.1, o dispositivo está integralmente prejudicado, pois não mais se pode falar em aplicação de medida de segurança por fato *não* criminoso (vide anotações aos arts. 549 e seguintes, CPP).

571.6. Prazo para arguição das nulidades havidas posteriormente à pronúncia (inciso V): A regra diz que as nulidades após a pronúncia deverão ser arguidas *logo depois* de anunciado o julgamento e apregoadas as partes, havendo remissão ao art. 447, CPP (mas na redação anterior às alterações de 2008). A redação original dispunha: "*aberta a sessão, o presidente do tribunal, depois de resolver sobre as escusas, na forma dos artigos anteriores, abrirá a urna, dela retirará todas as cédulas, verificando uma a uma, e, em seguida, colocará na urna as relativas aos jurados presentes e, fechando-a, anunciará qual o processo que será submetido a julgamento e ordenará ao porteiro que apregoe as partes e as testemunhas*".

Compreendemos que o marco agora é aquele que trata o art. 463, CPP, na redação da Lei nº 11.689: "*comparecendo, pelo menos, 15 (quinze) jurados, o juiz presidente declarará instalados os trabalhos, anunciando o processo que será submetido a julgamento*". A partir deste momento, se nulidade houver, a matéria será regulada pelo inciso VIII do art. 571 do CPP.

Se a pronúncia tiver ocorrido em instância recursal (normalmente no tribunal de apelação, porque dificilmente se poderia cogitar de pronúncia em instâncias extraordinárias, por demandar tema de análise probatória – vide Súmula 7, STJ), defendemos que se deva aplicar a regra do inciso VII do art. 571 do CPP.

Jurisprudência

571.6. [...] Não se verifica a apontada violação do art. 422 do CPP, porquanto o acórdão impugnado vai ao encontro de jurisprudência assente desta Corte Superior: "de acordo com o inciso V do artigo 571 da Lei Processual Penal, as nulidades ocorridas após a pronúncia devem ser arguidas logo depois de anunciado o julgamento e apregoadas as partes, sendo que da ata da sessão de julgamento acostada aos autos não se verifica que a defesa tenha se insurgido quanto à falta de notificação pessoal sobre o sorteio dos jurados, pelo que se constata a preclusão do exame do tema" (AgRg no AREsp n. 1.260.812/MG, Rel. Ministro Jorge Mussi, 5ª T., DJe 15/6/2018). [...] *(Agravo Regimental no Recurso Especial nº 1.403.491-RN, STJ, 6ª Turma, Rel. Min. Rogério Schietti Cruz, julgado em 5.11.2019, publicado no DJ em 12.11.2019)*

571.6. [...] No processo de competência do Tribunal do Júri, as nulidades ocorridas após a sentença de pronúncia devem ser alegadas tão logo quando anunciado o julgamento e apregoadas as partes, nos termos do artigo 571, V, do CPP, sob pena de preclusão. No caso, a Defesa não alegou, a tempo e modo, a apontada nulidade. [...] *(Habeas Corpus nº 498.507-TO, STJ, 5ª Turma, Rel. Min. Reynaldo Soares da Fonseca, julgado em 11.6.2019, publicado no DJ em 27.6.2019)*

571.6. [...] No caso, a apontada irregularidade na intimação pessoal não foi arguida na primeira oportunidade a falar nos autos ou, conforme expressamente determinado no art. 571, V, do Código de Processo Penal, logo após anunciado o julgamento e apregoadas as partes. A arguição a destempo de nulidades processuais induz à preclusão da matéria. [...] *(RHC nº 132.273-ES, 2ª Turma, STF, Rel. Min. Teori Zavascki, julgado em 27.9.2016, publicado no DJ em 13.10.2016)*

571.7. Prazo para arguição das nulidades em instrução criminal dos processos de competência do Supremo Tribunal Federal e dos Tribunais de apelação, nos prazos a que se refere o art. 500 (inciso VI): Na verdade, a remissão ao art. 500, CPP (que tratava, então, das *alegações finais*) não pode mais ser utilizada.

571.7.1. Competência originária do STF e do STJ: Desde a edição da Lei nº 8.038/90, há regramento específico para o processo de competência originária não só do Supremo Tribunal Federal, como também do Superior Tribunal de Justiça. A competência originária do STF está estabelecida no art. 102, I, *b* e *c*, CF/88. Já a competência do STJ está no art. 105, I, *a*, CF/88.

De modo sintético, o procedimento é o seguinte: (a) recebida a denúncia ou a queixa, o relator designará hora para interrogatório (que poderá ser por carta de ordem), mandando citar o acusado (art. 7º); (b) o prazo de defesa prévia será de 5 dias, contado do interrogatório ou da intimação do defensor dativo (art. 8º); (c) no que couber, a instrução obedecerá ao procedimento comum do CPP (por isso, em tese, possível se admitir agora o interrogatório como último ato do processo); (d) concluída a inquirição de testemunhas, serão intimadas a acusação e a defesa para, querendo, requererem diligências no prazo de 5 (cinco) dias; (e) com ou sem diligências, as partes serão intimadas para, primeiro a acusação e depois a defesa, apresentarem, no prazo de 15 (quinze) dias, alegações escritas. É este momento que, entendemos, será o derradeiro para as arguições de nulidades a que se refere o inciso VI do art. 571 do CPP.

571.7.2. Competência originária dos Tribunais de Justiça, dos Tribunais Regionais Federais e dos Tribunais Regionais Eleitorais: Merece adaptação também o dispositivo, pois, desde a Constituição Federal de 1988, foram criados também os Tribunais Regionais Federais, que possuem competência expressa no art. 108, I, *a*, CF/88. A competência dos Tribunais de Justiça é residual, mantida a simetria (art. 125 e § 1º, CF/88).

Não se pode olvidar, ainda, da competência estabelecida no art. 29, X, CF/88, que, interpretado conjugadamente com regras de competência *ratione materiae,* redundou na Súmula 702, STF, estabelecendo-se que "*a competência do Tribunal de Justiça para julgar prefeitos restringe-se aos crimes de competência da Justiça Comum Estadual; nos demais casos, a competência originária caberá ao respectivo Tribunal de Segundo Grau*" (segundo compreendemos, este comando também é aplicável para crimes cometidos por Deputados Estaduais e Secretários de Estado, quando tiverem prerrogativa de foro nas Constituições Estaduais). Desse modo, se o crime for comum estadual, a competência será do Tribunal de Justiça; se for comum federal, do Tribunal Regional Federal; (c) se for eleitoral, do Tribunal Regional Eleitoral. Em relação a Vereadores, vide item 84.8, com menção à ADI *nº 558/RJ, STF, Plenário, unânime, Rel. Min. Cármen Lúcia, julgamento em sessão virtual de 9.4.2021 a 16.4.2021, publicado no DJ em 22.9.2021).*

A forma de processamento da competência dos Tribunais de Apelação (*lato sensu*) encontra-se nos seus regimentos internos, normalmente estabelecendo uma correlação bastante grande (quando não idêntico) acerca do procedimento existente na Lei nº 8.038/90.

Vide também anotações ao item 650.7.

Jurisprudência

571.7.2. [...] O Tribunal Regional Federal é competente para processar e julgar ação penal em que se imputa a deputado estadual a prática de crimes conexos a delitos de competência da Justiça Federal (*Habeas Corpus nº 91.266/ES, STF, Rel. Min. Cezar Peluso, 2ª Turma, unânime, julgado em 2.3.2010, publicado no DJ em 23.4.2010).*

571.8. Prazo para arguição das nulidades verificadas após a decisão de primeira instância: nas razões de recurso ou logo depois de anunciado o julgamento do recurso e apregoadas as partes (inciso VII): As nulidades devem ser verificadas não mais até a sentença, mas *depois* da *decisão de primeiro grau.* O momento para a arguição dependerá do momento em que se verificar a nulidade. Se foi até o momento da interposição do recurso, deverá ser feita nas razões que serão encaminhadas ao tribunal. Se após, a arguição deverá ser imediatamente após anunciado o julgamento do recurso e apregoadas as partes.

Jurisprudência

571.8. [...] O art. 571, inciso VII, do Código de Processo Penal é expresso em determinar que as nulidades verificadas após a decisão de primeira instância deverão ser arguidas "[...] nas razões de recurso ou logo depois de anunciado o julgamento do recurso e apregoadas as partes". [...] *(Agravo Regimental no Recurso Especial nº 1.786.891-PR, STJ, 5ª Turma, Rel. Min. Félix Fischer, julgado em 15.9.2020, publicado no DJ em 23.9.2020)*

571.9. Prazo para arguição das nulidades verificadas em plenário, em audiência ou em sessão do tribunal (inciso VIII): Aqui a Lei estabelece que, quando houver nulidades ocorridas em plenário (Júri), em audiência ou sem sessão do tribunal, deverão elas ser arguidas imediatamente após ocorrerem.

Um destaque complementar, apenas: quando se tratar de nulidade *em plenário*, o marco inicial é exatamente aquele que é posterior ao prazo previsto no inciso V do art. 571. Como dissemos anteriormente (571.6), as nulidades posteriores à pronúncia deverão ser arguidas até a fase de que trata o art. 463, CPP. Toda nulidade que ocorrer a partir desse momento até a sentença do Júri deverá ser arguida assim que ocorrer. O protesto pela nulidade deverá constar em ata da sessão do Júri.

Não há de se olvidar no tema três relevantes súmulas do STF:

> 156. É absoluta a nulidade do julgamento, pelo júri, por falta de quesito obrigatório.
> 162. É absoluta a nulidade do julgamento pelo júri, quando os quesitos da defesa não precedem aos das circunstâncias agravantes.
> 206. É nulo o julgamento ulterior pelo Júri com a participação de jurado que funcionou em julgamento anterior do mesmo processo.

Jurisprudência

571.9. [...] Nos termos do art. 571, VIII, do CPP, a arguição de falso testemunho cabe à parte interessada e deve ser realizada logo após a sua suposta ocorrência, durante a sessão de julgamento do Júri, pleiteando-se a manifestação dos jurados sobre o tema por meio de quesito especial acerca do crime de falso testemunho. Dessa forma, deverão os jurados decidir pela existência ou não do crime de falso testemunho, cujo processamento e julgamento se dará no juízo competente. [...] *(Agravo Regimental no Agravo em Recurso Especial nº 1.975.954-MG, STJ, 5ª Turma, Rel. Min. Messod Azulay Neto, julgado em 16.4.2024, publicado no DJ em 23.4.2024)*

571.9. [...] Eventuais irregularidades processuais ocorridas na sessão de julgamento pelo plenário do júri devem ser imediatamente suscitadas pela parte interessada e registradas em ata, sob pena de preclusão. [...] *(Agravo Regimental no Agravo em Recurso Especial nº 1.533.952-SC, STJ, 5ª Turma, Rel. Min. Ribeiro Dantas, julgado em 22.6.2021, publicado no DJ em 28.6.2021)*

571.9. [...] A jurisprudência deste Superior Tribunal de Justiça possui entendimento no sentido de que, "em atenção ao que estabelece o artigo 571, inciso VIII, do Código de Processo Penal, as nulidades ocorridas no Plenário do Júri, no que se refere à quesitação, devem ser apontadas no momento oportuno, sob pena de preclusão" (AgRg no REsp n. 1.654.881/SP, Sexta Turma, Relª. Minª. Maria Thereza de Assis Moura, Dje de 3/5/2017). Precedentes. [...] *(Agravo Regimental no RHC nº 141.440-PR, STJ, 5ª Turma, Rel. Min. Félix Fischer, julgado em 30.3.2021, publicado no DJ em 9.4.2021)*

571.9. [...] O silêncio, no plenário do Tribunal do Júri, sobre irregularidade quanto ao número de jurados recusados, implica preclusão – artigo 571, inciso VIII, do Código de Processo Penal. *([...] (RHC nº 119.888-MS, STF, 1ª Turma, Rel. Min. Marco Aurélio, julgado em 3.5.2021, publicado no DJ em 7.5.2021)*

571.9. [...] No procedimento do Júri, as possíveis nulidades devem ser apresentadas imediatamente, na própria sessão de julgamento, conforme dicção do art. 571, VIII, do Código de Processo Penal. Nessas circunstâncias, não pode a defesa, agora, valer-se de suposto prejuízo decorrente de sua omissão, para invalidar o julgamento. Precedentes [...] *(Embargos de Declaração no Habeas Corpus nº 167.348-RJ, STF, 1ª Turma, Rel. Min. Alexandre de Moraes, julgado em 29.3.2019, publicado no DJ em 5.4.2019)*

Art. 572. As nulidades previstas no art. 564, III, *d* e *e*, segunda parte, *g* e *h*, e IV, considerar-se-ão sanadas:

I – se não forem arguidas, em tempo oportuno, de acordo com o disposto no artigo anterior;

II – se, praticado por outra forma, o ato tiver atingido o seu fim;

III – se a parte, ainda que tacitamente, tiver aceito os seus efeitos.

572.1. Considerações gerais: É fundamental repristinar o que destacado nas anotações ao item 571.1. Partindo da concepção clássica da diferenciação entre nulidades absolutas (não podem ser convalidadas) e relativas (podem ser convalidadas), extrai-se da redação do art. 572, *caput*, CPP, que (pelo menos) as nulidades previstas no art. 564, III, *d* e *e*, segunda parte, *g* e *h*, e IV, CPP, restarão sanadas (portanto, *seriam relativas*) se não forem arguidas em tempo oportuno, na forma do que aqui disposto.

Cremos não deva ser esse o raciocínio, mormente diante das nossas anotações aos itens 563.2 e 563.3. Não se podem gerar situações de perplexidade, nem pela afirmação – simples e genérica – de que nulidades havidas e não alegadas oportunamente restarão preclusas, bem como de que as nulidades absolutas geram sempre a nulidade do *processo*. Defendemos ser necessário *sempre* analisar o caso concreto. Assim, não haverá ser declarada a nulidade do *ato* (ou então do *processo*) se: (a) não houver prejuízo efetivo para as partes; (b) o ato, malgrado nulo, tiver atingido a finalidade por outra forma; (c) não influenciar na apuração da verdade ou decisão da causa.

572.2. Nulidades sanadas se não arguidas nos momentos previstos no art. 571, CPP (inciso I): Já visto em inúmeras situações quando da análise do art. 571, CPP (não exaustivas), há hipóteses em que as nulidades de determinados *atos*, mesmo que não arguidas no momento oportuno, *não precluem* e podem ser alegadas ulteriormente. Se ocorrerá nulidade do *processo* é questão e extensão que merece confronto com as regras estabelecidas no art. 573, CPP (causalidade).

Assim, e exemplificativamente, a desobediência do princípio do juiz natural (incompetência, art. 571, I, CPP) é uma delas. Não preclui em hipótese alguma, nem mesmo após o trânsito em julgado da condenação (salvo se absolutória).

572.3. Nulidade sanada se, praticado por outra forma, o ato tiver atingido seu fim (inciso II): Encontra-se aqui o reconhecimento expresso da *instrumentalidade das formas*, que, segundo compreendemos, alcança até mesmo as nulidades absolutas, no que diz respeito ao comprometimento *do processo* (e não do ato, é claro).

A interpretação dos tópicos que tratam de nulidades está centrada no denominado princípio da *instrumentalidade das formas*, que nada mais é do que a consagração da já conhecida parametrização trazida pelo princípio *pas de nullité sans grief*, que, por sua vez, é o comando fulcral do primeiro artigo do CPP que trata das nulidades (art. 563, CPP). Portanto, não deverá ser declarada nulidade de determinados atos se da nulidade não resultar prejuízo para a acusação e para a defesa.

572.4. Nulidade sanada se a parte, ainda que tacitamente, tiver aceito os seus efeitos: Segundo compreendemos, o dispositivo não pode ser visto de modo abstrato e genérico a ensejar conclusão no sentido de que sempre que a parte tenha aceito os seus efeitos, *ainda* que pelo silêncio, estará sanada a nulidade. Como regra, em se tratando de nulidades (notadamente as relativas), é assim que opera mesmo. Entretanto, há situações que o silêncio pode ser um estratagema defensivo, e se estiver diante de nulidade que não preclui, impossível aplicar a referida regra.

Art. 573. Os atos, cuja nulidade não tiver sido sanada, na forma dos artigos anteriores, serão renovados ou retificados.

§ 1º A nulidade de um ato, uma vez declarada, causará a dos atos que dele diretamente dependam ou sejam consequência.

§ 2º O juiz que pronunciar a nulidade declarará os atos a que ela se estende.

573.1. Necessidade de renovação ou retificação dos atos: No *caput* estabelece-se que os atos cuja nulidade (relativa) não puder ser sanada e também aqueles eivados de nulidade absoluta (defendemos nós) deverão ser renovados ou retificados.

573.2. Princípio da Causalidade: No § 1º, o reconhecimento explícito do denominado *princípio da causalidade*. É que a nulidade de um *ato*, uma vez declarada (ou seja, é preciso seu reconhecimento pelo juiz), causará somente a dos *atos* subsequentes *diretamente* dependentes ou que sejam consequência daquele anulado. Essa regra é de extrema importância em matéria de nulidades, ao menos em nossa concepção, e, com as devidas *vênias*, não vem sendo aplicada adequadamente na grande maioria dos problemas.

Das premissas que utilizamos em matéria de nulidades, é preciso não confundir nulidade *do ato* com nulidade do *processo*. Se se estiver diante de ato absolutamente nulo, significa que, tecnicamente, não há como sanar aquele *ato*. Entretanto, não necessariamente haverá a nulidade *do processo*. Se não for possível praticar *outro ato* (em substituição, mesmo que posterior, ao ato anulado), não deverá ser decretada, automaticamente, a nulidade do *processo* a partir daquele ato *com a eiva da nulidade*. O dispositivo é bastante claro no sentido de que somente deverão ser anulados os atos que *dele diretamente dependam ou sejam consequência*. Todos os demais que não se enquadrem nessa relação de *causalidade* não deverão ser anulados.

Jurisprudência

573.2. [...] O Tribunal de Justiça, ao declarar a nulidade da sentença, em razão da utilização do depoimento de testemunha, ouvida ao arrepio do princípio do contraditório, determinou a renovação da prova oral, bem como do depoimento da ré, das diligências e das alegações finais, com fundamento no art. 573 do CPP. Ora, tal entendimento encontra-se no mesmo sentido da jurisprudência desta Corte Superior de que, reconhecida a nulidade do ato, com sua cassação, a consequência é a repetição dos atos processuais atingidos pela referida decisão, não havendo qualquer ilegalidade em sua renovação. [...] *(Agravo Regimental no Agravo em Recurso Especial nº 1.678-101-SC, STJ, 5ª Turma, Rel. Min. Reynaldo Soares da Fonseca, julgado em 9.6.2020, publicado no DJ em 18.6.2020)*

573.2. [...] A nulidade de um ato, uma vez declarada, causará a dos atos que dele diretamente dependam ou sejam consequência, a teor do art. 573, § 1º, do Código de Processo Penal. [...] *(Habeas Corpus nº 365.697-RS, STJ, 5ª Turma, Rel. Min. Félix Fischer, julgado em 8.8.2017, publicado no DJ em 18.8.2017)*

573.2. [...] O regime de invalidação de atos processuais subsequentes é regrado pela legislação. Conforme art. 573, § 1º, do CPP, a nulidade de um ato atinge aos atos que "*dele diretamente dependam*" e os que dele "*sejam consequência*". Os atos subsequentes não são atos que violam às prerrogativas da defesa ou dos advogados, mas que dependem e são consequência do ato violador. Logo, quanto a eles, as garantias defensivas e advocatícias não estão em jogo. Sendo assim, a importância dessas garantias não dispensa a demonstração do nexo entre o ato violador e o ato contaminado. No caso em julgamento não há, ao menos aparentemente, atos ligados à interceptação. Nada de relevante foi revelado na diligência. No momento da interceptação, não foram praticados atos de instrução. A contaminação não alcança outras provas. Invalidação dos atos subsequentes por prejuízo à defesa. Advogado interceptado que "prestava serviços eventuais ao paciente". [...] *(Habeas Corpus n. 129.706-PR, STF, unânime, 2ª Turma, Rel. Min. Gilmar Mendes, julgado em 28.6.2016, publicado no DJ em 1º.8.2017)*

573.2. [...] 3. A anulação do interrogatório não implica a renovação de todos os atos processuais subsequentes, inclusive porque não há, entre eles, vínculo de dependência. Tanto é assim, que a Lei nº 11.719/2008, de aplicação imediata e vigente à época da renovação do ato processual, inseriu o interrogatório do réu como último ato da audiência de instrução. [...] (*Habeas Corpus nº 221.014/PR, 5ª Turma, unânime, Rel. Min. Laurita Vaz, julgado em 13.11.2012, publicado no* DJ *em 23.11.2012*).

....

TÍTULO II
DOS RECURSOS EM GERAL

CAPÍTULO I
Disposições Gerais

Art. 574. Os recursos serão voluntários, excetuando-se os seguintes casos, em que deverão ser interpostos, de ofício, pelo juiz:

I – da sentença que conceder *habeas corpus*;

II – da que absolver desde logo o réu com fundamento na existência de circunstância que exclua o crime ou isente o réu de pena, nos termos do art. 411. (*a absolvição sumária atualmente é regulada pelo art. 415 e seguintes, CPP, na redação da Lei nº 11.689/2008*)

574.1. Princípio da Voluntariedade. Considerações Gerais: Devendo incidir apenas para os casos em que exista vulneração material e efetiva dos bens jurídicos por ele tutelados, e sempre mediante a incidência dos valores máximos constitucionais (compatibilidade vertical), o Direito Penal tem a aplicabilidade de suas normas veiculada por intermédio do processo penal. Indubitavelmente, trata-se de demandas com elevado grau de impacto nos interesses das partes e também com grande repercussão nas vidas das pessoas e da sociedade. O processo penal, por si só, não se pode negar, já é traumático, o que uma vez mais reforça a ideia de que, tanto para a instauração quanto para o seu desenvolvimento, se devam respeitar ao máximo os princípios garantistas (na verdadeira e correta aplicação de seus conceitos, sem quaisquer distorções). Nesse diapasão, na solução das questões postas em juízo é normal (e até natural, diríamos) a existência, depois do pronunciamento judicial, de eventuais inconformidades das partes envolvidas ou de outros interessados e legitimados para defenderem a aplicação da legislação vigente no país.

A inconformidade das partes (*lato sensu*) a ser veiculada no âmbito do processo penal tem nos recursos e nas denominadas *ações de impugnação* uma das formas mais enfáticas e autênticas para se atingir o fim perseguido. Quer-se dizer com isso que o comando objeto da norma em voga traduz um dos pilares do sistema recursal: a voluntariedade em recorrer.

Significa que, para a admissibilidade dos recursos (*e de certa maneira também para as ações de impugnação – notadamente o* habeas corpus *e o mandado de segurança, com suas características peculiares*), é essencial que, além dos requisitos próprios, haja uma manifestação inequívoca do legitimado (*qualquer que seja essa manifestação, ao menos para os recursos que não de natureza extraordinária – aí enquadrados o recurso especial e o recurso extraordinário –, porque em relação a eles há requisitos mais rígidos e formais*) de que pretende impugnar a decisão proferida pelo Poder Judiciário.

Dada a característica própria do processo penal, em que, regra geral, são dispensadas maiores formalidades para o processamento dos recursos (como adiante se verá de forma minudente), qualquer *manifestação inequívoca* no sentido de que se pretende impugnar a decisão proferida deve ser tida como elemento complementador do princípio em voga. Resumindo: encontrando legitimação no princípio constitucional da ampla defesa, assentada a inconformidade por qualquer manifestação que se apresente como inequívoca (isto nas instâncias ordinárias), dever-se-á considerar como atendido o requisito legal a viabilizar ao interessado que (re)discuta o tema impugnado em sede jurisdicional superior.

Entretanto, para ser válida, essa *manifestação inequívoca* deve-se dar por intermédio de meio eficaz nos autos do processo criminal ou em peça processual que passe a integrar os autos (como, por exemplo, certidão de oficial de Justiça que, ao intimar o réu, destaca que houve manifestação de *intenção de recorrer*). Exatamente por isso é que a jurisprudência (cremos que corretamente) *não* vem admitindo a interposição de recurso via *e-mail*, na medida em que, pelos meios tecnológicos (ao menos atualmente), não há possibilidade de conferir uma garantia ao juízo de que a medida é segura.

Um alerta: embora se possa dizer que, no processo penal, mediante a voluntariedade firmada nos autos, o recurso tecnicamente está formalizado (ao menos no âmbito das instâncias ordinárias, insiste-se), deverá ele atender a outros requisitos, adiante abordados. Relevante destacar também que, dada a natureza do *habeas corpus*, entendemos que, em nenhuma hipótese, não há de se exigir como requisito fundamental para sua *admissibilidade* a apresentação das razões que embasam a pretensão em caso de recurso ordinário frente à decisão denegatória do *writ* (diferentemente do que ocorre com o recurso especial ou com o recurso extraordinário). É que se é possível a impetração de novo *writ* substitutivo do primeiro denegado e para este não último são exigidos maiores requisitos para a admissão, compreendemos que também no caso de recurso ordinário de *habeas corpus* não há motivos para se exigir a apresentação de razões recursais como requisito fundamental para sua admissibilidade.

Há de se dizer ainda que – pela própria essência do dispositivo – não há *obrigatoriedade* de recorrer, notadamente para a defesa, mesmo que se trate de defensores dativos ou públicos. O que se mostra fundamental é a adoção de todas as medidas legais para, diante da faculdade legal, haver ou não a interposição do recurso. Nessa linha, essencial enfatizar que, conjugando-se o dispositivo em voga com aquele constante no art. 392, II, CPP, basta a legal intimação das partes, sendo desnecessária qualquer providência (no máximo, uma faculdade) no sentido de constar expressamente no mandado de intimação do réu que ele tem o direito a recorrer.

Uma anotação relevante: mesmo ao réu revel, a intimação deverá ser sempre pessoal, salvo se impossível de localizá-lo, quando se deverá adotar subsidiariamente o procedimento previsto no art. 370, CPP. De qualquer forma, realizada a intimação segundo a legislação vigente e não interposto o recurso, não há de se falar em violação a princípios constitucionais, especialmente o da ampla defesa.

Por fim, se é certo que as intimações devam ser feitas ao réu e ao advogado (contando-se os prazos da "última" intimação), não se pode olvidar que, nos casos em que a formalidade não for realizada, mas interposto o recurso pelo defensor sem qualquer prejuízo material para a parte, não há se falar em nulidade processual, eis que atingido o fim (vide anotações ao 563.1). Nestes casos, a (ausência de) forma não pode se sobrepor ao essencial (efetiva interposição do recurso pelo defensor constituído), que está interligado ao exercício da ampla defesa (vide anotações do 564.20).

Jurisprudência

574.1 [...] vige no sistema processual o princípio da voluntariedade recursal, sendo facultado ao réu a interposição de recurso contra decisão que lhe seja desfavorável, de modo que a ausência de interposição de recurso de apelação não constitui, por si só, nulidade por deficiência de defesa. [...] *(Agravo Regimental no Habeas Corpus nº 941.007-SP, STJ, 6ª Turma, Rel. Min. Antonio Saldanha Palheiro, julgado em 16.10.2024, publicado no DJ em 23.10.2024)*

574.1 [...] 1. O reconhecimento de eventual nulidade por deficiência de defesa técnica exige a comprovação de prejuízo, consoante o postulado *pas de nullité sans grief*, consagrado no art. 563 do Código de Processo Penal e na Súmula n. 523 do Supremo Tribunal Federal, segundo a qual, "*no processo penal, a falta da defesa constitui nulidade absoluta, mas a sua deficiência só o anulará se houver prova de prejuízo para o réu*", o que não ocorreu no caso. 2. Ademais, vige no sistema processual o princípio da voluntariedade recursal, sendo facultado ao réu a interposição de recurso contra decisão que lhe seja desfavorável, de modo que a ausência de interposição de recurso de apelação não constitui, por si só, nulidade por deficiência de defesa. [...] *(Agravo Regimental no HC nº 941.007-SP, STJ, 6ª Turma, Rel. Min. Antônio Saldanha Palheiro, julgado em 17.10.2024, publicado no DJ em 22.10.2024)*

574.1 [...] Assim como assentou o STJ, "não há dúvida quanto à efetiva ciência do ato, posto que além da intimação por edital, conforme anteriormente dito, a defesa técnica nomeada pelo réu foi regularmente intimada, deixando transcorrer in albis o prazo recursal. (...) Nos termos da jurisprudência dominante nesta Corte Superior, a não interposição do recurso, uma vez intimada a defesa técnica do acusado que respondeu solto à ação penal, por influência do princípio da voluntariedade não caracteriza cerceamento de defesa ou vício de qualquer natureza". [...] *(Agravo Regimental no Habeas Corpus nº 219.454, STF, 1ª Turma, Rel. Min. Roberto Barroso, sessão virtual de 18.11.2022 a 25.11.2022, publicado no DJ em 1º.12.2022)*

574.1 [...] Segundo entendimento jurisprudencial consolidado no âmbito desta Corte Superior, é dispensável a intimação pessoal do réu solto, sendo suficiente a comunicação pelo órgão oficial de imprensa, no caso de estar assistido por advogado constituído, ou pessoal, nos casos de patrocínio pela Defensoria Pública ou por defensor dativo. A intimação pessoal somente é exigida da sentença que condena o réu preso, conforme o art. art. 392, inciso I, do Código de Processo Penal. [...] Neste caso, a defesa técnica foi regularmente intimada e deixou de apresentar tempestivamente o recurso contra a sentença condenatória. Cerca de um ano após a certificação do trânsito em julgado, o agravante compareceu ao cartório da Vara manifestando interesse em recorrer da sentença, de maneira que, no momento em que se declarou o encerramento da prestação jurisdicional, não havia informação a respeito do desejo do réu em se insurgir contra a decisão condenatória, sendo certo que a questão relativa a eventuais divergências sobre esse tema entre o réu e seus representantes técnicos não foi examinada pelo Tribunal de origem, de modo que, sem a delimitação das premissas fáticas, não é possível que esta Corte se pronuncie sobre o tema. [...] A inércia recursal do advogado constituído não caracteriza, por si só, vício ensejador do reconhecimento de nulidade processual, pois vige entre nós o princípio da voluntariedade recursal (art. 574 do Código de Processo Penal). [...] *(Agravo Regimental no HC nº 717.898-ES, STJ, 5ª Turma, Rel. Min. Reynaldo Soares da Fonseca, unânime, julgado em 22.3.2022, publicado no DJ em 25.3.2022)*

574.1 [...] 1. A lei processual penal exige a intimação pessoal do paciente apenas nos casos em que responder preso à ação penal, o que não ocorreu no caso em análise. Ainda assim, intimado pessoalmente da condenação, o paciente não manifestou interesse em recorrer da sentença. 2. A não interposição de recurso, voluntário por sua própria natureza, não implica, por si só, em ausência de defesa técnica, afastando, assim a alegação de nulidade. [...] *(Agravo Regimental no Habeas Corpus nº 694.209/SC, STJ, 5ª Turma, unânime, Rel. Min. Joel Ilan Paciornik, julgado em 23.11.2021, publicado no DJ em 26.11.2021)*

574.1. [...] A opção por não interpor recursos (Recursos Especial e Extraordinário, no caso) configura exercício da voluntariedade recursal, e não caracteriza, por si só, deficiência de defesa. [...] *(Agravo Regimental no Habeas Corpus nº 199.867/MS, STF, 2ª Turma, unânime, Rel. Min. Nunes Marques, julgado em sessão virtual de 25.6.2021 a 2.8.2021, publicado no DJ em 16.8.2021)*

574.1. [...] *"A jurisprudência desta Corte é firme no sentido de que 'o recurso interposto via e-mail é tido por inexistente, não podendo ser considerado o correio eletrônico instrumento similar ao fac-símile para fins de aplicação do disposto na Lei n. 9.800/1999, na medida em que, além de não haver previsão legal para sua utilização, não guarda a mesma segurança de transmissão e registro de dados' [...] (Agravo Regimental nos Embargos Declaratórios no Agravo em*

Recurso Especial nº 1.796.437/MA, STJ, 6ª Turma, unânime, Rel. Min. Antônio Saldanha Palheiro, julgado em 4.5.2021, publicado no DJ em 12.5.2021)

574.1. [...] Em obediência ao princípio da voluntariedade recursal, inexiste nulidade pelo simples fato de que o advogado que assistia o paciente à época não interpôs recursos contra o acórdão proferido em sede de Apelação Criminal. [...] *(Habeas Corpus nº 617.116-ES, STJ, 5ª Turma, unânime, Rel. Min. Reynaldo Soares da Fonseca, julgado em 13.10.2020, publicado no* DJ *em 20.10.2020).*

574.1. [...] A inércia do advogado constituído pelo réu, que deixa de interpor recurso, não é causa de suspensão ou interrupção de prazos. Eventual constituição de novo causídico, como na hipótese, só gera efeitos a partir da protocolização da comunicação, sendo válidos todos os atos praticados até então, inclusive eventual intimação e seus efeitos (preclusão). Entender de forma diversa, de maneira a admitir a reabertura de prazo recursal para advogado constituído após a perda do lapso recursal pelo causídico anterior, violaria os princípios da segurança jurídica, da razoabilidade, da lealdade processual e da boa-fé objetiva, pois permitiria manobras ardilosas objetivando a reabertura de prazo recursal diante da inércia da defesa dentro do prazo previsto em lei (precedente do STJ). [...] (*Embargos de Declaração no Agravo Regimental no Agravo no Recurso Especial nº 842.406-RJ, STJ, 6ª Turma, unânime, Rel. Min. Sebastião Reis Júnior, julgado em 2.8.2016, publicado no* DJ *em 23.8.2016*).

574.2. Princípio da Voluntariedade diante de manifestações antagônicas dos interessados que se encontram no mesmo polo da demanda criminal: Em algumas situações pode-se verificar divergência acerca da intenção (voluntariedade) em recorrer. Tal conflito de intenções ocorre mais seguidamente no polo passivo (quanto a eventuais divergências acerca da voluntariedade dos recursos em relação ao Ministério Público, remete-se aos comentários do art. 576, CPP). Sofrendo o influxo uma vez mais do princípio constitucional da ampla defesa, há de se compreender que tais conflitos, quando ocorrentes, devam ter uma solução unívoca: na divergência de manifestações, deverá preponderar sempre a interpretação no sentido da admissibilidade e processamento da irresignação que pleiteia a reforma da decisão. Assim, se o réu manifestar vontade de recorrer e o defensor (ou quem poderia recorrer em seu favor) silenciar, preponderará aquela. Se o réu concordar (tácita ou expressamente) e houver a interposição de recurso, há de preponderar esta última, dada a prevalência – aqui – da chamada defesa técnica. Não por outro motivo que o STF editou a Súmula 705: "*A renúncia do réu ao direito de apelação, manifestada sem a assistência do defensor, não impede o conhecimento da apelação por este interposta.*" Anotamos que, em sede de recursos para instâncias extraordinárias, os réus não são intimados pessoalmente das decisões, apenas seus representantes, para, se quiserem, interporem recursos especial e/ou extraordinário.

Por evidente, não há nenhum empeço legal que, interposto legalmente o recurso, venha dele a parte desistir ulteriormente mediante peça específica. A voluntariedade recursal não afasta – pelo contrário, ratifica – a possibilidade de que a parte venha desistir do recurso admitido (*em relação ao tema da desistência do recurso pelo Ministério Público, remete-se novamente aos comentários ao art. 576, CPP*). No caso, para a desistência, deverá o advogado que representa o réu ter específicos poderes para tanto. A desistência formulada isoladamente pelo réu não tem valor algum, na mesma esteira do comando da Súmula 705, STF.

Jurisprudência

574.2. [...] A não interposição de recursos extraordinários (ou os respectivos agravos) pela Defesa Técnica não evidencia desídia, pois, com fundamento no princípio da voluntariedade dos recursos, previsto no art. 574, *caput*, do Código de Processo Penal, a ela cabe a análise da conveniência e oportunidade a respeito do manejo das referidas via de impugnação. [...] "*O conflito de vontades entre o acusado e o defensor, quanto à interposição de recurso, resolve-se, de modo geral, em favor da defesa técnica, seja porque tem melhores condições de decidir da conveniência ou não de sua apresentação, seja como forma mais apropriada de garantir o exercício da ampla defesa*" (STF, RE 188.703/SC, Rel. Ministro Francisco Rezek, Segunda Turma, julgado em 04/08/1995, DJ 13/10/1995). [...] *(Agravo Regimental no Habeas Corpus nº 839.602-MG, STJ, 6ª Turma, Rel. Min. Laurita Vaz, julgado em 3.10.2023, publicado no DJ em 10.10.2023) – atentar que, nesse julgado, o recurso não interposto foi o agravo pela não-admissibilidade do recurso especial.*

574.2. [...] A jurisprudência da Corte sempre endossou o entendimento de que, embora o acusado, intimado da sentença condenatória, tenha manifestado expressamente a vontade de não apelar, se o faz o defensor público que o assistiu no processo, o recurso deve ser conhecido e julgado, tendo em vista que entre o conflito de vontades do defensor e do acusado há de prevalecer, em prol da ampla defesa, a vontade do defensor, pois a ele cabe a avaliação técnica sobre a conveniência de recorrer. Orientação reafirmada em sessão plenária do dia 1º de abril deste ano do *Habeas Corpus* 76.524, Rel. Min. Sepúlveda Pertence. *Habeas Corpus* deferido (*HC nº 77.159-4, Rel. Min. Ilmar Galvão, unânime, publicado no DJ em 18.9.1998*).

574.2. [...] Havendo conflito de interesses entre o réu e sua defesa técnica acerca do processamento de recurso de apelação, deve prevalecer o interesse da defesa, posto que tecnicamente habilitada para melhor aquilatar a necessidade e conveniência da impugnação. (Precedentes). *In casu*, o relator de recurso de apelação homologou pedido de desistência, formulado exclusivamente pelo réu, apenas notificando o defensor público, posteriormente, por intimação pessoal. "*A renúncia do réu ao direito de apelação, manifestada sem a assistência do defensor, não impede o conhecimento da apelação por este interposta*" (Súmula nº 705 – STF). *Writ* concedido (*Habeas Corpus nº 91.739/SP, STJ, Rel. Min. Felix Fischer, 5ª Turma, publicado no DJ em 18.8.2008*).

574.2. [...] Havendo divergência entre o réu e o seu defensor quanto à eventual interposição de recurso, deve prevalecer o entendimento da defesa técnica, porquanto, sendo profissional especializado, o defensor tem condições de melhor analisar a situação processual do acusado e, portanto, garantir-lhe o pleno exercício do direito de defesa. Inteligência do enunciado nº 705 da Súmula do Supremo Tribunal Federal. Precedentes do STJ. Ordem concedida para determinar que o eg. Tribunal *a quo* aprecie a apelação interposta, julgando-a como entender de direito (*Habeas Corpus nº 96.001-SP, STJ, Rel. Min. Laurita Vaz, 5ª Turma, publicado no DJ em 24.3.2008*).

574.3. O reexame necessário como regra excepcionadora do Princípio da Voluntariedade: Da redação originária de quando editado o Código de Processo Penal, vigente *formalmente* há aproximadamente sete décadas, colhe-se que o art. 574, CPP, previu verdadeiras exceções ao Princípio da Voluntariedade ao obrigar que devesse haver a interposição *de ofício* de recurso pelo juiz em determinadas situações, especificamente:

a) da sentença que conceder *habeas corpus* (contra a qual cabe recurso em sentido estrito, na forma do inciso X do art. 581 do CPP);

b) da decisão que absolver desde logo o réu com fundamento na existência de circunstância que exclua ou isente o réu de pena, nos termos do art. 411, CPP (contra a qual cabia recurso em sentido estrito, na forma do inciso VI do art. 581 do CPP). Atualmente, segundo o art. 415, CPP, (alteração havida pela Lei nº 11.689/08, em vigor a partir de 9.8.2008 – § 1º do art. 8º da LC nº 95/98), "*o juiz, fundamentadamente, absolverá desde logo o acusado, quando: I – provada a inexistência do fato; II – provado não ser ele autor ou partícipe do fato; III – o fato não constituir infração penal; IV – demonstrada causa de isenção de pena ou de exclusão do crime. Parágrafo único. Não se aplica o disposto no inciso IV do* caput *deste artigo ao caso de inimputabilidade prevista no* caput *do art. 26 do Decreto-Lei nº 2.848, de 7 de dezembro de 1940 – Código Penal, salvo quando esta for a única tese defensiva".*

A regra do inciso II do art. 574 do CPP não tem mais aplicabilidade após a vigência da Lei nº 11.689/08, na medida em que, diferentemente do que dispunha o art. 411, CPP, a nova redação conferida ao (agora) art. 416, CPP, não mais refere o cabimento de *reexame necessário* da decisão que absolver sumariamente o réu. Assim, entende-se que tacitamente perdeu a aplicabilidade o inciso II do art. 574 do CPP. A reforçar tal entendimento, assentamos que se na alteração (de recurso em sentido estrito para apelação) constasse explicitamente o *reexame necessário*, aí sim não haveria incompatibilidade dos dispositivos unicamente pela referência do art. 574, II, CPP ao art. 411, CPP.

Por sua vez, o inciso VI do art. 581 do CPP foi revogado (art. 4º da Lei nº 11.689/08) e restou alterado parcialmente o inciso IV do art. 581 (art. 2º da Lei nº 11.689/08). Como houve *vacatio legis* de 60 dias (art. 3º da Lei nº 11.689/08), entendemos que estas disposições somente terão aplicabilidade aos casos de decisões *publicadas* (*em caso de sentença, em secretaria; na hipótese de acórdão, com a data de julgamento da sessão*) *a partir* do dia 11.8.2008, segunda-feira (malgrado em vigor a Lei desde 9.8.2008, um sábado). Com efeito, dispõe o art. 8º da Lei Complementar nº 95/98:

> Art. 8º A vigência da Lei será indicada de forma expressa e de modo a contemplar prazo razoável para que dela se tenha amplo conhecimento, reservada a cláusula "entra em vigor na data de sua publicação" para as leis de pequena repercussão.
>
> § 1º A contagem do prazo para entrada em vigor das leis que estabeleçam período de vacância far-se-á com a inclusão da data da publicação e do último dia do prazo, entrando em vigor no dia subsequente à sua consumação integral. (*Parágrafo incluído pela Lei Complementar nº 107, de 26.4.2001*).
>
> § 2º As leis que estabeleçam período de vacância deverão utilizar a cláusula "esta Lei entra em vigor após decorridos (o número de) dias de sua publicação oficial". (*Parágrafo incluído pela Lei Complementar nº 107, de 26.4.2001*).

Assim, nos termos do § 1º do art. 8º da Lei Complementar nº 95/1998, publicada a Lei nº 11.689 em 10.6.2008 (primeiro dia, que é incluído no cômputo), o prazo da *vacatio legis* terminará em 8.8.2008 (sexta-feira), passando a entrar em vigor "no dia subsequente à sua consumação integral", ou seja, 9.8.2008 (um sábado). Na linha do que previsto no § 3º do art. 798 do CPP (*o prazo que terminar em domingo ou dia feriado considerar-se-á prorrogado até o dia útil imediato*), como se trata de Lei de natureza processual e no dia referido (sábado) não há expediente forense, entende-se que somente aos casos de *decisões publicadas* a partir do dia 11.8.2008 (primeiro dia útil após a vigência da lei) é que serão aplicáveis os dispositivos da Lei ora alterados.

Prosseguindo, é de se ver que exceções outras também são encontradas no art. 746, CPP (*conferindo a obrigatoriedade de recurso de ofício quando concedida a reabilitação*) e no art. 7º da Lei nº 1.521/50 (*da decisão absolutória e de arquivamento de inquérito, em processos por crimes previstos na denominada Lei de economia popular*).

Nada obstante o termo que se utiliza (recurso *ex officio*), compreende-se que a providência determinada pela Lei se amolda com maior tecnicidade a um requisito de *eficácia integral* da decisão monocrática. Assim, à luz (formal) da legislação processual penal, mesmo que não interpostos recursos pelas partes interessadas, preenchidas as hipóteses abstratas de incidência da lei, deverá o magistrado singular remeter os autos para que haja uma verdadeira chancela pela instância superior ao que decidido na origem, sem o que não teria, a decisão monocrática, eficácia plena.

No âmbito da compatibilidade material (substancial), há divergências doutrinárias – em sede jurisprudencial também – se as regras infraconstitucionais que estabelecem o reexame necessário teriam sido recepcionadas pelo disposto no inciso I do art. 129 da CF/88, que dispõe ser função institucional do Ministério Público "*promover, privativamente, a ação penal pública, na forma da lei*". Com outras palavras: se somente cabe ao *parquet* (*ou então aos legitimados nas hipóteses de ação penal privada subsidiária da ação penal pública incondicionada* – art. 5º, LIX, CF/88) a propositura da ação penal (e as decorrentes inconformidades processuais dela decorrentes), não se poderia admitir que o Poder Judiciário pudesse se sobrepor a tal comando constitucional a ponto de se continuar permitindo, à luz da legislação infraconstitucional, que tivesse iniciativa "recursal" em face de suas próprias decisões.

Majoritariamente, prepondera o entendimento da constitucionalidade dos dispositivos. Insistimos que se deva distar das posições extremadas. Há uma razão teleológica que dá substrato a tais dispositivos infraconstitucionais, que preveem o (denominemos assim) *reexame necessário*: o interesse público que se apresenta em tensão conflitiva com os interesses individuais daquele que se encontra no polo passivo do feito criminal.

Harmonizando-se ao estatuído no art. 129, I, CF/88, sempre entendemos que se *apresentava* como razoável admitir que a hipótese prevista (pelo menos) no inciso II do art. 574 do CPP se *revelava* como situação excepcional, na qual o juízo monocrático, em verdadeiro juízo *antecipatório* do mérito do processo (em tese, de competência do Tribunal Popular), acabava não submetendo o réu ao plenário diante de circunstância que, em sua compreensão, importasse em exclusão ou isenção de pena (tal como previsto agora nos arts. 415 e seguintes, CPP).

Assim, defendia-se que apenas no caso de absolvição sumária nos procedimentos do Júri é que se poderia justificar um *conceito mínimo de interesse público* para sustentar a manutenção do reexame necessário (preponderando sobre os direitos fundamentais daquele que se encontra no polo passivo do processo penal). Nas demais hipóteses, ao menos para nós, não remanesceria qualquer fundamento que sustentasse a compatibilidade vertical (constitucionalidade) dos dispositivos infraconstitucionais que tratam do recurso *ex officio*. Mas, como dito, este não é o entendimento majoritário – ao menos até o momento – da doutrina e da jurisprudência.

Aliás, e por fim, na hipótese da decisão que concede reabilitação *não visualizamos* mínimo *interesse público*, pois se trata de réu já condenado e a decisão anterior que impôs a pena não tem o chamado *reexame necessário*. Verdadeiro contrassenso, *data venia*.

Jurisprudência

574.3. [...] A absolvição sumária pode ser alcançada ao final do *iudicium accusationis*, constatada a inimputabilidade do réu. Entretanto, operado o trânsito em julgado da decisão que pronunciou o paciente, não pode ser esta decisão alterada pelo mesmo juiz togado em decorrência da superveniência de laudo que atesta a insanidade mental do acusado, pois já não mais ostentará competência, agora transferida ao Conselho de Sentença, juiz natural da causa (Precedentes). Antes do advento da Lei nº 11.689/2008, o trânsito em julgado da decisão que absolvia sumariamente o réu somente ocorria após a remessa voluntária ao e. Tribunal de origem, a teor da Súmula nº 423, da Suprema Corte: "*Não transita em julgado a sentença por haver omitido o recurso* ex officio, *que se considera interposto* ex lege." Assim, na espécie, não há que se falar em revisão *pro societate*. A uma, porque ainda não há decisão transitada em julgado. E, a duas, porque ao paciente foi indevidamente subtraída a possibilidade de ter a acusação contra ele formulada julgada pelos juízes competentes, os quais, poderão, em tese, até mesmo absolvê-lo (absolvição própria). O período em que o paciente ficou internado ao longo do feito deve, a teor do disposto no art. 42 do CP, eventualmente, ser considerado para fins de detração. Ordem denegada (*Habeas Corpus nº 141.887/ES, STJ, Rel. Min. Felix Fischer, 5ª Turma, publicado no* DJ *em 29.3.2010*).

574.3. [...] A intempestividade do recurso interposto pela acusação não impede o Tribunal de segunda instância de rever o ato sentencial se, contra este, foi manejado recurso de ofício pelo próprio Juízo recurso de ofício (CPP, art. 574). [...] Ordem denegada (*HC nº 88589/GO, STF, Rel. Min. Ayres Britto, 1ª Turma, publicado no* DJ *em 23.3.2007*).

574.3. [...] Na linha de precedentes do Pretório Excelso, o reexame necessário previsto no art. 574 do CPP não foi tacitamente revogado pelo art. 129, inciso I, da Constituição Federal, devendo o juiz de primeiro grau remeter a decisão que conceder *habeas corpus* à apreciação da instância superior. Recurso provido (*Recurso Especial nº 918.490-PA, Rel. Min. Felix Fischer, 5ª Turma, unânime, publicado no* DJ *em 17.9.2007*).

Art. 575. Não serão prejudicados os recursos que, por erro, falta ou omissão dos funcionários, não tiverem seguimento ou não forem apresentados dentro do prazo.

Procurando explicitar o significado da regra processual – que, parece-nos, é mais que autoexplicativa –, a Corte Suprema acabou por editar duas súmulas:

> Súmula 320: A apelação despachada pelo juiz no prazo legal não fica prejudicada pela demora na juntada, por culpa do cartório.
>
> Súmula 428: Não fica prejudicada a apelação entregue em cartório no prazo legal, embora despachada tardiamente.

Em síntese: protocolado tempestivamente o recurso, por esse motivo não se poderá mais objetar sua admissibilidade. Qualquer demora no procedimento, atribuível aos serviços cartoriais ou ao juízo, não poderá prejudicar a parte que, diligentemente, atendeu aos imperativos legais.

Jurisprudência

575. [...] Ao dispor sobre recursos, o art. 575 do CPP estabelece que eles não serão prejudicados quando "por erro, falta ou omissão do funcionário, não tiverem seguimento ou não forem apresentados dentro do prazo". As Súmulas 425, segunda parte, e 428 interpretam normas do processo civil, mas contêm princípio que se aplica ao processo penal: "e tempestivo o recurso entregue em cartório dentro prazo, ainda que despachado tardiamente". Tempestividade comprovada. "Habeas corpus" conhecido e deferido para determinar que o Tribunal impetrado prossiga no julgamento da apelação (*Habeas Corpus nº 71140/MS, STF, 2ª Turma, Rel. Min. Paulo Brossard, publicado no* DJ *em 17.6.1997*).

Art. 576. O Ministério Público não poderá desistir de recurso que haja interposto.

576.1. Considerações gerais: A ação penal pública tem característica bastante peculiar que, dentre muitas, a diferencia da ação penal privada: a sua indisponibilidade, que decorre do Princípio da Obrigatoriedade da ação penal. Vinculado a tal princípio, e como derivativo dele, tem-se a regra estampada no artigo em voga, que veda ao Ministério Público desistir do recurso que tenha interposto.

O Ministério Público não é um acusador *sistemático*. Cumpre-lhe, sobremaneira, ser defensor da correta aplicação dos ditames constitucionais e legais. Recebida a denúncia (cujos requisitos são bem claros: indícios da autoria e prova da materialidade), é obrigação ministerial, se assim concluir ulteriormente, pedir a absolvição se não restarem *provados* suficientemente a materialidade e a autoria (notadamente esta), ou então por qualquer outro motivo que justifique o pleito de afastamento de imposição de medida coativa pelo Estado em detrimento do réu. Mais: essa obrigação impõe-lhe a conduta de recorrer em favor do réu quando discordar do conteúdo da decisão judicial. De outro bordo, e ainda na mesma linha, mesmo que postulada a condenação e sobrevenha sentença absolutória ou que não atenda àquilo que propugnado e defendido na exordial e no decorrer do processo pela acusação, não há obrigação à interposição do recurso *pelo parquet*. Mas uma vez apresentada a irresignação – corroborando a necessidade do atendimento do Princípio da Obrigatoriedade –, dela não mais poderá desistir. Noutras palavras, ao menos assim compreendemos, a indisponibilidade que regula a ação (não a inação) do *parquet* é uma consequência lógico-sistêmica do princípio da obrigatoriedade.

No sistema recursal atualmente vigente, os recursos de apelação e em sentido estrito apresentam uma peculiaridade: permitem a interposição mediante *termo* e, ulteriormente, se admite sejam trazidas aos autos as razões que justificam a irresignação (arts. 600 e 588, CPP, respectivamente), sendo ainda aceita, em relação à apelação, a apresentação de razões na instância recursal (art. 600, § 4º, CPP – dispositivo este que, entendemos, não se aplica ao Ministério Público).

Em razão de tais circunstâncias, a análise da presença ou não dos requisitos legais para o processamento será feita quando da interposição do termo ou então quando termo e razões forem ajuizados simultaneamente, para o que não há qualquer vedação. O que é de relevo para o tema ora debatido é que, se o juízo entender que estão presentes os requisitos quando da admissibilidade do recurso, não poderá, ulteriormente, *reconsiderar* seu ato para deixar de admitir o processamento da inconformidade por entender que não estariam presentes os pressupostos legais. É de bom alvitre advertir que tal hipótese é inversa daquela para a qual há previsão específica no inciso XV do art. 581 do CPP, que, também adiante analisado, tem o denominado efeito iterativo. Assim, em caso de denegação ou não admissão do processamento da apelação e interposto o recurso em sentido estrito, é facultado ao juízo reconsiderar sua decisão (o que se admite seja feito uma única vez), com fundamento no disposto no parágrafo único do art. 589, CPP, determinando o processamento do recurso.

Jurisprudência

576.1. [...] 1. A indisponibilidade da ação penal pública não proíbe que o Ministério Público possa opinar pela absolvição do réu, mas exclui a vinculação do juízo à manifestação do

Parquet, tendo em vista a vedação inscrita nos artigos 42 e 576 do Código de Processo Penal, que impedem o Ministério Público de desistir da ação penal ou do recurso que haja interposto. 2. (a) As razões finais da acusação, no processo de ação pública, são meras alegações, atos instrutórios, que tendem a convencer o juiz, sem, contudo, delimitar-lhe o âmbito de cognição ou o sentido de decisão da causa, de que não dispõe. Precedente: HC 68.316, Primeira Turma, Rel. Min. Sepúlveda Pertence, unânime, j. 27/11/1990; [...] *(Ação Penal 921-RS, STF, 1ª Turma, unânime, Rel. Min. Luiz Fux, julgado monocraticamente em 20.6.2017, publicado no DJ em 30.6.2017)*

576.1. [...] De acordo com a pacífica jurisprudência desta Corte, se o Ministério Público Federal não fez nenhuma restrição quanto à abrangência do recurso na petição de interposição, não é possível fazê-lo nas subsequentes razões recursais, tendo em vista o disposto no art. 576 do CPP, segundo o qual não pode o parquet desistir de recurso que haja interposto. [...] *(Agravo Regimental no Agravo com Recurso Especial nº 616.052-MS, STJ, 6ª Turma, Rel. Min. Rogério Schietti Cruz, julgado em 7.4.2016, publicado no DJ em 20.4.2016)*

576.2. Considerações específicas em face do Princípio *tantum devolutum quantum appelatum*: Se decorre do Princípio da Indisponibilidade a impossibilidade de, explícita ou implicitamente, o Ministério Público desistir do recurso que haja interposto, exponenciado pelo Princípio da Unidade Institucional em relação aos demais vigentes quanto à atuação do Ministério Público, parece não haver maiores dúvidas acerca da vedação constitucional e legal ao *parquet* em desistir do recurso já interposto, pelo próprio membro que apresentou o termo e as razões recursais ou por outro que venha substituí-lo em obediência ao Princípio da Unidade Institucional.

Embora se possam encontrar posicionamentos doutrinários no sentido de que não vigoraria o princípio *tantum devolutum quantum appelatum* em matéria processual penal (e quem o declina normalmente se embasa no princípio da ampla defesa), de tais premissas não comungamos (ao menos, assim, *genericamente*, como sustentado por muitos).

Não nos restam dúvidas de que, se o recurso for amplo, a devolução (compreendida como a *extensão horizontal* do que está sendo submetido à instância superior) é ampla (pedido, não os *fundamentos*). Se limitado a determinados tópicos, nesses parâmetros é que deverá a questão ser tratada na instância superior (evidentemente que aí não se incluem as hipóteses de *manifesta ilegalidade* em prol do réu, passíveis de serem corrigidas pela instância superior independentemente de *pedido*). Mas é de se ver que, se os limites da devolução da matéria são estipulados no recurso, não significa que a instância superior estará limitada a discutir a *mesma extensão* pela ótica dos mesmos *argumentos* (se procedentes ou não) do juízo monocrático. Poderá a instância superior ultrapassar tais limites (de fundamentos), mas que se refletem então numa *verticalidade* ou então *na profundidade* (dentro dos limites *horizontais* fixados pelo recurso) a ser examinada. Assim, em relação à *verticalidade*, não nos restam dúvidas de que a apreciação da irresignação se revela como a mais ampla possível.

Partindo dessas considerações, pode-se cogitar de duas situações básicas fundamentais (que não excluem outras, mas que se utilizam para a compreensão do dispositivo em tela) quanto à atuação do *parquet* nos seus recursos.

Numa primeira, interpõe-se o termo recursal sem especificar quais os limites da irresignação. Ulteriormente, nas razões, especifica-se (delimita-se, portanto) qual é a matéria que está sendo objeto de impugnação e devolvida ao tribunal. Nesse agir, nenhuma irregularidade a ensejar eventual aplicação do art. 576, CPP, pois o que se colocou nas razões nada mais é do que uma especificação daquilo que efetivamente se pretende recorrer.

Noutra hipótese, pouco diversa, já se tem no *termo* uma especificação (embora sem desenvolvimento aprofundado, a ser feito em momento posterior, nas *razões*) de quais os limites de matérias que estão sendo objeto de impugnação. Vedado estará ao *parquet*, depois de recebido o termo, vir aos autos nas razões recursais e pretender restringir (parcial ou totalmente) – certo que *ampliar os limites* é manifestamente vedado – os parâmetros que já ficaram bem claros que se identificavam com a inconformidade ministerial. Diante da hipótese de bipartição do processamento do recurso na forma exposta, não nos restam dúvidas de que nas razões não poderá restringir o que já foi *especificado* no *termo*.

Nem se fale que o Princípio da Independência funcional estaria a amparar a possibilidade de outro membro do *parquet* (em substituição ao que interpôs o termo) manifestar seu entendimento em sentido contrário ao firmado, concordando com os termos da decisão (já) recorrida. É de se ver que o Princípio da Independência funcional (em nosso sentir, viga-mestra do Princípio do Promotor Natural, que também decorre de princípios constitucionais) está ligado umbilicalmente ao Princípio da Indisponibilidade da ação penal pública. Assim, fundado em sua independência funcional, é legalmente facultado, mediante fundamentação racional, que o membro do Ministério Público deixe de promover a ação penal, promovendo o arquivamento do inquérito ou peças de informação. Poderá também deixar de recorrer, o que é óbvio. Mas se a ação for instaurada (ou interposto o recurso), a tensão pende para a prevalência do Princípio da Indisponibilidade da ação penal (ou de sua continuidade, pela irresignação recursal *já* manifestada e aceita).

É correta a assertiva que a absolvição pode ser requerida pelo Ministério Público (embora não seja vinculativa ao juízo, registrando-se que, quanto a isto, existem posicionamentos dissonantes sobre o tema), mas, apresentada a irresignação em sede recursal (reafirmando a obrigatoriedade), não se pode cogitar que outro membro (que não aquele que era o promotor natural do caso quando da formulação da irresignação) venha, ancorado (inoportunamente) na independência funcional, postular a manutenção da decisão recorrida pelo próprio *parquet*. Seu agir importará em malferimento ao disposto no art. 576, CPP (seja a desistência parcial ou total), bem como ao Princípio da Unidade Institucional, que, no caso, deverá ser prevalente. A solução, em nosso sentir, passa por duas hipóteses: (a) ou são apresentadas as razões, ratificando-se o *termo* (unidade), mesmo com eventual ressalva de entendimento em contrário (independência); (b) ou se deixa de apresentar as razões, pois tal circunstância, pela perspectiva da admissibilidade, não poderá impedir o processamento e análise do recurso pela instância superior.

Jurisprudência

576.2. [...] Não há se falar em *reformatio in pejus*, uma vez que "o efeito devolutivo da apelação é total ou parcial quanto à extensão e sempre integral quanto à profundidade. O Tribunal poderá analisar, com ampla profundidade, a pretensão recursal que lhe foi submetida, não ficando adstrito aos fundamentos adotados em primeiro grau, desde que respeitada a extensão objetiva do recurso" (HC 311.439/DF, Rel. Ministro Rogério Schietti Cruz, Sexta Turma, DJe 2/2/2016). [...] *(Agravo Regimental no Agravo em Recurso Especial nº 2.046.559-MS, STJ, 5ª Turma, Rel. Min. Joel Ilan Paciornik, julgado em 21.3.2023, publicado no DJ em 23.3.2023)*

576.2. [...] o efeito devolutivo da Apelação encontra limites nas razões expostas pelo recorrente (*tantum devolutum quantum appellatum*), em respeito ao princípio da dialeticidade que rege os recursos previstos no âmbito do processo penal pátrio, por meio do qual se permite o exercício do contraditório pela parte detentora dos interesses adversos, garantindo-se, assim, o respeito à clausula constitucional do devido processo legal. [...] *(Agravo Regimental no Recurso Especial nº 1.883.830-PR, STJ, 5ª Turma, Rel. Ministro convocado Jesuíno Rissato, julgado em 9.8.2022, publicado no DJ em 18.8.2022)*

576.2. [...] *"O efeito devolutivo da apelação é total ou parcial quanto à extensão e sempre integral quanto à profundidade. O Tribunal poderá analisar, com ampla profundidade, a pretensão recursal que lhe foi submetida, não ficando adstrito aos fundamentos adotados em primeiro grau, desde que respeitada a extensão objetiva do recurso"* [...] *(Agravo Regimental no Habeas Corpus nº 595.178/RJ, STJ, 5ª Turma, unânime, Rel. Min. Joel Ilan Paciornik, julgado em 28.9.2021, publicado no DJ em 4.10.2021)*

576.2. [...] O princípio *tantum devolutum quantum apellatum* devolve à instância *ad quem* a análise das matérias impugnadas no recurso de apelação, de modo que *o Tribunal poderá analisar, com ampla profundidade, a pretensão recursal que lhe foi submetida, não ficando adstrito aos fundamentos adotados em primeiro grau, desde que respeitada a extensão objetiva do recurso.* (HC 311.439/DF, rel. Min. Rogerio Schietti Cruz, 6ª Turma, julgado em 17.12.2015, *DJe* 2.2.2016). [...] *(Agravo Regimental no Recurso Especial n. 1.527.922-SP, STJ, 6ª Turma, unânime, Rel. Min. Nefi Cordeiro, julgado em 19.4.2018, publicado no* DJ *em 2.5.2018)*

576.2. [...] Não há falar em *reformatio in pejus,* pois o efeito devolutivo da apelação é amplo e permite a análise, com ampla profundidade, da pretensão recursal que lhe foi submetida, não se limitando aos fundamentos adotados pelo Magistrado singular, podendo acrescentar outros para manter inicialmente o regime fechado, em razão da natureza, variedade e quantidade de drogas apreendidas, desde que não agrave a situação do recorrente, como é o caso dos autos. [...] *(Agravo Regimental no Agravo no Recurso Especial n. 1.011.222-MG, STJ, 5ª Turma, unânime, Rel. Min. Ribeiro Dantas, julgado em 6.4.2017, publicado no DJ em 17.4.2017)*

576.2. [...] I – A proibição contida no art. 617 do Código de Processo Penal impede o agravamento da pena imposta ao réu quando somente ele houver apelado da sentença condenatória. No entanto, o efeito devolutivo da apelação permite a reapreciação das circunstâncias do fato, autorizando nova ponderação acerca dos fatos, desde que isto não se traduza em agravamento da situação do réu, tal como ocorreu neste caso. II – *"(...) O princípio do non reformatio in pejus não obsta que o Tribunal de origem, exercendo sua soberania para dizer o direito, encontre nova fundamentação para manter afastada a causa de diminuição de pena do art. 33, § 4º, da Lei n. 11.343/2006, desde que respeitada a imputação deduzida pelo órgão de acusação e o limite da pena imposta no Juízo de origem (...)"* (HC n. 386.940/SP, Quinta Turma, Rel. Min. Ribeiro Dantas, *DJe* de 23.3.2017). [...] *(Agravo Regimental no Agravo em Recurso Especial n. 1.043.243 – MS, STJ, 5ª Turma, unânime, Rel. Min. Felix Fischer, julgado em 23.5.2017, publicado no DJ em 31.5.2017)*

576.2. [...] A extensão do efeito devolutivo do recurso interposto pelo Ministério Público, se amplo ou restrito, será estabelecido a partir do termo de Apelação, que poderá restringir a matéria que pretende ver revista ou estender a todas as questões tratadas na sentença recorrida. Uma vez consignado em sua petição recursal a revisão ampla da sentença de primeiro grau, eventual especificação da matéria nas razões ulteriormente apresentadas não restringe a plena devolutividade do recurso já estabelecida, sob pena de infringência à norma do art. 576 do Código de Ritos que impede a desistência até mesmo parcial de recurso interposto pelo *Parquet.* Precedente do STF (*Habeas Corpus nº 166.529-PR, STJ, 5ª Turma, unânime, Rel. Min. Napoleão Nunes Maia Filho, julgado em 22.2.2011, publicado no* DJ *em 21.3.2011*).

576.2. [...] A petição de interposição da apelação, contra as decisões emanadas do Tribunal do Júri, restringe a devolutividade ao órgão *ad quem*, não podendo ser alterada por ocasião da apresentação das razões recursais, salvo se ainda no quinquídio legal. A jurisprudência desta Corte firmou o entendimento de que o efeito devolutivo do recurso de apelação, contra as decisões proferidas no procedimento dos crimes dolosos contra a vida, é adstrito ao fundamento da sua interposição, não havendo devolução ampla da matéria debatida no Plenário do Júri. Incidência da Súmula nº 713/STF. Apresentadas as razões da apelação com fundamento na alínea *b*, do inciso III, do art. 593 do CPP, não pode o Tribunal *a quo* acolher a tese de nulidade do julgamento e determinar seja o réu submetido a novo Conselho de Sentença, providência admitida apenas quando a irresignação se fundar na alínea *d* do mesmo dispositivo. A hipótese configura julgamento *extra petita*, em manifesta nulidade, por violação ao princípio *tantum devolutum quantum appelatum*. Ordem concedida (*Habeas Corpus nº 134.769/MS, 5ª Turma, Rel. Min. Gilson Dipp, julgado em 7.10.2010, publicado no* DJ *em 25.10.2010*).

Art. 577. O recurso poderá ser interposto pelo Ministério Público, ou pelo querelante, ou pelo réu, seu procurador ou seu defensor.

Parágrafo único. Não se admitirá, entretanto, recurso da parte que não tiver interesse na reforma ou modificação da decisão.

577. **Delimitação do tema:** No artigo em tela, duas questões de extrema relevância são trazidas a lume: a legitimidade (*caput*) e o interesse (*parágrafo único*) recursais. Embora em algumas circunstâncias a legitimidade e o interesse sejam utilizados concomitantemente para afastar eventual processamento recursal, será feita uma análise ao máximo separada de tais requisitos subjetivos.

577.1. **Legitimidade recursal:** De modo um pouco diverso do que se verifica no âmbito do processo civil, o processo penal alarga o plano da legitimidade para a interposição dos recursos. Extrai-se do *caput* do art. 577, CPP, que o "*recurso poderá ser interposto pelo Ministério Público, ou pelo querelante, ou pelo réu, seu procurador ou seu defensor*".

577.1.1. **Legitimidade do Ministério Público. Regras gerais:** Normalmente pela própria natureza da função primordial do *parquet* (promover privativamente a ação penal pública), a legitimidade recursal ministerial está atrelada às hipóteses em que o recurso é veiculado pelo próprio órgão na condição de agente persecutor (compreenda-se aí, em nosso sentir, sem jamais descurar da conjugada e inafastável obrigação constitucional de *custos juris*). Assim, em se tratando de ação penal pública, às decisões proferidas pelo Poder Judiciário, pelo disposto no art. 129, I, CF/88, se confere ao Ministério Público a legitimidade para veicular a impugnação cabível ao caso concreto.

Uma observação importante: a atribuição recursal do Ministério Público há de observar a correspondente organização interna e também entre os ramos, tanto do MPU como dos Ministérios Públicos Estaduais. Assim, na Justiça Estadual, a atribuição para recorrer será dos membros dos Ministérios Públicos estaduais, enquanto o Ministério Público Federal (primeiro e segundo graus) poderá recorrer perante a Justiça Federal, o Ministério Público Militar perante a Justiça Militar e o Ministério Público do Distrito Federal perante a Justiça Distrital. Igualmente, pela característica organizacional inserta na legislação vigente, a atribuição para recorrer *perante* (e não *ao*) o Superior Tribunal de Justiça e perante o Supremo Tribunal é atribuição exclusiva dos subprocuradores-Gerais da República, integrantes da carreira do Ministério Público Federal. É o que deflui hialinamente do § 1º do art. 47 da Lei Complementar nº 75/93.

Entretanto, em 2014, o Superior Tribunal de Justiça, em seu entendimento consolidado até então, firmou posicionamento no sentido de ser "reconhecida a legitimidade recursal aos Ministérios Públicos estaduais e do Distrito Federal, no âmbito do Superior Tribunal de Justiça" para os casos em que os recursos subjacentes foram por eles interpostos (*Agravo Regimental nos Embargos de Divergência no Recurso Especial nº 1.256.973, STJ, 3ª Seção, Rel. Min. Laurita Vaz, Redator do acórdão Min. Rogério Schietti Cruz, julgado em 27.8.2014, publicado no* DJ *em 6.11.2014*). De modo igual, o Supremo Tribunal

Federal reconheceu que o Ministério Público do Distrito Federal e Territórios tem legitimidade recursal perante a Suprema Corte, nos casos em que for parte" (*Segundos Emb. Decl. no Recurso Extraordinário com Agravo nº 859.251-DF, STF, Plenário, unânime, Rel. Min. Gilmar Mendes, julgado em 22.10.2015, publicado no* DJ *em 9.11.2015*).

Também não deveriam existir dúvidas acerca da possibilidade (dizemos mais: a *obrigatoriedade*) de o Ministério Público recorrer com a finalidade de *favorecer* quem se encontra no polo passivo da demanda, seja natureza pública ou privada. Por evidente, sua ação será considerada legítima desde que assim proceda no intuito claro de favorecer a parte ré. Noutras palavras, não pode pretender, mesmo de forma indireta, agravar a situação do interessado. É que a atuação do *parquet* não se vincula apenas à posição de *acusador*, mas de *garantidor* da correta aplicação dos ditames constitucionais e legais.

Não se perca de vista que o sistema vigente, já dito alhures, é calcado em princípios eminentemente garantistas (com a insistente advertência da compreensão dos *integrais postulados garantistas – A propósito, remetemos às considerações em "O que é Garantismo penal (integral)?"*, In: CALABRICH, Bruno; FISCHER, Douglas; PELELLA, Eduardo. *Garantismo penal integral*: questões processuais e penais, criminalidade moderna e a aplicação do modelo garantista no Brasil. Salvador: Juspodivm, 2010). É o que deflui da atribuição fundamental do *parquet* derivada do comando inserto no art. 127 da Constituição da República (*Art. 127 – O Ministério Público é instituição permanente, essencial à função jurisdicional do Estado, incumbindo-lhe a defesa da ordem jurídica, do regime democrático e dos interesses sociais e individuais indisponíveis*).

Jurisprudência

577.1.1. [...] 1. Os Ministérios Públicos estaduais e do Distrito Federal possuem o direito de, por meio dos recursos próprios, desincumbir-se plenamente de suas atribuições constitucionais nos Tribunais Superiores, mantendo-se, ademais, preservados os princípios da igualdade e do contraditório (art. 5º, *caput* e inciso LV da CF), que alcançam ambas as partes da relação processual. Sob diversa angulação, a que prestigia o princípio acusatório, não se admite que uma ação penal passe a caminhar, em grau de recurso extraordinário (*lato sensu*), movida por instituição que não é a parte autora da demanda, sendo direito do réu, por sua vez, continuar a ser acusado pelo seu acusador natural, ou seja, o órgão oriundo da mesma instituição que o processou na origem. 3. Quando se trata de recursos extraordinários (*lato sensu*), o Ministério Público Federal (pela Procuradoria-Geral ou pela Subprocuradoria-Geral da República) e o Ministério Público do Distrito Federal e Territórios ou o Ministério Público estadual (pela Procuradoria-Geral de Justiça) hão de ser vistos e tratados como órgãos distintos – como de fato o são – pertencentes a diferentes ramos do Ministério Público brasileiro, de sorte que não se aplicam, entre um e outro, os princípios da unidade e da indivisibilidade. [...] *(Agravo Regimental no Habeas Corpus nº 644.350-RS, STJ, 6ª Turma, Rel. Min. Rogério Schietti Cruz, julgado em 9.8.2022, publicado no DJ em 18.8.2022)*

577.1.1. [...] 1. Os Ministérios Públicos estaduais e do Distrito Federal possuem o direito de, por meio dos recursos próprios, desincumbir-se plenamente de suas atribuições constitucionais nos Tribunais Superiores, mantendo-se, ademais, preservados os princípios da igualdade e do contraditório (art. 5º, *caput* e inciso LV da CF), que alcançam ambas as partes da relação processual. 2. Sob diversa angulação, a que prestigia o princípio acusatório, não se admite que uma ação penal passe a caminhar, em grau de recurso extraordinário (*lato sensu*), movida por instituição que não é a parte autora da demanda, sendo direito do réu, por sua vez, continuar a ser acusado pelo seu acusador natural, ou seja, o órgão oriundo da mesma instituição que o processou na origem. 3. Quando se trata de recursos extraordinários (*lato sensu*), o Ministério Público Federal (pela Procuradoria-Geral ou pela Subprocuradoria-Geral da República) e o Ministério Público do Distrito Federal e Territórios ou o Ministério Público estadual (pela Procuradoria-Geral de Justiça) hão de ser vistos e tratados como órgãos distintos – como de fato o são – pertencentes a diferentes ramos do Ministério Público brasileiro, de sorte que não se aplicam, entre um e outro, os princípios da unidade e da indivisibilidade. 4. À objeção de que caberia ao Ministério Público Federal atuar é de lembrar que o *Parquet* federal atua, nessas hipóteses, na qualidade de *custos iuris*, visto que não foi essa instituição, e sim o Ministério Público da respectiva unidade da Federação, quem exercitou, *ab initio*, a ação penal condenatória e muito menos quem perseguiu, por meio do direito a impugnação, reforma ou anulação do acórdão contrário à lei ou à Constituição Federal. 4. O exaurimento da via especial e extraordinária, com os meios impugnativos próprios dessa fase recursal, não pode ser retirado dos membros do *Parquet* local, porquanto estão em jogo as legítimas atribuições constitucionais e legais outorgadas ao Ministério Público (CF, arts. 127 e 128), o que suplanta o argumento de que o disposto nos regimentos internos dos Tribunais Superiores (RISTF, art. 48, *caput* e parágrafo único, e RISTJ, art. 61) impede a atuação dos Ministérios Públicos estaduais e do Distrito Federal nesta Colenda Corte e no STF. 5. A propósito, a Suprema Corte já disciplinou o direito dos Ministérios Públicos e das Defensorias Públicas Estaduais e do Distrito Federal serem intimados das decisões proferidas em processos físicos ou eletrônicos, por meio do art. 5º da Resolução-STF nº 469/2011. 6. Dessa forma, não há sentido em se negar o reconhecimento do direito de atuação dos Ministérios Públicos estaduais e do Distrito Federal perante esta Corte, se a interpretação conferida pelo STF, a partir de tema que assume, consoante as palavras do Ministro Celso de Mello, "indiscutível relevo jurídico-constitucional" (RCL-AGR n 7.358) aponta na direção oposta, após evolução jurisprudencial acerca do tema. 7. Reconhecida a legitimidade recursal aos Ministérios Públicos estaduais e do Distrito Federal, no âmbito do Superior Tribunal de Justiça, dá-se provimento ao Agravo Regimental interposto pelo Ministério Público do Rio Grande do Sul (*Agravo Regimental nos Embargos de Divergência no Recurso Especial nº 1.256.973, STJ, 3ª Seção, Rel. Min. Laurita Vaz, Redator do acórdão Min. Rogério Schietti Cruz, julgado em 27.8.2014, publicado no* DJ *em 6.11.2014*).

....

577.1.2. Legitimidade do Ministério Público para impetrar *habeas corpus*: Embora não se trate tecnicamente de recurso, há de se ressaltar que, no âmbito do *habeas corpus*, no qual se veicula aplicação de norma constitucional assecuratória da liberdade individual e também (por construção jurisprudencial) para outras situações nas quais haja violação aos ditames decorrentes (especialmente, mas não só) do devido processo legal, de igual modo há de se adotar silogismo acerca da legitimidade do *parquet*.

Contudo, nesse campo, não se verifica a mesma *tranquilidade* no âmbito da doutrina e da jurisprudência acerca da legitimidade do Ministério Público. Crê-se que, pelos mesmos fundamentos já explanados, verificando a existência de manifesta ilegalidade em prejuízo de paciente ou réu, o membro do Ministério Público, em nome da instituição – e não só o agente que o presenta, na condição de cidadão investido nas funções ministeriais –, tem a obrigação constitucional e legal de ajuizar o *writ* com a finalidade de afastar a coação ilegal dali decorrente. É certo que não se poderá verificar nessa pretensão qualquer interesse da acusação, mesmo que implícito ou indireto, sob o manto de suposto interesse defensivo. Aí, de fato, o *writ* não pode ser admitido.

Mais especificamente, encontram-se na doutrina e na jurisprudência alguns posicionamentos no sentido de que não poderia o Ministério Público utilizar o *habeas corpus* com a finalidade de ver, em prol da defesa, afastado eventual processamento criminal que se encontra fora do juízo natural. Diz-se que, se ajuizada a ação criminal em juízo manifestamente incompetente (à luz dos comandos derivativos da Constituição Federal), faltaria legitimidade para o *writ*, porque poderia decorrer de estratégia defensiva a *opção* em deixar fluir o processo perante o juízo indevido. *Data maxima venia*, não há como se comungar desse raciocínio.

Primeiro porque o juízo natural é garantia constitucional inafastável e indeclinável (*art. 5º, LIII. CF/88 – ninguém será processado nem sentenciado senão pela autorida-*

de competente). Assim, restando constatado que houve a (indevida) instauração de ação penal com manifesta violação desse princípio constitucional, a qualquer tempo é facultada a impetração de *habeas corpus,* inclusive pelo Ministério Público, que, como dito, tem o dever constitucional, e não mera faculdade, para fazer prevalecerem os direitos fundamentais dos cidadãos. Processo penal, antes de tudo, serve para a correta aplicação da Lei (*lato sensu*), evitando-se quaisquer constrangimentos a quem figurar no polo passivo. Mais um detalhe: a incompetência absoluta pode ser reconhecida de ofício pelo juiz. Por qual motivo racional não poderia ser objeto de impugnação, pelo Ministério Público, em prol da defesa?

Além disso, em sede de competências, nunca é demais relembrar que, de modo pouco diverso aos demais outros procedimentos processuais, malgrado ainda não compreendido por muitos pronunciamentos jurisprudenciais, no âmbito do processo penal há regra específica (art. 109, CP) que determina ao juízo – portanto, é imperativa – declinar sua competência mesmo que se trate de situação de incompetência relativa e não tenha havido arguição por intermédio de exceção (art. 95, CPP). Para o juízo processual penal de primeiro grau, ressalte-se, não há preclusão para o reconhecimento, a qualquer tempo (antes de prolatada a sentença), de sua incompetência para dar o devido andamento na ação persecutória. Se assim é, não se vê qualquer sentido argumentativo a dar espeque razoável à tese de que o *parquet* não poderia postular, inclusive mediante *habeas corpus*, eventual declínio de competência se verificar a manifesta violação dos direitos fundamentais do réu, especialmente no que tange ao princípio do juiz natural.

Vide anotações 565.1.3 e 654.2.

Jurisprudência

577.1.2. [...] A jurisprudência deste Supremo Tribunal Federal é firme no sentido de que o Ministério Público dispõe de legitimidade processual para defender em juízo violação à liberdade de ir e vir por meio de *habeas corpus.* [...] (*Habeas Corpus nº 99.948-RS, STF, 2ª Turma, Rel. Min. Cármen Lúcia, julgado em 14.5.2013, publicado no* DJ *em 21.6.2013*).

577.1.2. [...] O pedido de reconhecimento de incompetência absoluta do Juízo processante afeta diretamente a defesa de um direito individual indisponível do paciente: o de ser julgado por um juiz competente, nos exatos termos do que dispõe o inciso LIII do art. 5º da Constituição Federal. O Ministério Público, órgão de defesa de toda a Ordem Jurídica, é parte legítima para impetrar *habeas corpus* que vise ao reconhecimento da incompetência absoluta do juiz processante de ação penal. Ordem parcialmente concedida para que, afastada a preliminar da ilegitimidade, o Tribunal Estadual aprecie o mérito como entender de Direito (*Habeas Corpus nº 90.305-3-RN, STF, Rel. Min. Ayres Britto, publicado no* DJ *em 25.5.2007*).

577.1.2. [...] A legitimidade para a impetração do *habeas corpus* é abrangente, estando habilitado qualquer cidadão. Legitimidade de integrante do Ministério Público, presentes o múnus do qual investido, a busca da prevalência da ordem jurídico-constitucional, e, alfim, da verdade [...] (*Habeas Corpus nº 79.572-GO, STF, Rel. Min. Marco Aurélio, 2ª Turma, publicado no* DJ *em 22.2.2002*).

577.1.2. [...] A jurisprudência do Supremo Tribunal Federal tem admitido a possibilidade de o representante do Ministério Público, embora com atuação no primeiro grau de jurisdição, ajuizar, em nome do "Parquet", ação originária de "habeas corpus" perante esta Suprema Corte ou junto a qualquer outro Tribunal judiciário. Precedentes. – A LC nº 94/93 do Estado de Rondônia – que instituiu, nessa unidade da Federação, a respectiva Lei de Organização Judiciária – não transgride o postulado constitucional do juiz natural, revelando-se legítima no ponto em que defere, ao Juiz estadual que desempenha funções próprias da Vara de Auditoria Militar, a prática de outras atribuições jurisdicionais, inclusive o exercício da competência penal em face de réu civil acusado de suposto cometimento de crime desvestido de natureza militar. Esse diploma legislativo, na realidade, limitou-se a atribuir, ao titular da Vara de Auditoria Militar da comarca de Porto Velho/RO – que é magistrado estadual –, o exercício cumulativo tanto de funções peculiares à Justiça Militar local (CF, art. 125, § 4º) quanto de atribuições jurisdicionais próprias da Justiça Comum estadual. Precedentes. (*HC nº 85.725-RO, STF, Rel. Min. Celso de Mello, 2ª Turma, publicado no* DJ *em 23.2.2007*).

577.1.2. [...] O Ministério Público detém legitimidade para impetrar "habeas corpus" em benefício de réu, porque, nesse remédio constitucional, há uma espécie de mandato universal. Mesmo à míngua de recurso da acusação e da defesa, a decisão desclassificatória para crime de competência do juízo singular pode ser contestada por este último. Conflito de competência conhecido pelo Tribunal estadual que aponta o juiz do Tribunal do Júri, o suscitado, como competente. Excesso de linguagem do acórdão não reconhecido. Ordem conhecida, mas denegada (*Habeas Corpus nº 103.335/RJ, Rel. Min. convocado Celso Limongi, STJ, 6ª Turma, publicado no* DJ *em 3.8.2009*).

577.1.2. [...] A teor do entendimento desta Corte, "a legitimação do Ministério Público para impetrar *habeas corpus*, garantida pelo art. 654, *caput*, do CPP, somente pode ser exercida de acordo com a destinação própria daquele instrumento processual, qual seja, a de tutelar a liberdade de locomoção ilicitamente coarctada ou ameaçada. Vale dizer: o Ministério Público somente pode impetrar *habeas corpus* em favor do réu, nunca para satisfazer os interesses, ainda que legítimos, da acusação." (HC nº 22.216/RS, 5ª Turma, Rel. Min. Felix Fischer, DJ de 10/03/2003.) Na hipótese, o Ministério Público impetrou *habeas corpus* perante o Tribunal de Justiça do Estado do Rio Grande do Norte visando obter o reconhecimento da incompetência absoluta do Juízo de Direito da 11ª Vara Criminal da Comarca de Natal/RN para processar e julgar a ação penal movida contra o ora Paciente, pela suposta prática do crime de atentado violento ao pudor. Verifica-se, assim, a ilegitimidade do *Parquet* para a impetração do *habeas corpus* perante o Tribunal *a quo*, uma vez que não visa a tutela da liberdade de locomoção individual do ora Paciente, mas, sim, a obtenção, no interesse da acusação, do reconhecimento da incompetência do Juízo processante, o que se afigura inviável pela via eleita. Recurso desprovido (*RHC nº 19.811-RN, Rel. Min. Laurita Vaz, STJ, 5ª Turma, unânime, publicado no* DJ *em 20.11.2006*).

....

577.1.3. Legitimidade do Ministério Público para recorrer na ação penal privada: Em se tratando de ação penal exclusivamente privada, mister realizar uma dicotomia de hipóteses.

Se houver a absolvição e não tiver o querelante manifestado qualquer interesse em ver modificada a sentença, não há como o Ministério Público veicular pretensão (condenatória) que não se encontra em sua esfera de disponibilidade. É hipótese hialina de ausência de legitimidade recursal, pois o tema atinente a disponibilidade ou não da ação penal privada encontra-se nas mãos de um único titular: o querelante.

Havendo condenação e quedando-se silente o querelante, nenhum óbice se apresenta ao Ministério Público para recorrer se verificar eventual violação da legislação. Nessa hipótese, não há de se levantar a bandeira da disponibilidade ou indisponibilidade da ação penal privada. Disso não se trata. A pretensão exposta pelo querelante foi atendida com a expedição do juízo condenatório. O *parquet* poderá atuar supletivamente na demanda unicamente com a finalidade de buscar a correta aplicação da Lei penal. Por óbvio, também poderá recorrer para postular a absolvição do querelado.

577.1.4. Legitimidade do Assistente da Acusação: Em relação ao assistente da acusação, há disposições expressas que tratam de sua legitimidade recursal. Trata-se de hipóteses mais limitadas, é verdade. Com efeito, está inserto no art. 598, CPP (vide item 598.1), que o ofendido ou qualquer das pessoas enumeradas no art. 31, CPP, habilitadas ou não como assistentes da acusação, poderão ajuizar apelação nos crimes de competência do Tribunal do Júri ou do Juiz singular, se da decisão não foi apresentada irresignação pelo Ministério Público. Também se confere ao assistente da acusação a legitimidade para recorrer noutras situações, como se vê do art. 584, § 1º, que trata da possibilidade de recurso nos casos de impronúncia e nas situações do inciso VIII do art. 581 do CPP (sentença que reconhece a prescrição ou por qualquer modo julga extinta a punibilidade do réu – sobre o recurso cabível após as alterações da Lei nº 11.719/08, vide observações ao art. 581, VIII, CPP). É o que deflui também do disposto no art. 271, CPP. (*Art. 271. Ao assistente será permitido propor meios de prova, requerer perguntas às testemunhas, aditar o libelo e os articulados, participar do debate oral e arrazoar os recursos interpostos pelo Ministério Público, ou por ele próprio, nos casos dos arts. 584, § 1º, e 598*).

É importante salientar que a legitimidade do assistente da acusação somente se faz presente em hipótese de inação (total ou parcial) do titular da ação penal pública, o Ministério Público. Noutras palavras, o assistente da acusação atua sempre de forma *supletiva* ao *parquet*, sendo-lhe facultado recorrer em todos os tópicos nos quais não for apresentada manifestação de inconformidade pelo Ministério Público (daí a razão pela qual seu prazo somente flui a partir do término do estabelecido para o *parquet* – art. 598, parágrafo único, CPP).

Encontram-se posicionamentos assentando que o assistente da acusação, nessa típica função suplementar, somente poderia postular a condenação do agente criminoso, tendo em vista que seus interesses estariam resumidos unicamente à ulterior reparação no âmbito civil. É que se um dos efeitos da sentença condenatória é – no que lhe caberia – o de tornar certa a obrigação de indenizar o dano causado pelo crime (art. 91, I, CPP), nenhuma outra função se lhe poderia garantir no processo penal senão a de conseguir o título judicial condenatório para execução no âmbito civil.

No ponto, atinente à matéria submetida ao recurso do assistente, na hipótese de inércia do Ministério Público, deixamos registrada a impossibilidade de impugnação recursal com o propósito único de ver aumentada a pena. Remetemos o leitor ao item 271.3 *retro*. Ali se busca demonstrar que, embora aceitável e justificável a atuação *custos legis* do assistente, e bem o demonstra a iniciativa da ação (privada) subsidiária (no caso de inércia do MP), o fato é que a isonomia processual há que limitar a sua atuação no processo penal, sob pena de ter-se *dupla* acusação. Apenas a possibilidade de sustentar o assistente uma demanda civil, *pelos mesmos fatos*, é que justifica a desigualdade processual *no processo penal*, com a presença do assistente.

Como essa é uma obra *coletiva*, registramos a discordância de um de seus autores. É essa a posição de Douglas Fischer:

> "Com a devida *vênia*, assim não pensamos. Se a Constituição garante a possibilidade do ajuizamento de ação penal privada nos crimes de ação pública se esta não for intentada no prazo legal (art. 5º, LIX), daí deflui, inexoravelmente, que se atribuiu uma função primordial ao assistente da acusação, transbordando, a discussão, para muito além de eventuais querelas e interesses patrimoniais. Embora não se retire da esfera do *parquet* a titularidade da ação penal (art. 129, I, CF), se confere expressa legitimidade ao diretamente interessado para agir diante da eventual inércia ministerial. Nessa linha, não partilhamos da tese de que o assistente da acusação teria, no processo penal hodierno, uma função meramente *patrimonialista*. É certo que sua participação na ação penal pública é assessória (suplementar), mas ao se lhe conferir a possibilidade de iniciar a ação penal pública é porque sua função no processo penal está vinculada precipuamente à efetiva responsabilização criminal do agente que tenha cometido eventual infração. Desse modo, crê-se que sua legitimidade recursal – sempre supletiva, nunca é demais

> dizer – é a mais ampla possível, nos limites, evidente, das previsões legais (princípio da legalidade)."

De relevo ainda destacar que o Supremo Tribunal editou duas Súmulas tratando da legitimidade do assistente da acusação, a saber:

> Súmula 210: "O assistente do Ministério Público pode recorrer, inclusive extraordinariamente, na Ação Penal, nos casos dos arts. 584, § 1º, e 598 do Código de Processo Penal."
>
> Súmula 208: "O assistente do Ministério Público não pode recorrer, extraordinariamente, de decisão concessiva de 'Habeas corpus'".

Fácil se ver que a primeira é a regra, e a segunda, a exceção. À luz do ordenamento constitucional anterior, nenhum questionamento se fazia ao conteúdo destas súmulas. Após o advento da Constituição de 1988, contudo, o Supremo Tribunal Federal (*a partir do julgamento havido no Agravo Regimental no Inquérito nº 726, Rel. Min. Sepúlveda Pertence, publicado no* DJ *em 29.4.1994*) acabou editando a Súmula 714, estipulando ser *concorrente a legitimidade do ofendido, mediante queixa, e do Ministério Público, condicionada à representação do ofendido, para a ação penal por crime contra a honra de servidor público em razão do exercício de suas funções.*

Por necessidade de compatibilização ao novo ordenamento constitucional e ao contido nesta novel interpretação, acabou a Corte Suprema, por intermédio de uma de suas turmas – em nosso sentir corretamente –, em julgado paradigmático (RE nº 387.974-DF), abrindo mais uma exceção à legitimidade do assistente da acusação. Passou-se a admitir a possibilidade de interposição de recurso extraordinário pelo assistente contra a decisão concessiva de *habeas corpus* quando se tratar de demanda que envolva delito contra a honra de servidor público no exercício de suas funções. É preciso, porém, alertar: não houve revogação da Súmula 208, STF, mas apenas seu afastamento nessa hipótese.

A razão de ser desse novo entendimento passou, como dito, por uma necessária compatibilização das Súmulas 208 (editada antes da CF/88) e 714 (pós CF/88). Se é certo que a Súmula 714, STF, abre uma possibilidade de dúplice conduta pelo ofendido criminalmente funcionário público em razão de suas funções, não poderia decorrer daí uma ulterior limitação recursal dependendo da opção realizada. É que se o servidor público ofendido em suas razões optar pela ação penal privada, nenhum óbice se apresentaria para recorrer extraordinariamente de decisão concessiva de *habeas corpus*, na medida em que sua legitimidade decorreria da condição de *parte*. Se tal silogismo é correto, não haveria razão lógica se manter o entendimento no sentido de que, feita a opção pela ação condicionada à representação, não teria o assistente possibilidade de recorrer extraordinária e supletivamente em caso de decisão concessiva de *habeas corpus* se dela não recorresse o Ministério Público. Em síntese, não há argumento racional para se conferir legitimidade ao ofendido recorrer como parte (na ação penal privada autônoma) e não se mais lhe conferir (diante apenas da leitura isolada da Súmula 208, STF) a legitimidade se tenha optado pela representação e houvesse a prolação de sentença concessiva de *habeas corpus* e consequente inércia ministerial postulando a reforma desse *decisum*.

Por fim, há de se registrar que havendo manifestação expressa do titular da ação penal pública pelo arquivamento (uma *opinio delicti* negativa, como preferimos dizer) ou declínio de competência (arquivamento *indireto*) acolhida pelo Poder Judiciário, não terá legitimidade o assistente para recorrer dessa decisão.

Jurisprudência

577.1.4. [...] Em caso de omissão do Ministério Público, a legitimidade do assistente da acusação para recorrer, inclusive extraordinariamente, é ampla, salvo contra decisão concessiva de *habeas corpus* (súmulas 208 e 210 do STF). Portanto, o assistente de acusação possui legitimidade para recorrer da decisão do Tribunal de Justiça que, revertendo a sentença condenatória, anula a ação penal desde o início. [...] *(Segundo Agravo Regimental no Recurso Extraordinário nº 979.659/RJ, STF, 1ª Turma, por maioria, vencido Rel. Min. Marco Aurélio e Min. Dias Toffoli, Redator para o acórdão Min. Roberto Barroso, julgado em sessão virtual de 28.5.2021 a 7.6.2021, publicado no DJ em 4.8.2021)*

577.1.4. [...] O termo inicial do prazo recursal do assistente de acusação é o dia imediato ao término do prazo que dispõe o Ministério Público para recorrer, ainda que o assistente de acusação esteja habilitado nos autos. Precedentes. 3. Na hipótese em foco, o assistente de acusação foi intimado 2 (dois) dias após a intimação do Ministério Público. Assim, o termo inicial do prazo recursal do assistente é o dia imediato após o término do lapso do Órgão Ministerial. [...] *(Habeas Corpus n. 242.219 – PA, STJ, 5ª Turma, unânime, Rel. Min. Ribeiro Dantas, julgado em 7.5.2019, publicado no DJ em 13.5.2019)*

577.1.4. [...] O assistente de acusação tem legitimidade para recorrer de decisão absolutória nos casos em que o Ministério Público não interpõe recurso. Decorrência do enunciado da Súmula 210 do Supremo Tribunal Federal. [...] (*Habeas Corpus nº 97.261, STF, 2ª Turma, unânime, Rel. Min. Joaquim Barbosa, julgado em 12.4.2011, publicado no* DJ *em 3.5.2011*).

577.1.4. [...] A assistente de acusação tem legitimidade para recorrer da decisão que absolve o réu nos casos em que o Ministério Público não interpõe recurso. Aplicação da Súmula 210 do Supremo Tribunal Federal: O assistente do Ministério Público pode recorrer, inclusive extraordinariamente, na ação penal, nos casos dos arts. 584, § 1º, e 598 do Código de Processo Penal. A manifestação do promotor de justiça, em alegações finais, pela absolvição da Paciente e, em seu parecer, pelo não conhecimento do recurso não altera nem anula o direito da assistente de acusação recorrer da sentença absolutória. Ordem denegada (*Habeas Corpus nº 102.085, STF, Plenário, Rel. Min. Cármen Lúcia, julgado em 10.6.2010, publicado no* DJ *em 27.8.2010 – decisão tomada por 6 x 2 votos*).

577.1.5. Legitimidade de pessoas diversas ao processo ou procedimento processual penal: Embora não previsto expressamente na legislação processual codificada, entende-se que também se deva reconhecer a legitimidade para a interposição de recursos a terceiros que eventualmente não sejam, tecnicamente, *partes* no processo criminal. Normalmente em procedimentos de natureza acautelatória (mas não só nesses casos), a decisão judicial de constrição judicial pode atingir interesses de terceiros. Fácil se colher um exemplo no art. 125, CPP, o qual permite que o sequestro incida sobre bem que constitua proveito do crime, mesmo que já transferido a terceiros. Há a possibilidade de essa pessoa estranha interpor os cabíveis "embargos" (em verdade, uma contestação ao procedimento cautelar), que deverão ser julgados na forma dos arts. 129 ou 130, II, ambos do CPP. Da decisão que julgar esse incidente, não há como não se admitir a possibilidade da interposição de apelação, pois se trata de decisão com força de definitiva (art. 593, II, CPP).

Diante do exposto, é preciso compreender que a legitimidade recursal precisa ser contextualizada ao caso concreto, a ponto de se admitir o manejo da irresignação desde que demonstrada uma pertinência de quem a manifesta com a decisão proferida, além, é claro, do atendimento dos demais requisitos, notadamente do interesse recursal.

De se dizer, ainda, que a legislação não codificada também prevê que outras pessoas poderão recorrer na ação penal. Também apenas a título ilustrativo, confira-se a Lei nº 8.078/90, que confere legitimação às associações dedicadas à tutela do consumidor para ingressarem na condição de assistentes do Ministério Público (art. 80), daí decorrente, por questão lógico-sistêmica, a capacidade recursal suplementar.

Importante destacar, em complemento, a ausência de possibilidade de terceiros recorrerem de decisão caso requerido o arquivamento de investigação pelo Ministério Público.

Jurisprudência

577.1.5. [...] Falece interesse recursal de acusado em discutir a absolvição sumária extemporânea de corréu. [...] *(Habeas Corpus nº 504.461-RS, STJ, 5ª Turma, unânime, Rel. Min. Ribeiro Dantas, julgado em 18.8.2020, publicado no* DJ *em 24.8.2020).*

577.1.5. [...] A Lei processual, em seu art. 577, limita a legitimação dos recursos penais apenas às partes: no polo ativo, o Ministério Público ou querelante e, no polo passivo, o réu, seu procurador ou seu defensor. O Conselho penitenciário, órgão consultivo e fiscalizador, não possui legitimidade ativa para interpor agravo em execução, buscando a revogação de indulto. Recurso provido para determinar a anulação do despacho de admissibilidade do agravo em execução, bem como a decisão que, proferida em juízo de retratação, revogou o indulto concedido ao recorrente. (*Recurso em Habeas Corpus nº 24.238-ES, STJ, Rel. Min. Arnaldo Esteves Lima, 5ª Turma, publicado no* DJ *em 16.11.2009*).

577.1.5. [...] A irrecorribilidade da decisão que determina o arquivamento do inquérito policial foi apenas um dos fundamentos utilizados para demonstrar que, de acordo com a legislação processual penal vigente e o entendimento jurisprudencial a respeito da matéria, a vítima não dispõe de meios de impugnação da manifestação do Ministério Público pelo arquivamento de inquérito policial quando o pedido é acolhido pelo Juízo natural da causa. [...] (*Agravo Regimental na Reclamação nº 32.510-DF, STJ, 3ª Seção, unânime, Rel. Min. Rogerio Schietti Cruz, julgado em 28.9.2016, publicado pelo* DJ *em 5.10.2016*).

577.2. Interesse e sucumbência: O parágrafo único do art. 577 do CPP dispõe que não serão admitidos os recursos das partes que não tiverem interesse na reforma ou modificação da decisão. A sucumbência está conectada umbilicalmente ao interesse recursal, nada obstante se possa encontrar classificação doutrinária separando-os como pressupostos autônomos. A noção de interesse é extraída precipuamente da definição de sucumbência. E sucumbente é aquele cuja expectativa juridicamente relevante não tenha sido atendida na decisão judicial.

Noutras palavras, uma vez não atendida pretensão – condenatória ou absolutória, total ou parcial – deduzida na ação penal, surge o interesse da parte em ver modificado o comando judicial. A questão é saber em quais condições e em que circunstâncias se poderia aferir a presença da sucumbência a ensejar a possibilidade recursal.

De qualquer forma, é importante deixar assentado que, embora não seja a regra, em determinadas hipóteses a sucumbência pode estar presente, mas não o interesse recursal. Exemplifica-se, reportando-se a situação já defendida outrora apenas para uma melhor compreensão da assertiva (vide Fischer, Douglas. *Recursos,* habeas corpus *e mandado de segurança no processo penal.* 2. ed. Editora Verbo Jurídico, 2009).

Com efeito, nos delitos dolosos contra a vida, proferida sentença com pena igual ou superior a 20 anos de reclusão pelo delito doloso (*mesmo que decorrente de concurso formal ou crime continuado doloso contra a vida, salvo o cúmulo material*), podia-se cogitar (*depois da vigência da Lei nº 11.689/08 não mais, segundo compreendemos – vide anotações aos arts. 607, CPP, e seguintes*) a interposição do protesto por novo Júri (recurso privativo da defesa e que somente podia ser interposto uma vez). Acaso a condenação fixasse pena pelo homicídio (ou homicídios) em patamar inferior a 20 anos (situação que não gerava a possibilidade de interposição do protesto), indubitável que o réu sucumbiu (decorrência lógica da condenação). Por absoluta falta de interesse, restava inviável se cogitar que o réu-condenado postulasse, em recurso de apelação, o aumento da pena para que, ultrapassado o limite de 20 anos, fosse viável o protesto (convém acentuar que, em nosso entendimento, já há muito, antes de sua revogação em 2008, o § 1º do art. 607 do CPP não tinha validade, tendo em vista a revogação do disposto no art. 606, CPP).

Também uma peculiaridade merece destaque aqui, tal como se fez quando do trato da legitimidade. Se é certo que o interesse recursal do Ministério Público (como titular da ação penal pública) decorre, regra geral, da inconformidade com a pena fixada, em relação à tipificação ou então em face de qualquer circunstância que modifique a situação do réu, agravando-a, é de se relembrar que o Ministério Público não é unicamente órgão acusador: é garantidor da defesa dos direitos fundamentais do processado. Nessa senda, aí então interagindo mais intensamente a legitimidade e o interesse recursais, há a possibilidade de o Ministério Público recorrer também *em favor* do réu.

Jurisprudência

577.2. [...] O fato de o órgão acusatorial renunciar ao direito de recurso contra decreto condenatório não o impede de posteriormente impugnar decisão judicial superveniente que reconhece a prescrição retroativa, ainda que os marcos de início e fim da suspensão do prazo prescricional tivessem sido mencionados quando da anterior sentença não recorrida, seja porque na primeira oportunidade não havia interesse recursal, seja porque a coisa julgada não abrange os motivos da decisão, na forma do art. 504, I, do CPC. [...] *(Recurso Especial nº 1.882.330/PR, STJ, 5ª Turma, unânime, Rel. Min. Ribeiro Dantas, julgado em 6.4.2021, publicado no DJ em 9.4.2021)*

577.2. [...] A pretensão de um órgão do Ministério Público não vincula os demais, garantindo-se a legitimidade para recorrer, em face do princípio da independência funcional. Nesse sentido, HC 77041/MG, Rel. Min. Ilmar Galvão, DJ 07/08/1998, HC 80315/SP, Rel. Min. Sepúlveda Pertence, DJ 13/10/2000, e HC 69957/RJ, Rel. Min. Néri da Silveira, DJ 09/03/1993. [...] (*Ag. Reg. no Recurso Extraordinário com Agravo nº 725.491-SP, STF, 1ª Turma, unânime, Rel. Min. Luiz Fux, julgado em 26.5.2015, publicado no* DJ *em 15.6.2015*).

577.2. [...] Não há afronta ao princípio da unidade do Ministério Público quando dois de seus representantes, dotados de autonomia funcional conferida pela CF (art. 127, §§ 2º e 3º, da CF) e atendendo ao interesse coletivo, atuam de maneira diversa no mesmo feito, como ocorreu no caso, em que houve a interposição de recurso de apelação por representante do Ministério Público diverso daquele que denunciou o paciente e opinou pela sua absolvição. Ordem denegada (*Habeas Corpus nº 112.793/ES, Rel. Min. Arnaldo Esteves Lima, STJ, 5ª Turma, publicado no* DJ *em 24.5.2010*).

577.3. Interesse e sucumbência no caso de réu absolvido ou quando extinta sua punibilidade: Pelo prisma da sucumbência, diz-se – em tese, corretamente – que não haveria decorrente interesse em alterar a fundamentação utilizada na decisão. O recurso seria apresentado não contra a motivação, mas em face do dispositivo. O art. 386, CPP, é bastante claro ao assentar a obrigação de, na sentença, ser explicitado no dispositivo o fundamento da absolvição.

O tema aqui abordado, não se pode negar, tem gerado divergências, inclusive entre os autores da presente obra. O cerne da discussão está em saber se existe ou não sucumbência – e o respectivo *interesse* – em caso de réu que tenha sido absolvido e que venha interpor recurso para modificar o *fundamento* da absolvição. No âmbito da jurisprudência, especialmente dos tribunais superiores, é praticamente majoritário o entendimento no sentido da *ausência* do interesse do réu nessas situações.

Douglas Fischer, ao contrário, defende que, *em determinadas situações*, há de se admitir o interesse recursal – para alterar fundamento de absolvição – de réu que tenha sido absolvido ou tenha sido reconhecida, em seu favor, a prescrição ou outra causa extintiva da punibilidade. Referido entendimento é no sentido de que, se de um lado é verdadeira a assertiva de que no âmbito do processo penal estão em pauta discussões atinentes primordialmente ao âmbito criminal, não se pode deixar de consignar a relevância ímpar da possibilidade do debate dialético-processual nessa seara. É dizer: dada a decorrência dos princípios garantidores dos direitos fundamentais estampados na Constituição Federal, mister compreender que em nenhum outro procedimento se deverá dar primazia e espectro tão amplo ao princípio da ampla defesa e do contraditório como no processo penal. Significa que, no processo penal, se discute não apenas se o réu deva ser absolvido ou condenado. É direito fundamental do réu ter a resposta estatal não apenas pelo prisma persecutório, mas também em face de todas as consequências que possam advir do processo penal, *diretas ou indiretas*. Assim, como eventual responsabilidade civil nem sempre é afastada peremptoriamente pelo juízo criminal, pois depende do fundamento da decisão proferida, há de se abrir a possibilidade de recurso para a modificação do fundamento, *desde* que traga consequências reais e fáticas em benefício do recorrente.

Em trabalho subscrito na companhia de Rudson Coutinho da Silva, em texto específico sobre o tema ("Interesse recursal de réu em caso de absolvição ou quando extinta sua punibilidade", *Revista de Doutrina do TRF* da 4ª Região, v. 31, 2009. Disponível em: <http://www.revistadoutrina.trf4.jus.br/artigos/edicao031/silva_fischer.html>), Douglas Fischer apresenta maior detalhamento sobre a peculiaridade do direito a recurso de réu absolvido ou quando extinta sua punibilidade, notadamente após as alterações processuais trazidas pela Lei nº 11.690/08.

Observa-se, ali, que o Código de Processo Penal arrola no art. 386 as hipóteses em que o Juiz deverá absolver o réu. Nesse diapasão, merece referência a inovação trazida pela Lei nº 11.690/08, que acrescentou, no inciso IV do citado art. 386, a hipótese de absolvição por "*estar provado que o réu não concorreu para a infração penal*". Antes do acréscimo, a negativa de autoria, pela interpretação literal do art. 386, CPP, somente resultava do reconhecimento da insuficiência das provas de participação do acusado, nunca da afirmação de que *não participara* da infração penal.

Compreendemos que a inovação foi salutar na medida em que valoriza a afirmação do acusado que nega a autoria do crime, pois permite ao juiz que o absolva não só porque entende frágeis os elementos de prova, mas por reconhecer que efetivamente o réu não participou do crime.

E essa inovação implicará também nova interpretação do art. 66, CPP, como se verá logo a seguir.

Mas de volta às hipóteses de absolvição do art. 386, CPP, num esboço de sistematizá-las, propomos a seguinte classificação: (a) decisões que *certificam*: (a.1) estar provada a inexistência do fato (I); (a.2) não constituir o fato infração penal (III); (a.3) estar provado que o réu não concorreu para a infração penal (IV); (a.4) excludentes de ilicitude (VI); (a.5) causas de isenção de pena (VI); (b) decisões que *não certificam*. Tais decisões afirmam: (b.1) não haver prova da existência do fato (II); (b.2) não existir prova de ter o réu concorrido para a infração (V); (b.3) não existir prova suficiente para a condenação (VII); (b.4) haver fundada dúvida sobre a existência de excludentes ou causas de isenção (VI).

Uma análise inicial permite constatar que as decisões que *certificam* são as que mais atendem aos interesses do réu, embora, se reconhece, nem todas têm a mesma repercussão na esfera cível.

As decisões *que não certificam*, por sua vez, exatamente porque não excluem a responsabilidade do acusado, não atendem tão de perto os seus interesses, embora possam acarretar também a absolvição.

Defende-se que, em determinadas situações, há de se admitir o interesse recursal – para alterar fundamento de absolvição – de réu que tenha sido absolvido.

Começa-se por dizer que o art. 386, CPP, é bastante claro ao assentar a obrigação de, na sentença, ser explicitado no dispositivo o fundamento da absolvição, de modo que ao se insurgir contra o fundamento, o réu está se insurgindo automaticamente contra o dispositivo da sentença.

A sucumbência surgirá, portanto – e daí o interesse recursal –, toda vez que o réu, podendo ver ampliada a tutela de suas pretensões já no processo penal, se vir disso impedido pela utilização judicial de fundamento de absolvição diferente daquele que alegara.

E aqui é preciso firmar uma premissa: em casos de absolvição, o interesse recursal sempre estará ligado a uma razão extrapenal, pois sanção penal nenhuma decorre da sentença absolutória.

Mais que isso, é possível afirmar que essa razão extrapenal é sempre de natureza patrimonial ou funcional. Patrimonial porque, assentada em determinados fundamentos, a sentença criminal poderá excluir peremptoriamente a responsabilidade civil. Funcional porque, da mesma forma, alicerçada em certos fundamentos, a sentença absolutória poderá afastar a responsabilidade administrativa do servidor.

Pois bem.

A responsabilidade civil está condicionada ao fundamento da absolvição por conta de dispositivos do CPP e mesmo do Código Civil que atribuem *subordinação temática* entre as instâncias cível e criminal (PACELLI, Eugênio. *Curso de processo penal*. 28. ed. São Paulo: Juspodivm, 2024).

Com efeito, na linha do que assentado nos arts. 66 e 67, CPP, não haverá impedimento para o ajuizamento da ação cível com a finalidade reparatória nos casos em que: (a) não tiver sido, categoricamente, reconhecida a inexistência material do fato ou que o réu não concorreu para a infração penal; (b) houver o arquivamento de inquérito ou peças de informação (desde que não pelos fundamentos da negativa de autoria ou inexistência do fato); (c) na ação penal, for extinta a punibilidade; e (d) a sentença criminal reconhecer que o fato imputado não constitui crime.

O Código Civil, por sua vez, no seu art. 935, impede seja discutido no cível a existência do fato ou de quem seja seu autor, quando estas questões se acharem decididas no juízo criminal.

Por fim, é preciso lembrar o teor do art. 126, Lei nº 8.112/90: "*A responsabilidade administrativa do servidor será afastada no caso de absolvição criminal que negue a existência do fato ou sua autoria.*"

Na linha do raciocínio ora desenvolvido, compreende-se que em (apenas) três situações a decisão proferida no âmbito criminal repercutirá *automaticamente* na seara cível ou administrativa com a consequente inviabilidade de pretensão à reparação cível ou responsabilização subsidiária: (a) inocorrência do fato; (b) negativa de autoria; (c) excludentes de antijuridicidade no caso de legítima defesa própria.

Com base nisso é possível concluir que se o objetivo do acusado é obter uma sentença de certificação (de que o fato não existira, de que para ele não concorrera ou de que laborara sob o pálio de uma excludente de antijuridicidade), toda vez que a sentença for de insuficiência (decisões que não certificam), haverá legítimo interesse em recorrer.

Convém observar, entretanto, no que se refere às excludentes, que o interesse só surgirá naqueles casos em que mesmo a absolvição não afastar a possibilidade da indenização. O reconhecimento do estrito cumprimento do dever legal, portanto, não dará azo a recurso, pois nenhuma vantagem advirá de eventual mudança do fundamento da sentença de absolvição. Já a legítima defesa putativa, assim reconhecida na sentença, permitirá recurso da defesa, caso o réu tenha alegado legítima defesa real, pois a primeira permitirá, em tese, indenização na esfera cível, enquanto a segunda (legítima defesa real) sepultará a discussão patrimonial já no processo penal.

Exemplificativamente, se o acusado defender-se alegando que o fato não existira e o Poder Judiciário entender, de forma mais singela, que não é possível certificar a inexistência do fato, mas tão só a fragilidade da prova, haverá eventual interesse em recorrer. Da mesma forma, se a alegação for de que não participara do fato e o Poder Judiciário decidir com fundamento na insuficiência da prova da autoria, também haverá interesse recursal.

Entretanto, caso se alegue que o fato não constitui crime e o fundamento da sentença for a insuficiência da prova para condenação, embora a pretensão fosse de uma sentença certificadora (na linha da designação aqui adotada), não haverá sucumbência e, portanto, interesse recursal.

Seja visando afastar a responsabilidade civil ou a responsabilidade administrativa, o interesse recursal nos casos de absolvição somente surgirá se implicar consequências *reais e fáticas* em benefício do recorrente. Esse é o *ponto nodal* da questão que precisa destaque, pois não estão em jogo apenas (como tradicionalmente se diz) o interesse persecutório do Estado, mas também o direito de o réu se ver absolvido no âmbito criminal (que possui o espectro defensivo mais amplo que se conhece) pelo fundamento que melhor possa lhe aproveitar.

Em palavras complementares: o interesse não pode significar apenas a possibilidade de permitir o réu escolher o fundamento pelo qual quer ser absolvido. Se o motivo pelo qual se pretende o decreto absolutório no âmbito recursal tiver os mesmos efeitos (práticos e jurídicos) daquele objeto da decisão objurgada, inviável se admitir a admissibilidade da irresignação.

Por isso que a alegação defensiva de que o fato não constitui crime, embora corresponda à pretensão de uma sentença de certificação, não implicará interesse recursal se a sentença, apesar de absolutória, fundar-se na fragilidade da prova.

Na mesma linha, a utilização de um fundamento de insuficiência por outro não conduzirá, igualmente, à existência do interesse.

Assim, se a alegação defensiva for de insuficiência de prova de autoria (V), não haverá sucumbência na decisão judicial que reconhecer insuficiência de prova da existência do fato (386, II, CPP).

Quando se aborda o tema da possibilidade recursal do réu quando se lhe decretada a extinção da punibilidade, a discussão ganha outros contornos. Já não se questiona mais a situação do acusado que, absolvido, pretende ver modificado o fundamento da absolvição. Questiona-se se a extinção da punibilidade seria impeditiva do conhecimento do recurso. Há forte entendimento de que, tendo havido a extinção da punibilidade, qualquer que for a situação embasadora, não haveria interesse jurídico na revisão do julgado, pois a sentença não poderia mais ter qualquer efeito sobre o condenado. Exemplificativamente, inúmeros precedentes do Superior Tribunal de Justiça (Recurso Especial nº 691.696-PE, 6ª Turma, unânime, julgado em 9.2.2006, publicado no *DJ* em 27.3.2006; Recurso Especial nº 622.321-SP, Rel. Min. Arnaldo Esteves Lima, 5ª Turma, publicado no *DJ* em 26.6.2006; Recurso Especial nº 901.892-RS, 6ª Turma, unânime, julgado em 16.10.2007, publicado no *DJ* em 19.11.2007).

Acontece que o olhar exclusivo sobre o interesse recursal enquanto pretensão a excluir-se dos efeitos físicos, patrimoniais ou funcionais da pena ofusca o verdadeiro enfoque que reclama o processo penal. Ao menos em nossa compreensão.

É que a decisão condenatória traz em si valores negativos que não se restringem à natureza penal da sanção.

Outro valor negativo de igual importância está na ofensa à dignidade imposta pela condenação de réu que, inocente da acusação, se vê impedido de buscar o reconhecimento dessa inocência.

Com efeito, compreendemos que ofende expressivamente a dignidade do inocente a afirmação do Estado de que é culpado por determinado crime que não cometera.

À luz especialmente dos valores constitucionais, não nos parece haver razão legítima que impeça o indivíduo que foi condenado de ver revista a sentença, pelo só fato de ter havido extinção da punibilidade.

A situação é, digamos, no mínimo dramática para aquele que pretende o reconhecimento de sua inocência após ter recebido uma sentença condenatória e se vê impotente na busca de uma revisão, em razão do entendimento vigente de que a extinção da punibilidade tornaria inócua a mudança da sentença. Mais: não há nenhum prejuízo para o Estado (persecução penal), na medida em que a sentença lhe é desfavorável (absolvição ou extinção da punibilidade) e não houve recurso pugnando pela condenação ou então aumento de pena (que redundou em prescrição retroativa – art. 110, § 1º, CP).

Se a revisão é inócua enquanto sanção corporal, seu efeito é de relevância imensurável no que se refere à dignidade, honra, autoestima, respeito, enfim valores pessoais e mesmo sociais, todos de índole constitucional, cujo resgate está condicionado à submissão da condenação a um órgão revisor.

Não é demais se imaginar ação penal em que o réu, embora afirme categoricamente sua inocência, se vê condenado em sentença que, por qualquer razão, ganha espaço na mídia, fazendo com que a condenação extrapole a publicidade natural da imprensa oficial. Imagine-se então que a pena dessa mesma condenação implique prescrição retroativa, causando a extinção da punibilidade. De acordo com a jurisprudência atual, por mais que o réu brade sua inocência e insista no desejo de que a instância revisora analise novamente seus argumentos, ver-se-á impedido de prová-la.

Não há de se reconhecer aí inegável afronta à dignidade desse réu, mormente se há provas para absolvê-lo?

Pois se o Estado o diz culpado de um crime e o réu não tem o direito de provar que a afirmação do Judiciário está equivocada, porque o próprio Estado demorou-se em julgá-lo e agora reconhece a prescrição, não haveria aí injustiça gritante a reclamar urgente mudança de posicionamento jurisprudencial?

Cremos que a resposta a ambas as perguntas é positiva.

É importante observar que o mesmo argumento de natureza patrimonial usado nos casos de absolvição pode ser aplicado na extinção da punibilidade, isso porque o art. 67, II, CPP, permite a propositura da ação civil quando a sentença penal julgar extinta a punibilidade.

Ora, se o interesse recursal no caso da absolvição vem exatamente do fato de a sentença penal assentada em determinado fundamento não excluir a responsabilidade civil, como pode ser negado interesse recursal ao réu cuja punibilidade foi extinta e que, por isso, continuará suscetível à responsabilidade civil (67, II, CPP)?

Mas se nos parece inegável o direito do réu de ver revista a sentença que o condenou, embora presente a extinção da punibilidade, igualmente também necessário sistematizar as hipóteses em que isso pode ocorrer. E com uma ressalva final importante: porque *incompatível com os limites* possíveis de debate nas instâncias extraordinárias (recurso especial e extraordinário), especialmente em face do que disposto na Súmula 7 do STJ (*também referendada pelo STF, que não admite a análise de questões de prova em sede extraordinária*), a discussão aqui travada deve ser admitida apenas nos recursos previstos em Lei para as instâncias ordinárias.

Com efeito, a extinção da punibilidade pode-se dar antes da sentença de primeiro grau, inclusive, hodiernamente, a extinção da punibilidade, se ocorrente na fase inicial do processo em primeiro grau, é hipótese de *absolvição sumária* (art. 397, IV, CPP, na redação da Lei nº 11.719/08). Nesse caso, parece-nos que a existência da denúncia não constituiria gravame suficiente para reclamar decisão de mérito que analise a alegação de inocência do acusado. Não haveria, portanto, interesse em apelar da sentença que, *antes de condenar*, extinguisse a punibilidade do acusado.

É que, malgrado a simples denúncia, e com ela a ação penal, constitua inegável transtorno para o réu, não se iguala ao gravame advindo da sentença *condenatória*.

Havendo, todavia, sentença condenatória, parece-nos irrecusável admitir-se o recurso, se assim houver manifestação em *favor do réu* (art. 574, CPP).

Conquanto o raciocínio acima seja construído quase sempre com base na prescrição retroativa, pensamos que também no caso de morte do réu já condenado haverá interesse recursal de seus representantes legais em buscar no órgão revisor a afirmação da inocência. Não seria a morte o impedimento a ver-se reconhecido o interesse recursal em buscar a afirmação da inocência.

Conclusivamente, defende-se que o interesse recursal no processo penal não deve ser visto unicamente pelo prisma do interesse persecutório do Estado. Porque relacionado diretamente com outros valores constitucionais, como a dignidade do acusado, seu interesse em ver modificado nas instâncias ordinárias o fundamento da absolvição (ou diante de extinção da punibilidade) decorre de imperativos constitucionais.

Exatamente porque permite investigação ampla e reflete diretamente no *status dignitatis* do acusado, o processo penal não pode servir de palco a acusações unilaterais que se percam no tecnicismo dos atos processuais, sobretudo porque tais acusações, embora não tenham sido referendadas pelo Judiciário – no caso de absolvição ou de extinção da punibilidade –, lançam inegáveis dúvidas sobre o estado de inocência do acusado.

Daí a razão pela qual a extinção da punibilidade ou a simples absolvição – naquelas sentenças que não certifiquem a inocência (dentro da classificação proposta no presente) – não garantem esteja o acusado liberto da pecha que lhe foi irrogada na denúncia.

Em síntese: é preciso rever os atuais posicionamentos, que normalmente encampam entendimentos adotados em anteriores julgados, para que se comece a reconhecer o direito fundamental ao recurso em favor de réu que tenha sido absolvido (nos contornos aqui expostos) ou então condenado, mas extinta a punibilidade.

Jurisprudência

577.3. [...] A extinção da punibilidade do recorrente pela ocorrência da prescrição da pretensão punitiva esvazia a pretensão deduzida nesta impetração, adstrita ao reconhecimento da incompetência relativa do juízo. [...] É orientação da jurisprudência do Supremo Tribunal Federal que, uma vez declarada a extinção da punibilidade, pelo reconhecimento da prescrição, inexiste interesse recursal na discussão do mérito da controvérsia penal (AP 984 EI-AgR, Rel. Min. Roberto Barroso, Pleno, Dje 1.7.2020) [...] *(Agravo Regimental no Agravo Regimental no HC nº 223.041, STF, 2ª Turma, Rel. Min. Edson Fachin, julgado em sessão virtual encerrada em 21.6.2024, publicado no DJ em 28.6.2024)*

577.3. [...] I - O eventual reconhecimento da prescrição da pretensão punitiva deve ser precedido do exame da admissibilidade do recurso especial, pois caso o agravo não seja conhecido; seja conhecido e desprovido; ou conhecido, mas o recurso especial não, a coisa julgada retroage à data do escoamento do prazo para interposição do último recurso admissível, consoante o entendimento firmado pela Terceira Seção no julgamento do EAREsp n. 386.266/SP. No caso, o recurso especial foi considerado admissível na origem, além de ter sido objeto de análise de mérito nesta Corte Superior, razão pela qual não se aplica o entendimento firmado no EAREsp n. 386.266/SP. [...] *(Agravo Regimental no Recurso Especial nº 1.592.633-PE, STJ, 5ª Turma, Rel. Min. Messod Azulay Neto, julgado em 6.2.2024, publicado no DJ em 15.2.2024)*

577.3. [...] Extinção da punibilidade, ante o reconhecimento da prescrição da pretensão punitiva na origem. Pretensão de absolvição. Falta de interesse recursal. [...] *(Agravo Regimental no Agravo em Recurso Especial nº 2.234.544-SP, STJ, 6ª Turma, Rel. Min. Sebastião Reis Júnior, julgado em 2.5.2023, publicado no DJ em 4.5.2023)*

577.3. [...] Não há interesse recursal em alterar o fundamento absolutório, quanto a parte dos fatos, de falta de provas (art. 386, II, do CPP) para rejeição da denúncia (art. 395, III, do CPP), mormente quando proferida sentença após instrução do processo e tramitação completa no primeiro grau de jurisdição. [...] *(Agravo Regimental no Agravo em Recurso Especial nº 1.500.725/SC, STJ, 5ª Turma, unânime, Rel. Min. Ribeiro Dantas, julgado em 22.6.2021, publicado no DJ em 28.6.2021)*

577.3. [...] No Direito Penal militar, não constitui a melhor regra aquela segundo a qual, havendo ocorrido a prescrição, dar-se-ia o impedimento de julgar o mérito do recurso anteriormente interposto. Isso porque, conforme o Cód. Penal Militar, o reconhecimento da prescrição não prejudica o andamento do recurso, porquanto, para o militar, haverá sempre o prejuízo moral de uma condenação, ainda que prescrita a ação penal, sendo-lhe assegurado o direito de perseguir a declaração de inocência. Caso em que se reconheceu ser o *habeas corpus* impetrado prejudicial aos interesses do paciente por implicar, caso concedida a ordem, a impossibilidade de novo julgamento no qual se poderia pleitear a absolvição. Ordem denegada, tornada sem efeito a liminar concedida (*Habeas Corpus nº 87.761/RS, Rel. Min. Nilson Naves, STJ, 6ª Turma, publicado no* DJ *em 14.6.2010*).

577.4. Interesse do Ministério Público em recorrer em face de manifestações conflitantes nos autos diante do princípio da independência funcional: No âmbito de suas atribuições, os membros do Ministério Público pautam suas atuações por três princípios fundamentais: unidade institucional, indivisibilidade e independência funcional (art. 127, § 1º, CF/88; art. 4º, LC nº 75/93; e art. 1º, parágrafo único, Lei nº 8.625/93). A atuação deve ser harmônica em relação a todos eles. No tema sob análise, algumas discussões podem aflorar acerca da presença (ou não) do interesse recursal do Ministério Público se o recurso apresentado por um de seus membros estiver em dissonância com o que manifestado por outro que atuou anteriormente (indivisibilidade) em outra fase processual. Numa sentença e exemplificativamente: poderia um membro do Ministério Público apelar de sentença absolutória que foi firmada com base em manifestação anterior do *parquet*? A resposta é-nos positiva, tanto pela indisponibilidade da ação penal pública (já instaurada), como pela ausência de vinculação do Juízo aos pedidos ministeriais e também diante do princípio da independência funcional. É bom assentar que o caso é diverso daquele em que, novamente de modo exemplificativo, sem que se instaure a ação penal pública, um membro do Ministério Público requer o arquivamento, que resta acolhido pelo Juízo. Se for outro o integrante do Ministério Público que tomar ciência deste arquivamento e tiver posicionamento diverso, aí não será cabível qualquer irresignação, pois preclusa a matéria.

Jurisprudência

577.4. [...] Não merece guarida a alegação de ausência de interesse do Ministério Público na interposição de recurso contra a sentença absolutória, ao argumento de que, nas alegações finais, havia pugnado justamente pela absolvição. [...] (*Habeas Corpus nº 108.459-CE, STF, 2ª Turma, Rel. Min. Ricardo Lewandowski, julgado em 4.10.2011, publicado no* DJ *em 23.11.2011*).

577.4. [...] A circunstância de o Promotor Público, com atuação no processo, na fase das alegações finais, ter formulado pedido de absolvição, o qual foi acolhido na sentença, não impede que um outro membro do *Parquet* interponha recurso pugnando para que se preserve a acusação inicial. Agravo regimental desprovido (*Agravo Regimental no Agravo de Instrumento nº 1.322.990-RJ, STJ, 5ª Turma, unânime, Rel. Min. Laurita Vaz, julgado em 12.4.2011, publicado no* DJ *em 4.5.2011*).

Art. 578. O recurso será interposto por petição ou por termo nos autos, assinado pelo recorrente ou por seu representante.

§ 1º Não sabendo ou não podendo o réu assinar o nome, o termo será assinado por alguém, a seu rogo, na presença de duas testemunhas.

§ 2º A petição de interposição de recurso, com o despacho do juiz, será, até o dia seguinte ao último do prazo, entregue ao escrivão, que certificará no termo da juntada a data da entrega.

§ 3º Interposto por termo o recurso, o escrivão, sob pena de suspensão por dez a trinta dias, fará conclusos os autos ao juiz, até o dia seguinte ao último do prazo.

578. Modo de interposição dos recursos: Explicita-se no presente dispositivo comando absolutamente compatível com o princípio da voluntariedade: qualquer manifestação *inequívoca* da parte que constar nos autos, por petição ou termo, será suficiente para se ter como efetivada a *interposição* da inconformidade. De fato, a regra é a interposição por petição recursal (que pode desde já conter as razões), mas – dadas as características próprias dos valores envolvidos numa demanda de natureza penal – se admite explicitamente que a interposição se dê mediante termo, que poderá ser firmado pelo recorrente ou seu representante (*lato sensu*, na qual se enquadra, entendemos, o próprio Ministério Público quando estiver recorrendo em favor da defesa ou então na condição de *dominus litis*).

Quando o processamento decorrer da interposição mediante termo, admite-se que seja assinado por alguém, a seu rogo, na presença de testemunhas, quando não puder o réu assinar o nome.

Embora não prevista explicitamente, tem-se que, decorrente dessa norma, outra situação encontra sua legitimação na presente hipótese: quando a interposição decorrer de certificação formulada por servidor público diante de requerimento do réu.

O conteúdo dos §§ 2º e 3º, estipulando os procedimentos cartoriais, guarda certa similitude com o que tratado na Súmula 320 do STF (remete-se ao art. 575, CPP).

Jurisprudência

578. [...] Consoante o decidido pelo Plenário desta Corte na sessão realizada em 09.03.2016, o regime recursal será determinado pela data da publicação do provimento jurisdicional impugnado. *In casu*, aplica-se o Código de Processo Civil de 2015. [...] (AgInt *no RMS n. 44.939-RO, STJ, 1ª Turma, unânime, Rel. Min. Regina Helena Costa, julgado em 13.6.2017, publicado no DJ em 21.6.2017)*

578. [...] A apresentação extemporânea das razões de apelação não tem o condão de prejudicar apelação criminal tempestivamente interposta. [...] (*Recurso em Mandado de Segurança nº 25.964-PA, STJ, 6ª Turma, unânime, Rel. Min. Nefi Cordeiro, julgado em 3.12.2015, publicado no* DJ *em 15.12.2015*).

578. [...] O art. 578 do Cód. de Pr. Penal admite a interposição do recurso criminal tanto por petição quanto por termo nos autos. Porém, além disso, é necessário aceite o juízo singular a manifestação oral do órgão ministerial como efetiva interposição do recurso. Em recurso especial, não cabe o reexame das provas com o fim de se verificar se a manifestação ministerial em plenário consistiu em interposição de recurso, porquanto procedimento vedado pela Súmula 7. Agravo regimental improvido (*Agravo Regimental no Recurso Especial nº 885.921/SP, STJ, 6ª Turma, unânime, publicado no* DJ *em 1º.2.2010*).

578. [...] Tendo sido demonstrada inequívoca a vontade do assistente da acusação em recorrer no momento em que restou intimado da r. sentença absolutória, sendo que tal manifestação restou certificada nos autos pelo oficial de justiça comunicante, tem-se como interposta apelação criminal por termo nos autos, em observância ao princípio da instrumentalidade das formas. Por outro lado, considera-se a juntada aos autos das razões recursais fora do prazo uma mera irregularidade, também em observância ao princípio da instrumentalidade das formas (Precedentes). Recurso provido (*Recurso Especial nº 1.038.870/PR, STJ, Rel. Min. Felix Fischer, 5ª Turma, publicado no* DJ *em 9.2.2009*).

578. [...] Tendo a cota ministerial aposta aos autos, quando da ciência do teor da r. sentença condenatória, deixado inequívoca a intenção da acusação em recorrer, não deve ser tida a apelação por intempestiva em razão de não ter sido apresentada as razões de acordo com as disposições do art. 578 do Código de Processo Penal (Precedentes). [...] *Writ* denegado (*Habeas Corpus nº 87.482/SP, Rel. Min. Felix Fischer, STJ, 5ª Turma, publicado no* DJ *em 10.3.2008*).

578. [...] O disposto nos arts. 578 e 600, § 4º, do CPP, interpretados em conformidade com os princípios que informam o processo penal, implicam a admissão do recurso de apelação mediante a simples manifestação de inconformismo dentro do prazo legal. Dessa forma, prestigia-se o direito de defesa e o amplo acesso ao duplo grau de jurisdição, cujo exercício deve ser flexibilizado em se tratando de matéria criminal, que pode importar em restrição do direito de liberdade. Recurso improvido (*Recurso Especial nº 319.994/RS, Rel. Min. Arnaldo Esteves Lima, STJ, 5ª Turma, publicado no* DJ *em 5.12.2005*).

Art. 579. Salvo a hipótese de má-fé, a parte não será prejudicada pela interposição de um recurso por outro.

Parágrafo único. Se o juiz, desde logo, reconhecer a impropriedade do recurso interposto pela parte, mandará processá-lo de acordo com o rito do recurso cabível.

579. Princípio da Fungibilidade: Ancorado especialmente no Princípio da Ampla Defesa e no Princípio da Voluntariedade, o art. 579, CPP, traz expressa previsão do denominado Princípio da Fungibilidade dos Recursos. Mas a compreensão do influxo desses princípios sobre a legislação reclama o devido cuidado. De forma bastante clara, a norma determina (é cogente, portanto) que seja admitido e processado determinado recurso mesmo que interposto outro que não o corretamente previsto pela legislação, mas desde que não se demonstre presente a *má-fé* da parte recorrente.

Na toada do que já defendido alhures, o processo é meio e não fim do direito, sendo a previsão normativa em voga uma hipótese de possibilidade do conhecimento dos recursos independentemente do acerto quanto à modalidade do recurso previsto na legislação.

Dificilmente se encontra na doutrina e na jurisprudência pátrias uma análise do eventual afastamento da fungibilidade dos recursos (para não admitir o processamento) com base no reconhecimento da *má-fé*. O reconhecimento é implícito, porém correto.

Na verdade, dois requisitos têm sido declinados para ensejar a utilização do princípio em voga: (a) que não tenha havido erro grosseiro; (b) que o prazo em que interposto o recurso equivocado atenda à previsão abstrata do prazo estipulado para o recurso correto.

Para nós, referidos requisitos nada mais são do que uma derivação (bipartida) da *má-fé* a que alude o referido dispositivo.

Justifica-se. Quando a Lei exige que o recorrente não esteja agindo de má-fé (diante da gama de recursos existentes, com diversos prazos, requisitos e procedimentos), crê-se estar vedando à parte irresignada que (dolosamente) opte por outro recurso cujo lapso temporal seja maior do que o expressamente previsto pela legislação, burlando, assim, mesmo que indiretamente o atendimento de requisito objetivo essencial – talvez o mais importante – para a admissão do recurso: a tempestividade.

De outro bordo, o erro grosseiro deve ser trazido a lume em situações mais excepcionais ainda como fundamento para o afastamento da fungibilidade. Em nosso sentir, o *erro grosseiro* deve ser reservado para inadmitir a incidência da fungibilidade unicamente quando houver uma manifesta incompatibilidade entre os recursos envolvidos (o correto e o equivocado). É certo que a ampla defesa e a voluntariedade recursal reclamam que não se faça preponderar a forma (recurso) sobre a questão material (direito invocado diante da decisão impugnada). Contudo, não se podem levantar tais preceitos principiológicos como verdadeira *tábua de salvação* para situações manifestamente incompatíveis com o sistema. Se há princípios orientadores de um lado, também existem outros e regras que visam dar uma uniformidade para o tratamento sistêmico no âmbito do processo penal. Caso contrário, se poderia chegar a uma verdadeira desorganização do sistema para o qual existem procedimentos próprios a serem observados.

Assim, se houver eventual dubiedade ou discussão sobre qual o recurso correto, a fungibilidade precisa ser aplicada para não se penalizar a parte por conta dessa discrepância. O que não se pode aceitar – e há majoritariamente entendimentos em contrário – é simplesmente a aplicação da fungibilidade de modo *indiscriminado* amparado no princípio constitucional da ampla defesa (desde que superada a *tempestividade*).

Nessa linha de argumentação, por mais que se tenha observado o prazo recursal (como dito, requisito objetivo dos mais relevantes), é defeso ao Poder Judiciário desestruturar o sistema (que pela grande maioria dos que utilizam o sistema é observado) com a finalidade de *salvar* determinado recurso equivocadamente interposto. Com efeito, se justificável racionalmente, o equívoco impende que se admita o recurso. Se injustificável, tamanho o absurdo ocorrido, da fungibilidade não se poderá utilizar como forma de determinar o processamento da irresignação. Nem o princípio da ampla defesa tem o condão de permitir tamanho elastério, ao menos em nossa compreensão.

Além disso, mesmo que atendidos os requisitos da ausência de erro grosseiro e da tempestividade, defende-se que Poder Judiciário não poderá fazer um juízo prévio e hipotético da situação posta sob exame (mérito) para então, na sequência do silogismo (em verdadeira inversão, diz-se), conhecer um recurso por outro, considerando que aquele que e como se conheceu poderia ser mais eficaz para conseguir almejar o fim pretendido pelo irresignado. A opção (estratégia) utilizada na pretensão veiculada pelas partes por intermédio dos recursos deve ser processada nos exatos limites do pedido, pena de, também aqui, ocorrer um desvirtuamento do processo em decorrência da aplicação do princípio em voga.

Por fim, diga-se que a jurisprudência – em seguida referida – não apresenta ainda soluções unívocas na aplicação do princípio da fungibilidade. Em muitas situações, verifica-se verdadeiro casuísmo, mas que deve ser trazido ao conhecimento da comunidade jurídica para que, mediante métodos racionais e justificáveis, se possam encontrar critérios que ensejem, ao final de constante reconstrução dogmática, uma segurança sistêmica ainda maior para justificar a aplicação de referido comando principiólogico.

Entretanto, no ano de 2024, ao apreciar o Tema Repetitivo nº 1.219 (Recurso Especial nº2.082.481-MG), o Superior Tribunal de Justiça fixou a tese jurídica de que seria *"adequada a aplicação do princípio da fungibilidade recursal aos casos em que, embora cabível recurso em sentido estrito, a parte impugna a decisão mediante apelação ou vice-versa, desde que observados a tempestividade e os demais pressupostos de admissibilidade do recurso cabível, na forma do art. 579, caput e parágrafo único, do Código de Processo Penal"*.

O caso tratava de recurso especial do Ministério Público de Minas gerais contra decisão do tribunal local que entendeu não ser cabível a apelação criminal contra a sentença que extinguira a punibilidade do réu, pois haveria previsão expressa no art. 581, VII, CPP, sendo caso de recurso em sentido estrito para impugnar a decisão.

Após se reportar longamente a outro voto que abordava o que caracterizaria (ou não) a "má-fé" (requisito utilizado especialmente pela jurisprudência para também aferir a incidência do princípio em voga), o voto-condutor do julgado limitou-se a concluir em um parágrafo que, *"em suma, em sede processual penal, caso verificado que o recurso interposto, embora flagrantemente inadequado (erro grosseiro), foi interposto dentro do prazo do recurso cabível e ostenta os requisitos de admissibilidade daquele reclamo, sendo possível processá-lo de acordo com o rito do recurso cabível, é possível receber tal reclamo no lugar daquele que seria o adequado por força do princípio da fungibilidade recursal, desde que não se verifique intuito manifestamente protelatório, condição apta a caracterizar a má-fé (art. 80 do CPC, c/c o art. 3º do CPP) e a obstar a incidência da norma processual em comento (art. 579 do CPP). Aplicando tal conclusão ao caso sob exame, tenho que deve ser acolhido o recurso ministerial, a fim de se admitir a aplicação do princípio da fungibilidade recursal na espécie, pois, da mera interposição de apelação em substituição ao recurso que seria cabível (recurso em sentido estrito) ou vice-versa, não se verifica intuito protelatório apto a caracterizar litigância de má-fé nem óbice ao processamento, já que é possível ao Tribunal a quo adotar o rito do recurso cabível".* Com base nesses fundamentos, foi proposta (e acolhida) a tese retromencionada.

Em nossa compreensão, realmente seria muito adequado haver uma unificação dos recursos e prazos processuais, notadamente nos casos de recurso em sentido estrito e apelação.

Conforme anotações na presente obra, aos casos não previstos taxativamente no art. 581 do CPP, e não sendo hipótese do inciso I do art. 593 do CPP, normalmente a solução processual para o recurso cabível se encontra no inciso II do art. 593 do CPP (na verdade, grande parte das hipóteses recorríveis por intermédio de recurso em sentido estrito são decisões definitivas ou com forças de definitivas, porém previstas explicitamente na regra do art. 581 do CPP).

O caso concreto apreciado em sede de tema repetitivo antes mencionado (sentença extintiva da punibilidade) realmente trazia intrinsicamente uma discussão bastante grande de qual seria o recurso cabível quando extinta a punibilidade do réu. Tanto é verdade que, em se tratando de *decisão que declara exclusivamente* a extinção da punibilidade, a irresignação cabível é o recurso em sentido estrito (art. 581, VII, CPP). Já quando houver a extinção da punibilidade no bojo de uma sentença propriamente dita, juntamente com outros provimentos, a hipótese será de apelação, presente o Princípio da Unirrecorribilidade, previsto expressamente no art. 593, § 4º, CPP *("Quando cabível a apelação, não poderá ser usado o recurso em sentido estrito, ainda que somente de parte da decisão se recorra").*

Nesses casos, realmente pode haver alguma confusão ou interpretações que não pareçam tão simples de definição qual o recurso que seria cabível.

Mas daí se afirmar, de forma geral e e genérica, que, desde que respeitada a tempestividade (porque não haveria "má-fé"), a fungibilidade justificaria a admissibilidade de qualquer um dos recursos,vai uma longa distância.

Desde muito tempo o Código de Processo Penal prevê os recursos próprios para impugnação das decisões jurisdicionais, estabelecendo uma certa logicidade em sede originária acerca de qual seria a irresignação cabível. Para algumas hipóteses bem específicas, a inconformidade seria o recurso em sentido estrito. Para outras, a apelação (notadamente as hipóteses dos incisos I e II do art. 593 do CPP, já que o seu inciso III prevê recorribilidade das decisões proferidas no âmbito do Tribunal do Júri).

Não podemos deixar de registrar que em situações limítrofes de discussão acerca de qual seria o recurso cabível, plenamente justificável a admissibilidade da irresignação, notadamente se respeitados os prazos recursais do recurso "equivocado" em face do recurso que seria o admissível conforme previsto expressamente em lei.

Mas não concordamos com a afirmativa genérica assentada na "tese" mencionada, pois seu conteúdo acaba por simplesmente mesclar todas as previsões do legislador acerca de apelações e recursos em sentido estrito, desde que respeitados os prazos legais (que, na prática, são quase sempre os mesmos).

Noutras palavras, as regras expressas do CPP quanto ao art. 581 e incisos e quanto ao art. 593 do CPP perderiam a razão de ser quase em todas as suas hipóteses, pois bastaria a interposição de "qualquer recurso" dentro do prazo legal mínimo (que é de 5 dias, regra geral) para se admitir o processamento da irresignação incorretamente formulada.

Jurisprudência

579. [...] 2. Há duas questões em discussão: (i) definir se é aplicável o princípio da fungibilidade recursal no caso concreto, considerando a interposição de apelação em vez de recurso em sentido estrito contra a rejeição da queixa-crime; e (ii) verificar se houve má-fé na escolha do recurso inadequado, o que impediria a aplicação do referido princípio.

3. O princípio da fungibilidade recursal permite a correção do recurso interposto equivocadamente, desde que presentes os requisitos de tempestividade e ausência de má-fé, conforme o art. 579 do CPP.

4. A interposição de recurso de apelação, ao invés de recurso em sentido estrito, ocorreu dentro do prazo cabível para o recurso correto, preenchendo o requisito da tempestividade. Não há elementos que indiquem má-fé por parte dos recorrentes, visto que a má-fé não pode ser presumida e deve ser inequivocamente comprovada.

5. A jurisprudência do STJ admite a aplicação do princípio da fungibilidade em situações de dúvida objetiva quanto ao recurso cabível, desde que não configurado erro grosseiro ou má-fé, conforme precedentes do AgRg no REsp 1.856.920/AM e AgRg no AREsp 2.108.099/MG. [...] *(Agravo Regimental no Agravo em Recurso Especial nº 2.603.005-RJ , STJ, 5º Turma, Rel. Daniela Teixeira, julgado em 29.10.2024, publicado no DJ em 30.10.2024)*

579. [...] 1. No julgamento dos EDcl no AgRg nos EAREsp n. 1.240.307/MT, a Terceira Seção desta Corte, ao acolher o voto do Ministro Joel Ilan Paciornik, estabeleceu as seguintes conclusões: 1) a ausência de má-fé, enquanto pressuposto para aplicação do princípio da fungibilidade, não é sinônimo de erro grosseiro, devendo ser adotado o critério estabelecido em lei sobre o que se considera litigância de má-fé (art. 80 do CPC, c/c o art. 3º do CPP), de modo que é possível rechaçar a incidência do princípio da fungibilidade com base no erro grosseiro na escolha do recurso, desde que verificado o intuito manifestamente protelatório; 2) a tempestividade, considerando o prazo do recurso cabível, bem como o preenchimento dos demais pressupostos de admissibilidade do reclamo adequado, também consubstanciam requisitos para aplicação da fungibilidade, pois o parágrafo único do art. 579 do CPP traz requisito implícito para a aplicação do princípio da fungibilidade, qual seja, a possibilidade de processamento do recurso impróprio de acordo com o rito do recurso cabível, de modo que o princípio da fungibilidade não alcança as hipóteses em que a parte lança mão de recurso inapto para o fim que se almeja ou mesmo direcionado a órgão incompetente para reformar a decisão atacada, tal como no caso de oposição de embargos de declaração ou interposição de agravo interno em face da decisão que inadmite o recurso especial na origem.

2. Em suma, em sede processual penal, caso verificado que o recurso interposto, embora flagrantemente inadequado (erro grosseiro), foi interposto dentro do prazo do recurso cabível e ostenta os requisitos de admissibilidade daquele reclamo, sendo possível processá-lo de acordo com o rito do recurso cabível, é possível receber tal reclamo no lugar daquele que seria o adequado por força do princípio da fungibilidade recursal, desde que não se verifique intuito manifestamente protelatório, condição apta a caracterizar a má-fé (art. 80 do CPC, c/c o art. 3º do CPP) e a obstar a incidência da norma processual em comento (art. 579 do CPP).

3. Aplicando tal conclusão ao caso sob exame, deve ser acolhido o recurso ministerial, a fim de se admitir a aplicação do princípio da fungibilidade recursal na espécie, pois, da mera interposição de apelação em substituição ao recurso que seria cabível (recurso em sentido estrito) ou vice-versa, não se verifica intuito protelatório apto a caracterizar litigância de má-fé nem óbice ao processamento, já que é possível ao Tribunal a quo adotar o rito do recurso cabível.

4. Recurso especial provido, fixada a seguinte tese: é adequada a aplicação do princípio da fungibilidade recursal aos casos em que, embora cabível recurso em sentido estrito, a parte impugna a decisão mediante apelação ou vice-versa, desde que observados a tempestividade e os demais pressupostos de admissibilidade do recurso cabível, na forma do art. 579, *caput* e parágrafo único, do Código de Processo Penal. *(Recurso Especial nº 2.082.481-MG, STJ, 3ª Seção, Tema Repetitivo 1219, Rel. Min. Sebastião Reis Júnior, julgado em 11.9.2024, publicado no DJ em 13.9.2024)*

579. [...] Acórdão denegatório em única instância pelo Tribunal de Justiça. Art. 105, II, "b", da Constituição. Interposição de recurso especial. Erro grosseiro que impede a aplicação do Princípio da Fungibilidade recursal. Na forma do art. 105, inc. II, alínea "b", da Constituição da República, o recurso ordinário em mandado de segurança tem sua interposição condicionada às decisões denegatórias proferidas em única instância por Tribunal Regional Federal ou Tribunal de Justiça, enquanto o recurso especial tem sua interposição prevista nos termos das alíneas do inc. III, do mesmo dispositivo constitucional (AgInt no AREsp n. 2.600.065/SP, Ministro Mauro Campbell Marques, Segunda Turma, DJe 4/9/2024 - grifo nosso). [...] *(Agravo Regimental em Embargos de Declaração em Agravo em Recurso Especial n° 2.630.993-PB, STJ, 6ª Turma, Rel. Min. Sebastião Reis Júnior, julgado em 24.9.2024, publicado no DJ em 27.9.2024)*

579. [...] Configura erro não passível de aplicação do princípio da fungibilidade a interposição de agravo em recurso especial para impugnar todos os fundamentos da decisão híbrida que não admitiu o recurso especial, parte dela com fundamento em tese firmada em repercussão geral – no caso, o Tema n. 150 da Repercussão Geral – e parte dela relativa aos pressupostos de admissibilidade recursais. [...] *(Agravo Regimental no Agravo em Recurso Especial nº 2.301.343-SP, STJ, 6ª Turma, Rel. Min. Antonio Saldanha Palheiro, julgado em 14.5.2024, publicado no DJ em 17.5.2024)*

579. [...] Somente é cabível o agravo regimental contra decisão monocrática do Relator, nos termos do art. 258 do Regimento Interno do Superior Tribunal de Justiça. Dessa forma, a interposição de agravo regimental contra acórdão revela erro grosseiro, o que inviabiliza, inclusive, a aplicação do princípio da fungibilidade. [...] *(Agravo Regimental nos Embargos de Declaração no Agravo Regimental no Habeas Corpus n° 937.740-PB, STJ, 5ª Turma, Rel.Min.Reynaldo Soares da Fonseca, julgado em 22.11.2024, publicado no DJ em 26.11.2024)*

579. [...] É manifestamente incabível e caracteriza erro grosseiro a interposição de agravo regimental contra decisão colegiada, em desacordo com o art. 258 do RISTJ. Por conseguinte, o recurso manifestamente incabível não suspende nem interrompe o prazo para interposição de outro reclamo. [...] *(Agravo Regimental nos Embargos de Declaração nos Embargos de Divergência em Agravo em Recurso Especial nº 2.066.135-RR, STJ, 3ª Seção, Rel. Min. Sebastião Reis Júnior, julgado em 12.4.2023, publicado no DJ em 14.4.2023)*

579 [...] Em atenção à análise histórica e da conjuntura atual do ordenamento vigente, o princípio da fungibilidade no processo penal deve ser aplicado quando ausente a má-fé e presente o preenchimento dos pressupostos do recurso cabível. [...] Na hipótese dos autos, houve erro grosseiro do MP na interposição de recurso em sentido estrito quando cabível apelação, pois inobservado o expressamente contido no art. 416 do CPP (Contra a sentença de impronúncia ou de absolvição sumária caberá apelação). Contudo, não houve má-fé, eis que não preenchidas as hipóteses do artigo 80 do CPC, bem como não se verifica qualquer inadequação para processamento pelo rito do recurso cabível, pois interposto no prazo recursal dele (tempestividade), com fundamentação e pleito que visavam a reforma da decisão recorrida, assim como se um apelo fosse.[...] *(Embargos de Declaração no Agravo Regimental nos Embargos de Divergência em Agravo em Recurso Especial nº 1.240.307–MT, STJ, 3ª Seção, Rel. Min. Joel Ilan Paciornik, julgado em 8.2.2023, publicado no DJ em 13.2.2023)*

579. [...] "A orientação sedimentada nesta Corte admite a fungibilidade recursal, a teor do art. 579 do CPP, quando, além de observado o prazo do recurso que se pretende reconhecer, não fica configurada a má-fé ou a prática de erro grosseiro" (AgRg no REsp n. 1.373.270/PE, Quinta Turma, Rel. Min. Marco Aurélio Bellizze, DJe de 16/9/2013). Precedentes. [...] *(Agravo Regimental no HC nº 662.264-RS, STJ, 5ª Turma, Rel. Min. Jesuíno Rissato, julgado em 17.8.2021, publicado no DJ em 24.8.2021)*

579. [...] No caso, o argumento utilizado pelo eg. Tribunal a quo para não conhecer do recurso de apelação está em consonância com a jurisprudência desta eg. Corte, que se posicionou no sentido de que "a decisão que desclassifica a conduta, declinando da competência para o julgamento do feito, deve ser atacada por recurso em sentido estrito, sendo a utilização de recurso de apelação descabida e não passível de aplicação do princípio da fungibilidade recursal, por se tratar de erro grosseiro" (AgRg no REsp n. 1.776.812/SP, Quinta Turma, Rel. Min. Reynaldo Soares da Fonseca, DJe de 03/06/2019, grifei). [...] *(Agravo Regimental no Agravo em Recurso Especial nº 1.816.660-RS, STJ, 5ª Turma, Rel. Min. Félix Fischer, julgado em 18.5.2021, publicado no DJ em 26.5.2021)*

579. [...] A existência, *in casu*, de previsão expressa no Código de Processo Penal quanto ao recurso cabível (ART. 581, XV, do CPP), afasta a incidência do princípio da fungibilidade recursal.

Precedentes do STJ. Agravo Regimental desprovido (*Agravo Regimental nos Embargos de Declaração no Recurso Especial nº 1.101.745-PI, STJ, 5ª Turma, unânime, Rel. Min. Napoleão Nunes Maia Filho, julgado em 26.10.2010, publicado no DJ em 29.11.2010). Observação: foi interposta carta testemunhável e não recurso em sentido estrito da decisão que não recebeu a denúncia.*

579. [...] Não cabem embargos infringentes contra decisão unânime de Turma do Supremo Tribunal Federal que tenha sido proferida em causa diversa daquelas enunciadas, taxativamente, em rol exaustivo (*numerus clausus*), no art. 333 do RISTF. Precedentes. A ocorrência de erro grosseiro evidente não justifica a aplicação do princípio da fungibilidade recursal. Precedentes. Doutrina. O abuso do direito de recorrer – por qualificar-se como prática incompatível com a exigência de celeridade processual – constitui ato de litigância injustificável repelido pelo ordenamento positivo, especialmente nos casos em que a parte, ainda que beneficiária da gratuidade, interpõe recurso com intuito evidentemente protelatório, hipótese em que se legitimará, ainda, a imposição de multa. A multa a que se refere o art. 18 do CPC – também incidente sobre o beneficiário da gratuidade – possui inquestionável função inibitória, eis que visa a impedir a procrastinação processual e a obstar o exercício abusivo do direito de recorrer. Precedentes (*Embargos Infringentes nos Embargos Declaratórios no Agravo Regimental no Agravo de Instrumento nº 414.284/SP, Rel. Min. Celso de Mello, 2ª Turma, unânime, julgado em 4.4.2010, publicado no DJ em 23.4.2010*).

....

Art. 580. No caso de concurso de agentes (Código Penal, art. 25*), a decisão do recurso interposto por um dos réus, se fundado em motivos que não sejam de caráter exclusivamente pessoal, aproveitará aos outros.

(*) Na redação original, antes da reforma do CP em 1984. Hoje, veja-se o artigo 29 do CP.

580. Efeito extensivo dos recursos: Também na compreensão do dispositivo em tela deve-se manter o foco na circunstância relevante de que, diante de princípio já analisado anteriormente – o da voluntariedade –, há de se cogitar de reexame da decisão se for ela objeto de impugnação pela parte interessada. Guardando parametricidade, a decisão revisional deverá se ater, como regra, a analisar a questão nos exatos limites da pretensão recursal, aí compreendido o interessado em obter a reforma do *decisum* impugnado.

Se tais premissas decorrem da regra lógica do sistema recursal, o artigo em comento apresenta uma exceção. Mas que precisa ser muito bem compreendida, notadamente quanto às situações em que aplicável.

Vê-se desde já que a norma sob exame não se destina ao titular da ação penal, mas unicamente àqueles que figurem no polo passivo da ação criminal, não importando em que condição: se autor ou partícipe. Deflui que em hipótese de fato criminoso cometido nos termos do art. 29, CP (*quem, de qualquer modo, concorre para o crime incide nas penas a este cominadas, na medida de sua culpabilidade*), o provimento eventual de recurso deverá ser estendido aos demais envolvidos no fato caso não tenham recorrido ou, em hipótese positiva, não tenha sido objeto de impugnação específica tal como no caso da irresignação provida.

A Lei estabelece uma condicionante: somente se dará o efeito extensivo se os motivos acolhidos no recurso *não sejam* de caráter exclusivamente pessoal.

Nesse requisito, é que deverá o intérprete se ater com máximo cuidado.

Da análise meramente literal pode transparecer inicialmente que, *a contrario senso*, o aproveitamento somente poderia se dar nas hipóteses em que o acolhimento do recurso se tenha dado com base em fundamento *objetivo*, e não subjetivo. Não é apenas isso. Nas situações em que o fundamento recursal acolhido for de natureza subjetiva, mas essa circunstância pessoal for comum a, pelo menos, outro envolvido, a ele também se deverá contemplar o provimento da irresignação do coenvolvido recorrente e vitorioso em sua tese recursal.

Numa frase: se os motivos acolhidos no recurso forem de caráter pessoal não só do recorrente, aos outros envolvidos que se enquadrarem nesse elemento subjetivo que ensejou o provimento também se deverá dar a extensão da decisão.

Pode-se ainda fazer uma variante da conclusão supra, utilizando-se a redação do próprio art. 580, CPP, ao qual se acresce um adjetivo (embora, pelo prisma do vernáculo, possa não parecer o mais adequado, mas pode permitir uma melhor compreensão dentro da ótica jurídica). Ei-la: No caso de concurso de agentes, a decisão do recurso interposto por um dos réus, se fundado em motivos que não sejam de caráter exclusivamente pessoal *dele* – do recorrente –, aproveitará os outros.

Eis os fundamentos pelos quais não apenas as circunstâncias de natureza objetiva, mas também as de natureza subjetiva, pessoal (em relação a vários envolvidos no fato criminoso) devem ser consideradas para efeitos de aplicabilidade do art. 580, CPP.

Por fim, é preciso pontuar que tal regra processual também deve ser aplicável às hipóteses de *habeas corpus*. Embora esteja tratado no capítulo X do Título II do CPP, tecnicamente, o *writ* constitucional (art. 5º, LXVIII, CF/88) não é *recurso*, mas não há incompatibilidade na utilização do efeito extensivo quando presentes as hipóteses e circunstâncias específicas para tanto.

Jurisprudência

580. [...] Nos termos do art. 580 do Código de Processo Penal, a decisão do recurso interposto por um dos acusados, se fundada em motivos que não sejam de caráter exclusivamente pessoal, aproveitará aos outros. [..] No caso, não há falar na violação do art. 580 do CPP, pois expressamente mencionado no acórdão a situação particular dos corréus [...] , "reclusos desde o dia 13-7-2018 (evento n. 2014, docs. 4468, 4476 e 4472)", razão pela qual foi aplicado o regime prisional aberto em razão da detração. [...] *(Agravo Regimental no Agravo em Recurso Especial nº 2.142.095-SC, STJ, 5ª Turma, Rel. Min. Reynaldo Soares da Fonseca, julgado em 23.5.2023, publicado no DJ em 29.5.2023)*

580. [...] Nos termos do art. 580 do CPP, no caso de concurso de agentes (Código Penal, art. 25), "a decisão do recurso interposto por um dos réus, se fundado em motivos que não sejam de caráter exclusivamente pessoal, aproveitará aos outros". Assim, "a extensão do julgado referente a um réu não se opera automaticamente aos demais. Urge reunir dois requisitos: objetivo (identidade fática) e subjetivo (circunstâncias pessoais)" [...] *(Pedido de Extensão no Habeas Corpus nº 742.699–SP, STJ, 5ª Turma, Rel. Min. Reynaldo Soares da Fonseca, julgado em 25.10.2022, publicado no DJ em 9.11.2022)*

580. [...] "A extensão da decisão proferida em benefício de corréu fica condicionada à identidade das situações fático-processuais e à inexistência de circunstância de caráter eminentemente pessoal, nos termos do art. 580 do CPP" [...] *(Agravo Regimental no Pedido de Extensão no HC nº 634.145-MT, STJ, 6ª Turma, Rel. Min. Olindo Menezes, julgado em 28.9.2021, publicado no DJ em 4.10.2021)*

580. [...] Consoante o disposto no artigo 580 do Código de Processo Penal, no caso de concurso de agentes (gênero), o pronunciamento relativo a recurso interposto por um dos réus, se fundado este último em motivos que não sejam de caráter exclusivamente pessoal, aproveitará aos outros. Então, há de se estender aos corréus a ordem concedida, considerada a impossibilidade de executar-se contra o paciente decisão ainda sujeita a modificação (*Habeas Corpus nº 96.186-0, Rel. Min. Marco Aurélio, STF, 1ª Turma, publicado no* DJ *em 30.4.2009*)

580. [...] Surgindo idêntica a situação de corréu, observa-se o tratamento igualitário, estendendo-se a ordem concedida, conforme o disposto no artigo 580 do Código de Processo Penal – "No caso de concurso de agentes (Código Penal, art. 25), a decisão do recurso interposto por um dos réus, se fundado em motivos que não sejam de caráter exclusivamente pessoal, aproveitará aos outros" (*Habeas Corpus nº 87.132/MG, STF, Rel. Min. Ricardo Lewandowski, Rel. para acórdão Min. Marco Aurélio, 1ª Turma, publicado no* DJ *em 31.10.2007*).

CAPÍTULO II
Do Recurso em Sentido Estrito

Art. 581. Caberá recurso, no sentido estrito, da decisão, despacho ou sentença:

I – que não receber a denúncia ou a queixa;

II – que concluir pela incompetência do juízo;

III – que julgar procedentes as exceções, salvo a de suspeição;

IV – que pronunciar o réu;

V – que conceder, negar, arbitrar, cassar ou julgar inidônea a fiança, indeferir requerimento de prisão preventiva ou revogá-la, conceder liberdade provisória ou relaxar a prisão em flagrante; (Redação dada pela Lei nº 7.780, de 22.6.1989)

VI – (*revogado*);

VII – que julgar quebrada a fiança ou perdido o seu valor;

VIII – que decretar a prescrição ou julgar, por outro modo, extinta a punibilidade;

IX – que indeferir o pedido de reconhecimento da prescrição ou de outra causa extintiva da punibilidade;

X – que conceder ou negar a ordem de *habeas corpus*;

XI – que conceder, negar ou revogar a suspensão condicional da pena;

XII – que conceder, negar ou revogar livramento condicional;

XIII – que anular o processo da instrução criminal, no todo ou em parte;

XIV – que incluir jurado na lista geral ou desta o excluir;

XV – que denegar a apelação ou a julgar deserta;

XVI – que ordenar a suspensão do processo, em virtude de questão prejudicial;

XVII – que decidir sobre a unificação de penas;

XVIII – que decidir o incidente de falsidade;

XIX – que decretar medida de segurança, depois de transitar a sentença em julgado;

XX – que impuser medida de segurança por transgressão de outra;

XXI – que mantiver ou substituir a medida de segurança, nos casos do art. 774;

XXII – que revogar a medida de segurança;

XXIII – que deixar de revogar a medida de segurança, nos casos em que a Lei admita a revogação;

XXIV – que converter a multa em detenção ou em prisão simples.

XXV – que recusar homologação à proposta de acordo de não persecução penal, previsto no art. 28-A desta Lei. (Incluído pela Lei nº 13.964, de 2019)

581.1. Considerações gerais sobre o recurso em sentido estrito: O recurso em sentido estrito, diz o próprio nome, está previsto na legislação processual penal para situações bem específicas. Não por outra razão que se refere que as hipóteses em que é admitido o recurso em sentido estrito são *taxativas* ou *numerus clausus*. Conquanto quase todas as hipóteses previstas no art. 581, CPP (na parte em que ainda vigente), tenham por finalidade a contraposição a decisões de natureza interlocutória, entende-se que há casos (como exceções daquelas situações enquadráveis no art. 593, CPP) em que o recurso em sentido estrito também será manejado contra decisões que têm certo cunho de definitividade, diferindo, na essência, daquelas tidas tecnicamente como sendo de natureza interlocutória. É preciso enfatizar, ainda, que, como regra, decisões de natureza interlocutória não são recorríveis. Portanto, está-se diante de situações em que a previsibilidade recursal é uma excepcionalidade.

Nada obstante se sustente estar diante de recursos previstos de modo taxativo, tal circunstância não pode conduzir a uma interpretação literal das regras abstratas. É preciso contextualizar as previsões criadas quando da edição do Código de Processo Penal com os dias atuais, notadamente em face da existência de procedimentos esparsos e fora da codificação.

Há de se enfatizar que a principal questão está em separar as decisões que se enquadrem na categoria das *sentenças* daquelas *interlocutórias*.

As sentenças julgam o mérito da ação penal, estando relacionadas, portanto, à apreciação da pretensão punitiva. Em relação a elas, cabe a apelação. Já as interlocutórias, mais que os despachos de mera ordenação processual, resolvem questões processuais (interlocutórias simples), sem implicar na sua extinção. Apenas excepcionalmente, quando efetivamente implicam na extinção do processo, são chamadas de interlocutórias mistas.

Pode ocorrer ainda que referidas decisões não extingam o processo, mas apenas uma fase bem delimitada do procedimento, como ocorre em relação à decisão de pronúncia. Nesse caso, são também classificadas como interlocutórias mistas, porque, ao contrário das *simples*, põem termo a uma fase procedimental.

Entende-se relevante se fazer também a separação entre as decisões interlocutórias mistas e as decisões com força de definitivas, porque estas, diferentemente daquelas, submetem-se, como adiante visto, ao recurso de apelação. “Fizemos ainda a separação entre as interlocutórias mistas e as decisões com força de definitivas, porque estas, ao contrário daquelas, submetem-se ao recurso de apelação (art. 593, II, CPP). As decisões com força de definitivas também encerrariam o processo – e por isso são definitivas – com julgamento do mérito. Com o julgamento do mérito, mas não do mérito da pretensão punitiva, e, sim, de procedimento incidente, para o qual não seja previsto o recurso em sentido estrito” (PACELLI, Eugênio. *Curso de processo penal*. 28. ed. São Paulo: Juspodivm, 2024). Por fim, pode-se estabelecer uma regra: antes de se cogitar de qualquer outro *recurso*, primeiro se deve acorrer aos dispositivos do art. 581, CPP, pois, como já dito, tratam de situações excepcionais e, exatamente por isto, são taxativas. Em não havendo o enquadramento da hipótese concreta às previsões abstratas do artigo em comento, aí sim se poderá cogitar da incidência de outras normas recursais, oportunamente destacadas.

Jurisprudência

581.1. [...] 1. Tendo em conta que o art. 3º do Código de Processo Penal admite expressamente tanto a realização de interpretação extensiva quanto de aplicação analógica na seara processual penal, a jurisprudência tem entendido possível a utilização de interpretação extensiva para se admitir o manejo do Recurso em Sentido Estrito contra decisões interlocutórias de 1º grau que, apesar de não constarem literalmente no rol taxativo do art. 581 do CPP, tratam de hipótese concreta que se assemelha àquelas previstas nos incisos do artigo. [...]. 2. "Cabe a aplicação analógica do inciso XI do artigo 581 do Código de Processo Penal aos casos de suspensão condicional do processo, viabilizada, aliás, pela subsidiariedade que o artigo 92 da Lei nº 9.099/95 lhe atribui". [...] *(Embargos de Divergência em Recurso Especial nº 1.630.121-RN, STJ, 3ª Seção, julgado em 28.11.2018, publicado no DJ em 11.12.2018)*

581.1 [...] Produção antecipada de provas. Indeferimento pelo juízo de primeiro grau. Recurso em sentido estrito. [...] 1. As hipóteses de cabimento do recurso em sentido estrito, elencadas no art. 581 do Código de Processo Penal, são taxativas, admitindo-se, quanto a tais hipóteses, interpretação extensiva, mas não interpretação analógica. 2. *Por não estar elencada entre as situações que admitem o recurso em sentido estrito nem com elas possuindo relação que admita interpretação extensiva, é descabido o manejo deste recurso contra a decisão do Juízo de primeiro grau que indeferiu a produção de prova requerida pelo Parquet* (REsp 1.078.175/RO, rel. Min. Sebastião Reis Júnior, 6ª Turma, *DJe* 26.4.2013). [...] *(Agravo Regimental no Recurso Especial n. 1.630.121-RN, STJ, 6ª Turma, unânime, Rel. Min. Nefi Cordeiro, julgado em 19.4.2018, publicado no DJ em 2.5.2018)*

581.1. [...] Esta Corte Superior vem admitindo a possibilidade de interpretação extensiva das hipóteses, a princípio taxativas, previstas no art. 581 do Código de Processo Penal, inclusive quanto à possibilidade de impugnação, por recurso em sentido estrito, de decisão interlocutória de primeiro grau que indefere pedido de produção antecipada de provas, para que se verifique, no caso concreto, a necessidade dessa providência processual (precedentes). [...] *(Agravo Regimental no Recurso Especial n. 1.539.695-GO, STJ, 5ª Turma, unânime, Rel. Min. Felix Fischer, julgado em 1º.6.2017, publicado no DJ em 7.6.2017)*

581.1. [...] No âmbito do processo penal as decisões interlocutórias, que são justamente aquelas que não terminam a relação processual, salvo as exceções expressamente previstas no artigo 581, são consideradas irrecorríveis, postergando-se a oportunidade para o exercício de eventual insurgência às preliminares do recurso de apelação. [...] *(Agravo Regimental no Recurso Especial nº 1.282.628/RJ, STJ, 5ª Turma, unânime, Rel. Min. Jorge Mussi, julgado em 16.2.2016, publicado no DJ em 23.2.2016).*

581.2. Do recebimento da denúncia ou da queixa. Regra e exceções (inciso I): Do recebimento da peça acusatória, ao menos no âmbito do regulamento geral do CPP, não se pode cogitar na interposição de qualquer recurso. Se for o caso, viável o ataque à decisão judicial de admissibilidade da peça acusatória mediante o uso de *habeas corpus* (independentemente do grau de jurisdição em que recebida a denúncia, salvo quando pelo Plenário do STF nos casos de sua competência). Mais: compreendemos que a mudança de sistemática introduzida pelos arts. 396 e seguintes, CPP, em nada alterou as conclusões anteriores.

Mas há de se atentar para exceções legais.

No âmbito da Lei nº 9.099/95, há regra específica prevendo o cabimento do recurso de apelação (art. 82, *caput*, inciso II). Eis o dispositivo, expresso: "*Art. 82. Da decisão de rejeição da denúncia ou queixa e da sentença caberá apelação, que poderá ser jul-*

gada por turma composta de três Juízes em exercício no primeiro grau de jurisdição, reunidos na sede do Juizado."

Também na Lei nº 5.250/67 (denominada *Lei de Imprensa*), *havia* previsão de modo bastante diverso de hipóteses de cabimento de recurso. Dizia o art. 44, § 2º: "*Art. 44. O juiz pode receber ou rejeitar a denúncia ou queixa, após a defesa prévia, e, nos crimes de ação penal privada, em seguida à promoção do Ministério Público. [...] § 2º Contra a decisão que rejeitar a denúncia ou queixa cabe recurso de apelação e, contra a que recebê-la, recurso em sentido estrito sem suspensão do curso do processo.*"

Mesmo com a possibilidade de interposição de recurso próprio contra o recebimento da denúncia, não existia óbice para a utilização – independente ou até concomitantemente – do *habeas corpus* como forma de buscar o trancamento de eventual ação penal.

Contudo, em face de superveniente decisão no julgamento da ADPF nº 130-DF, em 30.4.2009, o Supremo Tribunal Federal declarou como *não recepcionado* pela Constituição Federal *todo o conjunto de dispositivos* da Lei nº 5.250/67. Desse modo, não há mais como se falar na aplicabilidade das regras retromencionadas.

Questão relevante de destaque ainda está consubstanciada na Súmula 707, STF, que dispõe que "*constitui nulidade a falta de intimação do denunciado para oferecer contrarrazões ao recurso interposto da rejeição da denúncia, não a suprindo a nomeação de defensor dativo*".

Por fim, ainda dentro desse tópico, cumpre ressaltar que a decisão do Tribunal que acolher o recurso em sentido estrito contra o não recebimento da denúncia vale, desde logo, como o próprio ato de recebimento da peça acusatória (Súmula 709, STF).

581.3. Recurso em sentido estrito contra a decisão que não recebe (ou rejeita) a denúncia ou a queixa (inciso I): Inicialmente é de se referir que o legislador não usou de técnica unívoca para tratar da não aceitação da denúncia ou a queixa ofertadas em juízo pelo titular da ação penal. No âmbito do Código de Processo Penal, fala em *não recebimento*. Em inúmeras outras situações utilizava a expressão *rejeitar*, como, exemplificativamente, constava na Lei de Imprensa (art. 44, § 4º, da Lei nº 5.250/67) e está posto na Lei dos Juizados Especiais Criminais (art. 82 da Lei nº 9.099/95).

Tal como na situação em que se declara a extinção da punibilidade, haverá aqui, pela rejeição, solução de *mérito*, mas *não o julgamento do mérito* do processo criminal. O disposto no inciso II do art. 593, CPP – invocado por vezes no caso de *rejeição* de peça acusatória – está destinado fundamentalmente para atacar sentenças definitivas ou com força de definitivas que julguem processos incidentes. Nessa linha, há de se dizer que a rejeição (sem qualquer apego à questão etimológica) significa nada mais do que o próprio não recebimento da peça acusatória.

Como já destacado, não raro o legislador utiliza as expressões *rejeitar* e *não receber* como sinônimos, mesmo que implicitamente. De modo exemplificativo, veja-se o que *constava* (até a decisão do STF no julgamento da ADPF nº 130-DF, em 30.4.2009, declarando não recepcionada a Lei pela CF/1988) do art. 44, § 2º, da Lei nº 5.250 (Lei de Imprensa): "*O juiz pode receber ou rejeitar a denúncia ou a queixa, após a defesa prévia, e, nos crimes de ação penal privada, em seguida à promoção do Ministério Público. [...] § 2º Contra a decisão que rejeitar a denúncia ou a queixa cabe recurso de apelação e, contra a que recebê-la, recurso em sentido estrito sem suspensão do curso do processo.*"

É verdade que, no § 2º, se estabelecia o cabimento de apelação para a *rejeição* da denúncia, enquanto o recurso em sentido estrito estava previsto (de forma inédita) para o *recebimento* da denúncia (*hipótese em que, segundo as regras do Código de Processo Penal, somente se poderia cogitar do* habeas corpus). Pode-se dizer que aí estava uma exceção ao que não previsto, de forma expressa, no CPP (cabimento de recurso contra o *recebimento* da denúncia). Contudo, a questão central que se põe em destaque estava no *caput* do art. 44. Estipulavam-se duas hipóteses: o *recebimento* ou a *rejeição* da denúncia ou da queixa. Ora, se *recebesse* (primeira hipótese), é porque *não* estava *rejeitando* (segunda hipótese, *a contrario sensu*). Se *rejeitasse* (segunda hipótese), é porque *não* estava *recebendo* (primeira hipótese, *a contrario sensu*).

Em complemento, convém analisar, exemplificativamente, que, no julgamento do Recurso Especial nº 1.022.442-SC (5ª Turma, unânime, publicado no *DJ* em 17.11.2008), o STJ assentou expressamente que "*ao contrário do que entendeu o Tribunal de origem, a profundidade da cognição probatória levada a efeito pela magistrada singular não demonstra ser o ato impugnado sentença definitiva de caráter absolutório próprio, revelando, sim, ter ocorrido atividade cognitiva adequada ao momento previsto legalmente para o juízo de admissibilidade da acusação, uma vez que se restringiu, in casu, à análise da existência de indícios de autoria e materialidade*". Concluiu-se então que, tecnicamente, a irresignação cabível seria o recurso em sentido estrito (porque atacada a *rejeição* da denúncia), e não apelação.

Importa destacar, ainda, que o Supremo Tribunal Federal reconhece que da *rejeição* da denúncia cabe o *recurso em sentido estrito*. A Súmula 709 da Corte dispõe que "*salvo quando nula a decisão de primeiro grau, o acórdão que provê o recurso contra a rejeição da denúncia vale, desde logo pelo recebimento dela*". Não há destaque no enunciado que a referência seria necessária ao recurso em *sentido estrito*, fala-se apenas do vocábulo *recurso*. Contudo, e mais importante na compreensão da discussão, da análise dos precedentes que embasaram sua edição (HC nº 75.638, HC nº 80.058, HC nº 80.232, HC nº 80.231, HC nº 80.230, HC nº 80.233 e HC nº 79.137), vê-se, de modo exemplificativo, que dois deles (HC nº 80.058 e HC nº 80.233) eram *writs* que atacavam ordem do Tribunal Superior Militar que dera provimento a *recursos em sentido estrito* interpostos contra a *rejeição* da denúncia em sede inicial.

Assim, malgrado possa parecer bastante simples a redação do dispositivo do inciso I do art. 581 do CPP, já se verifica que o dispositivo tem gerado algumas dissidências doutrinárias e jurisprudenciais.

Por fim, a questão que merece destaque é saber se o não recebimento do *aditamento* à denúncia ou à queixa poderia estar ou não abarcado pelo dispositivo. Não nos restam dúvidas que sim. Não se pode fazer a interpretação *literal* (a menos recomendável, ainda mais de forma isolada das demais técnicas interpretativas) do dispositivo. Não nos parece racional querer sustentar que o não recebimento do aditamento à denúncia não teria o mesmo efeito do recebimento da peça acusatória. Mantendo-se o raciocínio da distinção de situações, ter-se-ia situação paradoxal (quando não violadora da isonomia entre os réus envolvidos na demanda e/ou os fatos apurados) de que a decisão do não recebimento seria irrecorrível. Não só isso. Se o recebimento do aditamento também interrompe a prescrição (art. 117, I, CP), não há razão sistêmica para sustentar a irrecorribilidade em caso de não recebimento.

Jurisprudência

581.3. [...] também em observância ao princípio da dialeticidade, correta a conclusão do Tribunal *a quo*, pelo não conhecimento do recurso em sentido estrito, pois interposto contra decisão que recebe a denúncia, não encontra guarida legal. Enquanto a legislação processual penal prevê o referido recurso como o meio impugnativo adequado contra a decisão declaratória da perda da pretensão punitiva estatal, não anteviu a possibilidade de interposição de recurso próprio para as demais hipóteses de rejeição *in limine* da lide, insertas nos incisos I, II e III do art. 397 do CPP, restando ao réu que se sentir prejudicado aventar as referidas teses como preliminar de apelação ou impetrar habeas corpus. [...] *(Agravo Regimental no Recurso Especial nº 1.973.103-SC, STJ, 5ª Turma, Rel. Min. Reynaldo Soares da Fonseca, julgado em 24.05.2022, publicado no DJ em 30.5.2022)*

581.3. [...] Tendo em conta que o art. 3º do Código de Processo Penal admite expressamente tanto a realização de interpretação extensiva quanto de aplicação analógica na seara processual penal, a jurisprudência tem entendido possível a utilização de interpretação extensiva para se admitir o manejo do Recurso em Sentido Estrito contra decisões interlocutórias de 1º grau que, apesar de não constarem literalmente no rol taxativo do art. 581 do CPP, tratam de hipótese concreta que se assemelha àquelas previstas nos incisos do artigo. Exemplos disso se tem no cabimento de recurso em sentido estrito contra a decisão que não recebe o aditamento à denúncia ou à queixa (inciso I do art. 581 do CPP) e na decisão que delibera sobre o *sursis* processual (inciso XI do art. 581 do CPP). [...] *(Embargos de Divergência em Recurso Especial nº 1.630.121-RN, STJ, 3ª Seção, julgado em 28.11.2018, publicado no DJ em 11.12.2018)*

581.3. [...] Nos termos dos arts. 395, caput, e 581, inciso I, ambos do CPP, da decisão que não recebe ou rejeita a denúncia caberá, sempre, o recurso em sentido estrito. *[...] (Agravo Regimental no Agravo em Recurso Especial nº 1.460.381-BA, STJ, 5ª Turma, Rel. Min. Jorge Mussi, julgado em 19.9.2019, publicado no DJ em 30.9.2019)*

581.3. [...] Não há falar em quebra da paridade de armas, ante a existência de recurso sem sentido estrito para impugnar a rejeição da denúncia e somente o habeas corpus para trancar o processo penal, via em que não é possível o revolvimento fático probatório. [...] *(Recurso em Habeas Corpus n. 85.496-BA, STJ, 5ª Turma, unânime, Rel. Min. Ribeiro Dantas, julgado em 23.4.2019, publicado no DJ em 30.4.2019).*

581.3. [...] O provimento de recurso em sentido estrito, interposto pelo órgão acusador em face de decisão que rejeitou a denúncia, tem como consectário lógico o recebimento da peça acusatória, atraindo a incidência do artigo 117, I, do Código Penal. [...] *(Agravo Regimental no Habeas Corpus n. 156.866-SP, STF, 1ª Turma, Rel. Min. Luiz Fux, julgado em 9.11.2018, publicado no DJ em 29.11.2018).*

581.3. [...] Contra a decisão que rejeita a denúncia, cabível é o recurso em sentido estrito, de acordo com o art. 581, I, do Código de Processo Penal. [...] (*Agravo Regimental no Agravo nº 2.707-MG, STJ, 5ª Turma, Rel. Min. Jorge Mussi, julgado em 12.6.2012, publicado no DJ em 22.6.2012*).

581.4. Recurso em sentido estrito contra decisão que concluir pela incompetência do juízo (inciso II): O art. 109, CPP, é expresso que *"se em qualquer fase do processo o juiz reconhecer motivo que o torne incompetente, declará-lo-á nos autos, haja ou não alegação da parte, prosseguindo-se na forma do artigo anterior"*. Imprescindível acentuar uma vez mais que, no âmbito do processo penal, o reconhecimento da incompetência do juízo se dá de forma diversa daquele previsto no processo civil. É que, no processo civil, a não alegação de incompetência relativa gera automaticamente a preclusão e prorrogação da competência. Segundo compreendemos, a hipótese tem consequências bastante diversas no processo penal, pois, mesmo sem alegações das partes envolvidas (exceções de incompetência – art. 95, II, CPP), o juiz criminal pode reconhecer *ex officio* tanto a incompetência absoluta quanto a de natureza relativa. A preclusão existe apenas para as partes, não para o juízo. Trata-se de uma regra especial, descabendo invocar a aplicação analógica do regramento processual civil.

Significa que, havendo ou não arguição das partes interessadas, pode o juiz criminal reconhecer *ex officio* tanto sua incompetência absoluta (*ratione materiae* ou *ratione muneris*, também denominada de *rationae personae*) quanto a incompetência relativa (*ratione loci*), mesmo que não tenha sido apresentada a exceção de incompetência. É de se ver, portanto, que há uma peculiaridade no âmbito do processo penal em se tratando das nulidades relativas pela inobservância da incompetência territorial: a preclusão existe apenas para as partes, não para o juízo.

Um destaque, antes de prosseguir: com a inserção no ordenamento jurídico do art. 399, § 2º, CPP (*Princípio da Identidade Física do Juiz*), a partir da vigência da Lei nº 11.719/08, entendemos que deverá haver uma *modulação temporal* da autorização contida no art. 109, CPP. Em nossa compreensão, como o juiz que presidiu a instrução deverá sentenciar não se poderá mais admitir o reconhecimento de incompetência relativa *após iniciada a instrução* (salvo as exceções legais do art. 132, CPC/1973, aplicáveis ao procedimento processual penal por força do art. 3º, CPP). Refere-se que o CPC/2015 (Lei nº 13.105/2015) não previu expressamente o princípio da identidade física do juiz, mas aqueles princípios reitores constantes devem continuar sendo considerados para a análise da aplicação do referido princípio, hoje vigente de forma expressa no CPP.

Existem precedentes do Superior Tribunal de Justiça reconhecendo expressamente a aplicabilidade de forma subsidiária de sua Súmula 33 (*A incompetência relativa não pode ser declarada de ofício*) em procedimentos processuais penais. Também implicitamente, embora não se referindo ao comando sumulado do STJ, encontram-se algumas decisões do Supremo Tribunal Federal.

Não comungamos de tal interpretação. O motivo é bastante simples. Conforme se vê dos precedentes que originaram a Súmula 33 do STJ, todos eles estavam relacionados à discussão da prorrogação ou não da competência relativa em caso de incidência do disposto nos arts. 112 a 114 do CPC/1973:

> Art. 112. Argui-se, por meio de exceção, a incompetência relativa.
>
> Art. 113. A incompetência absoluta deve ser declarada de ofício e pode ser alegada, em qualquer tempo e grau de jurisdição, independentemente de exceção.
>
> § 1º Não sendo, porém, deduzida no prazo da contestação, ou na primeira oportunidade em que lhe couber falar nos autos, a parte responderá integralmente pelas custas.
>
> § 2º Declarada a incompetência absoluta, somente os atos decisórios serão nulos, remetendo-se os autos ao juiz competente.
>
> Art. 114. Prorroga-se a competência, se o réu não opuser exceção declinatória do foro e de juízo, no caso e prazo legais.

Há se referir que o CPC/2015 (Lei nº 13.105/2015) tratou do tema deste modo, sem alterar a essência do que importa ao que ora debatido:

> Art. 64. A incompetência, absoluta ou relativa, será alegada como questão preliminar de contestação.
>
> § 1º A incompetência absoluta pode ser alegada em qualquer tempo e grau de jurisdição e deve ser declarada de ofício.
>
> § 2º Após manifestação da parte contrária, o juiz decidirá imediatamente a alegação de incompetência.
>
> § 3º Caso a alegação de incompetência seja acolhida, os autos serão remetidos ao juízo competente.

§ 4º Salvo decisão judicial em sentido contrário, conservar-se-ão os efeitos de decisão proferida pelo juízo incompetente até que outra seja proferida, se for o caso, pelo juízo competente.

Art. 65. Prorrogar-se-á a competência relativa se o réu não alegar a incompetência em preliminar de contestação.

Parágrafo único. A incompetência relativa pode ser alegada pelo Ministério Público nas causas em que atuar.

Entendemos ser inviável cogitar na aplicação subsidiária de uma regra ou de uma súmula de natureza processual civil ao regramento processual penal que dispõe de forma diversa àquele.

De qualquer forma, abstraindo-se a discussão acima, fato é que a hipótese do inciso II do art. 581 do CPP demanda sua incidência quando o juízo decidir – *sem a presença de exceção* – a sua incompetência processual para julgar o processo apresentado. Aqui também enquadra a hipótese de o juízo, na fase preliminar do procedimento do Júri, decidir pela desclassificação, que equivale a verdadeiro reconhecimento de incompetência, nos moldes da atual redação do art. 419, CPP (conforme a Lei nº 11.689/08).

Relevante apontar que se o juízo *mantém sua competência* (mesmo em caso que tenha sido movida exceção de incompetência – hipótese específica do inciso III – ou seja, ele *não acolhe* a exceção), a decisão (isoladamente vista) será irrecorrível, sem embargo de que, se assim entender a estratégia processual, seja ajuizado *habeas corpus* com a finalidade de ver reconhecida a incompetência do Juízo.

Jurisprudência

581.4. [...] A jurisprudência do STJ admite recurso de apelação em casos de desclassificação de crime sem modificação de competência, por ter força de definitividade. [...] *(Agravo Regimental no Recurso Especial n° 2.031.022-RS, STJ, 5ª Turma, Rel. Min. Joel Ilan Paciornik, julgado em 4.11.2024, publicado no DJ em 5.11.2024)*

581.4. [...] 1. O princípio da fungibilidade recursal representa a flexibilização do Direito que, ao impedir que a forma se confunda com o formalismo excessivo e que este se sobressaia perante a finalidade do processo, almeja adequar a norma à sociedade na qual será aplicada. 2. Sendo interposta apelação contra a decisão que concluiu pela incompetência do juízo, cabível a sua conversão em recurso em sentido estrito se, do erro, não se constatou a intempestividade do apelo, nem prejuízo à parte recorrida no que tange ao processamento do recurso (art. 581 do CPP). [...] *(Agravo Interno no Recurso Especial nº 1.532.852-MG, STJ, 6ª Turma, Rel. Min. Sebastião Reis Júnior, julgado em 7.6.2016, publicado no DJ em 22.6.2016)*

581.4. [...] 1 – Segundo expressa disposição do inciso II do art. 581 do Código de Processo Penal, da decisão do juízo dos crimes dolosos contra a vida (Júri) que desclassifica a conduta e remete aos autos ao competente, cabe recurso em sentido estrito. 2 – A interposição de apelação constitui-se em erro grosseiro que não abre espaço para a incidência da fungibilidade recursal, notadamente em razão do evidente prejuízo à defesa, haja vista a reforma da decisão singular em segundo grau de jurisdição, determinando a submissão do paciente ao Júri. Precedente da Sexta Turma. [...] *(Habeas Corpus nº 346.710-PR, STJ, 6ª Turma, Rel. para o acórdão Ministra Thereza de Assis Moura, julgado em 24.5.2016, publicado no DJ em 10.6.2016)*

581.4. [...] A competência em razão do local é relativa, não podendo ser decretada de ofício. Enunciado 33 da Súmula do STJ. Conflito negativo conhecido para declarar a competência do Juízo suscitado (*Conflito de Competência nº 37.149-RN, 3ª Seção, publicado no DJ em 9.5.2005*). *– observamos que essa súmula invocada é de origem do processo civil e, em princípio, contrasta com o disposto no art. 109, CPP – vide anotações lá constantes.*

581.4. [...]. Em qualquer fase do processo, o Juiz, reconhecendo a sua incompetência, há de declará-la, remetendo os autos da ação penal ao Juízo competente, previamente intimadas as partes, por cabível recurso em sentido estrito. [...] Ordem parcialmente concedida (*Habeas Corpus nº 36.696/PE, STJ, Rel. Min. Hamilton Carvalhido, 6ª Turma, publicado no DJ em 4.9.2006*).

581.5. Recurso em sentido estrito contra decisão que julgar procedentes as exceções, salvo a de suspeição (inciso III): O que se trata aqui é das possibilidades recursais contra decisões proferidas pelo juízo quando da apreciação de exceções processuais, aquelas previstas no Código de Processo Penal (art. 95). Com efeito, no âmbito processual penal, admite-se o ajuizamento das exceções de suspeição (inciso I), incompetência do juízo (inciso II), litispendência (inciso III), ilegitimidade de parte (inciso IV) e de coisa julgada (inciso V).

O inciso III do art. 581 deixa bem explícito que somente será cabível o recurso em sentido estrito contra decisões que julgarem *procedentes* as exceções.

Se *não* forem *acolhidas* as exceções ou então *acolhida* a exceção de suspeição (e apenas esta), não haverá qualquer possibilidade jurídica de interposição de *recurso*.

Quatro questões fundamentais merecem destaque nesse momento.

A primeira é que não se pode confundir a situação em que o juízo julga procedente a exceção de incompetência (inciso II do art. 95 do CPP) - declinando da sua competência territorial - com a situação na qual, de ofício, reconhece sua incompetência com fundamento no inciso II do art. 581, CPP (supramencionado).

A segunda, que, como assinalado, da decisão do juiz que *acolher* a exceção de suspeição - dando-se por suspeito, portanto - não se pode cogitar de nenhum ato (recurso ou ação impugnativa). O que impende sublinhar é que a vedação do recurso é para a decisão que julga procedente a exceção de suspeição do órgão do Ministério Público ou de outro em relação ao qual se admita a exceção. Em relação ao magistrado, a exceção (qualquer que seja, de suspeição, impedimento ou incompatibilidade) é *julgada* diretamente pelo tribunal, não se podendo cogitar, portanto, de recurso em sentido estrito.

A terceira é que se o juiz se der por suspeito - e pode fazê-lo a qualquer tempo –, não se pode cogitar de recurso algum. Com efeito, além de não previsto recurso para tanto, não teria sentido lógico ou sistêmico algum advir ordem de tribunal que, acolhendo a irresignação de uma das partes, determinasse ao juízo monocrático que julgasse determinado processo em relação ao qual, subjetivamente (mas segundo as regras expressas da legislação - notadamente o art. 254, CPP), já se declarara suspeito.

E a quarta: nas hipóteses de serem julgadas improcedentes as exceções, a parte que se sentir prejudicada poderá utilizar o *habeas corpus*, se for o caso e no interesse da defesa, ou então ratificar a matéria em alegações finais ou em eventual recurso de apelação, como preliminar do exame do mérito da causa.

Por fim, remete-se às anotações ao item 564.17.1.

Jurisprudência

581.5. [...] O art. 581, III, do Código de Processo Penal, CPP previu o cabimento do recurso em sentido estrito nas hipóteses de decisão, despacho ou sentença que julgar procedentes as exceções, salvo a de suspeição, deixando de mencionar as hipóteses de improcedência. Do mesmo modo, o art. 593 do CPP não previu o cabimento de recurso de apelação contra decisões de improcedência das aludidas exceções. Diante do silêncio do legislador, a doutrina e a jurisprudência passaram a entender pela irrecorribilidade da decisão que julga improcedente as exceções.

[...] *(Agravo Regimental no Recurso Especial nº 1.887.189-SP, STJ, 5ª Turma, Rel. Min. Joel Ilan Paciornik, julgado em 27.10.2020, publicado no DJ em 12.11.2020)*

581.5. [...] Se é certo que o impedimento diz da relação entre o julgador e o objeto da lide (causa objetiva), não menos correto é afirmar que a suspeição o vincula a uma das partes (causa subjetiva). Tanto o impedimento quanto a suspeição buscam garantir a imparcialidade do Magistrado, condição *sine qua non* do devido processo legal, porém, diferentemente do primeiro, cujas hipóteses podem ser facilmente predefinidas, seria difícil, quiçá impossível, ao legislador ordinário prever todas as possibilidades de vínculos subjetivos (juiz e partes) susceptíveis de comprometer a sua imparcialidade. Para atender ao real objetivo do instituto da suspeição, o rol de hipóteses do art. 254 do CPP não deve, absolutamente, ser havido como exaustivo. É necessária certa e razoável mitigação, passível de aplicação, também e em princípio, da cláusula aberta de suspeição inscrita no art. 135, V, do CPC c/c 3º do CPP. [...] Sendo do excipiente o ônus de produção da prova, ela, quando apresentada, deve ser confrontada com os argumentos do excepto, possibilitando ao julgador aferir sua veracidade e o contexto fático no qual foi gerada. Em que pese ser possível, embora pouco provável, ocorrem hipóteses nas quais a parcialidade do magistrado se revela ostensiva, viabilizando, desde logo, a utilização desta via, para afastar o constrangimento. No caso, tal não ocorre, pois a documentação apresentada, por si só, não se revela apta a demonstrar a pretensa parcialidade do Magistrado, excepto, conforme bem ponderou o acórdão impugnado, que, aliás, transitou em julgado. Notório ser incabível, através da estreita ação em foco, o aprofundado exame de provas, tal como, por exemplo, coligir tópicos isolados de várias decisões do Magistrado, apenas aquelas que seriam adversas, inseridos em contexto amplo, para formar, em decorrência, suposto conjunto probatório que justificaria a imputação a ele, do grave vício de parcialidade. A experiência revela, diversamente, a imparcialidade e lisura que informam a atuação dos Magistrados, em geral. A exceção, que consistiria em pretensa parcialidade, para ser acolhida, deve restar sobejamente demonstrada pelo excipiente, com apoio em elementos de persuasão indene de dúvidas, convergentes, sobretudo em ação de pedir *habeas corpus*. Isto não ocorreu. Ordem parcialmente conhecida e, nessa extensão, denegada, ficando sem efeito a liminar (*Habeas Corpus nº 146.796-SP, STJ, 5ª Turma, Rel. Min. Arnaldo Esteves Lima, publicado no DJ em 8.3.2010*).

581.6. Recurso em sentido estrito contra decisão que pronunciar o réu (inciso IV): Para melhor compreensão do tema, convém uma análise – também aqui e de forma conjunta – das hipóteses que tratam da pronúncia, impronúncia e absolvição sumária, que, em complemento àquela regra do inciso II do art. 581 do CPP (a desclassificação é uma verdadeira forma de *declaração de incompetência*), tratam de meios impugnações de decisões tomadas pelo juízo monocrático na fase preliminar do procedimento do Júri. Vide também anotações ao art. 413, CPP.

O inciso VI do art. 581 do CPP foi expressamente revogado pelo art. 4º da Lei nº 11.689/08, restando parcialmente alterado o inciso IV do art. 581 pelo art. 2º da mesma Lei para as situações em que as decisões impugnáveis tenham sido publicadas a partir do dia 11.8.2008 (primeiro dia útil após o término da *vacatio legis*, nos termos do § 1º do art. 8º da LC nº 95/98 c/c § 3º do art. 798 do CPP). Nessas hipóteses, o recurso cabível da decisão de absolvição sumária ou de impronúncia será a apelação, nos termos da novel redação que foi conferida ao art. 416, CPP. Sobre controvérsias acerca do recurso cabível quando a decisão é extintiva de punibilidade, mas *não* na fase própria da *absolvição sumária*, remetemos às anotações do inciso VIII do art. 581 do CPP.

A decisão de impronúncia equivale ao reconhecimento da *improcedência* da denúncia ou da queixa, verificando-se quando o julgador não encontrar a demonstração do fato alegado (materialidade) ou então de elementos indicativos da autoria do fato criminoso. Não se confunde com a absolvição sumária, adiante enfrentada. É o que prevê o atual art. 414, CPP:

> Art. 414. Não se convencendo da materialidade do fato ou da existência de indícios suficientes de autoria ou de participação, o juiz, fundamentadamente, impronunciará o acusado.
>
> Parágrafo único. Enquanto não ocorrer a extinção da punibilidade, poderá ser formulada nova denúncia ou queixa se houver prova nova.
>
> A *redação anterior* do dispositivo era assim:
>
> Art. 409. Se não se convencer da existência do crime ou de indício suficiente de que seja o réu o seu autor, o juiz julgará improcedente a denúncia ou a queixa.

Já na decisão de pronúncia, *há* o reconhecimento pelo julgador de que se fazem presentes elementos suficientes da materialidade e também indícios da autoria, devendo-se remeter a solução da causa para o *juízo natural*, o Tribunal Popular. É a regra do atual art. 413, CPP, nos tópicos que ora interessam à discussão:

> Art. 413. O juiz, fundamentadamente, pronunciará o acusado, se convencido da materialidade do fato e da existência de indícios suficientes de autoria ou de participação.

A *redação anterior* do dispositivo era o seguinte:

> Art. 408. Se o juiz se convencer da existência do crime e de indícios de que o réu seja o seu autor, pronunciá-lo-á, dando os motivos do seu convencimento.
>
> § 1º Na sentença de pronúncia o juiz declarará o dispositivo legal em cuja sanção julgar incurso o réu, recomendá-lo-á na prisão em que se achar, ou expedirá as ordens necessárias para sua captura. [...]
>
> § 4º O juiz não ficará adstrito à classificação do crime, feita na queixa ou denúncia, embora fique o réu sujeito à pena mais grave, atendido, se for o caso, o disposto no art. 410 e seu parágrafo.

É corrente na doutrina e na jurisprudência a necessidade de o juízo, monocrático (ao pronunciar) ou colegiado (acolhendo recurso contra a impronúncia ou quando não prover o apresentado à pronúncia), seja sempre *comedido e sucinto* na fundamentação, devendo-se ater unicamente à análise da presença dos requisitos fundamentais para a admissibilidade da acusação perante o Tribunal do Júri. Assim, não se deve fazer uma análise mais aprofundada dos elementos de prova e da materialidade (exatamente para não haver ulterior influência na convicção dos jurados, que têm atribuição como juízes naturais da causa para a apreciação do mérito). A decisão de pronúncia encerra apenas um juízo de probabilidade e não de certeza. Não por outro motivo que a *atual* redação do § 1º do art. 413 passou a ter o seguinte teor:

> § 1º A fundamentação da pronúncia limitar-se-á à indicação da materialidade do fato e da existência de indícios suficientes de autoria ou de participação, devendo o juiz declarar o dispositivo legal em que julgar incurso o acusado e especificar as circunstâncias qualificadoras e as causas de aumento de pena.

Por fim, a absolvição sumária, prevista agora nos arts. 415 e 416, CPP:

> Art. 415. O juiz, fundamentadamente, absolverá desde logo o acusado, quando:
>
> I – provada a inexistência do fato;
>
> II – provado não ser ele autor ou partícipe do fato;
>
> III – o fato não constituir infração penal;
>
> IV – demonstrada causa de isenção de pena ou de exclusão do crime.
>
> Parágrafo único. Não se aplica o disposto no inciso IV do *caput* deste artigo ao caso de inimputabilidade prevista no *caput* do art. 26 do Decreto-lei nº 2.848, de 7 de dezembro de 1940, Código Penal, salvo quando esta for a única tese defensiva.
>
> Art. 416. Contra a sentença de impronúncia ou de absolvição sumária caberá apelação.

Anteriormente, assim era o regramento:

> Art. 411. O juiz absolverá desde logo o réu, quando se convencer da existência de circunstância que exclua o crime ou isente de pena o réu (arts. 17, 18, 19, 22 e 24, § 1º, do Código Penal), recorrendo, de ofício, da sua decisão. Este recurso terá efeito suspensivo e será sempre para o Tribunal de Apelação.
>
> *Observação nossa:* Na verdade, a remissão correta deve ser compreendida como sendo aos arts. 20 a 23, 24, § 2º, 25, 26, 28, § 1º, todos do Código Penal, na redação que foi dada pelas alterações havidas na reforma de 1984.

Nas hipóteses de absolvição sumária, há uma verdadeira *antecipação de mérito* do juízo monocrático (daí, crê-se, a razão da alteração legislativa ocorrida para estipular ser cabível o recurso de apelação), reconhecendo a presença de circunstâncias que excluem a ilicitude, a culpabilidade ou a punibilidade.

Exemplificativamente, há de se notar que, como regra geral, compete ao tribunal popular a análise da tese de legítima defesa (excludente de ilicitude, art. 23, II, CP). Mas naqueles casos em que ficar cabalmente demonstrado, por provas incontestáveis, desde já (momento processual de cognição do juízo monocrático), que o réu agiu na presença de alguma das circunstâncias autorizadoras pela norma legal (art. 415, CPP) poderá o magistrado singular antecipar ao mérito da causa e absolver o acusado.

Nunca é demais relembrar que, nessas situações (e apenas de absolvição sumária), a legislação *previa* a hipótese do chamado *recurso ex officio* (segundo entende-se, uma *condição de eficácia plena* da sentença), nos termos do inciso II do art. 574 do CPP. Contudo, entendemos que este dispositivo não terá mais aplicabilidade *após a vigência* da Lei nº 11.689/08, na medida em que, diferentemente do que dispunha o art. 411 do CPP (*O juiz absolverá desde logo o réu, quando se convencer da existência de circunstância que exclua o crime ou isente de pena o réu [...], recorrendo, de ofício, da sua decisão. Este recurso terá efeito suspensivo e sempre será para o Tribunal de Apelação*), a novel legislação não mais refere o cabimento de *reexame necessário* da decisão que absolver sumariamente o réu.

Jurisprudência

581.6. [...] O recurso em sentido estrito devolve ao Tribunal *ad quem* apenas a questão suscitada em suas razões, restando, portanto, precluso o debate relativo a demais matérias que eventualmente também tenham sido tratadas na sentença de pronúncia e não tenham sido submetidas à análise da Corte. No caso dos autos, a alegada nulidade da pronúncia, em razão de excesso de linguagem, bem como de omissão de circunstâncias do crime que serviriam para modificar a quantificação da pena, não foram sequer suscitadas pela defesa do ora Paciente, por ocasião da interposição do recurso em sentido estrito. Assim, diante da ausência de manifestação por parte da Corte *a quo*, o alegado constrangimento ilegal não pode ser examinado por este Tribunal, sob pena de incorrer em vedada supressão de instância. [...] *Habeas corpus* parcialmente conhecido, e nessa parte, denegado (*Habeas Corpus nº 82.245/SP, Rel. Min. Laurita Vaz, 5ª Turma, publicado no* DJ *em 1.3.2010*).

581.6. [...] O acórdão proferido pelo Superior Tribunal de Justiça, ao conceder parcialmente a ordem para reconhecer o excesso de linguagem e vedar sua utilização na sessão de julgamento, não divergiu da orientação desta Suprema Corte, firmada no sentido de que, "[...] *dada a necessidade de comprovação de prejuízo concreto* [...], *não há nulidade, sequer em tese, a ser declarada*" (HC nº 89.088/PR, Primeira Turma, Relator o Ministro Sepúlveda Pertence, DJ de 1º/12/06), se os jurados não tiverem acesso à pronúncia ou ao acórdão que a confirmou. Habeas corpus denegado (*Habeas Corpus nº 94.731/MT, STF, 1ª Turma, Rel. Min. Dias Toffoli, publicado no* DJ *em 12.2.2010*).

581.7. Recurso em sentido estrito envolvendo hipóteses de fiança e liberdades (incisos V e VII): Faz-se aqui uma análise conjunta das hipóteses previstas nos incisos V e VII do art. 581 do CPP, que estipulam caber recurso em sentido estrito contra a decisão:

> V – que conceder, negar, arbitrar, cassar ou julgar inidônea a fiança, indeferir requerimento de prisão preventiva ou revogá-la, conceder liberdade provisória ou relaxar a prisão em flagrante;
>
> [...]
>
> VII – que julgar quebrada a fiança ou perdido o seu valor;

Analisando-se os verbos das previsões legais que tratam da fiança (*conceder, negar, arbitrar, cassar, julgá-la inidônea, quebrar ou perdido seu valor*), fácil verificar que, em todas as hipóteses em que se decidir *unicamente* acerca de fiança (com a ressalva sempre da regra da unirrecorribilidade prevista no § 4º do art. 593 do CPP), cabível será o recurso em sentido estrito.

Já as hipóteses previstas na norma que se referem às liberdades (*indeferir requerimento de prisão preventiva, revogar a preventiva, conceder liberdade "provisória" ou relaxar a prisão em flagrante*), somente será possível se cogitar do manejo do recurso em sentido estrito (novamente com a ressalva do § 4º do art. 593 do CPP) naquelas situações em que a parte prejudicada não for o réu ou investigado, e sim a acusação.

Resumindo: se a decisão for desfavorável à acusação, cogita-se do recurso em sentido estrito; se desfavorável à defesa, tecnicamente não há recurso oponível, devendo ser utilizado o *habeas corpus*, aliás em sua função original, para garantir a inviolabilidade do direito de locomoção (preventivo) ou restabelecer a liberdade (repressivo).

Destaca-se que a norma não previu a hipótese de recurso contra decisão que *não acolhe* o pedido de liberdade *sem fiança*, fazendo referência apenas à decisão que *negar* a fiança. Nesse caso, porque se tratando de matéria relacionada precipuamente à liberdade (que foi negada), a solução passa, pelos mesmos motivos já elencados, pelo ajuizamento eventual de *habeas corpus*.

Por fim, nos termos do acrescido inciso VII ao art. 3º da Lei nº 13.756/2018 pela Lei nº 13.964/2019, constituirão recursos do Fundo Nacional de Segurança Pública – FNSP – os valores correspondentes das fianças quebradas ou perdidas.

Jurisprudência

581.7. [...] "Caberá recurso, no sentido estrito, da decisão, despacho ou sentença: V – que conceder, negar, arbitrar, cassar ou julgar inidônea a fiança, indeferir requerimento de prisão preventiva ou revogá-la, conceder liberdade provisória ou relaxar a prisão em flagrante". 3. Havendo prova da existência do crime e indícios suficientes de autoria, a prisão preventiva, nos termos do art. 312 do Código de Processo Penal, poderá ser decretada para garantia da ordem pública, da ordem econômica, por conveniência da instrução criminal ou para assegurar a aplicação da lei penal. [...] *(Habeas Corpus nº 447.366-RS, STJ, 5ª Turma, Rel. Min. Ribeiro Dantas, julgado em 26.6.2018, publicado no DJ em 1º.8.2018)*

581.7.1. Liberdade "provisória" e inafiançabilidade dos delitos: Impende reafirmar que a concessão da liberdade sempre foi compreendida como sendo hipótese de liberdade em que não se fazem presentes os pressupostos da prisão preventiva, enquanto o relaxamento da prisão em flagrante se dá quando não atendidos os requisitos legais e constitucionais da prisão.

Até o advento da Lei nº 12.403/11, o ordenamento jurídico previa, limitadamente, a possibilidade da concessão de liberdade com ou sem fiança. Em verdade, já se constatava um verdadeiro paradoxo no sistema jurídico brasileiro pela colcha de retalhos que se tem em razão de sucessivas alterações legislativas, ao qual a jurisprudência – quase majoritariamente – não vem atentando.

Nunca é demais dizer que a liberdade sem fiança era a regra geral no ordenamento pátrio (pela aplicação *formal* da legislação). Com a entrada em vigor da Lei nº 6.417, em 1977 (há mais de três décadas!), que instituiu o regime da liberdade "provisória" do art. 310 do CPP, a fiança – melhor dizendo, a liberdade "provisória" com fiança – perdeu sua importância, como se sustenta há muito, aliás.

É que, com o advento desse dispositivo, cabível a liberdade mesmo diante de delito inafiançável, pois a fiança, em nosso sistema, *era* (ou deveria) ser prestada unicamente com a finalidade de garantia de comparecimento do afiançado em todos os atos processuais que seguissem.

Eis o paradoxo: se o delito é mais grave e inafiançável, nenhum óbice existe para a automática concessão da liberdade (sem qualquer fiança, obviamente), desde que ausentes os pressupostos da prisão preventiva (art. 312, CPP). Contudo, se o delito é menos grave e em tese *afiançável*, não se cogita primeiramente da análise da presença ou não dos requisitos da preventiva para ver se seria caso de liberdade automática. Exige-se a fiança para a concessão da liberdade, que a ela está (formalmente) condicionada.

Em síntese: para o delito menos grave, uma condição mais gravosa (liberdade mediante fiança). Para um delito mais grave que o torne inafiançável pela pena imposta, liberdade automática se ausentes os requisitos da preventiva.

Impende registrar, porém, que novos caminhos para a utilidade da fiança só vieram a ser traçados com o advento da Lei nº 12.403/11 *(a propósito, remetemos para as anotações no item 310.8).*

Prosseguindo ainda no tópico sob exame: o *regime de fiança* e sua interpretação não estão limitados ao quanto aqui exposto. O que nos gerava perplexidade era a compreensão no âmbito do Supremo Tribunal Federal e do Superior Tribunal de Justiça de que se houver *prisão em flagrante* em crime de natureza *inafiançável* essa circunstância seria motivo, por si só, para o indeferimento de eventual liberdade. É importante se dizer que não estava em pauta a discussão sobre a possibilidade ou não da vedação à liberdade em Lei infraconstitucional. O que se traz aqui é a conjugação – para não dizer *confusão* – dos institutos da fiança (malgrado o contrassenso que vemos no tratamento diferenciando, segundo antes exposto) e a impossibilidade de liberdade.

Segundo se infere de inúmeros precedentes jurisprudenciais, era bastante clara a razão da fundamentação para o indeferimento da liberdade nessas hipóteses: da inafiançabilidade, para determinados delitos previstos no âmbito constitucional, derivaria a impossibilidade de concessão da liberdade.

A interpretação que se tem dado – afora a contradição que se apresenta, ao menos em nossa compreensão – pode trazer situações paradoxais. Basta imaginar a situação de duas pessoas que, em concurso de agentes, tenham praticado pequeno delito de tráfico de entorpecentes em que não se façam presentes para ambos os pressupostos da preventiva. Um deles é preso em flagrante, o outro não. Pela interpretação que se vem dando, o preso em flagrante não terá direito à liberdade. Permanecerá preso durante todo processo (salvo, pensamos, se verificado excesso de prazo injustificado na formação da culpa). Já em relação ao outro, não custodiado em flagrante, poderá permanecer em liberdade todo tempo, porque ausentes os pressupostos da prisão preventiva. Daí a razão pela qual entendemos correto defender que, independentemente da natureza do crime (hediondo ou não), a inafiançabilidade não pode e não deve constituir uma causa de empeço à liberdade. Trata-se de uma simples compreensão sistêmica de garantia constitucional.

Registramos que, na linha do que sempre sustentamos, atualmente, o fato de um delito ser inafiançável, mesmo com prisão em flagrante, não há o óbice para a concessão da liberdade, se não presentes os requisitos da preventiva, ou então não for caso de aplicação de medidas cautelares diversas da prisão, inclusive a fiança (art. 319, CPP).

Jurisprudência

581.7.1. [...] 1. O Plenário do Supremo Tribunal Federal, no HC 104.339/SP (Min. Gilmar Mendes, DJe de 06.12.2012), em evolução jurisprudencial, declarou a inconstitucionalidade da vedação à liberdade provisória prevista no art. 44 da Lei 11.343/2006. *Entendeu-se que (a) a mera* inafiançabilidade *do delito (CF, art. 5º, XLIII) não impede a concessão da liberdade provisória*; (b) sua vedação apriorística é incompatível com os princípios constitucionais da presunção de inocência e do devido processo legal, bem assim com o mandamento constitucional que exige a fundamentação para todo e qualquer tipo de prisão. [...] *(Habeas Corpus nº 113.945-SP, STF, 2ª Turma, Rel. Min. Teori Zavascki, julgado em 29.10.2013, publicado no DJ em 12.11.2013)*

581.7.1. [...] "Ninguém será levado à prisão ou nela mantido, quando a Lei admitir a liberdade provisória, com ou sem fiança" (art. 5º, LXVI, da CF). A fiança, regulada no Código de Processo Penal nos arts. 321 e seguintes, não será imposta nas hipóteses das infrações em que o agente livra-se solto, isto é, naquelas punidas tão somente com multa ou com pena privativa de liberdade não superior a 3 meses (art. 312 do CPP). Nos crimes apenados com detenção ou prisão simples, a fiança poderá ser arbitrada pela autoridade policial, permitindo ao agente, mediante pagamento, ser liberado (art. 322 do CPP). Nos crimes apenados com reclusão, a fiança só poderá ser fixada pelo juiz, desde que o agente não incida nas hipóteses dos arts. 323 e 324 do CPP. O inciso IV do art. 324 do CPP prevê que não será concedida fiança "quando presentes os motivos que autorizam a decretação da prisão preventiva". A Lei nº 9.099/95, modificada pela Lei nº 10.259/01, estabeleceu nova sistemática nos casos das infrações definidas como de menor potencial ofensivo: não se lavrará auto de prisão em flagrante e não se exigirá fiança sempre que o agente for encaminhado imediatamente ao Juizado ou quando assumir o compromisso de fazê-lo. A Lei nº 6.416/77 acrescentou ao art. 310 do CPP o parágrafo único estabelecendo que o juiz concederá a liberdade provisória, independentemente de fiança, nos casos em que estiverem ausentes as hipóteses que autorizam a prisão preventiva, esvaziando, destarte, o instituto da caução real. Ausentes os requisitos da liberdade provisória, não há falar em prisão preventiva, ainda que aquela tenha sido deferida de forma condicionada. [...] (*Petição nº 6.906/SC, Rel. Min. Arnaldo Esteves Lima, 5ª Turma, unânime, julgado em 23.3.2010, publicado no DJ em 26.4.2010*).

....

581.8. Recurso em sentido estrito quando decretada a prescrição ou julgada, por outro modo, extinta a punibilidade, ou então quando não acolhidas (incisos VIII e IX): Segundo preconizado nos incisos VIII e IX do art. 581 do CPP, será passível de recurso em sentido estrito a decisão que, isoladamente vista (unirrecorribilidade – art. 593, § 4º, CPP), decretar a prescrição ou indeferir o pedido de seu reconhecimento ou outra causa extintiva da punibilidade, bem assim quando, por outro modo, se declarar extinta a punibilidade.

Não raro as decisões que analisam *isoladamente* tais questões são denominadas de *sentenças*. Entende-se que de *sentença* tecnicamente não se trata, pois inexiste, literalmente, juízo absolutório ou condenatório (tal como nas hipóteses do inciso I do art. 593 do CPP). Sem aprofundar os dissídios que se possam eventualmente encontrar, parece indubitável que a decisão que *somente* decidir sobre os temas versados nos incisos em voga – independentemente do nome que se lhe der – deverá ser atacada por recurso em sentido estrito.

Entretanto, se qualquer uma dessas circunstâncias for analisada em sentença de mérito (procedente ou não, é irrelevante), qualquer irresignação que se queira apresentar – mesmo que somente contra os tópicos versados nos incisos VIII e IX do art. 581 do CPP – deverá ser, necessariamente, a apelação, presente a unirrecorribilidade.

Contudo, há de se enfrentar o tema com especial destaque pelas alterações promovidas pelo advento da Lei nº 11.719/08, quando se ampliaram as hipóteses de *absolvição sumária*, que, sob o pálio do sistema anterior, se limitava às excludentes de ilicitude e de culpabilidade (na linha da antiga redação do art. 411 do CPP, com referência ao Código Penal – arts. 20, 21, 22, 23, 26 e 28, § 1º) e exclusivamente no âmbito do procedimento próprio do Júri. Elas foram mantidas nos incisos I e II. Por conta da expressa revogação do art. 43 do CPP (art. 3º da Lei nº 11.719/08), a circunstância de o fato narrado não constituir crime (art. 43, I, CPP) *não é* mais causa de rejeição da denúncia ou da queixa (limitadas às hipóteses, agora, do art. 396, CPP), mas sim absolvição sumária. Correta a alteração legislativa nessa parte: na hipótese de atipicidade está-se diante de decisão sobre o mérito da causa.

Como já defendemos anteriormente (vide item 397), impende registrar também aqui que, em nosso entendimento, não andou bem o legislador ao incluir a extinção da punibilidade como hipótese de absolvição sumária, ainda que os efeitos de ambas possam ser aproximados. A decisão que julga extinta a punibilidade (inclusive a que reconhece a prescrição) *não decide* o *mérito* do processo criminal, senão e apenas declara extinta a pretensão punitiva do Estado. Noutras palavras, não se decide se o agente praticou ou não o fato ou se o fato é crime ou não, mas tão somente se reconhece a ausência de possibilidade de o Estado aplicar a pena ao agente processado.

Ainda na questão atinente à absolvição sumária em hipótese de ocorrer a *extinção da punibilidade do agente*, fundamentais algumas considerações, embora sucintas. O art. 4º da Lei nº 11.689/08 revogou expressamente o inciso VI do *caput* do art. 581 do CPP, não mais se falando em recurso em sentido estrito da absolvição sumária nos casos do procedimento do Júri, passando a irresignação a ser, doravante, a apelação, nos termos da redação do (agora) art. 416 do CPP (que também se aplica nas hipóteses de impronúncia).

Outra premissa fundamental: a novel redação do art. 394, CPP, estabeleceu que o procedimento será o comum ou especial. O procedimento comum é tripartido: ordinário, sumário e sumaríssimo.

Contudo, fez-se expressa ressalva no § 3º do art. 394 no sentido de que "*nos processos de competência do Tribunal do Júri, o procedimento observará as disposições estabelecidas nos arts. 406 a 497 deste Código*" (é específico, portanto). Ainda estabeleceu no § 4º do art. 394 que "*as disposições dos arts. 395 a 398 deste Código aplicam-se a todos os procedimentos penais de primeiro grau, ainda que não regulados neste Código*".

Em nossa compreensão, o recebimento da denúncia (se preenchidos os requisitos legais) dá-se no momento estabelecido no art. 396, CPP (vide item 399.1).

A questão fundamental está em como (e se possível) compatibilizar as disposições dos arts. 397, IV, 415, 416, 581, VIII e 593, I, todos do CPP.

Conforme se percebe das novas disposições, o art. 397, CPP, trouxe uma inovação aplicável a todo procedimento processual penal comum ordinário e sumário (*que não se confunde* processualmente *com aquele previsto especificamente no art. 416 do CPP*), a possibilidade de absolvição sumária do acusado quando se verificar: I – a existência manifesta de causa excludente da ilicitude do fato; II – a existência manifesta de causa excludente da culpabilidade do agente, salvo inimputabilidade; III – que o fato narrado evidentemente não constitui crime; ou IV – se extinta a punibilidade do agente.

A absolvição sumária introduzida pela novel legislação é aplicável *para todas as infrações* que se amoldem aos *procedimentos comum ordinário e sumário*. Mas é de se ver que houve a manutenção da *absolvição sumária* no procedimento específico do Júri (art. 415, CPP) nas hipóteses em que restar: I – provada a inexistência do fato; II – provado não ser ele autor ou partícipe do fato; III – o fato não constituir infração penal; IV – demonstrada causa de isenção de pena ou de exclusão do crime. Embora coincidentes em algumas das hipóteses, guardam suas peculiaridades próprias em face especialmente do procedimento diverso do procedimento do Júri.

Para nós, se houver a absolvição sumária ou impronúncia no procedimento *específico* do Júri, o recurso a ser manejado será o de apelação com fundamento no art. 416, CPP (revogado expressamente o VI e derrogado o inciso IV ambos do art. 591 do CPP). Se a absolvição sumária (de *caráter geral*) for prolatada na fase procedimental do art. 397, CPP, também o recurso será o de apelação, mas o fundamento central, em nossa compreensão, será o disposto no inciso I do art. 593 do CPP (que não deixa de ser o anteparo também da situação preconizada expressamente no art. 416, CPP).

O cerne fundamental do tema ora em análise relaciona-se com o disposto no art. 397, IV (c/c o art. 593, I), e no art. 581, VIII, ambos do CPP. Enquanto o art. 581, VIII, prescreve a possibilidade de interposição de recurso em sentido estrito da decisão que "*decretar a prescrição ou julgar, por outro modo, extinta a punibilidade*", o inciso IV do art. 397 do CPP refere que haverá absolvição sumária (*passível de impugnação mediante apelação, art. 593, I, CPP, consoante antes dito*) nos casos em que estiver "*extinta a punibilidade do agente*".

Já deixamos assentado (PACELLI, Eugênio. *Curso de processo penal*. 28. ed. São Paulo: Juspodivm, 2024), que *"a Lei nº 11.719/08 mudou inteiramente o tratamento processual das causas de extinção da punibilidade"*, defendendo ainda que *"embora não tenha havido a revogação expressa do citado dispositivo, o fato de se prever a apelação para a absolvição sumária – e também para a impronúncia (art. 416, CPP) – implica a revogação implícita da referida disposição, a salvo de qualquer dúvida [...]" "a atual redação do art. 397, IV, do CPP, corrige o antigo defeito, ao menos ao dar tratamento recursal diferente para a matéria, prevendo a absolvição sumária, cujo recurso é o de apelação (art. 416, CPP). [...] Assim, a decisão que extingue a punibilidade não pode mais ser incluída entre as interlocutórias mistas. Trata-se de sentença ou de decisão de* absolvição sumária. *E como ela não se ajusta também ao conceito de sentença absolutória do art. 593, I, CPP, na medida em que não julga o mérito, resolvendo-o apenas, e, mais, não se ajusta, do mesmo modo, à definição de decisões definitivas ou com força de definitivas do art. 593, II, CPP, pensamos que a classificação mais adequada a essa modalidade decisória deve respeitar a opção legislativa, ou seja: trata-se de* absolutória sumária, *cujo fundamental recursal legal específico (de apelação – art. 416, CPP), ainda que essencialmente tenha conteúdo distinto das demais sentenças submetidas à apelação (art. 593, I e II, CPP)"* (Op. cit., p. 493).

Vimos também posições divergentes (comentários ao art. 397), para as quais remetemos o leitor.

Ouçamos, por reprodução (do quanto afirmado ao art. 397, *retro*), a posição (divergente) de Douglas Fischer, que a coloca como *intermediária* da divergência.

> *"Nessa linha, embora defenda também* tecnicamente incorreto *se falar em absolvição sumária no caso de extinção da punibilidade, compreende que se a 'absolvição sumária' por conta de uma causa extintiva da punibilidade (inclusive a prescrição) se der na fase do art. 397, CPP* (fase inicial do processo criminal, com a peculiaridade introduzida na legislação da 'defesa preliminar' – art. 396, CPP), *o recurso cabível deverá ser a apelação (art. 593, I, CPP) – embora, insiste, tecnicamente não ser a conceituação mais correta.*
>
> *Mas não se pode olvidar que a decretação da extinção da punibilidade pode-se dar em qualquer tempo (inclusive em grau recursal), como já destacado em doutrina. Nessas circunstâncias, pensa que se ocorrer a extinção da punibilidade ainda em primeiro grau, mas posteriormente ao procedimento (já vencido, portanto) previsto nos arts. 396 e 397, CPP, muitas vezes até próximo à sentença,* não será hipótese de absolvição sumária *(seria um contrassenso falar em absolvição* sumária *quando talvez já percorrida boa parte ou praticamente todo o procedimento), e sim de* declaração *da ocorrência do fato que justifique a extinção da punibilidade, ato este que poderá ser impugnado mediante a interposição de recurso em sentido estrito com fundamento no inciso VIII do art. 581 do CPP (salvo a situação prevista no § 4º do art. 593 do CPP – princípio da unirrecorribilidade).*
>
> *Portanto, de modo conclusivo e sintético, entende que não houve revogação tácita do disposto no inciso VIII do art. 581 pelo art. 397, IV, ambos do CPP (ou então ainda*

pelo art. 416, CPP), senão (e apenas) que precisam ser compatibilizados ao momento processual em que prolatada a decisão extintiva da punibilidade".

581.9. Recurso em sentido estrito da decisão que conceder ou negar a ordem de *habeas corpus* (inciso X): De fácil compreensão as hipóteses aqui versadas: proferida decisão julgando o *habeas corpus* pelo juízo monocrático, o recurso cabível será o em sentido estrito, concedida ou denegada a ordem. Um destaque relevante: tecnicamente, não se trata de uma decisão interlocutória, se afigurando como uma das exceções tratadas como atacáveis mediante recurso em sentido estrito quando, em verdade, tem cunho de definitividade.

Jurisprudência

581.9. [...] Contra a decisão do Juiz de Direito que indeferiu pedido de habeas corpus impetrado em face de Delegado de Polícia cabível o recurso em sentido estrito, nos exatos termos do art. 581, X, do CPP. [...] *(Agravo Regimental no Habeas Corpus nº 430.309-SC, STJ, 5ª Turma, Rel. Min. Reynaldo Soares da Fonseca, julgado em 20.2.2018, publicado no DJ em 27.2.2018)*

581.9. [...] A concessão da ordem de habeas corpus no âmbito da execução penal desafia recurso de agravo em execução, nos termos do art. 197 da LEP c/c art. 581, X, do CPP, bem como porque diante da ausência de expressa previsão legal, a jurisprudência e a doutrina majoritária sedimentaram entendimento no sentido de que se aplica ao agravo em execução o rito do recurso em sentido estrito, previsto nos arts. 581 a 592 do CPP. Precedentes. [...] *(Agravo Interno nos Embargos de Declaração no Habeas Corpus nº 462.089-RS, STJ, 6ª Turma, Rel. Min. Néfi Cordeiro, julgado em 8.11.2018, publicado no DJ em 22.11.2018)*

581.9.1. Da decisão concessiva: considerações gerais: Em caso de concessão de *habeas corpus*, tratando-se de relação com ação penal pública, normalmente a irresignação será interposta pelo Ministério Público, ou então, quando for o caso, de forma supletiva, pelo assistente da acusação (*atente-se para a Súmula 208, STF, segundo a qual o assistente não tem legitimidade para a interposição de recurso extraordinário contra a concessão de* habeas corpus). Em se tratando de ação penal privada, a legitimidade recursal é do querelante ou do querelado, conforme o caso. Não se pode olvidar, ainda, da obrigatoriedade (para nós, incompatível com o atual ordenamento constitucional, insiste-se) da interposição do recurso de ofício, na forma preconizada no artigo 574, I, CPP.

581.9.2. Da decisão denegatória: considerações gerais: Na prática, da decisão *denegatória* de *habeas corpus* raramente se utiliza o recurso em sentido estrito. Abonado pela doutrina majoritária e pela jurisprudência, hodiernamente se tem utilizado o expediente da impetração de novo *habeas corpus* (dependendo do caso mesmo contra o próprio indeferimento da liminar em sede monocrática). É o que se tem denominado de *habeas corpus* do *habeas corpus*.

581.9.3. Da decisão concessiva e o problema da ausência de efeito suspensivo no recurso em sentido estrito: Quando se tratar de decisão concessiva do *habeas corpus* (que, normalmente, se refere à concessão para trancamento de inquérito policial), impende reiterar que o recurso em voga não possui efeito suspensivo, apenas o devolutivo. Noutras palavras, não haveria como retirar a eficácia impeditiva contida no *writ*.

É verdade que a Constituição preconiza como fundamental o direito à liberdade (a prisão é exceção) e a necessidade de que se obedeça ao devido processo legal. A questão: como compatibilizar eventuais decisões abusivas e teratológicas atacáveis por recurso em sentido estrito, que possui apenas o efeito devolutivo? Segundo entendemos, a solução passaria pela questão da utilização do mandado de segurança para que se pudesse atribuir efeito suspensivo ao recurso em sentido estrito.

O Superior Tribunal de Justiça tem vários precedentes no sentido de se revelar impossível a utilização do *mandado de segurança* para conferir efeito suspensivo a recurso que não o possui, especialmente quando se trata de agravo de execução (*que veio a substituir inúmeros dispositivos do art. 581, como adiante se verá*). É verdade que os precedentes do Tribunal Superior se referem quase que à unanimidade às hipóteses em que o Ministério Público pretendeu conferir o efeito suspensivo a recurso de agravo em execução penal. Mais explicitamente, afirma-se que o *parquet* não teria legitimidade para a utilização do mandado de segurança. Contrariamente, o Supremo Tribunal Federal há muito reconhece a legitimidade ao *parquet* para o ajuizamento de mandado de segurança, como se vê da Súmula 701 daquela Corte (*No mandado de segurança impetrado pelo Ministério Público contra decisão proferida em processo penal, é obrigatória a citação do réu como litisconsorte passivo*). Por fim, não se pode olvidar que em ações privadas também se pode cogitar de concessão de *habeas corpus* a desafiar eventual recurso em sentido estrito.

No âmbito do STJ, o tema foi sumulado no ano de 2018: "Súmula 604. O mandado de segurança não se presta para atribuir efeito suspensivo a recurso criminal interposto pelo Ministério Público" (3ª Seção, julgado em 28.2.2018, publicado no *DJ* em 5.3.2018).

Importante dizer uma vez mais que se o processo penal deve atender aos direitos fundamentais dos investigados/réus, não pode chegar a ponto de, mediante uma leitura isolada de dispositivos legais, gerar uma inoperância sistêmica. Compreende-se que decisões abusivas e teratológicas eventualmente proferidas (*exatamente por se enquadrarem nessas adjetivações, que são abertas, é verdade, mas de aferição bastante sindicável*) não estão, tecnicamente, protegendo quaisquer direitos fundamentais. Estão desvirtuando o sistema como um todo. Decisões manifestamente ilegais não podem ser mantidas unicamente porque a legislação não prevê explicitamente a possibilidade de concessão de efeito suspensivo ao recurso a ser interposto contra elas.

Um argumento a mais: em nossa compreensão, se não há óbice ao magistrado conferir espontaneamente o efeito suspensivo a recurso que não o tem, qual a razão lógico-sistêmica de se impedir o ajuizamento do *writ* para afastar a teratologia e a abusividade da decisão? Vingaria unicamente a discricionariedade (regrada) do magistrado em conferir ou não o efeito suspensivo?

Não se pode adotar posições extremadas. De fato, a regra é a liberdade e a observância do devido processo legal. Portanto, como regra não há de se falar em concessão de efeito suspensivo a recurso em sentido estrito, por intermédio do mandado de segurança ou por outro meio. Excepcionalmente, quando a liberdade ou a suposta obediência ao devido processo legal estiver amparada em decisão ilegal ou teratológica (*portanto, não seria caso de liberdade, muito menos se trata de verdadeira obediência ao devido processo legal*), o ato judicial merece ter sua eficácia mitigada.

Nada obstante o tema consolidado na Súmula 604 do STJ – tratando da impossibilidade de se conferir efeito suspensivo mediante o uso de mandado de segurança –, há se referir por fim que existe precedente expresso do próprio STJ (que parece não conflitar com tal tema) no sentido de ser possível "*a concessão de tutela provisória com fei-*

ção acautelatória, para adiantar decisão judicial ou conferir efeito suspensivo a recurso que não o tem, diante da natural demora no processamento do recurso em sentido estrito em ação de grande magnitude, que conta com 30 réus, para resguardar a eficácia da decisão de mérito a ser proferida por ocasião do julgamento do mérito do recurso, desde que demonstrado o risco de lesão grave ou de difícil reparação (fumus boni iuris e periculum in mora)" (Habeas Corpus n. 375.065-RS, STJ, 5ª Turma, Rel. Ministro Reynaldo da Fonseca, unânime, publicado no DJ em 24.2.2017). No caso concreto, o habeas corpus denegado fora impetrado contra ação cautelar autônoma interposta pelo Ministério Público para conceder efeito suspensivo ativo a recurso em sentido estrito interposto pela acusação contra a decisão que concedera a liberdade ao paciente. A razão central para tanto, que também está no parecer encartado no feito retromencionado, é que o ordenamento jurídico prevê a possibilidade do instituto da tutela de urgência a conferir efeito suspensivo a recurso que não o tem (no caso, o RSE), desde que demonstrado risco de grave lesão e de difícil reparação (exatamente nos termos dos arts. 297, 300 e 955 do CPC, aplicáveis ao CPP por força do art. 3º do CPP).

Jurisprudência

581.9.3. [...] É admissível o ajuizamento de ação cautelar inominada para atribuir efeito suspensivo a recurso em sentido estrito interposto pelo Ministério Público contra decisão que revogou a prisão preventiva. Inaplicável, ao caso, a Súmula n.º 604 do Superior Tribunal de Justiça, que é específica ao proibir o uso do mandado de segurança como via de atribuição de efeito suspensivo a recurso criminal da Acusação. [...] *(Embargos de Declaração no Habeas Corpus nº 751.088 – SP, STJ, 6ª Turma, Rel. Min. Olindo Menezes (Desembargador Convocado do TRF 1ª Região), julgado em 25.10.2022, publicado no DJ em 28.10.2022)*

581.9.3. [...] É admissível o ajuizamento de ação cautelar inominada para atribuir efeito suspensivo a recurso em sentido estrito interposto pelo Ministério Público contra decisão que revogou a prisão preventiva. Inaplicável, ao caso, a Súmula n.º 604 do Superior Tribunal de Justiça, que é específica ao proibir o uso do mandado de segurança como via de atribuição de efeito suspensivo a recurso criminal da Acusação" (HC 485.727/SC, Sexta Turma, Relª. Minª. Laurita Vaz, Dje 30/04/2019). Lado outro, nos termos do art. 105, I, c, da CF, "Compete ao Superior Tribunal de Justiça: I - processar e julgar, originariamente: c) os habeas corpus, quando o coator ou paciente for qualquer das pessoas mencionadas na alínea "a", ou quando o coator for tribunal sujeito à sua jurisdição, Ministro de Estado ou Comandante da Marinha, do Exército ou da Aeronáutica, ressalvada a competência da Justiça Eleitoral" (grifei), de modo que configurada a competência desta Corte Superior para análise do presente mandamus. [...] *(Agravo Regimental no HC nº 748.190-SP, STJ, 5ª Turma, Rel. Ministro convocado Jesuíno Rossato, julgado em 2.8.2022, publicado no DJ em 16.8.2022)*

581.9.3. [...] Consoante a jurisprudência do Superior Tribunal de Justiça, "[p]ode ser conferido efeito suspensivo a *qualquer recurso* que não o tenha, desde que de forma fundamentada, como feito na Corte de origem ao acolher Medida Cautelar para dar efeito suspensivo a Agravo em Execução, no qual o *Parquet* busca a manutenção de preso em Presídio Federal. Precedentes desta Turma: HC 309.390/RR, Rel. Min. Félix Fischer, DJe 10/5/2016 e HC 397.665/AM, Rel. Min. Reynaldo Soares da Fonseca, DJe 1º/12/2017" (HC n. 577.558/RS, Rel. Ministro Joel Ilan Paciornik, 5ª T., DJe 9/6/2020). 2. Na hipótese, apontou a Corte de origem que, "[r]ecebido o recurso e mantido seus fundamentos em juízo de retratação, o nobre Magistrado *a quo* concedeu, em caráter excepcional, efeito suspensivo ao recurso. Isso, de forma clara e fundamentada, considerando que a matéria não apenas possui entendimento ainda não sedimentado, mas que a decisão criaria precedentes autorizadores progressão de regime de dezenas de sentenciados, ocasionando possível instabilidade do sistema prisional". [...] *(Agravo Regimental no HC nº 734.521-PR, STJ, 6ª Turma, Rel. Min. Rogério Schietti Cruz, julgado em 10.5.2022, publicado no DJ em 16.5.2022)*

581.9.3. [...] 2. Não é cabível a impetração de mandado de segurança para atribuir efeito suspensivo a recurso criminal interposto pelo Ministério Público, nos termos do Enunciado da Súmula 604/STJ. 3. As Turmas que compõem a 3ª Seção deste Tribunal têm decidido pela legalidade da prisão decretada em sede de antecipação de tutela recursal, quando o pedido é formulado nos autos do próprio Recurso em Sentido Estrito. 4. *In casu*, o pedido de antecipação de tutela recursal não foi requerido nos próprios autos do Recurso em Sentido Estrito. Daí a flagrante ilegalidade, eis que fora ajuizada ação própria visando à atribuição de efeito suspensivo a recurso criminal interposto pelo Ministério Público, o que vai de encontro ao disposto na Súmula 604 desta Corte. [...] *(Habeas Corpus n. 427.899-SP, Rel. Ministro Ribeiro Dantas, julgado em 13.12.2019, publicado no* DJ *em 19.12.2018).*

581.9.3. [...] Cabimento do mandado de segurança contra ato judicial passível de recurso com efeito suspensivo: excepcionalidade diante de manifesta ilegalidade ou teratologia (*RMS nº 50.588-SP, STJ, 5ª Turma, unânime, Rel. Min. Reynaldo Soares da Fonseca, julgado em 17.5.2016, publicado em 25.5.2016).*

581.9.3. [...] No sistema recursal processual penal, a destinação de efeito suspensivo obedece a uma lógica que presta reverência aos direitos e garantias fundamentais, iluminada pelo devido processo legal. Nesse contexto, segundo a jurisprudência desta Corte, revela constrangimento ilegal o manejo de mandado de segurança para se restabelecer constrição em desfavor do indivíduo, na pendência de irresignação interposta, qual seja, recurso em sentido estrito. [...] (*Habeas Corpus nº 359.702-SP, STJ, 6ª Turma, unânime, Rel. Min. Maria Thereza de Assis Moura, julgado em 20.9.2016, publicado no* DJ *em 30.9.2016).*

581.9.3. [...] Muito embora o art. 5º, inciso II, da Lei 12.016/2009, e o enunciado nº 267 da Súmula do STF reputem incabível o manejo do mandado de segurança contra decisão judicial da qual caiba recurso com efeito suspensivo, a jurisprudência desta Corte admite, excepcionalmente, que a parte prejudicada se utilize do *mandamus* para se defender de ato judicial eivado de ilegalidade, teratologia ou abuso de poder. [...] (*RMS nº 50.630-RS, STJ, 5ª Turma, unânime, Rel. Min. Reynaldo Soares da Fonseca, julgado em 28.6.2016, publicado no* DJ *em 1º.8.2016).*

581.9.3. [...] A jurisprudência do Superior Tribunal de Justiça é firme no sentido do descabimento de mandado de segurança para conferir efeito suspensivo a agravo em execução interposto a decisão que concede progressão de regime. Isso porque, conforme preconiza o art. 197 da Lei de Execuções Penais, *"das decisões proferidas pelo Juiz caberá recurso de agravo, sem efeito suspensivo"*. [...] (*Habeas Corpus nº 354.622-SP, STJ, 5ª Turma, unânime, Rel. Min. Joel Ilan Paciornik, julgado em 28.6.2016, publicado no* DJ *em 1º.8.2016).*

581.10. Recurso em sentido estrito da decisão que conceder, negar ou revogar a suspensão condicional da pena (inciso XI): A questão ora tratada diz respeito com o chamado *sursis* material, de que tratam os arts. 77 e seguintes do Código Penal:

> Art. 77. A execução da pena privativa de liberdade, não superior a 2 (dois) anos, poderá ser suspensa, por 2 (dois) a 4 (quatro) anos, desde que:
>
> I – o condenado não seja reincidente em crime doloso;
>
> II – a culpabilidade, os antecedentes, a conduta social e personalidade do agente, bem como os motivos e as circunstâncias autorizem a concessão do benefício;
>
> III – Não seja indicada ou cabível a substituição prevista no art. 44 deste Código.
>
> § 1º A condenação anterior a pena de multa não impede a concessão do benefício.
>
> § 2º A execução da pena privativa de liberdade, não superior a 4 (quatro) anos, poderá ser suspensa, por 4 (quatro) a 6 (seis) anos, desde que o condenado seja maior de 70 (setenta) anos de idade, ou razões de saúde justifiquem a suspensão.
>
> Art. 78. Durante o prazo da suspensão, o condenado ficará sujeito à observação e ao cumprimento das condições estabelecidas pelo juiz.

§ 1º No primeiro ano do prazo, deverá o condenado prestar serviços à comunidade (art. 46) ou submeter-se à limitação de fim de semana (art. 48).

§ 2º Se o condenado houver reparado o dano, salvo impossibilidade de fazê-lo, e se as circunstâncias do art. 59 deste Código lhe forem inteiramente favoráveis, o juiz poderá substituir a exigência do parágrafo anterior pelas seguintes condições, aplicadas cumulativamente:

a) proibição de frequentar determinados lugares;

b) proibição de ausentar-se da comarca onde reside, sem autorização do juiz;

c) comparecimento pessoal e obrigatório a juízo, mensalmente, para informar e justificar suas atividades.

Art. 79. A sentença poderá especificar outras condições a que fica subordinada a suspensão, desde que adequadas ao fato e à situação pessoal do condenado.

Art. 80. A suspensão não se estende às penas restritivas de direitos nem à multa.

Como se trata de matéria afeita, como regra, à execução penal, o recurso cabível é o agravo na execução (art. 197, LEP). "É de cinco dias o prazo para a interposição de agravo contra decisão do juiz da execução penal" (Súmula 700, STF). Entretanto, numa hipótese remota, se a decisão atacada não se deu em sede de execução penal, e sim no próprio processo penal, aí o manejo deverá ser do recurso em sentido estrito.

Jurisprudência

581.10. [...] [...] 4. Cabível o manejo de recurso em sentido estrito contra decisão que ordenar a suspensão do processo, as providências de natureza cautelar advindas de tal decisão devem, como ela, ser impugnáveis pelo mesmo recurso. Por consequência, a decisão interlocutória de primeiro grau que indefere pedido de produção antecipada de provas, nos casos de *sursis* processual, também desafia recurso em sentido estrito. [...] 5. Embargos de divergência providos, para reformar o acórdão embargado e dar provimento ao agravo regimental do Ministério Público do Estado do Rio Grande do Norte, para reconhecer o cabimento do Recurso em Sentido Estrito para impugnar decisão que indefere produção antecipada de prova, nas hipóteses do art. 366 do CPP (*Embargos de Divergência no Recurso Especial nº 1.630.121/RN, STJ, 3ª Seção, unânime, Rel. Min. Reynaldo Soares da Fonseca, julgado em 28.11.2018, publicado no DJ em 11.12.2018*).

581.10. [...] A teor do entendimento desta Corte, "*contra decisão que concede, nega ou revoga suspensão condicional do processo cabe recurso em sentido estrito.*" (RMS 23.516/RJ, Rel. Min. Felix Fischer, Quinta turma, julgado em 17/12/2007, *DJe* 3/03/2008). Ademais, quando da interposição da correição parcial, já havia transcorrido o prazo para a impugnação da decisão do Juízo da origem, tendo havido, portanto, a preclusão processual. De qualquer forma, houve, ainda, flagrante cerceamento de defesa no processamento da correição parcial, já que não houve a devida intimação da defesa da ora Paciente, para a apresentação de sua resposta. Ordem concedida para, cassando o acórdão ora hostilizado, restabelecer a decisão monocrática que determinou a suspensão do processo penal movido contra a ora Paciente (*Habeas Corpus nº 90.584/RS, Rel. Min. Laurita Vaz, 5ª Turma, publicado no* DJ *em 3.11.2008*).

581.11. A questão do *sursis* processual da Lei nº 9.099/95: Tem-se como relevante a análise do tema diante de situação jurídica existente após a edição do Código de Processo Penal: o art. 89, Lei nº 9.099/95, previu o denominado *sursis* processual. Eis a redação do dispositivo:

> Art. 89. Nos crimes em que a pena mínima cominada for igual ou inferior a um ano, abrangidas ou não por esta Lei, o Ministério Público, ao oferecer a denúncia, poderá propor a suspensão do processo, por dois a quatro anos, desde que o acusado não esteja sendo processado ou não tenha sido condenado por outro crime, presentes os demais requisitos que autorizariam a suspensão condicional da pena (art. 77 do Código Penal).
>
> § 1º Aceita a proposta pelo acusado e seu defensor, na presença do Juiz, este, recebendo a denúncia, poderá suspender o processo, submetendo o acusado a período de prova, sob as seguintes condições:
>
> I – reparação do dano, salvo impossibilidade de fazê-lo;
>
> II – proibição de frequentar determinados lugares;
>
> III – proibição de ausentar-se da comarca onde reside, sem autorização do Juiz;
>
> IV – comparecimento pessoal e obrigatório a juízo, mensalmente, para informar e justificar suas atividades.
>
> § 2º O Juiz poderá especificar outras condições a que fica subordinada a suspensão, desde que adequadas ao fato e à situação pessoal do acusado.
>
> § 3º A suspensão será revogada se, no curso do prazo, o beneficiário vier a ser processado por outro crime ou não efetuar, sem motivo justificado, a reparação do dano.
>
> § 4º A suspensão poderá ser revogada se o acusado vier a ser processado, no curso do prazo, por contravenção, ou descumprir qualquer outra condição imposta.
>
> § 5º Expirado o prazo sem revogação, o Juiz declarará extinta a punibilidade.
>
> § 6º Não correrá a prescrição durante o prazo de suspensão do processo.
>
> § 7º Se o acusado não aceitar a proposta prevista neste artigo, o processo prosseguirá em seus ulteriores termos.

A questão que se propõe a debate: da decisão que conceder, negar ou revogar o *sursis processual*, a que alude o art. 89, Lei nº 9.099/95, qual o recurso cabível?

A matéria tem gerado muitas controvérsias, mas crê-se que a melhor interpretação, diante da novidade trazida no ano de 1995, seria o reconhecimento da aplicabilidade subsidiária do inciso XI do art. 581 do CPP, processando-se a irresignação como recurso em sentido estrito. É verdade que a Lei nº 9.099/95 tem pressupostos bem claros que orientam sua aplicação em seu art. 2º (*o processo orientar-se-á pelos critérios da oralidade, simplicidade, informalidade, economia processual e celeridade, buscando, sempre que possível, a conciliação ou a transação*), procurando-se evitar a ordinarização dos procedimentos nela previstos. Contudo, não consegue se visualizar nenhuma incompatibilidade material ou processual na utilização subsidiária do recurso em sentido estrito como meio de impugnação às decisões tomadas pelo Juízo quando se tratar da *suspensão do processo*. Até na Lei nº 9.099/95 não há previsão de nenhum recurso específico nessas situações (como é o caso, por exemplo, da apelação contra a decisão que rejeita a denúncia).

Crê-se relevante um tópico bem específico relacionado com a suspensão condicional do processo: a possibilidade (ou não) de sua revogação após o chamado *período de prova*.

A partir (especialmente) dos comandos insertos nos §§ 3º, 4º e 5º do art. 89 da Lei nº 9.099/95 tem-se os parâmetros e condições para eventual revogação da suspensão condicional do processo. Fácil constatar que a revogação obrigatória (§ 3º) não decorre da decisão judicial: ela é corolário de estar demonstrado que o beneficiário veio a ser processado por outro crime ou não ter efetuado a reparação do dano (salvo se por motivo justificado). O juiz apenas irá *declarar* a extinção da punibilidade se o prazo restar expirado sem revogação.

Nessa linha, somente se pode verificar com certeza o cumprimento das condições estipuladas após o exaurimento do período de prova. Aliás, até o último instante do período de prova pode ocorrer a revogação (que é automática). Sendo assim, somente se poderá verificar se foram cumpridas todas as condições estabelecidas na suspensão do processo após o término do prazo, que pode ser de dois anos (normalmente é esse o prazo fixado) a quatro anos.

Apenas a título comparativo, tome-se a hipótese do art. 107, I, CP, em que a circunstância que extingue a punibilidade *não é* a decisão do juiz (de cunho aqui preponderantemente declaratório), mas o evento *morte*. Sem a morte, qualquer decisão que a declare não terá eficácia e não gera coisa julgada, podendo haver a retomada do processo (HC nº 84.525-8-MG, STF, Rel. Min. Carlos Velloso, publicado no *DJ* em 3.12.2004; HC nº 31.324-MG, STJ, Rel. Min. Felix Fischer, 5ª Turma, publicado no *DJ* em 9.2.2004), salvo, evidente, se ocorrente a prescrição (que é outra causa autônoma de extinção da punibilidade). Desse modo, mesmo que *declarada* a extinção da punibilidade indevidamente, em nosso sentido o *decisum* não terá qualquer valor se demonstrada a inocorrência do *fato* que gerasse a incidência automática da norma.

Já quanto à revogação facultativa (§ 4º), a situação é idêntica em relação ao momento para exarar a decisão judicial: tanto antes quanto depois do término do prazo de prova, pois a constatação de eventual nova ação por contravenção penal ou de descumprimento de demais condições impostas somente pode ser aferida, definitivamente, depois de ultimado o prazo fixado pelo juízo.

Portanto, está-se a dizer que nenhum óbice existe – mais, é pressuposto lógico – para que somente após o período de prova se analise se foram cumpridas ou não as condições estipuladas no *sursis* processual. Se forem hipóteses de revogação automática, irrelevante que a decisão se tenha dado ulteriormente ao prazo. Se de hipótese de revogação facultativa, pode ser que somente após o término do prazo se tenham elementos seguros para se declarar extinta a punibilidade ou então revogar o benefício.

Jurisprudência

581.11. [...] A questão central consiste em definir o momento da retomada do prazo prescricional: (i) se a partir do último descumprimento das condições do sursis processual, ou (ii) da decisão judicial que revogou o benefício da suspensão condicional do processo. [...] A contagem do prazo prescricional, após a concessão de suspensão condicional do processo, é retomada a partir da data em que ocorre a revogação formal do benefício pela decisão judicial, e não do momento do descumprimento das condições impostas, conforme jurisprudência desta Corte. [...] *(Agravo Regimental no Habeas Corpus nº 860.518-SC, STJ, 5ª Turma, Rel. Min.Daniela Teixeira, julgado em 8.10.2024, publicado no DJ em 14.10.2024)*

581.11. [...] Ainda que assim não fosse, quanto aos demais aspectos aventados no recurso, é entendimento assente que descumpridas as condições impostas durante o período de prova da suspensão condicional do processo, o benefício deverá ser revogado, mesmo que já ultrapassado o prazo legal, desde que referente a fato ocorrido durante sua vigência. [...] Precedente: "É possível a revogação da suspensão condicional do processo, ainda que expirado o período de suspensão condicional do processo, desde que comprovado que houve o descumprimento das condições impostas ou que o beneficiado passou a ser processado por outro crime no curso do prazo da suspensão" (STJ, Jurisprudência em Teses, Edição n. 3: Suspensão Condicional do Processo, Tese n. 1). [...] Consoante pacífica jurisprudência do Superior Tribunal de Justiça, a suspensão condicional do processo é automaticamente revogada se, no período de prova, o réu vem a ser processado pela prática de outro crime, em obediência ao art. 89, § 3º, da Lei n. 9.099/1995, ainda que posteriormente venha a ser absolvido, de forma que deixa de ser merecedor do benefício para ser normalmente processado com todas as garantias pertinentes. [...] *(Agravo Regimental no Agravo em Recurso Especial nº 1.823.550-DF, STJ, 5ª Turma, Rel. Min. Reynaldo Soares da Fonseca, unânime, julgado em 22.3.2022, publicado no DJ em 25.3.2022)*

581.11. [...] 1. A Terceira Seção desta Corte, no julgamento do REsp 1.498.034/RS, representativo da controvérsia, firmou entendimento de que, "se descumpridas as condições impostas durante o período de prova da suspensão condicional do processo, o benefício poderá ser revogado, mesmo se já ultrapassado o prazo legal, desde que referente a fato ocorrido durante sua vigência" [...] *(Agravo Regimental no Habeas Corpus n. 529.869- MS, STJ, 5ª Turma, unânime, Rel. Min. Ribeiro Dantas, julgado em 5.12.2019, publicado no DJ em 16.12.2019).*

581.11. [...] Suspensão condicional do processo. Descumprimento de condição. Revogação após o término do período de prova. Possibilidade. Precedentes. [...] A decisão ora questionada está em perfeita consonância com a orientação desta Suprema Corte no sentido de que "a suspensão condicional do processo pode ser revogada, mesmo após o seu termo final, se comprovado que o motivo da sua revogação ocorreu durante o período do benefício" (HC nº 90.833/RJ, 1ª Turma, rel. a Min. Cármen Lúcia, *DJ* de 11.5.2007). [...] *(Agravo Regimental no Habeas Corpus n. 155.528-DF, STF, 2ª Turma, unânime, Rel. Min. Dias Toffoli, julgado em 4.9.2018, publicado no* DJ *em 17.10.2018)*

581.12. Recurso contra a decisão que conceder, negar ou revogar o livramento condicional (inciso XII): As decisões relacionadas ao livramento condicional são tomadas pelo juízo da execução, de modo que o recurso cabível é o agravo previsto no art. 197, Lei de Execuções Penais, não mais se podendo falar na utilização do recurso em sentido estrito com essa finalidade.

581.13. Recurso contra da decisão que anular o processo da instrução criminal, no todo ou em parte (inciso XIII): O art. 573, CPP, determina que *os atos, cuja nulidade não tiver sido sanada, na forma dos artigos anteriores, serão renovados ou retificados*, sendo que *a nulidade de um ato, uma vez declarada, causará a* (e, no máximo, só deles) *dos atos que dele diretamente dependam ou seja circunstância*, cabendo ao juízo que pronunciar a nulidade declarar os atos a que ela se estende.

Desse modo, sendo reconhecida e *declarada* determinada nulidade pelo juízo monocrático referente à instrução criminal, a parte que se sentir prejudicada com tal ato deverá – se assim entender conveniente – utilizar o recurso em sentido estrito.

Normalmente, as nulidades do processo são reconhecidas em favor da defesa, de modo que a utilização de tal expediente recursal se dá pelo Ministério Público ou pelo assistente da acusação. Mas não há de se esquecer que, nos termos do art. 563, CPP, as nulidades podem ser declaradas não só em favor da defesa, mas também aproveitando à acusação.

Por fim, há de se explicitar que, havendo reconhecimento de nulidade do processo pelas instâncias superiores, não há de se falar em utilização do recurso em sentido estrito, limitado que é às impugnações desse jaez em instância de primeiro grau.

Se *não* houver o acolhimento de nulidade arguida, a hipótese somente poderá ser impugnada mediante *habeas corpus* (se cabível) ou então suscitada como preliminar na apelação após sentença.

Jurisprudência

581.13. [...] O art. 593 do Código de Processo Penal consigna expressamente as hipóteses de cabimento do recurso de apelação. No particular, vê-se que a decisão a quo – de cunho meramente interlocutório, que não põe fim ao processo – não se amolda ao previsto no artigo em comento. Assim, incabível a apelação criminal para impugná-la [...] *(Agravo Regimental no Recurso Especial n. 1.789.065-SP, STJ, 5ª Turma, unânime, Rel. Min. Reynaldo Soares da Fonseca, julgado em 12.3.2019, publicado no* DJ *em 25.3.2019).*

581.13. [...] No caso, pretende o Recorrente interpretar extensivamente o inciso XIII do art. 581 do Código de Processo Penal, que prevê o cabimento do referido recurso em face de decisão "que anular o processo da instrução criminal, no todo ou em parte". No entanto, essa previsão não se assemelha à hipótese dos autos, na qual a Defesa pretende reformar *decisum* que indeferiu pedido de desentranhamento de peças admitidas pelo Magistrado Singular como prova emprestada. Recurso desprovido (*Recurso Especial nº 1.179.202-SP, STJ, 5ª Turma, unânime, Rel. Min. Laurita Vaz, julgado em 6.9.2011, publicado no* DJ *em 21.9.2011*).

581.14. Recurso contra a decisão que incluir jurado na lista geral ou desta o excluir (inciso XIV): A hipótese em tela tem duas peculiaridades gerais: a primeira que não se trata de recurso apresentado em determinado processo criminal, mas sim contra decisão do juiz tomada na organização do Tribunal do Júri; a segunda, que o prazo do recurso (que normalmente é de 5 dias) será de 20 (vinte) dias, conforme preconizado no parágrafo único do art. 586 do CPP.

Há de se atentar, porém, que a novel legislação (art. 426, § 1º, CPP) nada falou (como assim fazia a parte final do parágrafo único do *então* revogado art. 439 do CPP – *antes das alterações das Leis nos 11.609/08 e 12.403/11*) que, da publicação definitiva, caberia recurso, "*dentro de vinte dias, para a superior instância, sem efeito suspensivo*". Tal como já declinado na análise do art. 426, § 1º, CPP (vide item 426.3), compreendemos que a omissão na novel legislação não implicou revogação implícita do recurso previsto no inciso XIV do art. 581 do CPP. Ao enfrentarmos o tema do *reexame necessário* em face da decisão de absolvição sumária (prevista explicitamente na legislação anterior no art. 411 do CPP), sustentamos que, em face da nova redação conferida ao art. 415, CPP, não mais subsistiria o reexame necessário a que alude o inciso II do art. 574 do CPP. Pensamos que a situação aqui é diversa. Primeiro porque o reexame necessário, *tecnicamente*, não é (era) *recurso*, e sim uma condição de eficácia plena da sentença (que, para nós, reitere-se, era de duvidosa constitucionalidade, diante de princípios constitucionais garantistas). Segundo porque a omissão legislativa na alteração havida não se revela incompatível com a previsão recursal ainda vigente no inciso XIV do art. 581 do CPP. Terceiro porque a possibilidade de controle da exclusão ou inclusão de jurados se revela plenamente compatível com a exigência contida na parte final do § 2º do art. 425 do CPP (redação da Lei nº 11.689/08).

Quanto à legitimidade recursal, precisa-se estabelecer uma dicotomia.

Em se tratando de *exclusão* da lista, a legitimidade e o interesse estão centrados exatamente naquela pessoa que constava da lista provisória e foi excluída da lista final.

Quando a hipótese for de *inclusão* de jurados, qualquer pessoa residente na comarca poderá recorrer (aí uma terceira peculiaridade, mas em questão específica). Além disso, o próprio jurado listado poderá recorrer de sua inclusão.

Por fim, o Ministério Público poderá recorrer quando verificar que qualquer um dos integrantes da lista não preencher os requisitos legais. Não há óbice para que, nessa hipótese, o recurso seja ajuizado após publicada a lista, mas diante de uma circunstância (antiga ou nova, mas ambas conhecidas somente depois) que impeça determinada pessoa de participar da lista geral.

581.15. Recurso contra a decisão que denegar a apelação ou a julgar deserta (inciso XV): À luz do atual ordenamento constitucional, que valoriza sobremaneira o princípio da ampla defesa, entendemos que não há mais como se admitir a aplicação do dispositivo em voga. Não há qualquer sentido jurídico justificável para se considerar deserto o recurso unicamente em decorrência do fato (embora reprovável em si) de o réu em ação penal pública vier a fugir depois de ter interposto o recurso, bem assim pelo não pagamento das custas do processo. Além disso, o preceito legal abarca igualmente a hipótese de o juiz, por qualquer outro motivo, inadmitir o processamento da apelação (intempestividade, por exemplo). A situação diverge substancialmente da carta testemunhável, que é cabível para situações outras que não admitidos os recursos, mas não a apelação.

Tal como mais à frente referido quando dos comentários ao art. 595, CPP, eis no presente caso um dispositivo de hialina inconstitucionalidade por incompatibilidade vertical com os ditames fundantes de um ordenamento garantista, no mínimo com os princípios da ampla defesa e do acesso ao Poder Judiciário.

A Constituição vigente é orientada por inúmeros dispositivos que impõem o atendimento dos direitos fundamentais dos cidadãos, buscando-se a chamada ótima concretização desses direitos, aí incluídos, por evidente, também daqueles que violam as normas penais, que, por isso, estão sujeitos à responsabilização criminal.

É certo que tal interpretação jurídica deve ser tópico-sistemática, não sendo recomendável seja esse dispositivo (e nenhum outro) interpretado isoladamente. Dessa feita, a consideração dos ditames garantistas (que não são absolutos, mas de grande eficácia *a priori* de preponderância sobre os demais) não pode levar ao que também denominados de inoperância do sistema decorrente de uma prestação deficiente do Poder Jurisdicional. Compreende-se que se deva encontrar o ponto de equilíbrio na concretização de *todas* as normas constitucionais vigentes para que, mediante argumentos racionais e devidamente legitimadores, se possa ter a prevalência de decisão orientada verdadeiramente pelo Princípio (ou Postulado, para alguns) da Proporcionalidade.

Contudo, de inúmeros dispositivos do atual Código vigente (formalmente vigente), talvez nenhum expresse tanto resquício ainda atrelado a um regime que não se faça condizente com o que se pretende num Estado Social e Democrático de Direito como a norma objeto do art. 595, CPP.

Destaca-se que a deserção da apelação (verdadeira *penalidade*) não decorre de uma questão fenomênica vinculada à ação criminosa ou a quaisquer eventuais requisitos da privação cautelar (por aplicação analógica que seja, em última análise, para quem deles se utiliza).

Impõe-se por regra infraconstitucional a deserção unicamente porque o réu se evadiu do cárcere depois de ter apelado, como se requisito fosse para o processamento do recurso a manutenção no cárcere. Evidente que não é!

Podem-se encontrar posicionamentos assentando que eventual *recaptura* do fugitivo até mesmo antes da análise da apelação pelo tribunal seria irrelevante: *a penalidade* (deserção) tem cunho definitivo.

Se se estiver restringindo determinado agente em sua liberdade (e a restrição é pressuposto do raciocínio quando se tem a norma em voga para valoração) é porque se afiguram (ou deveriam se afigurar) presentes os requisitos da cautelaridade, bastante restritos (art. 312, CPP). Nunca é demais gizar: a prisão é exceção e a regra, a liberdade.

Nessa senda, não nos restam dúvidas de que eventual fuga do agente criminoso só pode trazer uma consequência processual: o reforço de que há fundamentos para a ordem constritiva da liberdade, notadamente para a garantia da aplicação da Lei penal ou, dependendo do caso, para a garantia da ordem pública e da ordem econômica.

Não se visualiza qualquer razão jurídico-constitucional ou lógica que justifique ainda o reconhecimento de que essa norma guarde compatibilidade vertical com quaisquer normas de hierarquia da Constituição Federal.

O absurdo gera tamanha ilogicidade que, apenas a título argumentativo, se o réu se evadir *antes* de ter apelado não se cogitará da deserção. A *pena* é para quem foge *depois* de ter apelado.

Malgrado tais considerações, muitos posicionamentos doutrinários e jurisprudenciais ainda insistem na tese de que não se verificaria qualquer incompatibilidade do dispositivo com a Constituição, ao que, repete-se, respeitosamente não se adere.

É de se referir que o Supremo Tribunal Federal declarou a inconstitucionalidade do disposto no art. 595, CPP, no julgamento do *Habeas Corpus* nº 85.961-5 (publicado no *DJ* em 17.4.2009). Também a Corte Suprema reconheceu a inconstitucionalidade do (hoje revogado formalmente) art. 594, CPP (vide o RHC nº 83.810-RJ, Rel. Min. Joaquim Barbosa, Plenário, publicado no *DJ* em 23.10.2009).

Igualmente, não há sentido para nós no reconhecimento da deserção da apelação ante a ausência do pagamento de eventuais despesas processuais. O processo penal é, marcadamente, de interesse público, mesmo naquelas hipóteses em que a titularidade da ação penal está exclusivamente vinculada ao interesse individual de determinada pessoa (ações penais privadas propriamente ditas). Se assim é, frente ao influxo de novos princípios constitucionais vigentes desde 1988, resta impossível condicionar o conhecimento, processamento e apreciação de recurso se não efetuadas as despesas processuais atinentes.

Jurisprudência

581.15. [...] Tanto a decisão singular que negou seguimento ao Recurso Especial quanto as decisões do Superior Tribunal de Justiça que não admitiram o Recurso Especial, ante a ausência do devido preparo, ferem os princípios constitucionais da presunção de inocência e da ampla defesa. Esta Suprema Corte já consolidou o entendimento de que, em se tratando de crime sujeito à ação penal pública, como no presente caso, as custas só se tornam exigíveis depois do trânsito em julgado da condenação, motivo pelo qual não pode o recurso do réu deixar de ser admitido pela ausência de preparo. *Mutatis mutandis*, esse entendimento deve ser aplicado ao presente caso, sob pena de violação do princípio da ampla defesa, especialmente porque, ainda que depois de transcorrido o prazo fixado para a complementação, o paciente acabou complementando o preparo, não podendo ser ignorado esse fato. Ordem concedida para afastar a deserção por falta de preparo e desconstituir o trânsito em julgado da condenação, devendo o Tribunal de Justiça de origem proceder à análise dos demais pressupostos de admissibilidade do recurso especial interposto pelo paciente (*Habeas Corpus nº 95.128/RJ, Rel. Min. Dias Toffoli, 1ª Turma, publicado no* DJ *em 5.3.2010*).

581.15. [...] Contraria o direito à ampla defesa a declaração da deserção da apelação em razão do não recolhimento do condenado à prisão, ou da sua fuga depois de ter apelado. Entendimento consubstanciado pela jurisprudência do Supremo Tribunal no sentido de que é inconstitucional a exigência de depósito ou arrolamento prévio de bens e direitos como condição de admissibilidade de recurso administrativo (ADI nº 1.976, Rel. Min. Joaquim Barbosa, DJ 18.5.2007), e pelas alterações produzidas pela Lei nº 11.719/08, que alteraram a interpretação e a aplicação do art. 595 do Código de Processo Penal, pois, além de se revogar expressamente o art. 594 desse diploma legal, alterou-se o seu art. 387, que passou a estabelecer competir ao juiz decidir, "*fundamentadamente, sobre a manutenção ou, se for o caso, imposição de prisão preventiva ou de outra medida cautelar, sem prejuízo do conhecimento da apelação que vier a ser interposta*" (parágrafo único do art. 387). Ordem concedida (*Habeas Corpus nº 85.369-2/SP, STF, Rel. Min. Carmen Lúcia, Plenário, publicado no DJ em 30.4.2009*).

581.15. [...] A cobrança de taxas judiciárias não cerceia o exercício da ampla defesa do querelado em ação penal privada. Quando não há reconhecimento judicial de pobreza, como no caso, a regra é que as diligências empreendidas durante a ação penal privada, bem como os recursos, dependem do recolhimento das custas, antes de sua realização ou conhecimento. Quando o recorrente recolhe a taxa judiciária intempestivamente – após a distribuição do recurso –, por óbvio, não se aplica o entendimento do Superior Tribunal de Justiça de que somente se julgará deserto o recurso interposto após a intimação para que proceda ao pagamento das custas devidas. *Habeas corpus* denegado (*Habeas Corpus nº 82.856/SP, STJ, Rel. Min. Laurita Vaz, 5ª Turma, publicado no DJ em 16.3.2009*).

....

581.16. Recurso contra a decisão que ordenar a suspensão do processo em virtude de questão prejudicial (inciso XVI): As questões prejudiciais encontram-se regulamentadas nos arts. 92 a 94, CPP, *in verbis*:

> Art. 92. Se a decisão sobre a existência da infração depender da solução de controvérsia, que o juiz repute séria e fundada, sobre o estado civil das pessoas, o curso da ação penal ficará suspenso até que no juízo cível seja a controvérsia dirimida por sentença passada em julgado, sem prejuízo, entretanto, da inquirição das testemunhas e de outras provas de natureza urgente.
>
> Parágrafo único. Se for o crime de ação pública, o Ministério Público, quando necessário, promoverá a ação civil ou prosseguirá na que tiver sido iniciada, com a citação dos interessados.
>
> Art. 93. Se o reconhecimento da existência da infração penal depender de decisão sobre questão diversa da prevista no artigo anterior, da competência do juízo cível, e se neste houver sido proposta ação para resolvê-la, o juiz criminal poderá, desde que essa questão seja de difícil solução e não verse sobre direito cuja prova a Lei civil limite, suspender o curso do processo, após a inquirição das testemunhas e realização das outras provas de natureza urgente.
>
> § 1º O juiz marcará o prazo da suspensão, que poderá ser razoavelmente prorrogado, se a demora não for imputável à parte. Expirado o prazo, sem que o juiz cível tenha proferido decisão, o juiz criminal fará prosseguir o processo, retomando sua competência para resolver, de fato e de direito, toda a matéria da acusação ou da defesa.
>
> § 2º Do despacho que denegar a suspensão não caberá recurso.
>
> § 3º Suspenso o processo, e tratando-se de crime de ação pública, incumbirá ao Ministério Público intervir imediatamente na causa cível, para o fim de promover-lhe o rápido andamento.

Art. 94. A suspensão do curso da ação penal, nos casos dos artigos anteriores, será decretada pelo juiz, de ofício ou a requerimento das partes.

No art. 92, CPP, há as chamadas questões prejudiciais obrigatórias, enquanto no art. 93, CPP, encontram-se as chamadas questões prejudiciais facultativas. Reconhecidas quaisquer uma delas no processo penal, a parte que se sentir prejudicada deverá utilizar o recurso em sentido estrito, não havendo óbice, se for o caso, de impetração de *habeas corpus* no interesse da defesa, desde que presentes os requisitos legais.

Jurisprudência

581.16. [...] 1. A Terceira Seção, no julgamento dos EREsp n. 1.630.121/RN, sufragou a possibilidade de interpretação extensiva do rol taxativo do art. 581 do CPP. Não se trata de admitir ampliação das hipóteses para abranger situação que o legislador pretendeu excluir, mas de reconhecer o conteúdo mais amplo da lei processual. 2. Se o recurso em sentido estrito é cabível contra decisão que ordenar a suspensão do processo, a produção antecipada de provas, como providência de natureza cautelar que decorre e está inserida no contexto da aplicação do art. 366 do CPP, pode ser inserida na hipótese do art. 581, XVI, do CPP. A interposição do reclamo, conquanto não prevista literalmente no texto da lei, se enquadra em sua disposição. [...] *(Agravo Regimental no Recurso Especial nº 1.723.538-SE, STJ, 6ª Turma, Rel. Min. Rogério Schietti Cruz, julgado em 26.5.2020, julgado em 4.6.2020)*

581.17. Recurso contra a decisão que decidir sobre a unificação de penas (inciso XVII): Mais uma hipótese que não comporta o recurso em sentido estrito por manifesta incompatibilidade com o art. 197, Lei de Execuções Penais. Qualquer decisão referente à unificação de penas é de competência do juízo das execuções penais, restando, portanto, prejudicado o dispositivo. Com o advento da Lei n. 13.964/2019, o tempo de cumprimento das penas privativas passou de 30 para 40 anos, sendo que, quando o agente for condenado a penas privativas de liberdade cuja soma seja superior a 40 (quarenta) anos, devem ser elas unificadas para atender ao limite máximo da nova disposição. Não custa realçar que essa unificação de penas se dá para o *quantum* de pena a ser cumprido, mas os eventuais benefícios legais (como progressão de regime etc.) deverão ser calculados e apurados sobre o montante total da pena fixada, na linha do que já se procede atualmente. A alteração legislativa foi exclusivamente quanto ao máximo de pena a ser cumprido. Evidentemente que, se houver a unificação, iniciado o cumprimento das penas, e sobrevier nova condenação que implique outra unificação, poderá se chegar novamente ao patamar de até 40 anos.

Jurisprudência

581.17. [...] Recurso especial desprovido, com a fixação da seguinte tese: *"Sobrevindo condenação por pena privativa de liberdade no curso da execução de pena restritiva de direitos, as penas serão objeto de unificação, com a reconversão da pena alternativa em privativa de liberdade, ressalvada a possibilidade de cumprimento simultâneo aos apenados em regime aberto e vedada a unificação automática nos casos em que a condenação substituída por pena alternativa é superveniente." (Recurso Especial nº 1.925.861-SP, STJ, 3ª Seção, Rel. Min. Sebastião Reis Júnior, Relator para o acórdão Ministra Laurita Vaz, julgado em 27.4.2022, publicado no DJ em 28.6.2022)*

581.17. [...] 1. A superveniência de nova condenação no curso da execução penal enseja a unificação das reprimendas impostas ao reeducando. Caso o *quantum* obtido após o somatório torne incabível o regime atual, está o condenado sujeito à regressão a regime de cumprimento de pena mais gravoso, consoante inteligência dos arts. 111, parágrafo único, e 118, II, da Lei de Execução Penal. Em vez de haver o cumprimento progressivo de cada pena individualmente, há a soma do total de penas a serem cumpridas para que o apenado as cumpra de forma conjunta. 2. Inexiste respaldo legal para a alteração da data-base a fim da concessão de futuros benefícios na execução em razão da unificação das penas. 3. A execução da pena não se inicia apenas com a superveniência do título judicial exequível. Já se admite a execução provisória nas hipóteses de existência de prisão cautelar e, atualmente, quando há a confirmação da condenação pelo Tribunal de Justiça/Tribunal Regional e não há prisão preventiva. 4. Acarreta evidente excesso de execução a desconsideração do tempo de prisão antes do trânsito em julgado da nova condenação. 5. Ordem concedida, de ofício, para cassar o acórdão proferido no agravo em execução penal e restabelecer a decisão do Juízo da execução, proferida em 4.3.2016 *(Habeas Corpus n. 381.248-MG, STJ, Relator para o acórdão Ministro Sebastião Reis Nunes, 3ª Seção, por maioria, julgado em 22.2.2018, publicado no* DJ *de 3.4.2018).*

581.18. Recurso contra a decisão que decidir sobre o incidente de falsidade (inciso XVIII): Os incidentes de falsidade têm previsão expressa nos arts. 145 a 148 do CPP:

> Art. 145. Arguida, por escrito, a falsidade de documento constante dos autos, o juiz observará o seguinte processo:
>
> I – mandará autuar em apartado a impugnação, e em seguida ouvirá a parte contrária, que, no prazo de 48 (quarenta e oito) horas, oferecerá resposta;
>
> II – assinará o prazo de 3 (três) dias, sucessivamente, a cada uma das partes, para prova de suas alegações;
>
> III – conclusos os autos, poderá ordenar as diligências que entender necessárias;
>
> IV – se reconhecida a falsidade por decisão irrecorrível, mandará desentranhar o documento e remetê-lo, com os autos do processo incidente, ao Ministério Público.
>
> Art. 146. A arguição de falsidade, feita por procurador, exige poderes especiais.
>
> Art. 147. O juiz poderá, de ofício, proceder à verificação da falsidade.
>
> Art. 148. Qualquer que seja a decisão, não fará coisa julgada em prejuízo de ulterior processo penal ou civil.

A disposição do inciso XVIII é bastante clara, cabendo destaque apenas para a circunstância de que, uma vez arguida a falsidade, é imperiosa sua apuração com ulterior decisão do juízo. Qualquer das partes legitimadas a recorrer (reporta-se ao art. 577, CPP) poderá utilizar a faculdade legal para firmar a irresignação, presente o interesse recursal, além dos demais pertinentes.

Jurisprudência

581.18. [...] Arguido, por escrito, a falsidade de um documento relevante para o deslinde da causa, deve o juiz determinar a instauração do incidente de falsidade, nos termos do art. 145, do CPP. Recurso provido (*Recurso Especial nº 770.525-GO, Rel. Min. Felix Fischer, 5ª Turma, publicado no* DJ *em 10.4.2006*).

581.19. Recurso contra as decisões que: (a) decretar a medida de segurança, depois de transitar a sentença em julgado (inciso XIX); **(b)** impuser medida de segurança por transgressão de outra (inciso XX); **(c)** mantiver ou substituir a medida de segurança, nos casos do art. 774 (inciso XXI); ou **(d)** revogar ou deixar de revogar a medida de segurança (incisos XXII e XXIII). Em todas as hipóteses elencadas (incisos XIX a XXIII), tal como noutras já abordadas anteriormente na sequência das disposições legais acerca do recurso em sentido estrito, o recurso cabível será o de agravo previsto no art. 197 da Lei de Execuções Penais, restando prejudicados os dispositivos em tela.

Aliás, com a inserção do inciso XXV (agora, o último) no art. 581 (adiante analisado), vê-se que o legislador mais uma vez perdeu a oportunidade de excluir do art. 581 essas previsões que, há muito, são regradas pelas normas de execução penal (Lei nº 7.210/84). A propósito, registra-se que a Lei nº 13.964/2019 fez alterações na LEP, dentre as quais poderiam ter sido incluídas essas. Enfim, situações que retratam a falta clara de visão sistêmica do legislador, que vai acrescendo dispositivos sem se importar, sobretudo, em excluir as regras que se revelam incompatíveis com o ordenamento.

Mesmo que sejam temas relacionados à execução penal, cremos ser importante destacar aqui disposições *mais relevantes* inseridas na LEP acerca do chamado regime diferenciado, com as alterações no art. 52 da Lei nº 7.210:

1) nos termos do inciso I do art. 52 (aplicável ao preso provisório ou condenado definitivamente), quando praticado crime doloso ou houver subversão da ordem ou disciplinas internas, há possibilidade de aplicação do denominado *regime disciplinar diferenciado* com duração máxima de até dois anos, sem prejuízo de repetição da sanção por nova falta grave da mesma espécie; além disso, as visitas (quinzenais), serão realizadas em instalações equipadas para impedir o contato físico e a passagem de objetos (inciso III);

2) o regime disciplinar diferenciado também será aplicado aos presos (provisórios ou definitivos), nacionais ou estrangeiros, que: (a) apresentem alto risco para a ordem e a segurança do estabelecimento penal ou da sociedade; ou (b) sob os quais recaiam fundadas suspeitas de envolvimento ou participação em organização criminosa ou milícia privada, independentemente de falta grave;

3) nos termos do § 3º do art. 52 da LEP, existindo indícios (seguros, é claro) de que o preso exerce liderança em organização criminosa, associação criminosa ou milícia privada, ou que tenha atuação criminosa em dois ou mais estados da federação, o regime disciplinar diferenciado será *obrigatoriamente* cumprido em estabelecimento *prisional federal*.

4) em todas as hipóteses anteriores (conforme previsão do § 4º do art. 52 da LEP), o regime disciplinar diferenciado não mais contém limitações de prorrogações, podendo existir a cada ano, desde que demonstrados indícios de que o preso: I – continua apresentando alto risco para a ordem e a segurança do estabelecimento penal de origem ou da sociedade; II – mantém os vínculos com organização criminosa, associação criminosa ou milícia privada, considerados também o perfil criminal e a função desempenhada por ele no grupo criminoso, a operação duradoura do grupo, a superveniência de novos processos criminais e os resultados do tratamento penitenciário.

581.20. Recurso contra decisão que converter a multa em detenção ou prisão simples (inciso XXIV): Consoante dispunha o art. 51, CP, na redação dada pela Lei nº 9.268/96, *transitada em julgado a sentença condenatória, a multa será considerada dívida de valor, aplicando-se-lhes as normas da legislação relativa à dívida ativa da Fazenda Pública, inclusive no que concerne às causas interruptivas e suspensivas da prescrição.*

Diante da novel redação, que, embora não tirando o caráter penal da multa, a transformou em dívida de valor, não há mais de se falar em possibilidade de sua conversão em detenção ou prisão simples, o que ocasionou verdadeira ineficácia do inciso XXIV do art. 581 do CPP.

De se dizer, também, que, dada a natureza criminal da pena de multa, não se pode cogitar em extinção da ação criminal enquanto não adimplido seu valor.

Embora a inviabilidade de conversão da pena de multa, de relevo acentuar que o Supremo Tribunal Federal entendeu ser *"constitucional o art. 33, § 4º, do Código Penal, que condiciona a progressão de regime, no caso de crime contra a Administração Pública, à reparação do dano ou à devolução do produto do ilícito" (Ag. Reg. na Progressão de Regime na Execução Penal nº 22-DF, STF, Plenário, maioria, Rel. Min. Roberto Barroso, julgado em 17.12.2014, publicado no* DJ *em 18.3.2015*), reafirmando que esta situação somente é excepcionada *"pela comprovação da absoluta impossibilidade econômica do apenado em pagar a multa, ainda que parceladamente" (Ag. Reg. na Progressão de Regime na Execução Penal nº 20-DF, STF, Plenário, maioria, Rel. Min. Roberto Barroso, julgado em 15.4.2015, publicado no* DJ *em 20.5.2015*). Essa posição igualmente é a tomada pelo STJ, reportando-se que *"é firme a dicção do Excelso Pretório em reconhecer a constitucionalidade do art. 33, § 4º, do Código Penal, o qual condiciona a progressão de regime, no caso de crime contra a administração pública, à reparação do dano ou à devolução do produto do ilícito". (AgRg no Resp 1786891/PR, Rel. Ministro Félix Fischer, Quinta Turma, julgado em 15/09/2020, DJe 23/09/2020)"* (AgRg no HC n. 686.334/PE, Quinta Turma, Rel. Min. Reynaldo Soares da Fonseca, DJe de 20/09/2021). Agravo Regimental desprovido e pedido prejudicado. *(Agravo Regimental no Recurso Especial nº 1.883.830-PR, STJ, 5ª Turma, Rel. Ministro convocado Jesuíno Rissato, julgado em 9.8.2022, publicado no DJ em 18.8.2022)*

Deve-se mencionar que, em sentido oposto ao que firmado pelo STJ na Súmula 521 (*A legitimidade para a execução fiscal de multa pendente de pagamento imposta em sentença condenatória é exclusiva da Procuradoria da Fazenda Pública*), o STF decidiu, em 14 de dezembro de 2018, no bojo da ADI n.3.150 que a legitimidade para a execução da pena de multa é, *prioritariamente*, do Ministério Público. Conquanto não revogado referido comando sumulado, atualmente o STJ aderiu à posição do STF no sentido da legitimidade concorrente.

Contudo, compreendemos que o tema restou superado com o advento das alterações promovidas pela Lei n. 13.964, de 24.12.2019 (vigência a partir de 23.1.2020) que deu nova redação ao art. 51 do Código Penal, dispondo que "transitada em julgado a sentença condenatória, a multa será executada *perante o juiz da execução penal* e será considerada dívida de valor, aplicáveis as normas relativas à dívida ativa da Fazenda Pública, inclusive no que concerne às causas interruptivas e suspensivas da prescrição".

Em nossa compreensão, a primeira constatação é de que, mesmo sendo "dívida de valor", a pena de multa tem caráter penal (como reafirmado pelo STF) e será executada, doravante de forma *exclusiva*, pelo titular da ação penal que pode atuar perante o juízo criminal, o Ministério Público.

A partir da vigência da Lei nº 13.964/2019, execução deverá ser, necessariamente, perante o Juízo das Execuções Penais. Exatamente nessa linha do que já sustentamos desde a entrada em vigor da nova legislação que se vê decisão do STJ, v.g., no Agravo Regimental no Recurso Especial nº 1.869.371-PR *(5ª Turma, julgado em 17.11.2020, publicado **no** DJ em 24.11.2020)*. O que se deixou claro na norma (e aí um aspecto híbrido) é que as regras de execução serão aquelas adotadas pela Fazenda Pública nos procedimentos próprios movidos por ela, inclusive (e outra novidade) com as causas suspensivas e interruptivas da prescrição próprias do executivo de cobrança. Cremos que, como se trata de regras atinentes a Direito Penal, devem ser aplicadas (exclusivamente no que se refere à prescrição) aos crimes cometidos após a vigência da legislação que as introduziu no sistema (vedada a retroação de norma mais gravosa).

Veja-se, em complemento de fundamentação, que o próprio STJ vem reafirmando que compete somente ao *Juízo da Execução Penal* verificar se houve o pagamento da multa, sem o que não poderá deferir a progressão de regime. Explicitamente tem reconhecido que, nas hipóteses de inadimplemento da pena de multa, "*a fim de que não se imponha ao reeducando uma barreira intransponível, a ponto de violar o princípio da ressocialização da pena, nem se frustre, por outro lado, a finalidade da execução penal, o juízo da execução criminal, deve, antes de obstar ou deferir a progressão de regime ao apenado, verificar o valor da multa fixada e analisar, a partir de elementos fáticos, a respectiva capacidade econômica do sentenciado, com vistas a viabilizar, de algum modo, ainda que de forma parcelada, o pagamento da multa". (Agravo Regimental no Agravo em Recurso Especial nº 1.990.425-MG, STJ, 5ª Turma, Rel. Min. Reynaldo Soares da Fonseca, unânime, julgado em 26.4.2022, publicado no DJ em 29.4.2022).* Desse modo, não parece lógico e sistemático condicionar essa atuação exclusiva do Juízo da Execução Criminal a uma providência que possa ser delegada à Fazenda Pública, quando, na linha do mesmo julgado retromencionado, reconheceu ainda que compete somente a ele essa providência de determinar a intimação do "*reeducando para efetuar o pagamento, ressaltando a possibilidade de parcelamento, a pedido e conforme as circunstâncias do caso concreto (art. 50, caput, do CP), bem como oportunizando ao condenado comprovar, se for o caso, a absoluta impossibilidade econômica de arcar com seu valor sem prejuízo do mínimo vital para a sua subsistência e de seus familiares*".

Verifica-se que, no ano de 2024, o tema ainda pende de solução pelo Plenário do STF em repercussão geral (RE nº 1.377.843), porém há proposta do relator, Ministro André Mendonça, de fixação de tese no Tema nº 1219 no seguinte sentido: "*À luz do artigo 51 do Código Penal, na redação dada pela Lei nº 13.964, de 2019, o Ministério Público é o legitimado exclusivo para a cobrança da multa criminal, a ser realizada na vara de execuções criminais, não cabendo indicar legitimidade subsidiária da Fazenda Pública na espécie*",

Jurisprudência

581.20. [...] 1. Agravo regimental interposto pela Fazenda Nacional contra decisão monocrática que reconheceu sua legitimidade subsidiária para execução de pena de multa fixada na esfera penal, mesmo após o advento do Pacote Anticrime (Lei n, 13.964/2019).

2. A Suprema Corte, no *leading case* RE 1377843, reconheceu repercussão geral da questão controvertida posta a desate no presente recurso (Tema 1219). Todavia, referido tema encontra-se pendente de julgamento definitivo pelo STF.

3. O acórdão do Tribunal de origem se harmoniza com a jurisprudência desta Corte Superior de Justiça no sentido de que, mesmo após a vigência da Lei 13.964/2019, perdura a legitimidade subsidiária da Fazenda Pública, uma vez que a legitimidade da Ministério Público para a cobrança da multa é prioritária, e não exclusiva. Precedentes: AgRg no AREsp n. 2.096.601/RS, relator Ministro Ribeiro Dantas, Quinta Turma, DJe de 24/8/2022 e AgRg no AREsp n. 2.101.526/RS, relator Ministro Olindo Menezes – Desembargador Convocado do TRF 1ª Região, Sexta Turma, DJe de 25/11/2022.

4. Ademais, o Tribunal *a quo* concedeu parcialmente a segurança determinando que o juízo de primeiro grau oportunize ao Ministério Público Federal – MPF, no prazo de 90 dias, na condição de legitimado prioritário, a promoção da cobrança da multa penal decorrente de sentença penal condenatória. Destarte, ausente, na espécie, violação a direito líquido e certo da Fa-

zenda Nacional. [...] *(Agravo Regimental no Recurso em Mandado de Segurança nº 70.937-RS, STJ, 5ª Turma, Rel. Min. Joel Ilan Paciornik, sessão virtual de 21.5.2024 a 27.5.2024, publicado no DJ em 29.5.2024)*

581.20. [...] 1. A alteração legislativa implementada no art. 51 do Código Penal, pela Lei nº 13.964/2019, não desnaturou a pena de multa, que permanece dotada do caráter de sanção criminal, a teor do art. 5º, XLVI, c, da Constituição da República.

2. Esta Suprema Corte, ao julgamento da ADI 3.150, igualmente veiculada contra o art. 51 do Código Penal, na redação dada pela Lei nº 9.268/1996, pacificou o entendimento de que a pena de multa, embora considerada dívida de valor, não perde a sua natureza de sanção criminal.

3. É constitucional condicionar o reconhecimento da extinção da punibilidade ao efetivo pagamento da pena de multa – conjuntamente cominada com a pena privativa de liberdade –, ressalvada a hipótese em que demonstrada a impossibilidade de pagamento da sanção patrimonial.

4. Pedido provido parcialmente para conferir, ao art. 51 do Código Penal, interpretação conforme à Constituição da República, no sentido de que, cominada conjuntamente com a pena privativa de liberdade, o inadimplemento da pena de multa obsta o reconhecimento da extinção da punibilidade, salvo comprovada impossibilidade de seu pagamento, ainda que de forma parcelada.*(Ação Direta de Inconstitucionalidade nº 7.032-Mérito, STF, Plenário, Rel. Min. Flávio Dino, sessão virtual de 15.3.2024 a 22.3.2024, publicado no DJ em 12.4.2024)*

581.20. [...] A matéria foi decidida com a devida e clara fundamentação, ao concluir no sentido de que "a Fazenda Pública mantém a competência subsidiária para execução da multa criminal, mesmo após a nova redação do art. 51 do Código Penal dada pela Lei n.º 13.964/2019" (AgRg no RMS n. 71735/RS, relator Ministro Messod Azulay Neto, Quinta Turma, julgado em 26/9/2023, DJe de 2/10/2023). [...] *(Embargos de Declaração no Agravo Regimental no Recurso em Mandado de Segurança nº 71.248-RS, STJ, 6ª Turma, Rel. Min. convocado Jesuíno Rissato, julgado em 19.3.2024, publicado no DJ em 22.3.2024)*

581.20. Recurso Especial Representativo de Controvérsia. [...] Execução penal. Revisão de Tese. Tema 931. Cumprimento da sanção corporal. [...] Inadimplemento da pena de multa. Extinção da punibilidade. [...] [...] *Recurso especial provido para restabelecer a decisão de primeiro grau e fixar a seguinte tese: O inadimplemento da pena de multa, após cumprida a pena privativa de liberdade ou restritiva de direitos, não obsta a extinção da punibilidade, ante a alegada hipossuficiência do condenado, salvo se diversamente entender o juiz competente, em decisão suficientemente motivada, que indique concretamente a possibilidade de pagamento da sanção pecuniária.(Recurso Especial nº 2.024.901-SP, STJ, 3ª Seção, Rel. Min. Rogério Schietti Cruz, julgado em 28.2.2024, publicado no DJ em 29.2.2024)*

581.20. [...] Segundo o entendimento desta Corte, *"a nova redação do art. 51 do Código Penal não retirou o caráter penal da multa. Assim, embora se apliquem as causas suspensivas da prescrição previstas na Lei n. 6.830/80 e as causas interruptivas disciplinadas no art. 174 do Código Tributário Nacional, o prazo prescricional continua sendo regido pelo art. 114, inciso II, Código Penal" [...] (Agravo Regimental no Recurso Especial nº 1.998.804-TO, STJ, 5ª Turma, Rel. Min. Joel Ilan Paciornik, sessão virtual de 12.9.2023 a 18.9.2023, publicado no DJ em 20.9.2023)*

581.20. [...] No caso da pena de multa, ainda que considerada dívida de valor, nos termos do art. 51 do Código Penal, morrendo o sentenciado antes do pagamento, deve ser extinta, não se transmitindo aos herdeiros a obrigação de quitá-la. [...] *(Agravo Regimental no Recurso Especial nº 1.920.741-PR, STJ, 6ª Turma, Rel. Min. Antonio Saldanha Palheiro, sessão virtual de 23.5.2023 a 29.5.2023, publicado no DJ em 31.5.2023)*

581.20. [...] 1. O Ministério Público é o órgão legitimado para promover a execução da pena de multa, perante a Vara de Execução Criminal, observado o procedimento descrito pelos artigos 164 e seguintes da Lei de Execução Penal; Caso o titular da ação penal, devidamente intimado, não proponha a execução da multa no prazo de 90 (noventa) dias, o Juiz da execução criminal dará ciência do feito ao órgão competente da Fazenda Pública (Federal ou Estadual, conforme o caso) para a respectiva cobrança na própria Vara de Execução Fiscal, com a observância do rito da Lei 6.830/1980. 2. Não cabe a determinação do pagamento da pena de multa, de ofício, ao juízo da execução. Agravo regimental a que se nega provimento. *(Agravo Regimental no Agra-*

vo em Recurso Especial nº 2.089.879-GO, STJ, 5ª Turma, Rel. Min. Reynaldo Soares da Fonseca, julgado em 7.6.2022, publicado no Dj em 13.6.2022)

581.20. [...] 1. A pena de multa está prevista no art. 5º, inciso XLVI, alínea "c", da Constituição Federal e no art. 49 do Código Penal, e, seja ela cominada no preceito secundário do tipo penal ou substitutiva da pena privativa de liberdade (art. 44 do CP), constitui espécie de sanção penal patrimonial, consistente na obrigação imposta ao apenado de pagar ao fundo penitenciário determinada quantia em dinheiro.

2. Na forma do art. 50, caput, do CP, admite-se que, a requerimento do condenado e conforme as circunstâncias do caso concreto, seja deferido o pagamento da multa em parcelas mensais.

3. Não se olvida que, com o advento da Lei n. 9.268/1996, o tratamento jurídico conferido à pena de multa foi modificado, afastando-se a possibilidade de conversão dessa em privativa de liberdade, no caso de inadimplemento, passando essa a ser considerada como dívida de valor (art. 51, *caput*, do CP), o que, conforme entendimento firmado pelo Supremo Tribunal Federal, no julgamento da ADI n. 3.150/DF, "não retirou da multa o seu caráter de pena, de sanção criminal" (ADI n. 3.150, Rel. Ministro MARCO AURÉLIO, Rel. p/ Acórdão Ministro ROBERTO BARROSO, Tribunal Pleno, DJe-170, divulg. 5/8/2019, public. 6/8/2019).

4. O Supremo Tribunal Federal pacificou o entendimento de que *"o inadimplemento deliberado da pena de multa cumulativamente aplicada ao sentenciado impede* a progressão no regime prisional, sendo tal condição excepcionada pela comprovação da absoluta impossibilidade econômica em pagar as parcelas do ajuste" (EP 8 ProgReg-AgR, Rel. Ministro ROBERTO BARROSO, Tribunal Pleno, julgado em 1º/7/2016, PROCESSO ELETRÔNICO DJe-213 divulg. 19/9/2017 public. 20/9/2017).

5. Na mesma linha, este Superior Tribunal de Justiça consolidou jurisprudência no sentido de que, na hipótese de condenação concomitante a pena privativa de liberdade e multa, o não pagamento da sanção pecuniária impede a progressão de regime, salvo comprovação de inequívoca incapacidade econômica do apenado. Precedentes.

6. Nas hipóteses de inadimplemento da pena de multa, a fim de que não se imponha ao reeducando uma barreira intransponível, a ponto de violar o princípio da ressocialização da pena, nem se frustre, por outro lado, a finalidade da execução penal, o Juízo da Execução Criminal deve, antes de obstar ou deferir a progressão de regime ao apenado, verificar o valor da multa fixada e analisar, a partir de elementos fáticos, a respectiva capacidade econômica do sentenciado, com vistas a viabilizar, de algum modo, ainda que de forma parcelada, o pagamento da multa. Precedentes.

7. Desse modo, constatado o inadimplemento da pena de multa aplicada cumulativamente à privativa de liberdade, o Juízo da Execução Criminal deverá, antes de deliberar acerca da progressão de regime, intimar o reeducando para efetuar o pagamento, ressaltando a possibilidade de parcelamento, a pedido e conforme as circunstâncias do caso concreto (art. 50, caput, do CP), bem como oportunizando ao condenado comprovar, se for o caso, a absoluta impossibilidade econômica de arcar com seu valor sem prejuízo do mínimo vital para a sua subsistência e de seus familiares.

8. In casu, o Tribunal de origem deferiu a progressão de regime ao reeducando, sem o pagamento da multa, em razão da incapacidade econômica para o pagamento da sanção pecuniária. Assim, rever os fundamentos utilizados pela Corte Estadual, para decidir que não houve a comprovação da hipossuficiência do reeducando, *como requer a acusação, importa revolvimento de matéria fático-probatória, vedado em recurso especial, segundo* óbice da Súmula 7/STJ. 9. Agravo regimental não provido. *(Agravo Regimental no Agravo em Recurso Especial nº 2.178.502 – MG, STJ, 5ª Turma, Rel. Min. Reynaldo Soares da Fonseca, julgado em 25.10.2022, publicado no DJ em 7.11.2022)*

581.20. [...] Execução penal. [...] Pena de multa. Legitimidade prioritária do Ministério Público. Necessidade de interpretação conforme. [...] 1. A Lei nº 9.268/1996, ao considerar a multa penal como dívida de valor, não retirou dela o caráter de sanção criminal, que lhe é inerente por força do art. 5º, XLVI, *c*, da Constituição Federal. 2. Como consequência, a legitimação prioritária para a execução da multa penal é do Ministério Público perante a Vara de Execuções Penais. 3. Por ser também dívida de valor em face do Poder Público, a multa pode ser subsidiariamente cobrada pela Fazenda Pública, na Vara de Execução Fiscal, se o Ministério Público não houver atuado em prazo razoável (90 dias). 4. Ação direta de inconstitucionalidade cujo pedido se julga parcialmente procedente para, conferindo interpretação conforme à Constituição ao art. 51 do Código Penal, explicitar que a expressão "aplicando-se-lhes as normas da legislação relativa à dívida ativa da Fazenda Pública, inclusive no que concerne às causas interruptivas e suspensivas da prescrição", não exclui a legitimação prioritária do Ministério Público para a cobrança da multa na Vara de Execução Penal. Fixação das seguintes teses: (i) O Ministério Público é o órgão legitimado para promover a execução da pena de multa, perante a Vara de Execução Criminal, observado o procedimento descrito pelos artigos 164 e seguintes da Lei de Execução Penal; (ii) Caso o titular da ação penal, devidamente intimado, não proponha a execução da multa no prazo de 90 (noventa) dias, o Juiz da execução criminal dará ciência do feito ao órgão competente da Fazenda Pública (Federal ou Estadual, conforme o caso) para a respectiva cobrança na própria Vara de Execução Fiscal, com a observância do rito da Lei 6.830/1980 *(Ação Direta de Inconstitucionalidade nº 3.150-DF, STF, Plenário, Rel. Min. Marco Aurélio, Redator do Acórdão Min. Roberto Barroso, julgado em 13.12.2018, publicado no DJ em 4.6.2020).*

581.20. [...] 1. Execução penal em que foi extinta a pena privativa de liberdade pelo indulto. Não obstante, subsistente o dever jurídico de pagamento da pena de multa. 2.O juízo da execução penal é competente para a execução da multa se houver atuação do Ministério Público, que é o legitimado prioritário (12ª QO na AP nº 470, de minha relatoria; ADI nº 3150, em que fui designado redator para o acórdão). 3. Por outro lado, havendo atuação da Fazenda Pública, legitimado subsidiário, a execução da multa deve ocorrer perante o juízo da execução fiscal. 4. Na hipótese, a PGFN noticia que a multa criminal é objeto de execução fiscal. Assim, não há motivo para o prosseguimento desta execução penal porque já ajuizada a respectiva execução fiscal no juízo cível. 5. Arquivamento da execução penal. [...] *(Execução Penal nº 12-DF, STF, Rel. Min. Roberto Barroso, decisão de 16.10.2020, publicado no DJ em 19.10.2020).*

581.20. [...] [...] 1. À luz do art. 5º, XLVI, da Constituição Federal, a multa, ao lado da privação de liberdade e de outras restrições – perda de bens, prestação social alternativa e suspensão ou interdição de direitos –, é espécie de pena aplicável para retribuir e prevenir a prática de crimes, não perdendo a natureza de sanção penal (STF, ADI n. 3.150/DF). 2. Incabível declarar a extinção da punibilidade pelo cumprimento integral de pena privativa de liberdade quando pendente o pagamento de multa criminal. [...] *(Agravo Regimental no Agravo Regimental no Recurso Especial nº 1.866.188/SP, STJ, 5ª Turma, unânime, Rel. Min. João Otávio de Noronha, julgado em 18.5.2021, publicado no DJ em 21.5.2021)*

581.20. [...] conforme a atual redação do artigo 51 do Código Penal, recentemente alterada pela Lei n. 13.964/2019, cabe ao juízo das execuções penais, sem ressalvas, a competência para execução da pena de multa. É de conhecimento geral que as alterações nas regras processuais relativas à competência material têm aplicação imediata, *independentemente das que vigiam à época do cometimento do crime*. [...] *(Agravo Regimental no Recurso Especial nº 1.869.371/PR, STJ, 5ª Turma, unânime, Rel. Min. Felix Fischer, julgado em 17.11.2020, publicado no DJ em 24.11.2020*

581.20. [...] O Supremo Tribunal Federal, no julgamento da ADI n. 3.150/DF, ocorrido em 13/12/2018, firmou o entendimento de que "a Lei n. 9.268/96, ao considerar a multa penal como dívida de valor, não retirou dela o caráter de sanção criminal que lhe é inerente por força do art. 5º, XLVI, *c*, da CF. Como consequência, por ser uma sanção criminal, a legitimação prioritária para a execução da multa penal é do Ministério Público perante a Vara de Execuções Penais" [...]. *(Conflito de Competência n. 166.351 – PR, STJ, 3ª Seção, unânime, Rel. Min. Saldanha Palheiro, julgado em 11.12.2019, publicado no DJ de 19.12.2019).*

581.21. Competência para apreciação do recurso em sentido estrito em razão de alteração de competência posterior à impetração: Porque cabível contra decisões do juízo de primeiro grau, o processamento normal do recurso em sentido estrito implicará a apreciação da irresignação pelo tribunal de apelação (Tribunal de Justiça ou Tribunal Regional Federal, dependendo da competência em razão da matéria).

Os recursos são regidos pela Lei vigente no momento em que surge o direito à manifestação da irresignação. Mesmo que o recurso deixe de *existir durante o* curso do prazo (já iniciado ou pelo menos depois de proferida a decisão recorrível), não se poderá restringir o direito ao processamento.

Entretanto, não se pode olvidar que há excepcionais situações que ensejam a alteração de competência, notadamente quando presente o chamado *foro por prerrogativa de função*. O deslocamento de competência implica a manutenção de todos os atos processuais até então realizados, pelo princípio *tempus regit actum*. É dizer: todos os atos processuais e as decisões proferidas pelo juízo que deixou de ser competente ostentam validade integral, independendo de qualquer ratificação pelo órgão que passou a ser competente. O feito deverá seguir na instância superior a partir do momento processual em que houve o deslocamento mediante a devida adaptação dos ritos.

Estando em conflito regras definidoras de competência em razão das funções, em razão da matéria ou em razão do lugar, deverá prevalecer a prerrogativa de foro isoladamente vista (salvo nas hipóteses da Súmula 702, STF, aplicável também, por analogia, aos Deputados Estaduais e Secretários de Estado – *a respeito destes, vide, exemplificativamente, HC nº 57.340-RJ, STJ, 5ª Turma, publicado no* DJ *em 14.11.2009; HC nº 83.755-RJ, STJ, 5ª Turma, publicado no* DJ *em 6.8.2010; e RE nº 464.935-RJ, STF, 2ª Turma, publicado no* DJ *em 27.6.2008*). Com relação a Vereadores, vide anotações ao item 84.8 e o precedente da ADI *nº 558/RJ, STF, Plenário, unânime, Rel. Min. Cármen Lúcia, julgamento em sessão virtual de 9.4.2021 a 16.4.2021, publicado no DJ em 22.9.2021.*

Significa que, acaso ajuizado (ou em vias de ser ajuizado, com prazo recursal já fluindo) recurso em sentido estrito contra decisão de primeiro grau e houver, nesse interregno ou posteriormente, o deslocamento do feito para outra superior, para lá é que deverá ser remetido o recurso para apreciação. Não há alteração de processamento quando o foro por prerrogativa passar aos tribunais de apelação (que seriam naturalmente os competentes para a apreciação da irresignação). Entretanto, se a competência originária passou a ser do STJ ou do STF, a apreciação do recurso em sentido estrito da decisão de primeiro grau passará automaticamente para eles, dependendo da situação, salvo, por evidente, se já julgado pelo tribunal de apelação que seria o competente ordinariamente. Igual raciocínio há se adotar quanto aos demais recursos.

Idêntico raciocínio se aplica a qualquer outro recurso em caso de deslocamento de competência, observando-se as regras cabíveis a que tribunal deverá analisar o recurso.

Nada obstante todas essas observações continuem hígidas, é preciso destacar (como feito em inúmeras partes desta obra) o entendimento superveniente do STF (seguido também pelo STJ) no julgamento da Ação Penal nº 937 (com expressa observação de que o feito era restrito a discussão envolvendo parlamentar federal) no sentido de que o "foro por prerrogativa de função aplica-se apenas aos crimes cometidos durante o exercício do cargo e relacionados às funções desempenhadas". Desse modo, se os crimes são anteriores ao exercício do cargo que garantiria a prerrogativa, seria inaplicável, ulteriormente, a regra constitucional da prerrogativa. Como consequência, seria inviável cogitar, em tese, de deslocamento de competência (e consequentemente julgamento de recursos originariamente pelas Cortes Superiores, nos moldes em que aqui enfrentado de modo geral para as demais situações).

Jurisprudência

581.21. [...] *I. Quanto ao sentido e alcance do foro por prerrogativa.* 1. O foro por prerrogativa de função, ou foro privilegiado, na interpretação até aqui adotada pelo Supremo Tribunal Federal, alcança todos os crimes de que são acusados os agentes públicos previstos no art. 102, I, *b* e *c* da Constituição, inclusive os praticados *antes* da investidura no cargo e os que *não guardam qualquer relação* com o seu exercício. 2. Impõe-se, todavia, a alteração desta linha de entendimento, para restringir o foro privilegiado aos crimes praticados *no cargo e em razão do cargo*. É que a prática atual não realiza adequadamente princípios constitucionais estruturantes, como igualdade e república, por impedir, em grande número de casos, a responsabilização de agentes públicos por crimes de naturezas diversas. Além disso, a falta de efetividade mínima do sistema penal, nesses casos, frustra valores constitucionais importantes, como a probidade e a moralidade administrativa. 3. Para assegurar que a prerrogativa de foro sirva ao seu papel constitucional de garantir o livre exercício das funções – e não ao fim ilegítimo de assegurar impunidade –, é indispensável que haja relação de causalidade entre o crime imputado e o exercício do cargo. A experiência e as estatísticas revelam a manifesta disfuncionalidade do sistema, causando indignação à sociedade e trazendo desprestígio para o Supremo. 4. A orientação aqui preconizada encontra-se em harmonia com diversos precedentes do STF. De fato, o Tribunal adotou idêntica lógica ao condicionar a imunidade parlamentar material – i.e., a que os protege por suas opiniões, palavras e votos – à exigência de que a manifestação tivesse relação com o exercício do mandato. Ademais, em inúmeros casos, o STF realizou interpretação restritiva de suas competências constitucionais, para adequá-las às suas finalidades. Precedentes. *II. Quanto ao momento da fixação definitiva da competência do STF.* 5. A partir do final da instrução processual, com a publicação do despacho de intimação para apresentação de alegações finais, a competência para processar e julgar ações penais – do STF ou de qualquer outro órgão – não será mais afetada em razão de o agente público vir a ocupar outro cargo ou deixar o cargo que ocupava, qualquer que seja o motivo. A jurisprudência desta Corte admite a possibilidade de prorrogação de competências constitucionais quando necessária para preservar a efetividade e a racionalidade da prestação jurisdicional. Precedentes. *III. Conclusão.* 6. Resolução da questão de ordem com a fixação das seguintes teses: "*(i) O foro por prerrogativa de função aplica-se apenas aos crimes cometidos durante o exercício do cargo e relacionados às funções desempenhadas; e (ii) Após o final da instrução processual, com a publicação o despacho de intimação para apresentação de alegações finais, a competência para processar e julgar ações penais não será mais afetada em razão de o agente público vir a ocupar cargo ou deixar o cargo que ocupava, qualquer que seja o motivo*". 7. Aplicação da nova linha interpretativa aos processos em curso. Ressalva de todos os atos praticados e decisões proferidas pelo STF e demais juízos com base na jurisprudência anterior. 8. Como resultado, determinação de baixa da ação penal ao Juízo da 256ª Zona Eleitoral do Rio de Janeiro, em razão de o réu ter renunciado ao cargo de Deputado Federal e tendo em vista que a instrução processual já havia sido finalizada perante a 1ª instância *(Questão de Ordem na Ação Penal n. 937-RJ, Rel. Min. Roberto Barroso, STF, Plenário, julgado em 03.05.2018, publicado no DJ em 11.12.2018).*

581.21. [...] Manifestando-se a prerrogativa de foro após a sentença proferida pelo juízo de primeiro grau e pendente de julgamento a apelação, passa a causa à jurisdição do STF, para aqui ter seu prosseguimento a partir do estado em que se encontra, legítimos os atos anteriormente nela praticados. [...] Nesses casos, o julgamento da apelação pelo Supremo Tribunal Federal deve observar, inclusive quanto às sustentações orais (ordem de apresentação e tempo de duração), o regime próprio dos recursos (e não o das ações penais originárias). [...] (*Ação Penal nº 563-SP, STF, 2ª Turma, unânime, Rel. Min. Teori Zavascki, julgado em 21.10.2014, publicado no DJ em 28.11.2014*).

581.21. [...] Registro que o recurso em sentido estrito interposto contra decisão que rejeitou a denúncia apresentada em face do recorrido é de competência do Supremo Tribunal Federal em razão da investidura do denunciado no cargo de deputado federal em data posterior à referida decisão. A denúncia foi considerada inepta em relação ao recorrido por absoluta ausência de descrição de qualquer conduta que pudesse, em tese, configurar a prática de crime. Na atual redação do art. 395, incisos I e III, do Código de Processo Penal (dada pela Lei nº 11.719, de 20.6.2008), a denúncia ou queixa será rejeitada quando for manifestamente inepta ou quando faltar justa causa para o exercício da ação penal. É justamente a hipótese, eis que não houve qualquer descrição relacionada à conduta do recorrido no âmbito das supostas práticas delitivas narradas na denúncia ofertada pelo Ministério Público do Estado de Minas Gerais. Recurso em sentido estrito improvido (*Inquérito nº 2.727, Rel. Min. Ellen Gracie, Plenário, publicado no* DJ *em 13.2.2009*).

581.21. [...] O Supremo Tribunal Federal é competente para julgamento do recurso especial interposto contra o acórdão condenatório proferido pelo Tribunal Regional Federal da 4ª Região. É que após a interposição do recurso especial, o recorrente foi diplomado no cargo de Deputado Federal, o que atrai a competência desta Suprema Corte para julgamento das ações penais contra os membros do Congresso Nacional, nos termos do art. 102, I, *b*, da Constituição Federal. No julgamento da Questão de Ordem no Inquérito 1.070/TO, Rel. Min. Sepúlveda Pertence, esta Corte entendeu que compete ao Supremo Tribunal Federal julgar o recurso especial quando há a superveniente diplomação do recorrente no cargo de Deputado Federal. [...] (*AgRg no Recurso Extraordinário nº 696.533, STF, 1ª Turma, unânime, Rel. Min. Luiz Fux, julgado virtualmente de 26.8 a 1º.9.2016, publicado no* DJ *em 26.9.2016*).

581.22. Recurso em sentido estrito contra a decisão que não homologar o acordo de não persecução penal. Com a regulamentação acerca do denominado acordo de não persecução penal (vide especificamente as anotações ao art. 28-A, CPP, *retro*), previu-se nova hipótese de recurso em sentido estrito: da decisão que não homologar o acordo.

Reportamos que, nos termos do item 581.11, mesmo diante de previsão *clara e expressa*, seria cabível o recurso em sentido estrito contra decisões judiciais que resolvessem questões relacionadas à suspensão ou transação processuais, previstas na Lei nº 9.099/95.

Sendo uma situação processual similar (sob a ótica de não haver o ajuizamento de ação criminal), correta a previsão trazida pelo legislador, ao garantir às partes (acusação e defesa) a possibilidade de impugnar os fundamentos de decisão que *não homologue* (para que surta seus efeitos) o acordo de não persecução penal.

Jurisprudência

581.22. [...] Indeferimento de pedido de designação de audiência para proposta de acordo de não persecução penal. Ausência de previsão legal para seu cabimento. [...] Contra decisão que indefere o pedido de designação de audiência para propositura de acordo de não persecução penal não cabe recurso criminal em sentido estrito, uma vez que o art. 581 do CPP não traz em seu rol taxativo a hipótese em comento. [...] Não há como cogitar, por analogia, o disposto no inciso XXV do referido dispositivo legal, referente à recusa da homologação à proposta de acordo de não persecução penal, previsto no art. 28-A do CPP, na redação da Lei nº 13.964/2019, na medida em que sequer existe acordo a ser homologado. [...] (*R.S.E nº 5002794-72-2020-4-04-7108-RS, TRF4, 7ª Turma, Rel. Desembargadora Federal Cláudia Cristofani, julgado em 2.6.2020*).

Art. 582. Os recursos serão sempre para o Tribunal de Apelação, salvo nos casos dos nos V, X e XIV.

Parágrafo único. O recurso, no caso do no XIV, será para o presidente do Tribunal de Apelação.

Art. 583. Subirão nos próprios autos os recursos:

I – quando interpostos de ofício;

II – nos casos do art. 581, I, III, IV, VI, VIII e X;

III – quando o recurso não prejudicar o andamento do processo.

Parágrafo único. O recurso da pronúncia subirá em traslado, quando, havendo dois ou mais réus, qualquer deles se conformar com a decisão ou todos não tiverem sido ainda intimados da pronúncia.

583. Recursos que subirão nos próprios autos: Tendo como característica a possibilidade de retratação, uma vez interposto o recurso em sentido estrito (se não retratada a decisão ou retratada e cabendo recurso – art. 589, parágrafo único), determina o dispositivo em tela que deverá ele subir nos próprios autos da ação originária.

Em todas as hipóteses em que a legislação estipula expressamente a subida do recurso nos próprios autos da demanda originária se pode verificar que o conteúdo da decisão atacada pelo recurso em sentido estrito tem o condão de, por sua natureza e efeitos, impedir o andamento regular do feito na instância *a quo*. Noutras palavras, nas situações elencadas, não há qualquer sentido dar andamento ao feito em primeiro grau se é corolário da decisão proferida a consequência do sobrestamento do feito.

Além disso, insta gizar que, em fórmula genérica, ainda se previu a possibilidade de subida nos próprios autos do recurso que, diante do caso concreto, não prejudicar o andamento regular do processo em sede originária, se isso for possível.

Confiram-se as hipóteses em que a subida ocorre nos próprios autos:

a) quando a legislação obriga a interposição *ex officio*: da sentença que conceder *habeas corpus*; da que absolva desde logo o réu ou o isente de pena (art. 415, CPP – Lei nº 11.689/08); da que concede a reabilitação (art. 746, CPP); da decisão absolutória e de arquivamento de inquérito em processos por crimes previstos na denominada Lei de Economia Popular). Nessa parte, remete-se aos comentários ao art. 574, CPP, notadamente na parte em que se defende a incompatibilidade do *reexame necessário* com a Constituição Federal vigente;

b) da decisão que não receber ou rejeitar a denúncia ou a queixa (remete-se aos comentários do inciso I do art. 581 do CPP);

c) da decisão que julgar procedentes as exceções, salvo a de suspeição;

d) da decisão que pronunciar ou impronunciar o réu. Mas há uma exceção: no caso de pronúncia em que haja dois ou mais réus, se um deles se conformar com a decisão ou todos não tiverem ainda sido intimados da pronúncia, o recurso deverá subir mediante traslado, nos termos do parágrafo único do artigo em tela;

e) da decisão que decretar a prescrição ou julgar, por outro modo, extinta a punibilidade, em se tratando de processo com réu único;

f) da decisão que conceder ou negar a ordem de *habeas corpus*.

Jurisprudência

583. [...] A eventual demora no encerramento da ação penal se deve precipuamente à defesa da paciente que, ao interpor recurso em sentido estrito contra sentença de pronúncia – cujo inconformismo deve, a teor do disposto no art. 583, inciso II, do Código de Processo Penal, subir nos próprios autos da ação penal –, obstou, assim, o desenvolvimento do processo-crime e, por conseguinte, a sua imediata submissão ao Tribunal do Júri. Outrossim, tendo sido o alegado excesso de prazo aduzido em razão da demora no julgamento do recurso defensivo, noticiado pelo Tribunal *a quo* o julgamento do inconformismo, resta superado, nestes termos, o indigitado constrangimento ilegal. Ordem denegada (*Habeas Corpus nº 62.366-RS, STJ, Rel. Min. Laurita Vaz, 5ª Turma, publicado no* DJ *em 11.12.2006*).

....

Art. 584. Os recursos terão efeito suspensivo nos casos de perda da fiança, de concessão de livramento condicional e dos nos XV, XVII e XXIV do art. 581.

§ 1º Ao recurso interposto de sentença de impronúncia ou no caso do no VIII do art. 581, aplicar-se-á o disposto nos arts. 596 e 598.

§ 2º O recurso da pronúncia suspenderá tão somente o julgamento.

§ 3º O recurso do despacho que julgar quebrada a fiança suspenderá unicamente o efeito de perda da metade do seu valor.

584.1. Regramento do *caput*: recurso em sentido estrito com efeito suspensivo. A regra é o processamento dos recursos apenas no efeito devolutivo. O efeito suspensivo impede que, uma vez interposto tempestivamente o recurso, possa ser cumprida a ordem da decisão objurgada. O *caput* do art. 584 estabelece obrigatoriedade do efeito suspensivo para algumas situações. Contudo, sua aplicabilidade prática restringe-se apenas às situações que tratam da perda da fiança (segunda parte do inciso VII do art. 581) e da denegação da apelação ou do reconhecimento de sua deserção (inciso XV do art. 581). Em relação às demais situações, inviável se cogitar do recurso em sentido estrito.

Com efeito, para as hipóteses de concessão de livramento condicional ou contra a decisão que unifica as penas não há mais de se cogitar da utilização do recurso em sentido estrito, mas sim do agravo previsto no art. 197, LEP. *"É de cinco dias o prazo para a interposição de agravo contra decisão do juiz da execução penal"* (Súmula 700, STF).

De outro bordo, além de ser hipótese também abrangida pela execução penal (a demandar a utilização do agravo), a multa não mais pode ser convertida em detenção ou prisão simples, tanto pelas alterações trazidas pela Lei nº 9.268/96, como mais recentemente pela Lei nº 13.964/2019, que passou a ter a seguinte redação: "Transitada em julgado a sentença condenatória, a multa será executada perante o juiz da execução penal e será considerada dívida de valor, aplicáveis as normas relativas à dívida ativa da Fazenda Pública, inclusive no que concerne às causas interruptivas e suspensivas da prescrição".

É mister acentuar que restou reforçada pela redação atual a ideia sempre defendida de que a multa continua tendo caráter de pena *criminal.*

584.2. Da aplicabilidade do disposto nos arts. 596 e 598, CPP: Determina-se no § 1º do art. 584 do CPP que, ao recurso interposto da sentença de impronúncia ou no caso de decretação da prescrição ou julgada extinta a punibilidade (hipóteses do inciso VIII do art. 581), aplicar-se-á o disposto nos arts. 596 e 598, CPP, que dispõem:

> Art. 596. A apelação da sentença absolutória não impedirá que o réu seja posto imediatamente em liberdade. (*Redação dada pela Lei nº 263, de 23.2.1948*).
>
> Parágrafo único. A apelação não suspenderá a execução da medida de segurança aplicada provisoriamente (*Redação dada pela Lei nº 5.941, de 22.11.1973*).

> Art. 598. Nos crimes de competência do Tribunal do Júri, ou do juiz singular, se da sentença não for interposta apelação pelo Ministério Público no prazo legal, o ofendido ou qualquer das pessoas enumeradas no art. 31, ainda que não se tenha habilitado como assistente, poderá interpor apelação, que não terá, porém, efeito suspensivo.
>
> Parágrafo único. O prazo para interposição desse recurso será de quinze dias e correrá do dia em que terminar o do Ministério Público.

A primeira consequência que se extrai é que, tal como ocorre no caso de o réu ser absolvido, se estiver preso (e por outra decisão não houver ordem de prisão), deverá ele ser posto imediatamente em liberdade quando for julgada improcedente a pronúncia, decretada a prescrição ou, por qualquer modo, reconhecida extinta sua punibilidade.

A segunda consequência relaciona-se à legitimidade e, em decorrência, ao prazo para o recurso em sentido nessas hipóteses, na medida em que há expressa remissão ao art. 598, CPP. É que, nos termos do parágrafo único do art. 598 do CPP, "*o prazo para interposição desse recurso será de 15 (quinze) dias e correrá do dia em que terminar o do Ministério Público*".

Diferentemente da regra geral (art. 586, CPP – prazo de 5 dias) e da exceção prevista no parágrafo único do art. 586 do CPP (20 dias), nas situações elencadas no § 1º do art. 584 o prazo será de 15 (quinze) dias (salvo se interposto por assistente habilitado nos autos).

Tal como nas situações elencadas pelo art. 598, CPP, confere-se legitimidade ao assistente da acusação para, de modo supletivo, recorrer das decisões de impronúncia do réu, da decretação da prescrição ou julgamento da extinção da punibilidade.

É o que dispõe o art. 271, CPP ("*Ao assistente será permitido propor meios de prova, requerer perguntas às testemunhas, aditar o libelo e os articulados, participar do debate oral e arrazoar os recursos interpostos pelo Ministério Público, ou por ele próprio, nos casos dos arts. 584, § 1º, e 598*"), bem como o que preconiza a Súmula 210, STF: "*O assistente do Ministério Público pode recorrer, inclusive extraordinariamente, na Ação Penal, nos casos dos arts. 584, § 1º, e 598 do Código de Processo Penal.*"

A questão que reclama solução sistêmica é o alcance do parágrafo único do art. 598 do CPP. Nos termos dos arts. 268 e 269, CPP, respectivamente, "*em todos os termos da ação pública, poderá intervir, como assistente do Ministério Público, o ofendido ou seu representante legal, ou, na falta, qualquer das pessoas mencionadas no art. 31*" e "*o assistente será admitido enquanto não passar em julgado a sentença e receberá a causa no estado em que se achar*".

Especialmente em face do disposto no art. 269, CPP, crê-se que o parágrafo único do art. 598, também quando aplicável às hipóteses do art. 584, § 1º, merece uma interpretação restritiva: sua incidência só se revela razoável e compatível com o princípio da paridade de tratamento entre as partes se se estiver diante de recurso em sentido estrito apresentado pelo assistente *não habilitado*. Em relação àquele que já se encontra atuando nos autos quando tenha surgido o interesse recursal, não há qualquer argumento racional a justificar tratamento diferenciado em relação ao Ministério Público, para quem o prazo é de cinco dias, e não de 15 dias.

O fato de não caber mais recurso em sentido estrito, e sim apelação, da decisão que impronuncia o réu (art. 416, CPP), ao menos para nós não altera a sistemática prevista no § 1º do art. 584 do CPP. Continua o assistente legitimado a atuar supletivamente em caso de inação do Ministério Público, inclusive contra a decisão de impronúncia, porém mediante a interposição de apelação.

584.3. Efeito da interposição do recurso de pronúncia: A decisão do juiz de primeiro grau que submeter o réu ao julgamento perante o Tribunal Popular poderá ser atacada mediante o recurso em sentido estrito. Antes das reformas processuais de 2008, também da decisão de impronúncia cabia o recurso em sentido estrito (agora é a apelação – art. 416, CPP). Em caso de provimento do recurso da acusação diante da impronúncia, a decisão do Tribunal que determinava o julgamento pelo Júri não era passível de ataque mediante recurso em sentido estrito (porque somente poderá ser manejada às decisões de primeiro grau), mas sim, unicamente, de embargos infringentes (se preenchidos os requisitos – vide arts. 609 e seguintes, CPP), recurso especial ou recurso extraordinário.

Se a pretensão da irresignação é exatamente afastar integralmente a pronúncia (despronúncia) ou então alguma circunstância qualificadora, a consequência óbvia é que, enquanto não solvida a questão na instância superior (segundo grau), não poderá ser realizado o julgamento em plenário. Mister atentar que se houver novo recurso (especial ou extraordinário) contra a manutenção da pronúncia (ou pelo menos o não atendimento da irresignação nos termos em que postulada), nenhum óbice existirá mais (pelo menos diante do dispositivo em foco) para a realização do julgamento em plenário. É que os recursos de natureza extraordinária não têm efeito suspensivo.

Destaca-se o fato de o Supremo Tribunal Federal ter decidido ser inviável a denominada "execução de pena" enquanto não esgotados todos os recursos (salvo hipótese de prisão preventiva) – vide HC nº 84.078, julgado em 5.2.2009 pelo Plenário do STF – em nada interfere no caso (registramos que, em 17.2.2016, por 7x4 votos, e revisando o entendimento do julgamento do HC nº 84.078-MG, o Plenário do STF passou a admitir a execução da pena como regra após o exaurimento das instâncias ordinárias. HC nº 126.292-SP, Rel. Min. Teori Zavascki. Anota-se, ainda, que, no dia 5.10.2016, por 6x5 votos, apreciando pedidos de liminares nas ADCs nos 43 e 44, o Plenário do Supremo Tribunal Federal reafirmou o entendimento consolidado no julgamento do HC nº 126.292-SP, reconhecendo que o disposto no art. 283 do CPP não impede o início da execução da pena após decisão de segunda instância, não havendo como se falar em violação ao Princípio da Presunção de Inocência ou da Não Culpabilidade. Votaram vencidos os Ministros Marco Aurélio, Celso de Mello, Rosa Weber e Ricardo Lewandowski, que concluíram que seria necessário o exaurimento de todas as instâncias recursais para o início da execução da pena. O Ministro Dias Toffoli deu nova interpretação, entendendo que, após o exaurimento da instância recursal perante o STJ, seria possível a execução da pena, mesmo que interpostos eventuais recursos extraordinários ao STF). Mas aqui *não há ainda imposição de pena* e sim unicamente a determinação de submissão do réu ao julgamento perante o tribunal competente, o Júri.

Importante atentar que se o réu estiver preso preventivamente e recorrer da sentença de pronúncia, não poderá alegar eventual excesso de prazo, pois, embora facultado lhe seja interpor o recurso, a delonga na apreciação da irresignação e consequente formação da culpa decorre unicamente de sua estratégia processual.

Jurisprudência

584.3. [...] Vislumbra-se que o alegado atraso no julgamento dos réus perante Júri Popular deve-se em grande parte à defesa, em razão do não oferecimento de alegações finais e da interposição de recurso em sentido estrito contra a pronúncia, que suspende o julgamento, nos termos do art. 584, § 2º, do Código de Processo Penal. Incidência, na espécie, da Súmula 64 do STJ. O acórdão proferido no julgamento do recurso em sentido estrito transitou em julgado, já tendo o Ministério Público oferecido o libelo acusatório, conforme faz prova a certidão expedida pelo Juízo processante. [...] Eventual demora ocorrida no processo devidamente justificada, notadamente em razão da proximidade do julgamento dos pacientes, não se evidenciando o apontado constrangimento ilegal decorrente de excesso de prazo. [...] Ordem denegada (*Habeas Corpus nº 58.048-BA, STJ, Rel. Min. Gilson Dipp, 5ª Turma, publicado no DJ em 18.9.2006*).

...

Art. 585. O réu não poderá recorrer da pronúncia senão depois de preso, salvo se prestar fiança, nos casos em que a Lei a admitir.

585. Prisão como condição para recorrer da pronúncia: A situação em tela se identifica com aquela prevista no art. 594, CPP (*revogado pela Lei nº 11.719, de 20.6.2008, publicada no* DJ *em 23.6.2008 e em vigor a partir 22.8.2008*), mas ora tratando especificamente da necessidade do recolhimento do réu para recorrer da sentença de pronúncia (contra a qual cabe recurso em sentido estrito, diferentemente de quando proferida sentença condenatória, para a qual se prevê a apelação – art. 593, I, CPP).

Em nosso sentir, independentemente de ser afiançável o delito, não se pode condicionar a interposição do recurso ao recolhimento do réu à prisão em caso de pronúncia.

Na mesma linha de raciocínio desenvolvida e aplicável aos dispositivos dos arts. 594 e 595, CPP (ao que ora se remete), aqui também se tem dispositivo infraconstitucional que não guarda compatibilidade vertical com os princípios da ampla defesa e do acesso ao Poder Judiciário, vetores máximos da Constituição Federal, que procura resguardar os direitos fundamentais dos cidadãos.

Como já defendido alhures, a concepção garantista da Constituição não pode levar à total inoperância sistêmica na aplicação das regras processuais penais. É dizer, não se mostra hermeneuticamente correto visualizar apenas os direitos fundamentais sem atentar para todos os outros elementos fundantes da Constituição. A interpretação há que ser harmônica, levando-se em consideração, de modo concomitante, as normas e princípios que estabelecem o que se pode denominar de *garantismo negativo* como de *garantismo positivo*. Contudo, como adiantado, aqui não se apresenta nenhum fundamento razoável para se exigir que, em sede de primeiro grau, seja o réu recolhido em razão da pronúncia como requisito para a admissibilidade de sua eventual irresignação.

À evidência, somente se pode exigir o recolhimento à prisão por conta da decisão de pronúncia se preenchidos os requisitos da prisão preventiva (art. 312, CPP). De qualquer modo, mesmo que presentes os requisitos da preventiva quando da pronúncia, o recurso *não* pode ser condicionado ao recolhimento do réu. Noutras palavras, não há também qualquer razão lógico-sistêmica para se impor tal requisito frente, de modo especial, ao princípio da ampla defesa. Se presentes os requisitos para a custódia cautelar, que o Estado envide todos os esforços para a cautela do processo ou da sociedade, recolhendo-se o agente criminoso. Mas não se exclua dele, por mais hediondo e inaceitável que seja sua conduta criminosa, a possibilidade de recorrer independentemente do prévio recolhimento.

Noutras palavras, se já não explícito, e de maneira bem sintética, com respeito a posicionamentos em contrário: o dispositivo em tela afigura-se manifestamente incompatível com a ordem constitucional vigente, não tendo sido recepcionado por ela.

Jurisprudência

585. [...] O decreto de prisão preventiva há que fundamentar-se em elementos fáticos concretos, que demonstrem a necessidade da medida constritiva. É incabível a prisão do réu como condição para o recebimento de recurso contra a sentença de pronúncia. Ordem concedida (*Habeas Corpus nº 101.244-MG, STF, 1ª Turma, Rel. Min. Ricardo Lewandowski, publicado no* DJ *em 9.4.2010*).

....

Art. 586. O recurso voluntário poderá ser interposto no prazo de cinco dias.

Parágrafo único. No caso do art. 581, XIV, o prazo será de vinte dias, contado da data da publicação definitiva da lista de jurados.

586. Prazo do recurso em sentido estrito: O *caput* do art. 586 estipula a regra geral do prazo para a interposição do *termo* do recurso em sentido estrito: 5 (cinco) dias. As razões recursais (art. 588, CPP), como adiante será visto de modo mais detalhado, são apresentadas em dois dias.

Mas há duas exceções. Uma, que está prevista no parágrafo único do art. 586, CPP. Outra, inserta no § 1º do art. 584 do CPP.

Tal como já assentado quando da análise do inciso XIV do art. 581 do CPP, a hipótese prevista no parágrafo único do artigo 586 do CPP tem duas peculiaridades: a primeira, que não se trata de irresignação formulada em determinado processo criminal, mas sim contra decisão do juiz tomada na organização do Tribunal do Júri; a segunda, que o prazo do recurso, diferentemente da regra geral, é de 20 (vinte) dias.

A outra exceção se apresenta para quando o assistente da acusação *não habilitado* (e somente ele, não se estendendo para o assistente *já habilitado*) interpuser recurso (de modo suplementar, portanto), nos casos de decretação da prescrição ou reconhecimento da extinção da punibilidade do réu (para hipótese de impronúncia, agora, o recurso cabível é a apelação). Nessa hipótese, pela remissão expressa e combinação do art. 584, § 1º e do parágrafo único do art. 598, ambos do CPP, o prazo será de 15 (quinze) dias. Se o assistente estiver habilitado aos autos, o prazo será o geral, 5 (cinco) dias.

Art. 587. Quando o recurso houver de subir por instrumento, a parte indicará, no respectivo termo, ou em requerimento avulso, as peças dos autos de que pretenda traslado.

Parágrafo único. O traslado será extraído, conferido e concertado no prazo de cinco dias, e dele constarão sempre a decisão recorrida, a certidão de sua intimação, se por outra forma não for possível verificar-se a oportunidade do recurso, e o termo de interposição.

587. Quando não for hipótese de processamento do recurso em sentido estrito na forma preconizada pelo art. 583, CPP, dispõe a norma em comento que, sendo hipótese de subida por instrumento, a parte recorrente deverá indicar as peças dos autos que deverão ser trasladadas. Em suma, deve indicar as peças que entende relevantes e fundamentais para que o recurso seja apreciado na instância superior.

Contudo, o parágrafo único determina expressamente a obrigatoriedade de constar no instrumento a decisão recorrida (para ser confrontada pelo menos com os argumentos do recurso), a certidão da intimação se por outra forma não for possível se apurar a tempestividade do recurso e o próprio termo recursal (para aferição do requisito objetivo da interposição no prazo legal).

Jurisprudência

587. [...] 2. A regra do art. 587 do Código de Processo Penal disserta: "*Quando o recurso houver de subir por instrumento, a parte indicará, no respectivo termo, ou em requerimento avulso, as peças dos autos de que pretenda traslado.*" 3. Tendo sido indicadas as peças que deveriam ser trasladadas para a correta instrução do agravo, não poderia a Corte a quo, alegando a ausência de peças essenciais ao reexame da questão, deixar de conhecer do recurso interposto. [...]. *(Habeas Corpus nº 332.962/SP, 5ª Turma, unânime, Relator Min. Ribeiro Dantas, julgado em 21.6.2017, publicado no DJ em 15.8.2017)*

587. [...] Diante dessa falta de previsão em lei sobre o rito processual a ser adotado no trâmite do recurso de agravo em execução penal (LEP, art. 197), tanto a jurisprudência quanto a doutrina majoritária firmaram o entendimento de que procedimento a ser adotado deve ser o do recurso em sentido estrito, estabelecido nos arts. 581 a 592 do Código de Processo Penal. [...] *(HC n. 361.559-SP, STJ, 6ª Turma, unânime, Rel. Min. Rogerio Schietti Cruz, julgado em 20.10.2016, publicado no DJ em 14.11.2016)*

Art. 588. Dentro de dois dias, contados da interposição do recurso, ou do dia em que o escrivão, extraído o traslado, o fizer com vista ao recorrente, este oferecerá as razões e, em seguida, será aberta vista ao recorrido por igual prazo.

Parágrafo único. Se o recorrido for o réu, será intimado do prazo na pessoa do defensor.

588.1. *Caput*: Prazo para razões de recurso em sentido estrito. A tempestividade do recurso em sentido estrito é aferida pela interposição no prazo do *termo* (5 dias). Não havendo óbice de o recorrente desde já interpor o recurso com *termo* e *razões*, o art. 588, CPP, assinala que, sendo adotado o procedimento bipartido (termo e depois razões), o prazo para estas será de 2 (dias). Desse modo, quando apresentadas em separado, a intempestividade das razões ou até mesmo a ausência delas não poderá impedir o regular processamento do recurso (já) interposto, até porque já deverá ter sido recebido previamente pelo juízo monocrático. Convém acentuar que, para a abertura do prazo de razões, o juízo *a quo* (sem embargo de que as instâncias superiores ulteriormente revejam tal decisão) deve fazer, naquele momento, a análise da presença ou não dos requisitos objetivos e subjetivos do recurso apresentado.

Há posicionamentos que defendem que se o recurso for do Ministério Público ou do assistente da acusação, seria essencial a apresentação de razões como forma de propiciar ao recorrido (parte passiva do processo ou procedimento processual penal) a efetivação de sua ampla defesa, contrapondo-se aos fundamentos recursais. Com a devida *vênia*, não nos parece a melhor compreensão.

No âmbito do processo penal, se o recurso apresentado (qualquer que seja, *desde que* não em sede extraordinária – *vide comentários ao art. 26 da Lei nº 8.038 quando da análise dos prazos dos recursos extraordinário e especial – com a observância de, a partir de sua vigência, o tema ter sido regulado pelo novo Código de Processo Civil, diante da revogação expressa dos arts. 26 a 29 pelo art. 1.072, IV, Lei nº 13.105/2015*) não trouxer em seu bojo os fundamentos pelos quais se pede a reforma da decisão de primeiro grau, o *provimento* (mérito) provavelmente ficará prejudicado, embora não decorra da ausência das razões (propriamente dita ou por intempestividade delas) o automático desprovimento da irresignação. Se não há razões, a irresignação deverá ser medida (efeito devolutivo) pelo termo. Se genérico, a devolução é total da matéria (horizontalidade e profundidade). Se restrito a determinados tópicos (notadamente nas *razões*), o que deverá ser conhecido e apreciado pela instância superior não poderá ultrapassar esses limites (horizontalidade).

Assim, conhecedora do limite da irresignação, a parte passiva (normalmente já na condição de *ré*), terá condições plenas de sustentar a manutenção da decisão objurgada. Inclusive no julgamento do feito, se se tratar de recurso *exclusivo* da acusação, a sustentação oral deverá ser feita primeiro pelo Ministério Público, depois pela defesa, consoante (corretamente) decidido pelo Supremo Tribunal Federal no julgamento do HC nº 87.926-SP.

Porque relevante, impende dizer ainda que o fato de o artigo 576, CPP, vedar a desistência do recurso pelo Ministério Público não permite inferir que a ausência ou intempestividade das razões implicaria no malferimento da regra supracitada. Nunca é demais realçar – aplicando-se por analogia – que o art. 601, CPP, determina a subida do recurso de apelação, tenham ou não sido apresentadas as razões de recurso. Na mesma toada, nenhum argumento lógico-sistêmico para nós se apresenta aqui para impedir o recurso em sentido estrito por essa circunstância.

Jurisprudência

588.1. [...] Não há impedimento a que, mantida a situação penal do réu, o Tribunal a quem se devolveu o conhecimento da causa, ainda que por força de recurso manejado tão somente pela defesa, possa emitir sua própria e mais apurada fundamentação sobre as questões jurídicas ampla e dialeticamente debatidas no juízo *a quo*, objeto da decisão impugnada no recurso, até para não se correr o risco de inobservar o comando previsto no art. 93, IX, da Constituição Federal. [...] *(Agravo Regimental no Habeas Corpus nº 735.961-MG, STJ, 6ª Turma, Rel. Min. Rogério Schietti Cruz, julgado em 17.5.2022, publicado no DJ em 24.5.2022)*

588.1. [...] A observância dos prazos processuais consagra o princípio do devido processo legal e, por consequência, do próprio *status libertatis,* na medida em que assegura às partes o escorreito deslinde do processo, sem atropelos e tropeços que, indubitavelmente, inquinariam de nulidade o feito e seu resultado. [...] A matéria criminal não é suficiente, por si só, para autorizar a inobservância de regras e formalidades do processo penal, pois, reitere--se, constituem um emaranhado de atos que compõem instrumento assecuratório de um regular processamento de lide penal, é dizer, implicam processo respaldado na observância de inafastáveis garantias fundamentais evitando-se, por consequência, em violações às liberdades individuais. *Ordem não conhecida* (*Habeas Corpus nº 170.434-MG, STJ, 5ª Turma, unânime, Rel. Min. Jorge Mussi, julgado em 2.8.2011, publicado no* DJ *em 29.8.2011*).

588.1. [...] O efeito devolutivo do recurso de apelação criminal encontra limites nas razões expostas pelo recorrente, em respeito ao princípio da dialeticidade que rege os recursos no âmbito processual penal pátrio, por meio do qual se permite o exercício do contraditório pela parte que defende os interesses adversos, garantindo-se, assim, o respeito à cláusula constitucional do devido processo legal. [...] *Writ* parcialmente conhecido e, nesta extensão, denegada a ordem (*Habeas Corpus nº 164.317-SP, STJ, 5ª Turma, unânime, Rel. Min. Jorge Mussi, julgado em 8.2.2011, publicado no* DJ *em 25.4.2011*).

588.2. Parágrafo único: regra especial para intimação do réu para contrarrazões. A regra estabelece que, se o recorrido for o réu, a intimação para a apresentação de contrarrazões será o seu defensor.

A regra é de fácil compreensão, mas uma advertência apresenta-se relevante. O Supremo Tribunal Federal editou a Súmula 707, assentando que "*constitui nulidade a falta de intimação do denunciado para oferecer contrarrazões ao recurso interposto da rejeição da denúncia, não a suprindo a nomeação de defensor dativo*". Crê-se que aqui há uma exceção (não ao *caput*, mas unicamente ao parágrafo único): a intimação deverá ser feita pessoalmente ao acusado.

Primeiro porque se compreendeu – aí sim de modo pertinente – que a ampla defesa deveria ser analisada como a cientificação ao acusado da imputação que lhe é feita para que possa, querendo, exercitar a sua defesa, contrapondo-se ao intento de instauração de ação penal. É que, também nos termos da Súmula 709, STF, *salvo* quando *nula* a decisão de primeiro grau (o tribunal então anula a decisão e determina que *outra* seja proferida pelo juízo monocrático), o acórdão que provê o recurso contra a rejeição (*lato sensu*) da denúncia vale, desde logo, pelo recebimento dela. Significa que na *data da sessão* (porque pública) em que for provido o recurso será considerada recebida a denúncia e, automaticamente, interrompida a prescrição (art. 117, I, CP), e *não* na data de *publicação* do *acórdão*.

Segundo porque, se ainda o réu não compareceu formalmente aos autos com seu advogado constituído, se afiguraria impossível saber quem seria seu advogado constituído.

Jurisprudência

588.2. [...] A apresentação de contrarrazões é uma faculdade da defesa e seu não exercício, quando regularmente intimada para tanto, não gera nulidade no processo. Jurisprudência do Supremo Tribunal Federal. Ordem denegada (*Habeas Corpus nº 94.323, STF, Rel. Min. Joaquim Barbosa, 2ª Turma, publicado no DJ em 14.5.2010*).

588.2. [...] Não há falar em nulidade do julgamento da apelação interposta pelo Ministério Público se a defesa, regularmente intimada para a apresentação de contrarrazões, queda--se inerte. Precedentes. Ordem denegada (*Habeas Corpus nº 102.142, STF, 1ª Turma, Rel. Min. Ricardo Lewandowski, julgado em 3.8.2010, publicado no DJ em 27.8.2010*).

588.2. [...] A jurisprudência deste Superior Tribunal de Justiça já assentou o entendimento de que a ausência de intimação da defesa para ofertar contrarrazões ao Recurso em Sentido Estrito do *Parquet* (art. 588 do CPP) interposto contra o não recebimento da denúncia acarreta violação aos princípios constitucionais do contraditório e da ampla defesa. No caso dos autos, ainda que o paciente tenha sido intimado por edital, deixou-se de nomear Defensor Dativo ou de intimar a Defensoria Pública para a sua representação processual, não obstante a exigência de que a intimação para contra-arrazoar o recurso seja realizada na pessoa de seu defensor, conforme dispõe o art. 588, § único do CPP. Ordem concedida, em consonância com o parecer ministerial, para anular o julgamento do Recurso em Sentido Estrito 2006.39.00.005446-1/PA e determinar a reabertura de prazo para contrarrazões, após regular intimação da Defensoria Pública, que por ora patrocina a causa. Prejudicada a análise dos demais argumentos da impetração (*Habeas Corpus nº 109.455/PA, STJ, Rel. Min. Napoleão Nunes Maia Filho, 5ª Turma, publicado no DJ em 26.4.2010*).

Art. 589. Com a resposta do recorrido ou sem ela, será o recurso concluso ao juiz, que, dentro de dois dias, reformará ou sustentará o seu despacho, mandando instruir o recurso com os traslados que lhe parecerem necessários.

Parágrafo único. Se o juiz reformar o despacho recorrido, a parte contrária, por simples petição, poderá recorrer da nova decisão, se couber recurso, não sendo mais lícito ao juiz modificá-la. Neste caso, independentemente de novos arrazoados, subirá o recurso nos próprios autos ou em traslado.

589. Possibilidade de reconsideração da decisão recorrida: O efeito regressivo, diferido ou iterativo: No presente dispositivo, continua-se a explicitação do procedimento do recurso em sentido estrito. Havendo ou não as contrarrazões do recorrido (não há obrigatoriedade das peças, sendo mister unicamente seja oportunizado oferecimento), o recurso em sentido estrito será concluso ao juiz para decisão. É que o recurso em voga tem uma peculiaridade bastante marcante: aqui está explícito seu *efeito regressivo*, também denominado de iterativo ou diferido. Há de se compreender o efeito *regressivo* como hipótese excepcional de *devolução* de reexame *inicial* do recurso ao próprio juiz que proferiu a decisão atacada.

É essencial atentar que a possibilidade de *retratação* é limitada: a reforma pelo próprio juízo da causa é admitida uma única vez, conforme dispõe o parágrafo único. Acaso haja a reforma, a parte então prejudicada poderá recorrer da nova decisão (a retratada) por simples petição, sendo vedado novel reforma pelo mesmo juízo. Nessa hipótese, um cuidado precisa ser tomado: somente se admitirá esse recurso por simples petição se a nova decisão (já reformada) for passível de recurso.

Exemplificativamente, tome-se a situação em que a decisão proferida em procedimento comum rejeita a denúncia. O recurso cabível é aquele previsto no art. 581, I, CPP (em caso de rejeição da denúncia ou da queixa perante os Juizados Especiais Criminais, o recurso cabível é a apelação, por expressa previsão do art. 82, Lei nº 9.099/95). Acaso interposto recurso em sentido estrito e houver a reconsideração da decisão (com o consequente recebimento da denúncia), inviável se cogitar de subida, por simples petição, de novo recurso pela parte prejudicada, pois se afigura, no caso, superveniente manifesta impossibilidade jurídica do recurso (salvo *habeas corpus*).

Mais: na decisão de manutenção do juízo de retratação, não é necessária uma nova e detalhada manifestação do julgador, sendo suficiente, se assim entender, a remissão aos fundamentos já declinados anteriormente.

Jurisprudência

589. [...] 1. O teor do art. 589 do Código de Processo Penal permite ao magistrado singular, ao receber recurso de apelação, em juízo de retratação, alterar a decisão anteriormente proferida, a qual, diante dos princípios do contraditório e da ampla defesa, exige posterior intimação do réu para, se possível, interpor o recurso previsto em lei. 2. No caso dos autos, conforme consta dos autos, embora o magistrado singular tenha, dentro da prerrogativa conferida pelo art. 589 do CPP, se pronunciado acerca de possível desclassificação do delito imputado ao acusado, as considerações mencionadas em nada alteraram o teor da decisão de pronúncia anteriormente proferida, consistindo apenas em mera correção de omissão verificada sem qualquer efeito infringente no julgado anteriormente proferido. [...] *(Agravo Regimental no Recurso Especial nº 1.708.843-MG, STJ, 5ª Turma, Rel. Min. Jorge Mussi, julgado em 4.12.2018, publicado no DJ em 14.12.2018)*

589. [...] Não enseja violação ao art. 589 do CPP a decisão do Juízo de 1.º Grau que se limita a determinar a remessa dos autos à instância *ad quem*, nada mencionando, em juízo de retratação, acerca da reforma ou manutenção da decisão de pronúncia, consoante previsto no próprio dispositivo legal, pois não se configura, propriamente, hipótese de nulidade – mesmo porque indemonstrado prejuízo à parte –, mas de mera irregularidade. [...] *(Agravo Regimental no Agravo em Recurso Especial nº 385.049-PE, STJ, 6ª Turma, Rel. Min. Néfi Cordeiro, julgado em 27.6.2017, publicado no DJ em 1º.8.2017)*

589. [...] Ao interpretar o artigo 589 do Código de Processo Penal, esta Corte Superior de Justiça firmou o entendimento de que a inexistência de pronunciamento do magistrado quanto à manutenção ou não da decisão impugnada por meio de recurso em sentido estrito configura mera irregularidade. Precedentes. [...] (*Habeas Corpus nº 369.297-RSM STF, 5ª Turma, unânime, Rel. Min. Jorge Mussi, julgado em 20.10.2016, publicado no DJ em 26.10.2016*).

589. [...] *Habeas corpus* prejudicado, quanto à alegação de excesso de prazo a partir da pronúncia, pelo julgamento do recurso em sentido estrito. *Habeas corpus*: não conhecimento: questão relativa à ausência, mediante decisão fundamentada, de juízo de retratação do juiz local: tratan-

LIVRO III – DAS NULIDADES E DOS RECURSOS EM GERAL

do-se de recurso ordinário ou impetração substitutiva dele, é necessário que a impetração "contenha fundamentação pertinente à decisão denegatória que impugna", ou ao menos, "desenvolva tese contrária à sua motivação" (*v. g.* HC 79.804, 1ª T., 8.2.00, Pertence, *DJ* 3.3.00), o que não ocorreu. Recurso em sentido estrito contra decisão de pronúncia: nulidade da remessa ao Tribunal de Justiça, por ausência da sustentação ou retratação do juízo de pronúncia: se o Relator do recurso em sentido estrito reconheceu que o despacho que havia nos autos não atendia ao art. 589 do C. Pr. Penal e por isso determinou o retorno dos autos ao Juízo local, não poderia este apenas se remeter àquele mesmo despacho e novamente enviar os autos ao Tribunal de Justiça. *Habeas corpus*: deferimento, de ofício, para anular o julgamento do recurso em sentido estrito e determinar que os autos do processo principal sejam devolvidos ao Juízo de primeiro grau para que cumpra o despacho do relator do recurso em sentido estrito; reconhecimento, em consequência, do excesso de prazo posterior à pronúncia – que não pode ser imputado à Defesa. Liberdade provisória concedida (*Agravo Regimental no Habeas Corpus nº 88.708/PE, STF, Rel. Min. Sepúlveda Pertence, 1ª Turma, publicado no* DJ *em 27.10.2006*).

....

Art. 590. Quando for impossível ao escrivão extrair o traslado no prazo da lei, poderá o juiz prorrogá-lo até o dobro.

Trata-se de regra destinada a procedimentos cartoriais. O prazo aqui previsto não é peremptório, sendo, em nossa compreensão, absolutamente dispensável sua existência. Mas está no ordenamento.

Art. 591. Os recursos serão apresentados ao juiz ou tribunal *ad quem*, dentro de cinco dias da publicação da resposta do juiz *a quo*, ou entregues ao Correio dentro do mesmo prazo.

Também regra de natureza procedimental interna a respeito de prazos – também não peremptório, ao menos para nós – para remessa do recurso à instância superior. Nem mais os *correios* são utilizados. Enfim, dispositivo vigente, mas inaplicável.

Art. 592. Publicada a decisão do juiz ou do tribunal *ad quem*, deverão os autos ser devolvidos, dentro de cinco dias, ao juiz *a quo*.

592. Normalmente a decisão do Tribunal é proferida pelo órgão colegiado competente, mas não há óbice para que o membro do tribunal, em decisão individual, obedecendo aos preceitos legais e constitucionais, decida, eventualmente, de modo monocrático, impondo a solução ao caso concreto.

A regra em comento estabelece a necessidade de devolução dos autos à origem no prazo de cinco dias da publicação da decisão do tribunal (aí também compreendidas, portanto, as decisões monocráticas). A questão que vem à balha é saber se o prazo seria de cinco dias da data da publicação ou do esgotamento dos prazos para eventuais recursos.

A resposta depende de uma prefacial: qual a natureza do prazo? Crê-se que a melhor interpretação está em considerá-la como eminentemente administrativa (como inúmeras outras existentes inclusive no Código de Processo Penal), ou seja, trata-se, também aqui, como nas situações anteriores, de regra direcionada aos órgãos de administração do Poder Judiciário, que, atendidas as normatizações relacionadas com o devido processo legal, têm a obrigação de realizar o regular andamento dos autos.

Contudo, mesmo que se parta de eventual premissa da impossibilidade da execução das penas, quaisquer que sejam, antes do trânsito em julgado da sentença condenatória (aí, então, condicionando-se o recolhimento do agente às situações em que presentes os requisitos da prisão preventiva, art. 312 do CPP – registramos que, em 17.2.2016, por 7x4 votos, e revisando o entendimento do julgamento do HC nº 84.078-MG, o Plenário do STF passou a admitir a execução da pena como regra após o exaurimento das instâncias ordinárias: HC nº 126.292-SP, Rel. Min. Teori Zavascki), tem-se que, mesmo com a interposição de recursos às instâncias superiores, estes deverão subir em traslados, salvo se o recurso for da acusação, em que aí subirão nos próprios autos *(anota-se, ainda, em complemento à nota anterior, que, no dia 5.10.2016, por 6x5 votos, apreciando pedidos de liminares nas ADCs nos 43 e 44, o Plenário do Supremo Tribunal Federal reafirmou o entendimento consolidado no julgamento do HC nº 126.292-SP, reconhecendo que o disposto no art. 283 do CPP não impede o início da execução da pena após decisão de segunda instância, não havendo como se falar em violação ao Princípio da Presunção de Inocência ou da Não Culpabilidade. Votaram vencidos os Ministros Marco Aurélio, Celso de Mello, Rosa Weber e Ricardo Lewandowski, que concluíram que seria necessário o exaurimento de todas as instâncias recursais para o início da execução da pena. O Ministro Dias Toffoli deu nova interpretação, entendendo que, após o exaurimento da instância recursal perante o STJ, seria possível a execução da pena, mesmo que interpostos eventuais recursos extraordinários ao STF. Registre-se ainda, que, em 7.11.2019, por maioria de 6 x 5 votos, julgando procedentes as ADCs 43, 44 e 54, o STF retornou à posição anterior no sentido da impossibilidade da execução das penas enquanto não exauridos todas as instâncias recursais, reconhecendo a constitucionalidade do disposto no art. 283 do CPP – votaram vencidos os ministros Edson Fachin, Roberto Barroso, Luiz Fux, Cármen Lúcia e Alexandre de Moraes).*

É que, acaso a decisão do tribunal de apelação, analisando recurso em sentido estrito, decida contrariamente aos interesses da defesa, não há óbice (ao contrário, impõe-se) o regular andamento do feito na instância originária, tanto porque não se está diante de *sentença condenatória* quanto também porque eventual recurso de natureza extraordinária (especial ou extraordinário) não tem efeito suspensivo. Assim, apenas para exemplificar, caso o tribunal dê provimento a recurso em sentido estrito para receber a denúncia rejeitada na origem (Súmula 709, STF), eventual irresignação do réu às instâncias extraordinárias deverá ser feita em traslado, pois a ação penal deverá tomar *imediatamente* seu rumo regular (salvo excepcional efeito suspensivo aos recursos de natureza extraordinária), não se podendo arguir qualquer violação de princípio da inocência ou do princípio do devido processo legal.

CAPÍTULO III
Da Apelação

Art. 593. Caberá apelação no prazo de 5 (cinco) dias: (Redação dada pela Lei nº 263, de 23.2.1948)

I – das sentenças definitivas de condenação ou absolvição proferidas por juiz singular; (Redação dada pela Lei nº 263, de 23.2.1948)

II – das decisões definitivas, ou com força de definitivas, proferidas por juiz singular nos casos não previstos no Capítulo anterior; (Redação dada pela Lei nº 263, de 23.2.1948)

III – das decisões do Tribunal do Júri, quando: (Redação dada pela Lei nº 263, de 23.2.1948)

a) ocorrer nulidade posterior à pronúncia; (Redação dada pela Lei nº 263, de 23.2.1948)

b) for a sentença do juiz presidente contrária à Lei expressa ou à decisão dos jurados; (Redação dada pela Lei nº 263, de 23.2.1948)

c) houver erro ou injustiça no tocante à aplicação da pena ou da medida de segurança; (Redação dada pela Lei nº 263, de 23.2.1948)

d) for a decisão dos jurados manifestamente contrária à prova dos autos. (Redação dada pela Lei nº 263, de 23.2.1948)

§ 1º Se a sentença do juiz presidente for contrária à Lei expressa ou divergir das respostas dos jurados aos quesitos, o tribunal *ad quem* fará a devida retificação. (Incluído pela Lei nº 263, de 23.2.1948)

§ 2º Interposta a apelação com fundamento no nº III, *c*, deste artigo, o tribunal *ad quem*, se lhe der provimento, retificará a aplicação da pena ou da medida de segurança. (Incluído pela Lei nº 263, de 23.2.1948)

§ 3º Se a apelação se fundar no nº III, *d*, deste artigo, e o tribunal *ad quem* se convencer de que a decisão dos jurados é manifestamente contrária à prova dos autos, dar-lhe-á provimento para sujeitar o réu a novo julgamento; não se admite, porém, pelo mesmo motivo, segunda apelação. (Incluído pela Lei nº 263, de 23.2.1948)

§ 4º Quando cabível a apelação, não poderá ser usado o recurso em sentido estrito, ainda que somente de parte da decisão se recorra. (Parágrafo único renumerado pela Lei nº 263, de 23.2.1948)

593.1. Considerações gerais sobre a apelação: Na sistemática recursal, a regra geral é a interposição de apelação das decisões proferidas pelo juízo monocrático, sendo as hipóteses de recurso em sentido estrito previstas explicitamente (segundo alguns, *taxativamente*) no art. 581, CPP.

Há um princípio relevante que rege os recursos: o da chamada unirrecorribilidade (§ 4º, art. 593), que tem como finalidade precípua evitar a interposição de várias irresignações contra o mesmo comando decisório, malgrado parcas exceções, adiante explicitado.

Significa que, se a decisão contiver comandos decisórios atacáveis por apelação e também por recurso em sentido estrito, a parte deverá interpor apenas um recurso (o de apelação, porque *mais amplo*), mesmo que somente de parte da decisão esteja recorrendo e também se essa irresignação seja atacável *isoladamente* por recurso em sentido estrito. Exemplificativamente, se houver a cassação de fiança (art. 581, V) na sentença condenatória ou concessão de liberdade (art. 581, V) na sentença absolutória, o recurso que deverá ser interposto necessariamente deverá ser o de apelação, mesmo que somente da parte impugnável de modo isolado fosse impugnável mediante recurso em sentido estrito (*como seria o caso de exclusiva cassação de fiança, por exemplo*).

A razão para a existência do dispositivo da unirrecorribilidade é bastante simples, ao menos em nossa compreensão: como o recurso em sentido estrito (e só ele, não a apelação) traz em si a possibilidade de retratação (denominado efeito diferido ou iterativo – art. 589, parágrafo único, CPP), é facultado ao juiz de primeiro grau reformar (apenas uma vez) sua decisão. Entretanto, proferida *sentença* (*que examina o* mérito, *inclusive aquela que, pós-alterações de 2008, absolve sumariamente com base em causa extintiva de punibilidade*) não é possível ao juízo modificar sua decisão, salvo em decorrência de embargos de declaração com excepcionais efeitos infringentes. Daí a razão de a Lei determinar que se deva interpor a apelação, mesmo que a irresignação seja direcionada a parte da decisão que, isoladamente vista, fosse atacável mediante recurso em sentido estrito.

Também vemos o princípio da unirrecorribilidade atrelado à preclusão consumativa. Significa que, interposto o recurso (que seria o cabível) contra determinada decisão, inviável ulteriormente a interposição de *novo* recurso (mesmo que ainda dentro do prazo), porque operada a preclusão para a realização do ato.

O prazo é de 5 (cinco) dias para a interposição do *termo*, sendo que, tal como no recurso em sentido estrito, as razões eventualmente intempestivas não influenciam na admissibilidade da irresignação (diversamente dos recursos de natureza extraordinária, enfatize-se).

No âmbito da Lei nº 9.099/95, há uma peculiaridade que merece destaque: a apelação tem prazo único (para termo e razões) de 10 (dez) dias, consoante previsto no § 1º do art. 82.

Como fica a questão se, eventualmente, houver a adoção nos Juizados Especiais (mesmo que equivocada) da interposição do termo de apelação, seguido de razões, mas essas últimas fora do prazo?

Se o termo for interposto no prazo legal (que é até mais amplo que o prazo normal do CPP), entendemos que as razões extemporâneas (que, frise-se, sequer precisariam existir para *conhecimento* do recurso – salvo aqueles de natureza extraordinária) não poderão implicar intempestividade do *recurso*. É que, se no âmbito do Código de Processo Penal (cujos procedimentos são, em princípio, mais rígidos) se admite que a tempestividade seja considerada pela interposição do termo no prazo legal, não há sentido na adoção de uma regra interpretativa mais rígida em se tratando de delitos que teriam procedimento regulado por lei que se pauta pela simplicidade, informalidade, economia processual e celeridade (art. 2º da Lei nº 9.099/95).

Refira-se ainda que, no âmbito eleitoral (art. 362, Código Eleitoral), o entendimento é de que não basta termo recursal sem razões para a admissibilidade da irresignação, mesmo em nível ordinário.

Não há de se olvidar que aqui também se aplica o princípio geral *tantum devolutum quantum appellatum*. Afora os casos de manifesta ilegalidade (e, que, portanto, sejam passíveis de correção de ofício pelo Tribunal), a cognição da discussão estará delimitada pelo pedido formulado no recurso contra a decisão de condenação ou absolvição, independentemente dos *fundamentos* declinados pela parte inconformada. Noutras palavras, malgrado encontrem-se precedentes jurisprudenciais em sentido contrário, a devolução está limitada pela *horizontalidade* da matéria submetida à instância superior. Mas a *verticalidade* (que está atrelada basicamente à fundamentação), dentro dos limites (horizontais), a cognição é a mais ampla possível. Em síntese: nos limites do pedido (matéria impugnada), é permitido ao tribunal analisar todas as questões a ele relativas, não podendo desbordar para outros aspectos do processo não analisados na irresignação, salvo, como dito, manifesta ilegalidade, concedendo eventual *habeas corpus* de ofício, sempre em favor da defesa.

Jurisprudência

593.1. [...] De acordo com o entendimento firmado neste Tribunal Superior, não há ofensa ao art. 8º, 2, h, do Pacto de São José da Costa Rica e, consequentemente, não há violação ao duplo grau de jurisdição nos casos em que o réu, absolvido em primeira instância, é condenado apenas no julgamento do recurso de apelação interposto pelo Ministério Público. [...] *(Embar-*

gos de Declaração no Agravo Regimental no Recurso Especial nº 1.976.912-SP, STJ, 6ª Turma, Rel. Ministro Antônio Saldanha Palheiro, julgado em 23.8.2022, publicado no DJ em 30.8.2022)

593.1. [...] A interposição de dois recursos pela mesma parte contra a mesma decisão inviabiliza o exame daquele que tenha sido protocolizado após o primeiro, em razão da ocorrência de preclusão consumativa e ante a aplicação do princípio da unirrecorribilidade das decisões. [...] *(Agravo Regimental no Agravo Regimental no Agravo em Recurso Especial nº 1.789.749/PB, STJ, 5ª Turma, unânime, Rel. Min. Joel Ilan Paciornik, julgado em 18.5.2021, publicado no DJ em 25.5.2021)*

593.1. [...] Preceitua o art. 593, § 4º, do Código de Processo Penal que "*quando cabível a apelação, não poderá ser usado o recurso em sentido estrito, ainda que somente de parte da decisão se recorra*". 2. Na hipótese, embora a decisão singular impugnada tenha decidido pela rejeição parcial da denúncia com relação a alguns corréus, trazia, ao mesmo tempo, provimento de absolvição sumária, nos termos do artigo 397, inciso III, do CPP, que descreve a hipótese de atipicidade da conduta, cuja insatisfação da parte desafia a interposição de apelação, nos termos do artigo 593, inciso I, do mesmo diploma legal e da jurisprudência deste Sodalício. [...] *(Agravo Regimental no Agravo em Recurso Especial n. 1.331.026-ES, STJ, 5ª Turma, unânime, Rel. Min. Jorge Mussi, julgado em 23.4.2019, publicado no* DJ *em 7.5.2019).*

593.1 [...] Processo penal eleitoral. Apresentação de petição de interposição da apelação sem as razões. Impossibilidade. Previsão do art. 362 do Código Eleitoral. 3. Adoção do rito do CPP pelo Juízo de primeiro grau. Irrelevância. Razões apresentadas. Intempestividade. 4. Alegação de falha técnica defensiva. Impossibilidade, no caso concreto, de afastar-se a preclusão e a intempestividade. 5. Agravo improvido. *(Agravo Regimental no Habeas Corpus n. 171.732-PR, STF, 2ª Turma, unânime, Rel. Min. Gilmar Mendes, julgado em Sessão Virtual de 21.6.2019 e 27.6.2019, publicado no* DJ *em 6.8.2019).*

593.1. [...] Embora no momento da interposição do recurso de apelação o Órgão Ministerial tenha deixado de especificar a irresignação, merece o tema ser alvo de exame pelo Tribunal, porquanto bem delimitado e debatido nas razões recursais, onde definido de modo claro o limite do acesso recursal. [...] (*Habeas Corpus nº 263.087-SP, STJ, 6ª Turma, unânime, Rel. Min. Nefi Cordeiro, julgado em 17.3.2016, publicado no* DJ *em 5.4.2016*).

593.1. [...] A apresentação extemporânea das razões recursais pela parte, mesmo acusadora, não tem o condão de prejudicar apelação criminal tempestivamente interposta. [...] (Habeas Corpus *nº 66.625-RJ, STJ, 6ª Turma, unânime, Rel. Min. Néfi Cordeiro, julgado em 15.10.2015, publicado no* DJ *em 5.11.2015*).

593.1. [...] A apelação exclusiva da defesa devolve integralmente o conhecimento da causa ao Tribunal *ad quem* nos limites em que impugnada (*tantum devolutum quantum appellatum*), podendo o órgão julgador reafirmar, infirmar ou alterar os motivos da sentença apelada, com limitações apenas de não agravar a pena aplicada na sentença condenatória ou piorar a situação do réu. Precedentes: HC 76.156/SP, Primeira Turma, Rel. Min. Sepúlveda Pertence, *DJ* de 8.5.1998; HC 99.972/PR, Rel. Min. Cármen Lúcia, Primeira Turma, *DJe* de 13.9.2011; HC 72.527/SP, Segunda Turma, Rel. Min. Carlos Velloso, *DJ* de 17.11.1995. A doutrina acerca dos limites ao exame da apelação pelo Tribunal *ad quem*, assenta que "*No tocante aos poderes do juízo* ad quem, *restrições não existem, embora incidindo sobre área litigiosa menor que aquela do juízo* a quo. *O novo exame é sempre integral, ainda que verse sobre parte da demanda. Pode-se dizer que o efeito devolutivo é total ou parcial quanto à extensão, e sempre integral quanto à profundidade. A apelação investe o juízo* ad quem *de amplos poderes para o exame do litígio decidido em primeiro grau, desde que se trate de apelação plena; e; e se for limitada, o princípio do tantum devolutum quantum appellatum dá iguais poderes ao juízo do recurso, embora para projetá-los na área demarcada pelo pedido de reexame contido no procedimento recursal. [...] Proíbe-se o chamado* jus novorum *no juízo de apelação. E que o juízo* ad quem *não cria novos elementos no litígio penal a ser decidido, continuando jungido as questões que foram ou podiam ter sido ventiladas no juízo a quo. Não se deve daí inferir que a causa, em grau de apelação, tenha de ser decidida nos limites apenas das controvérsias que o juízo de primeiro grau focalizou na sentença recorrida. Desde que se não extravasem as balizas demarcadas pela imputação e pela devolução recursal, irrestrito é o poder jurisdicional do juízo* ad quem *no tocante à decisão que deva proferir*" (MARQUES, José Frederico. *Elementos de Direito Processual Penal*, Rio de Janeiro: Forense, 1965, 1ª ed., p. 231-234 e 270-271 – grifei). "*[...] nos limites* *do pedido (matéria impugnada), e permitido ao tribunal analisar todas as questões a ele relativas, não podendo apenas desbordar para outros aspectos do processo não abordados na irresignação [...]. Portanto, a alteração do fundamento da condenação (se pugnado pela defesa absolvição, por exemplo) em nada infringe o princípio da* reformatio in pejus, *na medida em que, submetida integralmente a decisão à instância superior, pode o tribunal manter o édito condenatório por fundamentos diversos, ou reformá-lo por outros não declinados no recurso da acusação"* (Pacelli, Eugênio; Fischer, Douglas. *Comentários ao Código de Processo Penal e sua Jurisprudência.* São Paulo: Atlas, 2013, 5. ed. rev. e atual., p. 1.248 – grifei). [...] (*Recurso Ordinário em Habeas Corpus nº 118.658-SP, STF, 1ª Turma, Rel. Min. Luiz Fux, julgado em 13.5.2014, publicado no DJ em 3.6.2014).*

593.2. Classificação dos atos impugnáveis mediante recurso: Em nossa classificação, subdividimos os atos processuais em despachos, decisões interlocutórias (mistas e simples) decisões com força de definitivas e sentenças propriamente ditas. Tecnicamente, *apeláveis* somente podem ser as decisões com força de definitivas e as sentenças propriamente ditas.

Diversamente das *decisões* definitivas, apenas nas *sentenças* condenatórias ou absolutórias é que ocorre a análise da pretensão punitiva propriamente dita. Nessas situações, abarcadas pelo inciso I do art. 593 do CPP (regra geral), há a análise sobre a existência de um fato, se o fato é ou não crime e a autoria (vide hipóteses do art. 386, CPP, para casos de absolvição).

Com o advento da Lei nº 11.719/08, também foram criadas hipóteses mais amplas de *absolvição sumária.* Há de se ver que, no sistema anterior, as hipóteses de absolvição sumária se limitavam, e no procedimento do Júri, ao reconhecimento das excludentes de ilicitude e de culpabilidade (na linha da antiga redação do art. 411 do CPP, com referência ao Código Penal - arts. 20, 21, 22, 23, 26 e 28, § 1º). Elas foram mantidas nos incisos I e II. Por conta da expressa revogação do art. 43, CPP (art. 3º da Lei nº 11.719/08), a circunstância de o fato narrado não constituir crime (art. 43, I, CPP) *não é* mais causa de rejeição da denúncia ou da queixa (limitadas às hipóteses, agora, do art. 396, CPP), mas sim absolvição sumária. Reafirmamos que está correta a alteração legislativa nessa parte: na hipótese de atipicidade está-se diante de decisão sobre o mérito da causa.

Impende registrar vez mais que, em nosso entendimento, não andou bem o legislador ao incluir a extinção da punibilidade como hipótese de absolvição sumária, ainda que os efeitos de ambas possam ser aproximados. A decisão que julga extinta a punibilidade (inclusive a que reconhece a prescrição) *não* decide o *mérito* do processo criminal, senão e apenas declara extinta a pretensão punitiva do Estado. Noutras palavras, não se decide se o agente praticou ou não o fato ou se o fato é crime ou não, mas tão somente se reconhece a ausência de possibilidade de o Estado aplicar a pena ao agente processado. Sobre o recurso cabível em caso de absolvição sumária, porque extinta a punibilidade, será a apelação. Entretanto, faz-se remissão aos comentários ao art. 581, incisos VIII e IX, CPP.

593.3. Sentenças apeláveis em caso de absolvição ou condenação (inciso I): Por excelência, a apelação é o recurso cabível contra as sentenças condenatórias ou absolutórias proferidas pelo juiz singular (art. 593, I, CPP). Nesses casos, há exame da pretensão punitiva do Estado, na qual se declara a procedência ou não da persecução criminal em relação ao mérito propriamente dito.

Tal como já referido em item anterior (593.1), uma vez admitida, a apelação deverá ser remetida para a instância superior que (realizando igualmente a presença ou não dos pressupostos recursais) deverá analisar a irresignação nos exatos limites da impugnação (*tantum devolutum quantum appellatum*). Somente poderão ser extrapolados os limites da impugnação nos casos em que verificado algum manifesto equívoco ou ilegalidade em detrimento do réu, concedendo-se o chamado *habeas corpus* de ofício. Quanto aos fundamentos, dentro dos limites da devolução da matéria (pedido), a discussão é a mais ampla possível, não estando vinculada a instância superior aos argumentos para a condenação ou absolvição, independentemente da arguição no recurso. É dizer: mesmo que por fundamentos diversos declinados no recurso (e mesmo nos casos em que não estejam presentes razões recursais), poderá o tribunal reformar ou manter a decisão por fundamentos diversos aos que adotados na sentença.

Convém uma vez mais ressaltar que a apelação deverá ser o recurso cabível da decisão de impronúncia e de absolvição sumária (art. 416, CPP) no procedimento do Júri, além das (novéis) hipóteses de absolvição sumária de que trata o art. 387, CPP (Lei nº 11.719/08).

593.4. Decisões definitivas ou com força de definitivas que não sejam atacáveis por recurso em sentido estrito (inciso II): Já o inciso II do art. 593 do CPP prevê a possibilidade de apelação contra as decisões definitivas ou com força de definitivas proferidas pelo juiz singular e que não se enquadrem nas hipóteses elencadas no art. 581, CPP.

Nessas situações, não há se falar, tecnicamente, em *sentença*. Aliás, o próprio código denomina as hipóteses apeláveis do inciso II como *decisões*. Referido dispositivo trata das *decisões* proferidas pelos juízes em procedimentos incidentais que resolvam não o mérito do processo principal, mas o *mérito do próprio procedimento dependente*. Aí se enquadram inúmeras hipóteses, podendo-se elencar as mais correntes as decisões que:

a) decidem sobre o pedido de restituição de coisas apreendidas (arts. 118 e seguintes, CPP);
b) resolvem os procedimentos de sequestros, arrestos ou hipoteca legal (arts. 125, 134, 135, 136 e 137, CPP);
c) solucionam pedido de reabilitação;
d) indeferem buscas e apreensões, quebras de sigilos e interceptações telefônicas.

Importante destacar que há entendimentos doutrinários e jurisprudenciais (minoritários) no sentido de que também seria cabível a apelação com fundamento no inciso II do art. 593 do CPP nos casos em que *deferimento* de antecipação (liminares) de pedidos de sequestros, arrestos ou hipotecas legais. Efetivamente, não há de se cogitar do recurso em tela no caso de *deferimento inicial* das medidas porquanto são decisões que não possuem qualquer condão de definitividade, senão – e apenas – de provisoriedade. Já o mesmo não se pode falar da solução final (pela procedência ou improcedência dos pedidos), bem como do indeferimento inicial das medidas retromencionadas. Assim, em caso de não acolhimento de pedidos de arrestos, sequestros, hipoteca legal, restituição de coisas apreendidas, dentre outros, aí sim se poderá utilizar a apelação.

Sobre a utilização do mandado de segurança, não vemos qualquer impropriedade, desde que excepcionalmente, e para dois fins: conceder efeito suspensivo a recurso que não tenha ou então quando o recurso, já ajuizado e mesmo com efeito suspensivo, não tiver o condão de afastar a ilegalidade arguida.

Pela leitura isolada dos termos da Súmula 267, STF, poder-se-ia considerar para todas as situações a impropriedade do uso do mandado de segurança se o ato for atacável mediante recurso ou correição parcial. Entretanto, não há de se olvidar que, em situações absolutamente adversas e excepcionais, os recursos (notadamente aqueles que não têm efeito suspensivo, como o caso da apelação) poderão não impedir malferimento a direito fundamental ou, mesmo que tivessem efeito suspensivo, não seriam aptos a impedir a ocorrência da ilegalidade.

Por natureza, o mandado de segurança é um *writ* de essência não criminal. Mas isso não significa que não se possa cogitar de sua utilização no âmbito do processo penal. Entendemos viável, e o fundamento para tal assertiva está em sede constitucional. Dispõe expressamente o art. 5º, LXIX, CF, que se concede o direito ao ajuizamento do *writ* "*para proteger direito líquido e certo, não amparado por 'habeas corpus' ou 'habeas-data', quando o responsável pela ilegalidade ou abuso de poder for autoridade pública ou agente de pessoa jurídica, no exercício de atribuições do Poder Público*".

Importante anotar que, com a edição da Lei nº 12.016, de 7.8.2009, e em vigor desde 10.8.2009 (data de sua publicação), se estipulou expressamente no art. 5º, II, que "não se concederá mandado de segurança quando se tratar: II – de decisão judicial da qual caiba recurso *com efeito suspensivo*". É dizer: em nossa leitura, se o recurso *não* tiver efeito suspensivo, para aqueles que se apegavam unicamente a essa circunstância, não existe mais nenhum óbice para sua utilização.

Também existem posicionamentos doutrinários e jurisprudenciais que assentam não poder o mandado de segurança ser substitutivo do recurso próprio (diversamente do que amplamente aceito no que tange ao *habeas corpus*). Em nossa compreensão, a assertiva procede, *em princípio*. Mas não pode ser difundida de forma absoluta, pois, como já dito, há de se admitir a relativização do empeço para o ajuizamento. É que a circunstância isolada de existir eventualmente um recurso próprio para atacar a decisão judicial não pode implicar afastamento do uso do mandado de segurança se o recurso próprio se apresenta como insuficiente para afastar – de modo *pronto e eficaz* – a ilegalidade atacada. A formalidade processual (recursos previstos expressamente em lei) não pode se sobrepor – em casos excepcionais – ao próprio direito perseguido (da defesa ou da própria acusação), se ele poderá perecer como consequência da demora no processamento do recurso. Para essas situações excepcionais, desde que presentes os requisitos legais do *writ*, possível o uso do mandado de segurança.

Jurisprudência

593.4. [...] A jurisprudência do STJ admite recurso de apelação em casos de desclassificação de crime sem modificação de competência, por ter força de definitividade. [...] *(Agravo Regimental no Recurso Especial nº 2.031.022-RS, STJ, 5ª Turma, Rel. Min. Joel Ilan Paciornik, julgado em 4.11.2024, publicado no DJ em 5.11.2024)*

593.4. [...] "*É incabível o conhecimento de mandado de segurança impetrado contra decisão que indefere o pleito de restituição dos bens sequestrados, porquanto é cabível a interposição de apelação, consoante previsto no art. 593, II, do Código de Processo Penal*" [...] *(Agravo Regimental nos Embargos Declaratórios no Recurso em Mandado de Segurança nº 65.833/MG, STJ, 6ª Turma,* unânime, *Rel. Min. Antônio Saldanha Palheiro, julgado em 14.9.2021, publicado no DJ em 22.9.2021)*

593.4. [...] 1. A teor das disposições contidas na Lei n. 12.850/2013, realizado o acordo de colaboração premiada, serão remetidos ao juiz, para verificação de sua regularidade, legalidade, adequação e voluntariedade, os termos do ajuste, as declarações do colaborador e cópia da investigação. Tem-se, nessa fase, a fiscalização dos aspectos previstos no art. 4º, § 7º, do mesmo regramento legal, com redação incluída pela Lei n. 13.964/2019. [...] 4. Analisadas as espécies de recursos elencados no Código de Processo Penal, tem-se que a apelação criminal é apropriada para confrontar a decisão que recusar a homologação da proposta de acordo de colaboração premiada. 5. O ato judicial: a) não ocasiona uma situação de inversão tumultuária do processo, a atrair o uso da correição parcial e b) tem força definitiva, uma vez que impede o negócio jurídico processual, com prejuízo às partes interessadas. Ademais, o cabimento do recurso em sentido estrito está taxativamente previsto no art. 581 do CPP e seus incisos não tratam de hipótese concreta que se assemelha àquela prevista no art. 4°, § 8°, da Lei n. 12.850/2013. 6. De toda forma, ante a existência de dúvida objetiva quanto ao instrumento adequado para combater o provimento jurisdicional, não constitui erro grosseiro o manejo de correição parcial, principalmente quando esse instrumento foi aceito em situações outras pelo Tribunal. Interposta a insurgência no interstício de cinco dias, sem que se possa falar em sua intempestividade, era perfeitamente aplicável o princípio da fungibilidade recursal. Foi violado o art. 579 do CPP, uma vez que: "salvo a hipótese de má-fé, a parte não será prejudicada pela interposição de um recurso por outro". *(Recurso Especial nº 1.834.215-RS, STJ, 6ª Turma, Rel. Min. Rogério Schietti Cruz, julgado em 27.10.2020, publicado no DJ em 12.11.2020)*

593.4. [...] Via de regra, é cabível correição parcial contra decisão judicial que causa tumulto ao andamento do processo, *v.g.*, invertendo fases processuais, desde que não haja previsão de recurso específico na legislação processual. [...] É extreme de dúvidas que não cabe correição parcial contra decisão de Juiz de primeiro grau que extingue a ação penal, pois há previsão de recurso próprio na legislação processual. O fato de que, na visão do *Parquet*, teria sido utilizado fundamento de natureza administrativa, não faz excluir o cabimento do recurso previsto na legislação processual. A interposição da correição, no caso concreto, constituiu erro grosseiro. [...] A decisão do Juízo singular pecou pela falta de clareza. Entretanto, apesar dessa mácula, era evidente que o recurso adequado para a sua impugnação não era a correição parcial. Ao encerrar a ação penal, por falta de justa causa, o recurso cabível seria a apelação, nos termos do art. 593, inciso II, do Código de Processo Penal. Contudo, a decisão também extinguiu a punibilidade, sendo admissível que fosse impugnada por recurso em sentido estrito, nos termos do art. 581, inciso VIII, segunda parte, do mesmo Estatuto. Caso o Ministério Público tivesse interposto algum desses recursos, poderia ter havido o conhecimento da insurgência acusatória. [...] *(Recurso Especial nº 1.851.323/MG, STJ, 6ª Turma, unânime, Rel. Min. Laurita Vaz, julgado em 3.11.2020, publicado no DJ em 20.11.2020).*

593.4. [...] Inadmissível o manejo do mandado de segurança como meio de impugnar decisão judicial que indeferiu o pedido de restituição de valores apreendidos em ação penal na qual o réu respondia por lavagem de dinheiro oriundo de tráfico de drogas, se tal tipo de decisão pode ser impugnada por meio da apelação prevista no art. 593, II, do CPP, que, de regra, admite o efeito suspensivo. Óbices do art. 5°, II, da Lei 12.016/2009 e do enunciado nº 267 da Súmula/STF. [...] Recurso ordinário a que se nega provimento (*RMS nº 49.904, STJ, 5ª Turma, unânime, Rel. Min. Reynaldo Soares da Fonseca, julgado em 27.9.2016, publicado no* DJ *em 5.10.2016*).

593.4. [...] A decisão judicial que determina o bloqueio de bens e ativos financeiros tem natureza definitiva (decisão definitiva em sentido estrito ou terminativa de mérito), sujeitando-se, assim, ao reexame da matéria por meio de recurso de apelação, nos termos do art. 593, inciso II, do Código de Processo Penal. [...] (*Recurso em Mandado de Segurança nº 26.768-DF, STJ, 5ª Turma, Rel. Min. Laurita Vaz, julgado em 27.3.2012, publicado no* DJ *em 3.4.2012*).

593.5. Apelação contra decisões do Tribunal do Júri: regras gerais (inciso III): Já o disposto no inciso III do art. 593, CPP, trata de questões específicas relacionadas ao Tribunal do Júri, mas em matérias bem restritas. A razão é-nos óbvia: como as decisões sobre o mérito da causa são de competência do Tribunal Popular (que possui soberania constitucional para decidir), eventuais impugnações somente podem ser tidas como exceções. Exatamente por isso é que a Súmula 713, STF, assenta que "o efeito devolutivo da apelação contra decisões do Júri é adstrito aos fundamentos de sua interposição". É preciso ter cuidado na análise do comando sumulado. O *fundamento* da interposição a que se alude é o *fundamento legal* que embasa a pretensão, as alíneas do inciso III. Mas não há alteração do que tudo já dito em relação *ao tantum devolutum quantum appellatum* na linha de que o *pedido* (aqui vinculado ao fundamento legal da interposição) seja analisado na instância superior na maior profundidade possível. Significa, portanto, que a decisão do tribunal deverá ser necessariamente adstrita ao pedido do recurso, salvo, à evidência, quando o tribunal verificar a existência de questão que possa ser resolvida mediante a concessão de *habeas corpus* de ofício (normalmente relacionada a nulidades processuais em procedimentos do Júri).

Digno de registro que existem compreensões no sentido de que a ausência de demonstração do inciso no qual está baseada a irresignação não pode ser fator impeditivo do conhecimento do recurso.

Jurisprudência

593.5. [...] 1. A "legítima defesa da honra" é recurso argumentativo/retórico odioso, desumano e cruel utilizado pelas defesas de acusados de feminicídio ou agressões contra a mulher para imputar às vítimas a causa de suas próprias mortes ou lesões. Constitui-se em ranço, na retórica de alguns operadores do direito, de institucionalização da desigualdade entre homens e mulheres e de tolerância e naturalização da violência doméstica, as quais não têm guarida na Constituição de 1988.

2. Referido recurso viola a dignidade da pessoa humana e os direitos à vida e à igualdade entre homens e mulheres (art. 1º, inciso III , e art. 5º, caput e inciso I, da CF/88), pilares da ordem constitucional brasileira. A ofensa a esses direitos concretiza-se, sobretudo, no estímulo à perpetuação do feminicídio e da violência contra a mulher. O acolhimento da tese teria o potencial de estimular práticas violentas contra as mulheres ao exonerar seus perpetradores da devida sanção.

3. A "legítima defesa da honra" não pode ser invocada como argumento inerente à plenitude de defesa própria do tribunal do júri, a qual não pode constituir instrumento de salvaguarda de práticas ilícitas. Devem prevalecer a dignidade da pessoa humana, a vedação de todas as formas de discriminação, o direito à igualdade e o direito à vida, tendo em vista os riscos elevados e sistêmicos decorrentes da naturalização, da tolerância e do incentivo à cultura da violência doméstica e do feminicídio.

4. Na hipótese de a defesa lançar mão, direta ou indiretamente, da tese da "legítima defesa da honra" (ou de qualquer argumento que a ela induza), seja na fase pré-processual, na fase processual ou no julgamento perante o tribunal do júri, caracterizada estará a nulidade da prova, do ato processual ou, caso não obstada pelo presidente do júri, dos debates por ocasião da sessão do júri, facultando-se ao titular da acusação apelar na forma do art. 593, inciso III, alínea a, do Código de Processo Penal.

5. É inaceitável, diante do sublime direito à vida e à dignidade da pessoa humana, que o acusado de feminicídio seja absolvido, na forma do art. 483, inciso III, § 2º, do Código de Processo Penal, com base na esdrúxula tese da "legítima defesa da honra". Há de se exigir um controle mínimo do pronunciamento do tribunal do júri quando a decisão de absolvição se der por quesito genérico, de forma a avaliar, à luz dos atos processuais praticados em juízo, se a conclusão dos jurados se deu a partir de argumentação discriminatória, indigna, esdrúxula e inconstitucional referente ao uso da tese da legítima defesa da honra.

6. Arguição de descumprimento de preceito fundamental julgada parcialmente procedente para (i) firmar o entendimento de que a tese da legítima defesa da honra é inconstitucional, por contrariar os princípios constitucionais da dignidade da pessoa humana (art. 1º, inciso III, da CF), da proteção da vida e da igualdade de gênero (art. 5º, caput, da CF); (ii) conferir interpretação conforme à Constituição ao art. 23, inciso II, ao art. 25, caput e parágrafo único, do Código Penal e ao art. 65 do Código de Processo Penal, de modo a excluir a legítima defesa da honra do âmbito do instituto da legítima defesa; (iii) obstar à defesa, à acusação, à autoridade policial e ao juízo que utilizem, direta ou indiretamente, a tese de legítima defesa da honra (ou qualquer argumento que induza à tese) nas fases pré-processual ou processual penais, bem como durante o julgamento perante o tribunal do júri, sob pena de nulidade do ato e do julgamento; e (iv) diante da impossibilidade de o acusado beneficiar-se da própria torpeza, fica vedado o reconhecimento da nulidade referida no item anterior na hipótese de a defesa ter-se utilizado da tese da legítima defesa da honra com essa finalidade.

7. Procedência do pedido sucessivo apresentado pelo requerente, conferindo-se interpretação conforme à Constituição ao art. 483, inciso III, § 2º, do Código de Processo Penal, para entender que não fere a soberania dos veredictos do tribunal do júri o provimento de apelação que anule a absolvição fundada em quesito genérico, quando, de algum modo, possa implicar a repristinação da odiosa tese da legítima defesa da honra. *(Arguição de Descumprimento de Preceito Fundamental nº 779-Mérito, STF, Plenário, Rel. Min. Dias Toffoli, julgamento final em 1º.8.2023, publicado no DJ em 6.10.2023)*

593.5. [...] 2. Diante de recurso de apelação com base no art. 593, III, "d", do CPP, é imprescindível que o Tribunal avalie a prova dos autos, com fim de perquirir se há algum elemento que ampare o decidido pelos jurados. Trata-se de providência objetiva de cotejo do veredicto com a prova dos autos, sendo prescindível qualquer ingresso na mente dos jurados. Cabe ressaltar que, havendo duas versões jurídicas sobre os fatos, ambas amparadas no acervo probatório, deve ser preservada a decisão dos jurados, em atenção à soberania dos veredictos. *[...] (Reclamação nº 42.274-RS, STJ, 3ª Seção, Rel. Min. Joel Ilan Paciornik, julgado em 24.5.2023, publicado no DJ em 26.5.2023)*

593.5. [...] A soberania dos veredictos não é princípio intangível a não admitir relativização. Decisão do Conselho de Sentença manifestamente divorciada da prova dos autos resulta em arbitrariedade a ser sanada pelo juízo recursal, a teor do art. 593, III, d, do Código de Processo Penal (RHC 124.554, Relª. Minª. Rosa Weber). [...] Assim como consta no parecer do Ministério Público Federal, [n]egar ao Ministério Público o direito ao recurso nas hipóteses de manifesto descompasso entre o veredicto popular e a prova dos autos implicaria violação à garantia do devido processo legal, que contempla, dentre outros elementos indispensáveis a sua configuração, o direito à igualdade entre as partes (HC 111207, Rel. Min. Cármen Lúcia, DJ de 17/12/2012). [...] *(Agravo Regimental no Recurso Ordinário em Habeas Corpus nº 224.600, STF, 1ª Turma, Rel. Min. Roberto Barroso, sessão virtual de 14.4.2023 a 24.4.2023, publicado no DJ em 27.4.2023)*

593.5. [...] A orientação do Supremo Tribunal Federal é no sentido de que a "soberania dos veredictos não é princípio intangível a não admitir relativização. Decisão do Conselho de Sentença manifestamente divorciada da prova dos autos resulta em arbitrariedade a ser sanada pelo juízo recursal, a teor do art. 593, III, d, do Código de Processo Penal" *(RHC 124.554, Relª. Minª. Rosa Weber).[...] (Agravo Regimental no Habeas Corpus nº 218.363, STF, Rel. Min. Roberto Barroso, sessão virtual de 14.10.2022 a 21.10.2022, publicado no DJ em 27.10.2022)*

593.5. [...] 1. Ao julgar apelação que pretende desconstituir o julgamento proferido pelo Tribunal do Júri, sob o argumento de que a decisão foi manifestamente contrária à prova dos autos, à Corte de origem se permite, apenas, a realização de um juízo de constatação acerca da *existência de suporte probatório para a decisão tomada pelos jurados integrantes da Corte Popular. Se o veredito estiver flagrantemente* desprovido de elementos mínimos de prova capazes de sustentá-lo, admite-se a sua cassação. Caso contrário, deve ser preservado o juízo feito pelos jurados no exercício da sua soberana função constitucional.

2. Não se desconhece a celeuma existente na doutrina a respeito da natureza jurídica do interrogatório, porém, de acordo com a interpretação literal e topográfica do Código de Processo Penal, prevalece o enquadramento do interrogatório como meio de prova. Portanto, não há como entender que a decisão dos jurados foi manifestamente contrária à prova dos autos, se a tese defensiva é respaldada pelo interrogatório, que é meio típico de prova previsto no CPP e foi produzido sob o crivo do contraditório judicial.

3. Na hipótese dos autos, a defesa sustentou, em plenário, a tese de homicídio privilegiado pela violenta emoção, o que foi acolhido pelo Conselho de Sentença com base no interrogatório do réu. Desse modo, os jurados apenas escolheram a versão que lhes pareceu mais verossímil e decidiram a causa conforme suas convicções.

4. Não cabe ao Tribunal a quo, tampouco a esta Corte Superior, valorar as provas dos autos e decidir pela tese prevalente, sob pena de violação da competência constitucional conferida ao Conselho de Sentença. Ao anular o julgamento, o órgão de segundo grau fez indevida incursão valorativa e violou a soberania dos vereditos, uma vez que lhe cabia apenas constatar se era uma versão minimamente plausível, à luz do contexto fático-probatório dos autos. [...] *(Agravo Regimental no Agravo em Recurso Especial nº 2153122 – SC, STJ, 6ª Turma, Rel. Min. Rogerio Schietti Cruz, julgado em 8.11.2022, publicado no DJ em 16.11.2022)*

593.5. [...] 2. A Lei n. 11.689/2008 simplificou os quesitos a serem submetidos ao Conselho de Sentença. Após responder acerca da materialidade e da autoria delitiva, os jurados decidirão se o réu deve ser condenado ou absolvido. Ainda que o Conselho de Sentença tenha respondido positivamente aos quesitos da autoria e da materialidade, é possível a absolvição do réu amparada em qualquer tese defensiva, mesmo que não sustentada em plenário, como decorrência lógica do sistema da íntima convicção e consagrado na norma insculpida no inciso III do art. 483 do Código de Processo Penal. Contudo, os veredictos do Tribunal do Júri não escapam completamente do controle judicial. O art. 593, § 3°, do CPP estabelece a possibilidade de recurso contra decisão do Conselho de Sentença que se divorcia da prova dos autos, mas limita essa supervisão a uma única vez. 3. A melhor exegese dos comandos normativos vertidos nos arts. 483, III, § 2°, e 593, III, *d*, § 3°, do CPP é a de ser possível a absolvição do acusado, mesmo que haja o reconhecimento da materialidade e da autoria delitiva, ainda que única tese defensiva seja a de negativa de autoria. Entretanto, o referido juízo absolutório é passível de ser questionado pela acusação, que poderá manejar apelo fundado no art. 593, III, *d*, do CPP, sem que o referido recurso signifique desrespeito ou afronta à soberania dos veredictos do Tribunal do Júri. Nesse passo, o juízo absolutório dos jurados se estabilizará e ganhará contornos de plenitude somente após novo julgamento pelo Tribunal Popular que tenha sido determinado em razão de provimento de apelação embasada em contrariedade manifesta à prova dos autos. Isso porque, segundo o § 3° do art. 593 do CPP, não se admitirá novo recurso fundado na alínea "d" do inciso III do referido dispositivo. Precedentes. [...] *(Agravo Regimental no Habeas Corpus n. 531.006- RJ, STJ, 5ª Turma, unânime, Rel. Min. Ribeiro Dantas, julgado em 3.12.2019, publicado no* DJ *em 16.12.2019).*

593.5. [...] 1. Conforme disposto no artigo 593, III, "d", e § 3º, do CPP, cabível novo julgamento pelo Tribunal do Júri se a decisão dos jurados é manifestamente contrária à prova dos autos. 1.1. Conforme precedentes, não se admite absolvição do réu pelos jurados sem amparo no acervo probatório, como aquela que ocorre por clemência ou outro título análogo. 1.2. No caso em tela, o Tribunal de origem constatou que a absolvição pelos jurados após reconhecida a autoria e a materialidade não se justificava diante da única tese defensiva ter sido a negativa de autoria, mas manteve a absolvição por motivos subjetivos em respeito à soberania dos veredictos. 2. Agravo regimental desprovido *(Agravo Regimental no Recurso Especial n. 1.771.438 – MG, STJ, 5ª Turma, unânime, Rel. Min. Joel Ilan Paciornik, julgado em 7.11.2019, publicado no* DJ *em 19.11.2019).*

593.5. [...] A Terceira Seção do Superior Tribunal de Justiça consolidou o entendimento de que não ofende a soberania dos veredictos a anulação de decisão do Tribunal do Júri que se mostre manifestamente contrária a prova dos autos, ainda que os jurados tenham respondido positivamente ao terceiro quesito formulado nos termos do art. 483, § 2º, do CPP. [...] *(Agravo Regimental no Agravo em Recurso Especial n. 1.464.793/MS, STJ, 6ª Turma, unânime, Rel. Min. Néfi Cordeiro, julgado em 25.6.2019, publicado no* DJ *em 1º.8.2019).*

593.5. [...] Quando o Ministério Público apela com fundamento no art. 593, inciso III, alínea *d*, do Código de Processo Penal, por entender que a decisão dos jurados é manifestamente contrária à prova dos autos, é evidente a nulidade por violação ao princípio do "*tantum devolutum quantum appellatum*" quando Corte revisora reforma a sentença proferida pelo magistrado de primeiro grau reconhecendo *error in judicando*. Nos termos da Súmula 713 da Suprema Corte "*o efeito devolutivo da apelação contra decisões do Júri é adstrito aos fundamentos da sua interposição*". Ordem concedida para restabelecer a sentença de primeiro grau (*Habeas Corpus nº 95.509/MS, Rel. Min. Laurita Vaz, 5ª Turma, publicado no* DJ *em 9.3.2009*).

593.5.1. Quando ocorrer nulidade posterior à pronúncia (inciso III, alínea *a*): É bipartido o procedimento dos crimes afetos ao Tribunal Popular (dolosos contra a vida, consumados ou não, e também os a eles conexos – art. 78, I, CPP – com a ressalva de quando houver continência de competência de outro grau de jurisdição, em que deverá haver cisão – ver HC nº 69.325-3, Plenário do STF, publicado no *DJ* em 4.12.92).

Na primeira, até a oitiva das testemunhas, o procedimento é normal segundo as regras (gerais) do Código de Processo Penal. Após, quanto ao Júri, adotam-se as regras dos arts. 406 e seguintes, CPP. Se houver a pronúncia, o réu deverá ser submetido ao conselho de sentença, porque restou compreendido pelo magistrado (ou pelo Tribunal, quando provê recurso em sentido estrito contra a impronúncia) existirem elementos suficientes da autoria e prova da materialidade, sem a presença de qualquer causa manifestamente indiscutível que exclua o crime ou isente o réu de pena.

Verificando-se qualquer nulidade *posterior* ao momento da pronúncia e sendo esse o motivo de eventual irresignação, o recurso próprio deverá ser interposto com fundamento na alínea *a* do inciso III do art. 593 do CPP.

Pelo princípio da causalidade (art. 573, § 1º, CPP – *a nulidade de um ato, uma vez declarada, causará a dos atos que dele diretamente dependam ou sejam consequência*), uma vez reconhecida a nulidade posterior à pronúncia, todos os atos subsequentes (porque dependentes do nulificado) deverão ser afastados.

Assim, qualquer nulidade após a pronúncia e até o julgamento em plenário que traga prejuízo tanto para a defesa ou para a acusação (art. 563, CPP), deverá ser objeto de impugnação mediante recurso específico de apelação, cujo provimento implicará na anulação do julgamento em plenário.

Anotação complementar: é preciso atentar que, frente às alterações legislativas de 2008, não há mais o *libelo* acusatório, descabendo discutir, agora, nulidades relacionadas a ele.

Jurisprudência

593.5.1 [...] Quanto à superveniência da sentença penal condenatória pelo Tribunal do Júri, embora se trate de novo título que, em regra, prejudica o exame de eventual nulidade da sentença de pronúncia, excepcionalmente, admite-se seu exame, mesmo diante da superveniência de condenação, quando esta for baseada, apenas, em elementos da pronúncia que não são admitidos pelo ordenamento jurídico pátrio. [...] *(Agravo Regimental no Habeas Corpus nº 797.609-RS, STJ, 5ª Turma, Rel. Min. Reynaldo Soares da Fonseca, sessão virtual de 23.5.2023 a 29.5.2023, publicado no DJ em 2.6.2023)*

593.5.1 [...] Sessão plenária do Tribunal do Júri. Realização com 13 jurados. Assentimento da defesa. [...] Em relação à pretensa nulidade, observa-se dos autos, que a defesa assentiu com a realização da Sessão Plenária com o número de jurados presentes, conforme a Ata de Julgamento. Ora, não se vislumbra, nesta sede mandamental, razão ao recorrente, pois ocorreu a preclusão da matéria, uma vez que a pretensa nulidade não foi arguída no momento oportuno. [...] *(Embargos de Declaração no Agravo Regimental no Recurso em Habeas Corpus nº 164.625–RJ, STJ, 5ª Turma, Rel. Min. Ribeiro Dantas, julgado em 22.11.2022, publicado no DJ em 28.11.2022)*

593.5.1 [...] Diversamente do que ocorre na hipótese de contrariedade entre o veredito e as provas dos autos (art. 593, § 3º, do CPP), o afastamento de qualificadora por vício de quesitação não exige a submissão dos réus a novo júri. Afinal, em tal cenário, o único impacto da exclusão da qualificadora ilicitamente quesitada será a redução da pena, providência que cabe ao próprio Tribunal, na forma do art. 593, § 2º, do CPP. [...] *(Recurso Especial nº 1.973.397–MG, STJ, 5ª Turma, Rel. Min. Ribeiro Dantas, julgado em 6.9.2022, publicado no DJ em 15.9.2022)*

593.5.2. Quando a sentença do juiz presidente for contrária à Lei expressa ou à decisão dos jurados (inciso III, *b*): Não se trata, aqui, de a decisão do juízo que, na competência própria, analisa o mérito da questão. A hipótese aqui referida se verifica quando a sentença do magistrado presidente (que deve atender ao disposto no art. 492, CPP) for contrária ao que decidido pelos jurados (que estão investidos na condição de *juiz natural* da causa) ou quando violar disposição expressa de lei.

Quando ocorre tal situação, não se declarará a nulidade do julgamento em si (que demandaria nova sessão). A consequência natural é a readequação da sentença – reforma parcial – pelo tribunal, afastando-se o equívoco da decisão do magistrado. Desse modo, havendo erro na aplicação da pena (qualificadoras, agravantes, atenuantes, causas de aumento ou de diminuição de pena) ou então violação de Lei (regime de pena, por exemplo), o tribunal faz a correção para adequar o pronunciamento aos termos do que decidido pelo conselho ou à luz dos preceitos legais, conforme o caso. É o que dispõe expressamente o § 1º do art. 593 do CPP: "*se a sentença do juiz presidente for contrária à Lei expressa ou divergir das respostas dos jurados aos quesitos, o tribunal* ad quem *fará a devida retificação*".

593.5.3. Quando houver erro ou injustiça no tocante à aplicação da pena ou da medida de segurança (inciso III, *c*): A primeira hipótese (*erro* na aplicação da pena), muitas vezes, pode ser confundida com situações elencadas pela alínea *b* do mesmo inciso III, se a questão estiver relacionada com *erro* decorrente de uma decisão contrária a disposição legal (deixar de aplicar uma atenuante prevista no art. 65, CP, *v. g.*) ou à decisão dos jurados (*v. g.* aplicar qualificadora rechaçada pelo conselho de sentença).

A questão aqui é objetiva: diz respeito à inobservância dos critérios legais na dosimetria da pena ou também no que tange à fixação dos limites de pena em cada fase.

A questão da *injustiça* é deveras subjetiva e abrangente, permitindo que o tribunal, desde que fundamentadamente, mas adotando outros parâmetros de cálculo da pena ou da aplicação da medida de segurança, reforme e faça a adequação da sentença de primeiro grau ao que entende mais razoável.

Desse modo, fácil verificar a existência de decisões (*não só em processos do Júri, mais até noutros feitos em que a devolutividade é ampla com fundamento no inciso I do art. 593 do CPP*) nas quais o tribunal entende como exacerbada a valoração efetivada pelo juízo de primeiro grau no cálculo da pena base (circunstâncias judiciais do art. 59, CP), na valoração (quantitativa, pois não há limites) das agravantes e/ou atenuantes e do acréscimo ou da diminuição da pena (terceira fase). Entendendo presente a violação do dispositivo, o tribunal não anulará o julgado de primeiro grau, mas apenas fará uma readequação ao que entende correto ou *mais justo*, conforme expressa previsão do § 2º do art. 593 do CPP.

Jurisprudência

593.5.3. [...] 1. O inconformismo do Parquet diz respeito ao erro na aplicação da pena, cuja hipótese de incidência vem especificada na alínea "c" do inciso III do art. 593 do CPP (houver erro ou injustiça no tocante à aplicação da pena ou da medida de segurança). Entretanto, na petição de interposição do recurso, foi declinado o inconformismo na alínea " b" (for a sentença do juiz-presidente contrária à lei expressa ou à decisão dos jurados).

2. Não se desconhece a inteligência da Súmula n. 713/STF, que dispõe que o efeito devolutivo da apelação contra decisões do júri é adstrito aos fundamentos da sua interposição. Contudo, o erro na indicação de uma das alíneas ou até mesmo a ausência de indicação, no termo ou na petição de recurso, constitui mera irregularidade, sanável quando a Parte apresenta fundamentos para o apelo e delimita os seus pedidos (HC n. 470.456/MS, Relatora Ministra Laurita Vaz, Sexta Turma, julgado em 28/3/2019, DJe de 23/4/2019). Precedentes.

3. Tendo o ente ministerial fundamentado sua apelação, no ato de interposição, no artigo 593, alínea "b", que trata da hipótese em que a sentença do juiz - presidente é contrária à lei expressa ou à decisão dos jurados, no entanto, suas razões direcionaram para a alínea "c" do aludido dispositivo, que versa sobre a hipótese em que houver erro ou injustiça no tocante à aplicação da pena, verifica-se mera irregularidade, o que não impede a análise recursal. [...] *(Agravo regimental nos Embargos de Declaração no Recurso Especial nº 2.046.383-RO, STJ, 5ª Turma, Rel. Min. Reynaldo Soares da Fonseca, julgado em 23.3.2023, publicado no DJ em 28.3.2023)*

593.5.3. [...] O acórdão que aplicou a atenuante da confissão espontânea em favor do paciente é, ele próprio, resultado da aplicação do princípio do devido processo legal, em nenhuma hipótese ferindo a soberania dos veredictos emanados do Conselho de Sentença. O art. 593, § 2º autoriza a Corte *ad quem* a efetuar as modificações que entende necessárias, havendo irregularidades na manifestação da instância anterior relativamente à aplicação da pena ou medida de segurança. A correção efetuada, reduzindo a reprimenda anteriormente imposta em 10 meses, não implica, por óbvio, em qualquer prejuízo ao paciente. Inteligência do art. 566 do CPP. [...] Ordem denegada (*Habeas Corpus nº 123.791/MS, STJ, 5ª Turma, Rel. Min. Napoleão Nunes Maia Filho, julgado em 2.9.2010, publicado no* DJ *em 4.10.2010*).

593.5.4. Quando a decisão dos jurados for manifestamente contrária à prova dos autos (inciso III, *d*): Segundo disposto no art. 5º, XXXVIII, *c*, da CF/88, um dos princípios fundamentais é o da soberania dos veredictos do Júri (princípio que não é absoluto). A arguição desse dispositivo como forma de afastar o que decidido pelo juiz natural (tribunal popular) deve ser aplicado de forma excepcional. É dizer, naquelas situações absolutamente incontestáveis nas quais a decisão dos jurados desbordou de *toda* prova existente nos autos. Atente-se: a nulidade não se dá apenas quando há condenação, mas também absolvição.

Diante das provas colacionadas aos autos, decorre do princípio constitucional invocado competir ao Júri a soberania para condenar ou absolver. Frente a esta norma constitucional e à previsão legal recursal, somente se pode cogitar a anulação da decisão (e aqui sim importaria em novo julgamento) se a conclusão a que chegar o conselho não tiver amparo razoável *em nenhuma* prova colacionada aos autos. Essa circunstância é extremamente relevante para a análise dos casos em que se possa admitir o recurso em voga, pois não pode servir como supedâneo para alterar toda e qualquer decisão dos jurados, que, como referido, têm sua soberania garantida constitucionalmente.

A necessidade de relativização do princípio da soberania diante da norma em comento é de todo razoável para as circunstâncias excepcionais. Com efeito, não se pode esquecer que o julgamento de delitos contra a vida (sem embargo dos eventuais conexos) se dá em momento no qual as oratórias são fundamentais e a evocação de sentimentalidades podem influenciar diretamente na convicção dos jurados, mesmo que a prova não seja no sentido da sustentação. Independentemente da posição que se tome, favorável ou não à presença ainda do Conselho de Sentença para os crimes dolosos contra a vida, significa que é necessário haver um controle do que decidido, seja pelo tribunal (questão aqui tratada) ou então em hipótese de revisão criminal (art. 621, CPP). Em casos manifestos, absurdos, não poderá prevalecer decisão que contrarie totalmente a prova existente nos autos criminais.

Mas é preciso ter extremo cuidado. Não se poderá pleitear a nulificação do que decidido pelo Júri se houver nos autos provas que amparem tanto a condenação quanto a absolvição. Nesse caso, não se está diante de decisão *manifestamente* contrária à prova dos autos, mas unicamente de adoção pelo Júri (pelo seu livre convencimento, sequer motivado – uma exceção ao art. 93, IX, CF/88) de uma das teses amparada por provas presentes nos autos. Nessas situações, não há de se falar em admissibilidade do recurso de apelação forte no art. 593, III, *d*, CPP.

Sobre o tema da possibilidade de recurso contra decisão de clemência amparada no (terceiro) quesito, vide item a seguir, 593.5.4.1.

Jurisprudência

593.5.4 [...] O reconhecimento da manifesta contrariedade entre o veredito condenatório e as provas dos autos gera a cassação da sentença e submissão dos réus a novo júri, mas não sua absolvição imediata pelos juízes togados, na forma do art. 593, § 3º, do CPP. [...] *(Agravo Regimental nos Embargos de Declaração no Recurso Especial nº 2.069.688-ES, STJ, 5ª Turma Rel. Min. Ribeiro Dantas, julgado em 21.6.2022, publicado no DJ em 29.6.2022)*

593.5.4 [...] A decisão tomada pelos jurados, ainda que não seja a mais justa ou a mais harmônica com a jurisprudência dominante, é soberana, conforme disposto no art. 5º, XXXVIII, "c", da CF/1988. Tal princípio, todavia, é mitigado quando os jurados *proferem decisum* teratológico, em manifesta contrariedade às provas colacionadas nos autos, casos em que o veredito deve ser anulado pela instância revisora e o réu, submetido a novo julgamento perante o Tribunal do Júri. [...] Em apelação fundada no art. 593, III, "d", do CPP, ao órgão recursal se permite, apenas, a realização de um juízo de constatação acerca da existência de suporte probatório para a decisão tomada pelo Conselho de sentença. Somente se admite a cassação do veredito se flagrantemente desprovido de elementos mínimos de prova capazes de sustentá-lo. Caso contrário, deve ser preservado o juízo feito pelos jurados, no exercício da sua soberana função constitucional, como ocorreu na espécie. [...] *(Recurso Especial nº 1.843.481/PE, STJ, 6ª Turma, unânime, Rel. Min. Rogerio Schietti Cruz, julgado em 7.12.2021, publicado no DJ em 14.12.2021)*

593.5.4. [...]É possível a absolvição do réu amparada em qualquer tese defensiva, ainda que não sustentada em plenário, como decorrência lógica do sistema de íntima convicção. Dessa forma, a melhor interpretação dos arts. 483, inciso III, § 2º, e 593, inciso III, alínea "d", § 3º, do Código de Processo Penal, é a de ser possível a absolvição do acusado, mesmo que haja o reconhecimento da materialidade e da autoria delitiva, ainda que a única tese defensiva seja a de negativa de autoria. [...]A decisão do Júri, no entanto, não se reveste de intangibilidade, de modo a autorizar os jurados a julgar em completo descompasso com o conjunto probatório. Dessa maneira, o art. 593, inciso III, alínea *d*, do Código de Processo Penal atribui à instância recursal a possibilidade de revisar a decisão proferida pelo Tribunal Popular e, caso constate a dissociação entre a decisão e o conjunto probatório, poderá determinar a realização de novo julgamento. [...] *(Agravo Regimental no Habeas Corpus nº 638.808/SC, STJ, 5ª Turma, unânime, Rel. Min. Reynaldo Soares da Fonseca, julgado em 23.2.2021, publicado no DJ em 1.3.2021)*

593.5.4. [...] 1. Na hipótese destes autos, o acórdão impugnado, ao excluir a qualificadora do motivo torpe reconhecida pelo Conselho de Sentença, sob o pretexto de ser manifestamente improcedente, acabou por ofender o princípio da soberania dos veredictos (art. 5º, XXXVIII, da Constituição Federal de 1988) e o disposto no art. 593, III, *c* e *d*, e § 3º, do Código de Processo Penal. [...] 3. Se o Tribunal entende que há dúvida sobre a existência da qualificadora reconhecida pelo Conselho de Sentença, outra alternativa não tem senão submeter o acusado a novo julgamento, com fundamento no art. 593, III, *d*, e § 3º, do CPP, sendo inadmissível apenas o decote da qualificadora, com o ajuste da pena. [...] (*Recurso Especial nº 1.577.374-RS, STJ, 5ª Turma, unânime, Rel. Min. Reynaldo Soares da Fonseca, julgado em 28.6.2016, publicado no* DJ *em 1º.8.2016*).

593.5.4. [...] Esta Corte Superior já firmou o entendimento no sentido de que não se pode admitir a desconstituição parcial da sentença proferida pelo Tribunal Popular quanto às qualificadoras ou às privilegiadoras, sob pena de ofensa ao princípio da soberania dos veredictos (art. 5º, XXXVIII, da Constituição Federal de 1988) e ao disposto no art. 593, § 3º, do Código de Processo Penal, que determina a submissão do réu a novo julgamento quando a decisão dos jurados for manifestamente contrária à prova dos autos. Agravo regimental não provido (*Agravo Regimental no Recurso Especial nº 1.387.097-SP, STJ, 6ª Turma, Rel. Min. Rogério Schietti Cruz, julgado em 2.10.2014, publicado no* DJ *em 13.10.2014*).

593.5.4. [...] 1. Somente se permite a anulação do julgamento, nos termos do disposto no art. 593, inciso III, do Código de Processo Penal, nas hipóteses em que os jurados decidem arbitrariamente, divergindo de toda e qualquer evidência probatória, o que não corresponde ao caso vertente (*Agravo Regimental no Agravo em Recurso Especial nº 92.880/PB, 5ª Turma, unânime, Rel. Min. Laurita Vaz, julgado em 16.10.2012, publicado no* DJ *em 23.10.2012*).

593.5. [...] A questão central, neste recurso extraordinário, diz respeito à possível violação à garantia da soberania dos veredictos do tribunal do Júri no julgamento do recurso de apelação da acusação, nos termos do art. 593, III, *b*, do Código de Processo Penal. [...] A soberania dos veredictos do tribunal do Júri não é absoluta, submetendo-se ao controle do juízo *ad quem*, tal como disciplina o art. 593, III, *d*, do Código de Processo Penal. Esta Corte tem considerado não haver afronta à norma constitucional que assegura a soberania dos veredictos do tribunal do júri no julgamento pelo tribunal *ad* *quem* que anula a decisão do Júri sob o fundamento de que ela se deu de modo contrário à prova dos autos (HC 73.721/RJ, rel. Min. Carlos Velloso, *DJ* 14.11.96; HC 74.562/SP, rel. Min. Ilmar Galvão, *DJ* 6.12.96; HC 82.050/MS, rel. Min. Maurício Correa, *DJ* 21.3.03). O sistema recursal relativo às decisões tomadas pelo tribunal do Júri é perfeitamente compatível com a norma constitucional que assegura a soberania dos veredictos (HC 66.954/SP, rel. Min. Moreira Alves, DJ 5.5.89; HC 68.658/SP, rel. Min. Celso de Mello, RTJ 139:891, entre outros). O juízo de cassação da decisão do tribunal do Júri, de competência do órgão de 2º grau do Poder Judiciário (da justiça federal ou das justiças estaduais), representa importante medida que visa impedir o arbítrio, harmonizando-se com a natureza essencialmente democrática da própria instituição do Júri. Recurso extraordinário não conhecido (*Recurso Extraordinário nº 559.742-3-SE, STF, Rel. Min. Ellen Gracie, 2ª Turma, publicado no* DJ *em 5.12.2008*).

593.5.4. [...] "Decisão manifestamente contrária à prova dos autos é aquela que não tem qualquer prova ou elemento informativo que a suporte ou justifique, e não aquela que apenas diverge do entendimento dos juízes togados a respeito da matéria. [...] 2. O chamado erro na valoração da prova, passível de análise no Recurso Especial, representa erro de direito e diz respeito ao valor da prova abstratamente considerado, o qual não se confunde com a avaliação que o magistrado faz quanto a estar ou não comprovado determinado fato, juízo de valor que decorre do poder de convicção da prova, cujo reexame é vedado pela Súmula 7 deste Tribunal. [...] (*Agravo Regimental no Agravo em Recurso Especial nº 983.373-SP, STJ, 6ª Turma, unânime, Rel. Min. Maria Thereza de Assis Moura, julgado em 8.11.2016, publicado no* DJ *em 22.11.2016*).

593.5.4.1. Absolvição com base no *quesito genérico* e a revisão da decisão se for manifestamente contrária à prova dos autos: Em 2008, a Lei nº 11.689 inseriu o chamado "quesito genérico" como terceiro na ordem a ser indagado aos jurados (art. 483, III e § 2º, CPP: "*O jurado absolve o acusado?*"). Se responderem positivamente para a materialidade (existência do crime, inciso I) e para a autoria (inciso II), serão expressamente perguntados ainda se o acusado deve ser absolvido. A pergunta dever ser feita exatamente assim e de forma direta: para não ser absolvido por "clemência", deve ser formada maioria com respostas negativas.

A soberania dos vereditos do júri é princípio estampado expressamente na alínea *c* do inciso XXXVIII do art. 5º da Constituição Federal.

Essa decisão seria passível de reforma, mesmo que manifestamente contrária à prova dos autos.

A resposta é-nos negativa. Por isso, já assentamos que a soberania que possui o júri não é para *qualquer conclusão*. É para que, *dentro do devido processo legal*, tome a conclusão que, ante as provas apresentadas, entenda como mais correta.

Prefacialmente, destacamos que o STF, em acórdão de 7.5.2020, à unanimidade, reconheceu a existência de repercussão geral sobre a possibilidade ou não de interposição de recurso em face de sentença absolutória proferida no âmbito do Tribunal do Júri em resposta ao quesito genérico defensivo (art. 483, III e § 2º, CPP), por manifesta contrariedade à prova dos autos (art. 593, III, *d*, CPP), diante do princípio constitucional da soberania dos veredictos (art. 5º, XXXVIII, *c*, CF/88).

Compreendemos que, dentro do sistema jurídico brasileiro, não é dado a ninguém (nem aos jurados) julgar o caso e tomar conclusão que esteja absolutamente dissociada da prova dos autos. Mesmo que não se exija expressa *fundamentação*, daí não se pode autorizar e admitir decisões *arbitrárias*.

Dispensar fundamentação não significa proferir *qualquer* decisão. Noutras palavras, é necessário sim ter um mínimo de controle pelo Poder Judiciário em sede revisional (sempre de forma excepcional) para que não se permita que a soberania dos jurados, isoladamente vista, discrepe do *devido processo* e o que restou apurado. Nessa linha, e pelos mesmos fundamentos declinados em relação aos *deveres* de ponderação quanto à prova na fase de pronúncia, é inviável se admitir que haja uma absolvição quando não houver nenhuma prova *submetida ao contraditório* e que, por esse motivo, embase a conclusão tomada. Se houver provas em ambos os sentidos (absolvição ou condenação), a soberania *deverá* ser exercida e respeitada.

Relativizando a regra constitucional de *necessidade de fundamentação* de todas as decisões, poucos talvez tenham atentado que a soberania está vinculada à *apreciação dos fatos e provas dos autos*, apurados mediante o *devido processo*. Se a decisão de *clemência* estiver totalmente dissociada da prova submetida ao contraditório, ela desbordará de qualquer procedimento que seja admitido processualmente: seja para condenar ou absolver.

A Constituição da República não autoriza, nem o júri, sob o manto da sua soberania (que existe), a dizer algo que não esteja dentro do processo legalmente (re)construído.

Essa é a razão pela qual, quando a soberania é exercida de forma autoritária e dissociada de *todas* as provas dos autos, se deve admitir (excepcional e racionalmente) a interposição de recurso de apelação para submeter o tema a controle do Poder Judiciário, que, nesse estreito limite de cognição, não irá dizer que *existem eventuais provas* para condenação (pois aí invadiria competência que não é sua), mas que a clemência proferida *desborda completamente* do que existe nos autos. Essa revisão é expressamente prevista (e uma única vez) no § 3º do art. 593 do CPP: "*§ 3º Se a apelação se fundar no III, d, deste artigo, e o tribunal ad quem se convencer de que a decisão dos jurados é manifestamente contrária à prova dos autos, dar-lhe-á provimento para sujeitar o réu a novo julgamento; não se admite, porém, pelo mesmo motivo, segunda apelação*".

Exatamente por esses motivos é que, há muito, desde a edição da Lei nº 11.689/2008, a jurisprudência dos tribunais superiores, notadamente STJ e STF, vem admitindo a possibilidade do exercício desse *controle*, evitando-se procedimentos que desbordem do devido processo legal.

Em setembro de 2019, a 1ª Turma do STF reafirmou, conforme consta no voto da e. Relatora, Ministra Rosa Weber, que, "*em matéria probatória, a revisão só cabe contra decisão dos jurados manifestamente contrária à prova dos autos e o provimento leva à cassação do julgado, com a submissão do acusado a novo julgamento por outro Júri e não à própria reforma do veredicto (art. 593, § 3º). Por outro lado, a soberania dos veredictos não é um princípio intangível, sendo possível sua relativização. Em verdade, a decisão do Conselho de Sentença, quando manifestamente contrária à prova dos autos, resulta em arbitrariedade que deve ser sanada pelo juízo recursal, nos termos do art. 593, III,* d, *do Código de Processo Penal" (Segundo Agravo Regimental no Recurso Extraordinário com Agravo nº 1.192.238-SP, unânime, julgado em 24.9.2019, publicado no* DJ *em 25.9.2019).*

Em 2020, a 1ª Turma reafirmou que "*o princípio da soberania dos vereditos resta incólume diante da manifestação do Tribunal* ad quem *que reconhece decisão manifestamente contrária à prova dos autos proferida pelo Conselho de Sentença. Precedentes: HC 134.412, Segunda Turma, Rel. Min. Cármen Lúcia,* DJe *de 16/6/2016; RHC 170.426, Rel. Min. Alexandre de Moraes,* DJe *de 24/5/2019; HC 173.582, Rel. Min. Roberto Barroso,* DJe *de 7/8/2019, e RHC 135.784, Rel. Min. Dias Toffoli,* DJe *de 25/6/2018* [...]" *(Agravo Regimental no Habeas Corpus nº 172.636-SP, Rel. Min. Luiz Fux, julgamento encerrado em 15.6.2020, publicado no* DJ *em 14.7.2020).*

De precedente da 2ª Turma, extrai-se de forma bastante clara que "*a jurisprudência pacífica desta Suprema Corte é no sentido de que a determinação de novo julgamento pelo Tribunal do Júri, na hipótese prevista no art. 593, III,* d, *do Código de Processo Penal, não constitui violação à soberania dos veredictos" (Agravo Regimental no Habeas Corpus nº 159.143-SP, Rel. Min. Ricardo Lewandowski, unânime, julgado em 17.9.2018, publicado no* DJ *em 21.9.2018).* Na fundamentação, o relator reportou-se também ao que decidido no *Habeas Corpus* nº 111.207-ES, da Relatoria da Ministra Cármen Lúcia, em que se reconheceu expressamente que *"a jurisprudência deste Supremo Tribunal é firme no sentido de que o princípio constitucional da soberania dos veredictos, quando a decisão for manifestamente contrária à prova dos autos, não é violado pela determinação de realização de novo julgamento pelo Tribunal do Júri, pois a pretensão revisional das decisões do Tribunal do Júri convive com a regra da soberania dos veredictos populares".* Disse também o relator que, igualmente, *"com a mesma compreensão, menciono, ainda, os seguintes precedentes: RHC 124.554/PE, de relatoria da Ministra Rosa Weber; RHC 123.710/ES, de relatoria do Ministro Dias Toffoli; HC 94.052/PR, de relatoria do Ministro Eros Grau; HC 94.567/BA, do Ministro Carlos Britto; HC 88.707/SP, da Ministra Ellen Gracie; HC 84.097/RS, de relatoria do Ministro Cezar Peluso; HC 73.349/RJ, Redator para o acórdão Ministro Maurício Corrêa; HC 82.103/RJ, de relatoria do Ministro Sydney Sanches; HC 81.917/DF, de relatoria do Ministro Sepúlveda Pertence".*

Está bem claro acima o que já ponderamos anteriormente: o princípio da soberania dos veredítos do júri precisa de *harmonização* com o devido processo legal de permitir (mesmo que seja uma única vez) que o Poder Judiciário reconheça, em situações excepcionais e mediante recurso próprio (art. 593, III, *d*, CPP), que uma decisão foi arbitrária, porque não amparada em provas colhidas e submetidas ao que impõe também a Constituição da República.

Essa é a razão pela qual, respeitosamente, discordamos de decisão monocrática do Ministro Celso de Mello ao conceder liminar, em julho de 2020, para o fim de afastar essa possibilidade de excepcional revisão. A visão de Sua Excelência está voltada à proteção *exclusiva* de interesses do processado. É bem claro seu pensamento no sentido de que "a *apelação do Ministério Público, fundada em alegado conflito da deliberação absolutória com a prova dos autos (CPP, art. 593, III,* d*), caso admitida fosse, implicaria frontal transgressão aos princípios constitucionais da soberania dos veredictos do Conselho de Sentença, da plenitude de defesa do acusado e do modelo de íntima convicção dos jurados, que não estão obrigados – ao contrário do que se impõe aos magistrados togados (CF, art. 93, IX) – a decidir de forma necessariamente motivada, mesmo porque lhes é assegurado, como expressiva garantia de ordem constitucional, 'o sigilo das votações' (CF, art. 5º, XXXVIII,* b*), daí resultando a incognoscibilidade da apelação interposta pelo* Parquet*" (Habeas Corpus nº 185.068-SP, decisão de 7.7.2020).*

Uma assertiva precisa ser dita: se há soberania irrestrita (e não *minimamente* sindicável pelo Poder Judiciário em situações *extraordinárias*), uma condenação que for firmada pelo Tribunal do Júri não poderá mais ser revista – em hipótese alguma – nas instâncias recursais. Ou bem há ou não há *absoluta* garantia de decisões sem fundamentações, para não dizer arbitrariedades. Caso contrário, temos que admitir que existiria apenas uma espécie de *meia soberania*, em prol unicamente de uma das partes.

De se ver também que não admitir recursos nesses casos de absolvição (mesmo quando manifestamente contrária à prova dos autos) implicaria verdadeira situação equiparada à *graça* (à qual a Constituição Federal expressamente veda concessão para crimes hediondos – art. 5º, XLIII –, a grande maioria dos que são submetidos ao júri popular).

Mais que isso. Embora no ponto estivesse (com absoluta razão) fazendo críticas a posicionamento de seu maestro, Luigi Ferrajoli, Alexander Araújo de Souza corretamente relembra que "*Ferrajoli sustenta firmemente, como uma das premissas do sistema garantista, a possibilidade de controle das decisões judiciais por ambas as partes, o que deri-*

va da necessidade irrefutável de motivação das decisões. Ora, se o juiz souber, de antemão, que possível sentença de absolvição que ele venha a prolatar não poderá ser contestada por intermédio de recurso do Ministério Público (e, por conseguinte, também do ofendido), isso poderá gerar, para o Juiz, a certeza de que lhe foi conferido um poder (de absolver) sem qualquer tipo de controle. Neste contexto, cumpre remarcar que Ferrajoli sustenta, de maneira irrestrita, citando a célebre passagem de Montesquieu, que todo poder, inclusive o jurisdicional, precisa de limites e de controles: 'c'est une expérience éternelle que tout homme qui a du pouvoir est porte à en abuser; il va jusqu'à ce qu'il trouve des limites. Qui le diroit! La vertu même a besoin de limites'" (SOUZA, Alexander Araújo de. A supressão do recurso criminal do Ministério Público em caso de absolvição do acusado: Quando Ferrajoli si è sbagliato. In: FISCHER, Douglas; PELLELA, Eduardo; CALABRICH, Bruno. *Garantismo penal integral.* Verbo Jurídico, 4. ed.).

Daí se vê, com mais razão ainda, no caso submetido ao tribunal popular, em que, sabendo de antemão que suas decisões não poderão ser revistas em nenhuma hipótese de "clemência", estaria sendo concedida uma autorização aos julgadores para decidirem *de qualquer maneira*, ou, noutras palavras, *até arbitrariamente.*

Interpretar de forma isolada *um dispositivo* dessa importância enseja situações que poderão desproteger integralmente os direitos humanos das vítimas.

Conforme destacado por um dos autores (Fischer, Douglas Fischer; Pereira, Frederico Valdez. *As obrigações processuais penais positivas segundo as Cortes Europeia e Interamericana de Direitos Humanos.* 3. ed. Porto Alegre/Livraria do Advogado, 2022), há obrigações processuais penais positivas (obrigações "de meio", não de resultados, que fique bem claro) no sentido de que, dos deveres processuais assumidos pelos Estados-partes diante da Convenção Americana de Direitos Humanos (caso do Brasil), impõe-se a proteção dos direitos humanos também das vítimas e seus familiares.

A justiça criminal tem dupla função: de servir como escudo e, igualmente, como espada dos direitos fundamentais. Na linha do que destacamos na retromencionada obra, "*as expressões são mencionadas, por ex., por Tulkens, Françoise. The paradoxical relationship between criminal law and human rights.* Journal of International Criminal Justice, *Oxford, vol., nº 3, p. 578, July 2011, a qual atribui a origem da locução: 'the dual 'shield' and 'sword' function of criminal justice' a uma exposição feita pela ex-juíza da Corte Penal Internacional Christine Van den Wyngaertem 1995. Com senso diverso, apenas pela ótica da pessoa ofendida, ou seja, no sentido de que o processo opera tanto como fundamental instrumento de proteção e mecanismo destinado a satisfazer o anseio de justiça, mas que pode também reproduzir uma experiência traumática a vítimas vulneráveis, a exigir, assim, que a vítima seja protegida 'pelo' e 'do' processo, funcionando, portanto, como: 'Lo scudo e la spada' é o título da obra Allegrezza, Silvia et al.,* Lo scudo e la spada, esigenze di protezione e poteri delle vittime nel processo penale tra Europa e Italia. *Torino: G. Giappichelli, 2012*". Efetivamente, e, "*tendo por inspiração principal a jurisprudência mais desenvolvida do Tribunal Europeu de Direitos Humanos, trata-se já de verdadeira obrigação imposta aos Estados membros de conduzir mecanismo penal apto ao esclarecimento dos fatos lesivos aos interesses das vítimas, o que inclui os parentes da vítima direta, e que seja idôneo à identificação dos autores, como uma projeção necessária da defesa penalmente conferida aos direitos individuais e à coletividade na qual estão inseridas as pessoas angidas pelos delitos. A preocupação com os interesses das vítimas e seus familiares apresenta-se com a mesma intensidade nos julgados da Corte Interamericana de Direitos Humanos. E nem poderia ser diferente, pois os direitos fundamentais a serem observados não estão, exclusivamente, na esfera daqueles relaciona-*

dos com os autores de infrações que atinjam interesses dos demais em sociedade". E complementamos: "*a visão não pode ser parcial, unicamente pelo prisma de direitos fundamentais do processado, como normalmente alguns se limitam a defender. Em razão disso, para assegurar o objetivo de uma tutela penal efetiva dos direitos humanos, é fundamental levar em consideração a maneira como foi conduzido o procedimento penal, principalmente para verificar a qualidade do mecanismo de acertamento dos fatos posto em prática pelas autoridades investigativas e judiciais*" (FISCHER, Douglas; PEREIRA, Frederico Valdez. *As obrigações processuais penais positivas* segundo as Cortes Europeia e Interamericana de Direitos Humanos. 3. ed. Porto Alegre/Livraria do Advogado, 2022, p. 106).

A propósito, remetemos ao texto "Júri e absolvição contra a prova dos autos: clemência absoluta ou arbítrio?", de Douglas Fischer e Carlos Gustavo Coelho de Andrade (*Revista da Emagis*, n. 16, nov. 2020). Ali, ponderam os autores que, tanto a jurisprudência do STF quanto das principais Cortes Internacionais de Direitos Humanos, impõem a possibilidade de revisão (mesmo que restrita) do mérito dos vereditos absolutórios do Tribunal do Júri, bem assim que a admissibilidade da clemência sem qualquer sindicabilidade "não se coaduna com a Constituição brasileira, nem com o Direito Internacional dos Direitos Humanos, que exigem mecanismos de freios e contrapesos para o exercício das funções estatais, inclusive a judiciária". Complementam dizendo que "*no âmbito da Corte Interamericana de Direitos Humanos e da Corte Europeia de Direitos do Homem reconhecendo a existência de obrigações processuais positivas em matéria penal por parte dos Estados, a determinarem a necessidade de proteção, inclusive penal, de direitos humanos assegurados nas respectivas convenções. Assim, além da edição de norma penal criminalizante (da tortura, do homicídio, do trabalho escravo etc.), a necessidade de proteção dos direitos humanos exige a promoção de atividades investigativas e persecutórias adequadas diante de sua violação, de ordem a que o Estado cumpra o dever de tratar os atos lesivos dos direitos fundamentais como ilícitos e a eles responder no modo exigido pelas convenções, assegurando efeito útil à norma convencional assecuratória de direitos humanos*". E mais: "*a partir do direito à proteção judicial e recurso efetivo contra violações de direitos humanos (art. 25 da CADH), do devido processo legal (art. 8.1 da CADH) e do dever de os Estados garantirem o livre e pleno exercício dos direitos convencionais, além de meramente respeitá-los (art. 1.1 da CADH), a Corte Interamericana de Direitos Humanos (e de forma análoga, a europeia) consolidou firme jurisprudência reconhecendo a existência de obrigações positivas por parte dos Estados, inclusive em matéria penal. Dessa maneira, têm os Estados signatários, por todos os seus órgãos, o dever de realizar diligente investigação, persecução e processamento penal de violações de direitos humanos e, em sendo o caso, de impor sanção proporcional aos responsáveis*".

No mesmo estudo, são analisadas várias decisões do STF em que se reconhece explicitamente a necessidade de tutela penal para proteção dos direitos fundamentais. Assim, no HC 82.424-RS (Caso Ellwanger), o STF reconheceu que a imprescritibilidade constitucionalmente estabelecida para racismo (art. 5º, XLII, CF) abrangia os crimes decorrentes de discriminação religiosa praticados em detrimento dos judeus. Já no RE 418.376, o voto concorrente do Ministro Gilmar Mendes aduziu expressamente que a vetusta causa de extinção de punibilidade pelo casamento de vítima de crime sexual (antigo art. 107, VII, CP) caracterizaria "típica hipótese de proteção insuficiente", violando dever de proteção penal de direitos fundamentais. Em seguida, no julgamento da ADI 3.112, considerando constitucionais as restrições do Estatuto do Desarmamento para a concessão de fiança, o voto vencido do Ministro Gilmar Mendes se fundamentou expressamente nos mandados implícitos de criminalização e na vedação da proteção insuficiente. De outro lado, na ADI 3.096, considerou-se que o teor literal da norma do art. 94 do Estatuto da Pessoa Idosa era desproporcional e feria a isonomia, ao tutelar as pessoas idosas vítimas de crimes de forma insuficiente, declarando sua inconstitucionalidade parcial para excluir a aplicação de medidas despenalizadoras e de interpretação benéfica a autores de crimes praticados contra pessoas idosas. No julgamento do HC 106.212, considerou constitucional a vedação de aplicação de institutos despenalizadores aos crimes praticados com violência doméstica contra a mulher. Posteriormente, na ADI 4.424 e na ADC 19, sobre a mesma lei, declarou sua constitucionalidade, afirmando o Ministro Luiz Fux a existência de deveres de proteção dos direitos fundamentais, "também por medidas de caráter criminal". Também no julgamento da ADO 26 e do MI 4.733, o Plenário do STF reconheceu nos mandados constitucionais de criminalização dos incisos XLI e XLII do art. 5º da Constituição eficácia para determinar a subsunção da homofobia e da transfobia nos tipos penais de racismo definidos pela Lei nº 7.716/89, sobretudo diante da mora legislativa. Veja-se também mais recentemente a decisão do STF no RE nº 971.959/RS (*DJ* de 31.7.2020), em que o Plenário reconheceu que *"o princípio da proporcionalidade, implicitamente consagrado pelo texto constitucional, propugna pela proteção dos direitos fundamentais não apenas contra os excessos estatais, mas igualmente contra a proteção jurídica insuficiente, conforme a teoria da eficácia horizontal dos direitos fundamentais"*.

Importante destacar que, em 2020, a Corte IDH proferiu decisão no Caso Roche Azaña vs Nicarágua. Refira-se que a jurisprudência brasileira já reconheceu expressamente que *"as sentenças emitidas pela Corte IDH, por sua vez, têm eficácia vinculante aos Estados que sejam partes processuais, não havendo meios de impugnação aptos a revisar a decisão exarada" e que "a sentença da Corte IDH produz autoridade de coisa julgada internacional, com eficácia vinculante e direta às partes. Todos os órgãos e poderes internos do país encontram-se obrigados a cumprir a sentença". (AgRg no RHC n. 136.961/RJ, relator Ministro Reynaldo Soares da Fonseca, Quinta Turma, julgado em 15/6/2021, DJe de 21/6/2021.) Na mesma linha: AgRg no HC n. 649.938/RJ, relator Ministro Jesuíno Rissato (Desembargador Convocado do TJDFT), Quinta Turma, julgado em 21/9/2021, DJe de 27/9/2021; AgRg no HC n. 697.146/RJ, relator Ministro Olindo Menezes (Desembargador Convocado do TRF 1ª Região), Sexta Turma, julgado em 15/2/2022, DJe de 21/2/2022"* [...] (Habeas Corpus nº 774.763–PE, STJ, 5ª Turma, Rel. Min. Reynaldo Soares da Fonseca, julgado em 7.2.2023, publicado no DJ em 13.2.2023)

Prosseguindo, o referido feito foi submetido à Corte IDH em 24.4.2019, pela Comissão, tratava-se do Caso "Pedro Bacílio Roche Azaña e seu irmão" contra o Estado da Nicarágua, em que havia sérios elementos de "execução" do envolvido e seu irmão no dia 14.4.1996 em consequência de disparos proferidos por agentes estatais contra o veículo em que eram transportados e a bordo do qual passaram dos controles migratórios sem que (ao que se presume) tenham atentado ao comando de pararem. Concluiu-se que o uso força legal (fuzis tipo AK) foi arbitrário, contrário aos princípios da legalidade, necessidade e proporcionalidade, bem assim violou os direitos humanos e à vida das vítimas.

A Comissão destacou violações aos direitos fundamentais das vítimas e seus familiares por três fundamentos essenciais: a) falta de participação de Patrício Roche Azaña (sobrevivente, sendo que seu irmão Pedro faleceu pelos mesmos disparos) contra os presumidos autores; b) falta de motivação do veredito emitido pelos jurados que declararam a inocência das pessoas processadas; c) a impossibilidade legal de apelar de referido veredito.

A Comissão (não a Corte, que fique claro) sustentou que a ausência absoluta de motivação do veredito e a declaração de inocência não deram condições de se estabelecer se tanto o processo como a conclusão permitiam saber se o uso letal da força foi legítimo conforme os *standards* de finalidade legítima, necessidade e proporcionalidade, e que, além disso, constituiu uma fonte de denegação de justiça. A Comissão concluiu que o Estado violou os direitos às garantias judiciais e proteção judicial (consagrados nos artigos 8.1 e 25, em relação com o artigo 1.1, todos da Convenção), tudo em detrimento dos interesses das vítimas.

Em suas observações finais, a Comissão destacou que, malgrado os vereditos dos jurados tenham sido exarados sob a íntima convicção, não são *por si só* violadores da Convenção. O mais relevante é que, *para que a conclusão não seja arbitrária*, é que quem valora o veredito possa reconstruir, à luz das provas e do debate judicial, qual foi o curso lógico da decisão. Considerou que, no presente caso, a decisão absolutória não satisfez referido padrão, na medida em que NÃO se adotaram salvaguardas para um resultado que *não seja arbitrário*.

No tópico a.3 (parágrafo 81 da sentença, que tratava da *ausência de recurso contra a absolvição*), a Comissão sustentou que a legislação da Nicarágua estabelecia a impossibilidade de recurso do Tribunal dos Jurados (tal como como decidiu a 1ª Turma do STF no HC 178.777), procedimento esse que "*não ofereceu as garantias suficientes para analisar a decisão e assegurar que ela não foi arbitrária nem violadora dos direitos e às garantias judiciais e à proteção judicial*".

De sua parte, a Corte assinalou – um dos argumentos – que o direito de acesso à justiça (dentre os quais os *recursos*) "*deve assegurar, em tempo razoável, o direito das vítimas presumidas ou seus familiares que se faça todo o necessário para conhecer a verdade do que ocorreu, investigando, julgando e, se for o caso, sancionar os eventuais responsáveis*" (parte final do parágrafo 84).

Tratando do "dever de motivação das decisões dos jurados e ausência de recursos contra a absolvição (item b.2, parágrafo 95), são elucidativas as considerações.

De fato, a falta de exteriorização da fundamentação do veredito não vulnera em si mesma a garantia da motivação, já que, em toda decisão sempre há uma motivação, mesmo no caso dos jurados, que não precisam exteriorizá-la. Mas é necessário que seja possível extrair-se uma racionalidade mínima no cotejo do veredito absolutório com a prova dos autos, sob pena de legitimar-se o arbítrio.

No caso concreto, não houve resolução específica pela Corte das conclusões da Comissão, na medida em que a Corte "*considera que não é necessário analisar e nem pronunciar-se especificamente sobre a alegada falta de motivação da decisão dos jurados ou a alegada falta de recurso da absolvição toda vez que, ao não serem notificadas da existência do processo, as vítimas se viram impedidas de intervir processualmente na obtenção de justiça*" (parágrafo 96).

Pode-se argumentar que a Corte não decidiu se a ausência de recurso (em determinadas situações) violaria a Convenção Interamericana.

De fato, ela impôs a condenação já com a primeira premissa, na medida em que a responsabilização foi só pelo fato de não se ter permitido às vítimas (uma delas sobrevivente e os familiares) intervirem no processo, inclusive (se fosse o caso) mediante o recurso. Mas é necessário que seja possível extrair-se uma racionalidade mínima no cotejo do veredito absolutório com a prova dos autos, sob pena de legitimar-se o arbítrio.

Mas não se pode negar a importância da *fundamentação* da Comissão, que deixou bem clara sua conclusão nesse sentido.

De qualquer modo, relevantes ainda as expressas considerações do Juiz Eugenio Raúl Zaffaroni (fls. 49 e seguintes do julgado). Começou expressamente afirmando que, "*en el presente caso corresponde recalcar que la responsabilidad internacional del Estado en cuanto a la violación del Derecho Humano a la vida, no surge del mero resultado de las acciones de sus agentes en la supuesta aplicación de la fuerza de las armas de guerra suministradas por el propio Estado, sino de la posterior y arbitraria impunidad de éstos*".

Em síntese, não há como admitir que, em situações extremas de arbítrio, a decisão (mesmo por "clemência") não possa ser revista (mesmo que limitada a uma vez a reforma). É que: a) a soberania dos vereditos do júri (art. 5º, XXXVIII, alínea *c*, CF) não é um princípio absoluto, que confere aos jurados a possibilidade de proferir *qualquer* decisão; b) no sistema jurídico brasileiro, não é dado a ninguém (nem aos jurados) julgar o caso e tomar conclusão que esteja absolutamente dissociada da prova dos autos; c) dispensar fundamentação não significa admissão de *qualquer* decisão, exigindo-se um mínimo de controle pelo Poder Judiciário em sede revisional, embora sempre de forma excepcional, exatamente como forma de *maximizar* o devido processo legal, pois inexiste autorização – inclusive na Constituição – para que nem mesmo o júri, sob o manto da sua soberania (que existe), decida sobre algo que não esteja *dentro* do processo legalmente (re)construído; d) a soberania está vinculada à *apreciação dos fatos e provas dos autos*, apurados mediante o *devido processo*. Se a decisão de *clemência* estiver totalmente dissociada da *prova* submetida ao contraditório, ela desbordará de qualquer procedimento que seja admitido processualmente: seja para condenar ou absolver; e) compreendemos que a Constituição da República não autoriza, nem o júri, sob o manto da sua *soberania*, a dizer algo que *minimamente* não esteja dentro do processo legalmente (re)construído; f) a função da justiça criminal tem dupla função: de servir como escudo e, igualmente, como espada dos direitos fundamentais; g) admitir a clemência dissociada de qualquer e mínima prova nos autos que a ampare decorre exclusivamente de visão unilateral e arbitrária do sistema jurídico, desprotetiva da integralidade dos direitos humanos, que perpassam, necessariamente, por um processo penal que se queira minimamente *justo* (ou *em busca de* justiça)

Esse tema é objeto do Tema 1087, sob análise do STF em repercussão geral no ARE 1.225.185, com julgamento não encerrado em 2022. Já no STJ, a jurisprudência está sedimentada no sentido de ser passível de sindicabilidade uma decisão que concede clemência e seja manifestamente arbitrária.

Mas há julgado do STJ que aborda um tema bastante relevante, pouco analisado. A Corte Superior reconheceu expressamente, por ambas as turmas, que nas situações nas quais a negativa de autoria é a única proposição defensiva, a absolvição do agente no terceiro quesito não deve subsistir, quando houve votação positiva dos dois primeiros quesitos, ocasião em que os jurados rejeitaram a tese defensiva. *(Agravo Regimental no Agravo em Recurso Especial nº 1.638.521-MG, STJ, 6ª Turma, Rel. Min. Rogério Schietti Cruz, julgado em 9.8.2022, publicado no DJ em 18.8.2022).* Em nossa compreensão, esse posicionamento só reforça a ideia de que é inconciliável conferir à clemência uma situação similar à arbitrariedade.

Feitas todas essas considerações por nós sustentadas desde a inserção do quesito genérico no ordenamento jurídico brasileiro, cumpre referir por fim que, em 4.10.2024, por maioria, mas com efeito vinculante, o Plenário do STF reconheceu que as decisões de clemência não são infensas a recursos do Ministério Público e/ou assistência da acusação, fixando a seguinte tese (Tema 1.087 – Recurso Extraordinário com Agravo nº 1.225.185): "*É cabível recurso de apelação, com base no art. 593, III, d, do Código de Pro-*

cesso Penal, nas hipóteses em que a decisão do Tribunal do Júri, amparada em quesito genérico, for considerada pela acusação como manifestamente contrária à prova dos autos. O Tribunal de Apelação não determinará novo júri quando tiver ocorrido apresentação constante em ata de tese conducente à clemência ao acusado, e esta for acolhida pelos jurados, desde que seja compatível com a Constituição, com os precedentes vinculantes do Supremo Tribunal Federal e com as circunstâncias fáticas apresentadas nos autos".

A primeira parte da tese é bem clara que, nos casos em que a decisão tomada pelos jurados for claramente contrária à prova dos autos, é possível a interposição de recurso de apelação ao respectivo tribunal.

Mas há uma primeira condicionante fixada: deve haver o devido registro em ata de julgamento, sem a qual não se poderá cogitar do recurso.

E a segunda condicionante é que a decisão dos jurados "seja compatível com a Constituição, com os precedentes vinculantes do Supremo Tribunal Federal e com as circunstâncias fáticas apresentadas nos autos".

Quanto ao último requisito (circunstâncias fáticas apresentadas nos autos), parece não haver nenhum problema maior, pois será da essência do cabimento do recurso analisar se a clemência foi concedida com base em algum elemento de prova constante e debatido nos autos. Havendo elementos probatórios que amparem a tese de clemência, não se admitirá o recurso, exatamente porque a decisão não será "manifestamente contrária à prova dos autos" (vide anotações ao item 593.5.4).

O que certamente será muito controvertido é a exigência de que a tese acolhida pelos jurados seja compatível com a Constituição e com os precedentes vinculantes do Supremo Tribunal Federal.

Conforme destacamos no item 483.4 dos presentes comentários, na ADPF nº 779, em 2023, o Supremo Tribunal Federal reconheceu que a legítima defesa da honra não pode ser invocada como argumento inerente à plenitude de defesa própria do tribunal do júri, a qual não pode constituir instrumento de salvaguarda de práticas ilícitas. O Plenário do STF conferiu interpretação conforme à Constituição ao art. 483, inciso III, § 2º, do Código de Processo Penal, para entender que não fere a soberania dos vereditos do tribunal do júri o provimento de apelação que anule a absolvição fundada em quesito genérico, quando, de algum modo, possa implicar a repristinação da odiosa tese da legítima defesa da honra. Noutras palavras, não será possível a concessão de clemência se a pretensão defensiva em plenário estiver calcada em tese que, até mesmo indiretamente, ataque a vítima para induzir os jurados que o agente criminoso teria agido em "legítima defesa da honra".

Realmente o que vai gerar maiores discussões é a expressão *"seja compatível com a Constituição"*, pois se trata indiscutivelmente de um comando bastante aberto para a interpretação a ser conferida pelos tribunais. Dentro dessa expressão, compreendemos que não poderão ser concedidas clemências para as hipóteses em que a própria Constituição Federal veda a graça ou anistia, conforme previsto no art. 5º, XLIII, da CF/88. Dentre essas hipóteses, estão os crimes dolosos contra a vida (que é o que interessa ao caso).

Derradeiramente, não se pode olvidar que, submetido o réu a novo julgamento porque anulado o primeiro pela clemência, uma segunda absolvição com base novamente na clemência não poderá ser objeto de irresignação *(art. 593, § 3º, CPP: "§ 3º. Se a apelação se fundar no III, d, deste artigo, e o tribunal ad quem se convencer de que a decisão dos jurados é manifestamente contrária à prova dos autos, dar-lhe-á provimento para sujeitar o réu a novo julgamento; não se admite, porém, pelo mesmo motivo, segunda apelação.*

Jurisprudência

593.5.4.1. "É cabível recurso de apelação, com base no art. 593, III, d, do Código de Processo Penal, nas hipóteses em que a decisão do Tribunal do Júri, amparada em quesito genérico, for considerada pela acusação como manifestamente contrária à prova dos autos. O Tribunal de Apelação não determinará novo júri quando tiver ocorrido apresentação constante em ata de tese conducente à clemência ao acusado, e esta for acolhida pelos jurados, desde que seja compatível com a Constituição, com os precedentes vinculantes do Supremo Tribunal Federal e com as circunstâncias fáticas apresentadas nos autos". *(STF, Plenário, ARE nº 1.225.185, Tema 1.087, Rel. Min. Gilmar Mendes, Redator do acórdão Min. Edson Fachin, julgado em 4.10.2024)*

593.5.4.1. [...] 1. É cediço (por ambas Cortes de Superposição) que, conquanto haja a possibilidade de absolvição por clemência, pelo Conselho de Sentença (permeado pelo sistema da íntima convicção), ex vi do art. 483, III, § 2º, do CPP, afigura-se possível a desconstituição do veredicto popular, na forma do art. 593, III, "d", do referido diploma, pois não se trata de decisão absoluta, incólume ao (também) inafastável (e pétreo) controle de legalidade a cargo do Estado-juiz.

2. Tal possibilidade – sem representar qualquer afronta à indeclinável soberania do Júri, conforme entendimento já reconhecido pelo Supremo em Repercussão Geral (Tema n. 1.087/STF), e encampado pela 3ª Seção desta Corte - ocorrerá quando a versão absolutória (pautada no "terceiro" quesito genérico) acolhida pelo Corpo de jurados encontrar-se despida de qualquer racionalidade (endoprocessual), por estar dissociada dos debates (prévios) postulados pelas partes em sessão plenária (com votação "positiva" dos dois primeiros quesitos) e, por corolário, em manifesta contrariedade ao substrato fático e probatório revelado ao caderno processual, na segunda fase (judicium causae). [...] *(Agravo Regimental no Agravo em Recurso Especial nº 2.361.155-AL, STJ, 6ª Turma, Rel. Min. Otávio de Almeida Toledo, julgado em 9.9.2024, publicado no DJ em 11.9.2024)*

593.5.4.1. [...] Homicídio. Quesito genérico. Tribunal do Júri e devido processo legal. Constitucionalidade de recurso da acusação quando a decisão dos jurados for manifestamente contrária à prova dos autos.

I. Caso em exame

1. Insurgência contra acórdão que determinou a submissão do paciente a novo Júri, em razão de recurso interposto contra absolvição assentada no quesito genérico (CPP, art. 483. III).

II. Questão em discussão

2. Discute-se a soberania do veredicto do Tribunal do Júri.

III. Razões de decidir

3. A soberania dos veredictos é garantia constitucional do Tribunal do Júri, órgão competente para o julgamento dos crimes dolosos contra a vida, sendo a única instância exauriente na apreciação dos fatos e das provas do processo. Impossibilidade de suas decisões serem materialmente substituídas por decisões proferidas por juízes ou Tribunais togados. Exclusividade na análise do mérito.

4. A introdução do quesito genérico na legislação processual penal veio claramente com o intuito de simplificar a votação dos jurados reunindo as teses defensivas em um quesito, e não para transformar o corpo de jurados em "um poder incontrastável e ilimitado".

5. Em nosso ordenamento jurídico, embora soberana enquanto decisão emanada do Juízo Natural constitucionalmente previsto para os crimes dolosos contra a vida, o específico pronunciamento do Tribunal do Júri não é inatacável, incontrastável ou ilimitado, devendo respeito ao duplo grau de jurisdição. Precedentes.

6. O recurso não substitui a previsão constitucional de exclusividade do Tribunal do Júri na análise de mérito dos crimes dolosos contra a vida, pois, ao afastar a primeira decisão do Conselho de Sentença, simplesmente, determina novo e definitivo julgamento de mérito pelo próprio Júri.

7. Sendo constitucionalmente possível a realização de um novo julgamento pelo próprio Tribunal do Júri, dentro do sistema acusatório consagrado pelo nosso ordenamento jurídico como garantia do devido processo legal, não é possível o estabelecimento de distinção interpretativa para fins de recursos apelatórios entre acusação e defesa, sob pena de ferimento ao próprio princípio do contraditório, que impõe a condução dialética do processo (par conditio).

IV. Dispositivo

8. Agravo Regimental a que se nega provimento. *(Agravo Regimental no HC nº 242.104, STF, 1ª Turma, Rel. Min. Alexandre de Moraes, julgado em Sessão Virtual de 21.6.2024 a 28.6.2024, publicado no DJ em 8.7.2024)*

593.5.4.1. [...] 1. Segundo a jurisprudência firmada pela Terceira Seção deste Superior Tribunal de Justiça – STJ no sentido de que *"a anulação da decisão absolutória do Conselho de Sentença (relativa ao quesito genérico), manifestamente contrária à prova dos autos, pelo Tribunal de Justiça, por ocasião do exame do recurso de apelação interposto pelo Ministério Público (art. 593, III, 'd', do Código de Processo Penal), não viola a soberania dos veredictos"* (HC n. 323.409/RJ, Rel. Ministro Reynaldo Soares da Fonseca, Rel. p/ acórdão Ministro Felix Fischer, 3ª Seção, DJe 8/3/2018).

2. Na hipótese, os jurados, embora tenham reconhecido a materialidade e a autoria delitivas, responderam afirmativamente ao quesito genérico da absolvição, não obstante ser a negativa de autoria a única tese defensiva. Nesse cenário, a resposta afirmativa ao terceiro quesito apresentou-se contraditória em relação às duas anteriores e, dessa forma, a absolvição restou manifestamente contrária às provas dos autos, tal como foi reconhecido pelos próprios jurados nas respostas aos dois primeiros quesitos. Configurada hipótese de anulação do julgamento prevista no art. 593, III, "d", do CPP. [...] *(Agravo Regimental HC nº 844.456-MG, STJ, 5ª Turma, Rel. Min. Joel Ilan Paciornik, julgado em sessão virtual encerrada em 1º.7.2024, publicado no DJ em 3.7.2024)*

593.5.4.1. [...] 2. Não cabe, no âmbito do Tribunal do Júri, investigar a fundamentação acolhida pelos jurados, já que não possuem a obrigação de justificar seus votos. No entanto, nada há no ordenamento jurídico que vede a investigação sobre a racionalidade mínima que deve guardar toda e qualquer decisão.

3. A existência de diversas novas hipóteses de absolvição diante da previsão do quesito genérico, não significa que elas sejam indetermináveis, nem ilimitadas.

4. Ainda que fundada em eventual clemência, a decisão do júri não pode implicar a concessão de perdão a crimes que nem mesmo o Congresso Nacional teria competência para perdoar.

5. Não se podendo identificar a causa de exculpação ou então não havendo qualquer indício probatório que justifique plausivelmente uma das possibilidades de absolvição, ou ainda sendo aplicada a clemência a um caso insuscetível de graça ou anistia, pode o Tribunal ad quem, provendo o recurso da acusação, determinar a realização de novo júri. [...] *(Agravo Regimental no RHC nº 229.558, STF, 2ª Turma, Rel. Min. Nunes Marques, por maioria, sessão virtual de 10.11.2023 a 20.11.2023, publicado no DJ em 19.2.2024)*

593.5.4.1. [...] que as decisões do Júri submetem-se ao duplo grau de jurisdição, apenas, nas hipóteses previstas nas alíneas do inciso III do artigo 593 do Código de Processo Penal, in verbis: a) ocorrer nulidade posterior à pronúncia; b) for a sentença do juiz- presidente contrária à lei expressa ou à decisão dos jurados; c) houver erro ou injustiça no tocante à aplicação da pena ou da medida de segurança; e d) for a decisão dos jurados manifestamente contrária à prova dos autos. [...] Com efeito, conforme o entendimento que prevaleceu no Superior Tribunal de Justiça, a absolvição, até mesmo por clemência, fundada em elementos metafísicos ou extra-autos, não pode excluir a possibilidade de revisão do julgado em segundo grau de jurisdição, máxime quando a pretensão recursal se fundar na manifesta contrariedade às provas dos autos, sob pena de malferimento à norma do art. 593, III, "d", do CPP. Precedentes. [...] *(Agravo Regimental no Agravo em Recurso Especial nº 2.079.741-MG, STJ, 5ª Turma, Rel. Ministro Reynaldo Soares da Fonseca, julgado em 23.8.2022, publicado no DJ em 26.8.2022)*

593.5.4.1. [...] No que tange à alegada negativa de vigência aos arts. 483, III, e 593, III, "d", do CPP, é certo que a decisão tomada pelos jurados, ainda que porventura possa não ser a mais justa ou a mais harmônica com a jurisprudência dominante, é soberana, conforme disposto no art. 5º, XXXVIII, "c", da CF/1988. Todavia, tal princípio é mitigado quando os jurados proferem decisão de forma teratológica, em manifesta contrariedade às provas colacionadas nos autos, caso em que a decisão deve ser anulada pela instância revisora, de modo a submeter o réu a novo julgamento perante seus pares. [...] 3. Ambas as Turmas Criminais do STJ têm entendido que, em situações nas quais a negativa de autoria é a única proposição defensiva, a absolvição do agente no terceiro quesito não deve subsistir, quando houve votação positiva dos dois primeiros quesitos, ocasião em que os Jurados rejeitaram a tese defensiva, porquanto afirmaram ser o acusado o autor do delito, como no presente caso. [...] *(Agravo Regimental no Agravo em Recurso Especial nº 1.638.521-MG, STJ, 6ª Turma, Rel. Min. Rogério Schietti Cruz, julgado em 9.8.2022, publicado no DJ em 18.8.2022)*

593.5.4.1. [...] Absolvição pelo Conselho de Sentença. Determinação, em sede de apelação, de novo júri. Decisão dos jurados manifestamente contrária à prova dos autos. Artigos 593, III, *d*, e 483, § 2º, do Código de Processo Penal. Quesito absoluto genérico. Tese defensiva única. [...] 1. O Tribunal do Júri (art. 5º, XXXVIII, da CRFB/88) é conformado pelas balizas da plenitude de defesa, do sigilo das votações, da soberania dos veredictos e da competência para o julgamento dos crimes dolosos contra a vida, mercê de observar princípios constitucionais, como o contraditório e a proteção penal eficiente dos bens jurídicos fundamentais. 2. A Lei 11.689/2008 incluiu o quesito obrigatório e genérico de absolvição (art. 483, § 2º, do CPP), de sorte que todas as teses defensivas arguidas em Plenário passaram a ser concentradas em uma única pergunta direcionada aos jurados, que as acolhem ou desacolhem sem indicação do motivo ou fundamentação conducente a absolvição ou condenação do acusado. 3. A ordem legal de quesitação prevista no art. 483 do CPP, em que se indaga sobre a materialidade do fato, a autoria ou participação e posteriormente se o acusado deve ser absolvido, impõe concluir que a resposta positiva a esses três quesitos mostra-se manifestamente contraditória quando a única tese defensiva seja a negativa de autoria. 4. In casu, reconhecida a materialidade do fato e a autoria do réu, sendo a negativa de autoria a única tese defensiva, a resposta positiva ao quesito genérico de absolvição enseja a possibilidade de interposição de apelação singular pelo Ministério Público, sob a alegação de decisão manifestamente contrária à prova dos autos (art. 593, III, *d*, do CPP), cujo provimento implicara tão somente na realização de novo júri, sem que esse substitua a decisão do Conselho de Sentença. 5. Exsurge contraditória a decisão dos jurados que diverge da própria tese defensiva da negativa de autoria, desacompanhada de eventual causa excludente da ilicitude ou da culpabilidade do acusado, e absolve o réu quando anteriormente reconhecida sua autoria do delito de materialidade assentada. 6. A exegese da lei ora conferida e harmônica com a possibilidade de absolvição por clemência dos jurados, mercê das limitações que o próprio sistema recursal prevê na interposição única de apelação sob esse fundamento (art. 593, § 3º, do CPP). 7. A soberania dos veredictos e a prerrogativa da íntima convicção são incapazes de tornar definitiva ou irrecorrível decisão absolutória arbitrária ou manifestamente contrária à prova dos autos, sob pena de violação a tutela penal eficiente de bens jurídicos relevantes; a higidez do sistema processual penal e ao princípio do duplo grau de jurisdição (artigo 8, nº 2, *h*, da Convenção Americana sobre Direitos Humanos). 8. Revela-se possível a interposição pela acusação de apelação em que se alega decisão manifestamente contrária à prova dos autos (art. 593, III, *d*, do CPP) quando, reconhecida a materialidade do crime e a autoria ou participação do acusado, e os jurados absolvem o réu acolhendo a tese defensiva única de negativa de autoria; situação em que o provimento do recurso implicará na determinação de novo júri, vedada a interposição de nova apelação sob o mesmo fundamento. [...] *(Habeas Corpus nº 146.672-DF, STF, 1ª Turma, por maioria, Rel. Min. Marco Aurélio, Redator do acórdão Ministro Luiz Fux, julgado em 14.4.2020, publicado no* DJ *em 18.8.2020).*

593.5.4.2. Efeitos do provimento do recurso em caso de a decisão ser manifestamente contrária à prova dos autos e a proibição de *reformatio in pejus* em crimes de competência do Júri: Se provido o recurso (tanto da acusação quanto da defesa) para reconhecer que a decisão dos jurados é manifestamente contrária ao que provado nos autos, a consequência inevitável será a submissão do réu a novo julgamento, desfazendo-se o julgado proferido pelo conselho de sentença anterior.

Se o recurso for da defesa, há de se atentar para a vedação da *reformatio in pejus* quanto à pena e consequências do segundo julgamento. Mas é preciso ter cuidado redobrado na análise da vedação da *reformatio in pejus* quando diante de julgamentos proferidos pelo Tribunal Popular.

No âmbito jurisprudencial, encontram-se posicionamentos mais antigos do Supremo Tribunal Federal no sentido de que *qualquer nova decisão* em razão de outra anulada anteriormente não poderia gerar pena mais grave se a realização do novo julgamento se deu em razão de recurso exclusivo da defesa.

Ulteriormente, tanto no âmbito do STF quanto do STJ a questão foi mitigada, reconhecendo-se que a soberania do Júri estaria na possibilidade do reconhecimento das circunstâncias do fato criminoso para embasamento do juiz presidente na aplicação da pena. Entretanto, já se encontra precedente posterior da Corte Suprema no sentido (novamente) de vedar qualquer possibilidade de pena maior em segundo julgamento se a anulação decorreu de recurso exclusivo da defesa.

Com todas as *vênias*, não podemos concordar com a limitação da interpretação. Decorrente da soberania dos veredictos do Júri, entendemos que somente *não poderá* haver agravamento da pena no segundo julgamento se as mesmas circunstâncias de fato forem reconhecidas pelo novo conselho de sentença. Significa que se houver *novas circunstâncias de fato* (como qualificadoras afastadas no julgamento anterior, por exemplo) reconhecidas pelo novo conselho que *autorizam* (mas não obrigam) o juiz a fixar a pena além do patamar anterior não se estará violando a *reformatio in pejus*, na medida que precisa este princípio ser compatibilizado com o princípio da soberania dos veredictos. A questão central é que a soberania não está no *montante* da pena fixada (atribuição do juiz presidente, conforme expressa disposição do art. 492 do CPP), mas sim no reconhecimento ou não de todas as questões apresentadas para apreciação perante o Júri, que, frente ao que decidido, irá aplicar a pena. Tanto é assim que se o juiz não atender ao que foi decidido, deverá o tribunal reformar sua decisão, nos exatos limites do que previsto da alínea *b* do inciso III do presente artigo.

Jurisprudência

593.5.4.2. [...] 2. Em obediência ao art. 617 do CPP, que veda a *reformatio in pejus*, não se admite que, anulada a sentença no julgamento de recurso exclusivo da defesa, a nova decisão da mesma causa ou questão possa agravar-lhe a situação. 3. Tendo em vista que o primeiro Júri foi anulado em sede de Embargos Infringentes, em razão de nulidade de quesitação alegada em recurso exclusivo da defesa, a condenação do envolvido pelo delito de roubo, crime pelo qual foi absolvido no primeiro Júri, salienta-se, sem qualquer impugnação do Ministério Público, viola o princípio da *reformatio in pejus* indireta. Ademais, inexistindo recurso interposto pelo *Parquet* contra a absolvição pelo crime de roubo, tal questão encontra-se coberta pelo manto da coisa julgada. A conexão, aventada inicialmente, findou. 4. Acrescenta-se, ainda, que a jurisprudência desta Corte Superior de Justiça é no sentido de que, em se tratando de crimes conexos, o tribunal pode, em grau recursal, anular o julgamento com relação a um, mantendo a decisão dos jurados no tocante aos demais. Assim, conferir ao Tribunal do Júri a possibilidade de, após chamado a novo julgamento da causa, em razão do provimento de recurso exclusivo do réu, poder jurídico de lhe agravar a situação anterior, significaria transformar o recurso da defesa em potencial instrumento de acusação, ou seja, sob pretexto e no âmbito de julgamento de recurso da defesa, operar-se-ia, em dano do acusado, autêntica revisão da sentença em favor da acusação, que não recorreu, no momento oportuno, contra a absolvição em relação ao crime de roubo. [...] *(Agravo Regimental no Recurso Especial nº 1.804.466/GO, STJ, 5ª Turma, unânime, Rel. Min. Reynaldo Soares da Fonseca, julgado em 12.05.2020, publicado no DJ em 19.05.2020).*

593.5.4.2. [...] A soberania relativa do veredicto do conselho de sentença não enseja o agravamento da pena com base em novo julgamento pelo tribunal do júri em consequência de recurso exclusivo da defesa. [...] *(Habeas Corpus n. 165.376 – SP, STF, 2ª Turma, unânime, Rel. Min. Cármen Lúcia, julgado em 11.12.2018, publicado no DJ em 26.6.2019)*

593.5.4.2 [...] Verificada a presença de ilegalidade flagrante, porquanto, realizado novo julgamento, foi imposta pena superior à fixada no primeiro julgamento, em recurso exclusivo da defesa – protesto por novo júri – sem que se observassem os limites impostos no primeiro julgamento, importando, assim, em inegável reformatio in pejus indireta (*Habeas Corpus nº 1499.025-SP, STJ, 6ª Turma, unânime, Rel. Min. Nefi Cordeiro, julgado em 30.6.2015, publicado no* DJ *em 7.8.2015*).

593.5.4.2. [...] O Juiz-Presidente do Tribunal do Júri, quando do segundo julgamento, realizado em função do provimento dado a recurso exclusivo do réu, não pode aplicar pena mais grave do que aquela que resultou da anterior decisão, *desde que estejam presentes – reconhecidos pelo novo Júri – os mesmos fatos e as mesmas circunstâncias admitidos no julgamento anterior*. Em tal situação, aplica-se, ao Juiz-presidente, a vedação imposta pelo art. 617 do CPP (*Habeas Corpus. nº 73.367-1-MG, STF, Rel. Min. Celso de Mello, 1ª Turma, unânime, julgado em 12.3.1996, publicado no* DJ *em 29.6.2001*).

593.5.4.2. [...] A regra que estabelece que a pena estabelecida, e não impugnada pela acusação, não pode ser majorada se a sentença vem a ser anulada, em decorrência de recurso exclusivo da defesa, sob pena de violação do princípio da vedação da *reformatio in pejus* indireta, não se aplica em relação as decisões emanadas do Tribunal do Júri em respeito à soberania dos veredictos (Precedentes). Desse modo, e neste contexto, tem--se que uma vez realizados três julgamentos pelo Tribunal popular devido à anulação dos dois primeiros, e alcançados, nas referidas oportunidades, veredictos distintos, poderá, em tese, a pena imposta no último ser mais gravosa que a fixada nos anteriores. Contudo, constatado que no último julgamento o recorrente restou condenado por crime menos grave (homicídio simples) se comparado com o anterior (homicídio duplamente qualificado), e que neste a pena-base foi aumentada devido, unicamente, a consideração de uma qualificadora como circunstância judicial desfavorável, revela-se injustificado o aumento imposto à pena-base, uma vez que, nesta hipótese, o princípio da vedação da *reformatio in pejus* indireta alcança o Juiz-Presidente do Tribunal do Júri. Recurso especial parcialmente provido (*Recurso Especial nº 1.132.728/RJ, STJ, 5ª Turma, Rel. Min. Felix Fischer, julgado em 26.8.2010, publicado no* DJ *em 4.10.2010*).

593.5.4.2. [...] A regra que estabelece que a pena estabelecida, e não impugnada pela acusação, não pode ser majorada se a sentença vem a ser anulada, em decorrência de recurso exclusivo da defesa, sob pena de violação do princípio da vedação da *reformatio in pejus* indireta, não se aplica em relação as decisões emanadas do Tribunal do Júri em respeito à soberania dos veredictos (Precedentes). Desse modo, e neste contexto, tem-se que uma vez realizados dois julgamentos pelo Tribunal popular devido à anulação do primeiro, e alcançados, nas referidas oportunidades, veredictos distintos, poderá a pena imposta no segundo ser mais gravosa que a fixada no primeiro. Recurso especial provido (*Recurso Especial nº 1.068.191/SP, Rel. Min. Felix Fischer, 5ª Turma, unânime, publicado no* DJ *em 10.5.2010*).

593.5.4.2. [...] Não há *reformatio in pejus* indireta pela imposição de pena mais grave, após a decretação de nulidade da primeira sentença, em apelo da defesa, quando no novo julgamento realizado pelo Tribunal do Júri, reconhece-se a incidência de qualificadora afastada no primeiro julgamento, eis que, em face da soberania dos veredictos, de caráter constitucional, pode o Conselho de Sentença proferir decisão que agrave a situação do réu. Precedentes desta Corte Superior e do Supremo Tribunal Federal. Ordem denegada (*Habeas Corpus nº 78.366/SP, STJ, Rel. Min. Laurita Vaz, 5ª Turma, publicado no* DJ *em 17.11.2008*).

....

593.5.4.3. A limitação do uso do recurso com fundamento na alínea d do inciso III do art. 593 do CPP: Segundo previsto ainda no § 3º do art. 593 do CPP, somente se admite uma vez a interposição do recurso sob o argumento de que a decisão dos jurados foi manifestamente contrária à prova dos autos (alínea *d* do inciso III do art. 593 do CPP).

Tem sentido a restrição, pois, caso contrário, traria a possibilidade de reiterados recursos amparados na mesma tese tornando praticamente interminável a discussão no tema.

Jurisprudência

593.5.4.3. [...] A vedação trazida pelo § 3º do art. 593 é de natureza lógica. Anulada a decisão do Tribunal Popular, em sede de apelação, por ser considerada manifestamente contrária à prova dos autos, não se pode admitir um segundo apelo, após novo julgamento pelo Júri, com espeque no mesmo fundamento. [...] (*Agravo Regimental no Agravo em Recurso Especial nº 734.253-MG, STJ, 5ª Turma, unânime, Rel. Min. Felix Fischer, julgado em 3.3.2016, publicado no* DJ *em 14.3.2016*).

593.5.4.3. [...] Determinada a anulação do primeiro júri em virtude de decisão manifestamente contrária às provas dos autos, inviável novo apelo com base na mesma questão, a teor do disposto no art. 593, § 3º, do Código de Processo Penal. [...] (*Habeas Corpus nº 43.461-BA, STJ, 6ª Turma, Rel. Min. Sebastião Reis Júnior, julgado em 26.8.2014, publicado no* DJ *em 9.9.2014*).

593.6. Princípio da unirrecorribilidade (§ 4º): Aplicáveis a todas as situações em que se possa manejar a apelação (incisos I, II e III), determina o § 4º do art. 593 do CPP que "*quando cabível a apelação, não poderá ser usado o recurso em sentido estrito, ainda que somente de parte da decisão se recorra*".

Na sistemática dos recursos, a regra geral é a interposição de apelação de decisões proferidas pelo juízo monocrático, reservando-se as hipóteses de recurso em sentido estrito para aquelas previstas indicativa e pontualmente (e não *taxativamente*, sob a ótica da *literalidade*) no art. 581, CPP.

O princípio da unirrecorribilidade tem por finalidade evitar a interposição de vários recursos contra a mesma sentença, a qual, em seu bojo, traz comandos que, isoladamente vistos, seriam apeláveis ou atacáveis mediante outro recurso. É dizer: quando presente a situação retronarrada, a parte interessada deverá interpor apenas um recurso (a apelação, porque mais amplo), mesmo que somente de parte da decisão esteja recorrendo e que dessa parte, isoladamente vista, fosse cabível o recurso em sentido estrito. Insistimos em exemplo bastante hialino a demonstrar a presença do instituto. Basta imaginar a situação de ser exarado comando na sentença condenatória determinando, também, a cassação da fiança. Mesmo que se recorra em favor do réu pugnando exclusivamente a restituição da fiança (que, isoladamente vista, seria impugnável mediante recurso em sentido estrito: art. 581, V, CPP), deverá ser manejada a apelação, presente o princípio da unirrecorribilidade.

A razão para a existência do dispositivo da unirrecorribilidade é bastante simples, ao menos em nossa compreensão: como o recurso em sentido estrito (e só ele, não a apelação) traz em si a possibilidade de retratação (art. 589, parágrafo único, CPP), é facultado ao juiz de primeiro grau reformar (apenas uma vez) sua decisão. Entretanto, proferida *sentença* (*que examina o* mérito, *inclusive aquela que, pós alterações de 2008, absolve sumariamente com base em causa extintiva de punibilidade*) não mais é possível ao juízo modificar sua decisão, salvo em decorrência de embargos de declaração com excepcionais efeitos infringentes. Daí a razão de a Lei determinar que se deva interpor a apelação, mesmo que a irresignação seja direcionada a parte da decisão que, isoladamente vista, fosse atacável mediante recurso em sentido estrito.

Também deve-se atentar que o princípio da unirrecorribilidade encontra-se atrelado à preclusão consumativa. Significa que, interposto o recurso (que seria o cabível) contra determinada decisão, inviável ulteriormente a interposição de *novo* recurso (mesmo que ainda dentro do prazo), porque operada a preclusão para a realização do ato.

Por fim, de relevo acentuar que, malgrado previsto no âmbito dos recursos interpostos às decisões monocráticas, trata-se de princípio aplicável a todas as demais gamas de recursos, inclusive em sede extraordinária. A consequência da violação do princípio em voga implica o não conhecimento da segunda irresignação.

Jurisprudência

593.6. [...] A interposição de dois recursos pela mesma parte contra a mesma decisão inviabiliza o exame daquele que tenha sido protocolizado após o primeiro, em razão da ocorrência de preclusão consumativa e ante a aplicação do princípio da unirrecorribilidade das decisões. [...] *(Agravo Regimental no Agravo em Recurso Especial nº 1.893.008/RJ, STJ, 5ª Turma, unânime, Rel. Min. Joel Ilan Paciornik, julgado em 26.10.2021, publicado no DJ em 3.11.2021)*

593.6. [...] Interpostos dois recursos pela mesma parte contra a mesma decisão, não se conhece daquele apresentado posteriormente, por força dos princípios da unirrecorribilidade e da preclusão consumativa. [...] *(Agravo Regimental no Agravo em Recurso Especial nº 1.707.804/MS, STJ, 6ª Turma, unânime, Rel. Min. Nefi Cordeiro, julgado em 15.12.2020, publicado no DJ em 2.2.2021)*

593.6. [...] 2. Na hipótese, embora a decisão singular impugnada tenha decidido pela rejeição parcial da denúncia com relação a alguns corréus, trazia, ao mesmo tempo, provimento de absolvição sumária, nos termos do artigo 397, inciso III, do CPP, que descreve a hipótese de atipicidade da conduta, cuja insatisfação da parte desafia a interposição de apelação, nos termos do artigo 593, inciso I, do mesmo diploma legal e da jurisprudência deste Sodalício. 3. Havendo dupla possibilidade para impugnar a decisão singular proferida, diante da diversidade de provimentos emanados, deve ser observada a diretriz estabelecida pelo Código de Processo Penal no art. 593, § 4º, sendo perfeitamente cabível o recurso de apelação. [...] *(Agravo Regimental no Agravo em Recurso Especial nº 1.331.026-ES, STJ, 5ª Turma, Rel. Ministro Jorge Mussi, julgado em 23.4.2019, publicado no DJ em 7.5.2019)*

593.6. [...] A interposição simultânea de dois recursos não atende ao princípio da unirrecorribilidade ou singularidade dos recursos, uma vez que demanda mais de um provimento jurisdicional. O princípio da singularidade recursal consagra a premissa de que, para cada decisão a ser atacada, há um recurso próprio e adequado previsto no ordenamento jurídico, e de que, em caso de recursos interpostos simultaneamente de uma mesma decisão, há preclusão consumativa do segundo, devendo reportar-se o julgador tão somente ao primeiro. Para que ocorra o conflito de competência, é necessário o pronunciamento controverso de, pelo menos, duas autoridades judiciárias. Agravo regimental improvido. Embargos de declaração não conhecido (*Agravo Regimental no Conflito de Competência nº 106.007-SP, STJ, 3ª Seção, Rel. Min. Arnaldo Esteves Lima, unânime, publicado em 9.11.2009*).

593.6. [...] Em decorrência do que dispõe o princípio da unirrecorribilidade, não é dado à parte interpor, contra a mesma decisão, dois recursos especiais (Precedentes). Interposto recurso especial anteriormente à publicação do acórdão dos embargos opostos pela mesma parte que se vale da via especial, impõem-se-lhe o ônus de reiterar, no prazo legal, o recurso já interposto, não lhe sendo permitido aditar as razões deste, notadamente porque os aclaratórios em nada alteraram o julgado. Na espécie, configurada tal situação, resta inviável conhecer-se o segundo recurso aviado (após a publicação do acórdão dos embargos de declaração). [...] (*Recurso Especial nº 1080.690-RS, STJ, 5ª Turma, publicado no* DJ *em 8.9.2009*).

593.7. Recurso adesivo: (im)possibilidade de seu uso no processo penal: Não se desconhece entendimentos doutrinários e, mais recentemente, alguns em âmbito jurisprudencial, admitindo a utilização do *recurso adesivo* em matéria processual penal.

A matéria atinente ao recurso *adesivo* está regulada no art. 500 do Código de Processo Civil:

Art. 500. Cada parte interporá o recurso, independentemente, no prazo e observadas as exigências legais. Sendo, porém, vencidos autor e réu, ao recurso interposto por qualquer deles poderá aderir a outra parte. O recurso adesivo fica subordinado ao recurso principal e se rege pelas disposições seguintes: (*Redação dada pela Lei nº 5.925/73*)

I – será interposto perante a autoridade competente para admitir o recurso principal, no prazo de que a parte dispõe para responder; (*Redação dada pela Lei nº 8.950/94*)

II – será admissível na apelação, nos embargos infringentes, no recurso extraordinário e no recurso especial; (*Redação dada pela Lei nº 8.038/090*)

III – não será conhecido, se houver desistência do recurso principal, ou se for ele declarado inadmissível ou deserto. (*Redação dada pela Lei nº 5.925/73*)

Parágrafo único. Ao recurso adesivo se aplicam as mesmas regras do recurso independente, quanto às condições de admissibilidade, preparo e julgamento no tribunal superior. (*Redação dada pela Lei nº 5.925/73*)

As redações dos incisos I e II do art. 500 do CPC/1973, antes das alterações feitas, respectivamente, pelas Leis nos 8.950/94 e 8.038/90), eram as seguintes:

I – poderá ser interposto perante a autoridade judiciária competente para admitir o recurso principal, dentro de dez (10) dias contados da publicação do despacho que o admitiu; (*Redação dada pela Lei nº 5.925, de 1º.10.1973*)

II – será admissível na apelação, nos embargos infringentes e no recurso extraordinário; (*Redação dada pela Lei nº 5.925, de 1º.10.1973*)

Nos termos do CPC/2015 (Lei nº 13.105/2015):

Art. 996. O recurso pode ser interposto pela parte vencida, pelo terceiro prejudicado e pelo Ministério Público, como parte ou como fiscal da ordem jurídica.

Parágrafo único. Cumpre ao terceiro demonstrar a possibilidade de a decisão sobre a relação jurídica submetida à apreciação judicial atingir direito de que se afirme titular ou que possa discutir em juízo como substituto processual.

Art. 997. Cada parte interporá o recurso independentemente, no prazo e com observância das exigências legais.

§ 1º Sendo vencidos autor e réu, ao recurso interposto por qualquer deles poderá aderir o outro.

§ 2º O recurso adesivo fica subordinado ao recurso independente, sendo-lhe aplicáveis as mesmas regras deste quanto aos requisitos de admissibilidade e julgamento no tribunal, salvo disposição legal diversa, observado, ainda, o seguinte:

I - será dirigido ao órgão perante o qual o recurso independente fora interposto, no prazo de que a parte dispõe para responder;

II – será admissível na apelação, no recurso extraordinário e no recurso especial;

III – não será conhecido, se houver desistência do recurso principal ou se for ele considerado inadmissível.

Art. 998. O recorrente poderá, a qualquer tempo, sem a anuência do recorrido ou dos litisconsortes, desistir do recurso.

Parágrafo único. A desistência do recurso não impede a análise de questão cuja repercussão geral já tenha sido reconhecida e daquela objeto de julgamento de recursos extraordinários ou especiais repetitivos.

Como se verifica, o que a Lei nº 8.950/94 fez foi, unicamente, adequar a redação originária às alterações da Constituição Federal de 1988, que incluiu o recurso especial (com a criação do Superior Tribunal de Justiça). E a Lei nº 8.950/94 veio especificar que o prazo do *adesivo* é o mesmo fixado em Lei para a contra-arrazoar o recurso principal interposto. De igual modo, nenhuma modificação relevante quanto ao tema no âmbito do CPC/2015.

Especialmente em doutrina, sobretudo *mais recentemente*, colhemos inúmeros fundamentos para defender a possibilidade dos recursos *adesivos* no processo penal, que podemos sintetizar nos seguintes: (a) forte no art. 3º, CPP, a analogia permitia a utilização do sistema recursal, pois os processos civil e penal são vinculados à mesma Teoria Geral do Processo; (b) só a proibição *expressa* da adoção do recurso adesivo poderia inviabilizar sua utilização no processo penal; (c) *não* há se invocar a taxatividade, pois, tecnicamente, o adesivo não é recurso próprio, mas uma *forma de interposição* (procedimental) dos recursos de apelação, extraordinário e especial; (d) seria um recurso apenas em benefício do réu, pois só se cogitaria de adesivo quando a parte recebesse os autos para apresentar contrarrazões ao recurso do Ministério Público.

Compreendemos equivocado admitir a utilização do recurso *adesivo* no âmbito do *processo penal*. A questão não passa – nem de longe – por uma suposta vedação da taxatividade recursal e acerca da impossibilidade de se recorrer à analogia (art. 3º, CPP). Aliás, em inúmeras passagens da presente obra admitimos a utilização da analogia no processo penal, *desde que* não violadas as especificidades de cada um dos ramos do processo (*a propósito, vide anotações críticas ao art. 109, CPP e a – equivocada – aplicação analógica da Súmula 33, STJ, ao processo penal*).

Não se olvida que a Lei nº 8.038/90 instituiu normas *gerais* dos procedimentos para os processos perante o STJ e o STF, inclusive sobre processamento de recursos (vide alterações do novo Código de Processo Civil, com a vigência da Lei nº 13.105/2015). Mas não se pode acorrer a questões de *teoria geral* para tentar justificar que *tudo* ao que ali previsto seria aplicável ao processo civil e ao processo penal sem a necessidade de se atentar para as peculiaridades de cada ramo do processo.

Exemplificativamente, nunca é demais relembrar que o prazo para a interposição de *agravo* (agora não mais de *instrumento* – Lei nº 12.322, de 9.9.2010) contra a denegação do recurso especial é diverso: enquanto no processo civil é de 15 (quinze) dias, no processo penal *era* de 5 (cinco) dias. Tanto que o STF editou a Súmula nº 699, dispondo que "*o prazo para interposição de agravo, em processo penal, é de cinco dias, de acordo com a Lei nº 8.038/90, não se aplicando o disposto a respeito nas alterações da Lei nº 8.950/94 ao Código de Processo Civil" (atente-se para as alterações promovidas pelo novo CPC, que regulou integralmente o tema, a partir da vigência da Lei nº 11.315/2015, estipulando prazo do agravo, como referido, em 15 dias).*

Também relevante destacar que o Superior Tribunal de Justiça, por intermédio da 3ª Seção, reconheceu que, após a entrada em vigor da Lei nº 13.105/2015, "*o agravo contra decisão monocrática de Relator, em controvérsias que versam sobre matéria penal ou processual penal, nos tribunais superiores, não obedece às regras no novo CPC, referentes à contagem dos prazos em dias úteis (art. 219, Lei 13.105/2015) e ao estabelecimento de prazo de 15 (quinze) dias para todos os recursos, com exceção dos embargos de declaração (art. 1.003, § 5º, Lei 13.105/2015)*" (AgRg na Rcl 30.714/PB, Rel. Ministro Reynaldo Soares da Fonseca, Terceira Seção, julgado em 27.04.2016, *DJe* 04.05.2016). [...] (*Agravo Interno nos Embargos de Declaração no Agravo em Recurso Especial nº 933.161-SP, STJ, 5ª Turma, unânime, Rel. Min. Jorge Mussi, julgado em 22.9.2016, publicado no* DJ *em 30.9.2016*).

Ocorre que o novo CPC alterou essa sistemática diferenciada até então, pois *revogou* os dispositivos da Lei nº 8.038/90 que regulavam o agravo contra a inadmissão do Recurso Especial ou do Recurso Extraordinário – e o fez porque julgou suficiente o novo regramento operado por aquele próprio diploma.

Neste quadro, outra alternativa não há senão transpor o prazo previsto no CPC/2015 (15 dias) para a área penal, uma vez que não há mais um artigo específico na Lei nº 8.038/90 sobre o prazo deste recurso. Obviamente, a transposição é apenas do prazo, e não das demais regras (como a contagem unicamente de dias úteis), visto que o CPP possui normas expressamente contrárias a elas.

Para quem defende a posição contrária, restaria aplicar o art. 39 da Lei nº 8.038/90 ("*Da decisão do Presidente do Tribunal, de Seção, de Turma ou de Relator que causar gravame à parte, caberá agravo para o órgão especial, Seção ou Turma, conforme o caso, no prazo de 5 (cinco) dias*"). Todavia, esta regra diz respeito apenas ao agravo *interno*, que possui configuração absolutamente diferenciada em relação ao agravo contra inadmissão de Recurso Especial e/ou Recurso Extraordinário. Basta dizer que o agravo interno é dirigido ao *mesmo* Tribunal, ao passo que o agravo do qual estamos falando é direcionado a *outro* Tribunal. Isso, por si só, já afastaria por completo a aplicabilidade do mencionado art. 39, que se reporta somente aos agravos dentro de um mesmo Tribunal (agravo *interno*). De lembrar, ainda, que o Presidente do Tribunal não se limita a admitir ou inadmitir recursos da via extraordinária. Cabe a ele a prática de outros processuais, passíveis, estes sim, de agravo interno.

Com efeito, as duas decisões mencionadas nos precedentes do STJ dizem respeito a julgamentos de agravos internos, e não da interposição de agravo contra a inadmissão de Recurso Especial/Extraordinário. Se faz sentido manter o prazo de 5 dias para o agravo interno no âmbito penal, considerando que o art. 39 da Lei nº 8.038/90 ainda se encontra em vigor, o mesmo não se pode dizer do agravo contra inadmissão de Recurso Especial e/ou Recurso Extraordinário – pois, como dito, encontra-se revogado o artigo que estabelecia o prazo de 5 dias para este recurso. Sendo assim, faz-se necessário *recepcionar* o prazo "civil" de 15 dias estabelecido no CPC/2015, visto que foi esta mesma lei que optou por revogar o tratamento dispendido pela Lei nº 8.038/90 por julgá-lo insuficiente.

Mas o problema central que impede se adote a sistemática do *adesivo* em sede penal está na *logicidade* dos *subsistemas*, especialmente no âmbito das preclusões, que, como sabido, são muito diferentes em se tratando do processo civil e do processo penal.

Em primeiro lugar, basta uma leitura atenta para o *caput* dos arts. 996 e 997 do CPC*/2015 (arts. 499 e 500, CPC/1973)* para se ver que as referências ali feitas, respectivamente, à *"parte vencida* e *terceiro prejudicado*" e a *autor* e *réu* estão direta e *exclusivamente* relacionadas a questões que envolvem interesses *não* penais.

Em segundo lugar, destacamos que, para nós, se apresenta equivocado considerar que o recurso *adesivo* aproveitaria apenas à defesa (melhor dizendo: em *favor* do réu). Basta relembrar a situação de sentença proferida (e *há muito* é assim) no Tribunal do Júri. Nesse caso, todas as partes são, em regra, intimadas no ato da prolação da sentença em sessão. Sendo assim, se presente o réu em plenário (*a regra até 2008 era sua presença obrigatória, mas, atualmente, sua ausência não mais impede a realização da sessão – art. 474, CPP, na redação da Lei nº 11.689/08*), o prazo começará a fluir no primeiro dia subsequente (art. 798, § 5º, *a*, CPP) e será *comum* a *todas* as partes (acusação e defesa), salvo para a Defensoria Pública, que tem prazo em dobro. Também atualmente, convém relembrar, em face da sistemática introduzida pela Lei nº 11.719/2008 (*v. g.* art. 403, § 3º,

CPP), a regra é o juiz proferir sentença *em audiência*, quando todas as partes (se presentes) restarão *igualmente* intimadas, fluindo também o prazo na forma retromencionada.

Portanto, admitindo-se a sistemática do art. 997, CPC de 2015/art. 500, CPC de 1973 ao âmbito processual penal (não havendo nenhuma razão ou fundamental razoável para fazer a interpretação analógica integrativa *apenas em favor* do réu), notadamente quando o recurso for interposto pela Defensoria Pública, é perfeitamente possível se cogitar da hipótese de o Ministério Público, ao receber os autos para contrarrazões, *resolver* entrar com *adesivo*, seja da parte que eventualmente não tenha recorrido ou então mesmo na hipótese de (até então) não ter apresentado nenhuma irresignação. Como se sabe, a matéria objeto do recurso *adesivo* não precisa guardar nenhuma pertinência com o recurso principal. É dizer: improvido o recurso *principal*, o adesivo deverá ser julgado independentemente daquela decisão. Por esse raciocínio, se permitiria que o Ministério Público (*dependendo* do teor da irresignação da defesa), acaso tenha sucumbido pelo menos em parte em face de seu pedido inicial (*Princípio da Congruência*), mas não formulado no momento oportuno (recurso de apelação, especial ou extraordinário), venha apresentar *adesivo* postulando a reforma da sentença ou do acórdão em parte *absolutamente diversa* daquele que é trazido em pauta agora pelo recurso defensivo. Noutras palavras, altera-se completamente o sistema de *preclusões* e a lógica do *tantum devolutum quantum appelatum* (a propósito, *remetemos às considerações feitas no item 576.2*).

Convenhamos, não é assim que funciona no processo penal, pois, insistimos, estaríamos invertendo completamente a lógica existente (*diversa* do processo civil) em sede de *preclusões*, porque se estaria permitindo – *via transversa* – a apresentação de irresignação (com conteúdo *autônomo*), porém *adesiva*, para buscar a reforma de sentença (apelação) ou de acórdão (recursos especial ou extraordinário) que, no momento oportuno (prazo para o recurso *próprio*) não foram objeto de *tempestiva* irresignação.

Por óbvio, a vedação à utilização do recurso adesivo em processo penal (e agora falamos em questões em prol da defesa), não excluem nunca a possibilidade (sempre presente) de a instância superior, verificando alguma ilegalidade, mesmo que não seja objeto da irresignação defensiva ou apenas se estando diante de recurso da acusação, conceder eventual *habeas corpus* de ofício, presente o princípio do favor rei (novamente remetemos às considerações no item 576.2).

Jurisprudência

593.7. [...] a Defesa requer a manifestação desta Corte quanto ao recurso especial adesivo interposto pelo Ministério Público Federal, sendo que o Tribunal de origem, ao inadmitir o recurso especial da Defesa, não conheceu o referido recurso adesivo. O agravo em recurso especial foi interposto somente pela Defesa, não existindo, portanto, qualquer recurso do Ministério Público encaminhado a este Tribunal Superior para apreciação. [...] Ademais, não há previsão de recurso especial adesivo no Código Processual Penal, tendo este Tribunal Superior firmado o entendimento no sentido de "ser incabível a interposição de recurso especial adesivo pelo Parquet nas hipóteses em que o órgão acusatório busque o agravamento da situação da parte adversa" (REsp 1.674.009/SP, Quinta Turma, Rel. Ministro Jorge Mussi, DJe de 12/9/2017). [...] *(Agravo Regimental nos Embargos de Declaração no Agravo em Recurso Especial nº 1.234.136-RS, STJ, 5ª Turma, Relator Ministro Félix Fischer, julgado em 11.9.2018, publicado no DJ em 17.9.2018)*

593.7. [...] 3.1 O Código de Processo Penal brasileiro não prevê o instituto do recurso adesivo**,** não cabendo, ao intérprete, ampliar as modalidades recursais além daquelas previstas em lei, em respeito ao princípio da taxatividade. 3.2 A defesa sempre pode peticionar provocando a ação do Tribunal, pela admissão *da reformatio in melius,* não podendo, todavia, admitir-se a ampliação do limite recursal após ter perdido o prazo. Ressalva do entendimento do Relator que entendia ser possível, à defesa, a interposição de recurso adesivo em matéria penal. [...] *(Recurso Especial nº 1.595.636-RN, STJ, 6ª Turma, Rel. Min. Sebastião Reis Júnior, julgado em 2.5.2017, publicado no DJ em 30.5.2017)*.

593.7. [...] Penal e processo penal. Recurso especial. [...] Recurso especial adesivo. [...] 5. Recurso Especial do Ministério Público não conhecido, dando-se provimento ao *Apelo adesivo* de [...], para determinar ao Juízo da Vara das Execuções a substituição da pena privativa de liberdade por restritiva de direitos, concedendo-se, de ofício, o regime aberto para cumprimento da pena (*Recurso Especial nº 915.442-SC, STJ, 6ª Turma, Rel. Min. Maria Thereza de Assis Moura, unânime, julgado em 14.12.2010, publicado no DJ em 1º.2.2011*).

Art. 594. O réu não poderá apelar sem recolher-se à prisão, ou prestar fiança, salvo se for primário e de bons antecedentes, assim reconhecido na sentença condenatória, ou condenado por crime de que se livre solto. (Redação dada pela Lei nº 5.941, de 22.11.1973)

O dispositivo em tela foi expressamente ***revogado*** (aspecto formal) pelo art. 3º da Lei nº 11.719, de 2008.

Mesmo assim, por sua íntima relação com o disposto nos arts. 585 e 595, CPP, deixam-se aqui anotadas algumas questões relativas à total incompatibilidade (validade) da regra com os princípios constitucionais vigentes após 1988.

Com efeito, a regra teve sua redação alterada pela Lei nº 5.941, de 22.11.1973, por muitos conhecida como *Lei Fleury*. Na época, Sérgio Paranhos Fleury foi pronunciado pela Justiça Paulista por supostamente ter cometido delito de homicídio no exercício de suas práticas no denominado *Esquadrão da Morte*. A Lei determinava o recolhimento imediato em caso de pronúncia, como de fato ocorreu. Esgotadas as possibilidades recursais, mantido o réu em cárcere, adveio a casuística: editou-se a Lei nº 5.941 para, alterando-se parcialmente a legislação, permitir que, a partir de então, aos réus primários e de bons antecedentes, poderia o juiz deixar de decretar a prisão ou revogá-la se já estivesse preso.

O dispositivo em tela trazia verdadeira inversão: em instância ordinária, estabelecia a prisão como regra, quando, em verdade, por aquilo que se pauta o ordenamento constitucional brasileiro, a prisão é exceção. Somente se pode falar nessa fase processual se presentes os requisitos da prisão preventiva.

À evidência, o comando normativo formal em tela também não guardava compatibilidade vertical com, pelo menos, os princípios da ampla defesa, inocência e do acesso ao Poder Judiciário (dentre outros), que procuram resguardar os direitos fundamentais dos cidadãos.

Não por outro motivo que, no ano de 2008, pouco antes de sua revogação, o Superior Tribunal de Justiça editou a Súmula 347, dispondo que "*o conhecimento de recurso de apelação do réu independe de sua prisão*".

Jurisprudência

594. [...] A garantia do devido processo legal engloba o direito ao duplo grau de jurisdição, sobrepondo-se à regra do art. 594 do CPP, de forma que o regular processamento do recurso de apelação interposto pela defesa independe do recolhimento do condenado à prisão. Precedentes do STF e do STJ. Súmula 347/STJ. A controvérsia, todavia, perde relevo, diante da revogação do art. 594 do Código de Processo Penal pela Lei nº 11.719/08. A fuga do réu do distrito da culpa ou sua oposição ao chamamento processual são elementos suficientes para a decretação de sua custódia cautelar, tanto pela conveniência da instrução criminal como para garantir a aplicação da Lei penal. Precedentes do STJ. Ordem parcialmente concedida para determinar que o Tribunal de origem julgue, como entender de direito, o mérito do recurso de apelação interposto pelo paciente, sem prejuízo da manutenção do decreto prisional (*Habeas Corpus nº 133.913/RJ, STJ, Rel. Min. Arnaldo Esteves Lima, 5ª Turma, publicado no* DJ *em 15.3.2010*).

594. [...] É inadmissível a exigência do recolhimento do réu à prisão como requisito de admissibilidade do seu recurso de apelação. Precedentes do STF e do STJ. Súmula nº 347 do STJ. Ordem concedida para, afastando a exigência de recolhimento do ora Paciente à prisão, como requisito de admissibilidade do seu recurso, determinar que o eg. Tribunal de Justiça do Estado de São Paulo conheça do recurso defensivo de apelação, julgando-o como entender de direito (*Habeas Corpus nº 102.135/SP, STJ, Rel. Min. Laurita Vaz, 5ª Turma, publicado no* DJ *em 23.6.2008*).

....

Art. 595. Se o réu condenado fugir depois de haver apelado, será declarada deserta a apelação.

A regra em tela foi revogada pelo art. 4º da Lei nº 12.403, de 4.5.2011.

De qualquer forma, tínhamos aqui – antes mesmo da *revogação formal – mais um* dispositivo de hialina inconstitucionalidade por incompatibilidade vertical com os ditames fundantes de um ordenamento garantista.

Eis a razão pela qual manteremos as anotações feitas ao dispositivo, na medida em que o tema ainda pode ser objeto de eventuais questionamentos.

Inúmeras vezes destacamos (também na presente obra) que a Constituição vigente é orientada por inúmeros dispositivos que impõem o atendimento dos direitos fundamentais dos cidadãos, buscando-se a chamada ótima concretização desses direitos, aí incluídos, por evidente, também daqueles que violam as normas penais, que, por isto, estão sujeitos à responsabilização criminal.

É certo que tal interpretação não pode ser unicamente tópica: precisa ir além, ser tópico-sistemática. Dessa feita, a consideração dos ditames garantistas quando invocados em favor da defesa (investigado ou réu) não pode levar ao que também denominamos de inoperância do sistema decorrente de uma prestação deficiente do Poder Jurisdicional. Compreende-se que se deva encontrar o ponto de equilíbrio na concretização de *todas* as normas constitucionais vigentes para que, mediante argumentos racionais e devidamente legitimadores, se possa ter a prevalência de decisão orientada verdadeiramente pelo Princípio (ou Postulado, para alguns) da Proporcionalidade.

Contudo, de inúmeros dispositivos do atual Código vigente (formalmente vigente), talvez nenhum expresse tanto resquício ainda atrelado a um regime que não se faça condizente com o que se pretende num Estado Social e Democrático de Direito como a norma em comento (vide também anotações no item 581.15).

Observe-se que a *penalidade* (deserção da apelação) não decorre de uma questão fenomênica vinculada à ação criminosa ou a quaisquer eventuais requisitos da privação cautelar (por aplicação analógica que seja, em última análise, para quem deles se utiliza).

Impõe-se por regra *infra*constitucional a deserção unicamente porque o réu se evadiu do cárcere depois de ter apelado, como se requisito fosse para o processamento do recurso a manutenção no cárcere. Evidente que não é!

Podem-se encontrar posicionamentos assentando que eventual *recaptura* do fugitivo até mesmo antes da análise da apelação pelo tribunal seria irrelevante: *a penalidade* (deserção) seria definitiva.

Se se estiver restringindo determinado agente em sua liberdade (e a restrição é pressuposto do raciocínio quando se tem a norma em voga para valoração) é porque se afiguram (ou deveriam se afigurar) presentes os requisitos da cautelaridade, bastante restritos. Nunca é demais gizar: a prisão é exceção e a regra, a liberdade.

Nessa senda, não nos restam dúvidas de que eventual fuga do agente criminoso só pode trazer uma consequência processual: o reforço de que o fundamento para a ordem constritiva da liberdade, notadamente para a garantia da aplicação da Lei penal ou, dependendo do caso, para a garantia da ordem pública e da ordem econômica.

Não se visualiza qualquer razão jurídico-constitucional ou lógica que justifique ainda o reconhecimento de que essa norma guarde compatibilidade vertical com quaisquer normas de hierarquia da Constituição Federal.

O absurdo gera tamanha ilogicidade que, apenas a título argumentativo, se o réu se evadir *antes* de ter apelado não se cogitará da deserção. A *pena* é para quem foge *depois* de ter apelado. *Data venia*, um inafastável *non sense*.

Malgrado tais considerações, muitos posicionamentos doutrinários e jurisprudenciais ainda insistem na tese de que não se verificaria qualquer incompatibilidade do dispositivo com a Constituição, ao que, repete-se, respeitosamente não se adere.

Exatamente por esses argumentos é que, no ano de 2008, o STJ editou a Súmula 347, dispondo que "*o conhecimento de recurso de apelação do réu independe de sua prisão*".

É de se referir que, passados aproximadamente 21 anos da existência do novo ordenamento jurídico-constitucional, o Supremo Tribunal Federal acabou reconhecendo – finalmente – a inconstitucionalidade do dispositivo em tela, como se vê do julgamento proferido pelo Plenário no Habeas Corpus nº 85.961-5 (Rel. Min. Marco Aurélio, publicado no *DJ* em 17.4.2009). Importante anotar que, sendo preexistente ao novel ordenamento constitucional, tecnicamente, ao menos em nossa compreensão, trata-se de situação de *não recepção* (por incompatibilidade vertical), e não *propriamente* de inconstitucionalidade.

Por fim, uma referência: somente *se poderia* cogitar de deserção em se tratando de ação penal privada (propriamente dita, não a substitutiva da pública incondicionada) quando não recolhidas as custas e preparo do recurso, desde que não se trate de querelante que, por sua incapacidade financeira, não tenha condições para tanto. É o que preconiza o § 2º do art. 806 do CPP. Entretanto, também aqui destacamos entender a incompatibilidade dessa disposição com a Constituição Federal. Para nós, independentemente da titularidade da ação penal (se ao Ministério Público ou exclusivamente a determinadas pessoas), está-se diante de hipóteses autorizativas para a proteção de bens jurídico-penais em que, necessariamente, se fará presente no polo passivo alguma pessoa física que tenha praticado delito. Nessa linha, mesmo que em sede de ação penal exclusivamente privada, não se pode impedir a irresignação de réu ou mesmo do querelante à instância superior por questões monetárias (custas).

Jurisprudência

595. [...] Embora o art. 595 do Código de Processo Penal tenha sido revogado pela Lei n. 12.403, de 4 de maio de 2011, no ano da publicação da decisão em debate, referida regra ainda estava em vigor, razão pela qual a decisão que declarou deserta a apelação encontrava-se em consonância com a legislação vigente à época, não havendo que se falar em nulidade. [...] *(RHC nº 109.104-SP, STJ, 5ª Turma, Rel. Min. Ribeiro Dantas, julgado em 16.6.2020, publicado no DJ em 23.6.2020)*

595. [...] O artigo 595 do Código de Processo Penal mostrou-se incompatível com a Constituição Federal de 1988, surgindo, na dicção da ilustrada maioria, a ausência de recebimento do preceito, concluindo o relator pela inconstitucionalidade (*Habeas Corpus nº 85.961-5, STF, Rel. Min. Marco Aurélio, Plenário, unânime, publicado no* DJ *em 17.4.2009*).

595. [...] Contraria o direito à ampla defesa a declaração da deserção da apelação em razão do não recolhimento do condenado à prisão, ou da sua fuga depois de ter apelado [...]. Ordem concedida (*Habeas Corpus nº 85.369-2/SP, STF, Rel. Min. Carmen Lúcia, Plenário, publicado no* DJ *em 30.4.2009*).

Art. 596. A apelação da sentença absolutória não impedirá que o réu seja posto imediatamente em liberdade. (Redação dada pela Lei nº 263, de 23.2.1948)

Parágrafo único. A apelação não suspenderá a execução da medida de segurança aplicada provisoriamente. (Redação dada pela Lei nº 5.941, de 22.11.1973)

Como destacado nesta obra, embora existam divergências entre os autores se haveria incompatibilidade ou não do início da execução penal na pendência dos recursos em sede extraordinária, restam unívocos os posicionamentos no sentido de que a prisão cautelar nos graus de jurisdições inferiores demanda a real justificação da presença dos requisitos da prisão cautelar (relembrando que o STF pacificou o tema sobre a impossibilidade da execução de pena enquanto não exauridas todas as instâncias recursais). Se assim é, e tratando o dispositivo do recurso de apelação, uma vez exarado o decreto absolutório em primeiro grau, corolário lógico e *inafastável* é a revogação de eventual prisão cautelar anteriormente decretada. Revela-se incompatível manter a prisão cautelar de réu absolvido.

Exarando a absolvição, é obrigatório ao juízo fazer constar comando expresso na sentença determinando a imediata soltura de réu até então preso e vinculado ao processo, se por outro motivo também não estiver.

Em nossa leitura, comando do *caput* do art. 596 do CPP precisa compreensão nessa linha: uma vez absolvido, pendendo recurso da decisão monocrática (independentemente de quem a impugne – e, a propósito, remete-se aos comentários atinentes ao *interesse recursal*, art. 577, parágrafo único, CPP), é obrigatório que se coloque o réu imediatamente em liberdade, salvo se por outra circunstância (estranha aos autos em voga) se justificar ainda a prisão cautelar. Mas aí será ela vinculada a outro feito criminal que não ao em que decretada a absolvição.

Já em relação à disposição do parágrafo único, crê-se que o restou tacitamente inaplicável, pois, desde a reforma penal em 1984, não há mais a possibilidade da medida de segurança provisória.

Art. 597. A apelação de sentença condenatória terá efeito suspensivo, salvo o disposto no art. 393, a aplicação provisória de interdições de direitos e de medidas de segurança (arts. 374 e 378), e o caso de suspensão condicional de pena.

Temos que a primeira parte do dispositivo em voga ainda se encontra válido, até porque é a tônica do sistema recursal brasileiro: a apelação da sentença penal condenatória, mormente se proferida em primeiro grau, deverá ter efeito suspensivo, impossibilitando-se a denominada execução (provisória) de pena. Vamos mais uma vez reiterar que o STF reconheceu a impossibilidade de execução enquanto não exauridas *todas* as instâncias recursais (HC nº 84.078-MG), tema sobre o qual, no devido espaço, são tratadas as divergências doutrinárias e jurisprudências, pelo menos no que diz respeito aos debates nas instâncias extraordinárias (vide anotações aos itens 637.1 e 637.1.1). Mas no âmbito das sentenças *condenatórias* proferidas em primeiro grau não há de se falar, em hipótese alguma, na possibilidade de processamento de apelação apenas no efeito suspensivo. Registramos que, em 17.2.2016, por 7x4 votos, e revisando o entendimento do julgamento do HC nº 84.078-MG, o Plenário do STF passou a admitir a execução da pena como regra após o exaurimento das instâncias ordinárias (HC nº 126.292-SP, Rel. Min. Teori Zavascki). Anotamos, ainda, que, no dia 5.10.2016, por 6x5 votos, apreciando pedidos de liminares nas ADCs nos 43 e 44, o Plenário do Supremo Tribunal Federal reafirmou o entendimento consolidado no julgamento do HC nº 126.292-SP, reconhecendo que o disposto no art. 283 do CPP não impede o início da execução da pena após decisão de segunda instância, não havendo como se falar em violação ao Princípio da Presunção de Inocência ou da Não Culpabilidade. Votaram vencidos os Ministros Marco Aurélio, Celso de Mello, Rosa Weber e Ricardo Lewandowski, que concluíram que seria necessário o exaurimento de todas as instâncias recursais para o início da execução da pena. O Ministro Dias Toffoli deu nova interpretação, entendendo que, após o exaurimento da instância recursal perante o STJ, seria possível a execução da pena, mesmo que interpostos eventuais recursos extraordinários ao STF. Contudo, em 7.11.2019, por maioria de 6 x 5 votos, julgando procedentes as ADCs 43, 44 e 54, o STF retornou à posição anterior, no sentido da impossibilidade da execução das penas enquanto não exauridas todas as instâncias recursais, reconhecendo a constitucionalidade do disposto no art. 283 do CPP (votaram vencidos os ministros Edson Fachin, Roberto Barroso, Luiz Fux, Cármen Lúcia e Alexandre de Moraes).

Segundo compreendemos, as exceções previstas na regra não têm qualquer compatibilidade com o ordenamento jurídico vigente. Como já demonstrado na análise do art. 393, CPP, cabe ora ressaltar que o referido dispositivo, além de não se adequar aos cânones do art. 5º, LVIII, CF, se apresenta, hodiernamente, em flagrante contradição com o disposto no art. 387, parágrafo único, CPP, que, nos termos da redação conferida pela Lei nº 11.719/08, determina seja fundamentada a ordem para a manutenção ou decretação da prisão por ocasião da sentença condenatória. Noutras palavras: sendo posterior, a regra infraconstitucional que agora exige a fundamentação para a decretação da custódia cautelar inclusive na sentença condenatória tornou totalmente inoperante a primeira ressalva objeto da norma em análise.

Também há de se referir que não há mais possibilidade de aplicação *provisória* de interdição de direitos após as alterações no Código Penal em 1984, bem como que, nas hipóteses em que houver a suspensão condicional da *pena* (*sursis* penal), frente ao disposto no art. 160, Lei nº 7.210/84, somente se poderá cogitar da suspensão condicional da pena eventualmente fixada na sentença condenatória após a audiência admonitória, que pressupõe, pelos motivos antes elencados, o exaurimento das instâncias recursais *pelo menos* ordinárias.

Art. 598. Nos crimes de competência do Tribunal do Júri, ou do juiz singular, se da sentença não for interposta apelação pelo Ministério Público no prazo legal, o ofendido ou qualquer das pessoas enumeradas no art. 31, ainda que não se tenha habilitado como assistente, poderá interpor apelação, que não terá, porém, efeito suspensivo.

Parágrafo único. O prazo para interposição desse recurso será de quinze dias e correrá do dia em que terminar o do Ministério Público.

598.1. Legitimidade do assistente da acusação: Trata-se *no caput* de algumas hipóteses em que o assistente da acusação poderá recorrer. Especificamente, dispõe-se que haverá a legitimidade e o interesse recursal ao assistente sempre de forma supletiva à ação ou inação do Ministério Público (vide item 577.1.4).

Deflui do art. 271, CPP, que *ao assistente será permitido propor meios de prova, requerer perguntas às testemunhas, aditar o libelo e os articulados, participar do debate oral e arrazoar os recursos interpostos pelo Ministério Público, ou por ele próprio, nos casos dos arts. 584, § 1º, e 598* (vide anotações aos arts. 268 e 271, ambos do CPP).

Nunca é demais frisar que a legitimidade do assistente da acusação somente se faz presente em hipótese de inação (total ou parcial) do titular da ação penal, o Ministério Público. Noutras palavras, o assistente da acusação atua sempre de forma *supletiva* ao *parquet*, sendo-lhe facultado recorrer em todos os tópicos nos quais não for apresentada manifestação de inconformidade pelo Ministério Público. Eis a razão pela qual, nos termos do parágrafo único do artigo em tela, seu prazo somente flui a partir do término do estabelecido para o *Parquet*.

Sobre poder ou não o assistente recorrer, nas hipóteses em que cabível, com a única finalidade de ver aumentada a pena (em sentença condenatória, então), já nos manifestamos ao exame dos arts. 271 e seguintes.

Também já deixamos assentada a divergência entre os autores desta obra, relativamente ao ponto. Para nós, em princípio, poderia o assistente exercer mesmo função *custos legis* no processo penal, autorizado que estaria pela regra constitucional que autoriza o ajuizamento da ação privada, no caso de inércia do Ministério Público.

No entanto, como já o afirmamos, parece-nos irrecusável a violação ao princípio da igualdade processual, se admitida a atuação do assistente *para tal finalidade* (*custos legis*). Afinal, ter-se-ia *dupla* acusação contra um único acusado.

Apenas em razão de poder o ofendido sustentar demanda, *pelo mesmo fato*, contra o réu, *em outra instância* (a cível), é que melhor se compreende a sua posição no processo penal. É que como ele poderia, no processo cível, produzir prova, contrapor-se àquelas trazidas pelo réu, oferecer arrazoados, e, enfim, atuar com ampla liberdade em defesa de seus interesses civis, não violaria o princípio da igualdade o exercício, por ele, das mesmas faculdades, no âmbito do processo penal.

Contudo, como esta é uma obra escrita a quatro mãos, não podemos deixar de registrar, mais uma vez, a divergência que tem Douglas Fischer sobre a matéria:

> "Com a devida *venia*, assim não pensamos. Se a Constituição garante a possibilidade do ajuizamento de ação penal privada nos crimes de ação pública se esta não for

> intentada no prazo legal (art. 5º, LIX), daí deflui, inexoravelmente, que se atribuiu uma função primordial ao assistente da acusação, transbordando, a discussão, para muito além de eventuais querelas e interesses patrimoniais. Embora não se retire da esfera do *parquet* a titularidade da ação penal (art. 129, I, CF), se confere expressa legitimidade ao diretamente interessado para agir diante da eventual inércia ministerial. Nessa linha, não partilhamos da tese de que o assistente da acusação teria, no processo penal hodierno, uma função meramente *patrimonialista*. É certo que sua participação na ação penal pública é assessória (suplementar), mas ao se lhe conferir a possibilidade de iniciar a ação penal pública é porque sua função no processo penal está vinculada precipuamente à efetiva responsabilização criminal do agente que tenha cometido eventual infração. Desse modo, crê-se que sua legitimidade recursal – sempre supletiva, nunca é demais dizer – é a mais ampla possível, nos limites, evidente, das previsões legais (princípio da legalidade)."

De relevo ainda destacar que o Supremo Tribunal editou duas Súmulas tratando da legitimidade do assistente da acusação, a saber:

> Súmula nº 210: "O assistente do Ministério Público pode recorrer, inclusive extraordinariamente, na Ação Penal, nos casos dos arts. 584, § 1º, e 598 do Código de Processo Penal."
>
> Súmula nº 208: "O assistente do Ministério Público não pode recorrer, extraordinariamente, de decisão concessiva de 'Habeas corpus'."

Fácil se ver que a primeira é a regra, e a segunda, a exceção. À luz do ordenamento constitucional anterior, nenhum questionamento se fazia ao conteúdo destas súmulas. Após o advento da Constituição de 1988, contudo, o Supremo Tribunal Federal (*a partir do julgamento havido no Agravo Regimental no Inquérito nº 726, Rel. Min. Sepúlveda Pertence, publicado no* DJ *em 29.4.1994*) acabou editando a Súmula nº 714, estipulando ser *concorrente a legitimidade do ofendido, mediante queixa, e do Ministério Público, condicionada à representação do ofendido, para a ação penal por crime contra a honra de servidor público em razão do exercício de suas funções.*

Por necessidade de compatibilização ao novo ordenamento constitucional e ao contido nesta novel interpretação, acabou a Corte Suprema, por intermédio de uma de suas turmas – em nosso sentir corretamente –, em julgado paradigmático (RE nº 387.974-DF), abrindo mais uma exceção à legitimidade do assistente da acusação. Passou-se a admitir a possibilidade de interposição de recurso extraordinário pelo assistente contra a decisão concessiva de *habeas corpus* quando se tratar de demanda que envolva delito contra a honra de servidor público no exercício de suas funções. É preciso, porém, alertar: não houve revogação da Súmula 208, STF, mas apenas seu afastamento nessa hipótese.

A razão de ser desse novo entendimento passou, como dito, por uma necessária compatibilização das Súmulas 208 (editada antes da CF/88) e 714 (pós CF/88). Se é certo que a Súmula 714, STF, abre uma possibilidade de dúplice conduta pelo ofendido criminalmente funcionário público em razão de suas funções, não poderia decorrer daí uma ulterior limitação recursal dependendo da opção realizada. É que se o servidor público ofendido em suas razões optar pela ação penal privada, nenhum óbice se apresentaria para recorrer extraordinariamente de decisão concessiva de *habeas corpus*, na medida em que sua legitimidade decorreria da condição de *parte*. Se tal silogismo é correto, não haveria razão lógica em se manter o entendimento no sentido de que, feita a opção pela ação condicionada à representação, não teria o assistente possibilidade de recorrer extraordinária e supletivamente em caso de decisão concessiva de *habeas corpus* se dela não recorresse o Ministério Público.

Em síntese, não há argumento racional para se conferir legitimidade ao ofendido recorrer como parte (na ação penal privada autônoma) e não se mais lhe conferir (diante apenas da leitura isolada da Súmula 208, STF) a legitimidade se tenha optado pela representação e houvesse a prolação de sentença concessiva de *habeas corpus* e consequente inércia ministerial postulando a reforma deste *decisum*.

Jurisprudência

598.1. [...] Em caso de omissão do Ministério Público, a legitimidade do assistente da acusação para recorrer, inclusive extraordinariamente, é ampla, salvo contra decisão concessiva de *habeas corpus* (súmulas 208 e 210 do STF).[...] *(Segundo Agravo Regimental no Recurso Extraordinário nº 979.659/RJ, STF, 1ª Turma, por maioria, vencido Rel. Min. Marco Aurélio e Min. Dias Toffoli, Redator para o acórdão Min. Roberto Barroso, julgado em sessão virtual de 28.5.2021 a 7.6.2021, publicado no DJ em 4.8.2021)*

598.1. [...] Recurso ordinário em *"habeas corpus"*. Assistente de acusação. Legitimidade recursal *para interpor apelação supletiva*, que traduz instrumento processual *de controle da própria atividade persecutória* do Ministério Público, em face do princípio geral da obrigatoriedade da ação penal. Gênese constitucional (HC 102.085/RS, Rel. Min. Cármen Lúcia, Pleno). A questão no direito comparado. Prazos recursais *diferenciados: assistente legalmente habilitado no processo*, cinco dias (CPP, art. 593, I), e *ofendido cuja intervenção processual ainda não foi regularmente admitida*, quinze dias (CPP, art. 598, parágrafo único). [...] Início da contagem do prazo recursal *para o ofendido apelar supletivamente* quando o Ministério Público, embora recebendo os autos para ciência pessoal da sentença penal, deixa de restituí-los, *de imediato*, à Secretaria do órgão judiciário competente, tão logo encerrado o prazo legal de que dispõe. Tratamento dessa questão pela jurisprudência do Supremo Tribunal Federal. *"Dies a quo"* do prazo recursal supletivo do ofendido que se inicia *a partir de sua intimação*, cientificando-o *da efetiva restituição* do processo à Secretaria do juízo competente. Compreensão que preserva a participação da vítima no processo penal e que torna efetivo o seu inquestionável direito de acesso à justiça. Incidência, *por aplicação analógica* (CPP, art. 3º), da norma do art. 221, *"caput"*, primeira parte, c/c o art. 223, *"caput"*, *"in fine"*, e respectivo § 1º, ambos *do Código de Processo Civil*. Frustração do acesso da parte, *durante o curso do prazo recursal*, aos autos do processo. Inadmissibilidade. Caracterização de *justa causa inibitória do exercício tempestivo* da faculdade recursal. Restituição do prazo, *"ex lege"*, à parte ou, *como sucedeu na espécie*, ao ofendido *prejudicado*. Magistério doutrinário e jurisprudencial. Recurso ordinário *a que se nega provimento*.[...] O art. 598 do Código de Processo Penal confere *legitimidade recursal ao ofendido* – ou a qualquer das pessoas enumeradas no art. 31 desse mesmo estatuto processual penal –, reconhecendo-lhes qualidade para interpor apelação, *em caráter supletivo*, mesmo nos casos em que tais pessoas não se tenham habilitado como assistentes do Ministério Público, valendo relembrar, *a esse respeito*, que referida faculdade processual subsiste *ainda que* o *"dominus litis"* tenha protestado, *em suas alegações finais*, pela absolvição do réu, uma vez que *esse recurso secundário* objetiva viabilizar *o controle da atividade persecutória* do titular da ação penal *de iniciativa pública*, em face do princípio geral de sua obrigatoriedade. [...] *(decisão monocrática no RCH n. 165.236 – PE, STF, Rel. Min. Celso de Mello, julgado em 1º.7.2019, publicado no DJ em 2.8.2019)*

598.1. [...] Admissível o recurso extraordinário interposto pelo servidor ofendido e regularmente admitido como assistente da acusação na ação penal pública condicionada, quando o MP não recorre contra. Acórdão do STJ que acolhe tese rejeitada pelo STF, em recurso ordinário em *habeas corpus*, e anula a ação penal. O reconhecimento da legitimidade concorrente, pelo plenário do STF (INQ 726-AgR, Rel. Min. Sepúlveda Pertence, *DJ* 29.4.94), implica na impossibilidade de ser o servidor ofendido prejudicado em decorrência da opção feita. RE conhecido e provido para restabelecer a ação penal. (*Recurso Extraordinário nº 387.974-DF, Rel. Min. Ellen Gracie, publicado no DJ em 26.3.2004*).

598.2. Prazo para o assistente da acusação recorrer: No *parágrafo único*, estipula-se que o prazo para o recurso será de 15 (quinze) dias. Quando da análise do art. 584, CPP, também já se analisou o tema, mas ora se impõe a reiteração.

A questão que necessita solução sistêmica é o alcance do parágrafo único do art. 598, CPP. Observe-se que, nos termos dos arts. 268 e 269, CPP, respectivamente, "*em todos os termos da ação pública, poderá intervir, como assistente do Ministério Público, o ofendido ou seu representante legal, ou, na falta, qualquer das pessoas mencionadas no art. 31*" e "*o assistente será admitido enquanto não passar em julgado a sentença e receberá a causa no estado em que se achar*".

Especialmente em face do disposto no art. 269, CPP, crê-se que o parágrafo único do art. 598 do CPP merece uma interpretação restritiva: sua incidência só se revela razoável e compatível com o princípio da paridade de tratamento entre as partes se se estiver diante de apelação apresentada pelo assistente da acusação *não habilitado*. Em relação àquele que já se encontra atuando nos autos quando tenha surgido o interesse recursal, não há qualquer argumento racional a justificar tratamento diferenciado em relação ao Ministério Público, para quem o prazo é de cinco dias e não de 15 dias.

Jurisprudência

598.2. [...] 1. Cuida a hipótese de recurso especial interposto por assistente de acusação habilitado nos autos, que intimado em 26/9/2019 do acórdão que julgou a apelação interpôs o especial apenas em 17/10/2019, extemporaneamente ao prazo de 15 dias corridos contados a partir de sua intimação. 2. "De acordo com o entendimento firmado nesta Corte Superior, no caso de assistente de acusação habilitado nos autos, assim como ocorrido na espécie, o prazo para a interposição de recursos se inicia a partir da data da sua intimação (ut, AgRg no AREsp 1040159/DF, Rel. Ministro Ribeiro Dantas, Quinta Turma, DJe 24/09/2019). AgRg no AREsp 1702550/PR, Rel. Ministro Reynaldo Soares da Fonseca, Quinta Turma, julgado em 01/09/2020, DJe 04/09/2020. 3. O enunciado da Súmula 448/STF, segundo o qual "O prazo para o assistente recorrer, supletivamente, começa a correr imediatamente após o transcurso do prazo do Ministério Público", refere-se à interpretação consolidada do disposto no art. 598, parágrafo único, do Código de Processo Penal, referente à não interposição de apelo pelo órgão ministerial, hipótese distinta dos autos. [...] *(Agravo Regimental no Agravo em Recurso Especial nº 1.747.138-PR, STJ, 6ª Turma, Rel. Min. Néfi Cordeiro, julgado em 15.12.2020, publicado no DJ em 18.12.2020)*

598.2. [...] 1. O termo inicial para assistente não habilitado nos autos é de 15 dias, após findado o prazo para o Ministério Público, de modo que, não interposto o recurso nesse ínterim, deve ser mantido o não conhecimento do apelo, consoante a Súmula 448/STF e art. 598, parágrafo único, do CPP. [...] *(Agravo Regimental no Recurso Especial nº 1.782.677-ES, STJ, 6ª Turma, Rel. Min. Néfi Cordeiro, julgado em 18.6.2019, publicado no DJ em 28.6.2019)*

598.2. [...] 1. O prazo para o Assistente de Acusação habilitado nos autos apelar é de 5 (cinco) dias, após a sua intimação da sentença, e terminado o prazo para o Ministério Público apelar. Incidência do enunciado da Súmula nº 448 do Supremo Tribunal Federal. [...] (*Habeas Corpus nº 237.574/SP, 5ª Turma, unânime, Rel. Min. Laurita Vaz, julgado em 13.11.2012, publicado no* DJ *em 23.11.2012*).

598.2. [...] Seu prazo, para apelar, é de cinco dias, sem que se lhe aplique o disposto no parágrafo único do art. 598 do Código de Processo Penal. Precedentes do Supremo Tribunal: HC 59.668, RTJ 105/90 e HC 69.439, DJ de 27-11-1992 (*Habeas Corpus nº 74.242-PA, STF, Rel. Min. Octávio Gallotti, 1ª Turma, publicado no DJ em 7.3.1997*).

598.2. [...] Se o assistente está habilitado no processo, o prazo para recorrer é de cinco dias, não se aplicando à hipótese o parágrafo único do art. 598 do Código de Processo Penal, devendo ser intimado da sentença. Se o assistente não estiver habilitado no processo, aplica-se o disposto no parágrafo único do art. 598 do Código de Processo Penal, sendo o prazo para interposição do recurso de quinze dias e correrá do dia em que terminar o do Ministério Público. Precedentes do STF. No caso concreto, estando habilitado o assistente, foi intempestivo o recurso interposto no décimo quarto dia após a intimação, em Plenário, juntamente com o MP. *Habeas corpus* deferido para cassar o acórdão que anulou a decisão do Júri, determinando fosse o paciente submetido a novo julgamento, ficando, em consequência, restaurada a sentença absolutória (*Habeas Corpus nº 69.439-RJ, STF, Rel. Min. Néri da Silveira, 2ª Turma, publicado no* DJ *em 27.11.1992*).

598.3. Forma de contagem do prazo do assistente da acusação: No *parágrafo único*, estipula-se, ainda, que o prazo do assistente "correrá do dia em que terminar o do Ministério Público". Em primeiro lugar, não se pode esquecer que somente se pode cogitar de início de fluência dos prazos após as regulares intimações das partes (vide art. 798, CPP). Assim, se o assistente da acusação *habilitado* for intimado da sentença muito depois de esgotado o prazo para o Ministério Público, não há de se aplicar a *litera* da regra em análise (embora alguns precedentes do STJ). Somente se pode cogitar da incidência da regra se, anteriormente, Ministério Público e assistente da acusação foram devidamente intimados da sentença. Como a atuação do assistente é sempre *supletiva*, seu prazo iniciará a fluir no dia imediatamente subsequente ao término do prazo do Ministério Público. Se esse dia for feriado, será prorrogado para o primeiro dia útil que se seguir.

Art. 599. As apelações poderão ser interpostas quer em relação a todo o julgado, quer em relação a parte dele.

A obviedade da norma em tela é evidente. Diante do princípio da voluntariedade (art. 574, CPP), presentes os pressupostos recursais, especialmente a legitimidade e o interesse, a parte que sucumbiu *poderá* apresentar irresignação à instância superior. Do princípio da ampla defesa não deflui a obrigatoriedade de interposição de recursos às instâncias superiores. A disponibilidade em recorrer está na conveniência de quem sofreu prejuízo (sucumbência). Independentemente da extensão da sucumbência, a parte interessada pode recorrer do todo ou apenas de parte da decisão que lhe é desfavorável. Insistindo, mais objetivamente: independentemente de que está no exercício da defesa, mesmo a Defensoria Pública, não há obrigatoriedade de interposição do recurso.

A matéria objeto do presente dispositivo está relacionada também diretamente à questão do princípio *tantum devolutum quantum appellatum*. É dizer: a matéria que será submetida à revisão será unicamente aquela objeto de impugnação (pedido), independentemente dos fundamentos utilizados (que não vinculam o órgão revisional). Mesmo com a limitação recursal apresentada, nenhum óbice se apresenta para que o tribunal superior faça a correção *ex officio* de manifesta ilegalidade em detrimento do réu (e só em relação a ele, na medida em que não há de se invocar a hipótese de *erro material* não impugnado em recurso da acusação, pena de *reformatio in pejus*).

É preciso insistir num ponto, dada certa divergência especialmente jurisprudencial quanto à compreensão do tema. Não nos restam dúvidas de que, se o recurso for amplo, a devolução (compreendida como a *extensão horizontal* do que está sendo submetido à instância superior) é ampla (pedido, não os *fundamentos*). Se limitado a determinados tópicos, nesses parâmetros é que deverá a questão ser tratada na instância superior (evidentemente que aí não se incluem as hipóteses de *manifesta ilegalidade*, passíveis de serem corrigidas pela instância superior independentemente de *pedido*). Mas é de se ver que, se os limites da devolução da matéria são estipulados no recurso, não significa que a instância superior estará limitada a discutir a *mesma extensão* pela ótica dos mesmos argumentos (se procedentes ou não) do juízo monocrático. Poderá a instância superior ultrapassar tais limites (de fundamentos), mas que se refletem então numa *verticalidade* ou então *na profundidade* (dentro dos limites horizontais fixados pelo recurso) a ser examinada. Assim, em relação à *verticalidade*, não nos restam dúvidas de que a apreciação da irresignação se revela como a mais ampla possível.

Por fim, não há de se olvidar para a situação geral (com raras exceções) da unirrecorribilidade recursal: se o recurso for parcial e contra o comando recorrido fosse cabível, *isoladamente*, o recurso em sentido estrito, *necessariamente* deverá ser manejada a apelação, pois, nos termos do § 4º do art. 593 do CPP, *quando cabível a apelação, não poderá ser usado o recurso em sentido estrito, ainda que somente de parte da decisão se recorra.*

Jurisprudência

599. [...] *O amplo efeito devolutivo da apelação autoriza o Tribunal, ainda que em julgamento de recurso exclusivo da Defesa, a alterar e/ou incrementar a fundamentação da sentença, desde que o desfecho não agrave o quantum final de pena fixado.* [...] *(Agravo Regimental no Recurso Ordinário em Habeas Corpus nº 123.900/PR, STF, 1ª Turma, por maioria, vencido o Min. Marco Aurélio, Rel. Min. Rosa Weber, julgado em sessão virtual de 26.2.2021 a 5.3.2021, publicado no DJ em 9.4.2021)*

599. [...] No caso *sub oculi*, prolatada sentença condenatória em audiência, na qual se encontravam presentes o acusado e seu defensor, restou consignado categoricamente a renúncia ao direito de recorrer, motivo pelo qual a possibilidade de impugnação do édito condenatório – ao menos na via recursal – encontra óbice evidente na preclusão lógica. [...] (*RHC nº 66.307-RJ, STJ, 6ª Turma, unânime, Rel. Min. Maria Thereza de Assis Moura, julgado em 10.12.2015, publicado no DJ em 17.2.2016*).

599. [...] A apelação devolve à instância recursal originária o conhecimento de toda a matéria impugnada, embora não tenha sido objeto de julgamento, não ficando o magistrado adstrito aos *fundamentos* deduzidos no recurso. Não ofende a regra *tantum devolutum quantum appellatum*, o acórdão que, adotando fundamento diverso do deduzido pelo juiz de primeiro grau, mantém a eficácia da constrição judicial que recaiu sobre bens dos recorrentes com base nas disposições do Decreto-Lei nº 3.240/41, ao invés do contido no art. 126 do Código de Processo Penal. [...] Recurso especial conhecido e, nessa extensão, negado-lhe provimento (*Recurso Especial nº 1.124.658/BA, Rel. Min. Og Fernandes, 6ª Turma, por maioria, publicado no DJ em 22.2.2010*).

Art. 600. Assinado o termo de apelação, o apelante e, depois dele, o apelado terão o prazo de oito dias cada um para oferecer razões, salvo nos processos de contravenção, em que o prazo será de três dias.

§ 1º Se houver assistente, este arrazoará, no prazo de três dias, após o Ministério Público.

§ 2º Se a ação penal for movida pela parte ofendida, o Ministério Público terá vista dos autos, no prazo do parágrafo anterior.

§ 3º Quando forem dois ou mais os apelantes ou apelados, os prazos serão comuns.

§ 4º Se o apelante declarar, na petição ou no termo, ao interpor a apelação, que deseja arrazoar na superior instância serão os autos remetidos ao tribunal *ad quem* onde será aberta vista às partes, observados os prazos legais, notificadas as partes pela publicação oficial. (Incluído pela Lei nº 4.336, de 1º.6.1964)

600.1. Prazo para oferecimento das razões de recurso: O disposto no *caput* se refere ao prazo para o oferecimento das *razões de recurso*, que, na sistemática do processo penal, são oferecidas após a interposição (tempestiva) do *termo* de recurso. Ressalta-se uma vez mais que a tempestividade da apelação é *aferida* pela interposição em tempo hábil do *termo* recursal. Eventual interposição das razões fora de prazo (em relação aos recursos de natureza ordinária) constitui mera irregularidade processual (vide art. 601, CPP), na medida em que a devolução da matéria à instância superior normalmente é determinada pelos limites da impugnação constante no termo. Faz-se registro que nenhum empeço existe para a interposição do recurso (termo e razões) num só ato, mas aí o prazo a ser obedecido não é o de 8 (oito) dias, e sim 5 (cinco) dias consoante preconizado no art. 593 do CPP.

Jurisprudência

600.1 .[...] constitui mera irregularidade a apresentação tardia das razões recursais, desde que a interposição do apelo ocorra tempestivamente. [...] *(Habeas Corpus nº 692.012-BA, STJ, 5ª Turma, Rel. Min. Reynaldo Soares da Fonseca, julgado em 28.9.2021, publicado no DJ em 4.10.2021)*

600.1[...] A apresentação extemporânea das razões de apelação não tem o condão de prejudicar apelação criminal tempestivamente interposta. [...] (*Recurso em Mandado de Segurança nº 25.964-PA, STJ, 6ª Turma, unânime, Rel. Min. Nefi Cordeiro, julgado em 3.12.2015, publicado no* DJ *em 15.12.2015*).

600.2. Prazo para o assistente da acusação apresentar razões: Na linha do disposto no parágrafo único do art. 598 do CPP, o prazo para o assistente (se já intimado) começará a fluir somente após o esgotamento do prazo que seria o fatal para a irresignação Ministerial. Se interposto recurso pelo Ministério Público acerca da totalidade da matéria, descabe a atuação supletiva. Entretanto, se houver a interposição do termo pela assistência em face de ausência de irresignação do Ministério Público ou diante do fato de ela ser parcial, seu prazo ulterior para o oferecimento das razões não será de 8 (oito), mas sim de 3 (três) dias, consoante preconiza expressamente o § 1º do art. 600 do CPP.

600.3. Prazos comuns: uma característica do processo penal: Uma das regras que reclama especial cuidado no âmbito dos prazos no processo penal é a inserta no § 3º do art. 600 do CPP, que, aliás, é aplicável para todas as espécies de recursos de natureza penal. Diversamente do que se pode verificar quando se trata de processo civil (vide art. 229, CPC de 2015/art. 191, CPC de 1973), no processo penal os prazos são sempre *comuns*, independentemente do número de réus ou advogados que lhes representam. Evidentemente, adotando-se as regras gerais de contagem de prazos recursais, somente poderá se cogitar de início de fluência do prazo após a intimação (art. 798, § 5º, *a*, CPP), com especial destaque para a circunstância de que, como ambos devem ser intimados (advogado e réu), a fluência se dará após o ato em relação ao último. Registra-se que, segundo as regras do CPC/2015 (Lei nº 13.105/2015), art. 229, "Os litisconsortes que tiverem diferentes procuradores, de escritórios de advocacia distintos, terão prazos contados em dobro para todas as suas manifestações, em qualquer juízo ou tribunal, independentemente de requerimento. § 1º Cessa a contagem do prazo em dobro se, havendo apenas 2 (dois) réus, é oferecida defesa por apenas um deles. § 2º Não se aplica o disposto no caput aos processos em autos eletrônicos."

A Defensoria Pública é a única que terá seus prazos (malgrado a contagem seja comum) contados em dobro, conforme (§ 5º do art. 5º da Lei nº 1.060 e inciso I do art. 44 da Lei Complementar nº 80/94 *(também se reconhece essa possibilidade aos núcleos de prática jurídica de universidades públicas, mas não privadas – vide item 798.5.3)*.

Porém, não podemos também aqui deixar de registrar (e discordar) que, no julgamento da Ação Penal nº 470 ("Caso Mensalão"), talvez pela excepcionalidade do caso (utilizando de analogia quando há regra específica, o que contraria o sistema hermenêutico), o STF admitiu a incidência subsidiária do art. 191, CPC/1973, ao prazo para interposição de embargos de declaração pelos réus.

Entretanto, ao que parece, a aplicação se deu realmente pela excepcionalidade do caso da AP 470, na medida em que, ulteriormente, ambas as Turmas do STJ e também o próprio STF continuaram ratificando seus precedentes no sentido da inaplicabilidade do prazo em dobro ao processo penal (salvo, como já anotado anteriormente, para a Defensoria Pública).

Importante referir que, em questão de ordem no bojo do Inquérito nº 3.983 (julgado em 3.9.2015), o Plenário do Supremo Tribunal Federal, por maioria (vencidos o relator, Ministro Teori Zavascki, e os Ministros Edson Fachin, Roberto Barroso e Rosa Weber), assentou o entendimento de que quando se tratar de processo com mais de um investigado, com diferentes advogados, o prazo de 15 dias, previsto no art. 4º, § 2º, da Lei nº 8.038/1990, será contado em dobro, pela aplicação *analógica* do art. 191 do Código de Processo Civil de 1973 (CPC). Igual posicionamento foi tomado no julgamento do Agravo Regimental no Inquérito nº 4.112-DF (2ª Turma, Rel. Min. Teori Zavascki, julgado em 1º.9.2015, publicado no *DJ* em 31.3.2016).

Respeitosamente, o equívoco se revela evidente e grave.

Em primeiro lugar, os prazos tratados no caso em tela são anteriores à própria ação penal, pois sequer houve recebimento da denúncia. O art. 191 do CPC/1973 tratava de hipóteses em que eram contados prazos em dobro "*para contestar, para recorrer e, de modo geral, para falar nos autos*", não havendo como se invocar nem mesmo o disposto, na época do julgamento mencionado, do que consta no art. 229 do CPC/2015 (Lei nº 13.105/2015), que previa o prazo em dobro para "*todas as suas manifestações, em qualquer juízo ou tribunal, independentemente de requerimento*". Nos autos é se entender, com a devida adaptação na época, *se fosse o caso*, em "ação penal". No caso, repise-se, sequer havia ainda instauração de ação penal (nem em vigor estava o CPC/2015), pois se tratava de prazo para responder à denúncia, antes do próprio recebimento, nos termos da Lei nº 8.038/90.

Depois, mais relevante e como corretamente dito no voto do eminente Relator, o caso tido como paradigma (embargos de declaração no bojo da Ação Penal nº 470) trazia situação absolutamente excepcional, num processo que tinha milhares de páginas (o próprio acórdão possuía mais de 8.000 páginas) e quase quatro dezenas de réus com exíguo prazo para os embargos declaratórios.

De outro lado, olvidou a Suprema Corte no referido precedente que a regra hermenêutica que permite a adoção da analogia pressupõe a *inexistência* de regra específica no ordenamento em que se discute a incidência ou não do dispositivo invocado. No âmbito do processo penal (que supriria eventualmente regras do procedimento discutido), *mormente em fases antecedentes à própria ação penal*, há regras específicas vigentes no Código de Processo Penal que dispõem – de forma hialina – que os prazos são comuns, sendo irrelevante a existência de eventual "litisconsórcio" (se é que se pode invocar tal designativo) no polo passivo de uma *ação penal*. É regra fundamental que a analogia somente será invocada quando a lei for omissa (art. 4º, LINDB). Insiste-se: o caso em voga tem regra expressa no âmbito do processo penal.

Olvidou-se, ainda, que os prazos são contados separadamente a partir da intimação de cada acusado ou réu (pessoalmente) e seu respectivo advogado (pela imprensa oficial), iniciando-se no dia subsequente à do último (advogado ou acusado/réu), de modo que não se afigura presente nenhuma lógica procedimental para invocar analogicamente uma regra do Código de Processo Civil.

Adotando-se tal precedente, a aplicação das regras analógicas do processo civil deve ser de forma integral, de modo a importar não apenas a incidência do art. 191 do CPC/1973, mas também aquela do art. 188, CPC, que prevê que "*computar-se-á em quádruplo o prazo para contestar e em dobro para recorrer quando a parte for a Fazenda Pública ou o Ministério Público*". Ou então, nos termos do art. 180, do CPC/2015, "*O Ministério Público gozará de prazo em dobro para manifestar-se nos autos, que terá início a partir de sua intimação pessoal, nos termos do art. 183, § 1º*". Evidente que não defendemos isso, mas mostramos que a invocação apenas parcial de uma regra definitivamente não aplicável enseja absurdos jurídicos como o caso acima.

Por fim, importante referir que, a partir do ano de 2016, sobretudo em face das alterações trazidas pelo atual CPC (na linha do que sempre sustentamos), que não mais previu a possibilidade dos prazos em dobro, o Supremo Tribunal Federal passou a reconhecer que não há se falar em aplicação subsidiária do disposto no art. 229, *caput*, CPC de 2015 em inquéritos e ações penais originárias em que os atos processuais são praticados eletronicamente e que todas as partes têm acesso amplo e simultâneo ao inteiro teor dos autos.

Jurisprudência

600.3. [...] É inaplicável ao processo penal a regra do art. 229 do Código de Processo Civil, segundo o qual se conta em dobro o prazo para manifestação, em casos em que há litisconsortes com procuradores distintos. Precedente. [...] *(Agravo Regimental em Embargos de Declaração em Agravo em Recurso Especial nº 2.520.791-DF, STJ, 6ª Turma, Rel. Min.Sebastião Reis Júnior, julgado em 1.10.2024, publicado no DJ em 3.10.2024)*

600.3 [...] Nos termos da jurisprudência desta Corte é inaplicável a regra prevista no art. 191 do CPC/76 e atual artigo 229 do CPC/2015, que determina a aplicação do prazo em dobro para litisconsortes com procuradores distintos desde que pertencentes a escritórios de advocacia diversos, no âmbito do processo penal (HC 351.763/AP, Ministro Reynaldo Soares da Fonseca, Quinta Turma, DJe 1º/6/2016) (AgRg no AREsp n. 1.999.159/SC, Ministro Joel Ilan Paciornik, Quinta Turma, DJe 27/6/2022). [...] *(Agravo Regimental no Agravo em Recurso Especial nº 2.298.816-PE, STJ, 6ª Turma, Rel. Min. Sebastião Reis Júnior, sessão virtual de 13.6.2023 a 19.6.2023, publicado no DJ em 21.6.2023)*

600.3. [...] O prazo em dobro somente é concedido ao advogado integrante do quadro da assistência judiciária organizado e mantido pelo Estado, não se aplicando tal benefício aos defensores dativos, aos núcleos de prática jurídica pertencentes às universidades particulares e aos institutos de direito de defesa. [...] *(Agravo Regimental no Agravo em Recurso Especial nº 1.844.689/DF, STJ, 5ª Turma, unânime, Rel. Min. João Otávio de Noronha, julgamento em 9.11.2021, publicado no DJ em 16.11.2021)*

600.3. [...] "O Ministério Público não goza de prazo em dobro no âmbito penal, sendo intempestivo o recurso de agravo regimental interposto fora do quinquídio previsto no art. 258 do Regimento Interno do STJ." [...] *(Agravo Interno no Recurso Especial n. 1.658.578-MT, STJ, 5ª Turma, unânime, Rel. Min. Ribeiro Dantas, julgado em 24.4.2018, publicado no DJ em 2.5.2018)*

600.3. [...] 5. As defensorias públicas estaduais têm prazo em dobro para recorrer e devem ser intimadas, pessoalmente, de todos os atos do processo, sob pena de nulidade – art. 370, § 4º, do Código de Processo Penal, do art. 5º, § 5º, da Lei 1.060/1950, bem como dos arts. 106 e 108 da Lei Complementar 80/1994. Homenagem ao princípio constitucional da ampla defesa. 6. Constitucionalidade do tratamento diferenciado em relação ao Ministério Público e a Defensoria Pública, intimados pessoalmente. Jurisprudência reafirmada no julgamento do Plenário em 2.6.2016, da ADI 2.144/DF, Teori Zavascki, *DJe* 14.6.2016. 7. *Writ* não conhecido (decisão monocrática do

STJ não impugnada por agravo regimental). [...] *(HC n. 140.589-PB, STF, 2ª Turma, unânime, Rel. Min. Gilmar Mendes, julgado em 28.3.2017, publicado no DJ em 28.4.2017)*

600.3. [...] Não cabe a aplicação subsidiária do art. 229, *caput*, do CPC/2015 em inquéritos e ações penais originárias em que os atos processuais das partes são praticados por via eletrônica e todos os interessados – advogados e membros do Ministério Público – têm acesso amplo e simultâneo ao inteiro teor dos autos (*Questão de Ordem no Inquérito nº 3.980, STF, 2ª Turma, unânime, Rel. Min. Teori Zavascki, julgado em 7.6.2016, publicado no* DJ *em 30.6.2016*).

600.3. [...] O novo Código de Processo Civil (Lei 13.105/2015), em vigor desde 18.3.2016, disciplinou a matéria de modo idêntico em seu art. 229, entretanto o parágrafo 2º fez a seguinte ressalva: "*Não se aplica o disposto no* caput *aos processos em autos eletrônicos*". O Inq. 3.997 é processado em autos físicos, como também em meio eletrônico, tanto que após a notificação para a resposta à denúncia, os defensores receberam, e vem sendo franqueada constante atualização, nos termos da Resolução nº 427/2010 do STF. Assim, atendido o escopo da novel norma processual, porque afastada a impossibilidade dos diferentes advogados dos réus, os quais se tratam, registra-se, de pai e filhos, obterem vista simultânea dos autos, não mais subsistindo justificativa para previsão de prazo em dobro, por falta de amparo legal (*Inquérito nº 3.997-DF, STF, 1ª Turma, Rel. Min. Teori Zavascki, decisão monocrática, de 5.5.2016*).

600.3. [...] Competência criminal originária. Processo penal. [...] Prazo para resposta (art. 4º, Lei 8.038/90). Contagem dos prazos processuais penais. Art. 798 do CPP. Aplicação do prazo em dobro, previsto no art. 191 do CPC, ao processo penal, em caso de réus com diferentes procuradores. O art. 191 do CPC aplica-se ao processo penal, mesmo na resposta preliminar ao recebimento da denúncia. [...] (*Agravo Regimental no Inquérito nº 4.112-DF, STF, 2ª Turma, unânime, Rel. Min. Teori Zavascki, julgado em 1º.9.2015, publicado no* DJ *em 31.3.2016*).

600.3. [...] É cabível a aplicação analógica do art. 191 do CPC ("*Quando os litisconsortes tiverem diferentes procuradores, ser-lhes-ão contados em dobro os prazos para contestar, para recorrer e, de modo geral, para falar nos autos*"), ao prazo previsto no art. 4º da Lei 8.038/1990 ("*Apresentada a denúncia ou a queixa ao Tribunal, far-se-á a notificação do acusado para oferecer resposta no prazo de quinze dias*"). [...] Vencidos os Ministros Teori Zavascki, Edson Fachin, Roberto Barroso e Rosa Weber, que indeferiam o pleito por considerarem incabível a aplicação analógica do art. 191 do CPC ao prazo previsto no art. 4º da Lei 8.038/1990 (*Inq nº 3.983/DF, Rel. Orig. Min. Teori Zavascki, Red. p/ o acórdão Min. Luiz Fux, julgado em 3.9.2015*).

600.3. [...] Nos termos da jurisprudência desta Corte é inaplicável a regra prevista no art. 191 do CPC, que defere o prazo em dobro para litisconsortes com procuradores distintos, no âmbito do processo penal. [...] (*Embargos de Declaração no Agravo Regimental no Agravo em Recurso Especial nº 356.888-RJ, STJ, 5ª Turma, unânime, Rel. Min. Reynaldo Soares da Fonseca, julgado em 8.3.2016, publicado no* DJ *em 11.3.2016*).

600.3. [...] A existência de litisconsórcio passivo e pluralidade de procuradores, no âmbito do direito processual penal, não atrai o benefício do prazo em dobro previsto no art. 191 do Código de Processo Civil. [...] (*Embargos de Declaração no Agravo Regimental no Agravo no Recurso Especial n. 785.960 – RS, STJ, 6ª turma, unânime, Rel. Min. Rogerio Schietti Cruz, julgado em 22.8.2017, publicado no DJ em 31.8.2017)*

600.3. [...] Litisconsórcio passivo multitudinário. Aplicação à hipótese, por analogia, do art. 191 do CPC. Nos termos do art. 334 do Regimento Interno, é de quinze dias o prazo para a oposição de embargos infringentes. Todavia, conta-se em dobro o prazo recursal quando há litisconsórcio passivo e os réus estejam representados por diferentes procuradores. Aplica-se a essa hipótese, por analogia, o art. 191 do CPC (cf. AP 470 AgR-vigésimo segundo, Relator(a): Min. Joaquim Barbosa, Relator(a) p/ Acórdão: Min. Teori Zavascki, Tribunal Pleno, *DJe* de 24.09.2013). 2. Agravo regimental provido (*Vigésimo Quinto Agravo Regimental na Ação Penal nº 470-MG, STF, Plenário, Rel. Min. Joaquim Barbosa, Relator para o acórdão Min. Teori Zavascki, julgado em 18.9.2013, publicado no DJ em 17.2.2014*).

600.4. Apresentação de razões em segundo grau: Em relação à apelação – e só quanto a ela – há um dispositivo bastante *curioso*, que, se tinha justificativa no passado, hoje parece-nos absolutamente desnecessário. Mas vige. É que no § 4º do art. 600 do CPP estipula-se a possibilidade de o apelante apresentar o *termo* em primeiro grau, pugnando pela apresentação das *razões* quando os autos já se encontrem perante o Tribunal. Nesse caso, feita a admissibilidade da irresignação pela interposição do termo, deverá o juízo determinar a imediata subida dos autos para a instância superior, quando então, após a regular distribuição, será necessária a imediata abertura de prazo à defesa para, querendo, apresentar suas razões de inconformidade. Só então decorrido o prazo, com ou sem as razões, serão os autos encaminhados ao Ministério Público para parecer.

Anota-se que essa regra – ao menos em nossa compreensão *(malgrado alguns entendimentos do STJ)* – não pode ser aplicável ao Ministério Público, pois, tecnicamente, em relação aos processos que lhe chegam em grau recursal ele não atua como *parte*, mesmo que, ulteriormente, dependendo do resultado do julgamento colegiado perante o qual atua, possa surgir a faculdade e o interesse para ajuizamento de irresignações de natureza extraordinária.

Há dúvidas como se deveria proceder após a apresentação de razões recursais pelos recorrentes. É que, nessa circunstância, não existem contrarrazões de recurso. Deveria ser aberto prazo para o Ministério Público contra-arrazoá-lo e, ulteriormente, mandar novamente para outro membro do *parquet* para o oferecimento do parecer? É uma solução bastante rotineira, notadamente perante os Tribunais de Justiça. Entretanto, especialmente em face da celeridade processual, parece-nos que o procedimento se apresenta desnecessário, na medida em que a presença do parecer – no qual há a obrigação de análise de todas as teses defendidas, podendo-se trazer inclusive outras, desde que nos *limites do pedido* – supriria toda e qualquer formalidade legal de se possibilitar a manifestação ministerial. Mas gizamos que não visualizamos nenhuma ilegalidade no procedimento adotado de abertura de prazos tanto para contrarrazões quanto para ulterior oferecimento de parecer na instância *ad quem*.

Por fim, e em complemento ao que já dito, compreendemos que, nos casos de ação penal exclusivamente privada em que o recorrente seja o autor ou então quando houver a atuação do assistente da acusação no âmbito de ação penal pública (em se admitindo sua participação no feito – *vide anotações sobre o tema no item 577.1*), não há empecilho algum para que se utilize também aqui deste procedimento previsto no § 4º do art. 600 do CPP.

Jurisprudência

600.4. [...] O § 4º do art. 600 do Código de Processo Penal prevê, expressamente, o direito do apelante apresentar as razões de apelação perante o Tribunal ad quem, caso requerido pela parte. [...] Havendo previsão legal assegurando à defesa a hipótese excepcional de apresentar as razões do apelo na instância superior, a sua inobservância implica cerceamento à ampla defesa e ao contraditório, não colidindo, a priori, com a duração razoável do processo (CF, art. 5º, LXXXVIII), o que deverá ser equacionado no caso concreto. [...] *(Habeas Corpus nº 468.520-PR, STJ, 6ª Turma, Rel. Min. Ribeiro Dantas, julgado em 21.5.2019, publicado no DJ em 27.5.2019)*

600.4. [...] Se o art. 600, § 4º, do CPP prevê expressamente a possibilidade de o apelante apresentar as razões recursais em segundo grau, sem qualquer ressalva, é legítima a atuação do Ministério Público que, ao interpor recurso de apelação, requer a apresentação de suas razões em segunda instância, em consonância com o princípio da isonomia e da paridade de armas. Precedente: REsp. 649.665/BA, Rel. Ministro Gilson Dipp, Quinta Turma, julgado em 02/02/2006, DJ 06/03/2006. [...] *(Agravo Regimental no Recurso Especial nº 1.671.257-AC, STJ, 5ª Turma, Rel. Min. Reynaldo Soares da Fonseca, julgado em 8.2.2018, publicado no DJ em 21.2.2018)*

600.4. [...] 3. Ausência de apresentação de contrarrazões pelo Ministério Público no primeiro grau. Oferta de parecer de membro que oficia no segundo grau. Ofensa ao princípio do promotor natural. Inocorrência. 4. Ausência de prejuízo. [...] *(Embargos de Declaração no Agravo Regimental no Recurso Extraordinário n. 1.096.686-PR, STF, 2ª Turma, unânime, Rel. Min. Gilmar Mendes, julgado em 19.10.2018, publicado no DJ em 7.11.2018)*

600.4. [...] Ante o princípio da especialidade, o recurso, no âmbito da Justiça Eleitoral, há de ser interposto mediante petição fundamentada – artigo 266 do Código Eleitoral –, não cabendo a aplicação subsidiária do Código de Processo Penal, ou seja, do disposto no § 4º do artigo 600, no que viabiliza a apresentação de razões posteriormente à formalização do recurso. *(HC n. 128.873-SP, STF, 1ª Turma, unânime, Rel. Min. Marco Aurélio, julgado em 18.4.2017, publicado no DJ em 24.5.2017)*

600.4. [...] Nos termos do art. 600, § 4º, do CPP, que determina ao tribunal a abertura de vista às partes, valendo-se o apelante do direito de apresentar as razões de apelação em superior instância, a produção de contrarrazões, do mesmo modo, deve ocorrer no tribunal em que será processado e julgado o recurso, sendo desnecessária a baixa dos autos à 1ª instância para que o Ministério Público, atuante em 1º grau, ofereça o contra--arrazoado, como pretende o impetrante, uma vez que o membro oficiante em 2º grau detém as mesmas funções. Hipótese em que as contrarrazões e o parecer foram subscritos por procuradores regionais distintos, com atribuições previamente estabelecidas, o que não configura qualquer violação ao princípio do promotor natural. [...] (*Habeas Corpus nº 135.516-RJ, STJ, 5ª Turma, unânime, Rel. Min. Gurgel de Faria, julgado em 2.12.2014, publicado no* DJ *em 11.12.2014*).

Art. 601. Findos os prazos para razões, os autos serão remetidos à instância superior, com as razões ou sem elas, no prazo de 5 (cinco) dias, salvo no caso do art. 603, segunda parte, em que o prazo será de trinta dias.

§ 1º Se houver mais de um réu, e não houverem todos sido julgados, ou não tiverem todos apelado, caberá ao apelante promover extração do traslado dos autos, o qual deverá ser remetido à instância superior no prazo de trinta dias, contado da data da entrega das últimas razões de apelação, ou do vencimento do prazo para a apresentação das do apelado.

§ 2º As despesas do traslado correrão por conta de quem o solicitar, salvo se o pedido for de réu pobre ou do Ministério Público.

No *caput* do art. 601 há normatização dos prazos cartoriais para a remessa dos autos à instância superior após a apresentação do recurso. Como já destacado anteriormente (vide anotações 588.1 e 600), aqui se encontra o fundamento, já acolhido pela jurisprudência, para o reconhecimento de que a ausência de razões ou a interposição delas fora do prazo constitui-se em mera irregularidade no que tange aos recursos para os tribunais de apelação. Assim, independentemente delas, os recursos deverão ser remetidos à instância superior.

Jurisprudência

601. [...] Ainda que o art. 601 do CPP autorize a remessa da apelação à instância superior quando não apresentadas as razões pelo advogado constituído, é recomendável, para conferir maior efetividade à ampla defesa, a prévia intimação do réu para indicar novo causídico e, na sua falta, nomear defensor para arrazoar o recurso. [...] *(Habeas Corpus nº 302.586-RN, STJ, 6ª Turma, Rel. Min. Rogério Schietti Cruz, julgado em 10.5.2016, publicado no DJ em 19.5.2016)*

601. [...] Havendo vários réus e se todos não tiverem apelado, o art. 601, § 1º, do Código de Processo Penal possibilita o desmembramento do feito e atribui ao que anseie apelar a incumbência de promover a extração do traslado do volume que será encaminhado em 30 (trinta) dias à instância superior para julgamento, contados da data da entrega das razões de apelação. Providência à disposição da defesa para agilização do recurso, que não foi utilizada. [...] *(Habeas Corpus nº 269.022-PA, STJ, 5ª Turma, REl. Min. Moura Ribeiro, julgado em 18.3.2014, publicado no DJ em 24.3.2014)*

601. [...] O oferecimento das razões de apelação fora do prazo legal de oito dias constitui mera irregularidade, não ensejando qualquer prejuízo ao conhecimento do recurso (Precedentes desta Corte e do c. Pretório Excelso). [...] Ordem denegada (*Habeas Corpus nº 140.022/MS, STJ, Rel. Min. Felix Fischer, 5ª Turma, publicado no* DJ *em 22.2.2010*).

Art. 602. Os autos serão, dentro dos prazos do artigo anterior, apresentados ao tribunal *ad quem* ou entregues ao Correio, sob registro.

O prazo de 5 (cinco) dias aqui previsto, por remissão, é para a remessa dos autos ao tribunal de apelação competente. Trata-se de prazo impróprio, sem consequências processuais pela sua inobservância.

Art. 603. A apelação subirá nos autos originais e, a não ser no Distrito Federal e nas comarcas que forem sede de Tribunal de Apelação, ficará em cartório traslado dos termos essenciais do processo referidos no art. 564, no III.

Entendemos totalmente desnecessário o dispositivo em tela, cuja precaução não se apresenta mais como relevante em dias atuais. A apelação subirá nos autos originais em todas as situações, sendo desnecessário manter traslados das peças em primeiro grau.

Arts. 604 a 606. (Revogados pela Lei nº 263, de 23.2.1948) Art. 606

CAPÍTULO IV
Do Protesto por Novo Júri

Art. 607. O protesto por novo Júri é privativo da defesa, e somente se admitirá quando a sentença condenatória for de reclusão por tempo igual ou superior a vinte anos, não podendo em caso algum ser feito mais de uma vez.

§ 1º Não se admitirá protesto por novo Júri, quando a pena for imposta em grau de apelação (art. 606).

§ 2º O protesto invalidará qualquer outro recurso interposto e será feito na forma e nos prazos estabelecidos para interposição da apelação.

§ 3º No novo julgamento não servirão jurados que tenham tomado parte no primeiro.

607.1. Revogação do protesto por novo Júri e o *tempus regit actum*: O recurso de *protesto por novo Júri* foi expressamente revogado pelo art. 4º da Lei nº 11.689/08, de 10.6.2008, que assim dispôs: "*Ficam revogados o inciso VI do* caput *do art. 581 e o Capí-*

tulo IV do Título II do Livro III, ambos do Decreto-Lei nº 3.689, de 3 de outubro de 1941 – Código de Processo Penal."

Fixado período de *vacatio legis* de 60 dias (art. 3º da Lei nº 11.689/08), entendemos que o recurso somente poderá deixar de ser utilizado aos casos que envolvam decisões *publicadas* (*em caso de sentença, em secretaria; na hipótese de acórdão, com a data de julgamento da sessão*) *a partir* do dia 11.8.2008 (embora em vigor a Lei desde o dia 9.8.2008, um sábado). Conforme dispõe o art. 8º da Lei Complementar nº 95/98:

> Art. 8º A vigência da Lei será indicada de forma expressa e de modo a contemplar prazo razoável para que dela se tenha amplo conhecimento, reservada a cláusula "entra em vigor na data de sua publicação" para as leis de pequena repercussão.
>
> § 1º A contagem do prazo para entrada em vigor das leis que estabeleçam período de vacância far-se-á com a inclusão da data da publicação e do último dia do prazo, entrando em vigor no dia subsequente à sua consumação integral. (*Parágrafo incluído pela Lei Complementar nº 107, de 26.4.2001*)
>
> § 2º As leis que estabeleçam período de vacância deverão utilizar a cláusula "esta Lei entra em vigor após decorridos (o número de) dias de sua publicação oficial". (*Parágrafo incluído pela Lei Complementar nº 107, de 26.4.2001*)

Assim, nos termos do § 1º do art. 8º da LC nº 95, publicada a Lei em 10.6.2008 (primeiro dia, que é incluído no cômputo), o prazo previsto terminará em 8.8.2008 (sexta-feira), passando a entrar em vigor "*no dia subsequente à sua consumação integral*", ou seja, 9.8.2008 (um sábado). Na linha do que previsto no § 3º do art. 798 do CPP (*o prazo que terminar em domingo ou dia feriado considerar-se-á prorrogado até o dia útil imediato*), como se trata de Lei de natureza processual e no dia referido (sábado) não há expediente forense, entende-se que somente aos casos de *decisões publicadas* a partir do dia 11.8.2008 (primeiro dia útil após a vigência da lei) é que não se poderá mais apresentar (como opção que era, mormente diante da hipótese concomitante de apelação) o protesto por novo Júri.

Uma ressalva importante merece ser feita: sendo necessária a intimação do réu e de seu advogado de sentença condenatória, o prazo somente começará a fluir a partir da intimação do "último", advogado ou réu. Assim, e exemplificando, se o réu foi intimado quando ainda não revogado o protesto por novo Júri e a intimação do advogado foi em momento ulterior, quando já em vigor a nova legislação, deve-se preservar o direito ao recurso, mesmo que o início do prazo se dê quando não mais vigente a regra que garantia a possibilidade do protesto. Portanto, não se pode confundir o direito subjetivo ao recurso (existente quando publicada a decisão antes da Lei que o expurgou do ordenamento) com o eventual início do prazo, que poderá se dar ulteriormente, mesmo quando em vigor a novel lei.

Destaca-se a existência de posicionamentos doutrinários no sentido de que o protesto por novo Júri poderia ser manejado por qualquer agente que, preenchidos os requisitos do cabimento da irresignação em tela, tenha *cometido* o *fato criminoso* até a data da vigência da Lei que o revogou.

Não podemos concordar, havendo a jurisprudência, em dias atuais, sufragado o posicionamento por nós externado desde a primeira edição da presente obra. Como se trata de Lei processual, deverá ser aplicada a legislação vigente no momento em que *surge o direito* ao *recurso*, que se dá, para esse efeito, com a publicização da decisão passível de irresignação. Não se pode confundir o direito subjetivo ao recurso (já existente se publicada a decisão antes do início da vigência da novel lei) com o eventual início do prazo para esse recurso, que normalmente se dá ulteriormente (quando a novel lei, que revogou os dispositivos anteriores, já estará integralmente em vigor). Em se tratando de matéria penal, efetivamente será aplicada a Lei vigente na data do crime (*tempus regit actum*), salvo se sobrevier nova norma penal ulterior mais benéfica. É diversa a situação no *processo penal*, pois não há aplicação de regras processuais revogadas se *o ato praticado* já foi realizado na vigência de Lei nova.

Situação similar pode ser verificada com a introdução no sistema brasileiro da necessidade de demonstração da denominada *repercussão geral* para os recursos extraordinários. No julgamento da Questão de Ordem no Agravo de Instrumento nº 664.567-2-RS (*leading case* que tratou matéria), assentou-se expressamente que "*a partir da EC 45, de 30 de dezembro de 2004 – que incluiu o § 3º no art. 102 da Constituição –, passou a integrar o núcleo comum da disciplina constitucional do recurso extraordinário a exigência da repercussão geral da questão constitucional*". Relevante ainda que se firmou, expressamente, que a exigência da demonstração da repercussão geral incide "*quando a intimação do acórdão recorrido tenha ocorrido a partir de 3 de maio de 2007*".

Em síntese: decidiu-se (corretamente), embora não expressamente dito, que a verdadeira restrição recursal aplica-se de imediato, não levando-se em consideração a *data do fato criminoso*.

Jurisprudência

607.1. [...] I – No caso, não é cabível o protesto por novo júri, uma vez que a sentença condenatória foi proferida em 5/5/2011, após entrada em vigor da Lei 11.689/2008. II – O aresto impugnado encontra-se consentâneo com a jurisprudência desta Corte, no sentido de que a revogação dos arts. 607 e 608 do Código de Processo Penal – CPP pela Lei 11.689/2008 tem natureza processual e, como tal, possui aplicabilidade imediata quanto aos processos em curso. [...] *(Agravo Regimental no Recurso Extraordinário com Agravo n. 1.171.107-BA, STF, 2ª Turma, unânime, Rel. Min. Ricardo Lewandowski, julgado em 16.5.2019, publicado no* DJ *em 23.5.2019).*

607.1. [...] [...] A *Lei* nº 11.689/2008, derrogatória dos arts. 607 e 608 do Código de Processo *Penal*, que disciplinavam o protesto por novo júri, teve sua natureza processual reconhecida pelo Supremo Tribunal Federal, possuindo tal diploma normativo, por essa razão, eficácia e aplicabilidade imediatas em relação aos procedimentos *penais* em curso. Considerada a *sucessão* de *leis* processuais no *tempo*, o tema em referência rege-se pelo critério que considera dominante, em matéria recursal, o ordenamento positivo vigente no momento em que publicada a sentença ou decisão, em face do postulado segundo o qual "tempus regit actum". Doutrina. Precedentes. *(Agravo Regimental no HC nº 124.783, 2ª Turma, STF, julgado em 12.5.2017, publicado no DJ em 18.4.2018)*

607.1. [...] "Nos termos da jurisprudência do Superior Tribunal de Justiça, não há falar em protesto por novo júri se o julgamento foi realizado após a vigência da Lei 11.689/08, ainda que o delito tenha sido cometido anteriormente" (HC 226.578/SP, minha relatoria, Sexta Turma, *DJe* 7.4.2014). [...] (*Ag. Reg. no Agravo em Recurso Especial nº 680.125-SP, STJ, 6ª Turma, unânime, Rel. Min. Maria Thereza de Assis Moura, julgado em 28.4.2015, publicado no* DJ *em 6.5.2015*).

607.1. [...] Protesto por novo júri. Julgamento realizado após a entrada em vigor da Lei n. 11.689/2008. *Tempus regit actum*. [...] "O art. 4º da Lei nº 11.689/2008, que revogou expressamente o Capítulo IV do Título II do Livro III, do Código de Processo Penal, afasta o direito ao protesto por novo júri quando o julgamento pelo Conselho de Sentença ocorrer após a sua entrada em vigor, ainda que o crime tenha sido cometido antes da extinção do recurso" (AgRg no REsp n. 1.288.971/SP, Rel. Min. Laurita Vaz, 5ª Turma, *DJe* 17.4.2013; AgRg no Ag n. 1.381.227/RS, Rel. Min. Marco Aurélio Bellizze, 5ª Turma, *DJe* 04.11.2013; HC n. 226.578/SP, Rel. Min. Maria Thereza de Assis Moura, 6ª Turma, *DJe* 7.4.2014; HC n. 171.154/SP, Rel. Min. Marilza Maynard, 6ª Turma, *DJe* 11.6.2014). [...] (*Habeas Corpus nº 285.237-SP, STJ, 5ª Turma, Rel. Min. Newton Trisotto, julgado em 7.10.2014, publicado no* DJ *em 10.10.2014*).

607.1. [...] O fato de a pena ter sido majorada acima de 20 anos, somente no julgamento da apelação, não é óbice à interposição do protesto por novo júri. O entendimento de ambas as Turmas que julgam matéria penal nesta Corte é no sentido de que a Lei nº 11.689/2008 é norma de caráter processual, vigorando, assim, o princípio *tempus regit actum*. Dessa forma, sendo a publicação da decisão impugnada o marco inicial para o exercício do direito subjetivo da parte sucumbente recorrer, constata-se que o recorrido faz jus ao protesto pelo novo júri, pois a sentença condenatória foi publicada em 27 de abril de 2006 e o acórdão que majorou a pena em 24 de abril de 2007. O extinto recurso de protesto por novo júri era, na verdade, um "favor dispensado à liberdade", em face da imputação de uma pena rigorosa por pessoas leigas. Por essa razão, a doutrina ensina que a sua interposição prescinde de maiores formalidades e até mesmo de fundamentação, bastando ao recorrente apresentar seu simples inconformismo. No caso, o direito do recorrido de pleitear um novo júri, poderia resultar da simples conversão da apelação interposta e conhecida, sendo prescindível a própria interposição do recurso do art. 607 do Código de Processo Penal. Nesse contexto, não atenderia aos parâmetros da razoabilidade e da proporcionalidade afastar o direito do recorrido a um novo julgamento perante o Tribunal Popular, com base no descumprimento do prazo previsto no § 2º do art. 607 do Código de Processo Penal. Não se mostra desarrazoado o paralelismo realizado pelo Tribunal de origem, para aplicar o prazo do recurso especial ao protesto por novo júri interposto em segundo grau, pois superada a vedação de cabimento do protesto por novo júri quando fixada a pena em apelação, a dependência e prejudicialidade antes estabelecida entre o recurso do art. 607 do Código de Processo Penal e a apelação é transferida para os recursos especial e extraordinário. [...] (*Recurso Especial nº 1.134.649-PR, STJ, 5ª Turma, Rel. Min. Marco Aurélio Belizze, julgado em 26.8.2014, publicado no* DJ *em 4.9.2014*).

607.1. [...] Em direito intertemporal, a lei do recurso é a lei do dia da sentença, em outras palavras, a norma vigente naquele momento é que regula o direito ao recurso. Somente após proferida a decisão é que nasce o direito subjetivo à impugnação. A Lei nº 11.689, que entrou em vigor em 8/8/2008, revogou os arts. 607 e 608 do Código de Processo Penal e excluiu do ordenamento jurídico o protesto por novo júri, recurso privativo da defesa. Só terão direito a esse recurso aqueles cujas sentenças foram proferidas antes da entrada em vigor da nova lei. No caso, conquanto a prática dos delitos tenha acontecido em 14/4/2004, o julgamento pelo Júri foi em 15/12/2010, quando já vigia a Lei nº 11.689/2008. Em consequência, não há falar em cabimento de protesto por novo júri. [...] (*Habeas Corpus nº 221.133-RJ, STJ, 6ª Turma, Rel. Min. Sebastião Reis Júnior, julgado em 17.4.2012, publicado no* DJ *em 10.5.2012*).

607.1. [...] A recorribilidade se submete à legislação vigente na data em que a decisão foi publicada, consoante o art. 2º do Código de Processo Penal. Incidência do princípio *tempus regit actum*. O art. 4º da Lei nº 11.689/2008, que revogou expressamente o Capítulo IV do Título II do Livro III, do Código de Processo Penal, afasta o direito ao protesto por novo Júri quando o julgamento pelo Conselho de Sentença ocorrer após a sua entrada em vigor, ainda que o crime tenha sido cometido antes da extinção do recurso. Recurso desprovido (*Recurso em Habeas Corpus nº 26.033-RO, STJ, 5ª Turma, unânime, Rel. Min. Laurita Vaz, julgado em 28.6.2011, publicado no* DJ *em 1º.8.2011*).

....

607.2. Requisitos para a admissibilidade (enquanto vigorou) do protesto por novo Júri: O protesto por novo Júri *era* um recurso exclusivo da defesa, exigindo-se, na lítera do art. 607, CPP, o atendimento apenas de dois fundamentais requisitos:

a) que a pena fixada (pelo crime doloso contra a vida) fosse igual ou superior a 20 (vinte) anos de reclusão;

b) só tenha sido formulado uma vez.

Em regra, o recurso era apreciado pelo próprio juiz presidente do Tribunal que proferiu a sentença à luz do que decidido pelo Conselho de Sentença, que, verificando o protesto e o preenchimento dos requisitos acima elencados, submetia o réu imediatamente a novo julgamento, composto por novos jurados, conforme então preconizado no § 3º do art. 607 do CPP.

Como se depreende, somente se podia cogitar do protesto se a pena pelo crime doloso contra a vida fosse igual ou superior a 20 anos (se ultrapassado esse limite em grau recursal, vide item 607.3). Daí se extrai que se o patamar fosse ultrapassado em razão de vários delitos de homicídio em concurso material ou então pelo cúmulo material com as penas de outros delitos julgados em conexão pelo Júri (art. 78, I, CPP), inviável se aventar o cabimento do protesto. Já quando houvesse crime continuado e concurso formal, o pleito de protesto era passível de acolhimento. É que a continuidade e o concurso formal existem no ordenamento jurídico com a finalidade de favorecer os réus no cálculo da pena (para não se chegar a absurdos quantitativos), se preenchidos os respectivos requisitos expressos das normas que deles tratam, não havendo quaisquer motivos para não permitir suas incidências também para o deferimento do protesto.

Segundo a regra do § 2º do art. 607 do CPP, "*o protesto invalidará qualquer outro recurso interposto e será feito na forma e nos prazos estabelecidos para a interposição da apelação*". Noutras palavras: se houvesse direito ao protesto e formulado o pleito pela defesa, quaisquer outros recursos promovidos em face da sentença condenatória seriam considerados sem efeito. Contudo, a interpretação desse dispositivo não podia ser feita de modo literal. Exemplifica-se a partir de situação hipotética: réu condenado por dois homicídios em concurso formal em que o limite de 20 anos foi ultrapassado exatamente em face do acréscimo do art. 70 do CPP. Se houver a interposição de protesto pela defesa e, concomitantemente, apelação do Ministério Público ou da assistência da acusação, postulando este último o afastamento do concurso formal e o reconhecimento do cúmulo material (tendo como consequência duas penas de homicídio individualmente consideradas abaixo do patamar de 20 anos), inviável se cogitar na aplicabilidade do dispositivo em comento, pois a análise do conteúdo da apelação seria pressuposto lógico para a manutenção (ou não) da viabilidade do próprio protesto por novo Júri.

Jurisprudência

607.2. [...] Afastado o concurso material de crimes, no julgamento da apelação, e reconhecida a continuidade delitiva, não há impedimento a que se defira em favor do paciente o protesto por novo Júri, desde que atendido o requisito objetivo de a pena ser igual ou superior a vinte anos. O crime continuado, embora ficção jurídica, é considerado crime único. Ordem concedida (*Habeas Corpus nº 58.317/SP, STJ, Rel. Min. Og Fernandes, 6ª Turma, publicado no* DJ *em 30.3.2009*).

607.2. [...] Admite protesto por novo Júri a pena igual ou superior a 20 anos, resultante de concurso formal, ao qual não são pertinentes as objeções postas a renovação do julgamento, nas hipóteses diversas de crime continuado ou de falso concurso formal, informado por desígnios autônomos. [...] (*Habeas Corpus nº 69.378-ES, STF, Rel. Min. Sepúlveda Pertence, 1ª Turma, publicado no* DJ *em 19.6.1992*).

607.2. [...] Admite-se o protesto por novo Júri se reconhecida a continuidade delitiva e a pena resultante da aplicação da *fictio juris* do art. 71 do CP for superior a vinte anos. (Precedentes).– Na hipótese dos autos, entretanto, o v. acórdão increpado, além de não reconhecer de forma expressa a continuidade delitiva, não fixou a nova pena. Recurso provido (*Recurso Especial nº 678.466-SP, Rel. Min. Felix Fischer, 5ª Turma, unânime, julgado em 7.12.2004, publicado no* DJ *em 14.2.2005*).

607.3. O problema da pena fixada acima do patamar de 20 anos em grau de apelação: Dispunha o § 1º do art. 607 do CPP que "*não se admitirá protesto por novo Júri, quando a pena for imposta em grau de apelação (art. 606)*".

E se o tribunal superior, provendo recurso ministerial ou do assistente da acusação, aumentar a pena fixada na instância inicial, superando-se a barreira do prazo igual ou superior a 20 (vinte) anos, poderá ser pugnado o protesto pela defesa?

A partir de uma leitura meramente literal da norma supramencionada, a resposta seria negativa. Contudo, tem-se que essa não é a melhor solução hermenêutica para o problema, pois entendemos que não há nenhum óbice para a interposição do protesto quando a pena para seu cabimento for estipulada (mediante aumento) em grau recursal.

Primeiro, porque o art. 606, CPP, a que expressamente se reporta a parte final do § 1º do art. 607 do CPP, foi revogado pela Lei nº 263, do longínquo ano de 1948. Seu conteúdo era o seguinte: "*Art. 606. Se a apelação se fundar no nº III, letra b, do art. 593 e o Tribunal de Apelação se convencer de que a decisão dos jurados não encontra apoio algum nas provas existentes nos autos, dará provimento à apelação para aplicar a pena legal, ou absolver o réu, conforme o caso.*"

A revogação se deu porque a Constituição de 1946 instituiu a soberania dos veredictos do Júri, mantida pela CF de 1988. Assim, essa regra passou a ser incompatível com o novel princípio (*ou seja, o Tribunal, provendo a apelação, não mais poderia condenar o réu*), malgrado a regra do parágrafo único do art. 606 tenha sido deslocada para o § 2º do art. 593 do CPP (acrescido pela mesma Lei nº 263/48), com mínimas alterações.

Segundo – e aqui o ponto fundamental, em nossa compreensão –, porque não haveria sentido fazer a discrepância se a pena fosse fixada em patamar igual ou superior a 20 anos apenas pelo juízo de primeiro grau, não servindo tal premissa para o tribunal. Admitida tal restrição, seria uma forma de, até indiretamente, burlar o direito do réu ao protesto. Bastaria a pena ser fixada em patamar pouco abaixo de 20 anos e ser provido recurso do Ministério Público que pugnasse seu aumento (ou do assistente, para quem admite a possibilidade de recorrer nesse caso). Ultrapassado o limite pelo provimento do recurso, estaria inviabilizado o protesto.

Por fim, a corroborar a impossibilidade de aplicação do dispositivo, nenhum óbice para que, redimensionada eventualmente a pena em revisão criminal (situação excepcional, é verdade), restasse caracterizada situação a ensejar o protesto.

Jurisprudência

607.3. [...]. Não subsiste, considerada a revogação do artigo 606 do Código de Processo Penal, a limitação no sentido de que "não se admitirá protesto por novo Júri, quando a pena for imposta em grau de apelação". [...] No protesto por novo Júri deve-se observar a forma e o prazo estabelecido para interposição da apelação. [...] (*HC nº 74.633-SP, STF, Rel. Min. Marco Aurélio, 2ª Turma, publicado no* DJ *em 11.4.1997*).

607.3. [...] Fixada nova pena pela segunda instância em face do reconhecimento da continuidade delitiva, a norma do parágrafo 1º do art. 607 do CPP não impede a concessão do protesto por novo Júri, pois este parágrafo faz remissão ao art. 606, revogado pela Lei nº 263/1948 e que permitia ao Tribunal de Justiça rever, no mérito, a decisão do Tribunal do Júri, para absolver ou condenar o réu, estando, pois revogado o referido parágrafo. Recurso parcialmente conhecido, mas não provido (*Recurso Especial nº 109.364-SP, STJ, 5ª Turma, publicado no* DJ *em 9.3.1998*).

607.3. [...] O acórdão em análise foi publicado antes da vigência da Lei nº 11.689/2008 que, em seu art. 4º, revogou expressamente o Capítulo IV do Título II do Livro III, do Código de Processo Penal, extinguindo o protesto por novo Júri. Dessa forma, subsiste o direito à interposição do mencionado recurso, em virtude do reconhecimento de crime continuado com pena superior a 20 anos. Precedentes desta Corte. Com a revogação do § 1º do art. 607 do Código de Processo Penal pela Lei nº 263/48, é possível o protesto por novo Júri quando a nova pena é fixada em sede de revisão criminal. Recurso provido para determinar a submissão do Recorrente a um novo julgamento perante o Tribunal do Júri (*Recurso Especial nº 1.094.482-RJ, STJ, Rel. Min. Laurita Vaz, 5ª Turma, publicado no DJ em 3.11.2009*).

....

Art. 608. O protesto por novo Júri não impedirá a interposição da apelação, quando, pela mesma sentença, o réu tiver sido condenado por outro crime, em que não caiba aquele protesto. A apelação, entretanto, ficará suspensa, até a nova decisão provocada pelo protesto.

608. Exceção à unirrecorribilidade: Tinha-se aqui uma exceção ao princípio da unirrecorribilidade, mas com uma peculiaridade: preenchidos os pressupostos legais, se a defesa optasse pelo protesto, toda eventual parte do julgado do Tribunal Popular contra a qual não coubesse o protesto deveria necessariamente ser objeto de *concomitante* apelação por um dos fundamentos das alíneas do inciso III do art. 593 do CPP, pena de haver o trânsito em julgado da decisão nessa parte. Esse recurso de apelação – que ficava sobrestado – tanto deveria ser interposto pela defesa (em caso de condenação por outro crime que não coubesse o protesto) quanto também interposto pelo Ministério Público (em caso de absolvição em relação a um dos crimes, estando pendente protesto interposto pela defesa quanto a delito que o admite). Isso se justificava porque, presentes os requisitos, *apenas* o delito doloso com pena igual ou superior a 20 anos era levado a novo julgamento pelo protesto.

A regra foi revogada e era aplicável aos casos cujas sentenças tivessem sido proferidas *antes* da vigência da Lei nº 11.689/2008.

Jurisprudência

608. [...] 1. Dispõe o art. 2º do Código de Processo Penal que se aplicará a lei processual penal desde logo, sem prejuízo da validade dos atos realizados sob a vigência da lei anterior. 2. A Lei n. 11.689, que entrou em vigor em 8/8/2008, revogou os arts. 607 e 608 do Código de Processo Penal e excluiu do ordenamento jurídico o protesto por novo júri, recurso privativo da defesa. Só terão direito a esse recurso aqueles cujas sentenças foram proferidas antes da entrada em vigor da nova lei. [...] *(Agravo Regimental no Recurso Especial nº 1.289.868-SP, STJ, 6ª Turma, Rel. Min. Sebastião Reis Júnior, julgado em 2.8.2012, publicado no DJ em 20.8.2012)*

CAPÍTULO V
Do Processo e do Julgamento dos Recursos em Sentido Estrito e das Apelações, nos Tribunais de Apelação

Art. 609. Os recursos, apelações e embargos serão julgados pelos Tribunais de Justiça, câmaras ou turmas criminais, de acordo com a competência estabelecida nas leis de organização judiciária.

Parágrafo único. Quando não for unânime a decisão de segunda instância, desfavorável ao réu, admitem-se embargos infringentes e de nulidade, que poderão ser opostos dentro de 10 (dez) dias, a contar da publicação de acórdão, na forma do art. 613. Se o desacordo for parcial, os embargos serão restritos à matéria objeto de divergência.

609.1. Considerações gerais: Pode-se questionar inicialmente qual seria a razão de a Lei falar em embargos *infringentes* e de *nulidade*. Há um sentido jurídico. Estando em pauta divergência no acórdão acerca do mérito do processo, trata-se, tecnicamente, apenas de embargos *infringentes*. Se a divergência disser respeito a *nulidades* – portanto, a questões processuais –, será hipótese de embargos de *nulidade*.

No âmbito do Código de Processo Penal, há algumas características específicas dos embargos infringentes e de nulidade. Sendo um recurso *privativo* da *defesa*, talvez a mais marcante é a que determina, *no processo penal*, que *qualquer* decisão do tribunal de apelação que, em julgamento de recursos opostos às decisões de primeiro grau, forem desfavoráveis à defesa, será passível de ataque via embargos infringentes e de nulidade.

Significa que em ações originárias (prerrogativa de foro) ou *habeas corpus* impetrados diretamente nos tribunais desfavoráveis ao réu, às decisões majoritárias desfavoráveis aos réus *não será possível* a utilização dos embargos infringentes e de nulidade.

Na seara processual civil, há uma divergência substancial em relação ao processo penal. Conforme preconizado no art. 530, CPC/1973, "*cabem embargos infringentes quando o acórdão não unânime houver reformado, em grau de apelação, a sentença de mérito, ou houver julgado procedente ação rescisória. Se o desacordo for parcial, os embargos serão restritos à matéria objeto da divergência*". Registra-se que a Lei nº 13.105/2015 (CPC) não previu hipótese similar de recurso.

De qualquer modo, era fundamental que a decisão de segundo grau, por maioria, *reformasse* a decisão monocrática. Já no Processo Penal, como dito, *qualquer* decisão desfavorável à defesa no julgamento de recursos será passível de embargos infringentes e de nulidade.

Quanto aos efeitos, entende-se relevante separar duas situações. Em relação à parte unânime (contra a qual, portanto, *não cabem embargos infringentes*), incide o comando da Súmula 354, STF, que determina que "*em caso de embargos infringentes parciais é definitiva a parte da decisão embargada em que não houve divergência na votação*". Já quanto ao julgado passível de embargos infringentes e de nulidade, seus efeitos deverão ser os mesmos que possuía o recurso em relação ao qual se estabeleceu a divergência. Aliás, se não interpostos os embargos infringentes, inviável o recurso às instâncias extraordinárias (Súmula 207, STJ). E, se os embargos infringentes não forem conhecidos (admissibilidade), notadamente pela intempestividade, o prazo recursal para as irresignações subsequentes não será interrompido.

Ainda quando aos efeitos, deve-se reconhecer haver *certa similitude* com o chamado *efeito iterativo ou regressivo*, típico do recurso em sentido estrito. A característica fundamental do efeito regressivo é a possibilidade de retificação das conclusões pelo mesmo juiz da causa.

Destaque-se, porém, que, em primeiro grau, esse efeito *não ocorre* nas hipóteses em que há o julgamento do *mérito* da causa (art. 593, I e III, CPP), nem naquelas em que se fazem presentes decisões definitivas ou com força de definitivas (art. 593, II, CPP). A reconsideração fica adstrita às hipóteses elencadas nos incisos do art. 581 do CPP. É verdade que se poderia argumentar, exemplificativamente, que, nas situações previstas nos incisos VI (absolvição sumária: art. 415, CPP – Lei nº 11.689/08) e VIII (reconhecimento da prescrição ou de outra causa extintiva da punibilidade), também haveria uma definitividade nas decisões. Em relação ao primeiro caso, indubitável que há sentença de mérito com típica absolvição (eis a razão, pensa-se, pela qual o recurso cabível atualmente é a apelação, nos termos do art. 416, CPP). Já quanto à segunda hipótese, impende ver que o réu, tecnicamente, *não é absolvido*. Nas decisões em que há o reconhecimento da extinção da punibilidade (*lato sensu*), há *solução* da pretensão punitiva, mas não o *julgamento* da pretensão punitiva (absolvição ou condenação).

Nos embargos infringentes e de nulidade, de certo modo, abre se a possibilidade de o julgador que tenha proferido o voto que ensejou a divergência (se estiver participando do órgão colegiado competente para a apreciação dos embargos) se convencer de entendimento contrário, implicando retificação de seu posicionamento. Dependendo do objeto da divergência, suas conclusões poderão ser retificadoras inclusive sobre o próprio mérito da ação penal.

Jurisprudência

609.1. [...] Está sedimentado na jurisprudência desta Corte Superior de Justiça o entendimento de que, *"não conhecidos os embargos infringentes e de nulidade, não há interrupção do prazo para a interposição de recurso especial, que visa atacar os fundamentos do acórdão proferido em sede de apelação, posteriormente integrado pelos subsequentes embargos de declaração"* [...] *(Agravo Regimental no Recurso Especial n. 1.850.163-SP, STJ, 6ª Turma, unânime, Rel. Min. Antônio Saldanha Palheiro, julgado em 5.5.2020, publicado no* DJ *em 11.5.2020).*

609.1. [...] Quando cabíveis embargos infringentes contra o acórdão recorrido, não se pode falar em causa decidida em última instância, o que inviabiliza a interposição de recurso especial. Inteligência do enunciado 207 da Súmula desta Corte. [...] (*Agravo Regimental no Agravo em Recurso Especial nº 254.723-SP, STJ, 6ª Turma, Rel. Min. Maria Thereza de Assis Moura, julgado em 19.2.2013, publicado no* DJ *em 1º.3.2013*).

609.1. [...] O parágrafo único do art. 609 do CPP estabelece que "quando não for unânime a decisão de segunda instância, desfavorável ao réu, admitem-se embargos infringentes e de nulidade, que poderão ser opostos dentro de dez dias, a contar da publicação de acórdão, na forma do art. 613. Se o desacordo for parcial, os embargos serão restritos a material objeto da divergência". A decisão majoritária proferida na apelação foi, no caso concreto, favorável ao réu. Ao prever o cabimento de embargos infringentes exclusivamente quando a decisão for desfavorável ao réu, o preceito processual conferiu legitimidade recursal somente a ele. É correta a decisão que admitiu recurso especial do Ministério Público Estadual, que não tinha legitimidade para interpor embargos infringentes na apelação. Ordem denegada (*Habeas Corpus nº 91.342-SP, STF, Rel. Min. Eros Grau, 2ª Turma, unânime, publicado no* DJ *em 26.10.2007*).

609.1. [...] Consoante a jurisprudência do Supremo Tribunal Federal e desta Corte, os Embargos Infringentes em matéria penal são cabíveis apenas contra decisões majoritárias proferidas em sede de Apelação e Recurso em Sentido Estrito. Precedentes. Portanto, além do *Habeas Corpus* não ser a via adequada para atribuir efeito suspensivo a recurso, os Embargos Infringentes opostos pelo paciente são manifestamente incabíveis. [...] Ordem denegada (*Habeas Corpus nº 150.984/SP, STJ, 5ª Turma, Rel. Min. Napoleão Nunes Maia Filho, julgado em 7.10.2010, publicado no* DJ *em 3.11.2010*).

609.1. [...] Os dois únicos requisitos para o cabimento dos embargos infringentes no âmbito do processo penal são: a) decisão não unânime de segunda instância; e b) desfavorável ao réu; sempre restritos à matéria da divergência (art. 609, parágrafo único, do CPP). Recurso especial provido para, reformando a decisão que não conheceu dos embargos infringentes, determinar que o Tribunal Regional Federal da 1ª Região dê prosseguimento ao julgamento, superada a questão da admissibilidade recursal (*Recursos Especial nº 907.679/MA, STJ, Rel. Min. Arnaldo Esteves Lima, 5ª Turma, publicado no* DJ *em 3.8.2009*).

609.1. [...] Já é pacífica a jurisprudência desta Corte, bem como a do Supremo Tribunal Federal, no sentido de que os embargos infringentes, em matéria penal, são cabíveis de decisão não unânime de Tribunal de segundo grau, no julgamento de apelação ou recurso em sentido estrito, sendo, portanto, inadmissíveis contra decisões proferidas em ação penal de competência originária de Tribunal. Recursos especiais não conhecidos (*Recurso Especial nº 351.383/SC, STJ, Rel. Min. Arnaldo Esteves Lima, 5ª Turma, publicado no DJ de 30.10.2006*).

609.2. Legitimidade recursal: Sendo recurso privativo da defesa, normalmente sua interposição é realizada pelo réu, seu advogado ou pela Defensoria Pública, porque ele é quem tem o interesse e quem sucumbiu. Ao Ministério Público não se exclui a possibilidade de interpor os embargos infringentes e de nulidade, desde que o recurso seja interposto em benefício da defesa.

609.3. Desacordo parcial e modo de aferição dos limites da divergência: Se o desacordo for parcial, diz o parágrafo único em sua última disposição, os embargos serão restritos à matéria de divergência.

Não se olvide: pressuposto inarredável para a possibilidade dos embargos infringentes e de nulidade é que a decisão do tribunal (que *confirme* ou *modifique* a decisão de primeiro grau) tenha sido tomada por maioria de votos em *desfavor* do réu.

Nessa senda, o § 1º do art. 615 do CPP tem uma regra que merece atenção, dispondo que "*em todos os julgamentos em matéria penal ou processual penal em órgãos colegiados, havendo empate, prevalecerá a decisão mais favorável ao indivíduo imputado, proclamando-se de imediato esse resultado, ainda que, nas hipóteses de vaga aberta a ser preenchida, de impedimento, de suspeição ou de ausência, tenha sido o julgamento tomado sem a totalidade dos integrantes do colegiado*" (redação da Lei nº 14.836/2024) .Idêntica previsão existe para o julgamento dos *habeas corpus* (vide art. 664, § 1º, CPP), bem assim agora também no art. 41-A da Lei nº 8.038/90 (na redação da Lei nº 14.836/2024).

Se houver empate na votação (*conclusões*) do órgão fracionário, não há de se falar em embargos infringentes, pois deverá preponderar a *conclusão* mais favorável ao réu, afastando-se de pronto a possibilidade jurídica do recurso em debate, notadamente após as alterações legais retromencionadas.

Se o voto ou votos minoritários forem absolutórios, parece que maiores problemas inexistem acerca da certeza do cabimento dos embargos infringentes. A questão será saber em qual extensão reside a divergência. Se os votos prevalentes são uniformes entre si, a divergência é total dentro dos parâmetros do entendimento condenatório e do absolutório.

Situação um pouco mais complexa é aquela em que os votos prevalentes têm discrepâncias em relação ao *quantum* da pena, mas ainda presente um voto absolutório. Nesse caso, a condenação firmada será orientada pelo voto que tiver a pena intermediária (o denominado *voto médio*) ou então a pena mais baixa em caso de serem apenas dois os votos condenatórios. A divergência (parcial) situa-se no patamar estipulado entre voto-médio e o voto absolutório, jamais se podendo cogitar que a divergência estaria entre os patamares de pena estipulado pelos votos condenatórios, mas com penas diversas entre si. A condenação é fixada pelos votos majoritários, mas o *quantum* da pena fixada não é a maior, mas a menor (ou intermediária se mais de dois votos condenatórios).

Sobre a matéria, registre-se recente julgado no Superior Tribunal de Justiça, no qual se entendeu, por maioria, que o voto médio restrito ao *quantum* da pena *não* reclamaria a interposição de embargos infringentes para o efeito de admissão do recurso especial (Súmula 207, STJ), tendo em vista que definitivo e unânime teria sido o acolhimento, pelo tribunal de segundo grau, da tese de exasperação da pena, tanto que declarada a unanimidade na certidão de julgamento do acórdão (*Recurso Especial nº 1.077.975-RJ,*

5ª Turma, julgado em 21.9.2010, publicado no DJ *em 27.9.2010*). Tratava-se, no segundo grau, de julgamento de apelação no qual o Relator, analisando recurso do Ministério Público, e entendendo insuficiente a pena fixada, aumentou-a em quatro meses. O revisor fixou a pena-base em quatro anos (pena máxima), além de reconhecer a possibilidade de aumentá-la por força de agravante, tendo sido acompanhado parcialmente pelos demais integrantes, os quais, unicamente, afastaram a exasperação acima do máximo. Desse modo, prevalecera o chamado *voto médio,* que fixara a pena em 4 (quatro) anos, com fundamento em inúmeras circunstâncias judiciais.

Com um pouco mais de complexidade, mas de certa forma bastante corriqueiras, encontram-se decisões de segundo grau que, em julgamento de recursos, mantêm as condenações ou reformam a sentença para firmar o decreto condenatório (portanto, são unânimes quanto à condenação), mas divergem *unicamente* quanto ao resultado da pena e/ou consectários decorrentes da condenação. Entendemos que *devem caber* os embargos infringentes.

Se houver divergência não na condenação (que é unânime), mas nas penas fixadas, impossível deixar de reconhecer que há sucumbência na medida em que um dos votos foi bem mais favorável ao réu se comparado em relação aos demais. Nessa linha, se são admissíveis os embargos infringentes quando apenas dois votos são condenatórios e um é absolutório (como acima visto), não se vê sentido em não admiti-los na hipótese ora versada.

Crê-se que uma exemplificação pode aclarar melhor o problema: "A" é condenado a 10 anos de reclusão em primeiro grau. Apreciando seu recurso, o tribunal mantém a condenação, mas reduz a pena privativa de liberdade. Imaginemos que sejam 3 os votos proferidos. O primeiro reduz a pena para 9 anos de reclusão. O segundo, para 8 anos. E o terceiro, para 7 anos. A condenação está mantida e o acórdão, quanto a isso, é unânime. A pena que restou fixada no tribunal é de 8 anos, o voto-intermediário. Os dois votos com penas maiores têm em seu bojo contida a pena de 8 anos (o que fixa em 8 e aquela que fixa em 9). Partindo-se dessa premissa, é certo que há uma divergência em detrimento do réu a ensejar os embargos: a diferença de pena de 8 para 7 anos.

Desse modo, entendemos cabíveis os embargos infringentes também nessas situações.

Jurisprudência

609.3. [...] O voto médio restrito ao *quantum* da pena não desafia embargos infringentes quando definitivo e unânime o acolhimento da tese de exasperação da pena em sede de recurso de apelação manejado pelo *Parquet*, notadamente quando, no caso concreto, essa unanimidade foi declarada expressamente em julgamento de Embargos de Declaração pelo Tribunal recorrido, também por unanimidade. [...] Recurso especial parcialmente conhecido e nessa extensão provido (*Recurso Especial nº 1.077.975-RJ, STJ, 5ª Turma, Rel. Min. Napoleão Nunes Maia Filho, julgado em 21.9.2010, publicado no* DJ *em 27.9.2010*).

609.3. [...] Quando cabíveis embargos infringentes contra o acórdão recorrido, não se pode falar em causa decidida em última instância, o que inviabiliza a interposição de recurso especial. Inteligência do enunciado 207 desta Corte. Agravo regimental a que se nega provimento (*Agravo Regimental no Recurso Especial nº 952.558-RS, STJ, 6ª Turma, unânime, Rel. Min. Maria Thereza de Assis Moura, julgado em 1º.3.2011, publicado no* DJ *em 21.3.2011*).

609.4. Embargos infringentes em caso de decisão unânime, mas com fundamentos diversos: À primeira vista, a conclusão pode parecer óbvia: não cabem embargos infringentes, pois se a decisão foi unânime e favorável ao réu não há albergue pela Lei à situação posta.

Quando da análise do *interesse recursal* (art. 577, parágrafo único, CPP), defendemos que, muito embora no âmbito da jurisprudência (especialmente dos tribunais superiores), é praticamente majoritário o entendimento no sentido da ausência do interesse quando a sentença for absolutória. Poder-se-ia dizer: com mais razão ainda quando se trata de embargos infringentes, que, para caberem, reclamariam decisão contrária ao réu, jamais favorável.

Ao contrário do entendimento majoritário, Douglas Fischer caminha em direção oposta: "*se de um lado é verdadeira a assertiva de que no âmbito do processo penal estão em pauta discussões atinentes primordialmente ao âmbito criminal, não se pode deixar de consignar a relevância ímpar da possibilidade do debate dialético-processual nessa seara. É dizer, mesmo que de forma repetitiva: dada a decorrência dos princípios garantidores dos direitos fundamentais estampados na Constituição Federal, mister compreender que em nenhum outro procedimento se deverá dar primazia e espectro tão amplo ao princípio da ampla defesa e do contraditório como no processo penal. Significa que, no processo penal, se discute não apenas se o réu deva ser absolvido ou condenado. É direito fundamental do réu ter a resposta estatal não apenas pelo prisma persecutório, mas também em face de todas as consequências que possam advir do processo penal, diretas ou indiretas. Assim, como eventual responsabilidade civil nem sempre é afastada peremptoriamente pelo juízo criminal, pois depende do fundamento da decisão proferida, há de se abrir a possibilidade de recurso para a modificação do fundamento, desde que traga consequências reais e fáticas em benefício do recorrente*".

Conforme os arts. 66 e 67, CPP, não haverá impedimento para o ajuizamento da ação cível com a finalidade reparatória nos casos em que: (a) não tiver sido, categoricamente, reconhecida a inexistência material do fato; (b) houver o arquivamento de inquérito ou peças de informação (desde que não pelos fundamentos da negativa de autoria ou inexistência do fato); (c) na ação penal, for extinta a punibilidade; e (d) a sentença criminal reconhecer que o fato imputado não constitui crime.

Compreende-se que em (apenas) três situações a decisão proferida no âmbito criminal repercutirá automaticamente na seara cível ou administrativa com a consequente inviabilidade de pretensão à reparação cível ou responsabilização subsidiária: (a) inocorrência do fato; (b) negativa de autoria; (c) excludentes de antijuridicidade.

Desse modo, também aqui se entende possível cogitar do recurso se um dos votos tiver essa maior amplitude dos efeitos absolutórios que os demais. Num exemplo: a absolvição é unânime. Minoritariamente entendeu-se que o réu *não praticou* o fato, e majoritariamente que *não existem provas suficientes* da autoria. É certo que, limitada a esta discussão, o tema não poderá extravasar os limites dos recursos extraordinários pelo evidente óbice da Súmula 7 do STJ, pois demandaria, de modo indubitável, reexame de provas, e não mera revaloração de provas (situação essa em que se poderia cogitar do recurso).

De qualquer modo, não vemos motivos para impedir que o réu ajuíze os embargos infringentes para postular a absolvição com base na tese da negativa de autoria, pois as consequências daí advindas – se preponderarem – lhe serão muito mais benéficas.

609.5. A questão da unirrecorribilidade e os efeitos dos embargos infringentes: Ao se tratar anteriormente do Princípio da Unirrecorribilidade, foi elencada a hipótese de exceção de sua incidência quando determinado acórdão tenha partes unânime e não unânime. Significa que, havendo conclusão não unânime do aresto contra os interesses da defesa e outra unânime, *deveriam* ser interpostos, concomitantemente, os embargos infringentes (da parte não unânime, como forma de obstar ulteriormente a incidência da Súmula 207, STJ: "*é inadmissível recurso especial quando cabíveis embargos infringentes contra o acórdão proferido no tribunal de origem*"), e também, contra a parte unânime, os recursos especial e/ou extraordinário (dependendo da tese defendida), sob pena de trânsito em julgado quanto à parte unânime.

Embora o tema ainda não tenha sido objeto de debates mais profundos pela jurisprudência ao menos dos Tribunais Superiores (que permanece exigindo, ao menos implicitamente, a interposição simultânea dos recursos), crê-se que tal situação mereceria, hoje, tratamento diverso.

No âmbito do processo penal, como já delineado, *qualquer* decisão majoritária desfavorável à defesa desafia os embargos infringentes como recurso necessário à eventual rediscussão da matéria em instâncias extraordinárias, ao contrário do sistema do CPC/1973 (com o registro de que a Lei nº 13.105/2015, o NCPC, não trouxe dispositivo similar - vide arts. 944 e seguintes), que, como salientado, atualmente exige que o acórdão, por *maioria, reforme* a decisão de primeiro grau. Porém, da interpretação do dispositivo legal que trata das *formas de interposição e de processamento*, resta hialino que o Código de Processo Penal nada dispôs expressamente sobre a interposição simultânea dos recursos para se evitar trânsito em julgado do comando unânime. Se o CPP é omisso, não se vê óbice à incidência supletiva (pela expressa autorização do art. 3º, CPP) das disposições constantes no Código de Processo Civil de 1973 (vigentes até a entrada em vigor da Lei nº 13.105/2015), *in verbis*:

> Art. 498. Quando o dispositivo do acórdão contiver julgamento por maioria de votos e julgamento unânime, e forem interpostos embargos infringentes, o prazo para recurso extraordinário ou recurso extraordinário ou recurso especial, relativamente ao julgamento unânime, ficará sobrestado até a intimação da decisão nos embargos.
>
> Parágrafo único. Quando não forem interpostos embargos infringentes, o prazo relativo à parte unânime da decisão terá como dia de início aquele em transitar em julgado a decisão por maioria de votos.

Atente-se à redação anterior do dispositivo, que era a seguinte:

> Art. 498. Quando o dispositivo do acórdão contiver julgamento por maioria de votos e julgamento unânime e forem interpostos simultaneamente embargos infringentes e recurso extraordinário ou recurso especial, ficarão estes sobrestados até o julgamento daquele.

A modificação foi substancial: no âmbito do processo civil não mais se exigia (pelo contrário, vedava-se) a interposição simultânea dos recursos quando a decisão colegiada contivesse provimentos desfavoráveis à defesa unânime e não unânime, parecendo, salvo melhor juízo, ter perdido sua razão de ser a Súmula 355, STF (ao menos no Processo Civil e à luz do CPC de 1973): "*Em caso de embargos infringentes parciais, é tardio o recurso extraordinário interposto após o julgamento dos embargos, quanto à parte da decisão embargada que não fora por eles abrangida.*"

Malgrado após a vigência do NCPC (Lei nº 13.105/2015) não mais se possa adotar a aplicação analógica destas regras ao CPP, tem-se que, sistemicamente, esta solução adotada no âmbito da legislação processual civil *nessa parte* poderia continuar sendo aplicável, como forma de facilitar o sistema recursal (com a insistência diante de não haver nenhuma disposição em sentido contrário no CPP).

Atente-se, por fim, que nos termos da Súmula 579 do STJ, *"não é necessário ratificar o recurso especial interposto na pendência do julgamento dos embargos de declaração, quando inalterado o resultado anterior"*.

Não se pode esquecer também aqui que, se não interpostos os embargos infringentes da parte em que exista dissídio, inviável o recurso às instâncias extraordinárias (Súmula 207, STJ).

Como proceder, então, quando houver, num mesmo julgado, parte da decisão unânime e outra por maioria ?

Haveria a necessidade de interposição concomitante dos infringentes da parte não unânime e eventualmente recursos especial e extraordinário da unânime? E depois de julgados os infringentes, contra eles deveriam ser interpostos recursos especial e/ou extraordinário, com "ratificação" dos anteriormente interpostos em relação à parte unânime?

Cremos que o procedimento deve ser racionalizado ao máximo. Veja-se que a própria Súmula 207 do STJ *impõe como condição* dos recursos de natureza extraordinária o exaurimento das instâncias ordinárias.

Se a lei não impõe expressamente que devam ser interpostos vários recursos de forma concomitante nessa situação excepcional, não há sentido processual a imposição desse burocrático procedimento.

Noutras palavras, a só interposição dos infringentes deve suspender as discussões porventura cabíveis nas instâncias extraordinárias inclusive da parte unânime do julgado. Uma vez solucionada a controvérsia (o exaurimento ordinário), aí abre-se a possibilidade de interposição de recursos especial e/ou extraordinário em relação a qualquer parte do julgado, devendo-se atender aos requisitos legais para tanto.

Jurisprudência

609.5. *[...] Consoante dispõe o verbete n. 207 da Súmula desta Corte Superior, "é inadmissível recurso especial quando cabíveis embargos infringentes contra o acórdão proferido no tribunal de origem". [...] (Agravo Regimental no Agravo em Recurso Especial nº 2.292.864-SC, STJ, 6ª Turma, Rel. Min. Antonio Saldanha Palheiro, julgado em 21.11.2023, publicado no DJ em 24.11.2023)*

609.5. [...] 1. Nos termos da jurisprudência deste Sodalício, é necessária a ratificação do Recurso Especial apresentado na pendência de embargos de declaração apenas na hipótese em que há alteração do decisum impugnado, interpretação que se estende, por analogia, aos Embargos Infringentes e de Nulidade. Incidência da Súmula n. 579/STJ (AgRg no AREsp 994.962/SP, Rel. Ministro Jorge Mussi, Quinta Turma, julgado em 13/3/2018, DJe 23/3/2018), hipótese não ocorrida nos autos, tendo em vista que os embargos infringentes foram rejeitados. 2. "A interposição de recursos simultâneos pela mesma parte e contra a mesma decisão impede o conhecimento do segundo recurso, haja vista a preclusão consumativa e princípio da unirrecorribilidade das decisões" (EDcl no AgRg no REsp 1863921/MG, Rel. Ministro Félix Fischer, Quinta Turma, julgado em 26/5/2020, DJe 3/6/2020) [...] *(Agravo Regimental no Agravo Regimental nos Embargos de Declaração no Agravo em Recurso Especial nº 1.617.439-PR, STJ, 5ª Turma, Rel. Min. Joel Ilan Paciornik, julgado em 22.9.2020, publicado no DJ em 28.9.2020)*

609.5. [...] Os embargos infringentes, recurso exclusivo da defesa, previsto no art. 609 do Código de Processo Penal, não exige, para sua interposição que o acórdão tenha reformado a sentença de mérito, consoante o art. 530 do Código de Processo Civil. No processo penal, basta que o acórdão tenha sido não unânime e seja desfavorável ao Réu. IV. Agravo regimental improvido *(Agravo Regimental no Recurso Especial nº 334.087-SP, STJ, 5ª Turma, Rel. Min. Regina Helena Costa, julgado em 7.11.2013, publicado no DJ em 12.11.2013)*.

609.5. [...] Assim, nos termos do art. 498 do CPC, na redação vigente à época da interposição do apelo, os Embargos Infringentes devem ser opostos da parte não unânime do acórdão, devendo a parte unânime ser impugnada somente após o seu julgamento, mediante os recursos eventualmente cabíveis, inclusive o Recurso Especial. Se o Recurso Especial é interposto antes de julgados os Embargos Infringentes – tal como ocorreu, na espécie –, a ratificação do Apelo Especial, após o julgamento dos Embargos Infringentes, é medida que se impõe, a fim de não subverter a ordem prescrita no aludido art. 498 do CPC. [...] (*Embargos de Declaração no Agravo Regimental em Agravo no Recurso Especial nº 3.659-PR, STJ, 6ª Turma, Rel. Min. Assusete Magalhães, julgado em 5.2.2013, publicado no* DJ *em 3.4.2013*).

609.5. [...] Depois da Lei nº 10.352/2001, não cabe, em qualquer hipótese, a interposição simultânea de embargos infringentes e recurso especial. Extinguiu-se esta exceção ao cânone da unirrecorribilidade. Se, diante do acórdão proferido por maioria de votos, a parte interpõe simultaneamente embargos infringentes e recurso especial, este último deve ser considerado incabível. Contudo, mesmo que isso ocorra, não há preclusão consumativa a impedir que, posteriormente, seja interposto recurso especial apenas contra o acórdão dos embargos infringentes. Em tal hipótese, o segundo recurso especial deve-se limitar às questões ventiladas no acórdão dos embargos infringentes. O que não foi objeto deste último julgamento não se expõe a recurso especial. Atendidos os requisitos do art. 530 do CPC, cabem embargos infringentes, ainda que a divergência entre os votos que decidiram a apelação restrinja-se ao valor da indenização por danos morais (*Recurso Especial nº 978.620-MG, Rel. Min. Humberto Gomes de Barros, 3ª Turma, publicado no* DJ *em 22.10.2007) – esta decisão foi tomada em caso de natureza civil.*

609.6. Embargos infringentes no âmbito da Justiça Militar: No Código de Processo Penal Militar, há regramento específico acerca dos embargos infringentes, com aspecto substancialmente diverso dos previstos no Código de Processo Penal.

Segundo consta no art. 538, CPPM (capítulo IV do título II do Livro III), há possibilidade de ajuizamento de embargos infringentes às sentenças finais proferidas pelo Superior Tribunal Militar tanto pelo réu quanto pelo Ministério Público.

E outra especificidade, que guarda certa similitude com o que defendido anteriormente acerca da possibilidade jurídica do recurso. Embora assentando que *não* cabem *embargos* (todos aos quais se refere o art. 538, CPPM) de acórdão unânime ou quando proferido em julgamento de embargos, salvo os de declaração, nos termos do art. 542, CPPM (essa, a regra, art. 539, *caput*, CPPM), admite-se que, *se for unânime a condenação*, mas houver divergência quanto à classificação do crime ou natureza da pena, os embargos serão admissíveis na parte em que não houver unanimidade (a exceção, parágrafo único do art. 539, CPPM).

609.7. Embargos infringentes e os Juizados Especiais Criminais: As Leis nºs 9.099/95 e 10.259/2001 não preveem possibilidade de embargos infringentes em caso de decisão não unânime desfavorável ao réu em julgamentos proferidos pelas turmas recursais. Não nos parece correto pretender aplicar subsidiariamente o Código de Processo Penal às referidas leis.

Em primeiro lugar, porque, tecnicamente, as turmas recursais não são consideradas *tribunais de apelação*, tanto que constituídas por membros da magistratura de primeiro grau. Não por outro motivo que o Plenário do Supremo Tribunal Federal revogou sua Súmula 690 (*Compete originariamente ao Supremo Tribunal Federal o julgamento de* habeas corpus *contra decisão de turma recursal de Juizados Especiais Criminais*) por ocasião do julgamento do HC nº 86.634 (*DJ* de 9.3.2007), em que se assentou que "*estando os integrantes das turmas recursais dos juizados especiais submetidos, nos crimes comuns e nos de responsabilidade, à jurisdição do tribunal de justiça ou do tribunal regional federal, incumbe a cada qual, conforme o caso, julgar os impetrados contra ato que tenham praticado*".

Em segundo lugar, porque a Lei tem regramentos bem específicos, todos orientados, conforme preconiza expressamente o art. 62, Lei nº 9.099/95, pelos critérios da "*oralidade, simplicidade, informalidade, economia processual e celeridade*". Noutras palavras, diante da natureza dos crimes (menor potencial ofensivo), em contrapartida à mitigação de aplicação de penas privativas, optou o legislador (opção expressa, diga-se; e correta para nós) em estipular um procedimento com menos recursos, sem que, com isso, se possa falar em menos-valia do princípio constitucional da ampla defesa. Reitere-se que, em nossa compreensão, ampla defesa não significa direito à utilização de todos os recursos cabíveis no ordenamento jurídico. Aliás, fosse esse o raciocínio, não haveria como justificar o cabimento *apenas* do – restrito, ainda mais hodiernamente, com a necessidade da demonstração da *repercussão geral* – recurso extraordinário.

609.8. Embargos infringentes no âmbito do Superior Tribunal de Justiça e do Supremo Tribunal Federal: O art. 609, CPP, é bastante explícito ao tratar dos recursos perante os tribunais de *apelação*, de modo que *não* se aplica automaticamente a regra ao Superior Tribunal de Justiça. Em verdade, os embargos infringentes são admitidos naquela Corte, mas conforme as regras insertas em seu regimento interno. No âmbito do STJ, os embargos infringentes eram julgados pelas Seções (no caso penal, pela 3ª Seção), com uma regra específica: o prazo para interposição era de 15 (quinze) dias (art. 260, RISTJ). Entretanto, o art. 260 foi revogado com a Emenda Regimental nº 22, de 2016.

No âmbito do STF, também há previsão de embargos infringentes, como se vê do art. 333, RISTF:

> Art. 333. Cabem embargos infringentes à decisão não unânime do Plenário ou da Turma:
>
> I – que julgar procedente a ação penal;
>
> II – que julgar improcedente a revisão criminal;
>
> III – que julgar a ação rescisória;
>
> IV – que julgar a representação de inconstitucionalidade;
>
> V – que, em recurso criminal ordinário, for desfavorável ao acusado.
>
> Parágrafo único. O cabimento dos embargos, em decisão do Plenário, depende da existência, no mínimo, de quatro votos divergentes, salvo nos casos de julgamento criminal em sessão *secreta*.

O prazo para a interposição dos embargos infringentes é de 15 (quinze) dias, ao contrário da regra do CPP (10 dias), consoante expresso no art. 334, RISTF.

Cremos, porém, serem descabidos os embargos infringentes (especialmente em matéria criminal) de decisões do Plenário do STF, nada obstante a decisão tomada (por apertado placar de 6x5) pela Corte no julgamento da Ação Penal nº 470 ("Caso Mensalão"), ocorrido em outubro de 2013. Pelos fundamentos que acresceremos aos já existentes anteriormente na presente obra, cremos que não se apresenta correta a decisão.

Com efeito, não se desconhece entendimento (aqui sim correto), do Supremo Tribunal Federal, no sentido de que, à luz do ordenamento jurídico anterior da Constituição Federal de 1988, a Corte possuía competência normativa para, no âmbito regimental, formular normas de direito processual relativas ao processo e julgamento dos feitos de sua competência originária ou recursal. Igualmente é correta a interpretação de que a novel Constituição "*recepcionou tais preceitos regimentais, que passaram a ostentar for-*

ça e eficácia de norma legal" (vide Embargos de Declaração no Agravo Regimental nos Embargos de Divergência nos Embargos de Declaração no Agravo Regimental no Agravo de Instrumento nº 727.503, Rel. Min. Celso de Mello, Plenário, julgado em 10.11.2011, publicado no *DJ* em 6.12.2011). Também não parece haver ressaibo de dúvidas no sentido de que a regulamentação existente nos regimentos (anterior à Constituição Federal de 1988 e também posterior) precisa se compatibilizar a todas as questões relativas à reserva de lei no que se refere à edição de regras processuais penais (art. 22, I, CF).

A questão é saber se há compatibilidade entre a regulamentação *específica posterior* quanto ao processamento dos feitos em sede extraordinária (Lei nº 8.038/90) e a (anterior) regra do art. 333, do Regimento Interno do STF, que dispõe sobre os embargos infringentes.

No julgamento da Ação Declaratória de Inconstitucionalidade nº 1.591 (*Rel. Min. Sepúlveda Pertence, Plenário, julgado em 27.11.2002, publicado no* DJ *em 12.9.2003*), reconheceu-se expressamente que é irrecorrível a decisão definitiva declaratória de constitucionalidade ou inconstitucionalidade de normas, por força do art. 26 da Lei nº 9.868/99, que "*implicou abolição dos embargos infringentes previstos no art. 333, IV*", ressalvando, porém, que a lei nova aboliu "*recurso aos casos em que o acórdão, então recorrível, seja proferido em data anterior à do início da sua vigência*" (*tempus regit actum – v. g., vide itens 2.1 e 607.1).*

No caso mencionado, o Plenário do STF julgara improcedente (por 6 × 5 votos) a ADI 1.591-RS. Defendia-se o cabimento dos embargos infringentes, sob dois fundamentos essenciais: (a) a recepção do RISTF pela Constituição de 1988; (b) o silêncio da Lei nº 8.038/90, que disciplinou os processos de competência do STJ e do STF.

Com pertinência, reconheceu o e. Relator que, no caso, a decisão embargada era *anterior* à Lei nº 9.868/99, que aboliu, na hipótese, embargos infringentes, apesar de a publicação do aresto ter ocorrido posteriormente. Disse, então, que "*suprimido o recurso por lei ordinária, não é pertinente ao caso a solução radical dada pelo Tribunal, quando da abolição dos embargos infringentes em recurso extraordinário pela EC 16/65*".

O que importa é que o Supremo Tribunal Federal assentou, na *fundamentação,* uma premissa importantíssima no julgado retromencionado: se houver incompatibilidade do Regimento Interno com legislação processual *posterior*, não há como se manter válida a regra regimental (salvo para os casos em que surgido o direito subjetivo ao recurso antes da alteração *legal*).

Vamos ao que importa. Em seu "Título II", a Lei nº 8.038/90 previu expressa e taxativamente os seguintes recursos: ***(a)*** recurso extraordinário e recurso especial (Capítulo I, arts. 26 a 29 – após a vigência da Lei nº 13.105/2015 o tema será regulado pelo novo CPC, revogados expressamente os arts. 26 a 29 pelo art. 1.072, IV, CPC/2015); ***(b)*** recurso ordinário em *habeas corpus* (Capítulo II, arts. 30 a 32); ***(c)*** recurso ordinário em mandado de segurança (Capítulo III, arts. 33 a 35); ***(d)*** apelação cível e agravo, oponíveis para o STJ nas causas em que forem partes, de um lado, Estado estrangeiro ou organismo internacional e, de outro, município ou pessoa domiciliada ou residente no país (Capítulo IV, arts. 36 e 37); ***(e)*** nas "disposições gerais" (Título III, art. 39), previu-se a possibilidade do recurso de *agravo* da decisão do Presidente do Tribunal, de Seção, de Turma ou de Relator que causar gravame à parte; ***(f)*** deu nova redação (art. 42, Lei nº 8.038/90) a diversos artigos do Código de Processo Civil, cabendo destaque ao reconhecimento expresso de que, em *tribunais de apelação (sede ordinária),* seria possível a interposição (dentre outros) dos embargos infringentes (art. 496, III, CPC/1973 – não mais cabíveis a partir da vigência da Lei nº 13.105/2015, o CPC/2015); que a interposição simultânea de recurso especial ou extraordinário com embargos infringentes implica o sobrestamento daqueles até o julgamento desses (art. 498, CPC – não mais aplicável a partir da vigência da Lei nº 13.105/2015, o atual CPC); que é admissível o recurso adesivo na apelação, nos embargos infringentes, no recurso extraordinário e no recurso especial (art. 997, CPC/2015 – art. 500, II, CPC/1973); e que na apelação e nos embargos infringentes (ambos também relacionados com as instâncias ordinárias, com observância de não mais serem cabíveis infringentes após o CPC/2015), o prazo para interposição e resposta é de quinze dias (art. 1.003, § 5º, CPC de 2015/art. 508, CPC de 1973); ***(g)*** a reclamação (Capítulo II, arts. 13 a 18 – após sua vigência, o tema será regulado pela Lei nº 13.105/2015, pois expressamente revogados os arts. 26 a 29 pelo art. 1.072, IV, CPC/2015); ***(h)*** o processo de intervenção federal (Capítulo III, arts. 19 a 22); ***(i)*** o *habeas corpus* (Capítulo IV, art. 23, reportando-se expressamente às regras do Código de Processo Penal); e ***(j)*** ao tratar de "outros procedimentos" (Capítulo V, arts. 24 e 25), referiu *exclusivamente* a ação rescisória, conflitos de competência, conflitos de jurisdição e atribuições, revisão criminal e mandado de segurança.

Como se vê, a legislação editada *posteriormente* à Constituição Federal de 1988 *não previu* absolutamente nada relacionado aos embargos infringentes, *então* previstos no RISTF, ao tempo em que, de forma detalhada, especificou formas e requisitos de inúmeros outros recursos (mesmo que, em alguns casos, por remissão à legislação geral), alguns *já previstos* anteriormente no RISTF.

À guisa de primeira conclusão: o legislador deixou claro que, na novel sistemática introduzida pela Lei nº 8.038/90, não haveria mais espaço para eventuais embargos infringentes de decisões do Plenário do STF. Noutras palavras, quanto a esse recurso, o sistema anterior de regulamentação do RISTF se revelou incompatível com a legislação que passou a vigorar.

Viu-se no julgamento do referido *leading case* argumento de que ainda permaneceriam vigentes as regras dos embargos infringentes previstos no RISTF porque a Lei nº 8.038/90 não as teria revogado expressamente. Em nossa compreensão, um equívoco que contrasta sob a ótica de hermenêutica *inicial e especialmente* com a expressa previsão da LC nº 95, de 26.2.1998, na redação da LC nº 107, de 26.4.2001 ("Dispõe sobre a elaboração, a redação, a alteração e a consolidação das leis, conforme determina o parágrafo único do art. 59 da Constituição Federal, e estabelece normas para a consolidação dos atos normativos que menciona"). Consta em seu art. 9º que "a cláusula de revogação deverá enumerar, expressamente, as leis ou disposições legais revogadas". Ora, leis ou disposições legais são aquelas *stricto sensu*. Não há se exigir que uma lei ulterior preveja *expressa* revogação de disposição de *regimento interno de tribunal*. A nova regulamentação de *lei*, que, por si só, se revela sistemicamente incompatível com o regimento interno é o que basta para, dentro de uma interpretação racional, reconhecer que este último não deve mais ser aplicado.

Exatamente nessa linha foi a decisão do Relator da Ação Penal nº 470, Ministro Joaquim Barbosa, ao reconhecer, monocraticamente, em 13.5.2013, que o Regimento Interno do STF "também pode ser alterado, total ou parcialmente, e mesmo tacitamente, quando lei posterior dispuser de forma diversa ou regular inteiramente a matéria de que ele tratava (art. 2º, § 2º, da Lei de Introdução às Normas do Direito Brasileiro).

Mais um dado esquecido na interpretação hermenêutica preponderante foi o de que a Lei nº 8.038/1990 fez sim alusão a embargos infringentes, porém dando nova redação a dispositivos *apenas* do Código de Processo Civil (não há se olvidar que, com a vigência da Lei nº 13.105/2015, deixam de existir os embargos infringentes). Noutras palavras, tratou, restritivamente, do tema. E como se trata de lei substitutiva, sistemicamente falando, a revogação tácita das demais normas revela-se hialina.

Mas não é só. Havia, então, outro requisito para o cabimento dos embargos da decisão plenária: deveriam existir pelo menos quatro votos divergentes, "*salvo nos casos de julgamento criminal em sessão secreta*". De plano se vê a absoluta incompatibilidade de "decisão secreta" em sede jurisdicional no âmbito do STF à luz do art. 5º, IX, CF/88, de que "*todos os julgamentos dos órgãos do Poder Judiciário serão públicos, e fundamentadas todas as decisões*" (a única exceção quanto aos fundamentos das votações está no tribunal do júri, art. 5º, XXXVIII, "b", CF/88). Seria possível então "aproveitar" apenas parte do dispositivo, e reconhecer a validade do requisito dos "quatro votos divergentes" como necessários para a instalação do dissídio a justificar os infringentes? A resposta igualmente é-nos negativa. A razão parece bastante clara: nessa situação, os embargos infringentes teriam uma característica *atípica* de *exclusivo* pleito de "reconsideração", na medida em que os julgadores que apreciariam os embargos seriam exatamente os mesmos que proferiram o julgamento "embargado". A situação é absolutamente anômala (inclusive em sua gênese) se comparada com os casos em que admitidos embargos infringentes nas instâncias ordinárias. Nessas, o julgamento (passível de embargos infringentes) é realizado por um colegiado menor, e, diante do dissídio, admite-se a possibilidade do recurso para *unificação* de entendimentos em órgão (também colegiado) composto de *mais* membros (em que alguns podem ser os mesmos do órgão fracionário menor). No caso do Plenário do Supremo Tribunal Federal, os embargos infringentes seriam (re) apreciados pelo *mesmo juízo natural* que julgara a questão anterior.

Nem se diga, de forma derradeira, que os embargos infringentes seriam uma garantia correlacionada com um (suposto) direito (absoluto) a um *duplo grau* de jurisdição. Essa afirmativa só pode decorrer de premissa de quem não bem compreende a *ratio* do duplo grau jurisdicional e da previsão dele em tratados internacionais dessa garantia.

No art. 7º (Direito à liberdade pessoal), item 6, da Convenção Americana sobre Direitos Humanos (o Pacto de San José da Costa Rica, de 22.11.1969), prevê-se que "*toda pessoa privada da liberdade tem direito a recorrer a um juiz ou tribunal competentes, a fim de que este decida, sem demora, sobre a legalidade de sua prisão ou detenção e ordene sua soltura se a prisão ou a detenção forem ilegais. Nos Estados-Partes cujas leis preveem que toda pessoa que se vir ameaçada de ser privada de sua liberdade tem direito a recorrer a um juiz ou tribunal competentes, a fim de que este decida sobre a legalidade de tal ameaça, tal recurso não pode ser restringido nem abolido. O recurso pode ser interposto pela própria pessoa ou por outra pessoa*". Já no art. 8º (garantias judiciais), encontra-se no item 2, "h", que "*toda pessoa acusada de delito tem direito a que se presuma sua inocência enquanto não se comprove legalmente sua culpa. Durante o processo, toda pessoa tem direito, em plena igualdade, às seguintes garantias mínimas: [...] h) direito de recorrer da sentença para juiz ou tribunal superior*". E no art. 25 (que trata da "proteção judicial"), item 1, há previsão de que "*toda pessoa tem direito a um recurso simples e rápido ou a qualquer outro recurso efetivo, perante os juízos ou tribunais competentes, que a proteja contra atos que violem seus direitos fundamentais reconhecidos pela constituição, pela lei ou pela presente Convenção, mesmo quando tal violação seja cometida por pessoas que estejam atuando no exercício de suas funções oficiais*".

Vê-se claramente que a garantia de recorrer de "sentença" para "juiz ou tribunal superior" está correlacionado com uma circunstância: *especialmente* a decisão tomada *monocraticamente* deve estar sujeita a revisão por um *órgão colegiado*, evitando-se, ao máximo, o erro. Mas como se falar em suposto direito a recurso (por invocação do duplo grau) quando a apreciação se dá pela Corte Suprema, em sua composição plenária, com o mais amplo espectro de cognição, inclusive probatória? Realmente incompreensível, sistêmica e racionalmente falando.

De fato, em nossa compreensão, apenas uma leitura isolada (quando não apenas literal) dos dispositivos permitiria uma conclusão no sentido de que o duplo grau de jurisdição (ou um direito a recurso) caberia *em todas as hipóteses*. Atuando como *Amicus Curiae* ante a Corte Interamericana dos Direitos Humanos no Caso nº 11.633 (<www.justiciaglobal.info/docs/amicus%20BL.pdf, p. 6 e 16>, acesso em 10 dez. 2012), o Programa de Justiça Global e Direitos Humanos destacou com propriedade que *"la garantía de la doble instancia debe entonces ser leída en conjunto con los principios de juez natural y otras características fundamentales del debido proceso"*. Mais enfaticamente, assentou que os países-membros do Sistema Europeu de Direitos Humanos reconhecem que o duplo grau de jurisdição "*puede tener excepciones en determinados casos como para las infracciones menores tal como están definidas por la ley o cuando el interesado haya sido Juzgado en primera Instancia por la jurisdicción suprema o haya sido declarado culpable y condenado como resultado de un recurso contra su absolución*". Nessa linha, temos a firme convicção de que não existem direitos absolutos (tema já expressamente reconhecido pelo Supremo Tribunal Federal em inúmeras situações, *v. g. Habeas Corpus* nº 93.250-MS, STF, Rel. Min. Ellen Gracie, julgado em 10.06.2008, publicado no *DJ* em 27.6.2008; Medida Cautelar na ADI nº 2.566-DF, STF, Rel. Min. Cezar Peluso, julgado em 22.5.2002, publicado no DJ em 27.2.2004). Embora não previsto *explicitamente e assim reconhecido* na Constituição Federal, não se pode deixar de reconhecer que o direito ao duplo grau jurisdicional é imanente a um sistema Democrático de Direito e diretamente correlacionado com uma Constituição que se queira e interprete de *forma "integralmente garantista"* (FISCHER, Douglas. O que é garantismo penal (integral)? In: *Garantismo penal integral* – Questões penais e processuais, criminalidade moderna e a aplicação do modelo garantista no Brasil. Salvador: Juspodivm, 2010, p. 31). Efetivamente, o duplo grau de jurisdição *não é* uma garantia *absoluta*. Ele deve ser afastado quando incompatível jurídica e/ou estruturalmente com outro princípio de igual ou maior hierarquia. E são dois fundamentos essenciais para reafirmar essa incompatibilidade.

O primeiro é que a Corte Constitucional é o órgão máximo para a proteção dos direitos fundamentais. Ora, e como já dito, o exercício da competência originária é, paradoxalmente (mas racionalmente justificável), muito *mais amplo* do que aqueles casos em que, em tese, é cabível uma análise em sede de recurso extraordinário. De outro bordo, e aqui o argumento central, o duplo grau de jurisdição é incompatível (sistemicamente falando) com a prerrogativa de foro do Supremo Tribunal Federal. Relembre-se: não há direito absoluto a *nenhuma* garantia constitucional (e nem tratados ou convenções asseguram direitos desse jaez). A análise de todas as garantias (de forma sistêmica, e não tópica) precisa ser sopesada e analisada de forma conjunta com os demais elementos dispositivos da Constituição.

A Corte Suprema condicionou a revisão sob a ótica do *duplo grau* de jurisdição: apenas se houver decisão favorável com pelo menos quatro posicionamentos favoráveis ao réu recorrente. Para os demais, com três, dois ou um voto, não.

Há se ver, ainda, que o julgamento originário em tribunais de apelação não permite a interposição de embargos infringentes (vide 609.1), e apenas os muito restritos recursos especial e extraordinário (uma anotação: desde a exigência da repercussão geral, em 3.5.2007, a Corte Suprema admitiu apenas *um* recurso extraordinário em matéria penal, para, excepcionalmente, absolver um réu e afastar a regra da contravenção penal prevista por incompatibilidade com a Constituição Federal de 1988. Foi no julgamento do RE 583.523 (*DJ* de 22.10.2014) que se reconheceu a inconstitucionalidade do art. 25 da Lei de Contravenções Penais – Decreto-Lei nº 3.688/41).

Outra situação inaceitável é que os embargos infringentes perante o Supremo Tribunal Federal tornam-se verdadeiro pedido de reconsideração para *o mesmo órgão julgador* (o Plenário), diferentemente do que ocorre nas situações dos tribunais de apelação, em que o órgão que aprecia o recurso é necessariamente composto por mais membros do que aquele que proferiu a decisão embargada.

Porém é preciso fazer uma pequena observação em razão das alterações do Regimento Interno do Supremo Tribunal Federal em face do advento da Emenda Regimental nº 49/2014, que modificou parcialmente a competência originária do Plenário para julgamento de ações penais.

Desde então compete ao Plenário do Supremo Tribunal Federal processar e julgar originariamente (art. 5º): "I – nos crimes comuns, o Presidente da República, o Vice-Presidente da República, o Presidente do Senado Federal, o Presidente da Câmara dos Deputados, os Ministros do Supremo Tribunal Federal e o Procurador-Geral da República, bem como apreciar pedidos de arquivamento por atipicidade de conduta."

E segundo a regra do art. 9º, I, "j" e "k", compete às Turmas: "I – processar e julgar originariamente: **j**) nos crimes comuns, os Deputados e Senadores, ressalvada a competência do Plenário, bem como apreciar pedidos de arquivamento por atipicidade de conduta; **k**) nos crimes comuns e de responsabilidade, os Ministros de Estado e os Comandantes da Marinha, do Exército e da Aeronáutica, ressalvado o disposto no art. 52, I, da Constituição Federal, os membros dos Tribunais Superiores, os do Tribunal de Contas da União e os chefes de missão diplomática de caráter permanente, bem como apreciar pedidos de arquivamento por atipicidade da conduta."

Tais alterações regimentais têm repercussões também no tema dos embargos infringentes. É que o parágrafo único do art. 333 do RISTF (que não foi alterado) prevê o cabimento dos embargos infringentes, de decisão do Plenário, desde que existam pelo menos quatro votos divergentes. Nossa crítica continua hígida quanto ao entendimento do descabimento dos infringentes das decisões do Plenário do Supremo Tribunal Federal.

Assim, e agora, caberão embargos infringentes para o Plenário, no caso de decisão não unânime das Turmas, já então com fundamento no art. 29 da Lei nº 8.038/90 (com a vigência da Lei nº 13.105/2015, deixam de existir os embargos infringentes, revogados expressamente os arts. 26 a 29 da Lei nº 8.038/90 pelo art. 1.072, IV, CPC/2015), cujos termos são seguidos no *caput* do art. 333 do RISTF.

De qualquer modo, impende referir que, no que tange à competência originária para as ações penais, o Supremo Tribunal Federal considerou como essencial e imutável a presença de pelo menos quatro votos favoráveis ao réu na ação penal para a admissibilidade dos embargos infringentes. Quanto à exigência de quatro votos absolutórios para fins de cabimento dos infringentes, defendemos que o mesmo requisito haveria de se considerar em relação às penas: havendo quatro votos condenatórios com penas mais brandas, deverão ser admitidos os infringentes. Contudo, o Plenário do Supremo Tribunal Federal reconheceu expressamente que seria "manifestamente incabível a interposição de embargos infringentes sem que existam, no mínimo, quatro votos absolutórios, como estabelecido no artigo 333, I, parágrafo único, do Regimento Interno do Supremo Tribunal Federal", destacando, em complemento, que "não há previsão de cabimento dos Embargos Infringentes contra apenas parte do acórdão condenatório, como a dosimetria", assentando por fim que "o art. 333, I, do RISTF, restringe o âmbito recursal ao juízo de procedência da ação penal, oferecendo ao réu uma nova chance de obter a absolvição, e não de rediscutir todas as decisões proferidas no acórdão".

Prosseguindo quanto à discussão atinente aos embargos infringentes nas hipóteses de competência penal originária do Plenário do Supremo Tribunal Federal, destacamos que vários foram os argumentos trazidos, inclusive a aplicação analógica do art. 609, CPP, em que se exige apenas um voto favorável à defesa. À evidência, descabe, neste caso, a analogia (à exceção agora da competência originária das Turmas, consoante declinado).

Outras duas observações complementares agora também são de relevo, na medida em que, admitidos os infringentes em ação penal de competência originária também das decisões do Plenário no STF, há efeitos daí decorrentes no que tange ao recurso em tela.

A primeira é que em situações dessa natureza há de se ter o devido cuidado para com a adoção do modo de cômputo dos votos. Com efeito, nos embargos infringentes previstos no art. 609 do CPP, há um julgamento em grau de *recurso* em que podem surgir, *numa só etapa*, por exemplo, voto absolutório e voto por condenação com dosimetria de pena (não se fala aqui de três votos condenatórios com penas diversas, em que, aí sim, se deveria adotar a *pena média*). No caso em que há julgamento em instância originária em que *primeiro* se fixa a condenação (em caso de absolvição, não haveria sentido na discussão) e, num segundo momento, há a fixação de pena, não podem ser considerados os votos absolutórios (da primeira etapa) como parâmetros de "*pena zero*" para contrastar com outros que condenaram e fixaram pena. Compreendemos que quem absolve num julgamento em competência penal originária (notadamente em órgão colegiado composto por muitos julgadores, no caso do STF são 11) não poderá participar da seguinte etapa de fixação da pena. Somente se poderá cogitar de embargos infringentes *em relação às penas se*, dentre os que condenaram, houver pelo menos quatro votos mais favoráveis ao réu.

O segundo ponto de extrema relevância é que, havendo *menos* de quatro votos condenatórios com penas inferiores às dos demais votos que condenaram, não caberão os embargos infringentes e também não se poderá invocar a aplicação de *penas médias*, porque, como dito, a sistemática de julgamento é diversa em relação à dos *recursos* apreciados pelos tribunais de apelação. Desse modo, as penas que deverão ser fixadas são aquelas prevalentes nos votos majoritários.

Todas as considerações acima são mantidas para garantir o aspecto histórico da evolução da jurisprudência do STF.

Mas há outros dados relevantes que precisam ser considerados.

Com a edição da Emenda Regimental nº 49, de 3.6.2014, houve uma alteração do quadro jurídico do tema referente aos embargos infringentes, na medida em que, a partir de então, somente as ações penais originárias contra o Presidente da República, o Vice-Presidente da República, os Presidentes da Câmara dos Deputados e do Senado Federal, os Ministros do Supremo e o Procurador-Geral da República continuaram submetidas ao Pleno, deslocando-se as demais hipóteses para as Turmas. Assim, defendemos, não haveria mais se falar em possibilidade de aplicação do disposto no art. 333 do RISTF quanto às ações penais de competência das Turmas, na medida em que os exigidos "quatro votos a favor da defesa" conduzem necessariamente à absolvição do réu (são 5 ministros que compõem as turmas do STF). Assim, reconheceu o Supremo Tribunal que deve ser aplicado subsidiariamente o parágrafo único do art. 609 do Código de Processo Penal, de modo que qualquer decisão desfavorável ao réu possibilitará o desafio mediante embargos infringentes *(Embargos Infringentes nos Segundos Embargos de Declaração na Ação Penal nº 530-MS, STF, Rel. Min. Marco Aurélio, decisão monocrática, publicado no* DJ *em 1º.4.2016).*

Em 19.4.2018, no julgamento do Agravo Regimental interposto contra a negativa de seguimento a embargos infringentes interpostos na Ação Penal n. 863-SP, o Plenário do Supremo Tribunal Federal passou a entender cabíveis embargos infringentes contra decisões em sede de ações penais de competência originária das Turmas. Fixou como requisito para o cabimento a existência de 2 (dois) votos minoritários "absolutórios em sentido próprio". Embora fixadas essas premissas e requisitos, há que se ver que, no bojo da decisão tomada nos Embargos Infringentes interpostos na citada ação penal, não se admitiu a possibilidade dos infringentes, pois: a) não se verificou, no caso concreto, a ocorrência de dois votos absolutórios; b) o único voto divergente não tratou de absolvição em sentido próprio (não expressou juízo de improcedência da pretensão executória, apenas a existência de nulidade processual e ocorrência de prescrição).

Ainda dentro deste tópico, destaca-se que, no ano de 2020, o Plenário do STF criou uma hipótese de *distinguish* em face do que decidido quanto à exigência de dois votos absolutórios em sentido próprio. É que, nos Embargos Infringentes no segundo julgamento dos Embargos de Declaração na Ação Penal nº 929-AL, o STF admitiu o recurso contra acórdão não unânime, presente apenas um voto absolutório em sentido próprio, porque a) incompleto o quórum da sessão de julgamento no âmbito da Turma e b) também porque foi anterior à novel compreensão do Plenário quanto à exigência dos dois votos absolutórios.

É preciso anotar, porém, que a competência do plenário foi (novamente) alterada a partir da Emenda Regimental nº 57, de 16 de outubro de 2020 (vide item 84.4), passando novamente a dispor que a ele competirá julgar, nos crimes comuns, o Presidente da República, o Vice-Presidente da República, os Deputados e Senadores, os Ministros do STF e o Procurador-Geral da República, e nos crimes comuns e de responsabilidade, os Ministros de Estado e os Comandantes da Marinha, do Exército e da Aeronáutica, ressalvado o disposto no art. 52, I, da Constituição Federal, os membros dos Tribunais Superiores, os do Tribunal de Contas da União e os chefes de missão diplomática de caráter permanente, bem como apreciar pedidos de arquivamento por atipicidade da conduta.

Então, a partir da vigência da nova regra de competências, restabelece-se o entendimento anterior, no sentido de serem necessários pelo menos quatro votos absolutórios em sentido próprio para fins de cabimento dos embargos infringentes.

Jurisprudência

609.8. [...] 1. É pacífica a jurisprudência desta Suprema Corte no sentido de que o cabimento de embargos infringentes em face de acórdão condenatório proferido pelo Plenário do Supremo Tribunal Federal, nos termos do art. 333, I, parágrafo único, RISTF, exige divergência consubstanciada em ao menos 4 (quatro) votos absolutórios próprios. [...] *(Agravo Regimental nos Embargos Infringentes na Ação Penal nº 1.112, STF, Plenário, Rel. Min. Alexandre de Moraes, Sessão Virtual de 27.9.2024 a 4.10.2024, publicado no DJ em 30.10.2024)*

[...] 1. Nos termos do art. 333 do Regimento Interno do Supremo Tribunal Federal, cabem Embargos Infringentes à decisão não unânime do Plenário ou da Turma: I – que julgar procedente a ação penal; II – que julgar improcedente a revisão criminal; III – que julgar a ação rescisória; IV – que julgar a representação de inconstitucionalidade; e V – que, em recurso criminal ordinário, for desfavorável ao acusado. 2. Por não haver previsão legal e pacífica, a jurisprudência desta CORTE, no sentido de que os Embargos Infringentes opostos contra julgado de Turma ou de Plenário em *Habeas Corpus* mostram-se manifestamente incabíveis. Precedentes. [...] *(Agravo Regimental nos Embargos Infringentes no Habeas Corpus nº 167.146-PE, STF, Plenário, unânime, Rel. Min. Alexandre de Moraes, julgado em sessão virtual de 9.10.2020 a 19.10.2020, publicado no DJ em 29.10.2020).*

609.8. [...] Embargos infringentes no agravo interno no recurso extraordinário com agravo. [...]1. Os embargos infringentes são cabíveis em face de decisão não unânime do Plenário ou da Turma que: i) julgar procedente ação penal; ii) julgar improcedente revisão criminal; iii) julgar ação rescisória; iv) julgar representação de inconstitucionalidade; e v) em recurso criminal ordinário, for desfavorável ao acusado. Precedentes: ARE 1.216.724-AgR-ED-EDv-EI-ED, Tribunal Pleno, Rel. Min. Alexandre de Moraes, DJe de 12/02/2020; e ARE 1.244.153-AgR-EI-AgR, Tribunal Pleno, Rel. Min. Ricardo Lewandowski, DJe de 08/07/2020. 2. Embargos infringentes não conhecidos com ordem de certificação do trânsito em julgado da decisão recorrida e de baixa imediata dos autos, independentemente de publicação, diante do manifesto intuito protelatório da parte recorrente.*[...] (Embargos Infringentes no Agravo interno no Recurso Extraordinário com Agravo nº 1.316.334-ES, STF, Plenário, sessão virtual de 24.9.2021 a 1º.10.2021, publicado no DJ em 25.10.2021)*

609.8. [...] O artigo 333 do Regimento Interno do Supremo preceitua, no parágrafo único, serem admissíveis os embargos infringentes caso haja, no mínimo, quatro votos divergentes, regra esta construída a partir da premissa segundo a qual a competência para processar e julgar as ações penais seria do Plenário. Com a edição da Emenda Regimental nº 49, de 3 de junho de 2014, alterou-se o quadro, porquanto somente as ações penais formalizadas contra o Presidente da República, o Vice-Presidente da República, os Presidentes da Câmara dos Deputados e do Senado Federal, os Ministros do Supremo e o Procurador-Geral da República continuaram submetidas ao Pleno, deslocando-se as demais para as Turmas. Ante o novo cenário normativo, afasta-se o artigo 333 quanto às ações penais da competência das Turmas, dado que quatro votos a favor da defesa conduzem à absolvição do réu. Aplica-se o parágrafo único do artigo 609 do Código de Processo Penal, a versar que, "*quando não for unânime a decisão de segunda instância,*" – não cabe potencializar a alusão à segunda instância – "*desfavorável ao réu, admitem-se embargos infringentes e de nulidade, que poderão ser opostos dentro de 10 (dez) dias, a contar da publicação de acórdão, na forma do art. 613. Se o desacordo for parcial, os embargos serão restritos à matéria objeto de divergência.*" Tomando-se como referência a Lei Processual Penal, o cunho condenatório do pronunciamento é neutro, bastando que seja "*[...] desfavorável ao réu [...]*". [...] (*Embargos Infringentes nos Segundos Embargos de Declaração na Ação Penal nº 530-MS, STF, Rel. Min. Marco Aurélio, decisão monocrática, publicado no* DJ *em 1º.4.2016*).

609.8 [...] Embargos infringentes. Emenda Regimental 49/2014 e divergências quanto manutenção e hipótese de cabimento em decisão condenatória não unânime proferida por turma do STF. Necessidade de dois votos absolutórios em sentido próprio como requisito de admissibilidade recursal. [...] 2. Decisão do Plenário do Supremo Tribunal (AP 863/SP-EI-AgR, Rel. Min. Edson Fachin, Julgado em 18 e 19 de abril de 2019, Acórdão Pendente de Publicação) pela necessidade de dois votos absolutórios em sentido próprio para cabimento do recurso de embargos infringentes. 3. Efeito imediato da interpretação ao recurso interposto ou por interpor, não havendo falar em retroatividade prejudicial nos termos pugnados. [...] *(Agravo Regimental nos Embargos Infringentes na Ação Penal n. 694-MT, STF, Plenário, Rel. Min. Rosa Weber, julgado em Sessão Virtual de 28.6.2019 a 5.8.2019, publicado no* DJ *em 14.8.2019).*

609.8. [...] Embargos infringentes. Preliminar: Requisito fixado na AP 968-AgR. Dois votos em absolutórios em sentido próprio. *Distinguish* para o caso concreto: *quórum* incompleto da sessão de julgamento. Cabimento dos embargos infringentes na presença de um voto absolutório em sentido próprio, porquanto anterior, a interposição do recurso, à fixação do requisito numérico pelo Plenário. [...] 5. (a) Os Embargos Infringentes são cabíveis contra acórdão condenatório não unânime, desde que proferidos dois votos absolutórios, em sentido próprio, no julgamento de mérito de ação penal pelas Turmas do Supremo Tribunal Federal. Precedente: AP 968-AgR, Plenário, Rel. Min. Edson Fachin. (b) *Distinguishing*, no caso concreto, para admitir os Embargos Infringentes contra acórdão condenatório não unânime, presente um voto absolutório em sentido próprio, porquanto incompleto o *quorum* da sessão de julgamento, no âmbito da Turma, e anteriormente à novel compreensão do Plenário, quanto à exigência de dois votos absolutórios, em sentido próprio. [...] *(Embargos Infringentes no segundo julgamento dos Embargos de Declaração na Ação Penal nº 929-AL, STF, Plenário, maioria, Rel. Min. Luiz Fux, julgado em 28.7.2020, publicado no* DJ *em 30.7.2020).*

609.8. [...] Decisão condenatória de órgão fracionário do STF unânime em relação ao mérito e majoritária quanto às preliminares de nulidade e de prescrição. Embargos Infringentes. Requisitos. Mínimo de dois votos absolutórios em sentido próprio. [...] 1. Conforme assentou o Plenário do Supremo Tribunal Federal no julgamento da AP 409 EI-AgR-segundo, Rel. Min. Celso de Mello, Tribunal Pleno, a via dos embargos infringentes, fundados no art. 333, inciso I, do RISTF, exige divergência consubstanciada em votos absolutórios em sentido próprio, ou seja, votos absolutórios quanto ao mérito propriamente dito do caso penal em julgamento, com o que não se confundem os que declaram a extinção da punibilidade pela prescrição da pretensão punitiva e favoráveis ao réu em matéria processual penal. 2. Tendo em vista o princípio da taxatividade recursal, não cabem embargos infringentes, no âmbito do Supremo Tribunal Federal, fundados no art. 609, parágrafo único, do Código de Processo Penal, uma vez que previstos, segundo a dicção legal, para veicular insurgência da defesa contra decisão não unânime "de segunda instância". 3. O cabimento de embargos infringentes em face de decisão penal condenatória proferida pelas Turmas do Supremo Tribunal Federal, exige divergência consubstanciada em ao menos dois votos absolutórios próprios. [...] *(Agravo Regimental nos Embargos Infringentes na Ação Penal n° 863-SP, Plenário, por maioria, Rel. Min. Edson Fachin, julgado em 19.4.2018, publicado no* DJ *em 21.2.2020).*

609.8. [...] Entre as hipóteses de cabimento dos embargos infringentes, previstas no art. 333 do RI/STF, não se inserem as decisões não unânimes proferidas pelo Plenário que negam provimento a agravos internos na execução penal. [...] *(Agravo Regimental nos Embargos Infringentes nos Embargos Declaratórios no Agravo Regimental no Indulto ou Comutação na Execução Penal n. 14-DF, STF, Plenário, unânime, Rel. Min. Roberto Barroso, julgado em 23.5.2019, publicado no* DJ *em 5.6.2019).*

609.8. [...] O Supremo Tribunal Federal, sob a égide da Carta Política de 1969 (art. 119, § 3º, "c"), dispunha de competência normativa primária para, em sede meramente regimental, formular normas de direito processual concernentes ao processo e ao julgamento dos feitos de sua competência originária ou recursal. Com a superveniência da Constituição de 1988, operou-se a recepção de tais preceitos regimentais, que passaram a ostentar força e eficácia de norma legal (RTJ 147/1010 – RTJ 151/278), revestindo-se, por isso mesmo, de plena legitimidade constitucional a exigência de pertinente confronto analítico entre os acórdãos postos em cotejo (RISTF, art. 331). [...] *(Agravo Regimental nos Embargos de Divergência no Agravo Regimental no Recurso Extraordinário com Agravo n. 1.085.289-RJ, STF, Plenário, unânime, Rel. Min. Celso de Mello, julgado em 29.11.2018, publicado no* DJ *em 14.12.2018).*

609.8. [...] É manifestamente incabível a interposição de embargos infringentes sem que existam, no mínimo, quatro votos absolutórios, como estabelecido no art. 333, I, parágrafo único, do Regimento Interno do Supremo Tribunal Federal. Precedentes. O agravante, em nenhuma das condenações objeto do presente recurso, atende a esse requisito legal de cabimento dos embargos infringentes. Não há previsão de cabimento dos Embargos Infringentes contra apenas parte do acórdão condenatório, como a dosimetria. O art. 333, I, do RISTF, restringe o âmbito recursal ao juízo de procedência da ação penal, oferecendo ao réu uma nova chance de obter a absolvição, e não de rediscutir todas as decisões proferidas no acórdão. Descabida a pretensão de aplicar o art. 333, I, parágrafo único, à luz disposto no art. 609 do Código de Processo Penal, pois a norma geral não derroga a norma especial. Agravo regimental desprovido (*Quarto Agravo Regimental nos Embargos Infringentes na Ação Penal nº 470-MG, STF, Rel. Min. Joaquim Barbosa, Plenário, julgado em 22.5.2014, publicado no* DJ *em 3.11.2014*).

609.8. [...] O art. 333, inciso I, do Regimento Interno do Supremo Tribunal Federal, que prevê o cabimento de embargos infringentes na hipótese, jamais foi revogado de modo expresso pela Lei nº 8.038/1990. Tampouco existe incompatibilidade, no particular, entre os dois diplomas normativos. 2. Embora se pudesse, em tese, cogitar da revogação do dispositivo – em razão de a Lei nº 8.038/1990 haver instituído normas sobre o processamento da ação penal originária –, este nunca foi o entendimento do Supremo Tribunal Federal. Ao contrário, há mais de uma dezena de pronunciamentos do Tribunal – em decisões monocráticas e acórdãos, de Turma e do Plenário – no sentido de que o art. 333 se encontra em vigor, inclusive no que diz respeito à ação penal originária. Tais pronunciamentos correspondem à razão de decidir expressamente adotada pela Corte e não podem ser simplesmente desconsiderados, como se nunca tivessem existido. 3. Ademais, Projeto de Lei enviado pelo Executivo ao Congresso Nacional, em 1998, com o fim específico de suprimir os embargos infringentes, foi expressamente rejeitado pela Casa Legislativa. Vale dizer: não só o STF, mas também os Poderes Executivo e Legislativo manifestaram o entendimento de que os embargos infringentes não foram revogados pela Lei nº 8.038/1990. Em deliberação específica e realizada sem a pressão de um processo rumoroso, o Congresso Nacional tomou a decisão expressa de manter esse recurso na ordem jurídica. 4. Embora se possa cogitar da revogação dos embargos infringentes para o futuro, não seria juridicamente consistente a pretensão de fazê-lo na reta final de um processo relevante e emblemático como a Ação Penal 470. 5. Incidência dos princípios do Estado de Direito, da segurança jurídica, da legalidade e do devido processo legal, que impedem o Tribunal de ignorar dispositivo que sempre se considerou vigente a fim de abreviar o desfecho de processo penal determinado (*Vigésimo Sexto Agravo Regimental na Ação Penal nº 470-MG, STF, Plenário, Rel. Min. Joaquim Barbosa, Redator do acórdão Min. Roberto Barroso, julgado em 18.9.2013, publicado no* DJ *em 17.2.2014*).

Art. 610. Nos recursos em sentido estrito, com exceção do de *habeas corpus*, e nas apelações interpostas das sentenças em processo de contravenção ou de crime a que a Lei comine pena de detenção, os autos irão imediatamente com vista ao procurador-geral pelo prazo de cinco dias, e, em seguida, passarão, por igual prazo, ao relator, que pedirá designação de dia para o julgamento.

Parágrafo único. Anunciado o julgamento pelo presidente, e apregoadas as partes, com a presença destas ou à sua revelia, o relator fará a exposição do feito e, em seguida, o presidente concederá, pelo prazo de 10 (dez) minutos, a palavra aos advogados ou às partes que a solicitarem e ao procurador-geral, quando o requerer, por igual prazo.

610.1. Considerações gerais: As disposições aqui previstas referem-se ao procedimento a ser adotado para o julgamento dos recursos nos tribunais de apelação. Um esclarecimento talvez se faça necessário em relação às referências da necessidade de vista (*caput*) e de sustentação oral (*parágrafo único*) pelo Procurador-Geral.

No âmbito do Ministério Público Estadual, a atuação perante os órgãos fracionários nos Tribunais de Justiça está afeita aos Procuradores de Justiça. Mas nenhum óbice (que, parece, é a regra) se apresenta que haja delegação do Procurador-Geral para os Procuradores de Justiça para que atuem, no julgamento dos embargos infringentes e de nulidade, em nome do Procurador-Geral.

Já no âmbito do Ministério Público Federal, a carreira tem característica pouco diversa, consoante previsto explicitamente no art. 44 da Lei Complementar nº 75/93: "Art. 44 – *A carreira do Ministério Público Federal é constituída pelos cargos de Subprocurador-Geral da República, Procurador Regional da República e Procurador da República.* Parágrafo Único – *O cargo inicial da carreira é o de Procurador da República e o do último nível o de Subprocurador-Geral da República.*"

Os Procuradores da República oficiam junto aos Juízes Federais (primeiro grau) e aos Tribunais Regionais Eleitorais, onde não tiver sede a Procuradoria Regional da República (art. 70, LC nº 75/93). Os Procuradores Regionais da República oficiarão perante os Tribunais Regionais Federais (art. 68, LC nº 75/93). Por fim, os Subprocuradores-Gerais atuam junto ao Supremo Tribunal Federal, Superior Tribunal de Justiça e Tribunal Superior Eleitoral, sendo que, perante o STF e TSE, a atuação se dá por *delegação* do Procurador-Geral da República (art. 66, § 1º, LC nº 75/93).

Nesse diapasão, em se tratando de tribunais de apelação, as manifestações nos embargos infringentes, por compatibilização de ambas as legislações (CPP e LC nº 75/93), são dos Procuradores Regionais da República.

Importante destaque deve ser feito para a inserção do § 2º-B à Lei nº 8.906/94 (Estatuto da Advocacia) pela Lei nº 14.365/2022, prevendo expressamente a garantia aos advogados para fazerem sustentações orais em recursos interpostos contra decisões monocráticas de relatores que julguem o mérito ou não conheçam as seguintes irresignações ou recursos: apelação, recurso ordinário, recurso especial, recurso extraordinário, embargos de divergência, ação rescisória, mandado de segurança, reclamação, *habeas corpus* e outras ações de competência originária. (vide também item 564.17.2)

Jurisprudência

610.1. [...] *"Como se extrai do art. 7º, § 2º-B, III, da Lei 8.906/1994, a inovação introduzida no EOAB pela Lei 14.365/2022 garantiu ao advogado o direito de sustentação no agravo interno ou regimental em sede de recurso especial, mas nada dispôs sobre o julgamento de agravo regimental no agravo em recurso especial"* (AgRg no AREsp n. 2.170.433/PA, Quinta Turma, Rel. Min. Ribeiro Dantas, DJe de 10/10/2022). [...] *(Agravo Regimental no Agravo em Recurso Especial nº 2.172.439-RS, STJ, 5ª Turma, Rel. Min. convocado Jesuíno Rissato, julgado em 22.11.2022, publicado no DJ em 2.12.2022)*

610.1. [...] A previsão de manifestação do Ministério Público em segunda instância, prevista no art. 610 do Código de Processo Penal, decorre de sua função de fiscal da lei, o que não se confunde com a atribuição de titular da ação penal pública, estabelecida no art. 257 do mesmo diploma legal. Assim, após a manifestação ministerial não há falar em contraditório a ser exercido pela defesa, pois, quando o Ministério Público atua como *custos legis*, não compõe nenhum dos polos da relação processual, ainda que se oponha às teses trazidas pelo réu. [...] (*Habeas Corpus nº 210.397-SP, STJ, 6ª Turma, Rel. Min. Og Fernandes, julgado em 7.5.2013, publicado no* DJ *em 20.5.2013*).

610.1. [...] Em segundo grau de jurisdição, o Ministério Público estadual atua, ao oferecer parecer, como *custos legis*, conforme expressamente previsto no artigo 610 do Código de Processo Penal, ressalvados os casos de ação originária. Assim, inexiste violação aos princípios constitucionais do contraditório e da ampla defesa, pois o oferecimento de parecer pela Procuradoria-Geral de Justiça, em sede de apelação, é atribuição legal dada ao *Parquet*, que não atua como parte, mas desempenha atividade de fiscalização do cumprimento da lei. [...] (*Habeas Corpus nº 191.622/TO, STJ, 5ª Turma, Relatora Min. Laurita Vaz, unânime, julgado em 5.2.2013, publicado no* DJ *em 15.2.2013*).

610.2. Compatibilização do parágrafo único do art. 610 do CPP e recurso exclusivo da acusação em caso de ação penal pública: Decisão do Supremo Tribunal Federal merece destaque nesse momento, especialmente em face do que dispõe o parágrafo único do art. 610 do CPP. Pela análise literal do dispositivo em voga, extrai-se que primeiro se concederá oportunidade aos advogados dos réus para sustentação oral, depois ao Ministério Público.

Verdadeiro *leading case* acerca do tema, no julgamento do HC nº 87.926-SP (Rel. Min. Cezar Peluso, Plenário, publicado no *DJ* em 25.4.2008), em que se debatiam procedimentos havidos em *ação penal pública*, decidiu-se que, em caso de haver recurso *exclusivo da acusação*, o representante do Ministério Público, mesmo que na qualidade de *custos iuris*, deve manifestar-se na sessão de julgamento *antes* da sustentação oral da defesa, como forma de concretizar o princípio do devido processo legal, a cujo âmbito pertencem as garantias do contraditório e da ampla defesa (art. 5º, LIV e LV, CF). Além disso, definiu-se que o direito de a defesa falar por último na situação concreta (recurso *exclusivo* da *acusação*) é imperativo que decorre do próprio sistema e que eventual inversão na ordem acarretaria prejuízo à plenitude da defesa.

Do que se compreende do voto do eminente Relator, Ministro Cezar Peluso, defendeu (o que não estava em pauta no julgamento do *caso concreto*) que o "*ainda que invoque a qualidade de* custos legis, *o representante do Ministério Público deve* sempre *pronunciar-se, na sessão de julgamento de recurso, antes da sustentação oral da defesa*" (p. 7 do voto). Enfatizou, em seguida, que entende que "*fere, igualmente, as garantias da defesa todo expediente que impeça o acusado de, por meio do defensor, usar a palavra por último, em sustentação oral,* sobretudo *nos casos de julgamento de recurso exclusivo da acusação*" (p. 8 do voto).

Cremos estar acertada a decisão quanto à *conclusão* de que, *no caso concreto*, a sustentação oral deveria ser feita primeiro pelo Ministério Público, mesmo quando, eventualmente, não se defenda a tese objeto do recurso acusatório (Princípio da Independência Funcional – art. 4º da LC nº 75/93 e art. 1º, parágrafo único, Lei nº 8.625/93). Efetivamente, *quando se tratar de recurso exclusivo da acusação*, o contraditório impõe que a defesa fale por último, como se dá no curso normal do processo penal até ser exarada decisão (seja em primeiro grau ou nos tribunais). O princípio do contraditório pressupõe exatamente que seja garantida à defesa a possibilidade de rebater as teses acusatórias. Tal entendimento restou também sufragado pelo Superior Tribunal de Justiça.

Contudo, ousa-se discordar do julgado da Suprema Corte em dois pontos. Ambos relativos à fundamentação.

No primeiro, embora não fosse objeto do caso concreto, o voto do eminente relator assentou que o Ministério Público deveria falar *sempre por último*. Dos demais votos, em nossa compreensão, nenhum assim plasmou explicitamente posicionamento.

Com todas as *vênias*, assim não nos parece a melhor interpretação da matéria. Consta do voto do relator que "*o direito de a defesa falar por último decorre, aliás, do próprio sistema normativo como se vê, sem esforço, a diversos preceitos do Código de Processo Penal. As testemunhas da acusação são ouvidas antes das arroladas pela defesa (art. 396,* caput*). É conferida vista dos autos ao Ministério Público e, só depois, à defesa, para requerer diligências complementares (art. 499), bem como para apresentação de alegações finais (art. 500, incs. I e III). A defesa manifesta-se depois do Ministério Público ainda quando funcione este apenas como* custos legis, *o que ocorre nas ações penais de conhecimento, de natureza condenatória, de iniciativa privada: determina o art. 500, § 2º, que o Ministério Público, nesses casos, tenha vista dos autos depois do querelante – e, portanto, antes do querelado*".

As premissas são verdadeiras, não nos restam dúvidas. Mas não podem levar a conclusões automáticas se não for incluída uma premissa que pode variar conforme o desiderato do processo penal.

Com efeito, a garantia de a defesa falar por último decorre como corolário da ampla defesa e do contraditório quando está em busca, pela acusação, de uma pretensão condenatória (embora, como bem dito no voto do Ministro Ayres Britto no precedente em análise, o *parquet* não pode jamais ser "*confundido com um raivoso órgão de acusação*", o que justifica o seu dever de postular a absolvição se assim entender como correto).

Mas se a pretensão à condenação for atendida (e aqui se apresenta a premissa que temos por relevante incluir no raciocínio silogístico), eventual ataque a decisão será feita pela defesa (melhor dizendo em *favor da defesa*, porque o *parquet* também tem legitimidade e interesse para recorrer em prol do réu). A pretensão acusatória foi satisfeita pela observância do devido processo legal, com a defesa falando *sempre* por último. No momento em que o recurso é exclusivo da defesa, entendemos que não se pode mais adotar o mesmo raciocínio até então desenvolvido.

É dizer: se a pretensão está no *desfazimento* da decisão condenatória, o ataque agora é feito pela defesa, não mais pela acusação. A propósito, o Ministro Ayres Britto, em seu voto no julgado em comento, bem apreendeu essa questão, quando disse que "*a defesa tem de falar por último, senão não é defesa. A defesa pressupõe um ataque. Quem ataca tem precedência lógica na ordem dos acontecimentos, na ordem da conduta. Só se fala de defesa em função do ataque; só se fala de reação em função de ação; só se fala de contrabater em função de uma agressão; alguém bate e alguém vai contrabater, vai reagir. Então, é elementar, em processo penal, que o órgão de acusação fale primeiro e os advogados de defesa falem por último*".

Em nossa compreensão, sem desbordar em absolutamente nada do princípio do contraditório, impõe-se que, *neste caso*, o Ministério Público tenha a oportunidade de *contraditar* o que pretende a defesa. Noutras palavras, a defesa deverá, sim, falar *primeiro*, porque o que está em jogo nesse momento é a pretensão exclusiva da defesa, não mais da acusação, já atendida (é verdade que de forma *provisória*, mas atendida). A pretensão (à condenação) não é mais acusatória, mas defensiva (absolvição ou, se menos, redução da condenação).

Pode acontecer – como efetivamente acontece seguidamente – que a pretensão acusatória seja acolhida parcialmente, estando para análise em órgão recursal superior inconformidade de ambas as partes: acusação e defesa. Parece-nos que a solução deva ser a mesma, mas com a necessidade de se observar a particularidade de estarem em pauta inconformidades de ambas as *partes*. Nesse caso, entende-se que deva ser adotado o seguinte procedimento: (a) em relação ao recurso da acusação, deverá se manifestar no tribunal, em primeiro lugar, o *parquet*; (b) depois, falará a defesa, defendendo o seu recurso e contraditando o recurso da acusação; (c) por fim, novamente deverá ser conferida palavra ao Ministério Público para que se manifeste *unicamente* sobre o recurso da defesa. Em caso de haver qualquer avanço para além do que previamente estabelecido (limites do pedido recursal) por qualquer um dos que estejam fazendo a defesa oral perante o tribunal, deverá ser concedida oportunidade à parte adversa a se manifestar novamente (como garantia exatamente do princípio do contraditório).

No segundo tópico, extrai-se da decisão da Corte Suprema conclusão no sentido que o prejuízo seria automático, certo. Disse o eminente relator, no ponto, que "*o prejuízo da defesa, em casos semelhantes, é sempre certo. Presumida é apenas a relação jurídico-causal entre o vício do processo e o teor gravoso do julgamento.* [...] *Todas as vezes em que, sob arguição de vício processual na sessão de julgamento ou na decisão, a defesa saia de algum modo prejudicada, não é lícito opor argumentação baseada na hipótese de que, fosse outro o procedimento adotado, segundo a lei, o resultado teria sido o mesmo. É simplesmente impossível saber como se comportariam os julgadores, ou o prolator da decisão, se houvera sido observada a ordem legal do processo garantido pela Constituição*". Destacou, ainda, que *prejuízo virtual bastaria*, porque é, a rigor, impossível a sua demonstração. Concluiu que, se fosse realizada a ponderação, a ordem do processo poderia "*ser sempre violada, desde que o resultado seja esse ou aquele! Isto é, outorga-se ao arbítrio do julgador, ao arbítrio de quem deve controlar a legalidade e a justiça do processo, o poder de decidir se deve, ou não, observar a Constituição da República, secundum eventum litis*" (p. 16 do voto).

Em síntese, a compreensão estampada foi no sentido de que não se poderia realizar eventual ponderação e necessidade de demonstração do prejuízo (*pas de nullité sans grief*).

Maxima venia, não se adere à referida linha de pensamento. Não se está diante da hipótese de prova impossível. Com efeito, reiteradamente tem-se destacado nesta obra o posicionamento no sentido de que as garantias fundamentais (especialmente a do *devido processo legal*) devem ser observadas mediante a otimização dos preceitos constitucionais. Contudo, a *forma* (que é extremamente importante) não pode ser um fim em si mesma. Não significa que possa o juízo, mediante seu arbítrio, violar a ordem jurídica para, ulteriormente, querer ponderar se houve ou não prejuízo. Não é disso que se trata aqui. Mas sim de considerar que a ordem jurídica (constitucional e infraconstitucional) precisa ser interpretada não pelo prisma exclusivamente formal. Aliás, em nossa compreensão, é de tal premissa (formal) que têm derivado boa parte dos precedentes jurisprudenciais assentando a ocorrência da chamada *prova impossível* (vide 563.5). Compreendemos que acorrer ao argumento da *prova impossível* (ou *diabólica*, para alguns) significa, na maioria dos casos (senão em todos), inverter o silogismo jurídico por questão exclusivamente formal, independentemente do que tenha acontecido efetivamente no caso concreto.

Um destaque final, de extrema relevância em nossa compreensão: em relação aos atos realizados conforme preconizado no parágrafo único do art. 610 do CPP *antes dessa decisão plenária* do Supremo Tribunal Federal, não há como dar eficácia retroativa ao entendimento jurisprudencial em relação aos atos feitos conforme pacífico entendimento até então (a propósito, vide item 563.4).

Jurisprudência

610.2. [...] HC concedido. Precedente. Inteligência dos arts. 5º, LIV e LV, da CF, 610, § único, do CPP, e 143, § 2º, do RI do TRF da 3ª Região. No processo criminal, a sustentação oral do representante do Ministério Público, *sobretudo quando seja recorrente único*, deve sempre preceder à da defesa, sob pena de nulidade do julgamento (*Habeas Corpus nº 87.926-SP, STF, Rel. Min. Cezar Peluso, Plenário, publicado no* DJ *em 25.4.2008*).

610.2. [...] Restando devidamente prequestionada a matéria, não se fala em violação ao art. 619 do CPP, vez que não se observa omissão a ser sanada (Precedentes). Impossibilidade de se conhecer do recurso pelo permissivo da alínea *a*, quanto à alegada violação aos arts. 610, parágrafo único, e 600, *caput*, e § 1º, do CPP, em face de deficiência na sua fundamentação (Súmula nº 284 – STF). Não se presta o apelo raro a resolver questões de fato que não restaram solucionadas na instância ordinária. (Súmula 7 desta Corte). Em consonância com recente entendimento firmado pelo Pretório Excelso (HC 87.926/SP, Tribunal Pleno, Rel. Min. Cezar Peluso), o pleno exercício do contraditório assegura à defesa o uso da palavra por último, no caso de realização de sustentação oral. Recurso especial não conhecido (*Recurso Especial nº 966.462/RJ, STJ, Rel. Min. Felix Fischer, 5ª Turma, publicado no* DJ *em 10.11.2008*).

610.2. [...] O Ministério Público, quando oferece parecer, atua na condição *custos legis*, e não de titular da ação penal. Desta feita, não há contraditório a ser assegurado, pois a manifestação ministerial, em segundo grau de jurisdição, não pode ser qualificada como ato da parte. [...] (*Habeas Corpus nº 175.921/TO, STJ, 5ª Turma, Rel. Min. Laurita Vaz, julgado em 2.8.2012, publicado no* DJ *em 13.8.2012*).

610.2. [...] Após a manifestação ministerial como *custos legis* no segundo grau de jurisdição não há contraditório a ser assegurado, tendo em vista que o *Parquet* não atua como parte da relação processual (Precedentes STJ e STF). Ao atuar em sede recursal opinando, a Procuradoria-Geral de Justiça possui a função de *custos legis*, com a atribuição somente de assegurar a correta aplicação do direito, desempenhando atividade fiscalizadora do exato cumprimento da lei, de tal sorte que é dotada de imparcialidade, porquanto não está vinculada às contrarrazões oferecidas pela Promotoria de Justiça, esta sim, parte da relação processual. [...] (*Habeas Corpus nº 207.319-MG, STJ, 5ª Turma, Rel. Min. Jorge Mussi, julgado em 3.5.2012, publicado no DJ em 17.5.2012*).

610.2. [...] Esta Corte já assentou que "*a inversão processual, falando antes a defesa e depois a acusação nas alegações finais, implica em nulidade tanto quanto no caso da sustentação oral (REcrim nº 91.661-MG, in RTJ 92/448), por ofensa ao princípio da ampla defesa e do contraditório. Entretanto, quando a defesa argui questão preliminar nas alegações finais, é legítima a abertura de vista e a manifestação do Ministério Público, ambos com respaldo legal na aplicação analógica do art. 327, primeira parte, do Código de Processo Civil, como previsto no art. 3º do Código de Processo Penal, pois em tal caso é de rigor que a outra parte se manifeste, em homenagem ao princípio do contraditório, cujo exercício não é monopólio da defesa*" (HC nº 76.240/SP, Segunda Turma, da relatoria do Ministro Maurício Corrêa, DJ de 14/8/98). [...] (*Recurso Ordinário em Habeas Corpus nº 104.261, STF, Plenário, Relator Min. Dias Toffoli, julgado em 15.3.2012, publicado no DJ em 7.8.2012*).

610.3. Ordem de sustentação oral no caso de julgamento de embargos infringentes e de nulidade: Não há de se invocar em hipótese alguma o precedente do Supremo Tribunal Federal no julgamento do HC nº 87.926-SP. A razão parece-nos bastante simples: os embargos infringentes e de nulidade somente podem ser ajuizados em favor da defesa, jamais em prol da acusação. É dizer: não se está, nem de longe, cogitando de violação da ampla defesa e do contraditório exigir que o recurso em prol da defesa seja sustentado antes da manifestação do Ministério Público oficiante perante o órgão que tem competência para o julgamento dos embargos infringentes e de nulidade. O contraditório impõe exatamente que a parte recorrente sustente sua tese para, ulteriormente, haver a manifestação do Ministério Público (que, insiste-se, jamais poderá recorrer em favor da acusação).

610.4. O disposto no parágrafo único do art. 610 do CPP e recurso exclusivo da acusação em caso de ação penal privada: Tratando-se de ação penal privada propriamente dita (não substitutiva da pública) e se o recurso for exclusivo do querelante, igualmente não há de se falar em aplicabilidade do precedente citado. O procedimento deverá ser aquele previsto no parágrafo único do art. 610 do CPP, com um detalhe: falará primeiro o querelante (se assim quiser), depois o querelado e, finalmente, o Ministério Público.

610.5. Compatibilização do parágrafo único do art. 610 do CPP com a decisão do STF no HC nº 87.926-SP, mas quando houver recurso da defesa e da acusação concomitantemente: Em face do entendimento do Supremo Tribunal Federal anteriormente elencado, como proceder em caso de haver recurso da acusação e da defesa submetidos, concomitantemente ao mesmo órgão?

A solução há de ser igualmente híbrida, salvo melhor juízo.

Do que se compreende, o Supremo Tribunal Federal decidiu (repita-se: corretamente) que o *parquet*, em ações penais públicas, mesmo quando atuar em segundo grau como *custos legis*, não se desveste de sua condição de dono da ação penal. Sendo assim, é corolário dos princípios da ampla defesa e do contraditório que primeiro exista manifestação da acusação, depois da defesa (exatamente para contrapor-se aos argumentos acusatórios).

Mas não há de se perder o norte de que, no processo penal, as nulidades são orientadas, sobremaneira, pela quebra do tratamento isonômico entre as partes. A nosso juízo, significa que, quando houver recurso da defesa (contrapondo-se à sucumbência havida em decorrência de atendimento ao pleito acusatório), primeiro deverá falar a defesa, depois o Ministério Público.

É dizer, quando houver recursos da acusação e da defesa contra mesma decisão, o procedimento deverá ser bipartido e que, por economia processual e respeitando-se a paridade de armas, deverá seguir a seguinte ordem: (a) primeiro há a sustentação oral da defesa quanto ao seu recurso; (b) na sequência, a contraposição do *parquet* aos argumentos defensivos já expostos e, imediatamente, a sustentação do recurso acusatório; (c) por fim, nova manifestação da defesa para realizar o contraditório em relação ao que sustentou o Ministério Público diante do recurso acusatório.

Saliente-se, derradeiramente, que nenhuma das partes poderá tentar burlar essa ordem ora proposta, pena da quebra de tratamento isonômico. Em se constatando a ocorrência desse procedimento ainda no julgamento, deverá o Presidente do órgão fracionário permitir que a parte contrária novamente se manifeste (unicamente) sobre a parte em que se excedeu aquele que tinha a ordem de preferência, sob pena de declaração de nulidade do ato (e consequentemente da decisão proferida), na forma do que previsto no art. 563, CPP.

610.6. Prazos para sustentações quanto houver mais de um réu: Demandando interpretação à luz do princípio da ampla defesa, deve-se compreender que havendo mais de um réu o prazo deverá ser individual, independentemente do número de recorrentes. Realizar equação *dividindo* o tempo previsto em Lei não guarda nenhum sentido lógico, muito menos maximizador da ampla defesa.

Jurisprudência

610.6. [...] A frustração da sustentação oral viola as garantias constitucionais do devido processo legal, do contraditório e da ampla defesa, posto que esta constitui ato essencial a defesa. (Precedentes do STF e do STJ). Consoante recente precedente da Corte Especial, em havendo vários corréus com diferentes advogados, deve-se observar o prazo de 15 minutos para sustentação oral para cada um dos causídicos, ressalvada a hipótese de defenderem o mesmo réu (Inquérito nº 323/PE). *Habeas corpus* concedido (*Habeas Corpus nº 150.937-RJ, STJ, 5ª Turma, Rel. Min. Felix Fischer, publicado no* DJ *em 22.3.2010*).

Art. 611. Quando o recurso for de *habeas corpus*, o procurador-geral não terá vista dos autos. (Revogado pelo Decreto-Lei nº 552, de 25.4.1969)

Art. 612. Os recursos de *habeas corpus*, designado o relator, serão julgados na primeira sessão.

Em razão da celeridade e urgência que demanda a própria natureza da pretensão veiculada em *habeas corpus*, determina-se que, designado relator (distribuição), os *recursos* (notadamente quando contrários à pretensão da parte passiva) deverão ser julgados na primeira sessão. Tal procedimento célere não se restringe apenas aos *recursos* contra decisão de *habeas corpus* (art. 581, X, CPP), mas também aos próprios *habeas corpus*.

Precisa-se esclarecer: antes do julgamento, faz-se mister a remessa dos autos ao Ministério Público para o oferecimento de parecer.

De relevo acentuar é que o julgamento dos recursos de *habeas corpus* prescinde de prévia publicação de pauta, de modo que as partes interessadas devem acompanhar o andamento da irresignação.

Poder-se-ia argumentar que a regra afrontaria de modo especial os princípios da ampla defesa e do contraditório. Não pensamos assim. A regra geral estipulada pelo art. 612, CPP, tem a finalidade evidente de permitir ao tribunal que aprecie, o mais rápido possível (urgência imanente à matéria), a existência ou não da ilegalidade apontada no recurso ou no novo *habeas corpus*.

Na prática, o dispositivo em tela não tem muita utilização.

Primeiro porque, se a pretensão em *habeas corpus* não foi atendida em primeiro grau, raramente é utilizado o recurso em sentido estrito. Quase que invariavelmente, a defesa impetra novo *habeas corpus* (originário) perante o Tribunal de Apelação como substitutivo do recurso próprio (plenamente cabível, por construções jurisprudencial e doutrinária hoje pacíficas).

Segundo porque, se o recurso é da parte ativa da ação penal (ordem concedida), mesmo havendo o reexame necessário (art. 574, I, CPP) – e para quem o tem ainda compatível com o ordenamento constitucional –, não há mais urgência a ensejar a apresentação do recurso *em mesa* para julgamento na primeira sessão. Desse modo, na prática, o que se vê (ao menos majoritariamente) é a inclusão dos recursos em pauta regular.

De qualquer modo, entendemos que uma exceção pode ser aberta: se houver pedido expresso da defesa para ser intimada pessoalmente da sessão de julgamento do recurso ou do próprio *habeas corpus*. Nesse caso, dependendo da pretensão deduzida, poderia haver eventuais prejuízos pela demora do julgamento em face dos procedimentos normais de publicação de pauta. Mas essa conveniência, indubitavelmente, se confere unicamente à defesa. Impende registrar dois detalhes relevantes daí decorrentes. O primeiro é que, feito o pedido, o não atendimento poderá caracterizar eventual cerceamento de defesa pelo não comparecimento para sustentação oral. O segundo é que jamais a parte poderá vir arguir, ulteriormente, eventual excesso de prazo por *esse* motivo, forte no que dispõe o art. 565, CPP.

Art. 613. As apelações interpostas das sentenças proferidas em processos por crime a que a Lei comine pena de reclusão, deverão ser processadas e julgadas pela forma estabelecida no art. 610, com as seguintes modificações:

I – exarado o relatório nos autos, passarão estes ao revisor, que terá igual prazo para o exame do processo e pedirá designação de dia para o julgamento;

II – os prazos serão ampliados ao dobro;

III – o tempo para os debates será de um quarto de hora.

O art. 613, CPP, estabelece algumas regras específicas quando o processo em análise pelo tribunal estiver diante de tipo penal que comine pena de reclusão. Em verdade, apenas adota-se um procedimento mais cauteloso e com prazos pouco mais extensos.

Exatamente por tratar de crimes (em tese) mais complexos e mais graves, estipulou-se no comando em voga que haverá necessidade de um *revisor*, que terá a incumbência, depois de ter analisado os autos, de incluir o feito em pauta para julgamento.

Além disso, os prazos serão em dobro. Não do recurso, advirta-se, mas dos procedimentos, inclusive da sustentação oral. Dessa maneira, o prazo conferido ao Ministério Público para o oferecimento de parecer não será de 5 (cinco) dias (art. 610, *caput*), mas de 10 (dez) dias. Igualmente, o relator e o revisor terão prazo de 10 (dez) dias para os atos que lhes incumbam. Esses prazos não são peremptórios.

Por fim, o prazo para sustentação oral: em vez dos 10 minutos previstos no art. 610, CPP, aqui, pelos motivos já expostos (natureza do crime e consequente complexidade do caso que deflui da pena imposta), o prazo é ampliado para 15 (quinze) minutos.

Deve-se gizar que nenhum óbice existe para que se conceda prazo mais elástico para a sustentação oral, desde que devidamente justificado (normalmente pela alta complexidade dos fatos), mas há uma condição essencial: que a benesse seja concedida a todas as partes, observada a igualdade de condições (*par conditio*). Também aqui o tempo deverá ser contabilizado de forma individual, para cada réu recorrente.

Jurisprudência

613. [...] O Código de Processo Penal, em seu art. 613, III, estabeleceu que, nos julgamentos das apelações relativas a crimes punidos com reclusão, *o tempo para os debates será de 1/4 (um quarto) de hora.* Não obstante haver omissão no tocante ao tempo da sustentação na hipótese de litisconsórcio, em que os Advogados representam partes diversas, é permitido aos Tribunais regulamentarem tal situação por meio dos seus respectivos regimentos internos.

4. O Regimento Interno do TRF da 4ª Região dispõe, em seu art. 106, § 2º, que *havendo litisconsortes que tiverem diferentes procuradores, de escritórios de advocacia distintos, o prazo será contado em dobro e dividido igualmente entre os do mesmo grupo, se diversamente não convencionarem.*

5. *In casu*, havia seis defesas de acusados inscritos para sustentar oralmente, tendo sido concedido, no julgamento do recurso de apelação, o prazo de 7 minutos para defesa oral de cada um, ou seja, 2 minutos a mais do que estabelecia a norma, tempo absolutamente razoável para a exposição.

6. Assim, entendo que o prazo disponibilizado à defesa do paciente, de sete minutos, não frustrou o direito de sustentação oral, sobretudo porque foi observada a regra regimental do Tribunal de origem, regra essa estabelecida levando em consideração aspectos relativos à própria funcionalidade das Cortes, a qual compatibiliza o direito de defesa com a racionalidade dos julgamentos.

7. Somado a isso, de acordo com o art. 563 do Código de Processo Penal, a declaração de nulidade de um ato demanda a demonstração específica do prejuízo causado. E o fato de o réu ter sido condenado, por si só, não caracteriza prejuízo, inclusive porque, no presente caso, mesmo sem sustentação oral, o Tribunal de origem deu parcial provimento ao recurso da defesa para reduzir as penas do paciente.

8. O Superior Tribunal de Justiça e o Supremo Tribunal Federal já decidiram que a regra regimental que divide o tempo de sustentação oral entre as defesas dos litisconsortes não frustra o direito à realização de defesa oral, sendo imprescindível a demonstração de prejuízo para que o julgamento seja anulado.

9. No mais, necessário recordar que o ordenamento jurídico refuta o comportamento contraditório (*venire contra factum proprium*), e essa regra se aplica a todos os sujeitos processuais, inclusive, ao réu, sendo, pois, descabida a alegação de prejuízo em razão do defensor público - que foi nomeado após a renúncia da defesa constituída - não ter feito sustentação oral e nem comparecido ao julgamento.

10. Inaceitável que a defesa do réu se negue a sustentar no prazo regimental e, com isso, renuncie ao ato por discordar de uma decisão (contra a qual deveria ter se insurgido da maneira adequada, por meio recurso) e, posteriormente, alegue prejuízo por nomeação de defensor e ausência de sustentação.

11. Observada pelo Tribunal de origem norma procedimental válida e perfeitamente aplicável ao caso, e inexistente prejuízo concreto e comprovado à defesa, não há nulidade na divisão, de maneira razoável, de tempo para sustentação, não havendo falar em cerceamento de defesa. *[...] (Habeas Corpus nº 808.567-PR, STJ, 6ª Turma, Rel. Min. Sebastião Reis Júnior, julgado em 23.4.2024, publicado no DJ em 29.4.2024)*

....

Art. 614. No caso de impossibilidade de observância de qualquer dos prazos marcados nos arts. 610 e 613, os motivos da demora serão declarados nos autos.

De uma logicidade marcante o regramento em tela, em relação ao que já se falou anteriormente. Em determinadas situações, sempre excepcionais, não há como observar os prazos estipulados nos arts. 610 e 613, CPP, especialmente os *prazos judiciais*. A regra impõe que o não atendimento dos prazos esteja expressamente justificado nos autos. Mas há reconhecer: raramente é cumprida, especialmente porque do descumprimento não defluem consequências jurídicas para o processo e, especialmente, punitivas para o responsável pelo atraso. É certo que o art. 800, CPP, estabelece prazos gerais para a prática de determinados atos, enquanto o art. 801, CPP, assenta que "*findos os respectivos prazos, os juízes e os órgãos do Ministério Público, responsáveis pelo retardamento, perderão tantos dias de vencimentos quantos forem os excedidos*". No momento oportuno (a que se remete o leitor), serão tecidos comentários à referida norma, mas já adiantamos: trata-se de regra manifestamente inconstitucional e sem quaisquer consequências práticas.

Art. 615. O tribunal decidirá por maioria de votos.

§ 1º Em todos os julgamentos em matéria penal ou processual penal em órgãos colegiados, havendo empate, prevalecerá a decisão mais favorável ao indivíduo imputado, proclamando-se de imediato esse resultado, ainda que, nas hipóteses de vaga aberta a ser preenchida, de impedimento, de suspeição ou de ausência, tenha sido o julgamento tomado sem a totalidade dos integrantes do colegiado. *(Redação dada pela Lei nº 14.836, de 2024)*

§ 2º O acórdão será apresentado à conferência na primeira sessão seguinte à do julgamento, ou no prazo de duas sessões, pelo juiz incumbido de lavrá-lo.

615.1. Regras gerais: Mais uma norma acerca do procedimento a ser adotado nos julgamentos perante os tribunais. Apresentado o resumo dos fatos e das teses jurídicas postas a julgamento pelo relator do processo, será facultada às partes a apresentação de sustentações orais.

Quanto à ordem das sustentações orais, remete-se aos comentários ao parágrafo único do art. 610, CPP, que, *em nossa compreensão,* se resumem no seguinte:

a) se houver recurso exclusivo da acusação em ação penal pública, falará primeiro o Ministério Público, depois a defesa;

b) se houver recurso exclusivo da acusação em ação penal privada, falará primeiro o querelante, depois o querelando, por fim o Ministério Público;

c) se houver recursos concomitantes da acusação e da defesa em ação penal pública, primeiro haverá sustentação oral da defesa quanto à sua irresignação. Depois, a contraposição do *parquet* à tese defensiva já exposta e, imediatamente, a sustentação do recurso acusatório. Por fim, nova manifestação da defesa para contraditar o recurso acusatório defendido pelo *parquet*.

Destacamos que tem sido praxe nos tribunais que, quando houver concomitância de recursos do MP e defesa, deverá falar sempre antes o Ministério Público quanto a todas as questões, inclusive quanto ao recurso da defesa.

Realizadas as defesas orais das teses em debate, proferirá voto o relator. Depois, o revisor. Na sequência, se manifestarão os demais integrantes do órgão, respeitada a antiguidade.

Deve-se atentar que, em 2024, houve parcial modificação da regra do § 1º do art. 615 do CPP, passando a dispor que "*em todos os julgamentos em matéria penal ou processual penal em órgãos colegiados, havendo empate, prevalecerá a decisão mais favorável ao indivíduo imputado, proclamando-se de imediato esse resultado, ainda que, nas hipóteses de vaga aberta a ser preenchida, de impedimento, de suspeição ou de ausência, tenha sido o julgamento tomado sem a totalidade dos integrantes do colegiado*" (a redação é idêntica ao art. 41-A da Lei nº 8.038/90, também conforme a Lei nº 14.836/2024).

Em nossa compreensão, tal disposição não exclui a possiblidade de validade de disposições regimentais no sentido de que o presidente de órgão profira voto, mesmo que, regularmente, não participe do colegiado. O empate que deve ser considerado mais favorável é aquele com a coleta total dos votos dos integrantes do órgão.

Compreendemos que, malgrado essa previsão, não há vedação legal para, como já feito em dias atuais, haja a convocação "prévia" de outro integrante do tribunal para compor o quórum integral da formação colegiada e profira seu voto em substituição aquele que já se sabe ausente por razões legalmente justificadas.

Se não houver a convocação prévia, a decisão a ser tomada deverá prevalecer conforme previsto: o empate favorecerá o réu/investigado.

Também há se destacar que o Superior Tribunal de Justiça vem aplicando esse mesmo raciocínio de prevalência da tese mais favorável em caso de empate também para as hipóteses de revisão criminal, situação da qual discordamos integralmente, mesmo com a novel redação do § 1º do art. 615 do CPP. Não se pode esquecer que, na hipótese de julgamento de recursos ou *habeas corpus*, não há, ainda, formação do *jus puniendi* do Estado. Assim, absolutamente razoável e correto que, diante de empate, prevaleça a posição mais favorável à defesa. Entretanto, integralizado o direito de punir (com a observância inclusive dessas regras), não se pode invocar o mesmo raciocínio para fins de julgamento de revisão criminal, que é ação autônoma com a finalidade de desconstituir (e cujo cabimento é muito restrito) a coisa julgada. Ora, aqui, se houver empate, não há como prevalecer dúvida em prol do autor da revisão criminal, mas do Estado, que já teve reconhecida a existência do título condenatório hígido (que necessariamente teve de ser pelo menos majoritariamente), que não pode ser desfeito se houver novo e eventual empate numa revisão. Portanto, há sim aqui presunção de validade do édito condenatório transitado em julgado, que só pode ser desfeito por maioria, jamais por eventual empate. A interpretação "literal" da nova disposição evidentemente não pode compreender as revisões criminais.

E as razões nos parecem bastante simples.

Primeiro, que, para haver a condenação, deve ter havido decisão tomada pelo menos por maioria (o empate sempre deverá favorecer o réu). A revisão criminal é uma ação autônoma, que busca desconstituir o que já foi decidido em desfavor do interessado. Se houver empate no julgamento, não se extrai daí que há uma "dúvida", mas que não se existem elementos para desfazer, majoritariamente, o que já foi decidido anteriormente.

Em segundo lugar, uma análise da fundamentação do Projeto de Lei nº 3.453, de 2021, que introduziu as regras do art. 41-A da Lei nº 8.038/1990 e art. 615, § 1º, do CPP, ficou bem claro que as razões do legislador (legítimas, diga-se) foi privilegiar o in dubio pro reo e a presunção de inocência: *"A prevalência desses primados está intimamente ligada à forma como deve ser tomada uma decisão judicial em caso de dúvida; ou seja, in dubio pro reo; prevalecendo, ante uma dúvida razoável, o interesse do réu, e não do Estado acusador; sendo medida de justiça que o direito de liberdade do imputado predomina em face do direito de punir do Estado"*. Assim, prossegue-se na fundamentação "o legislador propõe na matéria em análise que seja alterada a Lei n° 8.038/1990, e o Decreto-Lei n° 3.689/1941; não apenas pela necessidade de observância do princípio constitucional da presunção de inocência, mas também pela segurança jurídica frente a uma lacuna legal que pode levar a diferentes interpretações em casos de empate nos julgamentos de órgãos colegiados".

De se observar que, em nenhuma parte das remissões ou fundamentações da proposta ou voto da alteração legislativa se faz menção alguma às hipóteses de revisões criminais, unicamente a espécies recursais ou em caso de *habeas corpus*.

Repita-se à exaustão: a revisão criminal é uma ação autônoma de impugnação que visa desconstituir um título judicial que foi proclamado sem que, ao menos dos requisitos legais até então existentes, houvesse dúvida alguma acerca da responsabilidade do interessado na revisão da pena. Um "empate" numa revisão criminal não tem o condão de elidir a conclusão pelo menos majoritária tomada na ação penal própria.

Não se trata de fazer uma "restrição", mas de compreender os exatos e limitados termos da revisão criminal.

Jurisprudência

615.1. [...] I – Nos termos do artigo 105, I, da Constituição Federal, compete ao Superior Tribunal de Justiça processar e julgar "as revisões criminais e ações rescisórias de seus julgados". II – In casu, os recursos que supostamente atrairiam a competência para esta Corte Superior sequer foram conhecidos, logo, inexistente análise do mérito, não há falar em competência desta Corte para revisar a decisão condenatória. [...] (*Agravo Regimental na Revisão Criminal nº 3.411-RJ, STJ, 3ª Seção, Rel. Min. Félix Fischer, unânime, julgado em 24.8.2016, publicado no* DJ *em 31.8.2016*).

615.1. [...] O Superior Tribunal de Justiça já decidiu que, na ausência de norma a respeito do empate na votação de revisão criminal, deve prevalecer a regra prevista no art. 615, § 1°, do Código de Processo Penal. Precedente. 5. Evidenciado que, na ocasião do empate na votação da revisão criminal que manteve a condenação do paciente, o Presidente da Seção não havia tomado parte na votação, não há nulidade na oportunização de se proferir voto de desempate, estando o procedimento adotado pelo Tribunal de origem em perfeita harmonia com o disposto no art. 615, § 1°, do Código de Processo Penal. 6. Verificado que o Tribunal de origem logrou demonstrar, não somente com base em elementos de informação coletados na fase do inquérito policial, a existência de dados fáticos, os quais seriam capazes de concluir pela participação do paciente na empreitada criminosa, não há falar em nulidade da condenação. [...] (*Habeas Corpus nº 280.157-PR, STJ, 6ª Turma, Rel. Min. Sebastião Reis Júnior, julgado em 4.9.2014, publicado no* DJ *em 22.9.2014*).

....

615.2. Empate nas votações perante o Superior Tribunal de Justiça: Preconiza o art. 41-A, Lei nº 8.038 (na redação que lhe deu a Lei nº 9.756/98), que tanto no STJ como no STF as decisões poderão ser tomadas pela maioria absoluta de seus membros.. Conforme a redação do parágrafo único do art. 41-A (Lei nº 14.836/2024) que *"em todos os julgamentos em matéria penal ou processual penal em órgãos colegiados, havendo empate, prevalecerá a decisão mais favorável ao indivíduo imputado, proclamando-se de imediato esse resultado, ainda que, nas hipóteses de vaga aberta a ser preenchida, de impedimento, de suspeição ou de ausência, tenha sido o julgamento tomado sem a totalidade dos integrantes do colegiado."*

Tal como destacado anteriormente (item 615.1), tal disposição não exclui a possibilidade de validade de disposições regimentais no sentido de que o presidente de órgão profira voto, mesmo que, regularmente, não participe do colegiado. O empate que deve ser considerado mais favorável é aquele com a coleta total dos votos dos integrantes do órgão.

Compreendemos que, malgrado essa previsão, não há vedação legal para, como já feito em dias atuais, haja a convocação "prévia" de outro integrante do tribunal para compor o quórum integral da formação colegiada e profira seu voto em substituição aquele que já se sabe ausente por razões legalmente justificadas. Quanto ao mais, reportamos à anotação no item anterior quanto ao reconhecimento do mesmo raciocínio para hipóteses de *revisão criminal.*

615.3. Empate nas votações perante o Supremo Tribunal Federal: No âmbito do Supremo Tribunal Federal, também há regramentos específicos que merecem destaque.

Segundo o regimento interno da Corte Suprema, quando se tratar de julgamento de recursos em turmas, o presidente sempre terá direito a voto (art. 150, *caput*).

Ocorrendo empate, adia-se a decisão até tomada do voto do ministro ausente (§ 1º). Sendo impossível, convoca-se um membro de outra turma, respeitada a ordem de antiguidade (§ 2º).

A alteração do parágrafo único do art. 41-A da Lei nº 8.038/90 também repercutiu no STF, de modo que os empates havidos deverão prevalecer em prol da defesa, na linha do que já destacamos anteriormente. Registramos que, mesmo antes da alteração legal, já havia precedentes de órgão fracionário do STF aplicando, *por analogia*, também o empate nos casos de reclamação (competência penal originária), circunstância que, salvo melhor juízo, para nós não permitia tamanho alargamento. Agora a questão está superada, salvo quanto à revisão criminal (ao menos em nossa compreensão).

Já quanto aos feitos de competência do Plenário, em regra o Presidente não profere votos, à exceção dos seguintes casos, em que obrigatoriamente deverá se pronunciar: (a) em matéria constitucional e administrativa; (b) em matéria regimental; (c) nos demais casos, quando ocorrer empate. Entretanto, quando houver empate no julgamento de *habeas corpus* pelo Plenário, o Presidente não terá voto, salvo em matéria constitucional (SMJ, a grande maioria são), proclamando-se, na hipótese de empate, aí sim a decisão mais favorável ao paciente; (d) nos processos em que esteja vinculado pelo relatório, pelo visto de Revisor, ou pelo pedido de vista; (e) nas representações para interpretação de Lei ou ato normativo federal ou estaduais.

615.4. "Teoria da Causa Madura" e a aplicabilidade no processo penal. Em inúmeras passagens da presente obra é possível visualizar que defendemos a possibilidade de aplicação de princípios gerais de direito ao processo penal (*"Art.3º A lei processual penal admitirá interpretação extensiva e aplicação analógica, bem como o suplemento dos princípios gerais de direito"*). Como dissemos na introdução desses comentários, na hipótese de eventual lacuna ou de não regramento específico de determinada matéria, o Código de Processo Penal prevê a possibilidade da aplicação de determinados critérios de interpretação que possam auxiliar na solução de questões mais complexas. De todo modo, e como se trata da aplicação de soluções jurídicas, a busca deve ser feita dentro do próprio ordenamento. À evidência, dessa suplementação não se pode identificar uma antinomia com o regramento específico processual penal, nem como suas vigas-mestras.

Nessa linha, destacamos que são encontrados julgados especialmente do Superior Tribunal de Justiça afirmando de forma expressa a possibilidade de aplicação da chamada "Teoria da Causa Madura" ao processo penal. Segundo essa base teórica, numa síntese, seria possível aos tribunais de apelação, com o afastamento de prefaciais reconhecidas pelo juízo de primeiro grau, julgar o "mérito" do processo, desde que já concluída a instrução probatória em primeiro grau.

Num exemplo: a defesa arguiu a prescrição em abstrato e o juízo monocrático acolhe a arguição, sem adentrar no exame das provas acerca da autoria e materialidade ("mérito propriamente dito"). Interposto recurso pelo Ministério Público, poderia o tribunal, superando o óbice da prescrição (mesmo diante de evidente erro interpretativo do juízo de primeiro grau) e proferir uma decisão colegiada condenatória, analisando as provas produzidas em primeiro grau mas não apreciadas pelo julgador monocrático ?

Com todas as vênias de quem pensa em sentido contrário, compreendemos que não é possível a transposição desse raciocínio ao processo penal. Para nós, o afastamento da preliminar em face do provimento do recurso ministerial imporia ao tribunal determinar a baixa dos autos para que o juízo monocrático enfrentasse as provas produzidas especialmente quanto à autoria e materialidade. Admitir o julgamento do mérito diretamente no tribunal de apelação quando afastada uma preliminar violaria a efetiva garantia do duplo grau de jurisdição, tão relevante do processo penal.

Jurisprudência

615.4. [...] Esta Corte Superior tem inúmeros pronunciamentos admitindo a aplicação da chamada *Teoria da Causa Madura* ao processo penal, segundo a qual é possível o exame de mérito pelo Tribunal de Justiça — após o afastamento de preliminar acolhida pelo juízo de primeiro grau — julgar o mérito da ação, cuja instrução probatória já se tenha exaurido sem incorrer em julgamento *extra petita* ou suprimir instância. [...] Neste caso, o Tribunal considerou lícitas as provas obtidas mediante ingresso de policiais no domicílio do paciente e procedeu ao exame de mérito da ação penal, concluindo pela procedência do pleito acusatório. Considerando que já haviam sido realizados os atos instrutórios e apresentadas as alegações finais pelas partes, o processo já estava em condições de ter seu mérito apreciado, de maneira que não há que se falar em ilegalidade apta a autorizar a concessão da ordem de *habeas corpus. (Habeas Corpus nº 814.428-PR, STJ, 5ª Turma, Rel. Min. Reynaldo Soares da Fonseca, julgado em 12.9.2023, publicado no DJ em 18.9.2023)*

615.4. [...] Conforme entendimento firmado pelo Superior Tribunal de Justiça, aplica-se ao processo penal a Teoria da Causa Madura, segundo a qual, uma vez afastada questão preliminar ou prejudicial que impediu o exame do mérito pelo Juízo de primeira instância, poderá o Tribunal estadual examinar de imediato o mérito da controvérsia, quando já realizada audiência de instrução e apresentadas alegações finais pelas partes, tal como ocorrido na espécie. (AgRg no HC n. 705.607/SC, relator Ministro Ribeiro Dantas, Quinta Turma, julgado em 28/11/2022, DJe de 2/12/2022.) *[...] (Agravo Regimental no Habeas Corpus nº 796.009-SP, STJ, 6ª Turma, Rel. Min. convocado Jesuíno Rissato, sessão virtual 8.8.2023 a 14.8.2023, publicado no DJ em 17.8.2023)*

Art. 616. No julgamento das apelações poderá o tribunal, câmara ou turma proceder a novo interrogatório do acusado, reinquirir testemunhas ou determinar outras diligências.

616.1. Possibilidade de novo interrogatório, oitiva de testemunhas ou realização de outras diligências: Por intermédio dessa disposição legal, há expressa permissão para que, havendo dúvidas acerca (notadamente) das provas produzidas, mas desde que essenciais para a solução do processo, na instância recursal ordinária se poderá proceder a novo interrogatório do réu (que é meio de defesa, quiçá dos mais relevantes), reinquirir testemunhas ou determinar outras diligências. Sobre os limites da atuação probatória do juízo, remetemos aos comentários ao art. 156, CPP, aplicáveis na íntegra ao dispositivo em tela.

Jurisprudência

616.1. [...] O art. 616 do CPP dispõe que, "no julgamento das apelações poderá o tribunal, câmara ou turma proceder a novo interrogatório do acusado, reinquirir testemunhas ou determinar outras diligências". A diligência, no entanto, deve ser meramente supletiva, sem extrapolar o âmbito das provas já produzidas, evitando-se, assim, que o juiz substitua "atuação probatória do órgão de acusação", conforme explicitado no art. 3º-A do CPP, em homenagem ao sistema acusatório, que tem assento constitucional (art. 129, I). [...] *(Agravo Regimental no Agravo em Recurso Especial nº 1.877.128-DF, STJ, 5ª Turma, Rel. Min. Reynaldo Soares da Fonseca, unânime, julgado em 8.2.2022, publicado no DJ em 25.3.2022)*

616.1. [...] 1. A regra insculpida no art. 616 do Código de Processo Penal traduz uma faculdade do órgão julgador de segunda instância, nos recursos de apelação, em determinar, com base no conjunto fático-probatório dos autos, a realização de novo interrogatório do acusado, reinquirir testemunhas ou determinar outras diligências. Incidência da Súmula n. 83/STJ. (AgRg nos EDcl no AREsp 1628397/SP, Rel. Ministro Jorge Mussi, Quinta Turma, julgado em 23/06/2020, DJe 04/08/2020.) [...] *(Agravo Regimental no Agravo em Recurso Especial nº* 1.793.887-SP, STJ, 6ª Turma, Rel. Min. Olindo Menezes, julgado em 21.9.2021, publicado no DJ em 27.9.2021)

616.1. [...] A regra prevista no art. 616 do Código de Processo Penal traduz uma mera faculdade discricionária do órgão julgador de segunda instância em determinar, a partir da análise dos autos, a realização de novo interrogatório do acusado, reinquirir testemunhas ou determinar outras diligências. [...] *(Agravo Regimental no Agravo em Recurso Especial nº 754.733-SP, STJ, 5ª Turma, Rel. Min. Ribeiro Dantas, julgado em 24.8.2021, publicado no DJ em 30.8.2021)*

616.2. *Reformatio in pejus:* Referido dispositivo merece harmonização com o contido na norma seguinte, o art. 617, CPP, que trata da proibição da *reformatio in pejus*.

Em nosso entendimento, significa que, existindo recurso exclusivo da defesa e não se tratando de hipótese de reexame necessário (sobre o tema, remete-se ao nosso posicionamento acerca do tema aos comentários ao art. 574, CPP), inviável se utilizar do expediente legal para sanar dúvida em *prejuízo* do réu. É dizer: sendo recurso exclusivo da defesa e havendo dúvidas significativas acerca de quaisquer circunstâncias do fato ou do processo não solvidas até então, inviável a realização de diligências para o fim de, eventualmente, concluir em desfavor do recorrente. Nessa situação, se impõe a decisão favorável à defesa, pena de ocorrer malferimento à proibição da *reformatio in pejus*.

Atente-se bem que, quando houver recurso exclusivo da defesa, por nossa interpretação, a vedação está no órgão que irá apreciar o recurso determinar a realização das provas/diligências que porventura entender cabíveis para *prejudicar* o réu (*lato sensu*). Essa limitação não abarca algumas outras hipóteses em que é permitida a juntada de provas em qualquer fase do processo. Daí decorre que não haverá qualquer vedação à apreciação das provas que decorram de:

a) juntada de carta precatória com provas (em qualquer sentido, a favor ou contra a defesa) na hipótese prevista no art. 222, CPP (*Art. 222. A testemunha que morar fora da jurisdição do juiz será inquirida pelo juiz do lugar de sua residência, expedindo-se, para esse fim, carta precatória, com prazo razoável, intimadas as partes. § 1º A expedição da precatória não suspenderá a instrução criminal. § 2º Findo o prazo marcado, poderá realizar-se o julgamento, mas, a todo tempo, a precatória, uma vez devolvida, será junta aos autos*);

b) incidência das regras do art. 231, CPP (*Salvo os casos expressos em lei, as partes poderão apresentar documentos em qualquer fase do processo*) ou do art. 400, CPP (*As partes poderão oferecer documentos em qualquer fase do processo*).

Art. 617. O tribunal, câmara ou turma atenderá nas suas decisões ao disposto nos arts. 383, 386 e 387, no que for aplicável, não podendo, porém, ser agravada a pena, quando somente o réu houver apelado da sentença.

617.1. *Reformatio in pejus*: considerações gerais: O dispositivo em tela traz regra relevante e de aplicação bastante ampla, não sendo adstrita aos tribunais de *apelação* e apenas aos *recursos*, mas a todos os meios de impugnação e em quaisquer graus de jurisdição. Tem-se aqui prevista, de modo explícito, a vedação da chamada *reformatio in pejus*, que não poderá ocorrer, como regra (vide anotação 593.5.4.1), de forma direta ou indireta.

O princípio em tela consubstancia-se em proibição de revisão do julgamento do qual, sem haver recurso acusatório específico, resulte alteração *prejudicial* à situação do réu. É a máxima efetivação de outro princípio: *tantum devolutum quantum appellatum*, que é mitigado apenas para eventualmente, se cabível, tornar *mais favorável* a situação do réu.

Eventual possibilidade de reforma *para pior* (sem recurso acusatório ou recurso parcial, insiste-se) poderia inibir o réu a recorrer a instâncias superiores se verificasse a possibilidade de haver um agravamento de sua situação (*em qualquer sentido*) em face do que estipulado no julgamento até o momento vigorante.

Um dos vetores jurisprudenciais fundamentais no tema encontra-se na Súmula 160, STF, que dispõe ser "*nula a decisão do Tribunal que acolhe, contra o réu, nulidade não arguida no recurso da acusação, ressalvados os casos de recurso de ofício*". Sobre a nulidade relativa à incompetência absoluta, vide item 617.4.

Jurisprudência

617.1. [...] A *reformatio in pejus* não ocorreu, pois, conforme entendimento consolidado do STJ, o Tribunal pode reavaliar as circunstâncias judiciais e ajustar os fundamentos da sentença, desde que a pena final não seja agravada, o que não ocorreu no presente caso. Diante da exclusão de uma das três circunstâncias judiciais desfavoráveis (culpabilidade relacionada às tentativas de conjunção carnal), a pena-base deve ser redimensionada proporcionalmente. [...] *(Habeas Corpus nº 853.542, 5ª Turma, Rel. Min. Daniela Teixeira, julgado em 24.10.2024, publicado no DJ em 29.10.2024)*

617.1. [...] 1. "A jurisprudência deste Superior Tribunal de Justiça consolidou-se no sentido de que a retificação de ofício pelo Juiz da Execução do incorreto atestado de pena não encontra óbice nos institutos da preclusão e da coisa julgada, por não importar em alteração no título executório a ser cumprido pelo Sentenciado, não configurando, portanto, em *reformatio in pejus*." (AgRg no HC n. 738.234/RS, relatora Ministra Laurita Vaz, Sexta Turma, julgado em 23/8/2022, DJe de 31/8/2022).

2. Os cálculos da execução da pena estão sujeitos a fatos posteriores, como unificação de penas, remição, indulto, falta grave, ou retificação dos percentuais para fins de progressão de regime – como ocorreu *in casu* –, dentre outros. Assim, não há falar em agravamento da situação ao executado, nem violação do princípio *non reformatio in pejus*, uma vez que o título executivo judicial se manteve íntegro. [...] *(Agravo Regimental no HC nº 907.149-SP, STJ, 5ª Turma, Rel. Min. Ribeiro Dantas julgado 1º.10.2024, publicado no DJ em 8.10.2024)*

617.1. Recurso Especial representativo de controvérsia penal. [...] Recurso exclusivo da defesa. Valoração negativa de circunstância judicial afastada pelo tribunal de origem. [...] A Terceira Seção do Superior Tribunal de Justiça já teve oportunidade de se debruçar sobre o tema, quando do julgamento do EREsp n.1.826.799/RS, sufragando o entendimento de ser imperiosa a redução proporcional da pena-base quando o Tribunal de origem, em recurso exclusivo da defesa, afastar uma circunstância judicial negativa do art. 59 do CP reconhecida no édito condenatório. [...] Tese a ser fixada, cuja redação original foi acrescida das sugestões apresentadas pelo Ministro Rogério Schietti Cruz (Sessão de julgamento de 28/8/2024): *É obrigatória a redução proporcional da pena-base quando o tribunal de segunda instância, em recurso exclusivo da defesa, afastar circunstância judicial negativa reconhecida na sentença. Todavia, não implicam reformatio in pejus a mera correção da classificação de um fato já valorado negativamente pela sentença para enquadrá-lo como outra circunstância judicial, nem o simples reforço de fundamentação para manter a valoração negativa de circunstância já reputada desfavorável na sentença.* [...] *(Recurso Especial nº 2.058.976-MG , STJ, Terceira Seção, Rel. Min. Sebastião Reis Júnior, julgado em 28.8.2024, publicado no DJ em 12.9.2024)*

617.1. [...] 1. É pacífico que "a ampla devolutividade do recurso de apelação permite ao juízo *ad quem* o acréscimo de fundamentos diversos dos declinados no *decisum primevo*. Em tais hipóteses, contanto que não se eleve a reprimenda imposta, ou agrave a situação do condenado, não há falar em *reformatio in pejus*" *(AgRg no HC n.737.933/SP, relatora Ministra Laurita Vaz, Sexta Turma, julgado em 17/5/2022, DJe de23/5/2022.)*

2. Tendo o Tribunal de origem deslocado a agravante da reincidência para os maus antecedentes no cálculo da pena-base, sem agravar a pena do acusado, verifica-se que o acórdão impugnado não destoa da jurisprudência desta Corte Superior, não havendo manifesta ilegalidade. [...] *(Agravo Regimental no Habeas Corpus nº 892.638-SC, STJ, 6ª Turma, Rel. Min. convocado Jesuíno Rissato, julgado em 7.8.2024, publicado no DJ em 8.8.2024)*

617.1. [...] 1. "Não se constata *reformatio in pejus* na hipótese em que o Colegiado estadual apenas mantém [...] o regime inicial mais gravoso, embora com fundamento diverso, sem agravar a pena que fora imposta no julgamento da apelação" (AgRg no HC n. 732.043/DF, relator Ministro Teodoro Silva Santos, Sexta Turma, julgado em 4/3/2024, DJe de 7/3/2024.) [...] *(Agravo Regimental no Agravo em Recurso Especial nº 2.469.857-DF, STJ, 6ª Turma, Rel. Min. convocado Jesuíno Rissato, julgado em 14.5.2024, publicado no DJ em 17.5.2024)*

617.1. [...] a jurisprudência do STF compreende que, mesmo em se tratando de recurso exclusivo da defesa, não constitui *reformatio in pejus* a utilização de fundamentos já constantes da sentença penal condenatória originária, sem piorar a situação do réu. [...] *(Embargos de Decla-*

ração no Habeas Corpus nº 236.545, STJ, 1ª Turma, Rel. Min. Cristiano Zanin, sessão virtual de 1.3.2024 a 8.3.2024, publicado no DJ em 14.3.2024)

617.1. [...] 1. O princípio da vedação da *reformatio in pejus*, presente no art. 617 do Código de Processo Penal, consiste na impossibilidade de a situação do réu ser modificada para pior em decorrência da interposição/oposição de recurso exclusivo da defesa ou da apresentação, também por ela, de meios autônomos de impugnação. Além de consectário do princípio da ampla defesa, corolário do devido processo legal, o dito brocardo é decorrência lógica do sistema acusatório.

2. Na apreciação de recurso de apelação exclusivo da defesa, a Corte estadual não está impedida de manter a sentença recorrida com base em fundamentação distinta da utilizada em primeira instância, desde que respeitados a imputação apresentada pelo titular da ação penal, a extensão cognitiva da sentença combatida e os limites de pena impostos na origem.

3. Pode a Corte estadual, sem piorar a situação do recorrente, em recurso exclusivo da defesa, de fundamentação livre e efeito devolutivo amplo, observados os limites horizontais do tema suscitado, manifestar sua própria e cuidadosa fundamentação sobre as matérias debatidas na origem. É permitido ao Tribunal de Justiça, se provocado a apreciar o cálculo da reprimenda, examinar as circunstâncias judiciais e rever os pormenores da individualização da sanção deliberados na sentença, mantendo ou diminuindo a sanção imposta na instância de origem. [...] *(Agravo Regimental no Habeas Corpus nº 801.066-SC, STJ, 6ª Turma, Rel. Min. Antonio Saldanha Palheiro, sessão virtual de 09.05.2023 a 15.05.2023, publicado no DJ em 18.05.2023)*

617.1. [...] Constatada a atecnia do magistrado em nominar incorretamente uma das circunstâncias judiciais, é cabível a manutenção do fato ensejador da valoração negativa, apenas nomeando-a corretamente. [...] *(Agravo Regimental no Habeas Corpus nº 815.751-SP, STJ, 6ª Turma, Rel. Min. Rogerio Schietti Cruz, sessão virtual de 5.9.2023 a 11.9.2023, publicado no DJ em 15.9.2023)*

617.1. [...] Não há se falar em reformatio in pejus, uma vez que "o efeito devolutivo da apelação é total ou parcial quanto à extensão e sempre integral quanto à profundidade. O Tribunal poderá analisar, com ampla profundidade, a pretensão recursal que lhe foi submetida, não ficando adstrito aos fundamentos adotados em primeiro grau, desde que respeitada a extensão objetiva do recurso" (HC 311.439/DF, Rel. Ministro Rogério Schietti Cruz, Sexta Turma, DJe 2/2/2016). [...] *(Agravo Regimental no Agravo em Recurso Especial nº 2.046.559-MS, STJ, 5ª Turma, Rel. Min. Joel Ilan Paciornik, julgado em 21.3.2023, publicado no DJ em 23.3.2023)*

617.1. [...] A ausência de irresignação ministerial quanto à reprimenda fixada na sentença condenatória não implica a inexistência de interesse recursal da acusação, que, em face da alteração da dosimetria realizada pela Corte local em recurso exclusivo da defesa, busca restabelecer a pena fixada pelo juízo primevo. [...] Não implica *reformatio in pejus* a reavaliação da dosimetria operada pelo Superior Tribunal de Justiça, em recurso especial do Ministério Público, que justifica a valoração negativa de vetorial do art. 59 do CP em fundamentos já reconhecidos na sentença. [...] *(Agravo Regimental no Habeas Corpus nº 199.539/PR, STF, 2ª Turma, unânime, Rel. Min. Edson Fachin, julgamento em sessão virtual de 6.8.2021 a 16.8.2021, publicado no DJ em 16.9.2021)*

617.1. [...] O efeito devolutivo do recurso de apelação no tocante à primeira fase da dosimetria permite ao Tribunal de Justiça reavaliar as circunstâncias judiciais do art. 59 do CP e o seu peso na exasperação da pena. Em recurso exclusivo da defesa, não há *reformatio in pejus* se for respeitado o montante de pena fixado ao final da primeira fase da dosimetria na sentença, ainda que seja sopesada de forma mais relevante determinada circunstância judicial para a qual foi mantida a valoração negativa. [...] *(Agravo Regimental no Agravo em Recurso Especial nº 1.804.609/MS, STJ, 5ª Turma, unânime, Rel. Min. Joel Ilan Paciornik, julgado em 11.5.2021, publicado no DJ em 17.5.2021)*

617.1. [...] Adoção pelo tribunal de justiça estadual, em apelo defensivo, de fundamentos diversos dos da sentença para manter o regime prisional mais gravoso. Possibilidade. Efeito devolutivo da apelação. Precedentes. *Reformatio in pejus* não configurada. [...] Consoante a jurisprudência contemporânea da Corte, *o efeito devolutivo da apelação, ainda que em recurso exclusivo da defesa, "autoriza o Tribunal a rever os critérios de individualização definidos na sentença penal condenatória para manter ou reduzir a pena, limitado tão-somente pelo teor da acusação e pela prova produzida"* [...] *(RHC nº 192.190/SP, STF, 1ª Turma, por maioria, Rel. Min. Dias Toffoli, julgado em sessão virtual de 19.3.2021 a 26.3.2021, publicado no DJ em 12.5.2021)*

617.1. [...] A proibição da *reformatio in pejus*, disciplinada no art. 617 do CPP, visa impedir que a situação do recorrente seja piorada em virtude do julgamento do seu próprio recurso, *ainda que para correção de alegado erro material*. Dessa forma, a Corte local não poderia ter alterado a capitulação trazida no dispositivo da decisão de pronúncia, em prejuízo dos recorrentes, em recurso exclusivo da defesa. [...] *(Agravo Regimental no Agravo em Recurso Especial nº 1.535.016/GO, STJ, 5ª Turma, unânime, Rel. Min. Reynaldo Soares da Fonseca, julgado em 2.3.2021, publicado no DJ em 8.3.2021)*

617.1. [...] Execução penal. Reincidência não considerada na sentença. Possibilidade de reconhecimento pelo juízo da Execução. Não ocorrência de afronta à coisa julgada. Inexistência de *reformatio in pejus*. [...] A reincidência, por ser circunstância pessoal, deve ser observada na execução da pena, independente de tal condição ter sido considerada na sentença condenatória, visto que também é atribuição do Juízo da execução individualizar a pena. [...] *(Agravo Regimental em Recurso Especial n. 1.748.600-TO, STJ, 6ª Turma, unânime, Rel. Min. Sebastião Reis Júnior, julgado em 19.3.2019, publicado no DJ em 1º.4.2019).*

617.1. [...] Tendo ocorrido a revogação do inciso I do § 2º do art. 157 do Código Penal pela Lei n. 13.654/2018, o juiz da execução penal pode valorar o emprego de arma como circunstância judicial desfavorável na primeira fase da dosimetria e deslocar o concurso de pessoas para a terceira fase, a fim de majorar a pena. *A alteração é cabível desde que não seja modificado o quantum da pena fixado na sentença nem seja agravada a situação do sentenciado, caso em que não há ofensa à coisa julgada, excesso na execução ou reformatio in pejus.*[...] *(Agravo Regimental no Habeas Corpus nº 564.318-DF, STJ, 5ª Turma, unânime, Rel. Min. João Otávio de Noronha, julgado em 20.10.2020, publicado no DJ em 22.10.2020).*

617.1. [...] No caso, ao aplicar retroativamente a Lei n. 13.654/2018, o juiz da execução, verificando que, além do emprego de arma branca, estava presente outra causa de aumento (concurso de agentes), outrora considerada na fixação da pena-base, valorou o uso da arma como circunstância judicial desfavorável e deslocou a incidência do concurso de agentes para a terceira fase, sem alteração do *quantum* estabelecido na sentença. [...] Tal medida não configura ofensa à coisa julgada, excesso na execução ou *reformatio in pejus*, porquanto, na esteira dos precedentes desta Corte, "*com a revogação do inciso I pela Lei n. 13.654/18, o Juízo da Execução Penal pode considerar o emprego de arma branca na primeira fase da dosimetria da pena e deslocar o concurso de pessoas para a terceira, desde que não seja agravada a situação do sentenciado" [...] (Agravo Regimental no Habeas Corpus nº 542.988-DF, STJ, 5ª Turma, unânime, Rel. Min. Jorge Mussi, julgado em 5.5.2020, publicado no DJ em 18.5.2020).*

617.1. [...] *Emendatio libelli* (art. 383, CPP) em segunda instância mediante recurso exclusivo da defesa. Possibilidade, contanto que não gere *reformatio in pejus*, nos termos do art. 617, CPP. A pena fixada não é o único efeito que baliza a condenação, devendo ser consideradas outras circunstâncias para verificação de existência *reformatio in pejus*. 3. A desclassificação do art. 155, § 4º, II, para o art. 312, § 1º, ambos do Código Penal, gera *reformatio in pejus*, visto que, nos crimes contra a Administração Pública, a progressão de regime é condicionada à reparação do dano causado, ou à devolução do produto do ilícito (art. 33, § 4º, CP). [...] (*Habeas Corpus nº 123.251-PR, STF, 2ª Turma, unânime, Rel. Min. Gilmar Mendes, julgado em 2.12.2014, publicado no DJ em 11.2.2015).*

617.1. [...] 1. Não há *reformatio in pejus* na sentença penal condenatória que, ao manter a pena definitiva anteriormente fixada, não agrava a pena aplicada na sentença anulada nem piora a situação dos pacientes. 2. O Juízo de primeiro grau não está circunscrito ao reexame dos motivos da sentença anulada, detendo competência para reexaminar a causa à luz da nova instrução criminal e do art. 59 e seguintes do Código Penal, podendo, para manter a mesma pena da sentença penal anulada, substituir por outras as circunstâncias judiciais ou legais de exasperação a que a decisão anulada tenha relevado. 3. Ordem denegada (*Habeas Corpus nº 113.512-MT, STF, 2ª Turma, Rel. Min. Cármen Lúcia, julgado em 10.12.2013, publicado no DJ em 17.12.2013).*

617.2. *Reformatio in pejus* e o Princípio da Soberania dos vereditos do Júri: Em decorrência de harmonização das legislações constitucional e infraconstitucional, cremos que na hipótese versada tem-se possibilidade de *eventual* agravamento da situação jurídica do réu se submetido a mais de um julgamento perante o Tribunal do Júri em decorrência de recurso exclusivo seu (vide também anotações ao art. 593, III, CPP).

Atualmente, respeitado o princípio *tempus regit actum* (processualmente falando), apenas se pode cogitar a interposição de apelação contra decisões de mérito do Tribunal do Júri (art. 593, III, *a*, *b*, *c* e *d*, CPP), sempre com necessidade de observância para o contido na Súmula 713 do Supremo Tribunal Federal (*o efeito devolutivo da apelação contra decisões do Júri é adstrito aos fundamentos de sua interposição*).

Recentemente revogado nessa parte (com os destaques para sua utilização em razão das decisões publicadas até a data da revogação – vide anotações aos arts. 607 e seguintes, CPP), também havia previsão no Código de Processo Penal do protesto por novo Júri. Por intermédio desse recurso, se possibilitava à defesa (art. 607, CPP), uma única vez, apresentar a inconformidade, desde que a pena fixada fosse igual ou superior a 20 anos e relativa a crimes dolosos contra a vida (excluídos os eventuais conexos), considerando-se válido o concurso material ou a continuidade delitiva para atingir o limite legal (não em hipóteses de concurso material de crimes dolosos contra a vida). De qualquer modo, o recurso de protesto por novo Júri cabível em tese quando da revogação do CPP nessa parte (portanto, com prazo recursal já iniciado) poderá ainda ser ajuizado e deverá ser processado, porque quando surgiu o direito subjetivo ao recurso (embora disponível) ainda vigorava a norma que previa sua existência.

Por evidente, nenhum óbice existe para a utilização, quando cabível e se preenchidos os requisitos legais, do *habeas corpus* como forma de atacar decisão proferida em processos de competência do Tribunal do Júri.

O princípio da soberania dos veredictos está previsto explicitamente na Constituição, art. 5º, XXXVI, *c*. Segundo esse dispositivo, garante-se a prevalência da soberania do que decidido pelos jurados, salvo se a conclusão do Júri for manifestamente contrária ao que provado nos autos, hipótese na qual poderá o tribunal mandar o agente criminoso a novo julgamento (art. 593, III, *d*, CPP).

É importante se dizer que essa possível *mitigação* da soberania do Júri – para quem a compreende como uma *mitigação* – não é uma decorrência do Código de Processo Penal, que apenas prevê o *recurso* cabível para quando presente a situação de decisão proferida de forma contrária ao que restou provado nos autos.

O afastamento da soberania dos veredictos do Júri (princípio constitucional, mas não absoluto) em face de decisão *manifestamente* contrária à prova dos autos (de forma incontestável, aferível de plano) tomada pelo tribunal popular decorre, em nosso entendimento, primordialmente, dos princípios constitucionais da ampla defesa e da inafastabilidade de o Poder Judiciário apreciar lesão ou ameaça de direito (art. 5º, XXXV).

Quer-se dizer: o Poder Judiciário não estará se substituindo ao Tribunal Popular, porque só ao Júri, também por expressa disposição constitucional, compete *julgar* os crimes definidos em Lei com as garantias mínimas estabelecidas (*plenitude da defesa, sigilo das votações, soberania dos veredictos, competência para julgamento*, no mínimo, *dos crimes dolosos contra a vida*).

Se é certo que os jurados não precisam fundamentar suas decisões (de certa maneira, uma espécie de exceção ao art. 93, IX, CF), daí não se pode inferir que eles tenham absoluta discricionariedade para proferir seus votos na sala reservada e de forma sigilosa, podendo ensejar um total descompasso de suas conclusões e das provas produzidas.

Assim, em casos de manifesta contrariedade do que decidido diante do que provado nos autos, cumpre ao Poder Judiciário – se instado especificamente para tanto (voluntariedade recursal) – sindicar a ocorrência ou não do alegado. Se comprovada a manifesta divergência, o Poder Judiciário *não se sobreporá* à autonomia e soberania do Júri com substituição da decisão *meritória* (condenação ou absolvição). Apenas *anulará* o julgamento, determinando seja o agente criminoso submetido a *novo* julgamento, com consequente nova composição do Tribunal Popular.

A nulificação do julgamento não fica adstrita apenas à hipótese versada, mas também quando ocorrer nulidade posterior à pronúncia. Se a situação se amoldar às alíneas *b* (a sentença do juiz presidente for contrária à Lei expressa ou à decisão dos jurados) e *c* (houver erro ou injustiça no tocante à aplicação da pena ou da medida de segurança), remete-se para os comentários ao disposto no art. 593, III, CPP, cabendo apenas o registro, neste momento, que normalmente *não ocorre* uma *anulação* do julgamento, havendo apenas uma readequação da sentença – reforma parcial – pelo tribunal, afastando-se os equívocos ocorridos.

Feitas as considerações prefaciais pertinentes, adentra-se à discussão específica do presente tópico: o princípio que veda a *reformatio in pejus* indireta enseja limitações às decisões proferidas em julgamentos posteriores, notadamente quanto à pena?

Em nossa compreensão, em determinadas situações, é possível a superação dos limites impostos em sentença exarada com base em decisão do Tribunal do Júri que foi anulada pelo tribunal em recurso exclusivo da defesa.

Até pouco tempo, fundamentada no princípio da soberania dos veredictos do Júri, a jurisprudência admitia irrestritamente a superação dos limites sem que daí se constatasse violação ao princípio da *não reformatio in pejus indireta.*

Não nos parece a melhor solução, se aplicada de forma incondicional.

É que a soberania dos veredictos *não está* na *pena* fixada, nem nas condições estipuladas na sentença pelo juiz presidente do Tribunal do Júri. A partir da resposta aos quesitos formulados e respondidos pelo tribunal é que, fundamentadamente, o juiz presidente irá fixar a pena. A soberania está no reconhecimento de determinadas circunstâncias *fáticas* que irão autorizar ao juiz presidente fixar a pena, cujo ato, por evidente, deverá ser fundamentado.

Noutras palavras, quer-se dizer que, diante da soberania dos veredictos, somente se poderá cogitar de pena mais grave – como uma possibilidade, mas não obrigatoriedade – se o tribunal popular seguinte reconhecer circunstâncias de fato não admitidas no anterior.

Ou seja, havendo elementos fáticos *novos* reconhecidos pelo Júri (*soberano* para tanto, desde que em conformidade com as provas dos autos), aí se faz presente uma *autorização* ao magistrado para, ao aplicar a pena, superar o limite eventualmente fixado em sentença anterior. Nessa hipótese, crê-se que não há como invocar o princípio *infraconstitucional* (*reformatio in pejus*, mesmo indireta) para obstar as consequências jurídicas de outro que tem matiz constitucional (*soberania* dos veredictos do Júri). Do contrário, e é nesse caminho que trilha a jurisprudência dos tribunais superiores hodiernamente, se estiverem presentes os mesmos fatos e circunstâncias admitidos no julgamento anterior, estará vedado ao magistrado aplicar pena ou circunstâncias dela decorrentes de forma mais grave que aquelas estabelecidas inicialmente, pena de violação direta do disposto no art. 617, CPP.

Vide também item 593.5.4.1.

Jurisprudência

617.2. [...] *Rerformatio in pejus* indireta. Decisão em recurso especial interposto pelo Ministério Público que agrava pena do réu em processo-crime reaberto por iniciativa exclusiva da defesa. [...] Ofende o enunciado do non reformatio *in pejus* indireta o aumento da pena através de decisão em recurso especial interposto pelo Ministério Público, contra rejulgamento de Apelação que não alterou reprimenda do acórdão anterior, que havia transitado em julgado para a acusação, e que veio a ser anulado por iniciativa exclusiva da defesa. [...] *(Revisão Criminal n. 4.853-SC, STJ, 3ª Seção, unânime, Rel. Min. Leopoldo de Arruda Raposo, Revisora Min. Laurita Vaz, julgado em 27.11.2019, publicado no* DJ *em 17.12.2019).*

617.2. [...] Verificada a presença de ilegalidade flagrante, porquanto, realizado novo julgamento, foi imposta pena superior à fixada no primeiro julgamento, em recurso exclusivo da defesa – protesto por novo júri – sem que se observassem os limites impostos no primeiro julgamento, importando, assim, em inegável *reformatio in pejus* indireta (*Habeas Corpus nº 1499.025-SP, STJ, 6ª Turma, unânime, Rel. Min. Nefi Cordeiro, julgado em 30.6.2015, publicado no* DJ *em 7.8.2015*).

617.2. [...] Reconhecimento da legítima defesa, com excesso, no segundo julgamento. Condenação do réu à pena de 6 (seis) anos de reclusão, em regime semiaberto. Interposição de recurso exclusivo da defesa. Provimento para cassar a decisão anterior. Condenação do réu, por homicídio qualificado, à pena de 12 (doze) anos de reclusão, em regime integralmente fechado, *no terceiro julgamento*. Aplicação de pena mais grave. Inadmissibilidade. *Reformatio in peius* indireta. Caracterização. Reconhecimento de outros fatos ou circunstâncias não ventilados no julgamento anterior. Irrelevância. Violação consequente do justo processo da Lei (*due process of law*), nas cláusulas do contraditório e da ampla defesa. Proibição compatível com a regra constitucional da soberania relativa dos veredictos. HC concedido para restabelecer a pena menor. Ofensa ao art. 5º, incs. LIV, LV e LVII, da CF. Inteligência dos arts. 617 e 626 do CPP. Anulados o julgamento pelo tribunal do Júri e a correspondente sentença condenatória, transitada em julgado para a acusação, não pode o acusado, na renovação do julgamento, vir a ser condenado a pena maior do que a imposta na sentença anulada, ainda que com base em circunstância não ventilada no julgamento anterior (*Habeas Corpus nº 89.544-1/RS, STF, Rel. Min. Cezar Peluso, 2ª Turma, publicado no* DJ *em 15.5.2009*).

617.2. [...] Quando o Ministério Público apela com fundamento no art. 593, inciso III, alínea *d*, do Código de Processo Penal, por entender que a decisão dos jurados é manifestamente contrária à prova dos autos, é evidente a nulidade por violação ao princípio do "*tantum devolutum quantum appellatum*" quando Corte revisora reforma a sentença proferida pelo magistrado de primeiro grau reconhecendo *error in judicando*. Nos termos da Súmula 713 da Suprema Corte "*o efeito devolutivo da apelação contra decisões do Júri é adstrito aos fundamentos da sua interposição*". Ordem concedida para restabelecer a sentença de primeiro grau (*Habeas Corpus nº 95.509/MS, STJ, Rel. Min. Laurita Vaz, 5ª Turma, publicado no* DJ *em 9.3.2009*).

617.2. [...] O Juiz-Presidente do Tribunal do Júri, quando do segundo julgamento, realizado em função do provimento dado a recurso exclusivo do réu, não pode aplicar pena mais grave do que aquela que resultou da anterior decisão, desde que estejam presentes – reconhecidos pelo novo Júri – os mesmos fatos e as mesmas circunstâncias admitidos no julgamento anterior. Em tal situação, aplica-se, ao Juiz-presidente, a vedação imposta pelo art. 617 do CPP (*Habeas Corpus nº 73.367-1-MG, STF, Rel. Min. Celso de Mello, 1ª Turma, publicado no* DJ *em 29.6.2001*).

617.2. [...] Não há *reformatio in pejus* indireta pela imposição de pena mais grave, após a decretação de nulidade da primeira sentença, em apelo da defesa, quando no novo julgamento realizado pelo Tribunal do Júri, reconhece-se a incidência de qualificadora afastada no primeiro julgamento, eis que, em face da soberania dos veredictos, de caráter constitucional, pode o Conselho de Sentença proferir decisão que agrave a situação do réu. Precedentes desta Corte Superior e do Supremo Tribunal Federal. Ordem denegada (*Habeas Corpus nº 78.366/SP, STJ, Rel. Min. Laurita Vaz, 5ª Turma, publicado no* DJ *em 17.11.2008*).

617.3. *Reformatio in pejus* e erro material: Prevalece, em doutrina e jurisprudência, o entendimento segundo o qual, diante do princípio da proibição de *reformatio in pejus,* não poderia haver, contra a defesa e se ausente recurso específico da acusação, a correção do julgado, nem mesmo diante da ocorrência de *erro material.*

A justificativa nos parece acertada. Ao fim e ao cabo, a revisão – ou correção – da decisão (equivocada, é certo!), decorreria do recurso da defesa. E é nesse sentido que se explica e se justifica a vedação da *reformatio in pejus.*

Douglas Fischer, no entanto, tem ponderável argumentação em sentido contrário. Afirma ele:

> "Não restam dúvidas de que a coisa julgada é estabelecida em face do dispositivo da decisão judicial. Mas não se pode perder de vista que, por determinação constitucional, todas as decisões (especialmente aquelas que decidem ou julgam o *mérito* dos processos) devem ser fundamentadas. Para nós, há uma vinculação indissociável entre a fundamentação e o dispositivo. Se o que constar no dispositivo não tiver embasamento na fundamentação declinada, ao julgado é possível a oposição de embargos de declaração. Parece não existirem maiores questionamentos até aqui. Mas a questão ora posta é outra. Se a fundamentação é hialina, conduz (ou deveria conduzir) para um determinado resultado. Normalmente, as questões que envolvem a presente discussão estão relacionadas às penas e os regimes fixados nas decisões judiciais. Com efeito, se não houver dúvida alguma quanto a este resultado (aplicação de pena, regime de pena etc.), deveria ele constar no dispositivo de forma *congruente* (fundamentação e dispositivo). Se na fundamentação constar explicitamente o resultado ou consequências que se entendeu devidas e houver discrepância do que aí consignado com ulterior referência no dispositivo, incide a hipótese do *erro material.*
>
> O ponto fulcral está aqui: enquanto houver processo de cognição, o erro material não preclui (nem mesmo se não interpostos embargos de declaração), devendo ser corrigido a qualquer tempo, com um único limitador temporal: o trânsito em julgado (*porque, aí sim, não se poderia cogitar de indireta revisão criminal, que permite a revisão do julgado apenas em favor da defesa*). Há quem sustente que não se estaria diante de erro material, mas de *mera contradição* da sentença, que ensejaria embargos de declaração, pena de preclusão.
>
> Exemplificação pode tornar mais factível a compreensão.
>
> Reconhecido expressamente que as condutas narradas tipificam o crime 'x', ao fundamentar a aplicação da pena se deixa explícito que, diante de quaisquer circunstâncias negativas na primeira fase (art. 59, CP), a pena deverá ser fixada no mínimo legal. Fixa-se a pena em 2 (dois) anos de reclusão. Não há atenuantes, nem agravantes. Causa de aumento, apenas a continuidade delitiva, expressamente referida, fixando-se a majoração de modo bem claro no mínimo legal, 1/6, resultando em pena final de 2 anos e 4 meses de reclusão. No dispositivo, fica consignada condenação a apenas 2 anos de reclusão (por equívoco – *erro material,* portanto – omitem-se os 4 meses decorrentes da continuidade já reconhecida). Não houve recurso da acusação (ou existindo, não ataca o ponto, muito menos embargos declaratórios), unicamente recurso da defesa pugnando a absolvição. O tribunal não acolhe a irresignação defensiva, porque ausentes quaisquer fundamentos a ensejarem a alteração pretendida. Contudo, reconhece que a sentença cometeu manifesto erro material ao deixar de referir, de modo expresso, no dispositivo, o que já –

de forma indiscutível – assentara na fundamentação: os 4 meses (1/6) decorrente da continuidade delitiva. Desse modo, para nós, nenhum óbice haveria ao tribunal para, negando provimento ao apelo defensivo, corrigir o manifesto erro material, para assentar que a pena correta – e fundamentada pelo juízo anterior – seria de 2 anos e 4 meses de reclusão, não apenas 2 anos de reclusão.

Também ainda na seara dos exemplos, não raro se encontram hipóteses em que, na aplicação da pena, a sentença refere expressamente um determinado percentual de agravação, atenuação, majoração ou minoração. Mas, no momento do *cálculo matemático*, erra na soma ou na diminuição, ou então no percentual deveria incidir sobre a pena anterior. Em nossa compreensão, nenhum óbice também aqui pode haver para que haja essa correção *material*, mesmo se pendente de análise recurso exclusivo da defesa.

Em nossa compreensão, erro material não pode gerar direito adquirido a determinado resultado unicamente porque, em sede de legislação infraconstitucional, se impediria o agravamento da pena do réu se o recurso é unicamente seu e/ou a acusação não postula a correção do equívoco havido.

Ao corrigir a decisão inferior mesmo que não haja recurso das partes (do réu e/ou da acusação), o tribunal não está *revendo* em *prejuízo da defesa* a determinação do julgado anterior. Até porque se o *erro material* não pode ser revisto em desfavor da defesa, também não poderia ser revisto em seu favor. O que não se permite pela vedação da *reformatio in pejus* é a alteração do julgado pela discordância da *ratio* acerca do que decidido."

Jurisprudência

617.3. [...] II – A decisão que julgou extinta a punibilidade do paciente, revogada posteriormente, baseou-se em um fato jurídico inexistente, qual seja, o cumprimento integral da pena. Constatado, antes do trânsito em julgado, o erro material havido, a decisão declaratória de extinção da punibilidade pode ser revista, de ofício, sem que isso caracterize ofensa a coisa julgada. [...] *(Agravo Regimental em Habeas Corpus nº 181.371, STF, 2ª Turma, Rel. Min. Ricardo Lewandowski, unânime, julgado em sessão virtual de 10.4.2020 a 17.4.2020, publicado no* DJ *em 27.4.2020).*

617.3. [...] 1. É cediço que o Juízo da execução pode corrigir erro material constante do atestado de pena, referente à questão já reconhecida, de modo que a decisão que revogou a progressão de regime concedida com base em premissa equivocada, apesar de desfavorável ao agravante, não inovou em âmbito de execução ou contrariou decisão judicial anterior. [...] *(Agravo Regimental no Habeas Corpus n. 514.658-MG, STJ, 5ª Turma, unânime, Rel. Min. Jorge Mussi, julgado em 15.10.2019, publicado no* DJ *em 23.10.2019).*

617.3. [...] O Código de Processo Penal não define erro material nem fixa hipóteses ou meios de saná-lo. A matéria segue o regramento do Código de Processo Civil, cujo artigo 463, I, é aplicado subsidiariamente às ações penais, autorizando a alteração do julgado, mesmo após sua publicação, para sanar inexatidões materiais ou erros de cálculo. [...] (*Habeas Corpus nº 167.789-SP, STJ, 5ª Turma, unânime, Rel. Min. Gurgel de Faria, julgado em 3.3.2015, publicado no* DJ *em 13.3.2015*).

617.3. [...] Homicídio qualificado. Júri. Sentença de pronúncia. Reconhecimento de qualificadora na motivação. Continuação pelo Tribunal, em recurso de defesa. *Reformatio in pejus*. Inexistência. Erro formal do dispositivo da sentença. Acolhimento expresso da qualificadora relativa ao motivo fútil. Recurso a que se nega provimento. Não incorre em *reformatio in pejus* o Tribunal que, em recurso da defesa, mantém a imposição de qualificadora expressamente reconhecida na sentença de pronúncia, mas ausente do seu dispositivo por evidente erro material (*Recurso Ordinário em Habeas Corpus nº 85.514/RJ, STF, Rel. Min. Cezar Peluso, 2ª Turma, publicado no* DJ *em 26.3.2010*).

617.3. [...] A correção, de ofício, de erro material no *quantum* da pena fixada na sentença condenatória, em prejuízo do condenado, quando feita em recurso exclusivo da Defesa, constitui *reformatio in pejus*, de acordo com a recente jurisprudência dos Tribunais Superiores. Precedentes desta Corte e do Supremo Tribunal Federal. *Habeas corpus* concedido, para afastar a correção do erro material efetivada pelo acórdão impugnado, restabelecendo-se a pena de 5 (cinco) anos, 11 (onze) meses e 5 (cinco) dias de reclusão, fixada na sentença condenatória (*Habeas Corpus nº 122.475/RS, STJ, Rel. Min. Laurita Vaz, 5ª Turma, publicado no* DJ *em 8.9.2009*).

617.3. [...] Se a sentença condenatória transitou em julgado para o órgão de acusação, que dela não interpôs recurso, não pode o Tribunal competente, ao conhecer da apelação interposta pelo réu, aumentar a pena declarada no dispositivo da sentença sob pretexto de corrigir erro material. O art. 617 do Código de Processo Penal repudia situações em que a reforma da sentença condenatória se opera em detrimento do réu-apelante, quando apenas este se insurgiu contra o julgado. Ordem de *habeas corpus* deferida (*Habeas Corpus nº 88.213/SP, STF, Rel. Min. Joaquim Barbosa, 2ª Turma, publicado no* DJ *de 2.2.2007*).

617.3. [...] Capítulo decisório. Condenação. Pena privativa de liberdade. Reclusão. Fixação. Soma dos fatores considerados na dosimetria. Erro de cálculo. Estipulação final de pena inferior à devida. Trânsito em julgado para o Ministério Público. Recurso de apelação da defesa. Improvimento. Acórdão que, no entanto, aumenta de ofício a pena, a título de correção de erro material. Inadmissibilidade. Ofensa à proibição da *reformatio in peius*. HC concedido para restabelecer o teor da sentença de primeiro grau. Não é lícito ao tribunal, na cognição de recurso da defesa, agravar a pena do réu, sob fundamento de corrigir *ex officio* erro material da sentença na somatória dos fatores considerados no processo de individualização (*Habeas Corpus nº 83.545-7-SP, STF, Relator Ministro Cezar Peluso, 1ª Turma, publicado no* DJ *em 3.3.2006*).

....

617.4. *Reformatio in pejus* indireta e incompetência absoluta: A inobservância das regras constitucionais de competência (em razão da matéria ou das funções ocupadas pelo agente criminoso) gera também hipótese de nulidade absoluta. Mas aqui defendemos que *não há* o óbice para eventual agravação da situação do réu no juízo competente, em que pese, salvo melhor juízo, majoritariamente a doutrina e a jurisprudência se posicionarem em sentido oposto.

No passado, especialmente o Supremo Tribunal Federal entendia possível o agravamento da situação do réu no juízo que viesse a ser declarado competente, baseando-se na argumentação de que os atos realizados no juízo absolutamente incompetente seriam atos *inexistentes* (*v. g. RE 95.020-PR, 2ª Turma, julgado em 30.10.1981, publicado no* DJ *em 4.12.1981; HC 69.320-RS, julgado em 14.4.1992, publicado no* DJ *em 29.5.1992*). Atualmente, prepondera o entendimento de que, mesmo com a violação da competência constitucional, há o óbice para ulterior agravamento da situação do réu no juízo competente se ausente recurso específico da acusação nessa parte (nulidade por violação da regra de competência), em obediência à proibição da *reformatio in pejus* indireta.

Não nos parece a melhor solução, com a *devida venia*.

Partindo da premissa de que, como manifestação do Poder Público, a jurisdição é una, extraímos primeira conclusão no sentido de que não há como elaborar uma teoria que pretenda incluir a competência jurisdicional como pressuposto da existência do *processo*. Para nós, processo nada mais é do que o veículo de atuação do poder jurisdicional, sem qualquer vinculação ao foro em que tiver tramitado ou do acerto (ou eventual equívoco) praticado pelo juiz no desempenho de suas funções, notadamente no que se relaciona com a *competência* para julgamento.

Competência nada mais é do que mera divisão de tarefas, ainda que especificada em determinados casos pela Constituição. Todos os atos realizados com eventual violação das regras fundamentais de competência são existentes (porque realizados por agente investido de *função jurisdicional*), produzem efeitos, mas são (absolutamente) nulos. Ao contrário, os atos inexistentes *não produzem* efeitos porque lhes faltam os elementos essenciais para decorrerem quaisquer consequências jurídicas. Exemplo típico de ato inexistente é a sentença proferida por quem *não é* juiz (não possui jurisdição), ou então de sentença *não assinada* (não é sentença porque lhe falta um elemento essencial, a chancela de que teria sido proferida por alguém com poder jurisdicional).

Juiz natural é aquele previsto *constitucionalmente*, tanto em razão da matéria ou então em face da prerrogativa de foro (preferimos falar ainda em *ratione muneris*, também denominada como *ratione funcionae*). Efetivamente, se violadas as regras de competência territorial (*nulidade de natureza relativa, mas que – atente-se – pode ser reconhecida pelo juízo independentemente da arguição das partes, art. 109, CPP, sendo regra diversa do processo civil, que está consolidada na Súmula 33 do STJ*), inviável se cogitar do agravamento da situação do réu no outro juízo para onde remetidos os autos. Quando se trata de violação de competência em razão da matéria ou da prerrogativa de foro, cremos que a melhor solução não seja essa.

O princípio do juiz natural deve ser considerado mediante uma *dualidade vetorial indissociável*: ao tempo em que se apresenta como uma garantia do indivíduo, também é uma exigência da *qualidade* da jurisdição, pela perspectiva do interesse público na correta aplicação da lei. Se a competência está prevista explicitamente na Constituição em razão da matéria ou da prerrogativa do cargo ocupado pelo agente delitivo, não nos parece razoável que o juiz natural – que decorre diretamente da Constituição – possa estar subordinado aos limites máximos da situação jurídica do réu (seja a pena ou qualquer outra circunstância) fixados na sentença *absolutamente nula*, ainda que tal nulidade somente tenha sido conhecida a partir de recurso da defesa.

É importante atentar que a limitação imposta pela *reformatio in pejus* não decorre de disposição constitucional, mas de *regramento infraconstitucional, o art. 617, CPP*. Assim, não nos parece razoável fazer prevalecer regra infraconstitucional em face de princípio de natureza constitucional (art. 5º, LIII, CF).

Defende-se, portanto, que atos praticados com violação da competência constitucional são existentes, mas absolutamente nulos. Daí decorre que o princípio constitucional do juiz natural (de manifesto interesse geral, e não só do processado) não pode ceder diante de regramento infraconstitucional, que veda a *reformatio in pejus*, direta ou indireta.

Em síntese: anulada sentença proferida por juízo manifestamente incompetente em face de recurso exclusivo da defesa ou então em hipótese em que não há recurso ministerial pugnando a nulidade, nenhum óbice existe para eventual agravamento da situação do réu no juízo competente.

Jurisprudência

617.4. [...] 1. O princípio da dupla incriminação é entendido como uma garantia individual, no âmbito do direito internacional, segundo o qual o fato que demanda cooperação jurídica internacional necessita ser penalmente previsto como crime tanto no país requisitante quanto no requisitado. Contudo, sua aplicação é excepcional e sua concepção decorre de cooperações em que a liberdade individual é afetada diretamente, como nos casos de extradição. *"O princípio da dupla incriminação não incide em se tratando de medidas de assistência de primeiro nível, que, por ausência de gravame, podem ser qualificadas como meramente procedimentais"* (AgRg na CR n. 1.433/BE, relator Ministro Barros Monteiro, Corte Especial, julgado em 16/5/2007, DJ de

6/8/2007, p. 383). 2. O Acordo de Cooperação e Auxilio Jurídico em Matéria Penal entre a República Federativa do Brasil e o Reino da Espanha, incorporado ao ordenamento jurídico pelo *Decreto n. 6.681, de 8/12/2008, traz previsão expressa da dispensa da dupla incriminação, para os casos de produção e compartilhamento de provas. A mesma fórmula é adotada nos acordos firmados com Estados Unidos da América, Reino Unido, Peru e Honduras. 3. Não encontra amparo no ordenamento jurídico brasileiro a pretensão defensiva de derrogação do Decreto n. 6.681/2008 pela Resolução CSMPF n. 178/2017, norma hierarquicamente inferior editada posteriormente ao ato que supostamente teria caracterizado constrangimento ilegal*. 4. Recurso em habeas corpus desprovido. *(Recurso em Habeas Corpus nº 125.336–SP, STJ, 5ª Turma, Rel. Min. Joel Ilan Paciornik, julgado em 4.10.2022, publicado em 17.10.2022)*

617.4. [...] 5. Como a sentença da Justiça Especializada foi proferida no exercício de verdadeira jurisdição criminal, o prosseguimento da ação penal da qual se originou este *habeas corpus* encontra óbice no princípio da vedação à dupla incriminação, também conhecido como *double jeopardy clause* ou (mais comumente no direito brasileiro) postulado do *ne bis in idem*. 6. Embora não tenha previsão expressa na Constituição Federal de 1988, a garantia do *ne bis in idem* é um limite implícito ao poder estatal, derivada da própria coisa julgada (art. 5º, XXXVI) e decorrente de compromissos internacionais assumidos pelo Brasil (art. 5º, § 2º). Isso porque a Convenção Americana de Direitos Humanos (art. 8º, n. 4) e o Pacto Internacional sobre Direitos Civis e Políticos (art. 14, n. 7), incorporados ao direito brasileiro com status supralegal pelos Decretos 678/1992 e 592/1992, respectivamente, instituem a vedação à dupla incriminação. 7. Tendo o Ministério Público, instituição una (à luz do art. 127, § 1º, da CF/1988) ajuizado duas ações penais referentes aos mesmos fatos, uma na Justiça Comum Estadual e outra na Justiça Eleitoral, há violação à garantia contra a dupla incriminação. Como a sentença eleitoral já transitou em julgado para a acusação, não é possível manter o trâmite da ação penal aforada na Justiça Estadual. [...] *(Recurso Especial nº 1.847.488/SP, STJ, 5ª Turma, unânime, Rel. Min. Ribeiro Dantas, julgado em 20.4.20201, publicado no DJ em 26.4.2021)*

617.4. [...] A decisão que absolveu sumariamente o ora paciente no âmbito da Justiça Comum, em virtude da incidência de causa excludente de ilicitude, impossibilita a instauração de ação penal perante a Justiça Especializada, uma vez que o Estado-Juiz já se manifestou sobre o fato. Ainda que se trate de decisão proferida por juízo absolutamente incompetente, deve-se reconhecer a prevalência dos princípios do *favor rei*, *favor libertatis* e *ne bis in idem*, de modo a preservar a segurança jurídica que o ordenamento jurídico demanda. [...] (*HC nº 362.054-PB, STJ, 6ª Turma, unânime, Rel. Min. Maria Thereza de Assis Moura, julgado em 9.8.2016, publicado no* DJ *em 23.8.2016*).

617.4. [...] Os atos praticados por juiz incompetente, ainda que em razão da matéria, não são atos inexistentes, prevalecendo seus efeitos até que sejam regularmente anulados. Se a decisão já transitou em julgado para o réu, sem recurso da acusação em relação ao mesmo acusado, porque ele entendeu que ela se lhe mostra favorável, não pode o Tribunal anulá-la de ofício, só podendo assim agir em caso de reexame necessário da sentença. A aplicação do princípio *ne bis in idem* mostra-se mais vantajosa para o réu, mesmo em confronto com a do devido processo legal, desde que este não tenha sido por ele invocado, ou pela acusação, e sua desobediência não lhe tenha causado prejuízo concreto. Ordem concedida para cassar o acórdão em relação ao paciente, restabelecer o processo, determinar o trancamento de ação penal contra ele iniciada na Justiça Federal e prosseguir na execução da pena iniciada, examinando-se, inclusive, a possibilidade, ou não, de progressão de regime (*Habeas Corpus nº 73.180-SC, STJ, Rel. Min. convocada Jane Silva, 5ª Turma, publicado no* DJ *em 1º.10.2007*).

617.4. [...] O artigo 617 do Código de Processo Penal, no qual está explicitada a vedação da *reformatio in pejus*, não estabelece qualquer ressalva quanto aos casos de anulação do processo, ainda que por incompetência absoluta, não devendo o intérprete proceder à tal restrição. Mesmo que haja anulação do feito por incompetência absoluta, deve-se ter presente que se este acontecimento só se tornou possível diante de irresignação exclusiva da defesa, como na hipótese vertente, razão pela qual não é admissível que no julgamento proferido pelo Juízo competente seja agravada a situação do réu, devendo prevalecer o princípio que proíbe a *reformatio in pejus*. Doutrina. Precedentes. O princípio do juiz natural, previsto como direito fundamental no inciso XXXVII do artigo 5º da Constituição Federal, é instituído essencialmente em favor daquele que é processado, a quem se confere o direito de ser julgado por quem esteja regular e legitimamente investido dos poderes de jurisdição, não sendo concebível que uma garantia estabelecida em favor do acusado seja contra ele invocada, a fim de possibilitar o agravamento de sua situação em processo no qual apenas ele recorreu. Precedente. Ordem concedida apenas para determinar que a Corte de origem redimensione a pena do paciente, tendo como parâmetro o teto estabelecido pela sentença anulada (*Habeas Corpus nº 114.729/RJ, STJ, 5ª Turma, Rel. Min. Jorge Mussi, Julgado em 21.10.2010, publicado no* DJ *em 13.12.2010*).

617.5. *Reformatio in pejus* e alteração do fundamento de decidir pelo tribunal: Já referido alhures (vide, exemplificativamente, item 593.1), quando se trata de examinar a matéria que é devolvida à instância superior pelos recursos (ou mesmo pelos *habeas corpus* substitutivos dos recursos próprios, quando cabíveis), é importante se atentar que o tema está vinculado à *horizontalidade* da discussão (pedido). Mas *verticalmente* (em que se está atrelado à fundamentação), dentro dos limites (horizontais), a cognição é a mais ampla possível. Em síntese: nos limites do pedido (matéria impugnada), é permitido ao tribunal analisar todas as questões a ele relativas, não podendo apenas desbordar para outros aspectos do processo não abordados na irresignação, salvo, como dito, manifesta ilegalidade, concedendo eventual *habeas corpus* de ofício, sempre em favor da defesa.

Portanto, a alteração do fundamento da condenação (se pugnado pela defesa pela absolvição, por exemplo) em nada infringe o princípio da *reformatio in pejus*, na medida em que, submetida integralmente a decisão à instância superior, pode o tribunal manter o édito condenatório por *fundamentos* diversos, ou reformá-lo por outros que não declinados no recurso da acusação. O que lhe é vedado, se não houver recurso da acusação, é agravar a situação do réu.

Por fim, impende se fazer o registro de que há entendimento do STF no sentido de que é vedado ao Tribunal, quando em análise apenas recurso da defesa, reconhecer circunstância judicial desfavorável que *não foi* considerada na sentença de primeiro grau, mesmo que, ao final, tenha sido reduzida a pena imposta ao paciente.

Também uma observação se faz relevante nesse tema em face de decisão tomada (mesmo que por maioria) no julgamento do *RHC nº 189.695/MG, STF, 2ª Turma, Rel. Min. Nunes Marques, Redator do acórdão Min. Gilmar Mendes, julgado em 5.10.2021, publicado no DJ em 3.11.2021.*

É preciso bem compreender o que foi ali decidido (para nós, de forma correta).

Colhe-se do voto prevalente no STF que, na sentença, foram reconhecidas quatro circunstâncias judiciais desfavoráveis na análise do art. 59 do CP. Em razão disso, o julgador monocrático fixou a pena-base em 5 anos e 6 meses de reclusão. Sem atenuantes, mas presente a reincidência, aumentou em 6 meses, totalizando 6 anos de reclusão. Em juízo recursal exclusivo da defesa, foram afastadas duas circunstâncias judiciais, fixando-se a pena-base no mínimo legal, 5 anos. Prosseguindo, aumentou a pena em 10 meses pela reincidência, totalizando 5 anos e 10 meses de pena final.

De fato, aqui houve um agravamento, mesmo que a pena final tenha ficado abaixo daquela fixada em instância inicial. É que o exame não pode ser apenas "quantitativo final" de pena, mas qualitativo, ou seja, em relação a cada uma das fases de aplicação de pena. A agravante da reincidência não poderia ser fixada (qualitativamente falando) em patamar superior aos 6 meses fixados na decisão recorrida apenas pela defesa. Desse modo, correto o julgado da Suprema Corte ao fazer essa importante distinção.

Jurisprudência

617.5. [...] Não há impedimento a que, mantida a situação penal do réu, o Tribunal a quem se devolveu o conhecimento da causa, ainda que por força de recurso manejado tão somente pela defesa, possa emitir sua própria e mais apurada fundamentação sobre as questões jurídicas ampla e dialeticamente debatidas no juízo a quo, objeto da decisão impugnada no recurso, até para não se correr o risco de inobservar o comando previsto no art. 93, IX, da Constituição Federal. [...] *(Agravo Regimental no Habeas Corpus nº 735.961-MG, STJ, 6ª Turma, Rel. Min. Rogério Schietti Cruz, julgado em 17.5.2022, publicado no DJ em 24.5.2022)*

617.5. [...] Segundo a jurisprudência desta Corte Superior de Justiça, inexiste a ocorrência de *reformatio in pejus*, porquanto o amplo efeito devolutivo da apelação autoriza o Tribunal de origem, quando instado a se manifestar sobre a dosimetria da pena, a realizar nova ponderação dos fatos e das circunstâncias em que se deu a conduta criminosa, mesmo em se tratando de recurso exclusivamente defensivo, desde que não seja agravada a situação do réu, como ocorreu na espécie. [...] *(Agravo Regimental no Recurso Especial, nº 1.994.174-CE, STJ, 5ª Turma, Rel. Min. Reynaldo Soares da Fonseca, julgado em 17.5.2022, publicado no DJ em 20.5.2022)*

617.5. [...] Proibição de reformatio in pejus na dosimetria. Ocorre reformatio in pejus quando o Tribunal, em julgamento de recurso exclusivo da defesa, reconhece elemento desfavorável não considerado na sentença de primeiro grau ou amplia o aumento de pena então fixado, ainda que tenha reduzido o quantum total da sanção imposta ao paciente. Trata-se, portanto, de um exame qualitativo e não somente quantitativo. Interpretação sistemática do art. 617 do CPP. Caso concreto em que, sem impugnação do Ministério Público, o Tribunal, embora tenha afastado todas as circunstâncias negativas da primeira fase da dosimetria, aumentou o agravamento ocasionado pelo reconhecimento da reincidência. Recurso provido. *(Agravo Regimental no RHC nº 189.695/MG, STF, 2ª Turma, por maioria, Rel. Min. Nunes Marques, Redator do Acórdão Min. Gilmar Mendes, julgado em 5.10.2021, publicado no DJ em 3.11.2021)*

617.5. [...] Penal e processual penal. [...] Recurso exclusivo da defesa. Possibilidade de manutenção da pena basilar. Efeito devolutivo pleno da apelação. *Reformatio in pejus*. Não ocorrência. *Quantum* da pena não agravada. Precedentes de ambas as turmas da Terceira Seção. [...] 1. Em conformidade com a jurisprudência do Superior Tribunal de Justiça, o efeito devolutivo pleno do recurso de apelação possibilita à Corte de origem, mesmo que em recurso exclusivo da defesa, a revisar as circunstâncias judiciais do art. 59 do Código Penal, bem como a alterar os fundamentos para justificar a manutenção ou a redução das reprimendas ou do regime inicial; não sendo o caso de apontar *reformatio in pejus* se a situação do recorrente não foi agravada, como no caso sob análise, em que a pena definitiva imposta na sentença foi preservada. 2. *Este Sodalício possui o entendimento de que, em razão do efeito amplamente devolutivo da apelação, pode o tribunal, ao julgar recurso exclusivo da defesa, apresentar nova fundamentação, desde que não seja agravada a situação do recorrente* (AgRg no HC n. 499.041/SP, Ministro Jorge Mussi, Quinta Turma, DJe 1º/7/2019). [...] *(Agravo regimental no Recurso Especial n. 1.808.773-SP, STJ, 6ª Turma, unânime, Rel. Min. Sebastião Reis Júnior, julgado em 10.9.2019, publicado no DJ em 19.9.2019).*

617.5. [...] I – O efeito devolutivo da apelação autoriza a Corte de origem, quando instada a se manifestar acerca da dosimetria e demais questões relativas às peculiaridades do crime, a examinar as circunstâncias judiciais e rever a individualização da pena. II – Não implica, *in casu, ofensa ao princípio da non reformatio in pejus,* visto que não decorreu agravamento na situação do condenado, o fato de o eg. Tribunal *a quo* se valer de fundamentos diversos para confirmar a r. sentença condenatória. [...] *(Agravo Regimental no Recurso Especial n. 1.704.101-ES, STJ, 5ª Turma, unânime, Rel. Min. Felix Fischer, julgado em 20.2.2018, publicado no DJ em 26.2.2018).*

617.5. [...] Não caracteriza *reformatio in pejus* a decisão de tribunal de justiça que, ao julgar recurso de apelação exclusivo da defesa, mantém a reprimenda aplicada pelo magistrado de primeiro grau, porém, com fundamentos diversos daqueles adotados na sentença. [...] (*Recurso em Habeas Corpus n. 119.149-RS, STF, 1ª Turma, Rel. Min. Dias Toffoli, julgado em 10.2.2015, publicado no DJ em 7.4.2015*).

617.5. [...] Resta configurada a *reformatio in pejus*, quando o Tribunal, em julgamento de recurso de apelação exclusivo da defesa, reconhece circunstância judicial desfavorável não considerada na sentença de primeiro grau, *ainda que tenha reduzido o quantum total da pena imposta ao paciente.* Não há mero redimensionamento de circunstância judicial desfavorável para o reconhecimento de outra, quando, na apelação, o Tribunal inova, levando em consideração fato não reconhecido na sentença proferida em primeira instância. Ordem concedida (*Habeas Corpus n. 98.307/MG, STF, Rel. Min. Ricardo Lewandowski, 1ª Turma, publicado no* DJ *em 23.4.2010*).

617.6. *Reformatio in mellius:* Nenhum óbice principiológico ou normativo se apresenta para a ocorrência da denominada *reformatio in mellius*. A situação nada mais é do que a possibilidade de a instância recursal, *ex officio*, melhorar a situação do réu, desde que haja devolução da matéria à instância de forma genérica. A alteração do julgado *não impugnado* somente poderá ser realizada, segundo compreendemos, diante de manifesta ilegalidade do que firmado na decisão submetida ao tribunal. Por evidente, aqui não se está tratando da possibilidade de *reformatio in mellius* decorrente de alteração legislativa. Essa é imperiosa inclusive para os processos em que tenha havido o trânsito em julgado.

Jurisprudência

617.6. [...] O Superior Tribunal de Justiça firmou compreensão no sentido de que "é admitida a *reformatio in melius*, em sede de recurso exclusivo da acusação, sendo vedada somente a *reformatio in pejus*. [...] (*Habeas Corpus nº 368.973-SP, STJ, 5ª Turma, Rel. Min. Ribeiro Dantas, julgado em 20.2.2018, publicado no DJ em 26.2.2018*) – vide também, em idêntico sentido, Recurso Especial nº 628.971-PR, STJ, 6ª Turma, Rel. Min. Og Fernandes, julgado em16.3.2010, publicado no DJ em 12.4.2010)

Art. 618. Os regimentos dos Tribunais de Apelação estabelecerão as normas complementares para o processo e julgamento dos recursos e apelações.

Não só no âmbito dos tribunais de *apelação*, mas nos de todas as Cortes judiciais se utiliza a faculdade conferida pela norma em tela para estipular regras *complementares* no julgamento dos recursos e apelações. Da análise dos regimentos internos do Superior Tribunal de Justiça e do Supremo Tribunal Federal – órgãos jurisdicionais cujos arestos são tidos como paradigmas para a presente obra – resta fácil aferir a existência de inúmeras normas complementares atinentes à forma de processamento e julgamento dos recursos afetos àquelas Cortes de Justiça, expedidas todas conforme expressa autorização da Constituição da República:

> Art. 96. Compete privativamente:
>
> I – aos tribunais:
>
> a) eleger seus órgãos diretivos e elaborar seus regimentos internos, *com observâncias das normas de processo e das garantias processuais das partes,* dispondo sobre a competência e o funcionamento dos respectivos órgãos jurisdicionais e administrativos.

Jurisprudência

618. [...] "Os regimentos dos Tribunais de Apelação estabelecerão as normas complementares para o processo e julgamento dos recursos e apelações" (art. 618 do CPP). "Os feitos que não forem julgados nos 15 dias subsequentes à sessão de cuja pauta constarem, somente poderão sê-lo mediante inclusão em novo edital, salvo se presentes e concordes os advogados das partes" (art. 175 do RITJ). Não há falar em constrangimento ilegal se realizada a sessão de julgamento dentro do prazo de 15 dias da data inicialmente designada. Ordem denegada (*Habeas Corpus nº 94.507-RS, STJ, 5ª Turma, Rel. Min. Arnaldo Esteves Lima, publicado no* DJ *em 8.3.2010*).

618. [...] I – O entendimento adotado pelo Superior Tribunal de Justiça está em perfeita consonância com a jurisprudência desta Suprema Corte, também firmada no sentido de que, havendo pluralidade de réus, com advogados distintos, o prazo de sustentação será computado em dobro e dividido pelo número de defensores que manifestaram interesse em sustentar oralmente as razões recursais, regra essa positivada nos regimentos internos dos tribunais, com autorização do art. 618 do Código de Processo Penal. [...] *(Agravo Regimental no RHC n. 137.994-DF, STF, 2ª Turma, unânime, Rel. Min. Ricardo Lewandowski, julgado em 8.3.2018, publicado no* DJ *em 20.3.2018)*

....

CAPÍTULO VI
Dos Embargos

Art. 619. Aos acórdãos proferidos pelos Tribunais de Apelação, câmaras ou turmas, poderão ser opostos embargos de declaração, no prazo de 2 (dois) dias contado da sua publicação, quando houver na sentença ambiguidade, obscuridade, contradição ou omissão.

619.1. Hipóteses de cabimento: Reportando-se a Pontes de Miranda, Frederico MARQUES (*Elementos de direito processual penal*, Bookseller, 1997. v. IV, p. 292) destaca com propriedade que "*a sentença pode ser omissa* [...] *se é* citra petita, *por ter deixado de decidir algum ponto (relacionalmente obscura), ou porque, decidindo, o seu enunciado não é completo (ontologicamente omissa). É obscura quando equívoca, ambígua ou ininteligível. Contraditória quando alguma das suas proposições é inconciliável, no todo ou em parte, com outra*". A definição é perfeita, daí a apropriação dos fundamentos.

Jurisprudência

619.1. [...] Para que haja violação do art. 619 do CPP, é necessário demonstrar que o acórdão embargado efetivamente padece de um dos vícios listados – ambiguidade, obscuridade, contradição e omissão –, e que o Tribunal de origem, embora instado a se manifestar, manteve o vício. Dessarte, o fato de não ter sido acolhida a irresignação da parte, apresentando o Tribunal de origem fundamentação suficiente e clara em sentido contrário, por certo não revela afronta ao dispositivo mencionado. [...] *(Agravo Regimental nos Embargos de declaração no Agravo em Recurso Especial nº 1.795.888-PR, STJ, 5ª Turma, Rel. Min. Reynaldo Soares da Fonseca, julgado em 28.9.2021, publicado no DJ em 4.10.2021)*

619.1. [...] Os embargos de declaração são cabíveis quando houver ambiguidade, obscuridade, contradição ou omissão, a teor do art. 619 do Código de Processo Penal – CPP, e erro material, conforme art. 1.022, III, do Código de Processo Civil – CPC. [...] (*Embargos de Declaração no Agravo Regimental no Agravo em REsp nº 728.129-DF, STJ, 5ª Turma, unânime, Rel. Min. Joel Ilan Paciornik, julgado em 16.8.2016, publicado no* DJ *em 26.8.2016*).

619.1. [...] A ocorrência de erro material na ementa do acórdão enseja correção pela via dos embargos de declaração. [...] (*Embargos de Declaração na Petição Avulsa na Extradição nº 1.085, STF, Plenário, unânime, Rel. Min. Luiz Fux, julgado em 11.5.2016, publicado no* DJ *em 24.5.2016*).

....

619.2. Regra específica para segundo grau: Enquanto o art. 382, CPP, dispõe sobre o cabimento dos embargos de declaração às sentenças de primeiro grau em procedimentos ordinários (*em se tratando especialmente dos Juizados Especiais Criminais, a Lei nº 9.099/95 dispõe de forma bastante peculiar e diversa para os embargos de declaração – art. 83*), a norma em tela tratava, até o advento do Novo Código de Processo Civil, da possibilidade do ajuizamento de embargos declaratórios quando houver no acórdão proferido pelos *tribunais de apelação, câmaras ou turmas*: (a) ambiguidade; (b) obscuridade; (c) contradição; e (d) omissão. Entretanto, o art. 1.066 da Lei nº 13.105/2015 deu nova redação ao art. 83 da Lei nº 9.099/95, dispondo que "*cabem embargos de declaração quando, em sentença ou acórdão, houver obscuridade, contradição ou omissão*".

Jurisprudência

619.2. [...] São incabíveis embargos declaratórios contra decisão monocrática. Embargos convertidos em agravo regimental, na linha da jurisprudência majoritária do Supremo Tribunal Federal. [...] (*Embargos de Declaração no Habeas Corpus nº 129.381-RS, STF, 1ª Turma, unânime, Rel. Min. Roberto Barroso, julgado em 2.2.2016, publicado no DJ em 18.2.2016*).

619.2. [...] Oposição de embargos de declaração pelo Ministério Público do Distrito Federal e Territórios no STF. Legitimidade recursal perante a Suprema Corte, nos casos em que o Parquet local é parte. Precedentes. [...] (*Segundos Emb. Decl. no Recurso Extraordinário com Agravo nº 859.251-DF, STF, Plenário, unânime, Rel. Min. Gilmar Mendes, julgado em 22.10.2015, publicado no DJ em 9.11.2015*).

619.2. [...] A ocorrência de erro material na ementa do acórdão enseja correção pela via dos embargos de declaração. Precedente: RE 312.020 EDED, Rel. Min. Carlos Velloso, *DJ* 8.11.2002. [...] (*Emb. Decl. no Ag. Reg. no Recurso Extraordinário com Agravo nº 815.792-RJ, STF, 1ª Turma, unânime, Rel. Min. Luiz Fux, julgado em 26.5.2015, publicado no DJ em 15.6.2015*).

619.3. Prazo: Primeiro aspecto digno de registro é o prazo: 2 (dois) dias, contado da publicação do acórdão, *salvo* se houver regra especial, como aquela que confere a prerrogativa de início de contagem dos prazos somente do momento em que realizada a intimação:

a) do Ministério Público (no âmbito federal, art. 18, II, *h*, LC nº 75/93; na esfera estadual, art. 41, IV, Lei nº 8.625), e que se dá *não* com o *ciente*, mas com a entrada dos autos no âmbito administrativo da instituição;

b) da Defensoria Pública (desde a edição do artigo 5º, § 5º, da Lei nº 1.060/50, na redação que lhe deu a Lei nº 7.871/89; também no art. 44, I, LC nº 80/94, quanto aos Defensores Públicos da União). Igualmente, a intimação pessoal não se opera com o *ciente*, mas com a entrada dos autos no âmbito administrativo da instituição;

c) dos defensores dativos (somente a partir da alteração havida no § 4º do artigo 370 do CPP, segundo redação introduzida pela Lei nº 9.271/96).

Uma observação, válida para todas as hipóteses de contagem dos prazos recursais (inclusive para o *habeas corpus*): o advogado constituído *não* tem a prerrogativa de intimação pessoal, o que se garante apenas aos supranominados. Daí que não se pode falar em qualquer ilegalidade nas intimações realizadas pela imprensa.

619.4. Efeitos: Os embargos de declaração no procedimento processual comum perante os tribunais de *apelação* têm efeito *interruptivo*. Em verdade, o Código de Processo Penal é omisso quanto aos *efeitos* dos embargos de declaração (se interruptivos ou suspensivos) no que tange ao modo de irresignação em primeiro e em segundo graus. Entende-se que, frente ao contido no art. 3º, CPP, possível a aplicação de forma subsidiária das normas vigentes no âmbito do CPC. Segundo expressa regra do art. 538, CPC/1973, "*os embargos de declaração interrompem o prazo para a interposição de outros recursos, por qualquer das partes*" (redação que lhe foi conferida pela Lei nº 8.950/94). E, nos termos do art. 1.026 da Lei nº 13.105/2015 (o NCPC), "os embargos de declaração não possuem efeito suspensivo e interrompem o prazo para a interposição de recurso". Portanto, no âmbito do Código de Processo Penal, os embargos de declaração têm prazo de 2 (dois) dias e com efeito interruptivo.

A interrupção dos prazos para eventuais e subsequentes recursos se dá unicamente com o *tempestivo* ajuizamento dos embargos declaratórios. Porém, se os embargos forem intempestivos, inviável se falar em interrupção do prazo de recurso ulterior, que continuará fluindo.

Se os embargos de declaração forem julgados improcedentes e que não há eventual legitimidade recursal, enfim, diante de qualquer argumento que não o referente à tempestividade, mesmo assim haverá a interrupção do prazo para eventual recurso subsequente. Repita-se: a interrupção se dá unicamente com a interposição tempestiva do recurso. Entretanto, importante referir que a jurisprudência vem reconhecendo que, quando ficar indubitavelmente demonstrado que os embargos de declaração (notadamente quando sucessivos) têm finalidade meramente procrastinatória, não se *conhece* da irresignação, certificando-se o trânsito em julgado.

Jurisprudência

619.4. [...] Embargos de declaração não conhecidos, por manifestamente inadmissíveis, não interrompem ou suspendem o prazo para a interposição do recurso próprio. [...] *(Agravo Regimental nos Embargos de Declaração no Recurso em Habeas Corpus n° 202.669-MG , STJ, 5ª Turma, Rel. Min. Reynaldo Soares da Fonseca, julgado em 7.10.2024, publicado no DJ em 14.10.2024)*

619.4. [...] Não há falar em interrupção do prazo para interposição de outros recursos, em caso de embargos declaratórios intempestivos, consoante o entendimento desta Corte Superior. Precedente. [...] *(Agravo Regimental em Embargos de Declaração em Agravo em Recurso Especial n° 2.520.791-DF, STJ, 6ª Turma, Rel. Min.Sebastião Reis Júnior, julgado em 1.10.2024, publicado no DJ em 3.10.2024)*

619.4. [...] A oposição de embargos de declaração interrompe o prazo para a interposição de recursos por qualquer das partes. [...] *(Recurso Especial nº 2.064.684-PE, STJ, 6ª Turma, Rel. Min. Laurita Vaz, por maioria, julgado em 12.9.2023, publicado no DJ em 19.9.2023)*

619.4. [...] Os segundos embargos de declaração do recorrente tiveram o caráter protelatório reconhecido, caso em que não servem como fator interruptivo do prazo recursal. Assim, os embargos de divergência interpostos somente em 29/9/2020 revelam-se intempestivos, porquanto o termo *ad quo* se deu com a publicação dos primeiros aclaratórios, em 29/3/2019. [...] Agravo regimental desprovido por intempestividade dos embargos de divergência. *(Agravo Regimental nos Embargos de Declaração no Agravo Regimental nos Embargos de Divergência em Recurso Especial nº 1.465.966/PE, STJ, 3ª Seção, unânime, Rel. Min. Joel Ilan Paciornik, julgado em 22.9.2021, publicado no DJ em 1º.10.2021)*

619.4. [...] É sabido que a oposição intempestiva de embargos de declaração não interrompe o prazo recursal para a interposição de outras insurgências. Assim, não sendo mais possível a interposição de recurso extraordinário, deve ser reconhecido que houve o trânsito em julgado do acórdão penal condenatório em relação ao ora Embargante. [...] *(Embargos de Declaração nos Embargos de Declaração na Ação Penal n. 382-RR, STJ, Corte Especial, unânime, Rel. Min. Mauro Campbell Marques, julgado em 23.9.2019, publicado no DJ em 7.10.2019).*

619.4 [...] 2. Segundo a orientação jurisprudencial desta Corte Superior, a interposição de recurso manifestamente incabível não interrompe o prazo recursal. Na espécie, os embargos de declaração opostos em face da decisão que inadmitiu o recurso especial não são o recurso adequado ou cabível à espécie. Nesse sentido, o AgInt no AREsp 1.261.554/SP, Rel. Ministro Marco Aurélio Bellizze, Terceira Turma, DJe de 13/08/2018. 3. O juízo de admissibilidade do recurso especial na instância ordinária é provisório e não vincula o Superior Tribunal de Justiça, a quem compete o exame definitivo. [...] *(Agravo Regimental no Agravo em Recurso Especial n. 1.421.629-SP, STJ, 5ª Turma, unânime, Rel. Min. Ribeiro Dantas, julgado em 16.5.2019, publicado no* DJ *em 21.5.2019).*

619.4. [...] Embargos de declaração opostos em face de decisão que inadmitiu recurso extraordinário na origem. Não cabimento. Impossibilidade de suspensão ou interrupção do prazo para interposição do agravo de instrumento. Intempestividade. Precedentes. 4. Agravo regimental a que se nega provimento (*Agravo Regimental no Recurso Extraordinário com Agravo nº 945.955-DF, STF, 2ª Turma, unânime, Rel. Min. Gilmar Mendes, julgado em 1º.3.2016, publicado no* DJ *em 28.3.2016*).

619.4. [...] O recurso extraordinário foi protocolado quando já transcorrido o prazo de quinze dias previsto no art. 26 da Lei nº 8.038/1990. A jurisprudência deste Tribunal é firme no sentido de que embargos de declaração opostos na origem, quando julgados manifestamente *incabíveis, intempestivos* ou *inexistentes*, não suspendem nem interrompem o prazo para a interposição do recurso extraordinário. Agravo regimental a que se nega provimento (*Ag. Reg. no Recurso Extraordinário com Agravo nº 770.405-ES, STF, 1ª Turma, Rel. Min. Roberto Barroso, julgado em 10.12.2014, publicado no* DJ *em 14.2.2014*).

....

619.5. Exceção (temporal): prazo e efeito dos embargos de declaração nos Juizados Especiais Criminais. Até o advento do CPC/2015, no âmbito dos Juizados Especiais, havia um regramento próprio. Da redação original do art. 83, §§ 1º e 2º, Lei nº 9.099/95, decorria que o prazo para a interposição dos embargos de declaração *seria* de 5 (cinco) dias e que o efeito *era* suspensivo. Nunca é demais lembrar que, nas situações em que ocorre o efeito interruptivo, o prazo do recurso subsequente é integral, sem qualquer desconto do que fluiu para os embargos declaratórios. Já quando presente a suspensão, todo o prazo decorrido na interposição do primeiro recurso é descontado do prazo total previsto para o recurso subsequente. O § 2º do art. 83 da Lei nº 9.099/95 dispunha que "*quando interpostos contra sentença, os embargos de declaração suspenderão o prazo para recurso*". Porém, a novel redação conferida pelo art. 1.066 do CPC/2015 alterou substancialmente as regras (para as situações futuras, presente o princípio *tempus regit actum*). A norma passou a prever expressamente que "*os embargos de declaração interrompem o prazo para a interposição do recurso*". Portanto, *a partir da vigência* do Novo Código de Processo Civil, o prazo dos embargos de declaração em matéria penal no âmbito dos Juizados Especiais é interruptivo. Já as regras da apelação não foram alteradas, permanecendo a previsão de 10 (dez) dias (art. 82 e § 1º), mas em ato único para termo e razões, ao contrário do prazo de 5 (cinco) dias previsto para termo e mais 8 (oito) dias para as razões recursais, conforme preconizado no CPP. Embora não exista qualquer óbice para a apresentação de termo e razões de recurso em ato único no procedimento previsto no CPP (mas no prazo de 5 dias, impreterivelmente), não restam dúvidas de que a forma prevista como regra geral de processo demanda muito mais tempo (recebimento do termo, intimações etc.) se comparada com a necessidade de realização de um único ato de irresignação no prazo de 10 (dez) dias conforme dispõe a Lei nº 9.099/95.

619.6. Outras exceções: embargos de declaração perante e Supremo Tribunal Federal e Superior Tribunal de Justiça: A regra do art. 619, CPP, trata especificamente dos embargos de declaração perante os *tribunais de apelação*. Há muito – e corretamente, em nosso juízo – o Supremo Tribunal Federal já assentou que a regra em comento não se aplica para as instâncias extraordinárias.

No âmbito do Supremo Tribunal Federal, consta no art. 337, § 1º, de seu Regimento Interno, que os embargos de declaração - inclusive em sede criminal - deverão ser opostos *no prazo de 5 dias*:

> Art. 337. Cabem embargos de declaração, quando houver no acórdão obscuridade, dúvida, contradição ou omissão que devam ser sanadas.
>
> § 1º Os embargos declaratórios serão interpostos no prazo de cinco dias.
>
> Art. 338. Se os embargos forem recebidos, a nova decisão se limitará a corrigir a inexatidão, ou a sanar a obscuridade, dúvida, omissão ou contradição, salvo se algum outro aspecto da causa tiver de ser apreciado como consequência necessária.
>
> Art. 339. Os embargos declaratórios suspendem o prazo para interposição de outro recurso, salvo na hipótese do § 2º deste artigo.
>
> § 1º O prazo para a interposição de outro recurso, nos termos deste artigo, é suspenso na data de interposição dos embargos de declaração, e o que lhe sobejar começa a correr do primeiro dia útil seguinte à publicação da decisão proferida nos mesmos embargos.
>
> § 2º Quando meramente protelatórios, assim declarados expressamente, será o embargante condenado a pagar ao embargado multa não excedente de um por cento sobre o valor da causa.

Como se vê, há também expressa disposição de que os embargos têm efeito *suspensivo*. Uma observação: não se reconhece o efeito suspensivo quando os embargos forem manifestamente protelatórios.

Já no Superior Tribunal de Justiça, dispunha o Regimento Interno até 2016 que o prazo dos embargos de declaração seria de 2 (dois) dias em matéria criminal:

> Art. 263. Aos acórdãos proferidos pela Corte Especial, pelas Seções ou pelas Turmas, poderão ser opostos embargos de declaração, no prazo de cinco dias, em se tratando de matéria cível, ou *no prazo de dois dias, em se tratando de matéria penal*, contados de sua publicação, em petição dirigida ao relator, na qual será indicado o ponto obscuro, duvidoso, contraditório ou omisso, cuja declaração se imponha.

Com o advento da Emenda Regimental nº 22, de 2016, o tema passou a ser regido pelos arts. 263 e 264, cuja redação é a seguinte:

> Art. 263. Cabem embargos de declaração contra qualquer decisão judicial, a serem opostos no prazo legal, para: *(Redação dada pela Emenda Regimental nº 22, de 2016)*
>
> I - esclarecer obscuridade ou eliminar contradição;
>
> II - suprir omissão de ponto ou questão sobre a qual devia pronunciar-se o Órgão Julgador de ofício ou a requerimento; ou
>
> III - corrigir erro material.
>
> § 1º O embargado será intimado para, querendo, manifestar-se, no prazo legal, sobre os embargos opostos, caso seu eventual acolhimento possa implicar a modificação da decisão embargada.

> Art. 264. Os embargos de declaração serão incluídos em pauta, salvo se opostos nas classes previstas no art. 91 deste Regimento ou nas demais classes criminais. *(Redação da Emenda Regimental nº 44, em vigor desde 14.10.2016).*
>
> § 1º Se os embargos de declaração forem opostos contra decisão de relator ou outra decisão unipessoal, o Órgão Julgador da decisão embargada decidi-los-á monocraticamente.
>
> Art. 265. Os embargos de declaração interrompem o prazo para a interposição de recursos por qualquer das partes, salvo quando manifestamente protelatórios, na forma do § 4º do art. 1.026 do Código de Processo Civil. *(Redação dada pela Emenda Regimental nº 22, de 2016)*

Nada se referia a norma anterior (quando então defendíamos a aplicação analógica das regras do processo civil), mas com as alterações da Emenda Regimental nº 22, de 2016, deixou-se expressamente consignado que o efeito será interruptivo para *ambas as partes*, salvo quando manifestamente protelatórios. O prazo continua sendo de dois dias no STJ, incidindo ao caso o disposto no art. 619 do CPP (por força da remissão do art. 263 do RISTJ "a serem opostos no prazo legal").

Também importante destaque é a admissão expressa dos embargos de declaração da decisão monocrática (§ 1º do art. 264 do RISTJ).

Jurisprudência

619.6. [...] I – O prazo para a oposição de embargos de declaração, em feitos criminais, é de 2 (dois) dias, nos termos do que dispõem os arts. 619, *caput*, do CPP e 263 do RISTJ. II – Nos termos da jurisprudência consolidada no âmbito desta eg. Corte Superior, *"É intempestivo o recurso protocolado após o prazo de dois dias de que tratam os arts. 263 do Regimento Interno do Superior Tribunal de Justiça – RISTJ e 619 do Código de Processo Penal – CPP, não tendo aplicação o novo Código de Processo Civil, uma vez que o prazo no processo penal possui disciplina própria"*. [...] *(Embargos de Declaração no Agravo Regimental no Agravo Regimental no Agravo em Recurso Especial nº 1.857.516-SP, STJ, 5ª Turma, Rel. Min. Jesuíno Rissato, julgado em 19.10.2021, publicado no DJ em 4.11.2021)*

619.6. [...] O art. 619 do Código de Processo Penal disciplina que "aos acórdãos proferidos pelos Tribunais de Apelação, câmaras ou turmas, poderão ser opostos embargos de declaração, no prazo de dois dias contados da sua publicação, quando houver na sentença ambiguidade, obscuridade, contradição ou omissão", tendo a jurisprudência desta Corte os admitido, também, com o fito de sanar eventual erro material na decisão embargada.[...] *(Embargos de Declaração no Agravo Regimental no RE no Agravo Regimental no Agravo em Recurso Especial nº 1.809.965-DF, STJ, Corte Especial, julgado em 26.10.2021, publicado no DJ em 28.10.2021)*

619.6. [...] O art. 337, § 1º, do Regimento Interno desta Corte prevê o prazo de 5 (cinco) dias para a oposição de Embargos de Declaração. [...] *(Embargos Declaratórios no Agravo Regimental no Recurso Extraordinário com Agravo nº 1.260.561-DF, STF, 1ª Turma, unânime, Rel. Min. Alexandre de Moraes, julgado em sessão virtual de 26.6.2020 a 4.8.2020, publicado no DJ em 17.8.2020).*

619.6. [...] O prazo para a interposição de embargos declaratórios contra as decisões do Supremo Tribunal Federal, ainda que em matéria criminal, é de cinco dias, e não de dois dias (CPP, art. 619). Embargos extemporâneos. Embargos de declaração não conhecidos (votação unânime) (*Embargos de Declaração no Agravo Regimental no Agravo de Instrumento nº 430.317-RJ, STF, Rel. Min. Joaquim Barbosa, 1ª Turma, publicado no DJ em 27.8.2004*).

619.7. Embargos de declaração perante os tribunais e efeitos infringentes ou modificativos: Fácil aferir da própria redação do art. 619, CPP, que só se deve cogitar da interposição de embargos de declaração aos acórdãos dos tribunais de apelação quando houver ambiguidade, obscuridade, contradição ou omissão.

De forma bastante reiterada, encontram-se assertivas genéricas no âmbito doutrinário e jurisprudencial de que os embargos de declaração não teriam a possibilidade de conferir efeito modificativo ao julgado atacado. Não nos parece a melhor resposta. Como regra, eles se prestam para sanar os pontos em que a Lei estipulou cabível a *complementação* (possibilidade jurídica do recurso). Significa que os embargos de declaração não estão previstos como um recurso destinado a rediscutir as questões enfrentadas pelo acórdão. Por esse prisma, realmente não se pode permitir a utilização dos embargos de declaração como forma de *reabrir* o debate já objeto de decisão. Se houver inconformidade da parte, que se utilize dos recursos que permitam a revisão da decisão em órgão superior colegiado (como a hipótese dos embargos infringentes) ou em instância superior (recurso especial ou extraordinário).

Contudo, se da análise e acolhimento dos embargos de declaração decorrer como *consequência lógica* a alteração parcial ou total do acórdão embargado, não há como negar a possibilidade dos efeitos infringentes ou modificativos. Como situação exemplificativa, talvez a mais ocorrente no âmbito dos tribunais, verifica-se aquela em que órgão colegiado deixa de analisar prefacial de prescrição retroativa arguida pela defesa (art. 110, § 1º, CP) e decide o *mérito* da causa em sentido (total ou parcial) desfavorável ao réu. Pela omissão da análise da tese prefacial de prescrição, cabíveis os embargos de declaração. Acaso acolhidos, porque efetivamente se estava diante de situação em que ocorrera a prescrição retroativa, será consequência lógica do reconhecimento da omissão apontada a modificação da conclusão do julgado: antes desfavorável ao réu, agora absolutamente favorável porque foi reconhecida extinta a punibilidade em face do decurso do prazo prescricional.

Uma providência permitida quando interpostos embargos de declaração com possibilidade de concessão de efeitos infringentes é a intimação da parte contrária para, querendo, apresente suas contrarrazões à pretensão deduzida. Isso se dá como forma de maximizar o princípio constitucional do contraditório. Entretanto, tal como desenvolvido adiante (item 620.3), entendemos não como uma obrigatoriedade.

Jurisprudência

619.7. [...]São cabíveis embargos declaratórios quando houver, na decisão embargada, qualquer contradição, omissão ou obscuridade a ser sanada. Podem também ser admitidos para a correção de eventual erro material, consoante entendimento preconizado pela doutrina e jurisprudência, sendo possível, excepcionalmente, a alteração ou modificação do decisum embargado. [...] *(Embargos de Declaração no Agravo Regimental no Habeas Corpus nº 625.590-SP, STJ, 5ª Turma, Rel. Min. Félix Fischer, julgado em 2.2.2021, publicado no DJ em 11.2.2021)*

619.7. [...] Efeitos modificativos, quando possíveis, decorrem da alteração jurídica advinda com a integração, aclaramento ou esclarecimento da decisão embargada. O recurso de embargos de declaração possui fundamentação vinculada às situações expressamente descritas na lei. Embargos de declaração rejeitados (*Embargos de Declaração no Habeas Corpus nº 90.791-1/MS, Rel. Min. Ricardo Lewandowski, STF, 1ª Turma, publicado no DJ em 6.3.2009*).

619.7. [...] A concessão da ordem amparou-se em premissa de fato equivocada: a de que não teria sido conferido prazo para a defesa apresentar alegações preliminares (art. 38 da Lei nº 10.409/02). Demonstração de ter havido concessão do prazo para a defesa apresentar alegações preliminares após a ratificação da denúncia e segundo aditamento, o que afasta a ilegalidade da coação sustentada na impetração: Precedentes. Acolhimento dos embargos com efeitos modificativos, para o fim de se ter como inexistente a nulidade do ato de recebimento da denúncia, mantendo-se o acórdão, contudo, no ponto em que reconheceu a carência de fundamentação do decreto de prisão preventiva (*Embargos de Declaração no HC nº 87.346-MS, STF, Rel. Min. Cármen Lúcia, 1ª Turma, publicado no DJ em 12.6.2008*).

619.7. [...] Os embargos de declaração podem, é certo, gerar a alteração do julgado: só e exclusivamente, porém – afora a sua admissão pretoriana para corrigir o erro material evidente –, nas hipóteses e na medida em que a modificação se imponha para sanar a obscuridade, colmatar a omissão ou solver a contradição. A contradição que dá margem aos embargos declaratórios é a que se estabelece entre os termos da própria decisão judicial – fundamentação e dispositivo – e não a que porventura exista entre ela e o ordenamento jurídico; menos ainda a que se manifeste entre o acórdão e a opinião da parte vencida (*Embargos de Declaração no HC nº 79.785-7, STF, Rel. Min. Sepúlveda Pertence, publicado no DJ em 23.5.2003*).

....

619.8. Embargos de declaração manifestamente protelatórios no Processo Penal: consequências: O tema é deveras sensível, especialmente diante do princípio constitucional da ampla defesa. Mas não se pode olvidar que, de modo excepcional, acontecem situações paradoxais e paradigmáticas em que determinadas partes, com a finalidade única de gerar decurso de prazo ou de protrair no tempo o trânsito em julgado de decisões judiciais condenatórias (quando não na busca da prescrição), manejam insistentemente (às vezes, inúmeros) embargos de declaração com nítido cunho protelatório.

Há quem defenda – e respeitamos – que o princípio da ampla defesa autorizaria todos os meios recursais possíveis, pois a garantia constitucional seria expressa no sentido de que "*aos litigantes, em processo judicial ou administrativo, e aos acusados em geral são assegurados o contraditório e ampla defesa*, com os recursos a ela inerentes" (art. 5º, LV, CF).

Já há muito defendemos que o princípio da *ampla defesa* não se compatibiliza com o que denominamos de *abuso de defesa*. O juiz não pode ser um mero espectador da vontade das partes, ficando inerte diante de fatos que, à evidência, dificultem a aplicação da Lei e que possam gerar a ineficiência (impunidade) do que já foi decidido pelo Poder Judiciário. Na condição de fiscal do correto andamento do processo (devido processo legal – art. 5º, LIV, CF), o juízo não pode permitir que atos camaleônicos embasem pretensão de amparo à *suposta* ampla defesa quando disso não se tratar. Não há como estabelecer uma fórmula para definição de estar ou não havendo o que chamamos de *abuso* de defesa. Só o caso concreto poderá ensejar a *ponderada* avaliação a ser feita pelo Poder Judiciário.

Desse modo, em situações em que não demonstrado o preenchimento dos requisitos legais para que o princípio da ampla defesa seja invocado, o Poder Judiciário não poderá admitir a prática do ato, muito menos sua ulterior reiteração.

É dizer: constatado que os embargos declaratórios são protelatórios, deve o Poder Judiciário estabelecer *o marco* a partir do qual deverão ser utilizados os recursos próprios (se existentes) ou então o marco que, formal e materialmente, configura o trânsito em julgado da decisão (se não cabíveis outros recursos).

Uma ressalva, por fim: mesmo que protelatórios e malgrado precedentes já nesse sentido, entendemos que, no processo penal, *não há de se* aplicar a multa estabelecida no art. 538, parágrafo único, CPC/1973 (*Parágrafo único. Quando manifestamente protelatórios os embargos, o juiz ou o tribunal, declarando que o são, condenará o embargante a pagar ao embargado multa não excedente de 1% (um por cento). sobre o valor da causa. Na reiteração de embargos protelatórios, a multa é elevada a até 10% (dez por cento), ficando condicionada a interposição de qualquer outro recurso ao depósito do valor respectivo*). Ou, nos termos do § 2º do art. 1.026 do NCPC (Lei nº 13.105/2015), "*quando manifestamente protelatórios os embargos de declaração, o juiz ou o tribunal, em decisão fundamentada, condenará o embargante a pagar ao embargado multa não excedente a dois por cento sobre o valor atualizado da causa*".

Para nós, os motivos basilares a justificarem essa dicotomia estão em que os fundamentos que embasam os litígios, os bens em discussão e as consequências nessas searas são absolutamente diversos, não ensejando, dessa maneira, a possibilidade de invocação analógica. A única *penalidade* razoável e ajustável aos ditames do processo penal é, efetivamente, seja impedido o recorrente de utilizar a burla para evitar o trânsito em julgado ou então o excessivo decurso de prazo.

Jurisprudência

619.8. [...] Abuso do direito de recorrer. Embargos de declaração não conhecidos. [...] O julgado foi claro em consignar a orientação jurisprudencial desta Corte Superior de que a circunstância de o acusado responder a outra ação penal é motivo suficiente para a negativa do acordo de não persecução penal. [...] Registre-se o caráter procrastinatório destes embargos de declaração. [...] *(Embargos de Declaração nos Embargos de Declaração no Agravo Regimental no Agravo em Recurso Especial n° 2.601.491-DF, STJ, 6ª Turma, Rel. Min. Rogerio Schietti Cruz, julgado em 24.9.2024, publicado no DJ em 9.10.2024)*

619.8. [...] Desde a prolação do acórdão de fls. 1.670-1.672, em relação à Petição n. 627282/2023 (fls. 1.661-1.665), foi destacado que o agravo regimental interposto contra decisão de fls. 1.652-1.654 era intempestivo, ou seja, a partir de então, não se deve conhecer de nenhum dos recursos, uma vez que padecem do mesmo vício de intempestividade. [...] No caso, trata-se de manifesto abuso do direito de recorrer, visto que a defesa insiste, por meio de sucessivos recursos, protelar a prestação jurisdicional desta Corte Superior. Embora não haja previsão legal para fixação de multa por litigância de má-fé em matéria penal, a jurisprudência desta Casa preconiza a imediata baixa dos autos que padeçam de tal desvio de atuação defensiva. *[...] (Embargos de Declaração nos Embargos de Declaração no Agravo Regimental nos Embargos de Divergência em Agravo em Recurso Especial nº 2.271.084-SC, STJ, 3ª Seção, Rel. Min. convocado Jesuíno Rissato, julgado em 22.2.2024, publicado no DJ em 23.2.2024)*

619.8. [...] A sucessiva interposição de recursos manifestamente inadmissíveis ou improcedentes traduz o intuito meramente protelatório da parte, a autorizar o imediato cumprimento da decisão do Supremo Tribunal Federal, independentemente da publicação do acórdão. Precedentes. [...] *(Embargos de Declaração no Agravo Regimental no Recurso Extraordinário com Agravo nº 1.429.785, STF, Plenário, Rel. Min. Rosa Weber, sessão virtual de 11.8.2023 a 21.8.2023, publicado no DJ em 4.9.2023)*

619.8. 2. [...] A oposição de embargos de declaração contra juízo de admissibilidade de recurso extraordinário promovido pelo Tribunal de origem não possui o condão de interromper o prazo recursal para interposição do agravo. [...] *(Agravo Regimental no Recurso Extraordinário com Agravo nº 1.390.718, STF, 2ª Turma, Rel. Min. Edson Fachin, sessão virtual de 25.11.2022 a 2.12.2022, publicado no DJ em 2.2.2023)*

619.8. [...] 1. Os segundos embargos de declaração do recorrente tiveram o caráter protelatório reconhecido, caso em que não servem como fator interruptivo do prazo recursal. [...] *(Agravo Regimental nos Embargos de Declaração no Agravo Regimental nos Embargos de Divergência em Recurso Especial nº 1.465.966/PE, STJ, 3ª Seção, unânime, Rel. Min. Joel Ilan Paciornik, julgado em 22.9.2021, publicado no DJ em 1.10.2021)*

619.8 [...] Quando os embargos de declaração possuem evidente intuito protelatório, a revelar litigância de má-fé e abuso no direito de defesa, é cabível o reconhecimento do trânsito em julgado da decisão, independentemente da publicação do acórdão e da interposição de novos recursos, com determinação de baixa dos autos à instância de origem. [...] Embargos de declaração rejeitados com determinação de baixa dos autos e certificação do trânsito em julgado. *(Em-*

bargos de Declaração no Agravo Regimental no Embargos de Declaração no Agravo em Recurso Especial nº 1.700.828/GO, STJ, 5ª Turma, unânime, Rel. Min. João Otávio de Noronha, julgado em 8.6.2021, publicado no DJ em 10.6.2021)

619.8. [...] Imposição de multa por litigância de má-fé em processos de natureza penal. [...] II – Para afastar qualquer possibilidade de concessão da ordem, de ofício, cumpre registrar que a jurisprudência do Supremo Tribunal Federal firmou-se no sentido de que a utilização indevida das espécies recursais no processo penal desvirtua o postulado da ampla defesa e configura abuso do direito de recorrer, sendo permitido, em tais casos, a fixação de multa por litigância de má-fé. [...] *(Agravo Regimental no Habeas Corpus nº 192.814/RJ, STF, 2ª Turma, unânime, Rel. Min. Ricardo Lewandowski, julgado em sessão virtual de 6.11.2020 a 13.11.2020, publicado no DJ em 30.11.2020).*

619.8. [...] A recorribilidade vazia, infundada, tão somente com nítido intuito protelatório, configura abuso do direito de recorrer e não é admissível em nosso ordenamento jurídico, notadamente em respeito aos postulados da lealdade e da boa-fé processual, além de configurar desvirtuamento do próprio cânone da ampla defesa. [...] Não obstante na esfera penal não ser viável a fixação de multa por litigância de má-fé, é cabível a baixa dos autos à origem, independentemente da publicação do acórdão recorrido e da certificação do trânsito em julgado. [...] *(Embargos de Declaração nos Embargos de Declaração no Agravo Regimental no Recurso Extraordinário nos Embargos de Declaração na Ação Penal nº 629-RO, STJ, Corte Especial, unânime. Rel. Min. Maria Thereza de Assis Moura, julgado em 12.5.2020, publicado no* DJ *em 25.5.2020).*

619.8. [...] Ainda que na esfera penal não seja comum a fixação de multa por litigância de má-fé, não é demais gizar que a insistência do embargante diante das sucessivas oposições de embargos de declaração contra acórdão proferido pela Quinta Turma desta Corte, revela não só o exagerado inconformismo, bem como o desrespeito ao Poder Judiciário e o seu nítido caráter protelatório, no intuito de impedir o trânsito em julgado da sentença condenatória, constituindo abuso de direito, em razão da violação dos deveres de lealdade processual e comportamento ético no processo, bem como do desvirtuamento do próprio postulado da ampla defesa. [...] *(Embargos de Declaração nos Embargos de Declaração nos Embargos de Declaração no Agravo Regimental no Agravo em Recurso Especial nº 1.594.253-CE, Rel. Min. Jorge Mussi, julgado em 10.3.2020, publicado no* DJ *em 28.4.2020).*

619.8. [...] O abuso do direito de recorrer – por qualificar-se como prática incompatível com o postulado ético-jurídico da lealdade processual – constitui ato de litigância maliciosa repelido pelo ordenamento positivo, especialmente nos casos em que a parte interpõe recurso com intuito evidentemente protelatório. [...] *(Embargos de Declaração nos Embargos de Declaração no Agravo Regimental no Recurso Extraordinário com Agravo n. 1.005.365-RJ, STF, 2ª Turma, Rel. Min. Celso de Mello, julgado em 8.3.2018, publicado no* DJ *em 20.3.2018).*

619.8. Recursos inadmitidos na origem não obstam o trânsito em julgado do decreto condenatório. Precedentes. A sucessiva interposição de recursos contrários à jurisprudência consolidada pelo Superior Tribunal de Justiça e pelo Pretório Excelso. Configuração do abuso do direito de recorrer. Recursos inadmitidos em série. Inadmissibilidade. Juízo reclamatório. Efeito *ex tunc*. Caráter protelatório do recurso. Determinada certificação do trânsito em julgado com a consequente baixa imediata dos autos. Agravo Regimental desprovido (*AgRg no Recurso Extraordinário com Agravo nº 841.804, STF, 1ª Turma, unânime, Rel. Min. Luiz Fux, julgado em 24.4.2016, publicado no* DJ *em 21.9.2016).*

619.9. Interposição dos embargos de declaração antes da publicação do acórdão: A possibilidade ou não da interposição dos embargos de declaração antes de publicado o acórdão nos órgãos e meios próprios (situação que não se apresenta possível em caso de sentença) tem gerado bastante controvérsia. Há muitos entendimentos no sentido de que não podem ser aceitos os embargos de declaração *ajuizados antes* da *publicação* da decisão colegiada, embora a sessão em que apreciado o recurso anterior tenha sido pública (A "publicidade do julgamento" é a razão pela qual a jurisprudência há muito reconhecida como marco interruptivo da prescrição a data da sessão do tribunal que condenou o agente, entendimento hoje reforçado em face da novel redação conferida ao inciso IV do art. 117 do CP pela Lei nº 11.596/07, que dispôs haver a interrupção da prescrição *pela publicação da sentença ou acórdão condenatório recorríveis*).

Destaca-se que, em 27.11.2017, foi publicada decisão do Supremo Tribunal Federal reconhecendo expressamente que a ideia de "prescrição está vinculada à inércia estatal e o acórdão que confirma a sentença condenatória, justamente por revelar pleno exercício da jurisdição penal, é marco interruptivo do prazo prescricional, nos termos do art. 117, IV, do Código Penal. Acrescente-se que a decisão proferida pelo Tribunal em sede de apelação substitui a sentença recorrida, consoante reiteradamente proclamado em nossa legislação processual (art. 825 do CPC/1939; art. 512 do CPC/1973; art. 1.008 do CPC/2015). Entendimento firmado à unanimidade pela Primeira Turma. [...] (*Habeas Corpus* nº 138.088-RJ, Rel. Min. Marco Aurélio, julgado em 19.9.2017, publicado no *DJ* de 27.11.2017). Igual entendimento restou assentado no Agravo Regimental no Recurso Extraordinário com Agravo n. 1.130.096-DF, STF, julgado em 7.8.2018, publicado no *DJ* em 14.9.2018. Já o STJ tem entendimento que somente quando há *"substancial modificação da sentença pelo acórdão, que não apenas aumentou o quantum de pena, mas também o próprio lapso prescricional, além de modificar a tipificação conferida ao fato, deve o acórdão ser considerado como novo marco interruptivo da prescrição, inclusive para fins de aplicação do benefício do art. 115 do Código Penal".* [...] *(Agravo Regimental no Recurso Especial n. 1.481.022-RS, STJ, 6ª Turma, Rel. Min. Maria Thereza de Assis Moura, Rel. para o acórdão Min. Sebastião Reis Júnior, julgado em 18.9.2018, publicado no* DJ *em 22.10.2018).*

Prosseguindo: trata-se aqui dos chamados embargos de declaração *antecipados ou precoces*. A matéria encontrou uma solução inicial com a edição da Súmula nº 418, STJ, que assentou ser "*inadmissível o recurso especial interposto antes da publicação dos embargos de declaração, sem posterior ratificação*". Essa súmula foi revogada pela Corte Especial em 1º.7.2016. Vigora atualmente o entendimento consubstanciado na Súmula 579 do STJ: *"não é necessário ratificar o recurso especial interposto na pendência do julgamento dos embargos de declaração, quando inalterado o resultado anterior"*.

Em nossa compreensão, bem antes dessas modificações, já dizíamos que era necessário conjugar a instrumentalidade do processo penal com o princípio constitucional da ampla defesa (este invocável quando houver recurso da defesa), de modo que não se deveria impor o óbice procedimental para a admissão e processamento dos embargos de declaração ajuizados anteriormente da publicação do acórdão.

Se não houver efetivamente congruência entre o que postulado nos embargos com o que decidido pelo aresto embargado (publicado posteriormente à interposição, que se dera antecipada), a solução do caso passa pela eventual improcedência do pleito declaratório, mas não pelo não conhecimento da irresignação ou até pela não interrupção ou suspensão do prazo se não ratificados os embargos.

Não é só. Existiam precedentes jurisprudenciais reconhecendo (de forma geral e genérica) como intempestivos eventuais recursos especiais ou extraordinários que, interpostos antes da apresentação de embargos de declaração *pela parte adversa,* não tenham sido ulteriormente ratificados pelo *interessado*. Esse entendimento foi exarado mesmo para aquelas hipóteses em que restaram improvidos os embargos ou inalterados os termos do que foi objeto de impugnação no recurso especial ou no recurso extraordinário pela parte que não apresentada os embargos de declaração.

A situação revelava não só um apego ao formalismo (por criação jurisprudencial, diga-se), mas, sobretudo, a criação de um óbice recursal não previsto em Lei da exigência de *ratificação* de recurso pela parte contrária que *não opôs* os embargos de declaração à decisão *já recorrida*. É dizer: mesmo que improvidos os embargos de declaração, tempestivos os recursos especial ou extraordinário (à época em que ajuizados, anteriormente aos embargos de declaração, que foram opostos pela *parte contrária*), preenchidos os demais requisitos recursais, será caso de *não* admissibilidade das irresignações às instâncias extraordinárias por intempestividade. Não há sentido nesse formalismo, sequer presente em lei.

Os entendimentos objeto da crítica acima poderiam até ser considerados razoáveis se, quando intimado da decisão para interpor o recurso especial ou extraordinário, a parte interessada já verificasse que tinham sido interpostos embargos de declaração pela parte contrária. Mas se o ajuizamento dos embargos se der *posteriormente* ao do recurso especial ou do recurso extraordinário já interposto, nunca vimos razão para a necessidade de ratificação. Se houver alguma alteração do julgado pela integração trazida em face da apreciação dos embargos de declaração, a hipótese *poderá* ser de eventual não preenchimento dos requisitos processuais outros de admissibilidade, mas jamais a intempestividade.

Reforça nosso entendimento e crítica a alguns precedentes o novel dispositivo do § 5º do art. 1.024 do CPC/2015 (perfeitamente aplicável nessa parte ao processo penal, art. 3º, CPP) no sentido de que, "se os embargos de declaração forem rejeitados ou não alterarem a conclusão do julgamento anterior, o recurso interposto pela outra parte antes da publicação do julgamento dos embargos de declaração será processado e julgado independentemente de ratificação".

Jurisprudência

619.9. [...] Súmula 579 do STJ: Não é necessário ratificar o recurso especial interposto na pendência do julgamento dos embargos de declaração, quando inalterado o resultado anterior.

619.9. [...] No que tange às decisões de primeiro grau de jurisdição, o art. 577, *caput*, do CPP consagra a legitimidade recursal autônoma do defensor e do acusado, motivo pelo qual ambos devem ser individualmente intimados da prolação de sentença condenatória ou absolutória imprópria, iniciando-se a contagem do prazo recursal para a defesa no dia útil seguinte à derradeira intimação (CPP, art. 798, § 1º e 5º, *a*). [...] Malgrado o prazo recursal defensivo somente se inicie no dia útil seguinte à última intimação, independente da ordem de execução, a decisão judicial existe validamente como ato processual com a publicação em cartório, momento em que passa integrar a ato jurídico complexo, que é o procedimento, e a gerar repercussão na relação jurídica processual, criando uma situação jurídica aos sujeitos processuais. Portanto, se a parte tomou ciência do ato processual e de seu conteúdo, nada impede o aviamento recursal, até porque se hauriu o interesse recursal e, além disso, o lapso temporal de interposição apenas tem como função estabelecer o marco preclusivo, consectário da natureza sucessiva dos atos processuais. Nesse sentido aponta o Novo Código de Processo Civil, em seu art. 218, § 4º, segundo o qual será considerado tempestivo o ato processual praticado antes do termo inicial do prazo, regra essa plenamente aplicável ao processo penal, diante do vácuo normativo (CPP, art. 798 c/c art. 3º). [...] A intempestividade do recurso prematuro implicaria, além de grave prejuízo à ampla defesa, aplicação indevida de sanção ao advogado cauto, que se antecipou à formalidade processual de intimação, para defender os interesses do representado e, de forma mediata, contribuir para a razoável duração do processo. [...] (*Habeas Corpus nº 288.640-MG, STJ, 5ª Turma, unânime, Rel. Min. Ribeiro Dantas, julgado em 21.6.2016, publicado no* DJ *em 28.06.2016*).

619.9. [...] A extemporaneidade não se verifica com a interposição de recurso antes do termo *a quo* e consequentemente não gera a ausência de preenchimento de requisito de admissibilidade da tempestividade. O princípio da instrumentalidade do Direito Processual reclama a necessidade de interpretar os seus institutos sempre do modo mais favorável ao acesso à justiça (art. 5º, XXXV, CRFB) e à efetividade dos direitos materiais (OLIVEIRA, Carlos Alberto Alvaro de. O formalismo-valorativo no confronto com o formalismo excessivo. In: *Revista de Processo*, São Paulo: RT, n. 137, p. 7-31, 2006; DINAMARCO, Cândido Rangel. *A instrumentalidade do processo*. 14ª ed. São Paulo: Malheiros, 2009; BEDAQUE, José Roberto dos Santos. *Efetividade do Processo e Técnica Processual*. 3ª ed. São Paulo: Malheiros, 2010). [...] Agravo regimental provido para cassar a decisão de inadmissão dos embargos de divergência com fundamento na extemporaneidade recursal (*Embargos de Declaração nos Embargos de Divergência nos Embargos de Declaração nos Embargos de Declaração no Agravo Regimental no Agravo de Instrumento nº 703.269-MG, STF, Plenário, maioria, Rel. Min. Luiz Fux, julgado em 5.3.2015, publicado no DJ em 6.5.2015*).

619.9. [...] 1. A doutrina moderna ressalta o advento da fase instrumentalista do Direito Processual, ante a necessidade de interpretar os seus institutos sempre do modo mais favorável ao acesso à justiça (art. 5º, XXXV, CRFB) e à efetividade dos direitos materiais (OLIVEIRA, Carlos Alberto Alvaro de. O formalismo-valorativo no confronto com o formalismo excessivo. *Revista de Processo*, São Paulo: RT, nº 137, p. 7-31, 2006; DINAMARCO, Cândido Rangel. *A instrumentalidade do processo*. 14ª ed. São Paulo: Malheiros, 2009; BEDAQUE, José Roberto dos Santos. *Efetividade do Processo e Técnica Processual*. 3ª ed. São Paulo: Malheiros, 2010). 2. "*A forma, se imposta rigidamente, sem dúvidas conduz ao perigo do arbítrio das leis, nos moldes do velho brocardo dura lex, sed lex*" (BODART, Bruno Vinícius Da Rós. Simplificação e adaptabilidade no anteprojeto do novo CPC brasileiro. In: *O Novo Processo Civil Brasileiro* – Direito em Expectativa. Org. Luiz Fux. Rio de Janeiro: Forense, 2011. p. 76). 3. As preclusões se destinam a permitir o regular e célere desenvolvimento do feito, por isso que não é possível penalizar a parte que age de boa-fé e contribui para o progresso da marcha processual com o não conhecimento do recurso, arriscando conferir o direito à parte que não faz jus em razão de um purismo formal injustificado. 4. O formalismo desmesurado ignora a boa-fé processual que se exige de todos os sujeitos do processo, inclusive, e com maior razão, do Estado-Juiz, bem como se afasta da visão neoconstitucionalista do direito, cuja teoria proscreve o legicentrismo e o formalismo interpretativo na análise do sistema jurídico, desenvolvendo mecanismos para a efetividade dos princípios constitucionais que abarcam os valores mais caros à nossa sociedade (COMANDUCCI, Paolo. Formas de (neo)constitucionalismo: un análisis metateórico. Trad. Miguel Carbonell. *Isonomía. Revista de Teoría y Filosofía del Derecho*, nº 16, 2002). 5. O Supremo Tribunal Federal, recentemente, sob o influxo do instrumentalismo, modificou a sua jurisprudência para permitir a comprovação posterior de tempestividade do Recurso Extraordinário, quando reconhecida a sua extemporaneidade em virtude de feriados locais ou de suspensão de expediente forense no Tribunal *a quo* (RE nº 626.358-AgR/MG, rel. Min. Cezar Peluso, Tribunal Pleno, julg. 22.3.2012). [...] 7. O recurso merece conhecimento, na medida em que a parte, diligente, opôs os embargos de declaração mesmo antes da publicação do acórdão, contribuindo para a celeridade processual. [...] Embargos de declaração conhecidos e rejeitados (*Embargos Declaratórios no Habeas Corpus nº 101.132, STF, 1ª Turma, Rel. Min. Luiz Fux, julgado em 24.4.2012, publicado no DJ em 22.5.2012*).

619.9. [...] É intempestivo o recurso especial interposto na pendência de julgamento de embargos de declaração, *ainda que opostos pela parte contrária*, sendo necessária a sua ratificação no prazo recursal aberto com a publicação do acórdão proferido nos embargos declaratórios. Precedente originário: REsp 776.265/SC, Corte Especial, Rel. Min. Humberto Gomes de Barros, Rel. p/ acórdão Min. Cesar Asfor Rocha, *DJU* de 6.8.2007. A teor do que prescreve a Súmula 207 desta Corte: "É inadmissível recurso especial quando cabíveis embargos infringentes contra o acórdão proferido no Tribunal de origem." Recursos especiais não conhecidos (*Recurso Especial nº 1.049.684/RS, Rel. Min. Felix Fischer, 5ª Turma, unanimidade, publicado no DJ em 3.11.2009*).

619.10. Embargos declaratórios para fins de prequestionamento e a necessidade de enfrentamento pelo Poder Judiciário: Quando alegada violação ou contrariedade a dispositivo de Lei ou da Constituição, um dos requisitos essenciais para os recursos especial ou extraordinário é que a matéria deverá ter sido expressamente enfrentada pelo tribunal inferior. É o que se denomina de prequestionamento.

Não raro, encontram-se decisões jurisprudenciais negando provimento aos embargos de declaração apresentados para fins de prequestionamento da matéria sob o argumento de que *não haveria* necessidade de o Poder Judiciário se manifestar sobre todas as questões suscitadas pelas partes para a solução da lide. Não concordamos com as premissas, com o máximo respeito, mormente quando se trata de preencher requisito essencial para recursos extraordinários: o dever de fundamentar e enfrentar os temas trazidos pelas partes é imperativo constitucional, não se podendo aceitar os aclaratórios apenas quando a intenção, em verdade, é meramente procrastinatória.

É importante atentar que, se não houver o enfrentamento do tema de modo expresso na decisão contra a qual se está apresentando os recursos de natureza extraordinária (extraordinário ou especial), a consequência será a inviabilização à parte de discutir o direito alegado na instância recursal, salvo se interpuser precedentemente recurso especial por violação ao art. 619, CPP.

Nunca é demais relembrar, por exemplo, estar pacificado o entendimento no STJ no sentido de que "*o só fato de terem sido opostos embargos declaratórios não supre a falta de pronunciamento do eg. Tribunal de origem sobre o tema. É preciso, portanto, que a quaestio seja efetivamente objeto de julgamento perante o órgão jurisdicional a quo*" (*Excerto do voto do relator no Agravo Regimental no Recurso Especial n. 1.640.268 – PR, STJ, 5ª Turma, Rel. Min. Felix Fischer, unânime, julgado em 13.6.2017, publicado no DJ em 21.6.2017*). Assim, se o tema não for objeto de expresso enfrentamento, a solução passará pelo julgamento do especial por negativa de vigência ao art. 619, CPP, anulação do julgamento do Tribunal inferior e necessidade de que se manifeste sobre o tema impugnado pela parte. Só então se propiciará a interposição dos recursos. Nesse interregno, o tempo flui. E, em matéria criminal, poderá trazer não só prejuízos para as partes, como também pelo açodamento do Poder Judiciário.

Uma anotação final: contra decisões monocráticas de admissibilidade ou não dos recursos extremos não tem sido admitida a interposição de embargos de declaração. Consequentemente, eventuais prazos para recursos cabíveis na sequência (notadamente o *agravo*) continuarão fluindo.

Jurisprudência

619.10. [...] 1. Não há violação do art. 619 do CPP quando o acórdão do tribunal de origem enfrenta todas as questões relevantes ao deslinde da controvérsia. [...] 3. O órgão julgador não é obrigado a rebater, um a um, todos os argumentos apresentados pelas partes em defesa da tese que sustentam, devendo apenas enfrentar as questões relevantes e imprescindíveis à resolução da demanda. [...] *(Agravo Regimental no Recurso Especial nº 1.463.883-PR, STJ, 5ª Turma, Rel. Min. João Otávio de Noronha, julgado em 17.8.2021, publicado no DJ em 20.8.2021)*

619.11. Legitimidade do Ministério Público para opor embargos de declaração em *habeas corpus*: Pareceria desnecessário tecer algumas considerações a respeito do tema objeto do tópico em voga, na medida em que a interposição (não só, diga-se) de embargos de declaração pelo Ministério Público está diretamente ligada às atribuições elencadas no art. 129, CF/88.

Entretanto, encontram-se alguns posicionamentos assentando que, por ser órgão eminentemente *opinativo* em sede de *habeas corpus*, não deteria o *parquet* a legitimidade para a interposição de embargos de declaração às decisões que solucionassem *habeas corpus*.

Não podemos concordar com tamanho reducionismo interpretativo.

De fato, em sede de *habeas corpus* (e até quando for impetrante, pois não há nenhum óbice, desde que utilize do *writ* em favor do réu) o Ministério Público atua como *custos iuris*. Seu parecer, efetivamente, não vincula a Corte perante a qual atue e o exare. Entretanto, dependendo do teor da decisão (presente obscuridade, contradição ou ambiguidade), a interposição dos aclaratórios será fundamental para prequestionamento de determinada matéria que será objeto de ulterior recurso seu, tanto em favor da atividade persecutória quanto também em caso de o recurso ser ajuizado em *benefício* da defesa.

Jurisprudência

619.11. [...] Atuando o Ministério Público como *custos legis*, o seu interesse na oposição de embargos de declaração em *habeas corpus* originário advém da sua atribuição constitucional de defesa da ordem jurídica, consubstanciada na fiscalização do exato cumprimento da lei. Inexistente no acórdão embargado qualquer ambiguidade, obscuridade, contradição ou omissão, não há como se acolher os declaratórios. Embargos de declaração rejeitados (*Embargos de Declaração no Habeas Corpus nº 121.433-SP, Rel. Min. Jorge Mussi, 5ª Turma, unânime, julgado em 29.9.2009, publicado no DJ em 16.11.2009*).

619.12. Prorrogação de competência para julgamento de embargos de declaração integrativos em face de perda superveniente de competência do órgão julgador: A competência para o julgamento dos recursos é decorrência lógica da irresignação que está em voga. Se for recurso em sentido estrito, o julgamento competirá ao Tribunal de Justiça ou ao Tribunal Regional Federal. Mesmo raciocínio para a apelação, salvo se for hipótese do recurso interposto das decisões do Juizado Especial, quando a competência será das Turmas Recursais. O recurso especial compete ao STJ, enquanto o recurso extraordinário ao STF. E assim por diante. As situações supradeclinadas são apenas exemplificativas, gerando um indicativo da competência previamente estabelecida e que, em princípio, não deve ser modificada.

Contudo, em situações excepcionais, supervenientemente à *interposição* do recurso, mas *antes* de seu julgamento, quando houver uma modificação de competência em razão de prerrogativa de foro, o órgão que passou a ser o competente deverá julgar o recurso, mesmo que, no curso ordinário dos fatos, a ele não mais incumbisse a apreciação da irresignação. Pode parecer estranho inicialmente, mas são inúmeros os casos em que o Supremo Tribunal Federal ou o Superior Tribunal de Justiça apreciam recursos de apelação ou em sentido estrito que, originariamente, haviam sido interpostos perante juízo de primeiro grau, mas que, em razão da presença de circunstância superveniente modificativa do foro, os tornaram competentes para, diretamente, julgar os recursos *(atente-se que, dentro dos limites do que decidido pelo STF na Questão de Ordem na Ação Penal nº 937, e abordado em inúmeras passagens na presente obra, não há mais se falar em deslocamento de competência nesses casos quando envolver parlamentares)*

Tal raciocínio entendemos não ser aplicável aos embargos de declaração. Como o recurso tem natureza integrativa do julgado (diversamente dos demais), há de se aplicar, excepcionalmente, a regra da prorrogação da competência para permitir que o órgão competente para o recurso apreciado e contra o qual se opuseram os aclaratórios continue competente até o julgamento deles.

Assim, exemplificativamente, para melhor compreensão: imaginemos a situação de um réu que se vê condenado por um órgão colegiado com competência originária perante o qual possuía foro por prerrogativa de função. À decisão são apresentados tempestivamente embargos de. Normalmente, a cessação da competência por prerrogativa de foro ensejaria a total impossibilidade para a Corte continuar na apreciação da causa. Entretanto, como dito, tendo os embargos de declaração natureza integrativa, a melhor solução que se apresenta é que o Tribunal deverá apreciar os embargos de declaração e, imediatamente após a solução da controvérsia, remeter os autos ao juízo que passou a ser o competente, se houver recurso. De certo modo, essa é a compreensão também do STF, como decorrência da segunda tese fixada na retromencionada Ação Penal nº 937 ("*Após o final da instrução processual, com a publicação do despacho de intimação para apresentação de alegações finais, a competência para processar e julgar ações penais não será mais afetada em razão de o agente público vir a ocupar outro cargo ou deixar o cargo que ocupava, qualquer que seja o motivo*"). Ora, se há prorrogação para o julgamento do caso, com mais razão haverá para a apreciação dos embargos de declaração integrativos.

Jurisprudência

619.12. [...] 1. Os embargos de declaração foram opostos contra acórdão proferido pela Primeira Turma desta Corte, que, por maioria, julgou parcialmente procedente a ação penal, nos termos do voto do Ministro Roberto Barroso, Redator para o acórdão, que abriu a divergência, para condenar o réu às penas de 10 anos e 2 meses de reclusão, e 226 dias-multa.

2. Os embargos de declaração têm como objetivo aperfeiçoar o acórdão embargado, sanando eventuais vícios, elencados no art. 619 do Código de Processo Penal.

3. Somente a Primeira Turma, órgão colegiado que proferiu o julgado impugnado por meio de embargos de declaração, é que detém a competência para a sua apreciação, sendo esta a medida que preserva a natureza integrativa do referido recurso. [...] (*Embargos de Declaração em Ação Penal nº 965, STF, Plenário, Rel. Min. Luís Roberto Barroso, por maioria, sessão virtual final de 10.11.2023 a 20.11.2023, publicado no DJ em 1º.3.2024*)

619.12. [...] Os embargos declaratórios têm função integrativa do julgado que se pretende aclarar, razão pela qual se reconhece a *perpetuatio jurisdictionis* do Tribunal para apreciá-los, quando opostos de decisão colegiada condenatória exarada em ação penal originária da referida Corte, mesmo não gozando mais o paciente do juízo especial por prerrogativa de função, em razão da perda do cargo de magistrado, em outro processo-crime. [...] *Habeas corpus* parcialmente conhecido, sendo nesta extensão denegada a ordem (*Habeas Corpus nº 112.444/SP, STJ, Rel. Min. Jorge Mussi, 5ª Turma, publicado no* DJ *em 13.10.2009*)

619.12. [...] Registro que o recurso em sentido estrito interposto contra decisão que rejeitou a denúncia apresentada em face do recorrido, é de competência do Supremo Tribunal Federal em razão da investidura do denunciado no cargo de deputado federal em data posterior à referida decisão. A denúncia foi considerada inepta em relação ao recorrido por absoluta ausência de descrição de qualquer conduta que pudesse, em tese, configurar a prática de crime. [...] Recurso em sentido estrito improvido (*Inquérito nº 2.727, STF, Rel. Min. Ellen Gracie, Plenário, publicado no* DJ *em 13.2.2009*).

619.12. [...] Em tese, nas hipóteses em que se cuidar de processo de natureza penal, deve acolher-se a competência do Supremo Tribunal Federal para julgar recurso pendente de julgamento em Tribunal diverso quando ao menos um dos réus passar a ocupar cargo ou função com foro privilegiado, nos termos do art. 102, inciso I, alíneas *b* e *c*, da Constituição Federal. Orientação que não firma a competência desta Corte, entretanto, considerando a absoluta ausência de legitimidade passiva e de interesse recursal no tocante ao requerido pessoa física, hoje Deputado Federal. [...] Falta interesse recursal ao requerido pessoa física, já que, no caso concreto, o Juiz de Direito proferiu decisão condenatória apenas no tocante à empresa de radiodifusão. O não conhecimento da apelação do requerido pessoa física, hoje Deputado Federal, implica a devolução dos autos ao Tribunal de origem para que julgue a apelação da pessoa jurídica, que não tem foro privilegiado no Supremo Tribunal Federal. Apelação da pessoa física não conhecida, determinada a remessa dos autos ao Tribunal de Justiça do Estado do Pará relativamente ao apelo da empresa de radiodifusão (*Petição nº 3.645-0/PA, STF, Rel. Min. Menezes Direito, Plenário, unânime, publicado no DJ em 2.5.2008*).

....

Art. 620. Os embargos de declaração serão deduzidos em requerimento de que constem os pontos em que o acórdão é ambíguo, obscuro, contraditório ou omisso.

§ 1º O requerimento será apresentado pelo relator e julgado, independentemente de revisão, na primeira sessão.

§ 2º Se não preenchidas as condições enumeradas neste artigo, o relator indeferirá desde logo o requerimento.

620.1. Considerações gerais: Estabelece-se aqui o procedimento a ser adotado pela parte embargante, bem como no julgamento dos embargos.

No *caput*, estipula-se uma regra essencial para a interposição dos embargos de declaração (regra às vezes mitigada no processo penal, tal como na interposição de recursos pelo próprio réu – reporta-se aos comentários do art. 574, CPP, quando tratada a voluntariedade recursal). A parte que quiser ajuizar os embargos de declaração deverá fazê-lo em petição própria indicando, objetivamente, de qual vício padece de complementação o julgado: ambiguidade, obscuridade, aspecto contraditório ou omissão.

620.2. A desnecessidade de revisão e inclusão em pauta: Já no § 1º refere-se que os embargos de declaração serão apreciados pelo órgão colegiado independentemente de revisão e de inclusão em pauta de julgamento. Não há necessidade de abrir contraditório antes da apreciação dos embargos à parte adversa, salvo se houver a possibilidade de concessão de efeitos modificativos. Com a nova redação da Emenda Regimental nº 24, de 14.10.2016, o art. 264 (antes alterado parcialmente pela Emenda nº 22) passou a dispor que "*os embargos de declaração serão incluídos em pauta, salvo se opostos nas classes previstas no art. 91 deste Regimento* ou nas demais classes criminais". Assim, em matéria penal, continua não havendo a necessidade de inclusão em pauta do julgamento dos embargos de declaração.

Jurisprudência

620.2. [...] Nos termos do art. 620, § 1.º, do Código de Processo Penal, os embargos de declaração serão apresentados em mesa pelo Relator, para julgamento imediato. Portanto, é incabível o requerimento de intimação prévia do Embargante para a sessão de julgamento, para a qual, inclusive, não se admite sustentação oral. [...] (*Embargos de Declaração no Agravo Regimental no Agravo em Recurso Especial nº1.680.222-SP, STJ, 5ª Turma, Rel. Min. Joel Ilan Paciornik, julgado em 15.6.2021, publicado no DJ em 22.6.2021*)

620.2. [...] Diante do contido no art. 620, § 1º, do Código de Processo Penal, e em razão de o Regimento Interno do Tribunal de Justiça de Minas Gerais prever que os embargos de declaração em matéria criminal devem ser levados em mesa, a falta de intimação prévia da defesa para a sessão de julgamento respectiva não acarreta qualquer nulidade. *Habeas corpus* denegado (*Habeas Corpus nº 42.004-MG, STJ, 6ª Turma STJ, Rel. Min. Paulo Gallotti, publicado no* DJ *em 14.4.2008*).

....

620.3. Possibilidade de efeitos infringentes e eventual contraditório no julgamento dos embargos de declaração: Encontram-se posicionamentos doutrinários no sentido de que se for verificada a possibilidade de haver efeitos infringentes deveria ser facultado às partes interessadas (os não embargantes) contraditarem os argumentos expendidos pelo embargante. Embora não haja vedação ao juízo para assim proceder (porém desde que adote o procedimento em todas as hipóteses, independentemente de quem sejam os embargantes e os interessados), está-se adotando tal sistemática sob o pálio, especialmente, do contraditório.

Entretanto, e faz-se a consideração unicamente por registro, se o acórdão apresenta algum dos vícios que poderá ensejar sua complementação – e até modificação – por intermédio do acolhimento dos embargos de declaração, significa que, desde a origem de sua prolação, o tribunal deveria ter exarado a decisão conforme as conclusões ulteriores do julgamento dos embargos de declaração.

É fundamental notar que o contraditório e a ampla defesa *foram* oportunizados às partes em momento anterior ao primeiro julgamento do tribunal. Ali se garantiu às partes, mediante a paridade de armas, trazerem todos os argumentos para tentar convencer o tribunal de qual o rumo deveria seguir a corte ao julgar o(s) recurso(s) submetido(s) à apreciação. É verdade que o órgão julgador colegiado (como todos os demais integrantes do Poder Judiciário) não está limitado à utilização dos argumentos desenvolvidos pelas partes para encontrar a solução que entenda devida para o caso concreto. É o que denominamos de verticalidade do efeito devolutivo. Significa que, delimitada a devolução da extensão da matéria – horizontalidade – que será apreciada pelo tribunal, a decisão a ser proferida deverá utilizar todos e quaisquer argumentos possíveis para a solução daquela questão, tendo sido arguidos ou não pelas partes. Entretanto, repisa-se, se houver a omissão, obscuridade, contradição ou ambiguidade, tal circunstância decorreu unicamente da parcial falha de fundamentação ou de deliberação quando do julgamento inicial.

Assim, não vemos como *obrigatoriedade* – senão, no máximo, uma faculdade – que seja oportunizado à parte que não opôs os embargos de declaração que apresente eventual manifestação de contrariedade.

Jurisprudência

620.3. [...] Não prospera a tese de nulidade da decisão que rejeitou os embargos do art. 619 do CPP, por falta de intimação do Ministério Público para, querendo, impugná-los. O recurso é integrativo e não se presta à reforma do decisum, tampouco para inovar teses de mérito. Somente quando o julgador discernir a possibilidade de concessão de efeitos infringentes há necessidade de manifestação da parte contrária, à luz do princípio do contraditório. [...] *(Agravo Regimental nos Embargos de Declaração no Agravo em Recurso Especial nº 1.488.733-SP, STJ, 6ª Turma, Rel. Min. Rogério Schietti Cruz, julgado em 14.9.2021, publicado no DJ em 21.9.2021)*

....

620.4. O indeferimento de plano dos embargos declaratórios: No § 2º, tem-se a previsão de possibilidade de indeferimento de plano dos embargos de declaração se o relator entender serem absolutamente improcedentes as alegações acerca de vício do aresto a ser sanado mediante embargos de declaração. Nessa parte, entendemos que somente poderá o relator negar o seguimento ao recurso se for manifesta a intempestividade da irresignação ou então a manifesta ilegitimidade do recorrente. Nas demais situações – até porque os embargos atacam a decisão não do relator, mas do órgão colegiado –, mostra-se mais consentânea a submissão da apreciação dos embargos de declaração ao órgão colegiado.

CAPÍTULO VII
Da Revisão

Art. 621. A revisão dos processos findos será admitida:

I – quando a sentença condenatória for contrária ao texto expresso da Lei penal ou à evidência dos autos;

II – quando a sentença condenatória se fundar em depoimentos, exames ou documentos comprovadamente falsos;

III – quando, após a sentença, se descobrirem novas provas de inocência do condenado ou de circunstância que determine ou autorize diminuição especial da pena.

621.1. Considerações iniciais: Nada obstante a revisão criminal esteja destacada na organização do Código de Processo Penal dentro de capítulo específico relacionado ao título que trata dos "recursos em geral", entendemos que *não se trata*, tecnicamente, de *recurso*. Em verdade, se cuida de *ação autônoma de impugnação* que tem por finalidade permitir que a decisão *condenatória* transitada em *julgado* possa ser novamente questionada se preenchidos os requisitos legais previamente estabelecidos, devendo-se sempre observar as regras específicas de competência. Característica marcante que pode ser destacada de início é que se trata de ação que somente pode ser utilizada em *benefício* da *defesa*. Daí a exigência primaz de que a revisão se destine ao desfazimento de decisão *condenatória*. Consequência lógica dessa afirmativa é que não se pode cogitar de revisional em prol da acusação, diante da impossibilidade de alteração do julgado *pro societate*. Igualmente, compreendemos que *não* há se falar em possibilidade da revisional quando se tratar de hipóteses relacionadas à suspensão do processo (art. 89, Lei nº 9.099/95) ou de transação processual (art. 76, Lei nº 9.099/95), na medida em que, nestes casos, *não* existem sentenças *condenatórias*.

Jurisprudência

621.1. [...] A revisão criminal não deve ser adotada como um segundo recurso de apelação, de forma a propiciar reanálise da prova já existente dos autos. Para que o pleito revisional seja admitido, é preciso que a defesa demonstre que a condenação foi contrária ao texto expresso da lei penal ou aos elementos de convicção constantes dos autos, baseada em provas falsas, ou quando surgem novas evidências que provem a inocência do réu ou determinem ou autorizem a redução de sua pena. Precedentes. [...] *(Agravo Regimental no Recurso Especial nº 2.099.605-RJ, STJ, 6ª Turma, Rel. Min. Sebastião Reis Júnior, julgado em sessão virtual encerrada em 1º.7.2024, publicado no DJ em 3.7.2024)*

621.1. [...] Para o Superior Tribunal de Justiça, *"[e]m relação à dosimetria da pena, a revisão criminal tem cabimento restrito, apenas admitida quando, após a sentença, forem descobertas novas provas que demonstrem eventual equívoco do juízo sentenciante, ou na ocorrência de flagrante ilegalidade. Destarte, a revisão não pode ser utilizada como se apelação (ou recurso especial) fosse, para rediscutir, minuciosamente e à luz dos mesmos elementos probatórios, as circunstâncias que já foram valoradas no processo originário" (AgRg no REsp n. 1.805.996/SP, relator Ministro Ribeiro Dantas, 5ª Turma., DJe 29/3/2021)* – (AgRg no HC n. 719.399/BA, Ministro Antonio Saldanha Palheiro, Sexta Turma, DJe de 20/6/2022). *[...] É assente neste STJ que o recurso de revisão criminal não pode ser utilizado como nova apelação, com vistas ao mero reexame de fatos e provas, assim como que, quando voltado ao questionamento da dosimetria da pena, tem cabimento restrito, restrito à descoberta de novas provas, violação do texto expresso da lei ou desproporcionalidade manifesta na fixação da pena.* (AgRg na RvCr n. 6.061/MG, Ministra Daniela Teixeira, Terceira Seção, DJe de 14/5/2024). [...] *(Agravo Regimental nos Embargos de Declaração no Agravo em Recurso Especial nº 2.405.920-SP, STJ, 6ª Turma, Rel. Min. Sebastião Reis Júnior, julgado em 11.6.2024, publicado no DJ em 17.6.2024)*

621.1. [...] A revisão criminal não é instrumento viável para mera reiteração de teses jurídicas já vencidas na jurisdição ordinária, nem para simples revisão da matéria probatória. A procedência da ação, nas hipóteses indicadas, tem por pressuposto necessário e indispensável, quanto à matéria de direito, a constatação de ofensa ao texto expresso da lei penal, ou, quanto à matéria de fato, o desprezo à evidência dos autos (RvC 5437, Tribunal Pleno, Rel. Min. Teori Zavascki, DJe de 18/03/2015).[...] *Agravo Regimental na Revisão Criminal nº 5.532, STF, 1ª Turma, Rel. Min. Luiz Fux, sessão virtual final de 29.9.2023 a 6.10.2023, publicado no DJ em 24.10.2023)*

621.1. [...] É inviável a utilização de habeas corpus como sucedâneo de revisão criminal. [...] *(Agravo Regimental no Habeas Corpus nº 215.209, STF, 2ª Turma, Rel. Min. Nunes Marques, sessão virtual de 2.6.2023 a 12.6.2023, publicado no DJ em 21.6.2023)*

621.1. *[...] É cabível a revisão criminal, pela ocorrência de error in procedendo na decisão rescindenda que deu provimento ao recurso especial acusatório para restabelecer integralmente a sentença condenatória, bem assim as penas nela aplicadas. [...] As condutas em relação às quais o Requerente havia sido absolvido pelo Tribunal de segundo grau não foram objeto do recurso especial acusatório, que abrangeu, expressamente, tão-somente aquelas em relação às quais a Corte local procedeu à desclassificação. A decisão rescindenda incorreu em julgamento extra petita e desrespeito à coisa julgada absolutória formada em relação ao 2.º e 4.º fatos, em ofensa ao art. 617 do Código de Processo Penal. [...] (Revisão Criminal nº 5.698-DF, STJ, 3ª Seção, Rel. Min. Laurita Vaz, julgado em 22.3.2023, publicado no DJ em 17.4.2023)*

621.1. [...] A revisão criminal somente é cabível nas situações expressamente previstas em lei e sua utilização, neste Superior Tribunal, pressupõe a formação da coisa julgada a partir da análise (das questões de mérito) feita no julgamento de recurso especial, sendo, portanto, incabível quando se voltar contra acórdão proferido em habeas corpus. [...] *(Agravo na Revisão Criminal nº 5.856–DF, STJ, 3ª Seção, Rel. Min. Rogério Schietti Cruz, julgado em 8.2.2023, publicado no DJ em 15.2.2023)*

621.1. [...] A revisão criminal não deve ser adotada como um segundo recurso de apelação, pois o acolhimento da pretensão revisional reveste-se de excepcionalidade, cingindo-se às hipóteses em que a contradição à evidência dos autos seja manifesta, induvidosa, dispensando a interpretação ou análise subjetiva das provas produzidas. [...] Nessa senda, este "Superior Tribunal de Justiça já pacificou o entendimento no sentido do não cabimento da revisão criminal quando utilizada como nova apelação, com vistas ao mero reexame de fatos e provas, não se verificando hipótese de contrariedade ao texto expresso da lei penal ou à evidência dos autos, consoante previsão do art. 621, I, do CPP." (HC 206.847/SP, Rel. Ministro Nefi Cordeiro, Sexta Turma, julgado em 16/02/2016, DJe 25/02/2016). [...] *(Agravo Regimental nos Embargos de Declaração no Recurso Especial nº 1.994.079–RS, STJ, 5ª Turma, Rel. Min. Reynaldo Soares da Fonseca, julgado em 13.9.2022, publicado no DJ em 19.9.2022)*

621.1. [...] A revisão criminal, que não tem feitio recursal, não se presta a, fora de sua destinação normativa, submeter a matéria subjacente ao crivo do Tribunal Pleno por razões derivadas exclusivamente do inconformismo defensivo ou de razões afetas ao suposto desacerto da razoável valoração da prova e/ou do direito. [...] *(Agravo Regimental na Revisão Criminal nº 5.493-*

AM, STF, Tribunal Pleno, Rel. Min. Edson Fachin, unânime, julgado na sessão virtual de 8.4.2022 a 20.4.2022, publicado no DJ em 5.5.2022)

621.1. [...] É cabível o ajuizamento de revisão criminal em face de decisão unipessoal de relator, no Superior Tribunal de Justiça, que dá provimento a recurso especial para restabelecer sentença condenatória. [...] *(Agravo Regimental na Revisão Criminal nº 5.601-DF, STJ, 3ª Seção, Rel. Min. Olindo Menezes, julgado em 14.9.2022, publicado em 20.9.2022)*

621.1. [...] 1. Embora as medidas socioeducativas tenham natureza pedagógica, é inegável que possuem, igualmente, caráter sancionador e punitivo. Tanto é assim, que a sua imposição depende da comprovação da prática de ato infracional, feita por meio de processo judicial, no qual devem ser observadas as garantias do devido processo legal e do contraditório.

2. A admissão de ação rescisória, proposta pelo Ministério Público, visando a rescisão da coisa julgada absolutória formada no processo de apuração de ato infracional, colocaria o menor em situação mais gravosa do que o adulto, o que não é admitido por esta Corte Superior.

3. O art. 152 do Estatuto da Criança e do Adolescente estatui que lhe são aplicáveis, *"subsidiariamente as normas gerais previstas na legislação processual pertinente"*. No caso de processo para apuração de ato infracional, as regras subsidiárias a serem aplicadas ao Estatuto da Criança e do Adolescente, são aquelas relativas ao Código de Processo Penal que estabelece, em seu arts. 621 e 626, que a revisão criminal é cabível tão-somente contra sentença condenatória e que o julgamento proferido na revisional nunca pode agravar a situação do condenado.

4. No caso dos autos, o Juízo da Vara da Infância e da Juventude rejeitou a representação imputando a prática de ato infracional ao tráfico de drogas, por falta de justa causa, sob os fundamentos de que se cuidava de delito impossível, pela existência de flagrante preparado pela autoridade policial (Súmula n. 145 do Supremo Tribunal Federal), bem assim em razão da falta de materialidade, porque não houve a apreensão de nenhuma droga. O *Parquet* apelou, mas o recurso foi julgado intempestivo, em acórdão que transitou em julgado.

5. Não obstante o Recorrente afirme que a intenção seria proteger e educar o menor, que é vulnerável, observa-se que o real escopo da ação rescisória é reabrir a discussão acerca da prática do ato infracional e aplicar ao menor medida socioeducativa por fato em relação ao qual foi definitivamente absolvido, mostrando-se indevida a tentativa de usar a vulnerabilidade do menor em seu próprio desfavor.

6. A tese trazida no recurso especial é construída a partir da premissa de que a prática do ato infracional pelo Recorrido seria fato incontroverso, quando, na verdade, o fato incontroverso existente, inclusive com formação de coisa julgada, é na direção de que o Recorrido não praticou ato infracional. Se não houve ato infracional, não há pretensão socioeducativa a ser exercida, em qualquer de seus aspectos. [...] *(Recurso Especial nº 1.923.142 – DF, STJ, 6ª Turma, Rel. Min. Laurita Vaz, julgado em 22.11.2022, publicado no DJ em 28.11.2022)*

621.1. [...] 1. Não se inaugura a competência do Supremo Tribunal Federal em sede de revisão criminal nas hipóteses em que a atuação jurisdicional desta Corte se limita à inadmissão de recurso extraordinário, na medida em que a decisão que não conhece de irresignação excepcional não opera efeito substitutivo em relação ao provimento condenatório. Precedentes. 2. A jurisprudência desta Corte é no sentido de que o "Supremo Tribunal Federal é competente apenas para processar e julgar revisão criminal quando a condenação tiver sido por ele proferida ou mantida no julgamento de ação penal originária, em recurso criminal ordinário ou em recurso extraordinário com conhecimento do mérito" [...] *(Agravo Regimental na Revisão Criminal n. 5.484-DF, Rel. Ministro Edson Fachin 2ª Turma, unânime, Plenário, sessão virtual de 16.8.2019 a 22.8.2019, publicado no DJ em 9.9.2019).*

621.1. [...] O Supremo Tribunal Federal "é competente apenas para processar e julgar revisão criminal quando a condenação tiver sido por ele proferida ou mantida no julgamento de ação penal originária, em recurso criminal ordinário ou em recurso extraordinário com conhecimento do mérito" [...] *(Embargos de Declaração na Revisão Criminal n. 5.467- SP, STF, Plenário, Rel. Min. Alexandre de Moraes, julgado em 19.4.2018, publicado no DJ em 10.5.2018)*

621.1. [...] 1. A competência do STJ para julgar as revisões criminais de seus julgados (art. 105, I, "e", CFR/88) pressupõe o prévio exame do mérito da questão objeto de pedido revisional por esta Corte antes do trânsito em julgado. Precedentes: [...] 2. Se o julgado impugnado na revisão criminal não chegou a examinar o mérito das alegações referentes às circunstâncias judiciais que motivaram a fixação da pena-base (ações penais em andamento, condenações não transitadas em julgado, personalidade vocacionada para a prática de delitos e conduta social reprovável), ante a ausência de prequestionamento do art. 59 do CP, esta Corte não detém competência para examinar os pedidos de fixação da pena-base no mínimo legal e de diminuição da pena pelo patamar máximo admissível na tentativa, posto que ambos os pedidos têm como pressuposto a declaração de ausência de circunstâncias judiciais desfavoráveis ao réu. [...] (*Revisão Criminal nº 3.544-SP, STJ, 3ª Seção, unânime, julgado em 26.11.2016, publicado no DJ em 9.11.2016*).

....

621.2. Condições gerais para o cabimento da ação de revisão criminal: Da análise das previsões legais, verifica-se que a competência para o julgamento das revisões criminais está atribuída a órgãos colegiados. Três são as *condições gerais* para a admissibilidade da revisão criminal:

1) Somente tem cabimento após o trânsito em julgado da sentença condenatória. Observe-se que há exigência expressa de que, no ajuizamento, seja comprovado o trânsito em julgado da sentença condenatória mediante certidão específica (art. 625, § 1º, CPP).
2) Admite sua utilização unicamente em benefício do réu, sendo vários os legitimados, como especificado em momento oportuno. Consoante se extrai do art. 626, CPP, a revisão criminal poderá implicar alteração da classificação da infração, absolvição do réu, modificação da pena ou anulação do processo (providências sempre em benefício da defesa). Contudo, jamais poderá haver conclusão mais gravosa em desfavor do réu. É o que preconiza expressamente o parágrafo único do art. 626, CPP, sendo, além do que consta genericamente no art. 617, CPP, previsão expressa e específica da proibição de *reformatio in pejus*.
3) Não há prazo para o ajuizamento da revisão criminal (diferentemente do que ocorre em relação à ação rescisória no âmbito do processo civil). O art. 622, CPP, é claro no sentido da possibilidade da ação revisional mesmo após a extinção da pena.

Não que seja uma condição, mas convém anotar que, nos termos da Súmula 393, STF, "*para requerer revisão criminal, o condenado não é obrigado a recolher-se à prisão*". Publicada no *DJ* em 8.5.1964, se a súmula dispusesse em sentido contrário não teria ela qualquer compatibilidade com o ordenamento jurídico vigente desde 1988. Como já acentuado quando da análise dos arts. 594 (*esse, há muito materialmente inconstitucional, mas revogado* formalmente *pela Lei nº 11.719*) e 595, ambos do CPP, não há nenhuma pertinência lógico-sistêmica a exigibilidade do recolhimento (ou, dependendo da natureza da pena, o início de seu cumprimento) como *requisito* para a admissibilidade do recurso ou de ação autônoma diante do princípio constitucional da ampla defesa. É preciso alertar que não há como invocar o princípio do estado de inocência como fundamentador da possibilidade da irresignação não depender do recolhimento prévio ou de início do cumprimento da pena imposta. O trânsito em julgado (que é pressuposto inarredável da revisão criminal) afasta qualquer possibilidade de invocação desse princípio constitucional.

621.3. Circunstância especial: cabimento ou não da ação revisional contra decisões proferidas pelo Tribunal do Júri: Entende-se não haver qualquer óbice à revisão criminal oposta contra decisões tomadas no âmbito do Tribunal do Júri.

Como já analisado anteriormente (art. 593, III, *d*, CPP e art. 617, CPP), por intermédio do princípio da soberania do Júri (art. 5º, XXXVI, *c*, CF), garante-se a prevalência da soberania do que decidido pelos jurados, salvo se as conclusões do Conselho de Sentença forem manifestamente contrárias ao que provado nos autos, hipótese na qual poderá o tribunal mandar o agente criminoso a novo julgamento. Essa possibilidade não é uma decorrência do Código de Processo Penal, que apenas prevê o *recurso* cabível (*e, aqui, a ação autônoma de revisão criminal*) para quando presente a situação de decisão proferida de forma hialinamente contrária ao que restou provado nos autos.

O afastamento da soberania dos veredictos do Júri em face de decisão *manifestamente* contrária à prova dos autos (de forma incontestável, aferível de plano) tomada pelo tribunal popular decorre, em nosso entendimento, primordialmente, dos princípios constitucionais da ampla defesa e da inafastabilidade de o Poder Judiciário apreciar lesão ou ameaça de direito (art. 5º, XXXV).

Além disso, o próprio Tribunal do Júri e a soberania de seus veredictos são garantias constitucionais estipuladas em prol dos interesses da própria defesa. Noutras palavras, se a decisão dos jurados for manifestamente contrária à prova dos autos, atentando diretamente contra os interesses da defesa, compete ao Poder Judiciário por seus órgãos próprios reparar a não observância da garantia fundamental do processado por aquele órgão criado especialmente para julgar os crimes dolosos contra a vida (além dos eventualmente conexos – art. 76, CPP).

Na hipótese de o tribunal acolher recurso de apelação com fundamento no art. 593, III, *d*, CPP, a consequência lógica será a submissão do réu a novo julgamento. De forma absolutamente *excepcional*, a situação aqui é diversa. É que, diante de dois pressupostos gerais para o cabimento da revisão criminal (trânsito em julgado da sentença condenatória e utilização apenas em prol da defesa), julgada procedente a revisão criminal quando constatado que a decisão tomada pelo Tribunal Popular for manifestamente contrária à prova dos autos, não resta outra possibilidade à Corte Revisional senão firmar o decreto absolutório. Diante de tal constatação, poderia haver argumentação no sentido de que, como a hipótese em tela acarreta consequências mais benéficas se comparadas às decorrentes da anulação do julgamento com fundamento no art. 593, III, *d*, CPP, poderia ser conveniente à defesa aguardar o trânsito em julgado para então ajuizar a revisão criminal. Numa análise sem o devido sopesamento de todos os efeitos, pode parecer prefacialmente razoável a eventual *estratégia*. Entretanto, tal hipótese perdeu sentido especialmente em face no entendimento atual do STF de ser possível a execução imediata das penas impostas pelo Tribunal do Júri, independentemente do trânsito em julgado da condenação.

De qualquer forma, sempre defendemos que não nos pareceria ser a melhor opção. Primeiro porque o trânsito em julgado da sentença condenatória acarretará efetivamente o início do cumprimento da pena, pois a revisão criminal não tem efeito suspensivo (malgrado já se encontrem decisões do STF concedendo o efeito suspensivo à revisão criminal). Segundo – embora por fundamentos muito similares (decisão dos jurados manifestamente contrária à prova dos autos) – porque o limite de cognição da apelação é mais amplo do que a revisão criminal.

Jurisprudência

621.3. [...] O ordenamento jurídico assegura ao condenado, por qualquer espécie de delito, a possibilidade de ajuizar revisão criminal, nas hipóteses previstas no art. 621, do Código de Processo Penal. *In casu*, com fundamento na fragilidade do conjunto probatório, foi a revisão criminal julgada procedente para absolver o réu do crime de homicídio. No entanto, tal fundamento *não autoriza* o Tribunal revisor a proferir juízo absolutório, pois, de um lado, esta situação não está contemplada no art. 621, I, do Código de Processo Penal, de outro lado, a valoração das provas de forma distinta daquela realizada pelo Tribunal do Júri, não autoriza a ação rescisória pela manifesta contrariedade às provas dos autos, principalmente, levando-se em consideração a soberania dos veredictos na apreciação e valoração dos referidos elementos processuais, pois conforme expressa previsão constitucional, cabe ao Conselho de Sentença, o exame do conjunto fático/probatório. Agravo regimental a que se nega provimento (*Agravo Regimental no Recurso Especial nº 1.021.468-SP, STJ, 5ª Turma, unânime, Rel. Min. Jorge Mussi, julgado em 2.8.2011, publicado no* DJ *em 10.8.2011*).

....

621.4. Condições específicas para o cabimento da ação de revisão criminal: O art. 621, CPP, estabelece as três diretivas específicas fundamentais que ensejam a possibilidade da revisão das decisões judiciais passadas em julgado na seara criminal.

Antes da análise de cada uma das situações, cumpre ressalvar que a revisão criminal não se presta para uma simples *reabertura* das discussões travadas no âmbito da ação penal já transitada em julgado. O limite de cognição é bastante restrito, daí a razão pela qual se argumenta que as revisões criminais têm fundamentação vinculada, ou seja, devem atender aos exatos requisitos e limites estabelecidos na legislação. Por isso se diz, de forma correta, que a revisão criminal não é uma "nova apelação", em que se pretenda rediscutir todas as questões como se estivesse num juízo ordinário de cognição.

621.4.1. Quando a sentença condenatória for contrária ao texto expresso da Lei penal ou à evidência dos autos (inciso I).

a) Contrariedade de lei: Quando a sentença condenatória for manifestamente contrária ao que dispunha a legislação vigente *na época* em que proferida a decisão transitada em julgado e que se quer revisar. Por evidente, se não houver ainda o trânsito em julgado e a decisão contrariar frontalmente dispositivo de lei, deve-se utilizar o recurso próprio (normalmente recurso em sentido estrito, apelação, embargos infringentes e de nulidade, recurso especial ou recurso extraordinário, conforme o caso específico). Estando-se diante de novel legislação que de algum modo beneficie o réu, não há de se falar, tecnicamente, em utilização da revisão criminal.

Jurisprudência

621.4.1.a. [...] 1. A expressão "texto expresso da lei penal", contida no inciso I do art. 621 do CPP, não deve ser compreendida apenas como a norma penal escrita, abrangendo, também, qualquer ato normativo que tenha sido utilizado como fundamento da sentença condenatória (por exemplo, portarias, leis completivas empregadas na aplicação de uma lei penal em branco etc.), a norma penal processual, a norma processual civil (aplicável subsidiariamente no processo penal, na forma do art. 3º do CPP) e a norma constitucional. 2. Nessa mesma linha, a melhor exegese da norma indica que o permissivo de revisão criminal constante no inciso I do art. 621 do CPP *compreende, ainda, as normas processuais não escritas e que podem ser depreendidas do sistema processual como um todo, como ocorre com o direito ao duplo grau de jurisdição, a proibição de supressão de instância e a obrigação do julgador de fornecer uma prestação jurisdicional exauriente.* 3. Assim sendo, é admissível a revisão criminal fundada no art. 621, I, do CPP ainda que, sem indicar nenhum dispositivo de lei penal violado, suas razões apontem tanto a supressão de instância quanto a ausência de esgotamento da prestação jurisdicional como consequência de error in procedendo do julgado que se pretende rescindir. [...] *(Revisão Criminal n. 4.944-MG, STJ, 3ª Seção, unânime, Rel. Min. Reynaldo Soares da Fonseca, Revisor Min. Ribeiro Dantas, julgado em 11.9.2019, publicado no DJ em 20.9.2019).*

....

b) Questão probatória: Quando a sentença for manifestamente contrária às provas existentes nos autos. Uma advertência bastante importante merece reiteração neste momento. O que fundamenta a ação revisional nessa hipótese é uma rediscussão probatória desde que as conclusões a que chegou a decisão transitada em julgado opõem-se, de forma manifesta e cristalina, às provas existentes nos autos. É dizer: não cabe a revisão criminal com a finalidade simplesmente de reanalisar o conjunto probatório. Como já dito anteriormente, a revisão criminal não se confunde com a apelação, em que os limites de cognição são bem mais amplos. Aqui só há de se admitir o desfazimento do julgado criminal se houver certeza aferível de plano (sem revolvimento de eventual dissonância probatória) de que se apresenta em descompasso o que provado e o que decidido.

c) Alteração de Lei e revisão criminal: Quando houver alteração legislativa em favor do réu (*abolitio criminis ou novatio legis in mellius*), crê-se que não se faz necessário sequer o ajuizamento de revisão criminal, bastando requerimento ao juízo da execução ou então, em caso de indeferimento do pleito, de ataque do ato mediante a impetração de *habeas corpus*.

d) Alteração de entendimento jurisprudencial e cabimento da revisão criminal: Não há previsão legal expressa do eventual cabimento de revisão criminal quando houver alteração de entendimento jurisprudencial em face do que decidido pela decisão que se pretende a reforma. O tema é deveras delicado.

Parece-nos que, se o Estado deveria se preocupar com a revisão dos atos judiciais, com mais razão ainda essa premissa deveria demandar tratamento mais acurado quando em risco a liberdade individual. Assim, se a ação revisional tem a finalidade precípua de permitir que a decisão condenatória transitada em julgado possa ser novamente questionada, não vê como não admitir que tal ocorra também quando houver ulterior alteração de entendimento jurisprudencial em face do que decidido (total ou parcialmente) no feito transitado em julgado.

Douglas Fischer tem entendimento diverso, defendendo um temperamento: a alteração jurisprudencial não pode demandar *necessariamente* a eficácia retroativa a permitir a revisão criminal. *Apenas nas situações relacionadas à tipicidade ou causas que possam influenciar no cálculo da pena em favor do réu* podem demandar a revisão criminal pela mudança jurisprudencial. Mas uma advertência relevante: a revisional demanda que o posicionamento jurisprudencial ulterior esteja efetivamente pacificado no âmbito dos tribunais superiores, notadamente perante o STF e o STJ (e há de se relembrar: a revisão criminal não tem prazo). Se houver dissídio entre as Cortes ou a matéria não tiver uma solução definitiva, inviável a utilização da revisão criminal, que, se não pacificado o tema, importaria em verdadeiro revolvimento das questões jurídicas enfrentadas na decisão transitada em julgado.

Exemplificam-se as situações acima declinadas em abstrato para melhor compreensão.

Caso 1: Quando da prolação da sentença, o entendimento jurisprudencial era pacífico (ou até discutível, com dissidências) no sentido de que condenações sem trânsito em julgado poderiam ser consideradas como circunstância judicial (art. 59, CPP) de "maus antecedentes". A sentença considerou a circunstância como negativa. *Antes do trânsito em julgado*, em grau de recurso especial, a jurisprudência resta pacificada em sentido oposto: para consideração como circunstância judicial negativa dos "maus antecedentes" somente se poderiam utilizar decisões com trânsito em julgado. Duas conclusões parecem inarredáveis: (a) se o recurso questionasse esse tema, seria ele provido para o fim de afastar a circunstância negativa; (b) se não houvesse questionamento, o recurso seria improvido, mas o tribunal, na linha de hoje pacífica compreensão acerca da extensão do *writ*, concederia *habeas corpus* de ofício para o fim de afastar aquela circunstância negativa.

Caso 2: Quando da prolação da sentença, o entendimento jurisprudencial era pacífico (ou até discutível, com dissidências) no sentido de que condenações sem trânsito em julgado poderiam ser consideradas como circunstância judicial (art. 59, CPP) de "maus antecedentes". A sentença considerou a circunstância como negativa. *Depois do trânsito em julgado*, a jurisprudência resta pacificada em sentido oposto: para consideração como circunstância judicial negativa dos "maus antecedentes" somente se poderia utilizar decisões com trânsito em julgado (*aliás, é o que hoje está consignado na Súmula 444, STJ, publicada no* DJ *em 13.5.2010: "É vedada a utilização de inquéritos policiais e ações penais em curso para agravar a pena-base"*.

Em nossa compreensão, não admitir a aplicação do novel entendimento jurisprudencial unicamente porque na situação 2 já houve o trânsito em julgado não guarda racionalidade sistêmica, tanto pelo prisma do Princípio da Justiça quanto também pelo Princípio da Equidade.

Há precedentes jurisprudenciais majoritários não admitindo, de forma genérica, a revisão criminal se a questão era controversa e houve alteração jurisprudencial após o trânsito em julgado, consolidando-se posicionamento contrário ao que decidido em desfavor do réu no processo transitado em julgado. O argumento central de tais entendimentos está em que, nos termos do art. 621, I, CPP, a revisão criminal somente pode ser admitida se houver contrariedade ao "texto expresso da lei", situação que não abarca a mudança de orientação jurisprudencial da interpretação de determinado dispositivo legal.

Ratificando os argumentos antes expostos, crê-se que há um dado elementar novo no âmbito jurisprudencial a fortalecer a necessidade de mudança do entendimento acerca do descabimento da revisão criminal se houver alteração de entendimento dos tribunais acerca de determinado ponto já decidido com trânsito em julgado.

No julgamento dos Embargos de Declaração no Recurso Extraordinário nº 328.812 (publicado no *DJ* em 2.5.2008), o Plenário do Supremo Tribunal Federal reviu posicionamento acerca da interpretação que deva ser dada ao contido na Súmula 343 daquela Corte Constitucional. Diz o comando sumulado que "*não cabe ação rescisória por ofensa a literal disposição de lei, quando a decisão rescindenda se tiver baseado em texto legal de interpretação controvertida nos tribunais*". No caso concreto, órgão fracionário do Supremo Tribunal Federal afastou a incidência da súmula porque se tratava de matéria constitucional (e não infraconstitucional) e, em consequência, deu provimento a recurso extraordinário para que o Tribunal *a quo* apreciasse ação *rescisória* fundamentada no art. 5º, XXXVI, CF, na qual se sustentava não haver violação do direito adquirido a determinados reajustes salariais por servidores públicos. O julgamento dos embargos de declaração foi afetado ao Plenário (que reconheceu sua competência, apenas com um voto contrário).

Enfatizando a necessidade de se ponderar acerca do papel da ação rescisória no sistema jurídico pátrio, a Corte Plenária assentou que:

a) de índole constitucional, a questão de interpretação contraditória à época do julgamento tornou-se pacífica em favor da tese do autor da ação rescisória;

b) o instituto seria uma última via de correção para o sistema judicial, sendo que, no âmbito específico do inciso V do art. 485 do CPC/1973 (*violação literal a disposição de lei*) – inciso V do art. 966 do Novo Código de Processo Civil (violação manifesta de norma jurídica), utilizado no caso concreto, o objetivo imediato seria o de garantir a máxima eficácia da ordem jurídica em sentido amplo;

c) nas hipóteses em que o Supremo Tribunal Federal fixa a correta interpretação de uma norma infraconstitucional com o escopo de ajustá-la à ordem constitucional, a violação dessa interpretação (contrariedade à Lei definitivamente interpretada pela Corte em face da Constituição) ensejaria o uso da ação rescisória;

d) exatamente por isso, esclareceu-se que, quando uma decisão do Tribunal Constitucional estabelece uma interpretação constitucional, entre outros aspectos o Poder Judiciário está explicitando os conteúdos possíveis da ordem normativa infraconstitucional em face daquele parâmetro maior que é a própria Constituição, o que não se confunde com a solução de divergência relativa à interpretação de normas no plano infraconstitucional;

e) negar a via da ação rescisória para fins de fazer valer a interpretação constitucional do Supremo Tribunal Federal implicaria admitir uma violação muito mais grave à ordem normativa, pois a afronta se dirigiria a uma interpretação que poderia ser tomada como a própria interpretação constitucional realizada. Assim, a ação rescisória adquiriria uma feição que *melhor realizaria o princípio da isonomia*, tendo em vista que, se por um lado a rescisão de uma sentença representaria eventual fator de instabilidade, por outro não se poderia deixar de reconhecer que uma aplicação de forma assimétrica de uma decisão do Supremo Tribunal Federal em matéria constitucional produzisse instabilidade maior, já que representaria uma violação a um referencial normativo que daria sustentação a todo o sistema, o que não poderia ser equiparado a uma aplicação divergente de legislação infraconstitucional;

f) nessa linha, a melhor interpretação acerca do instituto da ação rescisória seria a de que privilegiasse a decisão da Corte Suprema em matéria constitucional. Desse modo, se deveria compreender abrangido pelo inciso V do art. 485 do CPC/1973 os casos em que o pedido de revisão da coisa julgada se fundasse em violação às decisões definitivas desta Corte em matéria constitucional (em face do disposto no art. 966, V, do Novo Código de Processo Civil, admite-se a rescisória quando houver violação manifesta a "norma jurídica");

g) em síntese, firmou-se que a aplicação da Súmula 343, STF, em matéria constitucional seria afrontosa não só à força normativa da Constituição, mas também ao princípio da máxima efetividade constitucional, além de implicar fortalecimento das decisões das instâncias ordinárias em detrimento das decisões do próprio Supremo Tribunal Federal.

Embora de certa forma extenso o resumo acima do novel entendimento do Supremo Tribunal Federal acerca das ações rescisórias no âmbito cível, parece-nos que a contextualização ao âmbito criminal fortalece o posicionamento originalmente defendido acerca da possibilidade de revisão criminal em caso de mudança de orientação jurisprudencial *nas situações destacadas*, fosse ela controvertida quando da decisão (paralelismo mais direto com a nova compreensão acerca da Súmula 343, STF) ou então (dizemos nós) modificador do que até então era pacífico a respeito de determinado entendimento.

Não se pode negar que, em decorrência do alargamento das hipóteses de cabimento de *habeas corpus* (criadas pela jurisprudência), o Supremo Tribunal Federal hoje realiza verdadeiro controle de todos os dispositivos em matérias penal e processual penal. É verdade que esse controle sempre está arrimado (e não poderia ser de modo diverso) na compatibilização de normas penais e processuais penais aos princípios máximos garantidores dos direitos fundamentais. Mas não se pode deixar de reconhecer que, nessas searas, a Corte Suprema diz, em última instância, sobre a validade ou não do conteúdo substancial de Lei infraconstitucional.

Antes de prosseguir, uma observação apenas: esse *controle* de conformação infraconstitucional com a ordem constitucional (verticalidade) tem sido efetivado quase que em todos os casos em sede de *habeas corpus* e não em recurso extraordinário, pois, de acordo com o que reiteradamente decidido por aquela Corte (além da exigência atual da demonstração da chamada *repercussão geral*):

a) alegações de afronta aos princípios do devido processo legal, da ampla defesa e do contraditório, entre outros, configuram ofensa *reflexa* à Constituição, sendo, só por isso, incabível o recurso extraordinário (*Agravo Regimental no Agravo de Instrumento nº 744.846/DF, publicado no* DJ *em 19.2.2010; Agravo Regimental no Agravo de Instrumento nº 747.807/MG, publicado no* DJ *em 29.10.2009; Agravo de Instrumento nº 763.729/RS, publicado no* DJ *em 23.10.2009; Agravo Regimental no Recurso Extraordinário nº 590.728-7/MG, publicado no* DJ *em 14.11.2008*);
b) as alegações de violação aos princípios da legalidade, da motivação dos atos decisórios, dos limites da coisa julgada, do devido processo legal e do contraditório, quando demandarem a apreciação da legislação infraconstitucional, configuram, em regra, situação de ofensa reflexa ao texto constitucional, o que impede a utilização do recurso extraordinário (*Agravo Regimental no Agravo de Instrumento nº 569.724-SC, julgado em 13.11.2007, publicado no* DJ *em 14.12.2007*). Sobre esse tema, remete-se aos comentários acerca da possibilidade ou não da execução de penas na pendência de recursos de natureza extraordinária.

Assim, se no âmbito cível o posicionamento hodierno é no sentido do cabimento da ação rescisória em face de entendimento pacificado posteriormente ao trânsito em julgado que decidiu em sentido oposto, tendo como corolário primordial a melhor realização do princípio da isonomia, não há como não deixar de adotar idêntico posicionamento em sede criminal (com os temperamentos declinados), no qual está em jogo direito fundamental à liberdade (o que, por si só, confere maior relevância ainda à possibilidade da revisão em sede criminal). Mas reiteramos: unicamente nas situações relacionadas à tipicidade ou causas que possam influenciar no cálculo da pena em benefício do réu.

Jurisprudência

621.4.1.d. [...] Nos termos da jurisprudência mais atual desta Corte Superior, a mudança de jurisprudência não autoriza ajuizamento de revisão criminal, ainda que mais favorável à defesa, não sendo equiparável ao "texto expresso da lei penal" do art. 621, I, do Código de Processo Penal. [...] A alteração jurisprudencial que afastou a aplicação cumulativa da causa de aumento pelo repouso noturno com a forma qualificada data de 27/6/2022, posterior ao julgado que se pretende rescindir. [...] *(Agravo Regimental no Habeas Corpus nº 895.485-SC, STJ, 6ª Turma, Rel. Min. Sebastião Reis Júnior, sessão virtual de 14.5.2024 a 20.5.2024, publicado no DJ em 22.5.2024)*

621.4.1.d. [...] . Revela-se inadmissível o conhecimento de revisão criminal fundada no art. 621, I, do Código de Processo Penal, se o pleito revisional busca, na realidade, a aplicação de novo entendimento jurisprudencial sobre a matéria objeto de controvérsia, uma vez que a jurisprudência desta Corte está consolidada no sentido de que "a mudança de entendimento jurisprudencial não autoriza o ajuizamento de Revisão Criminal" (AgRg no HC 439.815/SC, Rel. Ministro ROGERIO SCHIETTI CRUZ, SEXTA TURMA, julgado em 10/9/2019, DJe 17/9/2019), a não ser em hipóteses excepcionalíssimas, nas quais a superveniente alteração jurisprudencial corresponda a um novo entendimento pacífico e relevante.

2. A existência de recente julgado desta Corte (AgRg no AREsp n. 2.119.185/RS, relatora Ministra Laurita Vaz, Terceira Seção, julgado em 13/9/2023, DJe de 19/9/2023) reconhecendo a ocorrência de crime único de latrocínio nas hipóteses em que apenas um patrimônio tenha sido subtraído, em *overruling* de entendimento jurisprudencial até então assentado no STJ, não corresponde a hipótese excepcional que autorizaria o conhecimento de revisão criminal ancorada no art. 621, I, do CPP. Isso porque, a par de o julgado rescindendo ter aplicado a jurisprudência predominante sobre o tema (tanto no STJ quanto no STF) à época de sua prolação, o novo entendimento cuja aplicação se pleiteia não foi consolidado em precedente com efeito vinculante ou retroatividade declarada. [...] *(Agravo Regimental na Revisão Criminal nº 6.060-MG, STJ, 3ª Seção, Rel. Min. Reynaldo Soares da Fonseca, julgado em 24.4.2024, publicado no DJ em 30.4.2024)*

621.4.1.d. [...] A jurisprudência desta Corte Superior de Justiça firmou-se no sentido de que a mudança de entendimento jurisprudencial não autoriza a desconstituição dos efeitos da coisa julgada, ressalvadas hipóteses excepcionalíssimas de entendimento pacífico e relevante, o que não se constata na espécie. Precedentes. [...] *(Agravo Regimental no Habeas Corpus nº 850.862-SP, STJ, 6ª Turma, Rel. Min. Laurita Vaz, sessão virtual de 10.10.2023 a 16.10.2023, publicado no DJ em 19.10.2023)*

621.4.1.d. [...] Na Revisão Criminal, há a inversão do ônus da prova, não tendo a defesa logrado apontar nenhuma prova o fato apto a afastar o contexto probatório da ação rescindenda, motivo pelo qual não há que falar em nulidade da decisão anterior ou absolvição, uma vez que a decisão que se pretende seja revista não está eivada de qualquer ilegalidade. [...] Outrossim, não se presta à desconstituição do trânsito em julgado eventual mudança de orientação jurisprudencial, como ocorreu no presente caso, dado que à época da condenação transitada em julgado a jurisprudência deste Tribunal era no sentido que as regras do art. 226 do CPP constituíam meras recomendações legais não tendo o condão de possibilitar o reconhecimento de nulidade. [...] *(Agravo Regimental no HC nº 744.079-SP, STJ, Rel. Min. Jesuíno Rissato, julgado em 23.8.2022, publicado no DJ em 26.8.2022)*

621.4.1.d. [...] 1. Cabível o manejo da revisão criminal fundada no art. 621, I, do CPP em situações nas quais se pleiteia a adoção de novo entendimento jurisprudencial mais benigno, desde que a mudança jurisprudencial corresponda a um novo entendimento pacífico e relevante. Precedente. [...] Assim, embora não tenha havido necessariamente alteração jurisprudencial, e sim mudança de direcionamento, ainda que não pacífica, a respeito do tema, a interpretação que deve ser dada ao artigo 621, I, do CPP é aquela de acolhimento da revisão criminal para fins de aplicação de entendimento desta Corte mais benigno e atual aos recorrentes, mormente quando a maioria dos julgadores desta Terceira Seção se posicionam no sentido da pretensão recursal. [...] *(Revisão Criminal nº 5.627/DF, STJ, 3ª Seção, unânime, Rel. Min. Joel Ilan Paciornik, julgado em 13.10.2021, publicado no DJ em 22.10.2021)*

621.4.1.d. [...] Pedido de revisão criminal em razão de mudança jurisprudencial. Inadmissibilidade. [...] "A inadmissão da Revisão Criminal em razão de meras variações jurisprudenciais, ressalvadas situações excepcionais de *abolitio criminis* ou declaração de inconstitucionalidade de dispositivos legais (inclusive *incidenter tantum*), é historicamente assentada por esta Corte (RE 113601, Primeira Turma, Rel. Min. Moreira Alves, j. 12.6.1987; RvC 4645, Tribunal Pleno, Rel. Min. Néri da Silveira, j. 1º.4.1982)" (RvC nº 5.457/SP-AgR, Tribunal Pleno, rel. o Min. Luiz Fux, *DJe* de 11.10.2017). [...] *(Agravo Regimental no Habeas Corpus n. 153.805-SC, STF, 2ª Turma, unânime, Rel. Min. Dias Toffoli, julgado em 11.9.2018, publicado no* DJ *em 17.10.2018)*

621.4.1.d. [...] Extraordinário. Inadmissibilidade. Seguimento negado. Ação penal. Homicídio doloso. Júri. Vício na citação, falta de ciência de documentos e de intimação para a sessão do tribunal do Júri. Alegação de nulidades não acolhida diante da apreciação dos fatos à luz de normas do Código de Processo Penal. Arguição de ofensa ao art. 5º, incs. XXXV, XXXVIII, LIV e LV, da CF. Inconsistência. Questões jurídico-normativas que apresentam ângulos ou aspectos constitucionais. Irrelevância. Inexistência de ofensa direta. Agravo improvido. Somente se caracteriza ofensa à Constituição da República, quando a decisão recorrida atribuir a texto de Lei significado normativo que guarde possibilidade teórica de afronta a norma constitucional. É natural que, propondo-se a Constituição como fundamento jurídico último, formal e material, do ordenamento, toda questão jurídico-normativa apresente ângulos ou aspectos de algum modo constitucionais, em coerência com os predicados da unidade e da lógica que permeiam toda a ordem jurídica. Este fenômeno não autoriza que sempre se dê prevalência à dimensão constitucional da *quaestio iuris,* sob pretexto de a aplicação da norma ordinária encobrir ofensa à Constituição, porque esse corte epistemológico de natureza absoluta equivaleria à adoção de um atalho que, de um lado, degradaria o valor referencial da Carta, barateando-lhe a eficácia, e, de outro, aniquilaria todo o alcance teórico das normas infraconstitucionais. Tal preponderância só quadra à hipótese de o recurso alegar e demonstrar que o significado normativo atribuído pela decisão ao texto da Lei subalterna, no ato de aplicá-la ao caso, guarde possibilidade teórica de afronta a princípio ou regra constitucional objeto de discussão na causa. E, ainda assim, sem descurar-se da falácia de conhecido estratagema retórico que, no recurso, invoca, desnecessariamente, norma constitucional para justificar pretensão de releitura da norma infraconstitucional aplicada, quando, na instância ordinária, não se discutiu ou, o que é mais, nem se delineie eventual incompatibilidade entre ambas (*Agravo Regimental no Recurso Extraordinário nº 517.961-3-RN, STF, Rel. Min. Cezar Peluso, 2ª Turma, publicado no* DJ *em 27.2.2009*).

621.4.2. Quando a sentença se fundar em depoimentos, exames ou documentos comprovadamente falsos (inciso II): Não se pode postular a revisão criminal unicamente invocando *novas provas,* pois há óbice legal em transformar a revisão criminal em verdadeiro *novo recurso de apelação.* Assim, pretensão a novo cotejo de provas não autoriza a revisão criminal. Como se vê – e o texto da Lei é bastante claro –, o que possibilita a revisional é que se tenham *novas provas* em que se demonstre que a condenação transitada em julgado foi proferida com base em depoimentos, exames ou documentos *comprovadamente falsos.* Essa prova de falsidade deve ser feita quando do ajuizamento da revisão criminal. Noutras palavras, não se pode cogitar da admissão da revisão criminal se houver pretensão de demonstrar a falsidade no curso da ação. A prova da falsidade é pressuposto para o próprio ajuizamento da ação revisional.

Jurisprudência

621.4.2. [...] É cabível a via da Revisão Criminal para rever sentença proferida contra pessoa que, em um segundo momento, se sabe não ter cometido o crime objeto da condenação, sendo evidentemente legítima para ajuizá-la a parte que tem seu nome lançado como réu na sentença condenatória proferida com erro na identificação do agente do delito. Inteligência do art. 621, incisos II e III, do Código de Processo Penal. Recurso Especial conhecido e provido para, reformando o acórdão recorrido, conhecer da Revisão Criminal ajuizada e julgar procedente o pedido revisional, a fim de absolver o ora Recorrente da condenação que lhe foi indevidamente imposta (*Recurso Especial 645.582/PR, STJ, 5ª Turma, Rel. Min. Laurita Vaz, publicado no* DJ *em 6.11.2006*).

621.4.3. Quando, após a sentença, se descobrirem novas provas de inocência do condenado ou de circunstância que determine ou autorize a diminuição da pena (inciso III): O fundamento que possibilita a ação com base nessa disposição legal é igualmente bastante claro: postula-se a revisão da condenação que *não* se tenha levado em consideração as provas agora apresentadas. É necessário que sejam *novas provas* e que não tenham sido apreciadas no processo que transitou em julgado.

De tais provas, poderá defluir a inocência, a não culpabilidade ou então a demonstração de circunstância não reconhecida anteriormente, cuja consequência será a diminuição da pena.

Entendemos que, em relação às circunstâncias que autorizem a diminuição da pena, esse *fato novo* (provas novas) poderá incidir até mesmo sobre a operação de dosimetria da pena.

A hipótese em voga merece uma interpretação conjugada com a exceção inserta no parágrafo único do art. 622, CPP: *a revisão somente pode ser postulada uma vez, salvo se fundada em novas provas*. Significa que aqui é possível o ajuizamento de mais de uma revisão criminal, desde que, em cada uma, esteja demonstrada a existência de *novas provas* (não apreciadas tanto no julgado que se pretende rescindir quanto na decisão anterior que não acolheu o pleito de revisão criminal). Ao contrário do que compreende parte da doutrina, entendemos que a vedação à reiteração independe da identidade das partes. É dizer: a vedação à reiteração é para quaisquer dos legitimados. Entretanto, havendo provas novas, não submetidas à apreciação nos julgados anteriores, será admissível nova ação revisional.

Jurisprudência

621.4.3. [...] No caso, as instâncias antecedentes indeferiram, de forma motivada, a prova pedida. Ficou caracterizado de forma clara que o vídeo de retratação da vítima não constitui prova nova, pois, segundo narrado no acórdão, "o vídeo juntado nestes autos se trata da mesma gravação juntada no dia 15 de dezembro de 2022 nos autos do processo principal", o qual "já fora objeto de análise antes da condenação definitiva do réu, tendo sido refutado" (fl. 255). [...] Entende esta Corte que, nos delitos sexuais, a retratação da vítima, em ação de justificação, não conduz necessariamente à absolvição, especialmente quando o novo depoimento estiver dissociado das demais provas dos autos. Precedentes. [...] O Tribunal local concluiu que a retratação da ofendida, na ação de justificação preparatória da revisão criminal, não constituiu prova nova, por haver sido rejeitada no julgamento da apelação, em que prevaleceram os demais elementos de convicção do processo. Alterar a referida conclusão demandaria reexame de fatos e provas, providência não admitida em habeas corpus. [...] *(Agravo Regimental no RHC nº 191.882-BA, STJ, 6ª Turma, Rel. Min. Rogério Schietti Cruz, julgado em 10.6.2024, publicado no DJ em 12.6.2024)*

621.4.3. [...] Conforme decidido pelo Tribunal de Justiça, a descoberta de nova prova de inocência prevista no art. 621, III, do CPP, deve ser comprovada mediante procedimento de justificação criminal (AgRg no AgRg no AREsp n. 1.443.970/SP, relator Ministro Joel Ilan Paciornik, Quinta Turma, julgado em 4/2/2020, DJe de 11/2/2020.), o que não foi feito no presente caso. Precedentes. [...] *(Agravo Regimental no Agravo em Recurso Especial nº 2.526.544-MG, STJ, 5ª Turma, Rel. Min. Reynaldo Soares da Fonseca, julgado em 23.4.2024, publicado no DJ em 29.4.2024)*

621.5. Admissibilidade ou não do *habeas corpus* como substitutivo da revisão criminal: O entendimento jurisprudencial corrente – e, salvo melhor juízo, doutrinário também – caminha no sentido da inadmissibilidade da utilização do *habeas corpus* como substitutivo da revisão criminal. A incompatibilidade decorreria da estreita limitação à cognição e celeridade do *writ*.

Tal como já referido quando na análise das questões correlatas aos *habeas corpus* (arts. 647 e seguintes, CPP), também aqui se compreende como fundamental tecer algumas considerações sobre a matéria.

Diante da verdadeira *abertura* para a admissibilidade do *habeas corpus* no ordenamento jurídico brasileiro (ao menos sob a ótica do regramento do CPP atual), visualizamos a possibilidade do *writ* como substitutivo apenas (e de modo excepcional – vide anotações ao item 647.2.1) no que se refere às hipóteses previstas de forma abstrata nos incisos I e II do art. 621 do CPP.

Se a decisão que se ataca for manifestamente contrária ao texto expresso da Lei penal ou à evidência dos autos, ou então ainda quando a sentença se fundar em depoimentos, exames ou documentos comprovadamente falsos (previamente), não há por que não admitir o *writ*.

Poder-se-ia argumentar que, nessas situações, seria necessário um *exame aprofundado de provas*. Ousamos discordar. Efetivamente, o que não se admite na estreita cognição do *habeas corpus* é a *dilação probatória*. Mas esta premissa não pode ser confundida com a possibilidade do exame de provas no *writ* quando se demonstrar, indubitavelmente, a procedência da tese defendida. Entendemos que se houver provas cuja análise seja essencial para o acolhimento da pretensão deduzida no *writ* (mesmo que detalhadas ou complexas, mas extreme de dúvidas), deve o Poder Judiciário incursionar no seu exame para concluir acerca da procedência ou não da pretensão defensiva deduzida no *writ*, mesmo que substitutivo à revisão criminal.

Nem se diga que a utilização do *habeas corpus* poderia ensejar uma burla à vedação de utilização da revisão criminal uma única vez (regra geral, parágrafo único do art. 622 do CPP). A situação se mostra impossível. É que se o *writ* substitutivo da revisão criminal for julgado improcedente pela inconsistência da tese defendida (mérito), haverá o efeito preclusivo em relação a qualquer outra possibilidade de se tentar utilizar nova ação revisional.

Tome-se como exemplo a hipótese em que houve trânsito em julgado de sentença condenatória baseada em provas manifestamente ilícitas, mas que, à época em que transitada em julgado, não se tinha conhecimento dessa circunstância elementar. Em nossa compreensão, deflui ser inexorável que se está diante de uma sentença judicial que merece ser revista imediatamente, inclusive por intermédio do *habeas corpus*.

A propósito, neste tópico, se constata um verdadeiro paradoxo: ao tempo em que alguns precedentes jurisprudenciais assentam (genericamente) não ser admissível a utilização do *habeas corpus* como substitutivo da revisão criminal, noutras situações (sem adentrar nessa argumentação ou diferenciação de hipóteses) admitem claramente o *writ* para o fim de afastar sentença condenatória (sem trânsito em julgado) que tenha sido proferida com base em prova reconhecidamente ilícita. Não se olvide que, nos termos do art. 5º, LVI, CF, são "*inadmissíveis, no processo, as provas obtidas por meios ilícitos*". Havendo a *certeza* (previamente demonstrada, portanto) de que a prova que embasou a condenação é ilícita (antes ou depois do trânsito em julgado, entendemos), não há como não reconhecer que a *sentença condenatória foi contrária ao texto expresso da Lei penal* ("lei constitucional" de cunho eminentemente penal).

Outros precedentes também admitem a impetração e a procedência do *habeas corpus* para o fim de afastar algumas consequências decorrentes da sentença transitada em julgado, como a impossibilidade de cumprimento de pena no regime integralmente fechado (reconhecida inconstitucional pelo Supremo Tribunal Federal).

Jurisprudência

621.5. [...] O Superior Tribunal de Justiça, de longa data, vem buscando fixar balizas para a racionalização do uso do habeas corpus, visando a garantia não apenas do curso natural das ações ou revisões criminais mas da efetiva priorização do objeto ínsito ao remédio heroico, qual seja, o de prevenir ou remediar lesão ou ameaça de lesão ao direito de locomoção; assim, transitada em julgado a condenação do agravante, não se deve conhecer do *writ* que pretende a desconstituição do acórdão proferido pela Corte local, olvidando-se a parte de ajuizar a necessária revisão criminal antes de eventualmente inaugurar a competência desta Corte acerca da controvérsia. [...] *(Agravo Regimental no Habeas Corpus n° 928.966-SP , STJ, 6ª Turma, Rel.Min. Antônio Saldanha Palheiro, julgado em 23.9.2024, publicado no DJ em 25.9.2024)*

621.5. [...] De acordo com a jurisprudência deste Superior Tribunal, o Enunciado n. 695 do STF, segundo o qual "Não cabe habeas corpus quando já extinta a pena privativa de liberdade", tem aplicação mesmo quando se pretende discutir os efeitos secundários da condenação. [...] *(Agravo Regimental no Habeas Corpus nº 892.223-SP, STJ, 6ª Turma, Rel. Min. Rogerio Schietti Cruz, sessão virtual de 23.4.2024 a 29.4.2024, publicado no DJ em 2.5.2024)*

621.5. [...] *Habeas corpus*. [...] Condenação transitada em julgado. Impetração utilizada como sucedâneo de revisão criminal. Possibilidade em hipóteses excepcionais, quando líquidos e incontroversos os fatos postos à apreciação da Corte. Precedente da Segunda Turma. Cognoscibilidade do *habeas corpus*. Pretendido reconhecimento do princípio da insignificância. Possibilidade, à luz do caso concreto. [...] 2. Todavia, a Segunda Turma (RHC nº 146.327/RS, Relator o Ministro Gilmar Mendes, julgado em 27.2.2018) assentou, expressamente, a cognoscibilidade de *habeas corpus* manejado em face de decisão já transitada em julgado em hipóteses excepcionais, desde que líquidos e incontroversos os fatos postos à apreciação do Supremo Tribunal Federal. [...] 9. Ordem concedida para, em razão do princípio da insignificância, reconhecer a atipicidade material da conduta imputada ao paciente. *(Habeas Corpus n. 154.390-SC, STF, 2ª Turma, unânime, Rel. Min. Dias Toffoli, julgado em 17.4.2018, publicado no DJ em 7.5.2018)*

....

621.6. Empate na votação no caso de revisão criminal: Não há dispositivo expresso no tópico quanto à (excepcional) hipótese de haver empate em decisão que aprecia revisão criminal. Até a sexta edição da presente obra, sustentamos a razoabilidade de invocação eventual, para as revisões criminais, da regra do art. 615, § 1º, do CPP, que dispõe que, "*havendo empate de votos no julgamento de recursos, se o presidente do tribunal, câmara ou turma, não tiver tomado parte na votação, proferirá o voto de desempate; no caso contrário, prevalecerá a decisão mais favorável ao réu*", cuja previsão também existe para o julgamento dos *habeas corpus* (art. 664, § 1º, CPP). Entretanto, como já destacamos na presente obra, as alterações ocorridas com a Lei nº 14.836/2024 deverão ser aplicadas de imediato, salvo para as hipóteses de revisão criminal. É que, na hipótese de julgamento de recursos ou outras questões recursais ou até mesmo o *habeas corpus*, não há, ainda, formação do *jus puniendi* do Estado. Assim, compreendemos, nessas situações, como mais justificável que, diante de empate, prevaleça a posição mais favorável à defesa. Entretanto, integralizado o direito de punir (com a observância inclusive dessas regras), não se pode invocar o mesmo raciocínio para fins de julgamento de revisão criminal, que é ação autônoma com a finalidade de desconstituir (e cujo cabimento é muito restrito) a coisa julgada. Ora, aqui, se houver empate, não há como prevalecer dúvida em prol do autor da revisão criminal, mas do Estado, que já teve reconhecida a existência do título condenatório hígido, que não pode ser desfeito se houver eventual empate. Portanto, há sim aqui presunção de validade do édito condenatório transitado em julgado, que só pode ser desfeito por maioria, jamais por eventual empate.

Vamos insistir também aqui, na linha do que já destacado no item 615.1: a interpretação "literal" da nova disposição evidentemente não pode compreender as revisões criminais.

E as razões nos parecem bastante simples.

Primeiro, que, para haver a condenação, deve ter havido decisão tomada pelo menos por maioria (o empate sempre deverá favorecer o réu). A revisão criminal é uma ação autônoma, que busca desconstituir o que já foi decidido em desfavor do interessado. Se houver empate no julgamento, não se extrai daí que há uma "dúvida", mas que não se existem elementos para desfazer, majoritariamente, o que já foi decidido anteriormente.

Em segundo lugar, uma análise da fundamentação do Projeto de Lei nº 3.453, de 2021, que introduziu as regras do art. 41-A da Lei nº 8.038/1990 e art. 615, § 1º, do CPP, ficou bem claro que as razões do legislador (legítimas, diga-se) foi privilegiar o in dubio pro reo e a presunção de inocência: "*A prevalência desses primados está intimamente ligada à forma como deve ser tomada uma decisão judicial em caso de dúvida; ou seja, in dubio pro reo; prevalecendo, ante uma dúvida razoável, o interesse do réu, e não do Estado acusador; sendo medida de justiça que o direito de liberdade do imputado predomina em face do direito de punir do Estado*". Assim, prossegue-se na fundamentação "o legislador propõe na matéria em análise que seja alterada a Lei n° 8.038/1990, e o Decreto-Lei n° 3.689/1941; não apenas pela necessidade de observância do princípio constitucional da presunção de inocência, mas também pela segurança jurídica frente a uma lacuna legal que pode levar a diferentes interpretações em casos de empate nos julgamentos de órgãos colegiados".

De se observar que, em nenhuma parte das remissões ou fundamentações da proposta ou voto da alteração legislativa se faz menção alguma às hipóteses de revisões criminais, unicamente a espécies recursais ou em caso de *habeas corpus*.

Repita-se à exaustão: a revisão criminal é uma ação autônoma de impugnação que visa desconstituir um título judicial que foi proclamado sem que, ao menos dos requisitos legais até então existentes, houvesse dúvida alguma acerca da responsabilidade do interessado na revisão da pena. Um "empate" numa revisão criminal não tem o condão de elidir a conclusão pelo menos majoritária tomada na ação penal própria.

Não se trata de fazer uma "restrição", mas de compreender os exatos e limitados termos da revisão criminal.

Jurisprudência

621.6. [...] O § 1° do art. 615 do Código de Processo Penal enuncia que, havendo empate de votos no julgamento de recursos, se o presidente do tribunal, câmara ou turma, não tiver tomado parte na votação, proferirá o voto de desempate; no caso contrário, prevalecerá a decisão mais favorável ao réu. 4. Deve-se aplicar, à falta de norma expressa sobre o empate [em julgamento de revisão criminal], a regra do art. 615, § 1.°, do Código de Processo Penal, reproduzida para o habeas corpus no parágrafo único do art. 664. [...] *(Habeas Corpus nº 274.989-BA, STJ, 6ª Turma, Rel. Min. Néfi Cordeiro, julgado em 3.5.2016, publicado no DJ em 30.5.2016)*

621.6. [...] "*Deve-se aplicar, à falta de norma expressa sobre o empate (em julgamento de revisão criminal), a regra do art. 615, § 1°, do Código de Processo Penal, reproduzida para o* habeas corpus *no parágrafo único do art. 664. Mesmo que se considere tratar-se de normas específicas, atinentes a recursos determinados, caberá o apelo à analogia, expressamente permitido pelo art. 3°*" (Ministro Xavier de Albuquerque, nos autos do HC 54467, 2ª Turma, Rel. Min. Leitão de Abreu, *DJ* de 18.3.1977).

Na hipótese dos autos, apesar de o acórdão consignar que os Desembargadores integrantes da Seção Criminal do Tribunal de Justiça do Estado da Bahia, por maioria de votos, julgaram improcedente a revisão criminal, verifica-se, da leitura das notas taquigráficas acostadas aos autos, que, quanto ao pedido de afastamento da condenação por tentativa de homicídio, houve empate na votação, uma vez que, dos seis Desembargadores presentes, três Desembargadores acolheram a súplica revisional, enquanto outros três indeferiram o pleito. [...] (*Habeas Corpus nº 137.504-BA, STJ, 5ª Turma, Rel. Ministra Laurita Vaz, julgado em 28.8.2012, publicado no DJ em 5.9.2012*).

Art. 622. A revisão poderá ser requerida em qualquer tempo, antes da extinção da pena ou após.

Parágrafo único. Não será admissível a reiteração do pedido, salvo se fundado em novas provas.

622.1. Considerações gerais: Já destacado anteriormente (art. 621, CPP), a revisão criminal não tem prazo para ajuizamento, podendo ser requerida mesmo após a extinção da pena, sendo requisito, porém, haver o trânsito em julgado da sentença condenatória.

O parágrafo único estabelece uma limitação específica: não se admite a revisional mais de uma vez. Ao mesmo tempo, contudo, a mesma regra estabelece uma exceção: se houver novas provas (aí compreendidas novas provas *não examinadas* anteriormente), não há óbice à reiteração do pleito de revisões criminais. Portanto, em se tratando de ação revisional fundamentada no inciso III do art. 621 do CPP, é possível o ajuizamento do pleito mais de uma vez, desde que, em cada um, esteja demonstrada a existência de *novas provas* (*não apreciadas* tanto no julgado que se pretende rescindir quanto na decisão anterior que não acolheu o pleito de revisão criminal).

Também impende ressaltar que, ao contrário do que entende parte da doutrina, compreendemos que a vedação à reiteração independe da identidade das partes. Noutras palavras, a vedação à reiteração é para quaisquer dos legitimados, porque o que está em jogo não é a legitimidade ativa postulatória, mas exatamente a necessidade de apreciação de *novas provas.*

Jurisprudência

622.1. [...] O parágrafo único do art. 622 do Código de Processo Penal – CPP veda a revisão criminal quando a mesma for mera reiteração de outro pedido e não haja novas provas. Na hipótese, não houve a juntada de outras provas diferentes da apelação e sequer foi realizado nova argumentação ou dada nova versão dos fatos, tendo sido apenas renovadas as mesmas alegações do apelo, o que não se admite pela legislação de regência. [...] (*Agravo Regimental no Habeas Corpus nº 492.161-MS, STJ, 5ª Turma, Rel. Ministro Joel Ilan Paciornik, julgado em 11.2.2020, publicado no DJ em 20.2.2020)*

622.1. [...] *Habeas corpus.* Não constitui constrangimento ilegal o indeferimento de revisão criminal que é mera repetição de pedido anterior, sem que o requerente tivesse apresentado novas provas. Pedido indeferido (*Habeas Corpus nº 82063/SP, STF, Rel. Min. Ellen Gracie, 1ª Turma, publicado no DJ de 31.12.2002*).

622.2. Compreensão da extensão do requisito extinção da pena: De uma interpretação meramente textual do dispositivo de lei, poderia parecer, à primeira vista, que se não houver *extinção da pena* não se poderia cogitar da revisão criminal.

O dispositivo merece uma compreensão mais ampla.

Na verdade, o objetivo da revisão criminal é afastar o erro judiciário havido e objeto de decisão transitada em julgado.

Se, como nos parece, incabível o recurso, para fins de modificação apenas da fundamentação do decisório, mais ainda seria incabível a revisão criminal, para tal finalidade.

Douglas Fischer, como visto, tem posição diferente (ver item 577.3). Sustenta que na análise do dispositivo em voga, o raciocínio então desenvolvido se confirma: o processo criminal não busca unicamente uma decisão favorável ao Estado no exercício de seu *jus puniendi*. Há uma bilateralidade que precisa ser compreendida na seguinte assertiva: o réu tem direito fundamental a ter afastada a sua responsabilidade penal não apenas quando impossível ao Estado *aplicar a pena*, mas também pelo fundamento que melhor aproveitar ao réu e, consequentemente, afastar todos e quaisquer efeitos do procedimento persecutório.

As causas extintivas da punibilidade, tecnicamente, não afastam diretamente a pena, embora impossibilitem a sua execução. Portanto, mesmo que tenha havido a extinção da punibilidade, não se pode impedir o ajuizamento da revisão criminal se estiver presente e demonstrada a presença de alguns dos requisitos do art. 621, CPP. Nessa linha é que compreendemos que o art. 622, CPP, reconheceu o quão deletérios podem ser os efeitos de uma condenação judicial no patrimônio moral do condenado e de seus familiares.

Art. 623. A revisão poderá ser pedida pelo próprio réu ou por procurador legalmente habilitado ou, no caso de morte do réu, pelo cônjuge, ascendente, descendente ou irmão.

623.1. Legitimidade para a revisão criminal: Estipula-se aqui quem são os legitimados ao ajuizamento da revisão criminal. A regra prevê que a revisão poderá ser requerida pelo próprio réu, por seu procurador habilitado, e, ainda, no caso de sua morte (também sua *ausência*), pelo cônjuge, ascendente, descendente ou irmão.

Compreendemos ainda que a legitimidade não está afeta apenas ao cônjuge (casamento), mas também ao *companheiro* (união estável), na mais ampla acepção de sua compreensão, à luz do que disposto no § 3º do art. 226 da Constituição Federal ("*Para efeito da proteção do Estado, é reconhecida a união estável entre o homem e a mulher como entidade familiar, devendo a Lei facilitar sua conversão em casamento*").

Não só. Embora o dispositivo invocado trate da união estável "*entre homem e a mulher* como entidade familiar", cremos que não há como afastar a possibilidade de também reconhecer a legitimidade ativa à união estável em relações que não apenas as heterossexuais. Se é verdade que os entendimentos doutrinário e jurisprudencial não conferem (pelo menos até o presente momento) equiparação *total* (absolutamente os mesmos efeitos para todas as situações) entre o casamento e a união estável e que, também ainda majoritariamente, existe certa propensão a *não* admitir como união estável aquela entre casais que não apenas heterossexuais (entendimento com o qual, pelo prisma jurídico, guardamos algumas reservas), pensamos que não há motivos para se negar a legitimidade dada a peculiaridade da pretensão ora deduzida (relacionada diretamente a questões de liberdade de um dos integrantes do casal). A regra do § 3º do art. 226 precisa, *pelo menos aqui*, uma maximização de seus efeitos sobre a órbita infraconstitucional (jamais imaginada nesse patamar de abertura dos relacionamentos interpessoais no ano da edição do CPP, 1941) em face do princípio da igualdade (art. 5º, *caput*, CF) e diante de um objetivo fundamental da República, que consiste na promoção do bem de todos, sem preconceitos de origem, raça, sexo, cor, idade e quaisquer outras formas de discriminação (art. 3º, IV, CF), bem assim frente aos princípios dos arts. 226 e 227, CF/88.

623.2. Desnecessidade de formulação do pedido por intermédio de advogado: Dada a peculiaridade da ação de que se trata, bem como da gravidade que se apresenta o fato de haver uma decisão transitada em julgado, parece-nos ainda que não se pode exigir aqui a presença do requisito técnico da capacidade postulatória. Noutras palavras, não é necessária a exigência de representação, por qualquer um dos legitimados, por advogado regularmente inscrito na Ordem dos Advogados do Brasil. Não se olvide novamente que se não há de se exigir a capacidade postulatória para o ajuizamento de *habeas corpus*, o qual, já defendido, poderá, em situações excepcionais, ser substitutivo da revisão criminal, por iguais razões também aqui há de se admitir a utilização da ação de impugnação extraordinária independentemente da constituição de advogado, malgrado, diga-se, seja recomendável diante da tecnicidade exigida para se conseguir a efetividade na desconstituição do que já transitado em julgado.

Jurisprudência

623.2. [...] Consolidado está o entendimento nesta Corte Superior no sentido de que a capacidade postulatória para ajuizar pleito de revisão criminal pode ser exercida pelo próprio réu nos termos do art. 623 do Código de Processo Penal. Precedentes. [...] *(Habeas Corpus nº 339.194-RS, STJ, 5ª Turma, Rel. Min. Ribeiro Dantas, julgado em 10.4.2018, publicado no DJ em 17.4.2018)*

623.2. [...] O Supremo Tribunal Federal, ao interpretar o art. 133 da Constituição da República, reconheceu a indispensabilidade da intervenção do Advogado como princípio de índole institucional, cujo valor, no entanto, não é absoluto em si mesmo, mas condicionado, em seu alcance e conteúdo, pelos limites impostos pela lei, consoante estabelecido pela própria Carta Política. Precedentes. O art. 623 do CPP – que confere capacidade postulatória ao próprio condenado para formular o pedido revisional – foi objeto de recepção pela nova ordem constitucional, legitimando, em consequência, a iniciativa do próprio sentenciado, que pode ajuizar, ele mesmo, independentemente de representação por Advogado, a ação de revisão criminal. Precedentes (*Habeas Corpus nº 74.309-9/SP, STF, Rel. Min. Celso de Mello, 1ª Turma, publicado no DJ em 23.5.2008*).

623.2. [...] A revisão criminal, nos termos do art. 623 do Código de Processo Penal, pode "ser pedida pelo próprio réu ou por procurador legalmente habilitado"; portanto, a exigência de capacidade postulatória do autor caracteriza constrangimento ilegal. Ordem não conhecida. *Habeas corpus*, de ofício, concedido para que o Tribunal *a quo*, dispensando a exigência de capacidade postulatória, analise o pedido formulado pelo impetrante/paciente na revisão criminal ali ajuizada (*Habeas Corpus nº 80.038/SP, Rel. Min. Arnaldo Esteves Lima, STJ, 5ª Turma, publicado no DJ de 10.9.2007*).

623.3. Legitimidade do Ministério Público: A Lei não fala explicitamente, mas na mesma linha do que abordado quanto à legitimidade recursal (art. 577, CPP), não vemos quaisquer óbices à possibilidade do ajuizamento da revisão criminal pelo Ministério Público em benefício do réu-condenado. À luz da nova ordem constitucional, o *parquet* não pode mais ser visto como um acusador sistemático. Sua incumbência é, na lítera do art. 127, CF, a defesa da ordem jurídica, do regime democrático e dos interesses sociais e individuais indisponíveis. Nada mais indisponível do que a privação indevida, em quaisquer limites e parâmetros, da liberdade de alguém que foi condenado, mas que preencha os requisitos para o afastamento da decisão transitada em julgado. Por evidente, a pretensão deduzida pelo *parquet* em prol da defesa não poderá acarretar, em hipótese alguma, a agravação da situação do réu (art. 626, parágrafo único, CPP).

Já dissemos na presente obra e não custa reiterar nesse ponto específico. Quando o Ministério Público é parte, sua ação e atuação desborda dos meros limites da acusação. Suas funções são de verdadeiro *custos iuris ou juris*. Como disse o Ministro Ayres Britto (HC nº 87.926-SP, publicado no *DJ* em 25.4.2008), "custos legis *é uma expressão ultrapassada: defesa da lei, defesa da legalidade. O Ministério Público defende toda a ordem jurídica, não só a lei; por exemplo, vela pela impessoalidade, pelo princípio da publicidade, pelo princípio da moralidade, pelo princípio da eficiência, não só pelo princípio da legalidade. Então, melhor seria chamar o Ministério Público de custos* iuris *ou júris. Ele é um defensor, custodiador de toda a ordem jurídica. Está assim na Constituição: 'incumbindo-lhe a defesa da ordem jurídica' – e em seguida –, 'do regime democrático' – e, por último – 'e dos interesses sociais e individuais indisponíveis'*". Esse entendimento também é corroborado pelo Superior Tribunal de Justiça quando reconhece que "*o Ministério Público, no exercício da ação penal pública, atua de forma dúplice, ou seja, intervém tanto como parte quanto como fiscal da lei (*rectius: *fiscal do Direito), em qualquer instância de jurisdição*" (*Habeas Corpus* nº 212.710-SP, STJ, 6ª Turma, unânime, Rel. Min. Rogério Schietti Cruz, julgado em 10.5.2016, publicado no *DJ* em 19.5.2016).

Ora, se não há exigência de maiores formalidades para a capacidade postulatória (inclusive podendo ser ajuizada pelo próprio interessado), não há sentido algum vedar a possibilidade de o Ministério Público ajuizar a revisão criminal unicamente com a finalidade de trazer benefícios ao condenado.

Na linha do que sustenta Alexander Araújo de Souza, "*como instituição de garantia (secundária), deve o Parquet tutelar, com base no princípio da isonomia, os direitos fundamentais de todos*" *(O Ministério Público como instituição de garantia. 2020, p. 138).*

Essa compreensão não deve ser feita ainda exclusivamente sob a ótica dos mandamentos constitucionais, mas também à luz de um *controle de convencionalidade*, que deve ser exercido sobretudo pelo Ministério Público. Assim, o processo penal deve ser *"alçado a meio de organização de um julgamento justo, destinado à realização efetiva dos direitos humanos e fundamentais, em favor de réus e investigados, vítimas da criminalidade e dos interesses objetivos de proteção da sociedade"*. É que não se pode olvidar que *"deve todo membro do Ministério Público exercitar o controle de convencionalidade na integralidade do curso da persecução penal e em cada uma das oportunidades processuais que a ordem jurídica determina ao sistema de justiça a manifestação do Ministério Público. Nesse processo permanente de fiscalização deve se fazer sempre presente a consideração das normas convencionais e a jurisprudência da Corte IDH em face das normas da ordem jurídica interna que compõem o processo penal brasileiro*" (Mazzuoli, Valério; et alli. *O controle de convencionalidade pelo Ministério Público, 2020, p.164 -165).*

Art. 624. As revisões criminais serão processadas e julgadas: (Redação dada pelo Decreto-lei nº 504, de 18.3.1969)

I – pelo Supremo Tribunal Federal, quanto às condenações por ele proferidas; (Redação dada pelo Decreto-lei nº 504, de 18.3.1969)

II – pelo Tribunal Federal de Recursos, Tribunais de Justiça ou de Alçada, nos demais casos. (Redação dada pelo Decreto-lei nº 504, de 18.3.1969)

§ 1º No Supremo Tribunal Federal e no Tribunal Federal de Recursos o processo e julgamento obedecerão ao que for estabelecido no respectivo regimento interno. (Incluído pelo Decreto-lei nº 504, de 18.3.1969)

§ 2º Nos Tribunais de Justiça ou de Alçada, o julgamento será efetuado pelas câmaras ou turmas criminais, reunidas em sessão conjunta, quando houver mais de uma, e, no caso contrário, pelo tribunal pleno. (Incluído pelo Decreto-lei nº 504, de 18.3.1969)

§ 3º Nos tribunais onde houver quatro ou mais câmaras ou turmas criminais, poderão ser constituídos dois ou mais grupos de câmaras ou turmas para o julgamento de revisão, obedecido o que for estabelecido no respectivo regimento interno. (Incluído pelo Decreto-lei nº 504, de 18.3.1969)

624.1. Regras gerais da competência para a revisão criminal: A competência para o julgamento das revisões criminais é sempre de um órgão colegiado, jamais podendo ser atribuída ao juiz singular. Na hipótese de a decisão que é objeto de revisão ter sido emanada de tribunal, a competência para a revisão não será do tribunal imediatamente superior, mas do próprio tribunal que exarou a decisão meritória que se pretende discutir. E aqui uma observação é extremamente importante: em caso de haver trânsito em julgado de sentença condenatória em razão de *não conhecimento* (sem julgamento de mérito) de recurso especial (STJ) ou de recurso extraordinário (STF), a competência para eventual revisão criminal não será desses tribunais superiores, conforme o caso. A competência será do tribunal originário que por último *apreciou o mérito* da questão objeto de revisão, seja em grau recursal ou então em competência originária.

624.2. Competência do Supremo Tribunal Federal: Não só em face do que dispõe o inciso I do art. 624 do CPP, mas também por conta da expressa norma do art. 102, I, *j*, CF/88, compete ao Supremo Tribunal Federal processar e julgar originariamente a revisão criminal de seus julgados, aí compreendidos aqueles que tenham sido proferidos no exercício da competência originária (art. 102, I, *b* e *c*), bem como quando apresentadas contra recursos extraordinários (art. 102, III, CF) que tenham sido improvidos (com julgamento *de mérito*) pela Corte Suprema.

Jurisprudência

624.2. [...] Tendo o Supremo Tribunal Federal, no recurso extraordinário, apenas qualificado juridicamente os fatos (como reconhecidos nas instâncias ordinárias) para afirmar a caracterização de concurso formal (em vez de crime único), sem qualquer exame de provas ou de matéria de mérito da condenação, não é competente para apreciar pedido de revisão em que se postula absolvição, por ter sido aquela (a condenação) contrária à evidência dos autos. Competência, para isso, do próprio Tribunal prolator da condenação. [...] Devolução dos autos ao Tribunal *a quo* para apreciar, como de direito, o pedido revisional de absolvição (*Revisão Criminal nº 4.734-1-SP, STF, Rel. Min. Sydney Sanches, publicado no* DJ *em 27.10.1989*).

624.3. Competência do Superior Tribunal de Justiça e dos Tribunais Regionais Federais: O inciso II merece a devida adaptação face ao advento da nova ordem constitucional em 1988. O Tribunal Federal de Recursos (TFR) deixou de existir, passando, dentro da nova configuração recursal, a competência ao Superior Tribunal de Justiça e aos Tribunais Regionais Federais (cinco, no total).

Conforme o art. 105, I, *e*, CF, compete ao STJ processar e julgar originariamente as revisões criminais de seus julgados. Na mesma toada do que assentado em relação ao STF, deve-se compreender a expressão *seus julgados* como aqueles que tenham sido proferidos no exercício da competência originária (art. 105, *a*), bem como quando apresentadas contra recursos especiais (art. 105, III, CF) que tenham sido improvidos (com julgamento de *mérito*) pela Corte Superior de Justiça. Noutras palavras, se o STJ não admitir um determinado recurso (sem análise do mérito, portanto), havendo o trânsito em julgado, ulterior ação revisional não será de sua competência.

Já o art. 108, I, *b*, CF, estipulou a competência dos Tribunais Regionais Federais para o julgamento das revisões criminais de seus julgados ou então daqueles proferidos por juízes federais com jurisdição sobre sua respectiva região. Nesse caso, pouco importa que a decisão do Tribunal Regional não tenha julgado o mérito do recurso a ele submetido e objeto de revisão, pois sua competência abarca automaticamente também todas as decisões proferidas pelos juízos singulares.

Jurisprudência

624.3. [...] por se tratar a hipótese de pretensão revisional, sem que tenha sido inaugurada a competência do STJ, os demais pedidos formulados no presente writ são incognoscíveis. Isso porque, nos termos do art. 105, inciso I, alínea e, da Constituição da República, compete ao Superior Tribunal de Justiça, originariamente, apenas "as revisões criminais e as ações rescisórias de seus julgados".*[...] (Habeas Corpus nº 659.790-SP, STJ, 6ª Turma, Rel. Min. Laurita Vaz, julgado em 15.6.2021, publicado no DJ em 25.6.2021)*

624.3. [...] 1. A competência do STJ para julgar as revisões criminais de seus julgados (art. 105, I, "e", CFR/88) pressupõe o prévio exame do mérito da questão objeto de pedido revisional por esta Corte antes do trânsito em julgado. Precedentes: [...] 2. Se o julgado impugnado na revisão criminal não chegou a examinar o mérito das alegações referentes às circunstâncias judiciais que motivaram a fixação da pena-base (ações penais em andamento, condenações não transitadas em julgado, personalidade vocacionada para a prática de delitos e conduta social reprovável), ante a ausência de prequestionamento do art. 59 do CP, esta Corte não detém competência para examinar os pedidos de fixação da pena-base no mínimo legal e de diminuição da pena pelo patamar máximo admissível na tentativa, posto que ambos os pedidos têm como pressuposto a declaração de ausência de circunstâncias judiciais desfavoráveis ao réu. [...] (*Revisão Criminal nº 3.544-SP, STJ, 3ª Seção, unânime, julgado em 26.11.2016, publicado no* DJ *em 9.11.2016*).

624.4. Competência dos Tribunais de Justiça: Seguindo o mesmo raciocínio desenvolvido quanto à dos Tribunais Regionais Federais, a competência para o julgamento das revisões criminais dos julgados em competência originária ou em grau recursal no âmbito estadual será atribuída aos Tribunais de Justiça. Convém salientar que os Tribunais de Alçada não mais encontram guarida constitucional desde a edição da EC nº 45/2004, tendo sido incorporados pelos Tribunais de Justiça local onde ainda existiam.

De relevo também destacar que alguns posicionamentos doutrinários apontam para o fato de que, perante os Tribunais de Justiça, o processo e julgamento das revisões criminais seria da competência das seções, por conta do disposto no art. 101 da LOMAN (LC nº 35/79).

Entretanto, o Supremo Tribunal Federal tem entendimento (com o que acordamos) no sentido de que o art. 101, § 3º, *c*, da LC nº 35/79 (*que atribui às Seções Especializadas e não aos Grupos de Câmaras Criminais dos Tribunais a competência para processar e julgar as revisões criminais do julgamentos de primeiro grau, da própria Seção ou das respectivas Turmas*) não foi recepcionado pela atual Constituição, que dispõe, explicitamente, no art. 96, I, *a*, ser de competência privativa dos Tribunais elaborar seus regimentos internos, com a observância das normas de processo e das garantias processuais das partes. Desse modo, embora muitos regimentos internos seguissem o que disposto na LOMAN, o fundamento para a fixação da competência parece-nos ser o art. 96, I, *a*, CF.

Jurisprudência

624.4. [...] O artigo 101, § 3º, letra *c*, da Lei Complementar 35/79, que atribui às Seções Especializadas e não aos Grupos de Câmaras Criminais dos Tribunais a competência para processar e julgar as revisões criminais dos julgamentos de primeiro grau, da própria Seção ou das respectivas Turmas, não foi recebido pela atual Constituição, que, no artigo 96, I, *a*, preceitua que compete privativamente aos Tribunais elaborar seus regimentos internos, com observância das normas de processo e das garantias processuais das partes, dispondo sobre a competência e o financiamento dos respectivos órgãos jurisdicionais e administrativos. Portanto, em face da atual Carta Magna, os Tribunais têm amplo poder de dispor, em seus regimentos internos, sobre a competência de seus órgãos jurisdicionais, desde que respeitadas as regras de processo e os direitos processuais das partes. – Inexistência, no caso, da alegada nulidade por incompetência do órgão que julgou a revisão criminal. "Habeas corpus" indeferido (*Habeas Corpus nº 74.190-SP, Rel. Min. Moreira Alves, STF, 1ª Turma, unânime, publicado no* DJ *em 7.3.1997*).

....

624.5. Competência para revisão criminal de decisões dos Juizados Especiais Criminais e das Turmas Criminais: O art. 59, Lei nº 9.099/95, é expresso no sentido de que "*não se admitirá ação rescisória nas causas sujeitas ao procedimento instruído por esta Lei*". Há dissensos doutrinários se, efetivamente, teria *validade* referido normativo, pois, indiretamente, estaria impossibilitando acesso à Justiça, garantido constitucionalmente. Já nos manifestamos noutra oportunidade (e de acordo com os precedentes da *época*), no sentido do descabimento da ação rescisória (cível) perante os Juizados Especiais.

A situação aqui é bastante diversa. Primeiro por não haver qualquer limitação à revisão criminal, tal como se apresenta a expressa previsão do descabimento da rescisória (matéria cível). Segundo porque os bens jurídicos em matéria penal têm outros contornos, bem diversos daqueles debatidos eventualmente no âmbito civil dos juizados especiais. Terceiro porque o art. 92, Lei nº 9.099/95, reconhece expressamente a possibilidade de se aplicar "*subsidiariamente as disposições do Código Penal e de Processo Penal, no que não forem incompatíveis com esta Lei*".

Desse modo, temos por cabível a revisão criminal em face de decisões dos Juizados Especiais Criminais.

Superada essa questão, deve-se destacar que não há disposição constitucional ou legal expressa determinando a quem competiria a análise de eventual revisão criminal quando o objeto de rescisão seja sentença proferida por juiz integrantes dos Juizados Especiais Criminais (decisão monocrática) ou então por Turmas Criminais do JEF (decisão colegiada).

A Súmula 690, STF, dispunha competir "*originariamente ao Supremo Tribunal Federal o julgamento de "habeas corpus" contra decisão de turma recursal de Juizados Especiais Criminais*". O motivo de tal entendimento estava firmado noutra Súmula (640, STF), que assentava ser "*cabível recurso extraordinário contra decisão proferida por juiz de primeiro grau nas causas de alçadas, ou por turma recursal de juizado especial cível e criminal*". Como o *habeas corpus* seria sucedâneo do recurso próprio (o que é admitido pela jurisprudência em matéria processual penal), a competência para o *habeas corpus* seria do tribunal que tivesse competência para apreciar o recurso em relação ao qual se estava utilizando o *writ* como substitutivo: o Supremo Tribunal Federal, a quem compete julgar os recursos extraordinários.

Contudo, referido posicionamento restou revogado pela decisão Plenária do Supremo Tribunal ao apreciar o HC nº 86.834 (julgado em 23.8.2006, publicado no *DJ* em 9.3.2007). Nesse *leading case*, o Supremo Tribunal Federal partiu de outras premissas. Entendeu-se que, como os integrantes das turmas recursais dos juizados especiais estão submetidos, nos crimes comuns e de responsabilidade que eventualmente cometerem, à jurisdição do Tribunal de Justiça ou do Tribunal Regional Federal, incumbiria a cada qual, respectivamente, o julgamento dos *habeas corpus* contra ato das turmas recursais (entendemos que, pelo mesmo motivo e fundamento, também se se tratar de *writ* contra ato dos juízes de primeiro grau integrantes dos JEFs).

Importante ressaltar que o fundamento basilar para a modificação do entendimento então consubstanciado na Súmula 690, STF, é que, ao haver a impetração de *habeas corpus*, em tese do ato atacado pode decorrer a prática de um delito de abuso de autoridade. Se só aos Tribunais de Justiça (art. 96, III, CF) ou aos Tribunais Regionais Federais (art. 108, I, *a*, CF) compete processar os juízes vinculados a eles (independentemente da natureza do crime, se comum federal ou estadual, ressalvada apenas a competência da Justiça Eleitoral), decorreria desses dispositivos constitucionais sua competência para a apreciação dos *writs*.

Mas aqui, em sede de revisão criminal, pensamos que o raciocínio não pode ser pautado pela mesma trilha. Pelas suas essências, as revisões criminais *não podem* ser julgadas por juízes de primeiro grau em hipótese alguma. Nesse diapasão, o fato de as turmas recursais serem compostas *unicamente* por juízes de primeiro grau já se traduz como obstáculo para definir que a elas estaria afeta a competência para o julgamento das revisões criminais contra as decisões de primeiro grau ou proferidas por elas mesmas.

Embora com requisitos de admissibilidade muito mais restritos (mormente após a exigibilidade de demonstração da denominada *repercussão geral* – exigível para os recursos ajuizados contra acórdãos publicados a partir do dia 3.5.2007, nos termos da decisão Plenária do STF na Questão de Ordem no Agravo de Instrumento nº 664.567-2-RS, publicada no *DJ* em 6.9.2007), não se pode deixar de reconhecer que o *tribunal* que tem competência para reformar decisões dos Juizados Especiais Criminais e das Turmas Criminais é o Supremo Tribunal Federal. Assim, sua competência não estaria restrita apenas ao julgamento das revisões criminais de seus julgados (art. 102, I, *j*, CF), mas também, *por interpretação sistêmica*, na condição de tribunal revisor, daquelas proferidas pelos juizados especiais criminais e pelas turmas recursais criminais.

624.6. Regras procedimentais gerais: Os parágrafos primeiro a terceiro estipulam as regras gerais procedimentais a serem adotadas no âmbito dos tribunais para o julgamento das revisões criminais. A questão central que merece destaque é que não serão *turmas* ou *câmaras* que julgarão de forma isolada as revisões, mas mediante sessões conjuntas em grupos ou seções.

Art. 625. O requerimento será distribuído a um relator e a um revisor, devendo funcionar como relator um desembargador que não tenha pronunciado decisão em qualquer fase do processo.

§ 1º O requerimento será instruído com a certidão de haver passado em julgado a sentença condenatória e com as peças necessárias à comprovação dos fatos arguidos.

§ 2º O relator poderá determinar que se apensem os autos originais, se daí não advier dificuldade à execução normal da sentença.

§ 3º Se o relator julgar insuficientemente instruído o pedido e inconveniente ao interesse da justiça que se apensem os autos originais, indeferi-lo-á *in limine*, dando recurso para as câmaras reunidas ou para o tribunal, conforme o caso (art. 624, parágrafo único).

§ 4º Interposto o recurso por petição e independentemente de termo, o relator apresentará o processo em mesa para o julgamento e o relatará, sem tomar parte na discussão.

§ 5º Se o requerimento não for indeferido in limine, abrir-se-á vista dos autos ao procurador-geral, que dará parecer no prazo de dez dias. Em seguida, examinados os autos, sucessivamente, em igual prazo, pelo relator e revisor, julgar-se-á o pedido na sessão que o presidente designar.

625.1. ***Caput:*** Dada a relevância da matéria objeto da revisão criminal, há expressa determinação no *caput* de que a análise dos autos deverá ser feita necessariamente pelo relator e também por um revisor. Veda-se que o relator da revisão criminal seja um dos magistrados que tenha eventualmente pronunciado decisão em qualquer fase do processo cuja decisão se pretenda rescindir, mas não há nenhum empeço para que atue na condição de revisor ou de vogal no julgamento da revisão algum ou alguns magistrados que tenham participado de qualquer fase do processo que se pretenda desconstituir.

Pela sua peculiaridade, a revisão merece uma distinção em relação aos recursos. De acordo com o art. 252, III, CPP, estará impedido o juiz que tiver funcionado como magistrado de outra instância, pronunciando-se, de fato ou de direito sobre a questão. Tal vedação *não* se apresenta em relação à revisão criminal. Bastaria imaginar a situação em que o réu foi absolvido em primeiro grau e, diante de recurso da acusação, ser condenado no Tribunal, transitando em julgado. Fosse aplicado o dispositivo para a revisão criminal, estariam impedidos de atuar na revisão os membros que proferiram o julgado condenatório. Noutra hipótese, a condenação é mantida pelo Tribunal, transitando em julgado. Igualmente aqui, os membros da Corte não estariam impedidos de julgar a revisional.

Apenas se impõe que o *relator* do processo seja magistrado que não tenha participado do julgado objeto da revisão.

Jurisprudência

625.1. [...] Inviabilidade de estender a sistemática do art. 625 do Código de Processo Penal, em que se prevê o impedimento do relator que tenha pronunciado decisão em qualquer fase do processo, ao *habeas corpus* impetrado em substituição ao recurso adequado. [...] *(Agravo Regimental na Exceção de Impedimento nº 25/DF, STJ, 3ª Seção, unânime, Rel. Min. Sebastião Reis Júnior, julgado em 13.10.2021, publicado no DJ em 15.10.2021)*

625.1. [...]Inexiste norma legal que vede a participação no julgamento da ação revisional de Desembargador que tenha atuado no julgamento da apelação, sendo vedado tão somente a designação de Relator que já tenha pronunciado anteriormente no processo, conforme previsão expressa do art. 625 do Código de Processo Penal, o que não ocorreu. [...] *(Agravo Regimental no Habeas Corpus nº 595.378-SC, STJ, 5ª Turma, Rel. Min. Joel Ilan Paciornik, julgado em 3.8.2021, publicado no DJ em 6.8.2021)*

625.1. *Habeas corpus.* Não há ilegalidade, em face do art. 625, *caput*, do Código de Processo Penal, em razão de o relator ser o mesmo nos pedidos de revisão criminal formulados pelo paciente e corréu. O dispositivo veda a distribuição da revisão criminal a desembargador que tenha pronunciado alguma decisão, em qualquer das fases do processo, em que veio a ser condenado o requerente. A revisão criminal é ação própria. *Habeas corpus* indeferido (*Habeas Corpus nº 75627/SP, STF, Rel. Min. Néri da Silveira, Tribunal Pleno, julgado em 19.12.1997, publicado no* DJ *de 10.12.1999*).

625.2. Demonstração prévia do trânsito em julgado: No § 1º, consta a exigibilidade de demonstração de um dos pressupostos fundamentais de cabimento da revisão criminal: deve haver prova *previamente constituída* (certidão específica) atestando que ocorreu o trânsito em julgado da decisão condenatória. Além deste requisito fundamental, essenciais ainda a juntada de todas as peças necessárias à comprovação dos fatos arguidos, até porque se trata de feito que não demanda dilação probatória. Apenas em situações excepcionais admite-se que o relator possa deferir a realização de diligências essenciais e suplementares para a melhor apreciação da causa, mas desde que haja demonstração e convencimento de que há plausibilidade na tese e nos documentos até então trazidos pelo requerente.

Jurisprudência

625.2. [...] Conforme dispõe o art. 625, § 1º, do Código de Processo Penal, é inviável a revisão criminal caso não tenha ocorrido o trânsito em julgado da decisão rescindenda. Recurso parcialmente conhecido e, nesta parte, desprovido (*Recurso Especial 792.595/RS, Rel. Min. Felix Fischer, STJ, 5ª Turma, publicado no* DJ *de 11.9.2006*).

625.3. Bipartição do procedimento: Formulado o pedido, bipartem-se as possibilidades do procedimento:

1) Se o relator entender que os autos estão instruídos de modo deficiente, poderá indeferir liminarmente o processamento da revisão. É importante frisar: sua decisão monocrática não poderá atingir o mérito da pretensão, mas unicamente basear-se em questões formais. Do indeferimento liminar, admite-se (se houver previsão, e normalmente há) a interposição de agravo regimental. Se não houver reconsideração, o recurso deverá ser submetido para apreciação do órgão colegiado.
2) Se o requerimento não for indeferido liminarmente, deverá ser aberta vista ao procurador-geral, que deverá dar parecer no prazo de 10 dias.

Repisa-se aqui a mesma linha de argumentação quando da análise do procedimento a ser adotado no processamento dos embargos infringentes e de nulidade (art. 610 e parágrafo único, CPP). Com efeito, no âmbito do Ministério Público Estadual, a atuação perante os órgãos fracionários nos Tribunais de Justiça está afeita aos Procuradores de Justiça. Mas nenhum óbice (que, parece, é a regra) se apresenta que haja delegação do Procurador-Geral para os Procuradores de Justiça para que atuem, no julgamento das revisões criminais, em nome do Procurador-Geral.

Já no âmbito do Ministério Público Federal, a carreira tem característica pouco diversa, consoante previsto explicitamente no art. 44 da Lei Complementar nº 75/93: "Art. 44. *A carreira do Ministério Público Federal é constituída pelos cargos de Subprocurador-Geral da República, Procurador Regional da República e Procurador da República.* Parágrafo Único. *O cargo inicial da carreira é o de Procurador da República e o do último nível o de Subprocurador-Geral da República.*"

Os Procuradores da República oficiam junto aos Juízes Federais (primeiro grau) e aos Tribunais Regionais Eleitorais, onde não tiver sede a Procuradoria Regional da República (art. 70, LC nº 75/93). Os Procuradores Regionais da República oficiam perante os Tribunais Regionais Federais (art. 68, LC nº 75/93). Por fim, os Subprocuradores-Gerais atuam junto ao Supremo Tribunal Federal, Superior Tribunal de Justiça e Tribunal Superior Eleitoral, sendo que, perante o STF e TSE, a atuação se dá por *delegação* do Procurador-Geral da República (art. 66, § 1º LC nº 75/93).

Nesse diapasão, em se tratando de tribunais de apelação, as manifestações nas revisões criminais, por compatibilização de ambas as legislações (CPP e LC nº 75/93), são dos Procuradores Regionais da República. A eles também competirá a atribuição nas ações penais originárias de competência dos Tribunais Regionais Federais (*v. g. Habeas Corpus nº 112.617/DF, Rel. Min. Felix Fischer, 5ª Turma, publicado no* DJ *em 2.2.2009*).

Por fim, apresentado o parecer, os autos deverão ser analisados pelo relator e pelo revisor, de modo sucessivo e nessa ordem, sendo ulteriormente encaminhados para julgamento. O pedido de inclusão em pauta é feito pelo revisor e determinada pelo presidente do órgão competente para a ação revisional.

Art. 626. Julgando procedente a revisão, o tribunal poderá alterar a classificação da infração, absolver o réu, modificar a pena ou anular o processo.

Parágrafo único. De qualquer maneira, não poderá ser agravada a pena imposta pela decisão revista.

626.1. Regras gerais: No *caput*, tem-se disciplina da amplitude da matéria a ser examinada e as consequências advindas do julgamento da revisão criminal. Entendemos que, no âmbito da correção entre o pedido e a revisão, a amplitude é a maior possível. Noutras palavras, ao apreciar a revisão criminal, o tribunal não está adstrito ao *pedido* formulado pelo autor da rescisória. Se do acolhimento dos *fundamentos* da revisão decorrer como consequência lógica a absolvição, mas essa não foi *pedida*, nenhum óbice existe para o Tribunal decretar a absolvição.

Em nossa compreensão, o tribunal exerce dois tipos distintos de juízo: o juízo rescindente (*iudicium rescidens*) e o juízo rescisório (*iudicim rescissorium*).

Na primeira hipótese, do acolhimento do pedido de revisão decorre a consequência imediata de desconstituição da decisão atacada. Depois, num segundo momento, o tribunal atuaria como juízo *rescisório*, julgando novamente a matéria, para o fim de *ab-*

solver ou *modificar* a pena, com ou sem desclassificação jurídica do fato, nos exatos termos do *caput* do art. 626 do CPP.

Em se tratando de decisão na revisão que *anule* a decisão anterior, o tribunal exercerá unicamente o juízo *rescindente,* devolvendo imediatamente os autos à origem, em que terá seguimento normal a ação penal, salvo se for ele mesmo o competente (hipóteses em que as revisionais sejam de decisões colegiadas do próprio tribunal). Portanto, não se verifica nenhum óbice para que, formulado pedido de absolvição, determine o tribunal unicamente a nulidade do feito.

Reiterando o que destacado quando dos comentários ao art. 621, CPP (vide item 621.3), há de se atentar para uma peculiaridade: em se tratando de rescisão de decisão proferida pelo Tribunal do Júri pelo reconhecimento de ser a prova manifestamente contrária à prova dos autos, não restará outra alternativa à Corte Revisional senão firmar o decreto absolutório. Não há como, em decorrência da *revisão criminal,* ser submetido o réu a novo julgamento. Aí é preciso fazer a devida adequação do princípio da soberania dos veredictos do Júri com a natureza da revisão criminal.

Jurisprudência

626.1. [...] É possível, em sede de revisão criminal, a absolvição, por parte do Tribunal de Justiça, de réu condenado pelo Tribunal do Júri. [...] 6. Recurso a que se nega provimento (*Recurso Especial nº 964.978/SP, STJ, 5ª Turma, Rel. Min. Laurita Vaz julgado em 14.8.2012, publicado no* DJ *em 30.8.2012).*

626.2. Revisão criminal e *reformatio in pejus*: Não poderá haver, em hipótese alguma, *a reformatio in pejus* direta, por expressa disposição do parágrafo único do art. 626 do CPP, na linha do que já estipulado para os recursos em geral (art. 617, CPP).

Jurisprudência

626.2. [...] Malgrado não seja possível atribuir à revisão criminal o efeito devolutivo amplo da apelação, tal ação originária devolve ao Tribunal o exame das questões deduzidas pela defesa, sem que reste caracterizada a ocorrência de reformatio in pejus no emprego de nova fundamentação ao sopesar os parâmetros dosimétricos, máxime se a pena foi expressivamente reduzida no julgamento colegiado, como no caso ora em apreço. *[...] (Agravo Regimental no Habeas Corpus nº 453.140-MA, STJ, 5ª Turma, Rel. Min. Ribeiro Dantas, julgado em 6.4.2021, publicado no DJ em 9.4.2021)*

626.2. [...] 4. Conforme prevê o art. 626 do Código de Processo Penal, acolhida a revisão criminal, o Tribunal poderá alterar a classificação da infração, absolver o réu, modificar a pena ou anular o processo, e, de qualquer maneira, não poderá ser agravada a pena imposta pela decisão revista. 5. No entanto, considerando que a revisão criminal é uma ação de impugnação de caráter excepcional, nada impede que se produza uma decisão ultra petita, conforme observado no presente caso. [...] *(Agravo Regimental no Habeas Corpus nº 568.016-SC, STJ, 6ª Turma, Rel. Min. Antônio Saldanha Palheiro, julgado em 23.6.2020, publicado no DJ em 1º.7.2020)*

626.3. Revisão criminal e efeito extensivo do julgado (art. 580, CPP): Já dito alhures, a revisão criminal é ação de impugnação e não, tecnicamente, um recurso, embora tópica e espacialmente destacada no CPP no capítulo referente ao processo e julgamento dos recursos nos tribunais de apelação.

Encontra-se em situação bastante similar aos *habeas corpus*, que, igualmente, não podem ser considerados, pelo prisma técnico, como recursos. Nem por isso, em relação a estes últimos – porque com mais frequência ocorrente no âmbito jurisprudencial – se deixa eventualmente de se conferir o efeito extensivo da ordem concedida em *habeas corpus* a corréus se preenchidos os requisitos previstos no art. 580, CPP (nesta parte, remete-se o leitor a nossos comentários).

Nessa quadra, se houver o acolhimento de revisão criminal ajuizada por um condenado – em fato que tinha sido praticado em concurso de agentes (art. 29, CP) –, acaso o tribunal verificar que os motivos que ensejaram o acolhimento da revisional não sejam de caráter exclusivamente pessoal do autor da ação, deverá conferir o *efeito extensivo* da rescisória em benefício dos demais coautores.

Também aqui mister um destaque relevante, na linha do que já pontuado quando da análise do art. 580, CPP.

A Lei estabelece uma condicionante: somente se dará o efeito extensivo se os motivos acolhidos no recurso (aqui, na revisão criminal) não sejam de caráter exclusivamente pessoal. Da análise meramente literal pode transparecer inicialmente que, *a contrario sensu*, o aproveitamento somente poderia se dar nas hipóteses em que o acolhimento da revisão se tenha dado com base em fundamento *objetivo*, e não subjetivo. Não é apenas isso. Nas situações em que a rescisão decorrer de questão de natureza subjetiva, mas essa circunstância pessoal for comum a, pelo menos, outro envolvido, a ele também se deverá contemplar o provimento da irresignação do coenvolvido autor da revisão e vitorioso em sua tese rescisória.

Numa frase: se os motivos acolhidos na revisão forem de caráter pessoal não só do autor da revisão criminal, aos outros envolvidos que se enquadrarem nesse elemento subjetivo que ensejou o provimento também se deverá dar a extensão da decisão. Por óbvio, comunicam-se também as questões objetivas.

Art. 627. A absolvição implicará o restabelecimento de todos os direitos perdidos em virtude da condenação, devendo o tribunal, se for caso, impor a medida de segurança cabível.

627.1. A absolvição e o restabelecimento dos direitos perdidos em decorrência da condenação: A norma em tela é bastante objetiva no que tange à disposição de sua primeira parte: ocorrendo a absolvição na revisão criminal do réu anteriormente condenado automaticamente deverão ser restabelecidos todos os direitos perdidos em virtude da sentença até então desfavorável ao réu. A procedência da revisão mediante absolvição não atinge apenas o efeito principal da sentença – a condenação –, mas também todos os efeitos secundários dela derivados.

Uma vez implementada pela situação fática apurada na revisional e acolhida pelo tribunal, a regra afasta os efeitos da sentença *penal condenatória*. Entretanto, seus efeitos não repercutem automaticamente sobre a esfera civil e administrativa.

Nos termos do art. 63, CPP, a sentença criminal condenatória com trânsito em julgado serve como título judicial para a execução no cível, malgrado não se exija da vítima (ou seus representantes legais) que aguarde o trânsito em julgado na esfera criminal para só então reclamar indenização no âmbito próprio.

Desfeita a sentença condenatória pela procedência da revisional, o título executivo deixa automaticamente de existir. Mas não necessariamente deixará de existir o eventual direito à reparação cível. Mesmo havendo a absolvição no crime (inclusive por intermédio da procedência da revisão criminal), essa absolvição não gerará automaticamente a impossibilidade de responsabilidade civil se, nos termos dos arts. 66 e 67, CPP: (a) categoricamente não tiver sido reconhecida a inexistência material do fato; (b) houver o arquivamento de inquérito ou peças de informação (desde que não pelos fundamentos da negativa de autoria ou inexistência do fato); (c) na ação penal, for extinta a punibilidade; (d) a sentença criminal reconhecer que o fato não constitui crime.

Noutras palavras, deflui que em apenas três situações a decisão proferida no âmbito criminal repercutirá automaticamente na seara civil com a consequente inviabilidade de outros efeitos e à reparação cível. Tal se dará quando a decisão judicial reconhecer: (a) a inocorrência material do fato; (b) negativa de autoria; (c) excludentes de antijuridicidade (salvo o estado de necessidade agressivo).

627.2. Aplicação eventual da medida de segurança: A regra dispõe ainda que, em caso de absolvição, *se for o caso*, o tribunal deverá impor a medida de segurança cabível.

Para a imposição da medida de segurança, fundamental a presença dos requisitos legais estabelecidos na legislação. Contudo, pelos mesmos fundamentos já declinados anteriormente, se a absolvição decorrer do reconhecimento da inexistência material do fato, da negativa de autoria ou da presença de excludentes de antijuridicidade, não se revelará como cabível a aplicação subsidiária da medida de segurança.

Para nós, que seguimos a concepção analítica, crime é fato típico, antijurídico e culpável.

No caso da inimputabilidade, afasta-se a culpabilidade (terceiro elemento integrante do crime), sem impedimento para a incidência da medida de segurança. Mas não se poderá falar na existência de fato típico e antijurídico se, em decorrência da absolvição proferida em grau revisional, se atingir diretamente o próprio fato (não ocorrência dele), a negativa peremptória da autoria ou se reconhecer presente alguma causa excludente de antijuridicidade, como a legítima defesa. Nessas hipóteses, entende-se inviável a imposição de medida de segurança, pois não se está diante de fato típico, nem antijurídico.

Fosse o contrário, *e. g.*, teríamos a odiosa situação em não reconhecer o direito a um inimputável agir em legítima defesa, tendo como consequência de sua absolvição a aplicação de medida de segurança apenas porque é *inimputável*. Esse problema é verificável atualmente também no sistema de quesitação do Júri (vide anotações ao art. 483, II, do CPP).

Art. 628. Os regimentos internos dos Tribunais de Apelação estabelecerão as normas complementares para o processo e julgamento das revisões criminais.

Não apenas os tribunais de apelação, mas (salvo melhor juízo) todos os tribunais têm em seus regimentos internos normas *complementares* para o processo e julgamento das revisões criminais, como também para os recursos em geral.

Mantidos os parâmetros mínimos (regras e princípios) estabelecidos em Lei e na Constituição para o julgamento das revisões criminais, o dispositivo em voga é essencial para que cada tribunal estabeleça a melhor forma de *organização* interna para o procedimento a ser adotado.

A *autorização* de regulamentação complementar conferida aos tribunais não decorre apenas dessa norma infraconstitucional, mas sim, atual e precipuamente, de disposição constitucional. O art. 96, I, *a*, CF, estabelece que compete privativamente aos tribunais "*elaborar seus regimentos internos, com observância das normas de processo e das garantias processuais das partes, dispondo sobre a competência e o funcionamento dos respectivos órgãos jurisdicionais e administrativos*".

Art. 629. À vista da certidão do acórdão que cassar a sentença condenatória, o juiz mandará juntá-la imediatamente aos autos, para inteiro cumprimento da decisão.

O efeito da decisão que cassar a decisão condenatória é imediato. Proferido julgamento pela Corte competente, tal como se procede em relação à concessão de *habeas corpus*, deverá haver a comunicação imediata ao juízo de primeiro grau, quando não se tratar de competência originária da própria corte que proferiu a rescisão. É dizer: independentemente de haver recurso contra o acórdão que desfaz o julgado, deve-se dar imediato cumprimento ao que decidido. Até porque os recursos de natureza extraordinária não têm efeito suspensivo, salvo situações excepcionais.

Art. 630. O tribunal, se o interessado o requerer, poderá reconhecer o direito a uma justa indenização pelos prejuízos sofridos.

§ 1º Por essa indenização, que será liquidada no juízo cível, responderá a União, se a condenação tiver sido proferida pela justiça do Distrito Federal ou de Território, ou o Estado, se o tiver sido pela respectiva justiça.

§ 2º A indenização não será devida:

a) se o erro ou a injustiça da condenação proceder de ato ou falta imputável ao próprio impetrante, como a confissão ou a ocultação de prova em seu poder;

b) se a acusação houver sido meramente privada.

630.1. *Caput*: Dispõe o art. 5º, LXXV, CF que "*o Estado indenizará o condenado por erro judiciário, assim como o que ficar preso além do tempo fixado na sentença*". Em complemento, tem-se no art. 37, § 6º, também da Constituição, que "*as pessoas jurídicas de direito público e as de direito privado prestadoras de serviços públicos responderão pelos danos que seus agentes, nessa qualidade, causarem a terceiros, assegurado o direito de regresso contra o responsável nos casos de dolo ou culpa*".

A partir desses dois dispositivos insertos na Lei Fundamental, parece não haver nenhuma dúvida da existência da responsabilidade de o Estado indenizar em caso de erro judiciário. Mas a decisão do tribunal nos autos da ação de revisão criminal reconhecendo haver o direito de indenizar deverá ser objeto de requerimento explícito do autor da ação.

É importante notar que, tal como a sentença condenatória – que serve como título judicial para a execução do dano praticado pelo agente em favor do ofendido (art. 63, CPP) –, também o acórdão rescindido em que se tenha reconhecido o direito à indenização servirá unicamente como título executivo para o réu condenado injustamente demandar o Estado, cujo *quantum* deverá ser apurado na esfera cível.

A legitimidade não é exclusivamente do réu-condenado injustamente. Em caso de seu falecimento ou ausência, seus representantes legais (art. 623, CPP) poderão demandar o Estado com a finalidade de obter a reparação decorrente do ato condenatório indevido.

630.2. § 1º A disposição inserta no § 1º precisa ser contextualizada à realidade hodierna da organização judiciária. Se a *condenação* injusta tiver sido proferida no âmbito da Justiça dos Estados, a liquidação do valor devido ao réu condenado será apurada no âmbito estadual. De outro lado, se a *condenação* tiver ocorrido perante a Justiça Federal, Superior Tribunal de Justiça ou Supremo Tribunal Federal (que são, todos, órgãos judiciais vinculados à União), a liquidação se dará perante a Justiça Federal, observadas as regras de competência atinentes ao Processo Civil.

630.3. § 2º Hipóteses em que *não* haverá indenização: No § 2º há duas exceções que, pelo prisma unicamente da legislação processual penal, impediriam a indenização.

A primeira assenta que não será devida a indenização se o erro ou a injustiça da condenação decorrer de ato ou falta imputável ao próprio impetrante, como a confissão ou a ocultação de prova em seu poder. Essas duas situações expressas em Lei são meramente exemplificativas.

Em verdade, toda hipótese em que restar provado que a condenação injusta (depois rescindida) decorreu de dolo do réu, por ação ou omissão dele, não poderá gerar o direito à indenização, malgrado a ulterior rescisão.

Apenas para compreender melhor a situação, imagine-se hipótese na qual réu que está sendo acusado de determinado delito tem provas de que, em verdade, conduziria ao decreto absolutório. Dolosamente o réu omite esses documentos do juízo com a finalidade de beneficiar o verdadeiro autor do crime, restando ao final condenado. Depois do trânsito em julgado da sentença condenatória em seu desfavor e do transcurso da prescrição em abstrato para punir o verdadeiro autor do fato criminoso (lembre-se que a ação revisional pode ser pedida a qualquer tempo, mesmo após a extinção da pena), o réu ajuíza a revisão criminal. Se for cabalmente demonstrado mediante documento juntado ulteriormente que a condenação foi equivocada (porque baseada em documentos que não se adequavam à realidade), a revisional será procedente. Mas não será possível nesse caso cogitar de eventual responsabilidade do Estado.

A segunda dispõe que não será devida a indenização se a acusação houver sido meramente privada. Com devida *vênia* de eventuais posicionamentos em contrário, entendemos que não há mínima base para a sustentação de tal dispositivo. É de se ver que, no âmbito da ação penal privada, embora a iniciativa seja reservada ao particular, a condenação nem por isso deixará de partir do Poder Judiciário. Portanto, mesmo em ações privadas, se houver erro na condenação, ulteriormente reconhecido, será ele decorrente daquele que possui o *jus puniendi*: o Estado. A responsabilidade será estatal, se comprovado o erro, nos exatos moldes em que estipulado no art. 630, *caput*, CPP c/c arts. 5º, LXXV e 37, § 6º, ambos da Constituição Federal.

Jurisprudência

630. [...] É devida indenização uma vez demonstrado erro judiciário ex vi art.5º, inciso LXXV, da Constituição Federal e art. 630 do CPP. In casu, restaram devidamente comprovados os prejuízos sofridos pelo recorrente, razão pela qual não há óbice a uma justa indenização. (REsp 253.674/SP, Rel. Ministro Félix Fischer, Quinta Turma, julgado em 04/03/2004, DJ 14/06/2004, p. 264). 8. Com efeito, inegável que houve, no caso em comento, erro judiciário, por ilegalidade no reconhecimento da reincidência, tendo sido os prejuízos sofridos pelo recorrente por ele listados, devendo ser analisados e sopesados pelo Juízo Cível para a fixação do quantum indenizatório (CPP. art. 630, § 1º). [...] *(Recurso Especial nº 1.243.516-SP, STJ, 5ª Turma, Rel. Min. Reynaldo Soares da Fonseca, julgado em 22.9.2016, publicado no DJ em 30.9.2016)*

630. [...] O direito à indenização da vítima de erro judiciário e daquela presa além do tempo devido, previsto no art. 5º, LXXV, da Constituição, já era previsto no art. 630 do C. Pr. Penal, com a exceção do caso de ação penal privada e só uma hipótese de exoneração, quando para a condenação tivesse contribuído o próprio réu. A regra constitucional não veio para aditar pressupostos subjetivos à regra geral da responsabilidade fundada no risco administrativo, conforme o art. 37, § 6º, da Lei Fundamental: a partir do entendimento consolidado de que a regra geral é a irresponsabilidade civil do Estado por atos de jurisdição, estabelece que, naqueles casos, a indenização é uma garantia individual e, manifestamente, não a submete à exigência de dolo ou culpa do magistrado. O art. 5º, LXXV, da Constituição: é uma garantia, um mínimo, que nem impede a lei, nem impede eventuais construções doutrinárias que venham a reconhecer a responsabilidade do Estado em hipóteses que não a de erro judiciário *stricto sensu,* mas de evidente falta objetiva do serviço público da Justiça (*Recurso Extraordinário 505.393/PE, STF, Rel. Min. Sepúlveda Pertence, 1ª Turma, publicado no DJ de 5.10.2007*).

Art. 631. Quando, no curso da revisão, falecer a pessoa, cuja condenação tiver de ser revista, o presidente do tribunal nomeará curador para a defesa.

O dispositivo em tela é bastante claro. Contudo, entendemos que sua aplicabilidade depende de uma compatibilização com o que disposto no art. 623, CPP.

Essa regra que dispõe que *a revisão poderá ser pedida pelo próprio réu ou por seu procurador legalmente habilitado ou, no caso de morte do réu, pelo cônjuge, ascendente, descendente ou irmão.* Nessas condições, se no curso do processo o réu falecer (ou estiver ausente, segundo entendemos também) e o seu cônjuge, ascendente, descendente ou irmão manifestarem o interesse em prosseguir com a ação revisional, não haverá a necessidade de nomeação de curador para a defesa dos interesses do autor da ação que pretende a rescisão do julgado criminal. Noutras palavras e inversamente, somente se poderá cogitar de nomeação de curador na hipótese de falta de manifestação de interesse de prosseguimento no feito por aqueles que são legitimados para o próprio ajuizamento da ação revisional no caso de falecimento ou ausência do réu.

CAPÍTULO VIII
Do Recurso Extraordinário

Arts. 632 a 636. (Revogados pela Lei nº 3.396, de 2.6.1958) Art. 636

1. Considerações gerais: Embora os arts. 632 a 636, CPP, tenham sido revogados pela Lei nº 3.396/58, o recurso extraordinário guarda seu tratamento jurídico geral em dois ordenamentos mais atuais, abaixo analisados detalhadamente, além do que inserto em seu regimento interno, conforme previsão do art. 638, CPP, conforme redação da Lei nº 13.964/2019: "O recurso extraordinário e o recurso especial serão processados e julgados no Supremo Tribunal Federal e no Superior Tribunal de Justiça na forma estabelecida por leis especiais, pela lei processual civil e pelos respectivos regimentos internos".

Em face das alterações substanciais promovidas no âmbito recursal com o advento da Constituição Federal no ano de 1988, entende-se como fundamental, também aqui, a análise detalhada das hipóteses de cabimento tanto do recurso extraordinário quanto do recurso especial, com destinação ao Superior Tribunal de Justiça.

1.1. Recurso extraordinário: No art. 102, III e § 3º, CF, tem-se que compete ao Supremo Tribunal Federal, precipuamente, a guarda da Constituição, cabendo-lhe: [...]

> III – julgar, mediante recurso extraordinário, as causas decididas em única ou última instância, quando a decisão recorrida:
>
> a) contrariar dispositivo desta Constituição;
>
> b) declarar a inconstitucionalidade de tratado ou Lei federal;
>
> c) julgar válida Lei ou ato de governo local contestado em face desta Constituição.
>
> d) julgar válida Lei local contestada em face de Lei federal. (*Incluída pela Emenda Constitucional nº 45, de 2004*). [...]
>
> § 3º No recurso extraordinário o recorrente deverá demonstrar a repercussão geral das questões constitucionais discutidas no caso, nos termos da lei, a fim de que o Tribunal examine a admissão do recurso, somente podendo recusá-lo pela manifestação de dois terços de seus membros. (*Incluída pela Emenda Constitucional nº 45, de 2004*).

Malgrado a argumentação desenvolvida no recurso extraordinário esteja vinculada a determinada alínea do inciso III do art. 102 da CF, o Supremo Tribunal Federal tem entendido que é possível *confirmar* (mas não reformar, por evidente) a decisão recorrida por fundamento constitucional diverso daquele em que se alicerçou o acórdão recorrido e em cuja inaplicabilidade ao caso se baseia a irresignação extraordinária.

1.2. Recurso especial: Já no art. 105, III, CF, há prévia estipulação de que compete ao Superior Tribunal de Justiça:

> III – julgar, em recurso especial, as causas decididas, em única ou última instância, pelos Tribunais Regionais Federais ou pelos tribunais dos Estados, do Distrito Federal e Territórios, quando a decisão recorrida:
>
> a) contrariar tratado ou Lei federal, ou negar-lhes vigência;
>
> b) julgar válido ato de governo local contestado em face de Lei federal (*redação dada pela EC nº 45/04* – antes dispunha que a competência é para *julgar válida Lei ou ato de governo local contestado em face de Lei federal*);
>
> c) der a Lei federal interpretação divergente da que lhe haja atribuído outro tribunal.

2. Recurso extraordinário: impossibilidade do reexame de provas. Em nenhuma das hipóteses de recurso extraordinário será possibilitado o reexame de provas, consoante disposto na Súmula 279, STF: "*para simples reexame de prova não cabe recurso extraordinário*".

Realmente, em razão da limitação existente à discussão, o recurso extraordinário não pode ser manejado sob o pálio de mero reexame de provas que ensejaram as decisões em instâncias inferiores.

Um detalhe relevante: não se pode confundir reexame de provas com eventual discussão acerca do direito probatório ou da revaloração jurídica da prova. A propósito, vide anotações ao item 647.3.

Jurisprudência

2. [...] A oposição de embargos de declaração contra juízo de admissibilidade de recurso extraordinário promovido pelo Tribunal de origem não possui o condão de interromper o prazo recursal para interposição do agravo. [...] *(Agravo Regimental no Recurso Extraordinário com Agravo nº 1.390.718, STF, 2ª Turma, Rel. Min. Edson Fachin, sessão virtual de 25.11.2022 a 2.12.2022, publicado no DJ em 2.2.2023)*

2. [...] Acórdão emanado de tribunal de segundo grau e que possui duplo fundamento (constitucional e legal): imprescindibilidade, em tal caso, de interposição de recurso especial (STJ) e de recurso extraordinário (STF). [...] Se o acórdão emanado de Tribunal de segundo grau assentar-se em duplo fundamento (constitucional e legal), impõe-se, à parte interessada, o dever de interpor tanto o recurso especial para o Superior Tribunal de Justiça quanto o recurso extraordinário para o Supremo Tribunal Federal, sob pena de, na ausência do apelo extremo, a parte recorrente sofrer, por força de sua própria omissão, os efeitos jurídico-processuais da preclusão pertinente à motivação de ordem constitucional. Se tal ocorrer, a existência de fundamento constitucional inatacado revelar-se-á bastante, só por si, para manter, em face de seu caráter autônomo e subordinante, a decisão proferida por Tribunal de segunda instância. O acórdão do Superior Tribunal de Justiça somente legitimará o uso da via recursal extraordinária, se, nele, se desenhar, originariamente, a questão de direito constitucional. Surgindo esta, contudo, em sede jurisdicional inferior, a impugnação, por meio do recurso extraordinário, deverá ter por objeto a decisão emanada do Tribunal de segundo grau, pois terá sido este, e não o Superior Tribunal de Justiça, o órgão judiciário responsável pela resolução *incidenter tantum* da controvérsia de constitucionalidade. Precedentes *(Agravo Regimental no Recurso Extraordinário com Agravo nº 1.249.847-SP, STF, 2ª Turma, unânime, Rel. Min. Celso de Mello, julgado em sessão virtual de 24.4.2020 a 30.4.2020, publicado no DJ em 18.5.2020).*

2.1. Contrariedade à disposição da Constituição (art. 102, III, *a*): Especialmente em relação à hipótese em tela, há de se observar que o cabimento do recurso extraordinário demanda que se demonstre que a decisão objurgada tenha contrariado *de forma direta* (e não apenas *reflexa*) o dispositivo constitucional indicado.

Diz-se que a violação se dá de forma *indireta* ou *reflexa* quando a identificação da matéria constitucional somente pode ser realizada por intermédio de um procedimento dedutivo como etapa do raciocínio interpretativo. Noutras palavras, é fundamental se demonstrar que o ato hostilizado por intermédio do recurso extraordinário contrarie dispositivos da Constituição e que isso se possa aferir de plano, sem qualquer procedimento prévio dedutivo.

Nessa linha, as violações a princípios, regra geral, não permitem o recurso extraordinário, salvo quando se tratar de norma *expressa* ou diretamente decorrente da própria Constituição, de eficácia e efeitos individualizáveis, como se pode verificar nos princípios do devido processo legal, do juiz natural e do contraditório. Diríamos nós, ainda: do princípio da proporcionalidade, que, malgrado não expresso no ordenamento jurídico, dele decorre, e que, excepcionalmente, vem sendo acolhido pelo Supremo Tribunal Federal como fundamento a embasar a irresignação de natureza extraordinária (veja-se, por exemplo, o RE 462.790-RS, já admitido, mas, até o presente, sem apreciação do mérito pelo Plenário do STF).

Jurisprudência

2.1. [..].2. A jurisprudência do Supremo Tribunal Federal é firme no sentido de que não viola o princípio da separação dos poderes o exame da legalidade e abusividade dos atos administrativos pelo Poder Judiciário. 3. O Supremo Tribunal Federal já assentou a inexistência da repercussão geral quando a alegada ofensa aos princípios do devido processo legal, da ampla defesa, do contraditório, da legalidade e dos limites da coisa julgada é debatida sob a ótica infraconstitucional (ARE-RG 748.371, Rel. Min. Gilmar Mendes, DJe 1º.08.2013, tema 660 da sistemática da RG). [...] *(Agravo Regimental no Recurso Extraordinário com Agravo nº 1.315.099-DF, STF, 2ª Turma, Rel. Min. Edson Fachin, julgado em 15.9.2021, publicado no DJ em 22.9.2021)*

2.1. [...]. A afronta aos princípios da legalidade, do devido processo legal, da ampla defesa, do contraditório, dos limites da coisa julgada ou da prestação jurisdicional, quando depende, para ser reconhecida como tal, da análise de normas infraconstitucionais, configura apenas ofensa indireta ou reflexa à Constituição Federal – Tema nº 660 do quadro de temas de repercussão geral do Supremo Tribunal Federal. [...] *(Agravo Regimental no Recurso Extraordinário com Agravo nº 1.312.516-RJ, STF, 1ª Turma, Rel. Min. Dias Toffoli, julgado em 23.8.2021, publicado no DJ em 20.10.2021)*

2.1. [...] Este Supremo Tribunal firmou entendimento de que a questão relativa a dosimetria da pena e infraconstitucional (Código Penal) e não pode ser analisada em recurso extraordinário. [...] (*Ag. Reg. no Recurso Extraordinário com Agravo nº 868.279-PB, STF, 2ª Turma, unânime, Rel. Min. Carmén Lúcia, julgado em 17.3.2015, publicado no* DJ *em 30.3.2015*).

2.1. [...]. 2. A violação indireta ou reflexa das regras constitucionais não enseja recurso extraordinário. [...] 3. A alegação de ofensa aos postulados da legalidade, do devido processo legal, da ampla defesa, da motivação dos atos decisórios, do contraditório, dos limites da coisa julgada e da prestação jurisdicional, se ocorrente, seria indireta ou reflexa. [...] 5. É que o recurso extraordinário não se presta ao exame de questões que demandam revolvimento do contexto fático-probatório dos autos, adstringindo-se à análise da violação direta da ordem constitucional. [...] (*Agravo Regimental no Recurso Extraordinário com Agravo nº 682.533, STF, 1ª Turma, Rel. Ministro Luiz Fux, julgado em 26.6.2012, publicado no* DJ *em 15.8.2012*).

2.2. Declaração de inconstitucionalidade de tratado ou Lei federal: Nesse dispositivo constitucional, previu-se a possibilidade do recurso extraordinário se a decisão atacada tiver reconhecido a inconstitucionalidade de tratado ou Lei federal.

É importante se observar que, no sistema brasileiro, o controle de constitucionalidade não está reservado unicamente ao Supremo Tribunal Federal, mas a todos os magistrados, que realizam o denominado controle difuso.

Não se pode perder de vista, contudo, que, nos termos do art. 102, I, *a*, CF (nos termos da EC nº 3/93), compete *exclusivamente* ao Supremo Tribunal Federal, na condição de guardião-maior da Constituição, o processo e julgamento de ação direta de inconstitucionalidade de Lei ou ato normativo federal ou estadual e a ação declaratória de constitucionalidade de Lei ou ato normativo federal. Nessa quadra, há de se compreender que eventual decisão de juiz ou de tribunais em grau hierárquico inferior ao Supremo Tribunal Federal que decidam sobre a inconstitucionalidade de tratado ou de Lei federal poderá ser revista pelo Supremo Tribunal Federal (*não mais em competência originária, como nos termos do art. 102, I,* a, *CF*) mediante recurso extraordinário com fundamento no disposto na alínea *b* do inciso III do art. 102 da CF.

Jurisprudência

2.2. [...] Depósito. Depositário infiel. Alienação fiduciária. Decretação da medida coercitiva. Inadmissibilidade absoluta. Insubsistência da previsão constitucional e das normas subalternas. *Interpretação do art. 5º, inc. LXVII e §§ 1º, 2º e 3º, da CF, à luz do art. 7º, § 7, da Convenção Americana de Direitos Humanos* (*Pacto de San José da Costa Rica*). Recurso improvido. Julgamento conjunto do RE nº 349.703 e dos HCs nº 87.585 e nº 92.566. É ilícita a prisão civil de depositário infiel, qualquer que seja a modalidade do depósito (*Recurso Extraordinário nº 463.343-SP, Rel. Min. Cezar Peluso, Plenário, publicado no* DJ *em 5.6.2009*).

2.2. [...] Desde a adesão do Brasil, sem qualquer reserva, ao Pacto Internacional dos Direitos Civis e Políticos (art. 11) e à Convenção Americana sobre Direitos Humanos – Pacto de San José da Costa Rica (art. 7º, 7), ambos no ano de 1992, não há mais base legal para prisão civil do depositário infiel, pois o caráter especial desses diplomas internacionais sobre direitos humanos lhes reserva lugar específico no ordenamento jurídico, estando abaixo da Constituição, porém acima da legislação interna. O *status* normativo supralegal dos tratados internacionais de direitos humanos subscritos pelo Brasil torna inaplicável a legislação infraconstitucional com ele conflitante, seja ela anterior ou posterior ao ato de adesão. Assim ocorreu com o art. 1.287 do Código Civil de 1916 e com o Decreto-Lei nº 911/69, assim como em relação ao art. 652 do Novo Código Civil (Lei nº 10.406/2002). [...] A prisão civil do devedor-fiduciante no âmbito do contrato de alienação fiduciária em garantia viola o princípio da proporcionalidade, visto que: (a) o ordenamento jurídico prevê outros meios processuais-executórios postos à disposição do credor-fiduciário para a garantia do crédito, de forma que a prisão civil, como medida extrema de coerção do devedor inadimplente, não passa no exame da proporcionalidade como proibição de excesso, em sua tríplice configuração: adequação, necessidade e proporcionalidade em sentido estrito; e (b) o Decreto-Lei nº 911/69, ao instituir uma ficção jurídica, equiparando o devedor-fiduciante ao depositário, para todos os efeitos previstos nas leis civis e penais, criou uma figura atípica de depósito, transbordando os limites do conteúdo semântico da expressão "depositário infiel" insculpida no art. 5º, inciso LXVII, da Constituição e, dessa forma, desfigurando o instituto do depósito em sua conformação constitucional, o que perfaz a violação ao princípio da reserva legal proporcional. [...] (*Recurso Extraordinário nº 349.703-RS, Rel. Min. Ayres Britto, Plenário, publicado no DJ em 5.6.2009*).

2.2. [...] E inquestionável que assiste à Suprema Corte, em sua composição plenária, a competência exclusiva para julgar o processo de controle concentrado de constitucionalidade e, pelo voto da maioria absoluta dos seus membros, declarar a inconstitucionalidade de lei ou ato normativo do Poder Público (CF, art. 97; RISTF, art. 5º, VII e art. 173). Essa regra de competência, no entanto, muito embora de observância indeclinável por qualquer órgão judiciário colegiado, não subtrai ao Relator da causa o poder de efetuar – enquanto responsável pela ordenação e direção do processo (RISTF, art. 21, I) – o controle prévio dos requisitos formais da fiscalização normativa abstrata, o que inclui, dentre outras atribuições, o exame dos pressupostos processuais e das condições da própria ação direta. A possibilidade de controle recursal, "a posteriori", dos atos decisórios que o Relator pratica, no desempenho de sua competência monocrática, dá concreção, no âmbito do Supremo Tribunal Federal, ao princípio da reserva de Plenário, inscrito no art. 97 da Lei Fundamental da Republica. – As Instruções Normativas, editadas por Órgão competente da Administração Tributária, constituem espécies jurídicas de caráter secundário, cuja validade e eficácia resultam, imediatamente, de sua estrita observância dos limites impostos pelas leis, tratados, convenções internacionais, ou decretos presidenciais, de que devem constituir normas complementares. Não se revelam, por isso mesmo, aptas a sofrerem o controle concentrado de constitucionalidade, que pressupõe o confronto direto do ato impugnado com a Lei Fundamental. [...] *(Agravo Regimental na ADI nº 531-DF, Plenário, Rel. Min. Celso de Mello, publicado no DJ em 3.4.1992)*

2.3. Quando julgar válida Lei ou ato de governo local contestado em face desta Constituição: Aqui a situação é inversa da previsão anterior, e, salvo melhor juízo, raramente se pode cogitar a invocação do dispositivo em matéria penal ou processual penal. É que, de acordo com o art. 22, I, CF/88, compete exclusivamente à União legislar sobre direito penal e processual, existindo apenas o permissivo do parágrafo único do mesmo artigo no sentido de que "*lei complementar poderá autorizar os Estados a legislar sobre questões específicas das matérias relacionadas neste artigo*".

De qualquer modo, refere-se que, ao invés de declarar a *inconstitucionalidade* (de tratado ou Lei federal), na presente hipótese a decisão recorrida (em única ou última instância) reconhece a *constitucionalidade* de Lei ou ato de governo local em relação aos quais se atribui a pecha de violação à Constituição Federal. O fundamento é exatamente o mesmo ao declinado anteriormente, na medida em que o controle final da constitucionalidade ou inconstitucionalidade das normas vigentes no país é atribuição precípua do Supremo Tribunal Federal.

2.4. Em hipótese em que se julgar válida Lei local contestada em face de Lei federal (Incluída pela Emenda Constitucional nº 45, de 2004): Antes da alteração constitucional pela EC nº 45/04, a competência para o julgamento de validade de Lei local contestada em face de Lei federal era do Superior Tribunal de Justiça.

Segundo compreendemos, o deslocamento de competência para julgamento ao Supremo Tribunal Federal encontra supedâneo na ideia de que se deva realizar uma uniformização das decisões jurisprudenciais, notadamente porque aqui também se faz um exame de constitucionalidade da Lei federal. Não se pode deixar de considerar que, também a partir de alteração introduzida pela EC nº 45/04, compete ao Supremo Tribunal Federal a edição das chamadas *súmulas vinculantes* (*Art. 103-A. O Supremo Tribunal Federal poderá, de ofício ou por provocação, mediante decisão de dois terços dos seus membros, após reiteradas decisões sobre matéria constitucional, aprovar súmula que, a partir de sua publicação na imprensa oficial, terá efeito vinculante em relação aos demais órgãos do Poder Judiciário e à administração pública direta e indireta, nas esferas federal, estadual e municipal, bem como proceder à sua revisão ou cancelamento, na forma estabelecida em lei.*) Nessa linha, é de sua competência a pacificação de eventuais entendimentos que possam estar contrariando a jurisprudência da Corte Suprema.

Como já dito noutra oportunidade, a decisão sobre a validade de Lei local inclui também o exame da constitucionalidade da Lei federal arguida (art. 102, III, *b*, CF), o Supremo Tribunal Federal, em julgamento único, resolveria a questão atinente à validade, interpretação e eficácia de normas determinadas sobre as quais possa existir eventual controvérsia entre órgãos do Poder Judiciário. É o que dispõe expressamente o § 1º do art. 103-A da Constituição Federal.

O objeto de confronto por intermédio da aplicação desse dispositivo é Lei federal específica. Significa que não se poderá utilizar o recurso extraordinário por suposta alegação de violação ao princípio da legalidade, salvo, entendemos nós, quando se tratar, exemplificativamente, do princípio da reserva legal em matéria penal. Mas daí o fundamento será outro, de cunho constitucional: o art. 5º, XXXIX, CF, determina que não pode haver crime sem prévia determinação legal.

Frente ao disposto no art. 22, I, CF, que determina competir *privativamente* à União legislar sobre direito penal e processual penal (dentre outras), também raramente se encontram recursos extraordinários em âmbito penal fulcrados nesse dispositivo. Poder-se-á cogitar nas hipóteses em que Lei complementar autorize os Estados a legislar sobre questões específicas das matérias penal e processual penal (parágrafo único do art. 22 da CF/88).

Apenas a título de argumentação, compreende-se que, em matéria de direito penitenciário, cuja competência é concorrente (art. 24 da CF/88), também poderá surgir eventualmente alguma questão passível de questionamento.

Jurisprudência

2.4. [...] a controvérsia referente à ocorrência, ou não, de prescrição da pretensão punitiva tem natureza infraconstitucional. 3. Eventual divergência em relação ao entendimento adotado pelo juízo a quo demandaria o reexame de fatos e provas constantes dos autos e o exame da legislação local aplicável à espécie (Lei Estadual 10.261/1968 – Estatuto dos Funcionários Públicos do Estado de São Paulo e Lei Complementar Estadual 942/2003), o que impede o processamento do apelo extremo. Incidência das Súmulas 279 e 280 do STF. 4. Inviabilidade do recurso extraordinário fundamentado na alínea "d" do permissivo constitucional, pois o seu conhecimento, com apoio em referida alínea, exige que a parte recorrente demonstre a ofensa, pela Corte de origem, do sistema constitucional de repartição de competências legislativas ao julgar válida lei local contestada em face de lei federal, o que não se verifica na espécie [...] *(Agravo Regimental no Recurso Extraordinário com Agravo nº 1.302.283-SP, STF, 2ª Turma, Rel. Min. Edson Fachin, julgado em 17.5.2021, publicado no DJ em 21.5.2021)*

....

2.5. Legitimidade para a interposição do recurso extraordinário: Como corolário lógico de todo sistema recursal, é fundamental que o recorrente demonstre que, além do interesse em ver modificada a decisão, tenha legitimidade para o recurso extraordinário.

Nesta parte, recorde-se o que foi apontado por ocasião da análise do disposto nos arts. 577 e 598, CPP (vide itens 577.1.4 e 598.1). De qualquer modo, entende-se como relevante repisar de forma explícita tema de relevância em face de duas súmulas do STF, relacionadas com o assistente da acusação.

Em relação ao assistente, há disposições expressas que tratam de sua legitimidade recursal. Trata-se de hipóteses mais limitadas, é verdade. Está inserto no art. 598, CPP, que o ofendido ou qualquer das pessoas enumeradas no art. 31, CPP, habilitadas ou não como assistentes da acusação, poderão ajuizar apelação nos crimes de competência do Tribunal do Júri ou do Juiz singular, se da decisão não foi apresentada irresignação pelo Ministério Público. Também se confere ao assistente da acusação a legitimidade para recorrer noutras situações, como se vê do art. 584, § 1º, que trata da possibilidade de recurso nos casos de impronúncia (agora não mais o RSE, mas a apelação – art. 416, CPP) e nas situações do inciso VIII do art. 581, CPP (sentença que reconhece a prescrição ou por qualquer modo julga extinta a punibilidade do réu – vide as anotações que fizemos ao dispositivo). É que deflui também do disposto no art. 271, CPP.

> Art. 271. Ao assistente será permitido propor meios de prova, requerer perguntas *às* testemunhas, aditar o libelo e os articulados, participar do debate oral e arrazoar os recursos interpostos pelo Ministério Público, ou por ele próprio, nos casos dos arts. 584, § 1º e 598.

A legitimidade do assistente da acusação somente se faz presente em hipótese de inação (total ou parcial) do titular da ação penal, o Ministério Público. Noutras palavras, o assistente da acusação atua sempre de forma *supletiva* ao *parquet*, sendo-lhe facultado recorrer em todos os tópicos nos quais não for apresentada manifestação de inconformidade pelo Ministério Público (daí a razão pela qual seu prazo somente flui a partir do término do estabelecido para o *parquet* – art. 598, parágrafo único, CPP).

Ver, no ponto, tudo o quanto dissemos por ocasião dos comentários ao art. 271, art. 577 (item 577.1.4) e art. 598.1.

Jurisprudência

2.5. [...] Admissível o recurso extraordinário interposto pelo servidor ofendido e regularmente admitido como assistente da acusação na ação penal pública condicionada, quando o MP não recorre contra. Acórdão do STJ que acolhe tese rejeitada pelo STF, em recurso ordinário em *habeas corpus*, e anula a ação penal. O reconhecimento da legitimidade concorrente, pelo plenário do STF (INQ 726-AgR, Rel. Min. Sepúlveda Pertence, *DJ* 29.4.94), implica na impossibilidade de ser o servidor ofendido prejudicado em decorrência da opção feita. RE conhecido e provido para restabelecer a ação penal (*Recurso Extraordinário nº 387.974-DF, Rel. Min. Ellen Gracie, publicado no DJ em 26.3.2004*).

2.5. [...] Cuidando-se de ação penal pública condicionada por crime de difamação praticado contra servidora pública (magistrada) em razão da função, o trancamento da ação penal em *habeas corpus* legitima o assistente da acusação, regularmente admitido, a interpor embargos de declaração. Rejeição dos embargos pela inexistência de seus requisitos (CPP, art. 619) (*Embargos de Declaração no Habeas Corpus nº 85.629-2-RS, Rel. Min. Ellen Gracie, unânime, STF, 2ª Turma, publicado no DJ em 13.3.2006*).

2.6. Exaurimento das instâncias ordinárias como um dos requisitos para o recurso extraordinário: A Súmula 281, STF, dispõe que é "*inadmissível o recurso extraordinário quando couber, na justiça de origem, recurso ordinário da decisão impugnada*".

De forma similar ao que disposto para o recurso especial na Súmula 207, STJ (*É inadmissível o recurso especial quando cabíveis embargos infringentes contra o acórdão proferido no tribunal de origem*), a exigência está em consonância com as premissas de, além do preenchimento dos demais requisitos e pressupostos, o recurso extremo somente poderá ser objeto de análise se todas as instâncias inferiores tiverem sido provocadas e exarado decisões. Não exaurida a possibilidade recursal em sede anterior, não há de se cogitar, só por isso, do recurso extraordinário. Uma observação importante: se os embargos infringentes não forem conhecidos (admissibilidade), notadamente pela intempestividade, o prazo recursal para as irresignações subsequentes não será interrompido.

Jurisprudência

2.6. [...] Necessidade de interposição de embargos infringentes contra decisão desfavorável não unânime de segunda instância. [...] Nos termos da Súmula 281/STF, é necessário que a parte interponha todos os recursos ordinários perante o tribunal de origem antes de buscar a instância extraordinária. [...] *(Agravo Regimental no Recurso Extraordinário com Agravo nº 1.476.209, STJ, Plenário, Rel. Min. Luís Roberto Barroso, sessão virtual de 16.2.2024 a 23.2.2024, publicado no DJ em 8.3.2024)*

2.6. [...] Agravo no recurso extraordinário com Agravo. Penal. [...] O recurso extraordinário é inadmissível quando ausente o exaurimento da instância ordinária, ex vi do enunciado 281 da Súmula do Supremo Tribunal Federal, *in verbis:* "É inadmissível o recurso extraordinário, quando couber na justiça de origem, recurso ordinário da decisão impugnada". Precedentes: ARE 1.214.255-AgR, Tribunal Pleno, DJe de 15/10/2019; e ARE 1.269.383-AgR, Tribunal Pleno, DJe de 17/09/2020. [...] *(Agravo Regimental no Recurso Extraordinário com Agravo nº 1.336.579-CE, STF, Plenário, Rel. Min. Luiz Fux, julgado em 15.9.2021, publicado no DJ em 4.10.2021)*

2.7. Prequestionamento: Implicando uma exigência da qual decorre verdadeira limitação recursal, o denominado *prequestionamento* precisa ser entendido como sendo uma expressa provocação e manifestação das instâncias ordinárias acerca da questão de direito controvertida, de modo a se obter um pronunciamento judicial prévio e expresso contra o qual será interposto o recurso. Contudo, entendemos que se o recurso apreciado na instância inferior não ventilou a questão de forma explícita, mas foi ela objeto de apreciação por reconhecimento *ex officio* do tribunal, há de se compreender que o prequestionamento foi realizado.

Como já assentado inúmeras vezes pelo Supremo Tribunal Federal, a configuração do instituto em voga pressupõe debate e decisão prévios pelo Colegiado, ou seja, emissão de juízo sobre o tema diante da norma constitucional invocada. O procedimento tem como escopo o cotejo indispensável a que se diga do enquadramento do recurso extraordinário no permissivo constitucional. Se o Tribunal de origem não adotou entendimento *explícito* a respeito do fato jurígeno veiculado nas razões recursais, inviabilizada fica a conclusão sobre a violência ao preceito evocado pelo recorrente.

Fundamental destacar também que, para fins de prequestionamento, não basta que o recorrente faça uma simples remissão ao dispositivo da Constituição Federal que entenda supostamente violado. A exigência é maior: precisa-se fazer um *cotejo analítico* dos fundamentos da decisão objurgada, demonstrando que as conclusões do julgado violam *direta e frontalmente* os comandos (normas ou princípios) constitucionais.

Estabelecendo algumas premissas fundamentais quanto ao prequestionamento, há muito já foram editadas duas Súmulas pelo Supremo Tribunal Federal:

> "É inadmissível o recurso extraordinário quando não ventilada, na decisão recorrida, a questão federal suscitada." *(Súmula 282)*
>
> "O ponto omisso da decisão, sobre o qual não foram opostos embargos declaratórios, não pode ser objeto de recurso extraordinário, por faltar o requisito do prequestionamento." *(Súmula 356)*

Jurisprudência

2.7. [...] O prequestionamento não resulta da circunstância de a matéria haver sido arguida pela parte recorrente. A configuração do instituto pressupõe debate e decisão prévios pelo Colegiado, ou seja, emissão de juízo sobre o tema. O procedimento tem como escopo o cotejo indispensável a que se diga do enquadramento do recurso extraordinário no permissivo constitucional. Se o Tribunal de origem não adotou tese explícita a respeito do fato jurígeno veiculado nas razões recursais, inviabilizado fica o entendimento sobre a violência ao preceito evocado pelo recorrente. [...] (*Agravo Regimental no Agravo de Instrumento nº 590.895, Rel. Min. Marco Aurélio, 1ª Turma, publicado no DJ em 19.6.2009*).

2.7 [...] O Tribunal *a quo* não se manifestou explicitamente sobre os temas constitucionais tidos por violados. Incidência das Súmulas 282 e 356 do Supremo Tribunal Federal. Controvérsia decidida à luz de legislações infraconstitucionais. Ofensa indireta à Constituição do Brasil. As alegações de desrespeito aos postulados da legalidade, do devido processo legal, da motivação dos atos decisórios, do contraditório, dos limites da coisa julgada e da prestação jurisdicional, se dependentes de reexame prévio de normas inferiores, podem configurar, quando muito, situações de ofensa meramente reflexa ao texto da Constituição. Reexame de fatos e provas. Inviabilidade do recurso extraordinário. Súmula 279 do Supremo Tribunal Federal. Agravo regimental a que se nega provimento (*Agravo Regimental no Agravo de Instrumento nº 634784-SP, Rel. Min. Eros Grau, 2ª Turma, publicado no DJ em 23.11.2007*).

2.8. Repercussão geral: Consoante o § 3º do art. 102 da CF (redação conferida pela Emenda Constitucional nº 45/04), "*no recurso extraordinário o recorrente deverá demonstrar a repercussão geral das questões constitucionais discutidas no caso, nos termos da lei, a fim de que o Tribunal examine a admissão do recurso, somente podendo recusá-lo pela manifestação de dois terços de seus membros*".

O atual Código de Processo Civil, Lei nº 13.105/2015, substituindo as regras introduzidas pela Lei nº 11.418/06, mas sem inovações substanciais, dispôs sobre o tema da repercussão geral:

Art. 1.035. O Supremo Tribunal Federal, em decisão irrecorrível, não conhecerá do recurso extraordinário quando a questão constitucional nele versada não tiver repercussão geral, nos termos deste artigo.

§ 1º Para efeito de repercussão geral, será considerada a existência ou não de questões relevantes do ponto de vista econômico, político, social ou jurídico que ultrapassem os interesses subjetivos do processo.

§ 2º O recorrente deverá demonstrar a existência de repercussão geral para apreciação exclusiva pelo Supremo Tribunal Federal.

§ 3º Haverá repercussão geral sempre que o recurso impugnar acórdão que:

I – contrarie súmula ou jurisprudência dominante do Supremo Tribunal Federal;

II – (Revogado); (Redação dada pela Lei nº 13.256, de 2016)

III – tenha reconhecido a inconstitucionalidade de tratado ou de lei federal, nos termos do art. 97 da Constituição Federal.

§ 4º O relator poderá admitir, na análise da repercussão geral, a manifestação de terceiros, subscrita por procurador habilitado, nos termos do Regimento Interno do Supremo Tribunal Federal.

§ 5º Reconhecida a repercussão geral, o relator no Supremo Tribunal Federal determinará a suspensão do processamento de todos os processos pendentes, individuais ou coletivos, que versem sobre a questão e tramitem no território nacional.

§ 6º O interessado pode requerer, ao presidente ou ao vice-presidente do tribunal de origem, que exclua da decisão de sobrestamento e inadmita o recurso extraordinário que tenha sido interposto intempestivamente, tendo o recorrente o prazo de 5 (cinco) dias para manifestar-se sobre esse requerimento.

§ 7º Da decisão que indeferir o requerimento referido no § 6º ou que aplicar entendimento firmado em regime de repercussão geral ou em julgamento de recursos repetitivos caberá agravo interno. (Redação dada pela Lei nº 13.256, de 2016)

§ 8º Negada a repercussão geral, o presidente ou o vice-presidente do tribunal de origem negará seguimento aos recursos extraordinários sobrestados na origem que versem sobre matéria idêntica.

§ 9º O recurso que tiver a repercussão geral reconhecida deverá ser julgado no prazo de 1 (um) ano e terá preferência sobre os demais feitos, ressalvados os que envolvam réu preso e os pedidos de *habeas corpus*.

§ 10. (Revogado).

§ 11. A súmula da decisão sobre a repercussão geral constará de ata, que será publicada no diário oficial e valerá como acórdão.

A repercussão geral caracteriza-se pela *necessária* demonstração – pelo recorrente – da existência de relevância da causa e transcendência para outros casos que não apenas ao processo em que se apresenta o recurso. Como percucientemente dizem Luiz Guilherme Marinoni e Daniel Mitidiero (Repercussão geral no recurso extraordinário, *RT*, 2007, p. 33), reconhecendo efetivamente haver certa indeterminação no conceito em tela, "*a questão debatida tem de ser relevante do ponto de vista econômico, político, social ou jurídico, além de transcender para além do interesse subjetivo das partes na causa*".

Com efeito, o Plenário do Supremo Tribunal Federal, no julgamento da Questão de Ordem no Agravo de Instrumento nº 664-567-2-RS, acabou definindo quais são os critérios para aferição da *repercussão geral*, bem como a amplitude e as condições em que se passará a exigir a demonstração do novel requisito.

Em síntese, o Supremo Tribunal decidiu que:

1) se deve exigir a demonstração da repercussão geral das questões constitucionais discutidas em qualquer recurso extraordinário, incluído o de natureza criminal, pois as regras inseridas no ordenamento jurídico têm caráter geral;
2) Não há falar em uma imanente repercussão geral de todo recurso extraordinário em matéria criminal, porque em jogo, de regra, a liberdade de locomoção: o recurso extraordinário busca unicamente preservar a autoridade e a uniformidade da inteligência da Constituição, o que se reforça com a necessidade de repercussão geral das questões constitucionais nele versadas, assim entendidas aquelas que "ultrapassem os interesses subjetivos da causa" (art. 543-A, § 1º, CPC/1973, incluído pela Lei nº 11.418/06 – art. 1035, § 1º, do CPC/2015), entendimento esse que tem sido reiterado (v. g. *Agravo Regimental no Agravo de Instrumento nº 702.088-GO, Rel. Min. Ricardo Lewandowski, 1ª Turma, publicado no* DJ *em 21.11.2008*);
3) a verificação da existência de demonstração formal e fundamentada da repercussão geral das questões discutidas no recurso extraordinário pode se fazer tanto na origem quanto no Supremo Tribunal Federal, cabendo exclusivamente ao Supremo Tribunal Federal, no entanto, a decisão sobre a efetiva existência da repercussão geral;
4) a exigência da demonstração formal e fundamentada no recurso extraordinário da repercussão geral das questões constitucionais discutidas só incide quando a intimação do acórdão recorrido tenha ocorrido, segundo as regras processuais vigentes, *a partir de* 3 de maio de 2007 (inclusive) – data da publicação da Emenda Regimental nº 21, de 30 de abril de 2007. Desse modo, aos acórdãos em que a intimação à parte tenha ocorrido em data anterior a 3.5.2007 (data em que surge o direito subjetivo ao recurso), mesmo que interposto posteriormente a esse marco, não é exigida a demonstração da repercussão geral.

Não é demais referir, ainda, que o Supremo Tribunal Federal reconheceu que se aplica o disposto no art. 1.036, CPC/2015 (art. 543-B, CPC/1973), aos recursos cujo tema constitucional apresente repercussão geral reconhecida pelo Plenário, *ainda que interpostos antes de 3.5.2007* (vide, por exemplo, Recurso Extraordinário nº 514.331-7-RS, publicado no *DJ* em 7.11.2008).

Equívoco bastante comum é a interposição de *agravo ao STF* quando da não admissão de recurso extraordinário por aplicação de entendimento já firmado em repercussão geral. Nesse caso, o recurso cabível é o *agravo interno* (conforme § 7º do art. 1035 do CPC, aplicável inclusive aos recursos no processo penal), que será julgado por órgão colegiado no tribunal responsável pela admissibilidade e segundo as regras de competências estabelecidas em seus respectivos regimentos internos.

De relevo destacar também que, em 7 de junho de 2017, o Supremo Tribunal Federal decidiu que "*a) a suspensão de processamento prevista no § 5º do art. 1.035 do CPC não consiste em consequência automática e necessária do reconhecimento da repercussão geral realizada com fulcro no caput do mesmo dispositivo, sendo da discricionariedade do relator do recurso extraordinário paradigma determiná-la ou modulá-la; b) de qualquer modo, consoante o sobredito juízo discricionário do relator, a possibilidade de sobrestamento se apli-*

ca aos processos de natureza penal; c) neste contexto, em sendo determinado o sobrestamento de processos de natureza penal, opera-se, automaticamente, a suspensão da prescrição da pretensão punitiva relativa aos crimes que forem objeto das ações penais sobrestadas, a partir de interpretação conforme a Constituição do art. 116, I, do CP; d) em nenhuma hipótese, o sobrestamento de processos penais determinado com fundamento no art. 1.035, § 5º, do CPC abrangerá inquéritos policiais ou procedimentos investigatórios conduzidos pelo Ministério Público; e) em nenhuma hipótese, o sobrestamento de processos penais determinado com fundamento no art. 1.035, § 5º, do CPC abrangerá ações penais em que haja réu preso provisoriamente; f) em qualquer caso de sobrestamento de ação penal determinado com fundamento no art. 1.035, § 5º, do CPC, poderá o juízo de piso, no curso da suspensão, proceder, conforme a necessidade, à produção de provas de natureza urgente" (Questão de Ordem no Recurso Extraordinário n. 966.177-RS, STF, Plenário, Rel. Min. Luiz Fux).

Jurisprudência

2.8. [...] Segundo a jurisprudência do STJ, "É incabível a interposição do agravo em recurso especial contra decisão denegatória do recurso especial fundamentada em recurso repetitivo e proferida após a vigência do CPC/15 (17/5/2022), pois o recurso cabível é o agravo interno dirigido ao próprio Tribunal de origem, nos termos dos arts. 1.030, § 2º, e 1.042, caput, do referido diploma" (AgInt no AgInt no AREsp n. 2.250.020/SP, Rel. Ministro Marco Buzzi, 4ª T., DJe 5/10/2023). *(Agravo Regimental nos Embargos de Declaração no Agravo em Recurso Especial nº 2.563.576-SP, STJ, 6ª Turma, Rel. Min. Rogério Schietti Cruz, julgado em 8.10.2024, publicado no DJ em 15.10.2024)*

2.8. [...] Esta Suprema Corte, no julgamento do ARE 748.371-RG/MT (Rel. Min. Gilmar Mendes, Tema 660), rejeitou a repercussão geral da alegada violação ao direito adquirido, ao ato jurídico perfeito, à coisa julgada ou aos princípios da legalidade, do contraditório, da ampla defesa e do devido processo legal, quando se mostrar imprescindível o exame de normas de natureza infraconstitucional. [...] *(Agravo Regimental no Recurso Extraordinário com Agravo nº 1.470.498, STF, 1ª Turma, Rel. Min. Alexandre de Moraes, sessão virtual de 2.2.2024 a 9.2.2024, publicado no DJ em 22.2.2024)*

2.8. [...] A obrigação do recorrente em apresentar formal e motivadamente a preliminar de repercussão geral, que demonstre sob o ponto de vista econômico, político, social ou jurídico, a relevância da questão constitucional debatida que ultrapasse os interesses subjetivos da causa, conforme exigência constitucional e legal (art. 102, § 3º, da CF/88, c/c art. 1.035, § 2º, do CPC/2015), não se confunde com meras invocações desacompanhadas de sólidos fundamentos no sentido de que o tema controvertido é portador de ampla repercussão e de suma importância para o cenário econômico, político, social ou jurídico, ou que não interessa única e simplesmente às partes envolvidas na lide, muito menos ainda divagações de que a jurisprudência do SUPREMO TRIBUNAL FEDERAL é incontroversa no tocante à causa debatida, entre outras de igual patamar argumentativo. *[...] (Agravo Regimental no Recurso Extraordinário nº 1.444.691, STF, 1ª Turma, Rel. Min. Alexandre de Moraes, sessão virtual de 18.8.2023 a 25.8.2023, publicado no DJ em 4.9.2023)*

2.8. [...] Inexiste previsão legal de interposição de recurso para o Supremo Tribunal Federal contra a decisão do Juízo de origem que negou seguimento ao Recurso Extraordinário ao aplicar-lhe as diretrizes desta Suprema Corte estabelecidas pela sistemática da Repercussão Geral (ARE 960.182-AgR, Rel. Min. Cármen Lúcia, Tribunal Pleno, DJe de 15/3/2017). [...] *(Agravo Regimental no Recurso Extraordinário com Agravo nº 1.400.219, STF, Rel. Min. Alexandre de Moraes, sessão virtual de 14.10.2022 a 21.10.2022, publicado no DJ em 4.11.2022)*

2.8. [...] O Ministro Presidente guarda poderes para examinar, como Relator, os recursos extraordinários e os agravos em recurso extraordinário ineptos ou manifestamente inadmissíveis, inclusive por incompetência, intempestividade, deserção, prejuízo ou ausência de preliminar formal e fundamentada de repercussão geral, bem como aqueles cujo tema seja destituído de repercussão geral, nos termos do artigo 13, V, c, do Regimento Interno do Supremo Tribunal Federal, sendo certa a ausência de violação ao princípio da colegialidade quando do exercício dessa faculdade. Precedentes: ARE 1.2615.88-AgR, Tribunal Pleno, Rel. Min. Dias Toffoli (Presidente), DJe de 29/06/2020; e ARE 1.265.863-AgR, Tribunal Pleno, Rel. Min. Dias Toffoli (Presidente), DJe de 14/07/2020. [...] *(Agravo Regimental no Recurso Extraordinário com Agravo nº 1.378.714-SP, Rel. Min. Presidente, Plenário, julgado em sessão virtual encerrada em 10.6.2022, publicado no DJ em 27.6.2022)*

2.8. [...] É ausente a repercussão geral da pretensão de reconhecimento de afronta aos princípios da legalidade, do devido processo legal, da ampla defesa, do contraditório, dos limites da coisa julgada ou da prestação jurisdicional quando se tenha por pressuposto a análise de normas infraconstitucionais. Precedentes: ARE 748.371-RG, Rel. Min. Gilmar Mendes (Tema 660), DJe de 01/08/2013; ARE 989.223-AgR, Segunda Turma, Rel. Min. Teori Zavascki, DJe de 09/11/2016; ARE 1.161.942-AgR, Segunda Turma, Rel. Min. Cármen Lúcia, DJe de 11/03/2019; RE 1.253.041-AgR, Primeira Turma, Rel. Min. Roberto Barroso, DJe de 06/04/2020. [...] *(Agravo Regimental no Recurso Extraordinário com Agravo nº 1.353.164/SC, STF, Plenário, unânime, Rel. Min. Luiz Fux, julgado em sessão virtual de 3.2.2021 a 13.12.2021, publicado no DJ em 10.2.2022)*

2.8. [...] 3. Na esteira da pacífica jurisprudência desta Suprema Corte, contra decisão que, na origem, aplica precedente da repercussão geral, admissível apenas agravo interno, no âmbito do próprio Tribunal a quo. [...] *(Embargos de Declaração no Agravo Interno nº 1.294.303/PE, STF, 1ª Turma, unânime, Rela. Min. Rosa Weber, julgado em sessão virtual de 9.4.2021 a 16.4.2021, publicado no DJ em 26.4.2021)*

2.8. [...] O Supremo Tribunal Federal (STF), no julgamento do RE 966.177- RG-QO, entendeu que "*a suspensão de processamento prevista no § 5º do art. 1.035 do CPC não e consequência automática e necessária do reconhecimento da repercussão geral realizada com fulcro no caput do mesmo dispositivo, sendo da discricionariedade do relator do recurso extraordinário paradigma determina-la ou modulá-la*". [...] *(Agravo Regimental no Recurso Extraordinário nº 1.307.634/SP, STF, 1ª Turma, unânime, Rel. Min. Roberto Barroso, julgado em sessão virtual de 5.3.2021 a 12.3.2021, publicado no DJ em 18.3.2021)*

2.8. [...] O STF, no julgamento do ARE 748.371-RG/MT (Rel. Min. Gilmar Mendes, Tema 660), rejeitou a repercussão geral da violação ao direito adquirido, ao ato jurídico perfeito, à coisa julgada ou aos princípios da legalidade, do contraditório, da ampla defesa e do devido processo legal, quando se mostrar imprescindível o exame de normas de natureza infraconstitucional. [...] *(Agravo Regimental no Recurso Extraordinário com Agravo nº 1.254.947-SP, STF, 1ª Turma, unânime, Rel. Min. Alexandre de Moraes, julgado em sessão virtual de 13.3.2020 a 19.3.2020, publicado no DJ em 31.3.2020).*

2.8. [...] 1. A obrigação do recorrente em apresentar formal e motivadamente a preliminar de repercussão geral, que demonstre sob o ponto de vista econômico, político, social ou jurídico, a relevância da questão constitucional debatida que ultrapasse os interesses subjetivos da causa, conforme exigência constitucional e legal (art. 102, § 3º, da CF/88, c/c art. 1.035, § 2º, do CPC/2015), não se confunde com meras invocações desacompanhadas de sólidos fundamentos no sentido de que o tema controvertido é portador de ampla repercussão e de suma importância para o cenário econômico, político, social ou jurídico, ou que não interessa única e simplesmente às partes envolvidas na lide, muito menos ainda divagações de que a jurisprudência do Supremo Tribunal Federal é incontroversa no tocante à causa debatida, entre outras de igual patamar argumentativo. [...] *(Agravo Regimental no Recurso Extraordinário n. 1.002.073-SC, STF, 1ª Turma, unânime, Rel. Min. Alexandre de Moraes, julgado em 9.11.2018, publicado no DJ em 23.11.2018).*

2.8 [...] I – O Tribunal de origem é competente para a análise do cabimento de efeito suspensivo a recurso extraordinário sobrestado em razão de repercussão geral. II – Não há, em princípio, recurso cabível contra o indeferimento do efeito suspensivo pelo Tribunal de origem. As peculiaridades do caso concreto, entretanto, justificam que se abra a via extraordinária para tal análise, em razão do tempo decorrido desde a decisão do sobrestamento (mais de dois anos). [...] *(Agravo Regimental n. 7.866, STF, 2ª turma, unânime, Rel. Min. Ricardo Lewandowski, julgado em 22.2.2019 a 28.2.2019, publicado no DJ em 12.2.2019).*

2.8. [...] Incumbe, desse modo, a parte recorrente, quando intimada do acórdão recorrido em data posterior a publicação da Emenda Regimental nº 21/2007, a obrigação de proceder, em capítulo autônomo, à prévia demonstração, formal e fundamentada, no recurso extraordinário interposto, da repercussão geral das questões constitucionais discutidas, sob pena de incognoscibilidade do apelo extremo. [...] (*Agravo Regimental no RE com Agravo nº 964.295, STF, 2ª Turma, unânime, Rel. Min. Celso de Mello, julgado em 17.5.2016, publicado no DJ em 1º.6.2016*).

2.8. [...] O requisito constitucional da repercussão geral (CF, art. 102, § 3º, red. EC 45/2004), com a regulamentação da L. 11.418/06 e as normas regimentais necessárias à sua execução, aplica-se aos recursos extraordinários em geral, e, em consequência, às causas criminais. Os recursos ordinários criminais de um modo geral, e, em particular o recurso extraordinário criminal e o agravo de instrumento da decisão que obsta o seu processamento, possuem um regime jurídico dotado de certas peculiaridades – referentes a requisitos formais ligados a prazos, formas de intimação e outros – que, no entanto, não afetam substancialmente a disciplina constitucional reservada a todos os recursos extraordinários (CF, art. 102, III). A partir da EC 45, de 30 de dezembro de 2004 – que incluiu o § 3º no art. 102 da Constituição –, passou a integrar o núcleo comum da disciplina constitucional do recurso extraordinário a exigência da repercussão geral da questão constitucional. Não tem maior relevo a circunstância de a L. 11.418/06, que regulamentou esse dispositivo, ter alterado apenas texto do Código de Processo Civil, tendo em vista o caráter geral das normas nele inseridas. Cuida-se de situação substancialmente diversa entre a L. 11.418/06 e a L. 8.950/94 que, quando editada, estava em vigor norma anterior que cuidava dos recursos extraordinários em geral, qual seja a L. 8.038/90, donde não haver óbice, na espécie, à aplicação subsidiária ou por analogia do Código de Processo Civil. Nem há falar em uma imanente repercussão geral de todo recurso extraordinário em matéria criminal, porque em jogo, de regra, a liberdade de locomoção: o RE busca preservar a autoridade e a uniformidade da inteligência da Constituição, o que se reforça com a necessidade de repercussão geral das questões constitucionais nele versadas, assim entendidas aquelas que "*ultrapassem os interesses subjetivos da causa*" (C.Pr.Civil, art. 543-A, § 1º, incluído pela L. 11.418/06). Para obviar a ameaça ou lesão à liberdade de locomoção – por remotas que sejam –, há sempre a garantia constitucional do habeas corpus (CF, art. 5º, LXVIII). Recurso extraordinário: repercussão geral: juízo de admissibilidade: competência. Inclui-se no âmbito do juízo de admissibilidade – seja na origem, seja no Supremo Tribunal – verificar se o recorrente, em preliminar do recurso extraordinário, desenvolveu fundamentação especificamente voltada para a demonstração, no caso concreto, da existência de repercussão geral (C. Pr. Civil, art. 543-A, § 2º; RISTF, art. 327). Cuida-se de requisito formal, ônus do recorrente, que, se dele não se desincumbir, impede a análise da efetiva existência da repercussão geral, esta sim sujeita "*à apreciação exclusiva do Supremo Tribunal Federal*" (Art. 543-A, § 2º). Recurso extraordinário: exigência de demonstração, na petição do RE, da repercussão geral da questão constitucional: termo inicial. A determinação expressa de aplicação da L. 11.418/06 (art. 4º) aos recursos interpostos a partir do primeiro dia de sua vigência não significa a sua plena eficácia. Tanto que ficou a cargo do Supremo Tribunal Federal a tarefa de estabelecer, em seu Regimento Interno, as normas necessárias à execução da mesma Lei (art. 3º). As alterações regimentais, imprescindíveis à execução da L. 11.418/06, somente entraram em vigor no dia 3.5.07 – data da publicação da Emenda Regimental nº 21, de 30.4.2007. No artigo 327 do RISTF foi inserida norma específica tratando da necessidade da preliminar sobre a repercussão geral, ficando estabelecida a possibilidade de, no Supremo Tribunal, a Presidência ou o Relator sorteado negarem seguimento aos recursos que não apresentem aquela preliminar, que deve ser "*formal e fundamentada*". Assim sendo, a exigência da demonstração formal e fundamentada, no recurso extraordinário, da repercussão geral das questões constitucionais discutidas só incide quando a intimação do acórdão recorrido tenha ocorrido a partir de 3 de maio de 2007, data da publicação da Emenda Regimental nº 21, de 30 de abril de 2007 (*Questão de Ordem em Agravo de Instrumento nº 664.567-2-RS, Rel. Min. Sepúlveda Pertence, Plenário, sessão de 18.6.2007, publicado no* DJ *em 6.9.2007*).

2.9. Embargos de Divergência em Recurso Extraordinário: Segundo previsão expressa do Regimento Interno do STF, é possível a interposição de embargos de divergência nas seguintes hipóteses:

> Art. 330. Cabem embargos de divergência à decisão de Turma que, em recurso extraordinário ou em agravo de instrumento, divergir de julgado de outra Turma ou

do Plenário na interpretação do direito federal (Vide art. 105, III e *c* c/c art. 102, III, *a*, *b* e *c*, todos da CF/88).

Art. 331. A divergência será comprovada mediante certidão, cópia autenticada ou pela citação do repositório de jurisprudência, oficial ou credenciado, inclusive em mídia eletrônica, em que tiver sido publicada a decisão divergente, ou ainda pela reprodução de julgado disponível na internet, com indicação da respectiva fonte, mencionando, em qualquer caso, as circunstâncias que identifiquem ou assemelhem os casos confrontados. (Redação dada pela Emenda Regimental n. 26, de 22 de outubro de 2008)

Parágrafo único. (Revogado pela Emenda Regimental n. 26, de 22 de outubro de 2008)

Art. 332. Não cabem embargos, se a jurisprudência do Plenário ou de ambas as Turmas estiver firmada no sentido da decisão embargada, salvo o disposto no art. 103.

Art. 334. Os embargos de divergência e os embargos infringentes serão opostos no prazo de quinze dias, perante a Secretaria, e juntos aos autos, independentemente de despacho.

Art. 336. Na sessão de julgamento, aplicar-se-ão, supletivamente, as normas do processo originário, observado o disposto no art. 146.

Parágrafo único. Recebidos os embargos de divergência, o Plenário julgará a matéria restante, salvo nos casos do art. 313, I (neste caso, a competência atual *é* do STJ, art. 105, II, *c*, da CF/88) e II, quando determinará a subida do recurso principal.

Assim, ocorrendo divergência de entendimentos no âmbito do Supremo Tribunal Federal (entre as Turmas ou entre elas e o Plenário), desde que a matéria seja julgada em sede de recurso extraordinário ou agravo (não em *habeas corpus*), podem-se utilizar os embargos de divergência para que seja unificado o entendimento do Tribunal. Importante observar que não são admitidos embargos de divergência *contra* acórdão do Plenário, que já é o competente para a apreciação dos embargos (art. 6º, IV, RISTF). Observação derradeira: sob pena de indeferimento do processamento dos embargos, a parte recorrente deve demonstrar, de maneira bastante objetiva, mediante uma análise comparativa (analítica) entre o acórdão paradigma e a decisão atacada, a existência do suposto dissídio.

Jurisprudência

2.9. [...] A jurisprudência do Supremo Tribunal Federal (STF) é pacífica no sentido da inadequação dos embargos de divergência quando invocados acórdãos paradigmas que não tenham sido proferidos em recurso extraordinário, agravo de instrumento ou agravo em recurso extraordinário, nos termos do art. 330 do RI/STF. Precedentes: ARE 1.396.013-AgR-Segundo-EDV, Rel. Min. Dias Toffoli; ARE 1.339.137-AgR-ED-EDv, Relª. Minª. Cármen Lúcia; RE 752.075-AgR-segundo- ED-EDv-AgR, Relª. Minª. Rosa Weber. [...] *(Agravo Regimental em Embargos de Divergência em Segundo Agravo Regimental em Recurso Extraordinário com Agravo nº 1.236.270, STF, Plenário, Rel. Min. Roberto Barroso, sessão virtual de 21.4.2023 a 2.5.2023, publicado no DJ em 11.5.2023)*

2.9. [...] A parte embargante, sob pena de *recusa liminar de processamento dos embargos de divergência* – ou de não conhecimento destes, *quando já admitidos* – deve demonstrar, *de maneira objetiva*, mediante análise comparativa entre o acórdão paradigma e a decisão embargada, a existência do alegado dissídio jurisprudencial, impondo-se-lhe reproduzir, *na petição recursal*, para efeito de caracterização do conflito interpretativo, os trechos *que configurariam* a divergência indicada, mencionando, *ainda*, as circunstâncias *que identificariam* ou *que tornariam assemelhados* os casos em confronto. [...] O Supremo Tribunal Federal, sob a égide da Carta Política de 1969 (art. 119, § 3º, "c"), dispunha *de competência normativa primária* para, em sede meramente regimental, formular normas de direito processual concernentes ao processo e ao julgamento dos feitos de sua competência originária ou recursal. Com a superveniência da Constituição de 1988, operou-se a recepção de tais preceitos regimentais, que passaram *a ostentar força* e *eficácia de norma legal* (RTJ 147/1010 – RTJ 151/278), revestindo-se, *por isso mesmo*, de plena legitimidade constitucional a exigência *de pertinente confronto analítico* entre os acórdãos postos em cotejo (RISTF, art. 331). *(Agravo Regimental nos Embargos de Divergência nos Embargos de Declaração no Agravo Regimental no Recurso Extraordinário com Agravo n. 1.185.361-SP, STF, Plenário, unânime, Rel. Min. Celso de Mello, julgado em Sessão Virtual de 1.11.2019 a 8.11.2019, publicado no* DJ *em 28.11.2019).*

2.9. [...] O art. 332 do RISTF dispõe serem incabíveis os embargos divergentes se a jurisprudência do Plenário ou de ambas as turmas estiver firmada no sentido da decisão embargada. No caso de que se trata, a jurisprudência desta Corte está em harmonia com o acórdão ora embargado. Nessa linha, vejam-se o AI 709.060 – AgR, 1ª Turma, rel. Min. Ayres Britto; e o ARE 913.068 – AgR, 2ª Turma, rel. Min. Celso de Mello. [...] *(Agravo Regimental nos Embargos de Divergência no Agravo Regimental no Recurso Extraordinário com Agravo n. 946.614-RJ, STF, Plenário, unânime, Rel. Min. Roberto Barroso, julgado em 4.4.2018, publicado no* DJ *em 16.4.2018).*

2.9. [...] A parte embargante, sob pena de recusa liminar de processamento dos embargos de divergência – ou de não conhecimento destes, quando já admitidos – deve demonstrar, de maneira objetiva, mediante análise comparativa entre o acórdão paradigma e a decisão embargada, a existência do alegado dissídio jurisprudencial, impondo-se-lhe reproduzir, na petição recursal, para efeito de caracterização do conflito interpretativo, os trechos que configurariam a divergência indicada, mencionando, ainda, as circunstâncias que identificariam ou que tornariam assemelhados os casos em confronto. [...] (*Agravo Regimental nos Embargos de Divergência no Agravo Regimental no Recurso Extraordinário com Agravo nº 1.085.289/RJ, STF, Plenário, unânime, Rel. Min. Celso de Mello, julgado em 29.11.2018, publicado no* DJ *em 14.12.2018*).

2.9. [...] A parte embargante, sob pena *de recusa liminar de processamento dos embargos de divergência* – ou *de não conhecimento* destes, *quando já admitidos* – deve demonstrar, *de maneira objetiva*, mediante análise comparativa entre o acórdão paradigma e a decisão embargada, a existência do alegado dissídio jurisprudencial, impondo-se lhe reproduzir, *na petição recursal*, para efeito de caracterização do conflito interpretativo, os trechos *que configurariam* a divergência indicada, mencionando, *ainda*, as circunstâncias *que identificariam* ou *que tornariam assemelhados* os casos em confronto. Precedentes.

– Para efeito de interposição de embargos de divergência, somente os acórdãos proferidos em sede *de recurso extraordinário* ou *de agravo de instrumento* ou *de agravo em recurso extraordinário* (Lei nº 12.322/2010) poderão revestir-se de caráter paradigmático, viabilizando-se, processualmente, como padrões de confronto, aptos a demonstrar a existência de dissídio jurisprudencial no âmbito do Supremo Tribunal Federal. Precedentes.

– O Supremo Tribunal Federal, *sob a égide* da Carta Política de 1969 (art. 119, § 3º, "c"), dispunha *de competência normativa primária* para, em sede meramente regimental, formular normas de direito processual concernentes ao processo e ao julgamento dos feitos de sua competência originária ou recursal. Com a superveniência da Constituição de 1988, operou-se a recepção de tais preceitos regimentais, que passaram a ostentar *força* e *eficácia* de norma legal (*RTJ* 147/1010 – *RTJ* 151/278), revestindo-se, *por isso mesmo*, de plena legitimidade constitucional a exigência *de pertinente confronto analítico* entre os acórdãos postos em cotejo (RISTF, art. 331).

– A inadmissibilidade dos embargos de divergência evidencia-se quando o acórdão impugnado sequer aprecia o mérito da questão suscitada no recurso extraordinário (*Emb. Decl no Ag. Reg. nos Emb. Div. nos Emb. Decl. no Ag. Reg. no Recurso Extraordinário com Agravo nº 874.448-CE, STF, Plenário, unânime, Rel. Min. Celso de Mello, julgado em 25.11.2015, publicado no* DJ *em 14.12.2015*).

2.9. [...] Não são admissíveis embargos de divergência quando apontada decisão paradigma fruto de outras espécies recursais ou ação de natureza diversa do acórdão impugnado. [...] (*Ag. Reg. nos Emb. Divergência no Ag. Reg. no Recurso Extraordinário nº 834.036-SP, STF, Plenário, maioria, Rel. Min. Gilmar Mendes, julgado em 24.9.2015, publicado no* DJ *em 23.10.2015*).

2.9. [...] Embargos de divergência. Inadmissibilidade. Impugnação a acórdão do Plenário. Precedentes. Recurso não conhecido. Cabem embargos de divergência contra acórdão de Turma que divirja de julgado da outra Turma ou do Pleno, não, porém, *contra* acórdão do Plenário (*Embargos Divergentes no Agravo Regimental no Agravo de Instrumento nº 722.219-8/RJ, Rel. Min. Cezar Peluso, Plenário, unânime, julgado em 15.4.2009, publicado no DJ em 7.8.2009*).

2.10. Recurso adesivo: (im)possibilidade em recurso extraordinário de natureza penal: A propósito do tema, remetemos às considerações objeto do item 593.7, em que defendemos *não ser* cabível o adesivo *também* ao recurso extraordinário em matéria processual penal.

2.11. Súmulas do Supremo Tribunal Federal a respeito do recurso extraordinário em matéria penal e processual penal.

> Súmula 208: O assistente do Ministério Público não pode recorrer, extraordinariamente, de decisão concessiva de "*habeas corpus*". (*Observação para a necessária compatibilização com a Súmula 714 do STF*)
>
> Súmula 210: O assistente do Ministério Público pode recorrer, inclusive extraordinariamente, na Ação Penal, nos casos dos arts. 584, § 1º, e 598 do Código de Processo Penal.
>
> Súmula 279: Para simples reexame de provas não cabe recurso extraordinário.
>
> Súmula 281: É inadmissível o recurso extraordinário, quando couber na justiça de origem, recurso ordinário da decisão impugnada.
>
> Súmula 282: É inadmissível o recurso extraordinário, quando não ventilada, na decisão recorrida, a questão federal suscitada.
>
> Súmula 283: É inadmissível o recurso extraordinário, quando a decisão recorrida assenta em mais de um fundamento suficiente e o recurso não abrange todos eles.
>
> Súmula 284: É inadmissível o recurso extraordinário, quando a deficiência na sua fundamentação não permitir a exata compreensão da controvérsia.
>
> Súmula 635: Cabe ao Presidente do Tribunal de origem decidir o pedido de medida cautelar em recurso extraordinário ainda pendente do seu juízo de admissibilidade.
>
> Súmula 735: Não cabe recurso extraordinário contra acórdão que defere medida liminar.

2.11.1. Uma especificidade relevante da Súmula 283, STF: Consoante disciplinado no verbete (utilizado também em sede de recursos especiais), não pode ser admitido o recurso extraordinário quando a decisão atacada se assenta em mais de um fundamento e o recurso não abrange todos eles. É dizer: fundamental o ataque a todos os fundamentos do julgado para permitir a irresignação extraordinária.

Jurisprudência

2.11. [...] Extraordinário. Acórdão com dupla fundamentação suficiente. Impugnação de um só dos fundamentos. Subsistência do fundamento infraconstitucional. Preclusão consumada. Não conhecimento. Aplicação da súmula 283. É inadmissível o recurso extraordinário, quando a decisão recorrida assenta em mais de um fundamento suficiente e o recurso não abrange todos eles. [...]. Decisão mantida. Agravo regimental improvido. Nega-se provimento a agravo regimental tendente a impugnar, sem razões consistentes, decisão fundada em jurisprudência assente na Corte (*Agravo Regimental no Agravo de Instrumento nº 397.337-RS, STF, 2ª Turma, Rel. Min. Cezar Peluso, publicado no* DJ *em 13.9.2007*).

2.11 [...] Não se conhece do recurso especial quando o v. acórdão recorrido apresenta fundamento suficiente não impugnado (Súmula 283 – STF) (Precedentes). *In casu*, da leitura das razões do apelo nobre, constata-se que o recorrente não impugnou um dos fundamentos do v. acórdão objurgado, que reconhecia, na espécie, a ocorrência da prescrição pela pena em perspectiva. Recurso especial não conhecido (*Recurso Especial nº 996.907/PR, Rel. Min. Felix Fischer, STJ, 5ª Turma, unânime, publicado no* DJ *em 16.3.2009*).

....

3. Recurso especial.

3.1. Contrariedade à disposição de tratado ou Lei federal, ou negativa de vigência (art. 105, III, *a*): As situações albergadas pelo dispositivo em foco são dúplices. Prevê-se inicialmente a possibilidade do recurso especial em face de decisão que contraria Lei federal. Significa que o aresto impugnado contém decisão cuja interpretação do direito aplicável ao caso não tenha levado em consideração norma expressa sobre a matéria. Já a segunda hipótese prevê o cabimento da irresignação se a tese inserta no recurso defender que a decisão atacada deixou de aplicar texto legal vigente. É dizer, a decisão atacada sustenta explicitamente a não aplicabilidade ou mesmo a revogação do texto legal.

Segundo reconhecido pela jurisprudência, para fins de cabimento do recurso especial, o conceito de Lei federal abrange atos normativos (gerais e abstratos), produzidos por órgão da União com base em competência derivada da própria Constituição Federal, como são as hipóteses de leis complementares, ordinárias ou delegadas, medidas provisórias e decretos autônomos e regulamentares expedidos pelo Presidente da República.

Importante acentuar que, nos termos da Súmula 518 do STJ, não é cabível recurso especial fundado na alínea "a" do inciso III do art. 105 da CF fundado em alegada violação de enunciado de súmula.

Jurisprudência

3.1. [...] A análise do tema trazido no recurso especial, em que se discute a possibilidade de aplicação retroativa dos preceitos da Circular Bacen nº 3.278/2005, para fins de configuração do crime do art. 22 da Lei nº 7.492/1986, passa, necessariamente, pela interpretação dos dispositivos da referida Circular, o que é descabido em recurso especial, tendo em vista que tal ato normativo não se insere no conceito de lei federal previsto no art. 105, III, da Constituição da República. [...] (*Ag. Reg. no Recurso Especial nº 1.320.520-MG, STJ, 6ª Turma, unânime, Rel. Min. Sebastião Reis Júnior, julgado em 22.9.2015, publicado no* DJ *em 15.10.2015*).

3.1. [...] O artigo 105, III, *a*, da Constituição Federal de 1988, prescreve que compete ao Superior Tribunal de Justiça julgar, em recurso especial, as causas decididas, em única ou última instância, pelos Tribunais Regionais Federais ou pelos Tribunais dos Estados, do Distrito Federal e Territórios, quando a decisão recorrida contrariar tratado ou Lei federal, ou negar-lhes vigência. O conceito de Lei federal, para fins de cabimento do recurso especial, abrange "os atos normativos (de caráter geral e abstrato), produzidos por órgão da União com base em competência derivada da própria Constituição, como são as leis (complementares, ordinárias, delegadas) e as medidas provisórias, bem assim os decretos autônomos e regulamentares expedidos pelo Presidente da República" (Precedente da Corte Especial: EREsp 663.562/RJ, Rel. Ministro Ari Pargendler, Corte Especial, julgado em 5.12.2007, *DJ* 18.2.2008); (Precedentes das Turmas de Direito Público: REsp 954.067/RJ, Rel. Ministro José Delgado, Primeira Turma, julgado em 27.5.2008, *DJe* 23.6.2008; REsp 853.627/PR, Rel. Ministro Luiz Fux, Primeira Turma, julgado em 6.3.2008, *DJe*

7.4.2008; REsp 965.246/PE, Rel. Ministro Castro Meira, Segunda Turma, julgado em 18.10.2007, *DJ* 5.11.2007; e REsp 879.221/RS, Rel. Ministro Teori Albino Zavascki, Primeira Turma, julgado em 18.9.2007, *DJ* 11.10.2007) [...] (*Recurso Especial nº 953.519-SP, Rel. Min. Luiz Fux, STJ, publicado no* DJ *em 17.12.2008*).

....

3.2. Quando a decisão julgar válido ato de governo local contestado em face de Lei federal: Referido dispositivo teve sua redação modificada pela EC nº 45/04, que retirou a palavra "lei" do texto originário, cuja competência passou a ser do Supremo Tribunal Federal (art. 102, III, *d*, CF). Antes, portanto, dispunha que a competência do STJ era para *julgar válida Lei ou ato de governo local contestado em face de Lei federal.*

O motivo do *deslocamento* de competência para o Supremo Tribunal Federal para o julgamento de recurso em que se conteste dispositivo de Lei estadual frente à Lei federal é bastante claro. Se o confronto entre a validade de Lei local em face de Lei federal implicar a afirmação de validade da Lei federal, é possível ver aí o reconhecimento, também (mas não necessariamente, diga-se), da constitucionalidade da aludida Lei federal. Assim, como a competência para o exame de constitucionalidade de leis é do Supremo Tribunal Federal, estipulou-se ser dele, desde já, o controle de validade inclusive das leis locais.

A limitação do cabimento do recurso especial é maior ainda: somente se poderá cogitar de sua incidência pela alínea *b* do inciso III do art. 105 quando se defender e demonstrar explicitamente que a decisão recorrida estiver reconhecendo como válido ato de governo local confrontado com disposição expressa de Lei infraconstitucional federal. O fundamento basilar da previsão em voga é bastante claro: a garantia da autoridade da legislação federal infraconstitucional diante de atos porventura expedidos pelos governos integrantes das unidades da federação.

3.3. Quando a decisão der a Lei federal interpretação divergente da que lhe haja atribuído outro tribunal: Tem-se aqui a hipótese de recurso especial embasado no denominado *dissídio jurisprudencial.*

É fundamental observar e destacar que, conforme texto expresso da norma constitucional, não se pode cogitar do recurso especial com base em dissonância de entendimento do *mesmo* tribunal. Se o dissídio é no âmbito do mesmo tribunal inferior, inviável a irresignação ao Superior Tribunal de Justiça. A jurisdição do Superior Tribunal de Justiça mediante o recurso especial com base no fundamento em tela somente se justifica se a divergência se der na interpretação entre tribunais diversos, considerado aí o entendimento do próprio STJ. O motivo é bastante claro: à Corte compete dar o entendimento uniforme sobre a aplicação das leis infraconstitucionais federais em todo território nacional.

Quando se ingressa com recurso especial com fundamento na letra *c* do inciso III do art. 105 da Constituição Federal, não basta sustentar que a decisão recorrida diverge de outra proferida por Tribunal diverso. Há necessidade, também, de que a parte alegue e demonstre de *forma analítica* que a interpretação acertada da Lei federal em questão é aquela constante da decisão-paradigma, e não a contida da decisão recorrida, razão pela qual se pede a reforma do acórdão, para que prevaleça a tese contrária. Os casos apresentados em confronto até podem não ser idênticos, inclusive em suas conclusões. O fundamental é que *a interpretação* que foi dada a *dispositivos* legais tenha sido diversa em sua essência, embora os dispositivos dos julgados possam não apresentar coincidência.

Esse confronto analítico é que precisa ser demonstrado para que a Corte Superior uniformize o entendimento a ser adotado sobre o dispositivo infraconstitucional adotado.

Jurisprudência

3.3. [...] Acórdãos proferidos em sede de habeas corpus, mandado de segurança, recurso ordinário, conflito de competência ou ação rescisória não podem ser apontados como paradigmas para comprovar a divergência jurisprudencial, por não apresentarem o mesmo grau de cognição do recurso especial. 2. Agravo regimental desprovido.*(Agravo Regimental no Agravo em Recurso Especial nº 2.379.911-SP, STJ, 5ª Turma, Rel. Min. Joel Ilan Paciornik, julgado em 5.10.2023, publicado no DJ em 12.12.2023)*

3.3. [...] Para comprovação do dissídio jurisprudencial não basta a mera transcrição de trechos das ementas e dos votos dos julgados confrontados, porquanto incumbe à parte demonstrar as circunstâncias identificadoras da divergência, notadamente a existência de similitude fática e identidade jurídica entre as decisões prolatadas pelo TJSP e pelo STJ. [...] *(Agravo Regimental no Agravo em Recurso Especial nº 2.184.686–SP, STJ, 5ª Turma, Rel. Min. Joel Ilan Paciornik, julgado em 7.3.2023, publicado no DJ em 10.3.2023)*

3.3. [...] Não se conhece de recurso especial fundado na alínea "c" do permissivo constitucional quando a parte recorrente não realiza o necessário cotejo analítico entre os acórdãos confrontados, a fim de evidenciar a similitude fática e a adoção de teses divergentes, sendo insuficiente a mera transcrição de ementas. Requisitos previstos no art. 255, § 1º, do Regimento Interno do Superior Tribunal de Justiça e no art. 1.029, § 1º, do CPC. Divergência jurisprudencial não demonstrada. [...] *(Agravo Regimental no Agravo em Recurso Especial nº 1.769.875/RS, STJ, 5ª Turma, unânime, Rel. Min. Reynaldo Soares da Fonseca, julgado em 9.2.2021, publicado no DJ em 11.2.2021)*

3.3. [...] É de rigor a exigência do cotejo analítico entre o acórdão recorrido e o aresto tido por paradigma para o fim de conhecimento do recurso especial pelo norte da alínea "c" do permissivo constitucional, de modo a identificar a semelhança dos fatos julgados. No caso, o Recorrente não se prestou a realizar o dito confronto entre os arestos, além do que se utilizou de precedente do mesmo Tribunal prolator do acórdão recorrido para o fim de firmar a dita divergência, o que não é admitido pela Súmula 13 desta Corte [...] (*Recurso Especial nº 751.215-RJ, STJ, Rel. Min. Maria Thereza de Assis Moura, 6ª Turma, unânime, publicado no* DJ *em 18.12.2009*).

3.4. A questão da vedação do reexame de provas no recurso especial e a particularidade da possibilidade de revaloração jurídica da prova: O Superior Tribunal de Justiça editou há bastante tempo a Súmula 7, que dispõe que a "*pretensão de simples reexame de prova não enseja recurso especial*".

De fato, o recurso especial (na mesma linha do recurso extraordinário, embora com fundamentos diversos – *vide Súmula 279, STF*) não se apresenta como irresignação similar à apelação onde possam ser discutidos todos os temas do processo. O espectro é bastante limitado às expressas disposições constitucionais elencadas. Em síntese apertada, à Corte de Justiça Superior compete a análise de questões eminentemente *jurídicas* relacionadas à aplicabilidade das leis federais ou atos dos Poderes Executivos estaduais quando em confronto com as leis federais.

Embora no recurso especial *não seja* permitido o *reexame das provas* que ensejaram a decisão atacada (como tipicamente exercido na apelação), é preciso distinguir a hipótese do que hoje denominado de *revaloração probatória ou revaloração jurídica da prova*, que se revela plenamente admissível. Pode parecer tênue a diferenciação (quiçá até semântica), mas não é, ao menos em nossa compreensão. Idêntico raciocínio, aliás, deve ser tomado na apreciação do *habeas corpus* pelo tribunal.

No reexame probatório, o que se realiza é um novo confronto entre as provas existentes nos autos para, somente se vencido esse obstáculo, se chegar à conclusão de se a decisão objurgada está correta ou não.

Já na revaloração jurídica da prova delineada nos autos, não há dúvidas quaisquer sobre o que provado, pelo menos sobre o que se debruçou a conclusão do julgado. Os fatos são certos. O que se discute é se o tribunal inferior procedeu corretamente ou não na aplicação da Lei ao caso concreto frente àquelas provas e só a elas (que não geram dúvidas quaisquer sobre sua essência).

A situação é eminentemente jurídica, daí a possibilidade que não esbarra no óbice contido na Súmula 7, STJ.

Exemplificando, para uma compreensão talvez mais tranquila do que afirmado (sem adentrar no mérito dos exemplos).

Numa primeira situação, tem-se que tribunal inferior reconheceu que inúmeras ações penais em andamento e inquéritos penais instaurados poderiam ser utilizadas como circunstância judicial atinente aos *antecedentes* na primeira fase da aplicação da pena (art. 59 do CP). Recurso especial que pugnar eventualmente a exclusão dessa circunstância judicial como *negativa* não demandará reexame de provas, mas mera revaloração do conjunto probatório na medida em que se pretenderá saber se aquilo que existe nos autos de modo incontroverso (certidões de ações penais e inquéritos em andamento) se apresenta em conformidade ou não com a legislação ou interpretação dada à legislação pelo Superior Tribunal de Justiça (vide Súmula 444, STJ).

Numa outra situação, imagine-se que determinado fato foi tipificado na previsão abstrata do art. "x" do Código Penal. O recurso especial defende que o fato, em verdade, se amoldaria ao tipo penal previsto em abstrato no art. "y" do Código Penal. Por evidente, saber se está correto ou não o enquadramento realizado na instância inferior demandará indubitavelmente a verificação de qual fato ocorreu e como ocorreu. Se não houver dúvidas acerca dessas premissas, a discussão acerca do enquadramento legal demanda unicamente revaloração de provas (questões jurídicas), e não reexame do conjunto probatório.

Jurisprudência

3.4. [...] A apresentação do recurso especial de forma incompleta, somente com a petição de interposição, desacompanhada das respectivas razões recursais, constitui vício insanável, em razão da preclusão, impossibilitando a exata compreensão da controvérsia. [...] *(Agravo Regimental no Agravo em Recurso Especial nº 2.125.238-SP, STJ, 6ª Turma, Rel. Min. Antonio Saldanha Palheiro, julgado em 23.5.2023, publicado no DJ em 26.5.2023)*

3.4. [...] A revaloração da prova ou de dados explicitamente admitidos e delineados no decisório recorrido, quando suficientes para a solução da quaestio, não implica o vedado reexame do material de conhecimento. Os elementos probatórios delineados no v. acórdão increpado são suficientes à análise do pedido, exigindo, tão somente, a revaloração da situação descrita, o que, ao contrário, admite-se na via extraordinária. [...] *(Agravo Regimental no Recurso Especial nº 1.995.795-SC, STJ, 5ª Turma, Rel. Min. Jesuíno Rissato, julgado em 23.8.2022, publicado no DJ em 26.8.2022)*

3.4. [...] Admite-se, em recurso especial, a desclassificação do delito quando para tanto bastar a revaloração dos fatos e provas delineados no acórdão, como no caso em exame. [...] *(Agravo Interno no Agravo em Recurso Especial nº 741.686/RO, STJ, 6ª Turma, unânime, Rel. Min. Antonio Saldanha Palheiro, julgado em 3.8.2021, publicado no DJ em 12.8.2021)*

3.4. [...] É possível, na via do recurso especial, atribuir adequada qualificação jurídica aos fatos reconhecidos como incontroversos pelas instâncias ordinárias, sem que isso configure reexame de provas. [...] *(Recurso Especial nº 1.845.496/SP, STJ, 6ª Turma, unânime, Rel. Min. Laurita Vaz, julgado em 3.11.2020, publicado no DJ em 20.11.2020).*

3.5. Outras limitações: esgotamento do tema nas instâncias ordinárias e necessidade de que a matéria *não* tenha sido objeto de pacificação no âmbito dos tribunais superiores: Dentro ainda das mesmas premissas de que a via de cognição e as hipóteses de admissão são muito limitadas, por interpretação jurisprudencial, dois óbices necessitam também ser vencidos como forma de admissibilidade do recurso especial.

O primeiro, mais abrangente, encontra-se no comando da Súmula 207, STJ, que dispõe ser inadmissível o recurso especial quando cabíveis embargos infringentes contra o acórdão proferido no tribunal de origem. A súmula revela que para se cogitar do recurso especial é fundamental que a discussão apresentada tenha sido objeto de discussão e esgotamento em todas as instâncias inferiores. A questão traduz exigência similar àquela objeto da Súmula nº 281, STF: "*É inadmissível o recurso extraordinário quando couber, na justiça de origem, recurso ordinário da decisão impugnada.*"

Restrito às hipóteses em que o recurso for interposto com fundamento na alínea *c* do inciso III do art. 105 da CF, o segundo empeço está na Súmula nº 83, STJ, que assenta não ser possível o conhecimento do recurso especial fundamentado em divergência jurisprudencial quando a decisão recorrida estiver em consonância com o que já pacificado no âmbito do Superior Tribunal de Justiça.

Jurisprudência

3.5. *[...] Consoante dispõe o verbete n. 207 da Súmula desta Corte Superior, "é inadmissível recurso especial quando cabíveis embargos infringentes contra o acórdão proferido no tribunal de origem". [...] (Agravo Regimental no Agravo em Recurso Especial nº 2.292.864-SC, STJ, 6ª Turma, Rel. Min. Antônio Saldanha Palheiro, julgado em 21.11.2023, publicado no DJ em 24.11.2023)*

3.5. [...] Embora o agravante tenha oposto embargos infringentes, antes que estes fossem julgados, houve a interposição de recurso especial contra o mesmo decisum. Portanto, não ocorrido o exaurimento da instância, incide, na espécie, a Súmula n. 207/STJ, segundo a qual "é inadmissível recurso especial quando cabíveis embargos infringentes contra o acórdão proferido no Tribunal de origem".[...] *(Agravo Regimental no Agravo em Recurso Especial nº 1.770.452-SP, STJ, 6ª Turma, Rel. Min. Antônio Saldanha Palheiro, julgado em 28.9.2021, publicado no DJ em 7.10.2021)*

3.5. [...] A teor do que prescreve a Súmula 207 desta Corte: "É inadmissível recurso especial quando cabíveis embargos infringentes contra o acórdão proferido no Tribunal de origem." Recursos especiais não conhecidos (*Recurso Especial nº 1.049.684/RS, Rel. Min. Felix Fischer, 5ª Turma, publicado no DJ em 3.11.2009*).

3.5. [...] Consoante a jurisprudência sumulada do Supremo Tribunal Federal, "é inadmissível o recurso extraordinário, quando couber na justiça de origem, recurso ordinário da decisão impugnada" (Súmula 281 do STF). Admitido Incidente de Uniformização em face de acórdão de Turma Recursal dos Juizados Especiais Federais, resta demonstrada a ausência de decisão de única ou última instância. Pelo que incabível, concomitantemente, a interposição do apelo extremo. Agravo Regimental desprovido (*Agravo Regimental no Recurso Extraordinário nº 468.365-AM, STF, 1ª Turma, Rel. Min. Ayres Britto, publicado no DJ em 20.4.2007*).

3.6. Recurso adesivo: (im)possibilidade em recurso especial de natureza penal: A propósito do tema, remetemos às considerações objeto do item 593.7, em que defendemos *não ser* cabível o adesivo *também* ao recurso especial em matéria processual penal.

Jurisprudência

3.6. [...] Penal e processo penal. Recurso especial. [...] Recurso especial adesivo. [...] Recurso Especial do Ministério Público não conhecido, dando-se provimento ao *Apelo adesivo* de [...], para determinar ao Juízo da Vara das Execuções a substituição da pena privativa de liberdade por restritiva de direitos, concedendo-se, de ofício, o regime aberto para cumprimento da pena (*Recurso Especial nº 915.442-SC, STJ, 6ª Turma, Rel. Min. Maria Thereza de Assis Moura, unânime, julgado em 14.12.2010, publicado no* DJ *em 1º.2.2011*).

3.7. Súmulas do Superior Tribunal de Justiça a respeito do recurso especial em matéria penal e processual penal.

Súmula 7: A pretensão de simples reexame de prova não enseja recurso especial.

Súmula 83: Não se conhece do recurso especial pela divergência, quando a orientação do tribunal se firmou no mesmo sentido da decisão recorrida.

Súmula 115: Na instância especial é inexistente recurso interposto por advogado sem procuração nos autos.

Súmula 126: É inadmissível recurso especial, quando o acórdão recorrido assenta em fundamentos constitucional e infraconstitucional, qualquer deles suficiente, por si só, para mantê-lo, e a parte vencida não manifesta recurso extraordinário.

Súmula 203: Não cabe recurso especial contra decisão proferida, nos limites de sua competência, por órgão de segundo grau nos juizados especiais.

Súmula 207: É inadmissível recurso especial quando cabíveis embargos infringentes contra o acórdão proferido no tribunal de origem.

Súmula 211: Inadmissível recurso especial quanto à questão que, a despeito da oposição de embargos declaratórios, não foi apreciada pelo tribunal "*a quo*".

Súmula 216: A tempestividade de recurso interposto no Superior Tribunal de Justiça é aferida pelo registro no protocolo da secretaria e não pela data da entrega na agência do correio.

Súmula 256: O sistema de "protocolo integrado" não se aplica aos recursos dirigidos ao Superior Tribunal de Justiça.

Súmula 518. Para fins do art. 105, III, a, da Constituição Federal, não é cabível recurso especial fundado em alegada violação de enunciado de súmula.

Súmula 568: O relator, monocraticamente e no Superior Tribunal de Justiça, poderá dar ou negar provimento ao recurso quando houver entendimento dominante acerca do tema.

Súmula 579: Não é necessário ratificar o recurso especial interposto na pendência do julgamento dos embargos de declaração, quando inalterado o resultado anterior.

3.8. Recursos manifestamente descabidos ou procrastinatórios: possibilidade de aplicação de multa por violação da boa-fé objetiva?

O presente tema bastante polêmico, e deriva de ponderações com identificação de alguns fundamentos publicadas na obra "Os 35 anos do Superior Tribunal de Justiça (volume III, Direito Penal, Troth Editora, 2024). Ser feita uma análise dos princípios constitucionais e dos entendimentos da Corte Interamericana de Direitos Humanos (Corte IDH). E haver um corte bem claro na discussão: estamos tratando da interposição de recursos, *sem sombra de dúvidas, manifestamente incabíveis e/ou procrastinatórios, notadamente em sede extraordinária (dizer: não estamos aqui tratando hipóteses de recursos interpostos em instâncias ordinárias e/ou competência originária, salvo situações de fato teratológicas).*

Mesmo diante das características e dos limites da presente obra, temos que enfrentar o que seria um "justo processo luz de todos os direitos fundamentais e convencionais, bem assim relacionado às chamadas obrigações processuais penais positivas.

Deve-se atentar sempre para que sejam protegidos todos os direitos fundamentais, pelo prisma do *garantismo negativo* (abstenções do Estado em face notadamente de garantias de primeira geração), bem assim também do *garantismo positivo* (que nada mais é do que a imposição do dever de ação do Estado para a proteção de todos os direitos fundamentais).

O justo e devido processo penal está ancorado não apenas em previsões constitucionais, mas também decorre das normativas internacionais (com ênfase na Convenção Americana sobre Direitos Humanos) e as interpretações conferidas pela Corte IDH. Esses aportes geram obrigações especialmente aos juízes domésticos de aplicar o ordenamento jurídico interno de maneira conforme *também* o direito supranacional, valorizando a exegese normativa que preserve o Estado dos riscos de uma responsabilização internacional por descumprimento de obrigações daí decorrentes.

São inúmeros os precedentes das cortes supranacionais afirmando existir uma obrigação de as autoridades públicas responsáveis pela investigação e/ou persecução penal conduzirem procedimentos *adequados, completos e eficazes,* na tentativa de responsabilização dos autores dos delitos (*obrigação "de meio"*).

Douglas Fischer e Frederico Valdez Pereira sustentam que *"partindo da noção dos direitos fundamentais como objeto indispensável de proteção criminal (pela perspectiva integral dos direitos fundamentais), tais obrigações processuais são extraídas não apenas de disposições específicas, relativas à proteção dos direitos à vida, integridade física e psíquica, liberdade individual, vida privada e familiar, mas também de cláusula genérica que exige dos países o respeito dos direitos de todos aqueles que estejam sob a jurisdição do Estado. São reconhecidas, assim, obrigações reais e positivas dos Estados membros, que consistem no dever de seus órgãos internos assegurar a salvaguarda desses direitos, prevenindo a violação e esclarecendo judicialmente o cometimento de fatos ilícitos, como forma de efetuar sua repressão, não apenas formal e simbólica, mas adequada e concreta" (As Obrigações Processuais Penais Positivas – Segundo as Cortes Europeia e Interamericana de Direitos Humanos.* 4 ed. Porto Alegre: Livraria do Advogado, 2024, p. 97).

É igualmente essencial realçar ainda que ambas as Convenções (Americana e Europeia de Direitos Humanos) possuem regras que impõem aos Estados signatários obrigações de respeitar e fazer valer os direitos e liberdades. São obrigações de dupla vinculação: negativas, vedando aos Estados a violação de Direitos Humanos; positivas, pois exigem dos estados-partes a adoção de medidas necessárias para tutelar esses direitos, impedindo a violação deles por terceiros e reprimindo eficazmente eventuais lesões a esses valores fundamentais da vida em sociedade.

O reconhecimento das obrigações processuais penais positivas relacionadas é cada vez mais frequente nas sentenças da Corte Europeia de Direitos Humanos. No paradigmático caso Velásquez Rodriguez (de julho de 1988), estabeleceu-se um marco referencial importante no desenvolvimento internacional da ideia de que os Estados Partes têm obrigações positivas na tarefa de proteção dos direitos humanos, e que essas obrigações abrangem também o dever de prevenir, investigar e sancionar – com eficiência e eficácia – as violações dos direitos fundamentais albergados nas Convenções. Nesse julgado, a Corte IDH claramente rejeitou a concepção clássica de que os direitos fundamentais somente impulsionam obrigações negativas aos poderes estatais, atestando a importância da justiça penal na efetiva proteção de direitos fundamentais.

Em ambas as Cortes supranacionais são encontrados julgados com *expressa* afirmação da existência de um dever de o Estado investigar e processar os responsáveis por violações de direitos humanos *em tempo mais célere possível.* É a mais importante forma de evitar a impunidade, e tentar refrear a reiteração de condutas lesivas (prevenção geral positiva) e o desamparo das vítimas e seus familiares.

Assim, o processo penal deve ser concebido sempre como um instrumento de garantia dos imputados e de busca da realização das consequências previstas na lei penal, mais objetivamente naquilo que se denomina de *acertamento dos fatos.*

Em apertada síntese, as obrigações processuais penais positivas são deveres impostos aos Estados-Partes de conduzir procedimentos investigativos eficientes e processo penal apto a buscar o acertamento dos fatos ilícitos e, presentes os requisitos legais, a punição dos eventuais responsáveis em tempo aceitável, sob pena de violação concreta dos dispositivos das convenções regionais de direitos humanos que estipulam a salvaguarda dos direitos fundamentais envolvidos nas práticas ilícitas".

O art. 5º, LIV, CF, dispõe expressamente que *"ninguém será privado da liberdade ou de seus bens sem o devido processo legal"*.

O devido processo perpassa inicialmente pela existência de regras infraconstitucionais que reflitam os preceitos maiores da Constituição e das imposições convencionais. Precisam ser verdadeiro espelho detalhado do que constante nas regras de maior envergadura e interpretações das Cortes. Depois de fixada essa premissa e materializado o sistema infraconstitucional, que rege – no que nos interessa – o processo penal, as regras deverão ser seguidas pelos aplicadores do direito e também pelas partes envolvidas.

O *processo é uma atividade ordenada* no sentido de chegar ao ato judicial final. Está moldado segundo determinados ritos, nem se compadece com atos inúteis ou desnecessários (economia processual), nem solertes ou insinceros (deslealdade). Cabe ao juiz prover a *regularidade* do processo.

Estamos cada vez mais convictos de que o juiz não deve ser um mero espectador da vontade das partes (porém não pode substituí-las, especialmente a acusação, no processo penal). Mas sendo ele o responsável pela condução do processo, deve zelar para evitar o desvirtuamento de condutas processuais e atuar para que sejam aplicados, *correta e integralmente*, os princípios que regulam as ações das partes. Nesse diapasão, destacamos para o *contempt of court* do direito norte-americano, instituto que pode ser definido como qualquer ato ou omissão que tenda a dificultar a administração da justiça pelo juízo ou que diminua sua autoridade ou dignidade. No sistema processual norte-americano, dois requisitos básicos do processo judicial – o poder de preservar a ordem no processo e no desenvolvimento de seus atos e o poder de garantir imperatividade a suas ordens – são atendidos pelo *contempt of court*, sendo, por esse motivo, possível compreender a afirmação de que juízo sem o poder de aplicar o princípio de que se trata não é um juízo.

Já dissemos inúmeras vezes no bojo da presente obra que o comportamento das *partes (no plural)* deve-se pautar pela boa-fé objetiva. Aliás, desnecessário haver "previsão legal" de referido modo de agir, pois é princípio de conduta minimamente exigível de *qualquer das partes* no processo penal, bem assim que atuem em *cooperação*, para que seja proferida uma decisão justa, em prazo razoável. Trata-se de premissa para o acesso à justiça.

Igualmente alertamos que *"não só como imperativo moral essencial que decorre de um devido processo legal que se desenvolve num Estado Social e Democrático de Direito, como porque também há dispositivo expresso da legislação (art. 14, II, CPC - Compete às partes e aos seus procuradores: [...] proceder com lealdade e boa-fé) que se revela aplicável in totum ao processo penal (art. 3º, CPP)"*, bem assim defendemos que, por intermédio desse princípio, *"se procura afastar a eventual torpeza das partes na condução de seus comportamentos írritos no processo penal"* (item 565.1.1.).

A boa-fé objetiva é condutora da retidão do comportamento das partes, evitando comportamentos contraditórios *(venire contra factum proprium)*.

Não estamos defendendo aqui uma *teoria geral do processo*, mas sim a existência de preceitos que, bem compreendidos e compatibilizados, devem servir também para a condução do processo penal, com a observação – sempre importante – de que os valores tratados no âmbito processual penal sim diversos do processo civil. A ausência de boa-fé objetiva das partes frustra a própria cláusula de proteção judicial, materializada na ideia de inafastabilidade da jurisdição. Não é tema de processo, mas tema de construção do próprio Direito.

Não há dúvidas de que é preciso separar os ramos do direito processual, sem esquecer que eles se refletem mutuamente em questões estruturais. Exatamente por isso não podemos negar a interligação de alguns preceitos, *sobretudo aqueles que pautem as condutas dos atores do processo, levando-se em consideração ainda a publicização das regras.* Nunca é demais destacar que, por exemplo, a boa-fé objetiva já é reconhecida essencial desde os primórdios também no processo penal, decorrente do comando do art. 565 do CPP.

As partes devem se preocupar em fazer o "fair play", o jogo limpo do processo penal, *evitando-se, porém, atos que sejam absolutamente desnecessários para o exercício de suas funções e dos fins almejados pelo processo.* Não há um "direito a fazer qualquer coisa", muito menos para "procrastinar" o processo ou adotar condutas que não trarão resultados efetivos para o processo. Essa base principiológica de comportamento vale para as *partes*, desde o início até o final do processo.

O Estado-Juiz deve atuar mediante a integral observância da legalidade/constitucionalidade, mas nunca perdendo os olhos dos parâmetros do justo e da eficiência.

No que se refere ao dever de cooperação das partes e duração razoável do processo, importante reiterar que as partes (notadamente a defesa) não possuem qualquer dever de cooperar entre si quanto ao objeto da discussão posta no processo. Pela natureza da regulação (há processo), suas posições são naturalmente antagônicas. Quando o art. 6º, CPC, dispõe que *"todos os sujeitos do processo devem cooperar entre si para que se obtenha, em tempo razoável, decisão de mérito justa e efetiva"* significa, em nossa compreensão (aplicável igualmente ao processo penal), que: no que se refere à acusação e defesa, ao tempo que os comportamentos deverão ser pautados de forma a defender seus pontos de vista (o que parece óbvio), deverão agir de modo a não comprometer o regular andamento do processo, já que o *"fim da colaboração está em servir de elemento para organização de um processo justo idôneo a alcançar uma decisão de mérito justa e efetiva" (Marinoni, Luiz Guilherme. Arenhart, Sérgio Cruz; Mitidiero, Daniel. Novo Código de processo Civil Comentado. São Paulo: Revista dos Tribunais, 2015, p. 101);* quanto ao juiz, deverá ele pautar sua conduta pela isonomia, sem que isso comprometa e interfira no conteúdo da decisão que virá a proferir, momento no qual necessariamente gerará uma assimetria em face do resultado pretendido pela acusação e pela defesa.

Como princípio, a duração razoável do processo (que não supõe imediatismos, deixa-se claro) decorre da determinação inserta no inciso LXXVIII do art. 5º da CF.

Evidente que temos que atentar para a previsão (importantíssima) do art. 5º, LV, da CF, que dispõe: *"aos litigantes, em processo judicial ou administrativo, e aos acusados em geral são assegurados o contraditório e ampla defesa, com os meios e recursos a ela inerentes"*.

Eis aqui o ponto: os recursos devem ser cabíveis e "inerentes" ao "justo processo". Noutras palavras, recursos manifestamente fora de possibilidade efetiva de cabimento não estão abarcados pela cláusula constitucional protetiva dessa garantia.

A garantia da *duração razoável* do processo não é apenas da parte interessada/demandada, mas quando se trata de *processo penal* envolve interesses da própria coletividade e, na mesma medida, da própria vítima e/ou seus familiares (é o quarto requisito considerado pela Corte IDH para a aferição da razoabilidade).

Sobre esse tema, nunca é demais trazer à balha relevantíssima decisão tomada pela Corte IDH no Caso Myrna Mack Chang vs Guatemala, que traduz a importância de bem compreender as chamadas obrigações processuais penais positivas e o tema da interposição de recursos manifestamente descabidos ou improcedentes.

Um lembrete: embora a condenação tenha sido a outro Estado, a Guatemala, compreendemos que ela é vinculativa – como *precedente* – a todos os signatários da Convenção Americana sobre Direitos Humanos e sob a jurisdição da Corte IDH.

No referido caso, a Corte de San José constatou, na mesma linha da Comissão IDH, que os sucessivos (e indiscutivelmente indevidos) recursos (mesmo que previstos na lei interna) contra decisões proferidas no procedimento penal geraram a paralisação do processo penal por alguns anos *(pouco mais de três anos do que seria normalmente o curso processual),* contrariando a exigência de duração razoável do processo, e menosprezando o direito à tutela judicial efetiva, com clara afronta aos direitos das vítimas e de seus familiares de obter uma resposta jurisdicional em tempo racionalmente aceitável, bem como frustrando a proteção judicial dos direitos humanos, que somente se alcança com a finalização do processo, isto é, com o esclarecimento definitivo dos fatos e a sanção dos responsáveis.

A Corte de Direitos Humanos destacou que os recursos apresentados, *de manifesta improcedência (procrastinatórios),* geraram uma "paralisação ilegítima" do processo, afrontando a cláusula do (verdadeiro) devido e justo processo no que se refere à celeridade e eficiência na realização do direito.

Que fique muito claro uma vez mais que tais constatações e ponderações não têm a finalidade de restringir indevidamente direitos fundamentais de primeira geração correlacionados *especialmente* com os recursos defensivos (jamais defenderíamos isso), mas *a utilização manifestamente indevida,* caracterizando-se não o exercício da ampla defesa com os *recursos a ela inerentes,* mas verdadeiro abuso dos instrumentos processuais postos para a salvaguarda dos reais direitos fundamentais. Somos defensores intransigentes de que os recursos e os habeas corpus são meios de proteção sim em prol dos investigados/processados, mas não quando utilizados com manifesta e indiscutível violação das regras e do entendimento acerca de seus cabimentos.

Para que fique registrado de forma clara, está expresso no julgado da Corte IDH retromencionado que *"en el presente caso los procesados han interpuesto al menos doce recursos de amparo, tal como se estableció en el capítulo de hechos probados, todos los cuales fueron declarados improcedentes por las autoridades judiciales respectivas. Asimismo, la Corte observa, tal como lo señalaron la Comisión y los representantes de los familiares de la víctima, que éstas acciones de amparo paralizaron el proceso por más de tres años"* (§ 204 da sentença). A seguir, a Corte chamou a atenção que no *"proceso penal referido, la interposición frecuente de ese recurso, aunque permisible por la ley, ha sido tolerada por las autoridades judiciales. Este Tribunal considera que el juez interno, como autoridad competente para dirigir el proceso, tiene el deber de encauzarlo, de modo a que se restrinja el uso desproporcionado de acciones que pueden tener efectos dilatorios"* (§ 207).

Vamos repetir: os recursos estavam previstos na legislação guatemalteca, mas foram utilizados de forma indiscutivelmente indevida para unicamente gerar uma demora na solução final do processo, na medida em que não tinham qualquer plausibilidade jurídica real senão meramente "formal" ("recorrer por recorrer"). Assim, disse a Corte, é dever (obrigação positiva) do Estado-juiz impedir o processamento desses recursos descabidos.

De forma incisiva a Corte de Direitos Humanos assentou que a *"manera de ejercer los medios que la ley pone al servicio de la defensa ha sido tolerada y permitida por los órganos judiciales intervinientes, con olvido de que su función NO se agota en posibilitar un debido proceso que garantice la defensa en juicio, sino que debe además asegurar en un tiempo razonable el derecho de la víctima o sus familiares a saber la verdad de lo sucedido y a que se sancione a los eventuales responsables"* (§ 209).

Então, dizemos nós, o problema do caso concreto não foi o meio posto para o exercício da ampla defesa por intermédio de recursos, mas o evidente abuso ou desvirtuamento do uso desse meio, pois – e isso é de suma relevância – o Poder Judiciário deve ser preocupar em assegurar igualmente o direito da vítima em saber a verdade e se responsabilizar os eventuais autores num prazo razoável.

No mesmo julgado, a Corte IDH complementou no parágrafo seguinte que o *"derecho a la tutela judicial efectiva exige entonces a los jueces que dirijan el proceso de modo a evitar que dilaciones y entorpecimientos indebidos, conduzcan a la impunidad, frustrando así la debida protección judicial de los derechos humanos"*.

Exatamente por isso é que, *limitando os abusos recursais e aquelas hipóteses manifestamente descabidas*, o Supremo Tribunal Federal e o Superior Tribunal de Justiça vêm reconhecendo que recursos abusivos não se coadunam com a *efetiva e verdadeira* ampla defesa, determinando a certificação do trânsito em julgado *(vide Emb. Decl. no Segundo Ag. Rg. no Rec. Extraordinário com Agravo n. 790.978, STF, 1ª Turma, unânime, Rel. Min. Luiz Fux, julgado em 24.5.2016, publicado no DJ em 21.6.2016; e Agravo Interno no Agravo Regimental no Agravo em Recurso Especial n. 1.081.540-MG, STJ, 5ª Turma, unânime, Rel. Min. Reynaldo Soares da Fonseca, julgado em 15.8.2017, publicado no DJ em 25.8.2017)*. Mesmo assim, esses reconhecimentos não têm sido suficientes para impedir a utilização diária e reiterada de recursos manifestamente descabíveis, gerando apenas e unicamente mais demora na solução final dos processos e responsabilização (quando for o caso) de quem já se utilizou das vias ordinárias para tanto, notadamente no que se refere aos elementos probatórios.

Evidente que não estamos tentando "contornar" decisão da Suprema Corte brasileira, que reconhece a impossibilidade de execução das penas enquanto não exauridas todas as instâncias recursais (que, inclusive, não é absoluta: vide o que decidido pelo STF quanto à possibilidade da execução das penas de forma imediata nas condenações impostas pelo Tribunal do Júri). Ao contrário, queremos é um reforço argumentativo para que, nos casos manifestamente descabidos, não se façam "dilações indevidas" mediante a interposição de recursos procrastinatórios com a única finalidade de gerar demora na solução final do processo. E vamos também deixar claro que a limitação recursal nesses casos jamais poderá impedir o uso do *habeas corpus* para corrigir situações que sejam efetivamente violadora dos direitos dos investigados e/ou processados.

Como proceder em casos de excessos recursais pelas partes?

Entendemos que não são *suficientes* essas "certificações imediatas" de *trânsito em julgado*, após a interposição de inúmeros recursos que são (desde a origem) sabidos com conteúdo protelatório, intempestivos ou manifestamente incabíveis ou improcedentes.

Em situações *sempre excepcionais, nas quais não existam dúvidas de que o meio exercido é totalmente desvirtuado e descabido* para a proteção das garantias constitucionais, é dever do Poder Judiciário impor também uma penalidade de multa por violação de todos esses princípios reitores do que se queria para um *devido processo penal justo*. A penalidade não deve ser às partes em si, mas aos profissionais que atuam representando as partes, tendo essa imposição uma natureza claramente sancionatória pelo uso de forma desvirtuada do recurso previsto abstratamente em lei. Vamos novamente deixar expresso: para *todas* as partes.

Na linha do que compreendemos (e é também a posição da Corte IDH e do próprio STF), o abuso do direito recursal não encontra guarida nos preceitos constitucionais e convencionais. O que é abusivo está fora do direito, não sendo "inerente" ao verdadeiro exercício das garantias constitucionais.

Se o processo *justo* pressupõe a consideração de *todos os direitos* postos a serem solucionados na demanda processual penal, é sim dever do juiz agir para impedir o desvirtuamento dessas regras que regulam principiologicamente os recursos, bem assim impor penalidades para quem, dolosamente, sabedor que seus atos procedimentais são descabidos, utiliza meios de forma desvirtuada para deturpar o verdadeiro *justo processo*.

Não significa que o juiz possa simplesmente "indeferir" os recursos por "achá-los" indevidos. Mas sim atuar em casos sabidos e visíveis que a pretensão recursal, especialmente de natureza extraordinária (que é excepcional), impedirá a concretização dos fins almejados num *prazo razoável*.

Veja-se um exemplo inicial. A interposição de recursos especial e/ou extraordinário em que se sustenta que as provas não seriam suficientes para eventual condenação (defesa) ou que a absolvição por ausência de provas não apreciou corretamente as provas (acusação). É absolutamente pacífica e correta a posição de não caber os recursos nesses casos em que se pretende o *revolvimento probatório* (que não se confunde com a *revaloração jurídica das provas*). Recursos dessa natureza são interpostos cotidianamente. O indeferimento do processamento (como deve ser) gera novo recurso, o agravo, cujo processamento é automático desde que tempestivo. A decisão em nível superior, normalmente em sede monocrática, será pelo indeferimento do processamento. Aí o agravo regimental, a ser decidido na composição do órgão colegiado. Dessa decisão, não raros são interpostos embargos declaratórios seguidos de outros embargos declaratórios. Decidida a questão, interposição de recurso extraordinário. Indeferido, novos recursos (adiante alguns exemplos). E assim por diante, para, ao final de vários processamentos sabidamente improcedentes, a demora na prestação jurisdicional final. E só então uma determinação de certificação do trânsito em julgado, mesmo que formalmente ainda caibam recursos.

A ideia aqui defendida não é desproteger os (verdadeiros) direitos de defesa, nem cercear a acusação.

Um equívoco eventual na interposição de um recurso manifestamente intempestivo e/ou incabível é perfeitamente aferível a partir do comportamento das partes. Mas a insistência de interposições subsequentes para processar o que se sabe que não tem nenhuma chance de acolhimento é sim passível de ser coibida. E deve ser punida, ônus a quem tem o conhecimento técnico e mesmo assim insiste no procedimento abusivo.

Utilizar de recursos manifestamente descabidos não é "agir conforme as regras do jogo", mas sim desvirtuamento do real e verdadeiro *justo processo*.

De fato, há julgados não reconhecendo a possibilidade de imposição de multa no processo penal *(v.g. EDcl nos EDcl no AgRg no RE no AgRg no Recurso Especial n. 1.538.647 - PR, Relatora Min. Maria Thereza de Assis Moura, STJ, Corte Especial, publicado em 14.2.2019)*.

Mas não pode se esquecer igualmente que o Plenário do Supremo Tribunal Federal já reconheceu como válida a imposição de multa (v.g. Referendo na Ação Penal nº 1.044-DF, decisão de 5.4.2022). A decisão majoritária foi expressa quanto à possibilidade de aplicação analógica da penalidade de multa pelas regras dos arts. 77, IV, e 139, IV, ambos do Código de Processo Civil (incidentes ao processo penal por força do art. 3º do CPP). A discussão estava no âmbito de *medidas cautelares* descumpridas, mas o dado relevante é que houve a imposição de uma *penalidade de multa no processo penal* como forma de *garantir a autoridade e eficácia* do que decidido judicialmente.

Observe-se ainda que o julgado reforçou de forma marcante a jurisprudência (antes "tímida" ou até negada por muitas decisões) ao reconhecer a possibilidade de aplicabilidade de pena de multa no âmbito criminal *por ausência de previsão legal* na legislação específica processual penal.

Noutras palavras, o Plenário do Supremo Tribunal Federal aceitou expressamente a possibilidade de aplicação de *penalidade pecuniária (multa)* no caso concreto, mesmo que não prevista explicitamente no âmbito do processo penal, mas sim na seara processual civil.

Fazemos desde já uma ressalva: compreendemos que a penalidade não deveria ser feita ao recorrente, mas ao seu patrono, que tinha as condições técnicas de aferir o seu excesso no exercício das garantias constitucionais abstratamente previstas.

De fato, há várias previsões na legislação acerca da imposição de penalidade de multas: art. 1.021 e § 4º do CPC *(Quando o agravo interno for declarado manifestamente inadmissível ou improcedente em votação unânime, o órgão colegiado, em decisão fundamentada, condenará o agravante a pagar ao agravado multa fixada entre um e cinco por cento do valor atualizado da causa); art. 1.026 e §§ 2º e 3º do CPC (§ 2º Quando manifestamente protelatórios os embargos de declaração, o juiz ou o tribunal, em decisão fundamentada, condenará o embargante a pagar ao embargado multa não excedente a dois por cento sobre o valor atualizado da causa. § 3º Na reiteração de embargos de declaração manifestamente protelatórios, a multa será elevada a até dez por cento sobre o valor atualizado da causa, e a interposição de qualquer recurso ficará condicionada ao depósito prévio do valor da multa, à exceção da Fazenda Pública e do beneficiário de gratuidade da justiça, que a recolherão ao final); art. 275, §§ 6º e 7º da Lei nº 4.737/65 – Código Eleitoral (§ 6º Quando manifestamente protelatórios os embargos de declaração, o juiz ou o tribunal, em decisão fundamentada, condenará o embargante a pagar ao embargado multa não excedente a 2 (dois) salários-mínimos.§ 7º Na reiteração de embargos de declaração manifestamente protelatórios, a multa será elevada a até 10 (dez) salários-mínimos); art. 80, VII, do CPC (considera-se litigante de má-fé aquele que: [...] VII – interpuser recurso com intuito manifestamente protelatório).*

Para esse último caso, dispõe o art. 81 do CPC (*Art. 81. De ofício ou a requerimento, o juiz condenará o litigante de má-fé a pagar multa, que deverá ser superior a um por cento e inferior a dez por cento do valor corrigido da causa, a indenizar a parte contrária pelos prejuízos que esta sofreu e a arcar com os honorários advocatícios e com todas as despesas que efetuou. § 1º Quando forem 2 (dois) ou mais os litigantes de má-fé, o juiz condenará cada um na proporção de seu respectivo interesse na causa ou solidariamente aqueles que se coligaram para lesar a parte contrária. § 2º Quando o valor da causa for irrisório ou inestimável, a multa poderá ser fixada em até 10 (dez) vezes o valor do salário-mínimo).*

Já no parágrafo único do art. 918 do CPC *"considera-se conduta atentatória à dignidade da justiça o oferecimento de embargos manifestamente protelatórios".*

Como se vê, são inúmeros os dispositivos legais – fora do CPP – que regulamentam as consequências, inclusive com efeitos pecuniários, para as hipóteses de recursos *manifestamente* protelatórios ou incabíveis no sistema jurídico brasileiro.

Relevante insistir que a compreensão do *Supremo Tribunal Federal em sua composição plenária que isso não importaria numa interpretação in malam partem,* mas sim uma consideração de *todos os direitos que estão em jogo no (efetivo e verdadeiro) "devido processo legal".*

Há muitos julgados do próprio STF em datas anteriores reconhecendo, em tese, a possibilidade de aplicação de multa em casos de recursos procrastinatórios na seara penal *(v.g. Agravo Regimental no Habeas Corpus nº 192.814/RJ, STF, 2ª Turma, unânime, Rel. Min. Ricardo Lewandowski, julgado em sessão virtual de 6.11.2020 a 13.11.2020, publicado no DJ em 30.11.2020).* Desse acórdão são extraídos os seguintes e expressos fundamentos bem expressos no sentido que *"a jurisprudência do Supremo Tribunal Federal firmou-se no sentido de que a utilização indevida das espécies recursais no processo penal desvirtua o postulado da ampla defesa e configura abuso do direito de recorrer, sendo permitido, em tais casos, a fixação de multa por litigância de má-fé".* (vide e.g. RE 465.383 AgR-AgR-EDv-Ed/ES, Rel. Min. Dias Toffoli, Plenário; AI 608.735-AgR-ED-AgR-ED-AgR/RR; decisões monocráticas proferidas em casos semelhantes: AI 298.495/PA, de relatoria do Ministro Marco Aurélio; RMS 33.895/DF, de relatoria do Ministro Gilmar Mendes; e AP 946 ED-EI-EXTN/DF). Nesse último caso, há reconhecimento de que *"o direito assegurado às partes de se insurgirem contra decisões judiciais é decorrente da garantia do devido processo legal, todavia o ato abusivo faz cessar esse direito, eis que ultrapassa os limites previstos nas normas processuais ou se desvia de seus legítimos fins, resultando em patente prejuízo para a administração e dignidade da justiça".*

Também o STJ já aplica multas a *terceiros, mas reconhece em alguns julgados, em tese, a possibilidade de incidência em relação às partes (embora negue em outros julga-*

dos), v.g. RMS n. 45.525 – RN, STJ, 5ª Turma, unânime, Rel. Min. Reynaldo Soares da Fonseca, julgado em 19.6.2018, publicado no DJ em 29.6.2018; Embargos Declaratórios nos Embargos Declaratórios no Agravo Regimental nos Embargos Declaratórios no Recurso Especial nº 1.692.844/MT, STJ, 5ª Turma, unânime, Rel. Min. Jorge Mussi, julgado em 5.5.2020, publicado no DJ em 2.2.2021.

Embora entendamos ideal haver uma *previsão expressa* da penalidade para os procedimentos processuais penais, é plenamente possível a aplicabilidade delas *também no processo penal,* sempre de forma excepcional, quando ficar claro que se está diante de hipóteses recursais manifestamente protelatórias/descabidas, desvirtuadoras do *justo e devido processo.*

Feitas essas considerações, entendemos ser possível fixar alguns *estândares* de hipóteses de recursos *manifestamente* descabidos e que, dependendo sempre do caso concreto, poderão ensejar a imposição de penalidade pecuniária.

a) **recursos manifestamente intempestivos:** v.g. Agravo Regimental no Recurso Extraordinário nos Embargos de Declaração nos Embargos de Declaração no Agravo Regimental no Agravo em Recurso Especial nº 2.229.410-RS, STJ, Corte Especial, Rel. Min. Og Fernandes, sessão virtual de 17.4.2024 a 23.4.2024, publicado no DJ em 26.4.2024; Embargos Declaratórios no Agravo Regimental no Agravo Regimental no Agravo em Recurso Especial nº 1.857.516/SP, STJ, 5ª Turma, unânime, Rel. Min. Jesuíno Rissato, julgado em 19.10.2021, publicado no DJ em 4.11.2021;

b) **manifestamente descabidos por erro grosseiro, sem possibilidade alguma de aplicação da fungibilidade recursal:** Agravo Regimental nos Embargos Declaratórios no Agravo Regimental nos Embargos Declaratórios no Agravo em Recurso Especial nº 1.809.218/SP, STJ, 5ª Turma, unânime, Rel. Min. Ribeiro Dantas, julgado em 3.8.2021, publicado no DJ em 10.8.2021;

c) **manifestamente descabidos em casos que o STF já decidiu que o tema não é de repercussão geral ou sem demonstração de efetiva repercussão geral:** v.g. Agravo Regimental nos Embargos de Divergência no Agravo Regimental no Recurso Extraordinário com Agravo n. 1.000.420 – RR, STF, Plenário, unânime, Rel. Min. Gilmar Mendes, julgado em Sessão Virtual de 25.10.2019 a 4.11.2019, publicado no DJ em 26.11.2019; Recurso Extraordinário com Agravo protocolado em 29.9.2016; 2) Recurso Extraordinário com Agravo julgado em 21.10.2016 (monocrática); Agravo Regimental no Recurso Extraordinário com Agravo julgado em Sessão Virtual de 17 a 23.2.2017; Embargos de Divergência no Agravo Regimental no Recurso Extraordinário com Agravo julgado em 26.6.2019; Agravo Regimental nos Embargos de Divergência no Agravo Regimental no Recurso Extraordinário com Agravo julgado em Sessão Virtual de 25.10.2019 a 4.11.2019; Agravo Regimental no Recurso Extraordinário com Agravo nº 1.353.164/SC, STF, Plenário, unânime, Rel. Min. Luiz Fux, julgado em sessão virtual de 3.2.2021 a 13.12.2021, publicado no DJ em 10.2.2022); Agravo Regimental no Recurso Extraordinário com Agravo nº 1.100.756/ES, STF, 1ª Turma, unânime, Rel. Min. Alexandre de Moraes, julgado em sessão virtual de 25.6.2021 a 2.8.2021, publicado no DJ em 13.8.2021;

d) **manifestamente descabidos por contrariarem súmula ou súmula vinculante:** v.g. Agravo Regimental no Recurso Extraordinário com Agravo nº 1.356.459-

RJ, STF, Tribunal Pleno, Rel. Min. Presidente, unânime, julgado na sessão virtual de 25.2.2022 a 8.3.2022, publicado no DJ em 6.4.2022; Agravo Regimental no Agravo em Recurso Especial nº 2.031.491-SP, STJ, 6ª Turma, Rel. Min. Rogério Schietti Cruz, julgado em 15.3.2022, publicado no DJ em 22.3.2022; Agravo Regimental no Agravo em Recurso Especial nº 2.348.157-GO, STJ, 5ª Turma, Rel. Min. Ribeiro Dantas, julgado em 19.3.2024, publicado no DJ em 5.4.2024;

e) **manifestamente descabidos pela não observância de requisito específico da lei:** v.g. Agravo Regimental nos Embargos Infringentes no Agravo Regimental no Recurso Extraordinário com Agravo n. 1.200.905 – ES, STF, 1ª Turma, Rel. Min. Roberto Barroso, julgado em Sessão Virtual de 20.9.2019 a 26.9.2019, publicado no DJ em 24.10.2019;

f) **manifestamente descabidos quando contrariem de forma indiscutível a jurisprudência pacífica dos tribunais superiores:** v.g. AgR nos EDv no AgR no RE com Ag n. 1.052.984, STF, Plenário, unânime, Rel. Min. Luiz Fux, julgado em 16.8.2018, publicado no DJ em 30.8.2018; Segundo Agravo Regimental no Recurso Extraordinário nº 1.358.466-PR, STF, 2ª Turma, Rel. Min. Ricardo Lewandowski, unânime, julgado na sessão de 18.3.2022 a 25.3.2022, publicado no DJ de 6.4.2022);

g) **manifestamente protelatórios para evitar o trânsito em julgado formal:** v.g. Embargos de Declaração nos Embargos de Declaração no Agravo Regimental nos Embargos de Divergência no Agravo Regimental no Recurso Extraordinário com Agravo nº 1.398.077, STF, Plenário, sessão virtual de 29.3.2024 a 8.4.2024, publicado no DJ em 18.4.2024; Embargos de Declaração nos Embargos de Divergência em Agravo em Recurso Especial n° 1.081.546/SP, STJ, 3ª Seção, unânime, Rel. Min. Ribeiro Dantas, julgado em 27.3.2019, publicado no DJ em 1º.4.2019; Embargos de Declaração nos Embargos de Declaração no Agravo Regimental no Recurso Extraordinário nos Embargos de Declaração no Agravo Regimental no Recurso Especial n. 1.071.193 – RJ, STJ, Corte Especial, unânime, Rel. Min. Maria Thereza de Assis Moura, julgado em 20.11.2019, publicado no DJ em 26.11.2019 (Veja-se nesse último caso os trâmites: 1) Recurso Especial recebido em 8.7.2008; 2) Agravo Regimental no Recurso Especial protocolado em 10.4.2014; 3) Embargos de Declaração no Agravo Regimental no Recurso Especial protocolados em 12.12.2018; 4) Recurso Extraordinário nos Embargos de Declaração no Agravo Regimental no Recurso Especial protocolado em 13.3.2019; 5) Agravo Regimental no Recurso Extraordinário nos Embargos de Declaração no Agravo Regimental no Recurso Especial protocolado em 8.5.2019; 6) Embargos de Declaração no Agravo Regimental no Recurso Extraordinário nos Embargos de Declaração no Agravo Regimental no Recurso Especial protocolados em 2.8.2019; 7) Embargos de Declaração nos Embargos de Declaração no Agravo Regimental no Recurso Extraordinário nos Embargos de Declaração no Agravo Regimental no Recurso Especial protocolados em 2.10.2019. Ou seja, foram inúmeros recursos que protelaram o feito só no Tribunal Superior por mais de 11 anos.

Os casos acima são hipóteses em que os recursos manejados (alguns sucessivamente) são descabidos (inadmissíveis).

Mesmo que previstos de forma abstrata na legislação, quando indiscutivelmente descabidos, o uso abusivo de instrumentos recursais, pelo menos nos casos em que propostos, estão *fora do direito*, não se podendo dizer que são *inerentes* aos exercícios das garantias constitucionais e convencionais. Por essa razão, o comportamento processual das partes sempre deve ser pautado pela boa-fé objetiva, rechando-se comportamentos que não visem o efetivo e *justo processo penal.*

Portanto, compreendemos perfeitamente ser possível, *para além do ônus da declaração imediata do trânsito em julgado (sem quaisquer efeitos negativos para o processo por conta da procrastinação verificada),* também a imposição de *multa pecuniária* não à parte, mas pelo responsável jurídico pelo ajuizamento da peça recursal reconhecida como absolutamente descabida e que tenha gerado unicamente a procrastinação do processo.

4. Medidas Cautelares para conferir efeito suspensivo aos recursos extraordinário e especial.

4.1. Considerações gerais: Os recursos extraordinários e especiais só têm efeito devolutivo (art. 27, § 2º, da Lei nº 8.038/90 – art. 1.029, § 5º, do novo CPC, *a contrario sensu*). Entretanto, há situações excepcionais em que, para não gerar perecimento ou lesão grave a direito fundamental (não só do réu, mas também do interesse social na efetividade do processo), impedindo-se a execução do que decidido, é necessário seja conferido também efeito suspensivo à irresignação. Inclusive tem-se admitido – sempre excepcionalmente – haver a possibilidade de concessão de efeito suspensivo a recurso que sequer tenha sido admitido, tanto em matéria penal quanto em sede civil.

Como já terá lido o leitor, pensamos que a execução provisória somente teria cabimento em hipóteses excepcionalíssimas, diante de manifesta impertinência argumentativa do recurso (especial ou extraordinário), aliada à pujança da prova constante dos autos. Douglas Fischer, como também visto, segue caminho oposto, defendendo a execução provisória, como *regra* e não como *exceção.* Para ele, a execução de decisões de natureza penal na pendência de recurso extraordinário não ofende o princípio da presunção de inocência, pois, para situações excepcionais, há sempre possibilidade de concessão do efeito suspensivo aos recursos ou o manejo direto do *habeas corpus.* E o STF já assentou que não cabe a execução de pena enquanto não exauridas todas as instâncias recursais, conforme destacado em inúmeras partes da presente obra. Mas é preciso atentar que nem todas as questões submetidas a recursos de natureza extraordinária em matéria penal versam somente sobre a execução da pena, daí a relevância da discussão em voga, que não ficou prejudicada em face sobretudo do que decidido nas ADCs 43 e 44.

Jurisprudência

4.1. [...] A atribuição de efeito suspensivo a recurso especial é medida excepcional, contrária a expressa disposição do sistema processual. No caso, o recorrente não demonstrou os elementos que evidenciam a probabilidade do direito e o perigo de dano ou risco ao resultado útil do processo, requisitos autorizadores à concessão da tutela de urgência (art. 300 do Código de Processo Civil). [...] *(Agravo Regimental no Recurso Especial nº 1.967.356-PR, STJ, 5ª Turma, Rel. Min. Joel Ilan Paciornik, sessão virtual de 8.11.2022 a 14.11.2022, publicado no DJ em 17.11.2022)*

4.1. [...] Em situações excepcionais, em que estão patentes a plausibilidade jurídica do pedido – decorrente do fato de a decisão recorrida contrariar jurisprudência ou súmula do Supremo Tribunal Federal – e o perigo de dano irreparável ou de difícil reparação a ser consubstanciado pela execução do acórdão recorrido, o Tribunal poderá deferir a medida cautelar ainda que o recurso extraordinário tenha sido objeto de juízo negativo de admissibilidade perante o Tribunal de origem e o agravo de instrumento contra essa decisão ainda esteja pendente de julgamento. Hipótese que não constitui exceção à aplicação das Súmulas 634 e 635 do STF. 4. Suspensão dos efeitos do acórdão impugnado pelo recurso extraordinário, até que o agravo de instrumento seja julgado. Ação cautelar deferida. Unânime (*Ação Cautelar nº 1.550-RO, STF, Rel. Min. Gilmar Mendes, 2ª Turma, unânime, publicado no DJ em 18.5.2007*).

4.1. [...] 1. Nos termos do disposto no art. 1.029, § 5º, do Código de Processo Civil – CPC/2015, a competência do Superior Tribunal de Justiça – STJ para apreciar requerimentos de tutela de urgência só se inicia após a publicação da decisão de admissibilidade do recurso especial, sendo que, no caso presente, o recurso ainda não teve sua admissibilidade analisada, apenas o pedido de efeito suspensivo negado na origem. Precedente. 2. A concessão de efeito suspensivo a recurso especial demanda a demonstração inequívoca do *periculum in mora*, evidenciado pela urgência da prestação jurisdicional a fim de evitar dano de difícil ou incerta reparação e do *fumus boni iuris*, consistente na plausibilidade do direito alegado, capaz de denotar a possibilidade de êxito do apelo especial. 3. No caso em análise, ainda que se identifique a possibilidade de alteração na dosimetria da pena do recorrente, quando da análise do recurso especial, não se vislumbra, a princípio, alteração do seu regime de cumprimento ou possibilidade de substituição da reprimenda por restritivas de direito, de modo que não há fundamento apto à concessão de efeito suspensivo ao recurso especial. [...] (*Agravo Regimental no pedido de Tutela Provisória nº 2.364/ES, STJ, 5ª Turma, unânime, Rel. Min. Joel Ilan Paciornik, julgado em 5.11.2019, publicado no DJ em 11.11.2019)*

4.1 [...] A concessão de efeito suspensivo submete-se a um prévio exame da viabilidade do recurso, de sua perspectiva de êxito e da extensão do seu provimento, que denote probabilidade de significativa alteração do julgado, seja conduzindo à absolvição ou alterando o modo de cumprimento de pena, o regime prisional inicial. [...] *(Agravo Regimental nos Embargos de Divergência em Recurso Especial nº 1.262.099-RR, STJ, 3ª Seção, Rel. Min. Nefi Cordeiro, julgado em 26.10.2016, publicado no DJ em 24.11.2016)*

....

4.2. Competência para a análise do pedido: Consoante dispõe a Súmula 635, STF, "*cabe ao Presidente do Tribunal de origem decidir o pedido de medida cautelar em recurso extraordinário* ainda pendente *do seu juízo de admissibilidade*". O comando sumulado em tela também é aplicável às hipóteses em que o pedido de efeito suspensivo for (isolada ou cumulativamente) ao recurso especial. Também compete ao tribunal de origem apreciar ações cautelares ainda que o recurso extraordinário já tenha obtido o primeiro juízo positivo de admissibilidade, quando, porém, o apelo extremo estiver sobrestado em face do reconhecimento da existência de repercussão geral da matéria constitucional nele tratada.

Se o pedido de efeito suspensivo foi realizado após a admissibilidade do recurso e não se enquadrar na situação acima, a atribuição será, em regra, do Ministro Relator a quem distribuído o recurso. No âmbito do STJ, dispõe o art. 288 de seu regimento interno:

> Art. 288. Admitir-se-ão tutela de urgência ou tutela da evidência requeridas em caráter antecedente ou incidental na forma da lei processual. *(Redação dada pela Emenda Regimental nº 22, de 2016)*
>
> § 1º A petição inicial da ação que visa à prestação de tutela de urgência em caráter antecedente será apensada oportunamente ao processo a que se refere. *(Redação dada pela Emenda Regimental nº 22, de 2016)*
>
> § 2º O relator poderá apreciar a liminar e a própria tutela de urgência, ou submetê-las ao Órgão Julgador competente.

O pedido de efeito suspensivo a recurso especial ou extraordinário não possui natureza jurídica de ação cautelar autônoma, tratando-se, em verdade, de incidente que se exaure com o acolhimento ou rejeição do pedido, sendo desnecessária a oitiva da parte contrária.

Jurisprudência

4.2. [...] Competência. Originária. Recurso extraordinário. Pretensão de atribuição de efeito suspensivo. Medida cautelar ajuizada perante o Supremo Tribunal Federal. Competência não instaurada. Recurso não admitido. Agravo de instrumento sobrestado no tribunal de origem. Pedido não conhecido. Agravo regimental improvido. Aplicação das Súmulas 634 e 635. Enquanto não admitido o recurso extraordinário, ou provido agravo contra decisão que o não admite, não se instaura a competência do Supremo Tribunal Federal para apreciar pedido de tutela cautelar tendente a atribuir efeito suspensivo ao extraordinário (*Agravo Regimental na Ação Cautelar nº 2.240/SP, Rel. Min. Cezar Peluso, Plenário, unânime, publicado no* DJ *em 9.4.2010*)

4.2. [...] Para a concessão do excepcional efeito suspensivo a recurso extraordinário é necessário o juízo positivo de sua admissibilidade no tribunal de origem, a sua viabilidade processual pela presença dos pressupostos extrínsecos e intrínsecos, a plausibilidade jurídica da pretensão de direito material nele deduzida e a comprovação da urgência da pretensão cautelar. Precedentes. [...] Compete ao tribunal de origem apreciar ações cautelares, ainda que o recurso extraordinário já tenha obtido o primeiro juízo positivo de admissibilidade, quando o apelo extremo estiver sobrestado em face do reconhecimento da existência de repercussão geral da matéria constitucional nele tratada. Questão de ordem resolvida com a declaração da incompetência desta Suprema Corte para a apreciação da ação cautelar que busca a concessão de efeito suspensivo a recurso extraordinário sobrestado na origem, em face do reconhecimento da existência da repercussão geral da questão constitucional nele discutida (*Questão de Ordem na Medida Cautelar nº 2.177-PE, Rel. Min. Ellen Gracie, Plenário, julgado em 12.11.2008, publicado no* DJ *em 20.2.2009*).

4.2. [...] Não realizado o juízo de admissibilidade do Recurso Especial no Tribunal *a quo*, descabe a análise, nesta Corte, do pedido de efeito suspensivo a ser atribuído ao mesmo recurso (Súmulas 634 e 635 do STF), o que só se admite em situações excepcionalíssimas. Medida Cautelar não conhecida, em conformidade com o parecer ministerial, cassando--se a liminar inicialmente deferida, para que tenha curso o procedimento investigatório (*Medida Cautelar nº 16.068/DF, STJ, Rel. Min. Napoleão Nunes Maia Filho, 5ª Turma, unânime, publicado no* DJ *em 10.5.2010*).

....

4.3. Requisitos: Para viabilizar o requerimento de tutela de urgência com essa finalidade, essencial a demonstração do *fumus boni juris* (em determinadas situações se fala também na verossimilhança do direito) e do *periculum in mora*, além da fundamental demonstração da plausibilidade jurídica da pretensão deduzida no recurso.

A caracterização do *fumus boni juris* está diretamente relacionada com a demonstração hialina que a irresignação formulada terá grande probabilidade de ser acolhida nos tribunais superiores, bem como que estejam satisfeitos os requisitos formais para a admissão do recurso (este último requisito tem sido abrandado em situações excepcionais).

Jurisprudência

4.3. [...] A concessão da tutela provisória para emprestar efeito suspensivo ao recurso especial é possível desde que a argumentação feita pelo recorrente contenha plausibilidade jurídica suficiente de modo a haver chance de êxito na reforma do acórdão recorrido, o que não se verifica na espécie. [...] (*Agravo Regimental Rg no TP n. 1.612-SP, STJ, 5ª Turma, unânime, Rel. Min. Jorge Mussi, julgado em 27.11.2018, publicado no* DJ *em 7.12.2018*).

4.3. [...] O STF já teve oportunidade de apreciar a questão de fundo, concluindo no mesmo sentido da ausência de possibilidade de exploração de máquinas de "caça-níqueis" (ADI 3.060/GO, rel. Min. Sepúlveda Pertence, Pleno, DJ 1.6.2007). Razões de agravo regimental não atacaram os fundamentos constantes da decisão monocrática, limitando-se o agravante a reproduzir a mesma argumentação que consta da petição inicial da medida cautelar ajuizada pela agravante. Excepcionalidade da atribuição de efeito suspensivo ao recurso extraordinário exige, concomitantemente, o juízo positivo de admissibilidade do recurso extraordinário no tribunal de origem, a viabilidade processual do recurso extraordinário devido à presença dos pressupostos extrínsecos e intrínsecos do referido recurso, a plausibilidade jurídica da pretensão de direito material deduzida no recurso extraordinário e a comprovação da urgência da pretensão cautelar. Não se encontram presentes os pressupostos da plausibilidade jurídica da pretensão de direito material deduzida no recurso extraordinário. Agravo regimental improvido (*Agravo Regimental na Medida Cautelar nº 1.494-4/RS, Rel. Min. Ellen Gracie, 2ª Turma, unânime, julgado em 24.6.2008, publicado no* DJ *em 22.8.2008*).

4.3. [...] Para a concessão da medida cautelar objetivando a concessão de efeito suspensivo a recurso especial ou a agravo de instrumento interposto contra a sua inadmissão, é indispensável, além da demonstração de risco iminente de dano irreparável, a verossimilhança do direito alegado, consistente na probabilidade de êxito do recurso especial. No caso dos autos, há empecilhos ao conhecimento do recurso especial ante a aparente ausência de prequestionamento do dispositivo indicado como violado, pois não houve emissão pelo acórdão recorrido de qualquer juízo acerca do argumento ora defendido pela recorrente, incidindo na hipótese o veto da Súmula 282/STF. Dessa forma, ausente a plausibilidade da pretensão invocada, não se verifica na hipótese o requisito da verossimilhança do direito alegado. Agravo regimental a que se nega provimento (*Agravo Regimental na Medida Cautelar nº 14.842-RJ, Rel. Min. Teori Alvino Zavascki, STJ, 1ª Turma, publicado no* DJ *em 19.11.2008*).

4.3. [...] Presentes os pressupostos para a concessão do excepcional efeito suspensivo ao recurso especial, porquanto verificada a plausibilidade da tese jurídica esposada nas razões recursais, bem como o perigo na demora, consistente na possibilidade de impor ao ora Requerente, que permaneceu em liberdade durante toda a instrução criminal e teve assegurado o direito de apelar em liberdade, diante da ausência dos requisitos da prisão cautelar, a execução da pena em regime mais gravoso do que o fixado no art. 33, § 2º, do Código Penal. Precedentes do STJ. Pedido cautelar julgado procedente para dar efeito suspensivo ao recurso especial, que se encontra no aguardo de sua subida, em razão do provimento dado ao agravo de instrumento interposto contra a decisão que o inadmitiu (*Medida Cautelar nº 13.770-PR, Rel. Min. Laurita Vaz, STJ, 5ª Turma, publicado no* DJ *em 1º.9.2008*).

....

5. Reclamações perante o Supremo Tribunal Federal e o Superior Tribunal de Justiça: A reclamação é um recurso específico previsto para, fundamentalmente, preservar a competência dos tribunais (estabelecida constitucionalmente) ou então para garantir a autoridade de suas decisões. Desse modo, a reclamação *não* poderá ser utilizada como sucedâneo recursal próprio quando não presentes as (restritas) hipóteses legais.

A regulamentação da reclamação também está prevista nos arts. 13 a 18 da Lei nº 8.038/90. Mas a partir da vigência do novo Código de Processo Civil (Lei nº 13.105/2015), o tema está regulamentado expressamente nos seus arts. 988 e seguintes, com as alterações da Lei nº 13.256/2016 (revogadas expressamente as normas da Lei nº 8.038/90 – art. 1.072, IV, CPC/2015):

> Art. 988. Caberá reclamação da parte interessada ou do Ministério Público para:
>
> I – preservar a competência do tribunal;
>
> II – garantir a autoridade das decisões do tribunal;
>
> III – garantir a observância de enunciado de súmula vinculante e de decisão do Supremo Tribunal Federal em controle concentrado de constitucionalidade; (Lei nº 13.256/2016)

IV – garantir a observância de acórdão proferido em julgamento de incidente de resolução de demandas repetitivas ou de incidente de assunção de competência; (Lei nº 13.256/2016)

§ 1º A reclamação pode ser proposta perante qualquer tribunal, e seu julgamento compete ao órgão jurisdicional cuja competência se busca preservar ou cuja autoridade se pretenda garantir.

§ 2º A reclamação deverá ser instruída com prova documental e dirigida ao presidente do tribunal.

§ 3º Assim que recebida, a reclamação será autuada e distribuída ao relator do processo principal, sempre que possível.

§ 4º As hipóteses dos incisos III e IV compreendem a aplicação indevida da tese jurídica e sua não aplicação aos casos que a ela correspondam.

§ 5º É inadmissível a reclamação: (Lei nº 13.256/2016)

I – proposta após o trânsito em julgado da decisão reclamada;

II – proposta para garantir a observância de acórdão de recurso extraordinário com repercussão geral reconhecida ou de acórdão proferido em julgamento de recursos extraordinário ou especial repetitivos, quando não esgotadas as instâncias ordinárias.

§ 6º A inadmissibilidade ou o julgamento do recurso interposto contra a decisão proferida pelo órgão reclamado não prejudica a reclamação.

Art. 989. Ao despachar a reclamação, o relator:

I – requisitará informações da autoridade a quem for imputada a prática do ato impugnado, que as prestará no prazo de 10 (dez) dias;

II – se necessário, ordenará a suspensão do processo ou do ato impugnado para evitar dano irreparável;

III – determinará a citação do beneficiário da decisão impugnada, que terá prazo de 15 (quinze) dias para apresentar a sua contestação.

Art. 990. Qualquer interessado poderá impugnar o pedido do reclamante.

Art. 991. Na reclamação que não houver formulado, o Ministério Público terá vista do processo por 5 (cinco) dias, após o decurso do prazo para informações e para o oferecimento da contestação pelo beneficiário do ato impugnado.

Art. 992. Julgando procedente a reclamação, o tribunal cassará a decisão exorbitante de seu julgado ou determinará medida adequada à solução da controvérsia.

Art. 993. O presidente do tribunal determinará o imediato cumprimento da decisão, lavrando-se o acórdão posteriormente.

Quando houver violação de competência do STF ou do STJ (importando ao caso as determinações em matéria criminal, quase sempre ligadas às determinações de foro por prerrogativa de função), a parte que se sentir atingida ou o próprio Procurador-Geral da República poderá ajuizar a reclamação perante o tribunal para que este determine ao órgão judicial inferior que está havendo violação de sua competência. Funciona como verdadeira avocatória. Há de se atentar que, perante os tribunais superiores, ao menos segundo nossa compreensão, a atribuição *não* é do Ministério Público Estadual.

É nessa linha de decisão do Supremo Tribunal Federal, ao julgar a Reclamação nº 7.358 (Plenário, decisão de 24.2.2011).

Tal como destacado em relação a outros recursos (vide item 7.7.3 dos comentários ao Recurso Especial – arts. 632 e seguintes, CPP), compreendemos que a legitimidade para a interposição da reclamação perante a Corte Suprema é *exclusiva* do Procurador-Geral da República, não podendo intervir – na competência originária recursal – membros de Ministérios Públicos *Estaduais.*

Entretanto, em 2014, retificando seu entendimento consolidado até então, o Superior Tribunal de Justiça firmou posicionamento no sentido de ser "reconhecida a legitimidade recursal aos Ministérios Públicos estaduais e do Distrito Federal, no âmbito do Superior Tribunal de Justiça" para os casos em que os recursos subjacentes foram por eles interpostos (*Agravo Regimental nos Embargos de Divergência no Recurso Especial nº 1.256.973, STJ, 3ª Seção, Rel. Min. Laurita Vaz, Redator do acórdão Min. Rogério Schietti Cruz, julgado em 27.8.2014, publicado no* DJ *em 6.11.2014*). Esse entendimento foi ratificado posteriormente, reafirmando-se que *"os Ministérios Públicos dos Estados e do Distrito Federal têm legitimidade para propor e atuar em recursos e meios de impugnação de decisões judiciais em trâmite no STF e no STJ, oriundos de processos de sua atribuição, sem prejuízo da atuação do Ministério Público Federal* (RE n. 985.392/RS)".[...] *(Agravo Regimental no Habeas Corpus n. 429.717-DF, STJ, 6ª Turma, Rel. Min. Maria Thereza de Assis Moura, Rel. para o acórdão Min. Sebastião Reis Júnior, julgado em 25.9.2018, publicado no* DJ *em 22.10.2018).* De modo igual, o Supremo Tribunal Federal reconheceu que o Ministério Público do Distrito Federal e Territórios tem legitimidade recursal perante a Suprema Corte, nos casos em que for parte" (*Segundos Emb. Decl. no Recurso Extraordinário com Agravo nº 859.251-DF, STF, Plenário, unânime, Rel. Min. Gilmar Mendes, julgado em 22.10.2015, publicado no* DJ *em 9.11.2015).*

Importante assentar explicitamente aqui que, há muito, é entendimento do STF que a reclamação não se presta para, de modo transverso, substituir o recurso que deveria ter sido interposto na época contra a decisão objeto da reclamação. Além disso, e mais importante, é vedado o uso da reclamação para questionar a violação de autoridade de decisão do STF (vale o mesmo para o STJ) quando o ato reclamado é anterior ao parâmetro suscitado. Ou seja, e até por questão de lógica, o ato reclamado deve ser, necessariamente, posterior ao precedente invocado como desrespeitado. Noutras palavras, se o precedente invocado é posterior ao ato reclamado, não há se admitir a reclamação.

Nem há se falar aqui, eventualmente, na inadmissibilidade da reclamação com apreciação do tema central em sede de possível *habeas corpus* de ofício. É que, nessa situação, evidente a supressão de instância. Não se pode esquecer de que a reclamação é uma espécie de irresignação ajuizada *diretamente* na Suprema Corte, enquanto o *habeas corpus* precisa observar o necessário escalonamento de acordo com as autoridades coatoras. Assim, se a reclamação é contra decisão de juiz de primeiro grau, o *habeas corpus* (inclusive de ofício) somente pode ser concedido em sede de tribunal de apelação correspondente, e não substitutivo à reclamação eventualmente não conhecida.

De qualquer modo, impende referir que a matéria está regulamentada basicamente nos regimentos internos dos tribunais de forma bastante similar. Vejamos a normatização vigente.

No que tange a outros recursos, vide anotações no item 577.1.1.

Jurisprudência

5. [...] 1. A reclamação constitucional é ação destinada à tutela específica da competência e da autoridade das decisões da Corte, exigindo-se, nesse último caso, a demonstração de que há aderência estrita entre o objeto do ato reclamado e o conteúdo do provimento jurisdicional exarado pelo Tribunal Superior, uma vez que a ação reclamatória não se qualifica como sucedâneo recursal. Precedentes.

2. Hipótese em que a parte reclamante se insurge contra sentença que não teria observado enunciado da Súmula do STJ e o princípio da irretroatividade da lei penal.

3. Nos termos da firme orientação desta Corte Superior, a reclamação não tem cabimento como sucedâneo recursal, não sendo adequada à preservação de sua jurisprudência, mas sim à autoridade de decisão tomada em caso concreto e envolvendo as partes postas no litígio do qual ela é originada. [...] *(Agravo Regimental na Reclamação n° 46.846-RJ, STJ, 3ª Seção, Rel. Min. Og Fernandes, julgado em 1.10.2024, publicado no DJ em 7.10.2024)*

5. [...] A jurisprudência firme do Supremo Tribunal Federal exige, para o cabimento da reclamação, que fique demonstrada a aderência estrita entre o ato reclamado e o conteúdo do paradigma apontado como violado. No caso, não há estrita aderência temática entre a manifestação da autoridade reclamada e as ADPFs 395/DF e 444/DF. [...] Os reclamantes utilizam a reclamação constitucional como sucedâneo de recurso ou da medida processual potencialmente cabível, buscando, por razões de ordem meramente prática, a submissão imediata do litígio ao exame do Supremo Tribunal Federal. [...] *(Agravo Regimental na Reclamação nº 65.488, STF, 1º Turma, Rel. Min. Cristiano Zanin, julgado em 16.8.2024, publicado no DJ em 22.8.2024)*

5. [...] A jurisprudência consolidada do Supremo Tribunal Federal assenta o não cabimento da reclamação nas hipóteses em que os precedentes apontados como paradigma não se revistam de eficácia vinculante (tutela de precedente), exceto quando se tratar de decisão proferida em processo de índole subjetiva, no qual a própria parte reclamante tenha intervindo como sujeito processual. [...] *(Agravo Regimental na Reclamação nº 61.506, STF, 1ª Turma, Rel. Min. Cristiano Zanin, por maioria, sessão virtual de 23.2.2024 a 1.3.2024, publicado no DJ em 20.3.2024)*

5. [...] A reclamação constitucional não presta a dirimir divergência jurisprudencial entre o ato apontado como reclamado e precedentes do Superior Tribunal de Justiça porquanto não pode ser admitido como substitutivo recursal. Na espécie, nada obstante a alegação de descumprimento, não existe decisão proferida pelo Superior Tribunal de Justiça especificamente para a relação jurídica originária. [...] *(Agravo Regimental na Reclamação nº 46.923-SP, STJ, 3ª Seção, Rel. Min. Messod Azulay Neto, julgado em 22.2.2024, publicado no DJ em 29.2.2024)*

5. [...] 1. O Supremo Tribunal Federal decidiu, reiteradamente, pelo não cabimento da reclamação ajuizada com o escopo de corrigir eventuais equívocos na aplicação do instituto da repercussão geral, à exceção de evidente teratologia, o que não se vislumbra no caso. 2. A reclamação constitucional é ação direcionada para a tutela específica da competência e autoridade das decisões proferidas por este Supremo Tribunal Federal, pelo que não se consubstancia como sucedâneo recursal ou ação rescisória. [...] *(Agravo Regimental na Reclamação nº 55.550, STF, 2ª Turma, Rel. Min. André Mendonça, sessão virtual de 9.12.2022 a 16.12.2022, publicado no DJ em 14.2.2023)*

5. [...] 1. Nos termos do art. 105, I, *f*, da Constituição Federal e do art. 187 do Regimento Interno do Superior Tribunal de Justiça, cabe reclamação da parte interessada ou do Ministério Público para preservar a competência do Superior Tribunal de Justiça ou para garantir a autoridade das suas decisões na análise do caso concreto.

2. No caso em exame, a reclamação não se ajusta às alegações formuladas pela defesa, a qual pretende fazer prevalecer precedente desta Corte que não envolve as mesmas partes da decisão reclamada.

3. A Corte Especial deste Tribunal, nos autos da Reclamação n. 36.476/SP (relatora Ministra Nancy Andrighi, julgado em 5/2/2020), decidiu, por maioria, não ser cabível reclamação para discutir a observância de precedente proferido em julgamento de recurso especial repetitivo. [...] .*(Agravo Regimental na Reclamação nº 43991–MG, STJ, 3ª Seção, Rel. Min. Antônio Saldanha Palheiro, julgado em 8.3.2023, publicado no DJ em 14.3.2023)*

5. [...] A reclamação "não pode ser utilizada como um (inadmissível) atalho processual destinado a permitir, por razões de caráter meramente pragmático, a submissão imediata do litígio ao exame direto desta Suprema Corte" [...] *(Embargos de Declaração na Reclamação nº 32.080/SP, STF, 2ª Turma, unânime, Rel. Min. Ricardo Lewandowski, julgado em sessão virtual de 10.9.2021 a 17.9.2021, publicado no DJ em 27.9.2021)*

5. [...] III- Esta Suprema Corte tem entendido não ser legítimo o oferecimento de reclamação constitucional por sujeito que não integrou a relação jurídica processual paradigma, nos casos em que o precedente foi proferido em processo de natureza subjetiva, sem efeitos *erga omnes*. IV – No caso, contudo, devem ser fornecidas cópias de documentos encartados nos autos da referida reclamação ao agravante, naquilo em que foi nominalmente citado nos diálogos, desde que tais documentos não estejam cobertos pelo sigilo e que possam, eventualmente, subsidiar a sua defesa em processos penais ou em cadernos investigatórios. [...] (*Segundo Agravo Regimental na Reclamação nº 45.762/DF, STF, 2ª Turma, unânime, Rel. Min. Ricardo Lewandowski, julgado em sessão virtual de 20.8.2021 a 27.8.2021, publicado no DJ em 8.9.2021)*

5. [...] I – A jurisprudência do Supremo Tribunal Federal considera incabível a reclamação que alegue contrariedade a decisões com efeitos *inter partes*, proferidas em processos nos quais o postulante não integrou a relação processual antecedente. II – Exige-se que haja aderência estrita entre a decisão reclamada e o aresto ou súmula tidos por desrespeitados. Desse modo, os atos questionados em qualquer reclamação, nos casos em que se sustenta desrespeito ou garantia à autoridade de decisão proferida pelo STF, hão de se ajustar, com exatidão e pertinência, aos julgamentos invocados como paradigmas de confronto, em ordem a permitir, pela análise comparativa, a verificação da conformidade, ou não, da deliberação estatal impugnada em relação ao parâmetro de controle emanado deste Tribunal. [...] *(Agravo Regimental na Reclamação nº 46.630/DF, STF, 2ª Turma, unânime, Rel. Min. Ricardo Lewandowski, julgado em sessão virtual de 7.5.2021 a 14.5.2021, publicado no DJ em 19.5.2021)*

5. [...] Consoante entendimento da Corte, a declaração de imprestabilidade dos elementos de prova angariados em eventual usurpação da competência criminal do Supremo Tribunal Federal não alcançaria aqueles destituídos de foro por prerrogativa de função, como no caso. Precedentes.(Rcl 25497 AgR, Rel. Min. Dias Tóffoli, Segunda Turma, julgado em 14/02/2017 [...] *(Medida Cautelar em Mandado de Segurança nº 38.099/DF, STF, Rel. Min. Ricardo Lewandowski, julgado em 30.7.2021, publicado no DJ em 3.8.2021)*

5. [...] 1. A reclamação, por expressa determinação constitucional, destina-se a preservar a competência desta Suprema Corte e garantir a autoridade de suas decisões, *ex vi* do artigo 102, I, l, da CF além de salvaguardar o estrito cumprimento dos enunciados da Súmula Vinculante, nos termos do artigo. 103-A, § 3º, da Constituição, incluído pela EC n. 45/2004. Neste particular, a jurisprudência desta Suprema Corte estabeleceu diversas condicionantes para a utilização da via reclamatória, de sorte a evitar o uso promíscuo do referido instrumento processual. Disso resulta: i) a impossibilidade de utilizar *per saltum* a reclamação, suprimindo graus de jurisdição; ii) a impossibilidade de se proceder a um elastério hermenêutico da competência desta Corte, por estar definida em rol *numerus clausus*; e iii) a observância da estrita aderência da controvérsia contida no ato reclamado e o conteúdo dos acórdãos desta Suprema Corte apontados como paradigma. Precedentes: Rcl 16.458-AgR, 1ª Turma, Rel. Min. Rosa Weber, *DJe* de 9.9.2014; Rcl 23.357-ED, 2ª Turma, Rel. Min. Teori Zavascki, *DJe* de 29.8.2016; Rcl 14.745-AgR, 1ª Turma, Rel. Min. Roberto Barroso, *DJe* de 10.2.2017; Rcl 25.509-AgR, Tribunal Pleno, Rel. Min. Edson Fachin, *DJe* de 18.8.2017. [...] 3. A aderência estrita entre o objeto do ato reclamado e o conteúdo da decisão do STF dotada de efeito vinculante e eficácia *erga omnes* apontada pelo reclamante é requisito para a admissibilidade da reclamação constitucional. Precedentes: Rcl 22.608-AgR, 2ª Turma, Rel. Min. Dias Toffoli, *DJe* de 22.4.2016; Rcl 21.559-AgR, 1ª Turma, Rel. Min. Alexandre de Moraes, *DJe* de 1º.9.2017. [...] 7. A reclamação é impassível de ser manejada como sucedâneo de recurso ou revisão criminal, bem como é inadmissível a sua utilização em substituição a outras ações cabíveis. [...] 11. Agravo regimental desprovido. *(Agravo Regimental na Reclamação n. 29.822-MA, STF, 1ª Turma, Rel. Min. Luiz Fux, julgado em 28.6.2018, publicado no DJ em 6.8.2018).*

5. [...] Usurpação de competência. Não ocorrência. Informações do juízo reclamado de que *autoridade com foro por prerrogativa de função não foi alvo de nenhuma medida cautelar autoriza-*

da por aquele juízo no curso da persecução penal, bem como de que os fatos verificados sobre o parlamentar não tinham relação direta com o objeto da investigação em desfavor do agravante. Inviabilidade do uso da reclamação para se operar o reexame do conteúdo do ato reclamado e de todo o conjunto fático-probatório para se chegar a conclusão diversa. Precedentes. *Eventual declaração de imprestabilidade dos elementos de prova angariados em suposta usurpação da competência criminal do Supremo Tribunal Federal não alcança aqueles destituídos de foro por prerrogativa de função.* [...] 2. Consoante entendimento da Corte, a declaração de imprestabilidade dos elementos de prova angariados em eventual usurpação da competência criminal do Supremo Tribunal Federal não alcançaria aqueles destituídos de foro por prerrogativa de função, como no caso. Precedentes. [...] (*Agravo Regimental na Reclamação n. 25.497, STF, 2ª Turma, Rel. Min. Dias Toffoli, julgado em 14.2.2017, publicado no DJ em 13.3.2017).*

5. [...] Ausente a prática intencional de atos violadores da competência do Supremo Tribunal Federal, esta Corte possui clara orientação no sentido de que são válidos, em princípio, os atos processuais praticados. (Rcl 19.135-AgR, de minha relatoria, Segunda Turma, *DJe* 3.8.2015; RHC 120.379, Rel. Min. Luiz Fux, Primeira Turma, *DJe* 24.10.2014; AI 626.214-AgR, Rel. Min. Joaquim Barbosa, Segunda Turma, *DJe* 8.10.2010; HC 83.515, Rel. Min. Nelson Jobim, Tribunal Pleno, *DJ* 4.3.2005). Assim, devem ser preservados os atos decisórios proferidos, inclusive as prisões cautelares e as provas colhidas, já que praticadas por juízo aparentemente competente (HC 81.260, Rel. Min. Sepúlveda Pertence, Tribunal Pleno, *DJ* 19.4.2002). [...] (*AgRg na AP nº 963, STF, 2ª Turma, unânime, Rel. Min. Teori Zavascki, julgado em 15.3.2016, publicado no* DJ *em 19.9.2016*).

5.1. Regimento Interno do STF: Dispõem os arts. 156 a 162, RISTF, acerca do procedimento a ser adotado nas reclamações ajuizadas perante aquela Corte:

> Art. 156. Caberá reclamação do Procurador-Geral da República, ou o interessado na causa, para preservar a competência do Tribunal ou garantir a autoridade das suas decisões.
>
> Parágrafo único. A reclamação será instruída com prova documental.
>
> Art. 157. O Relator requisitará informações da autoridade, a quem for imputada a prática do ato impugnado, que as prestará no prazo de *cinco dias*.
>
> Art. 158. O Relator poderá determinar a suspensão do curso do processo em que se tenha verificado o ato reclamado, ou a remessa dos respectivos autos ao Tribunal.
>
> Art. 159. Qualquer interessado poderá impugnar o pedido do reclamante.
>
> Art. 160. Decorrido o prazo para informações, dar-se-á vista ao Procurador-Geral, quando a reclamação não tenha sido por ele formulada.
>
> Art. 161. Julgando procedente a reclamação, o Plenário ou a Turma poderá:
>
> I – avocar o conhecimento do processo em que se verifique usurpação de sua competência;
>
> II – ordenar que lhe sejam remetidos, com urgência, os autos do recurso para ele interposto;
>
> III – cassar decisão exorbitante de seu julgado, ou determinar medida adequada à observância de sua jurisdição.
>
> Parágrafo único. O Relator poderá julgar a reclamação quando a matéria for objeto de jurisprudência consolidada do Tribunal.
>
> Art. 162. O Presidente do Tribunal ou da Turma determinará o imediato cumprimento da decisão, lavrando-se o acórdão posteriormente.

Jurisprudência

5.1. [...] 1. Os Ministérios Públicos estaduais e do Distrito Federal possuem o direito de, por meio dos recursos próprios, desincumbir-se plenamente de suas atribuições constitucionais nos Tribunais Superiores, mantendo-se, ademais, preservados os princípios da igualdade e do contraditório (art. 5º, *caput* e inciso LV da CF), que alcançam ambas as partes da relação processual. 2. Sob diversa angulação, a que prestigia o princípio acusatório, não se admite que uma ação penal passe a caminhar, em grau de recurso extraordinário (*lato sensu*), movida por instituição que não é a parte autora da demanda, sendo direito do réu, por sua vez, continuar a ser acusado pelo seu acusador natural, ou seja, o órgão oriundo da mesma instituição que o processou na origem. 3. Quando se trata de recursos extraordinários (*lato sensu*), o Ministério Público Federal (pela Procuradoria--Geral ou pela Subprocuradoria-Geral da República) e o Ministério Público do Distrito Federal e Territórios ou o Ministério Público estadual (pela Procuradoria-Geral de Justiça) hão de ser vistos e tratados como órgãos distintos – como de fato o são – pertencentes a diferentes ramos do Ministério Público brasileiro, de sorte que não se aplicam, entre um e outro, os princípios da unidade e da indivisibilidade. 4. À objeção de que caberia ao Ministério Público Federal atuar é de lembrar que o *Parquet* federal atua, nessas hipóteses, na qualidade de *custos iuris*, visto que não foi essa instituição, e sim o Ministério Público da respectiva unidade da Federação, quem exercitou, *ab initio*, a ação penal condenatória e muito menos quem perseguiu, por meio do direito a impugnação, reforma ou anulação do acórdão contrário à lei ou à Constituição Federal. 4. O exaurimento da via especial e extraordinária, com os meios impugnativos próprios dessa fase recursal, não pode ser retirado dos membros do *Parquet* local, porquanto estão em jogo as legítimas atribuições constitucionais e legais outorgadas ao Ministério Público (CF, arts. 127 e 128), o que suplanta o argumento de que o disposto nos regimentos internos dos Tribunais Superiores (RISTF, art. 48, *caput* e parágrafo único, e RISTJ, art. 61) impede a atuação dos Ministérios Públicos estaduais e do Distrito Federal nesta Colenda Corte e no STF. 5. A propósito, a Suprema Corte já disciplinou o direito dos Ministérios Públicos e das Defensorias Públicas Estaduais e do Distrito Federal serem intimados das decisões proferidas em processos físicos ou eletrônicos, por meio do art. 5º da Resolução-STF nº 469/2011. 6. Dessa forma, não há sentido em se negar o reconhecimento do direito de atuação dos Ministérios Públicos estaduais e do Distrito Federal perante esta Corte, se a interpretação conferida pelo STF, a partir de tema que assume, consoante as palavras do Ministro Celso de Mello, "indiscutível relevo jurídico-constitucional" (RCL-AGR nº 7.358) aponta na direção oposta, após evolução jurisprudencial acerca do tema. 7. Reconhecida a legitimidade recursal aos Ministérios Públicos estaduais e do Distrito Federal, no âmbito do Superior Tribunal de Justiça, dá-se provimento ao Agravo Regimental interposto pelo Ministério Público do Rio Grande do Sul. (*Agravo Regimental nos Embargos de Divergência no Recurso Especial nº 1.256.973, STJ, 3ª Seção, Rel. Min. Laurita Vaz, Redator do acórdão Min. Rogério Schietti Cruz, julgado em 27.8.2014, publicado no* DJ *em 6.11.2014*).

5.1. [...] 1. Tendo em vista que a Lei Complementar nº 75/93 restringiu ao Procurador-Geral da República e aos Subprocuradores-Gerais da República a legitimidade para atuar junto aos tribunais superiores, há muito pacificou-se neste Sodalício o entendimento segundo o qual não é cabível a interposição pelo Ministério Público Estadual, seja como parte ou *custos legis*, de recurso em face de decisão proferida por esta Corte. 2. "A teor do § 1º do artigo 47 da Lei Complementar nº 75/93, e na linha da jurisprudência do Superior Tribunal de Justiça, somente os Subprocuradores-Gerais da República podem oficiar perante os Tribunais Superiores." (AgRg na SLS 1.612/SP, Rel. Ministro Ari Pargendler, Corte Especial, julgado em 29.8.2012, Brasília, disponibilização Sexta-feira, 26 de outubro de 2012, publicação Segunda-feira, 29 de outubro de 2012. *DJe* 6.9.2012). 3. Cabe ao aplicador da lei, nas instâncias ordinárias, realizar uma análise fático-probatória dos autos a fim de analisar se houve a consumação ou não do delito perpetrado, procedimento sabidamente inviável nesta instância especial. Incidência do enunciado nº 7/STJ. 4. Agravo regimental interposto pelo Ministério Público do Estado do Rio de Janeiro não conhecido e agravo regimental interposto pelo Ministério Público Federal improvido (*Agravo Regimental no Recurso especial nº 1.201.491/RJ, STJ, 6ª Turma, unânime, Rel. Min. Maria Thereza de Assis Moura, julgado em 23.10.2012, publicado no* DJ *em 29.10.2012*).

5.1. [...] Inicialmente, entendo que o Ministério Público do Estado de São Paulo *não* possui legitimidade para propor originariamente Reclamação perante esta Corte, eis que "incumbe ao

Procurador-Geral da República exercer as funções do Ministério Público junto ao Supremo Tribunal Federal, nos termos do art. 46 da Lei Complementar 75/93" (Rcl 4453 MC-AgR-AgR/SE, de minha relatoria, *DJe* 59, 26.3.2009). Entretanto, a ilegitimidade ativa foi corrigida pelo Procurador-Geral da República que ratificou a petição inicial e assumiu a iniciativa da demanda. No caso em tela, o Juiz de Direito da Vara das Execuções Criminais de São Paulo/SP, reconhecendo a ocorrência de falta grave na conduta do sentenciado, declarou perdidos os dias remidos, nos termos do art. 127 da LEP. Ao julgar o agravo em execução interposto pela defesa do reeducando, a 7ª Câmara de Direito Criminal do Tribunal de Justiça do Estado de São Paulo, em 31 de julho de 2008, deu provimento parcial ao recurso, para restabelecer os dias remidos. O julgamento do agravo ocorreu em data posterior à edição da Súmula Vinculante nº 9, como inclusive foi expressamente reconhecido pela Corte local. O fundamento consoante o qual o enunciado da referida Súmula não seria vinculante em razão da data da decisão do juiz das execuções penais ter sido anterior à sua publicação, não se mostra correto. Com efeito, a tese de que o julgamento dos recursos interpostos contra decisões proferidas antes da edição da súmula, não deve obrigatoriamente observar o enunciado sumular (após sua publicação na imprensa oficial), data vênia, não se mostra em consonância com o disposto no art. 103-A, *caput*, da Constituição Federal, que impõe o efeito vinculante a todos os órgãos do Poder Judiciário, a partir da publicação da súmula na imprensa oficial. Desse modo, o acórdão do Tribunal de Justiça do Estado de São Paulo, proferido em 31 de julho de 2008, ao não considerar recepcionada a regra do art. 127, da LEP, afrontou a Súmula Vinculante nº 9. Além disso, o referido acórdão também violou o enunciado da Súmula Vinculante nº 10, eis que a 7ª Câmara Criminal – órgão fracionário do TJSP – afastou a incidência do art. 127 da LEP, sob o fundamento de que tal dispositivo afronta princípios constitucionais. Ante o exposto, defiro a admissão do Sr. Procurador-Geral da República como autor da demanda e julgo procedente a presente reclamação para cassar o acórdão da 7ª Câmara Criminal do Tribunal de Justiça do Estado de São Paulo que restabeleceu os dias remidos do reeducando (*Reclamação nº 6.541-SP, Rel. Min. Ellen Gracie, Plenário, julgado em 25.6.2009, publicado no* DJ *em 4.9.2009*).

5.1. [...] O Ministério Público dos Estados-membros dispõe de legitimidade ativa "ad causam" para ajuizar, originariamente, perante o Supremo Tribunal Federal, reclamação destinada a fazer prevalecer a autoridade de enunciado constante de súmula vinculante, cujo teor normativo tenha sido concretamente desrespeitado por ato emanado do Poder Executivo ou proferido por qualquer órgão do Poder Judiciário. Inexiste qualquer relação de dependência ou de subordinação entre o Ministério Público dos Estados-membros e o Procurador-Geral da República, considerada a prerrogativa de autonomia institucional de que também se acha investido, por efeito de explícita outorga constitucional (CF, art. 127, § 1º), o "Parquet" estadual. Inadmissível, desse modo, exigir-se que a atuação processual do Ministério Público local se faça por intermédio do Procurador-Geral da República, que não dispõe de poder de ingerência na esfera orgânica do "Parquet" estadual, pois lhe incumbe, unicamente, por expressa definição constitucional (CF, art. 128, § 1º), a Chefia do Ministério Público da União. O estatuto de regência da remição penal não ofende a coisa julgada, não atinge o direito adquirido nem afeta o ato jurídico perfeito, pois a exigência de satisfatório comportamento prisional do interno – a revelar a participação ativa do próprio condenado na obra de sua reeducação – constitui pressuposto essencial e ineliminável da manutenção desse benefício legal. A perda do tempo remido, em decorrência de punição por falta grave (art. 127 da Lei de Execução Penal), não vulnera o postulado inscrito no art. 5º, XXXVI, da Constituição da República. É que a punição do condenado por faltas graves – assim entendidas as infrações disciplinares tipificadas nos arts. 50, 51 e 52 da Lei de Execução Penal – traz consigo consideráveis impactos de natureza jurídico-penal, pois afeta, nos termos em que foi delineado pelo ordenamento positivo, o próprio instituto da remição penal, que supõe, para efeito de sua aplicabilidade e preservação, a inexistência de qualquer ato punitivo por ilícitos disciplinares revestidos da nota qualificadora da gravidade objetiva. Doutrina. Precedentes. [...] (*Medida Cautelar na Reclamação nº 9106-SP, Rel. Min. Celso de Mello, decisão monocrática publicada em 1º.10.2010*).

5.1.1 Reclamações não conhecidas, apreciação como "*habeas corpus de ofício*" e a vedação da decisão *per saltum*. Existem alguns precedentes do STF que ensejam alguns questionamentos importantes, na medida em que, mesmo diante de *reclamações* descabidas (ou seja, não é *inaugurada a competência do STF*), acabam apreciando temas dos mais variados e, muitas vezes, deferindo *habeas corpus de ofício*. Isso também ocorre com o próprio *habeas corpus*, que *não é conhecido*, mas deferido de ofício por razões diversas da impetração.

Conforme destacamos em inúmeras partes da presente obra, partimos da premissa de que *é dever do Poder Judiciário corrigir* toda forma de *manifesta* ilegalidade que se apresente nos casos postos a julgamento, observada sobretudo uma premissa fundamental: presença de competência jurisdicional para o exame de determinada questão.

Não podemos esquecer que a inadmissibilidade por *"não conhecimento" significa* a expressa afirmação de que aquele recurso (ou até mesmo *habeas corpus*, substitutivo do recurso próprio) *não deveria ter chegado no tribunal*.

Noutras palavras, dentro da cognição e limitações antes vistas, reclamação *"não conhecida" (pressupostos de admissibilidade) traz em si a carga de reconhecimento de que sequer é inaugurada a jurisdição de mérito do Tribunal*. Não conhecer da reclamação significa afirmar, de forma bem clara, que *tecnicamente não há autorização para que o tribunal contorne sua própria decisão* de dizer que não cabe a irresignação para, na sequência, fazer uma análise "de ofício" e analisar todas demais questões sob outros ângulos que entenda eventualmente cabíveis.

Nem de longe estamos aqui externando posição de que os tribunais não devam proteger os direitos fundamentais. Mas não concordamos com a hipótese de a reclamação não ser *admitida* (por incabível) e, na sequência, haver uma supressão de instância mediante concessão de *habeas de ofício*.

Não se pode olvidar que a grande maioria das reclamações são ajuizadas contra atos de juízos de primeiro grau. Muitas delas não são conhecidas, mas são encontrados julgados em que são deferidas ordens de ofício (v.g. Reclamação *nº 30.245-PR, STF, 2ª Turma, Rel. Min. Dias Toffoli, julgado em 21.8.2018, publicado no DJ em 22.11.2018; Agravo Regimental na Reclamação nº 19.464/SP, STF, 2ª Turma, unânime, Rel. Min. Dias Toffoli, julgado em sessão virtual de 2.10.2020 a 9.10.2020, publicado no DJ em 14.12.2020)*. Ora, como vimos aqui, a reclamação é uma espécie de irresignação ajuizada *diretamente* na Suprema Corte, enquanto o *habeas corpus* precisa observar o necessário escalonamento de acordo com as autoridades coatoras, nos estritos e exatos termos da Súmula 691 do STF.

Se a reclamação é contra decisão de juiz de primeiro grau, o *habeas corpus* (inclusive de ofício) somente pode ser concedido em sede de tribunal de apelação correspondente, e não substitutivo à reclamação eventualmente não conhecida.

Desse modo, entendemos que se não é admitida (conhecida) a reclamação (inadmissibilidade significa que não é inaugurada a *competência* do tribunal para a apreciação da irresignação), não cabe a concessão de qualquer medida *ex officio*, notadamente quando isso importar (na grande maioria das vezes) em burla à vedação da supressão de instâncias.

5.2. Regimento Interno do STJ: Dispõem os arts. 187 a 192, RISTJ, acerca do procedimento a ser adotado nas reclamações ajuizadas perante aquela Corte:

> Art. 187. Para preservar a competência do Tribunal, garantir a autoridade de suas decisões e a observância de julgamento proferido em incidente de assunção de competência, caberá reclamação da parte interessada ou do Ministério Público

desde que, na primeira hipótese, haja esgotado a instância ordinária. (Redação da Ementa Regimental nº 24, de 2016) Parágrafo único. A reclamação, dirigida ao Presidente do Tribunal e instruída com prova documental, será autuada e distribuída ao relator da causa principal, sempre que possível.

Art. 188. Ao despachar a reclamação, o relator:

I – requisitará informações da autoridade a quem for imputada a prática do ato impugnado, a qual as prestará no prazo de dez dias;

II – ordenará, se necessário, para evitar dano irreparável a suspensão do processo ou do ato impugnado;

III – determinará a citação do beneficiário da decisão impugnada, que terá quinze dias para apresentar contestação. *(Incluído pela Emenda Regimental nº 22, de 2016)*

Art. 189. Qualquer interessado poderá impugnar o pedido do reclamante.

Art. 190. O Ministério Público, nas reclamações que não houver formulado, terá vista do processo por cinco dias, após o decurso do prazo para informações e para oferecimento da contestação pelo beneficiário do ato impugnado. *(Redação dada pela Emenda Regimental nº 22, de 2016)*

Art. 191. Julgando procedente a reclamação, o Tribunal cassará a decisão exorbitante de seu julgado ou determinará medida adequada à preservação de sua competência.

Art. 192. O Presidente determinará o imediato cumprimento da decisão, lavrando-se o acórdão posteriormente.

Jurisprudência

5.2. [...] 1. Desde 18.3.2016, não cabe mais Reclamação contra acórdão de Turma Recursal de Juizado Especial, pois, em virtude de tal hipótese de cabimento não estar contemplada no novo CPC (Lei n. 13.105, de 16.3.2015), que legislou exaustivamente sobre o tema, esta Corte revogou (art. 4º da Emenda Regimental n. 22, de 16.3.2016) a Resolução n. 12/2009 do Superior Tribunal de Justiça, com base na qual anteriormente se admitia o ajuizamento do incidente para "dirimir divergência entre acórdão prolatado por turma recursal estadual e a jurisprudência do Superior Tribunal de Justiça, suas súmulas ou orientações decorrentes do julgamento de recursos especiais processados na forma do art. 543-C do Código de Processo Civil." Precedentes. 2. Ainda que assim não fosse, a leitura do art. 988 do CPC/2015 permite depreender que a Reclamação dirigida ao STJ não se presta a proteger o jurisdicionado de decisões judiciais que não tenham se alinhado ao posicionamento majoritário da jurisprudência desta Corte ou a tese posta em enunciado de súmula deste Tribunal. 3. Exceção feita à hipótese em que se demonstra o descumprimento de julgado desta Corte no qual, examinando caso concreto envolvendo o Reclamante (art. 988, II, do CPC/2015), é reconhecida nulidade que, de alguma forma, macula toda a sentença – o que não é o caso dos autos –, a Reclamação não se presta a cassar decreto condenatório, tanto mais quando dele cabe recurso. Situação em que o ora Reclamante foi condenado, em 7 (sete) ações penais, pelo delito de desobediência (art. 330, CP), por ter descumprido ordem judicial que lhe determinara prestar contas e depositar valores decorrentes da penhora de faturamento em processo executivo fiscal, e a condenação foi mantida nos 7 (acórdãos) da Turma Recursal Cível e Criminal do Colégio Recursal de Jaboticabal/SP apontados como reclamados. 4. De qualquer modo, o cabimento da Reclamação calcada na garantia da autoridade das decisões do Tribunal (art. 988, II, CPC/2015) surge por ocasião de eventual descumprimento de ordens emanadas desta Corte aplicáveis especificamente para o caso concreto, não sendo esta a hipótese retratada nos autos. Precedentes. [...] *(Agravo Regimental na Reclamação n. 34.605-SP, STJ, 3ª Seção, unânime, Rel. Min. Reynaldo Soares da Fonseca, julgado em 13.9.2017, publicado no DJ em 20.9.2017)*

5.2. [...] Destina-se a reclamação a preservar a competência do STJ ou garantir a autoridade das suas decisões (art. 105, I, "f", da Constituição Federal c/c o art. 187 do RISTJ). Inexistindo comando positivo da Corte cuja eficácia deva ser assegurada por meio da medida correicional, deve ela ser rejeitada. As disposições do artigo 105, I, "a" da Constituição Federal versam sobre a competência do Superior Tribunal de Justiça para julgamento de ação penal contra as autoridades nele apontadas, não alcançando os atos praticados por Desembargadores em ações civis. Portanto, esse dispositivo desserve ao fim de sustentar decisão oriunda de Tribunal de Justiça que declina da competência para processar e julgar ação originária que tem por objeto a reforma de ato decisório praticado por Desembargador em sede de agravo de instrumento do art. 522 do Código de Processo Civil. Agravo regimental desprovido. Remessa dos autos ao Tribunal de Justiça do Estado do Piauí (*Agravo Regimental na Reclamação nº 2.110/PI, STJ, Rel. Min. José Otávio de Noronha, 2ª Seção, julgado em 10.2.2010, publicado no* DJ *em 19.2.2010*).

[...] A Reclamação é o instrumento previsto no Regimento Interno desta Corte para preservar a competência ou garantir a autoridade das decisões proferidas por esta Corte Superior de Justiça (art. 187 do RISTJ). O MM. Juiz de Direito, ao contrário do que alega a inicial, cumpriu fielmente a determinação desta Corte, fazendo anotar o trancamento da ação penal. O acautelamento dos autos em secretaria, até o julgamento final do processo administrativo, justifica-se por economia processual e de recursos e não representa qualquer prejuízo ao réu ou descumprimento à ordem desta Corte. Reclamação improcedente, em consonância com o parecer ministerial (*Reclamação nº 2.955-SP, 3ª Seção, STJ, Rel. Min. Napoleão Nunes Maia Filho, julgado em 10.2.2010, publicado no* DJ *em 9.3.2010*).

6. Súmulas vinculantes.

6.1. Considerações gerais: Com a aprovação da Ementa Constitucional nº 45, de 8 de dezembro de 2004, criou-se no âmbito jurisdicional brasileiro a possibilidade de o Supremo Tribunal Federal editar súmulas vinculantes, que, destaca-se desde já, possuem verdadeiro conteúdo normativo.

Diz o § 1º do art. 103-A, a finalidade consiste em fixar, de modo definitivo, a validade, interpretação e a eficácia de determinadas normas (constitucionais ou infraconstitucionais), acerca das quais exista alguma controvérsia entre os órgãos judiciários ou entre esses e a administração pública. Uma condicionante: a controvérsia terá de possibilitar grave insegurança jurídica e relevante multiplicação de processos sobre temas idênticos. Mais ainda: segundo estipulado no art. 2º da Lei nº 11.417/06, é essencial que se tenham ocorrido *reiteradas decisões* sobre a matéria que será objeto de sumularização.

Indubitavelmente, o número de processos que aportam no STJ e no STF parece não ter comparativo em qualquer outro sistema judiciário, circunstância que – e não poderia ser diferente – acaba gerando uma demora excessiva no julgamento dos feitos (*com reflexos graves especialmente no âmbito penal, quando não pela ocorrência da prescrição*). Porém há um pressuposto bastante subjetivo no processo para a edição de súmulas vinculantes: a possibilidade de que ocorra *grave insegurança jurídica*.

Ao tempo em que há críticas acerca da possibilidade de decretação da prisão preventiva pela necessidade de *preservação da ordem pública*, veio o legislador constitucional repetir a edição de comando com conteúdo fortemente subjetivo. Não que esteja errada a adoção de tais técnicas legislativas, mas em sistema judicial no qual a repetição de "precedentes" pela mera remissão a ementas ou então pela transcrição de frases prontas apresenta-se um problema de gravidade ímpar se não houver um efetivo controle no caso concreto.

Remetemos para anotações complementares à obra *Súmulas Vinculantes – Requisitos, análise crítica e cautelas especiais na edição em matérias penal e processual penal* (FISCHER, Douglas. 2014. Porto Alegre: Verbo Jurídico).

6.2. Quórum para aprovação, revisão ou cancelamento: Além dos requisitos já referidos anteriormente (porque indissociáveis das condições gerais para a edição das súmulas vinculantes, razão pela qual já destacados), para a aprovação de súmula vinculante (que pode ser realizada inclusive de *ofício* pelo Tribunal) é essencial que dois terços dos seus membros se manifestem favoravelmente à sua edição. É dizer: como são 11 os ministros do STF, fundamental que pelo menos 8 votem favoravelmente à aprovação do comando sumular. O quórum encontra previsão constitucional (art. 103-A, *caput*, CF/88) e legal (§ 3º do art. 2º da Lei nº 11.417/06).

6.3. Legitimidade ativa para a propositura: O § 2º do art. 103-A da CF/88 estipulou expressamente que "*sem prejuízo do que vier a ser estabelecido em lei, a aprovação, revisão ou cancelamento de súmula poderá ser provocada por aqueles que podem propor a ação direta de inconstitucionalidade*".

Nessa toada, o art. 3º da Lei nº 11.417, de 19.12.2006, dispôs que são legitimados para a propositura da edição, revisão ou cancelamento de enunciado de súmula vinculante: I – o Presidente da República; II – a Mesa do Senado Federal; III – a Mesa da Câmara dos Deputados; IV – o Procurador-Geral da República; V – o Conselho Federal da Ordem dos Advogados do Brasil; VI – o Defensor Público-Geral da União; VII – partido político com representação no Congresso Nacional; VIII – confederação sindical ou entidade de classe de âmbito nacional; IX – a Mesa de Assembleia Legislativa ou da Câmara Legislativa do Distrito Federal; X – o Governador de Estado ou do Distrito Federal; XI – os Tribunais Superiores, os Tribunais de Justiça de Estados ou do Distrito Federal e Territórios, os Tribunais Regionais Federais, os Tribunais Regionais do Trabalho, os Tribunais Regionais Eleitorais e os Tribunais Militares.

Nos casos em que *não* for o autor da proposta, necessariamente o Procurador-Geral da República deverá manifestar-se previamente à edição, revisão ou cancelamento de enunciado de súmula vinculante.

Admite-se, ainda, a figura do *amicus curiae*: no § 2º do art. 3º da Lei nº 11.417, prevê-se a possibilidade de que o relator poderá admitir a manifestação de terceiros, segundo procedimento inserto no Regimento Interno do STF. Sua decisão é irrecorrível.

Jurisprudência

6.3. [...] O Plenário desta CORTE, no julgamento da ADI 4.711 AgR (Rel. Min. Roberto Barroso, Tribunal Pleno, DJ de 5/11/2019), reiterou a jurisprudência desta Corte no sentido da irrecorribilidade da decisão que indefere o pedido de ingresso na condição de amicus curiae. [...] *(Agravo Regimental no Inquérito nº 4.888-DF, STF, Plenário, Rel. Min. Alexandre de Moraes, Sessão Virtual de 12.8.2022 a 19.8.2022, publicado no Dj em 29.8.2022)*

6.4. Consequências da aprovação: A partir do momento em que houver a publicação da súmula em imprensa oficial, terá ela o efeito vinculante entre os demais órgãos do Poder Judiciário e também às administrações públicas direta e indireta, quaisquer que sejam as esferas. Acrescentamos posicionamento no sentido de que *também os particulares* estarão submetidos ao comando das súmulas, pois, tal como as leis, serão elas aplicadas aos casos pendentes de solução pelo Poder Judiciário.

6.4.1. Modulação dos efeitos: Preconizado expressamente no art. 4º da Lei de regência, e tal como já se dá em relação às ações declaratórias originárias, previu-se a possibilidade de o STF "*restringir os efeitos vinculantes ou decidir que só tenha eficácia a partir de outro momento, tendo em vista razões de segurança jurídica ou de excepcional interesse público*".

6.5. Descumprimento da súmula vinculante e recurso próprio: A reclamação é recurso próprio para que seja garantida a autoridade das decisões proferidas pelo tribunal. Exatamente aí que incide a regra do § 3º do art. 103-A, CF, assentando que "*do ato administrativo ou decisão judicial que contrariar a súmula aplicável ou que indevidamente a aplicar, caberá reclamação ao Supremo Tribunal Federal que, julgando-a procedente, anulará o ato administrativo ou cassará a decisão judicial reclamada, e determinará que outra seja proferida com ou sem a aplicação da súmula, conforme o caso.*" Igual disposição consta no art. 7º, Lei nº 11.417/06: "*Da decisão judicial ou do ato administrativo que contrariar enunciado de súmula vinculante, negar-lhe vigência ou aplicá-lo indevidamente caberá reclamação ao Supremo Tribunal Federal, sem prejuízo dos recursos ou outros meios admissíveis de impugnação*". Entendemos que a alteração de redação do inciso IV do art. 988 do CPC/2015 pela Lei nº 13.256/2016 (Art. 988. Caberá reclamação da parte interessada ou do Ministério Público para: [...] IV – garantir a observância de acórdão proferido em julgamento de incidente de resolução de demandas repetitivas ou de incidente de assunção de competência) não altera a possibilidade de adoção da reclamação nas situações acima descritas. Não por outra razão que houve um crescimento exponencial de reclamações ajuizadas no STF (maciçamente improcedentes) invocando súmulas vinculantes supostamente violadas.

6.6. Súmulas vinculantes editadas pelo Supremo Tribunal Federal e relevantes para o processo penal.

> **Súmula Vinculante 9:** O disposto no artigo 127 da Lei nº 7.210/84 (Lei de Execução Penal) foi recebido pela ordem constitucional vigente, e não se lhe aplica o limite temporal previsto no *caput* do artigo 58 (*Fonte de Publicação* DJe *nº 112, p. 1, em 20/6/2008.* DOU *de 20/6/2008, p. 1. Republicação:* DJe *nº 117, p. 1, em 27/6/2008.* DOU *de 27/6/2008, p. 1*).
>
> Observação: Atente-se para a novel redação conferida ao art. 127 da LEP pela Lei nº 12.433, de 29 de junho de 2011. Consoante decidiu o STJ, "[...] a *partir da vigência da Lei nº 12.433, de 29 de junho de 2011, que alterou a redação ao art. 127 da Lei de Execuções Penais, a penalidade consistente na perda de dias remidos pelo cometimento de falta grave passa a ter nova disciplina, não mais incidindo sobre a totalidade do tempo remido, mas apenas até o limite de 1/3 (um terço) desse montante, cabendo ao Juízo das Execuções, com certa margem de discricionariedade, aferir o quantum, levando em conta "a natureza, os motivos, as circunstâncias e as consequências do fato, bem como a pessoa do faltoso e seu tempo de prisão", consoante o disposto no art. 57 da Lei de Execuções Penais. Por se tratar de norma penal mais benéfica, deve a nova regra incidir retroativamente, em obediência ao art. 5º, inciso XL, da Constituição Federal.* Habeas corpus *não conhecido. Ordem concedida, de ofício, para determinar que o Tribunal de origem aprecie o mérito do* habeas corpus *originário, decidindo a alegação de nulidade como entender de direito, bem como para ordenar o retorno dos autos ao Juízo de Execuções, para que julgue sobre a perda dos dias remidos, aferindo novo patamar da penalidade, à luz da superveniente disciplina do art. 127 da Lei de Execuções Penais* (*Habeas Corpus nº 178.544-SP, 5ª Turma, unânime, Rel. Min. Laurita Vaz, julgado em 23.8.2011, publicado no* DJ *em 8.9.2011*).

Jurisprudência

[...] Aplicabilidade. [...] A partir da vigência da Lei nº 12.433, de 29 de junho de 2011, que alterou a redação ao art. 127 da Lei de Execuções Penais, a penalidade consistente na perda de dias remidos pelo cometimento de falta grave passa a ter nova disciplina, não mais incidindo sobre a totalidade do tempo remido, mas apenas até o limite de 1/3 (um terço) desse montante, cabendo ao Juízo das Execuções, com certa margem de discricionariedade, aferir o *quantum*, levando em conta "*a natureza, os motivos, as circunstâncias e as consequências do fato, bem como a pessoa do faltoso e seu tempo de prisão*", consoante o disposto no art. 57 da Lei de Execuções Penais. [...] (*Habeas Corpus nº 178.544-SP, STJ, 5ª Turma, unânime, Rel. Min. Laurita Vaz, julgado em 23.8.2011, publicado no* DJ *em 8.9.2011*).

[...] A partir da edição da Lei nº 12.433/2011, que modificou a redação dada ao art. 127 da Lei de Execução Penal, a perda dos dias remidos, que antes poderia ocorrer em sua totalidade, ficou limitada ao patamar de 1/3 (um terço). [...] (*Habeas Corpus nº 207.956-RS, STJ, 6ª Turma, unânime, Rel. Min. Og Fernandes, julgado em 25.10.2011, publicado no* DJ *em 9.11.2011*).

Súmula Vinculante 10: Viola a cláusula de reserva de plenário (CF, artigo 97) a decisão de órgão fracionário de tribunal que, embora não declare expressamente a inconstitucionalidade de Lei ou ato normativo do poder público, afasta sua incidência, no todo ou em parte (*Fonte de Publicação* DJe *nº 117, p. 1, em 27/6/2008,* DOU *de 27.6.2008, p. 1*).

Súmula Vinculante 11: Só é lícito o uso de algemas em casos de resistência e de fundado receio de fuga ou de perigo à integridade física própria ou alheia, por parte do preso ou de terceiros, justificada a excepcionalidade por escrito, sob pena de responsabilidade disciplinar, civil e penal do agente ou da autoridade e de nulidade da prisão ou do ato processual a que se refere, sem prejuízo da responsabilidade civil do Estado (*Fonte de Publicação* DJe *nº 157, p. 1, em 22/8/2008,* DOU *de 22.8.2008, p. 1*).

Súmula Vinculante 14: É direito do defensor, no interesse do representado, ter acesso amplo aos elementos de prova que, já documentados em procedimento investigatório realizado por órgão com competência de polícia judiciária, digam respeito ao exercício do direito de defesa. (*Fonte de Publicação* DJe *nº 26, p. 1, em 9/2/2009,* DOU *de 9.2.2009, p. 1*).

Jurisprudência

[...] *A Súmula Vinculante 14 confere ao investigado a possibilidade de acesso às diligências já documentadas nos autos, não abrangendo testemunhas.* [...] *(Agravo Regimental na Reclamação nº 46.199/PE, STF, 1ª Turma, por maioria, Rel. Min. Roberto Barroso, julgado em sessão virtual de 23.4.2021 a 30.4.2021, publicado no DJ em 12.5.2021)*

[...] 2. (a) Nos termos da Súmula Vinculante 14, "*É direito do defensor, no interesse do representado, ter acesso amplo aos elementos de prova que, já documentados em procedimento investigatório realizado por órgão com competência de polícia judiciária, digam respeito ao exercício do direito de defesa*". [...] A Súmula Vinculante 14 reconhece aos defensores o direito de ter acesso aos elementos de informação já documentados em procedimento investigativo. (b) Na esteira dos precedentes sobre a matéria, referido enunciado sumular não alcança "*sindicância administrativa objetivando elucidar fatos sob o angulo do cometimento de infração administrativa*" (Rcl 10.771-AgR/RJ, Rel. Min. Marco Aurélio, Primeira Turma, *DJe* de 18/2/2014). [...] o Reclamante pretende valer-se da reclamação como substituto do *mandamus*, pretendendo a reforma, *per saltum*, do ato administrativo impugnado. [...] *(Agravo Regimental na Reclamação nº*

40.116-RJ, STF, 1ª Turma, unânime, Rel. Min. Luiz Fux, julgado em sessão virtual de 28.8.2020 a 4.9.2020, publicado no DJ em 23.9.2020).

Sindicância. Acesso. Verbete nº 14 da Súmula Vinculante do Supremo. Inadequação. O Verbete nº 14 da Súmula Vinculante do Supremo não alcança sindicância administrativa objetivando elucidar fatos sob o ângulo do cometimento de infração administrativa (*Agravo Regimental na Reclamação nº 10.771-RJ, STF, 1ª Turma, Rel. Min. Marco Aurélio, julgado em 17.20.2014, publicado no DJ em 18.2.2014*).

Vide item 155.7 quanto ao acesso de investigações em se tratando de colaboração premiada (SV nº 14).

Súmula Vinculante 24: Não se tipifica crime material contra a ordem tributária, previsto no art. 1º, incisos I a IV, da Lei nº 8.137/90, antes do lançamento definitivo do tributo (*Fonte de Publicação* DJe *nº 232, p. 1, em 11.12.2009*). *– vide anotações detalhadas no item 395.3.4.1.*

Súmula Vinculante 25: É ilícita a prisão civil de depositário infiel, qualquer que seja a modalidade do depósito (*Fonte de Publicação DJe nº 238, p. 1, em 23/12/2009 DOU de 23.12.2009, p. 1*).

Súmula Vinculante 26: Para efeito de progressão de regime no cumprimento de pena por crime hediondo, ou equiparado, o juízo da execução observará a inconstitucionalidade do art. 2º da Lei nº 8.072, de 25 de julho de 1990, sem prejuízo de avaliar se o condenado preenche, ou não, os requisitos objetivos e subjetivos do benefício, podendo determinar, para tal fim, de modo fundamentado, a realização de exame criminológico (*Fonte de Publicação* DJe *nº 238, p. 1, em 23/12/2009* DOU *de 23.12.2009, p. 1*). *– Atente-se para as alterações e os novos critérios para progressão de regime estabelecidos pela Lei nº 13.964/2019 ao art. 112 da LEP.*

Jurisprudência

[...] 1. No caso dos autos, a Corte de origem cassou a progressão de regime do sentenciado em razão do não preenchimento do requisito subjetivo previsto no art. 122 da LEP, baseando-se no histórico criminal e em aspectos negativos relevantes constantes do exame psicológico, o que impossibilita um prognóstico suficientemente seguro de que o agravante vem assimilando a terapêutica prisional e está apto a cumprir a pena em regime mais brando. [...] 3. Em sede de execução penal, vale o princípio in dubio pro societate, o qual preconiza que, na dúvida quanto à aptidão para a promoção a regime mais brando, faz-se necessário o encarceramento por um período maior de tempo sob o olhar cauteloso do Estado, evitando-se que a sociedade seja posta em risco com uma reinserção prematura. [...] (Agravo Regimental no Habeas Corpus nº 616.439-SP, STJ, 5ª Turma, unânime, Rel. Min. Reynaldo Soares da Fonseca, julgado em 6.10.2020, publicado no DJ em 15.10.2020).

Súmula Vinculante 35: A homologação da transação penal prevista no artigo 76 da Lei nº 9.099/1995 não faz coisa julgada material e, descumpridas suas cláusulas, retoma-se a situação anterior, possibilitando-se ao Ministério Público a continuidade da persecução penal mediante oferecimento de denúncia ou requisição de inquérito policial.

Súmula Vinculante 36: Compete à Justiça Federal comum processar e julgar civil denunciado pelos crimes de falsificação e de uso de documento falso quando se tratar de falsificação da caderneta de inscrição e registro (CIR) ou de carteira de habilitação de amador (CHA), ainda que expedidas pela Marinha do Brasil.

Súmula Vinculante 56: A falta de estabelecimento penal adequado não autoriza a manutenção do condenado em regime prisional mais gravoso, devendo-se observar, nessa hipótese, os parâmetros fixados no RE 641.320/RS.

7. Procedimentos estabelecidos pela Lei nº 8.038/90, aplicáveis ao recurso extraordinário e ao recurso especial: Em complemento, como regulamentação dos requisitos e forma de processamento, têm-se as regras dos arts. 26 a 29, Lei nº 8.038/90 (*que instituiu normas procedimentos para os processos que especifica, perante o Superior Tribunal de Justiça e o Supremo Tribunal Federal*), aplicáveis aos casos concretos até a vigência da Lei nº 13.105/15:

> Art. 26. Os recursos extraordinário e especial, nos casos previstos na Constituição Federal, serão interpostos no prazo comum de 15 (quinze) dias, perante o Presidente do Tribunal recorrido, em petições distintas que conterão:
>
> I - exposição do fato e do direito;
>
> II - a demonstração do cabimento do recurso interposto;
>
> III - as razões do pedido de reforma da decisão recorrida.
>
> Parágrafo único. Quando o recurso se fundar em dissídio entre a interpretação da Lei federal adotada pelo julgado recorrido e a que lhe haja dado outro Tribunal, o recorrente fará a prova da divergência mediante certidão, ou indicação do número e da página do jornal oficial, ou do repertório autorizado de jurisprudência, que o houver publicado.
>
> Art. 27. Recebida a petição pela Secretaria do Tribunal e aí protocolada, será intimado o recorrido, abrindo-se-lhe vista pelo prazo de 15 (quinze) dias para apresentar contrarrazões.
>
> § 1º Findo esse prazo, serão os autos conclusos para admissão ou não do recurso, no prazo de cinco dias.
>
> § 2º Os recursos extraordinário e especial serão recebidos no efeito devolutivo.
>
> § 3º Admitidos os recursos, os autos serão imediatamente remetidos ao Superior Tribunal de Justiça.
>
> § 4º Concluído o julgamento do recurso especial, serão os autos remetidos ao Supremo Tribunal Federal para apreciação do recurso extraordinário, se este não estiver prejudicado.
>
> § 5º Na hipótese de o relator do recurso especial considerar que o recurso extraordinário é prejudicial daquele em decisão irrecorrível, sobrestará o seu julgamento e remeterá os autos ao Supremo Tribunal Federal, para julgar o extraordinário.
>
> § 6º No caso de parágrafo anterior, se o relator do recurso extraordinário, em despacho irrecorrível, não o considerar prejudicial, devolverá os autos ao Superior Tribunal de Justiça, para o julgamento do recurso especial.
>
> Art. 28. Denegado o recurso extraordinário ou o recurso especial, caberá agravo de instrumento, no prazo de 5 (cinco) dias, para o Supremo Tribunal Federal ou para o Superior Tribunal de Justiça, conforme o caso.
>
> § 1º Cada agravo de instrumento será instruído com as peças que forem indicadas pelo agravante e pelo agravado, dele constando, obrigatoriamente, além das mencionadas no parágrafo único do art. 523 do Código de Processo Civil, o acórdão recorrido, a petição de interposição do recurso e as contrarrazões, se houver.

> § 2º Distribuído o agravo de instrumento, o relator proferirá decisão.
>
> § 3º Na hipótese de provimento, se o instrumento contiver os elementos necessários ao julgamento do mérito do recurso especial, o relator determinará, desde logo, sua inclusão em pauta, observando-se, daí por diante, o procedimento relativo àqueles recursos, admitida a sustentação oral.
>
> § 4º O disposto no parágrafo anterior aplica-se também ao agravo de instrumento contra denegação de recurso extraordinário, salvo quando, na mesma causa, houver recurso especial admitido e que deva ser julgado em primeiro lugar.
>
> § 5º Da decisão do relator que negar seguimento ou provimento ao agravo de instrumento, caberá agravo para o órgão julgador no prazo de 5 (cinco) dias.
>
> Art. 29. É embargável, no prazo de 15 (quinze) dias, a decisão da turma que, em recurso especial, divergir do julgamento de outra turma, da seção ou do órgão especial, observando-se o procedimento estabelecido no regimento interno.

Em face do que disposto expressamente no art. 1.072, IV, Lei nº 13.105/2015, bem assim no art. 2º, Lei nº 13.256/2016, revogando-se o disposto nos arts. 26 a 29 da Lei nº 8.038/90, o tema passou a ser regulado pelos arts. 1.029 e seguintes do atual CPC:

> Art. 1.029. O recurso extraordinário e o recurso especial, nos casos previstos na Constituição Federal, serão interpostos perante o presidente ou o vice-presidente do tribunal recorrido, em petições distintas que conterão:
>
> I – a exposição do fato e do direito;
>
> II – a demonstração do cabimento do recurso interposto;
>
> III – as razões do pedido de reforma ou de invalidação da decisão recorrida.
>
> § 1º Quando o recurso fundar-se em dissídio jurisprudencial, o recorrente fará a prova da divergência com a certidão, cópia ou citação do repositório de jurisprudência, oficial ou credenciado, inclusive em mídia eletrônica, em que houver sido publicado o acórdão divergente, ou ainda com a reprodução de julgado disponível na rede mundial de computadores, com indicação da respectiva fonte, devendo-se, em qualquer caso, mencionar as circunstâncias que identifiquem ou assemelhem os casos confrontados.
>
> § 2º (Revogado pela Lei nº 13.256/2016)
>
> § 3º O Supremo Tribunal Federal ou o Superior Tribunal de Justiça poderá desconsiderar vício formal de recurso tempestivo ou determinar sua correção, desde que não o repute grave.
>
> § 4º Quando, por ocasião do processamento do incidente de resolução de demandas repetitivas, o presidente do Supremo Tribunal Federal ou do Superior Tribunal de Justiça receber requerimento de suspensão de processos em que se discuta questão federal constitucional ou infraconstitucional, poderá, considerando razões de segurança jurídica ou de excepcional interesse social, estender a suspensão a todo o território nacional, até ulterior decisão do recurso extraordinário ou do recurso especial a ser interposto.
>
> § 5º O pedido de concessão de efeito suspensivo a recurso extraordinário ou a recurso especial poderá ser formulado por requerimento dirigido:

I – ao tribunal superior respectivo, no período compreendido entre a publicação da decisão de admissão do recurso e sua distribuição, ficando o relator designado para seu exame prevento para julgá-lo;

II – ao relator, se já distribuído o recurso;

III – ao presidente ou ao vice-presidente do tribunal recorrido, no período compreendido entre a interposição do recurso e a publicação da decisão de admissão do recurso, assim como no caso de o recurso ter sido sobrestado, nos termos do art. 1.037.

Art. 1.030. Recebida a petição do recurso pela secretaria do tribunal, o recorrido será intimado para apresentar contrarrazões no prazo de 15 (quinze) dias, findo o qual os autos serão conclusos ao presidente ou ao vice-presidente do tribunal recorrido, que deverá:

I – negar seguimento:

a) a recurso extraordinário que discuta questão constitucional à qual o Supremo Tribunal Federal não tenha reconhecido a existência de repercussão geral ou a recurso extraordinário interposto contra acórdão que esteja em conformidade com entendimento do Supremo Tribunal Federal exarado no regime de repercussão geral;

b) a recurso extraordinário ou a recurso especial interposto contra acórdão que esteja em conformidade com entendimento do Supremo Tribunal Federal ou do Superior Tribunal de Justiça, respectivamente, exarado no regime de julgamento de recursos repetitivos;

II – encaminhar o processo ao órgão julgador para realização do juízo de retratação, se o acórdão recorrido divergir do entendimento do Supremo Tribunal Federal ou do Superior Tribunal de Justiça exarado, conforme o caso, nos regimes de repercussão geral ou de recursos repetitivos;

III – sobrestar o recurso que versar sobre controvérsia de caráter repetitivo ainda não decidida pelo Supremo Tribunal Federal ou pelo Superior Tribunal de Justiça, conforme se trate de matéria constitucional ou infraconstitucional;

IV – selecionar o recurso como representativo de controvérsia constitucional ou infraconstitucional, nos termos do § 6º do art. 1.036;

V – realizar o juízo de admissibilidade e, se positivo, remeter o feito ao Supremo Tribunal Federal ou ao Superior Tribunal de Justiça, desde que:

a) o recurso ainda não tenha sido submetido ao regime de repercussão geral ou de julgamento de recursos repetitivos;

b) o recurso tenha sido selecionado como representativo da controvérsia; ou

c) o tribunal recorrido tenha refutado o juízo de retratação.

§ 1º Da decisão de inadmissibilidade proferida com fundamento no inciso V caberá agravo ao tribunal superior, nos termos do art. 1.042.

§ 2º Da decisão proferida com fundamento nos incisos I e III caberá agravo interno, nos termos do art. 1.021.

Art. 1.031. Na hipótese de interposição conjunta de recurso extraordinário e recurso especial, os autos serão remetidos ao Superior Tribunal de Justiça.

§ 1º Concluído o julgamento do recurso especial, os autos serão remetidos ao Supremo Tribunal Federal para apreciação do recurso extraordinário, se este não estiver prejudicado.

§ 2º Se o relator do recurso especial considerar prejudicial o recurso extraordinário, em decisão irrecorrível, sobrestará o julgamento e remeterá os autos ao Supremo Tribunal Federal.

§ 3º Na hipótese do § 2º, se o relator do recurso extraordinário, em decisão irrecorrível, rejeitar a prejudicialidade, devolverá os autos ao Superior Tribunal de Justiça para o julgamento do recurso especial.

Art. 1.032. Se o relator, no Superior Tribunal de Justiça, entender que o recurso especial versa sobre questão constitucional, deverá conceder prazo de 15 (quinze) dias para que o recorrente demonstre a existência de repercussão geral e se manifeste sobre a questão constitucional.

Parágrafo único. Cumprida a diligência de que trata o caput, o relator remeterá o recurso ao Supremo Tribunal Federal, que, em juízo de admissibilidade, poderá devolvê-lo ao Superior Tribunal de Justiça.

Art. 1.033. Se o Supremo Tribunal Federal considerar como reflexa a ofensa à Constituição afirmada no recurso extraordinário, por pressupor a revisão da interpretação de lei federal ou de tratado, remetê-lo-á ao Superior Tribunal de Justiça para julgamento como recurso especial.

Art. 1.034. Admitido o recurso extraordinário ou o recurso especial, o Supremo Tribunal Federal ou o Superior Tribunal de Justiça julgará o processo, aplicando o direito.

Parágrafo único. Admitido o recurso extraordinário ou o recurso especial por um fundamento, devolve-se

ao tribunal superior o conhecimento dos demais fundamentos para a solução do capítulo impugnado.

Art. 1.035. O Supremo Tribunal Federal, em decisão irrecorrível, não conhecerá do recurso extraordinário quando a questão constitucional nele versada não tiver repercussão geral, nos termos deste artigo.

§ 1º Para efeito de repercussão geral, será considerada a existência ou não de questões relevantes do ponto de vista econômico, político, social ou jurídico que ultrapassem os interesses subjetivos do processo.

§ 2º O recorrente deverá demonstrar a existência de repercussão geral para apreciação exclusiva pelo Supremo Tribunal Federal.

§ 3º Haverá repercussão geral sempre que o recurso impugnar acórdão que:

I – contrarie súmula ou jurisprudência dominante do Supremo Tribunal Federal;

II – (Revogado pela Lei nº 13.256/2016)

III – tenha reconhecido a inconstitucionalidade de tratado ou de lei federal, nos termos do art. 97 da Constituição Federal.

§ 4º O relator poderá admitir, na análise da repercussão geral, a manifestação de terceiros, subscrita por procurador habilitado, nos termos do Regimento Interno do Supremo Tribunal Federal.

§ 5º Reconhecida a repercussão geral, o relator no Supremo Tribunal Federal determinará a suspensão do processamento de todos os processos pendentes, individuais ou coletivos, que versem sobre a questão e tramitem no território nacional.

§ 6º O interessado pode requerer, ao presidente ou ao vice-presidente do tribunal de origem, que exclua da decisão de sobrestamento e inadmita o recurso extraordinário que tenha sido interposto intempestivamente, tendo o recorrente o prazo de 5 (cinco) dias para manifestar-se sobre esse requerimento.

§ 7º Da decisão que indeferir o requerimento referido no § 6º ou que aplicar entendimento firmado em regime de repercussão geral ou em julgamento de recursos repetitivos caberá agravo interno.

[...]

§ 8º Negada a repercussão geral, o presidente ou o vice-presidente do tribunal de origem negará seguimento aos recursos extraordinários sobrestados na origem que versem sobre matéria idêntica.

§ 9º O recurso que tiver a repercussão geral reconhecida deverá ser julgado no prazo de 1 (um) ano e terá preferência sobre os demais feitos, ressalvados os que envolvam réu preso e os pedidos de habeas corpus.

§ 10. (Revogado pela Lei nº 13.256/2016)

§ 11. A súmula da decisão sobre a repercussão geral constará de ata, que será publicada no diário oficial e valerá como acórdão.

Prazo recursal: De acordo com o disposto no § 5º do art. 1.003 do CPC/2015, o prazo para os recursos extraordinário e especial é de 15 (quinze) dias, não mais sendo o tema regulado pelos arts. 26 a 29 da Lei nº 8.038 (revogados pelo art. 1.072, IV, CPC/2015). Em caso de interposição pela Defensoria Pública, o prazo é de 30 (trinta) dias (art. 186, § 4º, CPC/2015).

Um detalhe de extrema importância merece destaque diante do que disposto (genericamente) para os recursos de natureza ordinária (vide art. 601, CPP): há necessidade de apresentação das razões recursais que embasam a inconformidade recursal, sob pena de não admissibilidade pela só inobservância dessa circunstância. Portanto, aos recursos extraordinário e especial *não se* aplica a construção jurisprudencial no sentido de que a ausência de razões seria hipótese de mera irregularidade. Por fim, reitere-se (vide item 600.3) que os prazos dos recursos especiais (e também dos extraordinários) em matéria penal são simples, não se aplicando, em nosso entendimento, o disposto no art. 191, CPC/1973 (art. 229, atual CPC), em caso da presença de mais de um acusado com procuradores distintos.

Apenas registramos em edições anteriores que, no julgamento da Ação Penal nº 470 ("Caso Mensalão"), talvez pela excepcionalidade do caso, o STF admitiu a incidência subsidiária do art. 191, CPC/1973, ao prazo para interposição de embargos de declaração pelos réus. Ao que parecia, a aplicação se dera pela excepcionalidade do caso da AP nº 470.

Entretanto, em questão de ordem no bojo do Inquérito nº 3.983 (julgado em 3.9.2015), o Plenário do Supremo Tribunal Federal, por maioria (vencidos o relator, Ministro Teori Zavascki, e os Ministros Edson Fachin, Roberto Barroso e Rosa Weber), assentou o entendimento de que quando se tratar de processo com mais de um investigado, com diferentes advogados, o prazo de 15 dias, previsto no art. 4º, § 2º, da Lei nº 8.038/1990, será contado em dobro, pela aplicação analógica do art. 191 do Código de Processo Civil de 1973 (CPC).

Respeitosamente, o equívoco se revela evidente e grave.

Em primeiro lugar, os prazos tratados no caso em tela são anteriores à própria ação penal, pois sequer houve recebimento da denúncia. O art. 191 do CPC/1973 trata de hipóteses em que são contados prazos em dobro "para contestar, para recorrer e, de modo geral, para falar nos autos", não havendo como se invocar nem mesmo o disposto, na época do julgamento mencionado, do que consta no art. 229 do CPC/2015 (Lei nº 13.105/2015), que previa o prazo em dobro para "todas as suas manifestações, em qualquer juízo ou tribunal, independentemente de requerimento". Nos autos é de se entender, com a devida adaptação na época, se fosse o caso, em "ação penal". No caso, repise-se, sequer havia ainda instauração de ação penal (nem em vigor estava o CPC/2015), pois se tratava de prazo para responder à denúncia, antes do próprio recebimento, nos termos da Lei nº 8.038/90.

Depois, mais relevante e como corretamente dito no voto do eminente Relator, o caso tido como paradigma (embargos de declaração no bojo da Ação Penal nº 470) trazia situação absolutamente excepcional, num processo que tinha milhares de páginas (o próprio acórdão possuía mais de 8.000 páginas) e quase quatro dezenas de réus com exíguo prazo para os embargos declaratórios.

De outro lado, olvidou a Suprema Corte que a regra hermenêutica que permite a adoção da analogia pressupõe a inexistência de regra específica no ordenamento em que se discute a incidência ou não do dispositivo invocado. No âmbito do processo penal (que supriria eventualmente regras do procedimento discutido), mormente em fases antecedentes à própria ação penal, há regras específicas vigentes no Código de Processo Penal que dispõem – de forma hialina – que os prazos são comuns, sendo irrelevante a existência de eventual "litisconsórcio" (se é que se pode invocar tal designativo) no polo passivo de uma ação penal. É regra fundamental que a analogia somente será invocada quando a lei for omissa (art. 4º, LINDB). Insiste-se: o caso em voga tem regra expressa no âmbito do processo penal.

Olvidou-se, ainda, que os prazos são contados separadamente a partir da intimação de cada acusado ou réu (pessoalmente) e seu respectivo advogado (pela imprensa oficial), iniciando-se no dia subsequente à do último (advogado ou acusado/réu), de modo que não se afigura presente nenhuma lógica procedimental para invocar analogicamente uma regra do Código de Processo Civil.

Adotando-se tal precedente, a aplicação das regras analógicas do processo civil deve ser de forma integral, de modo a importar não apenas a incidência (enquanto vigente) do art. 191 do CPC/1973 (art. 229, CPC/2015), mas também aquela do art. 188, CPC/1973, que previa que "*computar-se-á em quádruplo o prazo para contestar e em dobro para recorrer quando a parte for a Fazenda Pública ou o Ministério Público*". Ou então, nos termos do art. 180, CPC/2015, "*O Ministério Público gozará de prazo em dobro para manifestar-se nos autos, que terá início a partir de sua intimação pessoal, nos termos do art. 183, § 1º*". Evidente que não defendemos isso, mas mostramos que a invocação apenas parcial de uma regra definitivamente não aplicável enseja absurdos jurídicos como o caso acima.

Jurisprudência

7.1. [...] É cabível a aplicação analógica do art. 191 do CPC ("Quando os litisconsortes tiverem diferentes procuradores, ser-lhes-ão contados em dobro os prazos para contestar, para recorrer e, de modo geral, para falar nos autos"), ao prazo previsto no art. 4º da Lei 8.038/1990 ("Apresentada a denúncia ou a queixa ao Tribunal, far-se-á a notificação do acusado para oferecer resposta no prazo de quinze dias"). [...] Vencidos os Ministros Teori Zavascki, Edson Fachin, Roberto Barroso e Rosa Weber, que indeferiam o pleito por considerarem incabível a aplicação analógica do art. 191 do CPC ao prazo previsto no art. 4º da Lei 8.038/1990 (Inq nº 3.983/DF, Rel. Orig. Min. Teori Zavascki, Red. p/ o acórdão Min. Luiz Fux, julgado em 3.9.2015).

7.1. [...] No processo penal não se aplica a norma do art. 191 do Código de Processo Civil que prevê prazo em dobro para recorrentes com procuradores diversos. Precedentes. [...] (Ag. Reg. no Agravo em Recurso Especial nº 491.244-MG, STJ, 6ª Turma, unânime, Rel. Min. Ericson Maranho, julgado em 18.8.2015, publicado no DJ em 4.9.2015).

7.1. [...] Litisconsórcio passivo multitudinário. Aplicação à hipótese, por analogia, do art. 191 do CPC. Nos termos do art. 334 do Regimento Interno, é de quinze dias o prazo para a oposição de embargos infringentes. Todavia, conta-se em dobro o prazo recursal quando há litisconsórcio passivo e os réus estejam representados por diferentes procuradores. Aplica-se a essa hipótese, por analogia, o art. 191 do CPC (cf. AP 470 AgR-vigésimo segundo, Relator(a): Min. JOAQUIM BARBOSA, Relator(a) p/ Acórdão: Min. TEORI ZAVASCKI, Tribunal Pleno, DJe de 24-09-2013). 2. Agravo regimental provido (*Vigésimo Quinto Agravo Regimental na Ação Penal nº 470-MG, STF, Plenário, Rel. Min. Joaquim Barbosa, Relator para o acórdão Min. Teori Zavascki, julgado em 18.9.2013, publicado no* DJ *em 17.2.2014*).

7.1. [...] Embargos de Declaração. Ação penal originária. RISTF, art. 337, § 1º. Litisconsórcio passivo multitudinário. Aplicação à hipótese, por analogia, do art. 191 do CPC. 1. É de cinco dias o prazo para a oposição de embargos de declaração contra acórdão proferido pelo STF em ação penal originária. Aplica-se à hipótese o art. 337, § 1º, do Regimento Interno, e não o art. 619 do Código de Processo Penal. 2. Todavia, conta-se em dobro o prazo recursal quando há litisconsórcio passivo e os réus estejam representados por diferentes procuradores. Aplica-se a essa hipótese, por analogia, o art. 191 do CPC. 3. *Agravo regimental parcialmente provido (Vigésimo Segundo Agravo Regimental na Ação Penal nº 470-MG, STF, Plenário, Rel. Min. Joaquim Barbosa, Rel. Para o acórdão Min. Teori Zavascki, julgado em 17.4.2013, publicado no* DJ *em 24.7.2013*).

7.2. Prazo para contrarrazões: Nos termos do art. 27, *caput*, o prazo para o oferecimento de contrarrazões (que são opcionais, devendo-se unicamente dar oportunidade à parte contrária) é de 15 (quinze) dias. Após a vigência da Lei nº 13.105/15, o prazo é idêntico, mas regulado pelo art. 1.030 do CPC/2015.

Apresentadas ou não as contrarrazões, o recurso interposto será encaminhado ao presidente ou ao vice-presidente do tribunal recorrido para realização do juízo de admissibilidade. Nada obstante a admissão feita no tribunal *ad quo*, nenhum óbice existe para que, ao chegar no tribunal destinatário, se decida no sentido de que não estão presentes os requisitos para a sua admissibilidade.

7.3. Efeito devolutivo: Por expressa disposição (art. 27, § 2º, Lei nº 8.038, em relação a ambos os recursos, extraordinário e especial – após a sua vigência, art. 1.029, § 5º, atual CPC, a contrario sensu; e art. 637, CPP, apenas referido quanto ao extraordinário), a interposição dos recursos de natureza extraordinária não tem, como regra, o efeito suspensivo, apenas o devolutivo. Entretanto, em matéria penal, sempre houve a possibilidade de concessão de efeito suspensivo aos recursos de natureza extraordinária, havendo mais razão para adoção naquelas situações excepcionais notadamente pelo que decidido pelo Plenário do STF no julgamento do HC nº 126.292-SP (Rel. Min. Teori Zavascki, 17.2.2016), em que, alterando-se a compreensão do que firmado no HC nº 84.078-MG, passou a ser admitida a execução da pena a partir do exaurimento das instâncias ordinárias. Anota-se, ainda, que, no dia 5.10.2016, por 6x5 votos, apreciando pedidos de liminares nas ADCs nos 43 e 44, o Plenário do Supremo Tribunal Federal reafirmou o entendimento consolidado no julgamento do HC nº 126.292-SP, reconhecendo que o disposto no art. 283 do CPP não impede o início da execução da pena após decisão de segunda instância, não havendo como se falar em violação ao Princípio da Presunção de Inocência ou da Não Culpabilidade. Votaram vencidos os Ministros Marco Aurélio, Celso de Mello, Rosa Weber e Ricardo Lewandowski, que concluíram que seria necessário o exaurimento de todas as instâncias recursais para o início da execução da pena. O Ministro Dias Toffoli deu nova interpretação, entendendo que, após o exaurimento da instância recursal perante o STJ, seria possível a execução da pena, mesmo que interpostos eventuais recursos extraordinários ao STF. Impende referir ainda que, no dia 7.11.2019, por maioria de 6 x 5 votos, julgando procedentes as ADCs 43, 44 e 54, o STF retornou à posição anterior no sentido da impossibilidade da execução das penas enquanto não exauridas todas as instâncias recursais, reconhecendo a constitucionalidade do disposto no art. 283 do CPP.

7.4. Sobre a possibilidade de haver execução de pena na pendência dos recursos extraordinários, remete-se aos comentários e precedentes ao art. 637, CPP.

Precedência de julgamento em caso de interposição concomitante de recursos especial e extraordinário: Dispõe o § 4º do art. 27 da Lei nº 8.038 que, "*concluído o julgamento do recurso especial, serão os autos remetidos ao Supremo Tribunal Federal para apreciação do recurso extraordinário, se este não estiver prejudicado*". Em face da expressa previsão (art. 1.072, IV, novo CPC), o tema passa a ser regulado pelo art. 1.031, § 1º, Lei nº 13.105/2015, com idêntica normativa.

A regra legal tem lógica bastante simples. Se a questão posta a exame nas instâncias extraordinárias for resolvida à luz do âmbito normativo infraconstitucional, não será submetida a exame perante o Supremo Tribunal Federal, restando prejudicada, portanto, a discussão.

Há uma exceção, prevista no § 5º (art. 1.031, § 2º, do novo CPC): se o relator (em decisão monocrática) considerar que o recurso extraordinário é prejudicial daquele (e essa decisão é irrecorrível – falta, portanto, o pressuposto da possibilidade jurídica do recurso), sobrestará o julgamento do recurso especial e remeterá os autos ao Supremo Tribunal Federal para julgamento do recurso extraordinário. Se no STF se entender que *não há* a prejudicialidade aventada, o relator do recurso extraordinário (também em decisão monocrática irrecorrível) deverá devolver os autos ao Superior Tribunal de Justiça para apreciação do recurso especial (§ 6º do art. 27 da Lei nº 8.038 – art. 1.031, § 3º, do atual CPC).

Se não for situação que se amolde ao disposto nos §§ 5º e 6º do art. 27 da Lei nº 8.038 (§§ 1º e 2º do art. 1.031 do CPC/2015), uma vez resolvida a discussão no âmbito da legalidade (exame do mérito do recurso especial, qualquer das hipóteses de sua admissibilidade) e ainda pender suplementação de julgamento mediante o enfrentamento das teses envolvendo as previsões abstratas de cabimento de recurso extraordinário, os autos então deverão ser remetidos ao Supremo Tribunal Federal. Mas a remessa somente poderá ser feita após o trânsito em julgado do acórdão que apreciou o recurso especial.

Por fim, deve-se atentar para o contido na Súmula 126, STJ, que dispõe ser "*inadmissível recurso especial, quando o acórdão recorrido assenta em fundamentos constitucional e infraconstitucional, qualquer deles suficiente, por si só, para mantê-lo, e a parte vencida não manifesta recurso extraordinário*". Significa que, havendo na decisão atacada fundamentos de natureza constitucional e infraconstitucional, é essencial que sejam interpostos *ambos os* recursos, especial e extraordinário. Se não interposto o extraordinário, e os fundamentos de natureza constitucional que embasaram a decisão sejam considerados suficientes para mantê-la, o recurso especial, calcado unicamente em questões legais, não será conhecido.

Jurisprudência

7.5. [...] Extraordinário. Criminal. Interposição contra acórdão do Superior Tribunal de Justiça – STJ. Prazo. Inobservância. Remessa dos autos ao STF para apreciação de recurso extraordinário, antes do trânsito em julgado do acórdão proferido no recurso especial. Impossibilidade de acesso. Cerceamento do direito de recorrer. Reabertura do prazo recursal e suspensão do extraordinário anterior. HC concedido para esse fim. Interpretação do art. 27, § 4º, da Lei nº 8.038/90. Concluído julgamento de recurso especial interposto simultaneamente com recurso extraordinário, não podem os autos ser remetidos ao Supremo Tribunal Federal, antes do trânsito em julgado do acórdão do Superior Tribunal de Justiça, contra o qual cabe, em tese, outro recurso extraordinário (*Habeas Corpus nº 95.611-MG, STF, 2ª Turma, Rel. Min. Cezar Peluso, publicado no* DJ *em 27.11.2008*).

7.5 [...] O art. 27, § 4º, da Lei nº 8.038/90, que impõe o julgamento prévio do recurso especial pelo Superior Tribunal de Justiça, somente se aplica, nos termos do disposto no *caput* do artigo, quando os recursos especial e extraordinário são admitidos. [...] Agravo improvido (*Agravo Regimental no Agravo de Instrumento nº 675.879-RJ, STF, 1ª Turma, Rel. Min. Ricardo Lewandowski, publicado no* DJ *em 4.9.2008*).

7.5. Prazo para o agravo contra denegação dos recursos extraordinário ou especial: Consoante destacado na primeira edição desta obra, no âmbito de procedimento processual penal, se denegado o recurso especial ou o recurso extraordinário perante o órgão em que interposto, o recurso cabível *era* o de agravo de *instrumento*, nos termos do *caput* do art. 28, Lei nº 8.038.

Entretanto, com o advento da Lei nº 12.322 – de 9.9.2010, que entrou em vigor em 10.12.2010 –, não há mais se falar em agravo de *instrumento* quando de irresignação contra inadmissibilidade dos recursos especial e/ou extraordinário.

De acordo com a nova redação do art. 544 do CPC/1973, "não admitido o recurso extraordinário ou o recurso especial, caberá agravo nos próprios autos, no prazo de 10 (dez) dias" (art. 1.042, CPC/2015, na redação conferida pela Lei nº 13.256/2016: Cabe agravo contra decisão do presidente ou do vice-presidente do tribunal recorrido que inadmitir recurso extraordinário ou recurso especial, salvo quando fundada na aplicação de entendimento firmado em regime de repercussão geral ou em julgamento de recursos repetitivos), sendo que (§ 1º) "o agravante deverá interpor um agravo para cada recurso não admitido" (§ 6º do art. 1.042 do CPC/2015: "Na hipótese de interposição conjunta de recursos extraordinário e especial, o agravante deverá interpor um agravo para cada recurso não admitido".

A alteração substancial nesta matéria – aplicável também no âmbito do processo penal – está em que, simplificando-se o procedimento e as exigências formais, não há mais necessidade de *formação do instrumento*, pois o recurso de agravo deverá ser formulado *nos próprios autos*. Importante atentar: como se trata de regra de natureza procedimental, os requisitos ora exigidos não têm aplicação retroativa aos casos de agravo de *instrumento* formalizados à luz da legislação anterior, presente o princípio *tempus regit actum*.

Se houver denegação de recurso especial e extraordinário, deverão ser interpostos dois agravos, tendo preferência de julgamento primeiro aquele que envolva a discussão de matéria legal. Se denegado o especial e admitido o extraordinário, o agravo poderá atacar a inadmissão daquele. Cremos que sendo denegado o extraordinário e admitido o especial, uma vez interposto o agravo da denegação do extraordinário, deverá ele ficar *aguardando* (situação *similar* ao *agravo retido*) o julgamento do recurso especial. Se solvida a matéria no âmbito da discussão infraconstitucional, não será encaminhado ao STF. Em caso contrário, e só então, aí remetido à Corte Suprema para análise da inconformidade pela inadmissão do extraordinário.

Observação importante: se a admissão de determinado recurso (especial ou extraordinário) for parcial (e não se tratar de hipóteses dos incisos I e III do art. 1.030 do CPC), será desnecessária a interposição do agravo, pois o juízo de admissibilidade (admitido já em parte) será integralmente revisto na instância superior, presente a hipótese do chamado "duplo controle" de processamento (vide anotações ao item 7.6 adiante).

Prosseguindo, refere-se que, por intermédio da Resolução nº 450, de 3.12.2010, o Supremo Tribunal Federal instituiu uma nova classe processual, denominada de "*Recurso Extraordinário com Agravo*". Consoante o § 1º da resolução, esta nova classe "*corresponderá à sigla ARE, para o processamento de agravo interposto contra decisão que não admite recurso extraordinário ao STF*".

Prosseguindo e adaptando as anotações *então feitas por ocasião da primeira edição,* as alterações ocorridas no art. 544 do CPC/1973 – *desde a redação* conferida pela *Lei nº 8.950/94* – não modificaram *o prazo* para o *agravo* em *matéria penal.* Para o agravo em matéria processual civil, o prazo passou a ser de 10 (dez) dias desde então.

Segundo a redação anterior do art. 544, CPC/1973, "não admitido o recurso extraordinário ou o recurso especial, caberá agravo de instrumento, no prazo de 10 (dez) dias, para o Supremo Tribunal Federal ou para o Superior Tribunal de Justiça, conforme o caso". Agora, diz o art. 544, CPC/1973, que "não admitido o recurso extraordinário ou o recurso especial, caberá agravo nos próprios autos, no prazo de 10 (dez) dias". Destacamos até a 7ª edição da presente obra que as disposições introduzidas pela Lei nº 8.950/94 e depois pela Lei nº 12.322/10 não teriam revogado o art. 28 da Lei nº 8.038 quanto aos prazos do agravo no processo penal (a propósito, vide, neste sentido, a decisão do STF na Questão de Ordem no Agravo Regimental no Agravo em Recurso Extraordinário nº 639.846-SP, Relator para o acórdão Ministro Luiz Fux, julgado em 13.10.2011). Também decisão no Agravo Regimental no Recurso Extraordinário com Agravo nº 641.505-MG, 1ª Turma, unânime, Relator Ministro Luiz Fux, julgado em 25.10.2011, publicado no DJ em 22.11.2011).

Portanto, o agravo (*nos próprios autos*) contra a denegação dos recursos em matéria penal deveria ser ajuizado no peremptório prazo de 5 (cinco) dias, enquanto que, em matéria processual civil, o prazo continuava sendo de 10 (dez) dias.

Diante da polêmica instaurada – hoje já superada –, o Supremo Tribunal Federal editou a Súmula nº 699: "*O prazo para interposição de agravo, em processo penal, é de cinco dias, de acordo com a Lei nº 8.038/90, não se aplicando o disposto a respeito nas alterações da Lei nº 8.950/94 ao Código de Processo Civil.*"

Porém novas regras foram inseridas no Novo Código de Processo Civil.

Conforme o art. 1.072, IV, do novo CPC, a partir de sua vigência, estão revogados os arts. 13 a 18, 26 a 29 e 38 da Lei nº 8.038/1990.

A partir de sua vigência, as novas regras são tratadas nos arts. 1.042 e seguintes:

Do Agravo em Recurso Especial e em Recurso Extraordinário

Art. 1.042. Cabe agravo contra decisão do presidente ou do vice-presidente do tribunal recorrido que inadmitir recurso extraordinário ou recurso especial, salvo quando fundada na aplicação de entendimento firmado em regime de repercussão geral ou em julgamento de recursos repetitivos. (Lei nº 13.256/2016)

I – (Revogado pela Lei nº 13.256/2016);

II – (Revogado pela Lei nº 13.256/2016);

III – (Revogado pela Lei nº 13.256/2016).

§ 1º (Revogado pela Lei nº 13.256/2016);

I – (Revogado pela Lei nº 13.256/2016);

II – (Revogado pela Lei nº 13.256/2016);

§ 2º A petição de agravo será dirigida ao presidente ou ao vice-presidente do tribunal de origem e independe do pagamento de custas e despesas postais, aplicando-se a ela o regime de repercussão geral e de recursos repetitivos, inclusive quanto à possibilidade de sobrestamento e do juízo de retratação. (Lei nº 13.256/2016)

§ 3º O agravado será intimado, de imediato, para oferecer resposta no prazo de 15 (quinze) dias.

§ 4º Após o prazo de resposta, não havendo retratação, o agravo será remetido ao tribunal superior competente.

§ 5º O agravo poderá ser julgado, conforme o caso, conjuntamente com o recurso especial ou extraordinário, assegurada, neste caso, sustentação oral, observando-se, ainda, o disposto no regimento interno do tribunal respectivo.

§ 6º Na hipótese de interposição conjunta de recursos extraordinário e especial, o agravante deverá interpor um agravo para cada recurso não admitido.

§ 7º Havendo apenas um agravo, o recurso será remetido ao tribunal competente, e, havendo interposição conjunta, os autos serão remetidos ao Superior Tribunal de Justiça.

§ 8º Concluído o julgamento do agravo pelo Superior Tribunal de Justiça e, se for o caso, do recurso especial, independentemente de pedido, os autos serão remetidos ao Supremo Tribunal Federal para apreciação do agravo a ele dirigido, salvo se estiver prejudicado.

Além disso, no art. 1.070, CPC/2015, determina que "*é de 15 (quinze) dias o prazo para a interposição de qualquer agravo, previsto em lei ou em regimento interno de tribunal, contra decisão de relator ou outra decisão unipessoal proferida em tribunal*".

Entretanto, o Superior Tribunal de Justiça, por intermédio da 3ª Seção, reconheceu que, após a entrada em vigor da Lei nº 13.105/2015, "*o agravo contra decisão monocrática de Relator, em controvérsias que versam sobre matéria penal ou processual penal, nos tribunais superiores, não obedece às regras no novo CPC, referentes à contagem dos prazos em dias úteis (art. 219, Lei 13.105/2015) e ao estabelecimento de prazo de 15 (quinze) dias para todos os recursos, com exceção dos embargos de declaração (art. 1.003, § 5º, Lei 13.105/2015)" (AgRg na Rcl 30.714/PB, Rel. Ministro Reynaldo Soares da Fonseca, Terceira Seção, julgado em 27.04.2016, DJe 04.05.2016). [...] (Agravo Interno nos Embargos de Declaração no Agravo em Recurso Especial nº 933.161-SP, STJ, 5ª Turma, unânime, Rel. Min. Jorge Mussi, julgado em 22.9.2016, publicado no DJ em 30.9.2016).*

Anotada essa modulação, entendemos que a modificação deverá ser aplicada a partir da vigência do novo CPC (sem efeitos retroativos, presente o princípio *tempus regit actum*, salvo aqueles prazos em curso quando da vigência destas novas regras), com reflexos agora também nos prazos dos agravos em recursos especial e/ou extraordinário.

Como já destacamos anteriormente (anotações ao art. 593, CPP), outra alternativa não há senão transpor o prazo previsto no CPC/2015 (15 dias) para a área penal, uma vez que não há mais um artigo específico na Lei nº 8.038/90 sobre o prazo deste recurso. Obviamente, a transposição é apenas do prazo, e não das demais regras (como a contagem unicamente de dias úteis), visto que o CPP possui normas expressamente contrárias a elas.

Para quem defende a posição contrária, restaria aplicar o art. 39 da Lei nº 8.038/90 ("*Da decisão do Presidente do Tribunal, de Seção, de Turma ou de Relator que causar gravame à parte, caberá agravo para o órgão especial, Seção ou Turma, conforme o caso, no prazo de 5 (cinco) dias*"). Todavia, essa regra diz respeito apenas ao agravo *interno*, que possui configuração absolutamente diferenciada em relação ao agravo contra inadmissão de Recurso Especial e/ou Recurso Extraordinário. Basta dizer que o agravo interno é dirigido ao *mesmo* Tribunal, ao passo que o agravo do qual estamos falando é direcionado a *outro* Tribunal. Isso, por si só, já afastaria por completo a aplicabilidade do mencionado art. 39, que se reporta somente aos agravos dentro de um mesmo Tribunal (agravo *interno*). De lembrar, ainda, que o Presidente do Tribunal não se limita a admitir ou inadmitir recursos da via extraordinária. Cabe a ele a prática de outros processuais, passíveis, estes sim, de agravo interno.

Com efeito, as duas decisões mencionadas nos precedentes do STJ dizem respeito a julgamentos de agravos internos, e não da interposição de agravo contra a inadmissão de Recurso Especial/Extraordinário. Se faz sentido manter o prazo de 5 dias para o agravo interno no âmbito penal, considerando que o art. 39 da Lei º 8.038/90 ainda se encontra em vigor, o mesmo não se pode dizer do agravo contra inadmissão de Recurso Especial e/ou Recurso Extraordinário – pois, como dito, encontra-se revogado o artigo que estabelecia o prazo de 5 dias para este recurso. Sendo assim, faz-se necessário *recepcionar* o prazo "civil" de 15 dias estabelecido no CPC/2015, visto que foi esta mesma lei que optou por revogar o tratamento dispendido pela Lei nº 8.038/90 por julgá-lo insuficiente. Contudo, para os casos anteriores às alterações, o prazo deve ser de cinco dias.

Por fim, uma advertência: é entendimento do STF e do STJ de que não cabem embargos de declaração contra a decisão que admite ou não os recursos extraordinário e/ou especial, entendimento que não se altera, salvo melhor juízo, à luz da nova redação do art. 1.022, CPC/2015.

Jurisprudência (precedentes posteriores à vigência do atual CPC)

7.5. [...] Consoante o disposto no Código de Processo Penal e na Lei n. 8.038/1990, o prazo para a interposição de agravo regimental em matéria penal é de 5 dias corridos, não se aplicando as regras previstas no Código de Processo Civil. [...] *(Agravo Regimental no Recurso Extraordinário nos Embargos de Declaração no Agravo Regimental no Agravo em Recurso Especial nº 2.462.421-RS, STJ, Corte Especial, Rel. Min. Og Fernandes, sessão virtual de 3.4.2024 a 9.4.2024, publicado no DJ em 12.4.2024)*

7.5. [...] 2. O recurso não conhecido na origem, por ser considerado manifestamente inadmissível ou incabível, não interrompe nem suspende o prazo para a interposição de recursos dirigidos a esta Suprema Corte. [...]*(Agravo Regimental no Recurso Extraordinário com Agravo nº*

1.446.721, STF, Plenário, Rel. Min. Rosa Weber, sessão virtual de 18.8.2023 a 25.8.2023, publicado no DJ em 4.9.2023)

7.5. [...] 1. Nos termos do § 2º do art. 1.030 do CPC, c/c os arts. 39 da Lei n. 8.038/1990 e 798 do Código de Processo Penal, contra decisão que nega seguimento a recurso extraordinário em processo penal só é cabível o agravo regimental, no prazo de 5 dias corridos. 2. A interposição de agravo em recurso extraordinário em tais casos configura erro grosseiro, resultando no não conhecimento do recurso e impedindo a aplicação do princípio da fungibilidade, nos termos da jurisprudência pacífica. [...] *(Agravo Regimental no Agravo em Recurso Extraordinário no Recurso Extraordinário nos Embargos de Declaração no Agravo Regimental nos Embargos de Declaração no Agravo Regimental no Agravo em Recurso Especial nº 2.213.050-GO, STJ, Corte Especial, Rel. Min. Og Fernandes, sessão virtual de 4.10.2023 a 10.10.2023, publicado no DJ em 17.10.2023)*

7.5. [...] 1. A jurisprudência do STJ orienta-se no sentido de que o agravo em recurso especial é o único recurso cabível contra decisão que nega seguimento a recurso especial. Assim, a oposição de embargos de declaração não interrompe o prazo para a interposição de ARESP. Precedentes. 2. Excepcionalmente, nos casos em que a decisão for proferida de forma bem genérica, que não permita sequer a interposição do agravo, caberá embargos. No presente caso, a decisão que inadmitiu o recurso especial não se enquadra na mencionada exceção, porquanto proferida de forma clara e fundamentada, não havendo que falar em cabimento de Embargos de Declaração e interrupção do prazo para a oposição do adequado recurso. 3. O juízo de admissibilidade do recurso especial feito pelo Tribunal de origem é provisório, sujeito a controle bifásico e não vincula esta Corte Superior, que tem competência plena para exercer o juízo definitivo de admissibilidade do recurso 4. Agravo interno não provido *(Agravo interno no Agravo em Recurso Especial nº 1.457.368-SP, STJ, 4ª Turma, Rel. Min. Luis Felipe Salomão, julgado em 25.6.2019).*

7.5. [...] É desnecessária e inútil a interposição de agravo contra a decisão de admissão parcial do recurso especial. Afinal, o juízo de admissibilidade desse recurso de natureza extraordinária está sujeito a duplo controle, e a aferição da regularidade formal do apelo extrema feita pelo Tribunal *a quo* não vincula o Superior Tribunal de Justiça. Respeitados os limites legais, haverá nova análise quanto à admissibilidade recursal, mesmo quanto à parte inadmitida na origem. [...] *(Recurso Especial nº 1.829.744-SP, STJ, 6ª Turma, unânime, Rel. Min. Sebastião Reis Júnior, julgado em 18.2.2020, publicado no* DJ *em 3.3.2020).*

Jurisprudência *(precedentes anteriores à vigência do atual CPC)*

7.5. [...] 1. A teor do Enunciado Administrativo nº 2, aprovado pelo Plenário do STJ, "aos recursos interpostos com fundamento no CPC/1973 (relativos a decisões publicadas até 17 de março de 2016) devem ser exigidos os requisitos de admissibilidade na forma nele prevista, com as interpretações dadas, até então, pela jurisprudência do Superior Tribunal de Justiça". 2. Agravo em recurso especial inadmissível, visto que interposto após o quinquídio legal previsto no art. 28, *caput*, da Lei nº 8.038/1990, vigente à época da interposição do recurso. [...] *(Agravo Regimental nos Embargos de Declaração no Agravo em Recurso Especial nº 278.927-PR, STJ, 5ª Turma, Rel. Min. Ribeiro Dantas, julgado em 25.10.2016, publicado no* DJ *em 9.11.2016).*

7.5. [...] Após a entrada em vigor da Lei nº 13.105/2015, a Terceira Seção desta Corte Superior assentou entendimento, por unanimidade, no sentido de que *"O agravo contra decisão monocrática de Relator, em controvérsias que versam sobre matéria penal ou processual penal, nos tribunais superiores, não obedece às regras no novo CPC, referentes à contagem dos prazos em dias úteis (art. 219, Lei 13.105/2015) e ao estabelecimento de prazo de 15 (quinze) dias para todos os recursos, com exceção dos embargos de declaração (art. 1.003, § 5º, Lei 13.105/2015)"* (AgRg na Rcl 30.714/PB, Rel. Ministro Reynaldo Soares da Fonseca, Terceira Seção, julgado em 27.04.2016, *DJe* 04.05.2016). Destarte, a teor dos artigos 39 da Lei nº 8.038/90 e 258 do RISTJ, o prazo para interposição de agravo regimental é de 5 (cinco) dias. [...] *(Agravo Regimental no Recurso Especial nº 862.190-RO, STJ, 5ª Turma, unânime, Rel. Min. Jorge Mussi, julgado em 28.6.2016, publicado no* DJ *em 1º.8.2016).*

7.5. [...] O Pleno do Supremo Tribunal Federal, no julgamento da Questão de Ordem no Agravo em Recurso Extraordinário nº 639.846/SP, esclareceu que a alteração promovida pela Lei nº 12.322, de 9 de setembro de 2010, não se aplica aos recursos e agravos que versem sobre matéria penal e processual penal. [...] *(Agravo Regimental no Agravo em Recurso Especial nº 190.549-RS, STJ, 5ª Turma, julgado em 6.8.2013, publicado no DJ em 13.8.2013).*

7.5. [...] *Continua a ser de cinco* (e não de dez) *dias* o prazo para interposição de agravo contra decisão denegatória de processamento de recurso extraordinário deduzido *em sede processual penal*, não se lhe aplicando a norma inscrita no art. 544, "*caput*", do CPC, na redação dada pela Lei nº 12.322/2010, subsistindo, *em consequência*, o enunciado constante da Súmula 699/STF. Precedente: ARE 639.846-QO/SP, Rel. p/ o acórdão Min. Luiz Fux, Pleno (*Agravo no Recurso Extraordinário nº 661.626-PR, STF, 2ª Turma, Rel. Min. Celso de Mello, julgado em 7.2.2012, publicado no* DJ *em 23.2.2012*).

7.5. [...] A jurisprudência do Supremo Tribunal Federal é firme no sentido de não admitir embargos declaratórios contra decisão que analisa a admissibilidade de recurso extraordinário. [...] (*Agravo Regimental em Recurso Extraordinário com Agravo nº 877.694-DF, STF, 1ª Turma, Rel. Min. Roberto Barroso, julgado em 9.6.2015, publicado no* DJ *em 30.6.2015*).

7.5. [...] O agravo de instrumento é o único recurso cabível contra decisão que nega seguimento a recurso especial (CPC, art. 544). Desse modo, a oposição de embargos de declaração não interrompe o prazo para a interposição do agravo de instrumento. Precedentes do Supremo Tribunal Federal – STF e do Superior Tribunal de Justiça – STJ. [...] (*Ag. Reg. no Agravo em Recurso Especial nº 491.244-MG, STJ, 6ª Turma, unânime, Rel. Min. Ericson Maranho, julgado em 18.8.2015, publicado no* DJ *em 4.9.2015*).

7.5. [...] os embargos de declaração opostos contra decisão de admissibilidade do recurso especial, uma vez que manifestamente incabíveis, não interrompem o prazo para interposição de outros recursos. Precedentes. [...] (*Ag. Reg. no Agravo em Recurso Especial nº 685.960-SP, STJ, 5ª Turma, unânime, Rel. Min. Ribeiro Dantas, julgado em 15.10.2015, publicado no* DJ *em 21.10.2015*).

....

7.6. **Agravo regimental contra a decisão do relator que negar seguimento ou provimento ao agravo:** Segundo disposto no § 5º do art. 28 da Lei nº 8.038, era facultado ao relator a quem distribuído o recurso negar seguimento ou mesmo julgar de plano, monocraticamente, o agravo. A parte recorrente, insistindo na tese objeto de irresignação, deveria interpor então o agravo, no prazo de 5 (cinco) dias, que será de competência da respectiva turma analisar. Não cabe agravo da decisão que admitir o recurso extraordinário. Com a vigência da Lei nº 13.105/15, novo regramento passou a dispor que: a) da decisão de inadmissibilidade proferida com fundamento no inciso V do art. 1.030 caberá agravo ao tribunal superior, nos termos do art. 1.042 (§ 1º do art. 1.030 do CPC/2015); b) da decisão proferida com fundamento nos incisos I e III do art. 1.030 caberá agravo interno, nos termos do art. 1.021 (§ 2º do art. 1.030, conforme redação incluída pela Lei nº 13.256/16).

Atente-se bem: nesses casos a seguir não caberá o agravo "normal" (hipótese analisada no item anterior), mas o "agravo interno":

1) Hipótese do inciso I (*negar seguimento: a) a recurso extraordinário que discuta questão constitucional à qual o Supremo Tribunal Federal não tenha reconhecido a existência de repercussão geral ou a recurso extraordinário interposto contra acórdão que esteja em conformidade com entendimento do Supremo Tribunal Federal exarado no regime de repercussão geral; b) a recurso extraordinário ou a recurso especial interposto contra acórdão que esteja em conformidade com entendimento do Supremo Tribunal Federal ou do Superior Tribunal de Justiça, respectivamente, exarado no regime de julgamento de recursos repetitivos*);

2) Hipótese do inciso III (*sobrestar o recurso que versar sobre controvérsia de caráter repetitivo ainda não decidida pelo Supremo Tribunal Federal ou pelo Superior Tribunal de Justiça, conforme se trate de matéria constitucional ou infraconstitucional*).

Mais uma observação extremamente relevante.

Afirmamos anteriormente que se a admissão de determinado recurso (especial ou extraordinário) for parcial, é desnecessária a interposição do agravo, pois o juízo de admissibilidade (admitido já em parte) será integralmente revista na instância superior, presente a hipótese do chamado "duplo controle" de processamento.

Essa afirmativa comporta uma exceção que precisa ser bem cuidada. É que, por exemplo, se houver a inadmissão de um recurso extraordinário por ausência de prequestionamento de um dispositivo constitucional invocado, bem assim em relação a outro fundamento, no mesmo recurso, também não admitido porque já afirmada a ausência de repercussão geral, compreendemos que haverá necessidade de uma dúplice interposição de agravos (exceção à unirrecorribilidade). Na primeira hipótese, deverá ser interposto o agravo ao STF, já quanto à segunda parte deverá ser interposto agravo interno, nos termos em que suprademonstrado.

É preciso referir, ainda, que o Supremo Tribunal Federal firmou entendimento de que, em caso de inadmissão do agravo contra o extraordinário (mesmo raciocínio vale para o recurso especial, bem assim para a própria não admissão do recurso, caso não interposto agravo), a data do trânsito em julgado para fins de prescrição retroage ao último dia de interposição do recurso na origem.

Jurisprudência

7.6 [...] Segundo a jurisprudência do STJ, "É incabível a interposição do agravo em recurso especial contra decisão denegatória do recurso especial fundamentada em recurso repetitivo e proferida após a vigência do CPC/15 (17/5/2022), pois o recurso cabível é o agravo interno dirigido ao próprio Tribunal de origem, nos termos dos arts. 1.030, § 2º, e 1.042, caput, do referido diploma" *(AgInt no AgInt no AREsp n. 2.250.020/SP, Rel. Ministro Marco Buzzi, 4ª T., DJe 5/10/2023). (Agravo Regimental nos Embargos de Declaração no Agravo em Recurso Especial nº 2.563.576-SP, STJ, 6ª Turma, Rel. Min. Rogério Schietti Cruz, julgado em 8.10.2024, publicado no DJ em 15.10.2024)*

7.6 [...] Inexiste previsão legal de interposição de recurso para o SUPREMO TRIBUNAL FEDERAL contra a decisão do Juízo de origem que negou seguimento ao Recurso Extraordinário ao aplicar-lhe as diretrizes desta SUPREMA CORTE estabelecidas pela sistemática da Repercussão Geral (ARE 960.182-AgR, Rel. Min. CÁRMEN LÚCIA, Tribunal Pleno, DJe de 15/3/2017).[...] *(Agravo Regimental no Recurso Extraordinário com Agravo nº 1.426.879, STF, 1ª Turma, Rel. Min. Alexandre de Moraes, sessão virtual de 21.4.2023 a 2.5.2023, publicado no DJ em 12.5.2023)*

7.6 [...] Pacífica a jurisprudência desta Suprema Corte no sentido de que incabível agravo para o Supremo Tribunal Federal contra a aplicação da sistemática da repercussão geral (arts. 1.036 a 1.040 do CPC) pelo Tribunal de origem. Exaustivamente examinados os argumentos veiculados no agravo interno, ratifica-se a adequação da sistemática aplicada à espécie (art. 328 do RISTF). [...] *(Agravo Regimental no Recurso Extraordinário com Agravo nº 1.397.410, STF, Plenário, Rel. Min. Rosa Weber, sessão virtual de 21.10.2022 a 28.10.2022, publicado no DJ em 23.11.2022)*

7.6 [...] O recurso dirigido ao Supremo Tribunal Federal contra acórdão que aplica a sistemática da repercussão geral é incognoscível, porquanto a irresignação deve ser veiculada no juízo de origem, ex vi do artigo 1.030, § 2º, do CPC. 2. O recurso extraordinário é instrumento de impugnação de decisão judicial inadequado para a valoração e exame minucioso do acervo fático-probatório engendrado nos autos, bem como para a análise de matéria infraconstitucional.

Precedentes: ARE 1.175.278-AgR-Segundo, Primeira Turma, Rel. Min. Luiz Fux, DJe de 25/2/19; ARE 1.197.962–AgR, Tribunal Pleno, Rel. Min. Dias Toffoli (Presidente), DJe de 17/6/19; e ARE 1.017.861-AgR, Segunda Turma, Rel. Min. Gilmar Mendes, DJe de 5/6/17; ARE 1.048.461-AgR, Primeira Turma, Rel. Min Rosa Weber, DJe de 4/3/2020; e ARE 1.264.183-AgR, Primeira Turma, Rel. Min. Luiz Fux, DJe de 26/5/2020. [...] *(Agravo Regimental no Recurso Extraordinário com Agravo nº 1.339.271-SP, STF, Plenário, Rel. Min. Luiz Fux, julgado em 11.10.2021, publicado no DJ em 27.10.2021)*

7.6 [...] A orientação do STF é de que os "recursos especial e extraordinário indeferidos na origem, porque inadmissíveis, em decisões mantidas pelo STF e pelo Superior Tribunal de Justiça, não têm o condão de empecer a formação da coisa julgada (HC 86.125/SP, Relª. Minª. Ellen Gracie). Precedentes. [...] *(Agravo Regimental no Recurso Extraordinário com Agravo nº 1.317.169/SP, STF, 1ª Turma, unânime, Rel. Min. Roberto Barroso, julgado em sessão virtual de 7.5.2021 a 14.5.2021, publicado no DJ em 26.5.2021)*

7.6. [...] A Terceira Seção desta Corte, alinhando-se ao entendimento do Supremo Tribunal Federal, estabeleceu que a decisão do Tribunal de origem que inadmite o recurso especial possui natureza meramente declaratória e, uma vez mantida a inadmissibilidade do recurso especial por essa Corte, a data do trânsito em julgado retroagirá ao último dia do prazo do recurso cabível na origem. [...] Os recursos manifestamente inadmissíveis acarretam a retroação da data do trânsito em julgado, tanto na fase da decisão de pronúncia, quanto da sentença condenatória, para o último dia do prazo para interposição do recurso admissível. [...] *(Embargos de Declaração nos Embargos de Declaração no Agravo Regimental no Recurso em Habeas Corpus nº 126.857/RS, STJ, 5ª Turma, unânime, Rel. Min. Felix Fischer, julgado em 18.5.2021, publicado no DJ em 25.5.2021)*

....

7.7. **Embargos de divergência:** requisitos gerais: Havendo divergência de entendimentos no âmbito do Superior Tribunal de Justiça, o Regimento Interno da Corte – alicerçado no art. 29, Lei nº 8.038/90 e, após sua vigência, nos arts. 1.043 e 1.044 do CPC/2015 – prevê a possibilidade do ajuizamento dos *embargos de divergência,* que deverão ser interpostos no prazo de 15 (quinze) dias. Quando a divergência for entre as ou ainda entre turma e a seção criminal, a competência para a análise do recurso será da seção com atribuição criminal. Contudo, se a divergência for entre turmas de seções diversas ou entre turma e outra seção do STJ, a competência será da Corte Especial (art. 11, XIII, c/c art. 266, segunda parte, ambos do Regimento Interno do STJ). Quando forem interpostos em casos de natureza penal, relembre-se que não é devido o pagamento de custas processuais, conforme entendimento mais atual do próprio STJ.

É preciso referir que houve a alteração parcial das regras do RISTJ sobre os embargos de divergência a partir da publicação da Emenda Regimental nº 22, de 2016 (compatibilizando com o CPC/2015), restando assim consolidadas:

> Art. 266. Cabem embargos de divergência contra acórdão de Órgão Fracionário que, em recurso especial, divergir do julgamento atual de qualquer outro Órgão Jurisdicional deste Tribunal, sendo: *(Redação dada pela Emenda Regimental nº 22, de 2016)*
>
> I – os acórdãos, embargado e paradigma, de mérito; *(Incluído pela Emenda Regimental nº 22, de 2016)*
>
> II – um acórdão de mérito e outro que não tenha conhecido do recurso, embora tenha apreciado a controvérsia. *(Incluído pela Emenda Regimental nº 22, de 2016)*

§ 1º Poderão ser confrontadas teses jurídicas contidas em julgamentos de recursos e de ações de competência originária. *(Redação dada pela Emenda Regimental nº 22, de 2016)*

§ 2º A divergência que autoriza a interposição de embargos de divergência pode verificar-se na aplicação do direito material ou do direito processual. *(Redação dada pela Emenda Regimental nº 22, de 2016)*

§ 3º Cabem embargos de divergência quando o acórdão paradigma for do mesmo Órgão Fracionário que proferiu a decisão embargada, desde que sua composição tenha sofrido alteração em mais da metade de seus membros. *(Redação dada pela Emenda Regimental nº 22, de 2016)*

§ 4º O recorrente provará a divergência com certidão, cópia ou citação de repositório oficial ou credenciado de jurisprudência, inclusive em mídia eletrônica, em que foi publicado o acórdão divergente, ou com a reprodução de julgado disponível na internet, indicando a respectiva fonte, e mencionará as circunstâncias que identificam ou assemelham os casos confrontados. *(Redação dada pela Emenda Regimental nº 22, de 2016)*

Art. 266-A. Os embargos de divergência serão juntados aos autos independentemente de despacho, e sua oposição interrompe o prazo para interposição de recurso extraordinário por qualquer das partes. *(Incluído pela Emenda Regimental nº 22, de 2016)*

Art. 266-B. Se os embargos de divergência não forem providos ou não alterarem a conclusão do julgamento anterior, o recurso extraordinário interposto pela outra parte antes da publicação do julgamento dos embargos de divergência será processado e julgado independentemente de ratificação. *(Incluído pela Emenda Regimental nº 22, de 2016)*

Art. 266-C. Sorteado o relator, ele poderá indeferir os embargos de divergência liminarmente se intempestivos ou se não comprovada ou não configurada a divergência jurisprudencial atual, ou negar-lhes provimento caso a tese deduzida no recurso seja contrária a fixada em julgamento de recurso Repetitivo ou de repercussão geral, a entendimento firmado em incidente de assunção de competência, a súmula do Supremo Tribunal Federal ou do Superior Tribunal de Justiça ou, ainda, a jurisprudência dominante acerca do tema. *(Incluído pela Emenda Regimental nº 22, de 2016)*

Art. 266-D. O Ministério Público, quando necessário seu pronunciamento sobre os embargos de divergência, terá vista dos autos por vinte dias. *(Incluído pela Emenda Regimental nº 22, de 2016)*

Art. 267. Admitidos os embargos de divergência em decisão fundamentada, promover-se-á a publicação, no Diário da Justiça eletrônico, do termo de vista ao embargado, para apresentar impugnação nos quinze dias subsequentes. *(Redação dada pela Emenda Regimental nº 22, de 2016)*

Parágrafo único. Impugnados ou não os embargos, serão os autos conclusos ao relator, que pedirá a inclusão do feito na pauta de julgamento.

Jurisprudência

7.7. [...] não são cabíveis embargos de divergência para apontar violação de súmula do STJ, ante a ausência de previsão legal nesse sentido. [...] *(Agravo Regimental nos Embargos de Divergên-*

cia em Agravo em Recurso Especial nº 2.223.229-MG, STJ, 3ª Seção, Rel. Min. Reynaldo Soares da Fonseca, julgado em 22.11.2023, publicado no DJ em 28.11.2023)

7.7. [...] Os embargos de divergência, embora não previstos na legislação processual penal, são inquestionavelmente cabíveis no curso de processo criminal, sendo inexigível o pagamento de custas processuais em ação penal pública. Inteligência do art. 7.º da Lei n.º 11.636/2007, c.c. o art. 3.º, inciso II, da Resolução n.º 2 de 1.º de fevereiro de 2017. [...] Agravo regimental provido para afastar a deserção, mas indeferidos liminarmente os embargos de divergência por manifesta inadmissibilidade. *(Agravo Regimental nos Embargos de Divergência em Agravo em Recurso Especial nº 1.807.393/SP, STJ, 3ª Seção, unânime, Rel. Min. Laurita Vaz, julgado em 25.8.2021, publicado no DJ em 9.9.2021)*

7.7. [...] A jurisprudência do Superior Tribunal de Justiça é firme no sentido de que não é cabível a concessão de ordem de habeas corpus de ofício em sede de embargos de divergência. Precedentes: AgRg nos EREsp 1.697.156/PR, Rel. Min. Mauro Campbell Marques, Corte Especial, DJe 17/4/2020; EDcl no AgRg nos EAREsp 1668484/CE, Rel. Ministro Felix Fischer, Corte Especial, DJe 5/5/2021. [...] *(Embargos de Declaração no Agravo Regimental nos Embargos de Divergência em Agravo em Recurso Especial nº 1975050 – SC, STJ, Corte Especial, Rel. Min. Benedito Gonçalves, sessão virtual de 19.10.2022 a 25.10.2022, publicado no DJ em 28.10.2022)*

7.7. [...] O não conhecimento do recurso especial (Súmula n. 182 desta Corte) inviabiliza a utilização dos embargos de divergência, a teor do disposto na Súmula n. 315 desta Corte. [...] *(Agravo Regimental nos Embargos Divergentes nos Embargos de Divergência em Agravo em Recurso Especial nº 1.509.250/SP, STJ, 3ª Seção, unânime, Rel. Min. Antônio Saldanha Palheiro, julgado em 25.11.2020, publicado no DJ em 30.11.2020).*

7.7.1. Embargos de divergência: efeitos e requisitos específicos. Trata-se de recurso que não terá efeito suspensivo (assim como, em regra, não tem o Recurso Especial), devendo-se demonstrar a divergência na forma estabelecida no art. 255, §§ 1º e 2º, do mesmo regimento (que traduz os requisitos para o próprio Recurso Especial). Significa que divergência deverá ser demonstrada com certidão, cópia ou citação de repositório oficial ou credenciado de jurisprudência, inclusive em mídia eletrônica, em que foi publicado o acórdão divergente, ou com a reprodução de julgado disponível na internet, indicando a respectiva fonte, e mencionará as circunstâncias que identificam ou assemelham os casos confrontados (§ 4º do art. 266 do RISTJ, na redação da Emenda Regimental nº 22).

Em qualquer caso, o recorrente deverá mencionar as circunstâncias que identifiquem ou assemelhem os casos confrontados. A razão da exigência está na necessidade de se comprovar, mediante *confronto analítico*, a presença de posicionamentos divergentes, tal como exigido quando o Recurso Especial estiver amparado na alínea *c* do inciso III do art. 105 da Constituição Federal. Recorde-se que o confronto analítico demanda que as decisões conflitantes tenham decidido a matéria de direito de forma diversa, pouco importando as *conclusões* (provimento ou improvimento) dos recursos interpostos nos casos e que estejam sendo utilizados como paradigma para a divergência. Numa sentença: a divergência deve estar na *interpretação do Direito* sobre a mesma norma, e não entre os dispositivos dos julgados invocados. Outra questão de extremo relevo a ser observada é que, na linha da compreensão firmada no âmbito do Superior Tribunal de Justiça, somente podem ser utilizados para discussão acerca de eventual dissídio precedentes firmados no âmbito de julgamento de recursos especiais, embora, a partir da sua vigência, o § 1º do art. 1.044 do CPC/2015 passou a dispor que podem ser confrontadas teses jurídicas contidas em julgamentos de recursos e de ações de competência originária.

Convém destacar, ainda, quatro novas disposições expressas acerca dos embargos de divergência:

1) a divergência que autoriza a interposição de embargos de divergência pode verificar-se na aplicação do direito material ou do direito processual (§ 2º do art. 1.043);
2) cabem embargos de divergência quando o acórdão paradigma for da mesma turma que proferiu a decisão embargada, desde que sua composição tenha sofrido alteração em mais da metade de seus membros (§ 3º do art. 1.043);
3) não são admissíveis embargos quando o suposto dissenso se dá entre acórdãos proferidos em *habeas corpus* ou em *recurso ordinário em habeas corpus*;
4) a interposição de embargos de divergência no Superior Tribunal de Justiça interrompe o prazo para interposição de recurso extraordinário por qualquer das partes (§ 1º do art. 1.044, CPC/2015, e também art. 266-A, RISTJ, na redação da Emenda Regimental nº 22, de 2016);
5) se os embargos de divergência forem desprovidos ou não alterarem a conclusão do julgamento anterior, o recurso extraordinário interposto pela outra parte antes da publicação do julgamento dos embargos de divergência será processado e julgado independentemente de ratificação (§ 2º do art. 1.044, CPC/2015, e também art. 266-B, RISTJ, na redação da Emenda Regimental nº 22, de 2016).

Jurisprudência *(as referências dos dispositivos do RISTJ são posteriores à Emenda Regimental nº 22, de 2016)*

7.7.1. [...] O entendimento desta Corte Superior é no sentido de que não se admitem "embargos de divergência interpostos com fulcro em dissídio demonstrado com paradigmas proferidos pela mesma Turma que exarou o acórdão embargado quando a composição do órgão julgador não tenha sofrido alteração em mais da metade de seus membros, considerado o período entre a data do julgamento do acórdão paradigma e a do acórdão recorrido" (AgRg nos EDv nos EAREsp n. 1432526/SP, relator Ministro Antonio Saldanha Palheiro, Terceira Seção, julgado em 25/9/2019, DJe 2/10/2019). [...] *(Agravo Regimental nos Embargos de Divergência em Agravo em Recurso Especial nº 2.029.380-SP, STJ, 3ª Seção, Rel. Min. convocado Jesuíno Rissato, julgado em 12.4.2023, publicado no DJ em 13.4.2023)*

7.7.1. [...] 1. A finalidade dos embargos de divergência é a uniformização da jurisprudência do Superior Tribunal de Justiça, portanto não podem ser utilizados como nova via recursal, visando a corrigir equívoco ou controvérsia advinda do julgamento do próprio recurso especial. Dessa forma, não é cabível sua interposição para discutir o acerto ou desacerto na aplicação da regra técnica de conhecimento de recurso especial, como é o caso da incidência do óbice contido na Súmula 7/STJ ao caso concreto. No caso concreto, o voto condutor do acórdão recorrido, após analisar as premissas e dados constantes do julgado do Tribunal *a quo*, afirmou, expressamente, que não seria necessário o reexame de provas, para se dar a correta interpretação da norma legal à situação fática já delineada. 2. Não se admitem embargos de divergência quando o alegado dissenso se dá entre acórdãos proferidos em *habeas corpus* ou em recurso ordinário em *habeas corpus*. Tal restrição imposta pelo regimento interno do STJ tinha por fundamento, durante a vigência do CPC/73, uma interpretação sistemática do conteúdo da lei (art. 546, I, CPC/73) que revelava ser inviável comparar um recurso especial com um remédio constitucional de abrangência muito mais ampla e voltado eminentemente para a proteção da liberdade de locomoção. Tal interpretação veio a ser corroborada pelo art. 1.043, § 1º, do CPC/2015, que restringiu, expressamente os julgados que podem ser objeto de comparação, em sede de embargos de divergência, a recursos e ações de competência originária, não podendo, portanto, funcionar como paradigma acórdãos proferidos em ações que têm natureza jurídica de garantia constitucional, como os *habeas corpus*, mandado de segurança, *habeas data* e mandado de injunção. O mesmo raciocínio vale para enunciados de súmula de tribunais. [...] *(Agravo Regimental nos Embargos de Divergência em Recurso Especial nº 1.868.140/GO, STJ, 3ª Seção, unânime, Rel. Min. Reynaldo Soares da Fonseca, julgado em 10.2.2021, publicado no DJ em 18.2.2021).*

7.7.1 [...] Consoante o disposto no enunciado da Súmula 315, "não cabem embargos de divergência no âmbito do agravo de instrumento que não admite recurso especial". Tal entendimento tem por fundamento o fato de que a decisão que nega provimento a agravo de instrumento está apenas confirmando a já prolatada pela instância de origem, que, por sua vez, inadmitiu o recurso especial. [...] *(Agravo Regimental nos Embargos de Divergência em Agravo em Recurso nº 2.322.141-MG, STJ, 3ª Seção, Rel. Min. Reynaldo Soares da Fonseca, julgado em 23.8.2023, publicado no DJ em 25.8.2023)*

7.7.1 [...] 1. A jurisprudência desta Corte está firmada no sentido de que, para comprovar a existência de dissídio em sede de embargos de divergência, deve proceder às seguintes providências: a) juntada de certidões; b) apresentação de cópias do inteiro teor dos acórdãos apontados como paradigmas; c) citação do repositório oficial autorizado ou credenciado no qual eles se achem publicados, inclusive em mídia eletrônica; e d) reprodução de julgado disponível na rede mundial de computadores com a indicação da respectiva fonte. 2. A mera menção ao Diário da Justiça em que teriam sido publicados os acórdãos paradigmas trazidos à colação, sem a indicação da respectiva fonte, quando os julgados encontram-se disponíveis na rede mundial de computadores ou internet, não supre a exigência da citação do repositório oficial ou autorizado de jurisprudência, visto que se trata de órgão de divulgação em que é publicada somente a ementa do acórdão. [...] *(Agravo Regimental nos Embargos de Divergência em Agravo em Recurso Especial nº 2000424 – PB, STJ, Corte Especial, Rel. Min. João Otávio de Noronha, sessão virtual de 16.11.2022 a 22.11.2022, publicado no DJ em 28.11.2022)*

7.7.1. [...] Não é admissível o recurso de embargos de divergência quando o recurso especial não for apreciado, aplicando-se a súmula 315/STJ, que assim preconiza: *"Não cabem embargos de divergência no âmbito do agravo de instrumento que não admite recurso especial"*. [...] *(Agravo Regimental nos Embargos de Divergência em Agravo no Recurso Especial nº 2.040.799-SP, STJ, 3ª Seção, Relator Ministro Convocado Jesuíno Rissato, julgado em 24.8.2022, publicado no DJ em 26.8.2022)*

7.7.1. [...] O conhecimento dos embargos de divergência exige a demonstração do dissídio jurisprudencial, nos termos do artigo 266, § 4º, do Regimento Interno deste Superior Tribunal de Justiça. 2. Na espécie, deixou o embargante de realizar o cotejo analítico entre os acórdãos confrontados, destacando que foram adotadas soluções diversas em litígios semelhantes, sendo insuficiente a mera transcrição das ementas e do teor do julgamento paradigma. [...] *(Agravo Regimental nos Embargos de Declaração no Recurso Especial n. 1.573.236-ES, STJ, 3ª Seção, unânime, Rel. Min. Jorge Mussi, julgado em 24.5.2017, publicado no DJ em 7.6.2017).*

Jurisprudência *(as referências dos dispositivos do RISTJ são anteriores à Emenda Regimental nº 22, de 2016)*

7.7.1. [...] 1. Esta Corte já se manifestou no sentido de que em ações que tratam de matéria penal ou processual penal não incidem as novas regras do Código de Processo Civil – CPC, referentes à contagem dos prazos em dias úteis (art. 219 da Lei 13.105/2015). 2. Desta forma, a despeito de os embargos de divergência serem regulados inteiramente pelo novo CPC, inclusive quanto ao prazo – arts. 1.043 e 1.044 –, verifica-se que como esse último diploma normativo é aplicado de forma suplementar ao processo penal e ante a existência de norma específica a regular a contagem do prazo – art. 798 do CPP –, o mesmo deve ser contabilizado de forma contínua e não segundo a previsão do art. 219 da novel legislação. Agravo regimental desprovido (*Agravo Regimental nos Embargos de Declaração nos Embargos de Divergência em Recurso Especial nº 1.525.196-MG, STJ, 3ª Seção, Rel. Min. Joel Ilan Paciornik, julgado em 26.10.2016, publicado no DJ em 9.11.2016*).

7.7.1. [...] Não cabem embargos de divergência visando questionar a aplicação de regra técnica de admissibilidade do recurso especial. 2. Os julgados prolatados em *habeas corpus* não se prestam à configuração do dissídio, nos moldes do art. 266 do RISTJ, devendo, obrigatoriamente, ser oriundos de julgados em recurso especial. [...] (*Agravo Regimental nos Embargos de Divergência em Agravo em Recurso Especial nº 44.854-MG, STJ, 3ª Seção, unânime, Rel. Min. Rogério Schietti Cruz, julgado em 22.10.2014, publicado no DJ em 28.10.2014*).

7.7.1. [...] Nos termos do art. 266 do Regimento Interno do Superior Tribunal de Justiça, os embargos de divergência são cabíveis de decisões da Turma, em recurso especial, não sendo cabíveis em face de decisão monocrática do Ministro Relator. [...] (*Agravo Regimental nos Embargos de Divergência em Agravo no Recurso Especial nº 10.115-SP, STJ, 3ª Seção, Rel. Min. Laurita Vaz, julgado em 28.3.2012, publicado no DJ em 10.4.2012*).

7.7.2. Possibilidade de indeferimento de plano: Em caso de intempestividade (que é uma regra geral atinente aos recursos, pois se trata de pressuposto objetivo), quando contrariarem Súmula do Tribunal ou ainda quando não restar comprovada a divergência, os embargos de divergência poderão ser indeferidos *liminarmente* pelo relator sorteado (portanto, há um *novo relator* assim que apresentada a irresignação) para o processamento do recurso (art. 266-A, RISTJ).

7.7.3. Manifestação do Ministério Público: O art. 266-D do RISTJ determina que, quando necessário seu pronunciamento sobre os embargos de divergência, o Ministério Público terá vista dos autos por vinte dias. No âmbito criminal, não há a facultatividade: é obrigatória a oitiva do Ministério Público (no caso, o Ministério Público Federal, por intermédio dos subprocuradores-gerais da República com atribuição criminal perante o STJ).

Mais: segundo compreendemos, a atribuição para eventualmente se manifestar acerca ou recorrer de decisões do Superior Tribunal de Justiça (inclusive do STF) é somente dos membros do Ministério Público *Federal* que têm assento perante as Cortes, não se podendo falar em atuação *direta* de membros de Ministérios Públicos Estaduais.

Entretanto, em 2014, o Superior Tribunal de Justiça, em seu entendimento consolidado até então, firmou posicionamento no sentido de ser "reconhecida a legitimidade recursal aos Ministérios Públicos estaduais e do Distrito Federal, no âmbito do Superior Tribunal de Justiça" para os casos em que os recursos subjacentes foram por eles interpostos (*Agravo Regimental nos Embargos de Divergência no Recurso Especial nº 1.256.973, STJ, 3ª Seção, Rel. Min. Laurita Vaz, Redator do acórdão Min. Rogério Schietti Cruz, julgado em 27.8.2014, publicado no* DJ *em 6.11.2014*).

Jurisprudência

7.7.3. [...] Os Ministérios Públicos dos Estados e do Distrito Federal têm legitimidade para propor e atuar em recursos e meios de impugnação de decisões judiciais em trâmite no STF e no STJ, oriundos de processos de sua atribuição, sem prejuízo da atuação do Ministério Público Federal (RE n. 985.392/RS).[...] (*Agravo Regimental no Habeas Corpus n. 429.717-DF, STJ, 6ª Turma, Rel. Min. Maria Thereza de Assis Moura, Rel. para o acórdão Min. Sebastião Reis Júnior, julgado em 25.9.2018, publicado no DJ em 22.10.2018)*

7.7.3 [...] Oposição de embargos de declaração pelo Ministério Público do Distrito Federal e Territórios no STF. Legitimidade recursal perante a Suprema Corte, nos casos em que o Parquet local é parte. Precedentes. [...] (Segundos Emb. Decl. no Recurso Extraordinário com Agravo nº 859.251-DF, STF, Plenário, unânime, Rel. Min. Gilmar Mendes, julgado em 22.10.2015, publicado no *DJ* em 9.11.2015).

7.7.3. [...] 1. Os Ministérios Públicos estaduais e do Distrito Federal possuem o direito de, por meio dos recursos próprios, desincumbir-se plenamente de suas atribuições constitucionais nos

Tribunais Superiores, mantendo-se, ademais, preservados os princípios da igualdade e do contraditório (art. 5º, *caput* e inciso LV da CF), que alcançam ambas as partes da relação processual. 2. Sob diversa angulação, a que prestigia o princípio acusatório, não se admite que uma ação penal passe a caminhar, em grau de recurso extraordinário (*lato sensu*), movida por instituição que não é a parte autora da demanda, sendo direito do réu, por sua vez, continuar a ser acusado pelo seu acusador natural, ou seja, o órgão oriundo da mesma instituição que o processou na origem. 3. Quando se trata de recursos extraordinários (*lato sensu*), o Ministério Público Federal (pela Procuradoria-Geral ou pela Subprocuradoria-Geral da República) e o Ministério Público do Distrito Federal e Territórios ou o Ministério Público estadual (pela Procuradoria-Geral de Justiça) hão de ser vistos e tratados como órgãos distintos – como de fato o são – pertencentes a diferentes ramos do Ministério Público brasileiro, de sorte que não se aplicam, entre um e outro, os princípios da unidade e da indivisibilidade. 4. À objeção de que caberia ao Ministério Público Federal atuar é de lembrar que o *Parquet* federal atua, nessas hipóteses, na qualidade de *custos iuris*, visto que não foi essa instituição, e sim o Ministério Público da respectiva unidade da Federação, quem exercitou, *ab initio*, a ação penal condenatória e muito menos quem perseguiu, por meio do direito a impugnação, reforma ou anulação do acórdão contrário à lei ou à Constituição Federal. 4. O exaurimento da via especial e extraordinária, com os meios impugnativos próprios dessa fase recursal, não pode ser retirado dos membros do *Parquet* local, porquanto estão em jogo as legítimas atribuições constitucionais e legais outorgadas ao Ministério Público (CF, arts. 127 e 128), o que suplanta o argumento de que o disposto nos regimentos internos dos Tribunais Superiores (RISTF, art. 48, *caput* e parágrafo único, e RISTJ, art. 61) impede a atuação dos Ministérios Públicos estaduais e do Distrito Federal nesta Colenda Corte e no STF. 5. A propósito, a Suprema Corte já disciplinou o direito dos Ministérios Públicos e das Defensorias Públicas Estaduais e do Distrito Federal serem intimados das decisões proferidas em processos físicos ou eletrônicos, por meio do art. 5º da Resolução-STF nº 469/2011. 6. Dessa forma, não há sentido em se negar o reconhecimento do direito de atuação dos Ministérios Públicos estaduais e do Distrito Federal perante esta Corte, se a interpretação conferida pelo STF, a partir de tema que assume, consoante as palavras do Ministro Celso de Mello, "indiscutível relevo jurídico-constitucional" (RCL-AGR nº 7.358) aponta na direção oposta, após evolução jurisprudencial acerca do tema. 7. Reconhecida a legitimidade recursal aos Ministérios Públicos estaduais e do Distrito Federal, no âmbito do Superior Tribunal de Justiça, dá-se provimento ao Agravo Regimental interposto pelo Ministério Público do Rio Grande do Sul (*Agravo Regimental nos Embargos de Divergência no Recurso Especial nº 1.256.973, STJ, 3ª Seção, Rel. Min. Laurita Vaz, Redator do acórdão Min. Rogério Schietti Cruz, julgado em 27.8.2014, publicado no DJ em 6.11.2014*).

....

7.7.4. Momento para contrarrazões: Uma vez admitidos os embargos por decisão unilateral do relator, só então será aberta vista dos autos ao recorrido para, querendo, no prazo (também) de 15 (quinze) dias apresentar impugnação (verdadeiras contrarrazões), conforme preceitua o art. 267, RISTJ.

Jurisprudência

7.7.4. [...] A conduta descrita no tipo penal do art. 95, "d", da Lei nº 8.212/95 é centrada no verbo "deixar de recolher", sendo desnecessária, para a configuração do delito, a comprovação do fim específico de apropriar-se dos valores destinados à Previdência Social. Precedentes do STJ e do STF. Embargos acolhidos, para que prevaleça o entendimento adotado nos acórdãos paradigmas (*Embargos de Divergência no Recurso Especial nº 338.473-SE, Rel. Min. Gilson Dipp, 3ª Seção, publicado no DJ em 2.8.2004*).

7.7.4. [...] O crime de roubo se consuma no momento em que o agente se torna possuidor da *res furtiva* mediante grave ameaça ou violência, ainda que não obtenha a posse tranquila do bem, sendo prescindível que saia da esfera de vigilância da vítima. Precedentes do STJ e do STF. Embargos acolhidos (*Embargos de Divergência em Recurso Especial nº 235.205-SP, Rel. Min. Laurita Vaz, 3ª Seção, julgados em 25.8.2004, publicado no DJ em 29.11.2004*).

....

Art. 637. O recurso extraordinário não tem efeito suspensivo, e uma vez arrazoados pelo recorrido os autos do traslado, os originais baixarão à primeira instância, para a execução da sentença.

Reporta-se aos comentários inseridos quando da análise acima do art. 27, § 2º, Lei nº 8.038/90, com a observação das alterações após a vigência da Lei nº 13.105/15.

637.1. Possibilidade ou não da chamada "execução provisória" de pena na pendência de recurso extraordinário: No julgamento proferido nos autos do *Habeas Corpus* nº 84.078-MG (decisão publicada no *DJ* em 26.2.2010), por maioria de votos (7 × 4, vencidos os Ministros Joaquim Barbosa, Ellen Gracie, Cármen Lúcia e Menezes Direito), o Plenário do Supremo Tribunal Federal entendeu inviável a execução de pena antes de exauridas todas as instâncias, inclusive extraordinárias, salvo se houver necessidade de prisão de índole cautelar. Eis como está resumido na ementa o que foi decidido pelo Plenário da Corte no *leading case*:

> [...] O art. 637 do CPP estabelece que "[o] recurso extraordinário não tem efeito suspensivo, e uma vez arrazoados pelo recorrido os autos do traslado, os originais baixarão à primeira instância para a execução da sentença". A Lei de Execução Penal condicionou a execução da pena privativa de liberdade ao trânsito em julgado da sentença condenatória. A Constituição do Brasil de 1988 definiu, em seu art. 5º, inciso LVII, que "ninguém será considerado culpado até o trânsito em julgado de sentença penal condenatória". Daí que os preceitos veiculados pela Lei nº 7.210/84, além de adequados à ordem constitucional vigente, sobrepõem-se, temporal e materialmente, ao disposto no art. 637 do CPP. A prisão antes do trânsito em julgado da condenação somente pode ser decretada a título cautelar. A ampla defesa, não se a pode visualizar de modo restrito. Engloba todas as fases processuais, inclusive as recursais de natureza extraordinária. Por isso a execução da sentença após o julgamento do recurso de apelação significa, também, restrição do direito de defesa, caracterizando desequilíbrio entre a pretensão estatal de aplicar a pena e o direito, do acusado, de elidir essa pretensão. Prisão temporária, restrição dos efeitos da interposição de recursos em matéria penal e punição exemplar, sem qualquer contemplação, nos "crimes hediondos" exprimem muito bem o sentimento que Evandro Lins sintetizou na seguinte assertiva: "Na realidade, quem está desejando punir demais, no fundo, no fundo, está querendo fazer o mal, se equipara um pouco ao próprio delinquente". A antecipação da execução penal, ademais de incompatível com o texto da Constituição, apenas poderia ser justificada em nome da conveniência dos magistrados – não do processo penal. A prestigiar-se o princípio constitucional, dizem, os tribunais [leia-se STJ e STF] serão inundados por recursos especiais e extraordinários e subsequentes agravos e embargos, além do que "ninguém mais será preso". Eis o que poderia ser apontado como incitação à "jurisprudência defensiva", que, no extremo, reduz a amplitude ou mesmo amputa garantias constitucionais. A comodidade, a melhor operacionalidade de funcionamento do STF não pode ser lograda a esse preço. No RE 482.006, relator o Ministro Lewandowski, quando foi debatida a constitucionalidade de preceito de Lei estadual mineira que impõe a redução de vencimentos de servidores públicos afastados de suas funções por responderem a processo penal em razão da suposta prática de crime funcional [art. 2º da Lei nº 2.364/61, que deu nova redação à Lei nº 869/52], o STF afirmou, por unanimidade, que o pre-

> ceito implica flagrante violação do disposto no inciso LVII do art. 5º da Constituição do Brasil. Isso porque – disse o relator – "a se admitir a redução da remuneração dos servidores em tais hipóteses, estar-se-ia validando verdadeira antecipação de pena, sem que esta tenha sido precedida do devido processo legal, e antes mesmo de qualquer condenação, nada importando que haja previsão de devolução das diferenças, em caso de absolvição". Daí porque a Corte decidiu, por unanimidade, sonoramente, no sentido do não recebimento do preceito da Lei estadual pela Constituição de 1988, afirmando de modo unânime a impossibilidade de antecipação de qualquer efeito afeto à propriedade anteriormente ao seu trânsito em julgado. A Corte que vigorosamente prestigia o disposto no preceito constitucional em nome da garantia da propriedade não a deve negar quando se trate da garantia da liberdade, mesmo porque a propriedade tem mais a ver com as elites; a ameaça às liberdades alcança de modo efetivo as classes subalternas. Nas democracias mesmo os criminosos são sujeitos de direitos. Não perdem essa qualidade, para se transformarem em objetos processuais. São pessoas, inseridas entre aquelas beneficiadas pela afirmação constitucional da sua dignidade (art. 1º, III, da Constituição do Brasil). É inadmissível a sua exclusão social, sem que sejam consideradas, em quaisquer circunstâncias, as singularidades de cada infração penal, o que somente se pode apurar plenamente quando transitada em julgado a condenação de cada qual Ordem concedida (*HC nº 84.078-MG, Rel. Min. Eros Grau, Plenário, STF, por maioria, julgado em 5.2.2009, publicado no* DJ *em 26.2.2010*).

Nada obstante, crê-se que há espaço (ainda) para debate acerca do tema, notadamente porque os próprios autores têm posicionamentos dissonantes a respeito da matéria, sobretudo diante do fato de que, em 17.2.2016, por 7x4 votos, e revisando o entendimento do julgamento do HC nº 84.078-MG, o Plenário do STF passou a admitir a execução da pena como regra após o exaurimento das instâncias ordinárias (HC nº 126.292-SP, Rel. Min. Teori Zavascki). Anota-se, ainda, que, no dia 5.10.2016, por 6x5 votos, apreciando pedidos de liminares nas ADCs nos 43 e 44, o Plenário do Supremo Tribunal Federal reafirmou o entendimento consolidado no julgamento do HC nº 126.292-SP, reconhecendo que o disposto no art. 283 do CPP não impede o início da execução da pena após decisão de segunda instância, não havendo como se falar em violação ao Princípio da Presunção de Inocência ou da Não Culpabilidade. Votaram vencidos os Ministros Marco Aurélio, Celso de Mello, Rosa Weber e Ricardo Lewandowski, que concluíram que seria necessário o exaurimento de todas as instâncias recursais para o início da execução da pena. O Ministro Dias Toffoli deu nova interpretação, entendendo que, após o exaurimento da instância recursal perante o STJ, seria possível a execução da pena, mesmo que interpostos eventuais recursos extraordinários ao STF. Contudo, em 7.11.2019, por maioria de 6 x 5 votos, julgando procedentes as ADCs 43, 44 e 54, o STF retornou à posição anterior no sentido da impossibilidade da execução das penas enquanto não exauridas todas as instâncias recursais, reconhecendo a constitucionalidade do disposto no art. 283 do CPP (votaram vencidos os ministros Edson Fachin, Roberto Barroso, Luiz Fux, Cármen Lúcia e Alexandre de Moraes).

Sempre sustentamos a posição ora apontada (reafirmada pelo último entendimento do STF, retromencionado), em face da opção constitucional do princípio da não culpabilidade. Pode-se não concordar com ela, dado que a instituição de três *graus de jurisdição* – ou quatro, se contado o STF – para conclusão acerca da culpabilidade parece mesmo demasiado.

Todavia, essa nos parece uma escolha *vinculante,* ao menos como *regra.*

E como todas elas (regras) comportam exceções, não podemos fechar os olhos para a possibilidade, excepcional, repita-se, de se fazer cumprir uma condenação criminal na pendência de recurso extraordinário e de recurso especial.

É que, em alguns casos concretos, sequer se discute seriamente a imposição da pena, diante do contexto probatório, sobretudo quando presente a confissão em juízo, livre e espontânea. Em tais situações, o único objetivo pretendido na interposição do recurso é o impedimento do trânsito em julgado.

A nosso aviso, sequer a perspectiva garantista, também de Ferrajoli (*Direito e razão*: teoria do garantismo penal. São Paulo: Revista dos Tribunais) se põe em posição radicalmente contrária à execução da pena criminal antes do trânsito em julgado.

A questão, parece-nos, repousa na qualidade judicial da condenação (em primeiro e segundo graus). Em algumas hipóteses se poderá visualizar claramente a ausência de qualquer eficácia modificativa no recurso interposto, cujo objetivo, nessas situações, busca apenas impedir o trânsito em julgado, contando com a morosidade inevitável no processamento de tal via recursal.

Por isso, pensamos que a vedação de execução provisória deve ser apenas a *regra,* sujeita sempre à complexidade inerente ao mundo da vida, no âmbito da excepcionalidade. E isso, repita-se, por conta de opção constitucional.

No entanto, a posição de Douglas Fischer, defendendo tese contrária, isto é, no sentido de que a *regra* deveria ser a execução provisória, encontra sólida argumentação.

637.1.1. Posicionamento de Douglas Fischer: Compreendemos que não há o empecilho para a chamada execução de pena na pendência de interposição, admissão e julgamento de recurso extraordinário (mesmo diante do entendimento do STF que, em 7.11.2019, por maioria de 6 x 5 votos, julgando procedentes as ADCs 43, 44 e 54, e retornou à posição anterior no sentido da impossibilidade da execução das penas enquanto não exauridas todas as instâncias recursais, reconhecendo a constitucionalidade do disposto no art. 283 do CPP (votaram vencidos os ministros Edson Fachin, Roberto Barroso, Luiz Fux, Cármen Lúcia e Alexandre de Moraes).

Nosso entendimento não se dá por conta da regra em tela que dispõe que o recurso não terá efeito suspensivo, mas em decorrência da compreensão da estreita cognição possível nos recursos de natureza extraordinária e da presença, em sede constitucional e legal, de mecanismos para controlar eventuais situações em que não se deva iniciar o cumprimento de pena, protegendo-se, assim, todos os preceitos constitucionais envolvidos na matéria, inclusive aquele objeto do art. 5º, LVII, CF.

Em prefacial, consigna que a expressão "execução provisória" não parece mais adequada, bem assim que o exaurimento da instância ordinária recursal deverá ser diante de todos os recursos cabíveis na instância própria, de modo que, corretamente, "*tendo sido opostos embargos de declaração contra o acórdão impugnado, os quais ainda pendem de julgamento, a expedição de mandado de prisão evidencia o constrangimento ilegal*" (*Habeas Corpus nº 364.323-SP, STJ, 6ª Turma, julgado em 27.9.2016, publicado no* DJ *em 10.10.2016*).

Com efeito, está estabelecido na Constituição da República que "*ninguém será considerado culpado até o trânsito em julgado de sentença penal condenatória*" (art. 5º, LVII) e que '*aos litigantes, em processo judicial ou administrativo, e aos acusados em geral são assegurados o contraditório e ampla defesa, com os meios e recursos a ela inerentes*" (art.

5º, LV). Também que "*conceder-se-á* habeas corpus *sempre que alguém sofrer ou se achar ameaçado de sofrer violência ou coação em sua liberdade de locomoção, por ilegalidade ou abuso de poder*" (art. 5º, LVIII).

Efetivamente, era bastante ampla a discussão acerca da possibilidade ou não da execução das penas privativas de liberdade antes do trânsito em julgado da sentença condenatória, notadamente quando da pendência de admissibilidade e julgamento de recursos especial ou extraordinário. Para uma linha de pensamento, seria hialina a vedação constitucional dessa possibilidade, diante do princípio constitucional de inocência. Para outro segmento, não.

Há muito grassavam divergências nos âmbitos dos Tribunais Superiores.

Do Superior Tribunal de Justiça, colacionam-se entendimentos no sentido da possibilidade da execução (denominada "provisória") antes do julgamento dos recursos de natureza extraordinária, posicionamento que está resumido na Súmula 267, STJ ("A interposição de recurso, sem efeito suspensivo, contra decisão condenatória não obsta a expedição de mandado de prisão").

Na Suprema Corte, antes do julgamento do HC nº 84.078-MG (cujo entendimento, repise-se, foi revisto no julgamento do HC nº 126.292-SP, em 17.2.2016, Plenário do STF,), igualmente havia posicionamentos dissonantes a respeito do tema, como se vê: HC nº 90.229-4/MG, STF, Rel. Min. Gilmar Mendes, 2ª Turma, por maioria, publicado no *DJ* em 2.5.2008; HC nº 92.810-2/SP, Rel. Min. Eros Grau, 2ª Turma, unânime, publicado no *DJ* em 25.4.2008; HC 93.184-7-SP, Rel. Min. Celso de Mello, 2ª Turma, unânime, publicado no *DJ* em 18.4.2008; HC nº 91.675-PA, Rel. Min. Cármen Lúcia, 1ª Turma, publicado no *DJ* em 7.12.2007.

Em síntese: os posicionamentos contrários à execução antes do trânsito em julgado somente admitiam o recolhimento e eventual início do cumprimento da pena privativa de liberdade (idêntico raciocínio se aplicaria para as penas restritivas de direito) se presentes os requisitos da prisão preventiva (que não colidiriam com a presunção de inocência). No sentido contrário, o argumento cinge-se à ausência de eventual efeito suspensivo aos recursos extraordinário ou especial para possibilitar o início da execução da pena privativa.

Respeitando-se todos os argumentos, como dito, crê-se que a solução não passa *apenas* pela linha argumentativa das discussões travadas por ambas as correntes. Há outros fundamentos que, em nosso modesto entendimento, se crê sejam de maior e até vital importância para a solução do (aparente) impasse.

Com efeito, fazer uma leitura objetiva e *isolada* da regra constitucional que dispõe que *ninguém será considerado culpado até o trânsito em julgado de sentença penal condenatória* não poderia, como regra, conduzir a outra conclusão que não a da inviabilidade do recolhimento antes do trânsito em julgado, salvo se presentes os requisitos da prisão preventiva (art. 312, CPP).

Na linha do que já defendemos noutras oportunidades (FISCHER, Douglas. Execução de Pena na Pendência de Recursos Extraordinário e Especial em Face da Interpretação Sistêmica da Constituição. Uma análise do Princípio da Proporcionalidade: entre a Proibição de Excesso e a Proibição de Proteção Deficiente. *Revista de Direito Público*, v. 25, p. 7-30, 2009), o que se sustenta é que, em decorrência de uma *interpretação sistêmica*, considerando-se todos os instrumentos jurídicos previstos para evitar a indevida restrição à liberdade dos cidadãos, o recolhimento do réu-condenado antes do trânsito em julgado na pendência dos recursos extraordinário (também na situação do recurso especial) *não viola* o comando constitucional supradescrito, nem qualquer outro que estipule proteção a garantias fundamentais.

Assim, diante de *todo* o arcabouço constitucional (sistemicamente falando), não se viola a presunção de inocência, pois há mecanismos eficazes (entende-se que até muito mais eficazes que os próprios recursos) em sede constitucional para evitar *eventual* ilegalidade e recolhimento indevido com violação da presunção de inocência.

Para o desenvolvimento de tais premissas, se acorrerá *também* – mas não só – a argumentos contidos em decisão do Plenário do Supremo Tribunal Federal no julgamento de recurso em que foram definidas as regras para estabelecer a exigência da observância da denominada *repercussão geral.*

Destaca-se que o raciocínio desenvolvido não está calcado unicamente pelo prisma *prático* do sistema recursal, mas também teórico-sistêmico da Constituição.

No âmbito da hermenêutica, compreende-se que a pretensão da interpretação está em solucionar conflitos decorrentes de uma sociedade aberta e democrática – cujos princípios fundamentais estão previstos numa Constituição com idêntico matiz –, não se pode exigir a obtenção de uma única resposta como correta para o problema apresentado, pois, do contrário, se estaria negando a própria base do sistema: o pluralismo. Desse modo, se diferentes intérpretes podem produzir, a partir do mesmo texto, distintas normas jurídicas, sendo ambas, por isso, autênticas, o ideal na interpretação de um texto (ou de vários textos concatenados) está em se procurar, dentre as várias interpretações possíveis, aquela *mais adequada* para o caso concreto.

Em síntese: não existem verdades apodíticas, mas *escolhas mais razoáveis.* O que se deve perseguir, então – e essa é a proposta ora firmada – é o que se denomina de *melhor resposta,* aquela que se apresenta de forma mais *racional, mais razoável* para a solução do impasse, considerados os principais vetores, concatenados entre si, que reclamaram consideração no mister interpretativo.

Segundo se entende, a presunção de não culpabilidade está relacionada direcionadamente à proteção dos direitos fundamentais (nitidamente "garantista", portanto) do cidadão de não ser condenado com base em elementos de prova indevidos (aí compreendidas as provas dúbias e até as ilícitas) ou contra manifestas previsões legais, em tratados ou na Constituição.

Em suma: é absolutamente inaceitável condenação criminal sem a observância do devido processo legal. Mas saber o que é, qual a extensão e quais preceitos que englobam o *devido processo legal* no tema em voga é o que se pretende enfrentar.

Precisa-se dizer de modo muito explícito, embora possa eventualmente soar paradoxal: o que ora se defende parte de premissas eminentemente garantistas. Mas o *garantismo* precisa ser muito bem contextualizado. Do pensamento de Ferrajoli, extrai-se que a pedra de toque está em que, rigidamente, sejam observados os direitos fundamentais dos cidadãos, dando-se a máxima eficácia aos princípios maiores fixados na Constituição da República. Noutras palavras, na senda do que se tem como derivativo da teoria garantista, o intérprete deve-se ater a uma interpretação vertical – da Constituição para as leis, de cima para baixo, estas respeitando aquela – no momento em que se verificar uma tensão no complexo universo normativo.

Todos os direitos fundamentais equivalem a vínculos de substância, que, por sua vez, condicionam a validez da essência das normas produzidas, expressando, ao mesmo tempo, os fins aos quais está orientado o denominado Estado Constitucional de Direito. Mas a verdadeira força normativa da Constituição – portanto, mais eficaz – depende da adequada interpretação que se dá às normas, como adverte Konrad Hesse.

Na construção da tese de Ferrajoli, a dimensão substancial do Estado de Direito se traduz em uma dimensão (também substancial) da própria democracia, em que as garantias são verdadeiras técnicas insertas no ordenamento que têm por finalidade *reduzir a distância estrutural entre a normatividade e a efetividade*, possibilitando-se, assim, uma máxima eficácia dos *direitos e demais preceitos fundamentais*, na sua compreensão mais ampla possível, mas sem qualquer desvirtuamento, segundo determinado pela Constituição (FERRAJOLI, Luigi. *Derechos y garantias*: la ley del *más débil*. 4. ed. Madrid: Trotta, 2004. p. 25).

Compreende-se que, *por intermédio de todos meios constitucionais existentes*, a Teoria do Garantismo se consubstancia em irrestrita tutela daqueles valores ou direitos fundamentais, cuja satisfação, mesmo contra os interesses da maioria, constitui o objetivo justificante do Direito Penal. Numa frase: quer-se garantir a imunidade dos cidadãos contra a arbitrariedade das proibições e das punições, a defesa dos fracos mediante regras do jogo iguais para todos, a dignidade da pessoa do imputado, e, consequentemente, a garantia da sua liberdade, inclusive por meio do respeito à verdade (Ferrajoli, Luigi. *Derecho y razón*: teoría del garantismo penal. 4. ed. Madrid: Trotta, 2000. p. 271). Mas tais pressupostos *não podem* levar à total *inoperância do sistema*, notadamente o criminal-constitucional, que está em foco na abordagem do presente dispositivo.

Respeitando-se eventuais posicionamentos em contrário, e seguindo o entendimento do Supremo Tribunal Federal (*e. g.* HC nº 88.420-PR, 1ª Turma, unânime, publicado no DJ em 8.6.2007), crê-se que, constitucionalmente, *não* há garantia *para todas as situações* ao denominado *duplo grau de jurisdição* (como regra geral, ele se faz presente), até porque incompossível com, por exemplo, as hipóteses em que prevista a competência originária da Corte Suprema para julgamento de feitos criminais em razão da dignidade de certos cargos (art. 102, I, *b* e *c*, CF/88). Inclusive o Plenário, revisitando o tema sobre prerrogativa de função, "por ocasião do julgamento da ADI 2.553, Redator do acórdão o ministro Alexandre de Moraes, decidiu que a Constituição Federal estabeleceu exceções ao duplo grau de jurisdição nas esferas federal, estadual e municipal, quanto a autoridades de todos os Poderes, de modo que não caberia aos Estados "estabelecer, seja livremente, seja por simetria, prerrogativas de foro" às autoridades não abarcadas pelo legislador constituinte" *(Ação Direta de Inconstitucionalidade nº 6.506/MT, STF, Plenário, unânime, Rel. Min. Nunes Marques, julgado em sessão virtual de 29.10.2021 a 10.11.2021, publicado no DJ em 3.2.2022)*. Noutro julgado, o STJ seguiu a mesma linha expressa ao negar a tese de violação ao princípio do duplo grau, pois "de acordo com a jurisprudência do Supremo Tribunal Federal, não se aplica aos casos de jurisdição superior originária. [...] *(Inquérito nº 1.653-DF, STJ, Corte Especial, Rel. Min. Og Fernandes, julgado em 19.4.2024, publicado no DJ em 14.5.2024)*.

Em nossa interpretação, o que a Constituição garante é a possibilidade de que a decisão proferida monocraticamente seja revista, no mínimo, por um órgão colegiado (ou então proferida por um órgão colegiado em sede originária), evitando-se assim (ou tentando-se evitar ao máximo) eventuais injustiças nos provimentos condenatórios a partir de uma análise da causa em debate por apenas um magistrado.

Ou seja: a decisão condenatória, se em instância inicial, deve passar, ao menos, pelo crivo de julgamento colegiado. Se o julgamento é colegiado na origem (competência por prerrogativa de função), já se atendeu à necessidade de compatibilizar a garantia de julgamento de agentes em face da dignidade dos cargos que ocupam (*competência em razão da função – prerrogativa de foro*) e de que a decisão não seja apenas de um julgador, minorando-se a possibilidade (em tese) da ocorrência de erro na condenação, que seria situação corolária de violação do princípio constitucional da não responsabilização de pessoa contra a qual não existam elementos suficientes para tanto ou contra o que dispõe o ordenamento jurídico.

Entretanto, exigir o esgotamento das instâncias extraordinárias (recurso extraordinário ou especial) – sem analisar suas finalidades – em nossa compreensão importa numa visão não *sistêmica* do ordenamento constitucional, que prevê não exclusivamente os direitos dos réus (que devem ser protegidos com máxima efetivamente, como já dito e ora se enfatiza), mas também a efetividade da prestação jurisdicional (interesse social: proteção imediata aos interesses da vítima e mediata da coletividade). Aliás, condicionar o exaurimento de todas as instâncias recursais (muitas, regra geral, por irresignações procrastinatórias) implica violação direta das denominadas obrigações processuais penais positivas (vide, a propósito, PEREIRA, Frederico Valdez; FISCHER, Douglas. *As obrigações processuais penais positivas*: segundo as Cortes Europeia e Interamericana de Direitos Humanos. 3. ed. Porto Alegre: Livraria do Advogado, 2022).

Assim, compreende-se que não se pode partir da premissa de que a Constituição teria estipulado como *necessário* o esgotamento de *todas* as instâncias *recursais possíveis* para se poder executar a pena imposta, seja ela privativa de liberdade ou até restritiva de direitos (esta com muito mais razão ainda, se comparada com aquela).

A finalidade dos recursos especial e extraordinário *não é* a discussão acerca da culpa (inocência) do agente criminoso eventualmente condenado em instância inferior. Também *não* são e *não podem* ser referentes à discussão acerca de prova que foi utilizada e valorada para a condenação (não confundir o reexame de provas, o que é vedado, com revaloração da prova, perfeitamente admissível), salvo, à evidência, se se tratar de prova ilícita. Exatamente por isso é que compreendemos que há verdadeiro "trânsito em julgado" do tema atinente aos elementos acerca da condenação.

Com efeito, a Constituição é bastante clara – e muito restrita – às hipóteses de cabimento dos recursos especial e extraordinário. Nenhuma delas envolve *diretamente* qualquer matéria afeta à culpa/inocência do condenado. No máximo, indiretamente, como regra geral. E mesmo que se diga que envolva *diretamente* o tema (a ensejar eventual recurso de natureza extraordinária), há, na própria Constituição, meios muito mais eficazes e amplos para a tutela desses direitos eventualmente violados, que precisam ser considerados para uma compreensão sistêmica da ordem vigente.

Na senda do art. 102, III, CF/88, como já analisado anteriormente de modo detalhado, caberá recurso extraordinário nas hipóteses de a decisão: (a) contrariar dispositivo da Constituição; (b) declarar a inconstitucionalidade de tratado ou Lei federal; (c) julgar válida Lei ou ato de governo local contestado em face desta Constituição; e (d) julgar válida Lei local contestada em face de Lei federal.

Sistemicamente não se verifica como a *limitadíssima amplitude* das discussões possíveis no âmbito dos recursos retronominados poderia afetar o princípio constitucional da presunção de inocência. Em nossa compreensão, tal conclusão pode ser extraída apenas da leitura isolada do comando constitucional (*mesmo que extraiam todos os efeitos que dele irradiam como norma constitucional que é*) de que "*ninguém será considerado culpado até o trânsito em julgado de sentença penal condenatória*" (art. 5º, LVII).

O Supremo Tribunal Federal sempre foi muito firme acerca de ser absolutamente limitado o espectro dentro do qual se apresenta possível debater determinadas questões em sede de recurso extraordinário, chegando ao ponto de reconhecer, explicitamente, que a jurisprudência da Corte "*firmou-se no sentido de que as alegações de afronta aos princípios da legalidade, do devido processo legal, do contraditório, da ampla defesa, dos limites da coisa julgada e da prestação jurisdicional, quando dependentes de exame de legislação infraconstitucional, configurariam ofensa constitucional indireta*" (*Agravo Regimental no Agravo de Instrumento nº 700.960/SC, Rel. Min. Carmen Lúcia, 1ª Turma, unânime, publicado no* DJ *em 5.3.2010*). Em complemento, tem-se dito ainda que as "*alegações de desrespeito aos postulados da legalidade, do devido processo legal, da motivação dos atos decisórios, do contraditório, dos limites da coisa julgada e da prestação jurisdicional, se dependentes de reexame prévio de normas inferiores, podem configurar, quando muito, situações de ofensa meramente reflexa ao texto da Constituição* (*Agravo regimental a que se nega provimento*) (*Agravo Regimental no Agravo de Instrumento nº 723.167-4/RS, Rel. Min. Eros Grau, 2ª Turma, publicado no* DJ *em 7.11.2008*).

Não debateremos aqui a pertinência ou não de tais conclusões. Mas é importante não descurar que esse é o entendimento vigorante no âmbito da Suprema Corte.

É de se ver, ainda, que a restrição de possibilidade de recursos extraordinários hodiernamente é maior ainda em face da introdução na ordem constitucional de mais um requisito de admissibilidade dos recursos extraordinários: a *repercussão geral* (§ 3º do art. 102 da CF).

No julgamento da Questão de Ordem no Agravo de Instrumento nº 664-567-2-RS (Tribunal Pleno, *DJ* em 6.9.2007), em que se restaram definidos os critérios para aferição da *repercussão geral*, o Supremo Tribunal Federal firmou algumas premissas que merecem destaque:

a) a partir da EC nº 45, de 30 de dezembro de 2004 – que incluiu o § 3º no art. 102 da Constituição –, passou a integrar o núcleo comum da disciplina constitucional do recurso extraordinário a exigência da repercussão geral da questão constitucional;

b) não tem maior relevo a circunstância de a Lei nº 11.418/06, que regulamentou esse dispositivo, ter alterado apenas texto do Código de Processo Civil, tendo em vista o caráter geral das normas nele inseridas;

c) não há falar em uma imanente repercussão geral de todo recurso extraordinário em matéria criminal, porque em jogo, de regra, a liberdade de locomoção: o Recurso Extraordinário *busca preservar a autoridade e a uniformidade da inteligência da Constituição, o que se reforça com a necessidade de repercussão geral* das questões constitucionais nele versadas, assim entendidas aquelas que "*ultrapassem os interesses subjetivos da causa*" (art. 1.035, § 1º, CPC/2015 – art. 543-A, § 1º, CPC/1973, incluído pela Lei nº 11.418/06);

d) para *obviar a ameaça ou lesão à liberdade de locomoção – por remotas que sejam –*, há *sempre a garantia constitucional* do *habeas corpus* (CF, art. 5º, LXVIII);

e) a exigência da demonstração formal e fundamentada, no recurso extraordinário, da repercussão geral das questões constitucionais discutidas só incide quando a intimação do acórdão recorrido tenha ocorrido a partir de 3 de maio de 2007, data da publicação da Emenda Regimental nº 21, de 30 de abril de 2007.

Não é de hoje que, fática, teórica e *juridicamente* (por interpretação *constitucional* do STF e também em face de expressa disposição normativa), o *habeas corpus* perdeu sua *função original* (PONTES DE MIRANDA, *História e prática do habeas corpus*. 4. ed. Rio de Janeiro, Borsoi, 1962. p. 105), servindo para as mais diversas questões, não só para também atacar ilegalidades ou abusos de poder, como também para as hipóteses em que a arguição esteja relacionada à observância do devido processo legal (*lato sensu*).

Sintetizadas na ementa do julgado retromencionado (e que refletem o que foi decidido pela Corte Suprema), as palavras do Ministro Relator, Sepúlveda Pertence, são deveras elucidativas ao assentar que *não* se pode "*falar em uma imanente repercussão geral de todo recurso extraordinário em matéria criminal*", pois o recurso extraordinário "*busca preservar a autoridade e a uniformidade da inteligência da Constituição, o que se reforça com a necessidade de repercussão geral das questões constitucionais nele versadas, assim entendidas aquelas que "ultrapassem os interesses subjetivos da causa"*. Na sequência, vê-se o expresso reconhecimento – já vigorante há muito naquela Corte, se ainda não percebido por muitos – de que, na *pendência* de admissibilidade ou análise de recurso extraordinário, para "*obviar a ameaça ou lesão à liberdade de locomoção – por remotas que sejam –, há sempre a garantia constitucional do habeas corpus (CF, art. 5º, LXVIII)*".

Na senda de Claus-Wilhelm CANARIS (*Pensamento sistemático e conceito de sistema na ciência do direito*. 3. ed. Lisboa: Fundação Calouste Gulbenkian, 2002. p. 273), tem razão Juarez FREITAS (*A interpretação sistemática do direito*. 4. ed. rev. e ampl. São Paulo: Malheiros, 2004. p. 70) ao expor que "*cada preceito deve ser visto como parte viva do todo, eis que apenas no exame de conjunto tende a ser melhor equacionado qualquer caso, quando se almeja uma bem-fundamentada hierarquização tópica dos princípios tidos como proeminentes*", na medida em que, conclui, "*interpretar uma norma é interpretar o sistema inteiro, pois qualquer exegese comete, direta ou obliquamente, uma aplicação da totalidade do Direito, para além de sua dimensão textual*". Em outras palavras, também suas, "*ainda quando se esteja examinando, em aparência, uma norma isolada, esta só poderá ser bem compreendida na relação mútua com as demais*".

Insiste-se, reportando-se ao precedente anterior do Supremo Tribunal Federal: por *remotas* que existam eventuais ilegalidades (ou até muitas, o que se diz apenas para fins de argumentação) praticadas pelos tribunais e juízes inferiores, são elas remediadas – pronta e *eficazmente* (até mais que via recursal própria) – por intermédio do *habeas corpus* (previsto constitucionalmente), que pode – é cediço – ser concedido inclusive *ex officio* pelos tribunais e em sede liminar (procedimento também decorrente de criação jurisprudencial) e de forma substitutiva aos próprios recursos, mesmo que na pendência de seus exames.

Por mais paradoxal que possa parecer, em nosso sentir é da compreensão *sistêmica* do ordenamento constitucional que se extraem tais conclusões: a cognição permitida em *habeas corpus* é até *muito mais ampla* do que aquela possível nos recursos extraordinário e/ou especial (embora naturalmente restrita para ambos), sequer se exigindo, quanto ao *writ*, qualquer prequestionamento da matéria ou demonstração de *repercussão geral*.

Exemplificativamente, confira-se o inteiro teor do Agravo Regimental no Agravo de Instrumento nº 690.822-PR (STF, 1ª Turma, Rel. Min. Cármen Lúcia, publicado no *DJ* em 5.2.2009). Ao tempo em que o Tribunal negou provimento ao agravo regimental interposto contra a denegação monocrática do agravo "de instrumento" (para que fosse processado o recurso extraordinário inadmitido) ao argumento de que não fora feita a preliminar de repercussão geral, disse em seu voto, explicitamente, a eminente relatora que: "*O agravante foi intimado do acórdão dos últimos embargos de declaração em 4.5.2007 (fl. 290), contra o qual foi interposto o recurso extraordinário, e, nessa data, já era exigível a preliminar formal e fundamentada da repercussão geral, nos termos do julgamento da Questão de Ordem no Agravo de Instrumento nº 664.567* [...] *Ressalto, por fim, que, embora a ausência de preliminar formal e fundamentada não obste, em tese, a eventual concessão de habeas corpus de ofício pelo Supremo Tribunal Federal, desde que verificada, obviamente, a hipótese de flagrante ilegalidade, não me convenci de que este seja o caso dos autos*". Fácil verificar que, se houvesse qualquer ilegalidade, mesmo que ausentes os pressupostos para o limitadíssimo recurso extraordinário, poderia o tribunal, de ofício, corrigir o ato inferior, concedendo a ordem de *habeas corpus*.

Em se tratando de suposta violação de normas infraconstitucionais (que se traduzam na inobservância do devido processo legal), o *writ* permite o exame pela Corte Suprema da matéria, o que se mostra inviável em sede de recurso extraordinário. A propósito, confiram-se precedentes da Suprema Corte em *habeas corpus* e também em *recurso extraordinário* em que se fazia a arguição de violação de regras infraconstitucionais relacionadas ao devido processo legal, respectivamente: *RHC nº 88.862-3-PA, Rel. Min. Sepúlveda Pertence, 1ª Turma, unânime, publicado no* DJ *em 29.9.2006; Agravo Regimental no Agravo de Instrumento nº 569.724/SC, Rel. Min. Ricardo Lewandowski, 1ª Turma, unânime, publicado no* DJ *em 14.12.2007.*

Há outro espectro que merece também ser considerado. Deflui dos precedentes que defendem a impossibilidade da execução da pena antes do trânsito em julgado da sentença condenatória que, se ausentes motivos de cautelaridade da privação da liberdade, se estaria atingindo frontalmente direitos fundamentais dos réus-processados frente, de modo mais relevante, ao disposto no art. 5º, LVII, CF. Noutras palavras, o Estado estaria agindo de forma excessiva, restringindo direito fundamental amparado constitucionalmente. Na visão clássica (vedação de excesso, *ubermaßverbot*), violaria o Princípio da Proporcionalidade.

Contudo, a abordagem não se esgota unicamente no prisma destacado. Na verdade, em nossa compreensão, a proporcionalidade se revela presente dentro de um espectro compreendido entre a vedação de excessos (*ubermaßverbot*) e a vedação de inoperância, também chamada de proibição de proteção deficiente (*untermaßverbot*).

Carlos Bernal Pulido (*El derecho de los derechos*. Bogotá: Universidad Externado de Colombia, 2005. p. 126, 139-140) pondera objetivamente que: "*La segunda variante del principio de proporcionalidad, que también se aplica para controlar la constitucionalidad de la legislación penal, pero desde el punto de vista de la satisfacción e las exigencias impuestas por los derechos de protección, es la prohibición de protección deficiente. En esta variante, el principio de proporcionalidad supone también interpretar los derechos fundamentales de protección como principios y aceptar que de ellos se deriva la pretensión prima facie de que el legislador los garantice en la mayor medida posible, habida cuenta de las posibilidades jurídicas y fácticas. Esto quiere decir que estos derechos imponen prima facie al legislador el desarrollo de todas las acciones (no redundantes) que favorezcan la protección de su objeto normativo, y que no impliquen la vulneración de otros derechos e principios que juegen en sentido contrario. El carácter prima facie de estos derechos implica que las intervenciones del legislador de las que sean objeto sólo puedan ser constitucionalmente admisibles y válidas de manera definitiva se observan las exigencias del principio de proporcionalidad. La versión del principio de proporcionalidad que se aplica frente a los derechos de protección se llama prohibición de protección deficiente (el untermassverbot) de la doctrina alemana. Este principio se aplica para determinar si las omisiones legislativas, que no ofrecen un máximo nivel de aseguramiento de los derechos de protección, constituyen violaciones de estos derechos. Cuando se interpretan como principios, los derechos de protección implican que el legislador les otorgue prima facie la máxima protección. Si éste no es el caso, y, por el contrario, el legislador protege un derecho sólo de manera parcial o elude brindarle toda protección, la falta de protección óptima debe enjuiciarse entonces desde el punto de vista constitucional mediante la prohibición de protección deficiente. Esta prohibición se compone de los siguientes subprincipios. Una abstención legislativa o una norma legal que no proteja un derecho fundamental de manera óptima vulnera las exigencias de principio de idoneidad cuando no favorece la realización de un fin legislativo que sea constitucionalmente legitimo. [...] Una abstención legislativa o una norma legal que no proteja un derecho fundamental de manera óptima, vulnera las exigencias del principio de necesidad cuando existe otra abstención y otra medida legal alternativa que favorezca la realización del fin del Congreso por lo menos con la misma intensidad, y a la vez favorezca más la realización del derecho fundamental de protección. [...] Una abstención legislativa o una norma legal que no proteja un derecho fundamental de manera óptima, vulnera las exigencias del principio de proporcionalidad en sentido estricto cuando el grado de favorecimiento del fin legislativo (la no-intervención de la libertad) es inferior al grado en que no se realiza el derecho fundamental de protección. Si se adopta la escala triádica expuesta con ocasión de la interdicción del exceso, se concluirá entonces que, según la prohibición de protección deficiente, está prohibido que la intensidad en que no se garantiza un derecho de protección seja intensa y que la magnitud de la no-intervención en la libertad o en otro derecho de defensa sea leve o media, o que la intensidad de la no-protección sea media y la no-intervención sea leve."*

Compreende-se fundamental destacar que o Princípio da Proibição de Proteção Deficiente não deve ser invocado *apenas* diante da análise da compatibilização vertical da Constituição e a norma criada (ou não criada: omissão) pelo legislador, mas também na própria interpretação/aplicação da norma pelo Poder Judiciário (*Crê-se que esta também é a linha seguida por Canaris, ao analisar o art. 1º, nº 3 da Lei Fundamental Alemã (1. A dignidade da pessoa humana é inviolável. Todas as autoridades públicas têm o dever de a respeitar e de a proteger. [...] 3. Os direitos fundamentais que se seguem vinculam a legislação, o poder executivo e a jurisdição como direito imediatamente vigente*). A propósito, vide também José Paulo BALTAZAR JÚNIOR, (*Crime organizado e proibição de insuficiência.* Porto Alegre: Livraria do Advogado, 2010. p. 63 e 64).

Como defende Hesse (HESSE, Konrad. *A força normativa da Constituição.* Porto Alegre: Safe, 1991. p. 20), "*quanto mais conteúdo de uma Constituição lograr corresponder à natureza singular do presente [incorporando o estado espiritual de seu tempo, tarefa da qual é incumbido o seu intérprete], tanto mais seguro há de ser o desenvolvimento de sua força normativa*". Assim, essencial compreender e sedimentar que a verdadeira força da Constituição dependerá de uma adequada interpretação de seu conteúdo material.

Tecendo importantes considerações acerca do denominado Princípio da Proibição de Proteção Deficiente (que não as levou em consideração ao proferir seu entendimento nas ADCs 43, 44 e 54, segundo pensamos e com a *devida venia*), o Ministro Gilmar Mendes, no julgamento do Recurso Extraordinário nº 418.376-MS assentou que "*De outro modo, estar-se-ia a blindar, por meio de norma penal benéfica, situação fática indiscutivelmente repugnada pela sociedade, caracterizando-se típica hipótese de proteção deficiente por parte do Estado, num plano mais geral, e do Judiciário, num plano mais específico. Quanto à proibição de proteção deficiente, a doutrina vem apontando para uma espécie de garantismo positivo, ao contrário do garantismo negativo (que se consubstancia na proteção contra os excessos do Estado) já consagrado pelo princípio da proporcionalidade. A proibição de proteção deficiente adquire importância na aplicação dos direitos fundamentais de proteção, ou seja, na perspectiva do dever de proteção, que se consubstancia naqueles casos em que o Estado não pode abrir mão da proteção do direito penal para garantir a proteção de um direito fundamental. [...] No mesmo sentido, o Professor Ingo Sarlet: 'A noção de proporcionalidade não se esgota na categoria da proibição de excesso, já que abrange,* [...], *um dever de proteção por parte do Estado, inclusive quanto a agressões contra direitos fundamentais provenientes de terceiros, de tal sorte que se está diante de dimensões que reclamam maior densificação, notadamente no que diz com os desdobramentos da assim chamada proibição de insuficiência no campo jurídico-penal e, por conseguinte, na esfera da política criminal, onde encontramos um elenco significativo de exemplos a serem explorados'* (*SARLET, Ingo Wolfgang. Constituição e proporcionalidade: o direito penal e os direitos fundamentais entre a proibição de excesso e de insuficiência.* Revista da Ajuris, *ano XXXII, nº 98, junho/2005, p. 107.*). *E continua o Professor Ingo Sarlet: 'A violação da proibição de insuficiência, portanto, encontra-se habitualmente representada por uma omissão (ainda que parcial) do poder público, no que diz com o cumprimento de um imperativo constitucional, no caso, um imperativo de tutela ou dever de proteção, mas não se esgota nesta dimensão (o que bem demonstra o exemplo da descriminalização de condutas já tipificadas pela legislação penal e onde não se trata, propriamente, duma omissão no sentido pelo menos habitual do termo)'* (*Sarlet, Ingo Wolfgang. Constituição e proporcionalidade: o direito penal e os direitos fundamentais entre a proibição de excesso e de insuficiência.* Revista da Ajuris, *ano XXXII, nº 98, junho/2005, p. 132*).

Em momento anterior a esse voto perante a Corte Suprema, o Ministro Gilmar Mendes também já se manifestara de forma abstrata acerca dos direitos fundamentais e dos deveres de proteção (Os direitos fundamentais e seus múltiplos significados na ordem constitucional. Brasília: *Revista Jurídica Virtual*, vol. 2, n. 13, junho/1999. Também em *Anuario Iberoamericano de Justicia Constitucional*, nº 8, 2004, p. 131-142): "*A concepção que identifica os direitos fundamentais como princípios objetivos legitima a ideia de que o Estado se obriga não apenas a observar os direitos de qualquer indivíduo em face das investidas do Poder Público (direito fundamental enquanto direito de proteção ou de defesa – Abwehrrecht), mas também a garantir os direitos fundamentais contra agressão propiciada por terceiros (Schutzpflicht des Staats). A forma como esse dever será satisfeito constitui tarefa dos órgãos estatais, que dispõem de ampla liberdade de conformação. A jurisprudência da Corte Constitucional alemã acabou por consolidar entendimento no sentido de que do significado objetivo dos direitos fundamentais resulta o dever do Estado não apenas de se abster de intervir no âmbito de proteção desses direitos, mas também de proteger esses direitos contra a agressão ensejada por atos de terceiros. Essa interpretação do Bundesverfassungsgericht empresta, sem dúvida, uma nova dimensão aos direitos funda-*

mentais, fazendo com que o Estado evolua da posição de 'adversário' (Gegner) para uma função de guardião desses direitos (Grundrechtsfreund oder Grundrechtsgarant). É fácil ver que a ideia de um dever genérico de proteção fundado nos direitos fundamentais relativiza sobremaneira a separação entre a ordem constitucional e a ordem legal, permitindo que se reconheça uma irradiação dos efeitos desses direitos (Austrahlungswirkung) sobre toda a ordem jurídica. Assim, ainda que se não reconheça, em todos os casos, uma pretensão subjetiva contra o Estado, tem-se, inequivocamente, a identificação de um dever deste de tomar todas as providências necessárias para a realização ou concretização dos direitos fundamentais. Os direitos fundamentais não contêm apenas uma proibição de intervenção (Eingriffsverbote), expressando também um postulado de proteção (Schutzgebote). Haveria, assim, para utilizar uma expressão de Canaris, não apenas uma proibição do excesso (Ubermassverbot), mas também uma proibição de omissão (Untermassverbot). Nos termos da doutrina e com base na jurisprudência da Corte Constitucional alemã, pode-se estabelecer a seguinte classificação do dever de proteção: (a) Dever de proibição (Verbotspflicht), consistente no dever de se proibir uma determinada conduta; (b) Dever de segurança (Sicherheitspflicht), que impõe ao Estado o dever de proteger o indivíduo contra ataques de terceiros mediante adoção de medidas diversas; (c) Dever de evitar riscos (Risikopflicht), que autoriza o Estado a atuar com o objetivo de evitar riscos para o cidadão em geral, mediante a adoção de medidas de proteção ou de prevenção, especialmente em relação ao desenvolvimento técnico ou tecnológico. Discutiu-se intensamente se haveria um direito subjetivo à observância do dever de proteção ou, em outros termos, se haveria um direito fundamental à proteção. A Corte Constitucional acabou por reconhecer esse direito, enfatizando que a não observância de um dever proteção corresponde a uma lesão do direito fundamental previsto no art. 2, II, da Lei Fundamental."

Novamente acorrendo a Canaris (que, salvo melhor juízo, foi quem primeiro utilizou a expressão *proibição de insuficiência – Direitos fundamentais e direito privado*, p. 60, 119 e 124), cumpre referir que o doutrinador tedesco defende que "*segundo a correcta jurisprudência do Tribunal Constitucional Federal, o legislador ordinário dispõe, em princípio, na realização da função dos direitos fundamentais como imperativos de tutela, de uma ampla margem de conformação. Esta, por sua vez, também não é de tal modo reduzida a partir do outro lado – isto é, pela proibição de excesso – que as exigências deste último coincidam com as da proibição de insuficiência.*" Em seguida complementa que "*a proibição de insuficiência não é aplicável apenas no (explícito) controlo jurídico-constitucional de uma omissão legislativa, mas antes, igualmente, nos correspondentes problemas no quadro da aplicação e do desenvolvimento judiciais do direito. Pois, uma vez que a função de imperativo de tutela de direitos fundamentais não tem, de forma alguma, alcance mais amplo no caso de uma realização pela jurisprudência do que pelo legislador, o juiz apenas está autorizado a cumprir esta tarefa porque, e na medida em que, a não o fazer, se verificaria um inconstitucional défice de protecção, e, portanto, uma violação da proibição de insuficiência*".

Como salientado, entende-se que *tais premissas também* deveriam ser utilizadas pela Suprema Corte na *interpretação* das normas insertas na Constituição a respeito do tema em jogo (aliás, nosso argumento foi acolhido explicitamente pelo Ministro Menezes Direito no julgamento do *leading case* – HC nº 84.078-MG – para, juntamente com outros, assentar que a execução da pena antes do julgamento de todos os recursos nas instâncias extraordinárias não importaria malferimento ao princípio constitucional da inocência (BALTAZAR JÚNIOR, op. cit., p. 184, igualmente reverbera consistentes críticas à decisão do STF no HC nº 84.078).

É dizer: na análise e explicitação do significado e extensão das normas (inclusive as constitucionais), deve o intérprete não só afastar conclusões que impliquem excessos em detrimentos dos direitos fundamentais dos cidadãos (aí inclusos os réus em processos criminais), mas também deve zelar para que estas interpretações não gerem uma inoperância do sistema que, em face disso, acabe acarretando desproteção dos interesses sociais-gerais igualmente garantidos constitucionalmente.

De uma forma mais explícita, reconhece-se que há um tensionamento entre os direitos fundamentais do réu e o direito fundamental da sociedade à garantia de proteção (segurança social, derivada diretamente do fundamento constitucional da *cidadania*) e da efetividade do Poder Jurisdicional em face daqueles que violaram as normas vigentes (no caso, as que regulam o Direito Penal). A sopesação para o encontro do equilíbrio entre esses dois pontos (evitando-se os excessos e as deficiências) é que revela o parâmetro proporcional da atuação do Estado.

De fato, encontra-se estampado (inicialmente) no art. 5º, CF, que devem ser garantidos pelo Estado a todos os cidadãos o direito – dentre outros – *à segurança*. Na sequência, tem-se explicitado no art. 6º, CF, que também se enquadra dentre os direitos sociais o direito fundamental à segurança. Em complemento, colhe-se do art. 144, CF, que a segurança pública – ao tempo em que se constitui em direito de todos – se constitui num dever fundamental do Estado, que deve exercer suas funções para a preservação da ordem pública e da incolumidade das pessoas e do patrimônio.

Esses dispositivos possuem altíssima carga valorativa ao intérprete constitucional, o qual não se pode ater a uma interpretação no sentido de que essas normas-princípios seriam direcionadas unicamente (ou então precipuamente) ao Estado-Executivo. Em nossa compreensão, são valores fundantes que vinculam toda a ação estatal. Reportando-se uma vez mais a Canaris, não há de se olvidar (como também assentado na Constituição Alemã) que os direitos fundamentais dos cidadãos vinculam o legislador e os Poderes Executivo e Judiciário como direito *imediatamente vigente*.

Nessa linha de raciocínio, o Estado-Judiciário também deve levar em conta que, na aplicação dos direitos fundamentais (todos, individuais e sociais!), deve levar em consideração a necessidade de garantir também ao cidadão a eficiência e segurança, evitando-se a impunidade.

Como já destacamos noutra oportunidade (*Delinquência econômica e estado social e democrático de direito*. Porto Alegre: Verbo Jurídico, 2006. p. 42), sendo a Constituição complexa e plural, demandando uma interpretação sistêmica e mediante uma compreensão circular, há de se atentar para a advertência de Laurence TRIBE e Michael DORF (*On reading the Constitution*. Cambridge: Harvard University Press, 1991. p. 20), que destacam que o intérprete não pode incidir em duas falácias argumentativas fundamentais (*two interpretive fallacies*): a *dis-integration* e a *hyperintegration*. Incide-se na falácia da *dis-integration* quando se analisa a Constituição como sendo um feixe desconectado de princípios, valores e regras. A *hyperintegration* se verifica quando o intérprete tem uma visão limitada da amplitude do conjunto da obra constitucional, restringindo-se a compreendê-la como uma rede, porém sem qualquer costura, decorrente de nítida postura reducionista.

Deflui dessas considerações que uma interpretação constitucional mais consentânea deve considerar *todas as normas integradas entre si, não isoladas nem dispersas*, compreendendo-se que todos os comandos nela insertos (unidade) estão costurados por fios seguros, e por isso suficientemente fortes para sustentar as tensões dialéticas que naturalmente dela defluem (pluralidade).

Verifica-se, portanto, que, com outra roupagem, afloram novamente questões antes abordadas atinentes à *Constituição Garantista*: paralelamente à chamada Proibição de Excesso, um "garantismo negativo", do texto constitucional derivam obrigações (inclusive ao intérprete constitucional) de que também as suas decisões não gerem uma desproteção dos bens jurídicos e interesses gerais e sociais, caracterizando-se, noutro bordo, a situação da Proibição de Proteção Deficiente, verdadeiro "garantismo positivo" (Nesse sentido, inclusive, em *nossa interpretação*, seria o pensamento do próprio Ferrajoli em sua obra *Garantismo*. Madrid: Editorial Trotta, 2006. p. 42-43). É dentro desse espectro que merece ser compatibilizado o problema da execução das penas (restritivas de direitos ou privativas de liberdade).

A propósito dessa necessidade de proteção de todos os direitos fundamentais (integralmente vistos), para além de várias decisões do próprio STF (vide acima já destacado o RE nº 418.376-MS), destaca-se caso decidido pelo STJ em que se analisava caso de proteção dos direitos da criança e do adolescente que seja vítima de alguma violência. Havia sido agravada a pena-base porque a vítima era menor de 18 anos (salvo se não fosse aplicada a majorante do art. 121, § 4º, in fine, CP). A pretensão defensiva era de exclusão da circunstância valorada negativamente. O STJ reconheceu que "compete ao Estado-juiz, por mandamento constitucional e federal, dar concretude ao intransponível princípio (setorial) da "proteção "integral" do infanto-juvenil (petiz) como pessoa em desenvolvimento, nos moldes insculpidos no art. 227, caput, § 3º, V, da CF/88, conjugado à interpretação holística dos arts. 4º, caput, e 6º do Estatuto Menorista e dos arts. 2º, 3º e 5º, XII, todos da Lei n. 13.431/2017, ao compor o microssistema de garantia de direitos da criança e do adolescente vítima (direta ou indireta) de alguma forma de violência". E por essa razão concluiu que entendimento em sentido contrário "representaria proteção Estatal "insuficiente" (proporcionalidade pelo viés negativo), insustentável à luz do subjacente e equânime *garantismo integral*, encampado pela Suprema Corte, em larga medida, pela edificação de um sistema de justiça penal normativamente aparelhado e dotado de efetividade empírica (STF, ADI n. 6298, Órgão Julgador: Tribunal Pleno, Relator(a): Min. Luiz Fux, Julgamento: 24/08/2023, Publicação: 19/12/2023, grifamos). [...] *(Agravo Regimental no Agravo em Recurso Especial nº 2.635.531-TO, STJ, 6ª Turma, Rel. Min. Otávio de Almeida Toledo, julgado em 24.9.2024, publicado no DJ em 27.9.2024).*

Prosseguindo e retomando as premissas de Carlos Bernal Pulido, anteriormente analisadas, essencial ser mais enfático e objetivo para concluir que a exigência do exaurimento recursal das instâncias *extraordinárias* para se iniciar a execução de penas no Brasil importa violação ao Princípio da Proporcionalidade (mas pela proibição de insuficiência), porque tal posicionamento (partindo da interpretação *isolada* do art. 5º, LIV, CF), em nossa compreensão:

a) fere a *idoneidade*, porque protege isoladamente (e de maneira supervalorizada individualmente) interesses únicos do réu que já foi condenado, sem que se favoreça minimamente a proteção dos interesses gerais e sociais, notadamente a prevenção geral positiva e a prevenção especial, diante da (muitas vezes ocorrente) prescrição (intercorrente) – questão de certa forma abrandada com a redação do inciso III do art. 116 do CP (acrescida pela Lei nº 13.964/2019), que determina não fluir a prescrição "na pendência de embargos de declaração ou de recursos aos Tribunais Superiores, quando inadmissíveis";

b) fere a *necessidade*, porque, pela interpretação sistêmica, há também na própria Constituição a previsão do *habeas corpus*, que é muito mais amplo e apto (eficaz) para a proteção de forma mais objetiva e na máxima medida possível dos direitos fundamentais dos réus-condenados que eventualmente tenham sido violados; e não se olvide, ainda, das medidas cautelares para conferir efeito suspensivo aos recursos de natureza extraordinária (que poderão ser utilizadas especialmente diante da revisão de entendimento do STF no julgamento do HC nº 126.292-SP, Rel. Min. Teori Zavascki (Plenário, 17.2.2016, 7x4 votos), entendimento ratificado no julgamento das medidas cautelares nas ADCs nos 43 e 44, em 5.10.2016); vide art. 1.029, § 5º, CPC/2015, com a redação da Lei nº 13.256/2016, aplicável aos recursos de natureza penal por força do art. 3º, CPP;

c) viola a *proporcionalidade em sentido estrito*, pois o grau de favorecimento da norma invocada, isoladamente vista, é absolutamente inferior e desproporcional ao grau em que não se realiza o dever fundamental de o Estado agir de forma eficaz em detrimento daqueles que, mediante o devido processo legal, já restaram condenados criminalmente nas instâncias ordinárias (se não com possibilidade de revisão por um órgão colegiado, ao menos com a análise do fato imputado por mais de um juiz *prerrogativa de foro*).

Embora não abordando na exata compreensão ora defendida, crê-se que parcialmente nessa linha andou o raciocínio desenvolvido pelo Ministro Felix Fischer no julgamento do HC nº 90.572-SP (DJ 25.8.2008) ao assentar o seguinte: "*Tratando-se, no acesso à denominada instância incomum, de recursos em que se discute tão só tese ou matéria jurídica (error in procedendo ou ainda error iuris in judicando) e não matéria fática (error facti in judicando), em situação bem mais limitada – de regra – do que a própria revisão criminal, a mera burocrática e, às vezes, manifestamente procrastinatória, interposição de recursos – destaco, sem qualquer fundamento ou perspectiva de êxito – não pode obstar a execução de um julgado de segundo grau. É de difícil aceitação que um recurso dotado de requisitos específicos possa, pelo simples e tecnicamente despretensioso uso, acarretar desdobramentos a favor do réu. Vale dizer, interpondo o recurso sem tese, sem dissídio, o réu poderia, como inexplicável homenagem ao princípio da presunção de inocência, ter o direito a aguardar em liberdade o trânsito em julgado da condenação. A questão até seria: assinar, ou não, com a denominação de recurso especial, uma petição inclusive,* ex hipothesis, *destituída de qualquer sentido! A pretensão recursal, aí, poderia – por longo tempo – ser sustentada via agravos, embargos, etc., com um único objetivo de retardar sem qualquer justificativa jurídica a execução da condenação. Só o réu, surpreendentemente cordato, é que iria – por não ter assinado a petição-recurso – cumprir a pena após o exaurimento da instância comum. Por outro lado, na hipótese de um recurso especial mostrar na sua interposição evidente viabilidade (e não mera admissibilidade). o efeito suspensivo deve ser concedido até por liminar em sede de* writ *(a relação viabilidade/admissibilidade estaria no paralelo da relação probabilidade/possibilidade, lembrando, na lição de Karl Popper, que a probabilidade é um vetor no espaço de possibilidades).* [...] *O princípio da presunção de inocência não pode ser o supedâneo de uma infundada proteção (uso buro-*

crático, repito, e muitas vezes meramente procrastinatório, dos meios recursais) em relação ao poder punitivo do Estado. Em suma, não se vislumbrando, nos recursos excepcionais, tese plausível de aceitação, perde a razão de ser a suspensão da execução de condenação imposta em segundo grau."

Em face do que tudo exposto, conclui-se que:

a) a análise *isolada* do contexto geral da Constituição do conteúdo do preceito insculpido no art. 5º, LVII, CF ("*ninguém será considerado culpado até o trânsito em julgado de sentença penal condenatória*"), pode levar à conclusão (teórica, jurídica e fática) de que se revelaria impossível a execução da pena enquanto não exauridas todas as instâncias recursais, inclusive as extraordinárias;

b) a análise *sistêmica* do ordenamento constitucional permite afirmar que ***não há*** *violação* do referido preceito em se permitir a execução da pena privativa de liberdade se pendentes (exclusivamente) os recursos extraordinários e/ou especiais (*ou então agravos contra a denegação de seus processamentos*), notadamente porque, como sempre foi possível, há a possibilidade de conferir efeito suspensivo aos recursos em situações excepcionais (art. 1.029, § 5º, CPC/2015, com a redação da Lei nº 13.256/2016, aplicável aos recursos de natureza penal por força do art. 3º, CPP), como também se pode utilizar meio constitucional (*habeas corpus*) muito mais amplo e apto (eficaz) a proteger de forma absolutamente mais objetiva e na máxima medida possível os direitos fundamentais dos réus-condenados, não havendo, em decorrência, qualquer possibilidade de frustração da aplicação das sanções a quem foi devidamente condenado mediante a observância do devido processo legal;

c) concatenando-se as previsões constitucionais, não há lugar para os excessos (em detrimento do cidadão-processado), nem para a inoperância/deficiência da prestação do serviço estatal (em detrimento dos interesses coletivos, relacionada diretamente com a eficiência e garantia da segurança social e pública), encontrando-se, nesse equilíbrio, verdadeira sistematização de preceitos que se revelam obedientes aos limites do Princípio da Proporcionalidade.

É preciso enfatizar, uma vez mais, e na linha do que já sustentado quando da análise de alguns outros dispositivos do código, como os arts. 594 (*esse já revogado formalmente pela Lei nº 11.719*) e 595, CPP: os pressupostos e conclusões aqui firmados *não* são aplicáveis em se tratando de pendência de recursos de natureza *ordinária*, situação nas quais aí sim é preciso justificar eventual prisão somente diante da presença dos requisitos previstos no art. 312, CPP. Não há como deixar de tecer consideração *complementar* em face da novel disposição do art. 283, CPP, dada pela Lei nº 12.403/11, que dispôs que *"ninguém poderá ser preso senão em flagrante delito ou por ordem escrita e fundamentada de autoridade judiciária competente, em decorrência de sentença condenatória transitada em julgado ou, no curso da investigação ou processo, em virtude de prisão temporária ou prisão preventiva"*.

Exatamente por esses argumentos acima é que impende acentuar nossa discordância também quanto ao reconhecimento pelo Supremo Tribunal Federal de que não violaria a presunção de inocência a execução da condenação pelo Tribunal do Júri, independentemente do julgamento da apelação ou de qualquer outro recurso. O argumento central do STF é que, ante a soberania dos veredictos do júri, não caberia ao tribunal de apelação reapreciar os fatos e provas. Assentou-se a tese de que: "A prisão de réu condenado por decisão do Tribunal do Júri, ainda que sujeita a recurso, não viola o princípio constitucional da presunção de inocência ou não culpabilidade".

Independentemente da soberania dos veredictos do júri (princípio constitucional), há que se compatibilizar esse vetor com os demais constitucionalmente previstos, notadamente o duplo grau de jurisdição. Não se pode perder de vista que o tribunal popular é composto de pessoas leigas e, nessa linha, existe a possibilidade (quiçá mais real) de erros na apreciação dos fatos e provas. Para reduzir essa possibilidade (do erro) é que é garantido, também constitucionalmente, o duplo grau de jurisdição (como regra, salvo naquelas situações incompatíveis, como da prerrogativa de foro perante o Plenário do STF, por exemplo). A soberania da decisão do tribunal popular precisa ceder, *nesse momento*, sob a ótica da possibilidade de execução da pena, à garantia mínima *do uso* de um recurso (facultativo que sempre é) em *grau ordinário* de apelação (raciocínio que não se aplica quando se tratar de competência originária de tribunais formada por juízes togados).

De qualquer forma, não é desarrazoado acentuar que, sempre dependendo das circunstâncias do caso concreto e da penalidade imposta em caso de condenação, pode-se reconhecer que os pressupostos da prisão preventiva possam se afigurar de modo mais relevantes após a decisão do tribunal popular. Assim, não haveria óbice ao julgador, ao proferir a sentença, reconhecer que, firmada a condenação, e presentes de forma mais relevantes os pressupostos da preventiva (notadamente a garantia da ordem pública), seja necessária a decretação da prisão preventiva com fundamento no art. 312 do CPP.

Prosseguindo, tal como anotado em inúmeras partes da presente obra, há dissensos – inclusive entre os autores – acerca da possibilidade ou não da execução de pena enquanto não exauridas *todas* as instâncias recursais (não custa realçar, porém, que *não* há dissídio naquelas situações, como já destacado, por exemplo, no item 283.4).

De qualquer modo, continuamos entendendo que a novel legislação não teria o condão de afastar a *interpretação* que damos ao tema, na medida em que a raiz da tese desenvolvida está calcada exatamente no *equilíbrio* entre vários princípios constitucionais envolvidos na discussão, de modo que a novel regra (infraconstitucional) deveria ser interpretada *conforme* a Constituição, ocasionando conclusão no sentido de que a fundamentação exigida deveria se dar até o exaurimento das instâncias ordinárias. Por evidente – reiteramos sempre –, em situações excepcionais, diante da devida demonstração da plausibilidade do sucesso da irresignação extraordinária e da necessidade de se protegerem os interesses do réu pela peculiaridade do caso concreto, se poderá suspender a execução da pena imposta até que se resolva o tema na via própria.

Impõe-se destacar que o próprio Supremo Tribunal Federal vem afastando a necessidade de trânsito em julgado para a execução penal (fora das hipóteses cautelares) quando demonstrado que há um verdadeiro *abuso de direito* mediante interposição sucessiva de recursos descabidos com a finalidade única de obstar a preclusão do tema. A situação é realmente paradigmática, pois fica ao alvedrio do Poder Judiciário dizer quando há ou não a possibilidade da execução da pena, mesmo que, formalmente, não transitado em julgado o feito criminal.

Destacamos, ainda, alguns dos argumentos utilizados no voto do Ministro Roberto Barroso no novel entendimento do STF firmado no HC nº 126.292:

> [...] 22. Essa ponderação de bens jurídicos não é obstaculizada pelo art. 283 do Código de Processo Penal, que prevê que "*ninguém poderá ser preso senão em fla-*

grante delito ou por ordem escrita e fundamentada da autoridade judiciária competente, em decorrência de sentença condenatória transitada em julgado ou, no curso da investigação ou do processo, em virtude de prisão temporária ou prisão preventiva". Note-se que este dispositivo admite a prisão temporária e a prisão preventiva, que podem ser decretadas por fundamentos puramente infraconstitucionais (*e.g.*, "*quando imprescindível para as investigações do inquérito policial*" – Lei nº 9.760/89 – ou "*por conveniência da instrução criminal*" – CPP, art. 312).

Naturalmente, não serve o art. 283 do CPP para impedir a prisão *após a condenação em segundo grau* – quando já há certeza acerca da materialidade e autoria – por fundamento diretamente constitucional. Acentue-se, porque relevante: interpreta-se a legislação ordinária à luz da Constituição, e não o contrário.

[...]

25. Há, desse modo, uma ponderação a ser realizada. Nela, não há dúvida de que o princípio da presunção de inocência ou da não culpabilidade adquire peso gradativamente menor na medida em que o processo avança, em que as provas são produzidas e as condenações ocorrem. Por exemplo, na fase pré-processual, quando há mera apuração da prática de delitos, o peso a ser atribuído à presunção de inocência do investigado deve ser máximo, enquanto o peso dos objetivos e bens jurídicos tutelados pelo direito penal ainda é pequeno. Ao contrário, com a decisão condenatória em segundo grau de jurisdição, há sensível redução do peso do princípio da presunção de inocência e equivalente aumento do peso atribuído à exigência de efetividade do sistema penal. É que, nessa hipótese, já há demonstração segura da responsabilidade penal do réu e necessariamente se tem por finalizada a apreciação de fatos e provas. 26. Como se sabe, nos tribunais superiores, como regra, não se discute autoria ou materialidade, ante a impossibilidade de revolvimento de fatos e provas. Os recursos extraordinário e especial não se prestam a rever as condenações, mas apenas a tutelar a higidez do ordenamento jurídico constitucional e infraconstitucional. Por isso, nos termos da Constituição, a interposição desses recursos pressupõe que a causa esteja decidida. É o que preveem os artigos 102, III, e 105, III, que atribuem competência ao STF e ao STJ para julgar, respectivamente, mediante recurso extraordinário e especial, "*as causas decididas em única ou última instância*". Ademais, tais recursos excepcionais não possuem efeito suspensivo (v. art. 637 do CPP e art. 1.029, § 5º, CPC/2015, aplicável subsidiariamente ao processo penal, por força do art. 3º, do CPP). [...] 28. O princípio da proporcionalidade, tal como é hoje compreendido, não possui apenas uma dimensão negativa, relativa à *vedação do excesso*, que atua como limite às restrições de direitos fundamentais que se mostrem inadequadas, desnecessárias ou desproporcionais em sentido estrito. Ele abrange, ainda, uma dimensão positiva, referente à *vedação à proteção estatal insuficiente* de direitos e princípios constitucionalmente tutelados. A ideia é a de que o Estado também viola a Constituição quando deixa de agir ou quando não atua de modo adequado e satisfatório para proteger bens jurídicos relevantes. Tal princípio tem sido aplicado pela jurisprudência desta Corte em diversas ocasiões para afastar a incidência de normas que impliquem a tutela deficiente de preceitos constitucionais. [...] 30. Assim sendo, a partir de uma ponderação entre os princípios constitucionais envolvidos e à luz do mandamento da proporcionalidade como proibição de proteção deficiente, é possível concluir que a execução provisória da pena aplicada a réu já condenado em segundo grau de jurisdição, que esteja aguardando apenas o julgamento de RE e de REsp, não viola a presunção de inocência. Em verdade, a execução da pena nes-

> se caso justifica-se pela necessidade de promoção de outros relevantes bens jurídicos constitucionais. [...] 33. Pois bem. No momento em que se dá a condenação do réu em segundo grau de jurisdição, estabelecem-se algumas certezas jurídicas: a materialidade do delito, sua autoria e a impossibilidade de rediscussão de fatos e provas. Neste cenário, retardar infundadamente a prisão do réu condenado estaria em inerente contraste com a preservação da ordem pública, aqui entendida como a eficácia do direito penal exigida para a proteção da vida, da segurança e da integridade das pessoas e de todos os demais fins que justificam o próprio sistema criminal. Estão em jogo aqui a credibilidade do Judiciário – inevitavelmente abalada com a demora da repreensão eficaz do delito –, sem mencionar os deveres de proteção por parte do Estado e o papel preventivo do direito penal.

Por fim, um registro: o Superior Tribunal de Justiça vinha entendendo, mesmo após o entendimento do STF no julgamento do HC n. 126.292 e nas ADCs 43 e 4, ser inviável a execução das penas restritivas de direitos, tendo em vista que essa seria a previsão literal do (vetusto) art. 147 da LEP. Em nossa compreensão, não havia sentido algum na leitura isolada e literal do dispositivo invocado. Primeiro, porque a regra do art. 147 da LEP era totalmente incompatível com o então entendimento do STF a respeito do tema. Segundo, não havia sentido lógico-sistêmico admitir-se a possibilidade da execução da pena privativa de liberdade e impor o óbice do trânsito em julgado *exclusivamente* às hipóteses de penas restritivas de direitos. Anota-se que, ao contrário do entendimento do STJ, e antes das decisões de mérito nas ADCs 43 e 44, o Supremo Tribunal Federal assentou por várias vezes a possibilidade da execução *inclusive* das penas restritivas de direitos na pendência dos recursos de natureza extraordinária. Refira-se, exemplificativamente, a consideração de que *"o artigo 147 da Lei de Execução Penal, ao versar sobre a execução de penas restritivas de direitos, à similitude do artigo 283 do CPP, traz a expressão trânsito em julgado. Assim, embora a pena restritiva de direitos não tenha como pressuposto a segregação do condenado em estabelecimento prisional, é, de igual forma, sanção penal, mercê de decorrer de um juízo condenatório em ação penal promovida pelo Estado. O que se tem é, conforme previsto pelo legislador, uma pena, e, portanto, instituto que ostenta o condão de sanção penal, a qual, acaso reste injustificadamente descumprida, nos termos do artigo 44, § 4º, acarreta a sua conversão em privativa de liberdade" (Agravo Regimental no HC n. 141.978-SP, STF, 1ª Turma, maioria, Rel. Min. Luiz Fux, julgado em 22.6.2017, publicado no DJ em 1º.8.2017).*

Destaque-se ainda que o Plenário do Supremo Tribunal Federal enfrentou expressamente o tema da possibilidade da execução das penas restritivas de direitos. No leading case do HC nº 126.292, embora não tenha sido consignado na ementa, verifica-se tanto no voto do Min. Celso de Mello (posição minoritária) como no voto do Min. Edson Fachin expressa abordagem do tema. A propósito, disse o Min. Edson Fachin – em complemento à possibilidade da execução das penas privativas de liberdade após esgotadas as instâncias ordinárias – que *"no plano infraconstitucional, as regras da Lei 7.210/84 (Lei de Execução Penal, verbi gratia, os arts. 147 e 164) que porventura possam ser interpretadas como a exigir a derradeira manifestação dos Tribunais Superiores sobre a sentença penal condenatória para a execução penal iniciar-se, deixam de ser, a meu ver, argumento suficiente a impedir a execução penal depois de esgotadas as instâncias ordinárias, porque anteriores à Lei nº 8.038/90. A opção legislativa de dar eficácia à sentença conde-*

natória tão logo confirmada em segundo grau de jurisdição está consentânea com a razão constitucional da própria existência dos recursos às instâncias extraordinárias. [...]".

Posteriormente, várias decisões colegiadas ratificaram essa posição, assentando que como o *"plenário do Supremo Tribunal Federal decidiu, por maioria de votos, que a execução da pena privativa de liberdade decorrente de sentença condenatória proferida em segundo grau de jurisdição, ainda que sujeita a recurso especial ou extraordinário, não viola o princípio constitucional da presunção de inocência ou não culpabilidade", "com maior razão ainda, deve ser admitida a execução antecipada de pena restritiva de direitos" (Agravo Regimental no Recurso Extraordinário n. 1.129.642-MG, STF, 1ª Turma, Relator para o acórdão Min. Roberto Barroso, julgado em 7.8.2018, publicado no DJ em 5.9.2018).*

Mantido o registro apenas pela importância histórica, essas considerações perderam sentido após o julgamento do mérito das ADCs 43, 44 e 54, nas quais, como dito, o STF reconheceu a constitucionalidade do disposto no art. 283 do CPP, de modo que não poderá mais haver a execução das penas privativas e restritivas de direitos enquanto não exauridas todas as instâncias recursais.

Jurisprudência

637.1. [...] 1. A execução provisória de acórdão penal condenatório proferido em grau de apelação, ainda que sujeito a recurso especial ou extraordinário, não compromete o princípio constitucional da presunção de inocência afirmado pelo artigo 5º, inciso LVII da Constituição Federal. 2. *Habeas corpus* denegado (*Habeas Corpus nº 126.292, STF, Plenário, Rel. Min. Teori Zavascki, julgado em 13.5.2016, publicado no* DJ *em 17.5.2016*).

637.1. [...] Por maioria de votos, o Tribunal Pleno assentou que é admissível, no âmbito desta Suprema Corte, impetração originária substitutiva de recurso ordinário constitucional. 2. O *habeas corpus* destina-se, por expressa injunção constitucional (art. 5°, LXVIII), à tutela da liberdade de locomoção, desde que objeto de ameaça concreta, ou efetiva coação, fruto de ilegalidade ou abuso de poder. 3. Não se qualifica como ilegal ou abusivo o ato cujo conteúdo é compatível com a compreensão do Supremo Tribunal Federal, sobretudo quando se trata de jurisprudência dominante ao tempo em que proferida a decisão impugnada. 4. Independentemente do caráter vinculante ou não dos precedentes, emanados desta Suprema Corte, que admitem a execução provisória da pena, não configura constrangimento ilegal a decisão que se alinha a esse posicionamento, forte no necessário comprometimento do Estado-Juiz, decorrente de um sistema de precedentes, voltado a conferir cognoscibilidade, estabilidade e uniformidade à jurisprudência. 5. O implemento da execução provisória da pena atua como desdobramento natural da perfectibilização da condenação sedimentada na seara das instâncias ordinárias e do cabimento, em tese, tão somente de recursos despidos de automática eficácia suspensiva, sendo que, assim como ocorre na deflagração da execução definitiva, não se exige motivação particularizada ou de índole cautelar. 6. A execução penal é regida por critérios de oficialidade (art. 195, Lei n. 7.210/84), de modo que sua inauguração não desafia pedido expresso da acusação. 7. Não configura reforma prejudicial a determinação de início do cumprimento da pena, mesmo se existente comando sentencial anterior que assegure ao acusado, genericamente, o direito de recorrer em liberdade. 8. Descabe ao Supremo Tribunal Federal, para fins de excepcional suspensão dos efeitos de condenação assentada em segundo grau, avaliar, antes do exame pelos órgãos jurisdicionais antecedentes, a plausibilidade das teses arguidas em sede de recursos excepcionais. 9. Ordem denegada. *(Habeas Corpus n. 152.752-PR, STF, Plenário, por maioria, julgado em 4.4.2018, publicado no* DJ *em 27.6.2018)*

637.1. [...] Conforme entendimento consolidado pelo Supremo Tribunal Federal no julgamento do HC n. 126.292/SP e do ARE 964.246/SP, a execução provisória de acórdão penal condenatório proferido em grau de apelação não é capaz de ferir o princípio constitucional da presunção de inocência, já que a eventual apresentação de recursos extraordinários não permite nova discussão de fatos e provas, capazes de alterar o quadro fático que ensejou a condenação. Agravo regimental desprovido. *(Agravo Regimental no Agravo no Recurso Especial n. 943.690-SP, STJ, 5ª Turma, unânime, Rel. Min. Felix Fischer, julgado em 6.4.2017, publicado no DJ em 17.4.2017).*

637.1. [...] Este Superior Tribunal de Justiça possui firme compreensão de que é necessário aguardar o exaurimento das instâncias ordinárias para a execução de condenação proferida pelo Tribunal do Júri. A decisão dos jurados não se reveste de intangibilidade; sujeita-se a recurso com efeito suspensivo e pode ser anulada na hipótese de conflito evidente com a prova dos autos, com o efeito de reabrir a discussão sobre questões de fato e não apenas de direito, como nos recursos especial e extraordinário. Agravo regimental não provido. *(Agravo Regimental no Habeas Corpus n. 461.467-PE, STJ, 6ª Turma, unânime, Rel. Min. Rogério Schietti Cruz, julgado em 6.6.2019, publicado no DJ em 10.6.2019).*

637.1. [...] A prisão após a condenação pelo Júri à pena de reclusão em regime fechado não é preventiva. Trata-se, na verdade, de execução da pena privativa de liberdade imposta pelo órgão competente para o julgamento dos crimes contra a vida, cujos veredictos gozam de soberania, por expressa disposição constitucional. Precedente: HC 118.770, Redator p/o acórdão o Min. Luís Roberto Barroso. Agravo regimental a que se nega provimento. *(Agravo Regimental na Reclamação n. 27.011-SP, STF, 1ª Turma, Rel. Min. Roberto Barroso, julgado em 19.4.2018, publicado no DJ em 4.5.2018)*

637.1. [...] A execução provisória é juridicamente possível quando a condenação, em virtude de competência especial por prerrogativa de foro, decorrer de decisão única exarada pelo órgão colegiado competente, uma vez que o duplo grau de jurisdição, inobstante sua previsão como princípio na Convenção Americana sobre Direitos Humanos (Decreto n.º 678/92, art. 8º, § 2º, "h"), não se aplica aos casos de jurisdição superior originária. [...] *(Agravo Regimental no HC n. 140.213-SP, STF, 1ª Turma, Rel. Min. Luiz Fux, julgado em 1º.6.2017, publicado no DJ em 16.6.2017)*

637.1. [...] Crime contra a ordem tributária. Adoção da nova orientação do Supremo Tribunal Federal. Possibilidade de execução provisória da pena restritiva de direitos. [...] 2. De outro lado, na tarde do dia 5.10.2016, por 6 votos a 5, o Plenário do Pretório Excelso indeferiu as cautelares requeridas nas Ações Declaratórias de Constitucionalidade n. 43 e 44, entendendo que o disposto no art. 283 do Código de Processo Penal não veda o início da execução penal após a condenação em segundo grau de jurisdição. Por fim, o Excelso Pretório, por seu Tribunal Pleno, reconheceu a existência de repercussão geral da questão constitucional suscitada, reafirmando sua jurisprudência dominante, no sentido de que "*a execução provisória de acórdão penal condenatório proferido em grau recursal, ainda que sujeito a recurso especial ou extraordinário, não compromete o princípio constitucional da presunção de inocência afirmado pelo artigo 5º, inciso LVII, da Constituição Federal*" (ARE 964.246/SP, Rel. Ministro Teori Zavascki, DJe 25/11/2016). Ademais, "*Muito embora o Supremo Tribunal Federal, em outra época, quando também admitia a execução provisória, ressalvasse o entendimento de que as penas restritivas de direitos só poderiam começar a ser cumpridas após o trânsito em julgado da condenação, a atual jurisprudência do pretório excelso não faz, ao menos expressamente, essa ressalva*" [...] *(Agravo Regimental no HC n. 366.460 – SC, STJ, 6ª Turma, Unânime, Rel. Min. Antonio Saldanha Palheiro, julgado em 20.4.2017, publicado no DJ em 28.4.2017).*

637.1. [...] 1. A superveniência de nova condenação no curso da execução penal enseja a unificação das reprimendas impostas ao reeducando. Caso o *quantum* obtido após o somatório torne incabível o regime atual, está o condenado sujeito à regressão a regime de cumprimento de pena mais gravoso, consoante inteligência dos arts. 111, parágrafo único, e 118, II, da Lei de Execução Penal. Em vez de haver o cumprimento progressivo de cada pena individualmente, há a soma do total de penas a serem cumpridas para que o apenado as cumpra de forma conjunta. 2. Inexiste respaldo legal para a alteração da data-base a fim da concessão de futuros benefícios na execução em razão da unificação das penas. 3. A execução da pena não se inicia apenas com a superveniência do título judicial exequível. Já se admite a execução provisória nas hipóteses de existência de prisão cautelar e, atualmente, quando há a confirmação da condenação pelo Tribunal de Justiça/Tribunal Regional e não há prisão preventiva. 4. Acarreta evidente excesso de execução a desconsideração do tempo de prisão antes do trânsito em julgado da nova condenação. 5. Ordem concedida, de ofício, para cassar o acórdão proferido no agravo em execução penal e restabelecer a decisão do Juízo da execução, proferida em 4.3.2016. *(Habe-*

as Corpus n. 381.248-MG, STJ, Relator para o acórdão Ministro Sebastião Reis Nunes, 3ª Seção, por maioria, julgado em 22.2.2018, publicado no DJ de 3.4.2018)

637.1. [...] O art. 637 do CPP estabelece que "[o] recurso extraordinário não tem efeito suspensivo, e uma vez arrazoados pelo recorrido os autos do traslado, os originais baixarão à primeira instância para a execução da sentença". A Lei de Execução Penal condicionou a execução da pena privativa de liberdade ao trânsito em julgado da sentença condenatória. A Constituição do Brasil de 1988 definiu, em seu art. 5º, inciso LVII, que "ninguém será considerado culpado até o trânsito em julgado de sentença penal condenatória". Daí que os preceitos veiculados pela Lei nº 7.210/84, além de adequados à ordem constitucional vigente, sobrepõem-se, temporal e materialmente, ao disposto no art. 637 do CPP. A prisão antes do trânsito em julgado da condenação somente pode ser decretada a título cautelar. A ampla defesa, não se a pode visualizar de modo restrito. Engloba todas as fases processuais, inclusive as recursais de natureza extraordinária. Por isso a execução da sentença após o julgamento do recurso de apelação significa, também, restrição do direito de defesa, caracterizando desequilíbrio entre a pretensão estatal de aplicar a pena e o direito, do acusado, de elidir essa pretensão. Prisão temporária, restrição dos efeitos da interposição de recursos em matéria penal e punição exemplar, sem qualquer contemplação, nos "crimes hediondos" exprimem muito bem o sentimento que EVANDRO LINS sintetizou na seguinte assertiva: "Na realidade, quem está desejando punir demais, no fundo, no fundo, está querendo fazer o mal, se equipara um pouco ao próprio delinquente". A antecipação da execução penal, ademais de incompatível com o texto da Constituição, apenas poderia ser justificada em nome da conveniência dos magistrados – não do processo penal. A prestigiar-se o princípio constitucional, dizem, os tribunais [leia-se STJ e STF] serão inundados por recursos especiais e extraordinários e subsequentes agravos e embargos, além do que "ninguém mais será preso". Eis o que poderia ser apontado como incitação à "jurisprudência defensiva", que, no extremo, reduz a amplitude ou mesmo amputa garantias constitucionais. A comodidade, a melhor operacionalidade de funcionamento do STF não pode ser lograda a esse preço. No RE 482.006, relator o Ministro Lewandowski, quando foi debatida a constitucionalidade de preceito de Lei estadual mineira que impõe a redução de vencimentos de servidores públicos afastados de suas funções por responderem a processo penal em razão da suposta prática de crime funcional [art. 2º da Lei nº 2.364/61, que deu nova redação à Lei nº 869/52], o STF afirmou, por unanimidade, que o preceito implica flagrante violação do disposto no inciso LVII do art. 5º da Constituição do Brasil. Isso porque – disse o relator – "a se admitir a redução da remuneração dos servidores em tais hipóteses, estar-se-ia validando verdadeira antecipação de pena, sem que esta tenha sido precedida do devido processo legal, e antes mesmo de qualquer condenação, nada importando que haja previsão de devolução das diferenças, em caso de absolvição". Daí por que a Corte decidiu, por unanimidade, sonoramente, no sentido do não recebimento do preceito da Lei estadual pela Constituição de 1988, afirmando de modo unânime a impossibilidade de antecipação de qualquer efeito afeto à propriedade anteriormente ao seu trânsito em julgado. A Corte que vigorosamente prestigia o disposto no preceito constitucional em nome da garantia da propriedade não a deve negar quando se trate da garantia da liberdade, mesmo porque a propriedade tem mais a ver com as elites; a ameaça às liberdades alcança de modo efetivo as classes subalternas. Nas democracias mesmo os criminosos são sujeitos de direitos. Não perdem essa qualidade, para se transformarem em objetos processuais. São pessoas, inseridas entre aquelas beneficiadas pela afirmação constitucional da sua dignidade (art. 1º, III, da Constituição do Brasil). É inadmissível a sua exclusão social, sem que sejam consideradas, em quaisquer circunstâncias, as singularidades de cada infração penal, o que somente se pode apurar plenamente quando transitada em julgado a condenação de cada qual Ordem concedida (*Habeas Corpus nº 84.078-MG, Rel. Min. Eros Grau, Plenário, julgado em 5.2.2009, publicado no DJ em 25.2.2010)*.

637.1. [...] 1.1. Mandatos constitucionais de criminalização: A Constituição de 1988 contém significativo elenco de normas que, em princípio, não outorgam direitos, mas que, antes, determinam a criminalização de condutas (CF, art. 5º, XLI, XLII, XLIII, XLIV; art. 7º, X; art. 227, § 4º). Em todas essas é possível identificar um mandato de criminalização expresso, tendo em vista os bens e valores envolvidos. Os direitos fundamentais não podem ser considerados apenas proibições de intervenção (*Eingriffsverbote*), expressando também um postulado de proteção (*Schutzgebote*). Pode-se dizer que os direitos fundamentais expressam não apenas uma proibição do excesso (*Übermassverbote*), como também podem ser traduzidos como proibições de proteção insuficiente ou imperativos de tutela (*Untermassverbote*). Os mandatos constitucionais de criminalização, portanto, impõem ao legislador, para seu devido cumprimento, o dever de observância do princípio da proporcionalidade como proibição de excesso e como proibição de proteção insuficiente. 1.2. Modelo exigente de controle de constitucionalidade das leis em matéria penal, baseado em níveis de intensidade: podem ser distinguidos 3 (três) níveis ou graus de intensidade do controle de constitucionalidade de leis penais, consoante as diretrizes elaboradas pela doutrina e jurisprudência constitucional alemã: a) controle de evidência (*Evidenzkontrolle*); b) controle de sustentabilidade ou justificabilidade (*Vertretbarkeitskontrolle*); c) controle material de intensidade (*intensivierten inhaltlichen Kontrolle*). O Tribunal deve sempre levar em conta que a Constituição confere ao legislador amplas margens de ação para eleger os bens jurídicos penais e avaliar as medidas adequadas e necessárias para a efetiva proteção desses bens. Porém, uma vez que se ateste que as medidas legislativas adotadas transbordam os limites impostos pela Constituição – o que poderá ser verificado com base no princípio da proporcionalidade como proibição de excesso (*Übermassverbot*) e como proibição de proteção deficiente (*Untermassverbot*) –, deverá o Tribunal exercer um rígido controle sobre a atividade legislativa, declarando a inconstitucionalidade de leis penais transgressoras de princípios constitucionais. [...] (*Habeas Corpus nº 102.087, STF, 2ª Turma, Rel. Ministro Celso de Mello, julgado em 28.6.2012, publicado no DJ em 14.8.2012*).

....

637.2. A questão da prescrição diante da impossibilidade da execução de pena em face do entendimento do STF a partir do julgamento do HC nº 84.078-MG e, posteriormente, do julgamento das ADCs 43, 44 e 54: A Corte Suprema entendeu, no julgamento do HC nº 84.078-MG, que seria impossível se cogitar a denominada execução de pena na pendência de recursos de natureza extraordinária, sob pena de malferimento ao princípio da não culpabilidade ou então da inocência. Partindo-se das premissas assentadas pela Corte Suprema, imperioso que se dê nova roupagem à compreensão da questão do modo de cálculo da prescrição, especificamente da intercorrente e da executória. Esse entendimento voltou a ser prevalente com o julgamento do mérito das ADCs 43, 44 e 54, no qual o STF assentou a constitucionalidade do art. 283 do CPP, que impede a execução das penas enquanto não exauridas todas as instâncias recursais.

Atualmente, tem-se visto manifestações (sobretudo defensivas) no sentido do acolhimento da prescrição sob o fundamento de que o prazo prescricional deveria ser apurado entre a data da sentença (ou acórdão) condenatória e a do trânsito em julgado (apenas) para a acusação.

Não temos dúvidas em assentar que o acolhimento de tais postulações seria o sepultamento de toda efetiva (até então) persecução penal. Com efeito, a partir do julgamento do referido *leading case*, deve-se fazer – inevitavelmente – uma *nova leitura* também do modo de contagem da prescrição.

A interpretação não pode ser unilateral ou isolada. Como alerta prudentemente Canaris, os pensamentos tópico e sistemático não se isolam um frente ao outro, mas se interpenetram mutuamente (CANARIS, Claus-Wilhelm. Pensamento sistemático e conceito de sistema na ciência do direito. 3. ed. Lisboa: Fundação Calouste Gulbenkian, 2002. p. 273). De certa forma, é o mesmo recomendado por Edgar Morin ao referir que “hoje em dia admite-se cada vez mais que [...] o conhecimento das partes depende do conhecimento do todo, como o conhecimento do todo depende do conhecimento das partes. Por isso, em várias frentes do conhecimento, nasce uma concepção sistêmica, onde o todo não é redutível às partes” (MORIN, Edgar. A cabeça bem-feita. 9. ed. Rio de Janeiro: Bertrand Brasil, 2004. p. 88). Também Eros Grau já falava em doutrina que “a interpretação do direito é interpretação do direito, no seu todo, não de textos isolados, desprendidos do direito. Não se interpreta o direito em tiras, aos pedaços" (GRAU, Eros Roberto. Ensaio sobre a interpretação/aplicação do direito. 3. ed. São Paulo: Malheiros, 2005. p. 40).

Portanto, é preciso se ver na íntegra quais os efeitos que foram irradiados inclusive sobre a legislação infraconstitucional diante da nova leitura conferida pela Corte Suprema à questão da (im)possibilidade da execução de pena na pendência dos recursos de natureza extraordinária.

Nosso Código Penal, em vigência contemporânea com o CPP de 1941, somente se referiu ao prazo prescricional no âmbito da jurisdição ordinária, não contemplando, ao seu tempo, sequer a interrupção da prescrição pelo acórdão condenatório. A razão é (era) muito simples: a legislação em vigor determinava a execução da condenação (até) em primeiro grau, somente admitindo a liberdade em circunstâncias especiais (antiga e originária redação do art. 594, CPP, hoje revogado expressamente, mas de induvidosa inconstitucionalidade após 1988).

Por isso, sequer os novos ares constitucionais poderiam fracionar a lógica da legislação prescricional, embora possa e deva tê-lo feito (nova interpretação) em relação às prisões cautelares, caso específico da vedação, como regra, da execução provisória. O que não se pode é dar interpretação conforme (a Constituição) unicamente em relação ao estatuto processual penal, olvidando-se por inteiro as determinações do Código Penal, originárias e umbilicalmente conectadas e dependentes daquelas cujo sentido se modificou.

Mais. Na legislação infraconstitucional há previsão no inciso IV do art. 117 do CP de que haveria a interrupção da prescrição "pela publicação da sentença ou acórdão condenatórios recorríveis". Destaca-se que, em 27.11.2017, foi publicada decisão do Supremo Tribunal Federal reconhecendo expressamente que a ideia *de* "prescrição está vinculada à inércia estatal e o acórdão que confirma a sentença condenatória, justamente por revelar pleno exercício da jurisdição penal, é marco interruptivo do prazo prescricional, nos termos do art. 117, IV, do Código Penal. Acrescente-se que a decisão proferida pelo Tribunal em sede de apelação substitui a sentença recorrida, consoante reiteradamente proclamado em nossa legislação processual (art. 825 do CPC/1939; art. 512 do CPC/1973; art. 1.008 do CPC/2015). Entendimento firmado à unanimidade pela Primeira Turma. [...]" *(Habeas Corpus nº 138.088-RJ, Rel. Min. Marco Aurélio, julgado em 19.9.2017, publicado no* DJ *de 27.11.2017)*. Importante destacar excelentes fundamentos de um dos votos desse julgado, que ponderou que *"a prescrição é, como se sabe, o perecimento da pretensão punitiva ou da pretensão executória pela inércia do próprio Estado. No art. 117 do Código Penal – que deve ser interpretado de forma sistemática – todas as causas interruptivas da prescrição demonstram, em cada inciso, que o Estado não está inerte. Confira-se: a decisão da pronúncia interrompe a prescrição (inciso II); a decisão confirmatória da pronúncia também interrompe a prescrição (inciso III); e, na sequência, de forma genérica, o inciso IV apresenta como causa interruptiva 'a publicação da sentença ou acórdão condenatórios recorríveis'. Não obstante a posição de parte da doutrina, o Código Penal não faz distinção entre acórdão condenatório inicial e acórdão condenatório confirmatório da decisão. [...] A ideia de prescrição está vinculada à inércia estatal e o que existe na confirmação da condenação, muito pelo contrário, é a atuação do Tribunal. Consequentemente, se o Estado não está inerte, há necessidade de se interromper a prescrição para o cumprimento do devido processo legal. Esse entendimento se reforça ainda mais com a constatação de que a Lei 11.596/2007 alterou a redação do inciso IV do art. 117 do Código Penal, acrescentando ao termo 'sentença condenatória', como fator de interrupção dessa prescrição, a expressão 'acórdão condenatório'. [...] Acrescente-se que não se pode desconsiderar o 'efeito substitutivo' das decisões passíveis de reforma no âmbito recursal (arts. 1.008 do CPC/2015 e 512 do CPC/1973). Conforme bem destacado pelo Min. Marco Aurélio na decisão em que apreciou o pedido de liminar, na parte em que cita excerto de voto proferido no julgamento do RE 751.394/MG (Vol. 33 – f. 3-4): 'A única colocação que faço é a seguinte: a sentença existe como título condenatório? Não. Ela foi substituída, a teor do disposto no artigo 512 do Código de Processo Civil – aplicável, subsidiariamente –, pelo acórdão. O que se executará será o acórdão e não a sentença. Por isso, a meu ver, a Lei nº 11.596/2007 apenas explicitou, no inciso IV do artigo 117 do Código Penal, o acórdão como fator interruptivo da prescrição, que poderia ser impugnado, como o foi. Estamos diante de recurso extraordinário. Não sei se houve a protocolação também do especial para o Superior Tribunal de Justiça. Por isso, penso que não cabe desprezar o acórdão como fator interruptivo'. Nessa linha, precisas as lições de Frederico Marques: 'Na apelação plena, a decisão de segundo grau substituirá a decisão apelada (cf. Código de Processo Civil, art. 825). Donde concluir-se que a decisão do juízo ad quem, na apelação, "è l'unica sentenza che decide la causa", ainda que confirme a sentença apelada, pouco importando que o acórdão emanado do juízo do recurso adote iguais fundamentos aos da sentença recorrida' (Elementos de Direito Processual Penal – Volume IV, 2. ed., Campinas: Millenium, 2000, p. 268-269; anota-se que o dispositivo legal mencionado é do CPC de 1939, todavia reproduzido nos diplomas processuais que o sucederam – art. 512 do CPC/1973 e art. 1.008 do CPC/2015)'. Ainda, tendo em conta que o denominado 'acórdão confirmatório da condenação' se configura formal e materialmente como ato condenatório, Paulo Queiroz assim arremata os motivos pelos quais ele interromperá a prescrição: 'Primeiro, porque esta lei [Lei 11.596/2007] não faz distinção entre acórdão condenatório e confirmatório da sentença condenatória, distinção que é própria da decisão de pronúncia, por outras razões; no particular a distinção é arbitrária, portanto. Segundo, porque o acórdão que confirma a sentença condenatória a substitui. Terceiro, porque este acórdão é tão condenatório quanto qualquer outro. Quarto, porque a distinção implicaria conferir a este acórdão efeito próprio de absolvição. Quinto, porque não faria sentido algum que o acórdão que condenasse pela primeira vez interrompesse o prazo prescricional e o acórdão que mantivesse a condenação anteriormente decretada não dispusesse desse mesmo poder' (Curso de Direito Penal – Parte Geral, 9. ed., Salvador: Juspodivm, 2013, p. 609). Por esses fundamentos, afasto a prescrição. [...]".*

Prosseguindo como já ponderado (PACELLI, Eugênio; CALLEGARI, André. Manual de direito penal: parte geral. Salvador: Juspodivm, 2022), antes da decisão paradigmática do STF, tinha-se em síntese que: "a) se o réu fosse condenado em primeiro grau, a prolação da sentença interrompia a prescrição. Mantida a condenação em segundo grau, teria início imediatamente a sua execução da condenação, não mais se falando em prescrição da pretensão punitiva e, sim, da prescrição executória; b) se ele era absolvido em primeiro grau e condenado em segundo, essa (última condenação, embora rigorosamente não interrompesse a prescrição, ela, do mesmo modo, já autorizava o início da execução da pena, não mais se podendo falar em prescrição da pretensão punitiva, e, sim, da executória".

Portanto, a decisão tomada pela Corte Suprema no Habeas Corpus nº 84.078-MG e posteriormente nas ADCs 43, 44 e 54 (em 7.11.2019) implica *necessariamente* uma alteração essencial na interpretação do direito infraconstitucional.

Com efeito, antes da edição dos precedentes mencionados, como o acórdão de segundo grau era cumprido imediatamente, sem necessidade do trânsito em julgado, desnecessário constar na legislação que o acórdão geraria o efeito de interrupção da prescrição, já que este seria imediatamente executado. Esta era a razão lógica e histórica (e que ora não pode ser olvidada) pela qual o Código Penal de 1941 não fez qualquer alusão ao fato de a decisão de segundo grau também interromper a prescrição, limitando-se a se referir à sentença condenatória (claro que idêntico efeito interruptivo já vinha sendo atribuindo ao acórdão quando ele fosse condenatório diante de uma sentença absolutória). Aliás, antes da Constituição de 1988 a regra era a execução da pena já desde a condenação de primeiro grau (raras exceções eram admitidas para permitir o réu condenado apelar em liberdade). Portanto, a execução normalmente começava já a partir da decisão monocrática.

Não há se esquecer, ainda, como destacado na mesma obra supramencionada, "que a Lei nº 11.596/2007 modificou o art. 117, CP, nele inserindo o acórdão de segundo grau como causa interruptiva da prescrição. Embora não se tenha dito na lei que a alteração legal não fazia distinção entre a decisão confirmatória da condenação de primeiro grau e aquela que, modificando a absolvição na sentença, condenasse o acusado, o fato é que a própria Exposição de Motivos da citada lei não deixa dúvidas quanto ao propósito da nova legislação. Ou seja: o legislador deixa claro ser aquele o fundamento e a justificação da alteração legislativa". Importante destacar novamente decisões do STF de 2017 e 2018, antes referidas, no sentido de que o acórdão que confirma a sentença condenatória também deve ser considerado como causa interruptiva.

Refere-se aqui novamente que, em 27.4.2020, o Plenário do STF decidiu que o acórdão confirmatório da condenação é também causa interruptiva da prescrição *(Habeas Corpus nº 176.473-RR, Rel. Min. Alexandre de Moraes)*, fixando a tese de que, "*nos termos do inciso IV do artigo 117 do Código Penal, o acórdão condenatório sempre interrompe a prescrição, inclusive quando confirmatório da sentença de 1º grau, seja mantendo, reduzindo ou aumentando a pena anteriormente imposta*". (Não olvidar ainda que, segundo entendimento pelo menos do STJ, esse posicionamento somente se aplica aos *crimes* cometidos após a alteração da Lei nº 11.596/2007 – v.g. *Embargos de Declaração no Agravo Regimental no Agravo em Recurso Especial nº 1.375.327/RS, STJ, 5ª Turma, unânime, Rel. Min. João Otávio de Noronha, julgado em 2.3.2021, publicado no DJ em 5.3.2021).*

Além disso, em se tratando de prescrição executória (o mesmo raciocínio se aplica para a intercorrente), a leitura do art. 112, I, CP, inarredavelmente necessita ser harmonizada com a novel compreensão sobre a execução das penas não definitivas em graus recursais extraordinários. Mais: há algum tempo o Supremo Tribunal Federal e o Superior Tribunal de Justiça vêm reconhecendo – pelo menos nessa parte corretamente – que a manutenção da inadmissibilidade dos recursos extraordinário e especial por decisões dos tribunais gera a coisa julgada com efeitos na decisão que inadmitiu originariamente os recursos.

De qualquer forma, e prosseguindo, é preciso dizer de modo bem claro que a questão não gira em torno de se buscar uma interpretação que seria mais ou menos favorável a esta ou aquela pretensão no processo (acusação e defesa). Não se cuida, com efeito, de leitura menos ou mais favorável, na linha do *in dubio pro reo*. Nada disso. Cuida-se, muito ao contrário, de harmonizar as disposições legais do Código Penal que determinaram as escolhas do processo penal, o que exige a contextualização histórica dos aludidos Códigos. Não se está criando nova causa de suspensão da prescrição, e sim conferindo (também) uma (nova) interpretação da expressão "trânsito em julgado da sentença condenatória para a acusação" constante do art. 112, inciso I, do Código Penal.

Essa nossa compreensão merece mais ênfase ainda a partir das alterações promovidas pela Lei nº 13.964/2019, que criou hipótese de suspensão do curso da prescrição "na pendência de embargos de declaração ou de recursos aos Tribunais Superiores, quando inadmissíveis". Apesar da condicionante "quando inadmissíveis" (ou seja, se o recurso for admissível e julgado pelo mérito, mesmo que desprovido), reforça-se a ideia de que não há sentido lógico admitir-se a fluência de prazo prescricional para a execução da pena quando a própria pena não pode ser executada.

Em síntese conclusiva do tópico, a questão não deixa de ser decorrente da lógica da melhor compreensão sistêmica vigente: se a execução somente pode ser feita após o julgamento de todos os recursos (porque antes não há nada que possa ser executado), a prescrição, inexoravelmente, somente começará a correr do trânsito em julgado para ambas as partes. Do contrário, teríamos a situação (esdrúxula, para dizer o menos) de prazo prescricional fluindo de título que sequer seja exequível (vide considerações mais detalhadas em Fischer, Douglas. "A prescrição da pretensão executória penal em face do que decidido pelo STF no HC nº 84.078-MG". In: PAULSEN, Leandro (Org.). *Repercussão geral no recurso extraordinário*: estudos em homenagem à Ministra Ellen Gracie. Porto Alegre: Livraria do Advogado, 2011. v. 1, p. 237-257).

Por fim, importante registro precisa ser feito que, a partir de meados de 2022, a 6ª Turma do STJ passou a adotar o mesmo entendimento do STF no sentido de que a prescrição da pretensão executória somente começa a fluir do trânsito em julgado para *ambas* as partes. E, no final de 2022, houve unificação de posicionamento do STJ, assentando-se expressamente que *"por ocasião do julgamento do REsp 1.983.259/PR, ocorrido em 26/10/2022 [...], a Terceira Seção deste Superior Tribunal de Justiça consolidou a orientação de que "o dies a quo para a contagem da prescrição da pretensão executória é o trânsito em julgado para ambas as partes"*. (v.g. Embargos de Declaração no no AgRg no RHC nº 168.332-RJ, Rel. Min. Ribeiro Dantas, publicado no DJ em 13.12.2022)

Jurisprudência

637.2. [...] o entendimento no sentido de que "o acórdão condenatório sempre interrompe a prescrição, somente se aplica aos crimes praticados após a alteração legislativa inserida pela Lei n. 11.596/2007. Sendo anterior o delito, aplica-se o entendimento vigente à época, a saber, o marco interruptivo da prescrição é apenas a sentença condenatória recorrível. (AgRg no HC n. 769.773/SP, relator Ministro Joel Ilan Paciornik, Quinta Turma, julgado em 14/8/2023, DJe de 16/8/2023.) [...] A sentença foi publicada em 27/11/2008, o processo ficou suspenso entre 3/8/2011 e 6/9/2016, e o recurso de apelação foi julgado em 6/6/2017. O AREsp 1.320.924/SC não foi conhecido e o RE teve seu seguimento negado, estando pendente de julgamento os recursos interpostos contra referida negativa. Contudo, embora o acórdão não seja marco interruptivo e ainda não tenha sido certificado o trânsito em julgado, tem-se que a manutenção da não admissão do recurso especial, bem como do recurso extraordinário ensejam a retroatividade do trânsito em julgado. Deve se aguardar, portanto, a decisão do STF, a respeito da manutenção ou não da negativa de seguimento, para só então ser possível aferir eventual prescrição. [...] *(Agravo Regimental no Habeas Corpus nº 905.268-RS, STJ, 5ª Turma, Rel. Min.Reynaldo Soares da Fonseca, julgado em 2.9.2024, publicado no DJ em 4.9.2024)*

637.2. [...] a inadmissibilidade do recurso especial e o posterior não conhecimento do agravo em recurso especial são causas impeditivas do transcurso do prazo prescricional. Incide, no caso, o teor do inciso III do art. 116 do Código Penal –CP, segundo o qual "[a]ntes de passar em julgado a sentença final, a prescrição não corre [...] na pendência de embargos de declaração ou de recursos aos Tribunais Superiores, quando inadmissíveis". [...] *(Embargos de Declaração no Agravo Regimental nos Embargos de Divergência em Agravo em Recurso Especial nº 2.269.743-SC, STJ, 3ª Seção, Rel. Min. Joel Ilan Paciornik, sessão virtual de 24.4.2024 a 30.4.2024, publicado no DJ em 8.5.2024)*

637.2. [...] III – De acordo com o provimento do Supremo Tribunal Federal proferido, no ARE n. 848.107/DF, Rel. Min. Dias Toffoli, (Tema n. 788), *"o prazo para a prescrição da execução da pena concretamente aplicada somente começa a correr do dia em que a sentença condenatória transita em julgado para ambas as partes, momento em que nasce para o Estado a pretensão executória da pena, conforme interpretação dada pelo Supremo Tribunal Federal ao princípio da presunção de inocência (art. 5º, inciso LVII, da Constituição Federal) nas ADC 43, 44 e 54".* Contudo, o referido julgado modulou os efeitos da tese para que seja aplicada aos casos: i) nos quais a pena não tenha sido declarada extinta pela prescrição em qualquer tempo e grau de jurisdição; e ii) cujo trânsito em julgado para a acusação tenha ocorrido após 12/11/2020 (data do julgamento das ADC n. º 43, 44 e 53). IV - Na hipótese em análise, o trânsito em julgado para a acusação ocorreu em 03/08/2018 e para a defesa em 16/12/2019. Desta feita, de acordo com a modulação estabelecida pelo STF, o trânsito em julgado para a acusação é o termo inicial da prescrição da pretensão executória. Embargos de declaração acolhidos, com efeitos infringentes, para determinar que o Tribunal de origem analise a prescrição da pretensão executória, tendo como *termo inicial a data do trânsito em julgado para a acusação.(Embargos de Declaração no Agravo Regimental no Habeas Corpus nº 786.551-SP, STJ, 5ª Turma, Rel. Min. Messod Azulay Neto, sessão virtual de 23.4.2024 a 29.4.2024, publicado no DJ em 2.5.2024)*

637.2. [...] Constitucional. Tema nº 788. [...] Prazo Prescricional. Termo inicial. Pena concretamente fixada. Modalidade Executória. Artigo 112, inciso I, primeira parte, do Código Penal. [...] Fixa-se, em consequência, a seguinte tese: A prescrição da execução da pena concretamente aplicada começa a correr do dia em que transita em julgado a sentença condenatória para ambas as partes, momento em que nasce para o Estado a pretensão executória da pena, conforme interpretação dada pelo Supremo Tribunal Federal, nas ADC nºs 43, 44 e 54, ao princípio da presunção de inocência (art. 5º, inciso LVII, da Constituição Federal). [...] 8. Declara-se a não recepção pela Constituição Federal da locução para a acusação, contida na primeira parte do inciso I do art. 112 do Código Penal, conferindo a ela interpretação conforme à Constituição para se entender que a prescrição começa a correr do dia em que transita em julgado a sentença condenatória para ambas as partes.*(Recurso Extraordinário com Agravo nº 848.107, STF, Plenário, Rel. Min. Dias Toffoli, por maioria, sessão virtual de 23.6.2023 a 30.6.2023, publicado no DJ em 4.8.2023)*

637.2. [...] A prescrição é, como se sabe, o perecimento da pretensão punitiva ou da pretensão executória pela inércia do próprio Estado. No art. 117 do Código Penal que deve ser interpretado de forma sistemática todas as causas interruptivas da prescrição demonstram, em cada inciso, que o Estado não está inerte. [...] A ideia de prescrição está vinculada à inércia estatal e o que existe na confirmação da condenação e a atuação do Tribunal. Consequentemente, se o Estado não está inerte, há necessidade de se interromper a prescrição para o cumprimento do devido processo legal. [...] O Plenário do Supremo Tribunal Federal, no julgamento do HC 176.473/RR, de minha relatoria, em Sessão Virtual realizada entre 17/4/2020 a 24/4/2020 adotou esse entendimento, inclusive com estabelecimento da seguinte Tese: "*Nos termos do inciso IV do artigo 117 do Código Penal, o acórdão condenatório sempre interrompe a prescrição, inclusive quando confirmatório da sentença de 1º grau, seja mantendo, reduzindo ou aumentando a pena anteriormente imposta*" (DJe de 10/9/2020). Referido acórdão, que transitou em julgado em 2 de outubro de 2020, pacificou o entendimento a ser doravante adotado pela Corte [...]. *(Agravo Regimental no Recurso Extraordinário nº 1.336.415/GO, STF, 1ª Turma, unânime, Rel. Min. Alexandre de Moraes, julgado em sessão virtual de 10.9.2021 a 17.9.2021, publicado no DJ em 23.9.2021)*

637.2. [...] Art. 112, I, do CP. Prescrição da pretensão executória. Termo inicial. Trânsito em julgado para ambas as partes. Entendimento sufragado pelo STF. [...] 2. O Tribunal Pleno fixou a orientação de que "[a] prescrição da pretensão executória, no que *pressupõe quadro a revelar a possibilidade de execução da pena, tem como marco inicial o trânsito em julgado, para ambas as partes, da condenação". Logo, "enquanto não proclamada a inadmissão de recurso de natureza excepcional, tem-se o curso da prescrição da pretensão punitiva, e não a da pretensão executória" (AI n. 794.971/RJ-AgR, red. do ac. Min. Marco Aurélio, DJe de 28/6/21) [...]*

LIVRO III – DAS NULIDADES E DOS RECURSOS EM GERAL

3. Conforme orientação da Sexta Turma, não há que se falar em prescrição da pretensão executória, porque, *ainda que haja, no STF, reconhecimento de repercussão geral no STF - ARE 848.107/DF (Tema n. 788) -, pendente de julgamento, "[o] Plenário do Supremo Tribunal Federal, no julgamento do AI 794971-AgR/RJ (Rel. para acórdão Ministro MARCO AURÉLIO, DJe 25/06/2021), definiu que o dies a quo para a contagem da prescrição da pretensão executória é o trânsito em julgado para ambas as partes. Assim, por já ter havido manifestação do Plenário da Suprema Corte sobre a controvérsia e em razão desse entendimento estar sendo adotado pelos Ministros de ambas as turmas do STF, essa orientação deve passar a ser aplicada nos julgamentos do Superior Tribunal de Justiça, uma vez que não há mais divergência interna naquela Corte sobre o assunto" (AgRg no RHC n. 163.758/SC, relatora Ministra Laurita Vaz, Sexta Turma, julgado em 21/6/2022, DJe de 27/6/2022)* (AgRg no REsp n. 2.000.360/PR, Ministro Olindo Menezes (Desembargador convocado do TRF 1ª Região), Sexta Turma, DJe de 15/8/2022).
4. Agravo regimental provido para negar provimento ao recurso [...] *(Agravo Regimental no Recurso especial nº 1.983.259-PR, STJ, 3ª Seção, Rel. Min. Sebastião Reis Nunes, julgado em 26.10.2012, publicado no DJ em 3.11.2022)*

637.2. [...] A publicação do acórdão que confirmou a condenação, por representar uma atuação estatal, deve ser considerada como causa interruptiva da prescrição, não havendo restrição à aplicação do referido entendimento jurisprudencial a crimes militares (AgRg no AREsp n. 1.877.302/SC, Ministro Joel Ilan Paciornik, Quinta Turma, DJe 16/8/2021). [...] *(Embargos de Declaração no Agravo Regimental nos Embargos de Declaração no Recurso Especial nº 1.995.899-SC, STJ, 6ª Turma, Rel. Min. Sebastião Reis Júnior, julgado em 26.9.2023, publicado no DJ em 29.9.2023)*

637.2. [...] I – O Plenário do Supremo Tribunal Federal, ao julgar o HC 176.473/RR, de relatoria do Ministro Alexandre de Moraes, firmou entendimento no sentido de que, nos termos do inciso IV do art. 117 do Código Penal, o acórdão condenatório sempre interrompe a prescrição, inclusive quando confirmatório da sentença de 1° grau, seja mantendo, reduzindo ou aumentando a pena imposta. Não houve modulação temporal dos efeitos dessa decisão. II – Esta Corte possui jurisprudência no sentido de que os preceitos constitucionais que regem a aplicação retroativa da norma penal benéfica e a irretroatividade da lei mais grave ao acusado (art. 5°, XL, da Constituição Federal) não são aplicáveis aos precedentes jurisprudenciais, pois tais regras referem-se às leis penais. [...] *(Agravo Regimental no Terceiro Agravo Regimental no Recurso Extraordinário com Agravo nº 1.371.127, STF, Rel. Min. Ricardo Lewandowski, sessão virtual de 28.10.2022 a 9.11.2022, publicado no DJ em 16.11.2022)*

637.2. [...] 1.A jurisprudência do Supremo Tribunal Federal é no sentido de que o acórdão que confirma a sentença condenatória é marco interruptivo do prazo prescricional. Precedentes: HC 136.392, Rel. Min. Marco Aurélio; HC 138.086, Redator para o acórdão o Ministro Alexandre de Moraes; ARE 1.130.096-AgR, para o qual fui designado redator para o acórdão; REs 1.186.584-ED, 1.226.719-AgR e 1.182.718-AgR, e o HC 176.473 (Tribunal Pleno) Rel. Min. Alexandre de Moraes.
2.A orientação desta Corte é de que o termo inicial para a contagem do prazo da prescrição da pretensão executória é o trânsito em julgado da condenação para ambas as partes. Precedente: AI 794.971-AgR, Plenário, Redator para o acórdão o Min. Marco Aurélio.

3.Embora ainda pendente de análise o ARE 848.107-RG (Tema 788), Rel. Min. Dias Toffoli, não há como negar a existência de "diversas decisões do Supremo Tribunal Federal nas quais solucionada controvérsia idêntica, não sendo plausível submeter este processo ao procedimento de repercussão geral, com a baixa dos autos ao Tribunal de origem, em atenção ao princípio da razoável duração dos processos, previsto no inc. LXXVIII do art. 5º da Constituição da República" (RE 1.309.385, Relª. Minª. Cármen Lúcia). Precedentes: ARE 1.054.714-AgR-segundo-ED, Rel. Min. Marco Aurélio; RE 1.356.119-AgR, Relª. Minª. Cármen Lúcia; RE 1.383.480, Rel. Min. Edson Fachin; e RE 1.301.223-AgR, Rel. Min. Dias Toffoli. [...] *(Agravo Regimental no Recurso Extraordinário com Agravo nº 1.396.532, STF, Rel. Min. Roberto Barroso, sessão virtual de 14.10.2022 a 21.10.2022, publicado no DJ em 10.11.2022)*

637.2. [...] O acórdão proferido pelo Tribunal de Justiça do Estado de Santa Catarina diverge da orientação fixada pelo Plenário do Supremo Tribunal Federal no julgamento do AI 794.971-AgR, Redator para o acórdão o Min. Marco Aurélio. Orientação segundo a qual o termo inicial para a contagem do prazo da prescrição da pretensão executória é o trânsito em julgado da condenação para ambas as partes. [...] Embora ainda pendente de análise o ARE 848.107-RG (Tema 788),

Rel. Min. Dias Toffoli, não há como negar a existência de "diversas decisões do Supremo Tribunal Federal nas quais solucionada controvérsia idêntica, não sendo plausível submeter este processo ao procedimento de repercussão geral, com a baixa dos autos ao Tribunal de origem, em atenção ao princípio da razoável duração dos processos, previsto no inc. LXXVIII do art. 5º da Constituição da República" (RE 1.309.385, Relª. Minª. Cármen Lúcia). Precedentes: ARE 1.054.714-AgR-segundo ED, Rel. Min. Marco Aurélio; RE 1.356.119-AgR, Rel. Min. Cármen Lúcia; RE 1.383.480, Rel. Min. Edson Fachin; e RE 1.301.223-AgR, Rel. Min. Dias Toffoli, entre outros. [...] *(Agravo Regimental no Recurso Extraordinário nº 1.393.318, STF, Rel. Min. Roberto Barroso, sessão virtual de 14.10.2022 a 21.10.2022, publicado no DJ em 27.10.2022)*

637.2. [...] 1. O Plenário do Supremo Tribunal Federal, no julgamento do AI 794971-AgR/RJ (Rel. para acórdão Ministro MARCO AURÉLIO, DJe 25/06/2021), definiu que o dies a quo para a contagem da prescrição da pretensão executória é o trânsito em julgado para ambas as partes. Assim, por já ter havido manifestação do Plenário da Suprema Corte sobre a controvérsia e em razão desse entendimento estar sendo adotado pelos Ministros de ambas as turmas do STF, essa orientação deve passar a ser aplicada nos julgamentos do Superior Tribunal de Justiça, já que não há mais divergência interna naquela Corte sobre o assunto.

2. No caso em exame, a Corte local concluiu que o termo inicial da prescrição da pretensão executória, em verdade, seria a data do trânsito em julgado do processo para ambas as partes, o que, in casu, teria ocorrido somente em 28/04/2019. Assim, considerando o quantum da pena aplicada ao Paciente, 1 (um) mês e 10 (dez) dias de detenção, o prazo prescricional de três anos (art. 109, inciso VI, do Código Penal) não teria fluído entre aquela data e o decisum atacado (17/03/2022). [...] *(Agravo Regimental no Habeas Corpus nº 751.315–SP, STJ, 6ª Turma, Rel. Min. Laurita Vaz, julgado em 27.9.2022, publicado no DJ em 3.10.2022)*

637.2. [...] O Tribunal Pleno fixou a orientação de que "[a] prescrição da pretensão executória, no que pressupõe quadro a revelar a possibilidade de execução da pena, tem como marco inicial o trânsito em julgado, para ambas as partes, da condenação". Logo, "enquanto nao proclamada a inadmissao de recurso de natureza excepcional, tem-se o curso da prescricao da pretensão punitiva, e nao a da pretensao executoria" (AI no 794.971/RJ-AgR, red. do ac.Min. Marco Aurélio, DJe de 28/6/21).[...] *(Embargos de Declaração no Agravo Regimental no Recurso Extraordinário com Agravo nº 1.301.223-SC, STF, 1ª Turma, Rel. Min. Dias Toffoli, unânime, julgado na sessão virtual de 18.3.2022 a 25.3.2022)*

637.2. [...] Não se desconhece decisão da Primeira Turma do STF, no sentido de não ser possível prescrever aquilo que não pode ser executado, dando assim interpretação sistemática ao art. 112, I, do CP, à luz da jurisprudência do STF, segundo a qual só é possível a execução da decisão condenatória depois do trânsito em julgado, o que impediria o curso da prescrição (RE 696.533/SC, Rel. Min. Roberto Barroso, julgamento em 6/2/2018). Nada obstante, cuidando-se de decisão proferida por órgão fracionário daquela Corte, em controle difuso, deve ser mantido o entendimento pacífico do STJ, no sentido de que o "prazo prescricional da pretensão executória é contado do dia em que transitou em julgado a sentença condenatória para a acusação (art. 112, I, do CP)" [...] *(Agravo Regimental no Habeas Corpus nº 600.929-SP, STJ, 5ª Turma, unânime, Rel. Min. Reynaldo Soares da Fonseca, julgado em 15.9.2020, publicado no DJ em 21.9.2020).*

637.2. [...] Os recursos excepcionais (extraordinário e especial), quando declarados inadmissíveis, não obstam a formação da coisa julgada – inclusive penal –, retroagindo a data do trânsito em julgado, em virtude do juízo negativo de admissibilidade, ao momento em que esgotado o prazo legal de interposição das espécies recursais não admitidas. [...] *(Embargos de Declaração no Agravo Regimental no Recurso Extraordinário com Agravo nº 232.679-DF, STF, 2ª Turma, unânime, Rel. Min. Ricardo Lewandowski, julgado em sessão virtual de 20.3.2020 a 26.3.2020, publicado no DJ em 12.5.2020).*

....

Art. 638. O recurso extraordinário e o recurso especial serão processados e julgados no Supremo Tribunal Federal e no Superior Tribunal de Justiça na forma estabelecida por leis especiais, pela lei processual civil e pelos respectivos regimentos internos. (Redação dada pela Lei nº 13.964, de 2019)

A alteração legislativa trazida pela Lei nº 13.964/2019 veio apenas corrigir o que, sistemicamente, já ocorria na prática. A regulação efetiva do processamento dos recursos de natureza extraordinária não mais estava precipuamente nos regimentos internos, mas na legislação ordinária. Assim, e na mesma linha do que defendíamos até essa pequena alteração, há de se reportar ao art. 1.029 do CPC/2015, que regula o tema (sendo anteriormente aplicáveis os arts. 26 a 28, Lei nº 8.038), e que trata dos recursos extraordinário e especial, com a complementação das disposições dos regimentos internos que tratam da forma de processamento do recurso extraordinário no âmbito no Supremo Tribunal Federal e do recurso especial no Superior Tribunal de Justiça.

Confira-se:

> Art. 321. O recurso extraordinário para o Tribunal será interposto no prazo estabelecido na Lei processual pertinente, com indicação do dispositivo que o autorize, entre os casos previstos nos artigos 102, III, *a*, *b*, *c*, e 121, § 3º, da Constituição Federal.
>
> § 1º Se na causa tiverem sido vencidos autor e réu, qualquer deles poderá aderir ao recurso da outra parte nos termos da Lei processual civil.
>
> § 2º Aplicam-se ao recurso adesivo as normas de admissibilidade, preparo e julgamento do recurso extraordinário, não sendo processado ou conhecido, quando houver desistência do recurso principal, ou for este declarado inadmissível ou deserto.
>
> § 3º Se o recurso extraordinário for admitido pelo Tribunal ou pelo Relator do agravo de instrumento, o recorrido poderá interpor recurso adesivo juntamente com a apresentação de suas contrarrazões.
>
> § 4º O recurso extraordinário não tem efeito suspensivo.
>
> Art. 322. O Tribunal recusará recurso extraordinário cuja questão constitucional não oferecer repercussão geral, nos termos deste capítulo.
>
> Parágrafo único. Para efeito da repercussão geral, será considerada a existência, ou não, de questões que, relevantes do ponto de vista econômico, político, social ou jurídico, ultrapassem os interesses subjetivos das partes.
>
> Art. 323. Quando não for caso de inadmissibilidade do recurso por outra razão, o(a) Relator(a) submeterá, por meio eletrônico, aos demais ministros, cópia de sua manifestação sobre a existência, ou não, de repercussão geral.
>
> § 1º Nos processos em que o Presidente atuar como relator, sendo reconhecida a existência de repercussão geral, seguir-se-á livre distribuição para o julgamento de mérito.
>
> § 2º Tal procedimento não terá lugar, quando o recurso versar questão cuja repercussão já houver sido reconhecida pelo Tribunal, ou quando impugnar decisão contrária a súmula ou a jurisprudência dominante, casos em que se presume a existência de repercussão geral.
>
> § 3º Mediante decisão irrecorrível, poderá o(a) Relator(a) admitir de ofício ou a requerimento, em prazo que fixar, a manifestação de terceiros, subscrita por procurador habilitado, sobre a questão da repercussão geral.

Art. 323-A. O julgamento de mérito de questões com repercussão geral, nos casos de reafirmação de jurisprudência dominante da Corte, também poderá ser realizado por meio eletrônico. (Incluído pela Emenda Regimental 42/2010).

Parágrafo único. Quando o relator não propuser a reafirmação de jurisprudência dominante, outro ministro poderá fazê lo, mediante manifestação devidamente fundamentada (Incluído pela Emenda Regimental n. 54, de 1º de julho de 2020)

Art. 323-B. O relator poderá propor, por meio eletrônico, a revisão do reconhecimento da repercussão geral quando o mérito do tema ainda não tiver sido julgado. (Incluído pela Emenda Regimental n. 54, de 1º de julho de 2020)

Art. 324. Recebida a manifestação do(a) Relator(a), os demais ministros encaminhar-lhe-ão, também por meio eletrônico, no prazo comum de 6 (seis) dias úteis, manifestação sobre a questão da repercussão geral. (Redação dada pela Emenda Regimental n. 58, de 19 de dezembro de 2022)

§ 1º Somente será analisada a repercussão geral da questão se a maioria absoluta dos ministros reconhecerem a existência de matéria constitucional. (Redação dada pela Emenda Regimental n. 54, de 1º de julho de 2020)

§ 2º A decisão da maioria absoluta dos ministros no sentido da natureza infraconstitucional da matéria terá os mesmos efeitos da ausência de repercussão geral, autorizando a negativa de seguimento aos recursos extraordinários sobrestados na origem que versem sobre matéria idêntica. (Redação dada pela Emenda Regimental n. 54, de 1º de julho de 2020)

§ 3º O ministro que não se manifestar no prazo previsto no caput terá sua não participação registrada na ata do julgamento. (Redação dada pela Emenda Regimental n. 54, de 1º de julho de 2020)

§ 4º Não alcançado o quórum necessário para o reconhecimento da natureza infraconstitucional da questão ou da existência, ou não, de repercussão geral, o julgamento será suspenso e automaticamente retomado na sessão em meio eletrônico imediatamente seguinte, com a coleta das manifestações dos ministros ausentes. (Incluído pela Emenda Regimental n. 54, de 1º de julho de 2020)

§ 5º No julgamento realizado por meio eletrônico, se vencido o relator, redigirá o acórdão o ministro sorteado dentre aqueles que dele divergiram ou não se manifestaram, a quem competirá relatar o caso para o exame do mérito ou de eventuais incidentes processuais. (Incluído pela Emenda Regimental n. 54, de 1º de julho de 2020)

Art. 325. O(A) Relator(a) juntará cópia das manifestações aos autos, quando não se tratar de processo informatizado, e, uma vez definida a existência da repercussão geral, julgará o recurso ou pedirá dia para seu julgamento, após vista ao Procurador-Geral, se necessária; negada a existência, formalizará e subscreverá decisão de recusa do recurso.

Parágrafo único. O teor da decisão preliminar sobre a existência da repercussão geral, que deve integrar a decisão monocrática ou o acórdão, constará sempre das publicações dos julgamentos no *Diário Oficial*, com menção clara à matéria do recurso.

Art. 325-A. Reconhecida a repercussão geral, serão distribuídos ou redistribuídos ao Relator do recurso paradigma, por prevenção, os processos relacionados ao mesmo tema. (Introduzido pela Emenda regimental 42/2010).

Art. 326. Toda decisão de inexistência de repercussão geral é irrecorrível e, valendo para todos os recursos sobre questão idêntica, deve ser comunicada, pelo(a) Relator(a), à Presidência do Tribunal, para os fins do artigo subsequente e do artigo 329.

§ 1º Poderá o relator negar repercussão geral com eficácia apenas para o caso concreto. (Incluído pela Emenda Regimental n. 54, de 1º de julho de 2020)

§ 2º Se houver recurso, a decisão do relator de restringir a eficácia da ausência de repercussão geral ao caso concreto deverá ser confirmada por dois terços dos ministros para prevalecer. (Incluído pela Emenda Regimental n. 54, de 1º de julho de 2020)

§ 3º Caso a proposta do relator não seja confirmada por dois terços dos ministros, o feito será redistribuído, na forma do art. 324, § 5º, deste Regimento Interno, sem que isso implique reconhecimento automático da repercussão geral da questão constitucional discutida no caso. (Incluído pela Emenda Regimental n. 54, de 1º de julho de 2020)

§ 4º Na hipótese do § 3º, o novo relator sorteado prosseguirá no exame de admissibilidade do recurso, na forma dos arts. 323 e 324 deste Regimento Interno. (Incluído pela Emenda Regimental n. 54, de 1º de julho de 2020)

Art. 326-A. Os recursos indicados como representativos de controvérsia constitucional pelas instâncias de origem e os feitos julgados no Superior Tribunal de Justiça sob a sistemática de recursos repetitivos serão registrados previamente ao Presidente, que poderá afetar o tema diretamente ao Plenário Virtual, na forma do art. 323 do regimento interno, distribuindo-se o feito por sorteio, em caso de reconhecimento da repercussão geral, a um dos ministros que tenham se manifestado nesse sentido. (Incluído pela Emenda Regimental n. 54, de 1º de julho de 2020)

§ 1º Caso os recursos representativos de controvérsia constitucional ou os feitos julgados no stj sob a sistemática de recursos repetitivos não recebam proposta de afetação pelo Presidente e sejam distribuídos, poderá o relator proceder na forma do art. 326, caput e parágrafos. (Incluído pela Emenda Regimental n. 54, de 1º de julho de 2020)

§ 2º A decisão proferida nos processos mencionados no § 1º será comunicada à instância de origem e ao Superior Tribunal de Justiça, respectivamente, inclusive para os fins do art. 1.037, § 1º, do Código de Processo Civil. (Incluído pela Emenda Regimental n. 54, de 1º de julho de 2020)

Art. 327. A Presidência do Tribunal recusará recursos que não apresentem preliminar formal e fundamentada de repercussão geral, bem como aqueles cuja matéria carecer de repercussão geral, segundo precedente do Tribunal, salvo se a tese tiver sido revista ou estiver em procedimento de revisão.

§ 1º Igual competência exercerá o(a) Relator(a) sorteado(a), quando o recurso não tiver sido liminarmente recusado pela Presidência.

§ 2º Da decisão que recusar recurso, nos termos deste artigo, caberá agravo.

Art. 328. Protocolado ou distribuído recurso cuja questão for suscetível de reproduzir-se em múltiplos feitos, a Presidência do Tribunal ou o(a) Relator(a), de ofício ou a requerimento da parte interessada, comunicará o fato aos tribunais ou turmas de juizado especial, a fim de que observem o disposto no art. 543-B do Código de Processo Civil, podendo pedir-lhes informações, que deverão ser prestadas em 5 (cinco) dias, e sobrestar todas as demais causas com questão idêntica.

> Parágrafo único. Quando se verificar subida ou distribuição de múltiplos recursos com fundamento em idêntica controvérsia, a Presidência do Tribunal ou o(a) Relator(a) selecionará um ou mais representativos da questão e determinará a devolução dos demais aos tribunais ou turmas de juizado especial de origem, para aplicação dos parágrafos do art. 543-B do Código de Processo Civil.
>
> Art. 328-A. Nos casos previstos no art. 543-B, *caput*, do Código de Processo Civil, o Tribunal de origem não emitirá juízo de admissibilidade sobre os recursos extraordinários já sobrestados, nem sobre os que venham a ser interpostos, até que o Supremo Tribunal Federal decida os que tenham sido selecionados nos termos do § 1º daquele artigo.
>
> § 1º Nos casos anteriores, o Tribunal de origem sobrestará os agravos de instrumento contra decisões que não tenham admitido os recursos extraordinários, julgando-os prejudicados na hipótese do art. 543-B, § 2º, e, quando coincidente o teor dos julgamentos, § 3º.
>
> § 2º Julgado o mérito do recurso extraordinário em sentido contrário ao dos acórdãos recorridos, o Tribunal de origem remeterá ao Supremo Tribunal Federal os agravos em que não se retratar.
>
> Art. 329. A Presidência do Tribunal promoverá ampla e específica divulgação do teor das decisões sobre repercussão geral, bem como formação e atualização de banco eletrônico de dados a respeito.

Na mesma linha, conforme noticiado anteriormente, impende referir as normas internas do Regimento Interno do Superior Tribunal de Justiça que tratam do processamento do recurso especial:

> Art. 255. O recurso especial será interposto na forma e no prazo estabelecido na legislação processual vigente e recebido no efeito devolutivo, salvo quando interposto do julgamento de mérito do incidente de resolução de demandas repetitivas, hipótese em que terá efeito suspensivo. *(Redação dada pela Emenda Regimental nº 22, de 2016)*
>
> § 1º Quando o recurso fundar-se em dissídio jurisprudencial, o recorrente fará a prova da divergência com a certidão, cópia ou citação do repositório de jurisprudência, oficial ou credenciado, inclusive em mídia eletrônica, em que houver sido publicado o acórdão divergente, ou ainda com a reprodução de julgado disponível na internet, com indicação da respectiva fonte, devendo-se, em qualquer caso, mencionar as circunstâncias que identifiquem ou assemelhem os casos confrontados. *(Redação dada pela Emenda Regimental nº 22, de 2016)*
>
> § 2º *(Revogado pela Emenda Regimental nº 22, de 2016)*
>
> § 3º São repositórios oficiais de jurisprudência, para o fim do § 1º deste artigo, a Revista Trimestral de Jurisprudência do Supremo Tribunal Federal, a Revista do Superior Tribunal de Justiça e a Revista do Tribunal Federal de Recursos e, autorizados ou credenciados, os habilitados na forma do art. 134 e seu parágrafo único deste Regimento. *(Redação dada pela Emenda Regimental nº 22, de 2016)*
>
> § 4º Distribuído o recurso, o relator, após vista ao Ministério Público, se necessário, pelo prazo de vinte dias, poderá: *(Redação dada pela Emenda Regimental nº 24, de 2016)*

I – não conhecer do recurso especial inadmissível, prejudicado ou daquele que não tiver impugnado especificamente todos os fundamentos da decisão recorrida; *(Redação dada pela Emenda Regimental nº 22, de 2016)*

II – negar provimento ao recurso especial que for contrário a tese fixada em julgamento de recurso repetitivo ou de repercussão geral, a entendimento firmado em incidente de assunção de competência, ou, ainda, a súmula ou jurisprudência consolidada do Supremo Tribunal Federal ou do Superior Tribunal de Justiça; *(Redação dada pela Emenda Regimental n. 24, de 2016)*

III – dar provimento ao recurso especial após vista ao recorrido, se o acórdão recorrido for contrário a tese fixada em julgamento de recurso repetitivo ou de repercussão geral, a entendimento firmado em incidente de assunção de competência ou, ainda, a súmula ou jurisprudência consolidada do Supremo Tribunal Federal ou do Superior Tribunal de Justiça.

§ 5º No julgamento do recurso especial, verificar-se-á, preliminarmente, se o recurso é cabível. Decidida a preliminar pela negativa, a Turma não conhecerá do recurso; se pela afirmativa, julgará a causa, aplicando o direito à espécie, com observância da regra prevista no art. 10 do Código de Processo Civil. *(Incluído pela Emenda Regimental n. 24, de 2016)*

§ 6º Julgado o recurso especial criminal, a decisão favorável ao réu preso será imediatamente comunicada às autoridades a quem couber cumpri-la, sem prejuízo da remessa de cópia do acórdão. *(Incluído pela Emenda Regimental n. 24, de 2016)*

Art. 256. Havendo multiplicidade de recursos especiais com fundamento em idêntica questão de direito, caberá ao presidente ou ao vice-presidente dos Tribunais de origem (Tribunal de Justiça ou Tribunal Regional Federal), conforme o caso, admitir dois ou mais recursos especiais representativos da controvérsia, que serão encaminhados ao Superior Tribunal de Justiça, ficando os demais processos, individuais ou coletivos, suspensos até o pronunciamento do STJ. *(Incluído pela Emenda Regimental n. 24, de 2016)*

§ 1º Os recursos especiais representativos da controvérsia serão selecionados pelo Tribunal de origem, que deverá levar em consideração o preenchimento dos requisitos de admissibilidade e, preferencialmente: *(Incluído pela Emenda Regimental n. 24, de 2016)*

I – a maior diversidade de fundamentos constantes do acórdão e dos argumentos no recurso especial; *(Incluído pela Emenda Regimental n. 24, de 2016)*

II – a questão de mérito que puder tornar prejudicadas outras questões suscitadas no recurso; *(Incluído pela Emenda Regimental n. 24, de 2016)*

III – a divergência, se existente, entre órgãos julgadores do Tribunal de origem, caso em que deverá ser observada a representação de todas as teses em confronto. *(Incluído pela Emenda Regimental n. 24, de 2016)*

§ 2º O Tribunal de origem, no juízo de admissibilidade: *(Incluído pela Emenda Regimental n. 24, de 2016)*

I – delimitará a questão de direito a ser processada e julgada sob o rito do recurso especial repetitivo, com a indicação dos respectivos códigos de assuntos da Tabela Processual Unificada do Conselho Nacional de Justiça; *(Incluído pela Emenda Regimental n. 24, de 2016)*

II – informará, objetivamente, a situação fática específica na qual surgiu a controvérsia; *(Incluído pela Emenda Regimental n. 24, de 2016)*

III – indicará, precisamente, os dispositivos legais em que se fundou o acórdão recorrido;

(Incluído pela Emenda Regimental n. 24, de 2016)

IV – informará a quantidade de processos que ficarão suspensos na origem com a mesma questão de direito em tramitação no STJ; *(Incluído pela Emenda Regimental n. 24, de 2016)*

V – informará se outros recursos especiais representativos da mesma controvérsia estão sendo remetidos conjuntamente, destacando, na decisão de admissibilidade de cada um deles, os números dos demais; *(Incluído pela Emenda Regimental n. 24, de 2016)*

VI – explicitará, na parte dispositiva, que o recurso especial foi admitido como representativo da controvérsia. *(Incluído pela Emenda Regimental n. 24, de 2016)*

Art. 256-A. No Superior Tribunal de Justiça, os recursos especiais encaminhados pelos Tribunais de origem como representativos da controvérsia deverão receber identificação própria no sistema informatizado e, após as etapas de autuação e classificação, ser registrados ao Presidente do STJ. *(Incluído pela Emenda Regimental n. 24, de 2016)*

Art. 256-B. Compete ao Presidente do STJ: *(Incluído pela Emenda Regimental n. 24, de 2016)*

I – oficiar ao presidente ou ao vice-presidente do Tribunal de origem, conforme o caso, para complementar informações do recurso especial representativo da controvérsia; *(Incluído pela Emenda Regimental n. 24, de 2016)*

II – abrir vista dos autos ao Ministério Público Federal para que, no prazo improrrogável de quinze dias, manifeste-se exclusivamente a respeito dos pressupostos de admissibilidade do recurso especial como representativo da controvérsia. *(Incluído pela Emenda Regimental n. 24, de 2016)*

Art. 256-C. Com ou sem o parecer do Ministério Público Federal, o processo será concluso ao Presidente do STJ para que, no prazo de vinte dias, em despacho irrecorrível, decida se o recurso especial representativo da controvérsia preenche os requisitos do art. 256 deste Regimento. *(Incluído pela Emenda Regimental n. 24, de 2016)*

Art. 256-D. Caso o Presidente do STJ admita o recurso especial, determinará a distribuição dos autos nos seguintes termos: *(Incluído pela Emenda Regimental n. 24, de 2016)*

I – por dependência, para os recursos especiais representativos da controvérsia que contiverem a mesma questão de direito; *(Incluído pela Emenda Regimental n. 24, de 2016)*

II – de forma livre, mediante sorteio automático, para as demais hipóteses. *(Incluído pela Emenda Regimental n. 24, de 2016)*

Parágrafo único. O Superior Tribunal de Justiça manterá, em sua página na internet, em destaque, relação dos recursos especiais representativos da controvérsia aptos, com a respectiva descrição da questão de direito e com o número sequencial correspondente à controvérsia. *(Incluído pela Emenda Regimental n. 24, de 2016)*

Art. 256-E. Compete ao relator do recurso especial representativo da controvérsia, no prazo máximo de sessenta dias úteis a contar da data de conclusão do processo, reexaminar a admissibilidade do recurso representativo da controvérsia a fim de: *(Incluído pela Emenda Regimental n. 24, de 2016)*

I – rejeitar, de forma fundamentada, a indicação do recurso especial como representativo da controvérsia devido à ausência dos pressupostos recursais genéricos ou específicos e ao não cumprimento dos requisitos regimentais, observado o disposto no art. 256-F deste Regimento; *(Incluído pela Emenda Regimental n. 24, de 2016)*

II – propor à Corte Especial ou à Seção a afetação do recurso especial representativo da controvérsia para julgamento sob o rito dos recursos repetitivos, nos termos do Código de Processo Civil e da Seção II deste Capítulo. *(Incluído pela Emenda Regimental n. 24, de 2016)*

Art. 256-F. Caso o relator inadmita o recurso especial como representativo da controvérsia devido à ausência dos pressupostos recursais genéricos ou específicos ou ao não cumprimento dos requisitos previstos neste Regimento, indicará recursos especiais existentes em seu acervo em substituição ao recurso inadmitido ou determinará a comunicação ao presidente ou vice-presidente do Tribunal de origem para que remeta ao STJ, em substituição, dois ou mais recursos especiais aptos que tratem da mesma questão de direito.*(Incluído pela Emenda Regimental n. 24, de 2016)*

§ 1º Será inadmitido na origem recurso especial que apresente o mesmo óbice de admissibilidade reconhecido pelo Presidente do STJ ou pelo relator no julgamento de recurso representativo de idêntica questão de direito. *(Incluído pela Emenda Regimental n. 24, de 2016)*

§ 2º Os recursos especiais aptos encaminhados pelo Tribunal de origem em substituição, nos termos do *caput* deste artigo, seguirão, no STJ, o mesmo procedimento do recurso representativo da controvérsia. *(Incluído pela Emenda Regimental n. 24, de 2016)*

§ 3º Os recursos anteriormente suspensos nos Tribunais de origem permanecerão nessa condição, contendo a indicação do número sequencial da controvérsia de que trata o parágrafo único do art. 256-D deste Regimento. *(Incluído pela Emenda Regimental n. 24, de 2016)*

§ 4º Caso o relator inadmita o recurso especial representativo da controvérsia porque a matéria não é apta a julgamento repetitivo ou porque não caracterizada a multiplicidade de recursos capaz de ensejar a afetação do processo para julgamento pelo sistema dos recursos repetitivos à Seção ou à Corte Especial, os processos suspensos em todo o território nacional retomarão seu curso normal. *(Incluído pela Emenda Regimental n. 24, de 2016)*

Art. 256-G. Não adotadas as providências previstas nos incisos I e II do art. 256-E deste Regimento no prazo estabelecido no seu *caput*, presumir-se-á que o recurso especial representativo da controvérsia teve sua indicação rejeitada pelo relator. *(Incluído pela Emenda Regimental n. 24, de 2016)*

§ 1º A rejeição, expressa ou presumida, do recurso especial representativo da controvérsia será comunicada aos Ministros do STJ e aos presidentes ou vice-presidentes dos Tribunais de origem. *(Incluído pela Emenda Regimental n. 24, de 2016)*

§ 2º Os processos suspensos em todo o território nacional em razão de recurso especial representativo da controvérsia rejeitado retomarão seu curso normal. *(Incluído pela Emenda Regimental n. 24, de 2016)*

Art. 256-H. Os recursos especiais interpostos em julgamento de mérito do incidente de resolução de demandas repetitivas serão processados nos termos desta Seção, não se aplicando a presunção prevista no art. 256-G deste Regimento. *(Incluído pela Emenda Regimental n. 24, de 2016 [...]*

CAPÍTULO IX
Da Carta Testemunhável

Art. 639. Dar-se-á carta testemunhável:

I – da decisão que denegar o recurso;

II – da que, admitindo embora o recurso, obstar à sua expedição e seguimento para o juízo *ad quem*.

639. Hipóteses de cabimento: Embora prevista no ordenamento jurídico, a carta testemunhável é de parca utilização na prática. Admite-se seu manejo em duas situações genéricas.

Na primeira (inciso I), diz-se possível a utilização da *carta testemunhável* quando *denegado recurso.*

Crê-se que a norma destinava-se basicamente para duas situações: denegação de recurso em sentido estrito ou então denegação de protesto por novo Júri (que não deixa(-va) de ser *recurso*). Ante a revogação das normas que previam a possibilidade de protesto por novo Júri (vide anotações aos arts. 607 e seguintes, CPP), sua utilização acabou restrita à denegação de recurso em sentido estrito.

Pode haver situações em que o juízo monocrático deixe de processar o recurso, por entendê-lo incabível (pelos mais variados fundamentos, que aqui não é caso de enfrentar detalhadamente, mas os mais ocorrentes são a legitimidade e a tempestividade). Para permitir que o recurso seja processado, a opção será então o ajuizamento da carta testemunhável.

Seguindo o mesmo raciocínio desenvolvido quando da análise das hipóteses do cabimento do recurso em sentido estrito, convém destacar novamente que inúmeros incisos do art. 581, CPP, restaram prejudicados com o advento do art. 197, LEP – *"É de cinco dias o prazo para a interposição de agravo contra decisão do juiz da execução penal" (Súmula 700, STF)*. Mas não se pode afastar a ligação direta entre os dois dispositivos, tanto que ainda hoje (corretamente) se defende que o procedimento a ser adotado no recurso de agravo na execução é o mesmo do recurso em sentido estrito. Por esses motivos, para nós, a interpretação sistêmica impõe que também aqui se reconheça possível a utilização da carta testemunhável quando houver denegação do agravo na execução penal.

É preciso destacar que da eventual denegação da apelação a irresignação própria é o recurso em sentido estrito (art. 581, XV, CPP) – presente a especialidade –, e não a carta testemunhável. E quando denegado recurso especial ou recurso extraordinário, há previsão expressa para o manejo do agravo (prazo de 5 dias em processo penal, lembre-se).

No inciso II, há previsão da carta testemunhável para as situações em que o juízo, embora tenha admitido o recurso (em sentido estrito ou protesto por novo júri), criar algum obstáculo à sua expedição ou seguimento ao juízo *ad quem*.

Jurisprudência

639. [...] Se o juízo condicionou o processamento de recurso em sentido estrito à prática de um determinado ato pelo recorrente – apresentação de tradução das peças em língua inglesa –, tal decisão deve ser atacada via carta testemunhável, por corresponder à hipótese prevista no art. 639, II, do CPP. [...] *(Recurso Especial nº 1.763.212-RJ, STJ, 6ª Turma, Rel. Min. Sebastião Reis Júnior, julgado em 5.2.2019, publicado no DJ em 22.2.2019)*

639. [...] A carta testemunhável é instrumento processual de nítido caráter subsidiário, destinado a corrigir o equívoco decorrente da denegação de recurso ou de negativa de seu seguimento. Havendo, contudo, meios de impugnação do entrave à insurgência, não deve ser conhecida a carta. In casu, inadmitidos embargos de declaração opostos contra a sentença condenatória, seria possível arrostar a omissão, obscuridade, contradição ou ambiguidade por meio da apelação. [...] *(Habeas Corpus nº 138.427-BA, STJ, 6ª Turma, Rel. Min. Maria Thereza de Assis Moura, julgado em 23.10.2012, publicado no DJ em 29.10.2012)*

Art. 640. A carta testemunhável será requerida ao escrivão, ou ao secretário do tribunal, conforme o caso, nas quarenta e oito horas seguintes ao despacho que denegar o recurso, indicando o requerente as peças do processo que deverão ser trasladadas.

640. Prazo: O dispositivo em tela precisa contextualização à realidade do próprio Código de Processo Penal, notadamente no que se refere ao prazo estipulado para o ajuizamento da carta testemunhável: 48 (quarenta e oito) horas.

Entendemos que sua incidência (prazo em horas) somente se justifica se a intimação da parte interessada tenha sido feita pessoalmente em juízo ou então quando restar demonstrado o momento exato em que houve a ciência inequívoca da decisão, ficando consignado no ato que o prazo começou a correr em determinada hora de dia especificado.

Do contrário (que, pensamos, é a regra), ou seja, havendo a intimação da parte interessada em recorrer pelo sistema geral (art. 798, CPP), o prazo deverá ser contado consoante estipulado nos §§ 1º e 5º do art. 798 do CPP, e não mais contado em horas, mas em dias correspondentes (dois).

Art. 641. O escrivão, ou o secretário do tribunal, dará recibo da petição à parte e, no prazo máximo de cinco dias, no caso de recurso no sentido estrito, ou de sessenta dias, no caso de recurso extraordinário, fará entrega da carta, devidamente conferida e concertada.

Art. 642. O escrivão, ou o secretário do tribunal, que se negar a dar o recibo, ou deixar de entregar, sob qualquer pretexto, o instrumento, será suspenso por trinta dias. O juiz, ou o presidente do Tribunal de Apelação, em face de representação do testemunhante, imporá a pena e mandará que seja extraído o instrumento, sob a mesma sanção, pelo substituto do escrivão ou do secretário do tribunal. Se o testemunhante não for atendido, poderá reclamar ao presidente do tribunal *ad quem*, que avocará os autos, para o efeito do julgamento do recurso e imposição da pena.

Art. 643. Extraído e autuado o instrumento, observar-se-á o disposto nos arts. 588 a 592, no caso de recurso em sentido estrito, ou o processo estabelecido para o recurso extraordinário, se deste se tratar.

Os conteúdos normativos dispostos nos arts. 641 e 643, CPP, também não têm como serem aplicados na íntegra. É que da decisão denegatória do recurso extraordinário não mais se cogita da carta testemunhável, mas sim do agravo.

Art. 644. O tribunal, câmara ou turma a que competir o julgamento da carta, se desta tomar conhecimento, mandará processar o recurso, ou, se estiver suficientemente instruída, decidirá logo, *de meritis*.

Art. 645. O processo da carta testemunhável na instância superior seguirá o processo do recurso denegado.

A finalidade precípua de carta testemunhável é fazer com que o recurso denegado ou aquele que tenha sido impedido de subir ao juízo *ad quem* sejam processados devidamente.

Nessa linha, os arts. 644 e 645, CPP, dispõem haver duas opções ao tribunal:

a) se a carta testemunhável não estiver devidamente instruída com os documentos e dados referentes ao recurso que se quer fazer subir, mas demonstrado o equívoco da decisão de primeiro grau, o tribunal dará provimento à irresignação para mandar processar o recurso;

b) se a carta testemunhável estiver bem instruída, contendo todos os elementos necessários para a compreensão do mérito objeto do recurso obstado, poderá o tribunal desde logo julgá-lo, decidindo se procede ou não a irresignação principal.

Art. 646. A carta testemunhável não terá efeito suspensivo.

A respeito do dispositivo, há posicionamentos maculando-o de inconstitucional diante do princípio constitucional da presunção de inocência. Assim não nos parece. É verdade que o recurso em tela encontra-se em nível ordinário, diferindo das situações em que estão os recursos extraordinário e especial. De qualquer modo, é importante observar, em primeiro lugar, que o recurso ora tratado existe para situações excepcionalíssimas relacionadas com o não processamento de outros recursos ou o impedimento do processamento. De outro, e aqui o aspecto mais relevante em nossa compreensão, se se estiver diante de manifesta ilegalidade que, *no caso concreto*, atente contra a liberdade ou direitos fundamentais do recorrente, há sempre a possibilidade de manejo do *habeas corpus*, mais célere e mais eficaz do que qualquer recurso existente em nosso sistema.

CAPÍTULO X
Do *Habeas Corpus* e seu Processo

Art. 647. Dar-se-á *habeas corpus* sempre que alguém sofrer ou se achar na iminência de sofrer violência ou coação ilegal na sua liberdade de ir e vir, salvo nos casos de punição disciplinar.

647.1. Considerações gerais e históricas: Em sua origem, o *writ of habeas corpus* tratava-se de remédio sumário contra as violações da liberdade física. Como lembra em obra ímpar PONTES DE MIRANDA (*História e prática do habeas corpus*. 4. ed. Rio de Janeiro, Borsoi, 1962. p. 105), "*a função especial e única, assim nas ilhas britânicas, como nos Estados Unidos da América, se circunscreve a livrar da prisão ou de quaisquer constrangimentos ao direito de locomoção – ao* ir, ficar e vir – *os que alegarem e provarem insuficiência de razões para isso*".

Não se pretende aqui desenvolver uma exposição histórica e detalhada do *habeas corpus*, mas cumpre apenas enfatizar que, no Brasil, o *habeas corpus* passou do Código de Processo Criminal do Império (1832) para a Constituição de 1891, e, assim por diante, até no Código de Processo Penal (1941). Inserindo-o no rol de garantias individuais fundamentais, a Constituição Federal de 1988 trata-o como verdadeiro instrumento de tutela do direito de ir e vir (art. 5º, LXVIII, CF: "*conceder-se-á* habeas corpus *sempre que alguém sofrer ou se achar ameaçado de sofrer violência ou coação em sua liberdade de locomoção, por ilegalidade ou abuso de poder*").

Embora *topicamente* inserido no Código de Processo Penal em capítulo dentro do título dos recursos (capítulo X do título II), de recurso evidentemente não se trata. Não nos restam dúvidas – e parece não pairar maiores questionamentos doutrinários e jurisprudenciais quanto a este aspecto –, o *habeas corpus* se constitui em verdadeira ação autônoma de impugnação para defesa (*lato sensu*) da liberdade.

Relevante destacar que, por alterações legislativas (vide anotações ao art. 387, § 1º), eventual decreto de prisão cautelar anterior impõe ao juiz que, em caso de proferir sentença, deverá decidir "fundamentadamente, sobre a manutenção ou, se for o caso, imposição de prisão preventiva ou de outra medida cautelar, sem prejuízo do conhecimento da apelação que vier a ser interposta". Além disso, também o controle que deve ser feito das prisões conforme preceitua o art. 316, parágrafo único, do CPP (na redação da Lei nº 13.964/2019) – vide anotações. Essas circunstâncias são relevantes, na medida em que, em nossa compreensão, se houver eventual *habeas corpus* não apreciado de forma definitiva pelos tribunais superiores até a prolação da sentença (em que se tenha reafirmado a necessidade da prisão cautelar) ele perderá seu efeito, pois, tecnicamente, haverá um novo título que determina a prisão. Contra este novo decreto nenhum óbice para a impetração de novo *writ*, evitando-se, porém, decisões *per saltum*.

Jurisprudência

647.1. [...] Incidente de Assunção de Competência no Recurso em *Habeas Corpus*. Aplicação (supletiva) do preceito inserto no art. 947 do Código de Processo Civil no âmbito do Recurso em *Habeas Corpus*. Possibilidade. Inteligência do art. 3º do Código de Processo Penal. Momento para suscitar o incidente. Após o julgamento do recurso. [...] 1. Consoante o disposto no art. 3º do Código de Processo Penal, a norma constante do art. 947 do Código de Processo Civil tem aplicabilidade aos processos criminais. [...] 2. Sob pena de subverter a própria *ratio* do instituto – até mesmo para que não haja um rejulgamento da causa, a pretexto de uma uniformização do entendimento jurisprudencial, máxime em se tratando de processos de feição criminal, como no caso vertente –, o incidente deve ser suscitado antes do julgamento do recurso. [...] Pedido indeferido. *(Incidente de Assunção de Competência no RHC n. 75.768-RN, STJ, 6ª Turma, unânime, Rel. Min. Antônio Saldanha Palheiro, julgado em 2.10.2018)*

647.1. [...] O Superior Tribunal de Justiça, alinhando-se à nova jurisprudência da Corte Suprema, também passou a restringir as hipóteses de cabimento do *habeas corpus*, não admitindo que o remédio constitucional seja utilizado em substituição ao recurso ou ação cabível, ressalvadas as situações em que, à vista da flagrante ilegalidade do ato apontado como coator, em prejuízo da liberdade do paciente, seja cogente a concessão, de ofício, da ordem de *habeas corpus*. [...] *(Agravo Regimental no Habeas Corpus nº 665.373/SP, STJ, 5ª Turma, unânime, Rel. Min. Reynaldo Soares da Fonseca, julgado em 3.8.2021, publicado no DJ em 10.8.2021)*

647.1. [...] O processo de "habeas corpus", que tem caráter essencialmente documental, não se mostra juridicamente adequado quando utilizado com o objetivo (a) de promover a análise da prova penal, (b) de efetuar o reexame do conjunto probatório regularmente produzido, (c) de provocar a reapreciação da matéria de fato e (d) de proceder a revalorização dos elementos instrutórios coligidos no processo penal de conhecimento. Precedentes (*Ag. Reg. no Habeas Corpus nº 124.693-MG, STF, 2ª Turma, unânime, Rel. Min. Celso de Mello, julgado em 3.3.2015, publicado no* DJ *em 27.4.2015*).

647.1. [...] A orientação jurisprudencial do Supremo Tribunal Federal é no sentido de que a superveniência de sentença penal condenatória prejudica a análise da impugnação dirigida contra a ordem de prisão anterior (*v.g.* HC 104.859, Rel. Min. Rosa Weber; RHC 112.705, Rel. Min, Dias Toffoli; HC 105.927, e HC 95.977, Redator para o acórdão Ministro Luiz Fux, HC 104.859), não sendo o caso, portanto, de concessão da ordem de ofício. 3. Embargos de declaração rejeitados (*Embargos de Declaração no Habeas Corpus nº 124.187-SP, STF, 1ª Turma, maioria, Rel. Min. Roberto Barroso, julgado em 23.6.2015, publicado no* DJ *em 18.8.2015*).

647.2. Limitações das matérias objeto de análise em habeas corpus: Em nosso sistema jurídico, as limitações expressas à utilização do *habeas corpus* são mínimas. Embora com alguns parcos dissensos, pode ser utilizado até mesmo após trânsito em julgado de decisão que eventualmente vulnere ou restrinja direitos fundamentais.

A exceção contida na parte final do art. 647, CPP, deve ser bem contextualizada. Não significa que é incabível *habeas corpus* quando se tratar de privação decorrente de punição disciplinar militar. A limitação é quanto ao conteúdo da medida.

Calha ao caso a contextualização do disposto no art. 647, CPP, e com o art. 5º, LXI, da Constituição (*ninguém será preso senão em flagrante delito ou por ordem escrita e fundamentada de autoridade judiciária competente,* salvo nos casos de transgressão militar ou crime propriamente militar, *definidos em lei*).

Embora os regulamentos internos militares sejam normas *interna corporis*, que tratam das transgressões disciplinares às quais estão sujeitos os militares, muitas vezes, *na aplicação da penalidade*, não se observa o devido processo legal (substancial), na medida em que são impostas penas sem que se garanta *efetivamente* a ampla defesa e o contraditório. Malgrado o Direito Militar seja um ramo do direito com princípios e peculiaridades próprias, como qualquer outro ramo subordina-se aos cânones constitucionais. Sendo assim, o respeito à hierarquia e à disciplina (*que são basilares no âmbito da caserna*) não podem justificar a violação de direitos fundamentais garantidos a todos os cidadãos, especificamente os militares que eventualmente transgridam as regras internas. Significa que, quando violados dispositivos constitucionais que tratam da ampla defesa e do contraditório, é cabível, em tese, a impetração de *habeas corpus* para afastar a ilegalidade.

Portanto, o que resta vedado ao controle judicial é o exame da conveniência e da oportunidade da medida disciplinar adotada. O controle da legalidade do ato – mormente em se tratando de restrição à liberdade – jamais poderá ser excluído da análise do Poder Judiciário. Importante atentar ainda para as seguintes súmulas, que expressamente limitam a possibilidade de utilização de *habeas corpus*:

> Súmula 691, STF: "Não compete ao Supremo Tribunal Federal conhecer de habeas corpus impetrado contra decisão do relator que, em *habeas corpus* requerido a tribunal superior, indefere a liminar."
>
> Súmula 692, STF: "Não se conhece de *habeas corpus* contra omissão de relator de extradição, se fundado em fato ou direito estrangeiro cuja prova não constava nos autos, nem foi ele provocado a respeito."
>
> Súmula 693, STF: "Não cabe *habeas corpus* contra decisão condenatória a pena de multa, ou relativo a processo em curso por infração penal a que a pena pecuniária seja a única cominada."
>
> Súmula 694, STF: "Não cabe *habeas corpus* contra a imposição da pena de exclusão de militar ou de perda de patente ou de função pública."
>
> Súmula 695, STF: "Não cabe *habeas corpus* quando já extinta a pena privativa da liberdade."

Jurisprudência

647.2. [...] O controle jurisdicional feito pelo Superior Tribunal de Justiça, em sede de *habeas corpus*, do processo administrativo disciplinar restringe-se ao exame de eventual ilegalidade do ato, não podendo o juiz invadir o mérito da decisão da autoridade militar e analisar a conveniência, oportunidade ou motivação do ato, pois demandaria aprofundado exame do conjunto fático-probatório dos autos, peculiar ao processo de conhecimento, inviável em sede de *habeas corpus*, remédio jurídico-processual, de índole constitucional, que tem como escopo resguardar a liberdade de locomoção contra ilegalidade ou abuso de poder, marcado por cognição sumária e rito célere. Precedentes do STJ. [...] Recurso parcialmente conhecido e, nessa extensão, improvido (*RHC nº 18.670/SC, Rel. Min. Arnaldo Esteves Lima, STJ, 5ª Turma, publicado no* DJ *em 20.10.2008*).

647.2. [...] A punição disciplinar por transgressão militar tem a natureza jurídica de ato administrativo, e o seu exame, por meio de *Habeas Corpus*, embora possível, fica restrito à regularidade formal do ato (competência, cerceamento de defesa, cumprimento de formalidades legais). A ação de *Habeas Corpus* só pode ser instaurada quando se constatar coação ilegal atual e iminente à liberdade de ir e vir, o que não ocorre no caso concreto, pois, segundo ressai do acórdão proferido pela autoridade ora apontada como coatora, o paciente foi reformado. Destarte, não sendo atual ou iminente; ao contrário, sequer se divisando a possibilidade de cumprimento da referida punição, falece interesse na presente impetração. *Writ* não conhecido, em consonância com o parecer ministerial (*Habeas Corpus nº 80.852-RS, STJ, 5ª Turma, Rel. Min. Napoleão Nunes Maia Filho, publicado no* DJ *em 28.4.2008*).

647.2.1. O *habeas corpus* como substitutivo dos recursos de natureza extraordinária: Na jurisprudência brasileira (especialmente perante os tribunais superiores), faz muito que se ampliou (e demasiadamente, pensamos nós) o espectro em que se admite a utilização do *habeas corpus*. Não se defende uma limitação do *habeas corpus* quando efetivamente manejado para as situações excepcionais para o qual foi instituído.

E mais: mesmo que se sustente a possibilidade de utilização como sucedâneo de recursos (de forma excepcional, reitere-se), não pode servir ele para subverter o sistema recursal. Explica-se. É que esse problema é marcante em se tratando da utilização do *writ* como substitutivo dos recursos de natureza extraordinária, que, como se sabe (e já visto no capítulo próprio), possuem requisitos bem específicos (e cabíveis em situações muito restritas), como se vê, exemplificativamente, do prequestionamento e, no âmbito do recurso extraordinário, da demonstração da *repercussão geral.*

Na verdade – e basta um olhar minimamente atento às pautas de julgamentos –, calcados numa espécie de *estratégia processual*, em muitas hipóteses está-se deixando de manejar os recursos próprios para, imediatamente, ajuizar os *writs* perante as Cortes Superiores (e discutindo a mesma matéria que seria objeto da impugnação no recurso correto), sem qualquer necessidade de demonstração dos requisitos que aqueles exigiriam. Nos parece que não pode ser aceito este desvirtuamento e alguns precedentes (*v. g.* HC nº 187.390-RJ, STJ, 5ª Turma, Rel. Min. Gilson Dipp, publicado no *DJ* em 28.4.2011) já de algum tempo sinalizam nesse sentido, o que merece o nosso aplauso.

Com total propriedade, no precedente retromencionado, disse o e. Rel. Min. Gilson Dipp, que "*a defesa não buscou o exame da irresignação em grau de cognição mais amplo, optando, por via oblíqua, utilizar-se da via estreita do 'writ', ao invés do regime recursal reservado pelos mecanismos legais, previsto e estruturado racionalmente para alcançar os resultados que aqui se almeja. Não obstante, deve-se prestigiar a função constitucional excepcional do* mandamus, *evitando sua utilização indiscriminada e desmerecendo as funções das instâncias regulares de processo e julgamento, sob pena de se desmoralizar o sistema ordinário de recursos. Conquanto o uso do* habeas corpus *em substituição aos recursos cabíveis – ou incidentalmente como salvaguarda de possíveis liberdades em perigo, crescentemente fora de sua inspiração originária – tenha sido muito alargado pelos Tribunais, há certos limites a serem respeitados, em homenagem à própria Constituição. Sem pretender desmerecer a jurisprudência, deve ser ponderado que seja a impetração compreendida dentro dos limites da racionalidade recursal preexistente e coexistente, para que não se perca a razão lógica e sistemática dos recursos ordinários e mesmo dos excepcionais por uma irrefletida banalização e vulgarização do* habeas corpus, *hoje praticamente erigido em remédio para qualquer irresignação, no mais das vezes muito longe de qualquer alegação de violência ou coação contra a liberdade de locomoção. Tentar proteger os limites do* habeas corpus *é fazer respeitar sua credibilidade e funcionalidade, o que parece deva ser também uma importante missão deste Tribunal. A questão posta neste 'writ' é exemplar pois o recurso especial, instrumento ordinariamente previsto no ordenamento jurídico para que esta Corte Superior analise eventual ofensa à legislação federal nos fundamentos da condenação criminal, aqui deliberadamente desdenhado, não pode ser substituído pelo* habeas corpus, *exceção que se liga necessariamente à violência, à coação, à ilegalidade ou ao abuso – circunstâncias que* ***obviamente*** *não constituem a regra senão a exceção – donde seu uso reclama naturalmente as restrições da exceção. Neste contexto, o presente 'writ' não deve ser conhecido por consistir utilização inadequada da garantia constitucional, em substituição aos recursos ordinariamente previstos nas leis processuais*".

De qualquer modo, na prática, não se verifica uma *univocidade* nesse controle do uso do *writ*. Não raras são as hipóteses em que a impetração *não é conhecida*, mas a ordem é concedida de ofício por motivos diversos. Já dissemos aqui: se a impetração não é *conhecida*, não é inaugurada a competência do respectivo tribunal, de modo que não caberia fazer a análise de questões não aventadas na peça apresentada ao Poder Judiciário.

647.3. Exame de provas em sede de *habeas corpus*: Embora existam posicionamentos doutrinários e jurisprudenciais em sentido contrário, entendemos que não há nenhum óbice à análise de provas juntadas ao *habeas corpus* se dessa análise decorrer a essencialidade da tese desenvolvida na impetração. O que não se permite é revolvimento probatório ou dilação probatória.

Para a aferição da procedência ou não da análise da coação arguida como legal é bastante comum – diríamos até necessário, em determinadas circunstâncias – o exame das provas que embasam a pretensão. E aí o cerne da controvérsia: não se pode confundir a necessidade de análise das provas previamente constituídas e extreme de dúvidas (mesmo que complexas) quanto ao que traduzem com a eventual pretensão ou necessidade (por insuficiência de demonstração) de dilação probatória na estreita via de cognição permitida. Assim, como se faz mister demonstrar (de plano) que a coação é manifestamente ilegal, se as provas juntadas não traduzirem esta certeza ou forem insuficientes, não há como se acolher a pretensão na via do *habeas corpus*. Do contrário, se houver a demonstração por intermédio de provas de que a coação efetivamente é ilegal, o Poder Judiciário não pode se furtar de examiná-las (insiste-se: mesmo que complexas) e exarar conclusões – favoráveis ou não – acerca da pretensão defensiva exposta na tese jurídica defendida no *writ*.

Portanto, é fundamental separar as hipóteses: valoração jurídica da prova não encontra empeço, tanto em sede de *habeas corpus* quanto também quando necessário para análise de recursos de natureza extraordinária (não incidindo, assim, o óbice da Súmula 7, STJ, ou da Súmula 279, STF). Veda-se exclusivamente o revolvimento probatório, em que se necessite fazer uma ponderação entre as provas existentes.

Exatamente por isto é que, corretamente em nosso aviso, já decidiu o Supremo Tribunal Federal que "*não cabe o* habeas corpus *para solver controvérsia de fato dependente da ponderação de provas desencontradas; cabe, entretanto, para aferir a idoneidade jurídica ou não das provas nas quais se fundou a decisão condenatória*" (*Habeas Corpus nº 84.740-RS, Rel. Min. Sepúlveda Pertence, publicado no* DJ *em 22.4.2005*).

Jurisprudência

647.3. [...] Excepcionalmente, tem-se admitido a desclassificação do delito quando, para tanto, bastar a revaloração dos fatos e provas delineados no acórdão [...], especialmente quando se trata de ínfima quantidade de entorpecente apreendido e inexista prova robusta que indique, sem espaço para dúvida, a existência do crime e a prova de autoria (AgInt no AREsp n. 741.686/RO, Ministro Antonio Saldanha Palheiro, Sexta Turma, DJe 12/8/2021). [...] (*Agravo Regimental no Habeas Corpus nº 693.794-SP, STJ, 6ª Turma, Rel. Min. Sebastião Reis Júnior, julgado em 28.9.2021, publicado no DJ em 30.9.2021)*

647.3. [...] Não é questão de prova, mas de direito probatório – que comporta deslinde em *habeas corpus* –, a de saber se é admissível a pronúncia fundada em dúvida declarada com relação à existência material do crime. Pronúncia: inadmissibilidade: invocação descabida do *in dubio pro societate* na dúvida quanto à existência do crime. O aforismo *in dubio pro societate* que – malgrado as críticas procedentes à sua consistência lógica, tem sido reputada adequada a exprimir a inexigibilidade de certeza da autoria do crime, para fundar a pronúncia –, jamais vigorou no tocante à existência do próprio crime, em relação à qual se reclama esteja o juiz convencido. O convencimento do juiz, exigido na lei, não é obviamente a convicção íntima do jurado, que os princípios repeliriam, mas convencimento fundado na prova: donde, a exigência – que aí cobre tanto a da existência do crime, quanto da ocorrência de indícios de autoria, de que o juiz decline, na decisão, "os motivos do seu convencimento". Caso em que, à frustração da prova pericial – que concluiu pela impossibilidade de determinar a causa da morte investigada –, somou-se a contradição invencível entre a versão do acusado e a da irmã da vítima: consequente e confessada dúvida do juiz acerca da existência de homicídio, que, não obstante, pronunciou o réu sob o pálio da invocação do *in dubio pro societate*, descabido no ponto. *Habeas corpus* deferido por falta de justa causa para a pronúncia (*Habeas Corpus nº 81.646-PE, Rel. Min. Sepúlveda Pertence, 1ª Turma, publicado no* DJ *em 9.8.2002*).

647.3. [...] O Supremo Tribunal Federal distingue entre a capitulação jurídica dos fatos (ou seja, o enquadramento típico da conduta) e o revolvimento de matéria fático-probatória. Motivo pelo qual, fixado o quadro empírico pelas instâncias competentes, pronunciamento desta colenda Corte sobre o enquadramento jurídico da conduta não extrapola os limites da via processualmente contida do *habeas corpus*. Na concreta situação dos autos, enquanto o Juízo da Vara do Júri de Sobral/CE rechaçou a tese da materialidade delitiva, embasado no mais detido exame das circunstâncias do caso, o voto condutor do acórdão do Tribunal de Justiça do Estado do Ceará (acórdão que pronunciou o paciente contra até mesmo a manifestação do Ministério Público Estadual) limitou-se a reproduzir, *ipsis litteris*, os termos da denúncia. Reprodução, essa, que assentou, de modo totalmente alheio às contingências fáticas dos autos, a prevalência absoluta da máxima *in dubio pro societate*. Desconsiderando, com isso, as premissas que justificam a incidência da excepcional regra do § 2º do art. 13 do Código Penal. Premissas que não se fazem presentes no caso para assentar a responsabilização do paciente por crime doloso, pois: a) o paciente não se omitiu; ao contrário, atendeu a gestante nas oportunidades em que ela esteve na Casa de Saúde; b) o paciente não esteve indiferente ao resultado lesivo da falta de pronto atendimento à gestante; c) o paciente agiu, dentro do possível, para minimizar os riscos que envolvem situações como a retratada no caso. Ordem parcialmente concedida (*Habeas Corpus nº 95.068-0/CE, Rel. Min. Ayres Britto, 1ª Turma, publicado no* DJ *em 15.5.2009*).

647.3. [...] A questão de direito, objeto de controvérsia neste *writ*, consiste na eventual análise de material fático-probatório pelo Superior Tribunal de Justiça, o que eventualmente repercutirá na configuração do dolo eventual ou da culpa consciente relacionada à conduta do paciente no evento fatal relacionado à infração de trânsito que gerou a morte dos cinco ocupantes do veículo atingido. O Superior Tribunal de Justiça, ao dar provimento ao recurso especial interposto pelo Ministério Público do Estado de Minas Gerais, atribuiu nova valoração dos elementos fático-jurídicos existentes nos autos, qualificando-os como homicídio doloso, razão pela qual não procedeu ao revolvimento de material probatório para divergir da conclusão alcançada pelo Tribunal de Justiça. O dolo eventual compreende a hipótese em que o sujeito não quer diretamente a realização do tipo penal, mas a aceita como possível ou provável (assume o risco da produção do resultado, na redação do art. 18, I, *in fine*, do CP). Das várias teorias que buscam justificar o dolo eventual, sobressai a teoria do consentimento (ou da assunção), consoante a qual o dolo exige que o agente consinta em causar o resultado, além de considerá-lo como possível. A questão central diz respeito à distinção entre dolo eventual e culpa consciente que, como se sabe, apresentam aspecto comum: a previsão do resultado ilícito. No caso concreto, a narração contida na denúncia dá conta de que o paciente e o corréu conduziam seus respectivos veículos, realizando aquilo que coloquialmente se denominou "pega" ou "racha", em alta velocidade, em plena rodovia, atingindo um terceiro veículo (onde estavam as vítimas). Para configuração do dolo eventual não é necessário o consentimento explícito do agente, nem sua consciência reflexiva em relação às circunstâncias do evento. Faz-se imprescindível que o dolo eventual se extraia das circunstâncias do evento, e não da mente do autor, eis que não se exige uma declaração expressa do agente. O dolo eventual não poderia ser descartado ou julgado inadmissível na fase do *iudicium accusationis*. Não houve julgamento contrário à orientação contida na Súmula 7, do STJ, eis que apenas se procedeu à revaloração dos elementos admitidos pelo acórdão da Corte local, tratando-se de *quaestio juris*, e não de *quaestio facti*. *Habeas corpus* denegado (*Habeas Corpus nº 91.159-5/MG, Rel. Min. Ellen Gracie, 2ª Turma, publicado no* DJ *em 24.10.2008*).

647.4. *Habeas Corpus* como substitutivo da revisão criminal: No sistema jurídico brasileiro, o *habeas corpus* é seguidamente usado como sucedâneo do recurso próprio. Não era sua função original, mas acabou consolidando-se no âmbito jurisprudencial. Basta uma análise dos julgados do Superior Tribunal de Justiça e do próprio Supremo Tribunal Federal em matéria penal para verificar que o número de *habeas corpus* que aportam naquelas cortes é muito superior ao julgamento de recursos especial ou extraordinário em matéria penal.

O entendimento jurisprudencial majoritário – e, salvo melhor juízo, doutrinário também – caminha no sentido da inadmissibilidade da utilização do *habeas corpus* como substitutivo da revisão criminal. A incompatibilidade decorreria da estreita limitação à cognição e celeridade do *writ*. De qualquer modo, registramos que são encontrados vários julgados admitindo expressamente a utilização do *habeas corpus* como sucedâneo da revisão criminal.

Na linha do que já *analisado no item 621.5*, algumas considerações relevantes e repristinatórias da matéria são aqui relevantes.

Com efeito, se a decisão que se ataca for manifestamente contrária ao texto expresso da Lei penal ou à evidência dos autos, ou então ainda quando a sentença se fundar em depoimentos, exames ou documentos comprovadamente falsos (previamente), não há por que não admitir o *writ* como substitutivo da revisão criminal.

Poder-se-ia argumentar que, nessas situações, seria necessário um *exame aprofundado de provas*. Ousamos discordar. Efetivamente, o que não se admite na estreita cognição do *habeas corpus* é a *dilação probatória*. Mas essa premissa não pode ser confundida com a possibilidade do exame de provas no *writ* quando se demonstrar, indubitavelmente, a procedência da tese defendida. Entendemos que se existirem provas, cuja análise seja essencial para o acolhimento da pretensão deduzida no *writ* (mesmo que detalhadas ou complexas, mas extreme de dúvidas), deve o Poder Judiciário incursionar no seu exame para concluir acerca da procedência ou não da pretensão defensiva deduzida no *writ*, mesmo que substitutivo à revisão criminal.

Nem se diga que a utilização do *habeas corpus* poderia ensejar uma burla à vedação de utilização da revisão criminal uma única vez (regra geral, parágrafo único do art. 622, CPP). A situação se mostra impossível. É que se o *writ* substitutivo da revisão criminal for julgado improcedente pela inconsistência da tese defendida (mérito), haverá o efeito preclusivo em relação a qualquer outra possibilidade de se tentar utilizar nova ação revisional.

Tome-se como exemplo a hipótese em que houve trânsito em julgado de sentença condenatória baseada em provas manifestamente ilícitas, mas que, à época em que transitada em julgado, não se tinha conhecimento dessa circunstância elementar. Em nossa compreensão, deflui ser inexorável que se está diante de uma sentença judicial que merece ser revista imediatamente, inclusive por intermédio do *habeas corpus*. A propósito, neste tópico, se constata um verdadeiro paradoxo: ao tempo em que alguns precedentes jurisprudenciais assentam (genericamente) não ser admissível a utilização do *habeas corpus* como substitutivo da revisão criminal, noutras situações (sem adentrar nessa argumentação ou diferenciação de hipóteses) admitem claramente o *writ* para o fim de afastar sentença condenatória (sem trânsito em julgado) que tenha sido proferida com base em prova reconhecidamente ilícita. Não se olvide que, nos termos do art. 5º, LVI, CF, são "*inadmissíveis, no processo, as provas obtidas por meios ilícitos*". Havendo a *certeza* (previamente demonstrada, portanto) de que a prova que embasou a condenação é ilícita (antes ou depois do trânsito em julgado, entendemos), não há como não reconhecer que a *sentença condenatória foi contrária ao texto expresso da Lei penal* ("lei constitucional" de cunho eminentemente penal).

Jurisprudência

647.4. [...] O *habeas corpus* não é a via processual adequada para o reexame de material probatório e não deve funcionar como substitutivo de revisão criminal. [...] *(Habeas Corpus nº 130.904 – MG, STF, 1ª Turma, Rel. Min. Marco Aurélio, Red. do Acórdão Min. Roberto Barroso, julgado em 12.6.2018, publicado no DJ em 19.2.2019)*

647.4 [...] *Habeas corpus*. [...] Condenação transitada em julgado. Impetração utilizada como sucedâneo de revisão criminal. Possibilidade em hipóteses excepcionais, quando líquidos e incontroversos os fatos postos à apreciação da Corte. Precedente da Segunda Turma. Cognoscibilidade do *habeas corpus*. Pretendido reconhecimento do princípio da insignificância. Possibilidade, à luz do caso concreto. [...] 2. Todavia, a Segunda Turma (RHC nº 146.327/RS, Relator o Ministro Gilmar Mendes, julgado em 27.2.2018) assentou, expressamente, a cognoscibilidade de *habeas corpus* manejado em face de decisão já transitada em julgado em hipóteses excepcionais, desde que líquidos e incontroversos os fatos postos à apreciação do Supremo Tribunal Federal. [...] 9. Ordem concedida para, em razão do princípio da insignificância, reconhecer a atipicidade material da conduta imputada ao paciente. *(Habeas Corpus n. 154.390-SC, STF, 2ª Turma, unânime, Rel. Min. Dias Toffoli, julgado em 17.4.2018, publicado no DJ em 7.5.2018)*

647.5. *Habeas corpus* em favor de pessoa jurídica: Se analisado o tema restrito à concepção clássica e original para a qual utilizado o *writ*, certamente ficaria difícil como admitir a utilização do *habeas corpus* em favor de pessoa jurídica. Os motivos parecem-nos óbvios.

Contudo, o *habeas corpus* tem inúmeras outras finalidades além de atacar ordem que prive alguém da liberdade (ou a ameace), mormente no sistema jurídico pátrio.

Nessa linha, não há como deixar de admitir a possibilidade de manejo do *habeas corpus* para afastar qualquer coação ilegal que eventualmente se pratique quando estiver no polo passivo da ação criminal pessoa jurídica (o que é expressamente admitido pelo ordenamento constitucional em se tratando de crimes ambientais). Normalmente, a impetração se dará com a finalidade de trancamento de inquérito policial ou ação penal quando instaurados em detrimento de pessoa jurídica, desde que presentes os requisitos fundamentais para a obstaculização. Mas não se pode limitar pontualmente a que situações o *writ* poderia ser utilizado. Uma, porém, certamente está fora das possibilidades: o cerceamento da liberdade da pessoa jurídica, por absoluta impropriedade de sua concepção.

Jurisprudência

647.5. [...] Responsabilidade penal da pessoa jurídica, para ser aplicada, exige alargamento de alguns conceitos tradicionalmente empregados na seara criminal, a exemplo da culpabilidade, estendendo-se a elas também as medidas assecuratórias, como o *habeas corpus*. *Writ* que deve ser havido como instrumento hábil para proteger pessoa jurídica contra ilegalidades ou abuso de poder quando figurar como corré em ação penal que apura a prática de delitos ambientais, para os quais é cominada pena privativa de liberdade. Em crimes societários, a denúncia deve pormenorizar a ação dos denunciados no quanto possível. Não impede a ampla defesa, entretanto, quando se evidencia o vínculo dos denunciados com a ação da empresa denunciada. [...] O trancamento de ação penal, por via de *habeas corpus*, é medida excepcional, que somente pode ser concretizada quando o fato narrado evidentemente não constituir crime, estiver extinta a punibilidade, for manifesta a ilegitimidade de parte ou faltar condição exigida pela Lei para o exercício da ação penal. Ordem denegada (*Habeas Corpus nº 92.921-4/BA, STF, Rel. Min. Ricardo Lewandowski, 1ª Turma, publicado no DJ em 26.9.2008*).

647.6. Efeito extensivo em *habeas corpus*: Tecnicamente, *habeas corpus* não é recurso, embora esteja tratado na organicidade estabelecida no Código de Processo Penal no capítulo "dos Recursos em geral". Já dito, o *writ* constitucional tem função precípua de garantir a liberdade de locomoção e também afastar qualquer manifesta ilegalidade relacionada com os princípios do devido processo legal, ampla defesa e contraditório.

Porém, acorrendo-se à analogia, muito se tem utilizado o chamado *efeito extensivo* dos recursos (art. 580, CPP) para as situações em que se está diante de concessão do *writ* (liminar ou mérito) para determinado paciente. Se verificado que há outro interessado, porém não paciente indicado no *writ*, figurando como coautor ou partícipe e se tratando, as questões aventadas no *habeas corpus*, de natureza objetiva ou de *natureza subjetiva comum*, viável a extensão do provimento deferido ao paciente que constou originariamente no polo ativo (a propósito, vide anotações ao art. 580, CPP). A extensão desse efeito pode ser conferida *ex officio* – se viável a verificação de plano das situações idênticas – ou então, ulteriormente, mediante provocação da parte interessada, sendo desnecessário, portanto, ajuizamento de *novo writ* com pedido idêntico.

Jurisprudência

647.6. [...] Havendo identidade de situação fático-processual entre os corréus, cabe, a teor do art. 580 do CPP, deferir pedido de extensão de benefício obtido por um deles, qual seja, o direito de apelar em liberdade. (Precedentes). Pedido de extensão deferido (*Petição no Habeas Corpus nº 66.621-SP, STJ, Rel. Min. Felix Fischer, 5ª Turma, publicado no* DJ *em 12.11.2007*).

647.6. [...] "No caso de concurso de agentes [...], a decisão do recurso interposto por um dos réus, se fundado em motivos que não sejam de caráter exclusivamente pessoal, aproveitará aos outros." (Código de Processo Penal, artigo 580). Evidente a natureza objetiva e comum aos acusados do fundamento do *decisum* que deferiu, em relação a um deles, a liberdade provisória, é de rigor a extensão da eficácia do julgado ao corréu. Pedido de extensão acolhido (*Pedido de Extensão no Habeas Corpus nº 59.119-SP, Rel. Min. Hamilton Carvalhido, STJ, 6ª Turma, publicado no* DJ *em 22.10.2007*).

647.7. O efeito preclusivo da decisão em *habeas corpus*: Em decorrência de construção jurisprudencial, hoje admite-se o *habeas corpus* inclusive como sucedâneo recursal. Para nós, extraordinariamente, também à própria revisão criminal. Entretanto, o limite de cognição do *writ* é bastante restrito.

Nesse diapasão, há de se atentar para um detalhe pouco enfrentado, especialmente pela doutrina: o efeito preclusivo do *writ*. É que se o *habeas corpus* for utilizado como sucedâneo de recurso próprio, *antecipando* a discussão em sede superior, acaso resolvida a questão favoravelmente à impetração, gerará o efeito correspondente sobre o feito originário. Assim, e por exemplo, buscando-se o reconhecimento da ilicitude de uma prova originária (e todas as demais dela decorrentes), a procedência do *writ* poderá implicar o trancamento da ação criminal, inviabilizando nova demanda se não existirem novas provas autônomas a dar sustento à persecução penal.

Contudo, se a pretensão tiver desfecho desfavorável e realizado o exame da pretensão pelo mérito (diferentemente da hipótese de improcedência pela impossibilidade de discussão na estreita via ou porque mal instruído o *writ*), haverá o efeito preclusivo da discussão se não apresentada oportuna irresignação. É dizer: transitada em julgado a decisão do julgamento do *habeas corpus* e examinado o mérito da discussão trazida à balha, haverá a preclusão do tema. Imagine-se se, no exemplo citado anteriormente, o julgado reconhece, categoricamente, que a prova *não é* ilícita. Se não houver recurso dessa decisão, operará o trânsito em julgado do tema e a consequência será a impossibilidade de reabertura do debate por intermédio de eventuais recursos ainda existentes na demanda na instância inferior.

Em nossa compreensão, uma única exceção que poderá permitir a reabertura do debate é a superveniência de fato ou circunstância nova que altere a substância do que decidido anteriormente no *writ* julgado improcedente (A propósito, *e. g.*, confira-se o HC nº 35.887-PE, STJ, 5ª Turma, julgado em 23.8.2007, publicado no *DJ* em 24.9.2007).

Exatamente por isso que já se assentou na Corte Suprema (*Habeas Corpus nº 80.760-SP*) que "*o exame de certa matéria na via de* habeas corpus, *adentrando-se o mérito, implica a preclusão, ou seja, a impossibilidade de novo julgamento em grau de apelação. Assim não seria se o inverso ocorresse, ou seja, caso o exame do primeiro houvesse sido implementado na apreciação do recurso. É que, ao contrário deste, o* habeas *não sofre as peias da preclusão maior. Ora, o Superior Tribunal de Justiça placitou a preclusão, e o fez a partir da premissa segundo a qual não se poderia reabrir a discussão em grau de recurso, porquanto já elucidada, com julgamento de fundo, na via de* habeas corpus. *Se assim não tivesse entendido, viria a admitir que o mesmo colegiado julgasse o tema, emprestando à apelação contornos de revisão do que decidido no* habeas corpus".

Jurisprudência

647.7. [...] 2. Conforme consignado pela defesa, "a simultaneidade do questionamento sobre a mesma matéria prejudica, se for o caso, o conhecimento do *writ*, e não do recurso". Não entanto, não houve simultaneidade, uma vez que o *habeas corpus* foi julgado em 28/5/2021 e o presente recurso especial veio concluso ao relator apenas em 15/12/2021 (e-STJ fl. 7.473). 3. Embora conste do dispositivo do *habeas corpus* seu não conhecimento, a matéria nele trazida foi exaustivamente analisada, concluindo-se, no entanto, pela ausência de constrangimento ilegal, motivo pelo qual dele não se conheceu. [...] Dessa forma, já tendo o Superior Tribunal de Justiça se manifestado, no julgamento do *Habeas Corpus* n. 650.842/SP, no sentido de ser nula a sentença condenatória e válida a decisão de recebimento da denúncia, não é possível, no presente recurso especial, chegar a conclusão distinta, sob pena de se desconstituir decisão já firmada por esta Corte Superior, e confirmada pelo Supremo Tribunal Federal. [...] *(Agravo Regimental no Recurso Especial nº 1967476 – SP, STJ, 5ª Turma, Rel. Min. Reynaldo Soares da Fonseca, julgado em 8.11.2022, publicado no DJ em 16.11.2022)*

647.7. [...] Após a interposição do recurso especial, o recorrente impetrou habeas corpus com idêntica pretensão e que foi julgado definitivamente, ocasionando a perda superveniente do interesse recursal no presente feito, notadamente a respeito do alcance da hipótese normativa do art. 2º, § 1º, da Lei n. 12.850/13, a condutas perpetradas com fim de impedir ou embaraçar ação penal pela prática do delito de organização criminosa (habeas corpus n. 487.962/SC). [...] *(Recurso Especial nº 1.817.416/SC, STJ, 5ª Turma, unânime, Rel. Min. Joel Ilan Paciornik, julgado em 3.8.2021, publicado no DJ em 16.8.2021)*

647.7. [...] Tratando-se de tema apreciado na via de *habeas corpus*, antes mesmo da prolação da sentença, descabe empolgá-lo, no que ligado a vício de procedimento quando da interposição da apelação. Esta sofre as peias da preclusão maior, ao contrário do próprio *habeas corpus* (*Habeas Corpus nº 80.760-SP, Rel. Min. Marco Aurélio, 2ª Turma, publicado no* DJ *em 18.5.2001*).

647.7. [...] Se a mesma matéria é alvo de *habeas corpus* e recurso em sentido estrito, ocorrendo resultados diversos, impõe-se à prevalência do primeiro julgamento, com acórdão já alcançado pela coisa julgada formal e material, porquanto, no segundo, nenhum fato novo foi examinado. Ordem concedida (*Habeas Corpus nº 35.887-PE, Rel. Min. convocada Jane Silva, 5ª Turma, unânime, julgado em 23.8.2007, publicado no* DJ *em 24.9.2007* – Apenas se observa aqui que a primeira decisão fora favorável ao réu, e a segunda não).

647.8. *Habeas corpus* e o Ministério Público nos tribunais superiores.

Na linha de texto divulgado em 2022, repristinamos aqui o posicionamento no sentido de que o desenho institucional do Ministério Público na Constituição da República consagrou dois níveis de divisão, a partir de diferentes fundamentos, a saber: **(i)** o *fracionamento* orgânico, segundo a distribuição de competência jurisdicional por matéria (Ministério Público dos Estados, Federal, Eleitoral, Militar e do Trabalho), e **(ii)** a simetria da atuação, segundo o grau de jurisdição.

Assim foi que, por escolha constitucional, coube à Procuradoria-Geral da República, órgão do Ministério Público Federal, a *presentação* da instituição no Superior Tribunal de Justiça e no Supremo Tribunal Federal. Razões de divisão territorial podem ajudar a explicar: o Ministério Público dos Estados atua perante o Poder Judiciário Estadual. Naturalmente, com legitimidade e capacidade recursal para, naquela instância, fazer subir suas pretensões, via recurso especial e recurso extraordinário.

No plano de organicidade, portanto, não restam dúvidas quanto à definição de *capacidade postulatória* e de *ofício* junto aos Tribunais Superiores ter sido reservada de modo explícito ao Ministério Público Federal. Escolha constitucional, repita-se.

Em tempos não tão distantes, porém, a Suprema Corte veio a reconhecer a possibilidade de intervenção dos Ministérios Públicos dos Estados junto àquele Tribunal, ao fundamento, compreensível, de que, sendo ele *parte legitimada* ao recurso, deveria ser-lhe franqueada a sustentação de suas razões na Corte. E isso, a despeito de lá se encontrar o assento do Procuradoria-Geral da República, com voz e escrita sobre a matéria.

No entanto, mais recentemente ainda, e em sede de repercussão geral (RE 985.392/RS – Tema 946), deu-se um passo adiante, permitindo-se a livre atuação do Ministério Público dos Estados nos Tribunais Superiores, inclusive em *habeas corpus*, em que ele não ocupa a posição de *parte processual*. Mesmo por lá já oficiando a Procuradoria-Geral da República.

Ao que tudo está a indicar, parte-se de premissa teoricamente insustentável e, na prática, reveladora de seu fracasso: não há e nem pode haver *dupla função* do Ministério Público. Tampouco de dupla *presentação*. Não se pode admitir a ideia de um MP exclusivamente *parte*, ao lado – lado a lado mesmo! – de outro, que, então, cumpriria a função de *custos juris*. Não se sabe a fonte normativa que autorizaria essa estranha distinção. A se ler, com olhos de ver – lupa, se necessário –, ao Ministério Público se reserva a relevante função de *zelar pela ordem jurídica*, com *autonomia* e *independência funcionais*.

Não há outra leitura possível, *data vênia*.

No processo penal, como reiteradamente demonstramos e defendemos na presente obra, o Ministério Público *não é obrigado* a acusar; o Ministério Público *não é obrigado* a postular a condenação; o Ministério Público *pode* – e às vezes, deve – recorrer em favor do acusado. Nesse processo de natureza penal condenatória, o Ministério Público *pode e deve* arquivar inquéritos, *pode e deve* requerer a absolvição de quem ele vê como inocente, ou por outra razão qualquer. E assim ocorre com ele atuando como *parte processual*. E nem por isso estará desobrigado de sua função constitucional de *defender a ordem jurídica*, que inclui *defender o inocente*.

É artificial e infundada a separação a órgãos diferentes entre funções *acusatórias* e de atuação *custos juris (ou legis, como se defenda)*. O Ministério Público não é *parte* no sentido de *compromisso* processual com a tese acusatória. Não é *obrigado* a recorrer de decisões absolutórias. Sua atuação há de ser orientada, em todos os níveis do processo e em quaisquer órgãos de jurisdição, pelo dever de *zelar pela ordem jurídica*. O que inclui, repita-se, a defesa do inocente. Em uma definição clara: ele é sempre *custos juris*!

Por isso, independentemente da conclusão sobre a capacidade postulatória do Ministério Público dos Estados nos Tribunais Superiores, emerge outra, insuperável: não pode haver *dupla manifestação* do Ministério Público nesses processos. A *unidade* institucional o exige; a indivisibilidade o impõe. Se ele é *recorrente* – recurso especial e recurso extraordinário – vá que se admita a sua intervenção diretamente no Tribunal para a defesa de sua tese, ainda que questionável a sua capacidade postulatória, segundo os termos da Constituição da República. Mas aí não se poderá agregar a ela a intervenção da PGR.

Em relação ao *habeas corpus*, então, ação constitucional de salvaguarda dos interesses processuais *defensivos*, a tese é ainda mais injustificada. O fato é que esse entendimento já vai se consolidando, sem acréscimos ou ponderações de especificidades. E é justamente no *habeas*, quando o MP não for *parte*, que maiores e melhores razões militam em favor da exigência de que a intervenção *custos juris* seja *única* e sem superposição.

Mais que isso, não sendo os Ministérios Públicos estaduais *partes processuais* no *habeas corpus*, nada há que justifique sua capacidade postulatória junto aos Tribunais Superiores, ainda quando não se possa deixar de reconhecer seu *interesse* jurídico, já que do *habeas* poderá resultar o encerramento da persecução penal. Se a questão discutida se limitar ao debate sobre *competência jurisdicional*, então, rigorosamente nenhuma seria a justificativa, havendo de prevalecer a *unidade* institucional (inexiste superioridade material entre membros do Ministério Público).

No entanto, esse interesse não pode ser qualificado como *de parte*, posto que *parte* ele não é (a menos que seja o impetrante). Mas não só: lá, nos Tribunais Superiores, já há órgão do Ministério Público *zelando pela defesa da ordem jurídica*, o que inclui a intervenção no *habeas*, com capacidade e legitimidade recursal, como ninguém negou até hoje. A bem da verdade e se formos usar de rigor técnico, sequer se pode afirmar que o *habeas* estabelece verdadeira relação processual. Há apenas a tutela da liberdade, de interesse coletivo, difuso e público, provocado *por uma única parte*.

Nesse passo, convém repisar: o *habeas corpus* é uma ação autônoma de impugnação com *status* de garantia constitucional para a defesa da liberdade de locomoção (CF, art. 5º, LXVIIII). Trata-se, portanto, de ação exclusivamente destinada à ampla e célere defesa da liberdade de locomoção, inserida em uma Constituição que, em termos penais e processuais penais, se sustenta em princípios liberais, dos quais se infere a liberdade como regra e sua privação como exceção.

Não obstante a natureza da ação e as limitações bem postas ao seu rito, certo é que os Ministérios Públicos estaduais vêm atuando como se *partes* fossem nos *habeas corpus* que tramitam no STJ, inclusive interpondo agravos regimentais, depois de improvidos idênticos recursos interpostos pelo Ministério Público Federal (v.g. HCs 703960/RS e 708736/RS).

Chega-se, então, à real aporia deflagrada por essa ordem de compreensão: se a justificativa para a intervenção dos Ministérios Públicos dos Estados nos *habeas corpus* é a tutela de seus interesses persecutórios já em curso, parece já previamente demarcada a sua posição, *antes* de sua manifestação. Nesse passo, melhor seria deixar o exercício *custos juris* em mãos daquele que tem assento efetivo na Corte.

No ritmo que andam as coisas, há indissociável prejuízo do compromisso de coerência e que se opera desvinculada das disciplinas legais e constitucionais, seja em relação ao processo penal e seus ritos, seja em relação à própria gênese institucional.

Do que se tem visto na prática, a *dupla atuação* ministerial termina por abrir espaço para a *dupla acusação*, que é o que invariavelmente ocorre, desnaturando a ação constitucional enquanto instrumento de defesa exclusiva da liberdade – contrariando não só a natureza do *habeas* como o próprio sistema de proteção à liberdade em que se insere. E com óbvia violação à *paridade de armas*.

Art. 647-A. No âmbito de sua competência jurisdicional, qualquer autoridade judicial poderá expedir de ofício ordem de *habeas corpus*, individual ou coletivo, quando, no curso de qualquer processo judicial, verificar que, por violação ao ordenamento jurídico, alguém sofre ou se acha ameaçado de sofrer violência ou coação em sua liberdade de locomoção. *(Incluído pela Lei nº 14.836, de 2024)*

Parágrafo único. A ordem de *habeas corpus* poderá ser concedida de ofício pelo juiz ou pelo tribunal em processo de competência originária ou recursal, ainda que não conhecidos a ação ou o recurso em que veiculado o pedido de cessação de coação ilegal. *(Incluído pela Lei nº 14.836, de 2024)*

647-A - No dia 9.4.2024, foi publicada a Lei nº 14.836, que alterou disposições de processo penal para dispor sobre o resultado de julgamento em matéria penal ou processual penal em órgãos colegiados e sobre a concessão de *habeas corpus* de ofício. A disposição que interessa aqui é o art. 647-A do CPP.

Na verdade, não há uma "novidade" na disposição, pois a jurisprudência já vinha reconhecendo a possibilidade de concessão de *habeas corpus* de ofício.

Mas é preciso ter o devido cuidado.

Nenhuma dúvida quanto ao que consta no caput do art. 647-A: todo juiz que "seja competente" para tanto, ao se deparar com qualquer ilegalidade poderá corrigir o erro mediante a concessão de *habeas corpus de ofício* a *"alguém que se ache ameação de sofrer violência ou coação em sua liberdade de locomoção"*.

O grande problema está na interpretação a ser conferida ao contido no seu parágrafo único: *"A ordem de habeas corpus poderá ser concedida de ofício pelo juiz ou pelo tribunal em processo de competência originária ou recursal, ainda que não conhecidos a ação ou o recurso em que veiculado o pedido de cessação de coação ilegal"*.

Ora, se o *caput* pressupõe a existência de *competência do julgador* (monocrático ou colegiado), o *não conhecimento da ação ou de recurso em que veiculado o pedido de coação ilegal* implica, necessariamente, a inexistência de competência do julgador.

Conforme destacado por Douglas Fischer em texto mais específico, não são poucas as decisões encontradas "*na jurisprudência brasileira no sentido do "não conhecimento" de determinado recurso ou mesmo de um habeas corpus (pressupostos de admissibilidade), mas, na sequência, há verdadeiro "exame" de mérito (até sob outros fundamentos), concedendo-se uma "ordem de ofício" para corrigir uma "ilegalidade" que se entenda presente (na verdade, presente uma espécie de reexame necessário)" https://temasjuridicospdf.com/como-burlar-a-sumula-691-do-stf-mediante-o-ajuizamento-de-reclamacao-incabivel/).*

Nunca se pretenderá impedir a proteção das garantias fundamentais. Mas é preciso compreender as regras de processo como elas são. E sistematicamente ordenadas.

De fato, *é dever do Poder Judiciário corrigir* toda forma de *manifesta* ilegalidade que se apresente nos casos postos a julgamento, observada uma premissa: presença de competência jurisdicional para o exame de determinada questão.

Ora, *"não conhecimento" significa* a expressa afirmação de que aquele recurso ou até mesmo *habeas corpus não deveria ter chegado no tribunal* superior, de apelação, ao STJ ou STF.

Noutras palavras, qualquer recurso ou *habeas corpus "não conhecido" (pressuposto de admissibilidade) traz em si a carga de reconhecimento de que sequer é inaugurada a jurisdição de mérito do juízo (monocrático ou colegiado).*

Não se olvide que a própria jurisprudência do STJ reconhece há muito que, caso um recurso especial seja provido apenas em relação a determinado tópico, mas inadmitido quanto aos demais, *"tal circunstância [...] enseja o reconhecimento do trânsito em julgado para a defesa em data retroativa a do escoamento do prazo para a interposição do recurso especial cabível"* em relação aos demais pontos *(Agravo Regimental no RHC nº 115.810-ES, STJ, 6ª Turma, Rel. Min. Sebastião Reis Júnior, julgado em 11.2.2020, publicado no DJ em 19.2.2020).*

Portanto, diante dos pressupostos legais, assentada a "inadmissibilidade" do recurso ou do próprio *habeas corpus, não é inaugurada competência* do juízo ou tribunal para se manifestar em relação à matéria trazida na impetração ou qualquer outra que se queira porventura analisar "de ofício".

Noutras palavras, *tecnicamente não poderia haver (agora) autorização legal para que o tribunal "contorne" sua própria decisão* de dizer que não cabe o recurso ou o *writ* para, na sequência, fazer uma análise "de ofício" e analisar todas demais questões sob outros ângulos que entenda eventualmente cabíveis.

Quem não tem competência não pode ir adiante no mérito de recurso ou *habeas corpus*, mesmo que por fundamentos diversos dos trazidos na irresignação.

Já Pacelli, coautor, tem entendimento diverso, no sentido de que a nova Lei explicita justamente o contrário, tendo em vista que os requisitos de cabimento de recursos da via ordinária e da extraordinária nada tem a ver com a impertinência do mérito do *habeas corpus* ou da matéria.

As novas disposições não trazem novidades em si, repetimos.

Jurisprudência

647-A [...] A concessão de *habeas corpus* de ofício, no bojo de embargos de divergência, encontra óbice tanto no fato de que nem o Relator tem autoridade para, em decisão monocrática, conceder ordem que, na prática, desconstituiria o resultado de acórdão proferido por outra Turma julgadora, como tampouco a Seção detém competência constitucional para conceder *habeas corpus* contra acórdão de Turma do próprio tribunal. Precedentes. Mesmo a recente inclusão do art. 647-A no Código de Processo Penal, pela Lei 14.836/2024, não tem o condão de afastar a necessidade de verificação prévia da competência jurisdicional como pré-requisito indispensável à concessão de *habeas corpus* de ofício. Tanto é assim que o próprio *caput* do mencionado art. 647-A do CPP afirma expressamente que "No âmbito de sua competência jurisdicional, qualquer autoridade judicial poderá expedir de ofício ordem de *habeas corpus* (...)". [...] *(Agravo Regimental nos Embargos de Divergência em Agravo em Recurso Especial n° 2.143.248-MS, STJ, 3ª Seção, Rel. Min. Reynaldo Soares da Fonseca, julgado em 08.11.2024, publicado no DJ em 12.11.2024)*

647-A [...] O artigo 647-A do Código de Processo Penal não modificou a compreensão desta Corte Superior de que a concessão de habeas corpus, de ofício, é uma iniciativa do Tribunal ante a constatação de ilegalidade flagrante e não se presta à mera estratégia de superação dos óbices à admissibilidade do recurso especial. [...] *(Embargos de Declaração no Agravo Regimental no Agravo em Recurso Especial nº 2.103.583-RJ, STJ, 6ª Turma, Rel. Min. Rogério Schietti Cruz, julgado em 9.8.2024, publicado no DJ em 19.8.2024)*

647-A [...] Embora a parágrafo único art. 647-A do CPP, introduzido pela Lei n. 14.836/2024, estabeleça que *"a ordem de habeas corpus poderá ser concedida de ofício pelo juiz ou pelo tribunal em processo de competência originária ou recursal, ainda que não conhecidos a ação ou o recurso em que veiculado o pedido de cessação de coação ilegal"*, a concessão da ordem pressupõe que o Tribunal seja competente para analisar o pedido. Melhor explicando, permanece hígido o parágrafo 1º do art. 650 do CPP, segundo o qual *"a competência do juiz cessará sempre que a violência ou coação provier de autoridade judiciária de igual ou superior jurisdição"*. Diante disso incabível a concessão de *habeas corpus* de ofício no âmbito da presente revisão criminal, tendo em vista que o pedido não foi acolhido por Ministro desta Corte Superior no julgamento do HC 890131/DF. *[...] (Embargos de Declaração no Agravo Regimental na Revisão Criminal nº 6.021-DF, STJ, 3ª Seção, Rel. Min. Joel Ilan Paciornik, sessão virtual de 8.5.2024 a 14.5.2024, publicado no DJ em 17.5.2024)*

....

Art. 648. A coação considerar-se-á ilegal:

I – quando não houver justa causa;

II – quando alguém estiver preso por mais tempo do que determina a lei;

III – quando quem ordenar a coação não tiver competência para fazê-lo;

IV – quando houver cessado o motivo que autorizou a coação;

V – quando não for alguém admitido a prestar fiança, nos casos em que a Lei a autoriza;

VI – quando o processo for manifestamente nulo;

VII – quando extinta a punibilidade.

648.1. Ausência de justa causa (inciso I): A amplitude da hipótese do inciso I é visível de plano. Em nossa compreensão, abarca praticamente todas as outras hipóteses previstas nos demais incisos da norma em tela. Mas sua relevância é fundamental porque permite, diante dos casos concretos, eventual subsunção do ato se não adequável às demais formas previstas na legislação. De qualquer forma, a evidência do seu significado aflora de maneira bastante hialina.

Em síntese, e numa ideia conceitual genérica, significa que se o ato atacado não encontrar supedâneo legal no ordenamento jurídico (constitucional e infraconstitucional), a eventual coação dele decorrente será considerada injusta e, portanto, passível de ataque via *habeas corpus*.

Não nos restam dúvidas em destacar que à expressão *justa causa* se pode conceder o mesmo tratamento dispensado às condições da ação – quando por justa causa se entenderá a ausência de suporte probatório mínimo –, como também será possível incluí-la entre as questões de mérito da ação penal ou da investigação criminal.

Quando se estiver ante situação de suporte probatório mínimo, a concessão do *habeas corpus* determinará o trancamento do processo, sem solução de mérito, irradiando efeitos típicos de coisa julgada formal. Uma vez reunido ulteriormente material probatório suficiente para embasar uma nova imputação penal, nenhum óbice para o ajuizamento da pretensão persecutória.

Já quando o fato que se apura se revelar manifestamente atípico, o juiz ou o tribunal concederá a ordem para trancar o inquérito ou a ação. Tal decisão, na prática, osten tará efeito de coisa julgada material.

Repristinamos posicionamento no sentido de que, em se tratando de atipicidade de conduta, o *writ* poderá ser ajuizado até mesmo contra sentença passada em julgado, funcionando como verdadeira revisão criminal, sempre excepcionalmente.

Se é certo que o *writ* teve sua amplitude bastante alargada pelas decisões dos tribunais, não se pode negar que, dentro desta proposição, a jurisprudência estabeleceu alguns parâmetros gerais para sua admissibilidade. Nessa toada, tem-se admitido a utilização do *habeas corpus* para o reconhecimento de falta de justa causa quando restar comprovado, de plano: (a) a atipicidade da conduta; (b) a existência de alguma causa extintiva da punibilidade; (c) ausência cabal de indícios de autoria ou prova da materialidade do delito.

Jurisprudência

648.1. [...] 1. A existência de um complexo sistema recursal no processo penal brasileiro permite à parte prejudicada por decisão judicial submeter ao órgão colegiado competente a revisão do ato jurisdicional, na forma e no prazo previsto em lei. Eventual manejo de *habeas corpus*, ação constitucional voltada à proteção da liberdade humana, constitui estratégia defensiva válida, sopesadas as vantagens e também os ônus de tal opção. 2. A tutela constitucional e legal da liberdade humana justifica algum temperamento aos rigores formais inerentes aos recursos em geral, mas não dispensa a racionalidade no uso dos instrumentos postos à disposição do acusado ao longo da persecução penal, dada a necessidade de também preservar a funcionalidade do sistema de justiça criminal, cujo poder de julgar de maneira organizada, acurada e correta, permeado pelas limitações materiais e humanas dos órgãos de jurisdição, se vê comprometido – em prejuízo da sociedade e dos jurisdicionados em geral – com o concomitante emprego de dois meios de impugnação com igual pretensão. 3. Sob essa perspectiva, a interposição do recurso cabível contra o ato impugnado e a contemporânea impetração de *habeas corpus* para igual pretensão somente permitirá o exame do *writ* se for este destinado à tutela direta da liberdade de locomoção ou se traduzir pedido diverso em relação ao que é objeto do recurso próprio e que reflita mediatamente na liberdade do paciente. Nas demais hipóteses, o *habeas corpus* não deve ser admitido e o exame das questões idênticas deve ser reservado ao recurso previsto para a hipótese, ainda que a matéria discutida resvale, por via transversa, na liberdade individual. 4. A solução deriva da percepção de que o recurso de apelação detém efeito devolutivo amplo e graus de cognição – horizontal e vertical – mais amplo e aprofundado, de modo a permitir que o tribunal a quem se dirige a impugnação examinar, mais acuradamente, todos os aspectos relevantes que subjazem à ação penal. Assim, em princípio, a apelação é a via processual mais adequada para a impugnação de sentença condenatória recorrível, pois é esse o recurso que devolve ao tribunal o conhecimento amplo de toda a matéria versada nos autos, permitindo a reapreciação de fatos e de provas, com todas as suas nuanças, sem a limitação cognitiva da via mandamental. Igual raciocínio, *mutatis mutandis*, há de valer para a interposição de *habeas corpus* juntamente com o manejo de agravo em execução, recurso em sentido estrito, recurso especial e revisão criminal. 5. Quando o recurso de apelação, por qualquer motivo, não for conhecido, a utilização de *habeas corpus*, de caráter subsidiário, somente será possível depois de proferido o juízo negativo de admissibilidade da apelação pelo Tribunal *ad quem*, porquanto é indevida a subversão do sistema recursal e a avaliação, enquanto não exaurida a prestação jurisdicional pela instância de origem, de tese defensiva na via estreita do *habeas corpus*. 6. Na espécie, houve, por esta Corte Superior de Justiça, anterior concessão de *habeas corpus* em favor do paciente, para o fim de substituir a custódia preventiva por medidas cautelares alternativas à prisão, de sorte que remanesce a discussão – a desenvolver-se perante o órgão colegiado da instância de origem – somente em relação à pretendida desclassificação da conduta imputada ao acusado, tema que coincide com o pedido formulado no *writ*. [...] 10. *Habeas corpus* não conhecido *(Habeas Corpus nº 482.549-SP, STJ, 3ª Seção, julgado em 11.3.2020, publicado no* DJ *em 3.4.2020).*

648.1. [...] A questão de direito arguida neste *habeas corpus* corresponde à possível nulidade do inquérito policial por suposta ausência de qualquer elemento que aponte o envolvimento do paciente com possíveis crimes. A pretensão de avaliação do conjunto probatório produzido no curso do inquérito policial se revela inadmissível na via estreita do *habeas corpus.* Somente é possível o trancamento de inquérito quando for evidente o constrangimento ilegal sofrido pelo paciente, não havendo qualquer dúvida acerca da atipicidade material ou formal da conduta, ou a respeito da ausência de justa causa para deflagração da ação penal. A sociedade empresária, titularizada pelo paciente, atua no mesmo ramo das demais sociedades sob investigação, a saber, a prestação de serviços de publicidade virtual. O inquérito policial representa procedimento investigatório, levado a efeito pelo Estado-administrador, no exercício de atribuições referentes à polícia judiciária e, assim, somente deve ser trancado quando for manifesta a ilegalidade ou patente o abuso de autoridade, o que não é a hipótese relacionada ao paciente. *Habeas corpus* denegado (*Habeas Corpus nº 94.835-9/SP, Rel. Min. Ellen Gracie, 2ª Turma, unânime, julgado em 7.10.2008, publicado no* DJ *em 24.10.2008*).

648.1. [...] Absolvição de um dos 4 (quatro) supostos membros, posto que noutro processo. Atipicidade consequente reconhecida. Condenação excluída. *Habeas corpus* concedido para esse fim, com extensão da ordem aos dois corréus também condenados. Existência de coisa julgada material em relação à sentença condenatória. Irrelevância. Caso de nulidade absoluta recognoscível em *habeas corpus*, ainda que transitada em julgado a sentença. Inteligência do art. 5º, inc. LXVIII, da CF, e arts. 647 e 648 do CPP. Precedentes. A coisa julgada material que recobre sentença condenatória por delito de quadrilha ou bando não obsta, por si só, a que se reconheça, *em habeas corpus*, a atipicidade da conduta e consequente nulidade da condenação, se um dos quatros supostos membros foi definitivamente absolvido noutro processo (*Habeas Corpus nº 91.650/RJ, Rel. Min. Cezar Peluso, STF, 2ª Turma, julgado em 1.4.2008, publicado no* DJ *de 9.5.2008*).

648.1. [...] O trancamento da ação penal por meio do *habeas corpus* se situa no campo da excepcionalidade (HC 901.320/MG, Primeira Turma, Rel. Min. Marco Aurélio, *DJU* de 25/05/2007), sendo medida que somente deve ser adotada quando houver comprovação, de plano, da atipicidade da conduta, da incidência de causa de extinção da punibilidade ou da ausência de indícios de autoria ou de prova sobre a materialidade do delito (HC 87.324/SP, Primeira Turma, Rel. Min. Cármen Lúcia, *DJU* de 18.5.2007). Ainda, a liquidez dos fatos constitui requisito inafastável na apreciação da justa causa (HC 91.634/GO, Segunda Turma, Rel. Min. Celso de Mello, *DJU* de 5.10.2007), pois o exame de provas é inadmissível no espectro processual do *habeas corpus*, ação constitucional que pressupõe para seu manejo uma ilegalidade ou abuso de poder tão flagrante que pode ser demonstrada de plano (RHC 88.139/MG, Primeira Turma, Rel. Min. Carlos Britto, *DJU* de 17.11.2006). Na hipótese, há, com os dados existentes até aqui, o mínimo de elementos que autorizam o prosseguimento da ação penal. A denúncia deve vir acompanhada com o mínimo embasamento probatório, ou seja, com lastro probatório mínimo (HC 88.601/CE, Segunda Turma, Rel. Min. Gilmar Mendes, *DJU* de 22.6.2007), apto a demonstrar, ainda que de modo indiciário, a efetiva realização do ilícito penal por parte do denunciado. Em outros termos, é imperiosa existência de um suporte legitimador que revele de modo satisfatório e consistente, a materialidade do fato delituoso e a existência de indícios suficientes de autoria do crime, a respaldar a acusação, de modo a tornar esta plausível. Não se revela admissível a imputação penal destituída de base empírica idônea (INQ 1.978/PR, Tribunal Pleno, Rel. Min. Celso de Mello, *DJU* de 17.8.2007) o que implica a ausência de justa causa a autorizar a instauração da *persecutio criminis in iudicio*. [...] (*Habeas Corpus nº 151.230-MT, STJ, 5ª Turma, Rel. Min. Felix Fischer, publicado no* DJ *em 22.3.2010*).

648.1.1. Suspensão ou transação processuais (Lei nº 9.099/95) e habeas corpus: discussão acerca do interesse para o ajuizamento do *writ* sob o pálio da ausência de justa causa. Inovações trazidas pela Lei nº 9.099/95 ao sistema jurídico pátrio, como a transação (art. 76) e a suspensão do processo (art. 89), merecem uma análise separada em face das disposições do CPP também no que tange aos *habeas corpus*.

Dispõe o art. 76, Lei nº 9.099/95, que *"havendo representação ou tratando-se de crime de ação penal pública incondicionada, não sendo caso de arquivamento, o Ministério Público poderá propor a aplicação imediata de pena restritiva de direitos ou multas, a ser especificada na proposta"*, sendo que, para tanto, a pena máxima imposta ao delito não pode ser superior a 2 anos (art. 61 da Lei nº 9.099/95, na redação que lhe deu a Lei nº 10.259/2001). Acaso não cumpridas as condições impostas na transação penal, não há empeço para que seja iniciada a ação penal (*v. g. HC nº 84.976-8-SP, STF, 1ª Turma, unânime, publicado no* DJ *em 23.3.2007; Agravo Regimental no Agravo de Instrumento nº 1.131.076-MT, STF, 6ª Turma, publicado no* DJ *em 8.6.2009*), sendo, para nós, *absolutamente improcedentes* posicionamentos no sentido da impossibilidade de retomada do feito criminal (*v. g.* HC nº 90.126-MS, STJ, 6ª Turma, julgado em 10.6.2010; HC nº 176.181-MG, STJ, 5ª Turma, julgado em 4.8.2011, publicado no *DJ* em 17.8.2011). Calha referir que, em 16.10.2014, o Supremo Tribunal Federal editou a Súmula Vinculante 35, que dispõe que "a homologação da transação penal prevista no artigo 76 da Lei 9.099/1995 não faz coisa julgada material e, descumpridas suas cláusulas, retoma-se a situação anterior, possibilitando-se ao Ministério Público a continuidade da persecução penal mediante oferecimento de denúncia ou requisição de inquérito policial", afastando, com acerto, segundo já sustentado há muito, eventuais dissídios acerca do tema de fundo.

De outro bordo, a suspensão processual (art. 89) parte de pressupostos diferentes: considera a pena mínima (que não pode ser superior a um ano, devendo-se considerar nesse patamar o entendimento consubstanciado na Súmula 243 do STJ – "*O benefício da suspensão do processo não é aplicável em relação às infrações penais cometidas em concurso material, concurso formal ou continuidade delitiva, quando a pena mínima cominada, seja pelo somatório, seja pela incidência da majorante, ultrapassar o limite de um (01) ano*" e estabelece um denominado "período de prova", dentro do qual, suspenso o processo, o beneficiado deverá cumprir determinadas condições. É o que se vê das disposições do art. 89 da Lei nº 9.099/95:

> Art. 89. Nos crimes em que a pena mínima cominada for igual ou inferior a um ano, abrangidas ou não por esta Lei, o Ministério Público, ao oferecer a denúncia, poderá propor a suspensão do processo, por dois a quatro anos, desde que o acusado não esteja sendo processado ou não tenha sido condenado por outro crime, presentes os demais requisitos que autorizariam a suspensão condicional da pena (art. 77 do Código Penal).
>
> § 1º Aceita a proposta pelo acusado e seu defensor, na presença do Juiz, este, recebendo a denúncia, poderá suspender o processo, submetendo o acusado a período de prova, sob as seguintes condições:
>
> I – reparação do dano, salvo impossibilidade de fazê-lo;
>
> II – proibição de frequentar determinados lugares;
>
> III – proibição de ausentar-se da comarca onde reside, sem autorização do Juiz;
>
> IV – comparecimento pessoal e obrigatório a juízo, mensalmente, para informar e justificar suas atividades.
>
> § 2º O Juiz poderá especificar outras condições a que fica subordinada a suspensão, desde que adequadas ao fato e à situação pessoal do acusado.

§ 3º A suspensão será revogada se, no curso do prazo, o beneficiário vier a ser processado por outro crime ou não efetuar, sem motivo justificado, a reparação do dano.

§ 4º A suspensão poderá ser revogada se o acusado vier a ser processado, no curso do prazo, por contravenção, ou descumprir qualquer outra condição imposta.

§ 5º Expirado o prazo sem revogação, o Juiz declarará extinta a punibilidade.

§ 6º Não correrá a prescrição durante o prazo de suspensão do processo.

§ 7º Se o acusado não aceitar a proposta prevista neste artigo, o processo prosseguirá em seus ulteriores termos.

Mais: compreendemos que no momento do oferecimento da denúncia é que deverá ser feita a aferição dos requisitos do art. 89, Lei nº 9.099/95, de modo que não haverá direito se, por exemplo, o acusado esteja respondendo a outro processo, *mesmo* que ulterior e eventualmente absolvido deste processo (a propósito, vide Agravo Regimental no Agravo de Instrumento nº 1.386.813-RS, STJ, 5ª Turma, unânime, Rel. Min. Laurita Vaz, julgado em 2.8.2011, publicado no *DJ* em 15.8.2011).

O tópico fundamental para a discussão em tela está na circunstância relevante de que a aceitação da transação ou da suspensão processual não significa o reconhecimento da prática do fato pelo agente/beneficiário, muito menos a admissão de eventual responsabilidade. Trata-se unicamente de um acordo entre as partes (Ministério Público – ou querelante, porque viável em ações penais privadas – e o suposto agente).

Dessa forma, mesmo que realizadas a transação ou a suspensão do processo, não se pode afastar a hipótese de que entenda o beneficiário que inclusive a aplicabilidade dessas regras da Lei nº 9.099/95 são indevidas porque, em sua compreensão, não há qualquer fundamento ou *justa causa* para o procedimento. Nessas circunstâncias, não há como afastar, em tese, o interesse em ajuizar eventual *habeas corpus* com a finalidade de ver trancado o procedimento criminal que ensejou a transação ou a suspensão processual.

Importante destacar que essas hipóteses são bem diversas de quando realizado ANPP (vide anotações ao art. 28-A, CPP). Lá dissemos não ser cabível a impetração posterior com a finalidade de trancamento da apuração que embasou o ANPP já homologado. Nesse caso, como há assunção de culpa (deve haver a confissão circunstanciada, restrita é claro aos limites do próprio acordo), haveria nítida hipótese de comportamento contraditório se fosse admitida a impetração.

Por fim, é de ver que o *habeas corpus*, embora não seja recurso, demanda a busca dos pressupostos dos recursos, especificamente a questão do *interesse*. Como salientado, da concordância para a realização da suspensão não decorre absolutamente nenhuma consequência em relação aos fatos para o agente/beneficiário. Mas daí não se pode dizer que ausência de interesse para, ulteriormente, ver obstado o procedimento que ensejou o acordo. Insiste-se: se não se discute, por exemplo, a tipicidade da conduta ou até mesmo a responsabilidade pelo fato no momento da suspensão ou da transação, não se pode inviabilizar essa arguição por intermédio do *writ* de *habeas corpus* tão somente porque aceitadas as condições pelo beneficiário apresentadas pela parte autora.

Jurisprudência

648.1.1 [...] Na ação penal privada, cabível, em tese, é a suspensão condicional do processo, cumprindo ao querelado, ausente proposta do querelante, insurgir-se de forma oportuna. *(Re-*

curso Extraordinário em Habeas Corpus nº 187.024/SP, STF, 1ª Turma, unânime, Rel. Min. Marco Aurélio, julgado em 24.11.2020, publicado no DJ em 12.3.2021)

648.1.1. [...] A celebração de acordo de transação penal não acarreta a perda de objeto de *habeas corpus* em que se alega atipicidade da conduta e ausência de justa causa. [...] Ainda que consentidos pelo imputado, os acordos penais precisam ser submetidos à homologação judicial, pois o julgador deve realizar controle sobre a legitimidade da persecução penal, de modo que casos de manifesta atipicidade da conduta narrada, extinção da punibilidade do imputado ou evidente inviabilidade da denúncia por ausência de justa causa acarretem a não homologação da proposta. [...] Precedente desta Segunda Turma no sentido de que constitui constrangimento ilegal "*a mera intimação para comparecimento à audiência preliminar para proposta de transação penal, se o fato é atípico*" (HC 86.162, Rel. Min. Carlos Velloso, Segunda Turma, *DJ* 3.2.2006). [...] *(Habeas Corpus nº 176.785-DF, STF, 2ª Turma, unânime, Rel. Min. Gilmar Mendes, julgado em 17.12.2019, publicado no* DJ *em 19.5.2020).*

648.1.1. [...] Suspensão condicional do processo. Alegação de incompetência do Ministério Público para propor condições não previstas no rol taxativo do § 1º do art. 89 da Lei 9.099/1995. Possibilidade de o magistrado competente incorporar, na proposta, outros quesitos não previstos em lei, ainda que por sugestão do órgão ministerial, desde que não sejam abusivos e ilegais. Inteligência do § 2º do art. 89 da lei de regência. [...] A decisão do Superior Tribunal de Justiça encontra respaldo na jurisprudência desta Suprema Corte, que também admite a imposição, pelo magistrado competente, de outras condições diversas daquelas elencadas no § 1º do art. 89 da Lei de Regência, "desde que adequadas ao fato e à situação pessoal do acusado", tal como dispõe o § 2º do art. 89 da Lei 9.099/1995. [...] Não sendo tais condições abusivas ou ilegais, não existe razão lógica ou jurídica para o magistrado não as incorporarem ao rol de medidas a serem cumpridas pelo aceitante da proposta, mesmo que tenham sido sugeridas pelo Órgão de acusação, especialmente quando se verifica que elas atendem precisamente à finalidade da suspensão do processo e confere rápida solução ao litígio. [...] *(Agravo Regimental no Habeas Corpus nº 179.464-SP, STF, 2ª Turma, unânime, Rel. Min. Ricardo Lewandowski, julgado em sessão virtual de 21.2.2020 a 2.3.2020, publicado no* DJ *em 12.3.2020).*

648.1.1. [...] Transação penal. Sentença. Natureza. A sentença mediante a qual homologada transação penal não tem natureza condenatória. Precedente: Recurso Extraordinário nº 795.567, Pleno, relator Ministro Teori Zavascki, acórdão publicado no Diário da Justiça de 9 de setembro de 2015 *(Segundo Agravo Regimental no Recurso Extraordinário com Agravo nº 1.88.119-SP, STF, 1ª Turma, unânime, Rel. Min. Marco Aurélio, julgado em sessão virtual de 24.4.2020 a 30.4.2020, publicado no* DJ *em 15.5.2020).*

648.1.1. [...] A aceitação pelo paciente do benefício da suspensão condicional do processo, nos termos do art. 89 da Lei n. 9.099/1995, não inviabiliza a impetração de *habeas corpus* nem prejudica seu exame. [...] O art. 89 da Lei n. 9.099/1995 dispõe que a suspensão condicional do processo será revogada, obrigatoriamente, quando o beneficiário for processado por outro crime, no decorrer do período de prova, ou na ausência de reparação do dano sem motivo justificado. A doutrina considera, inclusive, que a reparação do dano é uma das condições mais importantes, sendo obrigatória, uma vez que a reparação dos danos sofridos pela vítima é objetivo que deve ser buscado sempre que possível. [...] *(HC n. 355.171-SP, STJ, 5ª Turma, Rel. Min. Reynaldo Soares da Fonseca, julgado em 22.2017, publicado no DJ em 10.2.2017).*

648.1.1. [...] Não há óbice legal ou lógico a que, a par das condições legais, se celebre acordo por meio do qual, nos termos do art. 89, § 2º, da Lei n. 9.099/1995, o réu assuma obrigações equivalentes, do ponto de vista prático, a penas restritivas de direitos (tais como a prestação de serviços comunitários, o fornecimento de cestas básicas a instituições filantrópicas ou a prestação pecuniária à vítima), visto que tais injunções constituem tão somente condições para sua efetivação e como tais são adimplidas voluntariamente pelo acusado. [...] (*Recurso em Habeas Corpus nº 55.119-MG, STJ, 6ª Turma, maioria, Rel. Min. Maria Thereza de Assis Moura, julgado em 28.4.2015, publicado no* DJ *em 6.5.2015*).

648.1.1. [...] O plenário do Supremo Tribunal Federal, reconhecendo a repercussão geral do tema, decidiu, no RE 602.072/RS, que "*não fere os preceitos constitucionais a propositura de ação penal em decorrência do não cumprimento das condições estabelecidas em transação pe-*

nal" [...] (*Habeas corpus nº 216.566-MS, STJ, 5ª Turma, Rel. Min. Marilza Maynard, julgado em 14/5/2013, publicado no* DJ *em 20.5.2013*).

648.1.1. [...] O art. 76, § 2º, II, da Lei 9.099/95 esclarece sobre a impossibilidade de nova transação penal, quando houver ocorrido a concessão do benefício em momento anterior, sem que tenha transcorrido o período de 5 (cinco) anos. Em analogia à referida disposição, entende-se que o mesmo prazo deverá ser utilizado para nova concessão de *sursis* processual. Cuida-se de extensão da disciplina afeta ao tratamento de medida mais branda, transação, a medida destinada a fatos mais graves, suspensão condicional do processo. [...] (*Habeas Corpus nº 209.541-SP, STJ, 6ª Turma, Rel. Min. Maria Thereza de Assis Moura, julgado em 23.5.2013, publicado no* DJ *em 30.5.2013*).

648.1.2. Impugnação ao cálculo da pena por intermédio de *habeas corpus*: Entendemos que a discussão do cálculo da pena em sede de *habeas corpus* melhor se enquadra na previsão abstrata do inciso I do art. 648 do CPP, embora, há de se admitir, se o paciente estiver preso em face do equívoco no cálculo da pena, poderia incidir o disposto no inciso II. De qualquer forma, como defendemos, a hipótese do inciso I é geral, permitindo aqui o enquadramento do tema.

Também em decorrência da evolução das manifestações doutrinárias e jurisprudenciais, passou-se a admitir a impetração de *habeas corpus* para discutir os critérios de cálculo da pena. Mas é preciso atentar uma vez mais que a admissibilidade de tal debate na estreita via somente pode se dar se o cálculo da pena ofende, *frontalmente*, os dispositivos legais e constitucionais que tratam do tema ou se as circunstâncias desbordam hialinamente dos fatos existentes nos autos. Assim, se a questão demandar uma análise detalhada de provas *controversas* para saber se procede ou não a irresignação inserta no *writ*, bem como se houver pretensão à revaloração pura e simples do cálculo efetuado, não se pode cogitar da discussão em sede de *habeas corpus*. Como se vê dos julgados, há ampla admissibilidade para discussões de todas as ordens acerca do tema em sede de *habeas corpus*.

Jurisprudência

648.1.2. [...] 1. A dosimetria da pena é o procedimento em que o magistrado, utilizando-se do sistema trifásico de cálculo, chega ao quantum ideal da pena com base em suas convicções e nos critérios previstos abstratamente pelo legislador. 2. O cálculo da pena é questão afeta ao livre convencimento do juiz, passível de revisão em habeas corpus somente nos casos de notória ilegalidade, para resguardar a observância da adequação, da proporcionalidade e da individualização da pena. [...] 6. Agravo regimental provido para se alterar a fração de exasperação da pena-base para 1/3, redimensionando-se a pena pela prática do delito descrito no art. 33 da Lei n. 11.343/2006 para 8 anos, 4 meses e 10 dias de reclusão no regime fechado e 835 dias-multa. *(Agravo Regimental no HC nº 637.320-RO, STJ, 5ª Turma, Rel. Min. João Otávio de Noronha, julgado em 19.10.2021, publicado no DJ em 25.10.2021)*

648.1.2. [...] A Terceira Seção desta Corte, no julgamento do Eresp 1.887.511/SP, de Relatoria do Ministro João Otávio de Noronha (em 09/06/2021), fixou as seguintes diretrizes para a aplicação do art. 33, § 4º, da Lei n. 11.343/2006. 1 – a natureza e a quantidade das drogas apreendidas são fatores a serem necessariamente considerados na fixação da pena-base, nos termos do art. 42 da Lei n. 11.343/2006. 2 – sua utilização supletiva na terceira fase da dosimetria da pena, para afastamento da diminuição de pena prevista no § 3º do art. 33 da Lei n. 11.343/2016, somente pode ocorrer quando esse vetor conjugado com outras circunstâncias do caso concreto que, unidas, caracterizem a dedicação do agente à atividade criminosa ou a integração a organização criminosa. 3 – podem ser utilizadas para modulação da causa de diminuição de pena prevista no § 4º do art. 33 da Lei n. 11.343/2006 quaisquer circunstâncias judiciais não preponderantes, previstas no art. 59 do Código Penal, desde que não utilizadas na primeira etapa, para fixação da pena-base. (grifos no original).

2. Embora tenha externado a minha opinião pessoal, inúmeras vezes, sobre a impossibilidade de se aplicar a minorante especial da Lei de Drogas nos casos de apreensões de gigantescas quantidades de drogas – p. ex. toneladas, 200 ou 300 kg – por ser deduzível que apenas uma pessoa envolvida habitualmente com a traficância teria acesso a esse montante de entorpecente, a questão não merece discussão, uma vez que está superada, diante do posicionamento contrário do Supremo Tribunal Federal. Precedentes. 3. Todavia, proponho a revisão das orientações estabelecidas nos itens 1 e 2 do Eresp 1.887.511/SP, especificamente em relação à aferição supletiva da quantidade e da natureza da droga na terceira fase da dosimetria.

4. No julgamento do ARE 666.334/AM, de Relatoria do Ministro Gilmar Mendes, o Pleno do STF, em análise da matéria reconhecida como de repercussão geral, reafirmou a jurisprudência de que "as circunstâncias da natureza e da quantidade da droga apreendida devem ser levadas em consideração apenas em uma das fases do cálculo da pena". O resultado do julgado foi assim proclamado: Tese As circunstâncias da natureza e da quantidade da droga apreendida devem ser levadas em consideração apenas em uma das fases do cálculo da pena. Obs: Redação da tese aprovada nos termos do item 2 da Ata da 12ª Sessão Administrativa do STF, realizada em 09/12/2015. Tema 712 – Possibilidade, em caso de condenação pelo delito de tráfico de drogas, de valoração da quantidade e da natureza da droga apreendida, tanto para a fixação da pena-base quanto para a modulação da causa de diminuição prevista no art. 33, § 4º, da Lei 11.343/2006. 5. Portanto, diante da orientação consolidada há tempos pelas Cortes Superiores, proponho mantermos o posicionamento anterior, conforme acolhido no ARE 666.334/AM, sobre à possibilidade de valoração da quantidade e da natureza da droga apreendida, tanto para a fixação da pena-base quanto para a modulação da causa de diminuição prevista no art. 33, § 4º, da Lei 11.343/2006, neste último caso ainda que sejam os únicos elementos aferidos. 6. Hipótese em que a Corte de origem afastou o redutor do tráfico privilegiado por entender que a expressiva quantidade de droga apreendida (mais de 22 quilos de maconha) não qualificaria o réu como pequeno e iniciante no comércio ilícito de entorpecentes. Contudo, o STF tem posicionamento firme de que "A quantidade de droga apreendida não é, por si só, fundamento idôneo para afastamento da minorante do art. 33, § 4º, da Lei 11.343/2006" (RHC 138117 AgR, Relatora: ROSA WEBER, Primeira Turma, julgado em 15/12/2020, public 06/04/2021).

7. Assim, verificado o atendimento dos requisitos do art. 33, § 4º da Lei de Drogas, reduzo a pena em 1/6, atento ao disposto no art. 42 da Lei n. 11.343.2006, tornando-a definitiva em 4 anos e 2 meses de reclusão mais 417 dias-multa.

8. Recurso parcialmente provido a fim de reduzir a **pena** do ora agravante para 4 anos e 2 meses de reclusão, mantido o regime fechado, mais o pagamento de 417 dias-multa. *(Agravo Regimental no Habeas Corpus nº 685.184-SP, STJ, 5ª Turma, Rel. Min. Ribeiro Dantas, julgado em 28.9.2021, publicado no DJ em 4.10.2021)*

648.2. Quando alguém estiver preso por mais tempo do que determina a Lei (inciso II): Como uma das formas de especificação do contido no primeiro inciso, o inciso II refere uma das hipóteses *da origem* para o cabimento do *habeas corpus*: se a prisão for além do que determinado em Lei (e complementamos: ou então do que determinado pela decisão judicial) será o ato atacável mediante o *writ*. Embora mais amplo, há dispositivo constitucional determinando que "*ninguém será levado à prisão ou nela mantido, quando a Lei admitir a liberdade provisória, com ou sem fiança*" (art. 5º, LXVI, CF).

Haverá a ilegalidade não só nas hipóteses de excesso de prazo de prisão cautelar, mas também quando possível a concessão de liberdade, com ou sem fiança (a cujas anotações da presente obra se remete). Em nossa compreensão, o dispositivo em tela abarca ainda a possibilidade de impetração do *habeas corpus* quando a prisão indevida decorrer da própria extinção da pena ou do preenchimento dos requisitos legais para eventual livramento condicional ou progressão de regime.

Nessa parte, de relevo acentuar, inicialmente, que o Supremo Tribunal Federal entendeu ser "*constitucional o art. 33, § 4º, do Código Penal, que condiciona a progressão de regime, no caso de crime contra a Administração Pública, à reparação do dano ou à devolução do produto do ilícito*" (*Ag. Reg. na Progressão de Regime na Execução Penal nº 22-DF, STF, Plenário, maioria, Rel. Min. Roberto Barroso, julgado em 17.12.2014, publicado no* DJ *em 18.3.2015*), reafirmando que esta situação somente é excepcionada "*pela comprovação da absoluta impossibilidade econômica do apenado em pagar a multa, ainda que parceladamente*" (*Ag. Reg. na Progressão de Regime na Execução Penal nº 20-DF, STF, Plenário, maioria, Rel. Min. Roberto Barroso, julgado em 15.4.2015, publicado no* DJ *em 20.5.2015*).

Depois, também aqui é relevante destacar que, com o advento da Lei nº 13.964/2019, modificaram-se os critérios para progressão de regime (observado que não há se aplicar retroativamente os casos que sejam mais gravosos), sendo os seguintes, nos termos da nova redação do art. 112 da LEP:

> Art. 112. A pena privativa de liberdade será executada em forma progressiva com a transferência para regime menos rigoroso, a ser determinada pelo juiz, quando o preso tiver cumprido ao menos:
>
> I – 16% (dezesseis por cento) da pena, se o apenado for primário e o crime tiver sido cometido sem violência à pessoa ou grave ameaça;
>
> II – 20% (vinte por cento) da pena, se o apenado for reincidente em crime cometido sem violência à pessoa ou grave ameaça;
>
> III – 25% (vinte e cinco por cento) da pena, se o apenado for primário e o crime tiver sido cometido com violência à pessoa ou grave ameaça;
>
> IV – 30% (trinta por cento) da pena, se o apenado for reincidente em crime cometido com violência à pessoa ou grave ameaça;
>
> V – 40% (quarenta por cento) da pena, se o apenado for condenado pela prática de crime hediondo ou equiparado, se for primário;
>
> VI – 50% (cinquenta por cento) da pena, se o apenado for:
>
> a) condenado pela prática de crime hediondo ou equiparado, com resultado morte, se for primário, vedado o livramento condicional;
>
> b) condenado por exercer o comando, individual ou coletivo, de organização criminosa estruturada para a prática de crime hediondo ou equiparado; ou
>
> c) condenado pela prática do crime de constituição de milícia privada;
>
> VII – 60% (sessenta por cento) da pena, se o apenado for reincidente na prática de crime hediondo ou equiparado;
>
> VIII – 70% (setenta por cento) da pena, se o apenado for reincidente em crime hediondo ou equiparado com resultado morte, vedado o livramento condicional.
>
> § 1º Em todos os casos, o apenado só terá direito à progressão de regime se ostentar boa conduta carcerária, comprovada pelo diretor do estabelecimento, respeitadas as normas que vedam a progressão.
>
> § 2º A decisão do juiz que determinar a progressão de regime será sempre motivada e precedida de manifestação do Ministério Público e do defensor, procedimento que também será adotado na concessão de livramento condicional, indulto e comutação de penas, respeitados os prazos previstos nas normas vigentes.

(...)

§ 5º Não se considera hediondo ou equiparado, para os fins deste artigo, o crime de tráfico de drogas previsto no § 4º do art. 33 da Lei nº 11.343, de 23 de agosto de 2006.

§ 6º O cometimento de falta grave durante a execução da pena privativa de liberdade interrompe o prazo para a obtenção da progressão no regime de cumprimento da pena, caso em que o reinício da contagem do requisito objetivo terá como base a pena remanescente.

§ 7º O bom comportamento é readquirido após 1 (um) ano da ocorrência do fato, ou antes, após o cumprimento do requisito temporal exigível para a obtenção do direito.

Uma observação relevante: o óbice da Súmula 695, STF (*Não cabe* habeas corpus *quando já extinta a pena privativa da liberdade*), não pode ser invocado quando a pretensão no *writ* é exatamente o reconhecimento da extinção da pena privativa de liberdade e, portanto, que a continuidade da prisão se afigura ilegal.

No que se refere ao *excesso de prazo* decorrente das prisões cautelares, a legislação estipula prazos para o regular processamento do feito. Pelo prisma unicamente matemático das somas dos prazos estipulados em lei, por criação jurisprudencial, para a formação da culpa no âmbito da Justiça Estadual, sempre se teve que o limite seria de 81 (oitenta e um) dias. Já no âmbito federal, porque existentes prazos um pouco mais elásticos para a conclusão de inquérito policial, o prazo seria de 101 (cento e um) dias.

Entretanto, não se pode olvidar que, com as alterações promovidas pela Lei nº 11.719/08 – modificando os ritos do processo comum, ordinário e sumário –, esses prazos foram alterados.

A contagem do prazo teria início com a prisão do acusado, seja ela preventiva ou decorrente de flagrante delito, mantida em razão da existência de razões da preventiva (art. 310, CPP). A partir da prisão terá início a contagem de prazo para o encerramento do inquérito policial (10 dias na Justiça Estadual; 15 dias, prorrogáveis, na Justiça Federal), e assim sucessivamente (oferecimento da denúncia e início da instrução criminal). Em nossa compreensão, pela simples soma dos prazos, o "novo prazo" será de 86 dias (Justiça Estadual) e 106 dias (Justiça Federal), ressalvando-se, por evidente, as circunstâncias de cada caso:

a) 10 dias, ou 15 – prorrogável por mais 15 dias – na Justiça Federal, para a conclusão das investigações;
b) 5 dias para o oferecimento de denúncia;
c) 10 dias para a resposta escrita (art. 396, CPP);
d) até 60 dias para a audiência de instrução (art. 400, CPP), a serem acrescidos do prazo de vinte e quatro horas para a decisão de recebimento da peça acusatória, e, eventualmente, do prazo de prisão temporária (Lei nº 7.690/89).

Não há de se olvidar, ainda, que, nas situações em que a instrução for complexa ou presentes inúmeros réus, o rito ordinário poderá ser ampliado em mais 20 dias (5 dias para cada parte se manifestar, além de 10 dias para o juiz sentenciar).

Ainda: no processo em que se adotar o rito do Júri, o prazo para conclusão da instrução preliminar é de 90 dias (art. 412, CPP), aos quais devem ser somados os prazos anteriores de prisões (se houver) ao recebimento da denúncia ou da queixa, conforme o caso.

De qualquer forma, a visão unicamente matemática dos prazos não pode sobrepujar a prevalência da necessidade da privação da liberdade se presentes os requisitos legais (art. 312, CPP), e o caso concreto, mediante racional e devida fundamentação, demandar que prevaleça a ponderação da constrição. Noutras palavras, a razoabilidade (para alguns seria o princípio da proporcionalidade) poderá ser invocada em casos concretos para justificar a manutenção da privação da liberdade se houver fundados motivos (e devidamente declinados, à luz da Lei e da Constituição) para a constrição.

Se o excesso de prazo decorrer de atos atribuíveis à defesa (ou seja, não advém de responsabilidade do Poder Judiciário ou do Ministério Público), não poderá ser acolhida a tese a ensejar o *habeas corpus*. De forma similar, há de se adotar o mesmo raciocínio utilizado quando da interpretação do art. 565, CPP.

Compreendemos ainda, como já anunciado, que o *writ* poderá ser utilizado também como forma de afastar a constrição da liberdade que não decorra unicamente de provimento cautelar, mas também quando verificado que o paciente tem direito hialino não só a eventual progressão de regime, mas à própria liberdade porque já cumprida a pena.

Jurisprudência

648.2. [...] 1. A Lei n. 13.964/2019, intitulada Pacote Anticrime, promoveu profundas alterações no marco normativo referente aos lapsos exigidos para o alcance da progressão a regime menos gravoso, tendo sido expressamente revogadas as disposições do art. 2º, § 2º, da Lei n. 8.072/1990 e estabelecidos patamares calcados não apenas na natureza do delito, mas também no caráter da reincidência, seja ela genérica ou específica. 2. Evidenciada a ausência de previsão dos parâmetros relativos aos apenados condenados por crime hediondo ou equiparado, mas reincidentes genéricos, impõe-se ao Juízo da execução penal a integração da norma sob análise, de modo que, dado o óbice à analogia *in malam partem*, é imperiosa a aplicação aos reincidentes genéricos dos lapsos de progressão referentes aos sentenciados primários. 3. Ainda que provavelmente não tenha sido essa a intenção do legislador, é irrefutável que *de lege lata*, a incidência retroativa do art. 112, V, da Lei n. 7.210/1984, quanto à hipótese da lacuna legal relativa aos apenados condenados por crime hediondo ou equiparado e reincidentes genéricos, instituiu conjuntura mais favorável que o anterior lapso de 3/5, a permitir, então, a retroatividade da lei penal mais benigna. 4. Dadas as ponderações acima, a hipótese em análise trata da incidência de lei penal mais benéfica ao apenado, condenado por tráfico de drogas, porém reincidente genérico, de forma que é mister o reconhecimento de sua retroatividade, dado que o percentual por ela estabelecido – qual seja, de cumprimento de 40% das reprimendas impostas –, é inferior à fração de 3/5, anteriormente exigida para a progressão de condenados por crimes hediondos, fossem reincidentes genéricos ou específicos. 5. Recurso especial representativo da controvérsia não provido, assentando-se a seguinte tese: É reconhecida a retroatividade do patamar estabelecido no art. 112, V, da Lei n. 13.964/2019, àqueles apenados que, embora tenham cometido crime hediondo ou equiparado sem resultado morte, não sejam reincidentes em delito de natureza semelhante. *(Recurso Especial nº 1.918.338/MT, STJ, 3ª Seção, unânime, Rel. Min. Rogerio Schietti Cruz, julgado em 26.5.2021, publicado no DJ em 31.5.2021)*

648.2. [...] Ao tempo em que ainda estava em curso a execução antecipada da reprimenda, o Juízo da Execução Penal indeferiu pedido de progressão de regime formulado pela Defesa em virtude do não cumprimento do dever de reparar os danos imposto como condição à progressão de regime na sentença condenatória, nos termos do art. 33, § 4º, do Código Penal. A decisão foi confirmada pelo e. Tribunal Regional Federal da 4ª Região ao julgar o Agravo em Execução Penal n. 5001237-20.2019.4.04.7000/PR. Desse modo, revela-se infundado o argumento de que o recorrente faz jus à progressão ao regime semiaberto [...] *(Agravo Regimental no Recurso* *em* Habeas Corpus *nº 130.959/PR, STJ, 5ª Turma, unânime, Rel. Min. Felix Fischer, julgado em 9.12.2020, publicado no* DJ *em 15.12.2020).*

648.2. [...] 1. A jurisprudência desta Superior Corte de Justiça consolidou-se no sentido de que a condição de reincidente, uma vez adquirida pelo sentenciado, estende-se sobre a totalidade das penas somadas, não se justificando a consideração isolada de cada condenação e tampouco a aplicação de percentuais diferentes para cada uma das reprimendas. Precedentes. 2. No presente caso, o *decisum* agravado determinou que fosse observada a porcentagem de 60% do cumprimento da pena para a progressão de regime prisional, em razão da prática de crime hediondo, para o reincidente (ainda que não específico), assim como já acontecia na legislação anterior, a qual, inclusive, previa o mesmo lapso para a progressão de regime, contudo, em forma de fração (3/5). [...] *(Agravo Regimental no Habeas Corpus nº 612.204-PR, STJ, 5ª Turma, unânime, Rel. Min. Reynaldo Soares da Fonseca, julgado em 6.10.2020, publicado no* DJ *em 15.10.2020).*

648.2. [...] O excesso de prazo, quando exclusivamente imputável ao aparelho judiciário – não derivando, portanto, de qualquer fato procrastinatório causalmente atribuível ao réu – traduz situação anômala que compromete a efetividade do processo, pois, além de tornar evidente o desprezo estatal pela liberdade do cidadão, frustra um direito básico que assiste a qualquer pessoa: o direito à resolução do litígio, sem dilações indevidas (CF, art. 5º, LXXVIII) e com todas as garantias reconhecidas pelo ordenamento constitucional, inclusive a de não sofrer o arbítrio da coerção estatal representado pela privação cautelar da liberdade por tempo irrazoável ou superior àquele estabelecido em lei. A duração prolongada, abusiva e irrazoável da prisão cautelar de alguém ofende, de modo frontal, o postulado da dignidade da pessoa humana, que representa – considerada a centralidade desse princípio essencial (CF, art. 1º, III) – significativo vetor interpretativo, verdadeiro valor-fonte que conforma e inspira todo o ordenamento constitucional vigente em nosso País e que traduz, de modo expressivo, um dos fundamentos em que se assenta, entre nós, a ordem republicana e democrática consagrada pelo sistema de direito constitucional positivo. Constituição Federal (Art. 5º, incisos LIV e LXXVIII). EC 45/2004. Convenção Americana sobre Direitos Humanos (Art. 7º, ns. 5 e 6). Doutrina. Jurisprudência. O indiciado ou o réu, quando configurado excesso irrazoável na duração de sua prisão cautelar, não podem permanecer expostos a tal situação de evidente abusividade, ainda que se cuide de pessoas acusadas da suposta prática de crime hediondo (Súmula 697/STF), sob pena de o instrumento processual da tutela cautelar penal transmudar-se, mediante subversão dos fins que o legitimam, em inaceitável (e inconstitucional) meio de antecipação executória da própria sanção penal. Precedentes (*Habeas Corpus nº 85.237-8-DF, Rel. Min. Celso de Mello, STF, Plenário, publicado no* DJ *em 29.4.2005*).

648.3. Quando quem ordenar a coação não tiver competência para fazê-lo (inciso III): Um dos vícios a ensejar o manejo do *habeas corpus* está no ato que, por ter sido emanado de autoridade absolutamente incompetente para tanto, cause gravame (amparável pelo *writ*) ao paciente. Novamente aqui há influxos constitucionais que ratificam o dispositivo existente há muito na legislação infraconstitucional.

Consta do inciso LXI do art. 5º da CF que "*ninguém será preso senão em flagrante delito ou por ordem escrita e fundamentada da autoridade judiciária* competente, *salvo nos casos de transgressão militar ou de crime propriamente militar, definidos em lei*".

Por sua própria natureza, o flagrante delito não necessita ordem prévia de autoridade. Contudo, a prisão em flagrante está sujeita a controle posterior, na medida em que determina também a Constituição que "*a prisão de qualquer pessoa e o local onde se encontre serão comunicados imediatamente ao juiz competente e à família do preso ou à pessoa por ele indicada*".

Caso se constate qualquer ilegalidade na prisão efetivada ou nos procedimentos adotados, deverá ela ser imediatamente relaxada pela autoridade judicial (inciso LXV do art. 5º).

Uma observação que nos parece pertinente: tecnicamente, há de se falar em *relaxamento* da prisão em flagrante (porque não atendidos os pressupostos na sua realização) e *revogação* da prisão preventiva (pela ausência das hipóteses autorizadoras em Lei – art. 312, CPP).

Também não se pode deixar de destacar a possibilidade de presença de *coação* (na acepção da previsão legal) em caso de instauração de investigação criminal por autoridade manifestamente incompetente (*incompetência absoluta*) desde que aferível de plano.

Jurisprudência

648.3. [...] 1. O acórdão proferido pelo Tribunal Superior Eleitoral cingiu-se à análise da incompetência da Justiça Eleitoral para processar e julgar a ação penal. Logo, o tema atinente à falta de justa causa para o prosseguimento do processo crime ficou à margem da análise realizada pela Corte Eleitoral. [...] 9. É firme a jurisprudência consagrada pelo STF no sentido de ser cabível a concessão de habeas corpus com a finalidade de trancamento de ação penal em curso na qual esteja comprovada, de plano, a atipicidade da conduta imputada ao paciente. 10. Ordem de habeas corpus concedida de ofício para se determinar o trancamento da ação penal nº 0000007- 25.2018.6.19.0098, por falta de justa causa. *(Habeas Corpus nº 193.515/RJ, STF, 1ª Turma, por empate, Rel. Min. Dias Toffoli, julgado em sessão virtual de 30.4.2021 a 11.5.2021, publicado no DJ em 22.6.2021) –*

648.3. [...] O *habeas corpus* se constitui em via adequada para o exame de qualquer questão atinente à liberdade de locomoção do paciente, dentre elas a incompetência, ainda que relativa, mas arguida tempestivamente, do Juízo condutor da ação penal. Precedentes. Recurso provido para cassar o acórdão prolatado pelo Tribunal *a quo*, a fim de que seja examinado o mérito da impetração da forma como melhor lhe convier, restando prejudicados os demais pedidos do recurso (*RHC nº 22.167-RS, STJ, 5ª Turma, publicado no DJ em 7.2.2008*).

....

648.4. Quando cessado o motivo que autorizou a coação (inciso IV): Na hipótese do inciso em voga, há pressuposto de que, em sua origem, a coação é *legal*. De certo modo, pode-se dizer que a previsão abstrata aqui contida é um espectro mais amplo da hipótese do inciso II (que é restrito às situações em que o sujeito estiver preso por mais tempo do que determina a lei). Se ulteriormente se constatar que não mais subsistem os fundamentos jurídicos ou fáticos que até então embasavam a legalidade do ato, a manutenção da coação se transformará em procedimento ilegal, amparável por *habeas corpus*.

648.5. Quando não concedida fiança a quem a Lei garante o direito (inciso V): Será ilegal o ato que, diante de expressa autorização legal para concessão, não permitir a prestação de fiança.

Reportando-se aos comentários contidos especialmente nos arts. 321 a 350, CPP, bem assim ao item 581.7.1, releva aqui acentuar novamente o que dispõe o inciso LXVI do art. 5º da Constituição: "*ninguém será levado à prisão ou nela mantido, quando a Lei admitir a liberdade provisória, com ou sem fiança*". Portanto, havendo o direito prescrito em Lei à liberdade mediante a prestação de fiança, o ato que impedir a concessão da benesse legal poderá ser atacado pelo *writ*.

Os posicionamentos atuais do Supremo Tribunal Federal e do Superior Tribunal de Justiça são no sentido de que, embora não prevista explicitamente na lei, decorreria da própria interpretação sistêmica da Constituição a impossibilidade de concessão de liberdade a quem preso em flagrante por crimes hediondos (reconhecidos constitucionalmente como inafiançáveis).

Na mesma linha do que já referido (vide item 581.7.1), o ordenamento jurídico prevê a possibilidade da concessão de liberdade com ou sem fiança. E aí já aflora um paradoxo: se o delito é mais grave e inafiançável, nenhum óbice existe para a automática concessão da liberdade sem fiança, desde que ausentes os pressupostos da prisão preventiva. Contudo, se o delito é menos grave e em tese *afiançável*, não se cogita primeiramente da análise da presença ou não dos requisitos da preventiva para ver se seria caso de liberdade automática. Exige-se a fiança para a concessão da liberdade, que a ela está (formalmente) condicionada.

Mas não apenas aí que se fixam os paradoxos. É praticamente corrente em dias atuais que se houver *prisão em flagrante* em crime de natureza inafiançável, essa circunstância é motivo, por si só, para o indeferimento de liberdade. Veja-se que não está em pauta a discussão sobre a possibilidade ou não da vedação à liberdade em Lei infraconstitucional.

Segundo se infere de inúmeros precedentes jurisprudenciais, é bastante clara a razão da fundamentação para indeferir a liberdade: da inafiançabilidade para determinados delitos no âmbito constitucional derivaria a impossibilidade de concessão da liberdade.

Não podemos concordar, a não ser que seja revisto completamente o sistema jurídico brasileiro atinente às fianças. A interpretação que se tem dado – afora a contradição que se apresenta, ao menos em nossa compreensão – pode trazer situações paradoxais. Basta imaginar a situação de duas pessoas que, em concurso de agentes, tenham praticado pequeno delito de tráfico de entorpecentes em que não se façam presentes para ambos os pressupostos da preventiva. Um deles é preso em flagrante, o outro não. Pela interpretação que se vem dando, o preso em flagrante não terá direito à liberdade. Permanecerá preso durante todo processo (salvo, pensamos, se verificado excesso de prazo injustificado na formação da culpa). Já em relação ao outro, não custodiado em flagrante, poderá permanecer em liberdade todo tempo, porque ausentes os pressupostos da prisão preventiva. Daí a razão pela qual entendemos correto defender que, independentemente da natureza do crime (hediondo ou não), a inafiançabilidade não pode e não deve constituir uma causa de empeço à liberdade. Trata-se de uma simples compreensão sistêmica de garantia constitucional.

Jurisprudência

648.5. [...] 1. O Plenário do Supremo Tribunal Federal, no HC 104.339/SP (Min. Gilmar Mendes, DJe de 06.12.2012), em evolução jurisprudencial, declarou a inconstitucionalidade da vedação à liberdade provisória prevista no art. 44 da Lei 11.343/2006. *Entendeu-se que (a) a mera* inafiançabilidade *do delito (CF, art. 5º, XLIII) não impede a concessão da liberdade provisória*; (b) sua vedação apriorística é incompatível com os princípios constitucionais da presunção de inocência e do devido processo legal, bem assim com o mandamento constitucional que exige a fundamentação para todo e qualquer tipo de prisão. [...] *(Habeas Corpus nº 113.945-SP, STF, 2ª Turma, Rel. Min. Teori Zavascki, julgado em 29.10.2013, publicado no DJ em 12.11.2013)*

648.5. [...] 1. A proibição de liberdade provisória, nos casos de crimes hediondos e equiparados, decorre da própria inafiançabilidade imposta pela Constituição da República à legislação ordinária (Constituição da República, art. 5º, inc. XLIII): Precedentes. O art. 2º, inc. II, da Lei n. 8.072/90 atendeu o comando constitucional, ao considerar inafiançáveis os crimes de tortura, tráfico ilícito de entorpecentes e drogas afins, o terrorismo e os definidos como crimes hediondos. Inconstitucional seria a legislação ordinária que dispusesse diversamente, tendo como afiançáveis delitos que a Constituição da República determina sejam inafiançáveis. Desnecessidade de se reconhecer a inconstitucionalidade da Lei n. 11.464/07, que, ao retirar a expressão "e liberdade provisória" do art. 2º, inc. II, da Lei n. 8.072/90, limitou-se a uma alteração textual: a proibição da liberdade provisória decorre da vedação da fiança, não da expressão suprimida, a qual, segundo a jurisprudência deste Supremo Tribunal, constituía redundância. Mera alteração textual, sem modificação da norma proibitiva de concessão da liberdade provisória aos crimes hediondos e equiparados, que continua vedada aos presos em flagrante por quaisquer daqueles delitos. A Lei n. 11.464/07 não poderia alcançar o delito de tráfico de drogas, cuja disciplina já constava de Lei especial (Lei n. 11.343/06, art. 44, *caput*), aplicável ao caso vertente. Irrelevância da existência, ou não, de fundamentação cautelar para a prisão em flagrante por crimes hediondos ou equiparados: Precedentes. Ordem denegada (*Habeas Corpus nº 101.101-MG, STF, 1ª Turma, unânime, Rel. Min. Cármen Lúcia, julgado em 25.5.2010, publicado no DJ em 24.11.2010*).

....

648.6. Quando o processo for manifestamente nulo (inciso VI): Hodiernamente, o inciso em tela é, talvez, um dos mais utilizados para amparar a impetração de *habeas corpus*. Dispõe a norma em comento que será considerada ilegal a coação quando o processo for manifestamente nulo. Em nossa compreensão, a locução *processo* precisa ser feita da forma mais ampla possível, abarcando, inclusive, em determinadas situações, o próprio inquérito policial ou demais investigações criminais (conforme a atribuição da autoridade que realiza a investigação).

Embora extremamente amplas as possibilidades que permitem a discussão da nulidade do processo mediante *habeas corpus*, de forma bastante marcante se destaca sua utilização para impugnação à competência processual, às provas ilícitas ou então à inobservância de fórmulas essenciais na realização dos atos processuais. Evitando-se tautologia do que já enfrentado alhures, reporta-se aos comentários insertos nos artigos 563 e seguintes, CPP, especialmente às considerações sobre nossa compreensão – e eventuais dissensos doutrinários – acerca das diferenças entre nulidades absolutas e relativas e suas consequências para o processo penal.

O que resta importante acentuar aqui é que a demonstração da nulidade deve ser manifesta, aferível de plano, como exige a própria natureza do *writ*. Como é cediço, não pode haver dilação probatória em sede de *habeas corpus*, muito menos exame aprofundado de provas e elementos que se apresentem controversos.

648.6.1. Nulidade pela ilicitude das provas: Não há de se admitir prova ilícita no processo penal. Esta é uma premissa da qual partimos e, até o presente momento, é acolhida também pelo Supremo Tribunal Federal e pelo Superior Tribunal de Justiça.

Estando relacionado ao princípio constitucional do devido processo legal (art. 5º, LV, CF/88) e também mais direta e objetivamente à previsão explícita do inciso LVI do art. 5º da CF/88 ("*são inadmissíveis, no processo, as provas obtidas por meios ilícitos*"), o *habeas corpus* tem sido utilizado de forma muito recorrente para a impugnação de provas produzidas no processo penal (em sede de investigação ou de ação penal mesmo) sob a pecha de serem ilícitas. Mas há de se recordar: não pode demandar *dilação de prova*, porque incompatível com o célere rito do *writ*.

Noutras palavras, cabível é o *writ* para a discussão – e eventual anulação da investigação ou da ação penal – se a prova *previamente constituída* e juntada aos autos da impetração for apta a demonstrar, cabalmente, que procede a arguição da ilicitude aventada, sendo de destacar que são bem amplas as hipóteses em que se discute a ilicitude das provas.

648.6.1.1. A presença de prova ilícita não repercute automaticamente na nulidade da investigação ou da ação penal: Mesmo que se esteja diante de situações em que produzidas provas ilícitas, essa circunstância, por si só, *não* autoriza que se declare a nulidade da investigação criminal ou do processo na qual juntada. É fundamental para a declaração de nulidade (e a extensão dos seus efeitos, conforme o caso – art. 573, CPP) que a prova tenha sido efetivamente considerada pelo julgador na formação de sua convicção ou que dela tenha decorrido a apuração das demais provas (contaminação pela ilicitude).

Jurisprudência

648.6.1.1. *Habeas corpus*. Prova Ilícita. Necessidade de comprovação da utilização da prova ilícita na sentença condenatória para declaração da nulidade do processo. [...] Ordem denegada (*Habeas Corpus nº 83.582-1-RJ, Rel. Min. Gilmar Mendes, STF, 2ª Turma, publicado no* DJ *em 11.5.2007*).

648.6.1.1. [...] Admite-se o *habeas corpus* contra decisão do STJ, para rever questões jurídicas decididas contra o réu no julgamento do REsp, ainda que fundado em dissídio jurisprudencial – (*v. g.* HC 83.468, 1ª T., 30.3.04, Pertence, *DJ* 23.4.04). Cabe o habeas corpus "*para aferir a idoneidade jurídica ou não das provas onde se fundou a decisão condenatória*" (*v. g.* HC 84.517, 1ª T., 19.10.04, Pertence). Sentença condenatória: nulidade inexistente: condenação apoiada em prova válida e tida por suficiente (*Habeas Corpus nº 85.410-9-RJ, STF, Rel. Min. Sepúlveda Pertence, 1ª Turma, publicado no* DJ *em 11.11.2005*).

648.6.1.2. Denúncia anônima e ilicitude da prova: Mesmo que de forma excepcional, a denúncia anônima pode ser admitida para fins de *notícia crime* e, consequentemente, deflagrar apurações preliminares, não havendo óbice para, ulteriormente, redundar em investigação formal. *(Destaque-se a Súmula 611 do STJ: "Desde que devidamente motivada e com amparo em investigação ou sindicância, é permitida a instauração de processo administrativo disciplinar com base em denúncia anônima, em face do poder-dever de autotutela imposto à Administração", STJ, 1ª Seção, aprovada em 9.5.2018, publicada no* DJ *em 14.5.2018).*

Encontram-se muitos posicionamentos rechaçando por completo a possibilidade da *denúncia anônima*. Assim não pensamos. É preciso obtemperar.

De fato, uma simples denúncia anônima não pode autorizar pedidos de quebras de sigilo, interceptações telefônicas, mandados de busca e apreensão ou instauração (formal) de inquéritos policiais.

Mas daí não pode decorrer silogismo no sentido de que toda denúncia anônima se apresentaria ilícita, contaminando as demais provas produzidas. Diante de toda notícia de prática de crime, é atribuição indeclinável das autoridades de Estado apurar a procedência ou não do que trazido ao seu conhecimento. Nenhuma investigação formalizada poderá ser iniciada se, de fato, não existir nenhum substrato mínimo, especialmente sobre a *existência* de um crime.

Não se está a dizer aqui que devem ser realizados procedimentos investigatórios escusos.

Absolutamente não.

A questão está em que a autoridade competente (seja qual for), para validamente iniciar uma formal investigação (como garantia do próprio investigado), precisa angariar dados mínimos acerca da procedência da notícia trazida ao seu conhecimento. Dentro dessas premissas, nenhum empeço existe para que se dê validade a denúncias anônimas. Desse modo, a partir da denúncia anônima é possível o início de investigações preliminares para, se houver evolução e comprovação do que denunciado, permitir a formalização de uma investigação. Porém quaisquer procedimentos mais invasivos na intimidade dos investigados (com a devida ponderação) somente poderão existir se, em investigação formal, estiverem presentes os requisitos para tanto.

Vide anotações ao art. 5º.4.

Jurisprudência

648.6.1.2. [...] A persecução penal pode ter origem em denúncia anônima, desde que os fatos sejam confirmados em investigação preliminar ou complementar. Mandado de busca e apreensão baseado apenas em denúncia anônima. Nulidade. [...] *(Agravo Regimental no Recurso Extraordinário com Agravo nº 1.484.189, STF, 1ª Turma, Rel. Min.Cristiano Zanin, julgado em 27.09.2024, publicado no DJ em 4.10.2024)*

648.6.1.2. [...] 1. O art. 5º, XI, da Constituição Federal consagrou o direito fundamental à inviolabilidade do domicílio, ao dispor que a casa é asilo inviolável do indivíduo, ninguém nela podendo penetrar sem consentimento do morador, salvo em caso de flagrante delito ou desastre, ou para prestar socorro, ou, durante o dia, por determinação judicial.

2. O Supremo Tribunal Federal definiu, em repercussão geral (Tema 280), que o ingresso forçado em domicílio sem mandado judicial apenas se revela legítimo – a qualquer hora do dia, inclusive durante o período noturno – quando amparado em fundadas razões, devidamente justificadas pelas circunstâncias do caso concreto, que indiquem estar *ocorrendo, no interior da casa, situação de flagrante delito (RE n.603.616/RO, Rel. Ministro Gilmar Mendes, DJe 8/10/2010). No mesmo* sentido, neste STJ: REsp n. 1.574.681/RS.

3. No caso, policiais receberam uma denúncia anônima segundo a qual o acusado estava com uma arma de fogo em via pública, razão por que o abordaram e encontraram a referida arma. Depois disso, decidiram ir até a residência da genitora dele, onde ele disse que residia, mas ela informou que o réu morava com o pai. Então dirigiram-se até tal residência e entraram no imóvel com a suposta autorização do paciente, oportunidade em que soltaram cães farejadores de drogas, sob a justificativa de que o réu tinha um antecedente por tráfico.

4. Não houve, entretanto, referência a prévia investigação, monitoramento ou campanas no local, a afastar a hipótese de que se tratava de averiguação de informações robustas e atuais acerca da existência de drogas naquele lugar. Da mesma forma, não se fez menção a nenhuma atitude suspeita, externalizada em atos concretos, tampouco movimentação de pessoas típica de comercialização de drogas. A denúncia anônima, aliás, nem sequer tratava da presença de entorpecentes no imóvel, mas sim do porte de arma de fogo em via pública distante do domicílio, a qual já havia sido encontrada e apreendida.

5. O simples fato de o acusado ter um antecedente por tráfico não autorizava a realização de busca domiciliar, porquanto desacompanhado de outros indícios concretos e robustos de que, naquele momento específico, ele guardava drogas em sua residência. Ora, admitir a validade desse fundamento para, isoladamente, autorizar essa diligência invasiva, implicaria, em última análise, permitir que todo indivíduo que um dia teve algum registro criminal na vida tenha seu lar diuturnamente vasculhado pelas forças policiais, a ensejar, além da inadmissível prevalência do "Direito Penal do autor" sobre o "Direito Penal do fato", uma espécie de perpetuação da pena restritiva de liberdade, por vezes até antes que ela seja imposta. Isso porque, mesmo depois de cumprida a *sanção penal (ou até antes da condenação), todo sentenciado (ou acusado ou investigado) poderia ter sua residência vistoriada, a qualquer* momento, para "averiguação" da existência de drogas, como se a anotação criminal lhe despisse para todo o sempre da presunção de inocência e da garantia da inviolabilidade domiciliar, além de lhe impingir uma marca indelével de suspeição.

6. Por ocasião do julgamento do HC n. 598.051/SP (Rel. Ministro Rogerio Schietti), a Sexta Turma desta Corte Superior de Justiça, à unanimidade, propôs nova e criteriosa abordagem sobre o controle do alegado consentimento do morador para o ingresso em seu domicílio por agentes estatais. Na ocasião, foram apresentadas as seguintes conclusões: a) Na hipótese de suspeita de crime em flagrante, exige-se, em termos de standard probatório para ingresso no domicílio do suspeito sem mandado judicial, a existência de fundadas razões (justa causa), aferidas de modo

objetivo e devidamente justificadas, de maneira a indicar que dentro da casa ocorre situação de flagrante delito; b) O tráfico ilícito de entorpecentes, em que pese ser classificado como crime de natureza permanente, nem sempre autoriza a entrada sem mandado no domicílio onde supostamente se encontra a droga. Apenas será permitido o ingresso em situações de urgência, quando se concluir que do atraso decorrente da obtenção de mandado judicial se possa objetiva e concretamente inferir que a prova do crime (ou a própria droga) será destruída ou ocultada; c) O consentimento do morador, para validar o ingresso de agentes estatais em sua casa e a busca e apreensão de objetos relacionados ao crime, precisa ser voluntário e livre de qualquer tipo de constrangimento ou coação; d) A prova da legalidade e da voluntariedade do consentimento para o ingresso na residência do suspeito incumbe, em caso de dúvida, ao Estado, e deve ser feita com declaração assinada pela pessoa que autorizou o ingresso domiciliar, indicando-se, sempre que possível, testemunhas do ato. Em todo caso, a operação deve ser registrada em áudio-vídeo e preservada tal prova enquanto durar o processo; e) A violação a essas regras e condições *legais e constitucionais para o ingresso no domicílio alheio resulta na ilicitude das provas obtidas em decorrência da medida, bem como das* demais provas que dela decorrerem em relação de causalidade, sem prejuízo de eventual responsabilização penal do(s) agente(s) público(s) que tenha(m) realizado a diligência.

7. A Quinta Turma desta Corte, no julgamento do HC n. 616.584/RS (Rel. Ministro Ribeiro Dantas, DJe 6/4/2021) perfilou igual entendimento ao adotado no referido HC n. 598.051/SP. Outros precedentes, de ambas as Turmas Criminais, consolidaram tal compreensão.

8. As regras de experiência e o senso comum, somados às peculiaridades do caso concreto, não conferem verossimilhança à afirmação dos agentes policiais de que o paciente, depois de ser abordado e preso por porte de arma de fogo em via pública distante de sua residência, sabendo ter drogas em casa, haveria livre e espontaneamente franqueado a realização de buscas no imóvel com cães farejadores, os quais fatalmente encontrariam tais substâncias.

9. Se, de um lado, deve-se, como regra, presumir a veracidade das declarações de qualquer servidor público, não se há de ignorar, por outro lado, que a notoriedade de frequentes eventos de abusos e desvios na condução de diligências policiais permite inferir como pouco crível a versão oficial apresentada no inquérito policial, máxime quando interfere em direitos fundamentais do indivíduo e quando se nota indisfarçável desejo de se criar narrativa que confira plena legalidade à ação estatal. Essa relevante dúvida não pode, dadas as circunstâncias concretas – avaliadas por qualquer pessoa isenta e com base na experiência quotidiana do que ocorre nos centros urbanos –, ser dirimida a favor do Estado, mas a favor do titular do direito atingido (*in dubio pro libertas*).

10. Em verdade, caberia aos agentes que atuam em nome do Estado demonstrar, de modo inequívoco, que o consentimento do morador foi livremente prestado, ou que, na espécie, havia em curso na residência *uma clara situação de comércio espúrio de droga, a autorizar, pois, o ingresso domiciliar mesmo sem consentimento válido do morador.*

11. Mesmo se ausente coação direta e explícita sobre o acusado, as circunstâncias de ele já haver sido preso em flagrante pelo porte da arma de fogo em via pública e estar detido, sozinho – sem a oportunidade de ser assistido por defesa técnica e sem mínimo esclarecimento sobre seus direitos –, diante de dois policiais armados, poderiam macular a validade de eventual consentimento (caso provado), em virtude da existência de um constrangimento ambiental/circunstancial. Isso porque a prova do consentimento do morador é um requisito necessário, mas não suficiente, por si só, para legitimar a diligência policial, porquanto deve ser assegurado que tal consentimento, além de existente, seja válido, isto é, livre de vícios aptos a afetar a manifestação de vontade.

12. Em Scheneckloth v. Bustamonte, 412 U.S. 218 (1973), a Suprema Corte dos Estados Unidos estabeleceu algumas orientações sobre o significado do termo "consentimento". Decidiu-se que as buscas mediante consentimento do morador (ou, como no caso, do ocupante do automóvel onde se realizou a busca) são permitidas, "mas o Estado carrega o ônus de provar 'que o consentimento foi, de fato, livre e voluntariamente dado'". O consentimento não é livre quando de alguma forma se percebe uma coação da sua vontade. A Corte indicou que o teste da "*totality of circumstances*" deve ser aplicado mentalmente, considerando fatores subjetivos, relativos ao próprio suspeito (i.e., se ele é particularmente vulnerável devido à falta de estudos, baixa inteligência, perturbação mental ou intoxicação por drogas ou álcool) e fatores objetivos que sugerem

coação (se estava detido, se os policiais estavam com suas armas à vista, ou se lhe disseram ter o direito de realizar a busca, ou exercitaram outras formas de sutil coerção), entre outras hipóteses que poderiam interferir no livre assentimento do suspeito (ISRAEL, Jerold H.; LAFAVE, Wayne R. Criminal procedure. *Constitucional limitations*. 5. ed. St. Paul: West Publishing, 1993, p. 139-141).

13. O art. 152 do Código Civil, ao disciplinar a coação como um dosvícios do consentimento nos negócios jurídicos, dispõe que: "No apreciar a coação, ter-se-ão em conta o sexo, a idade, a condição, a saúde, o temperamento do paciente e todas as demais circunstâncias que possam influir na gravidade dela". Se, no Direito Civil, que envolve, em regra, direitos patrimoniais disponíveis, em uma relação equilibrada entre particulares, todas as circunstâncias que possam influir na liberdade de manifestação da vontade devem ser consideradas, com muito mais razão isso deve ocorrer no Direito Penal (*lato sensu*), que trata de direitos indisponíveis de um indivíduo diante do poderio do Estado, em relação manifestamente desigual.

14. É justamente essa disparidade de forças, aliás, somada à ausência de liberdade negocial concreta, que leva ao frequente reconhecimento da invalidade da manifestação de vontade da parte hipossuficiente no âmbito do Direito do Consumidor, mesmo quando externada por escrito e relativa a direitos disponíveis, em virtude da abusividade de cláusulas impostas pelo lado mais forte, nos termos, por exemplo, do art. 51, IV do CDC: "São nulas de pleno direito, entre outras, as cláusulas contratuais relativas ao fornecimento de produtos e serviços que: IV - estabeleçam obrigações consideradas iníquas, abusivas, que coloquem o consumidor em desvantagem exagerada, ou sejam incompatíveis com a boa-fé ou a eqüidade".

15. Deveras, retomando a hipótese dos autos, uma vez que o acusado já estava preso por porte de arma de fogo em via pública, sozinho, diante de dois policiais armados, sem a opção de ser assistido por defesa técnica e sem mínimo esclarecimento sobre seus direitos, não é crível que estivesse em plenas condições de prestar livre e válido consentimento para que os agentes de segurança estendessem a diligência com uma varredura especulativa auxiliada por cães farejadores em seu domicílio à procura de drogas, a ponto de lhe impor uma provável condenação de 5 a 15 anos de reclusão, além da pena prevista para o crime do art. 14 do Estatuto do Desarmamento, no qual *já havia incorrido*.

16. A diligência policial, no caso dos autos, a rigor, configurou verdadeira pescaria probatória (fishing expedition) no domicílio do acusado. Com efeito, uma vez que a arma de fogo mencionada na denúncia anônima já havia sido apreendida com o paciente em via pública (distante da residência, frise-se) e não existia nenhum indício concreto, nem sequer informação apócrifa, quanto à presença de drogas no interior do imóvel, não havia razão legítima para que os agentes de segurança se dirigissem até o local e realizassem varredura meramente especulativa à procura de entorpecentes com cães farejadores. Cabia-lhes, apenas, diante do encontro da arma de fogo em via pública, conduzir o réu à delegacia para a lavratura do auto de prisão em flagrante.

17. A descoberta *a posteriori* de uma situação de flagrante decorreu de ingresso ilícito na moradia do acusado, em violação da norma constitucional que consagra direito fundamental à inviolabilidade do domicílio, o que torna imprestável, no caso concreto, a prova ilicitamente obtida e, por conseguinte, todos os atos dela decorrentes.

18. Porque as instâncias ordinárias, ao condenar o réu pelo crime previsto no art. 14 da Lei n. 10.823/2006, consideraram que a apreensão da arma de fogo ocorreu antes e fora da residência, em contexto fático independente, a condenação por tal delito não é atingida pela declaração de ilicitude das provas colhidas no interior do domicílio, notadamente quando verificado que a validade da busca pessoal que resultou na apreensão da referida arma na cintura do paciente não foi questionada pela defesa.

19. Ordem concedida para, considerando que não houve fundadas razões, tampouco comprovação de consentimento válido para a realização de buscas por drogas no domicílio do paciente, reconhecer a ilicitude das provas por esse meio obtidas, bem como de todas as que delas decorreram, e, por conseguinte, absolvê-lo em relação à prática do delito de tráfico de drogas. (Habeas Corpus nº 762.932–SP, STJ, 5ª Turma, Rel. Min. Rogério Schietti Cruz, julgado em 22.11.2022, publicado no DJ em 30.11.2022)

648.6.1.2. [...] O STF "fixou entendimento no sentido de que é possível a deflagração da persecução penal pela chamada denúncia anônima, desde que esta seja seguida de diligências realizadas para averiguar os fatos nela noticiados antes da instauração do inquérito policial (HC

108.147, Rel. Min. Cármen Lúcia, Segunda Turma, DJe de 1º/2/2013)" (ARE 1.112.656, Rel. Min. Luiz Fux). [...] *(Agravo Regimental nos Embargos de Declaração no Recurso Extraordinário com Agravo nº 1.317.660/PR, STF, 1ª Turma, unânime, Rel. Min. Roberto Barroso, julgado em sessão virtual de 20.8.2021 a 27.8.2021, publicado no DJ em 20.9.2021)*

648.6.1.2. [...] 2. Consolidou-se na jurisprudência pátria não ser possível autorizar interceptação telefônica com base exclusivamente em denúncia anônima. Dessa forma, tendo a denúncia anônima apenas deflagrado as diligências, não se cuidando de elemento único a dar suporte às interceptações telefônicas, não há se falar em ilegalidade. 3. "*De acordo com a jurisprudência consolidada deste Superior Tribunal de Justiça, não há necessidade de gravação dos diálogos objeto de interceptação telefônica em sua integralidade, visto que a Lei 9.296/96 não faz qualquer exigência nesse sentido*" (AgRg no REsp 1.533.480/RR, Rel. Min. Maria Thereza de Assis Moura). Igualmente, "*não há necessidade de degravação dos diálogos por peritos oficiais, visto a inexistência de previsão legal nesse sentido*" (HC 258.763/SP, Rel. Min. Maria Thereza de Assis Moura). 4. "*A jurisprudência dos Tribunais superiores é firme no sentido de que o prazo de duração da interceptação pode ser renovado indefinidamente, desde que comprovada a real indispensabilidade da medida e mediante decisão judicial devidamente fundamentada (precedentes)*" (RHC 43.270/SP, Rel. Ministro Felix Fischer). [...] (*RHC nº 49.496-SP, STJ, 5ª Turma, unânime, Rel. Min. Reynaldo Soares da Fonseca, julgado em 23.9.2016, publicado no* DJ *em 23.9.2016*).

648.6.1.2. [...] A denúncia anônima é apta à deflagração da persecução penal quando seguida de diligências para averiguar os fatos nela noticiados antes da instauração de inquérito policial. Precedentes: HC 108.147, Segunda Turma, Relatora a Ministra Cármen Lúcia, DJe de 1º.02.13; HC 105.484, Segunda Turma, Relatora a Ministra Cármen Lúcia, DJe de 16.04.13; HC 99.490, Segunda Turma, Relator o Ministro Joaquim Barbosa, DJe de 1º.02.11; HC 98.345, Primeira Turma, Redator para o acórdão o Ministro Dias Toffoli, DJe de 17.09.10; HC 95.244, Primeira Turma, Relator o Ministro Dias Toffoli, DJe de 30.04.10. [...] (*Agravo Regimental no Habeas Corpus nº 120.234-PA, STF, 1ª Turma, Rel. Min. Luiz Fux, julgado em 11.3.2014, publicado no* DJ *em 26.3.2014*).

648.6.1.2. [...] A questão controvertida consiste na possível existência de prova ilícita ("denúncia anônima" e prova colhida sem observância da garantia da inviolabilidade do domicílio), o que contaminaria o processo que resultou na sua condenação. Legitimidade e validade do processo que se originou de investigações baseadas, no primeiro momento, de "denúncia anônima" dando conta de possíveis práticas ilícitas relacionadas ao tráfico de substância entorpecente. Entendeu-se não haver flagrante forjado o resultante de diligências policiais após denúncia anônima sobre tráfico de entorpecentes (HC 74.195, rel. Min. Sydney Sanches, 1ª Turma, *DJ* 13.9.1996). Elementos indiciários acerca da prática de ilícito penal. Não houve emprego ou utilização de provas obtidas por meios ilícitos no âmbito do processo instaurado contra o recorrente, não incidindo, na espécie, o disposto no art. 5º, inciso LVI, da Constituição Federal. Garantia da inviolabilidade do domicílio é a regra, mas constitucionalmente excepcionada quando houver flagrante delito, desastre, for o caso de prestar socorro, ou, ainda, por determinação judicial. Outras questões levantadas nas razões recursais envolvem o revólver de substrato fático-probatório, o que se mostra inviável em sede de *habeas corpus*. Recurso ordinário em *habeas corpus* improvido (*RHC nº 86.082-RS, STF, 2ª Turma, Rel. Min. Ellen Gracie, publicado no* DJ *em 5.8.2008*).

648.6.1.3. Inviolabilidade de domicílio e prova ilícita: O inciso XI do art. 5º da CF/88 é expresso no sentido de que "*a casa é asilo inviolável do indivíduo, ninguém nela podendo penetrar sem consentimento do morador, salvo em caso de flagrante delito ou desastre, ou para prestar socorro, ou, durante o dia, por determinação judicial*".

O que se deve ter por englobado no conceito de *casa*? Em nossa compreensão, trata-se de todo e qualquer local em que haja privacidade dos ocupantes e que terceiros necessitam do consentimento daqueles para o ingresso no recinto reservado.

Pela regra constitucional, são três as hipóteses de ingresso em local no qual haja reserva de privacidade: (a) por convite ou consentimento do morador; (b) em flagrante delito ou para prestar socorro, em qualquer hora do dia; (c) para cumprimento de ordem judicial, durante o dia (a execução deve iniciar durante o dia, mas nenhum óbice existe para que se protraia no tempo, inclusive adentrando em noites seguintes, se necessário para a realização da diligência ordenada judicialmente).

Qualquer ingresso em local reservado pela intimidade fora dessas hipóteses acarretará a nulidade de eventuais provas produzidas, inclusive em sede processual penal.

Tal como destacado anteriormente (vide itens 240.5 e 283.7), a Lei nº 13.869, de 2019 (que tratou dos denominados "crimes de abuso de autoridade"), previu no art. 22, § 1º, III, que se aplicam as mesmas penas do *caput* para quem cumprir "*mandado de busca e apreensão domiciliar após as 21h (vinte e uma horas) ou antes das 5h (cinco horas)*".

Há um marco legal expressamente definido como aquele possível para a execução de buscas e apreensões (fora das exceções constitucionais e legais, como aquela prevista no próprio § 2º do art. 22).

Compreendemos que o marco temporal é referente ao *início* antes das 5h (manhã) ou das 21h (noite), sendo plenamente possível que uma medida que se iniciar dentro desse interregno – se for o caso, necessário e devidamente justificado – possa se estender para além do limite máximo previsto em lei. A proibição legal fica bem clara que é para o início da execução, não para seu término. Igualmente compreendemos que esse marco deverá ser observado como aquele para o cumprimento de mandados de prisões preventivas (sempre ressalvadas as hipóteses constitucionais).

Jurisprudência

648.6.1.3. [...] Inviolabilidade de domicílio – art. 5º, XI, da CF. Busca e apreensão domiciliar sem mandado judicial em caso de crime permanente. Possibilidade. A Constituição dispensa o mandado judicial para ingresso forçado em residência em caso de flagrante delito. [...] A cláusula que limita o ingresso ao período do dia é aplicável apenas aos casos em que a busca é determinada por ordem judicial. Nos demais casos – flagrante delito, desastre ou para prestar socorro – a Constituição não faz exigência quanto ao período do dia. Controle judicial *a posteriori*. Necessidade de preservação da inviolabilidade domiciliar. Interpretação da Constituição. Proteção contra ingerências arbitrárias no domicílio. Muito embora o flagrante delito legitime o ingresso forçado em casa sem determinação judicial, a medida deve ser controlada judicialmente. A inexistência de controle judicial, ainda que posterior à execução da medida, esvaziaria o núcleo fundamental da garantia contra a inviolabilidade da casa (art. 5º, XI, da CF) e deixaria de proteger contra ingerências arbitrárias no domicílio (Pacto de São José da Costa Rica, artigo 11, 2, e Pacto Internacional sobre Direitos Civis e Políticos, artigo 17, 1). O controle judicial *a posteriori* decorre tanto da interpretação da Constituição, quanto da aplicação da proteção consagrada em tratados internacionais sobre direitos humanos incorporados ao ordenamento jurídico. Normas internacionais de caráter judicial que se incorporam à cláusula do devido processo legal. [...] A entrada forçada em domicílio, sem uma justificativa prévia conforme o direito, é arbitrária. Não será a constatação de situação de flagrância, posterior ao ingresso, que justificará a medida. Os agentes estatais devem demonstrar que havia elementos mínimos a caracterizar fundadas razões (justa causa) para a medida. [...] Fixada a interpretação de que a entrada forçada em domicílio sem mandado judicial só é lícita, mesmo em período noturno, quando amparada em fundadas razões, devidamente justificadas *a posteriori*, que indiquem que dentro da casa ocorre situação de flagrante delito, sob pena de responsabilidade disciplinar, civil e penal do agente ou da autoridade e de nulidade dos atos praticados. [...] Caso concreto. Existência de fundadas razões para suspeitar de flagrante de tráfico de drogas. Negativa de provimento ao recurso (*RE nº 603.616, STF, Plenário, Rel. Min. Gilmar Mendes, julgado em 6.5.2016, publicado no* DJ *em 10.5.2016*).

648.6.1.3. [....] A inviolabilidade domiciliar não se aplica a imóveis abandonados ou utilizados exclusivamente para o tráfico de drogas. A jurisprudência desta Corte é firme no sentido de que a proteção constitucional da inviolabilidade do domicílio depende de sua utilização como moradia (AgRg no HC 873670/AL, Rel. Min. Reynaldo Soares da Fonseca, Quinta Turma, DJe de 26/02/2024). No caso, o réu negou vínculo com o imóvel, que se tratava de casa abandonada usada por traficantes, afastando a incidência do art. 240, § 1º, do CPP. [...] *(Habeas Corpus nº 882.236-RJ, STJ, 5ª Turma, Rel. Min. Daniela Teixeira, julgado em 14.11.2024, publicado no DJ em 19.11.2024)*

648.6.1.3 [...] 1. O Estado possui o dever-poder de controle e fiscalização ambiental, além do inerente exercício do poder de polícia. Assim, é possível o ingresso em área privada, não enquadrada no conceito de domicílio, sem autorização judicial prévia, para realização de fiscalização e estudo técnico para verificar ocorrência de crime ambiental.[...] *(Recurso Especial nº 1.947.718-PR, STJ, 6ª Turma, Rel. Min. Sebastião Reis Júnior, julgado em 3.9.2024, publicado no DJ em 6.9.2024)*

648.6.1.3 [...] 1. A inviolabilidade domiciliar constitui uma das mais antigas e importantes garantias individuais de uma Sociedade civilizada pois engloba a tutela da intimidade, da vida privada, da honra, bem como a proteção individual e familiar do sossego e tranquilidade, que não podem ceder salvo excepcionalmente à persecução penal do Estado.

2. Os direitos à intimidade e à vida privada consubstanciados em bens, pertences e documentos pessoais existentes dentro de "casa" garantem uma salvaguarda ao espaço íntimo intransponível por intromissões ilícitas externas, e contra flagrantes arbitrariedades.

3. Excepcionalmente, porém, a Constituição Federal estabelece específica e restritamente as hipóteses possíveis de violabilidade domiciliar, para que a casa não se transforme em garantia de impunidade de crimes, que em seu interior se pratiquem ou se pretendam ocultar. Dessa maneira, nos termos do já citado inciso XI, do artigo 5º da Constituição Federal, a casa é o asilo inviolável do indivíduo, ninguém nela podendo penetrar sem consentimento do morador, salvo em caso de flagrante delito ou desastre, ou para prestar socorro, ou, ainda, durante o dia, por determinação judicial.

4. O alcance interpretativo do inciso XI, do artigo 5º da Constituição Federal foi definido pelo Supremo Tribunal Federal, na análise do RE 603.616/RO (Rel. Min. Gilmar mendes, DJe de 10/5/2016, Tema 280 de Repercussão Geral), a partir, exatamente, das premissas da excepcionalidade e necessidade de eficácia total da garantia fundamental; tendo sido estabelecida a seguinte TESE: A entrada forçada em domicílio sem mandado judicial só é lícita, mesmo em período noturno, quando amparada em fundadas razões, devidamente justificadas a posteriori, que indiquem que dentro da casa ocorre situação de flagrante delito, sob pena de responsabilidade disciplinar, civil e penal do agente ou da autoridade, e de nulidade dos atos praticados.

5. Ocorre, entretanto, que o Tribunal de origem, no caso concreto ora sob análise, após aplicar o Tema 280 de Repercussão Geral dessa Suprema Corte, foi mais longe, alegando que não obstante os agentes de segurança pública tenham recebido denúncia anônima acerca do tráfico de drogas no local e o suspeito tenha empreendido fuga para dentro do imóvel ao perceber a presença dos policiais, tais fatos não constituiriam fundamentos hábeis a permitir o ingresso no domicílio do acusado, haja vista que não houve nenhuma diligência investigatória prévia apta a evidenciar elementos mais robustos da ocorrência do tráfico naquele endereço.

6. Nesse ponto, não agiu com o costumeiro acerto o Tribunal de origem, pois acrescentou requisitos inexistentes no inciso XI, do artigo 5º da Constituição Federal, desrespeitando, dessa maneira, os parâmetros definidos no Tema 280 de Repercussão Geral por essa SUPREMA CORTE. [...] *(Agravo Regimental no Recurso Extraordinário nº 1.447.374, STF, 1ª Turma, Rel. Min. Alexandre de Moraes, sessão virtual de 22.9.2023 a 29.9.2023, publicado no DJ em 9.10.2023)*

648.6.1.3 [...] 3. No caso, não há flagrante ilegalidade, porquanto, após denúncias anônimas da prática de tráfico de drogas na residência e do recebimento de armas pela recorrente e corréus, oriundos de outro município, houve monitoração prévia do local pelos policiais, com visualização do corréu tentando empreender fuga pelo telhado e escondendo debaixo da telha uma arma de fogo; estando hígidas, portanto, as provas produzidas.

4. Verifica-se a existência de situação emergencial que inviabilizaria o prévio requerimento de mandado judicial, evidenciando-se a existência de razões suficientes para mitigar a garantia constitucional da inviolabilidade de domicílio, estando atendidas a contento as premissas jurisprudenciais estabelecidas pelos tribunais superiores quanto à questão da entrada forçada de agentes de segurança em domicílio, afastando-se a ilicitude da prova apontada pela defesa. [...] *(Agravo*

Regimental no Habeas Corpus nº 831.810-RJ, STJ, 6ª Turma, Rel. Min. Antonio Saldanha Palheiro, sessão virtual de 10.10.2023 a 16.10.2023, publicado no DJ em 19.10.2023)

648.6.1.3 [...] 1. O estabelecimento comercial – em funcionamento e aberto ao público – não pode receber a proteção que a Constituição Federal – CF confere à casa. Assim, não há violação à garantia constitucional da inviolabilidade do domicílio, a caracterizar constrangimento ilegal. Precedentes. No caso em apreço, constata-se que os fatos em exame ocorreram durante diligências investigatórias de denúncia anônima, ocasião em que policiais militares lograram êxito em apreender considerável quantidade de substância entorpecente, em condições de fracionamento típicas da mercancia ilícita, dentro do galpão de uma empresa de logística, estabelecimento comercial que estava com o portão aberto ao público e estava em horário comercial. Ademais, registra-se que o acórdão atacado foi explícito em afirmar que a empresa estava aberta ao público e qualquer conclusão em sentido contrário não pode ser realizada na estreita via do *habeas corpus*, pois esta ação constitucional não admite o revolvimento probatório. [...] *(Agravo Regimental no Habeas Corpus nº 829.842-SP, STJ, 5ª Turma, Rel. Min. Joel Ilan Paciornik, sessão virtual de 10.10.2023 a 16.10.2023, publicado no DJ em 18.10.2023)*

648.6.1.3 [...] A oficinas e a outros estabelecimentos comerciais abertos ao público não se estende, de ordinário, a cláusula de inviolabilidade domiciliar. [...] *(Agravo Regimental no Habeas Corpus nº 809.677-SP, STJ, 5ª Turma, Rel. Min. Reynaldo Soares da Fonseca, julgado em 18.4.2023, publicado no DJ em 24.4.2023)*

648.6.1.3 [...] 1. Verifica-se a presença da justa causa para a adoção da medida de busca e apreensão sem mandado judicial, uma vez que os policiais militares só ingressaram na residência após avistarem, pela porta aberta pelo paciente, o carregador da pistola em cima do sofá. Nesse contexto, constatado o flagrante antes mesmo do ingresso dos policiais, tem-se manifesta a justa causa, não havendo se falar, portanto, em nulidade. - Relevante anotar que "desconstituir as conclusões das instâncias ordinárias a respeito da dinâmica do flagrante demandaria aprofundado revolvimento fático-probatório, procedimento vedado na via estreita do habeas corpus". (AgRg no HC n. 711.771/GO, relator Ministro Joel Ilan Paciornik, Quinta Turma, julgado em 3/5/2022, DJe de 6/5/2022.) [...] *(Agravo Regimental no Habeas Corpus nº 760.124–ES, STJ, 5ª Turma, Rel. Min. Reynaldo Soares da Fonseca, julgado em 22.11.2022, publicado no DJ em 28.11.2022)*

648.6.1.3 [...] o crime de tráfico de drogas na modalidade atribuída ao ora paciente (guardar ou ter em depósito) possui natureza permanente. Tal fato torna legítima a entrada de policiais em domicílio para fazer cessar a prática do delito, independentemente de mandado judicial, desde que existam elementos suficientes de probabilidade delitiva capazes de demonstrar a ocorrência de situação flagrancial. Pela leitura dos autos, verifica-se que os policiais, em virtude de uma denúncia anônima, dando conta de que o paciente, que já era conhecido da polícia pela mercancia ilícita, estaria realizando a distribuição de drogas no Bairro Planalto, utilizando-se de sua residência como ponto de venda de entorpecentes, diligenciaram até o local e lá, o visualizaram na porta de sua casa, ocasião em que este, ao avistar os policiais empreendeu fuga para o interior do imóvel, razão pela qual os policiais, com a prévia autorização da mãe do paciente que a tudo acompanhou, adentraram a residência mesmo sem autorização judicial, e lá conseguiram apreender além das drogas, petrechos de mercancia, tais como balança de precisão e uma faca com resquícios de entorpecentes.[....] *(Agravo Regimental na Reclamação nº 52.896-GO, STF, 1ª Turma, Rel. Min. Rosa Weber, julgado em sessão virtual encerrada em 20.5.2022, publicado no DJ em 25.5.2022)*

648.6.1.3 [...] 1. Consoante decidido no RE 603.616/RO, pelo Supremo Tribunal Federal, não é necessária a certeza em relação à ocorrência da prática delitiva para se admitir a entrada em domicílio, bastando que, em compasso com as provas produzidas, seja demonstrada a justa causa na adoção da medida, ante a existência de elementos concretos que apontem para o caso de flagrante delito. 2. No caso, inexistiram em elementos *com firmeza* a indicar a existência de tráfico de drogas no interior da residência, tais como monitoramento ou campanas, movimentação de pessoas ou investigações prévias. 3. A declaração do investigado acerca da propriedade ou do local no qual acondicionadas as drogas, proferida em clima de pressão, de confronto e estresse policial, não pode ser considerada livre e espontânea, a menos que tivesse sido por escrito e testemunhada, ou documentada em vídeo, pelo que se afigura ilícita a prova obtida mediante violação de domicílio desprovida de fundadas razões, ou de cobertura de ordem judicial. A boa intenção dos policiais e a apreensão de droga não justificam o descumprimento da Constituição quando protege a casa como asilo inviolável da pessoa (art. 5º, XI), 4. Sem a indicação de dado concreto sobre a existência de justa causa para autorizar a medida invasiva de ingresso no domicílio, deve ser reconhecida a ilegalidade por ilicitude da prova, bem como das provas dela derivadas, nos termos do art. 157, caput e § 1º, do CPP. [...] *(Recurso em Habeas Corpus nº 151.491/BA, STJ, 6ª Turma, unânime, Rel. Min. Olindo Menezes, julgado em 7.12.2021, publicado no DJ em 13.12.2021)*

648.6.1.3. [...] 2. O Supremo Tribunal Federal definiu, em repercussão geral, que o ingresso forçado em domicílio sem mandado judicial apenas se revela legítimo – a qualquer hora do dia, inclusive durante o período noturno – quando amparado em fundadas razões, devidamente justificadas pelas circunstâncias do caso concreto, que indiquem estar ocorrendo, no interior da casa, situação de flagrante delito (RE n. 603.616/RO, Rel. Min. Gilmar Mendes, *DJe* 8.10.2010). [...] 3. O ingresso regular em domicílio alheio depende, para sua validade e regularidade, da existência de fundadas razões (justa causa) que sinalizem para a possibilidade de mitigação do direito fundamental em questão. É dizer, somente quando o contexto fático *anterior* à invasão permitir a conclusão acerca da ocorrência de crime no interior da residência é que se mostra possível sacrificar o direito à inviolabilidade do domicílio. 4. No caso, os próprios policiais afirmaram, em depoimento na delegacia, que adentraram na residência em razão de uma denúncia anônima acerca de crime de tráfico de drogas e porte de armas, ficando claro que não houve qualquer investigação preliminar à invasão, para confirmar a autoria e a materialidade delitiva, o que nulifica a prova produzida. [...] Ordem concedida de ofício para declarar nulo o processo e absolver o paciente de todos os crimes a que fora condenado nos autos da Ação Penal nº 0018782-52.2016.8.19.0014 (2ª Vara Criminal de Campos dos Goytacazes) *(Habeas Corpus n. 442.363-RJ, STJ, 5ª Turma, unânime, Rel. Min. Reynaldo Soares da Fonseca, julgado em 2.8.2018, publicado no* DJ *em 5.9.2018).*

648.6.1.3 [...] 2. O Supremo Tribunal Federal, em sede de recurso extraordinário submetido à sistemática da repercussão geral, fixou a tese de que *a entrada forçada em domicílio sem mandado judicial só é lícita, mesmo em período noturno, quando amparada em fundadas razões, devidamente justificadas* a posteriori, *que indiquem que dentro da casa ocorre situação de flagrante delito, sob pena de responsabilidade disciplinar, civil e penal do agente ou da autoridade e de nulidade dos atos praticados* (RE 603.616/TO, Tribunal Pleno, Rel. Min. Gilmar Mendes, *DJe* 10.5.2016). 3. No caso em análise, verifica-se, pela leitura do acórdão recorrido, que, em nenhum momento, foi explicitado, com dados objetivos e concretos, em que consistiria eventual atitude suspeita por parte do acusado. Não há qualquer referência a prévia investigação, a monitoramento ou a campanas no local, não se tratando sequer de averiguação de denúncia robusta e, sim de uma denúncia anônima acerca da comercialização de entorpecentes no local indicado. Tal denúncia anônima autorizaria a abordagem policial, em via pública do envolvido, para averiguação, mas não, por si só, o ingresso em seu domicílio, sem o seu consentimento e sem determinação judicial. 4. Não se pode concluir por outros meios, salvo a abordagem policial no interior da residência, que o acusado estivesse praticando o tráfico de drogas, ainda que tenha havido posterior descoberta e apreensão de cerca de 1.272 pedras de crack, pesando 281 g, sob pena de violação do princípio da inviolabilidade do domicílio. Ademais, salienta-se que a descoberta *a posteriori* de uma situação de flagrante não passou de mero acaso, não justificando a prova obtida ilicitamente. Portanto, pelo contexto fático delineado nos autos, em que pese eventual boa-fé dos policiais militares, não havia elementos objetivos e concretos que justificassem a invasão de domicílio, devendo o acórdão recorrido ser mantido. [...] *(Agravo Regimental no Recurso Especial n. 1.753.662-RS, 5ª Turma, unânime, Rel. Min. Reynaldo Soares da Fonseca, julgado em 18.9.2018, publicado no* DJ *em 27.9.2018).*

648.6.1.3. [...] II – É firme a jurisprudência deste Superior Tribunal de Justiça no sentido de que não causa nulidade a ocorrência de inequívoco erro material na indicação do endereço alvo da medida cautelar, na decisão judicial que defere representação por busca e apreensão, se a diligência for realizada no endereço correto dos investigados. III – Na hipótese, o juiz de primeira instância pretendia autorizar e, de fato, autorizou a medida cautelar de busca e apreensão na residência dos recorrentes. Entretanto, por erro material, foi outro o endereço listado no r. *decisum* de piso, o que não impediu a autoridade policial de levar a cabo a medida no endereço correto, cumprindo a sua finalidade. [...] *(RHC n. 84.520-PA, STJ, 5ª Turma, unânime, Rel. Min. Felix Fischer, julgado em 20.6.2017, publicado no DJ em 30.6.2017).*

648.6.1.3. [...] – Para os fins da proteção jurídica a que se refere o art. 5º, XI, da Constituição da República, o conceito normativo de "*casa*" revela-se abrangente e, por estender-se a qualquer aposento de habitação coletiva, desde que ocupado (CP, art. 150, § 4º, II), compreende, observada essa específica limitação espacial, os quartos de hotel. Doutrina. Precedentes. Sem que ocorra qualquer das situações excepcionais taxativamente previstas no texto constitucional (art. 5º, XI), nenhum agente público poderá, contra a vontade de quem de direito ("*invito domino*"), ingressar, durante o dia, sem mandado judicial, em aposento ocupado de habitação coletiva, sob pena de a prova resultante dessa diligência de busca e apreensão reputar-se inadmissível, porque impregnada de ilicitude originária. Doutrina. Precedentes (STF). [...] A ação persecutória do Estado, qualquer que seja a instância de poder perante a qual se instaure, para revestir-se de legitimidade, não pode apoiar-se em elementos probatórios ilicitamente obtidos, sob pena de ofensa à garantia constitucional do "*due process of law*", que tem, no dogma da inadmissibilidade das provas ilícitas, uma de suas mais expressivas projeções concretizadoras no plano do nosso sistema de direito positivo. A Constituição da República, em norma revestida de conteúdo vedatório (CF, art. 5º, LVI), desautoriza, por incompatível com os postulados que regem uma sociedade fundada em bases democráticas (CF, art. 1º), qualquer prova cuja obtenção, pelo Poder Público, derive de transgressão a cláusulas de ordem constitucional, repelindo, por isso mesmo, quaisquer elementos probatórios que resultem de violação do direito material (ou, até mesmo, do direito processual), não prevalecendo, em consequência, no ordenamento normativo brasileiro, em matéria de atividade probatória, a fórmula autoritária do "*male captum, bene retentum*". Doutrina. Precedentes. [...] Ninguém pode ser investigado, denunciado ou condenado com base, unicamente, em provas ilícitas, quer se trate de ilicitude originária, quer se cuide de ilicitude por derivação. Qualquer novo dado probatório, ainda que produzido, de modo válido, em momento subsequente, não pode apoiar-se, não pode ter fundamento causal nem derivar de prova comprometida pela mácula da ilicitude originária. A exclusão da prova originariamente ilícita – ou daquela afetada pelo vício da ilicitude por derivação – representa um dos meios mais expressivos destinados a conferir efetividade à garantia do "*due process of law*" e a tornar mais intensa, pelo banimento da prova ilicitamente obtida, a tutela constitucional que preserva os direitos e prerrogativas que assistem a qualquer acusado em sede processual penal. Doutrina. Precedentes. A doutrina da ilicitude por derivação (teoria dos "*frutos da árvore envenenada*") repudia, por constitucionalmente inadmissíveis, os meios probatórios, que, não obstante produzidos, validamente, em momento ulterior, acham-se afetados, no entanto, pelo vício (gravíssimo) da ilicitude originária, que a eles se transmite, contaminando-os, por efeito de repercussão causal. Hipótese em que os novos dados probatórios somente foram conhecidos, pelo Poder Público, em razão de anterior transgressão praticada, originariamente, pelos agentes da persecução penal, que desrespeitaram a garantia constitucional da inviolabilidade domiciliar. Revelam-se inadmissíveis, desse modo, em decorrência da ilicitude por derivação, os elementos probatórios a que os órgãos da persecução penal somente tiveram acesso em razão da prova originariamente ilícita, obtida como resultado da transgressão, por agentes estatais, de direitos e garantias constitucionais e legais, cuja eficácia condicionante, no plano do ordenamento positivo brasileiro, traduz significativa limitação de ordem jurídica ao poder do Estado em face dos cidadãos. Se, no entanto, o órgão da persecução penal demonstrar que obteve, legitimamente, novos elementos de informação a partir de uma fonte autônoma de prova – que não guarde qualquer relação de dependência nem decorra da prova originariamente ilícita, com esta não mantendo vinculação causal –, tais dados probatórios revelar-se-ão plenamente admissíveis, porque não contaminados pela mácula da ilicitude originária (*RHC nº 90.376-2-RJ, Rel. Min. Celso de Mello, STF, 2ª Turma, unânime, julgado em 3.4.2007, publicado no* DJ *em 18.5.2007*).

648.6.1.3. [...] Para os fins da proteção constitucional a que se refere o art. 5º, XI, da Carta Política, o conceito normativo de "casa" revela-se abrangente e, por estender-se a qualquer compartimento privado onde alguém exerce profissão ou atividade (CP, art. 150, § 4º, III), compreende os consultórios profissionais dos cirurgiões-dentistas. Nenhum agente público pode ingressar no recinto de consultório odontológico, reservado ao exercício da atividade profissional de cirurgião-dentista, sem consentimento deste, exceto nas situações taxativamente previstas na Constituição (art. 5º, XI). A imprescindibilidade da exibição de mandado judicial revelar-se-á providência inafastável, sempre que houver necessidade, durante o período diurno, de proceder-se, no interior do consultório odontológico, a qualquer tipo de perícia ou à apreensão de quaisquer objetos que possam interessar ao Poder Público, sob pena de absoluta ineficácia jurídica da diligência probatória que vier a ser executada em tal local (*Recurso Extraordinário nº 251.445-GO, STF, Rel. Min. Celso de Mello, julgado em 21.6.2000, publicado no* DJ *em 3.8.2000*).

648.6.1.4. Inviolabilidade de domicílio e fiscalização tributária: Aqui o problema é muito mais delicado, na medida em que se tem que compatibilizar o exercício do poder fiscalizatório das autoridades fiscais (inerente e *essencial* às atividades) e a garantia da reserva constitucional da inviolabilidade do domicílio.

Já se disse no tópico anterior, o conceito normativo de casa é bastante amplo, abrangendo qualquer local privado onde alguém se encontra, inclusive no exercício da profissão ou atividade.

Entretanto, a interpretação não pode conduzir a absurdos que tenham por consequência a absoluta inoperância sistêmica. É que, com todas as *vênias*, a partir do julgamento do Recurso Extraordinário nº 331.303/PR (STF, 1ª Turma, publicado em 12.3.2004), passou-se a considerar (ao menos no âmbito do STF e do STJ) que o poder fiscalizador da administração tributária perdeu, em favor do reforço da garantia constitucional do domicílio, a prerrogativa da autoexecutoriedade. Assim, o ingresso de agentes fiscais em dependência "domiciliar" do contribuinte, sempre que presente oposição do fiscalizado, passou a depender de prévio mandado judicial.

Há de se referir que o próprio E. STJ, que *aderiu ao posicionamento acima referido*, vem reconhecendo – de outro turno – que os fiscais têm acesso aos estabelecimentos a serem fiscalizados, *independentemente* de mandado judicial, não invocando a referida tese da limitação do acesso ao *domicílio* (*Habeas Corpus nº 109.966-PA, STJ, 5ª Turma, publicado no* DJ *em 4.10.2010 – ementa integral abaixo*). Como se vê, admite-se em algumas situações, noutras não! Paradoxo ou contradição?

Não podemos concordar com tamanha extensão interpretativa. A consequência – se ainda não se viu – foi tornar totalmente inoperante a fiscalização tributária, pois, normalmente nos casos em que há fraudes tributárias, é natural que o "morador" apresente oposição ao ato administrativo fiscalizatório. Doravante (salvo raríssimas exceções, pela concordância do fiscalizado), é essencial que quaisquer agentes do fisco requeiram em juízo prévio mandado judicial para fiscalizar determinado "contribuinte". Sem o mandado e presente a oposição, a fiscalização não poderá adentrar. O retorno ulterior com o competente mandado passou a ser condicionante do exercício que é inerente à fiscalização. O ato poderá até ser realizado com eficiência, desde que o fiscalizado continue mantendo as provas de suas eventuais práticas ilícitas, o que, convenhamos, não parece crível.

Fazendo leitura isolada de dispositivo constitucional e para situações tópicas, as decisões não estão atentando que idênticas consequências deverão ser aplicadas para o caso de fiscalização sanitária em local em que haja privacidade (depósitos de alimentos em escritório de determinado restaurante, por exemplo). Na verdade, o que se fez foi reconhecer que, salvo mediante concordância, toda e qualquer fiscalização atualmente depende de autorização judicial.

Jurisprudência

648.6.1.4. [...] Não são absolutos os poderes de que se acham investidos os órgãos e agentes da administração tributária, pois o Estado, em tema de tributação, inclusive em matéria de fiscalização tributária, está sujeito à observância de um complexo de direitos e prerrogativas que assistem, constitucionalmente, aos contribuintes e aos cidadãos em geral. Na realidade, os poderes do Estado encontram, nos direitos e garantias individuais, limites intransponíveis, cujo desrespeito pode caracterizar ilícito constitucional. A administração tributária, por isso mesmo, embora podendo muito, não pode tudo. É que, ao Estado, é somente lícito atuar, "*respeitados os direitos individuais e nos termos da lei*" (CF, art. 145, § 1º), consideradas, sobretudo, e para esse específico efeito, as limitações jurídicas decorrentes do próprio sistema instituído pela Lei Fundamental, cuja eficácia – que prepondera sobre todos os órgãos e agentes fazendários – restringe-lhes o alcance do poder de que se acham investidos, especialmente quando exercido em face do contribuinte e dos cidadãos da República, que são titulares de garantias impregnadas de estatura constitucional e que, por tal razão, não podem ser transgredidas por aqueles que exercem a autoridade em nome do Estado. [...] Para os fins da proteção jurídica a que se refere o art. 5º, XI, da Constituição da República, o conceito normativo de "*casa*" revela-se abrangente e, por estender-se a qualquer compartimento privado não aberto ao público onde alguém exerce profissão ou atividade (CP, art. 150, § 4º, III), compreende, observada essa específica limitação espacial (área interna não acessível ao público), os escritórios profissionais, inclusive os de contabilidade, "*embora sem conexão com a casa de moradia propriamente dita*" (NELSON HUNGRIA). Doutrina. Precedentes. [...] O atributo da autoexecutoriedade dos atos administrativos, que traduz expressão concretizadora do "*privilege du prealable*", não prevalece sobre a garantia constitucional da inviolabilidade domiciliar, ainda que se cuide de atividade exercida pelo Poder Público em sede de fiscalização tributária. Doutrina. Precedentes. [...] (*Habeas Corpus nº 103.325-AP, STF, 2ª Turma, unânime, Rel. Min. Celso de Mello, julgado em 3.4.2012, publicado no* DJ *em 30.10.2014*).

648.6.1.4. [...] Conforme o art. 5º, XI, da Constituição – afora as exceções nele taxativamente previstas ("em caso de flagrante delito ou desastre, ou para prestar socorro") só a "determinação judicial" autoriza, e durante o dia, a entrada de alguém – autoridade ou não – no domicílio de outrem, sem o consentimento do morador. Em consequência, o poder fiscalizador da administração tributária perdeu, em favor do reforço da garantia constitucional do domicílio, a prerrogativa da autoexecutoriedade, condicionado, pois, o ingresso dos agentes fiscais em dependência domiciliar do contribuinte, sempre que necessário vencer a oposição do morador, passou a depender de autorização judicial prévia. Mas é um dado elementar da incidência da garantia constitucional do domicílio o não consentimento do morador ao questionado ingresso de terceiro: malgrado a ausência da autorização judicial, só a entrada *invito domino* a ofende (*Recurso Extraordinário nº 331.303, STF, 1ª Turma, Rel. Min. Sepúlveda Pertence, publicado no* DJ *em 12.3.2004*).

648.6.1.4. [...] Hipótese em que a Receita Federal, em operação conjunta com a Polícia Federal, teria ingressado em dois escritórios contábeis da empresa de propriedade do paciente, e apreendido documentos relacionados a clientes da referida sociedade, bem como livros e memórias de computador, sem autorização judicial, tendo sido instauradas diversas ações penais com base no material apreendido. Este Superior Tribunal de Justiça já se pronunciou no sentido de que a apreensão de documentos em escritório, em desacordo com o disposto no art. 5º, inciso XI, da Constituição Federal, isto é, sem autorização judicial e em afronta à garantia de inviolabilidade de domicílio, o material obtido configura prova ilícita, hábil a contaminar toda a ação penal. Precedente desta Corte e do STF. Deve ser cassado o acórdão recorrido e determinada a anulação da ação penal instaurada contra o paciente pela suposta prática de crime contra a ordem tributária. Ordem concedida, nos termos do voto do Relator" (*Habeas Corpus nº 70.960-RJ, STJ, Rel. Min. Gilson Dipp, 5ª Turma, unânime, julgado em 13.2.2007, publicado no* DJ *em 19.3.2007*).

648.6.1.4. [...] Compete ao Ministério do Trabalho e do Emprego, bem como a outros órgãos, como a Polícia Federal e o Ministério Público do Trabalho, empreender ações com o objetivo de erradicar o trabalho escravo e degradante, visando a regularização dos vínculos empregatícios dos trabalhadores encontrados e libertando-os da condição de escravidão. Em atenção a esta atribuição, a Consolidação das Leis do Trabalho (artigos 626 a 634), o Regulamento de Inspeção do Trabalho (artigos 9º e 13 a 15), e a Lei nº 7.998/1990 (artigo 2º-C) franqueiam aos auditores do Ministério do Trabalho e Emprego o acesso aos estabelecimentos a serem fiscalizados, independentemente de mandado judicial. Quanto aos documentos apreendidos e à inquirição de pessoas quando da fiscalização realizada pelo Grupo Especial de Fiscalização Móvel na propriedade em questão, o artigo 18 do Regulamento de Inspeção do Trabalho prevê expressamente a competência dos auditores para assim agirem, inexistindo qualquer ilicitude em tal atuação. Ademais, na hipótese vertente os pacientes foram acusados da prática dos delitos de redução a condição análoga à de escravo, frustração de direito assegurado pela Lei trabalhista e falsidade documental, sendo que apenas o relativo à falsificação de documento público é instantâneo, já que os demais, da forma como em tese teriam sido praticados, são permanentes. É dispensável o mandado de busca e apreensão quando se trata de flagrante delito de crime permanente, podendo-se realizar as medidas sem que se fale em ilicitude das provas obtidas (Doutrina e jurisprudência). [...] Ordem denegada (*Habeas Corpus nº 109.966/PA, STJ, 5ª Turma, Rel. Min. Jorge Mussi, julgado em 26.8.2010, publicado no DJ em 4.10.2010*).

....

648.6.1.5. Interceptação telefônica: requisitos e prorrogações: A Constituição da República garante que a intimidade é inviolável (inciso X do art. 5º), bem como o sigilo da correspondência e das comunicações telegráficas, de dados e das comunicações telefônicas, salvo, no último caso, por ordem judicial, nas hipóteses e na forma que a Lei estabelecer para fins de investigação criminal ou instrução processual penal.

A possibilidade de interceptações telefônicas foi regulamentada pela Lei nº 9.296/96, em que restaram estipulados alguns requisitos fundamentais para a possibilidade de, quando absolutamente necessário (mediante a devida fundamentação), proceder-se à interceptação telefônica:

> Art. 2º Não será admitida a interceptação de comunicações telefônicas quando ocorrer qualquer das seguintes hipóteses:
>
> I – não houver indícios razoáveis da autoria ou participação em infração penal;
>
> II – a prova puder ser feita por outros meios disponíveis;
>
> III – o fato investigado constituir infração penal punida, no máximo, com pena de detenção.
>
> Parágrafo único. Em qualquer hipótese deve ser descrita com clareza a situação objeto da investigação, inclusive com a indicação e qualificação dos investigados, salvo impossibilidade manifesta, devidamente justificada.

Exatamente por necessitar regulamentação é que a jurisprudência reconheceu a invalidade de todas as provas colhidas em interceptações realizadas *antes* do advento da Lei de regência.

Fundamental assentar que, tecnicamente, a *interceptação* ocorre apenas quando os interlocutores das conversas não estão cientes de que, por ordem judicial prévia, estão sendo ouvidos.

Algumas controvérsias se instalaram a partir de uma compreensão *literal* do disposto no art. 5º da Lei nº 9.296, que dispõe que "*a decisão será fundamentada, sob pena de nulidade, indicando também a forma de execução da diligência, que não poderá exceder o prazo de quinze dias, renovável por igual tempo uma vez comprovada a indispensabilidade do meio de prova*".

Pode a interceptação telefônica ser prorrogada por mais de uma vez?

Alguns posicionamentos defendem que não. Ao que já objetamos como uma consideração: para essas interpretações, somente se garantirá a possibilidade de investigação por 30 dias mediante a interceptação telefônica. Passado o lapso temporal matemático, se conferiria verdadeira imunidade aos delinquentes para continuarem na senda dos crimes, pois, por intermédio desta ferramenta de investigação, não poderia mais o Estado atuar.

Estamos de acordo que a interceptação telefônica deva ser decretada de modo excepcional, com parcimônia e – mais importante – mediante a fundamentação necessária diante do caso concreto. Mas a interpretação literal do dispositivo invocado não pode redundar – também aqui – numa total inoperância do aparato investigatório do Estado. É dizer: se houver necessidade e prévio deferimento pelo juízo competente, nenhum óbice existe para as prorrogações, tantas quantas forem (e enquanto) necessárias para a apuração integral dos fatos investigados.

Importante destacar que o requerimento formulado deve conter a demonstração *cumulativa* dos requisitos legais enumerados pelo art. 2º, supratranscrito. Se deferida a medida e houver eventual arguição de que não estariam presentes os pressupostos, notadamente que existiriam *outros meios disponíveis* (igualmente eficazes, dizemos nós), o ônus será da defesa, não havendo espaço aqui para que se fale em eventual *inversão do ônus probatório*, presente a nítida situação regrada pelo art. 156, CPP.

Um tópico ainda: desnecessário que se proceda à transcrição integral das interceptações telefônicas. A prova é o conteúdo das interceptações que deve, na íntegra, ser disponibilizada às partes (acusação e defesa). Se as provas que eventualmente tenham sido degravadas e utilizadas pela acusação se apresentam como insuficientes pela visão defensiva, de posse dos inteiros teores das interceptações (que deverá ter), poderá apresentar as provas que considera eventualmente faltantes para confirmação da tese em favor da parte passiva.

Essencial fazer uma referência importante nessa parte. Na publicação do acórdão da Ação Penal nº 508, constou em parte de sua ementa que: "A degravação consubstancia formalidade essencial a que os dados alvo da interceptação sejam considerados como prova – artigo 6º, § 1º, da Lei nº 9.296/96".

A partir daí pode-se encontrar algumas manifestações, especialmente em doutrina, no sentido de que o Supremo Tribunal Federal teria modificado seu entendimento acerca do tema. Todo cuidado é pouco, pois, em verdade, o STF não modificou sua compreensão acerca do tema.

Como se verifica da análise do inteiro teor daquele julgamento, houve interposição de agravo regimental pelo Ministério Público contra decisão do relator que determinara, no caso concreto, a realização das degravações integrais das escutas telefônicas. Estavam presentes em sessão nove ministros. É verdade que todos acompanharam a *conclusão* acerca do desprovimento do agravo, mas todos por fundamentos diversos aos consignados pelo relator. O que o Tribunal decidiu – este foi o fundamento do desprovimento do agravo regimental do Ministério Público – é que não havia *ilegalidade* na determinação do Relator, *no caso concreto*, de realização da degravação integral das interceptações.

É conhecido (e respeitável) o entendimento do Ministro Marco Aurélio, relator do caso, que tem posição no sentido de ser obrigatória a degravação. Ocorre que os demais votos que acompanharam a denegação do recurso do Ministério Público *não utilizaram os mesmos fundamentos*, o que é de extrema relevância para a compreensão do tema, na medida em que a posição majoritária do Plenário do STF não é nesse sentido.

Exemplificativamente, colhe-se do voto da Ministra Cármen Lúcia, que entendeu não haver "*nenhuma nulidade em qualquer tipo de apresentação de transcrição de conteúdo que não seja integral de degravações de escutas telefônicas que sejam realizadas*". Mas destacou que "*o que se mostra neste caso parece-me diferenciado: o Relator do caso no Supremo entendeu como não sendo protelatório, não sendo indevido e não é antijurídico o de-*

ferimento do pleito de defesa em momento próprio. Então, com essas pontuações expressas, Senhor Presidente, porque, inclusive, fui Relatora para o acórdão num habeas corpus *no qual se discutiu exatamente a possibilidade de não haver a degravação – e permaneço com esse mesmo entendimento –, mas no caso específico agora posto, tenho que não há nenhuma ilegalidade, não há nada a ser acolhido ou provido no agravo do Ministério Público".*

Igual entendimento foi adotado pelos Ministros Ricardo Lewandowski e Dias Toffoli, que também afirmaram – e este é o ponto nodal – que não havia ilegalidade no ato do Ministro Relator, que, no caso concreto, determinou a degravação integral. Portanto, a ementa do julgado não refletiu o entendimento do Supremo Tribunal Federal. Em síntese, houve manifesto erro material na ementa, que, nessa parte, não refletiu o entendimento do Supremo Tribunal Federal.

Tanto é assim que, em inúmeros casos ulteriores, inclusive pela composição plenária, o Supremo Tribunal Federal reafirmou *a desnecessidade* de transcrição integral das interceptações telefônicas. Reafirmando o que sempre defendemos aqui, em julgamento de segundo agravo regimental no bojo da referida ação, no ano de 2020 o STF explicitou que "*a ementa de julgamento é um enunciado ou conjunto de enunciados bastante sintético que deve corresponder de modo o mais fiel possível àquilo que foi decidido no acórdão enquanto resultado de um julgamento colegiado*", assentando expressamente que "*a tese jurídica que prevaleceu no julgamento da Ação Penal Originária nº 508 foi a de que a degravação de escutas telefônicas poderia ser determinada naquele específico caso. A ementa, todavia, enunciou tese que dá a entender ser obrigatória, sempre, a degravação. Conquanto respeitável, a tese reflete o entendimento exposto pelo eminente Relator, não o entendimento dos votos vencedores vistos* em seu conjunto" *(Segundo Agravo Regimental na Ação Penal nº 508-AP, STF, Redator do Acórdão Min. Edson Fachin, julgado em 6.2.2019, publicado no* DJ *em 20.2.2020).*

Jurisprudência

648.6.1.5. [...] Não prospera a alegada violação ao artigo 6º, § 1º, da Lei n. 9.296/1996, em virtude de apontada ausência de transcrição integral das conversas interceptadas, porquanto o entendimento desta Corte Superior é cediço no sentido de que é desnecessária a transcrição integral do conteúdo da quebra do sigilo das comunicações telefônicas, bastando que se confira às partes acesso aos diálogos interceptados que lhe digam respeito, em homenagem aos princípios do contraditório e da ampla defesa, como ocorreu no caso. [...] *(Agravo Regimental no Recurso Especial nº 1.592.633-PE, STJ, 5ª Turma, Rel. Min. Messod Azulay Neto, julgado em 6.2.2024, publicado no DJ em 15.2.2024)*

648.6.1.5. [...] "Ao interpretar o disposto no art. 6º, § 1º, da Lei n. 9.296/1996, o Pleno do Supremo Tribunal Federal, por ocasião do julgamento do Inq n. 3.693/PA (DJe 30/10/2014), de relatoria da Ministra Cármen Lúcia, decidiu ser prescindível a transcrição integral dos diálogos obtidos por meio de interceptação telefônica, bastando que haja a transcrição do que seja relevante para o esclarecimento dos fatos e que seja disponibilizada às partes cópia integral das interceptações colhidas, de modo que possam elas exercer plenamente o seu direito constitucional à ampla defesa (HC 573.166/RJ, Rel. Ministro ROGERIO SCHIETTI CRUZ, SEXTA TURMA, julgado em 15/2/2022, DJe 24/2/2022), o que ocorreu no presente feito, não havendo falar-se em ilegalidade" (AgRg no AREsp n. 2.009.864/TO, Ministro Olindo Menezes (Desembargador convocado do TRF 1ª Região), Sexta Turma, DJe de 1º/7/2022). [...] *(Agravo Regimental nos Embargos de Declaração no Agravo Regimental no Agravo em Recurso Especial nº 2.294.876-SP, STJ, 5ª Turma, Rel. Min. Joel Ilan Paciornik, julgado em 6.2.2024, publicado no DJ em 15.2.2024)*

648.6.1.5. [...] Ademais, a jurisprudência desta Corte firmou-se no sentido de ser prescindível a realização de perícia para a identificação das vozes captadas nas interceptações telefônicas, especialmente quando pode ser aferida por outros meios de provas e diante da ausência de previsão na Lei n. 9.296/1996.*[...] (Agravo Regimental no Recurso Especial nº 2.002.446-SC, STJ, 5ª Turma, Rel. Min. Ribeiro Dantas, sessão virtual de 16.5.2023 a 22.5.2023, publicado no DJ em 26.5.2023)*

648.6.1.5. [...] Vale gizar, outrossim, que *[a] jurisprudência do Superior Tribunal de Justiça está fixada no sentido de que, conquanto seja dispensável a transcrição integral dos diálogos interceptados, deve ser assegurado à Defesa o acesso à mídia que contém a gravação da integralidade daqueles. [...]* (REsp n. 1.796.236/RS, relator Ministro Sebastião Reis Júnior, Sexta Turma, julgado em 27/9/2022, DJe de 30/9/2022).*[...] (Agravo Regimental no Agravo em Recurso Especial nº 2.333.285-SP, STJ, 5ª Turma, Rel. Min. Reynaldo Soares da Fonseca, julgado em 27.6.2023, publicado no DJ em 30.6.2023)*

648.6.1.5. [...] Ao interpretar o disposto no art. 6º, § 1º, da Lei n. 9.296/1996, o Pleno do Supremo Tribunal Federal, por ocasião do julgamento do Inq n. 3.693/PA (DJe 30/10/2014), de relatoria da Ministra Cármen Lúcia, decidiu ser prescindível a transcrição integral dos diálogos obtidos por meio de interceptação telefônica, bastando que haja a transcrição do que seja relevante para o esclarecimento dos fatos e que seja disponibilizada às partes cópia integral das interceptações colhidas, de modo que possam elas exercer plenamente o seu direito constitucional à ampla defesa [...] [...] *(Agravo Regimental no Recurso Especial nº 2.027.050–SP, STJ, 5ª Turma, Rel. Min. Reynaldo Soares da Fonseca, sessão virtual de 22.11.2022 a 28.11.2022, publicado no DJ em 1º.12.2022)*

648.6.1.5. [...] Possibilidade de sucessivas prorrogações da interceptação telefônica, desde que demonstrada a necessidade de renovar a medida e respeitado o limite de 15 (quinze) dias entre cada uma delas, sem que exista violação ao art. 5º, da Lei n. 9.296/96. Precedentes da Corte: [...] Recurso extraordinário provido, com a fixação da seguinte tese para o Tema 661: "São lícitas as sucessivas renovações de interceptação telefônica, desde que, verificados os requisitos do artigo 2º da Lei nº 9.296/1996 e demonstrada a necessidade da medida diante de elementos concretos e a complexidade da investigação, a decisão judicial inicial e as prorrogações sejam devidamente motivadas, com justificativa legítima, ainda que sucinta, a embasar a continuidade das investigações. São ilegais as motivações padronizadas ou reproduções de modelos genéricos sem relação com o caso concreto". (Recurso Extraordinário nº 625.263-PR, STF, Plenário, Rel. Min. Gilmar Mendes, Redator do acórdão Min. Alexandre de Moraes, julgado em 17.3.2022, publicado no DJ em 6.6.2022)

648.6.1.5. [...] Quebra de sigilo de dados telemáticos. [...] Não observância do prazo de 15 dias. Situação que não se confunde com interceptação. Acesso a dados armazenados. Não aplicação do prazo mencionado. [...] O prazo de 15 dias se refere à interceptação das comunicações, em si, e não ao acesso aos dados já armazenados, motivo pelo qual não há se falar em não observância ao prazo legal. De fato, o acesso aos dados já armazenados é realizado com fundamento no contexto fático, devendo abranger o período sob investigação, conforme verificado na presente hipótese. [...] *(Agravo Regimental no RHC nº 166.881-RS, STJ, 5ª Turma, Rel. Min. Reynaldo Soares da Fonseca, julgado em 23.8.2022, publicado no DJ em 26.8.2022)*

648.6.1.5. [...] 1. Como é cediço, o art. 5º, inciso XII, da Constituição Federal assegura a inviolabilidade das comunicações, ressalvando a possibilidade de quebra de sigilo telefônico, por ordem judicial, nas hipóteses e na forma estabelecida pela Lei n. 9.296/1996, para fins de investigação criminal ou instrução processual penal. 2. Neste caso, constata-se que o conteúdo das interceptações telefônicas foi disponibilizado pela defesa, *não havendo que se falar em nulidade por ser preferível um formato a outro ou em virtude de os órgãos públicos possuírem sistema próprio para exame das gravações*. Com efeito, os diálogos interceptados estão integralmente disponíveis, em observância aos princípios do contraditório, da ampla defesa e da paridade de armas, não sendo ônus atribuído ao Estado a conversão em formato escolhido pela defesa. [...] *(Agravo Regimental no RHC nº 155.813-PE, STJ, 5ª Turma, Rel. Min. Reynaldo Soares da Fonseca, julgado em 15.2.2022, publicado no DJ em 21.2.2022)*

648.6.1.5. [...] Conforme precedentes desta Corte, tendo as instâncias de origem registrado que as gravações das conversas telefônicas ficaram disponíveis às partes na secretaria ou cartório do juízo de origem, não há necessidade de transcrição da integralidade dos diálogos, sendo suficiente que ela se refira às suas partes relevantes. [...] *(Agravo Regimental no Habeas Corpus nº 525.931/PR, STJ, 5ª Turma, unânime, Rel. Min. Ribeiro Dantas, julgado em 20.4.2021, publicado no DJ em 26.4.2021)*

648.6.1.5. [...] O Supremo Tribunal Federal (STF) já decidiu que é *dispensável prévia instauração de inquérito* para a autorização de interceptação telefônica, bastando que existam indícios razoáveis de autoria ou participação do acusado em infração penal (HC 114.321, Relª. Minª. Cármen Lúcia). 3. A jurisprudência do STF é no sentido de que o decreto da interceptação telefônica pode ser sucessivamente renovável, sempre que o juiz, com base no quadro fático, entender que essa medida permanece útil à investigação (HC 83.515, Rel. Min. Nelson Jobim). [...] *(Agravo Regimental no Habeas Corpus nº 183.984-RS, STF, 1ª Turma, unânime, Rel. Min. Roberto Barroso, julgado em sessão virtual de 7.8.2020 a 17.8.2020, publicado no DJ em 1º.9.2020).*

648.6.1.5. [...] Interceptação telefônica. Prazo superior a quinze dias. Excepcionalidade. Investigação complexa. Motivação idônea [...] 1. Esta Corte Superior de Justiça tem se posicionado no sentido de que, a despeito de contrariar a literalidade do art. 5º da Lei n. 9.296/1996, a limitação do prazo para a realização de interceptações telefônicas não constitui óbice ao deferimento da medida excepcional por período superior a 15 dias, desde que haja circunstanciada justificação, com específica indicação da indispensabilidade de tal prazo (HC 421.914/RS, Rel. Ministro Sebastião Reis Júnior, Sexta Turma, julgado em 19/3/2019, *DJe* 26/3/2019). [...] *(Agravo Regimental em Habeas Corpus n. 106.364-SP, STJ, 5ª Turma, unânime, Rel. Min. Reynaldo Soares da Fonseca, julgado em 4.6.2019, publicado no DJ em 13.6.2019).*

648.6.1.5. [...] 6. No caso em questão, porém, conforme pontuado pelo Tribunal a quo, não houve devassa do conteúdo do celular do acusado preso em flagrante. Ocorreu, em suma, que "(...) na realidade, o telefone de [...] tocou durante a sua imobilização pelos agentes públicos e, imediatamente, foi atendido por um dos policiais. A partir disso, surgiu a forte suspeita de participação da apelante na conduta criminosa, por ser a interlocutora e iniciar o diálogo antes mencionado". 7. Há jurisprudência desta Corte Superior reconhecendo a legalidade de tal conduta – atender ligação proveniente do celular do acusado durante o flagrante – a uma porque não se verifica quadro de interceptação, pois não estão presentes os requisitos da Lei n. 9.296/1996, a outra pois tem se entendido que em tal cenário há escorreito procedimento policial, a legitimar a ação. [...] *(Habeas Corpus n. 446.102-SC, STJ, 5ª Turma, unânime, Rel. Min. Ribeiro Dantas, julgado em 4.6.2019, publicado no DJ em 11.6.2019).*

648.6.1.5. [...] O Supremo Tribunal Federal afasta a necessidade de transcrição integral dos diálogos gravados durante quebra de sigilo telefônico, rejeitando alegação de cerceamento de defesa pela não transcrição de partes da interceptação irrelevantes para o embasamento da denúncia. [...] *(Agravo Regimental na Reclamação n. 33.783-SP, STF, 1ª Turma, Rel. Min. Roberto Barroso, julgado em Sessão Virtual de 22.11.2019 a 28.11.2019, publicado no DJ em 13.12.2019).*

648.6.1.5. [...] É ônus da defesa, quando alega violação ao disposto no artigo 2º, inciso II, da Lei n. 9.296/1996, demonstrar que existiam, de fato, meios investigativos alternativos às autoridades para a elucidação dos fatos à época na qual a medida invasiva foi requerida, sob pena de a utilização da interceptação telefônica se tornar absolutamente inviável. Doutrina. Jurisprudência. *[...] (RHC n. 62.067-SP, STJ, 5ª Turma, unânime, Rel. Min. Jorge Mussi, julgado em 6.3.2018, publicado no DJ em 14.3.2018).*

648.6.1.5. [...] Os Tribunais Superiores firmaram entendimento no sentido de que não se pode interpretar restritivamente o artigo 6º da Lei 9.296/1996, de modo que se admite que o Ministério Público realize a interceptação telefônica, procedimento que não pode ser acoimado de ilegal, sob pena de se inviabilizar a efetivação da medida. Precedentes do STJ e do STF. *[...] (RHC n. 62.067-SP, STJ, 5ª Turma, unânime, Rel. Min. Jorge Mussi, julgado em 6.3.2018, publicado no DJ em 14.3.2018).*

648.6.1.5. [...] Quanto à determinação das interceptações fora do prazo de 24 (vinte e quatro) horas estabelecido no art. 4º, § 2º, da Lei nº 9.296/96, é certo, à toda evidência, que a demora na determinação das interceptações prejudica somente quem as requereu e não quem é objeto das interceptações, pois a delonga pode levar ao perdimento de evidências importantíssimas do(s) crime(s) apurado(s), de modo que não se pode acolher tal alegação em favor da defesa, nos termos do art. 563, do Código de Processo Penal. [...] *(RHC nº 66.741-SC, STJ, 5ª Turma, unânime, Rel. Min. Felix Fischer, julgado em 20.9.2016, publicado no DJ em 30.9.2016).*

648.6.1.5. [...] A autenticidade das mídias é a regra, uma vez que os agentes investigadores possuem fé pública. Dessa forma, não cabe ao Poder Público demonstrar a autenticidade das interceptações, mas sim à parte impugnar a veracidade das mídias, com fundamento em elementos concretos. Nesse contexto, não tendo os impetrantes demonstrado eventual dúvida acerca da autenticidade das mídias em momento oportuno, não há se falar em disponibilização do Sistema Guardião Reader, para tal finalidade. [...] (*Habeas Corpus nº 284.574-SC, STJ, 5ª Turma, unânime, Rel. Min. Reynaldo Soares da Fonseca, julgado em 3.5.2016, publicado no* DJ *em 10.5.2016*).

648.6.1.5. [...] À luz dos precedentes do STF, o art. 6º, § 1º, da Lei 9.296/1996 deve ser interpretado no sentido de que a transcrição integral é somente de tudo aquilo que seja relevante para esclarecer os fatos da causa penal (Inq 2.424, DJe de 26/3/2010). Não há notícia de que a defesa [...] tenha solicitado a juntada de transcrição de algum trecho específico ou de que lhe fora negado amplo acesso ao conteúdo integral das interceptações realizadas. (*Inquérito nº 4.022-AP, STF, 2ª Turma, unânime, Rel. Min. Teori Zavascki, 2ª Turma, julgado em 8.9.2015, publicado no* DJ *22.9.2015*).

648.6.1.5. [...] Da leitura dos artigos 6º e 7º da Lei 9.296/1996, não é possível afirmar que a polícia civil seja a única autorizada a proceder às interceptações telefônicas, até mesmo porque o legislador não teria como antever, diante das diferentes realidades encontradas nas Unidades da Federação, quais órgãos ou unidades administrativas teriam a estrutura necessária, ou mesmo as melhores condições para executar a medida. Esta Corte Superior já decidiu que não se pode interpretar de maneira restrita o artigo 6º da Lei 9.296/1996, sob pena de se inviabilizar a efetivação de interceptações telefônicas. Na hipótese dos autos, agentes da GAECO ficaram a cargo de acompanhar a interceptação telefônica, procedimento que não pode ser acoimado de ilegal. Recurso improvido (*Recurso em Habeas Corpus nº 51.487-SP, STJ, 5ª Turma, unânime, Rel. Min. Leopoldo de Arruda Raposo, julgado em 23.6.2015, publicado no* DJ *em 24.9.2015*).

648.6.1.5. [...] Interceptação telefônica autorizada pela Justiça Estadual no início das investigações. Declinação de competência para o Juízo Federal, após indícios da internacionalidade. Invalidação da prova colhida. Impossibilidade. [...] Posterior declinação de competência do Juízo Estadual para o Juízo Federal não tem o condão de, por si só, invalidar interceptação telefônica deferida, de maneira fundamentada e em observância às exigências legais, por Autoridade Judicial competente até então. Precedentes do STF e do STJ. [...] (*Recurso em Habeas Corpus nº 39.626-GO, STJ, 5ª Turma, Rel. Min. Laurita Vaz, julgado em 3.4.2014, publicado no* DJ *em 14.4.2014*).

648.6.1.5. Alegações: (a) ilegalidade no deferimento da autorização da interceptação por 30 dias consecutivos; e (b) nulidade das provas, contaminadas pela escuta deferida por 30 dias consecutivos. No caso concreto, a interceptação telefônica foi autorizada pela autoridade judiciária, com observância das exigências de fundamentação previstas no artigo 5º da Lei nº 9.296/1996. Ocorre, porém, que o prazo determinado pela autoridade judicial foi superior ao estabelecido nesse dispositivo, a saber: 15 (quinze) dias. A jurisprudência do Supremo Tribunal Federal consolidou o entendimento segundo o qual as interceptações telefônicas podem ser prorrogadas desde que devidamente fundamentadas pelo juízo competente quanto à necessidade para o prosseguimento das investigações. Precedentes: HC nº 83.515/RS, Rel. Min. Nelson Jobim, Pleno, maioria, *DJ* de 4.3.2005; e HC nº 84.301/SP, Rel. Min. Joaquim Barbosa, 2ª Turma, unanimidade, *DJ* de 24.3.2006. Ainda que fosse reconhecida a ilicitude das provas, os elementos colhidos nas primeiras interceptações telefônicas realizadas foram válidos e, em conjunto com os demais dados colhidos dos autos, foram suficientes para lastrear a persecução penal. Na origem, apontaram-se outros elementos que não somente a interceptação telefônica havida no período indicado que respaldaram a denúncia, a saber: a materialidade delitiva foi associada ao fato da apreensão da substância entorpecente; e a apreensão das substâncias e a prisão em flagrante dos acusados foram devidamente acompanhadas por testemunhas. Recurso desprovido (*RHC nº 88.371-SP, STF, Rel. Min. Gilmar Mendes, STF, 2ª Turma, unânime, julgado em 14.11.2006, publicado no* DJ *em 2.2.2007*).

....

648.6.1.6. Interceptação telefônica: nulidade quando deferida por autoridade incompetente. Compreensão: Consta expressamente do art. 1º da Lei nº 9.296/96 que "*a interceptação de comunicações telefônicas, de qualquer natureza, para prova em investigação criminal e em instrução processual penal, observará o disposto nesta Lei e dependerá de ordem do juiz competente da ação principal, sob segredo de justiça*".

O juiz natural é uma das mais fundamentais garantias do devido processo legal (art. 5º, LIII – ninguém será processado nem sentenciado senão pela autoridade competente).

Portanto, indubitável que o juízo que determinar a interceptação telefônica seja o (pelo menos, aparente) competente para a realização das investigações, sob pena de nulidade de toda prova colhida. Ou seja, mesmo que eventualmente ocorra eventual apuração de fato diverso do que o investigado – que importe na alteração na competência do juízo originário – não há se falar em invalidade das provas.

Diante da natureza do procedimento investigatório, não se pode olvidar que, muitas vezes, se constata que o fato objeto da investigação não é da competência do juízo que autorizou a interceptação. Ou então que há pessoas envolvidas que possuam foro privilegiado. A prova seria ilícita automaticamente? Cremos que não.

A interceptação telefônica é um meio de investigação. A finalidade é apurar um fato em tese típico e sua autoria. Natural que existam desdobramentos, inclusive com prorrogações e/ou novas interceptações. Se o juízo que determinar a interceptação em determinado momento for aparentemente o competente para a investigação (diante do que se está apurando ou quem investigado), nenhuma mácula haverá na prova produzida. Se a partir dos desdobramentos do procedimento investigatório se descobrir que a autoridade *não mais* ou não era a competente para (eventual e futura) a ação penal, tudo que se produziu até então (se presentes os indícios de que se tratava de autoridade competente) será absolutamente válido.

Somente há de se cogitar de nulidade da prova se: (a) à evidência e desde o início das investigações, houvesse a demonstração da total violação da competência (em razão da matéria ou quando presente requisito de foro por prerrogativa de função – competência *ratione muneris*); (b) mesmo após a revelação de circunstância que torne a autoridade incompetente prosseguirem as investigações mediante novas prorrogações da interceptação telefônica.

Jurisprudência

648.6.1.6. [...] 1. "[A] *competência para processar e julgar os crimes previstos na Lei de Drogas é da Justiça Federal quando restar demonstrada a transnacionalidade da ação, sendo insuficiente a suspeita da origem estrangeira das substâncias entorpecentes*" (AgRg no HC n. 689.586/MS, relator Ministro Jesuíno Rissato (Desembargador Convocado do TJDFT), Quinta Turma, julgado em 28/9/2021, DJe de 5/10/2021).

2. Ademais, pela teoria do juízo aparente, ainda que se conclua posteriormente pela competência da Justiça Federal, os atos até então praticados serão reaproveitados caso não incorram em nenhuma outra nulidade, não havendo que se falar em prejuízo à defesa. [...] *(Agravo Regimental no Habeas Corpus nº 901.038-SC, STJ, 6ª Turma, Rel. Min. Antonio Saldanha Palheiro, sessão virtual de 14.5.2024 a 20.5.2024, publicado no DJ em 23.5.2024)*

648.6.1.6. [...] 1. O entendimento desta Suprema Corte é no sentido de que a Justiça Federal é competente para processar e julgar ações penais relativas a desvio de verbas do Sistema Único de Saúde (ARE 999.247, Rel. Min. EDSON FACHIN, DJe de 7/8/2017).

2. Quanto à alegada nulidade da decisão de recebimento da denúncia, esta CORTE entende que, em razão da teoria do juízo aparente, podem ser considerados válidos os atos praticados por juízo incompetente. [...] *(Agravo Regimental nos Embargos de Declaração no Recurso Extraordinário com Agravo nº 1.454.250, STF, 1ª Turma, Rel. Min Alexandre de Moraes, sessão virtual de 15.3.2024 a 22.3.2024, publicado no DJ em 12.4.2024)*

648.6.1.6. [...] Conforme a jurisprudência desta Corte Superior, "*o princípio do juiz natural deve ser examinado com cautela na fase investigativa, especialmente nas hipóteses em que não se mostram ainda definidas as imputações, os agentes envolvidos e a respectiva competência, en-*

tão, deve-se adotar a "teoria do juízo aparente", a fim de validar medidas cautelares autorizadas por Juízo aparentemente competente (...)" (EDcl no HC n. 650.842/SP, Ministro Reynaldo Soares da Fonseca, Quinta Turma, DJe 25/6/2021). [...] *(Agravo Regimental nos Embargos de Declaração no Agravo Regimental no Agravo em Recurso Especial nº 2.294.876-SP, STJ, 5ª Turma, Rel. Min. Joel Ilan Paciornik, julgado em 6.2.2024, publicado no DJ em 15.2.2024)*

648.6.1.6. [...] O STF sedimentou o entendimento segundo o qual não induz à ilicitude da prova resultante da interceptação telefônica que a autorização provenha de Juiz Federal - aparentemente competente, à vista do objeto das investigações policiais em curso, ao tempo da decisão - que, posteriormente, se haja declarado incompetente, à vista do andamento delas. [...] *(Agravo Regimental no Habeas Corpus nº 231.663, STF, 1ª Turma, Rel. Min. Cristiano Zanin, sessão virtual de 22.9.2023 a 29.9.2023, publicado no DJ em 5.10.2023)*

648.6.1.6. [...] O art. 567 do CPP determina que "a incompetência do juízo anula somente os atos decisórios, devendo o processo, quando for declarada a nulidade, ser remetido ao juiz competente", assim, conforme a jurisprudência desta Corte Superior, o princípio do juiz natural deve ser examinado com cautela na fase investigativa, especialmente nas hipóteses em que não se mostram ainda definidas as imputações, os agentes envolvidos e a respectiva competência, então, deve-se adotar a "teoria do juízo aparente", a fim de validar medidas cautelares autorizadas por Juízo aparentemente competente que, em momento posterior, fora declarado incompetente (EDcl no HC n. 650.842/SP, Ministro Reynaldo Soares da Fonseca, Quinta Turma, DJe 25/6/2021). [...] *(Agravo Regimental no Habeas Corpus nº 809.395-CE, STJ, 6ª Turma, Rel. Min. convocado Jesuíno Rissato, sessão virtual de 5.9.2023 a 11.9.2023, publicado no DJ em 15.9.2023)*

648.6.1.6. [...] A teoria do juízo aparente surgiu como fundamento para validar medidas cautelares autorizadas por Juízo aparentemente competente que, em momento posterior, fora declarado incompetente. Aplicabilidade que não é limitada às hipóteses de incompetência *ratione materiae*. Validade das provas decorrentes de busca e apreensão deferidas pelo juízo de primeiro grau, na 2ª fase da operação, em contexto de destacada incerteza quanto à competência. [...] *(Agravo Regimental no Agravo Regimental na Reclamação nº 42.804-DF, STJ, Corte Especial, Rel. Min. Raul Araújo, julgado em 16.8.2023, publicado no DJ em 30.8.2023)*

648.6.1.6. [...] A decisão atacada encontra amparo na jurisprudência desta Suprema Corte firmada no sentido de que não "induz à ilicitude da prova resultante da interceptação telefônica que a autorização provenha de Juiz Federal – aparentemente competente, à vista do objeto das investigações policiais em curso, ao tempo da decisão – que, posteriormente, se haja declarado incompetente, à vista do andamento delas[...] *(Agravo Regimental no Habeas Corpus nº 205.027/MS, STF, 2ª Turma, unânime, Rel. Min. Ricardo Lewandowski, julgamento em sessão virtual de 27.8.2021 a 3.9.2021, publicado no DJ em 16.9.2021)*

648.6.1.6. [...] Esta Suprema Corte tem endossado, com base na teoria do juízo aparente, a possibilidade de ratificação de atos processuais praticados por juízo aparentemente competente ao tempo de sua prática. [...] *(Agravo Regimental no Recurso Extraordinário em Habeas Corpus nº 198.182/MT, STF, 1ª Turma, unânime, Rel. Min. Rosa Weber, julgado em sessão virtual de 28.5.2021 a 7.6.2021, publicado no DJ em 14.6.2021)*

648.6.1.6. [...] Nesta Corte Superior de Justiça é pacífica a aplicabilidade da Teoria do Juízo Aparente para ratificar medidas cautelares no curso do inquérito policial quando autorizadas por Juízo aparentemente competente. No caso dos autos, sequer se faz menção a atos praticados por autoridade judicial incompetente em razão da matéria, mas tão somente se imputa nula a denúncia fundada em elementos informativos colhidos pela investigação de policiais civis estaduais anteriormente à identificação de verbas federais, que levou o deslocamento da competência para a Justiça Federal. Nesse contexto, atos meramente investigatórios praticados pela polícia civil estadual antes do reconhecimento do interesse da União podem ser aproveitados. Uma vez admitida a Teoria do Juízo Aparente para o aproveitamento de atos decisórios emanados por autoridade judicial que à época era tida por competente, com maior razão podem ser ratificados atos meramente investigatórios praticados no curso de inquérito. [...] *(Recurso em Habeas Corpus nº 122.565-PR, STJ, 5ª Turma, unânime, Rel. Min. Joel Ilan Paciornik, julgado em 25.8.2020, publicado no DJ em 31.8.2020).*

648.6.1.6. [...] 2. A jurisprudência desta Corte é firme no sentido da adoção da teoria do encontro fortuito ou casual de provas (serendipidade). Segundo essa teoria, independentemente da ocorrência da identidade de investigados ou réus, consideram-se válidas as provas encontradas casualmente pelos agentes da persecução penal, relativas à infração penal até então desconhecida, por ocasião do cumprimento de medidas de obtenção de prova de outro delito regularmente autorizadas, ainda que inexista conexão ou continência com o crime supervenientemente encontrado e este não cumpra os requisitos autorizadores da medida probatória, desde que não haja desvio de finalidade na execução do meio de obtenção de prova. [...] 4. Malgrado apenado com detenção, as provas obtidas quanto ao crime de advocacia administrativa são plenamente válidas, porquanto foram descobertas fortuitamente por meio de interceptação telefônica, decretada regularmente, com vistas a angariar elementos de prova da prática do crime de falsidade ideológica pelo então investigado [...]. Em perfeita aplicação da serendipidade, trata-se, portanto, de prova lícita, decorrente de interceptação telefônica de crime apenado com reclusão, com autorização devidamente fundamentada de autoridade judicial competente. [...] *(Habeas Corpus n. 376.927-ES, STJ, 5ª Turma, unânime, Rel. Min. Ribeiro Dantas, julgado em 17.10.2017, publicado no* DJ *em 25.10.2017).*

648.6.1.6. [...] Pela teoria do juízo aparente, para a fixação da competência para a decretação da interceptação telefônica deve ser considerado o "fato suspeitado", vale dizer, o objeto do inquérito policial – ainda que, num momento subsequente, diverso venha a ser o "fato imputado". [...] (*RHC nº 73.637-SP, STJ, 6ª Turma, unânime, Rel. Min. Maria Thereza de Assis Moura, julgado em 6.9.2016, publicado no* DJ *em 15.9.2016*).

648.6.1.6. [...] Encontro fortuito de provas. Interceptação telefônica autorizada por juiz incompetente, de acordo com o art. 102, inc. I, al. "b" da Constituição da República e art. 1º da Lei 9.296/1996. Competência do Supremo Tribunal Federal pela existência de indicação clara e objetiva em relatório da Polícia Federal de possível participação de Ministro do Tribunal de Contas e, posteriormente, de membro do Congresso Nacional. Nulidade das interceptações telefônicas. Ilicitude das provas derivadas da interceptação ilicitamente realizada por autoridade judicial incompetente. [...] A prova encontrada, fortuitamente, durante a investigação criminal é válida, salvo se comprovado vício ensejador de sua nulidade. 3. Nulidade da interceptação telefônica determinada por autoridade judicial incompetente, nos termos do art. 102, inc. I, al. "b", da Constituição da República e do art. 1.º da Lei 9.296/1996. 4. Ausência de remessa dos autos da investigação para o Supremo Tribunal Federal, depois de apresentados elementos mínimos caracterizadores da participação, em tese, de Ministro do Tribunal de Contas da União e de membro do Congresso Nacional na prática de ilícito objeto de investigação. 5. Contaminação das provas produzidas, por derivação, por não configuradas as exceções previstas no § 1º e no § 2º do art. 157 do Código de Processo Penal. [...] (*Inquérito nº 3.732-DF, STF, 2ª Turma, unânime, Rel. Min. Cármen Lúcia, julgado em 8.3.2016, publicado no* DJ *em 22.3.2016*).

648.6.1.6. [...] Não é ilícita a prova obtida mediante interceptação telefônica autorizada por Juízo competente. O posterior reconhecimento da incompetência do Juízo que deferiu a diligência não implica, necessariamente, a invalidação da prova legalmente produzida. A não ser que "*o motivo da incompetência declarada [fosse] contemporâneo da decisão judicial de que se cuida*" (HC 81.260, da relatoria do ministro Sepúlveda Pertence). 2. Não há por que impedir que o resultado das diligências encetadas por autoridade judiciária até então competente seja utilizado para auxiliar nas apurações que se destinam a cumprir um poder-dever que decola diretamente da Constituição Federal (incisos XXXIX, LIII e LIV do art. 5º, inciso I do art. 129 e art. 144 da CF). Isso, é claro, com as ressalvas da jurisprudência do STF quanto aos limites da chamada prova emprestada. 3. Os elementos informativos de uma investigação criminal, ou as provas colhidas no bojo de instrução processual penal, desde que obtidos mediante interceptação telefônica devidamente autorizada por Juízo competente, admitem compartilhamento para fins de instruir procedimento criminal ou mesmo procedimento administrativo disciplinar contra os investigados. Possibilidade jurisprudencial que foi ampliada, na Segunda Questão de Ordem no Inquérito 2.424 (da relatoria do ministro Cezar Peluso), para também autorizar o uso dessas mesmas informações contra outros agentes. [...] (*Habeas Corpus nº 102.293-RS, STF, 2ª Turma, Rel. Min. Ayres Britto, julgado em 24.5.2011, publicado no* DJ *em 19.12.2011*).

648.6.1.7. Interceptação telefônica e encontro fortuito de provas: Para a adoção da medida extrema da interceptação telefônica, é essencial que exista indicação de quais fatos são objeto de investigação e de quem são (se possível) os investigados. Não se pode adotar um sistema de investigação "aberta". Entretanto, não raro há desdobramentos nas investigações, sendo necessárias prorrogações de interceptações de determinados números, bem como a inclusão de novos números telefônicos.

Se houver a descoberta de novos fatos conexos aos apurados na interceptação deferida, bem assim da participação de outras pessoas (além das originariamente envolvidas), maiores questionamentos não existem acerca de eventual vício na coleta. O objetivo do meio de investigação adotado é exatamente a apuração integral dos fatos e dos envolvidos.

Entretanto, como se proceder quando, no decorrer da investigação, surgirem provas acerca de autorias de crimes ou da existência de outros completamente alheios ao objeto da interceptação?

O encontro de provas (de autoria e/ou materialidade) é fortuito. Integralmente fortuito, sublinhe-se. Não temos dúvidas em assentar que também se trata de provas absolutamente *lícitas* e que não podem ser desconsideradas pelo Poder Judiciário. Não se pode ignorar que a colheita da prova se deu a partir de procedimento absolutamente lícito. É certo que o objeto central da investigação não era o que descoberto além do pretendido. Dentro dos estritos e excepcionais meios de investigação por intermédio da interceptação, tudo que vier ao conhecimento da autoridade competente (de fatos pretéritos ou futuros, acentua-se) deverá ser devidamente apurado, havendo ou não conexão entre os fatos originários e continência entre os autores investigados.

Fizemos a dicotomia acima por conta de alguns posicionamentos doutrinários. Para nós, não há, na raiz, diferença alguma nas situações. Não é a conexão entre os fatos que vai justificar a licitude (ou não) da prova. Se houver a autorização judicial para a quebra da intimidade e privacidade, e por conta disso, fortuitamente, forem descobertos outros fatos criminosos, plenamente lícito ao Estado apurá-los na sua íntegra. O que não poderá haver, em hipótese alguma, a partir do que autorizado judicialmente, é uma desvirtuação dolosa da investigação, transbordando do que permitido. Mas se a descoberta foi ocasional, válida a prova.

Jurisprudência

648.6.1.7 [...] Consoante orientação jurisprudencial desta Corte Superior, o denominado encontro fortuito de provas é fato legítimo, refletido, no caso concreto, na descoberta, em interceptação telefônica judicialmente autorizada, do envolvimento de pessoas diferentes daquelas inicialmente investigadas, não gerando irregularidade a macular as demais provas decorrentes. *[...] (Agravo Regimental no Habeas Corpus nº 826.400-PE, STJ, 5ª Turma, Rel. Min. Joel Ilan Paciornik, sessão virtual de 27.2.2024 a 4.3.2024, publicado no DJ em 6.3.2024)*

648.6.1.7 [...] No que diz respeito à tese de nulidade da interceptação telefônica, como se colhe do acórdão recorrido, a medida foi deferida para investigar delitos sancionados com reclusão, na linha do que permite o art. 2º, III, da Lei 9.296/1996. O encontro de elementos que demonstraram, também, a prática de crimes punidos somente com detenção não configura nenhuma ilegalidade, sendo lícita a utilização, nesta ação penal, dos diálogos colhidos regularmente durante a interceptação, independentemente da existência de conexão entre as infrações. [...] *(Agravo Regimental no Agravo em Recurso Especial nº 2.101.521-GO, STJ, 5ª Turma, Rel. Min. Ribeiro Dantas, julgado em 18.10.2022, publicado no DJ em 28.10.2022)*

648.6.1.7 [...] Durante a interceptação telefônica deferida para investigar crimes punidos com reclusão, se forem encontrados fortuitamente elementos comprobatórios da prática de delitos apenados com detenção, é válido o uso das provas na ação penal referente a estes últimos, ainda que não haja conexão entre os fatos. Inteligência do princípio da serendipidade. Precedente desta Quinta Turma.[...] *(Agravo Regimental no Agravo em Recurso Especial nº 2.035.619-SP, STJ, 5ª Turma, Rel. Min. Ribeiro Dantas, unânime, julgado em 26.4.2022, publicado no DJ em 29.4.2022)*

648.6.1.7 [...] Ainda que o investigado não tenha sido referido no decreto judicial autorizador de interceptações telefônicas, apuração criminal iniciada a partir de elementos probatórios acidentais nelas obtidos é juridicamente válida, por se tratar de encontro fortuito de provas (serendipidade). [...] *(Habeas Corpus nº 497.425/RJ, STJ, 6ª Turma, unânime, Rel. Min. Laurita Vaz, julgado em 16.3.2021, publicado no DJ em 26.3.2021)*

648.6.1.7. [...] A jurisprudência desta Corte Superior é firme em assinalar a possibilidade de uso de prova obtida a partir da interceptação telefônica judicialmente autorizada para pessoas ou crimes diversos daquele originalmente perseguido. [...] *(Agravo Regimental no Agravo em Recurso Especial nº 1.123.449-MG, STJ, 6ª Turma, unânime, Rel. Min. Rogerio Schietti Cruz, julgado em 25.8.2020, publicado no* DJ *em 1º.9.2020).*

648.6.1.7. [...] 1. A jurisprudência desta Corte é firme no sentido da adoção da teoria do encontro fortuito ou casual de provas (serendipidade). Segundo essa teoria, independentemente da ocorrência da identidade de investigados ou réus, consideram-se válidas as provas encontradas casualmente pelos agentes da persecução penal, relativas à infração penal até então desconhecida, por ocasião do cumprimento de medidas de obtenção de prova de outro delito regularmente autorizadas, *ainda que inexista conexão ou continência com o crime supervenientemente encontrado* e este não cumpra os requisitos autorizadores da medida probatória, desde que não haja desvio de finalidade na execução do meio de obtenção de prova. [...] *(Recurso em Habeas Corpus n. 94.803-RS, STJ, 5ª Turma, unânime, Rel. Min. Ribeiro Dantas, julgado em 4.6.2019, publicado no* DJ *em 11.6.2019).*

648.6.1.7. [...] O STF já decidiu ser "compatível com o art. 5º, XII e LVI, o uso de prova obtida fortuitamente através de interceptação telefônica licitamente conduzida, ainda que o crime descoberto, conexo ao que foi objeto da interceptação, seja punido com detenção" (AI 626.214-AgR, Rel. Min. Joaquim Barbosa). [...] *(Agravo Regimental no Habeas Corpus n. 153.010-SP, STF, 1ª Turma, Rel. Min. Roberto Barroso, julgado em 28.6.2018, publicado no* DJ *em 6.8.2018).*

648.6.1.7. [...] O "crime achado", ou seja, a infração penal desconhecida e, portanto, até aquele momento não investigada, sempre deve ser cuidadosamente analisada para que não se relativize em excesso o inciso XII do art. 5º da Constituição Federal. A prova obtida mediante interceptação telefônica, quando referente a infração penal diversa da investigada, deve ser considerada lícita se presentes os requisitos constitucionais e legais. [...] *(Habeas Corpus n. 129.678-SP, Rel. para o acórdão Min. Alexandre de Moraes, STF, 1ª Turma, julgado em 13.6.2017, publicado no DJ em 18.8.2017).*

648.6.1.7. [...] Se a autoridade policial, em decorrência de interceptações telefônicas legalmente autorizadas, tem notícia do cometimento de novos ilícitos por parte daqueles cujas conversas foram monitoradas ou mesmo de terceiros, é sua obrigação e dever funcional apurá-los, ainda que não possuam liame algum com os delitos cuja suspeita originariamente ensejou a quebra do sigilo telefônico. Doutrina. Precedentes. Tal entendimento é aplicável ainda que as infrações descobertas fortuitamente sejam punidas com detenção, pois o que a Lei 9.296/1996 veda é o deferimento da quebra do sigilo telefônico para apurar delito que não seja apenado com reclusão, não proibindo, todavia, que o referido meio de prova seja utilizado quando há, durante a implementação da medida, a descoberta fortuita de eventuais ilícitos que não atendem a tal requisito. Precedentes do STJ e do STF. [...] (*Recurso em Habeas Corpus nº 56.744-RJ, STJ, 5ª Turma, unânime, Rel. Min. Leopoldo de Arruda Raposo, julgado em 2.6.2015, publicado no* DJ *em 10.6.2015*).

648.6.1.7. [...] Decisão pela interceptação telefônica por juiz de primeiro grau de pessoas sem foro especial. Aproveitamento na denúncia de diálogos dessas pessoas. Absoluta irrelevância probatória de único diálogo fortuitamente captado, quando o inquérito já estava no Superior Tribunal de Justiça, da pessoa interceptada com desembargador. Durante a interceptação das conversas telefônicas, pode-se divisar fatos diversos daqueles que a ensejaram. Princípio da "serendipidade". [...] (*Ação Penal nº 690-TO, STJ, Corte Especial, Rel. Min. João Otávio de Noronha, julgado em 15.5.2015, publicado no* DJ *em 22.5.2015*).

648.6.1.7. [...] Não há falar em incompetência do Juízo que determinou os mandados de busca e apreensão ante a ausência do nexo de causalidade entre as armas encontradas e os mandados de busca e apreensão ora impugnados. III – É orientação desta Corte ser dispensável o mandado de busca e apreensão quando se trata de flagrante de crime permanente, podendo-se realizar as medidas sem que se fale em ilicitude das provas obtidas. Precedente. [...] (*Recurso Ordinário em Habeas Corpus nº 121.419-SP, STF, 2ª Turma, Rel. Min. Ricardo Lewandowski, julgado em 2.9.2014, publicado no DJ em 17.10.2014*).

648.6.1.7. [...] A interceptação telefônica, por óbvio, abrange a participação de quaisquer dos interlocutores. Ilógico e irracional seria admitir que a prova colhida contra o interlocutor que recebeu ou originou chamadas para a linha legalmente interceptada é ilegal. [...] Não é porque o Advogado defendia os investigados que sua comunicação com eles foi interceptada, mas tão somente porque era um dos interlocutores. Não há, assim, nenhuma violação ao sigilo profissional (*Recurso em Mandado de Segurança nº 33.677-SP, STJ, 5ª Turma, Rel. Min. Laurita Vaz, julgado em 27.5.2014, publicado no DJ em 3.6.2014*).

....

648.6.1.8. Interceptação telefônica e prova emprestada: A Constituição da República é bastante explícita no sentido de que a interceptação telefônica somente poderá ser deferida, mediante autorização judicial, segundo a regulamentação específica, "*para fins de investigação criminal ou instrução processual penal*".

Não se pode olvidar: a prova produzida no âmbito penal pode repercutir não unicamente nessa seara. Em verdade, toda *investigação* (na mais ampla acepção) tem a finalidade precípua de apurar *fatos*, que poderão ou não caracterizar ilícito penal. Compreendemos que o conceito de ilicitude é unitário. Ou seja, e como corretamente ponderado pelo Ministro do STF Joaquim Barbosa (vide Inquérito nº 1.968/DF), não existe uma diferença ontológica entre o ilícito administrativo, civil ou então o penal. Quem o faz é o legislador à luz dos valores constitucionais. Assim, como percucientemente doutrina Bruno CALABRICH (*A investigação criminal pelo ministério público*. São Paulo: Revista dos Tribunais, 2008. p. 107), "*a investigação se legitima pelo* fato investigado, *e não pela ponderação subjetiva acerca de qual será a responsabilidade do agente e qual a natureza da ação a ser eventualmente proposta*".

Nessa linha, existirá óbice ao encaminhamento a outras searas de provas produzidas no âmbito criminal a partir de interceptações telefônicas?

A resposta é-nos negativa. Nenhum óbice se apresenta, na medida em que, colhida a prova licitamente (por interceptação em – e apenas em – procedimento de natureza penal), não há nenhum sentido lógico ou jurídico negar o empréstimo desta prova para que, independentemente da área em que utilizada (normalmente cível ou administrativa), dela sejam extraídas todas as consequências possíveis.

Por evidente, utilizando-se do expediente da prova emprestada, deve-se garantir a ampla defesa e o contraditório.

Mais: é irrelevante que haja coincidência entre os fatos investigados e as pessoas investigadas no processo criminal com aquelas para onde se encaminha a prova. Assim, uma investigação criminal em relação a determinada pessoa poderá ensejar sua responsabilidade civil ou administrativa. Se na interceptação (que somente pode se dar no âmbito criminal) forem descobertas participações de terceiros, mesmo que eventualmente *não responsabilizados criminalmente*, nada obsta o aproveitamento destas provas em face de terceiros noutra seara.

Jurisprudência

648.6.1.8. [...] Entende esta Corte que não constituem provas ilícitas ou emprestadas, desde que submetidas ao contraditório e à ampla defesa, as interceptações telefônicas, judicialmente autorizadas em inquérito policial, usadas para compor o acervo probatório de diferentes ações penais conexas. Precedentes. [...] *(Agravo Regimental no Recurso Especial nº 2.107.535-RS, STJ, 6ª Turma, Rel. Min. Rogerio Schietti Cruz, sessão virtual de 23.4.2024 a 29.4.2024, publicado no DJ em 2.5.2024)*

648.6.1.8. [...] 1. Quanto à preliminar de nulidade no compartilhamento de provas, o Tribunal de origem a afastou sob os aspectos da cautelaridade da prova, do contraditório postergado e ausência de prejuízo ao exercício da ampla defesa e do contraditório. [...] 1.1. Nos termos da jurisprudência desta Corte *"Para a observância do devido processo legal e do contraditório, não é necessário que haja absoluta identidade de partes entre o processo de que se empresta a prova e o processo para o qual esta é emprestada, pois o contraditório sobre a prova (contraditório postergado ou diferido) satisfaz esses princípios. A circunstância de o agravante não haver participado originariamente da elaboração da prova não impede que ela seja empregada no processo em que ele figura como acusa"* (AgRg no RHC 140.259/PR, Rel. Ministro Felix Fischer, Quinta Turma, julgado em 6/4/2021, DJe 9/4/2021). [...] [...] *(Agravo Regimental no Agravo em Recurso Especial nº 2.259.657-SC, STJ, 5ª Turma, Rel. Min. Joel Ilan Paciornik, julgado em 27.2.2024, publicado no DJ em 1º.3.2024)*

648.6.1.8. [...] Nos termos da jurisprudência desta Corte, "[u]*ma vez garantido às partes do processo o contraditório e ampla defesa por meio de manifestação quanto ao teor da prova emprestada, como no caso dos autos, não há vedação para sua utilização, ainda que não exista identidade de partes com relação ao processo na qual foi produzida. Precedentes desta Corte*" (AgRg no AREsp 2.009.864/TO, Rel. Ministro OLINDO MENEZES (Desembargador Convocado do TRF 1.ª Região), SEXTA TURMA, julgado em 28/06/2022, DJe 01/07/2022). [...] *(Agravo Regimental no Recurso em Habeas Corpus nº 152.153-MG, STJ, 6ª Turma, Rel. Min. Laurita Vaz, sessão virtual de 16.5.2023 a 22.5.2023, publicado no DJ em 26.5.2023)*

648.6.1.8. [...] Procedimento administrativo disciplinar. Interceptação telefônica. Prova emprestada do processo penal. Possibilidade. [...] *(Agravo Regimental nos Embargos de Declaração no RMS n. 34.786–DF, STF, 1ª Turma, Rel. Min. Alexandre de Moraes, julgado em 28.6.2018, publicado no DJ em 14.8.2018)*

648.6.1.8. [...] É admissível a utilização de prova produzida em persecução criminal da qual não participaram as partes que integram a relação processual, que receberá a prova tomada por empréstimo, onde será assegurado o exercício do contraditório, a atestar a observância das garantias processuais inerentes ao devido processo legal, o que afasta a eiva suscitada. [...] (*Ag. Reg. no Recurso Especial nº 1.254.887-SC, STJ, 5ª Turma, unânime, Rel. Min. Jorge Mussi, julgado em 13.10.2015, publicado no DJ em 16.10.2015*).

648.6.1.8. [...] A utilização de prova emprestada legalmente produzida em outro processo de natureza criminal não ofende os princípios constitucionais do processo. O amplo acesso à totalidade dos áudios captados realiza o princípio da ampla defesa. De posse da totalidade das escutas, o investigado não possui direito subjetivo à transcrição, pela Justiça, de todas as conversas interceptadas. Não há ofensa ao princípio da ampla defesa. Precedentes desta Corte. [...] Denúncia que deve ser recebida para instauração de processo criminal (*Inquérito 2.774-MG, STF, Plenário, Rel. Min. Gilmar Mendes, julgado em 28.4.2011, publicado no* DJ *em 6.9.2011*).

648.6.1.8. [...] Dados obtidos em interceptação de comunicações telefônicas, judicialmente autorizadas para produção de prova em investigação criminal ou em instrução processual penal, bem como documentos colhidos na mesma investigação, podem ser usados em procedimento administrativo disciplinar, contra a mesma ou as mesmas pessoas em relação às quais foram colhidos, *ou contra outros servidores cujos supostos ilícitos teriam despontado à colheita dessas provas* (*Questão de Ordem em Petição nº 3.683-2, Rel. Min. Cezar Peluso, Plenário, publicado no* DJ *em 20.2.2009*).

648.6.1.8. [...] A medida pleiteada pelo Conselho de Ética e Decoro Parlamentar da Câmara dos Deputados se mostra adequada, necessária e proporcional ao cumprimento dos objetivos do parágrafo 2º do artigo 55 da Constituição Federal de 1988. Possibilidade de compartilhamento dos dados obtidos mediante interceptação telefônica, judicialmente autorizada, para o fim de subsidiar apurações de cunho disciplinar. Precedente específico: Segunda Questão de Ordem no Inquérito 2.424 (Ministro Cezar Peluso). Questão de Ordem que se resolve no sentido do deferimento da remessa de cópia integral dos autos ao Sr. Presidente do Conselho de Ética e Decoro Parlamentar da Câmara dos Deputados, a quem incumbirá a responsabilidade pela manutenção da cláusula do sigilo de que se revestem as informações fornecidas (*Questão de Ordem em Inquérito nº 2.725-1/SP, STF, Rel. Min. Ayres Britto, Plenário, julgado em 25.6.2008, publicado no DJ em 26.9.2008*).

648.6.1.8. [...] A cláusula final do inciso XII do artigo 5º da Constituição Federal – "... na forma que a Lei estabelecer para fins de investigação criminal ou instrução processual penal" – não é óbice à consideração de fato surgido mediante a escuta telefônica para efeito diverso, como é exemplo o processo administrativo-disciplinar. [...] No mandado de segurança, a prova deve acompanhar a inicial, descabendo abrir fase de instrução. A exceção corre à conta de documento que se encontra na posse de terceiro. [...] A atuação de comissão permanente de disciplina atende ao disposto no artigo 53 da Lei nº 4.878/65, não se podendo presumir seja integrada por desafetos do envolvido. [...] Uma vez presente, a equação "tipo administrativo e pena aplicada" exclui a tese da ausência de proporcionalidade. Enfoques diversificados, tendo em conta os evolvidos, decorrem da pessoalidade, da conduta administrativa de cada qual (*Recurso Ordinário em Mandado de Segurança nº 24.956-4-DF, STF, Rel. Min. Marco Aurélio, 1ª Turma, julgado em 9.8.2005, publicado no DJ em 18.11.2005*).

648.6.1.8. [...] 2. É cabível a chamada "prova emprestada" no processo administrativo disciplinar, desde que devidamente autorizada pelo Juízo Criminal. Assim, não há impedimento da utilização da interceptação telefônica produzida na ação penal, no processo administrativo disciplinar, desde que observadas as diretrizes da Lei nº 9.296/96. Precedentes. [...] Segurança denegada (*Mandado de Segurança nº 14.140/DF, STJ, 3ª Seção, unânime, Rel. Min. Laurita Vaz, julgado em 26.9.2012, publicado no DJ em 10.11.2012*).

648.6.1.8. [...] É cabível a chamada "prova emprestada" no processo administrativo disciplinar, desde que devidamente autorizada pelo Juízo Criminal. Assim, não há impedimento da utilização da interceptação telefônica produzida na ação penal, no processo administrativo disciplinar, desde que observadas as diretrizes da Lei nº 9.296/96. Precedentes. [...] (*Mandado de Segurança nº 13.099-DF, STJ, 3ª Seção, Rel. Min. Laurita Vaz, julgado em 8.2.2012, republicado no DJ em 23.3.2012*).

648.6.1.9. Interceptação ambiental: Denomina-se gravação ambiental aquela realizada no meio ambiente. Não se está falando aqui de hipóteses de gravação clandestina (em vídeo ou voz, feita por um dos interlocutores sem o conhecimento do outro), mas de efetivamente uma interceptação (portanto, sem conhecimento dos envolvidos) de voz ou imagens em ambiente a partir de autorização judicial específica.

Nos termos do art. 3º, II, da Lei nº 12.850/13, que revoga expressamente a Lei nº 9.034/95, para fins de procedimentos investigatórios que versem sobre ilícitos decorrentes de ações praticadas por organizações criminosas conforme ali definidas, é permitida a captação e a interceptação ambiental de sinais eletromagnéticos, óticos ou acústicos, e o seu registro e análise, mediante circunstanciada autorização judicial.

Suplementando a alteração legislativa acima indicada, supervenientemente a Lei nº 13.964/2019 trouxe acréscimos à Lei nº 9.296/96, dispondo-se, inicialmente no (novo) art. 8º-A que, para a investigação ou instrução criminal, mediante requerimento policial ou do Ministério Público, poderá ser autorizada pelo juiz a captação *ambiental* de sinais eletromagnéticos, ópticos ou acústicos, desde que preenchidos (cumulativamente) os seguintes requisitos: I – a prova não puder ser feita por outros meios disponíveis e igualmente eficazes; e II – houver elementos probatórios razoáveis de autoria e participação em infrações criminais cujas penas máximas sejam superiores a 4 (quatro) anos ou em infrações penais conexas.

Os requisitos legais guardam certa similitude com aqueles previstos para as interceptações telefônicas (art. 2º da Lei nº 9.296/96). Há identidade de pressuposto de que a utilização dessa técnica deva ser subsidiária, ou seja, somente poderá se cogitar da captação ambiental se a prova pretendida acerca das práticas criminosas não puder ser realizada por outros meios disponíveis e *igualmente eficazes*. A prova dessa necessidade deverá ser feita por quem requerer ao juízo a determinação da medida. Ulteriormente, a contraprova (de eventual *desnecessidade*, pois existiriam *outros meios igualmente eficazes*) é de quem alegar o fato (art. 156, CPP), nos exatos termos do que ocorre em relação à interceptação telefônica (vide item 648.6.1.5).

Se para a interceptação *telefônica* limita-se apenas que o crime apurado seja punido (pelo menos com *reclusão* – pois não se admite, para o fato investigado, que seja hipótese de punição apenas com detenção), o requisito para a *captação ambiental* é diverso: as penas máximas dos crimes investigados devem ser superiores a quatro anos (mas podem ser *punidos com detenção ou reclusão*) ou em infrações conexas. Aqui um cuidado muito relevante há de se ter. Não se está falando de descoberta fortuita de fatos diversos dos investigados, situações nas quais a jurisprudência (corretamente) já pacificou entendimento de que são absolutamente válidas as apurações probatórias, mesmo que não haja conexão entre os fatos e que os descobertos fortuitamente sejam punidos inclusive com detenção. Compreendemos a previsão legal no sentido de que, havendo fatos conexos entre si desde já investigados, em que *apenas um deles* atenda o requisito da pena máxima superior a quatro anos, será plenamente válida a prova de investigação também quanto ao outro (cuja pena máxima seja inferior a esse patamar). Ao tema de conexão probatória, remetemos às anotações do art. 76 do CPP, sempre enfatizando que a conexão (e assim já o diz há muito a jurisprudência), não é uma questão de mera *utilidade de investigação*, mas verdadeira *necessidade* de apuração conjunta.

Prosseguindo, ainda quanto aos requisitos, o requerimento deverá descrever circunstanciadamente, tanto quanto possível, o local e a forma de instalação do dispositivo de captação ambiental (§ 1º do art. 8º-A), tudo com a finalidade de se poder, ulteriormente, sindicar se o procedimento foi executado corretamente e conforme a autorização judicial prévia.

Tal qual a interceptação telefônica, a captação ambiental não poderá exceder o prazo de 15 dias (vide anotações ao item 648.6.1.5, sobre excepcionais situações), sendo possível sua renovação (sempre com prévia autorização judicial), por igual período, se igualmente comprovada a indispensabilidade da prova e quando presente atividade criminal permanente, habitual ou continuada (nos termos do § 3º do art. 8º-A). Aqui a lei já deixou bem claro o que restou solvido pela jurisprudência em relação à interceptação telefônica: pode haver sucessivas renovações da medida, desde que comprovada a necessidade, mediante a devida fundamentação judicial.

Nos termos do § 5º do art. 8º-A, e pela identidade muito grande dos procedimentos, há a previsão de possibilidade de aplicação aqui das regras estabelecidas na legislação específica para as hipóteses de interceptações telefônicas e telemáticas.

Por fim, há a previsão legal de ocorrência de crime quando realizada a interceptação ambiental sem autorização judicial, no art. 10-A da Lei nº 9.296/96, com pena de reclusão, de dois a quatro anos, além de multa. No § 1º, exclui-se (de forma correta) que não há crime se a captação for realizada por um dos interlocutores (vide precedentes abaixo que já reconheciam essa exclusão de tipicidade). E, no § 2º, prevê-se a aplicação da pena em dobro (de quatro a oito anos) ao funcionário público que descumprir determinação de sigilo das investigações que envolvam a captação ambiental ou revelar o conteúdo das gravações *enquanto mantido o sigilo judicial*. Por evidente, trata-se de previsão de crime doloso (porque, como sabido, todo delito que for culposo deve ser assim previsto *expressamente* – conforme parágrafo único do art. 18 do Código Penal brasileiro). – *vide anotações ao item 157.3.a.*

Jurisprudência

648.6.1.9. [...] Gravação clandestina por colaborador premiado. Validade. Princípio *tempus regit actum. [...]* 3. A jurisprudência desta Suprema Corte tem reafirmado a tese pela "admissibilidade do uso, como meio de prova, de gravação ambiental realizada por um dos interlocutores", estabelecida sob o rito da Repercussão Geral (Tema RG nº 237), inclusive a captação ambiental clandestina gravada por colaborador premiado, a ser utilizada após a entrada em vigor da Lei nº 13.964, de 2019. 4. O regramento jurídico processual vigente à época conferia validade às gravações produzidas e introduzidas no procedimento criminal de investigação. A lei instrumental tem aplicação prospectiva, não alcançando atos aperfeiçoados sob a vigência de lei pretérita, em observância ao princípio do *tempus regit actum* art. 2º do Código de Processo Penal. [...] *(Agravo Regimental no Habeas Corpus nº 226.317, STF, 2ª Turma, Rel. Min. André Mendonça, sessão virtual final de 23.2.2023 a 1.3.2024, publicado no DJ em 24.4.2024)*

618.6.1.9 [...] 1. A inserção do art. 8º-A à Lei n. 9.296/1996 pela Lei n. 13.964/2019 (Pacote Anticrime) se deu com o fim de regulamentar a "captação de sinais eletromagnéticos, ópticos ou acústicos", para fins de investigação ou instrução criminal. Para tanto, geralmente, exige-se prévia autorização judicial e outros requisitos na concretização da proporcionalidade em suas três dimensões: idoneidade para produzir prova da prática do crime (adequação), inexistência de outro meio menos gravoso de obtenção da prova (necessidade) com pena superior a 4 anos (proporcionalidade em sentido estrito).

2. O art. 8-A, da Lei n. 9.296/1996 garante, em seu § 4º, a utilização, em matéria de defesa, da prova obtida por meio da captação ambiental realizada por um dos interlocutores, quando demonstrada a integridade da gravação. O art. 10-A, da Lei n. 9.296/1996, por sua vez, também incluído pela Lei n. 13.964/2019, previu a figura típica da captação ambiental sem autorização judicial, mas ressalvou, em seu § 1º, os casos em que esta é realizada por um dos interlocutores, situação que pode ser equiparada à atuação de terceiro quando o agente reduzir totalmente a possibilidade de agir da vítima.

3. Os precedentes mais recentes desta Corte e do Supremo Tribunal Federal têm validado o uso das gravações clandestinas como meio de prova, excluindo da incidência típica as captações feitas por um dos interlocutores. A questão não é nova, uma vez que o Supremo Tribunal Federal, por ocasião do julgamento do Recurso Extraordinário n. 583.937, em 19 de novembro de 2009, em rito de repercussão geral, já havia Superior Tribunal de Justiça decidido pela validade probatória da gravação de áudio ou vídeo realizada de forma oculta, por particular, sem conhecimento do outro interlocutor.

4. Não obstante alguns posicionamentos contrários à utilização da gravação clandestina produzida pelas vítimas de crime como meio de prova, há situações em que é forçoso se concluir pela sua licitude, considerando justamente a necessidade de defesa dos direitos fundamentais da vítima.

5. Especificamente com relação à sua utilização como forma de proteção aos direitos fundamentais da vítima de ações criminosas, a proporcionalidade em sentido estrito se aplica como verdadeira causa excludente de ilicitude da prova toda vez que o direito à integridade e à dignidade da vítima prevalece sobre o direito de imagem e privacidade do ofensor. Em outras palavras, é imprescindível que os bens jurídicos em confronto sejam sopesados, dando-se preferência àqueles de maior relevância.

7. Na colisão de interesses, o uso de captações clandestinas se justifica sempre que o direito a ser protegido tiver valor superior à privacidade e à imagem do autor de crime, utilizando-se da legítima defesa probatória, a fim de se garantir a licitude da prova. É exatamente nesse contexto que se insere a conduta daquele que realiza uma gravação ambiental clandestina, inicialmente praticando a conduta típica descrita no art. 10-A da Lei n. 9.296/1996, amparado, no entanto, pela excludente de antijuridicidade, pois sua conduta, embora cause lesão a um bem jurídico protegido, no caso a privacidade ou a intimidade da pessoa alvo da gravação, é utilizada para a defesa de direito próprio ou de terceiro contra agressão injusta, atual e iminente.

8. No presente caso, os funcionários da equipe de enfermagem de um hospital suspeitaram do comportamento incomum apresentado pelo denunciado no centro cirúrgico e registraram em vídeo a ação criminosa, considerando a vulnerabilidade da vítima que estava sedada sem qualquer possibilidade de reação ou mesmo de prestar depoimento sobre os fatos.

9. Ao sopesar os interesses das partes envolvidas na captação ambiental, obviamente que os direitos fundamentais da parturiente se sobrepõem às eventuais garantias fundamentais do ofensor que agora tenta delas se valer para buscar impedir a utilização do único meio de prova possível para a elucidação do crime por ele perpetrado, praticado às escondidas em ambiente hospitalar e em proveito à situação de extrema vulnerabilidade que ele mesmo impôs à parturiente com a utilização excessiva de sedação e de anestésicos, impedindo qualquer tipo de reação.

10. Não há ilicitude a ser reconhecida, devendo a ação penal ter o seu normal prosseguimento, a fim de elucidar os fatos adequadamente narrados pela acusação.

11. *Habeas corpus* não conhecido.*(Habeas Corpus nº 812.310-RJ, STJ, 5ª Turma, Rel. Min. Ribeiro Dantas, julgado em 21.11.2023, publicado no DJ em 28.11.2023)*

648.6.1.9. [...] 8. O art. 10-A, § 1º, da Lei n. 9.296/96, inserido pela Lei n. 13.964/19, registra que a captação realizada por um dos interlocutores para investigação ou instrução criminal sem exigível autorização judicial não é crime. Por seu turno, o art. 8º-A, § 4º, da Lei n. 9.296/96, em uma interpretação literal, permite "A captação ambiental feita por um dos interlocutores sem o prévio conhecimento da autoridade policial ou do Ministério Público poderá ser utilizada, em matéria de defesa, quando demonstrada a integridade da gravação", ou seja, tem como uma das condições o uso em matéria de defesa.

8.1. A Lei n. 13.964/19 também inseriu o art. 8º-A, § 4º, na Lei n. 9.296/96, que após vetado pelo Presidente da República teve vigência iniciada em 30/5/2021 (30 dias após a publicação da promulgação das partes vetadas), em atenção ao disposto no art. 20 da Lei n. 13.964/19. Quando do recebimento da denúncia, a referida restrição ao uso da captação ambiental não estava em vigor no mundo jurídico, razão pela qual mantém-se inalterado o conteúdo do acórdão que recebeu a denúncia.

8.2. Por seu turno, quando do julgamento dos embargos de declaração em face do acórdão que recebeu a denúncia já vigorava o art. 8º-A, § 4º, na Lei n. 9.296/96, e o Tribunal de Justiça não reconheceu seus efeitos. De todo modo, não há prejuízo no tocante ao recebimento da denúncia, ante a presença de justa causa com base também no depoimento do vereador que fez a captação ambiental. [...] *(Agravo Regimental no Agravo Regimental no Agravo em Recurso Especial nº 2.027.796–RJ, STJ, 5ª Turma, Rel. Min. Joel Ilan Paciornik, julgado em 06.12.2022, publicado no DJ em 13.12.2022)*

648.6.1.9. [...] Gravação ambiental pela genitora da vítima. Prova lícita. [...] Nos termos da jurisprudência da Corte, é lícita a prova produzida pela genitora da menor vítima de crime sexual, consistente em gravação audiovisual ambiental, dado o seu legítimo poder-dever de proteger a infante e desvendar o ato criminoso, situação que se assemelha à gravação de conversa telefônica feita com a autorização de um dos interlocutores, sem ciência do outro, quando há cometimento de delito por este último, hipótese já reconhecida como válida pelo Supremo Tribunal Federal. [...] *(Habeas Corpus nº 578.058-SP, STJ, 6ª Turma, unânime, Rel. Min. Nefi Cordeiro, julgado em 8.9.2020, publicado no* DJ *em 14.9.2020).*

648.6.1.9. [...] É pacífico, neste Superior Tribunal e no Pretório Excelso, que a gravação ambiental, realizada por um dos interlocutores, com o objetivo de preservar-se diante de atuação desvirtuada da legalidade, prescinde de autorização judicial. [...] *(Agravo Regimental no Recurso em Habeas Corpus nº 104.363-SE, STJ, 5ª Turma, unânime, Rel. Min. Reynaldo Soares da Fonseca, julgado em 18.8.2020, publicado no* DJ *em 24.8.2020).*

648.6.1.9. [...] O acórdão hostilizado encontra-se em harmonia com a jurisprudência do Superior Tribunal de Justiça no sentido de que a gravação ambiental realizada por um dos interlocutores, sem o consentimento do outro, é lícita, ainda que obtida sem autorização judicial, podendo ser validamente utilizada como elemento de prova, uma vez que a proteção conferida pela Lei nº 9.296/1996 se restringe às interceptações de comunicações telefônicas. No caso, a gravação ambiental ocorreu no domicílio do paciente, com o conhecimento de um dos interlocutores – ex-secretário de governo que agiu na condição de informante e colaborador –, sendo realizada com a devida autorização judicial. Na ocasião, o acusado convidou o servidor público municipal a entrar e permanecer na sua residência, não restando evidenciado na hipótese o caráter secreto da conversa captada, tampouco a obrigação jurídica de sigilo. [...] *(Habeas Corpus nº 222.818-MS, STJ, 5ª Turma, unânime, Rel. Min. Gurgel de Faria, julgado em 18.11.2014, publicado no* DJ *em 25.11.2014).*

648.6.1.9. [...] No Recurso Extraordinário com Repercussão Geral nº 583.937 a Corte firmou a tese de que: "É lícita a prova consistente em gravação ambiental realizada por um dos interlocutores sem conhecimento do outro", guiada pela premissa de que "quem revela conversa da qual foi partícipe, como emissor ou receptor, não intercepta, apenas dispõe do que também é seu e, portanto, não subtrai, como se fora terceiro, o sigilo à comunicação (...)". [...] *(Agravo Regimental no Habeas Corpus n. 141.157-PE, STF, 1ª Turma, Rel. Min. Rosa Weber, julgado em Sessão Virtual de 22.11.2019 a 28.11.2019, publicado no* DJ *em 11.12.2019).*

648.6.1.9. [...] A gravação *ambiental* meramente *clandestina*, realizada por um dos interlocutores, não se confunde com a interceptação, objeto cláusula constitucional de reserva de jurisdição. É lícita a prova consistente em gravação de conversa telefônica realizada por um dos interlocutores, sem conhecimento do outro, se não há causa legal específica de sigilo nem de reserva da conversação. Precedentes. Agravo regimental desprovido (*Agravo Regimental no Agravo de Instrumento nº 560.223-SP, STF, 2ª Turma, Rel. Min. Joaquim Barbosa, julgado em 12.4.2011, publicado no* DJ *em 29.4.2011*).

648.6.1.9. [...] Paciente denunciado por falsidade ideológica, consubstanciada em exigir quantia em dinheiro para inserir falsa informação de excesso de contingente em certificado de dispensa de incorporação. Gravação clandestina realizada pelo alistando, a pedido de emissora de televisão, que levou as imagens ao ar em todo o território nacional por meio de conhecido programa jornalístico. O conteúdo da reportagem representou *notitia criminis*, compelindo as autoridades ao exercício do dever-poder de investigar, sob pena de prevaricação. A ordem cronológica dos fatos evidencia que as provas, consistentes nos depoimentos das testemunhas e no interrogatório do paciente, foram produzidas em decorrência da *notitia criminis* e antes da juntada da fita nos autos do processo de sindicância que embasou o Inquérito Policial Militar. A questão posta não é de inviolabilidade das comunicações e sim da proteção da privacidade e da própria honra, que não constitui direito absoluto, devendo ceder em prol do interesse público. (Precedentes). Ordem denegada (*Habeas Corpus nº 87.341-3-PR, Rel. Min. Eros Grau, STF, 1ª Turma, unânime, julgado em 7.2.2006, publicado no* DJ *em 3.3.2006*).

648.6.1.9. [...] Escuta ambiental. Captação e interceptação de sinais eletromagnéticos, óticos ou acústicos. Meio probatório legalmente admitido. Fatos que configurariam crimes praticados por quadrilha ou bando ou organização criminosa. Autorização judicial circunstanciada. Previsão normativa expressa do procedimento. Preliminar repelida. Inteligência dos arts. 1º e 2º, IV, da Lei nº 9.034/95, com a redação da Lei nº 10.217/95. Para fins de persecução criminal de ilícitos praticados por quadrilha, bando, organização ou associação criminosa de qualquer tipo, são permitidos a captação e a interceptação de sinais eletromagnéticos, óticos e acústicos, bem como seu registro e análise, mediante circunstanciada autorização judicial. [...] (*Inquérito nº 2.424/RJ, STF, Rel. Min. Cezar Peluso, Plenário, por maioria, julgado em 26.11.2008, publicado no* DJ *em 26.3.2010*).

648.6.1.10. Interceptação telemática: Às interceptações telemáticas aplicam-se os mesmos regramentos das telefônicas. O parágrafo único do art. 1º da Lei nº 9.296 assenta expressamente que "*o disposto nesta Lei aplica-se à interceptação do fluxo de comunicações em sistemas de informática e telemática*". Utiliza-se da técnica para fins de investigação quando utilizados computadores e meios de comunicação, como é o caso de uso da Internet. A evolução tecnológica dos últimos anos tem revelado que há inúmeros modos de utilização da Internet, inclusive, hodiernamente, a denominada Internet móvel, em que podem ser trocadas imagens ou mensagens por intermédio de aparelhos celulares que disponham do sistema. Atente-se para a obrigatoriedade de as empresas prestadoras de serviços encaminharem as informações ao Poder Judiciário quando houver prévia ordem nesse sentido, sob pena de condenação em *astreintes*, expressamente reconhecidas pela jurisprudência como possíveis de serem aplicadas. *Vide anotações ao item 157.12.a.*

Jurisprudência

648.6.1.10. [...] O art. 3º da Lei nº 9.296/96, utilizada para fundamentar o pedido e a decisão de afastamento do sigilo de dados telemáticos, autoriza que a medida seja determinada pelo juiz de ofício. Logo, se não há exigência de que o magistrado, em sua decisão, fique adstrito ao pedido da parte, pois pode determinar de ofício, não há que se falar em nulidade por decisão ultra petita. [...] *(Agravo Regimental no Recurso em Habeas Corpus nº 168.053-SC, STJ, 5ª Turma, Relatora Min. Daniela Teixeira, julgado em 15.8.2024, publicado no DJ em 19.8.2024)*

648.6.1.10. [...] [...] 1. A possibilidade de aplicação de astreintes no processo penal foi reconhecida pela Terceira Seção desta Corte Superior no julgamento do REsp n. 1.568.445/PR, DJe de 20/8/2020. Além disso, nessa mesma oportunidade, reconheceu-se: a) não haver prejudicialidade do julgamento da Ação Declaratória de Constitucionalidade n. 51 pela Suprema Corte; b) a legitimidade da filial no Brasil para representar, aqui, os interesses da pessoa jurídica sediada no exterior; c) a possibilidade de execução imediata das astreintes; e d) a não aplicação do art. 77, § 5º, do Código de Processo Civil, e da limitação de 10 salários mínimos 2. Registre-se, ainda, que, "não obstante a admissão pela Corte Especial deste STJ dos Embargos de Divergência n. 1.568.445/PR e n.1.853.580/SC - até a ocorrência de posterior e eventual julgamento contrário -, permanece incólume o entendimento da Terceira Seção a respeito da possibilidade de aplicação de astreintes a terceiros não integrantes da relação jurídico processual, como WhatsApp, Facebook, Google, ainda que em sede de processo penal" (EDcl no AgRg no RMS n. 66.496/PE, relator Ministro Ribeiro Dantas, Quinta Turma, julgado em 8/3/2022, DJe de14/3/2022). 3. Quanto à desnecessidade de cooperação jurídica internacional para a obtenção dos dados telemáticos de comunicação privada sob controle de provedores sediados no exterior, esta Corte firmou a compreensão, em situações semelhantes, de que, "por estar instituída e em atuação no País, a pessoa jurídica multinacional submete-se, necessariamente, às leis brasileiras, motivo pelo qual se afigura desnecessária a cooperação internacional para a obtenção dos dados requisitados pelo juízo" (RMS n. 55.109/PR, relator Ministro Reynaldo Soares da Fonseca, Quinta Turma, julgado em 7/11/2017, DJe 17/11/2017). *4. Agravo regimental desprovido. (Agravo Regimental na Tutela Antecipada Antecedente nº 335-SP, STJ, 6ª Turma, Rel.Min. Antônio Saldanha Palheiro, julgado em 23.9.2024, publicado no DJ em 25.9.2024)*

648.6.1.10. [...] 1. Decisão judicial de afastamento do sigilo de dados telemático proferida por período mais amplo do que o período requerido pelo Ministério Público na representação.

2. Agravante argumenta que a decisão é nula por ser ultra petita e, por consequência, a prova dela decorrente é ilícita.

3. Inocorrência da nulidade. O art. 3º da Lei nº 9.296/96, utilizada para fundamentar o pedido e a decisão de afastamento do sigilo de dados telemáticos, autoriza que a medida seja determinada pelo juiz de ofício. Logo, se não há exigência de que o magistrado, em sua decisão, fique adstrito ao pedido da parte, pois pode determinar de ofício, não há que se falar em nulidade por decisão ultra petita.

4. Agravo regimental que se nega provimento. *(Agravo Regimental no Recurso em Habeas Corpus nº 168.053-SC, STJ, 5ª Turma, Relatora Min. Daniela Teixeira, julgado em 15.8.2024, publicado no DJ em 19.8.2024)*

648.6.1.10. [...] Quebra de sigilo de dados. Recorrente. Empresa Prestadora de serviços de *e-mail*. Descumprimento. Alegação de impossibilidade técnica e de ausência de obrigação jurídica. Improcedência. [...] Transferência reservada que não configura quebra de sigilo. Possibilidade. Cooperação jurídica internacional. Desnecessidade. Empresa que presta serviços no Brasil. Conta de *e-mail* utilizada em território nacional. IV – Na presente hipótese, o Juízo da 13ª Vara Federal de Curitiba/PR determinou que a recorrente, empresa prestadora de serviços de correspondência eletrônica, cumprisse ordem de quebra de sigilo de dados de conta de *e-mail* de usuário para quem prestaria serviços. A recorrente, contudo, recusou-se a cumprir a ordem, alegando, para tanto, que a conta de *e-mail* estaria vinculada à Yahoo Inc. (atualmente Oath Inc.), que, a despeito de pertencer ao mesmo grupo societário da recorrente, ostentaria personalidade jurídica distinta. [...] VI – O controle societário que a empresa que possuiria os dados requisitados efetivamente exerce sobre a recorrente permite a aplicação do entendimento firmado pela Corte Especial deste Superior Tribunal de Justiça na APn 845/DF, em que se decidiu que "*a mera transferência reservada entre empresa controladora e controlada não constitui, em si, quebra do sigilo, o que só será feito quando efetivamente for entregue à autoridade judicial brasileira*" (APN 845/DF, Corte Especial, Rel.ª Min.ª Laurita Vaz, *DJe* 17/4/2013). VII – Os procedimentos de cooperação jurídica internacional não são necessários, visto que a empresa recorrente, para a qual a ordem de quebra de sigilo telemático foi direcionada, opera seus serviços no Brasil e por essa razão deve subordinar-se ao ordenamento jurídico nacional. Cuida-se ainda de conta de *e-mail* que foi criada por cidadão brasileiro e era utilizada a partir do território nacional para tratar de assuntos relativos a eventuais delitos cuja persecução compete à autoridade jurisdicional brasileira. VIII – A multa por descumprimento de ordem judicial, prevista nos arts. 536 e 537 do CPC (art. 461, § 5º, do CPC de 1973), aplicável no âmbito penal por força do art. 3º do CPP, apresenta natureza jurídica sancionatória/coercitiva e tem por objetivo assegurar a força imperativa das decisões judiciais, protegendo a eficiência da tutela do processo e dos interesses públicos envolvidos. Não tem por objetivo punir, ressarcir ou compensar, diga-se, não tem a finalidade de indenizar a parte, tampouco de expropriar o devedor. IX – O art. 139, IV, do CPC/2015 autoriza o Juiz a determinar todas as medidas indutivas, coercitivas, mandamentais ou sub-rogatórias necessárias para assegurar o cumprimento de ordem judicial, inclusive nas ações que tenham por objeto prestação pecuniária. X – Devidamente configurada a desobediência de ordem judicial, legítima a imposição de multa. Carece de fundamento a afirmativa de que a multa teria sido baseada unicamente no instituto da *contempt of court* do direito anglo-saxônico, visto que, por um lado, há normas jurídicas nacionais que amparam a multa por descumprimento de ordem judicial, e, por outro, o acórdão recorrido apenas citou que a multa aplicada aproxima-se mais do instituto, cuja finalidade é, justamente, resguardar a dignidade, a efetividade e a autoridade da jurisdição. [...] XIII – A decisão liminar que o e. Min. Gilmar Mendes proferiu na ADC 51/DF reservou-se a "*impedir a movimentação – levantamento ou qualquer outra destinação específica – dos valores depositados judicialmente a título de* astreintes *nos processos judiciais em que se discute a aplicação do Decreto Executivo nº 3.810/2001, que internalizou no Direito brasileiro o Acordo de Assistência Judiciária em Matéria Penal entre o Governo da República Federativa do Brasil e o Governo dos Estados Unidos da América – MLAT*" (*DJe* 15/5/2019). A determinação considerou casos em que valores devidos a título de *astreintes* por descumprimento de ordens judiciais em procedimentos em curso no país foram destinados para a constituição de fundos para financiamento de políticas públicas, como empreendimentos relacionados à execução penal. [...] *(Agravo Regimental no Recurso em Mandado de Segurança nº 63.200-PR, STJ, 5ª Turma, unânime, Rel. Min. Felix Fischer, julgado em 6.10.2020, publicado no DJ em 16.10.2020).*

648.6.1.10. [...] *Nos termos da jurisprudência do Superior Tribunal de Justiça, a quebra de sigilo dos dados cadastrais dos usuários, relações de números de chamadas, horário, duração, dentre outros registros similares, que são informes externos à comunicação telemática, não se submetem a disciplina da Lei nº 9.296/96, que trata da interceptação do que é transmitido pelo interlocutor ou do teor da comunicação telefônica.* [...] V – *Tem esta Corte compreendido que os dados cadastrais bancários (informações de seus correntistas como número da conta-corrente, nome completo, RG, CPF, número de telefone e endereço) não estão protegidos por sigilo bancário, que abrange tão somente as movimentações financeiras (aplicações, transferências, depósitos etc.).* [...] *(Habeas Corpus nº 554.922-SP, STJ, 5ª Turma, Rel. Min. Leopoldo de Arruda Raposo, unânime, julgado em 10.3.2020, publicado no DJ em 24.3.2020).*

648.6.1.10. [...] 2. Nos termos da jurisprudência do Superior Tribunal de Justiça, em razão da previsão contida no art. 3º do Código de Processo Penal, é possível a aplicação dos arts. 536 e 537 do Código de Processo Civil, com a fixação de *astreintes* para o caso de descumprimento de determinações judiciais efetivadas no âmbito de processos criminais, sem que isso configure ofensa ao princípio da legalidade. Precedentes da Quinta e Sexta Turmas e da Terceira Seção. 3. Sendo legal a imposição das *astreintes*, pela aplicação analógica dos arts. 536 e 537 do Código de Processo Civil, fica prejudicado o pedido de que seja a multa estabelecida como se se tratasse de ato atentatório à dignidade da justiça, em cuja fixação deveria ser observado o limite máximo de 10 (dez) salários mínimos, previsto no art. 77 da referida Codificação Processual Civil. [...] 8. Consideradas a urgência e a gravidade singular da situação dos autos, que, repete-se, dizia respeito à investigação, em maio de 2016, acerca de atos terroristas a serem praticados em território nacional, por indivíduos ligados ao grupo terrorista Estado Islâmico, durante as Olimpíadas do Rio de Janeiro, que seriam realizadas em agosto do mesmo ano, bem assim da gigantesca capacidade econômica do Recorrente, não se mostrou desarrazoado a fixação do valor da multa diária em R$ 100.000,00 (cem mil reais), que resultou num total de R$ 800.000,00 (oitocentos mil reais), diante da mora de 8 (oito) dias para o cumprimento integral do comando judicial. A singularidade e a extremíssiva gravidade do caso concreto, inclusive com dificílima ocorrência de situação análoga, autoriza a adoção de parâmetro superior àquele adotado no julgamento da QO-Inq n. 784/DF. Recurso ordinário desprovido *(Recurso em Mandado de Segurança nº 58.823-PR, STJ, 6ª Turma, unânime, Rel. Min. Laurita Vaz, julgado em 25.8.2020, publicado no DJ em 22.9.2020).*

648.6.1.10. [...] A interceptação telemática anterior a que se questiona, realizada com autorização judicial em relação a corréu, constitui elemento idôneo a caracterizar os indícios de autoria necessários à quebra do sigilo telemático de outra pessoa suspeita, no curso da investigação policial. Inexiste ilegalidade na interceptação telemática realizada quando ela é, aliada a presença de indícios de autoria, devido a peculiaridade do *modus operandi* do delito, o único meio de prova a esclarecer os fatos. É idônea a fundamentação da decisão que esclarece a existência de indícios de autoria a possibilitar a quebra do sigilo telemático, ainda que a fundamentação seja sucinta. Ordem denegada (*Habeas Corpus nº 101.165-PR STJ, STJ, 6ª Turma, unânime, publicado no* DJ *em 22.4.2008*).

....

648.6.1.11. Gravação clandestina: A gravação clandestina difere-se substancialmente da interceptação telefônica quanto ao meio de sua captação: naquela situação, um dos interlocutores (sozinho ou mediante auxílio de terceiros, pouco importa) efetua a gravação (em vídeo ou voz) de conversa que mantém com determinada pessoa ou pessoas. Não há ilicitude na *gravação*, pois o conteúdo da conversa é de conhecimento do *gravado* (embora não autorizada a gravação por ele). Entretanto, se o conteúdo da conversa for publicizado, poderá haver a afetação de direitos de terceiros. Assim, o que irá determinar a ilicitude da prova (gravação ou revelação do conteúdo) não é o fato de ter sido realizada por terceiros ou por um dos interlocutores. Ao contrário, será o conteúdo então revelado que poderá afetar a intimidade dos interlocutores.

Então, para que seja válida a revelação da gravação feita por um dos interlocutores, sem o conhecimento do outro, é necessário que esteja presente situação de relevância jurídica a que poderíamos chamar de justa causa, conforme se vê, por exemplo, no art. 153, CP, no qual se estabelece ser crime a divulgação de conteúdo de documento particular ou de correspondência confidencial, de que é destinatário ou detentor, sem justa causa.

A justa causa aqui referida diz respeito a uma motivação que possa validamente ser reconhecida pelo Direito, como é o caso, por exemplo, do estado de necessidade, como causa de justificação da conduta tipificada penalmente. Justa causa poderá ocorrer, assim, quando a revelação do conteúdo se destinar a provar fato cuja existência seja relevante para a defesa de direito daquele que promoveu a gravação. Não só de Direito Penal, como seria o caso de possível descobrimento da autoria do crime, mas de todo o Direito (PACELLI, Eugênio. *Curso de processo penal.* 28. ed. São Paulo: Juspodivm, 2024).

No julgamento do Recurso Extraordinário nº 583.937/RJ, o Supremo Tribunal Federal reconheceu a repercussão geral da questão, afirmando a validade da gravação clandestina nas hipóteses em que o interlocutor esteja a defender interesse juridicamente relevante e legítimo, bem como em casos em que não haja reserva de sigilo na comunicação.

Mas pode-se também justificar a licitude da gravação com base na proteção de direito próprio. É dizer: o autor da gravação utilizará o teor das conversas ou de vídeo para sua defesa.

Nesse ponto, entendemos importante explicitar que a chamada "gravação clandestina" (feita pelo próprio interlocutor, para sua defesa ou quando for vítima do crime) não depende de prévia autorização judicial, nos termos em que disposto no art. 8-A da Lei nº 9.296/96 (redação da Lei nº 13.964/2019), destinado que é exclusivamente para a atuação das autoridades responsáveis pelas investigações estatais. Não haveria sentido lógico algum não permitir (ou reconhecer a invalidade da prova) quando a vítima do crime realizar o ato exatamente como forma de proteger seu direito de forma imediata. Exatamente por isso é que, mesmo após a vigência desse dispositivo, o Supremo Tribunal Federal continua reconhecendo a validade de tais procedimentos a partir da iniciativa do interessado, mesmo que com ajuda de terceiros. É o que se colhe, exemplificativamente, do voto-condutor no julgamento do Agravo Regimental no Recurso Extraordinário com Agravo nº 1.431.397 (STF, 2023), em que se reconheceu ser improcedente a "*alegação de ilicitude de gravação ambiental feita por um dos interlocutores após a vigência do § 4º do art. 8º-A da Lei n. 9.296 /1996, acrescentado pela Lei n. 13.964/2019, pois, além de a discussão referir-se à interpretação de alteração legislativa infraconstitucional, a Lei n. 9.296 /1996, mesmo com as inovações trazidas pela Lei n. 13.964/2019, não dispôs sobre a necessidade de autorização judicial para a gravação ambiental realizada por um dos interlocutores sem conhecimento do outro*".

Vide, ainda, anotações no item 157.3.a.

Jurisprudência

648.6.1.11. [...] Ação Penal originária. Recebimento da denúncia. Licitude da gravação ambiental feita por um dos interlocutores. Jurisprudência reafirmada em repercussão geral: precedentes. [...] *(Agravo Regimental no Recurso Extraordinário com Agravo nº 1.431.397, STF, 1ª Turma, Rel. Min. Cármen Lúcia, sessão virtual de 4.8.2023 a 14.8.2023, publicado no DJ em 18.8.2023)*

648.6.1.11 [...] A jurisprudência desta Corte entende que "a gravação de conversa realizada por um dos interlocutores é considerada prova lícita, não se confundindo com interceptação telefônica." (AgRg no HC n. 549.821/MG, relator Ministro Jorge Mussi, Quinta Turma, julgado em 17/12/2019, DJe de 19/12/2019). Na mesma linha, o Supremo Tribunal Federal: "é lícita a prova produzida a partir de gravação de conversa telefônica feita por um dos interlocutores, quando não existir causa legal de sigilo ou de reserva da conversação." (STF, RE n. 630.944 AgR, Segunda Turma, Rel. Min. Ayres Britto, DJe de 19/12/2011).[...] *(Agravo Regimental no Recurso em Habeas Corpus nº 174.867-SP, STJ, 5ª Turma, Rel. Min. Ribeiro Dantas, sessão virtual de 18.4.2023 a 24.4.2023, publicado no DJ em 27.4.2023)*

648.6.1.11 [...] É lícita a gravação ambiental realizada por um dos interlocutores sem o conhecimento do outro, conforme entendimento firmado por este Supremo Tribunal Federal, em sede de repercussão geral, no RE 583.937-QO-RG (Tema 237). [...] *(Agravo Regimental no Recurso Ordinário em Habeas Corpus nº 222.411, STF, 1ª Turma, Rel. Min. Luiz Fux, sessão virtual de 3.2.2023 a 10.2.2023, publicado no DJ em 17.2.2023)*

648.6.1.11. [...] 1. Não há que se falar em ilegalidade da prova obtida ao argumento de se tratar de ação controlada sem prévia autorização judicial, pois no caso em exame não se trata de agente policial ou administrativo, conforme prevê o art. 8º da Lei n. 12.850,2013, mas de captação ambiental (gravação clandestina) realizada por colaborador premiado, meio de obtenção de prova expressamente previsto no art. 3º da referida lei. 2. *"É válida a utilização da gravação ambiental realizada por um dos interlocutores do diálogo como meio de prova no processo penal, independentemente de prévia autorização judicial. Precedentes."* (RHC 59.542/PE, Rel. Ministro Rogério Schietti Cruz, Sexta Turma, DJe 14/11/2016). [...] *(RHC nº 102.808/RJ, STJ, 5ª Turma, unânime, Rel. Joel Ilan Paciornik, julgado em 6.8.2019, publicado no DJ em 15.8.2019)*

648.6.1.11. [...] A gravação de diálogo pelo cliente com seu advogado, para defesa de direito próprio, não configura prova ilícita ou violação ao sigilo profissional. Precedentes. [...] *(RHC nº 48.397-RJ, STJ, 6ª Turma, unânime, Rel. Min. Nefi Cordeiro, julgado em 6.9.2016, publicado no DJ em 15.9.2016)*.

648.6.1.11. [...] Gravação clandestina (Gravação de conversa telefônica por um interlocutor sem o conhecimento do outro). Licitude da prova. Por mais relevantes e graves que sejam os fatos apurados, provas obtidas sem a observância das garantias previstas na ordem constitucional ou em contrariedade ao disposto em normas de procedimento não podem ser admitidas no processo; uma vez juntadas, devem ser excluídas. O presente caso versa sobre a gravação de conversa telefônica por um interlocutor sem o conhecimento de outro, isto é, a denominada "gravação telefônica" ou "gravação clandestina". Entendimento do STF no sentido da licitude da prova, desde que não haja causa legal específica de sigilo nem reserva de conversação. Repercussão geral da matéria (RE 583.397/RJ). 3. Ordem denegada (*Habeas Corpus nº 91.613, STF, 2ª Turma, Rel. Min. Gilmar Mendes, julgado em 15.5.2012, publicado no* DJ *em 17.9.2012*).

648.6.1.11. [...] A gravação de conversa realizada por um dos interlocutores não caracteriza interceptação, inexistindo dispositivo legal que a proíba. No caso, a gravação ambiental foi realizada com intuito de promover a defesa de vítima de suposta investida criminosa perpetrada pelo paciente. Assim, deve prevalecer a possibilidade de ampla e livre persecução do delito de extrema gravidade supostamente cometido, envolvendo a participação de funcionário público, sendo legítima a prova produzida nessas circunstâncias, visando a defesa própria, sem que se verificasse violação do direito individual ao segredo das comunicações. Precedentes. [...] (*Habeas Corpus nº 176.557-PR, STJ, 5ª Turma, Rel. Ministro Marco Aurélio Bellizze, julgado em 7.8.2012, publicado no* DJ *em 23.8.2012*).

648.6.1.11. [...] Jurisprudência reafirmada. Repercussão geral reconhecida. Recurso extraordinário provido. Aplicação do art. 543-B, § 3º, do CPC. É lícita a prova consistente em gravação ambiental realizada por um dos interlocutores sem conhecimento do outro (*Questão de Ordem no Recurso Extraordinário nº 583.937-RJ, STF, Plenário, Rel. Min. Cezar Peluso, julgado em 19.11.2009, publicado no* DJ *em 18.12.2009*).

648.6.1.11. [...] Juntada da transcrição em inquérito policial, onde o interlocutor requerente era investigado ou tido por suspeito. [...] Ausência de causa legal de sigilo ou de reserva da conversação. Meio, ademais, de prova da alegada inocência de quem a gravou. Improvimento ao recurso. Inexistência de ofensa ao art. 5º, incs. X, XII e LVI, da CF. Precedentes. Como gravação meramente clandestina, que se não confunde com interceptação, objeto de vedação constitucional, é lícita a prova consistente no teor de gravação de conversa telefônica realizada por um dos interlocutores, sem conhecimento do outro, se não há causa legal específica de sigilo nem de reserva da conversação, sobretudo quando se predestine a fazer prova, em juízo ou inquérito, a favor de quem a gravou (*Recurso Extraordinário nº 402.717-8-PR, Rel. Min. Cezar Peluso, 2ª Turma, unânime, julgado em 2.12.2008, publicado no* DJ *em 13.2.2009*).

648.6.1.12. Quebras de sigilos bancário e fiscal: O sigilo bancário é questão afeta também ao princípio constitucional que garante a intimidade das pessoas, especificamente na circunstância de preservar as movimentações financeiras. Como todo direito assegurado constitucionalmente, não se trata de garantia absoluta. Há de se admitir a sua quebra (melhor seria dizer transferência de dados) quando presente circunstância relevante no outro polo da balança passível de ponderação. Diz a Constituição que são invioláveis a intimidade e a vida privada (inciso X do art. 5º) e que a "casa é asilo inviolável do indivíduo, ninguém nela podendo penetrar sem consentimento do morador, salvo em caso de flagrante delito ou desastre, ou para prestar socorro, ou, durante o dia, por determinação judicial", bem como que é inviolável "o sigilo da correspondência e das comunicações telegráficas, de dados e das comunicações telefônicas, salvo, no último caso, por ordem judicial, nas hipóteses e na forma que a Lei estabelecer para fins de investigação criminal ou instrução processual penal". Pensamos que a exigência constitucional de ordem judicial somente deve ser aplicada às hipóteses previstas constitucionalmente. Noutras palavras, somente para a quebra da inviolabilidade de domicílio e das comunicações telefônicas é que haveria o condicionamento expresso do legislador ordinário. Nas demais, a Lei poderá atribuir a outras autoridades do Poder Público a flexibilização da intimidade/privacidade, desde que preenchidos os requisitos da indispensabilidade da medida, do sigilo quanto ao procedimento e da finalidade pública reservada à providência. O que deve ser observado, sempre, é a necessidade da flexibilização do direito (à intimidade/privacidade), em face do risco que o exercício de tais direitos, se realizados de modo absoluto e incontestável, poderá causar a outros valores protegidos na ordem constitucional. Exatamente por isso não vemos nenhuma inconstitucionalidade na Lei Complementar nº 105, de 10 de janeiro de 2001, que, dispondo sobre o sigilo das operações de instituições financeiras, autoriza as autoridades fazendárias a examinar seus documentos, livros e registros, inclusive os referentes à conta de depósitos e aplicações financeiras, desde que haja processo administrativo regularmente instaurado ou procedimento fiscal em curso, e desde que tais exames sejam considerados indispensáveis pela autoridade administrativa competente (art. 6º). O resultado dos exames, as informações e os documentos analisados serão conservados em sigilo (art. 6º, parágrafo único). Do mesmo modo e, aliás, repetindo a legislação anterior (Lei nº 4.595/64), a Lei Complementar nº 105/01 autoriza também a troca de informações sigilosas entre as instituições financeiras e o Banco Central, inclusive sobre contas de depósitos e investimentos (art. 2º, § 1º), e a quebra do sigilo bancário quando as informações forem requeridas pelo Poder Legislativo Federal e pelas Comissões Parlamentares de Inquérito, desde que aprovada a medida pelo Plenário da Câmara e do Senado, ou pelo Plenário das respectivas Comissões Parlamentares (art. 4º). Tratando-se, ainda, de Lei complementar, fica assim atendida a exigência prevista no art. 192, CF, com o que, sob esse aspecto, nada há a se argumentar contra a constitucionalidade da aludida Lei nº 105/01.

Reiteramos que, em nossa compreensão, a legislação em comento, do ponto de vista de sua abstração, atende às exigências de proporcionalidade na interpretação das normas constitucionais, diante dos inúmeros danos causados ao Erário pela prática, notória e sistemática, da sonegação fiscal, em prejuízo, portanto, da coletividade.

Mesmo assim, nunca é demais ressaltar que, na aplicação da lei, sejam observadas todas as exigências de proteção às informações sigilosas, bem como a presença dos requisitos exigidos para a sua realização (indispensabilidade da medida, procedimento regular em curso e finalidade pública da diligência), sob pena de restarem violados, indevidamente, os direitos individuais assegurados na Carta de 1988. Mais. A Lei Complementar nº 75/93 assegura aos membros do Ministério Público da União a prerrogativa de requisitar informações e documentos a entidades privadas (art. 8º, IV); ter acesso incondicional a qualquer banco de dados de caráter público ou relativo a serviço de relevância pública (art. 8º, VIII), estabelecendo, também, que "nenhuma autoridade poderá opor ao Ministério Público, sob qualquer pretexto, à exceção de sigilo, sem prejuízo da subsistência do caráter sigiloso da informação, do registro, do dado ou do documento que lhe seja fornecido" (art. 8º, § 2º).

Antes da Lei Complementar nº 105/01, parecia um esforço hermenêutico supremo sustentar a possibilidade de o Ministério Público poder determinar a quebra do sigilo bancário, independentemente de autorização judicial, por força dos dispositivos anteriormente mencionados (Lei Complementar nº 75/93). Agora, com a superveniência da nova legislação complementar sobre o Sistema Financeiro Nacional, que permite até as autoridades fazendárias a quebra do sigilo (no que se refere à movimentação financeira), parece-nos que o tema não é tão hercúleo. Havia precedente bastante antigo do STF que, nos autos do Mandado de Segurança nº 21.729-4, reconheceu a legitimidade do Ministério Público para requisitar informações protegidas pelo sigilo bancário, quando no curso de investigações orientadas para a apuração de desvio de verbas federais. A fundamentação do julgado parte de correta e adequada interpretação do art. 8º da Lei Complementar nº 75/93 (Lei Orgânica do Ministério Público da União), no que respeita à específica apuração de crimes praticados contra o patrimônio da União. Entretanto, ulteriormente houve pronunciamento da Suprema Corte (porém antes da vigência da Lei nº 105/01) assentando não ser possível ao Ministério Público a quebra do sigilo bancário (Recurso Extraordinário nº 215.301/CE, Rel. Min. Carlos Velloso, publicado no DJ em 28.5.1999).

Ocorre que em 2017 nova decisão da Suprema Corte revisitou expressamente essa discussão. Foi no bojo do RHC n. 133.118-CE (2ª Turma, unânime), em que o Ministério Público requisitara diretamente à instituição bancária informações para apurar desvio de verbas públicas. Ancorado também em outro precedente da 1ª Turma (Mandado de Segurança n. 33.340-DF, STF, 1ª Turma, Rel. Min. Luiz Fux, julgado em 26.5.2015), a 2ª Turma do STF reconheceu a licitude das provas nesses casos, ancorada também no disposto na Lei Complementar n. 105/2001. Assentou-se expressamente que "o poder do Ministério Público de requisitar informações bancárias de conta-corrente de titularidade da prefeitura municipal compreende, por extensão, o acesso aos registros das operações bancárias realizadas por particulares, a partir das verbas públicas creditadas naquela conta", pois "de nada adiantaria permitir ao Ministério Público requisitar diretamente os registros das operações feitas na conta bancária da municipalidade e negar-lhe o principal: o acesso ao real destino dos recursos públicos, a partir do exame de operações bancárias sucessivas (v.g., desconto de cheque emitido pela Municipalidade na boca do caixa, seguido de transferência a particular do valor sacado)".

Importante aqui também destacar que, em 24 de novembro de 2010, por 6 x 4 votos o Plenário do STF cassou a liminar que havia sido concedida na Ação Cautelar nº 33 para atribuir efeito suspensivo ao Recurso Extraordinário nº 389.808, interposto por empresa que postulava a suspensão do acesso direito das informações pela Receita Federal sob o argumento que somente poderia se dar por ordem judicial. Já no dia 15 de dezembro de 2010 o Plenário da Corte julgou o mérito do recurso extraordinário e, ausente o Ministro Joaquim Barbosa (que denegara a cautelar) e alterando seu entendimento o Ministro Gilmar Mendes, declarou (por 5 x 4 votos) a inconstitucionalidade de dispositivos da LC 105/01. Porém, em 24.2.2016, o Plenário do Supremo Tribunal Federal (vencidos os Ministros Marco Aurélio e Celso de Mello) julgou improcedente a ADI 2.390/DF, reconhecendo a constitucionalidade da LC nº 105/91).

Também de extremo relevo destacar que, em 28.11.2019, no julgamento da Repercussão Geral no RE nº 1.055.941, o Plenário do STF, por maioria, reconheceu a absoluta validade do compartilhamento com o Ministério Público e autoridades policiais, sem autorização judicial, para fins de investigação criminal, da integralidade das informações de dados bancários e fiscais de contribuintes obtidos pela Receita Federal e pela Unidade de Inteligência Financeira (UIF). Além disso, em 4.12.2019, o Plenário do STF fixou duas teses com orientações a serem seguidas pelos tribunais do país ao julgar o tema de compartilhamento de informações sigilosas. Definiu-se que: a) é constitucional o compartilhamento dos relatórios de inteligência financeira da UIF e da íntegra do procedimento fiscalizatório da Receita Federal do Brasil com o Ministério Público e as polícias para fins criminais, sem a obrigatoriedade de prévia autorização judicial, "devendo ser resguardado o sigilo das informações em procedimentos formalmente instaurados e sujeitos a posterior controle jurisdicional"; b) o compartilhamento pela UIF e pela Receita Federal do Brasil deve ser feito unicamente por meio de comunicações formais, com garantia de sigilo, certificação do destinatário e estabelecimento de instrumentos efetivos de apuração e correção de eventuais desvios.

Registramos nossa discordância com alguns posicionamentos no sentido de que a prova se tornaria ilícita se o acesso às informações fossem mediante "solicitação" das demais autoridades, e não mediante o envio voluntário e unilateral de parte do COAF.

Ora, o STF não fez essa distinção limitativa, dizendo claramente que seria constitucional o compartilhamento. O fato de haver uma "provocação" ao órgão responsável não o torna obrigado a enviar as informações se não preenchidos os requisitos legais para tanto. Ou seja, somente poderá haver o compartilhamento naquelas hipóteses estritamente legais, independentemente da circunstância de envio voluntário ou mediante provocação. Além disso, impende acrescer que a jurisprudência vem reconhecendo que os RIFs não possuem dados fiscais ou bancários, mas informações que indicam movimentações financeiras suspeitas.

Como sempre sustentamos em edições anteriores, para que a quebra do sigilo seja possível, deverão concorrer os mesmos requisitos de indispensabilidade, da existência de procedimento regular já instaurado e da finalidade pública da medida, nos termos, aliás, das disposições legais pertinentes, bem como expressa previsão legal. A maior dificuldade em se aceitar a iniciativa direta do parquet para a quebra do sigilo bancário decorreria do disposto no art. 6º, XVIII, a, da própria Lei Complementar nº 75/93, que prevê como competência do Ministério Público a representação à autoridade judiciária, para fins de quebra de sigilo da correspondência e das comunicações telegráficas, de dados e das comunicações telefônicas, no curso de investigação ou instrução criminal. Sempre defendemos que o sigilo bancário não estaria incluído na aludida previsão, pois, do contrário, haveria verdadeira incompatibilidade normativa com as demais disposições da citada Lei Complementar nº 75/93.

Ainda: se não há dúvida quanto ao fato de poder a Comissão Parlamentar de Inquérito (CPI) determinar a quebra de sigilo bancário, talvez o mesmo não se pudesse afirmar em relação às Comissões Parlamentares estaduais, tanto por falta de previsão específica na Constituição da República (argumento essencialmente jurídico) ou por eventuais receios de abusos por parte das citadas Comissões (no que se revela argumentação de outra natureza). Seja como for, o Supremo Tribunal Federal já esclareceu a questão, por apertada maioria (6 × 5), no julgamento da ACO nº 730/RJ, reconhecendo tal poder investigativo às Comissões Parlamentares estaduais, afastando, porém, a possibilidade de eventuais Comissões municipais intentarem a medida. O fundamento principal para a admissão da competência das Casas Legislativas estaduais, para além das observações acerca do modelo do federalismo adotado na Carta de 1988, residiu, essencialmente, no reconhecimento da existência concreta do Poder Judiciário Estadual, o que permitiria atribuir aos parlamentares estaduais os mesmos poderes investigatórios concedidos à autoridade judiciária (estadual), para fins de determinação de quebra de sigilo bancário. Podendo os Juízes Estaduais, também deveriam poder os respectivos parlamentares (estaduais). Por fim, tal como já abordado no item 648.6.1.6 em relação às interceptações telefônicas, vale também aqui o mesmo raciocínio. Se eventualmente houver a determinação de quebra de sigilos por juiz que, ulteriormente, veio a ser considerado incompetente, não haverá a nulificação automática da prova. Compreendemos que somente se poderá cogitar da invalidade da prova (e de suas subsequentes, conforme a devida causalidade – art. 573, §§ 1º e 2º, CPP) se: (a) à evidência e desde o início das investigações, houvesse a demonstração da total violação da competência (em razão da matéria ou quando presente requisito de foro por prerrogativa de função – competência *ratione muneris*); (b) mesmo após a revelação de circunstância que torne a autoridade incompetente prosseguirem as investigações mediante novas quebras de sigilos.

Vide anotações também ao item 157.12.b.

Jurisprudência

648.6.1.12. [...] 1. Esta Quinta Turma, aderindo ao posicionamento do Supremo Tribunal Federal no julgamento do HC n. 201.965/RJ, sob a relatoria do Ministro Gilmar Mendes, passou a considerar nula a produção de relatórios de inteligência financeira sem prévia instauração de investigação. 2. As informações a respeito da conduta da agravante foram obtidas dos Relatórios Técnicos n. 01 (Colaboração nº L0275), 082/2022/NUIP/DENARC, 130/2022/NUIP/DPJE/PCCE e 01 (Colaboração nº L0294), além do Relatório de Missão n. 126/2022 referente à Ordem de Missão n. 069/2022/DENARC/PCCE. Os elementos relativos à conduta da agravante foram colhidos durante verificação preliminar de informações (VPI n. 310-002/2022), quando a autoridade policial requisitou ao COAF a elaboração, em 2 de abril de 2022, do relatório de inteligência financeira relativo ao corréu [...] . 3. Por mais que se tenha a formalização de procedimentos investigativos contra outras pessoas que, posteriormente, foram denunciadas juntamente com a ora agravante, é inevitável concluir que no momento da produção do relatório com informações sobre a movimentação financeira de [...] não havia procedimento inquisitorial formalmente instaurado, seja na forma de inquérito, seja na forma de procedimento investigatório criminal, o que dá amparo à tese de ilicitude da prova, já que o ordenamento jurídico rechaça a pescaria probatória, ou fishing expedition. [...] *(Agravo Regimental no Agravo Regimental nos Embargos de Declaração no Habeas Corpus nº 897.893-CE, STJ, 5ª Turma, Rel. Min. Reynaldo Soares da Fonseca, julgado em 4.11.2024, publicado no DJ em 5.11.2024)*

648.6.1.12. [...] 1. A Terceira Seção do STJ, no julgamento dos RHCs 83.233/SP e 83.447/SP, ambos de relatoria do Ministro Sebastião Reis Júnior, assentou que "a possibilidade de a Receita Federal valer-se da representação fiscal para fins penais, a fim de encaminhar, de ofício, os dados coletados no âmbito do procedimento administrativo fiscal, quando identificada a existência de indícios da prática de crime, ao Ministério Público, para fins de persecução criminal, não autoriza o órgão da acusação a requisitar diretamente esses mesmos dados sem autorização judicial", em especial porque referida questão não foi tratada no Tema 990/STF.

2. Mais recentemente, a Sexta Turma, por maioria, no julgamento do RHC 147.707/PA, assentou não ser possível solicitar relatórios de inteligência financeira ao COAF sem autorização judicial, subsidiando referido entendimento nos precedentes da Terceira Seção que firmaram a impossibilidade de se solicitar informações sigilosas diretamente à Receita Federal. No entanto, na Reclamação n. 61.944/PA, a Primeira Turma do STF cassou referida decisão, consignando que a redação do Tema 990/RG não permite a interpretação trazida no acórdão reclamado.

3. Embora haja certa controvérsia a respeito da correta interpretação dos limites firmados no Tema 990 da Repercussão Geral do STF, é incontroversa a impossibilidade de se requerer informações sem que haja prévia instauração de investigação formal, conforme constou do *Habeas Corpus* n. 201.965/RJ, julgado pelo STF. - No caso, apesar de o nome do paciente ter sido citado nas colaborações premiadas, as quais datam de 2015, e mesmo constando ofício do Ministério Público Federal, datado de 9/12/2016, requerendo a instauração de inquérito policial para investigar o paciente, a instauração formal apenas ocorreu por meio de Portaria datada de 28/5/2018, sendo que as informações foram requeridas ao COAF em 4/5/2018, antes, portanto, da existência de procedimento policial instaurado.

4. Constata-se, portanto, que o requerimento de Relatório de Inteligência Financeira ao COAF, para averiguar a existência de movimentação atípica em relação ao paciente e às pessoas jurídicas nas quais ele participa, foi realizado antes da existência de investigação formal contra o paciente, o que revela indevida pescaria probatória (*fishing expedition*), prática vedada pela jurisprudência pátria. Dessa forma, deve ser mantida a nulidade das provas, com o consequente trancamento do IP, sem prejuízo de nova investigação, desde que em observância à legislação pátria.

5. Agravo regimental a que se nega provimento. *(Agravo Regimental no HC nº 876.250-SP, STJ, 5ª Turma, Rel. Min. Reynaldo Soares da Fonseca, julgado em sessão virtual encerrada em 1º.7.2024, publicado no DJ em 3.7.2024)*

648.6.1.12 [...] 1. A Notícia de Fato é instrumento disciplinado pelo CNMP, por meio da Resolução n. 174/2017, que dispõe no parágrafo único do art. 3º que "o membro do Ministério Público poderá colher informações preliminares imprescindíveis para deliberar sobre a instauração do procedimento próprio, sendo vedada a expedição de requisições". Tem o objetivo de checar os fatos noticiados, para que só então seja possível a instauração de uma investigação formal. Referida conclusão possui respaldo na própria impossibilidade de se expedir requisições, uma vez que os fatos noticiados estão sendo primeiramente confirmados, para só então serem formalmente investigados.

2. A Notícia de Fato se equipara à Verificação de Procedência de Informações, cuidando-se ambos de procedimentos preliminares à investigação propriamente dita. Há uma formalidade na instauração de ambos, o que não há é uma investigação formal, mas mera checagem, simples confirmação, para que se possa efetivamente investigar. Não por outro motivo não são admitidas medidas invasivas em nenhum dos dois procedimentos. Acaso presente o lastro necessário para a investigação, já se teria instaurado o Procedimento Investigatório Criminal ou o Inquérito Policial, não havendo necessidade de um filtro prévio. – Qualquer informação, ainda que inverídica, pode levar à instauração de uma notícia de fato ou de uma verificação prévia de informações, motivo pelo qual não são admitidas medidas invasivas nesse período, sob pena de se configurar verdadeira pescaria probatória. Nesse contexto, a mera informação de fato criminoso, ainda que tenha sido formalmente registrada como Notícia de Fato ou como Verificação de Procedência de Informações, mas sobre a qual ainda penda uma checagem, uma verificação, não pode ser considerada uma investigação formal prévia apta a autorizar a solicitação de informações ao COAF. Portanto, o exame não é de mera nomenclatura, mas de existência de efetiva investigação ou de mera checagem de fatos.

3. Agravo regimental provido para dar provimento ao recurso em habeas corpus, reconhecendo a ilicitude dos relatórios requisitados sem investigação formal prévia. *(Agravo Regimental no RHC nº 187.335-PR, STJ, 5ª Turma, Rel. Min. Ribeiro Dantas, Red. Do acórdão Min. Reynaldo Soares da Fonseca, por maioria, julgado em 18.6.2024, publicado no DJ em 28.6.2024)*

648.6.1.12. [...] Ao julgar o RE n. 1.055.941 RG/SP, o Supremo Tribunal Federal firmou o entendimento de que *"é constitucional o compartilhamento dos relatórios de inteligência financeira da UIF e da íntegra do procedimento fiscalizatório da Receita Federal do Brasil - em que se define o lançamento do tributo - com os órgãos de persecução penal para fins criminais sem prévia autorização judicial, devendo ser resguardado o sigilo das informações em procedimentos formalmente instaurados e sujeitos a posterior controle jurisdicional", ressalvando que "o compartilhamento pela UIF e pela RFB referido no item anterior deve ser feito unicamente por meio de comunicações formais, com garantia de sigilo, certificação do destinatário e estabelecimento de instrumentos efetivos de apuração e correção de eventuais desvios"* (Tema n. 990/STF). [...] *(Agravo Regimental no RE com Embargos de Declaração no Agravo Regimental nos Embargos de Divergência em Agravo em Recurso Especial nº 1.035.285-ES, STJ, Corte Especial, Rel. Min. Jorge Mussi, unânime, julgado em 22.3.2022, publicado no DJ em 25.3.2022)*

648.6.1.12. [...] 5. Ao julgar o RE n. 1.055.941-RG/SP, o Supremo Tribunal Federal fixou as seguintes teses (Tema n. 990/STF): I - É constitucional o compartilhamento dos relatórios de inteligência financeira da UIF e da íntegra do procedimento fiscalizatório da Receita Federal do Brasil, que define o lançamento do tributo, com os órgãos de persecução penal para fins criminais, sem a obrigatoriedade de prévia autorização judicial, devendo ser resguardado o sigilo das informações em procedimentos formalmente instaurados e sujeitos a posterior controle jurisdicional; e II - O compartilhamento pela UIF e pela RFB, referente ao item anterior, deve ser feito unicamente por meio de comunicações formais, com garantia de sigilo, certificação do destinatário e estabelecimento de instrumentos efetivos de apuração e correção de eventuais desvios.

6. Não se constata nenhuma ilegalidade no intercâmbio direto de informações entre o MPF e o COAF, por meio do qual foi elaborado o RIF n. 39385.3.1630.2248, especialmente porque o referido relatório não contém dados fiscais e bancários protegidos pelo sigilo constitucional, mas apenas informações sobre determinadas operações financeiras consideradas suspeitas à luz da legislação pátria. [...] *(Agravo Regimental na Petição no Inquérito nº 1.653-DF, STJ, Corte Especial, Rel. Min. Og Fernandes, julgado em 20.9.2023, publicado no DJ em 19.12.2023)*

648.6.1.12. [...] a decisão embargada seguiu o precedente da Terceira Seção desta Corte Superior (RHC n. 83.233/SP, relator Ministro Sebastião Reis Júnior, Terceira Seção, julgado em 9/2/2022, DJe de 15/3/2022), o qual consta expressamente no item 3 da ementa: "*3. Assim, a requisição ou o requerimento, de forma direta, pelo órgão da acusação à Receita Federal, com o fim de coletar indícios para subsidiar investigação ou instrução criminal, além de não ter sido satisfato-*

riamente enfrentada no julgamento do Recurso Extraordinário n. 1.055.941/SP, não se encontra abarcada pela tese firmada no âmbito da repercussão geral em questão. Ainda, as poucas referências que o acórdão faz ao acesso direto pelo Ministério Público aos dados, sem intervenção judicial, é no sentido de sua ilegalidade." Ou seja, a Terceira Seção entendeu que a requisição ou o requerimento de forma direta seriam indevidos, não havendo, portanto, nenhuma ambiguidade no ponto. [...] Dessa forma, tal como entendido pela Terceira Seção desta Corte Superior, a Sexta Turma concluiu no julgamento do presente recurso em *habeas corpus* que não é possível a solicitação direta dos órgãos de persecução penal ao COAF, razão pela qual o recurso foi provido. [...] *(Embargos de Declaração no Recurso em Habeas Corpus nº 147.707-PA, STJ, 6ª Turma, Rel. Min. Antonio Saldanha Palheiro, julgado em 24.10.2023, publicado no DJ em 30.10.2023)*

648.6.1.12. [...] Alegada quebra de sigilo bancário sem prévia autorização judicial não ocorrente. Comunicação e envio de dados pela instituição financeira (Caixa Econômica Federal) à autoridade competente, relativos à conduta de funcionário passível de ser caracterizada como crime. Regularidade constatada. [...] O Apelante-réu estava na condição empregado da empresa pública federal, exercente de cargo que lhe dava acesso a contas bancárias de clientes, dados bancários, operações bancárias e contábeis, recursos dos clientes e da empresa empregadora. As condutas imputadas relacionam-se ao uso ilícito dessas operações e dados bancários, que são protegidos pelo sigilo previsto na Lei Compl. 105/2001. Em relação à própria conta bancária do Apelante--réu, a apuração administrativa da Caixa Econômica teria constatado pagamentos de cheques sem provisão de fundos e conferido lançamentos de crédito, cujos levantamentos foram realizados pelos órgãos internos e disponibilizados para a Polícia Federal com notícia de crime. [...] Em relação à própria instituição no relacionamento com seu cliente ou com seus empregados, na apuração de irregularidades, não há se falar nessa proteção, mas ao contrário, a instituição financeira tem o dever de apurar e informar as autoridades competentes sobre eventuais fraudes e outros ilícitos. [...] O empregador tem o direito de apurar irregularidades eventualmente praticadas pelos seus empregados; a conta particular do empregado na instituição, que foi eventualmente objeto de prática do ilícito, não poderia estar livre da apuração pela proteção do sigilo. O que se apura são ilícitos perpetrados pelo empregado com o uso de dados e operações bancárias; não se trata de compartilhamento de informações para terceiros ou outras investigações. Os elementos obtidos pela Caixa Econômica Federal foram decorrentes de sua atuação regular, de seu direito de apurar ilícitos nas suas operações, seja para evitar fraudes e prejuízos a clientes, seja para evitar desfalques em suas apurações contábeis. [...] nos termos do inciso IV do § 3. do art. 1º da Lei Complementar n. 105/2001, não há falar em quebra de sigilo bancário nas hipóteses, tais como a presente, em que a instituição financeira, verificada por meio de procedimento interno a prática de conduta dos respectivos funcionários passível de ser tipificada como crime, comunica o fato à autoridade competente - no caso, o Ministério Público do Distrito [...] *(Agravo Regimental no Recurso Especial nº 1.859.346–RS, STJ, 6ª Turma, Rel. Min. Sebastião Reis Júnior, sessão virtual de 28.2.2023 a 6.3.2023, publicado no DJ em 10.3.2023)*

648.6.1.12. [...] Ao contrário do que estabelece a Lei n. 9.296/1996, que regulamenta o art. 5º, XII, da CF – o qual trata de um bem da vida, um direito de extrema e inegável importância, que é o sigilo das comunicações telefônicas, a intimidade de conversas que são supostamente, de maneira livre, travadas entre duas pessoas e que, portanto, merece muito mais cuidado que outros direitos –, a Lei Complementar n. 105/2001 não exige o mesmo rigor, porque versa sobre o sigilo de operações de instituições financeiras. [...] A LC n. 105/2001 não trata, ao menos expressamente, da exigência de comprovação de que outros meios não seriam suficientes para obtenção daquela prova, diferentemente do que ocorre com as interceptações. A referida lei prevê, tão somente, em seu art. 1º, § 4º, que "[a] quebra de sigilo poderá ser decretada, quando necessária para apuração de ocorrência de qualquer ilícito, em qualquer fase do inquérito ou do processo judicial [...]", notadamente quando se tratar de crimes de lavagem de dinheiro ou de ocultação de bens, direitos e valores (inciso VIII); e praticado por organização criminosa (inciso IX). [...] *(Recuso em Habeas Corpus nº 118.283/MG, STJ, 6ª Turma, por maioria, Rel. Min. Rogerio Schietti Cruz, julgado em 24.11.2020, publicado no DJ em 14.5.2021)*

648.6.1.12. [...] Repercussão geral. Tema 990. Constitucional. Processual Penal. Compartilhamento dos Relatórios de inteligência financeira da UIF e da íntegra do procedimento fiscalizatório da Receita Federal do Brasil com os órgãos de persecução penal para fins criminais. Desnecessidade de prévia autorização judicial. Constitucionalidade reconhecida. Recurso ao qual se dá provimento para restabelecer a sentença condenatória de 1º grau. Revogada a liminar de suspensão nacional (art. 1.035, § 5º, do CPC). Fixação das seguintes teses:

1. É constitucional o compartilhamento dos relatórios de inteligência financeira da UIF e da íntegra do procedimento fiscalizatório da Receita Federal do Brasil - em que se define o lançamento do tributo - com os órgãos de persecução penal para fins criminais sem prévia autorização judicial, devendo ser resguardado o sigilo das informações em procedimentos formalmente instaurados e sujeitos a posterior controle jurisdicional;

2. O compartilhamento pela UIF e pela RFB referido no item anterior deve ser feito unicamente por meio de comunicações formais, com garantia de sigilo, certificação do destinatário e estabelecimento de instrumentos efetivos de apuração e correção de eventuais desvios. *(Recurso Extraordinário nº 1.055.941-SP, Rel. Min. Dias Tóffoli, julgado em 4.12.2019)*

648.6.1.12. [...] Sigilo bancário. Inexistência. Conta-corrente de titularidade da municipalidade. Operações financeiras que envolvem recursos públicos. Requisição de dados bancários diretamente pelo Ministério Público. Admissibilidade. Precedentes. Extensão aos registros de operações bancárias realizadas por particulares, a partir das verbas públicas creditadas naquela conta. Princípio da publicidade (art. 37, *caput*, CF). Prova lícita. Recurso não provido. 1. Como decidido pelo Supremo Tribunal Federal, ao tratar de requisição, pelo Tribunal de Contas da União, de registros de operações financeiras, "o sigilo de informações necessárias para a preservação da intimidade é relativizado quando se está diante do interesse da sociedade de se conhecer o destino dos recursos públicos" (MS nº 33.340/DF, Primeira Turma, rel. o Min. Luiz Fux, *DJe* de 3.8.2015). 2. Assentou-se nesse julgado que as "operações financeiras que envolvam recursos públicos não estão abrangidas pelo sigilo bancário a que alude a Lei Complementar nº 105/2001, visto que as operações dessa espécie estão submetidas aos princípios da administração pública insculpidos no art. 37 da Constituição Federal (...)". 3. O Supremo Tribunal Federal reconheceu ao Ministério Público Federal o poder de requisitar informações bancárias relativas a empréstimos subsidiados pelo Tesouro Nacional, ao fundamento de que "se se trata de operação em que há dinheiro público, a publicidade deve ser nota característica dessa operação" (MS nº 21.729/DF, Pleno, rel. para o acórdão o Min. Néri da Silveira, *DJ* 19.10.2001). 4. Na espécie, diante da existência de indícios da prática de ilícitos penais com verbas públicas, o Ministério Público solicitou diretamente à instituição financeira cópias de extratos bancários e microfilmagens da conta-corrente da municipalidade, além de fitas de caixa, para a apuração do real destino das verbas. 5. O poder do Ministério Público de requisitar informações bancárias de conta-corrente de titularidade da prefeitura municipal compreende, por extensão, o acesso aos registros das operações bancárias realizadas por particulares, a partir das verbas públicas creditadas naquela conta. 6. De nada adiantaria permitir ao Ministério Público requisitar diretamente os registros das operações feitas na conta bancária da municipalidade e negar-lhe o principal: o acesso ao real destino dos recursos públicos, a partir do exame de operações bancárias sucessivas (v.g., desconto de cheque emitido pela Municipalidade na boca do caixa, seguido de transferência a particular do valor sacado). 7. Entendimento em sentido diverso implicaria o esvaziamento da própria finalidade do princípio da publicidade, que é permitir o controle da atuação do administrador público e do emprego de verbas públicas. 8. Inexistência de prova ilícita capaz de conduzir ao trancamento da ação penal. 9. Recurso não provido. *(RHC n. 133.118-CE, STF, 2ª Turma, unânime, Rel. Min. Dias Toffoli, julgado em 26.9.2017, publicado no* DJ *em 9.3.2018)*

648.6.1.12. [...] 1. O controle financeiro das verbas públicas é essencial e privativo do Parlamento como consectário do Estado de Direito [...] 4. Operações financeiras que envolvam recursos públicos não estão abrangidas pelo sigilo bancário a que alude a Lei Complementar nº 105/2001, visto que as operações dessa espécie estão submetidas aos princípios da administração pública insculpidos no art. 37 da Constituição Federal. Em tais situações, é prerrogativa constitucional do Tribunal [TCU] o acesso a informações relacionadas a operações financiadas com recursos públicos. 5. O segredo como "alma do negócio" consubstancia a máxima cotidiana inaplicável em casos análogos ao *sub judice*, tanto mais que, quem contrata com o poder público não pode ter segredos, especialmente se a revelação for necessária para o controle da legitimidade do emprego dos recursos públicos. É que a contratação pública não pode ser feita em esconderijos envernizados por um arcabouço jurídico capaz de impedir o controle social quanto ao emprego das verbas públicas. [...] 7. O Tribunal de Contas da União não está autorizado a, *manu militari*, decretar a quebra de sigilo bancário e empresarial de terceiros, medida cautelar condicionada à prévia anuência do Poder Judiciário, ou, em situações pontuais, do Poder Legislativo. Precedente: MS 22.801, Tribunal Pleno, Rel. Min. Menezes Direito, *DJe* 14.3.2008. 8. *In casu*, contudo, o TCU deve ter livre acesso às operações financeiras realizadas pelas impetrantes, entidades de direito privado da Administração Indireta submetidas ao seu controle financeiro, mormente porquanto operacionalizadas mediante o emprego de recursos de origem pública. Inoponibilidade de sigilo bancário e empresarial ao TCU quando se está diante de operações fundadas em recursos de origem pública. Conclusão decorrente do dever de atuação transparente dos administradores públicos em um Estado Democrático de Direito. 9. A preservação, *in casu*, do sigilo das operações realizadas pelo BNDES e BNDESPAR com terceiros não, apenas, impediria a atuação constitucionalmente prevista para o TCU, como, também, representaria uma acanhada, insuficiente, e, por isso mesmo, desproporcional limitação ao direito fundamental de preservação da intimidade. [...] 11. A proteção deficiente de vedação implícita permite assentar que se a publicidade não pode ir tão longe, de forma a esvaziar, desproporcionalmente, o direito fundamental à privacidade e ao sigilo bancário e empresarial; não menos verdadeiro é que a insuficiente limitação ao direito à privacidade revelar-se-ia, por outro ângulo, desproporcional, porquanto lesiva aos interesses da sociedade de exigir do Estado brasileiro uma atuação transparente. 12. No caso *sub examine*: I) O TCU determinou o fornecimento de dados pela JBS/Friboi, pessoa que celebrou contratos vultosos com o BNDES, a fim de aferir, por exemplo, os critérios utilizados para a escolha da referida sociedade empresária, quais seriam as vantagens sociais advindas das operações analisadas, se houve cumprimento das cláusulas contratuais, se as operações de troca de debêntures por posição acionária na empresa ora indicada originaram prejuízo para o BNDES. II) O TCU não agiu de forma imotivada e arbitrária, e nem mesmo criou exigência irrestrita e genérica de informações sigilosas. Sobre o tema, o ato coator aponta a existência de uma operação da Polícia Federal denominada Operação Santa Tereza que apontou a existência de quadrilha intermediando empréstimos junto ao BNDES, inclusive envolvendo o financiamento obtido pelo Frigorífico Friboi. Ademais, a necessidade do controle financeiro mais detido resultou, segundo o *decisum* atacado, de um "protesto da Associação Brasileira da Indústria Frigorífica (Abrafigo) contra a política do BNDES que estava levando à concentração econômica do setor". III) A requisição feita pelo TCU na hipótese destes autos revela plena compatibilidade com as atribuições constitucionais que lhes são dispensadas e permite, de forma idônea, que a sociedade brasileira tenha conhecimento se os recursos públicos repassados pela União ao seu banco de fomento estão sendo devidamente empregados. 13. Consequentemente a recusa do fornecimento das informações restou inadmissível, porquanto imprescindíveis para o controle da sociedade quanto à destinação de vultosos recursos públicos. O que revela que o determinado pelo TCU não extrapola a medida do razoável. 14. Merece destacar que *in casu*: a) Os Impetrantes são bancos de fomento econômico e social, e não instituições financeiras privadas comuns, o que impõe, aos que com eles contratam, a exigência de *disclosure* e de transparência, valores a serem prestigiados em nossa República contemporânea, de modo a viabilizar o pleno controle de legitimidade e responsividade dos que exercem o poder. b) A utilização de recursos públicos por quem está submetido ao controle financeiro externo inibe a alegação de sigilo de dados e autoriza a divulgação das informações necessárias para o controle dos administradores, sob pena de restar inviabilizada a missão constitucional da Corte de Contas. c) À semelhança do que já ocorre com a CVM e com o Bacen, que recebem regularmente dados dos impetrantes sobre suas operações financeiras, os demandantes, também, não podem se negar a fornecer as informações que forem requisitadas pelo TCU. 15. [...] O direito ao sigilo bancário e empresarial, mercê de seu caráter fundamental, comporta uma proporcional limitação destinada a permitir o controle financeiro da Administração Pública por órgão constitucionalmente previsto e dotado de capacidade institucional para tanto. [...] Denegação da segurança por ausência de direito material de recusa da remessa dos documentos. *(Mandado de Segurança n. 33.340-DF, STF, 1ª Turma, Rel. Min. Luiz Fux, julgado em 26.5.2015).*

648.6.1.12 [...] 4. Segundo a orientação perfilhada por esta e. Corte, as contas públicas, ante os princípios da publicidade e da moralidade (art. 37 da CF), não possuem, em regra, proteção do direito à intimidade/privacidade, e, em consequência, não são protegidas pelo sigilo bancário. 5. Na hipótese vertente, os dados bancários examinados pelo COAF se referem às movimentações financeiras da conta corrente de titularidade do ente público (TCE/AP), não resguardadas pelo sigilo bancário e pela proteção da intimidade/privacidade, e a quebra do sigilo bancário e fiscal do réu foi devidamente autorizada pelo Poder Judiciário, razão pela qual não há aderência da questão jurídica versada no presente processo àquela delimitada no Tema 990 de repercussão geral no STF. [...] *(Ação Penal n. 923-DF, STJ, Corte Especial, unânime, Rel. Min. Nancy Andrighi, julgado em 23.9.2019, publicado no DJ em 26.9.2019).*

648.6.1.12. [...] Art. 6º da Lei Complementar n. 105/2001. Constitucionalidade. Utilização de dados obtidos pela Receita Federal para instrução penal. Possibilidade. [...] 1.O Supremo Tribunal Federal, ao apreciar o RE 601.314, Rel. Min. Edson Fachin, após reconhecer a repercussão geral da matéria, assentou a constitucionalidade do art. 6º da Lei Complementar nº 105/2001, que autoriza o fornecimento de informações sobre movimentações financeiras diretamente ao Fisco, sem autorização judicial. 2. O acórdão recorrido entendeu que os dados obtidos pela Receita Federal mediante requisição direta às instituições bancárias não poderiam ser utilizados no processo penal. Entendimento que contraria a orientação majoritária da Corte, no sentido de que é possível a utilização das informações obtidas pelo fisco, por meio de regular procedimento administrativo fiscal, para fins de instrução processual penal. Precedentes. [...] *(Agravo Regimental no Recurso Extraordinário n. 1.057.667-SE, STJ, 1ª Turma, unânime, Rel. Min. Roberto Barroso, julgado em 12.12.2017, publicado no DJ em 23.2.2018).*

648.6.1.12. [...] É possível o compartilhamento de quebra de sigilo bancário realizado em investigação federal com apurações de crime em âmbito estadual, desde que autorizado por decisão judicial. [...] *(Recurso em Habeas Corpus nº 79.295/SP, STJ, 6ª Turma, por maioria, Rel. Min. Rogerio Schietti Cruz, julgado em 20.4.2021, publicado no DJ em 30.4.2021)*

648.6.1.12.[...] A fundamentação da decisão judicial de quebra ou compartilhamento de sigilo bancário em crimes financeiros é mais simplificada (alcance dos art. 198, I, § 1º, do CTN e 4º da LC n. 105/2001), especialmente quando se trata, como na espécie, de servidor público, obrigado que está, por determinação legal, a apresentar declaração de bens e valores, anualmente atualizada, sob pena de demissão (art. 13 da Lei n. 8.429/92). [...]De todo modo, não houve, no processo a que responde o ora recorrente na justiça estadual, quebra de sigilo bancário, mas apenas compartilhamento do resultado de tal medida cautelar probatória, obtida em outro processo em que o recorrente teve assegurados seus direitos, entre os quais a motivação judicial mínima para a quebra e o contraditório sobre a prova dela resultante. [...] *(Recurso em Habeas Corpus nº 79.295/SP, STJ, 6ª Turma, Rel. Min. Rogerio Schietti Cruz, julgado em 20.4.2021, publicado no DJ em 30.4.2021)*

648.6.1.12. [...] Cooperação jurídica internacional. Prova produzida no exterior. Compartilhamento. Autorização judicial de uso das provas colhidas no exterior e de quebra de sigilo bancário. Parâmetros de validade atendidos. Arts. 13 e 17 da LINDB. Convenção Internacional de Palermo e Convenção Internacional de Mérida. [...] III – *"A prova produzida no estrangeiro de acordo com a legislação de referido país pode, contudo, não ser admitida no processo em curso no território nacional se o meio de sua obtenção violar a ordem pública, a soberania nacional e os bons costumes brasileiros, em interpretação analógica da previsão do art. 17 da LINDB. [...] Na presente hipótese, as provas encaminhadas ao MP brasileiro são legítimas, segundo o parâmetro de legalidade suíço, e o meio de sua obtenção não ofende a ordem pública, a soberania nacional e os bons costumes brasileiros, até porque decorreu de circunstância autônoma interveniente na cadeia causal, a qual afastaria a mancha da ilegalidade existente no indício primário. Não há, portanto, razões para a declaração de sua inadmissibilidade no presente processo. [...] Preliminares rejeitadas. Denúncia recebida."* (APn 856/DF, Corte Especial, Rel. Min. Nancy Andrighi, *DJe* 6.2.2018). IV – Nos termos do art. 13 do Decreto-Lei n. 4.657/42 – Lei de Introdução às Normas do Direito Brasileiro, a prova dos fatos ocorridos no país estrangeiro rege-se pela lei que nele vigorar, quanto ao ônus e aos meios de produzir-se. Dessa feita, verifica-se que, na hipótese, o compartilhamento das informações entre as autoridades brasileiras e holandesas observaram a legislação pertinente, em especial as Convenções multilaterais de Palermo e de Mérida, bem como o art. 13 da LINDB. [...] VI – Entender pela impossibilidade de compartilhamento de provas por meio de cooperações jurídicas internacionais significa inviabilizar a persecução penal de, além dos crimes de evasão de divisas e de lavagem de capitais, tantos outros delitos transnacionais, como o tráfico internacional de drogas, o tráfico internacional de pessoas, a pedofilia por meio da rede mundial de computadores, o tráfico internacional de armas, entre outros. Atenta ao fenômeno da criminalidade globalizada e transnacional, essa eg. Corte Superior em diversas ocasiões tem afirmado e reafirmado a validade de provas produzidas no exterior e compartilhada por meio de cooperação jurídica internacional. [...] Agravo regimental desprovido. [...] *(Agravo Regimental no Recurso Especial n. 1.656.153-PR, STJ, 5ª Turma, unânime, Rel. Min. Félix Fischer, julgado em 24.5.2018, publicado no DJ em 30.5.2018).*

648.6.1.12. [...] 1. Hipótese em que a instituição financeira constatou a movimentação indevida de contas inativas por meio de procedimento de auditoria interna, atividade inerente à instituição. 2. Configura-se procedimento lícito a averiguação de movimentações estranhas ocorridas nas contas mantidas pelo banco, não se tratando, a hipótese, de devassa indevida na conta-corrente da ré, mas procedimento de auditoria em razão de movimentações espúrias verificadas pela instituição bancária, com utilização indevida de contas-correntes que deveriam estar inativas. 3. É ínsita à atividade da instituição financeira o conhecimento da movimentação bancária de seus correntistas, inclusive funcionários, configurando-se impossível a materialização do ilícito de quebra de sigilo em relação ao próprio banco. [...] *(Agravo Regimental nos Embargos de Declaração no Recurso Especial n. 1.575.410-SP, STJ, 5ª Turma, Rel. Min. Jorge Mussi, unânime, julgado em 22.5.2018, publicado no DJ em 28.5.2018).*

648.6.1.12. [...] Solicitação de informações, pelo Ministério Público Federal ao Banco do Brasil S/A, sobre concessão de empréstimos, subsidiados pelo Tesouro Nacional, com base em plano de governo, a empresas do setor sucroalcooleiro. Alegação do Banco impetrante de não poder informar os beneficiários dos aludidos empréstimos, por estarem protegidos pelo sigilo bancário, previsto no art. 38 da Lei nº 4.595/1964, e, ainda, ao entendimento de que dirigente do Banco do Brasil S/A não é autoridade, para efeito do art. 8º, da LC nº 75/1993. O poder de investigação do Estado é dirigido a coibir atividades afrontosas à ordem jurídica e a garantia do sigilo bancário não se estende às atividades ilícitas. A ordem jurídica confere explicitamente poderes amplos de investigação ao Ministério Público – art. 129, incisos VI, VIII, da Constituição Federal, e art. 8º, incisos II e IV, e § 2º, da Lei Complementar nº 75/1993. Não cabe ao Banco do Brasil negar, ao Ministério Público, informações sobre nomes de beneficiários de empréstimos concedidos pela instituição, com recursos subsidiados pelo erário federal, sob invocação do sigilo bancário, em se tratando de requisição de informações e documentos para instruir procedimento administrativo instaurado em defesa do patrimônio público. Princípio da publicidade, *ut* art. 37 da Constituição. No caso concreto, os empréstimos concedidos eram verdadeiros financiamentos públicos, porquanto o Banco do Brasil os realizou na condição de executor da política creditícia e financeira do Governo Federal, que deliberou sobre sua concessão e ainda se comprometeu a proceder à equalização da taxa de juros, sob a forma de subvenção econômica ao setor produtivo, de acordo com a Lei nº 8.427/1992. Mandado de segurança indeferido (*Mandado de Segurança nº 21.729-DF, Plenário, STF, julgado em 5.10.1995, publicado no* DJ *em 19.10.2001*).

648.6.1.12. [...] Os membros do Ministério Público, no uso de suas prerrogativas institucionais, não estão autorizados a requisitar documentos fiscais e bancários sigilosos diretamente ao fisco e às instituições financeiras, sob pena de violar os direitos e garantias constitucionais da intimidade da vida privada dos cidadãos. A despeito de o sigilo das informações fiscais e bancárias não ser absoluto, uma vez que pode ser mitigado quando haja preponderância de interesse público, notadamente da persecução criminal, o próprio texto constitucional (art. 5º, inciso XII) exige a prévia manifestação da autoridade judicial, preservando, assim, a imparcialidade da decisão. A autorização judicial para compartilhamento de dados e documentos obtidos nos autos de inquéritos policiais já instaurados, não valida, absolutamente, a futura requisição de dados sigilosos diretamente ao Fisco ou às Instituições Financeiras. Recurso provido para determinar o desentranhamento dos autos das provas colhidas diretamente perante o Fisco sem autorização judicial (*Recurso em Habeas Corpus nº 26.236/RJ, STJ, Rel. Min. Arnaldo Esteves Lima, 5ª Turma, unânime, julgado em 15.12.2009, publicado no DJ em 1.2.2010*).

648.6.1.12. [...] A Lei Complementar nº 105, de 10.1.2001, não conferiu ao Tribunal de Contas da União poderes para determinar a quebra do sigilo bancário de dados constantes do Banco Central do Brasil. O legislador conferiu esses poderes ao Poder Judiciário (art. 3º), ao Poder Legislativo Federal (art. 4º), bem como às Comissões Parlamentares de Inquérito, após prévia aprovação do pedido pelo Plenário da Câmara dos Deputados, do Senado Federal ou do plenário de suas respectivas comissões parlamentares de inquérito (§§ 1º e 2º do art. 4º). Embora as atividades do TCU, por sua natureza, verificação de contas e até mesmo o julgamento das contas das pessoas enumeradas no artigo 71, II, da Constituição Federal, justifiquem a eventual quebra de sigilo, não houve essa determinação na Lei específica que tratou do tema, não cabendo a interpretação extensiva, mormente porque há princípio constitucional que protege a intimidade e a vida privada, art. 5º, X, da Constituição Federal, no qual está inserida a garantia ao sigilo bancário. Ordem concedida para afastar as determinações do acórdão nº 72/96 – TCU – 2ª Câmara (fl. 31), bem como as penalidades impostas ao impetrante no Acórdão nº 54/97 – TCU – Plenário (*MS nº 22.801/DF, STF, Plenário, publicado no DJ em 14.3.2008*).

648.6.1.13. Nulidade de processo criminal e denúncias genéricas em crimes societários: Em relação à hipótese de possibilidade de trancamento de ação penal quando não se fizerem presentes indícios suficientes da autoria (ou não delineados suficientemente esses indícios), uma observação se faz necessária sobre a admissibilidade ou não das denominadas *denúncias genéricas* em crimes cometidos na administração de sociedades.

É preciso distinguir o que vem a ser acusação *genérica* e acusação *geral*. Assim, a correta delimitação das condutas, além de permitir a mais adequada classificação do fato, presta-se também a ampliar o campo em que se exercerá a atividade de defesa, inserindo-se, então, como regra fundamental e correlacionada ao princípio da ampla defesa. Daí decorre que, quando a inicial imputa a todos os acusados o mesmo fato delituoso de forma indistinta, a hipótese não será de inépcia da inicial, desde que sejam certos e induvidosos os fatos a eles atribuídos e exista uma relação que os ligue (devidamente narrada) aos fatos. Nessa linha, a hipótese não seria de acusação *genérica*, mas acusação *geral*, perfeitamente admissível.

O que é fundamental para não se estar diante de inépcia da denúncia é que haja uma narrativa do vínculo entre o autor e o suposto fato que cometeu. Não há de se exigir detalhes exacerbados de como praticado o fato, mas a indicação objetiva (pelo menos indiciária, que é o requisito legal) de como o acusado poderia ter realizado o fato ou impedido que acontecesse (nexo de causalidade).

Diversamente seria a hipótese na qual, depois de narrados os fatos criminosos, imputá-las genericamente a todos os integrantes da sociedade, sem que se possa saber, efetivamente, quem teria agido (ou poderia ter agido) de tal ou qual maneira. Aí a situação seria de inépcia da inicial, por ausência de especificação da medida da autoria ou participação, por incerteza mínima quanto à realização das condutas tidas por delituosas.

De qualquer maneira, adotando-se ou não a proposta de diferenciação acima exposta, o que se revela fundamental para a discussão em tela é que, na denúncia, haja a descrição mínima do liame entre o autor e o fato narrado, relegando-se para o curso da ação penal o aprofundamento de como se deu – e em que intensidade – a participação (ou não) do acusado.

Portanto, somente se poderá cogitar de reconhecimento de falta de justa causa se, de plano, restar aferível que não há a *descrição* mínima da autoria, do fato e, sobretudo, do liame entre aquela e este. Se ainda não notado, a razão da não aceitação de denúncias em que não narrados os vínculos entre os autores e os fatos é bem simples: não se pode admitir responsabilidade penal objetiva no âmbito penal.

Feitas essas considerações, é mister alertar que são encontrados muitos precedentes no sentido de que a jurisprudência, notadamente do Supremo Tribunal Federal, não mais aceitaria denúncias *genéricas* em crimes societários. De fato, há posicionamentos isolados nesse sentido, mas da análise do inteiro teor de *todos* os julgados, fácil constatar que a maioria dos julgadores continua aceitando a validade de *denúncias genéricas*, desde que presente a narrativa do vínculo entre o autor e o fato.

Jurisprudência

648.6.1.13. [...] Pontue-se a necessária distinção conceitual entre denúncia geral e genérica, essencial para aferir a regularidade da peça acusatória no âmbito das infrações de autoria coletiva, em especial nos crimes societários (ou de gabinete), que são aqueles cometidos por representantes (administradores, diretores ou quaisquer outros membros integrantes de órgão diretivo, sejam sócios ou não) da pessoa jurídica, em concurso de pessoas. A denúncia genérica caracteriza-se pela imputação de vários fatos típicos, genericamente, a integrantes da pessoa jurídica, sem delimitar, minimamente, qual dos denunciados teria agido de tal ou qual maneira. [...] *(Recurso em Habeas Corpus n. 96.507-PE, STJ, 5ª Turma, unânime, Rel. Min. Ribeiro Dantas, julgado em 26.11.2019, publicado no DJ em 17.12.2019).*

648.6.1.13. [...] Tendo o paciente sido indicado como sócio com poderes administrativos na denúncia penal, situação admitida pela jurisprudência da Corte como elemento apto a inaugurar ação penal para apurar ilícito fiscal, não há que se falar em inépcia da denúncia ou ausência de justa causa, já que admite-se o nexo causal entre o resultado da conduta constatado pela atividade da empresa e a responsabilidade pessoal, por culpa subjetiva, de seu gestor, quando se trata de empresa de pequeno ou médio porte (Precedentes). *(Agravo Regimental no Habeas Corpus nº 673.811/RJ, STJ, 5ª Turma, unânime, Rel. Min. Joel Ilan Paciornik, julgado em 21.9.2021, publicado no DJ em 24.9.2021)*

648.6.1.13. [...] "Nos crimes de autoria coletiva não se exige a descrição detalhada da conduta supostamente criminosa praticada por cada réu, desde que haja uma menção geral dos fatos que alcançam cada um, permitindo-lhes o exercício da ampla defesa e do contraditório". [...] *(Agravo Regimental no Agravo em Recurso Especial nº 1.664.921/RJ, STJ, 5ª Turma, unânime, Rel. Min. Reynaldo Soares da Fonseca, julgado em 17.8.2021, publicado no DJ em 20.8.2021)*

648.6.1.13. [...] Não prospera, tampouco, a alegação de que a denúncia não demostra que a infração imputada à recorrente foi cometida (i) por decisão de seu representante legal ou contratual, ou de seu órgão colegiado; (ii) no interesse ou benefício do ente moral, conforme exige o art. 3º da Lei 9.605/98. Isso porque a decisão de deixar de realizar a manutenção adequada da malha ferroviária no local em que veio a acontecer o acidente corresponde a deliberação anterior da empresa relacionada à gestão e alocação de recursos, deliberação essa que somente poderia ter sido tomada por órgão de comando dentro da estrutura hierárquica da empresa, já que a gestão de recursos não incumbe a simples prepostos da concessionária de serviços públicos. Ademais, é possível presumir que a escolha de direcionamento de recursos a outras áreas em detrimento de alocá-los para manutenção da malha ferroviária tinha em mente a obtenção de maior lucro por parte da empresa. [...] *(Agravo Regimental no Recurso em Mandado de Segurança nº 63.567/MS, STJ, 5ª Turma, unânime, Rel. Min. Reynaldo Soares da Fonseca, julgado em 10.8.2021, publicado no DJ em 16.8.2021)*

648.6.1.13. [...] Não há se falar em ausência de individualização da conduta nem em denúncia genérica. De fato, nos casos de crimes societários e de autoria coletiva, tem se admitido a denúncia geral, a qual, apesar de não detalhar minudentemente as ações imputadas aos denunciados, demonstra, ainda que de maneira sutil, a ligação entre sua conduta e o fato delitivo, conforme ocorre nos autos. [...] *(Recurso em Habeas Corpus nº 77.238/PR, STJ, 5ª Turma, unânime, Rel. Min. Reynaldo Soares da Fonseca, julgado em 11.5.2021, publicado no DJ em 14.5.2021)* [...] *(Habeas Corpus nº 488.339/PR, STJ, 6ª Turma, unânime, Rel. Min. Antônio Saldanha Palheiro, julgado em 7.12.2020, publicado no DJ em 16.12.2020)*

648.6.1.13. [...] A denúncia deve conter a exposição do fato delituoso, descrito em toda a sua essência e narrado com todas as suas circunstâncias fundamentais. Essa narração, ainda que sucinta, impõe-se ao acusador como exigência derivada do postulado constitucional que assegura, ao réu, o exercício, em plenitude, do direito de defesa. Denúncia que deixa de estabelecer a necessária vinculação da conduta individual de cada agente aos eventos delituosos qualifica-se como denúncia inepta. Precedentes. [...] A mera invocação da condição de diretor ou de administrador de instituição financeira, sem a correspondente e objetiva descrição de determinado comportamento típico que o vincule, concretamente, à prática criminosa, não constitui fator suficiente apto a legitimar a formulação de acusação estatal ou a autorizar a prolação de decreto judicial condenatório. A circunstância objetiva de alguém meramente exercer cargo de direção ou de administração em instituição financeira não se revela suficiente, só por si, para autorizar qualquer presunção de culpa (inexistente em nosso sistema jurídico-penal) e, menos ainda, para justificar, como efeito derivado dessa particular qualificação formal, a correspondente persecução criminal. Não existe, no ordenamento positivo brasileiro, ainda que se trate de práticas configuradoras de macrodelinquência ou caracterizadoras de delinquência econômica, a possibilidade constitucional de incidência da responsabilidade penal objetiva. Prevalece, sempre, em sede criminal, como princípio dominante do sistema normativo, o dogma da responsabilidade com culpa (*"nullum crimen sine culpa"*), absolutamente incompatível com a velha concepção medieval do *"versari in re illicita"*, banida do domínio do *direito penal da culpa*. Precedentes. [...] (*Habeas Corpus nº 84.580-1/SP, Rel. Min. Celso de Mello, 2ª Turma, unânime, publicado no DJ em 18.9.2009*).

648.6.1.13. [...] A jurisprudência do Supremo Tribunal Federal evoluiu no sentido de que a descrição genérica da conduta nos crimes societários viola o princípio da ampla defesa. É inepta a denúncia pela prática do crime de apropriação indébita previdenciária quando fundada tão somente na circunstância de o paciente constar do quadro societário da empresa. É necessário o mínimo de individualização da conduta e a indicação do nexo de causalidade entre esta e o delito de que se trata, sem o que fica impossibilitado o exercício da ampla defesa (Constituição do Brasil, artigo 5º, inciso LV). Ordem concedida (*Habeas Corpus nº 93.683-1/ES, Rel. Min. Eros Grau, 2ª Turma, unânime, julgado em 26.2.2008, publicado no DJ em 25.4.2008*).

....

648.7. Quando extinta a punibilidade (inciso VII): Quando extinta a punibilidade, é viável a utilização do *writ* como forma de, buscando seu reconhecimento, afastar a coação que, exatamente por isto, se apresenta como ilegal.

Sem embargo de outras inserções em legislações extravagantes, as regras gerais da extinção da punibilidade estão previstas no art. 107, CP. É importante observar que o que extingue a punibilidade são os eventos contidos de forma abstrata na legislação, e não a decisão judicial que a reconhece (que, por isso, é preponderantemente de cunho *declaratório*). Exatamente por isso (e para isso) que o *writ* poderá ser utilizado (ou então concedido *ex officio*), buscando ver reconhecida a causa extintiva de punibilidade.

Jurisprudência

648.7. [...] "O trancamento do exercício da ação penal somente se dá em hipótese excepcional, quando, sem necessidade de incursão probatória, é inequívoca a atipicidade da conduta, a ausência de indícios mínimos de autoria e materialidade delitivas, a presença de alguma causa extintiva da punibilidade ou a inépcia formal da denúncia, de tal gravidade que impeça a compreensão da imputação e, portanto, a ampla defesa" (HC 543.683/RJ, Rel. Ministro Rogério Schietti Cruz, Sexta Turma, julgado em 17/8/2021, DJe 2/9/2021). – A tese do recurso ordinário em habeas corpus foi de que a qualificação da conduta do recorrente feita pela denúncia, no artigo 1.º, inciso II, c/c artigo 12, inciso I, ambos da Lei n. 8.137/90, teria sido incorreta, devendo ser, desde logo, desclassificada para o tipo do art. 2.º, inciso I, da Lei n. 8.137/1990, o que permitiria o reconhecimento, de plano, da causa de extinção da punibilidade prevista no art. 109, inciso IV, do Código Penal (prescrição da pretensão punitiva pela pena em abstrato), com o consequente trancamento da ação penal. [...] *(Agravo Regimental no RHC nº 143.164-RJ, STJ, 5ª Turma, Rel. Min. Reynaldo Soares da Fonseca, julgado em 5.10.2021, publicado no DJ em 8.10.2021)*

648.7. [...] III – O trancamento de investigações policiais, procedimentos investigatórios, ou mesmo da ação penal, constitui medida excepcional, justificada apenas quando comprovadas, de plano, sem necessidade de análise aprofundada de fatos e provas, a atipicidade da conduta, a existência de causas de extinção de punibilidade ou ausência de indícios mínimos de autoria ou de prova de materialidade. IV – A liquidez dos fatos constitui requisito inafastável na apreciação da justa causa, pois o exame aprofundado de provas é inadmissível no âmbito processual do habeas corpus e de seu respectivo recurso ordinário, cujo manejo pressupõe ilegalidade ou abuso de poder flagrantes a ponto de serem demonstrados de plano. [...] *(Agravo Regimental no RHC nº 148.485-SP, STJ, 5ª Turma, Rel. Min. Jesuíno Rissato, julgado em 28.9.2021, publicado no DJ em 5.10.2021)*

....

Art. 649. O juiz ou o tribunal, dentro dos limites da sua jurisdição, fará passar imediatamente a ordem impetrada, nos casos em que tenha cabimento, seja qual for a autoridade coatora.

Decorrência lógica da situação em que presente de forma manifesta a ilegalidade apontada é a necessidade de que, pela autoridade competente, seja determinada a cessação imediata da ordem acoimada de ilegal.

A limitação é fundamental, exatamente para se evitar o que se denomina genericamente de decisão *per saltum*. O juiz ou tribunal hierarquicamente superior não pode se manifestar sobre temas não aventados ou enfrentados no órgão imediatamente anterior.

É preciso haver o respeito à ordem de sucessão de competências, aí incluído também o *habeas corpus*. De certo modo, dentro dessa linha de raciocínio (embora hoje relativizada) é que foi editada a Súmula nº 691, STF, tudo para evitar que se desvirtue o devido processo legal, especialmente no que se refere à organização das competências constitucionais e legais.

Entretanto, na prática, fácil ver que muitas vezes os tribunais, inclusive o Supremo Tribunal Federal, não atentam para esse importantíssimo preceito, admitindo *habeas corpus* para sustar ordens de instâncias inferiores sem que se tenha observado o devido processo legal. É o que se verifica, por exemplo, na decisão na Medida Cautelar na Reclamação nº 24.506. Nesse caso concreto, a parte ajuizou reclamação perante o STF (que, em tese, seria de fato o competente para ela, abordamos isso anteriormente) argumentando que decisão de primeiro grau estaria usurpando a competência da Suprema Corte. Na decisão monocrática, o e. Relator reconheceu *expressamente* que *não havia* a violação de competência (logo, a nosso juízo, a hipótese era de *não conhecimento* do recurso) ou outra hipótese para a reclamação. Entretanto, *de ofício*, e contrariando precedentes de sua relatoria em sentido contrário, revisou diretamente a decisão de primeiro grau (com evidente violação ao disposto no art. 649, CPP) e concedeu, *per saltum*, a ordem monocraticamente para afastar prisão cautelar determinada sob o argumento de que não havia fundamentos idôneos para a constrição cautelar (art. 312, CPP), sem que se tenha sequer permitido ao TRF respectivo e ao STJ analisarem os fundamentos da prisão.

Jurisprudência

649. [...] Impetração dirigida contra decisão monocrática em que se negou seguimento a *habeas corpus* requerido ao Tribunal Superior Eleitoral. Não exaurimento da instância antecedente. Apreciação *per saltum*. Impossibilidade. Precedentes. Impetração por meio da qual se busca impedir a instauração de inquérito policial para apurar suposto crime eleitoral. [...] (*Agravo Regimental no Habeas Corpus nº 197.656/SP, STF, 1ª Turma, por maioria, vencido Min. Marco Aurélio, Rel. Min. Dias Toffoli, julgado em sessão virtual de 2.4.2021 a 12.4.2021, publicado no DJ em 16.6.2021*)

649. [...] A supressão de instância impede o conhecimento de recurso ordinário em *Habeas Corpus* impetrado *per saltum*, porquanto ausente o exame de mérito perante o tribunal de origem e pela Corte Superior. (Precedentes: HC nº 100.595, Segunda Turma, Rel. Min. Ellen Gracie, DJe de 9/3/2011, HC nº 100.616, Segunda Turma, Rel. Min. Joaquim Barbosa, DJe de 14/3/2011, HC nº 103.835, Primeira Turma, Rel. Min. Ricardo Lewandowski, DJe de 8/2/2011, HC 98.616, Primeira Turma, Rel. Min. Dias Toffoli, DJe de 22/02/2011). [...] (*Agravo Regimental no RHC n. 127.383-PA, STF, Rel. Min. Luiz Fux, julgado em 8.12.2016, publicado no DJ em 19.12.2016*).

649. [...] Agravo regimental em *habeas corpus*. Penal e Processual Penal. Tráfico de drogas (art. 33 da Lei nº 11.343/06). Condenação. Regime inicial de cumprimento de pena. Detração do tempo de custódia provisória do agravante (CPP, art. 387, § 2º). Impetração dirigida contra decisão monocrática com que o relator do AREsp nº 755.664/SP no Superior Tribunal de Justiça a ele negou provimento. Não exaurimento da instância antecedente. Apreciação *per saltum*. Impossibilidade. Dupla supressão de instância. Precedentes. Regimental não provido. 1. É firme a jurisprudência da Corte no sentido de que é inadmissível o *habeas corpus* que se volte contra decisão monocrática do relator da causa no Superior Tribunal de Justiça não submetida ao crivo do colegiado por intermédio do agravo interno, por falta de exaurimento da instância antecedente. Precedentes. 2. O pleito de reconhecimento da detração do tempo de custódia provisória do agravante, preconizado pelo art. 387, § 2º, do Código de Processo Penal, também não foi submetido ao Superior Tribunal de Justiça ou mesmo ao juízo de origem, e não existe nenhum óbice a que o seja. Logo, não cabe à Suprema Corte apreciá-lo de forma originária, sob pena de dupla supressão de instância e de grave violação das regras constitucionais de competência. 3. Agravo regimental ao qual se nega provimento (*Agravo Regimental no HC nº 134.550-SP, 2ª Turma, Rel. Min. Dias Toffoli, julgado em 7.6.2016, publicado no* DJ *29.6.2016*).

649. [...] É firme a jurisprudência da Corte no sentido de que não compete ao Supremo Tribunal Federal conhecer de *habeas corpus* impetrado contra decisão de relator que, em HC requerido a tribunal superior, indefere liminarmente o pedido com supedâneo na Súmula 691 do STF. Essa circunstância impede o exame da matéria pelo Supremo, sob pena de se incorrer em dupla supressão de instância, com evidente extravasamento dos limites da competência descritos no art. 102 da Carta Magna (*v.g.* HC nº 117.761/SP, Segunda Turma, Relator o Ministro Ricardo Lewandowski, *DJe* 4.10.13). 2. Como se não bastasse, é inadmissível o *habeas corpus* que se volte contra decisão monocrática do relator da causa no Superior Tribunal de Justiça não submetida ao crivo do colegiado por intermédio do agravo interno, por falta de exaurimento da instância antecedente. Precedentes. 3. Agravo regimental ao qual se nega provimento (*Agravo Regimental no HC nº 133.304-MT, 2ª Turma, unânime, Rel. Min. Dias Toffoli, julgado em 15.3.2016, publicado no* DJ *em 20.4.2016*).

649. [...] A jurisprudência do Supremo Tribunal Federal não admite seja conhecido o *habeas corpus*, por entender incabível o exame, *per saltum*, de fundamentos não apreciados pelo órgão judiciário apontado como coator. Agravo regimental ao qual se nega provimento (*Agravo Regimental no Habeas Corpus nº 93500-MS, STF, Rel. Min. Cármen Lúcia, 1ª Turma, publicado no* DJ *em 14.8.2009*). Também no *Agravo Regimental no HC nº 126.071-MG, julgado em 7.4.2015, publicado no* DJ *em 14.5.2015.*

....

Art. 650. Competirá conhecer, originariamente, do pedido de *habeas corpus*:

I – ao Supremo Tribunal Federal, nos casos previstos no Art. 101, I, *g*, da Constituição;

II – aos Tribunais de Apelação, sempre que os atos de violência ou coação forem atribuídos aos governadores ou interventores dos Estados ou Territórios e ao prefeito do Distrito Federal, ou a seus secretários, ou aos chefes de Polícia.

§ 1º A competência do juiz cessará sempre que a violência ou coação provier de autoridade judiciária de igual ou superior jurisdição.

§ 2º Não cabe o *habeas corpus* contra a prisão administrativa, atual ou iminente, dos responsáveis por dinheiro ou valor pertencente à Fazenda Pública, alcançados ou omissos em fazer o seu recolhimento nos prazos legais, salvo se o pedido for acompanhado de prova de quitação ou de depósito do alcance verificado, ou se a prisão exceder o prazo legal.

650.1. Considerações gerais: Ao se tratar da competência para o julgamento de *habeas corpus*, os dispositivos do art. 650, CPP, encontram-se, quase todos, superados por suas literalidades, necessitando uma conjugação hodierna aos preceitos constitucionais e legais. A análise da competência para julgamento dos *habeas corpus* obedecerá a uma ordem escalonada de competências.

Antes, porém, duas observações, relativas aos §§ 1º e 2º.

Em relação ao § 1º, há de se compreender seu comando no sentido de que o *habeas corpus* pressupõe sua análise sempre mediante a observância da hierarquia *jurisdicional* estabelecida na Constituição da República. Nessa linha, se a violência ou coação provier de autoridade de igual ou superior jurisdição em relação a quem se encontra afeta a análise do *writ*, essa competência cessará automaticamente para que o órgão imediatamente superior e competente analise a impetração.

Quanto ao § 2º, insta referir que sua inconstitucionalidade é evidente, por não mais se admitir a denominada *prisão administrativa*. A Constituição Federal é bastante clara em seu art. 5º, LXI: *ninguém será preso senão em flagrante delito ou por ordem escrita e fundamentada de autoridade judiciária competente, salvo nos casos de transgressão militar ou crime propriamente militar, definidos em lei.*

Jurisprudência

650.1. [...] Embora o parágrafo único art. 647-A do CPP, introduzido pela Lei n. 14.836/2024, estabeleça que *"a ordem de habeas corpus poderá ser concedida de ofício pelo juiz ou pelo tribunal em processo de competência originária ou recursal, ainda que não conhecidos a ação ou o recurso em que veiculado o pedido de cessação de coação ilegal"*, a concessão da ordem pressupõe que o Tribunal seja competente para analisar o pedido. Melhor explicando, permanece hígido o parágrafo 1º do art. 650 do CPP, segundo o qual *"a competência do juiz cessará sempre que a violência ou coação provier de autoridade judiciária de igual ou superior jurisdição"*. Diante disso incabível a concessão de ***habeas corpus*** de ofício no âmbito da presente revisão criminal, tendo em vista que o pedido não foi acolhido por Ministro desta Corte Superior no julgamento do HC 890131/DF. *[...] (Embargos de Declaração no Agravo Regimental na Revisão Criminal nº 6.021-DF, STJ, 3ª Seção, Rel. Min. Joel Ilan Paciornik, sessão virtual de 8.5.2024 a 14.5.2024, publicado no DJ em 17.5.2024)*

650.2. Competência do Supremo Tribunal Federal: Ao contrário do que inserto no inciso I do art. 650 do CPP, a competência atual do Supremo Tribunal Federal para julgamento de *habeas corpus* está no art. 102, I, *d*, CF, que dispõe ser da Corte Suprema o julgamento dos *habeas corpus* quando for *paciente* qualquer das pessoas referidas nas alíneas *b* e *c* do inciso I do art. 102 da CF: Presidente da República, Vice-Presidente da República, membros do Congresso Nacional, Ministros do Supremo Tribunal Federal, Procurador-Geral da República, Ministros de Estado e os Comandantes da Marinha, Exército e Aeronáutica, membros dos Tribunais Superiores (TSE, TST, STJ e STM), membros do Tribunal de Contas da União e os chefes de missão diplomática de caráter permanente.

A partir de uma análise literal do dispositivo constitucional poderia parecer que a competência originária do Supremo Tribunal Federal estaria presente *apenas* nas situações em que figurarem como *pacientes* em *habeas corpus* os ocupantes dos cargos retronominados.

Na verdade, quando o ato atacado também provier desses agentes (sendo, portanto, as *autoridades coatoras*), a competência também será do Supremo Tribunal Federal. Como adiante analisado de forma mais minudente (veja-se competência para julgamento de *habeas corpus* quando a autoridade coatora seja membro do Ministério Público de primeiro grau), o Supremo Tribunal Federal entende (em nosso sentir, de modo correto) que, do ato atacado mediante a impetração do *habeas corpus, pode, em tese*, decorrer eventual conduta criminosa da autoridade coatora (notadamente, mas não só, eventual delito de *abuso de autoridade* – Lei nº 13.869/2019). Assim, se compete também ao Supremo Tribunal Federal julgar aqueles ocupantes dos cargos elencados anteriormente que cometerem crimes comuns e/ou de responsabilidade (conforme as previsões específicas e ressalvas das alíneas *b* e *c* do inciso I do art. 102 da CF), decorre também daí, por interpretação sistêmica, a competência para o processamento e julgamento dos *habeas corpus* quando forem eles também *autoridades coatoras*.

Especificamente no âmbito da competência do Supremo Tribunal Federal entendemos relevante fazer uma anotação fundamental: somente se pode cogitar de impetração de *habeas corpus* em que figure como autoridade coatora o *ministro* do STF, jamais podendo ser utilizado o *writ* contra decisão das turmas (órgãos fracionários do STF) ou do próprio Plenário, consoante, inclusive, preconizado na Súmula 606, STF (*Não cabe* habeas corpus *originário para o Tribunal Pleno de decisão de turma, ou do Plenário, proferida em* habeas corpus *ou no respectivo recurso*).

A razão é que a competência do Plenário da Corte é definida regimentalmente (em consonância com os dispositivos constitucionais mencionados) de forma bastante restritiva (já com expressa previsão quando se tratar de autoridades que sejam apontadas como *pacientes* ou como *autoridades coatoras*):

> Art. 6º Também compete ao Plenário:
>
> I – processar e julgar originariamente:
>
> a) o *habeas corpus*, quando for *coator ou paciente* o Presidente da República, a Câmara, o Senado, o próprio Tribunal ou qualquer de seus Ministros, o Conselho Nacional da Magistratura, o Procurador-Geral da República, ou quando a coação provier do Tribunal Superior Eleitoral, ou, nos casos do art. 129, § 2º, da Constituição, do Superior Tribunal Militar, bem assim quando se relacionar com extradição requisitada por Estado estrangeiro; [...]
>
> c) os *habeas corpus* remetidos ao seu julgamento pelo Relator;

Já a competência expressa das turmas para o julgamento dos *habeas corpus* encontra-se no art. 9º, I, *a*, RISTF:

> Art. 9º Além do disposto no art. 8º, compete às Turmas:
>
> I – processar e julgar originariamente:
>
> a) o *habeas corpus*, quando o coator ou paciente for Tribunal, funcionário ou autoridade, cujos atos estejam diretamente subordinados à jurisdição do Supremo Tribunal Federal, ou se tratar de crime sujeito à mesma jurisdição em única instância, ressalvada a competência do Plenário;

Portanto, a regra explícita da alínea *a* do inciso I do art. 6º do RISTF restringe as hipóteses de competência do Plenário para apreciação de *habeas corpus*.

Por conta também da previsão da alínea *c* do inciso I do art. 6º (*c/c art. 21, XI, RISTF – Art. 21. São atribuições do Relator: XI – remeter* habeas corpus *ou recurso de* habeas corpus *ao julgamento do Plenário*), podem os *habeas corpus*, especialmente por questão de relevância (como exceções), ser submetidos a julgamento perante o Plenário acaso presente alguma circunstância para resolução pela composição máxima da Corte. Nas demais situações, a competência será das turmas.

Assim, é preciso compreender que os pronunciamentos exarados pelas turmas (e que não eventualmente afetadas ao Plenário) já são tidos como manifestação do *próprio tribunal*, como instância última de competência no sistema vigente. Pelo exposto, com mais razão de ser ainda o descabimento de *habeas corpus* contra decisão do próprio Plenário do STF.

Em síntese, entendemos que somente se poderá cogitar de *habeas corpus* contra decisões monocráticas de Ministros do Supremo Tribunal Federal.

Nessa parte, um complemento necessário. É que o STF tinha como linha de precedentes o entendimento neste exato sentido (vide HC nº *83.144-3-DF, Rel. Min. Nelson Jobim, 2ª Turma, unânime, julgado em 10.2.2004, publicado no* DJ *em 5.3.2004*). Posteriormente, em decisão plenária, o Supremo Tribunal Federal modificou seu entendimento, assentando que "*não cabe pedido de* habeas corpus *originário para o tribunal pleno,* contra ato de ministro ou *de outro órgão fracionário da Corte*" (*Habeas Corpus nº 86.548-8-SP, publicado no* DJ *em 19.12.2008*). Do voto-condutor, fácil verificar que se trata de novo entendimento da Corte Suprema, como se vê: "*esta Corte já assentou a incognoscibilidade de pedido de* habeas corpus *que impugne ato emanado de órgão fracionário seu:* [...] *É o que convém ao caso.* [...] *De fato, a análise dos precedentes que conduziram à edição da súmula 606, vê-se que um de seus fundamentos é a reverência ao princípio da gradação judiciária ou da hierarquia, na medida em que seria inconcebível que juiz ou, por meio de órgão fracionário colegiado ou não, tribunal ordenasse a si mesmo fazer ou proceder de alguma forma.* [...] *E, suposto o caso não se subsuma integralmente à hipótese da súmula 606, por não se tratar de decisão de Turma nem do Plenário, em* habeas corpus, *entendo que as mesmas razões informadoras de seu enunciado servem a conduzir o não conhecimento deste pedido* [...]".

Com todas as *vênias* desse entendimento (embora se reconheça a excessiva utilização do *writ* em determinados casos), compreendemos que é preciso compatibilizar o teor da Súmula 606, STF, com aquele da Súmula 691, STF (*Não compete ao Supremo Tribunal Federal conhecer de "habeas corpus" impetrado contra decisão do relator que, em "habeas corpus", requerido a tribunal superior, indefere a liminar*), hodiernamente relativizado. É dizer, de modo conclusivo: em situações de manifesta ilegalidade (*ad argumentandum tantum*), que se enquadrem nas exceções acima relatadas, eventualmente constatada em decisão de ministro da Corte Suprema, não nos parece que o ato monocrático seja infenso a ataque mediante *habeas corpus* ao órgão colegiado.

Destacamos que, em caso posterior, e de forma excepcional (por empate na votação, 5 x 5 votos), o STF admitiu a impetração de *habeas corpus* contra ato de relator que, pela primeira vez, havia homologado uma colaboração premiada com competência penal originária do STF frente ao disposto na Lei nº 12.850 (HC nº 127.483-PR), como forma de estabelecer critérios seguros para admissibilidade do referido instituto.

Jurisprudência

650.2. [...] O Plenário do Supremo Tribunal Federal, em 17.2.2016, nos autos do HC 105.959, reafirmou sua jurisprudência, em julgamento no qual fiquei vencido, no sentido de não ser cabível habeas corpus impetrado contra decisão de ministro, órgão fracionário da Corte e do próprio Plenário. [...] *(Agravo Regimental no Habeas Corpus nº 238.090, STF, 2ª Turma, Rel. Min. Gilmar Mendes, sessão virtual de 3.5.2024 a 10.5.2024, publicado no DJ em 20.5.2024)*

650.2. [...] Agravo regimental em embargos declaratórios em habeas corpus. [...] Impetração contra ato de Ministro do STF. Inviabilidade. Jurisprudência consolidada. Súmula nº 606/STF. [...] *(Agravo Regimental nos Embargos de Declaração no Habeas Corpus nº 230.014, STF, Plenário, Agravante Jair Messias Bolsonaro, Agravado Ministro Alexandre de Moraes, sessão virtual de 8.12.2023 a 18.12.2023, publicado no DJ em 8.3.2024)*

650.2. [...] O Supremo Tribunal Federal (STF) tem orientação firme no sentido do descabimento da impetração de habeas corpus contra ato de Ministro, Turma ou do Plenário do Tribunal (Súmula 606/STF; HC 100.738, Redatora para o acórdão a Ministra Cármen Lúcia; HC 101.432, Redator para o acórdão o Ministro Dias Toffoli; HC 88.247-AgR-AgR, Rel. Min. Celso de Mello; HC 91.020-AgR, Rel. Min. Celso de Mello; HC 86.548, Rel. Min. Cezar Peluso). [...] Muito embora essa orientação jurisprudencial tenha sido rediscutida no julgamento do HC 127.483, Rel. Min. Dias Toffoli (oportunidade em que se verificou o empate na votação), o Plenário do STF reafirmou sua jurisprudência no sentido de não ser cabível habeas corpus impetrado contra decisão monocrática de ministro da Corte. Refiro-me ao HC 105.959, Redator para o acórdão o Ministro Edson Fachin, julgado com a participação de todos os integrantes do Tribunal. Esse entendimento foi ratificado pelo Tribunal Pleno no julgamento do HC 186.296, Rel. Min. Edson Fachin. No mesmo sentido, cito o HC 211.182-AgR, Rel. Min. Ricardo Lewandowski; e o HC 207.554-AgR, Rel. Min. Nunes Marques. [...] *(Embargos de Declaração no Habeas Corpus nº 227.182, STF, 1ª Turma, Rel. Min. Roberto Barroso, sessão virtual de 1.9.2023 a 11.9.2023, publicado no DJ em 19.9.2023)*

650.2.1. O óbice da Súmula 691 do Supremo Tribunal Federal: Derivando da ampliação do espectro do cabimento do *habeas corpus* em face da interpretação jurisprudencial, era corrente a admissão do *writ* contra atos monocráticos de membros de tribunais (STJ ou demais tribunais, federais e estaduais). Em razão disso, tornou-se muito frequente a impetração de novos *habeas corpus* para tribunais superiores contra decisões que, monocraticamente, indeferiam pleitos liminares em *writs* ajuizados perante os tribunais inferiores. Consequência é que, muitas vezes, o julgamento em última instância do *habeas corpus* acabava ocorrendo antes mesmo de haver a apreciação do primeiro *writ* ajuizado em tribunal inferior. Era a corriqueira situação de *habeas corpus* contra indeferimento de liminar em *habeas corpus* contra o indeferimento também de liminar *em primeiro habeas corpus.*

Entendemos que, com a finalidade de obstar tais procedimentos, o Supremo Tribunal Federal acabou editando a Súmula 691: "*Não compete ao Supremo Tribunal Federal conhecer de "habeas corpus" impetrado contra decisão do relator que, em "habeas corpus" requerido a tribunal superior, indefere a liminar*".

A questão estava aparentemente solucionada quando a própria Corte Suprema acabou por *relativizar* o conteúdo da súmula retrorreferida. No julgamento da Medida Cautelar no HC nº 84.864-SP (sessão de 20.10.2005), o Plenário do Supremo Tribunal Federal, por maioria, acabou firmando posicionamento no sentido de que a Súmula não poderia ser aplicada quando verificável, de plano, manifesta ilegalidade na decisão indeferitória da liminar em grau inferior.

Noutras palavras: se o relator do processo do *habeas corpus* substitutivo entender que o indeferimento da liminar no anteriormente ajuizado no tribunal inferior se traduz em malferimento a direitos fundamentais do paciente, decorrendo dela a manutenção de um estado de manifesta ilegalidade, há de se admitir o novo *writ*.

Jurisprudência

650.2.1. [...] Pedido trazido à apreciação do Plenário, tendo em consideração a existência da Súmula 691-STF. Liminar indeferida pelo Relator, no STJ. A Súmula 691-STF, que não admite *habe-*

as corpus impetrado contra decisão do Relator que, em HC requerido a Tribunal Superior, indefere liminar, admite, entretanto, abrandamento: diante de flagrante violação à liberdade de locomoção, não pode a Corte Suprema, guardiã-maior da Constituição, guardiã-maior, portanto, dos direitos e garantias constitucionais, quedar-se inerte. Precedente do STF: HC 85.185/SP, Ministro Cezar Peluso, Plenário, 10.8.2005. Exame de precedentes da Súmula 691-STF. Prisão preventiva decretada por conveniência da instrução criminal. Conversa, pelo telefone, do paciente com outro corréu, conversa essa interceptada com autorização judicial. Compreende-se no direito de defesa estabelecerem os corréus estratégias de defesa. No caso, não há falar em aliciamento e constrangimento de testemunhas. Ademais, o corréu já foi ouvido em Juízo. Paciente com residência no distrito da culpa, onde tem profissão certa; não há notícia de que haja procrastinado a instrução ou o julgamento, tendo se apresentado à prisão imediatamente após a decretação desta. A prisão preventiva, principalmente a esta altura, constitui ilegalidade flagrante. Liminar deferida (*Medida Cautelar em Habeas Corpus nº 86.864-9-SP, Rel. Min. Carlos Velloso, Plenário, por maioria, julgado em 20.10.2005, publicado no DJ em 16.12.2005*).

650.2.1. [...] O Verbete nº 691 da Súmula do Supremo deve ter alcance compatível com os ditames constitucionais. Notado o constrangimento ilegal, impõe-se a admissão do *habeas corpus*, pouco importando estar em tramitação, na origem, idêntica medida. [...] Descabe confundir execução precoce e temporã de pena com prisão preventiva, não servindo a implementá-la a circunstância de o réu encontrar-se sob a custódia do Estado em virtude de outro processo. [...] (*Habeas Corpus nº 98.037-SC, STF, Rel. Min. Marco Aurélio, 1ª Turma, publicado no DJ em 26.3.2010*).

650.2.2. Do uso da suspensão de liminar e o desvirtuamento do juiz natural para o *habeas corpus*.

Dispõe o art. 4º da Lei nº 8.437/92 que "Compete ao presidente do tribunal, ao qual couber o conhecimento do respectivo recurso, suspender, em despacho fundamentado, a execução da liminar nas ações movidas contra o Poder Público ou seus agentes, a requerimento do Ministério Público ou da pessoa jurídica de direito público interessada, em caso de manifesto interesse público ou de flagrante ilegitimidade, e para evitar grave lesão à ordem, à saúde, à segurança e à economia públicas".

O destaque é feito em razão de serem encontradas algumas decisões do STF (v.g., Suspensão de Liminar nº 907, STF, 16.5.2016, publicada no DJ em 19.5.2016) suspendendo decisões de caráter penal com invocação da retromencionada norma. No precedente, extraem-se alguns elementos fundamentais: "trata-se de suspensão de liminar, com pedido de medida cautelar, ajuizada pelo Prefeito do Município de xxx contra decisão do Tribunal de Justiça do Estado yyy proferida no Procedimento Investigatório zzz, que determinou o seu afastamento do cargo pela suposta prática de diversos ilícitos. [...] Nos termos de manifestações proferidas em contracautelas, cuja questão de fundo é semelhante à do presente caso, pondero que as medidas cautelares devem observar as garantias constitucionais que asseguram a todos o devido processo legal e a presunção de inocência, razão pela qual não deve fazer vezes de pena restritiva de direito, cabendo, aqui, o consagrado ensinamento do Min. Sepúlveda Pertence, de que 'as leis é que se devem interpretar conforme a Constituição, e não ao contrário' (RT 680/416). Não por outra razão, dispõe o art. 282 do Código de Processo Penal que as medidas cautelares deverão ser aplicadas com a observância do binômio necessidade/adequação, o qual não me parece estar presente no caso sob exame. Em um exame superficial dos autos, como é próprio das medidas de contracautela, verifico que o Tribunal de Justiça afastou o requerente do cargo de Prefeito Municipal, inicialmente por 60 dias, para evitar a interferência na investigação criminal. [...] Isso posto, defiro o pedido de suspensão, confirmando a liminar deferida".

O equívoco nos parece manifesto. Fundamental pontuar objetivamente que não cabe a suspensão de liminar em se tratando de ação penal, cujo caminho (se fosse o caso) seria eventual habeas corpus contra o indeferimento de liminar (e ainda mediante a demonstração de superação do óbice da Súmula 691, STF).

A situação em voga implica, em nossa compreensão, manifesto e indevido desvirtuamento do remédio legal previsto na lei invocada, bem assim o atropelamento das regras constitucionais acerca da competência para apreciação de habeas corpus. No caso em tela mencionado, impetrou-se pedido de suspensão de liminar (com base em lei que não abrange hipóteses de natureza penal) para afastar a decisão (liminar, porém colegiada) de Tribunal de Justiça que, por fundamentos cautelares penais (art. 319, CPP), afastou prefeito do exercício da função pública.

A convicção do equívoco desse entendimento é reforçado por decisões posteriores do próprio STF (v.g., Suspensão de Liminar nº 1.008, de 23.9.2016) em que se reconheceu ser "pacífico o entendimento deste Supremo Tribunal quanto ao não cabimento da suspensão de liminar como sucedâneo a recurso previsto em lei", bem assim que "outros óbices revelam também o descabimento da presente suspensão [...]: a) pretensão de interesse particular; b) não verificação de hipótese excepcional apta a ensejar o ajuizamento da suspensão de liminar em demandas de natureza criminal; e c) inocorrência de grave lesão à ordem, à saúde, à segurança e à economia públicas". Mais relevante foi o reconhecimento de que "o cabimento de suspensão de liminar em demandas de natureza penal somente se justifica em situações excepcionalíssimas quando a pretensão deduzida fundamenta-se em direito coletivo à segurança (art. 5º, caput, da Constituição da República) e não interesse meramente individual de particular contra decisão cautelar em ação penal originária", de modo que se concluiu que a suspensão de liminar requerida por particular em ação penal não se subsume a qualquer das hipóteses de suspensão previstas no art. 297 do Regimento Interno do Supremo Tribunal Federal ou nas Leis nos 12.016/2009, 8.437/1992 e 9.494/1997, tampouco no art. 25 da Lei nº 8.038/1990, cuja aplicação não alcança ações penais originárias, pela exclusão do art. 1º da Lei nº 8.658/1993.

Jurisprudência

650.2.2. [...] Suspensão de liminar. Pedido de sustação de efeitos de ato decisório proferido em sede de procedimento de índole penal. Impossibilidade. [...] Mostra-se incabível o incidente de contracautela em face de ato decisório proferido em procedimento de natureza criminal. Precedentes: SL 1.590/GO e 1.593/GO, ambos de minha relatoria, Tribunal Pleno, j. 13.02.2023, DJe 17.02.2023. [...] Interpretação restritiva do instituto. Não há, em qualquer dispositivo legal ou regimental, norma autorizativa da suspensão de liminar em matéria penal. Vale dizer, as normas reguladoras do instrumento em análise não franqueiam a utilização da contracautela para sustar decisões proferidas em processos de natureza criminal. [...] *(Suspensão de Liminar nº 1.622-Mérito, STF, Plenário, Rel. Min. Rosa Weber, sessão virtual de 21.4.2023 a 2.5.2023, publicado no DJ em 11.5.2023)*

650.2.2. [...] Mostra-se incabível o incidente de contracautela em face de ato decisório proferido em procedimento de natureza criminal. [...] Interpretação restritiva do instituto. Não há, em qualquer dispositivo legal ou regimental, norma autorizativa da suspensão de liminar em matéria penal. Vale dizer, as normas reguladoras do instrumento em análise não franqueiam a utilização da contracautela para sustar decisões proferidas em processos de natureza criminal. [...] Inadmissível o manejo da contracautela em matéria penal, sob pena de violação, por meio de indevida técnica hermenêutica, dos princípios constitucionais da isonomia e da república, exatamente por implicar criação de privilégio de maneira irrazoável e sem qualquer amparo fático e idôneo subjacente. [...] *(Suspensão Liminar nº 1.581-Mérito, STF, Plenário, sessão virtual de 3.2.2023 a 10.2.2023, publicado no DJ em 17.3.2023)*

650.2.2. [...] 4. A suspensão, pelo Presidente deste Supremo Tribunal, de execução de decisões concessivas de segurança, de liminar e de antecipação dos efeitos de tutela contra o Poder Público é admissível somente quando presentes, simultaneamente, os seguintes requisitos: a) a decisão a ser suspensa seja proferida em única ou última instancia pelos tribunais locais ou federais; b) tenha potencialidade para causar grave lesão à ordem, à saúde, à segurança ou à economia públicas; c) a controvérsia seja de natureza constitucional (Rcl n. 497-AgR/RS, Relator o Ministro Carlos Velloso, Pleno, DJ 6.4.2001; SS n. 2.187-AgR, Relator o Ministro Maurício Correa, DJ 21.10.2003; e SS n. 2.465, Relator o Ministro Nelson Jobim, DJ 20.10.2004). 5. Na espécie, está demonstrando o descabimento da presente suspensão pelos seguintes fundamentos: a) pretensão de interesse particular; b) pretensão de utilização da presente suspensão como sucedâneo recursal; c) inocorrência de grave lesão à ordem, à saúde, à segurança e à economia públicas, pois demonstrada a legalidade do afastamento do Requerente das atividades do cargo de vereador do Município de Aparecida/SP. [...] 8. Ainda que se considere dispor o Requerente de legitimidade ativa para ingressar com a presente suspensão, a exemplo da legitimidade excepcional conferida aos prefeitos afastados do exercício dos mandatos (SS n. 444-AgR, Relator o Ministro Sydney Sanches, Pleno, DJ 4.9.1992), patente, na espécie, o caráter estritamente particular da pretensão, sem se vislumbrar o alegado interesse público imediato decorrente da vinculação do mandato com a representação do povo que o elegeu. 9. O cabimento de suspensão de liminar em demandas de natureza penal somente se justifica em situações excepcionais, fundamentando-se a pretensão deduzida em direito coletivo à segurança (art. 5º, *caput*, da Constituição da República) e não por interesse particular contra decisão cautelar em ação penal originária. [...] 11. Ainda que se pudessem superar todos os óbices apontados, o que não é possível, não teria melhor êxito a pretensão exposta, por inexistir, nas decisões impugnadas, risco de grave lesão à ordem, à saúde e à economia públicas. Ao contrário, a fundamentação das decisões impugnadas revela *periculum in mora* inverso, a demonstrar que o afastamento do Requerente das funções públicas decorreu da necessidade de salvaguarda, entre outros bens jurídicos, do patrimônio público e do princípio da moralidade administrativa. *(Suspensão de Liminar 1.094, SP, Min. Cármen Lúcia, julgado 20.1.2017, publicado no DJ em 1º.2.2017).*

650.2.2. [...] 1. A Corte Especial do Superior Tribunal de Justiça firmou entendimento de que o cabimento de pedido de suspensão de segurança limita-se aos feitos de natureza cível, pois não há previsão legal para sua aplicação com a finalidade de sobrestar a execução de decisões proferidas no transcurso de procedimentos judiciais de índole penal. 2. É certo que, no âmbito do Supremo Tribunal Federal, já se decidiu que a medida de contracautela pode ser empregada para impugnar decisões em feitos criminais. Todavia, ainda segundo o Pretório Excelso, essa possibilidade limita-se a situações extraordinárias, fundadas no risco de grave lesão à segurança coletiva. 3. No caso, o agravante busca retornar ao exercício de suas funções públicas – ou seja, visa precipuamente a tutelar seus interesses pessoais, e não à proteção dos habitantes da localidade. Dessa forma, não pode prosperar a pretensão de que seja afastado o posicionamento do STJ na matéria. [...] *(Agravo Regimental na Suspensão de Liminar n. 2.360-RJ, STJ, Corte Especial, unânime, Rel. Min. Laurita Vaz, julgado em 6.6.2018, publicado no DJ em 12.6.2018)*

650.2.2. [...] 2. Nas hipóteses em que o Poder Público é autor, é ele quem almeja a modificação do *status quo ante*. É o que ocorre na espécie, em que originariamente a Polícia Federal requereu judicialmente a alienação de bens do acusado na demanda criminal principal. Tal quadro não permite o manejo da suspensão de segurança, nos termos das Leis nº 7.347/1985 (art. 12, § 1.º), 8.038/90 (art. 25, *caput* e parágrafos), 8.437/92 (art. 4.º, *caput* e parágrafos), 9.494/97 (art. 1.º), 9.507/97 (art. 16) e 12.016/09 (art. 15, *caput* e parágrafos). [...] 4. O cabimento de pedido de suspensão de segurança limita-se aos feitos de natureza cível. Não há previsão legal para o manejo da contracautela com a finalidade de suspender a execução de decisões proferidas no transcurso de procedimentos de índole penal. Precedentes da Corte Especial do Superior Tribunal de Justiça. [...] *(Agravo Regimental na Suspensão de Segurança n. 2.944-AM, STJ, Corte Especial, unânime, Rel. Min. Laurita Vaz, julgado em 16.5.2018, publicado no DJ em 23.5.2018)*

....

650.3. Competência do Superior Tribunal de Justiça: Como o Superior Tribunal de Justiça foi criado com a Constituição Federal de 1988, não se encontra no Código de Processo Penal disposição acerca de sua competência. No art. 105, I, *a* e *c*, CF, tem-se:

> Art. 105. Compete ao Superior Tribunal de Justiça:
>
> I – processar e julgar, originariamente:
>
> a) nos crimes comuns, os Governadores dos Estados e do Distrito Federal, e, nestes e nos de responsabilidade, os desembargadores dos Tribunais de Justiça dos Estados e do Distrito Federal, os membros dos Tribunais de Contas dos Estados e do Distrito Federal, os dos Tribunais Regionais Federais, dos Tribunais Regionais Eleitorais e do Trabalho, os membros dos Conselhos ou Tribunais de Contas dos Municípios e os do Ministério Público da União que oficiem perante tribunais;
>
> [...]
>
> c) os ***habeas corpus***, quando o coator ou paciente for qualquer das pessoas mencionadas na alínea "a", ou quando o coator for tribunal sujeito à sua jurisdição, Ministro de Estado ou Comandante da Marinha, do Exército ou da Aeronáutica, ressalvada a competência da Justiça Eleitoral;

Se comparada com a disposição referente ao Supremo Tribunal Federal, a competência do Superior Tribunal de Justiça está prevista de forma mais explícita na Constituição, prevendo-se na alínea *c* do inciso I do art. 105 a competência do STJ para o julgamento dos *habeas corpus* quando o *coator* ou *paciente* for qualquer das pessoas mencionadas na alínea *a*, ou então, ainda, quando o coator for tribunal sujeito à sua jurisdição, Ministro de Estado ou Comandante da Marinha, do Exército ou da Aeronáutica, ressalvada unicamente a competência da Justiça Eleitoral (competência criminal para o caso, diga-se).

650.4. Competência dos Tribunais Regionais Federais: Também criados com o advento da Constituição de 1988, os Tribunais Regionais Federais têm suas competências para julgamento de *habeas corpus* previstas no art. 108, I, *d*, CF:

> Art. 108. Compete aos Tribunais Regionais Federais:
>
> I – processar e julgar, originariamente: [...]
>
> d) os "habeas corpus", quando a autoridade coatora for juiz federal.

Portanto, quando a impetração for dirigida contra ato emanado de Juiz Federal, a competência para o respectivo *habeas corpus* será do Tribunal Regional Federal. É de se ver que juízes federais (nos termos do art. 108, I, *a*, CF) são todos aqueles que estão sob a jurisdição dos respectivos tribunais regionais, bem como os da Justiça Militar Federal e da Justiça do Trabalho.

Quando se tratar de impetração contra membro do Ministério Público da União, vide item 650.8.

650.5. Competência dos Tribunais Regionais do Trabalho: Por intermédio da Emenda Constitucional nº 45/04, conferiu-se nova redação ao art. 114, CF, importando para o tema ora em análise o inciso IV, que dispõe:

> Art. 114. Compete à Justiça do Trabalho processar e julgar: [...]
>
> IV – os mandados de segurança, *habeas corpus* e *habeas data*, quando o ato questionado envolver matéria sujeita à sua jurisdição.

A partir dessa nova disposição constitucional, iniciaram-se debates, especialmente na seara doutrinária, se a Justiça do Trabalho passou ou não a ter competência criminal, e, em caso positivo, em que extensão.

A matéria restou solvida pelo Supremo Tribunal Federal, que, apreciando medida cautelar na ADI nº 3.684/DF, deu *interpretação conforme* à Constituição ao dispositivo em tela para assentar, de forma explícita, que à Justiça do Trabalho *não foi* conferida qualquer competência de natureza criminal.

Noutras palavras, todas as questões envolvendo crimes (aí insertos os *habeas corpus*) que atinjam diretamente bens, serviços ou interesses da Justiça Trabalhista deverão ser processadas perante a Justiça Federal em primeiro grau (ressalvados unicamente os delitos em que os seus autores tenham o chamado foro por prerrogativa de função, situações em que deverá ser observada a regra *ratione muneris*).

Extrai-se daí que a única hipótese em que os Tribunais do Trabalho poderiam apreciar *habeas corpus* serão aquelas em que o *writ* seja apresentado contra decisão que prive ou ameace de privação a liberdade exarada por Juiz do Trabalho e relacionada com questões civis, notadamente a prisão (ou ameaça de) por depósito infiel. Entretanto, como já referido alhures, o Supremo Tribunal Federal (posteriormente ao que decidido na ADI nº 3.684-DF) assentou ser inconstitucional a privação de liberdade do depositário infiel (vide R*ecurso Extraordinário nº 463.343-SP, Rel. Min. Cezar Peluso, Plenário, julgado em 3.12.2008, publicado no* DJ *em 5.6.2009*).

É importante referir que, antes mesmo dessa novel disposição constitucional, muitos regimentos internos de Tribunais Regionais do Trabalho dispunham ser de suas competências o julgamento de todos os *habeas corpus* apresentados contra ato de Juízes do Trabalho. Com todas as *vênias*, nada mais precisa ser aditado para se ver que esses dispositivos regimentais eram e são manifestamente contrários à Constituição, mesmo antes da EC nº 45/2004, pois *habeas corpus* impetrados contra atos de Juiz Federal, Juízes Militares Federais e Juízes do Trabalho (art. 108, I, *a*, CF), se envolverem questões de natureza penal, serão sempre de competência do respectivo Tribunal Regional Federal.

Jurisprudência

650.5. [...] Justiça do Trabalho. Ações penais. Processo e julgamento. Jurisdição penal genérica. Inexistência. Interpretação conforme dada ao art. 114, incs. I, IV e IX, da CF, acrescidos pela EC nº 45/2004. Ação direta de inconstitucionalidade. Liminar deferida com efeito *ex tunc*. O disposto no art. 114, incs. I, IV e IX, da Constituição da República, acrescidos pela Emenda Constitucional nº 45, não atribui à Justiça do Trabalho competência para processar e julgar ações penais (*Medida Cautelar em ADI nº 3.684-0-DF, Rel. Min. Cezar Peluso, unânime, Plenário, julgado em 1º.2.2007, publicado no* DJ *de 3.8.2007*).

650.5. [...] Coação atribuída ao Tribunal Regional do Trabalho: coexistência de acórdãos diversos para o mesmo caso, emanados de tribunais de idêntica hierarquia (STJ e TST): validade do acórdão do STJ, no caso, dado que as impetrações foram julgadas antes da EC 45/04. Até a edição da EC 45/04, firme a jurisprudência do Tribunal em que, sendo o *habeas corpus* uma ação de natureza penal, a competência para o seu julgamento "será sempre de juízo criminal, ainda que a questão material subjacente seja de natureza civil, como no caso de infidelidade de depositário, em execução de sentença"; e, por isso, quando se imputa coação a Juiz do Trabalho de 1º Grau, compete ao Tribunal Regional Federal o seu julgamento, dado que a Justiça do Trabalho não possui competência criminal (*v. g.*, CC 6.979, 15.8.91, Velloso, RTJ 111/794; HC 68.687, 2ª T., 20.8.91, Velloso, DJ 4.10.91) (*Habeas Corpus nº 85.096-1-MG, STF, Rel. Min. Sepúlveda Pertence, 1ª Turma, julgado em 28.6.2005, publicado no DJ em 14.10.2005*).

650.5. [...] A EC nº 45/2004 ampliou a competência da Justiça Trabalho, para processar e julgar todas as ações decorrentes da relação de trabalho. Não obstante, muito embora a nova redação do art. 114 da Constituição Federal tenha atribuído à Justiça laboral o processamento e julgamento do *habeas corpus* "quando o ato questionado envolver matéria sujeita à sua jurisdição", não lhe atribuiu competência criminal. O Plenário do Supremo Tribunal Federal já se manifestou acerca do assunto e decidiu, por unanimidade, deferir a liminar na ADI nº 3684, Relator Min. Cezar Peluso, com efeitos *ex tunc*, para atribuir interpretação conforme a Constituição aos incisos I, IV e IX do art. 114 da Constituição Federal, afirmando que a Justiça do Trabalho não possui competência para processar e julgar ações penais. Entendeu-se que haveria violação ao princípio do juiz natural, já que compete à Justiça Comum julgar e processar matéria criminal. Conflito conhecido para declarar a competência do Juízo de Direito da 1ª Vara Criminal de Santa Maria – RS (*Conflito de Competência nº 59.978-RS, Rel. Min. Laurita Vaz, 3ª Seção do STJ, unânime, julgado em 28.3.2007, publicado no DJ em 7.5.2007*).

....

650.6. Competência dos Tribunais de Justiça: Embora ausente expressa disposição na Constituição Federal acerca da competência para o julgamento de *habeas corpus* pelos Tribunais de Justiça, na mesma linha do raciocínio já desenvolvido em relação aos demais tribunais, não há maiores dificuldades em verificar que a delimitação se encontra no art. 96, III, CF, que dispõe:

> Art. 96. Compete privativamente:
>
> III – aos Tribunais de Justiça julgar os juízes estaduais e do Distrito Federal e Territórios, bem como os membros do Ministério Público, nos crimes comuns e de responsabilidade, ressalvada a competência da Justiça Eleitoral.

Significa que os *writs* que tenham como autoridades coatoras os juízes estaduais e do Distrito Federal, bem como os membros do Ministério Público Estadual, se não envolverem matéria criminal eleitoral, deverão ser ajuizados perante os respectivos Tribunais de Justiça. Por evidente, nenhum óbice existe que, respeitados os princípios constitucionais norteadores na Constituição Federal, tanto as Constituições Estaduais (art. 125, § 1º, CF – "*Art. 125: Os Estados organizarão sua Justiça, observados os princípios estabelecidos nesta Constituição. § 1º A competência dos tribunais será definida na Constituição do Estado, sendo a Lei de organização judiciária de iniciativa do Tribunal de Justiça*") quanto também os Tribunais de Justiça disponham em seus regimentos internos acerca do detalhamento dessas competências.

Jurisprudência

650.6. [...] Cabe à Constituição do Estado-membro estabelecer a competência dos seus Tribunais, observados os princípios da Constituição Federal (CF, art. 125, § 1º). *Constitucionalidade do inciso XII, do art. 136, da Constituição da Paraíba que fixa a competência do Tribunal de Justiça para processar e julgar, originariamente, nos crimes comuns ou de responsabilidade, o Procurador-Geral de Justiça.* Ação direta de inconstitucionalidade julgada procedente, em parte (*ADI nº 541-3-PB, STF, Rel. Min. Carlos Velloso, Relator para o acórdão Ministro Gilmar Mendes, Plenário, julgado em 10.5.2007, publicado no DJ em 21.9.2007*).

....

650.7. Competência para *habeas corpus* em matéria eleitoral: A competência da Justiça Eleitoral é de *natureza especial*, tendo em seu bojo normatização *também* de índole penal. Nestes casos, em que presente o viés criminal vinculado *diretamente* ao Direito Eleitoral (previsão de crime na Lei eleitoral), o feito deverá ser processado perante a Justiça Eleitoral, inclusive para os ocupantes de cargos que gozam de prerrogativa de foro, por expressa disposição constitucional. Confira-se o disposto no art. 96, III, *in fine*, e art. 108, I, *a*, *in fine*. Também há de se considerar a interpretação consolidada pelo STF no verbete da Súmula 702 quanto à competência para o processamento e julgamento dos prefeitos municipais (raciocínio também aplicável, pensamos, aos Deputados Estaduais, Secretários de Estado, quando prevista a prerrogativa de foro na respectiva Constituição Estadual – vide anotações ao item 571.7.2; em relação a Vereadores, vide item 84.8, com menção à ADI *nº 558/RJ, STF, Plenário, unânime, Rel. Min. Cármen Lúcia, julgamento em sessão virtual de 9.4.2021 a 16.4.2021, publicado no DJ em 22.9.2021)*.

Assim, se houver pretensão ao trancamento de ação penal que tramita em sede de primeiro grau da Justiça Eleitoral, a competência para a apreciação do *writ* específico deverá ser do tribunal imediatamente superior, no caso o Tribunal Regional Eleitoral. Se a autoridade coatora for quaisquer dos órgãos fracionários do TRE, a competência será do Tribunal Superior Eleitoral. Se a coação for praticada por decisão do TSE, a competência será do STF. E se não se tratar de coação de autoridade que não se enquadre nas situações elencadas, aí se poderá cogitar de competência do juízo de primeiro grau.

Jurisprudência

650.7. [...] O objeto da impetração consiste na concessão da ordem para que o Tribunal Superior Eleitoral seja instado a conhecer e julgar o mérito de outro *writ* anteriormente aforado perante aquela Corte, no qual foi questionado ato praticado pelo Tribunal Regional Eleitoral de São Paulo que determinou fosse certificado o trânsito em julgado de acórdão proferido pela Corte regional. A questão central deste *writ* se resume na identificação do órgão jurisdicional competente para conhecer e julgar ordem de *habeas corpus* anteriormente impetrada em favor do paciente devido à certidão de trânsito em julgado, lavrada por determinação do Tribunal Regional Eleitoral. O ato impugnado no *habeas corpus* anteriormente impetrado em favor do paciente é a suposta ilegalidade na decisão que determinou fosse certificado o trânsito em julgado de acórdão do TRE-SP, diante da manutenção da condenação criminal do paciente. De acordo com a estrutura da Justiça Eleitoral brasileira, é competente o TSE para conhecer e julgar *habeas corpus* impetrado contra ato supostamente ilegal ou abusivo, perpetrado por qualquer dos órgãos fracionários do TRE, no caso, a Presidência da Corte regional. O Supremo Tribunal Federal, em algumas oportunidades, já assentou a orientação acerca da competência do Tribunal Superior Eleitoral para processar e julgar *habeas corpus* quando a autoridade apontada como coatora for o presidente do TSE (HC 66.466/CE, rel. Min. Aldir Passarinho, 2ª Turma, *DJ* 7.3.1989) ou quando o ato coator consistir em decisão condenatória do TRE (HC 70.153/MG, rel. Min. Néri da Silveira, 2ª Turma, *DJ* 3.9.1993), nos termos do art. 121, § 4º, da Constituição Federal, e art. 22, I, *e*, do Código Eleitoral. HC parcialmente concedido. Agravo regimental julgado prejudicado (*Habeas Corpus nº 88.769-4/SP, Rel. Min. Ellen Gracie, unânime, 2ª Turma, julgado em 9.9.2008, publicado no* DJ *em 26.9.2008*).

650.8. Competência para apreciar *habeas corpus* contra membro do Ministério Público: Como se verifica dos dispositivos constitucionais, nenhum deles prevê explicitamente a hipótese de competência para o julgamento de *habeas corpus* quando a *autoridade coatora* seja membro do Ministério Público da União ou dos Estados. Diante da ampla gama de funções conferidas ao *habeas corpus* (e não mais só privação indevida da liberdade), não se pode deixar de cogitar que eventuais atos exarados por membros do *parquet* possam ser tidos, em tese, como ilegítimos e atentatórios contra os direitos fundamentais dos cidadãos. Normalmente, irresignações postas em *habeas corpus* em que figurem como autoridades coatoras membros do *parquet* relacionam-se com a requisição para a instauração de inquéritos policiais.

A solução para o aparente impasse foi – e muito bem, entende-se – resolvida pelo Supremo Tribunal Federal. O raciocínio da Corte Suprema é extremamente simples, no que estamos integralmente de acordo. Como já delineado anteriormente, há de se buscar argumentos sistêmicos, embora aqui não mais se trate de atos judiciais, mas de outros exarados por membros do Ministério Público.

Nessa quadra, é importante ressaltar novamente que o ajuizamento de *habeas corpus* importa afirmação, mesmo implícita, que o ato atacado está eivado de ilegalidade, atentatório aos interesses fundamentais do paciente. Em tese, está-se dizendo que o ato pode (repita-se: pode) se caracterizar como eventual *abuso de autoridade*, que, dependendo das circunstâncias, pode tipificar, também em tese, infração criminal prevista no art. 9º da Lei nº 13.869/2019. Diz-se *em tese* porque, para fins dos crimes aludidos, essencial se aferir a presença do respectivo dolo do agente de quem emanou o ato, o que não se faz mister para fins de fixação da competência para afastamento do ato atacado. Portanto, do ato atacado pode decorrer, indiretamente, a prática de um crime por membro do Ministério Público. Nessas circunstâncias, o órgão competente para analisar o *habeas corpus* é o mesmo órgão que tem, constitucionalmente, a competência para julgar aquele membro do *parquet*.

Em suma, e esquematicamente. Se o *habeas corpus* é impetrado contra:

a) membro do Ministério Público Estadual de primeiro grau, a competência é do Tribunal de Justiça respectivo, por força do disposto no art. 96, III, CF/88;

b) membro do Ministério Público da *União* de primeiro grau (art. 128, I, CF/88 – que compreende os membros do Ministério Público Federal, do Ministério Público do Trabalho, do Ministério Público da Justiça Militar Federal e do Ministério Público do Distrito Federal e Territórios), a competência é do Tribunal Regional Federal respectivo, por força do disposto no art. 108, I, *a*, CF/88;

c) membro do Ministério Público Estadual de segundo grau (Procuradores de Justiça, inclusive o Procurador-Geral de Justiça), a competência, de regra, é também dos Tribunais de Justiça (normalmente a competência é estipulada, por autorização da Constituição Federal, nas Constituições Estaduais);

d) membro do Ministério Público da União que oficie perante tribunais (Tribunais Regionais, Superior Tribunal de Justiça e Supremo Tribunal Federal, salvo o Procurador-Geral da República), a competência é do Superior Tribunal de Justiça, em face da regra contida no art. 105, I, *a*, CF/88;

e) o Procurador-Geral da República, a competência é do Supremo Tribunal Federal, em face do contido no art. 102, I, *b*, CF/88 (atente-se para que a alínea *c* do art. 102 da CF/88 embasa *habeas corpus* quando o *paciente* – não a autoridade coatora – for qualquer um dos ocupantes dos cargos estabelecidos nas alíneas *b* e *c*).

É preciso registrar a existência de decisão do Superior Tribunal de Justiça reconhecendo que a designação do Procurador-Geral da República a um Procurador Regional para atuar em um determinado feito *"equivale à atuação do primeiro,* sendo irrelevante se direta ou indiretamente" (*Habeas Corpus nº 185.495-DF, STJ, 5ª Turma, publicado no* DJ *em 28.3.2011*), de modo que, assim, a competência para o feito seria do Supremo Tribunal Federal.

Jurisprudência

650.8. [...] As investigações de infração penal cometida por membro do Ministério Público da União serão orientadas pelo Procurador-Geral da República, sendo permitido a ele designar, como aconteceu no caso *sub judice*, membro do *Parquet* para cumprir tarefas específicas ou ordinárias ou de instrução e outras quaisquer que sejam (art. 18, parág. único da LC 75/93 e art. 41, parág. único da Lei nº 8.625/93). A designação do Procurador-Geral a um Procurador Regional da República é feita para instituir *longa manus*, ou seja, é uma forma abrangente de exercício de atribuição do designante, o que, juridicamente, equivale à atuação do primeiro, sendo irrelevante se direta ou indiretamente. Levando-se em conta que o presente pedido ataca ato do Procurador Regional que atuava por designação do Procurador-Geral da República, inviável o conhecimento deste *mandamus* por esta Corte. *Habeas Corpus* não conhecido, determinando-se a remessa dos autos ao Supremo Tribunal Federal. Revogação da liminar concedida (*Habeas Corpus nº 185.495-DF, STJ, 5ª Turma, Rel. Min. Laurita Vaz, julgado em 15.2.2011, publicado no* DJ *em 28.3.2011*).

650.8. [...] O presente recurso ordinário em mandado de segurança visa ao reconhecimento da incompetência do Superior Tribunal Militar para determinar o trancamento de inquérito policial militar instaurado por requisição do Ministério Público Militar. O Ministério Público Militar integra o Ministério Público da União, nos termos do disposto no art. 128, I, *c*, da Constituição Federal, sendo que compete ao Tribunal Regional Federal processar e julgar os membros do Ministério Público da União (art. 108, I, *a*, CF). Consoante já decidiu esta Corte, "em matéria de competência para o *habeas corpus*, o sistema da Constituição Federal – com a única exceção daqueles em que o coator seja Ministro de Estado (CF, arts. 105, I, *c*, e 102, I, e) –, é o de conferi-la originariamente ao Tribunal a que caiba julgar os crimes da autoridade que a impetração situe como coator ou paciente (CF, arts. 102, I, *d*; 105, I, *c*)." (RE 141.209, Rel. Min. Sepúlveda Pertence, *DJ* 20.3.1992). Desse modo, se o IPM foi instaurado por requisição de membro do Ministério Público Militar, este deve figurar como autoridade coatora (RHC 64.385/RS, Rel. Min. Sydney Sanches, *DJ* 7.11.1986), cabendo ao Tribunal Regional Federal o julgamento de eventual *habeas corpus* impetrado contra a instauração do inquérito. Recurso provido (*RMS nº 27.872-DF, STF, Rel. Min. Ellen Gracie, 2ª Turma, unânime, publicado no* DJ *em 18.3.2010*).

650.8. [...] *Habeas corpus*. Inquérito policial. Requisição por Procurador da República. Membro do Ministério Público da União. Incompetência do Juízo estadual. Feito da competência do Tribunal Regional Federal da 3ª Região. Conflito aparente de normas entre o art. 96, III, e o art. 108, I, *a*, cc. 128, I, *d*, todos da CF. Aplicação do princípio da especialidade. Precedentes. Recurso provido. Não cabe a Juízo da Justiça estadual, mas a Tribunal Regional Federal, conhecer de pedido de *habeas corpus* contra ato de membro do Ministério Público Federal (*Recurso Extraordinário nº 377.356-9/SP, STF, Rel. Min. Cezar Peluso, 2ª Turma, unânime, julgado em 7.10.2008, publicado no* DJ *em 28.11.2008*).

650.8. [...] A jurisprudência desta Casa de Justiça firmou a orientação de que, em regra, a competência para o julgamento de *habeas corpus* contra ato de autoridade é do Tribunal a que couber a apreciação da ação penal contra essa mesma autoridade. Precedente: RE 141.209, Relator o Ministro Sepúlveda Pertence (Primeira Turma). Partindo dessa premissa, é de se fixar a competência do Tribunal Regional Federal da 1ª Região para processo e julgamento de ato de Promotor de Justiça do Distrito Federal e dos Territórios com atuação na primeira instância. Com efeito, a garantia do juízo natural, proclamada no inciso LIII do art. 5º da Carta de Outubro, é uma das mais eficazes condições de independência dos magistrados. Independência, por seu turno, que opera como um dos mais claros pressupostos de imparcialidade que deles, julgadores, se exige. Pelo que deve prevalecer a regra específica de competência constitucional criminal, extraída da interpretação do *caput* do art. 128 c/c o *caput* e a alínea "d" do inciso I do art. 108 da Magna Carta, em face da regra geral prevista no art. 96 da Carta de Outubro. Precedente da Segunda Turma: RE 315.010, Relator o Ministro Néri da Silveira. Outras decisões singulares: RE 352.660, Relator o Ministro Nelson Jobim, e RE 340.086, Relator o Ministro Ilmar Galvão. Recurso extraordinário conhecido e provido (*Recurso Extraordinário nº 418.852-DF, STF, Rel. Min. Ayres Britto, 1ª Turma, unânime, julgado em 6.12.2005, publicado no DJ em 10.3.2006*).

650.8. [...] Ambas as Turmas desta Corte (assim, nos RREE 141.209 e 187.725) têm entendido que, em se tratando de "habeas corpus" contra ato de Promotor de Justiça Estadual, a competência para julgá-lo é do Tribunal de Justiça por ser este competente para seu julgamento quando acusado de crime comum ou de responsabilidade. O fundamento dessa jurisprudência – como salientado pelo eminente Ministro Néry da Silveira no RE 187.725 – "*foi sempre o de que da decisão do* habeas corpus *pode resultar afirmação de prática de ilegalidade ou de abuso de poder pela autoridade*" e isso porque "*ao se conceder o* habeas corpus, *se se reconhecer, expressamente, que a autoridade praticou ilegalidade, abuso de poder, em linha de princípio, poderá configurar-se crime comum. Dessa maneira, a mesma autoridade que julgar o* habeas corpus *será a competente para o processo e julgamento do crime comum, eventualmente, praticado pela autoridade impetrada*". No caso, em se tratando, como se trata, de *habeas corpus* contra membro do Ministério Público Federal que atua junto a Juízo de primeiro grau, e tendo em vista que, em virtude do disposto no art. 108, I, "a", da Constituição, compete aos Tribunais Regionais Federais processar e julgar originariamente esses membros, a esses Tribunais compete, também, por aplicação do mesmo fundamento, julgar os *habeas corpus* impetrados contra essas autoridades. Recurso extraordinário conhecido e provido (*Recurso Extraordinário nº 285.569-3/SP, Rel. Min. Moreira Alves, 1ª Turma, STF, publicado no DJ em 16.3.2001*).

650.8. [...] Se a Constituição Estadual prevê a competência do Tribunal de Justiça para julgar os membros do Ministério Público, tanto nos crimes comuns, como nos de responsabilidade, também caberá a essa Corte o julgamento de *habeas corpus* no qual o promotor de justiça estadual figure como autoridade coatora. (Precedentes do STF e do STJ). Recurso provido (*Habeas Corpus nº 25.068/SP, STJ, Rel. Min. Felix Fischer, 5ª Turma, unânime, julgado em 17.3.2009, publicado no DJ em 27.4.2009*).

650.9. Competência para apreciar *habeas corpus* contra decisões de juízes e de turmas recursais dos Juizados Especiais Criminais: Consoante preconizado na Súmula 640 do STF, "*é cabível recurso extraordinário contra decisão proferida por juiz de primeiro grau nas causas de alçadas, ou por turma recursal de juizado especial cível e criminal*".

Como o *habeas corpus* pode ser utilizado como sucedâneo do recurso próprio (no caso, o recurso extraordinário, que é o único cabível contra as decisões proferidas pelas Turmas Recursais), o competente – por simetria – para o julgamento do *habeas corpus* seria o Supremo Tribunal Federal. Nessa linha de raciocínio, foi editada a Súmula 690, que dispunha competir "*originariamente ao Supremo Tribunal Federal o julgamento de 'habeas corpus' contra decisão de turma recursal de Juizados Especiais Criminais*".

Contudo, referido posicionamento restou modificado pela decisão Plenária do Supremo Tribunal no julgamento do HC nº 86.834 (publicado no *DJ* em 9.3.2007), em que se decidiu que, "*como a competência para o julgamento do* habeas corpus *é definida pelos envolvidos*", "*estando os integrantes das turmas recursais dos juizados especiais submetidos, nos crimes comuns e nos de responsabilidade, à jurisdição do tribunal de justiça ou do tribunal regional federal, incumbe a cada qual, conforme o caso, julgar os impetrados contra ato que tenham praticado*".

Portanto, o entendimento atual é no sentido de que a competência para o julgamento de *habeas corpus* contra decisão de turmas recursais compostas por juízes federais é do respectivo Tribunal Regional Federal, e das decisões das turmas recursais estaduais dos respectivos Tribunais de Justiça.

Entendemos que idêntica solução há de se aplicar aos *habeas corpus* impetrados contra juízes que atuam perante os Juizados Especiais Criminais. É que se o critério ora adotado é (na lítera da decisão do STF) o de que a competência para o julgamento de *habeas corpus* é definida pelos envolvidos – paciente e autoridade impetrada –, os juízes que atuam perante os Juizados Especiais Criminais (federais ou estaduais) são membros de primeiro grau, e eventuais *habeas corpus* contra eles dirigidos necessariamente deverão ser analisados pelos tribunais respectivos.

Jurisprudência

650.9. [...] Afronta a autoridade da decisão do Supremo que reconheceu competência do Tribunal de Justiça para julgar *habeas corpus*, o despacho do desembargador relator que, sem apreciar pedido de liminar, dá vista dos autos ao Ministério Público para opinar sobre a competência já reconhecida (*Reclamação nº 5.296-6/SP, STF, Rel. Min. Cezar Peluso, 2ª Turma, unânime, julgado em 26.2.2008, publicado no* DJ *em 25.4.2008*).

650.9. [...] A competência para o julgamento do *habeas corpus* é definida pelos envolvidos – paciente e impetrante. [...] Estando os integrantes das turmas recursais dos juizados especiais submetidos, nos crimes comuns e nos de responsabilidade, à jurisdição do tribunal de justiça ou do tribunal regional federal, incumbe a cada qual, conforme o caso, julgar os impetrados contra ato que tenham praticado. [...] (*HC nº 86.834, Rel. Min. Marco Aurélio, Plenário, por maioria, vencidos os ministros Sepúlveda Pertence, Cármen Lúcia e Celso de Mello, julgado em 23.8.2006, publicado em 9.3.2007*).

650.9. [...] *Habeas corpus*: conforme o entendimento firmado a partir do julgamento do HC 86.834 (Pl, 23.6.06, Marco Aurélio, Inf., 437), que implicou o cancelamento da Súmula 690, compete ao Tribunal de Justiça julgar *habeas corpus* contra ato de Turma Recursal dos Juizados Especiais do Estado (*Agravo Regimental no HC nº 90.905-1-SP, Rel. Min. Sepúlveda Pertence, 1ª Turma, unânime, julgado em 10.4.2007, publicado no* DJ *de 11.5.2007*).

650.9. [...] Tendo em vista que o Supremo Tribunal Federal, modificando sua jurisprudência, assentou a competência dos Tribunais de Justiça estaduais para julgar *habeas corpus* contra ato de Turmas Recursais dos Juizados Especiais, impõe-se a imediata remessa dos autos à respectiva Corte local para reinício do julgamento da causa, ficando sem efeito os votos já proferidos. Mesmo tratando-se de alteração de competência por efeito de mutação constitucional (nova interpretação à Constituição Federal), e não propriamente de alteração no texto da Lei Fundamental, o fato é que se tem, na espécie, hipótese de competência absoluta (em razão do grau de jurisdição), que não se prorroga. Questão de ordem que se resolve pela remessa dos autos ao Tribunal de Justiça do Distrito Federal e dos Territórios, para reinício do julgamento do feito (*Questão de Ordem no HC nº 86.009-5-DF, Rel. Min. Ayres Britto, 1ª Turma, unânime, julgado em 29.8.2006, publicado no* DJ *em 27.4.2007*).

650.9. [...] A teor do entendimento firmado no âmbito deste Superior Tribunal de Justiça, compete ao Tribunal de Justiça Estadual o julgamento dos pedidos de *habeas corpus* quando a autoridade coatora for Turma Recursal dos Juizados Especiais. *Habeas corpus* não conhecido (*Habeas Corpus nº 99.878-PB, STJ, 6ª Turma, Unânime, Rel. Min. Maria Thereza de Assis Moura, julgado em 5.8.2010, publicado no* DJ *em 23.8.2010*).

650.10. Competência dos Juízes de Primeiro Grau: Dispõe o art. 109, VII, CF, que compete aos juízes federais de primeiro grau processar e julgar *os habeas corpus, em matéria criminal de sua competência ou quando o constrangimento provier de autoridade cujos atos não estejam diretamente sujeitos a outra jurisdição.* Portanto, não figurando autoridades coatoras para as quais exista previsão (expressa ou implícita) na Constituição, competirá aos juízes federais apreciar *habeas corpus* contra ato de autoridades federais ou quando se tratar de matérias criminais de suas competências.

Já em relação aos Juízes Estaduais, tal como em relação aos Tribunais de Justiça, não há disposição expressa na Constituição Federal acerca da competência para o julgamento de *habeas corpus*. Consoante preconizado no art. 125 e § 1º, CF, a estipulação deverá ser feita no âmbito das Constituições Estaduais, respeitados os princípios norteadores insertos no âmbito da Constituição Federal.

650.11. Competência para *habeas corpus* contra decisões de juízes para trancamento de ação penal por crimes previstos na Lei nº 14.197/2021 (contra o Estado Democrático de Direito): Na forma do que estipulado no art. 108, I, *d*, CF, compete ao respectivo Tribunal Regional Federal o julgamento de *habeas corpus* contra ato de Juiz Federal. Fixada esta premissa, não se pode olvidar que há inúmeros precedentes do Supremo Tribunal Federal reconhecendo a competência da Corte Suprema para o julgamento (de modo originário) de *writs* que postulavam o trancamento de ações penais recebidas ou o afastamento de prisões cautelares determinadas por juízes de primeiro grau em causas da então Lei de Segurança Nacional (vide, exemplificativamente, *Habeas Corpus nº 73.451-RJ, STF, 2ª Turma, unânime, publicado no* DJ *em 6.6.1997, autoridade impetrada Juízo Federal da 13ª Vara do Rio de Janeiro; Habeas Corpus nº 78.855-RJ, STF, 1ª Turma, publicado no* DJ *em 26.5.2000, autoridade impetrada Juízo Federal da 13ª Vara do RJ*), revogada pela Lei nº 14.197/2021.

Deflui dos julgados que as impetrações foram tidas por adequadas (foro competente) por força do disposto no art. 102, II, *b*, CF/88. É dizer: como somente cabe o recurso ordinário ao Supremo Tribunal Federal no julgamento dos denominados *crimes políticos*, os *writs* eram tidos como substitutivos diretos do recurso previsto ao final da ação penal própria.

Contudo, crê-se que a competência, hodiernamente, contra atos de juízes federais em feitos criminais envolvendo tipificação nos crimes insertos pela Lei nº 14.197/2021 é (assim como defendemos quando vigente a Lei nº 7.170/83) também do Tribunal Regional Federal respectivo, sejam eles enquadrados como políticos ou não, mas de competência também federal (vide anotações ao art. 69, itens 3, 3.1, 3.2, 3.3, 3.4 e 3.5)

A Súmula 690 dispunha competir "*originariamente ao Supremo Tribunal Federal o julgamento de 'habeas corpus' contra decisão de turma recursal de Juizados Especiais Criminais*". O motivo de tal entendimento estava firmado noutra Súmula (640, STF), que assentava ser "*cabível recurso extraordinário contra decisão proferida por juiz de primeiro grau nas causas de alçadas, ou por turma recursal de juizado especial cível e criminal*". Como o *habeas corpus* seria sucedâneo do recurso próprio, a competência seria do tribunal que tivesse competência para apreciar o recurso em relação ao qual se estava utilizando o *writ* como substitutivo: o Supremo Tribunal Federal, a quem compete julgar os recursos extraordinários das decisões das Turmas Recursais.

O posicionamento consubstanciado na Súmula 690, já dito, foi revogado pela decisão Plenária do Supremo Tribunal ao apreciar o HC nº 86.834 (publicado no *DJ* em 9.3.2007).

Nesse julgado, que firmou *novo posicionamento* jurisprudencial acerca da competência para a apreciação originária de *habeas corpus*, o Supremo Tribunal Federal partiu de outras premissas. Entendeu-se que, como os integrantes das turmas recursais dos juizados especiais estão submetidos, nos crimes comuns e de responsabilidade que eventualmente cometerem, à jurisdição do tribunal de justiça ou do Tribunal Regional Federal, incumbiria a cada qual, respectivamente, o julgamento dos *habeas corpus* contra ato das turmas recursais (entende-se que, pelo mesmo motivo e fundamento, também se se tratar de *writ* contra ato dos juízes de primeiro grau integrantes dos JEFs).

O fundamento basilar para a modificação do entendimento então consubstanciado na Súmula 690, STF, é o de que, em ocorrendo a impetração de *habeas corpus*, tem-se como premissa um ato atacado, o qual pode, em tese, implicar a prática de um delito de abuso de autoridade. Se só aos Tribunais de Justiça (art. 96, III, CF) ou aos Tribunais Regionais Federais (art. 108, I, *a*, CF) compete processar os juízes a eles vinculados (independentemente da natureza do crime, se comum federal ou estadual, ressalvada apenas a competência da Justiça Eleitoral), decorreria desses dispositivos constitucionais sua competência para a apreciação dos *writs*.

Exatamente por esses fundamentos interpretativos mais recentes é que se entende que os precedentes anteriormente citados do STF acerca da competência para julgamento de *HC* envolvendo os *então* delitos da Lei de Segurança Nacional, agora eventualmente enquadrados na Lei nº 14.197/2021 e que sejam competência da Justiça Federal, não mais subsistem frente à nova compreensão da Suprema Corte acerca da competência para o julgamento de *habeas corpus* contra ato de juiz de primeiro grau. Até porque, como já dito na origem, a Constituição é expressa ao dispor que, contra ato de juízes federais, a competência para o julgamento de *habeas corpus* é do Tribunal Regional Federal respectivo (art. 108, I, *d*, CF).

Art. 651. A concessão do *habeas corpus* não obstará, nem porá termo ao processo, desde que este não esteja em conflito com os fundamentos daquela.

Vistas as hipóteses gerais em que se caracteriza ilegal a coação (art. 648, CPP), constata-se que, regra geral, a concessão do *writ* não importa necessariamente o trancamento do processo. Em verdade, como já destacado anteriormente (inciso VI do art. 648 do CPP), há de se compreender e interpretar o *processo* não somente a ação penal, mas a própria investigação criminal que eventualmente possa antecedê-lo. Decorre da lógica que o termo ao *processo* ou à investigação unicamente ocorrerá quando o motivo que ensejar a concessão do *writ* correlacione-se diretamente com a própria ilegalidade atacada. Assim, se o *writ* é concedido para reconhecer a absoluta ilegitimidade da investigação ou da ação penal, deverão elas ser cessadas. Em caso contrário, a concessão da ordem de *habeas corpus* deverá estar cingida a afastar pontualmente a ilegalidade existente. É importante frisar que, mesmo quando o *habeas corpus* seja concedido para trancar ação penal ou investigação, necessariamente não haverá ulterior óbice para reinício da apuração ou da própria ação, desde que, por evidente, não se tenha reconhecido a atipicidade da conduta ou algum motivo que tenha gerado a extinção da punibilidade.

Art. 652. Se o *habeas corpus* for concedido em virtude de nulidade do processo, este será renovado.

A regra em tela é complementar da anterior e com ela merece compatibilização. Conforme já abordado no art. 573, §§ 1º e 2º, CPP (Princípio da Causalidade), a nulidade de um ato, uma vez reconhecida pelo juízo (inclusive mediante *habeas corpus*), causará exclusivamente a dos atos que dele *diretamente* dependam ou sejam consequência, sendo que o juiz que pronunciar a nulidade deverá declarar os atos a que ela se estende. Nessa parte, reporta-se às considerações sobre nulidades (arts. 563 e seguintes, CPP). Portanto, se concedido o *habeas corpus* para reconhecer determinada nulidade, a renovação do processo deverá ser realizada mediante a observação da regra retromencionada, salvo, igualmente, se não presente algum elemento superveniente extintivo da punibilidade. Assim, exemplificativamente, se reconhecida a nulidade processual porque são ilícitas as provas que embasavam a investigação ou a ação penal (e todas as demais correlatas, segundo a Teoria dos frutos da árvore envenenada – *fruits of the poisonous tree*), não haverá nenhum empeço para ulterior reinício das investigações ou de demanda criminal se surgirem novas provas independentes que deem lastro legal e constitucional ao procedimento.

Jurisprudência

652. [...] A ampla defesa garantida pela Constituição Federal compreende tanto o direito do acusado ser assistido por profissional habilitado, como o direito de autodefesa, o qual se manifesta, dentre outras formas, no direito de audiência. [...] A nulidade do interrogatório não importa, necessariamente, na invalidade dos demais atos subsequentes praticados, sendo que, diferentemente daquele, para a invalidação destes, é imprescindível que reste demonstrado o efetivo prejuízo à defesa do paciente, o que não ocorre na hipótese, razão pela qual devem ser mantidos como escorreitos no feito. Ordem parcialmente concedida para anular o interrogatório do paciente, devendo outro ser realizado dentro dos ditames legais, bem como o processo a partir das razões finais, inclusive (*Habeas Corpus nº 117.768-SP, STJ, Rel. Min. Jorge Mussi, 5ª Turma, unânime, julgado em 6.10.2009, publicado no DJ em 16.11.2009*).

Art. 653. Ordenada a soltura do paciente em virtude de *habeas corpus*, será condenada nas custas a autoridade que, por má-fé ou evidente abuso de poder, tiver determinado a coação.

Parágrafo único. Neste caso, será remetida ao Ministério Público cópia das peças necessárias para ser promovida a responsabilidade da autoridade.

Em nossa compreensão, o *caput* do art. 653 do CPP não guarda validade com o disposto no inciso LXXVII do art. 5º da CF, na medida em que, conforme ali estabelecido, são gratuitas as ações de *habeas corpus*. Desse modo, não há de se falar na condenação em custas. Nenhum óbice existirá, porém, que, em determinadas situações, se determine a responsabilidade administrativa e/ou criminal da autoridade coatora responsável pelo ato.

Art. 654. O *habeas corpus* poderá ser impetrado por qualquer pessoa, em seu favor ou de outrem, bem como pelo Ministério Público.

§ 1º A petição de *habeas corpus* conterá:

a) o nome da pessoa que sofre ou está ameaçada de sofrer violência ou coação e o de quem exercer a violência, coação ou ameaça;

b) a declaração da espécie de constrangimento ou, em caso de simples ameaça de coação, as razões em que funda o seu temor;

c) a assinatura do impetrante, ou de alguém a seu rogo, quando não souber ou não puder escrever, e a designação das respectivas residências.

§ 2º Os juízes e os tribunais têm competência para expedir de ofício ordem de *habeas corpus*, quando no curso de processo verificarem que alguém sofre ou está na iminência de sofrer coação ilegal.

654.1. Considerações gerais: A parte de maior relevo da norma em tela encontra-se no *caput*: trata da legitimidade para a impetração do *writ*, que é atribuível a qualquer pessoa (em benefício próprio ou de outrem), bem como pelo Ministério Público.

A capacidade postulatória (em nome próprio ou em favor de outrem) *não* apresenta similitude às situações gerais dos recursos, em relação aos quais – regra geral – apenas se admite a interposição por quem seja advogado (ou então pelo Ministério Público, em favor *real* da defesa). Embora já bastante explícita a primeira parte do dispositivo, impende gizar que se confere a legitimidade e também a capacidade para a impetração a qualquer pessoa, inclusive ao próprio paciente, a impetração do *writ* com a finalidade de ver afastada a coação ilegal. A inicial do *habeas corpus* deverá sempre indicar quem são os beneficiários da impetração, descabendo o ajuizamento de demanda com natureza *coletiva*.

Jurisprudência

654.1. [...] "Nos termos do art. 654, § 2º, do Código de Processo Penal, o *habeas corpus* de ofício é deferido por iniciativa dos tribunais quando detectarem ilegalidade flagrante, não se prestando como meio para que a defesa obtenha pronunciamento judicial acerca do mérito de recurso que não ultrapassou os requisitos de admissibilidade" (AgRg nos EDcl no AREsp n. 1.777.813/MG, Rel. Ministra Laurita Vaz, Sexta Turma, DJe 25/3/2021) [...] *(Embargos de Declaração no Agravo Regimental no Recurso Especial nº 2.088.418-SP, STJ, 5ª Turma, Rel. Min. Reynaldo Soares da Fonseca, julgado em 21.11.2023, publicado no DJ em 27.11.2023)*

654.1. [...] Presos que tiveram a liberdade provisória condicionada ao pagamento de fiança. Contexto da pandemia de COVID-19. Recomendação n. 62/CNJ. Excepcionalidade das prisões. Ordem concedida. Extensão dos efeitos para todo o território nacional. 1. No que diz respeito ao cabimento do *habeas corpus* coletivo, não obstante a inexistência de norma expressa, plenamente possível o seu processamento. 2. Inicialmente, os arts. 580 e 654, § 2º, do Código de Processo Penal, dão azo à permissibilidade do *writ* coletivo no sistema processual penal brasileiro. Ademais, o microssistema de normas de direito coletivo como a Lei da Ação Civil Pública, o Código de Defesa do Consumidor, a Lei do Mandado de Segurança, a Lei do Mandado de Injunção, entre outras, autoriza a impetração do *writ* na modalidade coletiva. 3. No âmbito supranacional, o art. 25, 1, da Convenção Americana de Direitos Humanos, garante o emprego de um instrumento processual simples, rápido e efetivo para tutelar a violação de direitos fundamentais reconhecidos pela Constituição, pela Lei ou pela citada Convenção. 4. Anoto, ainda, que, diante dos novos conflitos interpessoais resultantes da sociedade contemporânea – "sociedade de massa" –, imprescindível um novo arcabouço jurídico processual que abarque a tutela de direitos coletivos, também no âmbito penal. 5. A reunião, em um único processo, de questões que poderiam estar diluídas em centenas de *habeas corpus* implica economia de tempo, de esforço e de recursos, atendendo, assim, ao crescente desafio de tornar a prestação jurisdicional desta Corte Superior mais célere e mais eficiente. 6. No mais, sabe-se que o *habeas corpus* consolidou-se como um instrumento para defesa de direito fundamental e, como tal, merece ser explorado em sua total potencialidade. 7. No direito comparado, a Suprema Corte argentina, a despeito de inexistir, naquele país, norma expressa regulando o *habeas corpus* coletivo, no famoso "Caso Verbitsky", admitiu o cabimento da ação coletiva contra toda e qualquer situação de agravamento da detenção que importe um trato cruel, desumano ou degradante a um grupo de pessoas afetadas pela atuação arbitrária do Estado.8. Por fim, vê-se que conflitos sociais já foram solucionados por meio de *habeas corpus* coletivo tanto no âmbito do Supremo Tribunal Federal como no do Superior Tribunal de Justiça, citando-se, como exemplos, o HC n. 143.641/SP, o HC n. 568.021/CE e o HC n. 575.495/MG. 9. Busca-se, neste *habeas corpus* coletivo, a soltura de todos os presos do estado do Espírito Santo que tiveram o deferimento da liberdade provisória condicionada ao pagamento de fiança, o que se faz com fulcro na Recomendação n. 62/2020 do CNJ. 10. Não se pode olvidar que o Conselho Nacional de Justiça editou a Recomendação n. 62/2020, em que recomenda aos tribunais e magistrados a adoção de medidas preventivas à propagação da infecção pelo novo coronavírus – Covid-19 no âmbito dos sistemas de justiça penal e socioeducativo. 11. Nesse contexto, *corroborando com a evidência de notória e maior vulnerabilidade do ambiente carcerário à propagação do novo coronavírus, nota técnica apresentada após solicitação apresentada pela Coordenação do Instituto Brasileiro de Ciências Criminais no Distrito Federal – IBCCrim/DF, demonstra que, sendo o distanciamento social tomado enquanto a medida mais efetiva de prevenção à infecção pela Covid-19, as populações vivendo em aglomerações, como favelas e presídios, mostram-se significativamente mais sujeitas a contrair a doença mesmo se proporcionados equipamentos e insumos de proteção a estes indivíduos.* 12. Por sua vez, *a Organização das Nações Unidas (ONU), admitindo o contexto de maior vulnerabilidade social e individual das pessoas privadas de liberdade em estabelecimentos penais, divulgou, em 31/3/2020, a Nota de Posicionamento – Preparação e respostas à Covid-19 nas prisões. Dentre as análises realizadas, a ONU afirma a possível insuficiência de medidas preventivas à proliferação da Covid-19 nos presídios em que sejam verificadas condições estruturais de alocação de presos e de fornecimento de insumos de higiene pessoal precárias, a exemplo da superlotação prisional. Assim, a ONU recomenda a adoção de medidas alternativas ao cárcere para o enfrentamento dos desafios impostos pela pandemia aos já fragilizados sistemas penitenciários nacionais e à situação de inquestionável vulnerabilidade das populações neles inseridas.* 13. A Comissão Interamericana de Direitos Humanos (CIDH) igualmente afirmou, por meio de sua Resolução n. 1/2020, a necessidade de adoção de medidas alternativas ao cárcere para mitigar os riscos elevados de propagação da Covid-19 no ambiente carcerário, considerando as pessoas privadas de liberdade como mais vulneráveis à infecção pelo novo coronavírus se comparadas àquelas usufruindo de plena liberdade ou sujeitas a medidas restritivas de liberdade alternativas à prisão. 14. Por essas razões, somadas ao reconhecimento, pela Corte, na ADPF n. 347 MC/DF, de que nosso sistema prisional se encontra em um estado de coisas inconstitucional, é que se faz necessário dar imediato cumprimento às recomendações apresentadas no âmbito nacional e internacional, que preconizam a máxima excepcionalidade das novas ordens de prisão preventiva, inclusive com a fixação de medidas alternativas à prisão, como medida de contenção da pandemia mundialmente causada pelo coronavírus (Covid-19). 15. Nos casos apresentados pela Defensoria Pública do Espírito Santo, a necessidade da prisão preventiva já foi afastada pelo Juiz singular, haja vista não estarem presentes os requisitos imprescindíveis para sua decretação. Diante de tais casos, o Juiz deliberou pela substituição do aprisionamento cautelar por medidas alternativas diversas, optando, contudo, por condicionar a liberdade ao pagamento de fiança. 16. Nos termos em que preconiza o Conselho Nacional de Justiça em sua Resolução, não se mostra proporcional a manutenção dos investigados na prisão, tão somente em razão do não pagamento da fiança, visto que os casos – notoriamente de menor gravidade – não revelam a excepcionalidade imprescindível para o decreto preventivo. 17. Ademais, o Judiciário não pode se portar como um Poder alheio aos anseios da sociedade, sabe-se do grande impacto financeiro que a pandemia já tem gerado no cenário econômico brasileiro, aumentando a taxa de desemprego e diminuindo ou, até mesmo, extirpando a renda do cidadão brasileiro, o que torna a decisão de condicionar a liberdade provisória ao pagamento de fiança ainda mais irrazoável. 18. Por fim, entendo que o quadro fático apresentado pelo estado do Espírito Santo é idêntico aos dos demais estados brasileiros: o risco de contágio pela pandemia do coronavírus (Covid-19) é semelhante em todo o país, assim como o é o quadro de superlotação e de insalubridade dos presídios brasileiros, razão pela qual os efeitos desta decisão devem ser estendidos a todo o território nacional. 19. Ordem concedida para determinar a soltura, *independentemente do pagamento da fiança*, em favor de todos aqueles a quem foi concedida liberdade provisória condicionada ao pagamento de fiança no estado do Espírito Santo e ainda se encontram submetidos à privação cautelar de liberdade em razão do não pagamento do valor, com determinação de extensão dos efeitos desta decisão aos presos a quem foi concedida liberdade provisória condicionada ao pagamento de fiança, em todo o território nacional. Nos casos em que impostas outras medidas cautelares diversas e a fiança, fica afastada apenas a fiança, mantendo as demais medidas. Por sua vez, nos processos em que não foram determinadas outras medidas cautelares, sendo a fiança a única cautela imposta, é necessário que os Tribunais de Justiça estaduais e os Tribunais Regionais Federais determinem aos juízes de primeira instância que verifiquem, com urgência, a conveniência de se impor outras cautelares em substituição à fiança ora afastada. Oficiem-se os Presidentes dos Tribunais de todos os estados da Federação e os Presidentes de todos os Tribunais Regionais Federais para imediato cumprimento *(Habeas Corpus nº 568.693-ES, STJ, 3ª Seção, unânime, Rel. Min. Sebastião Reis Júnior, julgado em 14.10.2020, publicado no DJ em 16.10.2020).*

654.1. [...] *Habeas corpus* coletivo. Admissibilidade. Doutrina brasileira do *habeas corpus*. Máxima efetividade do *writ*. Mães e gestantes presas. Relações sociais massificadas e burocratizadas. Grupos sociais vulneráveis. Acesso à justiça. Facilitação. Emprego de remédios processuais adequados [...] II – Conhecimento do *writ* coletivo homenageia nossa tradição jurídica de conferir a maior amplitude possível ao remédio heroico, conhecida como doutrina brasileira do *habeas corpus*. III – Entendimento que se amolda ao disposto no art. 654, § 2º, do Código de Processo Penal – CPP, o qual outorga aos juízes e tribunais competência para expedir, de ofício, ordem de *habeas corpus*, quando no curso de processo, verificarem que alguém sofre ou está na iminência de sofrer coação ilegal. [...] VI – A legitimidade ativa do *habeas corpus* coletivo, a princípio, deve ser reservada àqueles listados no art. 12 da Lei n. 13.300/2016, por analogia ao que dispõe a legislação referente ao mandado de injunção coletivo. [...] *(Habeas Corpus n. 143.641-SP, STF, 2ª Turma, Rel. Min. Ricardo Lewandowski, julgado em 20.2.2018, publicado no DJ em 9.10.2018).*

654.1. [...] Esta Corte Superior e o Supremo Tribunal Federal firmaram o entendimento de que não é cabível impetração de natureza coletiva, pois o art. 654, § 1º, "a", do Código de Processo Penal requer, na petição inicial, a indicação dos nomes das pessoas que sofrem ou estão ameaçadas de sofrer violência ou coação na sua liberdade de locomoção, a fim de viabilizar a análise do constrangimento ilegal e a expedição de salvo-conduto. [...] *(RHC n. 51.301-BA, STJ, 5ª Turma, unânime, Rel. Min. Ribeiro Dantas, julgado em 4.4.2017, publicado no DJ em 7.4.2017).*

654.2. Legitimidade do Ministério Público para impetrar *habeas corpus*: No que se refere à legitimidade do Ministério Público para a impetração do *habeas corpus*, ainda grassam alguns dissensos, notadamente jurisprudenciais, quando diz respeito a utilização do *writ* para discussão de competência constitucional.

Com efeito, está explícito no art. 127, CF, que "*o Ministério Público é instituição permanente, essencial à função jurisdicional do Estado, incumbindo-lhe a defesa da ordem jurídica, do regime democrático e dos interesses sociais e individuais indisponíveis*". Nessa quadra, tem-se que o Ministério Público *não é apenas* parte no âmbito do processo penal. A propósito, no julgamento do HC nº 87.926-SP (Rel. Min. Cezar Peluso, Plenário do STF, publicado no *DJ* em 25.4.2008, *writ* no qual se discutia a nulidade do processo pela inversão havida no momento de sustentação oral perante tribunal de apelação), disse o Ministro Ayres Britto, com absoluta propriedade, que "custos legis *é uma expressão ultrapassada: defesa da lei, defesa da legalidade. O Ministério Público defende toda a ordem jurídica, não só a lei; por exemplo, vela pela impessoalidade, pelo princípio da publicidade, pelo princípio da moralidade, pelo princípio da eficiência, não só pelo princípio da legalidade. Então, melhor seria chamar o Ministério Público de* custos iuris *ou* juris. *Ele é um defensor, custodiador de toda a ordem jurídica. Está assim na Constituição: 'incumbindo-lhe a defesa da ordem jurídica' – e em seguida –, 'do regime democrático' – e, por último – 'e dos interesses sociais e individuais indisponíveis'*". E prosseguiu, assentando, adiante, que "*certo que o Ministério Público, mesmo atuando como parte processual, é parte* sui generis".

Efetivamente, a atividade institucional do Ministério Público como *dominus litis* da ação penal (art. 129, I, CF) deve ser compreendida como vinculada à obediência dos princípios constitucionais, tanto da sociedade (interessada na persecução penal) quanto do próprio investigado ou réu. Não se trata de um *acusador sistemático*. O devido processo legal substancial reclama que o *parquet* atue para que a investigação ou a ação penal (e os procedimentos a elas correlatas) se desenvolvam frente aos princípios estampados na Constituição da República. Não pode se quedar silente se verificar qualquer coação ilegal que atinja direitos fundamentais do próprio agente criminoso investigado ou processado criminalmente. É obrigação sua agir em prol da defesa dos interesses coletivos e individuais indisponíveis.

Vamos insistir: se não há exigência de maiores formalidades para a capacidade postulatória (inclusive podendo ser ajuizada pelo próprio interessado), não há sentido algum vedar a possibilidade de o Ministério Público ajuizar a revisão criminal unicamente com a finalidade de trazer benefícios ao condenado.

Na linha do que sustenta Alexander Araújo de Souza, "*como instituição de garantia (secundária), deve o Parquet tutelar, com base no princípio da isonomia, os direitos fundamentais de todos*" (*O Ministério Público como instituição de garantia. 2020, p. 138).*

Essa compreensão não deve ser feita ainda exclusivamente sob a ótica dos mandamentos constitucionais, mas também à luz de um *controle de convencionalidade*, que deve ser exercido sobretudo pelo Ministério Público. Assim, o processo penal deve ser "*alçado a meio de organização de um julgamento justo, destinado à realização efetiva dos direitos humanos e fundamentais, em favor de réus e investigados, vítimas da criminalidade e dos interesses objetivos de proteção da sociedade*". É que não se pode olvidar que "*deve todo membro do Ministério Público exercitar o controle de convencionalidade na integralidade do curso da persecução penal e em cada uma das oportunidades processuais que a ordem jurídica determina ao sistema de justiça a manifestação do Ministério Público. Nesse processo permanente de fiscalização deve se fazer sempre presente a consideração das normas convencionais e a jurisprudência da Corte IDH em face das normas da ordem jurídica interna que compõem o processo penal brasileiro*" (Mazzuoli, Valério; et alli. *O controle de convencionalidade pelo Ministério Público, 2020, p.164 -165).*

Diante de tais premissas, todas ancoradas em sede constitucional e até convencional, tem-se que a melhor interpretação acerca do tema ora enfrentado é no sentido de haver legitimidade para o *parquet* para impetrar *habeas corpus* para a defesa dos interesses inclusive do investigado ou do réu, dentro da mais ampla possível gama de discussões.

Nessa linha, não se pode olvidar que se traduz em princípio constitucional de natureza tipicamente garantista a disposição acerca do juízo natural: ninguém será processado senão pela autoridade competente. Assim, revela-se como obrigação decorrente de imperativo constitucional que o Ministério Público utilize o *habeas corpus* com o propósito de afastar a coação ilegal decorrente da inobservância do princípio do juízo natural.

Poderia se argumentar ainda no sentido de que a discussão da competência processual teria como escopo velado a proteção de interesses estatais. Assim não nos parece, com a devida *vênia* de entendimentos em contrário.

Se ao Estado-juiz há obrigação legal (perfeitamente compatível com a Constituição Federal – art. 5º, LIII) de reconhecer sua incompetência processual (inclusive a relativa, art. 109, CPP), não há sentido lógico-sistêmico evitar por suposta ausência de legitimidade que o *parquet* provoque o Poder Judiciário – inclusive mediante *habeas corpus* – para que reconheça estar havendo a violação do devido processo legal pela inobservância do princípio constitucional do Juiz Natural.

Quando da análise do art. 563, CPP, tratando da conceituação e diferenciação dos atos inexistentes e atos nulos (relativos ou absolutos), assentamos – e ora reiteramos – que a preclusão, em determinadas situações, não opera para o juízo, que não é um mero espectador do processo, porque se lhe atribui a função de efetivar todas as garantias fundamentais das partes sobre a qual se debruça a lide.

Diante de tal assertiva, cumpre destacar que, em se tratando de violação da competência relativa (territorial), o Código de Processo Penal prevê regra diversa – e com consequências diversas também – daquela adotada no âmbito do processo civil.

O art. 109, CPP, é expresso no sentido de que, mesmo em se tratando de hipótese de incompetência relativa, é dever do juízo monocrático, acaso verificar tal circunstância, mesmo que não haja alegação das partes no momento oportuno (por meio da devida exceção, art. 95, CPP), deverá se declarar incompetente. Daí a razão relevante de se alertar para a *inaplicabilidade* da Súmula 33 do Superior Tribunal de Justiça (*A incompetência relativa não pode ser declarada de ofício*), de origem única em questões de natureza processual civil, no âmbito do processo penal, pois este trata de forma diversa a questão da preclusão, que, frise-se, *não* ocorre para quem exerce o poder jurisdicional.

Com efeito, apenas a título argumentativo para justificar a dissonância adiante firmada, somente se poderia cogitar da incidência do referido comando sumulado acaso nada dispusesse a legislação processual penal e houvesse compatibilidade de aplicação por analogia, nos exatos termos do que previsto no art. 3º, CPP (*A Lei processual penal admitirá interpretação extensiva e aplicação analógica, bem como o suplemento dos princípios gerais de direito*). A incidência da súmula nominada simplesmente se revela impossível porque a interpretação analógica haveria de incidir diante de omissão legislativa, o que, à evidência, não há. Diante do exposto, firma-se posicionamento bastante claro em sentido diametralmente oposto a decisões que procuram aplicar suplementarmente a Súmula 33 do STJ no processo penal (*v. g.* CC nº 37.149-RN, 3ª Seção, STJ, publicado no *DJ* em 9.5.2005).

Portanto, compreendemos que não prospera o raciocínio de que haveria o óbice se a pretensão do *parquet* contida no *habeas corpus* pudesse conduzir a eventuais conflitos de interesses do investigado ou réu. Dizer que o manejo do *habeas corpus*, com a finalidade de deslocar a competência para o juízo correto, poderia ter o condão de impedir eventual e ulterior prescrição se o feito continuasse seu trâmite perante o juízo incompetente implicaria vinculação unicamente a argumento que desconsidera o fato de que a pretensão, objeto da impetração, não é a proteção de qualquer interesse estatal, mas sim a observância do devido processo legal mediante o deslinde do feito perante o juízo natural previsto na Constituição.

Vide anotações 565.1.3, 577.1.3 e 623.3.

Jurisprudência

654.2. [...] Na ADI 3161, destaquei que a Constituição Federal de 1988 ampliou sobremaneira as funções do Ministério Público, transformando-o em um verdadeiro defensor da sociedade, tanto no campo penal com a titularidade exclusiva da ação penal pública, quanto no campo cível como fiscal dos demais Poderes Públicos e defensor da legalidade e moralidade administrativa, inclusive com a titularidade do inquérito civil e da ação civil pública. [...] *(Embargos de Divergência no Agravo Regimental no Recurso Extraordinário nº 1.317.043, STF, Plenário, Rel. Min. Alexandre de Moraes, sessão virtual de 11.8.2023 a 21.8.2023, publicado no DJ em 4.9.2023)*

654.2. [...] É de entendimento uníssono dos Tribunais Superiores que o Ministério Público pode impetrar o remédio heroico (art. 654, *caput*, CPP), desde que seja para atender ao interesse do paciente. [...] Ordem denegada (*Habeas Corpus nº 187.090-MG, STJ, 5ª Turma, unânime, Rel. Min. Adilson Vieira Macabu, julgado em 1º.3.2011, publicado no* DJ *em 21.3.2011*).

654.2. [...] Alegação de possível violação do princípio do juiz natural em razão da resolução baixada pelo Tribunal de Justiça do Estado do Rio Grande do Norte. Reconhece-se ao Ministério Público a faculdade de impetrar *habeas corpus* e mandado de segurança, além de requerer a correição parcial (Lei nº 8.625/93, art. 32, I). A legitimidade do Ministério Público para impetrar *habeas corpus* tem fundamento na incumbência da defesa da ordem jurídica e dos interesses individuais indisponíveis (HC 84.056, rel. Min. Eros Grau, 1ª Turma, *DJ* 4.2.2005), e o Ministério Público tem legitimidade para impetrar *habeas corpus* quando envolvido o princípio do juiz natural (HC 84.103, rel. Min. Marco Aurélio, Pleno, *DJ* 6.8.2004). [...] *Habeas corpus* denegado (*Habeas Corpus nº 91.024-6/RN, STF, Rel. Min. Ellen Gracie, 2ª Turma, publicado no* DJ *em 22.8.2008*).

654.2. [...] O Ministério Público possui legitimidade processual para defender em juízo violação à liberdade de ir e vir por meio de *habeas corpus*. É, no entanto, vedado ao *Parquet* utilizar-se do remédio constitucional para veicular pretensão que favoreça a acusação. O reconhecimento da incompetência do juízo ou a declaração de inconstitucionalidade de resolução há de ser provocada na via processual apropriada. Atuação ministerial que fere o devido processo legal e o direito à ampla defesa. *Habeas corpus* não conhecido (*Habeas Corpus nº 91.510-8/RN, STF, Rel. Min. Ricardo Lewandowski, 1ª Turma, publicado no* DJ *em 19.12.2008*).

654.2. [...] O Ministério Público detém legitimidade para impetrar "habeas corpus" em benefício de réu, porque, nesse remédio constitucional, há uma espécie de mandato universal. Mesmo à míngua de recurso da acusação e da defesa, a decisão desclassificatória para crime de competência do juízo singular pode ser contestada por este último. Conflito de competência conhecido pelo Tribunal estadual que aponta o juiz do Tribunal do Júri, o suscitado, como competente. Excesso de linguagem do acórdão não reconhecido. Ordem conhecida, mas denegada (*Habeas Corpus nº 103.335/RJ, STJ, 6ª Turma, publicado no* DJ *em 3.8.2009*).

654.2. [...] A legitimação do Ministério Público para impetrar *habeas corpus*, garantida pelo art. 564, *caput*, do CPP, somente pode ser exercida de acordo com a destinação própria daquele instrumento processual, qual seja, a de tutelar a liberdade de locomoção ilicitamente coactada ou ameaçada. (Precedentes do STF e do STJ). Assim sendo, o Ministério Público somente pode impetrar *habeas corpus* em favor do réu, nunca para satisfazer os interesses, ainda que legítimos, da acusação. *In casu*, verifica-se a ilegitimidade do *Parquet* para a impetração de *habeas corpus* perante o e. Tribunal *a quo*, uma vez que não visava tutelar o direito ambulatorial do paciente, mas sim a obtenção, por via reflexa, de decisão favorável ao interesse da acusação, qual seja, o reconhecimento da incompetência do Juízo processante. Recurso desprovido (*Recurso em Habeas Corpus nº 19.809-RN, STJ, Rel. Min. Felix Fischer, 5ª Turma, unânime, publicado no* DJ *em 12.11.2007*).

Art. 655. O carcereiro ou o diretor da prisão, o escrivão, o oficial de justiça ou a autoridade judiciária ou policial que embaraçar ou procrastinar a expedição de ordem de *habeas corpus*, as informações sobre a causa da prisão, a condução e apresentação do paciente, ou a sua soltura, será multado na quantia de duzentos mil-réis a um conto de réis, sem prejuízo das penas em que incorrer. As multas serão impostas pelo juiz do tribunal que julgar o *habeas corpus*, salvo quando se tratar de autoridade judiciária, caso em que caberá ao Supremo Tribunal Federal ou ao Tribunal de Apelação impor as multas.

655. Compreendemos absolutamente inaplicável a pena de multa aqui prevista, pela sua total desatualização. Entretanto, nenhum óbice para que, verificadas as condições descritas, sejam apuradas eventuais responsabilidades de natureza administrativa e/ou criminal.

Art. 656. Recebida a petição de *habeas corpus*, o juiz, se julgar necessário, e estiver preso o paciente, mandará que este lhe seja imediatamente apresentado em dia e hora que designar.

Parágrafo único. Em caso de desobediência, será expedido mandado de prisão contra o detentor, que será processado na forma da lei, e o juiz providenciará para que o paciente seja tirado da prisão e apresentado em juízo.

656.1. ***Caput*:** O dispositivo do *caput* desse artigo está praticamente em desuso. Embora se trate de uma faculdade do juiz que receber a petição de *habeas corpus* requisitar a apresentação do preso, já de muito o procedimento adotado é, se necessário, a requisição de informações (de forma urgente e imediata) à autoridade coatora (v. arts. 662 e 664, CPP) para, em complemento aos dados trazidos pela impetração, analisar se há pertinência ou não nas razões invocadas no *writ*. De qualquer modo, mesmo que não existisse o dispositivo em voga, não haveria óbice algum para, em situações excepcionais, devidamente justificadas, o magistrado determinar a presença do preso para apurar diretamente com ele questões que tenha por relevantes.

656.2. Parágrafo único: De outro bordo, a regra do parágrafo único não pode ter reconhecida sua subsistência. É que somente se poderá cogitar de prisão por desobediência – afora eventual flagrante – em caso de estarem presentes os requisitos legais (art. 312, CPP). Portanto, a desobediência, pura e simples, não poderá gerar quaisquer outros efeitos automáticos, como parece o dispositivo impor. Evidente que, praticada a desobediência, a apuração deverá ser feita tanto em sede criminal quanto no âmbito administrativo, se for o caso.

Art. 657. Se o paciente estiver preso, nenhum motivo escusará a sua apresentação, salvo:

I – grave enfermidade do paciente;

II – não estar ele sob a guarda da pessoa a quem se atribui a detenção;

III – se o comparecimento não tiver sido determinado pelo juiz ou pelo tribunal.

Parágrafo único. O juiz poderá ir ao local em que o paciente se encontrar, se este não puder ser apresentado por motivo de doença.

657. Estipulam-se aqui as exceções legais para a não apresentação do réu preso quando houver requisição para tanto. Embora prevista expressamente, entendemos sem maior relevância a necessidade de tais minúcias, notadamente porque trazem em seu bojo uma lógica evidente.

No que se refere ao parágrafo único, há de se dizer que o juiz poderá ir ao local em que o paciente se encontrar não apenas se a impossibilidade de apresentação decorrer por motivo de doença, mas em qualquer outra que entenda pertinente ou conveniente.

Art. 658. O detentor declarará à ordem de quem o paciente estiver preso.

Art. 659. Se o juiz ou o tribunal verificar que já cessou a violência ou coação ilegal, julgará prejudicado o pedido.

659. É pressuposto essencial para a admissibilidade do *habeas corpus* (art. 647, CPP) a demonstração de que alguém sofreu ou está na iminência de sofrer violência ou coação ilegal na sua liberdade de ir ou vir, aí compreendidas as hipóteses (dimensionadas pela jurisprudência) que importem em violação ao devido processo legal com efeitos (*lato sensu*) sobre a liberdade do paciente. Consequentemente, como corolário lógico, se a violência ou a coação ilegal já não mais persistem mesmo após a impetração, deverá o *writ* ser julgado prejudicado, pois, por outro motivo, o ato que se pretendida afastar não mais subsiste.

Jurisprudência

659. [...] O Supremo Tribunal Federal concedeu a ordem pretendida no HC 206.685/SP, tendo sido expedido alvará de soltura em favor do ora agravante. Dessa forma, não mais persistindo a segregação cautelar ora debatida, vislumbra-se a perda de objeto do presente agravo. 2. Agravo Regimental prejudicado. [...] (*Agravo Regimental no HC nº 677.211-SP, STJ, 5ª Turma, Rel. Min. Joel Ilan Paciornik, julgado em 5.10.2021, publicado no DJ em 8.10.2021)*

659. [...] Consoante reiterada jurisprudência desta Corte Superior de Justiça, a superveniência do julgamento de apelação interposta no tribunal de origem torna prejudicado o exame do writ que questiona excesso de prazo para sua apreciação. [...] *(Agravo Regimental no HC nº 616.849-SP, STJ, 6ª Turma, Rel. Min. Antônio Saldanha Palheiro, julgado em 21.9.2021, publicado no DJ em 29.9.2021)*

Art. 660. Efetuadas as diligências, e interrogado o paciente, o juiz decidirá, fundamentadamente, dentro de 24 (vinte e quatro) horas.

§ 1º Se a decisão for favorável ao paciente, será logo posto em liberdade, salvo se por outro motivo dever ser mantido na prisão.

§ 2º Se os documentos que instruírem a petição evidenciarem a ilegalidade da coação, o juiz ou o tribunal ordenará que cesse imediatamente o constrangimento.

§ 3º Se a ilegalidade decorrer do fato de não ter sido o paciente admitido a prestar fiança, o juiz arbitrará o valor desta, que poderá ser prestada perante ele, remetendo, nesse caso, à autoridade os respectivos autos, para serem anexados aos do inquérito policial ou aos do processo judicial.

§ 4º Se a ordem de *habeas corpus* for concedida para evitar ameaça de violência ou coação ilegal, dar-se-á ao paciente salvo-conduto assinado pelo juiz.

§ 5º Será *incontinenti* enviada cópia da decisão à autoridade que tiver ordenado a prisão ou tiver o paciente à sua disposição, a fim de juntar-se aos autos do processo.

§ 6º Quando o paciente estiver preso em lugar que não seja o da sede do juízo ou do tribunal que conceder a ordem, o alvará de soltura será expedido pelo telégrafo, se houver, observadas as formalidades estabelecidas no art. 289, parágrafo único, *in fine*, ou por via postal.

660.1. Prazo para decisão no *habeas corpus*: Dispõe o *caput* do art. 660, CPP, que, presentes os requisitos para julgamento, deverá o juiz fazê-lo no prazo de 24 horas. O prazo não é peremptório, mas ultrapassado o limite estipulado em Lei – e sendo caso efetivamente de concessão da ordem – poderá o juízo competente tornar-se, então, pela demora (negativa de jurisdição), autoridade coatora, ensejando novo *habeas corpus*, porém em instância superior.

Diz-se ainda que a decisão seria proferida no prazo de 24 horas, após a realização do interrogatório do réu. O interrogatório não é ato obrigatório no trâmite do *habeas corpus*, salvo se o juízo adotar a providência do art. 656, CPP.

660.2. Efeito da decisão favorável ao paciente: Dispõe o § 1º que se a decisão for favorável ao paciente, será imediatamente posto em liberdade, salvo se por outro motivo deva ser mantido preso. A primeira parte prescinde de maiores esclarecimentos, na medida em que se a coação for reconhecida como ilegal, deverá o juiz ou o tribunal determinar, da forma mais expedita possível, que o paciente seja colocado em liberdade. Entendemos que, em caso de julgamentos perante tribunais, não há de se esperar o término da sessão para que se providencie a comunicação à autoridade competente para colocar o paciente em liberdade. Para o melhor atendimento do disposto em lei, o ideal é que o presidente do órgão colegiado determine que a secretaria comunique a quem de direito. Nesse sentido, determina-se no § 5º que será *incontinenti* enviada cópia da decisão à autoridade que tiver ordenado a prisão ou tiver o paciente à sua disposição.

Mas há uma condicionante para a liberdade: ela não será concedida se, por outros motivos não apreciados no *habeas corpus* que lhe conferiu a soltura, houver outra ordem de prisão ou estiverem presentes motivos para a manutenção da preventiva.

Jurisprudência

660.2. [...] Habeas corpus concedido para declarar ilegal a apreensão da droga e, consequentemente, trancar a da ação penal n. 5014975-62.2021.8.24.0033 (art. 386, II – CPP), *determinando a restituição da liberdade dos pacientes, se por outro motivo não estiverem presos.* [...] *(Habeas Corpus nº 687.342-SC, STJ, 6ª Turma, Rel. Min. Olindo Menezes, julgado em 5.10.2021, publicado no DJ em 11.10.2021)*

660.3. Garantia de fiança: Malgrado a literalidade do dispositivo, compreendemos que, pelo sistema há muito vigorante – porém pouco aplicado – não há mais sentido em se garantir liberdade sem fiança (para crimes em tese mais graves) se não houver motivos para a preventiva e exigir a prestação de fiança como condição para a liberdade em delitos menos graves (vide anotações ao item 581.7.1 e 319).

660.4. *Habeas Corpus* preventivo: Está expresso na Constituição Federal que o *writ* pode ser utilizado para coibir uma ilegalidade já praticada, retornando ao *status quo ante*, bem assim para, em determinadas situações, na *iminência* do ato ilegal, garantir ao paciente que se materialize a ilegalidade. Neste último caso, a consequência do deferimento do *habeas corpus* (inclusive em sede liminar) será a concessão ao paciente de salvo-conduto.

Jurisprudência

660.4. [...] o habeas corpus preventivo visa coibir constrangimento ilegal real e iminente à liberdade de locomoção do indivíduo, não se prestando a impedir constrição meramente intuitiva e calcada em ilações e suposições desprovidas de base fática. Caso contrário, todo aquele que respondesse a processo criminal ou fosse alvo de investigação criminal, cujo delito autorizasse a imposição de prisão, poderia buscar aleatoriamente a concessão de salvo-conduto com vias a impedir possível e eventual decreto prisional, o que não corresponde, nem de longe, à função primordial do writ. [...] *(Agravo Regimental no Habeas Corpus nº 654.378-MT, STJ, 6ª Turma, Rel. Min. Antônio Saldanha Palheiro, julgado em 11.5.2021, publicado no DJ em 21.5.2021)*

660.4. [...] O habeas corpus preventivo visa a coibir constrangimento ilegal real e iminente à liberdade de locomoção do indivíduo, não se prestando a impedir constrição supostamente ilegal, meramente intuitiva e calcada em ilações e suposições desprovidas de base fática. No caso, não foi demonstrado pela defesa a existência de ato ou ameaça real ou iminente contra a liberdade de ir e vir do paciente. [...] *(Agravo Regimental no Habeas Corpus nº 533.821-PE, STJ, 5ª Turma, Rel. Min. Reynaldo Soares da Fonseca, julgado em 12.11.2019, publicado no DJ em 26.11.2019)*

660.5. Forma de comunicação da concessão da ordem: O § 6º precisa sua contextualização aos dias atuais, ao tempo em que determinar que quando o paciente estiver preso em lugar que não seja sede do juízo ou tribunal, o alvará será expedido por telégrafo, se houver, ou por via postal. Primeiro, entendemos que a comunicação pelo meio mais expedito possível deva ser realizada em qualquer situação. Segundo, em dias atuais, a comunicação pode ser feita por fax ou até mesmo por *e-mails* entre os tribunais que possuam sistema de segurança e certificação com os juízos de primeiro grau.

Art. 661. Em caso de competência originária do Tribunal de Apelação, a petição de *habeas corpus* será apresentada ao secretário, que a enviará imediatamente ao presidente do tribunal, ou da câmara criminal, ou da turma, que estiver reunida, ou primeiro tiver de reunir-se.

Como regra, o procedimento atual é um pouco diverso. Havendo urgência (normalmente ínsito à pretensão buscada no *writ*), o setor competente do tribunal deverá fazer a distribuição e, imediatamente, remetidos os autos ao relator designado pelo sistema de sorteio para que seja apreciado o pleito.

Art. 662. Se a petição contiver os requisitos do art. 654, § 1º, o presidente, se necessário, requisitará da autoridade indicada como coatora informações por escrito. Faltando, porém, qualquer daqueles requisitos, o presidente mandará preenchê-lo, logo que lhe for apresentada a petição.

O *writ* não comporta dilação probatória. Deverá ser instruído pelo impetrante com todos os documentos e requisitos insertos no § 1º do art. 654 do CPP. Ausentes os requisitos, será ordenada a complementação, se não indeferido de plano. Se preenchidos os requisitos, o relator do *habeas corpus* (ou quem for o competente para apreciar o pedido, como, por exemplo, no caso de plantão ou férias) poderá deferir a liminar se entender suficientemente provados e presentes os requisitos legais. A legislação faculta, também, sejam *solicitadas informações* à autoridade apontada como coatora (vide art. 664, CPP). As informações poderão ser solicitadas antes ou após o deferimento do pleito liminar.

Jurisprudência

662. [...] Em *habeas corpus*, a prova deve ser pré-constituída e incontroversa. O procedimento do habeas corpus não permite a dilação probatória, pois exige prova pré-constituída das alegações, sendo ônus do impetrante trazê-la no momento da impetração (AgRg no HC n. 289076/SP – 5ª T. – unânime – Rel. Min. Regina Helena Costa – Dje 19/5/2014; AgRg no HC n. 291366/PE – 6ª T. – unânime – Rel. Min. Rogério Schietti Cruz – DJe 29/5/2014; HC n. 269077/PE – 6ª T. – Rel. Min. Sebastião Reis Júnior – DJe 2/6/2014). [...] *(Habeas Corpus nº 660.874-SC, STJ, 6ª Turma, Rel. Min. Olindo Menezes, julgado em 26.10.2021, publicado no DJ em 28.10.2021)*

662. [...] Nos termos dos arts. 662 e 664 do Código de Processo Penal, a solicitação de informações à autoridade impetrada em habeas corpus é mera faculdade do julgador, que poderá dispensá-las, caso entenda haver elementos suficientes para julgar de imediato a pretensão apresentada. [...] *(Agravo Regimental no Habeas Corpus nº 673.742-MG, STJ, 6ª Turma, Rel. Min. Laurita Vaz, julgado em 3.8.2021, publicado no DJ em 18.8.2021)*

Art. 663. As diligências do artigo anterior não serão ordenadas, se o presidente entender que o *habeas corpus* deva ser indeferido *in limine*. Nesse caso, levará a petição ao tribunal, câmara ou turma, para que delibere a respeito.

O dispositivo em tela autoriza o indeferimento de plano do próprio *writ*, não apenas de eventual liminar pleiteada. Se a quem distribuído os autos entender que o *habeas* deva ser indeferido deverá levar a petição ao tribunal, câmara ou turma, para que delibere a respeito, confirmando ou não o ato individual. Na prática, tem-se constatado que o indeferimento liminar do *writ* não se dá por ato da *presidência* do tribunal (salvo quando distribuídos e apreciados em regime de plantão), mas sim por intermédio de decisões do próprio relator para quem distribuído. Muitas vezes, ainda, o indeferimento da inicial se dá por decisão monocrática sem qualquer submissão ao órgão colegiado, procedimento amparado, normalmente, em regras de regimentos internos dos tribunais.

Jurisprudência

663. [...] 1. Os arts. 64, inciso III, e 202, ambos do Regimento Interno deste Superior Tribunal de Justiça, não afastam do Relator a faculdade de decidir liminarmente, em sede de habeas corpus e de recurso em habeas corpus, a pretensão que se conforma ou contraria a jurisprudência consolidada dos Tribunais Superiores. [...] *(Agravo Regimental no Habeas Corpus nº 676.030-PB, STJ, 6ª Turma, Rel. Min. Laurita Vaz, julgado em 3.8.2021, publicado no DJ em 18.8.2021)*

663. [...] 2. O rito do habeas corpus pressupõe prova pré-constituída do direito alegado, devendo a parte demonstrar, de maneira inequívoca, por meio de documentos, a existência de constrangimento ilegal imposto ao paciente. Todavia, quando o impetrante é o cidadão acusado e que se encontra preso, os órgãos judiciais precisam colaborar de forma efetiva para não inviabilizar o exercício do direito constitucional de defesa da sua liberdade de locomoção. 3. A praxe forense recomenda, no caso da impetração do habeas corpus em causa própria pelo acusado preso, que sejam solicitadas as informações (com a cópia das peças essenciais ao exame da controvérsia) e, após, encaminhados os autos à Defensoria Pública, para promoção da defesa técnica do agente. Esse é o procedimento adotado, inclusive, por esta Corte Superior. Tudo com espeque nos princípios do devido processo legal, da efetividade da jurisdição, da dignidade da pessoa, da cooperação e no princípio da fraternidade. 4. Inexiste, portanto, ilegalidade na decisão agravada no sentido de determinar ao Tribunal que solicite as informações necessárias antes de indeferir liminarmente o pedido, por instrução deficitária. [...] *(Agravo Regimental no RHC nº 144.556-SP, STJ, 5ª Turma, Rel. Min. Reynaldo Soares da Fonseca, julgado em 15.6.2021, publicado no DJ em 21.6.2021)*

Art. 664. Recebidas as informações, ou dispensadas, o *habeas corpus* será julgado na primeira sessão, podendo, entretanto, adiar-se o julgamento para a sessão seguinte.

Parágrafo único. A decisão será tomada por maioria de votos. Havendo empate, se o presidente não tiver tomado parte na votação, proferirá voto de desempate; no caso contrário, prevalecerá a decisão mais favorável ao paciente.

664.1. Forma de processamento para julgamento: Para o julgamento do *habeas corpus*, não é necessária a requisição de informações à autoridade coatora (vide art. 62. Se o relator entender que o *writ* está devidamente instruído com as peças necessárias à solução do caso, deverá incluir o processo para julgamento na primeira sessão colegiada, havendo possibilidade de adiamento para a sessão subsequente. A obrigatoriedade – nem sempre atendida – decorre da natureza e urgência ínsitas ao *habeas corpus*. É importante se ver que, exatamente por isso, não há necessidade de adoção, quanto ao processo, nos trâmites normais de inclusão em pauta, decorrendo daí não ser obrigatória a intimação das partes para a sessão de julgamento (que deverá ser realizado de modo preferencial aos demais processos).

Entendemos que, se houver uma sucessão de adiamentos para julgamento do *writ* em decorrência de provocações da própria defesa (que assim requereu de modo expresso ou que tenha gerado o retardamento da apreciação do *habeas* em face de providências que tome em instâncias superiores até mediante outros *writs*), igualmente não há necessidade de se proceder a nova intimação da defesa para a realização de sustentação oral. Há de se recordar o que expressamente dispõe o art. 565, CPP, quando assenta que "*nenhuma das partes poderá arguir nulidade a que haja dado causa, ou para que tenha concorrido*". Entretanto, se houver expresso pedido da defesa para que seja intimada da sessão de julgamento com a finalidade de estar certificada da possibilidade de realizar sustentação oral, não haverá como declinar que a demora por conta disso lhe seja aproveitada para amparar eventual excesso de prazo.

Nessa linha, impende referir que o Supremo Tribunal Federal sempre teve posicionamento firme no sentido de que seria incumbência do impetrante acompanhar o regular andamento do *habeas corpus*, por não depender de pauta ou de qualquer outra comunicação, consoante preconizado em sua Súmula 431: "*É nulo o julgamento de recurso criminal, na segunda instância, sem prévia intimação ou publicação da pauta, salvo em 'habeas corpus'.*"

Contudo, a partir da Emenda Regimental nº 17, de 9.2.2006 (RHC nº 90.891-GO, Rel. Min. Cezar Peluso, publicado no *DJ* em 24.4.2007), foi conferida nova redação ao art. 192, parágrafo único-A, do Regimento Interno do Supremo Tribunal Federal, estando assim redigido: "*Parágrafo único-A. Não ocorrendo a apresentação em mesa na sessão indicada no* caput, *o impetrante do* habeas corpus *poderá requerer seja cientificado pelo Gabinete, por qualquer via, da data do julgamento*".

Desse modo, prepondera atualmente o entendimento segundo o qual, requerida a intimação ou ciência prévia da data em que o processo será levado em mesa para julgamento, deve ser garantido à defesa o direito a ser intimada, por qualquer meio (não necessariamente a intimação pela imprensa), sob pena de nulidade, da sessão em que será apreciado o *writ*. A propósito, vide anotações no item 564.17.2.

Jurisprudência

664.1. [...] Não se faz obrigatória a intimação do advogado para a sessão de julgamento do *writ*, muito menos a inclusão do processo em pauta, uma vez que o *habeas corpus* é instrumento processual, de índole constitucional, que tem como escopo resguardar a liberdade de locomoção contra ilegalidade e/ou abuso de poder, sendo marcado por cognição sumária e rito célere. [...] Recurso ordinário improvido (*Recurso em Habeas Corpus nº 24.384/SP, STJ, Rel. Min. Arnaldo Esteves Lima, 5ª Turma, publicado no* DJ *em 26.4.2010*).

664.1. [...] Adiado o julgamento da ação penal em virtude de pedido de vista, sem retirada de pauta, é desnecessária a renovação da intimação do réu e de seu defensor, que se encontravam presentes na primeira sessão e, portanto, cientes da continuação do julgamento na sessão subsequente, não havendo falar em nulidade do acórdão. Ordem denegada (*Habeas Corpus nº 118.802/SP, STJ, Rel. Min. Arnaldo Esteves Lima, 5ª Turma, publicado no* DJ *em 19.4.2010*).

664.1. [...] A comprovação de excessiva demora na realização do julgamento de mérito do *habeas corpus* impetrado no Superior Tribunal de Justiça configura constrangimento ilegal, por descumprimento da norma constitucional da razoável duração do processo (art. 5º, inc. LXXVIII, da Constituição da República), viabilizando, excepcionalmente, a concessão de *habeas corpus*. Deferimento da ordem, para determinar à autoridade impetrada que apresente o *habeas corpus* em Mesa, na primeira sessão da Turma em que oficia, subsequente à comunicação da presente ordem (art. 664 do Código de Processo Penal c/c art. 202 do Regimento Interno do Superior Tribunal de Justiça) (*Habeas Corpus nº 91.986/RS, Rel. Min. Cármen Lúcia, STF, 1ª Turma, publicado no* DJ *de 31.10.2007*).

664.1. [...] Requerida intimação ou ciência prévia para tanto, deve ser garantido à defesa, sob pena de nulidade, o exercício do ônus de comparecer à sessão de julgamento de *habeas corpus* e expor oralmente as razões da impetração (*Habeas Corpus nº 91.743-7/BA, Rel. Min. Cezar Peluso, 2ª Turma, publicado no* DJ *em 25.4.2008*).

664.1. [...] Até recentemente a jurisprudência do Pretório Excelso, com precedentes de ambas as turmas (HC 86.186/GO, Segunda Turma, Rel. Min. Gilmar Mendes, *DJU* de 17/08/2007) era no sentido de que seria incumbência do advogado (impetrante) acompanhar o regular andamento do processo, em razão de o *habeas corpus* não depender de pauta ou de qualquer outra comunicação, caso pretendesse fazer sustentação oral quando de seu julgamento (HC 92.829/SP, Primeira Turma, Rel. Min. Menezes Direito, *DJU* de 26/10/2007 – medida liminar), sendo que este ato não era reconhecido como essencial à defesa (HC 85.845/BA, Segunda Turma, Rel. Min. Carlos Velloso, *DJU* de 23/09/2005). Nesse sentido, inclusive é o teor da Súmula 431 da Augusta Corte: "*É nulo o julgamento de recurso criminal, na Segunda instância, sem prévia intimação ou publicação da pauta, salvo em "habeas corpus.*" No entanto, a orientação adotada em relação as sustentações orais em sede de *habeas corpus* foi alterada a partir da Emenda Regimental nº 17 de 9 de fevereiro de 2006 (RHC 90.891/GO, Segunda Turma, Rel. Min. Cezar Peluso, *DJU* de 24/04/2007) que deu nova redação ao art. 192, parágrafo único – A do RI/STF. Assim, atualmente, prepondera o entendimento segundo o qual requerida a intimação ou ciência prévia da data em que o processo será levado em mesa para julgamento, deve ser garantido à defesa, sob pena de nulidade, o exercício do ônus de comparecer à sessão de julgamento do *habeas corpus* e expor oralmente as razões da impetração (RHC 89.165/SP, Segunda Turma, Rel. Min. Cezar Peluso, *DJU* de 29/09/2006). [...] A comunicação, contudo, poderá ser feita por qualquer meio, de modo a não descaracterizar a celeridade e a urgência ínsitas ao processamento do *habeas corpus*. Acolhido o pleito para anular o julgamento do *habeas corpus* impetrado perante o e. Tribunal *a quo*, resta prejudicado, por ora, o outro pedido. *Habeas corpus* concedido para anular o julgamento do *writ* impetrado perante o e. Tribunal de Justiça de São Paulo, a fim de que se proceda a outro, ciente o impetrante, com antecedência, da data que venha a ser designada (*Habeas Corpus nº 89.469/SP, STJ, Rel. Min. Felix Fischer, 5ª Turma, publicado no* DJ *em 26.5.2008*).

664.2. *Quorum* para deliberação: A regra em tela é bastante peculiar e específica para os *habeas corpus*, cuja aplicabilidade não se restringe aos *writs* conhecidos nos tribunais de apelação, mas em todos os graus de jurisdição que tenham decisões colegiadas acerca da deliberação da impetração, inclusive no julgamento de recursos ordinários contra denegação de *habeas corpus* (confira-se, a propósito, o disposto no art. 667, CPP).

Além da norma em tela, há outras disposições específicas e idênticas nessa mesma linha.

No art. 150, § 3º, do Regimento Interno do STF, dispõe-se que "*nos* habeas corpus *e recursos em matéria criminal, exceto o recurso extraordinário, havendo empate, prevalecerá a decisão mais favorável ao paciente ou réu*". E no parágrafo único do art. 150 se estabelece que "*no julgamento do* habeas corpus, *pelo Plenário, o Presidente não terá voto, salvo em matéria constitucional, proclamando-se, na hipótese de empate, a decisão mais favorável ao paciente*".

Já no Superior Tribunal de Justiça, colhe-se do art. 41-A, parágrafo único, da Lei nº 8.038 (na redação que lhe conferiu a Lei nº 9.756/98), que "*em todos os julgamentos em matéria penal ou processual penal em órgãos colegiados, havendo empate, prevalecerá a decisão mais favorável ao indivíduo imputado, proclamando-se de imediato esse resultado, ainda que, nas hipóteses de vaga aberta a ser preenchida, de impedimento, de suspeição ou de ausência, tenha sido o julgamento tomado sem a totalidade dos integrantes do colegiado*" (redação da Lei nº 14.836/2024). Há também regras expressas no art. 181 e § 4º, do Regimento Interno do STJ: "*Art. 181. A decisão da Turma será tomada pelo voto da maio-*

ria absoluta dos seus membros. [...] *§§ 2º, 3º e 4º: "§ 2º Não alcançada a maioria de que trata este artigo, será adiado o julgamento para o fi m de ser tomado o voto do Ministro ausente. § 3º Persistindo a ausência, ou havendo vaga, impedimento ou licença, por mais de um mês, convocar-se-á Ministro de outra Turma (art. 55). E,* habeas corpus *e no recurso em* habeas corpus, *havendo empate, prevalecerá a decisão mais favorável ao paciente".*

Cremos que aqui é preciso haver a devida compatibilização com as novas regras legais, inseridas pela Lei nº 14.836/2024. Havendo empate, sem que tenha havido uma convocação prévia de outro julgador para integralizar a participação na sessão realizada, deverá ser proferida a decisão mais favorável.

Contudo, entendemos relevante acentuar que, em nossa compreensão, a prevalência "*da decisão mais favorável ao paciente*" pressupõe que esse provimento (*mais favorável*) tenha sido conferido na mesma extensão pelos votos acolhedores da tese defendida no *writ*.

Exemplificando, a partir de situação hipotética: impetra-se um *habeas corpus* perante tribunal postulando o reconhecimento de nulidade na citação do réu, ou, alternativamente, a nulidade a partir das alegações finais, porque não observados os procedimentos corretos de intimação da defesa. A deliberação do *writ* se dá mediante 4 (quatro) votos. Dois denegam a ordem, por entenderem que não há motivos para a anulação pretendida. Um voto reconhece que há nulidade desde a citação e também no procedimento a partir da apresentação de memoriais (art. 403, § 3º, CPP). O último voto assenta que há nulidade unicamente a partir da apresentação de memoriais. Pelo prisma das nulidades e da pretensão defensiva deduzida no *writ*, aquele provimento que reconheceu a nulidade desde a citação é *mais favorável ao réu*. Contudo, no caso concreto proposto como exemplo, ele *não* poderá preponderar sobre os demais, porque evidentemente minoritário. Há uniformidade entre os votos concessivos tão somente no que se refere à nulidade reconhecida na fase dos memoriais, em contraponto com os outros dois votos denegatórios da pretensão. Aplicando-se o dispositivo em tela, o *habeas corpus* deverá ser concedido para anular o processo a partir das alegações finais, e não desde a citação.

Relembre-se, ainda, que, em julgamento de recursos que não envolvam *habeas corpus*, há disposição expressa e diversa da que ora tratada quando ocorrer empate em votações. Perante o Superior Tribunal de Justiça, vide item 615.2. Perante o Supremo Tribunal Federal, vide item 615.3, inclusive conforme as alterações da Lei nº 14.836/2024.

Também há se destacar que o Superior Tribunal de Justiça vem aplicando esse mesmo raciocínio de prevalência da tese mais favorável em caso de empate também para as hipóteses de revisão criminal, situação da qual discordamos integralmente. Não se pode esquecer que, na hipótese de julgamento de recursos, decisões em geral ou *habeas corpus*, não há, ainda, formação do *jus puniendi* do Estado. Assim, absolutamente razoável e correto que, diante de empate, prevaleça a posição mais favorável à defesa. Entretanto, integralizado o direito de punir (com a observância inclusive dessas regras), não se pode invocar o mesmo raciocínio para fins de julgamento de revisão criminal, que é ação autônoma com a finalidade de desconstituir (e cujo cabimento é muito restrito) a coisa julgada. Ora, aqui, se houver empate, não há como prevalecer dúvida em prol do autor da revisão criminal, mas do Estado, que já teve reconhecida a existência do título condenatório hígido, que não pode ser desfeito se houver eventual empate. Portanto, há sim aqui presunção de validade do édito condenatório transitado em julgado, que só pode ser desfeito por maioria, jamais por eventual empate.

Art. 665. O secretário do tribunal lavrará a ordem que, assinada pelo presidente do tribunal, câmara ou turma, será dirigida, por ofício ou telegrama, ao detentor, ao carcereiro ou autoridade que exercer ou ameaçar exercer o constrangimento.

Parágrafo único. A ordem transmitida por telegrama obedecerá ao disposto no art. 289, parágrafo único, *in fine*.

665. O dispositivo em tela regra o procedimento a ser adotado em caso de concessão da ordem pelo tribunal. A norma é bastante clara, sendo merecedor de destaque o fato de que a decisão concessiva deverá ser imediatamente comunicada a quem seja o responsável pela restrição à liberdade ou que esteja na iminência de exercer o constrangimento. Não há estipulação de prazo, mas cremos que, pela natureza dos direitos envolvidos (notadamente quando se estiver diante de privação de liberdade já exercida e reconhecida como ilegal) deva ser imediatamente posterior ao encerramento da sessão de julgamento no tribunal. Sobre a *forma de comunicação*, vide nota 660.5.

Art. 666. Os regimentos dos Tribunais de Apelação estabelecerão as normas complementares para o processo e julgamento do pedido de *habeas corpus* de sua competência originária.

Seria praticamente impossível no âmbito do Código de Processo Penal fossem estipuladas todas as questões relativas à competência e aos próprios julgamentos dos *habeas corpus* diante das peculiaridades de cada tribunal e respectivas organizações. Assim, estabeleceram-se no CPP as regras fundamentais atinentes aos *habeas corpus*, podendo os tribunais (sempre respeitando essas regras e princípios fundantes) estabelecerem regras *complementares* para a melhor adequação às peculiaridades de seus funcionamentos.

Art. 667. No processo e julgamento do *habeas corpus* de competência originária do Supremo Tribunal Federal, bem como nos de recurso das decisões de última ou única instância, denegatórias de *habeas corpus*, observar-se-á, no que lhes for aplicável, o disposto nos artigos anteriores, devendo o regimento interno do tribunal estabelecer as regras complementares.

Conforme já destacado anteriormente quando da análise do parágrafo único do art. 664 do CPP, todas as normatizações estipuladas no código a respeito dos *habeas corpus* deverão ser aplicáveis nos feitos de competência originária do STF (também do Superior Tribunal de Justiça, criado muito depois da edição do CPP), no que forem compatíveis, abrindo-se a possibilidade aos tribunais superiores (como uma especificação do que contido no art. 666, CPP) o estabelecimento em seus regimentos internos de regras complementares que melhor se conformem às suas realidades estruturais e procedimentais.

LIVRO IV

DA EXECUÇÃO

Todas as disposições deste Livro foram abarcadas na Lei de Execução Penal (Lei nº 7.210/84).

LIVRO V

DAS RELAÇÕES JURISDICIONAIS COM AUTORIDADE ESTRANGEIRA

TÍTULO ÚNICO

CAPÍTULO I
Disposições Gerais

Art. 780. Sem prejuízo de convenções ou tratados, aplicar-se-á o disposto neste Título à homologação de sentenças penais estrangeiras e à expedição e ao cumprimento de cartas rogatórias para citações, inquirições e outras diligências necessárias à instrução de processo penal.

A Emenda Constitucional nº 45/04 conferiu força normativa de natureza constitucional (emenda constitucional) às normas previstas em tratados e convenções internacionais *sobre direitos humanos*. É dizer: estão elas em situação de superioridade à legislação federal, quando aprovadas por três quintos de ambas as Casas do Congresso Nacional, em dois turnos, e tendo por objeto o tema relativo aos direitos humanos (art. 5º, § 3º).

Assim, não se cuidando de tratados internacionais que se refiram a direitos humanos, a sua normatização equivalerá à legislação federal, aplicando-se, portanto, o princípio da cronologia em hipótese de conflito de Lei no tempo.

A Emenda Constitucional nº 45/04 também estipulou a sujeição do Brasil à jurisdição dos Tribunais Penais Internacionais a cuja criação tenha aderido, após ratificação e promulgação pelas autoridades competentes (art. 5º, § 4º, CF).

Desse modo, compreendemos que o "disposto no art. 780 e seguintes, CPP, limita-se a regular matéria relativa ao *cumprimento de cartas rogatórias*, daqui para o estrangeiro e de lá para cá, bem como o processamento de homologação de sentença penal estrangeira, tendo por consequência, esta última, a imposição de medida de segurança e de reparação civil e de outros efeitos civis" (PACELLI, Eugênio. *Curso de processo penal*. 28. ed. São Paulo: Juspodivm, 2024). A regulamentação do processamento da homologação de sentença penal estrangeira e de cartas rogatórias estava, originalmente, regulamentada pela Resolução nº 9 do Superior Tribunal de Justiça (2005), que foi revogada pela Emenda Regimental nº 18, de 17 de dezembro de 2014. Vide anotações ao art. 787, CPP.

Jurisprudência

780. [...] 1. A controvérsia constitucional veiculada na ADC é, a rigor, mais ampla do que a simples declaração de validade do uso das cartas rogatórias e dos acordos MLAT para fins de investigação criminal. O escopo da ação declaratória compreende não apenas o exame de constitucionalidade dos dispositivos invocados pelos requerentes, como também da norma prevista no art. 11 do Marco Civil da Internet e art. 18 da Convenção de Budapeste.

2. O art. 11 do Marco Civil da Internet, que encontra respaldo no art. 18 da Convenção de Budapeste, é norma específica em relação às regras gerais do MLAT. O referido dispositivo assegura a aplicação da legislação brasileira em relação a atividades de coleta, armazenamento, guarda e tratamento de registros, dados e comunicações eletrônicas ocorridas em território nacional, desde que pelo menos um dos atos ou terminais se encontrem em território nacional, mesmo que a pessoa jurídica portadora dessas informações esteja localizada ou armazene tais informações no exterior.

3. As hipóteses de requisição direta previstas no art. 11 do Marco Civil da Internet e no art. 18 da Convenção de Budapeste reafirmam os princípios da soberania e da independência nacional, concretizando o dever do Estado de proteger os direitos fundamentais e a segurança pública dos cidadãos brasileiros ou residentes no país.

4. Constitucionalidade dos dispositivos do MLAT, do CPC e do CPP que tratam da cooperação jurídica internacional e da emissão de cartas rogatórias, nos casos em que a atividade de comunicação ou a prestação de tais serviços não tenham ocorrido em território nacional.

5. Dispositivos que convivem com a possibilidade de solicitação direta de dados, registros e comunicações eletrônicas nas hipóteses do art. 11 do Marco Civil da Internet e do art. 18 da Convenção de Budapeste.

6. Pedido julgado parcialmente procedente para declarar a constitucionalidade dos dispositivos indicados e da possibilidade de solicitação direta de dados e comunicações eletrônicas das autoridades nacionais a empresas de tecnologia nos casos de atividades de coleta e tratamento de dados no país, de posse ou controle dos dados por empresa com representação no Brasil e de crimes cometidos por indivíduos localizados em território nacional.*(Ação Direta de Constitucionalidade nº 51-Mérito, STF, Plenário, Rel. Min. Gilmar Mendes, por maioria, julgamento final em 23.2.2023, publicado no DJ em 28.4.2023)*

780. [...] Violação do art. 780 do CPP. Desnecessidade de cooperação jurídica internacional. [...] 3. *Não procede a alegação de descabimento das provas dos autos, em razão de a parte operacional da interceptação ter sido produzida em outro país, sem observância das regras contidas no Tratado de Assistência Mútua em matéria penal, firmado entre Brasil e Canadá. Isso porque, no caso, as comunicações foram perpetradas em solo brasileiro, por intermédio de operadoras de telefonia estabelecidas neste país, o que evidencia a efetiva atuação da empresa canadense no Brasil, independentemente do local de armazenamento do conteúdo das mensagens realizadas por usuários brasileiros em âmbito nacional.* E esta Corte Superior, em situações semelhantes, já afirmou que, em se tratando de matéria submetida à jurisdição brasileira, não é necessária a cooperação jurídica internacional. Precedentes. [...] *(Agravo Regimental no Agravo em Recurso Especial nº 1.604.544-SP, STJ, 6ª Turma, unânime, Rel. Min. Sebastião Reis Júnior, julgado em 1.9.2020, publicado no DJ em 9.9.2020).*

Art. 781. As sentenças estrangeiras não serão homologadas, nem as cartas rogatórias cumpridas, se contrárias à ordem pública e aos bons costumes.

Além dos requisitos próprios (adiante vistos), normalmente de natureza *formal*, estipula-se que não serão cumpridas rogatórias, nem homologadas sentenças estrangeiras quando houver contrariedade à ordem pública e aos bons costumes.

Art. 782. O trânsito, por via diplomática, dos documentos apresentados constituirá prova bastante de sua autenticidade.

A finalidade é evidente: evitar burocracia, conferindo-se autenticidade a todos os documentos que instruam pedidos de homologação de sentença estrangeira ou cumprimento de carta rogatória quando o trânsito tiver sido realizado por via diplomática.

CAPÍTULO II
Das Cartas Rogatórias

Art. 783. As cartas rogatórias serão, pelo respectivo juiz, remetidas ao Ministro da Justiça, a fim de ser pedido o seu cumprimento, por via diplomática, às autoridades estrangeiras competentes.

Nas hipóteses de carta rogatória ser expedida para cumprimento no exterior, caberá ao Ministro da Justiça requerer a diligência às autoridades estrangeiras.

Anotamos também aqui que, nos termos do art. 222-A, CPP (na redação que lhe conferiu a Lei nº 11.900/2009), somente serão expedidas cartas rogatórias em que se demonstrar, *previamente*, a imprescindibilidade da diligência requerida.

Jurisprudência

783. [...] Nas relações jurisdicionais com autoridade estrangeira, o legislador ordinário estabeleceu, como regra, a via diplomática para a prática de atos processuais fora do território nacional, instituindo a carta rogatória como o seu instrumento, nos termos dos artigos 783 e seguintes do Código de Processo Penal. 2. Os acordos de assistência jurídica em matéria penal celebrados com diversos países, por meio dos quais é instituída uma via mais célere para a prática de atos processuais, não se confundem com o instituto da carta rogatória. 3. A impossibilidade de se produzir a prova testemunhal pretendida pela defesa por intermédio do acordo bilateral celebrado com o Governo dos Estados Unidos da América não é fundamento, por si só, para o indeferimento do pleito, tendo em vista a existência da via diplomática residual representada pela carta rogatória, desde que preenchidos os requisitos previstos nos artigos 222-A e 783, ambos do Código de Processo Penal, cujo cumprimento ou não é decisão soberana do País requerido. 4. Ordem concedida para cassar a decisão que indeferiu a oitiva de testemunhas residentes nos Estados Unidos da América arroladas pela defesa, determinando-se que o magistrado singular avalie se o pleito preenche os requisitos elencados nos artigos 222-A e 783, ambos do Código de Processo Penal (*Habeas Corpus nº 208.663-SP, STJ, 5ª Turma, Rel. Min. Jorge Mussi, julgado em 2.10.2014, publicado no DJ em 10.10.2014*).

Art. 784. As cartas rogatórias emanadas de autoridades estrangeiras competentes não dependem de homologação e serão atendidas se encaminhadas por via diplomática e desde que o crime, segundo a lei brasileira, não exclua a extradição.

§ 1º As rogatórias, acompanhadas de tradução em língua nacional, feita por tradutor oficial ou juramentado, serão, após *exequatur* do presidente do Supremo Tribunal Federal, cumpridas pelo juiz criminal do lugar onde as diligências tenham de efetuar-se, observadas as formalidades prescritas neste Código.

§ 2º A carta rogatória será pelo presidente do Supremo Tribunal Federal remetida ao presidente do Tribunal de Apelação do Estado, do Distrito Federal, ou do Território, a fim de ser encaminhada ao juiz competente.

§ 3º Versando sobre crime de ação privada, segundo a lei brasileira, o andamento, após o *exequatur*, dependerá do interessado, a quem incumbirá o pagamento das despesas.

§ 4º Ficará sempre na secretaria do Supremo Tribunal Federal cópia da carta rogatória.

784.1. Competência para *concessão do exequatur*: Anteriormente conferida ao Supremo Tribunal Federal (art. 102, I, *h*, CF/88), após a Emenda Constitucional nº 45, de 8.12.2004, a competência para a concessão de *exequatur* às cartas rogatórias é do Superior Tribunal de Justiça (art. 105, I, *i*, CF/88). A homologação é competência do Presidente do STJ (art. 2º, Resolução nº 9/05), cabendo de sua decisão agravo (art. 11). Requisito fundamental já aqui estabelecido: se não for possível a extradição pelo crime relacionado ao pedido, não será concedido o *exequatur* à carta rogatória.

No caso de cartas rogatórias oriundas de autoridades estrangeiras (diversamente do que se verifica no art. 783, CPP), não há necessidade de homologação e serão encaminhadas pelo Ministério das Relações Exteriores diretamente ao Superior Tribunal de Justiça.

Em se tratando de ação penal privada (nos termos da legislação brasileira), após a concessão do *exequatur* o andamento do feito dependerá de impulso do interessado, incumbindo-lhe, dentre outras coisas, o pagamento das despesas (§ 3º).

784.2. Tradução da carta rogatória vinda do exterior: Dispõe o § 1º que seria necessário acompanhar a rogatória a devida tradução. Compreendemos que a tramitação feita por meios diplomáticos, desde que traduzida para a língua portuguesa brasileira, dispensa a exigência de tradutor oficial ou juramentado (art. 782, CPP).

784.3. Cumprimento da carta rogatória: Diversamente do que previsto nos §§ 1º e 2º do art. 784 do CPP, de acordo com o art. 109, X, CF, compete aos juízes federais processar e julgar a *execução* da carta rogatória. Tanto é assim que está expresso no art. 13, Resolução 9/05, STJ, que "*a carta rogatória, depois de concedido o exequatur, será remetida para cumprimento pelo Juízo Federal competente*". Pelo mesmo motivo, há de se compreender que o comando inserto no § 2º, atualmente, direciona-se aos Tribunais Regionais Federais respectivos.

784.4. Procedimento: Diante do silêncio de minúcias procedimentais no âmbito do Código de Processo Penal, encontram-se na Resolução 9/STJ algumas diretrizes fundamentais acerca de como se dará o cumprimento da carta rogatória.

A parte interessada deverá ser citada para, querendo, no prazo de 15 (quinze) dias, impugnar a carta rogatória (art. 8º, *caput*). Por óbvio, poderá ser dispensada a oitiva prévia se desse ato puder resultar a ineficácia da cooperação internacional solicitada (por exemplo, uma busca e apreensão). Há restrição aos limites da impugnação, que somente poderá versar sobre a autenticidade dos documentos, inteligência da decisão e observância da forma do processamento (art. 9º, *caput*). Ocorrendo impugnação às rogatórias decisórias, poderá haver a distribuição do feito para um dos integrantes da Corte Especial do STJ (§ 2º do art. 9º). É obrigatória a intervenção do Ministério Público (no caso, Federal, por intermédio de subprocuradores-gerais da República), que terá prazo de 10 (dez) dias para manifestação. Das decisões do Presidente nas rogatórias, cabe agravo para a Corte Especial. Já das decisões proferidas pelo Juízo Federal (no cumprimento), cabem embargos no prazo de 10 (dez) dias, por qualquer interessado ou pelo Ministério Público. Mas a decisão será do Presidente do STJ (art. 11 e § 1º), que, por sua vez, poderá (tal como previsto no *caput*) ser objeto de agravo (§ 2º).

Jurisprudência

784.4. [...] 1. Compete ao Superior Tribunal de Justiça, exclusivamente, como antes competia ao Supremo Tribunal Federal, a análise dos requisitos para a concessão de *exequatur* às cartas rogatórias, nos termos do art. 105 da Constituição da República e do art. 216-O do Regimento Interno do Superior Tribunal de Justiça. 2. A carta rogatória e o auxílio direto convivem no ordenamento jurídico como sistemas de cooperação internacional em matéria penal, entretanto são institutos com ritos e procedimentos diversos, mormente em razão das normas aplicáveis e da origem da decisão que ensejou o pedido estrangeiro. 3. O pedido de assistência direta dos Estados Unidos da América (*mutual legal assistance*) firmou-se no Acordo de Assistência Judiciária em Matéria Penal, celebrado entre Brasil e Estados Unidos, devidamente integrado ao nosso ordenamento jurídico. A jurisprudência do Supremo Tribunal Federal e do Superior Tribunal de Justiça é no sentido de que os tratados e convenções internacionais de caráter normativo incorporados ao sistema jurídico brasileiro têm eficácia de lei ordinária e força normativa. 4. Na carta rogatória passiva, existe decisão judicial oriunda de juízos ou tribunais estrangeiros que, para serem executados em território nacional, precisam do juízo de delibação do Superior Tribunal de Justiça, sem, contudo, adentrar-se no mérito da decisão proveniente do país alienígena. No auxílio direto, há um pedido de assistência do Estado estrangeiro diretamente ao Estado rogado, no exercício de atividade investigatória, para que este preste as informações solicitadas ou, havendo necessidade legal, submeta o pedido à Justiça Federal competente para julgar a providência requerida (medidas acautelatórias), conforme o caso concreto. A assistência direta decorre de acordo ou tratado internacional de cooperação em que o Brasil é, necessariamente, signatário. 5. No caso em apreço, não há decisão judicial norte-americana a ser submetida ao juízo delibatório do Superior Tribunal de Justiça. O que se tem é pedido de assistência direta formulado por autoridade estrangeira no exercício de atividade investigatória, dirigido à autoridade congênere no Brasil, qual seja, o Ministério Público Federal, que, no intuito de cooperação internacional, submeteu o pedido estrangeiro ao crivo da Justiça Federal do Estado do Rio de Janeiro. 6. Prescindibilidade da concessão do *exequatur*, uma vez que o pedido estrangeiro não se amolda na definição de carta rogatória, podendo, dessa forma, prosseguir o feito como auxílio direto. Precedentes. 7. Agravo interno desprovido. *(Agravo Interno na Carta Rogatória n. 11.165, STJ, Corte Especial, unânime, Rel. Min. Laurita Vaz, julgado em 6.9.2017, publicado no DJ em 15.9.2017).*

784.4. [...] Carta Rogatória encaminhada pelo Ministério das Relações Exteriores a pedido da Embaixada da Bélgica, com o fim de verificar possível crime de lavagem de dinheiro envolvendo o empresário brasileiro descrito nestes autos, por solicitação do juízo de instrução, do Tribunal de Primeira Instância de Bruxelas, Bélgica. *Exequatur* deferido integralmente. Impugnação apresentada juntamente com embargos declaratórios recebida, com arrimo nos arts. 8º, parágrafo único, e 13, §§ 1º e 2º, da Resolução nº 9, de 4 de maio de 2005. Os embargos de declaração são cabíveis quando houver no acórdão ou sentença omissão, contradição ou obscuridade, nos termos do art. 535, I e II, do CPC, ou para sanar erro material. *In casu*, os embargos de declaração merecem acolhimento apenas para sanar as omissões relativas aos (i) fundamentos que reconheceram a validade dos documentos que embasam a presente carta rogatória; (ii) impossibilidade de recusa à jurisdição belga; (iii) incidência da Resolução nº 9, de 4 de maio de 2005, deste STJ, Lei nº 9.613/98 e Lei Complementar 105/2001; e (iv) pedido de honorários advocatícios a título de sucumbência. A pretensão de anular o feito por conta da citação editalícia não subsiste ante o recebimento impugnação, *ex vi* dos arts. 8º, parágrafo único, e 13, §§ 1º e 2º, da Resolução nº 9, de 4 de maio de 2005, conferindo ao interessado o exercício da ampla defesa e do contraditório (Precedente: AgRg no CR 1.596-EX, Rel. Min. Barros Monteiro, *DJ* de 10 de dezembro de 2007). Exegese do § 1º, do art. 249, do CPC, ao dispor que o ato não repetirá nem se lhe suprirá a falta quando não prejudicar a parte. Portanto, exercido o direito de defesa, não há falar em anulação do *exequatur* em razão da citação via edital, à luz do princípio *pas des nullités sans grief* (Precedentes: REsp 986.250-SP, decisão monocrática do Relator, Ministro Luiz Fux, *DJ* de 30.4.2008; RMS 18.923-PR, Rel. Min. Teori Albino Zavascki, Primeira Turma, *DJ* de 12.4.2007; AgRg no Ag 798.826-SP, Rel. Min. Herman Benjamin, Segunda Turma, *DJ* de 19.12.2007). A título de argumento obter *ditcum*, fora formulado pedido de busca e apreensão pelo juízo rogante, reclamando, na espécie, o contraditório diferido, sob pena de frustrar-se o ato de cooperação internacional, consoante o art. 8º, parágrafo único, do Resolução 9, de 4 de maio de 2005, deste sodalício (Precedente da Suprema Corte: HC 90.485-SP, Rel. Min. Cezar

Peluso, Segunda Turma, *DJ* de 8 de junho de 2007). A Resolução/STJ nº 9/2005, nos parágrafos do seu art. 13, prevê a possibilidade de o interessado exercer o seu direito de defesa por meio de embargos e/ou agravo regimental contra qualquer decisão proferida no cumprimento de carta rogatória. É que as medidas cautelares, em nosso sistema processual, podem ser determinadas *inaudiatur et altera pars*; daí o contraditório postecipado. Sob este enfoque, a doutrina pátria assenta em lição clássica o seguinte: Entre nós, as medidas cautelares são, em regra, determinadas sem audiência do titular do direito restringido, de ofício ou em atenção a requerimento do Ministério Público, do ofendido ou representação da autoridade policial. As perícias são realizadas também sem participação do investigado ou de seu advogado. A observância do contraditório, nesses casos, é feita depois, dando-se oportunidade ao suspeito ou réu de contestar a providência cautelar ou de combater, no processo, a prova pericial realizada no inquérito. Fala-se em contraditório diferido ou postergado (FERNANDES, Antonio Scarance. *Processo penal constitucional*. São Paulo: Revista dos Tribunais, 1999, p. 60). Os erros de tradução não prejudicam a defesa quando o interessado oferece impugnação técnica e abrangente, sem prejuízo de o juízo rogado poder pedir esclarecimento à justiça rogante. É inviável a recusa à jurisdição estrangeira, posto tratar-se de competência relativa da justiça brasileira (art. 88 e incisos do CPC), diferentemente da absoluta (art. 89 do CPC), consoante jurisprudência uníssona da Corte Especial deste STJ: AgRg no CR 299-EX, Rel. Min. Barros Monteiro, Corte Especial, *DJ* de 18.8.2006; AgRg na CR 2.497-EX, Rel. Min. Barros Monteiro, Corte Especial, *DJ* de 10.10.2007. 10. Deveras, a carta rogatória é apenas um instrumento para colheita de um elemento a ser apreciado em determinado Tribunal, que será ou não competente (*RTJ* 87/404). Outrossim, ainda que o juízo rogante tenha deduzido seu requerimento antes da promulgação da Resolução nº 9, de 4 de maio de 2005, deste STJ, infere-se que a incidência desta se revela inarredável, porquanto o escopo da mesma foi no sentido de regulamentar o trâmite dos pedidos de homologação de sentença estrangeira e cartas rogatórias no âmbito desta corte superior de justiça, por força da edição da Ementa Constitucional nº 45/2004. Destarte, a remessa do feito ao STJ, por força de atribuição de competência absoluta, impõe a observância da Resolução em questão. A aplicação da Lei nº 9.613/98 é inquestionável, face o juízo rogante investigar supostos crimes de lavagem de dinheiro, razão pela qual o Brasil, ao editar o Decreto nº 5.015, de 12 de março de 2004, tornou-se subscritor da Convenção das Nações Unidas contra o Crime Organizado Transnacional (Convenção de Palermo), a qual expressamente prevê, em seu art. 18, a realização de diligências de busca ou apreensão e se perfaz suficiente a denotar cooperação entre Brasil e Bélgica. A Lei Complementar 105/2001 apenas serviu como supedâneo do acórdão ora embargado para a decretação da quebra do sigilo bancário do interessado por estar configurado, em tese, crime de lavagem de dinheiro (art. 1º, § 4º, VIII, do aludido diploma legal). A questão que gravita em torno do envolvimento do interessado na atividade criminosa descrita no pedido do juízo rogante diz respeito ao *meritum causae* e extrapola a competência deste sodalício, na linde do disposto no art. 9º da Resolução nº 9, de 4 de maio de 2005, deste STJ (Precedentes: AgRg na CR 2.497-US, Rel. Min. Barros Monteiro, Corte Especial, DJ de 10.12.2007 e AgRg na CR 733-EX, Rel. Min. Cesar Asfor Rocha, Corte Especial, *DJ* de 10.4.2006). A soberania nacional ou a ordem pública não restaram afetadas, porquanto a novel ordem de cooperação jurídica internacional, encartada na Convenção de Palermo, prevê a possibilidade da concessão de *exequatur* em medidas de caráter executório, em seus arts. 12, partes 6 e 7; e 13, parte 2. Impugnação afastada e acolhimento dos embargos de declaração apenas para sanar as omissões apontadas, sem condenação em custas e honorários advocatícios a título de sucumbência, *ex vi* do art. 1º, parágrafo único, da Resolução/STJ nº 905/2005 (*Embargos de Declaração na Carta Rogatória nº 438/BE, STJ, Corte Especial, Rel. Min. Luiz Fux, publicado no* DJ *em 20.10.2008*).

Art. 785. Concluídas as diligências, a carta rogatória será devolvida ao presidente do Supremo Tribunal Federal, por intermédio do presidente do Tribunal de Apelação, o qual, antes de devolvê-la, mandará completar qualquer diligência ou sanar qualquer nulidade.

Também aqui a devida adaptação: a devolução se dará ao Presidente do Superior Tribunal de Justiça pelo Presidente do Tribunal Regional Federal respectivo. De acordo com o art. 14, Resolução 9/STJ, restando cumprida a carta rogatória, deverá ser devolvida no prazo de 10 (dez) dias ao Presidente do STJ, que, por sua vez, em igual prazo, por intermédio do Ministério da Justiça ou do Ministério das Relações Exteriores, encaminhará à autoridade judiciária requisitante.

Art. 786. O despacho que conceder o *exequatur* marcará, para o cumprimento da diligência, prazo razoável, que poderá ser excedido, havendo justa causa, ficando esta consignada em ofício dirigido ao presidente do Supremo Tribunal Federal, juntamente com a carta rogatória.

Não há previsão de tempo específico para cumprimento da carta rogatória a qual se concedeu o *exequatur*, dispondo a Lei que o competente (Presidente do STJ) deverá fixar um prazo *razoável*, que, por sua vez, poderá ser excedido se devidamente justificado.

CAPÍTULO III
Da Homologação das Sentenças Estrangeiras

Art. 787. As sentenças estrangeiras deverão ser previamente homologadas pelo Supremo Tribunal Federal para que produzam os efeitos do art. 7º do Código Penal.

Anteriormente prevista ao Supremo Tribunal Federal (art. 102, I, *h*, CF/88), após a Emenda Constitucional nº 45, de 8.12.2004, a competência para a homologação de *sentenças* estrangeiras e a concessão de *exequatur* às cartas rogatórias é do Superior Tribunal de Justiça (art. 105, I, *i*, CF/88).

Tratada agora como homologação de *decisão* estrangeira, ela é de competência do Presidente do STJ (art. 216-A, RISTJ, na redação da Emenda Regimental nº 24, de 2016), cabendo de sua decisão agravo (art. 216-M, RISTJ). Mais: unicamente se houver contestação à homologação, o processo será distribuído para um dos membros integrantes da Corte Especial (art. 216-K, RISTJ).

Aqui um problema inicial. Anteriormente, quando a competência era do Supremo Tribunal Federal, a (agora revogada) alínea *h* do inciso I do art. 102 da CF previa "a homologação das sentenças estrangeiras e a concessão do *exequatur* às cartas rogatórias, *que podem ser conferidas pelo regimento interno a seu presidente*". Entretanto, na redação atual da alínea *i* do inciso I do art. 105 da CF nada se previu quanto à possibilidade de delegação pelos regimentos internos ao presidente.

O detalhamento do procedimento está nas subdivisões do art. 216 do RISTJ, na redação conferida a partir da Emenda Regimental nº 24, de 2016:

> Art. 216-C. *A homologação da decisão estrangeira será proposta pela* parte requerente, devendo a petição inicial conter os requisitos indicados na lei processual, bem como os previstos no art. 216-D, e ser instruída com o original ou cópia autenticada da decisão homologanda e de outros documentos indispensáveis, devidamente traduzidos por tradutor oficial ou juramentado no Brasil e chancelados

pela autoridade consular brasileira competente, quando for o caso. *(Alterado pela Emenda Regimental nº 24, de 2016)*

Art. 216-D. A decisão estrangeira deverá: *(Alterado pela Emenda Regimental nº 24, de 2016)*

I – ter sido proferida por autoridade competente; *(Incluído pela Emenda Regimental nº 18, de 2014)*

II – conter elementos que comprovem terem sido as partes regularmente citadas ou ter sido legalmente verificada a revelia; *(Incluído pela Emenda Regimental nº 18, de 2014)*

III – ter transitado em julgado. *(Incluído pela Emenda Regimental nº 18, de 2014)*

Art. 216-E. Se a petição inicial não preencher os requisitos exigidos nos artigos anteriores ou apresentar defeitos ou irregularidades que dificultem o julgamento do mérito, o Presidente assinará prazo razoável para que o requerente a emende ou complete. *(Incluído pela Emenda Regimental nº 18, de 2014)*

Parágrafo único. Após a intimação, se o requerente ou o seu procurador não promover, no prazo assinalado, ato ou diligência que lhe for determinada no curso do processo, será este arquivado pelo Presidente. *(Incluído pela Emenda Regimental nº 18, de 2014)*

Art. 216-F. Não será homologada a decisão estrangeira que ofender a soberania nacional, a dignidade da pessoa humana e/ou a ordem pública. *(Redação dada pela Emenda Regimental n. 24, de 2016)*

Art. 216-G. *Admitir-se-á a tutela provisória nos procedimentos de* homologação de decisão estrangeira. *(Redação dada pela Emenda Regimental n. 24, de 2016)*

Art. 216-H. A parte interessada será citada para, no prazo de quinze dias, contestar o pedido. *(Incluído pela Emenda Regimental nº 18, de 2014)*

Parágrafo único. A defesa somente poderá versar sobre a inteligência da decisão alienígena e a observância dos requisitos indicados nos arts. 216-C, 216-D e 216-F. *(Incluído pela Emenda Regimental nº 18, de 2014)*

Art. 216-I. Revel ou incapaz o requerido, dar-se-lhe-á curador especial, que será pessoalmente notificado. *(Incluído pela Emenda Regimental nº 18, de 2014)*

Art. 216-J. Apresentada contestação, serão admitidas réplica e tréplica em cinco dias. *(Incluído pela Emenda Regimental nº 18, de 2014)*

Art. 216-K. Contestado o pedido, o processo será distribuído para julgamento pela Corte Especial, cabendo ao relator os demais atos relativos ao andamento e à instrução do processo. *(Incluído pela Emenda Regimental nº 18, de 2014)*

Parágrafo único. O relator poderá decidir monocraticamente nas hipóteses em que já houver jurisprudência consolidada da Corte Especial a respeito do tema. *(Incluído pela Emenda Regimental nº 18, de 2014)*

Art. 216-L. O Ministério Público terá vista dos autos pelo prazo de quinze dias, podendo impugnar o pedido. *(Redação dada pela Emenda Regimental n. 24, de 2016)*

Art. 216-M. Das decisões do Presidente ou do relator caberá agravo. *(Incluído pela Emenda Regimental nº 18, de 2014)*

Art. 216-N. A decisão estrangeira homologada será executada por carta de sentença no Juízo Federal competente. *(Redação dada pela Emenda Regimental n. 24, de 2016)*

A razão da exigibilidade da homologação da sentença estrangeira parece-nos óbvia: a preservação da soberania nacional, embora assumidos compromissos de cooperações internacionais para a repressão à criminalidade.

De acordo com o art. 9º, Código Penal (pela redação da reforma de 1984, que não é mais o art. 7º, como referido no *caput* do art. 787 do CPP), a sentença estrangeira pode ser homologada no Brasil quando a aplicação da Lei produzir as mesmas consequências. Dispõe o artigo em comento:

> Art. 9º A sentença estrangeira, quando a aplicação da Lei brasileira produz na espécie as mesmas consequências, pode ser homologada no Brasil para:
>
> I - obrigar o condenado à reparação do dano, a restituições e a outros efeitos civis;
>
> II - sujeitá-lo a medida de segurança.
>
> Parágrafo único. A homologação depende:
>
> a) para os efeitos previstos no inciso I, de pedido da parte interessada;
>
> b) para os outros efeitos, da existência de tratado de extradição com o país de cuja autoridade judiciária emanou a sentença, ou, na falta de tratado, de requisição do Ministro da Justiça.

Para fins de extradição, não havia óbice a que se decretem prisões preventivas. Inclusive o tema foi mais bem regulamentado, primeiramente, pela Lei nº 12.878, de 4 de novembro de 2013, que, alterando o Estatuto do Estrangeiro, deu nova redação ao art. 82 da Lei nº 6.815, de 1980, possibilitando que "*o Estado interessado na extradição poderá, em caso de urgência e antes da formalização do pedido de extradição, ou conjuntamente com este, requerer a prisão cautelar do extraditando por via diplomática ou, quando previsto em tratado, ao Ministério da Justiça, que, após exame da presença dos pressupostos formais de admissibilidade exigidos nesta Lei ou em tratado, representará ao Supremo Tribunal Federal*". Destacamos que o tema, agora, é regulado pelo art. 84 da Lei nº 13.445, de 24 de maio de 2017 (vigência após 180 dias da sua publicação), dispondo que "*em caso de urgência, o Estado interessado na extradição poderá, previamente ou conjuntamente com a formalização do pedido extradicional, requerer, por via diplomática ou por meio de autoridade central do Poder Executivo, prisão cautelar com o objetivo de assegurar a executoriedade da medida de extradição que, após exame da presença dos pressupostos formais de admissibilidade exigidos nesta Lei ou em tratado, deverá representar à autoridade judicial competente, ouvido previamente o Ministério Público Federal*" (remetemos para as anotações ao art. 283 do CPP).

De se referir ainda a possibilidade da chamada *transferência de procedimento criminal*, a qual, embora não tenha legislação específica no Brasil, como já reconhecido pelo Supremo Tribunal Federal, "*tem abrigo em convenções internacionais sobre cooperação jurídica, cujas normas, quando ratificadas, assumem* status *de lei federal*". Desse modo, e prosseguindo, reconheceu a Corte Suprema que, "*exsurgindo do contexto investigado, mediante o material compartilhado pelo Estado estrangeiro, a suposta prática de várias condutas ilícitas, nada impede a utilização daquelas provas nas investigações produzidas no Brasil, principalmente quando a autoridade estrangeira não impôs qualquer limitação ao alcance das informações e os meios de prova compartilhados, como poderia tê-lo feito, se fosse o caso*", sendo absolutamente "*irrelevante, desse modo, qualquer questionamento sobre a dupla tipicidade ou o princípio da especialidade, próprios do instituto da extradição*"

(Inq. 4.146-DF, STF, Tribunal Pleno, Rel. Min. Teori Zavascki, julgado em 22.6.2016, publicado no *DJ* em 4.10.2016).

Importante destacar ainda o tema da extradição executória, diferenciando-a da transferência de execução de sentença estrangeira e da transferência de pessoas condenadas para cumprimento de pena no exterior. Como destacado por ARAS e FISCHER (A transferência da Execução de Sentenças como alternativa à extradição. In: IENSUE, e CARVALHO, Luciani Coimbra de (Org.). A ordem Internacional no Século XXI – Direitos Humanos, Migração e Cooperação Jurídica. 1 ed. Rio de Janeiro: Lumen Juris, 2017, v. 1, p. 85-115), "*a transferência da execução de sentenças penais estrangeiras ou emitidas por cortes penais supranacionais é uma alternativa moderna para a concretização da Justiça criminal, seja nos casos em que a extradição ou a entrega de pessoas já condenadas não é possível por algum motivo, ou ainda nos casos em que apresenta como alternativa imediata a um pedido de extradição ou entrega. Normalmente, o direito internacional da cooperação tem-se ocupado da transferência de custódia de condenados pelo Estado requerido ao Estado ou tribunal requerente, por meio de procedimentos extradicionais ou de entrega, relegando a segundo plano o instituto da transferência da execução das penas de uma jurisdição a outra. [...] Entre nós, o instituto é estudado como "eficácia de sentença penal estrangeira" ou como homologação de sentença penal estrangeira, estando atualmente regulado pelo artigo 9º do Código Penal*". Prosseguem acentuando que "*ainda pouco aplicada em países de modernização tardia, a transferência de execução da pena permite que um Estado ou um tribunal internacional solicite a outro Estado que submeta uma pessoa que já está em seu território ao cumprimento de pena privativa de liberdade, ou a outra espécie de sanção. A homologação de sentença estrangeira tem por fim dar eficácia no território do Estado requerido a uma decisão com força de definitiva proferida pelas autoridades judiciárias do Estado ou do tribunal internacional requerente. A homologação pode ser total ou parcial. O pedido pode ser ativo ou passivo, e seu pressuposto é a existência de dupla incriminação. No Brasil, a transferência de execução penal de sentença estrangeira exige prévia homologação perante o Superior Tribunal de Justiça, e, ainda assim, é limitada pelo artigo 9º do Código Penal, a duas finalidades: cumprimento dos efeitos civis de decisão condenatória (execução civil ex delicto) e sujeição de inimputável a medida de segurança*".

Sobre o tema da transferência de execução de sentença penal condenatória, um exemplo bastante relevante é o denominado "Caso Pizzolato". Relembre-se que Henrique Pizzolato foi condenado pelo STF no bojo da Ação Penal n. 470 ("Mensalão") a 12 anos e 7 meses de prisão por corrupção. Valendo-se de documentos falsos de seu irmão, fugiu para a Itália. Descoberto o seu paradeiro, o foragido foi preso pela Interpol em solo italiano, e o Brasil pediu à Itália sua extradição executória, para cumprimento da pena em território nacional. Conforme o artigo 26 da Constituição da Itália, havendo tratado, este país extradita seus cidadãos. A questão central é: se fosse negada a entrega de um extraditando em semelhante situação, indaga-se o que poderia fazer o Estado brasileiro para fazer cumprir a decisão condenatória proferida contra tal pessoa. Sobre isso, respondem novamente ARAS e FISCHER que "*a primeira alternativa será pedir a transferência para a Itália da sentença condenatória proferida no Brasil, para que naquele país europeu esse suposto condenado cumpra a pena determinada pela Justiça brasileira. Tal solução tem fundamento no artigo 44, § 13º, da Convenção das Nações Unidas contra a Corrupção ou Convenção de Mérida (UNCAC), da qual os dois países são partes. Tem base ainda nos artigos 731 e 735 do Código de Processo Penal italiano; e no artigo 12 do Código Penal do mesmo país. [...] Assim, não sendo cabível a extradição ou a entrega de um sentenciado ou não tendo sido estas requeridas, o Estado sentenciante poderá pedir ao Estado onde se encontra a pessoa condenada que ordene sua prisão e o início da execução penal, com base na decisão condenatória baixada pelo Estado emissor, observado o direito interno do Estado receptor".*

Outro feito que ensejou muitos debates foi o conhecido "Caso Robinho" (envolvendo um jogador de futebol), brasileiro nato e que estava no Brasil, sendo incabível a extradição. No caso, o país em que exarada a sentença definitiva pediu a execução da pena no Brasil, o que foi acolhido pelo STJ. O Tribunal reconheceu expressamente que o art. 100 da Lei nº 13.445/2017 autoriza a transferência da execução da pena imposta no exterior tanto a brasileiros, natos ou naturalizados, quanto a estrangeiros que tiverem residência habitual ou vínculo pessoal no Brasil, a fim de evitar, com isso, a impunidade de brasileiros natos condenados no exterior, não sujeitos à extradição. Também reconheceu – com acerto – que a nova legislação de 2017 aplica-se a fatos anteriores a sua vigência por se tratar de norma de cooperação internacional em matéria penal.

Dentro desse tema, relevantíssimo é destacar a Lei n. 13.445, de 24 de maio de 2017 (com vigência a partir de 24.11.2017), em que se estipulou no art. 105 que "a forma do pedido de transferência de pessoa condenada e seu processamento serão definidos em regulamento", sendo que (§ 1º) "*nos casos previstos nesta Seção, a execução penal será de competência da Justiça Federal*".

Digno de registro sobre extradição é ainda a decisão tomada pelo Supremo Tribunal Federal no conhecido *Caso Batisti* (Extradição nº 1.085, publicado no *DJ* em 16.4.2010), em que, parcialmente, ao menos em nossa compreensão, foram fixadas novas premissas pela Corte Suprema de como se deve dar o ato de extradição. Em face de apertada votação, decidiu-se que a entrega do extraditando ao Estado requerente dependeria, ainda, de decisão (discricionária) do Presidente da República.

Cabe referência ainda um dos mais emblemáticos casos de extradição, julgado no ano de 2017 pelo Supremo Tribunal Federal. Em 28 de março de 2017, a 1ª Turma do Supremo Tribunal Federal deferiu extradição de Cláudia Cristina Sobral, acusada de matar seu marido com quem se casou nos Estados Unidos (quando adotou o nome de Cláudia Hoerig). Ocorre que, em 1999, a cidadã brasileira (então nata) optou voluntariamente pela nacionalidade norte-americana, jurando à bandeira americana e abrindo mão da nacionalidade brasileira. Nessa hipótese, porque ausente a possibilidade de dupla cidadania, decidiu pela primeira vez o STF que se perde a condição de *nato*. Noutras palavras, reconheceu não se aplicar o disposto no art. 5º, LI, CF ("*nenhum brasileiro será extraditado, salvo o naturalizado, em caso de crime comum, praticado antes da naturalização, ou de comprovado envolvimento em tráfico ilícito de entorpecentes e drogas afins, na forma da lei*"). Em razão disso, assentou que nenhum óbice existe para a extradição, condicionada, evidentemente, o respeito aos princípios extradicionais, especificamente no caso concreto a que os Estados Unidos da América não apliquem as penas de morte ou de prisão perpétua, bem assim observe o tempo máximo de detenção previsto na legislação brasileira (30 anos, regra vigente à época dos fatos criminosos).

Jurisprudência

787. [...] II - A transferência da execução de pena não viola o núcleo do direito fundamental contido no art. 5º, LI, da CF, pois não há entrega de brasileiro nato condenado criminalmente para cumprimento de pena em outro país.

III - A Lei n. 13.445/2017, em seu art. 100, autoriza a transferência da execução da pena imposta no exterior tanto a brasileiros, natos ou naturalizados, quanto a estrangeiros que tiverem residência habitual ou vínculo pessoal no Brasil, a fim de evitar, com isso, a impunidade de brasileiros natos condenados no exterior, não sujeitos à extradição.

IV - O disposto no art. 100 da Lei n. 13.445/2017 aplica-se aos fatos anteriores a sua vigência por se tratar de norma de cooperação internacional em matéria penal. Precedentes do STF e STJ (HDE 2.093/PT, relator Ministro João Otávio de Noronha, 17/5/2019.)

V - O sistema de contenciosidade limitada adotado pelo Brasil em matéria de homologação de sentença penal estrangeira impede a rediscussão do mérito da ação penal que resultou na condenação do cidadão brasileiro.

VI - A Lei n. 13.445/2017, ao permitir a transferência de cumprimento de pena, representa uma maior efetividade dos princípios da razoável duração do processo, evitando a incidência do *bis in idem* internacional.

VII - Pedido de homologação de sentença estrangeira julgado procedente. *Cumprimento imediato da condenação.(Homologação de Decisão Estrangeira nº 7.986-EX, STJ, Corte Especial, Rel. Min. Francisco Falcão, por maioria, julgado em 20.3.2024, publicado no DJ em 22.3.2024)*

787. Extradição. [...] *Distinguish* em relação ao disposto no Enunciado nº 421 da Súmula desta Corte. Delito praticado sem violência ou grave ameaça, e passível, no Brasil, a acordo de Não persecução penal. *[...]* Extradição negada.

1. O pedido de extradição atende aos requisitos formais previstos na Lei de Migração e no Tratado de Extradição entre o Governo da República Federativa do Brasil e o Governo da República da Coreia, promulgado pelo Decreto nº 4.152, de 2002.

2. Incidem, no caso, em tese, a dupla tipicidade e a dupla punibilidade, de acordo com as legislações brasileira e coreana.

3. O crime pelo qual se pretende a extradição não tem conotação política (art. 82, inc. VII, da Lei nº 13.445, de 2017) e suas apurações são de competência do estado requerente (art. 82, inc. III, da Lei nº 13.445, de 2017). As penas máximas são superiores a 2 anos (art. 82, inc. IV, da Lei nº 13.445, de 2017), e o extraditando não havia ainda se naturalizado quando da consumação inicial do suposto crime.

4. A presença de familiares no Brasil não impediria a extradição, de acordo com o enunciado nº 421 da Súmula do STF.

5. Situação do extraditando que difere, porém, daquela padrão prevista no referido enunciado da Súmula. O extraditando possui dois filhos menores de idade e a mãe das crianças não reside mais no território nacional, não tendo se mobilizado, após a prisão do extraditando, pai, a buscar os menores, tendo eles ficado a depender dos cuidados de amigos, ante à ausência de outros parentes.

6. O Tratado firmado livremente entre os dois países traz previsão específica e expressa quanto à possibilidade de se indeferir a extradição, sopesando-se as implicações humanitárias envolvidas e a gravidade do delito no caso específico.

7. O crime do qual o extraditando é acusado, resultaria, no Brasil, em oferecimento de acordo de não persecução penal. Independentemente do oferecimento de ANPP, mesmo em caso de eventual condenação, haveria a aplicação de regime aberto e substituição de pena privativa de liberdade por restritiva de direito.

8. Incidência dos princípios da proporcionalidade e da razoabilidade em prol dos menores, um deles nascido no Brasil, ambos aqui residentes há anos. Extradição indeferida. *(Extradição nº 1.784, Rel. Min. André Mendonça, STF, 2ª Turma, julgado em Sessão Virtual de 22.3.2024 a 3.4.2024, publicado no DJ em 5.6.2024)*

787. [...] 1. A homologação de decisões estrangeiras pelo Poder Judiciário possui previsão na Constituição Federal de 1988 e, desde 2004, está outorgada ao Superior Tribunal de Justiça, que a realiza com atenção aos ditames dos arts. 15 e 17 do Decreto-Lei n.º 4.657/1942 (LINDB), do Código de Processo Civil de 2015 (art. 960 e seguintes) e do art. 216-A e seguintes do RISTJ. 2. Nos termos dos arts. 15 e 17 da Lei de Introdução às Normas do Direito Brasileiro, 963 do

CPC/2015 e 216-C, 216-D e 216-F do Regimento Interno do Superior Tribunal de Justiça, que, atualmente, disciplinam o procedimento de homologação de sentença estrangeira, constituem requisitos indispensáveis ao deferimento da homologação, os seguintes: (i) instrução da petição inicial com o original ou cópia autenticada da decisão homologanda e de outros documentos indispensáveis, devidamente traduzidos por tradutor oficial ou juramentado no Brasil e chancelados pela autoridade consular brasileira; (ii) haver sido a sentença proferida por autoridade competente; (iii) terem as partes sido regularmente citadas ou haver-se legalmente verificado a revelia; (iv) ter a sentença transitado em julgado; (v) não ofender a soberania, a dignidade da pessoa humana e/ou ordem pública. [...] *(Homologação de Decisão Estrangeira n 1600-EX, STJ, Corte Especial, Rel. Min. Og Fernandes, julgado em 1º.9.2021, publicado no DJ em 13.9.2021)*

787. [...] O acórdão recorrido não confronta a jurisprudência desta Corte de que *'(...) se os serviços de telefonia, por meio dos quais foram interceptadas as comunicações – BlackBerry Messenger (BBM), encontravam-se ativos no Brasil, por intermédio de operadoras de telefonia estabelecidas no território nacional, o sigilo está submetido à jurisdição nacional, não sendo necessária a cooperação jurídica internacional. Precedentes' [...] (Agravo Regimental no Agravo em Recurso Especial nº 1.870.853/PR, STJ, 5ª Turma, unânime, Rel. Min. Joel Ilan Paciornik, julgado em 19.10.2021, publicado no DJ em 25.10.2021)*

787. [...] Obtenção de dados de mensagens enviadas via BBM – *Blackberry messenger.* Matéria submetida à jurisdição brasileira. Cooperação jurídica internacional. Desnecessidade [...] Esta Corte Superior firmou o entendimento de que é lícita a interceptação telemática de mensagens enviadas por meio de aparelhos *Blackberry*, e que, estando ativos no Brasil os serviços telefônicos e telemáticos por meio dos quais foram realizadas as comunicações interceptadas (independentemente do local de armazenamento do conteúdo das mensagens), com a submissão da matéria à jurisdição brasileira, como é o caso dos autos, não é necessária a cooperação jurídica internacional. Precedentes. [...] *(Recurso em Habeas Corpus n. 96.325-MT, STJ, 6ª Turma, Rel. Min. Laurita Vaz, julgado em 5.5.2020, publicado no* DJ *em 22.5.2020).*

787. [...] III – Não obstante as alegações de nulidade deduzidas no presente *writ*, verifica-se que o e. Tribunal Regional Federal da 4ª Região entendeu pela inexistência de ilegalidade na transferência/remessa das investigações da Suíça para o Brasil, seja porque não há vedação (havendo, ao contrário, previsão de ampla cooperação), seja porque a Suíça não fez restrições quanto ao uso das provas constantes de tal investigação, quando da referida remessa. IV – Nos limites afetos ao âmbito de cognição do *writ*, afigura-se legítima a providência da autoridade brasileira de, com base em material probatório obtido da Confederação Suíça, por sistema de cooperação jurídica internacional, investigar e processar o paciente pelo delito de evasão de divisas, já que se trata de fato delituoso diretamente vinculado à persecução penal objeto da cooperação, que teve como foco central delitos de corrupção e lavagem de capitais, valendo registrar que não se impôs qualquer limitação ao alcance das informações e aos meios de prova compartilhados. [...] *(Agravo Interno no Agravo Regimental no Habeas Corpus n. 449.017-PR, STJ, 5ª Turma, Rel. Ministro Félix Fischer, julgado em 18.10.2018, publicado no* DJ *em 23.10.2018).*

787. [...] VI – Entender pela impossibilidade de compartilhamento de provas por meio de cooperações jurídicas internacionais significa inviabilizar a persecução penal de, além dos crimes de evasão de divisas e de lavagem de capitais, tantos outros delitos transnacionais, como o tráfico internacional de drogas, o tráfico internacional de pessoas, a pedofilia por meio da rede mundial de computadores, o tráfico internacional de armas, entre outros. Atenta ao fenômeno da criminalidade globalizada e transnacional, essa eg. Corte Superior em diversas ocasiões tem afirmado e reafirmado a validade de provas produzidas no exterior e compartilhada por meio de cooperação jurídica internacional. [...] *(Agravo Regimental no Recurso Especial n. 1.660.712-PR, STJ, 5ª Turma, unânime, Rel. Min. Felix Fischer, julgado em 17.5.2018, publicado no* DJ *em 23.5.2018).*

787. [...] Cooperação jurídica internacional. Prova produzida no exterior. Compartilhamento. Autorização judicial de uso das provas colhidas no exterior e de quebra de sigilo bancário. Parâmetros de validade atendidos. Arts. 13 e 17 da LINDB. Convenção Internacional de Palermo e Convenção Internacional de Mérida. [...] III – *"A prova produzida no estrangeiro de acordo com a legislação de referido país pode, contudo, não ser admitida no processo em curso no território nacional se o meio de sua obtenção violar a ordem pública, a soberania nacional e os bons costumes brasileiros, em interpretação analógica da previsão do art. 17 da LINDB. [...] Na pre-*

sente hipótese, as provas encaminhadas ao MP brasileiro são legítimas, segundo o parâmetro de legalidade suíço, e o meio de sua obtenção não ofende a ordem pública, a soberania nacional e os bons costumes brasileiros, até porque decorreu de circunstância autônoma interveniente na cadeia causal, a qual afastaria a mancha da ilegalidade existente no indício primário. Não há, portanto, razões para a declaração de sua inadmissibilidade no presente processo. [...] Preliminares rejeitadas. Denúncia recebida." (APn 856/DF, Corte Especial, rel. Min. Nancy Andrighi, *DJe* 6.2.2018). IV – Nos termos do art. 13 do Decreto-Lei n. 4.657/42 – Lei de Introdução às Normas do Direito Brasileiro, a prova dos fatos ocorridos no país estrangeiro rege-se pela lei que nele vigorar, quanto ao ônus e aos meios de produzir-se. Dessa feita, verifica-se que, na hipótese, o compartilhamento das informações entre as autoridades brasileiras e holandesas observaram a legislação pertinente, em especial as Convenções multilaterais de Palermo e de Mérida, bem como o art. 13 da LINDB. [...] VI – Entender pela impossibilidade de compartilhamento de provas por meio de cooperações jurídicas internacionais significa inviabilizar a persecução penal de, além dos crimes de evasão de divisas e de lavagem de capitais, tantos outros delitos transnacionais, como o tráfico internacional de drogas, o tráfico internacional de pessoas, a pedofilia por meio da rede mundial de computadores, o tráfico internacional de armas, entre outros. Atenta ao fenômeno da criminalidade globalizada e transnacional, essa eg. Corte Superior em diversas ocasiões tem afirmado e reafirmado a validade de provas produzidas no exterior e compartilhada por meio de cooperação jurídica internacional. [...] Agravo regimental desprovido. [...] *(Agravo Regimental no Recurso Especial n. 1.656.153-PR, STJ, 5ª Turma, unânime, Rel. Min. Félix Fischer, julgado em 24.5.2018, publicado no DJ em 30.5.2018).*

787. [...] Cooperação jurídica internacional. Prova produzida no exterior. Parâmetro de validade. Admissibilidade no processo. [...] Provas ilícitas derivadas. Frutos da árvore envenenada. Exceções. Teoria da mancha purgada. Nexo de causalidade. Atenuação. Prerrogativa de foro. Conexão e continência. Competência. Desmembramento. Foro prevalente. [...] As provas obtidas por meio de cooperação internacional em matéria penal devem ter como parâmetro de validade a lei do Estado no qual foram produzidas, conforme a previsão do art. 13 da LINDB. 3. A prova produzida no estrangeiro de acordo com a legislação de referido país pode, contudo, não ser admitida no processo em curso no território nacional se o meio de sua obtenção violar a ordem pública, a soberania nacional e os bons costumes brasileiros, em interpretação analógica da previsão do art. 17 da LINDB. 4. A teoria dos frutos da árvore envenenada tem sua incidência delimitada pela exigência de que seja direto e imediato o nexo causal entre a obtenção ilícita de uma prova primária e a aquisição da prova secundária. 5. De acordo com a teoria do nexo causal atenuado ou da mancha purgada, *i)* o lapso temporal decorrido entre a prova primária e a secundária; *ii)* as circunstâncias intervenientes na cadeia probatória; *iii)* a menor relevância da ilegalidade; ou *iv)* a vontade do agente em colaborar com a persecução criminal, entre outros elementos, atenuam a ilicitude originária, expurgando qualquer vício que possa recair sobre a prova secundária e afastando a inadmissibilidade de referida prova. 6. Na presente hipótese, as provas encaminhadas ao MP brasileiro são legítimas, segundo o parâmetro de legalidade suíço, e o meio de sua obtenção não ofende a ordem pública, a soberania nacional e os bons costumes brasileiros, até porque decorreu de circunstância autônoma interveniente na cadeia causal, a qual afastaria a mancha da ilegalidade existente no indício primário. Não há, portanto, razões para a declaração de sua inadmissibilidade no presente processo. [...] *(Ação Penal n. 856-DF, STJ, Corte Especial, maioria, Rel. Min. Nancy Andrighi, julgado em 18.10.2017, publicado no DJ em 6.2.2018).*

787. [...] I – O objetivo precípuo da promulgação do *"Acordo de Assistência Judiciária em Matéria Penal entre o Governo da República Federativa do Brasil e o Governo dos Estados Unidos da América"* foi facilitar o quanto possível a cooperação e assistência judiciária mútua em matéria penal. Exatamente em razão do fim primordial do referido acordo é que suas orientações não podem impedir a mesma assistência com base em *"dispositivos de outros acordos internacionais aplicáveis"*, consoante o art. XVII do MLAT. II – O Brasil é signatário da Convenção das Nações Unidas Contra o Crime Organizado Transnacional – Convenção de Palermo – Decreto n. 5.015/2014 – que visa prevenir e combater mais eficazmente a criminalidade organizada transnacional, segundo a qual seus signatários devem "reforçar ou, se necessário, criar canais de comunicação entre as suas autoridades, organismos e serviços competentes, para facilitar a rápida e segura troca de informações relativas a todos os aspectos das infrações previstas na presente Convenção" e, ainda, "intensificar a cooperação entre as suas autoridades competentes para a aplicação da lei" (art. 27). III – Não há que se falar em ilegalidade da investigação que se iniciou após encaminhamento de notícia da existência de organização criminosa voltada para o tráfico transnacional de drogas pelo DEA – Drug Enforcement Administration para a Polícia Federal, porquanto se trata de cooperação realizada nos termos determinados pelos tratados e convenções internacionais de cooperação jurídica dos quais o Brasil é signatário. IV – Com efeito, o Brasil e o Governo do Canadá firmaram, em 27.1.1995, Tratado de Assistência Mútua em Matéria Penal, promulgado por meio do Decreto n. 6.747/2009. Nada obstante, os serviços telefônicos e telemáticos, por meio dos quais foram realizadas as comunicações interceptadas – Blackberry, encontravam-se ativos no Brasil, por intermédio de operadoras de telefonia estabelecidas no território nacional. Em matéria submetida à jurisdição brasileira, não é necessária a cooperação jurídica internacional. V – Esta Corte firmou entendimento de que "por estar instituída e em atuação no País, a pessoa jurídica multinacional submete-se, necessariamente, às leis brasileiras, motivo pelo qual se afigura desnecessária a cooperação internacional para a obtenção dos dados requisitados pelo juízo" (RMS 55.109/PR, 5ª Turma, rel. Min. Reynaldo Soares da Fonseca, *DJe* 17.11.2017). Recurso ordinário desprovido. *(RHC n. 84.100-SP, STJ, 5ª Turma, unânime, Rel. Min. Felix Fischer, julgado em 13.3.2018, publicado no* DJ *em 21.3.2018).*

787. [...] 2. A carta rogatória e o auxílio direto convivem no ordenamento jurídico como sistemas de cooperação internacional em matéria penal, entretanto são institutos com ritos e procedimentos diversos, mormente em razão das normas aplicáveis e da origem da decisão que ensejou o pedido estrangeiro. 3. O pedido de assistência direta dos Estados Unidos da América (*mutual legal assistance*) firmou-se no Acordo de Assistência Judiciária em Matéria Penal, celebrado entre Brasil e Estados Unidos, devidamente integrado ao nosso ordenamento jurídico. A jurisprudência do Supremo Tribunal Federal e do Superior Tribunal de Justiça é no sentido de que os tratados e convenções internacionais de caráter normativo incorporados ao sistema jurídico brasileiro têm eficácia de lei ordinária e força normativa. 4. Na carta rogatória passiva, existe decisão judicial oriunda de juízos ou tribunais estrangeiros que, para serem executados em território nacional, precisam do juízo de delibação do Superior Tribunal de Justiça, sem, contudo, adentrar-se no mérito da decisão proveniente do país alienígena. No auxílio direto, há um pedido de assistência do Estado estrangeiro diretamente ao Estado rogado, no exercício de atividade investigatória, para que este preste as informações solicitadas ou, havendo necessidade legal, submeta o pedido à Justiça Federal competente para julgar a providência requerida (medidas acautelatórias), conforme o caso concreto. A assistência direta decorre de acordo ou tratado internacional de cooperação em que o Brasil é, necessariamente, signatário. 5. No caso em apreço, não há decisão judicial norte-americana a ser submetida ao juízo delibatório do Superior Tribunal de Justiça. O que se tem é pedido de assistência direta formulado por autoridade estrangeira no exercício de atividade investigatória, dirigido à autoridade congênere no Brasil, qual seja, o Ministério Público Federal, que, no intuito de cooperação internacional, submeteu o pedido estrangeiro ao crivo da Justiça Federal do Estado do Rio de Janeiro. 6. Prescindibilidade da concessão do *exequatur*, uma vez que o pedido estrangeiro não se amolda na definição de carta rogatória, podendo, dessa forma, prosseguir o feito como auxílio direto. [...] *(Agravo Interno na Carta Rogatória n. 11.165 – EX, STJ, Corte Especial, unânime, Rel. Min. Laurita Vaz, julgado em 6.9.2017, publicado no DJ em 15.9.2017).*

787. [...] III – O aplicativo BlackBerry Messenger é um modal destinado ao tráfego de informações que integra o rol de sistemas de informática e telemática, gênero contemplado pela Lei n. 9.296/1996 como passível de sujeição à medida invasiva regulamentada pelo normativo, a teor do parágrafo único do seu artigo 1º ("*O disposto nesta Lei aplica-se à interceptação do fluxo de comunicações em sistemas de informática e telemática*"). Dessa forma, não prospera a aventada violação aos art. 7º, inciso III, da Lei n. 12.965/2014, e arts. 157, § 1º, e 240, § 1º, alínea *f*, ambos do Código de Processo Penal. Precedentes. IV – Na hipótese dos autos, os serviços telefônicos e telemáticos – por meio dos quais foram realizadas as comunicações interceptadas – encontravam-se ativos no Brasil, por intermédio de operadoras de telefonia estabelecidas no território nacional, independentemente do local de armazenamento do conteúdo das mensagens. V – Assim, em se tratando de matéria submetida à jurisdição brasileira, não é necessária a cooperação jurídica internacional firmada no Tratado de Assistência Mútua em Matéria Penal pela República Federativa do Brasil e o Governo do Canadá firmaram (Decreto n. 6.747/2009).

[...] (*Agravo Regimental no Recurso Especial nº 1.667.283/PR, STJ, 5ª Turma, unânime, Rel. Min. Felix Fischer, julgado em 04.12.2018, publicado no DJ em 12.12.2018*).

787. [...] Embora prevista a carta rogatória como instrumento jurídico de colaboração entre países para o cumprimento de citações, inquirições e outras diligências processuais no exterior, necessárias à instrução do feito, o ordenamento facultou meios outros, mais céleres, como convenções e tratados, para lograr a efetivação do *decisum* da autoridade judicial brasileira (artigo 780 do Código de Processo Penal). 4. A implementação da medida constritiva judicial de interceptação dos dados vinculados aos serviços PIN-TO-PIN e BBM (BlackBerryMessage) não se submete, necessariamente, aos institutos da carta rogatória e do MLAT (Mutual Legal Assistance Treaty). 5. No franco exercício da cooperação direta internacional e em prol de uma maior celeridade ao trâmite processual, inexiste pecha no fornecimento do material constrito por empresa canadense (RIM – Research In Motion), mediante ofício expedido pelo juízo e encaminhado diretamente ao ente empresarial, para o devido cumprimento da decisão constritiva. 6. Os serviços telefônicos e telemáticos encontravam-se ativos no Brasil, no qual foram perpetradas as comunicações, por intermédio das operadoras de telefonia estabelecidas no território nacional, evidenciando-se a efetiva atuação da empresa canadense em solo brasileiro, independentemente do local de armazenamento do conteúdo das mensagens realizadas por usuários brasileiros. 7. É certo que a decisão judicial de quebra de sigilo telefônico e telemático não comporta todos os nomes das possíveis pessoas que possam contactar o indivíduo constrito em seu aparelho de telefonia, sendo que, acaso obtido algum indício de novos fatos delitivos ou mesmo da participação de terceiros na prática de ilícitos, em encontro fortuito (serendipidade), não há falar em nulidade da interceptação, pois ainda que não guardem relação com os fatos criminosos e/ou constritos primevos, o material logrado deve ser considerado, possibilitando inclusive a abertura de uma nova investigação. [...] (*Recurso em Habeas Corpus nº 57.763-PR, STJ, 6ª Turma, unânime, Rel. Min. Maria Thereza de Assis Moura, julgado em 1º.10.2015, publicado no* DJ *em 15.10.2015*).

787. [...] Não se vê, no caso em tela, ofensa às disposições do Tratado de Assistência Mútua em Matéria Penal celebrado entre o Governo da República Federativa do Brasil e o Governo do Canadá – internalizado pelo Decreto 6.747/2009 –, porquanto as mensagens interceptadas foram trocadas em território brasileiro e por pessoas com residência no Brasil, sendo a interceptação, inclusive, deferida por autoridade judicial brasileira. Ressalte-se que uma das finalidades fundamentais dos tratados de cooperação jurídica em matéria penal é justamente "*a desburocratização da colheita da prova*" (MS 33.751, de minha relatoria, Primeira Turma, *DJe* de 31.3.2016), de modo que, cumpridas as exigências legais do direito interno brasileiro, eventual inobservância a formalidades previstas no acordo internacional não acarretaria a ilicitude da prova. [...] *(Inq n. 3.990-DF, STF, 2ª Turma, unânime, Rel. Min. Edson Fachin, julgado em 14.3.2017, publicado no DJ em 2.6.2017).*

787. [...] É legal a transmissão de informações – sem remessa de provas – do Ministério Público suíço e do Judiciário francês em cumprimento a acordo internacional de cooperação, relatando pagamento de propinas em aditivo contratual nas obras de expansão do metrô de São Paulo. Posterior remessa de provas e sequestro de conta aberta na Suíça por empresa *offshore* pertencente ao agente público brasileiro em decorrência do acordo de cooperação e no bojo de inquéritos lá abertos para esse fim. Ilegalidade da remessa e sequestro questionada pela empresa de fachada e rejeitada na Suíça. [...] *(AgRg no Inquérito nº 709-SP, STJ, Corte Especial, unânime, Rel. Min. João Otávio de Noronha, julgado em 2.9.2015, publicado no* DJ *em 21.9.2015).*

787. [...] Nos termos do art. 9º do Código Penal Brasileiro, a sentença estrangeira, quando a aplicação da Lei brasileira produz na espécie as mesmas consequências, pode ser homologada para obrigar o condenado à reparação do dano e a outros efeitos civis. A prescrição da pena não é causa suficiente para fins de homologação de sentença penal estrangeira. Agravo regimental improvido (*Agravo Regimental na Sentença Estrangeira nº 3.395-ES, STJ, Corte Especial, Rel. Min. Cesar Asfor Rocha, publicado no* DJ *em 5.2.2009*).

787. [...] Em nosso regime constitucional, a competência da União para "manter relações com estados estrangeiros" (art. 21, I), é, em regra, exercida pelo Presidente da República (CF, art. 84, VII), "auxiliado pelos Ministros de Estado" (CF, art. 76). A intervenção dos outros Poderes só é exigida em situações especiais e restritas. No que se refere ao Poder Judiciário, sua participação está prevista em pedidos de extradição e de execução de sentenças e de cartas rogatórias estrangeiras: "Compete ao Supremo Tribunal Federal [...] processar e julgar, originariamente [...]

a extradição solicitada por Estado estrangeiro" (CF, art. 102, I, *g*); "Compete ao Superior Tribunal de Justiça [...] processar e julgar originariamente [...] a homologação de sentenças estrangeiras e a concessão de *exequatur* às cartas rogatórias" (CF, art. 105, I, *i*); e "Aos Juízes federais compete processar e julgar [...] a execução de carta rogatória, após o *exequatur*, e de sentença estrangeira, após a homologação" (CF, art. 109, X). As relações entre Estados soberanos que têm por objeto a execução de sentenças e de cartas rogatórias representam, portanto, uma classe peculiar de relações internacionais, que se estabelecem em razão da atividade dos respectivos órgãos judiciários e decorrem do princípio da territorialidade da jurisdição, inerente ao princípio da soberania, segundo o qual a autoridade dos juízes (e, portanto, das suas decisões) não pode extrapolar os limites territoriais do seu próprio País. Ao atribuir ao STJ a competência para a "concessão de *exequatur* às cartas rogatórias" (art. 105, I, *i*), a Constituição está se referindo, especificamente, ao juízo de delibação consistente em aprovar ou não o pedido feito por autoridade judiciária estrangeira para cumprimento, em nosso país, de diligência processual requisitada por decisão do juiz rogante. É com esse sentido e nesse limite, portanto, que deve ser compreendida a referida competência constitucional. Preocupados com o fenômeno da criminalidade organizada e transnacional, a comunidade das Nações e os Organismos Internacionais aprovaram e estão executando, nos últimos anos, medidas de cooperação mútua para a prevenção, a investigação e a punição efetiva de delitos dessa espécie, o que tem como pressuposto essencial e básico um sistema eficiente de comunicação, de troca de informações, de compartilhamento de provas e de tomada de decisões e de execução de medidas preventivas, investigatórias, instrutórias ou acautelatórias, de natureza extrajudicial. O sistema de cooperação, estabelecido em acordos internacionais bilaterais e plurilaterais, não exclui, evidentemente, as relações que se estabelecem entre os órgãos judiciários, pelo regime das cartas precatórias, em processos já submetidos à esfera jurisdicional. Mas, além delas, engloba outras muitas providências, afetas, no âmbito interno de cada Estado, não ao Poder Judiciário, mas a autoridades policiais ou do Ministério Público, vinculadas ao Poder Executivo. As providências de cooperação dessa natureza, dirigidas à autoridade central do Estado requerido (que, no Brasil, é o Ministério da Justiça), serão atendidas pelas autoridades nacionais com observância dos mesmos padrões, inclusive dos de natureza processual, que devem ser observados para as providências semelhantes no âmbito interno (e, portanto, sujeitas a controle pelo Poder Judiciário, por provocação de qualquer interessado). Caso a medida solicitada dependa, segundo o direito interno, de prévia autorização judicial, cabe aos agentes competentes do Estado requerido atuar judicialmente visando a obtê-la. Para esse efeito, tem significativa importância, no Brasil, o papel do Ministério Público Federal e da Advocacia-Geral da União, órgãos com capacidade postulatória para requerer, perante o Judiciário, essas especiais medidas de cooperação jurídica. Conforme reiterada jurisprudência do STF, os tratados e convenções internacionais de caráter normativo, "[...] uma vez regularmente incorporados ao direito interno, situam-se, no sistema jurídico brasileiro, nos mesmos planos de validade, de eficácia e de autoridade em que se posicionam as leis ordinárias" (STF, ADI-MC 1480-3, Min. Celso de Mello, *DJ* de 18.5.2001), ficando sujeitos a controle de constitucionalidade e produzindo, se for o caso, eficácia revogatória de normas anteriores de mesma hierarquia com eles incompatíveis (*lex posterior derrogat priori*). Portanto, relativamente aos tratados e convenções sobre cooperação jurídica internacional, ou se adota o sistema neles estabelecido, ou, se inconstitucionais, não se adota, caso em que será indispensável também denunciá-los no foro próprio. O que não se admite, porque então sim haverá ofensa à Constituição, é que os órgãos do Poder Judiciário pura e simplesmente neguem aplicação aos referidos preceitos normativos, sem antes declarar formalmente a sua inconstitucionalidade (Súmula vinculante 10/STF). Não são inconstitucionais as cláusulas dos tratados e convenções sobre cooperação jurídica internacional (v. art. 46 da Convenção de Mérida – "Convenção das Nações Unidas contra a Corrupção" e art. 18 da Convenção de Palermo – "Convenção das Nações Unidas contra o Crime Organizado Transnacional") que estabelecem formas de cooperação entre autoridades vinculadas ao Poder Executivo, encarregadas da prevenção ou da investigação penal, no exercício das suas funções típicas. A norma constitucional do art. 105, I, *i*, não instituiu o monopólio universal do STJ de intermediar essas relações. A competência ali estabelecida – de conceder *exequatur* a cartas rogatórias – diz respeito, exclusivamente, a relações entre os órgãos do Poder Judiciário, não impedindo nem sendo incompatível com as outras formas de cooperação jurídica previstas nas referidas fontes normativas internacionais. No caso concreto, o que se tem é pedido de cooperação jurídica consistente em compartilhamento de prova, formulado por autoridade estrangeira (Procuradoria-Geral da Federação da Rússia) no exercício de atividade investigatória, dirigido à congênere autoridade brasileira (Procuradoria-Geral da República), que obteve a referida prova também no exercício de atividade investigatória extrajudicial. O compartilhamento de prova é uma das mais características medidas de cooperação jurídica internacional, prevista nos acordos bilaterais e multilaterais que disciplinam a matéria, inclusive na "Convenção das Nações Unidas contra o Crime Organizado Transnacional" (Convenção de Palermo), promulgada no Brasil pelo Decreto 5.015, de 12.3.04, e na "Convenção das Nações Unidas contra a Corrupção" (Convenção de Mérida), de 31.10.03, promulgada pelo Decreto 5.687, de 31.1.06, de que a Federação da Rússia também é signatária. Consideradas essas circunstâncias, bem como o conteúdo e os limites próprios da competência prevista no art. 105, I, *i*, da Constituição, a cooperação jurídica requerida não dependia de expedição de carta rogatória por autoridade judiciária da Federação da Rússia e, portanto, nem de *exequatur* ou de outra forma de intermediação do Superior Tribunal de Justiça, cuja competência, consequentemente, não foi usurpada. Reclamação improcedente (*Reclamação nº 2.645-SP, STJ, Corte Especial, Rel. Min. Teori Zavascki, publicado no* DJ *em 16.12.2009*).

787. [...] Passiva. Refúgio ao extraditando. Fato excludente do pedido. Concessão no curso do processo, pelo Ministro da Justiça, em recurso administrativo. Ato administrativo vinculado. Questão sobre sua existência jurídica, validade e eficácia. Cognição oficial ou provocada, no julgamento da causa, a título de preliminar de mérito. Admissibilidade. Desnecessidade de ajuizamento de mandado de segurança ou outro remédio jurídico, para esse fim, Questão conhecida. Votos vencidos. Alcance do art. 102, inc. I, alínea *g*, da CF. Aplicação do art. 3º do CPC. Questão sobre existência jurídica, validez e eficácia de ato administrativo que conceda refúgio ao extraditando é matéria preliminar inerente à cognição do mérito do processo de extradição e, como tal, deve ser conhecida de ofício ou mediante provocação de interessado jurídico na causa. [...] Passiva. Refúgio ao extraditando. Concessão no curso do processo, pelo Ministro da Justiça. Ato administrativo vinculado. Não correspondência entre os motivos declarados e o suporte fático da hipótese legal invocada como causa autorizadora da concessão de refúgio. Contraste, ademais, com norma legal proibitiva do reconhecimento dessa condição. Nulidade absoluta pronunciada. Ineficácia jurídica consequente. Preliminar acolhida. Votos vencidos. Inteligência dos arts. 1º, inc. I, e 3º, inc. III, da Lei nº 9.474/97, art. 1-F do Decreto nº 50.215/61 (Estatuto dos Refugiados), art. 1º, inc. I, da Lei nº 8.072/90, art. 168, § único, do CC, e art. 5º, inc. XL, da CF. Eventual nulidade absoluta do ato administrativo que concede refúgio ao extraditando deve ser pronunciada, mediante provocação ou de ofício, no processo de extradição. [...] Passiva. Crime político. Não caracterização. Quatro homicídios qualificados, cometidos por membro de organização revolucionária clandestina. Prática sob império e normalidade institucional de Estado Democrático de direito, sem conotação de reação legítima contra atos arbitrários ou tirânicos. Carência de motivação política. Crimes comuns configurados. Preliminar rejeitada. Voto vencido. Não configura crime político, para fim de obstar a acolhimento de pedido de extradição, homicídio praticado por membro de organização revolucionária clandestina, em plena normalidade institucional de Estado Democrático de direito, sem nenhum propósito político imediato ou conotação de reação legítima a regime opressivo. [...] Passiva. Executória. Pedido fundado em sentenças definitivas condenatórias por quatro homicídios. Crimes comuns. Refúgio concedido ao extraditando. Decisão administrativa baseada em motivação formal de justo receio de perseguição política. Inconsistência. Sentenças proferidas em processos que respeitaram todas as garantias constitucionais do réu. Ausência absoluta de prova de risco atual de perseguição. Mera resistência à necessidade de execução das penas. Preliminar repelida. Voto vencido. Interpretação do art. 1º, inc. I, da Lei nº 9.474/97. Aplicação do item 56 do Manual do Alto Comissariado das Nações Unidas – ACNUR. Não caracteriza a hipótese legal de concessão de refúgio, consistente em fundado receio de perseguição política, o pedido de extradição para regular execução de sentenças definitivas de condenação por crimes comuns, proferidas com observância do devido processo legal, quando não há prova de nenhum fato capaz de justificar receio atual de desrespeito às garantias constitucionais do condenado. [...] Pedido. Instrução. Documentos vazados em língua estrangeira. Autenticidade não contestada. Tradução algo deficiente. Possibilidade, porém, de ampla compreensão. Defesa exercida em plenitude. Defeito irrelevante. Nulidade inexistente. Preliminar repelida. Precedentes. Inteligência do art. 80, § 1º, da Lei nº 6.815/80. Eventual deficiência na tradução dos documentos que, vazados em língua estrangeira, instruem o pedido de extradição, não o torna inepto, se não compromete a plena compreensão dos textos e o exercício do direito de defesa. [...] Passiva. Executória. Extensão da cognição do Supremo Tribunal Federal.

Princípio legal da chamada contenciosidade limitada. Amplitude das questões oponíveis pela defesa. Restrição às matérias de identidade da pessoa reclamada, defeito formal da documentação apresentada e ilegalidade da extradição. Questões conexas sobre a natureza do delito, dupla tipicidade e duplo grau de punibilidade. Impossibilidade consequente de apreciação do valor das provas e de rejulgamento da causa em que se deu a condenação. Interpretação dos arts. 77, 78 e 85, § 1º, da Lei nº 6.815/80. Não constitui objeto cognoscível de defesa, no processo de extradição passiva executória, alegação de insuficiência das provas ou injustiça da sentença cuja condenação é o fundamento do pedido. [...] Julgamento. Votação. Causa que envolve questões constitucionais por natureza. Voto necessário do Ministro Presidente do Supremo Tribunal Federal. Preliminar rejeitada. Precedentes. O Ministro Presidente do Supremo Tribunal Federal tem sempre voto no julgamento dos processos de extradição. [...] Passiva. Executória. Deferimento do pedido. Execução. Entrega do extraditando ao Estado requerente. Submissão absoluta ou discricionariedade do Presidente da República quanto à eficácia do acórdão do Supremo Tribunal Federal. Não reconhecimento. Obrigação apenas de agir nos termos do Tratado celebrado com o Estado requerente. Resultado proclamado à vista de quatro votos que declaravam obrigatória a entrega do extraditando e de um voto que se limitava a exigir observância do Tratado. Quatro votos vencidos que davam pelo caráter discricionário do ato do Presidente da República. Decretada a extradição pelo Supremo Tribunal Federal, deve o Presidente da República observar os termos do Tratado celebrado com o Estado requerente, quanto à entrega do extraditando (*Extradição nº 1.085, Caso Batisti, Rel. Min. Cezar Peluso, Plenário, por maioria, julgado em 16.12.2009, publicado no* DJ *em 16.4.2010*).

Art. 788. A sentença penal estrangeira será homologada, quando a aplicação da Lei brasileira produzir na espécie as mesmas consequências e concorrem os seguintes requisitos:

I – estar revestida das formalidades externas necessárias, segundo a legislação do país de origem;

II – haver sido proferida por juiz competente, mediante citação regular, segundo a mesma legislação;

III – ter passado em julgado;

IV – estar devidamente autenticada por cônsul brasileiro;

V – estar acompanhada de tradução, feita por tradutor público.

788.1. Requisitos para a homologação da sentença estrangeira: Aqui estão estabelecidos os requisitos indispensáveis para a homologação da sentença estrangeira:

a) estar de acordo com as formalidades externas, segundo exigências do país em que exarada;
b) ter sido proferida por juiz competente (art. 788, II c/c art. 216-D, I, do RISTJ);
c) as partes devem ter sido citadas (art. 788, II c/c art. 216-D, II, RISTJ);
d) ter havido o trânsito em julgado (art. 788, III c/c art. 216-C, RISTJ);
e) estar autenticada pelo cônsul brasileiro e acompanhada de tradução por tradutor oficial ou juramentado no Brasil (art. 788, IV e V c/c art. 216-C, RISTJ).

O não atendimento e ausência de demonstração prévia de tais requisitos inviabilizam o conhecimento do pleito.

Mais: o mérito da sentença estrangeira não pode ser analisado, na medida em que a homologação se restringe à análise dos requisitos formais.

Jurisprudência

788.1 [...] O mérito da sentença estrangeira não pode ser apreciado pelo Superior Tribunal de Justiça, pois o ato homologatório restringe-se à análise dos seus requisitos formais. Precedentes. O pedido de homologação merece deferimento, uma vez que, a par da ausência de ofensa à ordem pública, reúne os requisitos essenciais e necessários a este *desideratum*, previstos na Resolução nº 9/2005 do Superior Tribunal de Justiça e dos artigos 38 e 39 da Lei nº 9.307/96. Pedido de homologação deferido (*Sentença Estrangeira Contestada nº 3.035/FR, Corte Especial, Rel. Min. Fernando Gonçalves, publicado no DJ em 31.8.2009*).

788.2. Reincidência e homologação de sentença penal estrangeira: Compreendemos que somente a homologação da sentença estrangeira é capaz de atestar a sua validade extrínseca (requisito de forma), bem como a validade formal de seu conteúdo, pelo exame de sua compatibilidade com a soberania nacional.

Nesse diapasão, considerando-se que a reincidência é causa genérica de agravamento da pena, não se pode deixar de exigir, para a sua aplicação, a estrita observância da regularidade da condenação estrangeira, sob pena de afronta à soberania popular. E somente a homologação junto à autoridade judiciária brasileira competente é que poderá satisfazer, minimamente, tais exigências.

Art. 789. O procurador-geral da República, sempre que tiver conhecimento da existência de sentença penal estrangeira, emanada de Estado que tenha com o Brasil tratado de extradição e que haja imposto medida de segurança pessoal ou pena acessória que deva ser cumprida no Brasil, pedirá ao Ministro da Justiça providências para obtenção de elementos que o habilitem a requerer a homologação da sentença.

§ 1º A homologação de sentença emanada de autoridade judiciária de Estado, que não tiver tratado de extradição com o Brasil, dependerá de requisição do Ministro da Justiça.

§ 2º Distribuído o requerimento de homologação, o relator mandará citar o interessado para deduzir embargos, dentro de dez dias, se residir no Distrito Federal, de trinta dias, no caso contrário.

§ 3º Se nesse prazo o interessado não deduzir os embargos, ser-lhe-á pelo relator nomeado defensor, o qual dentro de dez dias produzirá a defesa.

§ 4º Os embargos somente poderão fundar-se em dúvida sobre a autenticidade do documento, sobre a inteligência da sentença, ou sobre a falta de qualquer dos requisitos enumerados nos arts. 781 e 788.

§ 5º Contestados os embargos dentro de dez dias, pelo procurador-geral, irá o processo ao relator e ao revisor, observando-se no seu julgamento o Regimento Interno do Supremo Tribunal Federal.

§ 6º Homologada a sentença, a respectiva carta será remetida ao presidente do Tribunal de Apelação do Distrito Federal, do Estado, ou do Território.

§ 7º Recebida a carta de sentença, o presidente do Tribunal de Apelação a remeterá ao juiz do lugar de residência do condenado, para a aplicação da medida de segurança ou da pena acessória, observadas as disposições do Título II, Capítulo III, e Título V do Livro IV deste Código.

789.1. Legitimidade: A homologação de sentença estrangeira será requerida pela parte interessada (art. 790, CPP), devendo a petição inicial conter os requisitos constantes da Lei processual, bem como dos previstos no art. 216-D, e ser instruída com o original ou cópia autêntica do texto integral da sentença homologanda e com outros documentos indispensáveis, devidamente traduzidos e autenticados (art. 216-C, RISTJ). No caso de homologação em que tenha sido imposta medida de segurança (e desde que haja tratado de extradição), a legitimidade é do Procurador-Geral da República. Uma observação: *não* há mais possibilidade de aplicação de penas *acessórias*, restando prejudicado e extravagante o dispositivo em tempos atuais.

789.2. Possibilidade de homologação ante a ausência de tratado: A regra é que se possa solicitar a homologação de sentença quando houver tratado entre os países. Entretanto, no § 1º do art. 789 do CPP abre-se a possibilidade da homologação quando *não* houver tratado, desde que haja requisição do Ministro da Justiça.

789.3. Citação do interessado: Como se trata de um procedimento específico, fundamental a *citação* do interessado para, querendo, se manifestar. A Lei fala que o interessado apresentará *embargos*. Compreendemos que a manifestação se traduz em verdadeira contestação. Tanto é assim que, tal como constava no Regimento Interno do STF, atualmente está expresso no art. 216-H, RISTJ, que a parte interessada será citada para *contestar* o pedido de homologação de sentença estrangeira.

789.4. Prazo para a contestação: Originariamente, previa-se um prazo para contestação de 10 dias se a parte interessada residisse no Distrito Federal, e de 30 dias se em outro local. Atualmente, não se aplica mais este dispositivo, superado pela disposição do art. 8º, Resolução 9/05, que estipula o prazo de 15 (quinze) dias. Evidentemente, pode-se questionar se norma regulamentar poderia dispor em sentido contrário da legislação processual. No caso de residente no Distrito Federal, malgrado a discussão do malferimento à regra, prejuízo não haveria para a parte interessada, que teve o prazo alargado. Entretanto, nas demais situações o prazo foi reduzido pela metade.

789.5. Ausência de contestação: Não havendo manifestação da parte interessada, tal como no processo penal comum, deverá ser nomeado um defensor pelo relator do processo. O § 3º estipula que o prazo seria de 10 (dez) dias para produzir a defesa. Compreendemos que este prazo, atualmente, é de 15 dias (vide item 789.4).

789.6. Limites da discussão na contestação: Tal como na carta rogatória, a cognição é limitada. De acordo com o parágrafo único do art. 216-H, RISTJ, a defesa somente poderá versar sobre a inteligência da decisão alienígena e a observância dos requisitos indicados nos arts. 216-C, 216-D e 216-F, todos do RISTJ.

789.7. Procedimento após a homologação: De acordo com a redação do art. 109, X, CF/88, compete aos juízes federais (dentre outras) a execução de sentença estrangeira, após a homologação.

789.8. Possibilidade da denominada *transferência de procedimento criminal*: tal como referido anteriormente, a *transferência de procedimento criminal*, embora não tenha legislação específica no Brasil, como já reconhecido pelo Supremo Tribunal Federal, "*tem abrigo em convenções internacionais sobre cooperação jurídica, cujas normas, quando ratificadas, assumem* status *de lei federal*". Desse modo, e prosseguindo, reconheceu a Corte Suprema que "*exsurgindo do contexto investigado, mediante o material compartilhado pelo Estado estrangeiro, a suposta prática de várias condutas ilícitas, nada impede a utilização daquelas provas nas investigações produzidas no Brasil, principalmente quando a* *autoridade estrangeira não impôs qualquer limitação ao alcance das informações e os meios de prova compartilhados, como poderia tê-lo feito, se fosse o caso*", sendo absolutamente "*irrelevante, desse modo, qualquer questionamento sobre a dupla tipicidade ou o princípio da especialidade, próprios do instituto da extradição*" (Inq. 4.146-DF, STF, Tribunal Pleno, Rel. Min. Teori Zavascki, julgado em 22.6.2016, publicado no *DJ* em 4.10.2016).

Art. 790. O interessado na execução de sentença penal estrangeira, para a reparação do dano, restituição e outros efeitos civis, poderá requerer ao Supremo Tribunal Federal a sua homologação, observando-se o que a respeito prescreve o Código de Processo Civil.

Tal como referido anteriormente (789.1), para fins de restituição ou de outros efeitos civis, a parte interessada poderá requerer diretamente a sua homologação, mas agora perante o Superior Tribunal de Justiça.

Jurisprudência

790. [...] 2. A sentença penal estrangeira que determina a perda de bens imóveis do requerido situados no Brasil, por terem sido adquiridos com recursos provenientes da prática de crimes, não ofende a soberania nacional, porquanto não há deliberação específica sobre a situação desses bens ou sobre a sua titularidade, mas apenas sobre os efeitos civis de uma condenação penal, sendo certo que tal confisco, além de ser previsto na legislação interna, encontra arrimo na Convenção das Nações Unidas contra o Crime Organizado Transnacional (Convenção de Palermo), promulgada pelo Decreto n. 5.015/2004, e no Tratado de Cooperação Jurídica em Matéria Penal, internalizado pelo Decreto n. 6.974/2009. Precedente da Corte Especial. 3. Os bens imóveis confiscados não serão transferidos para a titularidade do país interessado, mas serão levados à hasta pública, nos termos do art. 133 do Código de Processo Penal. [...] *(Agravo Interno na Sentença Estrangeira Contestada n. 10.250- EX, STJ, Corte Especial, unânime, Rel. Min. Luis Felipe Salomão, julgado em 15.5.2019, publicado no DJ em 23.5.2019).*

790. [...] 1. A homologação, em país estrangeiro, de acordo semelhante à transação penal pátria, gera efeitos civis capazes de legitimar a vítima ou o terceiro prejudicado a executar civilmente o julgado, mas não tem o condão de impedir que a pessoa jurídica que assume a responsabilidade pelos danos causados às vítimas seja demandada. Inteligência do art. 9º, I, do Código Penal e do art. 790 do Código de Processo Penal. [...] 3. Admite-se a homologação parcial da sentença que contempla acordo penal com fins civis, em relação apenas aos parentes das vítimas que participaram do ato perante o Juízo estrangeiro. No entanto, não sendo fixados os termos do acordo quanto à reparação dos danos, carece a sentença estrangeira de certeza, com o quê deixa de atender os requisitos legais da legislação nacional. *(SEC n. 7.693-EX, STJ, Corte Especial, unânime, Rel. Min. Raul Araújo, julgado em 5.4.2017, publicado no DJ em 25.4.2017).*

....

LIVRO VI
DISPOSIÇÕES GERAIS

Art. 791. Em todos os juízos e tribunais do crime, além das audiências e sessões ordinárias, haverá as extraordinárias, de acordo com as necessidades do rápido andamento dos feitos.

O objetivo da regra em voga é bastante claro: atender à celeridade do andamento dos feitos.

Entretanto, ao menos em primeiro grau compreendemos não haver mais sentido falar em audiências *extraordinárias*, na medida em que os ritos processuais devem ser previamente obedecidos segundo estabelecido para cada caso. Toda eventual audiência que for designada além do fluxo normal do processo – como, por exemplo, ouvida de "testemunha do juízo" porque referida por terceiros – é, tecnicamente, uma audiência ordinária.

Já perante os tribunais, as sessões de julgamento são estabelecidas em dias previamente fixados. Quando necessário, especialmente em razão de acúmulo de processos para serem julgados, são designadas pautas extraordinárias. De qualquer modo, indispensável que as partes envolvidas sejam sempre previamente notificadas das sessões.

Art. 792. As audiências, sessões e os atos processuais serão, em regra, públicos e se realizarão nas sedes dos juízos e tribunais, com assistência dos escrivães, do secretário, do oficial de justiça que servir de porteiro, em dia e hora certos, ou previamente designados.

§ 1º Se da publicidade da audiência, da sessão ou do ato processual, puder resultar escândalo, inconveniente grave ou perigo de perturbação da ordem, o juiz, ou o tribunal, câmara, ou turma, poderá, de ofício ou a requerimento da parte ou do Ministério Público, determinar que o ato seja realizado a portas fechadas, limitando o número de pessoas que possam estar presentes.

§ 2º As audiências, as sessões e os atos processuais, em caso de necessidade, poderão realizar-se na residência do juiz, ou em outra casa por ele especialmente designada.

792.1. Publicidade dos atos: O regramento fundamental acerca da publicidade dos atos está assentado em nível constitucional. Dispõe o inciso IX do art. 93 da CF/88 que "*todos os julgamentos dos órgãos do Poder Judiciário serão públicos, e fundamentadas todas as decisões, sob pena de nulidade, podendo a Lei limitar a presença, em determinados atos, às próprias partes e a seus advogados, ou somente a estes, em casos nos quais a preservação do direito à intimidade do interessado no sigilo não prejudique o interesse público à informação*". Em complemento, assenta o inciso LX do art. 5º da CF/88 que "*a Lei só poderá restringir a publicidade dos atos processuais quando a defesa da intimidade ou o interesse social o exigirem*".

Como se vê, o dispositivo em tela foi recepcionado pelo ordenamento constitucional de 1988. Não se trata de possibilidade de *julgamento secreto* (a única exceção que há sobre fundamentação de decisões é dos jurados no Tribunal do Júri, mas, mesmo assim, suas decisões – se manifestamente contrárias ao que decidido pelo conselho de sentença – poderão ser revisadas se houver recurso, como visto anteriormente – vide art. 593, III, *d*, CPP).

Não só nas situações *literais* previstas no artigo em voga, mas também naquelas em que se envolvam questões de intimidade *lato sensu* (como Direito de Família e quebras de sigilos, por exemplo), poderá o juízo ou o órgão colegiado determinar que o julgamento seja feito só com a presença das partes interessadas, retirando-se do recinto as demais.

Jurisprudência

792.1. [...] 2. A CF, em seu art. 5º, XXXIII e LX, erigiu como regra a publicidade dos atos processuais, sendo o sigilo a exceção, visto que o interesse individual não pode se sobrepor ao interesse público. Tal norma é secundada pelo disposto no art. 792, caput, do CPP. A restrição da publicidade somente é admitida quando presentes razões autorizadoras, consistentes na violação da intimidade ou se o interesse público o determinar. [..]. a mera repulsa que um delito possa causar à sociedade não constitui, por si só, fundamento suficiente para autorizar a decretação de sigilo absoluto sobre os dados básicos de um processo penal, sob pena de se ensejar a extensão de tal sigilo a toda e qualquer tipificação legal de delitos, com a consequente priorização do direito à intimidade do réu em detrimento do princípio da publicidade dos atos processuais.[...] *(RMS nº 49.920-SP, STJ, 5ª Turma, Rel. Min. Reynaldo Soares da Fonseca, julgado em 2.8.2016, publicado no DJ em 10.8.2016)*

792.1. [...] O sigilo dos dados de um processo judicial não é direito subjetivo absoluto dos envolvidos. Ao contrário, interpretando-se a norma inserta no art. 792, do Código de Processo Penal, chega-se à conclusão de que a regra, para os processos regidos por esse diploma, é a da publicidade dos atos, que só será restringida nas hipóteses em que o acesso irrestrito puder resultar em escândalo, inconveniente grave ou perigo de perturbação da ordem. [...] *(RMS nº 55.420-SP, STJ, 5ª Turma Rel. Min. Jorge Mussi, julgado em 2.8.2018, publicado no DJ em 22.8.2016)*

792.2. Atos fora da sede: Prevê-se, também excepcionalmente, que os atos possam não ser realizados em outra localidade que não a sala de audiências do foro ou de sessões do tribunal. De fato, há algumas circunstâncias que impedem e recomendam que os atos processuais sejam feitos imediatamente e fora dos limites territoriais da sala de sessão. É o caso, exemplificativamente, de oitiva de testemunhas que estejam doentes e não possam se deslocar ao foro. Ou então, quando manifestamente necessário, que o interrogatório do réu seja feito em leito hospitalar (quando doente) ou no próprio presídio onde se encontra (por qualquer circunstância devidamente justificada, como doença, periculosidade etc.).

Não ecoa como conveniente a realização de audiência na *residência do juiz.* Se havia alguma justificativa razoável para a providência na década de quarenta do século passado, parece-nos que, hodiernamente, tal providência é absolutamente extravagante e não recomendável.

792.3. Interrogatório mediante carta precatória ou videoconferência.

792.3.1. Considerações gerais sobre a natureza do interrogatório: Não nos restam dúvidas de que o interrogatório é e sempre foi um dos principais meios de defesa do réu, embora alguns posicionamentos passaram a assim entender somente após a alteração do art. 185, *caput*, CPP.

Com efeito, é nele que se garante ao acusado a possibilidade de apresentar diretamente ao juízo da causa seus argumentos diante dos fatos que lhes são imputados na ação penal. Tanto assim é verdade que, corretamente em nosso juízo, o interrogatório passou a ser o último ato da instrução processual (ao menos em ritos processuais ordinário e sumário em primeiro grau), consoante disposto nos arts. 400 e 531, ambos do CPP (Lei nº 11.719/2008).

De forma expressa, consignou-se que, mediante uma maximização dos princípios do contraditório e da ampla defesa, terá (faculdade) o réu o direito de *falar por último nos autos* acerca da prova que foi produzida. Como já dissemos anteriormente, dentro de uma concepção (coerente) do *garantismo*, loas ao legislador, que conferiu mais autenticidade ao sistema acusatório, amparado constitucionalmente. Como já defendido, numa concepção de processo na qual o réu é um sujeito de direitos, o interrogatório se encontra inserido fundamentalmente no princípio da ampla defesa. Não mais como unicamente meio de prova (que continua sendo), mas substancialmente o interrogatório é uma *oportunidade* à defesa pessoal trazer sua versão. Aliás, essa defesa pessoal realizada por intermédio do interrogatório – quiçá a mais relevante, ao menos pelo prisma da *opção defensiva* – trará a coroação da contraposição à acusação formulada na peça exordial.

792.3.2. Interrogatório por intermédio de carta precatória: Não há previsão no ordenamento processual penal da possibilidade de realização de interrogatório mediante carta precatória. Em situações excepcionais, a jurisprudência admitia a realização do ato por deprecação a outro juízo, desde que presente advogado no ato processual. Compreendemos que, atualmente, não há mais sentido em admitir o procedimento. Vigora atualmente o princípio da identidade física do juiz (art. 399, § 2º, CPP – redação da Lei nº 11.719, de 2008), dispondo-se, expressamente, que o juiz que presidiu a instrução deverá proferir a sentença. De qualquer forma, todos os atos que foram assim realizados no passado não são passíveis de nulificação atualmente frente ao princípio do *tempus regit actum* (processualmente falando). Entretanto, o destaque se faz relevante na medida em que, veremos na sequência, surgiram novas discussões a respeito do modo de realização do interrogatório por videoconferência. Reportamos às anotações ao item 563.3.1 É preciso ainda referir que a jurisprudência continua admitindo o interrogatório por carta precatória, causando, ainda, um verdadeiro contrassenso, pois o argumento para a não admissão do interrogatório, à época, para a videoconferência era exatamente a ausência de previsão em lei. Vide anotações também ao item 792.3.3.

Jurisprudência

792.3.2. [...] No que concerne à apontada violação ao princípio da identidade física do juiz, em virtude da oitiva do réu ter sido realizada por carta precatória, a irresignação igualmente não merece prosperar. De fato, a Terceira Seção do Superior Tribunal de Justiça já assentou que o princípio da identidade física do juiz, introduzido no Processo Penal pela Lei 11.719/2008, não é absoluto e não impede a realização do interrogatório do réu por meio de carta precatória, porquanto sua adoção "*não pode conduzir ao raciocínio simplista de dispensar totalmente e em todas as situações a colaboração de outro juízo na realização de atos judiciais, inclusive do interrogatório do acusado, sob pena de subverter a finalidade da reforma do processo penal, criando entraves à realização da Jurisdição Penal que somente interessam aos que pretendem se furtar à aplicação da Lei*" (CC 99.023/PR, Rel. Ministro Napoleão Nunes Maia filho, Terceira Seção, julgado em 10.06.2009, *DJe* 28.08.2009). [...] (*Recurso em Habeas Corpus nº 47.729-*

SC, STJ, 5ª Turma, unânime, Rel. Min. Reynaldo Soares da Fonseca, julgado em 28.6.2016, publicado no DJ *em 1º.8.2016).*

792.3.2. [...] Com a introdução do princípio da identidade física do Juiz no processo penal pela Lei nº 11.719/08 (art. 399, § 2º do CPP), o Magistrado que presidir os atos instrutórios, agora condensados em audiência una, deverá proferir a sentença, descabendo, em regra, que o interrogatório do acusado, visto expressamente como autêntico meio de defesa e deslocado para o final da colheita da prova, seja realizado por meio de carta precatória, mormente no caso de réu preso, que, em princípio, deverá ser conduzido pelo Poder Público (art. 399, § 1º do CPP); todavia, não está eliminada essa forma de cooperação entre os Juízos, conforme recomendarem as dificuldades e as peculiaridades do caso concreto, devendo, em todo o caso, o Juiz justificar a opção por essa forma de realização do ato. A adoção do princípio da identidade física do Juiz no processo penal não pode conduzir ao raciocínio simplista de dispensar totalmente e em todas as situações a colaboração de outro juízo na realização de atos judiciais, inclusive do interrogatório do acusado, sob pena de subverter a finalidade da reforma do processo penal, criando entraves à realização da Jurisdição Penal que somente interessam aos que pretendem se furtar. [...] (*Conflito de Competência nº 99.023-PR, STJ, 3ª Seção, publicado no* DJ *em 28.8.2009*).

792.3.2. [...] Se a citação editalícia deixou de produzir eficácia processual, ficando prejudicada porque sucedida pela citação pessoal do réu que se encontrava recolhido a estabelecimento penal localizado em comarca diversa da em que se processa a ação penal, vindo a ser interrogado por meio de carta precatória e a constituir defensor que apresentou defesa prévia, inexiste ato a evidenciar ilícito constrangimento. "Habeas corpus" conhecido, mas indeferido (*Habeas Corpus nº 74.185-SP, Rel. Min. Maurício Correa, STF, 2ª Turma, publicado no* DJ *em 25.10.1996*).

792.3.2. Alegações de: [...] 3) invalidade do interrogatório realizado por Carta Precatória. [...] Alegações repelidas. [...] Nada impede a realização do interrogatório do réu, por Carta Precatória, ao menos quando se encontre preso em outra unidade da Federação [...] Prejuízo indemonstrado. "H.C." indeferido (*Habeas Corpus nº 72.648-SP, Rel. Min. Sydney Sanches, STF, 1ª Turma, publicado no* DJ *em 27.10.1996*).

....

792.3.3. Interrogatório por intermédio de videoconferência: No ano de 2005, no âmbito do Estado de São Paulo, foi editada a Lei nº 11.819, dispondo sobre a possibilidade de interrogatório por intermédio da videoconferência. No julgamento do *Habeas Corpus* nº 90-900-SP, o Plenário do Supremo Tribunal Federal declarou a inconstitucionalidade formal do regramento por ferimento ao disposto no art. 22, I, da CF/88, na medida em que é de competência exclusiva da União Federal legislar sobre matéria *processual.*

Um destaque: a relatora do processo, Min. Ellen Gracie, compreendeu não se estar diante de Lei que tratava de *processo penal*, mas sim de regulação de *procedimentos* para a efetivação do interrogatório.

Com o advento da Lei nº 11.900, de 2009, maiores questionamentos parecem não subsistir sobre a ótica da *legalidade*, pois agora há previsão expressa em Lei federal para a realização de interrogatórios por videoconferência. Nem se diga que a Lei é, *materialmente*, inconstitucional. Basta uma compreensão sistêmica para verificar que a ampla defesa não tem como ser mitigada pelo ato ser realizado virtualmente. A única diferença é que o réu não estará presente *fisicamente* diante do juiz. Mas serão garantidos a ele todos os atos como se presente estivesse.

De qualquer modo, não podemos deixar de consignar nossa incompreensão diante dos precedentes que precederam à edição da Lei no ano de 2009.

Primeiramente, deve-se ver que, tal como nas hipóteses do interrogatório por intermédio de carta precatória, nunca houve legislação processual regulando o procedimento. Mas a jurisprudência admitia o ato por precatória ou carta de ordem, sempre excepcionalmente (como deve ser hoje por videoconferência). Nos casos em que realizado por carta precatória, admitia-se (*e continua admitindo-se, vide CC nº 99.023-PR, STJ, publicado no* DJ *em 28.8.2009*) a validade dos atos. Igualmente nas hipóteses de carta de ordem (*Questão de Ordem na Ação Penal nº 470-1-DF, STF, Plenário, Rel. Min. Joaquim Barbosa, publicado no* DJ *em 14.3.2008*). Quando por videoconferência, não! Respeitosamente, não há qualquer sentido lógico diante dos precedentes jurisprudenciais se interpretados harmonicamente.

Em segundo lugar, o interrogatório por videoconferência (mesmo antes da legislação federal) era realizado assegurando-se todas as garantias do réu-interrogado: presença de advogado ao seu lado no local onde se encontrasse, outro advogado na sala de audiências (a distância), canal privativo de comunicação entre os advogados etc. Só não havia a "presença física" do interrogado perante o juiz, que, porém, poderia perceber todas as suas reações, como se presente fisicamente estivesse. Enfim: garantia-se (ao menos para nós) a ampla defesa e maximizava-se a necessidade excepcional do ato.

Malgrado todas estas considerações, a jurisprudência passou a entender que o ato malferia a ampla defesa. Pior: muitos precedentes de tribunais (que admitiam o interrogatório por carta precatória) simplesmente passaram a *repetir sistematicamente* que o interrogatório por videoconferência violava a ampla defesa, mas sem dizer os motivos, de como haveria, efetivamente, o malferimento. Do que se depreende, houve a maximização da valorização da *forma*.

Em terceiro lugar: quase que todos os precedentes jurisprudenciais que podem ser colhidos nos repertórios especialmente dos tribunais superiores determinavam a invalidade do interrogatório e de todos os atos subsequentes (aplicando na lítera o disposto no art. 573, §§ 1º e 2º, CPP), quando, é cediço, há muito se possibilitava que, se verificados motivos para a invalidade do interrogatório (desde que não houvesse prejuízo na prova produzida para o réu no primeiro ato), pudesse ser realizado *novo interrogatório*, a qualquer tempo. Mas optou-se pela aplicação pura e simples da formalidade: anulavam-se todos os *atos*, reiniciando-se o *processo* (porque o interrogatório, na época, era o *primeiro ato*).

Pior, e com todas as *vênias*, encontram-se precedentes mais incongruentes ainda, que reconheceram a nulidade do interrogatório por videoconferência e determinaram, na sequência, a adoção do novo procedimento introduzido pela Lei nº 11.719/2008, com o interrogatório sendo o *último* ato da instrução. Tivesse sido aplicada a instrumentalidade das formas, a solução seria simples (se nulidade houvesse e sob o prisma da proteção de todos os interesses envolvidos num processo criminal): determinar a realização de novo interrogatório, como ato último, expedindo-se, ao final, a sentença, sem qualquer nulificação do processo penal.

Vide anotações ao item 563.3.1.

Jurisprudência

792.3.3. [...] A utilização da videoconferência prestigia o princípio da identidade física do juiz (art. 399, § 2º, do CPP) e atende a recomendações tanto do Conselho Nacional de Justiça (Plano de Gestão para o funcionamento de Varas Criminais e de Execução Penal – item 3.8.3.2.1.3.2 e Resolução n. 105/2010) quanto do Conselho da Justiça Federal (Provimento n. 13, de 15.3.2013) que tem por escopo facilitar e agilizar o funcionamento da justiça, em busca de uma prestação jurisdicional mais célere e efetiva, em consonância com a garantia da razoável duração do processo inscrita no inc. LVIII do art. 5º da CF/88. 2. Não há direito subjetivo dos recorrentes em acompanharem por sistema de videoconferência audiência de inquirição de testemunhas realizada presencialmente perante o Juízo natural da causa, por ausência de previsão legal (artigos 185, §§ 2º, 8º e 9º, 222, § 3º, do CPP), regulamentar (Resolução n. 105/2010 do CNJ e Provimento n. 13/2013 do CJF) e principiológica (identidade física do juiz e duração razoável do processo). 3. Recurso Ordinário em *habeas corpus* a que se nega provimento. [...] *(RHC n. 77.580-RN, STJ, 5ª Turma, Rel. Min. Reynaldo Soares da Fonseca, julgado em 2.2.2017, publicado no DJ em 10.2.2017).*

792.3.3. [...] A Lei nº 11.819/05 do Estado de São Paulo viola, flagrantemente, a disciplina do art. 22, inciso I, da Constituição da República, que prevê a competência exclusiva da União para legislar sobre matéria processual. *Habeas corpus* concedido (*Habeas Corpus nº 90.900-SP, STF, Rel. Min. Ellen Gracie, Relator para o acórdão Ministro Menezes Direito, STF, Plenário, publicado no* DJ *em 23.10.2009*).

792.3.3. [...] Limitação ao exercício da ampla defesa, compreendidas a autodefesa e a defesa técnica. Insulto às regras ordinárias do local de realização dos atos processuais penais e às garantias constitucionais da igualdade e da publicidade. Falta, ademais, de citação do réu preso, apenas instado a comparecer à sala da cadeia pública, no dia do interrogatório. Forma do ato determinada sem motivação alguma. Nulidade processual caracterizada. HC concedido para renovação do processo desde o interrogatório, inclusive. Inteligência dos arts. 5º, LIV, LV, LVII, XXXVII e LIII, da CF, e 792, *caput* e § 2º, 403, 2ª parte, 185, *caput* e § 2º, 192, § único, 193, 188, todos do CPP. Enquanto modalidade de ato processual não prevista no ordenamento jurídico vigente, é absolutamente nulo o interrogatório penal realizado mediante videoconferência, sobretudo quando tal forma é determinada sem motivação alguma, nem citação do réu (*Habeas Corpus nº 88.914-SP, STF, Rel. Min. Cezar Peluso, STF, 2ª Turma, publicado no* DJ *em 5.10.2007*).

792.3.3. [...] O interrogatório por videoconferência não coadunava com o ordenamento jurídico vigente à época, visto que não existia Lei federal, nos idos do ano de 2006, que respaldasse a realização do ato processual tal como foi feito, somente Lei estadual, o que enseja a nulidade da audiência. Precedentes do STJ e do STF. Não obstante a superveniente Lei federal, que disciplinou a matéria e alterou o Código de Processo Penal (Lei nº 11.900/09), a Lei nº 11.819/05, do Estado de São Paulo, foi declarada inconstitucional, em controle difuso, pelo Pleno do Supremo Tribunal Federal (HC nº 90.900 – extensão/SP, *DJe* de 13.2.09). Ordem concedida a fim de anular o processo, desde o interrogatório judicial, inclusive, determinando-se que outro se realize em consonância com o Código de Processo Penal, devendo o paciente aguardar em liberdade o trânsito em julgado da ação penal, se por outro motivo não estiver preso, mediante o compromisso de comparecimento a todos os atos do processo a que for chamado, sob pena de revogação da medida (*Habeas Corpus nº 91.445-SP, STJ, Rel. Min. Maria Thereza de Assis Moura, 6ª Turma, publicado no* DJ *em 16.11.2009*).

Art. 793. Nas audiências e nas sessões, os advogados, as partes, os escrivães e os espectadores poderão estar sentados. Todos, porém, se levantarão quando se dirigirem aos juízes ou quando estes se levantarem para qualquer ato do processo.

Parágrafo único. Nos atos da instrução criminal, perante os juízes singulares, os advogados poderão requerer sentados.

Regra extravagante e dispõe de *rito* com cunho eminentemente *reverencial*. Não vemos qualquer sentido na aplicabilidade da lítera do que aqui disposto, embora ainda se adote em tribunais superiores a providência de que todas as pessoas fiquem em pé quando da entrada na sala dos julgadores. Também se mantém certa tradição nos julgamentos perante órgãos colegiados em que são feitas em pé as sustentações orais ou *questões de ordem* da tribuna, e, de igual modo, no Tribunal do Júri as partes (acusação e defesa) fazem suas manifestações perante o conselho ou diante das testemunhas e réus.

Art. 794. A polícia das audiências e das sessões compete aos respectivos juízes ou ao presidente do tribunal, câmara, ou turma, que poderão determinar o que for conveniente à manutenção da ordem. Para tal fim, requisitarão força pública, que ficará exclusivamente à sua disposição.

Regra geral que atribui ao juiz ou presidente do Tribunal poderes de polícia na condução das audiências e julgamentos. Tal como destacado no item 497, CPP (que trata especificamente do *poder de polícia* no caso do Tribunal do Júri), aqui também a finalidade precípua é que se garantam a regularidade e ordem das sessões e julgamentos.

Se necessário, poderá requisitar auxílio de força (policial) pública, que ficará à sua disposição.

Art. 795. Os espectadores das audiências ou das sessões não poderão manifestar-se.

Parágrafo único. O juiz ou o presidente fará retirar da sala os desobedientes, que, em caso de resistência, serão presos e autuados.

Norma que trata do comportamento dos espectadores na sessão de julgamento. Apenas estão autorizados a se manifestar os julgadores, o Ministério Público e os advogados envolvidos na causa, dentro de seus respectivos tempos e momentos adequados, salvo, é verdade, quando necessário destacar alguma questão de ordem sobre matéria de fato.

Sendo o condutor do regular desenvolvimento do ato processual, o juiz (se em primeiro grau) ou o presidente do órgão colegiado poderão, dentro dos poderes de polícia que lhes são reservados, determinar a retirada de alguma pessoa que esteja desrespeitando os ritos dos julgamentos.

Art. 796. Os atos de instrução ou julgamento prosseguirão com a assistência do defensor, se o réu se portar inconvenientemente.

É direito fundamental do réu a presença em todos os atos processuais. Entretanto, em situações absolutamente excepcionais, poderá ser determinada a retirada do réu do recinto em que se realiza o ato processual. Primeiro, pela disposição da regra em comento, se estiver se portando de forma absolutamente inconveniente. Depois, se presente a circunstância do art. 217, CPP, que dispõe expressamente que se "*o juiz verificar que a presença do réu, pela sua atitude, poderá influir no ânimo da testemunha, de modo que prejudique a verdade do depoimento, fará retirá-lo, prosseguindo na inquirição, com a presença do seu defensor. Neste caso deverão constar do termo a ocorrência e os motivos que a determinaram*" (remete-se aos comentários ao dispositivo).

Art. 797. Excetuadas as sessões de julgamento, que não serão marcadas para domingo ou dia feriado, os demais atos do processo poderão ser praticados em período de férias, em domingos e dias feriados. Todavia, os julgamentos iniciados em dia útil não se interromperão pela superveniência de feriado ou domingo.

Se necessário, os atos do processo poderão ser praticados em períodos de férias, domingos e feriados. Exatamente por isto, e por exemplo, que não há nenhuma irregularidade em sentença exarada no período de férias do magistrado competente.

A legislação apenas proíbe expressamente que sejam marcadas sessões de julgamento (em primeiro grau ou perante órgãos colegiados) para esses dias. Não há empeço algum para que, iniciados em dia útil, sejam prorrogados para dia subsequente, mesmo que seja dia em que não haja expediente forense. Normalmente os julgamentos iniciados em dia útil e que se prorrogam sobre feriados ou domingos se dão em sessões do tribunal do júri de feitos absolutamente complexos ou quando envolvam inúmeros réus.

Art. 798. Todos os prazos correrão em cartório e serão contínuos e peremptórios, não se interrompendo por férias, domingo ou dia feriado.

§ 1º Não se computará no prazo o dia do começo, incluindo-se, porém, o do vencimento.

§ 2º A terminação dos prazos será certificada nos autos pelo escrivão; será, porém, considerado findo o prazo, ainda que omitida aquela formalidade, se feita a prova do dia em que começou a correr.

§ 3º O prazo que terminar em domingo ou dia feriado considerar-se-á prorrogado até o dia útil imediato.

§ 4º Não correrão os prazos, se houver impedimento do juiz, força maior, ou obstáculo judicial oposto pela parte contrária.

§ 5º Salvo os casos expressos, os prazos correrão:

a) a intimação;

b) da audiência ou sessão em que for proferida a decisão, se a ela estiver presente a parte;

c) do dia em que a parte manifestar nos autos ciência inequívoca da sentença ou despacho.

Art. 798-A. Suspende-se o curso do prazo processual nos dias compreendidos entre 20 de dezembro e 20 de janeiro, inclusive, salvo nos seguintes casos: (Incluído pela Lei nº 14.365, de 2022)

I - que envolvam réus presos, nos processos vinculados a essas prisões; (Incluído pela Lei nº 14.365, de 2022)

II - nos procedimentos regidos pela Lei nº 11.340, de 7 de agosto de 2006 (Lei Maria da Penha); (Incluído pela Lei nº 14.365, de 2022)

III - nas medidas consideradas urgentes, mediante despacho fundamentado do juízo competente. (Incluído pela Lei nº 14.365, de 2022)

Parágrafo único. Durante o período a que se refere o caput deste artigo, fica vedada a realização de audiências e de sessões de julgamento, salvo nas hipóteses dos incisos I, II e III do *caput* deste artigo. (Incluído pela Lei nº 14.365, de 2022)

798.1. Contagem de prazos: regras gerais do *caput*: No artigo em voga estão as regras fundamentais para a contagem dos prazos no processo penal. No *caput*, estabelece-se que todos os prazos correrão em cartório, serão contínuos ou peremptórios, não se interrompendo por férias, domingo ou dia feriado.

Há exceção para o Ministério Público e para a Defensoria Pública, que, por expressas disposições legais, têm direito à intimação pessoal e *nos autos*, além de os prazos, unicamente para a Defensoria Pública, serem contados em dobro *(também se reconhece essa possibilidade aos núcleos de prática jurídica de universidades públicas, mas não privadas – vide item 798.5.3)*.

Diz-se que os prazos são peremptórios porque não admitem a realização do ato depois de expirado o prazo previamente fixado. Entretanto, à exceção dos de natureza recursal, a grande maioria dos prazos processuais atualmente não é considerada peremptória.

Os prazos são contínuos porque não são interrompidos por qualquer circunstância, salvo, à evidência, a interposição de recursos que tenham o condão de interromper o fluxo normal dos prazos. Aliás, pela sistemática atual, não há mais de se falar em interrupção dos prazos em âmbito cartorial porque não há mais *férias forenses*. Com o advento da Emenda Constitucional nº 45/2004, inseriu-se a seguinte redação ao inciso XII do art. 93 da CF/88: "*a atividade jurisdicional será ininterrupta, sendo vedado férias coletivas nos juízos e tribunais de segundo grau, funcionando, nos dias em que não houver expediente forense normal, juízes em plantão permanente*".

Nunca é demais reforçar: todo recurso interposto fora do prazo previsto em lei ou *manifestamente* incabível *não* suspenderá ou interromperá os prazos subsequentes para eventuais outras irresignações.

Jurisprudência

798.1. [...] Conforme art. 798 do Código de Processo Penal, todos os prazos correrão em cartório e serão contínuos e peremptórios, não se interrompendo por férias, domingo ou feriado. Inaplicabilidade do art. 219, caput, do CPC. [...] *(Agravo Regimental no Recurso Extraordinário com Agravo nº 1.454.158, STF, Plenário, Rel. Min. Rosa Weber, sessão virtual de 22.9.2023 a 29.9.2023, publicado no DJ em 13.10.2023)*

798.1. [...] 1. Permanece vigente e aplicável norma especial estabelecida no art. 798 do Código de Processo Penal, segundo a qual os prazos deverão ser computados de forma contínua e peremptória, não se interrompendo ou suspendendo durante férias, domingos ou feriados.

2. É iterativa a orientação desta Corte Superior que "a segunda-feira de Carnaval e a quarta-feira de cinzas não são feriados nacionais, de modo que a parte deve comprovar, no ato da interposição do recurso especial, que não houve expediente no Tribunal de origem no dia do termo final do prazo recursal."(AgRg no AREsp 2115957/MS. Sexta Turma. Rel. Ministro Rogério Schietti Cruz. DJe de 28/10/2022). [...] (Agravo Regimental no Recurso Especial nº 1998458 – PR, STJ, 5ª Turma, Rel. Min. convocado João Batista Moreira, julgado em 28.2.2023, publicado no DJ em 6.3.2023)

798.1. [...] O art. 62 da Lei n. 5.010/1966, ao considerar como feriados os dias da Semana Santa, compreendidos entre a quarta-feira e o domingo de Páscoa, só se aplica à Justiça Federal e aos tribunais superiores. [...] *(Agravo Regimental no Agravo em Recurso Especial nº 2.016.056-SP, STJ, 5ª Turma, Rel. Min. João Otávio de Noronha, julgado em 10.5.2022, publicado no DJ em 13.5.2022)*

798.1. [...] A 3ª Seção deste Superior Tribunal de Justiça firmou o entendimento de que o termo inicial da contagem do prazo para impugnar decisão judicial é, para o Ministério Público, a data da entrega dos autos na repartição administrativa do órgão, *sendo irrelevante que a intimação pessoal tenha se dado em audiência, em cartório ou por mandado. [...] (Agravo Regimental no Recurso em Habeas Corpus n. 131.809-SP, STJ, 5ª Turma, unânime, Rel. Min. Jorge Mussi, julgado em 25.8.2020, publicado no DJ em 9.9.2020).*

798.1. [...] Entendimento proferido em julgamento de recurso especial repetitivo. [...] REsp n. 1.3493395-SE (Tema 959). Tese estabelecida: o termo inicial da contagem do prazo para impugnar decisão judicial é, para o Ministério Público, a data da entrega dos autos na repartição administrativa do órgão, sendo irrelevante que a intimação pessoal tenha se dado em audiência, em cartório ou por mandado. [...] *(Reclamação n. 35.222-MG, STJ, Rel. Min. Sebastião Reis Júnior, decisão monocrática de 1º.2.2018, publicado no* DJ *em 7.2.2018).*

....

798.2. Modo de contagem dos prazos: De modo muito claro, dispõe a regra do § 1º do art. 798 do CPP que não se computará no prazo o dia do começo, incluindo-se, porém, o do vencimento. É dizer: quando contados em *dias* da data da cientificação das partes, o prazo somente começará a fluir no primeiro dia útil seguinte ao ato processual de intimação. Nessa toada é o teor da Súmula 310, STF, dispondo que "*quando a intimação tiver lugar na sexta-feira, ou a publicação com efeito de intimação for feita nesse dia, o prazo judicial terá início na segunda-feira imediata, salvo se não houver expediente, caso em que começará no primeiro dia útil que se seguir*".

Se realizada a intimação em dia feriado, será considerado como efetuado no primeiro dia útil subsequente, adotando-se, então, a regra geral do § 1º. Assim, exemplificativamente, intimadas as partes num sábado, considera-se que o ato foi realizado na segunda subsequente, contando-se o prazo a partir da terça, se for dia útil. Importante considerar ainda que, no processo penal, diferentemente do processo civil, os prazos não são contados em dias úteis, mas em dias corridos.

No caso de intimação do réu e de seu advogado (mesmo sendo defensor público), o prazo somente começará a fluir segundo a regra estabelecida a partir da intimação do último, réu ou defensor. Se terminar em dia que seja considerado feriado, será prorrogado até o primeiro dia útil subsequente (essa regra vale exclusivamente para prazos de natureza processual, não para aqueles que sejam decadenciais). Atente-se que essa regra não pode ser utilizada para os prazos quando contados em horas, como é o caso, apenas exemplificativamente, para a interposição de carta testemunhável, se adotado o critério específico lá estabelecido, e não o geral, aqui previsto. Importante também referência de que são inaplicáveis ao processo penal as regras específicas trazidas pelo atual Código de Processo Civil acerca dos prazos contados em dias úteis.

A Lei nº 14.939/2024 passou a permitir a correção de vício relativo à falta da comprovação prévia de feriado local, o que, em nosso entendimento, veio em boa hora, pois a jurisprudência dos tribunais não admitia essa comprovação posterior, mesmo que fosse indubitável a data de vencimento em feriado. Entretanto, o entendimento atual do STJ é no sentido de que essas novas disposições somente se aplicam aos recursos interpostos após a alteração legislativa, que ocorreu em 30.7.2024.

Registramos nossa divergência com tal entendimento, na medida em que, independentemente de lei, já se devia admitir essa comprovação mesmo sem a legislação expressa.

Atente-se que mero pedido de "reconsideração" não é causa suspensiva ou interruptiva dos recursos que deveriam ser interpostos.

A jurisprudência sempre reconheceu serem inaplicáveis as regras do art. 220 do CPC ao processo penal, de modo que os prazos não eram suspensos durante o recesso, entre 20 de dezembro e 20 de janeiro, inclusive. Daí a razão da menção dos julgados abaixo, que eram os balizadores do entendimento vigente.

Ocorre que houve uma alteração legislativa importante no ano de 2022, cujas regras passam a valer apenas para o futuro. Noutras palavras, não se aplicam retroativamente, exatamente por se tratar de regras processuais, presente o princípio *tempus regit actum*.

Assim, com a vigência da Lei nº 14.365, de 2 de junho de 2022, a regra passou a ser também a suspensão dos prazos processuais penais no período do recesso (*caput* do art. art. 798-A do CPP). As exceções estão reguladas nos incisos I, II e III e respectivo parágrafo único, determinando que se deva observar a fluência regular dos prazos nas seguintes situações:

A) nos processos que envolvam réus presos em relação aos processos *vinculados* a essas prisões (ou seja, não basta o simples fato de o réu estar preso, mas sim com sua liberdade restringida em relação a determinado processo, esse sim terá o regular trâmite processual);

B) nos procedimentos regidos pela Lei nº 11.340/2006 (Lei Maria da Penha);

C) nas medidas consideradas urgentes, a serem reconhecidas sempre no caso concreto mediante decisão fundamentada do juízo competente;

D) não podem ser realizadas audiências e sessões de julgamento no período do recesso, salvo nas hipóteses dos incisos I, II e III (situações supramencionadas).

Jurisprudência

798.2. [...] A questão em discussão consiste em saber se a ausência de comprovação de feriado local no ato da interposição do recurso especial pode ser suprida posteriormente, à luz da Lei n.º 14.939/2024. [...] 4. A decisão de intempestividade do recurso especial observou os preceitos do art. 1.003, § 6º, do CPC, na redação vigente à época da interposição do recurso. [...] A Lei n.º 14.939/2024, que permite a correção do vício relativo à falta de comprovação de feriado local, aplica-se apenas aos recursos interpostos após a sua entrada em vigor, o que ocorreu em 30/07/2024. [...] *(Agravo Regimental no Agravo em Recurso Especial nº 2.735.425-SP, STJ, 5ª Turma, Rel. Min. Ribeiro Dantas, julgado em 14.11.2024, publicado no DJ em 25.11.2024)*

798.2. [...] "1. Segundo o art. 798-A do CPP, incluído pela Lei nº 14.365/22, suspende-se o curso do prazo processual nos dias compreendidos entre 20 de dezembro e 20 de janeiro, inclusive, salvo nos seguintes casos: I - que envolvam réus presos, nos processos vinculados a essas prisões; II - nos procedimentos regidos pela Lei nº 11.340, de 7 de agosto de 2006 (Lei Maria da Penha); III - nas medidas consideradas urgentes, mediante despacho fundamentado do juízo competente. [...] O referido dispositivo não veda a intimação da parte neste intervalo. Contudo, o prazo recursal terá início no primeiro dia útil subsequente a 20 de janeiro. Precedentes." (AgRg no REsp n.2.095.303/RN, relator Ministro Reynaldo Soares da Fonseca, Quinta Turma, julgado em 26/2/2024, DJe de 28/2/2024). [...] No presente caso, embora a intimação eletrônica tenha ocorrido em 23/12/2022, a parte foi intimada em 09/01/2023 (art. 798, § 1º do CPP), tendo a efetiva contagem de prazo iniciado no dia 23/01/2023 (art. 798-A do CPP), que findou em 06/02/2023, todavia o recurso especial foi interposto somente no dia 7/2/2023, fora do prazo. [...] *(Embargos de Declaração no Agravo Regimental nos Embargos de Declaração no Recurso Especial nº* ***2.073.710-PE****, STJ, 6ª Turma, Rel. Min. convocado Jesuíno Rissato, julgado em 7.8.2024, publicado no DJ em 8.8.2024)*

798.2. [...] Esta Corte Superior, ao analisar o tema, posicionou-se de forma clara, adequada e suficiente ao decidir que o art. 798-A do CPP não veda a intimação da parte nos dias compreendidos entre 20 de dezembro e 20 de janeiro. Contudo, o prazo recursal terá início no primeiro dia útil subsequente a 20 de janeiro. Assim, consoante anteriormente decidido, verifica-se que a defesa foi devidamente intimada do acórdão recorrido em 5/1/2023, Nesse contexto, a contagem do prazo para a interposição do recurso especial teve início em 23/1/2023, tendo sido interposto somente em 7/2/2023, intempestivamente. [...] *(Embargos de Declaração no Agravo Regimental no Recurso Especial nº 2.095.303-RN, STJ, 5ª Turma, Rel. Min. Reynaldo Soares da Fonseca, sessão virtual de 2.4.2024 a 8.4.2024, publicado no DJ em 11.4.2024)*

798.2. [...] Após a edição da Lei n. 13.105/15 (Código de Processo Civil – CPC) que estabeleceu o prazo de 15 dias para a interposição de todos os recursos nele previstos, com exceção dos embargos de declaração -, a Terceira Seção desta Corte, no julgamento do AgRg na Reclamação n.

30.714/PB, solidificou o entendimento no sentido de que o regramento de contagem dos prazos em dias úteis não se aplica às controvérsias pertinentes à matéria penal ou processual penal. Aplicação de norma específica do art. 798 de Código de Processo Penal – CPP. [...] *(Agravo Regimental no Agravo em Recurso Especial nº 2.411.896-SP, STJ, 5ª Turma, Rel. Min. Joel Ilan Paciornik, julgado em 16.4.2024, publicado no DJ em 18.4.2024)*

798.2. [...] Embora a Lei n. 14.365/2022, que entrou em vigor em 02/06/2022, tenha acrescentado o art. 798-A ao Código de Processo Penal, prevendo a suspensão dos prazos entre 20 de dezembro e 20 de janeiro, é evidente que, por se tratar de norma de cunho puramente processual, incide o disposto no art. 2.º do mesmo diploma legal, segundo o qual a "lei processual penal aplicar-se-á desde logo, sem prejuízo da validade dos atos realizados sob a vigência da lei anterior", consagrando-se o princípio *tempus regit actum*. [...] *(Agravo Regimental no Agravo em Recurso Especial nº 2.267.787-SP, STJ, 6ª Turma, Rel. Min. Laurita Vaz, julgado em 11.4.2023 e publicado no DJ em 18.4.2023)*

798.2. [...] O disposto no art. 798-A do CPP, incluído pela 14.365/2022, não se aplica a situações anteriores à sua entrada em vigor. Isso porque o art. 2º do CPP veda a retroatividade, ainda que benéfica ao réu, por se tratar de norma puramente processual. Precedentes. [...] *(Agravo Regimental no Agravo em Recurso Especial nº 2.268.806-BA, STJ, 5ª Turma, Rel. Min. Reynaldo Soares da Fonseca, julgado em 11.4.2023, publicado no DJ em 14.4.2023)*

798.2. [...] A decisão agravada está correta, pois o art. 220 do CPC não incide sobre os processos de competência da justiça criminal e, antes da vigência do art. 798-A do CPP, o recesso judiciário, em matéria processual penal, tinha como efeito, em relação aos prazos vencidos no seu curso, a mera prorrogação do termo do prazo recursal para o primeiro dia útil subsequente ao seu término. [...] *(Agravo Regimental no Agravo em Recurso Especial nº 1.880.986–RJ, STJ, 6ª Turma, Rel. Min. Rogerio Schietti Cruz, julgado em 7.2.2023, publicado no DJ em 13.2.2023)*

798.2. [...] "*Nos termos da jurisprudência desta Corte, o pedido de reconsideração, por não ter natureza recursal, na forma da lei, não interrompe nem suspende o prazo para a interposição do recurso cabível*" (AgRg no HC n. 648.168/AC, relatora Ministra Laurita Vaz, Sexta Turma, julgado em 13/4/2021, DJe de 29/4/2021.) [...] *(Agravo Regimental no Agravo em Recurso Especial nº 2.408.132-RS, STJ, 6ª Turma, Rel. Min. Antonio Saldanha Palheiro, julgado em 17.10.2023, publicado no DJ em 23.10.2023)*

798.2. *[...] Nos termos da jurisprudência do STJ, o recurso intempestivo não possui o condão de suspender ou interromper o prazo para interposição de outro recurso, razão pela qual a decisão que atesta sua intempestividade não é apta a postergar o termo final do trânsito em julgado, que ocorre imediatamente no dia seguinte após expirado o prazo para interposição do recurso intempestivo* (AgRg no AgRg no RE nos EDcl no AgRg nos EAREsp n. 822.343/MG, Ministro Humberto Martins, Corte Especial, DJe 22/8/2018). [...] *(Agravo Regimental no Agravo em Recurso Especial nº 2.298.816-PE, STJ, 6ª Turma, Rel. Min. Sebastião Reis Júnior, sessão virtual de 13.6.2023 a 19.6.2023, publicado no DJ em 21.6.2023)*

798.2 [...] nos termos da orientação desta Casa, "*não se aplica, na esfera penal, a contagem do prazo em dobro na hipótese de litisconsortes com advogados diferentes, prevista no art. 229 do Código de Processo Civil vigente (art. 191 do CPC/73). Precedentes*" (AgRg no REsp n. 1.694.714/MT, relator Ministro Sebastião Reis Júnior, Sexta Turma, julgado em 8/9/2020, DJe 15/9/2020). [...] *(Recurso Especial nº 2.049.643-DF, STJ, 6ª Turma, Rel. Min. Antonio Saldanha Palheiro, julgado em 12.9.2023, publicado no DJ em 29.9.2023)*

798.2 [...] Nos termos da jurisprudência desta Corte Superior de Justiça, nas hipóteses em que o sistema de peticionamento eletrônico fica indisponível por mais de 60 (sessenta) minutos, no período entre 6h e 23h do primeiro ou do último dia do prazo recursal, o vencimento desse interstício é prorrogado para o primeiro dia útil seguinte. [...] *(Embargos de Declaração no Agravo Regimental no Recurso Especial nº 2.010.343–SP, STJ, 5ª Turma, Rel. Min. Reynaldo Soares da Fonseca, julgado em 13.12.2022, publicado no DJ em 19.12.2022)*

798.2 [...] o prazo para eventual interposição de qualquer recurso teve início com referida intimação. O equívoco admitido com relação ao lançamento de "prazo de 2 dias corridos", não tem o condão de desconstituir a efetiva ciência do Ministério Público, que conhece os prazos legais, não sendo necessário, portanto, aguardar que o sistema indique qual recurso ou qual prazo está em andamento. [...] A situação tratada nos presentes autos não guarda relação com o entendimento firmado pela Corte Especial do Superior Tribunal de Justiça, no sentido de que "o equívoco na indicação do término do prazo *recursal contido no sistema eletrônico mantido exclusivamente pelo Tribunal não pode ser imputado ao recorrente. Precedente: EREsp n.* 1.805.589/MT, relator Ministro Mauro Campbell Marques, Corte Especial, julgado em 18/11/2020, DJe de 25/11/2020". (AgRg no AREsp n. 2.126.301/PR, relator Ministro Reynaldo Soares da Fonseca, Quinta Turma, julgado em 13/9/2022, DJe de 19/9/2022.) De fato, a intempestividade do recurso do Ministério Público não se deu em virtude de equívoco na indicação do término do prazo recursal, uma vez que o prazo indicado era, inclusive, mais exíguo que o prazo para interposição do recurso de apelação. Houve, em verdade, desprezo às regras do processo penal em primazia às regras do sistema eletrônico utilizado pelo Tribunal de origem, o qual, reitero, não pode se sobrepor às normas do Código de Processo Penal, fixadas de forma uniforme pela União. *[...] Agravo regimental a que se dá provimento para conhecer do habeas corpus e conceder a ordem, para reconhecer a intempestividade do recurso do Ministério Público. (Agravo Regimental no Habeas Corpus nº 779.005-PR, STJ, 5ª Turma, Rel. Min. Reynaldo Soares da Fonseca, julgado em 13.12.2022, publicado no DJ em 19.12.2022)*

798.2. [...] De acordo com a jurisprudência desta Corte, não se aplica o disposto no art. 220 do CPC, regulamentado pela Resolução CNJ n. 244, de 19/9/2016, nos feitos com tramitação perante a justiça criminal, ante a especialidade das disposições previstas no art. 798, *caput*, e § 3º, do CPP, motivo pelo qual não há falar em suspensão dos prazos entre os dias 20 de dezembro a 20 de janeiro.[...] *(Agravo Regimental no Agravo em Recurso Especial nº 1.964.166/RO, STJ, 5ª Turma, unânime, Rel. Min. Reynaldo Soares da Fonseca, julgado em 9.11.2021, publicado no DJ em 12.11.2021)*

798.2. [...] Aos processos criminais não se aplica o disposto no art. 220 do CPC, regulamentado pela Resolução CNJ n. 244/2016, em razão da especialidade das disposições previstas no art. 798, *caput* e § 3º, do CPP, motivo pelo qual não há falar em suspensão dos prazos entre os dias 20 de dezembro e 20 de janeiro. [...] O efeito do recesso forense e das férias coletivas nos prazos processuais penais é a mera prorrogação do vencimento para o primeiro dia útil subsequente ao término, não havendo interrupção ou suspensão. [...] *(Agravo Regimental no Agravo em Recurso Especial nº 1.880.855-CE, Rel. Min. João Otávio de Noronha, julgado em 26.10.2021, publicado no DJ em 4.11.2021)*

798.2. [...] O recurso em matéria penal sujeita-se a regra prevista no artigo 798 do Código de Processo Penal, de sorte que *"todos os prazos correrão em cartório e serão contínuos e peremptórios, não se interrompendo por férias, domingo ou dia feriado"*. [...] *(Agravo Regimental no Recurso Extraordinário com Agravo nº 1.326.801/PR, STF, Plenário, unânime, Rel. Min. Luiz Fux, julgado em sessão virtual de 18.6.2021 a 25.6.2021, publicado no DJ em 13.8.2021)*

798.2. [...] A intimação do réu e de seu procurador em audiência na qual foi proferida a sentença penal condenatória é suficiente para dar início ao prazo para interposição de eventuais recursos, sendo dispensável a intimação pessoal ou por meio do Diário da Justiça. [...] *(Agravo Regimental no Recurso em Habeas Corpus nº 141.817/PB, STJ, 5ª Turma, unânime, Rel. Min. João Otávio de Noronha, julgado em 22.6.2021, publicado no DJ em 28.6.2021)*

798.2. [...] *Recesso forense. Suspensão dos prazos até 20 de janeiro. Não ocorrência. Art. 798 do CPP.* [...] 1. No processo penal, iniciado o prazo recursal, seu curso não se interrompe ou se suspende em decorrência de feriado ou suspensão de expediente forense, *exceto se coincidir com o termo final, hipótese em que será prorrogado para o primeiro dia útil seguinte.* 2. De acordo com a jurisprudência desta Corte, *não se aplica o disposto no art. 220 do CPC, regulamentado pela Resolução CNJ n. 244, de 19/9/2016, nos feitos com tramitação perante a justiça criminal, ante a especialidade das disposições previstas no art. 798, caput, e § 3º, do CPP, motivo pelo qual não há falar em suspensão dos prazos entre os dias 20 de dezembro a 20 de janeiro.* [...] *(Agravo Regimental no Agravo em Recurso Especial n. 1.698.961-SC, STJ, 5ª Turma, unânime, Rel. Min. Reynaldo Soares da Fonseca, julgado em 4.8.2020, publicado no* DJ *em 13.8.2020).*

798.2. [...] Devem ser intimados da sentença condenatória tanto o acusado quanto o seu defensor, não importando, porém, a ordem dos referidos atos processuais, sendo certo que o prazo para a interposição de recurso será contado da data da última intimação. O início da contagem do prazo para interposição do recurso de apelação conta-se da intimação da sentença, e não da juntada aos autos do mandado respectivo. (Súmula 710 do Supremo Tribunal Federal e precedentes desta Corte). [...] (*Habeas Corpus nº 217.554-SC, STJ, 6ª Turma, unânime, Rel. Min. Og Fernandes, julgado em 19.6.2012, publicado no DJ em 29.6.2012*).

798.2. [...] A apelação deve ser interposta no prazo de 5 (cinco) dias contados da data da *última* intimação do defensor ou do acusado (art. 593 do CPP). Manejado o recurso fora do prazo legal, tem-se o apelo por intempestivo. A observância dos prazos recursais estabelecidos pelo CPP não consubstancia formalismo rigoroso, mas a garantia do devido processo legal. Desse modo, a negligência quanto aos prazos em referência, mostra conformidade com o *decisum* proferido e torna preclusa sua reforma ou nulidade. Ainda que se admita, em tese, a concessão da ordem de *habeas corpus* de ofício para absolver os réus, não obstante a intempestividade do apelo, a hipótese vertente não autoriza referida medida excepcional. Recurso provido (*Recurso Especial nº 1.110.865/RS, Rel. Min. Felix Fischer, 5ª Turma, publicado no DJ em 17.8.2009*).

798.3. Excepcionalidade de suspensão dos prazos: Dispõe o § 4º que não correrão os prazos se houver impedimento do juiz, força maior ou obstáculo judicial oposto pela parte contrária. Pode acontecer que situações extraordinárias impliquem fechamento do fórum. Imagine-se hipótese de uma localidade atingida por eventos naturais (tempestades, enchentes etc.) que ocasionem gravíssimos danos ao município, paralisando todas as atividades locais. Nesse caso, as partes não podem ser prejudicadas. Por ato do juízo local, declaram-se suspensos os prazos durante determinado período, até que seja restabelecida a normalidade.

Jurisprudência

798.3. [...] A inércia do advogado constituído pelo réu, que deixa de interpor recurso, não é causa de suspensão ou interrupção de prazos. Eventual constituição de novo causídico, como na hipótese, só gera efeitos a partir da protocolização da comunicação, sendo válidos todos os atos praticados até então, inclusive eventual intimação e seus efeitos (preclusão). Entender de forma diversa, de maneira a admitir a reabertura de prazo recursal para advogado constituído após a perda do lapso recursal pelo causídico anterior, violaria os princípios da segurança jurídica, da razoabilidade, da lealdade processual e da boa-fé objetiva, pois permitiria manobras ardilosas objetivando a reabertura de prazo recursal diante da inércia da defesa dentro do prazo previsto em lei (precedente do STJ). [...] (*Embargos de Declaração no Agravo Regimental no Agravo no Recurso Especial nº 842.406-RJ, STJ, 6ª Turma, unânime, Rel. Min. Sebastião Reis Júnior, julgado em 2.8.2016, publicado no DJ em 23.8.2016*).

798.4. Regras específicas do processo penal: Cuidados redobrados são reclamados na análise do disposto no § 5º do art. 798, CPP.

798.4.1. Prazo contado da data da intimação: Em primeiro lugar, salvo disposição expressa, os prazos sempre correrão da intimação. No processo civil há regras específicas que *não* se aplicam ao processo penal.

No art. 241, CPC/1973, consta que os prazos começam a correr: (a) quando a citação ou intimação for pelo correio, da data de juntada aos autos do aviso de recebimento; (b) quando a citação ou intimação for por oficial de justiça, da data de juntada aos autos do mandado cumprido; (c) quando houver vários réus, da data de juntada aos autos do último aviso de recebimento ou mandado citatório cumprido; e (d) quando o ato se realizar em cumprimento de carta de ordem, precatória ou rogatória, da data de sua juntada aos autos devidamente cumprida. No art. 231 do NCPC (Lei nº 13.105/2015) consta que:

> Art. 231. Salvo disposição em sentido diverso, considera-se dia do começo do prazo:

I – a data de juntada aos autos do aviso de recebimento, quando a citação ou a intimação for pelo correio;

II – a data de juntada aos autos do mandado cumprido, quando a citação ou a intimação for por oficial de justiça;

III – a data de ocorrência da citação ou da intimação, quando ela se der por ato do escrivão ou do chefe de secretaria;

IV – o dia útil seguinte ao fim da dilação assinada pelo juiz, quando a citação ou a intimação for por edital;

V – o dia útil seguinte à consulta ao teor da citação ou da intimação ou ao término do prazo para que a consulta se dê, quando a citação ou a intimação for eletrônica;

VI – a data de juntada do comunicado de que trata o art. 232 ou, não havendo esse, a data de juntada da carta aos autos de origem devidamente cumprida, quando a citação ou a intimação se realizar em cumprimento de carta;

VII – a data de publicação, quando a intimação se der pelo Diário da Justiça impresso ou eletrônico;

VIII – o dia da carga, quando a intimação se der por meio da retirada dos autos, em carga, do cartório ou da secretaria.

IX – o quinto dia útil seguinte à confirmação, na forma prevista na mensagem de citação, do recebimento da citação realizada por meio eletrônico.

§ 1º Quando houver mais de um réu, o dia do começo do prazo para contestar corresponderá à última das datas a que se referem os incisos I a VI do caput.

§ 2º Havendo mais de um intimado, o prazo para cada um é contado individualmente.

§ 3º Quando o ato tiver de ser praticado diretamente pela parte ou por quem, de qualquer forma, participe do processo, sem a intermediação de representante judicial, o dia do começo do prazo para cumprimento da determinação judicial corresponderá à data em que se der a comunicação.

§ 4º Aplica-se o disposto no inciso II do caput à citação com hora certa.

As regras anteriores do CPC de 1973 e as da Lei nº 13.105/2015 são inaplicáveis. No *processo penal, o modo é diverso*: os prazos são contados da data da intimação para a realização do ato processual (§ 5º, *a*), independentemente da ulterior juntada de mandado, carta precatória ou carta de ordem. Além disto, é irrelevante o número de réus: os prazos são comuns, contando-se das respectivas intimações, e não da juntada aos autos do último aviso de recebimento ou mandado citatório cumprido.

Não se pode aplicar subsidiariamente o disposto no art. 231, CPC de 2015/art. 241, CPC de 1973 ao processo penal. Somente se pode acorrer a outras regras diante de eventual omissão no procedimento processual penal próprio (art. 3º, CPP). Como há regra específica, inviável a aplicação subsidiária do sistema do processo civil, malgrado, diga-se, se encontrem alguns precedentes (e, por isto, equivocados, *data venia*) nesse sentido.

Tanto é assim que o Supremo Tribunal Federal editou a Súmula 710, dispondo que "*no processo penal, contam-se os prazos da data da intimação, e não da juntada aos autos do mandado ou da carta precatória ou de ordem*".

Referida regra se aplica, inclusive (salvo as exceções legais), para as intimações realizadas em Plenário do Tribunal do Júri.

Jurisprudência

798.4.1. [...] Nos processos de competência do Tribunal do Júri, publicada a sentença ao final da sessão de julgamento, ficam as partes intimadas pessoalmente, momento em que se inicia o prazo recursal. [...] *(Agravo Regimental no Agravo em Recurso Especial nº 2.189.501-PR, STJ, 5ª Turma, Rel. Min. convocado João Batista Moreira, julgado em 30.5.2023, publicado no DJ em 2.6.2023)*

798.4.1. [...] O "sistema *push*", o qual provê o envio de correspondência eletrônica com informações sobre o andamento dos processos previamente cadastrados pelo usuário, carece de qualquer caráter de oficialidade, sendo certo que as informações nele veiculadas são de natureza meramente informativa. [...] *(Agravo Regimental no Agravo em Recurso Especial nº 1.749.354/MT, STJ, 5ª Turma, unânime, Rel. Min. Joel Ilan Paciornik, julgado em 2.3.2021, publicado no DJ em 8.3.2021)*

798.4.1. [...] Inviável a aplicação analógica do inciso II do § 1º do artigo 184 do Código de Processo Civil, uma vez que o referido dispositivo legal prevê a prorrogação do prazo até o primeiro dia útil quando o seu vencimento ocorrer em dia em que o expediente for encerrado antes da hora normal. 3. No caso dos autos, o início do prazo recursal ocorreu em data na qual o expediente nesta Corte Superior de Justiça foi reduzido, o que não autoriza a sua prorrogação para o primeiro dia útil seguinte, nos termos da mencionada norma processual civil. 4. As regras processuais civis somente se aplicam ao processo penal naquilo em que a Lei Penal Adjetiva for omissa, sendo certo que a contagem dos prazos recursais nos feitos criminais encontra regulamentação própria no artigo 798 do Código de Processo Penal, que não contém qualquer previsão semelhante à do artigo 184 do Código de Processo Civil. [...] (*Agravo Regimental nos Embargos de Declaração nos Embargos de Declaração no Recurso em Habeas Corpus nº 45.135-SP, STJ, 5ª Turma, Rel. Min. Jorge Mussi, julgado em 2.10.2014, publicado no* DJ *em 10.10.2014*).

798.4.1. [...] O prazo para o oferecimento da apelação criminal é individual para cada réu, sendo de cinco dias contados a partir da data da intimação do acusado e não da juntada aos autos da carta precatória (Súmula 710 do c. Pretório Excelso). Ordem denegada (*Habeas Corpus nº 154.500/SP, Rel. Min. Felix Fischer, STJ, 5ª Turma, unânime, publicado no* DJ *em 21.6.2010*).

798.4.2. Prazo contado da data da intimação em audiência ou sessão: Se a intimação ocorrer em audiência e a parte estiver presente, dali é que se contarão os prazos para os recursos. O mesmo ocorre quando a intimação se der na sessão de julgamento perante o Tribunal do Júri.

Já das decisões proferidas pelos tribunais de apelação, embora públicas (dado relevante para consideração de eventual marco interruptivo da prescrição, como em caso de condenação em grau recursal), a intimação se dará com a publicação da decisão em Diário de Justiça, salvo os casos de que reclamam intimações pessoais (Ministério Público, Defensoria Pública e, a partir da Lei nº 7.871/89, o defensor dativo).

Jurisprudência

798.4.2. [...] Esta Corte possui o entendimento de que, nos termos do art. 798, §5º, "b", do CPP, nos processos de competência do Tribunal do Júri, publicada a sentença ao final da sessão de julgamento, ficam as partes intimadas pessoalmente nesse momento, oportunidade em que se inicia o prazo para eventual recurso, sendo desnecessária a remessa dos autos à Defensoria Pública. Precedente. *[...] Segundo esta Corte Superior, não há dúvida de que "O Código de Processo Penal dispensa a intimação formal das partes quando o advogado do réu estiver presente na sessão de julgamento, tendo tomado conhecimento do teor da sentença após a sua leitura pelo Juiz, não havendo que se falar na necessidade de advertência expressa acerca do início do transcurso do quinquídio legal (HC n. 66.810/MG, Rel. Ministro Gilson Dipp, 5ª T., DJ 5/2/2007)"* (AgRg no RHC n. 83.520/PR, relator Ministro Rogerio Schietti Cruz, Sexta Turma, DJe de 9/10/2018). [...]

(Agravo Regimental no Agravo em Recurso Especial nº 1.886.871-AL, STJ, 5ª Turma, Rel. Min. Joel Ilan Paciornik, julgado em 6.9.2022, publicado no DJ em 12.9.2022)

798.4.2. [...] A 3ª Seção deste Superior Tribunal de Justiça firmou o entendimento de que o termo inicial da contagem do prazo para impugnar decisão judicial é, para o Ministério Público, a data da entrega dos autos na repartição administrativa do órgão, *sendo irrelevante que a intimação pessoal tenha se dado em audiência, em cartório ou por mandado.* [...] *(Agravo Regimental no Recurso em Habeas Corpus nº 131.809-SP, STJ, 5ª Turma, unânime, Rel. Min. Jorge Mussi, julgado em 25.8.2020, publicado no* DJ *em 9.9.2020).*

798.4.2. [...] 1. A jurisprudência desta Corte Superior é no sentido de que o marco interruptivo da prescrição previsto no art. 117, III, do Código Penal é a data da sessão de julgamento do recurso pelo tribunal, ocasião em que a decisão colegiada se torna pública, e não a data da publicação do acórdão. 2. Agravo regimental a que se nega provimento (*Agravo Regimental no Recurso Especial nº 1.360.974-SP, STJ, 5ª Turma, Rel. Min. Marco Aurélio Bellizze, julgado em 12.11.2013, publicado no* DJ *em 19.11.2013).*

798.4.2. [...] A eventual falha no cumprimento integral do mandato outorgado ao advogado não enseja constrangimento ilegal ao paciente. Entendimento contrário demandaria a indicação de defensor dativo sempre que inerte o advogado constituído pelo acusado. A inércia do advogado constituído pelo réu, ainda quando configurado interesse recursal, não implica constrangimento ilegal. O trânsito em julgado da sentença condenatória não se submete à vontade do réu. Ordem indeferida (*Habeas Corpus nº 89.999-4, STF, Rel. Min. Gilmar Mendes, publicado no* DJ *em 7.3.2008).*

798.4.3. Prazo contado da data da inequívoca ciência: Todas as situações anteriormente vistas são excepcionadas pela última regra: se a parte manifestar ciência inequívoca do teor da sentença ou decisão é nesse momento que se considerará realizada a intimação, adotando-se o modo de contagem previsto no § 1º.

Jurisprudência

798.4.3. [...] Não há se falar em nulidade da intimação, pela ausência do nome do advogado na publicação, quando o ato processual atinge seu objetivo, ao permitir a ciência da parte quanto ao teor da decisão a ser impugnada. [...] (*Embargos Declaratórios nos Embargos Declaratórios no Agravo Regimental nos Embargos Divergentes nos Embargos de Divergência em Agravo em Recurso Especial nº 1.377.917/PR, STJ, 3ª Seção, unânime, Rel. Min. João Otávio de Noronha, julgado em 10.11.2021, publicado no DJ em 12.11.2021)*

798.4.3. [...] 2. *A contagem dos prazos para interposição de recursos pelo Ministério Público ou pela Defensoria Pública começa a fluir da data do recebimento dos autos com vista no respectivo órgão, e não da ciência de seu representante no processo.* Precedentes. 3. O termo inicial do prazo para interposição do recurso é o dia em que resta comprovada a ciência inequívoca da decisão, sendo irrelevante intimação ou publicação posterior. Precedentes. 4. Caso concreto em que comprovada a carga dos autos com o volume em que constava a sentença. [...] (*Habeas Corpus nº 191.244/SP, STF, 2ª Turma, por maioria, Rel. Min. Gilmar Mendes, julgado em sessão virtual de 13.11.2020 a 20.11.2020, publicado no DJ em 3.12.2020)*

798.4.3 [...] II – Conforme estatui o art. 5º, § 1º, da Lei 11.419/2006, que disciplina o processo judicial em ambiente eletrônico, *"considerar-se-á realizada a intimação no dia em que o intimando efetivar a consulta eletrônica ao teor da intimação, certificando-se nos autos a sua realização."* III – Nos termos da jurisprudência deste eg. Superior Tribunal de Justiça *"é desnecessária a certificação da data em que a parte efetivamente consultou o processo eletrônico, já que de acordo com o § 1º do artigo 9º da Lei 11.419/2006, 'as citações, intimações, notificações e remessas que viabilizem o acesso à íntegra do processo correspondente serão consideradas vista pessoal do interessado para todos os efeitos legais'.* [...] IV – No caso vertente, a defesa constituída do ora agravante teve inequívoca ciência do julgado prolatado em sede de Apelação no dia 16.09.2019, segunda-feira, data em que protocolou petição interlocutória na qual solicitava o cumprimento do *decisum* (fls. 2.948-2.950). Seguiu-se daí o prazo legal de 15 (quinze) dias para a interposição do Recurso Especial". [...] *(Agravo Regimental no Recurso Especial nº 1.862.242-PR, STJ, 5ª Turma, unânime, Rel. Min. Felix Fischer, julgado em 1.9.2020, publicado no DJ em 9.9.2020).*

798.4.3. [...] Inexistindo nos autos certidão de intimação do advogado constituído da sentença condenatória, considera-se como termo inicial a data de sua inequívoca ciência, aplicando-se o preceituado no art. 798, § 5º, *c*, do CPP. Recurso Especial conhecido e provido (*Recurso Especial nº 898.879/CE, Rel. Min. Arnaldo Esteves Lima, 5ª Turma, publicado no DJ em 16.3.2009*).

798.4.3. [...] O membro do Ministério Público possui prerrogativa de que o prazo para a interposição de recurso comece a fluir a partir de sua intimação pessoal (LC nº 75/93, art. 18, II, "h", e Lei nº 8.625/93, art. 41, IV). A intimação pessoal do Ministério Público pode se dar de várias formas, segundo as disposições do Código de Processo Penal, não só a que coincide com a remessa dos autos (Precedente: REsp 724.550/GO). Agravo improvido (*Agravo Regimental no Recurso Especial nº 362.149-SP, Rel. Min. Maria Thereza de Assis Moura, 6ª Turma, unânime, julgado em 27.3.2008, publicado no DJ em 22.4.2008*).

798.4.4. Intimação do ofendido: Novidade introduzida pela Lei nº 11.690/08, dispõe o § 2º do art. 201 do CPP que o ofendido deverá ser comunicado, além dos atos processuais relativos ao ingresso e à saída do acusado da prisão e da designação de data para audiências, também da sentença e dos respectivos acórdãos que a mantenham ou modifiquem.

Primeira questão: seria compulsória a necessidade de notificação do ofendido para todos os atos do processo, mesmo que não esteja interessado no andamento do feito?

Entendemos que não, de modo que deverá o juiz consultar o ofendido para saber se tem interesse no acompanhamento. Significa que, mesmo que não tenha se habilitado como assistente da acusação, mas desde que tenha manifestado o interesse em acompanhar, o ofendido deverá ser intimado pelo menos da sentença e dos acórdãos que a mantenham ou modifiquem. Por "sentença", compreendemos todas as decisões que ponham fim na relação processual, independentemente do fundamento e das consequências, como o caso de absolvição sumária, desclassificação, declaração de incompetência, pronúncia, impronúncia, extinção da punibilidade, dentre outras.

Mais: a Lei permite expressamente (§ 3º, art. 201, CPP) que "*as comunicações ao ofendido deverão ser feitas no endereço por ele indicado, admitindo-se, por opção do ofendido, o uso de meio eletrônico*".

798.5. Regras específicas: Ministério Público, Defensoria Pública e defensor dativo.

798.5.1. Intimação pessoal e nos autos: Para o Ministério Público, Defensoria Pública e, atualmente, defensor dativo há regras específicas para contagem de prazos que merecem bastante atenção.

Para o Ministério Público Federal, dispõe a Lei Complementar nº 75/93 (*trata de organização, atribuições e o estatuto do MPU*), em seu art. 18, II, *h*, que "*são prerrogativas dos membros do Ministério Público da União: II – processuais: h) receber intimação pessoalmente nos autos em qualquer processo e grau de jurisdição em que tiver que oficiar*". Já para o Ministério Público Estadual, e de modo idêntico, assenta o artigo 41, IV, Lei nº 8.625 (Lei Orgânica do Ministério Público) que constitui prerrogativa dos membros do Ministério Público "*no exercício de sua função, além de outras previstas na Lei Orgânica: IV – receber intimação pessoal em qualquer processo e grau de jurisdição, através da entrega dos autos com vista*". São regras especiais que merecem consideração à luz das disposições – gerais – do Código de Processo Penal.

Desse modo, a não ser que se concorde com o procedimento (liberalidade), a intimação do Ministério Público *não poderá ser por simples mandado,* e sim *pessoal e nos autos.*

Registra-se que, em 2014, o Supremo Tribunal Federal julgou procedente a Reclamação nº 17.694-RS, que atacava decisão do Superior Tribunal de Justiça na qual a Corte Superior, violando a reserva de plenário (SV 10), reafirmara entendimento de que a intimação poderia ser por mandado como forma de maximização do Princípio da Isonomia, na medida em que os demais envolvidos na relação processual não possuiriam essa prerrogativa. Consignou-se no referido julgamento paradigmático o que já está expresso em lei, no sentido de que, em relação ao Ministério Público, há "uma prerrogativa de ser intimado pessoalmente e com vista dos autos, para qualquer finalidade. Ou seja, não basta a intimação pessoal. Ademais, como dito, a LC nº 75/93 e a Lei nº 8.625/93 são leis especiais e não preveem formas diferenciadas de intimação, de modo que não é aplicável a intimação pessoal (por meio de mandado) prevista na lei geral", não decorrendo dessas previsões nenhuma violação ao Princípio da Isonomia.

De igual modo, a Defensoria Pública também tem a prerrogativa da intimação pessoal *e nos autos,* consoante expressamente no inciso I do art. 44 da Lei Complementar nº 80/94, e também na linha do que há muito constante no § 5º do art. 5º da Lei nº 1.060/50. Somente a partir da redação que foi conferida a este último dispositivo pela Lei nº 7.871/89, também o defensor dativo passou a ter direito a intimação pessoal nos autos (*Art. 5º* [...] *§ 5º Nos Estados onde a Assistência Judiciária seja organizada e por eles mantida, o Defensor Público, ou quem exerça cargo equivalente, será intimado pessoalmente de todos os atos do processo, em ambas as Instâncias, contando-se-lhes em dobro todos os prazos*).

Também em relação a eles não se poderá cogitar das intimações mediante *mandados judiciais,* salvo se assim concordarem com o ato. É dizer: a eventual recusa em receber a intimação *fora da prerrogativa* legal não poderá gerar qualquer efeito para início de curso do prazo estabelecido em Lei em face do ato praticado, malgrado já se encontrem decisões neste sentido, para nós – respeitosamente – absolutamente ilegais.

Facilidades e políticas de maior praticidade de tramitação de processos não são suficientes para justificar o descumprimento de prerrogativas institucionais previstas em Lei.

Jurisprudência

798.5.1. [...] 1. É intempestivo o agravo regimental, em matéria penal, interposto após o prazo de 5 dias, contados da data da publicação da decisão agravada. 2. "O Ministério Público não goza da prerrogativa de prazo em dobro no âmbito penal, sendo intempestivo o agravo regimental interposto fora do prazo de 5 dias corridos, nos termos dos arts. 39 da Lei 8.038/90 e 258, caput, do RISTJ" (AgRg no REsp n. 1.867.139/MG, relator Ministro Nefil Cordeiro, Sexta Turma, julgado em 16/6/2020, DJe 23/6/2020). [...] *(Agravo Regimental no Habeas Corpus nº 731.455-RJ, STJ, 6ª Turma, Rel. Min.Antonio Saldanha Palheiro, julgado em 2.9.2024, publicado no DJ em 5.9.2024)*

798.5.1. [...] A intimação pessoal é prerrogativa restrita ao Ministério Público, à Defensoria Pública e ao Defensor Dativo. A publicação feita na imprensa oficial a fim de intimar advogado constituído para sessão de julgamento é ato válido e não enseja nulidade [...] *(Agravo Regimental no Recurso Especial n. 1.791.285-TO, STJ, 6ª Turma, unânime, Rel. Min. Nefi Cordeiro, julgado em 5.5.2020, publicado no DJ em 11.5.2020).*

798.5.1. [...] 1. A jurisprudência firmada no Superior Tribunal de Justiça é a de que a intimação do Ministério Público e do defensor nomeado – público ou dativo – de todos os atos do processo será pessoal, a teor do § 4º do art. 370 do Código de Processo Penal, incluído pela Lei n. 9.271/1996, do art. 5º, § 5º, da Lei n. 1.060/1950 e do art. 128, I, da Lei Complementar n. 80/1994, sob pena de nulidade absoluta por ofensa aos princípios do devido processo legal, da ampla defesa e do contraditório. 2. Consoante o disposto no art. 3º do Código de Processo Penal, a norma constante dos arts. 183 e 186 do Código de Processo Civil tem aplicabilidade aos processos criminais. Nesse sentido é o recente enunciado n. 3 da I Jornada de Direito Processual Civil realizado pelo Conselho da Justiça Federal, cujo verbete dispõe que "as disposições do CPC aplicam-se supletiva e subsidiariamente ao Código de Processo Penal, no que não forem incompatíveis com esta Lei". 3. Diversamente do que ocorre com o Ministério Público, a prerrogativa de remessa dos autos com vista à Defensoria Pública somente se dará, pela literalidade do dispositivo, nas hipóteses em que ficar caracterizada a necessidade desse tipo específico de intimação pessoal. A contrário sensu, seria possível concluir que a intimação pessoal dos defensores pode ser efetivada por outras formas que não a remessa dos autos, a depender da situação concreta examinada. (HC n. 296.759/RS, relator Ministro Rogério Schietti Cruz, Terceira Seção, julgado em 23/8/2017, DJe 21/9/2017). 4. Nos moldes do disposto no § 1º do art. 186 do Código de Processo Civil – aplicável ao processo penal ex vi do art. 3º da legislação de regência – "A Defensoria Pública gozará de prazo em dobro para todas as suas manifestações processuais. § 1º O prazo tem início com a intimação pessoal do defensor público, nos termos do art. 183, § 1º" a intimação pessoal far-se-á por carga, remessa ou meio eletrônico. 5. Na hipótese, malgrado a não observância do art. 128, I, da Lei Complementar n. 80/1994 possa configurar nulidade, esta deve ser arguida na primeira oportunidade em que a defesa falar nos autos, sob pena de ser alcançada pela preclusão, como se dá no caso em exame, em que, além de a Defensoria Pública ter sido intimada para a sessão de julgamento via correio eletrônico, foi intimada pessoalmente da sessão de julgamento, tendo sido os autos encaminhados à Defensoria Pública, ocasião em que se quedou inerte quanto à alegação da indigitada eiva. [...] *(Habeas Corpus n. 492.458-MT, STJ, 6ª turma, unânime, Rel. Min. Antônio Saldanha Palheiro, julgado em 4.6.2019, publicado no DJ em 10.6.2019).*

798.5.1. [...] Constitucionalidade do tratamento diferenciado em relação ao Ministério Público, à Defensoria Pública e ao defensor constituído, intimados pessoalmente. Jurisprudência reafirmada em decorrência do julgamento do Plenário, em 2.6.2016, da ADI 2.144/DF, Rel. Min. Teori Zavascki, *DJe* 14.6.2016. [...] (*Habeas Corpus nº 131.198, STF, 2ª Turma, unânime, Rel. Min. Gilmar Mendes, julgado em 6.9.2016, publicado no* DJ *em 21.9.2016*).

798.5.1. [...] O termo inicial do prazo recursal do Ministério Público é contado a partir da entrega do arquivo digital com a cópia do processo eletrônico. Precedentes. Em matéria penal, o Ministério Público não goza da prerrogativa de contagem do prazo recursal em dobro. [...] *(Ag. Reg. no Recurso Especial nº 977.358-SP, STJ, 6ª Turma, unânime, Rel. Min. Nefi Cordeiro, julgado em 3.2.2015, publicado no* DJ *em 13.2.2015).*

798.5.1. [...] O prazo recursal para o Ministério Público inicia-se na data da sua intimação pessoal, realizada em cartório e cientificada nos autos, e não no dia da remessa dos autos ao seu departamento administrativo. [...] (*Embargos de Divergência em REsp nº 1.347.303-GO, STJ, 3ª Seção, unânime, Rel. Min. Gurgel de Faria, julgado em 10.12.2014, publicado no* DJ *em 17.12.2014*).

798.5.2. Modo de contagem dos prazos: Para o Ministério Público, Defensoria Pública e, atualmente, defensor dativo há regras específicas para o *modo* de contagem de prazos que merecem bastante atenção.

Durante muito tempo vigorou entendimento jurisprudencial no sentido de que, para fins de incidência do disposto na alínea *a* do § 5º do art. 798 do CPP, considerava-se a data em que firmado o "ciente" da intimação nos autos pelo *parquet*.

A Suprema Corte acabou reformulando esse entendimento (corretamente, em nosso entender), no que restou, atualmente, acompanhada pelos demais tribunais. O prazo deve ser contado, segundo as regras processuais, considerando-se a intimação efetivada (quando não pessoalmente em audiência ou por outro modo que se caracterize como ciência inequívoca do ato) na data em que os autos derem entrada no setor administrativo do *parquet* ou da Defensoria Pública.

O fundamento basilar para a mudança de entendimento decorreu de se dar um efetivo tratamento igual entre as partes, evitando-se que o Ministério Público ou a Defensoria Pública, direta ou indiretamente, dolosa ou culposamente, pudessem *controlar* qual seria o marco inicial da fluência do prazo recursal com a aposição do "ciente".

Sobre a impossibilidade de aplicação retroativa desse entendimento, vide anotações ao item 798.6.

Não se pode olvidar dos procedimentos processuais penais previstos na Lei nº 11.719/08, que permitem sejam exaradas as sentenças *em audiência* (vide arts. 403 e 531, CPP). Aliás, mesmo antes das alterações no ano de 2008, era possível ao juízo proferir sentença em audiência.

Como proceder então em caso de a sentença ser prolatada em audiência, estando presentes o Ministério Público e a Defensoria Pública? Como deverão ser contados os prazos para eventuais recursos?

A celeridade processual das regras é marcante, evitando-se especialmente a expedição de notas e mandados para a intimação das partes (não se olvide, porém, que o réu, mesmo revel, tem direito a ser intimado da sentença. Mas se estiver presente em audiência, sua intimação já será *pessoal*).

Não temos dúvidas de que, nessas situações, as intimações poderão ser realizadas *em audiência* e serão consideradas *pessoais*. Porém, faltaria o requisito de ser realizada *nos autos*. Poder-se-ia argumentar, de outro lado, que, se a sentença foi prolatada em audiência, ela integraria *os autos* e da qual as partes estão cientes.

Antes de dar a solução que entendemos mais adequada, mister entender a razão de ser da *prerrogativa*. Diversamente do advogado constituído (cuja atuação é restrita aos feitos em que aceita o encargo), ao Ministério Público incumbe a promoção de *todas* as ações penais públicas que estão sob sua atribuição no local de trabalho. Por idêntico motivo, incumbe à Defensoria Pública promover a defesa de *todos* os réus naqueles casos em que obrigatória (ou determinada pelo juízo) sua atuação. São dezenas, centenas ou milhares de processos, dependendo dos locais de atuação.

Exigir que o Ministério Público e a Defensoria Pública procedam à extração de cópias para que, ulteriormente, possam analisar se é caso de apresentar eventuais recursos traria um ônus demasiado às suas atuações. E não há qualquer ausência de justificativa no tratamento díspar quanto à defesa constituída. É absolutamente razoável a previsão, assim como é a disposição de que *apenas* para a Defensoria Pública os prazos sejam contados em dobro. Mas não haveria sentido em estipular prazo em dobro para a *acusação* se a defesa técnica (que não a exercida pela Defensoria Pública) tem prazo simples. Nessa linha, reporta-se às anotações ao art. 598, parágrafo único, em que se faz a distinção entre os prazos para o assistente da acusação *habilitado e o não habilitado* aos autos.

Mais uma premissa fundamental: mesmo para aqueles que sustentam que as *intimações pessoais e nos autos* tenham a característica de prerrogativa *processual* e não *institucional* (vide julgamento do STF no HC nº 76.915-RS, publicado no *DJ* em 27.4.2001, em que se reconheceu que, no âmbito dos Juizados Especiais Criminais, prevalece a regra do art. 82, § 4º, Lei nº 9.099/95 sobre as disposições do CPP), há se ver, no ponto, que as alterações do CPP não abrangeram as formas de contagem e início dos prazos, mas unicamente se estabeleceu a possibilidade (mais ampla, se comparado com o sistema anterior) de que seja proferida sentença em audiência. Nada mais!

Portanto, deixando bem claro, não houve qualquer modificação em relação às prerrogativas estabelecidas nas leis especiais quanto ao *modo de* intimação e contagem de prazos em relação ao Ministério Público (LC nº 75/93 ou Lei nº 8.625) ou à Defensoria Pública (LC nº 80/94).

Exatamente por isto é que, malgrado a *intimação* seja realizada *pessoalmente em audiência* (primeiro requisito das leis especiais atendido), não se poderá cogitar de início do fluxo do prazo para eventual recurso se não for garantido à parte que possui a prerrogativa ter em mãos (carga) os autos do processo. Somente a partir deste momento é que, integralizada a (segunda) exigência estabelecida em lei, se poderá cogitar do início da fluência dos prazos para eventuais atos processuais.

Um alerta final: é entendimento consolidado da jurisprudência que, quando houver duplicidade de intimações pelo Diário de Justiça e pelo portal eletrônico, o prazo será contado a partir da intimação eletrônica, por se tratar de norma de caráter específico.

Jurisprudência

798.5.2. [...] Segundo o entendimento mais recente do Superior Tribunal de Justiça, "havendo duplicidade de intimações eletrônicas nos autos, prevalece a feita pelo portal eletrônico em detrimento àquela realizada pelo Diário de Justiça eletrônico" (EAR Esp n. 1.663.952/RJ, Corte Especial, Rel. Min. Raul Araújo, DJe de 9/6/2021). No caso, a intimação da defesa se deu tão-somente por meio de publicação no Diário da Justiça Eletrônico, sendo assim, o prazo recursal se iniciou no primeiro dia após a data em que publicado o acórdão recorrido, pois não houve duplicidade de intimações. [...] *(Agravo Regimental no Habeas Corpus nº 788.256, 5ª Turma, Rel. Min. Messod Azulay Neto, julgado em 16.10.2024, publicado no DJ em 29.10.2024)*

[...] A Corte Especial, no julgamento do EAREsp n. 1.663.952/RJ, estabeleceu a compreensão de que, nos casos de duplicidade de intimações – publicação no diário de justiça eletrônico e intimação pelo portal eletrônico –, deve prevalecer aquela estabelecida no art. 5º da Lei n. 11.419/2006 (intimação pelo portal eletrônico), por se tratar de norma de caráter específico. [...] *(Embargos de Declaração no Agravo Regimental no Agravo em Recurso Especial nº 1.681.231-RJ, STJ, 6ª Turma, Rel. Min. Rogério Schietti Cruz, julgado em 18.6.2024, publicado no DJ em 26.6.2024)*

798.5.2. [...] Sistema PJE. Prevalência sobre a imprensa oficial. [...] Esta Corte Superior entende que a intimação eletrônica prevalece sobre a intimação efetuada na imprensa oficial. Outrossim, a defesa não se desincumbiu de demonstrar o prejuízo decorrente da nulidade alegada, uma vez que é incontroverso que a comunicação acerca da sessão de julgamento foi efetuada pelo Sistema PJe. *[...] (Agravo Regimental no Agravo em Recurso Especial nº 1.843.747-MS, STJ, 5ª Turma, Rel. Min. Messod Azulay Neto, julgado em 16.4.2024, publicado no DJ em 23.4.2024)*

798.5.2 [...] Os atos processuais praticados no processo eletrônico são de inteira responsabilidade do usuário cadastrado e, no caso, a manifestação do *Parquet* de "*ciência, com renúncia ao prazo*" no sistema eletrônico foi expressa e voluntariamente realizada, de maneira que ele não pode se desvincular do seu conteúdo e dos seus efeitos. [...] A Corte Especial do STJ, no REsp 1.324.432/SC, Rel. Ministro Herman Benjamin, julgado em 17/12/2012, DJe 10/5/2013, firmou o entendimento no sentido de que se ficasse demonstrado erro nas informações disponibilizadas no sistema de processo eletrônico dos Tribunais, ou seja, erro imputável ao Judiciário, que prejudicasse a parte, por força do princípio da boa-fé objetiva, incidiria o disposto no art. 183, §§ 1º e 2º, do CPC/1973. [...] *(Agravo Regimental no Agravo em Recurso Especial nº 2.279.903-SC, STJ, 5ª Turma, Rel. Min. Joel Ilan Paciornik, sessão virtual de 12.9.2023 a 18.9.2023, publicado no DJ em 20.9.2023)*

798.5.2. [...] Como é de conhecimento, *No âmbito especial dos juizados de celeridade e especialidade, não há necessidade de intimação pessoal da Defensoria Pública. Regra especial que se sobrepõe à geral. Precedentes do Supremo Tribunal Federal* (HC 241.735/SP, Rel. Ministra Maria Thereza de Assis Moura, Sexta Turma, julgado em 19/11/2012, DJe de 26/11/2012). [...] *(Agravo Regimental no Habeas Corpus nº 721.564-SP, STJ, 5ª Turma, Rel. Min. Reynaldo Soares da Fonseca, unânime, julgado em 19.4.2022, publicado no DJ em 25.4.2022)*

798.5.2. [...] A realização da intimação eletrônica se dá no dia em que o intimando efetuar a consulta eletrônica ou, não sendo essa realizada no prazo de 10 dias corridos, contados da data do envio, deverá ser considerada como realizada tacitamente no último dia do prazo dos 10 dias previstos para consulta (Lei n. 11.419/2006). [...] *(Agravo Regimental no Recurso Especial nº 2.015.508 – PI, STJ, 5ª Turma, Rel. Min. Ribeiro Dantas, unânime, julgado em 8.3.2022, publicado no DJ em 14.3.2022)*

798.5.2. [...] Lei 11.419/2006. Processo judicial em ambiente eletrônico. Consulta ao sistema. Inequívoca ciência do conteúdo da decisão judicial. Termo inicial do prazo recursal. [...] II – Conforme estatui o art. 5º, § 1º, da Lei 11.419/2006, que disciplina o processo judicial em ambiente eletrônico, "considerar-se-á realizada a intimação no dia em que o intimando efetivar a consulta eletrônica ao teor da intimação, certificando-se nos autos a sua realização." III – Nos termos da jurisprudência deste eg. Superior Tribunal de Justiça *"é desnecessária a certificação da data em que a parte efetivamente consultou o processo eletrônico, já que de acordo com o § 1º do artigo 9º da Lei 11.419/2006, 'as citações, intimações, notificações e remessas que viabilizem o acesso à íntegra do processo correspondente serão consideradas vista pessoal do interessado para todos os efeitos legais'."* [...] *(Agravo Regimental no Recurso Especial nº 1.862.242-PR, STJ, 5ª Turma, unânime, Rel. Min. Felix Fischer, julgado em 1.9.2020, publicado no* DJ *em 9.9.2020).*

798.5.2. [...] Intempestividade do recurso especial. Prazo de 15 dias contínuos. Intimação eletrônica do advogado e publicação no diário de justiça eletrônico. Prevalência dessa última. [...] É intempestivo o recurso especial que não observa o prazo de interposição de 15 dias contínuos, conforme art. 798 do Código de Processo Penal – CPP e art. 1.003, § 5º, do Código de Processo Civil – CPC. [...] Firme nesta Corte o entendimento de que *"ocorrendo a intimação eletrônica e a publicação da decisão no DJE, prevalece esta última, uma vez que nos termos da Lei 11.419/2006, a publicação em Diário de Justiça eletrônico substitui qualquer outro meio de publicação oficial para quaisquer efeitos legais"* [...] *(Agravo Regimental nos Embargos de Declaração no Agravo em Recurso Especial n. 1.455.794-RJ, STJ, 5ª Turma, unânime, Rel. Min. Joel Ilan Paciornik, julgado em 5.5.2020, publicado no* DJ *em 18.5.2020).*

798.5.2. [...] 1. De acordo com a jurisprudência desta Corte Superior de Justiça, em sendo publicada a decisão no Diário de Justiça Eletrônico, essa, para todos os efeitos legais previstos – no caso, a contagem do prazo recursal –, sobrepõe-se a qualquer outra espécie de publicação oficial, inclusive a intimação eletrônica prevista na Lei n.º 11.419/2006. [...] *(Embargos de Declaração no Agravo Regimental no Agravo em Recurso Especial n. 1.468.134-MG, STJ, 6ª Turma, unânime, Rel. Min. Laurita Vaz, julgado em 24.9.2019, publicado no* DJ *em 7.10.2019).*

798.5.2. [...] *Parquet* Estadual. Intimação eletrônica. Data da efetiva consulta. Art. 5º da Lei n. 11.419/2006 [...] 1. Para a jurisprudência deste Superior Tribunal, a Lei n. 11.419/2006 não faz exceção ao Ministério Público, devendo-se, *em atendimento à igualdade das partes no devido processo legal, aplicar a mesma regra dos §§ 1º e 3º, do art. 5º desta lei, ao órgão ministerial* (AgRg no AREsp n. 1.147.557/MS, Ministro Felix Fischer, Quinta Turma, *DJe* 30/5/2018). 2. Nos termos do art. 5º, §§ 1º e 3º, da Lei 11.419/2006, a intimação eletrônica considera-se realizada no dia em que o intimado efetivar a consulta eletrônica ao teor da intimação, a qual pode ser realizada em até 10 dias, contados da data do seu envio, sob pena de se considerar a intimação automaticamente realizada na data do término desse prazo. 3. *O Tribunal de origem, ao entender que a intimação eletrônica foi considerada realizada no dia em que os autos foram disponibilizados no sistema eletrônico da instituição, divergiu do entendimento jurisprudencial desta Corte.* [...] *(Agravo Regimental no Recurso Especial n. 1.792.793-MS, STJ, 5ª Turma, unânime, Rel. Min. Reynaldo Soares da Fonseca, julgado em 12.3.2019, publicado no* DJ *em 25.3.2019).*

798.5.2. [...] 2. É entendimento desta Corte que a intimação será considerada no dia em que o intimado efetivar a consulta eletrônica ao teor da intimação, certificando-se nos autos a sua realização. Não sendo feita a consulta em até 10 dias corridos, contados da data do envio da intimação, considerar-se-á a intimação automaticamente realizada na data do término desse prazo. [...] *(Agravo Regimental no Recurso Especial n. 1.800.926-MS, STJ, 5ª Turma, unânime, Rel. Min. Ribeiro Dantas, julgado em 23.4.2019, publicado no* DJ *em 30.4.2019).*

798.5.2. [...] 1. De acordo com a jurisprudência da Terceira Seção do Superior Tribunal de Justiça, "a intimação eletrônica do patrono não altera o termo inicial para a interposição do recurso, porquanto é assente, nesta Corte Superior, o entendimento de que o prazo começa a fluir a partir da data de publicação no Diário de Justiça eletrônico, uma vez que esta substitui outros meios de publicação oficial para quaisquer efeitos legais." (AgRg no AREsp 1.214.251/RJ, Rel. Ministro Néfi Cordeiro, Sexta Turma, julgado em 18/09/2018, DJe de 27/09/2018). [...] *(Agravo Regimental no Agravo em Recurso Especial n. 1.436.860-RJ, STJ, 6ª turma, unânime, Rel. Min. Laurita Vaz, julgado em 18.6.2019, publicado no* DJ *em 1º.8.2019).*

798.5.2. [...] A isonomia é um elemento ínsito ao princípio constitucional do contraditório (art. 5º, LV, da CRFB), do qual se extrai a necessidade de assegurar que as partes gozem das mesmas oportunidades e faculdades processuais, atuando sempre com paridade de armas, a fim de garantir que o resultado final jurisdicional espelhe a justiça do processo em que prolatado. [...] As exceções ao princípio da paridade de armas apenas têm lugar quando houver fundamento razoável baseado na necessidade de remediar um desequilíbrio entre as partes, e devem ser interpretadas de modo restritivo, conforme a parêmia *exceptiones sunt strictissimae interpretationis*. 3. O rito dos Juizados Especiais é talhado para ampliar o acesso à justiça (art. 5º, XXXV, da CRFB) mediante redução das formalidades e aceleração da marcha processual, não sendo outra a exegese do art. 98, I, da Carta Magna, que determina sejam adotados nos aludidos Juizados "*os procedimentos oral e sumaríssimo*", devendo, portanto, ser apreciadas *cum grano salis* as interpretações que pugnem pela aplicação "subsidiária" de normas alheias ao microssistema dos Juizados Especiais que importem delongas ou incremento de solenidades. 4. O espírito da Lei nº 10.259/01, que rege o procedimento dos Juizados Especiais Federais, é inequivocamente o de afastar a incidência de normas que alberguem prerrogativas processuais para a Fazenda Pública, máxime em razão do que dispõe o seu art. 9º, *verbis*: "*Não haverá prazo diferenciado para a prática de qualquer ato processual pelas pessoas jurídicas de direito público, inclusive a interposição de recursos.*" 5. Não se aplica aos Juizados Especiais Federais a prerrogativa de intimação pessoal dos ocupantes de cargo de Procurador Federal, prevista no art. 17 da Lei nº 10.910/2004, na medida em que neste rito especial, ante a simplicidade das causas nele julgadas, particular e Fazenda Pública apresentam semelhante, se não idêntica, dificuldade para o adequado exercício do direito de informação dos atos do processo, de modo que não se revela razoável a incidência de norma que restringe a paridade de armas, além de comprometer a informalidade e a celeridade do procedimento. Agravo conhecido para negar provimento ao Recurso Extraordinário (*Recurso Extraordinário com Agravo nº 648.629-RJ, STF, Plenário, Rel. Min. Luiz Fux, julgado em 24.4.2014, publicado no* DJ *em 8.4.2014).*

798.5.2. [...] "O Ministério Público não goza de prazo em dobro no âmbito penal, sendo intempestivo o recurso de agravo regimental interposto fora do quinquídio previsto no art. 258 do Regimento Interno do STJ." [...] *(Agravo Interno no Recurso Especial n. 1.658.578-MT, STJ, 5ª Turma, unânime, Rel. Min. Ribeiro Dantas, julgado em 24.4.2018, publicado no DJ em 2.5.2018).*

798.5.2. [...] A entrega de processo em setor administrativo do Ministério Público, formalizada a carga pelo servidor, configura intimação direta, pessoal, cabendo tomar a data em que ocorrida como a da ciência da decisão judicial. Imprópria é a prática da colocação do processo em prateleira e a retirada à livre discrição do membro do Ministério Público, oportunidade na qual, de forma juridicamente irrelevante, apõe o "ciente", com a finalidade de, somente então, considerar-se intimado e em curso o prazo recursal. Nova leitura do arcabouço normativo, revisando-se a jurisprudência predominante e observando-se princípios consagradores da paridade de armas. Precedente: *Habeas corpus* nº 83.255-5/SP, por mim relatado perante o Plenário, com acórdão publicado no *Diário da Justiça* de 12 de março de 2004 (*Habeas Corpus nº 87.567-0-SP, Rel. Min. Marco Aurélio, STF, 1ª Turma, publicado no* DJ *em 17.8.2007).*

798.5.3. Prazos em dobro: Diversamente do que ocorre no processo civil (art. 180, CPC de 2015/art. 188, CPC de 1973), no âmbito criminal o Ministério Público *não* tem direito a prazos processuais em dobro. Nessa seara, apenas a Defensoria Pública tem a prerrogativa dos prazos em dobro, consoante preconizado expressamente no § 5º do art.

5º da Lei nº 1.060, bem como na linha do inciso I do artigo 44 da Lei Complementar nº 80/94 (*Art. 44. São prerrogativas dos membros da Defensoria Pública da União: I – receber, inclusive quando necessário, mediante entrega dos autos com vista, intimação pessoal em qualquer processo e grau de jurisdição ou instância administrativa,* contando-se-lhes em dobro todos os prazos.

Uma advertência: embora se garanta ao defensor dativo atualmente a intimação pessoal, o prazo em dobro é prerrogativa exclusiva da Defensoria Pública.

Anota-se complementarmente que a jurisprudência do STJ unificou compreensão de que não há direito aos prazos em dobro para os chamados núcleos de prática jurídica vinculados a universidades privadas, valendo tal benesse *exclusivamente* para os de universidades públicas.

Jurisprudência

798.5.3. [...] O prazo em dobro somente é concedido ao advogado integrante do quadro da assistência judiciária organizado e mantido pelo Estado, não se aplicando tal benefício aos defensores dativos, aos núcleos de prática jurídica pertencentes às universidades particulares e aos institutos de direito de defesa. [...] *(Agravo Regimental no Agravo em Recurso Especial nº 1.791.343-DF, STJ, 5ª Turma, Rel. Min. João Otávio de Noronha, unânime, julgado em 19.4.2022, publicado no DJ em 25.4.2022)*

798.5.3. [...] A jurisprudência desta Corte Superior é firme no sentido de que o prazo recursal em dobro é prerrogativa exclusiva da Defensoria Pública, a teor do art. 5º, §5º, da Lei n. 1.060/1950, e, portanto, não se estende ao advogado constituído que assume o patrocínio da causa. [...] *(Agravo Regimental no Agravo em Recurso Especial nº 202.776-SP, STJ, 5ª Turma, Rel. Min. Jesuíno Rissato, unânime, julgado em 15.3.2022, publicado no DJ em 23.3.2022)*

798.5.3. [...] O prazo para interposição de agravo regimental em processo penal é de 5 dias, contado em dobro para a Defensoria Pública, mesmo após a entrada em vigor da Lei n. 13.105/2015. [...] *(Agravo Regimental no Habeas Corpus nº 690.198/SC, STJ, 5ª Turma, unânime, Rel. Min. João Otávio de Noronha, julgado em 26.10.2021, publicado no DJ em 3.11.2021).*

798.5.3. [...] Consoante jurisprudência do Superior Tribunal de Justiça, "*A prerrogativa da contagem dos prazos em dobro, em matéria criminal, não se estende aos Núcleos de Prática Jurídica vinculados à instituição de ensino superior privada.* [...] Inexistindo divergência entre a Quinta e Sexta Turmas, não há falar-se em remessa dos autos para apreciação da tese recursal pela Terceira Seção, nos termos do art. 14, II, do RISTJ. [...] *(Agravo Regimental no Agravo em Recurso Especial nº 1.871.858/DF, STJ, 6ª Turma, unânime, Rel. Min. Olindo Menezes, julgado em 19.10.2021, publicado no DJ em 22.10.2021)*

798.5.3. [...] 5. A orientação jurisprudencial deste Superior Tribunal de Justiça não admite a aplicação da regra prevista no Código de Processo Civil que estabelece prazo em dobro aos feitos de natureza criminal. [...] 6. Ainda que se trate de autos físicos, esta Corte Especial disponibiliza aos causídicos cópias integrais e atualizadas dos autos em formato digital. Essa circunstância é de conhecimento dos causídicos subscritores, tendo em vista que consta nos autos que já se valeram dessa providência em ocasiões anteriores. Assim, durante o transcurso do prazo recursal, os autos estavam disponíveis ao réu, não havendo qualquer registro de que tenha sido negado o fornecimento de cópia digital ou mesmo cerceamento do direito de acesso. [...] (Embargos de Declaração nos Embargos de Declaração na Ação Penal n. 382-RR, STJ, Corte Especial, unânime, Rel. Min. Mauro Campbell Marques, julgado em 23.9.2019, publicado no DJ em 7.10.2019).

798.5.3. [...] O legislador, tendo presentes razões de ordem material e estrutural que oneram o desempenho, pelo Defensor Público, dos relevantes encargos que se inserem na esfera de suas atribuições institucionais, estabeleceu mecanismos compensatórios destinados a viabilizar, em plenitude, o exercício das funções cometidas a esse agente estatal, outorgando-lhe, em consequência, (a) a prerrogativa de receber, pessoalmente, a intimação de todos os atos do processo e (b) o benefício de dispor da contagem em dobro dos prazos processuais (Lei nº 1.060/50, art. 5º, § 5º, na redação dada pela Lei nº 7.871/89, c/c a Lei Complementar nº 80/94, art. 44, I;

art. 89, I, e art. 128, I), mesmo que se cuide de procedimentos de natureza penal. Precedentes. Tempestividade do recurso de agravo interposto, considerada, no ponto, a contagem em dobro do prazo recursal. Ordem de "*habeas corpus*" concedida para determinar a apreciação e o julgamento, pelo Superior Tribunal de Justiça, do recurso de agravo interposto naquela instância judiciária (*Habeas Corpus nº 81.019/MG, STF, Rel. Min. Celso de Mello, 2ª Turma, publicado no DJ em 23.10.2009*).

....

798.6. O princípio *tempus regit actum* no processo penal e a contagem dos prazos processuais: Não nos restam dúvidas de que, no âmbito do processo penal, também se aplica o princípio *tempus regit actum*. O *actum* precisa ser contextualizado como sendo o *ato processual*, e não o *ato criminoso*, quando analisado à luz do Direito Penal.

Significa que todos os atos processuais realizados segundo as regras processuais vigentes durante sua validez e aplicabilidade devem permanecer hígidos. Portanto, não há de se confundir a data da prática do fato criminoso (que se regula pelos princípios *tempus regit actum* e da irretroatividade da Lei *penal mais gravosa*) com a realização dos atos processuais em que ele está sendo apurado.

Processualmente, não há aplicação de regras revogadas se o ato (processual) praticado já o foi na vigência de Lei nova. Exatamente por isso não há se falar mais na existência do *protesto por novo Júri* para os fatos processuais (intimações processuais, quando surge o direito ao recurso) realizados após a vigência da legislação que o extirpou do ordenamento jurídico.

Tal raciocínio é idêntico para a aplicação do entendimento jurisprudencial e sua eventual alteração. Assim, a mudança de entendimento jurisprudencial (futuro) acerca de *como* deveria ser praticado determinado ato não pode retroagir para desfazer ou alterar o que (no passado) foi praticado segundo os ditames vigentes (mesmo que em decorrência de compreensão jurisprudencial, desde que pacificada).

Referidas considerações são de absoluto relevo para o tema aqui abordado, notadamente em face da alteração jurisprudencial (que concordamos, repita-se) de que as intimações do Ministério Público ou da Defensoria Pública não mais se contariam do *ciente*, mas sim da entrada dos autos no âmbito administrativo das instituições.

Se os atos processuais foram praticados considerando-se o entendimento então consolidado da jurisprudência no sentido de que o prazo começaria a fluir a partir do "ciente", *não* se pode alterar a sistemática (com efeito retroativo ao ato regularmente praticado) pelo ulterior posicionamento jurisprudencial.

A jurisprudência *da época*, mormente porque pacificada quanto a esse tópico, era a "lei vigente" quando da prática do ato. Se atendidos os preceitos da Lei (e sua interpretação à época), o ato foi absolutamente válido, não podendo, em hipótese alguma, ser desfeito em face de superveniente mudança legislativa ou entendimentos jurisprudenciais. O destaque é essencial, pois alguns entendimentos jurisprudenciais conferiram efeito retroativo à Lei processual, causando verdadeira surpresa processual às partes (independentemente de quem sejam), como se fosse possível antever a mudança de entendimento.

Como a mudança de entendimento jurisprudencial somente se deu com o julgamento do *Habeas Corpus* nº 83.255-5-SP pelo Plenário do Supremo Tribunal Federal, a nova sistemática somente poderá ser aplicada para as *intimações* realizadas a partir do dia 13 de março de 2004, na medida em que o aresto do STF (que equivale à *nova interpretação da lei*) foi publicado no dia anterior, 12 de março de 2004.

Por todos esses motivos é que somente a partir das alterações introduzidas pela Lei nº 9.271/96 passou a ser exigível a intimação pessoal do defensor dativo, não se aplicando de forma retroativa o dispositivo às intimações anteriores.

Jurisprudência

798.6. [...] A intimação pessoal do defensor público ou de quem exerça tal encargo (*in casu*, o defensor dativo) é prerrogativa que foi introduzida no ordenamento jurídico pátrio pela Lei n. 1.060/1950, em seu art. 5°, § 5°, acrescentado pela Lei n. 7.871, de 8 de novembro de 1989. Dispõe, ainda, o art. 370, § 4º, do Código de Processo Penal, que a intimação do Ministério Público e do defensor nomeado será pessoal, constituindo, por conseguinte, prerrogativa do defensor dativo a intimação pessoal de todos os atos do processo. [...] *(Agravo Regimental em Habeas Corpus n° 919.574, 5ª Turma, Rel. Min. Reynaldo Soares da Fonseca, julgado em 25.10.2024, publicado no DJ em 29.10.2024)*

798.6. [...] I – Consoante o decidido pelo Plenário desta Corte na sessão realizada em 9.3.2016, o regime recursal será determinado pela data da publicação do provimento jurisdicional impugnado. *In casu*, aplica-se o Código de Processo Civil de 2015. [...] *(Agravo Interno na Reclamação n. 3.933-MG, STJ, 1ª Seção, Rel. Min. Regina Helena Costa, julgado em 8.8.2018, publicado no* DJ *em 14.8.2018)*

798.6. [...] A contagem do prazo para a interposição do recurso especial ocorreu de forma correta, em consonância com a orientação firmada, à época, por esta Corte, que entendia que a intimação das decisões judiciais para o Ministério Público deveria ocorrer com a aposição do ciente por seu representante. A mudança de entendimento implementada pela nova leitura feita pelas Cortes Superiores deve alcançar os casos futuros, não aqueles consolidados na constância da orientação anterior. Ordem denegada (*Habeas Corpus nº 89.568/RJ, STJ, Rel. Min. Og Fernandes, 6ª Turma, publicado no* DJ *em 26.10.2009*).

798.6. [...] A tese apresentada na petição inicial deste *writ* consiste no possível constrangimento ilegal sofrido pelo paciente devido à nulidade do julgamento do recurso de apelação em razão da falta de regular intimação pessoal do defensor dativo. É pacífica a jurisprudência do STF no sentido de que, em consonância com o princípio do *tempus regit actum*, somente a partir da edição da Lei nº 9.271/1996 (que adicionou o § 4º ao art. 370 do CPP) passou a ser obrigatória a intimação pessoal do defensor nomeado pelo juízo. Além de não haver a obrigatoriedade da intimação pessoal do defensor dativo na época em que ocorreu o julgamento do recurso de apelação, houve decurso de mais de treze anos sem qualquer impugnação a esse respeito. *Habeas corpus* denegado (*Habeas Corpus nº 91.567-1/SP, STF, Rel. Min. Ellen Gracie, 2ª Turma, publicado no* DJ *em 26.9.2008*).

798.6. [...] Com o julgamento do HC 83.255/SP pelo Supremo Tribunal Federal, firmou-se entendimento que o início do prazo para a interposição do recurso pelo Ministério Público deve ser contado da entrada dos autos na instituição. Contudo, no momento da interposição do recurso em análise, prevalecia a jurisprudência de que o termo *a quo* era da aposição do ciente pelo representante do *Parquet*. Não se poderia exigir que o órgão ministerial recorrente se pautasse de modo diverso, como se pudesse antever a mudança do entendimento jurisprudencial. Recurso especial desprovido (*Recurso Especial nº 796.488/CE, STJ, Rel. Min. Laurita Vaz, 5ª Turma, publicado no* DJ *em 6.4.2008*).

798.6. [...] À época da interposição do recurso, o posicionamento firmado pelas Cortes Superiores era no sentido de que o prazo para a interposição de recurso pelo Ministério Público ou pela Defensoria Pública tinha início na data da aposição do ciente. Tal entendimento foi modificado a partir do julgamento, pelo Tribunal Pleno do Pretório Excelso, do HC 83.255/SP, em 5.11.2003. *In casu*, a defensora pública do réu atestou a ciência da sentença em 29.11.2002. O recurso de apelação foi interposto em 3.12.2002. Nesse interregno, decorreram menos de dez dias, sendo tempestivo o apelo, *ex vi* do art. 593 do CPP, c/c art. 5º, § 5º, da Lei nº 1.060/50. Recurso provido (*Recurso Especial nº 738.187-DF, STJ, Rel. Min. Felix Fischer, 5ª Turma, publicado no* DJ *em 13.3.2006*).

798.6. [...] De fato, o Supremo Tribunal Federal, a partir do julgamento plenário do *Habeas corpus* nº 83.255/SP (*Informativo* nº 328), decidiu que o prazo recursal para o Ministério Público conta-se a partir da entrada do processo nas dependências da Instituição. O Superior Tribunal de Justiça, por seu turno, aderiu à nova orientação da Suprema Corte. Não se pode olvidar, todavia, que o entendimento jurisprudencial, até então, há muito sedimentado no STF e no STJ, era justamente no sentido inverso, ou seja, entendia-se que a intimação pessoal do Ministério Público se dava com o "ciente" lançado nos autos, quando efetivamente entregues ao órgão ministerial. Dessa maneira, constata-se que o Procurador de Justiça, nos idos anos de 2000, tendo em conta a então sedimentada jurisprudência das Cortes Superiores, valendo-se dela, interpôs o recurso dentro do prazo legal. Não se poderia, agora, exigir que o órgão ministerial recorrente se pautasse de modo diverso, como se pudesse antever a mudança do entendimento jurisprudencial. Essa exigência seria inaceitável, na medida em que se estaria criando obstáculo insuperável. Vale dizer: depois de a parte ter realizado o ato processual, segundo a orientação pretoriana prevalente à época, seria apenada com o não conhecimento do recurso, quando não mais pudesse reagir à mudança. Isso se traduziria, simplesmente, em usurpação sumária do direito de recorrer, o que não pode existir em um Estado Democrático de Direito, mormente se a parte recorrente representa e defende o interesse público. Ordem denegada (*Habeas Corpus nº 28.598-MG, STJ, Rel. Min. Laurita Vaz, 5ª Turma, publicado no* DJ *em 1º.8.2005*).

798.6. [...] É pacífica a jurisprudência do Superior Tribunal de Justiça, seguindo a compreensão firmada pelo Supremo Tribunal Federal, no sentido de que o prazo recursal para o Ministério Público começa a fluir da data da entrada dos autos naquele órgão, de forma a não permitir o controle de seu curso e garantir a igualdade de tratamento entre as partes. É de rigor que se reconheça a nulidade do acórdão atacado, que julgou o mérito do recurso ministerial manejado intempestivamente, *ainda que, à época da interposição do apelo, outro fosse o entendimento jurisprudencial no que diz com a contagem dos prazos recursais do* parquet. *Habeas corpus* concedido (*Habeas Corpus nº 45.001/DF, Rel. Min. Hamilton Carvalhido, Relator p/ acórdão Ministro Paulo Gallotti, 6ª Turma, por maioria, julgado em 24.10.2006, publicado no* DJ *em 3.8.2009*).

....

798.7. **Recursos interpostos antes da intimação:** Consoante já destacado anteriormente (vide item 619.9), alguns precedentes não admitiam a possibilidade de interposição de recurso antes da publicação do julgado. A propósito, o Superior Tribunal de Justiça editou a Súmula nº 418, assentando ser "*inadmissível o recurso especial interposto antes da publicação dos embargos de declaração, sem posterior ratificação*". Essa súmula foi revogada pela Corte Especial em 1º.7.2016. Vigora atualmente o entendimento consubstanciado na Súmula 579 do STJ: "*não é necessário ratificar o recurso especial interposto na pendência do julgamento dos embargos de declaração, quando inalterado o resultado anterior*".

Em nossa compreensão, bem antes dessas modificações, já dizíamos que era necessário conjugar a instrumentalidade do processo penal, enfatizando que eram e são inúmeros os precedentes – inclusive do Plenário do STF – que admitem a interposição antes da publicação. Fazemos apenas a ressalva da necessidade de ratificação do recurso especial quando, em razão do julgamento dos embargos de declaração, há alteração (mesmo que parcial) do julgado contra o qual já interposta a irresignação extraordinária.

Jurisprudência

798.7. [...] 1. Nos termos da jurisprudência deste Sodalício, é necessária a ratificação do Recurso Especial apresentado na pendência de embargos de declaração na hipótese em que há alteração do *decisum* impugnado, como no caso. Não incidência da Súmula 579/STJ. [...] (*Agravo Regimental no Agravo em Recurso Especial n. 1.200.796-PE, STJ, 5ª Turma, unânime, Rel. Min. Jorge Mussi, julgado em 14.8.2018, publicado no* DJ *em 24.8.2018*)

798.7. [...] A extemporaneidade não se verifica com a interposição de recurso antes do termo *a quo* e consequentemente não gera a ausência de preenchimento de requisito de admissibilidade da tempestividade. O princípio da instrumentalidade do Direito Processual reclama a necessidade de interpretar os seus institutos sempre do modo mais favorável ao acesso à justiça (art. 5º, XXXV, CRFB) e à efetividade dos direitos materiais (OLIVEIRA, Carlos Alberto Alvaro de. O formalismo-valorativo no confronto com o formalismo excessivo. In: *Revista de Processo*, São Paulo: RT, n. 137, p. 7-31, 2006; DINAMARCO, Cândido Rangel. *A instrumentalidade do processo*. 14ª ed. São Paulo: Malheiros, 2009; BEDAQUE, José Roberto dos Santos. *Efetividade do Processo e Técnica Processual*. 3ª ed. São Paulo: Malheiros, 2010). [...] Agravo regimental provido para cassar a decisão de inadmissão dos embargos de divergência com fundamento na extemporaneidade recursal (*Embargos de Declaração nos Embargos de Divergência nos Embargos de Declaração nos Embargos de Declaração no Agravo Regimental no Agravo de Instrumento nº 703.269-MG, STF, Plenário, maioria, Rel. Min. Luiz Fux, julgado em 5.3.2015, publicado no DJ em 6.5.2015*).

Art. 799. O escrivão, sob pena de multa de cinquenta a quinhentos mil-réis e, na reincidência, suspensão até 30 (trinta) dias, executará dentro do prazo de dois dias os atos determinados em Lei ou ordenados pelo juiz.

Os prazos cartoriais são impróprios. O dispositivo prevê a aplicação de pena de multa se não atendido o prazo especificado e, pior, de suspensão até 30 (trinta) dias em caso de reincidência.

Tendo em vista o incontestável volume de serviços cartoriais, este dispositivo não pode ser aplicado, porque draconiano. Se verificada alguma desídia do escrivão ou do responsável pelos andamentos do trabalho cartorial, a circunstância poderá ser objeto de aferimento correcional, mas não pelos fatos isolados como posto no dispositivo em voga.

No âmbito dos interesses sobretudo de réu processado, a demora na realização dos atos cartoriais poderá ensejar eventual excesso de prazo, notadamente se estiver preso.

Art. 800. Os juízes singulares darão seus despachos e decisões dentro dos prazos seguintes, quando outros não estiverem estabelecidos:

I – de dez dias, se a decisão for definitiva, ou interlocutória mista;

II – de cinco dias, se for interlocutória simples;

III – de um dia, se se tratar de despacho de expediente.

§ 1º Os prazos para o juiz contar-se-ão do termo de conclusão.

§ 2º Os prazos do Ministério Público contar-se-ão do termo de vista, salvo para a interposição do recurso (art. 798, § 5º).

§ 3º Em qualquer instância, declarando motivo justo, poderá o juiz exceder por igual tempo os prazos a ele fixados neste Código.

§ 4º O escrivão que não enviar os autos ao juiz ou ao órgão do Ministério Público no dia em que assinar termo de conclusão ou de vista estará sujeito à sanção estabelecida no art. 799.

Nos incisos do *caput* novamente são estabelecidos prazos (igualmente impróprios) para os juízes singulares proferirem decisões. Diz-se que os prazos são *impróprios* porque eventual excesso do que estipulado não impossibilita a prática ulterior do ato. Conta-se o prazo para o juízo a partir do termo de conclusão.

Já em relação ao Ministério Público, diz-se que os prazos serão contados do termo de vista, salvo para a interposição de recurso (art. 798, § 5º). Como já destacado anteriormente, o Ministério Público tem direito à intimação pessoal e nos autos, contando-se o prazo a partir da entrada do feito no órgão administrativo da instituição, salvo se, por outro modo, tomar ciência inequívoca do que decidido.

Entretanto, a intimação deverá ser pessoal e *nos autos*, jamais se podendo cogitar da realização do ato por mandado, a não ser que o órgão abra mão da prerrogativa institucional estabelecida em Lei especial, que, à evidência, prepondera sobre a regra – geral – estabelecida no CPP.

Jurisprudência

800. [...] "A contagem do prazo recursal ao Ministério Público inicia-se com a sua intimação pessoal, nos termos do art. 800, § 2º c/c art. 370, § 4º, ambos do CPP ante a ciência inequívoca da decisão, permitindo isonomia entre acusação e defesa. 3. No âmbito penal, o Ministério Público não possui a prerrogativa do prazo em dobro para recorrer, assegurada somente à Defensoria Pública" [...] *(Agravo Regimental no Agravo Regimental nos Embargos de divergência em Agravo em Recurso Especial nº 1.351.742-SP, STJ, 3ª Seção, Rel. Min. Joel Ilan Paciornik, julgado em 12.5.2021, publicado no DJ em 14.5.2021)*

800. [...] Constitucionalidade do tratamento diferenciado em relação ao Ministério Público, à Defensoria Pública e ao defensor constituído, intimados pessoalmente. Jurisprudência reafirmada em decorrência do julgamento do Plenário, em 2.6.2016, da ADI 2.144/DF, Rel. Min. Teori Zavascki, *DJe* 14.6.2016. [...] (*Habeas Corpus nº 131.198, STF, 2ª Turma, unânime, Rel. Min. Gilmar Mendes, julgado em 6.9.2016, publicado no* DJ *em 21.9.2016*).

800. [...] A teor do que dispõe o § 2º do art. 800, c/c os art. 798, § 5º e 370, § 4º, todos do CPP, uma vez havendo a intimação pessoal do Ministério Público, por mandado, é indiferente o dia da remessa dos autos, porque o início da contagem do prazo deve ser contado da realização daquela. Não se aplicam ao caso as recomendações do art. 18 da Lei Complementar nº 20/93 e do art. 41, inciso IV, da Lei nº 8.625/93, porque não serem normas expressas quanto à contagem de prazo para ofertar recurso. Agravo Regimental improvido (*Agravo Regimental no Agravo Regimental no Recurso Especial nº 724.550-GO, STJ, Rel. Min. Maria Thereza de Assis Moura, 6ª Turma, publicado no DJ em 10.12.2007*).

....

Art. 801. Findos os respectivos prazos, os juízes e os órgãos do Ministério Público, responsáveis pelo retardamento, perderão tantos dias de vencimentos quantos forem os excedidos. Na contagem do tempo de serviço, para o efeito de promoção e aposentadoria, a perda será do dobro dos dias excedidos.

Entendemos manifestamente inconstitucional o dispositivo em tela. Se caracterizada eventual conduta desidiosa no atendimento dos prazos cartoriais (impróprios), deve-se impor a devida penalidade de cunho administrativo, mas não a imediata aplicação de perda proporcional dos vencimentos de acordo com os dias de atraso na prática do ato, muito menos o desconto *duplicado* de dias para fins de promoção e aposentadoria. Não se olvide, inclusive, que, por expresso regramento constitucional, os (agora denominados) *subsídios* dos juízes e dos membros do Ministério Público são irredutíveis, salvo os casos expressos na Carta Maior (art. 95, III, e art. 128, § 5º, I, *c*).

Art. 802. O desconto referido no artigo antecedente far-se-á à vista da certidão do escrivão do processo ou do secretário do tribunal, que deverão, de ofício, ou a requerimento de qualquer interessado, remetê-la às repartições encarregadas do pagamento e da contagem do tempo de serviço, sob pena de incorrerem, de pleno direito, na multa de quinhentos mil-réis, imposta por autoridade fiscal.

Pelos mesmos fundamentos declinados no artigo anterior, entende-se inaplicável o dispositivo hodiernamente.

Art. 803. Salvo nos casos expressos em lei, é proibida a retirada de autos do cartório, ainda que em confiança, sob pena de responsabilidade do escrivão.

Toda retirada dos autos em carga – para a defesa, acusação ou terceiros – deverá atender estritamente o que previsto em legislação. Qualquer retirada dos autos deverá ser precedida de respectivo registro.

Art. 804. A sentença ou o acórdão, que julgar a ação, qualquer incidente ou recurso, condenará nas custas o vencido.

O dispositivo precisa ser bem compreendido. Todas as despesas do processo deverão ser arcadas pelo réu, em caso de condenação. Tanto é assim que, no dispositivo, é requisito fundamental constar a determinação do pagamento das custas pelo réu, ou, sendo vários, proporcionais ao número de condenados.

Porque órgão de Estado, o Ministério Público não paga custas, notadamente em procedimento processual penal.

Jurisprudência

804. [...] este Superior Tribunal possui entendimento consolidado no sentido de que "o momento de se aferir a situação do condenado para eventual suspensão da exigibilidade do pagamento das custas processuais é a fase de execução, por tal razão, nos termos do art. 804 do Código de Processo Penal, mesmo que beneficiário da justiça gratuita, o vencido deverá ser condenado nas custas processuais [...] *(Agravo Regimental no Agravo em Recurso Especial nº 1.916.809-PR, STJ, 5ª Turma, Rel. Min. Reynaldo Soares da Fonseca, julgado em 14.9.2021, publicado no DJ em 20.9.2021)*

804. [...] O art. 7º da Lei 11.636/2007 dispõe que não são devidas custas nos processos de *habeas data*, *habeas corpus* e recursos em *habeas corpus*, e nos demais processos criminais, salvo a ação penal privada. [...] *(Agravo Regimental no Recurso Especial n. 1.791.285-TO, STJ, 6ª Turma, unânime, Rel. Min. Nefi Cordeiro, julgado em 5.5.2020, publicado no DJ em 11.5.2020).*

804. [...] 1. Interpretando o art. 804 do Código de Processo Penal, esta Corte já decidiu que, em se tratando de ação penal pública, somente se admite a exigência do pagamento de custas processuais após a condenação definitiva, não havendo falar em deserção do recurso por falta de preparo (HC 290.168/PB [...]. Precedentes. 2. Reforça tal interpretação o fato de que o artigo 7º da Lei Federal nº 11.636/07, que dispõe sobre as custas judiciais devidas no âmbito do Superior

Tribunal de Justiça, deixa claro que "não são devidas custas nos processos de *habeas data*, *habeas corpus* e recursos em *habeas corpus*, e nos demais processos criminais, salvo a ação penal privada." [...] (*Agravo Regimental nos Embargos de Divergência no Recurso Especial n. 1.346.605/ES, STJ, 3ª Seção, unânime, Rel. Min. Reynaldo Soares da Fonseca, julgado em 28.11.2018, publicado no DJ em 11.12.2018*).

804. [...] III – Esta Segunda Turma, no julgamento do Inq. 4.348-ED-AgR/DF, relatado pelo Ministro Edson Fachin, decidiu pelo cabimento de condenação em honorários advocatícios quando há a rejeição da queixa-crime, ante o princípio geral da sucumbência e o disposto nos arts. 3° do Código de Processo Penal e 85 do Código de Processo Civil. [...] (*Segundo Agravo Regimental no Recurso Extraordinário com Agravo n. 1.197.257/DF, STF, 2ª Turma, unânime, Rel. Min. Ricardo Lewandowski, julgado em sessão virtual de 11.10.2019 a 17.10.2019, publicado no DJ em 29.10.2019*).

804. [...] Ação penal privada. Fixação de honorários advocatícios. Possibilidade. Ofensa ao art. 804 do CPP. Inocorrência. [...] A jurisprudência consolidada do Superior Tribunal de Justiça é firme no sentido de ser possível a condenação do vencido na ação penal privada ao pagamento de honorários sucumbenciais, o que resulta da aplicação da analogia e dos princípios gerais do Direito, consoante previsto no art. 3° do Código de Processo Penal. Precedentes. [...] *(Agravo Regimental no Recurso Especial n. 1.417.694-SP, STJ, 5ª Turma, unânime, Rel. Min. Ribeiro Dantas, julgado em 19.4.2018, publicado no DJ em 25.4.2018)*

804. [...] "*Consoante a jurisprudência sedimentada do STJ, o princípio geral da sucumbência é aplicável no âmbito do processo penal quando se tratar de ação penal privada*" (AgRg no REsp nº 1.206.311/SP, Quinta Turma, Rel. Min. Jorge Mussi). Tal entendimento, que decorre da aplicação do disposto no art. 3º do CPP, restritivamente às ações penais privadas, deve observar o princípio da causalidade, não se limitando a condenação de honorários aos casos em que haja sentença de mérito, pois utilizado subsidiariamente o CPC, devem ser aplicados também seus princípios norteadores. Embargos de divergência desprovidos (*Embargos de Divergência em Recurso Especial nº 1.218.726-RJ, STJ, 3ª Seção, unânime, Rel. Min. Felix Fischer, julgado em 22.6.2016, publicado no* DJ *em 1º.7.2016*).

804. [...] Violação do artigo 804 do CPP. Beneficiário da justiça gratuita. Isenção do pagamento de custas. Impossibilidade. Suspensão da exigibilidade. Fase de execução. [...] 1. Esta Corte sufragou o entendimento de que o beneficiário da justiça gratuita não faz jus a isenção do pagamento das custas processuais, mas tão somente a suspensão da exigibilidade destas, pelo período de 5 anos, a contar da sentença final, quando então, em não havendo condições financeiras de o recorrente quitar o débito, restará prescrita a obrigação. [...] *(AgRg no REsp n. 1.656.212-SC, STJ, 6ª Turma, Rel. Min. Maria Thereza de Assis Moura, julgado em 30.3.2017, publicado no DJ 7.4.2017)*

804. [...] 1. A deserção, por falta de pagamento do valor devido pelas fotocópias para formação do traslado, quando se trate de ação penal pública, traduz rigor formal excessivo na medida em que impede ou impossibilita o exercício da ampla defesa e, via de consequência, constitui afronta ao art. 5º, inc. LV, da Constituição Federal (HC 95.128, Rel. Min. Dias Toffoli, 1ª Turma, *DJe* de 5.3.2010; *RTJ* 601/427; HC 74.338, Rel. Min. Néri da Silveira, *DJ* de 23.6.2000). [...] 3. Há previsão legal – art. 804 do CPP – de que a deserção se configura apenas quando se trate de ação penal privada, e não de ação penal pública, como *in casu*. 4. Ordem de habeas corpus concedida para afastar a deserção e, via de consequência, para determinar que o Tribunal Superior Eleitoral julgue o recurso do paciente (*Habeas Corpus nº 116.840, STF, 1ª Turma, Rel. Min. Luiz Fux, julgado em 15.10.2013, publicado no* DJ *em 4.11.2013*).

804. [...] A cobrança antecipada de despesa relativa à expedição de carta rogatória para a oitiva de testemunha defensiva não configura cerceamento de defesa. A gratuidade se refere, exclusivamente, às diligências requestadas pelo órgão ministerial público. Interpretação das letras "b" e "k" do item 10 da Portaria nº 26 de 14 de agosto de 1990, com a redação da Portaria nº 16 de setembro de 2003, ambas do Ministério das Relações Exteriores. Interpretação que afina com o art. 804 do Código de Processo Penal, que se destina aos feitos em curso no Brasil. Ordem denegada (*HC nº 85.653-5/SP, STF, Rel. Min. Ricardo Lewandowski, Relator para o acórdão Ministro Ayres Britto, 1ª Turma, por maioria, julgado em 5.8.2008, publicado no* DJ *em 19.9.2008*).

Art. 805. As custas serão contadas e cobradas de acordo com os regulamentos expedidos pela União e pelos Estados.

Art. 806. Salvo o caso do art. 32, nas ações intentadas mediante queixa, nenhum ato ou diligência se realizará, sem que seja depositada em cartório a importância das custas.

§ 1º Igualmente, nenhum ato requerido no interesse da defesa será realizado, sem o prévio pagamento das custas, salvo se o acusado for pobre.

§ 2º A falta do pagamento das custas, nos prazos fixados em lei, ou marcados pelo juiz, importará renúncia à diligência requerida ou deserção do recurso interposto.

§ 3º A falta de qualquer prova ou diligência que deixe de realizar-se em virtude do não pagamento de custas não implicará a nulidade do processo, se a prova de pobreza do acusado só posteriormente foi feita.

Dispõe o art. 32, CPP, que "*nos crimes de ação privada, o juiz, a requerimento da parte que comprovar a sua pobreza, nomeará advogado para promover a ação penal*", que "*considerar-se-á pobre a pessoa que não puder prover às despesas do processo, sem privar-se dos recursos indispensáveis ao próprio sustento ou da família*", bem assim que "*será prova suficiente de pobreza o atestado da autoridade policial em cuja circunscrição residir o ofendido*".

O dispositivo é hialino: em se tratando de ação penal privada propriamente dita, com a ressalva da impossibilidade comprovada de fazê-lo, a parte ativa deverá proceder ao depósito prévio das custas do processo para fins de impulso judicial, inclusive no que se refere ao pagamento das despesas para fins de expedição de carta rogatória (art. 784, § 3º, CPP).

Se não efetuado o pagamento das custas nos prazos fixados, ter-se-á como renunciada a diligência requerida ou será julgado deserto o recurso interposto.

Atente-se que, em se tratando de ação penal privada subsidiária da pública, não se pode aplicar o dispositivo em tela, pois, em verdade, a ação penal não deixa de ser pública.

Derradeiramente, registra-se que, unicamente no que diz respeito à deserção dos recursos (mesmo em ação penal privada), pelos exatos fundamentos declinados quando da análise do art. 595, CPP, reputamos inconstitucional ou não recepcionado o dispositivo pela Constituição Federal de 1988, na medida em que é assegurado constitucionalmente aos litigantes e aos acusados em geral a ampla defesa, com os meios e recursos a ela inerentes (art. 5º, LV, CF/88).

Jurisprudência

805. [...] Recurso Ordinário em Mandado de Segurança. Preparo. Necessidade. Art. 7º da Lei n. 11.636/2007. Dispensa aplicável somente aos processos de natureza criminal que envolvam a aplicação de sanções penais elencadas no art. 32, I e II do Código Penal Brasileiro.

[...] 1. A jurisprudência desta corte tem se firmado no sentido de que a dispensa do recolhimento de custas prevista no art. 7º da Lei n. 11.636/2007 deve ser interpretada de maneira restrita, circunscrevendo-se aos processos criminais que tratem da aplicação das sanções elencadas no art. 32, I e II do Código Penal Brasileiro.

2. Em se tratando de Mandado de Segurança que objetiva reconsideração da homologação de arquivamento do inquérito, o recolhimento de custas é providência indispensável ao conhecimento do recurso. [...] *(Agravo Regimental no Recurso em mandado de Segurança nº 69.820-SP, STJ, 5ª Turma, Rel. Min. Daniela Teixeira, julgado em 9.4.2024, publicado no DJ em 15.4.2024)*

805. [...] A Corte Especial deste STJ reconheceu, no AgRg nos EAREsp 1.196.846/PR, Rel. Ministro Herman Benjamin, julgado em 20/11/2019, a *necessidade da antecipação das custas na interposição do recurso de embargos de divergência, ainda que em matéria criminal*. Entendeu-se que o recurso não era instituto tipicamente penal. Assim como aquele recurso, a ação de mandado de segurança não é tipicamente criminal. Por isso, legítima a exigência de antecipação das custas. [...] *(Agravo Regimental no Recurso em Mandado de Segurança nº 64.194-MT, STJ, 5ª Turma, unânime, Rel. Min. Ribeiro Dantas, julgado em 20.10.2020, publicado no* DJ *em 22.10.2020).*

805. [...] O artigo 806 do Código de Processo Penal, que disciplina o pagamento de custas para a realização de atos ou diligências no processo penal, aplica-se única e exclusivamente às queixas-crime, não podendo ser invocado para exigir do réu nas ações penais públicas a antecipação do pagamento de quaisquer despesas a fim de que as provas por ele requeridas sejam efetivadas. Nas ações penais de natureza pública, o eventual pagamento de custas, quando devidas, somente é feito ao final do processo, nos termos do artigo 804 do Código de Processo Penal. A exigência de antecipação do recolhimento de custas como condição para a interposição de recursos pela defesa configura nulidade. [...] (*Habeas Corpus nº 307.794-DF, STJ, 6ª Turma, unânime, Rel. Min. Jorge Mussi, julgado em 17.3.2015, publicado no* DJ *em 25.3.2015*).

805. [...] O Plenário do Supremo Tribunal Federal, no julgamento da Questão de Ordem no AI nº 209.885/RJ, consolidou o entendimento de que, nos termos do disposto no art. 511 do Código de Processo Civil e, ainda, com amparo na norma do art. 59 do Regimento Interno da Corte, o preparo do recurso extraordinário deve ser efetuado dentro do prazo cominado para sua interposição. Os recursos interpostos em ação penal privada, nos termos do art. 806, § 2º, do Código de Processo Penal e do art. 3º, inciso I, da Resolução nº 479/12 do Supremo Tribunal, exigem o preparo. [...] (*Agravo Regimental no Recurso Extraordinário com Agravo nº 760.003-RJ, STF, 1ª Turma, Rel. Min. Dias Toffoli, julgado em 6.5.2014, publicado no* DJ *em 30.5.2014*).

805. [...] Tanto a decisão singular que negou seguimento ao Recurso Especial quanto as decisões do Superior Tribunal de Justiça que não admitiram o Recurso Especial, ante a ausência do devido preparo, ferem os princípios constitucionais da presunção de inocência e da ampla defesa. Esta Suprema Corte já consolidou o entendimento de que, em se tratando de crime sujeito à ação penal pública, como no presente caso, as custas só se tornam exigíveis depois do trânsito em julgado da condenação, motivo pelo qual não pode o recurso do réu deixar de ser admitido pela ausência de preparo. *Mutatis mutandis*, esse entendimento deve ser aplicado ao presente caso, sob pena de violação do princípio da ampla defesa, especialmente porque, ainda que depois de transcorrido o prazo fixado para a complementação, o paciente acabou complementando o preparo, não podendo ser ignorado esse fato. Ordem concedida para afastar a deserção por falta de preparo e desconstituir o trânsito em julgado da condenação, devendo o Tribunal de Justiça de origem proceder à análise dos demais pressupostos de admissibilidade do recurso especial interposto pelo paciente (*Habeas Corpus nº 95.128/RJ, STF, Rel. Min. Dias Toffoli, 1ª Turma, unânime, julgado em 9.2.2010, publicado no* DJ *em 5.3.2010*).

805. [...] A cobrança de taxas judiciárias não cerceia o exercício da ampla defesa do querelado em ação penal privada. Quando não há reconhecimento judicial de pobreza, como no caso, a regra é que as diligências empreendidas durante a ação penal privada, bem como os recursos, dependem do recolhimento das custas, antes de sua realização ou conhecimento. Quando o recorrente recolhe a taxa judiciária intempestivamente – após a distribuição do recurso –, por óbvio, não se aplica o entendimento do Superior Tribunal de Justiça de que somente se julgará deserto o recurso interposto após a intimação para que proceda ao pagamento das custas devidas. *Habeas corpus* denegado (*Habeas Corpus nº 82.856/SP, STJ, Rel. Min. Laurita Vaz, 5ª Turma, unânime, julgado em 17.2.2009, publicado no* DJ *em 16.3.2009*).

806. [...] A questão trazida à discussão é de ordem objetiva. Trata-se saber se o pagamento extemporâneo das custas enseja na extinção de punibilidade pela decadência do direito de queixa, notadamente ante a ausência de intimação do recorrente para o saneamento do vício. [...] Conforme o parecer da Procuradoria-Geral da República, *eventual atraso no pagamento das custas não enseja a decadência da ação penal, uma vez que, nos termos do art. 806 do Código de Processo Penal, o não recolhimento das custas apenas obsta a prática de atos ou diligências* (RHC n. 171.561, Ministro Reynaldo Soares da Fonseca, DJe 15/12/2022). [...] *não há que se falar em inépcia da queixa pelo não recolhimento das custas processuais, pois tal ato apenas en-*

sejaria a posterior intimação do querelante para fazê-lo, não tendo o condão de extinguir a punibilidade, ainda mais se evidenciada, nos autos, a ocorrência de regular pagamento de tais valores. (HC n. 33.047/MS, Ministro Gilson Dipp, Quinta Turma, DJ 2/8/2004, p. 449 – grifo nosso). [...] Recurso especial provido para afastar a extinção de punibilidade pela decadência do direito de queixa, determinando o retorno dos autos à origem para o prosseguimento da persecução penal. *(Recurso Especial nº 2.101.738-DF, STJ, 6ª Turma, Rel. Min. Sebastião Reis Júnior, julgado em 5.3.2024, publicado no DJ em 31.5.2024)*

806. [...] Esta Corte Superior firmou seu entendimento no sentido de que, nas hipóteses de ação penal privada somente será declarada a deserção recursal após seja oportunizada à parte a efetivação do preparo, em homenagem aos princípios da instrumentalidade das formas e do duplo grau de jurisdição. [...] *(Agravo Regimental no Recurso Especial n. 1.651.330-SP, STJ, unânime, Rel. Min. Joel Ilan Pacionik, julgado em 23.5.2017, publicado no DJ em 29.5.2017).*

Art. 807. O disposto no artigo anterior não obstará à faculdade atribuída ao juiz de determinar de ofício inquirição de testemunhas ou outras diligências.

A compreensão do dispositivo em tela está umbilicalmente ligada aos denominados *poderes instrutórios* do juiz e a suas limitações. Reportando-se às nossas anotações quando da análise específica do art. 156, CPP, enfatizamos que há de se estabelecer um marco divisório entre o que é *iniciativa probatória* e *iniciativa acusatória* do juiz. A iniciativa acusatória estará presente quando o juiz, por qualquer fundamento, realize atividade probatória de iniciativa da acusação. Exatamente por isto entendemos manifestamente inconstitucional o disposto no art. 156, I, CPP. Já o inciso II do art. 156 do CPP assenta a possibilidade de o juiz, *ex officio*, "*determinar, no curso da instrução, ou antes de proferir sentença, a realização de diligências para dirimir* dúvida *sobre ponto relevante*".

Diante do sistema acusatório (indubitavelmente estipulado pela Constituição Federal de 1988), a imparcialidade do juiz é de extrema relevância jurídica. Não apenas naquelas circunstâncias que, eventualmente, possam influir no ânimo do magistrado (como nas situações dos arts. 112, 252, 253, 254, todos do CPP), mas também nas que se referem à atuação concreta do juízo, pois está impedido de adotar uma postura acusatória no processo. Significa que o juiz não poderá desigualar as forças produtoras da prova no processo. Por isto, sua atuação probatória somente poderá se destinar a *resolver dúvida* sobre ponto relevante, nos exatos termos do art. 156, II, CPP. Por dúvida, já dissemos anteriormente, deve-se compreender o questionamento acerca da *qualidade ou da idoneidade* da prova. Assim, é de se admitir a dúvida do juiz apenas sobre prova produzida, e não sobre a insuficiência ou a ausência da atividade persecutória. Nesse sentido é que, pensamos, deva ser interpretado também o disposto no art. 807, CPP.

Art. 808. Na falta ou impedimento do escrivão e seu substituto, servirá pessoa idônea, nomeada pela autoridade, perante quem prestará compromisso, lavrando o respectivo termo.

Art. 809. A estatística judiciária criminal, a cargo do Instituto de Identificação e Estatística ou repartições congêneres, terá por base o *boletim individual*, que é parte integrante dos processos e versará sobre:

I – os crimes e as contravenções praticados durante o trimestre, com especificação da natureza de cada um, meios utilizados e circunstâncias de tempo e lugar;

II – as armas proibidas que tenham sido apreendidas;

III – o número de delinquentes, mencionadas as infrações que praticaram, sua nacionalidade, sexo, idade, filiação, estado civil, prole, residência, meios de vida e condições econômicas, grau de instrução, religião, e condições de saúde física e psíquica;

IV – o número dos casos de codelinquência;

V – a reincidência e os antecedentes judiciários;

VI – as sentenças condenatórias ou absolutórias, bem como as de pronúncia ou de impronúncia;

VII – a natureza das penas impostas;

VIII – a natureza das medidas de segurança aplicadas;

IX – a suspensão condicional da execução da pena, quando concedida;

X – as concessões ou denegações de *habeas corpus*.

§ 1º Os dados acima enumerados constituem o mínimo exigível, podendo ser acrescidos de outros elementos úteis ao serviço da estatística criminal.

§ 2º Esses dados serão lançados semestralmente em mapa e remetidos ao Serviço de Estatística Demográfica Moral e Política do Ministério da Justiça. *(Redação dada pela Lei nº 9.061, de 14.6.1995)*

§ 3º O *boletim individual* a que se refere este artigo é dividido em três partes destacáveis, conforme modelo anexo a este Código, e será adotado nos Estados, no Distrito Federal e nos Territórios. A primeira parte ficará arquivada no cartório policial; a segunda será remetida ao Instituto de Identificação e Estatística, ou repartição congênere; e a terceira acompanhará o processo, e, depois de passar em julgado a sentença definitiva, lançados os dados finais, será enviada ao referido Instituto ou repartição congênere.

Norma de caráter eminentemente administrativo, existente com a finalidade de que sejam realizadas estatísticas acerca da atuação do Poder Judiciário no âmbito criminal.

Art. 810. Este Código entrará em vigor no dia 1º de janeiro de 1942.

Art. 811. Revogam-se as disposições em contrário.

EDITORA
JusPODIVM
www.editorajuspodivm.com.br

Impressão e Acabamento
Plena Print
Indústria Gráfica

JUS3982